# SIGLES ET REFERENCES

| | | |
|---|---|---|
| Adam | Vita Adae et Evae | Prop. Prophetarum vitae fabulosae |
| Hen. | Apocalypsis Henochi graeca | 1. Isaias |
| Abr.1 | Testamentum Abrahae (rec. longior) | 2. Jeremias |
| Abr.2 | Testamentum Abrahae (rec. brevior) | 3. Ezechiel |
| Patr. | Testamenta XII Patriarcharum | 4. Daniel |
| TRub. | Testamentum Ruben | 5. Osee |
| TSim. | Testamentum Simeon | 6. Michaeas |
| TLevi | Testamentum Levi | 7. Amos |
| TJud. | Testamentum Juda | 8. Joel |
| TIss. | Testamentum Issachar | 9. Abdias |
| TZab. | Testamentum Zabulon | 10. Jonas |
| TDan | Testamentum Dan | 11. Nahum |
| TNep. | Testamentum Nepthali | 12. Habacuc |
| TGad | Testamentum Gad | 13. Sophonias |
| TAser | Testamentum Aser | 14. Aggaeus |
| TJos. | Testamentum Joseph | 15. Zacharias (A) |
| TBen. | Testamentum Benjamin | 16. Malachias |
| Asen. | Liber Josephi et Asenethae | 17. Nathan |
| Sal. | Psalmi Salomonis | 18. Achias |
| Jer. | Paraleipomena Jeremiae | 19. Joad |
| Bar. | Apocalypsis Baruchi graeca | 20. Azarias |
| Prop. | (cf. ci-contre) | 21. Elias |
| Esdr. | Apocalypsis Esdrae graeca | 22. Elisaeus |
| Sedr. | Apocalypsis Sedrach | 23. Zacharias (B) |
| Job | Testamentum Jobi | 24. Jadoc |
| Aris. | Epistula Aristaeae | 25. Simeon |
| Sib. | Sibyllina Oracula | 26. alii |

F(ragmenta) : cf. Fragmenta pseudepigraphorum graeca, 1-14, p. 61-156.

| | | | | |
|---|---|---|---|---|
| FJos. | Oratio Joseph (éd. 1, p. 61-62) | | | |
| | 189-190 | : | a. | Orig., in Joh., II, 31, §§ 189-190 |
| | 23, 15 | : | b. | Orig., Philoc., 23, 15 |
| FMos. | Assumptio Mosis (éd. 2, p. 63-67) | | | |
| | 2, 17, 17 | : | a. | Gelas. Cyz., Hist. Eccl., 2, 17, 17 |
| | 2, 21, 7 | : | b. | Gelas. Cyz., Hist. Eccl., 2, 21, 7 |
| | 1, 153, 1 | : | c. | Clem. Alex., Strom., 1, 153, 1 |
| | 1, 154, 1 | : | d. | Clem. Alex., Strom., 1, 154, 1 |
| | 2, 17, 18 | : | e. | Gelas. Cyz., Hist. Eccl., 2, 17, 18 |
| | 6, 132, 2-3 | : | f. | Clem. Alex., Strom., 6, 132, 2-3 |
| | 9, 4, 13 | : | g. | Epiph., Haer., 9, 4, 13 |
| | 9, 1-3 | : | h. | Epist. Judae, 9, 1-3 |
| | 8, 163, 18-22 | : | j. | Catenae gr. Patr., éd. Cramer, t. 8, p. 163, 18-22 |
| | 2, 629, 1-4 | : | k. | Oecumenius, éd. Hentenius, t. 2, p. 629B, 1-4 |
| FEld. | Liber Eldad et Modad (éd. 3, p. 68) | | | |
| | 7, 3 | : | | Hermas, Pastor, Vis., 2, 3, 4, éd. Whittaker, p. 7, 3 |
| FJan. | Liber Poenitentiae Jannes et Mambre (éd. 4, p. 69) | | | |
| | 9, 2 | : | | Philostorgius, Hist. Eccl., 9, 2 |
| FJub. | Liber Jubilaeorum (éd. 5, p. 70-101) : chapitres et paragraphes de la version complète | | | |
| FEli. | Apocalypsis Eliae (éd. 6, p. 103-104) | | | |
| | 1, 34, 8 | : | a. | Clem. Rom., 1, 34, 8 |
| | 10, 94, 4 | : | b. | Clem. Alex., Protr., 10, 94, 4 |
| | 4, 228 | : | c. | cod. Paris. gr. 4, fol. 228 |
| FIsa. | Martyrium Isaiae (éd. 7, p. 105-114) | | | |
| | 1, 1-14 ; 3, 1-3 | : | | Legenda graeca, 1, 1-14 ; 3, 1-3 |
| | 1, 2, 4 - 1, 3, 19 | : | | Pap. Amherst, 1, 2, 4 - 1, 3, 19 |
| FMan. | Oratio Manassis (éd. 8, p. 115-117) | | | |
| | 2, 22, 10-15 | : | | Constit. Apostol., 2, 22, 10-15 |
| | 2, 23, 3 | : | | Constit. Apostol., 2, 23, 3 |
| FBar. | Apocalypsis Baruchi syriaca (éd. 9, p. 118-120) : chapitres et paragraphes de la version complète | | | |
| FEz. | Apocryphon Ezechielis (éd. 10, p. 121-127) | | | |
| | 64, 70, 6-16 | : | a. | Epiph., Haer., 64, 70, 6-16 |
| | 30, 30, 3 | : | b. | Epiph., Haer., 30, 30, 3 |
| | 1, 8, 3 | : | c. | Clem. Rom., 1, 8, 3 |
| | 40, 2 | : | d. | Clem. Alex., Quis dives, 40, 4 |
| | 185, 1 - 187, 18 | : | e. | Pap. Chester Beatty, éd. Bonner, p. 185, 1 - 187, 18 |
| FSoph. | Apocalypsis Sophoniae (éd. 11, p. 129) | | | |
| | 5, 77, 2 | : | | Clem. Alex., Strom., 5, 77, 2 |
| FEsdr. | Apocalypsis Esdrae quarta (éd. 12, p. 130-132) : chapitres et paragraphes de la version complète | | | |
| FAch. | Vita et Sententiae Aesopi-Achiqari (éd. 13, p. 133-147) | | | |
| | 101-123 | : | | Vita Aesopi, §§ 101-123 |
| FPhoc. | Sententiae Phocylidis (éd. 14, p. 149-156) | | | |
| | 1-230 | : | | Phoc., 1-230 |
| FrAn. | (cf. infra). | | | |

I(mitationes) : Pseudo-Auctores hellenistae, cf. Fragmenta pseudepigr. gr. 16, p. 162-173.

| | | | | |
|---|---|---|---|---|
| IEsch. | 5, 131, 2-3 | : | a. | Aeschylus, Clem. Alex., Strom., 5, 131, 2-3 |
| ISoph. | 5, 113, 2 | : | b. | Sophocles, Clem. Alex., Strom., 5, 113, 2 |
| | 5, 121, 4 - 122, 1 | : | f. | Sophocles, Clem. Alex., Strom., 5, 121, 4 - 122, 1 |

```
IEur.      6, 68, 3              :  c.  Euripides, Clem. Alex., Protr., 6, 68, 3
           5, 75, 1              :  k.  Euripides, Clem. Alex., Strom., 5, 75, 1
IOrp.      1-46 (47-51)          :  d.  Orpheus (cf. versets éd. Fragmenta pseud. gr., p. 162-167, 1-46)
IPyth.     134                   :  e.  Pythagoras, Pseudo-Justinus, de Monarchia, éd. de Otto, p. 134
IDiph.     5, 121, 1-3           :  g.  Diphilus, Clem. Alex., Strom.,  5, 121, 1-3
           5, 133, 3             :  j.  Diphilus, Clem. Alex., Strom., 5, 133, 3
IMen.      5, 119, 2 ; 120, 2    :  h.  Menander, Clem. Alex., Strom., 5, 119, 2 ; 5, 120, 2
IHom.      5, 107, 3-4           :  l.  Homerus, Clem. Alex., Strom., 5,  107, 3-4
IHes.      5, 112, 3             :  n.  Hesiodus, Clem. Alex., Strom., 5, 112, 3

H(istoriographi) : cf. Fragmenta pseudepigraphorum graeca, 17, p. 175-201.
    HDem.      9, 19, 4              :  a.  Demetrius,      1.  Eus., Praep. ev., 9, 19, 4
               9, 21, 1-19           :                      2.  Eus., Praep. ev.,9, 21, 1-19
               9, 29, 1-3            :                      3.  Eus., Praep. ev., 9, 29, 1-3
               9, 29, 15             :                      4.  Eus., Praep. ev., 9, 29, 15
               9, 29, 16             :                      5.  Eus., Praep. ev., 9, 29, 16
               1, 141, 1-2           :                      6.  Clem. Alex., Strom., 1, 141, 1-2
    HEup.      9, 26, 1              :  b.  Eupolemus,      1.  Eus., Praep. ev., 9, 26, 1
               9, 30, 1-34, 18       :                      2.  Eus., Praep. ev., 9, 30, 1-34, 18
               9, 34, 20             :                      3.  Eus., Praep. ev., 9, 34, 20
               9, 39, 2-5            :                      4.  Eus., Praep. ev., 9, 39, 2-5
               1,141, 4-5            :                      5.  Clem. Alex., Strom., 1, 141, 4-5
    HArt.      9, 18, 1              :  c.  Artapanus,      1.  Eus., Praep. ev., 9, 18, 1
               9, 23, 1-4            :                      2.  Eus., Praep. ev., 9, 23, 1-4
               9, 27, 1-37           :                      3.  Eus., Praep. ev., 9, 27, 1-37
    HAri.      9, 25, 1-4            :  d.  Aristeas, Eus., Praep. ev., 9, 25, 1-4
    HCle.      1, 15, 241            :  e.  Cleodemus, Flav. Jos., Ant., 1, 15, § 241
    HAno.      9, 17, 2-9            :  f.  Anonymus,       1.  Eus., Praep. ev., 9, 17, 2-9
               9, 18, 2              :                      2.  Eus., Praep. ev., 9, 18, 2
    HHec.      1, 22, 185-204        :  g.  Hecataeus,      1.  Flav. Jos., c. Apion., 1, 22, § 185-204
               2, 4, 43             :                      2.  Flav. Jos., c. Apion., 2, 4, § 43
    HThe.      9, 34, 19             :  Theophilus, Eus., Praep. ev., 9, 34, 19
    HCal.      2, 24, 1-48           :  Callisthenes,    rec. C, 2, cap. 24, 1-48
               2, 28, 1-21           :                   rec. C, 2, cap. 28, 1-21

L(iterati) : Auctores judaei hellenistae, cf. Fragmenta pseudepigr. gr., 18, p. 203-228.
    LPhi.      9, 20, 1              :  a.  Philo Antiquus,    1.  Eus., Praep. ev., 9, 20, 1
               9, 24, 1              :                         2.  Eus., Praep. ev., 9, 24, 1
               9, 37, 1-3            :                         3.  Eus., Praep. ev., 9, 37, 1-3
    LThe.      9, 22, 1-11           :  b.  Theodotus, Eus., Praep. ev., 9, 22, 1-11
    LEze.      9, 28, 2, 1-4, 9      :  c.  Ezechielus Tragicus,  1.  Eus., Praep. ev., 9, 28, 2, 1-4, 9
               9, 29, 5, 1-14, 50    :                            2.  Eus., Praep. ev., 9, 29, 5, 1-14, 50
               9, 29, 16, 1-27       :                            3.  Eus., Praep. ev., 9, 29, 16, 1-27
               64, 29, 6, 1-10       :                            4.  Epiph., Haer., 64, 29, 6, 1-10
    LAri.      8, 10, 1-17           :  d.  Aristobulus Philos.,  1.  Eus., Praep. ev., 8, 10, 1-17
               13, 12, 1-16          :                            2.  Eus., Praep. ev., 13, 12, 1-16
               7, 32, 17-18          :                            3.  Eus., Hist. Eccl., 7, 32, 17-18

FrAn : Fragmenta anonyma, cf. Fragmenta pseudepigraphorum graeca, 19, p. 229-238.
    FrAn.      2, 11, 2-4            :  a.  Clem. Rom., 2, 11, 2-4
               2, 10                 :  b.  Barn. Epist., 2, 10a"
               15, 8                 :      Barn. Epist., 15, 8
               10, 98, 1             :  c.  Clem. Alex., Protr., 10, 98, 1
               15                    :  d.  Hippol., de Antichristo, 15
               4, 1, 2               :  e.  Constit. Apostol., 4, 1, 2b'
               9, 17, 4-5            :  f.  Hermias Sozom., Hist. Eccl., 9, 17, 4-5
               1, 217, 1-218, 7      :  g.  Georgius Hamart'., Chronic., 4, 11, éd. de Boor, 1, p. 217, 1-218, 7
               2069, 1-46            :  h.  Pap. Oxyrh., XVII, n. 2069, 1-46 (= Hen., 78-86)
               1, 226, 1-59          :  j.  Greek Pap. Br. Mus., 1, éd. Milne, 226, 1-59
               1, 227, 1-34          :      Greek Pap. Br. Mus., 1, éd. Milne, 227, 1-34
               574, 3007-3086        :  k.  Pap. Paris. Suppl. gr., 574, 3007-3086
```

## CODES

Lemmes :

| | | |
|---|---|---|
| * lemme | : | les références et les contextes sont sur microfiches |
| lemme * | : | hapax legomenon |
| lemme .......* | : | crase résolue |
| lemme + | : | terme douteux ou corrompu |
| lemme cf. | : | les références sont au mot indiqué |
| lemme cf.+ | : | adjoindre les références au(x) mot(s) indiqué(s) |

Texte :

```
    <suppléé>
    (supprimé) ou (à noter)
    *conjecturé*
    +douteux+ ou +corrompu+
    --- : lacuneux
```

D/1987/0602/43
ISSN 00 76-1265

Diffusion en dehors de la Belgique
Brill, Leiden

Diffusion pour la Belgique
Peeters, Leuven

# CONCORDANCE GRECQUE
## DES
## PSEUDÉPIGRAPHES D'ANCIEN TESTAMENT

**Concordance**

**Corpus des textes**

**Indices**

par

Albert-Marie DENIS O.P.

avec
la collaboration d'Yvonne JANSSENS

et le concours du CETEDOC

Ouvrage publié avec le concours de la
Fondation Universitaire de Belgique

UNIVERSITÉ CATHOLIQUE DE LOUVAIN

Institut Orientaliste

Louvain-la-Neuve

1987

# TABLE DES MATIERES

Microfiches :

Index des formes et des lemmes

Index inverse des lemmes

Liste des fréquences décroissantes

1) L'ensemble du corpus

2) Chacune des oeuvres

Concordance des mots-outils de fréquence supérieure à 20

## AVANT-PROPOS

La mise en chantier de la Concordance grecque des pseudépigraphes d'Ancien Testament s'est faite, à l'aide d'une subvention du F.N.R.S. (Fonds National de la Recherche Scientifique de Belgique), en 1960, dès après la parution de la concordance des textes hébreux de khirbet Qumrân. Celle-ci s'était réalisée par la collaboration du Séminaire d'Ecriture sainte de l'Université Catholique de Louvain, alors à Leuven, avec le Professeur K.G. Kuhn et son équipe, à Heidelberg (*Konkordanz zu den Qumrantexten*, Göttingen, 1960, XII-237 p.). Joignant aux pseudépigraphes les extraits d'historiens, de dramaturges et d'un philosophe juifs contemporains, le présent travail en est le prolongement, puisqu'il s'agit de la même littérature, du même milieu juif et de la même époque, qui est celle de la préparation, du développement et de la rédaction du Nouveau Testament. Annoncée au 3e s. av. C., cette littérature se clôt vers 150 ap. C., quand le judaïsme, devenu rabbinique, achève sa transformation radicale, occasionnée par la destruction du temple de Jérusalem, en 70 ap. C. et consommée avec la deuxième guerre juive, en 132-135. La dimension de la Concordance (134.000 mots) est comparable à celle du Nouveau Testament (137.000 mots).

En premier essai, la *Concordance de l'Apocalypse grecque de Baruch* s'est faite manuellement (Public. Instit. Orient. Louv., 1, Louvain, 1970, XI-94 p.). Mais en 1974, la Concordance complète, préparée de la même manière et déjà avancée, a été reprise sur de nouveaux frais par la mise en ordinateur au CETEDOC (Centre de Traitement Electronique des Documents), de l'Université Catholique de Louvain, désormais à Louvain-la-Neuve, dirigé par le Professeur P. Tombeur. Un test initial a traité un texte latin, celui du *Livre des Jubilés* (*Concordance latine du Liber Jubilaeorum sive Parva Genesis*, CETEDOC, Louvain, 1973, 171 p.).

Pour la concordance des pseudépigraphes grecs, néanmoins, l'opération a exigé la mise au point, longue et délicate, de la méthode appropriée aux textes grecs. En outre, la parution de nouvelles éditions de textes pseudépigraphiques a demandé, plus d'une fois, de nouveaux enregistrements. Les délais d'achèvement s'expliquent de cette manière.

Pendant cette longue période de recherche et d'expérimentation, a été assurée, sans compter, la coopération précise, claire et critique de Mlle Yvonne Janssens, toujours prête à abandonner ses études sur le gnosticisme pour revoir, rectifier et compléter, à chacune de ses étapes, toute l'entreprise. Celle-ci ne serait d'ailleurs jamais arrivée à son terme sans la compétence et le dévouement sans limite de l'équipe toujours alerte du CETEDOC, en particulier de M. Michel Thomas, dont le savoir-faire a, chaque fois, trouvé la solution exacte à tous les problèmes posés par l'ordinateur. Ce travail d'une équipe homogène, sous la direction du Professeur Tombeur, a permis l'achèvement du projet. Les usagers de la Concordance leur garderont, à chacun, toute la reconnaissance qui leur est due.

Louvain-la-Neuve, le 15 novembre 1986                    Alb.-M. Denis O.P.

## INTRODUCTION

Les pseudépigraphes grecs d'Ancien Testament traités dans la concordance sont au nombre de 14 oeuvres complètes ou en parties notables, et de quelque 18 oeuvres fragmentaires ou limitées. Leur liste, avec les sigles qui les désignent et les éditions critiques retenues, figure en annexe de cette introduction.

Tous les auteurs des éditions récentes ont aimablement consenti à voir leur texte mis à contribution. Certains même, il faut le souligner, n'ont pas hésité à envoyer leur travail, avant sa publication, en vue de la concordance. Ce sont la *Vita Adae et Evae* (*Adam*), édition provisoire, et qui devait être préliminaire à l'édition critique, due à feu M. l'Abbé M. Nagel, trop tôt enlevé à la sympathie de ses amis et au travail scientifique attendu de lui, le *Testamentum Abrahae* (*Abr.1*, et *Abr.2*), publié entre-temps, de M. Fr. Schmidt, de Nancy et Paris, et le *Liber Joseph et Aseneth* (*Asen.*), du Professeur Chr. Burchard, de Heidelberg. Chacun leur saura gré à tous de leur obligeance.

### Les textes

Dispersé chez de multiples éditeurs, le texte de tous les pseudépigraphes s'est trouvé dûment enregistré sur ordinateur pour l'établissement de la concordance. Dès lors, il s'est constitué comme un *corpus* grec des pseudépigraphes d'Ancien Testament, une *editio minima*, démunie évidemment d'introduction critique, d'apparat et de notes. Ce corpus est joint au volume de la Concordance.

Les variantes, dans ces textes souvent récrits et modernisés au cours des âges, sont parfois nombreuses et significatives. Néanmoins, comme c'est d'ailleurs à peu près le cas dans les concordances de l'Ancien et du Nouveau Testament, aucun compte n'a pu en être tenu, et, seul, le texte édité a été travaillé. La disparate, en outre, de ces oeuvres et de leurs traditions textuelles aurait rendu la tâche extrêmement ardue.

Les doublets ont été reproduits intégralement dès là que les différences étaient assez marquantes, comme pour *Test. Abr.1*, et *2*, et *Hen. A*, et *B*, au moins le plus souvent, de même les *Vitae Prophetarum A*, et *B*, ou lorsqu'ils figurent dans la suite régulièrement numérotée du texte, comme *Sib. Orac.* (cf. *Sib.*, 3, 261=247 ; 262=585). Un transfert de vers proposé par l'éditeur des *Sib. Orac.* n'a pas été respecté (cf. *Sib.*, 5, 515-518).

τιχι
ὑπατίθη

Les orthographes et les formes particulières, voire aberrantes, de certains mots, lorsque la racine est plus difficile à déceler, sont indiquées à leur place alphabétique dans le volume de la Concordance, avec renvoi au lemme régulier, comme également dans la liste alphabétique des formes donnée sur microfiches.

Les fautes d'impression égarées dans les éditions ont été autant que possible corrigées. Une correction textuelle est proposée, *Test. Job*, 38, 7 : πάρωμεν, corr. : ἐπάρωμεν.

La ponctuation forte, point final et point d'interrogation (;), selon les éditeurs, est seule conservée.

IX

| | |
|---|---|
| < > | Les signes diacritiques insérés dans le texte indiquent, soit les termes, |
| ( ) | parties de mots ou de phrases ⟨suppléés⟩ par l'éditeur, soit les termes (sup- |
| * * | primés) ou à signaler pour quelque raison, soit les termes *conjecturés*, soit |
| + + | les termes ou membres de phrases +douteux+, corrompus ou incompréhensi- |
| – – – | bles. Les lacunes proposées par les éditeurs sont indiquées par des tirets, |

Les signes diacritiques insérés dans le texte indiquent, soit les termes, parties de mots ou de phrases ⟨suppléés⟩ par l'éditeur, soit les termes (supprimés) ou à signaler pour quelque raison, soit les termes *conjecturés*, soit les termes ou membres de phrases +douteux+, corrompus ou incompréhensibles. Les lacunes proposées par les éditeurs sont indiquées par des tirets, même si elles tiennent lieu de toute une phrase. Les passages chrétiens n'ont pas été signalés, car la distinction en est souvent difficile, voire impossible ou conjecturale.

< >

Les textes des papyrus sont ceux des éditions, y compris la partie utile des reconstitutions lesquelles sont indiquées dans les contextes par les signes ⟨ ⟩. Plus d'une fois, ils ne sont donc pas accentués.

*Hen.*, 90, indique le *cap. incertum* (éd. *M. BLACK*, 1970, p. 26, et 37, *in calce* ; éd. *G. DINDORF*, 1829, p. 47). - *Hen.*, 78-86, récemment repéré de façon fragmentaire dans les papyrus d'Oxyrhynque, XVII, n. 2069, n'a pas pu être donné avec *Hen.* ; il reste joint aux *Fragments anonymes* (*FrAn* 2069, 1-46 ; cf. éd. *Fragmenta*, 1970, p. 233-234). - De même, les ultimes corrections proposées dans le Commentaire d'Hénoch (*M. BLACK, The Book of Enoch or I Enoch*, 1985) n'ont pas été introduites, mais seulement une première liste que la bienveillance du Professeur M. Black nous avait fait parvenir.

Les fragments de *Jannès et Mambré* (*FJan*), découverts sur papyrus et publiés (*P. MARAVAL*, dans *Zeitschr. Pap. und Epigr.*, 25, 1977, p. 201-203) n'ont pu être repris.

Les extraits du *Martyre d'Isaïe* (*FIsa*) viennent tantôt de la *legenda* (1, 1, etc.), tantôt du Pap. Amherst (1, 2, 4, etc.) (cf. éd. *Fragmenta*, 1970, 7, p. 105-114).

Une lacune de la première recension d'*Achiqar* (*FAch*), §§ 113-114, est comblée par la deuxième recension (cf. éd. *Fragmenta*, 1970, p. 141-142).

Les *Lettres 4 et 7 d'Héraclite* (cf. éd. *Fragmenta*, 1970, 15, p. 157-160) n'ont pas été maintenues, car leur origine juive paraît aujourd'hui certainement controuvée.

Aux extraits d'historiens juifs hellénistiques ont été joints un extrait de *Théophile* (*HThe*), sur Salomon, et deux extraits du *Pseudo-Callisthène* (*HCall*), sur Alexandre.

Au poème imputé à Orphée (*IOrp*) ont été ajoutés 5 vers (*IOrp*, 47-51), non orphiques, mais probablement juifs ou judaïsés, qui suivent le poème orphique dans la *Cohortatio ad Gentiles*, du Pseudo-Justin (éd. *I.C.T. de OTTO*, 1879, p. 62). Ils sont mis entre paren-

( )

thèses dans le texte de la Concordance.

Les textes poétiques de rédaction grecque originale (par ex. *Sib. Orac.*) sont reproduits avec alinéa pour chaque vers métrique, sauf lorsqu'ils sont joints à des textes en prose. Dans ce cas, les vers métriques se suivent sans alinéa (par ex. *LTheo*). Les implications techniques rendaient difficile la distinction typographique. Les différentes "*Imitations*" d'un même auteur classique sont en outre groupées et distinguées par la seule référence (par ex. *ISoph*) et non réparties comme dans le Pseudo-Justin et l'édition des *Fragmenta*.

Le texte de l'*Epist. Arist.* est reproduit avec référenciation du paragraphe et de la ligne de l'édition Pelletier, même si elle est réduite à un seul mot. Certains paragraphes sont en effet fort longs pour une référence au seul paragraphe.

### La référenciation

La référenciation des oeuvres complètes est celle des éditions : chapitre et verset, paragraphe ou vers métrique, voire, quand le verset est trop long, la ligne du texte édité, par exemple pour la *Lettre d'Aristée* (*Aris.*) ou la tragédie du dramaturge Ezéchiel le Tragique (*LEze.*). Cependant, pour les *Paralipomènes de Jérémie* (*Jer.*), la référenciation est celle de P. Riessler, *Altjüdisches Schrifttum* (Heidelberg, 1928), et non celle de l'édition provisoire de Rob. Kraft et A. E. Purintun (Missoula, Montana, 1972). Parfois, les paragraphes sont fort longs, ainsi pour les Fragments d'*Achiqar* (*FAch.*), mais toute subdivision était malaisée à opérer par manque d'édition type.

La référenciation des oeuvres fragmentaires, quand elles existent en version complète hors du grec, comme l'*Apocalypse 4 Esdras* ou le *Livre des Jubilés*, est celle de l'oeuvre complète. Quand elles n'existent plus que sous forme fragmentaire, la référenciation reprend celle, livre, chapitre, verset ou paragraphe, de l'édition des auteurs anciens qui ont conservé, par leurs citations, des fragments de ces oeuvres, tels Clément d'Alexandrie, Origène ou Eusèbe de Césarée, ou alors le papyrus où se lit le fragment, selon son numéro d'édition et les lignes de la typographie. Cette référenciation a dû être donnée en abrégé, car l'ordinateur aurait dû reproduire son empiètement sur le contexte, tout au long de la Concordance et raccourcir tous les contextes. Le tableau de ces abréviations figure, avec les éditions et sigles, à la suite de l'Introduction et sur un encart au volume.

La succession des oeuvres complètes, comme des oeuvres fragmentaires groupées à leur suite, est parallèle à celle des livres bibliques dans les bibles actuelles. L'ordre interne des fragments de chaque oeuvre fragmentaire sans version complète correspondante est celui de l'édition de ces fragments : *Fragmenta pseudepigraphorum quae supersunt graeca* (Pseud. Vet. Test. gr., 3, 1970, p. 45-246).

La succession des références aux différentes oeuvres sous un même lemme ne suit pas les formes mêmes, comme dans la concordance hébraïque de S. Mandelkern, malgré l'utilité de voir réunies les formes identiques réparties dans une oeuvre, voire toute une littérature.[1] La succession des références, selon l'usage des exégètes du Nouveau Testament, est celle des oeuvres, et dans chaque oeuvre, l'ordre du texte : livre, chapitre, verset ou paragraphe, ou vers métrique.

### Les contextes

Le contexte de chaque mot traité est délimité mathématiquement, le mot se situant au centre de la citation. Cette présentation centrale du mot rend la consultation plus aisée et permet la comparaison immédiate des différents contextes où figure le même mot.

---

[1] La concordance présentée selon les formes, et non l'ordre du texte, se trouve sur bandes magnétiques au CETEDOC, Collège Erasme, B1348 Louvain-la-Neuve, et peut y être obtenue.

La signification précise du terme n'est pas toujours assurée par une phrase munie d'un sens complet, comme elle veut l'être dans les concordances habituelles en usage, phrase d'ailleurs déterminée, il faut l'avouer, de façon parfois subjective. La longueur de la citation donne pourtant ici une idée presque toujours suffisante du sens cherché, et si elle ne suffit pas, le complément du contexte se trouvera facilement à la référence du premier ou du dernier mot significatif de la citation.

Les mots significatifs sont tous munis de leur contexte dans la concordance imprimée.

* Les mots-outils le sont également, dans le volume même, lorsqu'ils ont un maximum de 20 emplois dans l'ensemble des textes traités. Cela représente quelque 170 lemmes d'entrée, et 800 références, soit seulement 10 pages de la Concordance. Au contraire, si leur emploi dépasse 20 passages, leur présence dans le volume l'aurait augmenté de près du double. Néanmoins, tous ces mots-outils, sans exception, munis de leur contexte comme les mots significatifs, sont donnés sur microfiches insérées à la fin du volume, et leur lemme d'entrée avec les diverses formes qui s'y rapportent, figure à sa place alphabétique dans le volume de la Concordance, comme également dans la liste générale du vocabulaire, précédé ici d'un astérisque (*).

### Les lemmes d'entrée

Une liste générale du vocabulaire, en tête du volume de la Concordance, indique la fréquence de chaque mot dans l'ensemble des textes et dans chaque écrit, les oeuvres fragmentaires étant réunies comme un tout.

* Tout lemme pour lequel on ne trouve dans la concordance imprimée que les seules formes attestées et dont les contextes et les références ne figurent que sur microfiches, est précédé dans cette liste d'un astérisque. L'astérisque suivant le lemme note un *hapax legomenon* (cf. *infra*) ; celui se trouvant en fin de la zone du lemme signale les cas de crase.

Une liste de fréquence décroissante dans l'usage de chaque mot, pour l'ensemble et pour chaque oeuvre, est donnée sur microfiches, donnant immédiatement une idée du vocabulaire et de la thématique de toute cette littérature et de chaque écrit.

Un index inverse des lemmes est également présenté sur microfiches.

L'orthographe habituelle, malgré les désaccords dans les textes, est attribuée aux lemmes d'entrée en référence aux dictionnaires du grec classique, au premier chef de celui de Liddell et Scott, revu par H.S. Jones et R. McKenzie, ainsi que le *Dictionnaire automatique du grec (D.A.G.)*, mis au point par l'équipe du CETEDOC.

ᾠδή, cf. ἀοιδή    Les mots à orthographe variable sont rangés sous l'orthographe la plus fréquente, avec les renvois nécessaires.

ὁράω, cf. + εἶδον    Les termes à radicaux multiples et vraiment hétérogènes se trouvent le plus souvent au lemme de chaque radical, avec renvoi aux autres. Si les radicaux sont proches, comme dans les formes ioniennes ou poétiques, un seul lemme les réunit, mais ils se placent sous des lemmes séparés, avec renvois mutuels, quand les formes du même radical sont par trop différentes.

πόλις - πτόλις

γῆ, cf. + γαῖα, αἶα

ἀγαθός    Les comparatifs et superlatifs des adjectifs se trouvent au lemme de la forme simple. Si un radical différent de la forme simple est commun au comparatif et au superlatif, un lemme les réunit, avec renvoi à la forme

κρείσσων

κράτιστος

ἀγαθός, βελτίων
ἄριστος

simple. Si les trois radicaux sont dissemblables, ils ont chacun leur lemme particulier, des renvois multiples rappellent leur signification apparentée.

ἀγαθῶς
ἐνώπιον
Ἰουδαία
ὄντως
ἄλλως
ἐχόμενα

Les adverbes ou prépositions, forme neutre ou dérivée d'adjectifs, comme aussi les adjectifs substantivés, sont mis sous le lemme de l'adjectif. Au contraire, les adverbes ou prépositions dérivés de formes verbales ou de pronoms figurent sous leur lemme propre. Néanmoins, quelques formes substantivées fortement typées se présentent comme telles : ἄρχων, εἱμαρμένη, οἰκουμένη.

διαπορεύομαι (-ω)

Les verbes dont l'entrée lexicale peut être une forme active ou une forme déponente, sont munis, au lemme, de l'indication des deux voix.

κἀσεβής

Les crases se trouvent à chaque mot qu'elles réunissent, et donc sous deux entrées.

ἕως (μέχρι)
ἤ (σύνδ.)
ἄωρος (ὥρα)
θεῖος (ὁ)
σχοινίς (-ῖδος)
δέω (δεήσω), etc.

Les homographes sont distingués par un synonyme, ou par un terme explicatif, par la racine, le genre ou le génitif particulier du substantif, le futur du verbe, ou bien par le substantif, l'adjectif ou le verbe de même racine qui leur correspondent.

Les nombres sont mis sous le lemme du nom de nombre en toutes lettres, même si l'édition l'indique par une lettre de l'alphabet valant un chiffre. Dans ce dernier cas, le sampi (= 900), dans le texte, est rendu par Σ.

ἀγλαοφαρής *

Les quelque 200 *hapax legomena* ont leur lemme suivi d'un astérisque (\*), mais uniquement lorsqu'il s'agit d'un *hapax* pur et simple, cela veut dire quand le terme n'est signalé par aucun dictionnaire, comme le sont les mots inconnus (y compris la cinquantaine de termes magiques du Pap. Paris. Suppl. gr. 504), ou bien si le terme a été repéré dans les seuls pseudépigraphes, que ce soit par un dictionnaire du grec classique, patristique, byzantin ou moderne. Les pseudépigraphes sont en effet cités par les dictionnaires de langues d'époques différentes, de façon souvent irrégulière et incomplète. La présence d'un terme dans un dictionnaire, quand il est cité d'après un passage unique d'un pseudépigraphe, ne justifie pas l'attribution de ce terme à la littérature de l'époque analysée par ce dictionnaire et permet de le considérer comme un *hapax*.

ἀγγός +

Les lemmes de termes inexpliqués par les éditeurs sont signalés par la *crux* (+).

Toutes les formes présentes dans les textes figurent, avec leur lemme d'entrée, dans une liste alphabétique mise sur microfiches, dans une pochette insérée à la fin du volume. Cette liste constitue dès lors une table de renvoi systématique, permettant de connaître, outre les formes attestées, le système d'analyse lexicale adopté.


**Disposition de la Concordance**

**I. Le volume de la Concordance**

1. Liste générale du vocabulaire. Elle contient chaque lemme à sa place alphabétique, avec sa fréquence dans l'ensemble et dans chaque oeuvre en particulier, les écrits fragmentaires étant traités comme un tout. L'astérisque (\*) qui précède le lemme, signale les mots-outils mis sur microfiches (plus de 20 emplois dans l'ensemble). L'astérisque (\*) suivant le lemme signifie un *hapax legomenon*.

\*

XIII

2. Concordance complète des mots significatifs et des mots-outils de 20 emplois maximum.

3. Corpus grec des pseudépigraphes d'Ancien Testament.

## II. Les microfiches

1. Liste alphabétique de toutes les formes présentes dans l'ensemble des textes, avec leur lemme.

2. Index inverse des lemmes.

3. Liste des fréquences décroissantes dans l'ensemble des textes et dans chaque oeuvre, les écrits fragmentaires étant traités comme un tout.

4. Concordance complète des mots-outils de plus de 20 emplois dans l'ensemble.

## DONNÉES STATISTIQUES

|  | Formes | Formes différentes | Lemmes |
|---|---|---|---|
| *Vita Adae et Evae* | 4.813 | 1.384 | 674 |
| *Apocalypsis Henochi graeca* | 9.888 | 2.517 | 1.253 |
| *Testamentum Abrahae (rec. longior)* | 6.900 | 1.899 | 956 |
| *Testamentum Abrahae (rec. brevior)* | 3.367 | 1.055 | 536 |
| *Testamenta XII Patriarcharum* | 21.852 | 5.224 | 2.328 |
| *Liber Josephi et Asenethae* | 13.403 | 2.678 | 1.296 |
| *Psalmi Salomonis* | 4.928 | 1.500 | 833 |
| *Paraleipomena Jeremiae* | 4.189 | 1.250 | 643 |
| *Apocalypsis Baruchi graeca* | 3.155 | 1.093 | 668 |
| *Prophetarum vitae fabulosae* | 4.106 | 1.474 | 925 |
| *Apocalypsis Esdrae graeca* | 2.629 | 912 | 584 |
| *Apocalypsis Sedrach* | 2.307 | 862 | 529 |
| *Testamentum Jobi* | 6.804 | 2.281 | 1.200 |
| *Epistula Aristaeae* | 12.963 | 4.125 | 2.127 |
| *Sibyllina Oracula* | 10.471 | 4.482 | 2.343 |
| *Fragmenta* | 22.535 | 7.841 | 3.845 |
| Ensemble du corpus | 134.310 | 24.892 | 8.371 |

*Adam*  M. NAGEL, *Vie grecque d'Adam et Eve* (texte dactylographié inédit), 23 p.

*Hen.*  M. BLACK, *Apocalypsis Henochi graece*, Pseudepigrapha Veteris Testamenti graece, 3, Leyde, Brill, 1970, p. 19-44.

*Abr.1* et *Abr.2*  Fr. SCHMIDT, *Le Testament grec d'Abraham, Introduction, édition critique des deux recensions grecques, traduction*, IX-199 p., Texte Stud. A.T., 2, J.C.B. Mohr, Tubingue, 1986, p. 46-95 : *Abr.2* (recension courte) : p. 96-169 : *Abr.1* (recension longue).

*T(XII Patr.)*  M. DE JONGE, *The Testaments of the Twelve Patriarchs*, Pseudepigrapha Veteris Testamenti graece, I, 2, Leyde, Brill, 1978, p. 1-180.

*Asen.*  Chr. BURCHARD, *Ein vorläufiger griechischer Text von Joseph und Aseneth*, Dielheimer Blätter A.T., 14, 1979, p. 4-19 (et corrigé, *ib.*, 1982, p. 37-39).

*Sal.*  O. von GEBHARDT, *Die Psalmen Salomo's*, T.U., 13, 2, Leipzig, 1895, p. 91-138.

*Jer.*  R.A. KRAFT et A.-E. PURINTUN, *Paraleipomena Jeremiou*, Texts and Translations, 1, Pseudepigrapha Series, 1, (Missoula, Montana, U.S.A.), 1972, p. 12-48.

*Bar.*  J.-Cl. PICARD, *Apocalypsis Baruchi graece*, Pseudepigrapha Veteris Testamenti graece, 2, Leyde, Brill, 1967, p. 81-96.

*Prop.*  Th. SCHERMANN, *Prophetarum vitae fabulosae*, Leipzig, Teubner, 1907, p. 1-106.

*Esdr.*  O. WAHL, *Apocalypsis Esdrae* (graeca), Pseudepigrapha Veteris Testamenti graece, 4, Leyde, Brill, 1977, p. 25-34.

*Sedr.*  O. WAHL, *Apocalypsis Sedrach*, Pseudepigrapha Veteris Testamenti graece, 4, Leyde, Brill, 1977, p. 37-46.

*Job*  S.P. BROCK, *Testamentum Jobi*, Pseudepigrapha Veteris Testamenti graece, 2, Leyde, Brill, 1967, p. 19-59.

*Aris.*  A. PELLETIER, *Lettre d'Aristée à Philocrate*, Sources chrétiennes, 89, Paris, 1962, p. 7-98.

*Sib.*  J. GEFFCKEN, *Die Oracula Sibyllina*, G.C.S., 8, Berlin, 1902, p. 46-129.

*F*(ragm.) *Jos.*, etc., A.-M. DENIS, *Fragmenta pseudepigraphorum quae supersunt graeca*, Pseudepigrapha Veteris Testamenti graece, 3, Leyde, Brill, 1970, p. 61-238 ; voir p. 61-156 : 1-14, *Fragmenta*.

*I*(mitator)*Esch.*, etc.  ID., *ib.*, p. 162-173 : 16. *Pseudo-Auctores hellenistae.*

*H*(istoricus)*Dem.*, etc.  ID., *ib.*, p. 175-201 : 17. *Historiographi.*

*L*(iteratus)*Phil.*, etc.  ID., *ib.*, p. 203-228 : 18. *Auctores judaei hellenistae.*

*Fr*(agmenta)*An*(onyma)  ID., *ib.*, p. 229-38 : 19. *Fragmenta anonyma.*

| | | | |
|---|---|---|---|
| *Adam* | Vita Adae et Evae | *Prop.* | Prophetarum vitae fabulosae |
| *Hen.* | Apocalypsis Henochi graeca | 1. | Isaias |
| *Abr.1* | Testamentum Abrahae (rec. longior) | 2. | Jeremias |
| *Abr.2* | Testamentum Abrahae (rec. brevior) | 3. | Ezechiel |
| *Patr.* | Testamenta XII Patriarcharum | 4. | Daniel |
| *TRub.* | Testamentum Ruben | 5. | Osee |
| *TSim.* | Testamentum Simeon | 6. | Michaeas |
| *TLevi* | Testamentum Levi | 7. | Amos |
| *TJud.* | Testamentum Juda | 8. | Joel |
| *TIss.* | Testamentum Issachar | 9. | Abdias |
| *TZab.* | Testamentum Zabulon | 10. | Jonas |
| *TDan* | Testamentum Dan | 11. | Nahum |
| *TNep.* | Testamentum Nepthali | 12. | Habacuc |
| *TGad.* | Testamentum Gad | 13. | Sophonias |
| *TAser* | Testamentum Aser | 14. | Aggaeus |
| *TJos.* | Testamentum Joseph | 15. | Zacharias (A) |
| *TBen.* | Testamentum Benjamin | 16. | Malachias |
| *Asen.* | Liber Josephi et Asenethae | 17. | Nathan |
| *Sal.* | Psalmi Salomonis | 18. | Achias |
| *Jer.* | Paraleipomena Jeremiae | 19. | Joad |
| *Bar.* | Apocalypsis Baruchi graeca | 20. | Azarias |
| *Prop.* | (cf. ci-contre) | 21. | Elias |
| *Esdr.* | Apocalypsis Esdrae graeca | 22. | Elisaeus |
| *Sedr.* | Apocalypsis Sedrach | 23. | Zacharias (B) |
| *Job* | Testamentum Jobi | 24. | Jadoc |
| *Aris.* | Epistula Aristaeae | 25. | Simeon |
| *Sib.* | Sibyllina Oracula | 26. | alii |

*F*(ragmenta) : cf. Fragmenta pseudepigraphorum graeca, 1-14, p. 61-156.

| | | | |
|---|---|---|---|
| *FJos.* | *Oratio Joseph* (éd. 1, p. 61-62) | | |
| | 189-190 | : a. | Orig., in Joh., II, 31, §§ 189-190 |
| | 23, 15 | : b. | Orig., Philoc., 23, 15 |
| | | | |
| *FMos.* | *Assumptio Mosis* (éd. 2, p. 63-67) | | |
| | 2, 17, 17 | : a. | Gelas. Cyz., Hist. Eccl., 2, 17, 17 |
| | 2, 21, 7 | : b. | Gelas. Cyz., Hist. Eccl., 2, 21, 7 |
| | 1, 153, 1 | : c. | Clem. Alex., Strom., 1, 153, 1 |
| | 1, 154, 1 | : d. | Clem. Alex., Strom., 1, 154, 1 |
| | 2, 17, 18 | : e. | Gelas. Cyz., Hist. Eccl., 2, 17, 18 |
| | 6, 132, 2-3 | : f. | Clem. Alex., Strom., 6, 132, 2-3 |
| | 9, 4, 13 | : g. | Epiph., Haer., 9, 4, 13 |
| | 9, 1-3 | : h. | Epist. Judae, 9, 1-3 |
| | 8, 163, 18-22 | : j. | Catenae gr. Patr., éd. Cramer, t. 8, p. 163, 18-22 |
| | 2, 629, 1-4 | : k. | Oecumenius, éd. Hentenius, t. 2, p. 629B, 1-4 |
| | | | |
| *FEld.* | *Liber Eldad et Modad* (éd. 3, p. 68) | | |
| | 7, 3 | : | Hermas, Pastor, Vis., 2, 3, 4, éd. Whittaker, p. 7, 3 |
| | | | |
| *FJan.* | *Liber Poenitentiae Jannes et Mambre* (éd. 4, p. 69) | | |
| | 9, 2 | : | Philostorgius, Hist. Eccl., 9, 2 |

| | | |
|---|---|---|
| *FJub.* | *Liber Jubilaeorum* (éd. 5, p. 70-101) | |
| | (chapitres et paragraphes de la version complète) | |

*FEli.*     *Apocalypsis Eliae* (éd. 6, p. 103-104)

| | | |
|---|---|---|
| 1, 34, 8 | : a. | Clem. Rom., 1, 34, 8 |
| 10, 94, 4 | : b. | Clem. Alex., Protr., 10, 94, 4 |
| 4, 228 | : c. | cod. Paris. gr. 4, fol. 228 |

*FIsa.*     *Martyrium Isaiae* (éd. 7, p. 105-114)

| | | |
|---|---|---|
| 1, 1-14 ; 3, 1-3 | : | Legenda graeca, 1, 1-14 ; 3, 1-3 |
| 1, 2, 4 - 1, 3, 19 | : | Pap. Amherst, 1, 2, 4 - 1, 3, 19 |

*FMan.*     *Oratio Manassis* (éd. 8, p. 115-117)

| | | |
|---|---|---|
| 2, 22, 10-15 | : | Constit. Apostol., 2, 22, 10-15 |
| 2, 23, 3 | : | Constit. Apostol., 2, 23, 3 |

*FBar.*     *Apocalypsis Baruchi syriaca* (éd. 9, p. 118-120)
(chapitres et paragraphes de la version complète)

*FEz.*     *Apocryphon Ezechielis* (éd. 10, p. 121-127)

| | | |
|---|---|---|
| 64, 70, 6-16 | : a. | Epiph., Haer., 64, 70, 6-16 |
| 30, 30, 3 | : b. | Epiph., Haer., 30, 30, 3 |
| 1, 8, 3 | : c. | Clem. Rom., 1, 8, 3 |
| 40, 2 | : d. | Clem. Alex., Quis dives, 40, 4 |
| 185, 1 - 187, 18 | : e. | Pap. Chester Beatty, éd. Bonner, p. 185, 1 - 187, 18 |

*FSoph.*     *Apocalypsis Sophoniae* (éd. 11, p. 129)

| | | |
|---|---|---|
| 5, 77, 2 | : | Clem. Alex., Strom., 5, 77, 2 |

*FEsdr.*     *Apocalypsis Esdrae quarta* (éd. 12, p. 130-132)
(chapitres et paragraphes de la version complète)

*FAch.*     *Vita et Sententiae Aesopi-Achiqari* (éd. 13, p. 133-147)

| | | |
|---|---|---|
| 101-123 | : | Vita Aesopi, §§ 101-123 |

*FPhoc.*     *Sententiae Phocylidis* (éd. 14, p. 149-156)

| | | |
|---|---|---|
| 1-230 | : | Phoc., 1-230 |

*FrAn.*     (cf. infra, p. XXIII).


*I*(mitationes) : *Pseudo-Auctores hellenistae*, cf. Fragmenta pseudepigr. gr. 16, p. 162-173.

| | | | |
|---|---|---|---|
| *IEsch.* | 5, 131, 2-3 | : a. | Aeschylus, Clem. Alex., Strom., 5, 131, 2-3 |
| *ISoph.* | 5, 113, 2 | : b. | Sophocles, Clem. Alex., Strom., 5, 113, 2 |
| | 5, 121, 4 - 122, 1 | : f. | Sophocles, Clem. Alex., Strom., 5, 121, 4 - 122, 1 |
| | 5, 111, 4-6 | : m. | Sophocles, Clem. Alex., Strom., 5, 111, 4-6 |
| *IEur.* | 6, 68, 3 | : c. | Euripides, Clem. Alex., Protr., 6, 68, 3 |
| | 5, 75, 1 | : k. | Euripides, Clem. Alex., Strom., 5, 75, 1 |
| *IOrp.* | 1-46 (47-51) | : d. | Orpheus (cf. versets éd. Fragmenta pseud. gr., p. 162-167, 1-46) |
| *IPyth.* | 134 | : e. | Pythagoras, Pseudo-Justinus, de Monarchia, éd. de Otto, p. 134 |
| *IDiph.* | 5, 121, 1-3 | : g. | Diphilus, Clem. Alex., Strom., 5, 121, 1-3 |
| | 5, 133, 3 | : j. | Diphilus, Clem. Alex., Strom., 5, 133, 3 |

| | | | | | |
|---|---|---|---|---|---|
| *IMen.* | 5, 119, 2 ; 120, 2 | : h. | Menander, Clem. Alex., Strom., 5, 119, 2 ; 5, 120, 2 |
| *IHom.* | 5, 107, 3-4 | : l. | Homerus, Clem. Alex., Strom., 5, 107, 3-4 |
| *IHes.* | 5, 112, 3 | : n. | Hesiodus, Clem. Alex., Strom., 5, 112, 3 |

H(istoriographi) : cf. Fragmenta pseudepigraphorum graeca, 17, p. 175-201.

| | | | | | |
|---|---|---|---|---|---|
| *HDem.* | 9, 19, 4 | : | a. Demetrius, | 1. | Eus., Praep. ev., 9, 19, 4 |
| | 9, 21, 1-19 | : | | 2. | Eus., Praep. ev., 9, 21, 1-19 |
| | 9, 29, 1-3 | : | | 3. | Eus., Praep. ev., 9, 29, 1-3 |
| | 9, 29, 15 | : | | 4. | Eus., Praep. ev., 9, 29, 15 |
| | 9, 29, 16 | : | | 5. | Eus., Praep. ev., 9, 29, 16 |
| | 1, 141, 1-2 | : | | 6. | Clem. Alex., Strom., 1, 141, 1-2 |
| *HEup.* | 9, 26, 1 | : | b. Eupolemus, | 1. | Eus., Praep. ev., 9, 26, 1 |
| | 9, 30, 1-34, 18 | : | | 2. | Eus., Praep. ev., 9, 30, 1-34, 18 |
| | 9, 34, 20 | : | | 3. | Eus., Praep. ev., 9, 34, 20 |
| | 9, 39, 2-5 | : | | 4. | Eus., Praep. ev., 9, 39, 2-5 |
| | 1,141, 4-5 | : | | 5. | Clem. Alex., Strom., 1, 141, 4-5 |
| *HArt.* | 9, 18, 1 | : | c. Artapanus, | 1. | Eus., Praep. ev., 9, 18, 1 |
| | 9, 23, 1-4 | : | | 2. | Eus., Praep. ev., 9, 23, 1-4 |
| | 9, 27, 1-37 | : | | 3. | Eus., Praep. ev., 9, 27, 1-37 |
| *HAri.* | 9, 25, 1-4 | : | d. Aristeas, Eus., Praep. ev., 9, 25, 1-4 |
| *HCle.* | 1, 15, 241 | : | e. Cleodemus, Flav. Jos., Ant., 1, 15, § 241 |
| *HAno.* | 9, 17, 2-9 | : | f. Anonymus, | 1. | Eus., Praep. ev., 9, 17, 2-9 |
| | 9, 18, 2 | : | | 2. | Eus., Praep. ev., 9, 18, 2 |
| *HHec.* | 1, 22, 185-204 | : | g. Hecataeus, | 1. | Flav. Jos., c. Apion., 1, 22, § 185-204 |
| | 2, 4, 43 | : | | 2. | Flav. Jos., c. Apion., 2, 4, § 43 |
| *HThe.* | 9, 34, 19 | : | Theophilus, Eus., Praep. ev., 9, 34, 19 |
| *HCal.* | 2, 24, 1-48 | : | Callisthenes, | | rec. C, 2, cap. 24, 1-48 |
| | 2, 28, 1-21 | : | | | rec. C, 2, cap. 28, 1-21 |

L(iterati) : *Auctores judaei hellenistae*, cf. Fragmenta pseudepigr. gr., 18, p. 203-228.

| | | | | | |
|---|---|---|---|---|---|
| *LPhi.* | 9, 20, 1 | : | a. Philo Antiquus, | 1. | Eus., Praep. ev., 9, 20, 1 |
| | 9, 24, 1 | : | | 2. | Eus., Praep. ev., 9, 24, 1 |
| | 9, 37, 1-3 | : | | 3. | Eus., Praep. ev., 9, 37, 1-3 |
| *LThe.* | 9, 22, 1-11 | : | b. Theodotus, Eus., Praep. ev., 9, 22, 1-11 |
| *LEze.* | 9, 28, 2, 1-4, 9 | : | c. Ezechielus Tragicus, | | |
| | | | | 1. | Eus., Praep. ev., 9, 28, 2, 1-4, 9 |
| | 9, 29, 5, 1-14, 50 | : | | 2. | Eus., Praep. ev., 9, 29, 5, 1-14, 50 |
| | 9, 29, 16, 1-27 | : | | 3. | Eus., Praep. ev., 9, 29, 16, 1-27 |
| | 64, 29, 6, 1-10 | : | | 4. | Epiph., Haer., 64, 29, 6, 1-10 |

| | | | |
|---|---|---|---|
| *LAri.* | 8, 10, 1-17 | : d. | Aristobulus Philosophus, |
| | | | 1. Eus., Praep. ev., 8, 10, 1-17 |
| | 13, 12, 1-16 | : | 2. Eus., Praep. ev., 13, 12, 1-16 |
| | 7, 32, 17-18 | : | 3. Eus., Hist. Eccl., 7, 32, 17-18 |

*FrAn* : *Fragmenta anonyma*, cf. Fragmenta pseudepigraphorum graeca, 19, p. 229-238.

| | | | |
|---|---|---|---|
| *FrAn.* | 2, 11, 2-4 | : a. | Clem. Rom., 2, 11, 2-4 |
| | 2, 10 | : b. | Barn. Epist., 2, 10a" |
| | 15, 8 | : | Barn. Epist., 15, 8 |
| | 10, 98, 1 | : c. | Clem. Alex., Protr., 10, 98, 1 |
| | 15 | : d. | Hippol., de Antichristo, 15 |
| | 4, 1, 2 | : e. | Constit. Apostol., 4, 1, 2b' |
| | 9, 17, 4-5 | : f. | Hermias Sozom., Hist. Eccl., 9, 17, 4-5 |
| | 1, 217, 1-218, 7 | : g. | Georgius Hamart., Chronic., 4, 11, éd. de Boor, 1, p. 217, 1-218, 7 |
| | 2069, 1-46 | : h. | Pap. Oxyrh., XVII, n. 2069, 1-46 (= Hen., 78-86) |
| | 1, 226, 1-59 | : j. | Greek Pap. Br. Mus., 1, éd. Milne, 226, 1-59 |
| | 1, 227, 1-34 | : | Greek Pap. Br. Mus., 1, éd. Milne, 227, 1-34 |
| | 574, 3007-3086 | : k. | Pap. Paris. Suppl. gr., 574, 3007-3086 |

# CODES

**Lemmes :**

| | | |
|---|---|---|
| * lemme | : | les références et les contextes sont sur microfiches |
| lemme * | : | *hapax legomenon* |
| lemme .......* | : | crase résolue |
| lemme + | : | terme douteux ou corrompu |
| lemme *cf.* | : | les références sont au mot indiqué |
| lemme *cf.*+ | : | adjoindre les références au(x) mot(s) indiqué(s) |

**Texte :**

⟨suppléé⟩

(supprimé) ou (à noter)

*conjecturé*

+douteux+ ou +corrompu+

--- : lacuneux

# LISTE GÉNÉRALE DU VOCABULAIRE

| LEMMES | TOTAL | ADAM | HEN | ABR | PATR | ASEN | SAL | JER | BAR | PROP | ESDR | SEDR | JOB | ARIS | SIB | FRAG |
|---|---|---|---|---|---|---|---|---|---|---|---|---|---|---|---|---|
| ᾱ | 1 | | | | | | | | | | | | | | 1 | |
| Ἀαρών | 9 | | | | | | | | | 3 | | | | | | 6 |
| ἀβάπτιστος | 1 | | | | | | | | | | | 1 | | | | |
| αβαρμας * | 1 | | | | | | | | | | | | | | | 1 |
| ἀβάστακτος | 1 | | | 1 | | | | | | | | | | | | |
| Ἀβδηρίτης | 1 | | | | | | | | | | | | | | 1 | |
| Ἀβδιού | 1 | | | | | | | | | 1 | | | | | | |
| Ἄβελ | 20 | 8 | 2 | 2 | 2 | | | | | | | | | | | 6 |
| αβελβελ * | 1 | | | | | | | | | | | | | | | 1 |
| Ἀβελμαούλ | 3 | | | | 2 | | | | | 1 | | | | | | |
| Ἀβίβ | 1 | | | | | | | 1 | | | | | | | | |
| Ἀβιήτης | 1 | | | | | | | | | | | | | | 1 | |
| Ἀβιλά | 1 | | | | 1 | | | | | | | | | | | |
| Ἀβιμέλεχ | 22 | | | | | | | 21 | 1 | | | | | | | |
| ἀβλαβής | 3 | | | | 1 | | | | | 2 | | | | | | |
| αβλαναθαναλβα * | 1 | | | | | | | | | | | | | | | 1 |
| ἀβουλία | 1 | | | | | | | | | | | | | | | 1 |
| ἄβουλος | 1 | | | | | | | | | | | | | | 1 | |
| αβρα * | 1 | | | | | | | | | | | | | | | 1 |
| ἅβρα | 1 | | | | | | | | | | | | | | | 1 |
| Ἀβραάμ | 297 | | | 216 | 22 | | 2 | 2 | | 2 | 2 | 1 | | | | 50 |
| Ἀβραῖος | 1 | | | | | | | | | | | | | | 1 | |
| Ἄβραμος | 1 | | | | | | | | | | | | | | 1 | |
| αβρασιλωθ * | 1 | | | | | | | | | | | | | | | 1 |
| αβραωθ * | 1 | | | | | | | | | | | | | | | 1 |
| αβραωθιωχ * | 1 | | | | | | | | | | | | | | | 1 |
| ἀβρός | 1 | | | | | | | | | | | | | | 1 | |
| ἀβροχία | 1 | | | | | | | | | | | | | | 1 | |
| αβρωωθ * | 1 | | | | | | | | | | | | | | | 1 |
| Ἄβυρος | 1 | | | | | | | | | 1 | | | | | | |
| ἄβυσσος | 17 | | 4 | | 1 | 2 | 1 | | | | 1 | | | 1 | | 7 |
| ἀγαθοποιέω | 3 | | | | 2 | | | | | | | | | 1 | | |
| ἀγαθοποιΐα | 1 | | | | 1 | | | | | | | | | | | |
| ἀγαθός | 143 | 3 | 13 | 10 | 43 | 9 | 8 | | 5 | 2 | | 2 | 8 | 15 | 14 | 11 |
| ἀγαθότης | 7 | | 1 | | 4 | | | | 1 | | | 1 | | | | |
| ἀγαθύνω | 1 | | | | 1 | | | | | | | | | | | |
| ἀγαθωσύνη | 3 | | | | 1 | | | | | | | | | | | 2 |
| ἀγαλλίασις | 6 | | 1 | 2 | 2 | | 1 | | | | | | | | | |
| ἀγαλλιάω | 11 | | 2 | 2 | 3 | | | | 1 | | | | | 2 | | 1 |
| ἀγάλλω | 3 | | | 1 | | | | | 1 | | | | | | 1 | |
| ἄγαλμα | 4 | | | | | | | | | | | | | 1 | 1 | 2 |
| ἄγαμαι | 1 | | | | | | | | | | | | | | | 1 |
| ἄγαμος | 1 | | | | | | | | | | | | | | | 1 |
| ἄγαν | 1 | | | | | | | | | | | | | | | 1 |
| ἀγανακτέω | 3 | | | | | | | | | | | | | | | 3 |
| ἀγαπάω | 86 | | 5 | | 47 | 12 | 7 | 3 | | | | | 5 | 1 | 1 | 5 |
| ἀγάπη | 14 | | 1 | | 10 | | 1 | | | | | | 1 | 1 | | |
| ἀγάπησις | 4 | | | | | | 1 | | | | | | | 3 | | |
| ἀγαπητός | 31 | | 6 | 5 | 5 | | | | 1 | | | | 8 | 3 | | 3 |
| Ἀγγαῖος | 3 | | | | | | | | | 3 | | | | | | |
| ἀγγεῖνον * | 1 | | | | | | | | | | | | | | | 1 |
| ἀγγεῖον | 4 | | | | | | | | | 3 | | | | 1 | | |
| ἀγγελία | 1 | | | | 1 | | | | | | | | | | | |
| ἀγγελικός | 2 | 1 | | | | | | | | | | | 1 | | | |
| ἀγγέλλω | 2 | | | | | | | | | 1 | | | | | 1 | |
| ἄγγελος | 309 | 47 | 40 | 45 | 35 | 7 | | 11 | 59 | 5 | 21 | 8 | 6 | | | 25 |
| ἄγγος | 1 | | | | | | | | | | | | | | | 1 |
| ἀγγός + | 1 | | | | | | | | | | | | | | 1 | |
| ἀγείρω | 1 | | | | | | | | | | | | | | 1 | |
| ἀγέλη | 5 | | | 1 | | | | | | | | | | 1 | 3 | |
| ἀγέννητος | 1 | | | | | | | 1 | | | | | | | | |
| ἀγέρωχος | 1 | | | | | | | | | | | | | | 1 | |
| ἀγήραος | 1 | | | | | | | | | | | | | | | 1 |
| ἀγήρατος | 1 | | | | | | | | | | | | | | 1 | |
| ἁγιάζω | 7 | | | | 1 | | 4 | | | | | | | | | 2 |
| ἁγίασμα | 6 | | 1 | | 2 | | 3 | | | | | | | | | |
| ἁγιασμός | 4 | | | | 3 | | 1 | | | | | | | | | |
| ἁγιαστήριον | 2 | | | | | | | 2 | | | | | | | | |
| ἅγιος | 164 | 7 | 51 | 8 | 36 | 2 | 8 | 4 | 2 | 3 | 6 | 5 | 6 | 3 | 12 | 11 |
| ἁγιότης | 1 | | | | 1 | | | | | | | | | | | |
| ἁγιωσύνη | 1 | | | | 1 | | | | | | | | | | | |
| ἀγκάλη | 1 | | | | | | | | | | | | | | | 1 |
| ἄγκιστρον | 1 | | | | | 1 | | | | | | | | | | |
| ἀγλαός | 3 | | | | | | | | | | | | | | 2 | 1 |
| ἀγλαοφαρής * | 1 | | | | | | | | | | | | | | 1 | |
| ἁγνεία | 5 | | | | 1 | | | | | | | | | 2 | | 2 |
| ἁγνεύω | 1 | | | | | | | | | | | | | | | 1 |
| ἁγνίζω | 1 | | | | | | | | | | | | | | 1 | |
| ἀγνοέω | 14 | 1 | | | 7 | 1 | | | | | | 1 | | 3 | | 1 |
| ἀγνόημα | 1 | | | | | 1 | | | | | | | | | | |
| ἄγνοια | 15 | | | | 6 | 4 | 3 | | | | | | | 1 | | 1 |
| ἁγνός | 22 | | | | 7 | | | | | | | | | 5 | 10 | |
| ἅγνος + | 1 | | | | | | | | | | | | | | 1 | |
| ἁγνῶς | 1 | | | | | | | | | | | | | | | 1 |
| ἀγνωσία | 1 | | | | 1 | | | | | | | | | | | |
| ἄγνωστος | 1 | | | | | | | | | | | | 1 | | | |
| ἄγονος | 1 | | | | | | | | | | | 1 | | | | |
| ἀγορά | 6 | | | | | | | | 1 | | | | | 3 | 1 | 1 |
| ἀγοράζω | 2 | | | | 2 | | | | | | | | | | | |
| ἀγορασμός | 1 | | | | | | | | | | | | | | 1 | |
| ἀγορεύω | 8 | | | | | | | | | | | | | | 4 | 4 |
| ἄγος | 1 | | | | | | | | | | | | | | 1 | |
| ἀγραυλέω | 1 | | | 1 | | | | | | | | | | | | |
| ἄγραυλος | 1 | | | | | | | | | | | | | | 1 | |
| ἄγραφος | 1 | | | | | | | | | | | | | | 1 | |
| ἀγρεύω | 1 | | | | | | 1 | | | | | | | | | |
| ἄγριος | 23 | | | 8 | 5 | | 1 | | | | | | | 2 | 5 | 2 |
| ἀγριότης | 11 | | | 11 | | | | | | | | | | | | |
| ἀγριόω | 1 | | | | 1 | | | | | | | | | | | |
| Ἀγρίππας | 4 | | | | | | | 3 | 1 | | | | | | | |

4

| LEMMES | TOTAL | ADAM | HEN | ABR | PATR | ASEN | SAL | JER | BAR | PROP | ESDR | SEDR | JOB | ARIS | SIB | FRAG |
|---|---|---|---|---|---|---|---|---|---|---|---|---|---|---|---|---|
| ἀγρόθεν | 1 | | | | | | | | | | | | | | | 1 |
| ἀγρός | 33 | | | 1 | 5 | 7 | | 2 | | 11 | 1 | | 1 | | 3 | 2 |
| ἀγρυπνέω | 2 | | 1 | | | 1 | | | | | | | | | | |
| ἀγυιά | 1 | | | | | | | | | | | | | | | 1 |
| ἄγχι | 1 | | | | | | | | | | | | | | | 1 |
| ἀγχόνη | 2 | | | | | 2 | | | | | | | | | | |
| ἄγχω | 2 | | | | 2 | | | | | | | | | | | |
| ἄγω | 73 | 2 | 1 | 10 | 9 | 3 | 3 | | 7 | 2 | | 1 | 1 | 7 | 12 | 15 |
| ἀγωγή | 7 | | | | | | | | | | | | | 7 | | |
| ἀγών | 3 | | | | | | | | | | | | | 1 | 2 | |
| ἀγωνίζομαι | 4 | | | | 2 | | | 1 | | | | | | 1 | | |
| ἀδαήμων | 1 | | | | | | | | | | | | | | | 1 |
| ἀδαής | 1 | | | | | 1 | | | | | | | | | | |
| Ἀδαῖος | 1 | | | | | | | | | | | | | 1 | | |
| Ἀδάμ | 124 | 82 | | 5 | 2 | | | | 6 | | 2 | 6 | | | 1 | 20 |
| ἀδαμάντινος | 3 | | | | | 2 | | 1 | | | | | | | | |
| ἀδάμαστος | 2 | | | | | | | | | | | | | | | 2 |
| ἄδεια | 1 | | | | | | | | | | | | | | | 1 |
| ἀδελφειός | 2 | | | | | | | | | | | | | | 1 | 1 |
| ἀδελφή | 29 | | | 1 | 5 | 8 | | | | | | | 1 | 2 | | 12 |
| ἀδελφιδέος | 1 | | | | | | | | | | | | | | | 1 |
| ἀδελφοκτονία | 1 | | | | | | | | | | | | | | | 1 |
| ἀδελφός | 159 | 3 | 2 | 5 | 70 | 43 | | | 4 | | | 6 | 7 | 2 | | 17 |
| ἄδηλος | 7 | | | 2 | | | | | | | | | | | 2 | 3 |
| ἀδημονέω | 1 | | | 1 | | | | | | | | | | | | |
| ἀδημονία | 1 | | | | | | | | | | | | 1 | | | |
| ἀδιαίρετος | 1 | | | | | | | | | | | | | | | 1 |
| ἀδιάκοπος | 1 | | | | | | | | | | | | | 1 | | |
| ἀδιάκριτος | 1 | | | | 1 | | | | | | | | | | | |
| ἀδιάλειπτος | 6 | | | | 2 | | | | | | | | | 3 | | 1 |
| ἀδιάλυτος | 1 | | | | | | | | | | | | | 1 | | |
| ἀδιάτακτος | 1 | | | | | | | | | | | | | | | 1 |
| ἀδιάφθορος | 1 | | | | | | | | | | | 1 | | | | |
| ἀδίδακτος | 1 | | | | | | | | | | | | | | | 1 |
| ἀδιήγητος | 1 | | | | | | | | | | | | | 1 | | |
| ἀδικέω | 25 | | 3 | | 4 | 5 | | | | | | | 2 | 1 | 1 | 9 |
| ἀδίκημα | 7 | | 6 | | | | | | | | | | 1 | | | |
| ἀδικία | 40 | | 13 | | 9 | | 7 | | 2 | | | | 1 | 6 | | 2 |
| ἄδικος | 32 | | 4 | | 8 | 5 | | | | | | | | 1 | 7 | 7 |
| ἀδίψητος * | 1 | | | | | | | | | | | | | | 1 | |
| ἀδόλεσχος | 1 | | | | | | | | | | | | | 1 | | |
| ἄδολος | 1 | | | | | | | | | | | | | | | 1 |
| ἀδοξέω | 2 | | | | 2 | | | | | | | | | | | |
| ἀδοξία | 1 | | | | | | | | | | | | | 1 | | |
| ἀδούλωτος | 2 | | | | | | | | | | | | | | 2 | |
| ἀδρύνω | 1 | | | | 1 | | | | | | | | | | | |
| ἀδυναμέω | 1 | | | | | | | | | | | | | | | 1 |
| ἀδυναμία | 2 | | | | | | | | | | | | | | | 2 |
| ἀδύνατος | 7 | | | 1 | | | | | | | | | 5 | | | 1 |
| ἀδωροδόκητος | 1 | | | | | | | | | | | | | 1 | | |
| αεηιουω * | 1 | | | | | | | | | | | | | | | 1 |
| * ἀεί | 28 | | | 1 | 3 | | | | 2 | | 1 | | | 3 | 12 | 6 |
| ἀείδω | 2 | | 1 | | | | | 1 | | | | | | | | |
| ἀεικέλιος | 3 | | | | | | | | | | | | | | 3 | |
| ἀεικής | 1 | | | | | | | | | | | | | | 1 | |
| ἀείροος | 1 | | | | | | | | | | | | | 1 | | |
| ἀείφατος * | 1 | | | | | | | | | | | | | | 1 | |
| ἄελλα | 3 | | | | | | | | | | | | | | 3 | |
| ἀέναος | 9 | | | | | | | | | | | 1 | | | 3 | 5 |
| ἀέξω | 1 | | | | | | | | | | | | | | | 1 |
| ἀεργός | 2 | | | | | | | | | | | | | | | 2 |
| ἀέριος | 4 | | | | 1 | | | | | | | | | | 2 | 1 |
| ἀεροβαθής | 1 | | 1 | | | | | | | | | | | | | |
| ἀεροσκοπία | 1 | | 1 | | | | | | | | | | | | | |
| ἀετός | 25 | 1 | | | 2 | | | 15 | | | | | | | 1 | 6 |
| Ἀζαήλ | 9 | | 9 | | | | | | | | | | | | | |
| Ἀζαλζήλ | 1 | | 1 | | | | | | | | | | | | | |
| Ἀζαρίας | 1 | | | | | | | | | 1 | | | | | | |
| Ἀζουρά | 2 | | | | | | | | | | | | | | | 2 |
| ἄζυμος | 2 | | | | | | | | | | | | | | | 2 |
| Ἀζώτιος | 1 | | | | | | | | | | | | | | 1 | |
| Ἄζωτος | 1 | | | | | | | | | | 1 | | | | | |
| ἀηδής | 2 | | | | | | | | | | | | | | 1 | 1 |
| ἀηδία | 1 | | | | 1 | | | | | | | | | | | |
| ἀήρ | 10 | | | | 1 | | | 1 | | | | | 1 | 1 | 1 | 5 |
| ἀήττητος | 1 | | | | | | | | | | | | | 1 | | |
| αηω * | 1 | | | | | | | | | | | | | | | 1 |
| ἀθανασία | 3 | | | | | 3 | | | | | | | | | | |
| ἀθάνατος | 46 | 2 | | 6 | | | | | | | | 1 | 1 | | 32 | 4 |
| ἀθέατος | 2 | | | | | | | | | | | | | 1 | | 1 |
| ἀθέμιστος | 2 | | | | | | | | | | | | | | 1 | 1 |
| ἄθεος | 2 | | | | | | | | | | | | | | 2 | |
| ἄθεσμος | 10 | | | | | | | | | | | | | | 8 | 2 |
| ἀθέσφατος | 2 | | | | | | | | | | | | | | 1 | 1 |
| ἀθετέω | 3 | | | | 2 | | | | | | | | | | | 1 |
| ἀθεώρητος | 2 | | | | | | | | | | | 1 | | | | 1 |
| ἄθικτος | 5 | | | | 4 | | | | | | | | | | | 1 |
| ἀθλεύω | 1 | | | | | | | | | | | | | | 1 | |
| ἀθλητής | 3 | | | | | | | | | | | | 3 | | | |
| ἄθλιος | 3 | | | | | 2 | | | | | | | | | | 1 |
| Ἀθριβίτης | 1 | | | | | | | | | | | | | | | 1 |
| ἀθροίζω | 3 | | | | | | | | | | | | | | | 3 |
| ἀθρόος | 4 | | | | | | | | | | | | 1 | 1 | 1 | 1 |
| ἀθυμία | 1 | | | 1 | | | | | | | | | | | | |
| ἀθῷος | 3 | | | | 3 | | | | | | | | | | | |
| Ἀθώς | 1 | | | | | | | | | | | | | | | 1 |
| αἱ | 2 | | | | | | | | | | | | | | 1 | 1 |
| αἵ | 20 | | | | | | | | | | | | | | 20 | |
| αἶα | 1 | | | | | | | | | | | | | | 1 | |
| Αἰά | 1 | | | | | | | | | | | | | | | 1 |

| LEMMES | TOTAL | ADAM | HEN | ABR | PATR | ASEN | SAL | JER | BAR | PROP | ESDR | SEDR | JOB | ARIS | SIB | FRAG |
|---|---|---|---|---|---|---|---|---|---|---|---|---|---|---|---|---|
| αἰάζω | 1 | | | | | | | | | | | | | | 1 | |
| αἰγιαλός | 1 | | | | 1 | | | | | | | | | | | |
| αἰγινόμος | 1 | | | | | | | | | | | | | | | 1 |
| Αἰγοκεράστης * | 1 | | | | | | | | | | | | | | 1 | |
| Αἰγόκερως | 3 | | | | | | | | | | | | | | 2 | 1 |
| Αἰγυπτιάς * | 1 | | | | | | | | | | | | | | 1 | |
| Αἰγύπτιος | 87 | | | | 23 | 10 | | | | 2 | | | | 4 | 2 | 46 |
| Αἴγυπτος | 123 | | | | 24 | 13 | 1 | 1 | | 3 | | | 1 | 6 | 25 | 49 |
| αἰδέομαι | 14 | 1 | | | 7 | 3 | | | | | | | 2 | | | 1 |
| ἄδηλος | 1 | | | | | | | | | | | | | | | 1 |
| Ἀΐδης | 1 | | | | | | | | | | | | | | | 1 |
| Ἅιδης | 30 | | 3 | 3 | 3 | | 4 | | 3 | | | 3 | 1 | | 4 | 6 |
| ἀΐδιος | 3 | | | | | | | | | | | | | | 3 | |
| αἰδοῖον | 1 | | | | | | | | | | | | | | | 1 |
| αἰδώς | 1 | | | | 1 | | | | | | | | | | | |
| αἰθαλόεις | 2 | | | | | | | | | | | | | | 2 | |
| αἰθέριος | 1 | | | | | | | | | | | | | | 1 | |
| αἰθήρ | 16 | | 2 | | | | | | | | | | | | 12 | 2 |
| Αἰθιοπεύς | 2 | | | | | | | | | | | | | | 2 | |
| Αἰθιοπία | 2 | | | | | | | | | 1 | | | | | | 1 |
| Αἰθιοπίς | 1 | | | | | | | | | | | | | | | 1 |
| Αἰθίοψ | 14 | 1 | | | | | 1 | | 1 | | | | | 1 | 6 | 4 |
| αἴθριος | 1 | | | | | | | | | | | | 1 | | | |
| αἴθω | 3 | | | | | | | | | | | | | | 2 | 1 |
| αἴθων | 1 | | | | | | | | | | | | | | 1 | |
| αἰκία | 4 | | | | | | | | | 1 | | | | 2 | | 1 |
| αἰκίζω | 3 | | | | 1 | | | | | 1 | | | | | | 1 |
| Ἀιλάμ | 1 | | | | | | | | | 1 | | | | | | |
| αἴλουρος | 6 | | | | | | | | | | | | | | 1 | 5 |
| αἷμα | 77 | 1 | 11 | 2 | 15 | 8 | 2 | | 1 | 2 | | | | 2 | 24 | 9 |
| αἱμάσσω | 1 | | | | | | | | | | | | | | 1 | |
| αἱματόεις | 1 | | | | | | | | | | | | | | 1 | |
| Αἷμος | 1 | | | | | | | | | | | | | | 1 | |
| αἱμοχαρής | 1 | | | | | | | | | | | | | | 1 | |
| Αἰνά | 1 | | | | 1 | | | | | | | | | | | |
| Αἰνεάδης | 1 | | | | | | | | | | | | | | 1 | |
| αἰνετός | 4 | | | | | | 3 | | | | | | | | | 1 |
| αἰνέω | 6 | | | | 1 | | 2 | | | 1 | | | | | 1 | 1 |
| αἴνιγμα | 1 | | | | | | | | | | | | | | 1 | |
| αἰνογόνος | 1 | | | | | | | | | | | | | | | 1 |
| αἰνόμορος | 1 | | | | | | | | | | | | | | 1 | |
| αἰνοπαθής | 1 | | | | | | | | | | | | | | 1 | |
| αἰνός | 3 | | | | | | | | | | | | | | 2 | 1 |
| αἰνόφυτον * | 1 | | | | | | | | | | | | | | | 1 |
| αἴξ | 11 | | | | 5 | | | | 1 | | | | 1 | 1 | 3 | |
| αἰπύθεν * | 1 | | | | | | | | | | | | | | | 1 |
| αἰπύς | 1 | | | | | | | | | | | | | | | 1 |
| αἵρεσις | 4 | | | | | | | | | 1 | | | | 1 | | 2 |
| αἱρετίζω | 2 | | | | | | 2 | | | | | | | | | |
| αἱρετός | 1 | | | | | | | | | | | | | 1 | | |
| αἱρέω | 22 | | | | 2 | | 1 | | | 1 | | | | 4 | 8 | 6 |
| αἴρω | 73 | 11 | | 15 | 4 | 1 | 3 | 12 | 3 | 1 | 2 | | 13 | 1 | 7 | |
| αἰσθάνομαι | 1 | | | | 1 | | | | | | | | | | | |
| αἴσθησις | 5 | | | | 3 | | | | | | | | | 2 | | |
| αἴσιμος | 2 | | | | | | | | | | | | | | 2 | |
| αἴσιος | 1 | | | | | | | | | | | | | | 1 | |
| ἀΐσσω | 2 | | | | | | | | | | | | | | 2 | |
| ἄϊστος | 2 | | | | | | | | | | | | | | 2 | |
| αἶσχος | 1 | | | | | | | | | | | | | | | 1 |
| αἰσχρόβιος * | 1 | | | | | | | | | | | | | | 1 | |
| αἰσχροκερδία | 1 | | | | 1 | | | | | | | | | | | |
| αἰσχρορρημονέω | 1 | | | | 1 | | | | | | | | | | | |
| αἰσχρός | 4 | | | | | | | | | | | | | | 3 | 1 |
| αἰσχύνη | 8 | 1 | 1 | | 1 | 1 | 1 | | | 1 | | | | 1 | | 1 |
| αἰσχυντός | 1 | | | | | | | | | | | | | | | 1 |
| αἰσχύνω | 11 | | | | 9 | | | | | | | | | | | 2 |
| Αἴσωπος | 63 | | | | | | | | | | | | | | | 63 |
| αἰτέω | 28 | | | 5 | 6 | | 1 | 1 | 1 | 1 | 1 | | 7 | | 1 | 4 |
| αἴτημα | 1 | | | | | | 1 | | | | | | | | | |
| αἴτησις | 3 | | | 2 | | | | | | | | 1 | | | | |
| αἰτία | 6 | | 3 | | | | | | 1 | 1 | | | | | | 1 |
| αἴτιος | 7 | | | | 3 | | 1 | | | | | | | 3 | | |
| Αἴτνη | 1 | | | | | | | | | | | | | | 1 | |
| Αἰτώλιος | 1 | | | | | | | | | | | | | | 1 | |
| αἰφνίδιος | 2 | | | | | | | | | 1 | | | | | | 1 |
| αἰχμαλωσία | 22 | | | | 14 | | 1 | 1 | 1 | 3 | | | | | | 2 |
| αἰχμαλωτεύω | 12 | | | | 2 | | | 8 | | | | | 1 | 1 | | |
| αἰχμαλωτίζω | 13 | | | | 5 | | | | | | | | 1 | 1 | | 6 |
| αἰχμάλωτος | 10 | | | | 3 | 1 | | | | | | | | 3 | | 3 |
| αἰών | 205 | 2 | 60 | 5 | 30 | 31 | 34 | 3 | 2 | | 4 | 5 | 7 | | 11 | 11 |
| αἰώνιος | 37 | 1 | 7 | 4 | 9 | 3 | 4 | | 1 | | 2 | | | | 5 | 1 |
| ἀκαθαρσία | 19 | | 6 | 1 | 7 | | 4 | | | | | | | 1 | | |
| ἀκαθάρσιος * | 1 | | | 1 | | | | | | | | | | | | |
| ἀκάθαρτος | 13 | | | | 3 | | | | | | | | | 5 | 2 | 3 |
| ἀκάθεκτος | 1 | | | | | | | | | | | | | | | 1 |
| ἄκαιρος | 1 | | | | | | | | | | | | | | | 1 |
| ἀκακία | 4 | | | | 2 | | 2 | | | | | | | | | |
| ἄκακος | 3 | | | | | | 3 | | | | | | | | | |
| ἀκάλυπτος | 2 | | 2 | | | | | | | | | | | | | |
| ἀκάλυφος | 1 | | | | 1 | | | | | | | | | | | |
| ἀκάμας | 1 | | | | | | | | | | | | | | 1 | |
| ἀκάματος | 2 | | | | | | 1 | | | | | | | | 1 | |
| ἄκανθα | 2 | 1 | | | | | | | | | | | | | | 1 |
| ἄκανθος | 1 | | | | | | | | | | | | | 1 | | |
| ἀκαρπία | 1 | | | | | | | | | | | | | | 1 | |
| ἄκαρπος | 4 | | | | | | | 1 | | 1 | | | | | 1 | 1 |
| ἀκατάληπτος | 1 | | | | | | | | | | | | | | 1 | |
| ἀκαταμάχητος | 1 | | | | 1 | | | | | | | | | | | |
| ἀκατανόητος | 1 | | | | | | | | | | | | | | | 1 |
| ἀκατασκεύαστος | 4 | | 4 | | | | | | | | | | | | | |

| LEMMES | TOTAL | ADAM | HEN | ABR | PATR | ASEN | SAL | JER | BAR | PROP | ESDR | SEDR | JOB | ARIS | SIB | FRAG |
|---|---|---|---|---|---|---|---|---|---|---|---|---|---|---|---|---|
| ἀκαταστασία | 2 | 1 | | | | | | | | | | | | | | 1 |
| ἀκαταστατέω | 1 | | | | | | | | | | | | | | | 1 |
| ἀκατάστατος | 2 | | | | | | | | | | | | 2 | | | |
| ἀκατάσχετος | 1 | | | | | | | | | | | | | | | 1 |
| ἀκάτιον | 1 | | | | 1 | | | | | | | | | | | |
| ἀκέομαι | 1 | | | | | | | | | | | | | | | 1 |
| ἀκέραιος | 3 | | | | | | | | | | | | | 3 | | |
| ἀκήδεστος | 1 | | | | | | | | | | | | | | 1 | |
| ἀκήδευτος | 1 | 1 | | | | | | | | | | | | | | |
| ἀκηδία | 2 | | | | | | | | | | | | 2 | | | |
| Ἀκήρ | 1 | | | | | | | 1 | | | | | | | | |
| ἀκήρατος | 1 | | | | | | | | | | | | | | | 1 |
| ἀκήριος | 1 | | | | | | | | | | | | | | | 1 |
| ἀκίνδυνος | 1 | 1 | | | | | | | | | | | | | | |
| ἀκίνητος | 6 | | | | 1 | | | | | | | 1 | 2 | | 1 | 1 |
| ἄκλαυστος | 1 | | | | | | | | | | | | | | 1 | |
| ἀκμαῖος | 1 | | | | | | | | | | | | | 1 | | |
| ἀκμή | 5 | | | | | | | | | | | | | 4 | | 1 |
| ἀκοή | 14 | 1 | | 5 | | 1 | | | | | | 2 | | 2 | 2 | 1 |
| ἀκοίμητος | 1 | | | | | | | 1 | | | | | | | | |
| ἀκολασία | 2 | | | | 2 | | | | | | | | | | | |
| ἀκολουθέω | 18 | 1 | | 12 | 1 | | | | | 1 | | | 1 | 1 | | 1 |
| ἀκόλουθος | 7 | | | | | | | | | | | | | 7 | | |
| ἀκονάω | 1 | | | 1 | | | | | | | | | | | | |
| ἀκοντίζω | 7 | | | | 2 | 2 | | 1 | | | | | | | | 2 |
| ἀκούσιος | 2 | | | | | | | | | | | | | | | 2 |
| ἀκούω | 229 | 9 | 11 | 25 | 44 | 27 | 4 | 20 | 8 | 3 | 7 | 4 | 18 | 5 | 4 | 40 |
| ἄκρα | 3 | | | | | | | | | | | | | 3 | | |
| ακραμμ * | 1 | | | | | | | | | | | | | | | 1 |
| ακρασία (ἀκρατής) | 1 | | | | | 1 | | | | | | | | | | |
| ἀκρατής | 1 | | | | | | | | | | | | | 1 | | |
| ἄκρατος | 1 | | | | | 1 | | | | | | | | | | |
| ἀκρίβεια | 2 | 1 | | | | | | | | | | | | 1 | | |
| ἀκριβής | 5 | | | | | | | | | | | | 1 | 3 | | 1 |
| ἀκρίς | 5 | | | | | | 1 | | | | | | | | 1 | 3 |
| ἄκριτος | 1 | | | | | | | | | | | | | | 1 | |
| ἀκροάομαι | 1 | | | | | | | | | | | | | 1 | | |
| ἀκρόασις | 1 | | | | | | | | | | | | | 1 | | |
| ἀκροατήριον | 1 | | | | | | | | | | | | | | | 1 |
| ἀκροατής | 1 | | | | | | | | | | | | | 1 | | |
| ἀκρόδρυον | 2 | | | | | | | | | | | | | 1 | 1 | |
| ἀκρόνυχος | 2 | | | | | | | | | | | 1 | 1 | | | |
| ἄκρος | 15 | | 4 | 1 | | 4 | 1 | | | | | | | 2 | | 3 |
| ἀκτερής | 1 | | | | | | | | | | | | | | 1 | |
| ἀκτή | 1 | | | | | | | | | | | | | | | 1 |
| ἀκτίς | 21 | | 2 | 6 | 1 | 1 | | | 5 | | | | 1 | | 2 | 3 |
| ἄκτωρ | 1 | | | | | | | | | | | | | | | 1 |
| ἀκυρόω | 2 | | 1 | | | | | | | | | | | | | 1 |
| ἀκώλυτος | 2 | | | | 1 | | | | | | | | 1 | | | |
| ἄκων, ουσα, ον | 1 | | | | | | | | | | | | | | | 1 |
| ἀλαζονεία | 4 | | | | 2 | 1 | | | | | | | 1 | | | |
| ἀλαζών | 3 | | | | 3 | | | | | | | | | | | |
| ἀλαλαγμός | 2 | | | | | | | | | | | | | | 2 | |
| ἀλαλάζω | 2 | | | | | | | | | | | | | | | 2 |
| ἄλαλος | 2 | | | | | | | | | | | | | | 2 | |
| Ἀλάμ | 2 | | | | | | | | | | | | | | | 2 |
| ἀλαπαδνός | 2 | | | | | | | | | | | | | | 2 | |
| ἅλας | 4 | | | | 4 | | | | | | | | | | | |
| Ἀλγασάρ | 1 | | | | | | | | | | | | | | | 1 |
| ἀλγεινός | 5 | | | | | | | | | | | | | 1 | 2 | 2 |
| ἀλγέω | 1 | | | | 1 | | | | | | | | | | | |
| ἄλγημα | 2 | | | | 2 | | | | | | | | | | | |
| ἄλγος | 5 | | | | | | | | | | | | | | 4 | 1 |
| ἄλειμμα | 2 | | | | 1 | | | | | | | | 1 | | | |
| ἀλείφω | 3 | 2 | | | 1 | | | | | | | | | | | |
| ἀλεκτρυών | 1 | | | | | | | | | | | | | | | 1 |
| ἀλέκτωρ (δ) | 4 | | | | | | 4 | | | | | | | | | |
| Ἀλεξάνδρεια | 4 | | | | | | | | | 1 | | | | 2 | 1 | |
| Ἀλεξανδρεύς | 1 | | | | | | | | | | | | | | 1 | |
| Ἀλέξανδρος | 20 | | | | | | | | | 1 | | | | | | 19 |
| ἀλήθεια | 76 | | 15 | 6 | 32 | 2 | 7 | | | | | | | 8 | | 6 |
| ἀληθεύω | 1 | | | | | | | | | | | | | | | 1 |
| ἀληθής | 29 | | 3 | 3 | | | 3 | | | | | | 6 | 1 | 9 | 4 |
| ἀληθινός | 18 | | 4 | | 5 | 1 | | 1 | | 1 | | | 2 | | 2 | 2 |
| ἄληκτος | 1 | | | | | | | | | | | | | 1 | | |
| ἀλιεύω | 3 | | | | 3 | | | | | | | | | | | |
| ἁλίζω (ἅλς) | 5 | | | | 5 | | | | | | | | | | | |
| ἀλινηχής | 1 | | | | | | | | | | | | | | 1 | |
| ἅλις | 1 | | | | | | | | | | | | | | | 1 |
| ἀλίσγημα | 1 | | | | | | | 1 | | | | | | | | |
| ἁλίσκομαι | 1 | | | | | | | | | | | | | | | 1 |
| ἀλιταίνω | 1 | | | | | | | | | | | | | | | 1 |
| ἀλίτροπος * | 1 | | | | | | | | | | | | | | | 1 |
| ἄλκαρ | 1 | | | | | | | | | | | | | | | 1 |
| ἀλκή | 2 | | | | | | | | | | | | | | | 2 |
| ἀλκήεις | 1 | | | | | | | | | | | | | | | 1 |
| * ἀλλά | 411 | 17 | 28 | 32 | 54 | 24 | 3 | 17 | 19 | 8 | 4 | 11 | 21 | 33 | 78 | 62 |
| ἄλλαγμα | 1 | | | | | 1 | | | | | | | | | | |
| ἀλλάσσω | 11 | | 2 | 1 | 1 | | | | | | | | | | 7 | |
| ἀλλαχοῦ | 2 | | 2 | | | | | | | | | | | | | |
| αλληλου * | 1 | | | | | | | | | | | | | | | 1 |
| ἀλληλούϊα | 2 | 1 | | | | | | | | | 1 | | | | | |
| * ἀλλήλων | 56 | 2 | 11 | 1 | 11 | 5 | 1 | 3 | 1 | | | 1 | 2 | 2 | 8 | 8 |
| ἀλλογενής | 1 | | | | | 1 | | | | | | | | | | |
| ἀλλοδίκης | 1 | | | | | | | | | | | | | | 1 | |
| ἄλλοθεν | 1 | | | | | | | | | | | | | | | 1 |
| ἄλλοθι | 1 | | | | | | | | | | | | | | 1 | |
| ἀλλοῖος | 2 | | 2 | | | | | | | | | | | | | |
| ἀλλοιόω | 13 | | 5 | | 4 | | | | | | | | 4 | | | |
| ἀλλοίωσις | 1 | | | | | | | | | 1 | | | | | | |

| LEMMES | TOTAL | ADAM | HEN | ABR | PATR | ASEN | SAL | JER | BAR | PROP | ESDR | SEDR | JOB | ARIS | SIB | FRAG |
|---|---|---|---|---|---|---|---|---|---|---|---|---|---|---|---|---|
| * ἄλλος | 156 | 3 | 13 | 11 | 15 | 6 | | 3 | 4 | 2 | 2 | 1 | 12 | 26 | 25 | 33 |
| ἀλλοτέρμων | 1 | | | | | | | | | | | | | | | 1 |
| ἀλλότριος | 37 | | | 1 | 5 | 14 | 4 | 2 | | | | 3 | 1 | | 5 | 2 |
| ἀλλοτριότης | 1 | | | | | | 1 | | | | | | | | | |
| ἀλλοτριόω | 2 | | | | 1 | | | | | | | | | 1 | | |
| ἀλλόφυλος | 7 | | | | 2 | 1 | | | | 4 | | | | | | |
| ἀλλυδις | 1 | | | | | | | | | | | | | | 1 | |
| ἄλλως | 2 | | | | 1 | | | | | | | | | | | 1 |
| ἅλμα | 1 | | | | | | | | | | | | | | 1 | |
| ἁλμυρός | 3 | | | | | | | 2 | | | | | | | | 1 |
| Ἀλνασάρ | 1 | | | | | | | | | | | | | | | 1 |
| ἀλογία | 1 | | | | | | | | | | | | | | | 1 |
| ἀλογιστέω | 1 | | | | | | | | | | | | | 1 | | |
| ἀλόγιστος | 1 | | | | | | | | | | | | | 1 | | |
| ἄλογος | 8 | | | | 1 | | 1 | | | | | 1 | 1 | 3 | | 1 |
| ἄλοχος | 9 | | | | | | | | | | | | | | 3 | 6 |
| ἅλς (ἡ) | 6 | | | | | | | | | | | | | | 6 | |
| ἅλς (ὁ) | 1 | | | | 1 | | | | | | | | | | | |
| ἄλσος | 1 | | 1 | | | | | | | | | | | | | |
| ἀλσώδης | 1 | | | | | | | | | | | | | | | 1 |
| ἀλυπία | 1 | | | | | | | | | | | | | 1 | | |
| ἄλυπος | 1 | | | 1 | | | | | | | | | | | | |
| ἀλυσιδωτός | 1 | | | | | | | | | | | | | | | 1 |
| ἄλυτος | 1 | | | | | | | | | | | | | 1 | | |
| Ἀλφίας | 1 | | | | | | | | | | 1 | | | | | |
| ἀλωή | 1 | | | | | | | | | | | | | | | 1 |
| ἄλων | 1 | | | | | | | | | | 1 | | | | | |
| ἀλώπηξ | 3 | | 3 | | | | | | | | | | | | | |
| ἅλωσις | 4 | | | | | | | | | | | 2 | | | 2 | |
| * ἅμα | 44 | 3 | 3 | 2 | | 1 | 1 | | 4 | | | | 4 | 1 | 14 | 11 |
| ἀμαθής | 1 | | | | | | | | | | | | | | | 1 |
| ἀμαθία | 1 | | | | | | 1 | | | | | | | | | |
| Ἀμαλήκ | 1 | | | | 1 | | | | | | | | | | | |
| Ἀμάλθεια | 4 | | | | | | | | | | | | | 4 | | |
| Ἀμανίτης | 2 | | | | | | | | | | | | | | | 2 |
| ἀμαξηγέω * | 1 | | | 1 | | | | | | | | | | | | |
| Ἀμαριήλ | 1 | | 1 | | | | | | | | | | | | | |
| ἁμαρτάνω | 108 | 11 | 9 | 2 | 17 | 39 | 6 | 1 | | | 3 | 2 | 3 | 3 | 3 | 9 |
| ἁμάρτημα | 11 | 1 | 2 | 1 | | | 1 | 1 | | | 3 | | | 1 | | 1 |
| ἁμαρτία | 112 | 3 | 17 | 20 | 18 | 6 | 22 | 7 | | 1 | 2 | 8 | 5 | 1 | | 2 |
| ἁμαρτωλός | 103 | 1 | 26 | 14 | 2 | 35 | | | | | 10 | 10 | | | 1 | 4 |
| Ἀμασίας | 1 | | | | | | | | | 1 | | | | | | |
| ἀμαυρόω | 2 | | | 1 | | 1 | | | | | | | | | | |
| Ἀμβακούμ | 2 | | | | | | | | | 1 | | | | | | 1 |
| Ἀμβράμ | 6 | | | | 2 | | | | | | | | | | | 4 |
| ἀμβρόσιος | 1 | | | | | | | | | | | | | | 1 | |
| ἄμβροτος | 6 | | | | | | | | | | | | | | 5 | 1 |
| ἀμείβω | 1 | | | | | | | | | | | | | | | 1 |
| ἀμείνων | 3 | | | | | | | | | | | | | | 2 | 1 |
| ἀμέλγω | 1 | | | | | | | | | | | | 1 | | | |
| ἀμέλεια | 1 | | | | | | | | | | | | | 1 | | |
| ἀμελέω | 2 | | | | | | | 1 | | | | | | 1 | | |
| ἀμελής | 1 | | | | | | | | | | | | | 1 | | |
| ἀμέρδω | 1 | | | | | | | | | | | | | | | 1 |
| ἀμέριμνος | 1 | | | | 1 | | | | | | | | | | | |
| ἀμετάβλητος | 1 | | | | | | | | | | | | | | | 1 |
| ἀμετάθετος | 1 | | | 1 | | | | | | | | | | | | |
| ἀμετανόητος | 2 | | | | 1 | | | | | | | | 1 | | | |
| ἀμέτρητος | 4 | | | 2 | | | | | | | | | | | 1 | 1 |
| ἄμετρος | 3 | | | 2 | | | | | | | | | | | | 1 |
| ἀμήν | 14 | 1 | | 8 | | | | | 1 | | 1 | 1 | 1 | | | 1 |
| ἀμήχανος | 1 | | | | | | | | | | | | | | | 1 |
| ἀμίαντος | 2 | | | | | 1 | | | | | | | | | | 1 |
| ἀμιγής | 2 | | | | | | | | | | | | | 2 | | |
| Ἀμιλαβές | 2 | 2 | | | | | | | | | | | | | | |
| ἀμίμητος | 4 | | | | | | | | | | | | | 4 | | |
| ἀμισθί | 1 | | | | | | | | | | | | | 1 | | |
| ἄμμα | 2 | | | | | | | | | | | | | | | 2 |
| Ἀμμανίτης | 1 | | | | | | | | | | | | | | | 1 |
| ἄμμιγα * | 2 | | | | | | | | | | | | | | 2 | |
| ἄμμος | 14 | | 1 | 3 | 1 | 1 | | | | | | 3 | | 1 | 2 | 2 |
| Ἄμμων | 1 | | | | | | | | | | | | | | 1 | |
| αμμωνιψενταυχω * | 1 | | | | | | | | | | | | | | | 1 |
| ἀμνάς | 2 | | | | | | | | | | | | | 2 | | |
| ἀμνημονέω | 1 | | | | | | | | | | | | | 1 | | |
| ἀμνησίκακος | 1 | | | | 1 | | | | | | | | | | | |
| ἀμνήστευτος | 1 | | | | | | | | | | | | | | | 1 |
| ἀμνός | 8 | | | | 6 | | | | 2 | | | | | | | |
| ἀμοιβαῖος | 1 | | | | | | | | | | | | | | 1 | |
| ἄμοιρος | 1 | | | | | | | | | | | | | | | 1 |
| ἀμόλυντος | 1 | | | 1 | | | | | | | | | | | | |
| Ἀμορραῖος | 2 | | | | 2 | | | | | | | | | | | |
| ἄμπελος | 14 | | 3 | | | 2 | | | 4 | | | | | 3 | 1 | 1 |
| ἀμπελών | 4 | | | 1 | | | | 1 | 1 | | | | | | | 1 |
| ἀμπέχω | 1 | | | | | | | | | | | | | | | 1 |
| ἄμπωτις | 2 | | | | | | | | | | | | | | 1 | 1 |
| ἀμύγδαλον | 1 | | 1 | | | | | | | | | | | | | |
| ἀμύμων | 1 | | | | | | | | | | | | | | | 1 |
| ἄμυνα | 2 | | | | | | | | | | | | | | | 2 |
| ἀμύνω | 3 | | | | | 2 | | | | | | | | | | 1 |
| ἄμυρος | 1 | | | | | | | | | | | | | | 1 | |
| ἀμφί | 6 | | | | | | | | | | | | | | 3 | 3 |
| ἀμφιάζω | 1 | | | | | | | | | | | | | | | 1 |
| ἀμφιβάλλω | 3 | | | | | | | | | | | | 1 | | 1 | 1 |
| ἀμφιελίσσω | 1 | | | | | | | | | | | | | | 1 | |
| ἀμφιέννυμι | 1 | | | | | | | | | | | | | | | 1 |
| ἀμφικαλύπτω | 1 | | | | | | | | | | | | | | 1 | |
| ἀμφιπολεύω | 2 | | | | | | | | | | | | | | 2 | |
| ἀμφιτίθημι | 1 | | | | | | | | | | | | | | | 1 |
| ἄμφοδον | 1 | | | | | 1 | | | | | | | | | | |

| LEMMES | TOTAL | ADAM | HEN | ABR | PATR | ASEN | SAL | JER | BAR | PROP | ESDR | SEDR | JOB | ARIS | SIB | FRAG |
|---|---|---|---|---|---|---|---|---|---|---|---|---|---|---|---|---|
| ἀμφοτεροδέξιος | 1 | | | | | | | | | | | | | 1 | | |
| ἀμφότερος | 17 | 3 | | 2 | 2 | 1 | | 3 | | | | | | 2 | | 4 |
| ἄμφω | 3 | | | | | | | | | | | | | | | 3 |
| ἀμώμητος | 1 | | | | | | | | | | | | | 1 | | |
| ἄμωμος | 3 | | | | 2 | | | | | | | | | | | 1 |
| Ἀμώς | 3 | | | | | | | 1 | | 1 | | | | | | 1 |
| × ἄν | 162 | 2 | 6 | 15 | 12 | 3 | | 7 | 2 | 1 | | | 11 | 77 | 2 | 24 |
| × ἀνά | 30 | 3 | 6 | 2 | 1 | 4 | 1 | | | 1 | | | 1 | 6 | 2 | 3 |
| ἀναβαίνω | 29 | 1 | 4 | 3 | 6 | 4 | 1 | 1 | | | 1 | 1 | 1 | 1 | 2 | 4 |
| ἀνάβασις | 2 | | | | 1 | | | | | | | | | 1 | | |
| ἀναβάτης | 1 | | | | | 1 | | | | | | | | | | |
| ἀναβιβάζω | 1 | | | | | | | | | | | | 1 | | | |
| ἀναβιόω | 1 | | | | | | | | | | | | | | | 1 |
| ἀναβλέπω | 12 | 2 | | | 1 | 2 | | 2 | | | | | | 1 | | 4 |
| ἀναβοάω | 1 | | | | | | | | | | | | | 1 | | |
| ἀναβρύω | 1 | | | | | | | | | | | | | | | 1 |
| ἀναγγέλλω | 40 | 5 | 1 | 13 | 7 | 5 | | 1 | 2 | 2 | | | | 1 | | 3 |
| Ἀναγημάς | 1 | | 1 | | | | | | | | | | | | | |
| ἀναγιγνώσκω | 27 | | 5 | | 5 | 1 | | 3 | 2 | 1 | | | 1 | 1 | | 8 |
| ἀναγκάζω | 6 | | | | | | | | | | | | 1 | 3 | | 2 |
| ἀναγκαῖος | 12 | | 1 | | | | | | | | | | 2 | 7 | | 2 |
| ἀνάγκη | 23 | 1 | 4 | | 1 | | 1 | | | | | | 1 | 1 | 8 | 4 |
| ἀναγλυφή | 2 | | | | | | | | | | | | | 2 | | |
| ἄναγνος | 13 | | | | | | | | | | | | | | 13 | |
| ἀναγνωρίζω | 1 | | | | 1 | | | | | | | | | | | |
| ἀνάγνωσις | 3 | | | | | | | | | | | | | 3 | | |
| ἀναγνώστης | 1 | | | | | | | 1 | | | | | | | | |
| ἀναγορεύω | 1 | | | | | | | | | | | | | | | 1 |
| ἀναγραφή | 4 | | | | | | | | | | | | | 4 | | |
| ἀναγράφω | 13 | | 1 | 1 | 1 | | | | | | | | 3 | 7 | | |
| ἀνάγω | 21 | | 1 | 3 | 12 | 1 | | | | | | | | 1 | | 3 |
| ἀναδείκνυμι | 3 | | | | 1 | | | | | | | | | | 1 | 1 |
| ἀναδέχομαι | 2 | | | | 1 | | | | | 1 | | | | | | |
| ἀναδέω | 1 | | | | | | | | | | | | | 1 | | |
| ἀναζάω | 3 | | | | 1 | | | 1 | | 1 | | | | | | |
| ἀναζητέω | 2 | | 2 | | | | | | | | | | | | | |
| ἀναζωοποιέω | 4 | | | 1 | | 3 | | | | | | | | | | |
| ἀναθεματίζω | 6 | | 6 | | | | | | | | | | | | | |
| ἀνάθεσις | 2 | | | | | | | | | | | | | 2 | | |
| ἀνάθημα | 2 | | | | | | | | | | | | | 1 | | 1 |
| Ἀναθώθ | 1 | | | | | | | | | 1 | | | | | | |
| ἀναιάζω | 3 | | | | | | | | | | | | | | 3 | |
| ἀναίδεια | 1 | | | | | | | | | | | | | | 1 | |
| ἀναιδής | 13 | | | | 2 | | | | | | | | | | 11 | |
| ἀναίμακτος | 1 | | | | 1 | | | | | | | | | | | |
| ἀναίρεσις | 6 | | | | 2 | | | | 1 | 1 | | | | 1 | | 1 |
| ἀναιρέω | 79 | | 2 | 39 | 1 | | | | | 8 | 1 | | 2 | 1 | | 25 |
| ἀναισθησία | 1 | | | | | | | | | | | | | 1 | | |
| ἀναισθητέω | 1 | | | | 1 | | | | | | | | | | | |
| ἀναισχυντία | 1 | | | | 1 | | | | | | | | | | | |
| ἀναίσχυντος | 3 | | | 1 | | | | | | | | 1 | 1 | | | |
| ἀναιτέω | 1 | | | | | | | | | | | 1 | | | | |
| ἀναίτιος | 1 | | | | | | | | | | | | | 1 | | |
| ἀνακαθαίρω | 1 | | | | | | | | | | | | | | | 1 |
| ἀνακαθίζω | 1 | | | | 1 | | | | | | | | | | | |
| ἀνακαινίζω | 8 | | 1 | | 3 | | | | 3 | 1 | | | | | | |
| ἀνακαινοποιέω | 2 | | | | 2 | | | | | | | | | | | |
| ἀνακαλέω | 4 | | | 1 | 2 | | | | | | 1 | | | | | |
| ἀνακαλύπτω | 9 | | 3 | | 1 | | 3 | 2 | | | | | | | | |
| ἀνακάμπτω | 5 | | | | | | | | | 2 | | | 1 | | 1 | 1 |
| ἀνάκειμαι | 3 | | | | | | | 1 | | | | | 1 | | | 1 |
| ἀνακηρύσσω | 2 | | | | | | | | | | | | | | | 2 |
| ἀνάκλασις | 2 | | | | | | | | | | | | | 2 | | |
| ἀνάκλησις | 1 | | | | | | | | | 1 | | | | | | |
| ἀνακλίνω | 1 | | | | 1 | | | | | | | | | | | |
| ἀνάκλισις | 1 | | | | | | | | | | | | | 1 | | |
| ἀνακομίζω | 1 | | | | | | | | | | | | | 1 | | |
| ἀνακράζω | 2 | | | | | | | | | | | | | 2 | | |
| ἀνακρίνω | 1 | | | 1 | | | | | | | | | | | | |
| ἀνακτάομαι | 2 | | | | | | | | | | | | | 1 | 1 | |
| ἀνακτορία | 1 | | | | | | | | | | | | | | | 1 |
| ἀνάκτορον | 1 | | | | | | | | | | | | | 1 | | |
| ἀνακύπτω | 1 | | | | | | | | | | | | | 1 | | |
| ἀναλαμβάνω | 28 | | 2 | 8 | | | | 2 | | 1 | 1 | | 7 | 2 | | 5 |
| ἀναλάμπω | 3 | | 1 | 2 | | | | | | | | | | | | |
| ἀνάλημψις | 1 | | | | | 1 | | | | | | | | | | |
| ἀνάληψις | 2 | | | | 1 | | | | | | | | | | | 1 |
| ἀναλίσκω | 14 | 1 | 1 | 1 | 1 | | | | | | 3 | 1 | 3 | | 1 | 2 |
| ἀναλογέω | 1 | | | | | | | | | | | | 1 | | | |
| ἀναλογίζομαι | 1 | | | | | | 1 | | | | | | | | | |
| ἀναλύω | 1 | | | | | | | | | | | | | | | 1 |
| ἀνάλωμα | 1 | | | | | | | | | | | | | 1 | | |
| ἀναμάρτητος | 6 | | 2 | | 1 | | | | | | | 1 | | 2 | | |
| ἀνάμειξις | 1 | | | | | | 1 | | | | | | | | | |
| ἀναμένω | 7 | | | 1 | 1 | 1 | | | 2 | | | | 1 | 1 | | |
| ἀνάμεσος | 9 | | | | 4 | 5 | | | | | | | | | | |
| ἀναμηρύκησις | 1 | | | | | | | | | | | | | 1 | | |
| ἀναμιμνήσκω | 6 | | 2 | | | | | | | | | | 4 | | | |
| ἀνανεόω | 2 | | | | 1 | | | | | | | | | | | 1 |
| ἀνανεύω | 2 | | | | | 2 | | | | | | | | | | |
| Ἀνανθνά | 1 | | 1 | | | | | | | | | | | | | |
| Ἀνανίας | 2 | | | | | | | | | | | | | 1 | | 1 |
| ἄναξ | 10 | | | | | | | | | | | | | | 8 | 2 |
| ἀνάξιος | 6 | 2 | | 1 | | | | | | | | | | 2 | | 1 |
| ἄναξις × | 1 | | | | | | 1 | | | | | | | | | |
| ἀναξυρίς | 2 | | | | 2 | | | | | | | | | | | |
| ἀνάπαυσις | 12 | | 1 | 3 | 1 | 1 | | 1 | | | | | 1 | 1 | 1 | 2 |
| ἀναπαύω | 26 | 3 | 2 | 7 | 4 | 3 | | 3 | | | | | 1 | 1 | | 2 |
| ἀναπέμπω | 3 | | | | | | | | | | | | 1 | | | 2 |
| ἀναπετάννυμι | 2 | | | | 1 | | | | | | | | 1 | | | |

| LEMMES | TOTAL | ADAM | HEN | ABR | PATR | ASEN | SAL | JER | BAR | PROP | ESDR | SEDR | JOB | ARIS | SIB | FRAG |
|---|---|---|---|---|---|---|---|---|---|---|---|---|---|---|---|---|
| ἀναπέτομαι | 1 | | 1 | | | | | | | | | | | | | |
| ἀναπηδάω | 2 | 1 | 1 | | | | | | | | | | | | | |
| ἀνάπηρος | 1 | | | 1 | | | | | | | | | | | | |
| ἀναπίμπλημι | 2 | | | | | | | | | | | | | | | 2 | |
| ἀναπίπτω | 4 | | | 4 | | | | | | | | | | | | |
| ἀναπλάσσω | 2 | | | | | 2 | | | | | | | | | | |
| ἀναπλέκω | 1 | | | | | | | | | | | | | 1 | | |
| ἀναπληρόω | 4 | | | | 2 | | | | | 1 | | | | 1 | | |
| ἀναπλόω | 1 | | | | | | | | | | | | | | 1 | |
| ἀναπνέω | 1 | | | | | 1 | | | | | | | | | | |
| ἀναποδίζω | 1 | | | | | | | | | | | | 1 | | | |
| ἀναποιέω | 3 | | | | | 3 | | | | | | | | | | |
| ἀναπόσβεστος | 1 | | | | | | | | | | | | | | | 1 |
| ἀναπτερόω | 1 | | | | | | | | | 1 | | | | | | |
| ἀναπτέρωσις | 1 | | | | | | 1 | | | | | | | | | |
| ἀναπτύσσω | 2 | | | | | | | | | 1 | | | | | | 1 |
| ἀνάπτω | 6 | | | 1 | 1 | | 1 | | | | | | | | 1 | 2 |
| ἀνάπτωσις | 2 | | | | | | | | | | | | | 2 | | |
| ἀναρίθμητος | 2 | | | | | 2 | | | | | | | | | | |
| ἀνάριθμος | 2 | | | | | | | | | | | | | 1 | 1 | |
| ἀναρπάζω | 1 | | | | | | | | | | | | | 1 | | |
| ἀνάρπαστος | 1 | | | 1 | | | | | | | | | | | | |
| ἀναρρήγνυμι | 1 | | | | 1 | | | | | | | | | | | |
| ἀναρρίπτω | 2 | | | | | | | | | | | | | 1 | 1 | |
| ἀναρρύω | 1 | | | | | | | | | | | | | | | 1 |
| ἀναρχία | 2 | | | | | | | | | 2 | | | | | | |
| ἀνασκολοπίζω | 1 | | | | | | | | | 1 | | | | | | |
| ἀνάσπαστος | 2 | | | | | | | | | | | | | 1 | | 1 |
| ἀνασπάω | 1 | | | | | | | 1 | | | | | | | | |
| ἀνάσσω | 2 | | | | | | | | | | | | | | 1 | 1 |
| ἀναστασία | 1 | | | | | | | | | | | | | | 1 | |
| ἀνάστασις | 8 | 5 | | | | | | | | 2 | | | 1 | | | |
| ἀνασταχυόομαι | 1 | | | | | | | | | | | | | | 1 | |
| ἀναστενάζω | 5 | 2 | | | | 3 | | | | | | | | | | |
| ἀνάστερος | 1 | | | | | | | | | | | | | | 1 | |
| ἀνάστημα | 2 | | | 1 | 1 | | | | | | | | | | | |
| ἀναστρέφω | 3 | | | | 1 | | | | | | | | | 1 | | 1 |
| ἀναστροφή | 2 | | | | | | | | | | | | | 2 | | |
| ἀνάτασις | 1 | | | | | | | | | | | | | 1 | | |
| ἀνατάσσω | 1 | | | | | | | | | | | | | 1 | | |
| ἀνατείνω | 1 | | | | | | | | | | | | | 1 | | |
| ἀνατέλλω | 19 | 1 | 1 | 1 | 8 | 3 | 1 | | | | | 1 | | 2 | | 1 |
| ἀνατίθημι | 6 | | | | 1 | | | | | | | | | 2 | | 3 |
| ἀνατολή | 41 | 1 | 12 | 1 | 4 | 10 | 2 | | | | 2 | 1 | | 5 | | 3 |
| ἀνατόλιος | 4 | | | | | | | | | | | | | | 4 | |
| ἀνατρέπω | 1 | | | | 1 | | | | | | | | | | | |
| ἀνατρέχω | 1 | | | | | | | | | | | 1 | | | | |
| ἄναυδος | 1 | | | | | | | | | | | | | | 1 | |
| ἀναφαίνω | 4 | | 1 | | 1 | | | | | 1 | | | | 1 | | |
| ἀναφαιρέω | 1 | | 1 | | | | | | | | | | | | | |
| ἀναφέρω | 36 | 2 | | 5 | 12 | 1 | | | 3 | 1 | | 1 | | 7 | 1 | 3 |
| ἀναφωνέω | 1 | | | | | | | | | | | | | 1 | | |
| ἀνάχωμα | 1 | | | | | | | | | | | | | 1 | | |
| ἀναχωρέω | 14 | | | 3 | 2 | | | | | 1 | | | | 3 | | 5 |
| ἀνάψυξις | 1 | | | | | | | | | | | 1 | | | | |
| ἀναψύχω | 2 | | 1 | | | | | 1 | | | | | | | | |
| ἄνδιχα | 1 | | | | | | | | | | | | | | | 1 |
| Ἀνδρέας | 6 | | | | | | | | | | | | | 6 | | |
| ἀνδρεία | 5 | | | | 2 | | | | | | | | | 3 | | |
| ἀνδρεῖος | 4 | | | | 3 | | | | | | | | | | | 1 |
| ἀνδριάς | 3 | | | | | | | | | | | | | | | 3 |
| ἀνδρίζω | 1 | | | | | 1 | | | | | | | | | | |
| ἀνδροκτασία | 1 | | | | | | | | | | | | | | 1 | |
| ἀνδρομήκης | 1 | | | | | | | | | | | | | | | 1 |
| ἀνδροφονέω | 1 | | | | | | | | | | | | | | 1 | |
| ἀνδρόω | 3 | | | | 1 | | | | | | | | | | | 2 |
| ἀνεγείρω | 2 | | | | | | | | | | | | | | 1 | 1 |
| ἀνείλημα | 1 | | | | | | | | | | | | | 1 | | |
| ἄνειμι (εἶμι) | 3 | | | | | | | | | | | | | | 2 | 1 |
| ἀνείργω | 1 | | | | | | | | | | | | | | | 1 |
| ἀνεκδιήγητος | 1 | | | | | | | | | | | | | 1 | | |
| ἀνεκλάλητος | 1 | | | | | 1 | | | | | | | | | | |
| ἀνέκλειπτος | 2 | | | | | | | | | | | | | 2 | | |
| ἀνέκφευκτος | 1 | | | | | | | | | | | | | 1 | | |
| ἀνελαύνω * | 1 | | | | 1 | | | | | | | | | | | |
| ἀνέλεγκτος | 1 | | | | | | | | | | | | | | | 1 |
| ἀνελεήμων | 2 | 1 | | | | | | | | | | | | | | 1 |
| ἀνέλεος | 1 | | | 1 | | | | | | | | | | | | |
| ἀνελίσσω | 1 | | | | | | | | | | | | | 1 | | |
| ἀνέλπιστος | 1 | | | | | | | | | | | | | | | 1 |
| ἄνεμος | 21 | 2 | 7 | | 1 | 1 | 1 | | | | 1 | 1 | 1 | 1 | 1 | 5 |
| ἀνεξήγητος | 3 | | | | | | | | | | | | | 3 | | |
| ἀνεξιχνίαστος | 2 | | | | | | | | | | | | | | | 2 |
| ἀνεπαίσθητος | 1 | | | | | | | | | | | | | 1 | | |
| ἀνεπιεικής | 1 | | | | | | | | | | | | | 1 | | |
| ἀνεπίληστος | 1 | | | | | | | | | | | | | 1 | | |
| ἀνέρχομαι | 27 | 3 | | 8 | 8 | | | | | 1 | | 1 | 3 | 2 | 1 | 1 |
| ἄνεσις | 4 | | | | | | | | | | | 1 | | 2 | | 1 |
| ἄνετος | 1 | | | | | 1 | | | | | | | | | | |
| ἄνευ | 6 | | | 1 | | | 2 | | | | | | | 1 | | 2 |
| ἀνεύρετος | 1 | | | | | | | | | | | | | | 1 | |
| ἀνέφικτος | 2 | | | | | | | | | | | | | | 2 | |
| ἀνέχω | 6 | | | 1 | | | 1 | | | | | | | 2 | 1 | 1 |
| ἀνεψιός | 2 | | | | | | | | | 1 | | | | | | 1 |
| ἀνήκω | 1 | | | | | | | | | | | | | | | 1 |
| ἀνηλεής | 6 | | | 3 | 2 | | | | | | | | | 1 | | |
| ἀνήμερος | 1 | | | | | | | | | | | | | | 1 | |
| ἀνήρ | 313 | 5 | 1 | 32 | 35 | 69 | 10 | 1 | 3 | 9 | 3 | 1 | 7 | 30 | 67 | 40 |
| ἀνηροσία | 1 | | | | | | | | | | | | | | 1 | |
| ἀνήροτος | 2 | | | | | | | | | | | | | | 2 | |

| LEMMES | TOTAL | ADAM | HEN | ABR | PATR | ASEN | SAL | JER | BAR | PROP | ESDR | SEDR | JOB | ARIS | SIB | FRAG |
|---|---|---|---|---|---|---|---|---|---|---|---|---|---|---|---|---|
| ἀνθεμίς | 1 | | | | | | | | | | | | | 1 | | |
| ἀνθέω | 3 | | | | 2 | | | | | | | | | | 1 | |
| ἀνθίστημι | 6 | | | 3 | | | | | | | | | | | | 3 |
| ἀνθομολογέομαι | 1 | | | | 1 | | | | | | | | | | | |
| ἄνθος (τό) | 11 | | 2 | | 1 | 1 | | | | 2 | | 1 | | 1 | 2 | 1 |
| ἄνθραξ | 2 | | | | | | | | | | | | | 2 | | |
| ἀνθρωπάρεσκος | 4 | | | | | | 4 | | | | | | | | | |
| ἀνθρώπινος | 13 | | 1 | | | | | 1 | | 2 | 3 | | 1 | | | 5 |
| ἄνθρωπος | 566 | 4 | 65 | 44 | 101 | 71 | 16 | 7 | 17 | 4 | 28 | 24 | 7 | 60 | 66 | 52 |
| ἀνθρωπότης | 1 | 1 | | | | | | | | | | | | | | |
| ἀνθυποτίθημι | 1 | | | | | | | | | | | | | 1 | | |
| ἀνθύς * | 1 | | | | | | | | | | | 1 | | | | |
| ἀνίατος | 1 | | | | 1 | | | | | | | | | | | |
| ἀνίημι | 6 | | | | | | | | | | | | | 1 | | 5 |
| ἀνίκητος | 1 | | | | | | | | | | | 1 | | | | |
| ἀνίλεως | 2 | | | 1 | | | | | | | 1 | | | | | |
| ἀνίπταμαι | 2 | | | | | | | | | | | | 1 | | | 1 |
| ἀνιστάω | 2 | | | | | | 1 | | | | | | | | | 1 |
| ἀνίστημι | 146 | 22 | 6 | 26 | 21 | 21 | 5 | 12 | 1 | 2 | 4 | | 21 | | 1 | 4 |
| ἀνόδευτος | 1 | | | | | | | | | | | | | | | 1 |
| ἀνοδία | 1 | | 1 | | | | | | | | | | | | | |
| ἄνοδος (ἡ) | 1 | 1 | | | | | | | | | | | | | | |
| ἀνόητος | 5 | | | | | | | | | | | | | 1 | 2 | 2 |
| ἄνοια | 1 | | | | | | | | | | | | | | 1 | |
| ἀνοίγω | 77 | 8 | 10 | 10 | 8 | 18 | 2 | 3 | 5 | | 2 | 1 | 3 | | 3 | 4 |
| ἀνοίκειος | 1 | | | | | | | | | | | | | 1 | | |
| ἀνοικοδομέω | 1 | | | | | | | | | | | | | 1 | | |
| ἀνοικοδόμητος * | 1 | | | | | | | | | | | | | | 1 | |
| ἄνομβρος | 1 | | 1 | | | | | | | | | | | | | |
| ἀνομέω | 2 | | | | 1 | 1 | | | | | | | | | | |
| ἀνόμημα | 3 | | 1 | | 2 | | | | | | | | | | | |
| ἀνομία | 42 | | 6 | 2 | 9 | 3 | 6 | | 1 | 4 | 1 | | 2 | | | 8 |
| ἄνομος | 15 | | 3 | | 5 | | 2 | 1 | | | | | | | 4 | |
| ἄνοπλος | 3 | | | | | | | | | | | | | 1 | | 2 |
| ἀνορθόω | 5 | | | 1 | | 2 | | | | | 1 | | | | 1 | |
| ἀνορύσσω | 1 | | | | | | | | | | | | | | | 1 |
| ἀνόσιος | 2 | | | | | | | | | | | | | 2 | | |
| ἄνοσος | 2 | | | | 2 | | | | | | | | | | | |
| ἀνοχή | 2 | | 1 | | | | | | | | | | | 1 | | |
| ἄντα | 1 | | | | | | | | | | | | | | 1 | |
| Ἀνταῖος | 1 | | | | | | | | | | | | | | | 1 |
| ἀνταίρω | 1 | | | | | | | | | 1 | | | | | | |
| ἀντάμειψις | 1 | | | | | | | | | | | | | 1 | | |
| ἀνταποδίδωμι | 5 | | | 1 | 1 | 2 | | | | | | | 1 | | | |
| ἀνταπόδοσις | 7 | | 1 | 5 | | | | | | | | | 1 | | | |
| ἀνταποκρίνομαι | 3 | | | | | | | | | | | | 3 | | | |
| ἀντάρτης | 1 | | | | | | | | | | 1 | | | | | |
| ἀντάω | 1 | | | | | | | | | | | | | | | 1 |
| ἀντερῶ | 1 | | | | | | | | | | | | | | | 1 |
| ἀντέχω | 1 | | | | 1 | | | | | | | | | | | |
| * ἀντί | 54 | 2 | 1 | | 11 | 5 | 7 | | | | | 2 | 7 | | 13 | 6 |
| ἀντιβολέω | 1 | | | | | | | | | | | | | | 1 | |
| ἀντιβολή | 1 | | | | | | | | | | | | | 1 | | |
| Ἀντιγόνη | 1 | | | | | | | | | | | | | | 1 | |
| Ἀντίγονος | 3 | | | | | | | | | 1 | | | | 1 | | 1 |
| ἀντιγραφή | 2 | | | | | | | | | | | | | 2 | | |
| ἀντίγραφος | 17 | | | | 12 | | | | | | | | | 4 | | 1 |
| ἀντιγράφω | 3 | | 1 | | | | | | | | | | | 1 | | |
| ἀντιδίδωμι | 1 | | | | | | | | | | | | 1 | | | |
| ἀντίδικος | 2 | | | | | | | | | | | | | | 1 | 1 |
| ἀντιδοξέω | 2 | | | | | | | | | | | | | 1 | | 1 |
| ἀντίζηλος | 1 | | | | 1 | | | | | | | | | | | |
| ἀντικαταλλάσσω | 2 | | | | | | | | | | | | 2 | | | |
| ἀντίκειμαι | 4 | | | | | | | | | 1 | 2 | | | 1 | | |
| ἄντικρυς | 1 | | | | | | | | | | | | | | | 1 |
| ἀντιλαμβάνω | 5 | | 3 | | | 2 | | | | | | | | | | |
| ἀντιλέγω | 1 | | | | | | | | | | | | | 1 | | |
| ἀντιλήπτωρ | 2 | | 1 | | | | 1 | | | | | | | | | |
| ἀντίληψις | 2 | | | | | | 2 | | | | | | | | | |
| ἄντιος | 1 | | | | | | | | | | | | | | 1 | |
| Ἀντιόχεια | 2 | | | | | | | | | | | | | | 2 | |
| Ἀντίοχος | 2 | | | | | | | | | | | | | | | 2 |
| ἀντίπαλος | 1 | | | | | | | | | | | | | | | 1 |
| ἀντιπέμπω | 1 | | | | | | | | | | | | 1 | | | |
| ἀντιπίπτω | 1 | | | | | | | | | | | | | | | 1 |
| ἀντιπνέω | 1 | | | | | | | | | | | | | | | 1 |
| ἀντιποιέω | 1 | | | | 1 | | | | | | | | | | | |
| ἀντιπράσσω | 2 | | | | | | | | | | | | | 2 | | |
| ἀντιτάσσω | 2 | | | | 1 | | | | | | | | 1 | | | |
| ἀντιτείνω | 1 | | | | | | | | | | | | 1 | | | |
| ἀντιφυτεύω | 1 | | | | | | | | | | | | | | | 1 |
| ἀντίχριστος | 3 | | | | | | | | | | | | 1 | 1 | | 1 |
| ἀντλέω | 3 | | | 2 | | | | 1 | | | | | | | | |
| ἀντοφθαλμέω | 1 | | | | | | | | 1 | | | | | | | |
| ἀνύβριστος | 1 | | | | | | | | | | | | | | | 1 |
| ἀνυμνέω | 2 | | | | 1 | | | | 1 | | | | | | | |
| ἀνύμνησις * | 1 | | | 1 | | | | | | | | | | | | |
| ἀνύπαρκτος | 1 | | | 1 | | | | | | | | | | | | |
| ἀνυπέρβλητος | 2 | | | | | | | | | | | | | | 1 | 1 |
| ἀνυπέρθετος | 1 | | | | | | | | | | | | | 1 | | |
| ἀνυπονόητος | 1 | | | | | | | | | | 1 | | | | | |
| ἀνυπόστατος | 3 | | | | | | | | | | | | | | | 3 |
| ἀνυπόφορος * | 3 | | | 3 | | | | | | | | | | | | |
| ἄνω | 9 | | 1 | 4 | 1 | | 1 | | | | | | | 2 | | |
| ἄνωγα | 1 | | | | | | | | | | | | | | | 1 |
| ἄνωθεν | 9 | | 3 | | 1 | | | | 1 | | | | | | 2 | 2 |
| ἀνώτερος | 5 | | 2 | 1 | | | | | | | 1 | | | | | 1 |
| ἀνωφελής | 2 | | | | | | 1 | | | | | | | 1 | | |
| ἀξία | 4 | | | 2 | 1 | | | | | | | | | 1 | | |
| ἀξιοθαύμαστος | 1 | | | | | | | | | | | | | 1 | | |

| LEMMES | TOTAL | ADAM | HEN | ABR | PATR | ASEN | SAL | JER | BAR | PROP | ESDR | SEDR | JOB | ARIS | SIB | FRAG |
|---|---|---|---|---|---|---|---|---|---|---|---|---|---|---|---|---|
| ἀξιόλογος | 4 | | | | | | | | | | | | | 4 | | |
| ἀξιομνημόνευτος | 1 | | | | | | | | | | | | | 1 | | |
| ἄξιος | 27 | | | 1 | 2 | | | 1 | | | 1 | | 1 | 19 | | 2 |
| ἀξιόω | 18 | 1 | | 1 | 1 | 1 | | | 1 | 1 | | | | 5 | | 7 |
| ἀξίωμα | 3 | | | | | | | | | 1 | 1 | | | | | 1 |
| ἀξιωματικός | 1 | | | | | | | | | | | | | | | 1 |
| ἄξων | 2 | | 1 | | | | | | | | | | | | 1 | |
| ἀοιδή | 7 | | | | | | 3 | 3 | | | | | | | 1 | |
| ἀοίκητος | 1 | | | | 1 | | | | | | | | | | | |
| ἀορασία | 2 | | | | | | | | 1 | 1 | | | | | | |
| ἀόρατος | 13 | 1 | | 3 | 2 | 1 | | | | | | | 1 | 2 | 1 | 2 |
| ἀπαγγέλλω | 8 | | | | | | | | 2 | 1 | 1 | | 1 | 1 | | 3 |
| ἀπαγορευτικός | 1 | | | | | | | | | | | | | 1 | | |
| ἀπαγορεύω | 2 | | | | 1 | | | | | | | | | 1 | | |
| ἀπάγω | 33 | 1 | 6 | 15 | 1 | | 2 | | | 1 | 5 | | | | | 2 |
| ἀπαίδευτος | 1 | | | | | | | | | | | | | | 1 | |
| ἀπαίρω | 4 | | 1 | | 1 | | | 1 | | | | | | | | 1 |
| ἀπαίσσω | 1 | | | | | | | | | | | | | | 1 | |
| ἀπαιτέω | 2 | | 1 | | | | | | | | | | | | | 1 |
| ἀπακοντίζω | 1 | | | | 1 | | | | | | | | | | | |
| ἀπαλλάσσω | 11 | | 3 | | 2 | | | | | | | | 1 | | | 5 |
| ἀπαλλοτριόω | 7 | 3 | | | 1 | | | | | | | | 3 | | | |
| ἀπαλός | 2 | | | | 1 | | | | | | | | | | 1 | |
| ἀπαναίνομαι | 1 | | | | | | | | | | | | | | | 1 |
| ἀπανίστημι | 1 | | | | | | | | | | | | | | | 1 |
| ἀπαντάω | 9 | 2 | 2 | | | 2 | 1 | | | | | | | 1 | | 1 |
| ἀπάντησις | 2 | | | | | | | | | | | | 1 | 1 | | |
| ἄπαξ | 10 | | 1 | 3 | 1 | 4 | | | | | | | 1 | | | |
| ἀπαξαπλῶς | 2 | | | | | | | | | | | | 2 | | | |
| ἀπαξιόω | 1 | | 1 | | | | | | | | | | | | | |
| ἀπαραίτητος | 3 | | 1 | | | | | | | | | | | | 1 | 1 |
| ἀπαράλλακτος | 2 | | | | | | | | | | | | 1 | 1 | | |
| ἀπαραλόγιστος | 1 | | | | | | | | | | | | | 1 | | |
| ἀπαρνέομαι | 1 | | | | | | | | | | | | | | 1 | |
| ἀπαρτίζω | 1 | | | | 1 | | | | | | | | | | | |
| ἀπαρχή | 6 | | | | 4 | | 1 | | | | | | | 1 | | |
| ἀπάρχομαι | 2 | 1 | | | | | | | | | | | | 1 | | |
| * ἄπας | 121 | 4 | 3 | 3 | | | 3 | 1 | | 1 | | 1 | 2 | 38 | 38 | 27 |
| ἀπατάω | 21 | 7 | | | 5 | | 1 | 1 | | | 2 | 2 | 3 | | | |
| ἀπάτη | 4 | | | | 1 | | | | | | | | | | 3 | |
| ἀπάτησις | 1 | | | | 1 | | | | | | | | | | | |
| ἀπαυγάζω | 3 | | 1 | | | | | | | | | | 2 | | | |
| ἀπαύγασμα | 1 | | 1 | | | | | | | | | | | | | |
| ἀπείθεια | 1 | | | | | | | 1 | | | | | | | | |
| ἀπειθέω | 5 | | | | 4 | | | | | | | | | 1 | | |
| ἀπειθής | 2 | | | | 1 | | | | | | | | | | 1 | |
| ἀπειλέω (ἀπειλή) | 7 | | | | 6 | | | | | | | | | | | 1 |
| ἀπειλή | 10 | | | | | | 1 | 1 | | | 2 | | 1 | | 3 | 2 |
| ἄπειμι (εἰμί) | 3 | | | | 3 | | | | | | | | | | | |
| ἄπειμι (εἶμι) | 5 | | | | 1 | | | | | | | | | | | 4 |
| ἀπείργω | 1 | | | | 1 | | | | | | | | | | | |
| ἀπειρέσιος | 1 | | | | | | | | | | | | | | 1 | |
| ἄπειρος (πεῖρα) | 1 | | | | | | | | | | | | | | | 1 |
| ἄπειρος (πέρας) | 3 | | | | 2 | | | | | | | | | | 1 | |
| ἀπείρων (πέρας) | 2 | | | | | | | | | | | | | | 2 | |
| ἀπεκδέχομαι | 1 | | | 1 | | | | | | | | | | | | |
| ἀπεκδύω (-δύνω) | 1 | | | 1 | | | | | | | | | | | | |
| ἀπελαύνω | 2 | | | | 1 | | | | | | | | | | | 1 |
| ἀπελπίζω | 1 | | 1 | | | | | | | | | | | | | |
| ἀπεμπολάω | 1 | | | | | | | | | | | | | | 1 | |
| ἀπέναντι | 4 | 1 | | | | | 2 | | | | | | 1 | | | |
| ἀπεοικότως | 1 | | | | | | | | | | | | | | | 1 |
| ἀπέραντος | 1 | | | | | | | | | | | | | 1 | | |
| ἀπεργάζομαι | 1 | | | | | | | | | 1 | | | | | | |
| ἀπέρεισις | 2 | | | | | | | | | | | | | 2 | | |
| ἀπερινόητος | 1 | | | | | | | 1 | | | | | | | | |
| ἀπερίστατος | 2 | | | | 1 | | | | | | | | | | | 1 |
| ἀπερίτμητος | 3 | | | | | | | | | | | 3 | | | | |
| ἀπερριμμένως | 1 | | | | | | | | | | | | | 1 | | |
| ἀπέρχομαι | 130 | 3 | 2 | 42 | 2 | 26 | | 16 | 2 | 4 | 3 | 4 | 15 | | | 11 |
| ἀπεύχομαι | 1 | | | | | | | | | | | | | | 1 | |
| ἀπεχθής | 1 | | | | | | | | | | | | | | 1 | |
| ἀπέχω | 24 | | 3 | 1 | 3 | | 2 | 1 | | 1 | | | | 4 | 2 | 7 |
| ἀπηνής | 1 | | | | | | | 1 | | | | | | | | |
| Ἆπις | 1 | | | | | | | | | | | | | | | 1 |
| ἀπιστέω | 5 | | 1 | | 2 | | | | | 1 | | | | | | 1 |
| ἀπιστία | 1 | | | | | | | | | | | | | | | 1 |
| ἄπιστος | 4 | | | | | | | | | 1 | | | | 1 | 1 | 1 |
| ἀπλανής | 1 | | | | | | | | | | | | | 1 | | |
| ἄπλατος | 1 | | | | | | | | | | | | | | | 1 |
| ἄπλετος | 1 | | | | | | | | | | | | | | | 1 |
| ἀπληστία | 3 | | | | 3 | | | | | | | | | | | |
| ἄπληστος | 2 | | | | | | | 1 | | | | | | | | 1 |
| ἁπλονέω * | 1 | | | | | | | | | | | | 1 | | | |
| ἁπλόος | 7 | | | 3 | 1 | | | 1 | | | | | | | | 2 |
| ἁπλότης | 17 | | | | 16 | | | | | | | | 1 | | | |
| ἁπλόω | 6 | 1 | | 1 | 1 | | | 1 | | | | | 1 | | 1 | |
| ἄπλωμα | 2 | | | | 1 | | | | | | | 1 | | | | |
| * ἀπό | 711 | 47 | 83 | 43 | 129 | 83 | 78 | 17 | 19 | 14 | 6 | 19 | 17 | 21 | 43 | 92 |
| ἀποβαίνω | 3 | | | | | | | | | | | | 1 | | | 2 |
| ἀποβάλλω | 2 | | 1 | | | | | | | | | | 1 | | | |
| ἀποβλέπω | 6 | | | | 1 | 4 | 1 | | | | | | | | | |
| ἀπογαλακτόω | 1 | | | | | | | | | | | 1 | | | | |
| ἀπογλαυκόομαι | 1 | | | | | | | | | | | | | 1 | | |
| ἀπόγνωσις | 1 | | | | | | | | | | | | 1 | | | |
| ἀπογνωστός * | 1 | | | | | | | | | | | | 1 | | | |
| ἀπόγονος | 3 | | | | | | | | | | | | | | | 3 |
| ἀπογραφή | 3 | | | | | | | | | | | | | 3 | | |
| ἀπογράφω | 8 | | 2 | 6 | | | | | | | | | | | | |
| ἀποδείκνυμι | 4 | | | | 1 | | | | | | | | | 1 | 1 | 1 |

| LEMMES | TOTAL | ADAM | HEN | ABR | PATR | ASEN | SAL | JER | BAR | PROP | ESDR | SEDR | JOB | ARIS | SIB | FRAG |
|---|---|---|---|---|---|---|---|---|---|---|---|---|---|---|---|---|
| ἀποδεικνύω | 1 | | 1 | | | | | | | | | | | | | |
| ἀπόδειξις | 3 | | | | 1 | | | | | 1 | | | | 1 | | |
| ἀποδεκατόω | 1 | | | | 1 | | | | | | | | | | | |
| ἀποδέχομαι | 15 | | 1 | | 1 | | | 1 | | | | | | 11 | | 1 |
| ἀποδημέω | 3 | | | 1 | 1 | | | | | 1 | | | | | | |
| ἀποδιδράσκω | 9 | | 1 | | 3 | | | | | 3 | | | 1 | | 1 | |
| ἀποδίδωμι | 45 | 2 | | 2 | 3 | 4 | 5 | | 2 | 4 | 1 | 2 | 2 | 8 | 2 | 8 |
| ἀπόδοσις | 1 | | | | | | | | | | | | | | | 1 |
| ἀποδοχή | 2 | | | | | | | | | | | | | 2 | | |
| ἀποδύω (-δύνω) | 3 | | | | 1 | 1 | | | | 1 | | | | | | |
| ἀποθαυμάζω | 1 | | | | | | | | | | | | 1 | | | |
| ἀποθεόω | 1 | | | | | | | | | | | | | 1 | | |
| ἀπόθεσις | 1 | | | | 1 | | | | | | | | | | | |
| ἀποθήκη | 1 | | | | | | | | | | 1 | | | | | |
| ἀποθησαυρίζω | 1 | | | | | | | | | | | | | | | 1 |
| ἀποθνῄσκω | 108 | 10 | 18 | 6 | 33 | 10 | | | | 22 | | 5 | | | | 4 |
| ἀποθύσσω * | 1 | | | | | | | | | | | | | | 1 | |
| ἀποικεσία | 1 | | | | | 1 | | | | | | | | | | |
| ἀποιμώζω | 2 | | | | | | | | | | | | | | 2 | |
| ἀποίχομαι | 1 | | | | | | | | | | | | | | | 1 |
| ἀποκάθημαι | 1 | | | | | | | | | | | | | | | 1 |
| ἀποκαθίστημι | 15 | | | | 1 | 1 | | 1 | 1 | 1 | | | 2 | 5 | | 3 |
| ἀποκαίω | 1 | | | | | | | | | | | | | | | 1 |
| ἀποκαλύπτω | 21 | 1 | 1 | 1 | 7 | 3 | | 1 | 2 | 1 | 2 | 1 | | 1 | | |
| ἀποκάλυψις | 11 | | | 2 | | | | | 5 | | 2 | 1 | | | | 1 |
| ἀποκάμνω | 1 | | | | | | | | | | | | 1 | | | |
| ἀποκαρτερέω | 1 | | | | | | | | | | | | | 1 | | |
| ἀποκατάστασις | 1 | | | | | | | | | | | | | 1 | | |
| ἀπόκειμαι | 1 | | | | 1 | | | | | | | | | | | |
| ἀπόκενος | 2 | | | | | | | | 2 | | | | | | | |
| ἀποκλάω | 2 | | | | 2 | | | | | | | | | | | |
| ἀποκλείω | 2 | | 1 | | | | | | | | | | | | | 1 |
| ἀποκληρόω | 1 | | | | | | | | | | | | | | | 1 |
| ἀπόκλιμα | 1 | | | | | | | | | | | | | 1 | | |
| ἀποκομίζω | 2 | | 1 | | | | | | | 1 | | | | | | |
| ἀποκρίνω | 97 | 9 | 15 | 27 | 1 | 1 | | 3 | | 1 | | | 13 | 18 | | 9 |
| ἀπόκρισις | 4 | | | | 1 | | | | | | | | | 3 | | |
| ἀποκρυβή | 1 | | | | | 1 | | | | | | | | | | |
| ἀποκρύπτω | 8 | | 1 | 1 | 2 | | | 1 | | | | | | | 3 | |
| ἀπόκρυφος | 5 | | 2 | | | 2 | | | | 1 | | | | | | |
| ἀποκτείνω | 44 | 1 | 3 | 4 | 11 | 11 | | 2 | | 2 | | | | 1 | | 9 |
| ἀποκυλίω | 1 | | | | 1 | | | | | | | | | | | |
| ἀποκωλύω | 1 | | | | | | | | | | | | | | | 1 |
| ἀπολαμβάνω | 7 | | | | 1 | | 1 | | | | 1 | | 2 | 1 | | 1 |
| ἀπολάμπω | 2 | | | | 1 | | | | | | | | | 1 | | |
| ἀπόλαυσις | 2 | | | | 1 | | | | | 1 | | | | | | |
| ἀπολαύω | 1 | | | | 1 | | | | | | | | | | | |
| ἀπολείπω | 11 | | 2 | | 1 | | | | | 1 | | | | 6 | | 1 |
| ἀπόλεμος | 1 | | | | | | | | | | | | | | 1 | |
| ἀπολήγω | 1 | | | | | | | | | | | | | | | 1 |
| ἀπόλλυμι | 103 | 1 | 29 | 7 | 18 | 8 | 5 | 4 | 2 | 5 | 2 | 2 | 6 | | 9 | 5 |
| ἀπόλλω | 1 | | 1 | | | | | | | | | | | | | |
| ἀπολογέομαι | 3 | | | | | | | | | | | | | 1 | | 2 |
| ἀπολούω | 1 | 1 | | | | | | | | | | | | | | |
| ἀπόλυσις | 3 | | | | | | | | | | | | | 3 | | |
| ἀπολυτρόω | 2 | | | | | | | | | | | | | 1 | | 1 |
| ἀπολύτρωσις | 2 | | | | | | | | | | | | | 2 | | |
| ἀπολύω | 18 | | | | 2 | | 1 | 1 | | | | | | 10 | | 4 |
| ἀπομένω | 2 | | | | 1 | | | | | | | | | 1 | | |
| ἀπομερίζω | 1 | | | | | | | | | | | | | 1 | | |
| ἀπόμοιρα | 1 | | | | | | | | | | | | | | 1 | |
| ἀπονέμω | 3 | | | | 1 | | | | | | | | | 1 | | 1 |
| ἀπονίζω | 1 | | | | | | | | | | | | | 1 | | |
| ἀπονίπτω | 2 | | | | 1 | | | | | | | | | 1 | | |
| ἀπονοσφίζω | 1 | | | | | | | | | | | | | | 1 | |
| ἀποξενόω | 1 | | | | | | | | | | | | | | | 1 |
| ἀποπάτημα | 1 | | | | | | | | | | | | | | | 1 |
| ἀποπαύω | 1 | | | | | | | | | | | | | | | 1 |
| ἀποπέμπω | 2 | | | | 1 | | | | | | | | | | | 1 |
| ἀποπηδάω | 3 | | | 1 | 2 | | | | | | | | | | | |
| ἀποπίπτω | 2 | | | 1 | | | 1 | | | | | | | | | |
| ἀποπλανάω | 5 | | 4 | 1 | | | | | | | | | | | | |
| ἀποπλάνησις | 2 | | | 2 | | | | | | | | | | | | |
| ἀποπλύνω | 1 | | | | 1 | | | | | | | | | | | |
| ἀποπνίγω | 3 | | 1 | | | | | | | | | | | | | 2 |
| ἀπορέω (ἄπορος) | 4 | | | | 1 | | | | | | | | | 1 | | 2 |
| ἀπόρθητος | 1 | | | | | | | | | | | | | | | 1 |
| ἀπορία | 5 | | | | | | 3 | | | | | | 2 | | | |
| ἀπορρήγνυμι | 1 | | | | | | | | | | | | | | 1 | |
| ἀπόρρητος | 2 | | | | 1 | | | | | | | | | | | 1 |
| ἀπορρίπτω | 8 | | | 4 | 1 | 3 | | | | | | | | | | |
| ἀπορρώξ | 1 | | | | 1 | | | | | | | | | | | |
| ἀποσείω | 1 | | | | 1 | | | | | | | | | | | |
| ἀποσκευή | 1 | | | | | | | | | | | | | | | 1 |
| ἀποσκηνόω | 1 | | | | | | 1 | | | | | | | | | |
| ἀποσκολοπίζω | 1 | | | | 1 | | | | | | | | | | | |
| ἀποσκοπεύω | 1 | | | | | | 1 | | | | | | | | | |
| ἀποσοβέω | 2 | | | | | | | | | | | | | | | 2 |
| ἀποσπάω | 1 | | | | | | | | | | | | 1 | | | |
| ἀποστασία | 1 | | | | | | | | | | | | | | | 1 |
| ἀπόστασις | 1 | | | | | | | | | | | | | | | 1 |
| ἀποστέλλω | 95 | 5 | 3 | 15 | 9 | 6 | 1 | 14 | 2 | 5 | | 4 | 2 | 12 | | 17 |
| ἀποστερέω | 1 | | | | | | | | | | | | | | | 1 |
| ἀποστολή | 2 | | | | 1 | | | | | | | | | 1 | | |
| ἀπόστολος | 5 | | | | | | 1 | | | | 1 | 3 | | | | |
| ἀποστρέφω | 21 | 1 | 2 | 2 | 4 | 4 | 3 | 1 | | | | | 1 | 1 | 1 | 1 |
| ἀποσυλέω * | 2 | | | | | | | | | | | | | 1 | | |
| ἀποσχολέομαι | 1 | | | | | | | | | | 1 | | | | | |
| ἀποτάσσω | 5 | | | | | | | | | | | | | 3 | | 2 |
| ἀποτελείωσις | 1 | | 1 | | | | | | | | | | | | | |

| LEMMES | TOTAL | ADAM | HEN | ABR | PATR | ASEN | SAL | JER | BAR | PROP | ESDR | SEDR | JOB | ARIS | SIB | FRAG |
|---|---|---|---|---|---|---|---|---|---|---|---|---|---|---|---|---|
| ἀποτελέω | 7 | | 3 | | | | | | | | | | | 2 | | 2 |
| ἀποτίθημι | 11 | | | | | 7 | | 1 | | | | | 1 | 1 | | 1 |
| ἀποτινάσσω | 1 | | | | 1 | | | | | | | | | | | |
| ἀποτίνω | 3 | | | | | | | | | | | | | | 2 | 1 |
| ἀπότομος | 4 | | | 4 | | | | | | | | | | | | |
| ἀποτρέχω | 5 | | 1 | | 2 | | | | | | | | | 1 | | 1 |
| ἀποτρίβω | 1 | | | | | | | | | | | | | 1 | | |
| ἀπότροπος | 1 | | | | | | | | | | | | | | 1 | |
| ἀποτρωπάω | 1 | | | | | | | | | | | | | | | 1 |
| ἀποτυγχάνω | 2 | | | | | | | | | | | | | 2 | | |
| ἀποφαίνω | 19 | | | 5 | | | | | | | | | | 14 | | |
| ἀπόφασις | 7 | | | 4 | 2 | | | | | 1 | | | | | | |
| ἀποφέρω | 11 | | 1 | 1 | | | | | 1 | 2 | 1 | | 2 | 1 | | 2 |
| ἀποφεύγω | 1 | | | | | 1 | | | | | | | | | | |
| ἀποφθέγγομαι | 3 | | | | | | | | | | | | 3 | | | |
| ἀποφυγή | 1 | | | | | 1 | | | | | | | | | | |
| ἀποφυσόω * | 2 | | | 2 | | | | | | | | | | | | |
| ἀποχωρέω | 2 | | 1 | | | | | | | | | | | | | 1 |
| ἀποχωρίζω | 2 | | | 1 | | | | | | | | | | | | 1 |
| ἀπραγμάτευτος | 1 | | | | | | | | | | | | | 1 | | |
| ἄπρακτος | 1 | | | | | | | | | | 1 | | | | | |
| ἀπρεπής | 1 | | 1 | | | | | | | | | | | | | |
| Ἀπρίλλιος | 2 | | | | | | | | | | | | | | | 2 |
| ἀπροϊδής | 1 | | | | | | | | | | | | | | 1 | |
| ἀπρόοπτος | 1 | | | | | | | | | | | | | | | 1 |
| ἀπροσδεής | 1 | | | | | | | | | | | | | 1 | | |
| ἀπροσέγγιστος | 1 | | | | 1 | | | | | | | | | | | |
| ἀπρόσκοπος | 1 | | | | | | | | | | | | | 1 | | |
| ἀπροσωπόληπτος | 1 | | | | | | | | | | | | 1 | | | |
| ἄπταιστος | 2 | | | | | | | | | | | | | 1 | 1 | |
| ἅπτω (ἁπτός) | 24 | 1 | 2 | 3 | 2 | 3 | 2 | | 1 | 1 | | | 1 | 1 | 1 | 6 |
| ἅπτω (ἅπτρα) | 2 | | 1 | | | | | | | | | | | | 1 | |
| ἄπυστος | 1 | | | | | | | | | | | | | | 1 | |
| ἀπωθέω | 5 | | | | | 2 | 3 | | | | | | | | | |
| ἀπώλεια | 48 | | 15 | 10 | 4 | 2 | 9 | | | 1 | 2 | | 4 | 1 | | |
| ἀρά | 1 | | | | | | 1 | | | | | | | | | |
| * ἄρα | 31 | 1 | | 2 | 2 | 3 | 1 | | 1 | | 1 | 1 | 7 | | 8 | 4 |
| ἆρα | 5 | | | | | | | | | 1 | | | 3 | | | 1 |
| Ἀραβία | 8 | | | | | | | | | | | | | | 1 | 7 |
| Ἀραθάκ | 1 | | 1 | | | | | | | | | | | | | |
| ἀραιός | 1 | | | | | | | | | | | | | | | 1 |
| Ἀρακιήλ | 1 | | 1 | | | | | | | | | | | | | |
| Ἀράμ | 2 | | | 2 | | | | | | | | | | | | |
| ἀραρίσκω | 1 | | | | 1 | | | | | | | | | | | |
| Ἄρατος | 1 | | | | | | | | | | | | | | | 1 |
| Ἄραψ | 7 | | | | | | | | | 1 | | | | 1 | 2 | 3 |
| ἀργαλέος | 1 | | | | | | | | | | | | | 1 | | |
| Ἀργαριζίν | 1 | | | | | | | | | | | | | | | 1 |
| ἀργέω | 1 | | | | | | | | | | | | | | | 1 |
| ἀργία | 1 | | | | | | | | | 1 | | | | | | |
| ἀργίπους | 1 | | | | | | | | | | | | | | | 1 |
| ἀργόλας | 2 | | | | | | | | | 2 | | | | | | |
| Ἄργος | 2 | | | | | | | | | 2 | | | | | | |
| ἀργός (ἀεργός) | 2 | | | | | | | | | | | | | | 1 | 1 |
| ἀργύρεος | 15 | | 1 | | | 3 | | | | | 1 | | 2 | 5 | 2 | 1 |
| ἀργυρικός | 2 | | | | | | | | | | | | | 1 | 1 | |
| ἀργύριον | 28 | | 3 | | 9 | 2 | 1 | | | 1 | | | 4 | 4 | | 4 |
| ἀργυροδίνης | 1 | | | | | | | | | | | | | | 1 | |
| ἀργυρόκρανος * | 1 | | | | | | | | | | | | | | 1 | |
| ἀργυρόπους | 1 | | | | | | | | | | | | | | 1 | |
| ἄργυρος | 15 | | 1 | | 1 | 1 | | | | | | | 1 | | 6 | 5 |
| ἀργυρώνητος | 1 | | | | | | | | | | | | | | | 1 |
| ἀρδεύω | 1 | | | | | | | | | | | | | | 1 | |
| ἄρδην | 1 | | | | | | | | | | | | | | 1 | |
| Ἀρεαρώς | 1 | | 1 | | | | | | | | | | | | | |
| ἀρείων | 1 | | | | | | | | | | | | | | | 1 |
| ἀρέσκεια | 1 | | | | 1 | | | | | | | | | | | |
| ἀρέσκω | 4 | | | | 2 | | | | | | | | | | 1 | 1 |
| ἀρεστός | 2 | | | 1 | | | | | 1 | | | | | | | |
| Ἀρετά | 1 | | | | 1 | | | | | | | | | | | |
| ἀρετή | 17 | 1 | | | 1 | 1 | | | 3 | | | | 1 | 6 | 1 | 3 |
| ἀρηΐφιλος | 1 | | | | | | | | | | | | | | 1 | |
| ἀρήν | 6 | | 2 | | 1 | | | | | | | | | 1 | 2 | |
| Ἄρης | 3 | | | | | | | | | | | | | | 3 | |
| ἀριθμέω | 7 | | | | | | | | | | 1 | | | 1 | 4 | 1 |
| ἀριθμητικός | 1 | | | | | | | | | | | | | | | 1 |
| ἀριθμός | 13 | | 1 | 1 | | 3 | | | | | | | 1 | | 2 | 5 |
| Ἀρίρα | 1 | | | | | | | | | 1 | | | | | | |
| Ἀριστέας | 4 | | | | | | | | | | | | | 4 | | |
| ἀριστερός | 9 | | | 6 | 1 | 1 | 1 | | | | | | | | | |
| ἀριστοπόνος | 1 | | | | | | | | | | | | | | | 1 |
| ἄριστος | 25 | | | 1 | | 1 | | | | 1 | | | | 3 | 10 | 9 |
| ἀριφραδής | 1 | | | | | | | | | | | | | | 1 | |
| ἀρκετός | 2 | | | | | | | | | | | | | 2 | | |
| ἀρκέω | 3 | | | | 1 | | 1 | | | | | | | | | 1 |
| ἄρκος (ὁ, ἡ) | 5 | | 1 | | 3 | | | | | | 1 | | | | | |
| ἄρκτος | 2 | | | | | | | | | | | | | | 2 | |
| ἅρμα (τὸ) | 38 | 5 | 1 | 7 | | 9 | | | | 5 | 1 | 1 | | 4 | 1 | 4 |
| Ἀρμαρώς | 1 | | 1 | | | | | | | | | | | | | |
| Ἀρμενία | 2 | | | | | | | | | | | | | | 1 | 1 |
| ἀρμενίζω | 1 | | | | 1 | | | | | | | | | | | |
| Ἀρμένιος | 1 | | | | | | | | | | | | | | | 1 |
| ἁρμόζω | 7 | | | | 1 | | 1 | | | | | | | | 3 | 2 |
| ἁρμονία | 1 | | | | | | | | | | | | | | | 1 |
| ἁρμός | 3 | | | | 1 | | | | | | | | 1 | 1 | | |
| ἀρνέομαι | 8 | | | 3 | 1 | | | | | 1 | | | | | 1 | 2 |
| ἀρνίον | 4 | | | 3 | | 1 | | | | | | | | | | |
| ἀρνός | 6 | | | 2 | | | | | 1 | | | | | | 3 | |
| ἀροτρία | 1 | | | | | | | | | | | | 1 | | | |
| ἀροτριασμός | 4 | | | 3 | | | | | | | | | 1 | | | |

| LEMMES | TOTAL | ADAM | HEN | ABR | PATR | ASEN | SAL | JER | BAR | PROP | ESDR | SEDR | JOB | ARIS | SIB | FRAG |
|---|---|---|---|---|---|---|---|---|---|---|---|---|---|---|---|---|
| ἀροτριάω | 1 | | | 1 | | | | | | | | | | | | |
| ἄρουρα | 11 | | | | | 1 | | | | | | | | 1 | 3 | 6 |
| ἀρόω | 3 | | | | | | | | | | | | | | 1 | 2 |
| ἁρπαγή | 3 | | | | 2 | | | | | 1 | | | | | | |
| ἅρπαγμα | 1 | | | | | | 1 | | | | | | | | | |
| ἁρπάζω | 27 | 1 | 1 | 4 | 6 | 3 | | | | 3 | 1 | 1 | 3 | | 1 | 3 |
| ἅρπαξ | 1 | | | | 1 | | | | | | | | | | | |
| ἀρραβών | 2 | | | | 2 | | | | | | | | | | | |
| Ἀρράν | 2 | | | | | | | | | | | | | | | 2 |
| ἀρρενογονία | 1 | | | | | | | | | | | | | | | 1 |
| ἄρρητος | 7 | | | | | 4 | | | | 1 | | | | | | 2 |
| ἀρρωστέω | 2 | | | | 2 | | | | | | | | | | | |
| ἀρρωστία | 2 | | | | | | | | | | | | | | | 2 |
| Ἄρσαμος | 2 | | | | | | | | | | | | | 2 | | |
| ἀρσενικός | 6 | 1 | | | 1 | | | | | | | | 2 | | 2 | |
| ἄρσην | 21 | | | 1 | | 1 | | 1 | | | | | 1 | 1 | 7 | 9 |
| Ἀρσινόη | 1 | | | | | | | | | | | | | | 1 | |
| ἀρτάβη | 2 | | | | | | | | | | | | | | | 2 |
| ἀρτάω | 1 | | | | | 1 | | | | | | | | | | |
| Ἄρτεμις | 1 | | | | | | | | | | | | | | 1 | |
| ἄρτι | 17 | | 2 | | | | | 1 | 4 | | 1 | 7 | | | 2 | |
| ἄρτιος | 2 | | 2 | | | | | | | | | | | | | |
| ἀρτίχειρ | 1 | | | | | | | | | | | | | | | 1 |
| ἀρτοκοπεῖον | 1 | | | | | | | | | | | | 1 | | | |
| ἀρτοπράτης | 1 | | | | | | | | | | | | 1 | | | |
| ἄρτος | 52 | 1 | | 4 | | 15 | | | | 2 | 1 | | 26 | | | 3 |
| Ἀρφαξάδ | 1 | | | | | | | | | 1 | | | | | | |
| Ἀρφουγιτόνος | 1 | | | | | | | | | | 1 | | | | | |
| ἀρχάγγελος | 38 | 9 | 4 | 12 | | | | 1 | | 3 | 1 | 1 | | | | 7 |
| ἀρχαῖος | 9 | | | | | 1 | 1 | | | 1 | 2 | | | 1 | 1 | 2 |
| ἀρχέγονος | 1 | | | | | | | | | | | | | | | 1 |
| ἀρχεδέατρος | 1 | | | | | | | | | | | | | 1 | | |
| ἀρχή | 65 | 2 | 9 | 3 | 5 | 7 | 3 | | | 1 | 3 | | 1 | 1 | 5 | 16 | 9 |
| ἀρχηγός | 4 | | | | | | | | | | | | | | 3 | 1 |
| ἀρχῆθεν | 1 | | | | | | | | | | | | 1 | | | |
| ἀρχιερεύς | 18 | | | | 4 | | | | | | | | | 7 | | 7 |
| ἀρχιερωσύνη | 1 | | | | 1 | | | | | | | | | | | |
| ἀρχιευνοῦχος | 1 | | | | 1 | | | | | | | | | | | |
| ἀρχικός | 1 | | | | | | | | | | | | | | | 1 |
| ἀρχιμάγειρος | 2 | | | | 2 | | | | | | | | | | | |
| ἀρχιποίμην | 1 | | | | 1 | | | | | | | | | | | |
| ἀρχιστράτηγος | 70 | | 63 | | | | | | 5 | | | 2 | | | | |
| ἀρχισωματοφύλαξ | 2 | | | | | | | | | | | | | 2 | | |
| ἀρχιτεκτονία | 1 | | | | | | | | | | | | | | | 1 |
| ἀρχιτέκτων | 1 | | | | | | | | | | | | | | | 1 |
| ἀρχιχιλίαρχος | 1 | | | | | | | | | | | | | | | 1 |
| ἀρχός | 1 | | | | | | | | | | | | | | | 1 |
| ἄρχω | 79 | 1 | 12 | 2 | 8 | 3 | 1 | | 1 | | 3 | 1 | 1 | 8 | 23 | 15 |
| ἄρχων | 47 | | 8 | 3 | 6 | 8 | 7 | | 1 | | | | | 3 | 1 | 10 |
| ἀρωγός | 2 | | | | | | | | | | | | | | | 2 |
| ἄρωμα | 10 | | 5 | 1 | | | | | | 1 | | | | | 2 | 1 |
| ἀσάλευτος | 2 | 1 | | | | | | | | | | 1 | | | | |
| Ἀσαυνᾶ | 1 | | | | | | | | | | | | | | | 1 |
| ἄσβεστος | 4 | | | | | | 1 | | | | | 1 | | | | 2 |
| Ἄσβολος | 1 | | | | | | | | | | | | | | | 1 |
| Ἀσεάλ | 1 | | 1 | | | | | | | | | | | | | |
| ἀσέβεια | 24 | | 6 | 9 | | | | | | 3 | | | | 1 | 4 | 1 |
| ἀσεβέω | 9 | | 1 | 6 | 1 | | | | | 1 | | | | | | |
| ἀσέβημα | 1 | | | 1 | | | | | | | | | | | | |
| ἀσεβής | 18 | | 6 | 3 | | | | | | 1 | | 1 | | | 5 | 2 |
| ἀσέλγεια | 2 | | | 1 | | | | | | | | | | | | 1 |
| ἀσελγής | 2 | | | 1 | | | | | | | | | | | 1 | |
| Ἀσενέθ | 191 | | | | 189 | | | | | | | | | | | 2 |
| ἄσηπτος | 1 | | | 1 | | | | | | | | | | | | |
| Ἀσήρ | 10 | | | 5 | 2 | | | | | | | | | | | 3 |
| Ἀσηρώθ | 1 | | | | | | | | | | | | | | | 1 |
| ἀσθένεια | 7 | | | 5 | | | | | | | | | 1 | | | 1 |
| ἀσθενέω | 13 | | | 8 | 2 | 3 | | | | | | | | | | |
| ἀσθενής | 6 | | | 3 | | | | | | | | | | 1 | | 2 |
| Ἀσία | 12 | | | | | | | | | | | | | | 12 | |
| Ἀσιάς | 1 | | | | | | | | | | | | | | 1 | |
| Ἀσίς | 16 | | | | | | | | | | | | | | 16 | |
| ἀσιτέω | 2 | | 2 | | | | | | | | | | | | | |
| ἄσιτος | 1 | | | 1 | | | | | | | | | | | | |
| Ἀσκάλων | 1 | | | | | | | | | | | | | 1 | | |
| ἀσκέω | 9 | | | | | | | | | 1 | | | | 4 | 1 | 3 |
| ἄσκοπος (σκέπτομαι) | 1 | | | | | | | | | | | | | | | 1 |
| ἀσμενίζω | 1 | | | | | | | | | | | | | 1 | | |
| ἄσμενος | 1 | | | | | | | | | | | | | 1 | | |
| Ἀσουά | 1 | | | | | | | | | | | | | | | 1 |
| Ἀσουήλ | 1 | | | | | | | | | | | | | | | 1 |
| Ἀσούρ | 2 | | | | 1 | | | | | | | | | | | 1 |
| ἀσπάζομαι | 17 | | | 5 | 1 | 3 | | | | | | | 1 | 4 | | 3 |
| ἀσπάλαθος | 1 | | | | 1 | | | | | | | | | | | |
| ἄσπαρτος | 2 | | | | | | | | | | | | | | 2 | |
| ἀσπασμός | 2 | | | | | | | | | | | | | 2 | | |
| ἄσπετος | 5 | | | | | | | | | | | | | | 4 | 1 |
| ἀσπιδίσκος | 1 | | | | | | | | | | | | | 1 | | |
| ἀσπίς | 15 | 1 | | 4 | 3 | 1 | | | | 3 | | | | 1 | 1 | 1 |
| Ἀσπίς | 2 | | 2 | | | | | | | | | | | | | |
| ἀσπορία | 1 | | | | | | | | | | | | | | 1 | |
| ἀσσάλιος | 1 | | | | | | | | | | | | 1 | | | |
| Ἀσσάρακος | 1 | | | | | | | | | | | | | | 1 | |
| Ἀσσυρία | 5 | | | | | | | | | | | | | | 3 | 2 |
| Ἀσσύριος | 12 | | | | 1 | | | | | 2 | | | | | 5 | 4 |
| ἄστατος | 3 | | | | | | | | | | | | | | 1 | 2 |
| ἄστεγος | 1 | | | | | | | | | | | | | | | 1 |
| ἄστεκτος | 1 | | | | | | | | | | | | | | | 1 |
| ἀστεμφής | 1 | | | | | | | | | | | | | | | 1 |
| ἀστερόεις | 6 | | | | | | | | | | | | | | 4 | 2 |

| LEMMES | TOTAL | ADAM | HEN | ABR | PATR | ASEN | SAL | JER | BAR | PROP | ESDR | SEDR | JOB | ARIS | SIB | FRAG |
|---|---|---|---|---|---|---|---|---|---|---|---|---|---|---|---|---|
| ἀστερόμορφος * | 1 | | | | | | | | | | | 1 | | | | |
| ἀστεροσκοπία | 1 | | 1 | | | | | | | | | | | | | |
| ἀστερόχυτος * | 1 | | | | | | | | | | | 1 | | | | |
| ἀστήρ | 29 | | 10 | 3 | 1 | 2 | | | 3 | | 3 | | 1 | | 4 | 2 |
| Ἀστιβάρης | 1 | | | | | | | | | | | | | | | 1 |
| ἀστραπή | 13 | | 3 | 4 | | 3 | | | 1 | | | | | | | 2 |
| ἀστραπηδόν | 1 | | | | | | | | | | | | | | | 1 |
| ἀστράπτω | 3 | | | 1 | | 1 | | | | | | | | | | 1 |
| ἀστρολογέω | 1 | | | | | | | | | | | | | | 1 | |
| ἀστρολογία | 8 | | 2 | | | | | | | | | | | | | 6 |
| ἀστρολογικός | 1 | | | | | | | | | | | | | | | 1 |
| ἄστρον | 20 | | 1 | 1 | 2 | 1 | 1 | | | | 2 | | | | 7 | 5 |
| ἀστρονομέω | 1 | | | | | | | | | | | | | | 1 | |
| ἀστροσκοπία | 1 | | 1 | | | | | | | | | | | | | |
| ἄστυ | 3 | | | | | | | | | | | | | | 2 | 1 |
| ἀστυγείτων | 2 | | | | | | | | | | | | | | | 2 |
| Ἀστυπάλαια | 1 | | | | | | | | | | | | | | 1 | |
| ἀσύγκριτος | 1 | | | | 1 | | | | | | | | | | | |
| ἀσύλητος | 1 | | | | | | | | | | 1 | | | | | |
| ἀσυμπαθής | 1 | | | | 1 | | | | | | | | | | | |
| ἀσύνετος | 2 | | | | 1 | | | | 1 | | | | | | | |
| ἀσφάλεια | 10 | | | | | 2 | | | | | | | | | 8 | |
| ἀσφαλής | 5 | | | | | 2 | | | | | | | | | 2 | 1 |
| ἀσφαλίζω | 6 | | | 1 | | | | | | 1 | | | | 3 | 1 | |
| ἄσχετος | 1 | | | | | | | | | | | | | | | 1 |
| ἀσχημοσύνη | 1 | | | | 1 | | | | | | | | | | | |
| ἀσχήμων | 1 | | | | | | | | | | | | | 1 | | |
| ἀσχολέω | 1 | | | | 1 | | | | | | | | | | | |
| ἀσώματος | 6 | | | 6 | | | | | | | | | | | | |
| ἀσωτία | 1 | | | | 1 | | | | | | | | | | | |
| ἄσωτος | 2 | | | | 2 | | | | | | | | | | | |
| ἀτακτέω | 1 | | | | | | | | | 1 | | | | | | |
| ἄτακτος | 2 | | | | 1 | | | | | | | | | | | 1 |
| ἀτάλαντος | 1 | | | | | | | | | | | | | | | 1 |
| ἀταλός | 1 | | | | | | | | | | | | | | | 1 |
| ἀταξία | 1 | | | | 1 | | | | | | | | | | | |
| ἀτάρ | 3 | | | | | | | | | | | | | | 2 | 1 |
| ἀτάραχος | 2 | | | | | | | | | | | | | 1 | | 1 |
| Ἀταρκούφ | 1 | | 1 | | | | | | | | | | | | | |
| ἀτάρχυτος | 1 | | | | | | | | | | | | | | | 1 |
| ἀτασθαλία | 1 | | | | | | | | | | | | | | 1 | |
| ἀτάσθαλος | 4 | | | | | | | | | | | | | | 3 | 1 |
| ἄταφος | 1 | | | | | | | | | | | | | | 1 | |
| ἄτε | 3 | | | | | | | | | | | | | 1 | 1 | 1 |
| ἀτειρής | 1 | | | | | | | | | | | | | | | 1 |
| ἀτεκνέω | 1 | | | | | | | | | 1 | | | | | | |
| ἀτεκνία | 2 | | 1 | | | | 1 | | | | | | | | | |
| ἄτεκνος | 4 | | 1 | | 2 | | | | | | | | | | | 1 |
| ἀτέλεστος | 2 | | | | | | | | | | | | | | 2 | |
| ἀτελεύτητος | 4 | | | 1 | | | | | | | 2 | | | | 1 | |
| ἀτενίζω | 7 | 1 | | 2 | 1 | 2 | | | | | | | | | | 1 |
| ἄτη | 4 | | | | | | | | | | | | | | 4 | |
| ἀτιμάζω | 2 | | | | | 1 | | | | | | | 1 | | | |
| ἀτιμασμός | 1 | | | | | | | | | | | | | 1 | | |
| ἀτιμία | 13 | | 1 | | 4 | | 8 | | | | | | | | | |
| ἄτιμος | 2 | | | | | | | | | | | | 2 | | | |
| ἀτιμόω | 1 | | | | | | 1 | | | | | | | | | |
| Ἄτλας | 2 | | | | | | | | | | | | | | | 2 |
| ἀτμίς | 1 | 1 | | | | | | | | | | | | | | |
| ἀτονέω | 1 | | | | | | | | | | | | | 1 | | |
| ἀτραπιτός | 2 | | | | | | | | | | | | | | | 2 |
| ἀτραπός | 3 | | | | | | | | | | | | | | 2 | 1 |
| ἀτρεκής | 2 | | | | | | | | | | | | | | 1 | 1 |
| Ἀτριήλ | 1 | | 1 | | | | | | | | | | | | | |
| ἄτρυτος | 1 | | | | | | | | | | | | | | | 1 |
| ἄττακος | 1 | | | | | | | | | | | | | 1 | | |
| Ἀττικός | 1 | | | | | | | | | 1 | | | | | | |
| ἄτυκτος | 1 | | | | | | | | | | | | | | | 1 |
| ἀτυχέω | 1 | | | | | | | | | | | | | 1 | | |
| ἀτύχημα | 1 | | | | | | | | | | | | | 1 | | |
| ἀτυχία | 2 | | | | | | | | | | | | | | | 2 |
| αὖ | 11 | | | | | | | | | | | | | 1 | 8 | 2 |
| αὐγάζω | 1 | | | | | | 1 | | | | | | | | | |
| αὐγή | 6 | | | | | | | 1 | | | | | | | 4 | 1 |
| Αὔγουστος | 1 | | | | | | | | | | | | | | | 1 |
| αὐδάω | 2 | | | | | | | | | | | | | | 2 | |
| αὐδή | 2 | | | | | | | | | | | | | | 1 | 1 |
| αὐθημερόν | 2 | | | | | 1 | | | | | | | | | | 1 |
| * αὖθις | 21 | 1 | | | | | | | 1 | | | | | | 13 | 6 |
| αὖλαξ | 1 | | | | | | | | | | | | | | 1 | |
| αὐλή | 24 | | | 1 | 1 | 17 | | | | | | | | 4 | | 1 |
| αὐλίζομαι | 5 | | | | | 2 | 2 | | | | | | | | 1 | |
| αὐλός | 1 | | | | | | | | | | | | | | 1 | |
| αὐλῶπις | 1 | | | | | | | | | | | | | | | 1 |
| Αὐνάς | 2 | | | | | 2 | | | | | | | | | | |
| αὐξάνω | 10 | | 3 | 1 | | | | 1 | 2 | | | | | | | 3 |
| αὔξησις | 1 | | | | | | | 1 | | | | | | | | |
| αὔξω | 3 | | | | | | | | 1 | | | | | | 1 | 1 |
| αὔριον | 11 | | | | | 3 | 1 | 1 | | | | | | | | 6 |
| Αὔσιτις | 1 | | | | | | | | | | | | 1 | | | |
| Αὐσῖτις | 1 | | | | | | | | | | | | | | | 1 |
| Αὐσονίς | 1 | | | | | | | | | | | | | | 1 | |
| αὔτανδρος | 2 | | | | | | | | | | | | | | 2 | |
| αὐτάρ | 18 | | | | | | | | | | | | | | 18 | |
| αὐτάρκεια | 1 | | | | | 1 | | | | | | | | | | |
| αὐτάρκης | 1 | | | | 1 | | | | | | | | | | | |
| αὖτε | 7 | | | | | | | | | | | | | | 7 | |
| αὐτίκα | 8 | | | | | | | | | | | | | 1 | 6 | 1 |
| αὐτογενής | 1 | | | | | | | | | | | | | | | 1 |
| αὐτόδρομος | 1 | | | | | | | | | | | | 1 | | | |

| LEMMES | TOTAL | ADAM | HEN | ABR | PATR | ASEN | SAL | JER | BAR | PROP | ESDR | SEDR | JOB | ARIS | SIB | FRAG |
|---|---|---|---|---|---|---|---|---|---|---|---|---|---|---|---|---|
| αὐτόθεν | 1 | | | | | | | | | | | | | | | 1 |
| αὐτοκασίγνητος | 1 | | | | | | | | | | | | | | | 1 |
| αὐτοκέλευστος | 1 | | | | | | | | | | | | | | 1 | |
| αὐτόματος | 3 | | | | | | | | | 1 | | | | | 1 | 1 |
| αὐτομολέω | 1 | | | | | | | | | | | | | | | 1 |
| αὐτόπρεμνος | 1 | | | | | | | | | | | | | | 1 | |
| ∗ αὐτός | 4527 | 222 | 440 | 353 | 860 | 767 | 288 | 165 | 106 | 197 | 59 | 97 | 225 | 146 | 92 | 510 |
| αὐτοφυής | 2 | | | | | | | | | | | | | 1 | 1 | |
| αὐτόφωρος | 1 | | | | | 1 | | | | | | | | | | |
| αὐτόχθων | 1 | | | | | | | | | | | | | | 1 | |
| αὐτόχυτος | 1 | | | | | | | | | | | | | | | 1 |
| αὕτως | 1 | | | | | | | | | | | | | | 1 | |
| αὐχένιος | 1 | | | | | | | | | | | | | | | 1 |
| αὐχέω | 3 | | | | | | | | | | | | | | 3 | |
| αὐχήν | 6 | | | | 1 | 2 | | | | | | | | | 2 | 1 |
| αὐχμός | 1 | | | | | | | | | | | | | | 1 | |
| ἀφαίρεσις | 3 | | | | 1 | | | | | | | | | 1 | 1 | |
| ἀφαιρέω | 28 | | 1 | | 7 | | 2 | | | 3 | | | 8 | 3 | 2 | 2 |
| ἀφάλλομαι | 1 | | | | | | | | | | | | 1 | | | |
| ἀφανής | 7 | | | 1 | | 1 | | | | | | 1 | 1 | | 2 | 1 |
| ἀφανίζω | 29 | | 15 | | 5 | | 1 | 2 | | 2 | | | 3 | | | 1 |
| ἀφανισμός | 3 | | 1 | | | | | 2 | | | | | | | | |
| ἄφαντος | 3 | 1 | 1 | | | 1 | | | | | | | | | 1 | |
| ἀφαρπάζω | 2 | | | 1 | | | | | | | | | | | 1 | |
| ἄφεδρος | 2 | | | | | | 1 | | | | | | | | | 1 |
| ἀφεδρών | 1 | | | | | | | | | | | | | 1 | | |
| ἀφειδής | 1 | | | | | | | | | | | | | 1 | | |
| Ἀφέρα | 2 | | | | | | | | | | | | | | | 2 |
| ἄφεσις | 5 | | 3 | | | | | | | 1 | | | | | | 1 |
| ἀφή | 3 | | | | | | | | | | | | | | 3 | |
| ἀφηγέομαι | 3 | | 1 | | | 1 | | | | | | | | 1 | | |
| ἀφῆλιξ | 1 | | | | | | | | | | | | | | | 1 |
| ἀφθαρσία | 3 | | | | | 3 | | | | | | | | | | |
| ἄφθαρτος | 2 | | | | 1 | | | | | | | 1 | | | | |
| ἄφθιτος | 10 | | | | | | | | | | | | | | 10 | |
| ἀφθονία | 3 | | | 3 | | | | | | | | | | | | |
| ἄφθονος | 3 | | | | 1 | | | | | | | | | 1 | | 1 |
| ἀφίδρυμα | 1 | | | | | | | | | | | | | | 1 | |
| ἀφίημι | 43 | 8 | 2 | 4 | 11 | 1 | 4 | 2 | | 1 | 2 | 3 | 1 | | 1 | 3 |
| ἀφικνέομαι | 7 | | 2 | | | | | | | | | | | 1 | 1 | 3 |
| ἄφιξις | 1 | | | | | | | | | | | | | 1 | | |
| ἀφίπταμαι | 1 | | | | 1 | | | | | | | | | | | |
| ἀφιστάω | 2 | | | | 2 | | | | | | | | | | | |
| ἀφίστημι | 40 | 3 | 3 | 1 | 17 | 3 | 6 | | | | | | 2 | 2 | | 3 |
| ἀφνεός | 1 | | | | | | | | | | | | | | | 1 |
| ἄφνω | 5 | | | | | 1 | | | | | | | | | 1 | 3 |
| ἀφοβία | 1 | | | | | | | | | | | | | 1 | | |
| ἀφόδευμα | 1 | | | | | | | 1 | | | | | | | | |
| ἀφοδεύω | 2 | | | | | | | 2 | | | | | | | | |
| ἀφόμοιος | 1 | | 1 | | | | | | | | | | | | | |
| ἀφόρητος | 1 | 1 | | | | | | | | | | | | | | |
| ἀφορίζω | 7 | | | | | | | 2 | | | | | 4 | | | 1 |
| ἀφορμάω | 2 | | | | | | | | | | | | | | | 2 |
| ἀφορμή | 1 | | | | | | | | | | | | | | | 1 |
| ἀφορολόγητος | 1 | | | | | | | | | | | | | | | 1 |
| ἀφοσιόω | 1 | | | | | | | | | | | | | 1 | | |
| Ἀφρά | 2 | | | | | | | | | | | | | | | 2 |
| ἄφραστος | 1 | | | | 1 | | | | | | | | | | | |
| Ἀφρική | 1 | | | | | | | | | | | | | | | 1 |
| Ἀφροδίτη | 1 | | | | | | | | | | | | | | 1 | |
| ἀφρονέω | 3 | | | | | | | | | | | | | | | 3 |
| ἄφροντις | 1 | | | | | | | | | | | | | 1 | | |
| ἀφροσύνη | 8 | | 2 | | 2 | | | | | | | | | | 4 | |
| ἄφρων | 13 | | 2 | | | 3 | 1 | | 1 | | | | 1 | | 4 | 1 |
| ἀφυπνόω | 1 | | | | | | | | | | | | | | | 1 |
| ἀφύσσω | 1 | | | | | | | | | | | | | | | 1 |
| ἄφωνος | 2 | | | | | 1 | | | | | | | | | | 1 |
| Ἀχαάβ | 6 | | | | | | | | | 4 | | | | | | 2 |
| ἀχάλαζος ∗ | 1 | | | | | | | | | | | | | | 1 | |
| ἀχανής | 1 | | | | | | | | | | | | | | 1 | |
| ἀχαριστέω | 1 | | | | | | | | | | | | | | | 1 |
| ἀχάριστος | 1 | 1 | | | | | | | | | | | | | | |
| ἀχείματος | 1 | | | | | | | | | | | | | | 1 | |
| Ἀχερούσιος | 1 | 1 | | | | | | | | | | | | | | |
| Ἀχέρων | 2 | | | | | | | | | | | | | | 1 | 1 |
| ἄχθομαι | 3 | | | | | | | | | | | | | | | 3 |
| ἄχθος | 1 | | | | | | | | | | | | | | | 1 |
| Ἀχία | 1 | | | | | | | | | 1 | | | | | | |
| Ἀχιλλεύς | 1 | | | | | | | | | | | | | | 1 | |
| ἀχλύς | 1 | | | | | | | | | | | | | | 1 | |
| ἄχραντος | 3 | | | 1 | | | | | | | 1 | 1 | | | | |
| ἄχρηστος (χράομαι, -ω) | 6 | | | | 1 | | | | | | | | | 4 | 1 | |
| ἄχρι | 20 | | | | 2 | | | 1 | | | | | 4 | | 6 | 7 |
| ἀχρώτιστος | 1 | | | | | | | | | | | | | | | 1 |
| ἄχυρον | 2 | | | | 2 | | | | | | | | | | 1 | |
| Ἀχώρ | 2 | | | | 2 | | | | | | | | | | | |
| ἄψ | 1 | | | | | | | | | | | | | | 1 | |
| ἄψευστος | 1 | | | | | | | | | | | | | | 1 | |
| ἄψυχος | 2 | | | | | | | | | | | | | | 2 | |
| αωθ ∗ | 1 | | | | | | | | | | | | | | | 1 |
| ἀωρία | 1 | | | | 1 | | | | | | | | | | | |
| ἄωρος (ὥρα) | 3 | | 3 | | | | | | | | | | | | | |
| Βάαλ | 7 | | | | | | | | | 5 | | | | | | 2 |
| Βαβδηρά | 1 | | 1 | | | | | | | | | | | | | |
| Βαβυλών | 55 | | | | | 24 | | | | 8 | | | | | 13 | 10 |
| Βαβυλωνία | 2 | | | | | | | | | | | | | | | 2 |
| Βαβυλώνιος | 11 | | | | | | | 1 | | | | | | | 1 | 9 |
| Βαβυλωνίτης ∗ | 3 | | | | | | | 3 | | | | | | | | |
| βαδίζω | 8 | | 1 | | 3 | | | | | | | | 1 | | | 3 |
| βάζω | 1 | | | | | | | | | | | | | | | 1 |

| LEMMES | TOTAL | ADAM | HEN | ABR | PATR | ASEN | SAL | JER | BAR | PROP | ESDR | SEDR | JOB | ARIS | SIB | FRAG |
|---|---|---|---|---|---|---|---|---|---|---|---|---|---|---|---|---|
| βαθμός | 6 | | | | | | | | | | 5 | | | | | 1 |
| βάθος | 8 | | 2 | | | | | | 1 | | | | | 2 | 1 | 2 |
| Βαθουήλ | 1 | | | | 1 | | | | | | | | | | | |
| βάθρον | 1 | | | | | | | | | | | | | | 1 | |
| βαθυδίνης | 3 | | | | | | | | | | | | | | 3 | |
| βαθύζωνος | 1 | | | | | | | | | | | | | | 1 | |
| βαθύρροος | 2 | | | | | | | | | | | | | | 1 | 1 |
| βαθύς | 16 | | 5 | | 1 | | | | | 2 | | | | 2 | 4 | 2 |
| Βαιθήλ | 1 | | | | | | | | | | | | | | | 1 |
| βαίνω | 8 | | | | | | | | | | | | | | 2 | 6 |
| βάϊον | 1 | | | | 1 | | | | | | | | | | | |
| βαιός | 1 | | | | | | | | | | | | | | 1 | |
| βακτηρία | 1 | | | | | | | | | | | | | | | 1 |
| Βάκτρα | 2 | | | | | | | | | | | | | | 2 | |
| βακχεύω | 1 | | | | | | | | | | | | | | 1 | |
| βάλανος | 1 | | | | | | | | | 1 | | | | | | |
| Βαλδάδ | 6 | | | | | | | | | | | | 5 | | | 1 |
| Βαλκιήλ | 1 | | 1 | | | | | | | | | | | | | |
| Βάλλα | 15 | | | | 10 | 4 | | | | | | | | | | 1 |
| βάλλω | 28 | 1 | 6 | 1 | 1 | 3 | | | 1 | 1 | 1 | | 1 | | 3 | 9 |
| Βαλτάσαρ | 2 | | | | | | | | | 2 | | | | | | |
| Βανέας | 1 | | | | | | | | | | | | | | 1 | |
| βαπτίζω | 2 | | | | | | | | | | | 1 | | | 1 | |
| βάπτισμα | 2 | | | | | | | | | | | 2 | | | | |
| βάπτω | 1 | | | | | | | | | | | | | | | 1 |
| βάραθρον | 1 | | | | | | | | | | | | | | 1 | |
| Βαραχα | 1 | | | | | | | | | | | | | | | 1 |
| Βαραχιήλ | 6 | | 2 | | | | | | | | | | | | | 4 |
| βαρβαρικός | 1 | | | | | | | | | | | | | | 1 | |
| βαρβαρόθυμος * | 1 | | | | | | | | | | | | | | 1 | |
| βάρβαρος | 8 | | | | | | | | | | | | | 1 | 4 | 3 |
| βαρβαρόφρων * | 1 | | | | | | | | | | | | | | 1 | |
| βαρβαρόφωνος | 2 | | | | | | | | | | | | | | 2 | |
| βαρέω | 4 | | | | | 1 | 2 | | | | | | | 1 | | |
| βᾶρις | 1 | | | | | | | | | | | | | | | 1 |
| Βάρις | 1 | | | | | | | | | | | | | | 1 | |
| Βάρκη | 1 | | | | | | | | | | | | | | 1 | |
| βάρος | 2 | | | 1 | | | | | | | | | | | 1 | |
| Βαρούχ | 59 | | | | | | | 39 | 18 | | | | | | | 2 |
| Βάρσας | 1 | | | | 1 | | | | | | | | | | | |
| βαρυθυμέω | 2 | | | | | 1 | 1 | | | | | | | | | |
| βαρύθυμος | 1 | | | | | | | | | | | | | | 1 | |
| βαρύκτυπος | 1 | | | | | | | | | | | | | | 1 | |
| βαρύνω | 4 | | 1 | | | | 2 | | | | | | | | 1 | |
| βαρύς | 18 | | | | 2 | 5 | | 1 | | | | | | | 7 | 3 |
| βασανίζω | 2 | | | 1 | 1 | | | | | | | | | | | |
| βασανιστής | 1 | | | 1 | | | | | | | | | | | | |
| βάσανος | 7 | | 5 | | | | | | | | | | | | | 2 |
| Βασέας | 1 | | | | | | | | | | | | | 1 | | |
| βασιλεία | 65 | | 1 | 2 | 18 | | 2 | | 1 | 1 | | 1 | 5 | 15 | 2 | 17 |
| βασιλεια | 1 | | | | | | | | | | | | | | 1 | |
| βασίλειος | 17 | | 5 | | | 2 | | | | | | | | 1 | 6 | 3 |
| βασιλεύς | 392 | 1 | 8 | 9 | 25 | 12 | 15 | 11 | 3 | 18 | 1 | | 10 | 98 | 50 | 131 |
| βασιλεύω | 39 | | 1 | | 9 | 3 | 1 | | | | | | 2 | 4 | 8 | 11 |
| βασιληῖς | 4 | | | | | | | | | | | | | 4 | | |
| βασιλικός | 22 | | | | 7 | | | | | 2 | | | | 1 | 7 | 5 |
| βασιλίς | 7 | | | | | | | | | | | | | | 3 | 4 |
| βασιλίσκος | 3 | | 3 | | | | | | | | | | | | | |
| βασίλισσα | 7 | | | | 5 | | | | | | | | | 1 | | 1 |
| βάσις | 6 | | | | | | | | | | | | | 2 | 1 | 3 |
| βασκανία | 1 | | | | 1 | | | | | | | | | | | |
| βάσκανος | 1 | | | | 1 | | | | | | | | | | | |
| Βασσάρα | 1 | | | | | | | | | | | | | | | 1 |
| βαστάζω | 15 | | 2 | 3 | 2 | | | | 1 | | | | 1 | | | 6 |
| βατήριον | 1 | | | | | | | | | | | | | | | 1 |
| βάτος (ἡ) | 3 | | | | | | | | | | | | | | | 3 |
| βάτος (μέτρον) | 2 | | 1 | | 1 | | | | | | | | | | | |
| βάτραχος | 3 | | | | | | | | | | | | | | | 3 |
| Βατριήλ | 1 | | 1 | | | | | | | | | | | | | |
| βαφικός | 2 | | 2 | | | | | | | | | | | | | |
| βδέλυγμα | 12 | | 1 | | 7 | 2 | | | | | | | | 1 | | 1 |
| βδελύσσω | 4 | | | | 2 | | 1 | | | | | | | | | 1 |
| βέβαιος | 2 | | | | | | | | | | | | | | | 2 |
| βέβηλος | 6 | | | | | | 4 | 1 | | | | | | | | 1 |
| βεβηλόω | 6 | | | | 4 | | 2 | | | | | | | | | |
| βεβήλωσις | 2 | | | | | | 2 | | | | | | | | | |
| Βεβουρός | 1 | | | | | | | | | | | 1 | | | | |
| Βεελζεφών | 1 | | | | | | | | | | | | | | | 1 |
| Βεελισά | 1 | | | | 1 | | | | | | | | | | | |
| Βεημώθ | 1 | | | | | | | | | 1 | | | | | | |
| βεθ | 1 | | | | 1 | | | | | | | | | | | |
| Βεθενως | 1 | | | | | | | | | | | | | | | 1 |
| Βεθήλ | 5 | | | | 4 | | | | | 1 | | | | | | |
| Βεθώμοροι | 1 | | | | | | | | | 1 | | | | | | |
| Βεθωρών | 1 | | | | | | | | | 1 | | | | | | |
| Βελεμώθ | 1 | | | | | | | | | 1 | | | | | | |
| Βελιάρ | 37 | | | | 29 | | | | | 5 | | | | | 2 | 1 |
| Βελιχειάρ | 1 | | | | | | | | | | | | | | | 1 |
| βελόνη | 2 | | | | | | | | | | | | | | | 2 |
| βέλος | 4 | | 1 | | | | | 1 | | | | | | | 2 | |
| βέλτερος | 2 | | | | | | | | | | | | | | | 2 |
| βελτίων | 3 | | | | | | | | | | | | | 1 | | 2 |
| Βελχειρά | 1 | | | | | | | | | | | | | | | 1 |
| βένθος | 1 | | | | | | | | | | | | | | 1 | |
| Βενιαμίν | 27 | | | | 6 | 11 | | | | | | | | | | 10 |
| βερωθα * | 1 | | | | 1 | | | | | | | | | | | |
| Βεχειρά | 2 | | | | | | | | | | | | | | | 2 |
| Βηθανία | 1 | | | | | | | | | | | | | | | 1 |
| Βηθαχαράμ | 1 | | | | | | | | | 1 | | | | | | |
| Βηθζουχάρ | 1 | | | | | | | | | 1 | | | | | | |

| LEMMES | TOTAL | ADAM | HEN | ABR | PATR | ASEN | SAL | JER | BAR | PROP | ESDR | SEDR | JOB | ARIS | SIB | FRAG |
|---|---|---|---|---|---|---|---|---|---|---|---|---|---|---|---|---|
| Βηθλεέμ | 6 | | | | 1 | | | | | | | | | | | 5 |
| βῆλον | 1 | | | | | | | | | | | | 1 | | | |
| Βῆλος | 6 | | | | | | | | | | | | | | | 6 |
| βῆμα | 3 | | | 2 | | | | | | | | | | | | 1 |
| Βηρσαβεέ | 2 | | | | | | | | | 2 | | | | | | |
| Βησσουέ | 5 | | | | 5 | | | | | | | | | | | |
| βία | 7 | | | | 2 | | 1 | | | | | | | 1 | 1 | 2 |
| βιάζω | 7 | | 3 | | 1 | 1 | | | | | | | | | 1 | 1 |
| βίαιος | 3 | | | | | | | | | | | | | | | 3 |
| βιασμός | 1 | 1 | | | | | | | | | | | | | | |
| βιβλιοθήκη | 4 | | | | | | | | | | | | | 4 | | |
| βιβλίον | 22 | | 1 | 3 | 2 | | | | | | | 2 | 1 | 11 | 1 | 1 |
| βίβλος | 22 | | 2 | 3 | 5 | 5 | | | | 2 | | | 1 | 1 | 1 | 2 |
| βιβρώσκω | 1 | | | | | | | | | | | | | | | 1 |
| βιεύω | 1 | | | | | | | | | | | | | | | 1 |
| Βιθυνός | 1 | | | | | | | | | | | | | | 1 | |
| βίος | 43 | | 7 | 1 | | | | | 2 | 1 | 1 | 1 | | 12 | 5 | 13 |
| βιοτεύω | 2 | | | | | | | | | | | | | | | 2 |
| βιοτή | 1 | | | | | | | | | | | | | | | 1 |
| βίοτος | 5 | | | | | | | | | | | | | | 2 | 3 |
| βιοφθόρος | 1 | | | | | | | | | | | | | | | 1 |
| βιόω | 4 | | | | | | | | | | | | | 2 | | 2 |
| βλαβερός | 2 | | | | | | | | | | | | | 2 | | |
| βλάβη | 3 | | | | | | | | | | | | | 3 | | |
| βλάπτω | 8 | | | | | | | | | | | | | 2 | 2 | 4 |
| βλαστάνω | 6 | | 1 | | | | | 2 | | | | | | 1 | 1 | 1 |
| βλάστημα | 1 | | | | | | | | | | | | | | | 1 |
| βλαστός | 2 | | | | 1 | | | | | | | | | | | 1 |
| βλάσφημα | 1 | | | | | | | | 1 | | | | | | | |
| βλασφημέω | 2 | | | | | | | | | | | | 1 | | | 1 |
| βλασφημία | 2 | | | | | | | | | | | | | | | 2 |
| βλέμμα | 7 | | 4 | | 1 | | | | | | | | | | | 2 |
| βλέπω | 50 | | 1 | 6 | 6 | 13 | | | | 1 | 1 | 1 | 9 | 3 | 2 | 7 |
| βλέφαρον | 2 | | | | | | | | | | | 1 | | | | 1 |
| βλώσκω | 4 | | | | | | | | | | | | | | 2 | 2 |
| βοάω | 28 | 8 | 2 | 2 | 2 | 2 | 1 | 1 | 1 | 2 | | | | | 6 | 1 |
| βοή | 1 | | 1 | | | | | | | | | | | | | |
| βοηδρομέω | 1 | | | | | | | | | | | | | | | 1 |
| βοήθεια | 3 | | | | 1 | 2 | | | | | | | | | | |
| βοηθέω | 13 | | 2 | | 3 | 3 | | | | | | 1 | | | 2 | 2 |
| βοήθημα | 1 | | 1 | | | | | | | | | | | | | |
| βοηθός | 6 | | | | 4 | | | 1 | | | | | | | | 1 |
| βόθρος | 1 | | | | 1 | | | | | | | | | | | |
| βομβέω | 1 | | | | 1 | | | | | | | | | | | |
| βορά | 4 | | | | 1 | | | | | | | | 1 | | | 3 |
| βόρβορος | 2 | | | | 1 | | | 1 | | | | | | | | |
| βορβορόω | 1 | | | 1 | | | | | | | | | | | | |
| βορέας | 13 | | 3 | | | 5 | 1 | | 1 | 1 | 1 | | | | | 1 |
| βόρειος | 1 | | | | | | | | | | | | | 1 | | |
| βόσκω | 3 | | | | | | | | | | | | | | 1 | 2 |
| Βοσόρ | 1 | | | | | | | | | | | 1 | | | | |
| βοτάνη | 6 | | 2 | 1 | | | | | | 1 | | | | | | 2 |
| βοτρυδόν | 1 | | | | | | | | | | | | | | 1 | |
| βότρυς | 5 | | 2 | | | | | | | | | | | 3 | | |
| Βούβαστις | 1 | | | | | | | | | | | | | | | 1 |
| βουκόλιον | 2 | | | | 1 | | | | | | | | | 1 | | |
| βούλευμα | 2 | | | | | | | | | | | | | 1 | | 1 |
| βουλεύω | 10 | | | | 2 | 1 | | | | | | | | 5 | 1 | 1 |
| βουλή | 30 | | | 2 | 6 | 2 | 2 | | | | | | 1 | 3 | 8 | 6 |
| βούλημα | 3 | | | | | | | | | | | | | 2 | | 1 |
| βούλησις | 3 | | | | | | | | | | | | | 2 | | 1 |
| βούλομαι | 62 | 1 | 2 | 4 | 2 | 5 | | 2 | | | | 2 | 12 | 13 | 2 | 17 |
| βουνός | 4 | | 1 | | | | 1 | | | | | | | | 1 | 1 |
| βοῦς | 29 | | 2 | 1 | | | | | 4 | 5 | | | 5 | | 5 | 7 |
| Βουσιρίτης | 1 | | | | | | | | | | | | | | | 1 |
| βούτυρον | 2 | | | | | | | | | | | | 2 | | | |
| βραβεῖον | 1 | | | | | | | | | 1 | | | | | | |
| βραβεύω | 2 | | | | | | | | | | | | | | | 2 |
| βραδύνω | 6 | 1 | | | | | | 2 | | 1 | | | | | 1 | 1 |
| βραδύς | 1 | | | 1 | | | | | | | | | | | | |
| βρακιων * | 1 | | | | | | | | | | | | | | | 1 |
| βράσμα | 1 | | | | | | | | | | | 1 | | | | |
| βράσσω | 2 | | | | | | | | | | | | | | 2 | |
| βραχίων | 6 | | | | 1 | 2 | 1 | | | | | | 1 | | | 1 |
| βραχύμετρος | 1 | | | | | | | | | | | | | 1 | | |
| βραχύς | 11 | | | | 3 | | | | | | | | | 5 | | 3 |
| βρεκτός | 1 | | | | | | | | | 1 | | | | | | |
| βρέφος | 10 | | 1 | | | | | | | 2 | 1 | 1 | | | 1 | 4 |
| βρέχω | 8 | | | | | | | | 3 | 1 | | 1 | | | 2 | 1 |
| βριήπυος | 1 | | | | | | | | | | | | | | | 1 |
| βρίθω | 2 | | | | | | | | | | | | | | 1 | 1 |
| βρίμημα | 1 | | | | | 1 | | | | | | | | | | |
| βροντάω | 1 | | | | | | | | | | | | | | | 1 |
| βροντή | 16 | | 1 | 4 | | | | | 5 | | | 1 | | | 2 | 3 |
| βροντηδόν * | 1 | | | | | | | | | | | | | | 1 | |
| βρότειος | 1 | | | | | | | | | | | | | | 1 | |
| βροτολοιγός | 1 | | | | | | | | | | | | | | 1 | |
| βροτός | 69 | | | | | | | | | | | | | | 54 | 15 |
| βροῦχος | 1 | | | | | | | | 1 | | | | | | | |
| βροχή | 1 | | | | | | | | | | | | | | | 1 |
| βρύγος | 1 | | | | | | | | | | | | | | 1 | |
| βρύχω | 1 | | | | | | | | | | | | | | 1 | |
| βρύω | 1 | | | | | 1 | | | | | | | | | | |
| βρῶμα | 10 | 1 | 1 | | 6 | | | | | 1 | | | | | | 1 |
| βρῶσις | 4 | | | | 1 | | | | | | | | | | 1 | 2 |
| βρωτός | 10 | | | | 1 | | | | | | | | | 8 | | 1 |
| Βυζάντιον | 1 | | | | | | | | | | | | | | 1 | |
| βυθίζω | 1 | | | | 1 | | | | | | | | | | | |
| βυθός | 8 | | | | 1 | | | | | | | | | | 5 | 2 |
| βύσσινος | 9 | 1 | | | 2 | 4 | | | | | | | | 2 | | |

| LEMMES | TOTAL | ADAM | HEN | ABR | PATR | ASEN | SAL | JER | BAR | PROP | ESDR | SEDR | JOB | ARIS | SIB | FRAG |
|---|---|---|---|---|---|---|---|---|---|---|---|---|---|---|---|---|
| βύσσος | 4 | | | 1 | | 2 | | | | | | | 1 | | | |
| βῶλος | 1 | | | | | | | | | | | | | | | 1 |
| βωμός | 14 | | | | 5 | | | | | | | | | | 4 | 5 |
| Γαάς | 1 | | | | 1 | | | | | | | | | | | |
| Γαβά | 1 | | | | | | | | | 1 | | | | | | |
| Γαβαόν | 2 | | | | | | | | | 2 | | | | | | |
| Γαβουθελῶν | 1 | | | | | | | | | | 1 | | | | | |
| Γαβριήλ | 13 | 1 | 7 | | | | | | | | 3 | | | | | 2 |
| Γάδ | 23 | | | | 11 | 8 | | | | 1 | | | | | | 3 |
| Γάδερ | 1 | | | | 1 | | | | | | | | | | | |
| γάζα | 1 | | | | | | | | | | | | | | | 1 |
| Γάζα | 6 | | | | 1 | | | | | | | | | 2 | 1 | 2 |
| γατα | 106 | | | | | | | | | | | | | | 97 | 9 |
| γαισός | 1 | | | | | | | | | | | | | | 1 | |
| γάλα | 10 | | | | 1 | | 4 | | | | 1 | | 2 | | | 2 |
| Γαλαάδ | 1 | | | | | | | | | 1 | | | | | | |
| Γαλααδῖτις | 2 | | | | | | | | | | | | | | | 2 |
| Γαλαδηνή | 1 | | | | | | | | | | | | | | | 1 |
| Γαλάτης | 4 | | | | | | | | | | | | | | 4 | |
| Γάλγαλα | 3 | | | | | | | | | 2 | | | | | | 1 |
| γαλεάγρα | 2 | | | | | | | | | | | | 1 | | | 1 |
| γαλέη | 3 | | | | | | | | | | | | | 3 | | |
| γαληνός | 1 | | | | | | | | | | | | | | 1 | |
| Γαλικανός | 1 | | | | | | | | | | | | | | 1 | |
| Γαλιλαία | 2 | | | | | | | | | | | | | | | 2 |
| Γάλλος | 1 | | | | | | | | | | | | | | 1 | |
| γαμβρός | 2 | | | | | | | | | | | | | | | 2 |
| γαμετή | 1 | | | | | | | | | | | | 1 | | | |
| γαμέω | 14 | | 1 | | 1 | 1 | | 1 | | | | | | | | 10 |
| γαμοκλοπέω | 1 | | | | | | | | | | | | | | | 1 |
| γαμοκλοπία | 1 | | | | | | | | | | | | | | 1 | |
| γάμος | 16 | | | | | 8 | | | | | | | | | 1 | 7 |
| × γάρ | 799 | 16 | 12 | 31 | 191 | 17 | 18 | 28 | 12 | 20 | 8 | 3 | 37 | 170 | 74 | 162 |
| γαστήρ | 13 | 2 | 2 | 1 | 3 | | | | | | | | 1 | | 1 | 3 |
| γαυρίαμα | 1 | | | | | | | | | | | | 1 | | | |
| γαυρόω | 2 | | | | | | | | | | | | | | | 2 |
| × γε | 26 | | | 1 | | 1 | | | | | | | | 2 | 12 | 10 |
| Γεβάλ | 1 | | | | 1 | | | | | | | | | | | |
| γεγυμνωμένως | 1 | | | | | | | | | | | | | | | 1 |
| γέεννα | 2 | | | | | | | | | | 1 | | | | 1 | |
| γεηπονία | 1 | | | | | | | | | | | | | | | 1 |
| γειαρότης | 1 | | | | | | | | | | | | | | | 1 |
| γειτνιάω | 1 | | | | | | | | | | | | | 1 | | |
| γειτονέω | 1 | | | | | | | | | | | | | | | 1 |
| γείτων | 5 | | | 1 | | | | | | | | | | | 4 | |
| Γέλ. | 1 | | | | | | | 1 | | | | | | | | |
| Γελαχαῖος | 1 | | | | 1 | | | | | | | | | | | |
| γελάω | 4 | | 3 | | | 1 | | | | | | | | | | |
| γελοιάζω | 1 | | | | 1 | | | | | | | | | | | |
| γέλως | 7 | | 4 | | 2 | | | | | | | | | | 1 | |
| γεμίζω | 3 | | | | | | | 1 | 1 | | | 1 | | | | |
| γέμω | 4 | | | | | | | | 3 | | | | | | | 1 |
| γενεά | 65 | | 20 | | 7 | 1 | 3 | | 1 | | | | 3 | | 24 | 6 |
| γενεαλογέω | 1 | | | | | | | | | | | | | | | 1 |
| γενεαλογία | 1 | | | | | | | | | 1 | | | | | | |
| γενέθλη | 3 | | | | | | | | | | | | | | 2 | 1 |
| γενειάς | 1 | | | | 1 | | | | | | | | | | | |
| γένειον | 1 | | | | | | | | | | | 1 | | | | |
| γενεσιουργός | 1 | | | | | | | | | | | | | | | 1 |
| γένεσις | 5 | | | | | 1 | | | | | | | | | | 4 |
| γενετήρ | 11 | | | | | | | | | | | | | | 11 | |
| γενέτης | 1 | | | | | | | | | | | | | | 1 | |
| γένημα | 1 | | | | | | 1 | | | | | | | | | |
| γενητός | 1 | | | | | | | | | | | | | | | 1 |
| γέννα | 3 | | | | | | | | | | | | | | 1 | 2 |
| γενναῖος | 1 | | | | | | | | | | | | | | | 1 |
| γεννάω | 78 | 5 | 16 | | 14 | 1 | 1 | | 2 | 3 | 5 | 2 | 1 | 1 | 1 | 26 |
| γέννησις | 1 | | | | | | | | | | | | | | | 1 |
| γεννήτωρ | 1 | | | | | | | | | | | | | | | 1 |
| γένος | 95 | 3 | 1 | 1 | 16 | 1 | 2 | 1 | 2 | 5 | 11 | 1 | 1 | 12 | 25 | 13 |
| γεραιός | 1 | | | | | | | | | | 1 | | | | | |
| γεραίρω | 4 | | | | | | | | | | | | | | 3 | 1 |
| γέρανος | 1 | | | | | | | | 1 | | | | | | | |
| γεραρός | 1 | | | | | | | | | | | | | | 1 | |
| γέρας | 1 | | | | | | | | | | | | | | | 1 |
| γέρων | 8 | | | | 1 | | | 1 | | 1 | 3 | | | | | 2 |
| Γεσέμ | 2 | | | | | 2 | | | | | | | | | | |
| γεῦσις | 3 | | | | 2 | 1 | | | | | | | | | | |
| γεύω | 7 | 2 | | | 3 | | | | | | | 1 | | | | 1 |
| γέφυρα | 1 | | | | | | | | | | | | | 1 | | |
| γεωμετρία | 1 | | | | | | | | | | | | | | | 1 |
| γεωμορέω | 2 | | | | | | | | | | | | | | | 2 |
| γεωργέω | 3 | | | | 1 | | | | | | | | | 2 | | |
| γεωργήσιμος | 1 | | | | | | | | | | | | | | | 1 |
| γεωργία | 4 | | | | 1 | | | | | | | | | 2 | | 1 |
| γεώργιον | 1 | | | | 1 | | | | | | | | | | | |
| γεωργός | 5 | | | | 1 | | | | | | | | 1 | | 1 | 2 |
| γῆ | 503 | 21 | 108 | 27 | 81 | 50 | 33 | 8 | 11 | 37 | 13 | 9 | 19 | 5 | 24 | 57 |
| γηγενής | 1 | | | | 1 | | | | | | | | | | | |
| γήϊνος | 2 | 1 | | | | | | | | | | | 1 | | | |
| γηραιός | 5 | | | | | | 5 | | | | | | | | | |
| γηραλέος | 1 | | | 1 | | | | | | | | | | | | |
| γῆρας | 18 | | | 1 | 4 | 3 | 1 | | | | 3 | | | | 2 | 4 |
| γηράω | 3 | | | | 1 | | | | | | | 1 | 1 | | | |
| Γηρικός | 1 | | | | | | | 1 | | | | | | | | |
| Γηρσάμ | 4 | | | | 4 | | | | | | | | | | | |
| γίγας | 24 | | 14 | | 3 | 1 | | | | 1 | | | | | | 5 |
| γίγνομαι | 504 | 19 | 39 | 40 | 53 | 20 | 7 | 25 | 13 | 37 | 7 | 10 | 23 | 86 | 21 | 104 |
| γιγνώσκω | 150 | 10 | 12 | 16 | 33 | 7 | 5 | 6 | 1 | 6 | 3 | 1 | 19 | 12 | 7 | 12 |
| Γιεζεί | 1 | | | | | | | | | | 1 | | | | | |

| LEMMES | TOTAL | ADAM | HEN | ABR | PATR | ASEN | SAL | JER | BAR | PROP | ESDR | SEDR | JOB | ARIS | SIB | FRAG |
|---|---|---|---|---|---|---|---|---|---|---|---|---|---|---|---|---|
| γλάγος | 1 | | | | | | | | | | | | | | 1 | |
| γλεύφορος * | 1 | | | | | | | | | | | 1 | | | | |
| γλυκερός | 3 | | | | | | | | | | | | | | 3 | |
| γλυκύς | 10 | | | | 1 | 2 | | 3 | 1 | 1 | | | | | | 2 |
| γλυκύτης | 1 | 1 | | | | | | | | | | | | | | |
| γλυπτός | 1 | | | | | | | | | 1 | | | | | | |
| γλυφή | 1 | | | | | | | | | 1 | | | | | | |
| γλύφω | 1 | | 1 | | | | | | | | | | | | | |
| γλῶσσα | 34 | | 4 | | 3 | 1 | 8 | | 1 | 1 | | 2 | 1 | | 4 | 9 |
| γλωσσαλλαγή * | 1 | | | | | | | | 1 | | | | | | | |
| γνήσιος | 6 | | | 3 | | | | | | | | | | 2 | | 1 |
| γνοφερός | 1 | | | 1 | | | | | | | | | | | | |
| γνόφος | 5 | | 1 | | 1 | | | | | | | | | | 1 | 2 |
| γνώμη | 10 | | 2 | 1 | 2 | | | | | 1 | | | | 1 | 1 | 2 |
| γνωρίζω | 13 | | | 4 | 4 | | | 1 | | | 1 | | 1 | | | 2 |
| γνώριμος | 1 | | | | | | | 1 | | | | | | | | |
| γνῶσις | 16 | | | | 9 | | 2 | 1 | | | | | 1 | | | 3 |
| γνωστός | 6 | | 1 | | | | 1 | | | | | | 2 | | 2 | |
| γογγυσμός | 5 | | | | | | 2 | | | | | 2 | | 1 | | |
| γοητεία | 2 | | | | 2 | | | | | | | | | | | |
| Γόμορρα | 5 | | | | 1 | | | | | | 2 | | | | | 2 |
| γομόω | 2 | | | | | | | | | | | | | 2 | | |
| γομφωτός | 1 | | | | | | | | | | | | | 1 | | |
| γονεύς | 18 | | | 1 | 2 | | | | 1 | | 2 | | | 4 | 3 | 5 |
| γονή | 1 | | | | | | | | | | | | 1 | | | |
| γονικός | 1 | | | | | | | | | | | | | | | 1 |
| γόνυ | 17 | 1 | | | 1 | 6 | 1 | | | | | 1 | | | 4 | 3 |
| γόος | 1 | | | | | | | | | | | | | | 1 | |
| γοργός | 1 | | | | | | | | | | | | | | | 1 |
| γοῦν | 2 | | | | | | | | | | | | | | | 2 |
| γράμμα | 20 | | | | 2 | 1 | | | | 2 | | | | 9 | 2 | 4 |
| γραμματεῖον | 1 | | | | | | | | | | | | | 1 | | |
| γραμματεύς | 6 | | 3 | 1 | 1 | | | | | | | | | | | 1 |
| γραπτός | 2 | | | | | | | | | | | | | 1 | | 1 |
| γραφεύς | 1 | | | | | 1 | | | | | | | | | | |
| γραφή | 23 | | 3 | | 7 | | | | | | 2 | | | 2 | | 9 |
| γράφω | 63 | | 11 | 4 | 4 | 6 | | 4 | 1 | 3 | | 1 | 1 | 9 | 2 | 17 |
| γρηγορέω | 3 | | | 1 | 1 | | 1 | | | | | | | | | |
| γρηγόρησις | 2 | | | | | 2 | | | | | | | | | | |
| γρίπισμα | 1 | | | | 1 | | | | | | | | | | | |
| γυῖον | 1 | | | | | | | | | | | | | | | 1 |
| γυμνάζω | 1 | | | | | | | | | | | | | | 1 | |
| γυμνός | 10 | 3 | | | 3 | 1 | | | | 2 | | | | | | 1 |
| γυμνότης | 1 | | | | 1 | | | | | | | | | | | |
| γυμνόω | 5 | | | | 3 | 1 | | | 1 | | | | | | | |
| γύμνωσις | 4 | 1 | | | 2 | | | | | | | | | 1 | | |
| γυναικεῖος | 1 | | | | 1 | | | | | | | | | | | |
| γυνή | 216 | 4 | 26 | 5 | 49 | 36 | 5 | 4 | 3 | 5 | 6 | 2 | 15 | 3 | 8 | 45 |
| γυρεύω | 1 | | | | 1 | | | | | | | | | | | |
| γυρόω | 1 | | | | | | | | | | | | | | | 1 |
| γύψ | 3 | | | | | | | | | | | | | | 2 | 1 |
| Γώγ | 2 | | | | | | | | | | | | | | 2 | |
| Γωζάν | 1 | | | | | | | | | | | | | | | 1 |
| γωνία | 4 | | 1 | | 1 | | | | | | | | | 1 | | 1 |
| Δαβείρ | 2 | | | | | | | | | 2 | | | | | | |
| Δαδάν | 2 | | | | | | | | | | | | | | | 2 |
| Δαδουήλ | 1 | | 1 | | | | | | | | | | | | | |
| δαήμων | 1 | | | | | | | | | | | | | | 1 | |
| Δαθαῖος | 1 | | | | | | | | | | | | | 1 | | |
| δαιμονιάζομαι | 1 | | | | | | | | | | | | | | | 1 |
| δαιμόνιος | 9 | | 2 | | | | | | 1 | | | | | | | 6 |
| δαίμων (δαιμόνιον) | 4 | | | | 1 | | | | | | | | | | 1 | 2 |
| δαίνυμι | 2 | | | | | | | | | | | | | | | 2 |
| δαίς | 2 | | | | | | | | | | | | | | | 2 |
| Δάκις | 1 | | | | | | | | | | | | | | 1 | |
| δάκος | 1 | | | | | | | | | | | | | | 1 | |
| δάκρυ | 3 | | | | | 2 | | | | | | | 1 | | | |
| δακρύζω | 1 | | | | | | | | | | | | 1 | | | |
| δακρυόεις | 2 | | | | | | | | | | | | | | 1 | 1 |
| δάκρυον | 19 | 1 | | 5 | 1 | 7 | | 2 | | | 1 | | 2 | | | |
| δακρύω | 10 | | 3 | 3 | | | | | | 1 | | | | 2 | 1 | |
| δακτύλιος | 3 | | | | | | | | | | | | 1 | | | 2 |
| δάκτυλος | 21 | | | | 1 | 12 | | | | 1 | 1 | | 2 | 2 | | 2 |
| δαμάζω | 2 | | | 1 | | | | | | | | | | | 1 | |
| δάμαλις | 4 | | | | | 1 | | | | 2 | | | | | | 1 |
| δάμαρ | 1 | | | | | | | | | | | | | | | 1 |
| Δαμασκός | 1 | | | 1 | | | | | | | | | | | | |
| δάμνημι | 2 | | | | | | | | | | | | | | 1 | 1 |
| Δάν | 23 | | 2 | | 11 | 8 | | | | 1 | | | | | | 1 |
| δανείζω | 4 | | | | | | | | | | | | | | | 4 |
| Δανειήλ | 1 | | 1 | | | | | | | | | | | | | |
| δάνειον | 1 | | | | | | | | | | | | | | | 1 |
| Δανιήλ | 7 | | | | | | | | | 6 | | | | | | 1 |
| Δανίηλος | 1 | | | | | | | | | | | | | 1 | | |
| δανιστής | 2 | | | | | | | | | 2 | | | | | | |
| δαπανάω | 3 | | | 1 | | | | | | | | | | 2 | | |
| δαπάνη | 2 | | | | | | | | | | | | | 2 | | |
| δαπάνησις | 1 | | | | | | | | | | | | | 1 | | |
| δάπεδον | 4 | | | | | | | | | | | | | | 4 | |
| Δαρδανίδης | 1 | | | | | | | | | | | | | | 1 | |
| δασμός | 1 | | | | | | | | | | | | | | | 1 |
| δασμοφόρος | 1 | | | | | | | | | | | | | | 1 | |
| δασύπους | 1 | | | | 1 | | | | | | | | | | | |
| δασύς | 2 | | | | | 1 | | | | | | | | | | 1 |
| Δαυίδ | 23 | | | | | 3 | | | | 11 | | | 1 | | | 8 |
| δάφνη | 1 | | | | 1 | | | | | | | | | | | |
| δαψίλεια | 1 | | | | | | | | | | | | | | 1 | |
| δαψιλής | 7 | | 1 | | | | | | | 1 | | | | 4 | | 1 |
| δάω | 1 | | | | | | | | | | | | | | | 1 |
| * δέ | 2426 | 88 | 36 | 230 | 170 | 12 | 9 | 62 | 17 | 34 | 9 | 20 | 114 | 476 | 310 | 839 |

| LEMMES | TOTAL | ADAM | HEN | ABR | PATR | ASEN | SAL | JER | BAR | PROP | ESDR | SEDR | JOB | ARIS | SIB | FRAG |
|---|---|---|---|---|---|---|---|---|---|---|---|---|---|---|---|---|
| Δεββώρα | 1 | | | | | | | | | 1 | | | | | | |
| Δεβόρρα | 1 | | | | 1 | | | | | | | | | | | |
| δέησις | 16 | 1 | 2 | 5 | 1 | 3 | 2 | | 2 | | | | | | | |
| δείδω | 7 | | 1 | | 1 | | | | | 1 | | | | | 1 | 3 |
| δείκνυμι | 79 | 1 | 7 | 18 | 7 | 1 | 2 | 3 | 12 | 5 | 1 | | 5 | 4 | 1 | 12 |
| δεικνύω | 1 | | | 1 | | | | | | | | | | | | |
| δείλαιος | 1 | | | | | | | | | | | | | | 1 | |
| δείλη | 2 | | | | | 1 | | | | 1 | | | | | | |
| δειλία | 1 | | | 1 | | | | | | | | | | | | |
| δειλιάω | 4 | | | | 2 | | | | | 1 | | | | | | 1 |
| δειλός | 10 | | | | | | | | | | | | | | 9 | 1 |
| δεῖμα | 1 | | | | | | | | | | | | | | 1 | |
| δεῖνα | 1 | | | | | | | | | | | | | | | 1 |
| δεινός | 31 | | 2 | | | | 1 | | | | | | 1 | | 23 | 4 |
| δειπνέω | 2 | | | | | | | | | | | | | 1 | 1 | |
| δεῖπνον | 18 | | | 2 | 3 | 8 | | | | | | | | 1 | 1 | 3 |
| δειρή | 1 | | | | | | | | | | | | | | | 1 |
| δεισιδαίμων | 2 | | | | | | | | | | | | | | 2 | |
| δέκα | 46 | 1 | 2 | 1 | 3 | 1 | | | | | | | 3 | 6 | 4 | 25 |
| δεκαδύο | 4 | | | | | | | | | | | | 1 | 1 | | 2 |
| δεκαεννέα | 1 | | | | 1 | | | | | | | | | | | |
| δεκαέξ | 2 | | | | 1 | | | | | | | | | | | 1 |
| δεκαεπτά | 1 | | | | | | | | | | | | | | | 1 |
| δεκάκις | 1 | | | | | | | | | | | | | | | 1 |
| δεκαοκτώ | 3 | | | | 2 | 1 | | | | | | | | | | |
| δεκαπέντε | 4 | | | | 1 | | | 2 | 1 | | | | | | | |
| δεκάπηχυς | 1 | | | | | | | | | | | | | | | 1 |
| δεκάπληγος | 2 | | | | | | | | | | | | | | | 2 |
| δεκάπτυχος | 1 | | | | | | | | | | | | | | | 1 |
| δεκάς | 3 | | | | | | | | | | | | | | 2 | 1 |
| δεκατέσσαρες | 3 | | | 1 | 1 | | | | | | | | 1 | | | |
| δεκάτη | 1 | | | | | | | | | | | | | | | 1 |
| δέκατος | 22 | | 2 | | 2 | | | | 1 | | | | | 5 | 5 | 7 |
| δεκατρεῖς | 1 | | | | | | | | | | | | | | | 1 |
| δεκάχορδος | 1 | | | | | | | | | | | | 1 | | | |
| Δεκέμβριος | 1 | | | | | | | | | | | | | | | 1 |
| δεκτός | 2 | | | | | | | | | | | | | | | 2 |
| δελεάζω | 3 | 2 | | | | 1 | | | | | | | | | | |
| δελέασμα | 1 | | | | | 1 | | | | | | | | | | |
| δέλτος | 1 | | | | | | | | | | | | | | | 1 |
| δέμας | 4 | | | | | | | | | | | | | | 1 | 3 |
| δέμνιον | 1 | | | | | | | | | | | | | | | 1 |
| δένδρον | 54 | 2 | 28 | 8 | 1 | 3 | 1 | 7 | | | | | 1 | | 3 | |
| δεξιόομαι | 2 | | | | | 2 | | | | | | | | | | |
| δεξιός | 62 | | 1 | 7 | 4 | 29 | 2 | 2 | 1 | 1 | 2 | | 1 | 1 | | 11 |
| δεξιτερός | 1 | | | | | | | | | | | | | | | 1 |
| δεόντως | 4 | | | | | | | | | | | | | 4 | | |
| δέρκηθρον * | 1 | | | | | | | | | | | | | | | 1 |
| δέρκομαι | 1 | | | | | | | | | | | | | | | 1 |
| δέρμα | 1 | | | | 1 | | | | | | | | | | | |
| δέρρις | 3 | | | | | 3 | | | | | | | | | | |
| δέσις | 1 | | | | | | | | | | | | | | | 1 |
| δέσμη | 1 | | | | | | | | | | | | | | | 1 |
| δέσμιος | 2 | | | | | | | | 1 | | | | | | | 1 |
| δεσμός | 11 | | 1 | | 3 | 1 | | | | | | | | 1 | 3 | 2 |
| δεσμοφύλαξ | 1 | | | | 1 | | | | | | | | | | | |
| δεσμωτήριον | 6 | | 4 | | | | | | | | | | | | | 2 |
| δεσπόζω | 1 | | | | | | | | | | | | 1 | | | |
| δέσποινα | 8 | | | | 1 | 6 | | | | | | | | 1 | | |
| δεσπότης | 50 | 4 | | 13 | 4 | | | | 1 | | | 8 | 8 | 3 | | 9 |
| δεσποτικός | 1 | | | | | | | | | | | 1 | | | | |
| δεσπότις | 1 | | | | | | | | | | | | | 1 | | |
| δεῦρο | 29 | 3 | | 9 | | 5 | | 1 | 3 | | 4 | | | | | 4 |
| δεῦτε | 12 | | 1 | | | 2 | 1 | 2 | 2 | | | | | | 4 | |
| δεύτερος | 64 | 2 | 4 | 2 | 15 | 13 | | | 2 | | 3 | 1 | 1 | 2 | 5 | 14 |
| δευτερόω | 1 | | | | | | 1 | | | | | | | | | |
| δέχομαι | 30 | 2 | | 1 | 4 | 1 | | 1 | 3 | | | | 4 | 3 | 5 | 6 |
| δέω (δεήσω) | 125 | 4 | 8 | 9 | 12 | 6 | 2 | 4 | 7 | 3 | | 2 | 6 | 44 | 1 | 17 |
| δέω (δήσω) | 24 | | 15 | 2 | 1 | | | 2 | | | | | | | 1 | 3 |
| * δή | 100 | | 1 | 3 | 1 | 18 | 1 | | | | | | 2 | 6 | 49 | 19 |
| δή ἔπειτα * | 2 | | | | | | | | | | | | | | | 2 |
| δῆγμα | 1 | | | | | | | | | 1 | | | | | | |
| δῆθεν | 2 | | 1 | | | | | | | | | | | | | 1 |
| δηθύνω | 1 | | | | | | | | | | | | | | 1 | |
| δηλέομαι | 1 | | | | | | | | | | | | | | 1 | |
| δηλητήριος | 1 | | | 1 | | | | | | | | | | | | |
| δῆλοι (οἱ) | 2 | | | | | | | | | 2 | | | | | | |
| δῆλος | 4 | | | | | | 1 | | | | | | | 1 | 1 | 1 |
| Δῆλος | 3 | | | | | | | | | | | | | | 3 | |
| δηλόω | 47 | 3 | 12 | 3 | 4 | | | 1 | | | | | 5 | 8 | 3 | 8 |
| Δημήτηρ | 1 | | | | | | | | | | | | | | 1 | |
| Δημήτριος (δ) | 15 | | | | | | | | | | | | | 10 | | 5 |
| δημιούργημα | 1 | | | | 1 | | | | | | | | | | | |
| δημιουργός | 3 | | | | | | | | | | | | 1 | 1 | | 1 |
| δημογέρων | 1 | | | | | | | | | | | | | | | 1 |
| δῆμος | 5 | | | | | | | | | | | | | | 5 | |
| δημόσιος | 2 | | | | 1 | | | | | | | | | | 1 | |
| δῆρις | 1 | | | | | | | | | | | | | | 1 | |
| * διά | 572 | 19 | 24 | 40 | 113 | 16 | 10 | 21 | 23 | 29 | 9 | 13 | 24 | 113 | 15 | 103 |
| διαβαδίζω | 1 | | | | | | | | | | | | | | | 1 |
| διαβάθρα | 1 | | | | | | | | | | | | | 1 | | |
| διαβαίνω | 10 | | 2 | | | | | | | 2 | | | | 1 | 2 | 3 |
| διαβάλλω | 1 | | | | | | | | | | | | | | | 1 |
| διάβασις | 2 | | | | | | 1 | | | | 1 | | | | | |
| διαβατήρια | 3 | | | | | | | | | | | | | | | 3 |
| διαβεβαιόω | 1 | | | | | | | | | | | | | | 1 | |
| διάβημα | 1 | | | | | | | 1 | | | | | | | | |
| διαβολή | 4 | | | | 1 | | | | | | | | | | 3 | |
| διαβολικός | 1 | | | | 1 | | | | | | | | | | | |
| διάβολος | 24 | 7 | | | 4 | | | | 1 | | | | 2 | 3 | | 7 |

| LEMMES | TOTAL | ADAM | HEN | ABR | PATR | ASEN | SAL | JER | BAR | PROP | ESDR | SEDR | JOB | ARIS | SIB | FRAG |
|---|---|---|---|---|---|---|---|---|---|---|---|---|---|---|---|---|
| διαβούλιον | 20 | | | | 20 | | | | | | | | | | | |
| διαγιγνώσκω | 3 | | | | | | | | | | | | | | | 3 |
| διαγλυφή | 1 | | | | | | | | | | | | | 1 | | |
| διαγογγύζω | 1 | | | | | | | | | | | | 1 | | | |
| διαγορεύω | 2 | | | | | | | | | | | | | 1 | | 1 |
| διαγράφω | 2 | | 1 | | | | | | | 1 | | | | | | |
| διάγω | 5 | | | 2 | 2 | | | | | | | | | 1 | | |
| διαγωγή | 2 | | | | | | | | | | | | | 2 | | |
| διαγωνιάω | 1 | | | | | | | | | | | | | 1 | | |
| διαδέχομαι | 1 | | | | 1 | | | | | | | | | | | |
| διαδηλέομαι | 2 | | | | | | | | | | | | | | 2 | |
| διάδημα | 13 | | | | 3 | 7 | | | | | | | | | | 3 |
| διαδίδωμι | 5 | | | | 1 | | 1 | 1 | | | | | 2 | | | |
| διαδοχεύω * | 1 | | | | | | | | | | | | | | | 1 |
| διαδοχή | 2 | | | 1 | 1 | | | | | | | | | | | |
| διάδοχος | 1 | | | | | | | | | | | | | | | 1 |
| διαδρομή | 3 | | 3 | | | | | | | | | | | | | |
| διάθεσις | 18 | | | | 1 | | | | | | | | | 16 | | 1 |
| διαθήκη | 31 | 1 | 2 | 2 | 18 | | 3 | 1 | | | | 2 | | 1 | | 1 |
| διαθρέω | 1 | | | | | | | | | | | | | | | 1 |
| διαίρεσις | 1 | | | | 1 | | | | | | | | | | | |
| διαιρέω | 12 | | | | 6 | | | | | | 2 | | | | | 4 |
| διαίρω | 1 | | | | | | | | | | | | | 1 | | |
| δίαιτα | 1 | | | | 1 | | | | | | | | | | | |
| διαιτάω | 1 | | | | | | | | | | | | | | | 1 |
| διάκειμαι | 1 | | | | | | | | | | | | | | | 1 |
| διακομίζω | 7 | | | | | | | | | | | | | 2 | | 5 |
| διακονέω | 8 | | | 1 | | | 3 | | | | | | 3 | | | 1 |
| διακονία | 4 | | | | | | | | | | | | 4 | | | |
| διάκονος | 1 | | | | 1 | | | | | | | | | | | |
| διακοπή | 1 | | 1 | | | | | | | | | | | | | |
| διακόσιοι | 9 | | 1 | | 3 | | | | | | | | | 1 | | 4 |
| διακοσιοστός | 1 | | | | | | | | | | | | | | | 1 |
| διακόσμησις | 1 | | | | | | | | | | | | | 1 | | |
| διακρατέω | 3 | | | | | | | | | | | | | | 1 | 2 |
| διακριβόω | 1 | | | | | | | | | | | | | 1 | | |
| διακρίνω | 9 | | | 2 | 1 | | 1 | | | | | | 1 | 1 | | 3 |
| διάκρισις | 4 | | | | 1 | | | | | | | | | 2 | | 1 |
| διακωλύω | 2 | | | | | 1 | | | | | | | | | | 1 |
| διαλαμβάνω | 8 | | | | | | | | | | | | | 8 | | |
| διαλανθάνω | 1 | | 1 | | | | | | | | | | | | | |
| διαλέγω | 5 | | | | | | | | | | | | | 1 | 1 | 3 |
| διαλείπω | 3 | | | | | | | | | | | | | 3 | | |
| διάλεκτος | 6 | | | | | | | | | | | | 5 | | | 1 |
| διάληψις | 3 | | | | | | | | | | | | | 2 | | 1 |
| διάλιθος | 1 | | | | | | | | | | | | | 1 | | |
| διαλλάσσω | 3 | | 1 | | | | 1 | | | | | | | 1 | | |
| διαλογή | 1 | | | | | | 1 | | | | | | | | | |
| διαλογίζομαι | 8 | | 1 | | | | | | | | | | 3 | 2 | | 2 |
| διαλογισμός | 7 | | | | 3 | | | | | | | | 1 | 3 | | |
| διαλύω | 9 | | 1 | 2 | | | 1 | | | | | | | | | 5 |
| διαμαρτυρέω | 1 | | 1 | | | | | | | | | | | | | |
| διαμαρτυρία | 1 | | 1 | | | | | | | | | | | | | |
| διαμαρτύρομαι | 1 | | | | 1 | | | | | | | | | | | |
| διαμένω | 12 | | 1 | | 2 | 1 | | | | | | | | 7 | | 1 |
| διαμερίζω | 6 | | 1 | | | | | | | | | | 3 | 1 | | 1 |
| διαμέρισις | 1 | | | | | | | | | | | | | | | 1 |
| διαμετρέω | 1 | | | | | | | | | | | | | | | 1 |
| διάμετρος | 2 | | | | | | | | | | | | | | | 2 |
| διαμονή | 1 | | | | | | | | | | | | | 1 | | |
| Διαναθάν | 1 | | | | | | | | | | | | | | | 1 |
| διανακύπτω | 1 | | | | | | | | | | | | | 1 | | |
| διαναπαύω | 1 | | | | | | | | | | | | | 1 | | |
| διανέμω | 2 | | | | 1 | | | | | | | | | | | 1 |
| διανεύω | 1 | | 1 | | | | | | | | | | | | | |
| διανίστημι | 1 | | | | | | | | | | | | | 1 | | |
| διανοέομαι (-έω) | 7 | | 3 | | | | | | | | | | | 4 | | |
| διάνοια | 52 | | | | 24 | 1 | | | | | | 1 | 1 | 21 | 1 | 3 |
| διανοίγω | 1 | | | | | | | | | | | | | | | 1 |
| διανυκτερεύω | 1 | | | | | | | | | | | | 1 | | | |
| διαπαντός | 2 | | | | | | | 1 | | | | | | | | 1 |
| διαπέμπω | 4 | | | | | | | | | | | | | 1 | 3 | |
| διαπεράω | 1 | | | | | | | | 1 | | | | | | | |
| διαπίπτω | 2 | | | | | | | | | | | | | 2 | | |
| διαπλάσσω | 1 | | | | | | | | | | | | | 1 | | |
| διαπλέω | 1 | | | | | | | | | | | | | | | 1 |
| διαπλοκή | 1 | | | | | | | | | | | | | 1 | | |
| διάπλοκος | 1 | | | | | | | | | | | | | 1 | | |
| διαπονέω | 1 | | | | | | | | | | | | | 1 | | |
| διαπορεύομαι (-ω) | 5 | | 1 | | 1 | | 1 | | | | | | | 1 | | 1 |
| διαπορέω | 1 | | | | | | | | | | | | | | | 1 |
| διάπρασις | 2 | | | | 2 | | | | | | | | | | | |
| διαπράσσω | 2 | | | | | | | | | | | | | 1 | | 1 |
| διαπρεπής | 4 | | | | | | | | | | | | | 4 | | |
| διαπτύω | 1 | | | | 1 | | | | | | | | | | | |
| διαπυνθάνομαι | 1 | | | | | | | | | | | | | 1 | | |
| διάπυρος | 1 | | | | | | | | | | | | | | | 1 |
| διαπωλέω | 1 | | | | 1 | | | | | | | | | | | |
| διαράομαι | 1 | | | | | | | | | | | | | 1 | | |
| διαρκέω | 1 | | | | 1 | | | | | | | | | | | |
| διαρπάζω | 2 | | | | | | 1 | 1 | | | | | | | | |
| διαρρέω | 1 | | 1 | | | | | | | | | | | | | |
| διαρρήγνυμι | 7 | | | | 1 | | | 5 | | | | | | 1 | | |
| διαρρήδην | 1 | | | | | | | | | | | | | 1 | | |
| διασαφέω | 9 | | | | | | | | | | | | | 4 | | 5 |
| διασάφησις | 1 | | | | | | | | | | | | | 1 | | |
| διασημαίνω | 2 | | | | | | | | | | | | | 1 | | 1 |
| διασκευάζω | 1 | | | | | | | | | | | | | 1 | | |
| διασκευή | 6 | | | | | | | | | | | | | 6 | | |
| διασκορπίζω | 5 | | | | 4 | | | | | | | | | | | 1 |

| LEMMES | TOTAL | ADAM | HEN | ABR | PATR | ASEN | SAL | JER | BAR | PROP | ESDR | SEDR | JOB | ARIS | SIB | FRAG |
|---|---|---|---|---|---|---|---|---|---|---|---|---|---|---|---|---|
| διασκορπισμός | 1 | | | | 1 | | | | | | | | | | | |
| διασπαράσσω | 1 | | | | | 1 | | | | | | | | | | |
| διασπασμός | 1 | | | | 1 | | | | | | | | | | | |
| διασπάω | 2 | | | | 1 | | | | | | | | | | 1 | |
| διασπείρω | 6 | | | | 5 | | | | | | | | | | | 1 |
| διασπορά | 3 | | | | 1 | 2 | | | | | | | | | | |
| διασπορίζω * | 1 | | | | | | | | | | 1 | | | | | |
| διαστέλλω | 7 | | | | 1 | | 1 | | | | | | | 5 | | |
| διάστημα | 3 | | | | | | | 1 | | | | | | 2 | | |
| διαστολή | 6 | | | | | | 1 | | | | | | | 5 | | |
| διαστραπή * | 1 | | 1 | | | | | | | | | | | | | |
| διαστρέφω | 7 | | 1 | 1 | 2 | | 1 | | | 1 | | | | | 1 | |
| διαστροφή | 4 | | | | 2 | | | | | | | | | 2 | | |
| διασχίζω | 1 | | 1 | | | | | | | | | | | | | |
| διασῴζω | 7 | | 1 | | 1 | | | | | 2 | | | | 1 | | 2 |
| διάταξις | 11 | | 4 | | | | | | | | | | | 7 | | |
| διαταράσσω | 1 | | | | 1 | | | | | | | | | | | |
| διάτασις | 1 | | | | | | | | | | | | | 1 | | |
| διατάσσω | 9 | | | 1 | | | 1 | | | | | | | 5 | | 2 |
| διατελέω | 4 | | | | | | | | | | | | 1 | 3 | | |
| διατηρέω | 9 | 1 | | | 2 | 1 | | | | | | | | 5 | | |
| διατί | 2 | | | | 1 | | | | | | | | 1 | | | |
| διατίθημι | 9 | | | 1 | 4 | | 1 | | | | | | | | 2 | 1 |
| διατορεύω | 1 | | | | | | | | | | | | | 1 | | |
| διατρέφω | 2 | | | | 1 | | | | | | | 1 | | | | |
| διατρέχω | 3 | | 2 | | | | | 1 | | | | | | | | |
| διατριβή | 2 | | | | | | | | | | | | | | | 2 |
| διατρίβω | 7 | | | | | | | | | | | | | 1 | | 6 |
| διατροφή | 3 | 2 | | | | | | | | 1 | | | | | | |
| διατυπόω | 1 | | | | | | | | | | | | | 1 | | |
| διατύπωσις | 4 | | | | | | | | | | | | | 4 | | |
| διαφερόντως | 1 | | | | | | | | | | | | | 1 | | |
| διαφέρω | 19 | | 1 | 1 | | | 2 | 1 | | | | | | 11 | | 3 |
| διαφεύγω | 1 | | | | | | | | | | | | | | | 1 |
| διαφθείρω | 7 | | | | 2 | | | | | 1 | | | | | | 4 |
| διαφθορά | 2 | | | | 1 | 1 | | | | | | | | | | |
| διαφορά | 4 | | | 3 | | | | | | | | | | | | 1 |
| διάφορος | 6 | | | | 2 | | | | | | | | | 4 | | |
| διαφυλάσσω | 10 | | | | 3 | 3 | 1 | 1 | | | | | | 1 | | 1 |
| διαφωνέω | 5 | | | | 1 | | | | | 1 | | | 3 | | | |
| Διάφωτος | 1 | 1 | | | | | | | | | | | | | | |
| διαχέω | 4 | | | | | | | | | | | | 1 | 3 | | |
| διαχλευάζω | 1 | | | | | | | | | | | | | | | 1 |
| διάχυσις | 1 | | | | | | | | | | | | | 1 | | |
| διαχωρίζω | 3 | | | | 1 | | | 1 | | | | | 1 | | | |
| διάψαλμα | 2 | | | | | 2 | | | | | | | | | | |
| δίγλωσσος | 1 | | | | | | | | | | | | | | 1 | |
| δίδαγμα | 1 | | 1 | | | | | | | | | | | | | |
| διδακτός | 1 | | | | | | 1 | | | | | | | | | |
| διδασκαλία | 3 | | 2 | 1 | | | | | | | | | | | | |
| διδάσκαλος | 5 | | | 1 | | | | | | | | | | | | 4 |
| διδάσκω | 57 | 2 | 21 | 6 | 11 | | | 1 | 1 | 2 | | 2 | | 2 | 1 | 8 |
| διδαχή | 3 | | | | | | | | | | | | | 2 | | 1 |
| δίδυμος | 2 | | | | | | | | | | | | | | 2 | |
| δίδωμι | 310 | 24 | 19 | 8 | 69 | 28 | 6 | 8 | 5 | 15 | 12 | 5 | 27 | 23 | 22 | 39 |
| Δίδωρος | 1 | | | | | | | | | | | | | | | 1 |
| διεγείρω | 2 | | | | 1 | | | | | | | | 1 | | | |
| δίειμι (εἶμι) | 1 | | | 1 | | | | | | | | | | | | |
| διεκδιδράσκω * | 1 | | | | | | | | | | | | | | | 1 |
| διεκδρομή | 1 | | | | | | | | | | | | | | | 1 |
| διεξάγω | 6 | | | | | | | | | | | | | 6 | | |
| διέξειμι (εἶμι) | 1 | | | | | | | | | | | | | | | 1 |
| διεξέρχομαι | 2 | | | | | | | | | | | | | 1 | | 1 |
| διέξοδος | 3 | | | | 1 | | | | | | | | | 2 | | |
| διέπω | 1 | | | | | | | | | | | | | | 1 | |
| διερμηνεύω | 6 | | | | | | | 1 | | | | | | 3 | | 2 |
| διερός (δίεμαι) | 1 | | | | | | | | | | | | | | | 1 |
| διέρχομαι | 12 | | | 1 | 1 | | | 1 | 4 | | | | 1 | 2 | 1 | 1 |
| διεστραμμένως | 1 | | | | 1 | | | | | | | | | | | |
| διετής | 1 | | | | | | | | | | | 1 | | | | |
| διευθύνω | 1 | | | | | | | | | | | | | 1 | | |
| δίζημαι | 1 | | | | | | | | | | | | | | | 1 |
| διηγέομαι | 5 | | | | | 1 | | 2 | | | | | | | | 2 |
| διήγησις | 6 | 2 | | | | | | 1 | | | | | | 3 | | |
| διηλλαγμένως | 1 | | | | | | | | | | | | | 1 | | |
| διηνεκής | 3 | | | | | | | | | | | | 1 | | | 2 |
| διθάλασσος | 1 | | | | | | | | | | | | | | 1 | |
| διΐστημι | 3 | | | | | | | | | | | | | 1 | | 2 |
| δικάζω | 23 | | | 1 | | | | | | | | 17 | | | 1 | 4 |
| δικαιοκρισία | 2 | | | | 2 | | | | | | | | | | | |
| δικαιοκρίτης | 1 | | | | | | | | | | | | | | 1 | |
| δικαιοπραγέω | 2 | | | | | | | | | | | | | 2 | | |
| δικαιοπραγία | 1 | | | | 1 | | | | | | | | | | | |
| δίκαιος | 214 | 1 | 26 | 42 | 26 | 1 | 34 | 6 | 3 | 1 | 9 | 4 | 3 | 17 | 20 | 21 |
| δικαιοσύνη | 97 | 1 | 12 | 16 | 14 | | 25 | 3 | | | 1 | 1 | | 18 | 3 | 3 |
| δικαιόω | 12 | | 1 | 1 | 2 | | 7 | | | | | | 1 | | | |
| δικαίωμα | 4 | | 1 | | 2 | | | 1 | | | | | | | | |
| δικαίωσις | 1 | | | | | 1 | | | | | | | | | | |
| δίκελλα | 1 | | | | | | | | | | | | | | | 1 |
| δίκερως | 1 | | | | | | | | | | | | | | 1 | |
| δίκη | 16 | | 2 | | | | | | | | | | 2 | | 5 | 7 |
| δίκτυον | 2 | | 1 | 1 | | | | | | | | | | | | |
| δίκτυς | 2 | | | | | | | | | | | | | | | 2 |
| δικτυωτός | 1 | | | | | | | | | | | | | | 1 | |
| δίκυμος | 1 | | | | | | | | | | | | | | 1 | |
| διμερής | 1 | | | | | | | | | | | | | | 1 | |
| δίμοιρος | 1 | | | | 1 | | | | | | | | | | | |
| Δίνα | 14 | | | | 3 | 1 | | | | | | | 1 | | | 9 |
| δινεύω | 1 | | | | | | | | | | | | | | | 1 |
| * διό | 31 | | 1 | | 6 | | | | 2 | 1 | | | 5 | 16 | | |

| LEMMES | TOTAL | ADAM | HEN | ABR | PATR | ASEN | SAL | JER | BAR | PROP | ESDR | SEDR | JOB | ARIS | SIB | FRAG |
|---|---|---|---|---|---|---|---|---|---|---|---|---|---|---|---|---|
| διοδεύω | 5 | 2 | | | | 1 | | | | | | | | | 1 | 1 |
| διοδοιπορέω | 1 | | | | | | | | | | | | | | | 1 |
| δίοδος | 2 | | | | | | | | | | | | | 2 | | |
| διοικέω | 7 | | | 1 | | | | | | | | | | 5 | | 1 |
| διοίκησις | 4 | | | | | | | | | | | | | 1 | | 3 |
| διοικητής | 1 | | | | | | | | | | | | | | | 1 |
| διοικοδομέω | 1 | | | | | | | | | | | | | 1 | | |
| διοικοδομή | 1 | | | | | | | | | | | | | 1 | | |
| διόλλυμι | 2 | | | | | | | | | | | | | | 1 | 1 |
| Διόνυσος | 1 | | | | | | | | | | | | | | | 1 |
| διόπερ | 5 | | | | | | | | | | | | | 3 | | 2 |
| διορθόω | 1 | | | | | | | | | | | | | 1 | | |
| διόρθωσις | 1 | | | | | | | | | | | | | 1 | | |
| διορίζω | 1 | | 1 | | | | | | | | | | | | | |
| διορισμός | 1 | | 1 | | | | | | | | | | | | | |
| διορύσσω | 1 | | | 1 | | | | | | | | | | | | |
| δῖος | 7 | | | | | | | | | | | | | | 6 | 1 |
| * διότι | 136 | 1 | 3 | 13 | 2 | 93 | | 1 | 1 | | 2 | 5 | 7 | | | 8 |
| δίπλαξ | 1 | | | | | | | | | | | | | | | 1 |
| διπλασιάζω | 1 | | | | 1 | | | | | | | | | | | |
| διπλάσιος | 2 | | | | | | | | | | | | | 1 | | 1 |
| διπλοῖς | 1 | | | | | | | | | | | | | | | 1 |
| διπλόος | 18 | | | | 5 | 2 | | | | 3 | | | 5 | | | 3 |
| δίπολις | 1 | | | | | | | | | | | | | | 1 | |
| διπρόσωπος | 12 | | | | 12 | | | | | | | | | | | |
| δίς | 6 | | | | | 1 | | | | | 1 | | | | 3 | 1 |
| δισμύριοι | 1 | | | | | | | | | | | | | | | 1 |
| δισσός | 4 | | | | 2 | | | | | | | | | | | 2 |
| διστάζω | 3 | | | | | | | | | | | | | 1 | | 2 |
| δίστομος | 1 | | | | | | | | 1 | | | | | | | |
| δισχίλιοι | 3 | | | | | 1 | | | | | | | | | | 2 |
| δισχιλιοστός | 3 | | | | | | | | | | | | | | | 3 |
| διυπνίζω | 3 | | | 2 | 1 | | | | | | | | | | | |
| διυφαίνω | 1 | | | | | | | | | | | | | 1 | | |
| διυφή | 1 | | | | | | | | | | | | | 1 | | |
| διφθέρα | 2 | | | | | | | | | | | | | 2 | | |
| δίφρος | 3 | | | 1 | | | | | | | | | | | | 2 |
| δίχα | 2 | | | | | | | | | | | | | | | 2 |
| διχάζω | 1 | | | 1 | | | | | | | | | | | | |
| διχῇ | 1 | | | | | | | | | | | | | | | 1 |
| διχηλεύω | 1 | | | | | | | | | | | | | 1 | | |
| διχηλέω | 1 | | | | | | | | | | | | | 1 | | |
| διχηλία | 1 | | | | | | | | | | | | | 1 | | |
| διχομηνία | 1 | | | | | | | | | | | | | | | 1 |
| διχοστασία | 2 | | | | | | | | | | | | | | 1 | 1 |
| διχοτομέω | 1 | | | | | | | 1 | | | | | | | | |
| δίψα | 1 | | | | | | | | | | | | | | | 1 |
| διψάω | 2 | | 2 | | | | | | | | | | | | | |
| δίψυχος | 1 | | | | | | | | | | | | | | | 1 |
| διωγμός | 1 | | | | | | | | | | | | | | | 1 |
| διώκω | 16 | | 1 | | 5 | 2 | 2 | | | 2 | | | 1 | | 1 | 2 |
| Διώνη | 1 | | | | | | | | | | | | | | 1 | |
| διῶρυξ | 2 | | | | | | | | | | | | | | | 2 |
| δνοφερός | 2 | | | | | | | | | | | | | | 2 | |
| δόγμα | 1 | | | | | | | | | | | | | | 1 | |
| δογματοποιία | 1 | | | | | | | | | | | | | | | 1 |
| δοκέω | 23 | 1 | 1 | 3 | | | | | | 1 | | | 1 | 3 | 2 | 11 |
| Δοκιήλ | 1 | | 1 | | | | | | | | | | | | | |
| δοκιμάζω | 11 | | 5 | 2 | | | | 1 | | | | | | 1 | | 2 |
| δοκιμασία | 2 | | | | | | 1 | | | | | | | | | 1 |
| δοκιμαστήριον | 1 | | | 1 | | | | | | | | | | | | |
| δοκιμαστής | 1 | | | | | | | | | | | | | 1 | | |
| δοκιμή | 1 | | | | | | | | | | | | | | | 1 |
| δόκιμος | 3 | | | | 1 | | | | | | | | | | | 2 |
| δοκός | 2 | | | | | | | | | | | | | | | 2 |
| δολιεύομαι | 2 | | | | 2 | | | | | | | | | | | |
| δόλιος | 5 | | | | | 2 | | | | | | | | | 2 | 1 |
| δολιότης | 2 | | | | 1 | | | | | | | | | | 1 | |
| δολιχός | 1 | | | | | | | | | | | | | | | 1 |
| δολόεις | 1 | | | | | | | | | | | | | | 1 | |
| δόλος | 19 | 1 | | | 8 | | 1 | | | 2 | | | | 1 | 2 | 4 |
| δολόφρων | 1 | | | | | | | | | | | | | | 1 | |
| δολοφωνέω * | 1 | | | | 1 | | | | | | | | | | | |
| δόμα (δίδωμι) | 6 | | | | | 2 | 3 | | | | | | | 1 | | |
| δόμα (δῶμα) | 1 | | | | | | | | | | 1 | | | | | |
| δομάω | 1 | | | | | | | | | | | | | | | 1 |
| δόμονδε | 1 | | | | | | | | | | | | | | | 1 |
| δόμος | 7 | | | | | | | | | | | | | | 1 | 6 |
| δόναξ | 1 | | | | | | | | | | | | | | | 1 |
| δονέω | 1 | | | | | | | | | | | | | | | 1 |
| δόξα | 157 | 9 | 18 | 20 | 18 | 2 | 12 | 2 | 7 | 2 | 3 | 2 | 28 | 24 | 4 | 6 |
| δοξάζω | 37 | 1 | | 4 | 10 | 2 | 4 | 3 | 2 | 1 | 2 | | 3 | 3 | | 2 |
| δόξασμα | 1 | | | | 1 | | | | | | | | | | | |
| δοξολογέω | 2 | | | | | | | | | | | | 2 | | | |
| δοξολογία | 1 | | 1 | | | | | | | | | | | | | |
| δορκάς | 1 | | | | 1 | | | | | | | | | | | |
| δόρκος | 1 | | | | 1 | | | | | | | | | | | |
| δόρυ | 4 | | | | | 1 | | | | | | | | | 3 | |
| Δορύλαιον | 1 | | | | | | | | | | | | | | 1 | |
| δορυφορέω | 1 | | | | | | | | | | | | 1 | | | |
| δορυφόρος | 1 | | | | | | | | | | | | | | | 1 |
| Δοσίθεος | 1 | | | | | | | | | | | | | 1 | | |
| δόσις | 7 | | | | 1 | | | | | | | | | 6 | | |
| Δουδαήλ | 1 | | 1 | | | | | | | | | | | | | |
| δουλεία | 7 | | 1 | | 2 | | | | | | | 1 | 2 | | | 1 |
| δούλειος | 3 | | | | | | | | | | | | | | 3 | |
| δουλεύω | 20 | | | | 7 | 2 | 1 | | | | 1 | 1 | 2 | | 2 | 4 |
| δούλη | 8 | | 2 | | | 4 | | | | | | | 2 | | | |
| δούλιος | 2 | | | | | | | | | | | | | | 2 | |
| δουλίς | 2 | | | 1 | | | | | | | | | 1 | | | |

| LEMMES | TOTAL | ADAM | HEN | ABR | PATR | ASEN | SAL | JER | BAR | PROP | ESDR | SEDR | JOB | ARIS | SIB | FRAG |
|---|---|---|---|---|---|---|---|---|---|---|---|---|---|---|---|---|
| δοῦλος | 41 | | | 3 | 14 | 3 | 3 | 4 | | | 2 | 2 | 2 | | 3 | 5 |
| δουλόω | 3 | | | | 3 | | | | | | | | | | | |
| δράκων | 18 | | 2 | 6 | 1 | | 1 | | 3 | | | | | 1 | 2 | 2 |
| δρᾶμα | 1 | | | | | | | | | | | | | 1 | | |
| δράξ | 1 | | | | | | | | | | 1 | | | | | |
| δρᾶσις | 1 | | | | 1 | | | | | | | | | | | |
| δράσσομαι | 1 | | | | | | | | | | 1 | | | | | |
| δράστης | 1 | | | | | | | | | | | | | | 1 | |
| δραστικός | 1 | | | | | | | | | | | | | 1 | | |
| δραχμή | 2 | | | | | | | | | | | | | 2 | | |
| δράω | 3 | | | | 1 | | | | | 1 | | | | 1 | | |
| δρεπάνη | 3 | | | 3 | | | | | | | | | | | | |
| δρέπανον | 4 | | | | | | | | | 3 | 1 | | | | | |
| δριμύς | 1 | | | | | | | | | | | | | | | 1 |
| δρίος | 1 | | | | | | | | | | | | | | | 1 |
| δρομαῖος | 2 | | | 2 | | | | | | | | | | | | |
| δρόμος | 7 | | 4 | | 1 | 1 | | | | | | | | | 1 | |
| δρόσος | 10 | | 5 | | | 2 | | | | 2 | | | | | | 1 |
| δρυμός | 6 | | | 2 | | | 1 | | | | | | | | 2 | 1 |
| δρῦς | 11 | | 4 | | 1 | | | | | | 4 | | | | | 2 |
| Δύμνα | 1 | | | | | | | | | | | | | | | 1 |
| δύναμαι | 126 | 4 | 12 | 12 | 18 | | 1 | 5 | 7 | 6 | 8 | 2 | 16 | 11 | 2 | 22 |
| δυναμικός | 2 | | | | | | | | | | | | | 1 | | 1 |
| δύναμις | 81 | | 3 | 6 | 18 | 4 | | 9 | 2 | 2 | 1 | | 3 | 13 | 1 | 19 |
| δυναμόω | 1 | | | | 1 | | | | | | | | | | | |
| δυναστεία | 15 | | | 1 | 3 | 1 | | | | | | | | 7 | | 3 |
| δυναστεύω | 4 | | | | | | | | | | | | | 3 | | 1 |
| δυνάστης | 5 | | | | | 1 | | | | 1 | | | | | 3 | |
| δυνατός | 40 | 1 | | | 5 | 17 | 4 | | | | | | 1 | 8 | | 4 |
| δύο | 147 | 6 | 1 | 20 | 49 | 5 | | 2 | | 8 | 1 | | 4 | 11 | 3 | 37 |
| δυσαπάλλακτος | 1 | | | | | | | | | | | | | 1 | | |
| δυσαπολόγητος | 1 | | | | | | | | | | | | | 1 | | |
| δυσαπόσπαστος | 1 | | | | | | | | | | | | | 1 | | |
| δυσείσβολος | 1 | | | | | | | | | | | | | 1 | | |
| δυσηχής | 2 | | | | | | | | | | | | | | 2 | |
| δύσις | 12 | 1 | 5 | | | | | 1 | | | | | 1 | | 4 | |
| δυσμαί | 19 | | 5 | | 2 | 1 | 2 | 1 | | | | | | | 6 | 2 |
| δυσμάχητος | 1 | | | | | | | | | | | | | | | 1 |
| δυσμενής | 4 | | | | | | | | | | | | | | 4 | |
| δύσμορος | 3 | | | | | | | | | | | | | | 2 | 1 |
| δύσνοια | 1 | | | | | | | | | | | | | 1 | | |
| δυσνομία | 1 | | | | | | | | | | | | | | 1 | |
| δύσπιστος | 1 | | | | | | | | | | | | | | 1 | |
| δυσσέβεια | 2 | | | | | | | | | | | | | | 2 | |
| δυσσεβής | 1 | | | | | | | | | | | | | | 1 | |
| δύστηνος | 1 | | | | | | | | | | | | | | 1 | |
| δυστήρητος | 1 | | | | | | | | | | | | | | | 1 |
| δυστοκέω | 1 | | | 1 | | | | | | | | | | | | |
| δυστυχέω | 2 | | | | | | | | | | | | | | | 2 |
| δυσφορέω | 1 | | | | 1 | | | | | | | | | | | |
| δύσφραστος | 1 | | | | | | | | | | | | | | | 1 |
| δυσχεραίνω | 1 | | | | | | | | | | | | | 1 | | |
| δυσώδης | 1 | | | 1 | | | | | | | | | | | | |
| δυσωδία | 5 | | | | | 1 | | | | | | | 4 | | | |
| δυτικός | 1 | | | | | | | | | 1 | | | | | | |
| δύω (δύνω) | 15 | | 2 | 2 | 3 | | | 1 | | | | | 1 | | 5 | 1 |
| δώδεκα | 33 | | 3 | 10 | 4 | 1 | | | | 1 | | | 1 | | | 13 |
| δωδεκάπληγον | 1 | | | | | | | | | | 1 | | | | | |
| δωδέκατος | 7 | | 1 | | | | | | | | | | | 1 | | 5 |
| δωδεκάφυλος | 1 | | | | | | | | | | | | | | 1 | |
| Δωδώνη | 1 | | | | | | | | | | | | | | 1 | |
| Δωθάϊμ | 1 | | | | 1 | | | | | | | | | | | |
| δῶμα | 7 | | | | | | | | | | | | | | 3 | 4 |
| δωρεά | 1 | | | | | | 1 | | | | | | | | | |
| δωρέω | 3 | | | 1 | | | | | | | 1 | | | 1 | | |
| δώρημα | 3 | | | | | | | | | | | | | 1 | | 2 |
| Δωρόθεος | 5 | | | | | | | | | | | | | 5 | | |
| δωροληψία | 1 | | | | 1 | | | | | | | | | | | |
| δῶρον | 22 | 1 | | 2 | 1 | 2 | | | | | | | | 6 | 3 | 7 |
| ἔα | 1 | | | | | | | | | | | | | | | 1 |
| * ἐάν | 173 | 5 | 4 | 13 | 64 | 6 | 10 | 4 | 2 | 5 | 4 | 10 | 5 | 10 | 1 | 30 |
| Εανι | 1 | | | | | | | | | | | | | | | 1 |
| ἐάνπερ | 1 | | | | | | | | | | | | | | 1 | |
| ἔαρ | 2 | | | | | | | | | | | | | | 1 | 1 |
| ἐαρινός | 4 | | | | | | | | | | | | | | | 4 |
| * ἑαυτοῦ | 174 | 3 | 15 | 10 | 15 | 11 | 4 | 6 | 3 | 2 | 1 | | 21 | 40 | 4 | 39 |
| ἐάω | 33 | 2 | 2 | 7 | 4 | 1 | | 2 | 1 | 1 | | | 3 | 2 | 1 | 7 |
| ἑβδομαδικός | 1 | | | | | | | | | | | | | | | 1 |
| ἑβδομάς | 16 | | | | 4 | | | | | | 2 | | | | | 10 |
| ἑβδοματικός | 1 | | | | 1 | | | | | | | | | | | |
| ἑβδόματος | 8 | | | | | | | | | | | | | | 2 | 6 |
| ἑβδομήκοντα | 24 | 1 | 2 | 1 | 4 | | | 1 | | | | | 1 | 5 | | 9 |
| ἑβδομηκονταεπτά | 1 | | | | | | | 1 | | | | | | | | |
| ἑβδομηκοντάκις | 1 | | | | 1 | | | | | | | | | | | |
| ἑβδομηκοστός | 4 | | 1 | | | | | | | | | | | | | 3 |
| ἕβδομος | 41 | 1 | 3 | 1 | 9 | 1 | | | | | | | 1 | 2 | 1 | 22 |
| Ἐβελσατά | 1 | 1 | | | | | | | | | | | | | | |
| Ἔβερ | 1 | | | | | | | | | | | | | | | 1 |
| Ἐβουσαῖος | 1 | | | | | | | | | | | | | | | 1 |
| Ἑβραϊκός | 4 | | | | | | | | | | | | | 3 | | 1 |
| Ἑβραῖος | 28 | | | | 4 | 2 | | | | | | | | | 3 | 19 |
| Ἑβραΐς | 1 | | | | | | | | | | | | | | | 1 |
| ἐγγαστρίμυθος | 2 | | | | 1 | | | | | | | | | | 1 | |
| ἐγγενής | 1 | | | | | | | | | | | | | | 1 | |
| ἐγγίζω | 27 | 1 | 5 | 8 | 7 | 2 | | | 1 | 1 | | | 2 | | | |
| ἔγγονος | 3 | | | | | | | | | | | | | | 3 | |
| ἔγγραπτος | 1 | | | | | | | | | | | | | | 1 | |
| ἔγγραφος | 1 | | | | | | | | | | | | | 1 | | |
| ἐγγράφω | 3 | | 2 | | 1 | | | | | | | | | | | |
| ἐγγυαλίζω | 7 | | | | | | | | | | | | | | 7 | |

| LEMMES | TOTAL | ADAM | HEN | ABR | PATR | ASEN | SAL | JER | BAR | PROP | ESDR | SEDR | JOB | ARIS | SIB | FRAG |
|---|---|---|---|---|---|---|---|---|---|---|---|---|---|---|---|---|
| ἐγγύς | 27 | 1 | | 9 | 9 | 3 | | | | | 1 | | 1 | | 1 | 2 |
| ἐγείρω | 32 | 1 | 4 | 2 | 2 | 1 | | 3 | | 4 | | 2 | 5 | 3 | 4 | 1 |
| ἔγερσις | 1 | | | | | | | | | | | | | 1 | | |
| ἐγκαλέω | 1 | | | | | | | | | | | | 1 | | | |
| ἔγκαρπος | 1 | | | | | | | | | | | | | | | 1 |
| ἐγκατάκλειστος | 1 | | | | 1 | | | | | | | | | | | |
| ἐγκατάλειμμα | 1 | | | | 1 | | | | | | | | | | | |
| ἐγκαταλείπω | 13 | 3 | 1 | 1 | 1 | 3 | 1 | | | | | 2 | 1 | | | |
| ἐγκατασκευάζω | 1 | | | | | | | | | | | | | 1 | | |
| ἐγκατατίθημι | 2 | | | | | | | | | | | | | | 2 | |
| ἐγκαυχάομαι | 1 | | | | 1 | | | | | | | | | | | |
| ἔγκειμαι | 3 | | | | 3 | | | | | | | | | | | |
| ἐγκεντρίζω | 1 | | 1 | | | | | | | | | | | | | |
| ἐγκέφαλος | 1 | | | | | | | | | | | 1 | | | | |
| ἔγκλημα | 1 | | | | | | | | | | | | | 1 | | |
| ἔγκληρος | 1 | | | | | | | | | | | | | | | 1 |
| ἐγκολάπτω | 2 | | 1 | | | 1 | | | | | | | | | | |
| ἐγκοτέω | 1 | | | | 1 | | | | | | | | | | | |
| ἐγκράτεια | 4 | | | | 2 | | | | | | | | | 1 | | 1 |
| ἐγκρατής | 4 | | | | | | | | | | | | | 1 | | 3 |
| ἐγκρίνω | 1 | | | | | | | | | | | | | 1 | | |
| ἐγκτάομαι | 1 | | 1 | | | | | | | | | | | | | |
| ἔγκυκλος | 1 | | | | | | | | | | | | | | | 1 |
| ἐγκυλίω | 1 | | | | | | | | | | | | | 1 | | |
| ἐγκύμων | 1 | | | | | | | | | | | | | | | 1 |
| ἐγκύπτω | 1 | | | | | | | | | | | | | 1 | | |
| ἐγκώμιον | 2 | | | | | | | | | | | | 2 | | | |
| ἐγρήγορος | 22 | | 18 | | 3 | | | | | | | | | | | 1 |
| ἐγχαράσσω | 1 | | | | | | | | | | | | 1 | | | |
| ἐγχείρημα | 1 | | | | 1 | | | | | | | | | | | |
| ἐγχειρίζω | 1 | | | | | | | | | | | | | | | 1 |
| ἐγχέω | 1 | | | 1 | | | | | | | | | | | | |
| ἔγχος | 2 | | | | | | | | | | | | | | 2 | |
| ἐγχρῄζω | 1 | | | | 1 | | | | | | | | | | | |
| ἐγχωρέω | 1 | | | 1 | | | | | | | | | | | | |
| ἐγχώριος | 1 | | | | | | | | | | | | | | | 1 |
| × ἐγώ | 2232 | 119 | 94 | 205 | 687 | 309 | 48 | 54 | 96 | 5 | 83 | 61 | 279 | 12 | 33 | 147 |
| ἔγωγε | 1 | | | | | | | | | | | | | 1 | | |
| ἔδαφος | 24 | | 2 | 1 | 1 | 8 | | | | 2 | | 1 | 2 | 4 | 2 | 1 |
| Ἔδεμ | 1 | | | | 1 | | | | | | | | | | | |
| ἔδεσμα | 5 | | | | 2 | | | | | 1 | | | 1 | | 1 | |
| Ἐδνά | 2 | | | | | | | | | | | | | | | 2 |
| ἔδος | 1 | | | | | | | | | | | | | | | 1 |
| ἔδρα | 1 | | | | | | | | | | | | | | | 1 |
| ἑδραῖος | 1 | | | | | | | 1 | | | | | | | | |
| ἔδρανον | 1 | | | | | | | | | | | | | | | 1 |
| ἔδω | 6 | | | | 1 | | | | | | | | | | 1 | 4 |
| Ἐδώμ | 1 | | | | | | | | | | | | | | | 1 |
| Ἐζεκῆλος | 1 | | | | | | | | | | | | | 1 | | |
| Ἐζεκίας | 15 | | | | | | | | | | 3 | | | 2 | | 10 |
| Ἐζεκιήλ | 1 | | 1 | | | | | | | | | | | | | |
| Ἐζριήλ | 1 | | | | | | | | | | | | | | | 1 |
| ἐθέλω | 127 | 6 | 6 | 13 | 42 | 1 | | 8 | 1 | 6 | 5 | 9 | 5 | 2 | | 18 |
| ἔθιμος | 1 | | | | | | | | | | | | | | 1 | |
| ἐθισμός | 2 | | | | | | | | | | | | | | 2 | |
| ἔθνος | 113 | | | | 40 | 4 | 22 | 3 | 3 | 9 | 2 | 2 | | 2 | 12 | 14 |
| ἔθος | 10 | | 1 | 2 | | | | | | | | | | 6 | | 1 |
| × εἰ | 187 | 3 | 1 | 16 | 32 | 11 | 7 | 6 | 2 | 3 | 5 | 10 | 25 | 41 | 2 | 23 |
| εἰδέα | 2 | | | | | | | 1 | | | | | 1 | | | |
| εἶδον | 360 | 14 | 52 | 52 | 51 | 27 | 10 | 24 | 14 | 15 | 26 | 4 | 21 | 1 | 10 | 39 |
| εἶδος | 15 | 1 | 2 | 2 | 2 | 4 | | | | | | 1 | | | 2 | 1 |
| εἰδώλιον | 2 | | | | | | | | | | | | 2 | | | |
| εἰδωλόθυτον | 1 | | | | | | | | | | | | | | | 1 |
| εἰδωλολατρεία | 3 | | | | 2 | | | 1 | | | | | | | | |
| εἰδωλολατρέω | 1 | | | | 1 | | | | | | | | | | | |
| εἰδωλολάτρης | 1 | | | | | | | | | | | | | | 1 | |
| εἰδωλολατρισμός | 1 | | | | | | | 1 | | | | | | | | |
| εἰδωλομανέω | 1 | | | | | | | | | | | | | | | 1 |
| εἰδωλομανής | 1 | | | | | 1 | | | | | | | | | | |
| εἴδωλον | 36 | | | | 6 | 14 | | | | 3 | | | | | 10 | 3 |
| εἶθε | 2 | | | | | | | | | | | | | | | 2 |
| εἰθισμένως | 1 | | | | | | | | | | | | | 1 | | |
| εἰκάζω | 3 | | 1 | | | | | | | | | | | 1 | | 1 |
| εἰκαῖος | 1 | | | | | | | | | | | | | | 1 | |
| εἰκάς | 2 | | | | | 1 | | | | | | 1 | | | | |
| εἰκῇ | 6 | | | | | | | | | | | | | 1 | 5 | |
| εἰκός | 1 | | | | | | | | | | | | | 1 | | |
| εἰκοσαδραχμία × | 1 | | | | | | | | | | | | | 1 | | |
| εἰκοσάκις | 1 | | | | | | | | | | | | | | 1 | |
| εἴκοσι | 37 | | 1 | | 6 | | | | | | 2 | | 3 | 5 | 1 | 18 |
| εἰκοσιδύο | 3 | | | | 1 | | | | | | | | | | | 2 |
| εἰκοσιείς | 1 | | | | | | | | | | | | | | | 1 |
| εἰκοσιοκτώ | 2 | | | | 2 | | | | | | | | | | | |
| εἰκοσιπέντε | 2 | | | | 2 | | | | | | | | | | | |
| εἰκοσιτέσσαρες | 1 | | | | 1 | | | | | | | | | | | |
| εἰκοστός | 12 | | 2 | | 6 | | | | | | | | | | | 4 |
| εἰκότως | 1 | | | | | | | | | | | | | | | 1 |
| εἴκω | 1 | | | | | | | | | | | | | | | 1 |
| εἰκών | 17 | 7 | 3 | | 2 | | | | | | | | 1 | 1 | 1 | 2 |
| εἰλέω | 1 | | | | | | | | | | | | | | 1 | |
| εἰλικρινής | 1 | | | | 1 | | | | | | | | | | | |
| εἰλικτός | 1 | | | | | | | | | | | 1 | | | | |
| εἶμα | 1 | | | | | | | | | | | | | | 1 | |
| εἱμαρμένη | 1 | | 1 | | | | | | | | | | | | | |
| × εἰμί | 2000 | 56 | 148 | 126 | 319 | 276 | 17 | 43 | 65 | 67 | 30 | 30 | 117 | 228 | 181 | 297 |
| εἶμι | 2 | | | | | | | | | | | | | | | 2 |
| εἴπερ | 2 | | | | | | | | | | | | | 1 | | 1 |
| εἶπον | 986 | 56 | 55 | 162 | 100 | 152 | 9 | 52 | 73 | 16 | 92 | 22 | 51 | 80 | 2 | 64 |
| εἴποτε | 1 | | | | | | | | | | | | 1 | | | |
| εἰρηνεύω | 3 | | | | 2 | | | | | | | | 1 | | | |

| LEMMES | TOTAL | ADAM | HEN | ABR | PATR | ASEN | SAL | JER | BAR | PROP | ESDR | SEDR | JOB | ARIS | SIB | FRAG |
|---|---|---|---|---|---|---|---|---|---|---|---|---|---|---|---|---|
| εἰρήνη | 57 | 15 | 2 | 18 | 1 | 3 | 2 | | | 5 | | | 1 | 3 | 4 | 3 |
| εἰρηνικός | 3 | | | | 1 | | | | | | | | | | 1 | 1 |
| εἱρκτή | 1 | | | | 1 | | | | | | | | | | | |
| Εἱρραμνα | 1 | | | | 1 | | | | | | | | | | | |
| * εἰς | 1311 | 57 | 120 | 104 | 221 | 141 | 79 | 71 | 23 | 41 | 26 | 31 | 67 | 77 | 78 | 175 |
| εἴς | 199 | 6 | 33 | 23 | 34 | 9 | 1 | 2 | 5 | 1 | 3 | 7 | 13 | 7 | 11 | 44 |
| εἰσάγω | 23 | | 4 | 2 | 3 | 1 | | 4 | | | | | 3 | 2 | | 4 |
| εἰσακούω | 19 | 4 | | 9 | 2 | | 1 | 1 | 1 | | | | | | 1 | |
| εἰσάνειμι (εἶμι) | 2 | | | | | | | | | | | | | | 2 | |
| εἰσαῦθις | 1 | | | | | | | | | | | | | | 1 | |
| εἰσαφικνέομαι | 2 | | | | | | | | | | | | | | | 2 |
| εἰσβάλλω | 2 | 1 | | | | | | | | | | | 1 | | | |
| εἰσδέχομαι | 1 | | | | | | | | | | | | | 1 | | |
| εἰσδίδωμι | 2 | | | | | | | | | | | | | 2 | | |
| εἴσδοσις | 3 | | | | | | | | | | | | | 3 | | |
| εἰσδύομαι (-δύνω) | 1 | | | | | | | | | | | | | | 1 | |
| εἰσεῖδον | 3 | | | | | | | | | | | | | | 1 | 2 |
| εἴσειμι (εἶμι) | 1 | | | | 1 | | | | | | | | | | | |
| εἰσέρχομαι | 114 | 3 | 6 | 21 | 16 | 17 | 3 | 16 | 10 | | 2 | 1 | 9 | 1 | | 9 |
| εἰσέτι | 1 | | | | | | | | | | | | | | 1 | |
| εἰσηγέομαι | 1 | | | | | | | | | | | | | | | 1 |
| εἰσθεάομαι | 1 | | | | | | | | | | | | | | | 1 |
| εἰσκύρω | 1 | | | | | | | | | | | | | | | 1 |
| εἰσοδεύω | 1 | | | | | | | | | | | | | 1 | | |
| εἴσοδος | 10 | | | | 1 | | 4 | | 1 | 1 | | | | 1 | | 2 |
| εἰσοράω | 4 | | | | | | | | | | | | | | 2 | 2 |
| εἰσπέτομαι | 1 | | | | | | | | | | | | | | 1 | |
| εἰσπηδάω | 4 | | | | 1 | 2 | | | | | | | 1 | | | |
| εἰσποιέω | 1 | | | | | | | | | | | | | | | 1 |
| εἰσπορεύω | 3 | | 1 | | 1 | | 1 | | | | | | | | | |
| εἰσφέρω | 7 | | 2 | 1 | | 1 | | 1 | | | | | | | | 2 |
| εἴσω | 2 | 1 | | | | | | | | | | | | | 1 | |
| * εἶτα | 40 | | 2 | 2 | 2 | | 3 | 2 | 1 | | | 1 | 1 | 3 | 9 | 14 |
| εἴτε | 5 | | | | | | | | | | | | | | 1 | 4 |
| * ἐκ | 717 | 47 | 42 | 71 | 92 | 101 | 8 | 32 | 7 | 55 | 9 | 7 | 29 | 37 | 61 | 119 |
| * ἕκαστος | 124 | 3 | 5 | 3 | 20 | 4 | 2 | | 1 | 1 | 1 | | 6 | 47 | 8 | 23 |
| Ἑκαταῖος | 2 | | | | | | | | | | | | | 1 | | 1 |
| ἑκάτερος | 8 | | 2 | 2 | | | | | | | | | | 2 | | 2 |
| ἑκατέρωθεν | 1 | | | | | | | | | | | | 1 | | | |
| ἕκατι | 3 | | | | | | | | | | | | | | | 3 |
| ἑκατόμβη | 2 | | | | | | | | | | | | | | 2 | |
| ἑκατόν | 48 | | 1 | | 9 | 1 | | | 1 | 1 | | 3 | 3 | 4 | 2 | 23 |
| ἑκατονταπλασίων | 1 | | | | | | | | 1 | | | | | | | |
| ἑκατοντάρουρος | 1 | | | | | | | | | | | | | 1 | | |
| ἑκατοντάς | 2 | | | | | | | | | | | | | | 2 | |
| ἑκατοστός | 14 | | 1 | | 9 | | | | | | | | | | | 4 |
| ἐκβαίνω | 3 | 1 | | | | | | | | | | | | 2 | | |
| ἐκβάλλω | 29 | 8 | 3 | 2 | 2 | 1 | | | 2 | 1 | 2 | 1 | | | | 7 |
| ἐκβράσσω | 2 | | | | | | | | | 2 | | | | | | |
| ἔκγονος | 6 | | | | | 1 | | | | | | | | | 2 | 3 |
| ἐκδαπανάω | 1 | | | | | | | | 1 | | | | | | | |
| ἐκδέχομαι | 12 | | | 1 | 2 | | | 1 | 3 | 2 | | | 2 | 1 | | |
| ἔκδηλος | 1 | | | | | | | | | | | | | 1 | | |
| ἐκδημέω | 2 | | 2 | | | | | | | | | | | | | |
| ἐκδιδάσκω | 4 | | | | 4 | | | | | | | | | | | |
| ἐκδίδωμι | 2 | | 2 | | | | | | | | | | | | | |
| ἐκδιηγέομαι | 1 | | | | | | | 1 | | | | | | | | |
| ἐκδικέω | 5 | | 2 | | 1 | 2 | | | | | | | | | | |
| ἐκδίκησις | 11 | | 1 | | 10 | | | | | | | | | | | |
| ἐκδικία | 1 | | | | 1 | | | | | | | | | | | |
| ἔκδικος | 2 | | | | | 1 | | | | | | | | | 1 | |
| ἐκδιώκω | 1 | | 1 | | | | | | | | | | | | | |
| ἐκδοχή | 1 | | | | | | | | | | | | | | | 1 |
| ἐκδύω (-δύνω) | 2 | | | | 2 | | | | | | | | | | | |
| * ἐκεῖ | 69 | 2 | 13 | 7 | 9 | | | 1 | 2 | 11 | 12 | | | | | 12 |
| ἐκεῖθεν | 15 | | 4 | | 1 | 2 | | | | 2 | | | | | | 6 |
| * ἐκεῖνος | 159 | 7 | 8 | 20 | 14 | 29 | 2 | 1 | 2 | 3 | 2 | | 2 | 20 | 24 | 25 |
| ἐκεῖσε | 3 | | 2 | | | | | | | | | | | | | 1 |
| ἐκζητέω | 3 | | 1 | 1 | | | | | | | | | | 1 | | |
| ἔκθαμβος | 1 | | | | | | | | | | | | | | | 1 |
| ἐκθαυμάζω | 1 | | | | | | | | | | | | | 1 | | |
| ἐκθερμαίνω | 1 | | | | 1 | | | | | | | | | | | |
| ἐκθλίβω | 2 | | 1 | | | 1 | | | | | | | | | | |
| ἔκθλιψις | 1 | | | | | | | | | | | 1 | | | | |
| ἐκθροέω | 1 | | | | 1 | | | | | | | | | | | |
| ἐκθυσιάζω * | 1 | | | | | | | | | | | | | | 1 | |
| ἐκκαιδεκα | 1 | | | | | | | | | | | | | | | 1 |
| ἐκκαιδέκατος | 1 | | 1 | | | | | | | | | | | | | |
| ἐκκαίω | 4 | | | | 1 | | | | 1 | | | | 1 | | 1 | |
| ἐκκακέω | 1 | | | | | | | | | | | | 1 | | | |
| ἔκκαυμα | 1 | | | | | | | | | | | | | | | 1 |
| ἔκκειμαι | 1 | | | | | | | | | | | | | | 1 | |
| ἐκκενόω | 1 | | | | | | | | | | | | 1 | | | |
| ἐκκεντέω | 1 | | | | | | 1 | | | | | | | | | |
| ἐκκλείω | 1 | | | | | 1 | | | | | | | | | | |
| ἐκκλησία | 5 | | | | | | 1 | | | | 2 | | | 1 | 1 | | |
| ἐκκλησιάζω | 1 | | | | | | | | | | | | | | | 1 |
| ἐκκλίνω | 5 | | | | 2 | | | 1 | | | | | | | | 2 |
| ἐκκόπτω | 4 | | 1 | | | 2 | | | | | | | | | 1 | |
| ἐκκρίνω | 2 | | | | | | | | | | | | | | | 2 |
| ἐκλαμβάνω | 1 | | | | 1 | | | | | | | | | | | |
| ἐκλάμπω | 3 | | | | | | | | | | | | | | | 3 |
| ἐκλανθάνω | 1 | | | | | | | | | | | | | | 1 | |
| ἐκλέγω | 21 | | 3 | | 7 | 3 | | | | | | | 2 | 2 | | 4 |
| ἐκλείπω | 28 | | 3 | 5 | 5 | 3 | 2 | | 2 | 5 | | | | 1 | 1 | 1 |
| ἐκλείχω | 2 | | | | 2 | | | | | | | | | | | |
| ἐκλεκτός | 39 | 1 | 9 | | 3 | 7 | | 10 | | 1 | | 3 | | 2 | 1 | 2 |
| ἐκλιμπάνω | 1 | | | | | | | | | | | | | | | 1 |
| ἐκλιπαρέω | 2 | | | | | 2 | | | | | | | | | | |
| ἐκλογή | 3 | | | | | | 2 | | | | | | | | 1 | |

| LEMMES | TOTAL | ADAM | HEN | ABR | PATR | ASEN | SAL | JER | BAR | PROP | ESDR | SEDR | JOB | ARIS | SIB | FRAG |
|---|---|---|---|---|---|---|---|---|---|---|---|---|---|---|---|---|
| ἐκλύω | 2 | | | | | | | | | | | | 1 | | | 1 |
| ἐκμαίνω | 1 | | | | | | | | | | | | | | 1 | |
| ἐκμάσσω | 1 | | | | 1 | | | | | | | | | | | |
| ἐκμετρέω | 1 | | | | | | | | | | 1 | | | | | |
| ἐκμήδομαι * | 1 | | | | | | | | | | | | | | | 1 |
| ἐκμιαίνω | 2 | | | | | | | | | | | | | | 1 | 1 |
| ἐκμισθόω | 1 | | | | 1 | | | | | | | | | | | |
| ἐκμυζάω | 2 | | | | 2 | | | | | | | | | | | |
| ἔκνομος | 1 | | | | | | | | | | | | | | | 1 |
| ἑκούσιος | 2 | | | | 2 | | | | | | | | | | | |
| ἔκπαυλος | 3 | | | | | | | | | | | | | | 3 | |
| ἐκπέμπω | 3 | | | | | | | | | | | | | | | 3 |
| ἐκπετάννυμι | 4 | | 1 | | | 2 | 1 | | | | | | | | | |
| ἐκπηδάω | 1 | | | | | 1 | | | | | | | | | | |
| ἐκπίπτω | 3 | | | | | | | | | 1 | | | | 1 | | 1 |
| ἔκπληξις | 2 | | | | | | | | | | | | | 2 | | |
| ἐκπληρόω | 1 | | | | | | | | | | | | | | | 1 |
| ἐκπλήσσω | 6 | | | 1 | | | | | | | 2 | | | 1 | | 2 |
| ἐκποδών | 1 | | | | | | | | | | | | | | | 1 |
| ἐκπομπή | 3 | | | | | | | | | | | | | 3 | | |
| ἐκπορεύω | 6 | | 4 | | 1 | | | | 1 | | | | | | | |
| ἐκπορθέω | 1 | | | | | | | | | | | | | | | 1 |
| ἐκπορνεύω | 1 | | | | 1 | | | | | | | | | | | |
| ἐκπρεπής | 2 | | | | | | | | | | | | | 1 | | 1 |
| ἐκπρολείπω | 2 | | | | | | | | | | | | | | 1 | 1 |
| ἐκπτύω | 1 | | | | | | | | | | | | | | | 1 |
| ἔκπωμα | 1 | | | | | | | | | | | | | | | 1 |
| ἐκριζόω | 2 | | | | 2 | | | | | | | | | | | |
| ἐκρίπτω | 1 | | | | | | | | | | | | | | | 1 |
| ἐκσπάω | 1 | | 1 | | | | | | | | | | | | | |
| ἔκστασις | 7 | | | | 3 | | 4 | | | | | | | | | |
| ἔκταμα | 1 | | | | | | | | | | | | | | | 1 |
| ἐκτανύω | 1 | | | | | | | | | | | | | | 1 | |
| ἐκτάσσω | 4 | | | | | | | | | | | | 3 | | | 1 |
| ἐκτείνω | 28 | 1 | | | 4 | 17 | | | 1 | 1 | 1 | 1 | | | | 2 |
| ἐκτελέω | 7 | | | | 1 | | | 1 | 1 | | | | 2 | | | 2 |
| ἐκτέμνω | 1 | | | | 1 | | | | | | | | | | | |
| ἐκτήκω | 1 | | | | 1 | | | | | | | | | | | |
| ἐκτίθημι | 7 | | | | | | | | 1 | | | | | 5 | | 1 |
| ἐκτίλλω | 1 | | | | | | 1 | | | | | | | | | |
| ἐκτινάσσω | 1 | | | | | | | | | | | | | | 1 | |
| ἐκτίνω | 1 | | | | | | | | | | | | | | | 1 |
| ἐκτιτρώσκω | 3 | | 1 | | | | | | | | | | | | | 2 |
| ἐκτοπίζω | 1 | | | | | | | | 1 | | | | | | | |
| ἐκτός | 10 | | | | 1 | | | 1 | | | | | 1 | 6 | | 1 |
| ἕκτος | 25 | 1 | 1 | | 9 | | 2 | | | | 1 | | | 2 | | 9 |
| ἔκτοτε | 1 | | | | | | | | | 1 | | | | | | |
| ἐκτρέφω | 1 | | | | 1 | | | | | | | | | | | |
| ἐκτρίβω | 3 | | 1 | | | | 1 | 1 | | | | | | | | |
| ἔκτρομος | 1 | | | | | | | | | | | | | | | 1 |
| ἐκτρύχω | 1 | | | | | | | | | | | | | | | 1 |
| ἔκτυπος | 3 | | | | | | | | | | | | | 3 | | |
| ἐκτυπόω | 2 | | | | | | 1 | | | | | | | 1 | | |
| ἐκτύπωσις | 3 | | | | | | | | | | | | | 3 | | |
| Ἕκτωρ | 1 | | | | | | | | | | | | | | 1 | |
| ἐκφαίνω | 2 | | | | | | | | | | | | 1 | | | 1 |
| ἔκφανσις | 1 | | | | | | | | | | | | | | | 1 |
| ἐκφαντικός | 1 | | | | | | | | | | | | | | | 1 |
| ἐκφέρω | 17 | | | 3 | | 5 | 2 | | | | | 4 | | 2 | | 1 |
| ἐκφεύγω | 10 | | 4 | | | | 1 | | 1 | 1 | | | | 1 | 1 | 1 |
| ἔκφευξις | 1 | | 1 | | | | | | | | | | | | | |
| ἔκφημι | 1 | | | 1 | | | | | | | | | | | | |
| ἐκφοβέω | 3 | | 2 | 1 | | | | | | | | | | | | |
| ἐκφύγω | 1 | | | 1 | | | | | | | | | | | | |
| ἐκφύω | 1 | | | | | | | | | | | | | 1 | | |
| ἐκχέω | 17 | 1 | 4 | | 5 | 1 | 3 | | | 2 | | | | | 1 | |
| ἔκχυμα * | 1 | | | | | | | | | | | | | | 1 | |
| ἐκχύνω | 2 | | 1 | | 1 | | | | | | | | | | | |
| ἔκχυσις | 1 | | 1 | | | | | | | | | | | | | |
| ἑκών | 2 | | | | | | | | | | | | | | | 2 |
| ἐλαία | 10 | | 1 | | 2 | 1 | 1 | | | | | 1 | | 2 | 1 | 1 |
| ἐλαϊκός | 1 | | | | | | | | | | | | | 1 | | |
| ἔλαιον | 24 | 5 | | 1 | 6 | 1 | | | | 2 | 3 | | | 1 | 2 | 3 |
| Ἕλανα | 1 | | | | | | | | | | | | | | | 1 |
| ἔλασμα | 2 | | | | | | | | | | | | | 2 | | |
| ἐλασμός | 1 | | | | | | | | | | | | | 1 | | |
| ἐλασσόω | 5 | | 1 | | 1 | | | | | | 1 | | | 2 | | |
| ἐλάσσωμα | 1 | | | | 1 | | | | | | | | | | | |
| ἐλάττωσις | 1 | | | | | | | | | | | | | 1 | | |
| ἐλαύνω | 10 | 2 | | 4 | | | | | 1 | 1 | | | | | 1 | 1 |
| ἔλαφος | 9 | | | | 6 | 1 | | | | 2 | | | | | | |
| ἐλαχύς | 19 | 1 | 1 | | 2 | 1 | 2 | | | | | | | 6 | 1 | 5 |
| ἐλάω | 2 | | | | | | | | | | | | | | 2 | |
| ελε * | 1 | | | | | | | | | | | | | | | 1 |
| Ἐλεάζαρος | 14 | | | | | | | | | | | | | 14 | | |
| ἐλεάω | 6 | | 2 | 4 | | | | | | | | | | | | |
| ἐλεγμός | 1 | | | | | | | 1 | | | | | | | | |
| ἔλεγξις | 1 | | 1 | | | | | | | | | | | | | |
| ἔλεγχος (ὁ) | 3 | | | | 1 | | | 1 | | 1 | | | | | | |
| ἐλέγχω | 32 | 1 | 4 | 1 | 4 | 1 | 3 | | | 10 | | | | 1 | 4 | 3 |
| Ἐλεέζερ | 1 | | 1 | | | | | | | | | | | | | |
| ἐλεεινός | 4 | | | | | | | | | | | 1 | 2 | | 1 | |
| ἐλεέω | 68 | 3 | | 6 | 9 | 6 | 9 | 5 | 1 | 1 | 11 | 6 | 4 | | 2 | 5 |
| ἐλεημοσύνη | 4 | | | | | | 2 | | | | | | 2 | | | |
| ἐλεήμων | 13 | | | | 5 | 2 | 3 | | | | | 2 | | 1 | | |
| Ἐλείμ | 1 | | | | | | | | | | | | | | | 1 |
| ἔλεος (ὁ) | 5 | 1 | 1 | 1 | | | | | | | | | | 1 | | 1 |
| ἔλεος (τό) | 56 | | 4 | 2 | 12 | 4 | 25 | 1 | | | 1 | 2 | 2 | | | 3 |
| ἐλευθέριος | 1 | | | | | | | | | | | | | | 1 | |
| ἐλεύθερος | 5 | | | 1 | 4 | | | | | | | | | | | |

| LEMMES | TOTAL | ADAM | HEN | ABR | PATR | ASEN | SAL | JER | BAR | PROP | ESDR | SEDR | JOB | ARIS | SIB | FRAG |
|---|---|---|---|---|---|---|---|---|---|---|---|---|---|---|---|---|
| ἐλευθερόω | 5 | | | | 2 | | | | | | | 1 | | 2 | | |
| ἐλευθερωτής | 1 | | | 1 | | | | | | | | | | | | |
| ἔλευσις | 1 | | | | | | | | | 1 | | | | | | |
| ἐλεφαντιάω | 1 | | | | | | | | | | | | | | | 1 |
| ἐλεφάντινος | 1 | | | | | | | | | | | | | | | 1 |
| ἐλέφας | 3 | | | | | | | | | | | | | | 2 | 1 |
| Ἐλιούδ | 1 | | 1 | | | | | | | | | | | | | |
| Ἐλιούς | 12 | | | | | | | | | | | | | 11 | | 1 |
| Ἐλισαῖος | 7 | | | | | | | | | 7 | | | | | | |
| Ἐλισσαῖος | 4 | | | | | | | | | | | | | 4 | | |
| ἐλίσσω | 2 | | | | | | | | | | | | | | 2 | |
| Ἐλιφάς | 15 | | | | | | | | | | | | | 14 | | 1 |
| Ἑλκεσί | 1 | | | | | | | | | 1 | | | | | | |
| ἕλκος | 4 | | | | | | | | | | | | | | | 4 |
| ἑλκόω | 1 | | | | | | | | | | | | | | | 1 |
| ἑλκύω | 7 | | | | | 6 | | | | | | | | | 1 | |
| ἕλκω | 5 | 1 | | | | | 1 | | | | | | | | | 3 |
| ἔλλαμψις | 1 | | | | | | | | | | | | | | | 1 |
| Ἑλλάς | 15 | | | | | | | | | | | | | | 13 | 2 |
| ἐλλείπω | 3 | | 1 | | | | | | | | | | | 2 | | |
| Ἕλλην | 17 | | | | | | | | | 2 | | | | 1 | 8 | 6 |
| Ἑλληνικός | 2 | | | | | | | | | | | | | 2 | | |
| Ἑλληνίς | 1 | | | | | | | | | | | | | | | 1 |
| Ἑλλήσποντος | 2 | | | | | | | | | | | | | | 2 | |
| ἐλλιπής | 1 | | | | | | 1 | | | | | | | | | |
| ἕλος | 2 | | | | | | | | | | | | | | 1 | 1 |
| ἐλπίζω | 15 | | 4 | | | | 5 | | | | | | 2 | | 2 | 2 |
| ἐλπίς | 24 | | 2 | | 3 | 1 | 11 | | | 2 | | | 1 | 2 | 1 | 1 |
| Ἐλυμαῖος | 1 | | | | 1 | | | | | | | | | | | |
| ἔλυμος | 1 | | | | | | | | | | | | | | | 1 |
| ἔλυτρον | 1 | | | | | | | | | | | | | | | 1 |
| ελω * | 1 | | | | | | | | | | | | | | | 1 |
| ἔλωρ | 3 | | | | | | | | | | | | | | 2 | 1 |
| ἐμαυτοῦ | 14 | 1 | | 1 | 8 | 2 | | | | | | | | | | 2 |
| ἐμβαίνω | 4 | | | | 2 | | | | | | | | 2 | | | |
| ἐμβάλλω | 18 | | 2 | | 5 | 4 | | | | 1 | | | 1 | 1 | 1 | 3 |
| ἐμβάπτω | 1 | | | | 1 | | | | | | | | | | | |
| ἔμβασις | 1 | | | 1 | | | | | | | | | | | | |
| ἐμβιοτεύω | 1 | | | | | | | | | | | | | | 1 | |
| ἐμβλέπω | 3 | | | | 2 | 1 | | | | | | | | | | |
| ἐμβρίμησις | 1 | | 1 | | | | | | | | | | | | | |
| ἔμβρυος (βρύω) | 1 | | | | | | | | | | | | | | | 1 |
| Ἐμζαρά | 1 | | | | | | | | | | | | | | | 1 |
| Ἐμμανουήλ | 1 | | | | | | | 1 | | | | | | | | |
| ἐμμελής | 1 | | | | | | | | | | | | | 1 | | |
| ἐμμένω | 4 | | 1 | | | | | | | | | | | | 1 | 2 |
| ἔμμετρος | 1 | | | | | | | | | | | | | | 1 | |
| Ἐμμώρ | 16 | | | | 4 | 1 | | | | | | | | | | 11 |
| * ἐμός | 68 | 5 | 2 | 11 | 5 | 2 | | | | 1 | | 4 | 16 | | 5 | 17 |
| ἐμπαθής | 1 | | | | 1 | | | | | | | | | | | |
| ἐμπαιγμός | 2 | | | | | | 2 | | | | | | | | | |
| ἐμπαίζω | 2 | | | | | | 2 | | | | | | | | | |
| ἔμπαλιν | 5 | | | | | | | | | | | | | | 4 | 1 |
| ἔμπας | 1 | | | | | | | | | | | | | | | 1 |
| ἐμπειρία | 2 | | | | | | | | | | | | | 2 | | |
| ἔμπειρος | 4 | | | | | | 1 | | | | | | | 1 | | 2 |
| ἐμπίμπλημι | 7 | | | | 1 | | 2 | 1 | | | | | | 1 | 1 | 1 |
| ἐμπίμπρημι | 5 | | | | 2 | | 1 | | | 1 | | | | | 1 | |
| ἐμπίπτω | 11 | | 2 | | 4 | 2 | | | | | | | | 1 | | 2 |
| ἐμπλήσκομαι * | 1 | | | | | | | | | | | | 1 | | | |
| ἐμπλήσσω | 1 | | | | 1 | | | | | | | | | | | |
| ἐμπλόκιον | 1 | | | | | 1 | | | | | | | | | | |
| ἐμπνέω | 2 | | | | | | | | | 1 | | | 1 | | | |
| ἐμποδίζω | 3 | | | | 1 | | | | | 2 | | | | | | |
| ἐμποιέω | 2 | | | | | | | | | | | | | 1 | 1 | |
| ἔμπονος | 2 | | | | | | | 1 | | | | | | | | 1 |
| ἐμπορεύομαι | 3 | | | | | | | | | | | | 3 | | | |
| ἐμπορία | 5 | | | 2 | 2 | | | | | | | | | 1 | | |
| ἔμπορος | 1 | | | | 1 | | | | | | | | | | | |
| ἐμπρησμός | 2 | | | | | | | | | | | | | | 2 | |
| * ἔμπροσθεν | 30 | 2 | 2 | 4 | 4 | 8 | | | | 5 | | 1 | 1 | | | 3 |
| ἐμπρόσθιος | 1 | | | | | | | | | 1 | | | | | | |
| ἐμπτύω | 2 | | | | 2 | | | | | | | | | | | |
| ἐμπυρίζω | 2 | | | | 1 | | | | | | | | | | | 1 |
| ἐμπυρισμός | 3 | | 2 | | 1 | | | | | | | | | | | |
| ἐμφαίνω | 1 | | | | | | | | | | | | | 1 | | |
| ἐμφανής | 1 | | | | | | | | | | | | | | | 1 |
| ἐμφανίζω | 1 | | 1 | | | | | | | | | | | | | |
| ἐμφανιστής | 1 | | | | | | | | | | | | | 1 | | |
| ἔμφασις | 2 | | | | | | | | | | | | | 2 | | |
| ἐμφέρω | 2 | | | | | | | | | 1 | | | | | | 1 |
| ἐμφοβέω | 1 | | | | | | | | | | | | | | | 1 |
| ἐμφύλιος | 1 | | | | | | | | | | | | | | 1 | |
| ἐμφυσάω | 1 | 1 | | | | | | | | | | | | | | |
| ἔμφυτος | 1 | | | | | | | | | | | | | | | 1 |
| ἐμφύω | 1 | | | | | | | | | | | | | | | 1 |
| ἔμψυχος (ψυχή) | 1 | | | | | | | | | | | | | | 1 | |
| εμωρι * | 1 | | | | | | | | | | | | | | | 1 |
| * ἐν | 2340 | 57 | 170 | 153 | 642 | 142 | 283 | 48 | 42 | 106 | 23 | 33 | 135 | 87 | 125 | 294 |
| ἐναγκαλίζομαι | 3 | | | | 2 | | | | | | | | | 1 | | |
| Ἐνακείμ | 1 | | | | | | | | | 1 | | | | | | |
| ἐνακμάζω | 1 | | | | | | | | | | | | | | | 1 |
| ἐνακόσιοι | 1 | 1 | | | | | | | | | | | | | | |
| ἐνακοσιοστός | 2 | | | | 1 | | | | | | | | | | | 1 |
| ἐνάλιος | 1 | | | | | | | | | | | | | | 1 | |
| ἐναλλάξ | 1 | | | | | | | | | | | | | | | 1 |
| ἐναλλάσσω | 3 | | | | 2 | | | | | 1 | | | | | | |
| ἔναμμα | 1 | | | | | | | | | | | | | | | 1 |
| Ἐνάν | 1 | | | | 1 | | | | | | | | | | | |
| ἔναντι | 3 | | | | 2 | | 1 | | | | | | | | | |

| LEMMES | TOTAL | ADAM | HEN | ABR | PATR | ASEN | SAL | JER | BAR | PROP | ESDR | SEDR | JOB | ARIS | SIB | FRAG |
|---|---|---|---|---|---|---|---|---|---|---|---|---|---|---|---|---|
| ἐναντιόομαι | 1 | | | | | | | | | | | | | 1 | | |
| ἐναντίος | 15 | 1 | 2 | | 2 | | 1 | 2 | | | | | 1 | 2 | 1 | 3 |
| ἐναντίωσις | 1 | | | | | | | | | | | | 1 | | | |
| ἐναποθνῄσκω | 1 | | | | | | | | | | | | | | | 1 |
| ἐναργής | 1 | | | | | | | | | | | | | 1 | | |
| ἐνάρετος | 3 | | | 2 | | | | | | | | | | | | 1 |
| ἐναρίζω | 2 | | | | | | | | | | | | | | 2 | |
| ἐνάρχομαι | 3 | | | | 1 | | | | | | | | | 1 | | 1 |
| ἔνατος | 12 | | 2 | | 1 | | | | | | 1 | 1 | | 3 | | 4 |
| ἔνδακρυς | 1 | | | | | | | | | | | | | | | 1 |
| ἔνδεια | 4 | | | | 1 | 3 | | | | | | | | | | |
| ἐνδείκνυμι | 4 | | | | | | | | | | | 1 | 1 | 2 | | |
| ἐνδεικτικός | 1 | | | | | | | | | | | | | 1 | | |
| ἕνδεκα | 7 | | | | 1 | | | | | | | | 1 | | | 5 |
| ἐνδέκατος | 8 | | 2 | | | | | | | | | | | 3 | | 3 |
| ἐνδελεχέω | 1 | | | | 1 | | | | | | | | | | | |
| ἐνδελεχίζω | 1 | | | | 1 | | | | | | | | | | | |
| Ἐνδεμίας | 1 | | | | | | | | | | | | | 1 | | |
| ἔνδεσμος | 1 | | | | | | | | | | | | | | | 1 |
| ἐνδεχομένως | 1 | | | | | | | | | | | | | 1 | | |
| ἐνδιατρίβω | 1 | | | | | | | | | | | | | | | 1 |
| ἐνδιδύσκω | 2 | | | | 2 | | | | | | | | | | | |
| ἔνδοθεν | 6 | | 1 | | | | | | | | | | 1 | | 3 | 1 |
| ἔνδοθι | 2 | | | | | | | | | | | | | | | 2 |
| ἔνδον | 3 | | | | | | 1 | | | | | | 2 | | | |
| ἐνδοξάζω | 1 | | | | 1 | | | | | | | | | | | |
| ἔνδοξος | 25 | | 7 | 4 | 4 | | 1 | | | 5 | | | 1 | 2 | | 1 |
| ἐνδοξότης * | 2 | | | 2 | | | | | | | | | | | | |
| ἐνδόσθια | 1 | | | | 1 | | | | | | | | | | | |
| ἔνδυμα | 4 | | | | 1 | 1 | 1 | | | 1 | | | | | | |
| ἔνδυσις | 7 | | | | | | | | | | | | 6 | 1 | | |
| ἐνδύω (-δύνω) | 21 | 3 | | | 3 | 10 | 1 | | | | | | 1 | | | 3 |
| ἐνέδρα | 3 | | | | | 3 | | | | | | | | | | |
| ἐνεδρευτής | 1 | | | | | 1 | | | | | | | | | | |
| ἐνεδρεύω | 4 | | | | | 2 | | | | | | | | | | 2 |
| ἐνειλέω | 1 | | | | 1 | | | | | | | | | | | |
| ἔνειμι (εἰμί) | 5 | | | | 1 | | | | | | | | | 1 | 1 | 2 |
| * ἕνεκα | 24 | 1 | 1 | 1 | | 1 | 2 | | | | | | | 4 | 11 | 3 |
| ἐνενήκοντα | 2 | | | 1 | | | | | | | | 1 | | | | |
| ἐνενηκοστός | 6 | | | | 2 | | | | | | | | | | | 4 |
| ἐνεργάζομαι | 1 | | | | | | | | | | | | | 1 | | |
| ἐνέργεια | 12 | | | | | | | | | | | | | 8 | | 4 |
| ἐνεργέω | 6 | | | | 3 | | 1 | | | | | | | 2 | | |
| ἐνέργημα | 1 | | | | | | | | | | | | | 1 | | |
| ἐνεργής | 3 | | | | | | | | | | | | | 3 | | |
| ἔνερθε | 3 | | | | | | | | | | | | | | | 3 |
| ἐνέχυρον | 1 | | | | | | | | | | | | 1 | | | |
| ἐνέχω | 3 | | | | 1 | | | | | | | | | 1 | 1 | |
| ἔνθα | 12 | | | 3 | 1 | | | | 1 | 3 | | | 1 | | 1 | 2 |
| ἐνθάδε | 6 | | 2 | 1 | 1 | | | | | | | | | | | 2 |
| ἔνθεν | 7 | | | | 4 | | | | | | | 2 | | | | 1 |
| ἐνθένδε | 1 | | | | | | | | | | | | | | | 1 |
| ἔνθεος | 5 | | | | | | | | | | | | | | 5 | |
| ἐνθυμέομαι | 6 | | | | 2 | 2 | | | | | | | 1 | 1 | | |
| ἐνθύμησις | 3 | | | | 1 | 1 | | | | | | | | 1 | | |
| ἐνιάκις | 1 | | | | | | | | | | | | | | | 1 |
| ἐνιαύσιος | 1 | | | | 1 | | | | | | | | | | | |
| ἐνιαυτός | 16 | | 4 | | 1 | | | | | | | | | 1 | 4 | 6 |
| ἐνίημι | 3 | | | | | | | | | | | | | 2 | | 1 |
| ἐνίοτε | 4 | | | | | | | | | | | | 4 | | | |
| ἐνιπή | 1 | | | | | | | | | | | | | | | 1 |
| ἐνίστημι | 1 | | | | 1 | | | | | | | | | | | |
| ἐνισχύω | 7 | 1 | | | 2 | | 2 | | | | | | 2 | | | |
| ἐννακισχίλιοι | 1 | | | | | | | | | | | | | 1 | | |
| ἐννακόσιοι | 1 | | | 1 | | | | | | | | | | | | |
| ἐννέα | 17 | | | 1 | 1 | 1 | | 1 | 2 | | | | | | | 11 |
| ἐννεακαίδεκα | 1 | | | | 1 | | | | | | | | | | | |
| ἐννεακαιδέκατος | 1 | 1 | | | | | | | | | | | | | | |
| ἐννέπω | 1 | | | | | | | | | | | | | | 1 | |
| ἐννοέω | 8 | | | | 4 | | | | | | | | 2 | 2 | | |
| ἐννόημα | 1 | | | | | | | | | | | | | 1 | | |
| ἔννοια | 9 | | | | 8 | | | | | | | | | | | 1 |
| ἔννομος (νόμος) | 2 | | | | | | | | | | | | | | 1 | 1 |
| ἐννοσίγαιος | 1 | | | | | | | | | | | | | | 1 | |
| ἔννυμι | 1 | | | | | | | | | | | | | | | 1 |
| ἐννύχιος | 1 | | | | | | | | | | | | | | 1 | |
| ἔννυχος | 1 | | | | | | | | | | | | | | 1 | |
| ἐνοικέω | 4 | | | | 1 | 1 | 1 | | | | | | | 1 | | |
| ἔνοπλος | 1 | | | | | 1 | | | | | | | | | | |
| ἔνοπτρον | 1 | | | | | | | | | | | | | 1 | | |
| ἔνορκος | 1 | | | | | | | | | | | | | | 1 | |
| ἔνος | 1 | | | | | | | | | | | | | | | 1 |
| ἐνοσίχθων | 1 | | | | | | | | | | | | | | 1 | |
| ἑνότης | 1 | | | | 1 | | | | | | | | | | | |
| ἐνουράνιος | 1 | | | | | | | | | | | | | | | 1 |
| ἐνοχλέω | 8 | | | | 2 | 4 | | | | | | | | | | 2 |
| ἔνοχος | 2 | | | | | | 1 | | | | | | | 1 | | |
| ἐνόω | 1 | | | | 1 | | | | | | | | | | | |
| ἐνρήγνυμι | 1 | | | | | | | | | | | | 1 | | | |
| ἔνσαρκος | 1 | | | | | | | | | | | | | | 1 | |
| ἐνσπείρω | 1 | | | | 1 | | | | | | | | | | | |
| ἐνστήκω | 1 | | | | | | | | | | | | | | | 1 |
| ἔντασις | 1 | | | | | | | | | | | | | 1 | | |
| ἐνταῦθα | 15 | | | 3 | 1 | 1 | | 5 | 1 | | | | | | | 4 |
| ἐνταφιάζω | 2 | | | | 1 | | | | | | | | | | | 1 |
| ἐντείνω | 1 | | | | | | | | | | | | | | | 1 |
| ἐντέλλω | 44 | 3 | | 1 | 27 | 1 | 4 | | | 2 | | | 5 | | | 1 |
| ἐντεῦθεν | 4 | | 1 | | 1 | | | 1 | | | | | | | | 1 |
| ἔντευξις | 3 | | 2 | | | | | | | | | | | 1 | | |
| ἐντίθημι | 7 | | | | 1 | | | | | | | | | 1 | 2 | 3 |

| LEMMES | TOTAL | ADAM | HEN | ABR | PATR | ASEN | SAL | JER | BAR | PROP | ESDR | SEDR | JOB | ARIS | SIB | FRAG |
|---|---|---|---|---|---|---|---|---|---|---|---|---|---|---|---|---|
| ἔντιμος | 10 | | 5 | | | | 2 | | | | | | | 2 | | 1 |
| ἐντινάσσω | 1 | | 1 | | | | | | | | | | | | | |
| ἐντολεύς | 1 | | | | 1 | | | | | | | | | | | |
| ἐντολή | 57 | 7 | 3 | 1 | 35 | 3 | | | 2 | | 1 | 1 | | 1 | | 3 |
| ἐντός | 3 | | | | | 2 | | | | | | | | | 1 | |
| ἐντρέπω | 1 | | | | | | | | | | | | | | | 1 |
| ἔντρομος | 1 | | | | | | | | | | | | | | | 1 |
| ἐντρύφημα | 1 | | | | 1 | | | | | | | | | | | |
| ἐντυγχάνω | 15 | | 11 | | | | | | | | | | 1 | 1 | | 2 |
| ἐντύνω | 1 | | | | | | | | | | | | | | | 1 |
| ἔντυπος | 1 | | | | | | | | | | | | | | 1 | |
| ἐντυπόω | 1 | | | | | | | | | | | | | 1 | | |
| ἐντυχία | 1 | | | | | | | | | | | | | 1 | | |
| ἐνυπάρχω | 1 | | | | | | | | | | | | | 1 | | |
| ἐνύπνιον | 8 | | 1 | | 4 | 1 | 1 | | | | | | | | | 1 |
| * ἐνώπιον | 106 | 6 | 13 | 13 | 18 | 34 | 9 | 4 | 3 | | | | 1 | | | 5 |
| Ἐνώς | 1 | | | | | | | | | | | | | | | 1 |
| ἐνωτίζομαι | 4 | | | | 4 | | | | | | | | | | | |
| Ἐνώχ | 41 | | 18 | 6 | 10 | | | | | | 1 | | | | | 6 |
| ἐξ | 39 | 3 | | 3 | 6 | 3 | | | 2 | | 2 | | 1 | 4 | 2 | 13 |
| ἐξαγγέλλω | 5 | | | | 3 | | | | | | | | | | | 2 |
| ἐξαγορεύω | 1 | | | | | | | | | | | | | | 1 | |
| ἐξαγορία | 1 | | | | | | 1 | | | | | | | | | |
| ἐξάγω | 8 | | | | 1 | 1 | | 1 | | | | | | | | 5 |
| ἐξαγωγή | 1 | | | | | | | | | | | | | | | 1 |
| ἐξαίρετος | 3 | | | | | | | | | | | | 2 | | | 1 |
| ἐξαιρέω | 3 | | | | 2 | 1 | | | | | | | | | | |
| ἐξαίρω | 11 | | 1 | | 4 | | 6 | | | | | | | | | |
| ἐξαιτέω | 1 | | | | 1 | | | | | | | | | | | |
| ἐξαίφνης | 2 | | | | | 1 | | | | | | | | | | 1 |
| ἐξακισχίλιοι | 2 | | | 1 | | | | | | | | | | 1 | | |
| ἐξακολουθέω | 4 | | | | 4 | | | | | | | | | | | |
| ἐξακόσιοι | 4 | | | | | 2 | | | | | | | | 1 | | 1 |
| ἐξαλαπάζω | 10 | | | | | | | | | | | | | | 10 | |
| ἐξαλείφω | 8 | | 1 | 1 | 2 | 1 | 2 | | | | 1 | | | | | |
| ἐξαλλοιόω | 3 | | 3 | | | | | | | | | | | | | |
| ἐξάλλομαι | 1 | | | | | | | | | | | | | | | 1 |
| ἔξαλλος | 1 | | | | 1 | | | | | | | | | | | |
| ἐξαμαρτάνω | 4 | 1 | | | 1 | | 1 | | | | | | | | | 1 |
| ἐξαναβαίνω | 2 | | | | | | | | | | | | | | 2 | |
| ἐξαναλίσκω | 2 | | | | | | | | | | | | | | | 2 |
| ἐξαναλόω | 1 | | | | | | | | | | | | | 1 | | |
| ἐξανθέω | 1 | 1 | | | | | | | | | | | | | | |
| ἐξανίημι | 1 | | | | | | | | | | | | | | | 1 |
| ἐξανίστημι | 6 | | 2 | | | 1 | 1 | | | | | | | | | 2 |
| ἐξανύω | 1 | | | | | | | | | | | | | | 1 | |
| ἐξαπατάω | 1 | 1 | | | | | | | | | | | | | | |
| ἐξάπινα | 1 | | | | | | 1 | | | | | | | | | |
| ἐξαπίνης | 2 | | | | | | | | | | | | | | | 2 |
| ἐξαπόλλυμι | 7 | | | | | | | | | | | | | | 7 | |
| ἐξαποστέλλω | 9 | | | | | 3 | 1 | 1 | 1 | | | | | 2 | | 1 |
| ἐξαπτέρυγος | 1 | 1 | | | | | | | | | | | | | | |
| ἐξαριθμέω | 5 | | | | | | | | | | | 5 | | | | |
| ἐξαρκέω | 1 | | | | 1 | | | | | | | | | | | |
| ἐξαρτισμός | 1 | | | | | | | | | | | | | 1 | | |
| ἐξαρύω | 1 | | | | | | | | | | | | | | | 1 |
| ἔξαρχος | 2 | | 1 | | 1 | | | | | | | | | | | |
| ἐξασθενέω | 1 | | | | | 1 | | | | | | | | | | |
| ἐξαστράπτω | 5 | | 2 | | 1 | | | | 1 | | | | 1 | | | |
| ἐξασφαλίζω | 1 | | | | | | | | | | | | | 1 | | |
| ἐξαυδάω | 2 | | | | | | | | | | | | | | 2 | |
| ἐξαυτῆς | 2 | | 1 | | 1 | | | | | | | | | | | |
| ἐξαφαιρέω | 1 | | | | | | | | | | | | | | 1 | |
| ἐξάωρος | 1 | | | 1 | | | | | | | | | | | | |
| ἐξεγείρω | 3 | | | | | | | | | | | | | | 2 | 1 |
| ἐξέγερσις | 1 | | | | | | 1 | | | | | | | | | |
| ἔξειμι (εἰμί) | 3 | | | | | | | 1 | | | | | | | | 2 |
| ἔξειμι (εἶμι) | 3 | | | | | | | | | | 1 | | | 2 | | |
| ἐξεῖπον | 3 | | 1 | | 1 | | | | | | | | 1 | | | |
| ἐξέλευσις | 1 | | | | | | | | | | | | | | | 1 |
| ἐξελκόω | 1 | | | | | | | | | | | | | | | 1 |
| ἐξεναρίζω | 2 | | | | | | | | | | | | | | 2 | |
| ἐξεργάζομαι | 1 | | | | | | | | | | | | | 1 | | |
| ἐξερευνάω | 1 | | | | | | 1 | | | | | | | | | |
| ἐξερέω | 1 | | | | | | | | | | | | | | | 1 |
| ἐξερημόω | 1 | | | | | | 1 | | | | | | | | | |
| ἐξέρχομαι | 117 | 12 | 10 | 19 | 7 | 8 | 1 | 22 | 3 | 6 | 3 | 1 | 11 | | | 14 |
| ἐξετάζω | 4 | | | | 1 | | | 1 | | | | | 1 | 1 | | |
| ἐξεύρεσις | 1 | | | | | | | | | | | | | 1 | | |
| ἐξευρίσκω | 2 | | | | | | | | | | | | | 1 | | 1 |
| ἐξεύχομαι | 1 | | | | | | | | | | | | | | | 1 |
| ἐξέχω | 1 | | | | | | | | | | 1 | | | | | |
| ἐξηγέομαι | 4 | | | | | | | | | | | | | 2 | 1 | 1 |
| ἐξήκοντα | 25 | | | 1 | 2 | | | 2 | 4 | | 1 | | 1 | 2 | 1 | 11 |
| ἐξηκονταέξ | 2 | | | | | | | 2 | | | | | | | | |
| ἐξηκοστός | 1 | | | | 1 | | | | | | | | | | | |
| ἑξῆς | 30 | | 2 | | 6 | | | | | | | | 1 | 19 | | 2 |
| ἐξιλάσκομαι | 4 | | | | 1 | | 1 | | | | | | | 2 | | |
| ἐξιλεόω | 2 | | | | 1 | | | | | | 1 | | | | | |
| ἕξις | 1 | | | | | | | | | | | | | 1 | | |
| ἐξίστημι | 8 | | | | 1 | | | | | | 2 | 1 | 3 | | 1 | |
| ἔξοδος (ἡ) | 5 | | | | 3 | | 1 | | | | | | | | | 1 |
| ἐξόλλυμι | 8 | | | | | | | | | | | | | | 8 | |
| ἐξολόθρευσις | 1 | | | | | | | | | | | | | | 1 | |
| ἐξολοθρεύω | 4 | | | | 3 | | | | | | | | | | 1 | |
| ἐξομολογέομαι (-έω) | 11 | 1 | | | | 4 | 4 | | | | 1 | | 1 | | | |
| ἐξομολόγησις | 3 | | | | 1 | | 2 | | | | | | | | | |
| ἐξόπισθεν | 2 | | | | 1 | | | | | | | | 1 | | | |
| ἐξορίζω | 4 | | | | 1 | | | | 1 | | | 2 | | | | |
| ἐξότε | 1 | | | | | | | | | | | | | | | 1 |

| LEMMES | TOTAL | ADAM | HEN | ABR | PATR | ASEN | SAL | JER | BAR | PROP | ESDR | SEDR | JOB | ARIS | SIB | FRAG |
|---|---|---|---|---|---|---|---|---|---|---|---|---|---|---|---|---|
| ἐξουδενέω (-όω) | 17 | | 1 | | 4 | 8 | 3 | | | | | | | | | 1 |
| ἐξουσία | 25 | | 6 | 4 | 3 | | 1 | | | 1 | | | 6 | 4 | | |
| ἔξοχος | 5 | | | | | | | | | | | | | | 5 | |
| ἐξυβρίζω | 1 | | | | | 1 | | | | | | | | | | |
| ἐξυμνέω | 5 | | | | | 1 | | | | | | | | | 4 | |
| ἐξύπερθεν | 1 | | | | | | | | | | | | | | | 1 |
| ἐξυπηρετέω | 1 | | | | | | | | | | 1 | | | | | |
| ἐξυπνίζω | 9 | | | | 3 | | | 4 | 1 | | | | | | | 1 |
| ἔξυπνος | 2 | | 1 | | 1 | | | | | | | | | | | |
| * ἔξω | 21 | 2 | 2 | 2 | 2 | 2 | | 6 | 1 | | | | 1 | 1 | | 3 |
| ἔξωθεν | 2 | | | 1 | | | | | | | | | | | | |
| ἐξωθέω | 2 | | | | | 2 | | | | | | | | | | |
| ἐξώτερος | 1 | | | | | | | | | | 1 | | | | | |
| ἔοικα | 3 | | | 2 | | | | | | | | | | | | 1 |
| ἑορτή | 8 | | 1 | | | | 1 | | | | | | | 2 | | 4 |
| εου * | 1 | | | | | | | | | | | | | | | 1 |
| ἐπαγάλλομαι | 1 | | | | | | | | | | | | | | | 1 |
| ἐπαγγελία | 8 | | | 4 | 1 | | 1 | | | | 1 | | | | | 1 |
| ἐπαγγέλλω | 8 | 1 | | 1 | | | 2 | | | | | | | | 3 | 1 |
| ἐπαγρύπνησις | 1 | | | | | | | | | | | | | 1 | | |
| ἐπάγω | 12 | | | | 7 | | | | | | 1 | | 1 | | | 3 |
| ἐπαγωγή | 2 | | | | 1 | 1 | | | | | | | | | | |
| ἔπαθλον | 1 | | | | | | | | | | | | | 1 | | |
| ἐπαινετός | 1 | | | | | 1 | | | | | | | | | | |
| ἐπαινέω | 17 | | | | 4 | 1 | | | | | | | | 12 | | |
| ἔπαινος | 2 | | 1 | | | | | | | | | | | 1 | | |
| ἐπαίρω | 17 | | 1 | 3 | 4 | 2 | | 4 | | | | | | 2 | | 1 |
| ἐπαισχύνομαι | 1 | | | | 1 | | | | | | | | | | | |
| ἐπαίτης | 1 | | | | | | | | | | | | 1 | | | |
| ἐπακολουθέω | 1 | | | | 1 | | | | | | | | | | | |
| ἐπακούω | 23 | 2 | 2 | 2 | 1 | 1 | 4 | | | 2 | 1 | 1 | | | 2 | 5 |
| ἐπακροάομαι | 1 | | | | 1 | | | | | | | | | | | |
| ἐπαλγής | 1 | | | | | | | | | | | | | 1 | | |
| ἐπαμύντωρ | 1 | | | | | | | | | | | | | | 1 | |
| ἐπαμύνω | 1 | | | | | | | | | | | | | | 1 | |
| ἐπαμφιέννυμι | 1 | | | | | | | | | | | | | | | 1 |
| ἐπάν | 7 | | | | | | | | | | | | | | 2 | 5 |
| ἐπαναβαίνω | 1 | | | | 1 | | | | | | | | | | | |
| ἐπαναγιγνώσκω | 1 | | | | | | | | | | | | | 1 | | |
| ἐπανάγω | 2 | | | | | | | | | | | | | 2 | | |
| ἐπαναίρεσις | 1 | | | | | | | | | | | | | 1 | | |
| ἐπαναμένω | 1 | | | | 1 | | | | | | | | | | | |
| ἐπαναστρέφω | 2 | | | | 2 | | | | | | | | | | | |
| ἐπανέρχομαι | 3 | | | | 1 | | | | | | | | | 1 | | 1 |
| ἐπανήκω | 1 | | | | | | | | | | | | | 1 | | |
| ἐπανίστημι | 8 | 1 | | | | | 2 | | | | | 1 | 3 | | | 1 |
| ἐπάνοδος | 2 | | | | | | | | | 2 | | | | | | |
| ἐπανορθόω | 1 | | | | | | | | | | | | | 1 | | |
| ἐπανόρθωσις | 3 | | | | | | | | | | | | | 3 | | |
| * ἐπάνω | 29 | 1 | 6 | 1 | 3 | 9 | | | 1 | | | | 3 | | | 5 |
| ἐπάνωθεν | 1 | | | | | | | | | | | | | 1 | | |
| ἐπαοιδή | 5 | | 4 | | | | | | | | | | | | | 1 |
| ἐπαοιδία | 2 | | 2 | | | | | | | | | | | | | |
| ἐπαοιδός | 2 | | | | 1 | | | | | | | | | | 1 | |
| ἐπαπειλέω | 1 | | | | | | | | | | | | | | 1 | |
| ἐπαράομαι | 1 | | | | | | | | | 1 | | | | | | |
| ἐπαράσιμος | 1 | | | | | | | | | | | | | | | 1 |
| ἐπαρδεύω | 1 | | | | | | | | | | | | | | 1 | |
| ἐπαρκέω | 2 | | | | | | | | | | | | | | 2 | |
| ἔπαρχος | 1 | | | | | | | | | | | | | | | 1 |
| ἐπαρωγός | 1 | | | | | | | | | | | | | | 1 | |
| ἐπαύλη * | 2 | | | | | | | | | | | | 2 | | | |
| ἔπαυλις | 1 | | | | | | | | | | | | | | | 1 |
| ἐπαύριον | 4 | | | | 1 | | | | 1 | | | | | | | 2 |
| ἐπαυχέω | 1 | | | | | | | | | | | | | | 1 | |
| ἐπεγείρω | 3 | | 1 | | 1 | | | | | | | | | | 1 | |
| * ἐπεί | 36 | 1 | 1 | | 1 | | | | 3 | | | 1 | 8 | 5 | 6 | 10 |
| ἐπείγω | 2 | | | | 1 | | | | | | | | | | 1 | |
| * ἐπειδή | 48 | 9 | | 9 | 9 | 2 | | 5 | 2 | 5 | 3 | | 3 | | | 1 |
| ἐπεῖδον | 1 | | | | | | | | | | | | | | 1 | |
| ἔπειμι (εἰμί) | 2 | | | | | | | | | | | | | | 1 | 1 |
| ἔπειμι (εἶμι) | 2 | | | | | | | | | | | | | 2 | | |
| * ἔπειτα | 24 | 1 | | 1 | 1 | | | | | | | | | | 13 | 8 |
| ἐπέκεινα | 7 | | 5 | | 1 | | | | | | | | | | | 1 |
| ἐπελπίζω | 2 | | | | | | | | | 1 | | | | | 1 | |
| ἐπεμβαίνω | 2 | | | | 1 | | | | | | | | | | | 1 |
| ἐπεξήγησις | 1 | | | | | | | | | | | | | | | 1 |
| ἐπέοικα | 1 | | | | | | | | | | | | | | | 1 |
| ἐπέρχομαι | 20 | | 3 | | 7 | 2 | | | | 2 | | | 1 | 2 | 2 | 1 |
| ἐπερωτάω | 24 | | | | | | | 1 | 1 | | 2 | | 1 | 17 | | 2 |
| ἐπερώτησις | 1 | | | | | | | | | | | | | 1 | | |
| ἐπεσσυμένως | 1 | | | | | | | | | | | | | | 1 | |
| ἐπευκτός | 1 | | | | | | 1 | | | | | | | | | |
| ἐπευλογέω | 1 | | | | 1 | | | | | | | | | | | |
| ἐπεύχομαι | 1 | | | | | | | | | | | | | | | 1 |
| ἐπέχω | 10 | 1 | | | 1 | | | | | | | | | 3 | 2 | 3 |
| ἔπηλυς | 1 | | | | | | | | | | | | | | | 1 |
| * ἐπί | 1067 | 33 | 128 | 74 | 185 | 139 | 69 | 32 | 21 | 34 | 10 | 4 | 39 | 86 | 65 | 148 |
| ἐπιβαίνω | 9 | 3 | | | | | | | | | | | | 1 | 3 | 2 |
| ἐπιβάλλω | 12 | 1 | | 1 | 5 | | | | | | | | | 4 | | 1 |
| ἐπιβαρής | 4 | | | 4 | | | | | | | | | | | | |
| ἐπίβαρυς | 1 | | | 1 | | | | | | | | | | | | |
| ἐπιβήτωρ | 1 | | | | | | | | | | | | | | 1 | |
| ἐπιβλέπω | 12 | | | | 1 | 3 | 1 | 1 | | | | | | 5 | | 1 |
| ἐπιβοηθέω | 2 | | 1 | | | | | | | | | | | | | 1 |
| ἐπιβολή | 3 | | | | | | | | | | | | | 3 | | |
| ἐπιβουλεύω | 2 | | | | | | | | | | | | | | | 2 |
| ἐπιβουλή | 5 | | | | 1 | | | | | | | | | | | 4 |
| ἐπιγαμβρεύω | 1 | | | | 1 | | | | | | | | | | | |
| ἐπίγειος | 3 | | | 1 | 1 | | | | | | | | | | | 1 |

| LEMMES | TOTAL | ADAM | HEN | ABR | PATR | ASEN | SAL | JER | BAR | PROP | ESDR | SEDR | JOB | ARIS | SIB | FRAG |
|---|---|---|---|---|---|---|---|---|---|---|---|---|---|---|---|---|
| ἐπιγεννάω | 1 | | | | | | | | | | | | | | | 1 |
| ἐπιγίγνομαι | 4 | | | | | | | | | 1 | | | | | | 3 |
| ἐπιγιγνώσκω | 24 | | 1 | 1 | 8 | | 1 | 2 | | 1 | | | 1 | 1 | 3 | 5 |
| ἐπίγνωσις | 2 | | | | | | | | | | | | | 2 | | |
| ἐπιγράφω | 2 | | | | 1 | | | 1 | | | | | | | | |
| ἐπιδείκνυμι | 4 | | | | | | | | | | | | | 2 | | 2 |
| ἐπιδέρκομαι | 1 | | | | | | | | | | | | | | 1 | |
| ἐπιδευτερόω | 1 | | | | | | | | | 1 | | | | | | |
| ἐπιδεύω | 1 | | | | | | | | | | | | | | | 1 |
| ἐπιδέχομαι | 8 | | 1 | | 5 | | | | | | | | | 2 | | |
| ἐπιδέω (-δεήσω) | 4 | | | | | | | | | | | | 2 | 1 | | 1 |
| ἐπιδέω (-δήσω) | 3 | | 2 | | | | | | | | | | | 1 | | |
| ἐπιδίδωμι | 9 | | | | 4 | | | | | | | | 1 | 1 | | 3 |
| ἐπιδιώκω | 3 | | 2 | | | | | | | 1 | | | | | | |
| ἐπίδοσις | 1 | | | | | | | | | | | | | 1 | | |
| ἐπιείκεια | 5 | | 1 | | | | | | | | | | | 3 | | 1 |
| ἐπιεικής | 10 | | | | | 4 | 1 | | | | | | | 5 | | |
| ἐπιέννυμι | 1 | | | | | | | | | | | | | | 1 | |
| ἐπιζητέω | 5 | | | | | | | | | | | | 2 | 1 | | 2 |
| ἐπίθεσις | 3 | | | | | | | | . | | | | | 2 | | 1 |
| ἐπιθεωρέω | 1 | | | | | | | | | | | | | 1 | | |
| ἐπιθιγγάνω | 1 | | | | | | | | | | | | | | | 1 |
| ἐπιθυμέω | 18 | 1 | 3 | | 5 | 1 | | | | 1 | | 1 | 1 | 2 | | 3 |
| ἐπιθύμημα | 1 | | | | 1 | | | | | | | | | | | |
| ἐπιθυμητός | 2 | | | | 1 | | | | | 1 | | | | | | |
| ἐπιθυμία | 26 | 2 | | | 17 | | 5 | | 1 | | | | | 1 | | |
| ἐπιθύω | 1 | | 1 | | | | | | | | | | | | | |
| ἐπικάθημαι | 1 | | | | | | | | | | | | 1 | | | |
| ἐπίκαιρος | 1 | | | | | | | | | | | | | | | 1 |
| ἐπικαλέω | 25 | | | | 5 | 4 | 6 | 1 | | 2 | | | | 3 | | 4 |
| ἐπικαλύπτω | 2 | | 2 | | | | | | | | | | | | | |
| ἐπικαταγελάω | 1 | | | | | | 1 | | | | | | | | | |
| ἐπικατάρατος | 3 | 2 | 1 | | | | | | | | | | | | | |
| ἐπικατατρέχω | 1 | | | | | | | | | | | | | | | 1 |
| ἐπικατέρχομαι | 1 | | | | | | | | | | | | | | | 1 |
| ἐπίκειμαι | 13 | | | | | 1 | | | | | | 1 | 3 | 5 | 2 | 1 |
| ἐπίκλησις | 1 | | | | | | | | | | | | | 1 | | |
| ἐπίκλοπος | 1 | | | | | | | | | | | | | | 1 | |
| ἐπικλύζω | 2 | | | | | | | | | | | | | | 1 | 1 |
| ἐπικουρέω | 2 | | | | | | | | | | | | 1 | | 1 | |
| ἐπικραίνω | 1 | | | | | | | | | | | | | | 1 | |
| ἐπίκρανον | 1 | | | | | | | | | 1 | | | | | | |
| ἐπικρατέω | 5 | | | | | | 2 | | | | | | | 2 | | 1 |
| ἐπικράτησις | 1 | | | | | | | | | | | | | | | 1 |
| ἐπικροτέω | 1 | | | | | | | | | | | | | 1 | | |
| ἐπικυρόω | 1 | | | | | | | | | | | | | 1 | | |
| ἐπικωλύω | 1 | | | | | | | | | | | | | 1 | | |
| ἐπιλαμβάνω | 6 | | | | 2 | | | | | | | | | 2 | | 2 |
| ἐπιλάμπω | 1 | | | | | | | | | | | | | | | 1 |
| ἐπιλανθάνομαι | 7 | 1 | | | 2 | | | | | | | | 3 | | | 1 |
| ἐπιλέγω | 8 | 1 | | 1 | | | | 1 | | | | | | 5 | | |
| ἐπίλυσις | 1 | | | | | | | | | | | | | | | 1 |
| ἐπιλύω | 1 | | | | | | | | | | | | | | | 1 |
| ἐπιμαίομαι | 1 | | | | | | | | | | | | | | | 1 |
| ἐπιμαρτυρέω | 2 | | | | | | | | | | | | | 2 | | |
| ἐπιμαρτύρομαι | 1 | | | | 1 | | | | | | | | | | | |
| ἐπιμαστίδιος | 1 | | | | | | | | | | | | | 1 | | |
| ἐπιμέλεια | 8 | | | | | | | | | | | | | 6 | | 2 |
| ἐπιμελέομαι | 1 | | | | | | | | | | | | | | | 1 |
| ἐπιμελής | 3 | | | | | | | | | 1 | | | | 2 | | |
| ἐπιμελητής | 1 | | | | | | | | | | | | | 1 | | |
| ἐπιμένω | 5 | | | | 2 | 1 | | | | 2 | | | | | | |
| ἐπιμερίζω | 1 | | | | 1 | | | | | | | | | | | |
| ἐπίμετρον | 1 | | | | | | | | | | | | | | | 1 |
| ἐπιμίγνυμι | 1 | | | | 1 | | | | | | | | | | | |
| ἐπιμιμνήσκομαι | 2 | | | | | | | | | | | | | 2 | | |
| ἐπιμίσγω | 2 | | | | | | | | | | | | | 2 | | |
| ἐπίμνησις | 2 | | | | | | | | | | | | | 2 | | |
| ἐπιμοιράομαι | 1 | | | | | | | | | | | | | | | 1 |
| ἐπινεύω | 1 | | | | | | | | | | | | | 1 | | |
| ἐπινοέω | 6 | | | | | | | | | | | | | 5 | | 1 |
| ἐπινόημα | 1 | | | | | | | | | | | | | | | 1 |
| ἐπίνοια | 5 | | | | 1 | | | | | | | | | 3 | 1 | |
| ἐπιξενίζω | 4 | | | 4 | | | | | | | | | | | | |
| ἐπιξενόομαι | 4 | | | 3 | | | | | | | | | | 1 | | |
| ἐπίξενος | 3 | | | 3 | | | | | | | | | | | | |
| ἐπιορκέω | 2 | | | | 1 | | | | | | | | | | | 1 |
| ἐπιορκία | 2 | | | | | | | | | | | 2 | | | | |
| ἐπίπεδος | 1 | | | | | | | | | 1 | | | | | | |
| ἐπιπέμπω | 1 | | | | | | | | | | | | | | 1 | |
| ἐπιπίπτω | 8 | | 1 | | 2 | 1 | | 2 | | 1 | | | 1 | | | |
| ἐπιπλέω | 2 | | | 1 | 1 | | | | | | | | | | | |
| ἐπιπλώω | 1 | | | | | | | | | | | | | | 1 | |
| ἐπίπνοος | 1 | | | | | | | | | | | | | | | 1 |
| ἐπιπολάζω | 1 | | | | | | | | | 1 | | | | | | |
| ἐπιπολύ | 3 | | | | | 3 | | | | | | | | | | |
| ἐπιπομπή | 1 | | | | | | | | | | | | | 1 | | |
| ἐπιρρέω | 1 | | | | | | | | | | | | | 1 | | |
| ἐπιρρίπτω | 1 | | 1 | | | | | | | | | | | | | |
| ἐπίρρυτος | 1 | | | | | | | | | | | | | | | 1 |
| ἐπισαίνω * | 1 | | | | | | | | | | | | | | | 1 |
| ἐπισείω | 1 | | | | | 1 | | | | | | | | | | |
| ἐπισεύω | 1 | | | | | | | | | | | | | | | 1 |
| ἐπισημαίνω | 5 | | | | | | | | | | | | | 4 | | 1 |
| ἐπίσημος | 10 | | | | | 5 | 2 | | | | | | | 1 | 1 | 1 |
| ἐπισκάζω | 1 | | | | | | | | | | | | | | | 1 |
| ἐπισκέπτομαι | 19 | | 1 | | 10 | 1 | 4 | 2 | | | | | 1 | | | |
| ἐπισκευή | 4 | | | | | | | | | | | | | 4 | | |
| ἐπίσκεψις | 3 | | | | 1 | | | | | | | | | 1 | | 1 |
| ἐπισκοπέω | 1 | | | | 1 | | | | | | | | | | | |

| LEMMES | TOTAL | ADAM | HEN | ABR | PATR | ASEN | SAL | JER | BAR | PROP | ESDR | SEDR | JOB | ARIS | SIB | FRAG |
|---|---|---|---|---|---|---|---|---|---|---|---|---|---|---|---|---|
| ἐπισκοπή | 4 | | | | 1 | | 3 | | | | | | | | | |
| ἐπίσκοπος | 2 | | | | | 2 | | | | | | | | | | |
| ἐπισπάω | 2 | | | | 1 | 1 | | | | | | | | | | |
| ἐπισπεύδω | 1 | | | | | | | | | | | | | | | 1 |
| ἐπίσταμαι | 11 | | 2 | | 1 | | 2 | | | | | 2 | 1 | | | 3 |
| ἐπίστασις | 1 | | | | | | | | | | | | | | 1 | |
| ἐπιστάτης | 2 | | | | | | | | | | | | | | | 2 |
| ἐπιστέλλω | 1 | | | | | | | | | | | | | | | 1 |
| ἐπιστήμη | 7 | | 3 | | | 1 | 1 | | | | | | | | | 2 |
| ἐπιστήμων | 1 | | 1 | | | | | | | | | | | | | |
| ἐπιστηρίζω | 1 | | | | | | | | | | | | | | | 1 |
| ἐπιστολή | 34 | | 2 | | | | | 11 | | | | | | 7 | | 14 |
| ἐπιστρατεύω | 3 | | | | | | | | | | | | | | | 3 |
| ἐπίστρεπτος | 1 | | | | | | | | | | | | | | | 1 |
| ἐπιστρέφω | 49 | 6 | 2 | 4 | 16 | 2 | 2 | 4 | | 5 | | 3 | | | | 5 |
| ἐπιστροφή | 7 | | | | | | 3 | | | 4 | | | | | | |
| ἐπισυνάγω | 8 | | 4 | | 2 | | | | 1 | | | | | 1 | | |
| ἐπισυνίστημι | 1 | | | | | | | | | | | | | | | 1 |
| ἐπισύστασις | 1 | | | | | | | | | | | | | | | 1 |
| ἐπισύσχεσις | 1 | | 1 | | | | | | | | | | | | | |
| ἐπισφαλής | 1 | | | | | | | | | | | | | 1 | | |
| ἐπιταγή | 6 | | 2 | | | | 1 | | | | | | | 2 | | 1 |
| ἐπιτάσσω | 10 | | 1 | | | | | | | | | 1 | | 2 | | 6 |
| ἐπιτέλεια | 2 | | | | | | | | | | | | | 2 | | |
| ἐπιτελέω | 43 | | | | 1 | 1 | 1 | | | | 1 | | | 36 | | 3 |
| ἐπιτέλλω | 2 | | | | | | | | | | | | | | | 2 |
| ἐπιτήδευμα | 1 | | 1 | | | | | | | | | | | | | |
| ἐπιτηδεύω | 2 | | 2 | | | | | | | | | | | | | |
| ἐπιτίθημι | 25 | 2 | | | 1 | 4 | 4 | 5 | | 1 | | | 1 | | 3 | 4 |
| ἐπιτιμάω | 5 | | 1 | | | | 1 | 1 | | | | | | | | 2 |
| ἐπιτόκιος | 1 | | | | | | | | | | | | | | | 1 |
| ἐπιτολή | 2 | | | | | | | | | | | | | | | 2 |
| ἐπιτρέπω | 5 | | | | | | 1 | | | | | | 2 | | 1 | 1 |
| ἐπιτρέχω | 5 | | | | 1 | | 1 | | | 2 | | | | 1 | | |
| ἐπίτροπος | 1 | | | | | | | 1 | | | | | | | | |
| ἐπιτυγχάνω | 4 | | | | | | 1 | | | | | 2 | | 1 | | |
| ἐπιτυχία | 1 | | | | | | | | | | | | | 1 | | |
| ἐπιφάνεια | 6 | | | | | | | | | | 1 | | | 3 | | 2 |
| ἐπιφανής | 1 | | | | | | | | | | | | | | | 1 |
| ἐπιφέρω | 18 | 2 | | | 1 | | | | | | | | 7 | 3 | 1 | 4 |
| Ἐπιφί | 1 | | | | | | | | | | | | | | | 1 |
| ἐπιφλέγω | 1 | | | | | | | | | | | | | | 1 | |
| ἐπιφορά | 1 | | | | | | | | | | | | | 1 | | |
| ἐπιφύω | 1 | | | | | | | | | | | | | 1 | | |
| ἐπιφωνέω | 9 | | | | | | | | | | | | 1 | 7 | | 1 |
| ἐπιχαίρω | 3 | | 1 | | | 1 | 1 | | | | | | | | | |
| ἐπιχαρής | 1 | | | | | | | | | | | | | | | 1 |
| ἐπίχαρις | 1 | | 1 | | | | | | | | | | | | | |
| ἐπιχειρέω | 2 | | | | 1 | | | | | | | | | 1 | | |
| ἐπιχέω | 1 | | | | | | | | | | | | | 1 | | |
| ἐπιχορηγέω | 1 | | 1 | | | | | | | | | | | | | |
| ἐπιψεύδομαι | 2 | | | | | | | | | | | | | | 2 | |
| ἐπόζω | 1 | | | | | | | | | | | | | | | 1 |
| ἕπομαι | 1 | | | | 1 | | | | | | | | | | | |
| ἐπομένως | 2 | | | | | | | | | | | | | 2 | | |
| ἐπονειδίζω | 1 | | | | | | | | | | | | | | | 1 |
| ἐπονείδιστος | 1 | | | | | | | | | | | | | | | 1 |
| ἐπονομάζω | 2 | | | | | | 1 | | | | | | | | 1 | |
| ἐποπτεύω | 1 | | | | | | | | | | | | | 1 | | |
| ἐπόπτης | 1 | | | | | | | | | | | | | | 1 | |
| ἔπος | 2 | | | | | | | | | | | | | | 2 | |
| ἐπουράνιος | 13 | | | 4 | | | | | 1 | | | | 1 | 3 | 2 | 2 |
| ἐποφείλω | 1 | | | | | | | | | | | | | | | 1 |
| ἐποχέομαι | 2 | | | | | | | | | | | | | | 1 | 1 |
| ἑπτά | 112 | 4 | 8 | 8 | 18 | 22 | | 2 | | 5 | | | 16 | 2 | 2 | 25 |
| ἑπτακαίδεκα | 2 | | | | | | | | | | | | | | | 2 |
| ἑπτακαιδέκατος | 1 | | 1 | | | | | | | | | | | | | |
| ἑπτάκις | 3 | | | | | | | | | | | | | 1 | 1 | 1 |
| ἑπτακισχίλιοι | 3 | | | 1 | | | | | | | | | 1 | | | 1 |
| ἑπτακόσιοι | 1 | | | | | | | | | | | | | 1 | | |
| ἑπταπλάσιος | 2 | | | 2 | | | | | | | | | | | | |
| ἑπταπλασίων | 1 | | | | | | | | | | | | | | | 1 |
| ἐπωνυμία | 2 | | | | | | | | | | | | | | 2 | |
| ἐπώνυμος | 1 | | | | | | | | | | | | | | 1 | |
| ἔραμαι | 2 | | | | 1 | | | | | | | | | | | 1 |
| ἐραστής | 3 | | | | | | | | | | | | | | 2 | 1 |
| ἐργάζομαι | 25 | 1 | 3 | 2 | 4 | | | 2 | | | | | 2 | 8 | | 3 |
| ἐργασία | 2 | | 1 | | | | | | | | | | | 1 | | |
| ἐργάσιμος | 1 | | | | | | | | | | | | | 1 | | |
| ἐργάτης | 4 | | | | 1 | | | | 1 | | | | 1 | 1 | | |
| ἐργατικός | 1 | | | | | | | | | | | | | | | 1 |
| ἔργον | 133 | | 36 | 6 | 25 | 2 | 13 | 1 | 3 | | | 2 | 1 | 5 | 17 | 22 |
| ἔρδω | 3 | | | | | | | | | | | | | | | 3 |
| ἐρεβεννός | 1 | | | | | | | | | | | | | | 1 | |
| ἔρεβος | 1 | | | | | | | | | | | | | | 1 | |
| ἐρεθίζω | 3 | | | | 2 | | | | | | | | | | 1 | |
| ἐρείδω | 1 | | | | | | | | | | | | | | 1 | |
| ἐρείκινος | 1 | | | 1 | | | | | | | | | | | | |
| ἐρείπω | 1 | | | | | | | | | | | | | | 1 | |
| ἔρεισις | 1 | | | | | | | | | | | | | 1 | | |
| ἐρεοῦς | 1 | | | | | | | | | | | | | | | 1 |
| Ἐρετριεύς | 1 | | | | | | | | | | | | | 1 | | |
| ἐρεύγομαι | 1 | | | | | | | | | | | | | | 1 | |
| ἐρευνάω | 2 | | | | | | | | | | | | | 1 | 1 | |
| ἔρημος | 37 | | 5 | 2 | 2 | 5 | 4 | 3 | | 5 | | | | | 4 | 7 |
| ἐρημόω | 15 | | 2 | 2 | | | 4 | 2 | 1 | | | | 1 | | 1 | 2 |
| ἐρήμωσις | 9 | | 1 | | 4 | 1 | | 2 | | 1 | | | | | | |
| ἐριδαίνω | 1 | | | | | | | | | | | | | | | 1 |
| ἐρίζω | 2 | | | | | | | | | | | | | | | 2 |
| ἐρίμυκος | 3 | | | | | | | | | | | | | | 3 | |

| LEMMES | TOTAL | ADAM | HEN | ABR | PATR | ASEN | SAL | JER | BAR | PROP | ESDR | SEDR | JOB | ARIS | SIB | FRAG |
|---|---|---|---|---|---|---|---|---|---|---|---|---|---|---|---|---|
| Ἐρινύς | 1 | | | | | | | | | | | | | | 1 | |
| ἔριον | 3 | | 2 | | | | | 1 | | | | | | | | |
| ἐριουργέω | 1 | | | | | | | | | | | | | | | 1 |
| ἔρις | 16 | | | | | 1 | | | 2 | | | | | 1 | 7 | 5 |
| ἐριστικός | 1 | | | | | | | | | | | | | | | 1 |
| ἔριφος | 12 | | | | 8 | | | | | | | | 1 | 1 | 1 | 1 |
| ἕρκος | 2 | | | | | | | | | | | | | | | 2 |
| ἑρμηνεία | 8 | | | | | | | | | | | | | 6 | | 2 |
| ἑρμηνεύς | 2 | | | | | | | | | | | | | 2 | | |
| ἑρμηνεύω | 5 | | | | | | | | | | 2 | | | 1 | | 2 |
| Ἑρμῆς | 5 | | | | | | | | | | | | | | 2 | 3 |
| Ἑρμιούθ | 2 | | | | | | | | | | | | | | | 2 |
| Ἕρμιππος | 3 | | | | | | | | | | | | | | | 3 |
| Ἑρμοπολίτης | 1 | | | | | | | | | | | | | | | 1 |
| Ἑρμών | 1 | | 1 | | | | | | | | | | | | | |
| Ἑρμωνιείμ | 2 | | 2 | | | | | | | | | | | | | |
| ἔρνος | 1 | | | | | | | | | | | | | | 1 | |
| ἔρομαι | 2 | | | | | | | | | | | | | | 1 | 1 |
| ἑρπετόν | 12 | 1 | 1 | | | | | | | | | | | 2 | 2 | 6 |
| ἕρπω | 1 | | | | | | | | | | | | | | | 1 |
| ἐρυθρός | 13 | | 1 | | 2 | | | | | | | | | | 1 | 9 |
| ἔρυμα | 1 | | | | | | | | | | | | | | | 1 |
| ἐρυμνός | 4 | | | | | | | | | | | | | | 2 | 2 |
| ἐρυσίβη | 1 | | | | | | | | 1 | | | | | | | |
| ἔρχομαι | 361 | 30 | 11 | 59 | 42 | 42 | 3 | 28 | 16 | 20 | 9 | 3 | 21 | 4 | 13 | 60 |
| ἐρῶ | 48 | | 6 | 3 | 6 | 2 | | 2 | | | | | 4 | 8 | 5 | 12 |
| ἔρως | 5 | | | | | | | | | | | | | | | 5 |
| ἐρωτάω | 82 | | 10 | 5 | 2 | 1 | | 1 | 8 | 2 | 1 | 4 | 6 | 34 | | 8 |
| ἐρώτημα | 2 | | | | | | | | | | | | | | | 2 |
| ἐρώτησις | 14 | | 9 | | | | | | | | | | | 5 | | |
| Ἐσδράμ | 20 | | | | | | | | | | | 20 | | | | |
| ἐσθής | 4 | | | | | 3 | | | | | | | | | | 1 |
| ἐσθίω | 34 | 8 | 3 | 3 | 7 | 5 | | | 2 | 2 | | | | 1 | | 3 |
| ἐσθλός | 5 | | | | | | | | | | | | | | 1 | 4 |
| ἔσθω | 1 | | 1 | | | | | | | | | | | | | |
| ἔσοπτρον | 1 | | | | | | | | | | | | 1 | | | |
| ἑσπέρα | 10 | | | 1 | | 1 | | | | | | 1 | | 2 | 2 | 3 |
| ἑσπέριος | 2 | | | | | | | | | | | | | | 2 | |
| ἕσπερος | 1 | | | | | | | | | | | | | | 1 | |
| ἔστε | 1 | | | | | | | | | | | | | 1 | | |
| ἑστία | 1 | | | | | 1 | | | | | | | | | | |
| Ἑστία | 1 | | | | | | | | | | | | | | 1 | |
| ἔσχατος | 28 | 1 | 1 | 1 | 13 | | 2 | | | | | 1 | 1 | 1 | 2 | 5 |
| Ἐσχλεμίας | 1 | | | | | | | | | | | | | 1 | | |
| ἔσω | 1 | 1 | | | | | | | | | | | | | | |
| ἔσωθεν | 5 | | 1 | | 1 | | | | | | | | | | 1 | 2 |
| ἐτάζω | 2 | | | | 1 | | | | | | | | | | | 1 |
| ἑταῖρος | 6 | | | | 2 | 1 | | | | | | | | | | 3 |
| ἑτερόζυγος | 1 | | | | | | | | | | | | | | | 1 |
| × ἕτερος | 113 | 3 | 3 | 11 | 5 | 3 | 1 | | 4 | | | 1 | | 55 | 4 | 22 |
| ἑτέρωθι | 1 | | | | | | | | | | | | | | | 1 |
| ἑτέρως | 1 | | | | | | | | | | | | | 1 | | |
| ἔτης | 1 | | | | | | | | | | | | | | | 1 |
| ἐτήτυμος | 1 | | | | | | | | | | | | | | | 1 |
| × ἔτι | 95 | 3 | 5 | 9 | 7 | 7 | 11 | 5 | 2 | 5 | | 1 | 2 | 16 | 10 | 12 |
| ἑτοιμάζω | 31 | | 5 | 4 | | 9 | 3 | 2 | 1 | | 2 | | 1 | 3 | | 1 |
| ἑτοιμασία | 1 | | | | | | | | | | | | | 1 | | |
| ἕτοιμος | 5 | | | | 1 | | 1 | | | | 1 | | 1 | | | 1 |
| ἔτος | 259 | 2 | 9 | 3 | 54 | 12 | | 5 | | 7 | 2 | 5 | 10 | | 3 | 147 |
| × εὖ | 25 | | | | | | | 1 | | | | | 1 | 14 | | 9 |
| Εὖα | 43 | 34 | | 1 | | | | | | | | | 1 | | | 7 |
| εὐαγγελίζω | 4 | | | | | | 1 | 3 | | | | | | | | |
| εὐαγγέλιον | 1 | | | | | | | | | | | 1 | | | | |
| εὐαγγελιστής | 2 | | | | | | | | | | | 2 | | | | |
| εὐαής | 1 | | | | | | | | | | | | | | | 1 |
| εὐαισθησία | 1 | | | | | | | | | | | | | 1 | | |
| εὐανδρέω | 1 | | | | | | | | | | | | | 1 | | |
| εὔανδρος | 1 | | | | | | | | | | | | | | | 1 |
| εὐανθής | 1 | | | | | | | | | | | | | | | 1 |
| εὐαρεστέω | 3 | | | | | | | | | | | | | 1 | | 2 |
| εὐαρέστησις | 1 | | | | | 1 | | | | | | | | | | |
| εὐάρεστος | 1 | | | | | 1 | | | | | | | | | | |
| εὔβατος | 1 | | | | | | | | | | | | | | 1 | |
| εὔβοτος | 1 | | | | | | | | | | | | | | 1 | |
| εὐβουλία | 1 | | | | | | | | | | | | | 1 | | |
| εὐγένεια | 1 | | | | | | | | | | | | | | | 1 |
| εὐγενής | 6 | | | | | 3 | | | | | | | | 1 | | 2 |
| εὐγνώμων | 1 | | | | | | | | | | | | | | | 1 |
| εὐδαιμονία | 5 | | | | | | | | | | | | 2 | 2 | | 1 |
| εὔδηλος | 2 | | | | | | | | | | | | | 1 | | 1 |
| εὐδιάλλακτος | 2 | | | | | | | | | | | 2 | | | | |
| εὐδικία | 1 | | | | | | | | | | | | | | 1 | |
| εὐδοκέω | 5 | | | | | 3 | 1 | | | | | | | | | 1 |
| εὐδόκησις | 1 | | | | | 1 | | | | | | | | | | |
| εὐδοκία | 5 | | 1 | | 1 | | 3 | | | | | | | | | |
| εὐδοκιμέω | 1 | | | | | 1 | | | | | | | | | | |
| εὐδοκίμητος × | 1 | | | | | | | | | | | | | | 1 | |
| εὐδοξία | 1 | | | | | | | | | | | | | 1 | | |
| εὐειδής | 2 | | 2 | | | | | | | | | | | | | |
| εὐέπεια | 1 | | | | | | | | | | | | | | | 1 |
| εὐεργεσία | 3 | | | | | | | 1 | | | | | 1 | 1 | | |
| εὐεργετέω | 9 | | | | 1 | | | | | | 1 | | 1 | 5 | | 1 |
| εὐεργέτημα | 1 | | | | | | | | | | | | | 1 | | |
| εὐεργέτης | 1 | | | | | | | | | | | | | | | 1 |
| εὐήκοος | 1 | | | | | | | 1 | | | | | | | | |
| εὐημερία | 3 | | | | | | | | | | | | | 3 | | |
| εὔθετος | 3 | | | | | | | | | | | | | 1 | | 2 |
| εὐθηνέω | 3 | | | | | 2 | 1 | | | | | | | | | |
| εὐθηνία | 4 | | | | | 4 | | | | | | | | | | |
| εὐθής | 1 | | | | 1 | | | | | | | | | | | |

| LEMMES | TOTAL | ADAM | HEN | ABR | PATR | ASEN | SAL | JER | BAR | PROP | ESDR | SEDR | JOB | ARIS | SIB | FRAG |
|---|---|---|---|---|---|---|---|---|---|---|---|---|---|---|---|---|
| εὐθυμέω | 1 | | | | | | | | | | | | 1 | | | |
| εὐθυνέω | 1 | | | | | 1 | | | | | | | | | | |
| εὐθύνω | 5 | | | | 1 | | 1 | | | | | | 1 | | | 2 |
| εὐθύς | 46 | 1 | | 12 | 7 | 4 | | 3 | | 5 | 1 | | 2 | 3 | 2 | 6 |
| εὐθύτης | 5 | 1 | | | 3 | 1 | | | | | | | | | | |
| εὔκαιρος | 4 | | | | | | | | | | | | | 3 | | 1 |
| εὐκαρπία | 1 | | | | | | | | | | | | | 1 | | |
| εὐκατάφορος | 1 | | | | | | | | | | | | | 1 | | |
| εὐκαταφρόνητος | 2 | | | | 1 | | | | | | | | | | | 1 |
| εὔκοπος | 2 | | | | | | | | | | | | | 2 | | |
| εὐκοσμία | 2 | | | | | | | | | | | | | 2 | | |
| εὔκρατος | 1 | | | | | | | | | | | 1 | | | | |
| εὐλαβέομαι | 1 | | 1 | | | | | | | | | | | | | |
| εὐλογέω | 113 | 2 | 14 | 10 | 26 | 26 | 7 | 2 | 2 | 5 | 2 | 1 | 4 | 1 | 1 | 10 |
| εὐλογητός | 8 | | 2 | | | 1 | 2 | 2 | | | | | | | | 1 |
| εὐλογία | 27 | | 3 | | 10 | 6 | 3 | | 1 | | | 1 | | 1 | 1 | 1 |
| εὔλογος | 2 | | | | | | | | | | | | | | | 2 |
| εὐμένεια | 1 | | | | | | | | | | | | | 1 | | |
| εὐμενέω | 1 | | | | | | | | | | | | | | | 1 |
| εὐμενής | 1 | | | 1 | | | | | | | | | | | | |
| εὐμήκης | 2 | | | | | | | | | | | | | 1 | | 1 |
| Εὐμιήλ | 1 | | 1 | | | | | | | | | | | | | |
| εὐμορφία | 2 | | | 1 | 1 | | | | | | | | | | | |
| εὔμορφος | 4 | | | 2 | 1 | | | | | | | | | | | 1 |
| εὐνέτις | 1 | | | | | | | | | | | | | | | 1 |
| εὐνή | 6 | | | | | | | | | | | | | | 3 | 3 |
| εὐνοέω | 1 | | | | | | | | | | | | | | | 1 |
| εὔνοια | 6 | | | | | | | | | | | | | 6 | | |
| εὐνομία | 1 | | | | | | | | | | | | | | 1 | |
| εὔνοος | 4 | | | | | | | | | | | | | 3 | | 1 |
| εὐνοῦχος | 9 | | | | 8 | | | | | | | | | | | 1 |
| εὐοδόω | 4 | | 1 | | 2 | | | | | | | | | | | 1 |
| εὔοσμος | 1 | | | 1 | | | | | | | | | | | | |
| εὐπετής | 1 | | | | | | | | | | | | | | | 1 |
| εὐπλόκαμος | 1 | | | | | | | | | | | | | | 1 | |
| εὔπλωτος | 1 | | | | | | | | | | | | | | 1 | |
| εὐποιέω | 3 | | | | | | | | | | | | 3 | | | |
| εὐποίητος | 3 | | | | | | | | | | | | | | 3 | |
| Εὐπόλεμος | 1 | | | | | | | | | | | | | | | 1 |
| εὐπορέω | 2 | | | | | | | | | | | | 2 | | | |
| εὐπραγέω | 1 | | | | 1 | | | | | | | | | | | |
| εὐπραξία | 1 | | | | | | | | | | | | | | | 1 |
| εὐπρέπεια | 7 | | | 1 | | | 2 | | | | | | 4 | | | |
| εὐπρεπής | 4 | | | 2 | | 1 | | | | 1 | | | | | | |
| εὐπροσήγορος | 1 | | | | | | | | | | | | | | | 1 |
| εὐρεματικός * | 1 | | | | | | | | | | | | | 1 | | |
| εὔρεσις | 2 | | | | | | | | | | | | | 1 | | 1 |
| εὑρετής | 1 | | | | | | | | | | | | | | | 1 |
| εὑρίσκω | 111 | 7 | 5 | 15 | 16 | 5 | 4 | 10 | 2 | 4 | 1 | 2 | 9 | 4 | 3 | 24 |
| εὖρος | 2 | | | | | | | | | | | | | 1 | | 1 |
| εὐρυάγυια | 1 | | | | | | | | | | | | | | 1 | |
| εὐρύς | 9 | | | 1 | | | | | | | | | | | 5 | 3 |
| εὐρύχορος | 1 | | | | | | | | | | | | | | 1 | |
| εὐρυχωρία | 1 | | | 1 | | | | | | | | | | | | |
| εὐρύχωρος | 2 | | | 1 | | 1 | | | | | | | | | | |
| εὐρώεις | 1 | | | | | | | | | | | | | | 1 | |
| Εὐρώπη | 6 | | | | | | | | | | | | | | 6 | |
| Εὔρωπος | 1 | | | | | | | | | | | | | | 1 | |
| εὔρωστος | 2 | | | | | | | | | | | | | | 1 | 1 |
| εὐσέβεια | 20 | | | | 3 | | | | | | | | | 8 | 6 | 3 |
| εὐσεβέω | 2 | | | | | | | | | | | | | | 1 | 1 |
| εὐσεβής | 19 | | 4 | | 1 | 1 | | | | | | | | 3 | 10 | |
| εὔσημος | 1 | | | | | | | | | | | | | 1 | | |
| εὐσπλαγχνία | 9 | | | | 6 | | | | | | | 3 | | | | |
| εὔσπλαγχνος | 5 | | | | 2 | | | | | | 1 | 1 | | | | 1 |
| εὐστάθεια | 4 | | | | | 2 | | | | | | | | 2 | | |
| εὐσταθέω | 2 | | | | | | | | | | | | 1 | | | 1 |
| εὐσταθής | 1 | | | | | | | | | | | | 1 | | | |
| εὐστοχία | 1 | | | | | | | | | | | | | | | 1 |
| εὔστοχος | 1 | | | | | | | | | | | 1 | | | | |
| εὐσχημοσύνη | 1 | | | | | | | | | | | | | 1 | | |
| εὐσχήμων | 1 | | | | | | | | | | | | | 1 | | |
| εὐτακτέω | 1 | | | | | | | | | | | | | | | 1 |
| εὐταξία | 2 | | | | | | | | | | | | | 1 | | 1 |
| εὖτε | 1 | | | | | | | | | | | | | | 1 | |
| εὔτεκνος | 1 | | | | | | | | | | | | | | | 1 |
| εὐτελής | 1 | | | | | | | | | | | | 1 | | | |
| εὐτρεπίζω | 5 | | | | | 2 | | | | | | | 1 | | | 2 |
| εὐτυχέω | 3 | | | | | | | | | | | | | 1 | | 2 |
| εὐφημέω | 1 | | | | | | | | | | | | | 1 | | |
| εὐφημία | 1 | | | | | | | | | | | | | 1 | | |
| εὐφραίνω | 23 | 2 | 4 | 3 | 6 | 1 | 2 | 1 | | | | | | | 3 | 1 |
| εὐφρασία | 4 | | 2 | | | | 1 | | | | | | | | | 1 |
| Εὐφράτης | 9 | | | | | | | | | | | | | | 5 | 4 |
| εὐφρόνη | 2 | | | | | | | | | | | | | | | 2 |
| εὐφροσύνη | 22 | 1 | | 3 | 4 | | 8 | 1 | | | | | | 3 | 2 | |
| εὐφρόσυνος | 1 | | | | | | | | | | | | | 1 | | |
| εὔφρων | 1 | | | | | | | | | | | | | | 1 | |
| εὐφυΐα | 1 | | | | | | | | | | | | | 1 | | |
| εὐχαριστέω | 4 | | | 1 | 1 | | | | | | | | | 1 | | 1 |
| εὐχαριστία | 1 | | | | 1 | | | | | | | | | | | |
| εὐχερής | 2 | | | | | | | | | | | | | | | 2 |
| εὐχή | 19 | | | 6 | 4 | | 1 | | 1 | 2 | | | | 2 | 1 | 1 |
| εὔχομαι | 48 | 9 | | 2 | 9 | | | 4 | | 14 | | | | 6 | 1 | 3 |
| εὔχρηστος | 3 | | | | | | | | | | | | | | 1 | 2 |
| εὐψυχία | 2 | | | | | | | | | | | | | | 1 | 1 |
| εὐώδημος | 1 | | | | 1 | | | | | | | | | | | |
| εὐώδης | 5 | | 3 | | | | | | | | | | 2 | | | |
| εὐωδία | 16 | 6 | 1 | 1 | 2 | 1 | 1 | 1 | | | | | 2 | | | 1 |
| εὐώνυμος | 11 | | | | | 4 | | | | 1 | | | | | | 6 |

| LEMMES | TOTAL | ADAM | HEN | ABR | PATR | ASEN | SAL | JER | BAR | PROP | ESDR | SEDR | JOB | ARIS | SIB | FRAG |
|---|---|---|---|---|---|---|---|---|---|---|---|---|---|---|---|---|
| εὐωχία | 1 | | | | | | | | | | | | 1 | | | |
| ἐφαπλόω | 1 | | | | | | | 1 | | | | | | | | |
| ἔφεδρος | 1 | | | | | | | | | | | | | | 1 | |
| ἐφέλκω | 3 | | | | 3 | | | | | | | | | | | |
| ἐφεξῆς | 1 | | | | | | | | | | | | | | 1 | |
| Ἔφεσος | 5 | | | | | | | | | | | | | | 5 | |
| ἐφημέριος | 1 | | | | | | | | | | | | | | 1 | |
| ἐφήμερος | 1 | | | | | | | | | | | | | | | 1 |
| ἔφθος | 1 | | | | | | | | | | | | | | 1 | |
| ἐφίημι | 1 | | | | 1 | | | | | | | | | | | |
| ἐφικτός | 2 | | | | | | | | | | | | | 2 | | |
| ἐφίστημι | 9 | | | | | | | | | 2 | | | 1 | 1 | 2 | 3 |
| ἐφοδεύω | 7 | | 7 | | | | | | | | | | | | | |
| ἔφοδος (ἡ) | 1 | | | | | | | | | | | | | 1 | | |
| ἐφοράω | 3 | | | | | | | | | | | | | | 2 | 1 |
| ἐφορμάω | 1 | | | | | | | | | | | | | | 1 | |
| ἐφούδ | 3 | | | | 2 | | | | | 1 | | | | | | |
| Ἐφραθά | 2 | | | | 1 | | | | | | | | | | | 1 |
| Ἐφραίμ | 3 | | | | | 1 | | | | 1 | | | | | | 1 |
| ἐφύπερθε | 1 | | | | | | | | | | | | | | | 1 |
| ἐχθές | 1 | | | | | | | | | | | | | | | 1 |
| ἔχθρα | 3 | 2 | | | | | | | | | | | | | | 1 |
| ἐχθραίνω | 3 | | | | 1 | 2 | | | | | | | | | | |
| ἐχθρός | 49 | 6 | 2 | | 10 | 3 | 2 | 2 | 1 | 6 | | | 2 | 2 | 7 | 6 |
| ἔχιδνα | 4 | | | 4 | | | | | | | | | | | | |
| ἐχιδνοχαρής | 1 | | | | | | | | | | | | | | 1 | |
| ἐχόμενα | 4 | | | | | | | | | 4 | | | | | | |
| ἐχομένως | 1 | | | | | | | | | | | | | | | 1 |
| ἔχω | 433 | 7 | 18 | 19 | 55 | 12 | 1 | 3 | 3 | 12 | 12 | 8 | 45 | 131 | 43 | 64 |
| ἔψω (ἐψέω) | 4 | | | | 1 | | | | | 1 | | | 1 | | | 1 |
| ἐῷος | 1 | | | | | | | | | | | | | | 1 | |
| ἕως, ἔω | 1 | | | | | | | | | | | | 1 | | | |
| × ἕως (μέχρι) | 201 | 14 | 16 | 11 | 67 | 11 | 9 | 15 | 5 | 13 | 2 | 5 | 9 | 2 | 6 | 16 |
| ἑωσφόρος | 3 | | | | 3 | | | | | | | | | | | |
| εωχαριφθα × | 1 | | | | | | | | | | | | | | | 1 |
| Ζαβουλών | 10 | | | | 6 | 1 | | | | | | | | | | 3 |
| Ζακιήλ | 1 | | 1 | | | | | | | | | | | | | |
| Ζάρ | 1 | | | | | | 1 | | | | | | | | | |
| ζατρεφής | 1 | | | | | | | | | | | | | | 1 | |
| Ζαχαρίας | 7 | | | | | | | | | 3 | | | | 3 | | 1 |
| ζάχρυσος | 1 | | | | | | | | | | | | | | 1 | |
| Ζεβουλεῶν | 1 | | | | | | | | | | 1 | | | | | |
| ζείδωρος | 2 | | | | | | | | | | | | | | 2 | |
| Ζέλφα | 9 | | | | 3 | 4 | | | | | | | | | | 2 |
| ζεστός | 1 | | | | | | | | | | | | | | 1 | |
| ζεύγνυμι | 4 | | | | | 2 | | | | | | | | | 1 | 1 |
| ζεῦγος | 7 | | 1 | | | | | | | 2 | | 3 | | | | 1 |
| Ζεύς | 14 | | | | | | | | | | | | | 1 | 5 | 8 |
| ζῆλος (ὁ) | 12 | | | | 9 | | | 1 | | | | | | | 1 | 1 |
| ζῆλος (τό) | 3 | | | | | 2 | | 1 | | | | | | | | |
| ζηλόω | 9 | | 1 | | 5 | | | | | | | | | | 1 | 2 |
| ζηλωτής | 2 | | | | | 1 | | | | | | 1 | | | | |
| ζημία | 4 | | | | 2 | | | | | | | | | | | 2 |
| ζημιόω | 2 | | | | 2 | | | | | | | | | | | |
| Ζῆν | 2 | | | | | | | | | | | | | | 1 | 1 |
| ζητέω | 21 | 2 | 1 | 2 | 2 | 3 | | 1 | | 1 | | | 1 | | 2 | 6 |
| ζήτημα | 3 | | | | | | | | | | | | | | | 3 |
| ζιζάνιον | 1 | 1 | | | | | | | | | | | | | | |
| Ζοροβάβελ | 1 | | | | | | | | | | 1 | | | | | |
| ζοφερός | 1 | | | 1 | | | | | | | | | | | | |
| ζοφοειδής | 1 | | | 1 | | | | | | | | | | | | |
| ζόφος (ὁ) | 1 | | | | | | | | | | | | | | 1 | |
| ζοφώδης | 3 | | 1 | | | 1 | | 1 | | | | | | | | |
| ζυγάς | 2 | | | 2 | | | | | | | | | | | | |
| ζυγίζω | 2 | | | 2 | | | | | | | | | | | | |
| ζυγόν | 1 | | | | | | | | | | | | | | 1 | |
| ζυγός | 17 | | 1 | 5 | | 2 | | | | 1 | | | | | 7 | 1 |
| ζυγοστάτης | 1 | | | 1 | | | | | | | | | | | | |
| ζύμη | 1 | | | | | | | | | | | | | | | 1 |
| ζῶ | 117 | 5 | 14 | 7 | 14 | 12 | 4 | 3 | 1 | 1 | | 7 | 9 | 15 | 5 | 20 |
| Ζωβίτης | 1 | | | | | | | | | | | | | | | 1 |
| ζωγρέω | 1 | | | | | | | | | | | | | | | 1 |
| ζῴδιον | 1 | | | | | | | | | | | | | | | 1 |
| ζωή | 136 | 7 | 17 | 16 | 33 | 23 | 12 | 3 | | 2 | 3 | 3 | 2 | 3 | 6 | 6 |
| ζώνη | 16 | | | | 3 | 10 | | | | | | | | 1 | 2 | |
| ζώννυμι | 4 | | | | | 3 | | | | | | | 1 | | | |
| ζωογονέω | 2 | | | | | 1 | | | | | | | | | | 1 |
| ζωογραφία | 1 | | | | | | | | | | | | | | 1 | |
| ζῷον | 20 | | | 3 | 1 | | | 1 | | | | | 1 | 2 | 1 | 11 |
| ζωοποιέω | 6 | | | | 1 | 4 | | | | | | | | 1 | | |
| ζωοφόρος | 1 | | | | | | | | | | | | | | | 1 |
| ζωόω | 1 | | | | | | | | | | | | | | | 1 |
| ζωσμός × | 1 | | | | | | | | | | | | | | 1 | |
| ζωστήρ | 1 | | | | | | | | | | | | | | 1 | |
| Ζωτιήλ | 1 | | 1 | | | | | | | | | | | | | |
| ἤ | 4 | | | 2 | | | | | | | | | 1 | | 1 | |
| × ἤ (σύνδ.) | 171 | 8 | 2 | 10 | 47 | 6 | 1 | 1 | 5 | 2 | 2 | 4 | 11 | 27 | 6 | 39 |
| ἡγεμονεύς | 1 | | | | | | | | | | | | | | 1 | |
| ἡγεμονεύω | 5 | | | | | | | | | | | | | | 5 | |
| ἡγεμονέω | 1 | | | | | | | | | | | | | | 1 | |
| ἡγεμονία | 3 | | | | 1 | | | | | | | | 1 | 1 | | |
| ἡγεμών | 10 | | | | | 1 | | | | | | | 1 | 1 | 6 | 1 |
| ἡγέομαι | 19 | | 4 | | 1 | 1 | | | | 2 | | | 1 | 8 | 1 | 1 |
| ἡγητήρ | 1 | | | | | | | | | | | | | | 1 | |
| ἡγήτωρ | 1 | | | | | | | | | | | | | | 1 | |
| ἥγουν | 5 | | | | | | | 1 | | | | 2 | | | | 2 |
| × ἠδέ | 56 | 1 | | | | | | | | | | | | | 52 | 3 |
| × ἤδη | 12 | | | | | 3 | | | | 1 | | | 2 | 1 | 2 | 3 |
| ηδομαι | 2 | | | | 1 | | | | | | | | | | | 1 |
| ηδονή | 9 | | | | 5 | | | | | | | | | 4 | | |

| LEMMES | TOTAL | ADAM | HEN | ABR | PATR | ASEN | SAL | JER | BAR | PROP | ESDR | SEDR | JOB | ARIS | SIB | FRAG |
|---|---|---|---|---|---|---|---|---|---|---|---|---|---|---|---|---|
| ἡδονοκρασία | 1 | | | | | | | | | | | | | 1 | | |
| ἡδύς | 10 | | 1 | | 1 | | | 1 | | 1 | | | | 2 | 2 | 2 |
| ἡεροφοῖτις | 1 | | | | | | | | | | | | | | | 1 |
| ἡερόφοιτος | 1 | | | | | | | | | | | | | | | 1 |
| ἦθος | 4 | | | | 1 | | | | | | | | | 1 | 1 | 1 |
| ἠϊών | 6 | | | | | | | | | | | | | 1 | 4 | 1 |
| ἠκριβωμένως | 1 | | | | | | | | | | | | | 1 | | |
| ἥκω | 52 | | 2 | 1 | 3 | 4 | 2 | | | 2 | | | | 2 | 34 | 2 |
| Ἡλεί | 5 | | | | | | | | | 4 | | | | | | 1 |
| ἤλεκτρον | 1 | | | | | | | | | | | | | 1 | | |
| ἡλιακός | 1 | | | | | | | | | | | | | | | 1 |
| Ἡλίας | 15 | | | | | | | | | | 12 | 2 | | | | 1 |
| ἠλίβατος | 1 | | | | | | | | | | | | | | 1 | |
| ἡλικία | 7 | | 1 | 2 | | | | | | | | | | 3 | | 1 |
| ἡλιόμορφος | 5 | | | 5 | | | | | | | | | | | | |
| ἡλιόρατος | 3 | | | 3 | | | | | | | | | | | | |
| ἥλιος | 125 | 1 | 9 | 14 | 16 | 6 | 4 | 2 | 16 | | | 3 | 4 | | 21 | 29 |
| Ἡλιούπολις | 11 | | | | | 6 | | | | | | | | | | 5 |
| Ἡλιουπολίτης | 4 | | | | | | | | | | | | | | | 4 |
| ἡλιοφώτιστος * | 1 | | | | | | | | | | | 1 | | | | |
| ἧλος | 2 | | | | | | | | | | | | | | | 2 |
| ἦμαρ | 29 | | | | | | | | | | | | | | 25 | 4 |
| * ἡμεῖς | 601 | 41 | 23 | 39 | 108 | 83 | 77 | 48 | 10 | 3 | 5 | 5 | 40 | 55 | 1 | 63 |
| ἡμέρα | 332 | 21 | 53 | 9 | 54 | 18 | 19 | 8 | 8 | 10 | 7 | 5 | 24 | 18 | 1 | 77 |
| ἡμερινός | 1 | | | | | | | | | | | | | | | 1 |
| ἡμέριος | 1 | | | | | | | | | | | | | | 1 | |
| ἥμερος | 7 | | | 1 | | | | | | | | | | 4 | 1 | 1 |
| ἡμερόω | 1 | | | | 1 | | | | | | | | | | | |
| ἡμέτερος | 11 | | | | 1 | | | | 2 | | | | | 2 | 2 | 4 |
| ἡμιθανής | 1 | | | | | 1 | | | | | | | | | | |
| ἡμίξηρος | 1 | | | | 1 | | | | | | | | | | | |
| ἡμίονος | 2 | | | | | | | | | | | 1 | | | 1 | |
| ἡμιπήχιον | 1 | | | | | | | | | | | | | 1 | | |
| ἥμισυς | 10 | 1 | | | 4 | | | 1 | | | | | 1 | 2 | | 1 |
| * ἡνίκα | 25 | | 2 | | | | | 1 | | 1 | | | 1 | | 17 | 3 |
| ἡνιοχέω | 2 | | | | | | | | | | | 1 | | | | 1 |
| ἡνίοχος | 1 | | | | | 1 | | | | | | | | | | |
| ἧπαρ | 11 | | | 10 | | | | | | | | | | | | 1 |
| Ἠπιδανός | 1 | | | | | | | | | | | | | | 1 | |
| ἤπιος | 2 | | | | | | | | | | | | | | | 2 |
| ἠπιότης | 1 | | | | | | | | | | | | | | | 1 |
| Ἧρ | 3 | | | 3 | | | | | | | | | | | | |
| Ἥρα | 2 | | | | | | | | | | | | | | 2 | |
| Ἡρακλῆς | 3 | | | | | | | | | | | | | | 1 | 2 |
| ἠρεμέω | 1 | | | | | 1 | | | | | | | | | | |
| Ἠριδανός | 1 | | | | | | | | | | | | | | 1 | |
| Ἡρώδης | 1 | | | | | | | | | | | 1 | | | | |
| Ἡσαΐας | 17 | | | | | | | 1 | | 3 | | | | | | 13 |
| Ἡσαύ | 15 | | | | 5 | | | | | | | | 1 | | | 9 |
| Ἡσίοδος | 2 | | | | | | | | | | | | | | | 2 |
| ἡσσάομαι | 4 | | | 3 | | | | | | | | | | | | 1 |
| ἥσσων | 2 | | | | | 1 | | | | | | | | 1 | | |
| ἡσυχάζω | 8 | | | 1 | 4 | 2 | | | 1 | | | | | | | |
| ἡσυχία | 6 | | | 2 | 2 | | | | | | | | | 2 | | |
| ἡσύχιος | 2 | | | | | | 1 | | | | | | | | 1 | |
| ἥσυχος | 4 | | | | 1 | 3 | | | | | | | | | | |
| ἤτοι | 4 | | | | | | | | | | | | | 1 | | 3 |
| ἦτορ | 4 | | | | | | | | | | | | | | 2 | 2 |
| ἠχέω | 1 | | | | | | 1 | | | | | | | | | |
| ἦχος | 7 | | 1 | 1 | | | | | 1 | | | 1 | | 1 | 2 | |
| ἠώς | 7 | | | | | | | | | | | | | | 3 | 4 |
| Θαιμάν | 1 | | | | | | | | | | | 1 | | | | |
| Θαιμανίτης | 1 | | | | | | | | | | | | | | | 1 |
| θάλαμος | 32 | | | | 1 | 29 | | | | | | | | | 1 | 1 |
| θάλασσα | 94 | 1 | 10 | 8 | 7 | 2 | 3 | | 5 | 1 | 4 | 3 | 2 | 4 | 15 | 29 |
| θαλάσσιος | 3 | | 1 | | | | | | | | | | 1 | | 1 | |
| θαλασσοειδής | 1 | | | | | | | | | | | | | | | 1 |
| θαλερός | 1 | | | | | | | | | | | | | | 1 | |
| θάλλω | 2 | | | | | | | | | | | | | | 2 | |
| θάλπω | 1 | | | | 1 | | | | | | | | | | | |
| Θαμάρ | 6 | | | 6 | | | | | | | | | | | | |
| θαμβέω | 6 | | | | | 6 | | | | | | | | | | |
| θαμβητός | 1 | | | | | | | | | | | | | | | 1 |
| θάμβος (τό) | 1 | | | | | | | | | | | | | | | 1 |
| θάμνα | 2 | | | | 2 | | | | | | | | | | | |
| θανατηφόρος | 2 | | | 2 | | | | | | | | | | | | |
| θανατικός | 1 | | | | | | | | | 1 | | | | | | |
| θάνατος | 177 | 4 | 2 | 95 | 20 | 8 | 5 | 1 | 1 | 6 | 2 | 6 | 3 | 3 | 4 | 17 |
| θανατόω | 3 | | | | 2 | | | | | | | | | | | 1 |
| θάπτω | 59 | 4 | 1 | 3 | 14 | | 1 | 3 | | 26 | | | 2 | | | 5 |
| Θαρά | 1 | | | | | | | | | | | | | | | 1 |
| Θάρρα | 2 | | | | | | | | | | | | | | | 2 |
| θαρσαλέος | 1 | | | | | | | | | | | | | | | 1 |
| θαρσέω | 12 | | 2 | | | 7 | | | | | | | | | 1 | 2 |
| θάρσος | 1 | | | | | | | | | | | | | | 1 | |
| θαρσύνω | 1 | | | | | | | | | | | | | 1 | | |
| θαῦμα | 3 | | | 2 | | | | | | | | | | | 1 | |
| θαυμάζω | 25 | 1 | 3 | 1 | 2 | 1 | 2 | 1 | | | | | | 3 | 2 | 9 |
| θαυμάσιος | 16 | | | 6 | 1 | | | | | | | | | 8 | | 1 |
| θαυμασμός | 3 | | | | | | | | | | | | | 3 | | |
| θαυμαστός | 14 | | | 2 | | 3 | | 1 | 2 | | | 2 | | 2 | | 2 |
| Θαυσαήλ | 1 | | 1 | | | | | | | | | | | | | |
| Θαφφού | 2 | | | | 2 | | | | | | | | | | | |
| θεά | 3 | | | | | | | | | | | | | | 1 | 2 |
| θέα | 2 | | | | | | | | 1 | | | | | | | 1 |
| θεάομαι | 42 | 1 | 17 | 14 | 1 | | | | | | | | | 2 | 2 | 5 |
| θεατροειδής | 1 | | | | | | | | | | | | | | 1 | |
| θεατροκοπέω | 1 | | | | | | | | | | | | | | 1 | |
| θεήλατος | 1 | | | | | | | | | | | | | | 1 | |
| θειογενής * | 1 | | | | | | | | | | | | | | 1 | |

| LEMMES | TOTAL | ADAM | HEN | ABR | PATR | ASEN | SAL | JER | BAR | PROP | ESDR | SEDR | JOB | ARIS | SIB | FRAG |
|---|---|---|---|---|---|---|---|---|---|---|---|---|---|---|---|---|
| θεῖον | 3 | | | | | | | | | | | | | | 3 | |
| θεῖος, α, ον | 43 | | | | | | | | | | | 3 | | 11 | 2 | 27 |
| θεῖος (ὁ) | 1 | | | | | | | | | | | | | | | 1 |
| θειότης | 1 | | | | | | | | | | | | | 1 | | |
| θειοφιλής * | 1 | | | | | | | | | | | | | | | 1 |
| θεκουέ | 1 | | | | | | | | | | 1 | | | | | |
| θέλγητρον | 1 | | | | | | | | | | | | | | | 1 |
| θέλγω | 1 | | | | 1 | | | | | | | | | | | |
| θέλημα | 15 | | | | 5 | 4 | 1 | 1 | | | | 1 | 3 | | | |
| θεμανός | 1 | | | | | | | | | | | | 1 | | | |
| θέμεθλον | 1 | | | | | | | | | | | | | | 1 | |
| θεμέλιος | 8 | | 3 | | | 2 | | | | | | | | | | 3 |
| θεμελιόω | 8 | | 3 | | | 4 | | | | | | | | | | 1 |
| θεμελίωσις | 1 | | 1 | | | | | | | | | | | | | |
| θέμις | 7 | | | | | | | | | | | | | 1 | 4 | 2 |
| θεμιτός | 2 | | | | | | | | | | | | | | | 2 |
| θεοδέκτης | 1 | | | | | | | | | | | | | 1 | | |
| θεοδόσιος | 3 | | | | | | | | | | | | | 3 | | |
| θεόδοτος | 1 | | | | | | | | | | | | | 1 | | |
| θεοειδής | 1 | | | | | | | | | | | | | | | 1 |
| θεόθεν | 2 | | | | | | | | | | | | | | 1 | 1 |
| θεόκτιστος | 1 | | | | | | | | | | | | | 1 | | |
| θεομαχία | 1 | | | | | | | | 1 | | | | | | | |
| θεομηνία | 1 | | | | | | | | | | | | | | | 1 |
| θεόπεμπτος | 1 | | | | | | | | | | | | | | 1 | |
| θεόπλαστος | 1 | | | | | | | | | | | | | | 1 | |
| θεόπνευστος | 4 | | | 1 | | | | | | | | | | | 2 | 1 |
| θεόπομπος | 1 | | | | | | | | | | | | | | 1 | |
| θεός | 1127 | 80 | 17 | 60 | 131 | 95 | 109 | 37 | 34 | 27 | 40 | 25 | 18 | 114 | 150 | 190 |
| θεοσεβέω | 1 | | | | 1 | | | | | | | | | | | |
| θεοσεβής | 16 | | | 1 | 14 | | | | | | | | | 1 | | |
| θεότευκτος | 2 | | | | | | | | | | | | | | 2 | |
| θεότης | 4 | | | | | | | | | | | 4 | | | | |
| θεότιμος | 1 | | | | | | | | | | | | | | 1 | |
| θεοϋφαντός * | 1 | | | 1 | | | | | | | | | | | | |
| θεοφιλής | 2 | | | | | | | | | | | | | 1 | | 1 |
| θεόφιλος | 2 | | | | | | | | | | | | | 1 | | 1 |
| θεόχριστος | 1 | | | | | | | | | | | | | | 1 | |
| θεόω | 1 | | | | | | | | | | | | | 1 | | |
| θεράπαινα | 1 | | | | | | | | | | | | 1 | | | |
| θεραπαινίς | 1 | | | | | | | | | | | | 1 | | | |
| θεραπεία | 5 | | | | | 2 | | | | | 1 | | | 1 | 1 | |
| θεραπευτής | 1 | | | | | | | | | | | | | | | 1 |
| θεραπεύω | 7 | | | | 1 | 1 | | | | | 1 | | | 1 | 1 | 1 | 1 |
| θεράπων | 7 | 1 | | | 1 | | | | | | | | 3 | | | 2 |
| θέρειος | 1 | | 1 | | | | | | | | | | | | | |
| θερίζω | 1 | | | | 1 | | | | | | | | | | | |
| θερινός | 1 | | | | | | | | | | | | | | | 1 |
| θερισμός | 3 | | | | | 2 | | | | | | | | 1 | | |
| θεριστής | 3 | | | | | | | | | | 3 | | | | | |
| θέριστρον | 5 | | | | | 5 | | | | | | | | | | |
| θέρμη | 1 | | | | | | | 1 | | | | | | | | |
| θερμός, ή, όν | 3 | | 1 | | | | | | | | | | 1 | | 1 | |
| θερμός (ὁ) | 2 | | | | 2 | | | | | | | | | | | |
| θέρμουθις | 1 | | | | | | | | | | | | | | | 1 |
| θερμώδων | 1 | | | | | | | | | | | | | | 1 | |
| θέρος | 9 | | | | | 2 | | | | | | | | | 3 | 4 |
| θέσβις | 1 | | | | | | | | | | 1 | | | | | |
| θεσβίτης | 1 | | | | | | | | | | 1 | | | | | |
| θεσβῶν | 1 | | | | | | | | | | | | | | | 1 |
| θέσις | 8 | | | | | | | | | | | | | 7 | | 1 |
| θέσκελος | 1 | | | | | | | | | | | | | | 1 | |
| θεσμός | 5 | | | | 1 | | | | | | | | | | 1 | 3 |
| θεσμοσυλλήπτωρ * | 1 | | | 1 | | | | | | | | | | | | |
| θεσπιστής | 1 | | | | | | | | | | | | | | | 1 |
| θεσσαλία | 1 | | | | | | | | | | | | | | 1 | |
| θέσφατος | 1 | | | | | | | | | | | | | | 1 | |
| θεχακ * | 1 | | | | 1 | | | | | | | | | | | |
| θεωρέω | 47 | | 7 | 19 | 1 | 2 | | 1 | 1 | | | | | 12 | | 4 |
| θεώρημα | 1 | | 1 | | | | | | | | | | | | | |
| θεωρία | 9 | | | | | | | | | | 1 | | | 8 | | |
| θεωχιψοϊθ * | 1 | | | | | | | | | | | | | | | 1 |
| Θῆβαι | 2 | | | | | | | | | | | | | | 2 | |
| θήκη | 8 | | 1 | | 3 | 4 | | | | | | | | | | |
| θηκτός | 1 | | | | | | | | | | | | | | | 1 |
| θηλάζω | 6 | | 2 | 1 | 2 | | | | | | | | 1 | | | |
| θηλυγενής | 1 | | | | | | | | | | | | | | 1 | |
| θηλυκός | 1 | 1 | | | | | | | | | | | | | | |
| θῆλυς | 17 | | 4 | | 3 | | | | | | 1 | | | 2 | 1 | 2 | 4 |
| θηλυτοκία | 1 | | | | | | | | | | | | | | | 1 |
| θήρ | 17 | | | | 1 | | | | | | 2 | | | | | 10 | 4 |
| θήρα | 3 | | | | 3 | | | | | | | | | | | |
| θηρεύω | 1 | | | | 1 | | | | | | | | | | | |
| θηρίον | 51 | 15 | 1 | 11 | 7 | | 2 | | | | 2 | 1 | | 2 | 1 | 4 | 5 |
| θηρόβορος | 1 | | | | | | | | | | | | | | | 1 |
| θησαυρίζω | 3 | | 1 | | | | 1 | | | | | | | | | 1 |
| θησαυρός | 8 | | 3 | | 1 | | | | | | | 1 | | | 1 | 2 |
| θητεύω | 2 | | | | | | | | | | | | | | 2 | |
| θιγγάνω | 3 | | | | | | | | | | | | | 1 | | 2 |
| θλάω | 2 | | | | | 1 | | | | | | | | | | 1 |
| θλίβω | 27 | 2 | 2 | 1 | 6 | 5 | 3 | | 1 | | | | | | 4 | 3 |
| θλῖψις | 22 | | 3 | | 9 | 4 | 3 | | | | | | | | 1 | 2 |
| θμοῦις | 1 | | | | | | | | | | | | | | 1 | |
| θνήσκω | 33 | | 5 | 2 | 2 | | 2 | | | | 8 | | | 1 | | 4 | 9 |
| θνητός | 32 | | 1 | | | | | | | | | | 1 | | 16 | 14 |
| θόρνυμαι | 1 | | | | | | | | | | | | | | | 1 |
| θορυβάζω | 1 | | 1 | | | | | | | | | | | | | |
| θορυβέω | 1 | | | | 1 | | | | | | | | | | | |
| Θράκη | 2 | | | | | | | | | | | | | | 2 | |
| Θρᾷξ | 4 | | | | | | | | | | | | | | 4 | |

| LEMMES | TOTAL | ADAM | HEN | ABR | PATR | ASEN | SAL | JER | BAR | PROP | ESDR | SEDR | JOB | ARIS | SIB | FRAG |
|---|---|---|---|---|---|---|---|---|---|---|---|---|---|---|---|---|
| θράσος | 3 | | | | | | | | | | | | | 2 | 1 | |
| θρασύς | 5 | | | | | 3 | | | | | | | 1 | 1 | | |
| θραύω | 2 | | | | 1 | 1 | | | | | | | | | | |
| θρέμμα | 4 | | | 1 | 1 | | | | | | | | 1 | | | 1 |
| θρέπτειρα | 1 | | | | | | | | | | | | | | 1 | |
| θρηνέω | 3 | | | | 1 | | | | | | | 1 | | | 1 | |
| θρῆνος | 5 | | | | | | | 1 | | | | | 2 | | 1 | 1 |
| θρησκεύω | 2 | | | | | | | | | | | | 1 | | 1 | |
| θρίξ | 26 | 1 | | 2 | 2 | 5 | | | | | | 4 | 12 | | | |
| θροέω | 2 | | | | 1 | | | | | | | | | | | 1 |
| θρόμβος | 1 | | | 1 | | | | | | | | | | | | |
| θρόνος | 68 | 7 | 8 | 12 | 2 | 3 | 2 | | | | 1 | | 21 | | 3 | 9 |
| θυγάτηρ | 107 | 1 | 9 | 3 | 16 | 25 | 4 | | | | | | 12 | 1 | 3 | 33 |
| θύελλα | 1 | | | | | | | | | | | | | | 1 | |
| θῦμα | 3 | | | | | | | | | | | | | 3 | | |
| θυμιάζω | 2 | | | 1 | 1 | | | | | | | | | | | |
| θυμίαμα | 9 | 2 | | 1 | 1 | | | 2 | | | 1 | | 2 | | | |
| θυμιατήριον | 5 | 3 | | | | | | | | | | | 2 | | | |
| θυμοβόρος | 1 | | | | | | | | | | | | | | 1 | |
| θυμός | 47 | 3 | | 1 | 18 | 1 | 2 | 1 | | | | | 1 | 2 | 12 | 6 |
| θυμόω | 13 | | | | 5 | 4 | | | | | | | | 1 | 3 | |
| θυμώδης (θυμός) | 1 | | | | 1 | | | | | | | | | | | |
| θύρα | 39 | 1 | 3 | 4 | 1 | 10 | | | 5 | | | | 9 | 1 | 1 | 4 |
| θυρεός | 3 | | | | | | | | | | | | | | 2 | 1 |
| θυρίς | 14 | | 2 | | 1 | 11 | | | | | | | | | | |
| θύρωμα | 1 | | | | | | | | | | | | | 1 | | |
| θυρωρός | 5 | | | | | | | | | | | | 5 | | | |
| θύρωσις | 1 | | | | | | | | | | | | | 1 | | |
| θυσία | 52 | 2 | | | 9 | 8 | 1 | 2 | | 4 | | | 3 | 10 | 5 | 8 |
| θυσιάζω | 4 | | | | 1 | | | | | | | | | 1 | | 2 |
| θυσιαστήριον | 20 | 1 | | | 3 | | 2 | 2 | | 2 | 1 | | 3 | 1 | | 5 |
| θύτης | 1 | | | | | | | | | | | | | 1 | | |
| θύω (θυσία) | 23 | | | 5 | 4 | | | | | 1 | | | | 1 | 5 | 7 |
| θωθ * | 1 | | | | | | | | | | | | | | | 1 |
| θωνιήλ | 1 | | 1 | | | | | | | | | | | | | |
| θωπεύω | 1 | | | | | | | | | | | | | | | 1 |
| θωρακίζω | 1 | | | | 1 | | | | | | | | | | | |
| θώραξ | 3 | | 2 | | 1 | | | | | | | | | | | |
| ιαβα * | 1 | | | | | | | | | | | | | | | 1 |
| ϊαβαρααυ * | 1 | | | | | | | | | | | | | | | 1 |
| Ἰαδώκ | 2 | | | | | | | | | 2 | | | | | | |
| ιαεωβαφρενεμουν * | 1 | | | | | | | | | | | | | | | 1 |
| ιαη * | 1 | | | | | | | | | | | | | | | 1 |
| ιαηλ * | 1 | | | | | | | | | | | | | | | 1 |
| Ἰαήλ | 2 | 2 | | | | | | | | | | | | | | |
| ιαηω * | 1 | | | | | | | | | | | | | | | 1 |
| ϊαηω * | 1 | | | | | | | | | | | | | | | 1 |
| ιαθαβαθρα * | 1 | | | | | | | | | | | | | | | 1 |
| ιακουθ * | 1 | | | | | | | | | | | | | | | 1 |
| Ἰακώβ | 142 | | | 2 | 68 | 13 | 2 | 2 | | | | | 2 | | | 53 |
| Ἰάκωβος | 4 | | | | | | | | | | | | | 2 | | 2 |
| Ἰαλλαρίας | 1 | | | | | | | | | | | | | | | 1 |
| ἰάλλω | 1 | | | | | | | | | | | | | | 1 | |
| ϊαμα | 1 | | | | | | | | | | | | 1 | | | |
| Ἰαμβρῆς | 1 | | | | | | | | | | | | | | | 1 |
| Ἰάμνεια | 1 | | | | 1 | | | | | | | | | | | |
| Ἰαννής | 1 | | | | | | | | | | | | | | | 1 |
| Ἰανουάριος | 1 | | | | | | | | | | | | | | | 1 |
| ἰάομαι | 10 | | 4 | | | 1 | | | | 2 | | | | | | 3 |
| Ἰαπετός | 1 | | | | | | | | | | | | | | 1 | |
| Ἰάρεδ | 4 | | 2 | | | | | | | | | | | | | 2 |
| ϊασις | 5 | | 2 | | 1 | | | | | | | 1 | 1 | | | |
| Ἰασούμ | 2 | | | | | | | | | | | | | | | 2 |
| Ἰασούφ | 1 | | | | | | | | | | | | | | | 1 |
| Ἰασσός | 1 | | | | | | | | | | | | | | 1 | |
| Ἰάσων | 2 | | | | | | | | | | | | | 2 | | |
| ἰατρικός | 1 | | | | | | | | | | | | | | | 1 |
| ἰατρός | 4 | | | | | | | | | | | | 2 | | | 2 |
| Ἰάφεθ | 1 | | | | | | | | | | | | | | | 1 |
| Ἰάφρα | 2 | | | | | | | | | | | | | | | 2 |
| Ἴβηρ | 1 | | | | | | | | | | | | | | 1 | |
| ϊβις | 3 | | | | 1 | | | | | | | | | | | 2 |
| ἰδέα | 4 | | | 1 | 2 | | | | | 1 | | | | | | |
| ἰδιάζω | 3 | | | | 1 | | | | | | | | | 2 | | |
| ἰδιοποιέω | 1 | | | | 1 | | | | | | | | | | | |
| ϊδιος | 54 | 1 | 3 | 3 | 7 | 1 | | 1 | 1 | 3 | 1 | | 5 | 5 | 8 | 15 |
| ἰδιότης | 1 | | | | | | | | | | | | | 1 | | |
| ἰδιώτης | 2 | | | | | | | | | | | | | 2 | | |
| * ἰδού | 145 | 11 | 9 | 19 | 15 | 51 | 1 | 10 | 5 | | 1 | | 12 | | | 11 |
| Ἰδουμαία | 1 | | | | | | | | | | | | | | | 1 |
| Ἰδουμαῖος | 2 | | | | | | | | | | | | | 1 | | 1 |
| ϊδρις | 1 | | | | | | | | | | | | | | | 1 |
| ϊδρυμα | 1 | | | | | | | | | | | | | | 1 | |
| ἱδρύω | 9 | | | | | | | | | | | | 2 | | 2 | 5 |
| ἱδρώς | 3 | | | 1 | 2 | | | | | | | | | | | |
| ἱδρώτης * | 1 | 1 | | | | | | | | | | | | | | |
| Ιεβλαε | 1 | | | | 1 | | | | | | | | | | | |
| Ἰεζάν | 2 | | | | | | | | | | | | | | | 2 |
| Ἰεζεκιήλ | 1 | | | | | | | | | | 1 | | | | | |
| ϊελωσαϊ * | 1 | | | | | | | | | | | | | | | 1 |
| Ἰεμμαδά | 1 | | | | | | | | | | | | | | | 1 |
| Ἱεράπολις | 2 | | | | | | | | | | | | | | 2 | |
| ιεράσιος * | 2 | | | | | | | | | | | | | | | 2 |
| ἱερατεία | 8 | | | | 8 | | | | | | | | | | | |
| ἱεράτευμα | 1 | | | | 1 | | | | | | | | | | | |
| ἱερατεύω | 5 | | | | 3 | | | | | 2 | | | | | | |
| ἱερατικός | 1 | | | | | | | | | | | | | | | 1 |
| ἱερεῖον | 1 | | | | | | | | | | | | | | | 1 |
| Ἱερεμίας | 86 | | | | | | | 78 | | 3 | | | | 1 | | 4 |
| ἱερεύς | 60 | | | 10 | 6 | | | 2 | 1 | 16 | | | | 6 | 1 | 18 |

| LEMMES | TOTAL | ADAM | HEN | ABR | PATR | ASEN | SAL | JER | BAR | PROP | ESDR | SEDR | JOB | ARIS | SIB | FRAG |
|---|---|---|---|---|---|---|---|---|---|---|---|---|---|---|---|---|
| Ἰεριχώ | 1 | | | | | | | | | 1 | | | | | | |
| Ἱεροβοάμ | 5 | | | | | | | | | 5 | | | | | | |
| ἱεροκῆρυξ | 1 | | | | | | | | | | | | | 1 | | |
| ἱερός | 52 | | 2 | | | | | 1 | | | | | | 7 | 4 | 38 |
| Ἱεροσόλυμα | 13 | | | | | | | | | | | | | 3 | | 10 |
| Ἱερουσαλήμ | 78 | | | 7 | | 20 | 12 | | 2 | 19 | 1 | 1 | | | | 16 |
| ἱερωσύνη | 19 | | | | 17 | | | | | 2 | | | | | | |
| Ιεσθα | 1 | | | | | | | | | | | | | | | 1 |
| Ἰημι | 1 | | | | | | | | | | | | | | | 1 |
| Ἰησίας | 1 | | | | | | | | | | | | | 1 | | |
| Ἰησοῦς | 10 | | | | | | | 1 | 1 | | | | 1 | 2 | | 5 |
| ἰθύνω | 1 | | | | | | | | | | | | | | | 1 |
| ιιιβαεχ * | 1 | | | | | | | | | | | | | | | 1 |
| ἱκανός | 19 | | | | 1 | 1 | 1 | 1 | | | | | 1 | 9 | | 5 |
| ἱκανόω | 2 | | | | 1 | 1 | | | | | | | | | | |
| ἴκελος | 3 | | | | | | | | | | | | | | | 3 |
| ἱκεσία | 1 | 1 | | | | | | | | | | | | | | |
| ἱκετεύω | 6 | | | 2 | | | | | | | | | | 4 | | |
| ἱκέτης | 2 | | | 2 | | | | | | | | | | | | |
| ἱκνέομαι | 12 | | | | | | | | | | | | | | 11 | 1 |
| ἵκω | 2 | | | | | | | | | | | | | | 2 | |
| ἵλαος | 5 | | | | | 3 | | | | 1 | | | | | | 1 |
| ἱλαρός | 6 | | 1 | | 1 | 1 | | | | | | | | 1 | 2 | |
| ἱλαρότης | 4 | | | 1 | 1 | | 2 | | | | | | | | | |
| ἱλαρόω | 1 | | | | | | | | | | | | | | 1 | |
| ἱλάσκομαι | 5 | | | | | | | | | | | | | | 4 | 1 |
| Ἴλιον | 3 | | | | | | | | | | | | | | 3 | |
| ἱμάτιον | 17 | | | | 6 | 1 | 1 | 6 | | | | | 2 | | | 1 |
| ἱματισμός | 2 | | | | 1 | | | | | | | | | | | 1 |
| ἱμείρω | 1 | | | | | | | | | | | | | | 1 | |
| * ἵνα | 253 | 13 | 13 | 27 | 61 | 12 | 10 | 16 | 5 | 7 | 5 | 5 | 27 | 29 | 8 | 15 |
| Ἰνδοκολπίτης | 1 | | | | 1 | | | | | | | | | | | |
| Ἰνδός | 2 | | | | | | | | | | | | | | 2 | |
| ἰξευτής | 1 | | | | | | | | | | | | | | | 1 |
| ἰοβόλος | 3 | | | 2 | 1 | | | | | | | | | | | |
| Ἰοθώρ | 3 | | | | | | | | | | | | | | | 3 |
| Ἰόππη | 3 | | | | | | | | | | | | | 1 | 1 | 1 |
| Ἰορδάνης | 12 | 2 | | | | | | 4 | | 3 | | 1 | | 1 | | 1 |
| ἰός (φάρμακον) | 8 | 1 | | | 5 | | | | | | | | 2 | | | |
| Ἰουδαία | 17 | | | | | | | | | 3 | | | | 6 | 2 | 6 |
| ἰουδαΐζω | 1 | | | | | | | | | | | | | | | 1 |
| Ἰουδαϊκός | 6 | | | | | | | | | | | | | 5 | | 1 |
| Ἰουδαῖος | 50 | | | | | | | | | 2 | | | | 13 | 2 | 33 |
| Ἰούδας | 58 | | | | 34 | 1 | | | | 6 | | | | 3 | | 14 |
| Ἰούλιος | 1 | | | | | | | | | | | | | | | 1 |
| Ἰουμιήλ | 1 | | 1 | | | | | | | | | | | | | |
| Ἰούνιος | 2 | | | | | | | | | | | | | | | 2 |
| ἱππεύς | 7 | | | | | 2 | | | | | | | | | 2 | 3 |
| ἱππόδρομος | 1 | | | | 1 | | | | | | | | | | | |
| ἵππος | 24 | | 1 | 3 | 3 | 7 | 2 | | | | | | | | 1 | 7 |
| ἵπταμαι | 2 | | | | | | | | | | | | | | | 2 |
| ἵπτομαι | 1 | | | | | | | | | | | | | | | 1 |
| Ἴρας | 1 | | | | 1 | | | | | | | | | | | |
| Ἰσαάκ | 89 | | | 45 | 17 | | 2 | | | | | | | | | 25 |
| Ἰσαάρ | 3 | | | | 1 | | | | | | | | | | | 2 |
| ἰσάζω | 1 | | | | | | | | | | | | | | 1 | |
| Ἰσάηλος | 1 | | | | | | | | | | | | | 1 | | |
| Ἴσακος | 1 | | | | | | | | | | | | | 1 | | |
| Ἰσάχαρ | 10 | | | | 6 | 1 | | | | 1 | | | | | | 2 |
| Ἴσαχος | 1 | | | | | | | | | | | | | 1 | | |
| Ἰσβηγαβαρίν | 1 | | | | | | | | | 1 | | | | | | |
| ἰσημερία | 1 | | | | | | | | | | | | | | | 1 |
| ἰσημερινός | 4 | | | | | | | | | | | | | | | 4 |
| ἰσθμός | 2 | | | | | | | | | | | | | | 2 | |
| Ἶσις | 5 | | | | | | | | | | | | | | 2 | 3 |
| Ἰσλάλ | 1 | | | | | | | | | | | | | | | 1 |
| Ἰσμαήλ | 1 | | | | | | | | | 1 | | | | | | |
| Ἰσμαηλίτης | 12 | | | | 11 | 1 | | | | | | | | | | |
| ἰσοζυγέω | 1 | | 1 | | | | | | | | | | | | | |
| ἰσόθεος | 3 | | | | | | | | | | | | | | 1 | 2 |
| ἰσομεγέθης | 1 | | | | | | | | | | | | | | | 1 |
| ἰσόρροπος | 1 | | | | | | | | | | | | | | 1 | |
| ἴσος | 24 | 1 | | 2 | 3 | | | | | | | | 3 | 4 | 2 | 9 |
| ἰσότης | 3 | | | | | | 1 | | | | | | | 1 | | 1 |
| ἰσότιμος | 1 | | | | | | | | | | | | | | | 1 |
| Ἰσραήλ | 145 | | 1 | 1 | 59 | 11 | 32 | 4 | | 15 | | | | | | 22 |
| Ἰσραηλίτης | 2 | | | | | | | | | | | | | | | 2 |
| Ἰσραηλιτικός | 1 | | | | | | | | | | | | | | | 1 |
| ἵστημι | 125 | 4 | 7 | 17 | 9 | 27 | 3 | 7 | 3 | 1 | | 4 | 4 | 3 | 15 | 21 |
| ἱστίον | 1 | | | | | | | | | | | | | | | 1 |
| ἱστορέω | 2 | | | | | | | | | | | | | | | 2 |
| ἱστορία | 1 | | | | | | | | | | | | | 1 | | |
| ἱστορικός | 2 | | | | | | | | | | | | | 2 | | |
| ἱστός | 2 | | | | | | | | | | | | | 1 | 1 | |
| ἰσχνόφωνος | 1 | | | | | | | | | | | | | | | 1 |
| ἰσχυρός | 11 | | 2 | | 1 | 4 | 1 | | | | | | | 1 | | 2 |
| ἰσχύς | 31 | 1 | 1 | 1 | 11 | 2 | 7 | | | | | | | 1 | 6 | 1 |
| ἰσχύω | 15 | | | | 5 | 1 | 2 | 2 | | 1 | | | | 3 | 1 | |
| ἴσχω | 3 | | | | | | | | | | | | | | 1 | 2 |
| Ἰταλία | 7 | | | | | | | | | | | | | | 7 | |
| Ἰταλίς | 2 | | | | | | | | | | | | | | 2 | |
| Ἰταλόθεν | 1 | | | | | | | | | | | | | | 1 | |
| Ἰταλός | 3 | | | | | | | | | | | | | | 3 | |
| Ἰτουραῖος | 1 | | | | | | | | | | | | | | | 1 |
| ἰφιγένητος | 1 | | | | | | | | | | | | | | | 1 |
| ἰχθυόεις | 2 | | | | | | | | | | | | | | 2 | |
| ἰχθύς | 14 | 2 | | | 5 | 2 | 1 | | | 1 | | | | | 2 | 1 |
| ἰχνεύω | 1 | | | | | | | | | | | | | | | 1 |
| ἴχνιον | 2 | | | | | | | | | | | | | | | 2 |
| ἴχνος | 6 | | | | | | | | | | | 1 | | 1 | | 4 |

| LEMMES | TOTAL | ADAM | HEN | ABR | PATR | ASEN | SAL | JER | BAR | PROP | ESDR | SEDR | JOB | ARIS | SIB | FRAG |
|---|---|---|---|---|---|---|---|---|---|---|---|---|---|---|---|---|
| ἰχώρ | 1 | | | | | | | | | | | | 1 | | | |
| Ἰωάδ | 1 | | | | | | | | | 1 | | | | | | |
| Ἰωακείμ | 1 | | | | 1 | | | | | | | | | | | |
| Ἰωάννης | 4 | | | | | | | | | | | 1 | | 3 | | |
| Ἰώας | 2 | | | | | | | | | 1 | | | | | | 1 |
| Ἰώβ | 30 | | | | | | | | | | | | 28 | | | 2 |
| Ἰωβάβ | 12 | | | | | | | | | | | | 11 | | | 1 |
| Ἰωβήλ | 1 | | | | 1 | | | | | | | | | | | |
| ἰωβηλαῖον | 3 | | | | 3 | | | | | | | | | | | |
| Ἰωδαέ | 1 | | | | | | | | | 1 | | | | | | |
| ιωη * | 2 | | | | | | | | | | | | | | | 2 |
| ἴωηλ * | 1 | | | | | | | | | | | | | | | 1 |
| Ἰωήλ | 2 | | | | | | | | | 1 | | | | | | 1 |
| Ἰωμειήλ | 1 | | 1 | | | | | | | | | | | | | |
| Ἴων | 1 | | | | | | | | | | | | | | 1 | |
| Ἰωνάθας | 2 | | | | | | | | | | | | | 2 | | |
| Ἰωνάθης | 1 | | | | | | | | | | | | | 1 | | |
| Ἰωνακείμ | 3 | | | | | | | | | | | | | | | 3 |
| Ἰωνᾶς | 9 | | | | | | | | | | 8 | | | | | 1 |
| Ἰωράμ | 1 | | | | | | | | | 1 | | | | | | |
| Ἰωσαφάτ | 1 | | | | | | | | | | | 1 | | | | |
| Ἰωσεδέκ | 1 | | | | | | | | | | 1 | | | | | |
| Ἰωσήφ | 231 | | | | 64 | 141 | | | | | 1 | | | | | 25 |
| Ἰώσηπος | 4 | | | | | | | | | | | | | 4 | | |
| Ἰωσίας | 1 | | | | | | | | | | 1 | | | | | |
| Ἰωχάβεδ | 3 | | | | 2 | | | | | | | | | | | 1 |
| Καάθ | 4 | | | | 4 | | | | | | | | | | | |
| καγχαλάω | 1 | | | | | | | | | | | | | | 1 | |
| καθά | 9 | | | | | 5 | 1 | 1 | | | | | 1 | | | 1 |
| καθαγιάζω | 1 | | | | | | | | | | | | | 1 | | |
| καθαιρέω | 14 | | | 1 | 1 | 2 | | | | | 1 | | | 1 | 1 | 4 | 3 |
| καθαίρω | 1 | | | | 1 | | | | | | | | | | | |
| καθάπερ | 3 | 1 | | | 1 | | | | | | | | | 1 | | |
| καθαρεύω | 2 | | | | 2 | | | | | | | | | | | |
| καθαρίζω | 18 | | 2 | | 4 | | 7 | | | | | | 4 | 1 | | |
| καθαριότης | 1 | | | | | | | | | | | | | 1 | | |
| καθαρισμός | 1 | | | | 1 | | | | | | | | | | | |
| καθαρμός | 1 | | | | | | | | | | | | | | | 1 |
| καθαρός | 31 | 1 | | | 14 | 5 | 1 | | | 1 | | | | 1 | 1 | 7 |
| καθαρότης | 2 | | | | 1 | | | | | | | | | 1 | | |
| καθέδρα | 2 | | 2 | | | | | | | | | | | | | |
| καθέζομαι | 27 | | | 13 | | 1 | | 4 | | | | 1 | 3 | | 3 | 2 |
| καθείργνυμι | 1 | | | | | | | | | | | | | | | 1 |
| καθέκαστον * | 1 | | | 1 | | | | | | | | | | | | |
| καθεξῆς | 2 | 1 | | | 1 | | | | | | | | | | | |
| καθερίζω | 1 | | | | | | | | | | 1 | | | | | |
| καθεστήριον | 1 | | | | | | | | | | | | 1 | | | |
| καθεύδω | 5 | | | 1 | 1 | 3 | | | | | | | | | | |
| καθηγεμών | 2 | | | | | | | | | | | | | 2 | | |
| καθηγέομαι | 4 | | | | | | | | | | | | | 3 | | 1 |
| καθηγητής | 1 | | | | | | | | | | | | | | | 1 |
| καθηκόντως | 3 | | | | | | | | | | | | | 3 | | |
| καθήκω | 21 | | | | 9 | | | | | | | | | 10 | | 2 |
| κάθημαι | 41 | 3 | 2 | 14 | 2 | 4 | 1 | 1 | 3 | | | | 7 | | 1 | 3 |
| καθημερινός | 2 | | | | | | | | | | | | | | | 2 |
| καθιδρύω | 2 | | | | | | | | | | | | | | | 2 |
| καθιερόω | 3 | | | | | | | | | | | | | | | 3 |
| καθίζω | 38 | 2 | 2 | 4 | 3 | 12 | | 4 | | | | | 1 | 1 | | 9 |
| καθίημι | 4 | | | | 1 | 3 | | | | | | | | | | |
| καθίπταμαι | 1 | | | | | | | | | | | | | | | 1 |
| καθιστάνω | 3 | | | | | | | | | | | | | 2 | | 1 |
| καθιστάω | 1 | | | | | | | | | | | | | 1 | | |
| καθίστημι | 43 | | | | | 3 | 1 | | 2 | 1 | 1 | | 3 | 23 | 1 | 8 |
| καθό | 3 | | | | | | | | | | | | | 2 | | 1 |
| καθοδηγός | 1 | | | | | | | | | | | | | | 1 | |
| καθόλου | 3 | | | | 1 | | | | | | | | | 2 | | |
| καθοπλίζω | 3 | | | | | | | | | | | | | 2 | | 1 |
| καθοράω | 2 | 1 | | | | | | | | | | | | | 1 | |
| καθόσον | 4 | | | | | | | | | | | | | 3 | | 1 |
| καθότι | 9 | | 1 | 3 | | 3 | | | | | | | | | | 2 |
| κάθυγρος | 1 | | | | | | | | | | | | | 1 | | |
| καθυπαντάω * | 1 | | | | | | | | | | | | | | | 1 |
| καθυπερέχω | 1 | | | | | | | | | | | | | 1 | | |
| καθυπνόω | 1 | | | | | | | | | | | | | 1 | | |
| καθυπουργέω | 1 | | | 1 | | | | | | | | | | | | |
| καθυφαίνω | 1 | | | | | 1 | | | | | | | | | | |
| * καθώς | 73 | 1 | 2 | 5 | 11 | 1 | 2 | 3 | 1 | 2 | 1 | 1 | 2 | 33 | | 8 |
| * καί | 10517 | 366 | 1082 | 810 | 1869 | 1644 | 285 | 284 | 341 | 348 | 283 | 188 | 444 | 752 | 567 | 1254 |
| καί ἄν * | 6 | | | 3 | | | | | | | | | | 2 | 1 | |
| καί ἀνοίγω * | 1 | | | | | | | | | | | | | | 1 | |
| καί ἀπογυμνόω * | 1 | | | | | | | | | | | | | | | 1 |
| καί ἀσεβής * | 1 | | | | | | | | | | | | | | | 1 |
| καί ἀσχημοσύνη * | 1 | | | | | | | | | | | | | | 1 | |
| καί αὐτός * | 7 | | | | | | | | | | | | | | 4 | 3 |
| καί ἐάν * | 21 | 1 | | 4 | 14 | | | | | | | | | 2 | | |
| καί ἐγώ * | 79 | 7 | 2 | 11 | 26 | 16 | | | 1 | | 2 | | 7 | 1 | | 6 |
| καί εἰς * | 1 | | | | | | | | | | | | | | 1 | |
| καί ἐκεῖ * | 11 | | 3 | | 3 | | | | 2 | 1 | | | | | 1 | 1 |
| καί ἐκεῖθεν * | 5 | | 3 | | | 2 | | | | | | | | | | |
| καί ἐκεῖθι * | 1 | | | | | | | | | | | | | | | 1 |
| καί ἐκεῖνος * | 20 | | | | | 13 | | | | 2 | | | | 4 | | 1 |
| καί ἔπειτα * | 4 | | | | | | | | | | | | | | | 4 |
| καί ἐπέκεινα * | 1 | | 1 | | | | | | | | | | | | | |
| καί ἐπιθυμέω * | 1 | | | | | | | | | | | | | | | 1 |
| καί ἕτερος * | 1 | | | | | | | | | | | | | | | 1 |
| καί ἵστημι * | 1 | | | | | | | | | | | | | | 1 | |
| καί οὐ * | 8 | | | | | | | | | | | | | | 7 | 1 |
| καί οὐδέ * | 1 | | | | | | | | | | | | | | 1 | |
| καί οὐκέτι * | 10 | | | | | | | | | | | | | | 10 | |
| * καίγε | 37 | | | | 37 | | | | | | | | | | | |

| LEMMES | TOTAL | ADAM | HEN | ABR | PATR | ASEN | SAL | JER | BAR | PROP | ESDR | SEDR | JOB | ARIS | SIB | FRAG |
|---|---|---|---|---|---|---|---|---|---|---|---|---|---|---|---|---|
| Κάϊν | 23 | 7 | 1 | 1 | 3 | | | | | | | | | | | 11 |
| Καϊνάν | 3 | | | | | | | | | | | | | | | 3 |
| καινός | 13 | | | 1 | 3 | 4 | 2 | | | 1 | | | | | 2 | |
| καινόσπουδος | 1 | | | | 1 | | | | | | | | | | | |
| καίπερ | 3 | | | | 2 | | | | | | | | | | | 1 |
| καιρός | 81 | 1 | 7 | 2 | 22 | 2 | 4 | 4 | 1 | 2 | 1 | | 1 | 12 | 8 | 14 |
| καιροτηρησία * | 1 | | | | | | | | | | | | | 1 | | |
| καίτοι | 2 | | | | | | | | | | | | | 1 | | 1 |
| καίω | 23 | | 9 | 1 | 2 | 1 | | | | | 1 | 1 | 2 | | 1 | 5 |
| κάκη | 1 | | | | | | | | | | | | | 1 | | |
| κακηγορέω | 1 | | | | | | | | | | | | | | | 1 |
| κακία | 30 | 3 | 1 | | 18 | 2 | | | | | | | | 3 | 1 | 2 |
| κακόβουλος | 1 | | | | | | | | | | | | | | 1 | |
| κακοδαίμων | 1 | | | | | | | | | | | | | | | 1 |
| κακοεργός | 1 | | | | | | | | | | | | | | | 1 |
| κακοήθης | 1 | | | | | | | | | | | | | | 1 | |
| κακοκερδής | 1 | | | | | | | | | | | | | | 1 | |
| κακομηχανία | 1 | | | | | | | | | | | | | | | 1 |
| κακοπάθεια | 4 | | | | | | | | | | | | | 3 | | 1 |
| κακοπαθέω | 1 | | | | | | | | | | | | | 1 | | |
| κακόπαθος | 1 | | | | | | | | | | | | | | | 1 |
| κακοποιέω | 5 | | | | 2 | | | | | | | | | 3 | | |
| κακοποιητικός | 1 | | | | | | | | | | | | | 1 | | |
| κακορραφία | 1 | | | | | | | | | | | | | | | 1 |
| κακορρέκτειρα | 1 | | | | | | | | | | | | | | 1 | |
| κακός | 200 | 2 | 10 | 2 | 42 | 14 | 2 | | | 2 | 2 | 5 | 6 | 16 | 65 | 32 |
| κακόσχολος | 1 | | | | | | | | | | | | | 1 | | |
| κακότεχνος | 2 | | | | | | | | | | | | 1 | | 1 | |
| κακότης | 13 | | | | | | | | | | | | | | 11 | 2 |
| κακουργέω | 1 | | | | | | | | | | | | | 1 | | |
| κακουργία | 1 | | | | 1 | | | | | | | | | | | |
| κακοῦργος | 2 | | | | | | | | | | | | | | 2 | |
| κακοφρονέω | 1 | | | 1 | | | | | | | | | | | | |
| κακόφρων | 1 | | | | | | | | | | | | | | 1 | |
| κακόω | 5 | | | | 3 | | | | | | | | | | | 2 |
| κάκωσις | 6 | | | | 2 | | | 3 | | | | | | | | 1 |
| κάλαμος | 11 | 1 | | 2 | 1 | 7 | | | | | | | | | | |
| καλέω | 121 | 7 | 10 | 9 | 21 | 20 | | | 1 | 9 | | 2 | 8 | 1 | 8 | 25 |
| καλιά | 1 | | | | | | | | | | | | | | | 1 |
| καλλιβλέφαρος | 1 | | 1 | | | | | | | | | | | | | |
| καλλονή | 11 | | 1 | | | 1 | 1 | | | | | | | 7 | | 1 |
| κάλλος | 40 | | 1 | 3 | 6 | 18 | 5 | | | | | 4 | 1 | | 1 | 1 |
| καλλωπίζω | 6 | | 1 | 2 | | | | | | | | 3 | | | | |
| καλοδίδακτος * | 1 | | | | | | | | | | | 1 | | | | |
| καλόδρομος * | 1 | | | | | | | | | | | 1 | | | | |
| καλοκἀγαθία | 3 | | | | | | | | | | | | | 3 | | |
| καλομύριστος * | 1 | | | | | | | | | | | 1 | | | | |
| καλοπεριπατητός * | 1 | | | | | | | | | | | 1 | | | | |
| καλόπιστος * | 1 | | | | | | | | | | | 1 | | | | |
| καλός | 158 | 2 | 5 | 5 | 26 | 11 | | 1 | 4 | 1 | 6 | 4 | 4 | 64 | 13 | 12 |
| καλοφροσύνη | 1 | | | | | | | | | | | | | 1 | | |
| κάλυμμα | 1 | | | 1 | | | | | | | | | | | | |
| κάλυξ | 1 | | | | 1 | | | | | | | | | | | |
| καλύπτω | 14 | 2 | 1 | | 2 | | | | | | | | | 1 | 3 | 5 |
| καλῴδιον | 1 | | | | | | | | | | | | | | | 1 |
| Καμάρινα | 2 | | | | | | | | | | | | | | 1 | 1 |
| καματηρός | 1 | | | | | | | | | | | | 1 | | | |
| κάματος | 9 | 3 | | 1 | 1 | | | | | | | | | | 3 | 1 |
| κάμηλος | 6 | | | | | | | | | | | | 4 | | | 2 |
| καμιναῖος | 1 | | | | | | | | | | | | | | | 1 |
| κάμινος | 3 | | 1 | | | | | 2 | | | | | | | | |
| καμμύω | 1 | | | | | | | | | | | | 1 | | | |
| κάμνω | 14 | 2 | | 1 | 1 | 2 | | | | | | | 1 | | 5 | 2 |
| Καμπανός | 1 | | | | | | | | | | | | | | 1 | |
| κάμπη | 1 | | | | | | | 1 | | | | | | | | |
| κάμπτω | 2 | | | | | | | | | | | | | | 1 | 1 |
| κανίσκιον | 3 | | | | | | | | 3 | | | | | | | |
| κανίσκος | 2 | | | | | | | | 2 | | | | | | | |
| κανονίζω | 1 | | | | | | | | | | | | | 1 | | |
| κανών | 2 | | | | 1 | | | | | | | | | 1 | | |
| καπνίζω | 3 | | | | | | | | | | 1 | | 1 | | | 1 |
| καπνός | 2 | | | | 1 | | | | | | | | 1 | | | |
| Καππαδόκης | 1 | | | | | | | | | | | | | | 1 | |
| Καππάδοξ | 1 | | | | 1 | | | | | | | | | | | |
| Κάρ | 6 | | | | | | | | | | | | | | 6 | |
| κάρα | 1 | | | | | | | | | | | | | | | 1 |
| καρδία | 140 | 4 | 6 | 9 | 50 | 6 | 14 | 4 | | 1 | | 5 | 19 | 1 | 2 | 19 |
| κάρηνον | 1 | | | | | | | | | | | | | | 1 | |
| Καριαθμοῦς | 1 | | | | | | | | | 1 | | | | | | |
| καρκίνος | 2 | | | | | | | | | | | | | | 1 | 1 |
| καρπεύω | 1 | | | | | | | | | | | | | | 1 | |
| καρπίζω | 1 | | | | | | | | | | | | | | 1 | |
| κάρπιμος | 1 | | | | | | | | | | | | | | | 1 |
| καρποδότειρα | 1 | | | | | | | | | | | | | | 1 | |
| καρπός | 51 | 5 | 5 | 3 | 7 | 4 | 1 | 2 | 2 | | | 3 | 1 | 4 | 6 | 8 |
| καρποφορία | 1 | | | | | | | | | | | | | | | 1 |
| καρποφόρος | 3 | | | | 2 | | | | | | | | | | 1 | |
| καρπόω | 1 | | | | | | | | | | | | | | | 1 |
| κάρπωσις | 1 | | | | | | | | | | | | | | | 1 |
| κάρτα | 1 | | | | | | | | | | | | | | 1 | |
| κάρταλος | 1 | | | | | | | | | | | | 1 | | | |
| καρτερέω | 1 | | | | | | | | | | | | 1 | | | |
| καρτερία | 1 | | | | | | | | | | | | 1 | | | |
| καρτερός | 2 | | | | 1 | | | | | | | | | | 1 | |
| καρύα | 1 | | 1 | | | | | | | | | | | | | |
| Καρχηδών | 2 | | | | | | | | | | | | | | 2 | |
| Κασία | 5 | | | | | | | | | | | | 5 | | | |
| κασιγνήτη | 1 | | | | | | | | | | | | | | | 1 |
| κασίγνητος | 2 | | | | | | | | | | | | | | | 2 |
| κασσιτέρινος | 1 | | | | | | | | | | | | | | | 1 |

| LEMMES | TOTAL | ADAM | HEN | ABR | PATR | ASEN | SAL | JER | BAR | PROP | ESDR | SEDR | JOB | ARIS | SIB | FRAG |
|---|---|---|---|---|---|---|---|---|---|---|---|---|---|---|---|---|
| * κατά | 467 | 2 | 29 | 10 | 61 | 36 | 13 | 3 | 2 | 14 | 2 | | 20 | 130 | 52 | 93 |
| καταβαίνω | 32 | | 12 | 2 | 1 | 5 | | | | | 2 | 2 | 2 | 1 | 1 | 5 |
| καταβάλλω | 10 | | 1 | | | | 2 | | | | 2 | | 1 | 3 | | 1 |
| κατάβασις | 6 | | | | | | | | | | | | | | | 6 |
| καταβολή | 3 | | | | | | | | | | | | | 2 | | 1 |
| κατάβροχος | 1 | | | | | 1 | | | | | | | | | | |
| κατάβρωμα | 2 | | 1 | | | | | | | | | | | | | 1 |
| κατάγαιος | 1 | | | | | | 1 | | | | | | | | | |
| καταγελάω | 3 | | | | | | | | | | | | | 1 | | 2 |
| καταγελως | 1 | | | | | | 1 | | | | | | | | | |
| καταγιγνώσκω | 3 | | | | 3 | | | | | | | | | | | |
| κατάγνυμι | 1 | | | | | | | | | | | | | | | 1 |
| κατάγω | 14 | 2 | 1 | 1 | 1 | | | | | | 2 | 6 | | | | 1 |
| καταγωνίζομαι | 2 | | | | 2 | | | | | | | | | | | |
| καταδαπανάω | 1 | | | | 1 | | | | | | | | | | | |
| καταδείκνυμι | 3 | | | | | | | | | | | | | 1 | 1 | 1 |
| καταδέχομαι | 4 | | | | 1 | | | | | | | | 1 | | | 2 |
| καταδέω (-δήσω) | 1 | | | | | | | | | | | | | | | 1 |
| καταδηλέομαι | 1 | | | | | | | | | | | | | | 1 | |
| καταδικάζω | 3 | | | 1 | | | | | | | | | | | | 2 |
| καταδίκη | 2 | | | | | | | | 2 | | | | | | | |
| καταδιώκω | 7 | | | | 1 | 5 | 1 | | | | | | | | | |
| καταδουλόω | 2 | | | | 2 | | | | | | | | | | | |
| καταδυναμόω | 1 | | | | | | | | | | | | | | | 1 |
| καταδυναστεία | 2 | | 1 | | | | | | | | | | | 1 | | |
| καταδυναστεύω | 6 | | | | | | 1 | | | | | | | 5 | | |
| καταδύω (-δύνω) | 1 | | 1 | | | | | | | | | | | | | |
| καταζώννυμι | 1 | | | | | | | | | | | | | 1 | | |
| κατάθεμα | 1 | | | | | | | | | | | | | | | 1 |
| καταθνήσκω | 1 | | | | | | | | | | | | | | 1 | |
| καταθύμιος | 1 | | | | | | | | | | | | | | | 1 |
| καταιγίς | 5 | | | | 1 | 2 | 1 | | | | | | | 1 | | |
| καταικίζω | 1 | | | | | | | | | | | | | | | 1 |
| καταισχύνω | 3 | | | | | 2 | | | | | | | | 1 | | |
| κατακαίω | 10 | | 4 | 1 | | | | | | | | 1 | 2 | | | 2 |
| κατακαλέω | 1 | | | | | | | | | | | | | 1 | | |
| κατακαλύπτω | 4 | | | | 1 | 3 | | | | | | | | | | |
| κατακάμπτω | 1 | | | | | | | | | | | | | | | 1 |
| κατάκειμαι | 1 | | | | 1 | | | | | | | | | | | |
| κατακλάω | 1 | | | | | | | | | | | | | 1 | | |
| κατακλείς | 2 | | | | | | | | | | | | | 2 | | |
| κατακληρονομέω | 1 | | | | 1 | | | | | | | | | | | |
| κατακλίνω | 3 | | | | | | | | | | | | | 2 | | 1 |
| κατακλύζω | 6 | | | | | | | | | | 1 | | | | 3 | 2 |
| κατακλυσμός | 15 | | 4 | 3 | | | 1 | | | | | | | | 3 | 4 |
| κατακοιμάω | 1 | | | | | | | | | | | | | 1 | | |
| κατακολουθέω | 8 | | | | | | | | | | | | | 6 | | 2 |
| κατακόπτω | 7 | | | | 1 | 6 | | | | | | | | | | |
| κατακοσμέω | 3 | | | | | 1 | | | | | | | | | | 2 |
| κατακράζω | 1 | | | | | | | | | | | | | | | 1 |
| κατακρατέω | 1 | | | | | | | | | | | | | 1 | | |
| κατακρίνω | 4 | 1 | 2 | | | | 1 | | | | | | | | | |
| κατακρύπτω | 2 | | | | | | | | | | | | | | 1 | 1 |
| κατακτάομαι | 2 | | | | | | | | | | | | | 2 | | |
| κατάκτησις | 1 | | | | | | | | | | | | | 1 | | |
| κατακύπτω | 1 | | | | | | | | | | | | | 1 | | |
| κατακυριεύω | 5 | 1 | | | 4 | | | | | | | | | | | |
| καταλαλέω | 6 | | 3 | 1 | 2 | | | | | | | | | | | |
| καταλαλιά | 3 | | | | 1 | | | | | 2 | | | | | | |
| καταλαμβάνω | 23 | | | 1 | 2 | 2 | 3 | 1 | | 1 | | | | 4 | 2 | | 7 |
| κατάλεγω | 2 | | | | | | | | | | | | | | | 2 | |
| κατάλειμμα | 1 | | 1 | | | | | | | | | | | | | |
| καταλείπω | 28 | 1 | 1 | 3 | 6 | 3 | | 4 | | 1 | | 1 | 2 | | | 6 |
| καταλήγω | 2 | | | | | | | | | | | | | 2 | | |
| καταλιμπάνω | 2 | | | | | | | | | | | 1 | | | | 1 |
| καταλλάσσω | 1 | | | | | | | | | | | | | 1 | | |
| κατάλληλος | 1 | | | | | | | | | | | | | 1 | | |
| κατάλοιπος | 2 | | | | | 1 | | | | | 1 | | | | | |
| κατάλυμα | 1 | | | | | | | | | | | | | 1 | | |
| κατάλυσις | 1 | | 1 | | | | | | | | | | | | | |
| καταλύω | 8 | | | | 3 | 1 | | | | | | | 1 | 1 | 1 | 1 |
| καταμανθάνω | 1 | | 1 | | | | | | | | | | | | | |
| καταμελετάω | 1 | | | | | | | | | | | | | 1 | | |
| καταμένω | 3 | | | | | | | | | | | | | 2 | | 1 |
| καταμερίζω | 1 | | | | | | 1 | | | | | | | | | |
| καταμηχανάομαι | 1 | | | | | | | | | | | | | 1 | | |
| καταμόνας | 1 | | | | | 1 | | | | | | | | | | |
| καταναλίσκω | 1 | | | | | | | | | | | | | | | 1 |
| κατανεύω | 2 | | | | | 1 | | | | | | | | | | 1 |
| κατανοέω | 9 | 1 | 3 | 1 | | | | 1 | | | | | | 3 | | |
| καταντάω | 1 | | 1 | | | | | | | | | | | | | |
| κατανύγω * | 1 | | | | | | | | | | | | | 1 | | |
| κατανύσσω | 7 | | | | | 5 | | | | | | | | 1 | | 1 |
| κατάξιος | 3 | | | | | | | | | | | | | 1 | 3 | |
| καταξιόω | 7 | | | | | | | | | | | | | 4 | 1 | 2 |
| καταπαίζω | 1 | | | | 1 | | | | | | | | | | | |
| καταπάσσω | 5 | | | | | 3 | | | | | | | | 2 | | |
| καταπατέω | 9 | | | | 2 | 3 | 2 | | | | 1 | | | | | 1 |
| καταπάτημα | 1 | | | | 1 | | | | | | | | | | | |
| καταπάτησις | 4 | | | | 3 | | 1 | | | | | | | | | |
| καταπαύσιμος | 1 | | | | | | | | | | | | | | | 1 |
| κατάπαυσις | 2 | | | | | 2 | | | | | | | | | | |
| καταπαύω | 14 | 2 | 1 | | 5 | 1 | | | | | | | | 2 | | 3 |
| καταπείθω | 1 | | | | | | | | | | | | | | | 1 |
| καταπέτασμα | 2 | | | | | 1 | | | | | | | | | 1 | |
| καταπηδάω | 1 | | | | | 1 | | | | | | | | | | |
| καταπίνω | 14 | 1 | 2 | 5 | 1 | 1 | 1 | 1 | | 2 | | | | | | |
| καταπιπράσκω | 1 | | | | | | | | | | | | | 1 | | |
| καταπίπτω | 7 | | | | | | | | | | | | 1 | 4 | 1 | 1 |
| * καταπλανάω | 1 | | 1 | | | | | | | | | | | | | |

| LEMMES | TOTAL | ADAM | HEN | ABR | PATR | ASEN | SAL | JER | BAR | PROP | ESDR | SEDR | JOB | ARIS | SIB | FRAG |
|---|---|---|---|---|---|---|---|---|---|---|---|---|---|---|---|---|
| κατάπληξις | 1 | | | | | | | | | | | | | | | 1 |
| καταποντίζω | 2 | | | | | | | | | 2 | | | | | | |
| καταπράσσω | 1 | | | | | | | | | | | | | 1 | | |
| καταπρηνής | 2 | | | | | | | | | | | | | | 2 | |
| καταπτήσσω | 1 | | | | 1 | | | | | | | | | | | |
| καταπτύω | 2 | | | | | 2 | | | | | | | | | | |
| κατάρα | 13 | | 7 | | 4 | | | 2 | | | | | | | | |
| καταράομαι | 18 | 1 | 7 | | 4 | | 1 | 1 | | 2 | | | 1 | | | 1 |
| κατάρατος | 4 | | 2 | | | | | | | | | | | | | 2 |
| καταργέω | 2 | | | | 1 | | | | | | | | | | | 1 |
| καταρραίνω | 2 | | | | | 2 | | | | | | | | | | |
| καταρράκτης | 3 | | | | | | | | 1 | | | | | | 2 | |
| καταρράσσω | 1 | | | | | | | | | | | | 1 | | | |
| καταρρέω | 2 | 1 | | | | 1 | | | | | | | | | | |
| καταρρήγνυμι | 2 | | | | | | | | | | | | | 2 | | |
| καταρχή | 5 | | | | | | | | | | | | | 4 | 1 | |
| κατάρχω | 2 | | | | | | | | | | | | | 2 | | |
| κατασιδηρόω | 1 | | | | | | | | | | | | | | | 1 |
| κατασκάπτω | 2 | | | | | | | | | | | | | | | 2 |
| κατασκευάζω | 38 | | | | 1 | | | | | | 1 | | 1 | 23 | | 12 |
| κατασκεύασμα | 4 | | | | | | | | | | | | | 3 | | 1 |
| κατασκευή | 31 | | | | | | | | | | | | | 22 | | 9 |
| κατασκηνόω | 3 | | | | | | 1 | | | | | | | | | 2 |
| κατάσκιος | 1 | | | | | | | | | | | | | | | 1 |
| κατασκοπεύω | 1 | | | | | | | | | | | | | | | 1 |
| κατάσκοπος | 2 | | | | 1 | | | | | | | | | | | 1 |
| κατασοφίζομαι | 1 | | | | | | | | | | | | | | | 1 |
| κατασπάζομαι | 1 | | | | | | | 1 | | | | | | | | |
| κατασπαράσσω | 1 | | | | 1 | | | | | | | | | | | |
| κατασπάω | 2 | | | | 1 | | 1 | | | | | | | | | |
| κατασπένδω | 2 | | | | 2 | | | | | | | | | | | |
| κατασπεύδω | 1 | | | | | | | | | | | | | | 1 | |
| κατασποδόω x | 2 | | | | | 2 | | | | | | | | | | |
| κατασπουδάζω | 1 | | 1 | | | | | | | | | | | | | |
| καταστεγάζω | 1 | | | | | | | | | | | | | | | 1 |
| κατάστημα | 5 | | | | | | | | | | | | | 4 | | 1 |
| καταστολή | 2 | | | | | | | | | | | | | 2 | | |
| καταστρατοπεδεύω | 1 | | | | | | | | | | | | | | | 1 |
| καταστρέφω | 5 | | | | 1 | | | | | | | | 1 | | | 3 |
| καταστροφή | 4 | | 1 | | | | 2 | | | | | | 1 | | | |
| καταστρώννυμι | 2 | | | | | 2 | | | | | | | | | | |
| κατάστρωσις | 1 | | | | | | | | | | | | | 1 | | |
| κατασύρω | 1 | | | | 1 | | | | | | | | | | | |
| κατασφάζω | 2 | | 2 | | | | | | | | | | | | | |
| κατασφραγίζω | 1 | | | | | | | | | | | | | | | 1 |
| κατάσχεσις | 1 | | | | 1 | | | | | | | | | | | |
| κατατάσσω | 1 | | | | | | | | | | | | | 1 | | |
| κατατέμνω | 2 | | | | | | | | | 1 | | | | | | 1 |
| κατατίθημι | 6 | | | | | | | | | | 1 | | | 1 | 3 | 1 |
| κατατίλλω | 1 | | | | | | | | | | | | | | | 1 |
| κατατολμάω | 1 | | | | | | | | | | | | 1 | | | |
| κατατρέχω | 2 | | 1 | | 1 | | | | | | | | | | | |
| κατατρίβω | 1 | | | | | | | | | | | | | | 1 | |
| καταύγεια | 1 | | | | | | | | | | | | | 1 | | |
| καταφαγεῖν | 11 | | 9 | | 2 | | | | | | | | | | | |
| καταφαίνω | 2 | | | | | | | | | | | | | 1 | | 1 |
| καταφέρω | 3 | | 2 | | | | | | | | | | 1 | | | |
| καταφεύγω | 14 | | | | 3 | 9 | | | | | | | 1 | 1 | | |
| καταφθείρω | 3 | | | | 1 | | | | | | | | | 2 | | |
| καταφθίω | 3 | | | | | | | | | | | | | | 3 | |
| καταφιλέω | 22 | | | 1 | 5 | 14 | | 2 | | | | | | | | |
| καταφλέγω | 1 | | | | | | | | | | | | | | | 1 |
| καταφορά | 1 | | | | 1 | | | | | | | | | | | |
| καταφρονέω | 2 | | | | | | | | | | | | 1 | 1 | | |
| καταφρόνησις | 5 | | | | 3 | | | | | | | | 1 | 1 | | |
| καταφρονητής | 1 | | | | | | | 1 | | | | | | | | |
| καταφυγή | 7 | | | | 5 | 2 | | | | | | | | | | |
| καταφυτεύω | 1 | | 1 | | | | | | | | | | | | | |
| καταχέω | 2 | | | | 1 | | | | | | | | | | | 1 |
| καταχθόνιος | 1 | | | | | | | | | | | | | | | 1 |
| καταχράομαι (-ω) | 2 | | | | | | | | | | | | | | | 2 |
| καταχρυσόω | 1 | | | | | | | | | | | | | | | 1 |
| καταχωρίζω | 5 | | | | | | | | | | | | | 4 | | 1 |
| καταψεύδομαι | 2 | | 1 | 1 | | | | | | | | | | | | |
| καταψύχω | 1 | | | | 1 | | | | | | | | | | | |
| κατεγγίζω x | 1 | | | | | | | | | | | | 1 | | | |
| κατεγγυάω | 4 | | | | 3 | | | | | | | | | | | 1 |
| κατέδω | 3 | | | | | | | | | | | | | | 3 | |
| κατεῖδον | 1 | | | | | | | | | | | | | | 1 | |
| κάτειμι (εἶμι) | 3 | | | | 1 | | | | | | | | | 1 | | 1 |
| κατεῖπον | 1 | | | | | | | | | | | | | | | 1 |
| κατέναντι | 14 | | 1 | | 4 | 5 | 2 | 1 | | | | | | | 1 | |
| κατεπαινέω x | 3 | | | | | | | | | | | | | 3 | | |
| κατεπείγω | 1 | | | | | | | | | | | | | 1 | | |
| κατεργάζομαι | 7 | 2 | | | 1 | | 1 | | | | | | | 2 | | 1 |
| κατεργασία | 1 | | | | | | | | | | | | | 1 | | |
| κατέρχομαι | 30 | 1 | 13 | 2 | | | | 2 | 2 | | | 2 | | 1 | | 7 |
| κατερῶ | 1 | | | | | | | | | | | | 1 | | | |
| κατεσθίω | 9 | | 6 | | 3 | | | | | | | | | | | |
| κατέσθω | 2 | | 2 | | | | | | | | | | | | | |
| κατευθύνω | 16 | | | | 1 | | 6 | | | | | | | 9 | | |
| κατευοδόω | 2 | | | | 1 | | | 1 | | | | | | | | |
| κατευφημέω | 1 | | | | | | | | | | | | | 1 | | |
| κατευχή | 2 | | | | | | | | | | | | | 2 | | |
| κατέχω | 20 | | 9 | | | | | 2 | 1 | | | | 3 | | 1 | 4 |
| κατηγορέω | 7 | | | | 1 | | | | | 1 | | | | | | 5 |
| κατηχέω | 1 | | | | | | | | 1 | | | | | | | |
| κατήχησις | 1 | | | | 1 | | | | | | | | | | | |
| κατισχύω | 9 | | 1 | | 5 | | 1 | | | | | | | 2 | | |
| κατοδύρομαι | 1 | | | | | | | | | | | | | | 1 | |

| LEMMES | TOTAL | ADAM | HEN | ABR | PATR | ASEN | SAL | JER | BAR | PROP | ESDR | SEDR | JOB | ARIS | SIB | FRAG |
|---|---|---|---|---|---|---|---|---|---|---|---|---|---|---|---|---|
| κατοικεσία | 1 | | | | 1 | | | | | | | | | | | |
| κατοικέω | 30 | | | 2 | 9 | 1 | 2 | 2 | 1 | 3 | | | | | 1 | 9 |
| κατοίκησις | 7 | | 6 | | | | | | | | | | | | | 1 |
| κατοικία | 1 | | | | | | | | | | | | | | | 1 |
| κατοικίζω | 3 | | | | | | | | | | | | | 2 | | 1 |
| κατοίομαι | 1 | | | | | | | | | | | | | 1 | | |
| κατοπτεύω | 2 | | | | | | | | | | | | | | | 2 |
| κάτοπτρον | 1 | | | | | | | | | | | | | 1 | | |
| κατορθόω | 4 | | | | 1 | | | 1 | | | | | | 2 | | |
| κατοχυρόω | 1 | | | | | | | | | | | | | | | 1 |
| κάτω | 8 | | 1 | 1 | | | 1 | | | | 1 | | | 1 | 1 | 2 |
| κάτωθεν | 1 | | | | | | | | | | | 1 | | | | |
| κατώτερος | 6 | | | | 1 | | | | | | 4 | | | | | 1 |
| καῦμα | 8 | 1 | | | 1 | | | 4 | | | | | | | | 1 |
| καῦσις | 3 | | 1 | | | 1 | | | 1 | | | | | | | |
| καυχάομαι | 10 | | 1 | | 4 | | 1 | 2 | | | | | 2 | | | |
| καύχημα | 2 | | | | | | | | | | | | 2 | | | |
| καψάκης | 1 | | | | | | | | | 1 | | | | | | |
| κέ | 16 | | | | | | | | | | | | | | 13 | 3 |
| Κεβρήν | 1 | | | | | | | | | | | | | | 1 | |
| κεδνός | 1 | | | | | | | | | | | | | | 1 | |
| κέδρινος | 4 | | | | | | | | | | | | | | | 4 |
| κέδρος | 3 | | | 2 | 1 | | | | | | | | | | | |
| κεῖμαι | 28 | 5 | | 1 | | 3 | | | 1 | 5 | | | 1 | 7 | 4 | 1 |
| κειμήλιον | 2 | | 1 | | | | | | | | 1 | | | | | |
| κείρω | 7 | | | | 1 | | | | | | | | 4 | | 1 | 1 |
| κεκρυμμένως | 1 | | | | | | | | | | | | 1 | | | |
| κελαδέω | 1 | | | | | | | | | | | | | | 1 | |
| κελάδημα | 1 | | | | | | | | | | | | | | 1 | |
| κελάδω | 1 | | | | | | | | | | | | | | | 1 |
| κελαινός | 2 | | | | | | | | | | | | | | 2 | |
| κελαρύζω | 2 | | | | | | | | | | | | | | 2 | |
| κέλευθος | 2 | | | | | | | | | | | | | | 2 | |
| κέλευμα | 1 | | | | | | | | 1 | | | | | | | |
| κέλευσις | 2 | | | 2 | | | | | | | | | | | | |
| κελεύω | 92 | 4 | 1 | 15 | 5 | | | 1 | | 1 | 3 | 1 | 6 | 25 | 3 | 27 |
| κέλομαι | 2 | | | | | | | | | | | | | | 2 | |
| Κελτός | 1 | | | | | | | | | | | | | | 1 | |
| Κενέζεος | 2 | | | | | | | | | 2 | | | | | | |
| κενεήφατος * | 1 | | | | | | | | | | | | | | 1 | |
| κενεόφρων | 2 | | | | | | | | | | | | | | 2 | |
| κενόδοξος | 1 | | | | | | | | | | | | | 1 | | |
| κενόκρανος * | 1 | | | | | | | | | | | | | | 1 | |
| κενός | 11 | | 1 | | 1 | | 1 | | 1 | | | | 2 | 3 | 2 | |
| κέντρον | 3 | | | | | 1 | 1 | | | | | | | | | 1 |
| κεραία | 8 | | | | | | | | | | | | | | 8 | |
| κεραΐζω | 1 | | | | | | | | | | | | | | 1 | |
| κεραμεύς | 3 | | | | 2 | 1 | | | | | | | | | | |
| κεραμίς | 1 | | | | | | | | | | | | | | | 1 |
| κεράννυμι | 2 | | | | | 1 | | | | | | | | | | 1 |
| κέρας | 14 | | 1 | | 2 | 1 | | | 1 | | | | 4 | | 2 | 3 |
| κεράστης | 3 | | 3 | | | | | | | | | | | | | |
| κερασφόρος | 1 | | | | | | | | | | | | | | | 1 |
| κερατία | 1 | | 1 | | | | | | | | | | | | | |
| κερατίζω | 1 | | 1 | | | | | | | | | | | | | |
| κερατοειδής | 1 | | | | | | | | | | | | | | | 1 |
| κεραυνός | 2 | | | | | | | | | | | | | | 2 | |
| κερδαίνω | 3 | | | | | | | | | | | | | 1 | | 2 |
| κέρδος | 3 | | | | | | | | | | | | | | 2 | 1 |
| κέρκος | 1 | | 1 | | | | | | | | | | | | | |
| Κέρκυρα | 1 | | | | | | | | | | | | | | 1 | |
| κερόχρυσος * | 1 | | | | | | | | | | | | | | 1 | |
| κευθμών | 1 | | | | | | | | | | | | | | 1 | |
| κεύθω | 1 | | | | | | | | | | | | | | | 1 |
| κεφάλαιον | 2 | | | | | | | | | | | | | 1 | | 1 |
| κεφαλαιώδης | 1 | | | | | | | | | | | | | 1 | | |
| κεφαλή | 119 | 5 | 3 | 18 | 14 | 42 | 2 | 12 | 2 | 1 | | 5 | 7 | 2 | 2 | 4 |
| κεφαλίς | 1 | | | | | | | | | | | | | 1 | | |
| κεχαρισμένως | 1 | | | | | | | | | | | | | 1 | | |
| κηδεία | 1 | | | | | | | | | | | | | | | 1 |
| κηδεύω | 15 | 8 | | 1 | | | | 3 | | | | 1 | 2 | | | |
| κῆδος | 1 | | | | | | | | | | | | | | 1 | |
| κῆπος | 1 | | | | 1 | | | | | | | | | | | |
| κήρ | 3 | | | | | | | | | | | | | | 3 | |
| κηρίον | 28 | | | | | 28 | | | | | | | | | | |
| κηροδομέω | 1 | | | | | | | | | | | | | | | 1 |
| κηρός | 3 | | 2 | | | 1 | | | | | | | | | | |
| κήρυγμα | 1 | | | | | | | | | | | | 1 | | | |
| κῆρυξ | 1 | | | | | 1 | | | | | | | | | | |
| κηρύσσω | 7 | | | | 1 | 1 | 1 | 1 | | 1 | | | | | 1 | 1 |
| κῆτος | 5 | | | 1 | 1 | | | | | 2 | | | | | | |
| κίβδηλος | 4 | | 4 | | | | | | | | | | | | | |
| κιβώτιον | 2 | | | | | 2 | | | | | | | | | | |
| κιβωτός | 10 | | | | | 1 | | 1 | 1 | 4 | | | | | | 3 |
| κίδαρις | 3 | | | | | 2 | | | | | | | | | 1 | |
| κιθάρα | 4 | 1 | | | | | | | | | | | | 3 | | |
| κιθαρίζω | 1 | | | | 1 | | | | | | | | | | | |
| κικλήσκω | 1 | | | | | | | | | | | | | | | 1 |
| Κιμβρά | 1 | | 1 | | | | | | | | | | | | | |
| κινδυνεύω | 2 | | | | | 1 | | | | 1 | | | | | | |
| κίνδυνος | 4 | | | | | 1 | 1 | | | | | | | 1 | | 1 |
| κινέω | 13 | 1 | 1 | 2 | 1 | | | | | | | | 2 | 2 | 2 | 2 |
| κίνημα | 1 | | | | | | | | | | | | | | | 1 |
| κίνησις | 5 | | | | | | | | | | | | 1 | 4 | | |
| κιννάμωμον | 4 | 1 | 2 | | | | | 1 | | | | | | | | |
| Κίρκη | 1 | | | | | | | | | | | | | | 1 | |
| κισσός | 2 | | | | | | | | | | | | | | 2 | |
| κίων | 7 | | | | | 1 | | | | | | | | | | 6 |
| κλάδος | 9 | 1 | | 2 | 2 | 1 | | 1 | | | | | | | 1 | 1 |
| Κλάθ | 4 | | | | | | | | | | | | | | | 4 |

| LEMMES | TOTAL | ADAM | HEN | ABR | PATR | ASEN | SAL | JER | BAR | PROP | ESDR | SEDR | JOB | ARIS | SIB | FRAG |
|---|---|---|---|---|---|---|---|---|---|---|---|---|---|---|---|---|
| κλαίω | 129 | 14 | 1 | 34 | 14 | 7 | | 17 | 6 | 2 | 7 | 2 | 10 | | 13 | 2 |
| κλάσμα | 1 | | | | | | | | | | | | | | | 1 |
| κλαυθμός | 26 | 3 | | 8 | | 5 | | 3 | | | | | 7 | | | |
| κλειδοῦχος | 1 | | | | | | | | 1 | | | | | | | |
| κλεῖθρον | 1 | | | | | | | | | | 1 | | | | | |
| κλείς | 3 | | | | | | | 2 | | | | | | | | 1 |
| κλείω | 13 | 1 | | | | 8 | | | 3 | | | | | | | 1 |
| κλέος | 4 | | | | | | | | | | | | | | 4 | |
| κλέπτης | 2 | | | 1 | | 1 | | | | | | | | | | |
| κλέπτω | 11 | | | 1 | 6 | | | | | | | | | | | 4 |
| κλεψία | 1 | | | | | | | | 1 | | | | | | | |
| κλεψίγαμος | 1 | | | | | | | | | | | | | | 1 | |
| κληδονισμός | 1 | | | | | | | | | | | | | | | 1 |
| κληδών | 1 | | | | 1 | | | | | | | | | | | |
| κλήζω | 3 | | | | | | | | | | | | | | 1 | 2 |
| κλῆμα | 4 | | | | | | | 3 | | | | 1 | | | | |
| κληρονομέω | 9 | | 3 | | 1 | 2 | | | | | | | 3 | | | |
| κληρονομία | 24 | | 1 | | 1 | 10 | 7 | | | | 2 | | 3 | | | |
| κληρονόμος | 2 | | | | | | 1 | | | | | 1 | | | | |
| κλῆρος | 9 | 3 | | 1 | 3 | 1 | | | | | | | | | 1 | |
| κληρόω | 2 | | | | 1 | | | | | | | | | | 1 | |
| κλίμα | 5 | | | | | | | | | | | | | 4 | 1 | |
| κλῖμαξ | 4 | | | | 1 | 3 | | | | | | | | | | |
| κλινάριον | 2 | | 2 | | | | | | | | | | | | | |
| κλίνη | 25 | | | 9 | | 10 | | | | | | | 3 | 1 | | 2 |
| κλίνω | 10 | 1 | | | 4 | | | 2 | | | | | 1 | 1 | | 1 |
| κλισία | 2 | | | | | | | | | | | | | 2 | | |
| κλονέω | 1 | | | | 1 | | | | | | | | | | | |
| κλόνος | 3 | | | | 1 | | | | | | | | | | 2 | |
| κλοπαῖος | 1 | | | | | | | | | | | | | | 1 | |
| κλοπή | 4 | | | | | 2 | | | 2 | | | | | | | |
| κλόπιμος | 2 | | | | | | | | | | | | | | | 2 |
| κλύδων | 2 | | 2 | | | | | | | | | | | | | |
| κλυδώνιος | 1 | | | 1 | | | | | | | | | | | | |
| κλύζω | 3 | | | | | | | | | | | | 1 | | 2 | |
| κλυτοηχής * | 1 | | | | | | | | | | | | | | | 1 |
| κλυτός | 2 | | | | | | | | | | | | | | 2 | |
| κλύω | 4 | | | | | | | | | | | | | | 3 | 1 |
| κλώθω | 1 | | | | | | | | | | | | | | 1 | |
| Κλωπᾶς | 1 | | | | | | | | | 1 | | | | | | |
| κλώψ | 1 | | | | | | | | | | | | | | | 1 |
| κνήμη | 2 | | | | 1 | 1 | | | | | | | | | | |
| κνημίς | 1 | | | | 1 | | | | | | | | | | | |
| κνῖσα | 1 | | | | | | | | | | | | | | 1 | |
| κνώδαλον | 5 | | | | | | | | | | | | | 4 | 1 | |
| κνώδαξ | 1 | | | | | | | | | | | | | | | 1 |
| κοιλάς | 2 | | | | | | | | | | 1 | | | | | 1 |
| κοιλία | 18 | 3 | | 3 | 3 | 1 | 1 | 3 | | | 1 | 1 | 1 | | | 1 |
| κοῖλος | 5 | | 2 | | | | | | | | | | | 1 | | 2 |
| κοίλωμα | 1 | | 1 | | | | | | | | | | | | | |
| κοιμάω | 34 | 4 | 2 | 5 | 8 | 4 | | 5 | | 2 | | | 2 | | 2 | |
| κοίμησις | 1 | 1 | | | | | | | | | | | | | | |
| κοιμίζω | 1 | | | | | | 1 | | | | | | | | | |
| κοινολογία | 1 | | | | | | | | | | | | | 1 | | |
| κοινός | 18 | | 1 | 1 | | | | | | | | | | 3 | 4 | 9 |
| κοινόω | 2 | | | | | | | | | | | | | | | 2 |
| κοινωνέω | 6 | | 1 | | 1 | 1 | | 1 | | | | | | 1 | | 1 |
| κοινωνία | 2 | | | | | 1 | | | | | | | | | | 1 |
| κοίρανος | 3 | | | | | | | | | | | | | | 2 | 1 |
| κοιτάζω | 2 | | | | | | | | | | | | | 1 | 1 | |
| κοίτη | 6 | | | | 1 | | 1 | | | | | | | | 4 | |
| κοιτών | 1 | | | | 1 | | | | | | | | | | | |
| κόκκινος | 2 | | | | | | | 1 | | | | | | | | 1 |
| κόκκος | 3 | | | | | 1 | | | | | | | | | | 2 |
| κολάζω | 10 | | 1 | | 3 | | | | | | | 2 | | 2 | | 2 |
| κολακεία | 2 | | 2 | | | | | | | | | | | | | |
| κολακεύω | 2 | | | | 1 | | | | | | | | | | | 1 |
| κόλαξ | 1 | | | | | | | | | | | | | | | 1 |
| κόλασις | 17 | | | 2 | 4 | | | | | | | 3 | 6 | | 1 | 1 |
| κολαστήριον | 1 | | | | | | | | | | | 1 | | | | |
| κολάστρια | 1 | | | | | | | | | | | | | | | 1 |
| κολαφίζω | 1 | | | | 1 | | | | | | | | | | | |
| κολεός | 3 | | | | | 3 | | | | | | | | | | |
| κολλάω | 10 | | | 1 | 5 | | | | 1 | | | | | 1 | | 2 |
| κολλυρίς | 1 | | | | | | | | | | | | | | | 1 |
| κολοβόω | 1 | | | | | | | | 1 | | | | | | | |
| κολούω | 1 | | | | | | | | | | | | | | | 1 |
| Κολοφών | 1 | | | | | | | | | | | | | | 1 | |
| κόλπος | 10 | | | 2 | | 2 | | | | | | | 1 | 1 | | 4 |
| κόλπωσις | 1 | | | | | | | | | | | | | | 1 | |
| κολυμβήθρα | 1 | | | | | | | | 1 | | | | | | | |
| κόλυμβος | 1 | | | | | | | | | | | | | | 1 | |
| κομάω | 2 | | | | | | | | | | | | | | | 2 |
| κόμη | 2 | | | | | | | | | | | | | | 1 | 1 |
| κομήτης | 2 | | | | | | | | | | | | | | 1 | 1 |
| κομίζω | 14 | | 1 | | 1 | 3 | | | | | | | 7 | | 1 | 1 |
| Κομμαγηνή | 1 | | | | | | | | | | | | | | | 1 |
| κονία | 2 | | | | | | | | | | | | | | 2 | |
| κονίασις | 1 | | | | | | | | | | | | | 1 | | |
| κονιορτός | 1 | | | | | | | | | | | | | | 1 | |
| κόνις | 4 | | | | | | | | | | | | | | 3 | 1 |
| κονίω | 1 | | | | | | | | | | | | | | | 1 |
| κοπετός | 2 | | | | | | | | | | | | | 1 | 1 | |
| κοπιάω | 7 | 1 | 2 | 1 | | | | | | | | | 1 | 1 | | 1 |
| κόπος | 10 | | 4 | | 1 | | | 1 | | | | | 1 | | 1 | 2 |
| κοπρία | 5 | | | | | | | | | | | | 5 | | | |
| κόπρος | 2 | 1 | | | 1 | | | | | | | | | | | |
| κόπτω | 9 | | | | | | | | | | | 1 | | 1 | 6 | 1 |
| κόραξ | 5 | | | | 1 | | 1 | 1 | | 2 | | | | | | |
| κορέννυμι | 4 | | | | | | | 2 | | | | | | | 1 | 1 |

| LEMMES | TOTAL | ADAM | HEN | ABR | PATR | ASEN | SAL | JER | BAR | PROP | ESDR | SEDR | JOB | ARIS | SIB | FRAG |
|---|---|---|---|---|---|---|---|---|---|---|---|---|---|---|---|---|
| κόρη | 14 | | | | | 2 | | | | | | | | | 3 | 9 |
| Κόρινθος | 3 | | | | | | | | | | | | | | 3 | |
| κόριον (κόρη) | 1 | | 1 | | | | | | | | | | | | | |
| κόρος (κορέννυμι) | 1 | | | | | | | | | 1 | | | | | | |
| κόρος (κοῦρος) | 2 | | | | | | | | | | | | | | 1 | 1 |
| κόρος (μέτρον) | 5 | | | | 1 | | | | | | | | | | | 4 |
| κόρυμβος | 1 | | | | | | | | | | | | | | | 1 |
| κόρυς | 1 | | | | | | | | | | | | | | 1 | |
| κορύσσω | 1 | | | | | | | | | | | | | | 1 | |
| κορυστής | 1 | | | | | | | | | | | | | | 1 | |
| κορυφή | 13 | | 3 | | 2 | | 1 | | | | 1 | | | 3 | 2 | 1 |
| κορυφόω | 1 | | | | | | | | | | | | | | 1 | |
| κοσμέω | 12 | 1 | | 3 | 4 | 1 | | 1 | | | | | | | 2 | |
| κόσμησις | 2 | | | | 2 | | | | | | | | | | | |
| κοσμικός | 4 | | | 1 | 1 | | | | | | | | 2 | | | |
| κόσμιος | 1 | | 1 | | | | | | | | | | | | | |
| κοσμομανής * | 2 | | | | | | | | | | | | | | 2 | |
| κοσμοποιΐα | 2 | | | | | | | | | | | | | | | 2 |
| κόσμος | 112 | 1 | 6 | 20 | 6 | 9 | | 3 | 4 | | 5 | 6 | 1 | 3 | 27 | 21 |
| κοτέω | 1 | | | | | | | | | | | | | | 1 | |
| κόττος | 1 | | | | | | | | | | | | | | | 1 |
| κοῦφος | 5 | | | | 2 | | | | | | | | | | 1 | 2 |
| κόφινος | 12 | | | | | | | 12 | | | | | | | | |
| κοχλάζω | 4 | | | 3 | | 1 | | | | | | | | | | |
| κράββατος | 3 | | | | | | | | | | | | 3 | | | |
| Κράγος | 1 | | | | | | | | | | | | | | 1 | |
| κράζω | 18 | 1 | 2 | 3 | | 2 | 2 | 4 | | | 2 | | 1 | | | 1 |
| κραίνω | 2 | | | | | | | | | | | | | | | 2 |
| κραιπνός | 1 | | | | | | | | | | | | | | | 1 |
| κρανίον | 1 | | | | | | | | | | 1 | | | | | |
| κράς | 1 | | | | | | | | | | | | | | 1 | |
| κραταιός | 11 | | | 2 | 1 | 4 | | | | | | | | | 3 | 1 |
| κραταιόω | 1 | | | 1 | | | | | | | | | | | | |
| κρατερός | 8 | | | | | | | | | | | | | | 6 | 2 |
| κρατέω | 56 | | 6 | 9 | 9 | | 1 | | | 2 | | 2 | 1 | 7 | 13 | 6 |
| κρατήρ | 5 | | | | | | | | | | | | | 5 | | |
| κράτησις | 1 | | | | | | | | | | | | | | | 1 |
| κρατιστεύω | 1 | | | | | | | | | | | | | | 1 | |
| κράτος | 14 | 1 | | 2 | 1 | | 1 | | | | 1 | 1 | | | 5 | 2 |
| κραυγή | 4 | | 1 | | | | 1 | | | | | | 1 | 1 | | |
| κρέας | 14 | | | 1 | 5 | 1 | 1 | | | 3 | | | | | | 3 |
| κρείσσων | 14 | 1 | | | | | | | | | | | 4 | 6 | | 3 |
| κρέμαμαι | 11 | | | | 1 | 1 | | 2 | 1 | 1 | 3 | | | | | 2 |
| κρεμάννυμι | 6 | 1 | | 3 | | 1 | | | | | 1 | | | | | |
| κρεωφαγία | 1 | | | | | | | | | | | | | | | 1 |
| κρημνός | 11 | | | 5 | 3 | | | | | 1 | | | | 1 | 1 | |
| κρήνη | 2 | | | | | | | | | | | | | | | 2 |
| κρηπίς | 1 | | | | | | | | | | | | | 1 | | |
| Κρής | 1 | | | | | | | | | | | | | | 1 | |
| Κρήτη | 2 | | | | | | | | | | | | | | 2 | |
| κριθή | 1 | | | | | | | | | | | | | | | 1 |
| κρίμα | 34 | 1 | 3 | | 2 | 25 | 1 | | | | | | | | | 2 |
| κρίμνον | 1 | | | | | | | | | | | | | | | 1 |
| κρίνον | 3 | | | | 1 | | | | | | | | | 2 | | |
| κρίνω | 60 | 5 | 2 | 13 | 8 | 1 | 9 | 1 | | 2 | 2 | | 2 | 4 | 6 | 5 |
| κρινωτός | 1 | | | | | | | | | | | | | 1 | | |
| κριός | 25 | | 10 | 6 | | | 1 | | | | | | | 1 | 2 | 5 |
| κρίσις | 105 | 2 | 34 | 10 | 14 | | 3 | 1 | 2 | 1 | 15 | 1 | | 2 | 14 | 6 |
| κριτήριον | 5 | | | 3 | | | | | | | | 2 | | | | |
| κριτής | 24 | | | 12 | 2 | | 4 | | | 3 | | | | | 1 | 2 |
| Κρόβυζος | 1 | | | | | | | | | | | | | | 1 | |
| κροκόδειλος | 2 | | | | | | | | | 2 | | | | | | |
| κρόκος | 1 | 1 | | | | | | | | | | | | | | |
| κροκώτινος | 1 | | | | | | | | | | | | | | | 1 |
| Κρονίδης | 1 | | | | | | | | | | | | | | 1 | |
| Κρόνος | 12 | | | | | | | | | | | | | | 11 | 1 |
| κρόταφος | 7 | | | | 4 | 1 | | | | 1 | | | | 1 | | |
| κρότος | 6 | | | | | | | | | | | | | 6 | | |
| Κρότων | 1 | | | | | | | | | | | | | | 1 | |
| κρούω | 3 | | | | 1 | | | | | | | | | 1 | | 1 |
| κρυόεις | 1 | | | | | | | | | | | | | | | 1 |
| κρυπτή | 1 | | | | | | | | | | | | | 1 | | |
| κρυπτός | 6 | | | | 2 | 2 | | | | 1 | | | | | | 1 |
| κρύπτω | 42 | 9 | 3 | 6 | 6 | 2 | 2 | 1 | | 1 | 2 | | | 1 | 4 | 5 |
| κρυστάλλινος | 1 | | 1 | | | | | | | | | | | | | |
| κρυσταλλοειδής | 1 | | | 1 | | | | | | | | | | | | |
| κρύσταλλος | 5 | | | 1 | 1 | | | | | | | | 1 | | 1 | 1 |
| κρύφα | 1 | | | | | | | | | | 1 | | | | | |
| κρυφαῖος | 3 | | | 1 | 1 | 1 | | | | | | | | | | |
| κρυφῇ | 8 | | | 4 | 2 | | | 2 | | | | | | | | |
| κρύφιος | 4 | | | | | 1 | | | | | | | | 1 | 1 | 1 |
| κτάομαι | 19 | | 3 | 2 | 3 | 1 | | | | | 1 | | | 2 | 4 | 3 |
| κτέανον | 1 | | | | | | | | | | | | | | | 1 |
| κτείνω | 5 | | | | | | | | | | | | | | 3 | 2 |
| κτῆμα | 4 | | | 1 | | | | | | | | | 1 | 1 | 1 | |
| κτῆνος | 30 | 2 | 2 | 4 | | | | | | 3 | | | 4 | 3 | 1 | 11 |
| κτηνοτρόφος | 2 | | | | | | | | | | | | | | | 2 |
| κτηνοφθόρος | 1 | | | | 1 | | | | | | | | | | | |
| κτηνώδης | 1 | | | | | | | | | | | | 1 | | | |
| κτῆσις | 6 | | | | 1 | | | | | | | | | 1 | 1 | 3 |
| κτίζω | 35 | | 6 | 2 | 4 | 1 | 2 | 1 | | 1 | | 1 | 1 | 3 | 5 | 8 |
| κτίσις | 28 | 2 | 3 | 5 | 4 | 1 | 1 | 1 | | 1 | 1 | 1 | | 2 | 4 | 2 |
| κτίσμα | 12 | | | 1 | 2 | | | | | | | 2 | 1 | 1 | 1 | 4 |
| κτίστης | 4 | | | | | | | | | | | | | 1 | 3 | |
| κτίστωρ | 1 | | | | | | | | | | | | | | | 1 |
| κτύπος | 2 | | | | | | | 2 | | | | | | | | |
| Κύαγρα | 1 | | | | | | | | | | | | | | 1 | |
| κυάνεος | 1 | | | | | | | | | | | | | | 1 | |
| κυανοχαίτης | 1 | | | | | | | | | | | | | | 1 | |
| κυβερνάω | 5 | | | | | | | | | | | | | 4 | | 1 |

| LEMMES | TOTAL | ADAM | HEN | ABR | PATR | ASEN | SAL | JER | BAR | PROP | ESDR | SEDR | JOB | ARIS | SIB | FRAG |
|---|---|---|---|---|---|---|---|---|---|---|---|---|---|---|---|---|
| κυβερνήτης | 1 | | | | 1 | | | | | | | | | | | |
| κυδάλιμος | 2 | | | | | | | | | | | | | | 2 | |
| κυδοιμός | 4 | | | | | | | | | | | | | | 4 | |
| κῦδος | 2 | | | | | | | | | | | | | | 1 | 1 |
| Κύζικος (ἡ) | 3 | | | | | | | | | | | | | | 3 | |
| κυκάω | 1 | | | | | | | | | | | | | | | 1 |
| κυκλεύω | 2 | | | | | 2 | | | | | | | | | | |
| κυκλέω | 1 | | | | | | | | | | | | | | | 1 |
| κύκλιος | 1 | | | | | | | | | | | | | | 1 | |
| κυκλόθεν | 12 | | | 1 | 1 | | | | | | | | 1 | 6 | 1 | 2 |
| κύκλος | 23 | 1 | 4 | 3 | 2 | 3 | | | | 1 | | | 1 | 1 | 2 | 5 |
| κυκλοτερής | 1 | | | | | | | | | | | | | | | 1 |
| κυκλόω | 11 | 2 | | 2 | | | 1 | 3 | | | | | 1 | | 1 | 1 |
| κύκλωμα | 1 | | 1 | | | | | | | | | | | | | |
| κύκνειος | 1 | | | | | | | | | | | | | | | 1 |
| κυλικεῖον | 1 | | | | | | | | | | | | | 1 | | |
| κυλίκιον | 1 | | | | | | | | | | | | | 1 | | |
| κυλίω | 2 | | 1 | | 1 | | | | | | | | | | | |
| κῦμα | 13 | | | | | | 1 | | | | | 1 | 1 | 1 | 7 | 2 |
| Κυμαῖος | 2 | | | | | | | | | | | | | | 2 | |
| κυματίζω | 3 | | | 3 | | | | | | | | | | | | |
| κυμάτιον | 1 | | | | | | | | | | | | | 1 | | |
| Κύμη | 1 | | | | | | | | | | | | | | 1 | |
| κυνηγεσία | 1 | | | | | | | | | | | | | | 1 | |
| κυνόμυια | 2 | | | | | | | | | | | | | | | 2 |
| κυπαρίσσινος | 5 | | | | | | | | | | | | | | | 5 |
| κυπάρισσος | 3 | | | 1 | 1 | 1 | | | | | | | | | | |
| κυπάσσιον | 1 | | | | | | | | | | | | | | 1 | |
| Κύπριος | 1 | | | | | | | | | | | | | | 1 | |
| Κύπρις | 4 | | | | | | | | | | | | | | 1 | 3 |
| Κύπρος | 4 | | | | | | | | | | | | | | 4 | |
| κύπτω | 2 | | 1 | | | | 1 | | | | | | | | | |
| κυρά * | 1 | | | 1 | | | | | | | | | | | | |
| Κυρήνη | 1 | | | | | | | | | | | | | | 1 | |
| κυριακός | 1 | | | | | | | | | | | | | | | 1 |
| κυριεύω | 19 | 2 | 3 | | 7 | | | | 1 | | | | | 5 | | 1 |
| κύριος | 886 | 30 | 26 | 83 | 262 | 118 | 116 | 43 | 37 | 25 | 26 | 35 | 46 | 4 | | 35 |
| Κύρνος | 1 | | | | | | | | | | | | | | 1 | |
| Κῦρος | 1 | | | | | | | | | 1 | | | | | | |
| κυρόω | 1 | | | | | | | | | | | | | 1 | | |
| Κύρρος | 1 | | | | | | | | | | | | | | 1 | |
| κύτος | 1 | | | | | | | | | | | | | | | 1 |
| κύων | 21 | | 5 | 3 | | 5 | | | 1 | | | | 1 | | 2 | 4 |
| κώδων | 3 | | | | | | | | | | | | | 1 | | 2 |
| κώθων | 1 | | | | 1 | | | | | | | | | | | |
| κωλύω | 15 | | 2 | 3 | | | 1 | | | 1 | | | 4 | 3 | | 1 |
| κώμη | 5 | | | | 1 | | | | | | | | 2 | 1 | | 1 |
| κῶμος | 2 | | | | | | | | | | | | | | 2 | |
| κώπη | 1 | | | | | 1 | | | | | | | | | | |
| κωφός | 7 | | | | | 4 | | | | | | | | | 3 | |
| Λαβάν | 9 | | | | | 3 | | | | | | | | | | 6 |
| λαβρεία | 1 | | | | | | | | | | | | | | | 1 |
| Λᾶγος | 2 | | | | | | | | | | | | | 1 | | 1 |
| λαγχάνω | 11 | 1 | | | | | | | | | | | | | 8 | 2 |
| λαγών | 1 | | | | 1 | | | | | | | | | | | |
| λαεργέω * | 1 | | 1 | | | | | | | | | | | | | |
| λάθρᾳ | 2 | | | | 1 | | | | | | | | | | 1 | |
| λαθραῖος | 2 | | | | | | | | | | | | | | 1 | 1 |
| λάθριος | 1 | | | | | | | | | | | | | | 1 | |
| λαῖλαψ | 2 | | | | 1 | | | | | | | | 1 | | | |
| λαιός, ά, όν | 2 | | | | | | | | | 1 | | | | | | 1 |
| λαιφάσσω * | 1 | | | | | | | | | | | | | | 1 | |
| λακάω | 1 | | | | | | | | | | | | | | | 1 |
| λάκκος | 7 | | | | | 5 | | 1 | | 1 | | | | | | |
| λαλέω | 150 | 8 | 11 | 7 | 13 | 45 | 5 | 16 | 2 | 1 | 2 | 3 | 18 | 2 | 2 | 15 |
| λαλιά | 2 | | | | 1 | | | 1 | | | | | | | | |
| λαμβάνω | 299 | 15 | 13 | 23 | 48 | 26 | 2 | 7 | 16 | 3 | 4 | 10 | 36 | 28 | 7 | 61 |
| Λάμεχ | 11 | | 8 | 1 | | | | | | | | | | | | 2 |
| λαμνεῖον | 1 | | | | | | | | | | | | | | | 1 |
| λαμπάς | 3 | | | | | | | 1 | | | | | 1 | | 1 | |
| λαμπετάω | 1 | | | | | | | | | | | | | | 1 | |
| λαμπήνη | 1 | | | | 1 | | | | | | | | | | | |
| λαμπρός | 15 | 1 | 1 | 1 | 2 | 1 | | | | | | | | | 3 | 6 |
| λαμπρότης | 3 | | | | | | | | | | | | | 1 | | 2 |
| λαμπρύνω | 1 | | | | 1 | | | | | | | | | | | |
| λαμπτήρ | 1 | | | | | | | | | | | | | | | 1 |
| λάμπω | 12 | | 2 | 2 | | 1 | | | 2 | | | | | | 3 | 2 |
| λανθάνω | 13 | | | 1 | 1 | | | | | 1 | | | | 3 | 2 | 5 |
| Λαοδίκεια | 3 | | | | | | | | | | | | | | 3 | |
| λαός | 138 | 1 | 4 | | 8 | 2 | 17 | 44 | 1 | 19 | | | | | 13 | 29 |
| Λαπίθης | 1 | | | | | | | | | | | | | | 1 | |
| λάρυγξ | 1 | | | | | | | | | | | | 1 | | | |
| λάσιος | 1 | | | | | | | | | | | | | | | 1 |
| Λατινίδης | 1 | | | | | | | | | | | | | | 1 | |
| Λατινίς | 2 | | | | | | | | | | | | | | 2 | |
| Λατῖνος | 2 | | | | | | | | | | | | | | 2 | |
| λατομέω | 1 | | | | | | | | | | | | | | | 1 |
| λατρεία | 3 | | | | | | | | | | | | | | 1 | 2 |
| λατρεύω | 12 | 1 | 2 | | 1 | | | | | | | | | | 3 | 5 |
| λάτρις | 2 | | | | | | | | | | | | | 1 | 1 | |
| λαχνήεις | 1 | | | | | | | | | | | | | | | 1 |
| λέγω | 598 | 74 | 16 | 93 | 68 | 17 | | 62 | 24 | 11 | 16 | 44 | 61 | 32 | 7 | 73 |
| λεηλασία | 1 | | | | | | | | | | | | | | | 1 |
| Λεία | 22 | | | | 6 | 7 | | | | | | | | | | 9 |
| λειμών | 1 | | | | | | | | | | | | | | | 1 |
| λεῖος | 3 | | 2 | | | | | | | | | | | 1 | | |
| λειποθυμέω | 1 | | | | | | | | | | | | | | | 1 |
| λείπω | 22 | | | 1 | 1 | | | | | | | | 1 | | 10 | 9 |
| λειτουργέω | 5 | | | | | 2 | | | | 1 | | | | 1 | | 1 |
| λειτουργία | 16 | | | | | | | 3 | | | 3 | | 2 | 8 | | |

| LEMMES | TOTAL | ADAM | HEN | ABR | PATR | ASEN | SAL | JER | BAR | PROP | ESDR | SEDR | JOB | ARIS | SIB | FRAG |
|---|---|---|---|---|---|---|---|---|---|---|---|---|---|---|---|---|
| λειτουργός | 5 | | | 1 | 2 | | | | | | | | | 1 | | 1 |
| λείψανον | 4 | | | | | | | | | 1 | | | | | 1 | 2 |
| λεκάνη | 8 | | 7 | | 1 | | | | | | | | | | 1 | |
| λεκτροκλόπος * | 1 | | | | | | | | | | | | | | 1 | |
| λέκτρον | 3 | | | | | | | | | | | | | | | 3 |
| Λέμεχ | 1 | | 1 | | | | | | | | | | | | | |
| λέντιον | 1 | | | | | | | 1 | | | | | | | | |
| Λεοντοπολίτης | 1 | | | | | | | | | | | | | | | 1 |
| λεπίς | 1 | | | | | | | | | | | | 1 | | | |
| λέπρα | 1 | | | | | | | | | 1 | | | | | | |
| λεπρός | 1 | | | | | | | | | 1 | | | | | | |
| λεπτός | 3 | | | | 2 | | | | | | | | | | | 1 |
| Λέσβος | 2 | | | | | | | | | | | | | | 2 | |
| Λευί | 73 | | | | 37 | 23 | | | | | | | | 1 | | 12 |
| Λευιτικός | 1 | | | | | | | | | | | | | | | 1 |
| λευκαίνω | 1 | | | | | | | | | | | | | | | 1 |
| λευκός | 23 | | 7 | | 1 | 6 | | 1 | | | | | | | 5 | 3 |
| λευκοφανής * | 1 | | | | | | | | | 1 | | | | | | |
| λεύσσω | 1 | | | | | | | | | | | | | | 1 | |
| λέχος | 5 | | | | | | | | | | | | | | | 5 |
| λέων | 20 | | | 2 | 5 | 5 | | | | 2 | | | 1 | | 4 | 1 |
| λεώς | 4 | | | | | | | | | | | | | | 3 | 1 |
| λήγω | 3 | | | | | | | 1 | | | | | | 2 | | |
| ληθαργέω | 2 | | | 2 | | | | | | | | | | | | |
| λήθη | 2 | | | | | | | | | | | | 1 | | | 1 |
| λήϊον | 1 | | | | | | | | | | | | | | | 1 |
| λῆμα | 2 | | | | | | | | | | | | | | 1 | 1 |
| ληνός | 1 | | | | | 1 | | | | | | | | | | |
| ληστεύω | 2 | | | | 1 | | | | | | | | | | | 1 |
| ληστής | 4 | | | | | | | | | | | 2 | | | | 2 |
| λίαν | 12 | | 3 | 1 | | | | | | | | 2 | 1 | 3 | | 2 |
| λίβανος | 7 | 1 | 1 | | 3 | | | | | | | | 1 | | 1 | |
| Λίβανος | 3 | | 1 | | 1 | | | | | | | | | | | 1 |
| λιβανωτός | 1 | | | | 1 | | | | | | | | | | | |
| λιβάς | 1 | | | | | | | | | | | | | | | 1 |
| Λιβύη | 5 | | | | | | | | | | | | | | 3 | 2 |
| λίθινος | 12 | | 1 | | | | | | | | | | | | 7 | 4 |
| λιθοβολέω | 3 | | | | | 3 | | | | | | | | | | |
| λιθοθεσία | 1 | | | | | | | | | | | | | | 1 | |
| λιθόξεστος * | 1 | | | | | | | | | | | | | | 1 | |
| λιθοξόος | 1 | | | | | | | | | | | | | | 1 | |
| λιθόπλαξ * | 1 | | 1 | | | | | | | | | | | | | |
| λίθος | 104 | 1 | 17 | 4 | 7 | 23 | | 9 | | 2 | 1 | 1 | 3 | 18 | 6 | 12 |
| λιθόστρωτος | 1 | | | | | | | | | | | | | 1 | | |
| λιθουργής | 1 | | | | | | | | | | | | | 1 | | |
| λίθωσις | 1 | | | | | | | | | | | | | 1 | | |
| λιμήν | 2 | | | | | | | | | | | | | 1 | | 1 |
| λιμνάζω | 1 | | | | | | | | | | | | | | | 1 |
| λίμνη | 8 | 1 | | | | | | | 3 | 1 | | | | | 2 | 1 |
| λιμός | 28 | | | | 3 | 3 | 2 | | | 4 | | | | | 10 | 6 |
| λίνεος | 4 | | | | 4 | | | | | | | | | | | |
| λίνον | 1 | | | | | 1 | | | | | | | | | | |
| Λῖνος | 2 | | | | | | | | | | | | | | | 2 |
| Λίνος | 1 | | | | | | | | | | | | | | | 1 |
| λινόστολος | 1 | | | | | | | | | | | | | | 1 | |
| λιπαρός | 1 | | | | | 1 | | | | | | | | | | |
| λίσσομαι | 4 | | | | | | | | | | | | | | 4 | |
| λισσός | 1 | | | | | | | | | | | | | | | 1 |
| λιτανεύω | 1 | | | | | | | | | | | | | 1 | | |
| λιτός | 1 | | | | | | | | | | | | | | | 1 |
| λίτρα | 1 | | | | 1 | | | | | | | | | | | |
| λογίζομαι | 17 | | 1 | | 4 | 1 | 4 | | | 1 | 1 | 1 | 1 | 3 | | |
| λογικός | 1 | | | | 1 | | | | | | | | | | | |
| λόγιον | 5 | | | | 1 | | | | | | | | | 3 | | 1 |
| λόγιος | 2 | | | | | | | | | | | | | 2 | | |
| λογισμός | 4 | | | | 1 | | | | | | | | 1 | | | 2 |
| λόγος | 211 | 4 | 24 | 11 | 51 | 4 | 14 | 5 | 4 | 1 | 1 | 7 | 3 | 27 | 12 | 43 |
| λόγχη | 1 | | | | | | | | | | | | | | 1 | |
| λοιβή | 1 | | | | | | | | | | | | | | 1 | |
| λοίγιος | 1 | | | | | | | | | | | | | | | 1 |
| λοιδορία | 1 | | | | 1 | | | | | | | | | | | |
| λοίδορος | 1 | | | | 1 | | | | | | | | | | | |
| λοιμός | 10 | | | | 1 | | | | | | | | | | 8 | 1 |
| λοιπός | 56 | | 2 | 3 | 4 | 5 | | | | 3 | | 2 | 8 | 17 | | 12 |
| Λοκρός | 1 | | | | | | | | | | | | | | 1 | |
| Λομνί | 1 | | | | 1 | | | | | | | | | | | |
| λοξός | 1 | | | | | | | | | | | | | | | 1 |
| Λουβάρ | 1 | | | | | | | | | | | | | | | 1 |
| Λουζά | 1 | | | | | | | | | | | | | | | 1 |
| Λουκᾶς | 1 | | | | | | | | | | | | 1 | | | |
| λουτήρ | 5 | | | | | | | | | | | | | | | 5 |
| λουτρόν | 3 | | | | | | | | | | | | | | 1 | 2 |
| λούω | 8 | | | | 5 | | | | | | | | | | 2 | 1 |
| λοχεύω | 2 | | | | | | | | | | | | 1 | | | 1 |
| λοχός | 1 | | | | | | | | | 1 | | | | | | |
| λυγρός | 4 | | | | | | | | | | | | | | 3 | 1 |
| Λύδιος | 1 | | | | | | | | | | | | | | 1 | |
| Λυδός | 5 | | | | | | | | | | | | | | 5 | |
| λύθρον | 2 | | | | | | | | | | | | | | 1 | 1 |
| Λυκία | 5 | | | | | | | | | | | | | | 5 | |
| Λύκιος | 2 | | | | | | | | | | | | | | 2 | |
| λύκος | 5 | | | | 3 | | | | | | | | | | 2 | |
| λυκουργόν * | 1 | | | | | | | | | | | | | | 1 | |
| Λυκοῦργος | 23 | | | | | | | | | | | | | | | 23 |
| λυμαίνομαι (-ω) | 6 | | 2 | 2 | | | | | | | | | | 1 | | 1 |
| λυμαντικός | 1 | | | | | | | | | | | | | 1 | | |
| λυμήτης | 1 | | | | | | | | | | | | | | 1 | |
| λυπέω | 45 | 5 | 1 | 3 | 12 | 7 | | 6 | 2 | 1 | | | 1 | 3 | 1 | 2 |
| λύπη | 27 | 4 | 2 | 2 | 6 | 3 | 1 | 3 | | | | | 2 | 3 | 1 | |
| λυπρός | 1 | | | | | | | | | | | | | | 1 | |

| LEMMES | TOTAL | ADAM | HEN | ABR | PATR | ASEN | SAL | JER | BAR | PROP | ESDR | SEDR | JOB | ARIS | SIB | FRAG |
|---|---|---|---|---|---|---|---|---|---|---|---|---|---|---|---|---|
| λύσις | 3 | | 1 | | 1 | | | | | | | | | | | 1 |
| λυσσάω | 2 | | | | | | | | | | | | | | 1 | 1 |
| λυσσόω | 1 | | | | | | | | | | | | | | | 1 |
| λυτήριος | 2 | | 2 | | | | | | | | | | | | | |
| λύτρον | 1 | | | | | | | | | | | | | | 1 | |
| λυτρόω | 8 | | | | 5 | | 3 | | | | | | | | | |
| λύτρωσις | 1 | | | | 1 | | | | | | | | | | | |
| λυχνία | 5 | | 1 | | | | | | | | | | | 1 | | 3 |
| λυχνίον | 1 | | | | | | | | | | | | | | | 1 |
| λύχνος | 7 | | 2 | | 1 | | | 1 | | | | | | 2 | | 1 |
| λύω | 21 | | 1 | 4 | 4 | | | 3 | | | | | | 1 | 1 | 7 |
| λωβάομαι | 1 | | | | | | | | | | | | | | | 1 |
| λώβη | 1 | | | | | | | | | | | | | | 1 | |
| λωβητός | 1 | | | | | | | | | | | | | | | 1 |
| λωνα * | 1 | | | | | | | | | | | | | | | 1 |
| λώπη | 1 | | | | | | | | | | | | | | 1 | |
| λωποδυτέω | 1 | | 1 | | | | | | | | | | | | | |
| Λώτ | 6 | | | 4 | | | | | | | | | | | | 2 |
| λωτομήτρα | 1 | | | | | | | | | | | | | | | 1 |
| μά | 1 | 1 | | | | | | | | | | | | | | |
| μαβρινός * | 1 | | | | 1 | | | | | | | | | | | |
| μαγγανεία | 1 | | | | 1 | | | | | | | | | | | |
| μάγγανον | 1 | | | | | | | | | | | | | | | 1 |
| μαγεία | 2 | | | | | | | | | | | | | | | 2 |
| μαγικός | 1 | | | | | | | | | | | | | | | 1 |
| Μαγνησία | 1 | | | | | | | | | | | | | | 1 | |
| μάγος (ὁ) | 1 | | | | 1 | | | | | | | | | | | |
| Μαγώγ | 2 | | | | | | | | | | | | | | 2 | |
| Μαδαί | 1 | | | | | | | | | | | | | | | 1 |
| Μαδιάμ | 2 | | | | | | | | | | | | | | | 2 |
| Μαδιναῖος | 1 | | | | 1 | | | | | | | | | | | |
| μαζήρεοι | 1 | | 1 | | | | | | | | | | | | | |
| μαζός | 1 | | | | | | | | | | | | | | | 1 |
| μαθητής | 2 | | | | | | | | | | 2 | | | | | |
| Μαθουσάλα | 2 | | | | | | | | | | | | | | | 2 |
| Μαθουσάλεκ | 3 | | 3 | | | | | | | | | | | | | |
| μαῖα | 2 | | 2 | | | | | | | | | | | | | |
| μαίανδρος | 3 | | | | | | | | | | | | | 3 | | |
| Μαίανδρος | 3 | | | | | | | | | | | | | | 3 | |
| μαινάς | 4 | | | | | | | | | | | | | | 4 | |
| μαίνομαι | 12 | | | | 1 | | | 1 | | | | | | 3 | 5 | 2 |
| Μάϊος | 3 | | | | | | | | | | | | | | | 3 |
| Μαιῶτις | 1 | | | | | | | | | | | | | | 1 | |
| μάκαρ | 11 | | | | | | | | | | | | | | 9 | 2 |
| μακαρίζω | 1 | | | | | | | | | | | | | | | 1 |
| μακάριος | 16 | | 2 | | | 2 | 6 | 1 | | | 2 | 1 | | | | 2 |
| μακαριστός | 3 | | | | | | | | | | | | | | 2 | 1 |
| μακαρίτης | 1 | | | | | | | | | | | | | | 1 | |
| Μακεδονία | 7 | | | | | | | | | | | | | | 7 | |
| Μακεδονικός | 2 | | | | | | | | | | | | | | | 2 |
| Μακεδόνιος | 2 | | | | | | | | | | | | | | 1 | 1 |
| Μακεδών | 9 | | | | | | | | | 1 | | | | | 3 | 5 |
| μακέλη | 1 | | | | | | | | | | | | | | | 1 |
| μακρόθεν | 6 | | 1 | | | 2 | 1 | 1 | | | | | 1 | | | |
| μακροθυμέω | 7 | | | | 1 | | | | | | | 1 | 5 | | | |
| μακροθυμία | 10 | | | | 6 | | | | | | | 1 | 1 | 1 | | 1 |
| μακρόθυμος | 5 | | | | 1 | 2 | | | | | | | 1 | | | 1 |
| μακρός | 27 | | 3 | 1 | 3 | | 5 | 1 | | 2 | | | 2 | | 5 | 5 |
| μακρότης | 3 | | 3 | | | | | | | | | | | | | |
| μακρύνω | 4 | | | | 1 | | 2 | | | | | | 1 | | | |
| * μάλα | 68 | 1 | 1 | 2 | 5 | 2 | | 1 | | | | | 1 | 26 | 12 | 17 |
| μαλακία | 1 | | | | 1 | | | | | | | | | | | |
| μαλακίζω | 4 | | | | 3 | 1 | | | | | | | | | | |
| Μαλαχί | 1 | | | | | | | | | | 1 | | | | | |
| Μαλαχίας | 1 | | | | | | | | | | 1 | | | | | |
| Μαλελεήλ | 1 | | | | | | | | | | | | | | | 1 |
| μαλερός | 1 | | | | | | | | | | | | | | 1 | |
| μαλλός | 1 | | | | | | | | | | | | | | | 1 |
| Μαμβρή | 8 | | 6 | | | | | | | | | | | | | 2 |
| Μανασσῆς | 16 | | | | | | 1 | | | | 1 | | | | | 14 |
| Μανδοβαρά | 1 | 1 | | | | | | | | | | | | | | |
| μανδραγόρας | 8 | | | | 7 | | | | | | | | | | | 1 |
| μανθάνω | 19 | | 3 | | 3 | | | 1 | 2 | 2 | | | 1 | 1 | 1 | 5 |
| μανία | 1 | | | | | | | | | | | | | | | 1 |
| μάννα | 1 | | | | | | | | 1 | | | | | | | |
| μαντεία | 4 | | | | | | | | 2 | | | | | | | 2 |
| μαντεῖος | 1 | | | | | | | | | | | | | | 1 | |
| μαντεύομαι (-ω) | 2 | | | | | | | | | | 1 | | | | 1 | |
| μάντις | 6 | | | | | | | | | | | | | | 2 | 4 |
| Μαούρ | 1 | | | | | | | | | | 1 | | | | | |
| μαραίνω | 3 | | | | 1 | | | 1 | | | | | 1 | | | |
| μαργαίνω | 1 | | | | | | | | | | | | | | | 1 |
| μαργαρίτης | 2 | | 1 | | 1 | | | | | | | | | | | |
| Μαρία | 3 | | | | | | | | | | | | | | | 3 |
| μάρναμαι | 1 | | | | | | | | | | | | | | 1 | |
| μαροια * | 1 | | | | | | | | | | | | | | | 1 |
| Μάρος | 1 | | | | | | | | | | | | | | 1 | |
| Μαρσός | 1 | | | | | | | | | | | | | | 1 | |
| Μάρτιος | 1 | | | | | | | | | | | | | | | 1 |
| μαρτυρέω | 6 | | 1 | 1 | 1 | | | | | | 1 | | | | | 2 |
| μαρτυρία | 3 | | | | | | 2 | | | | | | | | | 1 |
| μαρτύριον | 3 | | | | | | | | | | 1 | | | | 1 | 1 |
| μάρτυς | 8 | | | 3 | 5 | | | | | | | | | | | |
| μασάομαι | 1 | | | | | | | | | | | | | | 1 | |
| Μασέκ | 2 | | 2 | | | | | | | | | | | | | |
| Μασσαγέτης | 1 | | | | | | | | | | | | | | 1 | |
| μαστιγία | 1 | | | | | | | | | | | | | | | 1 |
| μαστιγόω | 1 | | | | | | | | | | | | | | | 1 |
| μαστίζω | 2 | | | | 1 | | | | | | | | 1 | | | |
| μάστιξ | 12 | | 5 | | | | 1 | 3 | | | | | | | 2 | 1 |

| LEMMES | TOTAL | ADAM | HEN | ABR | PATR | ASEN | SAL | JER | BAR | PROP | ESDR | SEDR | JOB | ARIS | SIB | FRAG |
|---|---|---|---|---|---|---|---|---|---|---|---|---|---|---|---|---|
| Μαστιφάμ | 1 | | | | | | | | | | | | | | | 1 |
| μαστοειδής | 1 | | | | | | | | | | | | | | | 1 |
| μαστός | 5 | | | | | 4 | | | | | 1 | | | | | |
| μάταιος | 12 | | | 1 | 1 | | | | | | | | | 5 | 5 | |
| ματαιότης | 1 | | | | 1 | | | | | | | | | | | |
| μάτη (ματάω) | 3 | | | | | | | | | | | | | | 2 | 1 |
| Ματθείας | 1 | | | | | | | | | | 1 | | | | | |
| Ματταθίας | 1 | | | | | | | | | | | | | 1 | | |
| Μαῦρος | 1 | | | | | | | | | | | | | | 1 | |
| μάχαιρα | 13 | | 3 | | 5 | | | 1 | | | | | | | 2 | 2 |
| μάχη | 17 | | | | 5 | | | | | | | | | | 4 | 8 |
| μαχητής | 2 | | | | | | | | | | | | | | 2 | |
| μάχιμος | 4 | | | | 1 | | | | | | | | | | 1 | 2 |
| Μαχίρ | 1 | | | | 1 | | | | | | | | | | | |
| μάχομαι | 9 | | | | 1 | | | | | | | | | 1 | 4 | 3 |
| Μαωλίθ | 1 | | | | | | | | | | | | | | | 1 |
| μεγάθυμος | 1 | | | | | | | | | | | | | | 1 | |
| μεγαλαυχέω | 1 | | | | | | | 1 | | | | | | | | |
| μεγαλαυχής | 1 | | | | | | | | | | | | | | 1 | |
| μεγάλαυχος | 2 | | | | | | | | | | | | | | 2 | |
| μεγαλεῖος | 8 | | | | 1 | | | | | | | | 3 | 1 | | 3 |
| μεγαλειότης | 2 | | 1 | | | | | | | | | | | | | 1 |
| μεγαληγορία | 1 | | | | | | | | | | | | | | | 1 |
| μεγαλήτωρ | 1 | | | | | | | | | | | | | | 1 | |
| μεγαλομέρεια | 4 | | | | | | | | | | | | | 4 | | |
| μεγαλομερής | 2 | | | | | | | | | | | | | 2 | | |
| μεγαλοπρέπεια | 1 | | | | | | | | | | | | | | | 1 |
| μεγαλοπρεπής | 2 | | 2 | | | | | | | | | | | | | |
| μεγαλορρημονέω | 2 | | | | | | | | | | | 1 | 1 | | | |
| μεγαλορρημοσύνη | 1 | | | | | | | | | | | | 1 | | | |
| μεγαλόσθενος | 2 | | | | | | | | | | | | | | 2 | |
| μεγαλοφρονέω | 2 | | | | 1 | | | | | | | | | | | 1 |
| μεγαλοψυχία | 2 | | | | | | | | | | | | | 2 | | |
| μεγαλύνω | 2 | | | | 1 | 1 | | | | | | | | | | |
| μεγαλωστί | 1 | | | | | | | | | | | | | | 1 | |
| μεγαλωσύνη | 11 | | 8 | | 2 | | | | | | | | | 1 | | |
| μέγαρον | 1 | | | | | | | | | | | | | | 1 | |
| μέγας | 490 | 16 | 70 | 21 | 27 | 51 | 6 | 12 | 9 | 5 | 4 | 2 | 23 | 55 | 141 | 48 |
| μεγαύχητος | 1 | | | | | | | | | | | | | | | 1 |
| μέγεθος | 11 | | | 1 | | | | | | | | | | 9 | | 1 |
| μεγιστάν | 7 | | | | | 5 | 1 | | | 1 | | | | | | |
| μεγιστοῦχος * | 1 | | | | | | | | | | | | | | | 1 |
| μεδέω | 2 | | | | | | | | | | | | | | 1 | 1 |
| μεθέπω | 1 | | | | | | | | | | | | | | | 1 |
| μεθερμηνεύω | 4 | | | | | | | | | | | | | 1 | | 3 |
| μέθη | 7 | | | | | 4 | 1 | | 2 | | | | | | | |
| μεθίημι | 1 | | | | | | | | | | | | | | 1 | |
| μεθίστημι | 7 | 1 | | 1 | 1 | | | | | 1 | | | | | | 3 |
| μεθύσκω | 2 | | | | 2 | | | | | | | | | | | |
| μέθυσος | 1 | | | | 1 | | | | | | | | | | | |
| μεθύω | 2 | | | | 2 | | | | | | | | | | | |
| μειδιάω | 5 | | | | | 3 | | | | | | | | | | 2 |
| μεῖξις | 3 | | | | 2 | | | | | | | | | | | 1 |
| μειράκιον | 1 | | | | | | | | | | | | | | | 1 |
| μέλαθρον | 3 | | | | | | | | | | | | | | 2 | 1 |
| μελαίνω | 3 | | | | | | | 1 | | | | | | | 1 | 1 |
| μελανοειδής | 1 | 1 | | | | | | | | | | | | | | |
| μελανός | 6 | | | | | 6 | | | | | | | | | | |
| μελανόχροος | 1 | | | | | | | | | | | | | | 1 | |
| μελανόω | 1 | | | | | | | 1 | | | | | | | | |
| μέλας | 8 | | | 1 | | | | 1 | | | | | | | 4 | 2 |
| μέλεος | 1 | | | | | | | | | | | | | | 1 | |
| μελετάω | 2 | | | 1 | | | | | | | | | | 1 | | |
| μελέτη | 2 | | | | | | | 1 | | | | | | | 1 | |
| μέλι | 7 | | | | | 3 | | | | | | | | 1 | 2 | 1 |
| μελιηδής | 1 | | | | | | | | | | | | | | 1 | |
| μέλισσα | 20 | | | | | 18 | | | | | | | | | | 2 |
| μελίσσιον | 1 | | | | | | | | | | | | 1 | | | |
| μελισταγέω | 1 | | | | | | | | | | | | | | 1 | |
| μελισταγής | 1 | | | | | | | | | | | | | | 1 | |
| μελίφθεγκτος | 1 | | | | | | | | | | | | | | 1 | |
| μέλλω | 54 | 1 | 2 | 7 | 7 | 1 | | 1 | 1 | 1 | 3 | 1 | 5 | 4 | 4 | 16 |
| μέλος | 18 | 2 | 1 | 5 | 3 | | | | | | | | 3 | 1 | 2 | 1 |
| μέλπω | 1 | | | | | | | | | | | | | 1 | | |
| Μελχά | 5 | | | | 2 | | | | | | | | | | | 3 |
| Μελχειρά | 1 | | | | | | | | | | | | | | | 1 |
| Μελχί | 1 | | | | | | | | | | | | | | | 1 |
| Μελχίας | 1 | | | | | | | | | | | | | | | 1 |
| Μελχισεδέκ | 1 | | | | | | | | | | | | | | | 1 |
| μέλω | 6 | | | 1 | | | | | | 1 | | | | 1 | 2 | 1 |
| Μεμφία | 2 | | | | 2 | | | | | | | | | | | |
| Μέμφις | 13 | | | | 3 | | | | | | | | | | 5 | 5 |
| Μεμφίτης | 1 | | | | | | | | | | | | | | | 1 |
| μέμφομαι | 2 | | | | | | | | | | | | 1 | | 1 | |
| Μεμφασθενώθ | 1 | | | | | | | | | | | | | | | 1 |
| * μέν | 229 | 2 | 3 | 13 | 14 | 1 | | 1 | 4 | 5 | 8 | | 17 | 33 | 30 | 98 |
| Μενδήσιος | 1 | | | | | | | | | | | | | | | 1 |
| Μενέδημος | 1 | | | | | | | | | | | | | 1 | | |
| μένος | 4 | | | | | | | | | | | | | | 2 | 2 |
| μέντοι | 3 | | | | | | | | | | | | 2 | | | 1 |
| μένω | 59 | 2 | 2 | 1 | 2 | | | 8 | 1 | 6 | | | 1 | 2 | 21 | 11 |
| Μεραρί | 4 | | | | 4 | | | | | | | | | | | |
| μερίζω | 5 | 1 | 1 | | | | | | | 1 | | | | 1 | 1 | |
| μερικός | 1 | | | | | | | | | | | | | 1 | | |
| μέριμνα | 1 | | | | | | | | | | | | | 1 | | |
| μεριμνάω | 6 | | | | | | | 1 | | | | | | 1 | 4 | |
| μερίς | 17 | | | | 7 | | 4 | | | | | | 2 | 2 | 2 | |
| μερισμός | 1 | | | | | | | | | | | | 1 | | | |
| μερμηρίζω | 1 | | | | | | | | | | | | | | 1 | |
| Μερόπη | 1 | | | | | | | | | | | | | | | 1 |

| LEMMES | TOTAL | ADAM | HEN | ABR | PATR | ASEN | SAL | JER | BAR | PROP | ESDR | SEDR | JOB | ARIS | SIB | FRAG |
|---|---|---|---|---|---|---|---|---|---|---|---|---|---|---|---|---|
| Μερόπεια | 1 | | | | | | | | | | | | | | 1 | |
| μέρος | 45 | 6 | | | 2 | 4 | 2 | | | | 3 | 1 | | 2 | 13 | 2 | 10 |
| μέροψ | 16 | | | | | | | | | | | | | | | 15 | 1 |
| Μέρρις | 4 | | | | | | | | | | | | | | | | 4 |
| μεσενψινιαω * | 1 | | | | | | | | | | | | | | | | 1 |
| μεσηγύ | 1 | | | | | | | | | | | | | | | | 1 |
| μεσημβρία | 6 | | | | | 3 | | | | | | 1 | | | | 1 | 1 |
| μεσίτης | 2 | | | | 1 | | | | | | | | | | | | 1 |
| μεσόγαιος | 1 | | | | | | | | | | | | | | | 1 | |
| μεσονύκτιος | 1 | | | | | | | | | | | | | 1 | | | |
| μεσοπελαγίζω * | 1 | | | | | | | | | | | | | 1 | | | |
| Μεσοποταμία | 6 | | | | 2 | | | | | | | | | | | | 4 |
| μέσος | 80 | 6 | 9 | 8 | 10 | 1 | 8 | 5 | 2 | 1 | | | 2 | 1 | 12 | 7 | 8 |
| μεσότης | 1 | | | 1 | | | | | | | | | | | | | |
| μεσόω | 1 | | | | | | | | | | | | | | | | 1 |
| μεστός | 3 | | | | 1 | | | | | | | | | | | | 2 |
| μεστόω | 3 | | | 3 | | | | | | | | | | | | | |
| Μεστραειμ | 1 | | | | | | | | | | | | | | | | 1 |
| * μετά | 542 | 29 | 31 | 35 | 118 | 45 | 31 | 26 | 10 | 21 | 14 | 10 | 44 | 43 | 14 | 71 |
| μεταβαίνω | 1 | | | | 1 | | | | | | | | | | | | |
| μεταβάλλω | 3 | | | | 1 | | | | 1 | | | | | | | | 1 |
| μετάβολος | 7 | | | | 7 | | | | | | | | | | | | |
| μεταγιγνώσκω | 4 | | | | | | | | | | | | | 2 | | | 2 |
| μεταγραφή | 5 | | | | | | | | | | | | | | 5 | | |
| μεταγράφω | 3 | | | | | | | | | | | 1 | | | 2 | | |
| μετάγω | 5 | | | 1 | | | | | | | | | | | 4 | | |
| μεταγωγή | 1 | | | | | | | | | | | | | | 1 | | |
| μεταδιδάσκω | 1 | | | | | | | | | | | | | | | | 1 |
| μεταδίδωμι | 10 | | | | 4 | | | | | | | | | 1 | 3 | 1 | 1 |
| μεταδοτικός | 1 | | | | | | | | | | | | | | 1 | | |
| μετάθεσις | 1 | | | | | | | | | | | | | | 1 | | |
| μετακαλέω | 1 | | | | | | | | | | | | | | | | 1 |
| μετακινέω | 1 | | | | | | | | | | | | | | | 1 | |
| μετακομίζω | 2 | | | | 1 | | | | | | | | | | | | 1 |
| μεταλαμβάνω | 13 | | | | | | | | | | | | | | 9 | | 4 |
| μεταλλάσσω | 2 | 1 | | | | | | | | | | | | | | | 1 |
| μεταλλεία | 1 | | | | | | | | | | | | | | 1 | | |
| μεταλλευτής | 2 | | | | | | | | | | | | | | | | 2 |
| μεταλλοιόω | 1 | | | | | | | | | | | | | | 1 | | |
| μέταλλον | 4 | | 2 | | | | | | | | | | | | 1 | | 1 |
| μεταμέλεια | 1 | | | | | 1 | | | | | | | | | | | |
| μεταμέλομαι (-έομαι) | 3 | 1 | | | 1 | | | | | | | | | | | | 1 |
| μεταμορφόω | 1 | | | | | | | | | | | | | | | | 1 |
| μεταμόρφωσις | 2 | | 1 | | | | | | | | | | | | | | 1 |
| μετανοέω | 31 | 1 | | 2 | 12 | 4 | | 1 | | 1 | 1 | | 6 | | | | 3 |
| μετάνοια | 23 | 1 | | | 4 | 5 | | | | | | | 7 | | 1 | 1 | 4 |
| μεταξύ | 3 | | 2 | | | | | | | 1 | | | | | | | |
| μεταπείθω | 2 | | | | | | | | | | | | | | | | 2 |
| μεταπέμπω | 4 | | | | | | | | | | | | | | 2 | | 2 |
| μεταπίπτω | 1 | | | | | | | | | | | | | | 1 | | |
| μεταποιέω | 1 | | | | | | | | | | | | | | | | 1 |
| μετάρσιος | 3 | | | | | | | | | | | | | | | | 3 |
| μετάστασις | 1 | | | 1 | | | | | | | | | | | | | |
| μεταστέλλω | 1 | | | | | | | | | | | | | | | | 1 |
| μεταστρέφω | 3 | | | 1 | 1 | | | 1 | | | | | | | | | |
| μετασχηματίζω | 4 | | | | 1 | | | | | | | | | 3 | | | |
| μετατίθημι | 7 | | | | 2 | | | | 1 | | | 1 | | | 1 | 1 | 1 |
| μετατρέπω | 1 | | | | | | | | | | | | | | 1 | | |
| μεταΰθις | 2 | | | | | | | | | | | | | | | 2 | |
| μεταφέρω | 8 | | | 1 | | | | | | | | | | | 2 | | 5 |
| μεταφορά | 1 | | | | | | | | | | | | | 1 | | | |
| μεταφυτεύω | 1 | | 1 | | | | | | | | | | | | | | |
| μεταχρώννυμι | 1 | | | | | | | | | | | | | | | | 1 |
| μετεγείρω | 1 | | 1 | | | | | | | | | | | | | | |
| μετεμπολάω * | 1 | | | | 1 | | | | | | | | | | | | |
| μετέπειτα | 10 | | | | | | | | | | | | | | 5 | 3 | 2 |
| μετέρχομαι | 5 | | | 1 | 2 | | | 1 | | | | | | | | | 1 |
| μετέχω | 12 | | 2 | | | | | | | | | | | | 6 | 1 | 3 |
| μετεωρίζω | 2 | | 2 | | | | | | | | | | | | | | |
| μετεωρισμός | 2 | | | | 2 | | | | | | | | | | | | |
| μετέωρος | 3 | | | | | | | | | | | | | | 2 | 1 | |
| μετοικίζω | 2 | | | | | | | | | | | | | | 2 | | |
| μέτοικος | 1 | | | | | | | | | | | | | | | 1 | |
| μετονομάζω | 1 | | | | | | | | | | | | | 1 | | | |
| μετόπισθε | 3 | | | | | | | | | | | | | | | 3 | |
| μετοπωρινός | 1 | | | | | | | | | | | | | | | | 1 |
| μετόπωρον | 1 | | | | | | | | | | | | | | | 1 | |
| μετοχή | 1 | | | | | | | 1 | | | | | | | | | |
| μέτοχος | 5 | | 2 | | 2 | | | | | | | | | | 1 | | |
| μετρέω | 4 | | | | 1 | | | | | | | | 2 | | | 1 | |
| μετρητής | 2 | | | | | | | | | | | | | | 1 | | 1 |
| μετριοπαθής | 1 | | | | | | | | | | | | | | 1 | | |
| μέτριος | 3 | | | | | | | 1 | | | | | | | 1 | | 1 |
| μετριότης | 1 | | | | | | | | | | | | | | 1 | | |
| μέτρον | 31 | 1 | 3 | 1 | 4 | | | 1 | | | | | | | 4 | 4 | 13 |
| μέτωπον | 4 | | | | | 1 | 1 | | | | | | 1 | | | 1 | |
| * μέχρι | 71 | | 44 | 4 | 1 | 2 | | | | 1 | | | | | 8 | 4 | 7 |
| * μή | 634 | 33 | 51 | 41 | 134 | 23 | 32 | 35 | 9 | 15 | 20 | 17 | 48 | 34 | 12 | 130 |
| μήγε | 1 | | | | | | | | | | | | | 1 | | | |
| μηδαμός | 2 | | | | | 2 | | | | | | | | | | | |
| * μηδέ | 68 | | 5 | | 12 | 1 | 1 | | | 1 | | | | | 11 | 6 | 31 |
| * μηδείς | 62 | 3 | 3 | | 4 | 1 | | | | 1 | | 1 | | 3 | 30 | 3 | 13 |
| μηδέποτε | 3 | | | | | | | | | | | | | | | | 3 |
| Μηδία | 1 | | | | | | | | | | | | 1 | | | | |
| μήδομαι | 1 | | | | | | | | | | | | | | | 1 | |
| Μῆδος | 11 | | | | 1 | | | | | | | | | | | 7 | 3 |
| μηκέτι | 17 | | 2 | | 2 | | | | | | | | | | 5 | 4 | 4 |
| μηκόθεν | 4 | | | 1 | | 1 | | | | | 1 | | | | | | 1 |
| μῆκος | 10 | | | | | | | | 1 | | | | | | 2 | 2 | 5 |
| μηκύνω | 1 | | | | | | | | | | | | | | | 1 | |

| LEMMES | TOTAL | ADAM | HEN | ABR | PATR | ASEN | SAL | JER | BAR | PROP | ESDR | SEDR | JOB | ARIS | SIB | FRAG |
|---|---|---|---|---|---|---|---|---|---|---|---|---|---|---|---|---|
| μήλινος | 1 | | | | | | | | | | | | | | | 1 |
| μῆλον | 11 | | | | 3 | 1 | | | | | | | 1 | 1 | 4 | 1 |
| μηλοφάγος | 1 | | | | | | | | | | | | | | 1 | |
| μηλωτή | 2 | | | | | | | | | 2 | | | | | | |
| μήν (μείς) | 78 | 1 | | | 11 | 8 | | 1 | | 3 | 2 | | | | | 52 |
| μήν (μέν) | 6 | | | | | | | | | | | 1 | | 1 | 2 | 2 |
| μήνη | 2 | | | | | | | | | | | | | | | 2 |
| μήνιμα | 2 | | | | | | | | | | | | | | 2 | |
| μῆνις | 2 | | | | | | | | | | | | | | 1 | 1 |
| μήνισις * | 1 | | | | | | 1 | | | | | | | | | |
| μηνίω | 2 | | | | | | | | | | | | | | 1 | 1 |
| μηνύω | 5 | | 2 | | | | | 1 | 1 | | | | 1 | | | |
| μήποτε | 16 | 4 | 1 | | 2 | 6 | 1 | | | | | | | 2 | | |
| μήπως | 3 | | | 1 | | | | 1 | | | | | 1 | | | |
| μηρίον | 1 | | | | | | | | | | | | | | | 1 |
| μηρός | 8 | | | | 2 | 3 | | | | | | | | | | 3 |
| μηρυκισμός | 2 | | | | | | | | | | | | | | 2 | |
| * μήτε | 42 | | 2 | | 5 | | | 3 | | | | | | 6 | 3 | 23 |
| μήτηρ | 75 | 5 | | 6 | 16 | 12 | 2 | | | | 4 | 2 | 1 | 2 | 1 | 7 | 17 |
| μήτι | 3 | | | 1 | | | | | | | | | 2 | | | |
| μήτιγε | 2 | | | | | 2 | | | | | | | | | | |
| μήτρα (μήτηρ) | 3 | | | 1 | | | | | | | | | | | | 2 |
| μητροκοίτης | 1 | | | | | | | | | | 1 | | | | | |
| μητροκτόνος | 1 | | | | | | | | | | | | | | 1 | |
| μητρολέτης * | 1 | | | | | | | | | | | | | | 1 | |
| μητρόπολις | 1 | | | | | 1 | | | | | | | | | | |
| μητριά | 1 | | | | | | | | | | | | | | | 1 |
| μητρῷος | 2 | | | | | | | | | | | | | | 1 | 1 |
| μηχανάομαι | 5 | | | | 1 | | | | | | | | | | 2 | 2 |
| μηχανή | 1 | | | | | | | | | | | | | | | 1 |
| μηχάνημα | 1 | | | | | | | | | | | | | | | 1 |
| μιαίνω | 33 | | 9 | | 9 | 5 | 4 | | | | 1 | | | 1 | 1 | 3 |
| μιαιφόνος | 1 | | | | | | | | | | | | | | 1 | |
| μιαρός | 3 | | | | | | | | | | | | | | 3 | |
| μίασμα | 1 | | 1 | | | | | | | | | | | | | |
| μιασμός | 3 | | | | 3 | | | | | | | | | | | |
| μίγνυμι | 10 | | 2 | | | | | | | | | | | | 5 | 3 |
| μικρός | 29 | 1 | | 3 | 2 | 6 | 1 | 1 | 2 | 2 | 1 | 1 | 1 | 2 | 3 | 3 |
| μικρότης | 1 | | | | | 1 | | | | | | | | | | |
| μικροψυχέω | 1 | | | | | | | | | | | | | | | 1 |
| μικρύνω | 2 | | | | 2 | | | | | | | | | | | |
| Μίλητος | 1 | | | | | | | | | | | | | | 1 | |
| μίλτος | 1 | | | | | | | | | | | | | | 1 | |
| μιλτόχριστος * | 1 | | | | | | | | | | | | | | 1 | |
| μιλτόχρως * | 1 | | | | | | | | | | | | | | | 1 |
| μιμέομαι | 10 | | | | 3 | | | | | | | | | 4 | 1 | 2 |
| μιμιψωθιωωφ * | 1 | | | | | | | | | | | | | | | 1 |
| μιμνήσκω | 44 | 4 | | | 5 | 3 | 5 | 3 | | | | 2 | 4 | 3 | 2 | 2 | 11 |
| μίμνω | 2 | | | | | | | | | | | | | | 1 | 1 |
| μιν | 8 | | | | | | | | | | | | | | 6 | 2 |
| Μινναῖος | 1 | | | | | | | | | | | | | | | 1 |
| μινύθω | 1 | | | | | | | | | | | | | | | 1 |
| μίξις | 2 | | | | | | | | | | | | | | 1 | 1 |
| μισαδελφία | 2 | | | | 2 | | | | | | | | | | | |
| μισάδελφος | 1 | | | | | | | | | | | | | | | 1 |
| μίσγω | 1 | | | | | | | | | | | | | | 1 | |
| μισέω | 32 | | | | 11 | 16 | 2 | 1 | | | | | 1 | | | 1 |
| μίσητρον | 1 | | 1 | | | | | | | | | | | | | |
| μισθαποδοσία ⁄ | 1 | | | | | | | 1 | | | | | | | | |
| μίσθιος | 1 | | | | | | | | | | | 1 | | | | |
| μισθός | 12 | | | | 2 | | | | 2 | | | 1 | | 3 | | 4 |
| μισθοφορία | 1 | | | | | | | | | | | | | 1 | | |
| μισθωτός | 1 | | | | | | | | | | | | 1 | | | |
| μισοπονηρία | 1 | | | | | | | | | | | | | 1 | | |
| μισοπόνηρος | 1 | | | | | | | | | | | | | 1 | | |
| μῖσος | 21 | | | | 19 | | | | | | | | | | 1 | 1 |
| μίτος | 1 | | | | | | | | | | | | | | 1 | |
| μίτρα | 3 | | | | 1 | | 1 | | | | | | | | 1 | |
| Μιχάας | 1 | | | | | | | | | | | | | | | 1 |
| Μιχαήλ | 121 | 11 | 8 | 76 | | | | 1 | 15 | | | 5 | 1 | | | 4 |
| Μιχαίας | 4 | | | | | | | | | | | 1 | | | | 3 |
| μνᾶ | 12 | | | | 12 | | | | | | | | | | | |
| μνεία | 7 | | | | 1 | | | | | | | | | | 5 | 1 |
| μνῆμα | 2 | | | 1 | | | | 1 | | | | | | | | |
| μνημεῖον | 6 | 1 | | | | | | 4 | | | | 1 | | | | |
| μνήμη | 18 | | | 6 | 1 | | 2 | | | | | 1 | 1 | 1 | 1 | 4 | 1 |
| μνημονεύω | 7 | | | | 1 | | 3 | 1 | | | | | 1 | | 1 | |
| μνημονέω | 1 | | 1 | | | | | | | | | | | | | |
| μνημόσυνον | 13 | | 4 | | 2 | | 2 | | | | | 1 | | 4 | | |
| μνησικακέω | 3 | | | | 2 | | | | | | | | | | | 1 |
| μνησίκακος | 1 | | | | 1 | | | | | | | | | | | |
| μνηστεύω | 3 | | | | | 3 | | | | | | | | | | |
| μογέω | 1 | | | | | | | | | | | | | | 1 | |
| μόδιος | 1 | | | | | | | 1 | | | | | | | | |
| μοῖρα | 15 | | | | | | | | | | | | | | 12 | 3 |
| μοιχαλίς | 3 | | | | 1 | | | | | | | | 2 | | | |
| μοιχάω | 2 | | | | | | 1 | | | | | | | | | 1 |
| μοιχεία | 6 | | | | | | | | 3 | | | | | | 2 | 1 |
| μοιχεύω | 5 | | | 2 | 3 | | | | | | | | | | | |
| μοιχικός | 1 | | | | | | | | | | | | | | | 1 |
| μοιχός | 2 | | | | 1 | | | | | | | | | | | 1 |
| μολιβόομαι | 1 | | | | | | | | | | | | | 1 | | |
| μόλις | 5 | | | 1 | | | | | | | | | 2 | 2 | | |
| μόλυβδος | 2 | | | 1 | | | | | 1 | | | | | | | |
| μολύνω | 8 | | | 1 | | | | | 3 | | | | | | 2 | 2 |
| μολυσμός | 3 | | | 2 | | | | | | | | | | | 1 | |
| μοναρχία | 1 | | | | | | | | | | | | | | | 1 |
| μόναρχος | 2 | | | | | | | | | | | | | | 2 | |
| μονή | 1 | | | 1 | | | | | | | | | | | | |
| μονογενής | 7 | | | | 1 | | 1 | 1 | | | | 1 | 2 | | | 1 |

| LEMMES | TOTAL | ADAM | HEN | ABR | PATR | ASEN | SAL | JER | BAR | PROP | ESDR | SEDR | JOB | ARIS | SIB | FRAG |
|---|---|---|---|---|---|---|---|---|---|---|---|---|---|---|---|---|
| μονοπρόσωπος | 3 | | | | 3 | | | | | | | | | | | |
| μόνος | 117 | 6 | 5 | 3 | 21 | 8 | | 2 | 1 | 6 | | 7 | 8 | 12 | 23 | 15 |
| μονόω | 1 | | | | | 1 | | | | | | | | | | |
| μόνωσις | 1 | | | | | | 1 | | | | | | | | | |
| Μοολί | 1 | | | | 1 | | | | | | | | | | | |
| μόρος (μοῖρα) | 2 | | | | | | | | | | | | | | 2 | |
| μορφή | 12 | | | 4 | 2 | | | | | | 1 | | | | 4 | 1 |
| μορφόω | 1 | | | | | | | | | | | | | | 1 | |
| Μοσόλλαμος | 2 | | | | | | | | | | | | | | | 2 |
| μοσχάριον | 1 | | | | 1 | | | | | | | | | | | |
| μόσχος | 16 | | | 4 | 3 | | | | | | | | 1 | 2 | 2 | 4 |
| μοῦσα | 2 | | | | | | | | | | | | | | 1 | 1 |
| Μουσαῖος | 2 | | | | | | | | | | | | | | | 2 |
| μουσικός | 3 | | | | 2 | | | | | | | | | 1 | | |
| μοχθέω | 5 | | | | 1 | | | | | | | | | | 1 | 3 |
| μοχθηρός | 1 | | | | | | | | | | | | | | | 1 |
| μόχθος | 6 | | | 1 | 1 | | | | | | | | | 1 | 1 | 2 |
| μοχλός | 3 | | | | | 2 | | | | | | 1 | | | | |
| μυθεύω | 1 | | | | | | | | | | | | | | | 1 |
| μυθολογεύω | 1 | | | | | | | | | | | | | | | 1 |
| μυθολόγος | 1 | | | | | | | | | | | | | 1 | | |
| μυθοποιέω | 1 | | | | | | | | | | | | | 1 | | |
| μῦθος | 3 | | | | | | | | | | | | | | 1 | 2 |
| μυθώδης | 2 | | | | | | | | | | | | | 1 | 1 | |
| μύκημα | 2 | | | | | | | | | | | | | 1 | 1 | |
| Μυκήνη | 1 | | | | | | | | | | | | | | 1 | |
| μυκτηρίζω | 1 | | | | 1 | | | | | | | | | | | |
| μυκτηρισμός | 1 | | | | | | 1 | | | | | | | | | |
| μύλη | 1 | | | | | | 1 | | | | | | | | | |
| Μύρα | 1 | | | | | | | | | | | | | | 1 | |
| μυριάς | 29 | | 2 | 4 | | 2 | | | | | | | | 10 | 1 | 10 |
| μυρίζω | 1 | | | | | | | | | | | | 1 | | | |
| μυρίος | 18 | | 3 | | | | | | | | | | | | 6 | 9 |
| μυριότρητος | 1 | | | | | | | | | | | | | | | 1 |
| μυρίπνους | 1 | | | | | | | | | | | | | | 1 | |
| μύρισμα | 1 | | | 1 | | | | | | | | | | | | |
| μύρμηξ | 1 | | | | | | | | | | | | | | | 1 |
| μύρον | 2 | | | | | 1 | | | | | | | 1 | | | |
| μυρσίνη | 2 | | | | 1 | | | | | | | | | | 1 | |
| μύρω | 2 | | | | | | | | | | | | | | 2 | |
| μῦς | 3 | | | | | | | | | | | | | 3 | | |
| μυσαρός | 1 | | | | | | | | | | | | | | 1 | |
| μύσος | 1 | | | | | | | | | | | | | | 1 | |
| Μυσός | 3 | | | | | | | | | | | | | | 3 | |
| μυστηριακός | 1 | | 1 | | | | | | | | | | | | | |
| μυστήριον (μύω) | 43 | 3 | 11 | 5 | 6 | 1 | | 2 | 3 | 8 | 2 | | | | | 2 |
| μύχατος | 1 | | | | | | | | | | | | | | | 1 |
| μυχθίζω | 1 | | | | | | | | | | | | | | 1 | |
| μυχός | 1 | | | | | | | | | | | | | | 1 | |
| Μωάβ | 1 | | | | 1 | | | | | | | | | | | |
| Μωαβίτης | 2 | | | | | | | | | | | | | | | 2 |
| Μωαβῖτις | 1 | | | | | | | | | | | | | | | 1 |
| Μωαχα | 1 | | | | | | | | | | | | | | | 1 |
| μῶμος | 3 | | | | 1 | | | | | | | | | | 1 | 1 |
| Μωραθί | 1 | | | | | | | | | | 1 | | | | | |
| μωρός | 5 | | | | 1 | | | 1 | | | | | | | 3 | |
| Μωϋσῆς | 88 | 1 | | | 1 | | | 1 | | 4 | 2 | | | 1 | 1 | 77 |
| Ναβαταῖος | 1 | | | | | | | | | | | | | | | 1 |
| Ναβδαῖος | 1 | | | | | | | | | | | | | | | 1 |
| Ναβουχοδονόσορ | 9 | | | | | | | 3 | 1 | 3 | | | | | | 2 |
| Νάθαν | 4 | | | | | | | | | 3 | | | | | | 1 |
| Ναθώθ | 1 | | | | | | | | | | | | | | | 1 |
| ναί | 8 | 1 | | 2 | 1 | 1 | | | | | | | 1 | 1 | 1 | |
| ναιετάω | 2 | | | | | | | | | | | | | | 2 | |
| Ναιμᾶν | 2 | | | | | | | | | 2 | | | | | | |
| ναίω | 3 | | | | | | | | | | | | | | 3 | |
| νᾶμα | 7 | | | | | | | | | | | | | | 5 | 2 |
| ναός | 59 | | | | 9 | | | 3 | | 8 | | 1 | 2 | | 23 | 13 |
| Ναούμ | 1 | | | | | | | | | 1 | | | | | | |
| νάπη | 3 | | 2 | | | | | | | | | | | | | 1 |
| νάρδος | 2 | 1 | 1 | | | | | | | | | | | | | |
| ναρκάω | 1 | | | | | | | | | | | | | | | 1 |
| Νατθαῖος | 1 | | | | | | | | | | | | | 1 | | |
| ναυάγιον | 1 | | | 1 | | | | | | | | | | | | |
| ναυαγός (ἄγνυμι) | 1 | | | | | | | | | | | | | | | 1 |
| Ναυή | 3 | | | | | | | | | | | | | | | 3 |
| ναύκληρος | 2 | | 2 | | | | | | | | | | | | | |
| ναυμαχία | 1 | | | | | | | | | | | | | 1 | | |
| ναυπηγέω | 1 | | | | | | | | | | | | | | | 1 |
| ναῦς | 5 | | | | | | | | | | | | | | 3 | 2 |
| ναύτης | 1 | | | | 1 | | | | | | | | | | | |
| ναυτίλος | 1 | | | | | | | | | | | | | | | 1 |
| Ναφηλείμ | 3 | | 3 | | | | | | | | | | | | | |
| Ναχέρωτας | 1 | | | | | | | | | | | | | | | 1 |
| Ναχώρ | 3 | | | | | | | | | | | | | | | 3 |
| νεανίας | 2 | | | | 2 | | | | | | | | | | | |
| νεανίσκος | 13 | | | | 2 | 5 | | | | | | | | | | 6 |
| Νεβρώδ | 2 | | | | | | | | | | | | | | | 2 |
| Νεεμίας | 1 | | | | | | | | | | | | | 1 | | |
| νειηγενής * | 1 | | | | | | | | | | | | | | | 1 |
| νεῖκος | 6 | | | | | | 1 | | | | | | | | 4 | 1 |
| Νεῖλος | 6 | | | | | | | | | | | | | 1 | 3 | 2 |
| νεκρός | 34 | | 4 | 1 | 2 | 6 | | 3 | | 9 | 1 | | 3 | 1 | 2 | 2 |
| νεκρότης | 1 | | | | | | | | | | | | 1 | | | |
| Νεκταναβών | 20 | | | | | | | | | | | | | | | 20 |
| νέκταρ | 1 | | 1 | | | | | | | | | | | | | |
| νέκυς | 9 | | | | | | | | | | | | | | 7 | 2 |
| Νεμέα | 1 | | | | | | | | | | | | | | 1 | |
| νέμω | 11 | 1 | | 1 | 2 | | | | | | | | 1 | | | 7 |
| νεόνυμφος | 1 | | | 1 | | | | | | | | | | | | |

| LEMMES | TOTAL | ADAM | HEN | ABR | PATR | ASEN | SAL | JER | BAR | PROP | ESDR | SEDR | JOB | ARIS | SIB | FRAG |
|---|---|---|---|---|---|---|---|---|---|---|---|---|---|---|---|---|
| νέος | 26 | | | 1 | 7 | 4 | 2 | | | 3 | 1 | 2 | | 1 | 2 | 3 |
| νεοσσός | 1 | | | | | | | | | | | | | | | 1 |
| νεότης | 12 | | 1 | | 6 | 3 | | | | 1 | | | | | | 1 |
| νεοτήσιος | 1 | | | | | | | | | | | | | | | 1 |
| νεοτριβής | 1 | | | | | | | | | | | | | | | 1 |
| νεόφυτος | 1 | | | | | 1 | | | | | | | | | | |
| Νεσθά | 1 | | | | | | | | | | | | | | | 1 |
| νεῦμα | 2 | | | | 1 | | | | | | | | | 1 | | |
| νεῦρον | 1 | | | | | | | | | | | | | | | 1 |
| νεύω | 4 | | | | | | | | | | | | | 3 | | 1 |
| νεφέλη | 25 | | 5 | 10 | 1 | | | | | 2 | 1 | | 1 | | 2 | 3 |
| νεφελοειδής | 1 | | | | | | | | | | | | | | | 1 |
| Νεφθαλείμ | 11 | | | | 6 | 2 | | | | | | | | | | 3 |
| νέφος | 10 | | | | | | 1 | | | | | | 1 | | 5 | 3 |
| νεφρός | 2 | | | | 1 | | | | | | | | | | | 1 |
| νεφώδης | 1 | | | | | | | | | | | | | | | 1 |
| νεφώθ | 1 | | | | | | | | | | 1 | | | | | |
| νέω (νηέω) | 1 | | | | | | | | | | | | | | | 1 |
| νεωτερισμός | 3 | | | | 2 | | | | | | | | | 1 | | |
| νή | 1 | | | | | | | | | | | | | | | 1 |
| νήδυμος | 1 | | | | | | | | | | | | | | 1 | |
| νηκτός | 1 | | | | | | | | | | | | | | | 1 |
| νηπίαχος | 2 | | | | | | | | | | | | | | 1 | 1 |
| νήπιος | 14 | | 2 | | 2 | 1 | | | | 1 | 1 | | | | 5 | 2 |
| νηπιότης | 1 | | | | | 1 | | | | | | | | | | |
| Νηρεύς | 2 | | | | | | | | | | | | | 2 | | |
| νῆσος | 10 | | | | | | 1 | 1 | | | | | | 2 | 5 | 1 |
| νηστεία | 6 | | | | 4 | | 1 | | | 1 | | | | | | |
| νηστεύω | 8 | | | | 5 | | | | | | | 2 | | | | 1 |
| νήστης | 1 | | | | | 1 | | | | | | | | | | |
| νήφω | 1 | | | | | | | | | | | | | 1 | | |
| νήχω | 1 | | | | | | | | | | | | | | | 1 |
| Νίκαια | 1 | | | | | | | | | | | | | | 1 | |
| Νικάνωρ | 1 | | | | | | | | | | | | | 1 | | |
| νικάω | 14 | | | | 6 | | 1 | | | | | | 1 | 1 | | 5 |
| νίκη | 2 | | | | | | | | | | | | | 1 | 1 | |
| Νίκη | 1 | | | | | | | | | | | | | 1 | | |
| Νικήρατος | 1 | | | | | | | | | | | | | | | 1 |
| νῖκος | 2 | | | | 1 | | | | | 1 | | | | | | |
| Νινευή | 6 | | | | | | | | | 6 | | | | | | |
| Νινευίτης | 1 | | | | | | | | | 1 | | | | | | |
| Νίνος | 1 | | | | | | | | | | | | | | | 1 |
| νιπτήρ | 4 | | | 3 | | | | | | | | | 1 | | | |
| νίπτω | 26 | | | 6 | 7 | 12 | | | | | | | | | | 1 |
| Νισάν | 2 | | | | | | 1 | | | | | | | | | 1 |
| νιφετός | 1 | | | | | | | | | | | | | | | 1 |
| Νοέμβριος | 1 | | | | | | | | | | | | | | | 1 |
| νοερός | 2 | | | | | | | | | | | | | | | 2 |
| νοέω | 30 | 1 | 3 | 1 | 3 | | | | | 2 | | | | 3 | 9 | 8 |
| νόημα | 3 | | 1 | | | | | | | | | | | | 2 | |
| νόθος | 1 | | | | | | | | | | | | | | 1 | |
| νομάρχης | 1 | | | | | | | | | | | | | | | 1 |
| νομάς | 3 | | | | | | | | | | | | | 1 | 1 | 1 |
| νομή | 5 | | | | | | 1 | | | | 1 | | | 1 | | 2 |
| νομίζω | 44 | 2 | 1 | 6 | 8 | | | 3 | | 1 | | | 1 | 18 | | 4 |
| νομικός | 1 | | | | | | | | | | | | | 1 | | |
| νόμιμος | 2 | | | | | | | | | | | | | 2 | | |
| νόμισμα | 3 | | | | | | | | | | | | | 1 | | 2 |
| νομοθεσία | 16 | | | | | | | | | | | | | 9 | | 7 |
| νομοθετέω | 4 | | | | | | | | | | | | | 3 | | 1 |
| νομοθέτης | 7 | | | | | | | | | | | | | 4 | | 3 |
| νομός | 5 | | | | | | | | | | | | | 1 | | 4 |
| νόμος | 89 | 2 | | | 38 | | 3 | | | 7 | | 4 | | 14 | 11 | 10 |
| νόος | 37 | | 1 | | 15 | | | | | | | | | 1 | 11 | 9 |
| νοσέω | 7 | | | | 1 | | | 3 | | | | | 3 | | | |
| νόσος | 14 | 8 | | 1 | 2 | | | | | | | | | 1 | | 2 |
| νοσσεύω | 1 | | | | | | | | | | | | | | | 1 |
| νόστιμος | 2 | | | | | | | | | | | | | | 2 | |
| νότος | 11 | 1 | 4 | | 2 | | | | 1 | 3 | | | | | | |
| νουθεσία | 1 | | | | 1 | | | | | | | | | | | |
| νουθετέω | 7 | 1 | | | 2 | 1 | | | | | | | 1 | 1 | | 1 |
| νουνεχής | 1 | | | | | | | | | | | | 1 | | | |
| νυκτερινός | 2 | | | | | | | | | | | | | | 2 | |
| νυκτοκλοπία * | 2 | | | | | | | | | | | | | | 2 | |
| νυμφεύω | 3 | | | | 1 | | | | | | | | | | 2 | |
| νύμφη | 15 | | | | | 13 | | | | | | | | | 2 | |
| νυμφικός | 2 | | | | 1 | | | | | | | | | | | 1 |
| νυμφίος | 4 | | | | | 4 | | | | | | | | | | |
| * νῦν | 178 | 6 | 24 | 16 | 35 | 28 | 2 | 5 | 4 | 1 | 1 | | 31 | 3 | 7 | 15 |
| νύν | 1 | | | | | | | | | | | | | | | 1 |
| νύξ | 72 | 1 | 5 | 3 | 12 | 11 | 2 | 3 | 2 | 4 | 3 | 2 | 4 | | 6 | 14 |
| νυός | 1 | | | | | | | | | | | | | | | 1 |
| νύσσω | 1 | | | | | | 1 | | | | | | | | | |
| νυστάζω | 2 | 1 | | | | | 1 | | | | | | | | | |
| Νωά | 1 | | | | | | | | | | | | | | | |
| νωδός | 1 | | | | | | | | | | | | | | 1 | |
| Νῶε | 12 | | 3 | | 2 | | | 1 | 2 | | | | | | | 4 |
| νώνυμνος | 1 | | | | | | | | | | | | | | | 1 |
| νῶτον (-ος) | 9 | | | | 3 | 1 | 1 | | | | | | | | 3 | 1 |
| ξενηλατέω | 1 | | | | 1 | | | | | | | | | | | |
| ξενία | 1 | | | | | | | | | | | | | 1 | | |
| ξενίζω | 5 | | | 3 | | | | | | | | | | | | 2 |
| ξενιτεία | 1 | | | | | | | | | | | | | 1 | | |
| ξενιτεύω | 1 | | | | | | | | | | | | | 1 | | |
| ξενοδόχος | 1 | | | | | | | | | | | | 1 | | | |
| ξένος | 26 | | | 7 | 5 | | 2 | 1 | | | | | | 5 | 1 | 5 |
| ξηραίνω | 9 | | 1 | 1 | 1 | | 1 | | | 2 | | | | 2 | | 2 |
| ξηρός | 13 | | 4 | | 1 | 1 | | | | 3 | | | | | 1 | 3 |
| ξιφηφόρος | 3 | | | 2 | | | | | | | | | | | | 1 |
| ξίφος | 6 | | | 1 | 1 | | | | | | | | | | 1 | 3 |

| LEMMES | TOTAL | ADAM | HEN | ABR | PATR | ASEN | SAL | JER | BAR | PROP | ESDR | SEDR | JOB | ARIS | SIB | FRAG |
|---|---|---|---|---|---|---|---|---|---|---|---|---|---|---|---|---|
| ξόανον | 3 | | | | | | | | | | | | | | 3 | |
| Ξόϊς | 1 | | | | | | | | | | | | | | 1 | |
| ξυλεία | 2 | | | | | | | | | | | | | 1 | | 1 |
| ξύλινος | 5 | | 1 | | | | | | | | | | | | 2 | 2 |
| ξύλον | 46 | 7 | | | 12 | | 2 | 1 | 2 | 2 | 1 | 3 | | 1 | 3 | 12 |
| ξυλόω | 1 | | | | | | | | | | | | | | | 1 |
| ξυνός | 1 | | | | | | | | | | | | | | | 1 |
| * ὁ | 17819 | 731 | 1560 | 1558 | 2720 | 2053 | 646 | 694 | 458 | 588 | 441 | 319 | 1020 | 1972 | 170 | 2889 |
| ὁ ἀλλότριος * | 1 | | | | | | | | | | | | | | | 1 |
| ὁ ἀρσενικός * | 2 | | | | | | | | | | | | | | | 2 |
| ὁ αὐτός * | 4 | | | | | | | | | | | | | 2 | | 2 |
| ὁ ἐκ * | 1 | | | | | | | | | | | | | | | 1 |
| ὁ ἐμός * | 1 | | | | | | | | | | | | | | | 1 |
| ὁ ἔμπροσθεν * | 1 | | | | | | | | | | | | | | | 1 |
| ὁ ἐναντίος * | 1 | | | | | | | | | | | | | 1 | | |
| ὁ ἕνεκα * | 5 | | | | | | | | | | | | | | 5 | |
| ὁ ἐπίγειος * | 1 | | | | | | | | | | | | | | | 1 |
| ὁ ἕτερος * | 2 | | | | | | | | | | | | | | | 2 |
| ὁ ὄνομα * | 2 | | | | | | | | | | | | | | 1 | 1 |
| ὁ ὄπισθεν * | 1 | | | | | | | | | | | | | | | 1 |
| Ὀβάβ | 1 | | | | | | | | | | | | | | | 1 |
| ὄβριμος | 1 | | | | | | | | | | | | | | 1 | |
| ὀγδοήκοντα | 15 | | | | 1 | | | | 1 | | | 2 | 2 | 1 | | 8 |
| ὀγδοηκοστός | 5 | | | | | | | | | | | | | | | 5 |
| ὄγδοος | 19 | | 2 | | 4 | 2 | | | | | | | | | 1 | 10 |
| ὀγκόω | 2 | | | | 1 | | | | | | 1 | | | | | |
| ὀδάξω | 1 | | | | | | | | | | | | | | | 1 |
| * ὅδε | 63 | 1 | 2 | 3 | | | | | 4 | | | | 2 | 3 | 23 | 25 |
| ὀδεία | 2 | | | | | | | | | | | | | 2 | | |
| ὁδεύω | 8 | | | | | | 1 | | | | | | | 1 | 5 | 1 |
| ὁδηγέω | 8 | | | | 6 | | | | | | | | | | | 2 |
| ὁδηγός | 1 | | | | | | | | | | | | | | | 1 |
| ὀδμή | 1 | | | | | | | | | | | | | | 1 | |
| Ὀδολάμ | 1 | | | | 1 | | | | | | | | | | | |
| Ὀδολαμίτης | 1 | | | | 1 | | | | | | | | | | | |
| ὁδός | 80 | | 8 | 12 | 11 | 10 | 11 | 9 | 2 | 2 | | 1 | 2 | 2 | 1 | 9 |
| ὀδούς | 5 | 1 | | | | | 1 | 1 | | | | 1 | | | 1 | |
| ὀδυνάω | 4 | | | | 1 | | | 1 | | | | | 1 | | | 1 |
| ὀδύνη | 10 | 1 | 1 | | 3 | | 1 | | | | | | 3 | 1 | | |
| ὀδύρομαι | 10 | 1 | | 6 | | | | | 1 | | | | 1 | | | 1 |
| Ὀζίας | 1 | | | | | | | | | | | 1 | | | | |
| Ὀζιήλ | 1 | | | | 1 | | | | | | | | | | | |
| ὄζω | 1 | | | | | | | 1 | | | | | | | | |
| ὅθεν | 13 | | 2 | 1 | 1 | 1 | | | | | | 1 | | 3 | 1 | 3 |
| ὀθόνη | 2 | | | 1 | 1 | | | | | | | | | | | |
| ὀθόνιον | 2 | | | | 1 | | | | | | | | | 1 | | |
| οἷ | 1 | | | | | | | 1 | | | | | | | | |
| οἶδα | 90 | 3 | 5 | 6 | 26 | 8 | 2 | 1 | 1 | | 3 | 11 | 3 | 7 | 2 | 12 |
| οἶδμα | 3 | | | | | | | | | | | | | | 2 | 1 |
| ὀιζύς | 1 | | | | | | | | | | | | | | 1 | |
| οἴκαδε | 1 | | | | | | | | | | | | | | | 1 |
| οἰκεῖος | 2 | | | | 1 | | | | | | | | | | | 1 |
| οἰκειόω | 1 | | | | 1 | | | | | | | | | | | |
| οἰκέτης | 7 | | | | | | | | 1 | | | | | 1 | | 5 |
| οἰκετία | 4 | | | | | | | | | | | | | 4 | | |
| οἰκέω | 27 | | 2 | 1 | 1 | | 1 | | | | | 1 | | 2 | 7 | 12 |
| οἴκημα | 3 | | 2 | | | | | | | | | | | | | 1 |
| οἴκησις | 3 | | | | | | | | | | 2 | | | | 1 | |
| οἰκήτειρα | 1 | | | | | | | | | | | | | | 1 | |
| οἰκητήριον | 1 | | 1 | | | | | | | | | | | | | |
| οἰκήτωρ | 1 | | | | | | | | | | | | | | | 1 |
| οἰκία | 37 | 1 | 3 | 1 | | 18 | 1 | 1 | | | | | | 8 | | 4 |
| οἰκίζω | 1 | 1 | | | | | | | | | | | | | | |
| οἰκογενής | 1 | | | | 1 | | | | | | | | | | | |
| οἰκοδεσπότης | 1 | | | | | | | | | | | | | 1 | | |
| οἰκοδομέω | 38 | 3 | 3 | | 3 | 1 | | 1 | 2 | | | | | 1 | | 24 |
| οἰκοδομή | 8 | | 3 | | | | | | | 1 | | | | | | 4 |
| οἰκοδομία | 3 | | | | | | | | | | | | | | | 3 |
| οἶκοι | 1 | | | | | | | | | | | | | | | 1 |
| οἰκονομέω | 2 | | | | | | | | | | | | | 2 | | |
| οἰκονομία | 6 | 1 | | 1 | | | | 2 | | | | | | 2 | | |
| οἰκονόμος | 2 | | | | 1 | | | 1 | | | | | | | | |
| οἶκος | 126 | 2 | 6 | 27 | 16 | 10 | 20 | 2 | | 2 | 1 | 2 | 8 | 4 | 11 | 15 |
| οἰκότροφος | 1 | | 1 | | | | | | | | | | | | | |
| οἰκουμένη | 17 | | 5 | | 1 | 1 | | | 2 | | | 1 | | 3 | | 4 |
| οἰκτιρμός | 3 | | 1 | | 1 | | | | | | | | | | | 1 |
| οἰκτίρμων | 2 | | | | 1 | 1 | | | | | | | | | | |
| οἰκτίρω | 15 | | | | 3 | 2 | 3 | 1 | | | | 1 | 1 | | 1 | 3 |
| οἶκτος | 2 | | | | 1 | | | | | | | | | | 1 | |
| οἰκτρός | 4 | | | | | | | | | | | 1 | | | 3 | |
| οἴμοι | 10 | 2 | | 1 | | | 1 | | | | | | 4 | | 1 | 1 |
| οἰμωγή | 1 | | | | | | | | | | | | | | 1 | |
| οἰμώζω | 2 | | | | | | | | | | | | | | 2 | |
| οἰνόπολος * | 1 | | | | | | | | | | | | | | 1 | |
| οἰνοποσία | 1 | | | | 1 | | | | | | | | | | | |
| οἶνος | 39 | | 1 | | 24 | 2 | 1 | | 2 | 1 | 1 | | | | 3 | 4 |
| οἰνοχοέω | 2 | | | | 2 | | | | | | | | | | | |
| οἰνόω | 1 | | | | | | | | | | | | | | 1 | |
| οἴομαι | 12 | | | | | | | | | | | | | 7 | | 5 |
| οἰονεί | 2 | | | | | | | | | | | | | 2 | | |
| οἶος | 24 | | | | 3 | | | 1 | | | | | 1 | 6 | 6 | 7 |
| ὄις | 4 | | | | | | | | | | | | | | 4 | |
| οἰστρομανής | 1 | | | | | | | | | | | | | | 1 | |
| οἶστρος | 1 | | | | | | | | | | | | | | 1 | |
| οἴχομαι | 7 | | 4 | | | | | | | | | | | | 1 | 2 |
| οἰωνοπόλος | 1 | | | | | | | | | | | | | | 1 | |
| οἰωνός | 2 | | | | | | | | | | | | | | 1 | 1 |
| ὀκνέω | 1 | | | | | 1 | | | | | | | | | | |
| ὀκτακισμύριοι | 1 | | | | | | | | | | | | | | | 1 |
| ὀκτακισχίλιοι | 1 | | | | | | | | | | | | | | | 1 |

| LEMMES | TOTAL | ADAM | HEN | ABR | PATR | ASEN | SAL | JER | BAR | PROP | ESDR | SEDR | JOB | ARIS | SIB | FRAG |
|---|---|---|---|---|---|---|---|---|---|---|---|---|---|---|---|---|
| ὀκτακόσιοι | 2 | | | | | | | | | | 1 | | 1 | | | |
| ὀκτώ | 21 | 1 | | | 3 | 1 | | | | | | | 2 | 1 | | 13 |
| Ὀκτώβριος | 2 | | | | | | | | | | 1 | | | | | 1 |
| ὀκτωκαίδεκα | 5 | | | | 1 | 2 | | | | | 1 | | | | | 1 |
| ὀκτωκαιδέκατος | 5 | | 1 | | 1 | 2 | | | | | | | | | | 1 |
| ὄλβιος | 5 | | | | | | | | | | | | | | 4 | 1 |
| ὄλβος | 7 | | | | | | | | | | | | | | 5 | 2 |
| ολδινα * | 1 | | | | 1 | | | | | | | | | | | |
| ὀλεθρεύω | 3 | | | | | | 3 | | | | | | | | | |
| ὄλεθρος | 12 | | | | 1 | | 1 | | | | | | | | 9 | 1 |
| ὀλετήρ | 1 | | | | | | | | | | | | | | 1 | |
| ὀλιγηπελία | 1 | | | | | | | | | | | | | | 1 | |
| ὀλίγος | 42 | 2 | 2 | 7 | 5 | | 1 | 6 | 2 | 2 | 1 | 1 | 1 | 3 | 2 | 7 |
| ὀλιγοστός | 1 | | | | 1 | | | | | | | | | | | |
| ὀλιγοψυχέω | 1 | | | | | 1 | | | | | | | | | | |
| ὀλιγοψυχία | 2 | | | | 1 | | 1 | | | | | | | | | |
| ὀλιγόω | 1 | | | | 1 | | | | | | | | | | | |
| ὀλιγωρέω | 4 | | | | | | 1 | 1 | | 1 | | | 1 | | | |
| ὀλιγωρία | 7 | | 5 | | | | | | | | | | 2 | | | |
| ὀλισθαίνω | 4 | | | | | | 1 | | | | | | | | 2 | 1 |
| ὀλκή | 8 | | | | 4 | | | | | | | | | 1 | | 3 |
| ὀλκός | 1 | | | | | | | | | | | | | | 1 | |
| ὄλλυμι | 46 | | | | | | | | | | | | | | 44 | 2 |
| ὀλοβαθής * | 1 | | 1 | | | | | | | | | | | | | |
| ὀλοήμερος | 1 | | | | | | | | 1 | | | | | | | |
| ὀλοθρεύω | 5 | | | | 3 | | | | | 1 | | | | | 1 | |
| ὀλοκαρπεύω * | 1 | | | | | | | | | | | | | | 1 | |
| ὀλοκαρπόω | 2 | | | | | | | | | | | | | | 1 | 1 |
| ὀλοκάρπωσις | 2 | | | | 1 | | | | | | | | | | | 1 |
| ὀλόκαυστος | 1 | | | | | | | | | | | | 1 | | | |
| ὀλοκαυτέω | 1 | | | | | | | | | | | | | 1 | | |
| ὀλοκαύτωμα | 3 | | | | 1 | | | | | | | | 2 | | | |
| ὀλοκαύτωσις | 1 | | | | 1 | | | | | | | | | | | |
| ὀλόκληρος | 1 | | | 1 | | | | | | | | | | | | |
| ὀλοός | 7 | | | | | | | | | | | | | | 6 | 1 |
| ὀλοόφρων | 1 | | | | | | | | | | | | | | | 1 |
| ὅλος | 113 | 4 | 5 | 11 | 13 | 7 | | 1 | | 3 | 2 | 2 | 14 | 16 | 15 | 20 |
| ὀλοσχερής | 2 | | | | | | | | | | | | | 1 | | 1 |
| ὀλοσώματος | 1 | | | | | | | | | | | | | | | 1 |
| ὀλοφύρομαι | 1 | | | | | | | | | | | | | | 1 | |
| ὅμαδος | 1 | | | | | | | | | | | | | | 1 | |
| ὀμαίμων | 1 | | | | | | | | | | | | | | | 1 |
| ὁμαλίζω | 1 | | | | | | 1 | | | | | | | | | |
| ὁμαλισμός | 1 | | | | | | 1 | | | | | | | | | |
| ὀμβρέω | 2 | | | | | | | | | | | | | | 2 | |
| ὄμβρος | 5 | | 3 | | | | | | | | | | | | 2 | |
| ὀμήλικος | 1 | | | | 1 | | | | | | | | | | | |
| ὀμῆλιξ | 1 | | | | | | | | | | | | | | | 1 |
| ὄμηρος | 1 | | | | | | | | | | | | | | 1 | |
| Ὅμηρος | 2 | | | | | | | | | | | | | | | 2 |
| ὁμιλέω | 10 | 1 | | | | 1 | | | 4 | | | | 1 | 2 | | 1 |
| ὁμιλία | 8 | | | 4 | | | | | | | | | | 4 | | |
| ὅμιλος | 1 | | | | | | | | | | | | | | | 1 |
| ὀμίχλη | 6 | | 3 | | | | | | | | | | | | 2 | 1 |
| ὄμμα | 4 | | 2 | | | | | | | | | | | | 1 | 1 |
| ὄμνυμι | 14 | 2 | 7 | 2 | | | 1 | | | | | | | 1 | | 1 |
| ὀμνύω | 4 | | 4 | | | | | | | | | | | | | |
| ὀμόεθνος | 1 | | | | | | | | | | | | | | | 1 |
| ὁμόθεσμος * | 1 | | | | | | | | | | | | | | 1 | |
| ὁμοθυμαδόν | 4 | | | | 1 | | | | | | | | 1 | 1 | 1 | |
| ὅμοιος | 80 | 2 | 17 | 11 | 12 | 5 | 1 | | 7 | | | | 1 | 12 | 2 | 10 |
| ὁμοιότης | 3 | | | | | | | 2 | | 1 | | | | | | |
| ὁμοιόω | 4 | | | | 1 | | | 2 | | | | | 1 | | | |
| ὁμοίωμα | 1 | | 1 | | | | | | | | | | | | | |
| ὁμοίωσις | 1 | | | | 1 | | | | | | | | | | | |
| ὁμολογέω | 8 | | | | 3 | | | | | | | 1 | 1 | 1 | | 2 |
| ὁμονοέω | 1 | | | | | | | | | | | | | 1 | | |
| ὁμόνοια | 4 | | | | 1 | | | | | | | | | | 1 | 2 |
| ὁμός | 3 | | | | | | | | | | | | 1 | | 1 | 1 |
| ὁμόσκηνος | 1 | | 1 | | | | | | | | | | | | | |
| ὁμόσπονδος | 1 | | | | | | | | | | | | | | 1 | |
| ὁμόσπορος | 1 | | | | | | | | | | | | | | | 1 |
| ὁμότεχνος | 1 | | | | | | | | | | | | | | | 1 |
| ὁμότιμος | 1 | | | | | | | | | | | | | | | 1 |
| * ὁμοῦ | 22 | 1 | 6 | | 3 | | | 1 | | 1 | 1 | | | | 3 | 6 |
| Ὁμουσί | 1 | | | | 1 | | | | | | | | | | | |
| ὁμόφρων | 2 | | | | | | | | | | | | | | 1 | 1 |
| ὁμόφυλος | 1 | | | | | | | | | | | | | | | 1 |
| ὁμόφωνος | 2 | | | | | | | | | | | | | | 1 | 1 |
| ὀμφακίζω | 1 | | | | | | | | | | | | | | | 1 |
| ὄμφαξ | 1 | | | | | | | | | | | | | | | 1 |
| ὅμως | 5 | 1 | | 1 | | | | | | | | | | | | 3 |
| ὄναρ | 4 | 1 | 3 | | | | | | | | | | | | | |
| ὄνειαρ (ὄναρ) | 2 | | | | | | | | | | | | | | | 2 |
| ὀνειδίζω | 8 | | | | 3 | | 1 | | | 1 | | | | | | 3 |
| ὀνειδισμός | 5 | | 1 | | 4 | | | | | | | | | | | |
| ὄνειδος | 6 | | | | 2 | | | | | 2 | | | | | 1 | 1 |
| ὄνειρος | 9 | | 1 | 4 | | | | | | | | | | 2 | 1 | 1 |
| ὀνήσιμος | 1 | | | | | | | | | | | | | | | 1 |
| ὄνησις | 1 | | 1 | | | | | | | | | | | | | |
| ὀνίνημι | 1 | | | | | | | | | | | | | | | 1 |
| ὄνομα | 138 | | 14 | 8 | 18 | 25 | 15 | 3 | 3 | 7 | 2 | 1 | 5 | 3 | 9 | 25 |
| ὀνομάζω | 32 | | 2 | 2 | 2 | | | | | | | | | 1 | 1 | 24 |
| ὀνομασία | 1 | | | | | | | | | | | | | | | 1 |
| ὀνομαστός | 3 | | 1 | | | | | | | | | | 2 | | | |
| ὄνος | 4 | | | | | | | | | | | | | | 2 | 2 |
| ὄντως | 2 | | | | 1 | | | | | | | 1 | | | | |
| ὄνυξ | 2 | | | | | | | | | | | | | 2 | | |
| ὀνυχόω | 1 | | | | | | | | | | | | 1 | | | |
| ὄξος | 3 | | | | | | | | | | | | 2 | | | 1 |

| LEMMES | TOTAL | ADAM | HEN | ABR | PATR | ASEN | SAL | JER | BAR | PROP | ESDR | SEDR | JOB | ARIS | SIB | FRAG |
|---|---|---|---|---|---|---|---|---|---|---|---|---|---|---|---|---|
| ὀξυβελής | 1 | | | | | | | | | | | | | 1 | | |
| ὀξυγράφος | 1 | | | | | 1 | | | | | | | | | | |
| ὀξύνω | 1 | | | | 1 | | | | | | | | | | | |
| ὀξύς | 12 | | 2 | | 1 | 3 | | | | 1 | | | | 2 | | 3 |
| ὀξύστομος | 1 | | | | | | | | | | | | | | 1 | |
| ὀξύτης | 1 | | | | | | | | | | | | | 1 | | |
| ὀπάζω | 1 | | | | | | | | | | | | | | | 1 |
| ὀπή | 1 | | | | | | | | | | | | | | 1 | |
| ὀπηδέω | 1 | | | | | | | | | | | | | | | 1 |
| ὀπηνίκα | 3 | | | | | | | | | | | | 1 | | 1 | 1 |
| ὄπισθεν | 9 | | | | 2 | | | | 1 | 1 | | | 2 | | 1 | 2 |
| ὀπίσθιος | 3 | | | | | | | | 1 | 1 | | | | 1 | | |
| ὀπίσω | 7 | | 1 | | 2 | 2 | | | | | | | | | | 2 |
| ὁπλή | 1 | | | | | | | | | | | | | 1 | | |
| ὁπλίζω | 3 | | | | | | | | | | | | | | 1 | 2 |
| ὅπλον | 16 | | 1 | | 1 | | | | | | | | | 2 | 3 | 9 |
| ὁπλότερος | 1 | | | | | | | | | | | | | | | 1 |
| ὁποῖος | 7 | | 1 | 1 | | | | | | | | | 1 | | | 4 |
| ὁπόσος | 7 | | | | | | | | | | | | | | 7 | |
| ὁπόταν | 15 | | | | | | | | | | | | | | 15 | |
| ὁπότε | 9 | | | | | | | | | | | | | | 8 | 1 |
| * ὅπου | 43 | 9 | 4 | 4 | 6 | 5 | | 3 | 6 | 3 | | 2 | | 1 | | |
| ὀπτάνομαι | 3 | | | | 1 | | | | | | | | | | | 2 |
| ὀπτασία | 1 | | | | | | | | | 1 | | | | | | |
| ὀπτός (ὀπτάω) | 3 | | | | | | | | | | | | | | | 3 |
| ὀπώρα | 2 | | | | 1 | 1 | | | | | | | | | | |
| ὀπωροφυλάκιον | 1 | | | | 1 | | | | | | | | | | | |
| * ὅπως | 97 | 10 | 5 | 19 | 11 | 1 | | 4 | 8 | | | 1 | 5 | 17 | 2 | 14 |
| δρᾶμα | 9 | | 1 | 3 | 4 | | | | | | | | | | | 1 |
| Ὀραμμαμή | 1 | | 1 | | | | | | | | | | | | | |
| ὅρασις | 29 | | 16 | 1 | 6 | 1 | 1 | | 1 | | | | | 1 | | 2 |
| ὁρατός | 4 | | | | 2 | | | | | | | | | | 1 | 1 |
| ὁράω | 147 | 3 | 12 | 4 | 35 | 27 | 2 | 2 | 14 | 3 | 1 | | 4 | 1 | 9 | 30 |
| ὄργανον | 6 | | | | | | | 1 | | | | | | 1 | | 4 |
| ὀργή | 47 | 3 | 8 | 1 | 6 | 8 | 6 | 1 | 2 | | 1 | | 2 | 1 | 3 | 5 |
| ὀργίζω | 27 | 6 | 2 | | 6 | 2 | 1 | 1 | 2 | | | | 1 | | | 6 |
| ὀργίλος | 1 | | | 1 | | | | | | | | | | | | |
| ὀρέγω | 3 | | | | | | | | | | | | | 1 | 1 | 1 |
| ὀρειβάτης | 1 | | | | | | | | | | | | | | 1 | |
| ὀρεινός | 2 | | | | | | | | | | | | | 2 | | |
| ὄρεξις | 1 | | | | | | | | | | | | | | | 1 |
| ὀρθόδοξος | 1 | | | | | | | | | | | 1 | | | | |
| ὀρθός | 10 | | | | 2 | | | 1 | 1 | | | | | 5 | 1 | |
| ὀρθόω | 1 | | | | | | 1 | | | | | | | | | |
| ὀρθρίζω | 1 | | | | 1 | | | | | | | | | | | |
| ὄρθριος | 2 | | | | | | | | | | | | | | 1 | 1 |
| ὄρθρος | 5 | | 1 | | 1 | 1 | | 1 | | | | | | | | 1 |
| ὁρίζω | 4 | 1 | 1 | | | | | | | | | | | 1 | | 1 |
| ὀρίνω | 1 | | | | | | | | | | | | | | | 1 |
| ὅριον | 5 | | | | 2 | 2 | | | | | | | | | | 1 |
| ὁρκίζω | 19 | | | | | | 1 | | | | | | | | | 18 |
| ὅρκιον | 1 | | | | | | | | | | | | | | 1 | |
| ὁρκισμός | 3 | | | | | | | | | | | | | 1 | | 2 |
| ὅρκος | 16 | 3 | 2 | | 1 | | 2 | 1 | | | | | | 2 | 3 | 2 |
| ὁρκόω | 3 | | | | 1 | | | | | | | | 2 | | | |
| ὁρκωμοτέω | 1 | | | | | | | | | | | | | | | 1 |
| ὁρμάω | 5 | | | | 2 | | | | | | | | | 1 | 1 | 1 |
| ὁρμή | 7 | | | | | | | | | | | | | 4 | 2 | 1 |
| ὄρνεον | 18 | | | | 1 | | | | 15 | | | | | | | 2 |
| Ὀρνίας | 1 | | | | | | | | | | | | | 1 | | |
| ὀρνιθεύω | 1 | | | | | | | | | | | | | | | 1 |
| ὄρνις | 5 | | | | | | | | | | | | | | | 5 |
| ὄρνυμι | 6 | | | | | | | | | | | | | | 3 | 3 |
| ὀρός | 1 | | 1 | | | | | | | | | | | | | |
| ὄρος | 93 | | 30 | | 7 | 1 | 3 | 4 | 1 | 3 | 1 | | 3 | 3 | 10 | 27 |
| ὅρος | 9 | | | 1 | 3 | | | | | | 1 | | | 1 | 1 | 2 |
| ὀρούω | 2 | | | | | | | | | | | | | | | 2 |
| ὀροφή | 2 | | | | 1 | | | | | | | | | | | 1 |
| ὀρόφωμα | 1 | | | | | | | | | | | | | | | 1 |
| ὀρύσσω | 4 | 2 | 1 | | 1 | | | | | | | | | | | |
| ὀρφανία | 3 | | | | | 2 | 1 | | | | | | | | | |
| ὀρφανός | 12 | | | | | 8 | | | | | | | 4 | | | |
| Ὀρφεύς | 2 | | | | | | | | | | | | | | | 2 |
| ὀρχέομαι | 1 | | | 1 | | | | | | | | | | | | |
| * ὅς | 851 | 46 | 77 | 34 | 99 | 36 | 31 | 29 | 26 | 20 | 8 | 9 | 36 | 105 | 127 | 168 |
| ὅς ἕνεκα | 4 | * | | | | | | | | | | | | 4 | | |
| ὅς, ἥ, ὅν (ἑός) | 12 | | | | | | | | | | | | | | 7 | 5 |
| ὅσιος | 58 | | 5 | 5 | 3 | | 21 | | | 9 | | | | 4 | 5 | 6 |
| ὁσιότης | 2 | | 1 | | | | | | | | | | | 1 | | |
| ὀσμή | 12 | | 4 | 2 | 4 | | | | | | | | | | 1 | 1 |
| * ὅσος | 152 | 2 | 12 | 7 | 25 | 5 | 2 | 3 | 7 | 4 | 2 | | 9 | 30 | 34 | 10 |
| * ὅσπερ | 23 | | 5 | 1 | | | | 1 | 3 | | | 1 | 2 | 3 | 3 | 4 |
| ὄσπριον | 4 | | | | | | | | | 1 | | | | 3 | | |
| ὄσσε | 2 | | | | | | | | | | | | | | 1 | 1 |
| ὅστε | 5 | | | | | | | | | | | | | | 5 | |
| ὀστέον | 27 | | 1 | | 11 | 1 | 4 | | | | 5 | | 3 | | 1 | 1 |
| * ὅστις | 71 | 2 | 13 | | 7 | 6 | | 1 | 4 | 1 | | 1 | 3 | 7 | 10 | 16 |
| ὁστισοῦν | 1 | | | | | | | | | | | | | 1 | | |
| Ὀστρακίνη | 1 | | | | | | | | | | 1 | | | | | |
| ὀστράκινος | 3 | | 1 | | | | | | 1 | | | | | | 1 | |
| ὄστρακον | 1 | | | | 1 | | | | | | | | | | | |
| ὀσφραίνομαι | 2 | | 1 | | | | | | | | | 1 | | | | |
| ὄσφρησις | 1 | | | | 1 | | | | | | | | | | | |
| ὀσφῦς | 11 | | | | 2 | 5 | 1 | | 1 | | | | 2 | | | |
| * ὅταν | 74 | | 13 | | 11 | 2 | 3 | 1 | 4 | | 4 | 2 | 2 | 6 | 16 | 10 |
| * ὅτε | 109 | 9 | 5 | 10 | 35 | 2 | | | 3 | 15 | | 2 | 7 | 5 | 10 | 6 |
| * ὅτι | 884 | 40 | 60 | 92 | 291 | 50 | 59 | 50 | 13 | 61 | 12 | 21 | 53 | 37 | 6 | 39 |
| ὀτιή | 1 | | | | | | | | | | | | | | 1 | |
| ὀτρύνω | 1 | | | | | | | | | | | | | | 1 | |
| * οὐ | 1059 | 42 | 113 | 87 | 210 | 74 | 78 | 36 | 28 | 15 | 27 | 34 | 56 | 69 | 67 | 123 |

| LEMMES | TOTAL | ADAM | HEN | ABR | PATR | ASEN | SAL | JER | BAR | PROP | ESDR | SEDR | JOB | ARIS | SIB | FRAG |
|---|---|---|---|---|---|---|---|---|---|---|---|---|---|---|---|---|
| οὗ | 31 | | 4 | 9 | 5 | 4 | | | | | 1 | | | 3 | 4 | 1 |
| * οὐαί | 26 | | 17 | 1 | | | | 1 | | | 4 | | 3 | | | |
| Οὐαφρῆς | 6 | | | | | | | | | | | | | | | 6 |
| οὐδαμός | 1 | | | | | | | | | | | 1 | | | | |
| οὖδας | 2 | | | | | | | | | | | | | | 1 | 1 |
| * οὐδέ | 144 | | 19 | 5 | 19 | 7 | 2 | 1 | 6 | | 5 | | 6 | 11 | 39 | 24 |
| * οὐδείς | 94 | 1 | 7 | 7 | 9 | 4 | 1 | 2 | 3 | 6 | 1 | | 8 | 21 | 9 | 15 |
| οὐδέποτε | 9 | | 1 | | 1 | 1 | | | | | | 1 | 1 | 1 | 1 | 2 |
| οὐδέπω | 1 | | | | | | | | | | | | | | | 1 |
| οὐδός | 1 | | | | | | | | | | | | | | | 1 |
| ουεδεφωνα * | 1 | | | | 1 | | | | | | | | | | | |
| * οὐκέτι | 28 | | 2 | 1 | 3 | 1 | | | | | 1 | 1 | | 2 | 1 | 14 | 2 |
| οὐκοῦν | 1 | | | | 1 | | | | | | | | | | | |
| οὖλος | 1 | | 1 | | | | | | | | | | | | | |
| * οὖν | 255 | 3 | 7 | 30 | 84 | 4 | | 15 | 2 | 4 | 4 | | 30 | 33 | 1 | 38 |
| οὖπερ | 1 | | | | | | | | 1 | | | | | | | |
| οὖποτε | 4 | | | | | | | | | | | | | | 3 | 1 |
| οὖπω | 3 | | | | | | | 1 | | | | | | | 2 | |
| Οὖρ | 1 | | | | | | | | | | | | | | 1 | |
| Ὀῦρ | 1 | | | | | | | | | | | | | | | 1 |
| οὐρά | 5 | | | | 1 | | | | | | | | | | 1 | 3 |
| Οὐρανίδης | 1 | | | | | | | | | | | | | | | 1 |
| οὐράνιος | 14 | | | | | 1 | | | | | | | | 1 | 11 | 1 |
| οὐρανίων | 1 | | | | | | | | | | | | | | 1 | |
| οὐρανοειδής | 1 | | | | | | | | | | | | | | | 1 |
| οὐρανόθεν | 13 | | | | | | | | | | 1 | | | | 11 | 1 |
| οὐρανόθι | 2 | | | | | | | | | | | | | | 2 | |
| οὐρανοκόσμητος * | 2 | | | | | | | | | | | 2 | | | | |
| οὐρανομήκης | 1 | | | | | | | | | | | 1 | | | | |
| οὐρανός | 291 | 6 | 61 | 32 | 36 | 25 | 6 | 7 | 20 | 2 | 13 | 7 | 10 | | 25 | 41 |
| Οὐρία | 1 | | | | | | | | | | | | | | | 1 |
| Οὐριήλ | 11 | 1 | 7 | | | | | | | | 1 | | | | | 2 |
| Οὐρφή | 1 | | | | | | | | | | | | | | | 1 |
| οὖς | 12 | | | | 3 | 2 | | 1 | | | 2 | | | 1 | | 3 |
| οὐσία | 2 | | | | | | | | | | | 2 | | | | |
| * οὖτε | 87 | 4 | 17 | 4 | 7 | 2 | | 6 | 6 | 6 | 2 | 2 | 2 | 5 | 6 | 18 |
| οὖτις | 2 | | | | | | | | | | | | | | 1 | 1 |
| * οὖτος | 1277 | 38 | 77 | 123 | 164 | 116 | 16 | 64 | 59 | 51 | 24 | 10 | 61 | 240 | 39 | 195 |
| * οὕτως | 213 | 5 | 15 | 21 | 67 | 7 | 1 | 7 | 7 | 4 | 3 | 1 | 15 | 21 | 3 | 36 |
| ὀφειλέτης | 3 | | 2 | | | | | | | | | | 1 | | | |
| ὀφείλω | 6 | | 1 | | 1 | | | | | | | | | | | 4 |
| ὀφέλλω | 3 | | | | | | | | | | | | | | | 3 |
| ὀφθαλμός | 85 | 7 | 4 | 4 | 21 | 20 | 8 | 3 | | 1 | 3 | 2 | 3 | 1 | 1 | 7 |
| ὀφιομάχος | 1 | | | | | | | | | 1 | | | | | | |
| ὄφις | 22 | 7 | | 1 | | | | 1 | 2 | 3 | 1 | | 1 | | 2 | 4 |
| ὀφλισκάνω | 1 | | | | | | | | | | | | | | | |
| ὀφρῦς | 1 | | | | | | | | | | | | | 1 | | |
| ὀχετός | 1 | | | | | | | | | | | 1 | | | | |
| ὄχημα | 6 | | | 1 | | 5 | | | | | | | | | | |
| ὄχθη | 4 | | | | | | | | | | | | | | 4 | |
| ὄχθος | 1 | | | | | | | | | | | | | | 1 | |
| ὀχλέω | 1 | | | | | | | | | | | 1 | | | | |
| ὄχλησις | 1 | | | | | | | | | | | | | 1 | | |
| ὄχλος | 20 | | | | 1 | | | | | | | | 1 | 8 | 1 | 9 |
| Ὀχοζείας | 6 | | | | | | | | | 2 | | | | | | 4 |
| ὀχυρός | 2 | | | | | 1 | | | | | | | | | | 1 |
| ὀχύρωμα | 1 | | | | | | | | | | | | | | | 1 |
| ὀψέ | 4 | | | 3 | | | | | | | | | | | 1 | |
| ὀψίγονος | 1 | | | | | | | | | | | | | | 1 | |
| ὀψικεύω * | 2 | | | 2 | | | | | | | | | | | | |
| ὀψιμαθής | 1 | | | | | | | | | | | | | | | 1 |
| ὄψις | 17 | 1 | 3 | 4 | 5 | | | | | | | | | 2 | | 2 |
| ὀψοποιέω | 1 | | | | | | | | | | | | | | | 1 |
| ὀψώνιον | 3 | | 1 | | | | | | | | | | | 2 | | |
| παγανός | 4 | | | | | | | | | | | | | | | 4 |
| παγγενέτειρα | 3 | | | | | | | | | | | | | | 3 | |
| παγγενέτης | 1 | | | | | | | | | | | | | | 1 | |
| παγγενέτωρ | 1 | | | | | | | | | | | | | | 1 | |
| πάγγνωστος * | 1 | | | | | | | | | | | 1 | | | | |
| παγετός | 2 | | 1 | | | | | | | | | | | | | 1 |
| παγίς | 1 | | 1 | | | | | | | | | | | | | |
| πάγκακος | 1 | | | | | | | | | | | | | | 1 | |
| πάγκαλος | 1 | | | | | 1 | | | | | | | | | | |
| πάγκαρπος | 1 | | | | | | | | | | | | | 1 | | |
| πάγκλαυστος | 1 | | | | | | | | | | | | | 1 | | |
| πάγος (ὁ) | 1 | | | | | | | | | | | | | | | 1 |
| πάθημα | 1 | | | | | | | | | | | | | | | 1 |
| πάθος | 10 | | | | 5 | | | | | 1 | | | | | | 4 |
| παιδάριον | 8 | | | 1 | 1 | 6 | | | | | | | | | | |
| παιδεία | 20 | | | | 1 | 11 | | | | 1 | | | | 4 | | 3 |
| παίδευμα | 1 | | | | | | | | | | | | | | | 1 |
| παίδευσις | 2 | | | | | | | | | | | 1 | | | | 1 |
| παιδευτής | 1 | | | | | | 1 | | | | | | | | | |
| παιδεύω | 13 | | | | 1 | 1 | 5 | | | | | | 1 | 2 | | 3 |
| παιδίον | 21 | | 4 | 1 | 3 | | | | | 2 | 2 | | 2 | 1 | | 6 |
| παιδίσκη | 21 | | 3 | 2 | 12 | | | | | | | | 1 | | | 3 |
| παιδογόνος | 1 | | | | | | | | | | | | | | | 1 |
| παιδοφθόρος | 1 | | | | 1 | | | | | | | | | | | |
| παίζω | 2 | | 1 | | | | | | | | | | | 1 | | |
| παῖς | 90 | | 12 | 10 | 9 | 2 | 1 | | | 4 | | | 6 | 2 | 17 | 27 |
| παίω | 2 | | | | | | 1 | | | | | | | | | 1 |
| πάλαι | 12 | | | | | | | | | | 1 | | | | 10 | 1 |
| παλαιός | 7 | | | | 1 | 2 | | | | | 1 | 1 | | | | 2 |
| παλαιόω | 1 | | 1 | | | | | | | | | | | | | |
| παλαιστής | 1 | | | | | | | | | | | | | | | 1 |
| παλαιστιαῖος | 2 | | | | | | | | | | | | | 2 | | |
| παλαιστρικός | 1 | | | | | | | | | | | | 1 | | | |
| παλαίω | 4 | | | 1 | | 1 | | | | | | | | | | 2 |
| παλάμη | 7 | | | | | | | | | | | | 1 | | 6 | |
| παλάσσω | 1 | | | | | | | | | | | | | | 1 | |

| LEMMES | TOTAL | ADAM | HEN | ABR | PATR | ASEN | SAL | JER | BAR | PROP | ESDR | SEDR | JOB | ARIS | SIB | FRAG |
|---|---|---|---|---|---|---|---|---|---|---|---|---|---|---|---|---|
| παλίμβολος | 1 | | | | | | | | | | | | | | 1 | |
| παλίμπλαγκτος | 1 | | | | | | | | | | | | | | 1 | |
| * πάλιν | 138 | 5 | 1 | 6 | 18 | 11 | | 6 | 6 | 6 | 4 | 5 | 19 | 7 | 21 | 23 |
| παλλακή | 2 | | | | 2 | | | | | | | | | | | |
| παλλακίς | 2 | | | | | | | | | | | | | | | 2 |
| πάλλω | 1 | | | | | | | | | | | | | | 1 | |
| Παλμανώθην | 1 | | | | | | | | | | | | | | | 1 |
| παμμεγέθης | 5 | | 3 | | | | | | 2 | | | | | | | |
| παμμιγής | 2 | | | | | | | | | | | | | 2 | | |
| πάμμορος | 1 | | | | | | | | | | | | | | 1 | |
| πάμμουσος | 1 | | | | | | | | | | | | | | 1 | |
| πάμπαν | 1 | | | | | | | | | | | | | | | 1 |
| παμπληθής | 3 | | | | | | | | | | | | | 1 | 1 | 1 |
| πάμπλουτος | 1 | | | | | | | | | | | | | | 1 | |
| παμποίκιλος | 3 | | | | | 1 | | | | | | | | | 2 | |
| πάμπολις | 1 | | | | | | | | | | | | | | 1 | |
| παμφάγος | 2 | | 2 | | | | | | | | | | | | | |
| παμφαής | 1 | | | | | | | | | | | | | | | 1 |
| Πάμφιλος | 2 | | | | | | | | | | | | | | | 2 |
| πάμφορος | 2 | | | | | | | | | | | | | | 1 | 1 |
| Πάμφυλος | 6 | | | | | | | | | | | | | | 6 | |
| πανάθλιος | 1 | | | | | | | | | | | | 1 | | | |
| παναίστος | 1 | | | | | | | | | | | | | | 1 | |
| παναληθής | 2 | | | | | | | | | | | | | | 2 | |
| πανάριστος | 3 | | | | | | | | | | | | | | 2 | 1 |
| πανδημεί | 1 | | | | | | | | | | | | | | 1 | |
| Πανδονίη | 1 | | | | | | | | | | | | | | 1 | |
| πανέξοχος | 1 | | | | | | | | | | | | | | 1 | |
| πανεπίσκοπος | 1 | | | | | | | | | | | | | | 1 | |
| πανέρημος | 4 | | | | | | | | | | | | | | 4 | |
| πανευπρεπής | 1 | | | 1 | | | | | | | | | | | | |
| πανήγυρις | 2 | | | | | | | | | | | | | | | 2 |
| πανθαύμαστος | 2 | | 2 | | | | | | | | | | | | | |
| πάνθειος | 1 | | | | | | | | | | | | | | 1 | |
| πανίερος | 2 | | 2 | | | | | | | | | | | | | |
| πανόδυρτος | 1 | | | | | | | | | | | | | | 1 | |
| πανοικία | 2 | | | | | | | | | | | | | | | 2 |
| πάνολβος | 1 | | | | | | | | | | | | | | 1 | |
| πανόσιος | 1 | | | 1 | | | | | | | | | | | | |
| πανουργία | 4 | | | | 4 | | | | | | | | | | | |
| πανοῦργος | 2 | | | | | | | | | | | | | 1 | | 1 |
| πανσέληνος | 2 | | | | | | | | | | | | | | | 2 |
| παντάπασι | 2 | | | | | | | | | | | | | 2 | | |
| πανταχῇ | 1 | | | | | | | | | | | | | 1 | | |
| πανταχοῦ | 1 | | | 1 | | | | | | | | | | | | |
| παντελής | 8 | | | | | | | | 1 | | | | 1 | 5 | | 1 |
| πάντῃ | 3 | | | | | | | | | | | | | | | 3 |
| παντοδαπός | 2 | | | | 1 | | | | | | | | | | 1 | |
| πάντοθεν | 7 | | 1 | | 1 | | | | | | | | | 4 | | 1 |
| παντοῖος | 6 | | 1 | 2 | | | | | | | | | | 2 | | 1 |
| παντοκράτωρ | 7 | | 2 | | | | | 2 | 1 | | | | | 1 | | 1 |
| πάντοτε | 9 | | | | 6 | 2 | | | | | | | | | | 1 |
| πάντως | 2 | | 1 | | 1 | | | | | | | | | | | |
| πάνυ | 9 | | | 2 | 1 | 3 | | | | | | 2 | | | | 1 |
| πανώλεθρος | 2 | | | 2 | | | | | | | | | | | | |
| * παρά | 239 | 5 | 5 | 14 | 28 | 7 | 8 | 2 | 6 | 11 | 2 | 3 | 20 | 51 | 20 | 57 |
| παραβαίνω | 21 | 1 | 7 | | 1 | 1 | 1 | | | 3 | | 1 | | 2 | 2 | 2 |
| παραβάλλω | 1 | | | | | | | | | | | | | 1 | | |
| παράβασις | 12 | 2 | 1 | | 2 | | | | 2 | | | 1 | | | | 4 |
| παραβλέπω | 1 | | | | | | | | | | | 1 | | | | |
| παραβολή | 2 | | 2 | | | | | | | | | | | | | |
| παραγγέλλω | 3 | | | 1 | | | | | | | | 1 | 1 | | | |
| παραγίγνομαι | 31 | | | 2 | 1 | 2 | | | | | | 1 | 3 | 14 | | 8 |
| παράγω | 1 | | | | | | | | | | | | | | | 1 |
| παραδειγματίζω | 1 | | | | | | 1 | | | | | | | | | |
| παράδεισος | 85 | 39 | 3 | 5 | 1 | 4 | 1 | 1 | 2 | | 3 | 4 | | | | 22 |
| παραδέχομαι | 7 | | 1 | | | | | | | | 1 | | | 5 | | |
| παραδίδωμι | 43 | 3 | 2 | 1 | 6 | 2 | | 11 | 2 | 1 | 4 | | 1 | 2 | 1 | 7 |
| παράδοξος | 2 | | | | | | | | | | | 1 | | 1 | | |
| παραζηλόω | 1 | | | | | | | | | 1 | | | | | | |
| παραζήλωσις | 1 | | | | 1 | | | | | | | | | | | |
| παραθήκη | 2 | | | | 1 | | | | | | | | | | | 1 |
| παραίνεσις | 1 | | | 1 | | | | | | | | | | | | |
| παραινέω | 2 | | | | | | | | | | | | | | | 2 |
| παραιρέω | 1 | | | | | | | | | | | | | | | 1 |
| παραιτέομαι | 6 | | 1 | | 3 | | | | | | | | | 1 | | 1 |
| παραίτιος | 1 | | | | | | | | | | | | | 1 | | |
| παρακαθέζομαι | 2 | | | | | | | | | 1 | | | | 1 | | |
| παρακαθίζω | 2 | | | | | | | | | | | | | 2 | | |
| παρακαλέω | 58 | 4 | | 10 | 8 | | | 8 | 2 | 2 | | 3 | 3 | 13 | | 5 |
| παρακάλυμμα | 1 | | | | | | | | | | | | | | | 1 |
| παρακαταθήκη | 5 | | | | | | | | | | 3 | 1 | | | | 1 |
| παράκειμαι | 8 | | | | | 4 | | | | | | | | 3 | | 1 |
| παρακελεύω | 4 | | | | | | | | | | | | | 3 | | |
| παρακλάομαι | 1 | | | | | 1 | | | | | | | | | | |
| παράκλησις | 4 | | | 1 | | | 1 | | | | | 1 | | | | 1 |
| παρακλιδόν | 1 | | | | | | | | | | | | | | | 1 |
| παρακμάζω | 1 | | | | | | | | | | | | | | | 1 |
| παρακοή | 2 | | | | | | | | | | | 1 | | | | 1 |
| παρακοιμίζω | 1 | | | | | | | | | | | | | | | 1 |
| παράκοιτις | 1 | | | | | | | | | | | | | | 1 | |
| παρακολουθέω | 1 | 1 | | | | | | | | | | | | | | |
| παρακομίζω | 1 | | | | | | | | | | | | | | 1 | |
| παρακούω | 9 | 2 | | 1 | 1 | | | | | | | 3 | | | 1 | 1 |
| παρακροατής | 1 | | | | | | | | | | | 1 | | | | |
| παρακύπτω | 4 | 1 | 2 | | | 1 | | | | | | | | | | |
| παραλαμβάνω | 28 | | 1 | 3 | 3 | | | | | | 2 | 1 | | 1 | 5 | 12 |
| παραλείπω | 4 | | | | | | 1 | 1 | | | | | 2 | | | |
| παράλιος | 2 | | | 1 | | | | | | | | | | | 1 | |
| παραλλαγή | 1 | | | | | | | | | | | | | 1 | | |

| LEMMES | TOTAL | ADAM | HEN | ABR | PATR | ASEN | SAL | JER | BAR | PROP | ESDR | SEDR | JOB | ARIS | SIB | FRAG |
|---|---|---|---|---|---|---|---|---|---|---|---|---|---|---|---|---|
| παραλογίζομαι | 2 | | | | | | 1 | | | | | | | | | 1 |
| παραλογισμός | 3 | | | | | | 2 | | | | | | | 1 | | |
| παράλογος | 2 | | | 2 | | | | | | | | | | | | |
| παραλύω | 1 | | | | | | 1 | | | | | | | | | |
| παραμένω | 2 | | 1 | | | | | | | | | | 1 | | | |
| παράμονος | 1 | | | | | | | | | | | | | | | 1 |
| παραμυθέομαι | 4 | | | | | | 1 | | | | | | 3 | | | |
| παραναγιγνώσκω | 4 | | | | | | | | | | | | | 4 | | |
| παρανομέω | 5 | | | | 3 | | 1 | | | | | | | | | 1 |
| παρανομία | 7 | 1 | | | 2 | | 4 | | | | | | | | | |
| παράνομος | 15 | | | | 1 | | 11 | 1 | | | | | | 1 | | 1 |
| παράπαν | 2 | | | | | | | | | | | | | | | 2 |
| παραπείθω | 1 | | | | 1 | | | | | | | | | | | |
| παραπέμπω | 3 | | | | | | | | | | | | | 1 | | 2 |
| παραπικραίνω | 1 | | | | | | | | 1 | | | | | | | |
| παραπλήσιος | 4 | | | | | | | | | | | | | 3 | | 1 |
| παραπορεύομαι | 2 | | | | | 1 | 1 | | | | | | | | | |
| παράπτω | 1 | | | | | | | | | 1 | | | | | | |
| παράπτωμα | 3 | | | | 3 | | | | | | | | | | | |
| παρασαλεύω | 1 | | | | 1 | | | | | | | | | | | |
| παράσημος | 2 | | | | | | | | | | | | | 2 | | |
| παρασιωπάω | 1 | | | | | | 1 | | | | | | | | | |
| παρασκευάζω | 4 | | | | | | | | | 1 | 1 | | | 2 | | |
| παρασκευή | 4 | | | | | | | | | | | | | 2 | | 2 |
| παραστάτης | 1 | | | | | | | | | | | | | | | 1 |
| παρασύρω | 1 | | | | 1 | | | | | | | | | | | |
| παρατάσσω | 2 | | | | 2 | | | | | | | | | | | |
| παρατηρέω | 1 | | | | | | | | | | | | | 1 | | |
| παρατίθημι | 15 | | | 2 | 1 | 7 | | | | | 1 | 1 | | 1 | | 2 |
| παρατρέχω | 1 | | | | | | | | 1 | | | | | | | |
| παραυξάνω | 1 | | | | | | | | 1 | | | | | | | |
| παραυτά | 1 | | | | | | | | | | | | | | | 1 |
| παραυτίκα | 1 | | | | | | | | | 1 | | | | | | |
| παραφέρω | 2 | | | | | | | | | | | | | 1 | 1 | |
| παραφρενόω * | 1 | | | 1 | | | | | | | | | | | | |
| παραφυάς | 1 | | 1 | | | | | | | | | | | | | |
| παραφυλάσσω | 1 | | | | 1 | | | | | | | | | | | |
| παραφύω | 1 | | | | | | | | | | | | | | 1 | |
| παραχρῆμα | 4 | | | | 1 | | | | | | | | | 1 | 1 | 1 |
| παραχωρέω | 1 | | | 1 | | | | | | | | | | | | |
| παραψυχή | 1 | | | | | | | | | | | | | | | 1 |
| πάρδαλις | 6 | | 1 | 3 | | | | | | | | | | | 2 | |
| παρεδρεύω | 2 | | | 1 | | | | | | | | | | 1 | | |
| παρειά | 5 | | 3 | | | 2 | | | | | | | | | | |
| παρεῖδον | 2 | | | | | | | | | | | | | 1 | 1 | |
| πάρειμι (εἰμί) | 31 | 1 | | | 2 | | | | | | | | | 17 | 2 | 9 |
| πάρειμι (εἶμι) | 3 | | | | 1 | 1 | | | | | | | | | 1 | |
| παρεισάγω | 1 | | | | | | | | | | | | | 1 | | |
| παρεισέρχομαι | 1 | | | | 1 | | | | | | | | | | | |
| παρέκ | 3 | 2 | | | | | | | | | | | | | | 1 |
| παρεκβαίνω | 1 | | | | | | | | | | | | | 1 | | |
| παρεκτός | 2 | | | | 1 | | | | | | | | 1 | | | |
| παρέλκω | 1 | | | | | | | | | | | | | | | 1 |
| παρεμβάλλω | 1 | | | | | | | | | | | | | | | 1 |
| παρεμβολή | 6 | | 1 | | 2 | | | | | | | | | | | 3 |
| παρεμφερής | 2 | | | | | | | | | | | | | | | 2 |
| παρεπιδημέω | 1 | | | | | | | | | | | | | 1 | | |
| πάρεργος | 2 | | | | | | | | | | | | | 2 | | |
| παρέρχομαι | 22 | | 2 | | 4 | 1 | 1 | | | | 1 | | 5 | 1 | 1 | 6 |
| παρευθύς | 1 | | 1 | | | | | | | | | | | | | |
| παρεύρεσις | 2 | | | | | | | | | | | | | 2 | | |
| παρεφθαρμένως | 1 | | | | | | | | | | | | | | | 1 |
| παρέχω | 29 | | 1 | | 11 | | | 1 | | 1 | | | 5 | 1 | | 9 |
| παρθενία | 6 | | 1 | | | 5 | | | | | | | | | | |
| παρθενικός | 4 | | | | | | | 1 | | | | | | | 2 | 1 |
| παρθένος | 49 | | 1 | 2 | | 36 | | | | 2 | 1 | | | | 3 | 4 |
| παρθεσίη | 1 | | | | | | | | | | | | | | | 1 |
| Παρθηίς | 1 | | | | | | | | | | | | | | 1 | |
| Πάρθος | 1 | | | | | | | | | | | | | | 1 | |
| παρίημι | 9 | 1 | | | | 2 | | | | | | | 1 | 3 | | 2 |
| παρίστημι | 21 | 1 | 1 | 4 | 2 | 1 | | | | 1 | | | 1 | 1 | 2 | 7 |
| παροδεύω | 1 | | | | | | | | | | | | | | | 1 |
| παροδίτης | 1 | | | 1 | | | | | | | | | | | | |
| πάροδος (ἡ) | 2 | | | | | | 1 | | | | | | | 1 | | |
| παροικέω | 7 | | | | 1 | | 1 | | | 4 | | | | | | 1 |
| παροικία | 3 | | | | 1 | | 2 | | | | | | | | | |
| πάροικος | 5 | | | | 3 | | 1 | | | | | 1 | | | | |
| παροίχομαι | 1 | | | | | | | | | | | | | | | 1 |
| παρόμοιος | 1 | | | | | | | | 1 | | | | | | | |
| παροξύνω | 5 | | | | 3 | | 1 | | 1 | | | | | | | |
| παροργίζω | 9 | | | | 3 | | 2 | | 2 | | | | | 1 | | 1 |
| παροργισμός | 1 | | | | | | 1 | | | | | | | | | |
| παρορμάω | 2 | | | | | | | | | | | | | | | 2 |
| πάρος | 4 | | | | | | | | | | | | | | 4 | |
| παρουσία | 9 | | | 3 | 2 | | | | | 1 | | | 1 | | | 2 |
| παρρησία | 4 | | | | 1 | 2 | | | | | | | | 1 | | |
| παρρησιάζομαι | 1 | | | | | | | 1 | | | | | | | | |
| * πᾶς | 1517 | 41 | 190 | 91 | 307 | 153 | 54 | 22 | 16 | 20 | 13 | 23 | 36 | 179 | 178 | 194 |
| πάσσαλος | 1 | | 1 | | | | | | | | | | | | | |
| πάσσω | 3 | | | | | | 2 | | | | | | | | | 1 |
| πάσχα | 1 | | | | | | | | | | | | | | | 1 |
| πάσχω | 13 | | 1 | | 5 | 1 | | | | 1 | | | 1 | 1 | 2 | 1 |
| Πάταρα | 2 | | | | | | | | | | | | | | 2 | |
| πατάσσω | 25 | | | | 2 | 8 | 1 | | 1 | 4 | | | 1 | | | 8 |
| πατέομαι (ἐσθίω) | 1 | | | | | | | | | | | | | | 1 | |
| πατέω | 9 | | 1 | | 2 | 1 | 2 | | | | | 1 | | | | 2 |
| πατήρ | 409 | 26 | 12 | 38 | 154 | 75 | 4 | 13 | 2 | 10 | 6 | 8 | 14 | 6 | 4 | 37 |
| πάτρα | 1 | | | | | | | | | | | | | | | 1 |
| πατράδελφος | 11 | | | | 2 | | | | | | | | | | | 9 |
| πατριά | 2 | | | | 2 | | | | | | | | | | | |

| LEMMES | TOTAL | ADAM | HEN | ABR | PATR | ASEN | SAL | JER | BAR | PROP | ESDR | SEDR | JOB | ARIS | SIB | FRAG |
|---|---|---|---|---|---|---|---|---|---|---|---|---|---|---|---|---|
| πατριάρχης | 3 | | | 2 | | | | | | | | | | | | |
| πατρικός | 5 | | | | 1 | | | | | | | | | 1 | | 3 |
| πάτριος | 2 | | | | | | | | | | | | | | | 2 |
| πατρίς | 6 | | | | 1 | | | | | | | | | | 1 | 1 | 3 |
| πατροπαράδοτος | 1 | | | | | | | | | | 1 | | | | | |
| πατρῷος | 3 | | | | | | | | | | | | | | | | 3 |
| Παῦλος | 2 | | | | | | | | | | | 2 | | | | | |
| παύω | 47 | 4 | 1 | | 4 | 2 | | 1 | 1 | 3 | 5 | 1 | 5 | 1 | 17 | 2 |
| Πάφος | 2 | | | | | | | | | | | | | | 2 | |
| πάχνη | 2 | | 2 | | | | | | | | | | | | | |
| πάχος | 6 | | | 1 | | | | | 2 | | | | | 2 | | 1 |
| παχύνω | 1 | 1 | | | | | | | | | | | | | | |
| παχύτης | 1 | | | | | | | | | | | | | 1 | | |
| Παχών | 2 | | | | | | | | | | | | | | | 2 |
| πεδάω | 1 | | | | | | | | | | | | | | | 1 |
| πέδη | 2 | | | | 1 | | | | | | | | | | | 1 |
| πεδινός | 1 | | | | | | | | | | | | | 1 | | |
| πεδίον | 18 | | | 1 | 1 | | | | 8 | | | | | | 5 | 3 |
| πέδον | 4 | | | | | | | | | | | | | | 2 | 2 |
| πεζεύω | 2 | | | | 1 | | | | | | | | | | 1 | |
| πεζός | 6 | | | | | | | | | | | | | | 2 | 4 |
| πειθώ | 2 | | | | | | | | | | | | | 1 | | 1 |
| πείθω | 35 | 1 | | | 6 | 3 | | | | 1 | | | | 7 | 9 | 8 |
| πεῖνα | 1 | | | | | | | | | | | | | | | 1 |
| πεινάω | 6 | 1 | | | | 2 | | 1 | | 1 | | | 1 | | | |
| πεῖρα | 3 | | | 1 | 1 | | | | | | | | | | | 1 |
| πειράζω | 4 | | | | 1 | | | | | | | | 1 | | | 2 |
| πειρασμός | 2 | | | | 1 | | | | | | | | | | | 1 |
| πειρατήριον | 1 | | | | 1 | | | | | | | | | | | |
| πειράω | 11 | | | | 1 | 2 | | | | | | | | 6 | 1 | 1 |
| πέλαγος | 4 | | | | 1 | | | | | | | | | 1 | 1 | 1 |
| πελάζω | 3 | | | | | | | | | | | | | | 2 | 1 |
| πέλας | 1 | | | | | | | | | | | | | | | 1 |
| πελεκῖνος | 2 | | | | | | | | | | | | | 1 | | 1 |
| Πέλλα | 1 | | | | | | | | | | | | | | 1 | |
| Πελοπόννησος | 1 | | | | | | | | | 1 | | | | | | |
| πέλτη | 2 | | | | | | | | | | | | | | 2 | |
| πέλω | 14 | | | | | | | | | | | | | | 9 | 5 |
| πέλωρ | 1 | | | | | | | | | | | | | | 1 | |
| πελώριος | 2 | | | | | | | | | | | | | | 1 | 1 |
| πέλωρος | 2 | | | | | | | | | | | | | | 1 | 1 |
| πεμπταῖος | 1 | | | | | | | | | | | | | 1 | | |
| πέμπτος | 33 | | 1 | | 13 | 1 | | | 1 | | | 1 | | 1 | 2 | 13 |
| πέμπω | 50 | | 7 | | 5 | 3 | | | | 3 | | | 2 | 2 | 9 | 19 |
| πένης | 24 | | | 2 | 6 | 1 | 1 | | | | | | 10 | 1 | | 3 |
| πενητεύω | 1 | | | | | | | | | | | | | | | 1 |
| πενθερός | 1 | | | | 1 | | | | | | | | | | | |
| πενθέω | 26 | 2 | 1 | 2 | 9 | 2 | | | | 5 | | | 2 | | | 3 |
| πενθήρης | 1 | | | | | 1 | | | | | | | | | | |
| πένθος | 15 | | | | 4 | 5 | 1 | | | | | 1 | | | 2 | 2 |
| πενία | 11 | | | | 2 | | 4 | | | | | | | 1 | 2 | 2 |
| πενίχρομαι * | 1 | | | | | | | | | | | | | | 1 | |
| πεντακισχίλιοι | 3 | | | | | | | | | | | | | 1 | | 2 |
| πεντακόσιοι | 22 | | 2 | | 2 | 3 | | | | | | 2 | 5 | 1 | | 7 |
| πεντακοσιοστός | 2 | | | | | | | | | | | | | | | 2 |
| πενταπήχης | 1 | | | | | | | | | | | | | | | 1 |
| πενταπλάσιος | 1 | | | | | | | | | | | | | 1 | | |
| πενταπλασίων | 1 | | | | | | | | | | | | | | | 1 |
| πεντάπλεθρος | 1 | | | | | | | | | | | | | | | 1 |
| πεντάπλοος | 1 | | | | | | | | | | | | | 1 | | |
| Πεντάπολις | 1 | | | | | | | | | | | | | | 1 | |
| πέντε | 33 | | | | 7 | | | | 2 | | | 1 | | 1 | 4 | 2 | 16 |
| πεντεκαιδέκατος | 2 | | 1 | | | | | | | | | | | | | 1 |
| Πεντεφρῆς | 38 | | | | 4 | 33 | | | | | | | | | | 1 |
| πεντήκοντα | 22 | | | | 2 | 7 | | | | 1 | | | 3 | 2 | 2 | 5 |
| πεντηκόνταρχος | 2 | | | | | | | | | 2 | | | | | | |
| πεντηκοστός | 2 | | | | | | | | | | | | | | | 2 |
| πέπειρος | 1 | | | | | 1 | | | | | | | | | | |
| πέπερι | 1 | | 1 | | | | | | | | | | | | | |
| πέπνυμαι | 1 | | | | | | | | | | | | | | | 1 |
| περ | 7 | | | 1 | | | | | | | | | | | 5 | 1 |
| περαίνω | 1 | | | | | | | | | | | | | | 1 | |
| περαιόω | 1 | | | | | | | | | | | | | | | 1 |
| πέραν | 3 | | | | | | | | | 2 | | | | | | 1 |
| πέρας | 19 | | 7 | 2 | 1 | 1 | | | | 2 | | 1 | | 2 | 1 | 2 |
| περάω | 3 | | | | | | 2 | 1 | | | | | | | | |
| Πέργαμος | 1 | | | | | | | | | | | | | | 1 | |
| πέρδιξ | 1 | | | | | | | | | | | | | 1 | | |
| περί | 375 | 11 | 45 | 18 | 61 | 26 | 11 | 7 | 9 | 18 | 1 | 3 | 10 | 84 | 8 | 63 |
| περιαιρέω | 3 | | | | | 1 | | | | | | | 1 | | | 1 |
| περιάπτω | 2 | | | | | | | | | | | | | 1 | | 1 |
| περιαρτάω | 1 | | | | | 1 | | | | | | | | | | |
| περιαύγεια | 1 | | | | | | | | | | | | | 1 | | |
| περιβάλλω | 20 | | 6 | | 4 | | | | | 1 | | | | 1 | 2 | 6 |
| περιβόητος | 1 | | | | | | | | | | | | | | | 1 |
| περιβόλαιον | 2 | | 1 | | | | | | | | | | | 1 | | |
| περιβολή | 1 | | | | | 1 | | | | | | | | | | |
| περίβολος (ὁ) | 5 | | | | | | | | | | | | | 4 | | 1 |
| περιγίγνομαι | 3 | | 1 | | 2 | | | | | | | | | | | |
| περιγράφω | 1 | | | | | | | | | | | | | 1 | | |
| περιειλέω | 1 | | | | | | | | | | | | | 1 | | |
| περίειμι (εἰμί) | 1 | | | | | | | | | | | | | | | 1 |
| περιελίσσω | 2 | | | | | 1 | | | | | | | | 1 | | |
| περιεργάζομαι | 7 | | | | 3 | | | | | | | | | | 2 | 2 |
| περιεργία | 5 | | | | 2 | | | | | | | | | | 3 | |
| περίεργος | 2 | | | | 1 | | | | | | | | | | 1 | |
| περιέρχομαι | 4 | | | | | | | | | | | | | 1 | | 3 |
| περιέχω | 14 | | 2 | | 1 | 1 | | 1 | 1 | 1 | | | | 6 | | 1 |
| περίζωμα | 2 | 1 | | | 1 | | | | | | | | | | | |
| περιζώννυμι | 12 | | | | | 4 | 1 | | | | | | 6 | | | 1 |

| LEMMES | TOTAL | ADAM | HEN | ABR | PATR | ASEN | SAL | JER | BAR | PROP | ESDR | SEDR | JOB | ARIS | SIB | FRAG |
|---|---|---|---|---|---|---|---|---|---|---|---|---|---|---|---|---|
| περίζωσις | 1 | | | | | | | | | | | | 1 | | | |
| περιΐστημι | 1 | | | | | | | | | | | | 1 | | | |
| περικαθίζω | 1 | | | | 1 | | | | | | | | | | | |
| περικαλλής | 7 | | | | | | | | | | | | | | 5 | 2 |
| περικαλύπτω | 1 | | 1 | | | | | | | | | | | | | |
| περίκειμαι | 2 | | | 1 | | | | | | | | | | | 1 | |
| περικλείω | 1 | | 1 | | | | | | | | | | | | | |
| περικτάομαι | 1 | | | 1 | | | | | | | | | | | | |
| περικυδαίνω * | 1 | | | | | | | | | | | | | | 1 | |
| περίκυκλος | 1 | | | | | | | 1 | | | | | | | | |
| περικυκλόω | 5 | | 1 | | | | | 1 | | | | | 3 | | | |
| περιλαμβάνω | 3 | | | | 1 | | | | | | | | | 2 | | |
| περιλείπομαι | 1 | | | | | | | | | | | | | | | 1 |
| περίλυπος | 1 | | | | | | | | | | | | | | | 1 |
| περιμένω | 2 | | | | | 1 | | | | | | | | | | 1 |
| περίμετρος | 1 | | | | | | | | | | | | | | | 1 |
| περιναιετάω | 1 | | | | | | | | | | | | | | 1 | |
| περινίσσομαι | 1 | | | | | | | | | | | | | | | 1 |
| περίοδος (ἡ) | 1 | | | | | | | | | | | | | | | 1 |
| περιουσία | 1 | | | | | | | 1 | | | | | | | | |
| περιούσιος | 1 | | | | | | | | | | | | | | | 1 |
| περιπάμπολος * | 1 | | | | | | | | | | | | | | 1 | |
| περιπατέω | 9 | 1 | 1 | 1 | 1 | | | | | 1 | 2 | | 1 | 1 | | |
| περίπατος | 2 | | | | | | | | | | | | | | | 2 |
| περιπέλομαι | 3 | | | | | | | | | | | | | | 3 | |
| περιπέτομαι | 1 | | | | | | | | | | | | | | | 1 |
| περιπίπτω | 7 | 1 | | 1 | 2 | | | | | | | | | | | 3 |
| περιπλέκω | 9 | | 5 | | | 3 | | | | | | | | | | 1 |
| περιποιέω | 1 | | | | | | | | | | | | | 1 | | |
| περιποίησις | 1 | | | | 1 | | | | | | | | | | | |
| περιπτύσσω | 2 | | | | 1 | | | | | | | | | | 1 | |
| περιρρέω | 1 | | | | | | | | | | | | | | 1 | |
| περιρρήγνυμι | 1 | | | | | | | | | | | | 1 | | | |
| περιρρήσσω | 1 | | | | 1 | | | | | | | | | | | |
| περισκέπω | 1 | | | | | | | | | 1 | | | | | | |
| περισπασμός | 1 | | | | 1 | | | | | | | | | | | |
| περισσεύω | 4 | | | | 2 | | | | | 1 | | | | | | 1 |
| περισσός | 11 | 1 | 1 | 2 | | 2 | | | | | | | 2 | 2 | | 1 |
| περιστέλλω | 2 | | | | | 1 | | | | | | | 1 | | | |
| περιστερά | 4 | | | | | 1 | | 1 | | | | | 1 | 1 | | |
| περιστολή | 2 | | | | | 1 | | | | | | | | 1 | | |
| περιστρέφω | 2 | | | 1 | | 1 | | | | | | | | | | |
| περισχίζω | 1 | | | 1 | | | | | | | | | | | | |
| περισῴζω | 1 | | | | | | | | | | 1 | | | | | |
| περίτειχος | 1 | | | | | | | | | | 1 | | | | | |
| περιτέλλω | 5 | | | | | | | | | | | | | | 4 | 1 |
| περιτέμνω | 3 | | | | 1 | | | | | | | | | | | 2 |
| περιτίθημι | 15 | 1 | | 4 | 6 | 1 | | | | 1 | | | | | | 2 |
| περιτιμάω * | 1 | | | | | | | | | | | | | | 1 | |
| περίτιμος | 1 | | | | | | | | | | | | | | 1 | |
| περιτομή | 2 | | | | 1 | | | | | | | | | | | 1 |
| περιτρέχω | 1 | | | | | | | | | 1 | | | | | | |
| περιφλογίζω | 1 | | | | | | | | | | | | | | | 1 |
| περιφραδής | 1 | | | | | | | | | | | | | | 1 | |
| περιφράσσω | 3 | | 1 | | | | | | | | | | | 2 | | |
| περιφρονέω | 1 | | | | | | | | | | | | | | | 1 |
| περιχαρής | 2 | | | | | | | | | | | | | | | 2 |
| περιχέω | 1 | | | | | 1 | | | | | | | | | | |
| περόνη | 2 | | | | | | | | | | | | | 2 | | |
| Πέρσης (Περσίς) | 25 | | | | 1 | | | | | 1 | | | 1 | 3 | 16 | 3 |
| Περσικός | 1 | | | | | | | | | | | | | | | 1 |
| Περσίς | 2 | | | | | | | | | | | | | | 2 | |
| πέταλον | 2 | | | | 1 | | | | | | | | | 1 | | |
| πετάλωσις | 1 | | | | | | | | | | | | | 1 | | |
| πετάννυμι | 5 | | | | 1 | 1 | | 2 | | | | | | | 1 | |
| πετεινός | 15 | 1 | 2 | 1 | | | 1 | 3 | | | | | | 1 | 3 | 3 |
| πέτομαι | 3 | | | | | | | | | | | 1 | | 1 | | 1 |
| πέτρα | 23 | 1 | 2 | 1 | | 2 | | | 1 | 5 | | | 1 | | 7 | 3 |
| Πέτρος | 1 | | | | | | | | | | 1 | | | | | |
| πετροφυής | 2 | | | | | | | | | | | | | | 1 | 1 |
| πέψις | 1 | | | | | | | | | | 1 | | | | | |
| πηγή | 20 | | 2 | 1 | | 5 | 1 | | | | | | | 1 | 4 | 6 |
| πήγνυμι | 9 | | | 1 | | 1 | | | | 1 | | | 1 | | 3 | 2 |
| πηδάω | 1 | | | | | 1 | | | | | | | | | | |
| Πηλείων | 1 | | | | | | | | | | | | | | 1 | |
| πηλίκος | 1 | | | | | | | | | | | | | 1 | | |
| πήλινος | 1 | | | | | | | | | | | | | | 1 | |
| πηλός | 5 | | | | 1 | 3 | | | | | | | | | | 1 |
| πῆμα | 11 | | | | | | | | | | | | | | 6 | 5 |
| Πηνειός | 2 | | | | | | | | | | | | | | 2 | |
| πηρός | 2 | | | | | | | | | | | | | | 1 | 1 |
| πήρωσις | 1 | | | | 1 | | | | | | | | | | | |
| πήχη | 2 | | | | | | | | | | | 2 | | | | |
| πηχυαῖος | 1 | | | | | | | | | | | | | | 1 | |
| πῆχυς | 30 | | 1 | 2 | 1 | | | | 4 | | 1 | | | 4 | 1 | 16 |
| πιάζω | 7 | | | | 7 | | | | | | | | | | | |
| πιαίνω | 1 | | | | | 1 | | | | | | | | | | |
| Πιβήχεως | 1 | | | | | | | | | | | | | | | 1 |
| πιθανότης | 1 | | | 1 | | | | | | | | | | | | |
| πικραίνω | 2 | | | | | | | | | | | | | | | 2 |
| πικρία | 7 | 1 | | 4 | 2 | | | | | | | | | | | |
| πικρός | 33 | | 9 | 3 | | 4 | 1 | | 1 | | 1 | 1 | 1 | | 8 | 4 |
| πιμελή | 1 | | | | | | | | | | | | | 1 | | |
| πίμπλημι | 15 | | 3 | 1 | | 3 | 3 | | | | | | 1 | | 4 | |
| πινακίς | 1 | | | | | | | | | | | | | | | 1 |
| πίνω | 49 | 1 | 2 | 3 | 13 | 15 | | | | 3 | 4 | | 1 | | 5 | 2 |
| πιότης | 3 | | | | 2 | 1 | | | | | | | | | | |
| πιπράσκω | 18 | | | 9 | 3 | | | | | | | | 2 | 1 | | 3 |
| πίπτω | 76 | 2 | 4 | 6 | 5 | 15 | 3 | | | | | | 7 | | 21 | 13 |
| Πισίδης | 1 | | | | | | | | | | | | | | 1 | |

| LEMMES | TOTAL | ADAM | HEN | ABR | PATR | ASEN | SAL | JER | BAR | PROP | ESDR | SEDR | JOB | ARIS | SIB | FRAG |
|---|---|---|---|---|---|---|---|---|---|---|---|---|---|---|---|---|
| πιστεύω | 32 | | 3 | 1 | 13 | 1 | | 2 | | | 3 | | 1 | 1 | 1 | 6 |
| πίστις | 20 | | | | 3 | | 2 | 3 | | | | | | | 1 | 7 | 4 |
| πιστοποίησις | 1 | | | | 1 | | | | | | | | | | | |
| πιστός | 19 | | | | 1 | 2 | | 1 | 1 | 1 | | | | 2 | 7 | 4 |
| πιστόω | 3 | | | | | | | | | | | | | | 3 | |
| Πιτάνη | 1 | | | | | | | | | | | | | | 1 | |
| πίτυρον | 1 | | | | | | | | | | | | | | | 1 |
| πίτυς | 1 | | | | 1 | | | | | | | | | | | |
| πίων | 6 | | | | | | | | | | | | | | 6 | |
| πλαγιάζω | 1 | | | | | | | | | | | | 1 | | | |
| πλάγιος | 4 | | | | | 3 | | | | | | | | 1 | | |
| πλάζω | 2 | | | | | | | | | | | | | | 1 | 1 |
| πλακόω | 1 | | | | | 1 | | | | | | | | | | |
| πλανάω | 52 | 2 | 8 | 1 | 13 | 2 | 2 | 4 | 1 | 1 | 2 | | 1 | | 6 | 9 |
| πλάνη | 32 | | 2 | | 25 | 1 | | | | 1 | | | | | 1 | 2 |
| πλάνημα | 1 | | .1 | | | | | | | | | | | | | |
| πλάνησις | 4 | | 2 | | | 2 | | | | | | | | | | |
| πλανῆτις | 1 | | | | | | | | | | | | 1 | | | |
| πλάνος | 3 | | | | 1 | | | | | | | | | | 2 | |
| πλάξ | 10 | 1 | 2 | | 3 | | | | | 1 | | | | | 1 | 2 |
| πλάσις | 7 | | | | | | | | | | 1 | | | | | 6 |
| πλάσμα | 9 | 3 | 1 | | 1 | | | | | | | 3 | | | | 1 |
| πλάσσω | 25 | 4 | 1 | 1 | 1 | | | 1 | | | 3 | 5 | | | 5 | 4 |
| πλαστός | 1 | | | | | | | | | | | | | | | 1 |
| πλαστούργημα | 1 | | | | | | | | | | | 1 | | | | |
| πλάτος | 14 | | 2 | 1 | | | | | 1 | | | | | 3 | | 7 |
| πλατύς | 16 | | 9 | | | 2 | | | | 1 | | | | | 2 | 2 |
| Πλάτων | 2 | | | | | | | | | | | | | | | 2 |
| Πλειάς | 3 | | | | | | | | | | | | | | 1 | 2 |
| πλειστάκις | 1 | | | | 1 | | | | | | | | | | | |
| πλείων | 57 | | 4 | 1 | 1 | | | 1 | | | | | 3 | 35 | 2 | 10 |
| πλέκω | 5 | | | | | 2 | | | | | | | | 1 | | 2 |
| πλεονάζω | 6 | | | | 1 | | | | | | 1 | | | 2 | | 2 |
| πλεονεκτέω | 5 | | | | 3 | | | | | | | | | 1 | | 1 |
| πλεονέκτης | 1 | | | | 1 | | | | | | | | | | | |
| πλεονεξία | 10 | 1 | | | 7 | | | 1 | | | | | | 1 | | |
| πλευρά | 6 | 2 | | | 2 | | | | | | | | | | | 2 |
| Πλευρώνιος | 1 | | | | | | | | | | | | | | | 1 |
| πλέω | 3 | | | | | | | | | | | | | | 2 | 1 |
| πληγάς | 1 | | | | | | | | | | | | | | 1 | |
| πληγή | 38 | 4 | 4 | | 4 | 2 | | | | | | | 16 | | 6 | 2 |
| πλῆθος | 52 | | 3 | | 5 | 1 | | 4 | 4 | 1 | 1 | | 2 | 17 | 2 | 12 |
| πληθύνω | 21 | | 6 | 2 | 4 | 1 | 2 | | | | | 2 | | | | 4 |
| πληθύς | 1 | | | | | | | | | | | | | | 1 | |
| πλήθω | 4 | | | | | | | | | | | | | | 2 | 2 |
| πλημμελέω | 2 | | 1 | | 1 | | | | | | | | | | | |
| πλημμυρέω | 2 | | | | | | | | | 1 | | | | | 1 | |
| πλήμμυρος | 1 | | | | | | | | | | | | | | | 1 |
| πλημυρίς | 2 | | | | | | | | | | | | | | | 2 |
| * πλήν | 30 | 4 | | 1 | 6 | 9 | | | | | | | 1 | | 4 | 5 |
| πλήρης | 18 | | 5 | | 1 | 3 | | 1 | 2 | | | | | | 4 | 2 |
| πληροφορέω | 2 | | | 1 | 1 | | | | | | | | | | | |
| πληρόω | 48 | 2 | 3 | 5 | 12 | 2 | | 1 | 1 | 2 | 1 | | 1 | 8 | 5 | 5 |
| πλησιάζω | 1 | | | | | | | | | | | | | | 1 | |
| πλησίος | 43 | 2 | 2 | 2 | 23 | 1 | 1 | | | 3 | | | 3 | 1 | | 5 |
| πλησμονή | 1 | | | | | | 1 | | | | | | | | | |
| πλήσσω | 11 | 1 | | | 1 | | | | | 1 | | | | 1 | 4 | 3 |
| πλίνθευμα | 1 | | | | | | | | | | | | | | | 1 |
| πλινθεύω | 4 | | | | | | | | 4 | | | | | | | |
| πλινθίον | 1 | | | | | | | | | | | | | | | 1 |
| πλίνθος | 6 | | 1 | | | | | | | | | | | | | 5 |
| πλοῖον | 12 | | 1 | | 5 | | | | | | | | 2 | 1 | | 3 |
| πλόκαμος | 1 | | | | | | | | | | | | | | | 1 |
| πλοκή | 2 | | | | | | | | | | | | | 2 | | |
| πλόος | 1 | | | | | | | | | | | | | | | 1 |
| πλούσιος | 13 | | | 4 | | 2 | 2 | | | | | | 1 | 3 | | 1 |
| πλουτέω | 13 | 1 | 1 | | 6 | | | | | | | | | | 2 | 3 |
| πλουτίζω | 1 | | | | 1 | | | | | | | | | | | |
| πλοῦτος (δ) | 35 | | 3 | | 5 | 2 | 1 | | | | 1 | | 5 | 6 | 8 | 4 |
| Πλούτων | 2 | | | | | | | | | | | | | | 2 | |
| πλύνω | 5 | | 3 | | 2 | | | | | | | | | | | |
| πλωίζω | 1 | | 1 | | | | | | | | | | | | | |
| πλωτεύω | 1 | | | | | | | | | | | | | | 1 | |
| πλωτός | 1 | | | | | | | | | | | | | | 1 | |
| πλώω | 1 | | | | | | | | | | | | | | | 1 |
| πνεῦμα | 197 | 3 | 49 | 11 | 88 | 9 | 3 | | 1 | 1 | | 3 | 4 | 2 | 4 | 19 |
| πνευματικός | 2 | | | | | | | 1 | | 1 | | | | | | |
| πνεύμων | 1 | | | | | | | | | | | 1 | | | | |
| πνέω | 4 | | 1 | | | | | | | | | | 1 | | 1 | 1 |
| πνοή | 14 | | | 1 | 1 | 8 | | | 2 | | | | 1 | | 1 | |
| πόα | 1 | | | | | | | | | | | | | | | 1 |
| ποδηγός | 1 | | | | | | | | | | | | | | | 1 |
| ποδήρης | 2 | | | | 1 | | | | | | | | | | 1 | |
| ποθεινός | 2 | | | | | | | | | | | | 1 | | | 1 |
| πόθεν | 14 | | 1 | 4 | 1 | | | | | | 2 | 1 | 1 | | | 3 |
| ποθέω | 14 | | | | 4 | | | | | | | | | | 10 | |
| πόθος | 5 | | | | 2 | | | | | | | 1 | | | 2 | |
| ποιέω | 578 | 26 | 45 | 37 | 129 | 31 | 30 | 18 | 8 | 26 | 8 | 18 | 23 | 78 | 21 | 80 |
| ποίημα | 10 | 4 | | 1 | | | | | | | | 1 | 2 | | | 2 |
| ποίησις | 3 | | | | | | | | | | | | | 3 | | |
| ποιητής | 5 | | | | | | | | | | | | | 3 | 1 | 1 |
| ποικιλία | 4 | | | | | 2 | | | | | | | | 1 | | 1 |
| ποικίλλω | 1 | | | | | | | | | | | | | 1 | | |
| ποικιλόμητις | 2 | | | | | | | | | | | | | | 2 | |
| ποικίλος | 11 | | | | 2 | 2 | | | | | | | 1 | 4 | 1 | 1 |
| ποιμαινεύω * | 1 | | | 1 | | | | | | | | | | | | |
| ποιμαίνω | 7 | | | | 3 | | 1 | | | | | | | | 1 | 2 |
| ποιμήν | 8 | | | | | 3 | | | | | | | | | | 5 |
| ποίμνη | 1 | | | | 1 | | | | | | | | | | | |
| ποίμνιον | 12 | | | 1 | 8 | | 1 | | | | | | | 1 | 1 | |

| LEMMES | TOTAL | ADAM | HEN | ABR | PATR | ASEN | SAL | JER | BAR | PROP | ESDR | SEDR | JOB | ARIS | SIB | FRAG |
|---|---|---|---|---|---|---|---|---|---|---|---|---|---|---|---|---|
| ποινή | 1 | | | | | | | | | | | | | | 1 | |
| * ποτος | 25 | 1 | 3 | 3 | | 1 | | 4 | 1 | | 3 | 5 | 2 | | | 4 |
| πολεμέω | 21 | 3 | | | 4 | 5 | | 1 | | 2 | 2 | 2 | | | | 2 |
| πολεμήϊος | 1 | | | | | | | | | | | | | | 1 | |
| πολεμίζω | 2 | | | | | | | | | | | | | | 2 | |
| πολεμικός | 5 | | 1 | | | | | | | | | | | 2 | | 2 |
| πολέμιος | 10 | | | | 3 | | 1 | | | 1 | | | | 1 | | 4 |
| πολεμιστής | 3 | | | | | 3 | | | | | | | | | | |
| πολεμόκλονος | 1 | | | | | | | | | | | | | | 1 | |
| πόλεμος | 80 | 1 | 2 | 1 | 16 | 6 | 7 | | | 1 | | | 2 | 1 | 36 | 7 |
| πολέω | 1 | | | | | | | | | | | | | 1 | | |
| πολιήτης | 2 | | | | | | | | | | | | | | | 2 |
| πολιήτωρ * | 1 | | | | | | | | | | | | | | 1 | |
| πολιοκρόταφος | 1 | | | | | | | | | | | | | | | 1 |
| πολιορκέω | 2 | | | | 1 | | | | | | | | | | 1 | |
| Πολιορκητής | 1 | | | | | | | | | | | | | | | 1 |
| πολιορκία | 1 | | | | 1 | | | | | | | | | | | |
| πολιός | 2 | | | | | | | | | | | | | | | 2 |
| πόλις | 211 | | | 2 | 16 | 8 | 2 | 45 | 1 | 14 | | 1 | 21 | 17 | 44 | 40 |
| πολιτεία | 3 | 1 | | 1 | | | | | | | | | | | | 1 |
| πολίτευμα | 1 | | | | | | | | | | | | | 1 | | |
| πολιτεύω | 4 | | | | | | | | | | 1 | | | 2 | | 1 |
| πολίτης | 9 | | | | | | | | | | | | 2 | 5 | 1 | 1 |
| πολιτικός | 1 | | | | | | | | | | | | | | | 1 |
| πολλάκις | 15 | | | | 2 | 1 | | 1 | | | | | | 3 | 2 | 6 |
| πολλαπλασίων | 1 | | | | 1 | | | | | | | | | | | |
| πολλαχῶς | 2 | | | | | | | | | | | | | 1 | | 1 |
| πόλος | 3 | | | | | | | | | | | | | | 2 | 1 |
| πολυαίματος | 2 | | | | | | | | | | | | | | 2 | |
| πολυαλγής | 1 | | | | | | | | | | | | | | 1 | |
| πολυάνδριος | 1 | | | | | | | | | 1 | | | | | | |
| πολυανθρωπία | 1 | | | | | | | | | | | | | 1 | | |
| πολυαῦλαξ | 1 | | | | | | | | | | | | | 1 | | |
| πολυβότειρα | 1 | | | | | | | | | | | | | 1 | | |
| πολυγηθής | 1 | | | | | | | | | | | | | | | 1 |
| πολυγλωσσία | 1 | | | | | | | | | | | | | | | 1 |
| πολύδακρυς | 2 | | | | | | | | | | | | | | 2 | |
| πολυδάκρυτος | 1 | | | | | | | | | | | | | | 1 | |
| πολυδάπανος | 1 | | | | | | | | | | | | | 1 | | |
| πολύδροσος | 1 | | | | | | | | | | | | | | 1 | |
| πολυδωρία | 1 | | | | | | | | | | | | | 1 | | |
| πολυειδής | 1 | | | | | | | | | | | | | 1 | | |
| πολυέλεος | 3 | | | | 1 | | | | | | | | 1 | | | 1 |
| πολυετής | 4 | | | | | | | | | | | | | | 4 | |
| πολυήλας | 1 | | | | | | | | | | | | | | 1 | |
| πολυήρατος * | 1 | | | | | | | | | | | | | | 1 | |
| πολύθρηνος | 1 | | | | | | | | | | | | | | 1 | |
| πολυθρύλητος | 2 | | | | | | | | | | | | | | 1 | 1 |
| Πολυΐστωρ | 2 | | | | | | | | | | | | | | | 2 |
| πολύκαρπος | 3 | | | | | | | | | | | | | | 3 | |
| πολύκλαυστος | 1 | | | | | | | | | | | | | | 1 | |
| πολύκλειστος | 1 | | | | | | | | | | | | | | | 1 |
| πολύκλυστος | 1 | | | | | | | | | | | | | | 1 | |
| πολύκμητος | 1 | | | | | | | | | | | | | | 1 | |
| πολυκοιρανία | 1 | | | | | | | | | | | | | | 1 | |
| πολύκρανος | 1 | | | | | | | | | | | | | | 1 | |
| πολυκτέανος | 1 | | | | | | | | | | | | | | | 1 |
| πολύκτηνος | 1 | | | | | | | | | | | | | | 1 | |
| πολυμαθής | 2 | | | | | | | | | | | | | 1 | | 1 |
| πολυμάταιος | 1 | | | | | | | | | | | | | 1 | | |
| πολύμνηστος | 1 | | | | | | | | | | | | | | 1 | |
| πολύμνιος | 1 | | | | | | | | | | | | | | | 1 |
| πολύμορφος | 2 | | 1 | | | | | | | | | | | | 1 | |
| πολύμοχθος | 3 | | | | | | | | | | | | 1 | | 1 | 1 |
| πολύολβος | 4 | | | | | | | | | | | | | | 3 | 1 |
| πολύπλαγκτος | 2 | | | | | | | | | | | | | | 1 | 1 |
| πολυπλασίων | 1 | | | | | | | | | | | | | | | 1 |
| πολύπους | 1 | | | | | | | | | | | | | | | 1 |
| πολυπραγμονέω | 1 | | | | | | | | | | | | 1 | | | |
| πολύρρυτος | 1 | | | | | | | | | | | | | 1 | | |
| πολύς | 327 | 6 | 9 | 35 | 26 | 32 | 9 | 2 | 2 | 19 | 7 | 8 | 6 | 55 | 58 | 53 |
| πολυσπερής | 1 | | | | | | | | | | | | | | 1 | |
| πολύστονος | 2 | | | | | | | | | | | | | | 2 | |
| πολυτέλεια | 1 | | | | | | | | | | | | | 1 | | |
| πολυτελής | 13 | | 1 | | 1 | 4 | | | | | | | 2 | 4 | | 1 |
| πολυτεχνία | 2 | | | | | | | | | | | | | 2 | | |
| πολύτεχνος | 2 | | | | | | | | | | | | | 2 | | |
| πολύτιμος | 3 | | | | | 2 | | | | | | | | | | 1 |
| πολύτροπος | 3 | 1 | | | | | | | | | | | | | | 2 |
| πολύφυλος | 1 | | | | | | | | | | | | | | 1 | |
| πολύχοος | 1 | | | | | | | | | | | | | | | 1 |
| πολυχρήματος | 1 | | | | | | | | | | | | | | | 1 |
| πολυχρόνιος | 2 | | | | | | | | | | | | | | 1 | 1 |
| πολύχρυσος | 4 | | | | | | | | | | | | | | 4 | |
| πολυώδυνος | 1 | | | | | | | | | | | | | | 1 | |
| πολυωρέω | 1 | | | | | | | | | | | | | | 1 | |
| πολυωρία | 1 | | | | | | | | | | | | | | 1 | |
| πόμα | 2 | | | | | | | | | | | | | | 2 | |
| πομπή | 2 | | | | | | | | | | | | | | 1 | 1 |
| πονέω | 5 | | | | | | 1 | 1 | | | | | | | | 3 |
| πονηρεύομαι | 6 | | | | 2 | 4 | | | | | | | | | | |
| πονηρία | 19 | | 1 | | 18 | | | | | | | | | | | |
| πονηρός | 88 | 5 | 8 | 5 | 39 | 11 | 11 | | | 2 | 1 | | 3 | | | 3 |
| πόνος | 23 | 5 | | 1 | 3 | 3 | | | | | | | 6 | | 2 | 3 |
| ποντοπόρος | 1 | | | | | | | | | | | | | | 1 | |
| πόντος | 14 | | | | | | | | | | | | | | 12 | 2 |
| πορεία | 9 | | | | | | 1 | | 4 | | | | 1 | 1 | | 2 |
| πορεύω | 124 | 15 | 21 | 10 | 31 | 21 | 1 | 4 | 2 | 3 | 1 | 2 | 2 | | | 11 |
| πορθέω | 5 | | | | | | | | | 1 | | | | | 4 | |
| πορίζω | 4 | | | | | | | | | | | | | | 3 | 1 |

| LEMMES | TOTAL | ADAM | HEN | ABR | PATR | ASEN | SAL | JER | BAR | PROP | ESDR | SEDR | JOB | ARIS | SIB | FRAG |
|---|---|---|---|---|---|---|---|---|---|---|---|---|---|---|---|---|
| πορισμός | 2 | | | | 1 | | | | | | | | | 1 | | |
| πορνεία | 33 | | 2 | | 27 | | | | 3 | | | | | | | 1 |
| πορνεύω | 8 | | 1 | 1 | 6 | | | | | | | | | | | |
| πόρνη | 4 | | | | 2 | | 1 | | | | | | | | 1 | |
| πόρος | 3 | | | | | | | | | | | | | | 2 | 1 |
| πορφύρα | 6 | | | 1 | 1 | 2 | | | | | | | | 1 | | 1 |
| πορφύρεος | 9 | | | | 4 | | | | | | | | | | 3 | 2 |
| πορφυρίζω | 1 | | | | | | | | | | | | | | | 1 |
| πορφυρίς | 1 | | | | | | | | | | | | 1 | | | |
| ποσάκις | 4 | | | | 4 | | | | | | | | | | | |
| Ποσειδῶν | 2 | | | | | | | | | | | | | | 2 | |
| πόσθη | 1 | | | | | | | | | | | | | | | 1 |
| πόσις, εως | 2 | | | | | | | | | | | 1 | | | | 1 |
| πόσις, ιος | 1 | | | | | | | | | | | | | | | 1 |
| πόσος | 28 | 1 | | | 4 | | | 1 | 1 | | | 16 | | 2 | 1 | 2 |
| ποταμηδόν | 1 | | | | | | | | | | | | | | 1 | |
| ποτάμιος | 3 | | | | | | | | | | | | | | | 3 |
| ποταμός | 60 | 3 | 6 | 5 | | | 1 | 1 | 3 | 2 | 1 | 1 | 2 | 3 | 12 | 20 |
| ποταπός | 2 | | | | | | | | | | | 2 | | | | |
| × ποτέ | 67 | 1 | | 7 | 1 | 1 | | | 3 | 1 | 2 | | 4 | 1 | 27 | 19 |
| πότε | 6 | 1 | | | 1 | | | | | 1 | | 2 | | | 1 | |
| ποτήριον | 17 | | | 7 | | 8 | 1 | | | | | | | 1 | | |
| ποτί | 4 | | | | | | | | | | | | | | 2 | 2 |
| ποτίζω | 4 | | | 1 | | 1 | 1 | | | | 1 | | | | | |
| ποτίστρα | 1 | | | | | | | 1 | | | | | | | | |
| πότνια | 2 | | | | | | | | | | | | | | 2 | |
| ποτός | 10 | | | | 1 | | | | | | | | | 7 | 1 | 1 |
| πότος | 3 | | | | 1 | 1 | | | | | | | | 1 | | |
| × ποῦ | 48 | 5 | 4 | 1 | | 3 | 2 | 3 | 3 | 3 | 4 | 2 | 12 | | 2 | 4 |
| πού | 2 | | | | | | | | | | | | | | 1 | 1 |
| πούς | 105 | 2 | 2 | 14 | 18 | 26 | 2 | | 2 | 3 | 2 | 7 | 4 | 8 | 2 | 13 |
| πρᾶγμα | 40 | 1 | 3 | 3 | 7 | 2 | | | | | | | 1 | 15 | | 8 |
| πραγματεία | 1 | | | | | | | | | | | | | | | 1 |
| πραγματεύομαι | 2 | | | | | | | | | | | | | | | 2 |
| πρᾶξις | 35 | | | | 23 | | 1 | | | | | | | 8 | | 3 |
| πρᾶος | 2 | | | | 1 | | | | | 1 | | | | | | |
| πραότης | 3 | | | 1 | 1 | 1 | | | | | | | | | | |
| πρᾶσις | 3 | | | | 3 | | | | | | | | | | | |
| πράσσω | 66 | | | 2 | 10 | 1 | | | | | | 2 | 3 | 35 | 1 | 12 |
| πράτης | 1 | | | | | | | | | | | | 1 | | | |
| πραΰνω | 1 | | 1 | | | | | | | | | | | | | |
| πραΰς | 3 | | | | | 2 | | | | | | | | | | 1 |
| πρεπόντως | 1 | | | | | | | | | | | | | 1 | | |
| πρέπω | 3 | | | | | | | | | | | 2 | | 1 | | |
| πρεσβεία | 4 | | | | | | | | | | | | | 2 | | 2 |
| πρεσβευτής | 1 | | | | | | | | | | | | | | | 1 |
| πρεσβεύω | 1 | | | | | | | | | | | | 1 | | | |
| πρέσβυς | 21 | | | | | 5 | | | | 1 | | | 1 | 7 | 2 | 5 |
| πρεσβύτης | 8 | | | | | 1 | 2 | 3 | | | | | | | | 2 |
| πρηνηδόν | 1 | | | | | | | | | | | | | 1 | | |
| πρηνής | 2 | | | | | | | | | | | | | 2 | | |
| πρηνίζω | 4 | | | | | | | | | | | | | 4 | | |
| πρηνισμός × | 1 | | | | | | | | | | | | | 1 | | |
| πρηστήρ | 4 | | | | | | | | | | | | | 3 | | 1 |
| πρίαμαι | 5 | | | | | 4 | | | | | | | | | | 1 |
| Πριαμίδης | 1 | | | | | | | | | | | | | 1 | | |
| πρίζω | 1 | | | | | | | | | | | | | | | 1 |
| × πρίν | 30 | 3 | | 4 | 2 | 3 | | | | 1 | | 1 | 1 | 5 | 3 | 7 |
| πρίω | 5 | | | | | | | | | 1 | | | | | | 4 |
| πρίων (πρίω) | 3 | | | | | | | | | | | | | | | 3 |
| × πρό | 61 | | 3 | 5 | 10 | 6 | 2 | 3 | 1 | 6 | | 1 | 2 | 4 | 6 | 12 |
| προαγορεύω | 1 | | | | | | | | | 1 | | | | | | |
| προάγω | 7 | 2 | | | | | | | | | | | | 4 | | 1 |
| προαγωγεύω | 1 | | | | | | | | | | | | | | | 1 |
| προαίρεσις | 14 | | | | 4 | | | | | | | | | 8 | | 2 |
| προαιρέω | 10 | | | | | | | | | | | | | 8 | | 2 |
| προαπαντάω | 1 | | | | 1 | | | | | | | | | | | |
| προαποκρίνομαι | 1 | | | | | | | | | | | | | 1 | | |
| προάστειος | 1 | | | | 1 | | | | | | | | | | | |
| προβαίνω | 4 | | 2 | | | | | | | 1 | | | | | | 1 |
| προβάλλω | 5 | | | | | | | | | | | | | 1 | 2 | 2 |
| πρόβατον | 24 | | 11 | | 3 | | | | | | | | 1 | 4 | 1 | 4 |
| πρόβλημα | 8 | | | | | | | | | 1 | | | | | | 7 |
| προγενής | 1 | | | | | | | | | | | | | | | 1 |
| προγιγνώσκω | 1 | | | | | | | | | | | | | | | 1 |
| πρόγονος, ος, ον | 4 | | | | | | | | | | | | | 1 | 1 | 2 |
| πρόδηλος | 4 | | | | | | | | | | | | | 2 | 1 | 1 |
| προδηλόω | 2 | | | | | | | | | | | | | 2 | | |
| προδίδωμι | 2 | | | | 1 | | | | | | | | | | 1 | |
| προδότης | 2 | | | | | | | | | | | | | 1 | | 1 |
| πρόδρομος | 5 | | | | | 5 | | | | | | | | | | |
| προεδρεύω | 1 | | | 1 | | | | | | | | | | | | |
| προείδον | 2 | | | | | | | | | | | | | | | 2 |
| πρόειμι (εἰμί) | 5 | | | | | | | | | | | | | 5 | | |
| προείπον | 9 | | | | | | | | 1 | 3 | | | | 3 | | 2 |
| προέλευσις | 1 | | | | | | | | | | | | 1 | | | |
| προερμηνεύω | 1 | | | | | | | | | | | | | 1 | | |
| προέρχομαι | 5 | | | | 1 | | | | | | | | 1 | 1 | | 2 |
| προερῶ | 31 | | | | 1 | | | | | 1 | | | | 20 | | 9 |
| προέχω | 5 | | 1 | | | | | | | | | | | 2 | | 2 |
| προηγέομαι | 2 | | | | | | | | | | | | 2 | | | |
| προθεάομαι | 1 | | | | | | | | | | | | | | | 1 |
| πρόθεσις | 4 | | | | | | | | | | | | | 4 | | |
| προθεσμία | 2 | | | | | | | | | | | | | | | 2 |
| προθυμέομαι | 1 | | | | | | | | | | | | | 1 | | |
| προθυμία | 3 | | | | | | | | | | | | 1 | 2 | | |
| πρόθυμος | 2 | | | | | | | | | | | | 1 | 1 | | |
| πρόθυρος | 1 | | | | | | | | | | | | 1 | | | |
| προίημι | 1 | | | | | | | | | | | | | 1 | | |
| προικίζω | 1 | | | | | | | | | | | | 1 | | | |

| LEMMES | TOTAL | ADAM | HEN | ABR | PATR | ASEN | SAL | JER | BAR | PROP | ESDR | SEDR | JOB | ARIS | SIB | FRAG |
|---|---|---|---|---|---|---|---|---|---|---|---|---|---|---|---|---|
| προίστημι | 1 | | | | | | | | | | | | | 1 | | |
| προκαθέζομαι | 1 | | | | | | | | | | | | | | | 1 |
| προκαθηγέομαι | 1 | | | | | | | | | | | | | 1 | | |
| προκαθίζω | 1 | | | | 1 | | | | | | | | | | | |
| προκαταταχέω | 1 | | | | | | | | | | | | | | | 1 |
| πρόκειμαι | 4 | | | | | | | | | | | | | 2 | | 2 |
| προκομίζω | 1 | | | | | | | | | | | | 1 | | | |
| προκοπή | 2 | | | | 1 | | | | | | | | | 1 | | |
| προκόπτω | 2 | | | | 1 | | | | | | | | | | | 1 |
| προκτίζω | 1 | | | | | | | | | | | | | | | 1 |
| προλαμβάνω | 3 | | | 1 | 1 | | | | | | | | | | 1 | |
| προλέγω | 1 | | | | | | | | | | | | | 1 | | |
| προλείπω | 3 | | | | | | | | | | | | | | 2 | 1 |
| πρόληψις | 1 | | | | | | | | | | | | | 1 | | |
| προμαντεύομαι | 1 | | | | | | | | | | | | | | | 1 |
| προμάντιον * | 1 | | | | | | | | | | | | | | 1 | |
| πρόμος | 1 | | | | | | | | | | | | | | 1 | |
| πρόνοια | 7 | | | | | | | | | | | | | 4 | 2 | 1 |
| προνομεύω | 1 | | | | 1 | | | | | | | | | | | |
| προνομή | 1 | | | | 1 | | | | | | | | | | | |
| προξενέω | 1 | | | | | | | | 1 | | | | | | | |
| προοχή | 1 | | | | | | | | | | | | | 1 | | |
| πρόπας | 2 | | | | | | | | | | | | | | 1 | 1 |
| προπάτωρ | 1 | | | 1 | | | | | | | | | | | | |
| προπέμπω | 1 | | | | | | | | | | | | | 1 | | |
| προπέτεια | 1 | | | | | | | | | | | | | 1 | | |
| προπετής | 1 | | | | | | | | | | | | | | | 1 |
| προπηλακίζω | 1 | | | | | | | | | | | | | | | 1 |
| προπίνω | 2 | | | | | | | | | | | | | 2 | | |
| Προποντίς | 1 | | | | | | | | | | | | | | 1 | |
| πρόποσις | 1 | | | | | | | | | | | | | 1 | | |
| * πρός | 785 | 28 | 39 | 87 | 103 | 104 | 8 | 22 | 3 | 11 | 12 | 7 | 26 | 206 | 26 | 103 |
| προσαγγέλλω | 3 | | | | | | | | | | | | | 3 | | |
| προσαγορεύω | 15 | | | | 1 | 1 | | | | 1 | | | | | | 12 |
| προσάγω | 18 | | 1 | 1 | 5 | 1 | | | | | | | | 8 | | 2 |
| προσαγωγή | 1 | | | | | | | | | | | | | 1 | | |
| προσαίρω | 1 | | | | 1 | | | | | | | | | | | |
| προσαιτέω | 1 | | | | | | | | | | | | 1 | | | |
| προσανατρέφω | 1 | | | | | | | | | | | | | | | 1 |
| προσαναφέρω | 4 | | | | | | | | | | | | 1 | 3 | | |
| προσάπτω | 2 | | | | | | | | | | | | 1 | | | 1 |
| προσβαίνω | 1 | | | | | | | | | | | | | | | 1 |
| προσβάλλω | 1 | | | | 1 | | | | | | | | | | | |
| προσβλέπω | 3 | | | | | | | | | | | | | 2 | | 1 |
| προσδέχομαι | 6 | | | | 2 | | | | | | | | 1 | 1 | | 2 |
| προσδέω (-δεήσω) | 3 | | | | | | | | | | | | | 3 | | |
| προσδίδωμι | 1 | | | | 1 | | | | | | | | | | | |
| προσδοκάω | 6 | | | | | | | | | | | | 4 | | | 2 |
| προσδοκία | 2 | | | | 1 | | 1 | | | | | | | | | |
| προσεγγίζω | 11 | | | | 3 | | | | | | | | 6 | | | 2 |
| προσεγκαλέω | 1 | | | | | | | | | | | | 1 | | | |
| προσεδρεύω | 1 | | | | | | | | | | | | | | | 1 |
| πρόσειμι (εἰμί) | 3 | | | | | | | | | | | | | 1 | | 2 |
| πρόσειμι (εῖμι) | 2 | | | | | | | | | | | | | 1 | | 1 |
| προσεῖπον | 1 | | | | | | | | | | | | | 1 | | |
| προσεπερωτάω | 1 | | | | | | | | | | | | | 1 | | |
| προσεπινεύω | 1 | | | | | | | | | | | | | 1 | | |
| προσέρχομαι | 19 | 1 | 3 | 2 | 2 | 2 | | | 1 | 2 | | 1 | 1 | 3 | | 1 |
| προσευχή | 14 | 1 | 2 | 4 | | 2 | 1 | 2 | | 2 | | | | | | |
| προσεύχομαι | 18 | 3 | 1 | 7 | | | | 3 | 1 | | | 1 | | | | 2 |
| προσεχής | 1 | | | | | | | | | | | | | | | |
| προσέχω | 26 | 2 | | | 18 | | | | | 2 | 1 | | 1 | | 1 | 1 |
| προσήκω | 7 | | | | | 6 | | | | | | | | 1 | | |
| προσηλόω | 1 | | | | | | | | | | | | | | | 1 |
| προσημαίνω | 2 | | | | | | | | | | | | 1 | 1 | | |
| πρόσθεν | 12 | | | | | | | | | | | | | | 6 | 6 |
| προσιστορέω | 1 | | | | | | | | | | | | | 1 | | |
| πρόσκαιρος | 2 | | 1 | | | 1 | | | | | | | | | | |
| προσκαλέω | 8 | | 3 | | | | | | | | | | | 1 | | 4 |
| πρόσκειμαι | 5 | | | | | 3 | | | | | | | | | 1 | 1 |
| πρόσκλισις | 1 | | | | | | | | | | | | | 1 | | |
| προσκλύζω | 1 | | | | | | | | | | | | | | | 1 |
| προσκολλάω | 1 | | | | 1 | | | | | | | | | | | |
| προσκομίζω | 1 | | | | | | | | 1 | | | | | | | |
| προσκόπτω | 4 | | 2 | | | 2 | | | | | | | | | | |
| προσκρέμαμαι | 1 | | | | | | | | | | | | | | | 1 |
| προσκρούω | 3 | | | | 1 | | | | | 2 | | | | | | |
| προσκυνέω | 40 | 4 | 1 | 6 | 6 | 7 | | | 1 | 2 | | 3 | 2 | 5 | 1 | 2 |
| προσκύνησις | 2 | | | 1 | | | | | | | 1 | | | | | |
| προσκύπτω | 1 | | | | | | | | | | | | | | | 1 |
| προσλαμβάνω | 5 | | | | 1 | | | | 1 | | | | 1 | 2 | | |
| προσμανθάνω | 1 | | | | | | | | | | | | | 1 | | |
| προσμένω | 4 | | | | | | | | 1 | | | | | | 1 | 2 |
| προσονομάζω | 4 | | | | | | | | | | | | | 4 | | |
| προσοράω | 1 | | | | | | | | | | | | | 1 | | |
| προσοχθίζω | 4 | | | | 2 | 1 | | | | | | | | | 1 | |
| προσόχθισμα | 1 | | | | | | | | | | | | | | | 1 |
| πρόσοψις | 8 | | 1 | 1 | | | | | | | | | | 6 | | |
| προσπαίζω | 1 | | | | | | | | | | | | | | | 1 |
| προσπαραγίγνομαι * | 1 | | | | | | | | | | | | | 1 | | |
| προσπαράκειμαι | 1 | | | | | | | | | | | | | | | 1 |
| προσπελάζω | 1 | | | | 1 | | | | | | | | | | | |
| προσπηδάω | 1 | | | | 1 | | | | | | | | | | | |
| προσπίπτω | 7 | 2 | | 3 | 1 | | | | | | | | | 1 | | |
| προσποιέω | 2 | | | | 2 | | | | | | | | | | | |
| πρόσταγμα | 20 | | 2 | | 2 | 1 | 1 | 2 | | 1 | | 2 | | 6 | | 3 |
| πρόσταξις | 4 | | 2 | | | | | | | | | | | | | 2 |
| προστασία | 1 | | | | | | | | | | | | | 1 | | |
| προστάσσω | 40 | 1 | | 2 | 2 | 5 | | 1 | 1 | 1 | | | 1 | 10 | 1 | 15 |
| προστατέω | 2 | | | | | | | | | | | | | 2 | | |

| LEMMES | TOTAL | ADAM | HEN | ABR | PATR | ASEN | SAL | JER | BAR | PROP | ESDR | SEDR | JOB | ARIS | SIB | FRAG |
|---|---|---|---|---|---|---|---|---|---|---|---|---|---|---|---|---|
| προστάτης | 3 | | | | | | | | | | | | 1 | 1 | | 1 |
| προστίθημι | 17 | | | | 5 | 2 | | | 2 | 1 | | | | 4 | | 3 |
| προστρέχω | 4 | | | | 2 | | | | | | 1 | | | | | 1 |
| προσυντελέω | 2 | | | | | | | | | | | | | 2 | | |
| προσυπαντάω | 1 | | | 1 | | | | | | | | | | | | |
| προσυποδείκνυμι | 2 | | | | | | | | | | | | | 2 | | |
| προσφάγιον | 2 | | | | | | | | | 2 | | | | | | |
| πρόσφατος | 1 | | | | | | | | | | | | | 1 | | |
| προσφέρω | 32 | | | | 15 | 1 | | | | 1 | | | 8 | 2 | | 5 |
| προσφεύγω | 1 | | | | | 1 | | | | | | | | | | |
| προσφορά | 4 | | | | 3 | | | | | | | | | 1 | | |
| πρόσφορος + | 1 | | | | | | | | | | | | | 1 | | |
| προσφωνέω | 1 | | | | | | | | | | | | | 1 | | |
| προσχέω | 1 | | | | | | 1 | | | | | | | | | |
| προσχώννυμι | 1 | | | | 1 | | | | | | | | | | | |
| πρόσω | 3 | | 2 | | | | | | | | | | | 1 | | |
| προσωποληψία | 1 | | | | | | | | | | | | 1 | | | |
| πρόσωπον | 161 | 8 | 12 | 32 | 31 | 40 | 10 | 1 | 2 | | 2 | 4 | | 3 | 4 | 12 |
| προτείνω | 1 | | | | | | | | | | | | | 1 | | |
| προτερέω | 2 | | | | | | | | | | | | | | | 2 |
| πρότερος | 25 | 2 | | 2 | 1 | 2 | | | | | | | 3 | 7 | 3 | 5 |
| προτίθημι | 5 | | | | | | | | | | | | | 4 | 1 | |
| προτιμάω | 3 | | | | | | | | | | | | | 3 | | |
| προτοῦ | 1 | | | | | | | | | | | | | | | 1 |
| προτρέπω | 1 | | | | | | | | | | | | | | | 1 |
| προτρέφω | 1 | | | 1 | | | | | | | | | | | | |
| προϋπάρχω | 1 | | | | | | | | | | | | 1 | | | |
| προϋποδείκνυμι | 1 | | | | | | | | | | | | | 1 | | |
| προφαίνω | 1 | | | | | | | | | | | | | | 1 | |
| προφασίζομαι (-ω) | 2 | | | | | | | | | | | 2 | | | | |
| πρόφασις | 2 | | | | 1 | | | | | | | | 1 | | | |
| προφέρω | 5 | | | | | | | | | | | | 1 | | 2 | 2 |
| προφεύγω | 1 | | | | | | | | | | | | | 1 | | |
| προφητεία | 4 | | | | 2 | | | | | 2 | | | | | | |
| προφητεύω | 29 | | | | 2 | | | | | 15 | | | | | 7 | 5 |
| προφήτης | 100 | | | | 5 | 3 | | 1 | | 25 | 40 | 1 | | 3 | | 22 |
| προφῆτις | 1 | | | | | | | | | | | | | | 1 | |
| πρόφρων | 1 | | | | | | | | | | | | | | | 1 |
| προφυλακή | 2 | | | | | | | | | | | | | 1 | | 1 |
| προφυλάσσω | 1 | | | | | | | | | | | | | | 1 | |
| προχαιρετίζω x | 1 | | | 1 | | | | | | | | | | | | |
| προχάρισμα x | 1 | | | | | | | | | | | | | | 1 | |
| πρόχειρος | 2 | | | | | | | | | | | | | 2 | | |
| προχέω | 2 | | | | | | | | | | | | | | 2 | |
| πρόχοος | 1 | | 1 | | | | | | | | | | | | | |
| προχράω | 1 | | | | | | | | | | | | 1 | | | |
| προχωρέω | 1 | | | 1 | | | | | | | | | | | | |
| πρυτανικός | 1 | | | | | 1 | | | | | | | | | | |
| πρύτανις | 2 | | | | | | | | | | | | | | 2 | |
| πρωΐ | 12 | | 1 | | 2 | 5 | | | | 1 | 1 | | 2 | | | |
| πρώϊος | 3 | | | | | | 2 | | | | | | | 1 | | |
| πρώταρχος | 1 | | 1 | | | | | | | | | | | | | |
| πρωτεύω | 2 | | | | | | | | | | | | | | 2 | |
| πρωτογένημα | 3 | | | | 3 | | | | | | | | | | | |
| πρωτόγονος | 3 | | | | | | | | | | | | | | | 3 |
| πρωτόπλαστος | 12 | 1 | | 5 | | | | | 1 | | 1 | | 1 | | | 3 |
| πρῶτος | 172 | 2 | 6 | 7 | 33 | 11 | 2 | 2 | 5 | 2 | 4 | 2 | 2 | 17 | 30 | 47 |
| πρωτότευκτος | 1 | | | | | | | | | | | | | | | 1 |
| πρωτότοκος | 17 | | | | 11 | 2 | | | | | | | | | 2 | 2 |
| πταῖσμα | 1 | | | | | | | | | | | | 1 | | | |
| πταίω | 7 | | | | 1 | | | | | | | 1 | 1 | 4 | | |
| πταρμός | 1 | | | | | | | | | | | | | | 1 | |
| πτέρνα | 1 | 1 | | | | | | | | | | | | | | |
| πτερόν | 4 | | | | 1 | | | | 1 | | | | | | | 2 |
| πτερύγωμα | 1 | | | | | | | | | | | | | | | 1 |
| πτέρυξ | 13 | 1 | | | 2 | 1 | | | 8 | | | | 1 | | | |
| πτερωτός | 2 | | | | | | | | | | | | | | | 2 |
| πτηνός | 9 | | | | | | | | | | | | | 3 | 2 | 4 |
| πτήσσω | 2 | | | | | | | | | | | | | | 2 | |
| πτίλον | 1 | | | | | | | | | | | | | | | 1 |
| πτοέω | 4 | | 1 | | | 1 | 1 | | | | | | | | | 1 |
| Πτολεμαιεύς | 1 | | | | | | | | | | | | | 1 | | |
| Πτολεμαῖος | 10 | | | | | | | | | | 2 | | | 3 | | 5 |
| Πτολεμαΐς | 1 | | | | | | | | | | | | | 1 | | |
| πτολίεθρον | 1 | | | | | | | | | | | | | | 1 | |
| πτύξ | 3 | | | | | | | | | | | | | | 2 | 1 |
| πτυχή | 1 | | | | | | | | | | | | | | | 1 |
| πτύω | 1 | | | | | | 1 | | | | | | | | | |
| πτῶμα | 5 | | | | | | 1 | | | | | | | | 3 | 1 |
| πτῶσις | 6 | | 1 | 1 | | | | | 1 | | 1 | | 1 | | | 1 |
| πτωχεία | 3 | | | | 3 | | | | | | | | | | | |
| πτωχεύω | 1 | | | | | | | | | | | | | | | 1 |
| πτωχός | 30 | | | | 5 | 1 | 5 | | | | | | 15 | | | 4 |
| Πυθαγόρας | 2 | | | | | | | | | | | | | | | 2 |
| πυθμήν | 1 | | | 1 | | | | | | | | | | | | |
| Πυθών | 1 | | | | | | | | | | | | | | 1 | |
| πυκνός | 8 | | | | | 3 | | | | | 1 | | | 3 | | 1 |
| πυκνόω | 1 | | | | | | | | | | | | | | | 1 |
| πυκτεύω | 1 | | | | | | | | | | | | 1 | | | |
| πύλη | 63 | | 3 | 27 | 7 | 6 | 2 | 3 | 5 | | | | | 1 | 2 | 7 |
| πυλών | 5 | | | 1 | 1 | | | | 1 | | 1 | 1 | | | | |
| πυλωρός | 1 | | | | | 1 | | | | | | | | | | |
| πυνθάνομαι | 27 | | 1 | | | | | | | | | 1 | | 13 | 1 | 11 |
| πῦρ | 152 | 35 | 20 | 6 | 9 | 4 | | | 4 | 12 | 4 | | 2 | 1 | 28 | 26 |
| πυρά | 2 | | | | | | | | | | | | | | | 2 |
| πυραμίς | 2 | | | | | | | | | | | | | | 1 | 1 |
| Πύραμος | 1 | | | | | | | | | | | | | | 1 | |
| πυργόβαρις | 1 | | | | | | 1 | | | | | | | | | |
| πύργος | 34 | | | | 3 | 3 | | | 3 | | | | | 4 | 6 | 15 |
| πυργόω | 2 | | | | | | | | | | | | | | 1 | 1 |

| LEMMES | TOTAL | ADAM | HEN | ABR | PATR | ASEN | SAL | JER | BAR | PROP | ESDR | SEDR | JOB | ARIS | SIB | FRAG |
|---|---|---|---|---|---|---|---|---|---|---|---|---|---|---|---|---|
| πυρίμορφος | 1 | | | | | | | | 1 | | | | | | | |
| πύρινος (πῦρ) | 14 | | 1 | 9 | | | | | | | 2 | | | | 2 | |
| πυριφανής | 1 | | | | | | | | | | | | | | | 1 |
| πυρίφλεκτος | 1 | | | | | | | | | | | | | | 1 | |
| πυρόεις | 2 | | | | | | | | | | | | | | 2 | |
| πυρός | 3 | | | | 1 | | | | | | | | | 1 | | 1 |
| Πυρουήλ | 1 | | | 1 | | | | | | | | | | | | |
| πυροφόρος | 1 | | | | | | | | | | | | | | 1 | |
| πυρόω | 4 | | | | | 1 | | | | | 1 | | | | 1 | 1 |
| πυρράκης | 1 | | | | | | | | | | | | | | | 1 |
| πυρρός | 4 | | 3 | | | | | | | | | | | | | 1 |
| πυρσός | 1 | | | | | | | | | | | | | | 1 | |
| πύρωσις | 1 | | | | 1 | | | | | | | | | | | |
| πώγων | 2 | | | | 1 | 1 | | | | | | | | | | |
| πωλέω | 5 | | | | 5 | | | | | | | | | | | |
| πῶλος | 1 | | | | | | | | | | | | | | | 1 |
| πωμάζω | 2 | | 2 | | | | | | | | | | | | | |
| πώποτε | 4 | | | | | 4 | | | | | | | | | | |
| * πῶς | 125 | 11 | 5 | 10 | 7 | 4 | 5 | 7 | | 2 | 6 | 4 | 9 | 40 | 3 | 12 |
| πώς | 2 | | | | 1 | | | | | | | | | | | 1 |
| ῥά | 5 | | | | | | | | | | | | | | 4 | 1 |
| ῥάβδος | 25 | | | | 5 | 3 | 2 | | | | 1 | | | | | 14 |
| ῥάβδωσις | 2 | | | | | | | | | | | | | 2 | | |
| ῥαβδωτός | 1 | | | | | | | | | | | | | 1 | | |
| Ῥαβέννα | 1 | | | | | | | | | | | | | | 1 | |
| Ῥαγάβ | 1 | | | | | | | | | | | | | | | 1 |
| ῥαγάς | 1 | | 1 | | | | | | | | | | | | | |
| Ῥαγαυ | 1 | | | | | | | | | | | | | | | 1 |
| Ῥαγουήλ | 5 | | 3 | | | | | | | | | | | | | 2 |
| Ῥαγουῆλος | 3 | | | | | | | | | | | | | | | 3 |
| ῥᾴδιος | 1 | | | | | | | | | | | | | | | 1 |
| ῥαθυμία | 2 | | | | | | | | | | | | | 2 | | |
| Ῥακείηλ | 1 | | 1 | | | | | | | | | | | | | |
| ῥακκώδης | 1 | | | | | | | | | | | | 1 | | | |
| ῥάκκωδος * | 1 | | | | | | | | | | | | 1 | | | |
| ραλε * | 1 | | | | | | | | | | | | | | | 1 |
| Ῥαμβαηλ | 1 | | | | 1 | | | | | | | | | | | |
| Ῥαμιήλ | 2 | | 2 | | | | | | | | | | | | | |
| ῥαμφή | 1 | | | | | | | | | | | | | | 1 | |
| ῥαπίζω | 2 | | | | | | | | | | | | | | | 2 |
| ῥάπτω | 1 | | | | | | | | | | | | | | | 1 |
| Ῥαφαήλ | 12 | | 10 | | | | | | | | 2 | | | | | |
| Ῥαχήλ | 25 | | | | 16 | 3 | | | | | | | | | | 6 |
| Ῥέα | 9 | | | | | | | | | | | | | | 9 | |
| Ῥεβέκκα | 4 | | | | 1 | 1 | | | | | | | | | | 2 |
| ῥέζω | 7 | | | | | | | | | | | | | | 7 | |
| ῥεῖθρον | 2 | | | | | | | | | | | | | | 1 | 1 |
| Ῥεμειηλ | 1 | | 1 | | | | | | | | | | | | | |
| ῥέπω | 2 | | | | | | | | | | | | | 2 | | |
| ῥεῦμα | 6 | | | | | | | | | | | | | 2 | 1 | 3 |
| ῥέω | 17 | 3 | 2 | | | | | | | 2 | | 1 | | | 7 | 2 |
| ῥήγνυμι | 6 | | | | | 1 | | | | 1 | | 1 | | | 3 | |
| ῥῆμα | 67 | 4 | 1 | 4 | 7 | 38 | 2 | 7 | | 1 | | 3 | | | | |
| ῥῆσις | 1 | | | | | | | | | | | | | | 1 | |
| ῥητός | 1 | | | | | | | | | | | | | | | 1 |
| ῥίγιστος | 2 | | | | | | | | | | | | | | 2 | |
| ῥίζα | 6 | | 1 | | 1 | | | | | | | | | | 3 | 1 |
| ῥιζοτομία | 2 | | 2 | | | | | | | | | | | | | |
| ῥιζόω | 1 | | | | | | 1 | | | | | | | | | |
| ῥίμφα | 1 | | | | | | | | | | | | | | 1 | |
| ῥιπή | 2 | | | 1 | | | | | | | | | | | 1 | |
| ῥιπίζω | 1 | | | | | | | | | | | | | 1 | | |
| ῥιπτέω | 3 | | 2 | | | | | | | | | | | | 1 | |
| ῥίπτω | 41 | | 5 | 5 | 3 | 6 | | 1 | | 1 | 1 | | | 2 | 12 | 5 |
| ῥίς | 2 | | | | | | | | | | 2 | | | | | |
| ῥισκοφυλάκιον | 1 | | | | | | | | | | | | | | 1 | |
| ῥισκοφύλαξ | 1 | | | | | | | | | | | | | | 1 | |
| ῥοά (ῥοΐδιον) | 2 | | | | | 1 | | | | | | | | | 1 | |
| Ῥόδιος | 1 | | | | | | | | | | | | | | 1 | |
| ῥόδον | 5 | | 2 | | 1 | 2 | | | | | | | | | | |
| Ῥόδος | 1 | | | | | | | | | | | | | | 1 | |
| ῥοιβδέω | 1 | | | | | | | | | | | | | | | 1 |
| ῥοῖζος | 2 | | | | | | | | | | | | | | 2 | |
| ῥοΐσκος | 1 | | | | | | | | | | | | | | 1 | |
| ῥόμβος | 1 | | | | | | | | | | | | | | 1 | |
| ῥομβωτός | 1 | | | | | | | | | | | | | | 1 | |
| ῥομφαία | 46 | 1 | 1 | 7 | 6 | 23 | 2 | | | | | | | | 6 | |
| ῥόος | 4 | | | | | | | | | | | | | | 2 | 2 |
| ῥόπαλον | 1 | | | | | | | | | 1 | | | | | | |
| ῥοπή | 4 | | | | | | | | | | | | 3 | 1 | | |
| Ῥουβήλ | 1 | | | | | | | | | | | | | | | 1 |
| Ῥουβήμ | 25 | | | | 18 | 1 | | | | 2 | | | | | | 4 |
| ῥυθμός | 1 | | | | | | | | | | | | | | | 1 |
| ῥύμη | 1 | | | | | | | | | | | | | | 1 | |
| Ῥύνδακος | 1 | | | | | | | | | | | | | | 1 | |
| ῥύομαι | 25 | | 1 | | 7 | 9 | 5 | | | | | 1 | | | | 2 |
| ῥυπαρός | 2 | | | | 1 | | | | | | | | | | 1 | |
| ῥύπος (ὁ) | 1 | | | | | 1 | | | | | | | | | | |
| ῥυπόω | 1 | | | | | | | | | | | | | | | 1 |
| ῥυστήρ | 1 | | | | | | | | | | | | | | 1 | |
| ῥωγάς | 1 | | | | | | | | | | | | | | 1 | |
| Ῥωγήλ | 1 | | | | | | | | | 1 | | | | | | |
| Ῥώθεος | 2 | | | | 2 | | | | | | | | | | | |
| Ῥωμαῖος | 1 | | | | | | | | | | | | | | | 1 |
| ῥώμη | 2 | | | | | | | | | | | | | | 2 | |
| Ῥώμη | 14 | | | | | | | | | | | | | | 14 | |
| ῥώννυμι | 4 | | | | | | | | | | | | | 4 | | |
| ῥῶσις | 1 | | | | | | | | | | | 1 | | | | |
| Σαάρ | 1 | | | | | | | | | 1 | | | | | | |
| Σαβαραθά | 1 | | | | | | | | | 1 | | | | | | |

| LEMMES | TOTAL | ADAM | HEN | ABR | PATR | ASEN | SAL | JER | BAR | PROP | ESDR | SEDR | JOB | ARIS | SIB | FRAG |
|---|---|---|---|---|---|---|---|---|---|---|---|---|---|---|---|---|
| Σαβαώθ | 1 | | | | | | | | | | | | | | | 1 |
| Σαββαταῖος | 2 | | | | | | | | | | | | | | 2 | |
| σάββατον | 4 | | 1 | | | | | | | | | | | | | 3 |
| Σαδώκ | 1 | | | | | | | | | | | | | | | 1 |
| Σαθιήλ | 2 | | 2 | | | | | | | | | | | | | |
| σαθρός | 1 | | | | | | | | | | | 1 | | | | |
| Σάις | 2 | | | | | | | | | | | | | | | 2 |
| σάκκος | 11 | | | | 3 | 5 | 1 | | | | | | | | | 2 |
| Σαλα | 1 | | | | | | | | | | | | | | | 1 |
| Σαλαθιήλ | 1 | | | | | | | | | | 1 | | | | | |
| Σαλαμίς | 2 | | | | | | | | | | | | | | 2 | |
| σαλεύω | 10 | | 1 | | 2 | | 2 | | | 1 | | | | | 4 | |
| σάλος (δ) | 1 | | | | | | 1 | | | | | | | | | |
| σάλπιγξ | 14 | 2 | | 1 | | | 2 | 1 | | | | 1 | 2 | | 2 | 3 |
| σαλπίζω | 6 | 3 | | | | | 1 | 1 | | | | 1 | | | | |
| Σαμαήλ | 2 | | | | | | | | 2 | | | | | | | |
| Σαμάρεια | 11 | | | | | | | 1 | | | 3 | | | | | 7 |
| Σαμαρείμ | 1 | | | | | | | | | | 1 | | | | | |
| Σαμαρεῖτις | 4 | | | | | | | | | | | | | | 1 | 3 |
| Σαμιήλ | 1 | | 1 | | | | | | | | | | | | | |
| σάμιος + | 1 | | | | | | | | | | | | | | 1 | |
| Σαμμανή | 1 | | 1 | | | | | | | | | | | | | |
| Σάμος | 4 | | | | | | | | | | | | | | 3 | 1 |
| Σαμουήλ | 2 | | | | | | | | | | | | | | | 2 |
| Σαμούηλος | 1 | | | | | | | | | | | | | | 1 | |
| Σαμψίχ | 1 | | 1 | | | | | | | | | | | | | |
| σαμψοῦχον | 1 | | | | | | | | | | | | | | | 1 |
| σανίς | 1 | | | | 1 | | | | | | | | | | | |
| Σαούλος | 1 | | | | | | | | | | | | | | | 1 |
| σαπρία | 5 | | | 2 | | | 2 | | | | | | | | 1 | |
| σαπρόμορφος * | 1 | | | | | | | | | | | | | | | 1 |
| σαπρός | 1 | | | 1 | | | | | | | | | | | | |
| σαπρότης | 3 | | | 3 | | | | | | | | | | | | |
| σάπφειρος | 1 | | | 1 | | | | | | | | | | | | |
| Σαραάρ | 1 | | | | | | | | | | 1 | | | | | |
| Σάραπις | 1 | | | | | | | | | | | | | | 1 | |
| Σαρασαήλ | 1 | | | | | | | | 1 | | | | | | | |
| Σάρδεις | 1 | | | | | | | | | | | | | | 1 | |
| Σαρδώ | 1 | | | | | | | | | | | | | | 1 | |
| Σαρεφθά | 2 | | | | | | | | | | 2 | | | | | |
| Σαριήλ | 3 | | 3 | | | | | | | | | | | | | |
| Σαρινᾶς | 1 | | 1 | | | | | | | | | | | | | |
| σαρκικός | 1 | | | | | | | 1 | | | | | | | | |
| σάρκινος | 5 | | 2 | | | | | | | | | | 2 | | | 1 |
| σαρκοβόρος | 1 | | | | | | | | | | | | | | 1 | |
| σαρκοφάγος | 1 | | | | | | | | | | | | | 1 | | |
| σάρξ | 51 | 2 | 14 | 3 | 13 | 1 | 4 | 1 | 1 | | 3 | | 1 | 1 | 4 | 3 |
| Σάρρα | 30 | | 25 | 2 | 1 | | | | | 1 | | | | | | 1 |
| σαρράν * | 1 | | 1 | | | | | | | | | | | | | |
| Σατανᾶς | 24 | 1 | | | 6 | | | | | | | | 14 | | | 3 |
| σάτον | 12 | | | | 12 | | | | | | | | | | | |
| σατράπης | 7 | | | | | 5 | | | | | | | | | | 2 |
| Σαυή | 1 | | | | | | | | | | | | | | | 1 |
| Σαυχαῖος | 1 | | | | | | | | | | | | | | | 1 |
| σαφής | 10 | | | | | | | | | | | | | 6 | | 4 |
| σβέννυμι | 4 | | | | 1 | | | | | | | | 1 | | 1 | 1 |
| σεαυτοῦ | 24 | 2 | | | 8 | 2 | 1 | | | | | | 6 | | | 5 |
| σεβάζομαι (-ω) | 4 | | | | 2 | | | | | | | | | | 2 | |
| σέβας | 1 | | | | | | | | | | | | | | 1 | |
| σέβασμα | 1 | | | | | | | | | | 1 | | | | | |
| σεβασμός | 1 | | | | | | | | | | | | | 1 | | |
| Σεβαστηνός | 1 | | | | | | | | | | | | | | 1 | |
| Σεβεννύτης | 1 | | | | | | | | | | | | | | | 1 |
| σέβομαι (-ω) | 17 | | | | 1 | 6 | | | | | | | | 4 | 2 | 4 |
| Σεβρίθιτος | 1 | | | | | | | | | | | | | | | 1 |
| Σεδεκίας | 5 | | | | | | | | | | | | | | 1 | 4 |
| Σεδράχ | 45 | | | | | | | | | | | 45 | | | | |
| Σειρήν | 2 | | 1 | | | | | | | | | | | | 1 | |
| σεισίχθων | 1 | | | | | | | | | | | | | | 1 | |
| σεισμός | 18 | | | | | | | | | | 1 | 1 | | | 12 | 4 |
| σείω | 8 | | 5 | | | | 1 | | | | 1 | | | | | 1 |
| σελαγέω | 1 | | | | | | | | | | | | | | 1 | |
| σέλας | 3 | | | | | | | | | | | | | | 2 | 1 |
| Σελεμίας | 1 | | | | | | | | | | | | | 1 | | |
| Σέλευκος | 3 | | | | | | | | | | | | | | | 3 |
| σεληναγωγία * | 1 | | 1 | | | | | | | | | | | | | |
| σεληναῖος | 4 | | | | | | | | | | | | | | 4 | |
| σελήνη | 44 | 1 | 1 | 6 | 6 | | | | | | 3 | 1 | 2 | 2 | 8 | 14 |
| Σεμεΐ | 1 | | | | 1 | | | | | | | | | | | |
| Σεμιαζᾶς | 10 | | 10 | | | | | | | | | | | | | |
| σεμίδαλις | 7 | | | | 6 | | | | | | | | | 1 | | |
| Σεμιήλ | 1 | | 1 | | | | | | | | | | | | | |
| Σεμμωμα | 1 | | | | | | | | | | | | | | | 1 |
| σεμνός | 14 | | | | | | | | | | | | | 9 | 4 | 1 |
| σεμνότης | 2 | | | | | | | | | | | | | 2 | | |
| σεμνύνω | 2 | | | | | | | | | | | | | 1 | 1 | |
| Σεναχηρείμ | 1 | | | | | | | | | | | | | | | 1 |
| Σενισήλ | 1 | | 1 | | | | | | | | | | | | | |
| Σενναάρ | 1 | | | | | | | | | | | | | | | 1 |
| Σεπτέμβριος | 1 | | | | | | | | | | | | | | | 1 |
| Σεπφώρα | 7 | | | | | | | | | | | | | | | 7 |
| Σεραφίμ | 4 | 2 | | | | | | 1 | | | | | | | | 1 |
| Σεριήλ | 1 | | 1 | | | | | | | | | | | | | |
| Σερούχ | 2 | | | | | | | | | | | | | | | 2 |
| Σήθ | 26 | 25 | | | | | | | | | | | | | | 1 |
| Σηθων | 1 | | | | 1 | | | | | | | | | | | |
| Σηίρ | 1 | | | | 1 | | | | | | | | | | | |
| σηκός | 6 | | | | | | | | | | | | | | 5 | 1 |
| Σηλώμ (δ) | 4 | | | | 4 | | | | | | | | | | | |
| Σηλώμ (πόλις) | 6 | | | | | | | | | | 5 | | | | | 1 |

| LEMMES | TOTAL | ADAM | HEN | ABR | PATR | ASEN | SAL | JER | BAR | PROP | ESDR | SEDR | JOB | ARIS | SIB | FRAG |
|---|---|---|---|---|---|---|---|---|---|---|---|---|---|---|---|---|
| Σήμ | 3 | | | | 2 | | | | | 1 | | | | | | |
| σῆμα | 10 | | | | | | | | | | | | | | 9 | 1 |
| σημαίνω | 21 | | 2 | | | 1 | | | | | | | 2 | 7 | | 9 |
| σημασία | 1 | | | | | | 1 | | | | | | | | | |
| σημεῖον | 31 | | 3 | 1 | 2 | 2 | 2 | | | 5 | | | 1 | 4 | 4 | 7 |
| σημειόω | 3 | | | | | | | | | | | | | 3 | | |
| σημείωσις | 4 | | | | | | 1 | | | | | | 1 | 2 | | |
| σημειωτικός | 1 | 1 | | | | | | | | | | | | | | |
| σήμερον | 54 | | | 5 | 4 | 28 | | 5 | | 5 | | | 4 | 1 | | 2 |
| σήπω | 1 | | | | | | | | | | | | 1 | | | |
| σθεναρός | 1 | | | | | | | | | | | | | | 1 | |
| σθένος | 5 | | | | | | 1 | | | | | | | | 3 | 1 |
| σιαγών | 1 | | | 1 | | | | | | | | | | | | |
| Σίβυλλα | 2 | | | | | | | | | | | | | | 2 | |
| σιγάω | 6 | 1 | | | | | | | | | | | | | 5 | |
| σιγή | 4 | | 1 | | | | | | | | | | | 3 | | |
| σιδήρεος | 8 | | | | 1 | 1 | 1 | | | 1 | 1 | | | 1 | 2 | |
| σίδηρος | 11 | | | | | 2 | | | | 1 | | | | 1 | 3 | 4 |
| σιδηρόω | 1 | | | | | 1 | | | | | | | | | | |
| Σιδών | 1 | | | | | | | | | | | | | | | 1 |
| Σιδωνία | 1 | | | | | | | | | 1 | | | | | | |
| Σιδώνιος | 3 | | | | | | | | | | | | | | 2 | 1 |
| σιθεμεωχ * | 1 | | | | | | | | | | | | | | 1 | |
| Σικελία | 2 | | | | | | | | | | | | | | 2 | |
| σίκερα | 1 | | | | 1 | | | | | | | | | | | |
| Σικημίτης | 2 | | | | | 2 | | | | | | | | | | |
| Σίκιμα | 14 | | | | 5 | | | | | | | | | | | 9 |
| Σικίμιος | 1 | | | | | | | | | | | | | | | 1 |
| σικλίον | 1 | | | | 1 | | | | | | | | | | | |
| σίκλος | 6 | | | | 4 | | | | | | | | | | | 2 |
| Σικυών | 1 | | | | | | | | | | | | | | 1 | |
| Σιλώ | 1 | | | | | | | | | | | | | | | 1 |
| Σιλωάμ | 3 | | | | | | | | | 3 | | | | | | |
| Σιλώμ | 1 | | | | 1 | | | | | | | | | | | |
| σίμβλος | 3 | | | | | 2 | | | | | | | | | | 1 |
| Σίμων | 4 | | | | | | | | | 1 | | | | 3 | | |
| Σινᾶ | 3 | | 1 | | | | | | | 1 | | | | | 1 | |
| Σιναῖος | 1 | | | | | | | | | | | | | | | 1 |
| σινδών | 7 | 3 | | 2 | | | | | | | | | | | | 2 |
| Σινώπη | 1 | | | | | | | | | | | | | | 1 | |
| Σίτιδος | 4 | | | | | | | | | | | | 4 | | | |
| σιτικός | 1 | | | | | | | | | | | | | 1 | | |
| σιτίον | 1 | | | | | 1 | | | | | | | | | | |
| σιτιστός | 1 | | | | | 1 | | | | | | | | | | |
| σιτοδοσία | 2 | | | | | 2 | | | | | | | | | | |
| σιτοδοτέω | 1 | | | | | 1 | | | | | | | | | | |
| σιτοδότης | 1 | | | | | 1 | | | | | | | | | | |
| σῖτος | 13 | | | | | 2 | | | | 1 | 1 | | | | 3 | 6 |
| Σιών | 5 | | | | | | 1 | 1 | | 2 | | | | | | 1 |
| σιωπάω | 14 | | | 1 | 7 | | | 2 | | | | | 3 | | | 1 |
| σκανδαλίζω | 1 | | | | | | 1 | | | | | | | | | |
| σκάνδαλον | 1 | | | | | | 1 | | | | | | | | | |
| σκάπτω | 4 | | | | | | | | | | | | 2 | | | 2 |
| σκάφος (τό) | 2 | | | | 2 | | | | | | | | | | | |
| σκεδάζω | 1 | | | | | | | | 1 | | | | | | | |
| σκεδάννυμι | 1 | | | | | | | | | | | | | | 1 | |
| σκέλος | 3 | | | | | | | | | | | | | 2 | | 1 |
| σκεπάζω | 14 | 1 | | | 5 | 1 | 1 | 2 | | 1 | | | 1 | | 2 | |
| σκεπεινός | 1 | | | | 1 | | | | | | | | | | | |
| σκέπη | 4 | | | | 1 | 1 | | 1 | | | | | | 1 | | |
| σκέπω | 2 | | 1 | | | | | 1 | | | | | | | | |
| σκευάζω | 1 | | | | | | | | | | | | | 1 | | |
| σκευάριον | 1 | | | | | | | | | | | | 1 | | | |
| σκεῦος | 18 | 3 | 1 | | 2 | 1 | 1 | 3 | | | | 3 | 1 | | | 3 |
| σκέψις | 3 | | | | | | | | | 1 | | | | 2 | | |
| σκηνή | 18 | 2 | | 7 | 1 | | | | | 4 | | | | | | 4 |
| σκηνοπηγία | 2 | | | | | | | | | | | | | | | 2 |
| σκηνόω | 1 | | | | | 1 | | | | | | | | | | |
| σκήνωμα | 8 | 1 | | | | | | 4 | | | | 1 | 2 | | | |
| σκηπτοῦχος | 1 | | | | | | | | | | | | | | | 1 |
| σκῆπτρον | 12 | | | | 6 | 1 | | | | | | | | | 3 | 2 |
| σκιά | 4 | | | | | 1 | | 2 | | 1 | | | | | | |
| σκιάζω | 2 | | | | | | 1 | | | | | | | | | 1 |
| σκιρτάω | 1 | | | | | | | | | | | | | | | 1 |
| σκληροκαρδία | 1 | | 1 | | | | | | | | | | | | | |
| σκληροκάρδιος | 2 | | 2 | | | | | | | | | | | | | |
| σκληρός | 11 | | 5 | | 1 | 1 | 1 | | | | | | | 1 | 1 | 1 |
| σκληροτραχηλία * | 1 | | | | 1 | | | | | | | | | | | |
| σκληροτράχηλος | 2 | | 1 | | | | | | | 1 | | | | | | |
| σκληρύνω | 1 | | | | | | 1 | | | | | | | | | |
| σκνίψ | 3 | | | | | | | | | | | | | | | 3 |
| σκολιός | 2 | | | | | | | | | 1 | | | | | 1 | |
| σκοπός | 2 | | | | | | | | | | | | 1 | 1 | | |
| σκορπίζω | 4 | | | | | 4 | | | | | | | | | | |
| σκορπίος | 2 | | | | | | | | | | | | | | 1 | 1 |
| σκορπισμός | 2 | | | | | | 1 | | | | | | | | 1 | |
| σκοτεινός | 4 | | 2 | | 1 | | | | | | | | | | | 1 |
| σκοτία | 3 | | | | 1 | | | | | | | | 1 | | 1 | |
| σκοτίζω | 5 | | | | 5 | | | | | | | | | | | |
| σκοτόεις | 1 | | | | | | | | | | | | | | 1 | |
| σκοτόμαινα | 1 | | | | | | | | | | | | | | 1 | |
| σκότος (τό) | 40 | | 8 | 1 | 15 | 4 | 2 | | 1 | 2 | 2 | | 1 | | | 4 |
| σκοτόω | 2 | | | | 2 | | | | | | | | | | | |
| σκοτώδης | 1 | | 1 | | | | | | | | | | | | | |
| σκυβάλισμα | 1 | | | | | | | | | | | | | | | 1 |
| Σκυθόπολις | 1 | | | | | | | | | | | | | | | 1 |
| σκυθρωπάζω | 1 | | | | | 1 | | | | | | | | | | |
| σκυθρωπός | 2 | | | | 1 | | | | 1 | | | | | | | |
| σκύλαξ | 1 | | | | | | | | | | | | | | | 1 |
| σκυλεύω | 4 | | | | 2 | | | | | | | | | 1 | | 1 |

| LEMMES | TOTAL | ADAM | HEN | ABR | PATR | ASEN | SAL | JER | BAR | PROP | ESDR | SEDR | JOB | ARIS | SIB | FRAG |
|---|---|---|---|---|---|---|---|---|---|---|---|---|---|---|---|---|
| σκύλλω | 2 | | 1 | 1 | | | | | | | | | | | | |
| σκῦλον | 1 | | | | | | 1 | | | | | | | | | |
| σκύμνος | 2 | | | 1 | | 1 | | | | | | | | | | |
| σκωληκόβρωτος | 1 | | | | | | | | | | | | 1 | | | |
| σκώληξ | 11 | | | | | | | | | 2 | | 2 | 7 | | | |
| σμάραγδος | 2 | | | | | | | | | | | | | | 1 | 1 |
| σμαραγέω | 1 | | | | | | | | | | | | | | 1 | |
| σμῆνος | 1 | | | | | | | | | | | | | | | 1 |
| σμῆξις | 1 | | | | | | | | | | | | | 1 | | |
| σμύρνα | 1 | | 1 | | | | | | | | | | | | | |
| Σμύρνα | 4 | | | | | | | | | | | | | | 4 | |
| σοβαρός | 1 | | | | | 1 | | | | | | | | | | |
| Σοβαχά | 1 | | | | | | | | | 1 | | | | | | |
| Σόδομα | 10 | | | 2 | 5 | | | | | | | 2 | | | | 1 |
| Σολομών | 41 | | | | | | 18 | | | 6 | | | | | | 17 |
| Σολομώνιος | 2 | | | | | | | | | | | | | | 2 | |
| Σόλυμα | 2 | | | | | | | | | | | | | | 2 | |
| Σομόηλος | 2 | | | | | | | | | | | | | 2 | | |
| σορός | 2 | | | | 2 | | | | | | | | | | | |
| * σός | 43 | | | 10 | | | | | | | 1 | 1 | 1 | 6 | 17 | 7 |
| Σουμάν | 1 | | | | | | | | | 1 | | | | | | |
| Σούρ | 2 | | | | | | | | | 2 | | | | | | |
| Σουρειμ | 2 | | | | | | | | | | | | | | | 2 |
| Σούρων | 5 | | | | | | | | | | | | | | | 5 |
| Σοῦσα | 1 | | | | | | | | | | | | | | 1 | |
| Σόφαξ | 1 | | | | | | | | | | | | | | | 1 |
| Σοφαρ | 2 | | | | | | | | | | | | 2 | | | |
| σοφία | 34 | | 2 | | 4 | 6 | 5 | | | | | | 1 | 2 | 1 | 13 |
| σοφίζω | 2 | | | | | | | | | | | | | | | 2 |
| Σοφονίας | 1 | | | | | | | | | 1 | | | | | | |
| σοφός | 22 | | | | 3 | | 2 | | | 1 | | 1 | | 5 | 6 | 5 |
| Σόφων | 1 | | | | | | | | | | | | | | | 1 |
| σπάδων | 1 | | | | | | | | | 1 | | | | | | |
| σπαίρω | 1 | | | | | | | | | | | | | | | 1 |
| σπανίζω | 2 | | | | | | | | | | | | | | 2 | |
| σπάνις | 1 | | | | | | | | | | | | | | 1 | |
| σπαργανόω | 1 | | | | | | | | | 1 | | | | | | |
| σπάρτη | 3 | | | | | | | | | | | | 2 | | 1 | |
| Σπάρτη | 1 | | | | | | | | | | | | | | 1 | |
| σπασμός | 1 | | | | | | | | | | | | | | | 1 |
| σπάω | 5 | | | | | 3 | | | | | | | | | | 2 |
| σπείρω | 10 | | | | 2 | | | | 1 | | | 2 | 1 | | 2 | 2 |
| σπένδω | 3 | | | | 1 | | | | | | | | 2 | | | |
| σπέρμα | 59 | 4 | 5 | 1 | 34 | | 5 | | | 1 | 2 | | 1 | | | 6 |
| σπερματίζω | 1 | | 1 | | | | | | | | | | | | | |
| σπεύδω | 24 | | | 1 | 2 | 16 | | | 1 | 2 | | | | 1 | 1 | |
| σπήλαιον | 6 | | | | 2 | | | | | 4 | | | | | | |
| σπιθαμή | 2 | | | | | | | | | | 2 | | | | | |
| σπιθαμιαῖος | 1 | | | | | | | | | | 1 | | | | | |
| σπιλόω | 1 | | | | 1 | | | | | | | | | | | |
| σπινθήρ | 4 | | | | | 2 | | | | | | | 1 | | | 1 |
| σπλαγχνίζω | 15 | 3 | | 2 | 7 | | | 1 | | | | 1 | 1 | | | |
| σπλάγχνον | 20 | | 3 | | 14 | | 1 | | | | | | | | | 2 |
| σπλήν | 1 | | | | 1 | | | | | | | | | | | |
| σποδιά | 2 | | | | | | | | | | | | | | 2 | |
| σποδοειδής | 1 | | | | | | | | | | | | 1 | | | |
| σποδόεις * | 1 | | | | | | | | | | | | | | 1 | |
| σποδός | 3 | | | | | | 1 | | | | | | 2 | | | |
| σπονδεῖον | 1 | | | | | | | | | | | | | 1 | | |
| σπονδή | 4 | | | | 1 | 2 | | | | | | | 1 | | | |
| σπορά | 1 | | | | 1 | | | | | | | | | | | |
| σπόρος | 3 | | 1 | | | | | | | 1 | | | | | | 1 |
| σπουδάζω | 4 | | | | 2 | | | 1 | | | | | | 1 | | |
| σπουδαῖος | 2 | | | | 1 | | | | | | | | | | | 1 |
| σπουδή | 7 | 1 | | 1 | 1 | | | | | | | | | 2 | | 2 |
| σταγών | 1 | | | | | | | | | | | | | | 1 | |
| στάδιον | 14 | | | 2 | 2 | | | | | 1 | | | 1 | 4 | 2 | 2 |
| στάζω | 7 | | | | | | 1 | 4 | | | | | | | 2 | |
| σταθμός | 7 | | | | 3 | | 1 | | | | | | | | | 3 |
| στάλαγμα | 1 | | | | | | | | | | | 1 | | | | |
| στασιάζω | 1 | | | | | | | | | | | | | | 1 | |
| στάσις | 6 | | 1 | | | | | | | | | | | | | 5 |
| σταυρός | 1 | | | | | | | | | | | 1 | | | | |
| σταυρόω | 1 | | | | | | | | | 1 | | | | | | |
| σταφυλή | 2 | | | | | 1 | | | | | | | | | | 1 |
| σταχυητρόφος | 1 | | | | | | | | | | | | | | 1 | |
| στάχυς | 2 | | | | | | | | | | | | | 1 | 1 | |
| στέαρ | 7 | | | | 7 | | | | | | | | | | | |
| στεγάζω | 2 | | | | | | | | | | | | | | | 2 |
| στέγη | 2 | | 2 | | | | | | | | | | | | | |
| στεῖρα (στεῖρος) | 3 | | 2 | | | | | | | | | | | | | 1 |
| στειρεύω | 1 | | | | 1 | | | | | | | | | | | |
| στείρωσις | 1 | | | 1 | | | | | | | | | | | | |
| στέλεχος | 2 | | | | | | | | | | | | | | | 2 |
| στέλλω | 4 | | | | | | | | | | | | | | 3 | 1 |
| στέναγμα | 1 | | | | | | | | | | | | | | | 1 |
| στεναγμός | 13 | | 2 | 1 | 2 | 5 | 1 | | | 1 | | 1 | | | | |
| στενάζω | 8 | | 2 | 1 | 1 | 2 | | 1 | | | | 1 | | | | 1 |
| στενάχω | 2 | | | | | | | | | | | | | | 2 | |
| στενόβουλος * | 1 | | | | | | | | | | | | | | 1 | |
| στενός | 12 | | | 10 | | | | | | | | | | 1 | 1 | |
| στενότης | 1 | | | | | | | | | | | | | | 1 | |
| στενοχωρία | 2 | | 1 | 1 | | | | | | | | | | | | |
| στενόω | 1 | 1 | | | | | | | | | | | | | | |
| στένω | 1 | | 1 | | | | | | | | | | | | | |
| στέργω | 9 | | | | | | | | | | | | | | 5 | 4 |
| στερεός | 5 | | 3 | | | | | | | | | | | | 2 | |
| στερεόω | 1 | | 1 | | | | | | | | | | | | | |
| στερέω | 2 | 2 | | | | | | | | | | | | | | |
| στερέωμα | 11 | 2 | 2 | 1 | 1 | 1 | | | | | | | 1 | | | 3 |

| LEMMES | TOTAL | ADAM | HEN | ABR | PATR | ASEN | SAL | JER | BAR | PROP | ESDR | SEDR | JOB | ARIS | SIB | FRAG |
|---|---|---|---|---|---|---|---|---|---|---|---|---|---|---|---|---|
| στέρησις | 1 | | | | | | | | | | | | | 1 | | |
| στερίσκω | 1 | | | | 1 | | | | | | | | | | | |
| στέρνον | 5 | | | | | 2 | | | | | | | | | 1 | 2 |
| στεροπή | 2 | | | | | | | | | | | | | | 2 | |
| στερρός | 1 | | | 1 | | | | | | | | | | | | |
| στεφάνη | 7 | | | | | | | | | | | | | 6 | | 1 |
| στέφανος | 32 | | | 6 | 3 | 6 | 1 | | 5 | | 2 | | 3 | 6 | | |
| στεφανόω | 2 | | | | | 1 | | | | | | | 1 | | | |
| στέφω | 2 | | | | | | | | | | | | | | 1 | 1 |
| στῆθος | 32 | 2 | 1 | 1 | 3 | 11 | | | | | | | 1 | 1 | 10 | 2 |
| στήκω | 1 | | | | | | | | | | | | 1 | | | |
| στήλη | 1 | | | | | | | | | | | | | | | 1 |
| στήρακος * | 1 | | | | | | | | | | 1 | | | | | |
| στήριγμα | 3 | | 1 | | 2 | | | | | | | | | | | |
| στηρίζω | 14 | 1 | 1 | | 1 | 1 | 1 | 1 | 1 | | | | 1 | | 2 | 4 |
| στιβαρός | 1 | | | | | | | | | | | | | | | 1 |
| στίβι | 1 | | 1 | | | | | | | | | | | | | |
| στίγμα | 1 | | | | | | | | | | | | | | | 1 |
| στίλβω | 1 | | 1 | | | | | | | | | | | | | |
| στῖφος | 1 | | | | | | | | | | | | | | | 1 |
| στοά | 3 | | | | | | | | | | | | | | | 3 |
| στοιχεῖον | 3 | | | | | | | | | | | | | | 2 | 1 |
| στολή | 34 | | | 2 | 7 | 13 | 1 | | | 1 | | | 2 | 2 | | 6 |
| στολίζω | 5 | | | | | | | | | | | 4 | 1 | | | |
| στολισμός | 1 | | | | | | | | | | | | | | 1 | |
| στόμα | 105 | 9 | 11 | 2 | 14 | 29 | 3 | 4 | | | 4 | 5 | 6 | 5 | 11 | 2 |
| στόμαχος | 1 | | | | 1 | | | | | | | | | | | |
| στοναχή | 6 | | | | | | | | | | | | | | 6 | |
| στονόεις | 1 | | | | | | | | | | | | | | 1 | |
| στοργή | 1 | | | | | | | | | | | | | | 1 | |
| στοχάζομαι | 2 | | | | | | | | | | | | | | | 2 |
| στράτευμα | 5 | | | | | | | | | | | | 4 | 1 | | |
| στρατεύω | 5 | | | | | | | | | | | | | | | 5 |
| στρατηγία | 1 | | | | | | | | | | 1 | | | | | |
| στρατηγός | 5 | | | | | | | | | | | | | 1 | | 4 |
| στρατηλάτης | 1 | | | | | | | | | | | | | | | 1 |
| στρατιά | 6 | 1 | | 1 | | 1 | | | | | | 2 | | | | 1 |
| στρατιάρχης | 1 | | | | | 1 | | | | | | | | | | |
| στρατιώτης | 12 | | | 2 | | | | | | | | | 4 | 3 | | 3 |
| στρατιωτικός | 3 | | | | | | | | | | | | | 2 | | 1 |
| στρατόπεδον | 1 | | | | | | | | | | | | | 1 | | |
| στρατός | 6 | | | | | | | | | | | | | | | 6 |
| στρατοφύλαξ | 2 | | | | | | | | | | | | | | | 2 |
| στρεπτός | 2 | | | | | | | | | | | | | 1 | 1 | |
| στρέφω | 19 | 6 | 1 | 1 | 1 | | | | 1 | | 1 | | 2 | 2 | 2 | 2 |
| στρῆνος | 1 | | | | 1 | | | | | | | | | | | |
| στροβιλέα | 1 | | 1 | | | | | | | | | | | | | |
| στρόβιλος | 1 | | | | 1 | | | | | | | | | | | |
| στρογγύλος | 1 | | | | | 1 | | | | | | | | | | |
| στρουθίον | 1 | | | | | | 1 | | | | | | | | | |
| στροφή | 1 | | | | | | 1 | | | | | | | | | |
| στρόφιγξ | 1 | | | | | | | | | | | | 1 | | | |
| στρωμνή | 1 | | | | | | | | | | | | | 1 | | |
| στρώννυμι | 8 | 1 | | 2 | | 3 | | | | | | | | | 2 | |
| στρωφάω | 1 | | | | | | | | | | | | | | | 1 |
| στυγερός | 4 | | | | | | | | | | | | | | 4 | |
| στυγέω | 3 | | | | | | | | | | | | | | 2 | 1 |
| Στύγιος | 2 | | | | | | | | | | | | | | 2 | |
| στυγνός | 1 | | | | 1 | | | | | | | | | | | |
| στῦλος | 16 | | 2 | | | | | 1 | | 1 | | | | | 2 | 10 |
| * σύ | 1516 | 115 | 27 | 216 | 144 | 237 | 114 | 81 | 18 | 2 | 40 | 60 | 105 | 95 | 104 | 158 |
| Συβαθά | 1 | | | | | | | | | 1 | | | | | | |
| συγγένεια | 15 | | | | 2 | 9 | | | | | | | | 1 | | 3 |
| συγγενής | 9 | | | 1 | | | | | | | | | | 2 | | 6 |
| συγγενικός | 1 | | | | | | | | | | | | | 1 | | |
| συγγίγνομαι | 3 | 1 | | | 1 | | | | | | | | | | | 1 |
| συγγιγνώσκω | 3 | | | | 1 | 1 | | | | | | | | | | 1 |
| συγγνώμη | 5 | | | | | 1 | | | | | | | | 1 | 1 | 2 |
| σύγγονος | 3 | | | | | | | | | | | | | | | 3 |
| συγγραφεύς | 1 | | | | | | | | | | | | | 1 | | |
| συγγράφω | 1 | | | | | | | | | | | | 1 | | | |
| συγκαλέω | 1 | | | | | 1 | | | | | | | | | | |
| συγκαλύπτω | 2 | | | | 2 | | | | | | | | | | | |
| συγκάταινος | 1 | | | | | | | | | | | | | | | 1 |
| συγκατακαίω | 1 | | | | | | | | | | | | | | | 1 |
| συγκαταριθμέω | 2 | | | | 1 | 1 | | | | | | | | | | |
| συγκαταφέρω | 1 | | | | | | | | | | | | | 1 | | |
| σύγκειμαι | 1 | | | | | | | | | | | | | | | 1 |
| συγκινέω | 1 | | | 1 | | | | | | | | | | | | |
| συγκλαίω | 3 | | | 2 | 1 | | | | | | | | | | | |
| συγκλάω | 1 | | | | | | | | | | | | 1 | | | |
| σύγκλεισις | 2 | | 2 | | | | | | | | | | | | | |
| συγκλεισμός | 1 | | | | | | | | | | 1 | | | | | |
| συγκληρονομέω | 1 | | | | 1 | | | | | | | | | | | |
| συγκληρονόμος | 2 | | | | 1 | | | | | | 1 | | | | | |
| συγκλύζω | 1 | | | | | | | | | | | | | | | 1 |
| συγκοιμάομαι | 2 | | 2 | | | | | | | | | | | | | |
| συγκοινωνός | 1 | | | | | | | | | | 1 | | | | | |
| σύγκοιτος | 1 | | | | | 1 | | | | | | | | | | |
| συγκόπτω | 3 | | | | 1 | | | | | | | | | | 2 | |
| συγκρίνω | 2 | | | | | 2 | | | | | | | | | | |
| συγκροτέω | 2 | | | | | | | | | | | | | 2 | | |
| συγκρύπτω | 2 | | | | 2 | | | | | | | | | | | |
| συγχαίρω | 2 | | | | 1 | | | | | | | | | | | 1 |
| συγχέω | 2 | | | | | | 1 | | | | | | | | | 1 |
| συγχράομαι | 9 | | | | | | | | | | | | | 9 | | |
| σύγχυσις | 1 | | | | | | | | | | | | | | | 1 |
| συγχωρέω | 15 | 4 | | 3 | | | | | 4 | | | 1 | 1 | | | 2 |
| συγχώρησις | 2 | 1 | | | | | | | | | | | | 1 | | |
| συζάω | 2 | | | | | | | | | | | | | 1 | | 1 |

| LEMMES | TOTAL | ADAM | HEN | ABR | PATR | ASEN | SAL | JER | BAR | PROP | ESDR | SEDR | JOB | ARIS | SIB | FRAG |
|---|---|---|---|---|---|---|---|---|---|---|---|---|---|---|---|---|
| συζεύγνυμι | 1 | | | | | | | | | | | | | | 1 | |
| σύζυγος | 1 | | | | 1 | | | | | | | | | | | |
| Συήνη | 1 | | | | | | | | | | | | | | 1 | |
| σῦκον | 19 | 1 | | | | 1 | 17 | | | | | | | | | |
| συκοφαντέω | 2 | | | | 1 | | | | | 1 | | | | | | |
| συκοφαντία | 3 | | | | 3 | | | | | | | | | | | |
| συλάω | 1 | | | | | | | | | | | | | | 1 | |
| συλλαλέω | 2 | | | | | | | | | | | | | 1 | | 1 |
| συλλαμβάνω | 20 | | 1 | | 10 | 1 | | | | 2 | | | | 1 | | 5 |
| συλλέγω | 2 | | | 1 | | | | 1 | | | | | | | | |
| σύλλεκτος | 1 | | | | | | | | | | | | | | | 1 |
| συμαχᾶ (συμμαχέω) | 1 | | | | | | | | | | 1 | | | | | |
| συμβαίνω | 22 | | 1 | | 1 | | | | | | | | 6 | 10 | | 4 |
| συμβάλλω | 3 | | | | 1 | | | | | | | | | | | 2 |
| συμβασιλεύς | 5 | | | | | | | | | | | 5 | | | | |
| συμβιβασμός | 1 | | | | 1 | | | | | | | | | | | |
| σύμβιος | 1 | | | | 1 | | | | | | | | | | | |
| συμβιόω | 2 | | | | | | | | | | | | | | | 2 |
| συμβίωσις | 1 | | | | | | | | | | | | | | | 1 |
| συμβολή | 2 | | | | | | | | | | | | | 2 | | |
| συμβουλεύω | 4 | | | | 2 | | | | | | | | | 1 | | 1 |
| συμβούλη | 1 | | | | | | | 1 | | | | | | | | |
| συμβουλία | 1 | | | | | | | | | | | | | 1 | | |
| συμβούλιον | 1 | | | | | | | | | | | | | | | 1 |
| σύμβουλος | 4 | | | | | 1 | | 1 | | | | | | 1 | | 1 |
| συμβρέχω | 1 | | | | | | | | | | | | 1 | | | |
| Συμεών | 39 | | | | 15 | 12 | | | | 3 | | | | | | 9 |
| συμμαχέω | 1 | | | | 1 | | | | | | | | | | | |
| συμμαχία | 2 | | | | | | | | | | | | | 1 | 1 | |
| σύμμαχος | 2 | | | | 2 | | | | | | | | | | | |
| συμμετρία | 2 | | | | | | 1 | | | | | | | 1 | | |
| σύμμετρος | 2 | | | | | | | | | | | | | 2 | | |
| συμμίγνυμι | 3 | | 1 | | 1 | 1 | | | | | | | | | | |
| σύμμικτος | 2 | | | | | | 1 | | | | | | | | 1 | |
| συμπάθεια | 1 | | | | 1 | | | | | | | | | | | |
| συμπαθέω | 4 | | | | 2 | | | | | | | 2 | | | | |
| συμπαλαίω | 2 | | 2 | | | | | | | | | | | | | |
| συμπαραλαμβάνω | 2 | | | | | | 1 | | | | | | 1 | | | |
| συμπάρειμι (εἰμί) | 2 | | | | | | | | | | | | | 1 | | 1 |
| συμπαρίστημι | 1 | | | | | | | | | | | | | | | 1 |
| σύμπας | 7 | | 1 | | | | | | | | | | 1 | 1 | 2 | 2 |
| συμπάσχω | 3 | | | | 3 | | | | | | | | | | | |
| συμπείθω | 2 | | | | 2 | | | | | | | | | | | |
| συμπέρασμα | 1 | | | | | | | | | | | | | 1 | | |
| σύμπηξις | 1 | | | | | | | | | | | | | 1 | | |
| συμπίπτω | 15 | | | | 6 | 6 | | | | 1 | | | 1 | | | 1 |
| συμπλέκω | 1 | | | 1 | | | | | | | | | | | | |
| συμπλήρωσις | 1 | | | | | | | | | | | | | 1 | | |
| συμποδίζω | 2 | | 1 | | 1 | | | | | | | | | | | |
| συμπολίτης | 2 | | | | | | | | | | | | 2 | | | |
| συμπορεύομαι | 3 | | | | 3 | | | | | | | | | | | |
| συμποσία | 3 | | | | | | | | | | | | | 3 | | |
| συμπόσιον | 5 | | | | | | | | | | | | | 5 | | |
| συμπροπέμπω | 2 | | | | | 2 | | | | | | | | | | |
| σύμπτωμα | 1 | | | | | | | | | | | | | 1 | | |
| συμφαίνομαι | 1 | | | | 1 | | | | | | | | | | | |
| συμφάνεια | 1 | | | | | | | | | | | | | 1 | | |
| συμφανής | 2 | | | | | | | | | | | | | 1 | | 1 |
| συμφερόντως | 3 | | | | | | | | | | | | | 3 | | |
| συμφέρω | 13 | | | | 3 | | | | | | 1 | | | 7 | | 2 |
| συμφλέγω | 1 | | | | | | | | | | | | | | 1 | |
| συμφορά | 2 | | | | | | | | | | | | | | | 2 |
| συμφύρω | 1 | | | | | | 1 | | | | | | | | | |
| συμφωνέω | 1 | | | | | | | | | | | | | | | 1 |
| συμφωνία | 1 | | | | | | | | | | | | | 1 | | |
| σύμφωνος | 4 | | | | | | | | | | | | | 3 | | 1 |
| * σύν | 85 | | 5 | 2 | 12 | 8 | | 2 | 1 | 2 | 1 | 1 | 4 | 17 | 10 | 20 |
| συναγείρω | 2 | | | | | | | | | | | | | | 2 | |
| συνάγω | 36 | 2 | 1 | | 7 | 2 | 5 | 2 | | 2 | 1 | | 2 | 5 | | 7 |
| συναγωγή | 8 | | | | 4 | 4 | | | | | | | | | | |
| συναγωνιάω | 1 | | | | | | | | | | | | | | 1 | |
| συνάζω | 1 | | | | | | | | | | 1 | | | | | |
| σύναιμος | 2 | | | | | | | | | | | | | | 1 | 1 |
| συναινέω | 1 | | | | | | | | | | | | | 1 | | |
| συναίρω | 2 | | | | 1 | 1 | | | | | | | | | | |
| συνακολουθέω | 1 | | | | | | | | | | | | | | | 1 |
| συνακούω | 6 | | | | | | | | | | | | | 5 | | 1 |
| συναλισγέω | 1 | | | | | | | | | | | | | 1 | | |
| συνάλλαγμα | 1 | | | | | | 1 | | | | | | | | | |
| συναναγκάζω | 2 | | | | | | | | | | | | | 2 | | |
| συναναστρέφω | 1 | | | | 1 | | | | | | | | | | | |
| συναναστροφή | 2 | | | | | | | | | | | | | 2 | | |
| συναναφέρω | 2 | | | | 1 | | | | | | | | | 1 | | |
| συνανδάνω | 1 | | | | | | | | | | | | | | | 1 |
| συνανέρχομαι | 1 | | | | 1 | | | | | | | | | | | |
| συνανθέω | 1 | | | | | | | | | | | | 1 | | | |
| συνανθομολογέομαι * | 1 | | | | | | | | | | | | | 1 | | |
| συναντάω | 8 | | 4 | 1 | | | | 1 | | | | | | | | 2 |
| συνάντησις | 6 | | | | | 5 | 1 | | | | | | | | | |
| συναντιλαμβάνομαι | 1 | | | | | | | | | | | | | 1 | | |
| σύναξις | 1 | | | | | | | | | | | 1 | | | | |
| συναοιδός | 1 | | | | | | | | | | | | | | | 1 |
| συναπαίρω | 1 | | | | | | | | | | | | | | | 1 |
| συναπέρχομαι | 1 | | | 1 | | | | | | | | | | | | |
| συναπολαύω | 1 | | | 1 | | | | | | | | | | | | |
| συναπόλλυμι | 1 | | | | | | | | | | | | | | | 1 |
| συνάπτω | 8 | | | | 6 | | | | | | | | | 2 | | |
| συναρέσκω | 1 | | | | | | | | | | | | | 1 | | |
| συναρμόζω | 2 | | | | | | | | | | | | 1 | 1 | | |
| συνδακρύω | 1 | | 1 | | | | | | | | | | | | | |

| LEMMES | TOTAL | ADAM | HEN | ABR | PATR | ASEN | SAL | JER | BAR | PROP | ESDR | SEDR | JOB | ARIS | SIB | FRAG |
|---|---|---|---|---|---|---|---|---|---|---|---|---|---|---|---|---|
| σύνδενδρος | 1 | | | | | | | | | | | | | 1 | | |
| σύνδεσις | 1 | | | | | | | | | | | | | 1 | | |
| σύνδεσμος | 1 | | | | | | | | | | | | | 1 | | |
| συνδέω (-δήσω) | 1 | | 1 | | | | | | | | | | | | | |
| συνδιάγω | 1 | | | | | | | | | 1 | | | | | | |
| σύνδουλος | 1 | | | | 1 | | | | | | | | | | | |
| συνδυάζω | 1 | | | | 1 | | | | | | | | | | | |
| σύνεγγυς | 8 | | | | 2 | 1 | | | | 4 | | | | | | 1 |
| συνεγείρω | 1 | | | | | | | | | | | | | | | 1 |
| συνεδρεία | 1 | | | | | | | | | | | | | 1 | | |
| συνέδριον | 2 | | | | | | | 1 | | | | | | 1 | | |
| συνείδησις | 2 | | | | 1 | | | | | | | | | | | 1 |
| συνείδον | 2 | | | | | | | | | | | | 1 | 1 | | |
| σύνειμι (εἰμί) | 7 | | | | 1 | | | | | 1 | | | 1 | 4 | | |
| συνεισέρχομαι | 1 | | | | 1 | | | | | | | | | | | |
| συνέλευσις | 1 | | | | | | | 1 | | | | | | | | |
| συνεμβαίνω | 1 | | | | | | | | | | | | | | | 1 |
| συνεξαμαρτάνω | 1 | | | | 1 | | | | | | | | | | | |
| συνεπιμαρτυρέω | 1 | | | | | | | | | | | | | 1 | | |
| συνεπιφωνέω | 2 | | | | | | | | | | | | | 2 | | |
| συνεργέω | 6 | | | | 6 | | | | | | | | | | | |
| συνεργής | 1 | | | | | | | | | | | | | 1 | | |
| συνεργός | 1 | | | | | | | | | | | | | | | 1 |
| συνέρχομαι | 8 | | | | 4 | | | | | | | | 1 | 2 | | 1 |
| συνεσθίω | 3 | | 1 | | 1 | 1 | | | | | | | | | | |
| σύνεσις | 17 | | | | 11 | 1 | 1 | | | 1 | | | 1 | | | 2 |
| συνετίζω | 4 | 1 | | | 3 | | | | | | | | | | | |
| συνετός | 1 | | | | | | | | | | | | | 1 | | |
| σύνευνος | 2 | | | | | | | | | | | | | | 2 | |
| συνευφραίνομαι | 1 | | 1 | | | | | | | | | | | | | |
| συνεχής | 18 | | | | 6 | 2 | | | | | | | 1 | 7 | | 2 |
| συνέχω | 17 | 1 | 1 | 1 | 8 | 1 | | | | | | | | 2 | | 3 |
| συνέψω | 1 | | | | | | | | | 1 | | | | | | |
| συνηγορέω | 1 | | | | 1 | | | | | | | | | | | |
| συνήθης | 1 | | | | | | | | | | | | | | | 1 |
| σύνθεσις | 1 | | | | | | | | | 1 | | | | | | |
| συνθεωρέω | 4 | | | | | | | | | | | | | 2 | | 2 |
| συνθήκη | 1 | | | | | | 1 | | | | | | | | | |
| συνθνήσκω | 1 | | | | | | | | | | | | | | | 1 |
| σύνθρονος | 1 | | | | 1 | | | | | | | | | | | |
| συνίημι | 11 | | | | 6 | 2 | | | 1 | 1 | | | | 1 | | |
| συνίστημι | 15 | | 1 | 2 | | | | | | | | | 4 | 5 | | 3 |
| συνιστορέω | 4 | | | | | | | | | | | | | 4 | | |
| συννεύω | 1 | | | 1 | | | | | | | | | | | | |
| σύνοιδα | 3 | | | | | | | | | | | | | | | 3 |
| συνοικέω | 3 | | | | | | | | | | | | | | | 3 |
| σύνοικος | 1 | | | 1 | | | | | | | | | | | | |
| συνολκή | 1 | | | | 1 | | | | | | | | | | | |
| σύνολος | 3 | | | | | | | | | | | 1 | | 1 | | 1 |
| συνομαίμων | 1 | | | | | | | | | | | | | | | 1 |
| συνομολογέω | 2 | | | | | | | | | | | | | 2 | | |
| συνοράω | 1 | | | | | | | | | | | | | | | 1 |
| σύνορος | 1 | | | | | | | | | | | | | | | 1 |
| συνουσία | 6 | | | | 6 | | | | | | | | | | | |
| συνουσιασμός | 1 | | | | 1 | | | | | | | | | | | |
| συνοχή | 2 | | | | | | | | | | | | | 1 | | 1 |
| συνταγή | 1 | | | | | | | 1 | | | | | | | | |
| σύνταγμα | 1 | | | | | | | | | | | | | 1 | | |
| σύνταξις | 3 | | | | | | | | | | | | 2 | 1 | | |
| συνταράσσω | 3 | | 2 | | 1 | | | | | | | | | | | |
| συντάσσω | 2 | | 1 | | 1 | | | | | | | | | | | |
| συντείνω | 1 | | | | | | | | | | | | | 1 | | |
| συντέλεια | 12 | | 1 | | 3 | | | | | 3 | 2 | | 1 | | | 2 |
| συντελεσμός * | 1 | | 1 | | | | | | | | | | | | | |
| συντελέω | 24 | | 3 | | 5 | | 2 | | | | | | | 12 | | 2 |
| συντηρέω | 13 | | 1 | | 1 | | | | | 1 | | | | 9 | | 1 |
| συντήρησις | 1 | | 1 | | | | | | | | | | | | | |
| συντίθημι | 5 | | | | 2 | | 1 | | | | | | | 1 | | 1 |
| συντομή | 1 | | | 1 | | | | | | | | | | | | |
| σύντομος | 5 | | | | 1 | 1 | | | | | | | 1 | 1 | | 1 |
| συντρέφω | 1 | | | | | 1 | | | | | | | | | | |
| συντρέχω | 4 | | | | 2 | | | | | | | | 1 | | | 1 |
| συντρίβω | 10 | | 1 | | 2 | 2 | 2 | | | | | | | 1 | | 2 |
| σύντροφος | 2 | | | | | 2 | | | | | | | | | | |
| συντρώγω | 1 | | | | 1 | | | | | | | | | | | |
| συντυγχάνω | 3 | | | | | | | | | | | | 1 | 2 | | |
| συντυχία | 2 | | | | 1 | | | | | | | | 1 | | | |
| συνυποκρίνομαι | 1 | | | | | | | | | | | | | 1 | | |
| Συρία | 14 | | | | | | | | | 3 | | | | 2 | 3 | 6 |
| Συριακός | 1 | | | | | | | | | | | | | 1 | | |
| σῦριγξ | 1 | | | | | | | | | | | | | 1 | | |
| συρίζω (σῦριγξ) | 1 | | | | | | | | | | | | | | 1 | |
| συρικός | 1 | 1 | | | | | | | | | | | | | | |
| Σύρος | 4 | | | | 1 | | | | | 1 | | | | | | 2 |
| συρρίπτω | 1 | | 1 | | | | | | | | | | | | | |
| σύρω | 1 | | | | | | | | | | | | | | 1 | |
| συσσείω | 3 | | 1 | | 1 | | | | | | | | | | | 1 |
| σύστασις | 3 | | | | 1 | | | | | | | | | 2 | | |
| συστέλλω | 3 | | | | | | | | 2 | | | | | | | 1 |
| συστενάζω | 1 | | | | 1 | | | | | | | | | | | |
| σύστημα | 2 | | | | | | | | | | | | | | | 2 |
| συστρατεύω | 3 | | | | | | | | | | | | | 1 | | 2 |
| συστρέφω | 2 | | 1 | | | | | | | 1 | | | | | | |
| συστρώννυμι | 1 | | | | | | | | | | | | | 1 | | |
| συσφίγγω | 2 | | | | | | | | | | | | | 2 | | |
| Συχέμ | 12 | | | | 3 | 1 | | | | 1 | | | | | | 7 |
| σφαγή | 6 | | 4 | | | | 1 | | | | | | | | 1 | |
| σφάζω | 4 | | | | | | | | | 2 | | | | | | 2 |
| σφαῖρα | 1 | | | | | | | | | | | | | | | 1 |
| σφαίρωμα | 1 | | | | | | | | | | | | | | 1 | |

| LEMMES | TOTAL | ADAM | HEN | ABR | PATR | ASEN | SAL | JER | BAR | PROP | ESDR | SEDR | JOB | ARIS | SIB | FRAG |
|---|---|---|---|---|---|---|---|---|---|---|---|---|---|---|---|---|
| σφακελισμός | 1 | | | | 1 | | | | | | | | | | | |
| σφάραγος | 1 | | | | | | | | | | | | | | | 1 |
| Σφαρφωτίμ | 1 | | | | | | | | | | 1 | | | | | |
| σφεῖς | 2 | | | | | | | | | | | | | | 1 | 1 |
| σφενδονέω | 1 | | | | 1 | | | | | | | | | | | |
| σφενδονίζω | 1 | | | | 1 | | | | | | | | | | | |
| σφέτερος | 2 | | | | | | | | | | | | | | | 2 |
| σφίγγω | 4 | | | | | 3 | | | | | | | | 1 | | |
| σφόδρα | 54 | 1 | 2 | 2 | 6 | 31 | 2 | 1 | 2 | 2 | | | | | | 5 |
| σφοδρός | 4 | | 1 | 1 | | | | | | | | | | | | 2 |
| σφραγίζω | 6 | 1 | | | | | | 1 | | 1 | | | | 1 | | 2 |
| σφραγίς | 6 | 1 | | | | | 1 | 2 | | | | | | | | 2 |
| σφυρόν | 1 | | | | | | | | | | | | | | 1 | |
| σχάζω | 1 | | | | | | | | | | | | | | | 1 |
| σχεδόν | 5 | | | | | | | | | | | | | 3 | | 2 |
| σχῆμα | 11 | 1 | | | 3 | 1 | | | 2 | | 1 | | | | | 3 |
| σχίζω | 11 | | | | 5 | 1 | | 2 | | | | | | | 1 | 2 |
| σχῖνος | 3 | | 2 | | 1 | | | | | | | | | | | |
| σχίσμα | 1 | | 1 | | | | | | | | | | | | | |
| σχισμή | 1 | | | | | | | | | | | | | | 1 | |
| σχιστός | 1 | | | | | | | | | | | | | 1 | | |
| σχοινιά | 1 | | | | | | | | | | | | | 1 | | |
| σχοινίον | 5 | | | | | 2 | 1 | | | | | | | | | 2 |
| σχοινίς, -ῖδος | 2 | | | | | | | | | | | | | 2 | | |
| σχολάζω | 3 | | | | 1 | | | | | | | | 2 | | | |
| σχολή | 1 | | | | | | | | | | | | | | | 1 |
| σῴζω | 59 | 1 | 6 | 10 | 9 | 2 | 6 | 1 | 2 | | 1 | 7 | 1 | 3 | 3 | 7 |
| σωθη * | 1 | | | | | | | | | | | | | | | 1 |
| Σωκράτης | 1 | | | | | | | | | | | | | | | 1 |
| σωλήν | 1 | | | | | | | | | | | | | | | 1 |
| σῶμα | 107 | 16 | 4 | 15 | 15 | 3 | 1 | 3 | 1 | | 3 | 8 | 16 | 9 | 2 | 11 |
| σωματικός | 1 | | 1 | | | | | | | | | | | | | |
| σωματοποιέω | 1 | | | | | | | | | | | | | 1 | | |
| Σωμνάς | 1 | | | | | | | | | | | | | | | 1 |
| σῶος | 1 | | | | | | | 1 | | | | | | | | |
| σωρεύω | 3 | | | | | | | | | | | 3 | | | | |
| Σωσίβιος | 2 | | | | | | | | | | | | | 2 | | |
| σωτήρ | 16 | | | | 7 | 1 | 4 | | | 1 | | | 1 | | 1 | 1 |
| σωτηρία | 28 | | 5 | | 7 | 5 | | 1 | | 1 | | | 2 | 2 | | 5 |
| σωτήριος | 7 | | | | 6 | | | | | | | | 1 | | | |
| Σωφά | 1 | | | | | | | | | 1 | | | | | | |
| Σωφάρ | 1 | | | | | | | | | | | | | | | 1 |
| σωφροσύνη | 13 | | | | 9 | | | | | | | | | 2 | | 2 |
| σώφρων | 7 | | | | 2 | 1 | | | | 1 | | | | 1 | 2 | |
| τάγμα | 2 | | | | | | | 1 | | | | | | 1 | | |
| τακτός | 2 | | | | | | | | | | | | | | | 2 |
| ταλαιπωρέω | 1 | | | | | | | | | | | | | | 1 | |
| ταλαιπωρία | 2 | | | | | | | | | | | | | 1 | 1 | |
| ταλαίπωρος | 9 | | | 1 | | 4 | | | | | | | 2 | | 1 | 1 |
| ταλανίζω | 1 | | | 1 | | | | | | | | | | | | |
| ταλαντιαῖος | 3 | | | | | | | | | | | | | | | 3 |
| τάλαντον | 23 | | | | 3 | | | | | | | | | 13 | | 7 |
| τάλας | 7 | | | | | | | | | | | | | 7 | | |
| ταμιεῖον | 18 | | 1 | 4 | 3 | 8 | 1 | | | | | | | 1 | | |
| Ταμιήλ | 1 | | 1 | | | | | | | | | | | | | |
| Τάναγρα | 1 | | | | | | | | | | | | | | 1 | |
| Τάναϊς | 1 | | | | | | | | | | | | | | 1 | |
| ταννητις * | 1 | | | | | | | | | | | | | | | 1 |
| τανύω | 1 | | | | | | | | | | | | | | 1 | |
| τάξις | 22 | 1 | 1 | | 11 | | | | | | | | 1 | 3 | | 5 |
| ταπεινός | 11 | | 1 | | 3 | 3 | 1 | | | | | | 2 | 1 | | |
| ταπεινόω | 13 | | 3 | | 1 | 1 | 1 | | 5 | | | | | 1 | | 1 |
| ταπείνωσις | 16 | | | 1 | 6 | 7 | 2 | | | | | | | | | |
| Ταραντῖνος | 1 | | | | | | | | | | | | | 1 | | |
| ταράσσω | 22 | | 3 | | 7 | 2 | 3 | | | | | | 1 | 4 | 2 | |
| ταραχή | 16 | | | | 8 | 1 | | | | | | | | 5 | 2 | |
| τάριχος (ὁ) | 1 | | | | 1 | | | | | | | | | | | |
| Ταρτάρειος | 1 | | | | | | | | | | | | | | 1 | |
| Τάρταρος | 6 | | 2 | | | | | | | | | 3 | | | 1 | |
| τάσσω | 19 | | 6 | | 3 | | | | | | | | | 2 | 1 | 7 |
| ταῦρος | 26 | | | | 11 | | | | | | | | | | 8 | 7 |
| ταφή | 3 | | | | | | | | | | | | | 1 | | 2 |
| Τάφναι | 1 | | | | | | | | | 1 | | | | | | |
| τάφος (ὁ) | 16 | 1 | | 1 | | | | | | 8 | 1 | | | 4 | | 1 |
| Ταφουέ | 1 | | | | 1 | | | | | | | | | | | |
| τάφρος | 1 | | | | | | | | | | | | | | | 1 |
| τάχα | 5 | | | 1 | | | | | | 1 | | | 1 | 1 | | 1 |
| τάχος | 2 | | | | | | | | | | | | | | | 2 |
| ταχύνω | 1 | | | | | | | 1 | | | | | | | | |
| ταχύς | 27 | 1 | 2 | 2 | 1 | 4 | 1 | | | 2 | | | 1 | 2 | 1 | 10 |
| ταχυτής | 1 | | | | | | | | | | | | | | | 1 |
| * τε | 491 | 1 | 1 | 8 | 3 | 4 | | | 1 | 3 | 1 | | 4 | 42 | 290 | 133 |
| τέγγω | 1 | | | | | | | | | | | | | | 1 | |
| τέγος | 2 | | | | | | | | | | | | | | 2 | |
| τείνω | 3 | | 1 | | | | | | | | | | | | 1 | 1 |
| τείρω | 3 | | | | | | | | | | | | | | 3 | |
| τειχήρης | 1 | | | | 1 | | | | | | | | | | | |
| τειχίζω | 3 | | | | 1 | | | | | | | | | | 1 | 1 |
| τεῖχος | 44 | 3 | 2 | | 7 | 9 | 3 | 4 | | 1 | 1 | | | 1 | 8 | 5 |
| τέκμαρ | 1 | | | | | | | | | | | | | | 1 | |
| τεκνίον | 9 | 2 | | | 2 | | | | | | | | 5 | | | |
| τέκνον | 224 | 8 | 15 | 3 | 120 | 13 | 6 | 3 | 3 | 1 | 3 | | 24 | 5 | 9 | 11 |
| τεκνοποιέω | 1 | | | | | | | | | | | | | 1 | | |
| τεκνόω | 2 | | 2 | | | | | | | | | | | | | |
| τέκος | 1 | | | | | | | | | | | | | | 1 | |
| τεκταίνομαι | 1 | | | | | | | | | | | | | | | 1 |
| τέκτων | 2 | | | | | | | | | | | | | | 1 | 1 |
| τελαμών | 1 | | | | | 1 | | | | | | | | | | |
| τελέθω | 6 | | | | | | | | | | | | | | 2 | 4 |
| τέλειος | 13 | | 1 | | 5 | | | | 1 | | | | 1 | 1 | 2 | 2 |

| LEMMES | TOTAL | ADAM | HEN | ABR | PATR | ASEN | SAL | JER | BAR | PROP | ESDR | SEDR | JOB | ARIS | SIB | FRAG |
|---|---|---|---|---|---|---|---|---|---|---|---|---|---|---|---|---|
| τελειόω | 5 | | | | 1 | | | | | | | | | 4 | | |
| τελείωσις | 15 | | 8 | 2 | 1 | | | | | | | | | 4 | | |
| τελεσμός | 1 | | 1 | | | | | | | | | | | | | |
| τελεσφόρος | 2 | | | | | | | | | | | | | | 2 | |
| τελετή | 1 | | | | | | | | | | | | | | 1 | |
| τελευταῖος | 3 | | | | | | | | | 2 | | | | | | 1 |
| τελευτάω | 44 | | 1 | 10 | 1 | | | | | 2 | 2 | | 6 | 3 | | 19 |
| τελευτή | 7 | | | | 4 | | | | | | | | | | 2 | 1 |
| τελέω | 36 | 4 | 5 | 1 | | 1 | | | | 1 | | | | 3 | 14 | 7 |
| τελίσκω | 1 | | | | 1 | | | | | | | | | | | |
| τέλλω | 1 | | | | | | | | | | | | | | 1 | |
| τέλος | 53 | 2 | 3 | 5 | 14 | 1 | 2 | 1 | 1 | 10 | 1 | | | 3 | 7 | 3 |
| τέμενος | 1 | | | | | | | | | | | | | | 1 | |
| τέμνω | 3 | | | | | | | | | | | | | | 1 | 2 |
| Τένεδος | 1 | | | | | | | | | | | | | | 1 | |
| τένων | 4 | | | | | 1 | | | | | | | | | 3 | |
| τεός | 7 | | | | | | | | | | | | | | 4 | 3 |
| τέρας | 16 | | | | | | | | | 13 | | | | | | 3 |
| τεράστιος | 5 | | | | | | | | | 2 | | | | | | 3 |
| τερατουργέω | 1 | | | | | | | | | | | | | | | 1 |
| τέρμα | 8 | | 1 | | | | | | | | | | | | 5 | 2 |
| τερπικέραυνος | 1 | | | | | | | | | | | | | | 1 | |
| τερπνός | 2 | | | | | | | | | | | | | 1 | 1 | |
| τερπνότης | 2 | | | | | | | | | | | | 1 | 1 | | |
| τέρπω | 9 | | | | 3 | | | | | | | | | 4 | 2 | |
| Τερσι | 1 | | | | | | | | | | | | 1 | | | |
| τέρψις | 2 | | | | 1 | | | | | | | | | | | 1 |
| τεσσαράκοντα | 40 | 2 | | 1 | 3 | 1 | | | 2 | 1 | | 2 | 3 | 1 | | 24 |
| τεσσαρακοντάκις | 1 | | | | | | | | 1 | | | | | | | |
| τεσσαρακοστός | 10 | | | | 3 | | | | | | | | | | | 7 |
| τέσσαρες | 44 | 4 | 3 | 8 | 5 | | | | 1 | | | 3 | 2 | 3 | | 15 |
| τεσσαρεσκαιδέκατος | 7 | | 1 | | | | | | | | | | | | | 6 |
| τέταρτος | 33 | | 2 | | 16 | 2 | | | | | 1 | | 1 | 1 | 2 | 8 |
| τετραγράμματος | 1 | | | | | | | | | | | | | | 1 | |
| τετράγωνος | 2 | | | | | 1 | | | | | | | | | | 1 |
| τετραδάκτυλος | 1 | | | | | | | | | | | | | 1 | | |
| τετράδραχμον | 1 | | | | | | | | | | | | 1 | | | |
| τετραέλαστος * | 1 | | | | | | | 1 | | | | | | | | |
| τετρακισχίλιοι | 1 | | | | | | | 1 | | | | | | | | |
| τετρακόσιοι | 9 | | | | | | | 1 | 2 | 1 | | | | 1 | | 4 |
| τετράοδος | 1 | | | 1 | | | | | | | | | | | | |
| τετράορος | 1 | | | | | | | | | | | | | | | 1 |
| τετράπους | 11 | | | 3 | | | | | | | | 1 | 2 | | 2 | 3 |
| τετράς | 3 | | | | | | | | | | | | | | 1 | 2 |
| Τεύχιρα | 1 | | | | | | | | | | | | | | 1 | |
| τεῦχος | 2 | | | | | | | | | | | | | 2 | | |
| τεύχω | 22 | | | | | | | | | | | | | 1 | 8 | 13 |
| τέφρα | 20 | | | | 17 | | | | | | | | | | 2 | 1 |
| τεφρόω | 3 | | | | 1 | | | | | | | | | | 2 | |
| τεχνάζω | 1 | | | | | | | | | | | | | | | 1 |
| τέχνασμα | 1 | | | | | | | | | | | | | | | 1 |
| τέχνη | 14 | | | | 2 | | | | | | | | | 8 | 1 | 3 |
| τεχνίτευμα | 1 | | | | | | | | | | | | | 1 | | |
| τεχνίτης | 5 | | | | | | | | | | | | 1 | 4 | | |
| τεχνουργία | 1 | | | | | | | | | | | | | 1 | | |
| τέως | 2 | | | | 1 | | | | | | | | 1 | | | |
| Τηθύς | 1 | | | | | | | | | | | | | | 1 | |
| τήκω | 6 | | 2 | | 1 | 1 | | | | | | | | | | 2 |
| τηλεφανής | 1 | | | | | | | | | | | | | | | 1 |
| τηλικοῦτος | 3 | | | 1 | | | | | | | | | | | 1 | 1 |
| τῆμος | 1 | | | | | | | | | | | | | | 1 | |
| τηνίκα | 2 | | | | | | | | | | | | | | 2 | |
| τηνικαῦτα | 3 | | | | | | | | | | | | | 3 | | |
| τηρέω | 19 | 2 | 1 | | 5 | | | | | | | 2 | | 1 | 1 | 7 |
| τηρήμων * | 1 | | | | | | | | | | | | | | 1 | |
| τιάρα | 2 | | | | 2 | | | | | | | | | | | |
| Τίβερις | 1 | | | | | | | | | | | | | | 1 | |
| Τίγρις | 4 | 2 | | | | | | | | | | | | | 1 | 1 |
| τίθημι | 78 | 11 | | 1 | 7 | 11 | 2 | 1 | 1 | 3 | 1 | 2 | 1 | 9 | 16 | 12 |
| τιθήνη | 1 | | | | | | | | | | | | | | 1 | |
| τίκτω | 74 | 2 | 7 | | 24 | 5 | | | | 4 | 5 | | | 1 | 9 | 17 |
| τίλλω | 4 | | | | | | 1 | | | | | | | | | 3 |
| τιμάω | 31 | | | | 6 | | | | | | 2 | | | 9 | 7 | 7 |
| τιμή | 28 | 1 | 5 | | 5 | | | | | | | 2 | | 2 | 5 | 3 | 5 |
| τίμημα | 2 | | | | | | | | | | | | | 1 | | 1 |
| τίμιος | 20 | | | 9 | 1 | 4 | 2 | | | | | 2 | | 1 | | 1 |
| τιμωρέω | 4 | | 1 | | 1 | | 1 | | | | | | | | | 1 |
| τιμωρία | 4 | | | | 1 | | 1 | | | | | | | 1 | | 1 |
| τινάσσω | 2 | | | | | | | | | | | | | | 2 | |
| τίνω | 2 | | | | | | | | | | | | | | 2 | |
| τίπτε | 1 | | | | | | | | | | | | | | 1 | |
| * τις | 278 | 6 | 2 | 16 | 35 | 5 | 1 | 6 | 2 | 2 | | 4 | 20 | 70 | 17 | 92 |
| τίς | 368 | 23 | 24 | 47 | 17 | 36 | 13 | 11 | 36 | 1 | 20 | 17 | 28 | 46 | 23 | 26 |
| Τιτάν | 12 | | 1 | | | | | | | | | | | | 10 | 1 |
| τίω | 1 | | | | | | | | | | | | | | | 1 |
| τλάω | 1 | | | | | | | | | | | | | | 1 | |
| τλήμων | 3 | | | | | | | | | | | | | | 3 | |
| τμήγω | 1 | | | | | | | | | | | | | | 1 | |
| τμῆμα | 4 | | | | | | | | | | | | | | | 4 |
| τμητός | 1 | | | | | | | | | | | | | | | 1 |
| τόθεν | 1 | | | | | | | | | | | | | | | 1 |
| τοί | 18 | | | | | | | | | | | | | | | 14 | 4 |
| τοιγάρ | 1 | | 1 | | | | | | | | | | | | | |
| τοιγαροῦν | 3 | | 1 | | | | | | | 1 | | | | | | 1 |
| τοιγάρτοι | 1 | | | | | | | | | | | | | | 1 | |
| τοίνυν | 8 | | 1 | 2 | | | | | | | | | | 1 | | |
| τοῖος | 2 | | | | | | | | | | | | | | 1 | 1 |
| * τοιοῦτος | 59 | | 1 | 4 | 4 | 3 | | | 6 | | | 2 | 1 | 25 | 2 | 11 |
| τοῖχος | 12 | | 1 | | 1 | 6 | | | | | | | | | 1 | 3 |
| τοκεύς | 4 | | | | | | | | | | | | | | 3 | 1 |

| LEMMES | TOTAL | ADAM | HEN | ABR | PATR | ASEN | SAL | JER | BAR | PROP | ESDR | SEDR | JOB | ARIS | SIB | FRAG |
|---|---|---|---|---|---|---|---|---|---|---|---|---|---|---|---|---|
| τόλμα | 5 | | | | | 1 | | | | | | | | | 2 | 2 |
| τολμάω | 15 | 1 | 4 | | | 5 | | | 1 | 1 | | | | 1 | 1 | 1 |
| τολμηρός | 5 | | | | | 4 | | | | | | | | | | 1 |
| τολυπεύω | 1 | | | | | | | | | | | | | | | 1 |
| τομός | 1 | | | | | | | | | | | | | | | 1 |
| τοξεύω | 1 | | | | | | | | | | | | | | | 1 |
| τόξον | 9 | | 1 | | 3 | | 1 | | | | | | | | 2 | 2 |
| τόξος | 1 | | 1 | | | | | | | | | | | | | |
| τοξότης | 3 | | | | | 2 | | | | | | | | | | 1 |
| τοπικός | 1 | | | | | | | | | | | | | | | 1 |
| τόπος | 140 | 9 | 26 | 15 | 4 | 7 | 1 | 9 | 3 | 7 | | 1 | 10 | 28 | | 20 |
| τορεία | 3 | | | | | | | | | | | | | 3 | | |
| τορευτής | 1 | | | | | | | | | | | | | | | 1 |
| τόσος | 3 | | | | | | | | | | | | | | 3 | |
| τοσόσδε | 1 | | | | | | | | | | | | | | 1 | |
| τοσοῦτος | 22 | | | | 1 | 1 | | | 1 | 6 | | | 2 | 3 | 2 | 6 |
| τότε | 242 | 22 | 45 | 20 | 32 | 1 | | 5 | | | 5 | 13 | 28 | 2 | 54 | 15 |
| Τουβί | 1 | | | | | | | | | | | | | | | 1 |
| Τουριήλ | 1 | | 1 | | | | | | | | | | | | | |
| τουτέστι | 6 | | | | 3 | | | | | | 2 | | 1 | | | |
| τόφρα | 1 | | | | | | | | | | | | | | | 1 |
| τράγος | 3 | | | | 3 | | | | | | | | | | | |
| τραγῳδία | 1 | | | | | | | | | | | | | 1 | | |
| Τράλλεις | 2 | | | | | | | | | | | | | | 2 | |
| τράπεζα | 54 | | | 11 | 2 | 14 | | | | | | | 9 | 13 | 2 | 3 |
| τραπεζίτης | 1 | | | | | | | | | | | | | 1 | | |
| τραπεζόκορος | 1 | | | | | | | | | | | | | | | 1 |
| τραῦμα | 5 | | | | | 4 | | | | 1 | | | | | | |
| τραυματίζω | 1 | | | | | 1 | | | | | | | | | | |
| τραχηλιάω | 1 | | | | | | | 1 | | | | | | | | |
| τραχηλοκοπέω | 1 | | | | | | | | | | | | | | | 1 |
| τράχηλος | 18 | 1 | | 4 | 2 | 5 | 2 | 3 | | | | | | | | 1 |
| τραχύς | 7 | | 3 | | | | 1 | | | | | | | 2 | 1 | |
| τρεῖς | 107 | 7 | 9 | 8 | 9 | 1 | | | 2 | 1 | 2 | | 5 | 26 | 7 | 5 | 25 |
| τρέμω | 14 | | 4 | 2 | | 1 | | | | | | 1 | | | | 6 |
| τρέπω | 18 | | | | | | | | | | | | 1 | 17 | | |
| τρέφω | 17 | | | | 1 | | 2 | | 1 | 2 | | 1 | 2 | | 5 | 3 |
| τρέχω | 14 | | | 2 | 4 | 4 | | 3 | | | | | | | | 1 |
| τρῆμα | 1 | | | | | | | | | | | | | 1 | | |
| τριάδελφος | 1 | | | | | | | | | | | | | | 1 | |
| τριάκοντα | 38 | 4 | | | 7 | 1 | | | 1 | | | 2 | 2 | 4 | | 17 |
| τριακονταδύο | 1 | | | | | | | | | | | | | | | 1 |
| τριακόσιοι | 13 | | | 1 | | | | | 3 | | | | 1 | | 3 | 5 |
| τριακοσιοστός | 1 | | | | | | | | | | | | | | | 1 |
| τριακοστός | 6 | | | | 3 | | | | | | | 1 | | | | 2 |
| τριανταήμερος * | 1 | | | | | | | | | | | | | | | 1 |
| Τριβαλλοί | 1 | | | | | | | | | | | | | | 1 | |
| τρίβολος | 2 | 1 | | | | | | | | | | | | | | 1 |
| τρίβος | 4 | | | | | | | | | | | | | | 2 | 2 |
| τρίβω | 1 | | 1 | | | | | | | | | | | | | |
| τρίγωνος | 3 | 1 | | | | | | | | | | | | 2 | | |
| τριέτης | 1 | | | | 1 | | | | | | | | | | | |
| τριημερίζω * | 1 | | | | 1 | | | | | | | | | | | |
| τρικέφαλος | 1 | | | 1 | | | | | | | | | | | | |
| τρίκλινος | 11 | | | 10 | | | | | | | | | | 1 | | |
| τρικυμία | 2 | | | | 1 | | | | | | | | 1 | 1 | | |
| τριμερής | 1 | | | | | | | | | | | | | 1 | | |
| τριπλόος | 1 | | | | 1 | | | | | | | | | | | |
| Τρίπολις | 1 | | | | | | | | | | | | | | 1 | |
| τρίπτυχος | 1 | | | | | | | | | | | | | 1 | | |
| τρίς | 1 | | | | | | | | | | | | | | 1 | |
| τρισάγιος | 2 | | | 1 | | | | | | | | | | | | 1 |
| τρισκαίδεκα | 2 | | | | | | | | | | | | | | | 2 |
| τρισκαιδέκατος | 4 | 1 | | | | | | | | | | | | | | 3 |
| τρισμός | 1 | | | | | | | | | 1 | | | | | | |
| τρισσός | 2 | | | | | | | | | | | | | | 2 | |
| τρισχίλιοι | 8 | 1 | | | | | | | | | | | 4 | | | 3 |
| τρισχιλιοστός | 1 | | | | | | | | | | | | | | | 1 |
| τριταῖος | 1 | | | | | | | | | | | | | | | 1 |
| τριτάλας | 6 | | | | | | | | | | | | | | 6 | |
| τρίτατος | 2 | | | | | | | | | | | | | | 2 | |
| τρίτος | 58 | 3 | 2 | 3 | 21 | 5 | | 1 | 2 | 1 | 1 | 1 | | 1 | 3 | 14 |
| τριχόω | 1 | | | | | | | | | | | 1 | | | | |
| τρίχωμα | 3 | | 2 | | | 1 | | | | | | | | | | |
| Τροία | 2 | | | | | | | | | | | | | | 2 | |
| τρομάζω | 5 | | 1 | | | 4 | | | | | | | | | | |
| τρομέω | 1 | | | | | | | | | | | | | | | 1 |
| τρόμος | 9 | | 3 | | 2 | 2 | | | | | | | 1 | | 1 | |
| τρόπαιον | 2 | | | | | | | | | | | | | | 1 | 1 |
| τροπή | 3 | | | | | | | | | | | | | | | 3 |
| τροπολογέω | 1 | | | | | | | | | | | | | 1 | | |
| τρόπος | 35 | 4 | 1 | | 4 | 1 | | | | | | | 1 | 18 | 2 | 4 |
| τροφεύς | 6 | | | | | 5 | | | | | | | | | | 1 |
| τροφεύω | 1 | | | | | | | | | | | | | | | 1 |
| τροφή | 20 | 2 | 1 | | 1 | | | | | | 3 | 1 | 3 | 6 | | 3 |
| τροφός | 3 | | | | 1 | | | | | | | | | | 1 | 1 |
| τροχός (ὁ) | 6 | | 2 | | | | | | 1 | | | | | | 1 | 2 |
| τρύβλιον | 3 | | | | 1 | | | | | | | 1 | | 1 | | |
| τρυγάω | 1 | | | | 1 | | | | | | | | | | | |
| τρυγητός | 1 | | | | 1 | | | | | | | | | | | |
| τρυγών | 1 | | | | | | | | | | | | | | 1 | |
| τρύπανον | 1 | | | | | | | | | 1 | | | | | | |
| τρυπάω | 1 | | | | | | | | | 1 | | | | | | |
| τρυφάω | 1 | | | | 1 | | | | | | | | | | | |
| τρυφερός | 5 | | | | 1 | | | | | | | | | | 4 | |
| τρυφή | 9 | | | | 3 | 2 | | | | | | | 1 | | | 3 |
| τρύχω | 1 | | | | | | | | | | | | | | | 1 |
| τρωγλοκολπίτης * | 1 | | | | 1 | | | | | | | | | | | |
| τρώγω | 1 | | | | | | | | | | | | 1 | | | |
| τυγχάνω | 49 | 1 | | 2 | | 2 | | | 1 | 1 | | | 15 | 15 | 3 | 9 |

| LEMMES | TOTAL | ADAM | HEN | ABR | PATR | ASEN | SAL | JER | BAR | PROP | ESDR | SEDR | JOB | ARIS | SIB | FRAG |
|---|---|---|---|---|---|---|---|---|---|---|---|---|---|---|---|---|
| τύμβος | 1 | | | | | | | | | | | | | | | 1 |
| τυμπανίζω | 1 | | | | | | | | | 1 | | | | | | |
| τύμπανον | 2 | | | | 1 | | | | | | | | 1 | | | |
| τυποειδής | 1 | | | | | | | | | | | | | | 1 | |
| τύπος | 16 | 2 | 2 | 2 | | | | | | 4 | | | | 1 | 3 | 2 |
| τυπόω | 2 | | | | | | | | | | | | | | 1 | 1 |
| τύπτω | 13 | 1 | | 1 | 5 | | | | | | | | 1 | 1 | 1 | 3 |
| τύπωσις | 1 | | | | | | | | | | | | | 1 | | |
| τυραννέω | 1 | | | | | | | | | | | | 1 | | | |
| τυραννικός | 2 | | 1 | | 1 | | | | | | | | | | | |
| τυραννίς | 1 | | | | | | | | | | | | | | 1 | |
| τύραννος | 4 | | | | | | | | | | | | | 1 | 1 | 2 |
| Τυριήλ | 1 | 1 | | | | | | | | | | | | | | |
| Τύριος | 5 | | | | | | | | | | | | | | 1 | 4 |
| Τύρος | 6 | | | | | | | | | | | | | | 2 | 4 |
| τυφλός | 15 | | | | 1 | | | | | | | | 2 | | 1 | 11 |
| τυφλόω | 7 | | | | 7 | | | | | | | | | | | |
| τύφλωσις | 2 | | | | 2 | | | | | | | | | | | |
| τυφλώττω | 1 | | | | 1 | | | | | | | | | | | |
| τῦφος | 1 | | | | | | | | | | | | | | | 1 |
| τύχη | 2 | | | | | | | | | | | | | | | 2 |
| ὑάκινθος | 5 | | | | | 5 | | | | | | | | | | |
| ὑβρίζω | 11 | | | | 3 | 2 | | 2 | | | | | | | | 4 |
| ὕβρις | 25 | | | | 4 | 5 | 2 | | | | | | | | 10 | 4 |
| ὑβριστής | 1 | | | | | | | | 1 | | | | | | | |
| ὑγιαίνω | 6 | | | | 3 | | | | | | | | 1 | 1 | | 1 |
| ὑγίεια | 5 | | | | 1 | | | 1 | | | | | | 3 | | |
| ὑγιής | 4 | | | | 1 | | | | | | 1 | | | 1 | | 1 |
| ὑγρασία | 1 | | | | | | | | | | | | 1 | | | |
| ὑγρός | 4 | | | | | | | | | | | | | | 2 | 2 |
| ὑδογενής | 1 | | | | | | | | | | | | | | | 1 |
| ὑδραγωγός | 1 | | 1 | | | | | | | | | | | | | |
| ὑδρευτικός | 1 | | | | | | | | | | | | | | | 1 |
| ὑδρηλός | 1 | | | | | | | | | | | | | | | 1 |
| ὑδρία | 1 | | | | | | | | | | 1 | | | | | |
| ὑδροφορέω | 1 | | | | | | | | | | | | 1 | | | |
| ὑδροχόος | 2 | | | | | | | | | | | | | | 1 | 1 |
| ὕδωρ | 133 | 5 | 16 | 7 | 18 | 15 | 1 | 4 | 7 | 19 | 1 | | 1 | 3 | 19 | 17 |
| ὑετίζω | 1 | | | | | | | | | | | | | | | 1 |
| ὑέτιος | 1 | | | | | | | | | | | | | | | 1 |
| ὑετός | 5 | | | | | 2 | | | | 1 | 1 | | | | 1 | |
| υἱοποίητος | 1 | | | | | | | | | | | | | | | 1 |
| υἱός | 403 | 18 | 46 | 29 | 100 | 71 | 14 | 11 | 4 | 16 | 6 | 6 | 10 | | 8 | 64 |
| ὕλαγμα | 1 | | | | | | | | | | | | | | 1 | |
| ὑλάσσω | 1 | | | | 1 | | | | | | | | | | | |
| ὕλη | 11 | | | | 7 | | | | | | | | | | 1 | 3 |
| ὑλοτόμος | 1 | | | | | | | | | | | | | | 1 | |
| * ὑμεῖς | 545 | 19 | 149 | 3 | 219 | 55 | | 19 | 5 | 1 | 2 | | 31 | 11 | 3 | 28 |
| ὑμήν | 2 | | | | | | | | | | | | | 2 | | |
| ὑμνέω | 13 | 3 | 1 | | 2 | 1 | | | | | | | 1 | | 1 | 4 |
| ὑμνολογέω | 2 | | | | | | | | | | | | 2 | | | |
| ὑμνολογία | 1 | | | | | | | | | | | | 1 | | | |
| ὕμνος | 24 | 1 | | 1 | 2 | 4 | | | | | | | 7 | | 9 | |
| ὑπάγω | 8 | | | 1 | 2 | 1 | | 1 | | | | 2 | 1 | | | |
| ὑπακοή | 1 | | | | 1 | | | | | | | | | | | |
| ὑπακούω | 14 | | | | 10 | | | | | | | | 1 | 1 | 1 | 1 |
| ὕπανδρος | 3 | | | 1 | 2 | | | | | | | | | | | |
| ὑπαντάω | 3 | | | 2 | 1 | | | | | | | | | | | |
| ὕπαρξις | 5 | | | | 2 | | | | | | | | | | | 3 |
| ὑπάρχω | 71 | 1 | 5 | 11 | 1 | 2 | | | | | | | 23 | 15 | 2 | 11 |
| ὑπατικός | 2 | | | | | | | | | 2 | | | | | | |
| ὕπατος | 1 | | | | | | | | | | | | | | | 1 |
| ὑπείκω | 3 | | | 1 | | | | | | | | | | | | 2 |
| ὑπεκτίθημι | 1 | | | | | | | | | | | | | | | 1 |
| ὑπεκφεύγω | 1 | | | | | | | | | | | | | | 1 | |
| ὑπεμβρυόω | 1 | | | | | | | | | | | | | | | 1 |
| ὑπένερθε | 1 | | | | | | | | | | | | | | | 1 |
| ὑπεξέρχομαι | 1 | | | | | 1 | | | | | | | | | | |
| * ὑπέρ | 100 | 6 | 2 | 8 | 21 | 14 | 5 | 4 | 1 | 1 | 4 | | 5 | 8 | 6 | 15 |
| ὑπεράγω | 1 | | | | | | | | | | 1 | | | | | |
| ὑπεραίρω | 2 | | | | | | | | | | | | | 2 | | |
| ὑπεράνω | 4 | | 2 | | 1 | | | | | 1 | | | | | | |
| ὑπερασπίζω | 3 | | | | 1 | 2 | | | | | | | | | | |
| ὑπερασπιστής | 3 | | | | 2 | 1 | | | | | | | | | | |
| ὑπερβαίνω | 9 | | 4 | | | | | | | | | | | 1 | | 4 |
| ὑπερβαλλόντως | 1 | | | | | | | | | | | | 1 | | | |
| ὑπερβάλλω | 2 | | | | | | | | | | | | | 2 | | |
| ὑπερβασία | 3 | | | | | | | | | | | | | | 1 | 2 |
| ὑπερεῖδον | 1 | | | | | 1 | | | | | | | | | | |
| ὑπερένδοξος | 1 | | | 1 | | | | | | | | | | | | |
| ὑπερέχω | 6 | | 1 | | 2 | | 1 | | | | | | | | | 2 |
| ὑπερηφανεύομαι | 1 | | | | | 1 | | | | | | | | | | |
| ὑπερηφανία | 21 | 1 | 1 | | 6 | 1 | 7 | | | | | | 1 | 2 | 2 | |
| ὑπερήφανος | 12 | | | | 1 | 4 | 1 | | | | | | | 4 | 2 | |
| ὑπερθαυμάζω | 1 | | | | | | | | | | 1 | | | | | |
| ὕπερθεν | 1 | | | | | | | | | | | | | | 1 | |
| ὑπέρθυρον | 1 | | | | | | | | | | | | | 1 | | |
| ὑπερκλονέω * | 1 | | | | | | | | | | | | | | 1 | |
| ὑπερκόσμιος | 1 | | | | | | | | | | | | 1 | | | |
| ὑπέρκτησις * | 1 | | | | | | | | | | | | | | 1 | |
| ὑπερκύπτω | 1 | | | | | | | | | | | | | | 1 | |
| ὑπέρμαχος | 1 | | | | | | | | | | | | | | | 1 |
| ὑπερμεγέθης | 1 | | | | | 1 | | | | | | | | | | |
| ὑπέρογκος | 2 | | | | 1 | | | | | | | | | | | 1 |
| ὑπέροπλος | 2 | | | | | | | | | | | | | | 1 | 1 |
| ὑπεροχή | 10 | | | | | | | | | | | | | 9 | | 1 |
| ὑπερπλεονάζω | 1 | | | | | | 1 | | | | | | | | | |
| ὑπερτείνω | 2 | | | | | | | | | | | | | 2 | | |
| ὑπέρτερος | 2 | | | | | | | | | | | | | | | 2 |
| ὑπερτίθημι | 1 | | | | | | | | | | | | | 1 | | |

| LEMMES | TOTAL | ADAM | HEN | ABR | PATR | ASEN | SAL | JER | BAR | PROP | ESDR | SEDR | JOB | ARIS | SIB | FRAG |
|---|---|---|---|---|---|---|---|---|---|---|---|---|---|---|---|---|
| ὑπέρτιμος | 1 | | | | | | | | | | | | | | | 1 |
| ὑπερφέρω | 2 | | 1 | | | | | | | | | | | 1 | | |
| ὑπερφίαλος | 5 | | | | | | | | | | | | | | 5 | |
| ὑπερφρονέω | 1 | | | | | | | | | | | | | 1 | | |
| ὑπέρχομαι | 1 | | | | | | | | | | | | | | | 1 |
| ὑπερῷος | 12 | | | | | 11 | | | | 1 | | | | | | |
| ὑπέχω | 1 | | | | | | 1 | | | | | | | | | |
| ὑπήκοος | 2 | | | | | | | | | | | | | 1 | | 1 |
| ὑπηρεσία | 3 | | | | | | | | | 1 | | | 2 | | | |
| ὑπηρετέω | 10 | | | 3 | 2 | 1 | | | | | | | 2 | 1 | | 1 |
| ὑπηρέτης | 3 | | | 1 | | | | | | | | | | 2 | | |
| ὑπισχνέομαι | 6 | | | | | | | | | | | 1 | | | 1 | 4 |
| ὕπνος | 34 | | 3 | | 13 | 1 | 3 | 5 | | | | | 1 | 5 | | 3 |
| ὑπνόω | 7 | | 1 | | 3 | | 2 | 1 | | | | | | | | |
| ὑπό | 276 | 3 | 5 | 18 | 26 | 5 | 15 | 8 | 10 | 17 | 6 | 4 | 12 | 37 | 27 | 83 |
| ὑποβάλλω | 2 | | | | 1 | | | | | | | | | | | 1 |
| ὑποβρύχιος | 2 | | 1 | | | | | | | | | | | | | 1 |
| ὑπόγειος | 2 | | | | | | | | | 1 | | | | | | 1 |
| ὑπογράφω | 3 | | | | 1 | | | | | | | | | 1 | | 1 |
| ὑπόδειγμα | 2 | | | | | | | | | | | | | 1 | | 1 |
| ὑποδείκνυμι | 29 | 1 | 3 | 3 | 3 | | | | | 7 | | | 9 | 2 | 1 | |
| ὑποδεικνύω | 2 | | 1 | | | | | | | | | | 1 | | | |
| ὑποδέχομαι | 6 | | | 2 | | | | | | | | | | | 2 | 2 |
| ὑποδέω (-δήσω) | 1 | | | | | | | | | | | | | | | 1 |
| ὑπόδημα | 4 | | | | 3 | | 1 | | | | | | | | | |
| ὑποδιαβαίνω * | 1 | | | | | | | | | | | 1 | | | | |
| ὑπόδικος | 1 | | | | | | | 1 | | | | | | | | |
| ὑποδοχεῖον | 2 | | | | | | | | | | | | | 2 | | |
| ὑποδοχή | 1 | | | | | | | | | | | | | 1 | | |
| ὑποδρομή | 2 | | | | | | | | | | | | | 2 | | |
| ὑποζώννυμι | 1 | | | | | | 1 | | | | | | | | | |
| ὑποκάτω | 16 | | 4 | 1 | 3 | 2 | | | | 1 | | | 3 | | | 2 |
| ὑποκάτωθεν | 2 | | | | 1 | 1 | | | | | | | | | | |
| ὑπόκειμαι | 3 | | | | | | 1 | | | | | | | 1 | | 1 |
| ὑποκρίνω | 4 | | | | 1 | | 2 | | | | | | | 1 | | |
| ὑπόκρισις | 3 | | | | 1 | | 1 | | | | | | | 1 | | |
| ὑποκριτής | 1 | | | | | | | | | | | | | 1 | | |
| ὑποκρύπτω | 2 | | | | 1 | | | | | 1 | | | | | | |
| ὑπολαμβάνω | 22 | | 3 | 1 | | | | | | | | | 5 | 9 | | 4 |
| ὑπολαμπάς | 1 | | | | | 1 | | | | | | | | | | |
| ὑπόληψις | 1 | | | | | | | | | | | | | 1 | | |
| ὑπόλοιπος | 1 | | | | | | | | | | | | 1 | | | |
| ὑπολύω | 3 | | | | 3 | | | | | | | | | | | |
| ὑπομένω | 14 | | | | 3 | | 3 | | | 2 | | | 3 | 1 | 1 | 1 |
| ὑπομιμνήσκω | 5 | | | | 1 | | | | | | | 1 | | 3 | | |
| ὑπόμνημα | 5 | | 4 | 1 | | | | | | | | | | | | |
| ὑπομνηματογράφος | 1 | | | | | | | | | | | | | | | 1 |
| ὑπομονή | 5 | | | | 3 | | 1 | | | | | | 1 | | | |
| ὑπονοέω | 1 | | | | 1 | | | | | | | | | | | |
| ὑπόνοια | 1 | | | | | | | | | | | | | 1 | | |
| ὑποπίπτω | 3 | | | | 1 | | | | | 1 | | | | 1 | | |
| ὑποπτεύω | 1 | | 1 | | | | | | | | | | | | | |
| ὑπόπυρος | 1 | | | | | | | | | 1 | | | | | | |
| ὑποσημειόω | 1 | | | | | | | | | | | | | 1 | | |
| ὑποσκελίζω | 2 | | | | 2 | | | | | | | | | | | |
| ὑπόσπονδος | 1 | | | | 1 | | | | | | | | | | | |
| ὑπόστασις | 4 | | | | 2 | 2 | | | | | | | | | | |
| ὑποστηρίζω | 1 | | | | | | | | | | | | | 1 | | |
| ὑποστρέφω | 8 | | | | 1 | | | 4 | | 2 | | | 1 | | | |
| ὑποταγή | 1 | 1 | | | | | | | | | | | | | | |
| ὑποτάσσω | 17 | 1 | | | 1 | | | | | | | 1 | | 9 | 1 | 4 |
| ὑποτελέω | 1 | | | | | | | | | | | | | | | 1 |
| ὑποτίθημι | 5 | | 2 | | 1 | | | | | 1 | | | 1 | | | |
| ὑποτρέχω | 1 | | | | | | | | | | | | | | | 1 |
| ὑπουργέω | 1 | | | | 1 | | | | | | | | | | | |
| ὑπουργία | 1 | | | | | | | | | | | | 1 | | | |
| ὑποφέρω | 8 | 3 | | 1 | | | | | | | | 1 | | 2 | | 1 |
| ὑπόφορος | 1 | | | | 1 | | | | | | | | | | | |
| ὑποφωνέω | 3 | | | | | | | | | | | | | 3 | | |
| ὑποχείριος | 2 | | | | | 1 | | | | | | | | 1 | | |
| ὑποχωρέω | 3 | | | | | | | | | 2 | | | | 1 | | |
| ὕπτιος | 1 | | | | | | | | | | | | | | 1 | |
| ὑπώρεια | 1 | | | | | | | | | | | | | | | 1 |
| ὗς | 4 | | 3 | | 1 | | | | | | | | | | | |
| ὕσσωπος | 1 | | | | | | | | | | | | | | | 1 |
| ὑστάτιος | 5 | | | | | | | | | | | | | | 5 | |
| ὑστερέω | 3 | 1 | | | | | 1 | | | | | | | 1 | | |
| ὑστέρημα | 1 | | | | 1 | | | | | | | | | | | |
| ὕστερος | 23 | | | 1 | 3 | | 1 | | | 1 | | | | | 6 | 11 |
| ὑφαίνω | 1 | | | | | | | | | | | | | 1 | | |
| ὑφαπλόω | 1 | | | 1 | | | | | | | | | | | | |
| ὑφή | 1 | | | | 1 | | | | | | | | | | | |
| ὑφηγέομαι | 1 | | | | | | | | | | | | | | | 1 |
| ὑφίστημι | 5 | | 1 | | | | | | | | | | | 2 | | 2 |
| ὑψαυχέω | 1 | | | | | | | | | | | | | | | 1 |
| ὑψεις | 1 | | | | | | | | | | | | | | 1 | |
| ὑψηλός | 31 | | 8 | 2 | 4 | 3 | 3 | 1 | 1 | 1 | 1 | | 1 | 2 | 2 | 2 |
| ὑψιβρεμέτης | 2 | | | | | | | | | | | | | | 2 | |
| ὑψικάρηνος | 1 | | | | | | | | | | | | | | 1 | |
| ὑψικέραυνος * | 1 | | | | | | | | | | | | | | 1 | |
| ὕψιστος | 99 | | 11 | 11 | 27 | 37 | 1 | | | 2 | 1 | | | | 4 | 5 |
| ὑψιτένων * | 1 | | | | | | | | | | | | | | | 1 |
| ὑψιφάεννος | 1 | | | | | | | | | | | | | | | 1 |
| ὑψόθι | 1 | | | | | | | | | | | | | | 1 | |
| ὕψος | 29 | | 4 | 2 | 3 | | 1 | 1 | | | | | 1 | 3 | 2 | 12 |
| ὕψοσε | 1 | | | | | | | | | | | | | | 1 | |
| ὑψοῦ | 1 | | | | | | | | | | | | | | 1 | |
| ὑψόω | 19 | | | 2 | 10 | 1 | 1 | 1 | | | | 1 | | | 1 | 1 |
| ὕψωμα | 2 | | | | | | | | | | | | | 1 | | 1 |
| Ὕων | 1 | | | | | | | | | | | | | 1 | | |

| LEMMES | TOTAL | ADAM | HEN | ABR | PATR | ASEN | SAL | JER | BAR | PROP | ESDR | SEDR | JOB | ARIS | SIB | FRAG |
|---|---|---|---|---|---|---|---|---|---|---|---|---|---|---|---|---|
| φαγεῖν | 79 | 19 | 3 | 4 | 12 | 21 | | | | 2 | | 3 | 4 | | 3 | 8 |
| φαέθω | 1 | | | | | | | | | | | | | | 1 | |
| φαεινός | 1 | | | | | | | | | | | | | | 1 | |
| φαείνω | 1 | | | | | | | | | | | | | | | 1 |
| φαεσφόρος | 1 | | | | | | | | | | | | | | | 1 |
| φαιδρός | 4 | | | | 3 | | | | | | | | | | 1 | |
| φαιδρύνω | 1 | | | | | | | | | | | | | | | 1 |
| φαίνω | 60 | 1 | 8 | 1 | 7 | 2 | 1 | 2 | 1 | 1 | | | 1 | 11 | 7 | 17 |
| φαιός | 1 | | | | | | | | | | | | | | 1 | |
| φαλαγγικός * | 1 | | | | | | | | | | | | | | | 1 |
| φάλαγξ | 1 | | | | | | | | | | | | | | | 1 |
| Φάλεχ | 1 | | | | | | | | | | | | | | | 1 |
| Φαληρεύς | 3 | | | | | | | | | | | | | 1 | | 2 |
| Φαμαῆλ | 1 | | | | | | | 1 | | | | | | | | |
| φανερός | 14 | | 2 | | 2 | | | 1 | | 1 | | | | 4 | 1 | 3 |
| φανερόω | 2 | | | 2 | | | | | | | | | | | | |
| φαντάζω | 1 | | | | 1 | | | | | | | | | | | |
| φαντασία | 3 | | | | 2 | | | | | 1 | | | | | | |
| φάντασμα | 1 | 1 | | | | | | | | | | | | | | |
| φάος | 9 | | | | | | | | | | | | | | 7 | 2 |
| φάραγξ | 16 | | 9 | | 1 | | | | | | | | | 1 | 2 | 3 |
| Φαραώ | 80 | | | | 4 | 66 | | | | 1 | | | | | | 9 |
| Φαρεθώθην | 1 | | | | | | | | | | | | | | | 1 |
| Φάριος | 1 | | | | | | | | | | | | | | | 1 |
| Φαρισαῖος | 1 | | | | | | | | | | | | | | | 1 |
| φαρμακεία | 6 | | 3 | | | | | | | | | | | | 1 | 2 |
| φάρμακον | 7 | | | 4 | 2 | | | | | | | | | | | 1 |
| φαρμακός | 1 | | | | | | | | | | | | | | 1 | |
| Φαρμαρός | 2 | | 2 | | | | | | | | | | | | | |
| Φαρμουθί | 2 | | | | | | | | | | | | | | | 2 |
| φάρυγξ | 2 | | | | | | | | | | | 1 | 1 | | | |
| φάσγανον | 1 | | | | | | | | | | | | | | 1 | |
| φάσις | 11 | | | 4 | | | | 7 | | | | | | | | |
| φάσκω | 2 | | | | | | | | | | | | | | 1 | 1 |
| φάσμα | 1 | | 1 | | | | | | | | | | | | | |
| φάτις | 6 | | | | | | | | | | | | | | 5 | 1 |
| φάτνη | 4 | | | | | | | | | 2 | | | 1 | | 1 | |
| φάτνωμα | 3 | | | | | | | | | | | | | | | 3 |
| φαυλίζω | 1 | | | | | | | | | | | | | | | 1 |
| φαῦλος | 5 | | | | | | | | | | | | | 1 | 1 | 3 |
| φαῦσις | 1 | | | | | | | | | | | | 1 | | | |
| Φεβρουάριος | 1 | | | | | | | | | | | | | | | 1 |
| φέγγος | 6 | | | | | 1 | | | 2 | | | | | 1 | | 2 |
| φείδομαι | 20 | | 2 | 2 | 2 | 4 | 5 | | | 1 | | | 1 | 1 | | 2 |
| φειδώ | 2 | | | | | | 1 | | | | | | | | 1 | |
| φερέσβιος | 1 | | | | | | | | | | | | | | 1 | |
| φέριστος | 2 | | | | | | | | | | | | | | 1 | 1 |
| φερνή | 1 | | | | | | | | | | | | | | | 1 |
| φερσωθι * | 1 | | | | | | | | | | | | | | | 1 |
| φέρω | 110 | 8 | 1 | 22 | 8 | 10 | 3 | 10 | 12 | 2 | | | 5 | 3 | 11 | 15 |
| φερώνυμος | 1 | | | | | | | | | | | | | | | 1 |
| φεύγω | 67 | 1 | 5 | | 12 | 9 | 4 | | | 4 | | 1 | | | 15 | 16 |
| φεωχ * | 1 | | | | | | | | | | | | | | | 1 |
| φήμη | 4 | | | | | 1 | | | | | | | | | 1 | 2 |
| φημί | 121 | | 3 | 4 | | | | | | 2 | | | 1 | 44 | 3 | 64 |
| φημίζω | 3 | | | | | | | | | | | | | | 3 | |
| φθα * | 1 | | | | | | | | | | | | | | | 1 |
| φθάνω | 17 | | | 4 | 5 | | | | | 1 | | 3 | | 1 | | 3 |
| φθαρτός | 3 | | 1 | 1 | 1 | | | | | | | | | | | |
| φθέγγομαι | 5 | | | | 1 | | | | | | | | 1 | | 1 | 2 |
| φθείρω | 12 | | | | 3 | 1 | | 1 | | | | | 1 | | | 6 |
| φθινοπωρινός | 1 | | | | | | | | | | | | | | | 1 |
| φθινόπωρον | 1 | | | | | | | | | | | | | | | 1 |
| φθίνω | 2 | | 1 | | | | | | | | | | | | 1 | |
| φθίσις | 1 | | | | | | | | | | | | | | 1 | |
| φθίω | 3 | | | | | | | | | | | | | | 1 | 2 |
| φθόγγος | 1 | | | | | | | | | | | | | | 1 | |
| φθονέω | 18 | 1 | | | 8 | 2 | | | 1 | | 1 | | | | | 5 |
| φθόνος | 22 | | | | 17 | | | | 1 | | | | | 1 | 2 | 1 |
| φθορά | 8 | | 2 | | | 1 | 1 | | | | | | | | 1 | 3 |
| φιάλη | 9 | 2 | | | | | | | | 3 | | | | 4 | | |
| φιλάγαθος | 2 | | | | | | | | | | | | | 2 | | |
| Φιλάδελφος | 1 | | | | | | | | | | | | | | | 1 |
| φιλαλήθης | 1 | | | | | | | | | | | | | 1 | | |
| φιλανθρωπέω | 1 | | | | | | | | | | | | | 1 | | |
| φιλανθρωπία | 3 | | | | | | | | | | | | | 2 | | 1 |
| φιλάνθρωπος | 4 | | | 1 | | 1 | | | | | | | | 2 | | |
| φιλαργυρία | 3 | | | | 3 | | | | | | | | | | | |
| φιλάργυρος | 1 | | | | 1 | | | | | | | | | | | |
| φιλέω | 8 | | | | 1 | 5 | | | | | | 1 | | | 1 | |
| φιληδονία | 5 | | | | 4 | | | | | | 1 | | | | | |
| φιλήκοος | 1 | | | | | | | | | | | | | 1 | | |
| φιλία | 8 | | | | | | | | | | | | | 5 | 2 | 1 |
| φιλικός | 1 | | | | | | | | | | | | | 1 | | |
| Φίλιππος | 4 | | | | | | | | | | | | | | 1 | 3 |
| φιλοδίκαιος | 1 | | | | | | | | | | | | | 1 | | |
| φιλοδοξέω | 1 | | | | | | | | | | | | | 1 | | |
| φιλοθρέμμων | 1 | | | | | | | | | | | | | | 1 | |
| Φιλοκράτης | 6 | | | | | | | | | | | | | 6 | | |
| φιλολογέω | 1 | | | | | | | | | | | | | | | 1 |
| φιλομάθεια | 2 | | | | | | | | | | | | | 2 | | |
| φιλομαθής | 3 | | | | | | | | | | | | | 3 | | |
| φιλονεικέω | 1 | | | | 1 | | | | | | | | | | | |
| φιλοξενία | 3 | | | 2 | | | | | | 1 | | | | | | |
| φιλόξενος | 3 | | | 3 | | | | | | | | | | | | |
| φιλόπατρις | 2 | | | | | | | | | | | | | 2 | | |
| φιλοποιέω | 1 | | | | | | | | | | | | | 1 | | |
| φιλοπόλεμος | 1 | | | | | | | | | | | | | | 1 | |
| φιλοπονία | 1 | | | | | | | | | | | | | 1 | | |
| φιλόπονος | 1 | | | | | | | | | | | | | 1 | | |

| LEMMES | TOTAL | ADAM | HEN | ABR | PATR | ASEN | SAL | JER | BAR | PROP | ESDR | SEDR | JOB | ARIS | SIB | FRAG |
|---|---|---|---|---|---|---|---|---|---|---|---|---|---|---|---|---|
| φίλος | 70 | | | 21 | 4 | 3 | | | 2 | | 2 | | 5 | 8 | 2 | 23 |
| φιλοσοφέω | 3 | | | | | | | | | | | | | | 1 | 2 |
| φιλοσοφία | 4 | | | | | | | | | | | | | | 1 | 3 |
| φιλόσοφος | 8 | | | | | | | | | | | | | | 5 | 3 |
| φιλοσπευδέω | 2 | | 2 | | | | | | | | | | | | | |
| φιλοστέφανος | 1 | | | | | | | | | | | | | | 1 | |
| φιλότεκνος | 1 | | | | 1 | | | | | | | | | | | |
| φιλότης | 1 | | | | | | | | | | | | | | | 1 |
| φιλοτιμέομαι | 1 | | | | | | | | | | | | | 1 | | |
| φιλοτιμία | 2 | | | | | | | | | | | | | 1 | | 1 |
| φιλότιμος | 1 | | | | | | | | | | | | | 1 | | |
| φιλοφρονέομαι | 4 | | | | | | | | | | | | | 4 | | |
| φιλοφρόνησις | 1 | | | | | | | | | | | | | 1 | | |
| φιλοφροσύνη | 1 | | | | | | | | | | | | | 1 | | |
| φιλόφρων | 2 | | | | | | | | | | | | | 2 | | |
| φιλοχρημοσύνη | 4 | | | | | | | | | | | | | | 3 | 1 |
| φιλόχρηστος | 1 | | | 1 | | | | | | | | | | | | |
| Φίλων | 1 | | | | | | | | | | | | | | | 1 |
| φιμός | 1 | | | | | | | | | | | | | | 1 | |
| φιμόω | 1 | | | | | | | | | | | | 1 | | | |
| Φιφη | 1 | | | | | | | | | | | | 1 | | | |
| φλεγέθω | 2 | | | | | | | | | | | | | | 2 | |
| φλεγμονή | 1 | | | | 1 | | | | | | | | | | | |
| φλέγω | 23 | | 7 | | | | | | | | | | | | 11 | 5 |
| φλιά | 1 | | | | | | | | | | | | | 1 | | |
| φλογερός | 1 | | | 1 | | | | | | | | | | | | |
| φλογέω * | 1 | | | | | | | | | | | | | | 1 | |
| φλογίζω | 2 | | | | | | 1 | | | | | | 1 | | | |
| φλόγινος | 1 | 1 | | | | | | | | | | | | | | |
| φλογόεις | 1 | | | | | | | | | | | | | | 1 | |
| φλόξ | 21 | | 2 | | 1 | 4 | 2 | | | 1 | 1 | 1 | | 5 | | 4 |
| φλυκτίς | 1 | | | | | | | | | | | | | | | 1 |
| φοβερός | 40 | 4 | 9 | 11 | 1 | 2 | | | | 2 | | | | 1 | 4 | 6 |
| φοβέω | 99 | 10 | 17 | 1 | 21 | 24 | 10 | 1 | 1 | 1 | 1 | | 2 | | 3 | 7 |
| φόβος | 52 | 1 | 4 | 4 | 13 | 7 | 7 | | 2 | | | 1 | | 8 | 4 | 1 |
| Φοῖβος | 3 | | | | | | | | | | | | | | 3 | |
| Φοινίκη | 9 | | | | | | | | | | | | | 2 | 2 | 5 |
| φοινικοβάλανος | 1 | | | | | | | | | | | | | | | 1 |
| Φοῖνιξ, -ισσα | 13 | | | | | | | | | | | | | | 4 | 9 |
| φοῖνιξ (δ) | 10 | | 1 | | 1 | 1 | | | 2 | | | | | 2 | | 3 |
| φοίνιος | 1 | | | | | | | | | | | | | | | 1 |
| φοιτάω | 1 | | | | | | | | | | | | | | 1 | |
| φολιδωτός | 1 | | | | | | | | | | | | 1 | | | |
| φολίς | 1 | | | | | | | | | | | | 1 | | | |
| φονεύς | 1 | | | | | | | | | | | | | | | 1 |
| φονεύω | 14 | 2 | 5 | | | | | | | | | | 1 | | 2 | 4 |
| φόνος | 25 | 1 | 1 | 4 | | | | | 3 | 2 | | | | | 9 | 5 |
| φορά | 1 | | | | | | | | | | | | | | | 1 |
| φοράς | 1 | | | | 1 | | | | | | | | | | | |
| φορέω | 8 | | | | 1 | | | | 1 | | 2 | | 1 | 2 | | 1 |
| φόρος | 10 | | | | | | | | | | | | | | | 10 |
| Φορος | 1 | | | | | | | | | | | | 1 | | | |
| φορτίον | 2 | | | | | | | | | | | | | 2 | | |
| φουκά * | 1 | | 1 | | | | | | | | | | | | | |
| φραγελλόω | 1 | | | | 1 | | | | | | | | | | | |
| φράζω | 3 | | | 1 | | | | | | | | | | | 1 | 1 |
| φρέαρ | 4 | | | 2 | 1 | | | | | | | | | | | 1 |
| φρήν | 14 | | | | | | | | | | | | | | 11 | 3 |
| φρικτός | 3 | | | | | | | | | | | | | | | 3 |
| φρικώδης | 1 | | 1 | | | | | | | | | | | | | |
| φρίσσω | 7 | | 3 | | | | | | | | 1 | | | | 1 | 2 |
| φρονέω | 9 | | | | | | | | | | | | 1 | 1 | 4 | 3 |
| φρονηματίζομαι | 1 | | | | | | | | | | | | | | | 1 |
| φρόνησις | 9 | | 4 | | 1 | | | | | | | | | 2 | 1 | 1 |
| φρόνιμος | 12 | 1 | 5 | | 1 | 1 | | | | | | 1 | | 1 | 1 | 1 |
| φροντίζω | 6 | 2 | | | | | | | | | | | | 3 | | 1 |
| φροντίς | 2 | | | | | | | | | | | | | 2 | | |
| φροῦδος | 1 | | | | | | | | | | | | | | | 1 |
| φρουρέω | 2 | | | | | | | | | | 1 | | | | | 1 |
| φρούριον | 2 | | | | | | | | | | | | | 2 | | |
| Φρουων | 1 | | | | | | | | | | | | 1 | | | |
| Φρυγία | 4 | | | | | | | | | | | | | | 4 | |
| Φρύξ | 4 | | | | | | | | | | | | | | 4 | |
| φυγαδεύω | 2 | | | | 1 | | | | | | 1 | | | | | |
| φυγάς | 3 | | | | | | 1 | | | | | | | | 2 | |
| φυγή | 2 | | | | | | | | | | | | | | 1 | 1 |
| φυλακή | 13 | | 1 | | 2 | 2 | | | | | | | | 3 | | 5 |
| φυλακίζω | 2 | | 2 | | | | | | | | | | | | | |
| φυλακτήριον | 2 | | | | | | | | | | | | 1 | | | 1 |
| φύλαξ | 9 | | | | 3 | | | | 2 | | | | | | | 4 |
| φύλαρχος | 2 | | | | | | | | | | | | | 1 | | 1 |
| φυλάσσω | 87 | 12 | 1 | | 31 | 6 | 2 | 8 | | 3 | 4 | 3 | 1 | 3 | 5 | 8 |
| φυλή | 34 | | | 1 | 7 | 1 | 4 | | | 10 | | | | 4 | 1 | 6 |
| φύλλον | 11 | 3 | 4 | | 1 | 1 | | | | | | | 1 | 1 | | |
| φυλλοροέω | 1 | | | | | | | | | | | | | | | 1 |
| φῦλον | 12 | | | | | | | | | | | | | | 8 | 4 |
| φύλοπις | 4 | | | | | | | | | | | | | | 4 | |
| φυράω | 1 | | | | 1 | | | | | | | | | | | |
| φυρμός | 1 | | | | | | 1 | | | | | | | | | |
| φύρω | 3 | | | | 1 | | | | | | | | | | 1 | 1 |
| φυσάω | 2 | | | | | | | | | | | | | | 1 | 1 |
| φύσημα | 1 | | | | | | | | | | | | | | | 1 |
| φυσικός | 13 | | | | 3 | | | | | | | | | | 6 | 4 |
| φυσιόω | 2 | | | | 2 | | | | | | | | | | | |
| φύσις | 20 | 1 | | | 5 | | | | | | | 1 | 1 | 5 | 1 | 6 |
| φυτεία | 2 | | | | | | 1 | | 1 | | | | | | | |
| φύτευμα | 2 | | 1 | | | | | | | | | | | | | 1 |
| φυτεύω | 15 | | 6 | | 1 | | | 1 | 4 | | | | | | 2 | 1 |
| φυτόν | 20 | 10 | 1 | | | | | | 2 | | 1 | | 1 | 1 | 1 | 3 |
| φύω | 14 | | | | | | | | | | | | | 3 | 2 | 9 |

| LEMMES | TOTAL | ADAM | HEN | ABR | PATR | ASEN | SAL | JER | BAR | PROP | ESDR | SEDR | JOB | ARIS | SIB | FRAG |
|---|---|---|---|---|---|---|---|---|---|---|---|---|---|---|---|---|
| Φωκυλίδης | 2 | | | | | | | | | | | | | | | 2 |
| φωλεύω | 1 | | | | | | | | | | | | | | 1 | |
| φωνέω | 7 | | 1 | | | | | | 2 | | | | 1 | | 1 | 2 |
| φωνή | 104 | 6 | 11 | 12 | 6 | 3 | 5 | 15 | 8 | | 4 | 3 | 3 | 6 | 6 | 16 |
| φώρ | 1 | | | | | | | | | | | | | | | 1 |
| φῶς | 69 | 6 | 8 | 8 | 13 | 8 | 1 | 7 | 1 | 2 | | | 4 | | 3 | 8 |
| φῶς | 9 | | | | | | | | | | | | | | 9 | |
| φωστήρ | 11 | | 7 | | 2 | 1 | | | | | | | | | 1 | |
| φωσφόρος | 3 | | | | | | | | | | | | | | 1 | 2 |
| φωταγωγέω | 2 | | 1 | | | | | 1 | | | | | | | | |
| φωταγωγία | 1 | | | | | | | | | | | 1 | | | | |
| φωταγωγός | 2 | | | | | | | | | | | 2 | | | | |
| φωτεινός | 10 | | 2 | 2 | 2 | | | | | | | 1 | 1 | 1 | | 2 |
| φωτίζω | 9 | | 1 | | 6 | | | 1 | | 1 | | | | | | |
| Φωτιμάρ | 1 | | | | 1 | | | | | | | | | | | |
| φωτισμός | 1 | | | | 1 | | | | | | | | | | | |
| φωτοδότης | 1 | | | | | | | | | 1 | | | | | | |
| φωτοειδής | 1 | | | | | | | | | | | 1 | | | | |
| φωτοφόρος | 6 | | | 6 | | | | | | | | | | | | |
| Χαβερ | 1 | | | | | | | | | | | | | | | 1 |
| Χαβρίας | 1 | | | | | | | | | | | | | | 1 | |
| χαίνω | 1 | | | 1 | | | | | | | | | | | | |
| χαίρω | 67 | 1 | 8 | 8 | 9 | 16 | | 3 | 2 | | 1 | | 1 | 4 | 2 | 12 |
| χαίτη | 2 | | | | | | | | | | | | | | | 2 |
| χάλαζα | 13 | | 2 | | | | | | 1 | | | | | | 3 | 7 |
| χαλάω | 1 | | | | 1 | | | | | | | | | | | |
| χαλβάνη | 1 | | 1 | | | | | | | | | | | | | |
| Χαλδαϊκός | 2 | | | | | | | | | | | | | | | 2 |
| Χαλδαῖος | 19 | | | | 2 | | | 6 | | 5 | | | | | 3 | 3 |
| Χαλέβ | 2 | | | | | | | | | | | | | 1 | | 1 |
| χαλεπαίνω | 2 | | | | | | | | | | | | | | 1 | 1 |
| χαλεπός | 7 | | | | | | | | | | | | | 1 | 5 | 1 |
| χαλέπτω | 1 | | | | | | | | | | | | | | | 1 |
| χαλινάριον | 1 | | | | | | | | | | | | 1 | | | |
| χαλινός | 1 | | | | | | | | | | | | | | | 1 |
| χαλινόω | 1 | | | | | | | | | | | | | | | 1 |
| χάλκειος | 4 | | | | | | | | | | | | | | 3 | 1 |
| χάλκεος | 14 | | | | 2 | | | | 1 | | | | | | 1 | 10 |
| Χαλκηδών | 1 | | | | | | | | | | | | | | 1 | |
| χαλκός | 9 | | | | | | | | | | | | | 1 | 3 | 5 |
| Χάμ | 1 | | | | 1 | | | | | | | | | | | |
| χαμαί | 6 | | 2 | | | | 1 | | | | | | | | 3 | |
| χαμοκοιτέω | 1 | | | | 1 | | | | | | | | | | | |
| χαμυγχελ * | 1 | | | | | | | | | | | | | | | 1 |
| Χαναάν | 27 | | | 12 | | 3 | | | | | | | | | | 12 |
| Χαναναῖος | 8 | | | 6 | | | | | | | | | | | | 2 |
| Χανανί | 2 | | | | | | | | | | | | | | | 2 |
| Χανανίτης | 1 | | | | | | | | | | | | | | | 1 |
| Χανανῖτις | 1 | | | | 1 | | | | | | | | | | | |
| Χανεθώθης | 5 | | | | | | | | | | | | | | | 5 |
| χάος | 4 | | 3 | | | | | | | | | | | | | 1 |
| χαρά | 34 | 3 | 4 | | 5 | 9 | 1 | 1 | 1 | 1 | | | | 7 | 1 | 1 |
| χαράδρα | 1 | | | | | | | | | | | | | 1 | | |
| χαρακτήρ | 3 | | | | 1 | | | | | | | | 1 | 1 | | |
| χαρακτηρίζω | 1 | | | | | | | | | | | | | 1 | | |
| χάραξ | 1 | | | | | | | | | | | | | 1 | | |
| χαρζανή * | 1 | | | 1 | | | | | | | | | | | | |
| χαρίεις | 2 | | | | | | | | | | | | | | 2 | |
| χαρίζομαι (-ω) | 14 | | 3 | | 1 | | | | | | 1 | 1 | 1 | 5 | | 2 |
| χάρις | 58 | 3 | 2 | 12 | 4 | | | | | 3 | | | 1 | 14 | 8 | 11 |
| χάρισμα | 1 | | | | | | | | | | | | | | | 1 |
| χαριστήριος | 2 | | | | | | | | | | | | | 2 | | |
| χαριστικός | 2 | | | | | | | | | | | | | 2 | | |
| χαριτόω | 3 | | | | 1 | 1 | | | | | | | | 1 | | |
| χάρμα | 3 | | | | | | | | | | | | | | 2 | 1 |
| χάρμη | 2 | | | | | | | | | | | | | | 1 | 1 |
| χαροποιός | 1 | | | | | 1 | | | | | | | | | | |
| χαροπός | 4 | | | | | | | | | | | | | | 1 | 3 |
| Χαρράν | 7 | | | | 1 | | | | | | | | | | | 6 |
| χαρσοκ * | 1 | | | | | | | | | | | | | | | 1 |
| χάρτης | 3 | | | 1 | | | 2 | | | | | | | | | |
| χάσμα | 5 | | 2 | | | | | | | | | | | | 3 | |
| χαυνόω | 1 | | | | 1 | | | | | | | | | | | |
| Χαφραθά | 1 | | | | | | | | | | | | | | | 1 |
| χαχθαβραθα * | 1 | | | | | | | | | | | | | | | 1 |
| Χεβρών | 19 | | | | 17 | | | | | | | 1 | | | | 1 |
| Χεεδαμ | 1 | | | | | | | | | | | | | | | 1 |
| Χεζα | 1 | | | | | | | | | | | | | | | 1 |
| χεῖλος | 20 | 1 | 1 | 2 | 1 | 4 | 5 | | | | 1 | 1 | | 1 | 2 | 1 |
| χεῖμα | 1 | | | | | | | | | | | | | | | 1 |
| χειμάζω | 3 | | 1 | 2 | | | | | | | | | | | | |
| χειμάρροος | 10 | | | | | 7 | | | | | | 2 | | 1 | | |
| χειμερινός | 1 | | 1 | | | | | | | | | | | | | |
| χειμέριος | 3 | | | | | | | | | | | | | | 3 | |
| χειμών | 12 | | 2 | | 4 | | | | | | | | | | 3 | 3 |
| χείρ | 247 | 11 | 8 | 19 | 33 | 70 | 12 | 7 | 1 | 2 | 3 | 6 | 6 | 5 | 18 | 46 |
| χειραγωγία | 1 | | | | | | | | | | | | | 1 | | |
| χειρίζω | 1 | | | | | | | | | | | | | 1 | | |
| χειρόγραφος | 2 | | | | | | | | | | | | | 1 | | 1 |
| χειροποίητος | 4 | | | | | | | | | | | | | | 4 | |
| χείρων | 3 | | | | | | | | | 2 | | | | | | 1 |
| Χενεφρής | 9 | | | | | | | | | | | | | | | 9 |
| χέρνιψ | 1 | | | | | | | | | | | | | | | 1 |
| χερουβικός * | 2 | | | 2 | | | | | | | | | | | | |
| Χερουβίμ | 17 | 5 | 4 | 2 | | | | | | | | 3 | | 1 | 1 | 1 |
| Χερσαῖος | 1 | | | | | | | | | | | | | | | 1 |
| χερσεύω | 1 | | | | | | | | | | | | | | | 1 |
| χέρσος | 4 | | | | | | | | | | | | | | 4 | |
| Χετταῖος | 1 | | | | 1 | | | | | | | | | | | |
| Χεττούρα | 5 | | | | | | | | | | | | | | | 5 |

| LEMMES | TOTAL | ADAM | HEN | ABR | PATR | ASEN | SAL | JER | BAR | PROP | ESDR | SEDR | JOB | ARIS | SIB | FRAG |
|---|---|---|---|---|---|---|---|---|---|---|---|---|---|---|---|---|
| χεῦμα | 5 | | | | | | | | | | | | | | 4 | 1 |
| χέω | 2 | | | | 1 | | | | | | | | | 1 | | |
| χήν | 1 | | | | | | | | | | | | | 1 | | |
| χήρα | 17 | | | | | | | | | 3 | | | 8 | | 5 | 1 |
| χηραμός | 1 | | | | | | | | | | | | | | | 1 |
| χηρεύω | 2 | | | | 1 | | | | | | | | | | 1 | |
| χθές | 1 | | | | 1 | | | | | | | | | | | |
| χθόνιος | 1 | | | | | | | | | | | | | | 1 | |
| χθών | 34 | | | | | | | | | | | | | | 25 | 9 |
| χιλιάς | 11 | | 2 | | | 4 | | | 1 | | | | 4 | | | |
| χιλιοετηρίς | 1 | | | | | | | | | | | | | | | 1 |
| χίλιοι | 12 | | | | 2 | | | | | | | | 1 | | 1 | 8 |
| χιλιοστός | 1 | | 1 | | | | | | | | | | | | | |
| χίμαρος | 3 | | | | 1 | | | | | | | | | | 1 | 1 |
| χιονικός | 1 | | 1 | | | | | | | | | | | | | |
| χιονώδης | 1 | | | | | | | | | | | | | | 1 | |
| Χῖος | 1 | | | | | | | | | | | | | | 1 | |
| χιτών | 18 | | | | 7 | 8 | | | | | | | | | 2 | 1 |
| χιών | 18 | | 7 | | 1 | 4 | 1 | | | | | | | | | 5 |
| χλαμύς | 2 | | | | | | | | | | | | | | | 2 |
| χλευάζω | 2 | | | | 2 | | | | | | | | | | | |
| χλευασμός | 1 | | | | 1 | | | | | | | | | | | |
| χλεύη | 2 | | | | | | | | | | | | 1 | | 1 | |
| χλιδανός | 2 | | | | | | | | | | | | | | 1 | 1 |
| χλόη | 5 | | | | | | 1 | | | 1 | | | | | | 3 |
| χλωρός | 3 | | 1 | | 1 | | | | | | | | | | | 1 |
| χοανεύω | 4 | | | | | | | | | | 1 | | | | 2 | 1 |
| Χοβάρ | 1 | | | | | | | | | 1 | | | | | | |
| χοίρειος | 1 | | | | | | | | | | | | | | | 1 |
| χοῖρος | 1 | | | | 1 | | | | | | | | | | | |
| χολή | 5 | | | | 2 | | | | | | | 2 | 1 | | | |
| χόλος | 12 | | | | | | | | | | | | | | 11 | 1 |
| χολόω | 1 | | | | | | | | | | | | | | 1 | |
| χοοπλάστης * | 1 | | | | | | | | | | | | | | | 1 |
| χόος | 12 | 3 | | | | | 6 | | | 1 | | | | | | 2 |
| χορδή | 5 | | | | | | | | | | | | 5 | | | |
| χορηγέω | 10 | | | | | | | | | | | | 1 | 1 | 4 | 4 |
| χορηγία | 1 | | | | | | | | | | | | | 1 | | |
| χορός | 3 | | | | | | | 2 | | 1 | | | | | | |
| Χορός | 1 | | | | | | | | | | | | 1 | | | |
| χορτάζω | 4 | | | | 2 | | | | | | | | 2 | | | |
| χόρτασμα | 2 | | | | | | 1 | | | | | | | | | 1 |
| χόρτος | 4 | | | | | | | | | 1 | | | | | 1 | 2 |
| Χούμ | 2 | | | | | | | | | | | | | | | 2 |
| χόω | 3 | | | | | | | | | 1 | | | | | 1 | 1 |
| χραίνω | 1 | | | | 1 | | | | | | | | | | | |
| χράομαι (-ω) | 28 | | | | | | | | 1 | | | | 2 | 19 | | 6 |
| χρεία | 20 | | | 1 | 1 | | | | 1 | | | | 2 | 10 | | 5 |
| χρεμετίζω | 2 | | | | | | | | | | | | | | | 2 |
| χρή | 8 | | | | | | | | | | | | 1 | 2 | 1 | 4 |
| χρῄζω | 7 | | | | | 3 | | | | | | | 1 | | | 3 |
| χρῆμα | 14 | | | | 1 | | | | | | | | 3 | 1 | 1 | 8 |
| χρηματίζω | 2 | | | | | | | | | | | | | 2 | | |
| χρηματισμός | 5 | | | | | | | | | | | | | 5 | | |
| χρηματιστής | 1 | | | | | | | | | | | | | 1 | | |
| χρήσιμος | 7 | | | | | | | | | | | | 1 | 3 | 1 | 2 |
| χρῆσις | 5 | | | | 1 | | | | | | | | | 3 | | 1 |
| χρησμηγόρος | 1 | | | | | | | | | | | | | | 1 | |
| χρησμός | 4 | | | | | | | | | 3 | | | | | 1 | |
| χρηστεύομαι | 1 | | | | | | 1 | | | | | | | | | |
| χρήστης | 1 | | | | | | | | | | | | | | | 1 |
| χρηστός | 14 | | 1 | | 1 | | 6 | | | | | | 1 | 1 | | 4 |
| χρηστότης | 10 | | | | | | 7 | | | | 1 | | | | | 2 |
| χρῖσμα | 4 | | | | | 4 | | | | | | | | | | |
| Χριστιανός | 4 | | | | | | | | | | 3 | 1 | | | | |
| χριστός | 11 | | 1 | | | | 4 | 2 | 1 | 1 | | 2 | | | | |
| χρίω | 6 | | | | 2 | 4 | | | | | | | | | | |
| χρόα | 5 | | 1 | | | | | | | | | | | 3 | | 1 |
| χρονίζω | 2 | | | | | | 2 | | | | | | | | | |
| χρόνος | 92 | 1 | 4 | | 5 | 13 | 4 | 2 | | 1 | 1 | 2 | | 18 | 14 | 27 |
| χρύσεος | 54 | 1 | 1 | 1 | 1 | 18 | | | 1 | 1 | | 1 | 3 | 7 | 4 | 15 |
| χρυσικός | 1 | | | | | | | | | | | | | | | 1 |
| χρύσινος | 1 | | 1 | | | | | | | | | | | | | |
| χρυσίον | 32 | | 4 | | 7 | 3 | 2 | | | 1 | | | 2 | 5 | 1 | 7 |
| χρυσογραφία | 1 | | | | | | | | | | | | | 1 | | |
| χρυσόθρονος | 1 | | | | | | | | | | | | | | 1 | |
| χρυσόμορφος | 1 | | | | | | | | | | | | | | | 1 |
| χρυσοπέδιλος | 1 | | | | | | | | | | | | | | 1 | |
| χρυσός | 33 | | 2 | | 3 | 1 | | | | | | | 3 | 9 | 7 | 8 |
| χρυσότευκτος | 1 | | | | | | | | | | | | | | | 1 |
| χρυσοϋφής | 7 | | | | | 7 | | | | | | | | | | |
| χρυσοχάλινος | 1 | | | | | 1 | | | | | | | | | | |
| χρυσοχόος | 1 | | | | | | | | | | | | | | | 1 |
| χρυσόω | 3 | | | 1 | | | | | | | | | | | | 2 |
| χρυσωπός | 1 | | | | | | | | | | | | | | | 1 |
| χρῶμα | 5 | | 3 | | | | | | | | | | | | 1 | 1 |
| χρώς | 3 | | | | | | | | | | | | | | 1 | 2 |
| χύμα | 3 | | | | | | | | | | | | | 3 | | |
| χύσις | 1 | | | 1 | | | | | | | | | | | | |
| χυτός | 1 | | | | | | | | | | | | | | 1 | |
| Χωβαβιήλ | 1 | | 1 | | | | | | | | | | | | | |
| Χωζηβά | 2 | | | | 2 | | | | | | | | | | | |
| χωλός | 11 | | | | | | | | | | | | 1 | | | 10 |
| χῶμα | 1 | | | | | | | | | | | | | | | 1 |
| χωνευτός | 2 | | | | | | | | | 1 | | | | | | 1 |
| χώρα | 72 | | | 3 | 3 | 2 | | | | 2 | 1 | | 7 | 23 | 10 | 21 |
| χωρέω | 4 | | | | 1 | | | | | | | | | 1 | 1 | 1 |
| χωρίζω | 20 | 3 | 5 | | 6 | 1 | | | | | | 3 | | | | 2 |
| χωρίον | 4 | | | | 1 | | | 2 | 1 | | | | | | | |
| χωρίς | 10 | 1 | 2 | | | | | | | | | | | | 3 | 4 |

| LEMMES | TOTAL | ADAM | HEN | ABR | PATR | ASEN | SAL | JER | BAR | PROP | ESDR | SEDR | JOB | ARIS | SIB | FRAG |
|---|---|---|---|---|---|---|---|---|---|---|---|---|---|---|---|---|
| χωρισμός | 1 | | | | | | | | | | | | | | | 1 |
| χῶρος | 6 | | | | | | | | | | | | | | 2 | 4 |
| Χωχαριήλ | 1 | | 1 | | | | | | | | | | | | | |
| Χωχιήλ | 1 | | 1 | | | | | | | | | | | | | |
| ψακάς | 1 | | | | | | | | | | | | | | 1 | |
| ψαλίς | 2 | | | | | | | | | | | | | 2 | | |
| ψάλλω | 5 | | 1 | | | | 2 | | | | | | | 2 | | |
| ψαλμός | 14 | | | | | | 10 | | | 2 | 1 | | | 1 | | |
| ψαλτήριον | 2 | | | | | | | | | | | | | 2 | | |
| ψαμαθηδόν * | 1 | | | | | | | | | | | | | | 1 | |
| ψάμαθος | 2 | | | | | | | | | | | | | | 2 | |
| Ψαμμίτιχος | 1 | | | | | | | | | | | | | 1 | | |
| ψάμμος | 1 | | | | | | | | | | | | | | | 1 |
| ψαύω | 2 | | | | | | | | | | | | | | | 2 |
| ψέγω | 2 | | | | 2 | | | | | | | | | | | |
| ψέλιον | 5 | | 1 | | | 4 | | | | | | | | | | |
| ψευδής | 14 | | 4 | | | | 3 | | | | | | | | 4 | 3 |
| ψευδογραφέω | 1 | | | | | | | | | | | | | | 1 | |
| ψευδογράφος | 1 | | | | | | | | | | | | | | 1 | |
| ψευδόπατρις * | 1 | | | | | | | | | | | | | | 1 | |
| ψευδοπροφητεύω | 2 | | | | | | | | | | | | | | | 2 |
| ψευδοπροφήτης | 4 | | | | 1 | | | | | 1 | | | | | | 2 |
| ψεύδορκος | 1 | | | | | | | | | | | | | | | 1 |
| ψεῦδος | 22 | | 2 | | 15 | | | 1 | | | | | | 1 | | 3 |
| ψεύδω | 12 | | 2 | 1 | 1 | 1 | | | | 2 | | 1 | | 2 | | 2 |
| ψεῦμα | 1 | | 1 | | | | | | | | | | | | | |
| ψεύστειρα * | 1 | | | | | | | | | | | | | | 1 | |
| ψιθυρισμός | 2 | | | | | | | | 2 | | | | | | | |
| ψίθυρος | 5 | | | | | | 4 | | | | | | | | | 1 |
| ψοφέω | 1 | | | | | | | | | | | | | | | 1 |
| ψόφος | 1 | | | | | | | | | | | | | | 1 | |
| ψύα | 1 | | | | 1 | | | | | | | | | | | |
| ψύγω | 1 | | | | 1 | | | | | | | | | | | |
| ψῦξις | 1 | 1 | | | | | | | | | | | | | | |
| ψυχαγωγία | 1 | | | | | | | | | | | | | 1 | | |
| ψυχή | 249 | 3 | 16 | 66 | 56 | 7 | 25 | 5 | 1 | | 11 | 8 | 9 | 20 | 8 | 14 |
| ψῦχος | 4 | | 3 | | | | | | | | | | | | | 1 |
| ψυχοτρόφος | 1 | | | | | | | | | | | | | | 1 | |
| ψυχρός | 1 | | 1 | | | | | | | | | | | | | |
| ψωμίζω | 1 | | | | 1 | | | | | | | | | | | |
| ὤ | 2 | | | | | | | | | | | | | | 2 | |
| * ὦ | 59 | 4 | | 4 | 2 | | 2 | | 4 | | 3 | 14 | 2 | 7 | 5 | 12 |
| ὠγύγιος | 1 | | | | | | | | | | | | | | | 1 |
| * ὧδε | 29 | | 13 | 6 | | 1 | 4 | | | 1 | 1 | 3 | | | | |
| ὠδίνω | 1 | | | | | | | | | | | | | | 1 | |
| ὠδίς | 2 | | | | | | 1 | | | | | | | 1 | | |
| Ὠκεανός | 8 | | | 1 | | | | | | | | | | | 6 | 1 |
| ὠκύς | 1 | | | | | | | | | | | | | | | 1 |
| ὠλένη | 2 | | | | | | | | | | | | | | 1 | 1 |
| ὦμος | 7 | | | | 2 | 1 | | 1 | | | | | | 1 | 1 | 1 |
| ὠμότης | 1 | | 1 | | | | | | | | | | | | | |
| ὠοθεσία * | 3 | | | | | | | | | | | | | 3 | | |
| Ωρα | 1 | | | | | | | | | | | | | | | 1 |
| ὥρα | 60 | 6 | 15 | 4 | 7 | 1 | 6 | 3 | 1 | | 1 | 1 | 4 | 1 | 2 | 8 |
| ὡραῖος | 21 | 1 | 5 | 1 | 5 | 6 | | | 2 | 1 | | | | | | |
| ὡραιότης | 20 | | 15 | 1 | | | | 1 | | | | | | 3 | | |
| ὠρέω | 1 | | | | | | | | | | | | | | 1 | |
| Ὠρίων | 2 | | | | | | | | | | | | | | 2 | |
| * ὡς (ὅς) | 577 | 9 | 38 | 28 | 134 | 104 | 25 | 7 | 16 | 21 | 9 | 3 | 22 | 60 | 18 | 83 |
| ὡσανεί | 1 | | | | | | | | | | | | | 1 | | |
| ὡσαύτως | 9 | | | | 2 | | | | | 2 | | | | 4 | | 1 |
| * ὡσεί | 25 | | 6 | 1 | 4 | 5 | | | | 5 | 1 | | | 1 | 1 | 1 |
| Ὡσηέ | 1 | | | | | | | | | | 1 | | | | | |
| * ὥσπερ | 35 | 2 | 3 | | 8 | 4 | 1 | | 2 | 3 | | 3 | | 2 | 1 | 6 |
| ὥσπερεί | 2 | | 1 | | | | | | | | | | | | | 1 |
| ωσσαρθιωμι * | 1 | | | | | | | | | | | | | | | 1 |
| * ὥστε | 74 | 1 | 1 | 6 | 5 | | | | | | | 4 | 3 | 12 | 21 | 21 |
| ὠτίον | 1 | 1 | | | | | | | | | | | | | | |
| ὠφέλεια | 4 | | | | | | | | | | | | | 4 | | |
| ὠφελέω | 8 | 1 | | | | | | | | | | 1 | 1 | 4 | | 1 |
| ὠχράω | 1 | | | | | | | | | | | | | | | 1 |

CONCORDANCE

```
ᾱ                                                                                        1
Sib.     4  162      ἀνθρώπων ἅμα πᾶσαν ὑπ' ἐμπρησμοῦ μεγάλοιο.  × ᾱ × μέλεοι μετάθεσθε βροτοὶ τάδε μηδὲ πρὸς ὀργὴν παντοίην

'Ααρών
                                             9
Prop.    2   11      δὲ ὅτι τὴν κιβωτὸν ταύτην οὐδεὶς ἐκβάλλει εἰ μὴ  × 'Ααρὼν × καὶ τὰς ἐν αὐτῷ πλάκας οὐδεὶς ἀναπτύξει οὐκέτι
Prop.    2   14      μεταξὺ τῶν δύο ὀρέων ἐν οἷς κεῖνται Μωϋσῆς καὶ  × 'Ααρών. × καὶ ἐν νυκτὶ νεφέλη ὡς πῦρ γίνεται κατὰ τὸν
Prop.   21    1      ἀγρῷ αὐτοῦ. Ἠλίας Θεσβίτης ἐκ γῆς 'Αράβων φυλῆς  × 'Ααρὼν × οἰκῶν ἐν Γαλαὰδ ὅτι ἡ Θεσβις δόμα ἦν τοῖς
HDem.  9 21  19      θυγατέρα 'Ιωχαβὲτ καὶ ὄντα ἐνιαυτῶν ο ε' γεννῆσαι  × 'Ααρὼν ⟨καὶ Μωσῆν⟩ γεννῆσαι δὲ Μωσῆν τὸν 'Αμβράμ ὄντα
HDem.  9 29   3      ἀνατολὰς ἐπὶ κατοικίαν πέμψαι διὰ τοῦτο δὲ καὶ  × 'Ααρὼν × καὶ Μαριὰμ ἐν 'Ασηρὼθ Μωσῆν Αἰθιοπίδα γῆμαι
HArt.  9 27  17      ταύτην ὑπὸ τῶν ἐγχωρίων οὐκ ἐλαχίστως ᾗ τὴν Ἴσιν.  × 'Ααρῶνα × δὲ τὸν τοῦ Μωϋσου ἀδελφὸν τὰ περὶ τὴν ἐπιβουλὴν
HArt.  9 27  22      ἐπάγειν διαγνῶναι τοῖς Αἰγυπτίοις πρῶτον δὲ πρὸς  × 'Ααρῶνα × τὸν ἀδελφὸν ἐλθεῖν. τὸν δὲ βασιλέα τῶν Αἰγυπτίων
LEze. 9 29 10 01     ὥστε μὴ λόγους ἐμοὺς γενέσθαι βασιλέως ἐναντίον.  × 'Ααρῶνα × πέμψω σὸν κασίγνητον ταχὺ ᾧ πάντα λέξεις τάξ
FrAn.  1 217 23      ἀπολεσθέντα πολυθρύλλητον λίθον ἐκ τῆς διπλοΐδος  × 'Ααρὼν × τοῦ ἀρχιερέως ἔχων. λαβὼν αὐτὸν δὸς τῷ ἐνέγκαντι

ἀβάπτιστος                                   1
Sedr.   14    6      ἔχοντα ⟨καὶ τὰ⟩ τοῦ νόμου ποιοῦσιν ὅτι ⟨εἴ⟩ εἰσιν  × ἀβάπτιστοι × καὶ ἐνέβη τὸ θεῖόν μου πνεῦμα εἰς αὐτούς καὶ

αβαρμας ×                                     1
FrAn.  574 3021      ιαβα ιαη αβρωθ Αια θωθ ελε ελω αηω εου ιιβαεχ  × αβαρμας × ϊαβαραου αβελβελ λωνα αβρα μαροια βρακιιων

ἀβάστακτος                                   1
Abr.1   17   17      εἰπεῖν ἔδειξεν αὐτῶν πολλὴν ἀγριότητα καὶ πικρίαν  × ἀβάστακτον × ⟨καὶ⟩ πᾶσαν νόσον θανατηφόρον ⟨ἀώρως

'Αβδηρίτης                                   1
Aris.   31    8      εἶναι τὴν ἐν αὐτοῖς θεωρίαν ὥς φησιν 'Εκαταῖος ὁ  × 'Αβδηρίτης. × ἐὰν οὖν φαίνηται βασιλεῦ γραφήσεται πρὸς τὸν

'Αβδιού                                      1
Prop.    9    1      εἰς σωτηρίαν). ἐν εἰρήνῃ ἀπέθανε καὶ ἐτάφη ἐκεῖ.  × 'Αβδιοῦ × ἦν ἐκ γῆς Συχὲμ ἀγροῦ Βηθαχαράμ. οὗτος ἦν

'Αβελ
                                            20
Adam    1    3       καλούμενον Κάϊν καὶ τὸν 'Αμιλαβὲς τὸν καλούμενον  × "Αβελ. × καὶ μετὰ ταῦτα ἐγένοντο μετ' ἀλλήλων 'Αδὰμ καὶ
Adam    2    2       τὸ αἷμα τοῦ υἱοῦ μου 'Αμιλαβὲς τοῦ ἐπιλεγομένου  × "Αβελ × βαλλόμενον εἰς τὸ στόμα Κάϊν τοῦ ἀδελφοῦ αὐτοῦ καὶ
Adam    3    1       πορευθέντες δὲ ἀμφότεροι εὗρον πεφονευμένον τὸν  × "Αβελ × ἀπὸ χειρὸς Κάϊν τοῦ ἀδελφοῦ αὐτοῦ. καὶ λέγει ὁ
Adam    3    3       αὐτοῦ μετ' αὐτοῦ καὶ ἡ Εὔα ἔχοντες τὴν λύπην περὶ  × "Αβελ × τοῦ υἱοῦ αὐτῶν. μετὰ δὲ ταῦτα ἔγνω 'Αδὰμ τὴν
Adam    4    2       καὶ λέγει 'Αδὰμ τῇ Εὔα ἰδοὺ ἐγεννήσαμεν υἱὸν ἀντὶ  × "Αβελ. × ὃν ἀπέκτεινεν Κάϊν. δώσωμεν δόξαν καὶ θυσίαν τῷ
Adam   40    3       τὸν 'Αδὰμ εἶπεν ὁ θεὸς ἐνεχθῆναι καὶ τὸ σῶμα τοῦ  × "Αβελ. × καὶ ἐνεγκόντες ἄλλας σινδόνας ἐκήδευσαν αὐτόν
Adam   40    6       καὶ προσέταξεν ὁ θεὸς μετὰ τὸ κηδεῦσαι καὶ τὸν  × "Αβελ × ἆραι αὐτοὺς εἰς τὰ μέρη τοῦ παραδείσου. εἰς τὸν
Adam   43    1       καὶ ἔθαψαν αὐτὸ ὅπου ἦν τὸ σῶμα τοῦ 'Αδὰμ καὶ τοῦ  × "Αβελ. × καὶ μετὰ ταῦτα ἐλάλησεν ὁ Μιχαὴλ τῷ Σὴθ λέγων
Hen.   22    7       μοι λέγων τοῦτο τὸ πνεῦμά ἐστιν τὸ ἐξελθὸν ἀπὸ  × "Αβελ × ὃν ἐφόνευσε Κάϊν ὁ ἀδελφὸς καὶ "Αβελ ἐντυγχάνει
Hen.   22    7       ἐξελθὸν ἀπὸ "Αβελ ὃν ἐφόνευσε Κάϊν ὁ ἀδελφὸς καὶ  × "Αβελ × ἐντυγχάνει περὶ αὐτοῦ ἵνα τοῦ ἀπολέσαι τὸ σπέρμα
Abr.1  13    2       οὗτός ἐστιν υἱὸς τοῦ πρωτοπλάστου ὁ ἐπιλεγόμενος  × "Αβελ × ὃν ἀπέκτεινεν Κάϊν ὁ πονηρότατος καὶ κάθηται ὧδε
Abr.2  11    2       τῷ 'Αβραὰμ θεωρεῖς σὺ τὸν κριτήν; οὗτός ἐστιν ὁ  × "Αβελ × ὁ πρῶτος μαρτυρήσας καὶ ἠνέχθη εἰς τὸν τόπον
TIss.   5    4       σε κυρίου καθὼς εὐλόγησε πάντας τοὺς ἁγίους ἀπὸ  × "Αβελ × ἕως τοῦ νῦν. οὐ γὰρ δέδοταί σοι ἄλλη μερὶς ἢ τῆς
TBen.   7    4       ἐνακοσιοστῷ ἔτει ἐρημοῦται ἐπὶ τοῦ κατακλυσμοῦ διὰ  × "Αβελ × τὸν δίκαιον ἀδελφὸν αὐτοῦ. ἐν τοῖς ἑπτὰ κακοῖς ὁ
FJub.   4    4       τῷ ἑβδομηκοστῷ ἑβδόμῳ ἔτει γεγενῆσθαι τὸν δίκαιον  × "Αβελ. × τῷ ὀγδοηκοστῷ πέμπτῳ ἔτει ἐγεννήθη αὐτοῖς θυγάτηρ
FJub.   4    1       τὴν προσήνεγκε Κάϊν. τῷ ἐνενηκοστῷ ἐνάτῳ ἔτει  × "Αβελ × ἀνήνεγκε θυσίαν τῷ θεῷ εἰκοστῷ δευτέρῳ ἔτος ἄγειν
FJub.   4    1       σκηνοπηγία. τὴν Κάϊν καρποφορίαν θυσίαν τὰ δὲ τοῦ  × "Αβελ × δῶρα. τῷ αὐτῷ ἐνενηκοστῷ ἐνάτῳ ἔτει ἀνεῖλεν ὁ Κάϊν
FJub.   4    2       τῷ αὐτῷ ἐνενηκοστῷ ἐνάτῳ ἔτει ἀνεῖλεν ὁ Κάϊν τὸν  × "Αβελ × καὶ ἐπένθησαν αὐτὸν οἱ πρωτόπλαστοι ἑβδομαδικοὺς
FJub.   4   11       Σαυῆ οὕτω καλουμένη. ὁ δὲ Σὴθ τρίτος υἱὸς μετὰ τὸν  × "Αβελ × γεννηθεὶς τῇ λεγομένη αὐτοῦ ἀδελφῇ 'Αζουρᾷ
FJub.   4   31       ἐπ' αὐτοῦ τοῦ οἴκου. λίθοις γὰρ καὶ αὐτὸς τὸν  × "Αβελ × ἀνεῖλε. πληρωθέντος οὖν ἐνιαυτοῦ μετὰ θάνατον τοῦ

αβελβελ ×                                    1
FrAn.  574 3022      Αια θωθ ελε ελω αηω εου ιιβαεχ αβαρμας ϊαβαραου  × αβελβελ × λωνα αβρα μαροια βρακιιων πυριφανη ὁ ἐν μέση

'Αβελμαούλ
                                             3
TLevi   2    3       ἡμῶν Δίνας ἀπὸ τοῦ 'Εμμώρ. ὡς δὲ ἐποιμαίνομεν ἐν  × 'Αβελμαοὺλ × πνεῦμα συνέσεως κυρίου ἦλθεν ἐπ' ἐμὲ καὶ
TLevi   2    5       καὶ ἐθεασάμην ὄρος ὑψηλὸν τοῦτο ὄρος 'Ασπίδος ἐν  × 'Αβελμαούλ. × καὶ τοῦ ἠνεῴχθησαν οἱ οὐρανοὶ καὶ ἄγγελος
Prop.  22    1       τελευταῖον ἀνελήφθη ἅρματι πυρός. 'Ελισαῖος ἦν ἐξ  × 'Αβελμαοὺλ × γῆς τοῦ 'Ρουβὴν καὶ ἐπὶ τούτου γέγονε τέρας

'Αβίβ                                        1
Jer.    5   33       ποῖός ἐστιν ὁ μὴν οὗτος; ὁ δὲ εἶπε νισσὰν ὅ ἐστιν  × 'Αβίβ. × καὶ ἐπάρας ἐκ τῶν σύκων ἔδωκε τῷ γηραιῷ ἀνθρώπῳ

'Αβιήτης                                     1
Aris.   50    4      δωδεκάτης 'Ισάηλος 'Ιωάννης Θεοδόσιος "Αρσαμος  × 'Αβιήτης × 'Εξεκῆλος. οἱ πάντες ἑβδομήκοντα δύο. καὶ τὰ

'Αβιλά                                       1
TLevi   6    1       τοῦ ὄρους 'Ασπὶς ὅ ἐστιν ἐγγὺς Γεβὰλ ἐκ δεξιῶν  × 'Αβιλὰ × καὶ συνετήρουν τοὺς λόγους τούτους ἐν τῇ καρδίᾳ

'Αβιμέλεχ                                    22
Jer.    3    9       λέγων παρακαλῶ σε κύριε δεῖξόν μοι τί ποιήσω  × 'Αβιμέλεχ × τῷ Αἰθίοπι ὅτι πολλὰς εὐεργεσίας ἐποίησε τῷ
Jer.    3   15       πρωΐας δὲ γενομένης ἀπέστειλεν 'Ιερεμίας τὸν  × 'Αβιμέλεχ × λέγων ἆρον τὸν κόφινον καὶ ἄπελθε εἰς τὸ
Jer.    3   16       ἡ δόξα. καὶ ταῦτα εἰπὼν 'Ιερεμίας ἀπέλυσεν αὐτὸν  × 'Αβιμέλεχ × δὲ ἐπορεύθη καθὰ εἶπεν αὐτῷ. πρωΐας δὲ
Jer.    5    1       πάντων ὧν ὁ κύριος ἐμήνυσεν αὐτῷ δι' αὐτῶν. ὁ δὲ  × 'Αβιμέλεχ × ἤνεγκε τὰ σῦκα ἐκ τοῦ καύματι καὶ καταλαβὼν
Jer.    5   17       τινα γηραιὸν ἐρχόμενον ἐξ ἀγροῦ καὶ λέγει αὐτῷ  × 'Αβιμέλεχ × σοὶ λέγω πρεσβῦτα ποία ἐστὶν ἡ πόλις αὕτη; καὶ
Jer.    5   18       καὶ εἶπεν αὐτῷ 'Ιερουσαλήμ ἐστι. καὶ λέγει αὐτῷ  × 'Αβιμέλεχ × ποῦ ἐστιν ὁ 'Ιερεμίας ὁ ἱερεὺς καὶ Βαροὺχ ὁ
Jer.    5   22       καὶ κατηχῆσαι αὐτοὺς τὸν λόγον. εὐθὺς δὲ ἀκούσας  × 'Αβιμέλεχ × παρὰ τοῦ γηραιοῦ ἀνθρώπου εἶπεν εἰ μὴ ᾗς
Jer.    5   32       αὐτῶν οὐκ ἔστι καὶ γνῶθι. τότε ἔκραξε μεγάλῃ φωνῇ  × 'Αβιμέλεχ × λέγων εὐλογήσω σε ὁ θεὸς τοῦ οὐρανοῦ καὶ τῆς
Jer.    6    1       εἰς τὴν ἄνω πόλιν 'Ιερουσαλήμ. μετὰ ταῦτα ἐξῆλθεν  × 'Αβιμέλεχ × ἔξω τῆς πόλεως καὶ προσηύξατο πρὸς κύριον. καὶ
Jer.    6    2       αὐτοῦ εἶδε τὰ σῦκα ἐσκεπασμένα ἐν τῷ κοφίνῳ τοῦ  × 'Αβιμέλεχ. × καὶ ἄρας τοὺς ὀφθαλμοὺς αὐτοῦ εἰς τὸν οὐρανὸν
Jer.    6    8       ἐν τῇ δυνάμει αὐτοῦ. ταῦτα εἰπὼν ὁ Βαροὺχ λέγει τῷ  × 'Αβιμέλεχ × ἀνάστηθι καὶ εὐξώμεθα ἵνα γνωρίσῃ ἡμῖν ὁ
Jer.    7    8       ἐπιστολήν καὶ ἀπεδέκατε σῦκα ἐκ τοῦ κοφίνου τοῦ  × 'Αβιμέλεχ. × ἐδώσειεν αὐτὰ εἰς ὃν τράχηλον τοῦ ἀετοῦ καὶ
Jer.    7   15       ἐπιστολῆς ἧς ἤνεγκά σοι ἀπὸ τοῦ Βαροὺχ καὶ τοῦ  × 'Αβιμέλεχ. × ἀκούσας δὲ ὁ 'Ιερεμίας ἐδόξασε τὸν θεὸν καὶ
Jer.    7   28       νῦν οὖν δεήθητι εἰς τὸν τόπον ὅπου εἶ σὺ καὶ  × 'Αβιμέλεχ × ὑπὲρ τοῦ λαοῦ τούτου ὅπως εἰσακούσωσιν τῆς
Jer.    8    5       εἰς 'Ιερουσαλήμ. καὶ ἔστη 'Ιερεμίας καὶ Βαροὺχ καὶ  × 'Αβιμέλεχ × λέγοντες ὅτι πᾶς ἄνθρωπος κοινωνίας
Jer.    9    7       καὶ ἱσταμένου ἐν τῷ θυσιαστηρίῳ μετὰ Βαροὺχ καὶ  × 'Αβιμέλεχ × ἐγένετο ὡς εἰς τῶν παραδιδόντων τὴν ψυχὴν
Jer.    9    8       τὴν ψυχὴν αὐτοῦ. καὶ ἔμειναν Βαροὺχ καὶ  × 'Αβιμέλεχ × κλαίοντες καὶ κράζοντες μεγάλῃ τῇ φωνῇ οὐαὶ
Jer.    9   22       αὐτοῦ. ἐλυπήθησαν οὖν σφόδρα Βαροὺχ καὶ  × 'Αβιμέλεχ. × ὅτι ἤθελον ἀκοῦσαι πλήρης τὰ μυστήρια ἃ εἶδε.
Jer.    9   25       ἕως οὗ πάντα ὅσα εἶδον διηγήσωμαι τῷ Βαροὺχ καὶ τῷ  × 'Αβιμέλεχ. × τότε ὁ λίθος διὰ προστάγματος θεοῦ ἀνέλαβεν
Jer.    9   28       πάντα παρέδωκε τὰ μυστήρια ἃ εἶδε τῷ Βαροὺχ καὶ τῷ  × 'Αβιμέλεχ × καὶ εἶθ' οὕτως ἔστη ἐν μέσῳ τοῦ λαοῦ ἐκτελέσαι
Jer.    9   32       ἐπληρώθη αὐτοῦ οἰκονομία. καὶ ἐλθόντες Βαροὺχ καὶ  × 'Αβιμέλεχ × ἔθαψαν αὐτὸν εἰς ὃν λίθον ἔθηκαν ἐπὶ
Bar.    2            κλαίων ὑπὲρ τῆς αἰχμαλωσίας 'Ιερουσαλὴμ ὅτε καὶ  × 'Αβιμέλεχ × ἐπὶ 'Αγρίππα τὸ χωρίον τῇ χειρὶ θεοῦ

ἀβλαβής                                      3
TZab.   5    5       πατρί μου καὶ πολλῶν ἀγχομένων ἐν τῇ θαλάσσῃ ἐγὼ  × ἀβλαβὴς × διέμεινα. πρῶτος ἐγὼ ἐποίησα σκάφος ἐν θαλάσσῃ
Prop.  22   13       καὶ παρ' ὀλίγον κινδυνευόντων πάντων πεποίηκεν  × ἀβλαβὲς × καὶ ἡδὺ τὸ βρῶμα τῶν υἱῶν τῶν προφητῶν κοπτόντων
Prop.  22   18       καὶ ἀπήγαγεν εἰς Σαμάρειαν παρὰ τοὺς ἐχθροὺς  × ἀβλαβεῖς × τε αὐτοὺς φυλάξας διέσωσε καὶ ἔθρεψεν τοῦτο

αβλαναθαναλβα ×                              1
FrAn.  574 3030      ἐπὶ αμμωνιψεντανχω. λόγος ὁρκίζω σε λαβρεία ιακουθ  × αβλαναθαναλβα × ακραμμ. λόγος αωθ ιαθαβαθρα χαχθαβραθα

ἀβουλία                                      1
FAch.  106           τὸν κίονά μου τῆς βασιλείας ἀπώλεσα διὰ τὴν ἐμὴν  × ἀβουλίαν. × καὶ οὔτε βρωτοῦ οὔτε ποτοῦ μετέλαβεν. ἐπιγνοὺς

ἄβουλος                                      1
Sib.    3  734       προφύλαξαι στεῖλον μὴ ἐπὶ τῆνδε πόλιν ⟨σὸν⟩ λαὸν  × ἄβουλον × ὥστε μὴ ἐξ ὁσίης γαίης πέλεται Μεγάλοιο. μὴ

αβρα ×                                       1
FrAn.  574 3022      ελω αηω εου ιιβαεχ αβαρμας ϊαβαραου αβελβελ λωνα  × αβρα × μαροια βρακιιων πυριφανη ὁ ἐν μέση ἀρούρης καὶ

αβρα                                         1
LEze. 9 28 2 19      μου κατώπτευεν πέλας. κἄπειτα θυγάτηρ βασιλέως  × ἄβραις × ὁμοῦ κατῆλθε λουτροῖς χρῶτα φαιδρῦναι νέον ἰδοῦσα

'Αβραάμ                                      297
Abr.1   1    1       διαθήκη τοῦ ὁσίου πατρὸς ἡμῶν δικαίου πατριάρχου  × 'Αβραὰμ × διαλύων δὲ καὶ θανάτου πεῖραν τὸ πῶς δὴ ἕκαστος
Abr.1   1    1       τὸ πῶς δὴ ἕκαστος ἐτελεύτησεν. εὐλόγησον. Ἔξησεν  × 'Αβραὰμ × τὸ μέτρον τῆς ζωῆς αὐτοῦ ἔτη ἐνακόσια
Abr.1   1    2       ὁ ὅσιος καὶ πανίερος καὶ δίκαιος καὶ φιλόξενος  × 'Αβραάμ. × ἔφθασε δὲ καὶ ἐπὶ τοῦτον τὸ κοινὸν καὶ
Abr.1   1    4       κάτελθε Μιχαὴλ ἀρχιστράτηγε ⟨πρὸς τὸν φίλον μου  × 'Αβραάμ⟩ × καὶ εἰπὲ αὐτῷ περὶ τοῦ θανάτου ἵνα διατάξεται
Abr.1   1    6       δὲ ἀρχάγγελε Μιχαὴλ ἄπελθε πρὸς τὸν φίλον μου καὶ  × 'Αβραὰμ × τὸν ἠγαπημένον μοι καὶ ἀνάγγειλον αὐτῷ περὶ τοῦ
Abr.1   2    1       ἐκ προσώπου κυρίου θεοῦ κατῆλθε πρὸς τὸν  × 'Αβραὰμ × εἰς τὴν δρῦν τὴν Μαβρὴν καὶ εὗρε τὸν 'Αβραὰμ ἐν
Abr.1   2    1       τὸν 'Αβραὰμ εἰς τὴν δρῦν τὴν Μαβρὴν καὶ εὗρε τὸν  × 'Αβραὰμ × ἐν τῇ χώρᾳ Ἔγγιστα ζεύγη βοῶν ἀροτριασμοῦ
Abr.1   2    2       ἰδοὺ ὁ ἀρχιστράτηγος ἤρχετο πρὸς αὐτόν. ἰδὼν δὲ  × 'Αβραὰμ × τὸν ἀρχιστράτηγον Μιχαὴλ μακρόθεν ἐρχόμενον
Abr.1   2    2       εὐπρεπεστάτου ἀναστὰς τοίνυν ὁ ἱερώτατος  × 'Αβραὰμ × ὑπήντησε αὐτῷ καθότι ἔθος εἶχεν τοῖς ἐπιξένοις
Abr.1   2    3       ὁ δὲ ἀρχιστράτηγος προχαιρετίσας τὸν δίκαιον  × 'Αβραὰμ × εἶπεν χαίροις τιμιώτατε πάτερ δικαία ψυχὴ φίλε
```

| | | | | | |
|---|---|---|---|---|---|
| Abr.1 | 2 | 4 | ψυχὴ φίλε γνήσιε τοῦ θεοῦ τοῦ ἐπουρανίου. εἶπεν δὲ | * Ἀβραὰμ * | πρὸς τὸν ἀρχιστράτηγον χαίροις τιμιώτατε |
| Abr.1 | 2 | 7 | αὐτὸν ὁ βασιλεὺς πρὸς αὐτὸν προσκαλεῖται. καὶ ὁ | * Ἀβραὰμ * | εἶπεν δεῦρο κύριέ μου πορεύθητι μετ' ἐμοῦ εἰς |
| Abr.1 | 2 | 9 | τοῦ ἀροτριασμοῦ ἐκαθέσθησαν πρὸς ὁμιλίαν. εἶπεν δὲ | * Ἀβραὰμ * | τοῖς παισὶν αὐτοῦ τοῖς υἱοῖς Μασὲκ ἀπέλθατε εἰς |
| Abr.1 | 2 | 10 | ὁ ἐπίξενος. εἶπεν δὲ ὁ ἀρχιστράτηγος μὴ κύριέ μου | * Ἀβραὰμ * | μὴ ἐνέγκωσιν ἵππους ὅτι ἀνέχομαι τούτου τοῦ μὴ |
| Abr.1 | 2 | 12 | ἕως τοῦ οἴκου σου μετεωριζόμενοι. καὶ εἶπεν | * Ἀβραὰμ * | ἀμὴν γένοιτο κύριε. ἀπέρχονται ἀπὸ τοῦ ἀγροῦ |
| Abr.1 | 3 | 4 | προσκαλούμενος ἑαυτὸν τοῖς ἀγαπῶσιν αὐτόν. ἔκρυψεν | * Ἀβραὰμ * | τὸ μυστήριον νομίσας ὅτι ὁ ἀρχιστράτηγος τὴν |
| Abr.1 | 3 | 6 | τὴν ἐπαγγελίαν αὐτοῦ ἣν ἐπηγγείλατο τῷ πατρί σου | * Ἀβραὰμ * | χαρίσεταί σοι καὶ τὴν τιμίαν εὐχὴν τοῦ πατρός |
| Abr.1 | 3 | 7 | εὐχὴν τοῦ πατρός σου καὶ τῆς μητρός σου. εἶπεν δὲ | * Ἀβραὰμ * | πρὸς Ἰσαὰκ τὸν υἱὸν αὐτοῦ τέκνον Ἰσαὰκ |
| Abr.1 | 3 | 9 | τῆς λεκάνης ἀνήνεγκεν ⟨πρὸς⟩ αὐτόν. προσελθὼν οὖν | * Ἀβραὰμ * | ἔνιπτεν τοὺς πόδας τοῦ ἀρχιστρατήγου Μιχαὴλ |
| Abr.1 | 3 | 9 | ἀρχιστρατήγου Μιχαὴλ ἐκινήθησαν δὲ τὰ σπλάγχνα τοῦ | * Ἀβραὰμ * | καὶ ἐδάκρυσεν ἐπὶ τὸν ξένον. καὶ ἰδὼν αὐτὸν |
| Abr.1 | 3 | 12 | ἐπὶ τῆς λεκάνης καὶ ἐγένοντο λίθοι τίμιοι. ἰδὼν δὲ | * Ἀβραὰμ * | τὸ γεγονὸς καὶ ἐκπλαγεὶς ἔλαβεν τοὺς λίθους |
| Abr.1 | 4 | 1 | μυστήριον μόνον ἔχων ἐν τῇ καρδίᾳ αὐτοῦ. ⟨εἶπεν δὲ | * Ἀβραὰμ * | πρὸς Ἰσαὰκ τὸν υἱὸν αὐτοῦ⟩ ἄπελθε υἱέ μου |
| Abr.1 | 4 | 4 | ὁ δὲ Ἰσαὰκ ἡτοίμασεν πάντα καλῶς παραλαβὼν δὲ | * Ἀβραὰμ * | τὸν Μιχαὴλ ἀνῆλθεν ἐν τῷ οἰκήματι τοῦ τρικλίνου |
| Abr.1 | 4 | 7 | ἄπελθε Μιχαὴλ ἀρχιστράτηγε πρὸς τὸν φίλον μου τὸν | * Ἀβραὰμ * | καὶ ὅτι ἂν λέγῃ σοι τοῦτο καὶ ποίει καὶ ὅτι ἂν |
| Abr.1 | 4 | 11 | τὰ τοῦ ὁράματος διακρινεῖς καλῶς ὅπως ἂν γνώσῃ ὁ | * Ἀβραὰμ * | τὴν τοῦ θανάτου δρεπάνην καὶ τὸ τοῦ βίου ἄδηλον |
| Abr.1 | 5 | 1 | ὁ ἀρχιστράτηγος Μιχαὴλ κατῆλθεν εἰς τὸν οἶκον τοῦ | * Ἀβραὰμ * | καὶ ἐκαθέσθη μετ' αὐτοῦ ἐν τῇ τραπέζῃ Ἰσαὰκ δὲ |
| Abr.1 | 5 | 2 | αὐτούς. τελεσθέντος δὲ τοῦ δείπνου ἐποίησεν | * Ἀβραὰμ * | κατὰ τὸ ἔθος εὐχὴν καὶ Μιχαὴλ μετ' αὐτοῦ καὶ |
| Abr.1 | 5 | 4 | ὁμιλίας αὐτοῦ τοῦ ἐναρέτου ἀνδρὸς τούτου. εἶπε δὲ | * Ἀβραὰμ * | οὐχὶ τέκνον Ἰσαὰκ ἀλλὰ ἄπελθε ἐν τῷ σῷ τρικλίνῳ |
| Abr.1 | 5 | 9 | ἀσπάσωμαί σε πρίν σε ἀροῦσιν ἀπ' ἐμοῦ. ἀναστὰς οὖν | * Ἀβραὰμ * | ἤνοιξεν αὐτῷ εἰσελθὼν δὲ Ἰσαὰκ ἐκρεμάσθη ἐπὶ |
| Abr.1 | 5 | 10 | φωνὴν μεγάλην. συγκινηθεὶς οὖν τὰ σπλάγχνα ὁ | * Ἀβραὰμ * | ἔκλαυσεν οὖν καὶ αὐτὸς μεγάλως ἰδὼν δὲ ὁ |
| Abr.1 | 5 | 12 | καὶ κλαίοντας. εἶπε δὲ μετὰ κλαυθμοῦ κύριέ μου | * Ἀβραάμ * | τί ἐστι τοῦτο ὅτι κλαίεται; ἀνάγγειλόν μοι κύριέ |
| Abr.1 | 6 | 2 | ἄγγελος κυρίου ἦν ὁ λαλῶν. συννεύει οὖν Σάρρα τὸν | * Ἀβραὰμ * | τὰ πρὸς τὴν θύραν ἔξω ἐλθεῖν καὶ λέγει αὐτὸν |
| Abr.1 | 6 | 2 | τὴν θύραν ἔξω ἐλθεῖν καὶ λέγει αὐτὸν κύριέ μου | * Ἀβραὰμ * | οὐ γινώσκεις τίς ἔστιν οὗτος ὁ ἀνήρ; εἶπεν δὲ |
| Abr.1 | 6 | 3 | οὐ γινώσκεις τίς ἔστιν οὗτος ὁ ἀνήρ; εἶπεν δὲ | * Ἀβραὰμ * | οὐ γινώσκω. εἶπεν δὲ Σάρρα εἶδες κύριέ μου τοὺς |
| Abr.1 | 6 | 5 | τῇ μητρὶ αὐτοῦ ἐν ἀγαλλιάσει οὐκ οἶδας κύριέ μου | * Ἀβραὰμ * | ὅτι καὶ καρπὸν κοιλίας ἐξ ἐπαγγελίας ἡμῖν |
| Abr.1 | 6 | 6 | τριῶν ἀνδρῶν οὗτός ἐστιν ὁ εἷς ἐξ αὐτῶν. εἶπεν δὲ | * Ἀβραὰμ * | ὦ Σάρρα τοῦτο ἀληθὲς εἴρηκας δόξα καὶ εἰρήνη |
| Abr.1 | 6 | 8 | δεικνύοντι ἡμῖν θαυμάσια καὶ νῦν γίνωσκε κύριέ μου | * Ἀβραὰμ * | ὅτι ἀποκάλυψίς τινος ἔργου ἡμῖν ἐστιν κἄν τε |
| Abr.1 | 7 | 1 | ἐστιν κἄν τε ἀγαθὸν κἄν τε πονηρόν. καταλιπὼν δὲ | * Ἀβραὰμ * | τὴν Σάρραν εἰσῆλθεν ἐν τῷ τρικλίνῳ καὶ εἶπε πρὸς |
| Abr.1 | 7 | 8 | ἐπ' ἐμέ. εἶπεν δὲ ὁ ἀρχιστράτηγος ἄκουσον δίκαιε | * Ἀβραὰμ * | ὁ μὲν ἥλιος ὃν ἑώρακεν ὁ παῖς σὺ εἶ ὁ πατὴρ |
| Abr.1 | 7 | 9 | τὴν δικαίαν σου ψυχὴν καὶ νῦν γίνωσκε τιμιώτατε | * Ἀβραὰμ * | ὅτι μέλλεις καταλιπεῖν ἐν τῷ καιρῷ τούτῳ τὸν |
| Abr.1 | 7 | 10 | κοσμικὸν βίον καὶ πρὸς τὸν θεὸν ἀποδημεῖν. εἶπε δὲ | * Ἀβραὰμ * | πρὸς τὸν ἀρχιστράτηγον ὢ θαῦμα θαυμάτων |
| Abr.1 | 7 | 12 | ἀπελεύσομαι πρὸς αὐτὸν καθὼς ἐκέλευσέ μοι. εἶπε δὲ | * Ἀβραὰμ * | νῦν ἔγνωκα κἀγὼ ὅτι σὺ εἶ ἄγγελος κυρίου καὶ |
| Abr.1 | 8 | 1 | καὶ ἀνήγγειλεν πάντα ἅπερ εἶδεν ἐν τῷ οἴκῳ τοῦ | * Ἀβραάμ. * | εἶπεν δὲ καὶ τοῦτο ὁ ἀρχιστράτηγος πρὸς τὸν |
| Abr.1 | 8 | 2 | πρὸς τὸν δεσπότην ὅτι καὶ τοῦτο λέγει ὁ φίλος σου | * Ἀβραὰμ * | ὅτι οὐ μή σε ἀκολουθήσω ἀλλ' ὅτι κελεύεις |
| Abr.1 | 8 | 4 | δὲ ὁ θεὸς τὸν Μιχαὴλ ἄπελθε πρὸς τὸν φίλον μου τὸν | * Ἀβραὰμ * | ⟨ἔτι ἅπαξ⟩ καὶ εἰπὲ αὐτὸν οὕτως τάδε λέγει ὁ |
| Abr.1 | 9 | 1 | τὰς παραινέσεις τοῦ ὑψίστου κατῆλθεν πρὸς τὸν | * Ἀβραὰμ * | καὶ ἰδὼν αὐτὸν ὁ δίκαιος ἔπεσεν ἐπὶ πρόσωπον εἰς |
| Abr.1 | 9 | 2 | παρὰ τοῦ ὑψίστου τότε οὖν ὁ ὅσιος καὶ δίκαιος | * Ἀβραὰμ * | ἀναστὰς μετὰ πολλῶν δακρύων προσέπεσεν τοῖς |
| Abr.1 | 9 | 4 | πρὸς τὸν ὕψιστον καὶ ἐρεῖς αὐτῷ ὅτι τάδε λέγει ὁ | * Ἀβραὰμ * | ὅτι κύριε κύριε ἐν παντὶ ἔργῳ καὶ λόγῳ ὃ |
| Abr.1 | 9 | 7 | ἀνήγγειλεν αὐτῷ πάντα λέγων τάδε λέγει ὁ φίλος σου | * Ἀβραὰμ * | ὅτι ἤθελον θεάσασθαι πᾶσαν τὴν οἰκουμένην ἐν τῇ |
| Abr.1 | 9 | 8 | τὴν ἐξουσίαν ἔχοντας καὶ κατάλαβε τὸν δίκαιον | * Ἀβραὰμ * | ἐπὶ τὸ ἅρμα τὸ χερουβικὸν καὶ ὕψωσον αὐτὸν εἰς |
| Abr.1 | 10 | 1 | καὶ κατελθὼν ὁ ἀρχάγγελος Μιχαὴλ ἔλαβεν τὸν | * Ἀβραὰμ * | ἐπὶ ἅρματος χερουβικοῦ καὶ ὕψωσεν αὐτὸν εἰς τὸν |
| Abr.1 | 10 | 1 | τῆς νεφέλης καὶ ἑξήκοντα ἀγγέλους καὶ ἀνήρχετο ὁ | * Ἀβραὰμ * | ἐπὶ ὀχήματος ἐφ' ὅλην τὴν οἰκουμένην. ἑώρα δὲ |
| Abr.1 | 10 | 2 | ἐπὶ ὀχήματος ἐφ' ὅλην τὴν οἰκουμένην. ἑώρα δὲ | * Ἀβραὰμ * | τὸν κόσμον καθὼς ἦγεν ἡ ἡμέρα ἐκείνη ἄλλους μὲν |
| Abr.1 | 10 | 4 | κόσμου γινόμενα ἀγαθὰ καὶ πονηρά. διερχόμενος δὲ | * Ἀβραὰμ * | εἶδεν ἄνδρας ξιφηφόρους ἐν ταῖς χερσὶν αὐτοῦ |
| Abr.1 | 10 | 4 | αὐτοῦ κρατοῦντας ξίφη ἠκονημένα καὶ ἠρώτησεν | * ⟨ Ἀβραὰμ * | τὸν ἀρχιστράτηγον⟩ τίνες εἰσὶν οὗτοι; καὶ εἶπεν |
| Abr.1 | 10 | 6 | καὶ κλέψαι καὶ θῦσαι καὶ ἀπολέσαι. εἶπεν δὲ | * Ἀβραὰμ * | κύριε εἰσάκουσον τῆς φωνῆς μου καὶ κέλευσον ἵνα |
| Abr.1 | 10 | 11 | καὶ ἁρπάζοντας τὰ ἀλλότρια πράγματα καὶ εἶπεν | * Ἀβραὰμ * | κύριε κέλευσον ἵνα κατέλθῃ πῦρ ἐκ τοῦ οὐρανοῦ |
| Abr.1 | 10 | 12 | ἀρχιστράτηγε στῆναι τὸ ἅρμα καὶ ἀπόστρεψον τὸν | * Ἀβραὰμ * | ἵνα μὴ ἴδῃ πᾶσαν τὴν οἰκουμένην εἰ γὰρ ἴδῃ |
| Abr.1 | 10 | 13 | διάγοντας καὶ ἀπολέσει πᾶν τὸ ἀνάστημα ἰδοὺ γὰρ ὁ | * Ἀβραὰμ * | οὐχ ἥμαρτεν καὶ τοὺς ἁμαρτωλοὺς οὐκ ἐλεᾷ ἐγὼ δὲ |
| Abr.1 | 10 | 15 | ἕως οὗ ἐπιστρέψαι καὶ ζῆσαι ἀνάγαγε ⟨δὲ⟩ τὸν | * Ἀβραὰμ * | ἐν τῇ πρώτῃ πύλῃ τοῦ οὐρανοῦ ὅπως θεάσηται ἐκεῖ |
| Abr.1 | 11 | 1 | ἔστρεψεν δὲ ὁ Μιχαὴλ τὸ ἅρμα καὶ ἤνεγκεν τὸν | * Ἀβραὰμ * | ⟨εἰς τὴν ἀνατολὴν ἐν τῇ πύλῃ τοῦ οὐρανοῦ τῇ |
| Abr.1 | 11 | 2 | ἐν τῇ πύλῃ τοῦ οὐρανοῦ τῇ πρώτῃ καὶ εἶδεν ἐκεῖ ὁ | * Ἀβραὰμ⟩ * | δύο ὁδοὺς ⟨ἡ⟩ μία ὁδὸς ⟨στενὴ καὶ τεθλιμμένη ἡ |
| Abr.1 | 11 | 8 | πολλῇ χαίρων καὶ ἀγαλλιώμενος. ἠρώτησεν δὲ ὁ | * Ἀβραὰμ * | τὸν ἀρχιστράτηγον κύριέ μου ἀρχιστράτηγε τίς |
| Abr.1 | 12 | 15 | διὰ πυρὸς τὰς ψυχὰς τῶν ἀνθρώπων. ἠρώτησεν δὲ | * Ἀβραὰμ * | τὸν ἀρχιστράτηγον καὶ λέγει τί ἐστι ταῦτα ἃ |
| Abr.1 | 12 | 15 | καὶ εἶπεν ὁ ἀρχιστράτηγος ταῦτα ἅπερ βλέπεις ὅσιε | * Ἀβραὰμ * | τοῦτο ἔστιν ἡ κρίσις καὶ ἀνταπόδοσις. καὶ ἰδοὺ ὁ |
| Abr.1 | 13 | 1 | ἀλλ' ἔστησεν αὐτὴν εἰς τὸ μέσον. καὶ εἶπεν | * Ἀβραὰμ * | κύριέ μου ἀρχιστράτηγε τίς ἐστιν ὁ κριτὴς οὗτος |
| Abr.1 | 13 | 2 | δὲ ὁ ἀρχιστράτηγος θεωρεῖς πανόσιε καὶ δίκαιε | * Ἀβραὰμ * | τὸν ἄνδρα τὸν φοβερὸν τὸν ἐπὶ θρόνου καθήμενον; |
| Abr.1 | 13 | 4 | ἐνδόξου αὐτοῦ παρουσίας καὶ τότε δικαιότατε | * Ἀβραὰμ * | γενήσεται τελεία κρίσις καὶ ἀνταπόδοσις αἰωνία |
| Abr.1 | 13 | 14 | σώζεσθαι ἐν τῷ κλήρῳ τῶν δικαίων καὶ οὕτως δίκαιε | * Ἀβραὰμ * | τὰ πάντα ἐν πᾶσιν ἐν πυρὶ καὶ ζυγῷ δοκιμάζονται. |
| Abr.1 | 14 | 1 | ἐν πᾶσιν ἐν πυρὶ καὶ ζυγῷ δοκιμάζονται. εἶπεν δὲ | * Ἀβραὰμ * | πρὸς τὸν ἄγγελον κύριέ μου ἀρχιστράτηγε τὴν |
| Abr.1 | 14 | 2 | τῷ μέσῳ; εἶπεν δὲ ὁ ἀρχιστράτηγος ἄκουσον δίκαιε | * Ἀβραὰμ * | διότι εὗρεν ὁ κριτὴς τὰς ἁμαρτίας αὐτῆς ⟨καὶ τὰς |
| Abr.1 | 14 | 3 | οὗ ἔλθῃ ὁ κριτὴς καὶ θεὸς τῶν ἁπάντων. εἶπεν δὲ | * Ἀβραὰμ * | καὶ τί ἔτι λείπεται ἡ ψυχὴ εἰς τὸ σώζεσθαι; |
| Abr.1 | 14 | 5 | τῶν ἁμαρτιῶν ἔρχεται εἰς τὸ σώζεσθαι. ⟨εἶπεν δὲ | * Ἀβραὰμ * | πρὸς τὸν ἀρχιστράτηγον⟩ δεῦρο Μιχαὴλ |
| Abr.1 | 14 | 7 | οὐκ εἶδον τὴν ψυχὴν⟩ ἱσταμένην ἐκεῖσε. καὶ εἶπεν | * Ἀβραὰμ * | ⟨πρὸς τὸν ἄγγελον⟩ ποῦ ἐστιν ἡ ψυχή; εἶπεν δὲ ὁ |
| Abr.1 | 14 | 9 | καὶ ἀνήνεγκεν αὐτὴν ἐν τῷ παραδείσῳ. εἶπεν δὲ | * Ἀβραὰμ * | δοξάζω τὸ ὄνομα τοῦ θεοῦ τοῦ ὑψίστου καὶ τὸ |
| Abr.1 | 14 | 10 | ὑψίστου καὶ τὸ ἔλεος αὐτοῦ τὸ ἀμέτρητον. εἶπεν δὲ | * Ἀβραὰμ * | πρὸς τὸν ἀρχιστράτηγον δέομαί σου ἀρχάγγελε |
| Abr.1 | 14 | 14 | αὐτῶν ἦλθεν φωνὴ λέγουσα ἐκ τοῦ οὐρανοῦ | * Ἀβραὰμ * | Ἀβραὰμ εἰσήκουσε κύριος τῆς δεήσεώς σου καὶ |
| Abr.1 | 14 | 14 | αὐτῶν ἦλθεν φωνὴ λέγουσα ἐκ τοῦ οὐρανοῦ Ἀβραὰμ | * Ἀβραὰμ * | εἰσήκουσε κύριος τῆς δεήσεώς σου καὶ ἀφίεταί σοι |
| Abr.1 | 15 | 1 | Μιχαὴλ Μιχαὴλ ὁ ἐμὸς λειτουργὸς ἀπόστρεψον ⟨τὸν | * Ἀβραὰμ⟩ * | εἰς τὸν οἶκον αὐτοῦ ὅτι ἰδοὺ ἤγγικεν τὸ τέλος |
| Abr.1 | 15 | 2 | δὲ ὁ ἀρχιστράτηγος τὴν νεφέλην ἤγαγεν τὸν | * Ἀβραὰμ * | τὸν ἱερώτατον εἰς τὸν οἶκον αὐτοῦ καὶ ἀπελθὼν ἐν |
| Abr.1 | 15 | 4 | σοι κύριέ μου ὅτι ἀνήνεγκας τὸν κύριον τὸν | * Ἀβραὰμ * | ἰδοὺ γὰρ ἐνομίζομεν ἀναληφθέντα αὐτὸν ἀφ' ἡμῶν. |
| Abr.1 | 15 | 5 | καὶ αἱ δουλίδες αὐτοῦ περιεπλάκησαν κύκλῳ τοῦ | * Ἀβραὰμ * | δοξάζοντες τὸν θεὸν τὸν ἅγιον. εἶπεν δὲ ὁ |
| Abr.1 | 15 | 6 | τὸν θεὸν τὸν ἅγιον. εἶπεν δὲ ὁ ἀσώματος πρὸς | * Ἀβραὰμ * | ἄκουσον δικαιώτατε ἰδοὺ ἡ γυνή σου Σάρρα ἰδοὺ |
| Abr.1 | 15 | 8 | ἔτι ἅπαξ πρὸς τὸν κύριον ἔρχεσθαι. εἶπεν δὲ | * Ἀβραὰμ * | ὁ κύριος εἶπεν ἢ ἀφ' ἑαυτοῦ σὺ τοῦτο λέγεις; ὁ |
| Abr.1 | 15 | 10 | ἅπερ ὁ δεσπότης ἐκέλευσεν κἀγώ σοι λέγω. εἶπεν δὲ | * Ἀβραὰμ * | οὐ μή σε ἀκολουθήσω. ἀκούσας δὲ ὁ ἀρχιστράτηγος |
| Abr.1 | 15 | 11 | τοὺς λόγους τούτους εὐθέως ἐξῆλθεν ἐκ προσώπου τοῦ | * Ἀβραὰμ * | καὶ ἀνῆλθεν εἰς τοὺς οὐρανοὺς καὶ ἔστη ἐνώπιον |
| Abr.1 | 15 | 12 | κύριε παντοκράτωρ ἰδοὺ εἰσήκουσα τοῦ φίλου σου | * Ἀβραὰμ * | πάντα ὅσα εἶπεν πρός σε καὶ τὰς αἰτήσεις αὐτοῦ |
| Abr.1 | 15 | 13 | τὸν ἀρχιστράτηγον πάλιν οὕτως λέγει ὁ φίλος μου | * Ἀβραὰμ * | ὅτι οὐκ ἀκολουθῶ σε; καὶ ⟨ὁ ἀρχάγγελος⟩ εἶπεν ἐκ |
| Abr.1 | 15 | 14 | κυρίου τοῦ θεοῦ ἡμῶν ⟨οὕτως λέγει ὁ φίλος σου | * Ἀβραὰμ * | καὶ ἐγὼ φείδομαι τοῦ ἅψασθαι αὐτοῦ⟩ ὅτι ἐξ ἀρχῆς |
| Abr.1 | 16 | 5 | τὴν ἐνδοξότητα καὶ κάτελθε πρὸς τὸν φίλον μου τὸν | * Ἀβραὰμ * | καὶ λαβὲ αὐτὸν καὶ ἄγαγε αὐτὸν πρός με ἀλλὰ καὶ |
| Abr.1 | 16 | 6 | παρειὰς αὐτοῦ πῦρ ἀπαυγάζων καὶ ἀπῆλθεν πρὸς τὸν | * Ἀβραάμ. * | ὁ δὲ δίκαιος Ἀβραὰμ ἰδὼν ἐξῆλθεν ἐκ τοῦ |
| Abr.1 | 16 | 7 | καὶ ἀπῆλθεν πρὸς τὸν Ἀβραάμ. ὁ δὲ δίκαιος | * Ἀβραὰμ * | ἰδὼν ἐξῆλθεν ἐκ τοῦ τρικλίνου αὐτοῦ καὶ ἐκαθέσθη |
| Abr.1 | 16 | 8 | καὶ ἰδοὺ ὀσμὴ εὐωδίας ἤρχετο πρὸς τὸν | * Ἀβραὰμ * | καὶ φωτὸς ἀπαύγασμα περιστραφεὶς δὲ Ἀβραὰμ |
| Abr.1 | 16 | 8 | τὸν Ἀβραὰμ καὶ φωτὸς ἀπαύγασμα περιστραφεὶς δὲ | * Ἀβραὰμ * | εἶδεν τὸν θάνατον ἐρχόμενον πρὸς αὐτὸν ἐν πολλῇ |
| Abr.1 | 16 | 9 | αὐτὸν ὁ θάνατος προσεκύνησεν λέγων χαίροις τίμιε | * Ἀβραὰμ * | δικαία ψυχὴ φίλε τοῦ θεοῦ τοῦ ὑψίστου καὶ τῶν |
| Abr.1 | 16 | 10 | τοῦ ὑψίστου καὶ τῶν ἀγγέλων ὁμόσκηνε. εἶπεν δὲ ὁ | * Ἀβραὰμ * | πρὸς τὸν θάνατον χαίροις ἡλιόρατε θεσμοσυλλήπτωρ |
| Abr.1 | 16 | 11 | πρὸς ἡμᾶς καὶ τίς εἶ σύ; λέγει αὐτῷ ὁ θάνατος | * Ἀβραὰμ * | πάτερ δικαιότατε ἰδοὺ λέγω σοι τὴν ἀλήθειαν ἐγώ |
| Abr.1 | 16 | 12 | ἐγώ εἰμι τὸ πικρὸν τοῦ θανάτου ποτήριον. λέγει οὖν | * Ἀβραὰμ * | οὐχὶ ἀλλὰ σὺ ⟨εἶ⟩ ἡ εὐπρέπεια τοῦ κόσμου σὺ εἶ ἡ |
| Abr.1 | 16 | 14 | ὠνόμασέν με ὁ θεὸς ἐκεῖνο καὶ λέγω σοι. εἶπεν δὲ | * Ἀβραὰμ * | εἰς τί ἐλήλυθας ὧδε; εἶπεν δὲ ὁ θάνατος διὰ τῆς |
| Abr.1 | 16 | 16 | διὰ τῆς δικαίας σου ψυχῆς παραγέγονα. ⟨λέγει αὐτῷ | * Ἀβραὰμ⟩ * | οἶδα τί λέγεις ἀλλ' οὐ μή σε ἀκολουθήσω. ὁ δὲ |
| Abr.1 | 17 | 1 | ὁ δὲ θάνατος ἐσιώπα καὶ οὐκ ἀπεκρίθη. ἀνέστη δὲ | * Ἀβραὰμ * | καὶ ἦλθεν εἰς τὸν οἶκον αὐτοῦ ἠκολούθει δὲ καὶ ὁ |
| Abr.1 | 17 | 1 | αὐτοῦ ἠκολούθει δὲ καὶ ὁ θάνατος ἕως ἐκεῖ ἀνέβη δὲ | * Ἀβραὰμ * | εἰς τὸ τρίκλινον αὐτοῦ ἀνέβη καὶ ὁ θάνατος |
| Abr.1 | 17 | 1 | τὸ τρίκλινον αὐτοῦ ἀνέβη καὶ ὁ θάνατος ἀνέπεσεν δὲ | * Ἀβραὰμ * | ἐπὶ τῆς κλίνης αὐτοῦ ἦλθεν οὖν καὶ ὁ θάνατος καὶ |
| Abr.1 | 17 | 2 | θάνατος καὶ ἔστη παρὰ τοὺς πόδας αὐτοῦ. εἶπεν οὖν | * Ἀβραὰμ * | ἄπελθε ἄπελθε ἀπ' ἐμοῦ ὅτι θέλω ἀναπαύεσθαι ἐν |
| Abr.1 | 17 | 4 | ἕως οὗ λάβω τὸ πνεῦμά σου ἀπό σου. λέγει αὐτῷ | * Ἀβραὰμ * | κατὰ τοῦ θεοῦ τοῦ ἀθανάτου σοι λέγω εἰπὲ ἡμῖν τὸ |
| Abr.1 | 17 | 6 | ὁ θάνατος ἐγώ εἰμι ὁ τὸν κόσμον λυμαίνων. εἶπεν δὲ | * Ἀβραὰμ * | δέομαί σου ἐπειδὴ σὺ εἶ ὁ θάνατος ἀνάγγειλόν μοι |
| Abr.1 | 17 | 9 | τοῖς ἁμαρτωλοῖς τοῖς μὴ πράξασιν ἔλεον. εἶπεν δὲ | * Ἀβραὰμ * | δέομαί σου ἐπάκουσόν μου καὶ δίδαξόν μοι τὴν |
| Abr.1 | 17 | 11 | θεάσασθαι τὴν ἐμὴν ἀγριότητα δικαιότατε. εἶπεν δὲ | * Ἀβραὰμ * | ναὶ δυνήσομαι θεάσασθαί σου πᾶσαν τὴν ἀγριότητα |
| Abr.1 | 17 | 14 | πάσης ἀκαθαρσίας ἀκαθαρσιωτέραν καὶ ὑπέδειξε ⟨τῷ | * Ἀβραὰμ⟩ * | κεφαλὰς δρακόντων πυρίνους ἑπτὰ καὶ πρόσωπα |
| Abr.1 | 17 | 19 | παῖδες καὶ παιδίσκαι ἑπτὰ καὶ ὁ δίκαιος | * Ἀβραὰμ * | ἦλθεν εἰς ὀλιγωρίαν θανάτου ὥστε ἐκλείπειν τὸ |
| Abr.1 | 18 | 1 | τὸ πνεῦμα αὐτοῦ. καὶ ταῦτα οὕτως ἰδὼν ὁ πανίερος | * Ἀβραὰμ * | εἶπεν πρὸς τὸν θάνατον δέομαί σου πανώλεθρε |
| Abr.1 | 18 | 3 | τὴν ὡραιότητα αὐτοῦ ἣν εἶχεν τὸ πρότερον. εἶπεν δὲ | * Ἀβραὰμ * | πρὸς τὸν θάνατον τί τοῦτο ἐποίησας ὅτι |
| Abr.1 | 18 | 5 | λέγεις ἐγὼ δὲ διά σέ ἀπεστάλην ἕως ὧδε. εἶπεν δὲ | * Ἀβραὰμ * | πρὸς τὸν θάνατον καὶ πῶς οὗτοι τεθνήκασιν οὐ κἂν |

| | | | | | |
|---|---|---|---|---|---|
| Abr.1 | 18 | 6 | οὐ κἂν ὁ κύριος εἶπεν; καὶ ὁ θάνατος εἶπεν τὸν | * Ἀβραὰμ * | πίστευσόν μοι ὅτι καὶ τοῦτο θαυμαστόν ἐστιν ὅτι |
| Abr.1 | 18 | 10 | καὶ εἶπεν ὁ θάνατος ἀμὴν γένοιτο ἀναστὰς οὖν | * Ἀβραὰμ * | ἔπεσεν ἐπὶ πρόσωπον ἐπὶ τὴν γῆν προσευχόμενος |
| Abr.1 | 18 | 11 | καὶ ἀνεζωοποιήθησαν τότε οὖν ὁ δίκαιος | * Ἀβραὰμ * | ἔδωκεν δόξαν τῷ θεῷ. καὶ ἀνελθὼν ἐν τῇ κλίνῃ |
| Abr.1 | 19 | 2 | ἐλθὼν καὶ ὁ θάνατος ἔστη ἔμπροσθεν αὐτοῦ. εἶπεν δὲ | * Ἀβραὰμ * | πρὸς αὐτὸν ἔξελθε ἀπ' ἐμοῦ ὅτι θέλω ἀναπαύεσθαι |
| Abr.1 | 19 | 4 | ἀναχωρῶ ἀπὸ σοῦ ἕως οὗ λάβω τὴν ψυχήν σου. καὶ ὁ | * Ἀβραὰμ * | στερρῷ τῷ βλέμματι καὶ ὀργίλῳ τῷ προσώπῳ εἶπεν |
| Abr.1 | 20 | 1 | παρευθὺς ἀπαλλάσσονται παραλόγως. εἶπεν δὲ | * Ἀβραὰμ * | δέομαί σου ἔστιν καὶ παράλογος θάνατος; |
| Abr.1 | 20 | 4 | καθότι ὁ θεὸς τῶν ἁπάντων προσέταξέν μοι. εἶπεν δὲ | * Ἀβραὰμ * | πρὸς τὸν θάνατον ἄπελθε ἀπ' ἐμοῦ ἔτι μικρὸν ἵνα |
| Abr.1 | 20 | 6 | Σάρρα ἡ γυνὴ αὐτοῦ καὶ⟩ περιεπλάκη τοῖς ποσὶν τοῦ | * Ἀβραὰμ * | ὀδυρομένη πικρῶς. ἦλθοσαν δὲ πάντες οἱ δοῦλοι |
| Abr.1 | 20 | 7 | πάντες οἱ δοῦλοι καὶ ἔκλαιον πικρῶς ὀδυρόμενοι καὶ | * Ἀβραὰμ * | ἦλθεν εἰς ὀλιγωρίαν ⟨θανάτου⟩. εἶπεν δὲ ὁ |
| Abr.1 | 20 | 8 | ὀλιγωρίαν ⟨θανάτου⟩. εἶπεν δὲ ὁ θάνατος ⟨πρὸς⟩ τὸν | * Ἀβραὰμ * | δεῦρο ἄσπασαι τὴν δεξιάν μου χεῖραν καὶ ἐλθεῖν |
| Abr.1 | 20 | 9 | ἱλαρότης καὶ ζωὴ καὶ δύναμις. πεπλάνηκεν γὰρ τὸν | * Ἀβραὰμ * | ὁ θάνατος καὶ ἠσπάσατο τὴν χεῖρα αὐτοῦ καὶ |
| Abr.1 | 20 | 14 | πατρὸς λέγουσα οὕτως ἄρατε οὖν τὸν φίλον μου τὸν | * Ἀβραὰμ * | εἰς τὸν παράδεισον ἔνθα εἰσὶν αἱ σκηναὶ τῶν |
| Abr.1 | 20 | 15 | οὗ καὶ ἡμεῖς ἀδελφοί μου ἀγαπητοὶ τοῦ πατριάρχου | * Ἀβραὰμ * | τὴν φιλοξενίαν ζηλώσωμεν καὶ τὴν ἐνάρετον αὐτοῦ |
| Abr.2 | | 1 | ἀποκάλυψις ἀποκαλυφθεῖσα τῷ πατρὶ ἡμῶν | * Ἀβραὰμ * | ὑπὸ Μιχαὴλ τοῦ ἀρχαγγέλου περὶ τῆς διαθήκης |
| Abr.2 | 1 | 1 | κύριε εὐλόγησον. ἐγένετο ἡνίκα ἤγγισαν αἱ ἡμέραι | * Ἀβραὰμ * | παραστῆναι ἐλάλησεν κύριος πρὸς Μιχαὴλ λέγων |
| Abr.2 | 1 | 2 | κύριος πρὸς Μιχαὴλ λέγων ἀναστὰς πορεύου πρὸς | * Ἀβραὰμ * | λέγων πρὸς αὐτὸν ἐξερχόμενος ἐξελεύσει τοῦ βίου |
| Abr.2 | 2 | 1 | τοῦ κόσμου. τότε Μιχαὴλ ἐπορεύθη καὶ ἦλθεν πρὸς | * Ἀβραὰμ * | συνήντησεν δὲ αὐτοῦ καθεζομένου ἔγγιστα τῶν βοῶν |
| Abr.2 | 2 | 2 | ἀροτριασμὸν ἦν δὲ γηραλέος τῇ ἡλικίᾳ ἠσπάσατο δὲ | * Ἀβραὰμ * | τὸν Μιχαὴλ μὴ γινώσκων τίς ἐστιν καὶ εἶπεν πόθεν |
| Abr.2 | 2 | 5 | αὐτῷ Μιχαὴλ φιλάνθρωπος ⟨εἶ σύ⟩. λέγει αὐτῷ | * Ἀβραὰμ * | ἐλθὲ ἔγγιστά μου καὶ καθέζου ὀλίγην ὥραν καὶ |
| Abr.2 | 2 | 7 | πονηρὸν καὶ ταραχθῇς. ἠρώτησεν δὲ Μιχαὴλ τὸν | * Ἀβραὰμ * | λέγων λέγε μοι τί ἐστιν τὸ ὄνομά σου πρὶν |
| Abr.2 | 2 | 8 | τὸν οἶκόν σου καὶ ἐπιβαρής σοι γενήσωμαι. ἀπεκρίθη | * Ἀβραὰμ * | λέγων αὐτῷ οἱ γονεῖς μου ὠνόμασάν με Ἀβρὰμ καὶ |
| Abr.2 | 2 | 8 | Ἀβραὰμ λέγων αὐτῷ οἱ γονεῖς μου ὠνόμασάν με | * Ἀβρὰμ * | καὶ ὁ κύριος ἐκάλεσέν με λέγων ἀνάστηθι καὶ |
| Abr.2 | 2 | 9 | καὶ ἤλλαξεν τὸ ὄνομά μου λέγων οὐκέτι κληθήσει | * Ἀβρὰμ * | ἀλλ' ἔσται τὸ ὄνομά σου Ἀβραάμ. ἀπεκρίθη Μιχαὴλ |
| Abr.2 | 2 | 9 | οὐκέτι κληθήσει Ἀβρὰμ ἀλλ' ἔσται τὸ ὄνομά σου | * Ἀβραάμ. * | ἀπεκρίθη Μιχαὴλ καὶ εἶπεν αὐτῷ κύριε ἄφες μοι |
| Abr.2 | 2 | 12 | καὶ ἀναστάντων καὶ πορευομένων ἐκάλεσεν | * Ἀβραὰμ * | Δαμασκὸν Ἐλεέζερ τὸν υἱὸν ἕνα τῶν οἰκοτρόφων |
| Abr.2 | 3 | 4 | λεγούσης ἅγιος ὁ τὴν φάσιν ἐνέγκας. καὶ ἤκουσεν | * Ἀβραὰμ * | τῆς φωνῆς καὶ ἡσύχασεν ἐνώπιον αὐτοῦ καὶ ἔκρυψεν |
| Abr.2 | 3 | 5 | τὸ μυστήριον τοῦτο; ὅτε δὲ ἦλθεν ἐν τῷ οἴκῳ λέγει | * Ἀβραὰμ * | τοῖς παισὶν αὐτοῦ ἀναστάντες ἐξέλθατε εἰς τὰ |
| Abr.2 | 3 | 6 | σήμερον. καὶ ἤνεγκαν οἱ παῖδες καθὼς παρήγγειλεν | * Ἀβραὰμ * | ἐκάλεσεν δὲ τὸν υἱὸν αὐτοῦ Ἰσαὰκ λέγων αὐτῷ |
| Abr.2 | 3 | 10 | ἀνθρώπου ξενιζομένου ἐν τῷ οἴκῳ ἡμῶν; καὶ ἰδὼν | * Ἀβραὰμ * | τὸν Ἰσαὰκ κλαίοντα ἔκλαυσεν καὶ αὐτὸς σφοδρῶς |
| Abr.2 | 4 | 1 | αὐτῶν οὖσα ἐν τῇ σκηνῇ καὶ ἐξελθοῦσα εἶπεν τῷ | * Ἀβραάμ * | τί ἐστιν ὅτι οὕτως κλαίετε; καὶ ἀπεκρίθη αὐτῇ |
| Abr.2 | 4 | 2 | τί ἐστιν ὅτι οὕτως κλαίετε; καὶ ἀπεκρίθη αὐτῇ | * Ἀβραὰμ * | οὐδὲν κακόν ἐστιν εἴσελθε εἰς τὴν σκηνήν σου καὶ |
| Abr.2 | 4 | 9 | λέγε Μιχαήλ. καὶ εἶπεν κύριε σύ με ἀπέστειλας πρὸς | * Ἀβραὰμ * | τὸν παῖδά σου εἰπεῖν αὐτῷ ἀποχωρισθῆναι ἀπὸ τοῦ |
| Abr.2 | 4 | 11 | κύριε κέλευσον ἀποστεῖλαι τὴν μνήμην τοῦ θανάτου | * Ἀβραὰμ * | ἐν τῇ καρδίᾳ αὐτοῦ ἵνα εἰδῇ Ἀβραὰμ ἑαυτῷ καὶ μὴ |
| Abr.2 | 4 | 11 | τοῦ θανάτου Ἀβραὰμ ἐν τῇ καρδίᾳ αὐτοῦ ἵνα εἰδῇ | * Ἀβραὰμ * | ἑαυτῷ καὶ μὴ ἐγὼ αὐτῷ εἴπω μεγάλη γὰρ συντομή |
| Abr.2 | 4 | 14 | τῷ Μιχαὴλ Μιχαὴλ ὁ ἐμὸς ἀνάστηθι καὶ πορεύου πρὸς | * Ἀβραὰμ * | καὶ εἴ τι ἂν ἴδῃς αὐτὸν ἐσθίοντα φάγε καὶ σὺ ἐξ |
| Abr.2 | 4 | 16 | καὶ σὺ μετ' αὐτοῦ ῥίψον δὲ τὴν μνήμην τοῦ θανάτου | * Ἀβραὰμ * | εἰς τὴν καρδίαν τοῦ υἱοῦ αὐτοῦ Ἰσαὰκ κατ' ὄναρ. |
| Abr.2 | 5 | 1 | Ἰσαὰκ κατ' ὄναρ. τότε Μιχαὴλ ἦλθεν εἰς τὸν οἶκον | * Ἀβραὰμ * | καὶ εὗρεν αὐτὸν ἑτοιμάσαντα τὸ δεῖπνον καὶ |
| Abr.2 | 5 | 2 | καὶ ἔφαγον καὶ ἔπιον καὶ εὐφράνθησαν. λέγει δὲ | * Ἀβραὰμ * | Ἰσαὰκ τῷ υἱῷ αὐτοῦ ἀνάστηθι στρῶσον τὴν κλίνην |
| Abr.2 | 5 | 3 | καθὼς ἐνετείλατο αὐτῷ ὁ πατὴρ αὐτοῦ καὶ ἀποκριθεὶς | * Ἀβραὰμ * | εἶπεν τῷ υἱῷ αὐτοῦ ἐποίησας καθὼς εἶπόν σοι; |
| Abr.2 | 5 | 5 | εἰσέλθω κἀγὼ ἔγγιστα ὑμῶν κοιμηθῆναι. ἀπεκρίθη | * Ἀβραὰμ * | καὶ εἶπεν μὴ ἐπιβαρεῖς γενώμεθα τῷ ξένῳ ἀνθρώπῳ |
| Abr.2 | 6 | 2 | συναπολαύσω πρίν σε ἀροῦσιν ἀπ' ἐμοῦ. ἀνέστη δὲ | * Ἀβραὰμ * | καὶ ἤνοιξεν καὶ εἰσῆλθεν Ἰσαὰκ καὶ ἐκρέμασεν |
| Abr.2 | 6 | 3 | αὐτοῦ κλαίων καὶ καταφιλῶν αὐτὸν ἔκλαυσεν δὲ | * Ἀβραὰμ * | σὺν τῷ υἱῷ αὐτοῦ εἶδεν δὲ αὐτοὺς Μιχαὴλ καὶ |
| Abr.2 | 6 | 4 | ἀνέστη καὶ ἦλθεν πρὸς τὴν θύραν τοῦ ταμείου ὅπου | * Ἀβραὰμ * | ἐκάθευδεν καὶ ἔκραξεν λέγουσα κύριέ μου Ἀβραάμ |
| Abr.2 | 6 | 5 | Ἀβραὰμ ἐκάθευδεν καὶ ἔκραξεν λέγουσα κύριέ μου | * Ἀβραάμ * | τί ἔχετε κλαίοντες ὀψέ; καὶ ἄρτι μή τι φάσιν |
| Abr.2 | 6 | 5 | ὀψέ; καὶ ἄρτι μή τι φάσιν ἤνεγκας τῷ κυρίῳ μου | * Ἀβραὰμ * | περὶ τοῦ ἀδελφοῦ Λὼτ ⟨ὅτι ἀπέθανεν ἢ ἄλλο τι |
| Abr.2 | 6 | 7 | γῆς ὅτι ἔνδοξος ἦν ἡ φωνὴ αὐτοῦ καὶ εἶπεν Σάρρα τῷ | * Ἀβραὰμ * | πῶς ἐτόλμησας κλαῦσαι εἰσελθόντος τοῦ ἀνθρώπου |
| Abr.2 | 6 | 9 | ἡμῶν; ἡ γὰρ σήμερον ἡμέρα εὐφρασία ἐστίν. λέγει | * Ἀβραὰμ * | πόθεν γινώσκεις ὅτι ὁ ἄνθρωπος οὗτος τοῦ θεοῦ |
| Abr.2 | 6 | 12 | ἀνθρώπων τούτων ἐν τῷ οἴκῳ ἡμῶν. καὶ ἀπεκρίθη αὐτῇ | * Ἀβραὰμ * | καλῶς κυρὰ Σάρρα ἐνόησας ὅτι κἀγὼ τοὺς πόδας |
| Abr.2 | 7 | 1 | ἀπὸ Σοδόμων τότε ἐγνώρισάν μοι τὸ μυστήριον. τότε | * Ἀβραὰμ * | εἶπεν τῷ Μιχαὴλ δήλωσόν μοι τίς εἶ σύ. ἀπεκρίθη |
| Abr.2 | 7 | 2 | Μιχαὴλ καὶ εἶπεν ἐγώ εἰμι Μιχαήλ. καὶ εἶπεν αὐτῷ | * Ἀβραὰμ * | φράσον τί ἦλθες. εἶπεν δὲ αὐτῷ Μιχαὴλ ὁ υἱός σου |
| Abr.2 | 7 | 4 | αὐτῷ Μιχαὴλ ὁ υἱός σου Ἰσαὰκ δηλώσει σοι. λέγει | * Ἀβραὰμ * | Ἰσαὰκ τῷ υἱῷ αὐτοῦ υἱέ μου ἀγαπητὲ εἰπέ μοι τί |
| Abr.2 | 7 | 16 | ἀληθῶς ἐγένετο ὁ ἥλιος Ἰσαὰκ ὁ πατήρ σού ἐστιν | * Ἀβραὰμ * | ἀναλαμβάνεται εἰς τοὺς οὐρανοὺς τὸ δὲ σῶμα αὐτοῦ |
| Abr.2 | 7 | 18 | ἑξακισχίλια ἔτη ἐν ᾧ ἐγερθήσεται πᾶσα σὰρξ νῦν οὖν | * Ἀβραὰμ * | διάθου περὶ τῶν παίδων σου τελείωσίς σε ἔχει εἰς |
| Abr.2 | 7 | 19 | σε ἔχει εἰς τὴν οἰκονομίαν σου. καὶ ἀποκριθεὶς | * Ἀβραὰμ * | εἶπεν τῷ Μιχαὴλ παρακαλῶ σε κύριε εἰ ἐξέρχομαι |
| Abr.2 | 8 | 1 | οὐρανοὺς καὶ ἐλάλησεν ἐνώπιον τοῦ θεοῦ περὶ τοῦ | * Ἀβραάμ. * | καὶ ἀποκριθεὶς ὁ κύριος εἶπεν τῷ Μιχαὴλ ἄπελθε |
| Abr.2 | 8 | 2 | εἶπεν τῷ Μιχαὴλ ἄπελθε καὶ ἀνάλαβε σωματικῶς τὸν | * Ἀβραὰμ * | καὶ ὑπόδειξον αὐτῷ πάντα καὶ εἴ τι δ' ἂν εἴπῃ |
| Abr.2 | 8 | 3 | φίλος μού ἐστιν. ἦλθεν οὖν Μιχαὴλ καὶ ἀνέλαβεν τὸν | * Ἀβραὰμ * | σώματι ἐπὶ νεφέλης καὶ ἀπήνεγκεν αὐτὸν ἡ νεφέλη |
| Abr.2 | 8 | 4 | ἡ νεφέλη ἐπὶ τὸν Ὠκεανὸν ποταμόν. καὶ ἀτενίσας | * Ἀβραὰμ * | εἶδεν δύο πύλας μίαν μὲν μικρὰν τὴν δὲ ἑτέραν |
| Abr.2 | 8 | 7 | ὥστε τὸν κλαυθμὸν ὑπερβῆναι τὸν γέλωτα. καὶ εἶπεν | * Ἀβραὰμ * | τῷ Μιχαὴλ τί ἐστιν κύριε οὗτος ὁ καθήμενος ἐπὶ |
| Abr.2 | 8 | 8 | τῷ γέλωτι ἐπταπλασίως; καὶ εἶπεν Μιχαὴλ τῷ | * Ἀβραὰμ * | οὐκ ἐπέγνως αὐτόν; καὶ εἶπεν Ἀβραὰμ οὐχὶ κύριε. |
| Abr.2 | 8 | 9 | Μιχαὴλ τῷ Ἀβραὰμ οὐκ ἐπέγνως αὐτόν; καὶ εἶπεν | * Ἀβραὰμ * | οὐχὶ κύριε. καὶ εἶπεν Μιχαὴλ θεωρεῖς τὰς δύο |
| Abr.2 | 9 | 1 | ὁ κλαυθμὸς τὸν γέλωτα ἐπταπλασίως. καὶ εἶπεν | * Ἀβραὰμ * | τῷ Μιχαὴλ ὥστε οὖν τὸν μὴ δυνάμενον εἰσελθεῖν |
| Abr.2 | 9 | 2 | εἰς τὴν ζωήν; λέγει αὐτῷ Μιχαὴλ ναί. ἔκλαυσεν δὲ | * Ἀβραὰμ * | λέγων οὐαί μοι τί ποιήσω ἐγὼ ὅτι μὲν γάρ εἰμι |
| Abr.2 | 9 | 5 | τῆς αἱρούσης εἰς τὴν ἀπώλειαν. καὶ ἑστῶτος τοῦ | * Ἀβραὰμ * | καὶ θαυμάζοντος ἐν τῇ ὥρᾳ ἐκείνῃ καὶ ἰδοὺ |
| Abr.2 | 9 | 6 | τὴν πύλην τὴν ἀπάγουσαν εἰς τὴν ἀπώλειαν. λέγει δὲ | * Ἀβραὰμ * | μὴ οὗτοι ἀπέρχονται εἰς τὴν ἀπώλειαν; καὶ |
| Abr.2 | 9 | 7 | εἰς τὴν ἀπώλειαν; καὶ ἀποκριθεὶς Μιχαὴλ εἶπεν τῷ | * Ἀβραὰμ * | ἀπελθόντες ἀναζητήσωμεν ἐν ταῖς ψυχαῖς ταύταις |
| Abr.2 | 9 | 8 | ζωὴν ἐνέγκωμεν αὐτήν. καὶ ἀπελθόντες Μιχαὴλ καὶ | * Ἀβραὰμ * | ἐζήτησαν καὶ οὐκ εὗρον ἀξίαν ζωῆς εἰ μὴ μόνον |
| Abr.2 | 9 | 10 | ἐκείνας μὲν τὰς ψυχὰς ἦρεν εἰς ἀπώλειαν. καὶ εἶπεν | * Ἀβραὰμ * | τῷ Μιχαὴλ εἰπέ μοι κύριε τὰς ἓξ μυριάδας τῶν |
| Abr.2 | 10 | 1 | τοῦ κριτηρίου ἵνα ὁ κριτὴς κρίνῃ αὐτούς. λέγει | * Ἀβραὰμ * | τῷ Μιχαὴλ θέλω ἵνα ἀπάξῃς με εἰς τὸν τόπον τοῦ |
| Abr.2 | 10 | 2 | ἐποίησεν τὴν νεφέλην ἀναγαγεῖν τὸν Μιχαὴλ καὶ τὸν | * Ἀβραὰμ * | ἐν τόπῳ ᾧ ἐστιν παράδεισος ἐκ μέρους αὐτοῦ. ὅτε |
| Abr.2 | 11 | 1 | τῆς ὀργῆς καὶ ἐβασάνισαν αὐτήν. καὶ ἀποκριθεὶς | * Ἀβραὰμ * | εἶπεν τῷ Μιχαὴλ κύριε τίς ἐστιν οὗτος ὁ κρίνων |
| Abr.2 | 11 | 2 | πρὶν ὁ ἀποφαινόμενος ἀνώρθωσε; καὶ λέγει Μιχαὴλ τῷ | * Ἀβραὰμ * | θεωρεῖς σὺ τὸν κριτήν; οὗτός ἐστιν ὁ Ἄβελ ὁ |
| Abr.2 | 11 | 5 | ἁμαρτίας καὶ τὰς δικαιοσύνας ἑκάστου. καὶ εἶπεν | * Ἀβραὰμ * | τῷ Μιχαὴλ δύναται Ἐνὼχ βαστάσαι τὸ μέρος τῶν |
| Abr.2 | 12 | 1 | εἰς τὴν κόλασιν. ἐγένετο δὲ μετὰ τὸ θεωρῆσαι | * Ἀβραὰμ * | τὸν τόπον τοῦ κριτηρίου ἀπήγαγεν αὐτὸν ἡ νεφέλη |
| Abr.2 | 12 | 2 | αὐτὸν ἡ νεφέλη ἐν τῷ στερεώματι καὶ κατανοήσας | * Ἀβραὰμ * | ἐπὶ τὴν γῆν εἶδεν ἄνθρωπον μοιχεύοντα γυναῖκα |
| Abr.2 | 12 | 3 | ἄνθρωπον μοιχεύοντα γυναῖκα ὕπανδρον. καὶ εἶπεν | * Ἀβραὰμ * | τῷ Μιχαὴλ θεωρεῖς τὴν ἀνομίαν ταύτην; εἰπὲ |
| Abr.2 | 12 | 5 | ἐπειδὴ εἶπεν ὁ κύριος τῷ Μιχαὴλ εἴ τι δ' ἂν εἴπῃ | * Ἀβραὰμ * | ἄκουσον αὐτοῦ ὅτι φίλος μού ἐστιν. καὶ ἤγαγεν |
| Abr.2 | 12 | 6 | καὶ ἤγαγεν αὐτὸν ἡ νεφέλη καὶ ἀτενίσας πάλιν | * Ἀβραὰμ * | εἶδεν ἀνθρώπους ἐπὶ τῆς γῆς καταλαλοῦντας καὶ |
| Abr.2 | 12 | 7 | ἀνθρώπους ἐπὶ τῆς γῆς καταλαλοῦντας καὶ εἶπεν | * Ἀβραὰμ * | ἄνοιξον τὴν γῆν καταπίῃ αὐτοὺς ζῶντας καὶ εὐθέως |
| Abr.2 | 12 | 9 | ἡ γῆ. καὶ πάλιν ἤγαγεν αὐτοὺς ἡ νεφέλη καὶ εἶδεν | * Ἀβραάμ * | τινας ἐρχομένους εἰς ἔρημον τόπον τοῦ ποιῆσαι |
| Abr.2 | 12 | 10 | εἰς ἔρημον τόπον τοῦ ποιῆσαι φόνον. καὶ εἶπεν | * Ἀβραὰμ * | πρὸς Μιχαὴλ θεωρεῖς τὴν ἀνομίαν αὐτῶν; καὶ εἶπεν |
| Abr.2 | 12 | 12 | ἐλάλησεν κύριος πρὸς Μιχαὴλ λέγων μετάστρεψον τὸν | * Ἀβραὰμ * | κάτω εἰς τὴν γῆν καὶ μὴ ἐάσῃς αὐτὸν κυκλῶσαι |
| Abr.2 | 12 | 14 | σωθήσονται. ἐν ἐκείνῃ τῇ ὥρᾳ ἐπέστρεψεν Μιχαὴλ τὸν | * Ἀβραὰμ * | ἐπὶ τὴν γῆν. ἐγένετο δὲ ἡνίκα ἀπέθανεν Σάρρα |
| Abr.2 | 12 | 16 | γῆν. ἐγένετο δὲ ἡνίκα ἀπέθανεν Σάρρα ἔθαψεν αὐτὴν | * Ἀβραάμ. * | ὅτε δὲ ἤγγισαν αἱ ἡμέραι τοῦ θανάτου Ἀβραὰμ |
| Abr.2 | 13 | 1 | Ἀβραάμ. ὅτε δὲ ἤγγισαν αἱ ἡμέραι τοῦ θανάτου | * Ἀβραὰμ * | οὐκ ἐτόλμησεν ὁ θάνατος ἐγγίσαι αὐτῷ τοῦ |
| Abr.2 | 13 | 2 | ἐν πολλῇ ὡραιότητι καὶ ἀπόστειλον αὐτὸν πρὸς | * Ἀβραὰμ * | ὅπως θεάσηται τοῖς ὀφθαλμοῖς αὐτοῦ. καὶ ἀπελθὼν |
| Abr.2 | 13 | 3 | τὸν θάνατον ἐν πολλῇ ὡραιότητι καὶ ἀπέστειλε πρὸς | * Ἀβραάμ. * | ἰδὼν δὲ Ἀβραὰμ τὸν θάνατον ἔγγιστα αὐτοῦ |
| Abr.2 | 13 | 4 | ὡραιότητι καὶ ἀπέστειλε πρὸς Ἀβραάμ. ἰδὼν δὲ | * Ἀβραὰμ * | τὸν θάνατον ἔγγιστα αὐτοῦ καθήμενον ἐφοβήθη |
| Abr.2 | 13 | 5 | καθήμενον ἐφοβήθη φόβον μέγαν. καὶ ἀποκριθεὶς | * Ἀβραὰμ * | εἶπεν παρακαλῶ σε δήλωσόν μοι τίς εἶ ἀπόστηθι |
| Abr.2 | 13 | 9 | ἔστιν ἐκ τοῦ κόσμου τούτου. καὶ εἶπεν ὁ θάνατος τῷ | * Ἀβραὰμ * | λέγω σοι ἐν ὅλῳ τῷ κτίσματι ὃ ἔκτισεν ὁ θεὸς οὐχ |
| Abr.2 | 13 | 11 | καὶ οὐχ εὑρέθη ὅμοιός σου. καὶ εἶπεν τῷ θανάτῳ | * Ἀβραὰμ * | ἐτόλμησας ψεύσασθαι ὁρῶ τὴν ὡραιότητά σου ὅτι |
| Abr.2 | 13 | 12 | ἔστιν ἐκ τοῦ κόσμου τούτου. καὶ εἶπεν ὁ θάνατος τῷ | * Ἀβραὰμ * | νομίζεις ὅτι ἡ ὡραιότης αὕτη ἐμή ἐστιν; καὶ ὅτι |
| Abr.2 | 13 | 13 | ὡραιότητα ταύτην μετὰ παντὸς ἀνθρώπου; καὶ εἶπεν | * Ἀβραὰμ * | τίνος οὖν ἐστιν ἡ ὡραιότης αὕτη; εἶπεν δὲ ὁ |
| Abr.2 | 13 | 14 | οὖν ἐστιν ἡ ὡραιότης αὕτη; εἶπεν δὲ ὁ θάνατος τῷ | * Ἀβραὰμ * | οὐδείς ἐστιν σαπρότερός μου. λέγει αὐτῷ Ἀβραὰμ |
| Abr.2 | 13 | 14 | τῷ Ἀβραὰμ οὐδείς ἐστιν σαπρότερός μου. λέγει αὐτῷ | * Ἀβραὰμ * | δεῖξόν μοι τίς εἶ. εἶπεν δὲ ὁ θάνατος ἐγώ εἰμι |
| Abr.2 | 13 | 16 | ὁ κλαυθμὸς ἐγώ εἰμι ἡ πτῶσις πάντων. λέγει αὐτῷ | * Ἀβραὰμ * | καὶ τίς εἶ σύ; καὶ λέγει ὁ θάνατος ἐγώ εἰμι ὁ |
| Abr.2 | 13 | 17 | ὁ ἐκφέρων τὰς ψυχὰς ἐκ τοῦ σώματος. καὶ λέγει | * Ἀβραὰμ * | σὺ εἶ ὁ θάνατος; δύνασαι προτρέψασθαι πάντας |
| Abr.2 | 13 | 18 | ἐκβληθῆναι ἐκ τοῦ σώματος; εἶπεν δὲ ὁ θάνατος τῷ | * Ἀβραὰμ * | νομίζεις ὅτι ἐμή ἐστιν ἡ ὡραιότης αὕτη; ἢ μετὰ |
| Abr.2 | 14 | 1 | φόβῳ καὶ ταράσσω αὐτὸν σφόδρα. καὶ εἶπεν αὐτῷ | * Ἀβραὰμ * | δεῖξόν μοι καὶ τὴν σαπρότητά σου. καὶ ἦρεν ὁ |
| Abr.2 | 14 | 5 | ἐν ἐκείνῃ τῇ ἡμέρᾳ ἐτελεύτησαν ἑπτὰ παῖδες τοῦ | * Ἀβραὰμ * | διὰ τὸν φόβον τοῦ θανάτου ηὔξατο δὲ Ἀβραὰμ πρὸς |
| Abr.2 | 14 | 5 | τοῦ Ἀβραὰμ διὰ τὸν φόβον τοῦ θανάτου ηὔξατο δὲ | * Ἀβραὰμ * | πρὸς κύριον καὶ ἀνέστησεν αὐτούς. ἐγένετο δὲ ὡς |
| Abr.2 | 14 | 6 | καὶ ἀνέστησεν αὐτούς. ἐγένετο δὲ ὡς ἐπέστρεψεν | * Ἀβραὰμ * | ἐξήνεγκεν ὁ θάνατος τὴν ψυχὴν αὐτοῦ ὡς ἐν |
| Abr.2 | 14 | 7 | τὴν ἀνάπαυσιν. ἔθαψεν δὲ Ἰσαὰκ τὸν πατέρα αὐτοῦ | * Ἀβραὰμ * | πλησίον τῆς μητρὸς αὐτοῦ δοξάζων τὸν ὕψιστον |

TLevi 2 3B015 τοῦ υἱοῦ παιδός σου Ἰακώβ. σὺ κύριε εὐλόγησας τὸν * Ἀβραὰμ * πατέρα μου καὶ Σάρραν μητέρα μου καὶ εἶπας
TLevi 6 9 ἡμῶν καὶ κύριος ἐκώλυσεν αὐτούς. καὶ οὕτως ἐδίωξαν * Ἀβραὰμ * τὸν πατέρα ἡμῶν ξένον ὄντα καὶ κατεπάτησαν τὰ
TLevi 8 15 αὐτοῦ ἄφραστος ὡς προφήτου ὑψηλοῦ ἐκ σπέρματος * Ἀβραὰμ * πατρὸς ἡμῶν. πᾶν ἐπιθυμητὸν ἐν Ἰσραὴλ σοὶ ἔσται
TLevi 9 12 δένδρων ἀεὶ ἐχόντων φύλλα ἄναγε κυρίῳ ὡς κάμὲ * Ἀβραὰμ * ἐδίδαξεν. καὶ παντὸς ζώου καθαροῦ καὶ πετεινοῦ
TLevi 15 4 θεωροῦντες ὑμᾶς φεύξονται ἀφ' ὑμῶν. καὶ εἰ μὴ δι' * Ἀβραὰμ * καὶ Ἰσαὰκ καὶ Ἰακὼβ τοὺς πατέρας ἡμῶν εἷς ἐκ
TLevi 18 2B011 καὶ ἀνήλθομεν ἀπὸ Βεθὴλ καὶ κατελύσαμεν ἐν τῇ αὐλῇ * Ἀβραὰμ * τοῦ πατρὸς ἡμῶν παρὰ Ἰσαὰκ τὸν πατέρα ἡμῶν. καὶ
TLevi 18 2B017 σου ἐστὶν ἱερεὺς ἅγιος κληθήσεται τῷ σπέρματι * Ἀβραάμ. * ἐγγὺς εἶ κυρίου καὶ σὺ ἐγγὺς τῶν ἁγίων αὐτοῦ.
TLevi 18 2B050 ὡς σοὶ ὑπέδειξα. οὕτως γάρ μοι ἐνετείλατο ὁ πατὴρ * Ἀβραὰμ * ποιεῖν καὶ ἐντέλλεσθαι τοῖς υἱοῖς μου. καὶ νῦν
TLevi 18 2B057 τοῦ αἵματος. οὕτως γάρ μοι ἐνετείλατο ὁ πατήρ μου * Ἀβραὰμ * ὅτι οὕτως εὗρεν ἐν τῇ γραφῇ τῆς βίβλου τοῦ Νῶε
TLevi 18 2B062 εἰκοστῷ ἔλαβον γυναῖκα ἐμαυτῷ ἐκ τῆς συγγενείας * Ἀβραὰμ * τοῦ πατρός μου Μελχὰ θυγατέρα Βαθουὴλ υἱοῦ Λαβὰν
TLevi 18 6 ἥξει ἐπ' αὐτὸν ἁγίασμα μετὰ φωνῆς πατρικῆς ὡς ἀπὸ * Ἀβραὰμ * πατρὸς Ἰσαάκ. καὶ δόξα ὑψίστου ἐπ' αὐτὸν
TLevi 18 14 ἀγαπητοῖς αὐτοῦ ἕως τῶν αἰώνων. τότε ἀγαλλιάσεται * Ἀβραὰμ * καὶ Ἰσαὰκ καὶ Ἰακὼβ κἀγὼ χαρήσομαι καὶ πάντες
TLevi 19 5 σορῷ καὶ ὕστερον ἔθαψαν αὐτὸν ἐν Χεβρὼν ἀνὰ χεῖρα * Ἀβραὰμ * καὶ Ἰσαὰκ καὶ Ἰακώβ.
TJud. 17 5 τοῦ πατρός μου ὅτι πάντα ὅσα εἶπεν ἐποίουν. καὶ * Ἀβραὰμ * ὁ πατὴρ τοῦ πατρός μου εὐλόγησέ με βασιλεύειν ἐν
TJud. 25 1 ἐπικαλουμένους κύριον. καὶ μετὰ ταῦτα ἀναστήσεται * Ἀβραὰμ * καὶ Ἰσαὰκ καὶ Ἰακὼβ εἰς ζωὴν καὶ ἐγὼ καὶ οἱ
TDan 7 2 καὶ μετὰ ταῦτα ἀνήνεγκαν τὰ ὀστᾶ αὐτοῦ σύνεγγυς * Ἀβραὰμ * καὶ Ἰσαὰκ καὶ Ἰακώβ. πλὴν ὡς ἐπροφήτευσεν
TNep. 1 10 ἐν ᾗ καὶ ἡ Ῥαχὴλ ὁ δὲ Ῥώθεος ἐκ τοῦ γένους ἦν * Ἀβραὰμ * Χαλδαῖος θεοσεβὴς ἐλεύθερος καὶ εὐγενής. καὶ
TAser 7 7 κύριος ἐν πίστει δι' ἐλπίδα εὐσπλαγχνίας αὐτοῦ διὰ * Ἀβραὰμ * καὶ Ἰσαὰκ καὶ Ἰακώβ. καὶ εἰπὼν αὐτοῖς ταῦτα
TJos. 6 7 ἔφαγον εἰπὼν ὁ θεὸς τῶν πατέρων μου καὶ ὁ ἄγγελος * Ἀβραὰμ * ἔσται μετ' ἐμοῦ. ἡ δὲ ἔπεσεν ἐπὶ πρόσωπον εἰς
TBen. 1 2 αὐτοὺς εἶπεν ὡς Ἰσαὰκ ἑκατοστῷ ἔτει ἐτέχθη τῷ * Ἀβραὰμ * οὕτως κἀγὼ τῷ Ἰακώβ. ἐπειδὴ οὖν Ῥαχὴλ τέθνηκε
TBen. 10 4 ὑμῶν εἰς κατάσχεσιν αἰώνιον τοῦτο γὰρ ἐποίησαν καὶ * Ἀβραὰμ * καὶ Ἰσαὰκ καὶ Ἰακώβ. πάντα ταῦτα ἡμᾶς
TBen. 10 6 τοῖς ἔθνεσιν. τότε ὄψεσθε Ἐνὼχ Νῶε καὶ Σὴμ καὶ * Ἀβραὰμ * καὶ Ἰσαὰκ καὶ Ἰακὼβ ἀνισταμένους ἐκ δεξιῶν ἐν
Sal. 9 9 ἵνα μὴ ἐπιθῶνται ἡμῖν. ὅτι σὺ ᾑρετίσω τὸ σπέρμα * Αβρααμ * παρὰ πάντα τὰ ἔθνη καὶ ἔθου τὸ ὄνομά σου ἐφ' ἡμᾶς
Sal. 18 3 τὴν γῆν μετὰ ἐλέους καὶ ἡ ἀγάπη σου ἐπὶ σπέρμα * Αβρααμ * υἱοὺς Ισραηλ. ἡ παιδεία σου ἐφ' ἡμᾶς ὡς υἱὸν
Jer. 4 9 δὲ ζωὴν οὐχ ἕξετε. μακάριοί εἰσιν οἱ πατέρες ἡμῶν * Ἀβραὰμ * Ἰσαὰκ καὶ Ἰακὼβ ὅτι ἐξῆλθον ἐκ τοῦ κόσμου
Jer. 6 18 τῆς διαθήκης ἧς ἔστησε μετὰ τῶν πατέρων ἡμῶν * Ἀβραὰμ * Ἰσαὰκ καὶ Ἰακώβ. καὶ ἀπέστειλε πρός με τὸν
Prop. 3 3 ἐν ἀγρῷ Μαοὺρ ἐν τάφῳ Σὴμ καὶ Ἀρφαξὰδ πατέρων * Ἀβραὰμ * καὶ ἔστιν ὁ τάφος σπήλαιον διπλοῦν ὅτι καὶ
Prop. 3 4 Ἀβραὰμ καὶ ἔστιν ὁ τάφος σπήλαιον διπλοῦν ὅτι καὶ * Ἀβραὰμ * ἐν Χεβρῶν πρὸς τὴν ὁμοιότητα αὐτοῦ ἐποίησε τὸν
Esdr. 2 6 τὸ οὖς σου δικασώμεθα. καὶ εἶπεν ὁ θεὸς ἐρώτησον * Ἀβραὰμ * τὸν πατέραν ὑμῶν. ποῖον υἱὸν δικάζεσθαι ἐν πατρὶ
Esdr. 3 10 ταῦτα διὰ τί ἔπλασας τὸν ἄνθρωπον; σὺ εἶπας πρὸς * Ἀβραὰμ * τὸν πατέραν ἡμῶν πληθύνων πληθυνῶ τὸ σπέρμα σου
Sedr. 14 6 καὶ δέχομαι αὐτοὺς μετὰ τῶν δικαίων μου ἐν κόλποις * Ἀβραὰμ * καὶ εἰσίν τινες οἱ βαπτισθέντες τὸ ἐμὸν βάπτισμα
FJos. 189 ἄγγελος θεοῦ εἰμι ἐγὼ καὶ πνεῦμα ἀρχικὸν καὶ * Ἀβραὰμ * καὶ Ἰσαὰκ προεκτίσθησαν πρὸ παντὸς ἔργου ἐγὼ δὲ
FJub. 11 14 τρίτον ἄγοντος ἔτος τῆς βασιλείας γεννᾶται * Ἀβραάμ. * Θάρρα δὲ γενόμενος ἐτῶν ο' ἐγέννησεν ἐκ
FJub. 11 14 ἐτῶν ο' ἐγέννησεν ἐκ γυναικὸς Ἔδνας θυγατρὸς * Ἀβραὰμ * πατραδέλφου αὐτοῦ τὸν Ἀβραὰμ ὄντινα ἡ μήτηρ
FJub. 11 14 Ἔδνας θυγατρὸς Ἀβραὰμ πατραδέλφου αὐτοῦ τὸν * Ἀβραὰμ * ὄντινα ἡ μήτηρ ἐκάλεσεν ἐπ' ὀνόματι τοῦ ἑαυτῆς
FJub. 12 12 Μελχας καὶ τοῦ Λωτ. τῷ ' γ τ ο γ' ἔτει τοῦ κόσμου * Ἀβραὰμ * δὲ ξ α' ἐνεπύρισεν Ἀβραὰμ τὰ εἴδωλα τοῦ πατρὸς
FJub. 12 12 τ ο γ' ἔτει τοῦ κόσμου Ἀβραὰμ δὲ ξ α' ἐνεπύρισεν * Ἀβραὰμ * τὰ εἴδωλα τοῦ πατρὸς αὐτοῦ καὶ συγκατεκαύθη
FJub. 12 14 θέλων σβέσαι τὸ πῦρ ἐν νυκτί. καὶ ἐξῆλθε Θαρὰ σὺν * Ἀβραὰμ * τοῦ ἐλθεῖν εἰς γῆν Χαναὰν καὶ μεταγνοὺς ᾤκησεν
FJub. 12 26 ὁ ἄγγελος ὁ λαλῶν τῷ Μωϋσῇ εἶπεν αὐτῷ ὅτι τὸν * Ἀβραὰμ * ἐγὼ ἐδίδαξα τὴν Ἑβραΐδα γλῶσσαν κατὰ τὴν ἀπ'
FJub. 15 17 σπέρμα κατάρατον ἐκ παρανόμου μίξεως. οὗτος ὁ * Ἀβραὰμ * ἐτῶν ρ' ἐγέννησεν τὸν Ἰσαάκ. μετὰ ταῦτα τῆς
FJub. 16 10 μετὰ ταῦτα τῆς κατὰ Μαβρῆ δρυὸς ἀπαναστὰς ὁ * Ἀβραὰμ * ἐπὶ τὸ φρέαρ κατασκηνοῖ τοῦ ὅρκου. ἑαυτῷ δὲ ἰδίᾳ
FJub. 16 21 αὐτοῦ κατὰ συγγενείας πηξάμενος σκηνὰς τότε πρῶτον * Ἀβραὰμ * τῆς σκηνοπηγίας ἐπὶ ἑπτὰ ἡμέρας ἐπιτελεῖ τὴν
FJub. 16 31 ἐπὶ ἑπτὰ ἡμέρας ἐπιτελεῖ τὴν ἑορτήν. πρῶτος * Ἀβραὰμ * ἐκύκλου τὸ θυσιαστήριον κλάδοις φοινίκων καὶ
FJub. 17 16 τῶν δαιμονίων προσελθὼν τῷ θεῷ εἶπεν εἰ ἀγαπᾷ σε * Ἀβραὰμ * θυσάτω σοι τὸν υἱὸν αὐτοῦ. εἰς ἐκεῖνον δὲ τὸν
FJub. 18 13 σοι τὸν υἱὸν αὐτοῦ. εἰς ἐκεῖνον δὲ τὸν τόπον τὸν * Ἀβραὰμ * οἰκοδομῆσαι ἔνθα Δαβὶδ ὕστερον ἱδρύσατο τὸ
FJub. 19 11 Δαβὶδ ὕστερον ἱδρύσατο τὸ ἱερόν. ἐγέννησεν πάλιν * Ἀβραὰμ * ἐκ τῆς ἐσχάτης αὐτοῦ γυναικὸς Χετούρας υἱοὺς
FJub. 22 4 ἐν τοῖς κόλποις αὐτοῦ ἐτελεύτησεν ἀφυπνώσαντος τοῦ * Ἀβραὰμ * τῷ ιε' ἔτει τῆς ζωῆς Ἰακώβ. τῷ Ἠσαῦ ἔφη ἐν
FMan. 2 22 12 κύριε παντοκράτορ ὁ θεὸς τῶν πατέρων ἡμῶν τοῦ * Ἀβραὰμ * καὶ Ἰσαὰκ καὶ Ἰακὼβ καὶ τοῦ σπέρματος αὐτῶν
FMan. 2 22 13 ὁ θεὸς τῶν δικαίων οὐκ ἔθου μετάνοιαν δικαίοις τῷ * Ἀβραὰμ * καὶ Ἰσαὰκ καὶ Ἰακὼβ τοῖς οὐχ ἡμαρτηκόσιν σοι
FEz. 185 10 μου δος μοι το> ελεος σου εις εφημ<ερον ως ηλεησας * α>βρααμ' * τον πατερα ημ<ων και ισακ' κα>ι ιακωβ' αλλα σε
HDem. 9 19 4 μετ' οὐ πολὺν δὲ χρόνον τὸν θεὸν τῷ * Ἀβραὰμ * προστάξαι Ἰσαὰκ τὸν υἱὸν ὁλοκαρπῶσαι αὐτῷ. τὸν
HDem. 9 19 4 κριὸν αὐτῷ πρὸς τὴν κάρπωσιν παραστήσαντος τὸν δὲ * Ἀβραὰμ * τὸν μὲν παῖδα καθελεῖν ἀπὸ τῆς πυρᾶς τὸν δὲ
HDem. 9 21 16 οἰκῆσαι δὲ αὐτοὺς ἐν γῇ Χαναὰν ἀφ' οὗ ἐκλεγῆναι * Ἀβραὰμ * ἐκ τῶν ἐθνῶν καὶ μετελθεῖν εἰς Χαναάν Ἀβραὰμ
HDem. 9 21 16 Ἀβραὰμ ἐκ τῶν ἐθνῶν καὶ μετελθεῖν εἰς Χαναάν * Ἀβραὰμ * ἐτῶν εἴκοσι πέντε Ἰσαὰκ ἐτῶν ἑξήκοντα Ἰακὼβ
HDem. 9 21 18 εἰς Αἴγυπτον ἔτη α τ ξ' ἀφ' οὗ δὲ ἐκλεγῆναι * Ἀβραὰμ * ἐκ τῶν ἐθνῶν καὶ ἐλθεῖν ἐκ Χαρρὰν εἰς Χαναὰν ἕως
HDem. 9 29 1 ἀπὸ τῶν ὀνομάτων τῶν γενομένων ἐκ Χεττούρας τοῦ * Ἀβραὰμ * γένους ἐκ τοῦ Ἰεξὰν τοῦ γενομένου Ἀβραὰμ ἐκ
HDem. 9 29 1 τοῦ Ἀβραὰμ γένους ἐκ τοῦ Ἰεξὰν τοῦ γενομένου * Ἀβραὰμ * ἐκ Χεττούρας ἐκ δὲ τοῦ Ἰεζὰν γενέσθαι Δαδὰν ἐκ
HDem. 9 29 2 τὰς γενεὰς δὲ συμφωνεῖν τὸν γὰρ Μωσῆν εἶναι ἀπὸ * Ἀβραὰμ * ἕβδομον τὴν δὲ Σεπφώραν ἕκτην. συνοικοῦντος γὰρ
HDem. 9 29 2 γὰρ ἤδη τοῦ Ἰσαὰκ ἀφ' οὗ Μωσῆν εἶναι γῆμαι * Ἀβραὰμ * τὴν Χεττούραν ὄντα ἐτῶν ρ μ' καὶ γεννῆσαι Ἰσαὰρ
HDem. 9 29 3 κατοικεῖν δὲ αὐτοὺς Μαδιὰμ πόλιν ἣν ἀπὸ ἑνὸς τῶν * Ἀβραὰμ * παίδων ὀνομασθῆναι. τὸν Ἀβραὰμ τοὺς παῖδας πρὸς
HDem. 9 29 3 ἣν ἀπὸ ἑνὸς τῶν Ἀβραὰμ παίδων ὀνομασθῆναι. τὸν * Ἀβραὰμ * τοὺς παῖδας πρὸς ἀνατολὰς ἐπὶ κατοικίαν πέμψαι
HArt. 9 18 1 φωνὴν Ἰουδαῖοι καλεῖσθαι δὲ αὐτοὺς Ἑβραίους ἀπὸ * Ἀβραάμου. * τοῦτον δὲ πανοικίᾳ ἐλθεῖν εἰς Αἴγυπτον πρὸς
HArt. 9 23 1 καταμεῖναι διὰ τὴν εὐδαιμονίαν τῆς χώρας. τῷ * Ἀβραὰμ * Ἰωσὴφ ἀπόγονον γενέσθαι υἱὸν δὲ Ἰακώβου
HArt. 9 23 1 τῶν Ἀράβων βασιλεῖς ἀπογόνους Ἰσραὴλ υἱοὺς τοῦ * Ἀβραὰμ * Ἰσαὰκ δὲ ἀδελφούς. ἐλθόντα δὲ αὐτὸν εἰς τὴν
HArt. 9 27 1 παραθέσθαι καὶ τῆς Αἰγύπτου δεσπότην γενέσθαι. * Ἀβραὰμ * τελευτήσαντος καὶ τοῦ υἱοῦ αὐτοῦ Μεμψασθενὼθ
HCle. 1 15 240 ἐκ τῆς Χετούρας * Ἀβραάμῳ * ἐγένοντο παῖδες ἱκανοί. αὐτῶν καὶ τὰ ὀνόματα
HAno. 9 17 2 Ευπολεμου περι * Αβρααμ * απο της Αλεξανδρου του πολυιστορος περι ιουδαιων
HAno. 9 17 3 Χαλδαίων πόλιν ⟨ἣ⟩ ἐν τρισκαιδεκάτῃ γενέσθαι * Ἀβραὰμ * γενεᾷ εὐγενείᾳ καὶ σοφίᾳ πάντας ὑπερβεβηκότα ὃν
HAno. 9 17 4 δὲ καὶ αἰχμαλωτισαμένων τὸν ἀδελφιδοῦν αὐτοῦ τὸν * Ἀβραὰμ * μετὰ οἰκετῶν βοηθήσαντα ἐγκρατῆ γενέσθαι τῶν
HAno. 9 17 6 βασιλεύοντος λαβεῖν δῶρα. λιμοῦ δὲ γενομένου τὸν * Ἀβραὰμ * ἀπαλλαγῆναι εἰς Αἴγυπτον πανοικίᾳ κἀκεῖ
HAno. 9 17 7 τῶν Αἰγυπτίων οὕτως ἐπιγνῶναι ὅτι γυνὴ ἦν τοῦ * Ἀβραὰμ * καὶ ἀποδοῦναι αὐτὴν τῷ ἀνδρί. συζήσαντα δὲ τὸν
HAno. 9 17 8 καὶ ἀποδοῦναι αὐτὴν τῷ ἀνδρί. συζήσαντα δὲ τὸν * Ἀβραὰμ * ἐν Ἡλιουπόλει τοῖς Αἰγυπτίων ἱερεῦσι πολλὰ
HAno. 9 18 2 ἀγγέλων θεοῦ γνῶναι καὶ ἡμᾶς οὕτως ἐπιγνῶναι. τὸν * Ἀβραὰμ * ἀναφέροντα εἰς τοὺς γίγαντας τούτους δὲ
HAno. 9 18 2 κατασκευάσαντος Βήλου Βῆλον ὀνομασθῆναι. τὸν δὲ * Ἄβραμον * τὴν ἀστρολογικὴν ἐπιστήμην παιδευθέντα πρῶτον
LPhi. 9 20 1 ἔκλυον ἀρχεγόνοισι τὸ μηρίον ὥς ποτε θεσμοῖς * Ἀβραὰμ * κλυτοηχὲς ὑπέρτερῳ ἅμματι δεσμῶν παμφαὲς
LPhi. 9 24 1 ὅλης μέγας ἔκτισεν ἄκτωρ ὕψιστος καὶ πρόσθεν ἀφ' * Ἀβραάμοιο * καὶ Ἰσὰκ Ἰακὼβ εὐτέκνοιό θ' ὅθεν Ἰωσὴφ ὃς
LThe. 9 22 7 εἶναι ὁμοίης. ὅς ποτ' ἐπεὶ πάτρης ἐξήγαγε δῖον * Ἀβραὰμ * αὐτὸς ἀπ' οὐρανόθεν καλέσ' ἀνέρα παντὶ σὺν οἴκῳ
LThe. 9 22 8 λόγιον προφερόμενον τὸν θεὸν ἀνελεῖν φάμενον τοῖς * Ἀβραὰμ * ἀπογόνοις δέκα ἔθνη δώσειν. εὖ γὰρ ἐγὼ μῦθον
LThe. 9 22 9 εἰμὶ θεοῖο δώσειν γὰρ ποτ' ἔφησε δέκ' ἔθνεα παισὶν * Ἀβραάμ. * τὸν δὲ θεὸν αὐτοῖς τοῦτον τὸν νοῦν ἐμβαλεῖν διὰ
LEze. 9 29 8 10 ἔκατ' ἐλήλυθα. ἐγὼ θεὸς σῶν ὧν λέγεις γεννητόρων * Ἀβραὰμ * τε καὶ Ἰσαὰκ καὶ Ἰακώβου τρίτου. μνησθεὶς δ'
FrAn. 1 226 52 των υιων Ιακωβ κ< - τ>ον θν νυνι σωσον ημας ο θ<ς * Αβρααμ * - >ενοι δε τον φοβον προς βραχ<υ - - βα>σιλει

Ἀβραῖος
1
Aris. 48 2 Θεοδόσιος Βασέας Ὀρνίας Δάκις. τετάρτης Ἰωνάθας * Ἀβραῖος * Ἐλισσαῖος Ἀνανίας Χαβρίας---. πέμπτης Ἴσακος

Ἄβραμος
1
Aris. 49 3 Θεόδοτος Ἰωάννης Ἰωνάθας. ἐνάτης Θεόφιλος * Ἄβραμος * Ἄρσαμος Ἰάσων Ἐνδεμίας Δανίηλος. δεκάτης

αβρασιλωθ *
1
FrAn. 574 3032 λόγος αωθ ιαθαβαθρα χαχθαβραθα χαμυνχελ αβρωαθ σὺ * αβρασιλωθ * αλληλου ϊελωσαϊ ιαηλ. ὁρκίζω σε τὸν ὀπτανθέντα

ἀβραωθ *
1
FrAn. 574 3020 σε κατὰ τοῦ θεοῦ τῶν Ἑβραίων Ἰησοῦ ιαβα ιαη * ἀβραωθ * Αια θωθ ελε ελω αηω εου ιιιβαεχ αβαρμας ϊαβαραου

αβραωθιωχ *
1
FrAn. 574 3015 δὲ φυλακτήριον ἐπὶ λαμνίῳ κασσιτερίνῳ γράφε ϊαηω * αβραωθιωχ * φθα μεσενψινιαω φεωχ ιαηω χαρσοκ καὶ περίαπτε

ἁβρός
1
Sib. 3 359 λάτρις νυμφεύσεαι οὐκ ἐνὶ κόσμῳ πολλάκι δ' * ἁβρὴν * σεῖο κόμην δέσποινά τε κείρει ἠδὲ δίκην διέπουσα

ἀβροχία
1
Sib. 3 540 ἔπεσται χάλκειόν τε μέγαν τεύξει θεὸς οὐρανὸν ὑψοῦ * ἀβροχίην * τ' ἐπὶ γαῖαν ὅλην αὐτὴν δὲ σιδηρᾶν. αὐτὰρ

αβρωωθ *
1
FrAn. 574 3031 ακραμμ. λόγος αωθ ιαθαβαθρα χαχθαβραθα χαμυνχελ * αβρωωθ * σὺ αβρασιλωθ αλληλου ϊελωσαϊ ιαηλ. ὁρκίζω σε τὸν

Ἄβυρος
1
Bar. 4 7 ἑξήκοντα ποταμοὺς ὧν οἱ πρῶτοι πάντων Ἀλφίας καὶ * Ἄβυρος * καὶ ὁ Γηρικὸς καὶ ἀπὸ τούτων οὐκ ἐκλείπει ἡ

ἄβυσσος
17
Hen. 9B 4 τοὺς ἐξάρχους αὐτῶν καὶ ἔβαλον αὐτοὺς εἰς τὴν * ἄβυσσον * ἕως τῆς κρίσεως καὶ τὰ ἑξῆς. καὶ ταῦτα μὲν ὁ
Hen. 17 7 τῶν γνόφων τοὺς χειμερινοὺς καὶ τὴν ἔκχυσιν τῆς * ἀβύσσου * πάντων ὑδάτων. ἴδον τὸ στόμα τῆς γῆς πάντων τῶν
Hen. 17 8 στόμα τῆς γῆς πάντων τῶν ποταμῶν καὶ τὸ στόμα τῆς * ἀβύσσου. * ἴδον τοὺς θησαυροὺς τῶν ἀνέμων πάντων ὅτι

| | | | |
|---|---|---|---|
| Hen. | 21 | 7 | καὶ φλεγόμενον καὶ διακοπὴν εἶχεν ὁ τόπος ἕως τῆς * ἀβύσσου * πλήρης στύλων πυρὸς μεγάλου καταφερομένων οὔτε |
| TLevi | 3 | 9 | ἡμεῖς σαλευόμεθα καὶ οἱ οὐρανοὶ καὶ ἡ γῆ καὶ αἱ * ἄβυσσοι * ἀπὸ προσώπου τῆς μεγαλωσύνης αὐτοῦ σαλεύονται οἱ |
| Asen. | 12 | 2 | γῆν ἐπὶ τῶν ὑδάτων ὁ θεὶς λίθους μεγάλους ἐπὶ τῆς * ἀβύσσου * τοῦ ὕδατος καὶ οἱ λίθοι οὐ βυθισθήσονται ἀλλ' |
| Asen. | 15 | 12 | τοῦ σκότους καὶ ἀναγαγεῖν με ἀπὸ τῶν θεμελίων τῆς * ἀβύσσου * καὶ εὐλογημένον τὸ ὄνομά σου εἰς τὸν αἰῶνα. τί |
| Sal. | 17 | 19 | ὑετὸν ἐπὶ τὴν γῆν. πηγαὶ συνεσχέθησαν αἰώνιοι ἐξ * ἀβύσσων * ἀπὸ ὀρέων ὑψηλῶν ὅτι οὐκ ἦν ἐν αὐτοῖς ποιῶν |
| Esdr. | 4 | 21 | τῆς ἀπωλείας καὶ ἴδον ἐκεῖ τὸ δωδεκάπληγον τῆς * ἀβύσσου. * καὶ ἀπήγαγόν με ἐπὶ τὴν μεσημβρίαν καὶ ἴδον |
| Job | 33 | 6 | τῶν κυμάτων αὐτῶν καταβαίνει εἰς τὰ βάθη τῆς * ἀβύσσου. * οἱ δὲ ποταμοὶ τῆς ἐμῆς γῆς ἐν ᾗ ἐστιν ὁ θρόνος |
| FJub. | 2 | 2 | κτισμάτων αὐτοῦ τῶν ἐν οὐρανοῖς καὶ ἐν τῇ γῇ τὰς * ἀβύσσους * τήν τε ὑποκάτω τῆς γῆς καὶ τοῦ χάους καὶ σκότος |
| FJub. | 2 | 16 | καὶ ἐν τῇ γῇ ἐν ταῖς θαλάσσαις καὶ ἐν ταῖς * ἀβύσσοις * ἐν τῷ φωτὶ καὶ ἐν τῷ σκότει καὶ ἐν πᾶσι. καὶ |
| FJub. | 10 | 7 | ἐκέλευσε τῷ ἀρχαγγέλῳ Μιχαὴλ βαλεῖν αὐτοὺς εἰς τὴν * ἄβυσσον * ἄχρι ἡμέρας τῆς κρίσεως ὁ δὲ διάβολος ᾐτήσατο |
| FJub. | 10 | 9 | προαιρέσεως τὰ δὲ λοιπὰ ἐννέα μέρη ἐβλήθη εἰς τὴν * ἄβυσσον. * γυνὴ Φαλεχ Δυμνα θυγάτηρ Σενναρ. ἐπὶ μ γ' ἔτη |
| FMan. 2 | 22 | 12 | τῷ λόγῳ τοῦ προστάγματός σου ὁ κλείσας τὴν * ἄβυσσον * καὶ σφραγισάμενος αὐτὴν τῷ φοβερῷ καὶ ἐνδόξῳ |
| FEsd. | 8 | 23 | τὸν λόγον ἀπαιτηθήσεται. οὗ τὸ βλέμμα ξηραίνει * ἀβύσσους * καὶ ἡ ἀπειλὴ τήκει ὄρη καὶ ἡ ἀλήθεια μένει εἰς |
| FrAn. | 574 | 3064 | καὶ ἐπιτάξαντα αὐτῇ μὴ ὑπερβῆναι καὶ ἐπήκουσεν ἡ * ἄβυσσος. * καὶ σὺ ἐπάκουσον πᾶν πνεῦμα δαιμόνιον ὅτι |
| ἀγαθοποιέω | | | 3 |
| TBen. | 4 | 3 | κἂν βουλεύωνται περὶ αὐτοῦ εἰς κακὰ οὗτος * ἀγαθοποιῶν * νικᾷ τὸ κακὸν σκεπαζόμενος ὑπὸ τοῦ ἀγαθοῦ |
| TBen. | 5 | 2 | τῆς πλεονεξίας δώσουσι τοῖς θλιβομένοις. ἐὰν ἦτε * ἀγαθοποιοῦντες * καὶ τὰ ἀκάθαρτα πνεύματα φεύξεται ἀφ' |
| Aris. | 242 | 5 | τῶν ἐκείνων ἀλλὰ δέον ⟨θεὸν⟩ ἱκετεύειν πάντα * ἀγαθοποιεῖν. * ὡσαύτως δὲ ἐκείνοις ἀποδεξάμενος αὐτὸν |
| ἀγαθοποιΐα | | | 1 |
| TJos. | 18 | 2 | αἰῶνας. καὶ ἐὰν θέλῃ τις κακοποιῆσαι ὑμᾶς ὑμεῖς τῇ * ἀγαθοποιΐᾳ * εὔχεσθε ὑπὲρ αὐτοῦ καὶ ἀπὸ παντὸς κακοῦ |
| ἀγαθός | | | 143 (cf.+ ἀμείνων, ἀρείων, ἄριστος, βελτίων, κρείσσων) |
| Adam | 13 | 5 | πονηρὰ καὶ δοθήσεται αὐτοῖς καρδία συνετιζομένη τὸ * ἀγαθὸν * καὶ λατρεύειν θεῷ μόνῳ. σὺ δὲ πάλιν πορεύου πρὸς |
| Adam | 18 | 3 | σου οἱ ὀφθαλμοὶ καὶ ἔσεσθε ὡς θεοὶ γινώσκοντες τί * ἀγαθὸν * καὶ τί πονηρόν. τοῦτο δὲ γινώσκων ὁ θεὸς ὅτι |
| Adam | 30 | 1 | ὑμεῖς δὲ φυλάξατε ἑαυτοὺς μὴ ἐγκαταλιπεῖν τὸ * ἀγαθόν. * ταῦτα δὲ εἰποῦσα ἐν μέσῳ τῶν υἱῶν αὐτῆς |
| Hen. | 5 | 6 | καὶ εἰρήνη καὶ ἐπιείκεια ἔσται αὐτοῖς σωτηρία φῶς * ἀγαθὸν * καὶ αὐτοὶ κληρονομήσουσιν τὴν γῆν καὶ πᾶσιν ὑμῖν |
| Hen. | 20 | 5 | Μιχαὴλ ὁ εἷς τῶν ἁγίων ἀγγέλων ὁ ἐπὶ τῶν τοῦ λαοῦ * ἀγαθῶν * τεταγμένος καὶ ἐπὶ τῷ χάῳ. Σαριὴλ ὁ εἷς τῶν ἁγίων |
| Hen. | 20B | 5 | Μιχαὴλ ὁ εἷς τῶν ἁγίων ἀγγέλων ὃς ἐπὶ τῶν τοῦ λαοῦ * ἀγαθῶν * τέτακται καὶ ἐπὶ τῷ λαῷ. Σαριὴλ ὁ εἷς τῶν ἁγίων |
| Hen. | 25 | 3 | τοῦ αἰῶνος ὅταν καταβῇ ἐπισκέψασθαι τὴν γῆν ἐπ' * ἀγαθῷ. * καὶ τοῦτο τὸ δένδρον εὐωδίας καὶ οὐδεμία σάρξ |
| Hen. | 97 | 9 | ἀργύριον τεθησαυρίκαμεν ἐν τοῖς θησαυροῖς ἡμῶν καὶ * ἀγαθὰ * πολλὰ ἐν ταῖς οἰκίαις ἡμῶν. καὶ ὡς ὕδωρ |
| Hen. | 98 | 9 | ὑμῶν καὶ τῶν ⟨φρονίμων⟩ οὐ μὴ ἀκούσητε καὶ τὰ * ἀγαθὰ * οὐκ ἀπαντήσει ὑμῖν τὰ δὲ κακὰ ⟨περιέξει⟩ ὑμᾶς. καὶ |
| Hen. | 98 | 11 | τὸ κα⟨κὸν καὶ ἔσθοντες αἷμα πόθ⟩εν ὑμῖν ἔσο⟨νται * ἀγαθὰ * ἵνα φάγητε---⟩ ---⟨ἔργα τῆ⟩ς ἀδικίας διότι ἐλπίδας |
| Hen. | 99 | 1 | καὶ δόξαν ἀπολώλατε οὐκ ἔστιν ὑμῖν σωτηρία εἰς * ἀγαθόν. * οὐαὶ ὑμῖν οἱ ἐξαλλοιοῦντες τοὺς λόγους τοὺς |
| Hen. | 101 | 5 | αὐτῶν καὶ χειμαζόμενοι πάντες φοβοῦνται ἔξω δὲ τὰ * ⟨ἀγαθὰ * πάντα⟩ καὶ τὰ ὑπάρχοντα αὐτῶν ἐκβάλλουσιν εἰς τὴν |
| Hen. | 102 | 9 | καὶ λωποδυτεῖν καὶ ἐγκτᾶσθαι καὶ ⟨ἰδεῖν⟩ ἡμέρας * ἀγαθάς. * ἴδετε οὖν οἱ δικαιοῦντες ⟨ἑαυτ⟩οὺς ὁποία ἐγένετο |
| Hen. | 103 | 3 | ἐν αὐταῖς καὶ ἐγκεκολαμμέν⟨α περὶ⟩ ὑμῶν ὅτι * ἀγαθὰ * καὶ ἡ χαρὰ καὶ ἡ τ⟨ιμὴ⟩ ἡτοίμασται καὶ ἐγγέγραπται |
| Hen. | 104 | 1 | οἱ ἄγγελοι ἐν τῷ οὐρανῷ ἀναμιμνήσκουσιν ⟨ὑμῶν⟩ εἰς * ἀγαθὸν * ἐνώπιον τῆς δόξης τοῦ μεγάλου. θαρσεῖτε δὴ ὅτι |
| Hen. | 107 | 1 | ἀπολεῖται καὶ ἡ ἁμαρτία ἀλλάξει ἀπὸ τῆς γῆς καὶ τὰ * ἀγαθὰ * ἥξει ἐπὶ τῆς γῆς ἐπ' αὐτούς. καὶ νῦν ἀπότρεχε |
| Abr.1 | 1 | 5 | καὶ ὑπάρχει πλούσιος πάνυ παρὰ πάντων δὲ δίκαιος * ἀγαθὸς * καὶ φιλόξενος καὶ φιλόχρηστος μέχρι τέλους σὺ δὲ |
| Abr.1 | 1 | 7 | σώματος καὶ πρὸς τὸν ἴδιον δεσπότην ἀπελεύσει ἐν * ἀγαθοῖς. * ἐξελθὼν δὲ ὁ ἀρχιστράτηγος ἐκ προσώπου κυρίου |
| Abr.1 | 4 | 2 | δίφρον καὶ λυχνίαν καὶ τράπεζαν ἐν ἀφθονίᾳ παντὸς * ἀγαθοῦ * καλλώπισον τὸ οἴκημα τέκνον καὶ ὑφάπλωσον |
| Abr.1 | 4 | 4 | μέσον αὐτῶν ⟨ὑπῆρχε⟩ τράπεζα ἐν ἀφθονίᾳ παντὸς * ἀγαθοῦ. * ἐγερθεὶς οὖν ὁ ἀρχιστράτηγος ἐξῆλθεν ἔξω ὡς |
| Abr.1 | 4 | 9 | καὶ οὗτος τράπεζάν μοι παρέθετο ἐν ἀφθονίᾳ * ἀγαθῶν * τῶν ἐπιγείων φθαρτῶν καὶ νῦν κύριε τί ποιήσω; πῶς |
| Abr.1 | 6 | 8 | ὅτι ἀποκάλυψίς τινος ἔργου ἡμῖν ἐστιν κἄν τε * ἀγαθὸν * κἄν τε πονηρόν. καταλιπὼν δὲ Ἀβραὰμ τὴν Σάρραν |
| Abr.1 | 8 | 11 | τινι κακῷ συναντῆσαί σοι ἀλλὰ πρὸς παράκλησιν τῶν * ἀγαθῶν * τὸν ἐμὸν ἀρχιστράτηγον ἀπέστειλα πρός σε ἵνα |
| Abr.1 | 10 | 3 | ἁπλῶς εἰπεῖν εἶδεν πάντα τὰ τοῦ κόσμου γινόμενα * ἀγαθὰ * καὶ πονηρά. διερχόμενος δὲ Ἀβραὰμ εἶδεν ἄνδρας |
| Abr.1 | 16 | 12 | καὶ οὐ λέγεις ⟨μᾶλλον⟩ ὅτι ἐγώ εἰμι παντὸς * ἀγαθοῦ * εὐμορφότερος. εἶπεν δὲ ὁ θάνατος ἐγὼ πάτερ λέγω |
| Abr.2 | 9 | 8 | αὐτοῦ εὗρε γὰρ τὰς ἁμαρτίας ἰσοζυγούσας μετὰ τῶν * ἀγαθῶν * ἔργων αὐτῆς καὶ οὐκ εἴασεν αὐτὴν ἐν μόχθῳ οὐδὲ ἐν |
| TSim. | 3 | 2 | αὐτὸν οὔτε φαγεῖν οὔτε πιεῖν οὔτε ποιῆσαί τι * ἀγαθὸν * πάντοτε ὑποβάλλει ἀνελεῖν τὸν φθονούμενον καὶ ὁ |
| TSim. | 4 | 4 | δικαίως πάσχω καὶ οὐκ ἐλυπούμην. Ἰωσὴφ δὲ ἦν ἀνὴρ * ἀγαθὸς * καὶ ἔχων πνεῦμα θεοῦ ἐν ἑαυτῷ εὔσπλαγχνος καὶ |
| TSim. | 4 | 5 | καὶ φθόνου καὶ πορεύεσθε ἐν ἁπλότητι ψυχῆς καὶ ἐν * ἀγαθῇ * καρδίᾳ ἐννοοῦντες τὸν πατράδελφον ὑμῶν ἵνα δώῃ καὶ |
| TSim. | 4 | 7 | μου ἀγαπητὰ ἀγαπήσατε ἕκαστος τὸν ἀδελφὸν αὐτοῦ ἐν * ἀγαθῇ * καρδίᾳ καὶ ἀποστήσατε ἀφ' ὑμῶν τὸ πνεῦμα τοῦ |
| TLevi | 13 | 6 | ἐν τοῖς οὐρανοῖς καὶ σπείρετε ἐν ταῖς ψυχαῖς ὑμῶν * ἀγαθὰ * ἵνα εὕρητε αὐτὰ ἐν τῇ ζωῇ ὑμῶν. ἐὰν γὰρ σπείρητε |
| TIss. | 3 | 7 | πατρί μου καὶ τότε ἐγώ. καὶ κύριος ἐδιπλασίαζε τὰ * ἀγαθὰ * ἐν χερσί μου. ᾔδει δὲ καὶ Ἰακὼβ ὅτι ὁ θεὸς |
| TIss. | 3 | 8 | γὰρ πένητι καὶ παντὶ θλιβομένῳ παρεῖχον τῆς γῆς τὰ * ἀγαθὰ * ἐν ἁπλότητι καρδίας. καὶ νῦν ἀκούσατέ μου τέκνα |
| TZab. | 1 | 3 | ῥήμασι πατρὸς ὑμῶν. ἐγώ εἰμι Ζαβουλὼν δόσις * ἀγαθὴ * τοῖς γονεῦσί μου. ἐν γὰρ τῷ γεννηθῆναί με ηὐξήθη ὁ |
| TZab. | 6 | 5 | ἢ γηράσας ἐψήσας τοὺς ἰχθύας καὶ ποιήσας αὐτὰ * ἀγαθῶς * κατὰ τὴν ἑκάστου χρείαν προσέφερον πᾶσι συνάγων |
| TZab. | 7 | 2 | ἐλεᾶτε καὶ παρέχετε παντὶ ἀνθρώπῳ ἐν * ἀγαθῇ * καρδίᾳ. εἰ δὲ μὴ ἔχετε πρὸς καιρὸν δοῦναι τῷ |
| TDan | 1 | 4 | ἡδόμην περὶ τοῦ θανάτου Ἰωσὴφ ἀνδρὸς ἀληθινοῦ καὶ * ἀγαθοῦ * καὶ ἔχαιρον ἐπὶ τῇ πράσει Ἰωσὴφ ὅτι ὑπὲρ ἡμᾶς ὁ |
| TDan | 4 | 3 | μὴ κινεῖσθε εἰς θυμὸν καὶ ἐάν τις ἐπαινῇ ὑμᾶς ὡς * ἀγαθοὺς * μὴ ἐπαίρεσθε μηδὲ μεταβάλλεσθε μήτε εἰς τέρψιν |
| TNep. | 2 | 4 | καὶ ὁ κύριος οἶδε τὸ σῶμα ἕως τίνος διαρκέσει ἐν * ἀγαθῷ * καὶ πότε ἄρχεται ἐν κακῷ. ὅτι οὐκ ἔστι πᾶν πλάσμα |
| TNep. | 2 | 9 | καὶ τὰ ἑξῆς. οὕτως οὖν τέκνα μου ἐν τάξει ἐστέ εἰς * ἀγαθὰ * ἐν φόβῳ θεοῦ καὶ μηδὲν ἄτακτον ποιεῖτε ἐν |
| TNep. | 8 | 5 | ὡς ἄν τις γὰρ τέκνον ἐκθρέψῃ καλῶς μνείαν ἔχει * ἀγαθὴν * οὕτως καὶ ἐπὶ τοῦ καλοῦ ἔργου μνήμη παρὰ θεῷ |
| TNep. | 8 | 5 | οὕτως καὶ ἐπὶ τοῦ καλοῦ ἔργου μνήμη παρὰ θεῷ * ἀγαθή. * τὸν δὲ μὴ ποιοῦντα τὸ καλὸν καταράσονται οἱ |
| TAser | 1 | 8 | πρᾶξις αὐτῆς ἐστιν ἐν πονηρίᾳ καὶ ἀπωθούμενος τὸ * ἀγαθὸν * προσλαμβάνει τὸ κακὸν καὶ κυριευθεὶς ὑπὸ τοῦ |
| TAser | 1 | 8 | τὸ κακὸν καὶ κυριευθεὶς ὑπὸ τοῦ Βελιὰρ κἂν * ἀγαθὸν * πράξῃ ἐν πονηρίᾳ αὐτὸ μεταστρέφει. ὅταν γὰρ |
| TAser | 1 | 9 | ἐν πονηρίᾳ αὐτὸ μεταστρέφει. ὅταν γὰρ ἐνάρξηται ὡς * ἀγαθὸν * ποιῶν τὸ τέλος τῆς πράξεως αὐτοῦ εἰς κακὸν ποιεῖν |
| TAser | 3 | 2 | κακίαν ἀποδράσατε ἀναιροῦντες τὸν διάβολον ἐν ταῖς * ἀγαθαῖς * ὑμῶν πράξεσιν ὅτι οἱ διπρόσωποι οὐ θεῷ ἀλλὰ ταῖς |
| TAser | 4 | 1 | ἀρέσωσι καὶ τοῖς ὁμοίοις αὐτῶν ἀνθρώποις. οἱ γὰρ * ἀγαθοὶ * ἄνδρες καὶ μονοπρόσωποι κἂν νομισθῶσι παρὰ τῶν |
| TAser | 4 | 3 | καὶ αὐτό ἐστι διπρόσωπον ἀλλὰ τὸ πᾶν ἔργον * ἀγαθόν * ἐστιν ὅτι μιμεῖται κύριον μὴ προσδεχόμενος τὸ |
| TAser | 4 | 4 | μετὰ τοῦ ἀληθινοῦ κακοῦ. ἕτερος οὐ θέλει ἡμέραν * ἀγαθὴν * ἰδεῖν μετὰ ἀσώτων ἵνα μὴ χράνῃ τὸ στόμα καὶ |
| TAser | 4 | 5 | τῶν ἐντολῶν μισῶν ἀπαγορεύει ἀπείργων τὸ κακὸν τοῦ * ἀγαθοῦ. * ὁρᾶτε οὖν τέκνα πῶς δύο εἰσὶν ἐν πᾶσιν ἓν |
| TAser | 5 | 4 | πᾶσαν ἰσχύν μου πορευόμενος μονοπροσώπως εἰς τὸ * ἀγαθόν. * προσέχετε οὖν τέκνα καὶ ὑμεῖς τὰς ἐντολὰς τοῦ |
| TJos. | 2 | 7 | ὅτι μέγα φάρμακόν ἐστιν ἡ μακροθυμία καὶ πολλὰ * ἀγαθὰ * δίδωσιν ἡ ὑπομονή. ποσάκις ἡ Αἰγυπτία ἠπείλησέ μοι |
| TJos. | 7 | 8 | ἐπιθυμίας πονηρᾶς καὶ τούτῳ δουλωθῇ ὡς κἀκείνη κἂν * ἀγαθόν * τι ἀκούσῃ εἰς τὸ πάθος ὃ ἡττᾶται ἐκλαμβάνει αὐτὸ |
| TJos. | 18 | 1 | τέκνα μου ὑψώσει ὑμᾶς ἐνταῦθα καὶ εὐλογήσει ἐν * ἀγαθοῖς * εἰς αἰῶνας. καὶ ἐὰν θέλῃ τις κακοποιῆσαι ὑμᾶς |
| TBen. | 3 | 1 | οὐρανοῦ καὶ φυλάξατε ἐντολὰς αὐτοῦ μιμούμενοι τὸν * ἀγαθὸν * καὶ ὅσιον ἄνδρα Ἰωσήφ. καὶ ἔστω ἡ διάνοια ὑμῶν |
| TBen. | 3 | 2 | ὅσιον ἄνδρα Ἰωσήφ. καὶ ἔστω ἡ διάνοια ὑμῶν εἰς τὸ * ἀγαθὸν * ὡς κἀμὲ οἴδατε. ὁ ἔχων τὴν διάνοιαν ἀγαθὴν πάντα |
| TBen. | 3 | 2 | εἰς τὸ ἀγαθὸν ὡς κἀμὲ οἴδατε. ὁ ἔχων τὴν διάνοιαν * ἀγαθὴν * πάντα βλέπει ὀρθῶς. φοβεῖσθε κύριον καὶ ἀγαπᾶτε |
| TBen. | 4 | 1 | Βελιὰρ καὶ τοὺς ὑπηρετοῦντας αὐτῷ. ἴδετε τέκνα τοῦ * ἀγαθοῦ * ἀνδρὸς τὸ τέλος μιμήσασθε οὖν ἐν ἀγαθῇ διανοίᾳ |
| TBen. | 4 | 1 | τέκνα τοῦ ἀγαθοῦ ἀνδρὸς τὸ τέλος μιμήσασθε οὖν ἐν * ἀγαθῇ * διανοίᾳ τὴν εὐσπλαγχνίαν αὐτοῦ ἵνα καὶ ὑμεῖς |
| TBen. | 4 | 2 | αὐτοῦ ἵνα καὶ ὑμεῖς στεφάνους δόξης φορέσητε. ὁ * ἀγαθὸς * ἄνθρωπος οὐκ ἔχει σκοτεινὸν ὀφθαλμὸν ἐλεᾷ γὰρ |
| TBen. | 4 | 3 | ἀγαθοποιῶν νικᾷ τὸ κακὸν σκεπαζόμενος ὑπὸ τοῦ * ἀγαθοῦ * τοὺς δὲ δικαίους ἀγαπᾷ ὡς τὴν ψυχὴν αὐτοῦ. ἐὰν |
| TBen. | 4 | 5 | νουθετῶν ἐπιστρέφει καὶ τὸν ἔχοντα χάριν πνεύματος * ἀγαθοῦ * ἀγαπᾷ κατὰ τὴν ψυχὴν αὐτοῦ. ἐὰν ἔχητε ἀγαθὴν |
| TBen. | 5 | 1 | ἀγαθοῦ ἀγαπᾷ κατὰ τὴν ψυχὴν αὐτοῦ. ἐὰν ἔχητε * ἀγαθὴν * διάνοιαν τέκνα καὶ οἱ πονηροὶ ἄνθρωποι |
| TBen. | 5 | 1 | καὶ οἱ ἄσωτοι αἰδεσθέντες ὑμᾶς ἐπιστρέψουσιν εἰς * ἀγαθὸν * καὶ οἱ πλεονέκται οὐ μόνον ἀποστήσονται τοῦ |
| TBen. | 5 | 3 | αὐτὰ τὰ θηρία φοβηθήσονται ὑμᾶς. ὅπου γὰρ ἔνι φῶς * ἀγαθῶν * ἔργων εἰς διάνοιαν τὸ σκότος ἀποδιδράσκει αὐτοῦ. |
| TBen. | 6 | 1 | γέγονεν Ἰωσὴφ ὁ ἀδελφός μου. τὸ διαβούλιον τοῦ * ἀγαθοῦ * ἀνδρὸς οὐκ ἔστιν ἐν χειρὶ πλάνης πνεύματος Βελιὰρ |
| TBen. | 6 | 4 | ὀφθαλμῶν κύριος γάρ ἐστι μερὶς αὐτοῦ. τὸ * ἀγαθὸν * διαβούλιον οὐκ ἐπιδέχεται δόξης καὶ ἀτιμίας |
| TBen. | 6 | 5 | αὐτοῦ καὶ χαίρει πρὸς πάντας ἐν παντὶ καιρῷ. ἡ * ἀγαθὴ * διάνοια οὐκ ἔχει δύο γλώσσας εὐλογίας καὶ κατάρας |
| TBen. | 11 | 1 | κυρίου διαδίδων τροφὴν τοῖς ἐργαζομένοις τὸ * ἀγαθόν. * καὶ ἀναστήσεται ἐκ τοῦ σπέρματός μου ἐν ὑστέροις |
| Asen. | 2 | 5 | ταμιεῖον τῆς Ἀσενὲθ καὶ ἦν ἐν αὐτῷ πάντα τὰ * ἀγαθὰ * τῆς γῆς. καὶ τοὺς λοιποὺς ἑπτὰ θαλάμους εἶχον ἑπτὰ |
| Asen. | 4 | 2 | ὡς νύμφην θεοῦ. καὶ ἐξήνεγκαν πάντα τὰ * ἀγαθὰ * ὅσα ἐνήνοχαν ἐξ ἀγροῦ τῆς κληρονομίας αὐτῶν καὶ |
| Asen. | 4 | 2 | ἔδωκαν τῇ θυγατρὶ αὐτῶν. καὶ ἐχάρη ἐπὶ πᾶσι τοῖς * ἀγαθοῖς * Ἀσενὲθ ἐπί τε τῇ ὀπώρᾳ καὶ τῇ σταφυλῇ καὶ τοῖς |
| Asen. | 12 | 14 | καὶ ὀρφανὴν διότι σὺ εἶ κύριε πατὴρ γλυκὺς καὶ * ἀγαθὸς * καὶ ἐπιεικής. τίς πατὴρ οὕτω γλυκύς ἐστιν ὡς σύ |
| Asen. | 13 | 2 | κύριε τὸν μόνον φιλάνθρωπον. ἰδοὺ πάντα τὰ * ἀγαθὰ * τῆς γῆς κατέλιπον καὶ πρός σέ κατέφυγον κύριε ἐν |
| Asen. | 15 | 7 | ἐστιν ἐν τοῖς οὐρανοῖς θυγάτηρ ὑψίστου καλὴ καὶ * ἀγαθὴ * σφόδρα. καὶ αὕτη ἐκλιπάρει τὸν θεὸν τὸν ὕψιστον |
| Asen. | 15 | 10 | σου περίθου καὶ κατακόσμησον σεαυτὴν ὡς νύμφην * ἀγαθὴν * καὶ πορεύου εἰς συνάντησιν τῷ Ἰωσήφ. ἰδοὺ γὰρ |
| Asen. | 21 | 10 | τῷ θεῷ καὶ ἐχαρίτωσε δεομένη ἐπὶ πᾶσιν οἷς ἠξίωται * ἀγαθοῖς * παρὰ κυρίου⟩ ἥμαρτον κύριε ⟨ἥμαρτον ἐνώπιόν σου |
| Asen. | 28 | 12 | καὶ εἶπεν αὐτῇ Συμεὼν ἵνα τί ἡ δέσποινα ἡμῶν λαλεῖ * ἀγαθὰ * ὑπὲρ τῶν ἐχθρῶν αὐτῆς; οὐχὶ ἀλλὰ κατακόψωμεν |
| Sal. | 1 | 6 | ἄστρων εἶπαν οὐ μὴ πέσωσιν καὶ ἐξύβρισαν ἐν τοῖς * ἀγαθοῖς * αὐτῶν καὶ οὐκ ἤνεγκαν. αἱ ἁμαρτίαι αὐτῶν ἐν |
| Sal. | 3 | 2 | ψάλλε καὶ γρηγόρησον ἐπὶ τὴν γρηγόρησιν αὐτοῦ ὅτι * ἀγαθὸς * ψαλμὸς τῷ θεῷ ἐξ ἀγαθῆς καρδίας. δίκαιοι |
| Sal. | 3 | 2 | τὴν γρηγόρησιν αὐτοῦ ὅτι ἀγαθὸς ψαλμὸς τῷ θεῷ ἐξ * ἀγαθῆς * καρδίας. δίκαιοι μνημονεύουσιν διὰ παντὸς τοῦ |
| Sal. | 5 | 18 | δικαιοσύνῃ. εὐφρανθείησαν οἱ φοβούμενοι κύριον ἐν * ἀγαθοῖς * καὶ ἡ χρηστότης σου ἐπὶ Ισραηλ ἐν τῇ βασιλείᾳ |

Sal. 11 7 τὴν στολὴν τοῦ ἁγιάσματός σου ὅτι ὁ θεὸς ἐλάλησεν * ἀγαθὰ * Ισραηλ εἰς τὸν αἰῶνα καὶ ἔτι. ποιῆσαι κύριος ἃ
Sal. 17 44 οἱ γενόμενοι ἐν ταῖς ἡμέραις ἐκείναις ἰδεῖν τὰ * ἀγαθὰ * Ισραηλ ἐν συναγωγῇ φυλῶν ἃ ποιήσει ὁ θεός. ταχύναι
Sal. 18 6 οἱ γενόμενοι ἐν ταῖς ἡμέραις ἐκείναις ἰδεῖν τὰ * ἀγαθὰ * κυρίου ἃ ποιήσει γενεᾷ τῇ ἐρχομένῃ ὑπὸ ῥάβδον
Sal. 18 9 θεοῦ καταστῆσαι πάντας αὐτοὺς ἐνώπιον κυρίου γενεὰ * ἀγαθὴ * ἐν φόβῳ θεοῦ ἐν ἡμέραις ἐλέους. διάψαλμα. μέγας
Bar. 4 17 καὶ τῷ αἰωνίῳ πυρὶ ἑαυτοὺς προξενοῦσιν. πᾶν γὰρ * ἀγαθὸν * δι᾽ αὐτοῦ γίνεται. ταῦτα γὰρ ποιοῦσιν οἱ τοῦτον
Bar. 4 17 ἐπιορκεῖται κλοπαὶ καὶ τὰ τούτων ὅμοια. καὶ οὐδὲν * ἀγαθὸν * δι᾽ αὐτοῦ κατορθοῦται. καὶ εἶπον ἐγὼ Βαροὺχ πρὸς
Bar. 11 9 αἱ ἀρεταὶ τῶν δικαίων καὶ ὅσα ἐργάζονται * ἀγαθὰ * ἅτινα δι᾽ αὐτοῦ ἀποκομίζονται ἔμπροσθεν τοῦ
Bar. 13 3 ἄφροσι προσμένειν ὅτι οὐκ ἔστιν ἐν αὐτοῖς οὐδὲν * ἀγαθὸν * ἀλλὰ πᾶσα ἀδικία καὶ πλεονεξία. οὐ γὰρ εἴδομεν
Bar. 13 4 ποτέ οὐδὲ εἰς πνευματικοὺς πατέρας οὐδὲ εἰς * ἀγαθὸν * ἕν. ἀλλ᾽ ὅπου φόνος καὶ αὐτοὶ ἐν μέσῳ ἐκεῖ καὶ
Prop. 17 5B οὗτος οὖν εἰς βαθὺ γῆρας ἐλάσας καὶ ἐν πολλῇ * ἀγαθῇ * ἐκοιμήθη ἐν εἰρήνῃ. Ἀχία ἀπὸ Σηλὼμ ὅπου ἦν ἡ
Prop. 18 5B ὁ προφήτης αὐτὸς ἀπέθανεν ἐν γήρει βαθυτάτῳ οὐκ * ἀγαθῶς. * Ἰωὰδ ἐκ τῆς Σαμαρειμ. οὗτός ἐστιν ὃν ἐπάταξεν ὁ
Sedr. 3 4 διά τί ἐποίησας τὴν θάλασσαν; διά τί ἔσπειρας πᾶν * ἀγαθὸν * ἐπὶ τῆς γῆς; λέγει ὁ κύριος διὰ τὸν ἄνθρωπον.
Sedr. 11 12 γῆς ταρασσόμενοι τοὺς οἴκους εὐτρεπίζοντες παντὸς * ἀγαθοῦ. * ὦ πόδες ὅλον τὸ σῶμα βαστάζοντες εἰς τοὺς ναοὺς
Job 4 8 ἐστιν, ἀποδιδοὺς ἑκάστῳ τῷ ὑπακούοντι * ἀγαθὰ * καὶ ἐγερθήσῃ ἐν τῇ ἀναστάσει ἔσῃ γὰρ ὡς ἀθλητὴς
Job 9 5 τρισχιλίας ἐργάζεσθαι πᾶσαν πόλιν, καὶ γομώσας * ἀγαθῶν * ἀπέστειλα εἰς τὰς πόλεις καὶ εἰς τὰς κώμας,
Job 17 3 λέγων οὗτος ὁ ἀνὴρ Ιωβαβ ὁ ἀναλώσας πάντα τὰ * ἀγαθὰ * τῆς γῆς καὶ μηδὲν καταλιπών, ὁ διαδεδωκὼς τοῖς
Job 25 4 τρίχα αὐτῆς ἀντὶ ἄρτων. ἧς αἱ κάμηλοι γεγομωμέναι * ἀγαθῶν * ἀπέφερον εἰς τὰς χώρας τοῖς πτωχοῖς, ὅτι νῦν
Job 26 4 διά τί δὲ οὐκ ἀνεμνήσθης τῶν μεγάλων ἐκείνων * ἀγαθῶν * ἐν οἷς ὑπήρχομεν; εἰ οὖν τὰ ἀγαθὰ ἐδεξάμεθα ἐκ
Job 26 4 μεγάλων ἐκείνων ἀγαθῶν ἐν οἷς ὑπήρχομεν; εἰ οὖν τὰ * ἀγαθὰ * ἐδεξάμεθα ἐκ χειρὸς κυρίου τὰ κακὰ πάλιν οὐχ
Job 30 5 τὰ ὑπάρχοντά μου λέγοντες μὴ οὐκ οἴδαμεν τὰ πολλὰ * ἀγαθὰ * τὰ ἀποστελλόμενα ὑπ᾽ αὐτοῦ εἰς τὰς κώμας καὶ εἰς
Job 32 2 τὰς τρισχιλίας καμήλους ἐκτάξας εἰς μεταφορὰν τῶν * ἀγαθῶν * τοῖς πένησιν ποῦ οὖν τυγχάνει ἡ δόξα τοῦ θρόνου
Aris. 43 3 παρά σοι καὶ Ἀριστέας ἄνδρες καλοὶ καὶ * ἀγαθοὶ * καὶ παιδείᾳ διαφέροντες καὶ τῆς σῆς ἀγωγῆς καὶ
Aris. 46 2 παρόντων δὲ πάντων ἐπελεξάμεθα ἄνδρας καλοὺς καὶ * ἀγαθοὺς * πρεσβυτέρους ἀφ᾽ ἑκάστης φυλῆς ἓξ οὓς καὶ
Aris. 56 3 σεμνῶς ἅπαντα διανοούμενος καὶ φύσιν ἔχων * ἀγαθὴν * εἰς τὸ συνιδεῖν πραγμάτων ἔμφασιν. ὅσα δ᾽ ἂν ᾖ
Aris. 185 1 ἀξιολόγως στὰς εἶπε πληρῶσαι σε βασιλεῦ πάντων τῶν * ἀγαθῶν * ὧν ἔκτισεν ὁ παντοκράτωρ θεὸς καὶ δῴη σοι ταῦτ᾽
Aris. 196 4 ἐπὶ τέλει; ὁ δὲ εἶπεν εὐχόμενος ἀεὶ πρὸς τὸν θεὸν * ἀγαθὰς * ἐπινοίας λαμβάνειν πρὸς τὰ μέλλοντα πράσσεσθαι
Aris. 197 5 μετασχεῖν τῶν μεγίστων κακῶν ὡσαύτως δὲ καὶ * ἀγαθῶν * καὶ οὐκ ἔστιν ἄνθρωπον ὄντα τούτων ἀμιγῆ γενέσθαι
Aris. 205 5 ἄγοι τὴν ἑαυτοῦ καὶ γὰρ ὁ θεὸς πᾶσιν αἴτιος * ἀγαθῶν * ἐστιν ᾧ κατακολουθεῖν ἀναγκαῖον. ἐπαινέσας δὲ ὁ
Aris. 207 4 οὐ βούλει σεαυτῷ τὰ κακὰ παρεῖναι μέτοχος δὲ τῶν * ἀγαθῶν * ὑπάρχειν ἁπάντων εἰ πράσσοις τοῦτο πρὸς τοὺς
Aris. 207 6 καὶ τοὺς ἁμαρτάνοντας εἰ τοὺς καλοὺς καὶ * ἀγαθοὺς * τῶν ἀνθρώπων ἐπιεικέστερον νουθετοῖς καὶ γὰρ ὁ
Aris. 212 5 εἶναι καὶ γὰρ ὁ θεὸς διὰ παντὸς τοῖς δικαίοις * ἀγαθὰ * προσημαίνει μέγιστα. τοῦτον δὲ ἐπαινέσας εἶπε πρὸς
Aris. 229 5 ἐστὶν ἣν καὶ σὺ κέκτησαι πάντα περιέχων ἐν αὐτῇ τὰ * ἀγαθά. * λίαν δὲ φιλοφρόνως ἐπικροτήσας εἶπε πρὸς τὸν
Aris. 231 3 κατακτησομένους δικαιοπραγεῖν. θεοῦ δὲ δῶρον * ἀγαθῶν * ἐργάτην εἶναι καὶ μὴ τῶν ἐναντίων. συναρεσθεὶς δὲ
Aris. 248 5 ὡς περὶ τῶν ἐγγόνων ἵνα παρῇ πάντα αὐτοῖς τὰ * ἀγαθά. * τὸ δὲ ἐπιδεῖσθαι παιδία σωφροσύνης μετασχεῖν θεοῦ
Aris. 293 5 λόγων. ἐπὶ πᾶσι δὲ εἶπε τὰ μέγιστά μοι γέγονεν * ἀγαθὰ * παραγενηθέντων ὑμῶν πολλὰ γὰρ ὠφέλημαι
Aris. 308 5 ἀποδοχῆς καὶ παρὰ τοῦ πλήθους ἔτυχον ὡς ἂν μεγάλων * ἀγαθῶν * παραίτιοι γεγονότες. ὡσαύτως δὲ καὶ τὸν Δημήτριον
Sib. 3 220 γένος ἐστὶ δικαιοτάτων ἀνθρώπων οἷσιν ἀεὶ βουλή τ᾽ * ἀγαθὴ * καλά τ᾽ ἔργα μέμηλεν. οὔτε γὰρ ἠελίου κύκλιον
Sib. 3 233 πέλεται κατὰ γαῖαν τοῦ πεπλανῆσθαι ὁδούς τ᾽ * ἀγαθὰς * καὶ ἔργα δίκαια. οἳ δὲ μεριμνῶσίν τε δικαιοσύνην
Sib. 3 282 ἅπασα σέθεν καὶ θαύματα σηκοῦ. ἀλλὰ μένει σ᾽ * ἀγαθοῖο * τέλος καὶ δόξα μεγίστη ὡς ἐπέκρανε θεός σοι
Sib. 3 312 ἀπὸ αἵματος ὡς πάρος αὐτὴ ἐξέχεας ἀνδρῶν τ᾽ * ἀγαθῶν * ἀνδρῶν τε δικαίων ὧν ἔτι καὶ νῦν αἷμα βοᾷ εἰς
Sib. 3 410 γαίης σκεδάσει καὶ τείχεα λύσει. σήματα δ᾽ οὐκ * ἀγαθοῖο * κακοῖο δὲ φύσεται ἀρχή. παμφύλου πολέμοιο
Sib. 3 469 στήθεσσιν ἑοῖς ἐναρίξεαι αὐτήν. ἔσσῃ δ᾽ οὐκ * ἀγαθῶν * μήτηρ θηρῶν δὲ τιθήνη. ἀλλ᾽ ὅτ᾽ ἀπ᾽ Ἰταλίης
Sib. 3 660 κόσμῳ πορφυρέῳ καὶ γαῖα τελεσφόρος ἠδὲ θάλασσα τῶν * ἀγαθῶν * πλήθουσα. καὶ ἄρξονται βασιλῆες ἀλλήλοις +κοτέειν
Sib. 3 662 +κοτέειν ἐπαμύνοντες κακὰ θυμῷ+ ὁ φθόνος οὐκ * ἀγαθὸν * πέλεται δειλοῖσι βροτοῖσιν. ἀλλὰ πάλιν βασιλῆες
Sib. 3 750 γλυκερὰς λευκοῖο γάλακτος πλήρεις δ᾽ αὖτε πόλεις * ἀγαθῶν * καὶ πίονες ἀγροὶ ἔσσοντ᾽ οὐδὲ μάχαιρα κατὰ χθονὸς
Sib. 3 780 εὔπλωτα γενήσεται ἤμασι κείνοις πᾶσα γὰρ εἰρήνη * ἀγαθῶν * ἐπὶ γαῖαν ἱκνεῖται ῥομφαίαν δ᾽ ἀφελοῦσι θεοῦ
Sib. 5 69 θεοχρίστους καί τε κάκην ὤτρυνας ἐπ᾽ ἀνδράσι τοῖς * ἀγαθοῖσιν * ἕξεις ἀντὶ τόσων τοίαν τροφὸν εἵνεκα ποινῆς.
Sib. 5 262 θειογενὲς πάμπλουτε μόνον πεποθημένον ἄνθος φῶς * ἀγαθὸν * σεμνόν τε τέλος +πεποθημένον ἁγνὸς+ Ἰουδαίη
Sib. 5 417 καὶ πάντων ἐκράτησε καλῶς πᾶσίν τ᾽ ἀπέδωκεν τοῖς * ἀγαθοῖς * τὸν πλοῦτον ὃν οἱ πρότεροι λάβον ἄνδρες. πᾶσαν
Sib. 5 483 αὐτὰρ ἔπειτα θεοῦ φάος ἡγεμονεύσει ἀνδράσι τοῖς * ἀγαθοῖσιν * ὅσοι θεὸν ἐξύμνησαν. Ἶσι θεὰ τριτάλαινα
FPho. 60 ἔστω κοινὰ πάθη μηδὲν μέγα μηδ᾽ ὑπέροπλον. οὐκ * ἀγαθὸν * πλεονάζον ἔφυ θνητοῖσιν ὄνειαρ ἡ πολλὴ δὲ τρυφὴ
FPho. 65 δ᾽ ἐστὶν ὄρεξις ὑπερβαίνουσα δὲ μῆνις. ζῆλος τῶν * ἀγαθῶν * ἐσθλὸς φαύλων δ᾽ ὑπέρογκος. τόλμα κακῶν ὀλοὴ μέγ᾽
FPho. 70 ἄριστον ὑπερβασίαι δ᾽ ἀλεγειναί. μὴ φθονέοις * ἀγαθῶν * ἑτάροις μὴ μῶμον ἀνάψῃς. ἄφθονοι Οὐρανίδαι καὶ
FPho. 203 ὑψιτένοντας ἀτὰρ σκυλάκων πανάριστον γῆμαι δ᾽ οὐκ * ἀγαθὴν * ἐριδαίνομεν ἀφρονέοντες. οὐ δὲ γυνὴ κακὸν ἄνδρ᾽
FPho. 230 δικαιοσύνης μυστήρια τοῖα βιεῦντες ζωὴν ἐκτελέοιτ᾽ * ἀγαθὴν * μέχρι γήραος οὐδοῦ.
IOrp. 14 οὐχ ὁρόωσι περὶ γὰρ νέφος ἐστήρικται οὗτος δ᾽ ἐξ * ἀγαθοῖο * κακὸν θνητοῖσι δίδωσι ἀνθρώποις αὐτῷ δὲ χάρις
IDip. 5 133 3 ἀεὶ καὶ πατέρα τοῦτον διὰ τέλους τιμᾶν μόνον * ἀγαθῶν * τοσούτων εὑρετὴν καὶ κτίστορα. οἴει σὺ τοὺς
LThe. 9 22 1 τοῦτον γὰρ καὶ κτίσαι τὴν πόλιν. ἡ δ᾽ ἄρ᾽ ἔην * ἀγαθή * τε καὶ αἰγινόμος καὶ ὑδρηλὴ οὐδὲ μὲν ἔσκεν ὁδὸς
LAri. 13 12 8 καὶ δικαιοσύνης καὶ ἐγκρατείας καὶ τῶν λοιπῶν * ἀγαθῶν * τῶν κατὰ ἀλήθειαν. ἐχομένως δ᾽ ἐστὶν ὡς ὁ θεὸς
LAri. 13 12 16 τετελεσμένα πάντα τέτυκται καὶ πάλιν ἑβδόμη εἰν * ἀγαθοῖς * καὶ ἑβδόμη ἐστὶ γενέθλη. καὶ ἑβδόμη ἐν πρώτοισι
FrAn. 2 11 4 καὶ θλίψεις ἔσχεν ἔπειτα ἀπολήψεται τὰ * ἀγαθά. * θυσία τῷ κυρίῳ καρδία συντετριμμένη ὀσμὴ εὐωδίας

ἀγαθότης 7

Abr.1 14 14 καὶ εἰς ζωὴν αἰώνιον αὐτοὺς ἤγαγον δι᾽ ἄκραν * ἀγαθότηταν * <διότι πρόσκαιρον κρίσιν αὐτοὺς ἀνταπέδωκας>
TNep. 1 διαθηκη Νεφθαλιμ. περι φυσικης * αγαθοτητος. * ἀντίγραφον διαθήκης Νεφθαλὶμ ἧς διέθετο ἐν
TAser 3 1 οὖν τέκνα μου μὴ γίνεσθε κατ᾽ αὐτοὺς διπρόσωποι * ἀγαθότητος * καὶ κακίας ἀλλὰ τῇ ἀγαθότητι μόνῃ κολλήθητε
TAser 3 1 αὐτοὺς διπρόσωποι ἀγαθότητος καὶ κακίας ἀλλὰ τῇ * ἀγαθότητι * μόνῃ κολλήθητε ὅτι ὁ θεὸς ἀναπαύεται εἰς αὐτὴν
TBen. 8 1 φθόνον τε καὶ τὴν μισαδελφίαν καὶ προσκολλᾶσθε τῇ * ἀγαθότητι * καὶ τῇ ἀγάπῃ. ὁ ἔχων διάνοιαν καθαρὰν ἐν ἀγάπῃ
Jer. 6 9 ἐκ στόματός σου. παρακαλοῦμεν καὶ δεόμεθά σου τῆς * ἀγαθότητος * τὸ μέγα ὄνομα ὃ οὐδεὶς δύναται γνῶναι ἄκουσον
Esdr. 5 18 μου. καὶ εἶπεν ὁ προφήτης κύριε ποῦ ἐστιν ἡ * ἀγαθότης * σου; καὶ εἶπεν ὁ θεὸς ἐγὼ πάντα κατεσκεύασα διὰ

ἀγαθύνω 1

TSim. 5 2 τοῦ πνεύματος τὸ πρόσωπον δηλοῖ. καὶ νῦν τέκνα μου * ἀγαθύνατε * τὰς καρδίας ὑμῶν ἐνώπιον κυρίου καὶ εὐθύνατε

ἀγαθωσύνη 3

TJud. 18 4 πλησίον αὐτοῦ στερίσκει τὴν ψυχὴν αὐτοῦ ἀπὸ πάσης * ἀγαθοσύνης * καὶ συνέχει αὐτὸν ἐν μόχθοις καὶ πόνοις καὶ
FMan. 2 22 12 τῶν ἀνθρώπων ὅτι σὺ ὁ θεὸς κατὰ τὴν χρηστότητα τῆς * ἀγαθωσύνης * σου ἐπηγγείλω μετανοίας ἄφεσιν τοῖς
FMan. 2 22 14 εἶ ὁ θεὸς τῶν μετανοούντων καὶ ἐν ἐμοὶ δείξεις τὴν * ἀγαθωσύνην * σου ὅτι ἀνάξιον ὄντα σώσεις με κατὰ τὸ πολὺ

ἀγαλλίασις 6

Hen. 5 9 εἰρήνη καὶ τὰ ἔτη τῆς χαρᾶς αὐτῶν πληθυνθήσεται ἐν * ἀγαλλιάσει * καὶ εἰρήνῃ αἰῶνος ἐν πάσαις ταῖς ἡμέραις τῆς
Abr.1 6 5 πάλιν ὁ μόσχος καὶ ἐθήλαξεν τῇ μητρὶ αὐτοῦ ἐν * ἀγαλλιάσει * οὐκ οἶδας κύριέ μου Ἀβραὰμ ὅτι καὶ καρπὸν
Abr.1 20 14 ἔστιν πόνος οὐ λύπη οὐ στεναγμὸς ἀλλ᾽ εἰρήνη καὶ * ἀγαλλίασις * καὶ ζωὴ ἀτελεύτητος. μεθ᾽ οὗ καὶ ἡμεῖς
TJud. 25 5 ἐν ζωῇ. καὶ οἱ ἔλαφοι Ἰακὼβ δραμοῦνται ἐν * ἀγαλλιάσει * καὶ οἱ ἀετοὶ Ἰσραὴλ πετασθήσονται ἐν χαρᾷ οἱ
TBen. 10 6 καὶ Ἰσαὰκ καὶ Ἰακὼβ ἀνισταμένους ἐκ δεξιῶν ἐν * ἀγαλλιάσει. * τότε καὶ ἡμεῖς ἀναστησόμεθα ἕκαστος ἐπὶ
Sal. 5 1 τῷ Σαλωμων. κύριε ὁ θεὸς αἰνέσω τῷ ὀνόματί σου ἐν * ἀγαλλιάσει * ἐν μέσῳ ἐπισταμένων τὰ κρίματά σου τὰ δίκαια

ἀγαλλιάω 11

Hen. 10 19 πλησθήσεται εὐλογίας. καὶ πάντα τὰ δένδρα τῆς γῆς * ἀγαλλιάσονται * φυτευθήσεται καὶ ἔσονται φυτεύοντες
Hen. 104 13 πιστεύσουσιν αὐταῖς καὶ ἐν αὐταῖς χαρήσονται καὶ * ἀγαλλιάσονται * πάντες οἱ δίκαιοι μαθεῖν ἐξ αὐτῶν πάσας
Abr.1 11 7 ἐπὶ τοῦ θρόνου αὐτοῦ ἐν εὐφροσύνῃ πολλῇ χαίρων καὶ * ἀγαλλιώμενος. * ἠρώτησεν δὲ ὁ Ἀβραὰμ τὸν ἀρχιστράτηγον
Abr.1 11 10 καὶ κάθηται ἐπὶ τοῦ θρόνου αὐτοῦ χαίρων καὶ * ἀγαλλιώμενος * ἐν εὐφροσύνῃ ὅτι αὕτη ἡ πύλη <τῶν δικαίων
TLevi 18 5 οὐρανὸν καὶ ἔσται εἰρήνη ἐν πάσῃ τῇ γῇ. οἱ οὐρανοὶ * ἀγαλλιάσονται * ἐν ταῖς ἡμέραις αὐτοῦ καὶ ἡ γῆ χαρήσεται
TLevi 18 14 ἐπὶ τοῖς ἀγαπητοῖς αὐτοῦ ἕως τῶν αἰώνων. τότε * ἀγαλλιάσεται * Ἀβραὰμ καὶ Ἰσαὰκ καὶ Ἰακὼβ κἀγὼ
TNep. 6 10 καὶ ἰδοὺ ἦλθεν Ἰακὼβ ὁ πατὴρ ἡμῶν καὶ ὁμοθυμαδὸν * ἠγαλλιώμεθα. * τὰ δύο ἐνύπνια εἶπον τῷ πατρί μου καὶ εἶπέ
Jer. 6 17 Ἰερεμίᾳ ἐν τῇ αἰχμαλωσίᾳ τῆς Βαβυλῶνος χαῖρε καὶ * ἀγαλλιῶ * ὅτι ὁ θεὸς οὐκ ἀφῆκεν ἡμᾶς ἐξελθεῖν ἐκ τοῦ
Job 11 5 ἀποκαταστήσωμέν σοι τὸ ἴδιον. καὶ ἐγὼ ταῦτα ἀκούων * ἠγαλλιώμην * ὅτι ὅλως παρ᾽ ἐμοῦ λαμβάνουσιν εἰς οἰκονομίαν
Job 43 15 τῶν στεφάνων μετ᾽ ἐγκωμίων. χαιρέτωσαν οἱ ἅγιοι, * ἀγαλλιάσθωσαν * ἐν καρδίᾳ, ὅτι ἀπείληφαν τὴν δόξαν ἣν
FEz. 185 1 ἂν εὕρω ὑμᾶς ἐπὶ τούτοις καὶ κρινῶ. >εγυπτ<ιω>ν * αγαλ<λιασομαι * δε εγω εν> αυτοις εαν ερουσ<ιν πατερ

ἀγάλλω 3

Abr.1 11 8 ποτέ μὲν κλαίει καὶ ὀδύρεται ποτέ δὲ χαίρεται καὶ * ἀγάλλεται * ἐν εὐφροσύνῃ; εἶπεν δὲ ὁ ἀρχιστράτηγος οὗτός
Jer. 6 3 ἑτοίμασον σεαυτὴν ἡ καρδία μου καὶ εὐφραίνου καὶ * ἀγάλλου * ἐν τῷ σκηνώματί σου λέγων τῷ σαρκικῷ οἴκῳ σου τὸ
Sib. 3 785 θεοῦ κρίσις ἠδὲ καὶ ἀρχή. εὐφράνθητι κόρη καὶ * ἀγάλλεο * σοὶ γὰρ ἔδωκεν εὐφροσύνην αἰῶνος ὃς οὐρανὸν

ἄγαλμα 4

Aris. 135 1 δυναμικώτεροι πολλῷ καθεστῶτες ὧν σέβονται ματαίως * ἀγάλματα * γὰρ ποιήσαντες ἐκ λίθων καὶ ξύλων εἰκόνας φασὶν
Sib. 4 28A εἰκαῖα λίθων ἀφιδρύματα κωφῶν καὶ λίθινα ξόανα καὶ * ἀγάλματα * χειροποίητα. αἵμασιν ἐμψύχων μεμιασμένα καὶ
ISop. 5 113 2 πλανώμενοι ἱδρυσάμεσθα πημάτων παραψυχὴν θεῶν * ἀγάλματα * ἐκ λίθων ἢ χαλκέων ἢ χρυσοτεύκτων ἢ ἐλεφαντίνων
HHec. 1 22 199 ἐστιν ἀναπόσβεστον καὶ τὰς νύκτας καὶ τὰς ἡμέρας. * ἄγαλμα * δ᾽ οὐκ ἔστιν οὐδ᾽ ἀνάθημα τὸ παράπαν οὐδὲ φύτευμα

| | | | | | |
|---|---|---|---|---|---|
| ἄγαμαι | | | | 1 | |
| HArt. | 9 25 | 4 | ἔν τε τῇ εὐσεβείᾳ καὶ τοῖς δεινοῖς. τὸν δὲ θεὸν | * ἀγασθέντα * | τὴν εὐψυχίαν αὐτοῦ τῆς τε νόσου αὐτὸν ἀπολῦσαι |
| ἄγαμος | | | | 1 | |
| FPho. | | 175 | μυριότρητα κατ' ἄγγεα κηροδομοῦσα. μὴ μείνῃς | * ἄγαμος * | μή πως νώνυμνος ὄληαι δός τι φύσει καὐτὸς τέκε δ' |
| ἄγαν | | | | 1 | |
| FPho. | | 68 | ἔρως ἀρετῆς ὁ δὲ Κύπριδος αἶσχος ὀφέλλει. ἡδὺς | * ἄγαν * | ἄφρων κικλήσκεται ἐν πολιήταις. μέτρωι ἔδειν μέτρωι |
| ἀγανακτέω | | | | 3 | |
| FEz. | 64 70 | 7 | τῶν δύο παγανῶν τοῦ τε χωλοῦ καὶ τοῦ τυφλοῦ οἱ δὲ | * ἠγανάκτησαν * | ἐν ἑαυτοῖς καὶ ἐπιβουλὴν ἐργάσασθαι τῷ |
| FAch. | 103 | | ἐπιχαρὴς ἐγένετο προσπαίζων. ὁ δὲ Αἴσωπος ἰδὼν καὶ | * ἀγανακτήσας * | πυκνὸν αὐτῷ ἠπείλησεν εἰπὼν βασιλικῆς ὁ παρὰ |
| HHec. | 1 22 | 204 | τὸ τόξον ἔβαλε καὶ τὸν ὄρνιθα πατάξας ἀπέκτεινεν. | * ἀγανακτούντων * | δὲ τοῦ μάντεως καί τινων ἄλλων καὶ |
| ἀγαπάω | | | | 86 | |
| Abr.1 | 1 | 6 | Μιχαὴλ ἄπελθε πρὸς τὸν φίλον μου τὸν Ἀβραὰμ τὸν | * ἠγαπημένον * | μοι καὶ ἀνάγγειλον αὐτὸν περὶ τοῦ θανάτου καὶ |
| Abr.1 | 3 | 3 | ἅγιος ἅγιος κύριος ὁ προσκαλούμενος ἑαυτὸν τοῖς | * ἀγαπῶσιν * | αὐτόν. ἔκρυψεν Ἀβραὰμ τὸ μυστήριον νομίσας ὅτι |
| Abr.1 | 5 | 3 | μεθ' ὑμῶν ἐν τῷ τρικλίνῳ τούτῳ ἔγγιστα ὑμῶν | * ἀγαπῶ * | γὰρ ἀκούειν τὴν διαφορὰν τῆς ὁμιλίας αὐτοῦ τοῦ |
| Abr.1 | 8 | 11 | πάντων τῶν ὑπαρχόντων σοι καὶ ὅπως εὐλογήσῃς τὸν | * ἠγαπημένον * | σου ⟨Ἰσαὰκ⟩ καὶ νῦν γνώρισον ὅτι οὐ μὴ θέλω |
| Abr.1 | 15 | 6 | ἰδοὺ ἡ γυνή σου Σάρρα ἰδοὺ καὶ ὁ υἱός σου ὁ | * ἠγαπημένος * | ἰδοὺ δὴ πάντες οἱ παῖδες καὶ παιδίσκαι σου |
| TRub. | 3 | 9 | ἐν τῷ νεωτερισμῷ μου. καὶ νῦν τέκνα τὴν ἀλήθειαν | * ἀγαπήσατε * | καὶ αὕτη φυλάξει ὑμᾶς. διδάσκω ὑμᾶς ἀκούσατε |
| TSim. | 2 | 6 | καὶ ἐν τῷ καιρῷ ἐκείνῳ ἐζήλωσα τὸν Ἰωσὴφ ὅτι | * ἠγάπα * | αὐτὸν ὁ πατὴρ ἡμῶν καὶ ἐστήρισα ἐπ' αὐτὸν τὰ ἧπατά |
| TSim. | 3 | 6 | συμπαθεῖ τῷ φθονουμένῳ καὶ οὐ καταγινώσκει τῶν | * ἀγαπώντων * | αὐτὸν καὶ οὕτως παύεται τοῦ φθόνου. καὶ ἦν |
| TSim. | 4 | 4 | καὶ ἐλεήμων οὐκ ἐμνησικάκησέ μοι ἀλλὰ καὶ | * ἠγάπησέ * | με ὡς τοὺς ἄλλους ἀδελφούς. φυλάξασθε οὖν τέκνα |
| TSim. | 4 | 6 | οὐκ ὠνείδισεν ἡμᾶς περὶ τοῦ λόγου τούτου ἀλλ' | * ἠγάπησεν * | ἡμᾶς ὡς τὴν ψυχὴν αὐτοῦ καὶ ὑπὲρ τοὺς υἱοὺς |
| TSim. | 4 | 7 | ἡμῖν ἐχαρίσατο. καὶ ὑμεῖς οὖν τέκνα μου ἀγαπητὰ | * ἀγαπήσατε * | ἕκαστος τὸν ἀδελφὸν αὐτοῦ ἐν ἀγαθῇ καρδίᾳ καὶ |
| TLevi | 18 | 2B058 | αἵματος. καὶ νῦν ὡς σοὶ τέκνον ἀγαπητὸν ἐγὼ λέγω | * ἠγαπημένος * | σὺ τῷ πατρί σου καὶ ἅγιος κυρίου ὑψίστου καὶ |
| TLevi | 18 | 2B058 | σὺ τῷ πατρί σου καὶ ἅγιος κυρίου ὑψίστου καὶ | * ἠγαπημένος * | ἔσῃ ὑπὲρ πάντας τοὺς ἀδελφούς σου. τῷ |
| TJud. | 17 | 1 | γίνεται ὁ οἶνος. ἐντέλλομαι οὖν ὑμῖν τέκνα μου μὴ | * ἀγαπᾶν * | ἀργύριον μηδὲ ἐμβλέπειν εἰς κάλλος γυναικῶν ὅτι |
| TJud. | 21 | 1 | πρόσωπον οὐ δύναται πρὸς τὸν κριτήν. καὶ νῦν τέκνα | * ἀγαπήσατε * | τὸν Λευὶ ἵνα διαμείνητε καὶ μὴ ἐπαίρεσθε ἐπ' |
| TIss. | 1 | 1 | τέκνα Ἰσαχὰρ τοῦ πατρὸς ὑμῶν ἐνωτίσασθε ῥήματα | * ἠγαπημένοι * | ὑπὸ κυρίου. ἐγὼ ἐτέχθην πέμπτος υἱὸς τῷ |
| TIss. | 5 | 2 | ἐντολὰς κυρίου καὶ τοῦ πλησίον τὰς πράξεις ἀλλ' | * ἀγαπᾶτε * | κύριον καὶ τὸν πλησίον πένητα καὶ ἀσθενῆ ἐλεᾶτε. |
| TIss. | 7 | 6 | πάσαις ταῖς ἡμέραις μου καὶ ἀλήθειαν. τὸν κύριον | * ἠγάπησα * | ἐν πάσῃ τῇ ἰσχύϊ μου ὁμοίως καὶ πάντα ἄνθρωπον |
| TIss. | 7 | 6 | ἐν πάσῃ τῇ ἰσχύϊ μου ὁμοίως καὶ πάντα ἄνθρωπον | * ἠγάπησα * | ὡς τέκνα μου. ταῦτα καὶ ὑμεῖς ποιήσατε τέκνα μου |
| TZab. | 8 | 5 | καὶ ὑμεῖς ἀμνησίκακοι γίνεσθε τέκνα μου καὶ | * ἀγαπᾶτε * | ἀλλήλους καὶ μὴ λογίζεσθε ἕκαστος τὴν κακίαν τοῦ |
| TDan | 1 | 5 | ἐπὶ τῇ πράσει Ἰωσὴφ ὅτι ὑπὲρ ἡμᾶς ὁ πατὴρ αὐτὸν | * ἠγάπα. * | τὸ γὰρ πνεῦμα τοῦ ζήλου καὶ τῆς ἀλαζονείας ἔλεγέ |
| TDan | 1 | 7 | τὸ ξίφος τοῦτο καὶ ἐν αὐτῷ ἄνελε τὸν Ἰωσὴφ καὶ | * ἀγαπήσει * | σε ὁ πατήρ σου ἀποθανόντος αὐτοῦ. τοῦτό ἐστι τὸ |
| TDan | 2 | 1 | ἀπὸ τοῦ πνεύματος τοῦ ψεύδους καὶ τοῦ θυμοῦ καὶ | * ἀγαπήσητε * | τὴν ἀλήθειαν καὶ τὴν μακροθυμίαν ἀπολεῖσθε. |
| TDan | 5 | 3 | θεὸν τῆς εἰρήνης καὶ οὐ μὴ κατισχύσῃ ὑμῶν πόλεμος. | * ἀγαπᾶτε * | τὸν κύριον ἐν πάσῃ τῇ ζωῇ ὑμῶν καὶ ἀλλήλους ἐν |
| TDan | 6 | 8 | καὶ ἀπορρίψατε τὸν θυμὸν καὶ πᾶν ψεῦδος καὶ | * ἀγαπήσατε * | τὴν ἀλήθειαν καὶ τὴν μακροθυμίαν καὶ ἃ |
| TNep. | 1 | 7 | Ῥαχὴλ ἔτεκέ με διὰ τοῦτο ἐκλήθην Νεφθαλίμ. καὶ | * ἠγάπησέ * | με Ῥαχὴλ ὅτι ἐπὶ τῶν μηρῶν αὐτῆς ἐγεννήθην καὶ |
| TNep. | 8 | 4 | ὑμῶν καὶ τὰ θηρία φοβηθήσονται ὑμᾶς καὶ ὁ κύριος | * ἀγαπήσει * | ὑμᾶς καὶ οἱ ἄγγελοι ἀνθέξονται ὑμῶν. ὡς ἄν τις |
| TNep. | 8 | 10 | αὐτοῦ καὶ θεσμοὺς παντὸς πράγματος ὅπως ὁ κύριος | * ἀγαπήσει * | ὑμᾶς. καὶ πολλὰ τοιαῦτα ἐντειλάμενος αὐτοῖς |
| TGad | 1 | 5 | πατέρα αὐτοῦ καὶ ἀνέκλινεν αὐτὸν πλησίον αὐτοῦ ὅτι | * ἠγάπα * | αὐτόν. καὶ εἶπεν Ἰωσὴφ τῷ πατρὶ ἡμῶν ὅτι υἱοὶ |
| TGad | 3 | 2 | ἐὰν φοβῆται κύριον καὶ θέλῃ δίκαια τοῦτον οὐκ | * ἀγαπᾷ * | τὴν ἀλήθειαν ψέγει τῷ κατορθοῦντι φθονεῖ |
| TGad | 3 | 3 | φθονεῖ καταλαλιὰν ἀσπάζεται ὑπερηφανίαν | * ἀγαπᾷ * | ὅτι τὸ μῖσος ἐτύφλωσε τὴν ψυχὴν αὐτοῦ καθὼς κἀγὼ |
| TGad | 6 | 1 | ἐνεῖχον τῷ Ἰωσὴφ ἕως ἵνα πραθῇ. καὶ νῦν τέκνα μου | * ἀγαπήσατε * | ἕκαστος τὸν ἀδελφὸν αὐτοῦ καὶ ἐξάρατε τὸ μῖσος |
| TGad | 6 | 1 | αὐτοῦ καὶ ἐξάρατε τὸ μῖσος ἀπὸ τῶν καρδιῶν ὑμῶν | * ἀγαπῶντες * | ἀλλήλους ἐν ἔργῳ καὶ λόγῳ καὶ διανοίᾳ ψυχῆς. |
| TGad | 6 | 3 | νοῦν καὶ ἐτάρασσε τὴν ψυχήν μου τοῦ ἀνελεῖν αὐτόν. | * ἀγαπᾶτε * | οὖν ἀλλήλους ἀπὸ καρδίας καὶ ἐὰν ἁμάρτῃ εἰς σε |
| TGad | 7 | 7 | ἐξάρατε οὖν τὸ μῖσος ἀπὸ τῶν ψυχῶν ὑμῶν καὶ | * ἀγαπᾶτε * | ἀλλήλους ἐν εὐθύτητι καρδίας. εἴπατε δὲ καὶ |
| TAser | 2 | 3 | ἀλλὰ τὸ ὅλον πονηρόν ἐστιν. καὶ ἔστιν ἄνθρωπος | * ἀγαπῶν * | τὸν πονηρευόμενον ὡσαύτως ἐστὶν ἐν πονηρίᾳ ὅτι |
| TJos. | 1 | 2 | αὐτοῖς τέκνα μου καὶ ἀδελφοὶ ἀκούσατε Ἰωσὴφ τοῦ | * ἠγαπημένου * | ὑπὸ Ἰσραὴλ ἐνωτίσασθε υἱοὶ τοῦ πατρὸς ὑμῶν. |
| TJos. | 1 | 4 | οἱ ἀδελφοί μου οὗτοι ἐμίσησάν με καὶ ὁ κύριος | * ἠγάπησέ * | με αὐτοὶ ἤθελόν με ἀνελεῖν καὶ ὁ θεὸς τῶν |
| TJos. | 7 | 6 | σου ἀπὸ τῆς γῆς. καὶ λέγει πρός με ἴδε οὖν | * ἀγαπᾷς * | με ἀρκεῖ μοι μόνον ὅτι ἀντιποιῇ τῆς ζωῆς μου καὶ |
| TJos. | 9 | 2 | καὶ οὐδὲ ἕως ἐννοιῶν ποτὲ ἔκλινα πρὸς αὐτήν. | * ἀγαπᾷ * | γὰρ ὁ θεὸς μᾶλλον τὸν ἐν λάκκῳ σκότους νηστεύοντα |
| TJos. | 10 | 2 | ταπεινώσει καρδίας κύριος κατοικήσει ἐν ὑμῖν ὅτι | * ἀγάπησε * | τὴν σωφροσύνην. ὅπου δὲ κατοικεῖ ὁ ὕψιστος κἂν |
| TJos. | 10 | 5 | διανοίᾳ συνέχεται. γινώσκουσιν οἱ ἀδελφοί μου πῶς | * ἠγάπησέ * | με ὁ πατήρ μου καὶ οὐχ ὑψούμην ἐν τῇ καρδίᾳ μου. |
| TJos. | 11 | 1 | τοὺς ἀδελφοὺς ὑμῶν πᾶς γὰρ ὁ ποιῶν νόμον κυρίου | * ἀγαπηθήσεται * | ὑπ' αὐτοῦ. ἐλθὼν δὲ εἰς Ἰνδοκολπίτας μετὰ |
| TJos. | 17 | 2 | ἵνα μὴ καταισχύνω τοὺς ἀδελφούς μου. καὶ ὑμεῖς οὖν | * ἀγαπᾶτε * | ἀλλήλους καὶ ἐν μακροθυμίᾳ συγκρύπτετε ἀλλήλων |
| TJos. | 17 | 5 | αὐτούς. καὶ μετὰ θάνατον Ἰακὼβ περισσοτέρως | * ἠγάπησα * | αὐτοὺς καὶ πάντα ὅσα ἐκέλευσεν ἐκ περισσοῦ |
| TBen. | 1 | 5 | καὶ συλλαβοῦσα ἔτεκέ με. σφόδρα γὰρ ὁ πατὴρ ἡμῶν | * ἠγάπα * | τὴν Ῥαχὴλ καὶ ηὔχετο δύο υἱοὺς ἰδεῖν ἀπ' αὐτῆς. |
| TBen. | 3 | 1 | με τοῖς ἑταίροις αὐτῶν. καὶ ὑμεῖς οὖν τέκνα μου | * ἀγαπήσατε * | κύριον τὸν θεὸν τοῦ οὐρανοῦ καὶ φυλάξατε |
| TBen. | 3 | 3 | ἀγαθὴν πάντα βλέπει ὀρθῶς. φοβεῖσθε κύριον καὶ | * ἀγαπᾶτε * | τὸν πλησίον. καὶ ἐὰν τὰ πνεύματα τοῦ Βελιὰρ εἰς |
| TBen. | 3 | 4 | θεὸς ἐσκέπασεν αὐτὸν ὁ γὰρ φοβούμενος τὸν θεὸν καὶ | * ἀγαπῶν * | τὸν πλησίον αὐτοῦ ὑπὸ τοῦ ἀερίου πνεύματος τοῦ |
| TBen. | 4 | 3 | κακὸν σκεπαζόμενος ὑπὸ τοῦ ἀγαθοῦ τοὺς δὲ δικαίους | * ἀγαπᾷ * | ὡς τὴν ψυχὴν αὐτοῦ. ἐάν τις δοξάζηται οὐ φθονεῖ |
| TBen. | 4 | 5 | ἀνυμνεῖ τὸν ἔχοντα φόβον θεοῦ ὑπερασπίζει αὐτοῦ τῷ | * ἀγαπῶντι * | τὸν θεὸν συνεργεῖ τὸν ἀθετοῦντα τὸν ὕψιστον |
| TBen. | 4 | 5 | ἐπιστρέφει καὶ τὸν ἔχοντα χάριν πνεύματος ἀγαθοῦ | * ἀγαπᾷ * | κατὰ τὴν ψυχὴν αὐτοῦ. ἐὰν ἔχητε ἀγαθὴν διάνοιαν |
| Asen. | 2 | 6 | ὁμήλικαι ἐν μιᾷ νυκτὶ τεχθεῖσαι σὺν τῇ Ἀσενὲθ καὶ | * ἠγάπα * | αὐτὰς πάνυ. καὶ ἦσαν καλαὶ σφόδρα ὡς τὰ ἄστρα τοῦ |
| Asen. | 7 | 8 | καὶ παρθένος ὑπάρχει ἡκέτω ὅτι ἀδελφή μού ἐστι καὶ | * ἀγαπῶ * | αὐτὴν ἀπὸ τῆς σήμερον ὡς ἀδελφήν μου. καὶ ἀνέβη ἡ |
| Asen. | 10 | 4 | καὶ ἤκουσεν ἡ παρθένος ἡ σύντροφος αὐτῆς ἣν | * ἠγάπα * | Ἀσενὲθ παρὰ πάσας τὰς παρθένους τὸν στεναγμὸν |
| Asen. | 13 | 15 | Ἰωσήφ; κύριε παρατίθημί σοι αὐτὸν ὅτι ἐγὼ | * ἀγαπῶ * | αὐτὸν ὑπὲρ τὴν ψυχήν μου. διατήρησον αὐτὸν ἐν τῇ |
| Asen. | 15 | 8 | καὶ πραεῖα. καὶ διὰ τοῦτο ὁ πατὴρ ὁ ὕψιστος | * ἀγαπᾷ * | αὐτὴν καὶ πάντες οἱ ἄγγελοι αἰδοῦνται αὐτήν. κἀγὼ |
| Asen. | 15 | 8 | αὐτὴν καὶ πάντες οἱ ἄγγελοι αἰδοῦνται αὐτήν. κἀγὼ | * ἀγαπῶ * | αὐτὴν σφόδρα διότι ἀδελφή μού ἐστι καὶ αὐτή. καὶ |
| Asen. | 15 | 8 | μού ἐστι καὶ αὐτή. καὶ καθότι ὑμᾶς τὰς παρθένους | * ἀγαπᾷ * | κἀγὼ ὑμᾶς ἀγαπῶ. καὶ ἰδοὺ ἐγὼ ἀπέρχομαι πρὸς |
| Asen. | 15 | 8 | καὶ καθότι ὑμᾶς τὰς παρθένους ἀγαπᾷ κἀγὼ ὑμᾶς | * ἀγαπῶ. * | καὶ ἰδοὺ ἐγὼ ἀπέρχομαι πρὸς Ἰωσὴφ καὶ λαλήσω |
| Asen. | 15 | 9 | σήμερον καὶ ὄψεταί σε καὶ χαρήσεται ἐπὶ σε καὶ | * ἀγαπήσει * | σε καὶ ἔσται σου νυμφίος καὶ σὺ ἔσῃ αὐτῷ νύμφη |
| Asen. | 17 | 4 | νεότητός μου τεχθεῖσαι σὺν ἐμοὶ ἐν μιᾷ νυκτὶ κἀγὼ | * ἀγαπῶ * | αὐτὰς ὡς ἀδελφάς μου. καλέσω δὴ αὐτὰς καὶ |
| Asen. | 22 | 13 | καὶ ἐκράτησεν Ἀσενὲθ τὴν χεῖρα Λευί. καὶ | * ἠγάπησεν * | Ἀσενὲθ τὸν Λευὶ σφόδρα ὑπὲρ πάντας τοὺς |
| Asen. | 22 | 13 | αὐτὰ τῇ Ἀσενὲθ κρυφῇ διότι καὶ αὐτὸς Λευὶς | * ἠγάπα * | τὴν Ἀσενὲθ πάνυ καὶ ἑώρα τὸν τόπον τῆς |
| Sal. | 4 | 25 | γένοιτο κύριε τὸ ἔλεός σου ἐπὶ πάντας τοὺς | * ἀγαπῶντάς * | σε. ψαλμὸς τῷ Σαλωμων. κύριε ὁ θεὸς αἰνέσω τῷ |
| Sal. | 6 | 6 | ὁ κύριος εὐλογητὸς κύριος ὁ ποιῶν ἔλεος τοῖς | * ἀγαπῶσιν * | αὐτὸν ἐν ἀληθείᾳ. τῷ Σαλωμων ἐπιστροφῆς. μὴ |
| Sal. | 9 | 8 | ἐν μεταμελείᾳ. καὶ νῦν σὺ ὁ θεὸς καὶ ἡμεῖς λαὸς ὃν | * ἠγάπησας * | ἰδὲ καὶ οἰκτίρησον ὁ θεὸς Ισραηλ ὅτι σοί ἐσμεν |
| Sal. | 10 | 3 | διαστρέψει ἐν παιδείᾳ καὶ τὸ ἔλεος κυρίου ἐπὶ τοὺς | * ἀγαπῶντας * | αὐτὸν ἐν ἀληθείᾳ. καὶ μνησθήσεται κύριος τῶν |
| Sal. | 14 | 1 | ἔλεος αὐτοῦ. ὕμνος τῷ Σαλωμων. πιστὸς κύριος τοῖς | * ἀγαπῶσιν * | αὐτὸν ἐν ἀληθείᾳ τοῖς ὑπομένουσιν παιδείαν |
| Sal. | 14 | 6 | καὶ οὐχ οὕτως οἱ ἁμαρτωλοὶ καὶ παράνομοι οἳ | * ἠγάπησαν * | ἡμέραν ἐν μετοχῇ ἁμαρτίας αὐτῶν ἐν μικρότητι |
| Sal. | 17 | 16 | ἔλεος καὶ ἀλήθειαν. ἐφύγοσαν ἀπ' αὐτῶν οἱ | * ἀγαπῶντες * | συναγωγὰς ὁσίων ὡς στρουθία ἐξεπετάσθησαν ἀπὸ |
| Jer. | 3 | 8 | τὰ σκεύη τῆς λειτουργίας ἕως τῆς συνελεύσεως τοῦ | * ἠγαπημένου. * | ἐλάλησε δὲ Ἱερεμίας λέγων παρακαλῶ σε κύριε |
| Jer. | 4 | 6 | διά τί ἠρημώθη Ἱερουσαλήμ; διὰ τὰς ἁμαρτίας τοῦ | * ἠγαπημένου * | λαοῦ παρεδόθη εἰς χεῖρας ἐχθρῶν διὰ τὰς |
| Jer. | 6 | 2 | λέγων σὺ ὁ θεὸς ὁ παρέχων μισθαποδοσίαν τοῖς | * ἀγαπῶσί * | σε. ἑτοίμασον σεαυτὴν ἡ καρδία μου καὶ εὐφραίνου |
| Sedr. | 5 | 4 | τῶν χειρῶν σου τὸ πλαστούργημα; ἐὰν τὸν ἄνθρωπον | * ἠγάπησας * | τὸν διάβολον διά τί οὐκ ἐφόνευσας τὸν τεχνίτην |
| Sedr. | 8 | 1 | κόσμον ἀλλὰ ἀφῆκα αὐτὸν εἰς τὸ θέλημα αὐτοῦ ὅτι | * ἠγάπησα * | αὐτὸν διότι τοὺς δικαίους μου ἀγγέλους ἀπέστειλα |
| Sedr. | 8 | 3 | Σεδρὰχ οἶδα δέσποτα ὅτι εἰς τὰ κτήματά σου πρῶτον | * ἠγάπησας * | τὸν ἄνθρωπον εἰς τὰ τετράποδα τὸ πρόβατον εἰς |
| Sedr. | 8 | 4 | εἰς τὰς πόλεις τὴν Ἱερουσαλὴμ καὶ ταῦτα πάντα | * ἀγαπᾷ * | καὶ ὁ ἄνθρωπος δέσποτά μου. λέγει ὁ θεὸς τὸν |
| Sedr. | 9 | 1 | υἱὸν αὐτοῦ τὸν μονογενῆ ὕπαγε λαβὲ τὴν ψυχὴν τοῦ | * ἠγαπημένου * | μου Σεδρὰχ καὶ ἀπόθου αὐτὴν ἐν τῷ παραδείσῳ. |
| Job | 43 | 8 | καὶ ἡ τιμὴ τοῦ σκηνώματος αὐτοῦ ἐν τῷ ᾅδῃ τυγχάνει | * ἠγάπησεν * | τὸ τοῦ ὄφεως κάλλος, καὶ τὰς λεπίδας τοῦ |
| Aris. | 123 | 2 | ἄξιοι καὶ τῆς περὶ αὐτὸν ἀρετῆς. νοήσαι δ' ἣν ὡς | * ἠγάπησεν * | τὸν Ἐλεάζαρον δυσαποσπάστως ἔχοντες καὶ |
| FJub. | 17 | 16 | ὁ ἄρχων τῶν δαιμονίων προσελθὼν τῷ θεῷ εἶπεν εἰ | * ἀγαπᾷ * | σε Ἀβραὰμ θυσάτω σοι τὸν υἱὸν αὐτοῦ. εἰς ἐκεῖνον |
| FJub. | 35 | 9 | ἐν τῷ γήρᾳ παραινέσαι τῷ Ἡσαῦ καὶ τῷ Ἰακὼβ | * ἀγαπᾶν * | ἀλλήλους. καὶ παραινέσας αὐτοῖς προεῖπεν ὅτι ἐὰν |
| FEli. | 1 34 | 8 | ἀνθρώπου οὐκ ἀνέβη ὅσα ἡτοίμασεν ὁ θεὸς τοῖς | * ἀγαπῶσιν * | αὐτόν. δόξαν ἣν ὀφθαλμὸς οὐκ εἶδεν οὐδὲ οὖς |
| HArt. | 9 23 | 3 | καὶ μεγάλως αὐτὸν ὑπὸ τῶν Αἰγυπτίων διὰ ταῦτα | * ἀγαπηθῆναι. * | γῆμαι δ' αὐτὸν Ἡλιουπολίτου ἱερέως Ἀσενὲθ |
| HArt. | 9 27 | 6 | δὲ ἄλλους. διὰ ταῦτα οὖν τὸν Μώϋσον ὑπὸ τῶν ὄχλων | * ἀγαπηθῆναι * | καὶ ὑπὸ τῶν ἱερέων ἰσοθέου τιμῆς καταξιωθέντα |
| ἀγάπη | | | | 14 | |
| Abr.1 | 17 | 7 | τὸ ἄμετρον τῆς φιλοξενίας σου καὶ τὸ μέγεθος τῆς | * ἀγάπης * | σου τῆς πρὸς θεὸν ἐγένετο στέφανος ἐπὶ τῆς ἐμῆς |
| TRub. | 6 | 9 | ἀλήθειαν ἕκαστος πρὸς τὸν πλησίον αὐτοῦ καὶ | * ἀγάπην * | ἕκαστος πρὸς τὸν ἀδελφὸν αὐτοῦ καὶ πρὸς τὸν Λευὶ |
| TGad | 4 | 2 | οὐ γὰρ θέλει ἀκούειν λόγων ἐντολῶν αὐτοῦ περὶ | * ἀγάπης * | τοῦ πλησίον καὶ εἰς τὸν θεὸν ἁμαρτάνει. ἐὰν γὰρ |
| TGad | 4 | 6 | ἀκούων καὶ ὁρῶν πάντοτε ἀσθενεῖ. ὥσπερ γὰρ ἡ | * ἀγάπη * | καὶ τοὺς νεκροὺς θέλει ζωοποιῆσαι καὶ τοὺς ἐν |
| TGad | 4 | 7 | ἐν πᾶσιν εἰς θάνατον τῶν ἀνθρώπων τὸ δὲ πνεῦμα τῆς | * ἀγάπης * | ἐν μακροθυμίᾳ συνεργεῖ τῷ νόμῳ τοῦ θεοῦ εἰς |

TGad 5 2 τέκνα μου ὅπως φεύξησθε τὸ μῖσος καὶ κολληθῆτε τῇ * ἀγάπῃ * τοῦ κυρίου. ἡ δικαιοσύνη ἐκβάλλει τὸ μῖσος ἡ
TAser 2 4 ὅτι διπρόσωπόν ἐστι τὸ δὲ πᾶν κακὴ πρᾶξις. καίγε * ἀγάπη * οὖσα πονηρία ἐστὶ συγκρύπτουσα τὸ κακὸν ὅπερ ἐστὶ
TJos. 17 3 καὶ ἐπὶ προαιρέσει καρδίας εὐδοκιμούσης εἰς * ἀγάπην. * καὶ ὅτε ἦλθον οἱ ἀδελφοί μου εἰς Αἴγυπτον ὡς
TBen. 3 5 δύναται κυριευθῆναι βοηθούμενος ὑπὸ τῆς τοῦ κυρίου * ἀγάπης * ἧς ἔχει πρὸς τὸν πλησίον. καὶ γὰρ ἐδεήθη τοῦ
TBen. 8 1 μισαδελφίαν καὶ προσκολλᾶσθε τῇ ἀγαθότητι καὶ τῇ * ἀγάπῃ. * ὁ ἔχων διάνοιαν καθαρὰν ἐν ἀγάπῃ οὐχ ὁρᾷ γυναῖκα
TBen. 8 2 ἀγαθότητι καὶ τῇ ἀγάπῃ. ὁ ἔχων διάνοιαν καθαρὰν ἐν * ἀγάπῃ * οὐχ ὁρᾷ γυναῖκα εἰς πορνείαν οὐ γὰρ ἔχει μιασμὸν
Sal. 18 3 τὰ κρίματά σου ἐπὶ πᾶσαν τὴν γῆν μετὰ ἐλέους καὶ ἡ * ἀγάπη * σου ἐπὶ σπέρμα Αβρααμ υἱοὺς Ισραηλ. ἡ παιδεία σου
Sedr. 1 Σεδραχ. τοῦ ἁγίου καὶ μακαρίου Σεδρὰχ λόγος περὶ * ἀγάπης * καὶ περὶ μετανοίας καὶ ὀρθοδόξων Χριστιανῶν καὶ
Aris. 229 4 τίς ἐστι πρωτεύουσα. τὸ δὲ δυνατὸν αὐτῆς ἐστιν * ἀγάπη * αὕτη γὰρ θεοῦ δόσις ἐστὶν ἣν καὶ σὺ κέκτησαι πάντα

ἀγάπησις
4
Sal. 13 9 ἁμαρτωλὸς τῷ δικαίῳ ὅτι νουθετήσει δίκαιον ὡς υἱὸν * ἀγαπήσεως * καὶ ἡ παιδεία αὐτοῦ ὡς πρωτοτόκου. ὅτι
Aris. 44 2 παρὰ φύσιν ἐστὶν ὑπακουσόμεθα τοῦτο γὰρ φιλίας καὶ * ἀγαπήσεως * σημεῖόν ἐστι. μεγάλα γὰρ καὶ σὺ καὶ ἀνεπίληστα
Aris. 265 3 ἀναγκαιοτάτη; τῶν ὑποτεταγμένων φιλανθρωπία καὶ * ἀγάπησις * ἀπεκρίνατο. διὰ γὰρ τούτων ἄλυτος εὐνοίας
Aris. 270 5 ἐπανάγουσι πάντα πρὸς τὸ κερδαίνειν. τὸ μὲν γὰρ * ἀγαπήσεως * σημεῖον τὸ δὲ δυσνοίας καὶ καιροτηρησίας ὅς

ἀγαπητός
31
Hen. 10 12 οἱ υἱοὶ αὐτῶν καὶ ἴδωσιν τὴν ἀπώλειαν τῶν * ἀγαπητῶν * καὶ δῆσον αὐτοὺς ἑβδομήκοντα γενεὰς εἰς τὰς
Hen. 10B 12 οἱ υἱοὶ αὐτῶν καὶ ἴδωσι τὴν ἀπώλειαν τῶν * ἀγαπητῶν * αὐτῶν δῆσον αὐτοὺς ἐπὶ ἑβδομήκοντα γενεὰς εἰς
Hen. 12 6 καὶ περὶ ὧν χαίρουσιν τῶν υἱῶν αὐτῶν τὸν φόνον τῶν * ἀγαπητῶν * αὐτῶν ὄψονται καὶ ἐπὶ τῇ ἀπωλείᾳ τῶν υἱῶν αὐτῶν
Hen. 14 6 περὶ τούτων ἴδητε τὴν ἀπώλειαν τῶν υἱῶν ὑμῶν τῶν * ἀγαπητῶν * καὶ ὅτι οὐκ ἔσται ὑμῖν ὄνησις αὐτῶν ἀλλὰ
Hen. 90 4 καιροῦ σφαγῆς τῶν υἱῶν ὑμῶν. καὶ ἀπολοῦνται οἱ * ἀγαπητοὶ * ὑμῶν καὶ ἀποθανοῦνται οἱ ἔντιμοι ὑμῶν ἀπὸ πάσης
Hen. 100 2 ⟨χεῖρα αὐτοῦ ἀπ⟩ὸ τοῦ υἱοῦ αὐ⟨τοῦ οὔτ' ἀ⟩πὸ τοῦ * ἀγαπητοῦ * αὐτοῦ ἀποκτεῖναι αὐτὸν καὶ ὁ ἁμαρτωλὸς ἀπὸ τοῦ
Abr.1 4 1 Ἀβραὰμ πρὸς Ἰσαὰκ τὸν υἱὸν αὐτοῦ⟩ ἄπελθε υἱέ μου * ἀγαπητὲ * εἰς τὸ ταμεῖον τοῦ τρικλίνου καὶ καλλώπισον αὐτὸ
Abr.1 7 1 ἐν τῷ τρικλίνῳ καὶ εἶπε πρὸς Ἰσαὰκ δεῦρο υἱέ μου * ἀγαπητὲ * ἀνάγγειλόν μοι τὴν ἀλήθειαν τί τὰ ὁραθέντα σοι
Abr.1 20 15 καὶ ζωὴ ἀτελεύτητος. μεθ' οὗ καὶ ἡμεῖς ἀδελφοί μου * ἀγαπητοὶ * τοῦ πατριάρχου Ἀβραὰμ τὴν φιλοξενίαν ζηλώσωμεν
Abr.2 3 6 ἐκάλεσεν δὲ τὸν υἱὸν αὐτοῦ Ἰσαὰκ λέγων αὐτῷ * ἀγαπητέ * μου υἱὲ Ἰσαὰκ ἀνάστηθι πλῆσον ὕδωρ ἐπὶ τῆς
Abr.2 7 4 σοι. λέγει Ἀβραὰμ Ἰσαὰκ τῷ υἱῷ αὐτοῦ υἱέ μου * ἀγαπητὲ * εἰπέ μοι τί οἶδας κατ' ὄναρ. ἀπεκρίθη Ἰσαὰκ τῷ
TSim. 4 7 πᾶσιν ἡμῖν ἐχαρίσατο. καὶ ὑμεῖς οὖν τέκνα μου * ἀγαπητὰ * ἀγαπήσατε ἕκαστος τὸν ἀδελφὸν αὐτοῦ ἐν ἀγαθῇ
TLevi 17 3 ἐν τῷ δευτέρῳ ἰωβηλαίῳ ὁ χριόμενος ἐν πένθει * ἀγαπητῶν * συλληφθήσεται καὶ ἔσται ἡ ἱερωσύνη αὐτοῦ τιμία
TLevi 18 2B058 τοῦ Νῶε περὶ τοῦ αἵματος. καὶ νῦν ὡς σοί τέκνον * ἀγαπητὸν * ἐγὼ λέγω ἠγαπημένος σὺ τῷ πατρί σου καὶ ἅγιος
TLevi 18 13 τοῖς τέκνοις αὐτοῦ καὶ εὐδοκήσει κύριος ἐπὶ τοῖς * ἀγαπητοῖς * αὐτοῦ ἕως τῶν αἰώνων. τότε ἀγαλλιάσεται
TBen. 11 2 ἐκ τοῦ σπέρματός μου ἐν ὑστέροις καιροῖς * ἀγαπητὸς * κυρίου ἀκούων ἐπὶ γῆς φωνὴν αὐτοῦ καὶ ποιῶν
Jer. 7 23 ὁ Ἱερεμίας τῷ Βαροὺχ λέγων οὕτως υἱέ μου * ἀγαπητὲ * μὴ ἀμελήσῃς ἐν ταῖς προσευχαῖς σου δεόμενος τοῦ
Esdr. 1 1 καὶ ἀποκάλυψις τοῦ ἁγίου προφήτου Ἔσδρὰμ καὶ * ἀγαπητοῦ * τοῦ θεοῦ. εὐλόγησον πάτερ. ἐγένετο ἐν τῷ
Esdr. 4 35 καὶ μηδεὶς αὐτῷ πιστεύει ὅτι ἔστιν ὁ υἱός μου ὁ * ἀγαπητός. * καὶ μετὰ ταῦτα σαλπίσει σάλπιγξ καὶ τὰ μνημεῖα
Esdr. 5 12 ἑαυτῶν ἁμαρτίας. καὶ εἶπεν ὁ θεὸς ἄκουσον Ἔσδρὰμ * ἀγαπητὲ * ὥσπερ γεωργὸς καταβάλλει τὸν σπόρον τοῦ σίτου τῇ
Esdr. 6 3 τότε ἦλθεν φωνὴ πρός με δεῦρο τελεύτα Ἔσδρὰμ * ἀγαπητέ * μου δοὺς τὴν παρακαταθήκην. καὶ εἶπεν ὁ προφήτης
Esdr. 6 16 πρὸς τὸν μονογενῆν αὐτοῦ υἱὸν κάτελθε υἱέ μου * ἀγαπητὲ * μετὰ στρατιὰν ἀγγέλων πολλὴν λαβὼν τὴν ψυχὴν τοῦ
Esdr. 6 16 μετὰ στρατιὰν ἀγγέλων πολλὴν λαβὼν τὴν ψυχὴν τοῦ * ἀγαπητοῦ * μου Ἔσδράμ. λαβὼν γὰρ ὁ κύριος στρατιὰν
Esdr. 7 1 εἰσῆλθον. καὶ εἶπεν αὐτῷ ὁ θεὸς ἄκουσον Ἔσδρὰμ * ἀγαπητέ * μου ἐγὼ ἀθάνατος ὢν σταυρὸν κατεδεξάμην ὄξος καὶ
Esdr. 7 13 καὶ Γόμορρα. καὶ ἦλθεν αὐτῷ φωνὴ λέγουσα Ἔσδρὰμ * ἀγαπητέ * μου πάντα ὅσα ᾐτήσω ἀποδώσω ἑνὶ ἑκάστῳ. καὶ
Sedr. 3 1 τῆς θεότητος. καὶ λέγει αὐτὸν ὁ κύριος καλῶς ἦλθες * ἀγαπητέ * μου Σεδράχ τί δίκην ἔχεις πρὸς τὸν θεὸν τὸν
Sedr. 13 6 λέγει αὐτὸν ὁ σωτὴρ ἐρωτῶ σε ἕνα λόγον Σεδρὰχ * ἀγαπητέ * μου εἶτα ἀναιτήσεις με ἐὰν μετανοήσῃ ὁ ἁμαρτωλὸς
Sedr. 16 4 τοὺς ἁμαρτωλούς. λέγει αὐτὸν ὁ κύριος Σεδρὰχ * ἀγαπητέ * μου ὑπόσχομαι συμπαθῆσαι καὶ κάτωθεν τῶν
FIsa. 1 2 αὐτὸς εἶδεν καὶ τὴν κατάβασιν καὶ ἐξέλευσιν τοῦ * ἀγαπητοῦ * ἐκ τοῦ ἑβδόμου οὐρανοῦ εἰς τὸν ᾅδην καὶ τὴν
FIsa. 1 8 μέλλοντά⟩ με τιμωρεῖν βασάνοις. ζῇ κύριος καὶ ὁ * ἀγαπητὸς * καὶ τὸ πνεῦμα τὸ λαλοῦν ἐν ἐμοὶ ὅτι ἐν ταῖς
FIsa. 1 13 καὶ εἶπεν Ἡσαΐας πρὸς Ἐζεκίαν κατήργησεν ὁ * ἀγαπητὸς * τὴν βουλήν σου οὐ μὴ γὰρ ἔσται δεῖ ⟨με⟩ ἐν ταῖς

Ἀγγαῖος
3
Prop. 14 1 καὶ αἰσχύνης ἀσεβῶν καὶ θανὼν ἐτάφη ἐν ἀγρῷ αὐτοῦ. * Ἀγγαῖος * ὁ καὶ ἄγγελος τάχα νέος ἦλθεν ἐκ Βαβυλῶνος εἰς
Prop. 15 6 ἐν γήρει μακρῷ καὶ ἐκλειπὼν ἐτάφη σύνεγγυς * Ἀγγαίου. * ⟨ἀλληλούϊα Ἀγγαίου καὶ Ζαχαρίου εἶπεν ὁ
Prop. 15 7 καὶ ἐκλειπὼν ἐτάφη σύνεγγυς Ἀγγαίου. ⟨ἀλληλούϊα * Ἀγγαίου * καὶ Ζαχαρίου εἶπεν ὁ πνευματικὸς προφήτης Δαυὶδ

ἀγγεῖνον *
1
HEup. 9 34 17 μυρίους φοινικοβαλάνων ἀρτάβας χιλίας μέλιτος δὲ * ἀγγεῖνα * ἑκατὸν καὶ ἀρώματα πέμψαι τῷ δὲ Σούρωνι εἰς

ἀγγεῖον
4
Prop. 22 9 τῷ Ἐλισαίῳ καὶ ἐνετείλατο αὐτῇ συναγαγεῖν * ἀγγεῖα * καινὰ ὅσα δύναται καὶ τὸ ἔχον ὀλίγιστον ἔλαιον
Prop. 22 9 ὀλίγιστον ἔλαιον ἐκκενοῦν εἰς αὐτὰ ἕως ἀποσχῇ τὰ * ἀγγεῖα * καὶ τοῦτο ποιήσασα ἐπλήρωσε τὰ ἀγγεῖα καὶ
Prop. 22 10 ἀποσχῇ τὰ ἀγγεῖα καὶ τοῦτο ποιήσασα ἐπλήρωσε τὰ * ἀγγεῖα * καὶ ἀποδέδωκε τοῖς δανισταῖς καὶ τὸ περισσεῦον
Aris. 91 6 ὑδάτων ὥστε συμφανές μοι γεγονέναι τὸ μέγεθος τῶν * ἀγγείων * καθὼς δεδήλωται. τῶν δὲ ἱερέων ἡ λειτουργία κατὰ

ἀγγελία
1
TNep. 2 1 με ὁ πατήρ μου Ἰακὼβ εἰς πᾶσαν ἀποστολὴν καὶ * ἀγγελίαν * καίγε ὡς ἔλαφόν με εὐλόγησεν. καθὼς γὰρ ὁ

ἀγγελικός
2
Adam 37 6 αὐτῷ ὁ θεός. καὶ πάντες οἱ ἄγγελοι ὕμνουν ὕμνον * ἀγγελικὸν * θαυμάζοντες ἐπὶ τῇ συγχωρήσει τοῦ Ἀδάμ. μετὰ
Job 48 3 μηκέτι τὰ τῆς γῆς φρονεῖν, ἀπεφθέγξατο δὲ τῇ * ἀγγελικῇ * διαλέκτῳ, ὕμνον ἀναπέμψασα τῷ θεῷ κατὰ τὴν τῶν

ἀγγέλλω
2
Prop. 17 2 ἐν τῇ Βηρσαβεὲ παραβήσεται καὶ σπεύδοντα ἐλθεῖν * ἀγγεῖλαι * αὐτῷ ἐνεπόδισεν ὁ Βελίαρ ὅτι κατὰ τὴν ὁδὸν εὗρε
Sib. 3 6 γε θυμὸς τυπτόμενος μάστιγι βιάζεται ἔνδοθεν αὐδὴν * ἀγγέλλειν * πᾶσιν; αὐτὰρ πάλι πάντ' ἀγορεύσω ὅσσα θεός

ἄγγελος
309
Adam 6 2 καὶ εἰσακούσεταί μου κύριος καὶ ἀποστελεῖ τὸν * ἄγγελον * αὐτοῦ καὶ ἐνέγκω σοι ἵνα καταπαύσῃ ὁ πόνος ἀπὸ
Adam 7 2 αὐτοῦ δι' οὗ καὶ ἀποθνήσκομεν. ἤγγισε δὲ ἡ ὥρα τῶν * ἀγγέλων * τῶν διατηρούντων τὴν μητέρα ὑμῶν τοῦ ἀναβῆναι
Adam 7 2 ἐγνωκὼς ὅτι οὐκ ἤμην ἔγγιστα αὐτῆς οὔτε οἱ ἅγιοι * ἄγγελοι. * ἔπειτα ἔδωκε κἀμοὶ φαγεῖν. καὶ ὀργίσθη ἡμῖν ὁ
Adam 9 3 θεοῦ ὅπως σπλαγχνισθῇ ἐπ' ἐμοὶ καὶ ἀποστείλῃ τὸν * ἄγγελον * αὐτοῦ εἰς τὸν παράδεισον καὶ δώσῃ μοι ἐκ τοῦ
Adam 13 1 καὶ ἔκλαυσαν δεόμενοι τοῦ θεοῦ ὅπως ἀποστείλῃ τὸν * ἄγγελον * αὐτοῦ καὶ δώσει αὐτοῖς τὸ ἔλαιον τοῦ ἐλέου. καὶ
Adam 14 1 τὴν ἄνοδον αὐτῆς φοβεράν. εἰπὼν δὲ ταῦτα ὁ * ἄγγελος * ἀπῆλθεν ἀπ' αὐτῶν. ἦλθε δὲ Σὴθ καὶ ἡ Εὔα εἰς τὴν
Adam 17 1 ἐκ τῶν τειχέων τοῦ παραδείσου. καὶ ὅτε ἀνῆλθον οἱ * ἄγγελοι * τοῦ θεοῦ προσκυνῆσαι τότε ὁ Σατανᾶς ἐγένετο ἐν
Adam 17 1 θεοῦ προσκυνῆσαι τότε ὁ Σατανᾶς ἐγένετο ἐν εἴδει * ἀγγέλου * καὶ ὑμνεῖ τὸν θεὸν καθάπερ οἱ ἄγγελοι. καὶ
Adam 17 1 ἐν εἴδει ἀγγέλου καὶ ὑμνεῖ· τὸν θεὸν καθάπερ οἱ * ἄγγελοι. * καὶ παρέκυψεν ἐκ τοῦ τείχους καὶ ἴδον αὐτὸν
Adam 17 2 καὶ παρέκυψεν ἐκ τοῦ τείχους καὶ ἴδον αὐτὸν ὅμοιον * ἀγγέλου. * καὶ λέγει μοι σὺ εἶ ἡ Εὔα; καὶ εἶπον αὐτῷ ἐγώ
Adam 22 1 ἐν τῇ σάλπιγγι αὐτοῦ καὶ καλοῦντος τοὺς * ἀγγέλους * καὶ λέγοντος τάδε λέγει κύριος ἔλθατε μετ' ἐμοῦ
Adam 22 3 παράδεισον ἐπιβεβηκὼς ἐπὶ ἅρματος Χερουβὶμ καὶ οἱ * ἄγγελοι * ὑμνοῦντες αὐτόν. ἐν ᾧ δὲ ἦλθεν ὁ θεὸς εἰς τὸν
Adam 27 1 τῆς ἡμέρας τῆς κρίσεως. ταῦτα εἰπὼν κελεύει τοῖς * ἀγγέλοις * αὐτοῦ ἐκβληθῆναι ἡμᾶς ἐκ τοῦ παραδείσου.
Adam 27 2 καὶ ὀδυρομένων παρεκάλεσεν ὁ πατὴρ ὑμῶν Ἀδὰμ τοὺς * ἀγγέλους * λέγων ἐάσατέ με μικρὸν ὅπως παρακαλέσω τὸν θεὸν
Adam 27 4 μοι κύριε ὃ ἐποίησα. τότε λέγει ὁ κύριος τοῖς * ἀγγέλοις * αὐτοῦ τί ἐπαύσασθε ἐκβάλλοντες τὸν Ἀδὰμ ἐκ τοῦ
Adam 27 5 μὴ ἐμόν ἐστι τὸ ἁμάρτημα ἢ κακῶς ἔκρινα; τότε οἱ * ἄγγελοι * πεσόντες ἐπὶ τὴν γῆν προσεκύνησαν τῷ κυρίῳ
Adam 29 1 εἰς τὸν αἰῶνα. ταῦτα εἰπὼν ὁ κύριος ἐκέλευσεν τοῖς * ἀγγέλοις * αὐτοῦ ἐκβληθῆναι ἡμᾶς ἐκ τοῦ παραδείσου.
Adam 29 2 παραδείσου. ἔκλαυσε δὲ ὁ πατὴρ ὑμῶν ἔμπροσθεν τῶν * ἀγγέλων * ἀπέναντι τοῦ παραδείσου καὶ λέγουσιν οἱ ἄγγελοι
Adam 29 2 ἀγγέλων ἀπέναντι τοῦ παραδείσου καὶ λέγουσιν οἱ * ἄγγελοι * αὐτῷ τί θέλεις ποιήσωμέν σοι Ἀδάμ; ἀποκριθεὶς
Adam 29 3 σοι Ἀδάμ; ἀποκριθεὶς δὲ ὁ πατὴρ ὑμῶν εἶπεν τοῖς * ἀγγέλοις * ἰδοὺ ἐκβάλλετέ με δέομαι ὑμῶν ἄφετέ με ἆραι
Adam 29 4 εἰσακούσεταί μου ὁ θεός. καὶ προσελθόντες εἶπον οἱ * ἄγγελοι * τῷ κυρίῳ Ἰαὴλ αἰώνιε βασιλεῦ κέλευσον δοθῆναι
Adam 29 6 σπέρματα εἰς διατροφὴν αὐτοῦ. καὶ ἀφέντες αὐτὸν οἱ * ἄγγελοι * ἔλαβεν τέσσαρα γένη κρόκον καὶ νάρδον καὶ
Adam 29 8 σου καὶ ἀπὸ προσώπου τοῦ θεοῦ καὶ ἀπὸ προσώπου τῶν * ἀγγέλων * ὅπως παύσωνται τοῦ ὀργίζεσθαί σοι δι' ἐμοῦ. τότε
Adam 29 11 τὰ ἑρπετὰ ἐν τῇ γῇ καὶ θαλάσσῃ. καὶ πάντες οἱ * ἄγγελοι * καὶ πάντα τὰ ποιήματα τοῦ θεοῦ ἐκύκλωσαν τὸν
Adam 29 12 εἰς τὸν Τίγριν ποταμὸν πρός με. καὶ λαβὼν σχῆμα * ἀγγέλου * ἔστη ἐνώπιόν μου κλαίων καὶ τὰ δάκρυα αὐτοῦ
Adam 29 12 ἤκουσε γὰρ ὁ θεὸς τῆς δεήσεώς σου ὅτι καὶ ἡμεῖς οἱ * ἄγγελοι * καὶ πάντα τὰ ποιήματα αὐτοῦ παρεκαλέσαμεν τὸν
Adam 31 3 ἀποθανῶ κατάλειψόν με καὶ μηδεὶς μου ἅψηται ἕως οὗ * ἄγγελος * λαλήσει τι περὶ ἐμοῦ. οὐ γὰρ ἐπιλήσεταί μου ὁ
Adam 32 2 ἁπάντων ἥμαρτον σοι ἥμαρτον εἰς τοὺς ἐκλεκτούς σου * ἀγγέλους * ἥμαρτον εἰς τὰ Χερουβὶμ ἥμαρτον εἰς τὸν
Adam 32 3 ἐπὶ τὰ γόνατα αὐτῆς οὔσης ἰδοὺ ἦλθεν πρὸς αὐτὴν ὁ * ἄγγελος * τῆς ἀνθρωπότητος καὶ ἀνέστησεν αὐτὴν λέγων
Adam 33 1 αὐτῆς ἐπὶ τὸ πρόσωπον αὐτοῦ. καὶ λέγει αὐτῇ ὁ * ἄγγελος * ἆρον καὶ αὐτὴν ἀπὸ τῶν γηΐνων. καὶ ἀτενίσασα εἰς
Adam 33 2 τὴν δόξαν αὐτῶν ἢ ἰδεῖν τὸ πρόσωπον αὐτῶν καὶ * ἀγγέλους * προάγοντας τὸ ἅρμα. ὅτε δὲ ἦλθεν ὅπου ἔκειτο ὁ
Adam 33 4 χρυσᾶ καὶ τρεῖς φιάλας. καὶ ἰδοὺ πάντες οἱ * ἄγγελοι * μετὰ λίβανον καὶ θυμιατήρια ἦλθον ἐν σπουδῇ ἐπὶ
Adam 33 5 ἐκάλυψεν τὰ στερεώματα. καὶ προσέπεσαν οἱ * ἄγγελοι * τῷ θεῷ βοῶντες καὶ λέγοντες Ἰαὴλ ἅγιε
Adam 35 2 τὸ σῶμα τοῦ πατρός σου ἐπὶ πρόσωπον καὶ πάντες οἱ * ἄγγελοι * μετ' αὐτοῦ εὐχόμενοι ὑπὲρ αὐτοῦ καὶ λέγοντες
Adam 37 1 ταῦτα πρὸς τὴν μητέρα αὐτοῦ Εὔαν ἰδοὺ ἐσάλπισεν ὁ * ἄγγελος * καὶ ἀνέστησαν πάντες οἱ ἄγγελοι οἱ ἐπ' ὄψεσιν
Adam 37 1 ἰδοὺ ἐσάλπισεν ὁ ἄγγελος καὶ ἀνέστησαν πάντες οἱ * ἄγγελοι * οἱ ἐπ' ὄψεσιν κείμενοι καὶ ἐβόησαν φωνὴν φοβερὰν
Adam 37 3 αὐτοῦ Ἀδάμ. ὅτε δὲ εἶπον τὰς φωνὰς ταύτας οἱ * ἄγγελοι * ἰδοὺ ἦλθεν ἓν τῶν Σεραφὶμ ἑξαπτερύγων καὶ

| | | | |
|---|---|---|---|
| Adam | 37 | 6 | ἀφῆκεν αὐτὸν ὅπου εἶπεν αὐτῷ ὁ θεός. καὶ πάντες οἱ * ἄγγελοι * ὕμνουν ὕμνον ἀγγελικὸν θαυμάζοντες ἐπὶ τῇ |
| Adam | 38 | 2 | ὁ πατὴρ πρὸς αὐτὸν ἵνα συναχθῶσιν πάντες οἱ * ἄγγελοι * ἐνώπιον τοῦ θεοῦ ἕκαστος κατὰ τὴν τάξιν αὐτοῦ |
| Adam | 38 | 3 | αὐτὸν καὶ τὰ Χερουβὶμ ἐπέχοντα τοῖς ἀνέμοις καὶ οἱ * ἄγγελοι * ἐκ τοῦ οὐρανοῦ προάγοντες αὐτὸν καὶ ἐλθόντες ἐπὶ |
| Adam | 40 | 2 | ἐπ' αὐτόν. καὶ ἐκήδευσαν αὐτόν οἱ τρεῖς μεγάλοι * ἄγγελοι. * ὅτε δὲ ἐτέλεσαν κηδεύοντες τὸν Ἀδὰμ εἶπεν ὁ |
| Adam | 40 | 5 | ἀρθὲν ἀπ' ἐμοῦ τὸν χοῦν ἐξ ἧς ἐλήφθη. ἔλαβον δέ οἱ * ἄγγελοι * ἐν τῷ καιρῷ ἐκείνῳ καὶ ἔθεντο αὐτὸν ἐπὶ τὴν |
| Adam | 40 | 7 | τῶν δύο τὸν τόπον. καὶ ἀπέστειλεν ὁ θεὸς ἑπτὰ * ἀγγέλους * εἰς τὸν παράδεισον καὶ ἤγαγον εὐωδίας πολλὰς |
| Adam | 42 | 2 | ἡ πλευρὰ αὐτοῦ πρὸς αὐτόν. τότε ὁ κύριος καὶ οἱ * ἄγγελοι * ἐπορεύθησαν εἰς τὸν τόπον αὐτῶν. Εὕα δὲ καὶ αὐτὴ |
| Adam | 43 | 1 | τὸν Σὴθ πῶς κηδεύσῃ τὴν Εὔαν. καὶ ἦλθαν τρεῖς * ἄγγελοι * καὶ ἦραν τὸ σῶμα αὐτῆς καὶ ἔθαψαν αὐτὸ ὅπου ἦν |
| Adam | 43 | 3 | καὶ εὐφράνθητι ἐν αὐτῇ ὅτι ἐν αὐτῇ ὁ θεὸς καὶ οἱ * ἄγγελοι * ἡμεῖς εὐφραινόμεθα μετὰ τῆς ψυχῆς τῆς μεταστάσης |
| Adam | 43 | 4 | ψυχῆς τῆς μεταστάσης ἀπὸ τῆς γῆς. ταῦτα εἰπὼν ὁ * ἄγγελος * ἀνῆλθεν εἰς τὸν οὐρανὸν δοξάζων καὶ λέγων |
| Hen. | 6 | 2 | θυγατέρες ὡραῖαι καὶ καλαί. καὶ ἐθεάσαντο αὐτάς οἱ * ἄγγελοι * υἱοὶ οὐρανοῦ καὶ ἐπεθύμησαν αὐτὰς καὶ εἶπαν πρὸς |
| Hen. | 8 | 1 | ποιεῖν καὶ ὅπλα καὶ ἀσπίδας καὶ θώρακας διδάγματα * ἀγγέλων * καὶ ὑπέδειξεν αὐτοῖς τὰ μέταλλα καὶ τὴν ἐργασίαν |
| Hen. | 10 | 7 | τὸν ἐνπυρισμόν. καὶ ἰαθήσεται ἡ γῆ ἣν ἠφάνισαν οἱ * ἄγγελοι * καὶ τὴν ἴασιν τῆς γῆς δήλωσον ἵνα ἰάσωνται τὴν |
| Hen. | 14 | 4 | τοὺς υἱοὺς τοῦ οὐρανοῦ. ἐγὼ τὴν ἐρώτησιν ὑμῶν τῶν * ἀγγέλων * ἔγραψα καὶ ἐν τῇ ὁράσει μου τοῦτο ἐδείχθη καὶ |
| Hen. | 14 | 21 | καὶ λευκότερον πάσης χιόνος. καὶ οὐκ ἐδύνατο πᾶς * ἄγγελος * παρελθεῖν εἰς τὸν οἶκον τοῦτον καὶ ἰδεῖν τὸ |
| Hen. | 14 | 23 | αὐτοῦ καὶ πᾶς λόγος αὐτοῦ ἔργον. καὶ οἱ ἅγιοι τῶν * ἀγγέλων * οἱ ἐγγίζοντες αὐτῷ οὐκ ἀποχωροῦσιν νυκτὸς οὔτε |
| Hen. | 18 | 14 | μεγάλα καιόμενα περὶ ὧν πυνθανομένῳ μοι εἶπεν ὁ * ἄγγελος * οὗτός ἐστιν ὁ τόπος τὸ τέλος τοῦ οὐρανοῦ καὶ γῆς |
| Hen. | 19 | 1 | μυρίων. καὶ εἶπέν μοι Οὐριὴλ ἐνθάδε οἱ μιγέντες * ἄγγελοι * ταῖς γυναιξὶν στήσονται καὶ τὰ πνεύματα αὐτῶν |
| Hen. | 19 | 2 | ἀποτελείωσιν. καὶ αἱ γυναῖκες αὐτῶν τῶν παραβάντων * ἀγγέλων * εἰς σειρῆνας γενήσονται. κἀγὼ Ἐνὼχ ἴδον τὰ |
| Hen. | 20 | 1 | ἀνθρώπων ὡς ἐγὼ ἴδον. ---ἀνθρώπων ὡς ἐγὼ εἶδον. * ἄγγελοι * τῶν δυνάμεων. Οὐριὴλ ὁ εἷς τῶν ἁγίων ἀγγέλων ὁ |
| Hen. | 20 | 2 | ἄγγελοι τῶν δυνάμεων. Οὐριὴλ ὁ εἷς τῶν ἁγίων * ἀγγέλων * ὁ ἐπὶ τοῦ κόσμου καὶ τοῦ ταρτάρου. Ῥαφαὴλ ὁ εἷς |
| Hen. | 20 | 3 | κόσμου καὶ τοῦ ταρτάρου. Ῥαφαὴλ ὁ εἷς τῶν ἁγίων * ἀγγέλων * ὁ ἐπὶ τῶν πνευμάτων τῶν ἀνθρώπων Ῥαγουὴλ ὁ εἷς |
| Hen. | 20 | 4 | πνευμάτων τῶν ἀνθρώπων Ῥαγουὴλ ὁ εἷς τῶν ἁγίων * ἀγγέλων * ὁ ἐκδικῶν τὸν κόσμον τῶν φωστήρων. Μιχαὴλ ὁ εἷς |
| Hen. | 20 | 5 | τὸν κόσμον τῶν φωστήρων. Μιχαὴλ ὁ εἷς τῶν ἁγίων * ἀγγέλων * ὁ ἐπὶ τῶν τοῦ λαοῦ ἀγαθῶν τεταγμένος καὶ ἐπὶ τῷ |
| Hen. | 20 | 6 | τεταγμένος καὶ ἐπὶ τῷ χάῳ. Σαριὴλ ὁ εἷς τῶν ἁγίων * ἀγγέλων * ὁ ἐπὶ τῶν πνευμάτων οἵτινες ἐπὶ τῷ πνεύματι |
| Hen. | 20 | 7 | τῷ πνεύματι ἁμαρτάνουσιν. Γαβριὴλ ὁ εἷς τῶν ἁγίων * ἀγγέλων * ὁ ἐπὶ τοῦ παραδείσου καὶ τῶν δρακόντων καὶ |
| Hen. | 20B | 2 | ἀρχαγγέλων ὀνόματα ἑπτά. ὁ εἷς τῶν ἁγίων * ἀγγέλων * ὁ ἐπὶ τοῦ κόσμου καὶ τοῦ ταρτάρου. Ῥαφαὴλ ὁ εἷς |
| Hen. | 20B | 3 | κόσμου καὶ τοῦ ταρτάρου. Ῥαφαὴλ ὁ εἷς τῶν ἁγίων * ἀγγέλων * ὁ ἐπὶ τῶν πνευμάτων τῶν ἀνθρώπων. Ῥαγουὴλ ὁ εἷς |
| Hen. | 20B | 4 | πνευμάτων τῶν ἀνθρώπων. Ῥαγουὴλ ὁ εἷς τῶν ἁγίων * ἀγγέλων * ὁ ἐκδικῶν τὸν κόσμον τῶν φωστήρων. Μιχαὴλ ὁ εἷς |
| Hen. | 20B | 5 | τὸν κόσμον τῶν φωστήρων. Μιχαὴλ ὁ εἷς τῶν ἁγίων * ἀγγέλων * ὃς ἐπὶ τῶν τοῦ λαοῦ ἀγαθῶν τέτακται καὶ ἐπὶ τῷ |
| Hen. | 20B | 6 | τέτακται καὶ ἐπὶ τῷ λαῷ. Σαριὴλ ὁ εἷς τῶν ἁγίων * ἀγγέλων * ὁ ἐπὶ τῶν πνευμάτων οἵτινες ἐπὶ τῷ πνεύματι |
| Hen. | 20B | 7 | τῷ πνεύματι ἁμαρτάνουσιν. Γαβριὴλ ὁ εἷς τῶν ἁγίων * ἀγγέλων * ὁ ἐπὶ τοῦ παραδείσου καὶ τῶν δρακόντων καὶ |
| Hen. | 20B | 7 | δρακόντων καὶ χερουβίν. Ῥεμειὴλ ὁ εἷς τῶν ἁγίων * ἀγγέλων * ὃν ἔταξεν ὁ θεὸς ἐπὶ τῶν ἀνισταμένων. ὀνόματα ζ' |
| Hen. | 21 | 5 | ἐρίφησαν; τότε εἶπέν μοι Οὐριὴλ ὁ εἷς τῶν ἁγίων * ἀγγέλων * ὃς μετ' ἐμοῦ ἦν καὶ αὐτὸς ἡγεῖτο αὐτῶν καὶ εἶπέν |
| Hen. | 21 | 9 | τῇ ὁράσει. τότε ἀπεκρίθη μοι ὁ εἷς τῶν ἁγίων * ἀγγέλων * ὃς μετ' ἐμοῦ ἦν καὶ εἶπέν μοι Ἐνὼχ διά τί |
| Hen. | 21 | 10 | τῆς δεινῆς. καὶ εἶπεν οὗτος ὁ τόπος δεσμωτήριον * ἀγγέλων * ὧδε συνσχεθήσονται μέχρι αἰῶνος εἰς τὸν αἰῶνα. |
| Hen. | 21B | 5 | ἐρίφησαν ὧδε; καὶ εἶπέν μοι Οὐριὴλ ὁ εἷς τῶν ἁγίων * ἀγγέλων * ὁ μετ' ἐμοῦ ὢν καὶ αὐτὸς αὐτῶν ἡγεῖτο καὶ εἶπέν |
| Hen. | 22 | 3 | τῇ ὁράσει; τότε ἀπεκρίθη Ῥαφαὴλ ὁ εἷς τῶν ἁγίων * ἀγγέλων * ὃς μετ' ἐμοῦ ἦν καὶ εἶπέν μοι οὗτοι οἱ τόποι οἱ |
| Hen. | 22 | 6 | καὶ ἐνετύγχανεν. καὶ ἠρώτησα Ῥαφαὴλ τὸν * ἄγγελον * ὃς μετ' ἐμοῦ ἦν καὶ εἶπα αὐτῷ τοῦτο τὸ πνεῦμα τὸ |
| Hen. | 23 | 4 | τότε ἀπεκρίθη μοι Ῥαγουὴλ ὁ εἷς τῶν ἁγίων * ἀγγέλων * ὃς μετ' ἐμοῦ ἦν οὗτος ὁ δρόμος τοῦ πυρὸς τὸ πρὸς |
| Hen. | 24 | 6 | τῇ ὁράσει. τότε ἀπεκρίθη μοι Μιχαὴλ εἷς τῶν ἁγίων * ἀγγέλων * ὃς μετ' ἐμοῦ ἦν καὶ αὐτὸς αὐτῶν ἡγεῖτο καὶ εἶπέν |
| Hen. | 32 | 6 | ἐπίχαρι τῇ ὁράσει. τότε ἀπεκρίθη Ῥαφαὴλ ὁ ἅγιος * ἄγγελος * ὁ μετ' ἐμοῦ ὢν τοῦτο τὸ δένδρον φρονήσεως ἐξ οὗ |
| Hen. | 99 | 3 | μνημόσυνον δίδοτε αὐτὰς ἐν διαμαρτυρίᾳ ἐνώπιον τῶν * ἀγγέλων * ὅπως εἰσαγάγωσιν τὰ ἁμαρτήματα τῶν ἀδίκων |
| Hen. | 100 | 4 | τὸ ἅρμα μέχρι ἀξόνων καταβήσεται. καὶ καταβήσονται * ἄγγελοι * καταδύνοντες εἰς τὰ ἀπόκρυφα ἐν ἡμέρᾳ ἐκείνῃ |
| Hen. | 100 | 5 | ἐπὶ πάντας τοὺς δικαίους καὶ ἁγίους τῶν ἁγίων * ἀγγέλων * καὶ τηρηθήσονται ὡς κόριον ὀφθαλμοῦ ἕως οὗ |
| Hen. | 102 | 3 | καὶ τρέμουσαν καὶ συνταρασσομένην. καὶ οἱ * ἄγγελοι * συντελοῦντες τὸ συνταχθὲν αὐτοῖς καὶ ὁ οὐρανὸς |
| Hen. | 104 | 1 | αὐτῶν τὰς ἁμαρτίας αὐτῶν. ὀμνύω ὑμῖν ὅτι οἱ * ἄγγελοι * ἐν τῷ οὐρανῷ ἀναμιμνήσκουσιν ⟨ὑμῶν⟩ εἰς ἀγαθὸν |
| Hen. | 106 | 5 | οὐχ ὅμοιον τοῖς ἀνθρώποις ἀλλὰ τοῖς τέκνοις τῶν * ἀγγέλων * τοῦ οὐρανοῦ καὶ ὁ τύπος ἀλλοιότερος οὐχ ὅμοιος |
| Hen. | 106 | 6 | καὶ ὑπολαμβάνω ὅτι οὐκ ἔστιν ἐξ ἐμοῦ ἀλλὰ ἐξ * ἀγγέλου * καὶ εὐλαβοῦμαι αὐτὸν μήποτέ τι ἔσται ἐν ταῖς |
| Hen. | 106 | 12 | καὶ οὐ πιστεύει ὅτι υἱὸς αὐτοῦ ἐστιν ἀλλὰ ὅτι ἐξ * ἀγγέλων--- * τὴν ἀκρίβειαν ἣν +ἔχεις+ καὶ τὴν ἀλήθειαν. |
| Abr.1 | 3 | 5 | αὐλῇ⟩ ἐκαθέσθησαν καὶ ἰδὼν Ἰσαὰκ τὴν πρόσοψιν τοῦ * ἀγγέλου * εἶπεν πρὸς Σάρραν τὴν μητέρα αὐτοῦ κυρία μου |
| Abr.1 | 6 | 1 | τῆς ὁμιλίας τοῦ ἀρχιστρατήγου εὐθέως ἐγνώρισεν ὅτι * ἄγγελος * κυρίου ἦν ὁ λαλῶν. συννεύει οὖν Σάρρα τὸν |
| Abr.1 | 7 | 12 | μοι. εἶπε δὲ Ἀβραὰμ νῦν ἔγνωκα κἀγὼ ὅτι σὺ εἶ * ἄγγελος * κυρίου καὶ ἀπεστάλης λαβεῖν τὴν ψυχήν μου ἀλλ' |
| Abr.1 | 8 | 8 | σοὶ λύπη ἀνάγγειλόν μοι ⟨καὶ ἵνα τί ἀνθέστηκας τὸν * ἄγγελόν * μου⟩; ἢ οὐκ οἶδας ὅτι πάντες οἱ ἀπὸ τοῦ Ἀδὰμ |
| Abr.1 | 9 | 8 | Μιχαὴλ καὶ λέγει αὐτῷ λαβὲ νεφέλην φωτὸς ⟨καὶ⟩ * ἀγγέλους * τοὺς ἐπὶ τῷ ἅρματι τὴν ἐξουσίαν ἔχοντας καὶ |
| Abr.1 | 10 | 1 | καὶ ἤγαγεν αὐτὸν ἐπὶ τῆς νεφέλης καὶ ἑξήκοντα * ἀγγέλους * καὶ ἀνήρχετο ὁ Ἀβραὰμ ἐπὶ ὀχήματος ἐφ' ὅλην |
| Abr.1 | 11 | 5 | δεσπότου καὶ εἶδον ψυχὰς πολλὰς ἐλαυνομένας ὑπὸ * ἀγγέλων * διὰ τῆς πλατείας ὁδοῦ καὶ εἰσαγομένας καὶ εἶδον |
| Abr.1 | 11 | 5 | καὶ εἶδον ἄλλας ψυχὰς ὀλίγας καὶ ἐφέροντο ὑπὸ * ἀγγέλων * διὰ τῆς στενῆς πύλης. καὶ ⟨ὅτε⟩ ἐθεώρει ⟨ὁ ἀνὴρ |
| Abr.1 | 12 | 1 | ἀμόλυντος. ἔτι δὲ ἡμῖν ταῦτα λαλοῦντος ἰδοὺ δύο * ἄγγελοι * πύρινοι τῇ ὄψει καὶ ἀνηλεεῖς τῇ γνώμῃ καὶ |
| Abr.1 | 12 | 2 | ἐν πυρίναις χαρζαναῖς καὶ μίαν ψυχὴν κρατῶν ὁ * ἄγγελος * ἐν τῇ χειρὶ αὐτοῦ καὶ διήγαγον πάσας τὰς ψυχὰς |
| Abr.1 | 12 | 3 | εἰς τὴν ἀπώλειαν. ἠκολουθήσαμεν δὲ ἡμεῖς τοῖς * ἀγγέλοις * καὶ ἤλθομεν ἔσωθεν τῆς πύλης ἐκείνης τῆς |
| Abr.1 | 12 | 8 | ἐκ δεξιῶν δὲ αὐτοῦ καὶ ἐξ ἀριστερῶν ἵσταντο δύο * ἄγγελοι * κρατοῦντες χάρτην καὶ μέλαν καὶ κάλαμον πρὸ |
| Abr.1 | 12 | 9 | καὶ κάλαμον πρὸ προσώπου δὲ τῆς τραπέζης ἐκάθητο * ἄγγελος * φωτοφόρος κρατῶν ἐν τῇ χειρὶ αὐτοῦ ζυγὸν |
| Abr.1 | 12 | 10 | ἐν τῇ χειρὶ αὐτοῦ ζυγὸν ἀριστερῶν δὲ αὐτοῦ ἐκάθητο * ἄγγελος * πύρινος ἀνηλεὴς καὶ ἀπότομος ἐν τῇ χειρὶ αὐτοῦ |
| Abr.1 | 12 | 12 | ἔκρινεν καὶ ἀπεφήνατο τὰς ψυχάς οἱ δὲ δύο * ἄγγελοι * οἱ ⟨ἐκ δεξιῶν καὶ⟩ ἐξ ἀριστερῶν ⟨ἀπεγράφοντο⟩ |
| Abr.1 | 12 | 14 | τὸν ζυγὸν κατέχων ἐζύγιζεν τὰς ψυχὰς καὶ ὁ πύρινος * ἄγγελος * ὁ τὸ πῦρ κατέχων ἐδοκίμαζε διὰ πυρὸς τὰς ψυχὰς |
| Abr.1 | 12 | 16 | τοῦτο ἔστιν ἡ κρίσις καὶ ἀνταπόδοσις. καὶ ἰδοὺ ὁ * ἄγγελος * ὁ κρατῶν τὴν ψυχὴν ἐν τῇ χειρὶ αὐτοῦ καὶ ἤνεγκεν |
| Abr.1 | 12 | 17 | ἔμπροσθεν τοῦ κριτοῦ καὶ εἶπεν ὁ κριτὴς ἕνα τῶν * ἀγγέλων * τῶν καθυπουργούντων αὐτῷ ἄνοιξόν μοι τὴν βίβλον |
| Abr.1 | 13 | 1 | ἐστιν ὁ κριτὴς οὗτος ὁ πανθαύμαστος; καὶ τίνες οἱ * ἄγγελοι * οἱ ἀπογραφόμενοι; καὶ τίς ὁ ἄγγελος ὁ ἡλιόμορφος |
| Abr.1 | 13 | 1 | καὶ τίνες οἱ ἄγγελοι οἱ ἀπογραφόμενοι; καὶ τίς ὁ * ἄγγελος * ὁ ἡλιόμορφος ὁ τὸν ζυγὸν κατέχων; καὶ τίς ὁ |
| Abr.1 | 13 | 1 | ἡλιόμορφος ὁ τὸν ζυγὸν κατέχων; καὶ τίς ὁ πύρινος * ἄγγελος * ὁ τὸ πῦρ δοκιμάζων; εἶπεν δὲ ὁ ἀρχιστράτηγος |
| Abr.1 | 13 | 9 | ἐπὶ τριῶν μαρτύρων σταθήσεται πᾶν ῥῆμα οἱ δὲ δύο * ἄγγελοι * οἱ ⟨ἐκ δεξιῶν καὶ⟩ ἐξ ἀριστερῶν ἐρχόμενοι |
| Abr.1 | 13 | 9 | τὰς ἁμαρτίας καὶ τὰς δικαιοσύνας ὁ μὲν ἐκ δεξιῶν * ἄγγελος * ἀπογράφεται ⟨τὰς δικαιοσύνας ὁ δὲ ἐξ ἀριστερῶν⟩ |
| Abr.1 | 13 | 10 | ὁ δὲ ἐξ ἀριστερῶν⟩ τοὺς ἁμαρτωλοὺς ὁ δὲ ἡλιόμορφος * ἄγγελος * ὁ τὸν ζυγὸν κατέχων ἐν τῇ χειρὶ αὐτοῦ οὗτός |
| Abr.1 | 13 | 11 | τὰς δικαιοσύνας ἐν δικαιοσύνῃ θεοῦ ὁ δὲ πύρινος * ἄγγελος * καὶ ἀπότομος ὁ κατέχων ἐν τῇ χειρὶ αὐτοῦ τὸ πῦρ |
| Abr.1 | 13 | 12 | τὸ ἔργον κατακαύσει τὸ πῦρ εὐθέως λαμβάνει αὐτὸν ὁ * ἄγγελος * τῆς κρίσεως καὶ ἀναφέρει εἰς τὸν τόπον τῶν |
| Abr.1 | 13 | 13 | δικαιοῦται καὶ λαμβάνει αὐτὸν ὁ τῆς δικαιοσύνης * ἄγγελος * καὶ ἀναφέρει αὐτὸν εἰς τὸ σώζεσθαι ἐν τῷ κλήρῳ |
| Abr.1 | 14 | 1 | καὶ ζυγῷ δοκιμάζονται. εἶπεν δὲ Ἀβραὰμ πρὸς τὸν * ἄγγελον * κύριέ μου ἀρχιστράτηγε τὴν ψυχὴν ἣν κατεῖχεν ὁ |
| Abr.1 | 14 | 1 | κύριέ μου ἀρχιστράτηγε τὴν ψυχὴν ἣν κατεῖχεν ὁ * ἄγγελος * ἐν τῇ χειρὶ αὐτοῦ πῶς κατεδικάσθη ἐν τῷ μέσῳ; |
| Abr.1 | 14 | 7 | ἱσταμένην ἐκεῖσε. καὶ εἶπεν Ἀβραὰμ ⟨πρὸς τὸν * ἄγγελον⟩ * ποῦ ἐστιν ἡ ψυχή; εἶπεν δὲ ὁ ἀρχιστράτηγος |
| Abr.1 | 14 | 8 | τῆς εὐχῆς σου τῆς δικαίας καὶ ἰδοὺ ἔλαβεν αὐτὴν * ἄγγελος * φωτοφόρος καὶ ἀνήνεγκεν αὐτὴν ἐν τῷ παραδείσῳ. |
| Abr.1 | 16 | 9 | δικαία ψυχὴ φίλε τοῦ θεοῦ τοῦ ὑψίστου καὶ τῶν * ἀγγέλων * ὁμόσκηνε. εἶπεν δὲ ὁ Ἀβραὰμ πρὸς τὸν θάνατον |
| Abr.1 | 16 | 12 | τοῦ κόσμου σὺ εἶ ἡ δόξα καὶ τὸ κάλλος τῶν * ἀγγέλων * καὶ τῶν ἀνθρώπων σὺ εἶ πάσης ⟨μορφῆς⟩ |
| Abr.1 | 20 | 10 | εὐθέως παρέστη Μιχαὴλ ὁ ἀρχάγγελος μετὰ πλήθους * ἀγγέλων * καὶ ἦραν τὴν τιμίαν αὐτοῦ ψυχὴν ἐν ταῖς χερσὶν |
| Abr.1 | 20 | 12 | τῇ Μαβρῇ τὴν δὲ τιμίαν αὐτοῦ ψυχὴν ὀψικεύοντες * ἄγγελοι * ἀνήρχοντο εἰς τὸν οὐρανὸν ψάλλοντες τὸν |
| Abr.2 | 2 | 10 | τεσσεράκοντα καὶ ἤνεγκας μόσχον καὶ ἔθυσας * ἀγγέλοις * ξενιζομένοις ἐν τῷ οἴκῳ σου ὅπως εὐφρανθῶσιν. |
| Abr.2 | 4 | 5 | θεοῦ τοῦ γὰρ ἡλίου δύνοντος προσκυνοῦσιν πάντες οἱ * ἄγγελοι * τὸν θεὸν πρῶτος δὲ αὐτῶν ἐστιν Μιχαὴλ καὶ |
| Abr.2 | 4 | 6 | πρῶτος τὸν θεὸν καὶ ἐπορεύθησαν πάντες οἱ * ἄγγελοι * εἰς τοὺς τόπους αὐτῶν. ἀποκριθεὶς δὲ Μιχαὴλ |
| Abr.2 | 8 | 5 | ἀνὴρ ⟨ἐπὶ θρόνου δόξης μεγάλης καὶ πλῆθος * ἀγγέλων * κύκλῳ αὐτοῦ⟩ καὶ ἔκλαιεν καὶ ἐγέλα ὥστε τὸν |
| Abr.2 | 8 | 7 | δύο πυλώνων τούτων ἐν τηλικαύτῃ δόξῃ καὶ πλῆθος * ἀγγέλων * κυκλόθεν αὐτῷ παραστῆκον οὗτος δὲ κλαίων καὶ |
| Abr.2 | 9 | 5 | Ἀβραὰμ καὶ θαυμάζοντος ἐν τῇ ὥρᾳ ἐκείνῃ καὶ ἰδοὺ * ἄγγελος * ἐλαύνων ψυχὰς ὡς μυριάδας ἓξ μίαν δὲ ψυχὴν |
| Abr.2 | 9 | 8 | εὗρον ἀξίαν ζωῆς εἰ μὴ μόνον ἐκείνην ἣν κατεῖχεν ὁ * ἄγγελος * ἐν τῇ χειρὶ αὐτοῦ εὗρε γὰρ τὰς ἁμαρτίας |
| Abr.2 | 9 | 10 | μοι κύριε τὰς ἓξ μυριάδας τῶν ψυχῶν ἃς ἐλαύνει ὁ * ἄγγελος * αὐτός ἐστιν ὁ φέρων αὐτὰς ἀπὸ τοῦ σώματος ἢ οὔ; |
| Abr.2 | 10 | 3 | εἰς τὸν τόπον ὅπου ἦν ὁ κριτὴς ⟨ἐλθόντος τοῦ * ἀγγέλου * ἀπέδωκεν τὴν ψυχὴν ἐκείνην ἣν εἶχεν ἐν τῇ χειρὶ |
| Abr.2 | 13 | 10 | ὁ θεὸς οὐχ εὑρέθη ὅμοιός σου ἐζήτει γὰρ ἐν τοῖς * ἀγγέλοις * καὶ ἀρχαγγέλοις καὶ ἀρχαῖς καὶ ἐξουσίαις |
| TRub. | 3 | 15 | καὶ καταλιπὼν αὐτὴν κοιμωμένην ἐξῆλθον. καὶ εὐθέως * ἄγγελος * τοῦ θεοῦ ἀπεκάλυψε τῷ πατρί μου Ἰακὼβ περὶ τῆς |
| TRub. | 5 | 3 | καταγωνίζεται. ὅτι καίγε περὶ αὐτῶν εἶπέ μοι ὁ * ἄγγελος * τοῦ θεοῦ καὶ ἐδίδαξέ με ὅτι αἱ γυναῖκες ἡττῶνται |
| TSim. | 2 | 8 | αὐτοῦ καὶ ὁ θεὸς τῶν πατέρων αὐτοῦ ἀποστείλας τὸν * ἄγγελον * αὐτοῦ ἐρρύσατο αὐτὸν ἐκ τῶν χειρῶν μου. ὡς γὰρ |
| TLevi | 2 | 6 | ἐν Ἀβελμαούλ. καὶ ἰδοὺ ἠνεῴχθησαν οἱ οὐρανοὶ καὶ * ἄγγελος * θεοῦ εἶπε πρός με Λευὶ εἴσελθε. καὶ εἰσῆλθον ἐκ |
| TLevi | 2 | 9 | δύο καὶ γὰρ ὕψος ἦν ἐν αὐτῷ ἄπειρον. καὶ εἶπον τῷ * ἀγγέλῳ * διατί οὕτως; καὶ εἶπεν ὁ ἄγγελος πρός με μὴ |
| TLevi | 2 | 9 | καὶ εἶπον τῷ ἀγγέλῳ διατί οὕτως; καὶ εἶπεν ὁ * ἄγγελος * πρός με μὴ θαύμαζε ἐπὶ τούτοις ἄλλους γὰρ |
| TLevi | 3 | 5 | ἁγίων ὑπεράνω πάσης ἁγιότητος. ἐν τῷ μετ' αὐτόν οἱ * ἄγγελοι * εἰσι τοῦ προσώπου κυρίου οἱ λειτουργοῦντες καὶ |
| TLevi | 3 | 7 | ἀναίμακτον προσφοράν. ἐν δὲ τῷ ὑποκάτω εἰσίν οἱ * ἄγγελοι * οἱ φέροντες τὰς ἀποκρίσεις τοῖς ἀγγέλοις τοῦ |

| | | | |
|---|---|---|---|
| TLevi | 3 | 7 | εἰσίν οἱ ἄγγελοι οἱ φέροντες τὰς ἀποκρίσεις τοῖς * ἀγγέλοις * τοῦ προσώπου κυρίου. ἐν δὲ τῷ μετ' αὐτόν εἰσι |
| TLevi | 5 | 1 | δὲ καταρώμενοι αὐτὸν ἀπολοῦνται. καὶ ἤνοιξέ μοι ὁ * ἄγγελος * τὰς πύλας τοῦ οὐρανοῦ καὶ εἶδον τὸν ναὸν τὸν |
| TLevi | 5 | 3 | ἕως οὗ ἐλθὼν παροικήσω ἐν μέσῳ τοῦ Ἰσραήλ. τότε ὁ * ἄγγελος * ἤγαγέ με ἐπὶ τὴν γῆν καὶ ἔδωκέ μοι ὅπλον καὶ |
| TLevi | 5 | 6 | σε ἐν ἡμέρᾳ θλίψεως. καὶ εἶπεν ἐγώ εἰμι ὁ * ἄγγελος * ὁ παραιτούμενος τὸ γένος Ἰσραὴλ τοῦ μὴ πατάξαι |
| TLevi | 5 | 7 | ἔξυπνος γενόμενος εὐλόγησα τὸν ὕψιστον καὶ τὸν * ἄγγελον * τὸν παραιτούμενον τὸ γένος τοῦ Ἰσραὴλ καὶ |
| TLevi | 9 | 6 | τοῦ ὑπομνῆσαί με νόμον κυρίου καθὼς ἔδειξέ μοι ὁ * ἄγγελος * τοῦ θεοῦ. καὶ ἐδίδασκέ με νόμον ἱερωσύνης θυσιῶν |
| TLevi | 18 | 5 | χυθήσεται ἐπὶ τῆς γῆς ὡς ὕδωρ θαλασσῶν καὶ οἱ * ἄγγελοι * τῆς δόξης τοῦ προσώπου κυρίου χαρήσονται ἐν |
| TLevi | 19 | 3 | εἶπεν ὁ πατὴρ ἡμῶν μάρτυς κύριος καὶ μάρτυρες οἱ * ἄγγελοι * αὐτοῦ καὶ μάρτυς ἐγὼ καὶ μάρτυρες ὑμεῖς περὶ τοῦ |
| TJud. | 3 | 10 | ἀδελφοῖς μου. εἶδε γὰρ ἐν ὁράματι περὶ ἐμοῦ ὅτι * ἄγγελος * δυνάμεως ἕπεταί μοι ἐν πᾶσι τοῦ μὴ ἡττᾶσθαι. καὶ |
| TJud. | 10 | 2 | περὶ τῆς Θαμὰρ ὅτι οὐκ ἦν ἐκ γῆς Χανάαν. καὶ * ἄγγελος * κυρίου ἀνεῖλεν αὐτὸν τῇ τρίτῃ ἡμέρᾳ τῇ νυκτὶ καὶ |
| TJud. | 15 | 5 | καὶ πᾶσαν εὐφροσύνην οὐκ εἶδον. καὶ ἔδειξέ μοι ὁ * ἄγγελος * τοῦ θεοῦ ὅτι ἕως τοῦ αἰῶνος καὶ βασιλεῖ καὶ |
| TJud. | 25 | 2 | καθεξῆς πάντες. καὶ κύριος εὐλογήσει τὸν Λευὶ ὁ * ἄγγελος * τοῦ προσώπου ἐμὲ αἱ δυνάμεις τῆς δόξης τὸν |
| TIss. | 2 | 1 | τὸν μισθὸν ἐκλήθην Ἰσαχάρ. τότε ὤφθη τῷ Ἰακὼβ * ἄγγελος * κυρίου λέγων ὅτι δύο τέκνα Ῥαχὴλ τέξεται ὅτι |
| TDan | 5 | 4 | Ἰουδὰν ἀντιτάξεσθε ἀλλ' οὐ δυνήσεσθε πρὸς αὐτούς. * ἄγγελος * γὰρ κυρίου ὁδηγεῖ ἑκατέρους ὅτι ἐν αὐτοῖς |
| TDan | 6 | 2 | καὶ τῶν πνευμάτων αὐτοῦ. ἐγγίζετε δὲ τῷ θεῷ καὶ τῷ * ἀγγέλῳ * τῷ παραιτουμένῳ ὑμᾶς ὅτι οὗτός ἐστι μεσίτης θεοῦ |
| TDan | 6 | 5 | συντελεσθήσεται ἡ βασιλεία τοῦ ἐχθροῦ. αὐτὸς ὁ * ἄγγελος * τῆς εἰρήνης ἐνισχύσει τὸν Ἰσραὴλ μὴ ἐμπεσεῖν |
| TDan | 6 | 6 | ἐπὶ ἔθνη ποιοῦντα τὸ θέλημα αὐτοῦ ὅτι οὐδεὶς τῶν * ἀγγέλων * ἔσται ἴσος αὐτῷ. τὸ δὲ ὄνομα αὐτοῦ ἔσται ἐν |
| TNep. | 8 | 4 | τέκνα μου εὐλογήσουσιν ὑμᾶς καὶ οἱ ἄνθρωποι καὶ οἱ * ἄγγελοι * καὶ θεὸς δοξασθήσεται δι' ὑμῶν ἐν τοῖς ἔθνεσι |
| TNep. | 8 | 4 | ὑμᾶς καὶ ὁ κύριος ἀγαπήσει ὑμᾶς καὶ οἱ * ἄγγελοι * ἀνθέξονται ὑμῶν. ὡς ἄν τις γὰρ τέκνον ἐκθρέψῃ |
| TNep. | 8 | 6 | ποιοῦντα τὸ καλὸν καταράσονται οἱ ἄνθρωποι καὶ οἱ * ἄγγελοι * καὶ ὁ θεὸς ἀδοξήσει ἐν τοῖς ἔθνεσι δι' αὐτοῦ καὶ |
| TAser | 6 | 4 | δείκνυσι τὴν δικαιοσύνην αὐτῶν γνωρίζοντες τοὺς * ἀγγέλους * κυρίου καὶ τοῦ σατανᾶ. ἐὰν γὰρ τεταραγμένη ἡ |
| TAser | 6 | 6 | ἔργοις πονηροῖς ἐὰν δὲ ἡσύχως ἐν χαρᾷ ἐγνώρισε τὸν * ἄγγελον * τῆς εἰρήνης ⟨ὃς⟩ παρακαλέσει αὐτὸν ἐν ζωῇ. μὴ |
| TAser | 7 | 1 | ζωῇ. μὴ γίνεσθε τέκνα ὡς Σόδομα ἥτις ἠγνόησε τοὺς * ἀγγέλους * κυρίου καὶ ἀπώλετο ἕως αἰῶνος. οἶδα γὰρ ὅτι |
| TJos. | 6 | 6 | μόνῳ; νῦν οὖν γνῶθι ὅτι ὁ θεὸς τοῦ πατρός μου δι' * ἀγγέλου * ἀπεκάλυψέ μοι τὴν κακίαν σου καὶ ἐτήρησα αὐτὸ |
| TJos. | 6 | 7 | ἐξαυτῆς ἔφαγον εἰπὼν ὁ θεὸς τῶν πατέρων μου καὶ ὁ * ἄγγελος * Ἀβραὰμ ἔσται μετ' ἐμοῦ. ἡ δὲ ἔπεσεν ἐπὶ |
| TJos. | 19 | 4 | ἀπώλεσεν εἰς καταπάτησιν. καὶ ἔχαιρον ἐπ' αὐτῷ οἱ * ἄγγελοι * καὶ οἱ ἄνθρωποι καὶ πᾶσα ἡ γῆ. ταῦτα δὲ |
| TBen. | 6 | 1 | οὐκ ἔστιν ἐν χειρὶ πλάνης πνεύματος Βελιὰρ ὁ γὰρ * ἄγγελος * τῆς εἰρήνης ὁδηγεῖ τὴν ψυχὴν αὐτοῦ. οὐχ ὁρᾷ |
| Asen. | 14 | 1 | ὁ θεὸς τῆς προσευχῆς μου διότι ὁ ἀστὴρ οὗτος * ἄγγελος * καὶ κῆρυξ τοῦ φωτὸς τῆς μεγάλης ἡμέρας |
| Asen. | 15 | 8 | τοῦτο ὁ πατὴρ ὁ ὕψιστος ἀγαπᾷ αὐτὴν καὶ πάντες οἱ * ἄγγελοι * αἰδοῦνται αὐτήν. κἀγὼ ἀγαπῶ αὐτὴν σφόδρα διότι |
| Asen. | 16 | 14 | τῶν ὄντων ἐν τῷ παραδείσῳ τοῦ θεοῦ. καὶ πάντες οἱ * ἄγγελοι * τοῦ θεοῦ ἐξ αὐτοῦ ἐσθίουσι καὶ πάντες οἱ |
| Asen. | 22 | 7 | αὐτοῦ καὶ οἱ ὦμοι αὐτοῦ καὶ οἱ βραχίονες ὡς * ἀγγέλου * ⟨καὶ⟩ οἱ μηροὶ αὐτοῦ καὶ αἱ κνῆμαι ⟨αὐτοῦ⟩ καὶ |
| Asen. | 23 | 2 | αὐτῆς καὶ εἶπεν οὐχὶ οὕτως ἔσται. καὶ ἀπέστειλεν * ἀγγέλους * ὁ υἱὸς Φαραὼ καὶ ἐκάλεσε πρὸς ἑαυτὸν Συμεὼν καὶ |
| Asen. | 24 | 3 | κατὰ τὸ θέλημά σου. καὶ ἀπέστειλεν ὁ υἱὸς Φαραὼ * ἀγγέλους * καὶ ἐκάλεσεν αὐτοὺς πρὸς ἑαυτόν. καὶ ἦλθον πρὸς |
| Asen. | 25 | 6 | πέμψει πῦρ ἐξ οὐρανοῦ καὶ καταφάγεται ὑμᾶς καὶ οἱ * ἄγγελοι * τοῦ θεοῦ πολεμήσουσι καθ' ὑμῶν ὑπὲρ αὐτοῦ. καὶ |
| Jer. | 3 | 2 | καὶ ἰδοὺ ἐγένετο φωνὴ σαλπίγγων καὶ ἐξῆλθον * ἄγγελοι * ἐκ τοῦ οὐρανοῦ κατέχοντες λαμπάδας ἐν ταῖς |
| Jer. | 3 | 4 | ἀληθές ἐστι τὸ ῥῆμα. παρεκάλεσε δὲ Ἱερεμίας τοὺς * ἀγγέλους * λέγων παρακαλῶ ὑμᾶς μὴ ἀπολέσθαι τὴν πόλιν ἄρτι |
| Jer. | 3 | 4 | λαλήσω πρὸς κύριον ῥῆμα. ἐλάλησεν δὲ κύριος τοῖς * ἀγγέλοις * λέγων μὴ ἀπολέσητε τὴν πόλιν ἕως ἂν λαλήσω πρὸς |
| Jer. | 4 | 1 | Χαλδαίων ἐκύκλωσε τὴν πόλιν. ἐσάλπισεν δὲ ὁ μέγας * ἄγγελος * λέγων εἰσέλθατε εἰς τὴν πόλιν ἡ δύναμις τῶν |
| Jer. | 4 | 11 | ἀπὸ σοῦ. καὶ ἔμεινεν ἐν μνημείῳ καθεζόμενος τῶν * ἀγγέλων * ἐρχομένων πρὸς αὐτὸν καὶ ἐκδιηγουμένων αὐτῷ περὶ |
| Jer. | 6 | 1 | τῆς πόλεως καὶ προσηύξατο πρὸς κύριον. καὶ ἰδοὺ * ἄγγελος * κυρίου ἦλθε καὶ κρατήσας αὐτοῦ τῆς δεξιᾶς χειρὸς |
| Jer. | 6 | 6 | ἡ σάρξ μου ἐὰν ποιήσῃς τὰ προσταχθέντα σου ὑπὸ τοῦ * ἀγγέλου * τῆς δικαιοσύνης. ὁ φυλάξας τὸν κόφινον τῶν σύκων |
| Jer. | 6 | 11 | φάσιν ταύτην; ἔτι δὲ προσευχομένου τοῦ Βαρούχ ἰδοὺ * ἄγγελος * κυρίου ἦλθε καὶ λέγει τῷ Βαροὺχ ἅπαντας τοὺς |
| Jer. | 6 | 15 | τῶν Βαβυλωνιτῶν λέγει κύριος. καὶ ταῦτα εἰπὼν ὁ * ἄγγελος * ἀπῆλθεν ἀπὸ τοῦ Βαρούχ. ὁ δὲ Βαροὺχ ἀπέστειλεν |
| Jer. | 6 | 19 | Ἰσαὰκ καὶ Ἰακώβ. καὶ ἀπέστειλε πρός με τὸν * ἄγγελον * αὐτοῦ καὶ εἶπέ μοι τοὺς λόγους τούτους οὓς |
| Jer. | 8 | 9 | αὐτοὺς Ἱερεμίας λέγων μετανοήσατε ἔρχεται γὰρ * ἄγγελος * τῆς δικαιοσύνης καὶ εἰσάξει ὑμᾶς εἰς τὸν τόπον |
| Bar. | 1 | 3 | καὶ ἰδοὺ ἐν τῷ κλαίειν με καὶ λέγειν τοιαῦτα ὁρῶ * ἄγγελον * κυρίου ἐλθόντα καὶ λέγοντά μοι σύνες ὦ ἄνθρωπε |
| Bar. | 1 | 6 | θεοῦ. καὶ ταῦτα εἰπών μοι ἡσύχασα. καὶ λέγει μοι ὁ * ἄγγελος * παῦσον τὸν θεὸν παροξύνειν καὶ ὑποδείξω σοι ἄλλα |
| Bar. | 1 | 8 | κρίσιν ἐμοὶ ἐὰν λαλήσω τοῦ λοιποῦ. καὶ εἶπέν μοι ὁ * ἄγγελος * τῶν δυνάμεων δεῦρο καὶ ὑποδείξω σοι τὰ μυστήρια |
| Bar. | 2 | 4 | αἱ δὲ ὀσφύες ἀρνῶν. καὶ ἠρώτησα ἐγὼ Βαροὺχ τὸν * ἄγγελον * ἀνάγγειλόν μοι δέομαί σου τί ἐστιν τὸ πάχος τοῦ |
| Bar. | 2 | 5 | ἀπαγγείλω τοῖς υἱοῖς τῶν ἀνθρώπων. καὶ εἶπέν μοι ὁ * ἄγγελος * οὗ τὸ ὄνομα αὐτοῦ Φαμαῆλ ἡ θύρα αὕτη ἣν ὁρᾷς |
| Bar. | 2 | 6 | τοῦ πεδίου μῆκος οὗ εἶδας. καὶ πάλιν λέγει μοι ὁ * ἄγγελος * τῶν δυνάμεων δεῦρο καὶ ὑποδείξω σοι μείζονα |
| Bar. | 3 | 1 | καὶ ἐξετόπησεν αὐτοὺς ὁ κύριος. καὶ λαβών με ὁ * ἄγγελος * κυρίου ἤγαγέν με εἰς δεύτερον οὐρανόν. καὶ |
| Bar. | 3 | 4 | ὁμοία κυνῶν οἱ δὲ πόδες ἐλάφων. καὶ ἠρώτησα τὸν * ἄγγελον * δέομαί σου κύριε εἰπέ μοι τίνες εἰσίν οὗτοι; καὶ |
| Bar. | 4 | 2 | νῦν δεῖξόν μοι πάντα διὰ τὸν κύριον. καὶ εἶπέν μοι * ἄγγελος * δεῦρο διέλθωμεν. ⟨καὶ διῆλθον πορείας⟩ μετὰ τοῦ |
| Bar. | 4 | 2 | δεῦρο διέλθωμεν. ⟨καὶ διῆλθον πορείας⟩ μετὰ τοῦ * ἀγγέλου * ἀπὸ τοῦ τόπου ἐκείνου ὡσεὶ πορείας ἡμερῶν ἑκατὸν |
| Bar. | 4 | 5 | οὗτος; καὶ τίς ὁ περὶ αὐτὸν ἀπηνής; καὶ εἶπεν ὁ * ἄγγελος * ὁ μὲν δράκων ἐστίν ὁ τὰ σώματα τῶν κακῶς τὸν |
| Bar. | 4 | 7 | ἀπ' αὐτῆς τι. ὁ Βαροὺχ εἶπεν καὶ πῶς; καὶ εἶπεν ὁ * ἄγγελος * ἄκουσον κύριος ὁ θεὸς ἐποίησεν τριακοσίους |
| Bar. | 4 | 8 | μοι τί τὸ ξύλον τὸ πλανῆσαν τὸν Ἀδάμ; καὶ εἶπεν ὁ * ἄγγελος * ἡ ἄμπελός ἐστιν ἣν ἐφύτευσεν ὁ ἄγγελος Σαμαήλ |
| Bar. | 4 | 8 | καὶ εἶπεν ὁ ἄγγελος ἡ ἄμπελός ἐστιν ἣν ἐφύτευσεν ὁ * ἄγγελος * Σαμαὴλ ὅτινη ὠργίσθη κύριος ὁ θεὸς καὶ |
| Bar. | 4 | 10 | πῶς ἄρτι εἰς τοσαύτην χρείαν ἐστίν; καὶ εἶπεν ὁ * ἄγγελος * ὀρθῶς ἐρωτᾷς ὅτε ἐποίησεν ὁ θεὸς τὸν κατακλυσμὸν |
| Bar. | 4 | 15 | περὶ τοῦ φυτοῦ τούτου. ἀπέστειλε δὲ ὁ θεὸς τὸν * ἄγγελον * αὐτοῦ τὸν Σαρασαὴλ καὶ εἶπεν αὐτῷ ἀναστὰς Νῶε |
| Bar. | 5 | 1 | αὐτοῦ κατορθοῦται. καὶ εἶπον ἐγὼ Βαροὺχ πρὸς τὸν * ἄγγελον * ἐπερωτῶ σε ἕνα λόγον κύριε ἐπειδὴ εἶπές μοι ὅτι |
| Bar. | 5 | 3 | μοι καὶ πόση ἐστὶν ἡ κοιλία αὐτοῦ; καὶ εἶπεν ὁ * ἄγγελος * ἡ κοιλία τούτου ὁ Ἅιδης ἐστίν. καὶ ὅσον ἀνδρῶν |
| Bar. | 6 | 2 | φορῶν στέφανον πυρὸς ἐλαυνόμενον τὸ ἅρμα ὑπ' * ἀγγέλων * τεσσαράκοντα. καὶ ἰδοὺ ὄρνεον περιτρέχον |
| Bar. | 6 | 3 | ἔμπροσθεν τοῦ ἡλίου ὡς ὄρη ἐννέα. καὶ εἶπον τὸν * ἄγγελον * τί ἐστι τὸ ὄρνεον τοῦτο; καὶ λέγει μοι τοῦτό |
| Bar. | 6 | 5 | φύλαξ τῆς οἰκουμένης; δίδαξόν με. καὶ εἶπέν μοι ὁ * ἄγγελος * τοῦτο τὸ ὄρνεον παρατρέχει τῷ ἡλίῳ καὶ τὰς |
| Bar. | 6 | 8 | καὶ ἦσαν γράμματα χρυσᾶ. καὶ εἶπέν μοι ὁ * ἄγγελος * ἀνάγνωθι ταῦτα. καὶ ἀνέγνων. καὶ ἔλεγον οὕτως |
| Bar. | 6 | 10 | τοῦτο καὶ τί τὸ ὄνομα αὐτοῦ; καὶ εἶπέν μοι ὁ * ἄγγελος * φοῖνιξ καλεῖται τὸ ὄνομα αὐτοῦ. καὶ τί ἐσθίει; |
| Bar. | 6 | 13 | ἐσαλεύθη ὁ τόπος ἐν ᾧ ἱστάμεθα. καὶ ἠρώτησα τὸν * ἄγγελον * κύριέ μου τί ἐστιν ἡ φωνὴ αὕτη; καὶ εἶπέν μοι ὁ |
| Bar. | 6 | 13 | κύριέ μου τί ἐστιν ἡ φωνὴ αὕτη; καὶ εἶπέν μοι ὁ * ἄγγελος * ἄρτι ἀνοίγουσιν οἱ ἄγγελοι τὰς τριακοσίας |
| Bar. | 6 | 13 | αὕτη; καὶ εἶπέν μοι ὁ ἄγγελος ἄρτι ἀνοίγουσιν οἱ * ἄγγελοι * τὰς τριακοσίας ἑξήκοντα πέντε πύλας τοῦ οὐρανοῦ |
| Bar. | 6 | 16 | τὴν ἰδίαν λαλιάν. ὁ ἥλιος γὰρ ἑτοιμάζεται ὑπὸ τῶν * ἀγγέλων * καὶ φωνεῖ ὁ ἀλέκτωρ. καὶ εἶπον ἐγὼ καὶ ποῦ |
| Bar. | 7 | 2 | ὁ ἥλιος ἀφ' οὗ ὁ ἀλέκτωρ φωνεῖ; καὶ εἶπέν μοι ὁ * ἄγγελος * ἄκουσον Βαροὺχ πάντα ὅσα ἔδειξά σοι ἐν τῷ πρώτῳ |
| Bar. | 7 | 4 | ὄπισθεν τούτου τὸν ἥλιον ἐξαστράπτοντα καὶ τοὺς * ἀγγέλους * μετ' αὐτοῦ φέροντας καὶ στέφανον ἐπὶ τὴν |
| Bar. | 7 | 5 | καὶ ἐξέφυγον καὶ ὑπεκρύβην ἐν ταῖς πτέρυξι τοῦ * ἀγγέλου. * καὶ εἶπέν μοι ὁ ἄγγελος μὴ φοβοῦ Βαροὺχ ἀλλ' |
| Bar. | 7 | 6 | ἐν ταῖς πτέρυξι τοῦ ἀγγέλου. καὶ εἶπέν μοι ὁ * ἄγγελος * μὴ φοβοῦ Βαροὺχ ἀλλ' ἔκδεξαι καὶ ὄψει καὶ τὴν |
| Bar. | 8 | 1 | τὸ ὄρνεον ἐρχόμενον καὶ τὸν ἥλιον μετὰ τῶν * ἀγγέλων * ἐρχόμενον. καὶ ἅμα τῷ ἐλθεῖν αὐτὸν ὁρῶ τοὺς |
| Bar. | 8 | 1 | ἐρχόμενον. καὶ ἅμα τῷ ἐλθεῖν αὐτὸν ὁρῶ τοὺς * ἀγγέλους * καὶ ἦραν τὸν στέφανον ἀπὸ τῆς κορυφῆς αὐτοῦ. τὸ |
| Bar. | 8 | 4 | τὸ ὄρνεον τοσοῦτον τεταπεινωμένον; καὶ εἶπέν μοι ὁ * ἄγγελος * ὁ στέφανος τοῦ ἡλίου ὅταν τὴν ἡμέραν διαδράμῃ |
| Bar. | 8 | 4 | ἡλίου ὅταν τὴν ἡμέραν διαδράμῃ λαμβάνουσι τέσσαρες * ἄγγελοι * τοῦτον καὶ ἀναφέρουσιν εἰς τὸν οὐρανὸν καὶ |
| Bar. | 8 | 5 | αἱ ἀκτῖνες αὐτοῦ ἐπὶ τῆς γῆς; καὶ εἶπέν μοι ὁ * ἄγγελος * θεωρῶν τὰς ἀνομίας καὶ τὰς ἀδικίας τῶν ἀνθρώπων |
| Bar. | 9 | 3 | καὶ ἐν ποίῳ σχήματι περιπατεῖ; καὶ εἶπεν ὁ * ἄγγελος * ἀνάμεινον καὶ ὄψει καὶ ταύτην ὡς μετ' ὀλίγον. |
| Bar. | 9 | 3 | αὐτῆς βόες καὶ ἀμνοὶ ἐν τῷ ἅρματι καὶ πλῆθος * ἀγγέλων * ὁμοίως. καὶ εἶπον κύριε τί εἰσιν οἱ βόες καὶ οἱ |
| Bar. | 9 | 4 | κύριε τί εἰσιν οἱ βόες καὶ οἱ ἀμνοί; καὶ εἶπέν μοι * ἄγγελοι * εἰσὶ καὶ αὐτοί. καὶ πάλιν ἠρώτησα καὶ τί ἐστιν |
| Bar. | 9 | 8 | καὶ ἐν παντὶ ἀλλ' ἐν τῇ νυκτὶ μόνον; καὶ εἶπεν ὁ * ἄγγελος * ἄκουσον ὥσπερ ἐνώπιον βασιλέως οὐ δύνανται |
| Bar. | 10 | 4 | μεγάλα ὑπερέχοντα τῶν ἐν κόσμῳ. καὶ ἠρώτησα τὸν * ἄγγελον. * τί ἐστι τὸ πεδίον καὶ τίς ἡ λίμνη καὶ τί τὸ |
| Bar. | 10 | 5 | τί τὸ περὶ αὐτὴν πλῆθος τῶν ὀρνέων; καὶ εἶπεν ὁ * ἄγγελος * ἄκουσον Βαροὺχ τὸ μὲν πεδίον ἐστὶ τὸ περιέχον |
| Bar. | 10 | 7 | γῆς καὶ αὐξάνουσιν οἱ καρποί. καὶ εἶπον πάλιν τὸν * ἄγγελον * κυρίου τὰ δὲ ὄρνεα; καὶ εἶπέν μοι αὐτά εἰσιν ἃ |
| Bar. | 10 | 9 | τῆς θαλάσσης ἐστὶ τὸ ὕδωρ ὅπερ βρέχει; καὶ εἶπεν ὁ * ἄγγελος * τὸ μὲν βρέχον ἀπὸ τῆς θαλάσσης καὶ τῶν ἐπὶ γῆς |
| Bar. | 11 | 1 | δρόσος τοῦ οὐρανοῦ. καὶ ἀπὸ τούτου λαβών με ὁ * ἄγγελος * ἤγαγέν με εἰς πέμπτον οὐρανόν. καὶ ἦν ἡ πύλη |
| Bar. | 11 | 2 | ὁ πυλὼν οὗτος ὅπως εἰσέλθωμεν; καὶ εἶπέν μοι ὁ * ἄγγελος * οὐ δυνάμεθα εἰσελθεῖν ἕως ἔλθῃ Μιχαὴλ ὁ |
| Bar. | 11 | 6 | ὡς βροντῆς. καὶ ἦλθεν Μιχαὴλ καὶ συνήντησεν αὐτῷ ὁ * ἄγγελος * ὁ ὢν μετ' ἐμοῦ καὶ προσεκύνησεν αὐτὸν καὶ εἶπεν |
| Bar. | 12 | 1 | θεοῦ. καὶ ἐν τῷ ὁμιλεῖν με αὐτοῖς ἰδοὺ ἦλθον * ἄγγελοι * φέροντες κανίσκια γέμοντα ἀνθῶν καὶ ἔδωκαν αὐτὰ |
| Bar. | 12 | 2 | καὶ ἔδωκαν αὐτὰ πρὸς τὸν Μιχαήλ. καὶ ἠρώτησα τὸν * ἄγγελον * κύριε τίνες εἰσίν οὗτοι καὶ τί τὰ προσκομιζόμενα |
| Bar. | 12 | 3 | παρ' αὐτῶν; καὶ εἶπέν μοι οὗτοί εἰσιν * ἄγγελοι * ἐπὶ τῶν ἐξουσιῶν. καὶ λαβὼν ὁ ἀρχάγγελος τοὺς |
| Bar. | 12 | 5 | ἔβαλεν αὐτοὺς εἰς τὴν φιάλην. καὶ λέγει μοι ὁ * ἄγγελος * ταῦτα τὰ ἄνωθέν εἰσιν αἱ ἀρεταὶ τῶν δικαίων. καὶ |
| Bar. | 12 | 6 | εἰσιν αἱ ἀρεταὶ τῶν δικαίων. καὶ εἶδον ἑτέρους * ἀγγέλους * φέροντας κανίσκια κενὰ οὐ γέμοντα. καὶ ἤρχοντο |
| Bar. | 12 | 7 | βραβεῖα. καὶ ἐβόησε Μιχαὴλ λέγων δεῦτε καὶ ὑμεῖς * ἄγγελοι * φέρετε ὃ ἠνέγκατε. καὶ ἐλυπήθη Μιχαὴλ σφόδρα καὶ |
| Bar. | 12 | 8 | καὶ ἐλυπήθη Μιχαὴλ σφόδρα καὶ ὁ μετ' ἐμοῦ * ἄγγελος * διὸ οὐκ ἐγέμισαν τὴν φιάλην. καὶ εἶθ' οὕτως |
| Bar. | 13 | 1 | ἐγέμισαν τὴν φιάλην. καὶ εἶθ' οὕτως ἦλθον ἕτεροι * ἄγγελοι * κλαίοντες καὶ ὀδυρόμενοι καὶ μετὰ φόβου λέγοντες |
| Bar. | 13 | 5 | ἐξελθεῖν ἡμᾶς ἀπ' αὐτῶν. καὶ εἶπεν Μιχαὴλ τοὺς * ἀγγέλους * ἐκδέξασθε ἕως οὗ μάθω παρὰ κυρίου τό τί |
| Bar. | 14 | 2 | θύραι. καὶ ἐγένετο φωνὴ ὡς βροντή. καὶ ἠρώτησα τὸν * ἄγγελον * τί ἐστιν ἡ φωνή; καὶ εἶπέν μοι ἄρτι προσφέρει |
| Bar. | 15 | 2 | καὶ ἠνοίγη ἡ πύλη καὶ ἤνεγκεν ἔλαιον. καὶ τοὺς * ἀγγέλους * τοὺς ἐνεγκόντας τὰ κανίσκια πλήρη ἐπλήρωσεν |

Bar. 17 2 — ἡ θύρα καὶ ἡμεῖς ἀνεχωρήσαμεν. καὶ λαβὼν με ὁ * ἄγγελος * ἀπεκατέστησέν με εἰς τὸ ἀπ' ἀρχῆς. καὶ εἰς

Prop. 12 13 — ποῦ ἔσονται αὐτὰ δὲ ἐν τῇ ἐρήμῳ ἀπενεχθήσονται ὑπὸ * ἀγγέλων * ὅπου ἐν ἀρχῇ ἐπάγη ἡ σκηνὴ τοῦ μαρτυρίου. καὶ ἐν

Prop. 14 1 — καὶ θανὼν ἐτάφη ἐν ἀγρῷ αὐτοῦ. Ἀγγαῖος ὁ καὶ * ἄγγελος * τάχα νέος ἦλθεν ἐκ Βαβυλῶνος εἰς Ἰερουσαλὴμ καὶ

Prop. 16 2 — καὶ πρῶον ἔκάλεσεν αὐτὸν Μαλαχὶ ὃ ἑρμηνεύεται * ἄγγελος * ἦν γὰρ καὶ τῷ ἰδεῖν εὐπρεπής. ἀλλὰ καὶ ὅσα εἶπεν

Prop. 16 3 — ὅσα εἶπεν αὐτὸς ἐν προφητείᾳ αὐτῇ τῇ ἡμέρᾳ ὀφθεὶς * ἄγγελος * θεοῦ ἐπεδευτέρωσεν ὡς ἐγένετο ἐν ἡμέραις

Prop. 23 2 — φαντασίας καὶ οὐκ ἴσχυον οἱ ἱερεῖς ἰδεῖν ὀπτασίαν * ἀγγέλων * θεοῦ οὔτε δοῦναι χρησμοὺς ἐκ τοῦ Δαβεὶρ οὔτε

Esdr. 1 3 — ἴδω τὰ μυστήριά σου. καὶ νυκτὸς γεναμένης ἦλθεν * ἄγγελος * Μιχαὴλ ὁ ἀρχάγγελος καὶ λέγει μοι ἄρτι τὸν

Esdr. 1 5 — ἑβδομάδας. καὶ ἴδον τὰ μυστήρια τοῦ θεοῦ καὶ τοὺς * ἀγγέλους * αὐτοῦ. καὶ εἶπον πρὸς αὐτοὺς θέλω δικάσασθαι

Esdr. 1 7 — τὸν οὐρανὸν καὶ ἴδον ἐν τῷ πρώτῳ οὐρανῷ στρατηγίαν * ἀγγέλων * μεγάλην καὶ ἀπήγαγόν με εἰς τὰς κρίσεις. καὶ

Esdr. 1 9 — οὐαὶ τοὺς ἁμαρτωλοὺς ὅταν ἴδωσιν τὸν δίκαιον ὑπὲρ * ἀγγέλων * καὶ αὐτοὶ εἰσιν εἰς τὴν γέενναν τοῦ πυρός. καὶ

Esdr. 2 13 — παραβάσει πεποίηκεν. καὶ εἶπεν ὁ προφήτης οὐχὶ ὑπὸ * ἀγγέλου * ἐφρουρεῖτο; καὶ ὑπὸ τῶν Χερουβὶμ ζωὴ ἐφυλάττετο

Esdr. 2 15 — εἰς τὸν ἀτελεύτητον αἰῶνα καὶ πῶς ὑπατίθη ὁ ὑπ' * ἀγγέλων * φυλαττόμενος; ἐκέλευσες παραγενέσθαι παντὸς καὶ

Esdr. 3 8 — δεξιά σου; καὶ εἶπεν ὁ θεὸς ἐγὼ δοξάζομαι ὑπὸ τῶν * ἀγγέλων * μου. καὶ εἶπεν ὁ προφήτης κύριε εἰ ἐλογίζου

Esdr. 4 7 — Μιχαὴλ καὶ Γαβριὴλ καὶ ἄλλους τριάκοντα τέσσαρας * ἀγγέλους * καὶ κατέβην ὀγδοήκοντα καὶ πέντε βαθμοὺς καὶ

Esdr. 4 10 — καὶ ἀνίλεως αὐτοῦ ἡ κρίσις. καὶ εἶπον πρὸς τοὺς * ἀγγέλους * τίς ἐστιν οὗτος καὶ τί τὸ ἁμάρτημα αὐτοῦ; καὶ

Esdr. 4 22 — ἐκεῖ ἄνθρωπον κρεμάμενον ἐκ τῶν βλεφάρων καὶ οἱ * ἄγγελοι * ἐμάστιζον αὐτόν. καὶ ἐπηρώτησα τίς ἐστιν οὗτος

Esdr. 5 3 — θηλάζοντα τοὺς μαστοὺς αὐτῆς. καὶ εἶπόν μοι οἱ * ἄγγελοι * αὕτη τὸ γάλα ἐφθόνησεν τοῦ δοῦναι ἀλλὰ καὶ τὰ

Esdr. 5 21 — τὰς κρίσεις καὶ τὸν παράδεισον. καὶ ἀπήγαγόν με οἱ * ἄγγελοι * κατὰ ἀνατολὰς καὶ ἴδον τὸ φυτὸν τῆς ζωῆς. καὶ

Esdr. 6 1 — λέγει μοι ὁ θεὸς γινώσκεις Ἐσδράμ τὰ ὀνόματα τῶν * ἀγγέλων * τῶν ἐπὶ τῆς συντελείας; Μιχαὴλ Γαβριὴλ Οὐριὴλ

Esdr. 6 5 — πόθεν τὴν ψυχήν μου ἔχετε ἐξενεγκεῖν; καὶ εἶπον οἱ * ἄγγελοι * διὰ τοῦ στόματος ἔχομεν ἐκβαλεῖν αὐτήν. καὶ

Esdr. 6 7 — τοῦ θεοῦ καὶ οὐκ ἐξέρχεται ἔνθεν. καὶ εἶπον οἱ * ἄγγελοι * διὰ τῶν ῥινῶν σου ἐξενέγκωμεν αὐτήν. καὶ εἶπεν ὁ

Esdr. 6 9 — μου ὠσφράνθησαν τὴν δόξαν τοῦ θεοῦ. καὶ εἶπον οἱ * ἄγγελοι * διὰ τῶν ὀφθαλμῶν σου ἔχομεν αὐτὴν ἐξενέγκαι. καὶ

Esdr. 6 11 — μου ἴδον τὰ ὀπίσθια τοῦ θεοῦ. καὶ εἶπον οἱ * ἄγγελοι * διὰ τὴν κορυφήν σου ἔχομεν αὐτὴν ἐξενέγκαι. καὶ

Esdr. 6 13 — ἐπεριπάτησα καὶ οὐκ ἐξέρχεται ἔνθεν. καὶ εἶπον οἱ * ἄγγελοι * διὰ τῶν ἀκρονύχων σου ἔχομεν αὐτὴν ἐκβαλεῖν. καὶ

Esdr. 6 15 — μου ἐν τῷ θυσιαστηρίῳ περιεπάτησαν. καὶ ἀπῆλθον οἱ * ἄγγελοι * ἄπρακτοι λέγοντες κύριε οὐ δυνάμεθα παραλαβεῖν

Esdr. 6 16 — αὐτοῦ υἱὸν κάτελθε υἱέ μου ἀγαπητὲ μετὰ στρατιᾶς * ἀγγέλων * πολλῶν λαβὼν τὴν ψυχὴν τοῦ ἀγαπητοῦ μου Ἐσδράμ.

Esdr. 6 17 — ἀγαπητοῦ μου Ἐσδράμ. λαβὼν γὰρ ὁ κύριος στρατιὰν * ἀγγέλων * πολλὴν λέγει τῷ προφήτῃ δός μοι τὴν

Sedr. 2 4 — τοὺς οὐρανούς. καὶ ἐκτείνας ταῖς πτέρυξιν αὐτοῦ ὁ * ἄγγελος * ἔλαβεν αὐτὸν καὶ ἀνῆλθεν εἰς τοὺς οὐρανοὺς καὶ

Sedr. 5 2 — ἠπατήθη δέσποτά μου ὁ Ἀδάμ. σὺ ἐκέλευσας τοὺς * ἀγγέλους * σου τὸν Ἀδὰμ προσκυνεῖν αὐτὸς δὲ ὁ πρῶτος τῶν

Sedr. 5 2 — σου τὸν Ἀδὰμ προσκυνεῖν αὐτὸς δὲ ὁ πρῶτος τῶν * ἀγγέλων * παρήκουσέν σου τὸ πρόσταγμα καὶ οὐ προσεκύνησεν

Sedr. 7 11 — κόπτουεν αὐτὸ ὅπου ἡμεῖς θέλουεν σὺ δὲ ἔχεις * ἀγγέλους * ἀπόστειλον τοῦ φυλάξαι αὐτοὺς καὶ ἔαν κινήσῃ ὁ

Sedr. 8 2 — αὐτοῦ ὅτι ἠγάπηα αὐτὸν διότι τοὺς δικαίους μου * ἀγγέλους * ἀπέστειλα τοῦ φυλάσσειν αὐτὸν ἐν νυκτὶ καὶ

Sedr. 14 10 — ἐμοῦ λόγου ἐν τοῖς εὐαγγελίοις καὶ λυποῦσιν τοὺς * ἀγγέλους * μου καὶ ἦ μὴν ἐν ταῖς συνάξεσιν καὶ ἐν ταῖς

Sedr. 14 11 — καὶ ἐν ταῖς λειτουργίαις μου οὐ προσεύχουσιν τὸν * ἀγγέλων * μου καὶ οὐχ ἵστανται ἐν ταῖς ἁγίαις μου

Sedr. 14 12 — ἀλλὰ μεγαλορημονοῦσιν ἃ οὐ δέχομαι ἐγὼ οὔτε οἱ * ἄγγελοι * μου. λέγει Σεδρὰχ πρὸς τὸν θεὸν κύριε σὺ μόνος

Job 5 2 — μὴ ἀναποδίσω. καὶ μετὰ τὸ σφραγιαθῆναί με ὑπὸ τοῦ * ἀγγέλου * ἀνελθόντος ἀπ' ἐμοῦ, τότε ἐγὼ τεκνία μου ἀναστὰς

Job 16 1 — δὲ τοῦτο ποιοῦντος ἐν τοῖς ἑπτὰ ἔτεσιν μετὰ τὸ τὸν * ἄγγελον * ὑποδεῖξαί μοι, εἶτα μετὰ τὸ ἐιληθῆναί τὰ

Job 18 5 — προσημανθέντος μοι πολέμου ὑπὸ τοῦ κυρίου διὰ τοῦ * ἀγγέλου * αὐτοῦ καὶ τῶν ἐγκωμίων τῶν λαληθέντων μοι καὶ

Job 18 8 — πρὸς ἐκείνην τὴν πόλιν περὶ ἧς λελάληκέν μοι ὁ * ἄγγελος. * ἐλθόντος δὲ τοῦ ἐσχάτου ἀγγέλου καὶ δηλώσαντός

Job 19 1 — λελάληκέν μοι ὁ ἄγγελος. ἐλθόντος δὲ τοῦ ἐσχάτου * ἀγγέλου * καὶ δηλώσαντός μοι τὴν τῶν ἐμῶν τέκνων ἀπώλειαν,

Job 48 3 — διαλέκτῳ, ὕμνον ἀναπέμψασα τῷ θεῷ κατὰ τὴν τῶν * ἀγγέλων * ὑμνολογίαν καὶ τοὺς ὕμνους οὓς ἀπεφθέγξατο

FJos. 189 — ὁ γὰρ λαλῶν πρὸς ὑμᾶς ἐγὼ Ἰακὼβ καὶ Ἰσραὴλ * ἄγγελος * θεοῦ εἰμι ἐγὼ καὶ πνεῦμα ἀρχικὸν καὶ Ἀβραὰμ καὶ

FJos. 190 — ἀπὸ Μεσοποταμίας τῆς Συρίας ἐξῆλθεν Οὐριὴλ ὁ * ἄγγελος * τοῦ θεοῦ καὶ εἶπεν ὅτι κατέβην ἐπὶ τὴν γῆν καὶ

FJos. 190 — τοῦ ὀνόματός μου τὸ ὄνομα αὐτοῦ καὶ τοῦ πρὸ παντὸς * ἀγγέλου. * καὶ εἶπα αὐτῷ τὸ ὄνομα αὐτοῦ καὶ πόσος ἐστὶν ἐν

FMos. 6 132 2 — διττὸν εἶδεν Ἰησοῦς ὁ τοῦ Ναυῆ καὶ τὸν μὲν μετ' * ἀγγέλου * τὸν δὲ ἐπὶ τὰ ὄρη περὶ τὰς φάραγγας κηδείας

FMos. 9 4 13 — ἅτε καὶ καθαρώτερος γενόμενος. ἐνεταφίασαν οἱ * ἄγγελοι * τὸ σῶμα Μωυσέως τοῦ ἁγίου καὶ οὐκ ἐλούσαντο ἀλλ'

FMos. 9 4 13 — ἁγίου καὶ οὐκ ἐλούσαντο ἀλλ' οὔτε ἐκοινώθησαν οἱ * ἄγγελοι * ἀπὸ τοῦ ἁγίου σώματος. ὁ δὲ Μιχαὴλ ὁ ἀρχάγγελος

FMos. 8 163 20 — Αἰγυπτίων οὐκ ἐνεγκὼν τὴν κατ' αὐτοῦ βλασφημίαν ὁ * Ἄγγελος * ἐπιτιμήσαι σοι ὁ θεὸς πρὸς τὸν διάβολον ἔφη.

FJub. 2 2 — τὰ λειτουργοῦντα ἐνώπιον αὐτοῦ ἅτινά ἐστι τάδε * ἄγγελοι * πρὸ προσώπου καὶ ἄγγελοι τῆς δόξης καὶ ἄγγελοι

FJub. 2 2 — αὐτοῦ ἅτινά ἐστι τάδε ἄγγελοι πρὸ προσώπου καὶ * ἄγγελοι * τῆς δόξης καὶ ἄγγελοι πνευμάτων πνεόντων ἄγγελοι

FJub. 2 2 — ἄγγελοι πρὸ προσώπου καὶ ἄγγελοι τῆς δόξης καὶ * ἄγγελοι * πνευμάτων πνεόντων ἄγγελοι νεφελῶν καὶ γνόφων

FJub. 2 2 — ἄγγελοι τῆς δόξης καὶ ἄγγελοι πνευμάτων πνεόντων * ἄγγελοι * νεφελῶν καὶ γνόφων χιόνος καὶ χαλάζης καὶ πάγου

FJub. 2 2 — νεφελῶν καὶ γνόφων χιόνος καὶ χαλάζης καὶ πάγου * ἄγγελοι * φωνῶν βροντῶν ἀστραπῶν ψύχους καύματος χειμῶνος

FJub. 2 19 — ηὐλόγησεν αὐτὴν καὶ ἡγίασεν αὐτὴν καὶ ἐδήλωσε δι' * ἀγγέλου * τῷ Μωυσῇ ὅτι καὶ εἰκοσιδύο κεφάλαια ἀπὸ Ἀδὰμ

FJub. 12 26 — ᾤκησεν ἐν Χαρρὰν εἰδωλομανῶν ἕως θανάτου αὐτοῦ. ὁ * ἄγγελος * ὁ λαλῶν τῷ Μωϋσῇ εἶπεν αὐτῷ ὅτι τὸν Ἀβραὰμ ἐγὼ

FIsa. 3 2 — τοῦ θεοῦ καὶ ἐλάτρευσεν τῷ σατανᾷ καὶ τοῖς * ἀγγέλοις * αὐτοῦ καὶ ταῖς δυνάμεσιν αὐτοῦ. καὶ ἐξέκλινε

FSop. 5 77 2 — καὶ ἀνήνεγκέν με εἰς οὐρανὸν πέμπτον καὶ ἐθεώρουν * ἀγγέλους * καλουμένους κυρίου τὸ διάδημα αὐτῶν

HDem. 9 19 4 — τὸν Ἰσαὰκ σφάζειν δὲ μέλλοντα κωλυθῆναι ὑπὸ * ἀγγέλου * κριὸν αὐτῷ πρὸς τὴν κάρπωσιν παραστήσαντος τὸν

HDem. 9 21 7 — λάβων ἔτη εἴκοσι. πορευομένῳ δ' αὐτῷ εἰς Χαναὰν * ἄγγελον * τοῦ θεοῦ παλαῖσαι καὶ ἅψασθαι τοῦ πλάτους τοῦ

HDem. 9 21 7 — δ' ἐν τοῖς μηροῖς νεῦρον. καὶ φάναι αὐτῷ τὸν * ἄγγελον * ἀπὸ τοῦδε μηκέτι Ἰακὼβ ἀλλ' Ἰσραὴλ

HEup. 9 30 5 — θεὸν τόπον αὐτῷ δεῖξαι τοῦ θυσιαστηρίου. ἔνθα δὴ * ἄγγελον * αὐτῷ ὀφθῆναι ἑστῶτα ἐπάνω τοῦ τόπου οὗ τὸν βωμὸν

HAno. 9 17 9 — τοῦ δὲ Ἐνὼχ γενέσθαι υἱὸν Μαθουσάλαν ὃν πάντα δι' * ἀγγέλων * θεοῦ γνῶναι καὶ ἡμᾶς οὕτως ἐπιγνῶναι. τὸν

LEze. 3 29 12 28 — νυκτὶ αἵματι ψαύσαι θύρας ὅπως παρέλθῃ σῆμα δεινὸς * ἄγγελος. * ὑμεῖς δὲ νυκτὸς ὀπτὰ δαίσεσθε κρέα. σπουδῇ δὲ

FrAn. 1 217 20 — ἀρχιερεῖ καὶ σφόδρα πλουτήσεις. τοῦ δὲ ἀπερχομένου ὁ * ἄγγελος * κυρίου εἶπεν πρὸς τὸν ἀρχιερέα νῦν ἐλεύεται

FrAn. 574 3024 — καὶ χιόνος καὶ ὁμίχλης ταννητις καταβάτω σου ὁ * ἄγγελος * ὁ ἀπαραίτητος καὶ ἐκκρινέτω τὸν περιπτάμενον

FrAn. 574 3051 — καρποὺς αὐτῆς ὃν εὐλογεῖ πᾶσα ἐνουράνιος δύναμις ἡ * ἀγγέλων * ἀρχαγγέλων. ὁρκίζω σε μέγαν θεὸν Σαβαὼθ δι' ὃν ὁ

**ἄγγος**

1

FPho. 174 — κοιλάδος ἔνδοθι σίμβλων σμήνεσι μυριότρητα κατ' * ἄγγεα * κηροδομοῦσα. μὴ μείνῃς ἄγαμος μή πως νώνυμνος

**ἄγγός +**

Sib. 3 513 — +σοι Γὼγ καὶ πᾶσιν ἐφεξῆς ἅμα Μαγὼγ μαρσῶν ἤδ' * ἀγγὼν * ὅσα σοι κακὰ μοῖρα πελάζει+ ⟨πολλὰ δὲ⟩ καὶ Λυκίων

**ἀγείρω**

Sib. 3 166 — πρῶτον νόῳ ἐγγυάλιξεν ὅσσαι ἀνθρώπων βασιλῆδες * ἠγερέθονται. * οἶκος μὲν γὰρ πρώτιστος Σολομώνιος ἄρξει

5

**ἀγέλη**

Abr.1 2 9 — παισὶν αὐτοῦ τοῖς υἱοῖς Μασὲκ ἀπέλθατε εἰς τὴν * ἀγέλην * τῶν ἵππων καὶ ἐνέγκατε δύο ἵππους εὐμενεῖς δὲ καὶ

Job 9 3 — καὶ χηρῶν καὶ πενήτων καὶ ἀδυνάτων ἦν δέ μοι * ἀγέλη * κυνῶν ὀκτακόσιοι φυλάσσοντές μου τὸν οἶκον εἶχον

Sib. 3 239 — τε οὐδὲ κατ' ἀλλήλων νυκτοκλοπίας τελέουσιν οὐδ' * ἀγέλας * ἐλάουσι βοῶν ὅλων τε καὶ αἰγῶν οὐδὲ ὄρους γαίης

Sib. 3 523 — βροτῶν διαδηλήσονται ἵππων θ' ἡμιόνων τε βοῶν τ' * ἀγέλας * ἐριμύκων δώματά τ' εὐποίητα πυρὶ φλέξουσιν

Sib. 5 354 — τότε δ' οὐκ ἐλεήσει ἀρνῶν ἠδ' ὅλων ταύρων τ' * ἀγέλας * ἐριμύκων ἐκθυσιάζοντας μόσχων μεγάλων κεροχρύσων

**ἀγέννητος**

1

Jer. 9 6 — παρακαλῶ σε κύριε παντοκράτωρ πάσης κτίσεως ὁ * ἀγέννητος * καὶ ἀπερινόητος ᾧ πᾶσα κρίσις κέκρυπται ἐν

**ἀγέρωχος**

1

Sib. 3 202 — κεδνήν. δεύτερον αὖθ' Ἕλλησι τυραννίδες ἤδ' * ἀγέρωχοι * ἔσσονται βασιλῆες ὑπερφίαλοι καὶ ἄναγνοι

**ἀγήραος**

1

FPho. 115 — ζῶμεν χρόνον ἀλλ' ἐπίκαιρον ψυχὴ δ' ἀθάνατος καὶ * ἀγήρως * ζῇ διὰ παντός. ⟨οὐδεὶς γιγνώσκει τί μετ' αὔριον

**ἀγήρατος**

1

Sib. 3 418 — δὲ μάλιστα γόους μόχθους στοναχάς τε φέρουσα θήσει * ἀγήρατον * δ' ἔσται κλέος ἐσσομένοισιν. καὶ τις

7

**ἁγιάζω**

TLevi 18 2B017 — ἐκ σπέρματος γὰρ ἁγίου εἶ καὶ τὸ σπέρμα σου * ἁγίασον * καὶ τὸ σπέρμα τοῦ ἁγιασμοῦ σου ἐστίν ἱερεύς

Sal. 8 22 — καθὼς οἱ πατέρες αὐτῶν ἐμίαναν Ιερουσαλημ καὶ τὰ * ἡγιασμένα * τῷ ὀνόματι τοῦ θεοῦ. ἐδικαιώθη ὁ θεὸς ἐν τοῖς

Sal. 17 26 — οὗ ἀφηγήσεται ἐν δικαιοσύνῃ καὶ κρινεῖ φυλὰς λαοῦ * ἡγιασμένου * ὑπὸ κυρίου θεοῦ αὐτοῦ καὶ οὐκ ἀφήσει ἀδικίαν

Sal. 17 43 — πρῶτον τίμιον ἐν συναγωγαῖς διακριτεῖ λαοῦ φυλὰς * ἡγιασμένου * οἱ λόγοι αὐτοῦ ὡς λόγοι ἁγίων ἐν μέσῳ λαῶν

Sal. 17 43 — οἱ λόγοι αὐτοῦ ὡς λόγοι ἁγίων ἐν μέσῳ λαῶν * ἡγιασμένων. * μακάριοι οἱ γενόμενοι ἐν ταῖς ἡμέραις

FJub. 2 19 — αὐτοῦ ἐν τῇ ἑβδόμῃ ἡμέρᾳ ἡ ηὐλόγησεν αὐτὴν καὶ * ἡγίασεν * αὐτὴν καὶ ἐδήλωσε δι' ἀγγέλου τῷ Μωυσῇ ὅτι καὶ

FJub. 2 24 — τῶν ἐθνῶν. ηὐλόγησεν καὶ αὕτη ὑπὸ τοῦ θεοῦ καὶ * ἡγιάσθη * καὶ σάββατον ὡς καταπαύσιμος προσηγορεύθη καὶ ὡς

6

**ἁγίασμα**

Hen. 12 4 — οἵτινες ἀπολιπόντες τὸν οὐρανὸν τὸν ὑψηλὸν τὸ * ἁγίασμα * τῆς στάσεως τοῦ αἰῶνος μετὰ τῶν γυναικῶν

TLevi 18 6 — καὶ ἐκ τοῦ ναοῦ τῆς δόξης ἥξει ἐπ' αὐτὸν * ἁγίασμα * μετὰ φωνῆς πατρικῆς ὡς ἀπὸ Ἀβραὰμ πατρός

TDan 5 9 — πρὸς κύριον ἐλεηθήσεσθε καὶ ἄξει ὑμᾶς εἰς τὸ * ἁγίασμα * αὐτοῦ βοῶν ὑμῖν εἰρήνην. καὶ ἀνατελεῖ ὑμῖν ἐκ

Sal. 7 2 — αὐτοὺς ὁ θεός; φωνὴν ἤκουσα εἰς Ιερουσαλημ πόλιν * ἁγιάσματος * συνετρίβη ἡ ὀσφῦς μου ἀπὸ ἀκοῆς παρελύθη

Sal. 8 4 — αὐτῶν ὁ θεός; φωνὴν ἤκουσα εἰς Ιερουσαλημ πόλιν * ἁγιάσματος * συνετρίβη ἡ ὀσφῦς μου ἀπὸ ἀκοῆς παρελύθη

Sal. 11 7 — τὰ ἱμάτια τῆς δόξης σου ἑτοίμασον τὴν στολὴν τοῦ * ἁγιάσματός * σου ὅτι ὁ θεὸς ἐλάλησεν ἀγαθὰ Ισραηλ εἰς τὸν

4

**ἁγιασμός**

TLevi 18 2B017 — εἶ καὶ τὸ σπέρμα σου ἁγίασον καὶ τὸ σπέρμα τοῦ * ἁγιασμοῦ * σου ἐστίν ἱερεὺς ἅγιος κληθήσεται τῷ σπέρματι

| | | | | | |
|---|---|---|---|---|---|
| TLevi | 18 | 7 | ἐπ᾽ αὐτὸν ῥηθήσεται καὶ πνεῦμα συνέσεως καὶ | * ἁγιασμοῦ * | καταπαύσει ἐπ᾽ αὐτὸν ἐν τῷ ὕδατι. αὐτὸς δώσει |
| TBen. | 10 | 11 | φοβουμένων κύριον. ὑμεῖς δὲ ἐὰν πορεύησθε ἐν | * ἁγιασμῷ * | κατὰ πρόσωπον κυρίου πάλιν κατοικήσετε ἐπ᾽ |
| Sal. | 17 | 30 | ἐπισήμῳ πάσης τῆς γῆς καὶ καθαριεῖ Ιερουσαλημ ἐν | * ἁγιασμῷ * | ὡς καὶ τὸ ἀπ᾽ ἀρχῆς ἔρχεσθαι ἔθνη ἀπ᾽ ἄκρου τῆς |

**ἁγιαστήριον** 2

| | | | | | |
|---|---|---|---|---|---|
| Jer. | 2 | 1 | χοῦν ἐπὶ τὴν κεφαλὴν αὐτοῦ καὶ εἰσῆλθεν εἰς τὸ | * ἁγιαστήριον * | τοῦ θεοῦ. ἰδὼν δὲ αὐτὸν ὁ Βαρoὺχ χοῦν |
| Jer. | 3 | 14 | οὐρανόν. Ἱερεμίας δὲ καὶ Βαρoὺχ εἰσῆλθον εἰς τὸ | * ἁγιαστήριον * | καὶ ἐπάραντες τὰ σκεύη τῆς λειτουργίας |

**ἅγιος** 164

| | | | | | |
|---|---|---|---|---|---|
| Adam | 7 | 2 | ξύλου ἐγνωκὼς ὅτι οὐκ ἤμην ἔγγιστα αὐτῆς οὔτε οἱ | * ἅγιοι * | ἄγγελοι. ἔπειτα ἔδωκε κἀμοὶ φαγεῖν. καὶ ὀργίσθη |
| Adam | 13 | 3 | τῆς ἡμέρας ἐκείνης τῆς μεγάλης ὅσοι ἔσονται λαὸς | * ἅγιος. * | τότε αὐτοῖς δοθήσεται πᾶσα εὐφροσύνη τοῦ |
| Adam | 33 | 5 | οἱ ἄγγελοι τῷ θεῷ βοῶντες καὶ λέγοντες Ἰαὴλ | * ἅγιε * | συγχώρησον ὅτι εἰκών σού ἐστιν καὶ ποίημα τῶν |
| Adam | 33 | 5 | ὅτι εἰκών σού ἐστιν καὶ ποίημα τῶν χειρῶν σου τῶν | * ἁγίων. * | καὶ αὖθις ἴδον ἐγὼ Εὔα δύο μεγάλα καὶ φοβερὰ |
| Adam | 43 | 4 | εἰς τὸν οὐρανὸν δοξάζων καὶ λέγων ἀλληλούϊα. | * ἅγιος * | ἅγιος ἅγιος κύριος εἰς δόξαν θεοῦ πατρός. ἀμήν. |
| Adam | 43 | 4 | εἰς τὸν οὐρανὸν δοξάζων καὶ λέγων ἀλληλούϊα. ἅγιος | * ἅγιος * | ἅγιος κύριος εἰς δόξαν θεοῦ πατρός. ἀμήν. |
| Adam | 43 | 4 | οὐρανὸν δοξάζων καὶ λέγων ἀλληλούϊα. ἅγιος ἅγιος | * ἅγιος * | κύριος εἰς δόξαν θεοῦ πατρός. ἀμήν. |
| Hen. | 1 | 2 | ἐκ θεοῦ αὐτῷ ἀνεῳγμένη ἦν ἔχων τὴν ὅρασιν τοῦ | * ἁγίου * | (καὶ) τοῦ οὐρανοῦ. ἔδειξέν μοι καὶ ἀπὸ λόγων ἁγίων |
| Hen. | 1 | 2 | ἁγίου (καὶ) τοῦ οὐρανοῦ. ἔδειξέν μοι καὶ ἀπὸ λόγων | * ἁγίων * | ἤκουσα ἐγὼ καὶ ὡς ἤκουσα παρ᾽ αὐτῶν πάντα καὶ |
| Hen. | 1 | 3 | ἀνέλαβον τὴν παραβολήν μου. καὶ ἐξελεύσεται ὁ | * ἅγιός * | μου ὁ μέγας ἐκ τῆς κατοικήσεως αὐτοῦ καὶ ὁ θεὸς |
| Hen. | 1 | 9 | ὅτι ἔρχεται σὺν ταῖς μυριάσιν αὐτοῦ καὶ τοῖς | * ἁγίοις * | αὐτοῦ ποιῆσαι κρίσιν κατὰ πάντων καὶ ἀπολέσει |
| Hen. | 8B | 1 | θυγατράσιν αὐτῶν καὶ παρέβησαν καὶ ἐπλάνησαν τοὺς | * ἁγίους. * | καὶ ἐγένετο ἀσέβεια πολλὴ ἐπὶ τῆς γῆς καὶ |
| Hen. | 9 | 4 | πάσας τὰς γενεὰς τοῦ αἰῶνος καὶ τὸ ὄνομά σου τὸ | * ἅγιον * | καὶ μέγα καὶ εὐλογητὸν εἰς πάντας τοὺς αἰῶνας. σὺ |
| Hen. | 9B | 1 | Ῥαφαὴλ καὶ Γαβριὴλ παρέκυψαν ἐπὶ τὴν γῆν ἐκ τῶν | * ἁγίων * | τοῦ οὐρανοῦ. καὶ θεασάμενοι αἷμα πολὺ ἐκκεχυμένον |
| Hen. | 9B | 4 | εἰς πάσας τὰς γενεὰς τῶν αἰώνων καὶ τὸ ὄνομά σου | * ἅγιον * | καὶ εὐλογημένον εἰς πάντας τοὺς αἰῶνας καὶ τὰ |
| Hen. | 9B | 4 | αἰῶνας καὶ τὰ ἑξῆς. (τότε ὁ ὕψιστος ἐκέλευσε τοῖς | * ἁγίοις * | ἀρχαγγέλοις καὶ ἔδησαν τοὺς ἐξάρχους αὐτῶν καὶ |
| Hen. | 10 | 1 | τούτου; τότε Ὕψιστος εἶπεν περὶ τούτων ὁ μέγας | * Ἅγιος * | καὶ ἐλάλησεν καὶ εἶπεν καὶ ἔπεμψεν Ἰστραὴλ πρὸς |
| Hen. | 10B | 1 | τὰς γενεὰς τοῦ αἰῶνος. τότε ὁ ὕψιστος εἶπε καὶ ὁ | * ἅγιος * | ὁ μέγας ἐλάλησε καὶ ἔπεμψε τὸν Οὐριὴλ πρὸς τὸν |
| Hen. | 12 | 2 | καὶ τὰ ἔργα αὐτοῦ μετὰ τῶν ἐγρηγόρων καὶ μετὰ τῶν | * ἁγίων * | αἱ ἡμέραι αὐτοῦ. καὶ ἑστὼς ἤμην Ἑνὼχ εὐλογῶν τῷ |
| Hen. | 12 | 3 | τῷ βασιλεῖ τῶν αἰώνων. καὶ ἰδού οἱ ἐγρήγοροι τοῦ | * ἁγίου * | τοῦ μεγάλου ἐκάλουν με Ἑνὼχ ὁ γραμματεὺς τῆς |
| Hen. | 14 | 1 | ἐγρηγόρων τῶν ἀπὸ τοῦ αἰῶνος κατὰ τὴν ἐντολὴν τοῦ | * ἁγίου * | τοῦ μεγάλου ἐν ταύτῃ τῇ ὁράσει. ἐγὼ εἶδον κατὰ |
| Hen. | 14 | 23 | ἐνώπιον αὐτοῦ καὶ πᾶς λόγος αὐτοῦ ἔργον. καὶ οἱ | * ἅγιοι * | τῶν ἀγγέλων οἱ ἐγγίζοντες αὐτῷ οὐκ ἀποχωροῦσιν |
| Hen. | 14 | 25 | τὸν λόγον μου ἄκουσον. καὶ προσελθών μοι εἷς τῶν | * ἁγίων * | ἤγειρέν με καὶ ἔστησέν με καὶ προσήγαγέν με μέχρι |
| Hen. | 15 | 3 | ὑμῶν. διά τί ἀπελίπετε τὸν οὐρανὸν τὸν ὑψηλὸν τὸν | * ἅγιον * | τοῦ αἰῶνος καὶ μετὰ τῶν γυναικῶν ἐκοιμήθητε καὶ |
| Hen. | 15 | 4 | ἑαυτοῖς τέκνα υἱοὺς γίγαντας. καὶ ὑμεῖς ἦτε | * ἅγιοι * | καὶ πνεύματα ζῶντα αἰώνια ἐν τῷ αἵματι τῶν |
| Hen. | 15 | 9 | αὐτῶν διότι ἀπὸ τῶν ἀνωτέρων ἐγένοντο καὶ ἐκ τῶν | * ἁγίων * | ἐγρηγόρων ἡ ἀρχὴ τῆς κτίσεως αὐτῶν καὶ ἀρχὴ |
| Hen. | 15B | 9 | αὐτῶν διότι ἀπὸ τῶν ἀνθρώπων ἐγένοντο καὶ ἐκ τῶν | * ἁγίων * | τῶν ἐγρηγόρων ἡ ἀρχὴ τῆς κτίσεως αὐτῶν καὶ ἀρχὴ |
| Hen. | 20 | 2 | ἐγὼ εἶδον. ἄγγελοι τῶν δυνάμεων. Οὐριὴλ ὁ εἷς τῶν | * ἁγίων * | ἀγγέλων ὁ ἐπὶ τοῦ κόσμου καὶ τοῦ ταρτάρου. Ῥαφαὴλ |
| Hen. | 20 | 3 | ἐπὶ τοῦ κόσμου καὶ τοῦ ταρτάρου. Ῥαφαὴλ ὁ εἷς τῶν | * ἁγίων * | ἀγγέλων ὁ ἐπὶ τῶν πνευμάτων τῶν ἀνθρώπων Ῥαγουὴλ |
| Hen. | 20 | 4 | ἐπὶ τῶν πνευμάτων τῶν ἀνθρώπων Ῥαγουὴλ ὁ εἷς τῶν | * ἁγίων * | ἀγγέλων ὁ ἐκδικῶν τὸν κόσμον τῶν φωστήρων. Μιχαὴλ |
| Hen. | 20 | 5 | ἐκδικῶν τὸν κόσμον τῶν φωστήρων. Μιχαὴλ ὁ εἷς τῶν | * ἁγίων * | ἀγγέλων ὁ ἐπὶ τῶν τοῦ λαοῦ ἀγαθῶν τεταγμένος καὶ |
| Hen. | 20 | 6 | ἀγαθῶν τεταγμένος καὶ ἐπὶ τῷ χάῳ. Σαριὴλ ὁ εἷς τῶν | * ἁγίων * | ἀγγέλων ὁ ἐπὶ τῶν πνευμάτων οἵτινες ἐπὶ τῷ |
| Hen. | 20 | 7 | ἐπὶ τῷ πνεύματι ἁμαρτάνουσιν. Γαβριὴλ ὁ εἷς τῶν | * ἁγίων * | ἀγγέλων ὁ ἐπὶ τοῦ παραδείσου καὶ τῶν δρακόντων καὶ |
| Hen. | 20B | 2 | καὶ χερουβείν. ἀρχαγγέλων ὀνόματα ἑπτά. ὁ εἷς τῶν | * ἁγίων * | ἀγγέλων ὁ ἐπὶ τοῦ κόσμου καὶ τοῦ ταρτάρου. Ῥαφαὴλ |
| Hen. | 20B | 3 | ἐπὶ τοῦ κόσμου καὶ τοῦ ταρτάρου. Ῥαφαὴλ ὁ εἷς τῶν | * ἁγίων * | ἀγγέλων ὁ ἐπὶ τῶν πνευμάτων τῶν ἀνθρώπων. Ῥαγουὴλ |
| Hen. | 20B | 4 | ἐπὶ τῶν πνευμάτων τῶν ἀνθρώπων. Ῥαγουὴλ ὁ εἷς τῶν | * ἁγίων * | ἀγγέλων ὁ ἐκδικῶν τὸν κόσμον τῶν φωστήρων. Μιχαὴλ |
| Hen. | 20B | 5 | ἐκδικῶν τὸν κόσμον τῶν φωστήρων. Μιχαὴλ ὁ εἷς τῶν | * ἁγίων * | ἀγγέλων ὃς ἐπὶ τῶν τοῦ λαοῦ ἀγαθῶν τέτακται καὶ |
| Hen. | 20B | 6 | ἀγαθῶν τέτακται καὶ ἐπὶ τῷ λαῷ. Σαριὴλ ὁ εἷς τῶν | * ἁγίων * | ἀγγέλων ὁ ἐπὶ τῶν πνευμάτων οἵτινες ἐπὶ τῷ |
| Hen. | 20B | 7 | ἐπὶ τῷ πνεύματι ἁμαρτάνουσιν. Γαβριὴλ ὁ εἷς τῶν | * ἁγίων * | ἀγγέλων ὁ ἐπὶ τοῦ παραδείσου καὶ τῶν δρακόντων καὶ |
| Hen. | 20B | 7 | καὶ τῶν δρακόντων καὶ χερουβίν. Ῥεμειὴλ ὁ εἷς τῶν | * ἁγίων * | ἀγγέλων ὃν ἔταξεν ὁ θεὸς ἐπὶ τῶν ἀνισταμένων. |
| Hen. | 21 | 5 | τί ὧδε ἐρίφησαν; τότε εἶπέν μοι Οὐριὴλ ὁ εἷς τῶν | * ἁγίων * | ἀγγέλων ὃς μετ᾽ ἐμοῦ ἦν καὶ αὐτὸς ἡγεῖτο αὐτῶν καὶ |
| Hen. | 21 | 9 | ὡς δεινὸς τῇ ὁράσει. τότε ἀπεκρίθη μοι ὁ εἷς τῶν | * ἁγίων * | ἀγγέλων ὃς μετ᾽ ἐμοῦ ἦν καὶ εἶπέν μοι Ἑνὼχ διά τί |
| Hen. | 21B | 5 | ἐρίφησαν ὧδε; καὶ εἶπέν μοι Οὐριὴλ ὁ εἷς τῶν | * ἁγίων * | ἀγγέλων ὁ μετ᾽ ἐμοῦ ὢν καὶ αὐτὸς αὐτῶν ἡγεῖτο καὶ |
| Hen. | 22 | 3 | σκοτινὰ τῇ ὁράσει; τότε ἀπεκρίθη Ῥαφαὴλ ὁ εἷς τῶν | * ἁγίων * | ἀγγέλων ὃς μετ᾽ ἐμοῦ ἦν καὶ εἶπέν μοι οὗτοι οἱ |
| Hen. | 23 | 4 | ἀνάπαυσιν; τότε ἀπεκρίθη μοι Ῥαγουὴλ ὁ εἷς τῶν | * ἁγίων * | ἀγγέλων ὃς μετ᾽ ἐμοῦ ἦν οὗτος ὁ δρόμος τοῦ πυρὸς |
| Hen. | 24 | 6 | ὡραῖα τῇ ὁράσει. τότε ἀπεκρίθη μοι Μιχαὴλ εἷς τῶν | * ἁγίων * | ἀγγέλων ὃς μετ᾽ ἐμοῦ ἦν καὶ αὐτὸς αὐτῶν ἡγεῖτο καὶ |
| Hen. | 25 | 3 | θεοῦ καθέδρα ἐστίν οὗ καθίζει ὁ μέγας κύριος ὁ | * ἅγιος * | τῆς δόξης ὁ βασιλεὺς τοῦ αἰῶνος ὅταν καταβῇ |
| Hen. | 25 | 5 | εἰς ζωὴν εἰς βορρᾶν καὶ μεταφυτευθήσεται ἐν τόπῳ | * ἁγίῳ * | παρὰ τὸν οἶκον τοῦ θεοῦ βασιλέως τοῦ αἰῶνος. τότε |
| Hen. | 25 | 6 | εὐφραινόμενοι καὶ χαρήσονται καὶ εἰς τὸ | * ἅγιον * | εἰσελεύσονται αἱ ὀσμαὶ αὐτοῦ ἐν τοῖς ὀστέοις αὐτῶν |
| Hen. | 26 | 2 | τοῦ δένδρου ἐκκοπέντος. κἀκεῖ τεθέαμαι ὄρος | * ἅγιον * | ὑποκάτω τοῦ ὄρους ὕδωρ ἐξ ἀνατολῶν καὶ τὴν δύσιν |
| Hen. | 32 | 3 | καὶ τὸ δένδρον τῆς φρονήσεως οὗ ἐσθίουσιν | * ἅγιοι * | τοῦ καρποῦ αὐτοῦ καὶ ἐπίστανται φρόνησιν μεγάλην. |
| Hen. | 32 | 6 | καὶ ὡς ἐπίχαρι τῇ ὁράσει. τότε ἀπεκρίθη Ῥαφαὴλ ὁ | * ἅγιος * | ἄγγελος ὁ μετ᾽ ἐμοῦ ὢν τοῦτο τὸ δένδρον φρονήσεως |
| Hen. | 97 | 6 | οἱ λόγοι τῶν ἀνομιῶν ὑμῶν ἐν⟨ώπιον⟩ τοῦ μεγάλου | * ἁγίου * | κατὰ πρόσωπον ὑμῶν εἶτ᾽ ἀναφελεῖ τὰ πάντα ἔργα τὰ |
| Hen. | 98 | 6 | ἄτεκνος ἀποθανεῖται. ὀμνύω ὑμῖν ἁμαρτωλοὶ κατὰ τοῦ | * ἁγίου * | τοῦ μεγάλου ὅτι τὰ ἔργα ὑμῶν τὰ πονηρὰ ἔσται |
| Hen. | 100 | 5 | καὶ τάξει φυλακὴν ἐπὶ πάντας τοὺς δικαίους καὶ | * ἁγίους * | τῶν ἁγίων ἀγγέλων καὶ τηρηθήσονται ὡς κόριον |
| Hen. | 100 | 5 | φυλακὴν ἐπὶ πάντας τοὺς δικαίους καὶ ἁγίους τῶν | * ἁγίων * | ἀγγέλων καὶ τηρηθήσονται ὡς κόριον ὀφθαλμοῦ ἕως οὗ |
| Hen. | 100 | 9 | καὶ ἐπὶ τοῖς ⟨ἔργοις⟩ τῶν χειρῶν ὑμῶν ὅτι ἀπὸ τῶν | * ἁγίων * | ἔργων ἀπεπλα⟨νήθητε⟩ -->φλεγομ⟨--->πᾶσα νεφέλη |
| Hen. | 104 | 9 | τῆς ἀληθείας μηδὲ καταψεύδεσθε τῶν ⟨λόγων τοῦ⟩ | * ἁγίου * | καὶ μὴ δότε ἔπαινον ταῖς ⟨εἰκόσιν ὑ⟩μῶν οὐ γὰρ εἰς |
| Abr.1 | 3 | 3 | θεοῦ τὸ δένδρον ἐβόησεν φωνὴν ἀνθρωπίνην καὶ εἶπεν | * ἅγιος * | ἅγιος ἅγιος κύριος ὁ προσκαλούμενος ἑαυτὸν τοῖς |
| Abr.1 | 3 | 3 | δένδρον ἐβόησεν φωνὴν ἀνθρωπίνην καὶ εἶπεν ἅγιος | * ἅγιος * | ἅγιος κύριος ὁ προσκαλούμενος ἑαυτὸν τοῖς ἀγαπῶσιν |
| Abr.1 | 3 | 3 | ἐβόησεν φωνὴν ἀνθρωπίνην καὶ εἶπεν ἅγιος ἅγιος | * ἅγιος * | κύριος ὁ προσκαλούμενος ἑαυτὸν τοῖς ἀγαπῶσιν |
| Abr.1 | 4 | 8 | καὶ σὺ μετ᾽ αὐτοῦ ἐγὼ δὲ ἐπιβαλῶ τῷ πνεύματι τῷ | * ἁγίῳ * | ἐπὶ τὸν υἱὸν αὐτοῦ τὸν Ἰσαὰκ καὶ ῥίψω τὴν μνήμην |
| Abr.1 | 15 | 5 | κύκλῳ τοῦ Ἀβραὰμ δοξάζοντες τὸν θεὸν τὸν | * ἅγιον. * | εἶπεν δὲ ὁ ἀσώματος πρὸς Ἀβραὰμ ἄκουσον |
| Abr.1 | 20 | 14 | ἔνθα εἰσίν αἱ σκηναὶ τῶν δικαίων μου καὶ μοναὶ τῶν | * ἁγίων * | μου Ἰσαὰκ καὶ Ἰακὼβ ἐν τῷ κόλπῳ αὐτοῦ ἔνθα οὐκ |
| Abr.1 | 20 | 15 | αἰωνίου ζωῆς δοξάζοντες τῷ πατρὶ καὶ τῷ υἱῷ καὶ τῷ | * ἁγίῳ * | πνεύματι νῦν καὶ ἀεὶ καὶ εἰς τοὺς αἰῶνας τῶν |
| Abr.2 | 3 | 3 | ἤκουον δὲ φωνὴν ἐκ τῶν κλάδων αὐτῆς λεγούσης | * ἅγιος * | ὁ τὴν φάσιν ἐνέγκας. καὶ ἤκουσεν Ἀβραὰμ τῆς φωνῆς |
| TSim. | 6 | 2 | μου ὡς ὀσμὴ Λιβάνου καὶ πληθυνθήσονται ὡς κέδροι | * ἅγιοι * | ἐξ ἐμοῦ ἕως αἰῶνος καί οἱ κλάδοι αὐτῶν ἕως εἰς |
| TLevi | 2 | 3B004 | χεῖράς μου ἀνεπέτασα εἰς ἀλήθειαν κατέναντι τῶν | * ἁγίων. * | καὶ ηὐξάμην καὶ εἶπα κύριε γινώσκεις πάσας τὰς |
| TLevi | 2 | 3B008 | ἀπ᾽ ἐμοῦ. δειχθήτω μοι δέσποτα τὸ πνεῦμα τὸ | * ἅγιον * | καὶ βουλὴν καὶ σοφίαν καὶ γνῶσιν καὶ ἰσχὺν δός μοι |
| TLevi | 3 | 3 | τοῦ Βελιάρ. οἱ δὲ εἰς τὸν τέταρτον ἐπάνω τούτων | * ἅγιοί * | εἰσιν ὅτι ἐν τῷ ἀνωτέρῳ πάντων καταλύει ἡ μεγάλη |
| TLevi | 3 | 4 | ὅτι ἐν τῷ ἀνωτέρῳ πάντων καταλύει ἡ μεγάλη δόξα ἐν | * ἁγίῳ * | ἁγίων ὑπεράνω πάσης ἁγιότητος. ἐν τῷ μετ᾽ αὐτόν οἱ |
| TLevi | 3 | 4 | τῷ ἀνωτέρῳ πάντων καταλύει ἡ μεγάλη δόξα ἐν ἁγίῳ | * ἁγίων * | ὑπεράνω πάσης ἁγιότητος. ἐν τῷ μετ᾽ αὐτόν οἱ |
| TLevi | 5 | 1 | τὰς πύλας τοῦ οὐρανοῦ καὶ εἶδον τὸν ναὸν τὸν | * ἅγιον * | καὶ ἐπὶ θρόνου δόξης τὸν ὕψιστον. καὶ εἶπέ μοι |
| TLevi | 8 | 4 | σου ἕως αἰῶνος. καὶ ὁ πρῶτος ἤλειψέ με ἐλαίῳ | * ἁγίῳ * | καὶ ἔδωκέ μοι ῥάβδον κρίσεως. ὁ δεύτερος ἔλουσέ με |
| TLevi | 8 | 5 | με ὕδατι καθαρῷ καὶ ἐψώμισέ με ἄρτον καὶ οἶνον | * ἅγια * | ἁγίων καὶ περιέθηκέ μοι στολὴν ἁγίαν καὶ ἔνδοξον. ὁ |
| TLevi | 8 | 5 | ὕδατι καθαρῷ καὶ ἐψώμισέ με ἄρτον καὶ οἶνον ἅγια | * ἁγίων * | καὶ περιέθηκέ μοι στολὴν ἁγίαν καὶ ἔνδοξον. ὁ |
| TLevi | 8 | 5 | καὶ οἶνον ἅγια ἁγίων καὶ περιέθηκέ μοι στολὴν | * ἁγίαν * | καὶ ἔνδοξον. ὁ τρίτος βυσσίνην με περιέβαλεν |
| TLevi | 8 | 17 | γραμματεῖς ὅτι ἐπὶ στόματος αὐτῶν φυλαχθήσεται τὸ | * ἅγιον. * | καὶ ἐξυπνισθεὶς συνῆκα ὅτι τοῦτο ὅμοιον ἐκείνου |
| TLevi | 9 | 9 | καὶ μέλλει διὰ τοῦ σπέρματός σου μιαίνειν τὰ | * ἅγια. * | λάβε οὖν σεαυτῷ γυναῖκα ἔτι νέος ὢν μὴ ἔχουσαν |
| TLevi | 9 | 11 | ἀλλοφύλων ἢ ἐθνῶν. καὶ πρὸ τοῦ εἰσελθεῖν εἰς τὰ | * ἅγια * | λούου καὶ ἐν τῷ θύειν νίπτου καὶ ἀπαρτίζων πάλιν |
| TLevi | 14 | 8 | τῶν ἐντολῶν τοῦ θεοῦ φυσιούμενοι καταπαίξετε τὰ | * ἅγια * | ἐν καταφρονήσει γελοιάζοντες. διὰ ταῦτα ὁ ναὸς ὃν |
| TLevi | 16 | 4 | ἐπὶ κεφαλὰς ὑμῶν ἀναδεχόμενοι. δι᾽ αὐτὸν ἔσται τὰ | * ἅγια * | ὑμῶν ἔρημα ἕως ἐδάφους μεμιαμμένα καὶ οὐκ ἔσται |
| TLevi | 18 | 2B017 | τὸ σπέρμα σου μετὰ +πολλῶν+ ἐκ σπέρματος γὰρ | * ἁγίου * | εἶ καὶ τὸ σπέρμα σου ἁγίασον καὶ τὸ σπέρμα τοῦ |
| TLevi | 18 | 2B017 | καὶ τὸ σπέρμα τοῦ ἁγιασμοῦ σου ἐστίν ἱερεὺς | * ἅγιος * | κληθήσεται τῷ σπέρματι Ἀβραάμ. ἐγγὺς εἶ κυρίου |
| TLevi | 18 | 2B018 | σπέρματι Ἀβραάμ. ἐγγὺς εἶ κυρίου καὶ σὺ ἐγγὺς τῶν | * ἁγίων * | αὐτοῦ. γίνου καθαρὸς ἐν τῷ σώματί σου ἀπὸ πάσης |
| TLevi | 18 | 2B019 | παντὸς ἀνθρώπου. καὶ ὅταν εἰσπορεύῃ ἐν τοῖς | * ἁγίοις * | λούου ὕδατι πρῶτον καὶ τότε ἐνδιδύσκου τὴν στολὴν |
| TLevi | 18 | 2B048 | σου ἐν πάσαις ταῖς ἡμέραις σου ὅτι ἱερεὺς σὺ | * ἅγιος * | κυρίου καὶ ἱερεῖς ἔσονται πᾶν τὸ σπέρμα σου καὶ |
| TLevi | 18 | 2B051 | καὶ νῦν τέκνον χαίρω ὅτι ἐξελέχθης εἰς ἱερωσύνην | * ἁγίαν * | καὶ προσενεγκεῖν θυσίαν κυρίῳ ὑψίστῳ ὡς καθήκει |
| TLevi | 18 | 2B053 | πρὸς τὸ θυσιαστήριον καὶ ὅταν ἐκπορεύῃς ἐκ τῶν | * ἁγίων * | πᾶν αἷμα μὴ ἁπτέσθω τῆς στολῆς σου οὐκ ἀνήψῃς αὐτῷ |
| TLevi | 18 | 2B058 | ἀγαπητὸν ἐγὼ λέγω ἠγαπημένος σὺ τῷ πατρί σου καὶ | * ἅγιος * | κυρίου ὑψίστου καὶ ἠγαπημένος ἔσῃ ὑπὲρ πάντας τοὺς |
| TLevi | 18 | 11 | ἀπειλοῦσαν ῥομφαίαν κατὰ τοῦ Ἀδὰμ καὶ δώσει τοῖς | * ἁγίοις * | φαγεῖν ἐκ τοῦ ξύλου τῆς ζωῆς καὶ πνεῦμα ἁγιωσύνης |
| TLevi | 18 | 14 | καὶ Ἰσαὰκ καὶ Ἰακὼβ κἀγὼ χαρήσομαι καὶ πάντες οἱ | * ἅγιοι * | ἐνδύσονται εὐφροσύνην. καὶ νῦν τέκνα μου πάντα |
| TJud. | 24 | 2 | αὐτόν οἱ οὐρανοὶ ἐκχέαι πνεύματος εὐλογίαν πατρὸς | * ἁγίου * | καὶ αὐτὸς ἐκχεεῖ πνεῦμα χάριτος ἐφ᾽ ὑμᾶς καὶ |
| TIss. | 5 | 4 | γῆς εὐλόγησέ σε κύριος καθὼς εὐλόγησε πάντας τοὺς | * ἁγίους * | ἀπὸ Ἄβελ ἕως τοῦ νῦν. οὐ γὰρ δέδοταί σοι ἄλλη |
| TDan | 5 | 11 | καὶ τὴν αἰχμαλωσίαν λάβῃ ἀπὸ τοῦ Βελιὰρ ψυχὰς | * ἁγίων * | καὶ ἐπιστρέψει καρδίας ἀπειθεῖς πρὸς κύριον καὶ |
| TDan | 5 | 12 | αὐτὸν εἰρήνην αἰώνιον καὶ ἀναπαύσονται ἐν Ἔδεμ | * ἅγιοι * | καὶ ἐπὶ τῆς νέας Ἰερουσαλὴμ εὐφρανθήσονται |

TDan 5 13 ἐν μέσῳ αὐτῆς τοῖς ἀνθρώποις συναναστρεφόμενος καὶ * ἅγιος * Ἰσραὴλ βασιλεύων ἐπ' αὐτοὺς ἐν ταπεινώσει καὶ ἐν
TNep. 4 1 ταῦτα λέγω τέκνα μου ὅτι ἀνέγνων ἐν γραφῇ * ἁγίᾳ * Ἐνὼχ ὅτι καίγε καὶ ὑμεῖς ἀποστήσεσθε ἀπὸ κυρίου
TNep. 5 8 ὕψος. καὶ εἶδον ὅτι ἤμην ἐν κήποις καὶ ἰδοὺ γραφὴ * ἁγία * ὤφθη ἡμῖν λέγουσα Ἀσσύριοι Μῆδοι Πέρσαι Ἐλυμαῖοι
TAser 7 2 ἐχθρῶν ὑμῶν καὶ ἡ γῆ ὑμῶν ἐρημωθήσεται καὶ τὰ * ἅγια * ὑμῶν καταφθαρήσεται καὶ ὑμεῖς διασκορπισθήσεσθε εἰς
TJos. 4 1 ἀπὸ τῆς ἐπιθυμίας αὐτῆς τῆς πονηρᾶς. ποσάκις ὡς * ἁγίῳ * ἀνδρὶ ἐν λόγοις ἐκολάκευσέ με μετὰ δόλου διὰ
TBen. 11 4 ὡς μουσικὸν μέλος ἐν στόματι πάντων καὶ ἐν βίβλοις * ἁγίαις * ἔσται ἀναγραφόμενος καὶ τὸ ἔργον καὶ ὁ λόγος
Asen. 11 17 τὸ στόμα μου πρὸς τὸν ὕψιστον καὶ πῶς ὀνομάσω τὸ * ἅγιον * αὐτοῦ ὄνομα τὸ φοβερὸν μήποτε ὀργισθῇ μοι κύριος
Asen. 11 17 ἐν ταῖς ἀνομίαις μου ἐγὼ ἐπεκαλεσάμην τὸ ὄνομα τὸ * ἅγιον * αὐτοῦ; τί νῦν ποιήσω ἡ ταλαίπωρος ἐγώ; ἀλλὰ
Sal. 1 8 ἀνομίαι αὐτῶν ὑπὲρ τὰ πρὸ αὐτῶν ἔθνη ἐβεβήλωσαν τὰ * ἅγια * κυρίου ἐν βεβηλώσει. ψαλμὸς τῷ Σαλωμων περὶ
Sal. 2 3 ὑπερηφανίᾳ ἀνθ' ὧν οἱ υἱοὶ Ιερουσαλημ ἐμίαναν τὰ * ἅγια * κυρίου ἐβεβηλοῦσαν τὰ δῶρα τοῦ θεοῦ ἐν ἀνομίαις.
Sal. 8 11 αὐτοῖς συνθήκας μετὰ ὅρκου περὶ τούτων. τὰ * ἅγια * τοῦ θεοῦ διηρπάζοσαν ὡς μὴ ὄντος κληρονόμου
Sal. 11 1 προσδοκίαν. σαλπίσατε ἐν Σιων ἐν σάλπιγγι σημασίας * ἁγίων * κηρύξατε ἐν Ιερουσαλημ φωνὴν εὐαγγελιζομένου ὅτι
Sal. 17 26 ἁμαρτωλοὺς ἐν λόγῳ καρδίας αὐτῶν. καὶ συνάξει λαὸν * ἅγιον * οὗ ἀφηγήσεται ἐν δικαιοσύνῃ καὶ κρινεῖ φυλὰς λαοῦ
Sal. 17 32 ἐν ταῖς ἡμέραις αὐτοῦ ἐν μέσῳ αὐτῶν ὅτι πάντες * ἅγιοι * καὶ βασιλεὺς αὐτῶν χριστὸς κυρίου. οὐ γὰρ ἐλπιεῖ
Sal. 17 37 ὅτι ὁ θεὸς κατειργάσατο αὐτὸν δυνατὸν ἐν πνεύματι * ἁγίῳ * καὶ σοφὸν ἐν βουλῇ συνέσεως μετὰ ἰσχύος καὶ
Sal. 17 43 λαοῦ φυλὰς ἡγιασμένου οἱ λόγοι αὐτοῦ ὡς λόγοι * ἁγίων * ἐν μέσῳ λαῶν ἡγιασμένων. μακάριοι οἱ γενόμενοι ἐν
Jer. 3 7 τὸν λαὸν εἰς Βαβυλῶνα. τί θέλεις ποιήσω τὰ * ἅγια * σκεύη τῆς λειτουργίας; καὶ εἶπεν αὐτῷ ὁ κύριος ἆρον
Jer. 9 3 Ἱερεμίας μόνος θυσίαν. καὶ ηὔξατο εὐχὴν λέγων * ἅγιος * ἅγιος ἅγιος τὸ θυμίαμα τῶν δένδρων τῶν ζώντων τὸ
Jer. 9 3 μόνος θυσίαν. καὶ ηὔξατο εὐχὴν λέγων ἅγιος * ἅγιος * ἅγιος τὸ θυμίαμα τῶν δένδρων τῶν ζώντων τὸ φῶς τὸ
Jer. 9 3 μόνος θυσίαν. καὶ ηὔξατο εὐχὴν λέγων ἅγιος ἅγιος * ἅγιος * τὸ θυμίαμα τῶν δένδρων τῶν ζώντων τὸ φῶς τὸ
Bar. 2 ἐκάθητο ἐπὶ τὰς ὡραίας πύλας ὅπου ἔκειτο τὰ τῶν * ἁγίων * ἅγια. οἳ νῦν ἐγὼ Βαροὺχ κλαίων ἐν τῇ συνέσει μου
Bar. 2 ἐπὶ τὰς ὡραίας πύλας ὅπου ἔκειτο τὰ τῶν ἁγίων * ἅγια. * οἳ νῦν ἐγὼ Βαροὺχ κλαίων ἐν τῇ συνέσει μου καὶ
Prop. 2 12 πέτρας καὶ τεθήσεται ἐν ὄρει Σινᾶ καὶ πάντες οἱ * ἅγιοι * πρὸς αὐτὸν συναχθήσονται ἐκεῖ ἐκδεχόμενοι κύριον
Prop. 4 8 ἀναιροῦντες καὶ πατάσσοντες. ἔγνω διὰ θεοῦ ὁ * ἅγιος * ὅτι ὡς βοῦς ἤσθιε χόρτον καὶ ἐγένετο ἀνθρωπίνης
Prop. 12 15 ἐκ σκότους καὶ σκιᾶς θανάτου καὶ ἔσονται ἐν σκηνῇ * ἁγίᾳ. * οὗτος ὁ προφήτης περὶ τῆς ἐλεύσεως τοῦ Χριστοῦ
Esdr. 1 1 αποκαλυψις Εσδραμ. λόγος καὶ ἀποκάλυψις τοῦ * ἁγίου * προφήτου Ἐσδρὰμ καὶ ἀγαπητοῦ τοῦ θεοῦ. εὐλόγησον
Esdr. 5 10 ἐν τῇ κολάσει ἔκραξαν λέγοντες ἀφ' οὗ ἦλθες ὧδε * ἅγιε * τοῦ θεοῦ εὕραμεν ὀλίγην ἄνεσιν. καὶ εἶπεν ὁ
Esdr. 6 25 σκωλήκων μέλλω ἀναλίσκεσθαι. κλαύσατέ με πάντες οἱ * ἅγιοι * καὶ δίκαιοι τὸν πολλὰ δικασάμενον κλαύσατέ με
Esdr. 6 26 τὸν πολλὰ δικασάμενον κλαύσατέ με πάντες οἱ * ἅγιοι * καὶ δίκαιοι ὅτι εἰς τὸ τρυβλίον τοῦ ᾅδου εἰσῆλθον.
Esdr. 7 15 αὐτὸν μετὰ θυμιαμάτων καὶ ψαλμῶν τὸ τίμιον καὶ * ἅγιον * αὐτοῦ σῶμα νέμει ῥῶσιν ψυχῶν καὶ σωμάτων ἀεννάως
Esdr. 7 16 τιμὴ καὶ προσκύνησις τῷ πατρὶ καὶ τῷ υἱῷ καὶ τῷ * ἁγίῳ * πνεύματι νῦν καὶ ἀεὶ καὶ εἰς τοὺς αἰῶνας τῶν
Sedr. 1 αποκαλυψις Σεδραχ. τοῦ * ἁγίου * καὶ μακαρίου Σεδρὰχ λόγος περὶ ἀγάπης καὶ περὶ
Sedr. 9 2 ὁ πατὴρ ἡμῶν ἐν τῇ κοιλίᾳ τῆς μητρός σου ἐν τῷ * ἁγίῳ * σου σκηνώματι ἐκ βρέφους. λέγει Σεδρὰχ οὐ δίδωμι
Sedr. 11 13 μετανοίας ποιοῦντες καὶ παρακαλοῦντες τοὺς * ἁγίους * καὶ ἄρτι ἀκίνητοι μένετε. ὦ κεφαλὴ καὶ χεῖρες καὶ
Sedr. 14 11 τὸν ἄγγελόν μου καὶ οὐχ ἵστανται ἐν ταῖς * ἁγίαις * μου ἐκκλησίαις ἀλλ' ἵστανται καὶ οὐ προσκυνοῦσιν
Sedr. 16 9 ὁ θεὸς καὶ ἔθηκεν αὐτὸν ἐν τῷ παραδείσῳ μετὰ τῶν * ἁγίων * ἁπάντων. ὦ ἡ δόξα καὶ τὸ κράτος εἰς τοὺς αἰῶνας
Job 33 2 καὶ τὴν δόξαν καὶ τὴν εὐπρέπειαν τὴν οὖσαν ἐν τοῖς * ἁγίοις. * ἐμοῦ ὁ θρόνος ἐν τῷ ὑπερκοσμίῳ ἐστίν, καὶ ἡ
Job 33 5 καταστροφῇ αὐτοῦ. ἐμοὶ δὲ ὁ θρόνος ὑπάρχει ἐν τῇ * ἁγίᾳ * γῇ καὶ ἡ δόξα αὐτοῦ ἐν τῷ αἰῶνί ἐστιν τοῦ
Job 43 10 αὐτοῦ παρώργισεν ἐπελάθετο αὐτοῦ ὁ κύριος, καὶ οἱ * ἅγιοι * ἐγκατέλειψαν αὐτὸν ἡ δὲ ὀργὴ καὶ ὁ θυμὸς ἔσται
Job 43 14 ἡμᾶς ὁμοθυμαδόν. ἰδοὺ ὁ κύριος παρεγένετο, ἰδού οἱ * ἅγιοι * ἡτοιμάσθησαν, προηγουμένων τῶν στεφάνων μετ'
Job 43 15 τῶν στεφάνων μετ' ἐγκωμίων. χαιρέτωσαν οἱ * ἅγιοι, * ἀγαλλιάσθωσαν ἐν καρδίᾳ, ὅτι ἀπείληφαν τὴν δόξαν
Job 51 2 ἀδελφοῦ ὄντος τοῦ Ιωβ, ἐπικειμένου δὲ καὶ τοῦ * ἁγίου * πνεύματος, ἐκαθεζόμην πλησίον τοῦ Ιωβ ἐπὶ τῆς
Aris. 45 7 γένηταί σοι συμφερόντως καὶ μετὰ ἀσφαλείας ἡ τοῦ * ἁγίου * νόμου μεταγραφή. παρόντων δὲ πάντων ἐπελεξάμεθα
Aris. 98 3 βασίλειον ἐκτυποῦν ἐπὶ πετάλῳ χρυσῷ γράμμασιν * ἁγίοις * τὸ ὄνομα τοῦ θεοῦ κατὰ μέσον τῶν ὀφρύων δόξῃ
Aris. 99 6 μετατραπέντα τῇ διανοίᾳ διὰ τὴν περὶ ἕκαστον * ἁγίαν * κατασκευήν. πρὸς γὰρ τὴν ἐπίγνωσιν ἁπάντων ἐπὶ τὴν
Sib. 3 308 ποτ' ἄνωθεν (αὐτὰρ ἀπ' οὐρανόθεν καταβήσεται ἐξ * ἁγίων * σοι) καὶ θυμοῦ τέκνοις αἰώνιος ἐξολόθρευσις. καὶ
Sib. 3 478 καὶ Σαρδὼ μεγάλαις χειμῶνος ἀέλλαις καὶ πληγαῖς * ἁγίοιο * θεοῦ κατὰ βένθεα πόντου δύσονται κατὰ κῦμα
Sib. 3 579 οἰῶν τε καὶ ἀρνῶν πίονα μῆλα βωμῷ ἐπὶ μεγάλῳ * ἁγίως * ὁλοκαρπεύοντες. ἐν δὲ δικαιοσύνῃ νόμου Ὑψίστοιο
Sib. 3 709 ἔσσεται αὐτοῖς αὐτὸς ὑπέρμαχος ἀθάνατος καὶ χεὶρ * Ἁγίοιο. * καὶ τότε δὴ νῆσοι πᾶσαι πόλιές τ' ἐρέουσιν
Sib. 3 768 ἐξεγερεῖ βασιλήιον εἰς αἰῶνας πάντας ἐπ' ἀνθρώπους * ἅγιον * νόμον ὅς ποτ' ἔδωκεν εὐσεβέσιν τοῖς πᾶσιν ὑπέσχετο
Sib. 5 161 Ἰταλίης γαῖάν θ' ἧς εἵνεκα πολλοὶ ὄλοντο Ἑβραίων * ἅγιοι * πιστοὶ καὶ λαὸς ἀληθής. ἔσσεαι ἐν θνητοῖσι κακοῖς
Sib. 5 267 σε κυδάλιμοι παῖδες περιτιμήσουσιν καὶ μούσαις * ἁγίαισι * τράπεζαν ἐπιστήσονται παντοίαις θυσίαισι καὶ
Sib. 5 281 κενοῖς καὶ χείλεσι μωροῖς. εὐσεβέων δὲ μόνων * ἁγία * χθὼν πάντα τάδ' οἴσει νᾶμα μελισταγέος ἀπὸ πέτρης
Sib. 5 401 ἀνάγνου οἶκον ἀεὶ θάλλοντα θεοῦ τηρήμονα ναὸν ἐξ * ἁγίων * γεγαῶτα καὶ ἄφθιτον αἰὲν ἐόντα ἐκ ψυχῆς
Sib. 5 407 μέγαν γενετῆρα θεὸν πάντων θεοπνεύστων ἐν θυσίαις * ἁγίαις * ἐγέραιρον καὶ ἑκατόμβαις. νῦν δέ τις ἐξαναβὰς
Sib. 5 422 τε καὶ ἡλίου ἠδὲ σελήνης καὶ κόσμον κατέθηχ' * ἅγιόν * τ' --- ἐποίησεν ἔνσαρκον καλὸν περικαλλέα ἠδὲ
Sib. 5 432 οὐδὲ κυδοιμὸς ἔρις δ' ἐν πᾶσι δικαίη. ὕστατος ἔσθ' * ἁγίων * καιρὸς ὅτε ταῦτα περαίνει θεὸς ὑψιβρεμέτης κτίστης
FMos. 2 21 7 με τῆς διαθήκης αὐτοῦ μεσίτην. ἀπὸ γὰρ πνεύματος * ἁγίου * αὐτοῦ πάντες ἐκτίσθημεν ἀπὸ προσώπου τοῦ θεοῦ
FMos. 9 4 13 ἐνεταφίασαν οἱ ἄγγελοι τὸ σῶμα Μωυσέως τοῦ * ἁγίου * καὶ οὐκ ἐλούσαντο ἀλλ' οὔτε ἐκοινώθησαν οἱ ἄγγελοι
FMos. 9 4 13 ἐλούσαντο ἀλλ' οὔτε ἐκοινώθησαν οἱ ἄγγελοι ἀπὸ τοῦ * ἁγίου * σώματος. ὁ δὲ Μιχαὴλ ὁ ἀρχάγγελος ὅτε τῷ διαβόλῳ
FEz. 1 8 3 καρδίας καὶ εἴπητε πάτερ ἐπακούσομαι ὑμῶν ὡς λαοῦ * ἁγίου. * ἐφ' οἷς γὰρ ἂν εὕρω ὑμᾶς ἐπὶ τούτοις καὶ κρινῶ.
FEz. 186 14 βοσκήσω αυτου<ς εγω και αναπαυσω ε>πι το ορος το * αγιον * <μου και εσομαι αυ>τοις πυμην κ<αι εσομαι εγγυς
FSop. 5 77 2 καὶ τὸ διάδημα αὐτῶν ἐπικείμενον ἐν πνεύματι * ἁγίῳ * καὶ ἦν ἑκάστου αὐτῶν ὁ θρόνος ἑπταπλασίων φωτὸς
LEze. 9 29 8 03 προσεγγίσῃς Μωσῆ πρὶν ἢ τῶν σῶν ποδῶν λῦσαι δέσιν * ἁγία * γὰρ ἧς σὺ γῆς ἐφέστηκας πέλει ὁ δ' ἐκ βάτου σοι
FrAn. 4 1 2 αὐτῷ ἐν πολέμῳ ἐν μαχαίρᾳ πεσεῖται. ἃ οὐκ ἔφαγον * ἅγιοι * ταῦτα φάγονται Ἀσσύριοι. ἡνίκα Ζαχαρίαν τὸν
FrAn. 574 3027 τοῦ πλάσματος τούτου ὃ ἔπλασεν ὁ θεὸς ἐν τῷ * ἁγίῳ * ἑαυτοῦ παραδείσῳ ὅτι ἐπεύχομαι ἅγιον θεὸν ἐπὶ
FrAn. 574 3028 ὁ θεὸς ἐν τῷ ἁγίῳ ἑαυτοῦ παραδείσῳ ὅτι ἐπεύχομαι * ἅγιον * θεὸν ἐπὶ αμμωνιψεντανχω. λόγος ὁρκίζω σε λαβρείᾳ
FrAn. 574 3071 παντὸς αἰῶνος προσπαράκειται τῷ ὀνόματι αὐτοῦ τῷ * ἁγίῳ * ιαεωβαφρενεμουν. λόγος ὃν τρέμει γέννα πυρὸς καὶ

ἁγιότης 1
TLevi 3 4 καταλύει ἡ μεγάλη δόξα ἐν ἁγίῳ ἁγίων ὑπεράνω πάσης * ἁγιότητος. * ἐν τῷ μετ' αὐτόν οἱ ἄγγελοί εἰσι τοῦ προσώπου

ἁγιωσύνη 1
TLevi 18 11 ἁγίοις φαγεῖν ἐκ τοῦ ξύλου τῆς ζωῆς καὶ πνεῦμα * ἁγιωσύνης * ἔσται ἐπ' αὐτοῖς. καὶ ὁ Βελιὰρ δεθήσεται ὑπ'

ἀγκάλη 1
LEze. 9 28 2 27 καὶ παρῆν ταχὺ αὐτή τε μήτηρ καὶ ἔλαβέν μ' ἐς * ἀγκάλας. * εἶπεν δὲ θυγάτηρ βασιλέως τοῦτον γύναι τρόφευε

ἄγκιστρον 1
Asen. 21 21 καὶ ⟨τῇ⟩ σοφί⟨ᾳ⟩ αὐτοῦ ⟨ἐκράτησέ με⟩ ὡς ἰχθὺν ἐπ' * ἀγκίστρῳ * καὶ τῷ πνεύματι αὐτοῦ ὡς δελεάσματι ζωῆς

ἀγλαός 3
Sib. 3 472 ἀνὴρ τῆμος Λαοδίκεια καταπρηνὴς ἐριποῦσα Καρῶν * ἀγλαὸν * ἄστυ Λύκου παρὰ θέσκελον ὕδωρ σιγήσεις μεγάλαυχον
Sib. 5 275 πυρὸς αἰθομένοιο κούκέτι καρπεύσουσι βροτοὶ στάχυν * ἀγλαὸν * ἐκ γῆς πάντ' ἄσπαρτα μενεῖ καὶ ἀνήροτα ἄχρι
LPhi. 9 20 1 λογισμοῖς θειοφιλῆ θέλγητρα. λιπόντι γὰρ * ἀγλαὸν * ἕρκος αἰνοφύτων ἔκκαυμα βριήπυος αἰνετὸς ἴσχων

ἀγλαοφαρής * 1
Sib. 3 454 κελαρύξεται εἰς ἅλα φωτῶν ὀλλυμένων ἄλοχοι δὲ σὺν * ἀγλαοφαρέσι * κούραις ὕβριν ἀεικελίην ἰδίην ἀποθωΰξουσιν

ἁγνεία 5
TJos. 10 2 νηστείας. καὶ ὑμεῖς οὖν ἐὰν τὴν σωφροσύνην καὶ τὴν * ἁγνείαν * μετέλθητε ἐν ὑπομονῇ καὶ ταπεινώσει καρδίας
Aris. 106 3 μάλιστα διεστηκότες τῆς ἀδείας διὰ τοὺς ἐν ταῖς * ἁγνείαις * ὄντας ὅπως μηδενὸς θιγγάνωσιν ὧν οὐ δέον ἐστίν.
Aris. 142 3 διαστροφὰς λαμβάνωμεν πάντοθεν ἡμᾶς περιέφραξεν * ἁγνείαις * καὶ διὰ βρωτῶν καὶ ποτῶν καὶ ἁφῶν καὶ ἀκοῆς καὶ
FPho. 228 λάμβανε καὶ βουλὴν παρὰ οἰκέτου εὖ φρονέοντος. * ἁγνείη * ψυχῆς οὐ σώματός εἰσι καθαρμοί. ταῦτα δικαιοσύνης
HHec. 1 22 199 δ' ἐν αὐτῷ καὶ τὰς νύκτας καὶ τὰς ἡμέρας ἱερεῖς * ἁγνείας * τινὰς ἁγνεύοντες καὶ τὸ παράπαν οἶνον οὐ

ἁγνεύω 1
HHec. 1 22 199 καὶ τὰς νύκτας καὶ τὰς ἡμέρας ἱερεῖς ἁγνείας τινὰς * ἁγνεύοντες * καὶ τὸ παράπαν οἶνον οὐ πίνοντες ἐν τῷ ἱερῷ.

ἁγνίζω 1
Sib. 3 592 οὐρανὸν ὠλένας ἁγνὰς ὄρθριοι ἐξ εὐνῆς αἰεὶ χρόα * ἁγνίζοντες * ὕδατι καὶ τιμῶσι μόνον τὸν ἀεὶ μεδέοντα

ἀγνοέω 14
Adam 18 1 περὶ ὑμῶν ὅτι ὡς κτήνη ἐστέ. οὐ γὰρ θέλω ὑμᾶς * ἀγνοεῖν. * δεῦρο οὖν καὶ φάγε καὶ νόησον τὴν τιμὴν τοῦ
TJud. 5 4 ἐπανέβησαν τῷ τείχει καὶ εἰσῆλθον εἰς τὴν πόλιν * ἀγνοούντων * αὐτῶν. καὶ ἐλάβομεν αὐτὴν ἐν στόματι μαχαίρας
TJud. 12 5 τῆς βασιλείας καὶ συνελθὼν αὐτῇ συνείληφεν. * ἀγνοῶν * δὲ ὃ ἐποίησεν ἤθελον ἀνελεῖν αὐτὴν πέμψασα δὲ ἐν
TJud. 19 4 ἐποίησα. ἐτύφλωσε γάρ με ὁ ἄρχων τῆς πλάνης καὶ * ἠγνόησα * ὡς ἄνθρωπος καὶ ὡς σάρξ ἐν ἁμαρτίαις φθαρεὶς καὶ
TAser 7 1 αὐτὸν ἐν ζωῇ. μὴ γίνεσθε τέκνα ὡς Σόδομα ἥτις * ἠγνόησε * τοὺς ἀγγέλους κυρίου καὶ ἀπώλετο ἕως αἰῶνος.
TAser 7 6 ὡς Γὰδ καὶ ὡς Δὰν οἱ ἀδελφοί μου οἳ χώρας αὐτῶν * ἀγνοήσουσι * καὶ φυλὴν καὶ γλῶσσαν αὐτῶν. ἀλλ' ἐπισυνάξει
TJos. 3 8 ἕως οὖν χρόνου ὡς υἱόν με περιεπτύσσετο κἀγὼ * ἠγνόουν * ἔσχατον εἰς πορνείαν με ἐφελκύσατο. καὶ νοήσας
TJos. 14 4 σοι; ἤθελε γάρ με ὁρᾶν ἐν πόθῳ ἁμαρτίας καὶ * ἠγνόουν * ἐπὶ πᾶσι τούτοις. ὁ δὲ εἶπε πρὸς τὴν Μέμφιν οὐκ
Asen. 13 11 οὖν τοὺς θεοὺς πάντας οὓς ἐσεβόμην τὸ πρότερον * ἀγνοοῦσα * νῦν ἔγνων ὅτι ἦσαν εἴδωλα κωφὰ καὶ νεκρὰ καὶ
Prop. 1 7 ἀνυπονόητον καὶ ἔστιν ἕως τῆς σήμερον τοῖς πολλοῖς * ἀγνοουμένη * ὅλου δὲ τοῦ λαοῦ. ἐκεῖ εἶχεν ὁ βασιλεὺς τὸ

Job        23      4        ἀποκριθεῖσα δὲ αὐτῷ λέγει πόθεν μοι ἀργύριον; ✳ ἀγνοεῖς ✳ τὰ συμβεβηκότα ἡμῖν πονηρά; εἰ μὲν ἐλεεῖς
Job        38      4             τίς οὖν ταῦτα διαχωρίζει; εἶπεν δὲ ὁ Βαλδαδ ✳ ἀγνοῶ. ✳ ἐγὼ πάλιν ὑπολαβὼν εἶπον αὐτῷ εἰ οὖν τὴν τοῦ
Job        47      4  ὑμᾶς εἰς τὸν μείζονα αἰῶνα, ζῆσαι ἐν τοῖς οὐρανοῖς ✳ ἀγνοεῖτε ✳ οὖν ὑμεῖς, τέκνα, τὴν τιμὴν τῶν σπαρτῶν τούτων;
FAch.     109            καὶ μεθέξεις αὐτῶν τῆς εὐπραξίας ὁ γὰρ φθονῶν ✳ ἀγνοῶν ✳ ἑαυτὸν βλάπτει. δούλων σου ἐπιμελοῦ μεταδιδοὺς
           ἀγνόημα
           1
Asen.      13     12        ὁ θεός μου. ἀλλὰ σὺ ῥῦσαί με ἀπὸ τῶν πολλῶν μου ✳ ἀγνοημάτων ✳ καὶ σύγγνωθί μοι διότι ἥμαρτόν σοι ἐν ἀγνοίᾳ
           ἄγνοια
           15
TRub.       1      6     τὸν θεὸν τοῦ οὐρανοῦ σήμερον τοῦ μὴ πορευθῆναι ἐν ✳ ἀγνοίᾳ ✳ νεότητος καὶ πορνείᾳ ἐν ᾗ ἐξεχύθην ἐγὼ καὶ ἐμίανα
TRub.       2      9          ἐστι τῆς κτίσεως καὶ πρῶτον τῆς νεότητος ὅτι ✳ ἀγνοίας ✳ πεπλήρωται καὶ αὕτη τὸν νεώτερον ὁδηγεῖ ὡς
TLevi       3      5          καὶ ἐξιλασκόμενοι πρὸς κύριον ἐπὶ πάσαις ταῖς ✳ ἀγνοίαις ✳ τῶν δικαίων. προσφέρουσι δὲ κυρίῳ ὀσμὴν εὐωδίας
TJud.      19      3  πατέρων μου ὁ οἰκτίρμων καὶ ἐλεήμων συνέγνω ὅτι ἐν ✳ ἀγνοίᾳ ✳ ἐποίησα. ἐτύφλωσε γάρ με ὁ ἄρχων τῆς πλάνης καὶ
TZab.       1      5       οὐδὲ μιμνήσκομαι ὅτι παρανομίαν ἐποίησα πλὴν τὴν ✳ ἄγνοιαν ✳ ἣν ἐποίησα ἐπὶ τοῦ Ἰωσὴφ ὅτι ἐσκέπασα ἐπὶ τοῖς
TGad        5      7            ἡ γὰρ κατὰ θεὸν ἀληθὴς μετάνοια ἀναιρεῖ τὴν ✳ ἄγνοιαν ✳ καὶ φυγαδεύει τὸ σκότος καὶ φωτίζει τοὺς
Asen.       6      7           διότι λελάληκα ἐγὼ κατ' αὐτοῦ ῥήματα πονηρὰ ἐν ✳ ἀγνοίᾳ. ✳ καὶ νῦν δότω με ὁ πατήρ μου τῷ Ἰωσὴφ εἰς
Asen.      12      5          ἥμαρτον κύριε ἐνώπιόν σου πολλὰ ἥμαρτον ἐν ✳ ἀγνοίᾳ ✳ καὶ ἐσεβάσθην εἴδωλα νεκρὰ καὶ κωφά. καὶ νῦν οὐκ
Asen.      13     13  ἀγνοημάτων καὶ σύγγνωθί μοι διότι ἥμαρτόν σοι ἐν ✳ ἀγνοίᾳ ✳ παρθένος οὖσα καὶ ἀδαὴς πεπλάνημαι καὶ λελάληκα
Asen.      17     10   σου διότι ἐγὼ λελάληκα τολμηρῶς ἐνώπιόν σου ἐν ✳ ἀγνοίᾳ ✳ πάντα τὰ ῥήματά μου. καὶ ὡς ἔτι ἐλάλει Ἀσενὲθ
Sal.        3      8           ἀδικίαν ἐν παραπτώματι αὐτοῦ. ἐξιλάσατο περὶ ✳ ἀγνοίας ✳ ἐν νηστείᾳ καὶ ταπεινώσει ψυχῆς αὐτοῦ καὶ ὁ
Sal.       13      7   τούτων. ὅτι οὐχ ὁμοία ἡ παιδεία τῶν δικαίων ἐν ✳ ἀγνοίᾳ ✳ καὶ ἡ καταστροφὴ τῶν ἁμαρτωλῶν. ἐν περιστολῇ
Sal.       18      4   μονογενῆ ἀποστρέψαι ψυχὴν εὐήκοον ἀπὸ ἀμαθίας ἐν ✳ ἀγνοίᾳ. ✳ καθαρίσαι ὁ θεὸς Ισραηλ εἰς ἡμέραν ἐλέους ἐν
Aris.     130      5    ζῆν εἰσιν ἐὰν δὲ σοφοῖς καὶ φρονίμοις συζῶσιν ἐξ ✳ ἀγνοίας ✳ ἐπανορθώσεως εἰς τὸν βίον ἔτυχον. διαστειλάμενος
LEze. 64   29   6 03  βαρὺν τίκτουσα θησαυρὸν κακῶν πλάνῃ τυφλοῦ ποδηγὲ ✳ ἀγνοίας ✳ βίου χαίρουσα θρήνοις καὶ στενάγμασι βροτῶν
           ἀγνός
           22
Asen.      12     14       ἐλέησόν με κύριε καὶ φύλαξόν με ⟨τὴν⟩ παρθένον ✳ ἁγνὴν ✳ τὴν ἐγκαταλελειμμένην καὶ ὀρφανὴν διότι σὺ εἶ
Asen.      15      1       ἵνα τί σὺ τοῦτο πεποίηκας; διότι σὺ εἶ παρθένος ✳ ἁγνὴ ✳ σήμερον καὶ ἡ κεφαλή σού ἐστιν ὡς ἀνδρὸς νεανίσκου.
Asen.      15      2      εἶπεν αὐτῇ ὁ ἄνθρωπος θάρσει Ἀσενὲθ ἡ παρθένος ✳ ἁγνή. ✳ ἰδοὺ ἀκήκοα πάντων τῶν ῥημάτων τῆς ἐξομολογήσεως
Asen.      15      4         γέγονε πρὸ προσώπου σου. θάρσει Ἀσενὲθ ἡ παρθένος ✳ ἁγνή. ✳ ἰδοὺ γὰρ ἐγράφη τὸ ὄνομά σου ἐν τῇ βίβλῳ τῶν
Asen.      15      6               τῆς ἀφθαρσίας. θάρσει Ἀσενὲθ ἡ παρθένος ✳ ἁγνή. ✳ ἰδοὺ δέδωκά σε σήμερον νύμφην τῷ Ἰωσὴφ καὶ αὐτὸς
Asen.      15     10       χρόνον. καὶ νῦν ἄκουσόν μου Ἀσενὲθ ἡ παρθένος ✳ ἁγνὴ ✳ καὶ ἔνδυσαι τὴν στολὴν τοῦ γάμου σου τὴν στολὴν τὴν
Asen.      19      9     ταῦτα περὶ σου. καὶ νῦν δεῦρο πρός με ἡ παρθένος ✳ ἁγνὴ ✳ καὶ ἵνα τί σὺ ἕστηκας ἀπὸ μακρόθεν μου; καὶ
Aris.      31      7    πεπολιτευμένων ⟨καὶ πολιτευομένων⟩ ἀνδρῶν διὰ τὸ ✳ ἁγνὴν ✳ τινα καὶ σεμνὴν εἶναι τὴν ἐν αὐτοῖς θεωρίαν ὡς
Aris.     139      5      μηθενὶ τῶν ἄλλων ἐθνῶν ἐπιμισγώμεθα κατὰ μηδὲν ✳ ἁγνοὶ ✳ καθεστῶτες κατὰ σῶμα καὶ κατὰ ψυχὴν ἀπολελυμένοι
Aris.     144      4     ποιούμενος ἐνομοθέτει ταῦτα Μωϋσῆς ἀλλὰ πρὸς ✳ ἁγνὴν ✳ ἐπίσκεψιν καὶ τρόπων ἐξαρτισμὸν δικαιοσύνης ἕνεκεν
Aris.     292      6      δόξαν κατεσκεύασας τοῦ θεοῦ σοι διδόντος ἔχειν ✳ ἁγνὴν ✳ καὶ ἀμιγῆ παντὸς κακοῦ τὴν διάνοιαν. καταλήξαντος
Aris.     317      3       ἐπιμέλειαν ποιεῖσθαι τῶν βιβλίων καὶ συντηρεῖν ✳ ἁγνῶς. ✳ παρακαλέσας δὲ καὶ τοὺς ἑρμηνεῖς ἵνα παραγίνωνται
Sib.        3     49  ἀθανάτου βασιλῆος ἐπ' ἀνθρώποισι φανεῖται. ἥξει δ' ✳ ἁγνὸς ✳ ἄναξ πάσης γῆς σκῆπτρα κρατήσων εἰς αἰῶνας ἅπαντα
Sib.        3    267  περικαλλέα σηκὸν φεύξῃ ἐπεὶ σοι μοῖρα λιπεῖν πέδον ✳ ἁγνὸν ✳ ὑπάρχει. ἀχθήσῃ δὲ πρὸς Ἀσσυρίους καὶ νήπια τέκνα
Sib.        3    276  πεσέονται ὅτι φρεσὶν οὐκ ἐπίθησας ἀθανάτοιο θεοῦ ✳ ἁγνῷ ✳ νόμῳ ἀλλὰ πλανηθεὶς εἰδώλοις ἐλάτρευσας ἀεικέσιν
Sib.        3    284  σοι ἄμβροτος. ἀλλὰ σὺ μίμνε πιστεύων μεγάλοιο θεοῦ ✳ ἁγνοῖσι ✳ νόμοισιν ὁππότε σεῖο καμὸν ὀρθὸν γόνυ πρὸς φάος
Sib.        3    293     τε σίδηρον. αὐτὸς γὰρ δώσει θεὸς ἔννυχον ✳ ἁγνὸν ✳ ὄνειρον. καὶ τότε δὴ ναὸς πάλιν ἔσσεται ὡς πάρος
Sib.        3    591      βουλῇ ἀλλὰ γὰρ ἀείρουσι πρὸς οὐρανὸν ὠλένας ✳ ἁγνὰς ✳ ὄρθριοι ἐξ εὐνῆς αἰεὶ χρόα ἁγνίζοντες ὕδατι καὶ
Sib.        3    600  Γαλατῶν πάσης τ' Ἀσίης παραβάντες ἀθανάτοιο θεοῦ ✳ ἁγνὸν ✳ νόμον +ὃν παρέβησαν+. ἀνθ' ὧν ἀθάνατος θήσει
Sib.        5    259     ποτε στήσει φωνήσει ῥήσει τε καλῇ καὶ χείλεσιν ✳ ἁγνοῖς. ✳ μηκέτι τεῖρεο θυμὸν ἐνὶ στήθεσσι μάκαιρα
Sib.        5    388   ἀνάγνως καὶ τέγεσιν πόρνας ἐστήσατε τὰς πάλαι ✳ ἁγνὰς ✳ ὕβρεσι καὶ κολάσει κάσχημοσύνῃ πολυμόχθῳ. --- ἐν
Sib.        5    501  αἰὲν ἐόντα. καὶ τότ' ἐν Αἰγύπτῳ ναὸς μέγας ἔσσεται ✳ ἁγνὸς ✳ κεὶς αὐτὸν θυσίας οἴσει λαὸς θεότευκτος κεινοισιν
           ἄγνος +
           1
Sib.        5    262      ἄνθος φῶς ἀγαθὸν σεμνόν τε τέλος +πεποθημένον ✳ ἄγνος+ ✳ Ἰουδαίη χαρίεσσα καλὴ πόλις ἔνθεος ὕμνων. οὐκέτι
           ἀγνῶς
           1
FPho.      16              ἀλλ' ἴσον ἕλκειν. μὴ δ' ἐπιορκήσῃς μήτ' ✳ ἁγνῶς ✳ μήτε ἑκοντὶ ψεύδορκον στυγέει θεὸς ἄμβροτος ὅστις
           ἀγνωσία
           1
TLevi      18      9  διὰ χάριτος κυρίου ὁ δὲ Ἰσραὴλ ἐλαττωθήσεται ἐν ✳ ἀγνωσίᾳ ✳ καὶ σκοτισθήσεται ἐν πένθει ἐπὶ τῆς ἱερωσύνης
           ἄγνωστος
           1
Sedr.      11      4   ἀπὸ πάντων φιλούμενον καὶ ἄρτι πεσὼν εἰς τὴν γῆν ✳ ἄγνωστος ✳ γίνεται. ὦ χεῖρες εὔκρατοι καλοδίδακτοι
           ἄγονος
           1
Prop.      22      6     ξηρῷ τῷ ποδὶ τὰ ὕδατα ἐν Ἰεριχὼ πονηρὰ ἦν καὶ ✳ ἄγονα ✳ καὶ ἀκούσας παρὰ τῶν τῆς πόλεως ἐπεκαλέσατο τὸν
           ἀγορά
           6
Jer.        6     16        ἀπὸ τοῦ Βαρούχ. ὁ δὲ Βαροὺχ ἀπέστειλεν εἰς τὴν ✳ ἀγορὰν ✳ τῶν ἐθνῶν καὶ ἤνεγκε χάρτην καὶ μέλανα καὶ
Job        22      3  ἄρτου χορτάζεται. καὶ οὐκ ἐφείδετο ἐξελθεῖν ἐν τῇ ✳ ἀγορᾷ ✳ προσαιτῆσαι ἄρτον παρὰ τῶν ἀρτοπρατῶν ἕως ἂν
Job        24      7     ὥστε τολμῆσαί με ἀναισχύντως ἐξελθεῖν εἰς τὴν ✳ ἀγοράν, ✳ +εἰ κατανύγομαι ἐν τῇ καρδίᾳ μου ὅτι οὐκ ἀρκετὸν
Job        24     10  μετὰ ψαλίδος ἀτίμως ἔκειρέν μου τὴν τρίχα ἐν τῇ ✳ ἀγορᾷ ✳ παρεστῶτος ὄχλου καὶ θαυμάζοντος. τίς οὐκ ἐξεπλάγη
Sib.        3     58         πόλεις κοσμεῖσθέ τε πᾶσαι ναοῖς καὶ σταδίοις ✳ ἀγοραῖς ✳ χρυσοῖς ξοάνοις τε ἀργυρέοις λιθίνοις τε ἵν'
LAri. 13   12      6   μεσταὶ δὲ θεοῦ πᾶσαι μὲν ἄγυιαι πᾶσαι δ' ἀνθρώπων ✳ ἀγοραί ✳ μεστὴ δὲ θάλασσα καὶ λιμένες πάντη δὲ θεοῦ
           ἀγοράζω
           2
TNep.       1     11  θεοσεβὴς ἐλεύθερος καὶ εὐγενής. καὶ αἰχμαλωτισθεὶς ✳ ἠγοράσθη ✳ ὑπὸ Λαβὰν καὶ ἔδωκεν αὐτῷ Αιναν τὴν παιδίσκην
TJos.      15      7       οὖν αἰτοῦνταί με λέγοντες ὅτι ἐν ἀργυρίῳ ✳ ἠγοράσθη ✳ ἡμῖν. κἀκεῖνος ἀπέλυσεν ἡμᾶς. ἡ δὲ Μέμφις
           ἀγορασμός
           1
Aris.       9      4     τὰ κατὰ τὴν οἰκουμένην βιβλία καὶ ποιούμενος ✳ ἀγορασμοὺς ✳ καὶ μεταγραφὰς ἐπὶ τέλος ἤγαγεν ὅσον ἐφ'
           ἀγορεύω
           8
Sib.        3      6     ἔνδοθεν αὐλὴν ἀγγέλλειν πᾶσιν; αὐτὰρ πάλι πάντ' ✳ ἀγορεύσω ✳ ὅσσα θεὸς κέλεταί μ' ἀγορευέμεν ἀνθρώποισιν.
Sib.        3      7     αὐτὰρ πάλι πάντ' ἀγορεύσω ὅσσα θεὸς κέλεταί μ' ✳ ἀγορευέμεν ✳ ἀνθρώποισιν. ἄνθρωποι θεόπλαστον ἔχοντες ἐν
Sib.        3     61           ὀδμὴ πᾶσιν ἐν ἀνθρώποισιν. ἀτὰρ πάλι ἕκαστ' ✳ ἀγορεύσω ✳ ὅσσας ἐν πόλεσιν μέροπες κακότητα φέρουσιν. ἐκ
Sib.        5     79    λόγος οὐδείς οὐ νοῦς οὐκ ἀκοὴ ἅτε μοι θέμις οὐδ' ✳ ἀγορεύειν ✳ εἰδώλων τὰ ἕκαστα βροτῶν παλάμαις γεγαῶτα ἐξ
FPho.       7         ἀπέχεσθαι. ψεύδεα μὴ βάζειν τὰ δ' ἐτήτυμα πάντ' ✳ ἀγορεύειν. ✳ πρῶτα θεὸν τιμᾶν μετέπειτα δὲ σεῖο γονῆος.
FPho.      48    συναίμοις. μὴ δ' ἕτερον κεύθμοις κραδίῃ νόον ἄλλ' ✳ ἀγορεύων ✳ μηδ' ὡς πετρομέρῃς πολύπους κατὰ χῶρον ἀμείβου.
FPho.      50      χῶρον ἀμείβου. πᾶσιν δ' ἁπλόος ἴσθι τὰ δ' ἐκ ψυχῆς ✳ ἀγόρευε. ✳ ὅστις ἑκὼν ἀδικεῖ κακός ἀνὴρ ἦν δ' ὑπ' ἀνάγκης
IOrp.      48  Διόνυσος) (εἷς θεὸς ἐν πάντεσσι. τί σοι δίχα ταῦτ' ✳ ἀγορεύω;) ✳ (οὐρανὸν ὁρκίζω σε θεοῦ μεγάλου σοφὸν ἔργον)
           ἄγος
           1
Sib.        4    121  ἄπυστος ὑπὲρ πόρον Εὐφρήταο ὁππότε δὴ μητρῷον ✳ ἄγος ✳ στυγεροῖο φόνοιο τλήσεται ἄλλα τε πολλὰ κακῇ σὺν
           ἀγραυλέω
           1
Abr.1      10      2           ἐν ἄλλῳ δὲ τόπῳ ποιμαινεύοντας ἀλλαχοῦ ✳ ἀγραυλοῦντας ✳ καὶ ὀρχουμένους παίζοντας καὶ κιθαρίζοντας
           ἄγραυλος
           1
Sib.        3    372      ἔσσεται ἀνὴρ ἠὲ γυνὴ μακάρων +κενεήφατος ὅσσον ✳ ἄγραυλος+ ✳ εὐνομίη γὰρ πᾶσα ἀπ' οὐρανοῦ ἀστερόεντος ἥξει
           ἄγραφος
           1
Aris.      56      4      εἰς τὸ συνιδεῖν πραγμάτων ἔμφασιν. ὅσα δ' ἂν ᾖ ✳ ἄγραφα ✳ πρὸς καλλονὴν ἐκέλευσε ποιεῖν ὅσα δὲ διὰ γραπτῶν
           ἀγρεύω
           1
Asen.      21     21  με ἀπὸ τῆς ὑπερηφανίας μου καὶ ⟨τῷ⟩ κάλλ⟨ει⟩ αὐτοῦ ✳ ἤγρευσέ ✳ με καὶ ⟨τῇ⟩ σοφί⟨ᾳ⟩ αὐτοῦ ⟨ἐκράτησέ με⟩ ὡς ἰχθὺν
           ἄγριος
           23
Abr.1      16      4  ὁ ἀόρατος θεὸς τὸν θάνατον δεῦρο οὖν τὸ πικρὸν καὶ ✳ ἄγριον ✳ τοῦ κόσμου ὄνομα κρῦψαι σου τὴν ἀγριότητα καὶ
Abr.1      17      8     πολλὴ σαπρία καὶ ἀγριότητι καὶ μεγίστῃ πικρίᾳ καὶ ✳ ἀγρίῳ ✳ τῷ βλέμματι ἀνίκεως ἀπέρχεσαι τοῖς ἁμαρτωλοῖς
Abr.1      17     13  τυραννικὴ καὶ ἐποίηκας ὄψιν ζοφερὰν παντὸς θηρίου ✳ ἀγριωτέραν ✳ καὶ πάσης ἀκαθαρσίας ἀκαθαρσιωτέραν καὶ
Abr.1      17     14       ἐχίδνης ζοφοειδέστατον ⟨καὶ πρόσωπον ἀσπίδος ✳ ἀγριώτερον⟩ ✳ καὶ πρόσωπον λέοντος φοβεροῦ καὶ πρόσωπον
Abr.1      17     16    φοβερὰν ἔδειξεν ὅτι ἕτερον πρόσωπον θαλάσσης ✳ ἀγρίας ✳ κυματιζούσης καὶ ποταμὸν ἄγριον κοχλάζοντα καὶ
Abr.1      17     16  πρόσωπον θαλάσσης ἀγρίας κυματιζούσης καὶ ποταμὸν ✳ ἄγριον ✳ κοχλάζοντα καὶ δράκοντα τρικέφαλον φοβερὸν καὶ
Abr.1      19      5  μεγάλα κοχλάζων καὶ τίς ἡ βεβορβορωμένη θάλασσα ἡ ✳ ἀγρίως ✳ κυματίζουσα δίδαξόν με καὶ ὑπὲρ τῆς βροντῆς τῆς
Abr.1      19     12   θάνατον βλέπουσιν τὸ δὲ πρόσωπον τῆς θαλάσσης ἡ ✳ ἀγρίως ✳ κυματιζούσης ἐδείξάς σοι πιστόν πολλοὶ εἰ θαλάσση
TJud.       2      3     καὶ πᾶν ὃ ἦν ἐν τοῖς πεδίοις κατελάμβανον. φοράδα ✳ ἀγρίαν ✳ κατέλαβον καὶ πιάσας ἡμέρωσα καὶ λέοντα ἀπέκτεινα
TJud.       2      5           πρός με διέσπων αὐτὸ ὡς κύνα. τῷ χοίρῳ τῷ ✳ ἀγρίῳ ✳ συνέδραμον καὶ προλαβὼν ἐν τῷ τρέχειν με
TJud.       2      7       αὐτὴ καὶ ἐρράγη ἐν τοῖς ὁρίοις Γάζης. βοῦν ✳ ἄγριον ✳ ἐν χώρᾳ νεμόμενον ἐκ τῶν κεράτων καὶ ἐν
TIss.       7      7   πονηρῶν ἀνθρώπων οὐ κυριεύσει ὑμῶν καὶ πάντα ✳ ἄγριον ✳ θῆρα καταδουλώσεσθε ἔχοντες μεθ' ἑαυτῶν τὸν θεὸν
TAser       4      5      δόρκοις καὶ ἐλάφοις ὅμοιοι εἰσιν ὅτι ἐν ἤθει ✳ ἀγρίῳ ✳ δοκοῦσιν ἀκάθαρτοι εἶναι τὸ δὲ πᾶν καθαροί εἰσιν
Asen.      12      9     καὶ ἅρπασόν με ἐκ τῆς γῆς. ἰδοὺ γὰρ ὁ λέων ὁ ✳ ἄγριος ✳ ὁ παλαιὸς καταδιώκει με διότι πατήρ ἐστι πατὴρ
Aris.     146      2   τοιαῦτα. περὶ ὧν δὲ ἀπηγόρευται πτηνῶν εὑρήσεις ✳ ἄγριά ✳ τε καὶ σαρκοφάγα καὶ καταδυναστεύοντα τῇ περὶ
Aris.     170      4  καὶ ποιμνίων λαμβάνοντας ἥμερα θυσιάζειν καὶ μηθὲν ✳ ἄγριον ✳ ὅπως οἱ προσφέροντες τὰς θυσίας μηθὲν ὑπερήφανον

Sib. 3 137 ἴδον ὀφθαλμοῖσιν θῆλυ γένος ᾤχοντο πρὸς αὐτοὺς * ἄγριοι * ἄνδρες Τιτῆνες. καὶ ἔπειτα Ῥέη τέκεν ἄρσενα
Sib. 3 390 ὄλβιον οὖδας ἀνὴρ πορφυρέην λώπην ἐπιειμένος ὤμοις * ἄγριος * ἀλλοδίκης φλογόεις ἤγειρε γὰρ αὐτοῦ πρόσθε
Sib. 3 644 ἄταφοι δὲ ἅπαντες ἔσονται καὶ τῶν μὲν γῦπές τε καὶ * ἄγρια * θηρία γαίης σάρκας δηλήσονται ἐπὰν δὴ ταῦτα
Sib. 3 778 τρίβοι καὶ τρηχέες ὄχθαι οὔρεά θ' ὑψήεντα καὶ * ἄγρια * κύματα πόντου εὔβατα καὶ εὔπλωτα γενήσεται ἤμασι
Sib. 5 189 μήτε γενοίμαν. ὦ Θῆβαι ποῦ σοι τὸ μέγα σθένος; * ἄγριος * ἀνὴρ ἐξολέσει λαὸν σὺ δὲ εἵματα φαιὰ λαβοῦσα
FJub. 3 1 τοῦ παρ' Αἰγυπτίοις Φαρμουθὶ ὠνόμασεν Ἀδὰμ τὰ * ἄγρια * θηρία θείῳ τινὶ χαρίσματι. τῇ δευτέρᾳ ἡμέρᾳ τῆς
FPho. 57 εἶναι ἄτυκτον. μὴ προπετὴς ἐς χεῖρα χαλίνου δ' * ἄγριον * ὀργὴν πολλάκι γὰρ πλήξας ἀέκων φόνον ἐξετέλεσσεν.

ἀγριότης 11

Abr.1 16 4 πικρὸν καὶ ἄγριον τοῦ κόσμου ὄνομα κρῦψαι σου τὴν * ἀγριότητα * καὶ πάσας σου τὰς παρειὰς καὶ τὰς πικρίας σου
Abr.1 17 8 ⟨ἁμαρτωλοῖς⟩ οὕτως ἀπέρχομαι ἐν πολλῇ σαπρίᾳ καὶ * ἀγριότητι * καὶ μεγίστῃ πικρίᾳ καὶ ἀγρίῳ τῷ βλέμματι καὶ
Abr.1 17 9 δέομαί σου ἐπάκουσόν μου καὶ δίδαξόν μοι τὴν * ἀγριότητά * σου καὶ πᾶσαν τὴν σαπρίαν. εἶπεν δὲ ὁ θάνατος
Abr.1 17 10 δὲ ὁ θάνατος οὐ μὴ δυνηθῇς θεάσασθαι τὴν ἐμὴν * ἀγριότητα * δικαιότατε. εἶπεν δὲ Ἀβραὰμ ναὶ δυνήσομαι
Abr.1 17 11 δὲ Ἀβραὰμ ναὶ δυνήσομαι θεάσασθαί σου πᾶσαν τὴν * ἀγριότητα * ἕνεκεν τοῦ ὀνόματος τοῦ θεοῦ τοῦ ζῶντος ὅτι ἡ
Abr.1 17 14 καὶ πρόσωπον πυρὸς φλογερώτερον καὶ πολλῆς * ἀγριότητος * ⟨καὶ πρόσωπον κρημνοῦ φρικωδεστάτου⟩ καὶ
Abr.1 17 17 φαρμάκων καὶ ἁπλῶς εἰπεῖν ἔδειξεν αὐτὸν πολλὴν * ἀγριότητα * καὶ πικρίαν ἀβάστακτον ⟨καὶ⟩ πᾶσαν νόσον
Abr.1 17 18 ὡς τῆς ὀσμῆς τοῦ θανάτου καὶ πολλῆς πικρίας καὶ * ἀγριότητος * ἐτελεύτησαν παῖδες καὶ παιδίσκαι ἑπτὰ καὶ ὁ
Abr.1 18 1 θάνατον δέομαί σου πανώλεθρε θάνατε κρῦψαί σου τὴν * ἀγριότητα * καὶ περιβαλοῦ τὴν ὡραιότητα καὶ μορφὴν ἣν
Abr.1 18 2 εἶχες τὸ πρότερον. εὐθέως δὲ ὁ θάνατος ἔκρυψεν τὴν * ἀγριότητα * αὐτοῦ καὶ περιεβάλετο τὴν ὡραιότητα αὐτοῦ ἣν
Abr.1 18 9 καὶ ἀναστήσῃ τοὺς ἐξαώρους τεθνήξαντας διὰ τῆς σῆς * ἀγριότητος. * καὶ εἶπεν ὁ θάνατος ἀμὴν γένοιτο ἀναστὰς οὖν

ἀγριόω 1

TSim. 4 8 καὶ ἀποστήσατε ἀφ' ὑμῶν τὸ πνεῦμα τοῦ φθόνου ὅτι * ἀγριοῖ * τοῦτο τὴν ψυχὴν καὶ φθείρει τὸ σῶμα ὀργὴν καὶ

Ἀγρίππας 4

Jer. 3 10 τῷ Ἱερεμίᾳ ἀπόστειλον αὐτὸν εἰς τὸν ἀμπελῶνα τοῦ * Ἀγρίππα * καὶ ἐν τῇ σκιᾷ τοῦ ὄρους ἐγὼ σκεπάσω αὐτὸν ἕως
Jer. 3 15 ἆρον τὸν κόφινον καὶ ἄπελθε εἰς τὸ χωρίον τοῦ * Ἀγρίππα * διὰ τῆς ὁδοῦ τοῦ ὄρους καὶ ἐνεγκὼν ὀλίγα σῦκα
Jer. 5 25 με ὁ πατήρ μου Ἱερεμίας εἰς τὸ χωρίον τοῦ * Ἀγρίππα * ἐνέγκαι ὀλίγα σῦκα ἵνα δίδωμεν τοῖς νοσοῦσι τοῦ
Bar. 2 τῆς αἰχμαλωσίας Ἱερουσαλὴμ ὅτε καὶ Ἀβιμελὲχ ἐπὶ * Ἀγρίππα * τὸ χωρίον τῇ χειρὶ θεοῦ διεφυλάχθη καὶ οὗτος

ἀγρόθεν 1

LThe. 9 22 1 οὐδὲ μὲν ἔσκεν ὁδὸς δολιχὴ πόλιν εἰσαφικέσθαι * ἀγρόθεν * οὐδέ ποτε δρία λαχνήεντα πονεῦσιν. ἐξ αὐτῆς δὲ

ἀγρός 33

Abr.1 3 1 Ἀβραὰμ ἀμὴν γένοιτο κύριε. ἀπέρχονται ἀπὸ τοῦ * ἀγροῦ * πρὸς τὸν οἶκον αὐτοῦ. κατὰ δὲ τῆς ὁδοῦ ἐκείνης
TLevi 2 12 ἐκ μερίδος κυρίου ἡ ζωή σου καὶ αὐτὸς ἔσται σου * ἀγρὸς * ἀμπελὼν καρποὶ χρυσίον ἀργύριον. ἄκουσον οὖν περὶ
TJud. 2 1 μοι κύριος χάριν ἐν πᾶσι τοῖς ἔργοις μου ἔν τε τῷ * ἀγρῷ * καὶ ἐν τῷ οἴκῳ ὡς εἶδον ὅτε συνέδραμον τῇ ἐλάφῳ καὶ
TJud. 21 7 καὶ υἱοὺς ἐλευθέρους καταδουλώσουσιν οἴκους * ἀγροὺς * ποίμνια χρήματα ἁρπάσουσι καὶ πολλῶν σάρκας
TIss. 1 3 Ῥουβὴμ γὰρ ἤνεγκε μανδραγόρους ἐκ τοῦ * ἀγροῦ * καὶ προαπαντήσασα Ῥαχὴλ ἔλαβεν αὐτούς. ἔκλαιε δὲ
TIss. 3 1 μου καὶ τῶν ἀδελφῶν μου καὶ ἔφερον καρποὺς ἐξ * ἀγρῶν * κατὰ καιρὸν αὐτῶν καὶ εὐλόγησέ με ὁ πατήρ μου
Asen. 3 5 ἡμᾶς σήμερον. καὶ ἤκουσεν Ἀσενὲθ ὅτι ἥκασιν ἐξ * ἀγροῦ * τῆς κληρονομίας αὐτῶν ὁ πατὴρ καὶ ἡ μήτηρ αὐτῆς
Asen. 3 5 τὸν πατέρα μου καὶ τὴν μητέρα μου ὅτι ἥκασιν ἐξ * ἀγροῦ * τῆς κληρονομίας ἡμῶν. διότι ὥρα ἦν θερισμοῦ. καὶ
Asen. 4 2 θεοῦ. καὶ ἐξήνεγκαν πάντα τὰ ἀγαθὰ ὅσα ἐνήνοχαν ἐξ * ἀγροῦ * τῆς κληρονομίας αὐτῶν καὶ ἔδωκαν τῇ θυγατρὶ αὐτῶν.
Asen. 16 4 δὴ παιδάριον εἰς τὸ προάστειον διότι ἐγγύς ἐστιν ὁ * ἀγρὸς * τῆς κληρονομίας ἡμῶν καὶ οἴσει σοι ἐκεῖθεν ταχέως
Asen. 20 6 ἡ μήτηρ αὐτῆς καὶ πᾶσα ἡ συγγένεια αὐτῆς ἐκ τοῦ * ἀγροῦ * τῆς κληρονομίας αὐτῶν. καὶ εἶδον τὴν Ἀσενὲθ ὡς
Asen. 24 15 λέγοντος πρὸς τὴν Ἀσενὲθ πορεύου αὔριον εἰς τὸν * ἀγρὸν * τῆς κληρονομίας ἡμῶν διότι ὥρα ἐστὶ τοῦ τρυγητοῦ.
Asen. 26 1 καὶ εἶπε τῷ Ἰωσὴφ πορεύσομαι καθὰ εἴρηκας εἰς τὸν * ἀγρὸν * τῆς κληρονομίας ἡμῶν. καὶ δέδοικεν ἡ ψυχή μου ὅτι
Jer. 5 17 καθημένου δὲ αὐτοῦ εἶδέ τινα γηραιὸν ἐρχόμενον ἐξ * ἀγροῦ * καὶ λέγει αὐτῷ Ἀβιμέλεχ σοὶ λέγω πρεσβῦτα ποία
Jer. 5 31 ὅτι ἀληθές ἐστιν ἅπερ λέγω σοι ἀνάβλεψον εἰς τὸν * ἀγρὸν * καὶ ἴδε ὅτι οὐκ ἐφάνη ἡ αὔξησις τῶν γενημάτων. ἴδε
Prop. 3 3 αὐτοῦ ἐπὶ εἰδώλων σεβάσμασι. καὶ ἔθαψαν αὐτὸν ἐν * ἀγρῷ * Μασὺρ ἐν τάφῳ Σὴμ καὶ Ἀρφαξὰδ πατέρων Ἀβραὰμ καὶ
Prop. 8 1 καὶ ἐτάφη ἐκεῖ. Ἰωὴλ ἦν ἐκ τῆς γῆς τοῦ Ῥουβὴν ἐν * ἀγρῷ * Βεθωμόρων ⟨προφητεύσας περὶ λιμοῦ καὶ ἐκθλίψεως
Prop. 9 1 ἀπέθανε καὶ ἐτάφη ἐκεῖ. Ἀβδιοῦ ἦν ἐκ γῆς Συχὲμ * ἀγροῦ * Βηθαχαράμ. οὗτος ἦν μαθητὴς Ἠλία καὶ πολλὰ
Prop. 12 1 ἐν τῇ γῇ αὐτοῦ. Ἀμβακοὺμ ἐκ φυλῆς ἦν Συμεὼν ἐξ * ἀγροῦ * Βηθζουχάρ. οὗτος εἶδε πρὸ τῆς αἰχμαλωσίας περὶ τῆς
Prop. 12 5 τὴν γῆν αὐτοῦ καὶ ἐλειτούργει θερισταῖς τοῦ * ἀγροῦ * αὐτοῦ. ὡς δὲ ἔλαβε τὸ ἔδεσμα προεφήτευσε τοῖς
Prop. 12 9 δύο ἐτῶν ἀποθνήσκει τῆς ἐπιστροφῆς. καὶ ἐτάφη ἐν * ἀγρῷ * ἰδίῳ μόνος. ἔδωκε δὲ τέρας τοῖς ἐν τῇ Ἰουδαίᾳ ὅτι
Prop. 12 17 τῆς ἀπὸ Βαβυλῶνος ἐτελεύτησε καὶ ἐτάφη ἐν τῷ ἰδίῳ * ἀγρῷ * μονώτατος ἐνδόξως.⟩ Σοφονίας ἐκ φυλῆς ἦν Συμεὼν
Prop. 13 1 μονώτατος ἐνδόξως.⟩ Σοφονίας ἐκ φυλῆς ἦν Συμεὼν * ἀγροῦ * Σαβαραθὰ προεφήτευσε περὶ τῆς πόλεως καὶ περὶ
Prop. 13 3 ἐθνῶν καὶ αἰσχύνης ἀσεβῶν καὶ θανὼν ἐτάφη ἐν * ἀγρῷ * αὐτοῦ. Ἀγγαῖος ὁ καὶ ἄγγελος τάχα νέος ἦλθεν ἐκ
Prop. 16 4 καὶ ἔτι νέος προσετέθη πρὸς τοὺς πατέρας αὐτοῦ ἐν * ἀγρῷ * αὐτοῦ. Ναθὰν προφήτης Δαυὶδ ἦν ἐκ Γαβὰ καὶ αὐτὸς ἦν
Prop. 20 2 Ἰσραὴλ τὴν αἰχμαλωσίαν Ἰούδα καὶ θανὼν ἐτάφη ἐν * ἀγρῷ * αὐτοῦ. Ἠλίας Θεσβίτης ἐκ γῆς Ἀράβων φυλῆς Ἀαρὼν
Esdr. 4 29 καὶ εἶπέν μοι τὸ εἶδος τοῦ προσώπου αὐτοῦ ὡσεὶ * ἀγροῦ * ὁ ὀφθαλμὸς αὐτοῦ ὁ δεξιὸς ὡς ἀστὴρ τῷ πρωὶ
Job 10 5 εἰς τὸν ἀροτριασμὸν ὃν δύνανται ποιεῖν ἐν παντὶ * ἀγρῷ * τῶν προσλαμβανόντων αὐτά, καὶ τὸν καρπὸν αὐτῶν
Sib. 3 237 λιμὸν ἄπειρον. τοῖσι δὲ μέτρα δίκαια πέλει κατ' * ἀγρούς * τε πόλεις τε οὐδὲ κατ' ἀλλήλων νυκτοκλοπίας
Sib. 3 581 λαχόντες ὄλβιοι οἰκήσουσι πόλεις καὶ πίονας * ἀγρούς * αὐτοὶ δ' ὑψωθέντες ὑπ' ἀθανάτοιο προφῆται +καὶ+
Sib. 3 750 γάλακτος πλήρεις δ' αὖτε πόλεις ἀγαθῶν καὶ πίονες * ἀγροὶ * ἔσσοντ' οὐδὲ μάχαιρα κατὰ χθονὸς οὐδὲ κυδοιμὸς
FPho. 35 ἦν γὰρ ἀποκτείνῃς ἐχθρὸν σέο χεῖρα μιαίνεις. * ἀγροῦ * γειτονέοντος ἀπόσχεο μὴ δ' ἄρ' ὑπερβῇς. πάντων
FPho. 131 ἄριστος.⟩ βέλτερος ἀλκήεντος ἔφυ σεσοφισμένος ἀνὴρ * ἀγρούς * καὶ πόλιας σοφίη καὶ νῆα κυβερνᾷ. οὐχ ὅσιον

ἀγρυπνέω 2

Hen. 100 8 κατὰ τὰ ἔργα ὑμῶν. οὐαὶ ὑμῖν σκληροκάρδιοι * ἀγρυπνοῦντες * νοῆσαι τὸ κακὸν περιέχει ὑμᾶς φόβος καὶ οὐκ
Asen. 25 3 οἱ φύλακες κεφαλῆς πόνον πονεῖ ὁ πατήρ σου καὶ * ἠγρύπνησεν * ὅλην τὴν νύκτα καὶ νῦν ἡσυχάζει μικρόν. καὶ

ἀγυιά 1

LAri. 13 12 6 ἄνδρες ἐῶσιν ἄρρητον μεσταὶ δὲ θεοῦ πᾶσαι μὲν * ἀγυιαὶ * πᾶσαι δ' ἀνθρώπων ἀγοραὶ μεστὴ δὲ θάλασσα καὶ

ἄγχι 1

LThe. 9 22 1 ποτε δρία λαχνήεντα πονεῦσιν. ἐξ αὐτῆς δὲ μάλ' * ἄγχι * δύ' οὔρεα φαίνετ' ἐρυμνὰ ποίης τε πλήθοντα καὶ ὕλης

ἀγχόνη 2

Asen. 8 5 καὶ κωφὰ καὶ ἐσθίει ἐκ τῆς τραπέζης αὐτῶν ἄρτον * ἀγχόνης * καὶ πίνει ἐκ τῆς σπονδῆς αὐτῶν ποτήριον ἐνέδρας
Asen. 21 14 κύριε ἥμαρτον ἐνώπιόν σου πολλὰ ἥμαρτον ἄρτον * ἀγχόνης * ἔφαγον καὶ ποτήριον ἐνέδρας ἔπιον ἀπὸ τῆς

ἄγχω 2

TZab. 5 5 θήραν ἰχθύων Ἰακὼβ τῷ πατρί μου καὶ πολλῶν * ἀγχομένων * ἐν τῇ θαλάσσῃ ἐγὼ ἀβλαβὴς διέμεινα. πρῶτος ἐγὼ
TJos. 7 3 με ἔτι ὄντος ἔξω τοῦ ἀνδρὸς αὐτῆς καὶ λέγει μοι * ἄγχομαι * ἢ εἰς φρέαρ ἢ εἰς κρημνὸν ῥίπτω ἐμαυτὴν ἐὰν μὴ

ἄγω 73

Adam 37 3 Ἀχερουσίαν λίμνην καὶ ἀπέλουσεν αὐτὸν τρίτον καὶ * ἤγαγεν * αὐτὸν ἐνώπιον τοῦ θεοῦ. ἐποίησεν δὲ τρεῖς ὥρας
Adam 40 7 ὁ θεὸς ἑπτὰ ἀγγέλους εἰς τὸν παράδεισον καὶ * ἤγαγον * εὐωδίας πολλὰς καὶ ἔθεντο αὐτὰς ἐν τῇ γῇ. καὶ
Hen. 103 15 αὐτοὺς ἐφ' ἡμᾶς ἀπέκτειναν ἡμᾶς καὶ εἰς ὀλίγους * ἤγαγον. * καὶ οὐχ ὑποδεικνύουσιν περὶ τῶν πεφονευμένων
Abr.1 10 1 καὶ ὕψωσεν αὐτὸν εἰς τὸν αἰθέρα τοῦ οὐρανοῦ⟩ καὶ * ἤγαγεν * αὐτὸν ἐπὶ τῆς νεφέλης καὶ ἑξήκοντα ἀγγέλους καὶ
Abr.1 10 2 τὴν οἰκουμένην. ἑώρα δὲ Ἀβραὰμ τὸν κόσμον καθὼς * ἦγεν * ἡ ἡμέρα ἐκείνη ἄλλους μὲν εἶδεν ἀροτριῶντας ἑτέρους
Abr.1 10 2 ἀλλαχοῦ κλαίοντας ἔπειτα καὶ τεθνεῶτας ἐν μνήματι * ἀγομένους * εἶδεν δὲ καὶ νεονύμφους ὀψικευομένους καὶ
Abr.1 14 14 αὐτοὺς ἀνεκαλεσάμην καὶ εἰς ζωὴν αἰώνιον αὐτοὺς * ἤγαγον * δι' ἄκραν ἀγαθότητα ⟨διότι πρόσκαιρον κρίσιν
Abr.1 15 2 πρός με. διαστρέψας δὲ ὁ ἀρχιστράτηγος τὴν νεφέλην * ἤγαγεν * τὸν Ἀβραὰμ τὸν ἱερώτατον εἰς τὸν οἶκον αὐτοῦ καὶ
Abr.1 16 5 πρὸς τὸν φίλον μου τὸν Ἀβραὰμ καὶ λαβὲ αὐτὸν καὶ * ἄγαγε * αὐτὸν πρός με ἀλλὰ καὶ νῦν λέγω σοι μὴ ἐκφοβήσῃς
Abr.2 8 13 ὁ Ἀδὰμ ὁ πρῶτος ἄνθρωπος ὃν ἔπλασεν ὁ θεὸς καὶ * ἤγαγεν * αὐτὸν εἰς τὸν τόπον τοῦτον ὥστε θεωρῆσαι πᾶσαν
Abr.2 9 11 σώματος ἢ οὔ; ἀπεκρίθη Μιχαὴλ καὶ εἶπεν ὁ θάνατος * ἄγει * αὐτοὺς εἰς τὸν τόπον τοῦ κριτηρίου ἵνα ὁ κριτὴς
Abr.2 12 6 Ἀβραὰμ ἄκουσον αὐτοῦ ὅτι φίλος μού ἐστιν. καὶ * ἤγαγεν * αὐτὸν ἡ νεφέλη καὶ ἀτενίσας πάλιν Ἀβραὰμ εἶδεν
Abr.2 12 9 καὶ εὐθέως κατέπιεν αὐτοὺς ζῶντας ἡ γῆ. καὶ πάλιν * ἤγαγεν * αὐτοὺς ἡ νεφέλη καὶ εἶδεν Ἀβραὰμ τινας
TSim. 4 8 καὶ εἰς αἵματα παροξύνει καὶ εἰς ἔκστασιν * ἄγει * τὴν διάνοιαν καὶ οὐκ ἐᾷ τὴν σύνεσιν ἐν ἀνθρώποις
TLevi 5 3 παροικήσω ἐν μέσῳ τοῦ Ἰσραήλ. τότε ὁ ἄγγελος * ἤγαγέ * με ἐπὶ τὴν γῆν καὶ ἔδωκέ μοι ὅπλον καὶ ῥομφαίαν
TJud. 10 1 κατήλθομεν εἰς Αἴγυπτον. μετὰ ταῦτα Ἤρ ὁ υἱός μου * ἄγεται * τὴν Θαμὰρ ἐκ Μεσοποταμίας θυγατέρα Ἀράμ. ἦν δὲ
TJud. 23 3 καὶ ἐπιμιγήσεσθε ἐν βδελύγμασιν ἐθνῶν ἀνθ' ὧν * ἄξει * κύριος ἐφ' ὑμᾶς λιμὸν καὶ λοιμὸν θάνατον καὶ
TDan 5 9 οὕτως ἐπιστρέψαντες πρὸς κύριον ἐλεηθήσεσθε καὶ * ἄξει * ὑμᾶς εἰς τὸ ἁγίασμα αὐτοῦ βοῶν ὑμῖν εἰρήνην. καὶ
TAser 2 1 τοῦ κακοῦ καὶ τὸ τέλος τοῦ πράγματος εἰς κακίαν * ἄγει. * ἔστιν ἄνθρωπος--- ὅτι οὐκ οἰκτίρει λειτουργοῦντα
TJos. 13 1 ὁ δὲ Πετεφρῆς πεισθεὶς τοῖς λόγοις αὐτῆς ἐκέλευσεν * ἀχθῆναι * τὸν μετάβολον καὶ λέγει αὐτῷ τί ταῦτα ἀκούω ὅτι
TJos. 13 4 ἐπιμένοντος δὲ αὐτοῦ τοῖς λόγοις λέγει ὁ Πετεφρῆς * ἀχθήτω * ὁ νεανίσκος. καὶ εἰσαχθεὶς προσεκύνησα τῷ
TJos. 16 4 μὴ φείσασθαι χρυσίου μόνον πριάμενος τὸν παῖδα * ἄγαγε. * καὶ δίδει αὐτοῖς ὀγδοήκοντα χρυσίνους ἀντ' ἐμοῦ
Asen. 8 1 καὶ ἀνέβη ἡ μήτηρ τῆς Ἀσενὲθ εἰς τὸ ὑπερῷον καὶ * ἤγαγε * αὐτὴν καὶ ἔστησεν αὐτὴν ἐνώπιον τοῦ Ἰωσήφ. καὶ
Asen. 21 4 Φαραὼ καὶ ἐκάλεσε τὸν Πεντεφρῆ ⟨καὶ ἦλθε⟩ καὶ * ἤγαγε * τὴν Ἀσενὲθ καὶ ἔστησεν αὐτὴν ἐνώπιον Φαραώ. καὶ
Asen. 21 21 με⟩ καὶ τῇ δυνάμει αὐτοῦ ἐστήριξέ ⟨με⟩ καὶ * ἤγαγέ * με τῷ θεῷ τῶν αἰώνων καὶ τῷ ἄρχοντι τοῦ ⟨οἴκου⟩
Sal. 8 15 ἐπότισεν αὐτοὺς ποτήριον οἴνου ἀκράτου εἰς μέθην. * ἤγαγε * τὸν ἀπ' ἐσχάτου τῆς γῆς τὸν παίοντα κραταιῶς
Sal. 8 19 αὐτῆς καὶ τὸ τεῖχος Ἱερουσαλημ ὅτι ὁ θεὸς * ἤγαγεν * αὐτὸν μετὰ ἀσφαλείας ἐν τῇ πλανήσει αὐτῶν.

Sal. 17 41 αὐτοῖς ἐν τῇ νομῇ αὐτῶν. ἐν ἰσότητι πάντας αὐτοὺς * ἄξει * καὶ οὐκ ἔσται ἐν αὐτοῖς ὑπερηφανία τοῦ
Bar. 2 1 ὑποδεῖξω σοι τὰ μυστήρια τοῦ θεοῦ. καὶ λαβών με * ἤγαγέν * με ὅπου ἐστήρικται ὁ οὐρανὸς καὶ ὅπου ἦν ποταμὸς
Bar. 2 2 ξένη πνοὴ ἐκ πασῶν ὧν ἔθετο ὁ θεός. καὶ λαβών με * ἤγαγέν * με ἐπὶ τὸν πρῶτον οὐρανὸν καὶ ἔδειξέ μοι θύραν
Bar. 3 1 αὐτοὺς ὁ κύριος. καὶ λαβών με ὁ ἄγγελος κυρίου * ἤγαγέν * με εἰς δεύτερον οὐρανόν. καὶ ὑπέδειξέν μοι (ἐν)
Bar. 6 1 δείξω σοι καὶ μείζονα τούτων ἔργα. καὶ λαβών με * ἤγαγέν * με ὅπου ὁ ἥλιος ἐκπορεύεται. καὶ ἔδειξέ μοι ἅρμα
Bar. 8 1 ἔκδεξαι καὶ ὄψει καὶ τὴν δύσιν αὐτῶν. καὶ λαβών με * ἤγαγέν * με ἐπὶ δυσμάς. καὶ ὅταν ἦλθεν ὁ καιρὸς τοῦ δῦσαι
Bar. 10 1 καὶ ταῦτα πάντα μαθὼν παρὰ τοῦ ἀρχαγγέλου λαβὼν * ἤγαγέν * με εἰς τρίτον οὐρανόν. καὶ εἶδον πεδίον ἁπλοῦν
Bar. 11 1 τοῦ οὐρανοῦ. καὶ ἀπὸ τούτου λαβών με ὁ ἄγγελος * ἤγαγέν * με εἰς πέμπτον οὐρανόν. καὶ ἦν ἡ πύλη
Prop. 4 1 ἐξεχόντων τῆς βασιλικῆς ὑπηρεσίας ἀλλ' ἔτι νήπιος * ἤχθη * ἐκ τῆς Ἰουδαίας εἰς γῆν Χαλδαίων ἐγεννήθη δὲ ἐν
Prop. 22 18 τοῦτο μαθὼν ὁ βασιλεὺς Συρίας πέμπει δύναμιν * ἀγαγεῖν * τὸν προφήτην ὁ δὲ εὐξάμενος πεποίηκεν αὐτοὺς
Sedr. 11 7 ἐστολισμένοι καὶ μεγάλα κτίσματα ὑπὸ τῶν δακτύλων * ἄγονται. * τὰς παλάμας ἁπλονοῦσιν οἱ τρεῖς ἁρμοὶ καὶ τὰ
Job 7 13 αὐτῷ ὃ ποιεῖς ποίησον εἴ τι γὰρ βούλει * ἀγάγαι * μοι, ἕτοιμός εἰμι ὑποστῆναι ἅπερ ἐπιφέρεις μοι.
Aris. 9 4 καὶ ποιούμενος ἀγορασμοὺς καὶ μεταγραφὰς ἐπὶ τέλος * ἤγαγεν * ὅσον ἐφ' ἑαυτῷ τὴν τοῦ βασιλέως πρόθεσιν.
Aris. 109 4 καταμένοντες ἐφ' ἱκανὸν εἰς ἐλάττωσιν * ἦγον * τὰ τῆς ἐργασίας. ὅθεν ὁ βασιλεὺς ἵνα μὴ καταμένωσι
Aris. 188 5 ἄξιοι μετατιθεὶς ἐκ τῆς κακίας καὶ εἰς μετάνοιαν * ἄξεις. * ἐπαινέσας δὲ ὁ βασιλεὺς τὸν ἐχόμενον ἠρώτα πῶς ἂν
Aris. 205 4 τοὺς ⟨δὲ⟩ ὑποτεταγμένους εὐεργεσίᾳ πρὸς εὔνοιαν * ἄγοι * τὴν ἑαυτοῦ καὶ γὰρ ὁ θεὸς πᾶσιν αἴτιος ἀγαθῶν ἐστιν
Aris. 207 7 καὶ γὰρ ὁ θεὸς τοὺς ἀνθρώπους ἅπαντας ἐπιεικείᾳ * ἄγει. * ἐπαινέσας αὐτὸν τῷ μετ' αὐτὸν εἶπε πῶς ἂν
Aris. 247 1 λοιποῖς τοῖς κατὰ τὴν ἀγωγήν. θεὸς δὲ τὴν διάνοιαν * ἄξει * σοι βασιλεῦ πρὸς τὰ κάλλιστα. ὁ δὲ βασιλεὺς
Aris. 248 3 τέκνων ἀφροντίς τις εἴη καὶ μὴ κατὰ πάντα τρόπον * ἀγαγεῖν * σπεύδοι εὐχόμεθα γὰρ ἀεὶ πρὸς τὸν θεὸν οὐχ οὕτως
Sib. 3 124 τ' Ἀφροδίτη Δημήτηρ Ἑστίη τε εὐπλόκαμός τε Διώνη * ἤγαγον * ἐς φιλίην συναγείρασαι βασιλῆας πάντας ἀδελφειούς
Sib. 3 255 δ' ἦλθεν λαὸν ὅδ' ἡγεμονῶν ὃν ἀπ' Αἰγύπτου θεὸς * ἦγεν * εἰς τὸ ὄρος Σινᾶ καὶ τὸν νόμον οὐρανόθι πρὸ δῶκε
Sib. 3 268 φεύξῃ ἐπεὶ σοι μοῖρα λιπεῖν πέδον ἁγνὸν ὑπάρχει. * ἀχθήσῃ * δὲ πρὸς Ἀσσυρίους καὶ νήπια τέκνα ὄψει
Sib. 3 526 πολλὰ δὲ σώματα δοῦλα πρὸς ἄλλην γαῖαν ἀνάγκη * ἄξουσιν * καὶ τέκνα βαθυζώνους τε γυναῖκας ἐκ θαλάμων
Sib. 3 562 καὶ ζητεῖν ῥυστῆρα χόλου μεγάλοιο τίς ἔσται. ἀλλ' * ἄγε * καὶ μάθε τοῦτο καὶ ἐν φρεσὶ κάτθεο σῇσιν ὅσσα
Sib. 3 715 ἤμασι κείνοις ἡδὺν ἀπὸ στομάτων δὲ λόγον * ἄξουσιν * ἐν ὕμνοις δεῦτε πεσόντες ἅπαντες ἐπὶ χθονὶ
Sib. 3 793 φάτνῃ ὡς βοῦς καὶ παῖδες μάλα νήπιοι ἐν δεσμοῖσιν * ἄξουσιν * πηρὸν γὰρ ἐπὶ χθονὶ θῆρα ποιήσει. σὺν βρέφεσιν
Sib. 4 163 μετάθεσθε βροτοὶ τάδε μηδὲ πρὸς ὀργὴν παντοίην * ἀγάγητε * θεὸν μέγαν ἀλλὰ μεθέντες φάσγανα καὶ στοναχὰς
Sib. 5 1 ὅς ἐς χρόνον ἔσσεται ἀνήρ. λόγος πέμπτος. ἀλλ' * ἄγε * μοι στονόεντα χρόνον κλύε Λατινιδάων. ἤ τοι μὲν
Sib. 5 204 ἐποίησαν ἡνίκα Σιδονίοις βασιλεὺς Φοῖνιξ Γαλικανὸν * ἤγαγεν * ἐκ Συρίης πλῆθος πολὺ καὶ σε φονεύσει αὐτὴν
Sib. 5 217 κλωσάμεναι φεύγοντα δόλῳ ἰσθμοῖο παρ' ὄχθην * ἄξουσιν * μετέωρον ἕως ἐσίδωσίν ἑ πάντες τὸν πάλαι
Sib. 5 489 ἐν Αἰγύπτῳ τριταλαίνῃ. ὅσσοι δ' Αἰγύπτου πόθον * ἤγαγον * εἴς σε ἅπαντες κλαύσονταί σε κακῶς θεὸν ἄφθιτον
FJub. 4 1 ἀνήνεγκε θυσίαν τῷ θεῷ εἰκοστὸν δεύτερον ἔτος * ἄγων * κατὰ τὴν πανσέληνον τοῦ ἑβδόμου μηνὸς παρ'
FJub. 11 14 πρώτου βασιλέως τῶν Ἀσσυρίων τεσσαρακοστὸν τρίτον * ἄγοντος * ἔτος τῆς βασιλείας γεννᾶται Ἀβραάμ. Θάρρα δὲ
FAch. 107 σωτῆρα δὲ ἡμῶν ἐπικαλέσομαι. καὶ ἐκέλευσεν αὐτὸν * ἀχθῆναι. * παραγεναμένου δὲ αὐτοῦ ῥυποῦντος καὶ κομῶντος
FAch. 116 τὸ εὔθετον τῆς γλώττης (διάλεκτον) ἔφη πρὸς αὐτὸν * ἤγαγές * μοι τοὺς μέλλοντας οἰκοδομεῖν τὸν πύργον; ὁ δὲ
FPho. 110 ὑπάρχεις οὐκ ἔνι εἰς Ἅιδην ὄλβον καὶ χρήματ' * ἄγεσθαι. * πάντες ἴσον νέκυες ψυχῶν δὲ θεὸς βασιλεύει.
FPho. 199 μιγείη. μὴ δὲ γυναῖκα κακὴν πολυχρήματον οἶκαδ' * ἄγεσθαι * λατρεύσεις ἀλόχωι λυγρῆς χάριν εἵνεκα φερνῆς.
FPho. 205 ἀπαναίνεται ἀφνεὸν ὄντα. μηδὲ γάμωι γάμον ἄλλον * ἄγοις * ἔπι πήματι πῆμα. μηδ' ἀμφὶ κτεάνων συνομαίμοσιν
IDip. 5 121 2 δοκεῖ πονηρὰ καὶ δοκῶν ἁλίσκεται ὅταν σχολὴν * ἄγουσα * τυγχάνῃ Δίκη. ὁρᾶτε ὅσοι δοκεῖτε οὐκ εἶναι θεόν.
HEup. 9 32 1 σοῦ ἐπιστολὴν σφόδρα ἐχάρην καὶ λαμπρὰν ἡμέραν * ἤγαγον * ἐγώ τε καὶ ἡ δύναμίς μου πᾶσα ἐπὶ τῷ παρειληφέναι
HEup. 9 34 7 λυχνίας χρυσᾶς ⟨δέκα⟩ δέκα τάλαντα ἑκάστην ὁλκὴν * ἀγούσας * ὑπόδειγμα λαβόντα τὴν ὑπὸ Μωυσέως ἐν τῇ σκηνῇ
HArt. 9 27 21 καὶ τοὺς Ἰουδαίους διασώσαντα εἰς τὴν ἀρχαίαν * ἀγαγεῖν * πατρίδα. τὸν δὲ θαρρήσαντα δύναμιν πολεμίαν
HCal. 24 45 λαβόντες δὲ χρημάτων πλήθη ἔν τε χρυσῷ καὶ ἀργύρῳ * ἤγαγον * πρὸς τὸν Ἀλέξανδρον. ὁ δὲ οὐκ ἠθέλησε λαβεῖν
LThe. 9 22 6 τέτυκται γαμβροὺς ἄλλοθεν εἴς γε νυούς τ' * ἀγέμεν * ποτὶ δῶμα ἀλλ' ὅστις γενεῆς ἐξεύχεται εἶναι
LEze. 9 28 3 02 ἀπ' ἠόνος. ἐπεὶ δὲ καιρὸς νηπίων παρῆλθέ μοι * ἤγαγέ * με μήτηρ βασιλίδος πρὸς δώματα ἅπαντα μυθεύσασα
FrAn. 1 227 14 - - Ιω⟩σηφ προστεθεικατε⟨ - ⟩του ακμην εχω το τ⟨ - * α⟩γαγετε * μοι τουτου ο⟨ ⟩μενοι νυν αντερει το⟨ - ⟩δυα

ἀγωγή 7
Aris. 8 3 ὠφέλειαν οὐκ ἔχει τὴν αὐτὴν ὅσον ἡ παιδείας * ἀγωγὴ * καὶ ἡ περὶ τούτων φροντίς. ἵνα δὲ μὴ περὶ τῶν
Aris. 43 3 καὶ ἀγαθοὶ καὶ παιδείᾳ διαφέροντες καὶ τῆς σῆς * ἀγωγῆς * καὶ δικαιοσύνης ἄξιοι κατὰ πάντα οἳ καὶ μετέδωκαν
Aris. 124 4 καθ' ὃν ἂν τόπον ὀνομασθῇ τις ἄνθρωπος διαφέρων * ἀγωγῇ * καὶ φρονήσει παρ' ἑτέρους. μετείληφα γὰρ καλῶς
Aris. 235 3 παρόντων μάλιστα δὲ τῶν φιλοσόφων. καὶ γὰρ ταῖς * ἀγωγαῖς * καὶ τῷ λόγῳ πολὺ προέχοντες αὐτῶν ἦσαν ὡς ἂν ἀπὸ
Aris. 246 4 ὁ δὲ ἀπεφήνατο πρὸς τοῦτο εἰ παρατηροῖτο τὴν * ἀγωγὴν * ἐλευθέριον οὖσαν καὶ τὴν εὐταξίαν διαμένουσαν ἐν
Aris. 246 7 ταῖς φιλοφρονήσεσι καὶ τοῖς λοιποῖς τοῖς κατὰ τὴν * ἀγωγήν. * θεὸς δὲ τὴν διάνοιαν ἄξει σοι βασιλεῦ πρὸς τὰ
Aris. 280 3 ὃς δὲ εἶπεν ὅσοι μισοπονηρίαν ἔχουσι καὶ τὴν * ἀγωγὴν * αὐτοῦ μιμούμενοι πρὸς τὸ διὰ παντὸς εὐδοξίαν

ἀγών 3
Aris. 14 6 δι' ἃς ἐπεποίηντο χρείας ἐν τοῖς πολεμικοῖς * ἀγῶσιν * ἡμεῖς δὲ ἐπεί τινα παρεύρεσιν εἰς τὴν ἀπόλυσιν
Sib. 3 325 πικρὸν ἐς ἦμαρ. ἥξετε καὶ χαλεποῖο διωκόμεναι ὑπ' * ἀγῶνος * δεινοῦ καὶ χαλεποῦ δεινὴ κρίσις ἔσσεται αὖτις καὶ
Sib. 3 739 ἐν στήθεσσιν θυμὸν ὑπερφίαλον στείλας πρὸς * ἀγῶνα * κραταιόν. καὶ δούλευε θεῷ μεγάλῳ ἵνα τῶνδε

ἀγωνίζομαι 4
TAser 6 2 πνεύματα τῆς πλάνης μισήσατε τὰ κατὰ τῶν ἀνθρώπων * ἀγωνιζόμενα. * τὸν νόμον κυρίου φυλάξατε καὶ μὴ προσέχετε
TJos. 2 2 Φαραὼ ἐπίστευσέ μοι τὸν οἶκον αὐτοῦ. καὶ * ἠγωνισάμην * πρὸς γυναῖκα ἀναιδῆ ἐπείγουσάν με παρανομεῖν
Jer. 7 12 τοῦ οὐρανοῦ καὶ βούλωνται πολεμῆσαι μετὰ σοῦ * ἀγώνισαι * ὁ κύριος δώῃ σοι δύναμιν. καὶ μὴ ἐκκλίνῃς εἰς
Aris. 273 6 οὐδὲν εἴργασται τῶν ὑποτεταγμένων οὐθενὶ πάντες δὲ * ἀγωνιοῦνται * περὶ τῶν εὐεργετημάτων εἰδότες κἂν ἐκ τοῦ

ἀδαήμων 1
FPho. 86 ἵν' ἔχῃς πάλι τῆσδε νεοσσούς. μηδέποτε κρίνειν * ἀδαήμονας * ἄνδρας ἐάσῃς. ⟨μηδὲ δίκην δικάσῃς πρὶν ⟨ἂν⟩

ἀδαής 1
Asen. 13 13 μοι διότι ἥμαρτόν σοι ἐν ἀγνοίᾳ παρθένος οὖσα καὶ * ἀδαὴς * πεπλάνημαι καὶ λελάληκα βλάσφημα εἰς τὸν κύριόν

Ἀδαῖος 1
Aris. 47 3 Ἐλισσαῖος. δευτέρας Ἰούδας Σίμων Σομόηλος * Ἀδαῖος * Ματταθίας Ἐσχλεμίας. τρίτης Νεεμίας Ἰώσηφος

Ἀδάμ 124
Adam 1 διήγησις καὶ πολιτεία * Ἀδὰμ * καὶ Εὔας τῶν πρωτοπλάστων ἀποκαλυφθεῖσα παρὰ θεοῦ
Adam 1 1 Μιχαήλ. κύριε εὐλόγησον. αὕτη ἡ διήγησις * Ἀδὰμ * καὶ Εὔας. μετὰ τὸ ἐξελθεῖν αὐτοὺς ἐκ τοῦ
Adam 1 2 μετὰ τὸ ἐξελθεῖν αὐτοὺς ἐκ τοῦ παραδείσου ἔλαβεν * Ἀδὰμ * Εὔαν καὶ ἀνῆλθεν εἰς τὴν ἀνατολὴν καὶ ἔμεινεν ἐκεῖ
Adam 2 1 Ἄβελ. καὶ μετὰ ταῦτα ἐγένοντο μετ' ἀλλήλων * Ἀδὰμ * καὶ Εὔα. κοιμωμένων δὲ αὐτῶν εἶπεν Εὔα τῷ κυρίῳ
Adam 2 1 Εὔα. κοιμωμένων δὲ αὐτῶν εἶπεν Εὔα τῷ κυρίῳ αὐτῆς * Ἀδὰμ * κύριέ μου ἴδον ἐγὼ κατ' ὄναρ τῇ νυκτὶ ταύτῃ τὸ
Adam 2 4 αὐτοῦ ἀλλ' ἐξῆλθεν ἔξω τοῦ στόματος αὐτοῦ. εἶπε δὲ * Ἀδὰμ * ἀναστάντες πορευθῶμεν καὶ ἴδωμεν τί ἐστι τὸ
Adam 3 2 καὶ λέγει ὁ θεὸς Μιχαὴλ τῷ ἀρχαγγέλῳ εἰπὲ τῷ * Ἀδὰμ * ὅτι τὸ μυστήριον ὃ οἶδας μὴ ἀναγγείλῃς Κάϊν τῷ υἱῷ
Adam 3 3 αὐτῷ μηδέν. ταῦτα εἶπεν ὁ θεὸς τῷ ἀρχαγγέλῳ αὐτοῦ. * Ἀδὰμ * δὲ ἐφύλαξεν τὸ ῥῆμα ἐν τῇ καρδίᾳ αὐτοῦ μετ' αὐτοῦ
Adam 4 1 περὶ Ἄβελ τοῦ υἱοῦ αὐτῶν. μετὰ δὲ ταῦτα ἔγνω * Ἀδὰμ * τὴν γυναῖκα αὐτοῦ καὶ ἐν γαστρὶ ἔσχεν καὶ
Adam 4 2 ἐν γαστρὶ ἔσχεν καὶ ἐγέννησεν τὸν Σήθ. καὶ λέγει * Ἀδὰμ * τῇ Εὔᾳ ἰδοὺ ἐγεννήσαμεν υἱὸν ἀντὶ Ἄβελ ὃν
Adam 5 1 Κάϊν. δώσωμεν δόξαν καὶ θυσίαν τῷ θεῷ. ἐποίησεν δὲ * Ἀδὰμ * υἱοὺς τριάκοντα καὶ θυγατέρας τριάκοντα. ἔζησεν δὲ
Adam 5 1 υἱοὺς τριάκοντα καὶ θυγατέρας τριάκοντα. ἔζησεν δὲ * Ἀδὰμ * ἔτη ἐνακόσια τριάκοντα. καὶ περιπεσὼν εἰς νόσον
Adam 5 4 τῷ θεῷ. εἶπε δὲ αὐτῷ Σὴθ ὁ υἱὸς αὐτοῦ πάτερ * Ἀδὰμ * τί σοί ἐστιν νόσος; καὶ λέγει τεκνία μου πόνος
Adam 6 3 σοι ἵνα καταπαύσῃ ὁ πόνος ἀπὸ σοῦ. λέγει αὐτῷ ὁ * Ἀδὰμ * οὐχὶ υἱέ μου Σὴθ ἀλλὰ νόσον καὶ πόνους ἔχω. λέγει
Adam 7 1 αὐτῷ Σὴθ καὶ πῶς σοι ἐγένοντο; εἶπε δὲ αὐτῷ ὁ * Ἀδὰμ * ὅτε ἐποίησεν ἡμᾶς ὁ θεὸς ἐμέ τε καὶ τὴν μητέρα
Adam 8 1 τὸν θρόνον αὐτοῦ καὶ ἐκάλησε φωνῇ φοβερᾷ λέγων * Ἀδὰμ * ποῦ εἶ καὶ ἵνα τί κρύβῃ σε ἀπὸ προσώπου μου; μὴ
Adam 9 1 πληγαὶ παρακολουθοῦσαι τῷ σώματι. ταῦτα δὲ λέγων ὁ * Ἀδὰμ * τοῖς υἱοῖς αὐτοῦ ἀνεστέναξε μέγα καὶ εἶπεν τί
Adam 9 2 λύπη εἰμί; ἔκλαυσε δὲ ἡ Εὔα λέγουσα κύριέ μου * Ἀδὰμ * δός μοι τὸ ἥμισυ τῆς νόσου σου καὶ ὑπενέγκω αὐτὸ
Adam 9 3 σοι γέγονεν δι' ἐμὲ ἐν καμάτοις τυγχάνεις. εἶπε δὲ * Ἀδὰμ * τῇ Εὔᾳ ἀνάστα καὶ πορεύου μετὰ τοῦ υἱοῦ ἡμῶν Σὴθ
Adam 13 2 ξύλου ἐν ᾧ ῥέει τὸ ἔλαιον ἀλεῖψαι τὸν πατέρα σου * Ἀδάμ. * οὐ γενήσεταί σοι νῦν ἀλλ' ἐπ' ἐσχάτων τῶν ἡμερῶν.
Adam 13 3 ἐσχάτων τῶν ἡμερῶν. τότε ἀναστήσεται πᾶσα σὰρξ ἀπὸ * Ἀδὰμ * ἕως τῆς ἡμέρας ἐκείνης τῆς μεγάλης ὅσοι ἔσονται
Adam 14 1 ἦλθε δὲ Σὴθ καὶ ἡ Εὔα εἰς τὴν σκηνὴν ὅπου ἔκειτο ὁ * Ἀδάμ. * λέγει δὲ Ἀδὰμ τῇ Εὔᾳ ὦ Εὔα τί κατειργάσω ἐν
Adam 14 2 ἡ Εὔα εἰς τὴν σκηνὴν ὅπου ἔκειτο ὁ Ἀδάμ. λέγει δὲ * Ἀδὰμ * τῇ Εὔᾳ ὦ Εὔα τί κατειργάσω ἐν ἡμῖν; ἐπήνεγκας ἐφ'
Adam 14 3 θάνατος κατακυριεύων παντὸς τοῦ γένους ἡμῶν. λέγει * Ἀδὰμ * τῇ Εὔᾳ κάλεσον πάντα τὰ τέκνα ἡμῶν καὶ τὰ τέκνα
Adam 15 3 δύσιν. ἐπορεύθη δὲ ὁ διάβολος εἰς τὸν κλῆρον τοῦ * Ἀδὰμ * ὅπου ἦν τὰ θηρία ἐπειδὴ τὰ θηρία ἐμέρισεν ὁ θεός.
Adam 16 3 ἐλαχιστότερον. διά τί ἐσθίεις ἐκ τῶν ζιζανίων τοῦ * Ἀδὰμ * καὶ τῆς γυναικὸς αὐτοῦ καὶ οὐχὶ ἐκ τοῦ παραδείσου;
Adam 21 1 φυτὸν ἐξ οὗ ἔφαγον. καὶ ἐβόησα αὐτῇ τῇ ὥρᾳ λέγουσα * Ἀδὰμ * Ἀδὰμ ποῦ εἶ; ἀνάστα ἐλθὲ πρός με καὶ δείξω σοι
Adam 21 1 ἐξ οὗ ἔφαγον. καὶ ἐβόησα αὐτῇ τῇ ὥρᾳ λέγουσα Ἀδὰμ * Ἀδὰμ * ποῦ εἶ; ἀνάστα ἐλθὲ πρός με καὶ δείξω σοι μέγα
Adam 21 3 ἠρξάμην νουθετεῖν αὐτὸν λέγουσα δεῦρο κύριέ μου * Ἀδὰμ * ἐπάκουσόν μου καὶ φάγε ἀπὸ τοῦ καρποῦ τοῦ δένδρου
Adam 22 2 καὶ ἀκούσατε τοῦ κρίματος ἐν ᾧ κρινῶ τὸν * Ἀδάμ. * καὶ ὡς ἠκούσαμεν τοῦ ἀρχαγγέλου σαλπίζοντος
Adam 22 3 τὸν παράδεισον ἐξήνθησαν τὰ φυτὰ τοῦ κλήρου τοῦ * Ἀδὰμ * καὶ τὰ ἐμὰ πάντα ἐστερεῖτο. καὶ ὁ θρόνος τοῦ θεοῦ
Adam 23 1 ὅπου ἦν τὸ ξύλον τῆς ζωῆς. καὶ ἐκάλεσεν ὁ θεὸς τὸν * Ἀδὰμ * λέγων Ἀδὰμ ποῦ ἐκρύβης; νομίζεις ὅτι οὐχ εὑρίσκω
Adam 23 1 τῆς ζωῆς. καὶ ἐκάλεσεν ὁ θεὸς τὸν Ἀδὰμ λέγων * Ἀδὰμ * ποῦ ἐκρύβης; νομίζεις ὅτι οὐχ εὑρίσκω σε; μὴ

| | | | | | |
|---|---|---|---|---|---|
| Adam | 23 | 4 | μου ἣν παρέδωκά σοι τοῦ φυλάξαι αὐτήν; τότε | * Ἀδὰμ * | ἐμνήσθη τοῦ λόγου οὗ ἐλάλησα αὐτῷ ὅτε ἤθελον |
| Adam | 24 | 1 | εἶπον ὅτι ὁ ὄφις ἠπάτησέ με. καὶ λέγει ὁ θεὸς τῷ | * Ἀδὰμ * | ἐπειδὴ παρήκουσας τὴν ἐντολήν μου καὶ ἤκουσας τῆς |
| Adam | 27 | 2 | δὲ ἡμῶν καὶ ὀδυρομένων παρεκάλεσεν ὁ πατὴρ ὑμῶν | * Ἀδὰμ * | τοὺς ἀγγέλους λέγων ἐάσατέ με μικρὸν ὅπως |
| Adam | 27 | 3 | αὐτοὶ δὲ ἐπαύσαντο τοῦ ἐλαύνειν αὐτόν. ἐβόησεν δὲ | * Ἀδὰμ * | μετὰ κλαυθμοῦ λέγων συγχώρησόν μοι κύριε ὃ |
| Adam | 27 | 4 | τοῖς ἀγγέλοις αὐτοῦ τί ἐπαύσασθε ἐκβάλλοντες τὸν | * Ἀδὰμ * | ἐκ τοῦ παραδείσου; μὴ ἐμόν ἐστι τὸ ἁμάρτημα ἢ |
| Adam | 28 | 1 | κύριε καὶ εὐθύτητας κρίνεις. στραφεὶς δὲ πρὸς τὸν | * Ἀδὰμ * | εἶπεν οὐκ ἀφήσω σε ἀπὸ τοῦ νῦν εἶναι ἐν τῷ |
| Adam | 28 | 2 | τοῦ νῦν εἶναι ἐν τῷ παραδείσῳ. καὶ ἀποκριθεὶς ὁ | * Ἀδὰμ * | εἶπεν κύριε δός μοι ἐκ τοῦ φυτοῦ τῆς ζωῆς ἵνα φάγω |
| Adam | 28 | 3 | ἢ ἐκβληθῆναί με. τότε ὁ κύριος ἐλάλησεν πρὸς τὸν | * Ἀδὰμ * | οὐ λήψει νῦν ἀπ' αὐτοῦ. ὡρίσθη γὰρ τῷ Χερουβὶμ καὶ |
| Adam | 29 | 2 | λέγουσιν οἱ ἄγγελοι αὐτῷ τί θέλεις ποιήσωμέν σοι | * Ἀδάμ; * | ἀποκριθεὶς δὲ ὁ πατὴρ ὑμῶν εἶπεν τοῖς ἀγγέλοις |
| Adam | 29 | 4 | τῷ κυρίῳ Ἰαὴλ αἰώνιε βασιλεῦ κέλευσον δοθῆναι τῷ | * Ἀδὰμ * | θυμιάματα εὐωδίας ἐκ τοῦ παραδείσου. καὶ ἐκέλευσεν |
| Adam | 29 | 5 | τοῦ παραδείσου. καὶ ἐκέλευσεν ὁ θεὸς ἐαθῆναι τὸν | * Ἀδὰμ * | ἵνα λάβῃ εὐωδίας καὶ σπέρματα εἰς διατροφὴν αὐτοῦ. |
| Adam | 29 | 7 | καὶ μετὰ ἑπτὰ ἡμέρας ἐπεινάσαμεν. καὶ εἶπον τῷ | * Ἀδὰμ * | ἀνάστα καὶ φρόντισον ἡμῖν βρώματα ἵνα φάγωμεν καὶ |
| Adam | 29 | 8 | ἐκείνην καὶ οὐχ εὕρομεν. καὶ ἀποκριθεῖσα εἶπον τῷ | * Ἀδὰμ * | ἀνάστα κύριε καὶ ἀναλῶσόν με ἵνα ἀναπαύσωμαι ἀπὸ |
| Adam | 29 | 9 | τοῦ ὀργίζεσθαί σοι δι' ἐμοῦ. τότε ἀποκριθεὶς ὁ | * Ἀδὰμ * | εἶπεν μοι τί ἐμνήσθης τῆς κακίας ταύτης ἵνα φόνον |
| Adam | 29 | 11 | καὶ τὰ χεῖλα ἡμῶν οὐκ ἔστι καθαρά. ἐπορεύθη δὲ | * Ἀδὰμ * | εἰς τὸν Ἰορδάνην ποταμὸν καὶ ἡ θρὶξ τῆς κεφαλῆς |
| Adam | 29 | 11 | καὶ πάντα τὰ ποιήματα τοῦ θεοῦ ἐκύκλωσαν τὸν | * Ἀδὰμ * | ὡς τεῖχος κύκλῳ αὐτοῦ κλαίοντες καὶ προσευχόμενοι |
| Adam | 29 | 11 | αὐτοῦ κλαίοντες καὶ προσευχόμενοι τῷ θεῷ ὑπὲρ τοῦ | * Ἀδὰμ * | ὅπως εἰσακούσηται αὐτοῦ ὁ θεός. ὁ δὲ διάβολος μὴ |
| Adam | 29 | 12 | αὐτοῦ ὁ θεός. ὁ δὲ διάβολος μὴ εὑρὼν τόπον εἰς τὸν | * Ἀδὰμ * | ἐπορεύθη εἰς τὸν Τίγριν ποταμὸν πρός με. καὶ λαβὼν |
| Adam | 31 | 1 | δὲ εἰποῦσα ἐν μέσῳ τῶν υἱῶν αὐτῆς κοιμωμένου τοῦ | * Ἀδὰμ * | ἐν τῇ νόσῳ αὐτοῦ ἄλλην δὲ εἶχεν μίαν ἡμέραν |
| Adam | 31 | 2 | ἡμέραν ἐξελθεῖν ἐκ τοῦ σώματος αὐτοῦ. καὶ λέγει τῷ | * Ἀδὰμ * | ἡ Εὕα διά τί ἀποθνήσκεις κἀγὼ ζῶ ἢ πόσον χρόνον |
| Adam | 31 | 3 | μετὰ θάνατόν σου ἀνάγγειλόν μοι; τότε λέγει ὁ | * Ἀδὰμ * | τῇ Εὕᾳ μὴ θέλε φροντίζειν περὶ πραγμάτων οὐ γὰρ |
| Adam | 32 | 4 | λέγων ἀνάστα Εὕα ἐκ τῆς μετανοίας σου. ἰδοὺ γὰρ ὁ | * Ἀδὰμ * | ὁ ἀνήρ σου ἐξῆλθεν ἀπὸ τοῦ σώματος αὐτοῦ. ἀνάστα |
| Adam | 33 | 3 | τὸ ἅρμα. ὅτε δὲ ἦλθεν ὅπου ἔκειτο ὁ πατὴρ ὑμῶν | * Ἀδὰμ * | ἔστη τὸ ἅρμα καὶ τὰ Σεραφὶμ ἀνὰ μέσον τοῦ πατρὸς |
| Adam | 34 | 2 | ποτε τινὸς καὶ πῶς δέονται ὑπὲρ τοῦ πατρός σου | * Ἀδάμ. * | τότε ἀνέστη Σὴθ καὶ ἦλθεν πρὸς τὴν μητέρα αὐτοῦ |
| Adam | 36 | 1 | προσπίπτοντες καὶ εὐχόμενοι ὑπὲρ τοῦ πατρός μου | * Ἀδάμ. * | λέγει αὐτῷ ἡ Εὕα καὶ ποῦ ἐστιν τὸ φῶς αὐτῶν καὶ |
| Adam | 37 | 2 | αὐτοῦ ὅτι ἠλέησεν τὸ πλάσμα τῶν χειρῶν αὐτοῦ | * Ἀδάμ. * | ὅτε δὲ εἶπον τὰς φωνὰς ταύτας οἱ ἄγγελοι ἰδοὺ |
| Adam | 37 | 3 | ἦλθεν ἓν τῶν Σεραφὶμ ἐξαπτερύγων καὶ ἥρπασεν τὸν | * Ἀδὰμ * | καὶ ἀπήγαγεν αὐτὸν εἰς τὴν Ἀχερουσίαν λίμνην καὶ |
| Adam | 37 | 4 | τῶν ὅλων καθήμενος ἐπὶ θρόνου αὐτοῦ καὶ ἦρεν τὸν | * Ἀδὰμ * | καὶ παρέδωκεν αὐτὸν τῷ ἀρχαγγέλῳ Μιχαὴλ λέγων ἆρον |
| Adam | 37 | 6 | ἧς ποιήσω εἰς τὸν κόσμον. τότε ὁ Μιχαὴλ ἦρεν τὸν | * Ἀδὰμ * | καὶ ἀφῆκεν αὐτὸν ὅπου εἶπεν αὐτῷ ὁ θεός. καὶ |
| Adam | 37 | 6 | ὕμνον ἀγγελικὸν θαυμάζοντες ἐπὶ τῇ συγχωρήσει τοῦ | * Ἀδάμ. * | μετὰ δὲ τὴν γεγενομένην χαρὰν τοῦ Ἀδὰμ ἐβόησεν |
| Adam | 38 | 1 | τοῦ Ἀδάμ. μετὰ δὲ τὴν γεγενομένην χαρὰν τοῦ | * Ἀδὰμ * | ἐβόησεν πρὸς τὸν πατέρα ὁ ἀρχάγγελος Μιχαὴλ διὰ |
| Adam | 38 | 1 | πρὸς τὸν πατέρα ὁ ἀρχάγγελος Μιχαὴλ διὰ τὸν | * Ἀδάμ. * | καὶ ἐλάλησεν ὁ πατὴρ πρὸς αὐτὸν ἵνα συναχθῶσιν |
| Adam | 38 | 3 | αὐτὸν καὶ ἐλθόντες ἐπὶ τὴν γῆν ὅπου ἦν τὸ σῶμα τοῦ | * Ἀδάμ. * | καὶ ἦλθον εἰς τὸν παράδεισον καὶ ἐκινήθησαν πάντα |
| Adam | 38 | 4 | ὡς πάντας ἀνθρώπους γεγεννημένους ἐκ τοῦ | * Ἀδὰμ * | νυστάξαι ἀπὸ τῆς εὐωδίας χωρὶς τοῦ Σὴθ μόνου ὅτι |
| Adam | 39 | 1 | καθορῶν τοῦ θεοῦ. καὶ ἦλθεν πρὸς τὸ σῶμα τοῦ | * Ἀδὰμ * | καὶ ἐλυπήθη σφόδρα ἐπ' αὐτῷ. καὶ λέγει αὐτῷ ὁ θεὸς |
| Adam | 39 | 1 | καὶ ἐλυπήθη σφόδρα ἐπ' αὐτῷ. καὶ λέγει αὐτῷ ὁ θεὸς | * Ἀδὰμ * | τί τοῦτο ἐποίησας; εἰ ἐφύλαξας τὴν ἐντολήν μου οὐκ |
| Adam | 40 | 2 | Οὐριὴλ στρώσατε σινδόνας καὶ σκεπάσατε τὸ σῶμα τοῦ | * Ἀδὰμ * | καὶ ἐνεγκόντες ἔλαιον ἐκ τοῦ ἐλαίου τῆς εὐωδίας |
| Adam | 40 | 3 | μεγάλοι ἄγγελοι. ὅτε δὲ ἐτέλεσαν κηδεύοντες τὸν | * Ἀδὰμ * | εἶπεν ὁ θεὸς ἐνεχθῆναι καὶ τὸ σῶμα τοῦ Ἄβελ. καὶ |
| Adam | 40 | 5 | καὶ ἔθεντο αὐτὸν ἐπὶ τὴν πέτραν ἕως οὗ ἐτάφη | * Ἀδὰμ * | ὁ πατὴρ αὐτοῦ. καὶ προσέταξεν ὁ θεὸς μετὰ τὸ |
| Adam | 40 | 6 | τὸν τόπον ὅπου ἦρεν χοῦν ὁ θεὸς καὶ ἔπλασεν τὸν | * Ἀδάμ. * | καὶ ἐποίησεν ὀρυγῆναι τῶν δύο τὸν τόπον. καὶ |
| Adam | 41 | 1 | καὶ ᾠκοδόμησαν αὐτοί. ἐκάλεσεν δὲ ὁ θεὸς τὸν | * Ἀδὰμ * | καὶ εἶπεν Ἀδὰμ Ἀδάμ. ἀπεκρίθη τὸ σῶμα ἐκ τῆς γῆς |
| Adam | 41 | 1 | αὐτοί. ἐκάλεσεν δὲ ὁ θεὸς τὸν Ἀδὰμ καὶ εἶπεν | * Ἀδὰμ * | Ἀδάμ. ἀπεκρίθη τὸ σῶμα ἐκ τῆς γῆς καὶ εἶπεν ἰδοὺ |
| Adam | 41 | 1 | ἐκάλεσεν δὲ ὁ θεὸς τὸν Ἀδὰμ καὶ εἶπεν Ἀδὰμ | * Ἀδάμ. * | ἀπεκρίθη τὸ σῶμα ἐκ τῆς γῆς καὶ εἶπεν ἰδοὺ ἐγὼ |
| Adam | 42 | 3 | ἔτι δὲ ζώσης αὐτῆς ἔκλαυσεν περὶ τῆς κοιμήσεως τοῦ | * Ἀδάμ. * | οὐ γὰρ ἐγίνωσκεν ποῦ ἐτέθη ἐπειδὴ ἐν τῷ ἐλθεῖν |
| Adam | 42 | 3 | τὸν κύριον ἐπὶ τὸν παράδεισον πρὸς τὸ κηδεῦσαι τὸν | * Ἀδὰμ * | ἐκοιμήθησαν ἅπαντες ἕως οὗ ἐτέλεσεν τοῦ κηδεῦσαι |
| Adam | 42 | 3 | ἅπαντες ἕως οὗ ἐτέλεσεν τοῦ κηδεῦσαι τὸν | * Ἀδὰμ * | πλὴν τοῦ Σὴθ μόνου καὶ οὐδεὶς ἐγίνωσκεν ἐπὶ τῆς |
| Adam | 42 | 4 | Εὕα κλαίουσα ἵνα ταφῇ εἰς τὸν τόπον ὅπου ἦν | * Ἀδὰμ * | ὁ ἀνὴρ αὐτῆς. μετὰ δὲ τὸ τελέσαι αὐτῆς τὴν εὐχὴν |
| Adam | 42 | 5 | θεὲ πάσης ἀρετῆς μὴ ἀπαλλοτριώσῃς με τοῦ σώματος | * Ἀδὰμ * | ἐξ οὗ ἦρές με ἐκ τῶν μελῶν αὐτοῦ. ἀλλὰ ἀξίωσον |
| Adam | 43 | 1 | τὸ σῶμα αὐτῆς καὶ ἔθαψαν αὐτὸ ὅπου ἦν τὸ σῶμα τοῦ | * Ἀδὰμ * | καὶ τοῦ Ἄβελ. καὶ μετὰ ταῦτα ἐλάλησεν ὁ Μιχαὴλ τῷ |
| Abr.1 | 8 | 9 | ἄγγελόν μου); ἢ οὐκ οἶδας ὅτι πάντες οἱ ἀπὸ τοῦ | * Ἀδὰμ * | (καὶ τῆς Εὕας) ἀπέθανον; καὶ οὐδέ οἱ βασιλεῖς |
| Abr.1 | 11 | 9 | δὲ ὁ ἀρχιστράτηγος οὗτός ἐστιν ὁ πρωτόπλαστος | * Ἀδὰμ * | καὶ κάθηται ὧδε ἐν τῇ αὐτοῦ δόξῃ καὶ βλέπει τὸν |
| Abr.1 | 11 | 10 | (ἀπέρχονται) καὶ διὰ τοῦτο χαίρει ὁ πρωτόπλαστος | * Ἀδὰμ * | διότι θεωρεῖ τὰς ψυχὰς σωζομένας ὅτε δὲ ἴδῃ πολλὰς |
| Abr.1 | 11 | 11 | κόλασιν τὴν αἰώνιον καὶ διὰ τοῦτο ὁ πρωτόπλαστος | * Ἀδὰμ * | ἀνίσταται ἀπὸ τοῦ θρόνου αὐτοῦ κλαίων καὶ |
| Abr.2 | 8 | 12 | ὁ ἀνὴρ ὁ καθεζόμενος ἐν μέσῳ αὐτῶν οὗτός ἐστιν ὁ | * Ἀδὰμ * | ὁ πρῶτος ἄνθρωπος ὃν ἔπλασεν ὁ θεὸς καὶ ἤγαγεν |
| TSim. | 6 | 5 | ἐπὶ γῆς ὡς ἄνθρωπος καὶ σῴζων ἐν αὐτῷ τὸν | * Ἀδάμ. * | τότε δοθήσονται πάντα τὰ πνεύματα τῆς πλάνης εἰς |
| TLevi | 18 | 10 | καὶ στήσει τὴν ἀπειλοῦσαν ῥομφαίαν κατὰ τοῦ | * Ἀδὰμ * | καὶ δώσει τοῖς ἁγίοις φαγεῖν ἐκ τοῦ ξύλου τῆς ζωῆς |
| Bar. | 4 | 8 | δέομαί σου δεῖξόν μοι τί τὸ ξύλον τὸ πλανῆσαν τὸν | * Ἀδάμ; * | καὶ εἶπεν ὁ ἄγγελος ἡ ἄμπελός ἐστιν ἣν ἐφύτευσεν |
| Bar. | 4 | 8 | αὐτοῦ. ἐν ᾧ καὶ διὰ τοῦτο οὐ συνεχώρησεν τὸν | * Ἀδὰμ * | ἅψασθαι αὐτοῦ. καὶ διὰ τοῦτο φθονήσας ὁ διάβολος |
| Bar. | 4 | 13 | ἐκείνου. καὶ εἶπεν ἆρα φυτεύσω αὐτὸ ἢ τί; ἐπεὶ | * Ἀδὰμ * | δι' αὐτοῦ ἀπώλετο μὴ καὶ αὐτὸς ὀργῆς θεοῦ ἐπιτύχω |
| Bar. | 4 | 16 | εἴσοδον. γίνωσκε τοιγαροῦν ὦ Βαρούχ ὅτι ὥσπερ ὁ | * Ἀδὰμ * | δι' αὐτοῦ τοῦ ξύλου τὴν καταδίκην ἔλαβεν καὶ τῆς |
| Bar. | 4 | 16 | αὐτοῦ γεννώμενον οἶνον ἀπλήστως δρῶντες χεῖρον τοῦ | * Ἀδὰμ * | τὴν παράβασιν ἀπεργάζονται καὶ τῆς τοῦ θεοῦ δόξης |
| Bar. | 9 | 7 | θεοῦ ὡς οὐκ ἄλλη. καὶ ἐν τῇ παραβάσει τοῦ πρώτου | * Ἀδὰμ * | παρῆψε τῷ Σαμαὴλ ὅτε τὸν ὄφιν ἔλαβεν ἔνδυμα οὐκ |
| Esdr. | 2 | 10 | καὶ εἶπεν ὁ προφήτης τὸν πρωτόπλαστον | * Ἀδὰμ * | τὸν πρῶτον τίς ἐποίησεν; καὶ εἶπεν ὁ θεὸς αἱ |
| Esdr. | 7 | 2 | τάφῳ κατετέθην καὶ τοὺς ἐκλεκτούς μου ἀνέστησα τὸν | * Ἀδὰμ * | ἐκ τοῦ ᾅδου ἀνεκαλεσάμην ἵνα τὸ τῶν ἀνθρώπων γένος |
| Sedr. | 4 | 4 | λέγει αὐτὸν ὁ θεὸς ἐγὼ ἐποίησα τὸν πρωτόπλαστον | * Ἀδὰμ * | καὶ ἔθηκα αὐτὸν ἐν τῷ παραδείσῳ ἐν μέσῳ τοῦ φυτοῦ |
| Sedr. | 5 | 1 | αὐτῷ Σεδρὰχ σοῦ θελήματος ἠπατήθη δέσποτά μου ὁ | * Ἀδάμ. * | σὺ ἐκέλευσας τοὺς ἀγγέλους σου τὸν Ἀδὰμ |
| Sedr. | 5 | 2 | μου ὁ Ἀδάμ. σὺ ἐκέλευσας τοὺς ἀγγέλους σου τὸν | * Ἀδὰμ * | προσκυνεῖν αὐτὸς δὲ ὁ πρῶτος τῶν ἀγγέλων |
| Sedr. | 7 | 4 | τί ἀπέβαλες λόγους πρός με Σεδράχ; ἐγὼ ἔπλασα τὸν | * Ἀδὰμ * | καὶ τὴν γυναῖκα αὐτοῦ καὶ τὸν ἥλιον καὶ εἶπα ἴδετε |
| Sedr. | 7 | 4 | ἀλλήλους ποῖός ἐστιν φωτοειδὴς ὁ δὲ ἥλιος καὶ | * Ἀδὰμ * | μίαν χαρακτῆρα ἦσαν ἡ δὲ γυνὴ τοῦ Ἀδὰμ |
| Sedr. | 7 | 5 | ἥλιος καὶ Ἀδὰμ μίαν χαρακτῆρα ἦσαν ἡ δὲ γυνὴ τοῦ | * Ἀδὰμ * | φωτεινοτέρα ἐστὶν ἐν τῷ κάλλει τῆς σελήνης καὶ τὴν |
| Sib. | 3 | 24 | νύκτας αὐτὸς δὴ θεὸς ἐσθ' ὁ πλάσας τετραγράμματον | * Ἀδὰμ * | τὸν πρῶτον πλασθέντα καὶ οὔνομα πληρώσαντα |
| FJub. | 2 | 23 | ἀγγέλου τῷ Μωυσῇ ὅτι καὶ εἰκοσιδύο κεφάλαια ἀπὸ | * Ἀδὰμ * | ἄχρι τοῦ Ἰακώβ. καὶ ἐκλέξομαι ἐμαυτῷ ἐκ τοῦ |
| FJub. | 3 | 1 | ἑβδομάδος ἥτις ἦν τρίτη μὲν ἡμέρα τῆς πλάσεως τοῦ | * Ἀδὰμ * | ὀγδόῃ δὲ τοῦ πρώτου μηνὸς Νισὰν πρώτῃ δὲ τοῦ |
| FJub. | 3 | 1 | καὶ ἕκτῃ τοῦ παρ' Αἰγυπτίοις Φαρμουθὶ ὠνόμασεν | * Ἀδὰμ * | τὰ ἄγρια θηρία θείῳ τινὶ χαρίσματι. τῇ δευτέρᾳ |
| FJub. | 3 | 5 | ἑνδεκάτῃ λαβὼν ὁ θεὸς μέρος τι τῆς πλευρᾶς τοῦ | * Ἀδὰμ * | ἔπλασε τὴν γυναῖκα. τῇ τεσσαρακοστῇ ἕκτῃ ἡμέρᾳ τῆς |
| FJub. | 3 | 9 | ἐν τῇ τῶν Πλειάδων ἐπιτολῇ εἰσήγαγεν ὁ θεὸς τὸν | * Ἀδὰμ * | ἐν τῷ παραδείσῳ κατὰ τὴν τεσσαρακοστὴν ἡμέραν τῆς |
| FJub. | 3 | 9 | τεσσαρακοστῇ τετάρτῃ δὲ τῆς πλάσεως τοῦ | * Ἀδὰμ * | ἡμέρᾳ κυριακῇ Παχὼν ὀκτωκαιδεκάτῃ Μαΐου |
| FJub. | 3 | 9 | ταύρῳ καὶ σελήνης αἰγοκέρωτι ἐνετείλατο ὁ θεὸς τῷ | * Ἀδὰμ * | ἀπέχεσθαι τῆς βρώσεως τοῦ ξύλου τῆς γνώσεως. τῇ |
| FJub. | 3 | 9 | πρώτῃ εἰσήχθη ὑπὸ τοῦ θεοῦ ἐν τῷ παραδείσῳ ἡ τοῦ | * Ἀδὰμ * | βοηθὸς Εὕα ἐν τῇ ὀγδοηκοστῇ ἡμέρᾳ τῆς πλάσεως |
| FJub. | 3 | 33 | Εὕα ἐν τῇ ὀγδοηκοστῇ ἡμέρᾳ τῆς πλάσεως αὐτῆς. ἣν ὁ | * Ἀδὰμ * | λαβὼν ὠνόμασεν Εὕαν ὃ ἑρμηνεύεται ζωὴ διὰ τοῦτο |
| FJub. | 3 | 11 | ἡμέρας ἐπὶ δὲ θηλυτοκίας ἕως ἡμερῶν π'. ἐπειδὴ καὶ | * Ἀδὰμ * | τῇ μ' ἡμέρᾳ τῆς πλάσεως αὐτοῦ εἰσήχθη ἐν τῷ |
| FJub. | 3 | 16 | ἕως ἑπτὰ ἡμέρας ἐν τῷ ἱερῷ κατὰ τὸν θεῖον νόμον. ὁ | * Ἀδὰμ * | ἀπεσόβει τὰ πετεινὰ καὶ ἑρπετὰ συνῆγε τὸν καρπὸν |
| FJub. | 3 | 21 | καὶ σὺν τῇ γυναικὶ αὐτοῦ ἤσθιεν αὐτόν. τὸν | * Ἀδὰμ * | ἀπροόπτως ἀπὸ τοῦ ξύλου λαβεῖν καὶ φαγεῖν καὶ μὴ |
| FJub. | 3 | 32 | ἐν τῇ ἐπιτολῇ τῶν Πλειάδων. ἐποίησε δὲ ὁ | * Ἀδὰμ * | ἐν τῷ παραδείσῳ ἑβδομάδα ἡμερῶν τριακοσίων |
| FJub. | 3 | 34 | τῇ δεκάτῃ τοῦ Μαΐου μηνός. τῷ ὀγδόῳ ἔτει ἔγνω ὁ | * Ἀδὰμ * | Εὕαν τὴν γυναῖκα αὐτοῦ. τῷ ἑβδομηκοστῷ ἔτει |
| FJub. | 4 | 7 | ἔτη εἴκοσι ὀκτώ. τῷ ἑκατοστῷ εἰκοστῷ ἑβδόμῳ ἔτει ὁ | * Ἀδὰμ * | καὶ ἡ Εὕα ἀπέθεντο τὸ πένθος. τῷ ἑκατοστῷ |
| FJub. | 4 | 10 | τῇ λεγομένῃ αὐτοῦ ἀδελφῇ Ἀζουρᾷ. γεγόνασι δὲ τῷ | * Ἀδὰμ * | καὶ ἄλλοι υἱοὶ ἐννέα μετὰ τοὺς τρεῖς τούτους ὡς |
| FJub. | 4 | 15 | ἐν κόσμῳ γίνεσθαι καὶ ἀπ' ἀρχῆς μὲν διὰ τῆς τοῦ | * Ἀδὰμ * | παρακοῆς ἔπειτα δὲ διὰ τῆς τοῦ Κάϊν ἀδελφοκτονίας |
| FJub. | 4 | 31 | ἀνεῖλε. πληρωθέντος οὖν ἐνιαυτοῦ μετὰ θάνατον τοῦ | * Ἀδὰμ * | τέθνηκεν. ὑπὸ τοῦ Λάμεχ τὸν Κάϊν ἀνῃρῆσθαι |
| HDem. 9 | 21 | 18 | γενέσθαι ἐν Αἰγύπτῳ ἔτη λ θ'. εἶναι δὲ ἀπὸ τοῦ | * Ἀδὰμ * | ἕως τοῦ εἰσελθεῖν εἰς Αἴγυπτον τοὺς τοῦ Ἰωσὴφ |
| HEup. 1 | 141 | 4 | δὲ τὸν Ἱερεμίαν κατασχεῖν. τὰ πάντα ἔτη ἀπὸ | * Ἀδὰμ * | ἄχρι τοῦ πέμπτου ἔτους Δημητρίου βασιλείας |
| ἀδαμάντινος | | | 3 | | |
| Asen. | 19 | 8 | τὰ τείχη σου (ἐν τοῖς ὑψίστοις καὶ) τὰ τείχη σου | * ἀδαμάντινα * | (τείχη ζωῆς) διότι οἱ υἱοὶ τοῦ ζῶντος θεοῦ |
| Asen. | 22 | 13 | ἐν τοῖς ὑψίστοις (καὶ τὰ τείχη αὐτῆς ὡς τείχη | * ἀδαμάντινα * | αἰώνια καὶ τὰ θεμέλια αὐτῆς τεθεμελιωμένα |
| Jer. | 1 | 2 | στῦλος ἑδραῖός ἐστιν ἐν μέσῳ αὐτῆς καὶ ὡς τεῖχος | * ἀδαμάντινον * | περικυκλοῦν αὐτήν. νῦν οὖν ἀναστάντες |
| ἀδάμαστος | | | 2 | | |
| FrAn. | 574 | 3046 | λάλησον ὁποῖον ἐὰν ᾖς ὅτι ὁρκίζω σε θεὸν φωσφόρον | * ἀδάμαστον * | τὸν τὰ ἐν καρδίᾳ πάσης ζωῆς ἐπιστάμενον τὸν |
| FrAn. | 574 | 3068 | Αἰώνων οὐρανοειδῆ θαλασσοειδῆ νεφελοειδῆ φωσφόρον | * ἀδάμαστον. * | ὁρκίζω σε τὸν ἐν τῇ καθαρᾷ Ἱεροσολύμῳ ᾧ τὸ |
| ἄδεια | | | 1 | | |
| HHec. 1 | 22 | 192 | ἕως αὐτοῖς συγγνόντα τὸν βασιλέα δοῦναι τὴν | * ἄδειαν. * | τῶν γε μὴν εἰς τὴν χώραν πρὸς αὐτοὺς |
| ἀδελφειός | | | 2 | | |
| Sib. | 3 | 125 | ἤγαγον ἐς φιλίην συναγείρασαι βασιλῆας πάντας | * ἀδελφειούς * | τε συναίμους ἠδὲ καὶ ἄλλους ἀνθρώπους οἵ τ' |
| FPho. | | 47 | τε λεηλασίαι τε φόνοι τε ἐχθρὰ δὲ τέκνα γονεῦσιν | * ἀδελφειοί * | τε συναίμοις. μὴ δ' ἕτερον κεύθῃς κραδίῃ |

ἀδελφή 29
Abr.1 5 14 προλαβὼν δὲ ὁ ἀρχιστράτηγος εἶπε πρὸς Σάρρα * ἀδελφὴ * Σάρρα οὐκ ἔστιν οὕτως ὃ σὺ λέγεις ἀλλ' ὁ υἱός σου
TLevi 2 2 εἴκοσιν ὅτε ἐποίησα μετὰ Συμεὼν τὴν ἐκδίκησιν τῆς * ἀδελφῆς * ἡμῶν Δίνας ἀπὸ τοῦ Ἐμμώρ. ὡς δὲ ἐποιμαίνομεν ἐν
TLevi 6 8 τὴν Σάρραν ποιῆσαι ὃν τρόπον ἐποίησαν Δίναν τὴν * ἀδελφὴν * ἡμῶν καὶ κύριος ἐκώλυσεν αὐτούς. καὶ οὕτως
TLevi 7 3 ὅτι καίγε ἀφροσύνην ἔπραξαν ἐν Ἰσραὴλ μιᾶναι τὴν * ἀδελφὴν * ἡμῶν. καὶ λαβόντες ἐκεῖθεν τὴν ἀδελφὴν ἡμῶν
TLevi 7 4 μιᾶναι τὴν ἀδελφὴν ἡμῶν. καὶ λαβόντες ἐκεῖθεν τὴν * ἀδελφὴν * ἡμῶν ἀπάραντες ἤλθομεν εἰς Βεθήλ. κἀκεῖ πάλιν
TJud. 1 5 πάντα λόγον καὶ εὐλόγουν τὴν μητέρα μου καὶ τὴν * ἀδελφὴν * τῆς μητρός μου. καὶ ἐγένετο ὡς ἠνδρώθην καὶ ὁ
Asen. 7 7 καὶ προσαγορεύσει σε διότι ἡ θυγάτηρ ἡμῶν ὡς * ἀδελφή * σού ἐστιν. καὶ ἐχάρη Ἰωσὴφ χαρὰν μεγάλην σφόδρα
Asen. 7 8 θυγάτηρ ὑμῶν ἐστι καὶ παρθένος ὑπάρχει ἡκέτω ὅτι * ἀδελφή * μού ἐστι καὶ ἀγαπῶ αὐτὴν ἀπὸ τῆς σήμερον ὡς
Asen. 7 8 ἀδελφή μού ἐστι καὶ ἀγαπῶ αὐτὴν ἀπὸ τῆς σήμερον ὡς * ἀδελφήν * μου. καὶ ἀνέβη ἡ μήτηρ τῆς Ἀσενὲθ εἰς τὸ
Asen. 8 6 ἀνὴρ θεοσεβὴς φιλήσει τὴν μητέρα αὐτοῦ καὶ τὴν * ἀδελφὴν * τὴν ἐκ τῆς μητρὸς αὐτοῦ καὶ τὴν ἀδελφὴν τὴν ἐκ
Asen. 8 6 καὶ τὴν ἀδελφὴν τὴν ἐκ τῆς μητρὸς αὐτοῦ καὶ τὴν * ἀδελφὴν * τὴν ἐκ τῆς φυλῆς καὶ τῆς συγγενείας αὐτοῦ καὶ
Asen. 15 8 αἰδοῦνται αὐτήν. κἀγὼ ἀγαπῶ αὐτὴν σφόδρα διότι * ἀδελφή * μού ἐστι καὶ αὕτη. καὶ καθότι ὑμᾶς τὰς παρθένους
Asen. 17 4 σὺν ἐμοὶ ἐν μιᾷ νυκτὶ κἀγὼ ἀγαπῶ αὐτὰς ὡς * ἀδελφάς * μου. καλέσω δὴ αὐτὰς καὶ εὐλογήσεις αὐτὰς ὡς
Asen. 23 14 Σικημιτῶν ἣν ὕβρισαν τοὺς υἱοὺς Ἰσραὴλ διὰ τὴν * ἀδελφὴν * ἡμῶν Δίναν ἣν ἐμίανε Συχὲμ ὁ υἱὸς Ἐμμώρ. καὶ
Job 15 3 μετ' αὐτοῦ, συμπαραλαμβάνοντες καὶ τὰς τρεῖς * ἀδελφὰς * μεθ' ἑαυτῶν τὰ δὲ ἐπικείμενα ταῖς θεραπαινίσιν,
Aris. 41 4 αὐτός τε ἔρρωσο καὶ ἡ βασίλισσα Ἀρσινόη ἡ * ἀδελφὴ * καὶ τὰ τέκνα καλῶς ἂν ἔχοι καὶ ὡς βουλόμεθα καὶ
Aris. 45 2 εὐθέως οὖν προσηγάγομεν ὑπὲρ σοῦ θυσίας καὶ τῆς * ἀδελφῆς * καὶ τῶν τέκνων καὶ τῶν φίλων καὶ ηὔξατο πᾶν τὸ
FJub. 4 9 τριακοστῷ πέμπτῳ ἔτει ἔλαβεν ὁ Κάϊν τὴν ἰδίαν * ἀδελφὴν * Ἀσαυνᾶν οὖσαν ἐτῶν ν'. αὐτὸς δὲ ἦν ἐτῶν
FJub. 4 9 ν'. αὐτὸς δὲ ἦν ἐτῶν ἑξήκοντα πέντε. ὁ μὲν Κάϊν τῇ * ἀδελφῇ * τῇ μείζονι Σαυὴ οὕτω καλουμένῃ. ὁ δὲ Σὴθ τρίτος
FJub. 4 11 υἱὸς μετὰ τὸν Ἄβελ γεννηθεὶς τῇ λεγομένῃ αὐτοῦ * ἀδελφῇ * Ἀζουρᾷ. γεγόνασι δὲ τῷ Ἀδὰμ καὶ ἄλλοι υἱοὶ
FJub. 4 13 ἕνδεκα δὲ περιλειφθέντας τῷ βίῳ. γυνὴ Ἐνὼς Νωα ἡ * ἀδελφὴ * αὐτοῦ. γυνὴ Καϊνὰν Μαωλιθ ἀδελφὴ αὐτοῦ. γυνὴ
FJub. 4 14 γυνὴ Ἐνὼς Νωα ἡ ἀδελφὴ αὐτοῦ. γυνὴ Καϊνὰν Μαωλιθ * ἀδελφὴ * αὐτοῦ. γυνὴ Μαλελεὴλ Δινα θυγάτηρ Βαραχιὴλ
FJub. 12 9 διατρίβων ἐν τῇ πατρίδι. Σαρα θυγάτηρ ἦν τοῦ Αρραν * ἀδελφὴ * τῆς Μελχας καὶ τοῦ Λωτ. τῷ 'γ τ ο γ' ἔτει τοῦ
HDem. 9 21 3 Ἰούδαν. Ῥαχὴλ τε μὴ τίκτουσαν ζηλῶσαι τὴν * ἀδελφὴν * καὶ παρακοιμῖσαι τῷ Ἰακὼβ τὴν ἑαυτῆς παιδίσκην
HAno. 9 17 6 αὐτοῦ τὸν βασιλέα τῶν Αἰγυπτίων γῆμαι φάντος αὐτοῦ * ἀδελφὴν * εἶναι. οὐκ ἠδύνατο αὐτῇ συγγενέσθαι καὶ συνέβη
LThe. 9 22 8 τόν τε Ἐμμὼρ καὶ τὸν Συχὲμ ἀνελεῖν τὴν ὕβριν τῆς * ἀδελφῆς * μὴ βουληθέντα πολιτικῶς ἐνεγκεῖν ταῦτα δὲ
LThe. 9 22 11 αὐτῶν ἐπιβοηθῆσαι καὶ τὴν πόλιν ἐκπορθῆσαι καὶ τὴν * ἀδελφὴν * ἀναρρυσαμένους μετὰ τῶν αἰχμαλώτων εἰς τὴν
LEze. 9 28 2 18 παρ' ἄκρα ποταμοῦ λάσιον εἰς ἕλος δασὺ Μαριὰμ δ' * ἀδελφή * μου κατώπτευεν πέλας. κἄπειτα θυγάτηρ βασιλέως
LEze. 9 28 2 23 ἔγνω δ' Ἑβραῖον ὄντα καὶ λέγει τάδε Μαριὰμ * ἀδελφὴ * προσδραμοῦσα βασιλίδι θέλεις τροφόν σοι παιδὶ

ἀδελφιδέος 1
HAno. 9 17 4 Φοίνιξι νικησάντων δὲ καὶ αἰχμαλωτισαμένων τὸν * ἀδελφιδοῦν * αὐτοῦ τὸν Ἀβραὰμ μετὰ οἰκετῶν βοηθήσαντα

ἀδελφοκτονία 1
FJub. 4 15 τῆς τοῦ Ἀδὰμ παρακοῆς ἔπειτα δὲ διὰ τῆς τοῦ Κάϊν * ἀδελφοκτονίας * νῦν δὲ ἐν χρόνοις τοῦ Ἰάρεδ καὶ ἐπέκεινα

ἀδελφός 159
Adam 2 2 Ἄβελ βαλλόμενον εἰς τὸ στόμα Κάϊν τοῦ * ἀδελφοῦ * αὐτοῦ καὶ ἔπιεν αὐτὸ ἀνελεημόνως. παρεκάλει δὲ
Adam 3 1 εὗρον πεφονευμένον τὸν Ἄβελ ἀπὸ χειρὸς Κάϊν τοῦ * ἀδελφοῦ * αὐτοῦ. καὶ λέγει ὁ θεὸς Μιχαὴλ τῷ ἀρχαγγέλῳ εἰπὲ
Adam 40 4 ἀκήδευτος ἦν ἀφ' ἧς ἡμέρας ἐφόνευσεν αὐτὸν Κάϊν ὁ * ἀδελφὸς * αὐτοῦ. καὶ πολλὰ ἐθέλησεν κρύψαι αὐτὸν ὁ Κάϊν
Hen. 22 7 ἐστιν τὸ ἐξελθὸν ἀπὸ Ἄβελ ὃν ἐφόνευσε Κάιν ὁ * ἀδελφὸς * καὶ Ἄβελ ἐντυγχάνει περὶ αὐτοῦ μέχρι τοῦ
Hen. 100 2 αὐτὸν καὶ ὁ ἁμαρτωλὸς ἀπὸ τοῦ ἐντίμου οὔτε ἀπὸ τοῦ * ἀδελφοῦ * αὐτοῦ ἐξ ὄρθρων μέχρις οὗ δῦναι τὸν ἥλιον
Abr.1 5 13 ὅτι κλαίεται; ἀνάγγειλόν μοι κύριέ μου μὴ οὗτος ὁ * ἀδελφὸς * ὁ ἐπιξενισθεὶς ἡμῖν σήμερον μήτι φάσιν λόγου
Abr.1 5 13 ἡμῖν σήμερον μήτι φάσιν λόγου ἤνεγκε περὶ Λὼτ τοῦ * ἀδελφοῦ * σου ⟨τοῦ οἰκοῦντος ἐν Σοδόμοις ὅτι ἀπέθανεν⟩ καὶ
Abr.1 20 15 ἀγαλλίασις καὶ ζωὴ ἀτελεύτητος. μεθ' οὗ καὶ ἡμεῖς * ἀδελφοὶ * μου ἀγαπητοὶ τοῦ πατριάρχου Ἀβραὰμ τὴν
Abr.2 6 5 μή τι φάσιν ἤνεγκας τῷ κυρίῳ μου Ἀβραὰμ περὶ τοῦ * ἀδελφοῦ * Λὼτ ⟨ὅτι ἀπέθανεν ἢ ἄλλο τι συνέβη ἐφ' ἡμᾶς⟩;
Abr.2 6 13 ὑπὸ τῶν δένδρων Μαμβρὴ ὑπάγοντες ῥύσασθαι τὸν * ἀδελφὸν * Λὼτ ἀπὸ Σοδόμων τότε ἐγνώρισάν μοι τὸ μυστήριον.
TRub. 1 4 μου. καὶ ἰδὼν ἐκεῖ Ἰούδαν καὶ Γὰδ καὶ Ἀσὴρ τοὺς * ἀδελφοὺς * αὐτοῦ εἶπεν αὐτοῖς ἀναστήσατέ με ἀδελφοὶ ὅπως
TRub. 1 4 τοὺς ἀδελφοὺς αὐτοῦ εἶπεν αὐτοῖς ἀναστήσατέ με * ἀδελφοὶ * ὅπως εἴπω τοῖς ἀδελφοῖς μου καὶ τοῖς τέκνοις μου
TRub. 1 4 εἶπεν αὐτοῖς ἀναστήσατέ με ἀδελφοὶ ὅπως εἴπω τοῖς * ἀδελφοῖς * μου καὶ τοῖς τέκνοις μου ὅσα ἔχω ἐν τῇ καρδίᾳ
TRub. 1 5 κατεφίλησεν αὐτοὺς καὶ κλαύσας εἶπεν ἀκούσατε * ἀδελφοὶ * μου ἐνωτίσασθε Ῥουβὴμ τοῦ πατρὸς ὑμῶν ὅσα
TRub. 4 2 ἀτενίσαι εἰς πρόσωπον Ἰακὼβ ἢ λαλῆσαί τινι τῶν * ἀδελφῶν * διὰ τοὺς ὀνειδισμούς. καὶ ἕως νῦν ἡ συνείδησίς
TRub. 6 9 πρὸς τὸν πλησίον αὐτοῦ καὶ ἀγάπην ἕκαστος πρὸς τὸν * ἀδελφὸν * αὐτοῦ καὶ πρὸς τὸν Λευὶ ἐγγίσατε ἐν ταπεινώσει
TSim. 2 7 ζήλου ἐτύφλωσέ μου τὸν νοῦν μὴ προσέχειν αὐτῷ ὡς * ἀδελφῷ * καὶ μὴ φείσασθαι Ἰακὼβ τοῦ πατρός μου. ἀλλ' ὁ
TSim. 2 9 τὰ ἐγχρῄζοντα ἡμῖν καὶ πᾶσα ἡ ἀπόθεσις Ἰούδας ὁ * ἀδελφὸς * ἡμῶν ἐπώλησεν αὐτὸν τοῖς Ἰσμαηλίταις. καὶ ἐλθὼν
TSim. 2 14 κυρίου καὶ Ἰακὼβ τοῦ πατρός μου διὰ Ἰωσὴφ τὸν * ἀδελφόν * μου φθονήσας αὐτῷ. καὶ νῦν τέκνα μου φυλάξασθε
TSim. 4 4 μοι ἀλλὰ καὶ ἠγάπησέ με ὡς τοὺς ἄλλους * ἀδελφούς. * φυλάξασθε οὖν τέκνα μου ἀπὸ παντὸς ζήλου καὶ
TSim. 4 7 ὑμεῖς οὖν τέκνα μου ἀγαπητὰ ἀγαπήσατε ἕκαστος τὸν * ἀδελφὸν * αὐτοῦ ἐν ἀγαθῇ καρδίᾳ καὶ ἀποστήσατε ἀφ' ὑμῶν τὸ
TSim. 8 4 ὥστε μετὰ λύχνου μὴ ἐπιγινώσκειν ἕκαστος τὸν * ἀδελφὸν * αὐτοῦ. καὶ ἔκλαυσαν υἱοὶ Συμεὼν τὸν πατέρα αὐτῶν
TLevi 6 3 μου. ἐγὼ συνεβούλευσα τῷ πατρί μου καὶ Ῥουβὴμ τῷ * ἀδελφῷ * μου ἵνα εἴπῃ τοῖς υἱοῖς Ἐμμὼρ τοῦ περιτμηθῆναι
TLevi 6 5 καὶ Συμεὼν τὸν Ἐμμώρ. καὶ μετὰ ταῦτα ἐλθόντες οἱ * ἀδελφοὶ * ἐπάταξαν τὴν πόλιν ἐν στόματι ῥομφαίας. καὶ
TLevi 11 8 ἐν Αἰγύπτῳ ἔνδοξος γὰρ ἤμην τότε ἐν μέσῳ τῶν * ἀδελφῶν * μου. καὶ ἔλαβε Γηρσὰμ γυναῖκα καὶ ἔτεκεν αὐτῷ
TLevi 13 9 πράττῃ σύνθρονος ἔσται βασιλέων ὡς καὶ Ἰωσὴφ ὁ * ἀδελφὸς * ἡμῶν. καὶ νῦν τέκνα ἔγνων ἀπὸ γραφῆς Ἐνὼχ ὅτι
TLevi 14 1 ἐν πάσῃ κακίᾳ καὶ αἰσχυνθήσονται ἐφ' ὑμῖν οἱ * ἀδελφοὶ * ὑμῶν καὶ πᾶσι τοῖς ἔθνεσι γενήσεσθε χλευασμός.
TLevi 18 2B058 κυρίου ὑψίστου καὶ ἠγαπημένος ἔσῃ ὑπὲρ πάντας τοὺς * ἀδελφούς * σου. τῷ σπέρματί σου εὐλογηθήσεται ἐν τῇ γῇ καὶ
TLevi 18 2B062 τοῦ πατρός μου Μελχὰ θυγατέρα Βαθουὴλ υἱοῦ Λαβὰν * ἀδελφοῦ * μητρός μου. καὶ ἐν γαστρὶ λαβοῦσα ἐξ ἐμοῦ ἔτεκεν
TJud. 3 9 ὁ πατήρ μου ἐν τοῖς πολέμοις ὅτι ἐγὼ ἤμην ἐν τοῖς * ἀδελφοῖς * μου. εἶδε γὰρ ἐν ὁράματι περὶ ἐμοῦ ὅτι ἄγγελος
TJud. 4 1 μείζων τοῦ ἐν Σικίμοις καὶ παραταξάμενος μετὰ τῶν * ἀδελφῶν * μου ἐδίωξα χιλίους ἄνδρας καὶ ἀπέκτεινα ἐξ αὐτῶν
TJud. 5 4 ἐσμὲν ἐφελκύσθησαν ἐφ' ἡμᾶς καὶ οὕτως λάθρᾳ οἱ * ἀδελφοὶ * ἐξ ἑκατέρων πασσάλοις ἐπανέβησαν τῷ τείχει καὶ
TJud. 7 3 εἰς τὴν πόλιν αὐτῶν. νυκτὶ δὲ βαθείᾳ ἐλθοῦσι τοῖς * ἀδελφοῖς * ἠνοίξαμεν τὰς πύλας καὶ πάντας αὐτοὺς καὶ τὰ
TJud. 7 6 ἐπ' ἐμὲ λίθοις καὶ τόξοις καὶ εἰ μὴ Δὰν ὁ * ἀδελφός * μου συνεμάχησέ μοι εἶχόν με ἀνελεῖν. ἐπήλθομεν
TJud. 7 11 οὗτος καὶ ἦσαν οἱ Χαναναῖοι φοβούμενοί με καὶ τοὺς * ἀδελφούς * μου. ἦν δέ μοι καὶ κτήνη πολλὰ καὶ εἶχον
TJud. 9 1 ἐποιήσαμεν εἰρήνην ὁ πατὴρ ἡμῶν καὶ ἡμεῖς μετὰ τοῦ * ἀδελφοῦ * αὐτοῦ Ἠσαὺ καὶ οἱ υἱοὶ αὐτοῦ μεθ' ἡμῶν μετὰ τὸ
TJud. 9 2 ἐν τεσσαρακοστῷ ἔτει ζωῆς μου ἐπῆλθεν ἡμῖν Ἠσαὺ ὁ * ἀδελφὸς * τοῦ πατρός μου ἐν λαῷ βαρεῖ καὶ ἰσχυρῷ καὶ
TJud. 13 3 πρόσωπον γυναικὸς εὐμόρφου ὠνείδιζον Ῥουβὴμ τὸν * ἀδελφόν * μου περὶ Βάλλας γυναικὸς πατρός μου τὸ πνεῦμα
TJud. 25 1 καὶ Ἰσαὰκ καὶ Ἰακὼβ εἰς ζωὴν καὶ ἐγὼ καὶ οἱ * ἀδελφοί * μου ἔξαρχοι σκήπτρων ἡμῶν ἐν Ἰσραὴλ ἐσόμεθα
TIss. 3 1 καὶ ἐγενόμην γεωργὸς τῶν πατέρων μου καὶ τῶν * ἀδελφῶν * μου καὶ ἔφερον καρποὺς ἐξ ἀγρῶν κατὰ καιρὸν
TZab. 1 5 ἣν ἐποίησα ἐπὶ τοῦ Ἰωσὴφ ὅτι ἐσκέπασα ἐπὶ τοῖς * ἀδελφοῖς * μου μὴ εἰπεῖν τῷ πατρί μου τὸ γενόμενον. καὶ
TZab. 1 6 καὶ ἔκλαιον πολλὰ ἐν κρυφῇ ἐφοβούμην γὰρ τοὺς * ἀδελφούς * μου ὅτι συνέθεντο πάντες ὁμοῦ εἴ τις ἐξείποι τὸ
TZab. 2 2 ἐπὶ πρόσωπον Ἰωσὴφ ἔλεγεν αὐτοῖς ἐλεήσατέ με * ἀδελφοί * μου οἰκτιρήσατε τὰ σπλάγχνα Ἰακὼβ τοῦ πατρὸς
TZab. 2 7 ὀπίσω μου δεόμενος αὐτῶν. ἀναστὰς δὲ Ῥουβὴμ εἶπεν * ἀδελφοί * μὴ ἀποκτείνωμεν αὐτὸν ἀλλὰ ῥίψωμεν αὐτὸν εἰς ἕνα
TZab. 3 2 οὐκ ἐκοινώνησα ἀλλὰ Συμεὼν καὶ Γὰδ καὶ οἱ ἄλλοι ἓξ * ἀδελφοὶ * ἡμῶν λαβόντες τὴν τιμὴν τοῦ Ἰωσὴφ ἐπριάσαντο
TZab. 3 3 εἰπόντες οὐ φαγόμεθα αὐτὴν ὅτι τιμὴ αἵματος τοῦ * ἀδελφοῦ * ἡμῶν αὕτη ἀλλὰ καταπατήσει καταπατήσωμεν αὐτὴν
TZab. 3 4 Ἐνὼχ γέγραπται τὸν μὴ θέλοντα ἀναστῆσαι σπέρμα τῷ * ἀδελφῷ * αὐτοῦ ὑπολυθήσεσθαι τὸ ὑπόδημα καὶ ἐμπτύεσθαι εἰς
TZab. 3 5 τὸ ὑπόδημα καὶ ἐμπτύεσθαι εἰς τὸ πρόσωπον. καὶ οἱ * ἀδελφοὶ * Ἰωσὴφ οὐκ ἠθέλησαν εἰς ζωὴν ἀδελφοῦ αὐτῶν καὶ
TZab. 3 5 καὶ οἱ ἀδελφοὶ Ἰωσὴφ οὐκ ἠθέλησαν εἰς ζωὴν * ἀδελφοῦ * αὐτῶν καὶ κύριος ὑπέλυσεν αὐτοὺς τὸ ὑπόδημα
TZab. 5 2 διὰ γὰρ ταῦτα εὐλόγησέ με κύριος καὶ πάντων τῶν * ἀδελφῶν * μου ἀσθενούντων ἐγὼ ἄνοσος παρῆλθον οἶδε γὰρ
TZab. 5 4 καὶ ὁ κύριος ποιήσει αὐτῷ. καὶ γάρ οἱ υἱοὶ τῶν * ἀδελφῶν * μου ἠσθένουν ἀπέθνῃσκον διὰ Ἰωσὴφ ὅτι οὐκ
TZab. 6 8 θέρος ἡλίευον καὶ ἐν χειμῶνι ἐποίμαινον μετὰ τῶν * ἀδελφῶν * μου. νῦν ἀναγγελῶ ὑμῖν ἃ ἐποίησα. εἶδον
TZab. 8 5 ἀλλήλους καὶ μὴ λογίζεσθε ἕκαστος τὴν κακίαν τοῦ * ἀδελφοῦ * αὐτοῦ ὅτι τοῦτο χωρίζει ἑνότητα καὶ πᾶσαν
TDan 2 3 κἂν μήτηρ ἐστὶν ὡς πολεμίοις προσέχει αὐτοῖς ἐὰν ᾖ * ἀδελφὸς * οὐκ οἶδεν ἐὰν προφήτης κυρίου παρακούει ἐὰν
TDan 2 5 καρδίας καὶ δίδωσιν αὐτῷ καρδίαν ἰδίαν κατὰ τοῦ * ἀδελφοῦ * εἰς φθόνον. πονηρὸς ὁ θυμὸς τέκνα μου καὶ γὰρ
TNep. 1 7 καὶ εἶδει ἁπαλὸν ὄντα κατεφίλει με λέγουσα ἴδοιμι * ἀδελφόν * σου ἐκ τῆς κοιλίας μου κατά σέ. ὅθεν καὶ ὅμοιός
TNep. 1 9 Ῥαχήλ. ἡ δὲ μήτηρ μού ἐστι Βάλλα θυγάτηρ Ῥωθέου * ἀδελφοῦ * Δεβόρρας τῆς τροφοῦ Ῥεβέκκας ἥτις ἐν μιᾷ ἡμέρᾳ
TNep. 7 4 ἀναγγεῖλαι ὅτι πέπραται ἀλλ' ἐφοβούμην τοὺς * ἀδελφούς * μου. καὶ ἰδοὺ τέκνα μου ὑπέδειξα ὑμῖν καιροὺς
TGad 2 3 καὶ τὰ δέκα ἀποκρύψαντες τὰ εἴκοσι ἐδείξαμεν τοῖς * ἀδελφοῖς * ἡμῶν. καὶ οὕτως τῇ πλεονεξίᾳ ἐπληροφορήθην τῆς
TGad 4 3 καὶ εἰς τὸν θεὸν ἁμαρτάνει. ἐὰν γὰρ πταίσῃ ὁ * ἀδελφὸς * εὐθὺς θέλει ἀναγγεῖλαι πᾶσι καὶ σπεύδει ἵνα
TGad 6 1 ἵνα πραθῇ. καὶ νῦν τέκνα μου ἀγαπήσατε ἕκαστος τὸν * ἀδελφὸν * αὐτοῦ καὶ ἐξάρατε τὸ μῖσος ἀπὸ τῶν καρδιῶν ὑμῶν
TAser 7 6 διὰ τοῦτο διασκορπισθήσεσθε ὡς Γὰδ καὶ ὡς Δάν οἱ * ἀδελφοί * μου οἳ χώρας αὐτῶν ἀγνοήσουσι καὶ φυλὴν καὶ
TJos. 1 1 ἀποθνῄσκειν καλέσας τοὺς υἱοὺς αὐτοῦ καὶ τοὺς * ἀδελφοὺς * αὐτοῦ εἶπεν αὐτοῖς τέκνα μου καὶ ἀδελφοὶ
TJos. 1 2 καὶ τοὺς ἀδελφοὺς αὐτοῦ εἶπεν αὐτοῖς τέκνα μου καὶ * ἀδελφοὶ * ἀκούσατε Ἰωσὴφ τοῦ ἠγαπημένου ὑπὸ Ἰσραὴλ
TJos. 1 4 θάνατον καὶ οὐκ ἐπλανήθην ἐν τῇ ἀληθείᾳ κυρίου. οἱ * ἀδελφοί * μου οὗτοι ἐμίσησάν με καὶ ὁ κύριος ἠγάπησέ με
TJos. 10 5 ἢ ἐν λόγῳ ἢ ἐν διανοίᾳ συνέχεται. γινώσκουσιν οἱ * ἀδελφοί * μου πῶς ἠγάπησέ με ὁ πατήρ μου καὶ οὐχ ὑψούμην
TJos. 10 6 παρελεύσεται+ καὶ ἐμέτρουν ἐμαυτὸν καὶ ἐτίμων τοὺς * ἀδελφούς * μου καὶ διὰ τὸν φόβον αὐτῶν ἐσιώπων
TJos. 11 1 πρὸ ὀφθαλμῶν τὸν τοῦ θεοῦ φόβον καὶ τιμᾶτε τοὺς * ἀδελφοὺς * ὑμῶν πᾶς γὰρ ὁ ποιῶν νόμον κυρίου ἀγαπηθήσεται

TJos. 11 2 ὅτι δοῦλος αὐτῶν εἰμι ἐξ οἴκου ἵνα μὴ αἰσχύνω τοὺς * ἀδελφούς * μου. λέγει δέ μοι ὁ μείζων αὐτῶν οὐκ εἶ δοῦλος
TJos. 15 3 δακρῦσαι καὶ ἐπέσχον ἐμαυτὸν ἵνα μὴ αἰσχύνω τοὺς * ἀδελφούς * μου. καὶ εἶπα ἐγὼ οὐκ οἶδα δοῦλός εἰμι. τότε
TJos. 17 1 ὁρᾶτε τέκνα πόσα ὑπέμεινα ἵνα μὴ καταισχύνω τοὺς * ἀδελφούς * μου. καὶ ὑμεῖς οὖν ἀγαπᾶτε ἀλλήλους καὶ ἐν
TJos. 17 3 τὰ ἐλαττώματα. τέρπεται γὰρ ὁ θεὸς ἐπὶ ὁμονοίᾳ * ἀδελφῶν * καὶ ἐπὶ προαιρέσει καρδίας εὐδοκιμούσης εἰς
TJos. 17 4 καρδίας εὐδοκιμούσης εἰς ἀγάπην. καὶ ὅτε ἦλθον οἱ * ἀδελφοί * μου εἰς Αἴγυπτον ὡς ἔγνωσαν ὅτι ἀπέστρεψα τὸ
TBen. 2 1 εἰσῆλθον εἰς Αἴγυπτον καὶ ἀνεγνώρισέ με Ἰωσὴφ ὁ * ἀδελφός * μου λέγει μοι τί εἶπον τῷ πατρί μου ὅτε ἐπώλησάν
TBen. 2 3 εἰ ὁ χιτὼν τοῦ υἱοῦ σου οὗτος. καὶ λέγει μοι ναὶ * ἀδελφὲ * καὶ γὰρ ὅτε ἔλαβόν με οἱ Ἰσμαηλῖται εἷς ἐξ αὐτῶν
TBen. 3 3 ὑμῶν πᾶσα πονηρία θλίψεως ὡς οὐδὲ Ἰωσὴφ τοῦ * ἀδελφοῦ * μου. πόσοι τῶν ἀνθρώπων ἠθέλησαν ἀνελεῖν αὐτὸν
TBen. 5 5 πολὺ φαιδρότερος ἀναφαίνεται οἷος γέγονεν Ἰωσὴφ ὁ * ἀδελφός * μου. τὸ διαβούλιον τοῦ ἀγαθοῦ ἀνδρὸς οὐκ ἔστιν
TBen. 7 4 ἐπὶ τοῦ κατακλυσμοῦ διὰ Ἅβελ τὸν δίκαιον * ἀδελφὸν * αὐτοῦ. ἐν τοῖς ἑπτὰ κακοῖς ὁ Κάιν ἐκρίνετο ὁ δὲ
TBen. 10 10 τὸν Ἡσαὺ ἐν τοῖς Μαδιναίοις τοῖς ἀπειθήσασιν * ἀδελφοὺς * αὐτῶν γενέσθαι διὰ τῆς πορνείας καὶ τῆς
TBen. 12 3 εἰσόδου τῶν υἱῶν Ἰσραὴλ εἰς Αἴγυπτον αὐτοὶ καὶ οἱ * ἀδελφοὶ * αὐτῶν ἀνήγαγον τὰ ὀστᾶ τῶν πατέρων αὐτῶν ἐν
Asen. 8 1 Πεντεφρῆς τῇ θυγατρὶ αὐτοῦ Ἀσενὲθ ἄσπασαι τὸν * ἀδελφόν * σου διότι καὶ αὐτὸς παρθένος ἐστὶν ὡς σὺ σήμερον
Asen. 8 4 θυγατρὶ αὐτοῦ Ἀσενὲθ πρόσελθε καὶ καταφίλησον τὸν * ἀδελφόν * σου. καὶ ὡς προσῆλθεν Ἀσενὲθ φιλῆσαι τὸν Ἰωσὴφ
Asen. 10 8 οὗτος ἦν ὁ χιτὼν τοῦ πένθους αὐτῆς ὅτε ἀπέθανεν ὁ * ἀδελφὸς * αὐτῆς ὁ νεώτερος. τοῦτον ἐνεδύσατο Ἀσενὲθ καὶ
Asen. 10 8 τοῦτον ἐνεδύσατο Ἀσενὲθ καὶ ἐπένθησε τὸν * ἀδελφὸν * αὐτῆς. καὶ ἔλαβε τὸν χιτῶνα αὐτῆς τὸν μελανὸν
Asen. 21 9 Ἰωσὴφ καὶ ἔτεκε τὸν Μανασσῆ καὶ τὸν Ἐφραὶμ τὸν * ἀδελφὸν * αὐτοῦ ἐν τῷ οἴκῳ Ἰωσήφ. ‹καὶ τότε ἤρξατο
Asen. 22 5 ἐν γῇ Γεσὲμ πρὸς Ἰακώβ. καὶ ἀπήντησαν αὐτοῖς οἱ * ἀδελφοὶ * Ἰωσὴφ καὶ προσεκύνησαν αὐτοῖς ἐπὶ πρόσωπον ἐπὶ
Asen. 22 11 καὶ συμπροέπεμψαν αὐτοὺς Συμεὼν καὶ Λευὶς οἱ * ἀδελφοὶ * Ἰωσήφ οἱ υἱοὶ Λίας μόνον οἱ δὲ υἱοὶ Ζέλφας καὶ
Asen. 22 13 ἠγάπησεν Ἀσενὲθ τὸν Λευὶ σφόδρα ὑπὲρ πάντας τοὺς * ἀδελφοὺς * Ἰωσὴφ ὅτι ἦν προσκείμενος πρὸς τὸν κύριον καὶ
Asen. 23 3 μετ' ἐμοῦ ἔλεος διότι ὑβρίσθην ἐγὼ πάνυ παρὰ τοῦ * ἀδελφοῦ * ὑμῶν Ἰωσὴφ διότι ἔλαβεν αὐτὸς τὴν Ἀσενὲθ τὴν
Asen. 23 4 συνάρασθε ἐμοὶ καὶ πολεμήσομεν πρὸς Ἰωσὴφ τὸν * ἀδελφὸν * ὑμῶν καὶ ἀποκτενῶ αὐτὸν ἐν τῇ ῥομφαίᾳ μου καὶ
Asen. 23 4 τὴν Ἀσενὲθ εἰς γυναῖκα καὶ ὑμεῖς ἔσεσθέ μοι εἰς * ἀδελφοὺς * καὶ φίλους πιστούς. πλὴν τὸ ῥῆμα τοῦτο
Asen. 23 10 ἡμῶν ἐστὶ φίλος τοῦ θεοῦ τοῦ ὑψίστου καὶ Ἰωσὴφ ὁ * ἀδελφὸς * ἡμῶν ἐστὶν ὡς υἱὸς τοῦ θεοῦ πρωτότοκος. καὶ πῶς
Asen. 23 11 ἐνώπιον τοῦ πατρὸς ἡμῶν Ἰσραὴλ καὶ ἐνώπιον τοῦ * ἀδελφοῦ * ἡμῶν Ἰωσήφ; καὶ νῦν ἄκουε τῶν ῥημάτων μου. οὐ
Asen. 23 13 αὐτοῦ. καὶ σὺ μὲν φύλαξαι ἔτι τοῦ λαλῆσαι περὶ τοῦ * ἀδελφοῦ * ἡμῶν Ἰωσὴφ κατὰ τὰ ῥήματα ταῦτα. εἰ δὲ σὺ
Asen. 23 16 φοβηθῇς πλὴν φύλαξαι ἔτι τοῦ μὴ λαλῆσαι περὶ τοῦ * ἀδελφοῦ * ἡμῶν Ἰωσὴφ ῥῆμα πονηρόν. καὶ ἐξῆλθον ἀπὸ
Asen. 24 1 Φαραὼ πλήρης φόβου καὶ λύπης διότι ἐφοβεῖτο τοὺς * ἀδελφοὺς * Ἰωσὴφ Συμεὼν καὶ Λευὶς καὶ ἐβαρεῖτο ἀπὸ τοῦ
Asen. 24 4 δυνατοί. καὶ εἶπον αὐτῷ Δὰν καὶ Γάδ οἱ πρεσβύτεροι * ἀδελφοὶ * λαλησάτω δὴ ὁ κύριος ἡμῶν τοῖς παισὶν αὐτοῦ ὃ
Asen. 24 8 τοὺς ἐχθροὺς ὑμῶν. διότι ἤκουσα ἐγὼ Ἰωσὴφ τοῦ * ἀδελφοῦ * ὑμῶν λέγοντος πρὸς Φαραὼ τὸν πατέρα μου περὶ
Asen. 24 8 Δὰν καὶ Γὰδ καὶ Νεφθαλὶμ καὶ Ἀσὴρ καὶ οὐκ εἴσιν * ἀδελφοὶ * μου καὶ ἀναμενῶ τὸν θάνατον τοῦ πατρός μου καὶ
Asen. 24 14 τὴν Ἀσενὲθ εἰς γυναῖκα καὶ ὑμεῖς ἔσεσθέ μοι * ἀδελφοὶ * καὶ συγκληρονόμοι τῶν ἐμῶν πάντων. πλὴν τὸ ῥῆμα
Asen. 24 18 πόλεμον›. καὶ ἔδωκεν ὁ υἱὸς Φαραὼ τοῖς τέσσαρσιν * ἀδελφοῖς * ἀνὰ πεντακοσίους ἄνδρας καὶ αὐτοὺς κατέστησεν
Asen. 25 5 καθὰ ἐλάλησαν αὐτῷ Δὰν καὶ Γάδ. καὶ ἐλάλησαν οἱ * ἀδελφοὶ * οἱ νεώτεροι Νεφθαλὶμ καὶ Ἀσὴρ τοῖς ἀδελφοῖς
Asen. 25 5 οἱ ἀδελφοὶ οἱ νεώτεροι Νεφθαλὶμ καὶ Ἀσὴρ τοῖς * ἀδελφοῖς * αὐτῶν τοῖς πρεσβυτέροις τῷ Δὰν καὶ τῷ Γὰδ
Asen. 25 5 πάλιν κατὰ τοῦ πατρὸς ἡμῶν Ἰσραὴλ καὶ κατὰ τοῦ * ἀδελφοῦ * ἡμῶν Ἰωσήφ; καὶ αὐτὸν διαφυλάσσει ὁ κύριος ὡς
Asen. 25 7 καθ' ὑμῶν ὑπὲρ αὐτοῦ. καὶ ὠργίσθησαν αὐτοῖς οἱ * ἀδελφοὶ * αὐτῶν οἱ πρεσβύτεροι Δὰν καὶ Γὰδ καὶ εἶπον ἀλλ'
Asen. 26 6 πάντα τῷ πνεύματι ὡς προφήτης καὶ ἀνήγγειλε τοῖς * ἀδελφοῖς * αὐτοῦ τοῖς υἱοῖς Λίας τὸν κίνδυνον τῆς Ἀσενέθ.
Asen. 27 7 οἱ ἓξ ἄνδρες. καὶ ἔφυγον ἀπὸ προσώπου αὐτῶν οἱ * ἀδελφοὶ * αὐτῶν οἱ υἱοὶ Βάλλας καὶ Ζέλφας καὶ εἶπον
Asen. 27 7 Βάλλας καὶ Ζέλφας καὶ εἶπον ἀπολώλαμεν ἀπὸ τῶν * ἀδελφῶν * ἡμῶν καὶ τέθνηκεν ὁ υἱὸς Φαραὼ ἐν χειρὶ Βενιαμὶν
Asen. 28 3 καὶ ἡμεῖς ἐπονηρευσάμεθα εἴς σε κακὰ καὶ κατὰ τοῦ * ἀδελφοῦ * ἡμῶν Ἰωσὴφ καὶ κύριος ἀνταπέδωκεν ἡμῖν κατὰ τὰ
Asen. 28 4 σου ἐλέησον ἡμᾶς καὶ ῥῦσαι ἡμᾶς ἐκ τῶν χειρῶν τῶν * ἀδελφῶν * ἡμῶν διότι αὐτοὶ ἔκδικοι τῆς ὕβρεώς σου
Asen. 28 5 αὐτῶν κατέναντι ἡμῶν εἰσιν. καὶ οἴδαμεν ὅτι οἱ * ἀδελφοὶ * ἡμῶν ἄνδρες εἰσὶ θεοσεβεῖς καὶ μὴ ἀποδιδόντες
Asen. 28 7 αὐτοῖς Ἀσενὲθ θαρσεῖτε καὶ μὴ φοβεῖσθε ἀπὸ τῶν * ἀδελφῶν * ὑμῶν διότι αὐτοὶ εἰσιν ἄνδρες θεοσεβεῖς καὶ
Asen. 28 8 ἔφυγον εἰς τὴν ὕλην τοῦ καλάμου Δὰν καὶ Γὰδ καὶ οἱ * ἀδελφοὶ * αὐτῶν. καὶ ἰδοὺ οἱ υἱοὶ Λίας ἦλθον τρέχοντες ὡς
Asen. 28 9 καὶ ἔκλαυσαν μετὰ φωνῆς μεγάλης καὶ ἐζήτουν τοὺς * ἀδελφοὺς * αὐτῶν τοὺς υἱοὺς τῶν παιδισκῶν τοῦ πατρὸς αὐτῶν
Asen. 28 10 εἶπε πρὸς αὐτοὺς Ἀσενὲθ δέομαι ὑμῶν φείσασθε τῶν * ἀδελφῶν * ὑμῶν καὶ μὴ ποιήσητε αὐτοῖς κακὸν ἀντὶ κακοῦ
Asen. 28 11 αὐτοὺς ὑπὲρ ἡμῶν. καὶ ὑμεῖς φείσασθε αὐτῶν διότι * ἀδελφοὶ * ὑμῶν εἰσι καὶ αἷμα τοῦ πατρὸς ὑμῶν Ἰσραήλ. καὶ
Asen. 28 13 ἡμῶν καὶ κατὰ τοῦ πατρὸς ἡμῶν Ἰσραὴλ καὶ κατὰ τοῦ * ἀδελφοῦ * ἡμῶν Ἰωσὴφ ἤδη τοῦτο δὶς καὶ κατά σου δέσποινα
Asen. 28 14 τοῦ Συμεὼν καὶ κατεφίλησεν αὐτὸν καὶ εἶπεν μηδαμῶς * ἄδελφε * ποιήσεις κακὸν ἀντὶ κακοῦ τῷ πλησίον σου. τῷ
Asen. 28 14 κυρίῳ δώσεις ἐκδικήσειν τὴν ὕβριν αὐτῶν. καὶ αὐτοὶ * ἀδελφοὶ * ὑμῶν εἰσι καὶ γένος τοῦ πατρὸς ὑμῶν Ἰσραὴλ καὶ
Asen. 28 15 ἔγνω ὅτι σῶσαι ἤθελε τοὺς ἄνδρας ἐκ τῆς ὀργῆς τῶν * ἀδελφῶν * αὐτῶν τοῦ μὴ ἀποκτεῖναι αὐτούς. καὶ αὐτοὶ ἦσαν
Asen. 28 17 ἦσαν ἐγγὺς ἐν τῇ ὕλῃ τοῦ καλάμου. καὶ ἔγνω Λευὶς ὁ * ἀδελφὸς * αὐτῶν καὶ οὐκ ἀνήγγειλε τοῖς ἀδελφοῖς αὐτοῦ.
Asen. 28 17 ἔγνω Λευὶς ὁ ἀδελφὸς αὐτῶν καὶ οὐκ ἀνήγγειλε τοῖς * ἀδελφοῖς * αὐτοῦ. ἐφοβήθη γὰρ μήποτε ἐν τῇ ὀργῇ αὐτῶν
Asen. 29 3 καὶ ἐκράτησε τῆς χειρὸς αὐτοῦ καὶ εἶπεν μηδαμῶς * ἄδελφε * ποιήσεις τὸ πρᾶγμα τοῦτο διότι ἡμεῖς ἄνδρες
Bar. 4 17 γὰρ ποιοῦσιν οἱ τοῦτον εἰς κόρον πίνοντες οὔτε * ἀδελφὸς * ἀδελφὸν ἐλεεῖ οὔτε πατὴρ υἱὸν οὔ‹τε› τέκνα
Bar. 4 17 ποιοῦσιν οἱ τοῦτον εἰς κόρον πίνοντες οὔτε ἀδελφὸς * ἀδελφὸν * ἐλεεῖ οὔτε πατὴρ υἱὸν οὔ‹τε› τέκνα γονεῖς ἀλλὰ
Bar. 11 7 ὁ ἀρχιστράτηγος Μιχαὴλ χαίροις καὶ σὺ ὁ ἡμέτερος * ἀδελφὸς * καὶ ὁ τὰς ἀποκαλύψεις διερμηνεύων τοῖς καλῶς τὸν
Bar. 17 4 τῷ ἀξιώσαντί με τοιούτου ἀξιώματος. ὦ καὶ ὑμεῖς * ἀδελφοὶ * οἱ τυχόντες τῆς τοιαύτης ἀποκαλύψεως δοξάσατε
Esdr. 3 12 πτῶσιν τετραπόδων καὶ ἀνθρώπων καὶ ὅταν ἴδητε ὅτι * ἀδελφὸς * ἀδελφὸν παραδίδει εἰς θάνατον καὶ τέκνα ἐπὶ
Esdr. 3 12 τετραπόδων καὶ ἀνθρώπων καὶ ὅταν ἴδητε ὅτι ἀδελφὸς * ἀδελφὸν * παραδίδει εἰς θάνατον καὶ τέκνα ἐπὶ γονεῖς
Esdr. 3 14 γνώσεσθε ὅτι ἐγγύς ἐστιν τὸ τέλος τότε οὖν οὔτε * ἀδελφὸς * ἀδελφὸν ἐλεεῖ οὔτε ἀνὴρ γυναῖκα οὐ τέκνα γονεῖς
Esdr. 3 14 ὅτι ἐγγύς ἐστιν τὸ τέλος τότε οὖν οὔτε ἀδελφὸς * ἀδελφὸν * ἐλεεῖ οὔτε ἀνὴρ γυναῖκα οὐ τέκνα γονεῖς οὐ φίλοι
Esdr. 5 5 οὐδὲ σελήνην οὐδὲ ἔστιν ἐκεῖ νέος ἢ παλαιὸς οὐδὲ * ἀδελφὸς * μετὰ ἀδελφοῦ οὐ μήτηρ μετὰ τέκνου οὐ γυνὴ μετὰ
Esdr. 5 5 οὐδὲ ἔστιν ἐκεῖ νέος ἢ παλαιὸς οὐδὲ ἀδελφὸς μετὰ * ἀδελφοῦ * οὐ μήτηρ μετὰ τέκνου οὐ γυνὴ μετὰ ἀνδρός. καὶ
Job 1 6 τῆς μητρὸς ὑμῶν ἐγὼ γάρ εἰμι ἐκ τῶν υἱῶν Ησαυ * ἀδελφοῦ * Ιακωβ, οὗ ἡ μήτηρ ὑμῶν ἐστιν Δινα, ἐξ ἧς
Job 15 2 ἡμέραν τὸ δεῖπνον αὐτῶν καὶ εἰσήρχοντο παρὰ τῷ * ἀδελφῷ * τῷ πρεσβυτέρῳ δειπνῆσαι μετ' αὐτοῦ,
Job 46 4 ἤδη ὑμῖν ἔπεμψα κληρονομίαν κρείττονα τῶν ἑπτὰ * ἀδελφῶν * ὑμῶν. τότε καλέσας τὴν θυγατέρα αὐτοῦ τὴν
Job 47 1 ἡ κληρονομία ἣν ἔλεγες εἶναι κρείττονα τῆς τῶν * ἀδελφῶν * ἡμῶν; τίς οὖν χρεία τῶν περιττῶν τούτων χορδῶν;
Job 51 2 ἐπικειμένου τοῦ κυρίου καὶ ἐμοῦ Νηρείου * ἀδελφοῦ * ὄντος τοῦ Ιωβ, ἐπικειμένου δὲ καὶ τοῦ ἁγίου
Job 51 4 σημειώσεων τῶν ὕμνων παρὰ τῶν τριῶν θυγατέρων τοῦ * ἀδελφοῦ * μου σωτήριον ταῦτα εἶναι, ὅτι ταῦτά ἐστιν τὰ
Job 53 1 ἐν ὕμνοις τοῦ πατρός. καὶ ἐγὼ Νηρεὺς ὁ * ἀδελφὸς * αὐτοῦ μετὰ τῶν ἑπτὰ τέκνων τῶν ἀρρενικῶν, σὺν
Aris. 7 4 ἔχοντι τὴν αἵρεσιν οὐ μόνον κατὰ τὸ συγγενὲς * ἀδελφῷ * καθεστῶτι τὸν τρόπον ἀλλὰ καὶ τῇ πρὸς τὸ καλὸν
Aris. 120 7 τούτων ἔδει κεφαλαιωδῶς σεσήμαγκά σοι ὦ Φιλόκρατες * ἄδελφε * τὰ δὲ τῆς ἑρμηνείας ἑπομένως δηλώσομεν. ἐπιλέξας
FIsa. 1 2 12 ἐν Βηθανίᾳ. καὶ Σεδεκίας υἱὸς Χαναὶ ὃς ἦν * ἀδελφὸς * τοῦ πατρὸς αὐτοῦ ἐν δὲ ταῖς ἡμέραις Ἀχαὰβ
FIsa. 1 2 16 ἐξ ὄρους + Ἰσλαλ+ καὶ αὐτὸς ἦν ‹ὁ› Βεχειρ‹ὰ› * ἀδελφὸς * τοῦ Σεδεκίου ἀκούσαν‹τ›ες μετέπεισαν τὸν
FAch. 110 οὖσαν παράμονον. ψίθυρον καὶ διάβολον ἄνδρα εἰ καὶ * ἀδελφός * σού ἐστι γευσάμενον πρὸς καιρὸν ἔκβαλλε οὐ γὰρ
HDem. 9 21 1 ἀποσταλέντα ὑπὸ τῶν γονέων διὰ τὴν πρὸς τὸν * ἀδελφὸν * κρυφίαν ἔχθραν Ἡσαῦ διὰ τὸ εὐλογῆσαι αὐτὸν τὸν
HDem. 9 21 13 πατέρα μὴ πέμψαι διὰ τὸ ποιμένα αὐτόν τε καὶ τοὺς * ἀδελφοὺς * εἶναι ἐπονείδιστον δὲ Αἰγυπτίοις εἶναι τὸ
HArt. 9 23 1 καὶ φρονήσει παρὰ τοὺς ἄλλους διενεγκόντα ὑπὸ τῶν * ἀδελφῶν * ἐπιβουλευθῆναι προϊδόμενον δὲ τὴν ἐπισύστασιν
HArt. 9 23 1 ἀπογόνους Ἰσραὴλ υἱοὺς τοῦ Ἀβραὰμ Ἰσαὰκ δὲ * ἀδελφούς. * ἐλθόντα δὲ αὐτὸν εἰς τὴν Αἴγυπτον καὶ
HArt. 9 23 3 παραγενέσθαι πρὸς αὐτὸν τόν τε πατέρα καὶ τοὺς * ἀδελφοὺς * κομίζοντας πολλὴν ὕπαρξιν καὶ κατοικισθῆναι ἐν
HArt. 9 27 17 ἐλαχίστως ἢ τὴν Ἶσιν. Ἀάρωνα δὲ τὸν τοῦ Μωύσου * ἀδελφὸν * τὰ περὶ τὴν ἐπιβουλὴν ἐπιγνόντα συμβουλεῦσαι τῷ
HArt. 9 27 17 τὰ περὶ τὴν ἐπιβουλὴν ἐπιγνόντα συμβουλεῦσαι τῷ * ἀδελφῷ * φυγεῖν εἰς τὴν Ἀραβίαν τὸν δὲ πεισθέντα ἀπὸ
HArt. 9 27 22 τοῖς Αἰγυπτίοις πρῶτον δὲ πρὸς Ἀάρωνα τὸν * ἀδελφὸν * ἐλθεῖν. τὸν δὲ βασιλέα τῶν Αἰγυπτίων πυθόμενον
HAno. 9 17 9 τῶν Ἑλλήνων λέγεσθαι Ἄσβολον πατέρα δὲ Αἰθιόπων * ἀδελφὸν * δὲ τοῦ Μεστραεὶμ πατρὸς Αἰγυπτίων Ἕλληνας δὲ
LThe. 9 22 8 πολιτικῶς ἐνεγκεῖν ταῦτα δὲ διαγνόντα Λευὶν τῷ * ἀδελφῷ * κοινώσασθαι λαβόντα δ' αὐτὸν συγκάταινον ἐπὶ τὴν
LThe. 9 22 11 ψυχὴ δέμας εὐθύς. πυθομένους δὲ καὶ τοὺς ἑτέρους * ἀδελφοὺς * τὴν πρᾶξιν αὐτῶν ἐπιβοηθῆσαι καὶ τὴν πόλιν
LEze. 9 28 3 14 ἰδὼν δ' ἐρήμους καὶ παρόντα μηδένα ἐρρυσάμην * ἀδελφὸν * ὃν δ' ἔκτειν' ἐγὼ ἔκρυψα δ' ἄμμῳ τοῦτον ὥστε μὴ
FrAn. 1 217 11 εὑρόντας λίθον τίμιον καί φησι πρὸς αὐτοὺς ἵνα τί * ἀδελφοὶ * μάχεσθε; δότε μοι αὐτὸν καὶ λάβετε νομίσματα
FrAn. 1 226 36 πρεσβεια τ‹ - ›την ευχην εξελ‹ εκαλ›υπτον οι δεκα * α‹δ›ελ‹φοι * - - Ιωσ›ηφ τοτε προσκυνουν‹ - - ›καμπτουσιν

ἄδηλος 7

Abr.1 1 3 καὶ ἀπαραίτητον τοῦ θανάτου πικρὸν ποτήριον καὶ τὸ * ἄδηλον * τοῦ βίου πέρας. προσκαλεσάμενος τοίνυν ὁ δεσπότης
Abr.1 4 11 ὁ Ἀβραὰμ τὴν τοῦ θανάτου δρεπάνην καὶ τὸ τοῦ βίου * ἄδηλον * πέρας καὶ ἵνα ποιήσῃ διάταξιν περὶ πάντων τῶν
Sib. 3 363 τ' ἐνέχοντο. ἔσται καὶ Σάμος ἄμμος ἐσεῖται Δῆλος * ἄδηλος * καὶ Ῥώμη ῥύμη τὰ δὲ θέσφατα πάντα τελεῖται.
Sib. 4 92 ἅπασαν ὑπ' ἠιόνεσσι καλύψει Δῆλος δ' οὐκέτι δῆλος * ἄδηλα * δὲ πάντα τὰ Δήλου. καὶ Βαβυλὼν μεγάλη μὲν ἰδεῖν
FPho. 25 τυφλὸν ὁδήγει. ναυηγοὺς οἴκτιρον ἐπεὶ πλόος ἐστὶν * ἄδηλος. * χεῖρα πεσόντι δίδου σῶσον δ' ἀπερίστατον ἄνδρα.
FPho. 117 ὥραν. ἄσκοπός ἐστι βροτῶν θάνατος τὸ δὲ μέλλον * ἄδηλον.› * μήτε κακοῖσ' ἄχθου μήτ' οὖν ἐπαγάλλεο χάρμηι
FrAn. 574 3048 τοῦ γένους τῶν ἀνθρώπων τὸν ἐξαγαγόντα ἐξ * ἀδήλων * καὶ πυκνοῦντα τὰ νέφη καὶ ὑετίζοντα τὴν γῆν καὶ

ἀδημονέω 1

Abr.1 7 5 ἀπ' ἐμοῦ μετ' ὀλίγον ὡς ἔτι μου λυπουμένου καὶ * ἀδημονοῦντος * εἶδον τὸν ἄνδρα ἐκεῖνον τὸν φωτοφόρον ἐκ

ἀδημονία 1

Job 20 7 ἀπὸ ποδῶν ἕως κεφαλῆς καὶ ἐν μεγάλῃ ταραχῇ καὶ * ἀδημονίᾳ * ἐξῆλθον τὴν πόλιν, καὶ καθεσθεὶς ἐπὶ τῆς

ᾅδης cf. Ἅιδης

ἀδιαίρετος 1
HArt. 9 23 2 τῶν Αἰγυπτίων γεωμορούντων διὰ τὸ τὴν χώραν * ἀδιαίρετον * εἶναι καὶ τῶν ἐλασσόνων ὑπὸ τῶν κρεισσόνων

ἀδιάκοπος 1
Aris. 139 3 εἰς ἐπίγνωσιν τῶν ἁπάντων περιέφραξεν ἡμᾶς * ἀδιακόποις * χάραξι καὶ σιδηροῖς τείχεσιν ὅπως μηθενὶ τῶν

ἀδιάκριτος 1
TZab. 7 2 καὶ ὑμεῖς οὖν τέκνα μου ἐξ ὧν παρέχει ὑμῖν ὁ θεὸς * ἀδιακρίτως * πάντας σπλαγχνιζόμενοι ἐλεᾶτε καὶ παρέχετε

ἀδιάλειπτος 6
TLevi 13 2 ἔχωσι σύνεσιν ἐν πάσῃ τῇ ζωῇ αὐτῶν ἀναγινώσκοντες * ἀδιαλείπτως * τὸν νόμον τοῦ θεοῦ ὅτι πᾶς ὃς γνώσεται νόμον
TJos. 3 6 καὶ ἔκλαιον περὶ Μεμφίας τῆς Αἰγυπτίας ὅτι σφόδρα * ἀδιαλείπτως * ἐνόχλει μοι καὶ ἐν νυκτὶ εἰσῄει λόγῳ
Aris. 86 3 ὑπῆρχε καὶ μάλιστα διὰ τὴν τοῦ πνεύματος ὑποδρομὴν * ἀδιάλειπτον * κίνησιν λαμβανούσης τῆς διυφῆς διὰ τὸ ἀπ'
Aris. 92 4 κακοπαθείας καὶ ἑκάστῳ τὸ διατεταγμένον μέλει. καὶ * ἀδιαλείπτως * ὑπηρετοῦσιν οἱ μὲν τὴν ξυλείαν οἱ δὲ ἔλαιον
Aris. 294 5 δὲ πάντων χαρᾶς ἐπληρώθη τὸ συμπόσιον * ἀδιαλείπτως * τοῦ βασιλέως εἰς εὐφροσύνην τραπέντος. ἐγὼ
LAri. 13 12 4 ἀκριβῶς ὑπὸ θεοῦ γεγονυῖαν καὶ συνεχομένην * ἀδιαλείπτως. * ἔτι δὲ καὶ Ὀρφεὺς ἐν ποιήμασι τῶν κατὰ τὸν

ἀδιάλυτος 1
Aris. 242 3 τὸ γὰρ συνεργὲς εὐνόως γινόμενον ὡς ἐξ ἑαυτοῦ * ἀδιάλυτον * πρὸς ἅπαντα μετὰ δὲ εὐημερίας μηδὲν

ἀδιάτακτος 1
HArt. 9 27 5 βεβαίαν τῷ Χενεφρῇ διαφυλάξαι. πρότερον γὰρ * ἀδιατάκτους * ὄντας τοὺς ὄχλους ποτὲ μὲν ἐκβάλλειν ποτὲ δὲ

ἀδιάφθορος 1
Esdr. 1 20 ἔχειν σε ὡς καὶ Παῦλον καὶ Ἰωάννην σὺ διδοὺς μοι * ἀδιάφθορον * τὸν ἀσύλητον θησαυρὸν τὸ κειμήλιον τῆς

ἀδίδακτος 1
FPho. 89 τέχνας δ' ὁμότεχνος. οὐ χωρεῖ μεγάλην διδαχὴν * ἀδίδακτος * ἀκουή οὐ γὰρ δὴ νοέουσ' οἱ μηδέποτ' ἐσθλὰ

ἀδιήγητος 1
Aris. 89 3 φυσικῶς ἐπιρρεούσης ἔτι δὲ θαυμασίων καὶ * ἀδιηγήτων * ὑποδοχείων ὑπαρχόντων ὑπὸ γῆν καθὼς ἀπέφαινον

ἀδικέω 25
Hen. 10 15 τῶν κιβδήλων καὶ τοὺς υἱοὺς τῶν ἐγρηγόρων διὰ τὸ * ἀδικῆσαι * τοὺς ἀνθρώπους. καὶ ἀπόλεσον τὴν ἀδικίαν πᾶσαν
Hen. 15 11 αὐτῶν ἔσται. καὶ τὰ πνεύματα τῶν γιγάντων νεφέλας * ἀδικοῦντα * ἀφανίζοντα καὶ ἐνπίπτοντα καὶ συνπαλαίοντα καὶ
Hen. 15B 11 τῆς γῆς ἔσονται τὰ πνεύματα τῶν γιγάντων νεμόμενα * ἀδικοῦντα * ἀφανίζοντα ἐμπίπτοντα καὶ συμπαλαίοντα καὶ
TSim. 5 4 ὑμῶν μεθ' ὑμῶν ἐν πορνείᾳ φθαρήσονται καὶ ἐν Λευὶ * ἀδικήσουσιν * ἐν ῥομφαίᾳ. ἀλλ' οὐ δυνήσονται πρὸς Λευὶ ὅτι
TGad 5 5 κυρίῳ οὐ θέλει τὸ καθόλου οὐδὲ ἕως ἐννοιῶν * ἀδικῆσαι * ἄνθρωπον. ταῦτα ἐγὼ ἔσχατον ἔγνων μετὰ τὸ
TAser 2 5 τέλος τῆς πράξεως ἔρχεται εἰς κακόν. ἄλλος κλέπτει * ἀδικεῖ * ἁρπάζει πλεονεκτεῖ καὶ ἐλεεῖ τοὺς πτωχοὺς
TJos. 14 1 σου ὅτι καὶ τὸν κλαπέντα ἐλεύθερον τιμωρεῖς ὡς * ἀδικήσαντα. * ὡς δὲ οὐκ ἤλλαξα λόγον τυπτόμενος ἐκέλευσε
Asen. 16 18 κεφαλὰς αὐτῶν καὶ κέντρα ἦσαν αὐταῖς ὀξέα καὶ οὐκ * ἠδίκουν * τινά. καὶ περιεπλάκησαν πᾶσαι αἱ μέλισσαι
Asen. 16 22 καὶ ἀπῆλθον εἰς τὸν οὐρανόν. καὶ ὅσαι ἠβουλήθησαν * ἀδικῆσαι * τὴν Ἀσενὲθ ἔπεσον ἐπὶ τὴν γῆν καὶ ἀπέθανον.
Asen. 17 3 καὶ κατέφαγε τὸ κηρίον καὶ τὴν τράπεζαν οὐκ * ἠδίκησεν. * καὶ ἐξῆλθεν ἐκ τῆς καύσεως τοῦ κηρίου εὐωδία
Asen. 23 12 ἄκουε τῶν ῥημάτων μου. οὐ προσήκει ἀνδρὶ θεοσεβεῖ * ἀδικεῖν * πάντα ἄνθρωπον κατ' οὐδένα τρόπον. ἐὰν δέ τις
Asen. 23 12 πάντα ἄνθρωπον κατ' οὐδένα τρόπον. ἐὰν δέ τις * ἀδικῆσαι * βούλεται ἄνδρα θεοσεβῆ οὐκ ἀμύνεται αὐτῷ ὁ ἀνὴρ
Job 32 11 ἡ δόξα τοῦ θρόνου σου; σὺ εἶ ὁ καταγελάσας τῶν * ἀδικούντων * καὶ ἁμαρτανόντων, νυνὶ δὲ ἐγένου εἰς χλεύην
Job 37 5 εἶπεν πρός με ἐπὶ τῷ θεῷ ἐλπίζεις; πῶς οὖν, * ἀδικῆσαι * κρίνων; ἐπενεγκὼν σοι τὰς πληγὰς ταύτας ἢ
Aris. 146 6 καὶ ἐρίφους ἀναρπάζουσι καὶ τοὺς ἀνθρώπους δὲ * ἀδικοῦσι * νεκροὺς τε καὶ ζῶντας. παράσημον οὖν ἔθετο διὰ
Sib. 3 795 βρέφεσιν τε δράκοντες ἅμ' ἀσπίσι κοιμήσονται κοὐκ * ἀδικήσουσιν * χεὶρ γὰρ θεοῦ ἔσσετ' ἐπ' αὐτούς. σῆμα δέ τοι
FEz. 64 70 11 κατέβησαν εἰς τὸν παράδεισον. εἶτα λοιπὸν εἴτε * ἠδίκησαν * εἴτε καὶ οὐκ ἠδίκησαν ὅμως τὰ ἴχνη πέφηνεν ἐν
FEz. 64 70 11 παράδεισον. εἶτα λοιπὸν εἴτε ἠδίκησαν εἴτε καὶ οὐκ * ἠδίκησαν * ὅμως τὰ ἴχνη πέφηνεν ἐν τῷ παραδείσῳ.
FAch. 110 εὖ ποιεῖ ἵνα μεταμέλωνται γνωρίζοντες οἷον ἄνδρα * ἠδίκουν. * δυνάμενος ἐλεεῖν μὴ μέλλε ἀλλὰ κοπία διδοὺς
FAch. 110 νεανίσκον ἀπεχωρίσθη. ὁ δὲ Λῖνος λυπούμενος ἐπὶ τῷ * ἠδικηκέναι * αὐτὸν καὶ διὰ λόγων μεμαστιγῶσθαι
FAch. 118 οἱ Αἰγύπτιοι; ὁ δὲ Αἴσωπος ἔφη ἀλλὰ Λυκοῦργος * ἠδικήθη * ὑπ' αὐτῆς ταύτῃ τῇ νυκτὶ εἶχεν γὰρ ἀλεκτρυόνα
FPho. 21 νοῦν ἐχέμεν κρυπτὸν λόγον ἐν φρεσὶν ἴσχειν. μήτ' * ἀδικεῖν * ἐθέλῃς μήτ' οὖν ἀδικοῦντα ἐάσῃς. πτωχῷ δ'
FPho. 21 ἐν φρεσὶν ἴσχειν. μήτ' ἀδικεῖν ἐθέλῃς μήτ' οὖν * ἀδικοῦντα * ἐάσῃς. πτωχῷ δ' εὐθὺ δίδου μὴ δ' αὔριον
FPho. 51 δ' ἁπλόος ἴσθι τὰ δ' ἐκ ψυχῆς ἀγόρευε. ὅστις ἑκὼν * ἀδικεῖ * κακὸς ἀνήρ ἦν δ' ὑπ' ἀνάγκης οὐκ ἐρέω τὸ τέλος.
HArt. 9 23 2 εἶναι καὶ τῶν ἐλασσόνων ὑπὸ τῶν κρεισσόνων * ἀδικουμένων * τοῦτον πρῶτον τήν τε γῆν διελεῖν καὶ ὅρους

ἀδίκημα 7
Hen. 9B 10 ἐξελθεῖν ἀπὸ προσώπου τῶν ἐπὶ τῆς γῆς γινομένων * ἀδικημάτων. * καὶ σὺ αὐτὰ οἶδας πρὸ τῶν αὐτὰ γενέσθαι καὶ
Hen. 13 2 ἀνοχὴ καὶ ἐρώτησίς σοι οὐκ ἔσται περὶ ὧν ἔδειξας * ἀδικημάτων * καὶ περὶ πάντων τῶν ἔργων τῶν ἀσεβειῶν καὶ
Hen. 98 5 ὁμοίως οὐδὲ στεῖρα γυνὴ ἐκτίσθη ἀλλ' ἐξ ἰδίων * ἀδικημάτων * ἐπετιμήθη ἀτεκνίᾳ ⟨καὶ⟩ ἄτεκνος ἀποθανεῖται.
Hen. 98 7 ὑμῶν ὅτι οὐ γινώσκουσιν οὐδὲ βλέπουσιν οὐδὲ τὰ * ἀδικήματα * ὑμῶν θεωρεῖται οὐδὲ ἀπογράφεται αὐτὰ ἐνώπιον
Hen. 98 8 τοῦ ὑψίστου. ἀπὸ τοῦ ⟨νῦν⟩ ἐπίγνωτε ὅτι πάντα τὰ * ἀδικήματα * ὑμῶν ἀπογράφονται ἡμέραν ἐξ ⟨ἡμέρας⟩ μέχρι τῆς
Hen. 104 6 αὐτῶν γίνεσθε ἀλλὰ μακρὰν ἀπέχεσθε ἀπὸ πάντων τῶν * ἀδικημάτων * αὐτῶν. μὴ γὰρ εἴπητε οἱ ἁμαρτωλοὶ ⟨ὅτι⟩ οὐ μὴ
Job 37 6 σοφίας αὐτοῦ, ἢ κατατολμᾷ τις προσάπτειν τῷ κυρίῳ * ἀδίκημα; * ἀποκρίνου μοι, Ἰωβ, πρὸς ταῦτα. καὶ πάλιν λέγω

ἀδικία 40
Hen. 9 6 σὺ ὁρᾷς ἃ ἐποίησεν Ἀζαὴλ ὃς ἐδίδαξεν πάσας τὰς * ἀδικίας * ἐπὶ τῆς γῆς καὶ ἐδήλωσεν τὰ μυστήρια τοῦ αἰῶνος
Hen. 9 9 τιτᾶνας ὑφ' ὧν ὅλη ἡ γῆ ἐπλήσθη αἵματος καὶ * ἀδικίας. * καὶ νῦν ἰδοὺ βοῶσιν αἱ ψυχαὶ τῶν τετελευτηκότων
Hen. 9B 6 ἐποίησεν Ἀζαὴλ καὶ ὅσα εἰσήνεγκεν ὅσα ἐδίδαξεν * ἀδικίας * καὶ ἁμαρτίας ἐπὶ τῆς γῆς καὶ πάντα δόλον ἐπὶ τῆς
Hen. 9B 9 γῆς τῶν ἀνθρώπων ἐκκέχυται καὶ ὅλη ἡ γῆ ἐπλήσθη * ἀδικίας. * καὶ νῦν ἰδοὺ τὰ πνεύματα τῶν ψυχῶν τῶν
Hen. 10 16 διὰ τὸ ἀδικῆσαι τοὺς ἀνθρώπους. καὶ ἀπόλεσον τὴν * ἀδικίαν * πᾶσαν ἀπὸ τῆς γῆς καὶ πᾶν ἔργον πονηρίας
Hen. 10 20 τὴν γῆν ἀπὸ πάσης ἀκαθαρσίας καὶ ἀπὸ πάσης * ἀδικίας * καὶ ἀπὸ πάσης ἁμαρτίας καὶ ἀσεβείας καὶ πάσας
Hen. 13 2 καὶ περὶ πάντων τῶν ἔργων τῶν ἀσεβειῶν καὶ * ἀδικίας * καὶ τῆς ἁμαρτίας ὅσα ὑπέδειξας τοῖς ἀνθρώποις.
Hen. 98 12 ὑμῖν ἔσο⟨νται ἀγαθὰ ἵνα φάγητε---⟩ ---⟨ἔργα τῆ⟩ς * ἀδικίας * διότι ἐλπίδας κα⟨λὰς ἔχετε ὑμῖ⟩ν; νῦν γνωστὸν
Hen. 99 4 καὶ ἀναστῄσονται ἐν ⟨ἡμέ⟩ρᾳ ἀπωλείας τῆς * ἀδικίας. * ἐν αὐτῷ ⟨τῷ καιρ⟩ῷ ἐκείνῳ αἱ τίκτουσαι
Hen. 99 15 οἱ ποιοῦντες τὴν ἀ⟨νομίαν⟩ καὶ ἐπιβοηθοῦντες τῇ * ἀδι⟨κίᾳ φονεύ⟩οντες τὸν πλησίον αὐτῶ⟨ν ἕως τῆς⟩ ἡμέρας
Hen. 99 16 ῥομ⟩φαίᾳ καὶ πάντες οἱ δι⟨καιοι μνημο⟩νήσουσιν τὰς * ἀδικίας * ⟨ὑμῶν.⟩ καὶ τότε ἐν ἑνὶ τόπῳ--- ⟨ῥέη τὰ α⟩ἵμα⟨τα
Hen. 100 4 τὰ ἀπόκρυφα ἐν ἡμέρᾳ ἐκείνῃ οἵτινες ἐβοήθουν τῇ * ἀδικίᾳ * καὶ συστραφήσονται εἰς ἕνα τόπον καὶ ὁ ὕψιστος
Hen. 100 6 ὁ πλοῦτος αὐτῶν διασῶσαι αὐτοὺς ἐν τῇ πτώσει τῆς * ἀδικίας. * οὐαὶ ὑμῖν οἱ ἄδικοι ὅταν ἐκθλίβητε τοὺς
TRub. 3 6 λόγους αὐτοῦ ἀπὸ γένους καὶ οἰκείων ἕβδομον πνεῦμα * ἀδικίας * μεθ' ἧς κλοπὴ καὶ γριπίσματα ἵνα ποιήσῃ
TRub. 3 6 ἵνα ποιήσῃ φιληδονίαν καρδίας αὐτοῦ ἡ γὰρ * ἀδικία * συνεργεῖ τοῖς λοιποῖς πνεύμασι διὰ τῆς
TLevi 2 3 τὴν ὁδὸν αὐτῶν καὶ ὅτι τείχη ᾠκοδόμησεν ἑαυτῇ ἡ * ἀδικία * καὶ ἐπὶ πύργους ἡ ἀνομία κάθηται τότε ἐγὼ ἔπλυνα
TLevi 3 1 διὰ τοῦτο στυγνότερός ἐστιν ἐπειδὴ οὗτος ὁρᾷ πάσας * ἀδικίας * ἀνθρώπων. ὁ δεύτερος ἔχει πῦρ χιόνα κρύσταλλον
TLevi 4 1 οἱ ἄνθρωποι ἀπιστοῦντες ἐπιμενοῦσιν ἐν ταῖς * ἀδικίαις * διὰ τοῦτο ἐν κολάσει κριθήσονται. εἰσήκουσεν
TLevi 4 2 ὁ ὕψιστος τῆς προσευχῆς σου τοῦ διελεῖν σε ἀπὸ τῆς * ἀδικίας * καὶ γενέσθαι αὐτῷ υἱὸν καὶ θεράποντα καὶ
TLevi 17 5 τέταρτος ἐν ὀδύνῃ ἔσται ὅτι προσθήσει ἐπ' αὐτὸν ἡ * ἀδικία * εἰς πλῆθος καὶ πᾶς Ἰσραὴλ μισήσουσιν ἕκαστος τὸν
TDan 6 10 διὰ τῶν ἔργων νόμον θεοῦ. ἀπόστητε οὖν ἀπὸ πάσης * ἀδικίας * καὶ κολλήθητε τῇ δικαιοσύνῃ τοῦ νόμου κυρίου καὶ
TBen. 10 8 κύριος ἐν πρώτοις τὸν Ἰσραὴλ περὶ τῆς εἰς αὐτὸν * ἀδικίας * ὅτι παραγενάμενον θεὸν ἐν σαρκὶ ἐλευθερωτὴν οὐκ
Sal. 2 12 ἐποίουν αὐτοὶ ἀπέναντι τοῦ ἡλίου παρεδειγμάτισαν * ἀδικίας * αὐτῶν. καὶ θυγατέρες Ἰερουσαλημ βέβηλοι κατὰ τὸ
Sal. 3 7 διὰ παντὸς τὸν οἶκον αὐτοῦ ὁ δίκαιος τοῦ ἐξᾶραι * ἀδικίαν * ἐν παραπτώματι αὐτοῦ. ἐξιλάσατο περὶ ἀγνοίας ἐν
Sal. 4 24 ἐξᾶραι ὁ θεὸς τοὺς ποιοῦντας ἐν ὑπερηφανίᾳ πᾶσαν * ἀδικίαν * ὅτι κριτὴς μέγας καὶ κραταιὸς κύριος ὁ θεὸς ἡμῶν
Sal. 9 4 ἐξουσίᾳ τῆς ψυχῆς ἡμῶν τοῦ ποιῆσαι δικαιοσύνην καὶ * ἀδικίαν * ἐν ἔργοις χειρῶν ἡμῶν καὶ ἐν τῇ δικαιοσύνῃ σου
Sal. 9 5 θησαυρίζει ζωὴν αὐτῷ παρὰ κυρίῳ καὶ ὁ ποιῶν * ἀδικίαν * αὐτὸς αἴτιος τῆς ψυχῆς ἐν ἀπωλείᾳ τὰ γὰρ κρίματα
Sal. 17 27 ἡγιασμένου ὑπὸ κυρίου θεοῦ αὐτοῦ καὶ οὐκ ἀφήσει * ἀδικίαν * ἐν μέσῳ αὐτῶν αὐλισθῆναι ἔτι καὶ οὐ κατοικήσει
Sal. 17 32 δίκαιος διδακτὸς ὑπὸ θεοῦ ἐπ' αὐτοὺς καὶ οὐκ ἔστιν * ἀδικία * ἐν ταῖς ἡμέραις αὐτοῦ ἐν μέσῳ αὐτῶν ὅτι πάντες
Bar. 8 5 καὶ εἶπέν μοι ὁ ἄγγελος θεωρῶν τὰς ἀνομίας καὶ τὰς * ἀδικίας * τῶν ἀνθρώπων ἤγουν πορνείας μοιχείας κλοπάς
Bar. 13 3 ὅτι οὐκ ἔστιν ἐν αὐτοῖς οὐδὲν ἀγαθὸν ἀλλὰ πᾶσα * ἀδικία * καὶ πλεονεξία. οὐ γὰρ εἴδομεν αὐτοὺς εἰσελθεῖν ἐν
Sedr. 5 4 τὸν διάβολον διὰ τί οὐκ ἐφόνευσας τὸν τεχνίτην τῆς * ἀδικίας; * τίς δύναται πολεμεῖν ἀθεώρητον πνεῦμα; αὐτὸς δὲ
Aris. 146 4 ἔχοντα δαπάνησιν τῶν προειρημένων ἡμέρων μετὰ * ἀδικίας * οὐ μόνον δὲ ταῦτα ἀλλὰ καὶ τοὺς ἄρνας καὶ
Aris. 152 3 μολύνουσιν ἐπιμισγόμενοι συντελοῦντες μεγάλην * ἀδικίαν * καὶ χῶραι καὶ πόλεις ὅλαι σεμνύνονται ἐπὶ
Aris. 162 4 μήτε τῇ τοῦ λόγου δυναστείᾳ συγχρωμένους ἐπὶ τὴν * ἀδικίαν * τρέπεσθαι. καὶ ἐπὶ τῶν κνωδάλων δὲ ταὐτὸν ἔστιν
Aris. 212 4 ἐπὶ παντὸς προβάλλοι συνεχῶς καὶ νομίζοι τὴν * ἀδικίαν * τοῦ ζῆν στέρησιν εἶναι καὶ γὰρ ὁ θεὸς διὰ παντὸς
Aris. 277 4 καὶ ἐπὶ τὰς ἡδονὰς τρεπόμενοι γεγόνασιν ὧν χάριν * ἀδικία * πέφυκε καὶ τὸ τῆς πλεονεξίας χύμα. τὸ δὲ τῆς
Aris. 292 4 σῴζειν καθὼς καὶ σὺ μέγιστον κακὸν ἥγησαι τὴν * ἀδικίαν * δικαίως δὲ πάντα κυβερνῶν ἀένναον τὴν περὶ
FJub. 4 15 φαρμακεία καὶ μαγεία ἀσέλγεια μοιχεία τε καὶ * ἀδικία. * οὗτος ⟨Ἐνὼχ⟩ πρῶτος γράμματα μανθάνει καὶ
FMan. 2 22 13 καὶ ἰδεῖν τὸ ὕψος τοῦ οὐρανοῦ ἀπὸ πλήθους τῶν * ἀδικιῶν * μου κατακαμπτόμενος πολλῷ δεσμῷ σιδήρου διότι

ἄδικος 32
Hen. 97 10 πλοῦτος ὑμῶν ἀλλὰ ταχὺ ⟨ἀναπτήσεται⟩ ἀπὸ ὑμῶν ὅτι * ἀδίκως * πάντα κέκτησθε καὶ ὑμεῖς εἰς κατάραν μεγάλην
Hen. 98 6 ἐν τῷ οὐρανῷ οὐκ ἔσται ὑμῖν ἔργον ἀποκεκρυμμένον * ἄδικον. * μὴ ὑπολάβητε τῇ ψυχῇ ὑμῶν μηδὲ ὑπολάβητε τῇ
Hen. 99 3 τῶν ἀγγέλων ὅπως εἰσαγάγωσιν τὰ ἁμαρτήματα τῶν * ἀδίκων * ἐνώπιον τοῦ ὑψίστου θεοῦ εἰς μνημόσυνον καὶ τότε
Hen. 100 7 αὐτοὺς ἐν τῇ πτώσει τῆς ἀδικίας. οὐαὶ ὑμῖν οἱ * ἄδικοι * ὅταν ἐκθλίβητε τοὺς δικαίους ἐν ἡμέρᾳ ἀνάγκης

```
TLevi      2  3B007   ἀληθείας μάκρυνον ἀπ' ἐμοῦ κύριε τὸ πνεῦμα τὸ  * ἄδικον *  καὶ διαλογισμὸν τὸν πονηρὸν καὶ πορνείαν καὶ
TJud.     21     6    αὐτοῖς ὡς θάλασσα. ὥσπερ γὰρ ἐν αὐτῇ δίκαιοι καὶ  * ἄδικοι *  χειμάζονται οἱ μὲν αἰχμαλωτιζόμενοι οἱ δὲ
TJud.     21     8    ἀγροὺς ποίμνια χρήματα ἁρπάσουσι καὶ πολλῶν σάρκας  * ἀδίκως *  κόρακας καὶ ἴβεις χορτάσουσι καὶ προκόψουσιν ἐπὶ
TDan       3     4    δὲ διὰ τοῦ πλούτου παραπείθων καὶ νικῶν ἐν  * ἀδίκῳ *  τρίτην τὴν φυσικὴν ἔχων τοῦ σώματος καὶ δι' ἑαυτοῦ
TGad       5     3    μῖσος. ὁ γὰρ δίκαιος καὶ ταπεινὸς αἰδεῖται ποιῆσαι  * ἄδικον *  οὐχ ὑπὸ ἄλλου καταγινωσκόμενος ἀλλ' ὑπὸ τῆς ἰδίας
TAser      4     3    ἀπώλεσεν. ἔστι τις μισῶν τὸν ἐλεήμονα καὶ  * ἄδικον *  τὸν μοιχὸν καὶ νηστεύοντα καὶ αὐτὸ ἐστι
TAser      5     3    ἔστιν εἰπεῖν τὴν ἀλήθειαν ψεῦδος οὐδὲ τὸ δίκαιον  * ἄδικον *  ὅτι πᾶσα ἀλήθεια ὑπὸ τοῦ φωτός ἐστι καθὼς τὰ
TJos.     14     1    μου καὶ ἀποστέλλει πρὸς τὸν ἄνδρα αὐτῆς λέγουσα  * ἄδικός *  ἐστιν ἡ κρίσις σου ὅτι καὶ τὸν κλαπέντα ἐλεύθερον
Sal.       4    10    οἱ λόγοι αὐτοῦ παραλογισμοὶ εἰς πρᾶξιν ἐπιθυμίας  * ἀδίκου *  οὐκ ἀπέστη ἕως ἐνίκησεν σκορπίσαι ὡς ἐν ὀρφανίᾳ
Sal.       9     3    οὐ γὰρ κρυβήσεται ἀπὸ τῆς γνώσεώς σου πᾶς ποιῶν  * ἄδικα *  καὶ αἱ δικαιοσύναι τῶν ὁσίων σου ἐνώπιόν σου κύριε
Sal.      12     5    ἀπὸ ὁσίων. φυλάξαι κύριος ψυχὴν ἡσύχιον μισοῦσαν  * ἀδίκους *  καὶ κατευθύναι κύριος ἄνδρα ποιοῦντα εἰρήνην ἐν
Sal.      15     4    εἰς τὸν αἰῶνα ἀπὸ κακοῦ φλὸξ πυρὸς καὶ ὀργὴ  * ἀδίκων *  οὐχ ἄψεται αὐτοῦ ὅταν ἐξέλθῃ ἐπὶ ἁμαρτωλοὺς ἀπὸ
Sal.      17    22    σου καὶ ὑπόζωσον αὐτὸν ἰσχὺν τοῦ θραῦσαι ἄρχοντας  * ἀδίκους *  καθαρίσαι Ἱερουσαλὴμ ἀπὸ ἐθνῶν καταπατούντων ἐν
Aris.    210     4    ὁ θεὸς ἐνεργεῖ καὶ γινώσκει καὶ οὐθὲν ἂν λάθοι  * ἄδικον *  ποιήσας ἢ κακὸν ἐργασάμενος ἄνθρωπος ὡς γὰρ θεὸς
Sib.       3   183    ἀνδράσι κείνοις πτῶμ' ὁπόταν ἄρξωνθ' ὑπερηφανίης  * ἀδίκοιο. *  αὐτίκα δ' ἐν τούτοις ἀσεβείας ἔσσετ' ἀνάγκη
Sib.       3   362    οὐρανὸν εἰς ἀνεγείρει ὅττι βροτοὶ φαύλου ζωῆς  * ἀδίκου *  τ' ἐνέχοντο. ἔσται καὶ Σάμος ἄμμος ἔσεῖται Δῆλος
Sib.       3   496    οὐδ' ἔτι τῆς ζωῆς ἀριθμὸς καὶ φῦλον ἔτ' ἔσται ἀντ'  * ἀδίκου *  γλώτης ἀνόμου τε βίου καὶ ἀνάγνου ὃν κατέτριψαν
Sib.       3   498    ἄναγνον καὶ δεινοὺς διέθεντο λόγους ψευδεῖς τ'  * ἀδίκους *  τε κἄστησαν κατέναντι θεοῦ μεγάλου βασιλῆος
Sib.       3   730    θ' ὅπλα πολλά τε καὶ τόξων πληθὺν βελέων  * ἀδίκων *  τε οὐδὲ γὰρ ἐκ δρυμοῦ ξύλα κόψεται εἰς πυρὸς
Sib.       5   167    παρά σοι καὶ παίδων μῖξις ἄθεσμος θηλυγενὴς  * ἀδίκός *  τε κακὴ πόλι δύσμορε πασῶν. αἰαῖ πάντ' ἀκάθαρτε
Sib.       5   309    νάμασι τοῖς θεοπνεύστοις ἐν παλάμαις ἀθέων ἀνδρῶν  * ἀδίκων *  καὶ ἀθέσμων ῥιφθεῖσ' οὐκέτι τόσσον ἐς αἰθέρα
FEsd.      7   103    συγγενῶν οὔτε φίλοι ὑπὲρ φίλων οὔτε δίκαιοι ὑπὲρ  * ἀδίκων *  ἀλλ' ἕκαστος ὑπὲρ τοῦ οἰκείου ἔργου τὸν λόγον
FPho.            5    ῥάπτειν μήθ' αἵματι χεῖρα μιαίνειν. μὴ πλουτεῖν  * ἀδίκως *  ἀλλ' ἐξ ὁσίων βιοτεύειν. ἀρκεῖσθαι παρ' ἑοῖσι καὶ
FPho.           10    μὴ δὲ κρίσιν ἐς χάριν ἕλκειν. μὴ ῥίψῃς πενίην  * ἀδίκως *  μὴ κρῖνε πρόσωπον ἢν σὺ κακῶς δικάσῃς σέ θεὸς
FPho.           37    δ' ἀλεγειναί. ⟨κτῆσις ὀνήσιμος ἐσθ' ὁσίων  * ἀδίκων *  δὲ πονηρά.⟩ μηδέ τιν' αὐξόμενον καρπὸν λωβήσῃ
FPho.          135    κακοῖσ' οἱ συμπαρέοντες. φωρῶν μὴ δέξῃι κλοπίμην  * ἄδικον *  παραθήκην ἀμφότεροι κλῶπες καὶ ὁ δεξάμενός καὶ ὁ
ISop.    5 122     1    δύο τρίβους νομίζομεν μίαν δικαίων χἀτέραν τῶν  * ἀδίκων. *  κἄπειτα σώσει πάντα ἃ πρόσθ(εν) ἀπώλεσεν. τὴν
IMen.    5 120     2    ὁ γὰρ θεὸς δικαίοις ἔργοις ἥδεται καὶ οὐκ  * ἀδίκοις *  πονοῦντα δὲ ἐᾷ τὸν ἴδιον ὑψῶσαι βίον τὴν γῆν
         ἀδίψητος *                                                         1
Sib.       3   403    Ῥείης μιαρὸν γένος ἐν χθονὶ κῦμα ἀέναον ῥίζησιν  * ἀδιψήτοισι *  τεθηλὸς αὐτόπρεμνον ἄιστον ἴῃ ἐν νυκτὶ
         ἀδόλεσχος
Aris.      8     4    ἵνα δὲ μὴ περὶ τῶν προλεγομένων μηκύνοντες  * ἀδόλεσχόν *  τι ποιῶμεν ἐπὶ τὸ συνεχὲς τῆς διηγήσεως
         ἄδολος                                                           1
HEup.    9  34     6  δύο στύλους χαλκοῦς καὶ καταχρυσῶσαι αὐτοὺς χρυσίῳ  * ἀδόλῳ *  δακτύλου τὸ πάχος. εἶναι δὲ τοὺς στύλους τῷ ναῷ
         ἀδοξέω                                                           2
TJud.     15     1    καλόν. ὁ πορνεύων ζημιούμενος οὐκ αἰσθάνεται καὶ  * ἀδοξῶν *  οὐκ αἰσχύνεται κἂν γάρ τις βασιλεύσῃ πορνεύων
TNep       8     6    καταράσονται οἱ ἄνθρωποι καὶ οἱ ἄγγελοι καὶ ὁ θεὸς  * ἀδοξήσει *  ἐν τοῖς ἔθνεσι δι' αὐτοῦ καὶ ὁ διάβολος
         ἀδοξία                                                           1
Aris.    269     2    δὲ φήσας αὐτὸν ἀποκρίνεσθαι πρὸς ἕτερον εἶπε πῶς  * ἀδοξία *  γίνεται; ἐκεῖνος δὲ ἔφησεν ὅταν ὑπερηφανία
         ἀδούλωτος                                                        2
Sib.       3   444    κορυσσόμενον σμαραγήσει. καὶ σὺ Ῥόδος πουλὺν μὲν  * ἀδούλωτος *  χρόνον ἔσσῃ ἡμερίη θυγάτηρ πουλὺς δέ τοι ὄλβος
Sib.       5    18    πρηνιχθεῖσα δι' ἡγεμόνων κακότητα ἠδὲ γυναικὸς  * ἀδουλώτου *  ἐπὶ κῦμα πεσούσης. καὶ θεσμοὺς θήσει λαοῖς καὶ
         ἀδρύνω                                                          1
TIss.      3     1    ἱερεῖ ὑψίστου τῷ ὄντι ἐν τῷ καιρῷ ἐκείνῳ. ὅτε οὖν  * ἡδρύνθην *  τέκνα μου ἐπορευόμην ἐν εὐθύτητι καρδίας καὶ
         ἀδυναμέω                                                        1
FEz.     186    24    ἐκ'μειαινοντ⟨ες ⟩ετι προσεβαινον τη⟨ πρεσ⟩βυτας  * αδυναμουν⟨τας *  ⟩επι τα υψηλα και π⟨ ⟩δια το οδαγους μη
         ἀδυναμία                                                        2
FEz.   64  70    13    τὸν παράδεισον; ὁ δὲ ἔφη οἴμοι κύριε ὁρᾷς ἡμῶν τὴν  * ἀδυναμίαν *  οἶδας ὅτι ⟨οὐχ⟩ ὁρῶ ποῦ βαδίζω. εἶτα ἐλθὼν ἐπὶ
FEz.   64  70    14    ὦ κύριε πικρᾶναί μου τὴν ψυχὴν ἐν τῷ μέρει τῆς  * ἀδυναμίας *  βούλει. καὶ λοιπὸν ἡ κρίσις ἀργεῖ. τί οὖν
         ἀδύνατος                                                        7
Abr.1      1     2    καὶ πένητας βασιλεῖς τε καὶ ἄρχοντας ἀναπήρους καὶ  * ἀδυνάτους *  φίλους τε καὶ ξένους γειτονάς τε καὶ παροδίτας
Job        9     3    εἰς ἔνδυσιν ὀρφανῶν καὶ χηρῶν καὶ πενήτων καὶ  * ἀδυνάτων *  ἦν δέ μοι ἀγέλη κυνῶν ὀκτακόσιοι φυλάσσοντες
Job        9     5    κώμας, ἐντειλάμενος ἀπελθεῖν καὶ ἐπιδιδόναι τοῖς  * ἀδυνάτοις *  καὶ τοῖς ὑστερουμένοις καὶ ταῖς χήραις πάσαις
Job       45     2    κυρίου εὐποιήσατε τοῖς πτωχοῖς, μὴ παρίδητε τοὺς  * ἀδυνάτους, *  ὴ μὴ λάβετε ἑαυτοῖς γυναῖκας ἐκ τῶν ἀλλοτρίων
Job       53     1    σὺν τοῖς πένησιν καὶ ὀρφανοῖς καὶ πᾶσιν τοῖς  * ἀδυνάτοις *  κλαίουσιν καὶ λέγουσιν οὐαὶ ἡμῖν σήμερον,
Job       53     2    διπλῶς τὸ οὐαί, ὅτι σήμερον ἦρται ἡ δύναμις τῶν  * ἀδυνάτων, *  ἦρται τὸ φῶς τῶν τυφλῶν, ἦρται ὁ πατὴρ τῶν
FAch     106         ἡμεῖς θέλομεν πάντα τὰ ὑπὸ σοῦ κελευόμενα ποιεῖν.  * ἀδυνάτως *  καὶ ἀπείρως ἔχομεν πρὸς τὰ τοιαῦτα. συγγνώμης
         ἄδω                                           cf. ἀείδω
         ἀδωροδόκητος                                                    1
Aris.    209     4    τρόπος βασιλείας; τὸ συντηρεῖν εἶπεν αὐτὸν  * ἀδωροδόκητον *  καὶ νήφειν τὸ πλεῖον μέρος τοῦ βίου καὶ
         αεηιουω *                                                       1
FrAn     574  3012    θεωχιψοϊθ σιθεμεωχ σωθη ιωη μιμιψωθιωωφ φερσωθι  * αεηιουω *  ιωη εωχαριφθα Ἔξελθε ἀπὸ τοῦ δεῖνα κοινὰ τὸ δὲ
         ἀεί                                          28  ἀεὶ αἰεί αἰέν σει
         ἀείδω                                                          2
Hen.       1     5    πάντες καὶ πιστεύσουσιν οἱ ἐγρήγοροι (καὶ  * ἄσουσιν *  ἀπόκρυφα ἐν πᾶσιν τοῖς ἄκροις τῆς ⟨γῆς⟩ καὶ
Jer.       7    29    τὴν ᾠδὴν τοῦ θεοῦ ὑμῶν. καὶ λέγομεν αὐτοῖς πῶς  * ᾄσωμεν *  ὑμῖν ἐπὶ γῆς ἀλλοτρίας ὄντες; καὶ μετὰ ταῦτα
         ἀεικέλιος                                                       3
Sib.       3   231    ἐς οὐδὲν χρήσιμον ἔργον καὶ ᾗα πλάνας ἐδίδαξεν  * ἀεικελίους *  ἀνθρώπους ἐξ ὧν δὴ κακὰ πολλὰ βροτοῖς πέλεται
Sib.       3   455    ὀλλυμένων ἄλοχοι δὲ σὺν ἀγλαοφαρέσι κούραις ὕβριν  * ἀεικελίην *  ἰδίην ἀποθωύξουσιν ταὶ μὲν ὑπὲρ +νεκύων+ ταὶ
Sib.       5    44    Κελτοῖ ὀρειοβάτης σπεύδων δ' ἐπὶ δῆριν ἐφᾶν μοῖραν  * ἀεικελίην *  οὐ φεύξεται ἀλλὰ καμεῖται ὃν κόνις ἀλλοτρίη
         ἀεικής                                                          1
Sib.       3   277    θεοῦ ἁγνῷ νόμῳ ἀλλὰ πλανηθεὶς εἰδώλοις ἐλάτρευσας  * ἀεικέσιν *  οὐδὲ φοβηθεὶς ἀθάνατον γενετῆρα θεῶν πάντων τ'
         ἀείροος                                                         1
Aris.    116     2    περιρρεῖ δ' αὐτὴν ὁ λεγόμενος Ἰορδάνης ποταμὸς  * ἀείρρους. *  ⟨τῆς δὲ χώρας⟩ οὐκ ἔλαττον ἑξακισχιλίων
         ἀείρω                                           cf. αἴρω
         ἀείφατος *                                                      1
Sib.       3   415    σε κατὰ Σπάρτην γὰρ Ἐρινὺς βλαστήσει περικαλλὲς  * ἀείφατον *  ἔρνος ἄριστον Ἀσίδος Εὐρώπης τε πολυσπερὲς
         ἄελλα                                                          3
Sib.       3   477    τοκήαλ). Κύρνος καὶ Σαρδὼ μεγάλαις χειμῶνος  * ἀέλλαις *  καὶ πληγαῖς ἀγίοιο θεοῦ κατὰ βένθεα πόντου
Sib.       4   144    κῦμα θαλάσσης κρύψει χειμερίησιν ἀναρριφθεῖσαν  * ἀέλλαις. *  ἥξει δ' εἰς Ἀσίην πλοῦτος μέγας ὃν ποτε Ῥώμη
Sib.       5   295    ἵξεται εἰς ἅλα δῖαν πρηγὴς ἥτε νηὸς ἐπικλύζουσιν  * ἀέλλαι. *  +ὕπτια δ' οἰμώξει+ Ἔφεσος κλαίουσα παρ' ὄχθαις
         ἀέναος                                                          9
Esdr.      7    15    καὶ ἅγιον αὐτοῦ σῶμα νέμει ῥῶσιν ψυχῆς καὶ σωμάτων  * ἀέναος *  κτείνας τοῖς προστρέχουσιν αὐτῷ ἐκ πόθου. ᾧ πρέπει δόξα
Aris.    279     4    τοὺς βίους τῶν ἀνθρώπων καθὼς σὺ τοῦτο πράσσων  * ἀέναος *  μνήμην καταβέβλησαι σεαυτοῦ θείῳ προστάγματι
Aris.    292     4    κακὸν ἡγήσαι τὴν ἀδικίαν δικαίως δὲ πάντα κυβερνῶν  * ἀέναος *  τὴν περὶ σεαυτὸν δόξαν κατεσκεύασας τοῦ θεοῦ σοι
Aris.    311     5    ἀφαίρεσιν καλῶς τοῦτο πράσσοντες ἵνα διὰ παντὸς  * ἀέναα *  καὶ μένοντα φυλάσσηται. προσφωνηθέντων δὲ καὶ
Sib.       3   403    ὁππότε κεν Ῥείης μιαρὸν γένος ἐν χθονὶ κῦμα  * ἀέναον *  ῥίζησιν ἀδιψήτοισι τεθηλὸς αὐτόπρεμνον ἄιστον ἴῃ
Sib.       3   698    θηρία σαρκῶν. αὐτός μοι τάδε πάντα θεὸς μέγας  * ἀέναός *  τε εἶπε προφητεῦσαι τάδε δ' ἔσσεται οὐκ ἀτέλεστα
Sib.       3   717    ἐπὶ χθονὶ λισσώμεσθα ἀθάνατον βασιλῆα θεὸν μέγαν  * ἀέναόν *  τε. πέμπωμεν πρὸς ναὸν ἐπεὶ μόνος ἐστὶ δυνάστης
Sib.       4    15    τε καὶ ἰχθυόεσσα θάλασσα καὶ γῆ καὶ ποταμοί τε καὶ  * ἀέναων *  στόμα πηγῶν κτίσματα πρὸς ζωὴν ὄμβροι θ' ἅμα
Sib.       4   165    τε καὶ ὕβρεις ἐν ποταμοῖς λούσασθε ὅλον δέμας  * ἀενάοισιν *  χεῖράς τ' ἐκτανύσαντες ἐς αἰθέρα τῶν πάρος
         ἀέξω                                                           2
FPho.           62    ἔρωτας ὑψαυχεῖ δ' ὁ πολὺς πλοῦτος καὶ ἐς ὕβριν  * ἀέξει. *  θυμὸς ὑπερχόμενος μανίην ὀλοόφρονα τεύχει. ὀργὴ
         ἀεργός                                                         2
FPho.          154    ἐργάζευ μοχθῶν ὡς ἐξ ἰδίων βιοτεύσῃς πᾶς γὰρ  * ἀεργὸς *  ἀνὴρ ζώει κλοπίμων ἀπὸ χειρῶν. ⟨τέχνη ⟨γὰρ⟩
FPho.          155    κλοπίμων ἀπὸ χειρῶν. ⟨τέχνη ⟨γὰρ⟩ τρέφει ἄνδρα  * ἀεργὸν *  δ' ἵψατο λιμός.⟩ μὴ δ' ἄλλου παρὰ δαιτὸς ἔδοις
         ἀέριος                                                         4
TBen.      3     4    τὸν θεὸν ὁ ἀγαπῶν τὸν πλησίον αὐτοῦ ὑπὸ τοῦ  * ἀερίου *  πνεύματος τοῦ Βελίαρ οὐ δύναται πληγῆναι
Sib.       3   307    ὀλέσσει καὶ πληγὴ μεγάλοιο θεοῦ ἡγήτορος ὕμνων.  * ἀέριος *  γάρ σοι Βαβυλὼν ἥξει ποτ' ἄνωθεν ἰαύταρ ἀπ'
Sib.       3   682    πελώρων ῥήξει κυάνεόν τ' ἔρεβος πάντεσσι φανεῖται.  * ἠέριαι *  δὲ φάραγγες ἐν οὔρεσιν ὑψηλοῖσιν ἔσσονται πλήρεις
FrAn     574  3042    καὶ σὺ λάλησον ὁποῖον ἐὰν ᾖς ἐπουράνιον ἢ  * ἀέριον *  εἴτε ἐπίγειον εἴτε ὑπόγειον ἢ καταχθόνιον ἢ
         ἀεροβαθής                                                      1
Hen.      17     3    θησαυροὺς τῶν ἀστέρων καὶ τῶν βροντῶν καὶ εἰς τὰ  * ἀεροβαθῆ *  ὅπου τόξον πυρὸς καὶ τὰ βέλη καὶ τὰς θήκας
```

ἀεροσκοπία    1
Hen.   8B   3        ἐδίδαξεν ἀστρολογίαν. ὁ δὲ ὄγδοος ἐδίδαξεν × ἀεροσκοπίαν. × ὁ δὲ τρίτος ἐδίδαξε τὰ σημεῖα τῆς γῆς. ὁ δὲ

ἀετός    25
Adam   33   2   τὸν οὐρανὸν ἴδεν ἅρμα φωτὸς ἐρχόμενον ὑπὸ τεσσάρων × ἀετῶν × λαμπρῶν ὃ οὔκ ἦν δυνατὸν γεννηθῆναι ἀπὸ κοιλίας ἢ
TJud.  25   5   οἱ ἔλαφοι Ἰακὼβ δραμοῦνται ἐν ἀγαλλιάσει καὶ οἱ × ἀετοὶ × Ἰσραὴλ πετασθήσονται ἐν χαρᾷ οἱ δὲ ἀσεβεῖς
TNep.  5    6   ἐπὶ τῆς γῆς ἔχων δύο κέρατα μεγάλα καὶ πτέρυγες × ἀετοῦ × ἐπὶ τοῦ νώτου αὐτοῦ καὶ θέλοντες πιάσαι αὐτὸν οὐκ
Jer.   6   12   Ἰερεμίαν ἔρχεται γὰρ πρός σε ὥρα τοῦ φωτὸς αὔριον × ἀετὸς × καὶ σὺ ἐπισκέψῃ πρὸς Ἰερεμίαν. γράψον οὖν ἐν τῇ
Jer.   7    1   Βαροὺχ καὶ ἐξῆλθεν ἐκ τοῦ μνημείου καὶ εὗρεν τὸν × ἀετὸν × καθεζόμενον ἐκτὸς τοῦ μνημείου. καὶ ἀποκριθεὶς
Jer.   7    2   καὶ ἀποκριθεὶς ἀνθρωπίνῃ φωνῇ εἶπεν αὐτῷ ὁ × ἀετὸς × χαῖρε Βαροὺχ ὁ οἰκονόμος τῆς πίστεως. καὶ εἶπεν
Jer.   7    5   δεῖξόν μοι οὖν τί ποιεῖς ἐνταῦθα; καὶ εἶπεν αὐτῷ ὁ × ἀετὸς × ἀπεστάλην ὧδε ὅπως πᾶσαν φάσιν ἣν θέλεις
Jer.   7    7   ταύτην τῷ Ἰερεμίᾳ εἰς Βαβυλῶνα; καὶ εἶπεν αὐτῷ ὁ × ἀετὸς × εἰς τοῦτο γὰρ καὶ ἀπεστάλην. καὶ ἄρας Βαροὺχ τὴν
Jer.   7    8   τοῦ Ἀβιμέλεχ ἔδησεν αὐτὰ εἰς τὸν τράχηλον τοῦ × ἀετοῦ × καὶ εἶπεν αὐτῷ σοὶ λέγω βασιλεῦ τῶν πετεινῶν
Jer.   7   13   κυρίου μετὰ σοῦ ἐν πάσῃ τῇ ὁδῷ ᾗ πορεύσῃ. τότε ὁ × ἀετὸς × ἐπετάσθη ἔχων τὴν ἐπιστολὴν ἐν τῷ τραχήλῳ αὐτοῦ
Jer.   7   15   καὶ κλαιόντων μετὰ τοῦ νεκροῦ ἦλθον κατέναντι τοῦ × ἀετοῦ. × καὶ ἔκραξεν ὁ ἀετὸς μεγάλῃ φωνῇ λέγων σοὶ λέγω
Jer.   7   15   νεκροῦ ἦλθον κατέναντι τοῦ ἀετοῦ. καὶ ἔκραξεν ὁ × ἀετὸς × μεγάλῃ φωνῇ λέγων σοὶ λέγω Ἰερεμία ὁ ἐκλεκτὸς τοῦ
Jer.   7   16   λαὸν σὺν γυναιξὶ καὶ τέκνοις καὶ ἦλθεν ὅπου ἦν ὁ × ἀετός. × καὶ κατῆλθεν ὁ ἀετὸς ἐπὶ τὸν τεθνηκότα καὶ
Jer.   7   17   τέκνοις καὶ ἦλθεν ὅπου ἦν ὁ ἀετός. καὶ κατῆλθεν ὁ × ἀετὸς × ἐπὶ τὸν τεθνηκότα καὶ ἀνέζησε. γέγονε δὲ τοῦτο ἵνα
Jer.   7   18   ἐν τῇ ἐρήμῳ διὰ Μωϋσέως καὶ νῦν ἐφάνη ἡμῖν διὰ τοῦ × ἀετοῦ × τούτου; καὶ εἶπεν ὁ ἀετὸς σοὶ λέγω Ἰερεμία δεῦρο
Jer.   7   19   νῦν ἐφάνη ἡμῖν διὰ τοῦ ἀετοῦ τούτου; καὶ εἶπεν ὁ × ἀετὸς × σοὶ λέγω Ἰερεμία δεῦρο λῦσον τὴν ἐπιστολὴν ταύτην
Jer.   7   30   ταῦτα ἔδησε τὴν ἐπιστολὴν εἰς τὸν τράχηλον τοῦ × ἀετοῦ × Ἰερεμίας λέγων ἄπελθε ἐν εἰρήνῃ καὶ ἐπισκέψηται
Jer.   7   31   ἡμᾶς ἀμφοτέρους ὁ κύριος. καὶ ἐπετάσθη ὁ × ἀετὸς × καὶ ἦλθεν εἰς Ἰερουσαλὴμ καὶ ἔδωκε τὴν ἐπιστολὴν
Sib.   3  611   ἄσπετοι ἄνδρες ἔλθῃ δ᾽ ἐξ Ἀσίης βασιλεὺς μέγας × αἰετὸς × αἴθων ὅς πᾶσαν σκεπάσει γαῖαν πεζῶν τε καὶ ἱππέων
FAch. 111       τινας ἰξευτὰς ἐκέλευσεν συλλαμβάνεσθαι τέσσαρας × ἀετούς. × συλληφθέντων δὲ τῶν ἀετῶν ἔτιλεν τὰ ἔσχατα πτερά
FAch. 111       τέσσαρας ἀετούς. συλληφθέντων δὲ τῶν × ἀετῶν × ἔτιλεν τὰ ἔσχατα πτερὰ ἐν οἷς δοκοῦσιν ἵπτασθαι.
FAch. 111       ἔπλευσεν εἰς Αἴγυπτον σὺν τοῖς παιδίοις καὶ τοῖς × ἀετοῖς × μετὰ πολλῶν οἰκετῶν καὶ παρασκευῆς πρὸς τὴν
FAch. 116       στήσας κατὰ γωνίας τοῦ δοθέντος μέτρου τοὺς × ἀετοὺς × ἐκέλευσε ⟨τοὺς παῖδας⟩ ἀναβῆναι τοὺς ἀετοὺς καὶ
FAch. 116       τοὺς ἀετοὺς ἐκέλευσε ⟨τοὺς παῖδας⟩ ἀναβῆναι τοὺς × ἀετοὺς × καὶ εἰς ἀέρα ἵπτασθαι. καὶ εἰς ὕψος γενάμενοι
LEze.  9  29 16 14   οἷον οὐδέπω ὥρακέ τις. διπλοῦν γὰρ ἦν τὸ μῆκος × ἀετοῦ × σχεδὸν πτεροῖσι ποικίλοισιν ἠδὲ χρώμασι. στῆθος

Ἀζαήλ    9
Hen.   8    1   φαρμακείας καὶ ἐπαοιδίας. ἐδίδαξεν τοὺς ἀνθρώπους × Ἀζαὴλ × μαχαίρας ποιεῖν καὶ ὅπλα καὶ ἀσπίδας καὶ θώρακας
Hen.   8B   1   ἀπολλυμένων ἡ βοὴ εἰς οὐρανοὺς ἀνέβη. πρῶτος × Ἀζαὴλ × ὁ δέκατος τῶν ἀρχόντων ἐδίδαξε ποιεῖν μαχαίρας
Hen.   9    6   φανερὰ καὶ ἀκάλυπτα. καὶ πάντα σὺ ὁρᾷς ἃ ἐποίησεν × Ἀζαὴλ × ὃς ἐδίδαξεν πάσας τὰς ἀδικίας ἐπὶ τῆς γῆς καὶ
Hen.   9B   6   οὔκ ἔστιν ὃ κρυβῆναί σε δύναται. ὁρᾷς ὅσα ἐποίησεν × Ἀζαὴλ × καὶ ὅσα εἰσήνεγκεν ὅσα ἐδίδαξεν ἀδικίας καὶ
Hen.  10    4   γενεὰ τοῦ αἰῶνος. καὶ τῷ Ῥαφαὴλ εἶπεν δῆσον τὸν × Ἀζαὴλ × ποσὶν καὶ χερσὶ καὶ βάλε αὐτὸν εἰς τὸ σκότος καὶ
Hen.  10    8   ἡ γῆ ἀφανισθεῖσα ἐν τοῖς ἔργοις τῆς διδασκαλίας × Ἀζαὴλ × καὶ ἐπ᾽ αὐτῷ γράψον τὰς ἁμαρτίας πάσας. καὶ τῷ
Hen.  10B   4   καὶ τῷ Ῥαφαὴλ εἶπε πορεύου Ῥαφαὴλ καὶ δῆσον τὸν × Ἀζαὴλ × χερσὶ καὶ ποσὶ συμπόδισον αὐτὸν καὶ ἔμβαλε αὐτὸν
Hen.  10B   8   ἠρημώθη πᾶσα ἡ γῆ ἐν τοῖς ἔργοις τῆς διδασκαλίας × Ἀζαὴλ × καὶ ἐπ᾽ αὐτῇ γράψον πάσας τὰς ἁμαρτίας. καὶ τῷ
Hen.  13    1   ἔσται αὐτοῖς εἰς ἔλεον καὶ εἰρήνην. ὁ δὲ Ἐνὼχ τῷ × Ἀζαὴλ × εἶπεν πορεύου οὔκ ἔσται σοι εἰρήνη. κρίμα μέγα

Ἀζαλζήλ    1
Hen.   6B   7   ς᾽ Ῥαμιὴλ ζ᾽ Σαμψὶχ η᾽ Ζακιήλ θ᾽ Βαλκιὴλ ι᾽ × Ἀζαλζὴλ × ια᾽ Φαρμαρὸς ιβ᾽ Ἀμαριὴλ ιγ᾽ Ἀναγημὰς ιδ᾽

Ἀζαρίας    1
Prop.  20   1   σύνεγγυς τοῦ ψευδοπροφήτου τοῦ πλανήσαντος αὐτόν. × Ἀζαρίας × ἐκ γῆς Συβαθὰ ὃς ἐπέστρεψεν ἐξ Ἰσραὴλ τὴν

Ἀζουρά    2
FJub.  4   11   μετὰ τὸν Ἄβελ γεννηθεὶς τῇ λεγομένῃ αὐτοῦ ἀδελφῇ × Ἀζουρᾷ × γεγόνασι δὲ τῷ Ἀδὰμ καὶ ἄλλοι υἱοὶ ἐννέα μετὰ
FJub.  8    7   Μωαχα θυγάτηρ Χεεδαμ πατραδέλφου αὐτοῦ. γυνὴ Εβερ × Ἀζουρα × θυγάτηρ Νεβρωδ. μετὰ τὸν κατακλυσμὸν τῷ ʼβ φ π βʼ

ἄζυμος    2
LEze.  9  29 12 40   ἡμέρας ὁδὸν πάντες τοσαύτας ἡμέρας ἔτος κάτα × ἄζυμα × ἔδεσθε καὶ θεῷ λατρεύσετε τὰ πρωτότευκτα ζῷα
LEze.  9  29 13 15   ἄπο. ταύτην δ᾽ ἑορτὴν δεσπότῃ τηρήσετε ἔφθ᾽ ἡμέρας × ἄζυμα × καὶ οὐ βρωθήσεται ζύμη. κακῶν γὰρ τῶνδ᾽

Ἀζώτιος    1
Aris. 117   5   περιλαμβάνοντες τὰ πρὸς τὴν Γάζαν μέρη καὶ τὴν × Ἀζωτίων × χώραν. περιέχεται δὲ ἀσφαλείαις αὐτοφυέσι

Ἀζώτος    1
Prop.  10   1   ἣν ἐκ γῆς Καριαθμοῦς πλησίον πόλεως Ἑλλήνων × Ἀζώτου × κατὰ θάλασσαν. καὶ ἐκβρασθεὶς ἐκ τοῦ κήτους καὶ

ἀηδής    1
Sib.   5  106   ἐρημῶν. ἀλλ᾽ ὅταν ὕψος ἔχῃ κρατερὸν καὶ θάρσος × +ἀηδές+ × ἥξει καὶ μακάρων ἐθέλων πόλιν ἐξαλαπάξαι. καὶ
FAch. 112       τῷ βασιλεῖ Νεκταναβῷ τὸν Αἴσωπον παραστῆναι. × ἀηδῶς × δὲ ἀκούσας μετεκαλέσατο τοὺς φίλους καί φησιν

ἀηδία    1
TDan.  4    3   μηδὲ μεταβάλλεσθε μήτε εἰς τέρψιν μήτε εἰς × ἀηδίαν. × πρῶτον γὰρ τέρπει τὴν ἀκοὴν καὶ οὕτως ὀξύνει τὸν

ἀήρ    10
TRub.  2    5   μεθ᾽ ἧς ἐστι γεῦσις δεδομένη εἰς συνολκὴν × ἀέρος × καὶ πνοῆς πέμπτον πνεῦμα λαλιᾶς μεθ᾽ ἧς γίνεται
Jer.   9   15   καὶ λέγοντα ἐδώκαμεν τὸ τέλος ἡμῶν τῷ × ἀέρι × ποιήσει αὐτὰ ξηρανθῆναι μετὰ τοῦ ὕψους τῶν κλάδων
Esdr.  5   23   δικαίους καὶ τοὺς πατριάρχας. καὶ ἰδοὺ ἐκεῖ τοῦ × ἀέρος × τὴν κόλασιν καὶ τὴν πνοὴν τῶν ἀνέμων καὶ τὰς
Sedr.  8   10   Σεδρὰχ ἀπὸ κτίσεως κόσμου ἀπὸ αἰώνων βρέχοντος τοῦ × ἀέρος × πόσα σταλάγματα ἔπεσον εἰς τὸν κόσμον καὶ πόσα
Aris.  70   7   πρὸς τὴν ἀλήθειαν ὥστε καὶ ῥιπίζοντος τοῦ κατὰ τὸν × ἀέρα × πνεύματος κίνησιν ἐπιδέχεσθαι τὴν τῶν φύλλων θέσιν
FAch. 111       τοὺς παῖδας. οἱ δὲ βαστάζοντες ἀνίπταντο εἰς τὸν × ἀέρα × δεδεμένοι καλῳδίοις δεδεμένοι δὲ ὑπήκοοι ἦσαν τοῖς
FAch. 116       ⟨τοὺς παῖδας⟩ ἀναβῆναι τοὺς ἀετοὺς καὶ εἰς × ἀέρα × ἵπτασθαι. καὶ εἰς ὕψος γενάμενοι ἐφώνουν ἐπίδοτε
FPho. 108       ἔχομεν κἄπειτα πρὸς αὖ γῆν λυόμενοι κόνις ἐσμέν × ἀήρ × δ᾽ ἀνὰ πνεῦμα δέδεκται. πλουτῶν μὴ φείδου μέμνησ᾽
ISop.  5  122  1   ἔσται κυμάτων ἅπας βυθὸς γῆ δὲ ἑδράνων ἔρημος οὐδ᾽ × ἀήρ × ἔτι πτερωτὰ φῦλα βαστάσει πυρουμένη καὶ γὰρ καθ᾽
IOrp.  31       κατὰ σφέτερον κνώδακα πνεύματα δ᾽ ἡνιοχεῖ περὶ τ᾽ × ἠέρα × καὶ περὶ χεῦμα νάματος ἐκφαίνει δὲ πυρὸς σέλας

ἀήττητος    1
Aris. 193   2   ἠρώτα τὸν ἐξῆς πῶς ἂν ἐν ταῖς πολεμικαῖς χρείαις × ἀήττητος × εἴη; ὁ δὲ εἶπεν εἰ μὴ πεποιθὼς ὑπάρχοι τοῖς

αηω ×    1
FrAn. 574 3021  Ἑβραίων Ἰησοῦ ιαβα ιαη ἀβραωθ Αια θωθ ελε ελω × αηω × εου ιιβαεχ αβαρμας ϊαβαραου αβελβελ λωνα αβρα

ἀθανασία    3
Asen.  8    5   εὐλογημένον ζωῆς καὶ πίνει ποτήριον εὐλογημένον × ἀθανασίας × καὶ χρίεται χρίσματι εὐλογημένῳ ἀφθαρσίας
Asen. 15    5   εὐλογημένον ζωῆς καὶ πιεῖς ποτήριον εὐλογημένον × ἀθανασίας × καὶ χρισθήσῃ χρίσματι εὐλογημένῳ τῆς
Asen. 16   16   ἰδοὺ δὴ ἔφαγες ἄρτον ζωῆς καὶ ἔπιες ποτήριον × ἀθανασίας × καὶ κέχρισαι χρίσματι ἀφθαρσίας. ἰδοὺ δὴ ἀπὸ

ἀθάνατος    46
Adam  28    3   φυλάσσειν αὐτὸ διὰ σέ ὅπως μὴ γεύσῃ ἀπ᾽ αὐτοῦ καὶ × ἀθάνατος × ἔσῃ εἰς τὸν αἰῶνα. ἔχεις δὲ τὸν πόλεμον ὃν
Adam  28    4   σε καὶ δοθήσεται σοι ἐκ τοῦ ξύλου τῆς ζωῆς καὶ × ἀθάνατος × ἔσει εἰς τὸν αἰῶνα. ταῦτα εἰπὼν ὁ κύριος
Abr.1  8    3   παντοκράτωρ ὅτι κελεύει ἡ δόξα καὶ βασιλεία ἡ × ἀθάνατος × εἶπεν δὲ ὁ θεὸς τῷ Μιχαὴλ ἄπελθε πρὸς τὸν
Abr.1  8    9   τῆς Εὔας ἀπέθανον· καὶ οὐδὲ οἱ βασιλεῖς ὑπῆρχον × ἀθάνατοι × οὐδεὶς ⟨ἐκ τῶν⟩ προπατόρων ἐξέφυγεν τὸ τοῦ
Abr.1  9    5   τὸ σὸν κράτος ὅτι κἀγὼ γινώσκω ὅτι οὐκ ἔσομαι × ἀθάνατος × ἀλλὰ θνητὸς ἐπειδὴ οὖν τῇ σῇ προστάξει πάντα
Abr.1 15   15   καὶ διὰ τοῦτο φείδομαι τοῦ ἀψαύθαι τούτου κέλευσον × ἀθάνατε × βασιλεῦ τί ῥῆμα καὶ γενήσεται. τότε ὁ ὕψιστος
Abr.1 16    2   θάνατον δεῦρο καλεῖ σε ὁ δεσπότης τῆς κτίσεως ὁ × ἀθάνατος × βασιλεύς. ἀκούσας δὲ ὁ θάνατος ἔφριξεν καὶ
Abr.1 17    4   σου ἀπὸ σου. λέγει αὐτῷ Ἀβραὰμ κατὰ τοῦ θεοῦ τοῦ × ἀθανάτου × σοι λέγω εἰπὲ ἡμῖν τὸ ἀληθὲς σὺ εἶ ὁ θάνατος;
Esdr.  7    1   εἶπεν αὐτῷ ὁ θεὸς ἄκουσον Ἐσδρὰμ ἀγαπητέ μου ἐγὼ × ἀθανάτου × ὧν σταυρὸν κατεδέξατο ὅξος καὶ χολὴν ἐγευσάμην
Sedr.  5    6   ⟨καὶ⟩ διδάσκει αὐτοὺς πᾶσαν ἁμαρτίαν αὐτὸς σε τὸν × ἀθανάτου × θεὸν πολεμεῖ ὁ δὲ ἐλεεινὸς ἄνθρωπος τί ἄρα ἔχει
Sib.   3   10   μάτην πλάζεσθε καὶ οὐκ εὐθεῖαν ἀταρπὸν βαίνετε × ἀθανάτου × κτίστου μεμνημένοι αἰεί; εἷς θεός ἐστι μόναρχος
Sib.   3   35   τερπόμενοι κακότητι λίθων εἴδεα καθιδρύοντες × ἀθανάτου × σωτῆρος ὃς οὐρανὸν ἔκτισε καὶ γῆν. αἲ γένος
Sib.   3   48   εἰσέτι δηθύνουσα +τότε δή+ βασιλεία μεγίστη × ἀθανάτου × βασιλῆος ἐπ᾽ ἀνθρώποισι φανεῖται. ἥξει δ᾽ ἁγνὸς
Sib.   3   56   δειλαίη πότ᾽ ἐλεύσεται ἦμαρ ἐκεῖνο καὶ κρίσις × ἀθανάτοιο × θεοῦ μεγάλου βασιλῆος; ἄρτι δ᾽ ἔτι κτίζεσθε
Sib.   3  101   βούλοντ᾽ ἀναβῆν᾽ εἰς οὐρανὸν ἀστερόεντα αὐτίκα δ᾽ × ἀθανάτοιο × μεγάλου ἐπέθηκεν ἀνάγκην πνεύμασιν αὐτὰρ ἔπειτ᾽
Sib.   3  276   πάντα χαμαὶ πεσέονται ὅτι φρεσὶν οὔκ ἐπίθοντα × ἀθανάτου × θεοῦ ἁγνῷ νόμῳ ἀλλὰ πλανηθέντες εἰδώλοις
Sib.   3  278   εἰδώλοις ἐλάτρευσας ἀεικέσιν οὐδὲ φοβηθείς × ἀθάνατον × γενετῆρα θεῶν πάντων τ᾽ ἀνθρώπων οὐκ ἔθελες
Sib.   3  302   λέξαι ὅσα γέ τοι Βαβυλῶνι ἐμήσατο ἄλγεα λυγρά × ἀθάνατος × ὅτι οἱ ναὸν μέγαν ἐξαλάπαξεν. αἰαῖ σοι Βαβυλὼν
Sib.   3  328   ἀνάγκην πάντες ἐλεύσεσθ᾽ εἰς ⟨τὸν⟩ ὄλεθρον ἀνθ᾽ ὧν × ἀθανάτοιο × μέγαν διεδηλήσασθε οἶκον ὁδοῦσι σιδηρείοις τ᾽
Sib.   3  582   πόλεις καὶ πίονας ἀγροὺς αὐτοὶ δ᾽ ὑψωθέντες ὑπ᾽ × ἀθανάτοιο × προφῆται +καὶ+ μέγα χάρμα βροτοῖς πάντεσσι
Sib.   3  594   ἁγνίζοντες ὕδατι καὶ τιμῶσι μόνον τ᾽ αἰεὶ μεθέοντα × ἀθανάτοιο × θεοῦ ἔπειτα γονεῖς μέγα δ᾽ ἔξοχα πάντων ἀνθρώπων
Sib.   3  600   Περσῶν καὶ Γαλατῶν πάσης τ᾽ Ἀσίης παραβάντες × ἀθανάτοιο × θεοῦ ἁγνὸν νόμον +ὃν παρέβησαν+. ἀνθ᾽ ὧν
Sib.   3  601   ἀθανάτοιο θεοῦ ἁγνὸν νόμον +ὃν παρέβησαν+. ἀνθ᾽ ὧν × ἀθάνατος × θήσει πάντεσσι βροτοῖσιν ἄτην καὶ λιμὸν καὶ
Sib.   3  604   πόλεμον καὶ λοιμὸν ιδ᾽ ἄλγεα δακρυόεντα οὔνεκεν × ἀθανάτου × γενέτην πάντων οὐκ ἔθελον τιμᾶν ὁσίως
Sib.   3  617   θαλάσσης· καὶ τότε δὴ κάμψουσι θεῷ μεγάλῳ βασιλῆι × ἀθανάτῳ × γόνυ λευκὸν ἐπὶ χθονὶ πουλυβοτείρῃ ἔργα δὲ
Sib.   3  631   δὲ δικαιοσύνην τίμα καὶ μηδένα θλῖβε. ταῦτα γάρ × ἀθάνατος × κέλεται δειλοῖσι βροτοῖσιν. ἀλλὰ σὺ τοῦ

Sib.      3   672   ἐκ μεγάλοιο θεοῦ καὶ πάντες ὀλοῦνται χειρὸς ἀπ'   ⋇ ἀθανάτοιο ⋇ ἀπ' οὐρανόθεν δὲ πεσοῦνται ῥομφαῖαι πύριναι
Sib.      3   676   παγγενέτειρα σαλεύσεται ἤμασι κείνοις χειρὸς ἀπ'   ⋇ ἀθανάτοιο ⋇ καὶ ἰχθύες οἱ κατὰ πόντον πάντα τε θηρία γῆς
Sib.      3   679   τ' ἀνθρώπων ψυχαὶ καὶ πᾶσα θάλασσα φρίξει ὑπ'   ⋇ ἀθανάτοιο ⋇ προσώπου καὶ φόβος ἔσται. ἠλιβάτους κορυφάς τ'
Sib.      3   709   κακοῦ μάλα δ' ἔσσεται αὐτὸς αὐτὸς ὑπέρμαχος   ⋇ ἀθάνατος ⋇ καὶ χεὶρ Ἀγίοιο. καὶ τότε δὴ νῆσοι πᾶσαι
Sib.      3   711   καὶ τότε δὴ νῆσοι πᾶσαι πόλιές τ' ἐρέουσιν ὁπόσον   ⋇ ἀθάνατος ⋇ φιλέει τοὺς ἄνδρας ἐκείνους. πάντα γὰρ αὐτοῖσιν
Sib.      3   717   ὕμνοις δεῦτε πεσόντες ἅπαντες ἐπὶ χθονὶ λισσώμεσθα   ⋇ ἀθάνατος ⋇ βασιλῆα θεὸν μέγαν ἀέναόν τε. πέμπωμεν πρὸς
Sib.      3   721   δικαιότατος πέλεται πάντων κατὰ γαῖαν. ἡμεῖς δ'   ⋇ ἀθάνατος ⋇ τρίβου πεπλανημένοι ἦμεν ἔργα δὲ χειροποίητα
Sib.      3   733   τάλαιν' Ἑλλὰς ὑπερήφανα παῦε φρονοῦσα λίσσεο δ'   ⋇ ἀθάνατον ⋇ μεγαλήτορα καὶ προφύλαξαι στεῖλον μὴ ἐπὶ τήνδε
Sib.      3   742   τέλος αἴσιμον ἦμαρ (εἰς δὲ βροτοὺς ἥξει κρίσις   ⋇ ἀθανάτοιο ⋇ θεοῖο) ἥξει ἐπ' ἀνθρώπους μεγάλη κρίσις ἠδὲ
Sib.      3   759   ἅπασαν ἀνθρώποις τελέσειεν ἐν οὐρανῷ ἀστερόεντι   ⋇ ἀθάνατος ⋇ ὅσα πέπρακται δειλοῖσι βροτοῖσιν. αὐτὸς γὰρ
Sib.      3   766   δ' ἰδίαν γένναν παίδων τρέφε μηδὲ φόνευε ταῦτα γὰρ   ⋇ ἀθάνατος ⋇ κεχολώσεται ὃς κεν ἁμάρτῃ. καὶ τότε δὴ ἐξεγερεῖ
Sib.      3   771   κόσμον μακάρων τε πύλας καὶ χάρματα πάντα καὶ νοῦν   ⋇ ἀθάνατος ⋇ αἰώνιον εὐφροσύνην τε. πάσης δ' ἐκ γαίης
Sib.      3   787   ἔκτισε καὶ γῆν. ἐν σοὶ δ' οἰκήσει σοὶ δ' ἔσσεται   ⋇ ἀθάνατος ⋇ φῶς ἠδὲ λύκοι τε καὶ ἄρνες ἐν οὔρεσιν ἄμμιγ'
Sib.      4   188   ὅσσοι δ' εὐσεβέουσι πάλιν ζήσοντ' ἐπὶ γαῖαν   ⋇ ἀθανάτου ⋇ μεγάλοιο θεοῦ καὶ ἄφθιτον ὄλβον πνεῦμα θεοῦ
Sib.      5   76    ἀλλὰ ταλαιπωροῦσι κακοὶ κακότητα μένοντες ὀργήν   ⋇ ἀθανάτοιο ⋇ βαρυκτύπου οὐρανίωνος ἀντὶ θεοῦ δὲ λίθους καὶ
Sib.      5   411   ἀνδράσι κυδαλίμοισιν. αὐτὸς δ' ὤλετο +χέρσον ἀπ'   ⋇ ἀθανάτην ⋇ ἐπιβὰς γῆν+ κοὐκέτι σῆμα τοιοῦτον ἐπ'
FPho.    115   πολὺν ἄνθρωποι ζῶμεν χρόνον ἀλλ' ἐπίκαιρον ψυχὴ δ'   ⋇ ἀθάνατος ⋇ καὶ ἀγήρως ζῇ διὰ παντός. ⟨οὐδεὶς γιγνώσκει τί
IOrp.      9   ἐπίβαινε ἀτραπιτοῦ μούνων δ' ἐσόρα κόσμοιο ἄνακτα   ⋇ ἀθάνατον. ⋇ παλαιὸς δὲ λόγος περὶ τοῦδε φαείνει εἰς ἔστ'
IHes.  5 112   3   αὐτὸς γὰρ πάντων βασιλεὺς καὶ κοίρανός ἐστιν   ⋇ ἀθανάτων ⋇ σέο δ' οὔτις ἐρήρισται κράτος ἄλλος.
LPhi.  9  20   1   ἕρκος αἰνοφύτων ἔκκαυμα βριήπυος αἰνετὸς ἴσχων   ⋇ ἀθάνατον ⋇ ποίησεν ἑὴν φάτιν ἐξότε κείνου ἔκγονος
  **ἀθέατος**
                                                                 2
Aris.     71   3   γομφωτοῖς πρὸς ἑαυτὰ κατὰ τὸ πάχος τῆς κατασκευῆς   ⋇ ἀθέατον ⋇ καὶ ἀνεύρετον τὴν τῶν ἁρμῶν κατασκευάσαντες
FPho.    100   νεκύεσσιν. μὴ τύμβον φθιμένων ἀνορύξῃς μηδ'   ⋇ ἀθέατα ⋇ δείξῃς ἠελίωι καὶ δαιμόνιον χόλον ὄρσῃς. οὐ
  **ἀθέμιστος**
Sib.      5   390   πολυμόχθῳ. --- ἐν σοὶ γὰρ μήτηρ τέκνῳ ἐμίγη   ⋇ ἀθεμίστως ⋇ καὶ θυγάτηρ γενέτηρι ἑῷ συζεύξατο νύμφη ἐν σοὶ
FPho.    146   δ' ἀπέχεσθαι. φεῦγε κακὴν φήμην φεῦγ' ἀνθρώπους   ⋇ ἀθεμίστους.⟩ ⋇ μὴ δέ τι θηρόβορον δαίσηι κρέας ἀργιπόσσιν
  **ἄθεος**
Sib.      3   32   τ' ἀλάλοις λιθίνοις θ' ἱδρύμασι φωτῶν καὶ ναοῖς   ⋇ ἀθέοισι ⋇ καθεζόμενοι πρὸ θυράων +τηρεῖτε+ τὸν ἐόντα θεὸν
Sib.      5   309   δ' ἡ μωρὰ σὺν νάμασι τοῖς θεοπνεύστοις ἐν παλάμαις   ⋇ ἀθέων ⋇ ἀνδρῶν ἀδίκων καὶ ἀθέσμων ῥιφθεῖσ' οὐκέτι τόσσον
  **ἄθεσμος**
                                                                 10
Sib.      3   524   ἀγέλας ἐριμύκων δώματά τ' εὐποίητα πυρὶ φλέξουσιν   ⋇ ἀθέσμως ⋇ πολλὰ δὲ σώματα δοῦλα πρὸς ἄλλην γαῖαν ἀνάγκῃ
Sib.      5   166   ἐπόθησας μοιχεῖαι παρά σοι καὶ παίδων μῖξις   ⋇ ἀθέσμος ⋇ θηλυγενὴς ἄδικός τε κακὴ πόλι δύσμορε πασῶν.
Sib.      5   177   τὸ πάλαι ὅτε σὰς ὁ μέγας θεὸς εὕρατο τιμάς. μεῖνον   ⋇ ἀθέσμων ⋇ μόνη πυρὶ δὲ φλεγέθοντι μιγεῖσα ταρτάρεον οἴκησον
Sib.      5   178   μιγεῖσα ταρτάρεον οἴκησον ἐς Ἅιδου χῶρον   ⋇ ἀθέσμων. ⋇ νῦν δὲ πάλιν Αἴγυπτε τεὴν ὀλοφύρομαι ἄτην Μέμφι
Sib.      5   193   ἔρεξας ἀναιδέα θυμὸν ἔχουσα. +καὶ κοπετὸν ὄψονται   ⋇ ἀθέσμων ⋇ εἵνεκα ἔργων.+ Συήνην δ' ὀλέσειε μέγας φῶς
Sib.      5   271   δίκαιοι οἱ δὲ κακοὶ στείλαντες ἐπ' αἰθέρα γλῶσσαν   ⋇ ἀθέσμων ⋇ παύσονται λαλέοντες ἐναντίον ἀλλήλοισιν αὐτοὺς
Sib.      5   309   θεοπνεύστοις ἐν παλάμαις ἀθέων ἀνδρῶν ἀδίκων καὶ   ⋇ ἀθέσμων ⋇ ῥιφθεῖσ' οὐκέτι τόσσον ἐς αἰθέρα +ἅρμα προδώσει+
Sib.      5   430   δεινά+ οὐδὲ γαμοκλοπίαι καὶ παίδων Κύπρις   ⋇ ἀθέσμος ⋇ οὐ φόνος οὐδὲ κυδοιμὸς ἔρις δ' ἐν πᾶσι δικαίη.
FPho.    190   λεχέεσσιν. μὴ παραβῇς εὐνὰς φύσεως ἐς Κύπριν   ⋇ ἀθέσμων ⋇ οὐδ' αὐτοῖς θήρεσσι συνεύαδον ἄρσενες εὐναί.
LEze. 64  29  6 05  βίου χαίρουσα θρήνοις καὶ στενάγμασι βροτῶν ὑμεῖς   ⋇ ἀθέσμους ⋇ εἰς ὕβρεις ὁμοσπόρων τὰς μισαδέλφους ὁπλίσαντες
  **ἀθέσφατος**
Sib.      3   11   κτίστου μεμνημένοι αἰεί; εἷς θεός ἐστι μόναρχος   ⋇ ἀθέσφατος ⋇ αἰθέρι ναίων αὐτοφυὴς ἀόρατος ὁρώμενος αὐτὸς
FPho.    144   κόπτειν ἕλκος τ' ἀκέσασθαι. ⟨ἐξ ὀλίγου σπινθῆρος   ⋇ ἀθέσφατος ⋇ αἴθεται ὕλη. ἐγκρατὲς ἦτορ ἔχειν καὶ λωβητῶν
  **ἀθετέω**
TAser.     2   6   καὶ τὸν πτωχὸν ἐλεᾷ τὸν ἐντολέα τοῦ νόμου κύριον   ⋇ ἀθετεῖ ⋇ καὶ παροξύνει καὶ τὸν πένητα ἀναπαύει τὴν ψυχὴν
TBen.      4   5   αὐτοῦ τῷ ἀγαπῶντι τὸν θεὸν συνεργεῖ τὸν   ⋇ ἀθετοῦντα ⋇ τὸν Ὕψιστον νουθετῶν ἐπιστρέφει καὶ τὸν ἔχοντα
FAch.    108   βασιλέως θέλοντος ἀνελεῖν τὸν Ἥλιον ὡς εἰς πατέρα   ⋇ ἀθετήσαντα ⋇ παρῃτήσατο ὁ Αἴσωπος εἰπὼν τεθνεῶτα μὲν ἔχειν
  **ἀθεώρητος**
Sedr.      5   5   τὸν τεχνίτην τῆς ἀδικίας; τίς δύναται πολεμεῖν   ⋇ ἀθεώρητον ⋇ πνεῦμα; αὐτὸς δὲ ὡς καπνὸς εἰσέρχεται εἰς τὰς
HCal.     28  14   ⟨καὶ μόνον θεὸν ἀληθινὸν ἀνεκήρυξεν ἀκατανόητον   ⋇ ἀθεώρητον ⋇ ἀνεξιχνίαστον ἐπὶ τῶν⟩ Σεραφὶμ ἐποχούμενον καὶ
                                                                 5
  **ἄθικτος**
Asen.     14  12   σου ὕδατι ζῶντι καὶ ἔνδυσαι στολὴν λινῆν καινὴν   ⋇ ἄθικτον ⋇ καὶ ἐπίσημον καὶ ζῶσαι τὴν ὀσφύν σου τὴν ζώνην
Asen.     14  14   αὐτῆς καὶ ἔλαβε στολὴν λινῆν καινὴν ἐπίσημον   ⋇ ἄθικτον ⋇ καὶ ἀπεδύσατο τὸν χιτῶνα τὸν μελανὸν τοῦ πένθους
Asen.     14  14   τὴν στολὴν αὐτῆς τὴν λινῆν τὴν ἐπίσημον τὴν   ⋇ ἄθικτον ⋇ καὶ ἐζώσατο τὴν ζώνην αὐτῆς τὴν διπλῆν παρθενίας
Asen.     14  15   αὐτῆς ὕδατι ζῶντι. καὶ ἔλαβε θέριστρον λινοῦν   ⋇ ἄθικτον ⋇ καὶ ἐπίσημον καὶ κατεκάλυψε τὴν κεφαλὴν αὐτῆς.
LAri.  8  10  16   ἐξανάλωσεν ἀλλ' ἔμεινε τῶν ἁπάντων ἡ χλόη πυρὸς   ⋇ ἄθικτος ⋇ σαλπίγγων τε φωναὶ σφοδρότερον συνηκούοντο σὺν
  **ἀθλεύω**
Sib.      5   31   χεῖρας ἧς γενεῆς τανύσας ὀλέσει καὶ πάντα ταράξει   ⋇ ἀθλεύων ⋇ ἐλάων κτείνων καὶ μυρία τολμῶν καὶ τμήξει τὸ
  **ἀθλητής**
Job       4   10   ἀγαθὰ καὶ ἐγερθήσῃ ἐν τῇ ἀναστάσει ἔσῃ γὰρ ὡς   ⋇ ἀθλητής ⋇ πυκτεύων καὶ καρτερῶν πόνους καὶ ἐκδεχόμενος τὸν
Job      27   3   ἐγώ εἰμι ἐν ὀχλήσει μεγάλῃ ἐγένου γὰρ ὃν τρόπον   ⋇ ἀθλητής ⋇ μετὰ ἀθλητοῦ, καὶ εἷς τὸν ἕνα κατέρραξαν καὶ ὁ
Job      27   3   ὀχλήσει μεγάλῃ ἐγένου γὰρ ὃν τρόπον ἀθλητὴς μετὰ   ⋇ ἀθλητοῦ, ⋇ καὶ εἷς τὸν ἕνα κατέρραξαν καὶ ὁ μὲν ἐπάνω τὸν
  **ἄθλιος**
Asen.     13  13   εἰς τὸν κύριόν μου Ἰωσὴφ διότι οὐκ ᾔδειν ἐγὼ ἡ   ⋇ ἀθλία ⋇ ὅτι υἱός σου ἐστὶν ἐπειδὴ εἶπόν μοι οἱ ἄνθρωποι
Asen.     13  13   υἱὸς τοῦ ποιμένος ἐστὶν ἐκ γῆς Χαναάν. κἀγὼ ἡ   ⋇ ἀθλία ⋇ πεπίστευκα αὐτοῖς καὶ πεπλάνημαι. καὶ ἐξουδένωσα
LEze.  9  29  14 48  Ὑψίστου χέρας οἷς μὲν γάρ ἐστ' ἀρωγὸς ἡμῖν δ'   ⋇ ἀθλίοις ⋇ ὄλεθρον ἔρδει. καὶ συνεκλύσθη πόρος Ἐρυθρᾶς
                                                                 1
  **Ἀθριβίτης**
HEup.  9  32   1 Σεβεννύτου δισμυρίους Βουσιρίτου Λεοντοπολίτου καὶ   ⋇ Ἀθριβίτου ⋇ ἀνὰ μυρίους. φρόντισον δὲ καὶ τὰ δέοντα
                                                                 3
  **ἀθροίζω**
FJub.     37   9   τὸν Ἰσαὰκ κινηθεὶς ὑπὸ τῶν υἱῶν ὁ Ἡσαῦ καὶ   ⋇ ἀθροίσας ⋇ ἔθνη ἦλθε κατὰ τοῦ Ἰακὼβ καὶ τῶν υἱῶν αὐτοῦ
LPhi.  9  20   1   ἐντύνοντος λήματι καὶ σφαράγοιο παρακλίδον   ⋇ ἀθροισθέντος ⋇ ἀλλ' ὁ μὲν ἐν χείρεσσι κερασφόρον ὦπασε
LEze.  9  29  14 14   ἀκτὴν πλησίον βεβλημένοι Ἐρυθρᾶς θαλάσσης ᾖεσαν   ⋇ ἠθροϊσμένοι ⋇ οἱ μὲν τέκνοισι νηπίοις διδόναι βορὰν ὁμοῦ τε
                                                                 4
  **ἀθρόος**
Job      41   4   τῆς εὐδαιμονίας τῆς προτέρας, καὶ ἐποίησεν ἑαυτὸν   ⋇ ἀθρόως ⋇ εἰς τὸ αὐτοῦ ὕψωμα καὶ ἰδοὺ μεγάλως καὶ
Aris.     26   6   χρησάμενος ἐκέλευσέ τε τὴν τῶν διαφόρων δόσιν   ⋇ ἀθρόαν ⋇ οὖσαν ἀπομερίσαι τοῖς ὑπηρέταις τῶν ταγμάτων καὶ
Sib.      3   664   ἀλλὰ πάλιν βασιλῆες ἐθνῶν ἐπὶ τήνδε γε γαῖαν   ⋇ ἀθρόοι ⋇ ὁρμήσονται ἑαυτοῖς κῆρα φέροντες σηκὸν γὰρ
LEze.  9  29  14 20   ἠλάλαξαν ἔνδακρυν φωνὴν πρὸς αἰθέρα τ' ἐτάθησαν   ⋇ ἀθρόοι ⋇ θεὸν πατρῷον. ἦν πολὺς δ' ἀνδρῶν ὄχλος. ἡμᾶς δὲ
                                                                 1
  **ἀθυμία**
Abr.1     20   4   ἔτι μικρὸν ἵνα ἀναπαύσωμαι ἐν τῇ κλίνῃ μου ὅτι   ⋇ ἀθυμία ⋇ πολλή μοι ἐστιν ἀφ' ⟨οὗ⟩ ἐθεασάμην σε τοῖς
                                                                 3
  **ἄθῷος**
TLevi     10   2   ὅσα ἤκουσα παρὰ τῶν πατέρων μου ἀνήγγειλα ὑμῖν.   ⋇ ἀθῷός ⋇ εἰμι ἀπὸ πάσης ἀσεβείας ὑμῶν καὶ παραβάσεως ἣν
TLevi     16   3 ἀποκτενεῖτε αὐτὸν οὐκ εἰδότες αὐτοῦ τὸ ἀνάστημα τὸ   ⋇ ἀθῷον ⋇ αἷμα ἐν κακίᾳ ἐπὶ κεφαλὰς ὑμῶν ἀναδεχόμενοι. δι'
TZab.      2   2   ἐπαγάγετε ἐπ' ἐμὲ τὰς χεῖρας ὑμῶν τοῦ ἐκχέαι αἷμα   ⋇ ἀθῷον ⋇ ὅτι οὐχ ἥμαρτον εἰς ὑμᾶς. εἰ δὲ καὶ ἥμαρτον ἐν
  **Ἀθῶς**
HArt.  9  23   4   πλεονάσαι ἐν τῇ Αἰγύπτῳ. τούτους δὲ καὶ τὸ ἐν   ⋇ Ἀθὼς ⋇ καὶ τὸ ἐν Ἡλιουπόλει ἱερὸν κατασκευάσαι τοὺς
  **αἰ**
                                                                 2
Sib.      3   628   ἐν ὥραις. ἀλλά μιν ἱλάσκου θεὸν ἄμβροτον   ⋇ αἴ ⋇ κ' ἐλεήσῃ. αὐτὸς γὰρ μόνος ἐστὶ θεὸς κοὐκ ἔστιν ἔτ'
IOrp.     18   οὐδέ τις ἔσθ' ἕτερος χωρὶς μεγάλου βασιλῆος.   ⋇ αἴ ⋇ κεν ἴδῃς αὐτὸν πρὶν δή ποτε δεῦρ' ἐπὶ γαῖαν τέκνον
  **αἶ**
Sib.      3   36   ἀθανάτου σωτῆρος ὃς οὐρανὸν ἔκτισε καὶ γῆν.   ⋇ αἶ ⋇ γένος αἱμοχαρὲς δόλιον κακὸν ἀσεβέων τε ψευδῶν
Sib.      3   303 ἄλγεα λυγρά ἀθάνατος ὅτι οἱ ναὸν μέγαν ἐξαλάπαξεν.   ⋇ αἰαῖ ⋇ σοι Βαβυλὼν ἠδ' Ἀσσυρίων γένος ἀνδρῶν πᾶσαν
Sib.      3   319   ἐφέξει ἐβδομάτη γενεῇ βασιλήων καὶ τότε παύσῃ.   ⋇ αἰαῖ ⋇ σοι χώρα Γὼγ ἠδὲ Μαγὼγ μέσον οὖσα Αἰθιόπων ποταμῶν
Sib.      3   323   καὶ πίεταί σου γαῖα πολύδροσος αἷμα κελαινόν.   ⋇ αἰαῖ ⋇ σοι Λιβύη αἰαῖ δὲ θάλασσά τε καὶ γῆ θυγατέρες
Sib.      3   323   σου γαῖα πολύδροσος αἷμα κελαινόν. αἰαῖ σοι Λιβύη   ⋇ αἰαῖ ⋇ δὲ θάλασσά τε καὶ γῆ θυγατέρες δυσμῶν ὡς ἥξετε
Sib.      3   480   πόντου δύσονται κατὰ κῦμα θαλασσείοις τεκέεσσιν.   ⋇ αἰαῖ ⋇ παρθενικὰς ὁπόσας νυμφεύσεται Ἅιδης κούρους δ'
Sib.      3   482   κούρους δ' ἀκτερέας ⟨ὁπόσας⟩ βυθὸς ἀμφιπολεύσει   ⋇ αἰαῖ ⋇ νήπια τέκν' ἀλιηχέα καὶ βαρὺν ὄλβον. Μυσῶν γαῖα
Sib.      3   492   ἵστατο καί μ' ἐκέλευσε προφητεῦσαι κατὰ γαῖαν.   ⋇ αἰαῖ ⋇ Φοινίκων γένει ἀνδρῶν ἠδὲ γυναικῶν καὶ πάσαις
Sib.      3   504   αὐτοῖς ἐξ ἐδάφους γε πόλιας καὶ πολλὰ θέμεθλα.   ⋇ αἰαῖ ⋇ σοι Κρήτη πολυώδυνε εἴς σέ περ ἥξει πληγὴ καὶ
Sib.      3   508   αὖτις κοῦ σε δι' αἰῶνος λείψει πῦρ ἀλλὰ καήσῃ.   ⋇ αἰαῖ ⋇ σοι Θρήκη ζυγὸν ὡς εἰς δούλιον ἥξεις ἡνίκα
Sib.      3   512   ἔσται+ γαίῃ δ' ἀλλοτρίῃ δώσεις --- οὐδέ τι λήψῃ.   ⋇ αἰαῖ ⋇ +σοι Γὼγ καὶ πᾶσιν ἐφεξῆς ἅμα Μαγὼγ μαρσῶν ἠδ'
Sib.      4   143   καὶ Κύρρον τότε λοιμῷ ὀλεῖ καὶ φύλοπις αἰνή.   ⋇ αἰαῖ ⋇ Κύπρε τάλαινα σέ δὲ πλατὺ κῦμα καλύψει
Sib.      5   111   εἶθ' οὕτως κρίσις ἔσται ὑπ' ἀφθίτου ἀνθρώποισιν.   ⋇ αἰαῖ ⋇ σοι κραδίη δειλή τί με ταῦτ' ἐρεθίζεις δηλοῦν
Sib.      5   126   καὶ Συρίην μεγάλην καὶ Φοινίκην πολύφυλον.   ⋇ αἰαῖ ⋇ σοι Λυκίη ὅσα σοι κακὰ μηχανάαται πόντος ἀπ'

Sib. 5 168 θηλυγενὴς ἄδικός τε κακὴ πόλι δύσμορε πασῶν. * αἰαῖ * πάντ' ἀκάθαρτε πόλι Λατινίδος αἴης μαινὰς
Sib. 5 289 οἰκτρῶς καὶ γένος Ἰώνων Καρῶν Λυδῶν πολυχρύσων. * αἰαῖ * <σοι> Σάρδεις αἰαῖ πολυήρατε Τράλλις αἰαῖ Λαοδίκεια
Sib. 5 289 Ἰώνων Καρῶν Λυδῶν πολυχρύσων. αἰαῖ <σοι> Σάρδεις * αἰαῖ * πολυήρατε Τράλλις αἰαῖ Λαοδίκεια καλὴ πόλι ὡς
Sib. 5 290 αἰαῖ <σοι> Σάρδεις αἰαῖ πολυήρατε Τράλλις * αἰαῖ * Λαοδίκεια καλὴ πόλι ὡς ἀπολεῖσθε σεισμοῖς ὀλλύμεναι
Sib. 5 317 Λέσβος ὑπ' Ἠριδανοῦ αἰώνιον ἐξαπολεῖται. * αἰαῖ * σοι +Κέρκυρα+ καλὴ πόλι παύεο κώμου. καὶ Ἱεράπολι
Sib. 5 434 περαίνει θεὸς ὑψιβρεμέτης κτίστης ναοῖο μεγίστου. * αἰαῖ * σοι Βαβυλὼν χρυσόθρονε χρυσοπέδιλε πουλυετὴς
αἶα 1 (cf.+ γαῖα, γῆ)
Sib. 5 168 δύσμορε πασῶν. αἰαῖ πάντ' ἀκάθαρτε πόλι Λατινίδος * αἴης * μαινὰς ἐχιδνοχαρὴς χήρη καθεδοῖο παρ' ὄχθας καὶ
Αἰά 1
FrAn. 574 3020 κατὰ τοῦ θεοῦ τῶν Ἑβραίων Ἰησοῦ ιαβα ιαη ἀβρααθ * Αια * θωθ ελε ελω αηω εου ιιιβαεχ αβαρμας ϊαβαραου αβελβελ
αἰάζω 1
Sib. 5 451 Κρήτη πεδίον. Κύπρος δ' ἕξει μέγα πῆμα καὶ Πάφος * αἰάξει * δεινὸν μόρον ὥστε νοῆσαι καὶ Σαλαμῖνα πόλιν
αἰγιαλός 1
TZab. 6 3 ὀρθῷ ξύλῳ ἐν μέσῳ καὶ ἐν αὐτῷ διαπορευόμενος τοὺς * αἰγιαλοὺς * ἤλιευον ἰχθύας οἴκῳ τοῦ πατρός μου ἕως ἤλθομεν
αἰγινόμος 1
LThe. 9 22 1 καὶ κτίσαι τὴν πόλιν. ἡ δ' ἄρ' ἔην ἀγαθή τε καὶ * αἰγινόμος * καὶ ὑδρηλὴ οὐδὲ μὲν ἔσκεν ὁδὸς δολιχὴ πόλιν
Αἰγοκεράστης * 1
Sib. 5 207 μεγάθυμοι ἡνίκα γὰρ +τούτους+ τροχὸς Ἄξονος * Αἰγοκεράστης * Ταῦρός τ' ἐν Διδύμοις μέσον οὐρανὸν
Αἰγόκερως 3
Sib. 5 518 νῶτα Λέοντος ἠδὲ Σεληναίης δίκερως ἠλλάξατο ῥοῖζος * Αἰγόκερως * δ' ἔπληξε νέου Ταύροιο τένοντα Ταῦρος δ'
Sib. 5 519 Αἰγόκερως δ' ἔπληξε νέου Ταύροιο τένοντα Ταῦρος δ' * Αἰγοκέρωτος * ἀφήρπασε νόστιμον ἦμαρ. καὶ Ζυγὸν Ὠρίων
FJub. 3 9 αὐτοῦ εἰσόδου ἡλίου ὄντος ταύρῳ καὶ σελήνης * αἰγοκέρωτι * ἐνετείλατο ὁ θεὸς τῷ Ἀδὰμ ἀπέχεσθαι τῆς
Αἰγυπτιάς * 1
Sib. 5 507 ἵν' ὕστερα πάντα γένηται. νηὸν γὰρ καθελοῦσι μέγαν * Αἰγυπτιάδος * γῆς ἐν δὲ θεὸς βρέξει κατὰ γῆς δεινὸν χόλον
Αἰγύπτιος 87
TRub. 4 9 κυρίου καὶ ἀνθρώπων. καὶ γὰρ πολλὰ ἐποίησεν αὐτῷ ἡ * Αἰγυπτία * καὶ μάγους παρεκάλεσε καὶ φάρμακα αὐτῷ
TSim. 8 2 ὀστᾶ αὐτοῦ ἐν Χεβρών. καὶ ἀνήνεγκαν αὐτὰ ἐν πολέμῳ * Αἰγυπτίων * κρυφῇ. τὰ γὰρ ὀστᾶ Ἰωσὴφ ἐφύλαττον οἱ
TSim. 8 3 Αἰγυπτίων κρυφῇ. τὰ γὰρ ὀστᾶ Ἰωσὴφ ἐφύλαττον οἱ * Αἰγύπτιοι * ἐν τοῖς ταμιείοις τῶν βασιλείων. ἔλεγον γὰρ
TSim. 8 4 σκότος καὶ γνόφος καὶ πληγὴ μεγάλη σφόδρα τοῖς * Αἰγυπτίοις * ὥστε μετὰ λύχνου μὴ ἐπιγινώσκειν ἕκαστος τὸν
TZab. 3 7 ἔμπροσθεν αὐτοῦ καὶ οὕτως ᾐσχύνθησαν ἔμπροσθε τῶν * Αἰγυπτίων. * μετὰ ταῦτα γὰρ ἤκουσαν οἱ Αἰγύπτιοι πάντα τὰ
TZab. 3 8 ἔμπροσθε τῶν Αἰγυπτίων. μετὰ ταῦτα γὰρ ἤκουσαν οἱ * Αἰγύπτιοι * πάντα τὰ κακὰ ἃ ἐποιήσαμεν τῷ Ἰωσήφ. μετὰ
TJos. 1 7 ἔλυσέ με ἐν διαβολαῖς καὶ συνηγόρησέ μοι ἐν λόγοις * Αἰγυπτίων * πικροῖς καὶ ἐρρύσατό με ἐν φθόνοις συνδούλων
TJos. 3 1 καὶ πολλὰ ἀγαθὰ δίδωσιν ἡ ὑπομονή. ποσάκις ἡ * Αἰγυπτία * ἠπείλησέ μοι θάνατον ποσάκις τιμωρίαις
TJos. 3 4 ἐν τοῖς ἑπτὰ ἔτεσιν ἐκείνοις καὶ ἐφαινόμην τῷ * Αἰγυπτίῳ * ὡς ἐν τρυφῇ διάγων ὅτι οἱ διὰ τὸν θεὸν
TJos. 3 6 ὤρθριζον πρὸς κύριον καὶ ἔκλαιον περὶ Μεμφίας τῆς * Αἰγυπτίας * ὅτι σφόδρα ἀδιαλείπτως ἐνόχλει μοι καὶ ἐν
TJos. 4 3 ἐδεόμην τοῦ θεοῦ ὅπως ῥύσεταί με ὁ κύριος ἐκ τῆς * Αἰγυπτίας. * ὡς δὲ οὐδὲν ἴσχυσε πάλιν ἐπὶ λόγῳ κατηχήσεως
TJos. 4 5 ἵνα καταλίπω τὰ εἴδωλα συμπεισθητί μοι καὶ τὸν * Αἰγύπτιον * πεισω ἀποστῆναι τῶν εἰδώλων ἐν νόμῳ κυρίου σου
TJos. 5 1 λέγει μοι εἰ μοιχεῦσαι οὐ θέλεις ἐγὼ ἀναιρῶ τὸν * Αἰγύπτιον * καὶ οὕτως νόμῳ λήψομαί σε εἰς ἄνδρα. ἐγὼ οὖν
TJos. 7 2 ἀκολασίαν στενάζουσα προσέπιπτεν. ἰδὼν δὲ αὐτὴν ὁ * Αἰγύπτιος * λέγει πρὸς αὐτήν τί συνέπεσε τὸ πρόσωπόν σου;
TJos. 8 1 ὄρθρον ἀνέστην δακρύων καὶ αἰτῶν λύτρωσιν ἀπὸ τῆς * Αἰγυπτίας. * τέλος οὖν ἐπιλαμβάνεταί μου τῶν ἱματίων μετὰ
TJos. 8 4 με καὶ ἐνέβαλέ με εἰς φυλακὴν ἐν οἴκῳ αὐτοῦ ὁ * Αἰγύπτιος * καὶ τῇ ἑξῆς μαστίξας με ἔπεμψέ με εἰς τὴν
TJos. 8 5 εἰς τὴν εἱρκτὴν τοῦ Φαραώ. ὡς οὖν ἤμην ἐν πέδαις ἡ * Αἰγυπτία * ἠσθένει ἀπὸ τῆς λύπης καὶ ἐπηκροᾶτό μου πῶς
TJos. 8 5 τὸν θεόν μου μόνον ὅτι διὰ προφάσεως ἀπηλλάγην τῆς * Αἰγυπτίας. * πολλάκις ἔπεμψε πρός με λέγουσα εὐδόκησον
TJos. 14 5 τούτοις. ὁ δὲ εἶπε πρὸς τὴν Μέμφιν οὐκ ἔστι παρ' * Αἰγυπτίοις * πρὸ ἀποδείξεως ἀφαιρεῖσθαι τὰ ἀλλότρια. ταῦτα
TJos. 16 5 ὀγδοήκοντα χρυσίνους ἀντ' ἐμοῦ ἑκατὸν εἰπὼν τῇ * Αἰγυπτίᾳ * δεδόσθαι ἀντ' ἐμοῦ. καὶ ἰδὼν ἐγὼ ἐσιώπησα ἵνα
TJos. 20 1 οὐ φανήσεται. οἶδα ὅτι μετὰ τὴν τελευτήν μου οἱ * Αἰγύπτιοι * θλίψουσιν ὑμᾶς ἀλλ' ὁ θεὸς ποιήσει τὴν
TJos. 20 2 μεθ' ὑμῶν καὶ Βελιὰρ ἐν σκότει ἔσται μετὰ τῶν * Αἰγυπτίων. * καὶ Ζέλφαν τὴν μητέρα ὑμῶν ἀναγάγετε καὶ
TJos. 20 6 καὶ πᾶσα ἡ Αἴγυπτος πένθος μέγα. καὶ γὰρ καὶ τοῖς * Αἰγυπτίοις * ὡς ἰδίοις μέλεσι συνέπασχε καὶ εὐεργέτει
Asen. 1 5 γῆς. καὶ αὕτη οὐδὲν εἶχεν ὅμοιον τῶν παρθένων τῶν * Αἰγυπτίων * ἀλλὰ ἦν κατὰ πάντα ὁμοία ταῖς θυγατράσι τῶν
Asen. 2 3 ἐκείνου εἰς τοὺς τοίχους πεπηγμένοι οἱ θεοὶ τῶν * Αἰγυπτίων * ὧν οὐκ ἦν ἀριθμὸς χρυσοῖ καὶ ἀργυροῖ. καὶ
Asen. 3 6 πάντοθεν καὶ ἦσαν τὰ ὀνόματα τῶν θεῶν τῶν * Αἰγυπτίων * ἐγκεκολαμμένα πανταχοῦ ἐπί τε τοῖς ψελίοις καὶ
Asen. 4 10 συγκρίνουσι καὶ αἱ γυναῖκες αἱ πρεσβύτεραι τῶν * Αἰγυπτίων; * οὐχὶ ἀλλὰ γαμηθήσομαι τῷ υἱῷ τοῦ βασιλέως τῷ
Asen. 7 1 κατ' ἰδίαν διότι Ἰωσὴφ οὐ συνήσθιε μετὰ τῶν * Αἰγυπτίων * ὅτι βδέλυγμα ἦν αὐτῷ τοῦτο. καὶ ἀναβλέψας
Asen. 7 3 μετ' αὐτοῦ καὶ πᾶσαι αἱ γυναῖκες καὶ θυγατέρες τῶν * Αἰγυπτίων * ὡς ἑώρων τὸν Ἰωσὴφ κακῶς ἔπασχον ἐπὶ τῷ
Asen. 10 12 αὐτοὺς εἰς λεπτὰ καὶ ἔρριψε πάντα τὰ εἴδωλα τῶν * Αἰγυπτίων * διὰ τῆς θυρίδος τῆς βλεπούσης πρὸς βορρᾶν ἀπὸ
Asen. 11 16 τῶν εἰδώλων καὶ ἀπὸ τῶν εὐλογιῶν τῶν θεῶν τῶν * Αἰγυπτίων. * καὶ νῦν ἐν τοῖς δάκρυσί μου τούτοις καὶ τῇ
Asen. 12 5 τῶν εἰδώλων καὶ ἀπὸ τῆς τραπέζης τῶν θεῶν τῶν * Αἰγυπτίων. * ἥμαρτον κύριε ἐνώπιόν σου πολλὰ ἥμαρτον ἐν
Asen. 12 9 καταδιώκει με διότι αὐτός ἐστι πατὴρ τῶν θεῶν τῶν * Αἰγυπτίων * καὶ τὰ τέκνα αὐτοῦ εἰσιν οἱ θεοὶ τῶν
Prop. 2 2 κεῖται δὲ ἐν τῷ τόπῳ τῆς οἰκήσεως Φαραὼ ὅτι οἱ * Αἰγύπτιοι * ἐδόξασαν αὐτὸν εὐεργετηθέντες δι' αὐτοῦ.
Prop. 2 3 ἔασαν καὶ τῶν ὑδάτων οἱ θῆρες οὓς καλοῦσιν οἱ * Αἰγύπτιοι * μὲν νεφὼθ Ἕλληνες δὲ κροκοδείλους. καὶ ὅσοι
Aris. 11 5 γὰρ ἰδίοις κατὰ τὴν Ἰουδαίαν χρῶνται καθάπερ * Αἰγύπτιοι * τῇ τῶν γραμμάτων θέσει καθὸ καὶ φωνὴν ἰδίαν
Aris. 36 4 πιστοὺς φρούρια κτίσας ἀπέδωκεν αὐτοῖς ὅπως τὸ τῶν * Αἰγυπτίων * ἔθνος φόβον (μὴ) ἔχῃ διὰ τούτων καὶ ἡμεῖς δὲ
Aris. 138 2 τῶν γὰρ ἄλλων πολυματαίων τί δεῖ καὶ λέγειν * Αἰγυπτίων * τε καὶ τῶν παραπλησίων οἵτινες ἐπὶ θηρία καὶ
Aris. 140 2 σεβόμενοι παρ' ὅλην τὴν πᾶσαν κτίσιν. ὅθεν οἱ * Αἰγυπτίων * καθηγεμόνες ἱερεῖς ἐγκεκυφότες εἰς πολλὰ καὶ
Sib. 3 597 παῖδας μίγνυνται ἀνάγνως ὅσσα τε Φοίνικες * Αἰγύπτιοι * ἠδὲ Λατῖνοι Ἑλλάς τ' εὐρύχορος καὶ ἄλλων
Sib. 5 338 σθένος ἐξαλαπάξει. τήν τε Μακηδονίην βασιλεὺς * Αἰγύπτιος * αἱρεῖ καὶ κλίμα βαρβαρικὸν ῥίψει σθένος
FMos. 1 154 1 μετὰ τὴν ἀνάληψιν Μελχί. λόγῳ μόνῳ ἀνελεῖν τὸν * Αἰγύπτιον. * καὶ διαδοχεύσει <ἐπ'> αὐτὸν ὁ θεὸς σοφίαν καὶ
FMos. 8 163 20 καὶ φονέα ἀναγορεύοντος διὰ τὸ πατάξαι τὸν * Αἰγύπτιον * οὐκ ἐνεγκὼν τὴν κατ' αὐτοῦ βλασφημίαν ὁ
FMos. 2 629 5 καταδεχομένου ἀλλ' ἐπιφέροντος ἔγκλημα διὰ τὸν τοῦ * Αἰγυπτίου * φόνον ὡς αὐτοῦ ὄντος τοῦ Μωϋσέως καὶ διὰ τοῦτο
FJub. 3 1 πρώτη δὲ τοῦ Ἀπριλλίου μηνὸς καὶ ἕκτη τοῦ παρ' * Αἰγυπτίοις * Φαρμουθὶ ὠνόμασεν Ἀδὰμ τὰ ἄγρια θηρία θείῳ
FJub. 3 5 ἥτις ἦν κατὰ μὲν Ῥωμαίους Ἀπριλλίου ἕκτη κατὰ δὲ * Αἰγυπτίους * Φαρμουθὶ ἑνδεκάτη λαβὼν ὁ θεὸς μέρος τι τῆς
FJub. 47 5 τῇ καὶ Φαρίῃ βασιλίδι οὔσῃ εἰσποιηθεὶς καὶ πᾶσαν * Αἰγυπτίων * ἀσκηθεὶς παίδευσιν ὡς βασιλίδος υἱὸς δικαίως
FJub. 48 5 ἐν ρ μ δ' ἔτει τῆς ἐν Αἰγύπτῳ δουλείας ἤρξαντο * Αἰγύπτιοι * δέχεσθαι τὴν δεκάπληγον. ἐν μηνὶ Ἰουνίῳ τὰ
FJub. 48 5 τῇ ιδ' τούτου τοῦ μηνὸς σκυλεύσαντες τοὺς * Αἰγυπτίους * ἐξῆλθον προστάξει θεοῦ τοῦτο πεποιηκότες. ἐν
FJub. 48 14 ἀπέπνιγον χιλίων ἀνδρῶν ἀποπνιγέντων ἰσχυρῶν * Αἰγυπτίων * ἀνθ' ἑνὸς βρέφους Ἰσραηλιτικοῦ.
FEz. 185 1 ἐφ' οἷς γὰρ ἂν εὕρω ὑμᾶς ἐπὶ τούτοις καὶ κρινῶ. * >εγυπτ<ιω>ν * αγαλ<λιασομαι δε εγω εν> αυτοις εαν ερουσ<ιν
FAch. 105 Αἰσώπου. μετὰ δὲ χρόνον ἀκούσας Νεκταναβὼν ὁ τῶν * Αἰγυπτίων * βασιλεὺς τὸν Αἴσωπον τεθνηκέναι πρεσβείαν
FAch. 108 τὸ ζῆν ἔφη τῷ Αἰσώπῳ λαβὼν τὴν ἐπιστολὴν τοῦ τῶν * Αἰγυπτίων * βασιλέως ἀνάγνωθι. ὁ δὲ γνοὺς τὸ ζήτημα καὶ
FAch. 111 οἰκετῶν καὶ παρασκευῆς πρὸς τὴν κατάπληξιν τῶν * Αἰγυπτίων. * ἀφικομένου δὲ αὐτοῦ εἰς τὴν Μέμφιν ἐδηλώθη τῷ
FAch. 117 ζῶντα. (ἔστιν δὲ θεὰ ἱερασίου βασιλέως)--- οἱ δὲ * Αἰγύπτιοι * ἰδόντες συνέδραμον εἰς τὴν οἰκίαν τοῦ Αἰσώπου
FAch. 117 ἐκέλευσεν τὴν αἴλουρον ἀφεθῆναι. ἦλθον δέ οἱ * Αἰγύπτιοι * πρὸς τὸν βασιλέα κράζοντες κατὰ τοῦ Αἰσώπου. ὁ
FAch. 117 ἱερασίου Βουβάστεώς ἐστιν εἴδωλον ὃ σέβονται οἱ * Αἰγύπτιοι; * ὁ δὲ Αἴσωπος ἔφη ἀλλὰ Λυκοῦργος ἠδικήθη ὑπ'
HDem. 9 21 13 αὐτόν τε καὶ τοὺς ἀδελφοὺς εἶναι ἐπονείδιστον δὲ * Αἰγυπτίοις * εἶναι τὸ ποιμαίνειν. ὅτι δὲ διὰ τοῦτο οὐκ
HEup. 9 30 5 φόρους Ἰουδαίοις ὑποτελεῖν πρός τε Οὐαφρῆν τὸν * Αἰγύπτιον * βασιλέα φιλίαν συνθέσθαι. βουλόμενόν τε τὸν
HEup. 9 34 17 πεντήκοντα. ἀποπέμψαι δὲ τὸν Σολομῶνα καὶ τοὺς * Αἰγυπτίους * καὶ τοὺς Φοίνικας ἑκάστους εἰς τὴν ἑαυτῶν
HArt. 9 18 1 δὲ πανοικίᾳ ἐλθεῖν εἰς Αἴγυπτον πρὸς τὸν τῶν * Αἰγυπτίων * βασιλέα Φαρεθώθην καὶ τὴν ἀστρολογίαν αὐτὸν
HArt. 9 23 2 τῆς ὅλης γενέσθαι χώρας. καὶ πρότερον ἀτάκτως τῶν * Αἰγυπτίων * γεωμορούντων διὰ τὸ τὴν χώραν ἀδιαίρετον εἶναι
HArt. 9 23 3 δὲ καὶ μέτρα εὑρεῖν καὶ μεγάλως αὐτὸν ὑπὸ τῶν * Αἰγυπτίων * διὰ ταῦτα ἀγαπηθῆναι. γῆμαι δ' αὐτὸν
HArt. 9 23 4 ταῦτα τελευτῆσαι τόν τε Ἰωσὴφ καὶ τὸν βασιλέα τῶν * Αἰγυπτίων. * τὸν οὖν Ἰωσὴφ κρατοῦντα τῆς Αἰγύπτου τὸν τῶν
HArt. 9 27 1 αὐτοῦ Μεμψασθενὼθ ὁμοίως δὲ καὶ τοῦ βασιλέως τῶν * Αἰγυπτίων * τὴν δυναστείαν παραλαβεῖν τὸν υἱὸν αὐτοῦ
HArt. 9 27 4 γὰρ πλοῖα καὶ μηχανὰς πρὸς τὰς λιθοθεσίας καὶ τὰ * Αἰγύπτια * ὅπλα καὶ τὰ ὄργανα τὰ ὑδρευτικὰ καὶ πολεμικὰ
HArt. 9 27 13 τοῦ Μωΰσου ἐπινοήματα. ἀποξενωσάντων δὲ αὐτὸν τῶν * Αἰγυπτίων * ὁρκωμοτῆσαι τοὺς φίλους μὴ ἐξαγγεῖλαι τῷ Μωΰσῳ
HArt. 9 27 19 τὸν δὲ Ῥαγουῆλον βούλεσθαι στρατεύειν ἐπὶ τοὺς * Αἰγυπτίους * κατάγειν βουλόμενον τὸν Μώϋσον καὶ τὴν
HArt. 9 27 22 θαρρήσαντα δύναμιν πολεμίαν ἐπάγειν διαγνῶναι τοῖς * Αἰγυπτίοις * πρῶτον δὲ πρὸς Ἀάρωνα τὸν ἀδελφὸν ἐλθεῖν.
HArt. 9 27 22 Ἀάρωνα τὸν ἀδελφὸν ἐλθεῖν. τὸν δὲ βασιλέα τῶν * Αἰγυπτίων * πυθόμενον τὴν τοῦ Μωΰσου παρουσίαν καλέσαι
HArt. 9 27 31 τῇ ῥάβδῳ ζῷόν τι πτηνὸν ἀνεῖναι λυμαίνεσθαι τοὺς * Αἰγυπτίους * πάντας τε ἐξελκωθῆναι τὰ σώματα. τῶν δὲ
HArt. 9 27 32 τούτοις ἀκρίδας καὶ σκνίφας. διὰ τοῦτο δὲ καὶ τοὺς * Αἰγυπτίους * τὴν ῥάβδον ἀνατιθέναι εἰς πᾶν ἱερὸν ὁμοίως δὲ
HArt. 9 27 34 Ἰουδαίους ἀπολῦσαι τοὺς δὲ χρησαμένους παρὰ τῶν * Αἰγυπτίων * πολλὰ μὲν ἐκπώματα οὐκ ὀλίγον δὲ ἱματισμὸν
HArt. 9 27 35 ζῴοις διὰ τὸ τὴν ὕπαρξιν τοὺς Ἰουδαίους τῶν * Αἰγυπτίων * χρησαμένους διακομίζειν. τῷ δὲ Μωΰσῳ φωνὴν
HArt. 9 27 37 διὰ ξηρᾶς ὁδοῦ πορεύεσθαι. συνεμβάντων δὲ τῶν * Αἰγυπτίων * καὶ διωκόντων πῦρ αὐτοῖς ἐκ τῶν ἔμπροσθεν
HArt. 9 27 37 τὴν δὲ θάλασσαν πάλιν τὴν ὁδὸν ἐπικλύσαι τοὺς δὲ * Αἰγυπτίους * ὑπό τε τοῦ πυρὸς καὶ τῆς πλημμυρίδος πάντας
HAno. 9 17 6 κατοικεῖν τήν τε γυναῖκα αὐτοῦ τὸν βασιλέα τῶν * Αἰγυπτίων * γῆμαι φάντος αὐτοῦ ἀδελφὴν εἶναι. οὐκ ἠδύνατο
HAno. 9 17 7 μὴ εἶναι χήραν τὴν γυναῖκα τὸν δὲ βασιλέα τῶν * Αἰγυπτίων * οὕτως ἐπιγνῶναι ὅτι γυνὴ ἦν τοῦ Ἀβραὰμ καὶ

| | | | | | | | |
|---|---|---|---|---|---|---|---|
| HAno. | 9 | 17 | | 8 | συζήσαντα δὲ τὸν Ἀβραὰμ ἐν Ἡλιουπόλει τοῖς | * Αἰγυπτίων * | ἱερεῦσι πολλὰ μεταδιδάξαι αὐτοὺς καὶ τὴν |
| HAno. | 9 | 17 | | 8 | καὶ τοῦτον εὑρηκέναι πρῶτον τὴν ἀστρολογίαν οὐκ | * Αἰγυπτίους. * | Βαβυλωνίους γὰρ λέγειν πρῶτον γενέσθαι Βῆλον |
| HAno. | 9 | 17 | | 9 | πατέρα δὲ Αἰθιόπων ἀδελφὸν δὲ τοῦ Μεστραειμ πατρὸς | * Αἰγυπτίων * | Ἕλληνας δὲ λέγειν τὸν Ἄτλαντα εὑρηκέναι |
| HCal. | | 28 | | 19 | μὲν ἄρχοντα τῶν Περσῶν καθίστησι Φίλιππον δὲ | * Αἰγυπτίων * | ἡγεῖσθαι προστέτακτο Ἀλέξανδρος δὲ |
| LEze. | 9 | 28 | 3 | 12 | ἐν χειρῶν νόμῳ τὸν μέν γ' Ἑβραῖον τὸν δὲ γένος | * Αἰγύπτιον. * | ἰδὼν δ' ἐρήμους καὶ παρόντα μηδένα ἐρρυσάμην |
| LEze. | 9 | 29 | 12 | 07 | βροτοῖς ἕλκη πικρά. κυνόμυια δ' ἥξει καὶ βροτοὺς | * Αἰγυπτίων * | πολλοὺς κακώσει. μετὰ δὲ ταῦτ' ἔσται πάλιν |
| LEze. | 9 | 29 | 14 | 09 | δ' ἔταξε τοὺς μὲν ἐξ εὐωνύμων ἐκ δεξιῶν δὲ πάντας | * Αἰγυπτίου * | στρατοῦ. τὸν πάντα δ' αὐτῶν ἀριθμὸν ἠρόμην ἐγὼ |
| LAri. | 8 | 10 | | 8 | τὸν θεὸν ἀποστελῶ τὴν χεῖρά μου καὶ πατάξω τοὺς | * Αἰγυπτίους. * | καὶ ἐπὶ τοῦ γεγονότος θανάτου τῶν κτηνῶν καὶ |
| LAri. | 8 | 10 | | 8 | τῶν κτηνῶν καὶ τῶν ἄλλων φησὶ τῷ βασιλεῖ τῶν | * Αἰγυπτίων * | λέγων ἰδοὺ χεὶρ κυρίου ἐπέσται ἐν τοῖς κτήνεσί |

Αἴγυπτος 123

| | | | | | | | |
|---|---|---|---|---|---|---|---|
| TRub. | | 7 | | 2 | ἔθεντο αὐτὸν ἐν σορῷ ἕως ὅτε ἀνενέγκαντες αὐτὸν ἐξ | * Αἰγύπτου * | ἔθαψαν ἐν Χεβρὼν ἐν τῷ σπηλαίῳ τῷ διπλῷ ὅπου οἱ |
| TSim. | | 4 | | 3 | αἴτιος τῆς πράσεως Ἰωσήφ. καὶ ὅτε κατέβημεν εἰς | * Αἴγυπτον * | καὶ ἔδησέ με ὡς κατάσκοπον ἔγνων ὅτι δικαίως |
| TSim. | | 8 | | 4 | ὅτι ἐν ἐξόδῳ ὀστῶν Ἰωσὴφ ἔσται ἐν πάσῃ γῇ | * Αἰγύπτῳ * | σκότος καὶ γνόφος καὶ πληγὴ μεγάλη σφόδρα τοῖς |
| TSim. | | 9 | | 1 | αὐτῶν κατὰ τὸν νόμον τοῦ πένθους καὶ ἦσαν εἰς | * Αἴγυπτον * | ἕως ἡμέρας ἐξόδου αὐτῶν ἀπ' Αἰγύπτου ἐν χειρὶ |
| TSim. | | 9 | | 1 | καὶ ἦσαν εἰς Αἴγυπτον ἕως ἡμέρας ἐξόδου αὐτῶν ἀπ' | * Αἰγύπτου * | ἐν χειρὶ Μωυσῆ. |
| TLevi | | 11 | | 8 | ἡ δὲ Ἰωχάβεδ ἑξηκοστῷ τετάρτῳ ἔτει ἐτέχθη ἐν | * Αἰγύπτῳ * | ἔνδοξος γὰρ ἤμην τότε ἐν μέσῳ τῶν ἀδελφῶν μου. |
| TLevi | | 12 | | 5 | ἔλαβον γυναῖκα καὶ τεσσαράκοντα ἐτῶν εἰσῆλθον εἰς | * Αἴγυπτον. * | καὶ ἰδού ἐστε τέκνα μου τρίτη γενεά. Ἰωσὴφ |
| TJud. | | 9 | | 8 | μέτρα χίλια πεντακόσια ἕως ὅτε κατήλθομεν εἰς | * Αἴγυπτον. * | μετὰ ταῦτα Ἢρ ὁ υἱός μου ἄγεται τὴν Θαμὰρ ἐκ |
| TJud. | | 12 | | 11 | εἰσῆλθον πρὸς αὐτήν. καὶ μετὰ ταῦτα ἤλθομεν εἰς | * Αἴγυπτον * | πρὸς Ἰωσὴφ διὰ τὸν λιμόν. τεσσαράκοντα ἓξ ἐτῶν |
| TZab. | | 3 | | 6 | αὐτοὺς τὸ ὑπόδημα Ἰωσήφ. καὶ γὰρ ἐλθόντες ἐν | * Αἰγύπτῳ * | ὑπελύθησαν ὑπὸ τῶν παίδων Ἰωσὴφ ἔμπροσθε τοῦ |
| TZab. | | 6 | | 3 | ἡλίευον ἰχθύας οἴκῳ τοῦ πατρός μου ἕως ἤλθομεν εἰς | * Αἴγυπτον * | καὶ ἐκ τῆς θήρας μου παντὶ ἀνθρώπῳ ξένῳ |
| TZab. | | 8 | | 4 | τοσοῦτον κύριος εἰς αὐτόν. ὅτε γὰρ κατήλθομεν εἰς | * Αἴγυπτον * | Ἰωσὴφ οὐκ ἐμνησικάκησεν εἰς ἡμᾶς ἐμὲ δὲ ἰδὼν |
| TDan | | 5 | | 8 | ἐν αἰχμαλωσίᾳ κἀκεῖ ἀπολήψεσθε πάσας τὰς πληγὰς | * Αἰγύπτου * | καὶ πάσας πονηρίας τῶν ἐθνῶν καὶ οὕτως |
| TGad | | 1 | | 8 | τοῦ λόγου τούτου ἕως ἡμέρας διαπράσεως αὐτοῦ εἰς | * Αἴγυπτον. * | καὶ τὸ πνεῦμα τοῦ μίσους ἦν ἐν ἐμοὶ καὶ οὐκ |
| TJos. | | 11 | | 4 | δὲ ἔλεγον ὅτι δοῦλος αὐτῶν εἰμι. ὡς δὲ ἤλθομεν εἰς | * Αἴγυπτον * | περὶ ἐμοῦ ἐμάχοντο τίς προσδοὺς χρυσίον λάβῃ |
| TJos. | | 11 | | 5 | χρυσίον λάβῃ με. διὸ πᾶσιν ἔδοξεν εἶναί με εἰς | * Αἴγυπτον * | πρὸς μετάβολον ἐμπορίας αὐτῶν ἕως ἐπιστρέψωσι |
| TJos. | | 17 | | 4 | εἰς ἀγάπην. καὶ ὅτε ἦλθον οἱ ἀδελφοί μου εἰς | * Αἴγυπτον * | ὡς ἔγνωσαν ὅτι ἀπέστρεψα τὸ ἀργύριον αὐτοῖς καὶ |
| TJos. | | 20 | | 5 | καὶ ἐπένθησεν αὐτὸν πᾶς Ἰσραὴλ καὶ πᾶσα ἡ | * Αἴγυπτος * | πένθος μέγα. καὶ γὰρ καὶ τοῖς Αἰγυπτίοις ὡς |
| TBen. | | 2 | | 1 | υἱὸς ἡμερῶν ὅ ἐστι Βενιαμίν. ὅτε οὖν εἰσῆλθον εἰς | * Αἴγυπτον * | καὶ ἀνεγνώρισέ με Ἰωσὴφ ὁ ἀδελφός μου λέγει |
| TBen. | | 10 | | 1 | καὶ οἷος ἔνδοξος ἐν οὐρανῷ. ὅτε δὲ Ἰωσὴφ ἦν ἐν | * Αἰγύπτῳ * | ἐπεθύμουν ἰδεῖν τὴν ἰδέαν αὐτοῦ καὶ τὴν μορφὴν |
| TBen. | | 12 | | 1 | ὑμῖν τέκνα μου ἀνενέγκατε τὰ ὀστᾶ μου ἐξ | * Αἰγύπτου * | καὶ θάψατέ με εἰς Χεβρὼν ἐγγὺς τῶν πατέρων μου. |
| TBen. | | 12 | | 3 | πρώτῳ ἔτει τῆς εἰσόδου τῶν υἱῶν Ἰσραὴλ εἰς | * Αἴγυπτον * | αὐτοὶ καὶ οἱ ἀδελφοὶ αὐτῶν ἀνήγαγον τὰ ὀστᾶ τῶν |
| TBen. | | 12 | | 4 | καὶ αὐτοὶ ἐπέστρεψαν ἐκ γῆς Χανάαν καὶ ᾤκησαν ἐν | * Αἰγύπτῳ * | ἕως ἡμέρας ἐξόδου αὐτῶν ἐκ γῆς Αἰγύπτου. |
| TBen. | | 12 | | 4 | ᾤκησαν ἐν Αἰγύπτῳ ἕως ἡμέρας ἐξόδου αὐτῶν ἐκ γῆς | * Αἰγύπτου. * | |
| Asen. | | 1 | | 1 | Φαραὼ τὸν Ἰωσὴφ κυκλεῦσαι πᾶσαν τὴν γῆν | * Αἰγύπτου. * | καὶ ἦλθεν Ἰωσὴφ ἐν τῷ τετάρτῳ μηνὶ τοῦ πρώτου |
| Asen. | | 1 | | 8 | γυναῖκα ἧττόν σου καὶ σὺ βασιλεὺς εἶ πάσης τῆς γῆς | * Αἰγύπτου; * | οὐκ ἰδοὺ ἡ θυγάτηρ τοῦ βασιλέως Μωὰβ Ἰωακειμ |
| Asen. | | 4 | | 7 | ἡμᾶς σήμερον. καὶ αὐτός ἐστιν ἄρχων πάσης τῆς γῆς | * Αἰγύπτου * | καὶ ὁ βασιλεὺς Φαραὼ κατέστησεν αὐτὸν βασιλέα |
| Asen. | | 4 | | 11 | τῷ πρωτοτόκῳ ὅτι αὐτός ἐστι βασιλεὺς πάσης τῆς γῆς | * Αἰγύπτου. * | ταῦτα ἀκούσας Πεντεφρῆς ἠδέσθη ἔτι λαλῆσαι τῇ |
| Asen. | | 7 | | 3 | τῶν μεγιστάνων καὶ τῶν σατραπῶν πάσης γῆς | * Αἰγύπτου * | τοῦ κοιμηθῆναι μετ' αὐτοῦ καὶ πᾶσαι αἱ γυναῖκες |
| Asen. | | 20 | | 8 | τοὺς μεγιστάνους καὶ τοὺς σατράπας πάσης γῆς | * Αἰγύπτου * | καὶ ποιήσω ὑμῖν γάμους καὶ λήψῃ τὴν θυγατέρα |
| Asen. | | 20 | | 9 | μου καὶ κατέστησέ με ἄρχοντα ἐπὶ πάσης τῆς γῆς | * Αἰγύπτου * | καὶ λαλήσω περὶ Ἀσενὲθ εἰς τὰ ὦτα αὐτοῦ καὶ |
| Asen. | | 21 | | 8 | καὶ συνεκάλεσε πάντας τοὺς ἄρχοντας τῆς γῆς | * Αἰγύπτου * | καὶ πάντας τοὺς βασιλεῖς τῶν ἐθνῶν καὶ ἐκήρυξε |
| Asen. | | 21 | | 8 | τοὺς βασιλεῖς τῶν ἐθνῶν καὶ ἐκήρυξε πάσῃ τῇ γῇ | * Αἰγύπτου * | λέγων πᾶς ἄνθρωπος ὃς ποιήσει ἔργον ἐν ταῖς |
| Asen. | | 22 | | 2 | περὶ Ἰωσὴφ τοῦ υἱοῦ αὐτοῦ καὶ ἦλθεν Ἰσραὴλ εἰς | * Αἴγυπτον * | σὺν πάσῃ τῇ συγγενείᾳ αὐτοῦ ἐν τῷ δευτέρῳ ἔτει |
| Asen. | | 25 | | 5 | αὐτὸν καὶ ἔστι σήμερον βασιλεὺς πάσης τῆς γῆς | * Αἰγύπτου * | καὶ σωτὴρ καὶ σιτοδότης; καὶ νῦν πάλιν ἐὰν |
| Asen. | | 29 | | 9 | διάδημα αὐτοῦ τῷ Ἰωσήφ. καὶ ἐβασίλευσεν Ἰωσὴφ ἐν | * Αἰγύπτῳ * | ἔτη τεσσαράκοντα ὀκτὼ καὶ μετὰ ταῦτα ἀπέδωκεν |
| Asen. | | 29 | | 9 | Ἰωσὴφ ὡς πατὴρ τοῦ υἱοῦ Φαραὼ τοῦ νεωτέρου ἐν γῇ | * Αἰγύπτου * | ⟨πάσας τὰς ἡμέρας τῆς ζωῆς αὐτοῦ⟩. |
| Sal. | | 2 | | 26 | θεὸς τὴν ὕβριν αὐτοῦ ἐκκεκεντημένον ἐπὶ τῶν ὀρέων | * Αἰγύπτου * | ὑπὲρ ἐλάχιστον ἐξουδενωμένον ἐπὶ γῆς καὶ |
| Jer. | | 6 | | 20 | εἶπε κύριος ὁ θεὸς Ἰσραὴλ ὁ ἐξαγαγὼν ἡμᾶς ἐκ γῆς | * Αἰγύπτου * | ἐκ τῆς μεγάλης καμίνου ὅτι οὐκ ἐφυλάξατε τὰ |
| Prop. | | 2 | | 1 | ἐκείνης. Ἱερεμίας ἦν ἐξ Ἀναθὼθ καὶ ἐν Τάφναις | * Αἰγύπτου * | λίθοις βληθεὶς ὑπὸ τοῦ λαοῦ ἀποθνήσκει. κεῖται |
| Prop. | | 2 | | 7 | οὗτος ὁ Ἱερεμίας σημεῖον δέδωκε τοῖς ἱερεῦσιν | * Αἰγύπτου * | ὅτι δεῖ σεισθῆναι τὰ εἴδωλα αὐτῶν καὶ συμπεσεῖν |
| Prop. | | 12 | | 4 | καὶ οἱ κατάλοιποι οἱ ὄντες ἐν Ἰερουσαλὴμ εἰς | * Αἴγυπτον * | ἦν παροικῶν τὴν γῆν αὐτοῦ καὶ ἐλειτούργει |
| Job | | 28 | | 7 | Αὐσιτίδα ἐρωτήσαντες ἐν τῇ πόλει ποῦ Ιωβαβ ὁ τῆς | * Αἰγύπτου * | ὅλης βασιλεύων; καὶ ἐμήνυσαν αὐτοῖς περὶ ἐμοῦ |
| Aris. | | 4 | | 2 | πρὸς τὸν βασιλέα περὶ τῶν μετοικισθέντων εἰς | * Αἴγυπτον * | ἐκ τῆς Ἰουδαίας ὑπὸ τοῦ πατρὸς τοῦ βασιλέως |
| Aris. | | 4 | | 4 | πρώτως κεκτημένου τήν τε πόλιν καὶ τὰ κατὰ τὴν | * Αἴγυπτον * | παρειληφότος. ἄξιόν ἐστι καὶ ταῦτά σοι δηλῶσαι. |
| Aris. | | 6 | | 3 | ἣν μετελάβομεν παρὰ τῶν κατὰ τὴν λογιωτάτην | * Αἴγυπτον * | λογιωτάτων ἀρχιερέων περὶ τοῦ γένους τῶν |
| Aris. | | 12 | | 8 | πρὸς δέκα μυριάδας ἐκ τῆς τῶν Ἰουδαίων χώρας εἰς | * Αἴγυπτον * | μετήγαγεν ἀφ' ὧν ὡσεὶ τρεῖς μυριάδας καθοπλίσας |
| Aris. | | 23 | | 5 | καὶ τὴν τῶν Ἰουδαίων μεταγωγὴν εἰς τὴν | * Αἴγυπτον * | γεγονέναι ἱκανὴ γὰρ ἦν ἡ παρά τό γε δέον |
| Aris. | | 35 | | 5 | ἔτι δὲ καὶ συνεληλυθέναι τῷ πατρὶ ἡμῶν εἰς τὴν | * Αἴγυπτον * | αἰχμαλώτους ἀφ' ὧν πλείονας εἰς τὸ στρατιωτικὸν |
| Sib. | | 3 | | 46 | βίου ἀνδρῶν λελαχοῦσαι. αὐτὰρ ἐπεὶ Ῥώμη καὶ | * Αἰγύπτου * | βασιλεύσει εἰσέτι δηθύνουσα +τότε δὴ+ βασιλεία |
| Sib. | | 3 | | 159 | κάτθανον. αὐτὰρ ἔπειτα χρόνου περιτελλομένοιο | * Αἰγύπτου * | βασίλειον ἐγείρατο εἶτα τὸ Περσῶν Μήδων |
| Sib. | | 3 | | 161 | τε καὶ Ἀσσυρίης Βαβυλῶνος εἶτα Μακηδονίων πάλιν | * Αἰγύπτου * | τότε Ῥώμης. καὶ τότε μοι μεγάλοιο θεοῦ φάτις |
| Sib. | | 3 | | 193 | (ἄχρι πρὸς ἑβδομάτην βασιληίδα ἧς βασιλεύσει | * Αἰγύπτου * | βασιλεὺς ὃς ἀφ' Ἑλλήνων γένος ἔσται.) καὶ τότ' |
| Sib. | | 3 | | 208 | καὶ Πέρσῃσι καὶ Ἀσσυρίοις κακὸν ἥξει πάσῃ τ' | * Αἰγύπτῳ * | Λιβύῃ τ' ἠδ' Αἰθιόπεσσιν Καρσί τε Παμφύλοις τε |
| Sib. | | 3 | | 248 | γὰρ Οὐράνιος κοινὴν ἐτελέσσατο γαῖαν. ἡνίκα δ' | * Αἴγυπτον * | λείψει καὶ ἀταρπὸν ὁδεύσει λαὸς ὁ δωδεκάφυλος |
| Sib. | | 3 | | 255 | ἡνίκα δ' ἤλθεν λαὸν ὅδ' ἡγεμονῶν ὃν ἀπ' | * Αἰγύπτου * | θεὸς ἦγεν εἰς τὸ ὄρος Σινᾶ καὶ τὸν νόμον |
| Sib. | | 3 | | 314 | αἷμα βοᾷ εἰς αἰθέρα μακρόν. ἥξει σοι πληγὴ μεγάλη | * Αἴγυπτε * | πρὸς οἴκους δεινὴ ἣν οὔπω ποτ' ἐπήλπισας |
| Sib. | | 3 | | 348 | Ἀντιγόνη Μαγνησίη +Μυκήνη πάνθεια+. ἴσθι τότ' | * Αἰγύπτου * | ὀλοὸν γένος ἐγγὺς ὀλέθρου καὶ τότ' |
| Sib. | | 3 | | 608 | σχισμαῖς πετρῶν κατακρύψαντες δι' ὄνειδος ὁππόταν | * Αἰγύπτου * | βασιλεὺς νέος ἕβδομος ἄρχῃ τῆς ἰδίης γαίης |
| Sib. | | 3 | | 614 | δὲ συγκόψει καὶ πάντα κακῶν ἀναπλήσει ῥίψει δ' | * Αἰγύπτου * | βασιλήιον ἐκ δέ τε πάντα κτήμαθ' ἑλὼν ἐποχεῖται |
| Sib. | | 4 | | 72 | Φρυξὶ βαρεῖαν ἰδ' Ἀσίδι κῆρα φέρουσα. αὐτὰρ ἐς | * Αἴγυπτον * | πολυαύλακα πυροφόρον τε λιμὸς ἀκαρπίη τε |
| Sib. | | 5 | | 3 | ἤ τοι μὲν πρώτιστα μετ' ὀλλυμένους βασιλῆας | * Αἰγύπτου * | τοὺς πάντας ἴση κατὰ γαῖα φέρεσκεν καὶ μετὰ τὸν |
| Sib. | | 5 | | 57 | ἤματι τῷδε ὅταν ποτέ Νεῖλος ὁδεύσῃ γαῖαν ὅλην | * Αἴγυπτον * | ἕως πηχῶν δέκα καὶ ἓξ ὥστε κλύσαι γῆν πᾶσαν |
| Sib. | | 5 | | 60 | γαίης καὶ δόξα προσώπου. Μέμφι σὺ μὲν κλαύσῃ ὑπὲρ | * Αἰγύπτου * | τὰ μέγιστα πρόσθε γὰρ ἡ μεγάλως γαίης κρατέουσα |
| Sib. | | 5 | | 73 | ἄστρων πέπτωκας ἐς οὐρανὸν οὐκ ἀναβήσῃ. ταῦτα μὲν | * Αἰγύπτῳ * | θεὸς ἔννεπεν ἐξαυδῆσαι ὑστατίῳ καιρῷ ὅτε |
| Sib. | | 5 | | 112 | αἰαῖ σοι κραδίη δειλή τί με ταῦτ' ἐρεθίζεις δηλοῦν | * Αἰγύπτῳ * | πολυκοιρανίην ἀλεγεινήν; βαῖνε πρὸς ἀντολίην |
| Sib. | | 5 | | 179 | οἴκησον ἐς Ἅιδου χῶρον ἄθεσμον. νῦν δὲ πάλιν | * Αἴγυπτε * | τεὴν ὀλοφύρομαι ἄτην Μέμφι πόνων ἀρχηγὸς ἔσῃ |
| Sib. | | 5 | | 279 | καὶ μηκέτι θνητὰ γεραίρειν μηδὲ κύνας καὶ γῦπας ἃ | * Αἴγυπτος * | κατέδειξεν σεμνύνειν στομάτεσσι κενοῖς καὶ |
| Sib. | | 5 | | 459 | ἔσται δ' ἐν πέμπτῃ γενεῇ ὅτε παύσετ' ὄλεθρος | * Αἰγύπτου * | βασιλῆες ὅταν μιχθῶσιν ἀναιδεῖς Παμφύλων γενεαὶ |
| Sib. | | 5 | | 460 | ὅταν μιχθῶσιν ἀναιδεῖς Παμφύλων γενεαὶ δ' εἰς | * Αἴγυπτον * | καθεδοῦνται ἔν τε Μακηδονίῃ καὶ ἐν Ἀσίδι καὶ |
| Sib. | | 5 | | 488 | ἀργοὺς ἐπικείμενε πολλοὺς κείσῃ πτῶμα μέγιστον ἐν | * Αἰγύπτῳ * | τριταλαίνη. ὅσσοι δ' Αἰγύπτου πόθον ἤγαγον εἴς |
| Sib. | | 5 | | 489 | πτῶμα μέγιστον ἐν Αἰγύπτῳ τριταλαίνη. ὅσσοι δ' | * Αἰγύπτου * | πόθον ἤγαγον εἴς σε ἅπαντες κλαύσονταί σε κακῶς |
| Sib. | | 5 | | 501 | γενετῆρα θεὸν μέγαν αἰὲν ἐόντα. καὶ τότ' ἐν | * Αἰγύπτῳ * | ναὸς μέγας ἔσσεται ἁγνὸς κεἰς αὐτὸν θυσίας οἴσει |
| Sib. | | 5 | | 505 | ἀναιδέα φῦλα Τριβαλλῶν Αἰθίοπες μέλλωσ' | * +Αἴγυπτον * | ἐήν τε+ ἀροῦσθαι ἄρξονται κακότητος ἵν' ὕστερα |
| FJub. | | 48 | | 1 | τοῖς Ἰουδαίοις. καταλιπὼν δὲ Μωϋσῆς τὰς κατ' | * Αἴγυπτον * | διατριβὰς εἰς τὴν ἔρημον ἐφιλοσόφει |
| FJub. | | 46 | | 3 | δοῦλος καὶ γ' ἔτη ἐν τῇ φυλακῇ καὶ π' πάσης γῆς | * Ἐγύπτου * | ἄρχων. τόν τε γὰρ ποταμὸν εἰς διώρυχας πλείστας |
| FJub. | | 48 | | 1 | βασιλεὺς ἐξ ὕδατος. καταλιπὼν δὲ Μωϋσῆς τὰς κατ' | * Αἴγυπτον * | διατριβὰς εἰς τὴν ἔρημον ἐφιλοσόφει |
| FJub. | | 48 | | 5 | τῆς γενέσεως τοῦ κόσμου. ἐν ρ μ δ' ἔτει τῆς ἐν | * Αἰγύπτῳ * | δουλείας ἤρξαντο Αἰγύπτιοι δέχεσθαι τὴν |
| FAch. | | 105 | | | ἦν δὲ τὸ πρόβλημα τοῦτο Νεκταναβὼν βασιλεὺς | * Αἰγύπτου * | Λυκούργῳ Βαβυλωνίῳ χαίρειν. θέλω οἰκοδομῆσαι |
| FAch. | | 108 | | | γράψας οὕτως ἔπεμψεν διὰ τῶν πρεσβευτῶν εἰς | * Αἴγυπτον. * | καὶ τῷ Αἰσώπῳ τὴν ἐξ ἀρχῆς διοίκησιν τῶν |
| FAch. | | 111 | | | ἀποταξάμενος ὁ Αἴσωπος τῷ βασιλεῖ ἔπλευσεν εἰς | * Αἴγυπτον * | σὺν τοῖς παιδίοις καὶ τοῖς ἀετοῖς μετὰ πολλῶν |
| FAch. | | 118 | | | γὰρ ἠδύνατο παραγενέσθαι ἐν μιᾷ νυκτὶ αἴλουρος ἀπὸ | * Αἰγύπτου * | εἰς Βαβυλῶνα; ὁ δὲ Αἴσωπος ἔφη ⟨πῶς⟩ τῶν παρ' |
| FAch. | | 123 | | | διηγήσατο τῷ Λυκούργῳ πάντα τὰ πραχθέντα ἐν | * Αἰγύπτῳ * | καὶ ἀποδέδωκεν αὐτῷ τὰ χρήματα. ἐκέλευσεν οὖν ὁ |
| HDem. | 9 | 21 | | 11 | τότε Ἰωσὴφ ἐτῶν δεκαεπτὰ καὶ πραθῆναι αὐτὸν εἰς | * Αἴγυπτον * | καὶ ἐν τῷ δεσμωτηρίῳ μεῖναι ἔτη δεκατρία ὥστ' |
| HDem. | 9 | 21 | | 12 | κρίναντα δὲ τῷ βασιλεῖ τὸν Ἰωσὴφ τὰ ἐνύπνια ἄρξαι | * Αἰγύπτου * | ἔτη ἑπτὰ ἐν οἷς καὶ συνοικῆσαι Ἀσενὲθ Πεντεφρῆ |
| HDem. | 9 | 21 | | 17 | γῇ Χαναὰν σ ι ε'. καὶ τῷ τρίτῳ ἔτει λιμοῦ οὔσης ἐν | * Αἰγύπτῳ * | ἐλθεῖν εἰς Αἴγυπτον τὸν Ἰακὼβ ὄντα ἐτῶν ἑκατὸν |
| HDem. | 9 | 21 | | 17 | τῷ τρίτῳ ἔτει λιμοῦ οὔσης ἐν Αἰγύπτῳ ἐλθεῖν εἰς | * Αἴγυπτον * | τὸν Ἰακὼβ ὄντα ἐτῶν ἑκατὸν τριάκοντα Ῥουβὶν |
| HDem. | 9 | 21 | | 18 | λ θ' Βενιαμὶν ἐτῶν κ η'. τὸν δὲ Ἰωσὴφ γενέσθαι ἐν | * Αἰγύπτῳ * | ἔτη λ θ'. εἶναι δὲ ἀπὸ τοῦ Ἀδὰμ ἕως τοῦ |
| HDem. | 9 | 21 | | 18 | λ θ'. εἶναι δὲ ἀπὸ τοῦ Ἀδὰμ ἕως τοῦ εἰσελθεῖν εἰς | * Αἴγυπτον * | τοὺς τοῦ Ἰωσὴφ συγγενεῖς ἔτη γ χ κ δ'. ἀπὸ δὲ |
| HDem. | 9 | 21 | | 18 | δὲ τοῦ κατακλυσμοῦ ἕως τῆς Ἰακὼβ παρουσίας εἰς | * Αἴγυπτον * | ἔτη α τ ξ' ἀφ' οὗ δὲ ἐκλεγῆναι Ἀβραὰμ ἐκ τῶν |
| HDem. | 9 | 21 | | 18 | τῶν ἐθνῶν καὶ ἐλθεῖν ἐκ Χαρρὰν εἰς Χαναὰν ἕως εἰς | * Αἴγυπτον * | τοὺς περὶ Ἰακὼβ ἐλθεῖν ἔτη σ ι ε'. Ἰακὼβ δὲ |
| HDem. | 9 | 21 | | 19 | ἐλθεῖν ἐτῶν ὄντα π' καὶ γεννῆσαι Λευὶν Λευὶν δὲ ἐν | * Αἰγύπτῳ * | ἐπιγενέσθαι ἔτη ιζ' ἀφ' οὗ ἐκ Χαναὰν αὐτὸν |
| HDem. | 9 | 21 | | 19 | ἔτη ιζ' ἀφ' οὗ ἐκ Χαναὰν αὐτὸν ἐλθεῖν εἰς | * Αἴγυπτον * | ὥστε εἶναι αὐτὸν ἐτῶν ξ' καὶ γεννῆσαι Κλὰθ τῷ |

HDem. 9 21 19   αὐτῷ δὲ ἔτει ᾧ γενέσθαι Κλάθ τελευτῆσαι Ἰακὼβ ἐν * Αἰγύπτῳ * εὐλογήσαντα τοὺς Ἰωσὴφ υἱοὺς ὄντα ἐτῶν ρ μ ζ'
HDem. 9 21 19   ὃν ἐτῶν εἶναι ι δ' ἐν ᾧ τελευτῆσαι Ἰωσὴφ ἐν * Αἰγύπτῳ * ὄντα ρ ι' ἐτῶν Κλάθ δὲ γενόμενον ἐτῶν ἑκατὸν λ
HEup. 9 30 8    Σολομῶνα δὲ βασιλεύειν καὶ γράψαι πρὸς Οὔαφρῆν τὸν * Αἰγύπτου * βασιλέα τὴν ὑπογεγραμμένην ἐπιστολήν. ἐπιστολὴ
HEup. 9 31 1    Σολομῶνος. βασιλεὺς Σολομῶν Οὐάφρῃ βασιλεῖ * Αἰγύπτου * φίλῳ πατρικῷ χαίρειν. γίνωσκέ με παρειληφότα
HEup. 9 34 17   δόντα δέκα τὸ δὲ τάλαντον εἶναι σίκλον. καὶ τῷ μὲν * Αἰγύπτου * βασιλεῖ Οὐάφρῃ ἐλαίου μετρητὰς μυρίους
HEup. 1 141 4   βασιλείας Πτολεμαίου τὸ δωδέκατον βασιλεύοντος * Αἰγύπτου * συνάγεσθαι ἔτη 'ε ρ μ θ'. ἀφ' οὗ δὲ χρόνου
HEup. 1 141 5   ἀφ' οὗ δὲ χρόνου ἐξήγαγε Μωυσῆς τοὺς Ἰουδαίους ἐξ * Αἰγύπτῳ * ἐπὶ τὴν προειρημένην προθεσμίαν καιρὸν ἔτη
HArt. 9 18 1    ἀπὸ Ἀβράμου. τούτου δὲ πανοικίᾳ ἐλθεῖν εἰς * Αἴγυπτον * πρὸς τὸν τῶν Αἰγυπτίων βασιλέα Φαρεθώθην καὶ
HArt. 9 18 1    τόπους τῶν δὲ τούτῳ συνελθόντων πολλοὺς ἐν * Αἰγύπτῳ * καταμεῖναι διὰ τὴν εὐδαιμονίαν τῆς χώρας. τῷ
HArt. 9 23 1    δεηθῆναι τῶν ἀστυγειτόνων Ἀράβων εἰς τὴν * Αἴγυπτον * αὐτὸν διακομίσαι τοὺς δὲ τὸ ἐντυγχανόμενον
HArt. 9 23 2    Ἰσαὰκ δὲ ἀδελφούς. ἐλθόντα δὲ αὐτὸν εἰς τὴν * Αἴγυπτον * καὶ συσταθέντα τῷ βασιλεῖ διοικητὴν τῆς ὅλης
HArt. 9 23 3    πόλει καὶ Σάει καὶ τοὺς Σύρους πλεονάσαι ἐν τῇ * Αἰγύπτῳ. * τούτους δὲ καὶ τὸ ἐν Ἀθὼς καὶ τὸ ἐν
HArt. 9 23 4    τῶν Αἰγυπτίων. τὸν οὖν Ἰωσὴφ κρατοῦντα τῆς * Αἰγύπτου * τὸν τῶν ἑπτὰ ἐτῶν σῖτον γενόμενον κατὰ τὴν
HArt. 9 23 4    κατὰ τὴν φορὰν ἅπλετον παραθέσθαι καὶ τῆς * Αἰγύπτου * δεσπότην γενέσθαι. Ἀβράμου τελευτήσαντος καὶ
HArt. 9 27 3    ὑπὲρ Μέμφιν τόπων βασιλεύοντι πολλοὺς γὰρ τότε τῆς * Αἰγύπτου * βασιλεύειν ταύτην δὲ στεῖραν ὑπάρχουσαν
HArt. 9 27 7    καὶ δή ποτε τῶν Αἰθιόπων ἐπιστρατευσαμένων τῇ * Αἰγύπτῳ * τὸν Χενεφρῆν ὑπολαβόντα εὑρηκέναι καιρὸν εὔθετον
HArt. 9 27 15   τῷ Χανεθώθη τὸ σῶμα διακομίσαντας εἰς τοὺς ὑπὲρ * Αἴγυπτον * τόπους θάψαι ὑπολαβόντα τὸν Μώϋσον ὑπὸ τοῦ
HArt. 9 27 19   στρατεύειν τοῖς Ἄραψι προστάξαι λῃστεύειν τὴν * Αἴγυπτον. * ὑπὸ δὲ τὸν αὐτὸν χρόνον καὶ τὸν Χενεφρῆν
HArt. 9 27 21   φεύγειν φωνὴν δ' αὐτῷ θείαν εἰπεῖν στρατεύειν ἐπ' * Αἴγυπτον * καὶ τοὺς Ἰουδαίους διασώσαντα εἰς τὴν ἀρχαίαν
HArt. 9 27 28   δὲ ποταμὸν πολύχουν γενόμενον κατακλύζειν ὅλην τὴν * Αἴγυπτον * ἀπὸ τότε δὲ καὶ τὴν κατάβασιν αὐτοῦ γίνεσθαι
HAno. 9 17 6    λιμοῦ δὲ γενομένου τὸν Ἀβραὰμ ἀπαλλαγῆναι εἰς * Αἴγυπτον * πανοικίᾳ κἀκεῖ κατοικεῖν τήν τε γυναῖκα αὐτοῦ
HAno. 9 18 2    τοὺς Φοίνικας ἀστρολογίαν διδάξαι ὕστερον δὲ εἰς * Αἴγυπτον * παραγενέσθαι.
HHec. 1 22 186  καὶ φιλανθρωπίαν τοῦ Πτολεμαίου συναπαίρειν εἰς * Αἴγυπτον * αὐτῷ καὶ κοινωνεῖν τῶν πραγμάτων ἠβουλήθησαν
HHec. 1 22 194  οὐκ ὀλίγαι δὲ καὶ μετὰ τὸν Ἀλεξάνδρου θάνατον εἰς * Αἴγυπτον * καὶ Φοινίκην μετέστησαν διὰ τὴν ἐν Συρίᾳ
LPhi. 9 24 1    θ' ὅθεν Ἰωσὴφ ὃς ὀνείρων θεσπισθῆς σκηπτοῦχος ἐν * Αἰγύπτοιο * θρόνοισι δινεύσας λαθραῖα χρόνου πλημμυρίδι
LEze. 9 28 2 02 ἀφ' οὗ δ' Ἰακὼβ γῆν λιπὼν Χαναναίαν κατῆλθ' ἔχων * Αἴγυπτον * ἑπτάκις δέκα ψυχὰς σὺν αὐτῷ καὶ ἐπεγέννησεν
LEze. 9 29 12 37 ἴδιον χῶρον εἰσέλθηθ' ὅπως ἀφ' ᾗσπερ ᾖους ἔφυγετ' * Αἰγύπτου * δ' ἀπὸ ἑπτὰ διοδοιποροῦντες ἡμέρας ὁδὸν πάντες
LEze. 9 29 14 33 ὁ κείνων ἡγεμὼν Μωσῆς λαβὼν ῥάβδον θεοῦ τῇ δὴ πρὶν * Αἰγύπτου. * κακὰ σημεῖα καὶ τέρατ' ἐξεμήσατο Ἐτυφ' Ἐρυθρᾶς
LAri. 8 10 8    Μωσῆς οὕτως ἐν χειρὶ κραταιᾷ ἐξήγαγεν ὁ θεὸς ὡς ἐξ * Αἰγύπτου. * καὶ πάλιν εἰρηκέναι αὐτῷ φησι τὸν θεὸν
LAri. 13 12 1   Περσῶν ἐπικρατήσεως τά τε κατὰ τὴν ἐξαγωγὴν τὴν ἐξ * Αἰγύπτου * τῶν Ἑβραίων ἡμετέρων δὲ πολιτῶν καὶ ἡ τῶν

αἰδέομαι
(14)
Adam 23 2    ὑπὸ σοῦ ἀλλὰ φοβοῦμαι ὅτι γυμνός εἰμι καὶ * ᾐδέσθην * τὸ κράτος σου δέσποτα. λέγει αὐτῷ ὁ θεὸς τίς σοι
TJud. 14 4   ἐστιν ὁ οἶνος τέκνα μου ὅτι ὁ μεθύων οὐδένα * αἰδεῖται. * ἰδοὺ γὰρ κἀμὲ ἐπλάνησε μὴ αἰσχυνθῆναι πλῆθος
TJud. 16 2   ἐὰν πίνητε οἶνον ἐν εὐφροσύνῃ μετὰ φόβου θεοῦ * αἰδούμενοι * ἐὰν γὰρ πίνητε μὴ αἰδούμενοι καὶ ἀποστῇ ὁ τοῦ
TJud. 16 2   μετὰ φόβου θεοῦ αἰδούμενοι ἐὰν γὰρ πίνητε μὴ * αἰδούμενοι * καὶ ἀποστῇ ὁ τοῦ θεοῦ φόβος λοιπὸν γίνεται
TGad 5 3     ἀναιρεῖ τὸ μῖσος. ὁ γὰρ δίκαιος καὶ ταπεινὸς * αἰδεῖται * ποιῆσαι ἄδικον οὐχ ὑπὸ ἄλλου καταγινωσκόμενος
TGad 6 6     κακῷ λαβὼν ἀπὸ σοῦ τὸν λόν. ἐὰν οὖν ἀρνεῖται καὶ * αἰδεσθῇ * ἐλεγχθεὶς ἡσύχασον καὶ ἐξέβης αὐτόν. ὁ γὰρ
TJos. 5 2    τοῦτο διέρρηξα τὴν στολήν μου καὶ εἶπον γύναι * αἰδέσθητι * τὸν κύριον καὶ μὴ ποιήσῃς τὴν πρᾶξιν τὴν
TBen. 5 1    πονηροὶ ἄνθρωποι εἰρηνεύσουσιν ὑμῖν καὶ οἱ ἄσωτοι * αἰδεσθέντες * ὑμᾶς ἐπιστρέψουσιν εἰς ἀγαθὸν καὶ οἱ
Asen. 4 12   πάσης τῆς γῆς Αἰγύπτου. ταῦτα ἀκούσας Πεντεφρῆς * ᾐδέσθη * ἔτι λαλῆσαι τῇ θυγατρὶ αὐτοῦ Ἀσενὲθ περὶ Ἰωσὴφ
Asen. 15 8   πατὴρ ὁ ὕψιστος ἀγαπᾷ αὐτὴ καὶ πάντες οἱ ἄγγελοι * αἰδοῦνται * αὐτήν. κἀγὼ ἀγαπῶ αὐτὴ σφόδρα διότι ἀδελφή
Asen. 28 7   εἰσιν ἄνδρες θεοσεβεῖς καὶ φοβούμενοι τὸν θεὸν καὶ * αἰδούμενοι * πάντα ἄνθρωπον. πορεύθητε δὲ εἰς τὴν ὕλην τοῦ
Job 7 5      ἐμῶν ἄρτων, ὅτι ἀπηλλοτρίωσαί μου. καὶ ἡ θυρωρὸς * αἰδεσθεῖσα * δοῦναι αὐτῷ τὸν κεκαυμένον καὶ ἀποδοειδῆν
Job 9 8      καὶ ἰδοῦσίν με παρακαθεζόμενον τῇ θύρᾳ, καὶ * αἰδεσθέντες * ἀποστραφῶσιν μηδὲν λαβόντες ἀλλ' ὅταν ἴδωσιν
FPho. 220    συγγενέσιν φιλότητα νέμοις ὁσίην θ' ὁμόνοιαν. * αἰδεῖσθαι * πολιοκροτάφους εἴκειν δὲ γέρουσιν ἕδρης καὶ

αἴδηλος
(1)
FPho. 194    ῥεύσῃς ἀκάθεκτον οὐ γὰρ ἔρως θεός ἐστι πάθος δ' * αἴδηλον * ἁπάντων. στέργε τεὴν ἄλοχον τί γὰρ ἥδυτερον καὶ

Ἀίδης
(1)
IOrp. 47     ἐπικρατέων στέρνοισι δὲ ἔνθεο φήμην. (εἷς Ζεὺς εἷς * Ἀΐδης * εἷς Ἥλιος εἷς Διόνυσος) (εἷς θεὸς ἐν πάντεσσι.

Ἄιδης
(30)
Hen. 102 5   καὶ μὴ λυπεῖσθε ὅτι κατέβησαν αἱ ψυχαὶ ὑμῶν εἰς * ᾄδου * μετὰ λύπης καὶ οὐκ ἀπηντήθη τῷ σώματι τῆς σαρκὸς
Hen. 102 11  ὄντες καὶ κατέβησαν αἱ ψυχαὶ αὐτῶν μετ' ὀδύνης εἰς * ᾄδου--- * ἐγὼ ὀμνύω ὑμῖν--- ἐπίσταμαι τὸ μυστήριον τοῦτο
Hen. 103 7   ἐν τῇ ζωῇ αὐτῶν. αὐτοὶ ὑμεῖς γινώσκετε ὅτι εἰς * ᾄδου * κατάξουσιν τὰς ψυχὰς ὑμῶν καὶ ἐκεῖ ἔσονται ἐν
Abr.1 8 9    τοῦ θανάτου κειμήλιον πάντες ἀπέθανον πάντες ἐν τῷ * ᾄδῃ * καθείλοντο καὶ πάντες τῇ τοῦ θανάτου δρεπάνῃ
Abr.1 8 10   δρεπάνῃ συναντῆσαί σοι οὐ παρεχώρησα τὰ τοῦ * ᾄδου * δίκτυα συμπλέξει σοι οὐκ ἠθέλησά τινι κακῷ
Abr.1 19 7   ἑπτὰ αἰῶνας ἐγὼ λυμαίνω τὸν κόσμον καὶ πάντας εἰς * ᾄδην * κατάγω βασιλεῖς καὶ ἄρχοντας πλουσίους καὶ πένητας
TRub. 4 6    νοῦν καὶ τὴν διάνοιαν καὶ κατάγει νεανίσκους εἰς * ᾄδην * οὐκ ἐν καιρῷ αὐτῶν. καὶ γὰρ πολλοὺς ἀπώλεσεν ἡ
TLevi 4 1    καὶ τῶν ἀοράτων πνευμάτων τηκομένων καὶ τοῦ * ᾄδου * σκυλευομένου ἐπὶ τῷ πάθει τοῦ ὑψίστου οἱ ἄνθρωποι
TBen. 9 5    ἐπὶ τὰ ἔθνη ὡς πῦρ ἐκχυνόμενον. καὶ ἀνελθὼν ἐκ τοῦ * ᾄδου * ἔσται ἀναβαίνων ἀπὸ γῆς εἰς οὐρανόν. ἔγνων δὲ οἶος
Sal. 4 13    ἀναπτερώσεως. οὐκ ἐμπίμπλαται ἡ ψυχὴ αὐτοῦ ὡς * ᾄδης * ἐν πᾶσι τούτοις. γένοιτο κύριε ἡ μερὶς αὐτοῦ ἐν
Sal. 14 9    πρὸ τοῦ γενέσθαι. διὰ τοῦτο ἡ κληρονομία αὐτῶν * ᾄδης * καὶ σκότος καὶ ἀπώλεια καὶ οὐχ εὑρεθήσονται ἐν
Sal. 15 10   σκότος καὶ αἱ ἀνομίαι αὐτῶν διώξονται αὐτοὺς ἕως * ᾄδου * κάτω. ἡ κληρονομία αὐτῶν οὐχ εὑρεθήσεται τοῖς
Sal. 16 2    ἐξεχύθη ἡ ψυχή μου εἰς θάνατον σύνεγγυς πυλῶν * ᾄδου * μετὰ ἁμαρτωλοῦ ἐν τῷ διενεχθῆναι ψυχῆ μου ἀπὸ
Bar. 4 3     καὶ ὄφιν ἀπὸ δράσεως πέτρας. καὶ ἐδείξεν μοι τὸν * Ἅιδην * καὶ ἦν ἡ εἰδέα αὐτοῦ ζοφώδης καὶ βέβηλος. καὶ
Bar. 4 6     ἐσθίων καὶ ὑπ' αὐτῶν τρέφεται καὶ οὗτός ἐστιν ὁ * Ἅιδης * ὅστις καὶ αὐτὸς παρόμοιός ἐστιν αὐτοῦ ἐν ᾧ καὶ
Bar. 5 3     αὐτοῦ; καὶ εἶπεν ὁ ἄγγελος ἡ κοιλία τούτου ὁ * Ἅιδης * ἐστίν. καὶ ὅσον ἀνδρῶν τριακοσίων μόλιβδος
Esdr. 4 32   γραφὴ ἀντίχριστος. ἕως τοῦ οὐρανοῦ ὑψώθη ἕως τοῦ * ᾄδου * καταβήσει. ποτὲ μὲν γενήσεται παιδίον ποτὲ δὲ
Esdr. 6 26   οἱ ἅγιοι καὶ δίκαιοι ὅτι εἰς τὸ τρυβλίον τοῦ * ᾄδου * εἰσῆλθον. καὶ εἶπεν αὐτῷ ὁ θεὸς ἄκουσον Ἐσδράμ
Esdr. 7 2    καὶ τοὺς ἐκλεκτούς μου ἀνέστησα τὸν Ἀδὰμ ἐκ τοῦ * ᾄδου * ἀνεκαλεσάμην ἵνα τὸ τῶν ἀνθρώπων γένος μὴ οὖν
Job 43 7     ὁ θρόνος καὶ ἡ τιμὴ τοῦ σκηνώματος αὐτοῦ ἐν τῷ * ᾄδῃ * τυγχάνει ἠγάπησε τὸ τοῦ ὄφεως κάλλος, καὶ τὰς
Sib. 3 393   φόνον ὀμβρηθεῖσα. ἀλλὰ καὶ ὡς πανάιστον ἅπαντ' * Ἀίδης * θεραπεύσει ὃν δή περ γενεὴν αὐτὸς θέλει
Sib. 3 458   Κύπρου σεισμὸς φθλίσει δὲ φάραγγας καὶ πολλὰς ψυχὰς * Ἀΐδης * ὁμοθυμαδὸν ἕξει. Τράλλις δ' ἣ γείτων Ἐφέσου
Sib. 5 480   τεκέεσσιν. αἱαῖ παρθενικὰς ὁπόσας νυμφεύσεται * Ἅιδης * κούρους δ' ἀκτεράεας ⟨ὁπόσους⟩ βυθὸς ἀμφιπολεύσει
Sib. 5 178   πυρὶ δὲ φλεγέθοντι μιγεῖσα ταρτάρεον οἴκησον ἐς * Ἅιδης * χῶρον ἄθεσμον. νῦν δὲ πάλιν Αἴγυπτε τεήν
FIsa. 1 2    τοῦ ἀγρηνοῦ ἐκ τοῦ ἐβδόμου οὐρανοῦ εἰς τὸν * ᾄδην * καὶ τὴν μεταμόρφωσιν ἣν μεταμορφώθη καὶ τοὺς λόγους
FPho. 110    μὴ φείδου μέμνησ' ὅτι θνητὸς ὑπάρχεις οὐκ ἔνι εἰς * Ἅιδης * ὄλβον καὶ χρήματ' ἄγεσθαι. πάντες ἴσον νέκυες
FPho. 112    βασιλεύει. κοινὰ μέλαθρα δόμων αἰώνια καὶ πατρὶς * Ἅιδης * ξυνὸς χῶρος ἅπασι πένησί τε καὶ βασιλεῦσιν. οὐ
ISop. 5 122 1   ἔτι πτερωτὰ φῦλα βαστάσει πυρουμένη καὶ γὰρ καθ' * ᾄδην * δύο τρίβους νομίζομεν μίαν δικαίων χάτέραν τῶν
IDip. 5 121 1   ἔστιν Δίκης ὀφθαλμὸς ὃς τὰ πάντα ὁρᾷ. καὶ ἐν * ᾄδην * δύο τρίβους νομίζομεν μίαν δικαίων ἑτέραν δὲ
IDip. 5 121 1   κλέπτε ἀποστέρει κύκα μηδὲν πλανηθῇς ἔστι καὶ ἐν * Ἅιδου * κρίσις ἥνπερ ποιήσει ⟨ὁ⟩ θεὸς ὁ πάντων δεσπότης

αἴδιος
(3)
Sib. 5 66    κλαύσεαι ἀργαλέη καὶ πάμμορος ὥστε νοῆσαι αὐτήν * αἴδιον * θεὸν ἄμβροτον ἐν νεφέεσσιν. ποῦ σοι λῆμα κραταιὸν
Sib. 5 427   ὥστε βλέπειν πάντας πιστοὺς πάντας τε δικαίους * αἰδοῖο * θεοῦ δόξαν πεποθημένον εἶδος ἀντολιαὶ δύσιές τε
Sib. 5 498   θεὸν ἄφθιτον ἐξυμνοῦντες αὐτὸν τὸν γενετῆρα τὸν * αἴδιον * γεγαῶτα τὸν πρύτανιν πάντων τὸν ἀληθέα τὸν

αἰδοῖον
(1)
HArt. 9 27 10   στέρξαι τὸν Μώϋσον ὥστε καὶ τὴν περιτομὴν τῶν * αἰδοίων * παρ' ἐκείνου μαθεῖν οὐ μόνον δὲ τούτους ἀλλὰ καὶ

αἰδώς
(1)
TJud. 14 7   ἐστὶν ἡ σύνεσις τῆς οἰνοποσίας ἵνα ἕως ὅτε ἔχει * αἰδῶ * πίνῃ ἐὰν δὲ παρέλθῃ τὸν ὅρον τοῦτον ἐμβάλλει εἰς

αἰεί
cf. ἀεί
(2)

αἰθαλόεις
(2)
Sib. 4 133   πολλὰς δὲ φλέξῃ πόλιας καὶ ἄνδρας ὀλέσσῃ πολλὴ δ' * αἰθαλόεσσα * τέφρη μέγαν αἰθέρα πλήσῃ καὶ ψεκάδες πίπτωσιν
Sib. 4 178   ἠδὲ θάλασσαν ἐκκαύσει δέ τε πάντα κόνις δ' ἔσετ' * αἰθαλόεσσα. * ἀλλ' ὅταν ἤδη πάντα τέφρη σποδόεσσα γένηται

αἰθέριος
(1)
Sib. 5 211   +περιπάμπολον+ ἡγεμονεύσῃ ἔσσεται ἐμπρησμὸς μέγας * αἰθέριος * κατὰ γαῖαν +ἄστρων δ' ἐν μαχίμοις+ καινὴ φύσις

αἰθήρ
(16)
Abr.1 9 8    ἐπὶ τὸ ἅρμα τὸ χερουβικὸν καὶ ὕψωσον αὐτὸς εἰς τὸν * αἰθέρα * τοῦ οὐρανοῦ ⟨ὅπως ἴδῃ πᾶσαν τὴν οἰκουμένην. καὶ
Abr.1 10 1   ἐπὶ ἅρματος χερουβικοῦ καὶ ὕψωσεν αὐτὸς εἰς τὸν * αἰθέρα * τοῦ οὐρανοῦ καὶ ἤγαγεν αὐτὸν ἐπὶ τῆς νεφέλης καὶ
Sib. 3 11    μεμνημένοι αἰεί; εἷς θεός ἐστι μόναρχος ἀθέσφατος * αἰθέρι * ναίων αὐτοφυὴς ἀόρατος ὁρώμενος αὐτὸς ἅπαντα ὃν
Sib. 3 81    δὴ στοιχεῖα πρόπαντα χηρεύσει κόσμου ὁπόταν θεὸς * αἰθέρι * ναίων οὐρανὸν εἱλίξῃ καθ' ἅπερ βιβλίον εἱλεῖται
Sib. 3 313   ἀνδρῶν τε δικαίων ὧν ἔτι καὶ νῦν αἷμα βοᾷ εἰς * αἰθέρα * μακρόν. ἥξει σοι πληγὴ μεγάλη Αἴγυπτε πρὸς οἴκους
Sib. 3 368   ὁδεύσει Εὐρώπη δὲ μάκαιρα τότ' ἔσσεται εὔβοτος * αἰθὴρ * πουλυετὴς εὔρωστος ἀχείματος ἠδ' ἀχάλαζος πάντα
Sib. 4 133   καὶ ἄνδρας ὀλέσσῃ πολλὴ δ' αἰθαλόεσσα τέφρη μέγαν * αἰθέρα * πλήσῃ καὶ ψεκάδες πίπτωσιν ἀπ' οὐρανοῦ οἷά τε
Sib. 4 166   ὅλον δέμας ἀενάοισιν χεῖράς τ' ἐκτανύσαντες ἐς * αἰθέρα * τῶν πάρος ἔργων συγγνώμην αἰτεῖσθε καὶ εὐλογίαις

Sib. 5 256 κακῶν αἰῶνι τρόπαια. εἷς δέ τις ἔσσεται αὖτις ἀπ' * αἰθέρος * ἔξοχος ἀνὴρ ὃς παλάμας ἥπλωσεν ἐπὶ ξύλου
Sib. 5 271 +καλὸν ἄρξουσι+ δίκαιοι οἱ δὲ κακοὶ στείλαντες ἐπ' * αἰθέρα * γλῶσσαν ἄθεσμον παύσονται λαλέοντες ἐναντίον
Sib. 5 298 οὐκέτι ναιετάοντα. καὶ τότε θυμωθεὶς θεὸς ἄφθιτος * αἰθέρι * ναίων οὐρανόθεν πρηστῆρα βαλεῖ κατὰ κρατὸς
Sib. 5 310 ἀδίκων καὶ ἀθέσμων ῥιφθεῖσ' οὐκέτι τόσσον ἐς * αἰθέρα * +ἅρμα προδώσει+ ἀλλὰ μενεῖ νεκρὰ ἐν νάμασι
Sib. 5 344 ἐν γαίῃ θαλερῇ ὀλοὸν δάκος ἐξαπολέσθαι. ἔσται δ' * +αἰθέρος+ * οὐρανὸς εὐρὺς ὕπερθεν βροντηδὸν κελάδημα θεοῦ
Sib. 5 531 λοετρὰ ἧψαν γαῖαν ἅπασαν ἔμεινε δ' ἀνάστερος * αἰθήρ. *
ISop. 5 121 4 χρόνος ὅταν πυρὸς γέμοντα θησαυρὸν σχάσῃ χρυσωπὸς * αἰθὴρ * ἡ δὲ βοσκηθεῖσα φλὸξ ἅπαντα τἀπίγεια καὶ μετάρσια
LEze. 9 29 14 20 χέρας ἰδόντες ἡμᾶς ἠλάλαξαν ἔνδακρυν φωνὴν πρὸς * αἰθέρα * τ' ἐτάθησαν ἀθρόοι θεὸν πατρῷον. ἦν πολὺς δ'

Αἰθιοπεύς 2

Sib. 5 194 ἀθέσμων εἵνεκα ἔργων.+ Συήνην δ' ὀλέσειε μέγας φὼς * Αἰθιοπήων * Τεύχιραν οἰκήσουσι βίῃ μελανόχροες Ἰνδοί.
Sib. 5 213 ὥστ' ἀπολέσθαι ἐν πυρὶ καὶ στοναχαῖσιν ὅλην γῆν * Αἰθιοπήων. * μύρεο καὶ σὺ Κόρινθε τὸν ἐν σοὶ λυγρὸν

Αἰθιοπία 2

Prop. 1 8 τοῦ λαοῦ. ἐκεῖ εἶχεν ὁ βασιλεὺς τὸ χρυσίον τὸ ἐξ * Αἰθιοπίας * καὶ τὰ ἀρώματα. καὶ ἐπειδὴ ὁ Ἐζεκίας ἔδειξε
HArt. 9 27 11 γοῦν αὐτοῦ τοὺς ὄχλους τοὺς μὲν ἐπὶ τὰ ὅρια τῆς * Αἰθιοπίας * πέμψαι προφυλακῆς χάριν τοῖς δὲ προστάξαι τὸν

Αἰθιοπίς 1

HDem. 9 29 3 τοῦτο δὲ καὶ Ἀαρὼν καὶ Μαριὰμ ἐν Ἀσηρὼθ Μωσῆν * Αἰθιοπίδα * γῆμαι γυναῖκα. ἐκεῖθεν ἦλθον ἡμέρας τρεῖς. μὴ

Αἰθίοψ 14

Adam 35 4 θεοῦ ἡμῶν; τίνες δέ εἰσιν υἱέ μου Σὴθ οἱ δύο * αἰθίοπες * οἱ παριστάμενοι ἐπὶ τὴν προσευχὴν τοῦ πατρός
Asen. 22 7 αὐτοῦ ἦσαν ὅλαι δασεῖαι καὶ πυκναὶ σφόδρα (ὡς * Αἰθίοπος) * καὶ ὁ πώγων αὐτοῦ λευκὸς καθειμένος μέχρι τοῦ
Jer. 3 9 σε κύριε δεῖξόν μοι τί ποιήσω Ἀβιμέλεχ τῷ * Αἰθίοπι * ὅτι πολλὰς εὐεργεσίας ἐποίησε τῷ δούλῳ σου
Aris. 13 5 ἑτέρων συμμαχιῶν ἐξαπεσταλμένων πρὸς τὸν τῶν * Αἰθιόπων * βασιλέα μάχεσθαι σὺν Ψαμμιτίχῳ ἀλλ' οὐ τοσοῦτοι
Sib. 3 160 Αἰγύπτου βασίλειον ἐγείρατο εἶτα τὸ Περσῶν Μήδων * Αἰθιόπων * τε καὶ Ἀσσυρίης Βαβυλῶνος εἶτα Μακηδονίων
Sib. 3 208 Ἀσσυρίοις κακὸν ἥξει πάσῃ τ' Αἰγύπτῳ Λιβύῃ τ' ἠδ' * Αἰθιόπεσσιν * Καρσί τε Παμφύλοις τε κακὸν +μετακινηθῆναι+
Sib. 3 320 τότε παύσῃ. αἰαῖ σοι χώρα Γὼγ ἠδὲ Μαγὼγ μέσον οὖσα * Αἰθιόπων * ποταμῶν πόσον αἵματος ἔκχυμα δέξῃ καὶ κρίσεως
Sib. 3 516 πολλὰ δὲ Παμφύλων ἔθνη Λυδῶν τε πεσεῖται Μαύρων τ' * Αἰθιόπων * τε καὶ ἐθνῶν βαρβαροφώνων Καππαδοκῶν τ' Ἀράβων
Sib. 5 206 καὶ εἰς φόνον ἡγεμονεύσει. Ἰνδοὶ μὴ θαρσεῖτε καὶ * Αἰθίοπες * μεγάθυμοι ἡνίκα γὰρ +τούτους+ τροχὸς Ἄξονος
Sib. 5 505 ἀλλ' ὅταν ἐκπρολιπόντες ἀναιδέα φῦλα Τριβαλλῶν * Αἰθίοπες * μέλλωσ' +Αἴγυπτον ἐὴν τε+ ἀροῦσθαι ἄρξονται
HArt. 9 27 7 ἐπ' εὐλόγῳ αἰτίᾳ τινὶ ἀνελεῖν. καὶ δή ποτε τῶν * Αἰθιόπων * ἐπιστρατευσαμένων τῇ Αἰγύπτῳ τὸν Χενεφρῆν
HArt. 9 27 10 προσαγορεῦσαι δὲ αὐτὴν Ἑρμοῦ πόλιν. οὕτω δὴ τοὺς * Αἰθίοπας * καίπερ ὄντας πολεμίους στέρξαι τὸν Μώϋσον ὥστε
HAno. 9 17 9 ὃν ὑπὸ τῶν Ἑλλήνων λέγεσθαι Ἄσβολον πατέρα δὲ * Αἰθιόπων * ἀδελφὸν δὲ τοῦ Μεστραειμ πατρὸς Αἰγυπτίων
LEze. 9 28 4 04 κλήζεται ξένε οἰκοῦσι δ' αὐτὴν φῦλα παντοίων γενῶν * Αἰθίοπες * ἄνδρες μέλανες ἄρχων δ' ἐστὶ γῆς εἷς καὶ

αἴθριος 1

Job 24 3 σὺ δὲ αὐτὸς κάθῃ ἐν σαπρίᾳ σκωλήκων διανυκτερεύων * αἴθριος, * κἀγὼ πάλιν ἡ παναθλία ἐργαζομένη ἡμέρας

αἴθω 3

Sib. 3 706 μεγαλωστὶ παραστὰς κύκλοθεν ὡσεὶ τεῖχος ἔχων πυρὸς * αἰθομένοιο. * ἀπτόλεμοι δ' ἔσσονται ἐν ἄστεσιν ἠδ' ἐνὶ
Sib. 5 274 +κόσμος ἀλλαγῇ+. ἔσται δ' ἐκ νεφέων ὄμβρος πυρὸς * αἰθομένοιο * κοὐκέτι καρπεύσουσι βροτοὶ στάχυν ἀγλαὸν ἐκ
FPho. 144 ἕλκος τ' ἀκέσασθαι. (ἐξ ὀλίγου σπινθῆρος ἀθέσφατος * αἴθεται * ὕλη. ἐγκρατὲς ἦτορ ἔχειν καὶ λωβητῶν δ'

αἴθων 1

Sib. 3 611 ἄνδρες ἔλθῃ δ' ἐξ Ἀσίης βασιλεὺς μέγας αἰετὸς * αἴθων * ὃς πᾶσαν σκεπάσει γαῖαν πεζῶν τε καὶ ἱππέων πάντα

αἰκία 4

Prop. 25 1 τὸν ὑπατικὸν πῶς ρ κ' ἐτῶν τυγχάνων ὑπέμεινε τὰς * αἰκίας * καὶ ἐκέλευσεν αὐτὸν σταυρωθῆναι.) καὶ ἄλλοι
Aris. 167 2 δ' εἶναι τοὺς ἐμφανιστὰς οἴομαί σε λέγειν καὶ γὰρ * αἰκίαις * καὶ θανάτοις ἐπαλγέσιν αὐτοὺς περιβάλλει
Aris. 208 4 ἀνθρώπων γένος ὅθεν οὔτε εὐκόπως δεῖ κολάζειν οὔτε * αἰκίαις * περιβάλλειν γινώσκων ὅτι τὸ τῶν ἀνθρώπων ζῆν ἐν
HHec. 1 22 191 τῇ διανοίᾳ ἀλλὰ γεγυμνωμένως περὶ τούτων καὶ * αἰκίαις * καὶ θανάτοις δεινοτάτοις μάλιστα πάντων ἀπαντῶσι

αἰκίζω 3

TLevi 6 9 ἐπ' αὐτὸν καὶ Ιεβλαε τὸν οἰκογενῆ αὐτοῦ σφόδρα * αἰκίσαντο. * καίγε οὕτως ἐποίουν πάντας τοὺς ξένους ἐν
Prop. 25 1 ἐπὶ Ἀττικοῦ ὑπατικοῦ. καὶ ἐπὶ πολλὰς ἡμέρας * αἰκιζόμενος * ἐμαρτύρησεν ὡς πάντας ὑπερθαυμάσαι καὶ τὸν
LEze. 9 28 2 10 τοὺς μὲν ἐν πλινθεύμασιν οἰκοδομίαις τε βαρέσιν * αἰκίζων * βροτοὺς πόλεις τ' ἐπύργου σφῶν ἕκατι δυσμόρων.

Αἰλάμ 1

Prop. 23 1 τὸ αἷμα αὐτοῦ ὁ οἶκος Δαυὶδ ἀνὰ μέσον ἐπὶ τοῦ * Αἰλὰμ * καὶ λαβόντες αὐτὸν οἱ ἱερεῖς ἔθαψαν αὐτὸν μετὰ τοῦ

αἴλουρος 6

Sib. 3 30 ματαίως δὲ πλανᾶσθε προσκυνέοντες ὄφεις τε καὶ * αἰλούροισι * θύοντες εἰδώλοις τ' ἀλάλοις λιθίνοις θ'
FAch. 117 Αἴσωπος ἐλθὼν εἰς τὴν οἰκίαν ἐκέλευσεν τοῖς ἰδίοις * αἴλουρον * συλλαμβάνεσθαι ζῶντα. (ἔστιν δὲ θεὰ ἱερασίου
FAch. 117 Αἰσώπου καὶ κατέκραζον. ὁ δὲ Αἴσωπος ἐκέλευσεν τὴν * αἴλουρον * ἀφεθῆναι. ἦλθον δὲ οἱ Αἰγύπτιοι πρὸς τὸν
FAch. 118 καὶ τὰς ὥρας αὐτῷ ἐσήμαινεν καὶ ἀπέκτεινεν αὐτὸν ἡ * αἴλουρος * τῇδε τῇ νυκτί. ὁ Νεκταναβὼν ἔφη τῷ Αἰσώπῳ οὐκ
FAch. 118 πῶς γὰρ ἠδύνατο παραγενέσθαι ἐν μιᾷ νυκτὶ * αἴλουρος * ἀπὸ Αἰγύπτου εἰς Βαβυλῶνα; ὁ δὲ Αἴσωπος ἔφη
HArt. 9 27 4 τά τε ἱερὰ γράμματα τοῖς ἱερεῦσιν εἶναι δὲ καὶ * αἰλούρους * καὶ κύνας καὶ ἴβεις ἀπονεῖμαι δὲ καὶ τοῖς

αἷμα 77

Adam 2 2 κύριέ μου ἴδον ἐγὼ κατ' ὄναρ τῇ νυκτὶ ταύτῃ τὸ * αἷμα * τοῦ υἱοῦ μου Ἀμιλαβὲς τοῦ ἐπιλεγομένου Ἄβελ
Hen. 7 5 (ἰ)χθύσιν καὶ ἀλλήλων τὰς σάρκας κατεσθίειν καὶ τὸ * αἷμα * ἔπινον. τότε ἡ γῆ ἐνέτυχεν κατὰ τῶν ἀνόμων. οὗτοι
Hen. 9 1 καὶ Γαβριή(λ) οὗτοι ἐκ τοῦ οὐρανοῦ ἐθεάσ(αν)το * αἷμα * πολὺ ἐκχυννόμεν(ον) ἐπὶ τῆς γῆς καὶ εἶπαν πρό(ς)
Hen. 9 9 γυναῖκες ἐγέννησαν τιτᾶνας ὑφ' ὧν ὅλη ἡ γῆ ἐπλήσθη * αἵματος * καὶ ἀδικίας. καὶ νῦν ἰδοὺ βοῶσιν αἱ ψυχαὶ τῶν
Hen. 9B 2 τὴν γῆν ἐκ τῶν ἁγίων τοῦ οὐρανοῦ. καὶ θεασάμενοι * αἷμα * πολὺ ἐκκεχυμένον ἐπὶ τῆς γῆς καὶ πᾶσαν ἀσέβειαν καὶ
Hen. 15 4 ὑμεῖς ἦτε ἅγιοι καὶ πνεύματα ζῶντα αἰώνια ἐν τῷ * αἵματι * τῶν γυναικῶν ἐμιάνθητε καὶ ἐν αἵματι σαρκὸς
Hen. 15 4 αἰώνια ἐν τῷ αἵματι τῶν γυναικῶν ἐμιάνθητε καὶ ἐν * αἵματι * σαρκὸς ἐγεννήσατε καὶ ἐν αἵματι ἀνθρώπων
Hen. 15 4 ἐμιάνθητε καὶ ἐν αἵματι σαρκὸς ἐγεννήσατε καὶ ἐν * αἵματι * ἀνθρώπων ἐπεθυμήσατε. καθὼς καὶ αὐτοὶ ποιοῦσιν
Hen. 15 4 ἐπεθυμήσατε. καθὼς καὶ αὐτοὶ ποιοῦσιν σάρκα καὶ * αἷμα * οἵτινες ἀποθνήσκουσιν καὶ ἀπόλλυνται. διὰ τοῦτο
Hen. 98 11 τῇ καρδίᾳ ποιοῦντες τὸ κα(κὸν καὶ ἔσθοντες * αἷμα * πόθ)εν ὑμῖν ἔσο(νται ἀγαθὰ ἵνα φάγητε---) ---(ἔργα
Hen. 100 1 ἀδικίας (ὑμῶν.) καὶ τότε ἐν ἑνὶ τόπῳ--- (ῥέῃ τὰ * α)ἵμα(τα * αὐτῶν. καὶ ἄνθρωπο)ς οὐκ (ἀφέξ)ει τὴν (χεῖρα
Hen. 100 3 διαπορεύσεται ἵππος ἕως τοῦ στήθους αὐτοῦ διὰ τοῦ * αἵματος * τῶν ἁμαρτωλῶν καὶ τὸ ἅρμα μέχρι ἀξόνων
Abr.1 20 5 γὰρ ὁ ἱδρὼς ἐκ τῆς ὄψεως αὐτοῦ) ὡσεὶ θρόμβοι * αἵματος. * ἦλθεν δὲ Ἰσαὰκ ὁ υἱὸς αὐτοῦ καὶ ἔπεσεν ἐπὶ τὸ
Abr.2 13 7 σου σὺ γὰρ ὑψηλὸν πνεῦμα εἶ ἐγὼ δὲ σὰρξ εἰμὶ καὶ * αἷμα * διὰ τοῦτο οὐ δύναμαι βαστάσαι τὴν δόξαν σου θεωρῶ
TSim. 4 8 ὀργὴν καὶ πόλεμον παρέχει τῷ διαβουλίῳ καὶ εἰς * αἵματα * παροξύνει καὶ εἰς ἔκστασιν ἄγει τὴν διάνοιαν καὶ
TLevi 16 3 αὐτὸν οὐκ εἰδότες αὐτοῦ τὸ ἀνάστημα τὸ ἀθῷον * αἷμα * ἐν κακίᾳ ἐπὶ κεφαλὰς ὑμῶν ἀναδεχόμενοι. δι' αὐτὸν
TLevi 18 2B025 ἄρξῃ ἐκκαίειν ἐν αὐτοῖς τότε ἄρξῃ κατασπένδειν τὸ * αἷμα * ἐπὶ τὸν τοῖχον τοῦ θυσιαστηρίου. καὶ πάλιν νίψαι
TLevi 18 2B026 πάλιν νίψαι σου τὰς χεῖρας καὶ τοὺς πόδας ἀπὸ τοῦ * αἵματος * καὶ ἄρξῃ τὰ μέλη ἀναφέρειν ἡλισμένα τὴν κεφαλὴν
TLevi 18 2B027 καὶ κάλυπτε αὐτὴν τῷ στέατι καὶ μὴ ὀπτανέσθω τὸ * αἷμα * ἐπὶ τῆς κεφαλῆς αὐτῆς καὶ μετὰ τοῦτο τὸν τράχηλον
TLevi 18 2B053 θυσιαστήριον καὶ ὅταν ἐκπορεύῃ ἐκ τῶν ἁγίων πᾶν * αἷμα * μὴ ἁπτέσθω τῆς στολῆς σου οὐκ ἀνήψῃς αὐτῷ
TLevi 18 2B055 παντὸς ἀπὸ πάσης σαρκὸς καὶ μὴ ὀφθήτω ἐπὶ σοὶ πᾶν * αἷμα * καὶ πᾶσα ψυχὴ τὸ γὰρ αἷμα ψυχή ἐστιν ἐν τῇ σαρκί.
TLevi 18 2B055 μὴ ὀφθήτω ἐπὶ σοὶ πᾶν αἷμα καὶ πᾶσα ψυχὴ τὸ γὰρ * αἷμα * ψυχή ἐστιν ἐν τῇ σαρκί. καὶ ὃ ἐὰν ἐν οἴκῳ +ουσης+
TLevi 18 2B056 οἴκῳ +ουσης+ σεαυτὸν πᾶν κρέας φαγεῖν κάλυπτε τὸ * αἷμα * αὐτοῦ τῇ γῇ πρῶτον πρὶν ἢ φαγεῖν σε ἀπὸ τῶν κρεῶν
TLevi 18 2B056 σε ἀπὸ τῶν κρεῶν καὶ οὐκέτι ἔσῃ ἐσθίων ἐπὶ τοῦ * αἵματος. * οὕτως γάρ μοι ἐνετείλατο ὁ πατήρ μου Ἀβραὰμ
TLevi 18 2B057 εὗρεν ἐν τῇ γραφῇ τῆς βίβλου τοῦ Νῶε περὶ τοῦ * αἵματος. * καὶ νῦν ὡς σοὶ τέκνον ἀγαπητὸν ἐγὼ λέγω
TZab. 2 2 μὴ ἐπαγάγετε ἐπ' ἐμὲ τὰς χεῖρας ὑμῶν τοῦ ἐκχέαι * αἷμα * ἀθῷον ὅτι οὐχ ἥμαρτον εἰς ὑμᾶς. εἰ δὲ καὶ ἥμαρτον
TZab. 3 3 τέκνοις αὐτῶν εἰπόντες οὐ φαγόμεθα αὐτὴν ὅτι τιμὴ * αἵματος * τοῦ ἀδελφοῦ ἡμῶν αὐτὴ ἀλλὰ καταπατήσει
TBen. 2 2 με; καὶ εἶπον αὐτῷ ὅτι ἔφυραν τὸν χιτῶνά σου * αἵματι * καὶ πέμψαντες εἶπον ἐπίγνωθι εἰ ὁ χιτὼν τοῦ υἱοῦ
TBen. 3 8 καὶ ἀναμάρτητος ὑπὲρ ἀσεβῶν ἀποθανεῖται ἐν * αἵματι * διαθήκης ἐπὶ σωτηρίᾳ ἐθνῶν καὶ Ἰσραὴλ καὶ
Asen. 16 17 δυσμὰς καὶ ἡ ὁδὸς τοῦ δακτύλου αὐτοῦ ἐγένετο ὡς * αἷμα). * καὶ ἐξέτεινε τὸ δεύτερον τὴν χεῖρα αὐτοῦ καὶ
Asen. 16 17 καὶ ἡ ὁδὸς τοῦ δακτύλου αὐτοῦ ἐγένετο ὡς * αἷμα). * καὶ Ἀσενὲθ εἱστήκει ἐξ εὐωνύμων αὐτοῦ καὶ ἔβλεπε
Asen. 18 9 τοῦ ὑψίστου καὶ ἐν ταῖς (παρειαῖς) ἐρυθρὸς ὡς * αἷμα * υἱοῦ ἀνθρώπου καὶ τὰ χείλη αὐτῆς ὡς ῥόδον ζωῆς
Asen. 27 9 ἐπὶ Ἀσενὲθ ἐσπασμένας ἔχοντες τὰς ῥομφαίας αὐτῶν * αἵματος * πλήρεις. καὶ εἶδεν αὐτοὺς Ἀσενὲθ καὶ ἐφοβήθη
Asen. 28 11 ὑμεῖς φείσασθε αὐτῶν διότι ἀδελφοὶ ὑμῶν εἰσι καὶ * αἷμα * τοῦ πατρὸς ὑμῶν Ἰσραήλ. καὶ εἶπεν αὐτῇ Συμεὼν ἵνα
Asen. 29 1 Φαραὼ ἀνέστη ἀπὸ τῆς γῆς καὶ ἀνεκάθισε καὶ ἔπτυεν * αἷμα * ἀπὸ τοῦ στόματος αὐτοῦ διότι τὸ αἷμα ἀπὸ τοῦ
Asen. 29 1 καὶ ἔπτυεν αἷμα ἀπὸ τοῦ στόματος αὐτοῦ διότι τὸ * αἷμα * ἀπὸ τοῦ κροτάφου αὐτοῦ κατέρρεεν ἐπὶ τῷ στόματι
Asen. 29 5 Λευὶς τὸν υἱὸν Φαραὼ ἐκ τῆς γῆς καὶ ἀπένιψε τὸ * αἷμα * ἀπὸ τοῦ προσώπου αὐτοῦ καὶ ἔδησε τελαμῶνα εἰς τὸ
Sal. 8 12 κυρίου ἀπὸ πάσης ἀκαθαρσίας καὶ ἐν ἀφέδρῳ * αἵματος * ἐμίαναν τὰς θυσίας ὡς κρέα βέβηλα. οὐ παρέλιπον
Sal. 8 20 ἄρχοντας αὐτῶν καὶ πᾶν σοφὸν ἐν βουλῇ ἐξέχεεν τὸ * αἷμα * τῶν οἰκούντων Ιερουσαλημ ὡς ὕδωρ ἀκαθαρσίας.
Bar. 4 15 εὐλογίαν καὶ τὸ παρ' αὐτοῦ γεννώμενον γενήσεται * αἷμα * θεοῦ καὶ ὥσπερ ὑπ' αὐτοῦ τὴν καταδίκην ἔλαβεν τὸ
Prop. 4 22 ὕδατα ἐπιστρέψει ὁ λαὸς εἰς γῆν αὐτοῦ καὶ ἐὰν * αἷμα * ῥεύσῃ φόνος ἔσται τοῦ Βελίαρ ἐν πάσῃ τῇ γῇ. καὶ
Prop. 23 1 Ἰούδα ἐχόμενα τοῦ θυσιαστηρίου καὶ ἐξέχεεν τὸ * αἷμα * αὐτοῦ ὁ οἶκος Δαυὶδ ἀνὰ μέσον ἐπὶ τοῦ Αἰλὰμ καὶ
Aris. 88 5 ἕνεκεν ἡ γίνεται διὰ τὴν σμῆξιν τῶν ἀπὸ τῶν θυσιῶν * αἱμάτων. * πολλαὶ γὰρ μυριάδες κτηνῶν προσάγονται κατὰ τὰς
Aris. 90 6 καθαρίζεσθαι τὰ συναγόμενα παμπληθῆ τῶν θυμάτων * αἵματα. * πεπυσμένος δὲ καὶ αὐτὸς τὴν τῶν ὑποδοχείων
Sib. 3 126 συναίμους ἠδὲ καὶ ἄλλους ἀνθρώπους οἵ τ' ἦσαν ἀφ' * αἵματος * ἠδὲ τοκήων καὶ κρῖναν βασιλῆα Κρόνον πάντων

Sib. 3 287 οὐράνιος πέμψει βασιλῆα κρινεῖ δ' ἄνδρα ἕκαστον ἐν * αἵματι * καὶ πυρὸς αὐγῇ. ἔστι δέ τις φυλὴ βασιλήιος ἧς
Sib. 3 311 ἧσθα πρὸ τοῦ ὡς μὴ γεγονυῖα καὶ τότε πλησθήσῃ ἀπὸ * αἵματος * ὡς πάρος αὐτὴ ἐξέχεας ἀνδρῶν τ' ἀγαθῶν ἀνδρῶν τε
Sib. 3 313 ἀνδρῶν τ' ἀγαθῶν ἀνδρῶν τε δικαίων ὧν ἔτι καὶ νῦν * αἷμα * βοᾷ εἰς αἰθέρα μακρόν. ἥξει σοι πληγὴ μεγάλη
Sib. 3 320 Γὼγ ἠδὲ Μαγὼγ μέσον οὖσα Αἰθιόπων ποταμῶν πόσον * αἵματος * ἔκχυμα δέξῃ καὶ κρίσεως οἴκησις ἐν ἀνθρώποισι
Sib. 3 322 ἀνθρώποισι κεκλήσῃ καὶ πίεταί σου γαῖα πολύδροσος * αἷμα * κελαινόν. αἰαῖ σοι Λιβύη αἰαῖ δὲ θάλασσά τε καὶ γῆ
Sib. 3 412 ἕξει ἄνακτας Αἰνεάδας +διδοὺς+ αὐτόχθονος ἐγγενὲς * αἷμα. * ἀλλὰ μεταῦτις ἕλωρ ἔσῃ ἀνθρώποισιν ἐρασταῖς.
Sib. 3 438 στέρξῃ+ καὶ δὴ καὶ στοναχὰς λήψῃ καὶ ἀνήριθμον * αἷμα. * καὶ Κράγος ὑψηλὸν Λυκίης ὄρος ἐκ κορυφάων χάσματ'
Sib. 3 453 ἄλλων ποντοπόρον σαμίοις ὀλοὸν δ' ἴξουσιν ὄλεθρον+ * +αἵματι * μὲν δάπεδον+ κελαρύξεται εἰς ἅλα φωτῶν ὀλλυμένων
Sib. 3 465 σοί δ' οὔτις Ἄρης ἀλλότριος ἥξει ἀλλ' ἐμφύλιον * αἷμα * πολύστονον οὐκ ἀλαπαδνὸν πουλυθρύλλητόν τε ἀναιδέα
Sib. 3 684 ἔσσονται πλήρεις νεκύων ῥεύσουσι δὲ πέτραι * αἵματι * καὶ πεδίον πληρώσει πᾶσα χαράδρα. τείχεα δ'
Sib. 3 696 γαῖαν ἵξεται ὀλλυμένων ἀνδρῶν καὶ πάντες ἄναγνοι * αἵματι * λούσονται πίεται δέ τε γαῖα καὶ αὐτὴ αἵματος
Sib. 3 697 αἵματι λούσονται πίεται δέ τε γαῖα καὶ αὐτὴ * αἵματος * ὀλλυμένων κορέσονται θηρία σαρκῶν. αὐτός μοι
Sib. 3 804 ἀκτῖνες προφανοῦσι καὶ ἄψ ἐπὶ γαῖαν ἵκονται * αἵματι * καὶ σταγόνεσσι πετρῶν δ' ἄπο σῆμα γένηται ἐν
Sib. 3 827 ἵν' ἐμπλησθῇ πάλι κόσμος τοῦ μὲν ἐγὼ νύμφη καὶ ἀφ' * αἵματος * αὐτοῦ ἐτύχθην τῷ τὰ πρῶτ' ἐγένοντο τὰ δ' ἔσχατα
Sib. 4 29 κωφῶν καὶ λίθινα ξόανα καὶ ἀγάλματα χειροποίητα. * αἵμασιν * ἐμψύχων μεμιασμένα καὶ θυσίῃσιν τετραπόδων
Sib. 4 61 ὑπερκύψουσι θαλάσσης. ἀλλ' ὅταν Εὐφρήτης μέγας * αἵματι * πλημμύρηται καὶ τότε δὴ Μήδοις Πέρσαισί τε
Sib. 4 158 μέγα νήπιοι ἐξολέσωσιν ὕβρεσι χαίροντες καὶ ἐφ' * αἵμασι * χεῖρας ἔχοντες καὶ τότε γινώσκειν θεὸν οὐκέτι
Sib. 5 8 ἀληθέα φημιχθέντα καὶ μετὰ τὸν γενεῆς τε καὶ * αἵματος * Ἀσσαράκοιο ἐς μόλεν ἐκ Τροίης ὅστις πυρὸς
Sib. 5 95 καὶ σὴν γαῖαν ὀλεῖ καὶ ἀνθρώπους κακοτέχνους * αἵματι * καὶ νεκύεσσι +παρ' ἐκπάγλοισί τε βωμοῖς+
Sib. 5 201 ἐν Γάλλοις πολυχρύσοις ὠκεανὸς κελαδῶν πληρούμενος * αἵματι * πολλῷ καὐτοὶ γὰρ κακότητα θεοῦ τέκνοις ἐποίησαν
Sib. 5 372 δ' ἐκ δυσμῶν πόλεμος πολὺς ἀνθρώποισιν ῥεύσει δ' * αἷμαθ' * ἕως ὄχθου ποταμῶν βαθυδινῶν. τῆς τε Μακηδονίης
Sib. 5 378 γὰρ ἀπ' οὐρανίων δαπέδων βρέξει μερόπεσσιν πῦρ καὶ * αἷμα * ὕδωρ πρηστὴρ γνόφος οὐρανίη νὺξ καὶ φθίσις ἐν
Sib. 5 473 πλησθήσεται ἐκ πολέμοιο αἱματόεις σάρκας τε καὶ * αἵματα * τῶν ἀνοήτων. εἶθ' οὕτως ὀλιγηπελίη ἔσται κατὰ
FJub. 48 5 τὴν δεκάπληγον. ἐν μηνὶ Ἰουνίῳ τὰ ὕδατα εἰς * αἷμα * μετεβλήθη Ἰουλίῳ βάτραχοι Αὐγούστῳ σκνῖπες
FEll. 4 228 φλὸξ πυρὸς ὁ ὀφθαλμὸς αὐτοῦ ὁ δεξιὸς κέκραται * αἵματος. * ὁ δὲ εὐώνυμος χαροπὸς ἔχων δύο κόρας τὰ δὲ
FPho. 4 ἄρσενα Κύπριν ὀρίνειν μήτε δόλους ῥάπτειν μήθ' * αἵματι * χεῖρα μιαίνειν. μὴ πλουτεῖν ἀδίκως ἀλλ' ἐξ ὁσίων
FPho. 31 ἔστω κοινὸς ἅπας ὁ βίος καὶ ὁμόφρονα πάντα. * ⟨αἷμα * δὲ μὴ φαγέειν εἰδωλοθύτων ἀπέχεσθαι.⟩ τὸ ξίφος
HEup. 9 30 5 καὶ κελεύειν αὐτὸν μὴ ἱδρύ(ε)σθαι τὸ ἱερὸν διὰ τὸ * αἵματι * ἀνθρωπίνῳ πεφύρθαι καὶ πολλὰ ἔτη πεπολεμηκέναι
LThe. 9 22 3 ἀνεψιὸς ἀλλὰ τότ' οἷος ἤνασσεν Συρίης νειηγενὲς * αἷμα * λελογχώς. τῷ δὲ γάμον κούρης μὲν ὑπέσχετο καὶ
LEze. 9 29 12 02 ἣν. ἐν τῇδε ῥάβδῳ πάντα ποιήσεις κακὰ πρῶτον μὲν * αἷμα * ποτάμιον ῥυήσεται πηγαί τε πᾶσαι καὶ ὑδάτων
LEze. 9 29 12 27 διχομηνίᾳ τὸ πάσχα θύσαντας θεῷ τῇ πρόσθε νυκτὶ * αἵματι * ψαῦσαι θύρας ὅπως παρέλθῃ σῆμα δεινὸς ἄγγελος.
LEze. 9 29 13 12 θύσητε δὲ δέσμην λαβόντες χερσὶν ὑσσώπου κόμης εἰς * αἷμα * βάψαι καὶ θιγεῖν σταθμῶν δυοῖν ὅπως παρέλθῃ θάνατος

αἱμάσσω 1
Sib. 4 123 χειρὶ πιθήσας. πολλοὶ δ' ἀμφὶ θρόνῳ Ῥώμης πέδον * αἱμάξουσιν * κεινου ἀποδρήσαντος ὑπὲρ Παρθηίδα γαῖαν. εἰς

αἱματόεις 1
Sib. 5 473 ἅπαντας ὠκεανός τε κακοῦ πλησθήσεται ἐκ πολέμοιο * αἱματόεις * σάρκας τε καὶ αἵματα τῶν ἀνοήτων. εἶθ' οὕτως

Αἷμος 1
Sib. 3 474 τοκῆα. Θρήικες δὲ Κρόβυζοι ἀναστήσονται ἀν' * Αἷμον. * Καμπανοῖς ἄραβος πέλεται διὰ τὸν +πολύκαρπον+

αἱμοχαρής 1
Sib. 3 36 σωτῆρος ὃς οὐρανὸν ἔκτισε καὶ γῆν. αἷ γένος * αἱμοχαρὲς * δόλιον κακὸν ἀσεβέων τε ψευδῶν διγλώσσων

Αἰνά 1
TNep. 1 11 αἰχμαλωτισθεὶς ἠγοράσθη ὑπὸ Λαβὰν καὶ ἔδωκεν αὐτῷ * Αιναν * τὴν παιδίσκην αὐτοῦ εἰς γυναῖκα ἥτις ἔτεκε

Αἰνεάδης 1
Sib. 3 412 ἀρχή. παμφύλου πολέμοιο δαήμονας ἕξει ἄνακτας * Αἰνεάδας * +διδοὺς+ αὐτόχθονος ἐγγενὲς αἷμα. ἀλλὰ μεταῦτις

αἰνετός 4
Sal. 3 1 εὐλογεῖς τὸν κύριον; ὕμνον καινὸν ψάλατε τῷ θεῷ τῷ * αἰνετῷ. * ψάλλε καὶ γρηγόρησον ἐπὶ τὴν γρηγόρησιν αὐτοῦ
Sal. 8 24 ὅσιοι τοῦ θεοῦ ὡς ἀρνία ἐν ἀκακίᾳ ἐν μέσῳ αὐτῶν. * αἰνετὸς * κύριος ὁ κρίνων πᾶσαν τὴν γῆν ἐν δικαιοσύνῃ
Sal. 8 34 σωτὴρ ἡμῶν οὐ σαλευθησόμεθα ἔτι τὸν αἰῶνα χρόνον. * αἰνετὸς * κύριος ἐν τοῖς κρίμασιν αὐτοῦ ἐν στόματι ὁσίων
LPhi. 9 20 1 γὰρ ἀγλαὸν ἕρκος αἰνοφύτων ἔκκαυμα βριήπυος * αἰνετὸς * ἴσχων ἀθάνατον ποίησεν ἐὴν φάτιν ἐξότε κείνου

αἰνέω 6
TLevi 2 3B009 τὰ ἀρέσκοντά σοι καὶ εὑρεῖν χάριν ἐνώπιόν σου καὶ * αἰνεῖν * τοὺς λόγους σου μετ' ἐμοῦ κύριε καὶ μὴ
Sal. 5 1 τοὺς ἀγαπῶντάς σε. ψαλμὸς τῷ Σαλωμων. κύριε ὁ θεός * αἰνέσω * τῷ ὀνόματί σου ἐν ἀγαλλιάσει ἐν μέσῳ ἐπισταμένων
Sal. 10 5 ἡμῶν ἐν κρίμασιν αὐτοῦ εἰς τὸν αἰῶνα καὶ Ισραηλ * αἰνέσει * τῷ ὀνόματι κυρίου ἐν εὐφροσύνῃ. καὶ ὅσιοι
Prop. 15 7 Δαυὶδ ἐν τοῖς τελευταίοις ψαλμοῖς τουτέστιν * αἰνεῖτε * τὸν θεὸν ἐν ψαλμοῖς καὶ χοροῖς περὶ τῆς ἐπανόδου
Sib. 5 403 ἐλπιζόμενον καὶ σώματος +αὐτοῦ+ οὐ γὰρ ἀκηδέστως * +αἰνεῖ+ * θεὸν ἐξ ἀφανοῦς γῆς οὐδὲ πέτρης ποίησε σοφός
FMan. 2 22 14 ἀνάξιον ὄντα σώσεις με κατὰ τὸ πολὺ ἔλεός σου καὶ * αἰνέσω * σε διαπαντὸς ἐν πάσαις ταῖς ἡμέραις τῆς ζωῆς μου

αἴνιγμα 1
Sib. 3 812 μηνίματα θνητοῖς --- ὥστε προφητεῦσαί με βροτοῖς * αἰνίγματα * θεῖα. καὶ καλέσουσι βροτοί με καθ' Ἑλλάδα

αἰνογόνος 1
LPhi. 9 20 1 ἀθάνατον ποίησεν ἐὴν φάτιν ἐξότε κείνου ἔκγονος * αἰνογόνοιο * πολύμνιον ἔλλαχε κῦδος. ἀρτίχερος θηκτοῖο

αἰνόμορος 1
Sib. 5 455 δ' οὐκ ὀλίγη χθόνα Κύπριον ἐξολοθρεύσει. εἰς Τύρον * αἰνόμοροι * μέροπες κλαύσεσθε βλέποντες. Φοινίκη δεινός σε

αἰνοπαθής 1
Sib. 5 185 ὕβρι κακῶν θησαυρὲ πόνων μαινὰς πολύθρηνε * αἰνοπαθὴς * πολύδακρυ μενεῖς χήρη διὰ παντός. πουλυετὴς

αἰνός 3
Sib. 4 62 πλημμύρηται καὶ τότε δὴ Μήδοις Πέρσαισί τε φύλοπις * αἰνὴ * στήσεται ἐν πολέμῳ Περσῶν δ' ὑπὸ δούρασι Μῆδοι
Sib. 4 142 πίπτῃς. καὶ Κύρρον τότε λοιμὸς ὀλεῖ καὶ φύλοπις * αἰνή. * αἰαῖ Κύπρε τάλαινα σὲ δὲ πλατὺ κῦμα θαλάσσης
LThe. 9 22 3 ὁμαίμοσιν ἦσι. τῷ δ' υἱεῖς ἐγένοντο νόῳ πεπνυμένοι * αἰνῶς * ἕνδεκα καὶ κούρη Δεινα περικαλλὲς ἔχουσα εἶδος

αἰνόφυτον * 1
LPhi. 9 20 1 θειοφιλῆ θέλγητρα. λιπόντι γὰρ ἀγλαὸν ἕρκος * αἰνοφύτων * ἔκκαυμα βριήπυος αἰνετὸς ἴσχων ἀθάνατον

αἴξ 11
TLevi 18 2B034 μ' μναῖ καὶ εἰ κριὸς ἐκ προβάτων ἢ τράγος ἐξ * αἰγῶν * τὸ προσφερόμενον ᾖ καὶ τούτῳ λ' μναῖ καὶ τῷ στέατι
TLevi 18 2B035 τρεῖς μναῖ καὶ εἰ ἄρνα ἐκ προβάτων ἢ ἔριφον ἐξ * αἰγῶν * κ' μναῖ καὶ τῷ στέατι β' μναῖ καὶ εἰ ἀμνὸς τέλειος
TLevi 18 2B036 β' μναῖ καὶ εἰ ἀμνὸς τέλειος ἐνιαύσιος ἢ ἔριφος ἐξ * αἰγῶν * ιε' μναῖ καὶ τῷ στέατι μίαν ἥμισυ μνᾶν. καὶ ἅλας
TLevi 18 2B042 τὰ δύο μέρη τοῦ σάτου καὶ τῷ ἀρνίῳ καὶ τῷ ἐρίφῳ ἐξ * αἰγῶν * τὸ τρίτον τοῦ σάτου καὶ τὸ ἔλαιον καὶ τὸ τέταρτον
TZab. 4 9 τί εἴπωμεν τῷ πατρὶ ἡμῶν Ἰακώβ. θύσωμεν χίμαρον * αἰγῶν * καὶ ἐμβάψωμεν τὸν χιτῶνα Ἰωσὴφ καὶ ἐροῦμεν
Bar. 2 3 ὧν τὰ πρόσωπα βοῶν τὰ δὲ κέρατα ἐλάφων οἱ δὲ πόδες * αἰγῶν * αἱ δὲ ὀσφύες ἀρνῶν. καὶ ἠρώτησα ἐγὼ Βαρούχ τὸν
Job 15 4 κατὰ ἀριθμὸν αὐτῶν, περιστερὰς τριακοσίας, ἐρίφους * αἰγῶν * πεντήκοντα καὶ πρόβατα δεκαδύο ταῦτα πάντα μετὰ
Aris. 93 5 ἐπιθέσεως. ὁμοίως δὲ καὶ τὰ τῶν προβάτων ἔτι δ' * αἰγῶν * τοῖς βάρεσι καὶ πιμελῇ θαυμασίως ἔχει. κατὰ πᾶν
Sib. 3 239 τελέουσιν οὐδ' ἀγέλας ἐλάουσι βοῶν οἴων τε καὶ * αἰγῶν * οὐδὲ ὅρους γαίης γείτων τοῦ γείτονος αἴρει οὐδὲ
Sib. 3 627 θεῷ ταύρων ἑκατοντάδας ἠδὲ καὶ ἀρνῶν πρωτοτόκων * αἰγῶν * τε περιπλομέναισιν ἐν ὥραις. ἀλλά μιν ἱλάσκου θεὸν
Sib. 3 748 καρπὸν καὶ πίονα μῆλα καὶ βόας ἔκ τ' οἴων ἄρνας * αἰγῶν * τε χιμάρους) πηγάς τε ῥήξει γλυκερὰς λευκοῖο

αἰπύθεν * 1
LThe. 9 22 1 ἀμφὶ δὲ τεῖχος λισσὸν ὑπώρειαν ὑποδέδρομεν * αἰπύθεν * ἕρκος. ἐνθένδε ξένε ποιμενόφι πτόλιν ἤλυθ'

αἰπύς 1
LPhi. 9 37 3 κρήνης τηλεφαῆ δεικνυσιν ὑπέρτατα θάμβεα λαῶν. * αἰπὺ * δ' ἄρ' ἐκπτύουσι διὰ χθονὸς ὑδροχόοισι σωλῆνες.

αἵρεσις 4
Prop. 25 1 Κλωπᾶ ὁ ἀνεψιὸς τοῦ κυρίου συκοφαντηθεὶς ὑπὸ τῶν * αἱρέσεων * κατηγορήθη ἐπὶ Ἀττικοῦ ὑπατικοῦ. καὶ ἐπὶ
Aris. 7 4 ὁμοίοις πολλῷ δὲ μᾶλλον σοὶ γνησίαν ἔχοντι τὴν * αἵρεσιν * οὐ μόνον κατὰ τὸ συγγενὲς ἀδελφῷ καθεστῶτι τὸν
LAri. 13 12 8 ἔχειν ὃ μάλιστα παρακελεύεται καλῶς ἡ καθ' ἡμᾶς * αἵρεσις. * ἡ δὲ τοῦ νόμου κατασκευὴ πᾶσα τοῦ καθ' ἡμᾶς
LAri. 13 12 10 φῶς ἐστιν ἐξ αὐτῆς. καὶ τινες εἰρήκασι τῶν ἐκ τῆς * αἱρέσεως * ὄντες ⟨τῆς⟩ ἐκ τοῦ Περιπάτου λαμπτῆρος αὐτὴν

αἱρετίζω 2
Sal. 9 9 ἔλεός σου ἀφ' ἡμῶν ἵνα μὴ ἐπιθῶνται ἡμῖν. ὅτι σὺ * ᾑρετίσω * τὸ σπέρμα Αβρααμ παρὰ πάντα τὰ ἔθνη καὶ ἔθου τὸ
Sal. 17 4 ἡμῶν εἰς τὸν αἰῶνα ἐπὶ τὰ ἔθνη ἐν κρίσει. σὺ κύριε * ᾑρετίσω * τὸν Δαυιδ βασιλέα ἐπὶ Ισραηλ καὶ σὺ ὤμοσας αὐτῷ

αἱρετός 1
Aris. 285 2 ἐπισκευή τις. πολλάκις γὰρ καὶ ἐκ τῶν ἐλαχίστων * αἱρετόν * τι δεικνυται. σὺ δὲ πᾶσαν ἠσκηκὼς καταστολὴν διὰ

αἱρέω 22
TLevi 19 1 εὐφροσύνην. καὶ νῦν τέκνα μου πάντα ἠκούσατε * ἕλεσθε * οὖν ἑαυτοῖς ἢ τὸ σκότος ἢ τὸ φῶς ἢ νόμον κυρίου ἢ
TAser 2 3 ὡσαύτως ἐστὶν ἐν πονηρίᾳ ὅτι καὶ ἀποθανεῖν * αἱρεῖται * ἐν κακῷ δι' αὐτὸν καὶ περὶ τούτου φανερὸν ὅτι
Sal. 17 21 τὸν βασιλέα αὐτῶν υἱὸν Δαυιδ εἰς τὸν καιρὸν ὃν * εἵλου * σύ ὁ θεὸς τοῦ βασιλεῦσαι ἐπὶ Ισραηλ παῖδά σου καὶ
Prop. 21 6 τοῦ Βάαλ τίς ἂν εἴη ὁ ἀληθινὸς καὶ ὄντως θεὸς * ᾕρησε * γενέσθαι θυσίαν παρά τε αὐτοῦ κἀκείνων καὶ μὴ
Aris. 40 8 ὡς ἐπιτελεσθησομένων τὴν ταχίστην περὶ ὧν ἂν * αἱρῇ. * ἔρρωσο. πρὸς ταύτην τὴν ἐπιστολὴν ἀντέγραψεν
Aris. 54 1 ἄχρηστος γένηται πρὸς τὰς λειτουργίας. οὐ γὰρ * αἱρεῖσθαι * τὸ κεῖσθαι μόνον ἐν τῷ τόπῳ ⟨τὰ⟩ παρ' αὐτοῦ

| | | | | |
|---|---|---|---|---|
| Aris. | | 64 | 5 | πρὸς τὴν χρῆσιν πεποιῆσθαι καθ᾽ ὃ ἂν μέρος * αἱρῶνται * ὥστε καὶ τὴν τῶν κυμάτων θέσιν καὶ τὴν τῆς |
| Aris. | | 65 | 4 | ἔχοντας ἐσφίγχθαι κατὰ τὴν στεφάνην ἵνα καθ᾽ ὃ ἂν * αἱρῶνται * μέρος ἡ χρῆσις ᾖ τὸ αὐτὸ δὲ κατὰ ἐπιφάνειαν |
| Sib. | | 3 | 140 | τρέφεσθαι ἐς Φρυγίην τρεῖς ἄνδρας ἐνόρκους Κρῆτας * ἑλοῦσα * τοὔνεκά τοι Δι᾽ ἐπωνομάσανθ᾽ ὅτι ἡ διεπέμφθη. ὡς |
| Sib. | | 3 | 615 | ῥίψει δ᾽ Αἰγύπτου βασιλήιον ἐκ δέ τε πάντα κτήμαθ᾽ * ἑλὼν * ἐποχεῖται ἐπ᾽ εὐρέα νῶτα θαλάσσης. καὶ τότε δὴ |
| Sib. | | 5 | 150 | τῶνδε κακῶν εἰς ἔθνος ἀληθὲς ὃς ναὸν θεότευκτον * ἕλεν * καὶ ἔφλεξε πολίτας λαοὺς εἰσανιόντας ὅσους ὕμνησα |
| Sib. | | 5 | 324 | σε θεοῖό ποθ᾽ ἥδε πρόνοια. μή μ᾽ ἐθέλουσαν * ἑλεῖν * Φοίβου τὴν γείτονα χώραν Μίλητον τρυφερὴν ἀπολεῖ |
| Sib. | | 5 | 326 | τρυφερὴν ἀπολεῖ πρηστήρ ποτ᾽ ἄνωθεν ἀνθ᾽ ὧν * εἵλετο * τὴν Φοίβου δολόεσσαν ἀοιδὴν +τήν τε σοφὴν ἀνδρῶν |
| Sib. | | 5 | 338 | ἐξαλαπάξει. τήν τε Μακηδονίην βασιλεὺς Αἰγύπτιος * αἱρεῖ * καὶ κλίμα βαρβαρικὸν ῥίψει σθένος ἡγεμονήων. Λυδοὶ |
| Sib. | | 5 | 367 | φρονιμώτερα πάντα νοήσει ἧς χάριν ὤλετό τ᾽ αὐτὸς * ἑλεῖ * ταύτην παραχρῆμα. ἄνδρας τ᾽ ἐξολέσει πολλοὺς |
| Sib. | | 5 | 418 | ὃν οἱ πρότεροι λάβον ἄνδρες. πᾶσαν δ᾽ ἐκ βάθρων * εἷλεν * πόλιν ἐν πυρὶ πολλῷ καὶ δήμους ἔφλεξε βροτῶν τῶν |
| FPho. | | | 18 | ὀμόσσῃ. σπέρματα μὴ κλέπτειν ἐπαράσιμος ὅστις * ἕληται. * μισθὸν μοχθήσαντι δίδου μὴ θλῖβε πένητα. γλώσσῃ |
| FPho. | | | 84 | ἀνδρὶ πένητι. μηδέ τις ὄρνιθας καλιῆς ἅμα πάντας * ἑλέσθω * μητέρα δ᾽ ἐκπρολίποις ἵν᾽ ἔχῃς πάλι τῆσδε |
| FPho. | | | 139 | ἐπιδεύῃς. μὴ κτήνους θνητοῖο βορὴν κατὰ μέτρον * ἕλῃαι. * κτῆνος δ᾽ ἢν ἐχθροῖο πέσῃ καθ᾽ ὁδὸν συνέγειρε. |
| HEup. | 9 | 30 | 2 | τῇ τοῦ θεοῦ βουλήσει ὑπὸ Σαμουὴλ Σαοῦλον βασιλέα * αἱρεθῆναι * ἄρξαντα δὲ ἔτη κ α᾽ τελευτῆσαι. εἶτα Δαβὶδ τὸν |
| HEup. | 9 | 34 | 1 | ὁ θεὸς ὃς τὸν οὐρανὸν καὶ τὴν γῆν ἔκτισεν ὃς * εἵλετο * ἄνθρωπον χρηστὸν ἐκ χρηστοῦ ἀνδρὸς ἅμα τῷ |
| LThe. | 9 | 22 | 11 | ὤρουσεν ἐπ᾽ αὐτὸν πλῆξέ τέ οἱ κεφαλὴν δειρὴν δ᾽ * ἕλεν * ἐν χερὶ λαιῇ λεῖψε δ᾽ ἔτι σπαίρουσαν ἐπεὶ πόνος |
| αἴρω | | | | 73 |
| Adam | | 13 | 5 | οὐκ ἔσονται ἔτι ἐξαμαρτάνοντες ἐνώπιον αὐτοῦ ὅτι * ἀρθήσεται * ἀπ᾽ αὐτῶν ἡ καρδία ἡ πονηρὰ καὶ δοθήσεται |
| Adam | | 29 | 3 | ἀγγέλοις ἰδοὺ ἐκβάλλετέ με δέομαι ὑμῶν ἄφετέ με * ἆραι * εὐωδίας ἐκ τοῦ παραδείσου ἵνα μετὰ τὸ ἐξελθεῖν με |
| Adam | | 33 | 1 | ἐπὶ τὸ πρόσωπον αὐτοῦ. καὶ λέγει αὐτῇ ὁ ἄγγελος * ἆρον * καὶ αὐτὴν ἀπὸ τῶν γηΐνων. καὶ ἀτενίσασα εἰς τὸν |
| Adam | | 37 | 4 | ὁ πατὴρ τῶν ὅλων καθήμενος ἐπὶ θρόνου αὐτοῦ καὶ * ἦρεν * τὸν Ἀδὰμ καὶ παρέδωκεν αὐτὸν τῷ ἀρχαγγέλῳ Μιχαὴλ |
| Adam | | 37 | 5 | καὶ παρέδωκεν αὐτὸν τῷ ἀρχαγγέλῳ Μιχαὴλ λέγων * ἆρον * αὐτὸν εἰς τὸν παράδεισον ἕως τρίτου οὐρανοῦ καὶ |
| Adam | | 37 | 6 | οἰκονομίας ἧς ποιήσω εἰς τὸν κόσμον. τότε ὁ Μιχαὴλ * ἦρεν * τὸν Ἀδὰμ καὶ ἀφῆκεν αὐτὸν ὅπου εἶπεν αὐτῷ ὁ θεός. |
| Adam | | 40 | 5 | πλάσμα ἕως οὗ ἀφιέναι μοι τὸ πρῶτον πλάσμα τὸ * ἀρθὲν * ἀπ᾽ ἐμοῦ τὸν χοῦν ἐξ ἧς ἐλήφθη. ἔλαβον δέ οἱ |
| Adam | | 40 | 6 | προσέταξεν ὁ θεὸς μετὰ τὸ κηδεῦσαι καὶ τὸν Ἄβελ * ἆραι * αὐτοὺς εἰς τὰ μέρη τοῦ παραδείσου εἰς τὸν τόπον |
| Adam | | 40 | 6 | εἰς τὰ μέρη τοῦ παραδείσου εἰς τὸν τόπον ὅπου * ἦρεν * χοῦν ὁ θεὸς καὶ ἔπλασεν τὸν Ἀδάμ. καὶ ἐποίησεν |
| Adam | | 42 | 5 | ἀρετῆς μὴ ἀπαλλοτριώσῃς με τοῦ σώματος Ἀδὰμ ἐξ οὗ * ἦρές * με ἐκ τῶν μελῶν αὐτοῦ. ἀλλὰ ἀξίωσον κἀμὲ τὴν |
| Adam | | 43 | 1 | πῶς κηδεύσῃ τὴν Εὔαν. καὶ ἦλθαν τρεῖς ἄγγελοι καὶ * ἦραν * τὸ σῶμα αὐτῆς καὶ ἔθαψαν αὐτὸ ὅπου ἦν τὸ σῶμα τοῦ |
| Abr.1 | | 5 | 8 | ἐπὶ τοῦ τραχήλου σου καὶ ἀσπάσωμαί σε πρὶν σε * ἀροῦσιν * ἀπ᾽ ἐμοῦ. ἀναστὰς οὖν Ἀβραὰμ ἤνοιξεν αὐτῷ |
| Abr.1 | | 7 | 6 | παρεκάλεσα τὸν ἄνδρα ἐκεῖνον καὶ εἶπον μὴ κύριε μὴ * ἄρῃς * ἀπ᾽ ἐμοῦ τὴν δόξαν μου ἐλέησόν με καὶ εἰσάκουσόν |
| Abr.1 | | 7 | 6 | μου ἐλέησόν με καὶ εἰσάκουσόν μου ‹ἐὰν› τὸν ἥλιον * ἦρας * κἂν τὴν σελήνην ἔασον ἐπ᾽ ἐμέ. αὐτὸς δὲ εἶπεν ἄφες |
| Abr.1 | | 7 | 7 | ‹εἰς τὴν ἄνω βασιλείαν ὅτι θέλει αὐτοὺς ἐκεῖ καὶ * ἦρεν * αὐτοὺς› ἀπ᾽ ἐμοῦ τὰς δὲ ἀκτῖνας αὐτῶν ἔασεν ἐπ᾽ |
| Abr.1 | | 20 | 10 | Μιχαὴλ ὁ ἀρχάγγελος μετὰ πλήθους ἀγγέλων καὶ * ἦραν * τὴν τιμίαν αὐτοῦ ψυχὴν ἐν ταῖς χερσὶν αὐτῶν ἐν |
| Abr.1 | | 20 | 14 | ἡ ἄχραντος φωνὴ τοῦ θεοῦ καὶ πατρὸς λέγουσα οὕτως * ἄρατε * οὖν τὸν φίλον μου τὸν Ἀβραὰμ εἰς τὸν παράδεισον |
| Abr.2 | | 6 | 1 | λέγων πάτερ ἄνοιξόν μοι ἵνα συναπολαύσω πρίν σε * ἀροῦσιν * ἀπ᾽ ἐμοῦ. ἀνέστη δὲ Ἀβραὰμ καὶ ἤνοιξεν καὶ |
| Abr.2 | | 7 | 10 | οἴκου σου ἀνελήφθη γὰρ ἀπὸ καμάτου εἰς ἀνάπαυσιν * αἴρουσιν * αὐτὸν ἀπὸ ταπεινώσεως εἰς ὕψος αἴρουσιν αὐτὸν |
| Abr.2 | | 7 | 11 | ἀνάπαυσιν αἴρουσιν αὐτὸν ἀπὸ ταπεινώσεως εἰς ὕψος * αἴρουσιν * αὐτὸν ἀπὸ στενοχωρίας εἰς εὐρυχωρίαν αἴρουσιν |
| Abr.2 | | 7 | 11 | ὕψος αἴρουσιν αὐτὸν ἀπὸ στενοχωρίας εἰς εὐρυχωρίαν * αἴρουσιν * αὐτὸν ἀπὸ τοῦ σκότους εἰς τὸ φῶς καὶ ἀποκριθεὶς |
| Abr.2 | | 9 | 4 | πλείονες εἰσάγονται τοῦ κόσμου διὰ τῆς πύλης τῆς * αἰρούσης * εἰς τὴν ἀπώλειαν. καὶ ἑστῶτος τοῦ Ἀβραὰμ καὶ |
| Abr.2 | | 9 | 9 | ἀλλ᾽ ἐν τόπῳ μεσότητος ἐκείνας μὲν τὰς ψυχὰς * ἦρεν * εἰς ἀπώλειαν. καὶ εἶπεν Ἀβραὰμ τῷ Μιχαὴλ εἰπέ μοι |
| Abr.2 | | 10 | 16 | οὖσα ἐληθάργησα ἐνταῦθα δὲ οὐκ ἐληθαργήθησαν. * ἦραν * οὖν αὐτήν οἱ ὑπηρέται τῆς ὀργῆς καὶ ἐβασάνισαν |
| Abr.2 | | 14 | 2 | αὐτῷ Ἀβραὰμ δεῖξόν μοι καὶ τὴν σαπρότητά σου. καὶ * ἦρεν * ὁ θάνατος τὴν δικαιοσύνην ἀφ᾽ ἑαυτοῦ καὶ ἐφανέρωσεν |
| Abr.2 | | 14 | 6 | ὡς ἐν ὀνείροις ἦλθον δὲ ἅρματα κυρίου τοῦ θεοῦ καὶ * ἦραν * τὴν ψυχὴν αὐτοῦ εἰς τοὺς οὐρανοὺς εὐλογοῦντες τὸν |
| TLevi | | 2 | 3B003 | τότε τοὺς ὀφθαλμούς μου καὶ τὸ πρόσωπόν μου * ἦρα * πρὸς τὸν οὐρανὸν καὶ τὸ στόμα μου ἤνοιξα καὶ ἐλάλησα |
| TJud. | | 9 | 3 | λαῷ βαρεῖ καὶ ἰσχυρῷ καὶ ἔπεσεν ἐν τόξῳ Ἰακὼβ καὶ * ἤρθη * νεκρὸς ἐν ὄρει Σηὶρ καὶ πορευόμενος ἐπάνω Εἰρραμνα |
| TJud. | | 15 | 6 | αἱ γυναῖκες κατακυριεύουσιν καὶ τοῦ μὲν βασιλέως * αἴρουσι * τὴν δόξαν τοῦ δὲ ἀνδρείου τὴν δύναμιν καὶ τοῦ |
| TJud. | | 20 | 5 | ἐμπεπύρισται ὁ ἁμαρτήσας ἐκ τῆς ἰδίας καρδίας καὶ * ἆραι * πρόσωπον οὐ δύναται πρὸς τὸν κριτήν. καὶ νῦν τέκνα |
| Asen. | | 16 | 5 | κηρίον μελίσσης ἐπὶ τῆς τραπέζης κείμενον. * ἆρον * αὐτὸ καὶ κόμισον ὧδε. καὶ εἶπεν Ἀσενὲθ κύριε |
| Sal. | | 5 | 10 | ἐν ἐρήμῳ παντὶ ζῶντι καὶ ἐὰν πεινάσωσιν πρός σέ * ἀροῦσιν * πρόσωπον αὐτῶν. τοὺς βασιλεῖς καὶ ἄρχοντας καὶ |
| Sal. | | 13 | 11 | ἡ γὰρ ζωὴ τῶν δικαίων εἰς τὸν αἰῶνα ἁμαρτωλοὶ δὲ * ἀρθήσονται * εἰς ἀπώλειαν καὶ οὐχ εὑρεθήσεται μνημόσυνον |
| Sal. | | 17 | 7 | ἀλλάγματος. καὶ σὺ ὁ θεὸς καταβαλεῖς αὐτοὺς καὶ * ἀρεῖς * τὸ σπέρμα αὐτῶν ἀπὸ τῆς γῆς ἐν τῷ ἐπαναστῆναι |
| Jer. | | 3 | 8 | σκεύη τῆς λειτουργίας; καὶ εἶπεν αὐτῷ ὁ κύριος * ἆρον * αὐτὰ καὶ παράδος αὐτὰ τῇ γῇ λέγων ἄκουε γῆ τῆς |
| Jer. | | 3 | 15 | γενομένης ἀπέστειλεν Ἰερεμίας τὸν Ἀβιμέλεχ λέγων * ἆρον * τὸν κόφινον καὶ ἄπελθε εἰς τὸ χωρίον τοῦ Ἀγρίππα |
| Jer. | | 4 | 3 | καὶ αἰχμαλωτευσάτω πάντα τὸν λαόν. Ἰερεμίας δὲ * ἄρας * τὰς κλεῖδας τοῦ ναοῦ ἐξῆλθεν ἔξω τῆς πόλεως καὶ |
| Jer. | | 5 | 7 | γὰρ καῦμα οὐ κόπος ἐστὶ καθ᾽ ἡμέραν; ἐγερθεὶς οὖν * ἦρε * τὸν κόφινον τῶν σύκων καὶ ἐπέθηκεν ἐπὶ τῶν ὤμων |
| Jer. | | 5 | 16 | τὸν κόφινον λέγων καθέζομαι ὧδε ἕως ὁ κύριος * ἄρῃ * τὴν ἔκστασιν ταύτην ἀπ᾽ ἐμοῦ. καθημένου δὲ αὐτοῦ |
| Jer. | | 6 | 2 | σῦκα ἐσκεπασμένα ἐν τῷ κοφίνῳ τοῦ Ἀβιμέλεχ. καὶ * ἄρας * τοὺς ὀφθαλμοὺς αὐτοῦ εἰς τὸν οὐρανὸν προσηύξατο |
| Jer. | | 6 | 3 | σου μετεστράφη εἰς χαρὰν ἔρχεται γὰρ ὁ ἱκανὸς καὶ * ἀρεῖ * σε ἐν τῷ σκηνώματί σου οὐ γὰρ γέγονε σοι ἁμαρτία. |
| Jer. | | 7 | 8 | αὐτῷ ὁ ἀετὸς εἰς τοῦτο γὰρ καὶ ἀπεστάλην. καὶ * ἄρας * Βαροὺχ τὴν ἐπιστολὴν καὶ δεκαπέντε σῦκα ἐκ τοῦ |
| Jer. | | 7 | 11 | ἐκ τρίτου φάσιν ἤνεγκε τῷ δικαίῳ. οὕτως καὶ σὺ * ἆρον * τὴν καλὴν φάσιν ταύτην τῷ Ἰερεμίᾳ καὶ τοῖς σὺν |
| Jer. | | 7 | 11 | καὶ τοῖς σὺν αὐτῷ δεσμίοις ἵνα εὖ σοι γένηται * ἆρον * τὸν χάρτην τοῦτον τῷ λαῷ καὶ τῷ ἐκλεκτῷ τοῦ θεοῦ. |
| Jer. | | 7 | 32 | τὰς λύπας καὶ τὰς κακώσεις τοῦ λαοῦ. Ἰερεμίας δὲ * ἄρας * τὰ σῦκα διέδωκε τοῖς νοσοῦσι τοῦ λαοῦ καὶ ἔμεινε |
| Jer. | | 8 | 3 | ἐξ αὐτῶν ἄνδρας διαπεράσωσιν οἱ ἀκούοντές σου καὶ * ἆρον * αὐτοὺς εἰς Ἰερουσαλὴμ τοὺς δὲ μὴ ἀκούοντάς σου μὴ |
| Bar. | | 4 | 10 | δεκαπέντε εἰσῆλθε τὸ ὕδωρ εἰς τὸν παράδεισον καὶ * ἦρεν * πᾶν ἄνθος τὸ δὲ κλῆμα τῆς ἀμπέλου ἐξώρισεν εἰς τὸ |
| Bar. | | 8 | 1 | καὶ ἅμα τῷ ἐλθεῖν αὐτὸν ὁρῶ τοὺς ἀγγέλους καὶ * ἦραν * τὸν στέφανον ἀπὸ τῆς κορυφῆς αὐτοῦ. τὸ δὲ ὄρνεον |
| Bar. | | 8 | 3 | αὐτοῦ. καὶ ταῦτα ἰδὼν ἐγὼ εἶπον κύριε διά τί * ἦραν * τὸν στέφανον ἀπὸ τῆς κεφαλῆς τοῦ ἡλίου καὶ διά τί |
| Prop. | | 4 | 11 | ἐπεγίνετο αὐτῷ καὶ ἐλάνθανεν ὅτι γέγονεν ἄνθρωπος * ἤρθη * ἡ γλῶσσα αὐτοῦ τοῦ μὴ λαλεῖν καὶ νοῶν εὐθέως |
| Esdr. | | 6 | 18 | σοι ἡτοίμασται. καὶ εἶπεν ὁ προφήτης κύριε ἐὰν * ἄρῃς * τὴν ψυχήν μου ἀπ᾽ ἐμοῦ τίς σοι λείψει δικάζεσθαι |
| Esdr. | | 7 | 6 | τὰ Χερουβὶμ ὁ ἅρματι πυρίνῳ εἰς τοὺς οὐρανοὺς * ἄρας * τὸν προφήτην Ἡλίαν ὁ διδοὺς τροφὴν πάσῃ σαρκὶ ὃν |
| Job | | 7 | 6 | ἄρτον, ἐπεὶ μὴ ἔγνωκεν εἶναι αὐτὸν τὸν Σατανᾶν, * ἦρεν * ἐκ τῶν ἑαυτῆς ἕνα ἄρτον καλὸν καὶ ἔδωκεν αὐτῷ. ὁ δὲ |
| Job | | 8 | 3 | μου. καὶ τότε λαβὼν τὴν ἐξουσίαν ἦλθεν καὶ * ἦρέν * μου σύμπαντα τὸν πλοῦτον. ἀκούσατε οὖν, ὑποδείξω |
| Job | | 9 | 1 | ὑποδείξω γὰρ ὑμῖν πάντα τὰ συμβεβηκότα μοι καὶ τὰ * ἀρθέντα * μοι. εἶχον γὰρ ἑκατὸν τριάκοντα χιλιάδας |
| Job | | 15 | 1 | καὶ τὰ ἐμὰ τέκνα μετὰ τὴν ὑπηρεσίαν τῆς διακονίας * ἦρον * καθ᾽ ἡμέραν τὸ δεῖπνον αὐτῶν καὶ εἰσήρχοντο παρὰ τῷ |
| Job | | 20 | 9 | ἦσαν ἐν τῷ σώματί μου καὶ εἴποτε ἀφήλατο σκώληξ, * ἦρον * καὶ κατήγγιζον εἰς τὸν αὐτὸν τόπον λέγων παράμεινον |
| Job | | 23 | 9 | οὕτω καταφρονήσασα τῆς τριχὸς εἶπεν αὐτῷ ἀνάστα, * ἆρον * αὐτήν. τότε λαβὼν ψαλίδα ἔκειρεν τὴν τρίχα τῆς |
| Job | | 39 | 7 | γενόμενοι ἐν διπλῇ ἀκηδίᾳ ἐσιώπησαν, ὡς τὸν Ελιφαν * ἄραντα * τὴν πορφυρίδα αὐτοῦ περιρῆξαι καὶ περιβαλεῖν τὴν |
| Job | | 43 | 17 | καρδίᾳ, ὅτι ἀπείληφαν τὴν δόξαν ἣν προσεδόκησαν. * ἦρται * ἡ ἁμαρτία ἡμῶν, κεκαθάρισται ἡμῶν ἡ ἀνομία ὁ δὲ |
| Job | | 53 | 2 | οὐαὶ ἡμῖν σήμερον, διπλῶς τὸ οὐαί, ὅτι σήμερον * ἦρται * ἡ δύναμις τῶν ἀδυνάτων, ἦρται τὸ φῶς τῶν τυφλῶν, |
| Job | | 53 | 3 | τὸ οὐαί, ὅτι σήμερον ἦρται ἡ δύναμις τῶν ἀδυνάτων, * ἦρται * τὸ φῶς τῶν τυφλῶν, ἦρται ὁ πατὴρ τῶν ὀρφανῶν, |
| Job | | 53 | 3 | ἡ δύναμις τῶν ἀδυνάτων, ἦρται τὸ φῶς τῶν τυφλῶν, * ἦρται * ὁ πατὴρ τῶν ὀρφανῶν, ἦρται ὁ τῶν ξένων ξενοδόχος, |
| Job | | 53 | 3 | τὸ φῶς τῶν τυφλῶν, ἦρται ὁ πατὴρ τῶν ὀρφανῶν, * ἦρται * ὁ τῶν ξένων ξενοδόχος, ἦρται ἡ ἔνδυσις τῶν χηρῶν. |
| Job | | 53 | 3 | ὁ πατὴρ τῶν ὀρφανῶν, ἦρται ὁ τῶν ξένων ξενοδόχος, * ἦρται * ἡ ἔνδυσις τῶν χηρῶν. τίς λοιπὸν οὐ κλαύσει ἐπὶ τὸν |
| Aris. | | 215 | 5 | παρὰ λόγον οὐδὲ ἐξουσίᾳ χρώμενος τὸ δίκαιον * αἴρεις. * ἐπὶ πλεῖον γὰρ ἐν οἷς ἕκαστος πράγμασιν |
| Sib. | | 3 | 240 | τε καὶ αἰγῶν οὐδὲ ὅρους γαίης γείτων τοῦ γείτονος * αἴρει * οὐδὲ πολὺ πλουτῶν τις ἀνὴρ τὸν ἐλάττονα λυπεῖ |
| Sib. | | 3 | 285 | νόμοισιν ὁππότε σεῖο καμὸν ὀρθὸν γόνυ πρὸς φάος * ἄρῃ. * καὶ τότε δὴ θεὸς οὐράνιος πέμψει βασιλῆα κρινεῖ δ᾽ |
| Sib. | | 3 | 591 | ὅσα πέρ τε βροτοὶ κενεόφρονι βουλῇ ἀλλὰ γὰρ * ἀείρουσι * πρὸς οὐρανὸν ὠλένας ἁγνὰς ὄρθριοι ἐξ εὐνῆς αἰεὶ |
| Sib. | | 3 | 688 | ἀλλ᾽ ἄφρονι θυμῷ πάντες ἐφορμηθέντες ἐφ᾽ Ἱερὸν * ἤρατε * λόγχας. καὶ κρινεῖ πάντας πολέμῳ θεὸς ἠδὲ μαχαίρῃ |
| Sib. | | 4 | 76 | μέλαν ὕδωρ. ἥξει δ᾽ ἐξ Ἀσίης βασιλεὺς μέγα ἔγχος * ἀείρας * νησοῖν ἀμετρήτοισιν τὰ μὲν βυθοῦ ὑγρὰ κέλευθα |
| Sib. | | 4 | 138 | πολέμοιο ἥξει καὶ Ῥώμης ὁ φυγὰς μέγα ἔγχος * ἀείρας * Εὐφρήτην διαβὰς πολλαῖς ἅμα μυριάδεσσιν. τλήμων |
| Sib. | | 5 | 252 | ἄχρι δὲ καὶ Ἰόπης τεῖχος μέγα κυκλώσαντες ὑψόσ᾽ * ἀείρονται * ἄχρι καὶ νεφέων ἐρεβεννῶν. οὐκέτι συρίξει |
| αἰσθάνομαι | | | | 1 |
| TJud. | | 15 | 1 | νομίζοντα εἶναι καλόν. ὁ πορνεύων ζημιούμενος οὐκ * αἰσθάνεται * καὶ ἀδοξῶν οὐκ αἰσχύνεται κἂν γάρ τις |
| αἴσθησις | | | | 5 |
| TRub. | | 3 | 3 | πρῶτον τὸ τῆς πορνείας ἐν τῇ φύσει καὶ ταῖς * αἰσθήσεσιν * ἔγκειται δεύτερον πνεῦμα ἀπληστίας ἐν τῇ |
| TRub. | | 6 | 1 | καὶ εἰ θέλετε καθαρεύειν τῇ διανοίᾳ φυλάσσετε τὰς * αἰσθήσεις * ἀπὸ πάσης θηλείας. κἀκείναις δὲ ἐντείλασθε μὴ |
| TNep. | | 2 | 8 | πάντα γὰρ ἐν τάξει ἐποίησεν ὁ θεὸς καλὰ τὰς πέντε * αἰσθήσεις * ἐν τῇ κεφαλῇ καὶ τὸν τράχηλον συνάπτει τῇ |
| Aris. | | 156 | 2 | περὶ ἕκαστον μέλος διαστολὴ πολλῷ δὲ μᾶλλον ἡ τῶν * αἰσθήσεων * διακόσμησις διανοίας ἐνέργημα καὶ κίνησις |
| Aris. | | 213 | 5 | ὕπνον ἑαυτοὺς ἀλλὰ περιεχόμεθα ἀλογίστῳ κατὰ τάδε * αἰσθήσει. * πάσχομεν γὰρ κατὰ τὴν ψυχὴν ἐπὶ τοῖς |
| αἴσιμος | | | | 2 |
| Sib. | | 3 | 569 | ἔσσεται ἀνδρῶν ὁππότε κεν τοῦτο προλάβῃ τέλος * αἴσιμον * ἦμαρ. οὐ γὰρ μὴ θύσητε θεῷ μέχρι πάντα γένηται |
| Sib. | | 3 | 741 | ἵνα τῶνδε μετάσχῃς. ὁππότε δὴ καὶ τοῦτο λάβῃ τέλος * αἴσιμον * ἦμαρ (εἰς δὲ βροτοὺς ἥξει κρίσις ἀθανάτοιο |
| αἴσιος | | | | 1 |
| Sib. | | 3 | 399 | γενετῆρα μαχητὴν καὐτὸς ὑφ᾽ +υἱῶν ὧν ἐς ὁμόφρονα * αἴσιον * ἄρρης+ φθεῖται καὶ τότε δὴ παραφυόμενον κέρας |

ἀΐσσω 2
Sib. 5 27 Ὠκεανοῖο ἴξεθ' ὕδωρ +ἄμπωτιν ὑπ' αὐσονίσιν+ * ἀΐξας. * πεντήκοντα δ' ὅτις κεραίην λάχε κοίρανος ἔσται
Sib. 5 55 μὲν περὶ σεῖο βάσιν ναοῦ πολυκλαύστου μαινάδες * ἀΐξουσι * καὶ ἐν παλάμησι κακῇσιν ἔσσεαι ἤματι τῷδε ὅταν
ἄϊστος 2
Sib. 3 404 κῦμα ἀέναον ῥίζησιν ἀδιψήτοισι τεθηλὸς αὐτόπρεμνον * ἄιστον * ἰῇ ἐν νυκτὶ γένηται ἐν πόλει αὐτάνδρῳ σεισίχθονος
Sib. 5 33 τὸ δίκυμον ὄρος λύθρῳ τε παλάξει ἀλλ' ἔσται καὶ * ἄιστος * ὀλοίιος εἶτ' ἀνακάμψει ἰσάζων θεῷ αὐτὸν ἐλέγξει
αἶσχος 1
FPho. 67 ἐσθλὰ πονεῦντα. σεμνὸς ἔρως ἀρετῆς ὁ δὲ Κύπριδος * αἶσχος * ὀφέλλει. ἡδὺς ἄγαν ἄφρων κικλήσκεται ἐν
αἰσχρόβιος * 1
Sib. 3 189 πάντα δὲ συγκόψει καὶ πάντα κακῶν ἀναπλήσει * αἰσχροβίῳ * φιλοχρημοσύνῃ κακοκερδέι πλούτῳ ἐν πολλαῖς
αἰσχροκερδία 1
TJud. 16 1 τέσσαρα πνεύματα πονηρὰ ἐπιθυμίας πυρώσεως ἀσωτίας * αἰσχροκερδίας. * ἐὰν πίνητε οἶνον ἐν εὐφροσύνῃ μετὰ φόβου
αἰσχρορρημονέω 1
TJud. 14 8 νοῦν τὸ πνεῦμα τῆς πλάνης καὶ ποιεῖ τὸν μέθυσον * αἰσχρορρημονεῖν * καὶ παρανομεῖν καὶ μὴ αἰσχύνεσθαι ἀλλὰ
αἰσχρός 4
Sib. 3 186 ἄρσην δ' ἄρσενι πλησιάσει στήσουσί τε παῖδας * αἰσχροῖς * ἐν τεγέεσσι καὶ ἔσσεται ἤμασι κείνοις θλῖψις ἐν
Sib. 3 535 πέντε δὲ κινήσουσι βαρὺν χόλον οἳ δὲ πρὸς αὐτοὺς * αἰσχρῶς * φυρόμενοι πολέμῳ δεινῷ τε κυδοιμῷ οἴσουσιν
Sib. 4 33 ῥίγιστα τέτυκται οὐδ' ἄρ' ἐπ' ἀλλοτρίῃ κοίτῃ πόθον * αἰσχρὸν * ἔχοντες (οὐδὲ ἐπ' ἄρσενος ὕβριν ἀπεχθέα τε
FPho. 76 ἔην οὐκ ἂν πόλος ἔστη. σωφροσύνην ἀσκεῖν * αἰσχρῶν * δ' ἔργων ἀπέχεσθαι. μὴ μιμοῦ κακότητα Δίκῃ δ'
αἰσχύνη 8
Adam 20 4 δὲ ἐζήτουν ἐν τῷ μέρει μου φύλλα ὅπως καλύψω τὴν * αἰσχύνην * μου καὶ οὐχ εὗρον. ἅπαντα γὰρ τὰ φυτὰ τοῦ ἐμοῦ
Hen. 13 5 ἆπαραι αὐτῶν τοὺς ὀφθαλμοὺς εἰς τὸν οὐρανὸν ἀπὸ * αἰσχύνης * περὶ ὧν ἡμαρτήκεισαν καὶ κατεκρίθησαν. τότε
TLevi 15 2 βδέλυγμα ἐν αὐτοῖς καὶ λήψεσθε ὀνειδισμὸν καὶ * αἰσχύνην * αἰώνιον παρὰ τῆς δικαιοκρισίας τοῦ θεοῦ καὶ
Asen. 13 9 τὸ πρόσωπόν μου συμπέπτωκε καὶ οἱ ὀφθαλμοί μου ἐν * αἰσχύνῃ * φλεγμονῆς ἐγένοντο ἐκ τῶν δακρύων μου τῶν πολλῶν
Sal. 9 6 ἁμαρτίαις ψυχὴν ἐν ἐξομολογήσει ἐν ἐξαγορίαις ὅτι * αἰσχύνη * ἡμῖν καὶ τοῖς προσώποις ἡμῶν περὶ ἁπάντων. καὶ
Prop. 13 2 περὶ τῆς πόλεως καὶ περὶ τέλους ἐθνῶν καὶ * αἰσχύνης * ἀσεβῶν καὶ θανὼν ἐτάφη ἐν ἀγρῷ αὐτοῦ. Ἀγγαῖος
Aris. 206 3 ὁ δὲ πρὸς τοῦτο ἀπεκρίθη γινώσκων ὅτι μεγάλην * αἰσχύνην * ἐπιφέρει τὸ ψεῦδος πᾶσιν ἀνθρώποις πολλῷ δὲ
FAch. 108 εἰπὼν τεθνεῶτα μὲν ἔχειν παρακάλυμμα τοῦ βίου τῆς * αἰσχύνης * (μετὰ) τὸν θάνατον ζῶντα δὲ τρόπαιον εἶναι τῆς
αἰσχυντός 1
FPho. 189 βατήριον ἐς λέχος ἐλθεῖν. μηδ' ὕβριζε γυναῖκα ἐπ' * αἰσχυντοῖς * λεχέεσσιν. μὴ παραβῇς εὐνὰς φύσεως ἐς Κύπριν
αἰσχύνω 11
TLevi 14 1 ἐπὶ κύριον χεῖρας ἐπιβάλλοντες ἐν πάσῃ κακίᾳ καὶ * αἰσχυνθήσονται * ἐφ' ὑμῖν οἱ ἀδελφοὶ ὑμῶν καὶ πᾶσι τοῖς
TJud. 14 3 τῆς ἐπιθυμίας αἴτιον πράσσει τὴν ἁμαρτίαν καὶ οὐκ * αἰσχύνεται. * τοιοῦτός ἐστιν ὁ οἶνος τέκνα μου ὅτι ὁ
TJud. 14 5 μεθύων οὐδένα αἰδεῖται. ἰδοὺ γὰρ κἀμὲ ἐπλάνησε μὴ * αἰσχυνθῆναι * πλῆθος ἐν τῇ πόλει ὅτι ἐν ὀφθαλμοῖς πάντων
TJud. 14 6 κάλυμμα ἀκαθαρσίας υἱῶν μου. πιὼν οἶνον οὐκ * αἰσχύνθην * ἐντολὴν θεοῦ καὶ ἔλαβον γυναῖκα Χαναναίαν. διὸ
TJud. 14 8 τὸν μέθυσον αἰσχρορρημονεῖν καὶ παρανομεῖν καὶ μὴ * αἰσχύνεσθαι * ἀλλὰ καὶ ἐγκαυχᾶσθαι τῇ ἀτιμίᾳ νομίζοντα
TJud. 15 1 πορνεύων ζημιούμενος οὐκ αἰσθάνεται καὶ ἀδοξῶν οὐκ * αἰσχύνεται * κἂν γάρ τις βασιλεύσῃ πορνεύων γυμνούμενος
TZab. 3 7 παραχρῆμα πεσόντες ἔμπροσθεν αὐτοῦ καὶ οὕτως * ᾐσχύνθησαν * ἔμπροσθε τῶν Αἰγυπτίων. μετὰ ταῦτα γὰρ
TJos. 11 2 κἀγὼ εἶπον ὅτι δοῦλος αὐτῶν εἰμι ἐξ οἴκου ἵνα μὴ * αἰσχύνω * τοὺς ἀδελφούς μου. λέγει δέ μοι ὁ μείζων αὐτῶν
TJos. 15 3 πάλιν ἤθελον δακρῦσαι καὶ ἐπέσχον ἐμαυτὸν ἵνα μὴ * αἰσχύνω * τοὺς ἀδελφούς μου. καὶ εἶπα ἐγὼ οὐκ οἶδα δοῦλός
FAch. 109 θυμοῦ κράτει. ἐάν τι παρηκμακὼς μανθάνῃς μὴ * αἰσχυνθῇς * βέλτιον γὰρ ὀψιμαθῆ μᾶλλον ἢ ἀμαθῆ καλεῖσθαι.
FAch. 118 τῇδε τῇ νυκτί. ὁ Νεκταναβὼν ἔφη τῷ Αἰσώπῳ οὐκ * αἰσχύνει * φανερῶς ψευδόμενος; πῶς γὰρ ἠδύνατο
Αἴσωπος 63
FAch. 101 πολλοὺς δὲ χρόνους ἐν τῇ Σάμῳ διατρίψας ὁ * Αἴσωπος * καὶ πολλῶν τιμῶν καταξιωθεὶς ἠβουλήθη περιελθεῖν
FAch. 101 δὲ ἀργυρικὰ λαμβάνων πᾶσάν τε χώραν περιελθὼν ὁ * Αἴσωπος * ἐγένετο (δὲ) ἐν Βαβυλῶνι ἐν ᾗ ἐβασίλευεν
FAch. 102 διαλύσασθαι φόρους ἐτέλει τῷ πέμψαντι. ὁ δὲ * Αἴσωπος * τὰ ἐκπεμπόμενα τῷ Λυκούργῳ λύων προβλήματα
FAch. 103 καὶ τὰ πλεῖονα μέρη ἕως Ἑλλάδος ὑποτέτακται. ὁ δὲ * Αἴσωπος * ἐπιγνούς τινα εὐγενῆ ἐν Βαβυλῶνι ἄτεκνος ὑπάρχων
FAch. 103 περιπλακεὶς ἐπιχαρὴς ἐγένετο προσπαίζων. ὁ δὲ * Αἴσωπος * ἰδὼν καὶ ἀγανακτήσας πυκνὸν αὐτῷ ἠπείλησεν εἰπὼν
FAch. 104 ὁ δὲ νεανίσκος βαρέως φέρων τοὺς λόγους τοῦ * Αἰσώπου * καταπεισθεὶς ὑπὸ τῶν φίλων ψεῦδος διέβαλεν τὸν
FAch. 104 καταπεισθεὶς ὑπὸ τῶν φίλων ψεῦδος διέβαλεν τὸν * Αἴσωπον * πρὸς τὸν βασιλέα γράψας πλαστὴν ἐπιστολὴν τῷ
FAch. 104 Λυκούργου (πιστοὺς) ὡς μέλλοντα αὐτοῖς τὸν * Αἴσωπον * βοηθεῖν καὶ σφραγίσας τῷ τοῦ Αἰσώπου δακτυλίῳ
FAch. 104 αὐτοῖς τὸν Αἴσωπον βοηθεῖν καὶ σφραγίσας τῷ τοῦ * Αἰσώπου * δακτυλίῳ ἐπέδωκεν τῷ Λυκούργῳ λέγων ὁ πιστὸς
FAch. 104 προσέταξεν Ἑρμίππῳ τινὶ στρατοφύλακι ἀνελεῖν τὸν * Αἴσωπον * ὡς προδότην. ὁ δὲ οὐκ ἀνεῖλεν αὐτὸν ἦν γὰρ φίλος
FAch. 104 φυλακῇ ἀνήγγειλεν δὲ τῷ βασιλεῖ ὅτι τεθανάτωκα τὸν * Αἴσωπον. * ὁ δὲ Ἥλιος παρέλαβεν τὴν διοίκησιν τοῦ
FAch. 104 Αἴσωπον. ὁ δὲ Ἥλιος παρέλαβεν τὴν διοίκησιν τοῦ * Αἰσώπου. * μετὰ δὲ χρόνον ἀκούσας Νεκταναβὼν ὁ τῶν
FAch. 105 ἀκούσας Νεκταναβὼν ὁ τῶν Αἰγυπτίων βασιλεὺς τὸν * Αἴσωπον * τεθνηκέναι πρεσβείαν ἀπέστειλεν πρὸς τὸν
FAch. 105 καὶ προβλημάτων ἵνα διαλύσῃ εἰδὼς ὅτι μετὰ * Αἴσωπον * οὐδεὶς εὑρεθήσεται παρὰ Βαβυλωνίοις ὁ δυνάμενος
FAch. 106 καὶ ⟨ἤρξατο⟩ κατατίλλεσθαι καὶ ὀδύρεσθαι τὸν * Αἴσωπον. * καὶ ἔλεγεν στενάζων τὸν κίονά μου τῆς βασιλείας
FAch. 107 ὁ δὲ βασιλεὺς εἶπεν τί σεαυτῷ σύνοιδας; ὁ δὲ εἶπεν * Αἴσωπος * ζῇ. ἐξ ἀνελπίστου δὲ ἀκούσας ὁ Λυκοῦργος
FAch. 107 ἐσχάτην ἡμέραν αἰῶνα ποιῆσαι ἐὰν ἀληθεύεις ὅτι * Αἴσωπος * ζῇ. ἐκεῖνον γὰρ τηρήσας ἐφύλαξας εἰς ἐμὴν
FAch. 108 ἐπιμελείας τυχεῖν καὶ ἀμφιασθέντα ἀσπάσασθαι. ὁ δὲ * Αἴσωπος * εἰς ἑαυτὸν ἀποκατασταθεὶς ἐλθὼν ἠσπάσατο τὸν
FAch. 108 τὸν Ἥλιον ὡς εἰς πατέρα ἀθετήσαντα παρῃτήσατο ὁ * Αἴσωπος * εἰπὼν τεθνεῶτα μὲν ἔχειν παρακάλυμμα τοῦ βίου
FAch. 108 συγχωρήσας δὲ ὁ βασιλεὺς ἐκείνῳ τὸ ζῆν ἔφη τῷ * Αἰσώπῳ * λαβὼν τὴν ἐπιστολὴν τοῦ τῶν Αἰγυπτίων βασιλέως
FAch. 108 ἔπεμψεν διὰ τῶν πρεσβευτῶν εἰς Αἴγυπτον. καὶ τῷ * Αἰσώπῳ * τὴν ἐξ ἀρχῆς διοίκησιν τῶν πραγμάτων ἐχαρίσατο
FAch. 110 μὴ χαῖρε μηδὲ ἐπὶ μικρᾷ λυποῦ. ταῦτα δὴ εἰπὼν ὁ * Αἴσωπος * πρὸς τὸν νεανίσκον ἀπεχωρίσθη. ὁ δὲ Λῖνος
FAch. 110 ἀποκαρτερήσας τοῦ βίου ἀπέληξεν. ὁ δὲ * Αἴσωπος * λαμπρῶς αὐτὸν ἔθαψε πενθήσας. μετὰ δὲ ταῦτα
FAch. 111 (βούλημα) φερόμενοι. τῷ δὲ θέρει ἀποταξάμενος ὁ * Αἴσωπος * τῷ βασιλεῖ ἔπλευσεν εἰς Αἴγυπτον σὺν τοῖς
FAch. 112 εἰς τὴν Μέμφιν ἐδηλώθη τῷ βασιλεῖ Νεκταναβῷ τὸν * Αἴσωπον * παραστῆναι. ἀηδῶς δὲ ἀκούσας μετεκαλέσατο τοὺς
FAch. 112 τοὺς φίλους καὶ φησιν ἄνδρες ἐνεδρεύθην ἀκούσας * Αἴσωπον * τεθνάναι προσεκάλεσα τὸν Λυκοῦργον δι'
FAch. 112 Λυκοῦργον δι' ἐπιστολῶν. ταῦτα εἰπὼν ἐκέλευσεν τὸν * Αἴσωπον * ἀποβῆναι τῆς νηός. καὶ τῇ ἐπαύριον ἐλθὼν ὁ
FAch. 112 Αἴσωπον ἀποβῆναι τῆς νηός. καὶ τῇ ἐπαύριον ἐλθὼν ὁ * Αἴσωπος * ἠσπάσατο τὸν βασιλέα. ὁ δὲ Νεκταναβὼ ἐκέλευσεν
FAch. 112 καθίσας δὲ ἐπὶ θρόνου ἐκέλευσεν εἰσελθεῖν τὸν * Αἴσωπον. * ὁ δὲ θεασάμενος τὴν παρασκευὴν ἐθαύμασεν. ὁ δὲ
FAch. 113 τὴν παρασκευὴν ἐθαύμασεν. ὁ δὲ Νεκταναβὼν πρὸς τὸν * Αἴσωπον * λέγει τίνι ἴκελός εἰμι. πῶς βλέπεις τοὺς περὶ
FAch. 114 τοῖς περὶ αὐτὸν ἔχων ἄνθεα πολλὰ καὶ ἐκέλευσε τὸν * Αἴσωπον * εἰσελθεῖν. εἰσελθόντος δὲ ἐπηρώτησε λέγων τίνι
FAch. 115 αὐτοῦ κοκκίνας περιβαλὼν στολὰς ἐκάθισεν. τοῦ δὲ * Αἰσώπου * ἐλθόντος ἐπύθετο τίνι ἴκελός εἰμι; ὁ δὲ ἔφη σὺ
FAch. 115 περιμενούσης συμβαίνει Λυκοῦργον μηδὲν εἶναι. ὁ * Αἴσωπος * μειδιάσας λέγει ⟨μὴ⟩ εὐχερῶς (μὲν ἀληθοῦς)
FAch. 116 δὲ βασιλεὺς θαυμάσας ἔξω τῆς πόλεως ἀφίκετο σὺν τῷ * Αἰσώπῳ * καὶ μέτρα ἔδωκεν εἰς τὴν οἰκοδομήν. ὁ δὲ Αἴσωπος
FAch. 116 τῷ Αἰσώπῳ καὶ μέτρα ἔδωκεν εἰς τὴν οἰκοδομήν. ὁ δὲ * Αἴσωπος * στήσας κατὰ γωνίας τοῦ δοθέντος μέτρου τοὺς
FAch. 116 Νεκταναβὼν ἔφη πόθεν ἐμοὶ πτηνοὺς ἀνθρώπους; ὁ δὲ * Αἴσωπός * φησιν ἀλλὰ Λυκοῦργος ἔχει πτηνοὺς ἀνθρώπους. σὺ
FAch. 116 ἰσοθέῳ βασιλεῖ ἐρίζειν; ὁ δὲ Νεκταναβὼν ἔφη * Αἴσωπε * ἥττημαι. τὸ δὲ ἐπερωτώμενον ἀποκρίνου μοι. ὁ δὲ
FAch. 116 ἥττημαι. τὸ δὲ ἐπερωτώμενον ἀποκρίνου μοι. ὁ δὲ * Αἴσωπος * λέγει λέγε εἴ τι βούλει. Νεκταναβὼν εἶπεν
FAch. 117 Βαβυλῶνι ἵππων χρεμετιζόντων ἐκτιτρώσκουσιν. ὁ δὲ * Αἴσωπος * αὔριον περὶ τούτου ἀποκριθήσομαι. ὁ δὲ Αἴσωπος
FAch. 117 δὲ Αἴσωπος αὔριον περὶ τούτου ἀποκριθήσομαι. ὁ δὲ * Αἴσωπος * ἐλθὼν εἰς τὴν οἰκίαν ἐκέλευσεν τοῖς ἰδίοις
FAch. 117 δὲ Αἰγύπτιοι ἰδόντες συνέδραμον εἰς τὴν οἰκίαν τοῦ * Αἰσώπου * καὶ κατέκραζον. ὁ δὲ Αἴσωπος ἐκέλευσεν τὴν
FAch. 117 εἰς τὴν οἰκίαν τοῦ Αἰσώπου καὶ κατέκραζον. ὁ δὲ * Αἴσωπος * ἐκέλευσεν τὴν αἴλουρον ἀφεθῆναι. ἦλθον δέ οἱ
FAch. 117 οἱ Αἰγύπτιοι πρὸς τὸν βασιλέα κράζοντες κατὰ τοῦ * Αἰσώπου. * ὁ δὲ βασιλεὺς ἐκάλεσεν τὸν Αἴσωπον καὶ ἐλθόντος
FAch. 117 κατὰ τοῦ Αἰσώπου. ὁ δὲ βασιλεὺς ἐκάλεσεν τὸν * Αἴσωπον * καὶ ἐλθόντος εἶπεν αὐτῷ κακῶς ἔπραξας θεᾶς
FAch. 118 ἐστιν εἴδωλον ὃ σέβονται οἱ Αἰγύπτιοι; ὁ δὲ * Αἴσωπος * ἔφη ἀλλὰ Λυκοῦργος ἠδικήθη ὑπ' αὐτῆς ταύτῃ τῇ
FAch. 118 ἡ αἴλουρος τῇδε τῇ νυκτί. ὁ Νεκταναβὼν ἔφη τῷ * Αἰσώπῳ * οὐκ αἰσχύνει φανερῶς ψευδόμενος; πῶς γὰρ ἠδύνατο
FAch. 118 μιᾷ νυκτὶ αἴλουρος ἀπὸ Αἰγύπτου εἰς Βαβυλῶνα; ὁ δὲ * Αἴσωπος * ἔφη ⟨πῶς⟩ τῶν παρ' ἐμὲ χρεμετιζόντων ἵππων
FAch. 119 φυσικὰ ἐρωτήματα. καὶ συλλαλοῦντες αὐτῷ περὶ τοῦ * Αἰσώπου * ἐκέλευσεν αὐτοὺς ἐπὶ δεῖπνον ἐλθεῖν ἅμα δὲ καὶ
FAch. 119 ἐκέλευσεν αὐτοὺς ἐπὶ δεῖπνον ἐλθεῖν ἅμα δὲ καὶ τὸν * Αἴσωπον. * τῇ οὖν τακτῇ ὥρᾳ ἐλθόντες κατεκλίθησαν ἐν τῷ
FAch. 119 τῷ δείπνῳ. καὶ τῶν Ἡλιουπολιτῶν ἔφη τις πρὸς τὸν * Αἴσωπον * ἡμεῖς ἀπεστάλημεν ἀπὸ τοῦ θεοῦ λόγους τινὰς πρός
FAch. 119 πρός σε ἀναγγεῖλαι ⟨ὅπως αὐτοὺς διαλύσῃς⟩. ὁ δὲ * Αἴσωπος * λέγει κατηγορεῖτε ἑαυτῶν καὶ τοῦ θεοῦ ὀφείλει
FAch. 120 μίαν ἑκάστην αὐτῶν τρέχουσι γυναῖκες δύο. ὁ δὲ * Αἴσωπος * ἔφη τοῦτο τὸ πρόβλημα παρ' ἡμῖν παῖδες λύουσιν.
FAch. 121 δόξας εὑρηκέναι νίκας. καὶ παραγεναμένου τοῦ * Αἰσώπου * ἔφη αὐτῷ ὁ βασιλεὺς Νεκταναβὼν ἔτι ἓν ἡμῖν
FAch. 121 ἡμῖν ὃ οὔτε εἴδομεν οὔτε ἠκούσαμέν ποτε. ὁ δὲ * Αἴσωπος * ἔφη δός μοι τριῶν ἡμερῶν καὶ ἀποκριθήσομαί σοι.
FAch. 121 ἐξελθὼν ἀπὸ τοῦ βασιλέως διελογίζετο ἐν ἑαυτῷ ὁ * Αἴσωπος * ὅ,τι περ ἐὰν εἴπω φήσουσιν εἰδέναι αὐτό.
FAch. 122 ἐὰν εἴπω φήσουσιν εἰδέναι αὐτό. πανοῦργος δὲ ὢν ὁ * Αἴσωπος * καθέζεται καὶ τυποῖ ἑαυτῷ δανείου γραφὴν
FAch. 122 τὸ) παρεσχηκέναι. μετὰ δὲ τὰς τρεῖς ἡμέρας ἦλθεν ὁ * Αἴσωπος * πρὸς τὸν βασιλέα Νεκταναβὼν καὶ εὗρεν αὐτὸν μετὰ
FAch. 122 τῶν φίλων προσδεχόμενον πρὸς τὸ ἀπορῆσαι. ὁ δὲ * Αἴσωπος * ἐκβαλὼν τὸ χειρόγραφον ⟨ψευδῆ⟩ ἔφη ἀνάγνωτε τὸν
FAch. 122 τοῦτον καὶ ἑωράκαμεν καὶ ἀκηκόαμεν πολλάκις. ὁ δὲ * Αἴσωπος * ἔφη χαίρω μαρτυρούντων. ἀποδοθήτω παραυτὰ τὰ
FAch. 122 οἱ δὲ εἶπον οὔτε εἴδομεν οὔτε ἠκούσαμέν ποτε. ὁ δὲ * Αἴσωπος * ἔφη εἰ ταῦτα ὑμῖν οὕτως δοκεῖ λέλυται τὸ

FAch. 123 τριῶν ἔπεμψεν αὐτὸν μετὰ ἐπιστολῶν εἰρηνικῶν. ὁ δὲ * Αἴσωπος * παραγενάμενος εἰς Βαβυλῶνα διηγήσατο τῷ Λυκούργῳ
FAch. 123 οὖν ὁ Λυκοῦργος ἀνδριάντα χρυσοῦν ἀνατεθῆναι τῷ * Αἰσώπῳ * μετὰ καὶ τῶν Μουσῶν καὶ ἐποίησεν ἑορτὴν μεγάλην ὁ
FAch. 123 καὶ ἐποίησεν ἑορτὴν μεγάλην ὁ βασιλεὺς ἐπὶ τῇ τοῦ * Αἰσώπου * σοφίᾳ.

αἰτέω 28

Abr.1 2 5 τοὺς υἱοὺς τῶν ἀνθρώπων καλῶς ἔοικας τούτου χάριν * αἰτοῦμαι * τῆς σῆς παρουσίας ὅθεν ἔοικεν τὸ νέον τῆς
Abr.1 8 7 πληθύνων πληθυνῶ τὸ σπέρμα σου καὶ δώσω σοι ὅσα ἂν * αἰτήσῃς * παρ' ἐμοῦ οὕτως εἰμὶ ἐγὼ κύριος ὁ θεός σου καὶ
Abr.1 9 4 ὁ Ἀβραὰμ ὅτι κύριε κύριε ἐν παντὶ ἔργῳ καὶ λόγῳ ὃ * ᾐτησάμην * παρά σου ἐποίησας καὶ ἔδωκάς μοι κατὰ τῆς
Abr.1 9 5 δυνάμεώς σου κἀγὼ δέδοικα ἀλλὰ μίαν αἴτησιν * αἰτοῦμαι * παρά σου καὶ νῦν δέσποτα κύριε εἰσάκουσον τῆς
Abr.1 20 3 τῷ τάφῳ ἰδοὺ γὰρ ἀνήγγειλά σοι πάντα ὅσα ἂν * ᾐτήσω * ἄρτι λέγω σοι δικαιότατε τί γὰρ οὖν; πᾶσαν βουλὴν
TJud. 9 7 Ῥουβὴμ καὶ Γὰδ ἀνεῖλον ἑτέρους ἑξήκοντα. τότε * αἰτοῦσιν * ἡμᾶς τὰ πρὸς εἰρήνην καὶ γενόμενοι βουλῆς τοῦ
TJos. 8 1 νύκτα συνάψας περὶ τὸν ὄρθρον ἀνέστην δακρύων καὶ * αἰτῶν * λύτρωσιν ἀπὸ τῆς Αἰγυπτίας. τέλος οὖν
TJos. 15 7 με ἀπὸ τῆς κρίσεως Πετεφρῆ. προσελθόντες οὖν * αἰτοῦνται * με λέγοντες ὅτι ἐν ἀργυρίῳ ἠγοράσθη ἡμῖν.
TJos. 16 2 αὐτόν. καὶ ἀπέστειλεν εὐνοῦχον τοῖς Ἰσμαηλίταις * αἰτοῦσά * με εἰς διάπρασιν. καλέσας οὖν ὁ ἀρχιμάγειρος
TJos. 16 2 καλέσας οὖν ὁ ἀρχιμάγειρος τοὺς Ἰσμαηλίτας * ᾐτεῖτό * με εἰς πρᾶσιν καὶ μὴ θελήσας ποιῆσαι μετ' αὐτῶν
TJos. 16 3 πειρασθεὶς αὐτῶν δηλοῖ τῇ δεσποίνῃ ὅτι πολλὴν * αἰτοῦσι * τιμὴν τοῦ παιδός. ἡ δὲ ἀπέστειλεν ἕτερον
Jer. 7 14 τοῦ λαοῦ ἐξήρχοντο θάψαι νεκρὸν ἔξω τῆς πόλεως. * ᾐτήσατο * γὰρ Ἱερεμίας παρὰ τοῦ βασιλέως Ναβουχοδονόσορ
Bar. 13 2 μὴ εἰς τέλος κυριεύσῃ ὁ Ἐχθρὸς ἀλλ' εἴπατέ μοι τί * αἰτεῖσθε. * καὶ εἶπον δεόμεθά σου Μιχαὴλ ὁ ἀρχιστράτηγος
Prop. 22 16 ἀπελθόντα κρύφα παρὰ γνώμην αὐτοῦ πρὸς Ναιμὰν καὶ * αἰτήσαντα * ἀργύριον ὕστερον ἐλθόντα καὶ ἀρνούμενον ἤλεγξε
Esdr. 7 13 αὐτῷ φωνὴ λέγουσα Ἔσδρὰμ ἀγαπητέ μου πάντα ὅσα * ᾐτήσω * ἀποδώσω ἑνὶ ἑκάστῳ. καὶ εὐθέως παρέδωκεν τὴν
Sedr. 2 1 ὅτι βούλῃ καὶ ἐπιθυμεῖς ὁμιλῆσαι σὺν θεῷ καὶ * αἰτῆσαι * παρ' αὐτοῦ ἵνα ἀποκαλύψῃ αὐτῷ ἅπερ βούλῃ ἐρωτᾶν.
Job 7 11 ἀκμὴν καὶ τοῦτό σοι ἔδωκα ἵνα μὴ ἐγκληθῶ ὅτι τῷ * αἰτήσαντι * ἐχθρῷ οὐδὲν παρέσχον. ταῦτα ἀκούσας ὁ Σατανᾶς
Job 9 8 τοῦτον τὸν σκοπὸν ἔχων, μή ἄρα ἔλθωσίν τινες * αἰτοῦντες * ἐλεημοσύνην καὶ ἴδωσίν με παρακαθεζόμενον τῇ
Job 10 3 τραπέζας κειμένας καὶ εἴ τις ξένος προήρχετο * αἰτῆσαι * ἐλεημοσύνην, ἀνάγκην εἶχεν τρέφεσθαι ἐν τῇ
Job 20 2 οὐδὲν δύναται με εἰς ὀλιγωρίαν τρέψαι καὶ ἀπελθὼν * ᾐτήσατο * τὸ σῶμά μου παρὰ τοῦ κυρίου ἵνα ἐπενέγκῃ μοι
Job 23 2 συντυχίαν ἀπελθεῖν πρὸς αὐτὸν τὴν γυναῖκά μου καὶ * αἰτῆσαι * ἄρτον, νομίζουσα εἶναι αὐτὸν ἄνθρωπον. καὶ ὁ
Job 44 4 καὶ ἠρώτησάν με λέγοντες τί παρ' ἡμῶν νῦν * αἰτεῖς; * ἐγὼ δὲ ἀναμνησθεὶς τῶν πτωχῶν τοῦ πάλιν εὐποιεῖν
Job 44 4 ἐγὼ δὲ ἀναμνησθεὶς τῶν πτωχῶν τοῦ πάλιν εὐποιεῖν * ᾐτησάμην * λέγων δότε μοι ἕκαστος ἀμνάδα μίαν εἰς ἔνδυσιν
Sib. 4 167 ἐκτανύσαντες ἐς αἰθέρα τῶν πάρος ἔργων συγγνώμην * αἰτεῖσθε * καὶ εὐλογίαις ἀσέβειαν πικρὰν ἱλάσκεσθε θεὸς
FJub. 10 8 τὴν ἄβυσσον ἄχρι ἡμέρας τῆς κρίσεως ὁ δὲ διάβολος * ᾐτήσατο * λαβεῖν μοῖραν ἀπ' αὐτῶν πρὸς πειρασμὸν τῶν
FJub. 35 9 καὶ τὸν Ἰούδαν ὡς βασιλέα καὶ ἄρχοντα. ἡ Ῥεβέκκα * ᾔτησε * τὸν Ἰσαὰκ ἐν τῷ γήρᾳ παραινέσαι τῷ Ἠσαῦ καὶ τῷ
FMan. 2 22 14 ἡμάρτηκα καὶ τὰς ἀνομίας μου ἐγὼ γινώσκω ἀλλ' * αἰτοῦμαι * δεόμενός σου ἄνες μοι κύριε ἄνες μοι καὶ μὴ
LThe. 9 22 5 αὖθις δὲ σὺν τῷ πατρὶ ἐλθόντα πρὸς τὸν Ἰακὼβ * αἰτεῖν * αὐτὴν πρὸς γάμου κοινωνίαν τὸν δὲ οὐ φάναι δώσειν

αἴτημα 1

Sal. 6 6 εἰσήκουσεν προσευχὴν παντὸς ἐν φόβῳ θεοῦ. καὶ πᾶν * αἴτημα * ψυχῆς ἐλπιζούσης πρὸς αὐτὸν ἐπιτελεῖ ὁ κύριος

αἴτησις 3

Abr.1 9 5 ἀπὸ προσώπου δυνάμεώς σου κἀγὼ δέδοικα ἀλλὰ μίαν * αἴτησιν * αἰτοῦμαι παρά σου καὶ νῦν δέσποτα κύριε
Abr.1 15 12 φίλου σου Ἀβραὰμ πάντα ὅσα εἶπεν πρός σε καὶ τὰς * αἰτήσεις * αὐτοῦ ἐπλήρωσα καὶ ἔδειξα αὐτῷ τὴν δυναστείαν
Sedr. 12 2 πότε ζῶ πρὶν ἀποθανεῖν με; καὶ μὴ παρακούσῃς τῆς * αἰτήσεώς * μου. λέγει αὐτῷ ὁ κύριος λέγε ὦ Σεδράχ. ⟨λέγει

αἰτία 6

Hen. 21 4 καὶ ἐν πυρὶ καιομένους. τότε εἶπον διὰ ποίαν * αἰτίαν * ἐπεδέθησαν καὶ διὰ τί ὧδε ἐρίφησαν; τότε εἶπέν
Hen. 21B 4 καὶ ἐν πυρὶ καιομένους. τότε εἶπον διὰ ποίαν * αἰτίαν * ἐπεδέθησαν καὶ διὰ ποίαν αἰτίαν ἐρίφησαν ὧδε; καὶ
Hen. 21B 4 εἶπον διὰ ποίαν αἰτίαν ἐπεδέθησαν καὶ διὰ ποίαν * αἰτίαν * ἐρίφησαν ὧδε; καὶ εἶπέν μοι Οὐριὴλ ὁ εἷς τῶν
Bar. 4 9 καὶ εἶπον ἐγὼ Βαρούχ καὶ ἐπεὶ τοσούτου κακοῦ * αἰτία * γέγονεν ἡ ἄμπελος καὶ κατάρας ὑπόδικος παρὰ θεοῦ
Prop. 2 8 τιθέντες προσκυνοῦσι καὶ Πτολεμαίῳ τῷ βασιλεῖ τὴν * αἰτίαν * πυνθανομένῳ ἔλεγον ὅτι πατροπαράδοτόν ἐστι
HArt. 9 27 7 Μωΰσου φθονῆσαι αὐτῷ καὶ ζητεῖν αὐτὸν ἐπ' εὐλόγῳ * αἰτίᾳ * τινὶ ἀνελεῖν. καὶ δή ποτε τῶν Αἰθιόπων

αἴτιος 7

TSim. 4 2 ἐγώ. ἐπένθουν γὰρ παρὰ πάντας ὅτι ἐγὼ ἤμην * αἴτιος * τῆς πράσεως Ἰωσήφ. καὶ ὅτε κατέβημεν εἰς
TJud. 14 3 σῶμα πρὸς μεῖξιν καὶ εἰ πάρεστι τὸ τῆς ἐπιθυμίας * αἴτιον * πράσσει τὴν ἁμαρτίαν καὶ οὐκ αἰσχύνεται. τοιοῦτός
TJud. 16 4 ὁ θεὸς μὴ ἀποκαλύψαι. καὶ πολέμου δὲ καὶ ταραχῆς * αἴτιος * γίνεται ὁ οἶνος. ἐντέλλομαι οὖν ὑμῖν τέκνα μου μὴ
Sal. 9 5 ζωὴν αὐτῷ παρὰ κυρίῳ καὶ ὁ ποιῶν ἀδικίαν αὐτὸς * αἴτιος * τῆς ψυχῆς ἐν ἀπωλείᾳ τὰ γὰρ κρίματα κυρίου ἐν
Aris. 131 5 καὶ τὰς ὑπὸ τοῦ θεοῦ γινομένας ἐπιπομπὰς τοῖς * αἰτίοις * προϋπέδειξε γὰρ πάντων πρῶτον ὅτι μόνος ὁ θεός
Aris. 188 4 ἐπιεικές. μακροθυμίᾳ γὰρ χρώμενος καὶ κολάζων τοὺς * αἰτίους * ἐπιεικέστερον ⟨ἢ⟩ καθὼς εἰσιν ἄξιοι μετατιθεὶς
Aris. 205 5 πρὸς εὔνοιαν ἄγοι τὴν ἑαυτοῦ καὶ γὰρ ὁ θεὸς πᾶσιν * αἴτιος * ἀγαθῶν ἐστιν ᾧ κατακολουθεῖν ἀναγκαῖον. ἐπαινέσας

Αἴτνη 1

Sib. 4 81 μάλα πᾶσαν χεῦμα πυρὸς μεγάλοιο ἐρευγομένης φλογὸς * Αἴτνης * ἤδε Κρότων πέσεται μεγάλη πόλις εἰς βαθὺ χεῦμα.

Αἰτώλιος 1

Sib. 3 435 πόρον πόντοιο λαχοῦσα καὶ σε μολών ποτε παῖς * Αἰτώλιος * ἐξεναρίξει. Κύζικε καὶ σοὶ πόντος ἀπορρήξει

αἰφνίδιος 2

Prop. 1 4 ἐξήρχετο ὕδωρ ἐὰν δὲ ἀλλόφυλοι οὔ. διὸ ἕως σήμερον * αἰφνιδίως * ἐξέρχεται ἵνα δειχθῇ τὸ μυστήριον. καὶ ἐπειδὴ
HArt. 9 27 21 λαοὺς παῦσαι τῶν κακοπαθειῶν. ἱλασκομένου δ' αὐτοῦ * αἰφνιδίως * ἐκ τῆς γῆς πῦρ ἀναφθῆναι καὶ τοῦτο κάεσθαι

αἰχμαλωσία 22

TLevi 13 7 κτήσασθε ἐν φόβῳ θεοῦ μετὰ σπουδῆς ὅτι ἐὰν γένηται * αἰχμαλωσία * καὶ πόλεις ὀλοθρευθῶσι καὶ χῶραι καὶ χρυσὸς
TLevi 17 9 αὐτοὶ γνώσονται οἱ ποιοῦντες αὐτά. διὰ τοῦτο ἐν * αἰχμαλωσίᾳ * καὶ ἐν προνομῇ ἔσονται καὶ ἡ γῆ καὶ ἡ ὕπαρξις
TJud. 4 3 ἐλευθερώσαμεν τὴν Χεβρὼν καὶ ἐλάβομεν πᾶσαν τὴν * αἰχμαλωσίαν * τῶν βασιλέων. τῇ ἑξῆς ἀπήλθομεν εἰς Ἀρετὰν
TJud. 5 6 καὶ ἐν τῷ ἀπιέναι ἡμᾶς ἄνδρες Θαφφοῦ ἐπέβαλον τῇ * αἰχμαλωσίᾳ * ἡμῶν καὶ παραδόντες αὐτὴν τοῖς υἱοῖς ἡμῶν
TJud. 6 3 ἀπὸ Μαχὶρ ἐπῆλθον ἡμῖν τῇ πέμπτῃ ἡμέρᾳ λαβεῖν τὴν * αἰχμαλωσίαν * καὶ προσβάλαντες αὐτοῖς ἐν καρτερᾷ μάχῃ
TJud. 7 8 αὐτοὺς ὑποσπόνδους καὶ ἀπεδώκαμεν αὐτοῖς πᾶσαν τὴν * αἰχμαλωσίαν. * καὶ ᾠκοδόμησα ἐγὼ τὴν Θάμνα καὶ ὁ πατήρ μου
TJud. 23 5 ὑμᾶς κύριος ἐν ἐλέει καὶ ἀναγάγῃ ἀπὸ τῆς * αἰχμαλωσίας * τῶν ἐχθρῶν ὑμῶν. καὶ μετὰ ταῦτα ἀνατελεῖ
TZab. 9 8 ἐπὶ ταῖς πτέρυξιν αὐτοῦ. αὐτὸς λυτρώσεται πᾶσαν * αἰχμαλωσίαν * υἱῶν ἀνθρώπων ἐκ τοῦ Βελιὰρ καὶ πᾶν πνεῦμα
TDan 5 8 ὡς λέοντες. διὰ τοῦτο ἀπαχθήσεσθε σὺν αὐτοῖς ἐν * αἰχμαλωσίᾳ * κἀκεῖ ἀπολήψεσθε πάσας τὰς πληγὰς Αἰγύπτου
TDan 5 11 ἐκδίκησιν τοῦ νίκους δώσει πατράσιν ἡμῶν. καὶ τὴν * αἰχμαλωσίαν * λάβῃ ἀπὸ τοῦ Βελιὰρ ψυχὰς ἁγίων καὶ
TNep. 4 2 κατὰ πᾶσαν ἀνομίαν Σοδόμων. καὶ ἐπάξει ὑμῖν κύριος * αἰχμαλωσίαν * καὶ δουλεύσετε ἐκεῖ τοῖς ἐχθροῖς ὑμῶν καὶ
TNep. 5 8 Γελαχαῖοι Χαλδαῖοι Σύροι κληρονομήσουσιν ἐν * αἰχμαλωσίᾳ * τὰ δώδεκα σκῆπτρα τοῦ Ἰσραήλ. καὶ πάλιν μετὰ
TJos. 1 5 ἐπράθην εἰς δοῦλον καὶ ὁ κύριος ἐλευθέρωσέ με εἰς * αἰχμαλωσίαν * ἐλήφθην καὶ ἡ κραταιὰ αὐτοῦ χεὶρ ἐβοήθησέ
TBen. 7 2 ὁ φθόνος δεύτερον ἀπώλεια τρίτον θλῖψις τέταρτον * αἰχμαλωσία * πέμπτον ἔνδεια ἕκτον ταραχὴ ἕβδομον ἐρήμωσις.
Sal. 2 6 ἠτιμώθη ἕως εἰς τέλος. οἱ υἱοὶ καὶ αἱ θυγατέρες ἐν * αἰχμαλωσίᾳ * πονηρᾷ ἐν σφραγῖδι ὁ τράχηλος αὐτῶν ἐν
Jer. 6 17 Βαροὺχ ὁ δοῦλος τοῦ θεοῦ γράφει τῷ Ἱερεμίᾳ ἐν τῇ * αἰχμαλωσίᾳ * τῆς Βαβυλῶνος χαῖρε καὶ ἀγαλλιῶ ὅτι ὁ θεὸς
Bar. 2 Βαροὺχ ὃς ἔστιν ἐπὶ ποταμοῦ Γέλ. κλαίων ὑπὲρ τῆς * αἰχμαλωσίας * Ἱερουσαλὴμ ὅτε καὶ Ἀβιμελὲχ ἐπὶ Ἀγρίππα
Prop. 3 1 ἱερέων καὶ ἀπέθανεν ἐν τῇ γῇ τῶν Χαλδαίων ἐπὶ τῆς * αἰχμαλωσίας * πολλὰ προφητεύσας τοῖς ἐν τῇ Ἰουδαίᾳ.
Prop. 12 2 ἦν Συμεὼν ἐξ ἀγροῦ Βηθζουχάρ. οὗτος εἶδε πρὸ τῆς * αἰχμαλωσίας * περὶ τῆς ἁλώσεως Ἱερουσαλὴμ καὶ ἐπένθησε
Prop. 20 1 ἐκ γῆς Συβαθὰ ὃς ἐπέστρεψεν ἐξ Ἰσραὴλ τὴν * αἰχμαλωσίαν * Ἰούδα καὶ θανὼν ἐτάφη ἐν ἀγρῷ αὐτοῦ. Ἠλίας
FIsa. 1 3 2 τὴν Σαμαρίαν καὶ λαβεῖν τὰς ἐν⟨νέ⟩α ἥμισυ φυλὰς ἐν * αἰχμαλωσίᾳ * καὶ ἀπενέγκαι αὐτοὺς εἰς ὄρη Μήδων καὶ
HDem. 1 141 1 ὑπὸ τοῦ Σεναχηρεὶμ ἀλλ' εἶναι ἀπὸ τῆς * αἰχμαλωσίας * ταύτης εἰς τὴν ἐσχάτην ἣν ἐποιήσατο

αἰχμαλωτεύω 12

TZab. 9 6 ποιήσετε καίγε πᾶν εἴδωλον προσκυνήσετε καὶ * αἰχμαλωτεύσουσιν * ὑμᾶς οἱ ἐχθροὶ ὑμῶν καὶ κακωθήσεσθε ἐν
TNep. 1 11 τὸ ὄνομα αὐτῆς Ζέλφαν ἐπ' ὀνόματι τῆς κώμης ἐν ᾗ * ᾐχμαλωτεύθη * ἐξῆς ἔτεκε τὴν Βάλλαν λέγουσα καινόσπουδός
Jer. 1 1 παραλειπομενα Ιερεμιου του προφητου. ἐγένετο ἡνίκα * ᾐχμαλωτεύθησαν * οἱ υἱοὶ Ἰσραὴλ ἀπὸ τοῦ βασιλέως τῶν
Jer. 2 7 τὴν πόλιν εἰς χεῖρας τοῦ βασιλέως τῶν Χαλδαίων τοῦ * αἰχμαλωτεῦσαι * τὸν λαὸν εἰς Βαβυλῶνα. ἀκούσας δὲ ταῦτα
Jer. 4 2 οὖν ὁ βασιλεὺς μετὰ τοῦ πλήθους αὐτοῦ καὶ * αἰχμαλωτευσάτω * πάντα τὸν λαόν. Ἱερεμίας δὲ ἄρας τὰς
Jer. 5 21 Ἱερεμίας γὰρ ἐν Βαβυλῶνί ἐστι μετὰ τοῦ λαοῦ * ᾐχμαλωτεύθησαν * γὰρ ὑπὸ Ναβουχοδονόσορ τοῦ βασιλέως καὶ
Jer. 5 23 ἐπικατεγέλων ἄν σοι καὶ ἔλεγον ὅτι μαίνῃ ὅτι εἶπας * ᾐχμαλωτεύθη * ὁ λαὸς εἰς Βαβυλῶνα. εἰ ἦσαν οἱ καταρράκται
Jer. 5 26 γάλα καθὼς συνέλεξα αὐτά. σὺ δὲ λέγεις ὅτι * ᾐχμαλωτεύθη * ὁ λαὸς εἰς Βαβυλῶνα. ἵνα δὲ γνῷς λάβε ἴδε τὰ
Jer. 5 30 ἰδοὺ γὰρ ἑξήκοντα καὶ ἓξ ἔτη σήμερόν εἰσιν ἀφ' οὗ * ᾐχμαλωτεύθη * ὁ λαὸς εἰς Βαβυλῶνα. καὶ ἵνα μάθῃς τέκνον
Jer. 7 26 ἑορτῆς ἃς ἐποιοῦμεν ἐν Ἱερουσαλὴμ πρὸ τοῦ ἡμᾶς * αἰχμαλωτευθῆναι * καὶ μνησκόμενος ἐστέναζον καὶ ἐπέστρεφον
Job 17 6 τῶν κτημάτων αὐτοῦ ἤδη ἀπώλεσα ἐν πυρὶ τὰ ἄλλα * ᾐχμαλώτευσα, * καὶ ἰδοὺ καὶ τὰ τέκνα αὐτοῦ ἀπολέσω. ταῦτα
Aris. 23 2 τοῦ πατρὸς ἡμῶν βούλησιν καὶ παρὰ τὸ καλῶς ἔχον * ᾐχμαλωτεῦσθαι * τούτους διὰ δὲ τὴν στρατιωτικὴν προπέτειαν

αἰχμαλωτίζω 13

TRub. 5 3 τοῦ βλέμματος τὸν ἰὸν ἐνσπείρουσι καὶ τότε τῷ ἔργῳ * αἰχμαλωτίζουσιν * οὐ γὰρ δύναται γυνὴ ἄνθρωπον βιάσασθαι.
TJud. 21 6 γὰρ ἐν αὐτῇ δίκαιοι καὶ ἄδικοι χειμάζονται οἱ μὲν * αἰχμαλωτιζόμενοι * οἱ δὲ πλουτοῦντες οὕτως καὶ ἐν σοὶ πᾶν
TJud. 21 6 καὶ ἐν σοὶ πᾶν γένος ἀνθρώπων οἱ μὲν κινδυνεύουσιν * αἰχμαλωτιζόμενοι * οἱ δὲ πλουτήσουσιν ἁρπάζοντες. ὅτι οἱ
TDan 5 13 καὶ οὐκέτι ὑπομενεῖ Ἱερουσαλὴμ ἐρήμωσιν οὐδὲ * αἰχμαλωτίζεται * Ἰσραὴλ ὅτι κύριος ἔσται ἐν μέσῳ αὐτῆς
TNep. 1 11 Χαλδαῖος θεοσεβὴς ἐλεύθερος καὶ εὐγενής. καὶ * αἰχμαλωτισθεὶς * ἠγοράσθη ὑπὸ Λαβὰν καὶ ἔδωκεν αὐτῷ Αιναν
Job 16 5 ἐξουσίαν κατ' ἐμοῦ. καὶ τὰ λοιπὰ τῶν κτηνῶν μου * ᾐχμαλώτισται * ὑπὸ τῶν συμπολιτῶν μου τῶν καὶ παρ' ἐμοῦ

Aris. 12 7 εὐημερίᾳ μετὰ ἀνδρείας τοὺς μὲν μετῴκιζεν οὓς δὲ * ᾐχμαλώτιζε * φόβῳ πάντα ὑποχείρια ποιούμενος ἐν ὅσῳ καὶ
FIsa. 1 3 2 ἐν τῷ ἐλθεῖν Ἀλγασὰρ Ἀσσυρίων βασιλέα καὶ * αἰχμαλωτίσαι * τὴν Σαμαρίαν καὶ λαβεῖν τὰς ἐν‹νέ›α ἥμισυ
HDem. 1 141 1 τὴν Ἰούδα φυλὴν καὶ Βενιαμειν καὶ Λευι μὴ * αἰχμαλωτισθῆναι * ὑπὸ τοῦ Σεναχηρειμ ἀλλ' εἶναι ἀπὸ τῆς
HEup. 9 39 3 καὶ σκάψειν τὰς τοῦ Τίγριδος καὶ Εὐφράτου διώρυχας * αἰχμαλωτισθέντας. * τὸν δὲ τῶν Βαβυλωνίων βασιλέα
HAno. 9 17 4 ἐπιστρατεῦσαι τοῖς Φοίνιξι νικησάντων δὲ καὶ * αἰχμαλωτισαμένων * τὸν ἀδελφιδοῦν αὐτοῦ τὸν Ἀβραὰμ μετὰ
HAno. 9 17 4 μετὰ οἰκετῶν βοηθήσαντα ἐγκρατῆ γενέσθαι τῶν * αἰχμαλωτισαμένων * καὶ τῶν πολεμίων αἰχμαλωτίσαι τέκνα καὶ
HAno. 9 17 4 γενέσθαι τῶν αἰχμαλωτισαμένων καὶ τῶν πολεμίων * αἰχμαλωτίσαι * τέκνα καὶ γυναῖκας. πρέσβεων δὲ

αἰχμάλωτος 10

TLevi 10 4 κατακαλύπτειν ἀσχημοσύνην ὑμῶν. καὶ διασπαρήσεσθε * αἰχμάλωτοι * ἐν τοῖς ἔθνεσι καὶ ἔσεσθε εἰς ὀνειδισμὸν καὶ
TLevi 15 1 κύριος ἔρημος ἔσται ἐν ἀκαθαρσίᾳ καὶ ὑμεῖς * αἰχμάλωτοι * ἔσεσθε εἰς πάντα τὰ ἔθνη καὶ ἔσεσθε βδέλυγμα
TJos. 14 3 ἡ γυνὴ αὐτοῦ λέγει πρὸς αὐτὸν διά τί συνέχεις τὸν * αἰχμάλωτον * καὶ εὐγενῆ παῖδα ὃν ἔδει εἶναι μᾶλλον ἄνετον
Asen. 4 9 πατήρ μου κατὰ τὰ ῥήματα ταῦτα παραδοῦναί με ὡς * αἰχμάλωτον * ἀνδρὶ ἀλλοφύλῳ καὶ φυγάδι καὶ πεπραμένῳ; οὐχ
Aris. 33 3 σημάναντας καὶ τὴν γενομένην ἀπολύτρωσιν τῶν * αἰχμαλώτων. * ἔδωκε δὲ καὶ εἰς κατασκευὴν κρατήρων τε καὶ
Aris. 35 5 καὶ συνεληλυθέναι τῷ πατρὶ ἡμῶν εἰς τὴν Αἴγυπτον * αἰχμαλώτους * ἀφ' ὧν πλείονας εἰς τὸ στρατιωτικὸν σύνταγμα
Aris. 37 1 δὲ μᾶλλον τοῖς σοῖς πολίταις ὑπὲρ δέκα μυριάδας * αἰχμαλώτων * ἠλευθερώκαμεν ἀποδόντες τοῖς κρατοῦσι τὴν
HDem. 1 141 2 μῆνας ἕξ. ἀφ' οὗ δὲ αἱ φυλαὶ αἱ δέκα ἐκ Σαμαρείας * αἰχμάλωτοι * γεγόνασιν ἕως Πτολεμαίου τετάρτου ἔτη
HAno. 9 17 5 ἀλλὰ τὰς τροφὰς λαβόντα τῶν νεανίσκων ἀποδοῦναι τὰ * αἰχμάλωτα * ξενισθῆναί τε αὐτὸν ὑπὸ πόλεως ἱερὸν
LThe. 9 22 11 ἐκπορθῆσαι καὶ τὴν ἀδελφὴν ἀναρρυσαμένους μετὰ τῶν * αἰχμαλώτων * εἰς τὴν πατρῴαν ἔπαυλιν διακομίσαι.

αἰών 205

Adam 28 3 ὅπως μὴ γεύσῃ ἀπ' αὐτοῦ καὶ ἀθάνατος ἔσῃ εἰς τὸν * αἰῶνα. * ἔχεις δὲ τὸν πόλεμον ὃν ἔθετο ὁ ἐχθρὸς ἐν σοί.
Adam 28 4 ἐκ τοῦ ξύλου τῆς ζωῆς καὶ ἀθάνατος ἔσει εἰς τὸν * αἰῶνα. * ταῦτα εἰπὼν ὁ κύριος ἐκέλευσεν τοῖς ἀγγέλοις
Hen. 1 4 ὁ μέγας ἐκ τῆς κατοικήσεως αὐτοῦ καὶ ὁ θεὸς τοῦ * αἰῶνος * ἐπὶ γῆν πατήσει ἐπὶ τὸ Σεινὰ ὄρος καὶ φανήσεται
Hen. 5 1 ζῶν ἐποίησεν αὐτὰ οὕτως καὶ ζῇ εἰς πάντας τοὺς * αἰῶνας * καὶ τὰ ἔργα αὐτοῦ πάντα ὅσα ἐποίησεν εἰς τοὺς
Hen. 5 2 καὶ τὰ ἔργα αὐτοῦ πάντα ὅσα ἐποίησεν εἰς τοὺς * αἰῶνας * ἀπὸ ἐνιαυτοῦ εἰς ἐνιαυτὸν γινόμενα πάντα οὕτως
Hen. 5 5 τὰ ἔτη τῆς ἀπωλείας ὑμῶν πληθυνθήσεται ἐν κατάρᾳ * αἰώνων * καὶ οὐκ ἔσται ὑμῖν ἔλεος καὶ εἰρήνη. τότε ἔσται
Hen. 5 9 χαρᾶς αὐτῶν πληθυνθήσεται ἐν ἀγαλλιάσει καὶ εἰρήνη * αἰῶνος * ἐν πάσαις ταῖς ἡμέραις τῆς ζωῆς αὐτῶν. καὶ
Hen. 9 4 τῶν κυρίων καὶ ὁ θεὸς τῶν θεῶν καὶ βασιλεὺς τῶν * αἰώνων * ὁ θρόνος τῆς δόξης σου εἰς πάσας τὰς γενεὰς τοῦ
Hen. 9 4 ὁ θρόνος τῆς δόξης σου εἰς πάσας τὰς γενεὰς τοῦ * αἰῶνος * καὶ τὸ ὄνομά σου τὸ ἅγιον καὶ μέγα καὶ εὐλογητὸν
Hen. 9 4 τὸ ἅγιον καὶ μέγα καὶ εὐλογητὸν εἰς πάντας τοὺς * αἰῶνας. * σὺ γὰρ ἐποίησας τὰ πάντα καὶ πᾶσαν τὴν ἐξουσίαν
Hen. 9 6 ἀδικίας ἐπὶ τῆς γῆς καὶ ἐδήλωσεν τὰ μυστήρια τοῦ * αἰῶνος * τὰ ἐν τῷ οὐρανῷ ἃ ἐπιτηδεύουσιν ‹καὶ› ἔγνωσαν
Hen. 9B 4 πάντων τῇ μεγαλωσύνῃ. καὶ εἶπον τῷ κυρίῳ τῶν * αἰώνων * σὺ εἶ ὁ θεὸς τῶν θεῶν καὶ κύριος τῶν κυρίων καὶ ὁ
Hen. 9B 4 καὶ ὁ βασιλεὺς τῶν βασιλευόντων καὶ θεὸς τῶν * αἰώνων * καὶ ὁ θρόνος τῆς δόξης σου εἰς πάσας τὰς γενεὰς
Hen. 9B 4 ὁ θρόνος τῆς δόξης σου εἰς πάσας τὰς γενεὰς τῶν * αἰώνων * καὶ τὸ ὄνομά σου ἅγιον καὶ εὐλογημένον εἰς πάντας
Hen. 9B 4 τὸ ὄνομά σου ἅγιον καὶ εὐλογημένον εἰς πάντας τοὺς * αἰῶνας * καὶ τὰ ἑξῆς. (τότε ὁ ὕψιστος ἐκέλευσε τοῖς ἁγίοις
Hen. 9B 6 ξηρᾶς. ἐδίδαξε γὰρ τὰ μυστήρια καὶ ἀπεκάλυψε τῷ * αἰῶνι * τὰ ἐν οὐρανῷ. ἐπιτηδεύουσιν δὲ τὰ ἐπιτηδεύματα
Hen. 10 3 καὶ μενεῖ τὸ σπέρμα αὐτοῦ εἰς πάσας τὰς γενεὰς τοῦ * αἰῶνος. * καὶ τῷ Ῥαφαὴλ εἶπεν δῆσον τὸν Ἀζαὴλ ποσὶν καὶ
Hen. 10 5 αὐτῷ τὸ σκότος. καὶ οἰκησάτω ἐκεῖ εἰς τοὺς * αἰῶνας * καὶ τὴν ὄψιν αὐτοῦ πώμασον καὶ φῶς μὴ θεωρείτω
Hen. 10 12 αὐτῶν καὶ συντελεσμοῦ ἕως τελεσθῇ τὸ κρίμα τοῦ * αἰῶνος * τῶν αἰώνων. τότε ἀπαχθήσονται εἰς τὸ χάος τοῦ
Hen. 10 12 συντελεσμοῦ ἕως τελεσθῇ τὸ κρίμα τοῦ αἰῶνος τῶν * αἰώνων. * τότε ἀπαχθήσονται εἰς τὸ χάος τοῦ πυρὸς καὶ εἰς
Hen. 10 13 εἰς τὴν βάσανον καὶ εἰς τὸ δεσμωτήριον συνκλείσεως * αἰῶνος. * καὶ ὃς ἂν κατακαυθῇ καὶ ἀφανισθῇ ἀπὸ τοῦ νῦν
Hen. 10 16 τὸ φυτὸν τῆς δικαιοσύνης καὶ τῆς ἀληθείας εἰς τοὺς * αἰῶνας * μετὰ χαρᾶς φυτευθήσεται. καὶ νῦν πάντες οἱ
Hen. 10 22 οὐκέτι πέμψω ἐπ' αὐτοὺς εἰς πάσας τὰς γενεὰς τοῦ * αἰῶνος. * τότε ὁ ὕψιστος εἶπε καὶ ὁ ἅγιος ὁ μέγας ἐλάλησε
Hen. 10B 3 ψυχὴν αὐτοῦ εἰς ζωὴν συντηρήσει καὶ ἐκφεύξεται δι' * αἰῶνος * καὶ ἐξ αὐτοῦ φυτευθήσεται φύτευμα καὶ σταθήσεται
Hen. 10B 3 φύτευμα καὶ σταθήσεται πάσας τὰς γενεὰς τοῦ * αἰῶνος. * καὶ τῷ Ῥαφαὴλ εἶπε πορεύου Ῥαφαὴλ καὶ δῆσον
Hen. 10B 5 ἐπικάλυψον αὐτῷ σκότος καὶ οἰκησάτω ἐκεῖ εἰς τὸν * αἰῶνα * καὶ τὴν ὄψιν αὐτοῦ πώμασον καὶ φῶς μὴ θεωρείτω.
Hen. 10B 12 τελειώσεως τελεσμοῦ ἕως συντελεσθῇ κρίμα τοῦ * αἰῶνος * τῶν αἰώνων. τότε ἀπενεχθήσονται εἰς τὸ χάος τοῦ
Hen. 10B 12 τελεσμοῦ ἕως συντελεσθῇ κρίμα τοῦ αἰῶνος τῶν * αἰώνων. * τότε ἀπενεχθήσονται εἰς τὸ χάος τοῦ πυρὸς καὶ
Hen. 10B 13 βάσανον καὶ εἰς τὸ δεσμωτήριον τῆς συγκλείσεως τοῦ * αἰῶνος. * καὶ ὃς ἂν κατακριθῇ καὶ ἀφανισθῇ ἀπὸ τοῦ νῦν
Hen. 11 2 εἰρήνη κοινωνήσουσιν ὁμοῦ εἰς πάσας τὰς ἡμέρας τοῦ * αἰῶνος * καὶ εἰς πάσας τὰς γενεὰς τῶν ἀνθρώπων. πρὸ τούτων
Hen. 12 3 εὐλογῶν τῷ κυρίῳ τῆς μεγαλωσύνης τῷ βασιλεῖ τῶν * αἰώνων. * καὶ ἰδοὺ οἱ ἐγρήγοροι τοῦ ἁγίου τοῦ μεγάλου
Hen. 12 4 τὸν οὐρανὸν τὸν ὑψηλὸν τὸ ἁγίασμα τῆς στάσεως τοῦ * αἰῶνος * μετὰ τῶν γυναικῶν ἐμιάνθησαν καὶ ὥσπερ οἱ υἱοὶ
Hen. 12 6 τῶν υἱῶν αὐτῶν στενάξουσιν καὶ δεηθήσονται εἰς τὸν * αἰῶνα * καὶ οὐκ ἔσται αὐτοῖς εἰς ἔλεον καὶ εἰρήνην. ὁ δὲ
Hen. 14 1 δικαιοσύνης καὶ ἐλέγξεως ἐγρηγόρων τῶν ἀπὸ τοῦ * αἰῶνος * κατὰ τὴν ἐντολὴν τοῦ ἁγίου τοῦ μεγάλου ἐν ταύτῃ
Hen. 14 5 ἵνα μηκέτι εἰς τὸν οὐρανὸν ἀναβῆτε ἐπὶ πάντας τοὺς * αἰῶνας * καὶ ἐν τοῖς δεσμοῖς τῆς γῆς ἐρρέθη δῆσαι ὑμᾶς εἰς
Hen. 14 5 τῆς γῆς ἐρρέθη δῆσαι ὑμᾶς εἰς πάσας τὰς γενεὰς τοῦ * αἰῶνος * καὶ ἵνα περὶ τούτων ἴδητε τὴν ἀπώλειαν τῶν υἱῶν
Hen. 15 3 τί ἀπελίπετε τὸν οὐρανὸν τὸν ὑψηλὸν τὸν ἅγιον τοῦ * αἰῶνος * καὶ μετὰ τῶν γυναικῶν ἐκοιμήθητε καὶ μετὰ τῶν
Hen. 15 6 καὶ οὐκ ἀποθνήσκοντα εἰς πάσας τὰς γενεὰς τοῦ * αἰῶνος. * καὶ διὰ τοῦτο οὐκ ἐποίησα ἐν ὑμῖν θηλείας τὰ
Hen. 16 1 ἡμέρας τελειώσεως τῆς κρίσεως τῆς μεγάλης ἐν ᾗ ὁ * αἰὼν * ὁ μέγας τελεσθήσεται. καὶ νῦν ἐγρηγόροις τοῖς
Hen. 16B 1 τῆς τελειώσεως ἕως τῆς κρίσεως τῆς μεγάλης ἐν ᾗ ὁ * αἰὼν * ὁ μέγας τελεσθήσεται ἐφ' ἅπαξ ὁμοῦ τελεσθήσονται.
Hen. 21 10 τόπος δεσμωτήριον ἀγγέλων ὧδε συνσχεθήσονται μέχρι * αἰῶνος * εἰς τὸν αἰῶνα. καὶ ἐφώδευσα μέρχι τῆς
Hen. 21 10 ἀγγέλων ὧδε συνσχεθήσονται μέχρι αἰῶνος εἰς τὸν * αἰῶνα. * καὶ ἐφώδευσα μέρχι τῆς ἀκατασκευάστου. καὶ ἐκεῖ
Hen. 22 11 τῶν μαστίγων καὶ τῶν βασάνων τῶν κατηραμένων μέχρι * αἰῶνος * ἣν ἀνταπόδοσις τῶν πνευμάτων ἐκεῖ δήσει αὐτοὺς
Hen. 22 11 ἀνταπόδοσις τῶν πνευμάτων ἐκεῖ δήσει αὐτοὺς μέχρις * αἰῶνος. * καὶ οὕτως ἐχωρίσθη τοῖς πνεύμασιν τῶν
Hen. 22 14 εὐλογητὸς εἶ κύριε ὁ τῆς δικαιοσύνης κυριεύων τοῦ * αἰῶνος. * κἀκεῖθεν ἐφώδευσα εἰς ἄλλον τόπον πρὸς δυσμὰς
Hen. 24 4 καὶ τὸ ἄνθος καὶ τὸ δένδρον οὐ φθίνει εἰς τὸν * αἰῶνα. * οἱ δὲ περὶ τὸν καρπὸν ὡσεὶ βότρυες φοινίκων. τότε
Hen. 25 3 ὁ μέγας κύριος ὁ ἅγιος τῆς δόξης ὁ βασιλεὺς τοῦ * αἰῶνος * ὅταν καταβῇ ἐπισκέψασθαι τὴν γῆν ἐπ' ἀγαθῷ. καὶ
Hen. 25 4 κρίσεως ἐν ᾗ ἐκδίκησις πάντων καὶ τελείωσις μέχρις * αἰῶνος * τότε δικαίοις καὶ ὁσίοις δοθήσεται ὁ καρπὸς αὐτοῦ
Hen. 25 5 ἐν τόπῳ ἁγίῳ παρὰ τὸν οἶκον τοῦ θεοῦ βασιλέως τοῦ * αἰῶνος. * τότε εὐφρανθήσονται εὐφραινόμενοι καὶ χαρήσονται
Hen. 25 7 τότε ηὐλόγησα τὸν θεὸν τῆς δόξης τὸν βασιλέα τοῦ * αἰῶνος * ὃς ἡτοίμασεν ἀνθρώποις τὰ τοιαῦτα δικαίοις καὶ
Hen. 27 2 γῆ κατάρατος τοῖς κεκατηραμένοις ἐστὶν μέχρι * αἰῶνος. * ὧδε ἐπισυναχθήσονται πάντες οἱ κεκατηραμένοι
Hen. 27 3 καὶ ὧδε ἔσται τὸ οἰκητήριον. ἐπ' ἐσχάτοις * αἰῶσιν * ἐν ταῖς ἡμέραις τῆς κρίσεως τῆς ἀληθινῆς ἐναντίον
Hen. 27 3 οἱ ἀσεβεῖς τὸν κύριον τῆς δόξης τὸν βασιλέα τοῦ * αἰῶνος * ἐν ταῖς ἡμέραις τῆς κρίσεως αὐτῶν εὐλογήσουσιν ἐν
Hen. 90 1 ἀνεθεμάτισαν πρὸς τὸν πλησίον αὐτῶν ὅτι εἰς τὸν * αἰῶνα * οὐ μὴ ἀποστῇ ἀπ' αὐτοῦ ψῦχος καὶ χιὼν καὶ πάχνη
Hen. 90 5 τὴν ὀργὴν ἣν ὠργίσθη ὑμῖν ὁ βασιλεὺς πάντων τῶν * αἰώνων * μὴ νομίσητε ὅτι ἐκφεύξεσθε ταῦτα. ‹καὶ
Hen. 99 14 καὶ τὴν κληρονομίαν τῶν πατέρων αὐτῶν τὴν ἀπ' * αἰῶνος * ‹ὅτι› διώξεται ὑμᾶς πνεῦμα πλανήσεως οὐκ ἔστιν
Hen. 102 3 τῆς γῆς καὶ ὑμεῖς ἁμαρτωλοὶ ἐπικατάρατοι εἰς τὸν * αἰῶνα * οὐκ ἔστιν ὑμῖν χαίρειν. θαρσεῖτε ψυχαὶ τῶν δικαίων
Hen. 102 8 νῦν ἀναστήτωσαν καὶ σωθήτωσαν καὶ ὄψονται εἰς τὸν * αἰῶνα * ἡμᾶς φαγεῖν καὶ πεῖν. τοιγαροῦν ἁρπάσαι καὶ
Hen. 103 4 ἀπὸ προσώπου τοῦ μεγάλου εἰς πάσας τὰς γενεὰς τῶν * αἰώνων. * μὴ οὖν φοβεῖσθε τοὺς ὀνειδισμοὺς αὐτῶν. καὶ
Hen. 103 8 αἱ ψυχαὶ ὑμῶν ἐν πάσαις ταῖς γενεαῖς τοῦ * αἰῶνος. * οὐαὶ ὑμῖν οὐκ ἔστιν ὑμῖν χαίρειν. μὴ γὰρ εἴπητε
Hen. 104 5 αἰώνιος ἐξ ὑμῶν ἔσται εἰς πάσας τὰς γενεὰς τῶν * αἰώνων. * μὴ φοβεῖσθε οἱ δίκαιοι ὅταν ἴδητε τοὺς
Hen. 106 11 καὶ ἀνοίξας τὸ στόμα εὐλόγησεν τὸν κύριον τοῦ * αἰῶνος * καὶ ἐφοβήθη ὁ υἱός μου Λάμεχ καὶ ἔφυγεν πρὸς ἐμὲ
Abr.1 19 7 καὶ ὁ θάνατος εἶπεν ἄκουσον δίκαιε τοὺς ἑπτὰ * αἰῶνας * ἐγὼ λυμαίνω τὸν κόσμον καὶ πάντας εἰς ᾅδην κατάγω
Abr.1 20 15 υἱῷ καὶ τῷ ἁγίῳ πνεύματι νῦν καὶ ἀεὶ καὶ εἰς τοὺς * αἰῶνας * τῶν αἰώνων. ἀμήν.
Abr.1 20 15 ἁγίῳ πνεύματι νῦν καὶ ἀεὶ καὶ εἰς τοὺς αἰῶνας τῶν * αἰώνων. * ἀμήν.
Abr.2 14 7 αὐτοῦ δοξάζων τὸν ὕψιστον θεὸν ᾧ ἡ δόξα εἰς τοὺς * αἰῶνας * τῶν αἰώνων. ἀμήν.
Abr.2 14 7 τὸν ὕψιστον θεὸν ᾧ ἡ δόξα εἰς τοὺς αἰῶνας τῶν * αἰώνων. * ἀμήν.
TRub. 5 5 πᾶσα γυνὴ δολιευομένη ἐν τούτοις εἰς κόλασιν τοῦ * αἰῶνος * τετήρηται. οὕτως γὰρ ἔθελξαν τοὺς ἐγρηγόρους πρὸ
TRub. 6 12 ὁρατοῖς καὶ ἀοράτοις καὶ ἔσται ἐν ὑμῖν βασιλεὺς * αἰώνων. * καὶ ἀπέθανε Ῥουβὴμ ἐντειλάμενος τοῖς υἱοῖς
TSim. 6 2 καὶ πληθυνθήσονται ὡς κέδροι ἅγιοι ἐξ ἐμοῦ ἕως * αἰῶνος * καὶ οἱ κλάδοι αὐτῶν ἕως εἰς μακρὰν ἔσονται. τότε
TLevi 2 3B016 δοῦναι αὐτοῖς σπέρμα δίκαιον εὐλογημένον εἰς τοὺς * αἰῶνας. * εἰσάκουσον δὲ καὶ τῆς φωνῆς τοῦ παιδός σου Λευι
TLevi 2 3B018 λόγοις σου ποιεῖν κρίσιν ἀληθινὴν εἰς πάντα τὸν * αἰῶνα * ἐμὲ καὶ τοὺς υἱούς μου εἰς πάσας τὰς γενεὰς τῶν
TLevi 2 3B018 ἐμὲ καὶ τοὺς υἱούς μου εἰς πάσας τὰς γενεὰς τῶν * αἰώνων * καὶ μὴ ἀποστήσῃς τὸν υἱὸν τοῦ παιδός σου ἀπὸ τοῦ
TLevi 2 3B019 σου ἀπὸ τοῦ προσώπου σου πάσας τὰς ἡμέρας τοῦ * αἰῶνος. * καὶ ἐσιώπησα ἔτι δεόμενος. καὶ ἐλυπούμην περὶ
TLevi 4 4 κύριος πάντα τὰ ἔθνη ἐν σπλάγχνοις υἱοῦ αὐτοῦ ἕως * αἰῶνος. * πλὴν οἱ υἱοί σου ἐπιβαλοῦσι χεῖρας ἐπ' αὐτὸν τοῦ
TLevi 8 3 γίνου εἰς ἱερέα κυρίου σὺ καὶ τὸ σπέρμα σου ἕως * αἰῶνος. * καὶ ὁ πρῶτος ἤλειψέ με ἐλαίῳ ἁγίῳ καὶ ἔδωκέ μοι
TLevi 10 2 ὑμῶν καὶ παραβάσεως ἣν ποιήσετε ἐπὶ συντελείᾳ τῶν * αἰώνων * εἰς τὸν σωτῆρα τοῦ κόσμου ἀσεβοῦντες πλανῶντες
TLevi 18 2B059 ἐν τῇ γῇ καὶ τὸ σπέρμα σου ἕως πάντων τῶν * αἰώνων * ἐνεχθήσεται ἐν βιβλίῳ μνημοσύνου ζωῆς καὶ οὐκ
TLevi 18 2B060 ὄνομά σου καὶ τὸ ὄνομα τοῦ σπέρματός σου ἕως τῶν * αἰώνων. * καὶ νῦν τέκνον Λευι εὐλογημένον ἔσται τὸ σπέρμα
TLevi 18 2B061 τὸ σπέρμα σου ἐπὶ τῆς γῆς εἰς πάσας τὰς γενεὰς τῶν * αἰώνων. * καὶ ὅτε ἀνεπληρώθησάν μοι ἑβδομάδες τέσσαρες ἐν
TLevi 18 8 κυρίου τοῖς υἱοῖς αὐτοῦ ἐν ἀληθείᾳ εἰς τὸν * αἰῶνα * καὶ οὐκ ἔσται διαδοχὴ αὐτῷ εἰς γενεὰς καὶ γενεὰς
TLevi 18 8 ἔσται διαδοχὴ αὐτῷ εἰς γενεὰς καὶ γενεὰς ἕως τοῦ * αἰῶνος. * καὶ ἐπὶ τῆς ἱερωσύνης αὐτοῦ τὰ ἔθνη
TLevi 18 13 εὐδοκήσει κύριος ἐπὶ τοῖς ἀγαπητοῖς αὐτοῦ ἕως τῶν * αἰώνων. * τότε ἀγαλλιάσεται Ἀβραὰμ καὶ Ἰσαὰκ καὶ Ἰακὼβ
TJud. 15 5 καὶ ἔδειξέ μοι ὁ ἄγγελος τοῦ θεοῦ ὅτι ἕως τοῦ * αἰῶνος * καὶ βασιλεῖ καὶ πτωχῷ αἱ γυναῖκες κατακυριεύουσιν

| | | | |
|---|---|---|---|
| TJud. | 22 | 3 | καὶ αὐτὸς φυλάξει κράτος βασιλείας μου ἕως τοῦ * αἰῶνος. * ὅρκῳ γὰρ ὤμοσέ μοι κύριος μὴ ἐκλεῖψαι τὸ |
| TJud. | 22 | 3 | μου ἐκ τοῦ σπέρματός μου πάσας τὰς ἡμέρας ἕως τοῦ * αἰῶνος. * πολλὴ δὲ λύπη μοί ἐστι τέκνα μου διὰ τὰς |
| TJud. | 25 | 3 | τοῦ Βελιὰρ ὅτι ἐμβληθήσεται ἐν τῷ πυρὶ εἰς τὸν * αἰῶνα * καὶ ἐπέκεινα. καὶ οἱ ἐν λύπῃ τελευτήσαντες |
| TJud. | 25 | 5 | κλαύσονται καὶ πάντες οἱ λαοὶ δοξάσουσι κύριον εἰς * αἰῶνας. * φυλάξατε οὖν τέκνα μου πάντα νόμον κυρίου ὅτι |
| TDan | 5 | 12 | δίκαιοι ἥτις ἔσται εἰς δόξασμα θεοῦ ἕως τοῦ * αἰῶνος. * καὶ οὐκέτι ὑπομένει Ἰερουσαλὴμ ἐρήμωσιν οὐδὲ |
| TDan | 6 | 10 | κυρίου καὶ ἔσται τὸ γένος μου εἰς σωτηρίαν ἕως τοῦ * αἰῶνος. * καὶ θάψατέ με ἐγγὺς τῶν πατέρων μου. καὶ ταῦτα |
| TGad | 7 | 5 | ἢ μετανοοῦσιν ἀφίησιν ἢ ἀμετανοήτῳ τηρεῖ εἰς * αἰῶνα * τὴν κόλασιν. ὁ γὰρ πένης καὶ ἄφθονος ἐπὶ πᾶσι |
| TAser | 7 | 1 | ἥτις ἠγνόησε τοὺς ἀγγέλους κυρίου καὶ ἀπώλετο ἕως * αἰῶνος. * οἶδα γὰρ ὅτι ἁμαρτήσετε καὶ παραδοθήσεσθε εἰς |
| TJos. | 18 | 1 | ὑψώσει ὑμᾶς ἐνταῦθα καὶ εὐλογήσει ἐν ἀγαθοῖς εἰς * αἰῶνας. * καὶ ἐὰν θέλῃ τις κακοποιῆσαι ὑμᾶς ὑμεῖς τῇ |
| TJos. | 19 | 7 | καὶ τὸν Ἰσραήλ. ἡ γὰρ βασιλεία αὐτοῦ βασιλεία * αἰῶνος * ἥτις οὐ παρασαλεύεται. ἡ δὲ ἐμὴ βασιλεία ἐν ὑμῖν |
| TBen. | 7 | 5 | ὁ δὲ Λάμεχ ἐν τοῖς ἑβδομηκοντάκις ἑπτὰ ὅτι ἕως τοῦ * αἰῶνος * οἱ ὁμοιούμενοι τῷ Κάϊν ἐν φθόνῳ εἰς τὴν |
| TBen. | 11 | 3 | τῇ συναγωγῇ τῶν ἐθνῶν. καὶ ἕως συντελείας τῶν * αἰώνων * ἔσται ἐν συναγωγαῖς ἐθνῶν καὶ ἐν τοῖς ἄρχουσιν |
| TBen. | 11 | 4 | καὶ ὁ λόγος αὐτοῦ καὶ ἔσται ἐκλεκτὸς θεοῦ ἕως τοῦ * αἰῶνος. * καὶ δι' αὐτὸν συνέτισέ με Ἰακὼβ ὁ πατήρ μου |
| Asen. | 4 | 8 | ἔσῃ αὐτῷ νύμφη καὶ αὐτὸς ἔσται σου νυμφίος εἰς τὸν * αἰῶνα * χρόνον. καὶ ὡς ἤκουσεν Ἀσενὲθ τὰ ῥήματα ταῦτα |
| Asen. | 6 | 8 | παιδίσκην καὶ εἰς δούλην καὶ δουλεύσω αὐτῷ εἰς τὸν * αἰῶνα * χρόνον. καὶ εἰσῆλθεν Ἰωσὴφ εἰς τὴν οἰκίαν |
| Asen. | 8 | 9 | σου καὶ ζησάτω ἐν τῇ αἰωνίῳ ζωῇ σου εἰς τὸν * αἰῶνα * χρόνον. καὶ ἐχάρη Ἀσενὲθ ἐπὶ τῇ εὐλογίᾳ τοῦ |
| Asen. | 12 | 1 | αὐτῆς πρὸς τὸν θεὸν καὶ εἶπεν κύριε ὁ θεὸς τῶν * αἰώνων * ὁ κτίσας τὰ πάντα καὶ ζωοποιήσας ὁ δοὺς πνοὴν |
| Asen. | 12 | 11 | θαλάσσης καὶ καταπίεταί με τὸ κῆτος τὸ μέγα τὸ ἀπ' * αἰῶνος * καὶ ἀπολοῦμαι εἰς τὸν αἰῶνα χρόνον. ῥῦσαί με |
| Asen. | 12 | 11 | κῆτος τὸ μέγα τὸ ἀπ' αἰῶνος καὶ ἀπολοῦμαι εἰς τὸν * αἰῶνα * χρόνον. ῥῦσαί με κύριε πρὶν ἔλθῃ ἐπ' ἐμὲ ταῦτα |
| Asen. | 13 | 15 | καὶ ἔσομαι αὐτῷ δούλη καὶ δουλεύσω αὐτῷ εἰς τὸν * αἰῶνα * χρόνον. καὶ ὡς ἐπαύσατο Ἀσενὲθ ἐξομολογουμένη τῷ |
| Asen. | 15 | 4 | σου τῷ δακτύλῳ μου καὶ οὐκ ἐξαλειφθήσεται εἰς τὸν * αἰῶνα. * ἰδοὺ δὴ ἀπὸ τῆς σήμερον ἀνακαινισθήσῃ καὶ |
| Asen. | 15 | 6 | τῷ Ἰωσὴφ καὶ αὐτὸς ἔσται σοῦ νυμφίος εἰς τὸν * αἰῶνα * χρόνον. καὶ τὸ ὄνομά σου οὐκέτι κληθήσεται Ἀσενὲθ |
| Asen. | 15 | 7 | μετανοήσαντας καὶ αὐτὴ διακονήσει αὐτοῖς εἰς τὸν * αἰῶνα * χρόνον. καὶ ἔστιν ἡ μετάνοια καλὴ σφόδρα παρθένος |
| Asen. | 15 | 9 | ἔσται σου νυμφίος καὶ σὺ ἔσῃ αὐτῷ νύμφη εἰς τὸν * αἰῶνα * χρόνον. καὶ νῦν ἄκουσόν μου Ἀσενὲθ ἡ παρθένος |
| Asen. | 15 | 12 | τῆς ἀβύσσου καὶ εὐλογημένον τὸ ὄνομά σου εἰς τὸν * αἰῶνα. * τί ἐστι τὸ ὄνομά σου κύριε ἀνάγγειλόν μοι ἵνα |
| Asen. | 15 | 12B | ἀνάγγειλόν μοι ἵνα ὑμνήσω καὶ δοξάσω σε εἰς τὸν * αἰῶνα * χρόνον καὶ εἶπεν αὐτῇ ὁ ἄνθρωπος ἵνα τί τοῦτο |
| Asen. | 16 | 14 | πᾶς ὃς ἂν φάγῃ ἐξ αὐτοῦ οὐκ ἀποθανεῖται εἰς τὸν * αἰῶνα * χρόνον. καὶ ἐξέτεινεν ὁ ἄνθρωπος τὴν χεῖρα αὐτοῦ |
| Asen. | 16 | 16 | σου γῆρας οὐκ ὄψεται καὶ τὸ κάλλος σου εἰς τὸν * αἰῶνα * οὐκ ἐκλείψει. καὶ ἔσῃ ὡς μητρόπολις τετειχισμένη |
| Asen. | 16 | 16 | ἐπὶ τῷ ὀνόματι κυρίου τοῦ θεοῦ ⟨τοῦ βασιλέως τῶν * αἰώνων⟩. * καὶ ἐξέτεινε τὴν χεῖρα αὐτοῦ τὴν δεξιὰν ὁ |
| Asen. | 17 | 6 | τῆς πόλεως ἐκείνης ἐφ' ὑμᾶς ἀναπαύσονται εἰς τὸν * αἰῶνα * χρόνον. καὶ εἶπεν ὁ ἄνθρωπος τῇ Ἀσενὲθ μετάθες |
| Asen. | 19 | 5 | Ἰωσὴφ σήμερον καὶ αὐτὸς ἔσται σου νυμφίος εἰς τὸν * αἰῶνα * χρόνον. καὶ εἶπέ μοι οὐ κληθήσεται ἔτι τὸ ὄνομά |
| Asen. | 19 | 5 | καὶ κύριος ὁ θεὸς βασιλεύσει ἐθνῶν πολλῶν εἰς τοὺς * αἰῶνας * διότι ἐν σοὶ καταφεύξονται ἔθνη πολλὰ ἐπὶ κύριον |
| Asen. | 19 | 8 | τῷ ὑψίστῳ καὶ εὐλογημένον τὸ ὄνομά σου εἰς τοὺς * αἰῶνας * διότι κύριος ὁ θεὸς ἐθεμελίωσε τὰ τείχη σου ⟨ἐν |
| Asen. | 19 | 8 | σου καὶ κύριος ὁ θεὸς βασιλεύσει αὐτῶν εἰς τοὺς * αἰῶνας * τῶν αἰώνων. διότι ὁ ἄνθρωπος ἐκεῖνος ἦλθε πρός με |
| Asen. | 19 | 8 | κύριος ὁ θεὸς βασιλεύσει αὐτῶν εἰς τοὺς αἰῶνας τῶν * αἰώνων. * διότι ὁ ἄνθρωπος ἐκεῖνος ἦλθε πρός με σήμερον |
| Asen. | 21 | 3 | τῷ Ἰωσὴφ οὐκ ἰδοὺ αὐτὴ κατεγγύηταί σοι ἀπὸ τοῦ * αἰῶνος; * καὶ ἔστω σου γυνὴ ἀπὸ τοῦ νῦν καὶ εἰς τὸν αἰῶνα |
| Asen. | 21 | 3 | αἰῶνος; καὶ ἔστω σου γυνὴ ἀπὸ τοῦ νῦν καὶ εἰς τὸν * αἰῶνα * χρόνον. καὶ ἀπέστειλε Φαραὼ καὶ ἐκάλεσε τὸν |
| Asen. | 21 | 4 | τέκνον καὶ διαμείνῃ τὸ κάλλος σου τοῦτο εἰς τοὺς * αἰῶνας * διότι ⟨δικαίως⟩ κύριος ὁ θεὸς τοῦ Ἰωσὴφ |
| Asen. | 21 | 4 | κληθήσῃ καὶ νύμφη Ἰωσὴφ ἀπὸ τοῦ νῦν καὶ ἕως τοῦ * αἰῶνος. * καὶ ἔλαβε Φαραὼ τὸν Ἰωσὴφ καὶ τὴν Ἀσενὲθ καὶ |
| Asen. | 21 | 6 | ὑμᾶς καὶ μεγαλυνεῖ καὶ δοξάσει ὑμᾶς εἰς τοὺς * αἰῶνας. * καὶ περιέστρεψεν αὐτοὺς Φαραὼ πρὸς ἀλλήλους ἐπὶ |
| Asen. | 21 | 21 | αὐτοῦ ἐστήριξέ ⟨με⟩ καὶ ἤγαγέ με τῷ θεῷ τῶν * αἰώνων * καὶ τῷ ἄρχοντι τοῦ ⟨οἴκου⟩ τοῦ ὑψίστου καὶ ἔδωκέ |
| Asen. | 21 | 21 | ποτήριον σοφίας καὶ ἐγενόμην αὐτοῦ νύμφη εἰς τοὺς * αἰῶνας * ⟨τῶν αἰώνων⟩. καὶ ἐγένετο μετὰ ταῦτα παρῆλθον τὰ |
| Asen. | 21 | 21 | καὶ ἐγενόμην αὐτοῦ νύμφη εἰς τοὺς αἰῶνας ⟨τῶν * αἰώνων⟩. * καὶ ἐγένετο μετὰ ταῦτα παρῆλθον τὰ ἑπτὰ ἔτη τῆς |
| Asen. | 27 | 10 | καὶ τῆς φθορᾶς τοῦ θανάτου ὁ εἰπών μοι ὅτι εἰς τὸν * αἰῶνα * ζήσεται ἡ ψυχή σου ῥῦσαί με ἐκ τῶν χειρῶν τῶν |
| Sal. | 2 | 31 | εἰς δόξαν καὶ κοιμίζων ὑπερηφάνους εἰς ἀπώλειαν * αἰῶνος * ἐν ἀτιμίᾳ ὅτι οὐκ ἔγνωσαν αὐτόν. καὶ νῦν ἴδετε οἱ |
| Sal. | 2 | 34 | δικαίου καὶ ἁμαρτωλοῦ ἀποδοῦναι ἁμαρτωλοῖς εἰς τὸν * αἰῶνα * κατὰ τὰ ἔργα αὐτῶν καὶ ἐλεῆσαι δίκαιον ἀπὸ |
| Sal. | 2 | 37 | ἐνώπιον αὐτοῦ ἐν ἰσχύι. εὐλογητὸς κύριος εἰς τὸν * αἰῶνα * ἐνώπιον δούλων αὐτοῦ. ψαλμὸς τῷ Σαλωμων περὶ |
| Sal. | 3 | 11 | οὐκ ἀναστήσεται. ἡ ἀπώλεια τοῦ ἁμαρτωλοῦ εἰς τὸν * αἰῶνα * καὶ οὐ μνησθήσεται ὅταν ἐπισκέπτηται δικαίους. |
| Sal. | 3 | 12 | δικαίους. αὕτη ἡ μερὶς τῶν ἁμαρτωλῶν εἰς τὸν * αἰῶνα * οἱ δὲ φοβούμενοι τὸν κύριον ἀναστήσονται εἰς ζωὴν |
| Sal. | 7 | 8 | ἡμῶν. ὅτι σὺ οἰκτιρήσεις τὸ γένος Ισραηλ εἰς τὸν * αἰῶνα * καὶ οὐκ ἀπώσῃ. καὶ ἡμεῖς ὑπὸ ζυγόν σου τὸν αἰῶνα |
| Sal. | 7 | 9 | αἰῶνα καὶ οὐκ ἀπώσῃ. καὶ ἡμεῖς ὑπὸ ζυγόν σου τὸν * αἰῶνα * καὶ μάστιγα παιδείας σου. κατευθυνεῖς ἡμᾶς ἐν |
| Sal. | 8 | 7 | ἐδικαίωσα τὸν θεὸν ἐν τοῖς κρίμασιν αὐτοῦ τοῖς ἀπ' * αἰῶνος. * ἀνεκάλυψεν ὁ θεὸς τὰς ἁμαρτίας αὐτῶν ἐναντίον |
| Sal. | 8 | 26 | ὁ θεός. ἐδικαιώσαμεν τὸ ὄνομά σου τὸ ἔντιμον εἰς * αἰῶνας * ὅτι σὺ ὁ θεὸς τῆς δικαιοσύνης κρίνων τὸν Ισραηλ |
| Sal. | 8 | 33 | ἡμᾶς. ἡμῖν καὶ τοῖς τέκνοις ἡμῶν ἡ εὐδοκία εἰς τὸν * αἰῶνα * κύριε σωτὴρ ἡμῶν οὐ σαλευθησόμεθα ἔτι τὸν αἰῶνα |
| Sal. | 8 | 33 | αἰῶνα κύριε σωτὴρ ἡμῶν οὐ σαλευθησόμεθα ἔτι τὸν * αἰῶνα * χρόνον. αἰνετὸς κύριος ἐν τοῖς κρίμασιν αὐτοῦ ἐν |
| Sal. | 8 | 34 | ὁσίων καὶ εὐλογημένος Ισραηλ ὑπὸ κυρίου εἰς τὸν * αἰῶνα. * τῷ Σαλωμων εἰς ἔλεγχον. ἐν τῷ ἀπαχθῆναι Ισραηλ ἐν |
| Sal. | 9 | 9 | τὸ ὄνομά σου ἐφ' ἡμᾶς κύριε καὶ οὐκ ἀπώσῃ εἰς τὸν * αἰῶνα. * ἐν διαθήκῃ διέθου τοῖς πατράσιν ἡμῶν περὶ ἡμῶν |
| Sal. | 9 | 11 | τοῦ κυρίου ἡ ἐλεημοσύνη ἐπὶ οἶκον Ισραηλ εἰς τὸν * αἰῶνα * καὶ ἔτι. ἐν ὕμνοις τῷ Σαλωμων. μακάριος ἀνὴρ οὗ ὁ |
| Sal. | 10 | 5 | καὶ ὅσιος ὁ κύριος ἡμῶν ἐν κρίμασιν αὐτοῦ εἰς τὸν * αἰῶνα * καὶ Ισραηλ αἰνέσει τῷ ὀνόματι κυρίου ἐν εὐφροσύνῃ. |
| Sal. | 10 | 7 | Ισραηλ ὅτι χρηστὸς καὶ ἐλεήμων ὁ θεὸς εἰς τὸν * αἰῶνα * καὶ συναγωγαὶ Ισραηλ δοξάσουσιν τὸ ὄνομα κυρίου. |
| Sal. | 11 | 7 | σου ὅτι ὁ θεὸς ἐλάλησεν ἀγαθὰ Ισραηλ εἰς τὸν * αἰῶνα * καὶ ἔτι. ποιῆσαι κύριος ἃ ἐλάλησεν ἐπὶ Ισραηλ καὶ |
| Sal. | 11 | 9 | αὐτοῦ τοῦ κυρίου τὸ ἔλεος ἐπὶ τὸν Ισραηλ εἰς τὸν * αἰῶνα * καὶ ἔτι. τῷ Σαλωμων ἐν γλώσσῃ παρανόμων. κύριε |
| Sal. | 12 | 6 | κυρίου ἡ σωτηρία ἐπὶ Ισραηλ παῖδα αὐτοῦ εἰς τὸν * αἰῶνα * καὶ ἀπόλοιντο οἱ ἁμαρτωλοὶ ἀπὸ προσώπου κυρίου |
| Sal. | 13 | 11 | ἐν παιδείᾳ. ἡ γὰρ ζωὴ τῶν δικαίων εἰς τὸν * αἰῶνα * ἁμαρτωλοὶ δὲ ἀρθήσονται εἰς ἀπώλειαν καὶ οὐχ |
| Sal. | 14 | 3 | ζωὴν ἡμῶν. ὅσιοι κυρίου ζήσονται ἐν αὐτῷ εἰς τὸν * αἰῶνα * ὁ παράδεισος τοῦ κυρίου τὰ ξύλα τῆς ζωῆς ὅσιοι |
| Sal. | 14 | 4 | ὅσιοι αὐτοῦ. ἡ φυτεία αὐτῶν ἐρριζωμένη εἰς τὸν * αἰῶνα * οὐκ ἐκτιλήσονται πάσας τὰς ἡμέρας τοῦ οὐρανοῦ ὅτι |
| Sal. | 15 | 4 | καὶ δικαίας ὁ ποιῶν ταῦτα οὐ σαλευθήσεται εἰς τὸν * αἰῶνα * ἀπὸ κακοῦ φλὸξ πυρὸς καὶ ὀργὴ ἀδίκων οὐχ ἅψεται |
| Sal. | 15 | 12 | ἁμαρτωλοὶ ἐν ἡμέρᾳ κρίσεως κυρίου εἰς τὸν * αἰῶνα * ὅταν ἐπισκέπτηται ὁ θεὸς τὴν γῆν ἐν κρίματι αὐτοῦ |
| Sal. | 15 | 13 | τοῦ θεοῦ αὐτῶν καὶ ἁμαρτωλοὶ ἀπολοῦνται εἰς τὸν * αἰῶνα * χρόνον. ὕμνος τῷ Σαλωμων εἰς ἀντίληψιν ὁσίοις. ἐν |
| Sal. | 16 | 3 | μὴ ὁ κύριος ἀντελάβετό μου τῷ ἐλέει αὐτοῦ εἰς τὸν * αἰῶνα. * ἔνυξέν με ὡς κέντρον ἵππου ἐπὶ τὴν γρηγόρησιν |
| Sal. | 17 | 1 | τῷ βασιλεῖ. κύριε σὺ αὐτὸς βασιλεὺς ἡμῶν εἰς τὸν * αἰῶνα * καὶ ἔτι ὅτι ἐν σοί ὁ θεὸς καυχήσεται ἡ ψυχὴ ἡμῶν. |
| Sal. | 17 | 3 | σωτῆρα ἡμῶν ὅτι τὸ κράτος τοῦ θεοῦ ἡμῶν εἰς τὸν * αἰῶνα * μετ' ἐλέους καὶ ἡ βασιλεία τοῦ θεοῦ ἡμῶν εἰς τὸν |
| Sal. | 17 | 3 | μετ' ἐλέους καὶ ἡ βασιλεία τοῦ θεοῦ ἡμῶν εἰς τὸν * αἰῶνα * ἐπὶ τὰ ἔθνη ἐν κρίσει. σὺ κύριε ᾑρετίσω τὸν Δαυιδ |
| Sal. | 17 | 4 | σὺ ὤμοσας αὐτῷ περὶ τοῦ σπέρματος αὐτοῦ εἰς τὸν * αἰῶνα * τοῦ μὴ ἐκλείπειν ἀπέναντί σου βασίλειον αὐτοῦ. καὶ |
| Sal. | 17 | 35 | πατάξει γὰρ γῆν τῷ λόγῳ τοῦ στόματος αὐτοῦ εἰς * αἰῶνα * εὐλογήσει λαὸν κυρίου ἐν σοφίᾳ μετ' εὐφροσύνης καὶ |
| Sal. | 17 | 46 | ἐχθρῶν βεβήλων. κύριος αὐτὸς βασιλεὺς ἡμῶν εἰς τὸν * αἰῶνα * καὶ ἔτι. ψαλμὸς τῷ Σαλωμων ἔτι τοῦ χριστοῦ κυρίου. |
| Sal. | 18 | 1 | τὸ ἔλεός σου ἐπὶ τὰ ἔργα τῶν χειρῶν σου εἰς τὸν * αἰῶνα * ἡ χρηστότης σου μετὰ δόματος πλουσίου ἐπὶ Ισραηλ |
| Sal. | 18 | 11 | ἡμέραν ἀφ' ἧς ἡμέρας ἔκτισεν αὐτοὺς ὁ θεὸς καὶ ἕως * αἰῶνος * καὶ οὐκ ἐπλανήθησαν ἀφ' ἧς ἡμέρας ἔκτισεν αὐτούς |
| Jer. | 8 | 4 | αὐτὸν οὐ μὴ καταλείψωμεν τὰς γυναῖκας ἡμῶν εἰς τὸν * αἰῶνα * ἀλλ' ὑποστρέφωμεν αὐτὰς μεθ' ἡμῶν εἰς τὴν πόλιν |
| Jer. | 9 | 13 | τὸν ἐξυπνίζοντα ἡμᾶς Ἰησοῦν Χριστὸν τὸ φῶς τῶν * αἰώνων * πάντων ὁ ἄσβεστος λύχνος ἡ ζωὴ τῆς πίστεως. |
| Jer. | 9 | 25 | λίθον ὧδε καὶ ἔστησεν αὐτὸν καὶ εἶπεν τὸ φῶς τῶν * αἰώνων * ποίησον τὸν λίθον τοῦτον καθ' ὁμοιότητά μου |
| Bar. | 17 | 4 | καὶ αὐτὸς δοξάσῃ ἡμᾶς νῦν καὶ ἀεὶ καὶ εἰς τοὺς * αἰῶνας * τῶν αἰώνων. ἀμήν. |
| Bar. | 17 | 4 | δοξάσῃ ἡμᾶς νῦν καὶ ἀεὶ καὶ εἰς τοὺς αἰῶνας τῶν * αἰώνων. * ἀμήν. |
| Esdr. | 1 | 24 | παρέδωκας. οὐαὶ τοὺς ἁμαρτωλοὺς ἐν τῷ μέλλοντι * αἰῶνι * ὅτι ἀτελεύτητος αὐτῶν ἡ κρίσις καὶ ἡ φλὸξ |
| Esdr. | 2 | 14 | τῶν Χερουβὶμ ζωῇ ἐφυλάττετο εἰς τὸν ἀτελεύτητον * αἰῶνα * καὶ πῶς ὑπατίθη ὁ ὑπ' ἀγγέλων φυλαττόμενος; |
| Esdr. | 7 | 16 | υἱῷ καὶ τῷ ἁγίῳ πνεύματι νῦν καὶ ἀεὶ καὶ εἰς τοὺς * αἰῶνας * τῶν αἰώνων. ἀμήν. |
| Esdr. | 7 | 16 | ἁγίῳ πνεύματι νῦν καὶ ἀεὶ καὶ εἰς τοὺς αἰῶνας τῶν * αἰώνων. * ἀμήν. |
| Sedr. | 8 | 10 | θαλάσσης; εἰπέ μοι Σεδρὰχ ἀπὸ κτίσεως κόσμου τῶν * αἰώνων * βρέχοντος τοῦ ἀέρος πόσα σταλάγματα ἔπεσον εἰς |
| Sedr. | 16 | 6 | τὸν θαυμαστὸν οὐ μὴ λογισθῇ ἁμαρτία αὐτοῦ εἰς τὸν * αἰῶνα * τοῦ αἰῶνος. καὶ λέγει Σεδρὰχ κύριε καὶ εἴ τις |
| Sedr. | 16 | 6 | οὐ μὴ λογισθῇ ἁμαρτία αὐτοῦ εἰς τὸν αἰῶνα τοῦ * αἰῶνος. * καὶ λέγει Σεδρὰχ κύριε καὶ εἴ τις ποιήσει |
| Sedr. | 16 | 10 | τῶν ἁγίων ἁπάντων. ᾧ ἡ δόξα καὶ τὸ κράτος εἰς τοὺς * αἰῶνας * τῶν αἰώνων. ἀμήν. |
| Sedr. | 16 | 10 | ᾧ ἡ δόξα καὶ τὸ κράτος εἰς τοὺς αἰῶνας τῶν * αἰώνων. * ἀμήν. |
| Job | 4 | 6 | ταῖς γενεαῖς τῆς γῆς ἄχρι τῆς συντελείας τοῦ * αἰῶνος. * καὶ πάλιν ἀνακάμψω σε ἐπὶ τὰ ὑπάρχοντά σου, καὶ |
| Job | 33 | 5 | ὑπάρχει ἐν τῇ ἁγίᾳ γῇ καὶ ἡ δόξα αὐτοῦ ἐν τῷ * αἰῶνί * ἐστιν τοῦ ἀπαραλλάκτου. οἱ μὲν ποταμοὶ |
| Job | 33 | 9 | αὐτῶν ἔσονται ὡς ἔσοπτρον ἐμοὶ δὲ ἡ βασιλεία εἰς * αἰῶνας * αἰώνων, καὶ ἡ δόξα καὶ ἡ εὐπρέπεια αὐτῆς ἐν τοῖς |
| Job | 33 | 9 | ἔσονται ὡς ἔσοπτρον ἐμοὶ δὲ ἡ βασιλεία εἰς αἰῶνας * αἰώνων, * καὶ ἡ δόξα καὶ ἡ εὐπρέπεια αὐτῆς ἐν τοῖς ἅρμασιν |
| Job | 34 | 4 | αἱ ἡγεμονίαι αὐτῶν καὶ ἰδοὺ ἡμῖν, φησίν, ἔσται ἕως * αἰῶνος. * ἀναστὰς δὲ ἐν μεγάλῃ ταραχῇ Ελιφας ἔκλινεν ἀπ' |
| Job | 47 | 3 | αὗται αἱ χορδαὶ εἰσάξουσιν ὑμᾶς εἰς τὸν μείζονα * αἰῶνα, * ζῆσαι ἐν τοῖς οὐρανοῖς ἀγνοεῖτε οὖν ὑμεῖς, τέκνα, |
| Job | 53 | 8 | λαβόντα ὄνομα ὀνομαστὸν ἐν πάσαις ταῖς γενεαῖς τοῦ * αἰῶνος, * ἀμὴν καταλείψας υἱοὺς ζ' καὶ θυγατέρας τρεῖς καὶ |
| Sib. | 3 | 50 | ἥξει δ' ἁγνὸς ἄναξ πάσης γῆς σκῆπτρα κρατήσων εἰς * αἰῶνας * ἅπαντας ἐπειγομένοιο χρόνοιο. καὶ τότε Λατίνων |
| Sib. | 3 | 92 | καὶ τότε δὴ μεγάλοιο θεοῦ κρίσις εἰς μέσον ἥξει * αἰῶνος * μεγάλοιο ὅταν τάδε πάντα γένηται. ὢ ὢ δὴ πλωτῶν |
| Sib. | 3 | 507 | σε καπνιζομένην πᾶσα χθὼν ὄψεται αὖτις κοὔ σε δι' * αἰῶνος * λείψει πῦρ ἀλλὰ καήσῃ. αἰαῖ σοι Θρήκη ζυγὸν ὡς |
| Sib. | 3 | 757 | καὶ βασιλεὺς βασιλῆι φίλος μέχρι τέρματος ἔσται * αἰῶνος * κοινόν τε νόμον κατὰ γαῖαν ἅπασαν ἀνθρώποις |

Sib. 3 767 ὅς κεν ἁμάρτῃ. καὶ τότε δὴ ἐξεγερεῖ βασιλήιον εἰς * αἰῶνας * πάντας ἐπ᾽ ἀνθρώπους ἅγιον νόμον ὅς ποτ᾽ ἔδωκεν
Sib. 3 786 κόρη καὶ ἀγάλλεο σοὶ γὰρ ἔδωκεν εὐφροσύνην * αἰῶνος * ὃς οὐρανὸν ἔκτισε καὶ γῆν. ἐν σοὶ δ᾽ οἰκήσει σοί
Sib. 5 91 ὑπερηφανίης δώσεις ὅσα πρόσθεν ἔρεξας. σιγήσεις * αἰῶνα * πολὺν καὶ νόστιμον ἦμαρ --- κοὐκέτι σοι ῥεύσει
Sib. 5 163 κακοῖς κακὰ μοχθήσασα ἀλλὰ μενεῖς πανέρημος ὅλους * αἰῶνας * ἐσαῦτις (ἔσσεται ἀλλὰ μενεῖ εἰς αἰῶνας πανέρημος)
Sib. 5 164 ὅλους αἰῶνας ἐσαῦτις (ἔσσεται ἀλλὰ μενεῖ εἰς * αἰῶνας * πανέρημος) σὸν στυγέουσ᾽ ἔδαφος ὅτι φαρμακίην
Sib. 5 183 +Πυθὼν+ ἡ τὸ πάλαι δίπολις κληθεῖσα δικαίως * αἰῶσιν * σίγησον ὅπως παύσῃ κακότητος. ὕβρι κακῶν θησαυρὲ
Sib. 5 255 ἐχθραῖς διολοῦνται +ἀλλ᾽ ἐπι+στήσει τε κακῶν * αἰῶνι * τρόπαια. εἷς δέ τις ἔσσεται αὖτις ἀπ᾽ αἰθέρος
FEll. 10 94 4 ἐπὶ τῇ βασιλείᾳ τοῦ κυρίου αὐτῶν εἰς τοὺς * αἰῶνας. * τοῦ Ἀντιχρίστου οἷος μέλλῃ τότε φαίνεσθαι ἡ
FMan. 2 22 14 μὴ συναπολέσῃς με ταῖς ἀνομίαις μου μηδὲ εἰς τὸν * αἰῶνα * μηνίσας τηρήσῃς τὰ κακά μοι μηδὲ καταδικάσῃς με ἐν
FMan. 2 22 14 δύναμις τῶν οὐρανῶν καὶ σοῦ ἐστιν ἡ δόξα εἰς τοὺς * αἰῶνας * ἀμήν. καὶ ἐπήκουσεν τῆς φωνῆς αὐτοῦ κύριος καὶ
FEsd. 8 23 καὶ ἡ ἀπειλὴ τήκει ὄρη καὶ ἡ ἀλήθεια μένει εἰς τὸν * αἰῶνα. * διαφθαρεισῶν τῶν γραφῶν ἐπίπνους πάσας τὰς
FAch. 107 ὄφελον ἠδυνάμην ἣν λέγεις σεαυτοῦ ἐσχάτην ἡμέραν * αἰῶνα * ποιῆσαι ἐὰν ἀληθεύεις ὅτι Αἴσωπος ζῇ. ἐκεῖνον γὰρ
ISop. 5 121 4 οὕτως εὐσεβεῖν νομίζομεν. ἔσται γὰρ ἔσται κεῖνος * αἰῶνος * χρόνος ὅταν πυρὸς γέμοντα θησαυρὸν σχάσῃ χρυσωπὸς
IOrp. 5 ἀληθέα μηδέ σε τὰ πρὶν ἐν στήθεσσι φανέντα φίλης * αἰῶνος * ἀμέρσῃ εἰς δὲ λόγον θεῖον βλέψας τούτῳ προσέδρευε
LEze. 64 29 6 09 λύθρῳ ἐπείσατον γῆν καὶ τὸν ἐξ ἀκηράτων πεσεῖν * αἰώνων * πρωτόπλαστον εἰς χθόνα ὑμεῖς ἐτεκτήνασθε.
FrAn. 1 218 2 ὁ ἐλεῶν πτωχὸν θεῷ δανείζει. ἰδοὺ γὰρ ἐν τῷ νῦν * αἰῶνι * ἐξεπλήρωσά σοι πολυπλασίονα ὑπὲρ ὧν ἐδάνεισάς μοι.
FrAn. 574 3067 τὸν συνσείοντα τοὺς τέσσαρας ἀνέμους ἀπὸ τῶν ἱερῶν * Αἰώνων * οὐρανοειδῆ θαλασσοειδῆ νεφελοειδῆ φωσφόρον
FrAn. 574 3070 τῇ καθαρᾷ Ἱεροσολύμῳ ᾧ τὸ ἄσβεστον πῦρ διὰ παντὸς * αἰῶνος * προσπαράκειται τῷ ὀνόματι αὐτοῦ τῷ ἁγίῳ

αἰώνιος 37

Adam 29 4 καὶ προσελθόντες εἶπον οἱ ἄγγελοι τῷ κυρίῳ Ἰαὴλ * αἰώνιε * βασιλεῦ κέλευσον δοθῆναι τῷ Ἀδὰμ θυμιάματα
Hen. 5 6 καὶ εἰρήνη. τότε ἔσται τὰ ὀνόματα ὑμῶν εἰς κατάραν * αἰώνιον * πᾶσιν τοῖς δικαίοις καὶ ἐν ὑμῖν καταράσονται
Hen. 10 10 αὐτῶν καὶ περὶ αὐτῶν ὅτι ἐλπίζουσιν ζῆσαι ζωὴν * αἰώνιον * καὶ ὅτι ζήσεται ἕκαστος αὐτῶν ἔτη πεντακόσια.
Hen. 10B 10 ἔστι τοῖς πατράσιν αὐτῶν ὅτι ἐλπίζουσι ζῆσαι ζωὴν * αἰώνιον * καὶ ὅτι ζήσεται ἕκαστος αὐτῶν ἔτη πεντακόσια.
Hen. 15 4 γίγαντας. καὶ ὑμεῖς ἦτε ἅγιοι καὶ πνεύματα ζῶντα * αἰώνια * ἐν τῷ αἵματι τῶν γυναικῶν ἐμιάνθητε καὶ ἐν αἵματι
Hen. 15 6 ἐπὶ τῆς γῆς. ὑμεῖς δὲ ὑπήρχετε πνεύματα ζῶντα * αἰώνια * καὶ οὐκ ἀποθνήσκοντα εἰς πάσας τὰς γενεὰς τοῦ
Hen. 99 2 τοὺς λόγους τοὺς ἀληθινοὺς καὶ διαστρέφοντες τὴν * αἰωνίαν * διαθήκην καὶ λογιζόμενοι ἑαυτοὺς ἀναμαρτήτους ἐν
Hen. 104 5 ⟨ἀλλ᾽ ὑμεῖς οἱ ἁμαρτωλοί⟩ σκυλήσεσθε καὶ κρίσις * αἰώνιος * ἐξ ὑμῶν ἔσται εἰς πάσας τὰς γενεὰς τῶν αἰώνων.
Abr.1 11 11 ἀπάγουσα εἰς τὴν ἀπώλειαν καὶ εἰς τὴν κόλασιν τὴν * αἰώνιον * καὶ διὰ τοῦτο ὁ πρωτόπλαστος Ἀδὰμ ἀνίσταται ἀπὸ
Abr.1 13 4 Ἀβραὰμ γενήσεται τελεία κρίσις καὶ ἀνταπόδοσις * αἰωνία * καὶ ἀμετάθετος ἣν ἄλλος οὐδεὶς δυνήσεται
Abr.1 14 14 ὅτι ἀπώλεσας ἐγὼ αὐτοὺς ἀνεκαλεσάμην καὶ εἰς ζωὴν * αἰώνιον * αὐτοὺς ἤγαγον δι᾽ ἄκραν ἀγαθότηταν ⟨διότι
Abr.1 20 15 αὐτοῦ κτησώμεθα πολιτείαν ἵνα ἀξιωθῶμεν τῆς * αἰωνίου * ζωῆς δοξάζοντες τῷ πατρὶ καὶ τῷ υἱῷ καὶ τῷ ἁγίῳ
TRub. 6 3 μέν ἐστι νόσος ἀνίατος ἡμῖν δὲ ὄνειδος τοῦ Βελιὰρ * αἰώνιον * ὅτι ἡ πορνεία οὔτε σύνεσιν οὔτε εὐσέβειαν ἔχει
TLevi 15 2 ἐν αὐτοῖς καὶ λήψεσθε ὀνειδισμὸν καὶ αἰσχύνην * αἰώνιον * παρὰ τῆς δικαιοκρισίας τοῦ θεοῦ καὶ πάντες οἱ
TIss. 7 9 καλῷ πᾶν μέλος ἔχων ὑγιὲς καὶ ἰσχύων ὕπνωσεν ὕπνον * αἰώνιον. *
TZab. 10 3 αὐτῶν. ἐπὶ δὲ τοὺς ἀσεβεῖς ἐπάξει κύριος πῦρ * αἰώνιον * καὶ ἀπολέσει αὐτοὺς ἕως γενεῶν. τέως ἐγὼ εἰς τὴν
TDan 5 11 κύριον καὶ δώσει τοῖς ἐπικαλουμένοις αὐτὸν εἰρήνην * αἰώνιον * καὶ ἀναπαύσονται ἐν Ἔδεμ ἅγιοι καὶ ἐπὶ τῆς νέας
TDan 7 1 ταῦτα εἰπὼν κατεφίλησεν αὐτοὺς καὶ ὕπνωσεν ὕπνον * αἰώνιον. * καὶ ἔθαψαν αὐτόν οἱ υἱοὶ αὐτοῦ. καὶ μετὰ ταῦτα
TAser 5 2 εἰσὶ καὶ ὑπὸ ζωὴν τὰ δίκαια διὸ καὶ τὸν θάνατον ἡ * αἰώνιος * ζωὴ ἀναμένει. καὶ οὐκ ἔστιν εἰπεῖν τὴν ἀλήθειαν
TJos. 20 4 εἰπὼν ἐκτείνας τοὺς πόδας αὐτοῦ ἐκοιμήθη ὕπνον * αἰώνιον. * καὶ ἐπένθησεν αὐτὸν πᾶς Ἰσραὴλ καὶ πᾶσα ἡ
TBen. 10 4 οὖν δότε αὐτὰ τοῖς τέκνοις ὑμῶν εἰς κατάσχεσιν * αἰώνιον * τοῦτο γὰρ ἐποίησαν καὶ Ἀβραὰμ καὶ Ἰσαὰκ καὶ
Asen. 8 9 ἣν ἡτοίμασας τοῖς ἐκλεκτοῖς σου καὶ ζησάτω ἐν τῇ * αἰωνίῳ * ζωῇ σου εἰς τὸν αἰῶνα χρόνον. καὶ ἐχάρη Ἀσενὲθ
Asen. 12 15 τῆς κληρονομίας σου κύριε ἄφθαρτά εἰσι καὶ * αἰώνια. * ἐπίσκεψαι κύριε τὴν ταπείνωσίν μου καὶ ἐλέησόν
Asen. 22 13 ὑψίστοις ⟨καὶ τὰ τείχη αὐτῆς ὡς τείχη ἀδαμάντινα * αἰώνια * καὶ τὰ θεμέλια αὐτῆς τεθεμελιωμένα ὑπὲρ πέτρας
Sal. 3 12 οἱ δὲ φοβούμενοι τὸν κύριον ἀναστήσονται εἰς ζωὴν * αἰώνιον * καὶ ἡ ζωὴ αὐτῶν ἐν φωτὶ κυρίου καὶ οὐκ ἐκλείψει
Sal. 10 4 αὐτοῦ ἐν ἐλέει ἡ γὰρ μαρτυρία ἐν νόμῳ διαθήκης * αἰωνίου * ἡ μαρτυρία κυρίου ἐπὶ ὁδοὺς ἀνθρώπων ἐν
Sal. 10 8 κυρίου ἡ σωτηρία ἐπὶ οἶκον Ισραηλ εἰς εὐφροσύνην * αἰώνιον. * τῷ Σαλωμων εἰς προσδοκίαν. σαλπίσατε ἐν Σιων ἐν
Sal. 17 19 τοῦ στάξαι ὑετὸν ἐπὶ τὴν γῆν. πηγαὶ συνεσχέθησαν * αἰώνιοι * ἐξ ἀβύσσων ἀπὸ ὀρέων ὑψηλῶν ὅτι οὐκ ἦν ἐν αὐτοῖς
Bar. 4 16 καὶ τῆς τοῦ θεοῦ δόξης μακρὰν γίνονται καὶ τῷ * αἰωνίῳ * πυρὶ ἑαυτοὺς προξενοῦσιν. πᾶν γὰρ ἀγαθὸν δι᾽
Esdr. 5 23 τῶν ἀνέμων καὶ τὰς ἀποθήκας τῶν κρυστάλλων καὶ τὰς * αἰωνίους * κρίσεις. καὶ εἶδον ἐκεῖ ἄνθρωπον κρεμάμενον ἐκ
Esdr. 7 5 καὶ τότε ἤρξατο λέγειν ὁ μακάριος Ἐσδρὰμ ὁ θεὸς ὁ * αἰώνιος * ὁ πάσης τῆς κτίσεως δημιουργὸς ὁ τὸν οὐρανὸν
Sib. 3 15 φαίνει τύπος οὐδ᾽ ἐλέφαντος ἀλλ᾽ αὐτὸς ἀνέδειξεν * αἰώνιος * αὐτὸς ἑαυτὸν ὄντα τε καὶ πρὶν ἐόντα ἀτὰρ πάλι
Sib. 3 309 καταβήσεται ἐξ ἁγίων σοι) καὶ θυμοῦ τέκνοις * αἰώνιος * ἐξολόθρευσις. καὶ τότ᾽ ἔσῃ ὡς ἦσθα πρὸ τοῦ ὡς μὴ
Sib. 3 505 Κρήτη πολυώδυνε εἷς σέ περ ἥξει πληγὴ καὶ φοβερὰ * αἰώνιος * +ἐξαλαπάξει+ καὶ σε καπνιζομένην πᾶσα χθὼν
Sib. 3 771 τε πύλας καὶ χάρματα πάντα καὶ νοῦν ἀθάνατον * αἰώνιον * εὐφροσύνην τε. πάσης δ᾽ ἐκ γαίης λίβανον καὶ
Sib. 5 316 κακὴν χθόνα τεφρωθεῖσαν Λέσβος ὑπ᾽ Ἠριδανοῦ * αἰώνιον * ἐξαπολεῖται. αἰαῖ σοι +Κέρκυρα+ καλὴ πόλι παύεο
FPho. 112 ψυχῶν δὲ θεὸς βασιλεύει. κοινὰ μέλαθρα δόμων * αἰώνια * καὶ πατρὶς Ἅιδης ξυνὸς χῶρος ἅπασι πένησί τε καὶ

ἀκαθαρσία 19

Hen. 5 4 μεγάλους καὶ σκληροὺς λόγους ἐν στόματι * ἀκαθαρσίας * ὑμῶν κατὰ τῆς μεγαλωσύνης αὐτοῦ. ὅτι
Hen. 10 11 αὐτῷ ταῖς γυναιξὶν μιγεῖσιν μιανθῆναι ἐν αὐταῖς ἐν * ἀκαθαρσίᾳ * αὐτῶν καὶ ὅταν κατασφαγῶσιν οἱ υἱοὶ αὐτῶν καὶ
Hen. 10 20 βάτους δέκα. καὶ σὺ καθάρισον τὴν γῆν ἀπὸ πάσης * ἀκαθαρσίας * καὶ ἀπὸ πάσης ἀδικίας καὶ ἀπὸ πάσης ἁμαρτίας
Hen. 10 20 καὶ ἀπὸ πάσης ἁμαρτίας καὶ ἀσεβείας καὶ πάσας τὰς * ἀκαθαρσίας * τὰς γινομένας ἐπὶ τῆς γῆς ἐξάλειψον. καὶ
Hen. 10 22 πᾶσα ἡ γῆ ἀπὸ παντὸς μιάσματος καὶ ἀπὸ πάσης * ἀκαθαρσίας * καὶ ὀργῆς καὶ μάστιγος καὶ οὐκέτι πέμψω ἐπ᾽
Hen. 10B 11 τῶν ἀνθρώπων τοῦ μιανθῆναι ἐν αὐταῖς ἐν τῇ * ἀκαθαρσίᾳ * αὐτῶν. καὶ ὅταν κατασφαγῶσιν οἱ υἱοὶ αὐτῶν καὶ
Abr.1 17 13 ὄψιν ζοφερὰν παντὸς θηρίου ἀγριωτέραν καὶ πάσης * ἀκαθαρσίας * ἀκαθαρσιωτέραν καὶ ὑπέδειξε ⟨τῷ Ἀβραὰμ⟩
TLevi 2 3B014 γῆς καθάρισον τὴν καρδίαν μου δέσποτα ἀπὸ πάσης * ἀκαθαρσίας * καὶ προσάρωμαι πρός σε αὐτὸς καὶ μὴ
TLevi 15 1 ὁ ναὸς ὃν ἂν ἐκλέξηται κύριος ἔρημος ἔσται ἐν * ἀκαθαρσίᾳ * καὶ ὑμεῖς αἰχμάλωτοι ἔσεσθε εἰς πάντα τὰ ἔθνη
TLevi 18 2B014 καὶ εἶπεν τέκνον Λευὶ πρόσεχε σεαυτῷ ἀπὸ πάσης * ἀκαθαρσίας * ἡ κρίσις σου μεγάλη ἀπὸ πάσης σαρκός. καὶ νῦν
TLevi 18 2B016 σεαυτῷ ἀπὸ παντὸς συνουσιασμοῦ καὶ ἀπὸ πάσης * ἀκαθαρσίας * καὶ ἀπὸ πάσης πορνείας. σὺ +πρῶτος+ ἀπὸ τοῦ
TLevi 18 2B018 αὐτοῦ. γίνου καθαρὸς ἐν τῷ σώματί σου ἀπὸ πάσης * ἀκαθαρσίας * παντὸς ἀνθρώπου. καὶ ὅταν εἰσπορεύῃ ἐν τοῖς
TJud. 14 5 καὶ ἐποίησα ἁμαρτίαν μεγάλην καὶ ἀνεκάλυψα κάλυμμα * ἀκαθαρσίας * υἱῶν μου. πιὼν οἶνον οὐκ αἰσχύνθην ἐντολὴν
TJos. 4 6 κυρίου σου πορευόμενοι. λέγω δὲ πρὸς αὐτὴν οὐκ ἐν * ἀκαθαρσίᾳ * θέλει κύριος τοὺς σεβομένους αὐτὸν οὐδὲ ἐν
Sal. 8 12 ἐπατοῦσαν τὸ θυσιαστήριον κυρίου ἀπὸ πάσης * ἀκαθαρσίας * καὶ ἐν ἀφέδρῳ αἵματος ἐμίαναν τὰς θυσίας ὡς
Sal. 8 20 ἐξέχεεν τὸ αἷμα τῶν οἰκούντων Ιερουσαλημ ὡς ὕδωρ * ἀκαθαρσίας. * ἀπήγαγεν τοὺς υἱοὺς καὶ τὰς θυγατέρας αὐτῶν
Sal. 8 22 αὐτῶν ἃ ἐγέννησαν ἐν βεβηλώσει. ἐποίησαν κατὰ τὰς * ἀκαθαρσίας * αὐτῶν καθὼς οἱ πατέρες αὐτῶν ἐμίαναν
Sal. 17 45 ὁ θεὸς ἐπὶ Ισραηλ τὸ ἔλεος αὐτοῦ ῥύσαιτο ἡμᾶς ἀπὸ * ἀκαθαρσίας * ἐχθρῶν βεβήλων. κύριος αὐτὸς βασιλεὺς ἡμῶν
Aris. 166 4 τῷ λόγῳ σωματοποιήσαντες κακοῖς ἑτέρους ἐνεκύλισαν * ἀκαθαρσίαν * οὐ τὴν τυχοῦσαν ἐπετέλεσαν μιανθέντες αὐτοί

ἀκαθάρσιος * 1

Abr.1 17 13 παντὸς θηρίου ἀγριωτέραν καὶ πάσης ἀκαθαρσίας * ἀκαθαρσιωτέραν * καὶ ὑπέδειξε ⟨τῷ Ἀβραὰμ⟩ κεφαλὰς

ἀκάθαρτος 13

TAser 2 9 ὅτι ἐξ ἡμισείας εἰσὶ καθαροὶ τὸ δὲ ἀληθὲς * ἀκάθαρτοί * εἰσιν. καὶ γὰρ ὁ θεὸς ἐν ταῖς πλαξὶ τῶν
TAser 4 5 ἐλάφοις ὅμοιοί εἰσιν ὅτι ἐν ἤθει ἀγρίῳ δοκοῦσιν * ἀκάθαρτοι * εἶναι τὸ δὲ πᾶν καθαροί εἰσιν ὅτι ἐν ζήλῳ θεοῦ
TBen. 5 2 τοῖς θλιβομένοις. ἐὰν ἦτε ἀγαθοποιοῦντες καὶ τὰ * ἀκάθαρτα * πνεύματα φεύξεται ἀφ᾽ ὑμῶν καὶ αὐτὰ τὰ θηρία
Aris. 128 4 περί τε τῶν βρωτῶν καὶ ποτῶν καὶ τῶν νομιζομένων * ἀκαθάρτων * εἶναι κνωδάλων. πυνθανομένων γὰρ ἡμῶν διά τί
Aris. 129 2 γὰρ ἡμῶν διά τί μιᾶς καταβολῆς οὔσης τὰ μὲν * ἀκάθαρτα * νομίζεται πρὸς βρῶσιν τὰ δὲ καὶ πρὸς τὴν ἀφὴν
Aris. 147 1 τε καὶ ζῶντας. παράσημον οὖν ἔθετο διὰ τούτων * ἀκάθαρτα * προσονομάσας ὅτι δέον ἐστὶ κατὰ ψυχὴν οἷς ἡ
Aris. 166 2 καὶ διὰ τοῦτο ὁ τοιοῦτος τρόπος τῶν ἀνθρώπων * ἀκάθαρτός * ἐστιν ὅσα γὰρ δι᾽ ἀκοῆς λαβόντες ταῦτα τῷ λόγῳ
Aris. 169 2 τοῦ δυναστεύοντος θεοῦ. περὶ βρωτῶν οὖν καὶ τῶν * ἀκαθάρτων * ἑρπετῶν καὶ κνωδάλων καὶ πᾶς λόγος ἀνατείνει
Sib. 5 168 ἄδικός τε κακὴ πόλι δύσμορε πασῶν. αἰαῖ πάντ᾽ * ἀκάθαρτε * πόλι Λατινίδος αἴης μαινὰς ἐχιδνοχαρὴς χήρη
Sib. 5 264 ἔνθεος ὕμνων. οὐκέτι βακχεύσει περὶ σὴν χθόνα ποὺς * ἀκάθαρτος * Ἑλλήνων ὁμόθεσμον ἐνὶ στήθεσσιν ἔχων νοῦν
FJub. 3 10 ἡμέρας ἐκ τοῦ παραδείσου ἐπὶ μὲν ἀρρενογονίας * ἀκάθαρτον * αὐτὴν εἶναι ἐπὶ τεσσαράκοντα ἡμέρας ἐπὶ δὲ
FJub. 3 11 ἐν τῷ ἱερῷ κατὰ τὸν νόμον. ἐπὶ δὲ θήλεος * ἀκάθαρτον * εἶναι αὐτὴν ἐπὶ ἡμέρας ὀγδοήκοντα διά τε τὴν
FJub. 3 11 αὐτῆς εἴσοδον τῇ ὀγδοηκοστῇ ἡμέρᾳ καὶ διὰ τὸ * ἀκάθαρτον * τοῦ θήλεος πρὸς τὸ ἄρσεν. ἄφεδρος γὰρ πάλιν

ἀκάθεκτος 1

FPho. 193 μιμήσαιντο. μηδ᾽ ἐς ἔρωτα γυναικὸς ἅπας ῥεύσῃς * ἀκάθεκτον * οὐ γὰρ ἔρως θεός ἐστι πάθος δ᾽ ἀΐδηλον

ἄκαιρος 1

FAch. 109 ἐν οἴνῳ μὴ φιλολόγει ἐπιδεικνύμενος παιδείαν * ἀκαίρως * γὰρ κατασοφιζόμενος καταγελασθήσῃ. ὀξύτερα

ἀκακία 4

TIss. 5 1 θεοῦ τέκνα μου καὶ τὴν ἁπλότητα κτήσασθε καὶ ἐν * ἀκακίᾳ * πορεύεσθε μὴ περιεργαζόμενοι ἐντολὰς κυρίου καὶ
TIss. 6 1 καὶ κολληθήσονται τῇ ἀπληστίᾳ καὶ ἀφέντες τὴν * ἀκακίαν * προσπελάσουσι τῇ κακουργίᾳ καὶ καταλιπόντες τὰς
Sal. 4 23 ὑπεκρίνοντο. μακάριοι οἱ φοβούμενοι τὸν κύριον ἐν * ἀκακίᾳ * αὐτῶν ὁ κύριος ῥύσεται αὐτοὺς ἀπὸ ἀνθρώπων δολίων
Sal. 8 23 ἔθνεσιν τῆς γῆς καὶ οἱ ὅσιοι τοῦ θεοῦ ὡς ἀρνία ἐν * ἀκακίᾳ * ἐν μέσῳ αὐτῶν. αἰνετὸς κύριος ὁ κρίνων πᾶσαν τὴν

ἄκακος 3

Sal. 4 5 ταχὺς εἰσόδῳ εἰς πᾶσαν οἰκίαν ἐν ἱλαρότητι ὡς * ἄκακος. * ἐξᾶραι ὁ θεὸς τοὺς ἐν ὑποκρίσει ζῶντας μετὰ

```
Sal.     4    22 καὶ παρώξυναν. ἐξᾶραι αὐτοὺς ἀπὸ τῆς γῆς ὅτι ψυχὰς ✶ ἀκάκων ✶ παραλογισμῷ ὑπεκρίνοντο. μακάριοι οἱ φοβούμενοι
Sal.    12     4 ἐν πολέμῳ χείλεσιν ψιθύροις. μακρύναι ὁ θεὸς ἀπὸ ✶ ἀκάκων ✶ χείλη παρανόμων ἐν ἀπορίᾳ καὶ σκορπισθεῖησαν ὀστᾶ
```

**ἀκάλυπτος**
2
```
Hen.     9     5 τὴν ἐξουσίαν ἔχων καὶ πάντα ἐνώπιόν σου φανερὰ καὶ ✶ ἀκάλυπτα. ✶ καὶ πάντα σὺ ὁρᾷς ἃ ἐποίησεν Ἀζαὴλ ὃς
Hen.    9B     5 τὴν ἐξουσίαν ἔχων καὶ πάντα ἐνώπιόν σου φανερὰ καὶ ✶ ἀκάλυπτα ✶ καὶ πάντα ὁρᾷς καὶ οὐκ ἔστιν ὃ κρυβῆναί σε
```

**ἀκάλυφος**
1
```
TRub.    3    13 οἴκου Βηθλέεμ Βάλλα ἦν μεθύουσα καὶ κοιμωμένη ✶ ἀκάλυφος ✶ κατέκειτο ἐν τῷ κοιτῶνι κἀγὼ εἰσελθὼν καὶ ἰδὼν
```

**ἀκάμας**
1
```
Sib.     3    21 ἔκτισε πάντα καὶ οὐρανὸν ἠδὲ θάλασσαν ἠέλιόν τ' ✶ ἀκάμαντα ✶ σελήνην τε πλήθουσαν ἄστρα τε λαμπετόωντα
```

**ἀκάματος**
2
```
Asen.   16    16 τοῦ παραδείσου τῆς τρυφῆς τοῦ θεοῦ καὶ δυνάμεις ✶ ἀκάματοι ✶ περισχήσουσί σε καὶ ἡ νεότης σου γῆρας οὐκ
Sib.     3    85 δίῃ καὶ πελάγει ῥεύσει δὲ πυρὸς μαλεροῦ καταράκτης ✶ ἀκάματος ✶ φλέξει δὲ γαῖαν φλέξει δὲ θάλασσαν καὶ πόλον
```

**ἄκανθα**
2
```
Adam    24     2 σοῦ. ἐργάσει αὐτὴν καὶ οὐ δώσει τὴν ἰσχὺν αὐτῆς. ✶ ἀκάνθας ✶ καὶ τριβόλους ἀνατελεῖ σοι καὶ ἐν ἱδρώτητι τοῦ
FEz.   186     5 της> καλῆς καὶ πορευ<εσθαι εἰς τριβολους κ]αι ✶ ακανθας ✶ αντι χ<ορτου και ουκ ετηρη>σατε την εμην
```

**ἄκανθος**
1
```
Aris.   70     2 ἔλασμα τοῦ ποδός. κατεσκεύασαν δὲ ἐκφύοντα κισσὸν ✶ ἀκάνθῳ ✶ πλεκόμενον ἐκ τοῦ λίθου σὺν ἀμπέλῳ περιειλούμενον
```

**ἀκαρπία**
1
```
Sib.     4    73 αὐτὰρ ἐς Αἴγυπτον πολυαύλακα πυροφόρον τε λιμὸς ✶ ἀκαρπίη ✶ τε περιπλομένων ἐνιαυτῶν εἴκοσι φοιτήσει
```

**ἄκαρπος**
4
```
Jer.     9    14 τοῦ παραδείσου φυτευθὲν ποιήσει πάντα τὰ δένδρα τὰ ✶ ἄκαρπα ✶ ποιῆσαι καρπὸν καὶ αὐξηθήσονται καὶ βλαστήσουσι.
Prop.    1     9 ἔσεσθαι τὸ σπέρμα αὐτοῦ τοῖς ἐχθροῖς αὐτοῦ καὶ ✶ ἄκαρπον ✶ αὐτὸν ἐποίησεν ὁ θεὸς ἀπὸ τῆς ἡμέρας ἐκείνης.
Sib.     5   453 πόλιν μεγάλην μέγα πῆμα παθοῦσαν νῦν μὲν χέρσος ✶ ἄκαρπος ✶ ἐπ' ἠόνος ἔσσεται αὖθις. ἀκρὶς δ' οὐκ ὀλίγη
FJub.    2     7 τοῦ σπόρου τὰ βλαστήματα τὰ ξύλα τὰ κάρπιμά τε καὶ ✶ ἄκαρπα ✶ τοὺς δρυμοὺς καὶ πάντα τὰ φυτὰ κατὰ γένος. ταῦτα
```

**ἀκατάληπτος**
1
```
Aris.  160     5 ἔρχωνται καὶ τὴν ἔγερσιν ὡς θεῖα τίς ἐστι καὶ ✶ ἀκατάληπτος ✶ τούτων ἡ μετάθεσις. δέδεικται δέ σοι καὶ τὸ
```

**ἀκαταμάχητος**
1
```
TJud.   19     4 φθαρεὶς καὶ ἐπέγνων τὴν ἐμαυτοῦ ἀσθένειαν νομίζων ✶ ἀκαταμάχητος ✶ εἶναι. ἐπίγνωτε οὖν τέκνα μου ὅτι δύο
```

**ἀκατανόητος**
1
```
HCal.   28    13 θεοὺς τῆς γῆς <καὶ μόνον θεὸν ἀληθινὸν ἀνεκήρυξεν ✶ ἀκατανόητον ✶ ἀθεώρητον ἀνεξιχνίαστον ἐπὶ τῶν> Σεραφὶμ
```

**ἀκατασκεύαστος**
1
```
Hen.    21     1 ὀνόματα ζ' ἀρχαγγέλων. καὶ ἐφώδευσα ἕως τῆς ✶ ἀκατασκευάστου. ✶ κἀκεῖ ἐθεασάμην ἔργον φοβερὸν ἑώρακα
Hen.    21     2 ἐπάνω οὔτε γῆν τεθέαμαι τεθεμελιωμένην ἀλλὰ τόπον ✶ ἀκατασκεύαστον ✶ καὶ φοβερόν. καὶ ἐκεῖ τεθέαμαι ἑπτὰ τῶν
Hen.   21B     1 μέχρι αἰῶνος εἰς τὸν αἰῶνα. καὶ ἐφώδευσα μέχρι τῆς ✶ ἀκατασκεύαστον ✶ καὶ ἐκεῖ ἐθεασάμην ἔργον φοβερόν. καὶ ἑώρακα
Hen.   21B     2 οὐρανὸν ἐπάνω οὔτε γῆν τεθεμελιωμένην ἀλλὰ τόπον ✶ ἀκατασκεύαστον ✶ καὶ φοβερόν. καὶ ἐκεῖ τεθέαμαι ζ' ἀστέρας
```

**ἀκαταστασία**
1
```
Adam    24     3 καὶ ὧν ἐκυρίευες θηρίων ἐπαναστήσονταί σοι ἐν ✶ ἀκαταστασίᾳ ✶ ὅτι τὴν ἐντολήν μου οὐκ ἐφύλαξας. στραφεὶς
FrAn. 2 11     4 εἶτα σταφυλὴ παρεστηκυῖα. οὕτως καὶ ὁ λαός μου ✶ ἀκαταστασίας ✶ καὶ θλίψεις ἔσχεν ἔπειτα ἀπολήψεται τὰ
```

**ἀκαταστατέω**
1
```
FrAn. 1 217   18 ἰδοὺ γὰρ ἔτη τρία σήμερον Ἰερουσαλὴμ δονεῖται καὶ ✶ ἀκαταστατεῖ ✶ διὰ τὸν περιβόητον λίθον τοῦτον. ἀλλ'
```

**ἀκατάστατος**
2
```
Job     36     3 εἶπον ὅτι ἐν μὲν τοῖς γηίνοις οὐ συνέστηκεν, ἐπεὶ ✶ ἀκατάστατος ✶ ἡ γῆ καὶ οἱ ἐνοικοῦντες ἐν αὐτῇ ἐν δὲ τοῖς
Job     36     4 δὲ Βαλδὰδ λέγει ὅτι μὲν γινώσκομεν τὴν γῆν ✶ ἀκατάστατον ✶ οὖσαν, ἐπεὶ γὰρ κατὰ καιρὸν ἀλλοιοῦται
```

**ἀκατάσχετος**
1
```
FPho.   96       ἐστιν ὅμιλος λαὸς <γὰρ> καὶ ὕδωρ καὶ πῦρ ✶ ἀκατάσχετα ✶ πάντα. μὴ δὲ μάτην ἐπὶ πῦρ καθίσας μινύθεις
```

**ἀκάτιον**
1
```
TNep.    6     6 ὥστε καὶ συντρίβεσθαι αὐτό. καὶ Ἰωσὴφ ἐπὶ ✶ ἀκατίου ✶ φεύγει χωριζόμεθα δὲ καὶ ἡμεῖς ἐπὶ σανίδων δέκα
```

**ἀκέομαι**
1
```
FPho.  143       εὐμενέοντα. ἀρχόμενον τὸ κακὸν κόπτειν ἕλκος τ' ✶ ἀκέσασθαι. ✶ <ἐξ ὀλίγου σπινθῆρος ἀθέσφατος αἴθεται ὕλη.
```

**ἀκέραιος**
3
```
Aris.   31     2 διηκριβωμένα διὰ τὸ καὶ φιλοσοφωτέραν εἶναι καὶ ✶ ἀκέραιον ✶ τὴν νομοθεσίαν ταύτην ὡς ἂν οὖσαν θείαν. διὸ
Aris.  196     2 δὲ καὶ τούτῳ καλῶς λέγειν τὸν ἕτερον ἠρώτα πῶς ἂν ✶ ἀκέραια ✶ συντηρήσας ἅπαντα τοῖς ἐγγόνοις τὴν αὑτήν
Aris.  264     3 πραγμάτων καὶ τὴν εὔνοιαν συντηροῦσιν ✶ ἀκέραιον ✶ πρὸς αὐτὸν καὶ τῶν τρόπων ὅσοι μετέχουσιν αὐτῷ.
```

**ἀκηδέστος**
1
```
Sib.     5   403 ἐκ ψυχῆς ἐλπιζόμενον καὶ σώματος +αὑτοῦ+ οὐ γὰρ ✶ ἀκηδέστως ✶ +αἰνεῖ+ θεὸν ἐξ ἀφανοῦς γῆς οὐδὲ πέτρης ποίησε
```

**ἀκήδευτος**
1
```
Adam    40     4 ἐνεγκόντες ἄλλας σινδόνας ἐκήδευσαν αὐτὸν ἐπειδὴ ✶ ἀκήδευτος ✶ ἦν ἀφ' ἧς ἡμέρας ἐφόνευσεν αὐτὸν Κάϊν ὁ
```

**ἀκηδία**
2
```
Job     25    10 πρὸς κύριον καὶ τελεύτα καὶ ἐγὼ δὲ ἀπαλλαγήσομαι ✶ ἀκηδίας ✶ διὰ πόνου σου τοῦ σώματος. καὶ ἐγὼ ἀπεκρίθην
Job     39     6 τότε κλαύσαντες κλαυθμὸν μέγαν, γενόμενοι ἐν διπλῇ ✶ ἀκηδίᾳ ✶ ἐσιώπησαν, ὡς τὸν Ἐλιφὰν ἄραντα τὴν πορφυρίδα
```

**Ἀκήρ**
```
Esdr.    6     2             Μιχαὴλ Γαβριὴλ Οὐριὴλ Ῥαφαὴλ Γαβουθελῶν  Ἀκὴρ ✶ Ἀρφουγίτόνος Βεβουρὸς Ζεβουλεῶν. τότε ἦλθεν φωνὴ
```

**ἀκήρατος**
1
```
LEze. 64 29  6 08 φοινίῳ πρῶτον λύθρῳ ἐπείσατον γῆν καὶ τὸν ἐξ ✶ ἀκηράτων ✶ πεσεῖν αἰώνων πρωτόπλαστον εἰς χθόνα ὑμεῖς
```

**ἀκήριος**
1
```
FPho.  105       ὀπίσω δὲ θεοὶ τελέθονται. ψυχαὶ γὰρ μίμνουσιν ✶ ἀκήριοι ✶ ἐν φθιμένοισιν. πνεῦμα γάρ ἐστι θεοῦ χρῆσις
```

**ἀκίνδυνος**
1
```
Adam    23     4 οὗ ἐλάλησα αὐτῷ ὅτε ἤθελον ἀπατῆσαι αὐτὸν ὅτι ✶ ἀκίνδυνόν ✶ σε ποιήσω παρὰ τοῦ θεοῦ. καὶ στραφεὶς πρός με
```

**ἀκίνητος**
6
```
TSim.    2     4 ἡ γὰρ καρδία μου ἦν σκληρὰ καὶ τὰ ἥπατά μου ✶ ἀκίνητα ✶ καὶ τὰ σπλάγχνα μου ἀσυμπαθῆ ὅτι καὶ ἡ ἀνδρεία
Sedr.   11    13 ποιοῦντες καὶ παρακαλοῦντες τοὺς ἁγίους καὶ ἄρτι ✶ ἀκίνητοι ✶ μένετε. ὦ κεφαλὴ καὶ χεῖρες καὶ πόδες ἕως ἄρτι
Job     10     1 καὶ τράπεζαι ἱδρυμέναι τριάκοντα ἐν τῷ οἴκῳ μου ✶ ἀκίνητοι ✶ καὶ πάσας ὥρας τοῖς ξένοις μόνοις εἶχον δὲ καὶ τῶν
Job     25     5 τρίχα αὑτῆς ἀντὶ ἄρτων. ἴδε ἡ ἔχουσα ἑπτὰ τραπέζας ✶ ἀκινήτους ✶ ἐπὶ τῆς οἰκίας, εἰς ἃς ἤσθιον οἱ πτωχοὶ καὶ
Sib.     3   736 ὁσίης γαίης πέλεται Μεγάλοιο. μὴ κίνει Καμάριναν ✶ ἀκίνητος ✶ γὰρ ἀμείνων πάρδαλιν ἐκ κοίτης μή τοι κακὸν
LAri. 8 10    10 στάσιν εἴληφεν ὥστε τοὺς ἀνθρώπους καταλαμβάνειν ✶ ἀκίνητα ✶ εἶναι ταῦτα. λέγω δὲ τὸ τοιοῦτον ὡς οὐδέποτε
```

**ἄκλαυστος**
1
```
Sib.     5   342 ὁπλισθέντες. Ἰταλίη τριτάλαινα μενεῖς πανέρημος ✶ ἄκλαυστος ✶ ἐν γαίῃ θαλερῇ ὁλοὸν δάκος ἐξαπολέσθαι. ἔσται
```

**ἀκμαῖος**
1
```
Aris.   37     7 οἰκουμένην διατετήρηκεν εἴς τε τὸ στράτευμα τοὺς ✶ ἀκμαιοτάτους ✶ ταῖς ἡλικίαις τετάχαμεν τοὺς δὲ δυναμένους
```

**ἀκμή**
5
```
Job      7    11 μὴ φάγῃς ἐκ τῶν ἄρτων μου διότι ἀπηλλοτριώθην σου ✶ ἀκμὴν ✶ καὶ τοῦτό σοι ἔδωκα ἵνα μὴ ἐγκληθῶ ὅτι τῷ
Job     27     4 τὴν καρτερίαν καὶ μὴ διαφωνήσαντος μέγα ἐφώνησεν ✶ ἀκμὴν ✶ ὁ ἐπάνω. οὕτω καὶ σύ, Ἰώβ, ὑποκάτω ἧς καὶ ἐν
Job     34     4 ἐν ταλαιπωρίᾳ σκωλήκων κάθηται καὶ δυσωδίαις, καὶ ✶ ἀκμὴν ✶ ἐπαίρεται καθ' ἡμῶν βασιλείαι παρέρχονται καὶ αἱ
Job     34     6 ἐληλύθαμεν γὰρ ἵνα παραμυθησώμεθα αὐτὸν καὶ ✶ ἀκμὴν ✶ κατέλυσεν ἡμᾶς ἀπέναντι τῶν στρατιωτῶν ἡμῶν. τότε
FrAn. 1 227   13 που μη καυτος< - - Ιωσηφ προσεθεικατε< - >του ✶ ακμην ✶ εχω το τι - α)γαγειν μοι τουτου ο< >μενοι νυν
```

**ἀκοή**
14
```
Adam     8     2 πληγῆς ὁ βιασμὸς τῶν ὀφθαλμῶν. δευτέρου πληγῆς ✶ ἀκοῆς. ✶ καὶ οὕτως καθεξῆς πᾶσαι αἱ πληγαὶ παρακολουθοῦσιν
TRub.    2     5 ὁράσεως μεθ' ἧς γίνεται ἐπιθυμία τρίτον πνεῦμα ✶ ἀκοῆς ✶ μεθ' ἧς δίδοται διδασκαλία τέταρτον πνεῦμα
TDan.    4     4 εἰς τέρψιν μήτε εἰς ἀηδίαν. πρῶτον γὰρ τέρπει τὴν ✶ ἀκοὴν ✶ καὶ οὕτως ὀξύνει τὸν νοῦν νοῆσαι τὸ ἐρεθισθὲν καὶ
TNep.    2     7 κεχωρισμέναι ἀνάμεσον φωτὸς καὶ σκότους ὁράσεως καὶ ✶ ἀκοῆς ✶ οὕτω κεχώρισται ἀνάμεσον ἀνδρὸς καὶ ἀνδρὸς καὶ
TGad.    1     9 ἐν ἐμοὶ καὶ οὐκ ἤθελον οὔτε δι' ὀφθαλμῶν οὔτε δι' ✶ ἀκοῆς ✶ ἰδεῖν τὸν Ἰωσήφ. καὶ κατὰ πρόσωπον ἡμῶν ἤλεγχεν
TBen.    6     6 καὶ καθαρὰν διάθεσιν. οὐκ ἔχει ὅρασιν οὐδὲ ✶ ἀκοὴν ✶ διπλῆν πᾶν γὰρ ὃ ποιεῖ ἢ λαλεῖ ἢ ὁρᾷ οἶδεν ὅτι
Sal.     8     5 πόλιν ἁγιάσματος συνετρίβη ἡ ὀσφύς μου ἀπὸ ✶ ἀκοῆς ✶ παρελύθη γόνατά μου ἐφοβήθη ἡ καρδία μου ἐταράχθη
Sedr.    2     1 εὐλόγησον. καὶ φωνὴν ἀοράτως ἐδέξατο ἐν ταῖς ✶ ἀκοαῖς ✶ αὐτοῦ ὧδε Σεδρὰχ ὅτι βούλῃ καὶ ἐπιθυμεῖς ὁμιλῆσαι
Sedr.   11     2 τρίχες σου ἀπὸ Θαιμὰν οἱ ὀφθαλμοί σου ἀπὸ Βοσὸρ αἱ ✶ ἀκοαί ✶ σου ἐκ βροντῆς ἢ γλῶσσά σου ἐκ σάλπιγγος καὶ ὁ
Aris.  142     4 ἀγγελίαις καὶ διὰ βρωτῶν καὶ ποτῶν καὶ ἀφῶν καὶ ✶ ἀκοῆς ✶ ὁράσεως νομικῶς. τὸ γὰρ καθόλου πάντα πρὸς τὸν
Aris.  166     3 τρόπος τῶν ἀνθρώπων ἀκάθαρτός ἐστιν ὅσα γὰρ δι' ✶ ἀκοῆς ✶ λαβόντες ταῦτα τῷ λόγῳ σωματοποιήσαντες κακῶς
Sib.     4   172 ἀσέβειαν στέργοντες τάδε πάντα κακῶς δέξαισθε ✶ ἀκουαῖς ✶ πῦρ ἔσται κατὰ κόσμον ὅλον καὶ σῆμα μέγιστον
Sib.     5    79 ἄλλα θρεψόμενοι οἷς λόγος οὐδεὶς οὐ νοῦς ✶ ἀκοὴ ✶ ἄτε μοι θέμις οὐδ' ἀγορεύειν εἰδόλων τὰ ἕκαστα
FPho.   89       δ' ὁμότεχνος. οὐ χωρεῖ μεγάλη διδαχὴ ἀδίδακτος ✶ ἀκουή ✶ οὐ γὰρ δὴ νοέουσ' οἱ μηδέποτ' ἐσθλὰ μαθόντες. μὴ
```

**ἀκοίμητος**
1
```
Esdr.    4    20 πεντακοσίους βαθμοὺς καὶ ἴδον ἐκεῖ τὸν σκώληκα τὸν ✶ ἀκοίμητον ✶ καὶ πῦρ κατακαῖον τοὺς ἁμαρτωλούς. καὶ
```

**ἀκολασία**
2
```
TJos.    7     1 ὅτι δὲ ἡ καρδία αὑτῆς ἐνέκειτο εἰς ἐμὲ πρὸς ✶ ἀκολασίαν ✶ στενάζουσα προσέπιπτεν. ἰδὼν δὲ αὐτὴν ὁ
```

| | | | | |
|---|---|---|---|---|
| TJos. | 9 | 2 | ἢ τὸν ἐν ταμιείοις βασιλείων τρυφῶντα μετὰ | * ἀκολασίας. * ὁ δὲ ἐν σωφροσύνῃ διάγων θέλει καὶ δόξαν καὶ |
| ἀκολουθέω | | | 18 | |
| Adam | 18 | 5 | λαβεῖν ἀπὸ τοῦ καρποῦ καὶ λέγει μοι δεῦρο δώσω σοι | * ἀκολούθει * μοι. ἤνοιξα δὲ καὶ εἰσῆλθεν ἔσω εἰς τὸν |
| Abr.1 | 7 | 12 | καὶ ἀπεστάλης λαβεῖν τὴν ψυχήν μου ἀλλ' οὐ μή σε | * ἀκολουθήσω * ὅπερ νῦν κελεύεις ποίησον. ὁ δὲ ἀρχιστράτηγος |
| Abr.1 | 8 | 2 | καὶ τοῦτο λέγει ὁ φίλος σου Ἀβραὰμ ὅτι οὐ μή σε | * ἀκολουθήσω * ἀλλ' ὅτι κελεύεις ποίησον ἀρτίως δέσποτα |
| Abr.1 | 8 | 12 | ἵνα τί σὺ εἶπας τὸν ἀρχιστράτηγόν μου ὅτι οὐ μή σε | * ἀκολουθήσω; * ἵνα τί τοῦτο εἴρηκας; ⟨ἢ οὐκ οἶδας⟩ ὅτι ἐὰν |
| Abr.1 | 12 | 3 | τὰς ψυχὰς εἰς τὴν πλατεῖαν πύλην εἰς τὴν ἀπώλειαν. | * ἠκολουθήσαμεν * δὲ ἡμεῖς τοῖς ἀγγέλοις καὶ ἤλθομεν ἔσωθεν |
| Abr.1 | 15 | 10 | ἐκέλευσεν κἀγώ σοι λέγω. εἶπεν δὲ Ἀβραὰμ οὐ μή σε | * ἀκολουθήσω. * ἀκούσας δὲ ὁ ἀρχιστράτηγος τοὺς λόγους |
| Abr.1 | 15 | 12 | καὶ ἁρμάτων ἔδειξα αὐτῷ καὶ πάλιν λέγει οὐκ | * ἀκολουθῶ * σε. καὶ ὁ ὕψιστος ἔφη πρὸς τὸν ἀρχιστράτηγον |
| Abr.1 | 15 | 13 | πάλιν οὕτως λέγει ὁ φίλος μου Ἀβραὰμ ὅτι οὐκ | * ἀκολουθῶ * σε; καὶ ⟨ὁ ἀρχάγγελος⟩ εἶπεν ἐκ προσώπου κυρίου |
| Abr.1 | 16 | 16 | ⟨λέγει αὐτῷ Ἀβραὰμ⟩ οἶδα τί λέγεις ἀλλ' οὐ μή σε | * ἀκολουθήσω. * ὁ δὲ θάνατος ἐσιώπα καὶ οὐκ ἀπεκρίθη. ἀνέστη |
| Abr.1 | 17 | 1 | ἀνέστη δὲ Ἀβραὰμ καὶ ἦλθεν εἰς τὸν οἶκον αὐτοῦ | * ἠκολούθει * δὲ καὶ ὁ θάνατος ἕως ἐκεῖ ἀνέβη δὲ Ἀβραὰμ εἰς |
| Abr.1 | 19 | 4 | λέγεις τοιαῦτα ῥήματα καυχώμενος καὶ οὐ μή σε | * ἀκολουθήσω * ἕως οὗ ὁ ἀρχιστράτηγος Μιχαὴλ ἔλθῃ καὶ ἀπέλθω |
| Abr.1 | 19 | 5 | μετ' αὐτοῦ ἀλλὰ καὶ τοῦτο λέγω σοι εἴ περ θέλεις | * ἀκολουθήσω * σοι δίδαξόν με πάσας σου τὰς μεταμορφώσεις |
| Abr.1 | 20 | 3 | δικαιότατε τί γὰρ οὖν; πᾶσαν βουλὴν κατάλιπε καὶ | * ἀκολούθει * μοι καθότι ὁ θεὸς τῶν ἁπάντων προσέταξέν μοι. |
| TAser | 6 | 1 | καὶ ὑμεῖς τὰς ἐντολὰς τοῦ κυρίου μονοπροσώπως | * ἀκολουθοῦντες * τῇ ἀληθείᾳ ὅτι οἱ διπρόσωποι δισσῶς |
| Prop. | 9 | 4B | αὐτοῦ. καὶ καταλιπὼν τὴν λειτουργίαν τοῦ βασιλέως | * ἠκολούθει * τῷ Ἡλίᾳ καὶ προεφήτευσε καὶ ἐτάφη μετὰ τῶν |
| Job | 23 | 11 | ἡ δὲ λαβοῦσα ἦλθεν καὶ προσφέρει μοι καὶ ὁ Σατανᾶς | * ἠκολούθει * αὐτῇ ἐν τῇ ὁδῷ περιπατῶν κεκρυμμένως, καὶ |
| Aris. | 201 | 4 | ὀρθῶς τοῦτο ὅτι θεόκτιστόν ἐστιν ἄνθρωπος | * ἀκολουθεῖ * πᾶσαν δυναστείαν καὶ λόγου καλλονὴν ἀπὸ θεοῦ |
| LAri. 13 | 12 | 10 | ⟨τῆς⟩ ἐκ τοῦ Περιπάτου λαμπτῆρος αὐτὴν ἔχειν τάξιν | * ἀκολουθοῦντες * γὰρ αὐτῇ συνεχῶς ἀτάραχοι καταστήσονται |
| ἀκόλουθος | | | 7 | |
| Aris. | 84 | 3 | ἑβδομήκοντα δὲ πήχεις τῷ μεγέθει καὶ τὸ πλάτος | * ἀκόλουθον * καὶ τὸ μῆκος τῆς κατὰ τὸν οἶκον διασκευῆς |
| Aris. | 108 | 2 | χώρᾳ. τῶν δὲ πόλεων ὅσαι μέγεθος ἔχουσι καὶ τὴν | * ἀκόλουθον * εὐδαιμονίαν ταύταις συμβέβηκεν εὐανδρεῖν |
| Aris. | 218 | 2 | εἰς τὴν σεαυτοῦ δόξαν καὶ τὴν ὑπεροχὴν ἵνα τούτοις | * ἀκόλουθα * καὶ λέγῃς καὶ διανοῇ γινώσκων ὅτι πάντες ὧν |
| Aris. | 219 | 3 | δέον αὐτούς ἐστιν ὑποκρίνεσθαι τοῦτο συνθεωροῦντες | * ἀκόλουθα * πάντα πράσσουσι σὺ δὲ οὐχ ὑπόκρισιν ἔχεις ἀλλ' |
| Aris. | 240 | 5 | πρὸς τὸ σῴζεσθαι τοὺς βίους τῶν ἀνθρώπων | * ἀκόλουθος * εἴης ἂν αὐτοῖς. ἀποδεξάμενος δὲ αὐτὸν πρὸς |
| Aris. | 259 | 4 | καὶ ὑγείαν καὶ εὐαισθησίαν καὶ τὰ λοιπὰ καὶ αὐτὸς | * ἀκόλουθόν * τι πράξει τῶν κακοπαθειῶν ἀποδιδοὺς τὴν |
| Aris. | 320 | 3 | τῆς ἐκπομπῆς αὐτῶν ἀργυρόποδας κλίνας δέκα καὶ τὰ | * ἀκόλουθα * πάντα καὶ κυλικεῖον ταλάντων τριάκοντα καὶ |
| ἀκονάω | | | 1 | |
| Abr.1 | 10 | 4 | ξιφηφόρους ἐν ταῖς χερσὶν αὐτοῦ κρατοῦντας ξίφη | * ἠκονημένα * καὶ ἠρώτησεν ⟨ Ἀβραὰμ τὸν ἀρχιστράτηγον⟩ τίνες |
| ἀκοντίζω | | | 7 | |
| TJud. | 3 | 3 | καὶ ὄπισθεν ἐφ' ἵππου ἀνελόμενος λίθον λιτρῶν ξ' | * ἀκοντίσας * ἔδωκα τῷ ἵππῳ καὶ ἀπέκτεινα αὐτόν. καὶ |
| TGad | 1 | 3 | πόδα αὐτοῦ τῇ χειρί μου καὶ γυρεύων ἐσκότουν καὶ | * ἠκόντιζον * αὐτὸ ἐπὶ δύο σταδίους καὶ οὕτως ἀνῄρουν. ὁ οὖν |
| Asen. | 27 | 2 | ἐκ τοῦ χειμάρρου καὶ ἐπλήρωσε τὴν χεῖρα αὐτοῦ καὶ | * ἠκόντισε * κατέναντι τοῦ υἱοῦ Φαραὼ καὶ ἐπάταξε τὸν |
| Asen. | 27 | 5 | χειμάρρου. καὶ ἔδωκεν αὐτῷ λίθους πεντήκοντα. καὶ | * ἠκόντισε * Βενιαμὶν τοὺς πεντήκοντα λίθους καὶ ἀπέκτεινε |
| Bar. | 5 | 3 | Ἅιδης ἐστίν. καὶ ὅσον ἀνδρῶν τριακοσίων μόλιβδος | * ἀκοντίζεται * τοσαύτη ἐστὶν ἡ κοιλία αὐτοῦ. ἐλθὲ οὖν ὅπως |
| FEz. 64 | 70 | 10 | τίλας χόρτον τὸν πλησίον καὶ πλέξας σχοινίον | * ἠκόντισε * τῷ τυφλῷ καὶ εἶπεν κράτει καὶ δεῦρο πρὸς τὸ |
| HCal. | 24 | 5 | μαχιμωτάτους ἐν τῇ παρακειμένῃ φάραγγι ἑαυτοὺς | * ἀκοντίσαι. * οἱ δὲ τὸ προσταχθὲν αὐτοῦ σπουδαίως |
| ἀκούσιος | | | 2 | |
| FJub. | 4 | 31B | Ἀδὰμ τέθνηκεν. ὑπὸ τοῦ Λάμεχ τὸν Κάϊν ἀνῃρῆσθαι | * ἀκουσίως * τοῖχον γὰρ οἰκοδομῶν προσανέτρεψεν αὐτὸν ὄπιθεν |
| FJub. | 4 | 31B | αὐτὸν ὄπιθεν ὄντος τοῦ Κάϊν ὃς καὶ ἀνῃρέθη | * ἀκουσίως. * γυνὴ Νῶε Ἐμζαρα θυγάτηρ Βαραχιὴλ πατραδέλφου |
| ἀκούω | | | 229 | |
| Adam | 2 | 3 | συγχωρῆσαι αὐτῷ ὀλίγον ἐξ αὐτοῦ. αὐτὸς δὲ οὐκ | * ἤκουσεν * αὐτοῦ ἀλλ' ὅλον κατέπιεν αὐτό. καὶ οὐκ ἔμεινεν |
| Adam | 15 | 1 | τῆς παραβάσεως ἡμῶν. τότε λέγει ἡ Εὔα πρὸς αὐτούς | * ἀκούσατε * πάντα τὰ τέκνα μου καὶ τὰ τέκνα τῶν τέκνων μου |
| Adam | 16 | 2 | ἀναστὰς ἦλθε πρὸς αὐτὸν καὶ λέγει αὐτῷ ὁ διάβολος | * ἀκούω * ὅτι φρονιμώτερος εἶ ὑπὲρ πάντα τὰ θηρία. ἐγὼ δὲ |
| Adam | 22 | 1 | με ἐκ τῆς δόξης τοῦ θεοῦ. καὶ αὐτῇ τῇ ὥρᾳ | * ἠκούσαμεν * τοῦ ἀρχαγγέλου Μιχαὴλ σαλπίζοντος ἐν τῇ |
| Adam | 22 | 2 | κύριος ἔλθατε μετ' ἐμοῦ εἰς τὸν παράδεισον καὶ | * ἀκούσατε * τοῦ κρίματος ἐν ᾧ κρινῶ τὸν Ἀδάμ. καὶ ὡς |
| Adam | 22 | 2 | ἀκούσατε τοῦ κρίματος ἐν ᾧ κρινῶ τὸν Ἀδάμ. καὶ ὡς | * ἠκούσαμεν * τοῦ ἀρχαγγέλου σαλπίζοντος εἴπομεν ἰδοὺ ὁ θεὸς |
| Adam | 24 | 1 | τῷ Ἀδὰμ ἐπειδὴ παρήκουσας τὴν ἐντολήν μου καὶ | * ἤκουσας * τῆς γυναικός σου ἐπικατάρατος ἡ γῆ ἕνεκα σοῦ. |
| Adam | 29 | 12 | μοι ἔξελθε ἐκ τοῦ ὕδατος καὶ παῦσαι τοῦ κλαυθμοῦ. | * ἤκουσε * γὰρ ὁ θεὸς τῆς δεήσεώς σου ὅτι καὶ ἡμεῖς οἱ |
| Adam | 39 | 3 | ἐπάνω αὐτοῦ. τότε κατακριθήσεται αὐτὸς καὶ οἱ | * ἀκούσαντες * αὐτοῦ καὶ λυπηθήσεται ὁρῶν σε καθήμενον ἐπὶ |
| Hen. | 1 | 2 | (καὶ) τοῦ οὐρανοῦ. ἔδειξέν μοι καὶ ἀπὸ λόγων ἁγίων | * ἤκουσα * ἐγὼ καὶ ὡς ἤκουσα παρ' αὐτῶν πάντα καὶ ἔγνων ἐγὼ |
| Hen. | 1 | 2 | ἔδειξέν μοι καὶ ἀπὸ λόγων ἁγίων ἤκουσα ἐγὼ καὶ ὡς | * ἤκουσα * παρ' αὐτῶν πάντα καὶ ἔγνων ἐγὼ θεωρῶν καὶ οὐκ εἰς |
| Hen. | 9B | 1 | ἡμῖν λέγεις τί δεῖ ποιεῖν αὐτοὺς περὶ τούτων. καὶ | * ἀκούσαντες * οἱ τέσσαρες μεγάλοι ἀρχάγγελοι Μιχαὴλ καὶ |
| Hen. | 14 | 24 | καὶ εἶπέν μοι πρόσελθε ὧδε Ἐνὼχ καὶ τὸν λόγον μου | * ἄκουσον. * καὶ προσελθών μοι εἷς τῶν ἁγίων ἤγειρέν με καὶ |
| Hen. | 15 | 1 | τῆς ἀληθείας ὁ γραμματεὺς καὶ τῆς φωνῆς αὐτοῦ | * ἤκουσα * μὴ φοβηθῇς Ἐνὼχ ἄνθρωπος ἀληθινὸς καὶ γραμματεὺς |
| Hen. | 15 | 1 | τῆς ἀληθείας πρόσελθε ὧδε καὶ τῆς φωνῆς μου | * ἄκουσον. * πορεύθητι καὶ εἰπὲ τοῖς πέμψασίν σε ἐρωτῆσαι |
| Hen. | 98 | 9 | διὰ τὴν ἀφροσύνην ὑμῶν καὶ τῶν ⟨φρονίμων⟩ οὐ μὴ | * ἀκούσητε * καὶ τὰ ἀγαθὰ οὐκ ἀπαντήσει ὑμῖν τὰ δὲ κακὰ |
| Hen. | 99 | 10 | ἐπὶ μιᾶς ἀπολεῖσθε. καὶ τότε μακάριοι πάντες οἱ | * ἀκούσαντες * φρονίμων λόγους καὶ μαθήσονται αὐτοὺς ποιῆσαι |
| Hen. | 104 | 3 | τοῦ οὐρανοῦ ἀνοιχθήσονται ὑμῖν καὶ ἡ κραυγὴ ὑμῶν | * ἀκουσθήσεται * καὶ ἡ κρίσις ὑμῶν ἣν κράζετε καὶ φανεῖται |
| Hen. | 106 | 8 | ἐπάκουσον τῆς φωνῆς μου καὶ ἧκε ⟨πρὸς⟩ ἐμέ. καὶ | * ἤκουσα * τὴν φωνὴν αὐτοῦ καὶ ἦλθον πρὸς αὐτὸν καὶ εἶπα |
| Hen. | 107 | 3 | τέκνον αὐτοῦ ἐστιν δικαίως καὶ οὐ ψευδῶς. καὶ ὅτε | * ἤκουσεν * Μαθουσάλεκ τοὺς λόγους Ἐνὼχ τοῦ πατρὸς αὐτοῦ |
| Abr.1 | 3 | 4 | ὅτι ὁ ἀρχιστράτηγος τὴν φωνὴν τοῦ δένδρου οὐκ | * ἤκουσεν. * ἐλθόντες δὲ πλησίον ⟨τοῦ οἴκου ἐν τῇ αὐλῇ⟩ |
| Abr.1 | 5 | 3 | ὑμῶν ἐν τῷ τρικλίνῳ τούτῳ ἔγγιστα ὑμῶν ἀγαπῶ γὰρ | * ἀκούειν * τὴν διαφορὰν τῆς ὁμιλίας αὐτοῦ τοῦ ἐναρέτου |
| Abr.1 | 5 | 11 | καὶ αὐτός. Σάρρα δὲ ὑπάρχουσα ἐν τῇ σκηνῇ αὐτῆς | * ἤκουσε * τοῦ κλαυθμοῦ αὐτοῦ καὶ ἦλθε δρομαία ἐπ' αὐτοὺς |
| Abr.1 | 6 | 1 | τοῦτον ἰδόντες τὰ σπλάγχνα κινηθέντες ἐκλαύσαμεν. | * ἀκούσασα * δὲ Σάρρα τὴν διαφορὰν τῆς ὁμιλίας τοῦ |
| Abr.1 | 7 | 8 | αὐτῶν ἔασεν ἐπ' ἐμέ. εἶπεν δὲ ὁ ἀρχιστράτηγος | * ἄκουσον * δίκαιε Ἀβραὰμ ὁ μὲν ἥλιος ὃν ἑώρακεν ὁ παῖς σὺ |
| Abr.1 | 8 | 1 | ὅπερ νῦν κελεύεις ποίησον. ὁ δὲ ἀρχιστράτηγος | * ἀκούσας * τὸ ῥῆμα τοῦτο εὐθέως ἀφανὴς ἐγένετο καὶ ἀνῆλθεν |
| Abr.1 | 9 | 2 | ὡς νεκρός. ὁ δὲ ἀρχιστράτηγος εἶπεν αὐτῷ πάντα ὅσα | * ἤκουσεν * παρὰ τοῦ ὑψίστου τότε οὖν ὁ ὅσιος καὶ δίκαιος |
| Abr.1 | 9 | 8 | τὴν οἰκουμένην ἐν τῇ ζωῇ μου πρὸ τοῦ ἀποθανεῖν με. | * ἀκούσας * δὲ ταῦτα ὁ ὕψιστος κελεύει τὸν ἀρχιστράτηγον |
| Abr.1 | 14 | 2 | κατεδικάσθη ἐν τῷ μέσῳ; εἶπεν δὲ ὁ ἀρχιστράτηγος | * ἄκουσον * δίκαιε Ἀβραὰμ διότι εὗρεν ὁ κριτὴς τὰς ἁμαρτίας |
| Abr.1 | 15 | 6 | θεὸν τὸν ἅγιον. εἶπεν δὲ ὁ ἀσώματος πρὸς Ἀβραὰμ | * ἄκουσον * δικαιώτατε ἰδοὺ ἡ γυνή σου Σάρρα ἰδοὺ καὶ ὁ υἱός |
| Abr.1 | 15 | 11 | σοι λέγω. εἶπεν δὲ Ἀβραὰμ οὐ μή σε ἀκολουθήσω. | * ἀκούσας * δὲ ὁ ἀρχιστράτηγος τοὺς λόγους τούτους εὐθέως |
| Abr.1 | 16 | 3 | σε ὁ δεσπότης τῆς κτίσεως ὁ ἀθάνατος βασιλεύς. | * ἀκούσας * δὲ ὁ θάνατος ἔφριξεν καὶ ἐτρόμαξεν καὶ δειλίᾳ |
| Abr.1 | 16 | 6 | τοῦτον παράλαβε ὅτι φίλος γνήσιός ἐστιν. ταῦτα | * ἀκούσας * ὁ θάνατος ἐξῆλθεν ἀπὸ προσώπου τοῦ ὑψίστου καὶ |
| Abr.1 | 19 | 7 | δίδαξόν μοι περὶ πάντων. καὶ ὁ θάνατος εἶπεν | * ἄκουσον * δίκαιε τοὺς ἑπτὰ αἰῶνας ἐγὼ λυμαίνω τὸν κόσμον |
| Abr.2 | 2 | 9 | συγγενῶν σου καὶ ἐλθὲ εἰς τὴν γῆν ἣν ἄν σοι δείξω. | * ἤκουσα * δὲ αὐτοῦ καὶ ἦλθον εἰς τὴν γῆν ἣν εἶπέν μοι |
| Abr.2 | 2 | 10 | μοι ὅτι ἐπιξενοῦμαι πατὴρ ἀνθρώπων μεμελημένων | * ἤκουσα * δὲ ὅτι ἀπῆλθες σταδίους τεσσεράκοντα καὶ ἤνεγκας |
| Abr.2 | 3 | 3 | ἔχοντα κλάδους τριακοσίους ὅμοιον ἐρεικίνου | * ἤκουον * δὲ φωνὴν ἐκ τῶν κλάδων αὐτῆς λεγούσης ἅγιος ὁ τὴν |
| Abr.2 | 3 | 4 | αὐτῆς λεγούσης ἅγιος ὁ τὴν φάσιν ἐνέγκας. καὶ | * ἤκουσεν * Ἀβραὰμ τῆς φωνῆς καὶ ἡσύχασεν ἐνώπιον αὐτοῦ καὶ |
| Abr.2 | 3 | 8 | πλῦναι πόδας ἀνθρώπου ξενιζομένου πρὸς ἡμᾶς. καὶ | * ἀκούσας * Ἰσαὰκ τοῦ πατρὸς αὐτοῦ λαλοῦντος δακρύων |
| Abr.2 | 4 | 1 | δάκρυα Μιχαὴλ ἐπὶ τῆς λεκάνης καὶ ἐγένοντο λίθος. | * ἤκουσε * δὲ Σάρρα τοὺς κλαυθμοὺς αὐτῶν οὖσα ἐν τῇ σκηνῇ |
| Abr.2 | 6 | 4 | εἶδεν δὲ αὐτοὺς Μιχαὴλ καὶ συνέκλαυσεν αὐτοῖς | * ἤκουσεν * δὲ καὶ ἡ Σάρρα ἐν τῇ σκηνῇ αὐτῆς καὶ ἀνέστη καὶ |
| Abr.2 | 6 | 6 | ὑπηρετοῦσα οὐκ ἤνεγκα φάσιν περὶ Λὼτ καὶ ὡς | * ἤκουσεν * Σάρρα λαλοῦντος τοῦ Μιχαὴλ ἔγνω τὴν διαφορὰν τῆς |
| Abr.2 | 10 | 4 | ἣν εἶχεν ἐν τῇ χειρὶ αὐτοῦ εἰς τὸν κριτήν⟩. καὶ | * ἤκουσεν * ψυχῆς κραζούσης ἐλέησόν με κύριε. λέγει αὐτῷ ὁ |
| Abr.2 | 10 | 15 | ἄλλας ἁμαρτίας ἔλεγεν αὐτῇ ἐν ποίᾳ ὥρᾳ ἔπραξεν. | * ἀκούσασα * δὲ ἡ ψυχὴ ταῦτα ἤνοιξεν τὸ στόμα αὐτῆς βοῶσα |
| Abr.2 | 12 | 5 | εἶπεν ὁ κύριος τῷ Μιχαὴλ εἴ τι δ' ἂν εἴπῃ Ἀβραὰμ | * ἄκουσον * αὐτοῦ ὅτι φίλος μού ἐστιν. καὶ ἤγαγεν αὐτὸν ἡ |
| TRub. | 1 | 5 | καὶ ἀναστὰς κατεφίλησεν αὐτοὺς καὶ κλαύσας εἶπεν | * ἀκούσατε * ἀδελφοί μου ἐνωτίσασθε Ῥουβὴμ τοῦ πατρὸς ὑμῶν |
| TRub. | 2 | 1 | ἣν καὶ οὐ μὴ γένηται ἐν τῷ Ἰσραὴλ οὕτως. καὶ νῦν | * ἀκούσατέ * μου τέκνα ἃ εἶδον περὶ τῶν ἑπτὰ πνευμάτων τῆς |
| TRub. | 3 | 9 | ἀγαπήσατε καὶ αὕτη φυλάξει ὑμᾶς. διδάσκω ὑμᾶς | * ἀκούσατε * Ῥουβὴμ τοῦ πατρὸς ὑμῶν. μὴ προσέχετε ἐν ὄψει |
| TRub. | 6 | 8 | τοῦ εἶναι εἰς ἄρχοντας. διὰ τοῦτο ἐντέλλομαι ὑμῖν | * ἀκούειν * τοῦ Λευὶ ὅτι αὐτὸς γνώσεται νόμον κυρίου καὶ |
| TSim. | 2 | 1 | ἐκάθισε καὶ κατεφίλησεν αὐτοὺς καὶ εἶπεν αὐτοῖς | * ἀκούσατε * τέκνα ἀκούσατε Συμεὼν τοῦ πατρὸς ὑμῶν ὅσα ἔχω |
| TSim. | 2 | 1 | κατεφίλησεν αὐτοὺς καὶ εἶπεν αὐτοῖς ἀκούσατε τέκνα | * ἀκούσατε * Συμεὼν τοῦ πατρὸς ὑμῶν ὅσα ἔχω ἐν τῇ καρδίᾳ |
| TSim. | 2 | 2 | καὶ Λεία ἡ μήτηρ μου ἐκάλεσέ με Συμεῶνα ὅτι | * ἤκουσε * κύριος τῆς δεήσεως αὐτῆς. δυνατὸς ἐγενόμην σφόδρα |
| TLevi | 3 | 1 | ἔσται σου ἀγρὸς ἀμπελὼν καρποὶ χρυσίον ἀργύριον. | * ἄκουσον * οὖν περὶ τῶν ἑπτὰ οὐρανῶν. ὁ κατώτερος διὰ τοῦτο |
| TLevi | 6 | 6 | ἐπάταξαν τὴν πόλιν ἐν στόματι ῥομφαίας. καὶ | * ἤκουσεν * ὁ πατὴρ καὶ ὠργίσθη καὶ ἐλυπήθη ὅτι κατεδέξαντο |
| TLevi | 10 | 1 | οὖν φυλάξασθε ὅσα ἐντέλλομαι ὑμῖν τέκνα ὅτι ὅσα | * ἤκουσα * παρὰ τῶν πατέρων μου ἀνήγγειλα ὑμῖν. ἀθῷός εἰμι |
| TLevi | 13 | 4 | πολλοὶ τῶν ἀνθρώπων δουλεῦσαι αὐτῷ καὶ | * ἀκοῦσαι * νόμον ἐκ τοῦ στόματος αὐτοῦ. ποιήσατε |
| TLevi | 17 | 1 | προσδέξηται ὑμᾶς ἐν πίστει καὶ ὕδατι. καὶ ὅτι | * ἠκούσατε * περὶ τῶν ἑβδομήκοντα ἑβδομάδων ἀκούσατε καὶ |
| TLevi | 17 | 1 | καὶ ὅτι ἠκούσατε περὶ τῶν ἑβδομήκοντα ἑβδομάδων | * ἀκούσατε * καὶ περὶ τῆς ἱερωσύνης. καθ' ἕκαστον γὰρ |
| TLevi | 18 | 2B048 | ὡσεὶ ις' θερμοὶ καὶ ὁλκῆς μιᾶς. καὶ νῦν τέκνον μου | * ἄκουσον * τοὺς λόγους μου καὶ ἐνωτίσαι τὰς ἐντολάς μου καὶ |
| TLevi | 19 | 1 | ἐνδύσονται εὐφροσύνην. καὶ νῦν τέκνα μου πάντα | * ἠκούσατε * ἕλεσθε οὖν ἑαυτοῖς ἢ τὸ σκότος ἢ τὸ φῶς ἢ νόμον |
| TJud. | 12 | 1 | λόγους τούτους χηρευούσης τῆς Θαμὰρ μετὰ δύο ἔτη | * ἀκούσασα * ὅτι ἀνέρχομαι κεῖραι τὰ πρόβατα κοσμηθεῖσα |

| | | | | | |
|---|---|---|---|---|---|
| TJud. | 12 | 6 | τοὺς ἀρραβῶνας κατῄσχυνέ με. καλέσας δὲ αὐτὴν | * ἤκουσα * | καὶ τοὺς ἐν μυστηρίῳ λόγους οὓς καθεύδων σὺν αὐτῇ |
| TJud. | 13 | 1 | ἔτη ἔζησα ἐκεῖ. καὶ νῦν ὅσα ἐγὼ ὑμῖν ἐντέλλομαι | * ἀκούσατε * | τέκνα τοῦ πατρὸς ὑμῶν καὶ φυλάξατε πάντας τοὺς |
| TJud. | 18 | 2 | οὖν τέκνα μου ἀπὸ τῆς πορνείας καὶ τῆς φιλαργυρίας | * ἀκούσατε * | Ἰουδὰ τοῦ πατρὸς ὑμῶν ὅτι ταῦτα ἀφιστᾷ νόμου |
| TIss. | 1 | 1 | Ἰσαχάρ. καλέσας τοὺς υἱοὺς αὐτοῦ εἶπεν αὐτοῖς | * ἀκούσατε * | τέκνα Ἰσαχὰρ τοῦ πατρὸς ὑμῶν ἐνωτίσασθε ῥήματα |
| TIss. | 4 | 1 | τῆς γῆς τὰ ἀγαθὰ ἐν ἁπλότητι καρδίας. καὶ νῦν | * ἀκούσατέ * | μου τέκνα καὶ πορεύεσθε ἐν ἁπλότητι καρδίας ὅτι |
| TZab. | 1 | 2 | μετὰ δύο ἔτη τοῦ θανάτου Ἰωσήφ. καὶ εἶπεν αὐτοῖς | * ἀκούσατέ * | μου υἱοὶ Ζαβουλὼν προσέχετε ῥήμασι πατρὸς ὑμῶν. |
| TZab. | 3 | 8 | ᾐσχύνθησαν ἔμπροσθε τῶν Αἰγυπτίων. μετὰ ταῦτα γὰρ | * ἤκουσαν * | οἱ Αἰγύπτιοι πάντα τὰ κακὰ ἃ ἐποιήσαμεν τῷ |
| TZab. | 4 | 5 | καὶ τρεῖς νύκτας καὶ οὕτως ἐπράθη ἄσιτος. καὶ | * ἀκούσας * | Ῥουβὴμ ὅτι ἐπράθη ἀπόντος αὐτοῦ περισχισάμενος |
| TDan | 1 | 2 | τῆς ζωῆς αὐτοῦ. καλέσας τὴν πατριὰν αὐτοῦ εἶπεν | * ἀκούσατε * | υἱοὶ Δὰν λόγων μου προσέχετε ῥήμασι στόματος |
| TDan | 6 | 9 | ἀγαπήσατε τὴν ἀλήθειαν καὶ τὴν μακροθυμίαν καὶ ἃ | * ἠκούσατε * | παρὰ τοῦ πατρὸς ὑμῶν μετάδοτε καὶ ὑμεῖς τοῖς |
| TNep. | 1 | 5 | ἀποθανεῖται. ἤρξατο οὖν λέγειν τοῖς υἱοῖς αὐτοῦ | * ἀκούσατε * | τέκνα μου υἱοὶ Νεφθαλὶμ ἀκούσατε λόγους πατρὸς |
| TNep. | 1 | 5 | τοῖς υἱοῖς αὐτοῦ ἀκούσατε τέκνα μου υἱοὶ Νεφθαλὶμ | * ἀκούσατε * | λόγους πατρὸς ὑμῶν. ἐγὼ ἐγεννήθην ἀπὸ Βάλλας |
| TNep. | 2 | 10 | μηδὲ ἔξω καιροῦ αὐτοῦ. ὅτι ἐὰν εἴπῃς τῷ ὀφθαλμῷ | * ἀκοῦσαι * | οὐ δύναται οὕτως οὐδὲ ἐν σκότει δυνήσεσθε |
| TGad | 3 | 1 | χειρῶν μου ἵνα ποιήσω ἀνόμημα ἐν Ἰσραήλ. καὶ νῦν | * ἀκούσατε * | τέκνα μου λόγους ἀληθείας τοῦ ποιεῖν |
| TGad | 4 | 2 | εἰς αὐτὸν τὸν κύριον ἀνομίαν ποιεῖ. οὐ γὰρ θέλει | * ἀκούειν * | λόγων ἐντολῶν αὐτοῦ περὶ ἀγάπης τοῦ πλησίον καὶ |
| TGad | 4 | 5 | τῷ φθόνῳ καὶ κατὰ τῶν εὐπραγούντων τὴν προκοπὴν | * ἀκούων * | καὶ ὁρῶν πάντοτε ἀσθενεῖ. ὥσπερ γὰρ ἡ ἀγάπη καὶ |
| TGad | 6 | 5 | αὐτῷ μήποτε ὀμόσαντος αὐτοῦ δισσῶς ἁμαρτήσῃς. μὴ | * ἀκούσῃ * | ἐν μάχῃ ἀλλότριος μυστήριον ὑμῶν ἵνα μὴ μισήσας |
| TAser | 1 | 2 | ἔτει ζωῆς αὐτοῦ. ἔτι ὑγιαίνων εἶπε πρὸς αὐτοὺς | * ἀκούσατε * | τέκνα Ἀσὴρ τοῦ πατρὸς ὑμῶν καὶ πᾶν τὸ εὐθὲς |
| TJos. | 1 | 2 | ἀδελφοὺς αὐτοῦ εἶπεν αὐτοῖς τέκνα μου καὶ ἀδελφοὶ | * ἀκούσατε * | Ἰωσὴφ τοῦ ἠγαπημένου ὑπὸ Ἰσραὴλ ἐνωτίσασθε |
| TJos. | 5 | 2 | καὶ οὕτως νόμῳ λήψομαί σε εἰς ἄνδρα. ἐγὼ οὖν ὡς | * ἤκουσα * | τοῦτο διέρρηξα τὴν στολήν μου καὶ εἶπον γύναι |
| TJos. | 7 | 8 | πονηρᾶς καὶ τούτῳ δουλωθῇ ὡς κἀκείνη κἂν ἀγαθόν τι | * ἀκούσῃ * | εἰς τὸ πάθος ὃ ἡττᾶται ἐκλαμβάνει αὐτὸ πρὸς |
| TJos. | 9 | 4 | καίπερ ἀσθενοῦσα κατῄει πρός με ἐν ἀωρίᾳ καὶ | * ἤκουε * | τῆς φωνῆς μου προσευχομένου συνίων δὲ ἐγὼ τοὺς |
| TJos. | 13 | 1 | ἀχθῆναι τὸν μετάβολον καὶ λέγει αὐτῷ τί ταῦτα | * ἀκούω * | ὅτι κλέπτεις τὰς ψυχὰς ἐκ γῆς Ἑβραίων εἰς παῖδας |
| TJos. | 15 | 1 | δὲ εἰκοσιτέσσαρας ἡμέρας ἦλθον οἱ Ἰσμαηλῖται καὶ | * ἀκούσαντες * | ὅτι Ἰακὼβ ὁ πατήρ μου πενθεῖ περὶ ἐμοῦ εἶπον |
| TJos. | 15 | 5 | Ἰακὼβ ἵνα μὴ ποιήσῃ ἐν αὐτοῖς ἐκδίκησιν κινδύνου | * ἠκούσθη * | γὰρ ὅτι μέγας ἐστὶ παρὰ κυρίῳ καὶ ἀνθρώποις. |
| TJos. | 16 | 1 | ἡ δὲ Μέμφις ἐδήλωσε τῷ ἀνδρὶ αὐτῆς πρίασθαί με | * ἀκούω * | γὰρ φησὶν ὅτι πωλοῦσιν αὐτόν. καὶ ἀπέστειλεν |
| TJos. | 19 | 1 | καὶ ἐν κάλλει ὅτι ἐγὼ ὅμοιος ἐν πᾶσι τῷ Ἰακώβ. | * ἀκούσατε * | τέκνα μου καὶ ὧν εἶδον ἐνυπνίων. δώδεκα ἔλαφοι |
| TBen. | 11 | 2 | σπέρματός μου ἐν ὑστέροις καιροῖς ἀγαπητὸς κυρίου | * ἀκούων * | ἐπὶ γῆς φωνὴν αὐτοῦ καὶ ποιῶν εὐδοκίαν θελήματος |
| Asen. | 1 | 7 | ἐπειρῶντο πολεμεῖν πρὸς ἀλλήλους δι' αὐτήν. καὶ | * ἤκουσε * | περὶ αὐτῆς ὁ υἱὸς Φαραὼ ὁ πρωτότοκος καὶ |
| Asen. | 3 | 3 | καὶ ἵνα καταψύξω ὑπὸ τὴν σκιὰν τοῦ οἴκου σου. καὶ | * ἤκουσε * | ταῦτα Πεντεφρῆς καὶ ἐχάρη χαρὰν μεγάλην σφόδρα |
| Asen. | 3 | 5 | ὁ δυνατὸς τοῦ θεοῦ ἔρχεται πρὸς ἡμᾶς σήμερον. καὶ | * ἤκουσεν * | Ἀσενὲθ ὅτι ἥκασιν ἐξ ἀγροῦ τῆς κληρονομίας |
| Asen. | 4 | 9 | ἔσται σου νυμφίος εἰς τὸν αἰῶνα χρόνον. καὶ ὡς | * ἤκουσεν * | Ἀσενὲθ τὰ ῥήματα ταῦτα παρὰ τοῦ πατρὸς αὐτῆς |
| Asen. | 4 | 12 | αὐτός ἐστι βασιλεὺς πάσης τῆς γῆς Αἰγύπτου. ταῦτα | * ἀκούσας * | Πεντεφρῆς ἠδέσθη ἔτι λαλῆσαι τῇ θυγατρὶ αὐτοῦ |
| Asen. | 5 | 2 | ἀπὸ προσώπου τοῦ πατρὸς καὶ τῆς μητρὸς αὐτῆς ὡς | * ἤκουσε * | τὰ ῥήματα ταῦτα +λεγόντων+ περὶ Ἰωσὴφ καὶ ἀνέβη |
| Asen. | 8 | 8 | ἐστι τοῦτο ἐνώπιον κυρίου τοῦ θεοῦ. καὶ ὡς | * ἤκουσεν * | Ἀσενὲθ τὰ ῥήματα ταῦτα τοῦ Ἰωσὴφ κατενύγη |
| Asen. | 9 | 1 | καὶ φόβος πολὺς καὶ τρόμος καὶ ἱδρὼς συνεχὴς ὡς | * ἤκουσε * | πάντα τὰ ῥήματα Ἰωσὴφ ὅσα ἐλάλησεν αὐτῇ ἐν τῷ |
| Asen. | 10 | 4 | ἐστέναξε στεναγμῷ μεγάλῳ μετὰ κλαυθμοῦ πικροῦ. καὶ | * ἤκουσεν * | ἡ παρθένος ἡ σύντροφος αὐτῆς ἣν ἠγάπα Ἀσενὲθ |
| Asen. | 10 | 5 | τῆς Ἀσενὲθ καὶ εὗρον τὴν θύραν κεκλεισμένην. καὶ | * ἤκουσαν * | τοῦ στεναγμοῦ καὶ τοῦ κλαυθμοῦ τῆς Ἀσενὲθ καὶ |
| Asen. | 11 | 10 | τὸ στόμα μου ἀπὸ τῶν θυσιῶν τῶν εἰδώλων. ἀλλ' | * ἀκήκοα * | πολλῶν λεγόντων ὅτι ὁ θεὸς τῶν Ἑβραίων θεὸς |
| Asen. | 12 | 2 | τῶν ὑδάτων καὶ εἰσὶ λίθοι ζῶντες καὶ τῆς φωνῆς σου | * ἀκούουσι * | κύριε καὶ φυλάσσουσι τὰς ἐντολάς σου ἃς |
| Asen. | 15 | 2 | ὁ ἄνθρωπος θάρσει Ἀσενὲθ ἡ παρθένος ἁγνή. ἰδοὺ | * ἀκήκοα * | πάντων τῶν ῥημάτων τῆς ἐξομολογήσεώς σου καὶ τῆς |
| Asen. | 15 | 10 | σὺ ἔσῃ αὐτῷ νύμφη εἰς τὸν αἰῶνα χρόνον. καὶ νῦν | * ἄκουσόν * | μου Ἀσενὲθ ἡ παρθένος ἁγνὴ καὶ ἔνδυσαι τὴν |
| Asen. | 15 | 12B | ὑψίστου ἄρρητά ἐστι καὶ ἀνθρώπῳ οὔτε εἰπεῖν οὔτε | * ἀκοῦσαι * | ἐν τῷ κόσμῳ τούτῳ ἐγκεχώρηται ὅτι μεγάλα ἐστὶ τὰ |
| Asen. | 22 | 2 | καὶ ἤρξαντο ἔρχεσθαι τὰ ἑπτὰ ἔτη τοῦ λιμοῦ. καὶ | * ἤκουσεν * | Ἰακὼβ περὶ Ἰωσὴφ τοῦ υἱοῦ αὐτοῦ καὶ ἦλθεν |
| Asen. | 23 | 6 | τὴν ῥομφαίαν αὐτοῦ καὶ ἔδειξεν αὐτοῖς. ὡς δὲ | * ἤκουσαν * | τὰ ῥήματα ταῦτα οἱ ἄνδρες Συμεὼν καὶ Λευῒς |
| Asen. | 23 | 12 | καὶ ἐνώπιον τοῦ ἀδελφοῦ ἡμῶν Ἰωσήφ; καὶ νῦν | * ἄκουε * | τῶν ῥημάτων μου. οὐ προσήκει ἀνδρὶ θεοσεβεῖ |
| Asen. | 24 | 4 | δὴ ὁ κύριος ἡμῶν τοῖς παισὶν αὐτοῦ ὃ βούλεται καὶ | * ἀκούσονται * | οἱ παῖδές σου καὶ ποιήσομεν κατὰ τὸ θέλημά |
| Asen. | 24 | 8 | ἀνδρίζεσθε καὶ ἀμύνεσθε τοὺς ἐχθροὺς ὑμῶν. διότι | * ἤκουσα * | ἐγὼ Ἰωσὴφ τοῦ ἀδελφοῦ ὑμῶν λέγοντος πρὸς Φαραὼ |
| Asen. | 24 | 11 | σοι ἐπράξαντο καὶ ἐγὼ ἔσομαί σοι βοηθός. καὶ ὡς | * ἤκουσαν * | οἱ ἄνδρες τῶν ῥημάτων τοῦ υἱοῦ Φαραὼ ἐταράχθησαν |
| Asen. | 24 | 12 | αὐτοῖς ὁ υἱὸς Φαραὼ ἐγὼ ἔσομαι ὑμῖν βοηθὸς ἐὰν | * ἀκούσητε * | τῶν ῥημάτων μου. καὶ εἶπον οἱ ἄνδρες ἰδοὺ ἡμεῖς |
| Asen. | 24 | 15 | καὶ ποιήσομεν πάντα ἃ προστέταχας ἡμῖν. καὶ ἡμεῖς | * ἀκηκόαμεν * | σήμερον τοῦ Ἰωσὴφ λέγοντος πρὸς τὴν Ἀσενὲθ |
| Asen. | 24 | 16 | εἰς πόλεμον καὶ πεντήκοντα προδρόμους. καὶ νῦν | * ἄκουσον * | ἡμῶν καὶ λαλήσομεν πρὸς τὸν κύριον ἡμῶν. καὶ |
| Asen. | 24 | 19 | τῶν ὀφθαλμῶν αὐτοῦ. καὶ ἐχάρη ὁ υἱὸς Φαραὼ ὡς | * ἤκουσε * | τὰ ῥήματα ταῦτα. καὶ ἐξαπέστειλεν αὐτοῖς καὶ δύο |
| Asen. | 25 | 4 | ἐγγισάτω μου μηδὲ ὁ υἱός μου ὁ πρωτότοκος. καὶ ὡς | * ἤκουσε * | ταῦτα ἀπῆλθε σπεύδων ὁ υἱὸς Φαραὼ καὶ ἔλαβε μετ' |
| Asen. | 27 | 11 | ἐκ τῶν χειρῶν τῶν ἀνδρῶν τῶν πονηρῶν τούτων. καὶ | * ἤκουσε * | κύριος ὁ θεὸς τῆς φωνῆς Ἀσενὲθ καὶ εὐθέως ἔπεσον |
| Sal. | 1 | 2 | πρὸς τὸν θεὸν ἐν τῷ ἐπιθέσθαι ἁμαρτωλοὺς ἐξάπινα | * ἠκούσθη * | κραυγὴ πολέμου ἐνώπιόν μου (εἶπα) ἐπακούσεταί |
| Sal. | 2 | 8 | αὐτῶν εἰς ἅπαξ ὅτι πονηρὰ ἐποίησαν εἰς ἅπαξ τοῦ μὴ | * ἀκούειν. * | καὶ ὁ οὐρανὸς ἐβαρυθύμησεν καὶ ἡ γῆ ἐβδελύξατο |
| Sal. | 8 | 1 | τῷ Σαλωμων εἰς νεῖκος. θλῖψιν καὶ φωνὴν πολέμου | * ἤκουσεν * | τὸ οὖς μου φωνὴν σάλπιγγος ἠχούσης σφαγὴν καὶ |
| Sal. | 8 | 4 | τῇ καρδίᾳ μου ποῦ ἄρα κρινεῖ αὐτὸν ὁ θεός; φωνὴν | * ἤκουσα * | εἰς Ιερουσαλημ πόλιν ἁγιάσματος συνετρίβη ἡ ὀσφύς |
| Jer. | 2 | 8 | Χαλδαίων τοῦ αἰχμαλωτεῦσαι τὸν λαὸν εἰς Βαβυλῶνα. | ἀκούσας * | δὲ ταῦτα Βαροὺχ διέρρηξε καὶ αὐτὸς τὰ ἱμάτια |
| Jer. | 3 | 8 | ὁ κύριος ἆρον αὐτὰ καὶ παράδος αὐτὰ τῇ γῇ λέγων | * ἄκουε * | γῆ τῆς φωνῆς τοῦ κτίσαντός σε ὁ πλάσας σε ἐν τῇ |
| Jer. | 5 | 22 | αὐτοῖς καὶ κατηχῆσαι αὐτοὺς τὸν λόγον. εὐθὺς δὲ | * ἀκούσας * | Ἀβιμέλεχ παρὰ τοῦ γηραιοῦ ἀνθρώπου εἶπεν εἰ μὴ |
| Jer. | 6 | 10 | ἀγαθότητος τὸ μέγα ὄνομα ὃ οὐδεὶς δύναται γνῶναι | * ἄκουσον * | τῆς φωνῆς τῶν δούλων σου καὶ γενοῦ γνῶσις ἐν τῇ |
| Jer. | 6 | 22 | θυμῷ παρέδωκα ὑμᾶς τῇ καμίνῳ εἰς Βαβυλῶνα. ἐὰν οὖν | * ἀκούσητε * | τῆς φωνῆς μου λέγει κύριος ἐκ στόματος |
| Jer. | 6 | 22 | κύριος ἐκ στόματος Ἱερεμίου τοῦ παιδός μου ὁ | * ἀκούων * | ἀναφέρω αὐτὸν ἐκ τῆς Βαβυλῶνος ὁ δὲ μὴ ἀκούων |
| Jer. | 6 | 22 | ὁ ἀκούων ἀναφέρω αὐτὸν ἐκ τῆς Βαβυλῶνος ὁ δὲ μὴ | * ἀκούων * | ξένος γενήσεται τῆς Ἱερουσαλὴμ καὶ τῆς |
| Jer. | 6 | 23 | δὲ αὐτοὺς ἐκ τοῦ ὕδατος τοῦ Ἰορδάνου ὁ μὴ | * ἀκούων * | φανερὸς γενήσεται τοῦτο τὸ σημεῖόν ἐστι τῆς |
| Jer. | 7 | 15 | θεοῦ ἀπελθὲ σύναξον τὸν λαὸν καὶ ἐλθὲ ἐνταῦθα ἵνα | * ἀκούσωσι * | ἐπιστολῆς ἧς ἤνεγκά σοι ἀπὸ τοῦ Βαροὺχ καὶ τοῦ |
| Jer. | 7 | 16 | ἧς ἤνεγκά σοι ἀπὸ τοῦ Βαροὺχ καὶ τοῦ Ἀβιμέλεχ. | ἀκούσας * | δὲ ὁ Ἱερεμίας ἐδόξασε τὸν θεὸν καὶ ἀπελθὼν |
| Jer. | 7 | 20 | λύσας οὖν τὴν ἐπιστολὴν ἀνέγνω αὐτὴν τῷ λαῷ. καὶ | * ἀκούσας * | ὁ λαὸς ἔκλαυσαν καὶ ἐπέθηκαν χοῦν ἐπὶ τὰς |
| Jer. | 7 | 22 | Ἱερεμίας εἶπεν αὐτοῖς πάντα ὅσα ἐκ τῆς ἐπιστολῆς | * ἠκούσατε * | φυλάξατε καὶ εἰσάξει ἡμᾶς κύριος εἰς τὴν πόλιν |
| Jer. | 7 | 26 | κλαίοντας καὶ λέγοντας ἐλέησον ἡμᾶς ὁ θεὸς Ζάρ. | ἀκούων * | ταῦτα ἐλυπούμην καὶ ἔκλαιον δισσὸν κλαυθμὸν οὐ |
| Jer. | 7 | 31 | καὶ λύσας ἀνέγνω καὶ κατεφίλησεν αὐτὴν καὶ ἔκλαυσε | * ἀκούσας * | διὰ τὰς λύπας καὶ τὰς κακώσεις τοῦ λαοῦ. |
| Jer. | 8 | 3 | τὰς λαβούσας ἐξ αὐτῶν ἄνδρας διαπεράσωσιν οἱ | * ἀκούοντές * | σου καὶ ἆρον αὐτοὺς εἰς Ἱερουσαλὴμ τοὺς δὲ μὴ |
| Jer. | 8 | 3 | σου καὶ ἆρον αὐτοὺς εἰς Ἱερουσαλὴμ τοὺς δὲ μὴ | * ἀκούοντάς * | σου μὴ εἰσαγάγῃς αὐτοὺς ἐκεῖ. Ἱερεμίας δὲ |
| Jer. | 8 | 4 | τὸ ἥμισυ τῶν γαμησάντων ἐξ αὐτῶν οὐκ ἠθέλησαν | * ἀκοῦσαι * | τοῦ Ἱερεμίου ἀλλ' εἶπον πρὸς αὐτὸν οὐ μὴ |
| Jer. | 9 | 1 | κατέλιπεν ἡμᾶς ὁ ἱερεὺς τοῦ θεοῦ καὶ ἀπῆλθεν. | ἤκουσε * | δὲ πᾶς ὁ λαὸς τοῦ κλαυθμοῦ αὐτῶν καὶ ἔδραμον ἐπ' |
| Jer. | 9 | 12 | ψυχὴ αὐτοῦ εἰσέρχεται εἰς τὸ σῶμα αὐτοῦ πάλιν. καὶ | * ἀκούσαντες * | τῆς φωνῆς οὐκ ἐκήδευσαν αὐτὸν ἀλλ' ἔμειναν |
| Jer. | 9 | 22 | οὖν σφόδρα Βαροὺχ καὶ Ἀβιμέλεχ ὅτι ἤθελον | * ἀκοῦσαι * | πλήρης τὰ μυστήρια ἃ εἶδε. λέγει δὲ αὐτοῖς |
| Bar. | 1 | 5 | καὶ ὑποδείξω σοι πάντα τοῦ θεοῦ. ἡ γὰρ δέησίς σου | * ἠκούσθη * | ἐνώπιον αὐτοῦ καὶ εἰσῆλθεν εἰς τὰ ὦτα κυρίου τοῦ |
| Bar. | 1 | 7 | Βαροὺχ ζῇ κύριος ὁ θεὸς ὅτι ἐὰν ὑποδείξῃς μοι καὶ | * ἀκούσω * | παρὰ σοῦ λόγον οὐ μὴ προσθήσω ἔτι λαλῆσαι |
| Bar. | 4 | 7 | τι. ὁ Βαροὺχ εἶπεν καὶ πῶς; καὶ εἶπεν ὁ ἄγγελος | * ἄκουσον * | κύριος ὁ θεὸς ἐποίησεν τριακοσίους ἑξήκοντα |
| Bar. | 6 | 15 | φωνὴ λέγουσα φωτόδοτα δὸς τῷ κόσμῳ τὸ φέγγος. | ἀκούσας * | τὸν κτύπον τοῦ ὀρνέου εἶπον κύριε τί ἐστιν ὁ |
| Bar. | 7 | 2 | ἀφ' οὗ ὁ ἀλέκτωρ φωνεῖ; καὶ εἶπέν μοι ὁ ἄγγελος | * ἄκουσον * | Βαροὺχ πάντα ὅσα ἔδειξά σοι ἐν τῷ πρώτῳ καὶ |
| Bar. | 9 | 6 | καὶ τί ἐστιν ὅτι ποτὲ μὲν αὔξει ποτὲ δὲ λήγει; | ἄκουσον * | ὦ Βαροὺχ ταύτην ἣν βλέπεις ὡραία ἣν γεγραμμένη |
| Bar. | 9 | 8 | παντὶ ἀλλ' ἐν τῇ νυκτὶ μόνον; καὶ εἶπεν ὁ ἄγγελος | * ἄκουσον * | ὥσπερ ἐνώπιον βασιλέως οὐ δύνανται οἰκέται |
| Bar. | 10 | 5 | περὶ αὐτὴν πλῆθος τῶν ὀρνέων; καὶ εἶπεν ὁ ἄγγελος | * ἄκουσον * | Βαροὺχ τὸ μὲν πεδίον ἐστὶ τὸ περιέχον τὴν λίμνην |
| Prop. | 2 | 5 | τὰ θηρία καὶ τὰ τοῦ ὕδατος φυγαδεύουσιν.) ἡμεῖς δὲ | * ἠκούσαμεν * | ἐκ τῶν παίδων Ἀντιγόνου καὶ Πτολεμαίου |
| Prop. | 22 | 2 | ἐν Γαλγάλοις ἡ δάμαλις ἡ χρυσῆ ὀξὺ ἐβόησεν ὥστε | * ἀκουσθῆναι * | εἰς Ἱερουσαλὴμ καὶ εἶπεν οἱ ἱερεῖς διὰ τῶν |
| Prop. | 22 | 6 | ποδὶ τὰ ὕδατα ἐν Ἱεριχὼ πονηρὰ ἦν καὶ ἄγονα καὶ | * ἀκούσας * | παρὰ τῶν τῆς πόλεως ἐπεκαλέσατο τὸν θεὸν καὶ |
| Esdr. | 1 | 8 | μεγάλην καὶ ἀπήγαγόν με εἰς τὰς κρίσεις. καὶ | * ἤκουσα * | φωνῆς λεγούσης μοι ἐλέησον ἡμᾶς ἐκλεκτὲ τοῦ θεοῦ |
| Esdr. | 4 | 14 | καὶ ἐν αὐτοῖς πλῆθος ἁμαρτωλῶν καὶ τὴν φωνὴν αὐτῶν | * ἤκουον * | τὰς δὲ μορφὰς οὐκ ἔβλεπον. καὶ κατήγαγόν με |
| Esdr. | 4 | 35 | πλανᾶται τὸ γένος τῶν ἀνθρώπων; καὶ εἶπεν ὁ θεὸς | * ἄκουσον * | προφῆτά μου καὶ παιδίον γίνεται καὶ γέρων καὶ |
| Esdr. | 4 | 37 | νεκροὶ ἀναστήσονται ἄφθαρτοι. τότε ὁ ἀντικείμενος | * ἀκούσας * | τῆς φοβερᾶς ἀπειλῆς κρυβήσεται εἰς τὸ σκότος τὸ |
| Esdr. | 4 | 43 | κύριε καὶ ἡ γῆ τί ἥμαρτεν; καὶ εἶπεν ὁ θεὸς ἐπειδὴ | * ἀκούσας * | μου ὁ ἀντικείμενος τῆς φοβερᾶς ἀπειλῆς |
| Esdr. | 5 | 12 | οἱ κλαίοντες τὰς ἑαυτῶν ἁμαρτίας. καὶ εἶπεν ὁ θεὸς | * ἄκουσον * | Ἔσδρᾶμ ἀγαπητὲ ὥσπερ γεωργὸς καταβάλλει τὸν |
| Esdr. | 7 | 1 | τρυβλίον τοῦ ᾅδου εἰσῆλθον. καὶ εἶπεν αὐτῷ ὁ θεὸς | * ἄκουσον * | Ἔσδρᾶμ ἀγαπητέ μου ἐγὼ ἀθάνατος ὢν σταυρὸν |
| Sedr. | 10 | 5 | σώματος καὶ ἀποσπασθῆναι τῇ καρδίᾳ. ταῦτα πάντα | * ἀκούσας * | ὁ Σεδρὰχ καὶ ἐνθυμηθεὶς τοῦ θανάτου τὴν μνήμην |
| Sedr. | 10 | 6 | τὸν θεὸν δός μοι κύριε ἴασιν ὀλίγην ἵνα κλαύσω ὅτι | * ἤκουσα * | πολλὰ δύνανται τὰ δάκρυα καὶ ἴαμα πολὺ γίνεται |
| Sedr. | 14 | 8 | ἀλλὰ ποιοῦσιν ἃ μισεῖ μου ἡ θεότης καὶ οὐκ | * ἤκουσαν * | τὸν σοφὸν ἐρωτῶντα λέγων δικαιοῦμεν οὐδαμῶς |
| Sedr. | 14 | 10 | οἱ μετανοήσαντες οὐ μὴ ἴδουν τὴν κόλασιν; καὶ (οὐκ | ἤκουσαν) * | ἀποστόλων οὔτε ἐμοῦ λόγον ἐν τοῖς εὐαγγελίοις |
| Job | 1 | 6 | μετὰ ἄλλων δέκα τέκνων ἐν θανάτῳ πικρῷ. | * ἀκούσατε * | οὖν μου τέκνα, καὶ δηλώσω ὑμῖν τὰ συμβεβηκότα |
| Job | 3 | 4 | ἐν ᾧ ἀπατηθήσεται ἡ ἀνθρωπίνη φύσις. καὶ ἐγὼ | * ἀκούσας * | κατέπεσα ἐπὶ τὴν κλίνην μου προσκυνῶν καὶ λέγων |

```
Job       4    2    ὅτι πάντα ὅσα ἐνετείλατό μοι τῷ θεράποντι αὐτοῦ ✳ ἀκούσομαι ✳ καὶ πράξω. καὶ πάλιν εἶπεν τάδε λέγει κύριος
Job       6    1    εἰς τὸν οἶκόν μου κελεύσας ἀσφαλισθῆναι τὰς θύρας. ✳ ἀκούσατέ ✳ μου τεκνία καὶ θαυμάσατε ἅμα γὰρ εἰσῆλθον εἰς
Job       6    7    σοι. καὶ ἡ θυρωρὸς εἰσελθοῦσα λέγει μοι ταῦτα, καὶ ✳ ἤκουσεν ✳ παρ' ἐμοῦ δηλῶσαι μὴ σχολάζειν με νῦν. ὁ δὲ
Job       7    1    ἐμοῦ δηλῶσαι μὴ σχολάζειν με νῦν. ὁ δὲ Σατανᾶς ✳ ἀκούσας ✳ ἀπῆλθεν καὶ ἐπέθετο τοῖς ὤμοις ἀσάλλιον, καὶ
Job       7   12    ὅτι τῷ αἰτήσαντι ἐχθρῷ οὐδὲν παρέσχον. ταῦτα ✳ ἀκούσας ✳ ὁ Σατανᾶς ἀντέπεμψέν μοι τὴν παῖδα λέγων ὅτι ὡς
Job       9    1    ἐξουσίαν ἦλθεν καὶ ἦρέν μου σύμπαντα τὸν πλοῦτον. ✳ ἀκούσατε ✳ οὖν, ὑποδείξω γὰρ ὑμῖν πάντα τὰ συμβεβηκότα μοι
Job      11    5    τοῦτο ἀποκαταστήσωμέν σοι τὸ ἴδιον. καὶ ἐγὼ ταῦτα ✳ ἀκούων ✳ ἠγαλλίωμην ὅτι ὅλως παρ' ἐμοῦ λαμβάνουσιν εἰς
Job      24    9    λήψει. καὶ ἐμὲ δὲ δεῖξαι τὴν ἀπορίαν ἡμῶν αὐτῷ καὶ ✳ ἀκοῦσαι ✳ παρ' αὐτοῦ εἰ μὴ ἔχεις, ὦ γύναι, ἀργύριον,
Job      28    2    ὅτε ἐπλήρωσα εἴκοσι ἔτη τυγχάνων ἐν τῇ πληγῇ, καὶ ✳ ἤκουσαν ✳ οἱ βασιλεῖς τὰ συμβεβηκότα μοι, ἀναστάντες ἦλθον
Job      29    1    μου ἐδηλώθη αὐτοῖς τὰ συμβεβηκότα μοι. καὶ ✳ ἀκούσαντες ✳ ἐξῆλθον τὴν πόλιν ἅμα τοῖς πολίταις καὶ οἱ
Job      32    1    καὶ τῶν ἄλλων βασιλέων καὶ τῶν στρατευμάτων αὐτῶν. ✳ ἀκούσας ✳ οὖν τοῦ κλαυθμοῦ τοῦ Ελιου ὑποδεικνύοντος τοῖς
Job      36    5    ἔσθ' ὅτε καὶ πολεμεῖται περὶ δὲ τοῦ οὐρανοῦ ✳ ἀκούομεν ✳ ὅτι εὐσταθεῖ. ἀλλ' εἰ ἀληθῶς ἐν τούτῳ
Job      38    3    σποδῷ; ἵνα οὖν γνῶτε ὅτι συνέστηκεν ἡ καρδία μου ✳ ἀκούσατε ✳ ὃ ἐπερωτῶ ὑμᾶς. διὰ στόματος ἢ τροφὴ
Job      41    5    ἔχειν τὸν ἑαυτοῦ θρόνον ἐν οὐρανοῖς. τοίνυν ἐμοῦ ✳ ἀκούσατε ✳ καὶ γνωρίσω ὑμῖν τὴν μερίδα αὐτοῦ οὐχ
Job      42    3    τοῦ δὲ κυρίου λαλήσαντός μοι διὰ τῆς νεφέλης, ✳ ἤκουον ✳ τῆς φωνῆς τοῦ λαλήσαντος καὶ οἱ τέσσαρες βασιλεῖς
Job      51    3    ἐκαθεζόμην πλησίον τοῦ Ιωβ ἐπὶ τῆς κλίνης μου ✳ ἤκουσα ✳ τὰ μεγαλεῖα μιᾶς ὑποσημειουμένης τῇ μιᾷ καὶ
Aris.     5    4    διεξαγόντων περὶ ὧν προαιρούμεθα δηλοῦν ἀσμένως σε ✳ ἀκούσεσθαι ✳ προσφάτως παραγεγενημένη ἐκ τῆς νήσου πρὸς
Aris.    43    5    μετέδωκαν ἡμῖν τὰ παρὰ σοῦ πρὸς ἃ καὶ παρ' ἡμῶν ✳ ἀκηκόασιν ✳ ἁρμόζοντα τοῖς σοῖς γράμμασι. πάντα γὰρ ὅσα
Aris.   162    3    ἀφᾶς ἕκαστα κελεύει μηθὲν εἰκῇ μήτε πράσσειν μήτε ✳ ἀκούειν ✳ μήτε τῇ τοῦ λόγου δυναστείᾳ συγχρωμένους ἐπὶ τὴν
Aris.   250    1    σοὶ πρὸς πάντας χάριν φιλόπατρις φανήῃ. τούτου δὲ ✳ ἀκούσας ✳ τοῦ κατὰ τὸ ἑξῆς ἐπυνθάνετο πῶς ⟨ἂν⟩ ἁρμόσαι
Aris.   314    1    πληγέντες τῆς ἐπιβολῆς ἀπέστησαν. καὶ γὰρ Ἔφησεν ✳ ἀκηκοέναι ✳ Θεοπόμπου διότι μέλλων τινὰ τῶν
Sib.      3   18    θεὸν ὅσσοις; ἢ τίς χωρήσει κἂν τοὔνομα μοῦνον ✳ ἤκουσαν ✳ οὐρανίου μεγάλοιο θεοῦ κόσμον κρατέοντος; ὃς
Sib.      3  147    ἄμμιγα Πηνειῷ καὶ μιν στύγιον καλέουσιν. ἡνίκα δ' ✳ ἤκουσαν ✳ Τιτῆνος παῖδας ἐόντας λάθριον οὓς ἔσπειρε Κρόνος
Sib.      3  152    γαίῃ καὶ ἐν +ζωσμοῖς+ ἐφύλασσεν. καὶ τότε +δή μιν+ ✳ ἤκουσαν ✳ υἱοὶ κρατεροῖο Κρόνοιο καὶ οἱ ἐπήγειραν πόλεμον
Sib.      4  175    ἠελίῳ ἀνιόντι κόσμος ἅπας μύκημα καὶ ὀμβρηλὸν ἦχον ✳ ἀκούσει. ✳ φλέξει δὲ χθόνα πᾶσαν ἅπαν δ' ὀλέσει γένος
FEll. 1   34    8    ὃ ὀφθαλμὸς οὐκ εἶδεν καὶ οὓς οὐκ ✳ ἤκουσεν ✳ καὶ ἐπὶ καρδίαν ἀνθρώπου οὐκ ἀνέβη ὅσα ἡτοίμασεν
FEll. 10  94    4    αὐτόν. δόξαν ἣν ὀφθαλμὸς οὐκ εἶδεν οὐδὲ οὓς ✳ ἤκουσεν ✳ οὐδὲ ἐπὶ καρδίαν ἀνθρώπου ἀνέβη καὶ χαρήσονται
FIsa.     1    3    οὓς αὐτὸς ὁ βασιλεὺς εἶδεν ἐν τῇ ἀρρωστίᾳ αὐτοῦ. ⟨ἤκουσεν⟩ ✳ Σωμνᾶς ὁ γραμματεὺς καὶ Ἀσοὺρ ὁ
FIsa.     1   10    πολλοὺς ἐξ Ἱερουσαλὴμ καὶ ἐξ Ἰούδα ἀποστήσει. ✳ δὲ ταῦτα Ἑζεκίας ἔσχισεν τὰ ἱμάτια αὐτοῦ καὶ
FIsa. 1   2   15    ἀνθ' ὧν ἐφόνευεν τοὺς προφήτας τοῦ Θεοῦ. ⟨καὶ⟩ ✳ ἀκούσαντες ✳ οἱ προφῆται ⟨ο⟩ἱ μετὰ τοῦ Ὀχοζείου υἱοῦ Ἀλὰμ
FIsa. 1   2   16    καὶ αὐτὸς ἦν ⟨ὁ⟩ Βεχειρ⟨ὰ⟩ ἀδελφὸς τοῦ Σεδεκίου ✳ ἀκούσαν⟨τ⟩ες ✳ μετέπειται τὸν Ὀχοζείαν βασιλέα Γομόρρων
FBar.    13    2    εἰπε μοι ανάστα επι τους ποδας σου Βαρουχ και ✳ ακουε⟩ ✳ τον λογον ἰσχ⟨υρου θεου⟩ ⟩οηη⟨-- ⟩τα εθνη κα⟨--
FEz.    185    2    αγαλ⟨λιασομαι δε εγω εν⟩ αυτοις εαν ερους⟨ιν πατερ ✳ ακουσθη⟩σεται ✳ και εσοντ⟨αι μοι εσοντ⟨αι μοι εμου⟩ ⟨επι γ⟩ης ζωης ω
FAch.   105        τὴν διοίκησιν τοῦ Αἰσώπου. μετὰ δὲ χρόνον ✳ ἀκούσας ✳ Νεκταναβὼν ὁ τῶν Αἰγυπτίων βασιλεὺς τὸν Αἴσωπον
FAch.   107        σύνοιδας; ὁ δὲ εἶπεν Αἴσωπος ζῇ. ἐξ ἀνελπίστου δὲ ✳ ἀκούσας ✳ ὁ Λυκοῦργος περιχαρὴς ἐγένετο καὶ ἔφη πρὸς τὸν
FAch.   109        ἧς καὶ οὕτως ὑγιαίνῃς. ἐν βασιλικῇ αὐλῇ ἐάν τις ✳ ἀκούσῃς ✳ τοῦτο ἐναποθανέτω σοι μὴ σὺ ἐν τάχει ἀποθάνῃς;
FAch.   112        βασιλεῖ Νεκταναβῷ τὸν Αἴσωπον παραστῆναι. ἀηδῶς δὲ ✳ ἀκούσας ✳ μετεκαλέσατο τοὺς φίλους καὶ φησιν ἄνδρες
FAch.   112        τοὺς φίλους καὶ φησιν ἄνδρες ἐνεδρεύθην ✳ ἀκούσας ✳ Αἴσωπον τεθνάναι προσεκάλεσα τὸν Λυκοῦργον δι'
FAch.   113        δὲ ἄρχοντές σου τοῖς περὶ ἐκείνην ἄστροις. ταῦτα ✳ ἀκούσας ✳ Νεκταναβὼ καὶ θαυμάσας ἔδωκεν αὐτῷ δῶρα. τῇ δὲ
FAch.   117        ⟨τοὺς⟩ ἀπὸ τῆς Ἑλλάδος ἵππους ἐπιτοκίους ἐὰν ✳ ἀκούσωσι ✳ τῶν ἐν Βαβυλῶνι ἵππων χρεμετιζόντων
FAch.   118        Αἴσωπος ἔφη ⟨πῶς⟩ τῶν παρ' ἐμὲ χρεμετιζόντων ἵππων ✳ ἀκοῦσαι ✳ ⟨αἱ⟩ ἐνθάδε ⟨δύνανται⟩ τῶν ἵππων καὶ
FAch.   121        πρόβλημα εἰπόντες τί ἐστιν τοῦτο ὃ οὔτε εἴδομεν οὔτε ✳ ἠκούσαμεν; ✳ ⟨καὶ⟩ ὅ,τι λοιπὸν ἐὰν σοφίσηται ἐρουμεν αὐτῷ
FAch.   121        ⟨καὶ⟩ ὅ,τι λοιπὸν ἐὰν σοφίσηται ἐρουμεν αὐτῷ ✳ ἀκηκοέναι ✳ καὶ εἰδέναι καὶ ἐπὶ τούτοις ἀπορηθεὶς
FAch.   121        ἐπὶ τούτοις ἀπορηθεὶς νικηθήσεται. ὁ δὲ βασιλεὺς ✳ ἀκούσας ✳ περιχαρὴς ἐγένετο δόξας εὑρηκέναι νίκας. καὶ
FAch.   121        φόρους Λυκούργῳ λέξον ἡμῖν ὃ οὔτε εἴδομεν οὔτε ✳ ἠκούσαμεν ✳ ποτε. ὁ δὲ Αἴσωπος ἔφη δός μοι τριῶν ἡμερῶν
FAch.   122        ἔφησαν ψευδόμενοι τοῦτον καὶ ἑωράκαμεν καὶ ✳ ἀκηκόαμεν ✳ πολλάκις. ὁ δὲ Αἴσωπος ἔφη χαίρω μαρτυρούντων.
FAch.   122        παρῆλθεν τῆς ἀποδόσεως. ὁ δὲ βασιλεὺς Νεκταναβὼν ✳ ἀκούσας ✳ ἔφη πόθεν μαρτυρεῖτε περὶ τῶν ἐγὼ οὐκ ἐποφείλω;
FAch.   122        ἐγὼ οὐκ ἐποφείλω; ὁ δὲ εἶπον οὔτε εἴδομεν οὔτε ✳ ἠκούσαμεν ✳ ποτε. ὁ δὲ Αἴσωπος ἔφη εἰ ταῦτα ὑμῖν οὕτως
FPho.         87    ἐάσῃς. ⟨μηδὲ δίκην δικάσῃς πρὶν ⟨ἂν⟩ ἄμφω μύθων ✳ ἀκούσῃς.⟩ ✳ τὴν σοφίην σοφὸς εὐθύνει τέχνας δ' ὁμότεχνος.
IOrp.          3    δικαίων θεσμοὺς θείοιο τιθῆντος πάντες ὁμῶς σὺ δ' ✳ ἄκουε ✳ φαεσφόρου ἔκγονε Μήνης Μουσαῖ'. ἐξερέω γὰρ ἀληθέα
IMen. 5  120    2    ὧν ταῖς χλαμύσιν ὡς τῇ καρδίᾳ. +βροντῆς ἐάν+ ✳ ἀκούσῃς ✳ μὴ φύγῃς μηδ'ἐάν› συνειδὸς αὐτὸς αὐτῷ δέσποτα ὁ
HEup. 9   30    7    χαλκὸν λίθους ξύλα κυπαρίσσινα καὶ κέδρινα. ✳ ἀκούσαντα ✳ δὲ τὸν Δαβὶδ πλοῖα ναυπηγήσασθαι ἐν Ἐλάνοις
HEup. 9   39    4    αἰχμαλωτισθέντας. τὸν δὲ τῶν Βαβυλωνίων βασιλέα ✳ ἀκούσαντα ✳ Ναβουχοδονόσορ τὰ ὑπὸ τοῦ Ἱερεμίου
HArt. 9   27   25    αὐτὸν τὸν δὲ προσκύψαντα πρὸς τὸ οὖς εἰπεῖν ✳ ἀκούσαντα ✳ δὲ τὸν βασιλέα πεσεῖν ἄφωνον διακραθέντα δὲ
HArt. 9   27   36    τὴν θάλασσαν τῇ ῥάβδῳ καὶ διαστῆσαι. τὸν δὲ Μωϋσον ✳ ἀκούσαντα ✳ ἐπιθιγεῖν τῇ ῥάβδῳ τοῦ ὕδατος καὶ οὕτως τὸ μὲν
HHec. 1   22  191    καὶ τὴν πολιτείαν γεγραμμένην. τοιγαροῦν καὶ κακῶς ✳ ἀκούοντες ✳ ὑπὸ τῶν ἀστυγειτόνων καὶ τῶν εἰσαφικνουμένων
HCal.    24   29    καὶ πᾶσα ἀκυρωθήσεται ἄστατος βουλή. ὡς οὖν ταῦτα ✳ ἤκουσεν ✳ Ἀλεξάνδρῳ ὑπείκειν κελεύουσαι. ταῖς ἱερατικαῖς
LEze. 9   28  3 26    ταχὺ ζητεῖ δὲ Φαραὼ τὴν ἐμὴν ψυχὴν λαβεῖν ἐγὼ δ' ✳ ἀκούσας ✳ ἐκποδὼν μεθίσταμαι καὶ νῦν πλανῶμαι γῆν ἐπ'
LEze. 9   29  8 05    σοι θεῖος ἐκλάμπει λόγος. θάρσησον ὦ παῖ καὶ λόγων ✳ ἄκου' ✳ ἐμῶν ἰδεῖν γὰρ ὄψιν τὴν ἐμὴν ἀμήχανον θνητὸν
LEze. 9   29  8 08    θνητὸν γεγῶτα τῶν λόγων δ' Ἔξεστί σοι ἐμῶν ✳ ἀκούειν ✳ τῶν Ἕκατ' ἐλήλυθα. ἐγὼ θεὸς σῶν ὧν λέγεις
LAri. 8   10    7    μεγάλην χεῖρα ἔχει ὁ βασιλεὺς φερομένων τῶν ✳ ἀκουόντων ✳ ἐπὶ τὴν δύναμιν ἣν ἔχεις. ἐπισημαίνεται δὲ
LAri. 13  12    4    Πυθαγόρας τε καὶ Σωκράτης καὶ Πλάτων λέγοντες ✳ ἀκούειν ✳ φωνῆς θεοῦ τὴν κατασκευὴν τῶν ὅλων συνθεωροῦντες
FrAn. 2   11    2    οἱ διατάζοντες τῇ καρδίᾳ οἱ λέγοντες ταῦτα πάλαι ✳ ἠκούσαμεν ✳ καὶ ἐπὶ τῶν πατέρων ἡμῶν ἡμεῖς δὲ ἡμέραν ἐξ
FrAn. 1  218    6    πεποίηκε πρὸς τὸν ἄνθρωπον καὶ λελάληκεν ὁ δὲ ✳ ἀκούσας ✳ καὶ ἔντρομος γενόμενος πάντα ἐάσας ἐν τῷ ναῷ
FrAn. 1  227    5    Χ⟨ανανα⟩ιων τ⟩ου ενος δειχα επυνθ⟨αν - ⟩ι δε φησιν ✳ ακουσον⟨ ✳ - ⟩υν καθ ημων κα⟨ - - ⟩και οριγιζομεν⟨ - -
       ἄκρα
                3
Aris.   101    5    οἶκον ἐπικειμένων καὶ ὀξυβελῶν ἐπὶ τῶν πύργων τῆς ✳ ἄκρας ✳ καὶ ὀργάνων ποικίλων καὶ τοῦ τόπου κατὰ κορυφὴν
Aris.   102    4    δεδωκότων οἵτινες οὐκ εἶχον ἐξουσίαν ἐξιέναι τῆς ✳ ἄκρας ✳ εἰ μὴ ταῖς ἑορταῖς καὶ τοῦτο ἐκ μέρους οὐδὲ
Aris.   181    3    καταλύματα δοθῆναι τὰ κάλλιστα πλησίον τῆς ✳ ἄκρας ✳ αὐτοῖς καὶ τὰ κατὰ τὸ συμπόσιον ἑτοιμάζειν. ὁ δὲ
       ακραμμ ✳
                1
FrAn.   574 3030    λόγος ὁρκίζω σε λαβρεία ιακουθ αβλαναθαναλβα ✳ ακραμμ. ✳ λόγος αωθ ιαθαβαθρα χαχθαβραθα χαμυνχελ αβρωώ
       ἀκρασία (ἀκρατής)
                4
Sal.      4    3    ζήλει καὶ αὐτὸς ἔνοχος ἐν ποικιλίᾳ ἁμαρτιῶν καὶ ἐν ✳ ἀκρασίαις. ✳ οἱ ὀφθαλμοὶ αὐτοῦ ἐπὶ πᾶσαν γυναῖκα ἄνευ
       ἀκρατής
                1
Aris.   277    3    ἀνθρώπων οἱ πλείονες; ὅτι φυσικῶς ἅπαντες εἶπεν ✳ ἀκρατεῖς ✳ καὶ ἐπὶ τὰς ἡδονὰς τρεπόμενοι γεγόνασιν ὧν
       ἄκρατος
                1
Sal.      8   14    πνεῦμα πλανήσεως ἐπότισεν αὐτοὺς ποτήριον οἴνου ✳ ἀκράτου ✳ εἰς μέθην. ἤγαγεν τὸν ἀπ' ἐσχάτου τῆς γῆς τὸν
       ἀκρίβεια
Hen.    106   12    ὅτι υἱὸς αὐτοῦ ἐστιν ἀλλὰ ὅτι ἐξ ἀγγέλων--- τὴν ✳ ἀκρίβειαν ✳ ἣν +ἔχεις+ καὶ τὴν ἀλήθειαν. τότε ἀπεκρίθην
Aris.   103    1    τοῦτο ἐκ μέρους οὐδὲ εἰσοδεύειν εἴων οὐδένα. μετὰ ✳ ἀκριβείας ✳ δὲ πολλῆς εἶχον εἰ καί τις ἐπιταγὴ γένοιτο διὰ
       ἀκριβῆς
                5
Job      31    1    προσεγγιοῦμεν αὐτῷ καὶ ἐξετάσωμεν αὐτὸν ✳ ἀκριβῶς ✳ εἰ ὅλως αὐτός ἐστιν ἢ οὔ. οἱ δὲ μακρά μου ὄντες
Aris.    32    6    ἐξετάσαντες καὶ λαβόντες τὸ κατὰ τὴν ἑρμηνείαν ✳ ἀκριβῶς ✳ ἀξίως καὶ τῶν πραγμάτων καὶ τῆς σῆς προαιρέσεως
Aris.   133    1    καὶ τὰ μέλλοντα γίνεσθαι ταῦτ' οὖν ἐξεργαζόμενος ✳ ἀκριβῶς ✳ πρόδηλα θεὶς ἔδειξεν ὅτι κἂν ἐννοηθῇ τις
Aris.   300    1    διορθώσεως τυγχάνει τὸ πεπραγμένον. πάντ' οὖν ✳ ἀκριβῶς ✳ παρὰ τῶν ἀναγεγραμμένων ὡς ἐλέχθη μεταλαβόντες
LAri. 13  12    4    φωνῆς θεοῦ τὴν κατασκευὴν τῶν ὅλων συνθεωροῦντες ✳ ἀκριβῶς ✳ ὑπὸ θεοῦ γεγονυῖαν καὶ συνεχομένην ἀδιαλείπτως.
       ἀκρίς
                5
Bar.     16    3    ἐξαποστείλατε κάμπην καὶ βροῦχον ἐρυσίβην καὶ ✳ ἀκρίδα ✳ χάλαζαν μετ' ἀστραπῶν καὶ ὀργῆς. καὶ διχοτομήσατε
Sib.      5  454    νῦν μὲν χέρσος ἄκαρπος ἐπ' ἤονος ἔσσεται αὖθις. ✳ ἀκρὶς ✳ δ' οὐκ ὀλίγη χθόνα Κύπριον ἐξολοθρεύσει. εἰς Τύρον
FJub.    48    5    φλυκτίδες καὶ ἕλκη Δεκεμβρίῳ χάλαζα Ἰανουαρίῳ ✳ ἀκρὶς ✳ Φεβρουαρίῳ σκότος ἡμέρας τρεῖς Μαρτίῳ τὰ
HArt. 9   27   32    βάτραχον διὰ τῆς ῥάβδου ἀνεῖναι πρὸς δὲ τούτοις ✳ ἀκρίδας ✳ καὶ σκνῖφας. διὰ τοῦτο δὲ καὶ τοὺς Αἰγυπτίους
LEze. 9   29  12 14    τε σώματα σκότος τε θήσω τρεῖς ἐφ' ἡμέρας ὅλας ✳ ἀκρίδας ✳ τε πέμψω καὶ περισσὰ βρώματα ἅπαντ' ἀναλώσουσι
       ἄκριτος
                1
Sib.      3  764    τῷ ζῶντι λάτρευε μοιχείας πεφύλαξο καὶ ἄρσενος ✳ ἄκριτον ✳ εὐνὴν τὴν δ' ἰδίαν γένναν παίδων τρέφε μηδὲ
       ἀκροάομαι
                1
Aris.   239    4    ὅπως ἂν πρὸς τὰ συμβαίνοντα ἐκλεγόμενός τι τῶν ✳ ἠκροαμένων ✳ ἀνθυποτιθεὶς πρὸς τὰ τῶν καιρῶν (ἂν)
       ἀκρόασις
                1
Aris.   127    2    συντηρεῖν εἶναι τοῦτο δὲ ἐπιτελεῖσθαι διὰ τῆς ✳ ἀκροάσεως ✳ πολλῷ μᾶλλον ἢ διὰ τῆς ἀναγνώσεως.
       ἀκροατήριον
                1
FAch.   101        ἠβουλήθη περιελθεῖν τὴν οἰκουμένην καὶ ἐν τοῖς ✳ ἀκροατηρίοις ✳ διελέγετο. τιμήματα δὲ ἀργυρικὰ λαμβάνων
       ἀκροατής
                1
Aris.   266    5    τάξεως τὰς βλάβας ἐπιδεικνύντα. οὕτω γὰρ λήψῃ τὸν ✳ ἀκροατὴν ✳ οὐκ ἀντικείμενος συγχρωμένος δὲ ἐπαίνῳ πρὸς τὸ
       ἀκρόδρυον
                2
Aris.   112    5    ἔτι δὲ ἀμπέλῳ καὶ μέλιτι πολλῷ. τὰ μὲν τῶν ἄλλων ✳ ἀκροδρύων ✳ καὶ φοινίκων οὐδ' ἀριθμεῖται παρ' αὐτοῖς.
```

Sib. 3 747 οὐρανόθεν μέλιτος γλυκεροῦ ποτὸν ἡδὺ δένδρεά τ' * ἀκροδρύων * καρπὸν καὶ πίονα μῆλα καὶ βόας ἔκ τ' ὀίων

ἀκρόνυχος 2

Esdr. 6 13 οὐκ ἐξέρχεται ἔνθεν. καὶ εἶπον οἱ ἄγγελοι διὰ τῶν * ἀκρονύχων * σου ἔχομεν αὐτὴν ἐκβαλεῖν. καὶ εἶπεν ὁ
Sedr. 10 3 ἐξέρχεσθαι ἀρχὴν σπάρναται καὶ συνάζεται ἀπὸ τῶν * ἀκρονύχων * καὶ ἀπὸ πάντων μελῶν καὶ ἔστι μεγάλη ἀνάγκη

ἄκρος 15

Hen. 1 5 οἱ ἐγρήγοροι (καὶ ᾄσουσιν ἀπόκρυφα ἐν πᾶσιν τοῖς * ἄκροις * τῆς (γῆς) καὶ σεισθήσονται πάντα τὰ ἄκρα τῆς γῆς)
Hen. 1 5 τοῖς ἄκροις τῆς (γῆς) καὶ σεισθήσονται πάντα τὰ * ἄκρα * τῆς γῆς) καὶ λήμψεται αὐτοὺς τρόμος καὶ φόβος μέγας
Hen. 26 4 αὐτῶν καὶ ἄλλην φάραγγα βαθεῖαν καὶ ξηρὰν ἐπ' * ἄκρων * τῶν τριῶν ὀρέων. καὶ πᾶσαι φάραγγές εἰσιν βαθεῖαι
Hen. 32 2 διέβην ἐπάνω τῆς ἐρυθρᾶς θαλάσσης καὶ ᾠχόμην ἐπ' * ἄκρων * καὶ ἀπὸ τούτου διέβην ἐπάνω τοῦ Ζωτιήλ. καὶ ἦλθον
Abr.1 14 14 καὶ εἰς ζωὴν αἰώνιον αὐτοὺς ἤγαγον δι' * ἄκραν * ἀγαθότηταν (διότι πρόσκαιρον κρίσιν αὐτοὺς
Asen. 16 17 τὴν δεξιὰν καὶ ἐπέθηκε τὸν δάκτυλον αὐτοῦ εἰς τὸ * ἄκρον * τοῦ κηρίου τὸ βλέπον κατὰ ἀνατολὰς (καὶ εἵλκυσεν
Asen. 16 17 τὸ βλέπον κατὰ ἀνατολὰς (καὶ εἵλκυσεν ἐπὶ τὸ * ἄκρον * τὸ βλέπον κατὰ δυσμὰς καὶ ἡ ὁδὸς τοῦ δακτύλου
Asen. 16 17 χεῖρα αὐτοῦ καὶ ἔθηκε τὸν δάκτυλον αὐτοῦ ἐπὶ τὸ * ἄκρον * τοῦ κηρίου τὸ βλέπον πρὸς βορρᾶν (καὶ εἵλκυσεν ἐπὶ
Asen. 16 17 κηρίου τὸ βλέπον πρὸς βορρᾶν (καὶ εἵλκυσεν ἐπὶ τὸ * ἄκρον * τὸ βλέπον πρὸς μεσημβρίαν καὶ ἡ ὁδὸς τοῦ δακτύλου
Sal. 17 31 ἐν ἁγιασμῷ ὡς καὶ τὸ ἀπ' ἀρχῆς ἔρχεσθαι ἔθνη ἀπ' * ἄκρου * τῆς γῆς ἰδεῖν τὴν δόξαν αὐτοῦ φέροντες δῶρα τοὺς
Aris. 100 2 γὰρ τὴν ἐπίγνωσιν ἁπάντων ἐπὶ τὴν παρακειμένην * ἄκραν * τῆς πόλεως ἀναβάντες ἐθεωροῦμεν ἣ κεῖται μὲν ἐν
Aris. 104 6 τὸ αὐτὸ τοῦ γὰρ ἱεροῦ τὴν πᾶσαν εἶναι φυλακὴν τὴν * ἄκραν * καὶ τὸν καταβαλλόμενον αὐτὴν τὴν προφυλακὴν τῶν
LEze. 9 28 2 17 οὐ λαθοῦσα δὲ ὑπεξέθηκε κόσμον ἀμφιθεῖσά μοι παρ' * ἄκρα * ποταμοῦ λάσιον εἰς ἕλος δασὺ Μαριὰμ δ' ἀδελφή μου
LEze. 9 29 5 01 πατὴρ με τῷδ' ἔδωκεν εὐνέτιν. ἔδοξ' ὄρους κατ' * ἄκρα * Σιναίου θρόνον μέγαν τιν' εἶναι μέχρις οὐρανοῦ
FrAn. 574 3082 δαιμόνιον ὁποῖον ἐὰν ᾖν. ὁρκίζων δὲ φύσα ἀπὸ τῶν * ἄκρων * καὶ τῶν ποδῶν ἀπαίρων τὸ φύσημα ἕως τοῦ προσώπου

ἀκτερής 1

Sib. 3 481 παρθενικὰς ὁπόσας νυμφεύσεται Ἅιδης κούρους δ' * ἀκτερέας * (ὁπόσους) βυθὸς ἀμφιπολεύσει αἰαῖ νήπια τέκν'

ἀκτή 1

LEze. 9 29 14 13 ἐπεὶ δ' Ἑβραίων οὐμὸς ἤντησε στρατός οἱ μὲν παρ' * ἀκτὴν * πλησίον βεβλημένοι Ἐρυθρᾶς Θαλάσσης ᾔεσαν

ἀκτίς 21

Hen. 106 5 ἀλλοιότερος οὐχ ὅμοιος ἡμῖν τὰ ὄμματά ἐστιν ὡς * ἀκτῖνες * τοῦ ἡλίου καὶ ἔνδοξον τὸ πρόσωπον καὶ ὑπολαμβάνω
Hen. 106 10 λευκῶν καὶ τὰ ὄμματα αὐτοῦ ἀφόμοια ταῖς τοῦ ἡλίου * ἀκτῖσιν * καὶ ἀνέστη ἀπὸ τῶν τῆς μαίας χειρῶν καὶ ἀνοίξας
Abr.1 7 2 καὶ τὴν σελήνην ὑπεράνω τῆς κεφαλῆς μου καὶ τὰς * ἀκτῖνας * αὐτοῦ κυκλοῦντά με καὶ φωταγωγοῦντά με καὶ ταῦτα
Abr.1 7 7 θέλει αὐτοὺς ἐκεῖ καὶ ἦρεν αὐτοὺς) ἀπ' ἐμοῦ τὰς δὲ * ἀκτῖνας * αὐτῶν ἔασεν ἐπ' ἐμέ. εἶπεν δὲ ὁ ἀρχιστράτηγος
Abr.2 7 7 ἔλαβεν τὸν ἥλιον ἐκ τῆς κεφαλῆς μου καὶ ἔασεν τὰς * ἀκτῖνας * ἐν μέσῳ μου ἔκλαυσα δὲ ἐγὼ καὶ εἶπον παρακαλῶ σε
Abr.2 7 12 ἀποκριθεὶς εἶπον αὐτῷ παρακαλῶ σε κύριε λαβὲ τὰς * ἀκτῖνας * μετ' αὐτοῦ ὁ δὲ εἶπέν μοι οὐκ ἐν τῇ ὥρᾳ ταύτῃ
Abr.2 7 13 ὁ δὲ εἶπέν μοι οὐκ ἐν τῇ ὥρᾳ ταύτῃ λάμπουσί μοι αἱ * ἀκτῖνες * πᾶσαι εἰ μὴ πληρωθῶσιν αἱ δώδεκα ὧραι τῆς ἡμέρας
Abr.2 7 13 πληρωθῶσιν αἱ δώδεκα ὧραι τῆς ἡμέρας ἵνα ὅλας τὰς * ἀκτῖνας * λάβωσιν ἄνω καὶ ὡς ἦν ταῦτα λέγων ὁ φωτεινὸς
TNep. 5 4 ὡς ἡ σελήνη καὶ ὑπὸ τοὺς πόδας αὐτοῦ ἦσαν δώδεκα * ἀκτῖνες. * καὶ προσδραμόντες ἀλλήλοις ὁ Λευὶ καὶ Ἰούδας
Asen. 5 5 ἐκλεκτοὶ καὶ ἐπάνω τῶν δώδεκα λίθων ἦσαν δώδεκα * ἀκτῖνες * χρυσαῖ. καὶ ῥάβδος βασιλικὴ ἐν τῇ χειρὶ αὐτοῦ τῇ
Bar. 6 5 καὶ τὰς πτέρυγας ἐφαπλῶν δέχεται τὰς πυριμόρφους * ἀκτῖνας * αὐτοῦ εἰ μὴ γὰρ ταύτας ἐδέχετο οὐκ ἂν τῶν
Bar. 8 4 αὐτὸν διὰ τὸ μεμολύνθαι αὐτὸν καὶ τὰς * ἀκτῖνας * αὐτοῦ ἐπὶ τῆς γῆς. καὶ λοιπὸν καθ' ἑκάστην
Bar. 8 5 εἶπον ἐγὼ Βαρούχ κύριε καὶ διά τί μολύνονται αἱ * ἀκτῖνες * αὐτοῦ ἐπὶ τῆς γῆς; καὶ εἶπέν μοι ὁ ἄγγελος
Bar. 8 6 πῶς ἐταπεινώθη ἐπεὶ διὰ τὸ κατέχειν τὰς τοῦ ἡλίου * ἀκτῖνας * διὰ τοῦ πυρὸς καὶ τῆς ὁλοημέρου καύσεως ὡς δι'
Bar. 8 7 πτέρυγες ὡς προείπομεν περιέκεπον τὰς τοῦ ἡλίου * ἀκτῖνας * οὐκ ἂν ἐσώθη πᾶσα πνοή. καὶ τούτων συσταλέντων
Job 46 8 οὐρανοῦ εἰσιν, ἐξαστράπτουσαι σπινθῆρας πυρός, ὡς * ἀκτῖνας * τοῦ ἡλίου. καὶ δέδωκεν χορδὴν μίαν εἰπὼν λάβετε
Sib. 3 803 ἐκλείψει κατὰ μέσσον ἀπ' οὐρανοῦ ἠδὲ σελήνης * ἀκτῖνες * προφανοῦσι καὶ ἄψ ἐπὶ γαῖαν ἵκονται αἵματι καὶ
Sib. 5 239 ἐν ἀνθρώποις λαμπρὸν σέλας ἠελίοιο σπειρομένης * ἀκτῖνος * ὁμοσπόνδοιο προφητῶν γλῶσσα μελισταγέουσα καλὸν
FBar. 12 2 παντοτε μεσεμ(βρια αποκαιει ουδ)ε το διηνεκες αι * ακτι(νες * του ηλιου λα)μπουσιν και συ μη προσ(δοκα
FAch. 115 εἰμι; ὁ δὲ ἔφη σὺ τῷ ἡλίῳ καὶ οἱ περὶ σὲ ταῖς * ἀκτῖσι * ὥσπερ γὰρ ὁ ἥλιος (λαμπρὸς) καὶ ἀμίαντος ὑπάρχει
FAch. 115 μὲν εἶ ὡς ὁ ἥλιος οὗτοι δὲ διάπυροι (ὡς) αἱ * ἀκτῖνες. * ὁ δὲ βασιλεὺς θαυμάσας αὐτὸν ἔφη οὕτως τῆς

ἄκτωρ 1

LPhi. 9 24 1 κριόν. τοῖσιν ἔδος μακαριστὸν ὅλης μέγας ἔκτισεν * ἄκτωρ * ὕψιστος καὶ πρόσθεν ἀφ' Ἀβραάμοιο καὶ Ἰσὰκ

ἀκυρόω 2

Hen. 98 14 τάφος ὑμῶν οὐ μὴ ὀρυγῇ. οὐαὶ ὑμῖν οἱ βουλόμενοι * ἀκυρῶσαι * τοὺς λόγους τῶν δικαίων οὐ μὴ γένηται ὑμῖν
HCal. 24 28 ἡμῖν πρὸ τοῦ Ἀλέξανδρον καταλαβεῖν καὶ πᾶσα * ἀκυρωθήσεται * ἄστατος βουλή. ὡς οὖν ταῦτα ἤκουσαν

ἀκώλυτος 2

Asen. 14 12 τοὺς πόδας αὐτῆς. καὶ εἶπεν αὐτῇ ὁ ἄνθρωπος βάδιζε * ἀκωλύτως * ἐν τῷ δευτέρῳ σου θαλάμῳ καὶ ἀπόθου τὸν χιτῶνα
Job 45 4 πρὸς τὸ δεσπόζειν ἕκαστον τοῦ μέρους ἑαυτοῦ * ἀκωλύτως. * οἱ δὲ παρήνεγκαν τὰ ὄντα εἰς μερισμὸν αὐτοῖς

ἄκων, ουσα, ον 1

FPho. 58 χεῖρα χαλίνου δ' ἄγριον ὀργὴν πολλάκι γὰρ πλήξας * ἀέκων * φόνον ἐξετέλεσσεν. ἔστω κοινὰ πάθη μηδὲν μέγα μηδ'

ἀλαζονεία 4

TDan 1 6 πατὴρ αὐτὸν ἠγάπα. τὸ γὰρ πνεῦμα τοῦ ζήλου καὶ τῆς * ἀλαζονείας * ἔλεγέ μοι καίγε σὺ υἱὸς αὐτοῦ. καὶ ἕν τῶν
TJos. 17 8 βουλή μου. καὶ οὐχ ὕψωσα ἐμαυτὸν ἐν αὐτοῖς ἐν * ἀλαζονείᾳ * διὰ τὴν κοσμικὴν δόξαν μου ἀλλ' ἤμην ἐν αὐτοῖς
Asen. 4 12 αὐτοῦ Ἀσενὲθ περὶ Ἰωσὴφ διότι θρασέως καὶ μετὰ * ἀλαζονείας * καὶ ὀργῆς ἀπεκρίθη αὐτῷ. καὶ εἰσεπήδησε
Job 21 3 προσενέγκῃ μοι καὶ ἐγὼ κατανενυγμένος ἔλεγον ὢ τῆς * ἀλαζονείας * τῶν ἀρχόντων τῆς πόλεως ταύτης πῶς χρῶνται τῇ

ἀλαζών 3

Asen. 2 1 ἐξουθενοῦσα καὶ καταπτύουσα πάντα ἄνδρα καὶ ἦν * ἀλαζὼν * καὶ ὑπερήφανος πρὸς πάντα ἄνθρωπον. καὶ οὐδεὶς
Asen. 21 12 ἐν τῷ οἴκῳ τοῦ πατρός μου καὶ ἤμην παρθένος * ἀλαζὼν * καὶ ὑπερήφανος. (ἥμαρτον κύριε ἥμαρτον ἐνώπιόν
Asen. 21 16 τῆς δόξης μου καὶ ἐπὶ τῷ κάλλει μου καὶ ἤμην * ἀλαζὼν * καὶ ὑπερήφανος. (ἥμαρτον κύριε ἥμαρτον ἐνώπιόν

ἀλαλαγμός 2

Sib. 3 305 γαῖαν ῥοιζὸς ποθ' ἱκνεῖται καὶ πᾶσαν χώραν μερόπων * ἀλαλαγμὸς * ὀλέσσει καὶ πληγὴ μεγάλοιο θεοῦ ἡγήτορος
Sib. 3 694 θεὸν ἄμβροτον ὃς τάδε κρίνει οἰμωγή τε καὶ * ἀλαλαγμὸς * κατ' ἀπείρονα γαῖαν ἵξεται ὀλλυμένων ἀνδρῶν

ἀλαλάζω 2

LEze. 9 29 14 19 δ' ἄνοπλοι πάντες εἰς μάχην χέρας ἰδόντες ἡμᾶς * ἠλάλαξαν * ἔνδακρυν φωνὴν πρὸς αἰθέρα τ' ἐτάθησαν ἀθρόοι
LEze. 9 29 14 46 κῦμα δ' ἐρροίβδει μέγα σύνεγγυς ἡμῶν. καί τις * ἠλάλαξ' * ἰδὼν φεύγωμεν οἴκοι πρόσθεν Ὑψίστου χέρας οἷς

ἄλαλος 2

Sib. 3 31 ὄφεις τε καὶ αἰλούροισι θύοντες εἰδώλοις τ' * ἀλάλοις * λιθίνοις θ' ἱδρύμασι φωτῶν καὶ ναοῖς ἀθέοισι
Sib. 4 7 θεοῦ μεγάλοιο τὸν οὐ χέρες ἔπλασαν ἀνδρῶν εἰδώλοις * ἀλάλοισι * λιθοξέστοισιν ὅμοιον. οὐδὲ γὰρ οἶκον ἔχει ναῷ

Ἀλάμ 2

FIsa. 1 2 13 ψευδοπροφήτο(υ) ὄντος. ἦσαν μετὰ Ὀχοζείου υἱοῦ * Ἀλά(μ) * ἐν Σεμμωμα----- καὶ Ἠλείας (ὁ προφή)της ἐκ
FIsa. 1 2 15 ἀκούσαντες οἱ προφῆται (ο)ἱ μετὰ Ὀχοζείου υἱοῦ * Ἀλὰμ * καὶ (ὁ) διδάσκαλος αὐτῶν Ἰαλλαρίας ἐξ ὄρους

ἀλαπαδνός 2

Sib. 3 465 ἀλλότριος ἥξει ἀλλ' ἐμφύλιον αἷμα πολύστονον οὐκ * ἀλαπαδνὸν * πουλυθρύλλητόν τε ἀναιδέα σε κεραΐξει. καὶ δ'
Sib. 5 467 γαῖαν ὁδεύσει καὶ Θρακῶν ὀλέσει δεινῶν γένος ὡς * ἀλαπαδνόν. * καὶ τότε θυμοβόροι μέροπες κατέδουσι γονῆας

ἅλας 4

TLevi 9 14 καὶ οἴνου πρόσφερε ἀπαρχάς. καὶ πᾶσαν θυσίαν * ἅλατι * ἁλιεῖς. νῦν οὖν φυλάξασθε ὅσα ἐντέλλομαι ὑμῖν
TLevi 18 2B029 σὺν τοῖς ἐνδοσθίοις καὶ πάντα ἡλισμένα ἐν * ἅλατι * ὡς καθήκει αὐτοῖς αὐτάρκως. καὶ μετὰ ταῦτα
TLevi 18 2B037 αἰγῶν ιε' μναῖ καὶ τῷ στέατι μίαν ἥμισυ μνᾶν. καὶ * ἅλας * +ἀποδεδεικτω+ τῷ ταύρῳ τῷ μεγάλῳ ἁλίσαι τὸ κρέας
TLevi 18 2B052 τῶν ξύλων ἐπιδέχου οὕτως ὡς σοὶ ἐντέλλομαι καὶ τὸ * ἅλας * καὶ τὴν σεμίδαλιν καὶ τὸν οἶνον καὶ τὸν λίβανον

Ἀλγασάρ 1

FIsa. 1 3 2 αὐτὸς δὲ ἦν ἀπὸ Σαμαρίας. καὶ ἐγένετο ἐν τῷ ἐλθεῖν * Ἀλγασὰρ * Ἀσσυρίων βασιλέα καὶ αἰχμαλωτίσαι τὴν Σαμαρίαν

ἀλγεινός 5

Aris. 253 5 χρήσαιτο θυμῷ θάνατον ἐπιφέρει ὅπερ ἀνωφελὲς καὶ * ἀλγεινόν * ἐστιν εἰ τὸ ζῆν ἀφελεῖται πολλῶν διὰ τὸ κύριον
Sib. 5 112 τί με ταῦτ' ἐρεθίζεις δηλοῦν Αἰγύπτῳ πολυκοιρανίην * ἀλεγεινήν; * βαῖνε πρὸς ἀντολίην Περσῶν γενεὰς ἀνοήτους
Sib. 5 127 κακὰ μηχανάαται πόντος ἀπ' αὐτομάτου ἐπιβὰς χώρης * ἀλεγεινῆς * ὥστε κλύσαι σεισμῷ τε κακῷ καὶ νάμασι πικροῖς
FPho. 36 ἄρ' ὑπερβῇς. πάντων μέτρον ἄριστον ὑπερβασίαι δ' * ἀλεγειναί. * (κτῆσις ὀνήσιμος ἔσθ' ὁσίων ἀδίκων δὲ
FPho. 69B μυθολογεύειν. πάντων μέτρον ἄριστον ὑπερβασίαι δ' * ἀλεγειναί. * μὴ φθονέοις ἀγαθῶν ἑτάροις μὴ μῶμον ἀνάψῃς.

ἀλγέω 1

TJos. 7 2 τὸ πρόσωπόν σου; ἡ δὲ εἶπε πόνον καρδίας ἐγὼ * ἀλγῶ * καὶ οἱ στεναγμοὶ τοῦ πνεύματός μου συνέχουσί με.

ἄλγημα 2

TJos. 17 7 μου ὡς δοῦλοι αὐτῶν ἡ ψυχὴ αὐτῶν ψυχή μου καὶ πᾶν * ἄλγημα * αὐτῶν ἄλγημά μου καὶ πᾶσα μαλακία αὐτῶν ἀσθένειά
TJos. 17 7 αὐτῶν ἡ ψυχὴ αὐτῶν ψυχή μου καὶ πᾶν ἄλγημα αὐτῶν * ἄλγημά * μου καὶ πᾶσα μαλακία αὐτῶν ἀσθένειά μου ἡ γῆ μου

ἄλγος 5

Sib. 3 301 νόῳ ἔνθετο λέξαι ὅσσα γέ τοι Βαβυλῶνι ἐμήσατο * ἄλγεα * λυγρὰ ἀθάνατος ὅτι οἱ ναὸν μέγαν ἐξαλάπαξεν. αἰαῖ
Sib. 3 382 Ἀσίδι πῆμα Εὐρώπῃ δὲ μέγιστον ἀνασταχυώσεται * ἄλγος * ἐκ γενεῆς Κρονίδαο νόθων δούλων τε γενέθλης. κείνη
Sib. 3 450 ἐξεναρίξει Εὐρώπης Ἀσίης τελέων ῥίγιστα περ * ἄλγη. * Σιδονίων δ' ὀλοὸς βασιλεὺς καὶ +φύλοπις ἄλλων
Sib. 3 603 πήματά τε στοναχάς τε καὶ πόλεμον καὶ λοιμὸν ἰδ' * ἄλγεα * δακρυόεντα οὕνεκεν ἀθάνατον γενέτην πάντων

IOrp. 16 δὲ χάρις καὶ μῖσος ὁπηδεῖ καὶ πόλεμον κρυόεντα καὶ * ἄλγεα * δακρυόεντα. οὐδέ τις ἔσθ' ἕτερος χωρὶς μεγάλου

ἄλειμμα 2

TSlm. 2 9 μου. ὡς γὰρ ἐγὼ ἐπορεύθην ἐν Σικιμοις ἐνέγκαι * ἄλειμμα * τοῖς ποιμνίοις καὶ Ῥουβὴμ εἰς Δωθάϊμ ὅπου τὰ
Job 32 10 ποῦ οὖν τυγχάνει ἡ δόξα τοῦ θρόνου σου; σὺ εἶ ὁ τὸ * ἄλειμμα * ἔχων ἐκ τοῦ λιβάνου, νυνὶ δὲ ἐν ἀπορίᾳ ὧν ποῦ

ἀλείφω 3

Adam 9 3 ἐν ᾧ ῥέει τὸ ἔλαιον ἐξ αὐτοῦ καὶ ἐνέγκης μοι καὶ * ἀλείψομαι * καὶ ἀναπαύσομαι ἀπὸ τῆς νόσου μου καὶ δηλώσω
Adam 13 2 τῇ ἱκεσίᾳ ταύτῃ περὶ τοῦ ξύλου ἐν ᾧ ῥέει τὸ ἔλαιον * ἀλεῖψαι * τὸν πατέρα σου Ἀδάμ. οὐ γενήσεταί σοι νῦν ἀλλ'
TLevi 8 4 σὺ καὶ τὸ σπέρμα σου ἕως αἰῶνος. καὶ ὁ πρῶτος * ἤλειψέ * με ἐλαίῳ ἁγίῳ καὶ ἔδωκέ μοι ῥάβδον κρίσεως. ὁ

ἀλεκτρυών 1

FAch. 118 ἠδικήθη ὑπ' αὐτῆς ταύτῃ τῇ νυκτὶ εἶχεν γὰρ * ἀλεκτρυόνα * νέον καὶ μάχιμον ἔτι δὲ καὶ τὰς ὥρας αὐτῷ

ἀλέκτωρ (ὁ) 4

Bar. 6 16 καὶ εἶπεν τοῦτό ἐστι τὸ ἐξυπνίζον τοὺς ἐπὶ γῆς * ἀλέκτορας * ὡς γὰρ τὰ δίστομα οὕτως καὶ ὁ ἀλέκτωρ μηνύει
Bar. 6 16 ἐπὶ γῆς ἀλέκτορας ὡς γὰρ τὰ δίστομα οὕτως καὶ ὁ * ἀλέκτωρ * μηνύει τοῖς ἐν τῷ κόσμῳ κατὰ τὴν ἰδίαν λαλιάν. ὁ
Bar. 6 16 ἥλιος γὰρ ἑτοιμάζεται ὑπὸ τῶν ἀγγέλων καὶ φωνεῖ ὁ * ἀλέκτωρ. * καὶ εἶπον ἐγὼ καὶ ποῦ ἀποσχολεῖται ὁ ἥλιος ἀφ'
Bar. 7 1 εἶπον ἐγὼ καὶ ποῦ ἀποσχολεῖται ὁ ἥλιος ἀφ' οὗ ὁ * ἀλέκτωρ * φωνεῖ; καὶ εἶπέν μοι ὁ ἄγγελος ἄκουσον Βαροὺχ

Ἀλεξάνδρεια 4

Prop. 2 5 τόπῳ τοῦ προφήτου καὶ ἐπιγνοὺς αὐτοῦ μυστήρια εἰς * Ἀλεξάνδρειαν * μετέστησεν αὐτοῦ τὰ λείψανα περιθεὶς αὐτὰ
Aris. 109 1 εὐκαταφόρους εἶναι. τοῦτο δὲ ἐγίνετο περὶ τὴν * Ἀλεξάνδρειαν * ὑπερβάλλουσαν πάσας τῷ μεγέθει καὶ
Aris. 173 2 μετὰ ἀσφαλείας πολλῆς. ὡς δὲ παρεγενήθημεν εἰς * Ἀλεξάνδρειαν * προσηγγέλη τῷ βασιλεῖ περὶ τῆς ἀφίξεως
Sib. 5 88 Ἡρακλέους τε Διός τε καὶ Ἑρμείαο --- καὶ σέ δ' * Ἀλεξάνδρεια * κλυτὴ θρέπτειρα (πολήων) οὐ λείψει πόλεμός

Ἀλεξανδρεύς 1

Sib. 3 349 τότ' Αἰγύπτου ὀλοὸν γένος ἐγγὺς ὀλέθρου καὶ τότ' * Ἀλεξανδρεῦσιν * ἔτος τὸ παρελθὸν ἄμεινον ὁππόσα

Ἀλέξανδρος 20

Prop. 2 5 Ἀντιγόνου καὶ Πτολεμαίου γερόντων ἀνδρῶν ὅτι * Ἀλέξανδρος * ὁ Μακεδὼν ἐπιστὰς τῷ τόπῳ τοῦ προφήτου καὶ
HAno. 9 17 2 Ευπολεμου περι Αβρααμ απο της * Αλεξανδρου * του πολυιστορος περι ιουδαιων γραφης. της
HHec. 1 22 192 μάλιστα πάντων ἀπαντῶσι μὴ ἀρνούμενοι τὰ πάτρια. * Ἀλεξάνδρου * ποτὲ ἐν Βαβυλῶνι γενομένου καὶ προελομένου
HHec. 1 22 194 αὐτῶν ἐποίησαν μυριάδας οὐκ ὀλίγαι δὲ καὶ μετὰ τὸν * Ἀλεξάνδρου * θάνατον εἰς Αἴγυπτον καὶ Φοινίκην μετέστησαν
HCal. 24 1 καὶ καταλαμβάνει * ( Ἀλέξανδρος) * τὴν Ἰουδαίαν γῆν οἵτινες ἀντιστῆναι
HCal. 24 3 πρέσβεις εἶναι τούτους. ταῦτα δὲ ὅμως οὐκ ἔλαθεν * Ἀλέξανδρῳ. * καὶ προστάσσει τινὰς τῆς Μακεδονικῆς
HCal. 24 8 γὰρ τὸ Μακεδονικὸν στῖφος εἰς τὸ κελευόμενον ὑπὸ * Ἀλεξάνδρου. * καὶ στραφεὶς πρὸς τοὺς κατασκοπεῦσαι
HCal. 24 15 δὲ ἀπελθόντες τοῖς ἄρχουσιν αὐτῶν εἶπον. ὑπείκειν * Ἀλέξανδρον * καὶ σῴζεσθαι χρεὼν οὐ γάρ ἐστιν ἡμῖν ἐλπὶς
HCal. 24 22 ποιήσαντες οἱ τῶν Μακεδόνων παῖδες. ἅμα γὰρ * Ἀλέξανδρον * ἐκέλευσεν τὸ ἔργον ἐτελέσθη. καὶ οὐ τοσοῦτον
HCal. 24 28 εἴπομεν ὑμῖν. γενέσθω δὲ τὸ δοκοῦν ἡμῖν πρὸ τοῦ * Ἀλέξανδρον * καταλαβεῖν καὶ πᾶσα ἀκυρωθήσεται ἄστατος
HCal. 24 29 ἀκυρωθήσεται ἄστατος βουλή. ὡς οὖν ταῦτα ἤκουσαν * Ἀλέξανδρῳ * ὑπείκειν κελεύονται. ταῖς ἱερατικαῖς οὖν
HCal. 24 31 ἑαυτοὺς οἱ τούτων ἱερεῖς ἐνδυσάμενοι καθυπαντῶσιν * Ἀλέξανδρῳ * σὺν παντὶ τῷ πλήθει αὐτῶν. τούτους δὲ
HCal. 24 32 Ἀλεξάνδρῳ σὺν παντὶ τῷ πλήθει αὐτῶν. τούτους δὲ * Ἀλέξανδρος * ἰδὼν ἐδεδίει τοῦ σχήματος καὶ τούτους μηκέτι
HCal. 24 41 αὐτὸν ἑρμηνεῦσαι ἀνθρώπων δεδύνηται. ἐπὶ τούτοις * Ἀλέξανδρος * ἔφη (ὡς ἀληθινοῦ θεοῦ ἄξιοι θεραπευταὶ ἄπιτε
HCal. 24 46 πλήθη ἔν τε χρυσῷ καὶ ἀργύρῳ ἤγαγον πρὸς τὸν * Ἀλέξανδρον. * ὁ δὲ οὐκ ἠθέλησε λαβεῖν εἶπεν αὐτοῖς.
HCal. 28 12 ἐν παντὶ ὀφθαλμῷ ἀνθρώπων γεγονυίας ἄνεισιν * Ἀλέξανδρος * ἐν τῷ πύργῳ καὶ στὰς πάντας ἐξουθένησεν τοὺς
HCal. 28 16 καὶ τρισαγίῳ φωνῇ δοξαζόμενον. ἐν τούτοις στὰς * Ἀλέξανδρος * ηὔξατο καὶ ὦ θεὲ θεῶν εἶπε καὶ δημιουργὲ
HCal. 28 20 Φίλιππον δὲ Αἰγυπτίων ἡγεῖσθαι προστέτακτο * Ἀλέξανδρος * δὲ Μακεδονίοις ἐπεστήρικτο καὶ ψυχαὶ
HCal. 28 21 δὲ Μακεδονίοις ἐπεστήρικτο καὶ ψυχαὶ Μακεδόνων * Ἀλεξάνδρῳ * ἐκρέμαντο.
LAri. 13 12 1 γὰρ πρὸ Δημητρίου τοῦ Φαληρέως δι' ἑτέρων πρὸ τῆς * Ἀλεξάνδρου * καὶ Περσῶν ἐπικρατήσεως τά τε κατὰ τὴν

ἀλήθεια 76

Hen. 5 8 οὗτοι ζήσονται καὶ οὐ μὴ ἁμαρτήσονται ἔτι οὐ κατ' * ἀλήθειαν * οὔτε κατὰ ὑπερηφανίαν καὶ ἔσται ἐν ἀνθρώπῳ
Hen. 10 16 καὶ ἀναφανήτω τὸ φυτὸν τῆς δικαιοσύνης καὶ τῆς * ἀληθείας * εἰς τοὺς αἰῶνας μετὰ χαρᾶς φυτευθήσεται. καὶ
Hen. 11 2 ἔργα ἐπὶ τὸν κόπον τῶν υἱῶν τῶν ἀνθρώπων. καὶ τότε * ἀλήθεια * καὶ εἰρήνη κοινωνήσουσιν ὁμοῦ εἰς πάσας τὰς
Hen. 15 1 εἶπέν μοι ὁ ἄνθρωπος ὁ ἀληθινὸς ἄνθρωπος τῆς * ἀληθείας * ὁ γραμματεὺς καὶ τῆς φωνῆς αὐτοῦ ἤκουσα μὴ
Hen. 15 1 φοβηθῇς Ἐνὼχ ἄνθρωπος ἀληθινὸς καὶ γραμματεὺς τῆς * ἀληθείας * πρόσελθε ὧδε καὶ τῆς φωνῆς μου ἄκουσον.
Hen. 21 5 εἶπέν μοι Ἐνὼχ περὶ τίνος ἐρωτᾷς ἢ περὶ τίνος τὴν * ἀλήθειαν * φιλοσπευδεῖς; οὗτοί εἰσιν τῶν ἀστέρων τοῦ
Hen. 21B 5 εἶπέν μοι Ἐνὼχ περὶ τίνος ἐρωτᾷς ἢ περὶ τίνος τὴν * ἀλήθειαν * φιλοσπευδεῖς; κἀκεῖθεν ἐφώδευσα εἰς ἄλλον τόπον
Hen. 25 1 ἐν τῇ ὀσμῇ τοῦ δένδρου καὶ διὰ τί θέλεις τὴν * ἀλήθειαν * μαθεῖν; τότε ἀπεκρίθην αὐτῷ περὶ πάντων εἰδέναι
Hen. 104 9 μηδὲ ψεύδεσθε μηδὲ ἐξαλλοιώσητε τοὺς λόγους τῆς * ἀληθείας * μηδὲ καταψεύδεσθε τῶν (λόγων τοῦ) ἁγίου καὶ μὴ
Hen. 104 10 πάντα τὰ ψεύδ)η καὶ πᾶσα (ἡ πλάνη)--- ---τῆς * ἀληθείας * ἐξαλλοιοῦσιν καὶ ἀντιγράφουσιν οἱ ἁμαρτωλοὶ καὶ
Hen. 104 11 καὶ ὄφελον πάντας τοὺς λόγους μου γράφωσιν ἐπ' * ἀληθείας * ἐπὶ τὰ ὀνόματα αὐτῶν καὶ μήτε ἀφέλωσιν μήτε
Hen. 104 11 μήτε ἀλλοιώσωσιν τῶν λόγων τούτων ἀλλὰ πάντα ἐπ' * ἀληθείας * γράφωσιν ἃ ἐγὼ διαμαρτυροῦμαι αὐτοῖς. καὶ πάλιν
Hen. 104 12 καὶ φρονίμοις δοθήσονται αἱ βίβλοι μου εἰς χαρὰν * ἀληθείας * καὶ αὐτοὶ πιστεύσουσιν αὐταῖς καὶ ἐν αὐταῖς
Hen. 104 13 οἱ δίκαιοι μαθεῖν ἐξ αὐτῶν πάσας τὰς ὁδοὺς τῆς * ἀληθείας. * μετὰ δὲ χρόνον ἔλαβεν Μαθουσάλεκ τῷ υἱῷ μου
Hen. 106 12 ὅτι ἐξ ἀγγέλων--- τὴν ἀκρίβειαν ἣν +ἔχεις+ καὶ τὴν * ἀλήθειαν. * τότε ἀπεκρίθην λέγων ἀνακαινίσει ὁ κύριος
Abr.1 7 1 Ἰσαὰκ δεῦρο υἱέ μου ἀγαπητὲ ἀνάγγειλόν μοι τὴν * ἀλήθειαν * τί τὰ ὁραθέντα σοι καὶ τί πέπονθας ὅτι οὕτως
Abr.1 16 11 θάνατος Ἀβραὰμ πάτερ δικαιότατε ἰδοὺ λέγω σοι τὴν * ἀλήθειαν * ἐγώ εἰμι τὸ πικρὸν τοῦ θανάτου ποτήριον. λέγει
Abr.1 16 13 εἶπεν δὲ ὁ θάνατος ἐγὼ πάτερ λέγω σοι τὴν * ἀλήθειαν * ὁποῖον ὄνομα ὠνόμασέν με ὁ θεὸς ἐκεῖνο καὶ λέγω
Abr.1 18 6 σὺ μετ' αὐτοὺς ἀφηρπάγης ἀλλὰ ὅμως λέγω σοι τὴν * ἀλήθειαν * καὶ γὰρ εἰ μὴ ἡ δεξιὰ χεὶρ τοῦ κυρίου ἦν μετὰ
Abr.1 20 2 μοι. λέγει ὁ θάνατος ἀμὴν ἀμὴν λέγω σοι ἐν * ἀληθείᾳ * θεοῦ λόγου ὅτι ἑβδομήκοντα δύο εἰσὶν θάνατοι καὶ
Abr.2 7 16 τοῦ πατρός μου. καὶ ἀπεκρίθη Μιχαὴλ καὶ εἶπεν ἐν * ἀληθείᾳ * ἀληθῶς ἐγένετο ὁ ἥλιος Ἰσαὰκ ὁ πατήρ σού ἐστιν
TRub. 3 8 ἀπόλλυται πᾶς νεώτερος σκοτίζων τὸν νοῦν ἀπὸ τῆς * ἀληθείας * καὶ μὴ συνιὼν ἐν τῷ νόμῳ τοῦ θεοῦ μήτε ὑπακούων
TRub. 3 9 ἔπαθον ἐν τῷ νεωτερισμῷ μου. καὶ νῦν τέκνα τὴν * ἀλήθειαν * ἀγαπήσατε καὶ αὐτὴ φυλάξει ὑμᾶς. διδάσκω ὑμᾶς
TRub. 6 9 κύριος. ὁρκῶ ὑμᾶς τὸν θεὸν τοῦ οὐρανοῦ ποιῆσαι * ἀλήθειαν * ἕκαστος πρὸς τὸν πλησίον αὐτοῦ καὶ ἀγάπην
TLevi 2 3B004 τῶν χειρῶν μου καὶ τὰς χεῖράς μου ἀνεπέτασα εἰς * ἀλήθειαν * κατέναντι τῶν ἁγίων. καὶ ηὐξάμην καὶ εἶπα κύριε
TLevi 2 3B006 νῦν τέκνα μου μετ' ἐμοῦ. καὶ δός μοι πάσας ὁδοὺς * ἀληθείας * μάκρυνον ἀπ' ἐμοῦ κύριε τὸ πνεῦμα τὸ ἄδικον καὶ
TLevi 8 2 καὶ τὸ λόγιον τῆς συνέσεως καὶ τὸν ποδήρη τῆς * ἀληθείας * καὶ τὸ πέταλον τῆς πίστεως καὶ τὴν μίτραν τοῦ
TLevi 18 2 κυρίου ἀποκαλυφθήσονται καὶ αὐτὸς ποιήσει κρίσιν * ἀληθείας * ἐπὶ τῆς γῆς ἐν πλήθει ἡμερῶν. καὶ ἀνήλθομεν ἀπὸ
TLevi 18 2B015 μεγάλη ἀπὸ πάσης σαρκός. καὶ νῦν τὴν κρίσιν τῆς * ἀληθείας * ἀναγγελῶ σοι καὶ οὐ μὴ κρύψω ἀπό σου πᾶν ῥῆμα.
TLevi 18 8 δώσει τὴν μεγαλωσύνην κυρίου τοῖς υἱοῖς αὐτοῦ ἐν * ἀληθείᾳ * εἰς τὸν αἰῶνα καὶ οὐκ ἔσται διαδοχὴ αὐτῷ εἰς
TJud. 14 1 οἴνῳ ὅτι ὁ οἶνος διαστρέφει τὸν νοῦν ἀπὸ τῆς * ἀληθείας * καὶ ἐμβάλλει ὀργὴν ἐπιθυμίας καὶ ὁδηγεῖ εἰς
TJud. 20 1 μου ὅτι δύο πνεύματα σχολάζουσι τῷ ἀνθρώπῳ τὸ τῆς * ἀληθείας * καὶ τὸ τῆς πλάνης καὶ μέσον ἐστὶ τὸ τῆς
TJud. 20 3 συνέσεως τοῦ νοὸς οὗ ἐὰν θέλῃ κλῖναι. καίγε τὰ τῆς * ἀληθείας * καὶ τὰ τῆς πλάνης γέγραπται ἐπὶ τὸ στῆθος τοῦ
TJud. 20 5 ἐγγέγραπται ἐνώπιον κυρίου. καὶ τὸ πνεῦμα τῆς * ἀληθείας * μαρτυρεῖ πάντα καὶ κατηγορεῖ πάντων καὶ
TJud. 24 3 χάριτος ἐφ' ὑμᾶς καὶ ἔσεσθε αὐτῷ εἰς υἱοὺς ἐν * ἀληθείᾳ * καὶ πορεύσεσθε ἐν προστάγμασιν αὐτοῦ πρώτοις καὶ
TIss. 7 5 εὐσέβειαν ἐποίησα ἐν πάσαις ταῖς ἡμέραις μου καὶ * ἀλήθειαν. * τὸν κύριον ἠγάπησα ἐν πάσῃ τῇ ἰσχύι μου ὁμοίως
TDan 1 3 ἐν πάσῃ τῇ ζωῇ μου ὅτι καλὸν θεῷ καὶ εὐάρεστον ἡ * ἀλήθεια * μετὰ δικαιοπραγίας καὶ ὅτι πονηρὸν τὸ ψεῦδος καὶ
TDan 2 1 ἐν Ἰσραήλ. καὶ νῦν τέκνα μου ἐγὼ ἀποθνήσκω καὶ ἐν * ἀληθείᾳ * λέγω ὑμῖν ὅτι ἐὰν μὴ διαφυλάξητε ἑαυτοὺς ἀπὸ τοῦ
TDan 2 1 τοῦ ψεύδους καὶ τοῦ θυμοῦ καὶ ἀγαπήσητε τὴν * ἀλήθειαν * καὶ τὴν μακροθυμίαν ἀπολεῖσθε. τύφλωσίς ἐστιν
TDan 2 2 θυμῷ τέκνα μου καὶ οὐκ ἔστι τις ὁρῶν πρόσωπον ἐν * ἀληθείᾳ * ὅτι κἂν πατὴρ κἂν μήτηρ ἐστὶν ὡς πολεμίοις
TDan 5 2 κατοικήσῃ ἐν ὑμῖν καὶ φύγῃ ἀφ' ὑμῶν ὁ Βελιάρ. * ἀλήθειαν * φθέγγεσθε ἕκαστος πρὸς τὸν πλησίον αὐτοῦ καὶ οὐ
TDan 5 13 ἐν πτωχείᾳ καὶ ὁ πιστεύων ἐπ' αὐτῷ βασιλεύσει ἐν * ἀληθείᾳ * ἐν τοῖς οὐρανοῖς. καὶ νῦν φοβήθητε τὸν κύριον
TDan 6 8 τὸν θυμὸν καὶ πᾶν ψεῦδος καὶ ἀγαπήσατε τὴν * ἀλήθειαν * καὶ τὴν μακροθυμίαν καὶ ἃ ἠκούσατε παρὰ τοῦ
TGad 3 1 ἐν Ἰσραήλ. καὶ νῦν ἀκούσατε τέκνα μου λόγους * ἀληθείας * τοῦ ποιεῖν δικαιοσύνην καὶ πάντα νόμον ὑψίστου
TGad 3 3 κύριον καὶ θέλῃ δίκαια τοῦτον οὐκ ἀγαπᾷ τὴν * ἀλήθειαν * ψέγει τῷ κατορθοῦντι φθονεῖ καταλαλιὰν
TGad 5 1 ὅτι ἐνδελεχεῖ συνεχῶς τῷ ψεύδει λαλῶν κατὰ τῆς * ἀληθείας * καὶ τὰ μικρὰ μεγάλα ποιεῖ τὸ σκότος φῶς
TAser 5 1 ἡ αἰώνιος ζωὴ ἀναμένει. καὶ οὐκ ἔστιν εἰπεῖν τὴν * ἀλήθειαν * ψεῦδος οὐδὲ τὸ δίκαιον ἄδικον ὅτι πᾶσα ἀλήθεια
TAser 5 3 ἀλήθειαν ψεῦδος οὐδὲ τὸ δίκαιον ἄδικον ὅτι πᾶσα * ἀλήθεια * ὑπὸ τοῦ φωτός ἐστι καθὼς τὰ πάντα ὑπὸ τὸν θεόν.
TAser 5 4 ἐδοκίμασα ἐν τῇ ζωῇ μου καὶ οὐκ ἐπλανήθην ἀπὸ τῆς * ἀληθείας * κυρίου καὶ τὰς ἐντολὰς τοῦ ὑψίστου ἐξεζήτησα
TAser 6 1 ἐντολὰς τοῦ κυρίου μονοπροσώπως ἀκολουθοῦντες τῇ * ἀληθείᾳ * ὅτι οἱ διπρόσωποι δισσῶς κολάζονται. τὰ πνεύματα
TJos. 1 3 τὸν φθόνον καὶ τὸν θάνατον καὶ οὐκ ἐπλανήθην ἐν τῇ * ἀληθείᾳ * κυρίου. οἱ ἀδελφοί μου οὗτοι ἐμίσησάν με καὶ ὁ
TBen. 6 5 λύπης καὶ χαρᾶς ἡσυχίας καὶ ταραχῆς ὑποκρίσεως καὶ * ἀληθείας * πενίας καὶ πλούτου ἀλλὰ μίαν ἔχει περὶ πάντας
TBen. 10 3 οὖν τέκνα μου ὅτι ἀποθνήσκω. ποιήσατε οὖν * ἀλήθειαν * καὶ δικαιοσύνην ἕκαστος μετὰ τοῦ πλησίον αὐτοῦ
Asen. 8 9 τοῦ σκότους εἰς τὸ φῶς καὶ ἀπὸ τῆς πλάνης εἰς τὴν * ἀλήθειαν * καὶ ἀπὸ τοῦ θανάτου εἰς τὴν ζωὴν σὺ κύριε
Asen. 19 11 κατεφίλησεν αὐτὴν τὸ τρίτον καὶ ἔδωκεν αὐτῇ πνεῦμα * ἀληθείας. * καὶ περιεπλάκησαν ἀλλήλοις ἐπιπολὺ καὶ
Sal. 3 6 αὐτῷ ὁ θεὸς ἀποσκοπεῖ ὅθεν ἥξει σωτηρία αὐτοῦ. * ἀλήθεια * τῶν δικαίων παρὰ θεοῦ σωτῆρος αὐτῶν οὐκ
Sal. 6 6 κύριος ὁ ποιῶν ἔλεος τοῖς ἀγαπῶσιν αὐτὸν ἐν * ἀληθείᾳ. * τῷ Σαλωμων ἐπιστροφῆς. μὴ ἀποσκηνώσῃς ἀφ' ἡμῶν
Sal. 10 3 καὶ τὸ ἔλεος κυρίου ἐπὶ τοὺς ἀγαπῶντας αὐτὸν ἐν * ἀληθείᾳ. * καὶ μνησθήσεται κύριος τῶν δούλων αὐτοῦ ἐν
Sal. 14 1 τῷ Σαλωμων. πιστὸς κύριος τοῖς ἀγαπῶσιν αὐτὸν ἐν * ἀληθείᾳ * τοῖς ὑπομένουσιν παιδείαν αὐτοῦ τοῖς

Sal. 15 2 τις γὰρ ἰσχύει ὁ θεὸς εἰ μὴ ἐξομολογήσασθαί σοι ἐν * ἀληθείᾳ; * καὶ τί δυνατὸς ἄνθρωπος εἰ μὴ ἐξομολογήσασθαι
Sal. 16 10 τὴν γλῶσσάν μου καὶ τὰ χείλη μου ἐν λόγοις * ἀληθείας * περίστειλον ὀργὴν καὶ θυμὸν ἄλογον μακρὰν
Sal. 17 15 οὐκ ἦν ἐν αὐτοῖς ὁ ποιῶν ἐν Ιερουσαλημ ἔλεος καὶ * ἀλήθειαν. * ἐφύγοσαν ἀπ' αὐτῶν οἱ ἀγαπῶντες συναγωγὰς
Aris. 70 7 τέχνης τὰς ὑπεροχὰς ἀπαραλλάκτως ἔχοντα πρὸς τὴν * ἀλήθειαν * ὥστε καὶ ῥιπίζοντος τοῦ κατὰ τὸν ἀέρα πνεύματος
Aris. 70 9 ἐπιδέχεσθαι τὴν τῶν φύλλων θέσιν πρὸς τὴν τῆς * ἀληθείας * διάθεσιν τετυπωμένων ἁπάντων. ἐποίησαν δὲ
Aris. 77 2 ἐστὶν ἐξηγήσασθαι τὰ προσυντελεσθέντα πρὸς τὴν τῆς * ἀληθείας * ἔμφασιν. ὡς γὰρ ἐπετελέσθη τεθέντων τῶν
Aris. 140 5 λοιποῖς οὐ πρόσεστιν εἰ μή τις σέβεται τὸν κατὰ * ἀλήθειαν * θεὸν ἀλλ' εἰσὶν ἄνθρωποι βρωτῶν καὶ ποτῶν καὶ
Aris. 161 4 κατὰ τὸ ἐμπεσὸν εἰς ψυχὴν νενομοθέτηται πρὸς δ' * ἀλήθειαν * καὶ σημείωσιν ὀρθοῦ λόγου. διατάξας γὰρ ἐπὶ
Aris. 206 2 δὲ ὁ βασιλεὺς τοῦτον ἕτερον ἐπηρώτα πῶς ἂν τὴν * ἀλήθειαν * διατηροῖ; ὁ δὲ πρὸς τοῦτο ἀπεκρίθη γινώσκων ὅτι
Aris. 260 3 συνιστορεῖν ἑαυτῷ κακὸν πεπραχότι τὸν δὲ βίον ἐν * ἀληθείᾳ * διεξάγειν. ἐκ τούτων γὰρ κρατίστη χαρὰ καὶ ψυχῆς
Aris. 306 6 καὶ ὁσίως μεταφέροντες ἐπὶ τὴν δικαιοσύνην καὶ τὴν * ἀλήθειαν * πάντα. καθὼς δὲ προειρήκαμεν οὕτως καθ' ἑκάστην
FEsd. 8 23 ξηραίνει ἀβύσσους καὶ ἡ ἀπειλὴ τήκει ὄρη καὶ ἡ * ἀλήθεια * μένει εἰς τὸν αἰῶνα. διαφθαρεισῶν τῶν γραφῶν
FAch. 108 πῶς ψεῦδος αὐτοῦ κατηγόρησεν ὁ υἱοποίητος καὶ τὴν * ἀλήθειαν * μεθ' ὅρκου παρεστήσατο. τοῦ βασιλέως θέλοντος
ISop. 5 113 2 εἷς ταῖς * ἀληθείαισιν * εἷς ἐστι⟨ν⟩ θεὸς ὃς οὐρανόν τε ἔτευξε καὶ
LAri. 13 12 8 καὶ ἐγκρατείας καὶ τῶν λοιπῶν ἀγαθῶν τῶν κατὰ * ἀλήθειαν. * ἐχομένως δ' ἐστὶν ὡς ὁ θεὸς ⟨ὃς⟩ τὸν ὅλον
LAri. 13 12 15 ὡς ἀπὸ τῆς κατὰ ψυχὴν λήθης καὶ κακίας ἐν τῷ κατὰ * ἀλήθειαν * ἑβδόμῳ λόγῳ καταλιμπάνεται τὰ προειρημένα καὶ
LAri. 13 12 15 λόγῳ καταλιμπάνεται τὰ προειρημένα καὶ γνῶσιν * ἀληθείας * λαμβάνομεν καθὼς προείρηται. Λίνος δέ φησιν
ἀληθεύω 1
FAch. 107 ἣν λέγεις σεαυτοῦ ἐσχάτην ἡμέραν αἰῶνα ποιῆσαι ἐὰν * ἀληθεύεις * ὅτι Αἴσωπος ζῇ. ἐκεῖνον γὰρ τηρήσας ἐφύλαξας
ἀληθής 29
Abr.1 6 6 ὁ εἷς ἐξ αὐτῶν. εἶπεν δὲ Ἀβραὰμ ὦ Σάρρα τοῦτο * ἀληθὲς * εἴρηκας δόξα καὶ εἰρήνη παρὰ θεοῦ καὶ πατρὸς καὶ
Abr.1 17 4 κατὰ τοῦ θεοῦ τοῦ ἀθανάτου σοι λέγω εἰπὲ ἡμῖν τὸ * ἀληθὲς * σὺ εἶ ὁ θάνατος; λέγει αὐτῷ ὁ θάνατος ἐγώ εἰμι ὁ
Abr.2 7 16 μου. καὶ ἀπεκρίθη Μιχαὴλ καὶ εἶπεν ἐν ἀληθείᾳ * ἀληθῶς * ἐγένετο ὁ ἥλιος Ἰσαὰκ ὁ πατήρ σού ἐστιν Ἀβραὰμ
TDan 6 9 ὑμῶν ἵνα δέξηται ὑμᾶς ὁ σωτὴρ τῶν ἐθνῶν ἔστι γὰρ * ἀληθὴς * καὶ μακρόθυμος πρᾶος καὶ ταπεινὸς καὶ ἐκδιδάσκων
TGad 5 7 τὸ μετανοῆσαί με περὶ τοῦ Ἰωσήφ. ἡ γὰρ κατὰ θεὸν * ἀληθὴς * μετάνοια ἀναιρεῖ τὴν ἄγνοιαν καὶ φυγαδεύει τὸ
TAser 2 9 εἰσὶ δασύποδες ὅτι ἐξ ἡμισείας εἰσὶ καθαροὶ τὸ δὲ * ἀληθὲς * ἀκάθαρτοί εἰσιν. καὶ γὰρ ὁ θεὸς ἐν ταῖς πλαξὶ τῶν
Jer. 2 9 μετ' ἐμοῦ ἕως ὥρας ἕκτης τῆς νυκτὸς ἵνα γνῷς ὅτι * ἀληθές * ἐστι τὸ ῥῆμα τοῦτο. ἔμειναν οὖν ἀμφότεροι ἐν τῷ
Jer. 3 3 καὶ Βαροὺχ ἔκλαυσαν λέγοντες νῦν ἐγνώκαμεν ὅτι * ἀληθές * ἐστι τὸ ῥῆμα. παρεκάλεσε δὲ Ἱερεμίας τοὺς
Jer. 5 31 ὁ λαὸς εἰς Βαβυλῶνα. καὶ ἵνα μάθῃς τέκνον ὅτι * ἀληθές * ἐστιν ἅπερ λέγω σοι ἀνάβλεψον εἰς τὸν ἀγρὸν καὶ
Job 7 8 καὶ ἔκλαυσεν μετὰ λύπης μεγάλης ἡ παῖς λέγουσα * ἀληθῶς * καλῶς σὺ λέγεις εἶναί με κακὴν δούλην εἰ γὰρ μὴ
Job 18 2 μου καὶ ἀνεῖλεν αὐτὰ καὶ οἱ συμπολῖται ἰδόντες ὅτι * ἀληθῶς * γέγονεν τὰ εἰρημένα, ἐπελθόντες ἐδίωξάν με καὶ
Job 36 5 περὶ δὲ τοῦ οὐρανοῦ ἀκούομεν ὅτι εὐσταθεῖ. ἀλλ' εἰ * ἀληθῶς * ἐν τούτῳ τυγχάνεις, ἐρωτήσω σε λόγον, καὶ ἐὰν
Job 38 6 γνῶναι εἰ ἐν τῷ καθεστῶτι ὑπάρχεις, καὶ ἰδοὺ * ἀληθῶς * ἔγνωμεν ὅτι ἡ σύνεσίς σου οὐκ ἠλλοίωται τί οὖν
Job 39 13 τὰ τέκνα μου εἰς τὸν οὐρανόν; διὸ ἔκφανον ἡμῖν τὸ * ἀληθές. * ἐγὼ δὲ ὑπολαβὼν εἶπον αὐτοῖς ἐγείρατέ με ἵνα
Job 42 5 ἥμαρτες σὺ καὶ οἱ δύο σου φίλοι; οὐ γὰρ λελαλήκατε * ἀληθῶς * κατὰ τοῦ θεράποντός μου Ιωβ διὸ ἀναστάντες
Aris. 219 4 πάντα πράσσουσι σὺ δὲ οὐχ ὑπόκρισιν ἔχεις ἀλλ' * ἀληθῶς * βασιλεύεις θεοῦ δόντος σοι καταξίως τῶν τρόπων
Sib. 3 423 δὲ καλέσσει αὐτὸν καὶ γράψει τὰ κατ' Ἴλιον οὐ μὲν * ἀληθῶς * ἀλλὰ σοφῶς ἐπέων γὰρ ἐμῶν μέτρων τε κρατήσει
Sib. 3 484 ἄφνω +τεύξεται. οὐ μὴν πουλὺν ἐπὶ χρόνον ἔσσετ' * ἀληθῶς * Καρχηδών+. Γαλάταις δὲ πολύστονος ἔσσεται οἶκτος.
Sib. 4 23 Σιβύλλης ἐξ ὁσίου στόματος φωνὴν προχέοντος * ἀληθῆ. * ὄλβιοι ἀνθρώπων κεῖνοι κατὰ γαῖαν ἔσονται ὅσσοι
Sib. 5 7 ἤλεγξε νέκυν δ' ὤρεξε Φιλίππῳ οὐ Διὸς οὐκ Ἄμμωνος * ἀληθέα * φημιχθέντα καὶ μετὰ τὸν γενεῆς τε καὶ αἵματος
Sib. 5 149 ἐγκατέθηκεν φωλεύων μετὰ τῶνδε κακῶν εἰς ἔθνος * ἀληθὲς * ὃς ναὸν θεότευκτον ἕλεν καὶ ἔφλεξε πολίτας λαοὺς
Sib. 5 161 πολλοὶ ὄλοντο Ἑβραίων ἅγιοι πιστοὶ καὶ λαὸς * ἀληθής. * ἔσσεαι ἐν θνητοῖσι κακοῖς κακὰ μοχθήσασα ἀλλὰ
Sib. 5 457 πεσεῖν σε πτῶμα κακὸν Σειρῆνες ὅπως κλαύσωνται * ἀληθῶς. * ἔσται δ' ἐν πέμπτῃ γενεῇ ὅτε παύσετ' ὄλεθρος
Sib. 5 493 λινόστολος ἀνὴρ δεῦτε θεοῦ τέμενος καλὸν στήσωμεν * ἀληθοῦς * δεῦτε τὸν ἐκ προγόνων δεινὸν νόμον ἀλλάξωμεν τοῦ
Sib. 5 499 τὸν ἀΐδιον γεγαῶτα τὸν πρύτανιν πάντων τὸν * ἀληθέα * τὸν βασιλῆα ψυχοτρόφον γενετῆρα θεὸν μέγαν αἰὲν
FBar. 12 4 προσ⟨δοκα χαιρησειν⟩ μηδε επ⟨ι⟩ πολυ καταδικα⟨ζε * αληθως * γαρ εν⟩ καιρω εξϋπνισθησεται ⟨προς σε η οργη η
FAch. 115 εἶναι. ὁ Αἴσωπος μειδιάσας λέγει ⟨μὴ⟩ εὐχερῶς (μὲν * ἀληθοῦς) * πρόσφερε ἐκεῖνον ὀνομάζων τοσοῦτον γὰρ διαφέρει
IOrp. 4 ἄκουε φαεσφόρου ἔκγονε Μήνης Μουσαῖ'. ἐξερέω γὰρ * ἀληθέα * μηδέ σε τὰ πρὶν ἐν στήθεσσι φανέντα φίλης αἰῶνος
FrAn. 1 226 3 – ⟩θαλασση⟨ – – ⟩τη ερυθρα θ⟨αλασση – – ⟩πυλη⟨ – – * αλ⟩ηθως * μετ αυτα⟨ – – ⟩φρονιμοτερο⟨ν – ⟩τον ως εμε
ἀληθινός 18
Hen. 15 1 κάτω ἔκυφον. καὶ ἀποκριθεὶς εἶπέν μοι ὁ ἄνθρωπος ὁ * ἀληθινὸς * ἄνθρωπος τῆς ἀληθείας ὁ γραμματεὺς καὶ τῆς
Hen. 15 1 τῆς φωνῆς αὐτοῦ ἤκουσα μὴ φοβηθῇς Ἐνὼχ ἄνθρωπος * ἀληθινὸς * καὶ γραμματεὺς τῆς ἀληθείας πρόσελθε ὧδε καὶ
Hen. 27 3 ἐσχάτοις αἰῶσιν ἐν ταῖς ἡμέραις τῆς κρίσεως τῆς * ἀληθινῆς * ἐναντίον τῶν δικαίων εἰς τὸν ἅπαντα χρόνον ὧδε
Hen. 99 2 οὐαὶ ὑμῖν οἱ ἐξαλλοιοῦντες τοὺς λόγους τοὺς * ἀληθινοὺς * καὶ διαστρέφοντες τὴν αἰωνίαν διαθήκην καὶ
TLevi 2 3B018 καὶ μέτοχον ποίησον τοῖς λόγοις σου ποιεῖν κρίσιν * ἀληθινὴν * εἰς πάντα τὸν αἰῶνα ἐμὲ καὶ τοὺς υἱούς μου εἰς
TLevi 16 2 διώξετε ἄνδρας δικαίους καὶ εὐσεβεῖς μισήσετε * ἀληθινῶν * λόγους βδελύξεσθε καὶ ἄνδρα ἀνακαινοποιοῦντα
TDan 1 4 καρδίᾳ μου ἡδόμην περὶ τοῦ θανάτου Ἰωσὴφ ἀνδρὸς * ἀληθινοῦ * καὶ ἀγαθοῦ καὶ ἔχαιρον ἐπὶ τῇ πράσει Ἰωσὴφ ὅτι
TDan 5 3 τὸν κύριον ἐν πάσῃ τῇ ζωῇ ὑμῶν καὶ ἀλλήλους ἐν * ἀληθινῇ * καρδίᾳ. οἶδα γὰρ ὅτι ἐν ἐσχάταις ἡμέραις
TAser 4 3 κύριον μὴ προσδεχόμενος τὸ δοκοῦν καλὸν μετὰ τοῦ * ἀληθινοῦ * κακοῦ. ἕτερος οὐ θέλει ἡμέραν ἀγαθὴν ἰδεῖν μετὰ
Asen. 11 10 πολλῶν λεγόντων ὅτι ὁ θεὸς τῶν Ἑβραίων θεὸς * ἀληθινός * ἐστι καὶ θεὸς ζῶν καὶ θεὸς ἐλεήμων καὶ
Jer. 9 3 ἅγιος τὸ θυμίαμα τῶν δένδρων τῶν ζώντων τὸ φῶς τὸ * ἀληθινὸν * τὸ φωτίζον με ἕως οὗ ἀναληφθῶ πρός σέ περὶ τοῦ
Prop. 21 6 παρ' αὐτοῦ καὶ τῶν προφητῶν τοῦ Βάαλ τίς ἂν εἴη ὁ * ἀληθινὸς * καὶ ὄντως θεὸς ᾔρησε γενέσθαι θυσίαν παρά τε
Job 4 11 τὸν στέφανον. τότε γνώσει ὅτι δίκαιος καὶ * ἀληθινὸς * καὶ ἰσχυρὸς ὁ κύριος, ἐνισχύων τοὺς ἐκλεκτοὺς
Job 43 13 ἔσχεν ἐν τῇ γλώσσῃ αὐτοῦ. δίκαιός ἐστιν κύριος, * ἀληθινὰ * αὐτοῦ τὰ κρίματα παρ' ᾧ οὐκ ἔστιν προσωποληψία
Sib. 3 621 καὶ ἄσπετα ποίμνια μήλων δώσουσιν καρπὸν τὸν * ἀληθινὸν * ἀνθρώποισιν οἴνου καὶ μέλιτος γλυκεροῦ λευκοῦ
Sib. 3 829 ἔσχατα πάντ' ἀπεδείχθη ὥστ' ἀπ' ἐμοῦ στόματος τάδ' * ἀληθινὰ * πάντα λελέχθω. λόγος τέταρτος. κλῦτε λεὼς Ἀσίης
HCal. 24 41 δεδύνηται. ἐπὶ τούτοις Ἀλέξανδρος ἔφη ⟨ὡς * ἀληθινοῦ * θεοῦ ἄξιοι θεραπευταὶ ἄπιτε ἐν εἰρήνῃ⟩ ἄπιτε. ὁ
HCal. 28 13 ἐξουθένησεν τοὺς θεοὺς τῆς γῆς ⟨καὶ μόνον θεὸν * ἀληθινὸν * ἀνεκήρυξεν ἀκατανόητον ἀθεώρητον ἀνεξιχνίαστον
ἄληκτος 1
Aris. 269 4 δὲ ἔφησεν ὅταν ὑπερηφανία καθηγῆται καὶ θράσος * ἄληκτον * ἀτιμασμὸς ἐπιφύεται καὶ δόξης ἀναίρεσις. θεὸς δὲ
ἁλιεύω 3
TZab. 6 3 ἐν μέσῳ καὶ ἐν αὐτῷ διαπορευόμενος τοὺς αἰγιαλοὺς * ἡλίευον * ἰχθύας οἴκῳ τοῦ πατρός μου ἕως ἤλθομεν εἰς
TZab. 6 7 λαμβάνει πολλαπλασίονα παρὰ κυρίου. πέντε ἔτη * ἡλίευσα * παντὶ ἀνθρώπῳ ὃν ἑωράκειν μεταδιδοὺς καὶ παντὶ
TZab. 6 8 καὶ παντὶ τῷ οἴκῳ τοῦ πατρός μου ἐξαρκῶν. τὸ θέρος * ἡλίευον * καὶ ἐν χειμῶνι ἐποίμαινον μετὰ τῶν ἀδελφῶν μου.
ἁλίζω (ἅλς) 5
TLevi 9 14 καὶ οἴνου πρόσφερε ἀπαρχάς. καὶ πᾶσαν θυσίαν ἅλατι * ἁλιεῖς. * νῦν οὖν φυλάξασθε ὅσα ἐντέλλομαι ὑμῖν τέκνα ὅτι
TLevi 18 2B026 πόδας ἀπὸ τοῦ αἵματος καὶ ἄρξῃ τὰ μέλη ἀναφέρειν * ἡλισμένα * τὴν κεφαλὴν ἀνάφερε πρῶτον καὶ κάλυπτε αὐτὴν τῷ
TLevi 18 2B029 πόδας πεπλυμένους σὺν τοῖς ἐνδοσθίοις καὶ πάντα * ἡλισμένα * ἐν ἅλατι ὡς καθήκει αὐτοῖς αὐτάρκως. καὶ μετὰ
TLevi 18 2B037 μνᾶν. καὶ ἅλας +ἀποδεδεικτω+ τῷ ταύρῳ τῷ μεγάλῳ * ἁλῖσαι * τὸ κρέας αὐτοῦ καὶ ἀνένεγκε ἐπὶ τὸν βωμόν. σάτον
TLevi 18 2B037 καθήκει τῷ ταύρῳ καὶ ᾧ ἂν περισσεύσῃ τοῦ ἁλὸς * ἅλισον * ἐν αὐτῷ τὸ δέρμα καὶ τῷ ταύρῳ τῷ δευτέρῳ τὰ πέντε
ἁλινηχής 1
Sib. 3 482 ⟨ὁπόσους⟩ βυθὸς ἀμφιπολεύσει αἰαῖ νήπια τέκν' * ἁλινηχέα * καὶ βαρὺν ὄλβον. Μυσῶν γαῖα μάκαιρα γένος
ἅλις 1
LEze. 9 28 2 07 ἀνδρῶν καὶ δυναστείας χερός. ἰδὼν γὰρ ἡμῶν γένναν * ἅλις * ηὐξημένην δόλον καθ' ἡμῶν πολὺν ἐμηχανήσατο
ἀλίσγημα 1
Jer. 7 32 καὶ ἔμεινε διδάσκων αὐτοὺς τοῦ ἀπέχεσθαι ἐκ τῶν * ἀλισγημάτων * τῶν ἐθνῶν τῆς Βαβυλῶνος. ἐγένετο δὲ ἡ ἡμέρα
ἁλίσκομαι 1
IDip. 5 121 2 τοὺς θεοὺς λεληθέναι δοκεῖ πονηρὰ καὶ δοκῶν * ἁλίσκεται * ὅταν σχολὴν ἄγουσα τυγχάνῃ Δίκη. ὁρᾶτε ὅσοι
ἀλιταίνω 1
FPho. 208 μὴ χαλέπαινε τεοῖσ' ἀλλ' ἤπιος εἴῃς. ἢν δέ τι παῖς * ἀλίτῃ * σε κολουέτω υἱέα μήτηρ ἢ καὶ πρεσβύτατοι γενεῆς ἢ
ἀλίτροπος * 1
FPho. 141 καθ' ὁδὸν συνέγειρε. πλαζόμενον δὲ βροτὸν καὶ * ἀλίτροπον * οὔποτ' ἐλέγξεις. βέλτερον ἀντ' ἐχθροῦ τεύχειν
ἄλκαρ 1
FPho. 128 δ' αὐτοχύτως κέρα ἔσσεν κέντρα μελίσσαις ἔμφυτον * ἄλκαρ * ἔδωκε λόγον δ' ἔρυμ' ἀνθρώποισιν. ⟨τῆς δὲ
ἀλκή 2
FPho. 53 βουλὴ δ' εὐθύνεθ' ἑκάστου. μὴ γαυροῦ σοφίῃ μήτ' * ἀλκῇ * μήτ' ἐνὶ πλούτωι εἷς θεός ἐστι σοφὸς δυνατός θ'
FPho. 126 θεὸς φύσιν ἠερόφοιτον ὄρνισιν πώλοις ταχυτῆτ' * ἀλκὴν * τε λέουσιν ταύρους δ' αὐτοχύτως κέρα ἔσσεν κέντρα
ἀλκήεις 1
FPho. 130 θεοπνεύστου σοφίης λόγος ἐστὶν ἄριστος.⟩ βέλτερος * ἀλκήεντος * ἔφυ σεσοφισμένος ἀνὴρ ἀγροὺς καὶ πόλιας σοφίη
ἀλλά 411 ἀλλ' ἀλλά αλλα αλλ
ἄλλαγμα 1
Sal. 17 6 αὐτῶν ἠρήμωσαν τὸν θρόνον Δαυιδ ἐν ὑπερηφανίᾳ * ἀλλάγματος. * καὶ σὺ ὁ θεὸς καταβαλεῖς αὐτοὺς καὶ ἀρεῖς τὸ
ἀλλάσσω 11
Hen. 104 10 ἐξαλλοιοῦσιν καὶ ἀντιγράφουσιν οἱ ἁμαρτωλοὶ καὶ * ἀλλάσσουσιν * τοὺς πολλοὺς καὶ ψεύδονται καὶ πλάσσουσιν

Hen. 107 1 δικαιοσύνης καὶ ἡ κακία ἀπολεῖται καὶ ἡ ἁμαρτία * ἀλλάξει * ἀπὸ τῆς γῆς καὶ τὰ ἀγαθὰ ἥξει ἐπὶ τῆς γῆς ἐπ'
Abr.2 2 9 καὶ ἦλθον εἰς τὴν γῆν ἣν εἶπέν μοι κύριος καὶ * ἤλλαξεν * τὸ ὄνομά μου λέγων οὐκέτι κληθήσει 'Αβρὰμ ἀλλ'
TJos. 14 2 ἐλεύθερον τιμωρεῖς ὡς ἀδικήσαντα. ὡς δὲ οὐκ * ἤλλαξα * λόγον τυπτόμενος ἐκέλευσε φυλακισθῆναί με ἕως οὗ
SIb. 3 638 ἡγεμόνες δὲ φύγωσιν ἐς ἄλλην γαῖαν ἅπαντες * +ἀλλαχθῇ * δέ τε γαῖα βροτῶν καὶ βάρβαρος ἀρχὴ 'Ελλάδα
SIb. 5 235 κακὸν κατέκλυσσας καὶ διὰ σοῦ κόσμοιο καλαὶ πτύχες * ἠλλάχθησαν. * εἰς ἔριν ἡμετέρην τυχὸν ὕστατα ταῦτα
SIb. 5 273 ἀλλήλοισιν αὐτοὺς δὲ κρύψουσιν ἕως +κόσμος * ἀλλαγῇ+. * ἔσται δ' ἐκ νεφέων ὄμβρος πυρὸς αἰθομένοιο
SIb. 5 291 ὡς ἀπολεῖσθε σεισμοῖς ὀλλύμεναί τε καὶ εἰς κόνιν * ἀλλαχθεῖσαι. * 'Ασίδι τῇ δνοφερῇ (Λυδῶν τε--- πολυχρύσων)
SIb. 5 494 ἀληθοῦς δεῦτε τὸν ἐκ προγόνων δεινὸν νόμον * ἀλλάξωμεν * τοῦ χάριν οἱ λιθίνοις καὶ ὀστρακίνοισι θεοῖσιν
SIb. 5 517 μάχην ἐπιβὰς ἐς νῶτα Λέοντος ἠδὲ Σεληναίης δίκερως * ἠλλάξατο * ῥοῖζος Αἰγόκερως δ' ἔπληξε νέου Ταύροιο τένοντα
SIb. 5 521 ἀπενόσφισε μηκέτι μεῖναι Παρθένος ἐν Κριῷ Διδύμων * ἠλλάξατο * μοῖραν Πλειὰς δ' οὐκέτ' ἔφαινε Δράκων δ'
ἀλλαχοῦ 2
Abr.1 10 2 ἁμαξηγοῦντας ἐν ἄλλῳ δὲ τόπῳ ποιμαινεύοντας * ἀλλαχοῦ * ἀγραυλοῦντας καὶ ὀρχουμένους παίζοντας καὶ
Abr.1 10 2 ἐν ἄλλῳ δὲ τόπῳ παλαίοντας καὶ δικαζομένους * ἀλλαχοῦ * κλαίοντας ἔπειτα καὶ τεθνεῶτας ἐν μνήματι
αλληλου * 1
FrAn. 574 3032 ιαθαβαθρα χαχθαβραθα χαμυνχελ αβρωωθ σὺ αβρασιλωθ * αλληλου * ϊελωσαϊ ιαηλ. ὁρκίζω σε τὸν ὀπτανθέντα τῷ
ἀλληλούϊα 2
Adam 43 4 ἄγγελος ἀνῆλθεν εἰς τὸν οὐρανὸν δοξάζων καὶ λέγων * ἀλληλούϊα. * ἅγιος ἅγιος ἅγιος κύριος εἰς δόξαν θεοῦ
Prop. 15 7 γήρει μακρῷ καὶ ἐκλειπὼν ἐτάφη σύνεγγυς 'Αγγαίου. * ⟨ἀλληλούϊα * 'Αγγαίου καὶ Ζαχαρίου εἶπεν ὁ πνευματικὸς
ἀλλήλων 56 ἀλλήλων ἀλλήλους ἀλλήλοις ἄλληλα ἀλλήλοισιν
ἀλλογενής 1
Sal. 17 28 ἐν ταῖς φυλαῖς αὐτῶν ἐπὶ τῆς γῆς καὶ πάροικος καὶ * ἀλλογενὴς * οὐ παροικήσει αὐτοῖς ἔτι κρινεῖ λαοὺς καὶ ἔθνη
ἀλλοδίκης 1
SIb. 3 390 οὖδας ἀνὴρ πορφυρέην λώπην ἐπιειμένος ὤμοις ἄγριος * ἀλλοδίκης * φλογόεις ἤγειρε γὰρ αὐτοῦ πρόσθε κεραυνὸς φῶτα
ἄλλοθεν 1
LThe. 9 22 6 δὴ θεμιτόν γε τόδ' 'Εβραίοισι τέτυκται γαμβροὺς * ἄλλοθεν * εἴς γε νυούς τ' ἀγέμεν ποτὶ δῶμα ἀλλ' ὅστις
ἄλλοθι 1
SIb. 4 75 ἐνιαυτῶν εἴκοσι φοιτήσει σταχυητρόφος ἡνίκα Νεῖλος * ἄλλοθι * που ὑπὸ γαῖαν ἀποκρύψει μέλαν ὕδωρ. ἥξει δ' ἐξ
ἀλλοῖος 2
Hen. 106 5 πατέρα αὐτοῦ καὶ εἶπεν αὐτῷ τέκνον ἐγεννήθη μου * ἀλλοῖον * οὐχ ὅμοιον τοῖς ἀνθρώποις ἀλλὰ τοῖς τέκνοις τῶν
Hen. 106 5 τοῖς τέκνοις τῶν ἀγγέλων τοῦ οὐρανοῦ καὶ ὁ τύπος * ἀλλοιότερος * οὐχ ὅμοιος ἡμῖν τὰ ὄμματά ἐστιν ὡς ἀκτῖνες
ἀλλοιόω 13
Hen. 2 1 κατανοήσατε πάντα τὰ ἔργα ἐν τῷ οὐρανῷ πῶς οὐκ * ἠλλοίωσαν * τὰς ὁδοὺς αὐτῶν καὶ τοὺς φωστῆρας τοὺς ἐν τῷ
Hen. 2 2 ἀπ' ἀρχῆς μέχρι τελειώσεως ὥς εἰσιν φθαρτὰ ὡς οὐκ * ἀλλοιοῦνται * οὐδὲν τῶν ἐπὶ γῆς ἀλλὰ πάντα ἔργα θεοῦ ὑμῖν
Hen. 5 2 καὶ πάντα ὅσα ἀποτελοῦσιν αὐτῷ τὰ ἔργα καὶ οὐκ * ἀλλοιοῦνται * αὐτῶν τὰ ἔργα ἀλλ' ὡσπερεὶ κατὰ ἐπιταγὴν τὰ
Hen. 5 3 καὶ οἱ ποταμοὶ ὡς ὁμοίως ἀποτελοῦσιν καὶ οὐκ * ἀλλοιοῦσιν * αὐτῶν τὰ ἔργα ἀπὸ τῶν λόγων αὐτοῦ. ὑμεῖς δὲ
Hen. 104 11 ἐπὶ τὰ ὀνόματα αὐτῶν καὶ μήτε ἀφέλωσιν μήτε * ἀλλοιώσωσιν * τῶν λόγων τούτων ἀλλὰ πάντα ἐπ' ἀληθείας
TJud. 17 3 ἐν πονηρίᾳ ὅτι καίγε σοφοὺς ἄνδρας τῶν υἱῶν μου * ἀλλοιώσουσι * καὶ βασιλείαν 'Ιουδὰ σμικρυνθῆναι ποιήσουσιν
TNep. 3 2 τοῦ διαβόλου. ἥλιος καὶ σελήνη καὶ ἀστέρες οὐκ * ἀλλοιοῦσι * τάξιν αὐτῶν οὕτως καὶ ὑμεῖς μὴ ἀλλοιώσητε
TNep. 3 2 οὐκ ἀλλοιοῦσι τάξιν αὐτῶν οὕτως καὶ ὑμεῖς μὴ * ἀλλοιώσητε * νόμον θεοῦ ἐν ἀταξίᾳ πράξεων ὑμῶν. ἔθνη
TNep. 3 3 ὑμῶν. ἔθνη πλανηθέντα καὶ ἀφέντα τὸν κύριον * ἠλλοίωσαν * τάξιν αὐτῶν καὶ ἐπηκολούθησαν λίθοις καὶ
Job 36 4 τὴν γῆν ἀκατάστατον οὖσαν, ἐπεὶ γὰρ κατὰ καιρὸν * ἀλλοιοῦται * ἐνίοτε εὐθύνεται, ἐνίοτε δὲ εἰρηνεύει, ἔσθ'
Job 38 6 καὶ ἰδοὺ ἀληθῶς ἔγνωμεν ὅτι ἡ σύνεσίς σου οὐκ * ἠλλοίωται * τί οὖν βούλει ἡμᾶς ἐν σοὶ διαπράξασθαι; ἰδοὺ
Job 49 1 καὶ τότε ἡ Κασία περιεζώσατο καὶ ἔσχεν τὴν καρδίαν * ἀλλοιωθεῖσαν * ὡς μηκέτι ἐνθυμεῖσθαι τὰ κοσμικὰ καὶ τὸ μὲν
Job 50 2 τῇ διαλέκτῳ τῶν ἐν ὕψει, ἐπεὶ καὶ αὐτῆς ἡ καρδία * ἠλλοιοῦτο * ἀφισταμένη ἀπὸ τῶν κοσμικῶν λελάληκεν γὰρ ἐν
ἀλλοίωσις 1
Prop. 4 12 οὐκ ἠθέλησεν αὐτὸν ἰδεῖν ὅτι πάντα τὸν χρόνον τῆς * ἀλλοιώσεως * αὐτοῦ ἐν προσευχῇ ἦν περὶ αὐτοῦ ἔλεγεν ὅτι
ἄλλος 156 ἄλλην ἄλλοι ἄλλας ἄλλους ἄλλη ἄλλον ἄλλο ἄλλα ἄλλος ἄλλῳ ἄλλαι ἄλλης ἄλλου ἄλλῃ ἄλλοις ἄλλων ἀλλ'
ἀλλοτέρμων 1
LEze. 9 28 3 27 ἐκποδὼν μεθίσταμαι καὶ νῦν πλανῶμαι γῆν ἐπ' * ἀλλοτέρμονα. * ὁρῶ δὲ ταύτας ἑπτὰ παρθένους τινάς. Λιβύη
ἀλλότριος 38
Abr.1 10 10 ἀνθρώπους διορύττοντας οἴκους καὶ ἁρπάζοντας τὰ * ἀλλότρια * πράγματα καὶ εἶπεν 'Αβραὰμ κύριε κέλευσον ἵνα
TLevi 13 8 αὐτὴ καὶ παρὰ τοῖς πολεμίοις λαμπρὰ καὶ ἐπὶ γῆς * ἀλλοτρίας * πατρὶς καὶ ἐν μέσῳ ἐχθρῶν εὑρεθήσεται φίλος.
TJud. 16 4 ἐν καιρῷ ὑμῶν. καίγε μυστήρια θεοῦ καὶ ἀνθρώπων * ἀλλοτρίοις * ἀποκαλύπτει ὁ οἶνος ὡς κἀγὼ ἐντολὰς θεοῦ καὶ
TDan 5 7 καὶ υἱοὶ 'Ιουδὰ ἔσονται ἐν πλεονεξίᾳ ἁρπάζοντες τὰ * ἀλλότρια * ὡς λέοντες. διὰ τοῦτο ἀπαχθήσεσθε σὺν αὐτοῖς ἐν
TGad 6 5 αὐτοῦ δισσῶς ἁμαρτήσῃς. μὴ ἀκούσῃ ἐν μάχῃ * ἀλλότριος * μυστήριον ὑμῶν ἵνα μὴ μισήσας σε ἐχθράνῃ καὶ
TJos. 14 5 ἔστι παρ' Αἰγυπτίοις πρὸ ἀποδείξεως ἀφαιρεῖσθαι τὰ * ἀλλότρια. * ταῦτα εἶπε περὶ τοῦ μεταβόλου καὶ περὶ ἐμοῦ
Asen. 5 6 αἱ πύλαι τῆς αὐλῆς καὶ πᾶς ἀνὴρ καὶ γυνὴ * ἀλλότριοι * ἔμειναν ἔξω τῆς αὐλῆς διότι οἱ φύλακες τῶν
Asen. 5 6 καὶ ἔκλεισαν τὰς θύρας καὶ ἐξεκλείσθησαν πάντες οἱ * ἀλλότριοι. * καὶ ἦλθον Πεντεφρῆς καὶ ἡ γυνὴ αὐτοῦ καὶ πᾶσα
Asen. 7 5 αὐτοῦ φυλάξασθε τέκνα μου ἰσχυρῶς ἀπὸ γυναικὸς * ἀλλοτρίας * τοῦ κοινωνῆσαι αὐτῇ ἡ γὰρ κοινωνία αὐτῆς
Asen. 7 7 ἣν ἑώρακας ἑστῶσαν ἐν τῷ ὑπερῴῳ οὐκ ἔστι γυνὴ * ἀλλοτρία * ἀλλ' ἔστι θυγάτηρ ἡμῶν παρθένος μισοῦσα πάντα
Asen. 8 1 ἐστίν ὡς σὺ σήμερον καὶ μισεῖ πᾶσαν γυναῖκα * ἀλλοτρίαν * ὡς καὶ σὺ πάντα ἄνδρα ἀλλότριον. καὶ εἶπεν
Asen. 8 1 πᾶσαν γυναῖκα ἀλλοτρίαν ὡς καὶ σὺ πάντα ἄνδρα * ἀλλότριον. * καὶ εἶπεν 'Ασενὲθ τῷ 'Ιωσὴφ χαίροις κύριέ μου
Asen. 8 5 χρίσματι εὐλογημένῳ ἀφθαρσίας φιλῆσαι γυναῖκα * ἀλλοτρίαν * ἥτις εὐλογεῖ τῷ στόματι αὐτῆς εἴδωλα νεκρὰ καὶ
Asen. 8 7 γυναικὶ θεοσεβεῖ οὐκ ἔστι προσῆκον φιλῆσαι ἄνδρα * ἀλλότριον * διότι βδέλυγμά ἐστι τοῦτο ἐνώπιον κυρίου τοῦ
Asen. 10 13 πρὸς βορρᾶν καὶ ἔδωκε πάντα τοῖς κυσὶ τοῖς * ἀλλοτρίοις. * εἶπε γὰρ ἐν ἑαυτῇ 'Ασενὲθ οὐ μὴ φάγωσιν οἱ
Asen. 10 13 θυσίας τῶν εἰδώλων ἀλλὰ φαγέτωσαν αὐτά οἱ κύνες οἱ * ἀλλότριοι. * καὶ μετὰ ταῦτα ἔλαβεν 'Ασενὲθ τὴν δέρριν τῆς
Asen. 11 7 ἔστι καὶ φοβερὸς ἐπὶ πάντας τοὺς σεβομένους θεοὺς * ἀλλοτρίους. * διὰ τοῦτο κἀμὲ μεμίσηκε διότι κἀγὼ ἐσεβάσθην
Asen. 13 8 τὸ βασιλικὸν καὶ τὰ σιτία δέδωκα τοῖς κυσὶ τοῖς * ἀλλοτρίοις. * καὶ ἰδοὺ ἐγὼ ἑπτὰ ἡμέρας καὶ ἑπτὰ νύκτας
Asen. 19 3 καὶ ἐκλείσθησαν αἱ πύλαι καὶ ἀπέμειναν ἔξω πάντες * ἀλλότριοι. * καὶ ἐξῆλθεν 'Ασενὲθ ἐκ τοῦ +προδρόμου+ εἰς
Asen. 21 13 ἐνώπιόν σου πολλὰ ἥμαρτον) καὶ ἐσεβόμην θεοὺς * ἀλλοτρίους * ὧν οὐκ ⟨ἦν⟩ ἀριθμὸς καὶ ἤσθιον ἄρτον ἐκ ⟨τῶν⟩
Sal. 2 2 ἐκώλυσας. ἀνέβησαν ἐπὶ τὸ θυσιαστήριόν σου ἔθνη * ἀλλότρια * κατεπατοῦσαν ἐν ὑποδήμασιν αὐτῶν ἐν ὑπερηφανίᾳ
Sal. 9 1 ἐν τῷ ἀπαχθῆναι Ισραηλ ἐν ἀποικεσίᾳ εἰς γῆν * ἀλλοτρίαν * ἐν τῷ ἀποστῆναι αὐτοὺς ἀπὸ κυρίου τοῦ
Sal. 17 7 ἀπὸ τῆς γῆς ἐν τῷ ἐπαναστῆναι αὐτοῖς ἄνθρωπον * ἀλλότριον * γένους ἡμῶν. κατὰ τὰ ἁμαρτήματα αὐτῶν
Sal. 17 13 ὁ ἐχθρὸς ἐποίησεν ὑπερηφανίαν καὶ ἡ καρδία αὐτοῦ * ἀλλοτρία * ἀπὸ τοῦ θεοῦ ἡμῶν. καὶ πάντα ὅσα ἐποίησεν ἐν
Jer. 7 26 οὐ μόνον ὅτι ἐκρέμαντο ἀλλ' ὅτι ἐπεκαλοῦντο θεὸν * ἀλλότριον * λέγοντες ἐλέησον ἡμᾶς. ἐμνημόνευον δὲ ἡμέρας
Jer. 7 29 ὑμῶν. καὶ λέγομεν αὐτοῖς πῶς ᾄσωμεν ὑμῖν ἐπὶ γῆς * ἀλλοτρίας * ὄντες; καὶ μετὰ ταῦτα ἔδησε τὴν ἐπιστολὴν εἰς
Sedr. 6 4 καὶ ἀπὸ προσώπου αὐτοῦ ἀλλ' αὐτὸς τὰ ἐμὰ λαβὼν * ἀλλότριος * ἐγένετο μοιχαλὶς καὶ ἁμαρτωλός. ποῖος πατὴρ
Sedr. 6 5 οὐσίαν καταλιπὼν τὸν πατέρα ἀπῆλθεν καὶ ἐγένετο * ἀλλότριος * καὶ δουλεύει ἀλλοτρίῳ; καὶ ἰδὼν ὁ πατὴρ ὅτι
Sedr. 6 5 πατέρα ἀπῆλθεν καὶ ἐγένετο ἀλλότριος καὶ δουλεύει * ἀλλοτρίῳ; * καὶ ἰδὼν ὁ πατὴρ ὅτι ἐγκατέλιπεν αὐτὸν ὁ υἱὸς
Job 45 3 τοὺς ἀδυνάτους, μὴ λάβετε ἑαυτοῖς γυναῖκας ἐκ τῶν * ἀλλοτρίων * ἰδοὺ οὖν τεκνία μου διαμερίζω ὑμῖν πάντα ὅσα
SIb. 3 464 βασιλήια δώματα τεύξει. 'Ιταλίη σοὶ δ' οὔτις "Αρης * ἀλλότριος * ἥξει ἀλλ' ἐμφύλιον αἷμα πολύστονον οὐκ
SIb. 3 511 πορθέοντες +τότε σοι κακὸν ἔσται+ γαίη δ' * ἀλλοτρίη * δώσεις --- οὐδέ τι λήψῃ. αἰαῖ +σοι Γὼγ καὶ
SIb. 3 643 φιλοχρημοσύνη κακὰ ποιμαίνουσα πόλεσσιν+. χώρῃ ἐν * ἀλλοτρίῃ * ἄταφοι δὲ ἅπαντες ἔσονται καὶ τῶν μὲν γῦπές τε
SIb. 4 33 ἀπεμπολέοντες ἃ δὴ ῥίγιστα τέτυκται οὐδ' ἄρ' ἐπ' * ἀλλοτρίῃ * κοίτῃ πόθον αἰσχρὸν ἔχοντες (οὐδὲ ἐπ' ἄρσενος
SIb. 5 45 ἀεικελίην οὐ φεύξεται ἀλλὰ καμεῖται ὃν κόνις * ἀλλοτρίη * κρύψει νέκυν ἀλλὰ Νεμείης ἄνθεος οὔνομ' ἔχουσα
FPho. 6 ἀλλ' ἐξ ὁσίων βιοτεύειν. ἀρκεῖσθαι παρ' ἑοῖσι καὶ * ἀλλοτρίων * ἀπέχεσθαι. ψεύδεα μὴ βάζειν τὰ δ' ἐτήτυμα
IMen. 5 119 2 μοιχώμενον κλέπτοντα καὶ σφάττοντα χρημάτων χάριν * τἀλλότρια * βλέποντα κἀπιθυμοῦντα ἤτοι γυναικὸς πολυτελοῦς
IMen. 5 120 1 παρών. μηδὲ βελόνης ὦ φίλτατε ἐπιθυμήσῃς ποτέ * ἀλλοτρίας * ὁ γὰρ θεὸς δικαίοις ἔργοις ἥδεται καὶ οὐκ
ἀλλοτριότης 1
Sal. 17 13 τῆς γῆς εἰς ἐμπαιγμὸν καὶ οὐκ ἐφείσατο. ἐν * ἀλλοτριότητι * ὁ ἐχθρὸς ἐποίησεν ὑπερηφανίαν καὶ ἡ καρδία
ἀλλοτριόω 2
TDan 7 3 αὐτοῖς Δὰν ὅτι ἐπιλάθωνται νόμον θεοῦ αὐτῶν καὶ * ἀλλοτριωθήσονται * γῆς κλήρου αὐτῶν καὶ γένους 'Ισραὴλ καὶ
Aris. 120 3 καὶ σχεδὸν διὰ τὴν ἐκείνων δυναστείαν * ἀλλοτριωθῆναι * παρεύρεσιν λαβόντων εἰς τοὺς τόπους
ἀλλόφυλος 7
TLevi 9 10 μὴ ἔχουσαν μῶμον μηδὲ βεβηλωμένην μηδὲ ἀπὸ γένους * ἀλλοφύλων * ἢ ἐθνῶν. καὶ πρὸ τοῦ εἰσελθεῖν εἰς τὰ ἅγια
TJud. 22 2 καὶ πόλεμοι συνεχεῖς ἔσονται ἐν 'Ισραὴλ καὶ ἐν * ἀλλοφύλοις * συντελεσθήσεται ἡ βασιλεία μου ἕως τοῦ ἐλθεῖν
Asen. 4 9 τὰ ῥήματα ταῦτα παραδοῦναί με ὡς αἰχμάλωτον ἀνδρὶ * ἀλλοφύλῳ * καὶ φυγάδι καὶ πεπραμένῳ; οὐχ οὗτός ἐστιν ὁ
Prop. 1 3 μικρὸν ὕδωρ ἐξελήλυθεν ὅτι ἦν ὁ λαὸς ἐν συγκλεισμῷ * ἀλλοφύλων * καὶ ἵνα μὴ διαφθαρῇ ἡ πόλις ὡς ⟨μὴ⟩ ἔχουσα
Prop. 1 4 ἐὰν οὖν οἱ 'Ιουδαῖοι ἤρχοντο ἐξήρχετο ὕδωρ ἐὰν δὲ * ἀλλόφυλοι * οὔ. διὸ ἕως σήμερον αἰφνιδίως ἐξέρχεται ἵνα
Prop. 10 2 παραλαβὼν τὴν μητέρα αὐτοῦ παρῴκησε τὴν Σοὺρ χώραν * ἀλλοφύλων * ἐθνῶν ἔλεγε γὰρ ὅτι οὕτως ἀφελῶ ὄνειδός μου
Prop. 10 6B παραλαβὼν τὴν μητέρα αὐτοῦ παρῴκησε τὴν Σοὺρ χώραν * ἀλλοφύλων. * ἔλεγε γὰρ ὅτι οὕτως ἀφελῶ τὸ ὄνειδός μου ὅτι
ἄλλυδις 1
SIb. 5 78 θεοῦ δὲ λίθους καὶ κνώδαλα θρησκεύοντες πολλὰ μάλ' * ἄλλυδις * ἄλλα φοβούμενοι οἷς λόγος οὐδεὶς οὐ νοῦς οὐκ

ἄλλως                                                      2
TLevl      6       6      καὶ μετὰ τοῦτο ἀπέθανον καὶ ἐν ταῖς εὐλογίαις ✳ ἄλλως ✳ ἐποίησεν. ἡμάρτομεν γὰρ ὅτι παρὰ γνώμην αὐτοῦ
IOrp.            43      ἐκ θεόθεν γνώμησι λαβὼν κατὰ δίπλακα θεσμόν. ✳ ἄλλως ✳ οὐ θεμιτὸν δὲ λέγειν τρομέω δέ γε γυῖα ἐν νόῳ ἐξ
ἄλμα
Slb.       5     104 δειλοῖσι βροτοῖσιν. αὐτὸς δ' ἐκ δυσμῶν εἰσπτήσεται ✳ ἄλματι ✳ κούφῳ σύμπασαν γαῖαν πολιορκῶν πᾶσαν ἐρημῶν. ἀλλ'
ἁλμυρός                                                    3
Jer.       9      16      γενήσεται ἡ χιὼν μελανθήσεται τὰ γλυκέα ὕδατα ✳ ἁλμυρὰ ✳ γενήσονται καὶ τὰ ἁλμυρὰ γλυκέα ἐν τῷ μεγάλῳ φωτὶ
Jer.       9      16      τὰ γλυκέα ὕδατα ἁλμυρὰ γενήσονται καὶ τὰ ✳ ἁλμυρὰ ✳ γλυκέα ἐν τῷ μεγάλῳ φωτὶ τῆς εὐφροσύνης τοῦ θεοῦ.
LEze.  9  29  14  37      θαλάσσης οἱ δὲ σύμπαντες σθένει ὤρουσαν ὠκεῖς ✳ ἁλμυρᾶς ✳ δι' ἀτραποῦ. ἡμεῖς δ' ἐπ' αὐτῆς ᾠχόμεσθα
Ἀλνασάρ                                                    1
FIsa.  1       2      14      ἀρρωστίας ἀποθανεῖται καὶ ἡ Σαμαρία εἰς χεῖρας ✳ Ἀλνασὰρ ✳ παραδοθήσεται ἀνθ' ὧν ἐφόνευεν τοὺς προφήτας
ἀλογία                                                     1
LArl.  8      10       6      πράγματος μηδὲ πείσω μὴ τῷ νομοθέτῃ προσάψῃς τὴν ✳ ἀλογίαν ✳ ἀλλ' ἐμοὶ τῷ μὴ δυναμένῳ διαιρεῖσθαι τὰ ἐκείνῳ
ἀλογιστέω                                                  1
Arls.    214           2      τὴν ψυχὴν ἐπὶ τοῖς ὑποπίπτουσιν ὡς θεωρουμένοις ✳ ἀλογιστοῦμεν ✳ δὲ καθόσον ὑπολαμβάνομεν καὶ ἐπὶ πέλαγος
ἀλόγιστος                                                  1
Arls.    213           4      τοῖς κατὰ τὸν ὕπνον ἑαυτοὺς ἀλλὰ περιεχόμεθα ✳ ἀλογίστῳ ✳ κατὰ τάδε αἰσθήσει. πάσχομεν γὰρ κατὰ τὴν ψυχὴν
ἄλογος                                                     8
TZab.    5       1      πάντας ἔχειν οὐ μόνον πρὸς ἀνθρώπους ἀλλὰ καὶ εἰς ✳ ἄλογα. ✳ διὰ γὰρ ταῦτα εὐλόγησέ με κύριος καὶ πάντων τῶν
Sal.     16      10 μου ἐν λόγοις ἀληθείας περίστειλον ὀργὴν καὶ θυμὸν ✳ ἄλογον ✳ μακρὰν ποίησον ἀπ' ἐμοῦ. γογγυσμὸν καὶ
Esdr.     1      22      τὸν ἄνθρωπον καλὸν τὸ μὴ εἶναι ἐν βίῳ τὰ ✳ ἄλογα ✳ κάλλιόν εἰσιν παρὰ τὸν ἄνθρωπον ὅτι κόλασιν οὐκ
Sedr.     7       9      ἢ οὐ θέλεις κακὸν ἀντὶ κακοῦ; ἐγὼ οἶδα ὅτι ✳ ἄλογόν ✳ ἐστιν κακότεχνον ἡμίονος εἰς τὰ τετράποδα ἄλλον
Arls.    15       1      ἐχρησάμεθα λόγοις πρὸς τὸν βασιλέα μήποτε ✳ ἄλογον ✳ ἢ ἐλέγχεσθαι ὑπ' αὐτῶν τῶν πραγμάτων ὧ βασιλεῦ.
Arls.    24       3      ἀπονέμειν ὁμολογούμενοι πολλῷ δὲ μᾶλλον τοῖς ✳ ἀλόγως ✳ καταδυναστευομένοις καὶ κατὰ πᾶν ἐκζητοῦντες τὸ
Arls.   107       1      ὅπως μηδενὸς θιγγάνωσιν ὧν οὐ δέον ἐστίν. οὐκ ✳ ἀλόγως ✳ δὲ τὴν πόλιν συμμετρία καθηκούσῃ κατεσκεύασαν οἱ
FPho.    188           αὖ παιδογόνον τέμνειν φύσιν ἄρσενα κούρου. μηδ' ✳ ἀλόγοις ✳ ζώιοισι βατήριον ἐς λέχος ἐλθεῖν. μηδ' ὕβριζε
ἄλοχος                                                     9
Slb.     3     270      ὄψει δουλεύοντα παρ' ἀνδράσι δυσμενέεσσιν ἠδ' ✳ ἀλόχους ✳ καὶ πᾶς βίοτος καὶ πλοῦτος ὀλεῖται πᾶσα δὲ γαῖα
Slb.     3     454      μὲν δάπεδον+ κελαρύξεται εἰς ἄλα φωτῶν ὀλλυμένων ✳ ἄλοχοι ✳ δὲ σὺν ἀγλαοφαρέσι κούραις ὕβριν ἀεικελίην ἰδίην
Slb.     5     146      ὤλεσε γὰρ πολλοὺς καὶ γαστέρι χεῖρας ἔθηκεν εἰς ✳ ἀλόχους ✳ ἥμαρτε καὶ ἐκ μιαρῶν ἐτέτυκτο. ἥξει δ' εἰς
FPho.    177      τέκε δ' ἔμπαλιν ὡς ἐλοχεύθης. μὴ προαγνωεύσῃς ✳ ἄλοχον ✳ σέο τέκνα μιαίνων οὐ γὰρ τίκτει παῖδας ὁμοίους
FPho.    183      ἐς ἀπότροπον ἐλθέμεν εὐνήν. μηδὲ κασιγνήτων ✳ ἀλόχων ✳ ἐπὶ δέμνια βαίνειν. μηδὲ γυνὴ φθείρηι βρέφος
FPho.    186 τεκοῦσα κυσὶν ῥίψηι καὶ γυψὶν ἕλωρα. μηδ' ἐπὶ σῆι ✳ ἀλόχωι ✳ ἐγκύμονι χεῖρα βάλαι. μηδ' αὖ παιδογόνον τέμνειν
FPho.    195      θεός ἐστι πάθος δ' αἴδηλον ἁπάντων. στέργε τεὴν ✳ ἄλοχον ✳ τί γὰρ ἠδύτερον καὶ ἄρειον ἢ ὅταν ἀνδρὶ γυνὴ
FPho.    197 ἀνδρὶ γυνὴ φρονέηι φίλα γήραος ἄχρις καὶ πόσις ἧι ✳ ἀλόχωι ✳ μηδ' ἐμφύσει ἄνδιχα νεῖκος; μὴ δέ τις ἀμνήστευτα
FPho.    200      κακὴν πολυχρήματον οἴκαδ' ἄγεσθαι λατρεύσεις ✳ ἀλόχωι ✳ λυγρῆς χάριν εἵνεκα φερνῆς. ἵππους εὐγενέας
ἅλς (ἡ)                                                    6
Slb.     3      78 χήρη βασιλεύσῃ καὶ ῥίψῃ χρυσόν τε καὶ ἄργυρον εἰς ✳ ἅλα ✳ δῖαν +καὶ χαλκόν τε+ σίδηρον ἐφημερίων ἀνθρώπων εἰς
Slb.     3     145      ὅθεν ῥέεν ὑγρὰ κέλευθα Εὐρώπου ποταμοῖο καὶ εἰς ✳ ἅλα ✳ μύρατο ὕδωρ ἄμμιγα Πηνειῷ καὶ μιν στύγιον καλέουσιν.
Slb.     3     453      ὄλεθρον+ +αἵματι μὲν δάπεδον+ κελαρύξεται εἰς ✳ ἅλα ✳ φωτῶν ὀλλυμένων ἄλοχοι δὲ σὺν ἀγλαοφαρέσι κούραις
Slb.     4     113 +ὁμαδὸν ποτε δυσσεβίησιν βρονταῖς καὶ σεισμοῖσιν ✳ ἁλὸς ✳ πετάσει μέλαν ὕδωρ+. Ἀρμενίη καὶ σοὶ δὲ μένει
Slb.     5     158      Ποσειδῶνι+ ἥξει δ' οὐρανόθεν ἀστὴρ μέγας εἰς ✳ ἅλα ✳ δῖαν καὶ φλέξει πόντον βαθὺν αὐτήν τε Βαβυλῶνα
Slb.     5     294 πηγνύμενος χάσμασι καὶ σεισμοῖσι ποθ' ἵξεται εἰς ✳ ἅλα ✳ δῖαν πρηνὴς ἥύτε νῆας ἐπικλύζουσιν ἄελλαι. +ὕπτια δ'
ἅλς (ὁ)                                                    1
TLevl   18   2B037      σάτον καθήκει τῷ ταύρῳ καὶ ᾧ ἂν περισσεύῃ τοῦ ✳ ἁλὸς ✳ ἄλισον ἐν αὐτῷ τὸ δέρμα καὶ τῷ ταύρῳ τῷ δευτέρῳ τὰ
ἄλσος                                                      1
Hen.     31       1      πρὸς ἀνατολάς. καὶ ἴδον ἄλλα ὄρη καὶ ἐν αὐτοῖς ✳ ἄλση ✳ δένδρων καὶ ἐκπορευόμενον ἐξ αὐτῶν νέκταρ τὸ
ἀλσώδης                                                    1
HHec.  1  22     199      τὸ παράπαν οὐδὲ φύτευμα παντελῶς οὐδὲν οἷον ✳ ἀλσῶδες ✳ ἤ τι τοιοῦτον. διατρίβουσι δ' ἐν αὐτῷ καὶ τὰς
ἀλυπία                                                     1
Arls.    232       4 δικαιοσύνη κατακολουθῶν τοὺς γὰρ ἀπ' αὐτῆς καρποὺς ✳ ἀλυπίαν ✳ κατασκευάζειν. ἱκετεύειν δὲ ⟨δεῖ⟩ τὸν θεὸν ἵνα
ἄλυπος                                                     1
Abr.1     9       6      ὅτε ἴδω ταῦτα τότε καὶ νῦν ἐὰν μετέλθω τοῦ βίου ✳ ἄλυπός ✳ εἰμι. ἀπῆλθεν πάλιν ὁ ἀρχιστράτηγος καὶ ἔστη
ἀλυσιδωτός                                                 1
HEup.  9   34      11      δώδεκα. ποιῆσαι δὲ καὶ δακτυλίους δύο χαλκοῦς ✳ ἀλυσιδωτοὺς ✳ καὶ στῆσαι αὐτοὺς ἐπὶ μηχανημάτων
ἄλυτος                                                     1
Arls.    265       4      καὶ ἀγάπησις ἀπεκρίνατο. διὰ γὰρ τούτων ✳ ἄλυτος ✳ εὐνοίας δεσμὸς γίνεται. τὸ δὲ γίνεσθαι κατὰ
Ἀλφίας                                                     1
Bar.      4       7 τριακοσίους ἑξήκοντα ποταμοὺς ὧν οἱ πρῶτοι πάντων ✳ Ἀλφίας ✳ καὶ Ἄβυρος καὶ ὁ Γηρικὸς καὶ ἀπὸ τούτων οὐκ
ἀλωή                                                       1
FPho.    166      ὁππότ' ἄρουραι λήια κειράμεναι καρπῶν πλήθωσιν ✳ ἀλωάς. ✳ οἱ δ' αὐτοὶ πυροῖο νεοτριβὲς ἄχθος ἔχουσιν ἢ
ἄλων                                                       1
Bar.      6       7      εἰς τὸ δεξιὸν πτερὸν αὐτοῦ γράμματα παμμεγέθη ὡς ✳ ἄλωνος ✳ τόπον ἔχων μέτρον ὡσεὶ μοδίων τετρακισχιλίων καὶ
ἀλώπηξ                                                     3
Hen.     89      42      ἤρξαντο κατεσθίειν τὰ πρόβατα καὶ οἱ ὕες καὶ οἱ ✳ ἀλώπεκες ✳ κατήσθιον αὐτὰ μέχρι οὗ ἤγειρεν ὁ κύριος τῶν
Hen.     89      43      ἐν τοῖς κέρασιν καὶ ἐνετίνασσεν εἰς τοὺς ✳ ἀλώπεκας ✳ καὶ μετ' αὐτοὺς εἰς τοὺς ὕας καὶ ἀπώλεσεν ὕας
Hen.     89      49      καὶ ἐπληθύνθησαν καὶ πάντες οἱ κύνες καὶ οἱ ✳ ἀλώπεκες ✳ ἔφυγον ἀπ' αὐτοῦ καὶ ἐφοβοῦντο αὐτόν. παρὰ δὲ
ἅλωσις                                                     4
Prop.     2       9      τοῦ μυστηρίου αὐτοῦ. οὗτος ὁ προφήτης πρὸ τῆς ✳ ἁλώσεως ✳ τοῦ ναοῦ ἥρπαξε τὴν κιβωτὸν τοῦ νόμου καὶ τὰ ἐν
Prop.    12       2 Βηθζουχάρ. οὗτος εἶδε πρὸ τῆς αἰχμαλωσίας περὶ τῆς ✳ ἁλώσεως ✳ Ἱερουσαλὴμ καὶ ἐπένθησε σφόδρα. καὶ ὅτε ἦλθε
Slb.      4      89      αὐχήσουσιν ἔσται καὶ Θήβησι κακὴ μετόπισθεν ✳ ἅλωσις ✳ Κᾶρες δ' οἰκήσουσι Τύρον Τύριοι δ' ἀπολοῦνται.
Slb.      4     105      καὶ σὺ τάλαινα Κόρινθε τεὴν ποτ' ἐπόψει ✳ ἅλωσιν. ✳ Καρχηδὼν καὶ σεῖο χαμαὶ γόνυ πύργος ἐρείσει.
ἄμα                                                        1
                                                44 ἅμα ἄμ'
ἀμαθής                                                     1
FAch.   109      μανθάνῃς μὴ αἰσχυνθῇς βέλτιον γὰρ ὀψιμαθῆ μᾶλλον ἢ ✳ ἀμαθῆ ✳ καλεῖσθαι. τῇ γυναικί σου κρύπτου καὶ ἀπορρήτων
ἀμαθία                                                     1
Sal.     18       4      πρωτότοκον μονογενῆ ἀποστρέψαι ψυχὴν εὐήκοον ἀπὸ ✳ ἀμαθίας ✳ ἐν ἀγνοίᾳ. καθαρίσαι ὁ θεὸς Ἰσραηλ εἰς ἡμέραν
Ἀμαλήκ                                                     1
TSlm.     6       3      σπέρμα Χαναάν καὶ ἐγκατάλειμμα οὐκ ἔσται τῷ ✳ Ἀμαλήκ ✳ καὶ ἀπολοῦνται πάντες οἱ Καππάδοκες καὶ πάντες
Ἀμάλθεια                                                   4
Job       1       3      Χορος Υων Νικη Φορος Φιφη Φρουων Ἡμέρα Κασία ✳ Ἀμαλθείας ✳ κέρας καλέσας δὲ αὐτοῦ τὰ τέκνα εἶπεν
Job      50       1      καὶ τότε περιεζώσατο καὶ ἡ ἄλλη ἡ καλουμένη ✳ Ἀμαλθείας ✳ κέρας καὶ ἔσχεν τὸ στόμα ἀποφθεγγόμενον ἐν τῇ
Job      50       3      δόξης εὑρήσει ἀναγεγραμμένα ἐν ταῖς εὐχαῖς τῆς ✳ Ἀμαλθείας ✳ κέρας. μετὰ δὲ τὸ παύσασθαι τὰς τρεῖς
Job      50       4 αὐτοῦ Ἡμέρα τῇ δὲ Κασία ἔδωκεν θυμιατήριον, τῇ δὲ ✳ Ἀμαλθείας ✳ κέρας ἔδωκεν τύμπανον, ὅπως εὐλογήσωσιν τοὺς
Ἀμανίτης                                                   2
FJub.    16       9      λαλεῖν τὰ πάτρια πάντα. ἐκ τοῦ Λὼτ Μωαβῖται καὶ ✳ Ἀμανῖται ✳ σπέρμα κατάρατον ἐκ παρανόμου μίξεως. οὗτος ὁ
HEup.  9   30       3      στρατεῦσαι δ' αὐτὸν καὶ ἐπὶ Ἰδουμαίους καὶ ✳ Ἀμμανίτας ✳ καὶ Μωαβίτας καὶ Ἰτουραίους καὶ Ναβαταίους
ἀμαξηγέω ✳                                                 1
Abr.1    10       2 ἡμέρᾳ ἐκείνῃ ἄλλους μὲν εἶδεν ἀροτριῶντας ἑτέρους ✳ ἀμαξηγοῦντας ✳ ἐν ἄλλῳ δὲ τόπῳ ποιμαινεύοντας ἀλλαχοῦ
Ἀμαριήλ                                                    1
Hen.     6B       7 η' Ζακιήλ θ' Βαλκιήλ ι' Ἀζαλζήλ ια' Φαρμαρὸς ιβ' ✳ Ἀμαριήλ ✳ ιγ' Ἀναγημὰς ιδ' Θαυσαήλ ιε' Σαμιήλ ις'
ἁμαρτάνω                                                 108
Adam     10       2      ἐὰν ἔλθω εἰς τὴν ἡμέραν τῆς ἀναστάσεως πάντες οἱ ✳ ἁμαρτήσαντες ✳ καταράσονται με λέγοντες ὅτι οὐκ ἐφύλαξεν ἡ
Adam     27       2      θεὸν καὶ σπλαγχνισθῇ καὶ ἐλεήσῃ με ὅτι ἐγὼ μόνος ✳ ἥμαρτον. ✳ αὐτοὶ δὲ ἐπαύσαντο τοῦ ἐλαύνειν αὐτόν. ἐβόησεν
Adam     32       2      καὶ ἐξῆλθεν ἔξω. καὶ πεσοῦσα ἐπὶ τὴν γῆν ἔλεγεν ✳ ἥμαρτον ✳ ὁ θεὸς ἥμαρτον ὁ πατὴρ τῶν ἁπάντων ἥμαρτον σοι
Adam     32       2 ἔξω. καὶ πεσοῦσα ἐπὶ τὴν γῆν ἔλεγεν ἥμαρτον ὁ θεὸς ✳ ἥμαρτον ✳ ὁ πατὴρ τῶν ἁπάντων ἥμαρτον σοι ἥμαρτον εἰς τοὺς
Adam     32       2      ἔλεγεν ἥμαρτον ὁ θεὸς ἥμαρτον ὁ πατὴρ τῶν ἁπάντων ✳ ἥμαρτον ✳ σοι ἥμαρτον εἰς τοὺς ἐκλεκτούς σου ἀγγέλους
Adam     32       2      ὁ θεὸς ἥμαρτον ὁ πατὴρ τῶν ἁπάντων ἥμαρτον σοι ✳ ἥμαρτον ✳ εἰς τοὺς ἐκλεκτούς σου ἀγγέλους ἥμαρτον εἰς τὰ
Adam     32       2      σοι ἥμαρτον εἰς τοὺς ἐκλεκτούς σου ἀγγέλους ✳ ἥμαρτον ✳ εἰς τὰ Χερουβὶμ ἥμαρτον εἰς τὸν ἀσάλευτόν σου
Adam     32       2      ἐκλεκτούς σου ἀγγέλους ἥμαρτον εἰς τὰ Χερουβὶμ ✳ ἥμαρτον ✳ εἰς τὸν ἀσάλευτόν σου θρόνον ἥμαρτον κύριε
Adam     32       2      τὰ Χερουβὶμ ἥμαρτον εἰς τὸν ἀσάλευτόν σου θρόνον ✳ ἥμαρτον ✳ κύριε ἥμαρτον πολλὰ ἥμαρτον ἐναντίον σου καὶ
Adam     32       2 ἥμαρτον εἰς τὸν ἀσάλευτόν σου θρόνον ἥμαρτον κύριε ✳ ἥμαρτον ✳ πολλὰ ἥμαρτον ἐναντίον σου καὶ πᾶσα ἁμαρτία δι'
Adam     32       2      ἀσάλευτόν σου θρόνον ἥμαρτον κύριε ἥμαρτον πολλὰ ✳ ἥμαρτον ✳ ἐναντίον σου καὶ πᾶσα ἁμαρτία δι' ἐμὲ γέγονεν ἐν

| | | | |
|---|---|---|---|
| Hen. | 5 | 8 | σοφία καὶ πάντες οὗτοι ζήσονται καὶ οὐ μὴ * ἁμαρτήσονται * ἔτι οὐ κατ' ἀλήθειαν οὔτε κατὰ ὑπερηφανίαν |
| Hen. | 5 | 9 | ἐπιστήμονι νόημα καὶ οὐ μὴ πλημμελήσουσιν οὐδὲ μὴ * ἁμάρτωσιν * πάσας τὰς ἡμέρας τῆς ζωῆς αὐτῶν καὶ οὐ μὴ |
| Hen. | 7 | 5 | αὐτοὺς καὶ κατησθίοσαν τοὺς ἀνθρώπους. καὶ ἤρξαντο * ἁμαρτάνειν * ἐν τοῖς πετεινοῖς καὶ τοῖς ⟨θ⟩ηρίοις καὶ |
| Hen. | 13 | 5 | ὀφθαλμοὺς εἰς τὸν οὐρανὸν ἀπὸ αἰσχύνης περὶ ὧν * ἡμαρτήκεισαν * καὶ κατεκρίθησαν. τότε ἔγραψα τὸ ὑπόμνημα |
| Hen. | 20 | 6 | ὁ ἐπὶ τῶν πνευμάτων οἵτινες ἐπὶ τῷ πνεύματι * ἁμαρτάνουσιν. * Γαβριὴλ ὁ εἷς τῶν ἁγίων ἀγγέλων ὁ ἐπὶ τοῦ |
| Hen. | 20B | 6 | ὁ ἐπὶ τῶν πνευμάτων οἵτινες ἐπὶ τῷ πνεύματι * ἁμαρτάνουσιν. * Γαβριὴλ ὁ εἷς τῶν ἁγίων ἀγγέλων ὁ ἐπὶ τοῦ |
| Hen. | 102 | 9 | αἰῶνα ἡμᾶς φαγεῖν καὶ πεῖν. τοιγαροῦν ἁρπάσαι καὶ * ἁμαρτάνειν * καὶ λωποδυτεῖν καὶ ἐγκτᾶσθαι καὶ ⟨ἰδεῖν⟩ |
| Hen. | 106 | 14 | κυρίου ἀπὸ τῆς διαθήκης τοῦ οὐρανοῦ. καὶ ἰδοὺ * ἁμαρτάνουσιν * καὶ παραβαίνουσιν τὸ ἔθος καὶ μετὰ γυναικῶν |
| Hen. | 106 | 14 | ἔθος καὶ μετὰ γυναικῶν συγγίνονται καὶ μετ' αὐτῶν * ἁμαρτάνουσιν * καὶ ἔγημαν ἐξ αὐτῶν καὶ τίκτουσιν οὐχ |
| Abr.1 | 10 | 13 | ἀπολέσει πᾶν τὸ ἀνάστημα ἰδοὺ γὰρ ὁ Ἀβραὰμ οὐχ * ἥμαρτεν * καὶ τοὺς ἁμαρτωλοὺς οὐκ ἐλεᾶ ἐγὼ δὲ ἐποίησα τὸν |
| Abr.1 | 14 | 12 | τὸ πῦρ διὰ τοὺς ἐμοὺς λόγους νῦν ἔγνωκα ἐγὼ ὅτι * ἥμαρτον * ἐνώπιον τοῦ θεοῦ δεῦρο Μιχαὴλ ἀρχιστράτηγε τῶν |
| TRub. | 4 | 4 | κύριος. ἀπὸ τότε μετανοῶν παρεφυλαξάμην καὶ οὐχ * ἥμαρτον. * διὰ τοῦτο τέκνα μου φυλάξασθε πάντα ὅσα |
| TRub. | 4 | 5 | μου φυλάξασθε πάντα ὅσα ἐντέλλομαι ὑμῖν καὶ οὐ μὴ * ἁμαρτήσητε. * ὄλεθρος γὰρ ψυχῆς ἐστιν ἡ πορνεία χωρίζουσα |
| TLevi | 3 | 10 | οἱ δὲ υἱοὶ τῶν ἀνθρώπων ἐπὶ τούτοις ἀναισθητοῦντες * ἁμαρτάνουσι * καὶ παροργίζουσι τὸν ὕψιστον. νῦν οὖν |
| TLevi | 6 | 7 | ἀπέθανον καὶ ἐν ταῖς εὐλογίαις ἄλλως ἐποίησεν. * ἡμάρτομεν * γὰρ ὅτι παρὰ γνώμην αὐτοῦ τοῦτο πεποιήκαμεν |
| TJud. | 16 | 3 | ἡ ἀναισχυντία. εἰ δὲ ⟨μὴ⟩ μηδὲ ὅλως πίετε ἵνα μὴ * ἁμάρτητε * ἐν λόγοις ὕβρεως καὶ μάχης καὶ συκοφαντίας καὶ |
| TJud. | 20 | 5 | πάντα καὶ κατηγορεῖ πάντων καὶ ἐμπεπύρισται ὁ * ἁμαρτήσας * ἐκ τῆς ἰδίας καρδίας καὶ ἆραι πρόσωπον οὐ |
| TIss. | 6 | 3 | ὑμεῖς οὖν εἴπατε ταῦτα τοῖς τέκνοις ὑμῶν ὅπως ἐὰν * ἁμαρτήσωσι * τάχιον ἐπιστρέψουσι πρὸς κύριον ὅτι ἐλεήμων |
| TZab. | 1 | 4 | ῥάβδοις εἶχε τὸν κλῆρον. οὐκ ἔγνων τέκνα μου ὅτι * ἥμαρτον * ἐν ταῖς ἡμέραις μου παρεκτὸς ἐννοίας. οὐδὲ |
| TZab. | 2 | 2 | ἐμὲ τὰς χεῖρας ὑμῶν τοῦ ἐκχέαι αἷμα ἀθῷον ὅτι οὐχ * ἥμαρτον * εἰς ὑμᾶς. εἰ δὲ καὶ ἥμαρτον ἐν παιδείᾳ |
| TZab. | 2 | 3 | αἷμα ἀθῷον ὅτι οὐχ ἥμαρτον εἰς ὑμᾶς. εἰ δὲ καὶ * ἥμαρτον * ἐν παιδείᾳ παιδεύσατέ με τὴν δὲ χεῖρα ὑμῶν μὴ |
| TGad | 4 | 2 | αὐτοῦ περὶ ἀγάπης τοῦ πλησίον καὶ εἰς τὸν θεὸν * ἁμαρτάνει. * ἐὰν γὰρ πταίσῃ ὁ ἀδελφὸς εὐθὺς θέλει |
| TGad | 4 | 6 | τοὺς ζῶντας θέλει ἀποκτεῖναι καὶ τοὺς ἐν ὀλίγῳ * ἁμαρτήσαντας * οὐ θέλει ζῆν. τὸ γὰρ πνεῦμα τοῦ μίσους διὰ |
| TGad | 6 | 3 | αὐτόν. ἀγαπᾶτε οὖν ἀλλήλους ἀπὸ καρδίας καὶ ἐὰν * ἁμάρτῃ * εἴς σε εἰπὲ αὐτῷ ἐν εἰρήνῃ ἐξορίσας τὸν ἰὸν τοῦ |
| TGad | 6 | 4 | μὴ φιλονείκει αὐτῷ μήποτε ὀμόσαντος αὐτοῦ δισσῶς * ἁμαρτήσῃς. * μὴ ἀκούσῃ ἐν μάχῃ ἀλλότριος μυστήριον ὑμῶν |
| TAser | 1 | 6 | ἐν καλῷ πᾶσα πρᾶξις αὐτῆς ἐστιν ἐν δικαιοσύνῃ κἂν * ἁμάρτῃ * εὐθὺς μετανοεῖ. δίκαια γὰρ λογιζόμενος καὶ |
| TAser | 4 | 1 | καὶ μονοπρόσωποι κἂν νομισθῶσι παρὰ τῶν διπροσώπων * ἁμαρτάνειν * δίκαιοί εἰσι παρὰ τῷ θεῷ. πολλοὶ γὰρ |
| TAser | 7 | 2 | κυρίου καὶ ἀπώλετο ἕως αἰῶνος. οἶδα γὰρ ὅτι * ἁμαρτήσετε * καὶ παραδοθήσεσθε εἰς χεῖρας ἐχθρῶν ὑμῶν καὶ |
| Asen. | 7 | 4 | μετὰ ἀπειλῆς καὶ ὕβρεως διότι ἔλεγεν Ἰωσὴφ οὐχ * ἁμαρτήσω * ἐνώπιον κυρίου τοῦ θεοῦ τοῦ πατρός μου Ἰσραὴλ |
| Asen. | 12 | 4 | σέ ἀποκαλύψω τὰς ἀνομίας μου. φεῖσαί μου κύριε ὅτι * ἥμαρτον * ἐνώπιόν σου πολλὰ ἠνόμησα καὶ ἠσέβησα καὶ |
| Asen. | 12 | 5 | καὶ ἀπὸ τῆς τραπέζης τῶν θεῶν τῶν Αἰγυπτίων. * ἥμαρτον * κύριε ἐνώπιόν σου πολλὰ ἥμαρτον ἐν ἀγνοίᾳ καὶ |
| Asen. | 12 | 5 | τῶν Αἰγυπτίων. ἥμαρτον κύριε ἐνώπιόν σου πολλὰ * ἥμαρτον * ἐν ἀγνοίᾳ καὶ ἐσεβάσθην εἴδωλα νεκρὰ καὶ κωφά. |
| Asen. | 13 | 13 | τῶν πολλῶν μου ἀγνοημάτων καὶ σύγγνωθί μοι διότι * ἥμαρτόν * σοι ἐν ἀγνοίᾳ παρθένος οὖσα καὶ ἀδαὴς πεπλάνημαι |
| Asen. | 21 | 11 | δεομένη ἐπὶ πᾶσιν οἷς ἠξίωται ἀγαθοῖς παρὰ κυρίου⟩ * ἥμαρτον * κύριε ⟨ἥμαρτον ἐνώπιόν σου πολλὰ ἥμαρτον⟩ ἐγὼ |
| Asen. | 21 | 11 | οἷς ἠξίωται ἀγαθοῖς παρὰ κυρίου⟩ ἥμαρτον κύριε * ⟨ἥμαρτον * ἐνώπιόν σου πολλὰ ἥμαρτον⟩ ἐγὼ Ἀσενὲθ ⟨θυγάτηρ |
| Asen. | 21 | 11 | κυρίου⟩ ἥμαρτον κύριε ⟨ἥμαρτον ἐνώπιόν σου πολλὰ * ἥμαρτον⟩ * ἐγὼ Ἀσενὲθ ⟨θυγάτηρ Πεντεφρῆ ἱερέως |
| Asen. | 21 | 12 | ἱερέως Ἡλιουπόλεως ὃς ἐστιν ἐπίσκοπος πάντων⟩. * ⟨ἥμαρτον * κύριε⟩ ἥμαρτον ἐνώπιόν σου ⟨πολλὰ⟩ ἥμαρτον ⟨ἐγὼ |
| Asen. | 21 | 12 | ὃς ἐστιν ἐπίσκοπος πάντων⟩. ⟨ἥμαρτον κύριε⟩ * ἥμαρτον * ἐνώπιόν σου ⟨πολλὰ⟩ ἥμαρτον ⟨ἐγὼ ἤμην⟩ εὐθηνοῦσα |
| Asen. | 21 | 12 | ⟨ἥμαρτον κύριε⟩ ἥμαρτον ἐνώπιόν σου ⟨πολλὰ⟩ * ἥμαρτον * ⟨ἐγὼ ἤμην⟩ εὐθηνοῦσα ἐν τῷ οἴκῳ τοῦ πατρός μου |
| Asen. | 21 | 13 | μου καὶ ἤμην παρθένος ἀλαζὼν καὶ ὑπερήφανος. * ⟨ἥμαρτον * κύριε ἥμαρτον ἐνώπιόν σου πολλὰ ἥμαρτον⟩ καὶ |
| Asen. | 21 | 13 | παρθένος ἀλαζὼν καὶ ὑπερήφανος. ⟨ἥμαρτον κύριε * ἥμαρτον * ἐνώπιόν σου πολλὰ ἥμαρτον⟩ καὶ ἐσεβόμην θεοὺς |
| Asen. | 21 | 13 | ⟨ἥμαρτον κύριε ἥμαρτον ἐνώπιόν σου πολλὰ * ἥμαρτον⟩ * καὶ ἐσεβόμην θεοὺς ἀλλοτρίους ὧν οὐκ ⟨ἦν⟩ |
| Asen. | 21 | 14 | ἀριθμὸς καὶ ἤσθιον ἄρτον ἐκ ⟨τῶν⟩ θυσι⟨ῶν⟩ αὐτῶν. * ⟨ἥμαρτον * κύριε ἥμαρτον ἐνώπιόν σου πολλὰ ἥμαρτον ἄρτον |
| Asen. | 21 | 14 | ἄρτον ἐκ ⟨τῶν⟩ θυσι⟨ῶν⟩ αὐτῶν. ⟨ἥμαρτον κύριε * ἥμαρτον * ἐνώπιόν σου πολλὰ ἥμαρτον ἄρτον ἀγχόνης ἔφαγον |
| Asen. | 21 | 14 | αὐτῶν. ⟨ἥμαρτον κύριε ἥμαρτον ἐνώπιόν σου πολλὰ * ἥμαρτον * ἄρτον ἀγχόνης ἔφαγον καὶ ποτήριον ἐνέδρας ἔπιον |
| Asen. | 21 | 15 | ἐνέδρας ἔπιον ἀπὸ τῆς τραπέζης τοῦ θανάτου.⟩ * ⟨ἥμαρτον * κύριε ἥμαρτον ἐνώπιόν σου πολλὰ ἥμαρτον⟩ καὶ |
| Asen. | 21 | 15 | ἀπὸ τῆς τραπέζης τοῦ θανάτου.⟩ ⟨ἥμαρτον κύριε * ἥμαρτον * ἐνώπιόν σου πολλὰ ἥμαρτον⟩ καὶ οὐκ ᾔδειν κύριον |
| Asen. | 21 | 15 | θανάτου.⟩ ⟨ἥμαρτον κύριε ἥμαρτον ἐνώπιόν σου πολλὰ * ἥμαρτον⟩ * καὶ οὐκ ᾔδειν κύριον τὸν θεὸν τοῦ οὐρανοῦ οὐδὲ |
| Asen. | 21 | 16 | οὐδὲ ἐπεποίθειν ἐπὶ τῷ θεῷ τῷ ὑψίστῳ τῆς ζωῆς. * ἥμαρτον * κύριε ⟨ἥμαρτον ἐνώπιόν σου⟩ πολλὰ ἥμαρτον |
| Asen. | 21 | 16 | ἐπὶ τῷ θεῷ τῷ ὑψίστῳ τῆς ζωῆς. ἥμαρτον κύριε * ⟨ἥμαρτον * ἐνώπιόν σου⟩ πολλὰ ἥμαρτον ἐπεποίθειν γὰρ ἐπὶ |
| Asen. | 21 | 16 | ζωῆς. ἥμαρτον κύριε ⟨ἥμαρτον ἐνώπιόν σου⟩ πολλὰ * ἥμαρτον * ἐπεποίθειν γὰρ ἐπὶ τῷ πλούτῳ τῆς δόξης μου καὶ |
| Asen. | 21 | 17 | ἐπὶ τῷ κάλλει μου καὶ ἤμην ἀλαζὼν καὶ ὑπερήφανος. * ⟨ἥμαρτον * κύριε ἥμαρτον ἐνώπιόν σου πολλὰ ἥμαρτον⟩ καὶ |
| Asen. | 21 | 17 | μου καὶ ἤμην ἀλαζὼν καὶ ὑπερήφανος. ⟨ἥμαρτον κύριε * ἥμαρτον * ἐνώπιόν σου πολλὰ ἥμαρτον⟩ καὶ ἐξουθένουν πάντα |
| Asen. | 21 | 17 | ⟨ἥμαρτον κύριε ἥμαρτον ἐνώπιόν σου πολλὰ * ἥμαρτον⟩ * καὶ ἐξουθένουν πάντα ἄνδρα ἐπὶ τῆς γῆς καὶ οὐκ |
| Asen. | 21 | 18 | οὐκ ἦν ⟨ἄνθρωπος⟩ ὃς +ἄν τι ποιήσει+ ἐνώπιόν μου. * ἥμαρτον * κύριε ⟨ἥμαρτον ἐνώπιόν σου⟩ πολλὰ ἥμαρτον καὶ |
| Asen. | 21 | 18 | ὃς +ἄν τι ποιήσει+ ἐνώπιόν μου. ἥμαρτον κύριε * ⟨ἥμαρτον * ἐνώπιόν σου⟩ πολλὰ ἥμαρτον καὶ ⟨μεμίσηκα⟩ |
| Asen. | 21 | 18 | μου. ἥμαρτον κύριε ⟨ἥμαρτον ἐνώπιόν σου⟩ πολλὰ * ἥμαρτον * καὶ ⟨μεμίσηκα⟩ πάντας τοὺς μεμνηστευομένους με |
| Asen. | 21 | 19 | με ⟨καὶ⟩ ἐξουθένουν αὐτοὺς καὶ κατέπτυον αὐτούς. * ⟨ἥμαρτον * κύριε ἥμαρτον ἐνώπιόν σου πολλὰ ἥμαρτον καὶ |
| Asen. | 21 | 19 | αὐτοὺς καὶ κατέπτυον αὐτούς. ⟨ἥμαρτον κύριε * ἥμαρτον * ἐνώπιόν σου πολλὰ ἥμαρτον καὶ λελάληκα τολμηρὰ |
| Asen. | 21 | 19 | αὐτούς. ⟨ἥμαρτον κύριε ἥμαρτον ἐνώπιόν σου πολλὰ * ἥμαρτον * καὶ λελάληκα τολμηρὰ ἐν ματαιότητι καὶ εἶπον ὅτι |
| Asen. | 21 | 20 | τῆς γῆς ὃς ἂν λύσῃ τὴν ζώνην τῆς παρθενίας μου. * ἥμαρτον * κύριε ἥμαρτον ἐνώπιόν σου πολλὰ ἥμαρτον ἀλλ' ἐγὼ |
| Asen. | 21 | 20 | ἂν λύσῃ τὴν ζώνην τῆς παρθενίας μου. ἥμαρτον κύριε * ἥμαρτον * ἐνώπιόν σου πολλὰ ἥμαρτον ἀλλ' ἐγὼ ἔσομαι νύμφη |
| Asen. | 21 | 20 | μου. ἥμαρτον κύριε ἥμαρτον ἐνώπιόν σου πολλὰ * ἥμαρτον * ἀλλ' ἐγὼ ἔσομαι νύμφη τοῦ υἱοῦ τοῦ μεγάλου |
| Asen. | 21 | 21 | τοῦ υἱοῦ τοῦ μεγάλου βασιλέως τοῦ πρωτοτόκου.⟩ * ⟨ἥμαρτον * κύριε ἥμαρτον ἐνώπιόν σου πολλὰ ἥμαρτον⟩ ἕως οὗ |
| Asen. | 21 | 21 | μεγάλου βασιλέως τοῦ πρωτοτόκου.⟩ ⟨ἥμαρτον κύριε * ἥμαρτον * ἐνώπιόν σου πολλὰ ἥμαρτον⟩ ἕως οὗ ἦλθεν Ἰωσὴφ ὁ |
| Asen. | 21 | 21 | ⟨ἥμαρτον κύριε ἥμαρτον ἐνώπιόν σου πολλὰ * ἥμαρτον⟩ * ἕως οὗ ἦλθεν Ἰωσὴφ ὁ δυνατὸς τοῦ θεοῦ. αὐτός |
| Asen. | 23 | 11 | πῶς ποιήσωμεν ἡμεῖς τὸ ῥῆμα τοῦτο τὸ πονηρὸν καὶ * ἁμαρτήσομεν * ἐνώπιον τοῦ θεοῦ ἡμῶν καὶ ἐνώπιον τοῦ πατρὸς |
| Sal. | 4 | 5 | μεθ' ὅρκου. ἐν νυκτὶ καὶ ἐν ἀποκρύφοις * ἁμαρτάνει * ὡς οὐχ ὁρώμενος ἐν ὀφθαλμοῖς αὐτοῦ λαλεῖ πάσῃ |
| Sal. | 5 | 6 | βαρύνῃς τὴν χεῖρά σου ἐφ' ἡμᾶς ἵνα μὴ δι' ἀνάγκην * ἁμάρτωμεν. * καὶ ἐὰν μὴ ἐπιστρέψῃς ἡμᾶς οὐκ ἀφεξόμεθα ἀλλ' |
| Sal. | 9 | 7 | περὶ ἁπάντων. καὶ τίνι ἀφήσεις ἁμαρτίας εἰ μὴ τοῖς * ἡμαρτηκόσιν; * δικαίους εὐλογήσεις καὶ οὐκ εὐθυνεῖς περὶ |
| Sal. | 9 | 7 | δικαίους εὐλογήσεις καὶ οὐκ εὐθυνεῖς περὶ ὧν * ἡμάρτοσαν * καὶ ἡ χρηστότης σου ἐπὶ ἁμαρτάνοντας ἐν |
| Sal. | 9 | 7 | εὐθυνεῖς περὶ ὧν ἡμάρτοσαν καὶ ἡ χρηστότης σου ἐπὶ * ἁμαρτάνοντας * ἐν μεταμελείᾳ. καὶ νῦν σὺ ὁ θεὸς καὶ ἡμεῖς |
| Sal. | 16 | 11 | καὶ ὀλιγοψυχίαν ἐν θλίψει μάκρυνον ἀπ' ἐμοῦ ἐὰν * ἁμαρτήσω * ἐν τῷ σε παιδεύειν εἰς ἐπιστροφήν. εὐδοκίᾳ δὲ |
| Jer. | 2 | 3 | σοι ἢ ποῖον ἁμάρτημα ἐποίησεν ὁ λαός; ἐπειδὴ ὅταν * ἡμάρτανεν * ὁ λαὸς χοῦν ἔπασσεν ἐπὶ τὴν κεφαλὴν αὐτοῦ ὁ |
| Esdr. | 4 | 40 | ὀκτακοσίας. καὶ εἶπεν ὁ προφήτης καὶ ὁ οὐρανός τί * ἥμαρτεν; * καὶ εἶπεν ὁ θεὸς ἐπειδή--- ἐστίν τὸ κακόν. καὶ |
| Esdr. | 4 | 42 | τὸ κακόν. καὶ εἶπεν ὁ προφήτης κύριε καὶ ἡ γῆ τί * ἥμαρτεν; * καὶ εἶπεν ὁ θεὸς ἐπειδὴ ἀκούσας μου ὁ |
| Esdr. | 5 | 26 | ὦ δέσποτα κύριε καὶ τίς ἄρα ἄνθρωπος γεννηθεὶς οὐχ * ἥμαρτε; * καὶ κατήγαγόν με κατώτερον ἐν ταρτάροις καὶ ἴδον |
| Sedr. | 7 | 3 | ⟨δὲ μὴ⟩ καὶ τὸν ἄνθρωπον σῶσον κύριε σοῦ θελήματος * ἥμαρτεν * κύριε ἐλεεινὸς ἄνθρωπος. ⟨λέγει αὐτῷ ὁ θεός⟩ τί |
| Sedr. | 15 | 8 | βασιλείαν σου κύριέ μου οὕτως καὶ τοὺς ἐπ' ἐσχάτων * ἁμαρτήσαντάς * σοι συγχώρησον κύριε ὅτι ὁ βίος πολύμοχθός |
| Job | 15 | 6 | ἵνα δεηθῆτε ὑπὲρ τῶν τέκνων μου μὴ ἄρα οἱ υἱοί μου * ἥμαρτον * ἐνώπιον κυρίου καυχώμενοι λέγοντες μετὰ |
| Job | 32 | 11 | θρόνου σου; σὺ εἶ ὁ καταγελάσας τῶν ἀδικούντων καὶ * ἁμαρτανόντων, * νυνὶ δὲ ἐγένου εἰς χλεύην ποῦ νῦν τυγχάνει |
| Job | 42 | 5 | κύριον λαλοῦντά μοι εἶπεν πρὸς Ελιφαν τί ἦ, Ελιφα, * ἥμαρτες * σὺ καὶ οἱ δύο σου φίλοι; οὐ γὰρ λελαλήκατε |
| Aris. | 93 | 4 | ἑκατέραις θαυμασίως ὕψος ἱκανὸν καὶ οὐχ * ἁμαρτάνουσι * τῆς ἐπιθέσεως. ὁμοίως δὲ καὶ τὰ τῶν προβάτων |
| Aris. | 191 | 5 | μηδὲ τῇ περὶ σεαυτὸν ἰσχύι πράσσοις κατὰ τῶν * ἁμαρτανόντων. * τοῦτο δὲ ποιήσεις τὴν διάταξιν βλέπων τὴν |
| Aris. | 207 | 5 | πράσσοις τοῦτο πρὸς τοὺς ὑποτεταγμένους καὶ τοὺς * ἁμαρτάνοντας * εἰ τοὺς καλοὺς καὶ ἀγαθοὺς τῶν ἀνθρώπων |
| Sib. | 3 | 766 | μηδὲ φόνευε ταῦτα γὰρ ἀθάνατος κεχολώσεται ὅς κεν * ἁμάρτῃ. * καὶ τότε δὴ ἐξεγερεῖ βασιλήιον εἰς αἰῶνας πάντας |
| Sib. | 4 | 185 | αὐτὸς κρίνων ἔμπαλι κόσμον ὅσοι δ' ὑπὸ δυσσεβίῃσιν * ἥμαρτον * τοὺς δ' αὖτε χυτὴ κατὰ γαῖα καλύψει Τάρταρά τ' |
| Sib. | 5 | 146 | γὰρ πολλοὺς καὶ γαστέρι χεῖρας ἔθηκεν εἰς ἀλόχους * ἥμαρτε * καὶ ἐκ μιαρῶν ἐτέτυκτο. ἥξει δ' εἰς Μήδους καὶ |
| FMan. 2 | 22 | 12 | τῆς ἀγαθωσύνης σου ἐπηγγείλω μετανοίας ἄφεσιν τοῖς * ἡμαρτηκόσιν * καὶ τῷ πλήθει τῶν οἰκτιρμῶν σου ὥρισας |
| FMan. 2 | 22 | 13 | δικαίοις τῷ Ἀβραὰμ καὶ Ἰσαὰκ καὶ Ἰακὼβ τοῖς οὐχ * ἡμαρτηκόσιν * σοι ἀλλ' ἔθου μετάνοιαν ἐπ' ἐμοὶ τῷ ἁμαρτωλῷ |
| FMan. 2 | 22 | 13 | σοι ἀλλ' ἔθου μετάνοιαν ἐπ' ἐμοὶ τῷ ἁμαρτωλῷ διότι * ἥμαρτον * ὑπὲρ ἀριθμὸν ψάμμου θαλάσσης. ἐπλήθυναν αἱ |
| FMan. 2 | 22 | 14 | γόνυ καρδίας μου δεόμενος τῆς παρὰ σοῦ χρηστότητος * ἡμάρτηκα * κύριε ἡμάρτηκα καὶ τὰς ἀνομίας μου ἐγὼ γινώσκω |
| FMan. 2 | 22 | 14 | δεόμενος τῆς παρὰ σοῦ χρηστότητος ἡμάρτηκα κύριε * ἡμάρτηκα * καὶ τὰς ἀνομίας μου ἐγὼ γινώσκω ἀλλ' αἰτοῦμαι |
| FBar. | 14 | 2 | πραξις και νυν ⟨οιδα οτι πολλοι---⟩ εισιν οι * αμαρτυρησαν⟨τες * και---⟩ εζησαν και επορευθη⟨σαν εκ |
| FAch. | 109 | | τοῦτό ἐστιν καὶ κολακευόμενον ἐλάττονα φρονεῖ * ἁμαρτάνειν. * ἐν οἴνῳ μὴ φιλολόγει ἐπιδεικνύμενος παιδείαν |
| IDip. 5 | 121 | 1 | φοβερόν ⟨ἐστιν⟩ οὐδ' ἂν ὀνομάσαιμι ἐγώ. ὃς τοῖς * ἁμαρτάνουσι * πρὸς μῆκος βίον δίδωσιν. εἴ τις δὲ θνητῶν |
| FrAn. 9 | 17 | 5 | ἔθαψεν ἀπολογούμενος ταύτῃ ὑπὲρ ὧν εἰς αὐτὸν * ἥμαρτε. * καὶ ἄνθρωπός τις ἐν τῷ Ἰσραὴλ πλούσιός τε καὶ |

ἁμάρτημα 11

| | | | |
|---|---|---|---|
| Adam | 27 | 4 | τὸν Ἀδὰμ ἐκ τοῦ παραδείσου; μὴ ἐμόν ἐστι τὸ * ἁμάρτημα * ἢ κακῶς ἔκρινα; τότε οἱ ἄγγελοι πεσόντες ἐπὶ |
| Hen. | 21 | 6 | ὧδε μέχρι τοῦ πληρῶσαι μύρια ἔτη τὸν χρόνον τῶν * ἁμαρτημάτων * αὐτῶν. κἀκεῖθεν ἐφώδευσα εἰς ἄλλον τόπον |
| Hen. | 99 | 3 | ἐνώπιον τῶν ἀγγέλων ὅπως εἰσαγάγωσιν τὰ * ἁμαρτήματα * τῶν ἀδίκων ἐνώπιον τοῦ ὑψίστου θεοῦ εἰς |
| Abr.1 | 14 | 12 | μετὰ σπουδῆς καὶ πολλῶν δακρύων ὅπως ἀφήσει μοι τὰ * ἁμαρτήματα * καὶ αὐτοὺς συγχωρήσει. καὶ εὐθέως εἰσήκουσεν |
| Sal. | 17 | 8 | αὐτοῖς ἄνθρωπον ἀλλότριον γένους ἡμῶν. κατὰ τὰ * ἁμαρτήματα * αὐτῶν ἀποδώσεις αὐτοῖς ὁ θεὸς εὑρεθῆναι |

| | | | |
|---|---|---|---|
| Jer. | 2 | 2 | μεγάλη λέγων πάτερ Ἱερεμία τί ἔστι σοι ἢ ποῖον * ἁμάρτημα * ἐποίησεν ὁ λαός; ἐπειδὴ ὅταν ἡμάρτανεν ὁ λαὸς |
| Esdr. | 4 | 10 | εἶπον πρὸς τοὺς ἀγγέλους τίς ἐστιν οὗτος καὶ τί τὸ * ἁμάρτημα * αὐτοῦ; καὶ εἶπόν μοι οὗτος ὁ Ἡρώδης ἐστὶν ὁ |
| Esdr. | 4 | 17 | αὐτῶν στρεφόμενοι. καὶ εἶπον τίνες οὗτοι καὶ τί τὸ * ἁμάρτημα * αὐτῶν; καὶ εἶπόν μοι οὗτοί εἰσιν οἱ |
| Esdr. | 4 | 23 | αὐτόν. καὶ ἐπηρώτησα τίς ἐστιν οὗτος καὶ τί τὸ * ἁμάρτημα * αὐτου; καὶ εἶπέν μοι Μιχαὴλ ὁ ἀρχιστράτηγος |
| Aris. | 297 | 4 | ἀλλ᾽ ὡς γέγονεν οὕτως διασαφοῦμεν ἀφοσιούμενοι πᾶν * ἁμάρτημα. * διόπερ ἐπειράθην ἀποδεξάμενος αὐτῶν τὴν τοῦ |
| FAch. | 107 | | ἀναγκαίας χρείας τοῦ βασιλέως ἠθέλησεν τὸ ἑαυτοῦ * ἁμάρτημα * εὔκαιρον ⟨δεῖξαι⟩ καί φησιν δέσποτα βασιλεῦ ἢ |

ἁμαρτία 112

| | | | |
|---|---|---|---|
| Adam | 19 | 3 | ἔστι τῆς ἐπιθυμίας. ἐπιθυμία γάρ ἐστι κεφαλὴ πάσης * ἁμαρτίας. * καὶ κλίνας τὸν κλάδον ἐπὶ τὴν γῆν ἔλαβον ἀπὸ |
| Adam | 25 | 3 | κύριε κύριε σῶσόν με καὶ οὐ μὴ ἐπιστρέψω εἰς τὴν * ἁμαρτίαν * τῆς σαρκὸς ἀλλὰ καὶ πάλιν ἐπιστρέψεις. διὰ |
| Adam | 32 | 2 | κύριε ἥμαρτον πολλὰ ἥμαρτον ἐναντίον σου καὶ πᾶσα * ἁμαρτία * δι᾽ ἐμὲ γέγονεν ἐν τῇ κτίσει. ἔτι εὐχομένης τῆς |
| Hen. | 5 | 6 | οἱ ἀναμάρτητοι χαρήσονται καὶ ἔσται αὐτοῖς λύσις * ἁμαρτιῶν * καὶ πᾶν ἔλεος καὶ εἰρήνη καὶ ἐπιείκεια ἔσται |
| Hen. | 6 | 3 | τὸ πρᾶγμα τοῦτο καὶ ἔσομαι ἐγὼ μόνος ὀφειλέτης * ἁμαρτίας * μεγάλης. ἀπεκρίθησαν οὖν αὐτῷ πάντες ὀμόσωμεν |
| Hen. | 6B | 3 | τὸ πρᾶγμα τοῦτο καὶ ἔσομαι ἐγὼ μόνος ὀφειλέτης * ἁμαρτίας * μεγάλης. καὶ ἀπεκρίθησαν αὐτῷ πάντες καὶ εἶπον, |
| Hen. | 9 | 8 | καὶ ἐμιάνθησαν καὶ ἐδήλωσαν αὐταῖς πάσας τὰς * ἁμαρτίας. * καὶ αἱ γυναῖκες ἐγέννησαν τιτᾶνας ὑφ᾽ ὧν ὅλη ἡ |
| Hen. | 9B | 6 | Ἀζαὴλ καὶ ὅσα εἰσήνεγκεν ὅσα ἐδίδαξεν ἀδικίας καὶ * ἁμαρτίας * ἐπὶ τῆς γῆς καὶ πάντα δόλον ἐπὶ τῆς ξηρᾶς. |
| Hen. | 9B | 8 | θηλείαις ἐμιάνθησαν καὶ ἐδήλωσαν αὐταῖς πάσας τὰς * ἁμαρτίας * καὶ ἐδίδαξαν αὐτὰς μίσητρα ποιεῖν. καὶ νῦν ἰδοὺ |
| Hen. | 10 | 8 | τῆς διδασκαλίας Ἀζαὴλ καὶ ἐπ᾽ αὐτῷ γράψον τὰς * ἁμαρτίας * πάσας. καὶ τῷ Γαβριὴλ εἶπεν ὁ κύριος πορεύου |
| Hen. | 10 | 20 | ἀκαθαρσίας καὶ ἀπὸ πάσης ἀδικίας καὶ ἀπὸ πάσης * ἁμαρτίας * καὶ ἀσεβείας καὶ πάσας τὰς ἀκαθαρσίας τὰς |
| Hen. | 10B | 8 | διδασκαλίας Ἀζαὴλ καὶ ἐπ᾽ αὐτῇ γράψον πάσας τὰς * ἁμαρτίας. * καὶ τῷ Γαβριὴλ εἶπε πορεύου Γαβριὴλ ἐπὶ τοὺς |
| Hen. | 13 | 2 | τῶν ἔργων τῶν ἀσεβειῶν καὶ τῆς ἀδικίας καὶ τῆς * ἁμαρτίας * ὅσα ὑπέδειξας τοῖς ἀνθρώποις. τότε πορευθεὶς |
| Hen. | 18 | 16 | καὶ ἔδησεν αὐτοὺς μέχρι καιροῦ τελειώσεως αὐτῶν * ἁμαρτίας * (αὐτῶν) ἐνιαυτῶν μυρίων. καὶ εἶπέν μοι Οὐριὴλ |
| Hen. | 100 | 5 | ὡς κόριον ὀφθαλμοῦ ἕως οὗ ἐκλείπη τὰ κακὰ ἤδ᾽ * ἁμαρτία. * καὶ ἀπ᾽ ἐκείνου ὑπνώσουσιν εὐσεβεῖς ὕπνον ἡδὺν |
| Hen. | 100 | 11 | καὶ ὁμίχλη καὶ δρόσος καὶ ὄμβρος--- ἐπὶ ταῖς * ἁμαρτίαις * ὑμῶν. δίδοτε οὖν ὄμβρῳ δῶρα ἵνα μὴ ⟨κωλυθῇ |
| Hen. | 103 | 15 | οὐκ ἀναμιμνήσκουσιν περὶ τῶν ἁμαρτωλῶν αὐτῶν τὰς * ἁμαρτίας * αὐτῶν. ὀμνύω ὑμῖν ὅτι οἱ ἄγγελοι ἐν τῷ οὐρανῷ |
| Hen. | 104 | 7 | γὰρ εἴπητε οἱ ἁμαρτωλοὶ ⟨ὅτι⟩ οὐ μὴ ἐκζητηθῶσιν αἱ * ἁμαρτίαι * ὑμῶν ⟨ἐξ⟩ ἡμερῶν. καὶ νῦν ἀποδεικνύω ὑμῖν ὅτι |
| Hen. | 104 | 8 | ὅτι φῶς καὶ σκότος ἡμέρα καὶ νὺξ ἐποπτεύουσιν τὰς * ἁμαρτίας * ὑμῶν πάσας. μὴ πλανᾶσθε τῇ καρδίᾳ ὑμῶν μηδὲ |
| Hen. | 107 | 1 | γενεὰν δικαιοσύνης καὶ ἡ κακία ἀπολεῖται καὶ ἡ * ἁμαρτία * ἀλλάξει ἀπὸ τῆς γῆς καὶ τὰ ἀγαθὰ ἥξει ἐπὶ τῆς |
| Abr.1 | 10 | 13 | ἴδῃ πᾶσαν τὴν οἰκουμένην εἰ γὰρ ἴδῃ πάντας τοὺς ἐν * ἁμαρτίᾳ * διάγοντας καὶ ἀπολέσει πᾶν τὸ ἀνάστημα ἰδοὺ γὰρ |
| Abr.1 | 12 | 12 | τὰς δικαιοσύνας καὶ ὁ ἐξ ἀριστερῶν ἀπεγράφετο τὰς * ἁμαρτίας * καὶ ὁ μὲν πρὸ προσώπου τῆς τραπέζης ὁ τὸν ζυγὸν |
| Abr.1 | 12 | 17 | ἄνοιξόν μοι τὴν βίβλον ταύτην καὶ εὑρέ μοι τὰς * ἁμαρτίας * τῆς ψυχῆς ταύτης. καὶ ἀνοίξας τὴν βίβλον εὗρεν |
| Abr.1 | 12 | 18 | καὶ ἀνοίξας τὴν βίβλον εὗρεν αὐτῆς ζυγάδας τὰς * ἁμαρτίας * καὶ τὰς δικαιοσύνας ἐξ ἴσου οὔτε ταῖς |
| Abr.1 | 13 | 9 | καὶ⟩ ἐξ ἀριστερῶν ἐρχόμενοι ἀπογράφονται τὰς * ἁμαρτίας * καὶ τὰς δικαιοσύνας ὁ μὲν ἐκ δεξιῶν ἄγγελος |
| Abr.1 | 13 | 10 | ὁ ἀρχάγγελος ὁ δίκαιος ζυγοστάτης καὶ ζυγίζει τὰς * ἁμαρτίας * καὶ τὰς δικαιοσύνας ἐν δικαιοσύνῃ θεοῦ ὁ δὲ |
| Abr.1 | 14 | 2 | ἄκουσον δίκαιε Ἀβραὰμ διότι εὗρεν ὁ κριτὴς τὰς * ἁμαρτίας * αὐτῆς ⟨καὶ τὰς δικαιοσύνας⟩ ζυγάδας καὶ οὔτε |
| Abr.1 | 14 | 4 | ἀσώματος⟩ μίαν δικαιοσύνην ἐὰν κέκτητο ὑπεράνω τῶν * ἁμαρτιῶν * ἔρχεται εἰς τὸ σώζεσθαι. ⟨εἶπεν δὲ Ἀβραὰμ πρὸς |
| Abr.1 | 14 | 14 | εἰσήκουσε κύριος τῆς δεήσεώς σου καὶ ἀφίεταί σοι ἡ * ἁμαρτία * καὶ οὓς ποτε νομίζεις ὅτι ἀπώλεσας ἐγὼ αὐτοὺς |
| Abr.2 | 9 | 8 | κατεῖχεν ὁ ἄγγελος ἐν τῇ χειρὶ αὐτοῦ εὗρε γὰρ τὰς * ἁμαρτίας * ἰσοζυγούσας μετὰ τῶν ἀγαθῶν ἔργων αὐτῆς καὶ οὐκ |
| Abr.2 | 10 | 10 | χρυσοῦν καὶ λέγει αὐτῷ ὁ κριτὴς σύστησον τὴν * ἁμαρτίαν * τῆς ψυχῆς ταύτης. καὶ ἀνοίξας ὁ ἀνὴρ τὴν μίαν |
| Abr.2 | 10 | 11 | οὐσῶν ἐκ τῶν Χερουβὶμ καὶ ἀνεζήτησεν τῆς ψυχῆς τὴν * ἁμαρτίαν. * καὶ ἀποκριθεὶς ὁ ἀνὴρ εἶπεν ὦ ταλαίπωρε ψυχὴ |
| Abr.2 | 10 | 14 | ⟨καὶ τὴν θυγατέρα σου ἀπέκτεινας⟩; καὶ τὰς ἄλλας * ἁμαρτίας * ἔλεγεν αὐτῇ ἐν ποίᾳ ὥρᾳ ἔπραξεν. ἀκούσασα δὲ ἡ |
| Abr.2 | 10 | 15 | στόμα αὐτῆς βοῶσα καὶ λέγουσα οἴμοι ὅτι πάσας τὰς * ἁμαρτίας * ἃς ἐποίησα ἐν τῷ κόσμῳ οὖσα ἐληθάργησα ἐνταῦθα |
| Abr.2 | 11 | 4 | δὲ αὐτὸν ὁ κύριος ἐνταῦθα ὅπως ἀναγράφεται τὰς * ἁμαρτίας * καὶ τὰς δικαιοσύνας ἑκάστου. καὶ εἶπεν Ἀβραὰμ |
| Abr.2 | 11 | 9 | κύριος τῷ Ἐνὼχ τίθημι σημεῖον πρός σε ἵνα γράψῃς * ἁμαρτίας * ψυχῆς ἐπὶ τοῦ βιβλίου καὶ ἐὰν ἡ ψυχὴ ἐλεηθῇ |
| Abr.2 | 11 | 10 | ἐπὶ τοῦ βιβλίου καὶ ἐὰν ἡ ψυχὴ ἐλεηθῇ εὑρήσεις τὰς * ἁμαρτίας * αὐτῆς ἐξηλειμμένας καὶ εἰσελεύσεται εἰς τὴν |
| Abr.2 | 11 | 11 | εἰς τὴν ζωὴν ἐὰν δὲ ἡ ψυχὴ μὴ ἐλεηθῇ εὑρήσεις τὰς * ἁμαρτίας * αὐτῆς γεγραμμένας καὶ βληθήσεται εἰς τὴν |
| Abr.2 | 12 | 13 | τάχα εἰ ἐπιστρέψουσιν καὶ μετανοήσωσιν ἐκ τῶν * ἁμαρτιῶν * αὐτῶν καὶ σωθήσονται. ἐν ἐκείνῃ τῇ ὥρᾳ |
| Abr.2 | 13 | 20 | πρὸς αὐτὸν ἐν μεγάλῃ σαπρότητι ἀλλὰ καὶ τὰς * ἁμαρτίας * αὐτοῦ πάσας ποιοῦσιν στέφανον ἐπὶ τὴν κεφαλήν |
| TRub. | 1 | 10 | πᾶν ἄρτον ἐπιθυμίας οὐκ ἐγευσάμην πενθῶν ἐπὶ τῇ * ἁμαρτίᾳ * μου μεγάλη γὰρ ἦν καὶ οὐ μὴ γένηται ἐν τῷ |
| TRub. | 2 | 8 | μεθ᾽ ἧς συνεισέρχεται διὰ τῆς φιληδονίας ἡ * ἁμαρτία * διὰ τοῦτο ἔσχατόν ἐστι τῆς κτίσεως καὶ πρῶτον |
| TRub. | 4 | 3 | καὶ ἕως νῦν ἡ συνείδησίς μου συνέχει με περὶ τῆς * ἁμαρτίας * μου. καίγε παρεκάλεσέ με ὁ πατήρ μου ὅτι ηὔξατο |
| TSim. | 6 | 1 | ἰδοὺ προείρηκα ὑμῖν πάντα ὅπως δικαιωθῶ ἀπὸ τῆς * ἁμαρτίας * τῶν ψυχῶν ὑμῶν. ἐὰν δὲ ἀφέλητε ἀφ᾽ ὑμῶν τὸν |
| TLevi | 13 | 7 | ἀφελέσθαι εἰ μὴ τύφλωσις ἀσεβείας καὶ πήρωσις * ἁμαρτίας * ὅτι γενήσεται αὐτῷ αὐτὴ καὶ παρὰ τοῖς πολεμίοις |
| TLevi | 18 | 9 | ἐν πένθει ἐπὶ τῆς ἱερωσύνης αὐτοῦ ἐκλείψει πᾶσα * ἁμαρτία * καὶ οἱ ἄνομοι καταπαύσουσιν εἰς κακά οἱ δὲ |
| TJud. | 14 | 3 | καὶ εἰ πάρεστι τὸ τῆς ἐπιθυμίας αἴτιον πράσσει τὴν * ἁμαρτίαν * καὶ οὐκ αἰσχύνεται. τοιοῦτός ἐστιν ὁ οἶνος |
| TJud. | 14 | 5 | πάντων ἐξέκλινα πρὸς τὴν Θαμὰρ καὶ ἐποίησα * ἁμαρτίαν * μεγάλην καὶ ἀνεκάλυψα κάλυμμα ἀκαθαρσίας υἱῶν |
| TJud. | 19 | 4 | τῆς πλάνης καὶ ἠγνόησα ὡς ἄνθρωπος καὶ ὡς σὰρξ ἐν * ἁμαρτίαις * φθαρεὶς καὶ ἐπέγνων τὴν ἐμαυτοῦ ἀσθένειαν |
| TJud. | 21 | 4 | θεοῦ ἱερατεία τῆς ἐπὶ γῆς βασιλείας ἐὰν μὴ δι᾽ * ἁμαρτίας * ἀποπέσῃ κυρίου καὶ κυριευθῇ ὑπὸ τῆς ἐπιγείου |
| TJud. | 24 | 1 | τῶν ἀνθρώπων ἐν πραότητι καὶ δικαιοσύνῃ καὶ πᾶσα * ἁμαρτία * οὐχ εὑρηθήσεται ἐν αὐτῷ. καὶ ἀνοιγήσονται ἐπ᾽ |
| TIss. | 7 | 1 | εἰκοσιδύο ἐτῶν εἰμι ἐγὼ καὶ οὐκ ἔγνων ἐπ᾽ ἐμὲ * ἁμαρτίαν * εἰς θάνατον. πλὴν τῆς γυναικός μου οὐκ ἔγνων |
| TNep. | 8 | 9 | ἐντολαί εἰσιν καὶ εἰ μὴ γένωνται ἐν τάξει αὐτῶν * ἁμαρτίαν * παρέχουσιν. οὕτως ἐστὶ καὶ ἐπὶ τῶν λοιπῶν |
| TGad | 2 | 1 | ὅσα ἔλεγε τῷ πατρὶ ἐπείθετο αὐτῷ. ὁμολογῶ νῦν τὴν * ἁμαρτίαν * μου τέκνα ὅτι πλειστάκις ἤθελον ἀνελεῖν αὐτὸν |
| TGad | 6 | 5 | ὑμῶν ἵνα μὴ μισήσας σε ἐχθράνῃ καὶ μεγάλην * ἁμαρτίαν * ἐργάσηται κατά σου ὅτι πολλάκις δολοφωνεῖ σε ἢ |
| TAser | 1 | 7 | πονηρίαν ἀνατρέπει εὐθὺς τὸ κακὸν καὶ ἐκριζοῖ τὴν * ἁμαρτίαν. * ἐὰν δὲ ἐν πονηρῷ κλίνῃ τὸ διαβούλιον πᾶσα |
| TJos. | 7 | 5 | κυρίῳ εἶπον αὐτῇ ἵνα τί ταράσσῃ καὶ θορυβῇ ἐν * ἁμαρτίαις * τυφλώττουσα; μνήσθητι ὅτι ἐὰν ἀνέλῃς σεαυτὴν ἡ |
| TJos. | 14 | 4 | καὶ ὑπηρετεῖν σοι; ἤθελε γάρ με ὁρᾶν ἐν πόθῳ * ἁμαρτίας * καὶ ἠγνόουν ἐπὶ πᾶσι τούτοις. ὁ δὲ εἶπε πρὸς |
| Asen. | 11 | 10 | καὶ πολυέλεος καὶ ἐπιεικὴς καὶ μὴ λογιζόμενος * ἁμαρτίαν * ἀνθρώπου ταπεινοῦ καὶ μὴ ἐλέγχων ἀνομίας |
| Asen. | 11 | 11 | ἐπ᾽ αὐτὸν καὶ ἐξομολογήσομαι αὐτῷ πάσας τὰς * ἁμαρτίας * μου καὶ ἐκχέω τὴν δέησίν μου ἐνώπιον αὐτοῦ. τίς |
| Asen. | 11 | 18 | πάλιν ἐν τῷ ἐλέει αὐτοῦ καὶ ἐὰν θυμωθῇ ἐν ταῖς * ἁμαρτίαις * μου πάλιν διαλλαγήσεταί μοι καὶ ἀφήσει μοι |
| Asen. | 11 | 18 | μου πάλιν διαλλαγήσεταί μοι καὶ ἀφήσει μοι πᾶσαν * ἁμαρτίαν. * τολμήσω οὖν ἀνοῖξαι τὸ στόμα μου πρὸς αὐτόν. |
| Asen. | 12 | 3 | σοὶ προσχέω τὴν δέησίν μου σοὶ ἐξομολογήσομαι τὰς * ἁμαρτίας * μου καὶ πρός σὲ ἀποκαλύψω τὰς ἀνομίας μου. |
| Asen. | 12 | 15 | ἐν ἐλέει ὡς σὺ κύριε καὶ τίς μακρόθυμος ἐπὶ ταῖς * ἁμαρτίαις * ἡμῶν ὡς σὺ κύριε; ἰδοὺ γὰρ πάντα τὰ ⟨δόματα⟩ |
| Sal. | 1 | 7 | ἐν τοῖς ἀγαθοῖς αὐτῶν καὶ οὐκ ἤνεγκαν. αἱ * ἁμαρτίαι * αὐτῶν ἐν ἀποκρύφοις καὶ ἐγὼ οὐκ ᾔδειν αἱ |
| Sal. | 2 | 7 | αὐτῶν ἐν ἐπισήμῳ ἐν τοῖς ἔθνεσιν. κατὰ τὰς * ἁμαρτίας * αὐτῶν ἐποίησεν αὐτοῖς ὅτι ἐγκατέλιπεν αὐτοὺς |
| Sal. | 2 | 16 | τοῖς ἁμαρτωλοῖς κατὰ τὰ ἔργα αὐτῶν καὶ κατὰ τὰς * ἁμαρτίας * αὐτῶν τὰς πονηρὰς σφόδρα. ἀνεκάλυψας τὰς |
| Sal. | 2 | 17 | ἁμαρτίας αὐτῶν τὰς πονηρὰς σφόδρα. ἀνεκάλυψας τὰς * ἁμαρτίας * αὐτῶν ἵνα φανῇ τὸ κρίμα σου ἐξήλειψας τὸ |
| Sal. | 3 | 6 | θεοῦ σωτῆρος αὐτῶν οὐκ αὐλίζεται ἐν οἴκῳ δικαίου * ἁμαρτία * ἐφ᾽ ἁμαρτίαν ἐπισκέπτεται διὰ παντὸς τὸν οἶκον |
| Sal. | 3 | 6 | αὐτῶν οὐκ αὐλίζεται ἐν οἴκῳ δικαίου ἁμαρτία ἐφ᾽ * ἁμαρτίαν * ἐπισκέπτεται διὰ παντὸς τὸν οἶκον αὐτοῦ ὁ |
| Sal. | 3 | 10 | γενέσεως αὐτοῦ καὶ ὠδῖνας μητρός. προσέθηκεν * ἁμαρτίας * ἐφ᾽ ἁμαρτίας τῇ ζωῇ αὐτοῦ ἔπεσεν ὅτι πονηρὸν τὸ |
| Sal. | 3 | 10 | αὐτοῦ καὶ ὠδῖνας μητρός. προσέθηκεν ἁμαρτίας ἐφ᾽ * ἁμαρτίας * τῇ ζωῇ αὐτοῦ ἔπεσεν ὅτι πονηρὸν τὸ πτῶμα αὐτοῦ |
| Sal. | 4 | 3 | ἐπ᾽ αὐτὸν ὡς ἐν ζήλει καὶ αὐτὸς ἔνοχος ἐν ποικιλίᾳ * ἁμαρτιῶν * καὶ ἐν ἀκρασίαις. οἱ ὀφθαλμοὶ αὐτοῦ ἐπὶ πᾶσαν |
| Sal. | 8 | 8 | αὐτοῦ τοῖς ἀπ᾽ αἰῶνος. ἀνεκάλυψεν ὁ θεὸς τὰς * ἁμαρτίας * αὐτῶν ἐναντίον τοῦ ἡλίου ἔγνω πᾶσα ἡ γῆ τὰ |
| Sal. | 8 | 13 | ἐμίαναν τὰς θυσίας ὡς κρέα βέβηλα. οὐ παρέλιπον * ἁμαρτίαν * ἣν οὐκ ἐποίησαν ὑπὲρ τὰ ἔθνη. διὰ τοῦτο |
| Sal. | 9 | 6 | εἰ μὴ τοῖς ἐπικαλουμένοις τὸν κύριον; καθαριεῖς ἐν * ἁμαρτίαις * ψυχὴν ἐν ἐξομολογήσει ἐν ἐξαγορίαις ὅτι |
| Sal. | 9 | 7 | τοῖς προσώποις ἡμῶν περὶ ἁπάντων. καὶ τίνι ἀφήσεις * ἁμαρτίας * εἰ μὴ τοῖς ἡμαρτηκόσιν; δικαίους εὐλογήσεις καὶ |
| Sal. | 10 | 1 | ἀπὸ ὁδοῦ πονηρᾶς ἐν μάστιγι καθαρισθῆναι ἀπὸ * ἁμαρτίας * τοῦ μὴ πληθῦναι. ὁ ἑτοιμάζων νῶτον εἰς μάστιγας |
| Sal. | 14 | 6 | καὶ παράνομοι οἳ ἠγάπησαν ἡμέραν ἐν μετοχῇ * ἁμαρτίας * αὐτῶν ἐν μικρότητι σαπρίας ἡ ἐπιθυμία αὐτῶν καὶ |
| Sal. | 15 | 11 | αὐτῶν οὐχ εὑρεθήσεται τοῖς τέκνοις αὐτῶν αἱ γὰρ * ἁμαρτίαι * ἐξερημώσουσιν οἴκους ἁμαρτωλῶν καὶ ἀπολοῦνται |
| Sal. | 16 | 7 | μου ἕως θανάτου. ἐπικράτησόν μου ὁ θεὸς ἀπὸ * ἁμαρτίας * πονηρᾶς καὶ ἀπὸ πάσης γυναικὸς πονηρᾶς |
| Sal. | 16 | 8 | γυναικὸς παρανομούσης καὶ παντὸς ὑποκειμένου ἀπὸ * ἁμαρτίας * ἀνωφελοῦς. τὰ ἔργα τῶν χειρῶν μου κατεύθυνον ἐν |
| Sal. | 17 | 5 | ἀπέναντί σου βασίλειον αὐτοῦ. καὶ ἐν ταῖς * ἁμαρτίαις * ἡμῶν ἐπανέστησαν ἡμῖν ἁμαρτωλοὶ ἐπέθεντο ἡμῖν |
| Sal. | 17 | 20 | ἀπὸ ἄρχοντος αὐτῶν καὶ λαοῦ ἐλαχίστου ἐν πάσῃ * ἁμαρτίᾳ * ὁ βασιλεὺς ἐν παρανομίᾳ καὶ ὁ κριτὴς ἐν ἀπειθείᾳ |
| Sal. | 17 | 20 | παρανομίᾳ καὶ ὁ κριτὴς ἐν ἀπειθείᾳ καὶ ὁ λαὸς ἐν * ἁμαρτίᾳ. * ἰδὲ κύριε καὶ ἀνάστησον αὐτοῖς τὸν βασιλέα |
| Sal. | 17 | 36 | ἐν σοφίᾳ μετ᾽ εὐφροσύνης καὶ αὐτὸς καθαρὸς ἀπὸ * ἁμαρτίας * τοῦ ἄρχειν λαοῦ μεγάλου ἐλέγξαι ἄρχοντας καὶ |
| Jer. | 1 | 1 | σὺ καὶ Βαροὺχ ἐπειδὴ ἀπολῶ αὐτὴν διὰ τὸ πλῆθος τῶν * ἁμαρτιῶν * τῶν κατοικούντων ἐν αὐτῇ. αἱ γὰρ προσευχαὶ ὑμῶν |
| Jer. | 1 | 7 | σὺ καὶ Βαροὺχ ἐπειδὴ ἀπολῶ αὐτὴν διὰ τὸ πλῆθος τῶν * ἁμαρτιῶν * τῶν κατοικούντων ἐν αὐτῇ. οὔτε γὰρ ὁ βασιλεὺς |
| Jer. | 2 | 3 | καὶ ηὔχετο ὑπὲρ τοῦ λαοῦ ἕως ἂν ἀφεθῇ αὐτῷ ἡ * ἁμαρτία. * ἠρώτησε δὲ αὐτὸν ὁ Βαροὺχ λέγων πάτερ τί ἔστι |
| Jer. | 4 | 6 | τοῦτον λέγων διά τί ἠρημώθη Ἰερουσαλήμ; διὰ τὰς * ἁμαρτίας * τοῦ ἠγαπημένου λαοῦ παρεδόθη εἰς χεῖρας ἐχθρῶν |
| Jer. | 4 | 6 | ἠγαπημένου λαοῦ παρεδόθη εἰς χεῖρας ἐχθρῶν διὰ τὰς * ἁμαρτίας * ἡμῶν καὶ τοῦ λαοῦ. ἀλλὰ μὴ καυχάσθωσαν οἱ |
| Jer. | 4 | 7 | τὴν πόλιν τοῦ θεοῦ ἐν τῇ δυνάμει ἡμῶν ἀλλὰ διὰ τὰς * ἁμαρτίας * ἡμῶν παρεδόθη ὑμῖν. ὁ δὲ θεὸς ἡμῶν οἰκτειρήσει |
| Jer. | 6 | 3 | καὶ ἀρεῖ σε ἐν τῷ σκηνώματί σου οὐ γὰρ γέγονέ σοι * ἁμαρτία. * ἀνάψυξον ἐν τῷ σκηνώματί σου ἐν τῇ παρθενικῇ |
| Prop. | 17 | 3 | ἐκεῖ καὶ τῇ νυκτὶ ἐκείνῃ ἔγνω ὅτι ἐποίησε τὴν * ἁμαρτίαν. * καὶ ὑπέστρεψε πενθῶν καὶ περιβαλὼν αὐτῷ |
| Esdr. | 2 | 21 | κύριε ἀξίως ἐπάγεις ἐφ᾽ ἡμᾶς. καὶ εἶπεν ὁ θεὸς αἱ * ἁμαρτίαι * ὑμῶν ὑπεράγουσιν τὴν χρηστότητάν μου. καὶ εἶπεν |
| Esdr. | 5 | 11 | εἶπεν ὁ προφήτης μακάριοι οἱ κλαίοντες τὰς ἑαυτῶν * ἁμαρτίας. * καὶ εἶπεν ὁ θεὸς ἄκουσον Ἐσδρὰμ ἀγαπητὲ ὥσπερ |

| | | | | | |
|---|---|---|---|---|---|
| Sedr. | 5 | 5 | καρδίας τῶν ἀνθρώπων ⟨καὶ⟩ διδάσκει αὐτοὺς πᾶσαν | * ἁμαρτίαν * | αὐτός σε τὸν ἀθάνατον θεὸν πολεμεῖ ὁ δὲ |
| Sedr. | 7 | 11 | φυλάξαι αὐτοὺς καὶ ὅταν κινήσῃ ὁ ἄνθρωπος πρὸς τὴν | * ἁμαρτίαν * | τὸν πόδα αὐτοῦ τὸν ἕνα κρατῆσαι καὶ οὐ μὴ |
| Sedr. | 12 | 4 | ἐὰν ζήσῃ ἄνθρωπος ἢ ἑκατὸν καὶ ζήσῃ αὐτοὺς ἐν | * ἁμαρτίαις * | καὶ πάλιν ἐπιστρέψῃ καὶ ζήσῃ ἄνθρωπος ἐν |
| Sedr. | 12 | 4 | μετανοίᾳ πόσας ἡμέρας μετανοήσας ἀφίεις αὐτοῦ τὰς | * ἁμαρτίας; * | λέγει αὐτὸν ὁ θεὸς ἐὰν ἐπιστρέψας ζῶν τὰ |
| Sedr. | 12 | 5 | καὶ φθάσῃ ὁ θάνατος οὐ μὴ μνησθῶ πάσας τὰς | * ἁμαρτίας * | αὐτοῦ. λέγει αὐτῷ Σεδρὰχ πολλά εἰσιν τὰ τρία |
| Sedr. | 13 | 3 | ἀνθρώπων καὶ εὕρω αὐτὸν μετὰ χρόνον ἀφίω πάσας τὰς | * ἁμαρτίας * | αὐτοῦ. λέγει πάλιν ὁ Σεδρὰχ κύριε τὴν |
| Sedr. | 13 | 6 | εἰς ἡμέρας τεσσαράκοντα οὐ μὴ μνησθῶ πάσας τὰς | * ἁμαρτίας * | αὐτοῦ ἃς ἐποίησεν. καὶ λέγει Σεδρὰχ πρὸς τὸν |
| Sedr. | 16 | 6 | τὸν λόγον τοῦτον τὸν θαυμαστὸν οὐ μὴ λογισθῇ | * ἁμαρτία * | αὐτοῦ εἰς τὸν αἰῶνα τοῦ αἰῶνος. καὶ λέγει Σεδρὰχ |
| Job | 42 | 6 | ὑπὲρ ὑμῶν ἀναφέρειν θυσίας, ὅπως ἀφαιρεθῇ ὑμῶν ἡ | * ἁμαρτία * | εἰ μὴ γὰρ δι' αὐτόν, ἀπώλεσα ἂν ὑμᾶς. καὶ αὐτοὶ |
| Job | 42 | 8 | αὐτῶν καὶ ὁ κύριος προσδεξάμενος ἀφῆκεν αὐτοῖς τὴν | * ἁμαρτίαν. * | τότε Ελιφας καὶ Βαλδαδ καὶ Σωφαρ γνόντες ὅτι |
| Job | 43 | 1 | Σωφαρ γνόντες ὅτι ἐχαρίσατο αὐτοῖς ὁ κύριος τὴν | * ἁμαρτίαν * | αὐτῶν, τὸν δὲ Ελιους οὐ κατηξίωσεν, ἀναλαβὼν |
| Job | 43 | 4 | ἔλεγεν οὕτως Ελιφας περιῄρηνται ἡμῶν αἱ | * ἁμαρτίαι, * | καὶ τέθαπται ἡμῶν ἡ ἀνομία Ελιους, Ελιους ὁ |
| Job | 43 | 17 | ὅτι ἀπείληφαν τὴν δόξαν ἣν προσεδόκησαν. ἦρται ἡ | * ἁμαρτία * | ἡμῶν, κεκαθάρισται ἡμῶν ἡ ἀνομία ὁ δὲ πονηρὸς |
| Aris. | 192 | 5 | πράξεων σημαίνεσθαι τὸ βλαβερὸν αὐτοῖς οὐ κατὰ τὰς | * ἁμαρτίας * | οὐδὲ κατὰ τὴν μεγαλωσύνην τῆς ἰσχύος τύπτοντος |
| FEz. 1 | 8 | 3 | ὑμῶν. εἶπον τοῖς υἱοῖς τοῦ λαοῦ μου ἐὰν ὦσιν αἱ | * ἁμαρτίαι * | ὑμῶν ἀπὸ τῆς γῆς ἕως τοῦ οὐρανοῦ καὶ ἐὰν ὦσιν |
| FrAn. 1 | 227 | 9 | κα⟨ - - ⟩και οργιζομεν⟨ - - απ⟩οκτιναι ημας ομ⟨ | * αμαρ⟩τιαις * | ταις σαις ο θς Ια⟨κωβ - - ⟩και οπερ ου ζητω |

ἁμαρτωλός 103

| | | | | | |
|---|---|---|---|---|---|
| Adam | 42 | 6 | τῶν μελῶν αὐτοῦ. ἀλλὰ ἀξίωσον κἀμὲ τὴν ἀναξίαν καὶ | * ἁμαρτωλὴν * | εἰσελθεῖν μετὰ τοῦ σκηνώματος αὐτοῦ. ὥσπερ |
| Hen. | 1 | 9 | λόγων (καὶ περὶ πάντων ὧν κατελάλησαν) κατ' αὐτοῦ | * ἁμαρτωλοὶ * | ἀσεβεῖς. κατανοήσατε πάντα τὰ ἔργα ἐν τῷ |
| Hen. | 5 | 6 | καταράσονται πάντες οἱ καταρώμενοι καὶ πάντες οἱ | * ἁμαρτωλοὶ * | καὶ ἀσεβεῖς ἐν ὑμῖν ὀμοῦνται καὶ πάντες οἱ |
| Hen. | 5 | 6 | αὐτοὶ κληρονομήσουσιν τὴν γῆν καὶ πᾶσιν ὑμῖν τοῖς | * ἁμαρτωλοῖς * | οὐχ ὑπάρξει σωτηρία ἀλλὰ ἐπὶ πάντας ὑμᾶς |
| Hen. | 22 | 10 | τοῦ ὕδατος ἐν αὐτῷ φωτινὴ καὶ οὕτως ἐκτίσθη τῶν | * ἁμαρτωλῶν * | ὅταν ἀποθάνωσιν καὶ ταφῶσιν εἰς τὴν γῆν καὶ |
| Hen. | 22 | 12 | τῆς ἀπωλείας ὅταν φονευθῶσιν ἐν ταῖς ἡμέραις τῶν | * ἁμαρτωλῶν. * | καὶ οὕτως ἐκτίσθη τοῖς πνεύμασιν τῶν ἀνθρώπων |
| Hen. | 22 | 13 | πνεύμασιν τῶν ἀνθρώπων ὅσοι οὐκ ἔσονται ὅσιοι ἀλλὰ | * ἁμαρτωλοὶ * | ὅσοι ἀσεβεῖς καὶ μετὰ τῶν ἀνόμων ἔσονται |
| Hen. | 97 | 7 | ἔργα τὰ μετασχόντα ἐν τῇ ἀνομίᾳ. οὐαὶ ὑμῖν οἱ | * ἁμαρτωλοὶ * | ⟨οἱ⟩ ἐν μέσῳ τῆς θαλάσσης καὶ ἐπὶ τῆς ξηρᾶς |
| Hen. | 98 | 6 | ἀτεκνίᾳ ⟨καὶ⟩ ἄτεκνος ἀποθανεῖται. ὀμνύω ὑμῖν | * ἁμαρτωλοὶ * | κατὰ τοῦ ἁγίου τοῦ μεγάλου ὅτι τὰ ἔργα ὑμῶν τὰ |
| Hen. | 98 | 10 | ὑμῖν εἰς ἡμέραν ἀπωλείας. ⟨μὴ ἐλπίζε⟩τε σωθῆναι | * ἁμαρτωλοὶ * | ἀπ⟨ελθόντες⟩ ἀποθάνετε γινώσκοντε⟨ς ὅτι |
| Hen. | 100 | 2 | ἀ⟩πὸ τοῦ ἀγαπητοῦ αὐτοῦ ἀποκτεῖναι αὐτὸν καὶ ὁ | * ἁμαρτωλὸς * | ἀπὸ τοῦ ἐντίμου οὔτε ἀπὸ τοῦ ἀδελφοῦ αὐτοῦ ἐξ |
| Hen. | 100 | 3 | ἵππος ἕως τοῦ στήθους αὐτοῦ διὰ τοῦ αἵματος τῶν | * ἁμαρτωλῶν * | καὶ τὸ ἅρμα μέχρι ἀξόνων καταβήσεται. καὶ |
| Hen. | 100 | 9 | ὁ ἀντιλαμβανόμενος ὑμῶν. οὐαὶ ὑμῖν πᾶσιν τοῖς | * ἁμαρτωλοῖς * | ἐπὶ τοῖς ἔργοις τοῦ στόματος ὑμῶν. οὐαὶ ὑμῖν |
| Hen. | 100 | 9 | ἔργοις τοῦ στόματος ὑμῶν. οὐαὶ ὑμῖν πᾶσιν τοῖς | * ἁμαρτωλοῖς * | ἐπὶ τοῖς λόγοις τοῦ στόματος ὑμῶν καὶ ἐπὶ |
| Hen. | 102 | 3 | καὶ τρέμοντες ἅπαντες οἱ υἱοὶ τῆς γῆς καὶ ὑμεῖς | * ἁμαρτωλοὶ * | ἐπικατάρατοι εἰς τὸν αἰῶνα οὐκ ἔστιν ὑμῖν |
| Hen. | 102 | 5 | ὁσιότητα ὑμῶν ἐπεὶ αἱ ἡμέραι ἃς ἦτε ἡμέραι ἦσαν | * ἁμαρτωλῶν * | καὶ καταράτων ἐπὶ τῆς γῆς. ὅταν ἀποθάνητε τότε |
| Hen. | 102 | 6 | ἐπὶ τῆς γῆς. ὅταν ἀποθάνητε τότε ἐροῦσιν οἱ | * ἁμαρτωλοὶ * | ὅτι εὐσεβεῖς κατὰ τὴν εἱμαρμένην ἀπεθάνοσαν |
| Hen. | 103 | 5 | τοὺς ὀνειδισμοὺς αὐτῶν. καὶ ὑμεῖς οἱ νεκροὶ τῶν | * ἁμαρτωλῶν * | ὅταν ἀποθάνητε ἐροῦσιν ἐφ' ὑμῖν μακάριοι |
| Hen. | 103 | 5 | ἁμαρτωλῶν ὅταν ἀποθάνητε ἐροῦσιν ἐφ' ὑμῖν μακάριοι | * ἁμαρτωλοὶ * | πάσας τὰς ἡμέρας αὐτῶν ὅσας εἴδοσαν ἐν τῇ ζωῇ |
| Hen. | 103 | 11 | τῶν ὀψωνίων οὐ κεκυριεύκαμεν. ἐγενήθημεν κατάβρωμα | * ἁμαρτωλῶν * | ⟨οἱ ἄνο⟩μοι ἐβάρυναν ἐφ' ἡμᾶς τὸν ζυγόν. οἳ |
| Hen. | 103 | 15 | πεφονευμένων ἡμῶν καὶ οὐκ ἀναμιμνήσκουσιν περὶ τῶν | * ἁμαρτωλῶν * | αὐτῶν τὰς ἁμαρτίας αὐτῶν. ὀμνύω ὑμῖν ὅτι οἱ |
| Hen. | 104 | 5 | τῆς κρίσεως τῆς μεγάλης καὶ οὐ μὴ εὑρεθῆτε ὡς οἱ | * ἁμαρτωλοί. * | ⟨ἀλλ' ὑμεῖς οἱ ἁμαρτωλοὶ⟩ σκυλήσεσθε καὶ |
| Hen. | 104 | 5 | καὶ οὐ μὴ εὑρεθῆτε ὡς οἱ ἁμαρτωλοί. ⟨ἀλλ' ὑμεῖς οἱ | * ἁμαρτωλοὶ⟩ * | σκυλήσεσθε καὶ κρίσις αἰώνιος ἐξ ὑμῶν ἔσται |
| Hen. | 104 | 6 | τῶν αἰώνων. μὴ φοβεῖσθε οἱ δίκαιοι ὅταν ἴδητε τοὺς | * ἁμαρτωλοὺς * | κατισχύοντας καὶ εὐοδουμένους καὶ μὴ μέτοχοι |
| Hen. | 104 | 7 | ἀπὸ πάντων τῶν ἀδικημάτων αὐτῶν. μὴ γὰρ εἴπητε οἱ | * ἁμαρτωλοὶ * | ⟨ὅτι⟩ οὐ μὴ ἐκζητηθῶσιν αἱ ἁμαρτίαι ὑμῶν ⟨ἐξ⟩ |
| Hen. | 104 | 10 | ---τῆς ἀληθείας ἐξαλλοιοῦσιν καὶ ἀντιγράφουσιν οἱ | * ἁμαρτωλοὶ * | καὶ ἀλλάσσουσιν τοὺς πολλοὺς καὶ ψεύδονται καὶ |
| Hen. | 106 | 18 | αὐτοῦ ἀπὸ τῆς φθορᾶς τῆς γῆς καὶ ἀπὸ πάντων τῶν | * ἁμαρτωλῶν * | καὶ ἀπὸ πασῶν τῶν συντελειῶν ἐπὶ τῆς γῆς--- |
| Abr.1 | 9 | 3 | ἐπειδὴ οὐκ ἀπηξίωσας αὐτὸν ὅλως πρὸς ἐμὲ τὸν | * ἁμαρτωλὸν * | καὶ ἀνάξιον ἱκέτην σου καθεκάστην ἔρχεσθαι |
| Abr.1 | 10 | 13 | ἀνάστημα ἰδοὺ γὰρ ὁ Ἀβραὰμ οὐχ ἥμαρτεν καὶ τοὺς | * ἁμαρτωλοὺς * | οὐκ ἐλεᾷ ἐγὼ δὲ ἐποίησα τὸν κόσμον καὶ οὐ |
| Abr.1 | 10 | 14 | ἐξ αὐτῶν οὐδένα ἀναμένω δὲ τὸν θάνατον τῶν | * ἁμαρτωλῶν * | ἕως οὗ ἐπιστρέψαι καὶ ζῆσαι ἀνάγαγε ⟨δὲ⟩ τὸν |
| Abr.1 | 10 | 15 | καὶ ἀνταποδόσεις καὶ μετανοήσῃ ἐπὶ τὰς ψυχὰς ⟨τῶν | * ἁμαρτωλῶν⟩ * | ἃς ἀπώλεσεν. ἔστρεψεν δὲ ὁ Μιχαὴλ τὸ ἅρμα καὶ |
| Abr.1 | 11 | 11 | καὶ ὀδυρόμενος πικρῶς διότι ἡ ὁδὸς πλατεῖα τῶν | * ἁμαρτωλῶν * | ἐστὶν ἡ ἀπάγουσα εἰς τὴν ἀπώλειαν καὶ εἰς τὴν |
| Abr.1 | 11 | 11 | αὐτοῦ κλαίων καὶ ὀδυρόμενος ἐπὶ τῇ ἀπωλείᾳ τῶν | * ἁμαρτωλῶν * | διότι πολλοί εἰσιν οἱ ἀπολλύμενοι ὀλίγοι δέ οἱ |
| Abr.1 | 12 | 10 | ἔνδοθεν αὐτῆς ἔχων πῦρ παμφάγον δοκιμαστήριον τῶν | * ἁμαρτωλῶν * | καὶ ὁ μὲν ἀνὴρ ὁ θαυμάσιος ὁ ἐπὶ τοῦ θρόνου |
| Abr.1 | 13 | 3 | κρῖναι πᾶσαν τὴν κτίσιν καὶ ἐλέγχων δικαίους καὶ | * ἁμαρτωλοὺς * | διότι εἶπεν ὁ θεὸς ὅτι οὐκ ἐγὼ κρίνω τὸν |
| Abr.1 | 13 | 9 | ⟨τὰς δικαιοσύνας ὁ δὲ ἐξ ἀριστερῶν⟩ τοὺς | * ἁμαρτωλοὺς * | ὁ δὲ ἡλιόμορφος ἄγγελος ὁ τὸν ζυγὸν κατέχων |
| Abr.1 | 13 | 12 | ἄγγελος τῆς κρίσεως καὶ ἀναφέρει εἰς τὸν τόπον τῶν | * ἁμαρτωλῶν * | πικρότατον ποτήριον εἴ τινος δὲ τὸ ἔργον τὸ |
| Abr.1 | 14 | 11 | καὶ δεηθῶμεν αὐτοῦ τὸ ἔλεος ὑπὲρ τῶν ψυχῶν τῶν | * ἁμαρτωλῶν * | οὓς ἐγώ ποτε κακοφρονήσας ἀπώλεσα οὓς ποτε |
| Abr.1 | 17 | 8 | πολλῇ καὶ κολακείᾳ ἀπέρχομαι τοῖς δικαίοις τοῖς δὲ | * ⟨ἁμαρτωλοῖς⟩ * | οὕτως ἀπέρχομαι ἐν πολλῇ σαπρίᾳ καὶ |
| Abr.1 | 17 | 8 | καὶ ἀγρίῳ τῷ βλέμματι καὶ ἀνίλεως ἀπέρχομαι τοῖς | * ἁμαρτωλοῖς * | τοῖς μὴ πράξασιν ἔλεον. εἶπεν δὲ Ἀβραὰμ |
| Abr.2 | 13 | 20 | αὐτὸν ἐν πιθανότητι καὶ δικαιοσύνῃ αὐτοῦ ἐὰν δὲ | * ἁμαρτωλὸς * | ᾖ ἀπέρχομαι πρὸς αὐτὸν ἐν μεγάλῃ σαπρότητι |
| TJud. | 25 | 5 | ἐν χαρᾷ οἱ δὲ ἀσεβεῖς πενθήσουσι καὶ οἱ | * ἁμαρτωλοὶ * | κλαύσονται καὶ πάντες οἱ λαοὶ δοξάσουσι κύριον |
| TBen. | 4 | 2 | ἔχει σκοτεινὸν ὀφθαλμὸν ἐλεᾷ γὰρ πάντας κἂν ὦσιν | * ἁμαρτωλοὶ * | κἂν βουλεύωνται περὶ αὐτοῦ εἰς κακὰ οὗτος |
| Sal. | 1 | 1 | με εἰς τέλος πρὸς τὸν θεὸν ἐν τῷ ἐπιθέσθαι | * ἁμαρτωλοὺς * | ἐξάπινα ἠκούσθη κραυγὴ πολέμου ἐνώπιόν μου |
| Sal. | 2 | 1 | Σαλωμων περὶ Ιερουσαλημ. ἐν τῷ ὑπερηφανεύεσθαι τὸν | * ἁμαρτωλὸν * | ἐν κριῷ κατέβαλε τείχη ὀχυρὰ καὶ οὐκ ἐκώλυσας. |
| Sal. | 2 | 16 | σου ἡ δικαιοσύνη σου ὁ θεός. ὅτι ἀπέδωκας τοῖς | * ἁμαρτωλοῖς * | κατὰ τὰ ἔργα αὐτῶν καὶ κατὰ τὰς ἁμαρτίας |
| Sal. | 2 | 34 | μετὰ κρίματος τοῦ διαστεῖλαι ἀνὰ μέσον δικαίου καὶ | * ἁμαρτωλοῦ * | ἀποδοῦναι ἁμαρτωλοῖς εἰς τὸν αἰῶνα κατὰ τὰ |
| Sal. | 2 | 34 | ἀνὰ μέσον δικαίου καὶ ἁμαρτωλοῦ ἀποδοῦναι | * ἁμαρτωλοῖς * | εἰς τὸν αἰῶνα κατὰ τὰ ἔργα αὐτῶν καὶ ἐλεῆσαι |
| Sal. | 2 | 35 | τὰ ἔργα αὐτῶν καὶ ἐλεῆσαι δίκαιον ἀπὸ ταπεινώσεως | * ἁμαρτωλοῦ * | καὶ ἀποδοῦναι ἁμαρτωλῷ ἀνθ' ὧν ἐποίησεν |
| Sal. | 2 | 35 | δίκαιον ἀπὸ ταπεινώσεως ἁμαρτωλοῦ καὶ ἀποδοῦναι | * ἁμαρτωλῷ * | ἀνθ' ὧν ἐποίησεν δικαίῳ. ὅτι χρηστὸς ὁ κύριος |
| Sal. | 3 | 9 | πᾶν ἄνδρα ὅσιον καὶ τὸν οἶκον αὐτοῦ. προσέκοψεν | * ἁμαρτωλὸς * | καὶ καταρᾶται ζωὴν αὐτοῦ τὴν ἡμέραν γενέσεως |
| Sal. | 3 | 11 | τὸ πτῶμα αὐτοῦ καὶ οὐκ ἀναστήσεται. ἡ ἀπώλεια τοῦ | * ἁμαρτωλοῦ * | εἰς τὸν αἰῶνα καὶ οὐ μνησθήσεται ὅταν |
| Sal. | 3 | 12 | ὅταν ἐπισκέπτηται δικαίους. αὕτη ἡ μερὶς τῶν | * ἁμαρτωλῶν * | εἰς τὸν αἰῶνα οἱ δὲ φοβούμενοι τὸν κύριον |
| Sal. | 4 | 2 | ὑπὲρ πάντας ὁ σκληρὸς ἐν λόγοις κατακρῖναι | * ἁμαρτωλοὺς * | ἐν κρίσει καὶ ἡ χεὶρ αὐτοῦ ἐν πρώτοις ἐπ' |
| Sal. | 4 | 8 | ὅσιοι τὸ κρίμα τοῦ θεοῦ αὐτῶν ἐν τῷ ἐξαίρεσθαι | * ἁμαρτωλοὺς * | ἀπὸ προσώπου δικαίου ἀνθρωπάρεσκον λαλοῦντα |
| Sal. | 4 | 23 | ὁ κύριος ῥύσεται αὐτοὺς ἀπὸ ἀνθρώπων δολίων καὶ | * ἁμαρτωλῶν * | καὶ ῥύσεται ἡμᾶς ἀπὸ παντὸς σκανδάλου |
| Sal. | 12 | 6 | Ισραηλ παῖδα αὐτοῦ εἰς τὸν αἰῶνα καὶ ἀπόλοιντο οἱ | * ἁμαρτωλοὶ * | ἀπὸ προσώπου κυρίου ἅπαξ καὶ ὅσιοι κυρίου |
| Sal. | 13 | 2 | ἀπὸ ῥομφαίας διαπορευομένης ἀπὸ λιμοῦ καὶ θανάτου | * ἁμαρτωλῶν. * | θηρία ἐπεδράμοσαν αὐτοῖς πονηρὰ ἐν τοῖς |
| Sal. | 13 | 5 | τὰ παραπτώματα αὐτοῦ μήποτε συμπαραληφθῇ μετὰ τῶν | * ἁμαρτωλῶν * | ὅτι δεινὴ ἡ καταστροφὴ τοῦ ἁμαρτωλοῦ καὶ οὐχ |
| Sal. | 13 | 6 | μετὰ τῶν ἁμαρτωλῶν ὅτι δεινὴ ἡ καταστροφὴ τοῦ | * ἁμαρτωλοῦ * | καὶ οὐχ ἅψεται δικαίου οὐδὲν ἐκ πάντων τούτων. |
| Sal. | 13 | 7 | παιδεία τῶν δικαίων ἐν ἀγνοίᾳ καὶ ἡ καταστροφὴ τῶν | * ἁμαρτωλῶν. * | ἐν περιστολῇ παιδεύεται δίκαιος ἵνα μὴ |
| Sal. | 13 | 8 | ἐν περιστολῇ παιδεύεται δίκαιος ἵνα μὴ ἐπιχαρῇ ὁ | * ἁμαρτωλὸς * | τῷ δικαίῳ ὅτι νουθετήσει δίκαιον ὡς υἱὸν |
| Sal. | 13 | 11 | ἐν παιδείᾳ. ἡ γὰρ ζωὴ τῶν δικαίων εἰς τὸν αἰῶνα | * ἁμαρτωλοὶ * | δὲ ἀρθήσονται εἰς ἀπώλειαν καὶ οὐχ εὑρεθήσεται |
| Sal. | 14 | 6 | κληρονομία τοῦ θεοῦ ἐστιν Ισραηλ. καὶ οὐχ οὕτως οἱ | * ἁμαρτωλοὶ * | καὶ παράνομοι οἳ ἠγάπησαν ἡμέραν ἐν μετοχῇ |
| Sal. | 15 | 5 | καὶ ὀργὴ ἀδίκων οὐχ ἅψεται αὐτοῦ ὅταν ἐξέλθῃ ἐπὶ | * ἁμαρτωλοὺς * | ἀπὸ προσώπου κυρίου ὀλεθρεῦσαι πᾶσαν |
| Sal. | 15 | 5 | ἀπὸ προσώπου κυρίου ὀλεθρεῦσαι πᾶσαν ὑπόστασιν | * ἁμαρτωλῶν * | ὅτι τὸ σημεῖον τοῦ θεοῦ ἐπὶ δικαίους εἰς |
| Sal. | 15 | 8 | ὡς διωκόμενοι πολέμου ἀπὸ ὁσίων καταδιώξονται δὲ | * ἁμαρτωλοὺς * | καὶ καταλήμψονται καὶ οὐκ ἐκφεύξονται οἱ |
| Sal. | 15 | 10 | ἐπὶ τοῦ μετώπου αὐτῶν. καὶ ἡ κληρονομία τῶν | * ἁμαρτωλῶν * | ἀπώλεια καὶ σκότος καὶ αἱ ἀνομίαι αὐτῶν |
| Sal. | 15 | 11 | τέκνοις αὐτῶν αἱ γὰρ ἁμαρτίαι ἐξερημώσουσιν οἴκους | * ἁμαρτωλῶν * | καὶ ἀπολοῦνται ἁμαρτωλοὶ ἐν ἡμέρᾳ κρίσεως |
| Sal. | 15 | 12 | ἐξερημώσουσιν οἴκους ἁμαρτωλῶν καὶ ἀπολοῦνται | * ἁμαρτωλοὶ * | ἐν ἡμέρᾳ κρίσεως κυρίου εἰς τὸν αἰῶνα ὅταν |
| Sal. | 15 | 13 | καὶ ζήσονται ἐν τῇ ἐλεημοσύνῃ τοῦ θεοῦ αὐτῶν καὶ | * ἁμαρτωλοὶ * | ἀπολοῦνται εἰς τὸν αἰῶνα χρόνον. ὕμνος τῷ |
| Sal. | 16 | 2 | ἡ ψυχή μου εἰς θάνατον σύνεγγυς πυλῶν ᾅδου μετὰ | * ἁμαρτωλοῦ * | ἐν τῷ διενεχθῆναι ψυχήν μου ἀπὸ κυρίου θεοῦ |
| Sal. | 16 | 5 | μου εἰς σωτηρίαν καὶ οὐκ ἐλογίσω με μετὰ τῶν | * ἁμαρτωλῶν * | εἰς ἀπώλειαν. μὴ ἀποστήσῃς τὸ ἔλεός σου ἀπ' |
| Sal. | 17 | 5 | αὐτοῦ. καὶ ἐν ταῖς ἁμαρτίαις ἡμῶν ἐπανέστησαν ἡμῖν | * ἁμαρτωλοί * | ἐπέθεντο ἡμῖν καὶ ἔξωσαν ἡμᾶς οἷς οὐκ |
| Sal. | 17 | 23 | ἐν ἀπωλείᾳ ἐν σοφίᾳ δικαιοσύνης ἐξῶσαι | * ἁμαρτωλοὺς * | ἀπὸ κληρονομίας ἐκτρῖψαι ὑπερηφανίαν |
| Sal. | 17 | 23 | ἁμαρτωλοὺς ἀπὸ κληρονομίας ἐκτρῖψαι ὑπερηφανίαν | * ἁμαρτωλοῦ * | ὡς σκεύη κεραμέως ἐν ῥάβδῳ σιδηρᾷ συντρῖψαι |
| Sal. | 17 | 25 | αὐτοῦ φυγεῖν ἔθνη ἀπὸ προσώπου αὐτοῦ καὶ ἐλέγξαι | * ἁμαρτωλοὺς * | ἐν λόγῳ καρδίας αὐτῶν. καὶ συνάξει λαὸν ἅγιον |
| Sal. | 17 | 36 | ἄρχειν λαοῦ μεγάλου ἐλέγξαι ἄρχοντας καὶ ἐξᾶραι | * ἁμαρτωλοὺς * | ἐν ἰσχύι λόγου. καὶ οὐκ ἀσθενήσει ἐν ταῖς |
| Esdr. | 1 | 9 | τοῦ θεοῦ Ἐσδράμ. τότε ἠρξάμην λέγειν οὐαὶ τοὺς | * ἁμαρτωλοὺς * | ὅταν ἴδωσιν τὸν δίκαιον ὑπὲρ ἀγγέλων καὶ |
| Esdr. | 1 | 11 | καὶ πολυέλεος ἐμὲ κρῖνον ὑπὲρ τῶν ψυχῶν τῶν | * ἁμαρτωλῶν * | συμφέρει γὰρ μίαν ψυχὴν κολάσασθαι καὶ μὴ ὅλον |
| Esdr. | 1 | 15 | ἀπέλαβεν τὸν μισθὸν αὐτοῦ ἐν οὐρανοῖς. ἀλλὰ τοὺς | * ἁμαρτωλοὺς * | ἐλέησον οἴδαμεν γὰρ ὅτι ἐλεήμων εἶ. καὶ εἶπεν |
| Esdr. | 1 | 24 | δὲ ἔπλασας καὶ εἰς κρίσιν παρέδωκας. οὐαὶ τοὺς | * ἁμαρτωλοὺς * | ἐν τῷ μέλλοντι αἰῶνι ὅτι ἀτελεύτητος αὐτῶν ἡ |
| Esdr. | 2 | 9 | νύκτα καὶ ἡμέραν ἐποίησα τὸν δίκαιον καὶ τὸν | * ἁμαρτωλὸν * | καὶ ἔπρεπεν ὡς ὁ δίκαιος πολιτεύεσθαι. καὶ |
| Esdr. | 2 | 23 | καὶ ἀνορθώσας αὐτὴν ἐλέησον δέσποτα τοὺς | * ἁμαρτωλοὺς * | ἐλέησον τὴν σὴν πλάσιν οἰκτείρησον τὰ ἔργα |
| Esdr. | 4 | 13 | καὶ ἴδον ἐκεῖ βράσματα πυρὸς καὶ ἐν αὐτοῖς πλῆθος | * ἁμαρτωλῶν * | καὶ τὴν φωνὴν αὐτῶν ἤκουον τὰς δὲ μορφὰς οὐκ |
| Esdr. | 4 | 20 | τὸν σκώληκα τὸν ἀκοίμητον καὶ πῦρ κατακαῖον τοὺς | * ἁμαρτωλούς. * | καὶ κατήγαγόν με εἰς τὸ ἔδαφος τῆς ἀπωλείας |

```
Esdr.    5      6 καὶ ἔκλαυσα καὶ εἶπον ὦ δέσποτα κύριε ἐλέησον τοὺς  × ἁμαρτωλούς. × καὶ ἐν τῷ λέγειν μου ταῦτα ἦλθεν νεφέλη καὶ
Esdr.    5     27 θρηνοῦντας καὶ κλαίοντας καὶ κακὸν πένθος τοὺς  × ἁμαρτωλοὺς × ἔκλαυσα κἀγὼ ὁρῶν τὸ γένος τῶν ἀνθρώπων οὕτως
Sedr.    5      7 τὰς κολάσεις εἰ δὲ μὴ δέξαι καὶ ἐμέ μέ τοὺς  × ἁμαρτωλοὺς × ἐὰν τοὺς ἁμαρτωλοὺς οὐκ ἐλεήσῃς ποῦ εἰσιν τά
Sedr.    5      8 εἰ δὲ μὴ δέξαι καὶ ἐμέ μέ τοὺς ἁμαρτωλοὺς ἐὰν τοὺς  × ἁμαρτωλοὺς × οὐκ ἐλεήσῃς ποῦ εἰσιν τὰ ἐλέη σου; ποῦ ἡ
Sedr.    6      4 αὐτὸς τὰ ἐμὰ λαβὼν ἀλλότριος ἐγένετο μοιχαλὶς καὶ  × ἁμαρτωλός. × ποῖος πατὴρ προικίσας εἶπέ μοι τῷ υἱῷ αὐτοῦ
Sedr.    6      8 αὐτῷ καὶ αὐτὸς λαβὼν ταῦτα ἐγένετο μοιχαλὶς καὶ  × ἁμαρτωλός. × λέγει αὐτῷ Σεδρὰχ σὺ δέσποτα ἔπλασας τὸν
Sedr.   13      6 ἀγαπητέ μου εἶτα ἀναιτήσεις με ἐὰν μετανοήσῃ ὁ  × ἁμαρτωλὸς × εἰς ἡμέρας τεσσαράκοντα οὐ μὴ μνησθῶ πάσας τὰς
Sedr.   14      8 τὸν σοφὸν ἐρωτῶντα λέγων δικαιοῦμεν οὐδαμῶς  × ἁμαρτωλόν. × παντελῶς οὐκ οἶδας ὅτι γέγραπται καὶ οἱ
Sedr.   15      1 σὺ μόνος εἶ ἀναμάρτητος καὶ πολὺ εὔσπλαγχνος ὁ  × ἁμαρτωλοὺς × ἐλεῶν καὶ οἰκτείρων ἀλλ' ἡ σὴ θεότης εἶπεν
Sedr.   15      2 ἡ σὴ θεότης εἶπεν οὐκ ἦλθον δικαίους καλέσαι ἀλλὰ  × ἁμαρτωλοὺς × εἰς μετάνοιαν. καὶ εἶπεν ὁ κύριος τὸν Σεδρὰχ
Sedr.   15      5 εὐαγγελιστὴς καὶ αὐτὸς ἐν μιᾷ ῥοπῇ ἐσώθη; ⟨οἱ δὲ  × ἁμαρτωλοὶ × οὐ σωθήσονται⟩ ὅτι εἰσὶν αἱ καρδίαι αὐτῶν ὡς
Sedr.   16      3 πάντα οἶδας καὶ ἐπίστασαι μόνον συμπαθῆσαι τοὺς  × ἁμαρτωλούς. × λέγει αὐτὸν ὁ κύριος Σεδρὰχ ἀγαπητέ μου
Slb.     3    304 αἰαῖ σοι Βαβυλὼν ἠδ' Ἀσσυρίων γένος ἀνδρῶν πᾶσα  × ἁμαρτωλῶν × γαῖαν ῥοιζός ποθ' ἱκνεῖται καὶ πᾶσαν χώραν
FJub.    2     24 καὶ ὡς τύπος τῆς ἑβδόμης χιλιοετηρίδος καὶ τῆς τῶν  × ἁμαρτωλῶν × συντελείας. τῇ πρώτῃ ἡμέρᾳ ἑβδομάδος ἥτις ἦν
FMan. 2 22     12 τῆς δόξης σου καὶ ἀνυπόστατος ἡ ὀργὴ τῆς ἐπὶ  × ἁμαρτωλοὺς × ἀπειλῆς σου ἀμέτρητόν τε καὶ ἀνεξιχνίαστον τὸ
FMan. 2 22     12 καὶ τῷ πλήθει τῶν οἰκτιρμῶν σου ὥρισας μετάνοιαν  × ἁμαρτωλοῖς × εἰς σωτηρίαν. σὺ οὖν κύριε ὁ θεὸς τῶν δικαίων
FMan. 2 22     13 ἡμαρτηκόσιν σοι ἀλλ' ἔθου μετάνοιαν ἐπ' ἐμοὶ τῷ  × ἁμαρτωλῷ × διότι ἥμαρτον ὑπὲρ ἀριθμὸν ψάμμον θαλάσσης.
```

**Ἀμασίας**
```
Prop.    7      1         πολυανδρίου Ἐνακείμ. Ἀμὼς ἦν ἐκ Θεκουέ. καὶ  ×  Ἀμασίας × πυκνῶς αὐτὸν τυμπανίσας τέλος καὶ ἀνεῖλεν αὐτὸν
```

**ἀμαυρόω**
```
TJud.   13      6         καὶ ὁ οἶνος διέστρεψέ μου τοὺς ὀφθαλμοὺς καὶ  × ἠμαύρωσέ × μου τὴν καρδίαν ἡ ἡδονή. καὶ ἐρασθεὶς αὐτῆς
Asen.   23     15 ἤστραπτον αἱ ῥομφαῖαι αὐτῶν ὡς φλόγα πυρὸς καὶ  × ἠμαυρώθησαν × οἱ ὀφθαλμοὶ τοῦ υἱοῦ Φαραὼ καὶ ἔπεσεν ἐπὶ
```

**Ἀμβακούμ**
```
Prop.   12      1         ἀπέθανε δὲ ἐν εἰρήνῃ καὶ ἐτάφη ἐν τῇ γῇ αὐτοῦ.  ×  Ἀμβακοὺμ × ἐκ φυλῆς ἦν Συμεὼν ἐξ ἀγροῦ Βηθζουχάρ. οὗτος
FIsa.  1 2      9 ὁ προφήτης καὶ Ἀνανίας ὁ γέρων καὶ ⟨Ἰ⟩ωὴλ καὶ  ×  Ἀμβακοὺμ × καὶ Ἰ(σ)ασσοὺφ ὁ υἱὸς αὐτοῦ καὶ πολλοὶ τῶν
                                            6
```

**Ἀμβράμ**
```
TLevi   12      2 ἔτεκεν αὐτῷ τὸν Λομνὶ καὶ τὸν Σεμεΐ. καὶ υἱοὶ Καὰθ  ×  Ἀμβράμ × Ἰσσάαρ Χεβρὼν Ὀζιήλ. καὶ υἱοὶ Μεραρὶ Μοολὶ καὶ
TLevi   12      4 Ὁμουσί. καὶ ἐνενηκοστῷ τετάρτῳ ἔτει μου ἔλαβεν ὁ  ×  Ἀμβράμ × τὴν Ἰωχάβεδ θυγατέρα μου αὐτῷ εἰς γυναῖκα ὅτι
HDem.  9 21     19 ρ λ ζ' τελευτῆσαι Κλὰθ δὲ ὄντα ἐτῶν μ' γεννῆσαι  ×  Ἀμβράμ × ὃν ἐτῶν εἶναι ι δ' ἐν ᾧ τελευτῆσαι Ἰωσὴφ ἐν
HDem.  9 21     19 Κλὰθ δὲ γενόμενον ὥστε ἑκατὸν λ γ' τελευτῆσαι.  ×  Ἀμβράμ × δὲ λαβεῖν γυναῖκα τὴν τοῦ θείου θυγατέρα
HDem.  9 21     19 γεννῆσαι Ἀαρὼν ⟨καὶ Μωσῆν⟩ γεννῆσαι δὲ Μωσῆν τὸν  ×  Ἀμβράμ × ὄντα ἐτῶν ο η' καὶ γενόμενον Ἀμβρὰμ ἐτῶν ρ λ ς'
HDem.  9 21     19 δὲ Μωσῆν τὸν Ἀμβρὰμ ὄντα ἐτῶν ο η' καὶ γενόμενον  ×  Ἀμβράμ × ἐτῶν ρ λ ς' τελευτῆσαι. φυγεῖν μέντοι γε τὸν
                                            1
```

**ἀμβρόσιος**
```
Slb.     5    283 μελισταγέος ἀπὸ πέτρης ἠδ' ἀπὸ πηγῆς καὶ γλάγος  × ἀμβρόσιον × ῥεύσει πάντεσσι δικαίοις εἰς ἕνα γὰρ γενετῆρα
                                            6
```

**ἄμβροτος**
```
Slb.     3    283 τέλος καὶ δόξα μεγίστη ὡς ἐπέκρανε θεός σοι  × ἄμβροτος. × ἀλλὰ σὺ μίμνε πιστεύων μεγάλοιο θεοῦ ἀγνοῖσι
Slb.     3    628 τε περιπλομέναισιν ἐν ὥραις. ἀλλά μιν ἱλάσκου θεὸν  × ἄμβροτον × αἴ κ' ἐλεήσῃ. αὐτὸς γὰρ μόνος ἐστὶ θεὸς κοὐκ
Slb.     3    693 δ' ἐπὶ τετράποδ' ἔσται. καὶ τότε γνώσονται θεὸν  × ἄμβροτον × ὃς τάδε κρίνει οἰμωγή τε καὶ ἀλαλαγμὸς κατ'
Slb.     5     66 ἀργαλέη καὶ πάμμορος ὥστε νοῆσαι αὐτὴν ἀΐδιον θεὸν  × ἄμβροτον × ἐν νεφέεσσιν. ποῦ σοι λῆμα κραταιὸν ἀπ'
Slb.     5    277 καὶ ἀνήροτα ἄχρι νοήσαι τὸν πρύτανιν πάντων θεὸν  × ἄμβροτον × αἰὲν ἐόντα ἀνθρώπους θνητοὺς καὶ μηκέτι θνητὰ
FPho.           17 μήτ' ἁγνὸς μήτε ἑκοντὶ ψεύδορκον στυγέει θεὸς  × ἄμβροτος × ὅστις ὀμόσσῃ. σπέρματα μὴ κλέπτειν ἐπαράσιμος
                                            1
```

**ἀμείβω**
```
FPho.           49 ἀγορεύων μηδ' ὡς πετροφυῆς πολύπους κατὰ χῶρον  × ἀμείβου. × πᾶσιν δ' ἁπλόος ἴσθι τὰ δ' ἐκ ψυχῆς ἀγόρευε.
```

**ἀμείνων**
```
                                            3  (cf.+ ἀγαθός, ἀρείων, ἄριστος, βελτίων, κρείσσων)
Slb.     3    349 ὀλέθρου καὶ τότ' Ἀλεξανδρεύσιν ἔτος τὸ παρελθὸν  × ἄμεινον × ὁππόσα δασμοφόρου Ἀσίης ὑπεδέξατο Ῥώμη χρήματά
Slb.     3    736 πέλεται Μεγάλοιο. μὴ κίνει Καμάριναν ἀκίνητος γὰρ  × ἀμείνων × πάρδαλιν ἐκ κοίτης μή τοι κακὸν ἀντιβολήσῃ ἀλλ'
FPho.          218 τοκέεσσιν. ⟨στέργε φίλους ἄχρις θανάτου πίστις γὰρ  × ἀμείνων.⟩ × συγγενέσιν φιλότητα νέμοις ὁσίην θ' ὁμόνοιαν.
                                            1
```

**ἀμέλγω**
```
Job     13      1         παρ' ἐμοὶ ἐν τῇ οἰκίᾳ μου. διεφώνουν δέ οἱ  × ἀμέλγοντες × τὰς βοῦς ῥέοντος τοῦ γάλακτος ἐν τοῖς ὄρεσιν
                                            1
```

**ἀμέλεια**
```
Aris.  248      2         τὸν καιρὸν λαβὼν ἐπηρώτα τὸν ἐξῆς τίς ἐστιν  × ἀμέλεια × μεγίστη; πρὸς τοῦτ' ἔφη εἰ τέκνων ἄφροντίς τις
                                            2
```

**ἀμελέω**
```
Jer.     7     23 Ἰερεμίας τῷ Βαροὺχ λέγων οὕτως υἱέ μου ἀγαπητὲ μὴ  × ἀμελήσῃς × ἐν ταῖς προσευχαῖς σου δεόμενος τοῦ θεοῦ ὑπὲρ
Aris.  108      3 ἀκόλουθον εὐδαιμονίαν ταύταις συμβέβηκεν εὐανδρεῖν  × ἀμελεῖσθαι × δὲ τῆς χώρας πάντων ἐπὶ τὸ κατὰ ψυχήν
```

**ἀμελής**
```
Aris.   30      4 τυγχάνει γὰρ Ἑβραϊκοῖς γράμμασι καὶ φωνῇ λεγόμενα  × ἀμελέστερον × δὲ καὶ οὐχ ὡς ὑπάρχει σεσήμανται καθὼς ὑπὸ
```

**ἀμέρδω**
```
IOrp.    5         μηδέ σε τὰ πρὶν ἐν στήθεσσι φανέντα φίλης αἰῶνος  × ἀμέρσῃ × εἰς δὲ λόγον θεῖον βλέψας τούτῳ προσέδρευε ἰθύνων
                                            1
```

**ἀμέριμνος**
```
TJud.    9         καὶ ἐπαύσαντο πολεμοῦντες ἀφ' ἡμῶν. διὰ τοῦτο  × ἀμέριμνος × ἦν ὁ πατήρ μου ἐν τοῖς πολέμοις ὅτι ἐγὼ ἤμην
```

**ἀμετάβλητος**
```
LArl. 8 10     11 δὲ ταύτην ὑπάρχει φυτῶν τε καὶ ἐπὶ τῶν ἄλλων.  × ἀμετάβλητα × μέν ἐστι τὰς αὐτὰς δ' ἐν αὐτοῖς τροπὰς
```

**ἀμετάθετος**
```
Abr.1   13      4 γενήσεται τελεία κρίσις καὶ ἀνταπόδοσις αἰωνία καὶ  × ἀμετάθετος × ἣν ἄλλος οὐδεὶς δυνήσεται ἀνακρῖναι πᾶς
```

**ἀμετανόητος**
```
TGad     7      5 ἀφαιρεῖται αὐτὰ ἐν κακοῖς ἢ μετανοοῦσιν ἄφησιν ἢ  × ἀμετανοήτῳ × τηρεῖ εἰς αἰῶνα τὴν κόλασιν. ὁ γὰρ πένης καὶ
Sedr.   15      8 συγχώρησον κύριε ὅτι ὁ βίος πολύμοχθός ἐστιν καὶ  × ἀμετανόητος. × λέγει κύριος τὸν Σεδρὰχ ἐποίησα τὸν
```

**ἀμέτρητος**
```
Abr.1   11      6 ψυχὰς προσερχομένας καὶ διὰ τῆς πλατείας πύλης  × ἀμετρήτους × ἀπαγομένας εὐθέως; ὁ ἀνὴρ ὁ ὅσιος ἐκεῖνος ὁ
Abr.1   14      9 ὄνομα τοῦ θεοῦ τοῦ ὑψίστου καὶ τὸ ἔλεος αὐτοῦ τὸ  × ἀμέτρητον. × εἶπεν δὲ Ἀβραὰμ πρὸς τὸν ἀρχιστράτηγον
Slb.     4     77 δ' ἐξ Ἀσίης βασιλεὺς μέγα ἔγχος ἀείρας νηυσὶν  × ἀμετρήτοισιν × τὰ μὲν βυθοῦ ὑγρὰ κέλευθα πεζεύσει πλεύσει
FMan. 2 22     12 ἀνυπόστατος ἡ ὀργὴ τῆς ἐπὶ ἁμαρτωλοὺς ἀπειλῆς σου  × ἀμέτρητόν × τε καὶ ἀνεξιχνίαστον τὸ ἔλεος τῆς ἐπαγγελία
                                            3
```

**ἄμετρος**
```
Abr.1   15      1 οἶκον αὐτοῦ ὅτι ἰδοὺ ἤγγικεν τὸ τέλος αὐτοῦ καὶ τὸ  × ἄμετρον × τῆς ζωῆς αὐτοῦ τελειοῦται καὶ ποιήσει διάταξιν
Abr.1   17      7 εἶπεν οὐχὶ κύριε μου αἱ γὰρ δικαιοσύναι σου καὶ τὸ  × ἄμετρον × τῆς φιλοξενίας σου καὶ τὸ μέγεθος τῆς ἀγάπης σου
FPho.           61 ἔφυ θνητοῖσιν ὄνειαρ ἡ πολλὴ δὲ τρυφὴ πρὸς  × ἀμέτρους × ἕλκετ' ἔρωτας ὑψαυχεῖ δ' ὁ πολὺς πλοῦτος καὶ ἐς
                                            14
```

**ἀμήν**
```
Adam    43      4 ἅγιος ἅγιος ἅγιος κύριος εἰς δόξαν θεοῦ πατρός.  × ἀμήν. ×
Abr.1    2     12 τοῦ οἴκου σου μετεωριζόμενοι. καὶ εἶπεν Ἀβραὰμ  × ἀμὴν × γένοιτο κύριε. ἀπέρχονται ἀπὸ τοῦ ἀγροῦ πρὸς τὸν
Abr.1    8      7 σοι καρπὸν κοιλίας ἐν γήρει υἱὸν τὸν Ἰσαὰκ  × ἀμὴν × λέγω σοι εὐλογῶν εὐλογήσω σε καὶ πληθύνων πληθυνῶ
Abr.1   14      5 ἐπακούσεται ἡμῖν ὁ θεὸς καὶ ὁ ἀρχιστράτηγος εἶπεν  × ἀμὴν × γένοιτο. καὶ ἐποίησαν δέησιν καὶ εὐχὴν πρὸς τὸν
Abr.1   18     10 διὰ τῆς σῆς ἀγριότητος. καὶ εἶπεν ὁ θάνατος  × ἀμὴν × γένοιτο ἀναστὰς οὖν Ἀβραὰμ ἔπεσεν ἐπὶ πρόσωπον ἐπὶ
Abr.1   20      2 παράλογος θάνατος; ἀνάγγειλόν μοι. λέγει ὁ θάνατος  × ἀμὴν × ἀμὴν λέγω σοι ἐν ἀληθείᾳ θεοῦ λόγου ὅτι ἑβδομήκοντα
Abr.1   20      2 θάνατος; ἀνάγγειλόν μοι. λέγει ὁ θάνατος ἀμὴν  × ἀμὴν × λέγω σοι ἐν ἀληθείᾳ θεοῦ λόγου ὅτι ἑβδομήκοντα δύο
Abr.1   20     15 νῦν καὶ ἀεὶ καὶ εἰς τοὺς αἰῶνας τῶν αἰώνων.  × ἀμήν. ×
Abr.2   14      7 ὕψιστον θεὸν ᾧ ἡ δόξα εἰς τοὺς αἰῶνας τῶν αἰώνων.  × ἀμήν. ×
Bar.    17      4 ἡμᾶς νῦν καὶ ἀεὶ καὶ εἰς τοὺς αἰῶνας τῶν αἰώνων.  × ἀμήν. ×
Esdr.    7     16 νῦν καὶ ἀεὶ καὶ εἰς τοὺς αἰῶνας τῶν αἰώνων.  × ἀμήν. ×
Sedr.   16     10 ᾧ ἡ δόξα καὶ τὸ κράτος εἰς τοὺς αἰῶνας τῶν αἰώνων.  × ἀμήν. ×
Job     53      8 ὄνομα ὀνομαστὸ ἐν πάσαις ταῖς γενεαῖς τοῦ αἰῶνος,  × ἀμήν. × καταλείψας υἱοὺς ζ' καὶ θυγατέρας τρεῖς καὶ οὐχ
FMan. 2 22     14 τῶν οὐρανῶν καὶ σοῦ ἐστιν ἡ δόξα εἰς τοὺς αἰῶνας  × ἀμήν. × καὶ ἐπήκουσεν τῆς φωνῆς αὐτοῦ κύριος καὶ
                                            1
```

**ἀμήχανος**
```
LEze.  9 29    8 06 ὦ παῖ καὶ λόγων ἄκου' ἐμῶν ἰδεῖν γὰρ ὄψιν τὴν ἐμὴν  × ἀμήχανον × θνητὸν γεγῶτα τῶν λόγων δ' ἔξεστί σοι ἐμῶν
                                            2
```

**ἀμίαντος**
```
Asen.   15     14 κλίνης ταύτης διότι ἡ κλίνη αὕτη ἐστὶ καθαρὰ καὶ  × ἀμίαντος × καὶ ἀνὴρ ἢ γυνὴ οὐκ ἐκάθισεν ἐπ' αὐτὴν πώποτε.
FAch.  115         σὲ ταῖς ἀκτῖσι ὥσπερ γὰρ ὁ ἥλιος ⟨λαμπρὸς⟩ καὶ  × ἀμίαντος × ὑπάρχει οὕτως καὶ σὺ καθαρὸν σεαυτὸν τοῖς
```

**ἀμιγής**
```
Aris.  197      5 δὲ καὶ ἀγαθῶν καὶ οὐκ ἔστιν ἄνθρωπον ὄντα τούτων  × ἀμιγῆ × γενέσθαι ὁ θεὸς δὲ τὴν εὐψυχίαν δίδωσιν ὃν
Aris.  292      6 κατεσκεύασας τοῦ θεοῦ σοι διδόντος ἔχειν ἁγνὴν καὶ  × ἀμιγῆ × παντὸς κακοῦ τὴν διάνοιαν. καταλήξαντος δὲ τούτου
                                            2
```

**Ἀμιλαβές**
```
Adam     1      3 δύο υἱοὺς τὸν Διάφωτον τὸν καλούμενον Κάϊν καὶ τὸν  ×  Ἀμιλαβές × τὸν καλούμενον Ἄβελ. καὶ μετὰ ταῦτα ἐγένοντο
Adam     2      2 ἐγὼ κατ' ὄναρ τῇ νυκτὶ ταύτῃ τὸ αἷμα τοῦ υἱοῦ μου  ×  Ἀμιλαβές × τοῦ ἐπιλεγομένου Ἄβελ βαλλόμενον εἰς τὸ στόμα
```

**ἀμίμητος**
```
Aris.   60      6 τῶν σχοινίδων ἕτερος παρὰ ἕτερον πλοκὴν εἶχον  × ἀμίμητον × τῇ ποιήσει. πάντες δ' ἦσαν διὰ τρημάτων
```

Aris.   67    4         λίθος καὶ τὸ λεγόμενον ἤλεκτρον ἐντετύπωτο * ἀμίμητον * θεωρίαν ἀποτελοῦν τοῖς θεωροῦσι. τοὺς δὲ πόδας
Aris.   72    5       θαυμασίως καὶ ἀξιολόγως ἔχοντα καὶ ταῖς τέχναις * ἀμίμητα * καὶ τῇ καλλονῇ διαπρεπῆ. τῶν δὲ κρατήρων δύο μὲν
Aris.   98    2        ἔχει τὴν λεγομένην κίδαριν ἐπὶ δὲ ταύτης τὴν * ἀμίμητον * μίτραν τὸ καθηγιασμένον βασίλειον ἐκτυποῦν ἐπὶ

**ἀμισθί**            1
Aris.   258   5             τὰ τοιαῦτα παραπέμποι μηδὲ τοὺς ἄλλους * ἀμισθί * συντελεῖν ἀναγκάζοι τὰ πρὸς τὴν χρείαν.

**ἄμμα**
FPho.   211        πλοκάμους ἐπὶ χαίτης. μὴ κορυφὴν πλέξῃς μήθ' * ἄμματα * λοξὰ κορύμβων. ἄρσεσιν οὐκ ἐπέοικε κομᾶν
LPhi.  9  20   1  μηρίον ὡς ποτε θεσμοῖς Ἀβραὰμ κλυτοηχὲς ὑπερτέρῳ * ἄμματι * δεσμῶν παμφαὲς πλήμμυρε μεγαυχήτοισι λογισμοῖς

**Ἀμμανίτης**               1
HEup.  9  33   1      εἰς τὴν Γαλιλαίαν καὶ Σαμαρεῖτιν καὶ Μωαβῖτιν καὶ * Ἀμμανῖτιν * καὶ Γαλαδῖτιν χορηγεῖσθαι αὐτοῖς τὰ δέοντα ἐκ

**ἄμμιγα** *            2
Sib.    3    146      κέλευθα Εὐρώπου ποταμοῖο καὶ εἰς ἅλα μύρατο ὕδωρ * ἄμμιγα * Πηνειῷ καὶ μιν στύγιον καλέουσιν. ἡνίκα δ'
Sib.    3    788      ἀθάνατον φῶς ἠδὲ λύκοι τε καὶ ἄρνες ἐν οὔρεσιν * ἄμμιγ' * ἔδονται χόρτον παρδάλιές τ' ἐρίφοις ἅμα

**ἄμμος**               14
Hen.   101   6  αὐτῶν καὶ συνέδησεν αὐτῷ ‹ἥν› καὶ περιέφραξεν αὐτὴν * ἄμμῳ; * ‹καὶ ἀπὸ τῆς› ἐμβριμήσεως αὐτοῦ ‹φοβοῦνται καὶ
Abr.1   1    5          ηὐλόγησα αὐτὸν ὡς τὰ ἄστρα τοῦ οὐρανοῦ καὶ ὡς τὴν * ἄμμον * τὴν παρὰ τὸ χεῖλος τῆς θαλάσσης καὶ ἔστιν ἐν
Abr.1   4    11           αὐτὸν ὡς τοὺς ἀστέρας τοῦ οὐρανοῦ καὶ ὡς τὴν * ἄμμον * τὴν παρὰ τὸ χεῖλος τῆς θαλάσσης. τότε ὁ
Abr.1   8    5     εἰς τὴν γῆν τῆς ἐπαγγελίας σου ὁ εὐλογήσας σε ὑπὲρ * ἄμμον * θαλάσσης καὶ ὡς τοὺς ἀστέρας τοῦ οὐρανοῦ ὁ
TZab.   9    1     ὅτι ὅτε ἐπὶ τὸ αὐτὸ πορεύεται λίθους ξύλα γῆν * ἄμμον * κατασύρει ἐὰν δὲ εἰς πολλὰ διαιρεθῇ ἡ γῆ ἀφανίζει
Asen.   1    2    καὶ ἦν συνάγων τὸν σῖτον τῆς χώρας ἐκείνης ὡς τὴν * ἄμμον * τῆς θαλάσσης. καὶ ἦν ἀνὴρ ἐν τῇ πόλει ἐκείνῃ
Esdr.   2    32       εἶπεν ὁ θεός› ἐξαρίθμησον τοὺς ἀστέρας καὶ τὴν * ἄμμον * τῆς θαλάσσης. καὶ εἰ δυνήσει ταύτην ἐξαριθμῆσαι
Esdr.   3    2    δύναμαι ἀριθμῆσαι τοὺς ἀστέρας τοῦ οὐρανοῦ καὶ τὴν * ἄμμον * τῆς θαλάσσης; καὶ εἶπεν ὁ θεὸς προφῆτά μου ἐκλεκτὲ
Esdr.   3    10       τὸ σπέρμα σου ὡς τὰ ἄστρα τοῦ οὐρανοῦ καὶ ὡς τὴν * ἄμμον * τὴν παρὰ τὸ χεῖλος τῆς θαλάσσης καὶ ποῦ ἐστίν ἡ
Job    27   1       ἐπάνω τὸν ὑποκάτω ἐφίμωσεν πλήσας τὸ στόμα αὐτοῦ * ἄμμου * καὶ πᾶν μέλος συγκλάσας ὑποκάτω αὐτοῦ ὄντος, καὶ
Sib.    3   363          φαύλου ζωῆς ἀδίκου τ' ἐνέχοντο. ἔσται καὶ Σάμος * ἄμμος * ἔσεῖται Δῆλος ἄδηλος καὶ 'Ρώμη ῥύμη τὰ δὲ θέσφατα
Sib.    4   91   δ' οἰκήσουσι Τύρον Τύριοι δ' ἀπολοῦνται. καὶ Σάμον * ἄμμος * ἄπασαν ὑπ' ἠϊόνεσσι καλύψει Δῆλος δ' οὐκέτι δῆλος
LEze.  9  28  3 15   ἐρρυσάμην ἀδελφὸν ὃν δ' ἔκτεῖν' ἐγὼ ἔκρυψα δ' * ἄμμῳ * τοῦτον ὥστε μὴ εἰσιδεῖν ἕτερόν τιν' ἡμᾶς
FrAn.  574  3063  ὁρκίζω σε τὸν περιθέντα ὄρη τῇ θαλάσσῃ τεῖχος ἐξ * ἄμμου * καὶ ἐπιτάξαντα αὐτῇ μὴ ὑπερβῆναι καὶ ἐπήκουσεν ἡ

**Ἄμμων**               1
Sib.    5    7        Βαβυλὼν ἤλεγξε νέκυν δ' ὤρεξε Φιλίππῳ οὐ Διὸς οὐκ * Ἄμμωνος * ἀληθέα φημιχθέντα καὶ μετὰ τὸν γενεῆς τε καὶ

**αμμωνιψεντανχω** *         1
FrAn.  574  3028  ἁγίῳ ἑαυτοῦ παραδείσῳ ὅτι ἐπεύχομαι ἅγιον θεὸν ἐπὶ * αμμωνιψεντανχω. * λόγος ὁρκίζω σε λαβρείᾳ ιακουθ

**ἀμνάς**               2
Job    44   4   τοῦ πάλιν εὐποιεῖν ᾑτησάμην λέγων δότε μοι ἕκαστος * ἀμνάδα * μίαν εἰς ἔνδυσιν τῶν πτωχῶν τῶν ἐν γυμνώσει. καὶ
Job    44   5       ἐν γυμνώσει. καὶ τότε ἕκαστος προσήνεγκέν μοι ἀνὰ * ἀμνάδα * μίαν καὶ τετράδραχμον χρυσίου καὶ ηὐλόγησεν

**ἀμνημονέω**
Job    35   3          εἰ μὴ διὰ πλείονος εὐωδίας σὺ ὅλως, Ελιφα, * ἀμνημονεῖς * πῶς ἐγένου νοσήσας ἐν ταῖς δυσὶν ἡμέραις; νῦν

**ἀμνησίκακος**
TZab.   8    5   δὲ ἰδὼν ἐσπλαγχνίσθη. εἰς ὃν ἐμβλέποντες καὶ ὑμεῖς * ἀμνησίκακοι * γίνεσθε τέκνα μου καὶ ἀγαπᾶτε ἀλλήλους καὶ

**ἀμνήστευτος**
FPho.   198     ἧι ἀλόχωι μηδ' ἐμπέσῃ ἄνδιχα νεῖκος; μὴ δέ τις * ἀμνήστευτα * βίηι κούρηισι μιγείη. μὴ δὲ γυναῖκα κακὴν

**ἀμνός**               8
TLevi  18  2Β036      ἐξ αἰγῶν κ' μναῖ καὶ τῷ στέατι β' μναῖ καὶ εἱ * ἀμνός * τέλειος ἐνιαύσιος ἢ ἔριφος ἐξ αἰγῶν ιε' μναῖ καὶ
TLevi  18  2Β044     τοῦ σάτου καὶ τῷ ἀρνίῳ τὸ ὄγδοον τοῦ σάτου καὶ * ἀμνοῦ * καὶ οἴνου κατὰ τὸ μέτρον τοῦ ἐλαίου τῷ ταύρῳ καὶ
TJos.  19   3     ἔχουσα στολὴν βυσσίνην καὶ ἐξ αὐτῆς προῆλθεν * ἀμνὸς * ἄμωμος καὶ ἐξ ἀριστερῶν αὐτοῦ ὡς λέων καὶ πάντα τὰ
TJos.  19   3       τὰ θηρία ὥρμουν κατ' αὐτοῦ καὶ ἐνίκησεν αὐτὰ ὁ * ἀμνὸς * καὶ ἀπώλεσεν εἰς καταπάτησιν. καὶ ἔχαιρον ἐπ' αὐτῷ
TJos.  19   6    'Ιούδαν καὶ τὸν Λευὶ ὅτι ἐξ αὐτῶν ἀνατελεῖ ὑμῖν ὁ * ἀμνὸς * τοῦ θεοῦ χάριτι σῴζων πάντα τὰ ἔθνη καὶ τὸν
TBen.   3    8       πληρωθήσεται ἐν σοὶ προφητεία οὐρανοῦ περὶ τοῦ * ἀμνοῦ * τοῦ θεοῦ καὶ σωτῆρος τοῦ κόσμου ὅτι ἄμωμος ὑπὲρ
Bar.    9    3       ἅρματος τροχοῦ. καὶ ἦσαν ἔμπροσθεν αὐτῆς βόες καὶ * ἀμνοὶ * ἐν τῷ ἅρματι καὶ πλῆθος ἀγγέλων ὁμοίως. καὶ εἶπον
Bar.    9    4        ὁμοίως. καὶ εἶπον κύριε τί εἰσιν οἱ βόες καὶ οἱ * ἀμνοί; * καὶ εἶπέν μοι ἄγγελοι εἰσι καὶ αὐτοί. καὶ πάλιν

**ἀμοιβαῖος**
Sib.    3   432         τοῖσιν κλέος ἔσσεται εὐρὺ 'Ιλίῳ ἀλλὰ καὶ αὐτὸς * ἀμοιβαῖα * δέξεται ἔργα. καὶ Λυκίη Λοκροῖο γένος κακὰ

**ἄμοιρος**              1
FAch.   107             γὰρ τηρήσας ἐφύλαξας εἰς ἐμὴν σωτηρίαν. πλὴν * ἄμοιρόν * σε οὐκ ἀφήσω σωτῆρα δὲ ἡμῶν ἐπικαλέσομαι. καὶ

**ἀμόλυντος**
Abr.1   11   12     ψυχὰς μόλις εὑρίσκεται μία ψυχὴ σῳζομένη καὶ * ἀμόλυντος. * ἔτι δὲ ἡμῖν ταῦτα λαλοῦντος ἰδοὺ δύο ἄγγελοι

**Ἀμορραῖος**
TJud.   7    2  ἔρχεται πρὸς ἡμᾶς. ἐγὼ οὖν καὶ Δὰν προσποιησάμενοι * Ἀμορραίους * ὡς σύμμαχοι ἤλθομεν εἰς τὴν πόλιν αὐτῶν.
TJud.  12    2          ἐν Ἐνὰν τῇ πόλει πρὸς τὴν πύλην. νόμος γὰρ * Ἀμορραίων * τὴν γαμοῦσαν προκαθίσαι ἐν πορνείᾳ ἑπτὰ

**ἄμπελος**              14
Hen.   10   19      ἀγαλλιάσονται φυτευθήσεται καὶ ἔσονται φυτεύοντες * ἀμπέλους * καὶ ἡ ἄμπελος ἣν ἂν φυτεύσωσιν ποιήσουσιν
Hen.   10   19  φυτευθήσεται καὶ ἔσονται φυτεύοντες ἀμπέλους καὶ ἡ * ἄμπελος * ἣν ἂν φυτεύσωσιν ποιήσουσιν πρόχους οἴνου
Hen.   32   4   αὐτοῦ κερατία ὅμοια ὁ δὲ καρπὸς αὐτοῦ ὡσεὶ βότρυες * ἀμπέλου * ἱλαροὶ λίαν ἡ δὲ ὀσμὴ αὐτοῦ διέτρεχεν πόρρω ἀπὸ
Asen.  18   9       εἰς πόλεμον› καὶ αἱ τρίχες τῆς κεφαλῆς αὐτῆς ὡς * ἀμπέλου * ἐν τῷ παραδείσῳ τοῦ θεοῦ εὐθηνοῦσα ἐν τοῖς
Asen.  25   2        τὸν πατέρα μου διότι πορεύομαι τρυγῆσαι τὴν * ἄμπελόν * μου τὴν νενίκησεν. καὶ εἶπον αὐτῷ οἱ φύλακες
Bar.    4    8   ξύλον τὸ πλανῆσαν τὸν Ἀδάμ; καὶ εἶπεν ὁ ἄγγελος ἡ * ἄμπελός * ἐστιν ἣν ἐφύτευσεν ὁ ἄγγελος Σαμαὴλ ὅτινι
Bar.    4    8        τοῦτο φθονήσας ὁ διάβολος ἠπάτησεν αὐτὸν διὰ τῆς * ἀμπέλου * αὐτοῦ. καὶ εἶπον ἐγὼ Βαροὺχ καὶ ἐπεὶ τοσούτου
Bar.    4    9  ἐγὼ Βαροὺχ καὶ ἐπεὶ τοσούτου κακοῦ αἰτία ἐγένετο ἡ * ἄμπελος * καὶ κατάρας ὑπόδικος παρὰ θεοῦ καὶ τοῦ
Bar.    4    10    τὸν παράδεισον καὶ ᾖρεν πᾶν ἄνθος τὸ δὲ κλῆμα τῆς * ἀμπέλου * ἐξώρισεν εἰς τὸ παντελὲς καὶ ἐξέβαλεν ἔξω. καὶ
Aris.  70    2  ἐκφύοντα κισσὸν ἀκάνθῳ πλεκόμενον ἐκ τοῦ λίθου σὺν * ἀμπέλῳ * περιειλούμενον κυκλόθεν τῷ ποδὶ σὺν τοῖς βότρυσιν
Aris.  79    1      τὰς χρυσᾶς φιάλας διετόργωσεν στεφάνοις * ἀμπέλου * κατὰ μέσον περὶ δὲ τὰ χείλη κισσοῦ τε καὶ
Aris.  112   5   σιτικοῖς καρποῖς αὐτῶν ἡ χώρα καὶ ὀσπρίοις ἔτι δὲ * ἀμπέλῳ * καὶ μέλιτι πολλῷ. τὰ μὲν ἄλλων ἀκροδρύων καὶ
Sib.    4   17     θ' ἅμα καρπὸν ἀρούρης τίκτοντες καὶ δένδρα καὶ * ἄμπελον * ἠδέ τ' ἐλαίην. οὗτός μοι μάστιγα διὰ φρενὸς
FrAn.  11   3      ἑωράκαμεν. ἀνόητοι συμβάλετε ἑαυτοὺς ξύλῳ λάβετε * ἄμπελον * πρῶται μὲν φυλλοροεῖ εἶτα βλαστὸς γίνεται μετὰ

**ἀμπελών**              4
TLevi  2    12   μερίδος κυρίου ἡ ζωή σου καὶ αὐτὸς ἔσται σου ἀγρὸς * ἀμπελὼν * καρποὶ χρυσίον ἀργύριον. ἄκουσον οὖν περὶ τῶν
Jer.    3    10   εἶπε κύριος τῷ 'Ιερεμίᾳ ἀπόστειλον αὐτὸν εἰς τὸν * ἀμπελῶνα * τοῦ Ἀγρίππα καὶ ἐν τῇ σκιᾷ τοῦ ὅρους ἐγὼ
Bar.    1    2     τὴν πόλιν αὐτοῦ λέγων κύριε ἵνα τί ἐξέκαυσας τὸν * ἀμπελῶνά * σου καὶ ἠρήμωσας αὐτόν; τί ἐποίησας τοῦτο; καὶ
FJub.   7    1  τοῦ πέμπτου. τούτῳ τῷ 'β σ να' ἔτει Νῶε ἐφύτευσεν * ἀμπελῶνα * ἐν ὄρει Λουβὰρ τῆς Ἀρμενίας. τῷ 'β φ π ε' ἔτει

**ἀμπέχω**               1
HArt.  9  27   20   προστάξαι σινδόνας ἀμφιέννυσθαι ἐρεᾶν δὲ ἐσθῆτα μὴ * ἀμπέχεσθαι * ὅπως ὄντες ἐπίσημοι κολάζωνται ὑπ' αὐτοῦ. τὸν

**ἄμπωτις**              2
Sib.    5   27    ἄναξ κεῖνος δὲ καθ' ὕστατον 'Ωκεανοῖο ἵξεθ' ὕδωρ * +ἄμπωτιν * ὑπ' αὐσονίσιν+ ἄϊξας. πεντήκοντα δ' ὅτις
HArt.  9  27   35  οὖν λέγειν ἔμπειρον ὄντα τὸν Μώϋσον τῆς χώρας τὴν * ἄμπωτιν * τηρήσαντα διὰ ξηρᾶς τῆς θαλάσσης τὸ πλῆθος

**ἀμύγδαλον**             1
Hen.   31   2  γῆς καὶ πάντα τὰ δένδρα πλήρη ἐξαυτῆς ἐν ὁμοιώματι * ἀμυγδάλων * ὅταν τριβῶσιν διὸ εὐωδέστερον ὑπὲρ πάντων τῶν

**ἀμύμων**
LThe.  9  22   3     περικαλλὲς ἔχουσα εἶδος ἐπίστρεπτον δὲ δέμας καὶ * ἀμύμονα * θυμόν. ἀπὸ δὲ τοῦ Εὐφράτου τὸν Ἰακὼβ ἐλθεῖν εἰς

**ἄμυνα**               2
FPho.   32          τὸ ξίφος ἀμφιβαλοῦ μὴ πρὸς φόνον ἀλλ' ἐς * ἄμυναν. * εἴθε δὲ μὴ χρῄζοις μήτ' ἔκνομα μήτε δικαίως ἥν
FPho.   77   ἀπέχεσθαι. μὴ μιμοῦ κακότητα Δίκηι δ' ἀπόλειψον * ἄμυναν. * Πειθὼ μὲν γὰρ ὄνειαρ 'Ερις δ' ἔριν ἀντιφυτεύει.

**ἀμύνω**               3
Asen.  23   12    ἐὰν δέ τις ἀδικήσῃ βούλεται ἄνδρα θεοσεβῆ οὐκ * ἀμύνεται * αὐτῷ ὁ ἀνὴρ ἐκεῖνος ὁ θεοσεβὴς διότι ῥομφαία
Asen.  24   7     οὐκ ἀποθανεῖσθε ὡς γυναῖκες ἀλλ' ἀνδρίζεσθε καὶ * ἀμύνεσθε * τοὺς ἐχθροὺς ὑμῶν. διότι ἤκουσα ἐγὼ 'Ιωσὴφ τοῦ
FEz.   64   70   8     τὴν εὐφρασίαν; δεῦρο τοίνυν καθὼς ἐποίησεν ἡμῖν * ἀμυνώμεθα * αὐτόν. ὁ δὲ ἕτερος ἠρώτα ποίῳ τρόπῳ; ὁ δὲ

**ἄμυρος**
Sib.    5   129       σεισμῷ τε κακῷ καὶ νάμασι πικροῖς τὴν Λυκίης * ἄμυρον * καὶ τὴν μυρίπνουν ποτε χέρσον. ἔσται καὶ Φρυγίη

**ἀμφί**               6
Sib.    3   443  Κύζικος οἰκήτειρα Προποντίδος οἰνοπόλοιο 'Ρύνδακος * ἀμφὶ * σε κῦμα κορυσσόμενον σμαραγήσει. καὶ σὺ 'Ρόδος
Sib.    4   123     ἄλλα τε πολλὰ κακῇ σὺν χειρὶ πιθήσας. πολλοὶ δ' * ἀμφὶ * θρόνῳ 'Ρώμης πέδον αἱμάξουσιν κείνου ἀποδρήσαντος
Sib.    5   209   οὐρανὸν ἀμφιελίξῃ Παρθένος ἐξαναβᾶσα τὲ 'Ηλιος * ἀμφὶ * μετώπῳ πηξάμενος ζώνην +περιπάμπλους+ ἡγεμονεύσῃ
FPho.   206  μηδὲ γάμωι γάμον ἄλλον ἄγοις ἐπὶ πήματι πῆμα. μηδ' * ἀμφὶ * κτεάνων συνομαίμοισιν εἰς ἔριν ἔλθῃς. παισὶν μὴ
IOrp.   29  ἵδρις γὰρ ἔην ἄστροιο πορείης καὶ σφαίρης κίνημ' * ἀμφὶ * χθόνα ὡς περιτέλλει κυκλοτερὲς ἐν ἴσῳ τε κατὰ

LThe.   9   22    1 καταφαίνεται ἱερὸν ἄστυ νέρθεν ὑπὸ ῥίζῃ δεδμημένον * ἀμφί * δὲ τεῖχος λισσὸν ὑπώρειαν ὑποδέδρομεν αἰπύθεν
ἀμφιάζω                                                      1
FAch.      107       ἐκέλευσεν αὐτὸν ὁ βασιλεὺς ἐπιμελείας τυχεῖν καὶ * ἀμφιασθέντα * ἀσπάσασθαι. ὁ δὲ Αἴσωπος εἰς ἑαυτὸν
ἀμφιβάλλω                                                    3
Job       29    3      λέγοντες μὴ εἶναί με τὸν Ἰωβαβ. ἀπαξαπλῶς ἔτι * ἀμφιβαλλόντων, * στραφεὶς πρός με Ελιφας ὁ τῶν θεμανῶν
Slb.    5  187     κόσμοιο κρατοῦσα. ἀλλ' ὅταν ἡ Βάρκη τὸ κυπάσσιον * ἀμφιβάληται * λευκὸν ἐπὶ ῥυπαρῷ μήτ' εἴην μήτε γενοίμαν. ὦ
FPho.       32      δὲ μὴ φαγέειν εἰδωλοθύτων ἀπέχεσθαι.> τὸ ξίφος * ἀμφιβαλοῦ * μὴ πρὸς φόνον ἀλλ' ἐς ἄμυναν. εἴθε δὲ μὴ
ἀμφιελίσσω                                                   1
Slb.    5  208     Αἰγοκεράστης Ταῦρός τ' ἐν Διδύμοις μέσον οὐρανὸν * ἀμφιελίξῃ * Παρθένος ἐξαναβᾶσα καὶ Ἥλιος ἀμφὶ μετώπῳ
ἀμφιέννυμι                                                   1
HArt.   9   27   20      διὰ τὸ τοὺς Ἰουδαίους προστάξαι σινδόνας * ἀμφιέννυσθαι * ἐρεᾶν δὲ ἐσθῆτα μὴ ἀμπέχεσθαι ὅπως ὄντες
ἀμφικαλύπτω                                                  1
Slb.    5  481     οὐρανὸν αὐτὸν ἀχλὺς δ' οὐκ ὀλίγη κόσμου πτύχας * ἀμφικαλύψει * δεύτερον αὐτὰρ ἔπειτα θεοῦ φάος ἡγεμονεύσει
ἀμφιπολεύω                                                   2
Slb.    3  353     ὕβριν ἐς αὑτήν. ὅσσοι δ' ἐξ Ἀσίης Ἰταλῶν δόμον * ἀμφεπόλευσαν * εἰκοσάκις τοσσοῦτοι ἐν Ἀσίδι θητεύσουσιν
Slb.    3  481     "Ἀΐδης κούρους δ' ἀκτερέας <ὀπόσους> βυθὸς * ἀμφιπολεύσει * αἰαῖ νήπια τέκν' ἀλινηχέα καὶ βαρὺν ὄλβον.
ἀμφιτίθημι                                                   1
LEze.   9   28  2 16   μῆνας ὡς ἔφασκεν. οὐ λαθοῦσα δὲ ὑπεξέθηκε κόσμον * ἀμφιθεῖσά * μοι παρ' ἄκρα ποταμοῦ λάσιον εἰς ἕλος δασὺ
ἀμφοδον                                                      1
Asen.      2    7      καὶ ἡ τρίτη ἦν ἀποβλέπουσα εἰς βορρᾶν ἐπὶ τὸ * ἄμφοδον * τῶν παραπορευομένων. καὶ ἦν κλίνη χρυσῆ ἑστῶσα
ἀμφοτεροδέξιος                                               1
Aris.     65    5      ἡ χρῆσις ᾗ τὸ αὐτὸ δὲ κατὰ ἐπιφάνειαν θεωρεῖται * ἀμφοτεροδεξίου * τῆς κατασκευῆς οὔσης. ἐπ' αὐτῆς δὲ τῆς
ἀμφότερος                                                   17
Adam       3    1      ὁ ἐχθρὸς πολεμῇ τι πρὸς αὑτούς. πορευθέντες δὲ * ἀμφότεροι * εὗρον πεφονευμένον τὸν Ἄβελ ἀπὸ χειρὸς Κάϊν
Adam      31    3      οὐ γὰρ βραδυνεῖς ἀπ' ἐμοῦ ἀλλ' ἴσα ἀποθνήσκομεν * ἀμφότεροι * καὶ αὐτὴ τεθήσει εἰς τὸν τόπον τὸν ἐμόν. κἂν
Adam      42    6      αὐτοῦ. ὥσπερ ἤμην μετ' αὐτοῦ ἐν τῷ παραδείσῳ * ἀμφότεροι * μὴ χωρισθέντες ἀπ' ἀλλήλων ὥσπερ ἐν τῇ
Abr.1      4    4      ἐν τῷ οἰκήματι τοῦ τρικλίνου καὶ ἐκαθέσθησαν * ἀμφότεροι * ἐπὶ τὰ κλινάρια μέσον αὐτῶν <ὑπῆρχε> τράπεζα
Abr.2      3    1      οὗ φθάσωμεν εἰς τὸν οἶκόν σου. ἐπορεύθησαν δέ οἱ * ἀμφότεροι * καὶ ἤγγισαν ἔγγιστα τῆς πόλεως ὡς ἀπὸ σταδίων
TNep.      5    3      ὁ Ἰούδας φθάσας ἔπλασε τὴν σελήνην καὶ ὑψώθησαν * ἀμφότεροι * σὺν αὐτοῖς. καὶ ὄντος τοῦ Λευὶ ὡς ἡλίου
TBen.      8    3      προσέχων ἐπὶ κόπρον καὶ βόρβορον ἀλλὰ μᾶλλον * ἀμφότερα * ψύχει καὶ ἀπελαύνει τὴν δυσωδίαν οὕτω καὶ ὁ
Asen.     19   10   Ἰωσὴφ καὶ ἠσπάσαντο ἀλλήλους ἐπιπολὺ καὶ ἔλαβον * ἀμφότεροι * τῷ πνεύματι αὐτῶν. καὶ κατεφίλησεν ὁ Ἰωσὴφ
Jer.       2   10      γνῷς ὅτι ἀληθές ἐστι τὸ ῥῆμα τοῦτο. ἔμειναν οὖν * ἀμφότεροι * ἐν τῷ θυσιαστηρίῳ κλαίοντες καὶ ἦσαν
Jer.       6    2      ἐν μνημείῳ. καὶ ἐν τῷ θεωρῆσαι ἀλλήλους ἔκλαυσαν * ἀμφότεροι * καὶ κατεφίλησαν ἀλλήλους. ἀναβλέψας δὲ Βαροὺχ
Jer.       7   30      λέγων ἄπελθε ἐν εἰρήνῃ καὶ ἐπισκέψηται ἡμᾶς * ἀμφοτέρους * ὁ κύριος. καὶ ἐπετάσθη ὁ ἀετὸς καὶ ἦλθεν εἰς
Aris.     64    4      τῆς ῥαβδώσεως καὶ διαγλυφῆς <διὰ τὸ> (καὶ) κατ' * ἀμφοτέρων * τὰ μέρη τὴν τράπεζαν πρὸς τὴν χρῆσιν πεποιῆσθαι
Aris.     93    1      ἰσχύϊ διαφερόντως συγχρώμενοι διαβάντων γὰρ * ἀμφοτέραις * τῶν μόσχων τὰ σκέλη πλεῖον ὄντα ταλάντων δύο
FEz.   64   70   15   οὖν ποιεῖ ὁ κριτὴς ὁ δίκαιος; ἀναγνοὺς ποίῳ τρόπῳ * ἀμφότεροι * ἐξεύχθησαν ἐπιτίθησι τὸν χωλὸν τῷ πηρῷ καὶ
FEz.   64   70   15   ἐξεύχθησαν ἐπιτίθησι τὸν χωλὸν τῷ πηρῷ καὶ τοὺς * ἀμφοτέρους * ἐτάζει μάστιξι καὶ οὐ δύανται ἀρνήσασθαι.
FPho.           136       φωρῶν μὴ δέξῃ κλοπίμην ἄδικον παραθήκην * ἀμφότεροι * κλῶπες καὶ ὁ δεξάμενος καὶ ὁ κλέψας. μοίρας
HHec.   1   22   198   παρ' αὐτὸν οἴκημα μέγα οὗ βωμὸς ἐστι καὶ λυχνίον * ἀμφότερον * χρυσᾶ δύο τάλαντα τὴν ὁλκήν. ἐπὶ δὲ τούτων φῶς
ἄμφω                                                         3
FMos.   6  132    3 πνεύματι ἐπαρθεὶς σὺν καὶ τῷ Χαλὲβ ἀλλ' οὐχ ὁμοίως * ἄμφω * θεῶνται ἀλλ' ὃ μὲν καὶ θᾶττον κατῆλθεν πολὺ τὸ
FPho.           87       ἄνδρας ἐάσῃς. ⟨μηδὲ δίκην δικάσῃς πρὶν ⟨ἂν⟩ * ἄμφω * μῦθον ἀκούσῃς.⟩ τὴν σοφίην σοφὸς εὐθύνει τέχνας δ'
LThe.   9   22    3 ἀλλ' ἐνόησε κακορραφίην καὶ ἔδεκτο παῖδ' ἑτέρην * ἀμφοῖν * δ' ἐμίγη σὺν ὁμαίμοσιν ᾗσι. τῷ δ' υἱεῖς ἐγένοντο
ἀμώμητος                                                     1
Aris.     93    6      ἔχει. κατὰ πᾶν γὰρ ἐκλεγομένων οἷς ἐπιμελές ἐστιν * ἀμώμητα * καὶ τῇ παχύτητι διαφέροντα τὸ προειρημένον
ἄμωμος                                                       3
TJos.     19    3      ἔχουσα στολὴν βυσσίνην καὶ ἐξ αὐτῆς προῆλθεν ἀμνὸς * ἄμωμος * καὶ ἐξ ἀριστερῶν αὐτοῦ ὡς λέων καὶ πάντα τὰ θηρία
TBen.      3    8      περὶ τοῦ ἀμνοῦ τοῦ θεοῦ καὶ σωτῆρος τοῦ κόσμου ὅτι * ἄμωμος * ὑπὲρ ἀνόμων παραδοθήσεται καὶ ἀναμάρτητος ὑπὲρ
LEze.   9   29  13 03    λαβὼν κατὰ συγγενείας πρόβατα καὶ μόσχους βοῶν * ἄμωμα * δεκάτη καὶ φυλαχθήτω μέχρι τετράς ἐπιλάμψει δεκάδι
Ἀμώς                                                         3
Jer.       9   20      ταῦτα πάλιν ἐστὶ τὰ ῥήματα τὰ ὑπὸ Ἡσαΐου τοῦ υἱοῦ * Ἀμὼς * εἰρημένα λέγοντος ὅτι εἶδον τὸν θεὸν καὶ τὸν υἱὸν
Prop.      7    1      τῇ γῇ αὐτοῦ μόνος σύνεγγυς πολυανδρίου Ἐνακειμ. * Ἀμὼς * ἦν ἐκ Θεκουέ. καὶ Ἀμασίας πυκνῶς αὐτὸν τυμπανίσας
FMan.   2   23    3      Μανασσῆν ἐκ τῆς θλίψεως αὐτοῦ. καὶ παρελογίσατο * Ἀμὼς * λογισμὸν παραβάσεως κακὸν καὶ εἶπεν ὁ πατήρ μου ἐκ
ἄν                                                        168  ἂν κἂν
ἀνά                                                         30  ἀνά ἄν'
ἀναβαίνω                                                    29
Adam       7    2      τῶν ἀγγέλων τῶν διατηρούντων τὴν μητέρα ὑμῶν τοῦ * ἀναβῆναι * καὶ προσκυνῆσαι τὸν κύριον. καὶ ἔδωκεν αὐτῇ ὁ
Hen.       8    4      τῶν οὖν ἀνθρώπων ἀπολλυμένων ἡ βο⟨ὴ⟩ εἰς οὐρανοὺς * ἀνέβη. * πρῶτος Ἀζαὴλ ὁ δέκατος τῶν ἀρχόντων ἐδίδαξε
Hen.       9   10      καὶ ἐντυγχάνουσιν μέχρι τῶν πυλῶν τοῦ οὐρανοῦ καὶ * ἀνέβη * ὁ στεναγμὸς αὐτῶν καὶ οὐ δύναται ἐξελθεῖν ἀπὸ
Hen.       9B   10      ἐντυγχάνουσιν καὶ μέχρι τῶν πυλῶν τοῦ οὐρανοῦ * ἀνέβη * ὁ στεναγμὸς αὐτῶν καὶ οὐ δύναται ἐξελθεῖν ἀπὸ
Hen.      14    5 ἐρώτησις ὑμῶν παρεδέχθη ἵνα μηκέτι εἰς τὸν οὐρανὸν * ἀναβῆτε * ἐπὶ πάντας τοὺς αἰῶνας καὶ ἐν τοῖς δεσμοῖς τῆς
Abr.1     17    1      οἴκων αὐτοῦ ἡκολούθει καὶ τὸ θάνατος ἕως ἐκεῖ * ἀνέβη * δὲ Ἀβραὰμ εἰς τὸ τρίκλινον αὐτοῦ ἀνέβη καὶ ὁ
Abr.1     17    1      ἕως ἐκεῖ ἀνέβη δὲ Ἀβραὰμ εἰς τὸ τρίκλινον αὐτοῦ * ἀνέβη * καὶ ὁ θάνατος ἀνέπεσεν δὲ Ἀβραὰμ ἐπὶ τῆς κλίνης
Abr.2      7   14      ἄνθρωπος εἶδον καὶ τὸν ἥλιον τοῦ οἴκου μου * ἀναβαίνοντα * εἰς τοὺς οὐρανοὺς καὶ εἶδον τὸν ἥλιον
TLevi      9    1      παντὶ ἀνθρώπῳ ἐπὶ τῆς γῆς. καὶ μεθ' ἡμέρας δύο * ἀνέβημεν * ἐγὼ καὶ Ἰούδας πρὸς Ἰσαὰκ μετὰ τοῦ πατρὸς
TLevi     18  2B023     βωμῷ προσφέρε⟨ιν⟩ ὧν ἐστιν ὁ καπνὸς εὐῶδης ἡδὺς * ἀναβαίνων. * καὶ ταῦτα τὰ ὀνόματα αὐτῶν κέδρον καὶ
TJud.      6    3      δυνατῶν δὲ αὐτοῖς καὶ ἀπεκτείναμεν αὐτοὺς πρὸ τοῦ * ἀναβῆναι * τὴν ἀνάβασιν. ὡς δὲ ἤλθομεν ἐν τῇ πόλει αὐτῶν
TJud.     24    6      ἀπὸ τῆς ῥίζης ὑμῶν γενήσεται πυθμήν. καὶ ἐν αὐτῷ * ἀναβήσεται * ῥάβδος δικαιοσύνης τοῖς ἔθνεσι κρῖναι καὶ
TZab.      2    8      οὐχ εὗρον ὕδωρ. διὰ γὰρ τοῦτο ἐκώλυσε κύριος τοῦ * ἀναβῆναι * ὕδωρ ἐν αὐτοῖς ἵνα γένηται περιποίησις τοῦ
TBen.      9    5      ὡς πῦρ ἐκχυνόμενον. καὶ ἀνελθὼν ἐκ τοῦ ᾅδου ἔσται * ἀναβαίνων * ἀπὸ γῆς εἰς οὐρανόν. ἔγνων δὲ οἷος ἔσται
Asen.      5    2      ἤκουσε τὰ ῥήματα ταῦτα +λεγόντων+ περὶ Ἰωσὴφ καὶ * ἀνέβη * εἰς τὸ ὑπερῷον καὶ εἰσῆλθεν εἰς τὸν θάλαμον αὑτῆς
Asen.      8    1      ἀγαπῷ αὐτήν ἀπὸ τῆς σήμερον ὡς ἀδελφήν μου. καὶ * ἀνέβη * ἡ μήτηρ τῆς Ἀσενὲθ εἰς τὸ ὑπερῷον καὶ ἤγαγε αὑτὴν
Asen.     17    3      καὶ ἥψατο τῆς ⟨πληγῆς⟩ τοῦ κηρίου καὶ εὐθέως * ἀνέβη * πῦρ ἐκ τῆς τραπέζης καὶ κατέφαγε τὸ κηρίον καὶ τὴν
Asen.     27    4      γὴν ἡμιτανχὰ τυγχάνων. καὶ ἐπήδησε Βενιαμὶν ἐκ τῆς * ἀνέβη * καὶ ἐπὶ τὴν πέτραν καὶ εἶπε τῷ ἡνιόχῳ τῆς Ἀσενὲθ δός
Sal.       2    2      ἐν κρίῳ κατέβασε τείχη ὀχυρὰ καὶ οὐκ ἐκώλυσας. * ἀνέβησαν * ἐπὶ τὸ θυσιαστήριόν σου ἔθνη ἀλλότρια
Jer.       3   13      ὧδε ἕως οὗ λαλήσω αὐτῷ. ταῦτα εἰπὼν ὁ κύριος * ἀνέβη * ἀπὸ Ἰερεμίου εἰς τὸν οὐρανόν. Ἰερεμίας δὲ καὶ
Esdr.      3   15      γονεῖς οὗ φίλοι υἱοὺς οὐ δούλους τὸν κύριον αὐτῷ * ἀναβήσεται * γὰρ ὁ ἐπικείμενος τοῖς ἀνθρώποις ἀπὸ τῶν
Sedr.      2    2      καὶ εἶπεν αὐτῷ ἡ φωνή ἐγὼ ἀπεστάλην πρός σε ἵνα * ἀναβάσω * σε ὧδε εἰς τὸν οὐρανόν. ὁ δὲ εἶπεν ἤθελον
Aris.    100    2      ἁπάντων ἐπὶ τὴν παρακειμένην ἄκραν τῆς πόλεως * ἀναβάντες * ἐθεωροῦμεν ἣ κεῖται μὲν ἐν ὑψηλοτάτῳ τόπῳ
Slb.    3  100   ἐν Ἀσσυρίῃ ὁμόφωνοι δ' ἦσαν πάντες καὶ βούλοντ' * ἀναβῆν'. * ταῦτα μὲν Αἰγύπτῳ θεὸς ἔννεπεν ἐξαυδῆσαι
FEll.   1   34    8   καὶ οὓς οὐκ ἤκουσεν καὶ ἐπὶ καρδίαν ἀνθρώπου οὐκ * ἀνέβη * ὅσα ἡτοίμασεν ὁ θεὸς τοῖς ἀγαπῶσιν αὐτόν. δόξαν ἣν
FEll.  10   94    4      εἶδεν οὐδὲ οὓς ἤκουσεν οὐδὲ ἐπὶ καρδίαν ἀνθρώπου * ἀνέβη * καὶ χαρήσονται ἐπὶ τῇ βασιλείᾳ τοῦ κυρίου αὐτῶν
FIsa.   1   2    9 καὶ πολλοὶ τῶν πιστῶν τῶν πιστευόντων εἰς οὐρανοὺς * ἀναβῆναι * ἀνεχώρησαν καὶ ἐκάθισαν εἰς τὸ ὄρος πάντες⟨⟩
FAch.      116       μέτρου τοὺς ἀετοὺς ἐκέλευσεν ⟨τοὺς παῖδας⟩ * ἀναβῆναι * τοὺς ἀετοὺς καὶ εἰς ἀέρα ἵπτασθαι. καὶ εἰς ὕψος
ἀνάβασις                                                     1
TJud.      6    3      καὶ ἀπεκτείναμεν αὐτοὺς πρὸ τοῦ ἀναβῆναι τὴν * ἀνάβασιν. * ὡς δὲ ἤλθομεν ἐν τῇ πόλει αὐτῶν αἱ γυναῖκες
Aris.     87    3 τοῦ πυρὸς ἐξαναλούμενα τὴν διοικοδομὴν εἶχε τῆς δ' * ἀναβάσεως * τῆς πρὸς αὐτὸ πρὸς τὴν εὐκοσμίαν ἔχοντος τοῦ
ἀναβάτης                                                     1
Sal.      17   33      αὐτῶν χριστὸς κυρίου. οὐ γὰρ ἐλπιεῖ ἐπὶ ἵππον καὶ * ἀναβάτην * καὶ τόξον οὐδὲ πληθυνεῖ αὐτῷ χρυσίον οὐδὲ
ἀναβιβάζω                                                    1
Job       52   10   δὲ τὴν ψυχὴν ἀνεπετάσθη ἐναγκαλισάμενος αὐτὴν καὶ * ἀνεβίβασεν * ἐπὶ τὸ ἅρμα καὶ ὥδευσεν ἐπὶ ἀνατολὰς τὸ δὲ
ἀναβιόω                                                      1
HArt.   9   27   25      ἄφωνον διακρατηθέντα δὲ ὑπὸ τοῦ Μωϋσου πάλιν * ἀναβιῶσαι * γράψαντα δὲ τοὔνομα εἰς δέλτον
ἀναβλέπω                                                    12
Adam      35    2      καὶ λέγει αὐτῇ διὰ τί κλαίεις; καὶ λέγει αὐτῷ * ἀνάβλεψον * τοῖς ὀφθαλμοῖς σου καὶ ἴδε τὰ ἑπτὰ στερεώματα
Adam      42    8      κύριε μὴ χωρίσῃς ἡμᾶς. μετὰ δὲ τὸ εὔξασθαι αὐτὴν * ἀναβλέψασα * εἰς τὸν οὐρανὸν ἀνεστέναξεν τύπτουσα τὸ
TJos.      6    2      καὶ ὡς ἦλθεν ὁ εὐνοῦχος ὁ κομίζων αὐτὸ * ἀνέβλεψα * καὶ εἶδον ἄνδρα φοβερὸν ἐπιδιδόντα μοι μετὰ τοῦ
Asen.      7    2 μετὰ τῶν Αἰγυπτίων ὅτι βδέλυγμα ἦν αὐτῷ τοῦτο. καὶ * ἀναβλέψας * Ἰωσὴφ τοῖς ὀφθαλμοῖς αὐτοῦ εἶδε παρακύπτουσαν
Asen.     11   19      καὶ ἐξεπέτασε τὰς χεῖρας αὐτῆς εἰς ἀνατολὰς καὶ * ἀνέβλεψε * τοῖς ὀφθαλμοῖς αὐτῆς εἰς τὸν οὐρανὸν καὶ ἤνοιξε
Jer.       5   31      ἵνα μάθῃς τέκνον ὅτι ἀληθές ἐστιν ἅπερ λέγω σοι * ἀνάβλεψον * εἰς τὸν ἀγρὸν καὶ ἴδε ὅτι οὐκ ἐφάνη ἡ αὔξησις
Jer.       6    2      ἔκλαυσαν ἀμφότεροι καὶ κατεφίλησαν ἀλλήλους. * ἀναβλέψας * δὲ Βαροὺχ τοῖς ὀφθαλμοῖς αὐτοῦ εἶδε τὰ σῦκα

Job 40 3 πρὸς τὸν πατέρα. καὶ μετὰ τὴν εὐχὴν εἶπον αὐτοῖς * ἀναβλέψατε * τοῖς ὀφθαλμοῖς πρὸς ἀνατολὴν καὶ ἴδετε τὰ
FJub. 31 9 ἐπανῆλθεν Ἰακὼβ πρὸς αὐτὸν ἀπὸ Μεσοποταμίας. καὶ * ἀναβλέψας * Ἰσαὰκ καὶ ἰδὼν τοὺς υἱοὺς Ἰακὼβ ηὐλόγησε τὸν
FEz. 186 28 >δια το οδαγους μη ε<χειν >εος εισιν οι της φων<ης * >ανεβλεψα * δε κ< >ου κρεμαμενου< >ανου καθιπταμ< >υτον
FrAn. 17 2069 3 πάντα διηγορευμένα. ε>τερος τ<ο>υ ετερου< - - >ων * αναβλεψας * τ< - >υπνω ειδον τον< - - >και εθεωρουν< - -
FrAn. 17 2069 12 - >το μετα< - - >ετερος< - - >ηρξατο πας α< - * >αναβλεψας< * - - ε<ι>ς τον ουρανον< - - ο>ραματι καὶ< -

ἀναβοάω 1
Job 19 3 οὖν σὺ ἐσώθης; καὶ τότε ἐγὼ συνιδὼν τὸ γενόμενον * ἀνεβόησα * λέγων ὁ κύριος ἔδωκεν, ὁ κύριος ἀφείλατο ὡς τῷ

ἀναβρύω 1
LEze. 9 29 12 06 ἐμβαλῶ χθονί. ἔπειτα τέφραν οἷς καμιναίαν πάσω * ἀναβρυήσει * δ' ἐν βροτοῖς ἕλκη πικρά. κυνόμυια δ' ἥξει

ἀναγγέλλω 40
Adam 3 2 εἰπὲ τῷ Ἀδὰμ ὅτι τὸ μυστήριον ὃ οἶδας μὴ * ἀναγγείλῃς * Κάϊν τῷ υἱῷ σου ὅτι ὀργῆς υἱός ἐστιν. ἀλλὰ μὴ
Adam 6 2 καὶ ἐλυπήθης ἐπιθύμησας αὐτῶν; ἐὰν οὕτως ἐστὶν * ἀνάγγειλόν * μοι καὶ ἐγὼ πορεύσομαι καὶ ἐνέγκω σοι καρπὸν
Adam 14 3 τὰ τέκνα ἡμῶν καὶ τὰ τέκνα τῶν τέκνων ἡμῶν καὶ * ἀνάγγειλον * αὐτοῖς τὸν τρόπον τῆς παραβάσεως ἡμῶν. τότε
Adam 15 1 τὰ τέκνα μου καὶ τὰ τέκνα τῶν τέκνων μου κἀγὼ * ἀναγγελῶ * ὑμῖν πῶς ἠπάτησεν ἡμᾶς ὁ ἐχθρός. ἐγένετο ἐν τῷ
Adam 31 2 ζῶ ἢ πόσον χρόνον ἔχω ποιῆσαι μετὰ θάνατόν σου * ἀνάγγειλόν * μοι; τότε λέγει ὁ Ἀδὰμ τῇ Εὔᾳ μὴ θέλε
Hen. 13 10 περικεκαλυμμένοι τὴν ὄψιν. ἐνώπιον αὐτῶν καὶ * ἀνήγγειλα * αὐτοῖς πάσας τὰς ὁράσεις ἃς εἶδον κατὰ τοὺς
Abr.1 1 6 τὸν φίλον μου τὸν Ἀβραὰμ τὸν ἠγαπημένον μοι καὶ * ἀνάγγειλον * αὐτὸν περὶ τοῦ θανάτου καὶ πληροφόρησον αὐτὸν
Abr.1 4 6 μνήμην τοῦ θανάτου πρὸς τὸν δίκαιον ἄνδρα ἐκεῖνον * ἀναγγεῖλαι * οὐ δύναμαι. ὁ δὲ κύριος εἶπεν ἄπελθε Μιχαὴλ
Abr.1 4 8 θεάσῃ τὸν θάνατον τοῦ πατρὸς αὐτοῦ καὶ Ἰσαὰκ δὲ * ἀναγγελεῖ * τὸ ὅραμα σὺ δὲ διακρινεῖς καὶ αὐτὸς γνώσεται
Abr.1 5 12 κύριέ μου Ἀβραάμ τί ἐστι τοῦτο ὅτι κλαίεται; * ἀνάγγειλόν * μοι κύριέ μου μὴ οὗτος ὁ ἀδελφὸς ὁ
Abr.1 7 1 καὶ εἶπε πρὸς Ἰσαὰκ δεῦρο υἱέ μου ἀγαπητὲ * ἀνάγγειλόν * μοι τὴν ἀλήθειαν τί τὰ ὁραθέντα σοι καὶ τί
Abr.1 7 11 ἐνώπιον τοῦ θεοῦ> καὶ ἀπεστάλην πρός σε ὅπως * ἀναγγείλω * σοι τὴν μνήμην τοῦ θανάτου καὶ εἶθ' οὕτως
Abr.1 8 1 εἰς τοὺς οὐρανοὺς καὶ ἔστη ἐνώπιον τοῦ θεοῦ καὶ * ἀνήγγειλεν * πάντα ἅπερ εἶδεν ἐν τῷ οἴκῳ τοῦ Ἀβραάμ.
Abr.1 8 8 σὺ δέ τί ἀνθέστηκας ἀπ' ἐμοῦ καὶ τί ἐν σοί λύπη * ἀνάγγειλόν * μοι <καὶ ἵνα τί ἀνθέστηκας τὸν ἄγγελόν μου>;
Abr.1 9 7 καὶ ἔστη ἐνώπιον τοῦ ἀοράτου πατρὸς καὶ * ἀνήγγειλεν * αὐτῷ πάντα λέγων τάδε λέγει ὁ φίλος σου
Abr.1 17 6 εἶπεν δὲ Ἀβραὰμ δέομαί σου ἐπειδὴ σὺ εἶ ὁ θάνατος * ἀνάγγειλόν * μοι καὶ πρὸς πάντας οὕτως ἀπέρχει ἐν εὐμορφίᾳ
Abr.1 20 1 δὲ Ἀβραὰμ δέομαί σου ἔστιν καὶ παράλογος θάνατος; * ἀνάγγειλόν * μοι. λέγει ὁ θάνατος ἀμὴν ἀμὴν λέγω σοι ἐν
Abr.1 20 3 θάνατον ἔρχονται παραδιδόμενοι τῷ τάφῳ ἰδοὺ γὰρ * ἀνήγγειλά * σοι πάντα ὅσα ἂν ἠτήσω ἄρτι λέγω σοι
Abr.2 7 20 εἶπεν τοῦτο οὐκ ἔστιν ἐμὸν ποιῆσαι ἀλλὰ ἀπελθὼν * ἀναγγελῶ * τῷ πατρί μου περὶ τούτου ὅπως ἂν κελεύσῃ μοι
TLevi 8 19 καὶ ἔκρυψα καίγε τοῦτο ἐν τῇ καρδίᾳ μου καὶ οὐκ * ἀνήγγειλα * αὐτὸ παντὶ ἀνθρώπῳ ἐπὶ τῆς γῆς. καὶ μεθ'
TLevi 10 1 ὑμῖν τέκνα ὅτι ὅσα ἤκουσα παρὰ τῶν πατέρων μου * ἀνήγγειλα * ὑμῖν. ἀθῷός εἰμι ἀπὸ πάσης ἀσεβείας ὑμῶν καὶ
TLevi 18 2B015 ἀπὸ πάσης σαρκός. καὶ νῦν τὴν κρίσιν τῆς ἀληθείας * ἀναγγελῶ * σοι καὶ οὐ μὴ κρύψω ἀπό σου πᾶν ῥῆμα. διδάξω σε
TZab. 5 1 καὶ ἐποίησαν καθὼς εἶπεν ὁ Δάν. καὶ νῦν τέκνα μου * ἀναγγελῶ * ὑμῖν τοῦ φυλάσσειν τὰς ἐντολὰς κυρίου καὶ
TZab. 7 1 ἐν χειμῶνι ἐποίμαινον μετὰ τῶν ἀδελφῶν μου. νῦν * ἀναγγελῶ * ὑμῖν ἃ ἐποίησα. εἶδον θλιβόμενον ἐν γυμνότητι
TNep. 7 4 λόγοις αὐτοῦ τούτοις. καὶ ἐκαιόμην τοῖς σπλάγχνοις * ἀναγγεῖλαι * ὅτι πέπραται ἀλλ' ἐφοβούμην τοὺς ἀδελφούς
TGad 4 3 ἁμαρτάνει. ἐὰν γὰρ πταίσῃ ὁ ἀδελφὸς εὐθὺς θέλει * ἀναγγεῖλαι * πᾶσι καὶ σπεύδει ἵνα κριθῇ περὶ αὐτῆς καὶ
Asen. 14 7 Ἀσενέθ. καὶ εἶπεν ἰδοὺ ἐγὼ κύριε. τίς εἶ σὺ * ἀνάγγειλόν * μοι. καὶ εἶπεν ὁ ἄνθρωπος ἐγώ εἰμι ὁ ἄρχων
Asen. 15 12B σου εἰς τὸν αἰῶνα. τί ἐστι τὸ ὄνομά σου κύριε * ἀνάγγειλόν * μοι ἵνα ὑμνήσω καὶ δοξάσω σε εἰς τὸν αἰῶνα
Asen. 19 4 κάλλει αὐτῆς καὶ εἶπε πρὸς αὐτὴν τίς εἶ σὺ ταχέως * ἀνάγγειλόν * μοι. καὶ εἶπεν αὐτῷ ἐγώ εἰμι ἡ παιδίσκη σου
Asen. 26 6 υἱὸς Λίας ταῦτα πάντα τῷ πνεύματι ὡς προφήτης καὶ * ἀνήγγειλε * τοῖς ἀδελφοῖς αὐτοῦ τοῖς υἱοῖς Λίας τὸν
Asen. 28 17 καλάμου. καὶ ἔγνω Λευὶς ὁ ἀδελφὸς αὐτῶν καὶ οὐκ * ἀνήγγειλε * τοῖς ἀδελφοῖς αὐτοῦ. ἐφοβήθη γὰρ μήποτε ἐν τῇ
Jer. 2 1 ἀπῆλθεν ἀπὸ τοῦ Ἱερεμίου. δραμὼν δὲ Ἱερεμίας * ἀνήγγειλε * ταῦτα τῷ Βαροὺχ καὶ ἐλθόντες εἰς τὸν ναὸν τοῦ
Bar. 1 4 ἀπέστειλε γάρ με πρὸ προσώπου σου ὅπως * ἀναγγείλω * καὶ ὑποδείξω σοι πάντα τοῦ θεοῦ. ἡ γὰρ δέησίς
Bar. 2 4 ὀσφύες ἀρνῶν. καὶ ἠρώτησα ἐγὼ Βαροὺχ τὸν ἄγγελον * ἀνάγγειλόν * μοι δέομαί σου τί ἐστιν τὸ πάχος τοῦ οὐρανοῦ
Prop. 17 2B παραβήσεται ὁ Δαυὶδ ἔσπευσε τοῦ ἐλθεῖν καὶ * ἀναγγεῖλαι * αὐτῷ ὥστε φυλάξασθαι ἀπὸ τῆς ἀνομίας. καὶ
Prop. 21 3 καὶ φλόγα πυρὸς ἐδίδουν αὐτῷ φαγεῖν καὶ ἐλθὼν * ἀνήγγειλεν * ἐν Ἱερουσαλὴμ καὶ εἶπεν αὐτῷ ὁ χρησμὸς μὴ
Job 16 7 ὑπόλοιπα τῶν θρεμμάτων μου. καὶ τῶν ὑπαρχόντων μοι * ἀνήγγειλάν * μοι τὴν ἀπώλειαν, καὶ ἐδόξασα τὸν θεὸν καὶ
FEz. 64 70 12 τὰ ἴχνη εὑρόντες ἐν τῷ παραδείσῳ καὶ ταῦτα * ἀνήγγειλαν * τῷ βασιλεῖ λέγοντες ἅπαντες στρατιῶται ἐν τῇ
FAch. 104 μηδενὸς ἱστοροῦντος ἐτήρει αὐτὸν ἐν τῇ φυλακῇ * ἀνήγγειλεν * δὲ τῷ βασιλεῖ ὅτι τεθανάτωκα τὸν Αἴσωπον. ὁ
FAch. 119 ἀπεστάλημεν ἀπὸ τοῦ θεοῦ λόγους τινὰς πρός σε * ἀναγγεῖλαι * <ὅπως αὐτοὺς διαλύσῃς>. ὁ δὲ Αἴσωπος λέγει

Ἀναγημάς 1
Hen. 6B 7 Βαλκιὴλ ι' Ἀζαλζὴλ ια' Φαρμαρὸς ιβ' Ἀμαριὴλ ιγ' * Ἀναγημὰς * ιδ' Θαυσαὴλ ιε' Σαμιὴλ ις' Σαρινᾶς ιζ' Εὐμιὴλ

ἀναγιγνώσκω 27
Hen. 13 4 ἐρωτήσεως ἵνα γένηται αὐτοῖς ἄφεσις καὶ ἵνα ἐγὼ * ἀναγνῶ * αὐτοῖς τὸ ὑπόμνημα τῆς ἐρωτήσεως ἐνώπιον κυρίου
Hen. 13 7 ἐν γῇ Δὰν ἥτις ἐστὶν ἐκ δεξιῶν Ἑρμωνειεὶμ δύσεως * ἀνεγίγνωσκον * τὸ ὑπόμνημα τῶν δεήσεων αὐτῶν. ὡς ἐκοιμήθην
Hen. 97 6 τῶν αἰώνων μὴ νομίσητε ὅτι ἐκφεύξεσθε ταῦτα. <καὶ * ἀναγνωσθήσο>νται * <πάντες> οἱ λόγοι τῶν ἀνομιῶν ὑμῶν
Hen. 103 2 ἐγὼ ὀμνύω ὑμῖν--- ἐπίσταμαι τὸ μυστήριον τοῦτο * ἀν<έγνων> * γὰρ τὰς πλάκας τοῦ οὐρανοῦ καὶ εἶδον τὴν
Hen. 106 19 μοι καὶ ἐμήνυσεν καὶ ἐν ταῖς πλαξὶν τοῦ οὐρανοῦ * ἀνέγνων * αὐτά. τότε τεθέαμαι τὰ ἐγγεγραμμένα ἐπ' αὐτῶν
TLevi 13 2 γράμματα ἵνα ἔχωσι σύνεσιν ἐν πάσῃ τῇ ζωῇ αὐτῶν * ἀναγινώσκοντες * ἀδιαλείπτως τὸν νόμον τοῦ θεοῦ ὅτι πᾶς ὃς
TJud. 18 1 οἶδα ὅτι ἐξ ἐμοῦ στήσεται τὸ βασίλειον. ὅτι καίγε * ἀνέγνων * ἐν βίβλοις Ἐνὼχ τοῦ δικαίου ὅσα κακὰ ποιήσετε
TDan 5 6 ἐνεργούντων ἐν ὑμῖν τῶν πνευμάτων τῆς πλάνης. * ἀνέγνων * γὰρ ἐν βίβλῳ Ἐνὼχ τοῦ δικαίου ὅτι ὁ ἄρχων ὑμῶν
TNep. 4 1 τάξας τὴν γῆν ἀοίκητον. ταῦτα λέγω τέκνα μου ὅτι * ἀνέγνων * ἐν γραφῇ ἁγίᾳ Ἐνὼχ ὅτι καίγε καὶ ὑμεῖς
TAser 7 5 οὖν ταῦτα τοῖς τέκνοις ὑμῶν μὴ ἀπειθεῖν αὐτῷ. * ἀνέγνων * γὰρ ἐν ταῖς πλαξὶ τῶν οὐρανῶν ὅτι ἀπειθοῦντες
Asen. 23 8 τῇ διανοίᾳ αὐτοῦ καὶ τοῖς ὀφθαλμοῖς αὐτοῦ καὶ * ἀνεγίνωσκε * <τὰ γεγραμμένα> ἐν τῇ καρδίᾳ τῶν ἀνθρώπων.
Jer. 7 19 λέγω Ἱερεμία δεῦρο λῦσον τὴν ἐπιστολὴν ταύτην καὶ * ἀνάγνωθι * αὐτὴν τῷ λαῷ λύσας οὖν τὴν ἐπιστολὴν ἀνέγνω
Jer. 7 19 καὶ ἀνάγνωθι αὐτὴν τῷ λαῷ λύσας οὖν τὴν ἐπιστολὴν * ἀνέγνω * αὐτὴν τῷ λαῷ. καὶ ἀκούσας ὁ λαὸς ἔκλαυσαν καὶ
Jer. 7 31 καὶ ἔδωκε τὴν ἐπιστολὴν τῷ Βαροὺχ καὶ λύσας * ἀνέγνω * καὶ κατεφίλησεν αὐτὴν καὶ ἔκλαυσε ἀκούσας διὰ τὰς
Bar. 6 8 καὶ ἦσαν γράμματα χρυσᾶ. καὶ εἶπέν μοι ὁ ἄγγελος * ἀνάγνωθι * ταῦτα. καὶ ἀνέγνων. καὶ ἔλεγον οὕτως οὔτε γῆ με
Bar. 6 8 χρυσᾶ. καὶ εἶπέν μοι ὁ ἄγγελος ἀνάγνωθι ταῦτα. καὶ * ἀνέγνων. * καὶ ἔλεγον οὕτως οὔτε γῆ με τίκτει οὔτε οὐρανὸς
Prop. 2 13 ἐσκέπασε τὸ ὄνομα καὶ οὐδεὶς νοεῖ τὸν τόπον οὔτε * ἀναγνῶναι * αὐτὸν <δύναται> ἕως σήμερον καὶ ἕως
Job 11 11 ἀνυπερθέτως προέφερον αὐτοῖς τὸ χειρόγραφον καὶ * ἀνεγίνωσκον * στέφανον ἐπιφερόμενος ἀφαιρήσεως λέγων ὅσον
Aris. 310 1 αὐτῶν μεταγράψαντα τὸν πάντα νόμον. καθὼς δὲ * ἀνεγνώσθη * τὰ τεύχη στάντες οἱ ἱερεῖς καὶ τῶν ἑρμηνέων οἱ
FJos. 23 15 καὶ ἐπεκαλεσάμην ἐν ὀνόματι ἀσβέστῳ τὸν θεόν μου; * ἀνέγνων * γὰρ ἐν ταῖς πλαξὶ τοῦ οὐρανοῦ ὅσα συμβήσεται
FEz. 64 70 15 ἡ κρίσις ἀργεῖ. τί οὖν ποιεῖ ὁ κριτὴς ὁ δίκαιος; * ἀναγνοὺς * ποίῳ τρόπῳ ἀμφότεροι ἐξεύχθησαν ἐπιτίθησι τὸν
FAch. 106 καὶ λάβε φόρους ἐτῶν δέκα ὑπέρ--- ὅλης τῆς χώρας. * ἀναγνοὺς * δὲ ὁ Λυκοῦργος τὴν ἐπιστολὴν περίλυπος ἐγένετο
FAch. 108 λαβὼν τὴν ἐπιστολὴν τοῦ τῶν Αἰγυπτίων βασιλέως * ἀνάγνωθι. * ὁ δὲ γνοὺς τὸ ζήτημα καὶ μειδιάσας φησίν
FAch. 122 ὁ δὲ Αἴσωπος ἐκβαλὼν τὸ χειρόγραφον <ψευδῆ> ἔφη * ἀνάγνωτε * τὸν κοινὸν τοῦτον. οἱ δὲ φίλοι τοῦ βασιλέως
HEup. 9 32 1 Οὐαφρῆς Σολομῶνι βασιλεῖ μεγάλῳ χαίρειν. ἅμα τῷ * ἀναγνῶναι * τὴν παρὰ σοῦ ἐπιστολὴν σφόδρα ἐχάρην καὶ
HEup. 9 34 1 εἵλετο ἄνθρωπον χρηστὸν ἐκ χρηστοῦ ἀνδρὸς ἅμα τῷ * ἀναγνῶναι * τὴν παρὰ σοῦ ἐπιστολὴν σφόδρα ἐχάρην καὶ
HHec. 1 22 189 παραλαβών τινας τῶν μεθ' ἑαυτοῦ τὴν διαφορὰν * ἀνέγνω * πᾶσαν αὐτοῖς εἶχε γὰρ τὴν κατοίκησιν αὐτῶν καὶ

ἀναγκάζω 6
Job 12 2 ἐξερχόμενος ἀπελθεῖν εἰς τὸν οἶκον αὐτοῦ λαμβάνειν * ἠναγκάζετο * παρ' ἐμοῦ λέγοντος ἐπίσταμαι ὅτι ἐργάτης εἶ
Aris. 151 4 διαστολῆς οὖν ἅπαντα ἐπιτελεῖν πρὸς δικαιοσύνην * ἀναγκάζει * τῷ σημειοῦσθαι διὰ τούτων ἔτι δὲ καὶ διότι
Aris. 178 5 ψυχῆς ἔντασις καὶ τὸ τῆς τιμῆς ὑπερτεῖνον δακρύειν * ἀναγκάζει * κατὰ τὰς ἐπιτυχίας. κελεύσας δὲ εἰς τάξιν
Aris. 258 6 παραπέμποι μηδὲ τοὺς ἄλλους ἀμισθὶ συντελεῖν * ἀναγκάζοι * τὰ πρὸς τὴν χρείαν. διανοούμενος γὰρ ὡς θεὸς
FAch. 102 ἐκπεμπόμενα τῷ Λυκούργῳ λύων προβλήματα εὐδοκεῖν * ἠνάγκαζεν * τὸν βασιλέα αὐτὸς δὲ διὰ τοῦ Λυκούργου ἔπεμπεν
HEup. 9 30 4 ἐπὶ Σούρωνα βασιλέα Τύρου καὶ Φοινίκης οὓς καὶ * ἀναγκάσαι * φόρους Ἰουδαίοις ὑποτελεῖν πρός τε Οὐαφρῆν

ἀναγκαῖος 12
Hen. 103 2 γὰρ τὰς πλάκας τοῦ οὐρανοῦ καὶ εἶδον τὴν γραφὴν * ἀναγκαίαν * ἔγνων τὰ γ<εγραμμέ>να ἐν αὐταῖς καὶ
Job 6 3 ἀλλ' εἴπατε ὅτι οὐ σχολάζει περὶ γὰρ πράγματος * ἀναγκαίου * ἔνδον ἐστίν. καὶ ἐμοῦ ἔνδον ὄντος, ὁ Σατανᾶς
Job 40 13 καὶ τῆς δόξης γυνή, ὅτι οὐ κατηξιώθη ταφῆς * ἀναγκαίας. * τὸν μὲν οὖν θρῆνον τὸν ἐπ' αὐτῇ γενόμενον
Aris. 83 1 ὑπολαμβάνων οὖν καὶ τούτων τὴν ἀναγραφὴν * ἀναγκαίαν * εἶναι δεδήλωκά σοι. τὰ δ' ἑξῆς περιέχει τὴν
Aris. 110 4 χρειῶν ὁμοίως δι' ἐγγράπτων διαστολὰς ἔδωκεν ἐὰν * ἀναγκαῖον * ᾖ κατακαλέσαι διακρίνειν ἐν ἡμέραις πέντε. πρὸ
Aris. 197 6 ὁ θεὸς δὲ τὴν εὐψυχίαν δίδωσιν ὃν ἱκετεύειν * ἀναγκαῖον. * φιλοφρονηθεὶς δὲ καὶ τοῦτον καλῶς εἶπεν
Aris. 205 5 ὁ θεὸς πᾶσιν αἴτιος ἀγαθῶν ἐστιν ᾧ κατακολουθεῖν * ἀναγκαῖον. * ἐπαινέσας δὲ ὁ βασιλεὺς τοῦτον ἕτερον ἐπηρώτα
Aris. 209 2 δὲ τοῦτον ἐπυνθάνετο τοῦ κατὰ τὸ ἑξῆς τίς * ἀναγκαιότατος * τρόπος βασιλείας; τὸ συντηρεῖν εἶπεν αὐτὸν
Aris. 254 4 καὶ χωρὶς ὀργῆς ἁπάσης τούτῳ δὲ κατακολουθεῖν * ἀναγκαῖόν * ἐστί σε ἔφησεν ὦ βασιλεῦ. καλῶς δὲ
Aris. 265 2 δὲ αὐτὸν ἄλλον ἠρώτα τίς ἐστι βασιλεῖ κτῆσις * ἀναγκαιοτάτη; * τῶν ὑποτεταγμένων φιλανθρωπία καὶ ἀγάπησις
FAch. 107 ποτοῦ μετέλαβεν. ἐπιγνοὺς οὖν ὁ στρατοφύλαξ τὰς * ἀναγκαίας * χρείας τοῦ βασιλέως ἠθέλησεν τὸ ἑαυτοῦ
HCal. 24 20 ἐριστικῶς ἔχειν τὸ θανεῖν ὡς ἄν τις εἴποι πρὸς * ἀναγκαῖόν * τι χρῆμα τούτοις ἀπέρχεσθαι. ἐξέστησαν γὰρ

ἀνάγκη 23
Adam 25 2 τοῦ τεκεῖν καὶ ἀπολέσεις τὴν ζωήν σου ἐκ τῆς * ἀνάγκης * σου τῆς μεγάλης καὶ τῶν ὀδυνῶν. ἐξομολογήσει δὲ
Hen. 1 1 ἐκλεκτοὺς δικαίους οἵτινες ἔσονται εἰς ἡμέραν * ἀνάγκης * ἐξᾶραι πάντας τοὺς ἐχθροὺς καὶ σωθήσονται

Hen. 100 7 οἱ ἄδικοι ὅταν ἐκθλίβητε τοὺς δικαίους ἐν ἡμέρᾳ * ἀνάγκης * στερεᾶς καὶ φυλάξητε αὐτοὺς ἐν πυρὶ ὅτι
Hen. 103 8 ᾄδου κατάξουσιν τὰς ψυχὰς ὑμῶν καὶ ἐκεῖ ἔσονται ἐν * ἀνάγκῃ * μεγάλῃ καὶ ἐν σκότει καὶ ἐν παγίδι καὶ ἐν φλογὶ
Hen. 106 9 ἐλήλυθας πρὸς ἐμὲ τέκνον; καὶ ἀπεκρίθη λέγων δι᾽ * ἀνάγκην * μεγάλην ἦλθον ὧδε πάτερ καὶ νῦν ἐγεννήθη τέκνον
TJos. 2 4 αὐτὸν οὐκ ἐν σκότει ἢ δεσμοῖς ἢ θλίψεσιν ἢ * ἀνάγκαις * οὐ γὰρ ὡς ἄνθρωπος ἐπαισχύνεται ὁ θεὸς οὐδὲ ὡς
Sal. 5 6 εἶ. μὴ βαρύνῃς τὴν χεῖρά σου ἐφ᾽ ἡμᾶς ἵνα μὴ δι᾽ * ἀνάγκην * ἁμάρτωμεν. καὶ ἐὰν μὴ ἐπιστρέψῃς ἡμᾶς οὐκ
Sedr. 10 4 τῶν ἀκρονύχων καὶ ἀπὸ πάντων μελῶν καὶ ἔστι μεγάλη * ἀνάγκη * τοῦ χωρισθῆναι ἀπὸ τοῦ σώματος καὶ ἀποσπασθῆναι
Job 10 3 καὶ εἴ τις ξένος προήρχετο αἰτῆσαι ἐλεημοσύνην, * ἀνάγκην * εἶχεν τρέφεσθαι ἐν τῇ τραπέζῃ πρὶν ἢ λαβεῖν τὴν
Job 12 3 εἶ ἄνθρωπος προσδοκῶν καὶ ἀναμένων σου τὸν μισθὸν * ἀνάγκην * ἔχεις λαβεῖν. καὶ οὐκ ἐῶν μισθὸν μισθωτοῦ
Aris. 104 3 τὸ τοιοῦτον τοὺς γὰρ πάντας ὁμωμοκέναι κατ᾽ * ἀνάγκην * ἐπιτελουμένους θείως τὸ κατὰ τὸν ὁρκισμὸν πρᾶγμα
Sib. 3 101 ἀστερόεντα αὐτίκα δ᾽ ἀθάνατος μεγάλην ἐπέθηκεν * ἀνάγκην * πνεύμασιν αὐτὰρ ἔπειτ᾽ ἄνεμοι μέγαν ὑψόθι πύργον
Sib. 3 184 ἀδίκοιο. αὐτίκα δ᾽ ἐν τούτοις ἀσεβείας ἔσσετ᾽ * ἀνάγκη * ἄρσην δ᾽ ἄρσενι πλησιάσει στήσουσί τε παῖδας
Sib. 3 296 ἔνθεον ὕμνον καὶ λιτόμην γενετῆρα μέγαν παύσασθαι * ἀνάγκης * καὶ πάλι μοι μεγάλοιο θεοῦ φάτις ἐν στήθεσσιν
Sib. 3 327 καὶ χαλεποῦ δεινὴ κρίσις ἔσσεται αὖτις καὶ κατ᾽ * ἀνάγκην * πάντες ἐλεύσεσθ᾽ εἰς ⟨τὸν⟩ ὄλεθρον ἀνθ᾽ ὧν
Sib. 3 378 ὀργὴ ἄνοια φεύξετ᾽ ἀπ᾽ ἀνθρώπων πενίη καὶ φεύξετ᾽ * ἀνάγκη+ * καὶ φόνος οὐλόμεναί τ᾽ ἔριδες καὶ νείκεα λυγρὰ
Sib. 3 525 ἀθέσμως πολλὰ δὲ σώματα δοῦλα πρὸς ἄλλην γαῖαν * ἀνάγκῃ * ἄξουσιν καὶ τέκνα βαθυζώνους τε γυναῖκας ἐκ
Sib. 3 572 ἀτέλεστα. πάντα τελεσθῆναι κρατερὴ δ᾽ ἐπικείσετ᾽ * ἀνάγκη. * εὐσεβέων ἀνδρῶν ἱερὸν γένος ἔσσεται αὖτις
Sib. 4 114 μέλαν ὕδωρ+. Ἀρμενίη καὶ σοὶ δὲ μένει δούλειος * ἀνάγκη * ἥξει καὶ Σολύμοισι κακὴ πολέμοιο θύελλα Ἰταλόθεν
FPho. 51 ἀγόρευε. ὅστις ἑκὼν ἀδικεῖ κακὸς ἀνήρ ἢν δ᾽ ὑπ᾽ * ἀνάγκης * οὐκ ἐρέω τὸ τέλος. βουλὴ δ᾽ εὐθύνεθ᾽ ἑκάστου. μὴ
FPho. 133 ἄνδρ᾽ ἀνέλεγκτον ἀλλὰ χρὴ κακοεργὸν ἀποτρωπᾶσθαι * ἀνάγκηι. * πολλάκι συνθνήισκουσι κακοῖσ᾽ οἱ συμπαρέοντες.
LAri. 7 32 17 ὠνόμασαν ζῳοφόρου κύκλου διεξιόντος ἡλίου. ἐξ * ἀνάγκης * τῇ τῶν διαβατηρίων ἑορτῇ μὴ μόνον τὸν ἥλιον
LAri. 7 32 18 κατὰ τὸ ἐαρινὸν ἰσημερινὸν ὁ ἥλιος τμῆμα ἡ δὲ ἐξ * ἀνάγκης * κατὰ τὸ φθινοπωρινὸν ἰσημερινὸν ἡ σελήνη.
ἀναγλυφή 2
Aris. 58 2 παλαιστιαίαν κυκλόθεν τὰ δὲ κυμάτια στρεπτὰ τὴν * ἀναγλυφὴν * ἔχοντα σχοινίδων ἔκτυπον τῇ τορείᾳ θαυμαστῶς
Aris. 62 4 διάλιθος ἐκτύπωσιν ἔχουσα προοχῆς συνεχέσιν * ἀναγλυφαῖς * ῥαβδωταῖς πυκνὴν ἐχούσαις τὴν πρὸς ἄλληλα
ἄναγνος 13
Sib. 3 171 πολυχρύσων. αὐτὰρ ἔπειθ᾽ Ἕλληνες ὑπερφίαλοι καὶ * ἄναγνοι * +ἄλλο+ Μακηδονίης ἔθνος μέγα ποικίλον ἄρξει οἵ
Sib. 3 203 ἠδ᾽ ἀγέρωχοι ἔσσονται βασιλῆες ὑπερφίαλοι καὶ * ἄναγνοι * κλεψίγαμοι καὶ πάντα κακοὶ καὶ οὐκέτι θνητοῖς
Sib. 3 496 ἔτ᾽ ἔσται ἀντ᾽ ἀδίκου γλώττης ἀνόμου τε βίου καὶ * ἀνάγνου * ὃν κατέτριψαν πάντες ἀνοίγοντες στόμ᾽ ἄναγνον
Sib. 3 497 καὶ ἀνάγνου ὃν κατέτριψαν πάντες ἀνοίγοντες στόμ᾽ * ἄναγνον * καὶ δεινοὺς διέθεντο λόγους ψευδεῖς τ᾽ ἀδίκους
Sib. 3 596 εἰσίν κοὐδὲ πρὸς ἀρσενικοὺς παῖδας μίγνυνται * ἀνάγνως * ὅσσα τε Φοίνικες Αἰγύπτιοι ἠδὲ Λατῖνοι Ἑλλάς τ᾽
Sib. 3 695 ἀπείρονα γαῖαν ἵξεται ὀλλυμένων ἀνδρῶν καὶ πάντες * ἄναγνοι * αἵματι λούσονται πίεται δέ τε γαῖα καὶ αὐτὴ
Sib. 5 224 δώσειε πάσασθαι ὥστε φαγεῖν σάρκας γονέων βασιλῆος * ἀνάγνου. * πᾶσι γὰρ ἀνθρώποισι φόνος καὶ δείματα κεῖται
Sib. 5 299 αἰθέρι ναίων οὐρανόθεν πρηστῆρα βαλεῖ κατὰ κρατὸς * ἀνάγνου. * ἀντὶ δὲ χειμῶνος θέρος ἔσσεται ἤματι τῷδε. καὶ
Sib. 5 387 τε κακούργου οἳ τὸ πάλαι παίδων κοίτην ἐπορίζετ᾽ * ἀνάγνως * καὶ τέγεσιν πόρνας ἐστήσατε τὰς πάλαι ἁγνὰς
Sib. 5 399 οἶκον πρηνηδὸν πυρὶ τεγγόμενον διὰ χειρὸς * ἀνάγνου * οἶκον ἀεὶ θάλλοντα θεοῦ τηρήμονα ναὸν ἐξ ἁγίων
Sib. 5 408 νῦν δέ τις ἐξαναβὰς ἀφανὴς βασιλεὺς καὶ * ἄναγνος * ταύτην ἔρριψεν καὶ ἀνοικοδόμητον ἀφῆκεν σὺν
Sib. 5 439 σε δεινοὶ πάντα κρατεῖν ἐποίησαν. ἔχε στόμα φιμῷ * ἄναγνε * Χαλδαίων γενεὴ μήτ᾽ εἴρεο μηδὲ μερίμνα πῶς Περσῶν
Sib. 5 479 βαπτισθείη πολλῶν γὰρ μερόπων εἶδεν κακότητας * ἀνάγνους. * ἔσται δὲ σκοτόμαινα περὶ μέγαν οὐρανὸν αὐτὸν
ἀναγνωρίζω 1
TBen. 2 1 ὅ ἐστι Βενιαμίν. ὅτε οὖν εἰσῆλθον εἰς Αἴγυπτον καὶ * ἀνεγνώρισέ * με Ἰωσὴφ ὁ ἀδελφός μου λέγει μοι τί εἶπον τῷ
ἀνάγνωσις 3
Aris. 127 3 διὰ τῆς ἀκροάσεως πολλῷ μᾶλλον ἢ διὰ τῆς * ἀναγνώσεως. * προτιθέμενος οὖν ταῦτα καὶ τὰ τούτοις
Aris. 283 4 τὸν πλείω χρόνον διάγειν; ὁ δὲ εἶπεν ἐν ταῖς * ἀναγνώσεσι * καὶ ἐν ταῖς τῶν πορειῶν ἀπογραφαῖς διατρίβειν
Aris. 305 4 ὡς ἂν εὔξωνται πρὸς τὸν θεὸν ἐτρέποντο πρὸς τὴν * ἀνάγνωσιν * καὶ τὴν ἑκάστου διασάφησιν. ἐπηρώτησα δὲ καὶ
ἀναγνώστης 1
Jer. 5 18 ποῦ ἔστιν ὁ Ἱερεμίας ὁ ἱερεὺς καὶ Βαροὺχ ὁ * ἀναγνώστης * καὶ πᾶς ὁ λαὸς τῆς πόλεως ταύτης ὅτι οὐχ
ἀναγορεύω 1
FMos. 8 163 20 διαβόλου κατὰ τοῦ Μωϋσέως βλασφημοῦντος καὶ φονέα * ἀναγορεύοντος * διὰ τὸ πατάξαι τὸν Αἰγύπτιον οὐκ ἐνεγκὼν
ἀναγραφή 4
Aris. 6 2 σοι περὶ ὧν ἐνόμιζον ἀξιομνημονεύτων εἶναι τὴν * ἀναγραφὴν * ἣν μετελάβομεν παρὰ τῶν κατὰ τὴν λογιωτάτην
Aris. 83 1 τεχνῶν ἐνέργειαν. ὑπολαμβάνων οὖν καὶ τούτων τὴν * ἀναγραφὴν * ἀναγκαίαν εἶναι δεδήλωκά σοι. τὰ δ᾽ ἑξῆς
Aris. 296 5 οἴομαι δὲ καὶ πᾶσι τοῖς παραληψομένοις τὴν * ἀναγραφὴν * ἄπιστον φανεῖται. ψεύσασθαι μὲν οὖν οὐ καθῆκόν
Aris. 302 4 τὸ δὲ ἐκ τῆς συμφωνίας γινόμενον πρεπόντως * ἀναγραφῆς * οὕτως ἐτύγχανε παρὰ τοῦ Δημητρίου. καὶ μέχρι
ἀναγράφω 13
Hen. 104 10 καὶ πλάσσουσιν πλάσματα μεγάλα καὶ τὰς γραφὰς * ἀναγράφουσιν * ἐπὶ τοῖς ὀνόμασιν αὐτῶν καὶ ὄφελον πάντας
Abr.2 11 4 καὶ ἀπέστειλεν δὲ αὐτὸν ὁ κύριος ἐνταῦθα ὅπως * ἀναγράφεται * τὰς ἁμαρτίας καὶ τὰς δικαιοσύνας ἑκάστου.
TBen. 11 4 ἐν στόματι πάντων καὶ ἐν βίβλοις ἁγίαις ἔσται * ἀναγραφόμενος * καὶ τὸ ἔργον καὶ ὁ λόγος αὐτοῦ καὶ ἔσται
Job 41 6 ἐν τῷ Σατανᾷ ἐξεῖπέν μοι λόγους θρασεῖς, οἵτινες * ἀναγεγραμμένοι * εἰσὶν ἐν τοῖς παραλειπομένοις τοῦ Ελιφα.
Job 50 3 ἴχνος ἡμέρας καταλαβεῖν τῆς πατρικῆς δόξης εὑρήσει * ἀναγεγραμμένα * ἐν ταῖς εὐχαῖς τῆς Ἀμαλθείας κέρας. μετὰ
Job 51 4 ἐγὼ τὰ μεγαλεῖα μιᾶς ὑποσημειουμένης τῇ μιᾷ καὶ * ἀνεγραψάμην * τὸ βιβλίον ὅλον πλείστων σημειώσεων τῶν
Aris. 283 5 ἀπογραφαῖς διατρίβειν ὅσαι πρὸς τοὺς βασιλεῖς * ἀναγεγραμμέναι * τυγχάνουσι πρὸς ἐπανόρθωσιν καὶ διαμονὴν
Aris. 297 2 ψεύσασθαι μὲν οὖν οὐ καθῆκόν ἐστι περὶ τῶν * ἀναγραφομένων * εἰ δὲ καί τι παραβαίην οὐχ ὅσιον ἐν
Aris. 297 6 ἀποδεξάμενος αὐτῶν τὴν τοῦ λόγου δύναμιν παρὰ τῶν * ἀναγραφομένων * ἕκαστα τῶν γινομένων ἔν τε τοῖς
Aris. 298 4 ἄρξηται χρηματίζειν μέχρις οὗ κατακοιμηθῇ πάντα * ἀναγράφεσθαι * τὰ λεγόμενα καὶ πρασσόμενα καλῶς γινομένου
Aris. 300 1 τὸ πεπραγμένον. πάντ᾽ οὖν ἀκριβῶς παρὰ τῶν * ἀναγεγραμμένων * ὡς ἐλέχθη μεταλαβόντες κατακεχωρίκαμεν
Aris. 316 3 μετέλαβον ἐγὼ διότι παραφέρειν μέλλοντός τι τῶν * ἀναγεγραμμένων * ἐν τῇ βίβλῳ πρός τι δρᾶμα τὰς ὄψεις
Aris. 322 5 πειράσομαι δὲ καὶ τὰ λοιπὰ τῶν ἀξιολόγων * ἀναγράφειν * ἵνα διαπορευόμενος αὐτὰ κομίζῃ τοῦ βουλήματος
ἀνάγω 21
Hen. 28 3 δαψιλὴς ὡς πρὸς βορρᾶν ἐπὶ δυσμῶν πάντοθεν * ἀνάγει * ὕδωρ καὶ δρόσον. ἔτι ἐκεῖθεν ἐπορεύθην εἰς ἄλλον
Abr.1 8 5 σε ἐγκατέλειπα ἐπὶ τῆς γῆς; ἐγώ εἰμι ὁ θεός σου ὁ * ἀναγαγών * σε εἰς τὴν γῆν τῆς ἐπαγγελίας σου ὁ εὐλογήσας
Abr.1 10 15 θάνατον τῶν ἁμαρτωλῶν ἕως οὗ ἐπιστρέψαι καὶ ζῆσαι * ἀνάγαγε * ⟨δὲ⟩ τὸν Ἀβραὰμ ἐν τῇ πρώτῃ πύλῃ τοῦ οὐρανοῦ
Abr.2 10 2 πῶς κρίνει. τότε Μιχαὴλ ἐποίησεν τὴν νεφέλην * ἀναγαγεῖν * τὸν Μιχαὴλ καὶ τὸν Ἀβραὰμ ἐν τόπῳ ᾧ ἐστιν
TSim. 8 2 ἐτῶν. καὶ ἔθηκαν αὐτὸν ἐν θήκῃ ξύλων ἀσήπτων τοῦ * ἀναγαγεῖν * τὰ ὀστᾶ αὐτοῦ ἐν Χεβρών. καὶ ἀνήνεγκαν αὐτὰ ἐν
TLevi 9 12 θυσίαν νίπτου. δώδεκα δένδρων ἀεὶ ἐχόντων φύλλα * ἄναγε * κυρίῳ ὡς κἀμὲ Ἀβραὰμ ἐδίδαξεν. καὶ παντὸς ζῴου
TJud. 23 5 τοῦ θεοῦ καὶ ἐπισκέψηται ὑμᾶς κύριος ἐν ἐλέει καὶ * ἀναγάγῃ * ἀπὸ τῆς αἰχμαλωσίας τῶν ἐχθρῶν ὑμῶν. καὶ μετὰ
TJud. 26 3 ὅτι ταῦτα μέλλουσι ποιεῖν οἱ βασιλεύοντες καὶ * ἀναγάγετέ * με εἰς Χεβρὼν μεθ᾽ ὑμῶν. καὶ ταῦτα εἰπὼν
TIss. 7 8 ἐν ἁπλότητι καρδίας. καὶ ἐνετείλατο αὐτοῖς ὅπως * ἀναγάγωσιν * αὐτὸν ἐν Χεβρὼν κἀκεῖ αὐτὸν θάψωσιν ἐν τῷ
TZab. 10 7 καὶ ἔθηκαν αὐτόν οἱ υἱοὶ αὐτοῦ ἐν θήκῃ ὕστερον δὲ * ἀναγαγόντες * αὐτὸν εἰς Χεβρὼν ἔθαψαν μετὰ τῶν πατέρων
TGad 8 5 πόδας αὐτοῦ ἐκοιμήθη ἐν εἰρήνῃ. καὶ μετὰ πέντε ἔτη * ἀνήγαγον * αὐτὸν καὶ ἔθαψαν αὐτὸν εἰς Χεβρὼν μετὰ τῶν
TAser 8 2 ἐποίησαν οἱ υἱοὶ αὐτοῦ ὡς ἐνετείλατο αὐτοῖς καὶ * ἀναγαγόντες * αὐτὸν ἔθαψαν μετὰ τῶν πατέρων αὐτοῦ.
TJos. 1 4 ἐφύλαξέ με εἰς λάκκον με ἐχάλασαν καὶ ὁ ὕψιστος * ἀνήγαγέ * με ἐπράθην εἰς δοῦλον καὶ ὁ κύριος ἐλευθέρωσέ με
TJos. 20 2 ὑμῶν. ἀλλὰ συνανοίσετε τὰ ὀστᾶ μου μεθ᾽ ὑμῶν ὅτι * ἀναγομένων * τῶν ὀστέων μου κύριος ἐν φωτὶ ἔσται μεθ᾽ ὑμῶν
TJos. 20 3 μετὰ τῶν Αἰγυπτίων. καὶ Ζέλφαν τὴν μητέρα ὑμῶν * ἀναγάγετε * καὶ ἐγγὺς Βάλλας παρὰ τὸν ἱππόδρομον πλησίον
TBen. 12 3 Ἰσραὴλ εἰς Αἴγυπτον αὐτοὶ καὶ οἱ ἀδελφοὶ αὐτῶν * ἀνήγαγον * τὰ ὀστᾶ τῶν πατέρων αὐτῶν ἐν κρυφῇ ἐν τῷ πολέμῳ
Asen. 15 12 ἐξαπέστειλέ σε τοῦ ῥύσασθαί με ἐκ τοῦ σκότους καὶ * ἀναγαγεῖν * με ἀπὸ τῶν θεμελίων τῆς ἀβύσσου καὶ
Aris. 153 3 πάντα γὰρ ὅσα διχηλεῖ καὶ μηρυκισμὸν * ἀνάγει * σαφῶς τοῖς νοοῦσιν ἐκτίθεται τὸ τῆς μνήμης. ἡ γὰρ
FJub. 11 17 ἀλλ᾽ ἐπὶ τὸν γενεσιουργὸν ἐκ τῆς τῶν κτισμάτων * ἀναχθεὶς * καλλονῆς θείας ἐλλάμψεως ἠξιώθη ἔτι διατρίβων
FJub. 17 15 ἐλαιῶν. τὸν Ἰσαὰκ ἐτῶν κ ε᾽ εἶναι ὅτε πρὸς θυσίαν * ἀνήχθη. * Μαστιφὰμ ὁ ἄρχων τῶν δαιμονίων προσελθὼν τῷ θεῷ
HDem. 9 19 4 προστάξαι Ἰσαὰκ τὸν υἱὸν ὁλοκαρπῶσαι αὐτῷ. τὸν δὲ * ἀναγαγόντα * τὸν παῖδα ἐπὶ τὸ ὄρος πυρὰν νῆσαι καὶ
ἀναδείκνυμι 3
TJos. 2 7 ψυχῆς τὸ διαβούλιον. ἐν δέκα πειρασμοῖς δόκιμόν με * ἀνέδειξε * καὶ ἐν πᾶσιν αὐτοῖς ἐμακροθύμησα ὅτι μέγα
Sib. 3 15 ἀνθρώπου φαίνει τύπος οὐδ᾽ ἐλέφαντος ἀλλ᾽ αὐτὸς * ἀνέδειξεν * αἰώνιος αὐτὸς ἑαυτὸν ὄντα τε καὶ πρὶν ἐόντα
FAch. 101 αὐτοῦ τὴν φιλοσοφίαν μέγας παρὰ τοῖς Βαβυλωνίοις * ἀνεδείχθη * ὥστε καὶ τὸν βασιλέα ἐραστὴν αὐτοῦ γενέσθαι
ἀναδέχομαι 2
TLevi 16 3 ἀνάστημα τὸ ἀθῷον αἷμα ἐν κακίᾳ ἐπὶ κεφαλὰς ὑμῶν * ἀναδεχόμενοι. * δι᾽ αὐτὸν ἔσται τὰ ἅγια ὑμῶν ἔρημα ἕως
Prop. 4 21B ἐπὶ γῆς ὁ θεὸς φανεὶς ὡς ἄνθρωπος καὶ εἰς ἑαυτὸν * ἀναδέξεται * ἀνομίας τῆς γῆς ἐν τῷ ἀνασκολοπίζεσθαι αὐτὸν
ἀναδέω 1
Aris. 63 7 καρπῶν διατύπωσιν ἔχοντας ἑκάστου γένους τὴν χρόαν * ἀνέδησαν * τῷ χρυσίῳ κύκλῳ περὶ ὅλην τὴν τῆς τραπέζης
ἀναζάω 3
Asen. 19 10 τὸν Ἰωσὴφ καὶ ἠσπάσαντο ἀλλήλους ἐπιπολὺ καὶ * ἀνέζησαν * ἀμφότεροι τῷ πνεύματι αὐτῶν. καὶ κατεφίλησεν ὁ
Jer. 7 17 ἀετός. καὶ κατῆλθεν ὁ ἀετὸς ἐπὶ τὸν τεθνηκότα καὶ * ἀνέζησε. * γέγονε δὲ τοῦτο ἵνα πιστεύσωσιν. ἐθαύμασε δὲ
Prop. 22 20 ὡς ἥψατο τῶν ὀστέων τοῦ Ἐλισαίου ὁ νεκρὸς εὐθὺς * ἀνέζησεν. * Ζαχαρίας ἐξ Ἱερουσαλὴμ υἱὸς Ἰωδαὲ τοῦ ἱερέως
ἀναζητέω 2
Abr.2 9 7 καὶ ἀποκριθεὶς Μιχαὴλ εἶπεν τῷ Ἀβραὰμ ἀπελθόντες * ἀναζητήσωμεν * ἐν ταῖς ψυχαῖς ταύταις καὶ ἐὰν εὕρωμεν

Abr.2 10 11 βίβλον ἐκ τῶν δύο τῶν οὐσῶν ἐκ τῶν Χερουβιμ καὶ * ἀνεζήτησεν * τῆς ψυχῆς τὴν ἁμαρτίαν. καὶ ἀποκριθεὶς ὁ ἀνὴρ
ἀναζωοποιέω 4
Abr.1 18 11 ὁ θεὸς πνεῦμα ζωῆς ἐπὶ τοὺς τελευτήσαντας καὶ * ἀνεζωοποιήθησαν * τότε οὖν ὁ δίκαιος Ἀβραὰμ ἔδωκεν δόξαν
Asen. 8 9 καὶ ἀνάπλασον αὐτὴν τῇ χειρί σου τῇ ⟨κρυφαίᾳ⟩ καὶ * ἀναζωοποίησον * αὐτὴν τῇ ζωῇ σου καὶ φαγέτω ἄρτον ζωῆς σου
Asen. 15 5 ἀπὸ τῆς σήμερον ἀνακαινισθήσῃ καὶ ἀναπλασθήσῃ καὶ * ἀναζωοποιηθήσῃ * καὶ φαγεῖς ἄρτον εὐλογημένον ζωῆς καὶ
Asen. 27 10 καὶ ἐφοβήθη σφόδρα καὶ εἶπεν κύριε ὁ θεός μου ὁ * ἀναζωοποιήσας * με καὶ ῥυσάμενός με ἐκ τῶν εἰδώλων καὶ τῆς
ἀναθεματίζω 6
Hen. 6 4 οὖν αὐτῷ πάντες ὀμόσωμεν ὅρκῳ πάντες καὶ * ἀναθεματίσωμεν * πάντες ἀλλήλους μὴ ἀποστρέψαι τὴν γνώμην
Hen. 6 5 τὸ πρᾶγμα τοῦτο. τότε ὤμοσαν πάντες ὁμοῦ καὶ * ἀνεθεμάτισαν * ἀλλήλους ἐν αὐτῷ----- καὶ ταῦτα τὰ ὀνόματα
Hen. 6B 4 αὐτῷ πάντες καὶ εἶπον, ὀμόσωμεν ἅπαντες ὅρκῳ καὶ * ἀναθεματίσωμεν * ἀλλήλους τοῦ μὴ ἀποστρέψαι τὴν γνώμην
Hen. 6B 5 οὗ ἀποτελέσωμεν αὐτήν. τότε πάντες ὤμοσαν ὁμοῦ καὶ * ἀνεθεμάτισαν * ἀλλήλους. ἦσαν δὲ οὗτοι διακόσιοι οἱ
Hen. 6B 6 καὶ ἐκάλεσαν τὸ ὄρος Ἑρμὼμ καθότι ὤμοσαν καὶ * ἀνεθεμάτισαν * ἀλλήλους ἐν αὐτῷ. καὶ ταῦτα τὰ ὀνόματα τῶν
Hen. 90 1 ἐφοβοῦντο αὐτόν. παρὰ δὲ τοῦ ὄρους ἐν ᾧ ὤμοσαν καὶ * ἀνεθεμάτισαν * πρὸς τὸν πλησίον αὐτῶν ὅτι εἰς τὸν αἰῶνα οὐ
ἀνάθεσις 2
Aris. 42 6 ἀργυρᾶς τριάκοντα κρατῆρας πέντε καὶ τράπεζαν εἰς * ἀνάθεσιν * καὶ εἰς προσαγωγὴν θυσιῶν καὶ εἰς ἐπισκευὰς ὧν
Aris. 320 6 φιάλας καὶ τρύβλια καὶ κρατῆρας χρυσοῦς δύο πρὸς * ἀνάθεσιν. * ἔγραψε δὲ καὶ παρακαλῶν ἵνα ἐάν τινες τῶν
ἀνάθημα 2
Aris. 40 4 σοι καὶ κομίζοντας ἀπαρχὰς εἰς τὸ ἱερὸν * ἀναθημάτων * καὶ εἰς θυσίας καὶ τὰ ἄλλα ἀργυρίου τάλαντα
HHec. 1 22 199 νύκτας καὶ τὰς ἡμέρας. ἄγαλμα δ᾽ οὐκ ἔστιν οὐδ᾽ * ἀνάθημα * τὸ παράπαν οὐδὲ φύτευμα παντελῶς οὐδὲν οἷον
Ἀναθώθ 1
Prop. 2 1 ὁ θεὸς ἀπὸ τῆς ἡμέρας ἐκείνης. Ἱερεμίας ἦν ἐξ * Ἀναθὼθ * καὶ ἐν Τάφναις Αἰγύπτου λίθοις βληθεὶς ὑπὸ τοῦ
ἀναιάζω 3
Sib. 5 137 θηρῶν μορφάς ποτε γεννᾶν+. Ἑλλάδα τὴν τριτάλαιναν * ἀναιάξουσι * ποιηται ἠνίκ᾽ ἀπ᾽ Ἰταλίης ἰσθμοῦ πλήξειε
Sib. 5 312 ἀλλὰ μενεῖ νεκρὰ ἐν νάμασι +κυμήοισιν+ καὶ τότ᾽ * ἀναιάξουσιν * ὁμοῦ κακότητα μένοντες. εἰδήσει σημεῖον ἔχων
Sib. 5 315 Κυμαίων δῆμος χαλεπὸς καὶ φῦλον ἀναιδές. εἶθ᾽ ὅτ᾽ * ἀναιάξουσι * κακὴν χθόνα τεφρωθεῖσαν Λέσβος ὑπ᾽ Ἠριδανοῦ
ἀναίδεια 1
Sib. 4 36 τε καὶ ἤθεα ἀνέρες ἄλλοι οὔποτε μιμήσονται * ἀναιδείην * ποθέοντες ἀλλ᾽ αὐτοὺς χλεύῃ τε γέλωτί τε
ἀναιδής 13
TGad 6 7 τιμήσει σε καὶ φοβηθήσεται καὶ εἰρηνεύσει. ἐὰν δὲ * ἀναιδὴς * ἐστι καὶ ἐνίσταται τῇ κακίᾳ καὶ οὕτως ἄφες αὐτῷ
TJos. 2 2 μοι τὸν οἶκον αὐτοῦ. καὶ ἠγωνισάμην πρὸς γυναῖκα * ἀναιδῆ * ἐπείγουσάν με παρανομεῖν μετ᾽ αὐτῆς ἀλλ᾽ ὁ θεὸς
Sib. 3 40 ἔνι μεμανημένος οἶστρος αὐτοῖς ἁρπάζοντες * ἀναιδέα * θυμὸν ἔχοντες οὐδεὶς γὰρ πλουτῶν καὶ ἔχων ἄλλῳ
Sib. 3 466 αἷμα πολύστονον οὐκ ἀλαπαδνὸν πουλυθρύλλητόν τε * ἀναιδέα * σε κεραΐξει. καὶ δ᾽ αὐτὴ θερμῇσι παρὰ σποδιῇσι
Sib. 3 814 καθ᾽ Ἑλλάδα πατρίδος ἄλλης ἐξ Ἐρυθρῆς γεγαυῖαν * ἀναιδέα * οἱ δέ με Κίρκης μητρὸς καὶ Γνωστοῖο πατρὸς
Sib. 5 143 ταλαίνῃ. φεύξεται ἐκ Βαβυλῶνος ἄναξ φοβερὸς καὶ * ἀναιδὴς * ὃν πάντες στυγέουσι βροτοὶ καὶ φῶτες ἄριστοι
Sib. 5 181 τένοντας ἐν σοὶ πυραμίδες φωνὴν φθέγξονται * ἀναιδῆ. * +Πυθὼν+ ἡ τὸ πάλαι δίπολις κληθεῖσα δικαίως
Sib. 5 192 μόνη καὶ πάντ᾽ ἀποτίσεις ὅσσα τὸ πρόσθεν ἔρεξας * ἀναιδέα * θυμὸν ἔχουσα. +καὶ κοπετὸν ὄψονται ἀθέσμων
Sib. 5 302 ἔσται +ἄνδρεσσι+ βροτοῖσιν ἐξολέσει γὰρ πάντας * ἀναιδέας * ὑψικέραυνος βρονταῖς τε στεροπαῖς τε κεραυνοῖς
Sib. 5 314 ἀνθ᾽ ὧν ἐμόγησεν Κυμαίων δῆμος χαλεπὸς καὶ φῦλον * ἀναιδές. * εἶθ᾽ ὅτ᾽ ἀναιάξουσι κακὴν χθόνα τεφρωθεῖσαν
Sib. 5 359 ἐξαπολέσσῃ πᾶν γένος ἀνθρώπων +βίοτον+ καὶ φῦλον * ἀναιδὲς * δεῖ στέργειν γενετῆρα θεὸν σοφὸν αἰὲν ἐόντα.
Sib. 5 459 παύσετ᾽ ὄλεθρος Αἰγύπτου βασιλῆες ὅταν μιχθῶσιν * ἀναιδεῖς * Παμφύλων γενεαὶ δ᾽ εἰς Αἴγυπτον καθεδοῦνται ἐν
Sib. 5 504 ἄφθιτος ⟨ἐμ⟩βιοτεύειν. ἀλλ᾽ ὅταν ἐκπρολιπόντες * ἀναιδέα * φῦλα Τριβαλλῶν Αἰθίοπες μέλλωσ᾽ +Αἴγυπτον ἐήν
ἀναίμακτος 1
TLevi 3 6 προσφέρουσι δὲ κυρίῳ ὀσμὴν εὐωδίας λογικὴν καὶ * ἀναίμακτον * προσφοράν. ἐν δὲ τῷ ὑποκάτω εἰσὶν οἱ ἄγγελοι
ἀναίρεσις 6
TJud. 23 3 ἀπώλειαν καὶ σφακελισμὸν ὀφθαλμῶν νηπίων * ἀναίρεσιν * καὶ συμβίων ἀφαίρεσιν ὑπαρχόντων ἁρπαγὴν ναοῦ
TGad 2 4 ἡμῶν. καὶ οὕτως τῇ πλεονεξίᾳ ἐπληροφορήθην τῆς * ἀναιρέσεως * αὐτοῦ. καὶ ὁ θεὸς τῶν πατέρων μου ἐρρύσατο
Bar. 4 9 κατάρας ὑπόδικος παρὰ θεοῦ καὶ τοῦ πρωτοπλάστου * ἀναίρεσις * πῶς ἄρτι εἰς τοσαύτην χρείαν ἐστίν; καὶ εἶπεν
Prop. 3 9 οἱ Χαλδαῖοι μὴ ἀντάρωσι καὶ ἐπῆλθον αὐτοῖς εἰς * ἀναίρεσιν. * καὶ ἐποίησε στῆναι τὸ ὕδωρ ἵνα ἐκφύγωσιν εἰς
Aris. 269 4 καὶ θράσος ἄληκτον ἀτιμασμὸς ἐπιφύεται καὶ δόξης * ἀναίρεσις. * θεὸς δὲ δόξης πάσης κυριεύει ῥέπων οὗ
FrAn. 9 17 5 ἐχρήσατο χαλεπῇ συμφορᾷ. ἑβδόμῃ γὰρ ἡμέρᾳ τῆς * ἀναιρέσεως * τοῦ προφήτου ἐξαπίνης αὐτῷ μάλα κεχαρισμένος
ἀναιρέω 79
Abr.1 19 10 ἔδειξά σοι διότι πολλοὶ ἐν πολέμοις ὑπὸ ῥομφαίας * ἀναιροῦνται * καὶ θεωροῦσιν ἐν ῥομφαίᾳ τὸν θάνατον τὸ δὲ
Abr.1 19 14 δικαιότατε διότι πολλοὶ τῶν ἀνθρώπων ὑπὸ θηρίων * ἀναιροῦνται * ἄλλοι μὲν ὑπὸ κεράστου ἀπαλλάσσονται ἕτεροι
TRub. 1 7 προσηύξατο περὶ ἐμοῦ πρὸς κύριον ὅτι ἤθελε κύριος * ἀνελεῖν * με. ἤμην γὰρ ἐτῶν τριάκοντα ὅτε ἔπραξα τὸ
TSim. 2 7 πατὴρ ἡμῶν καὶ ἐστήρισα ἐπ᾽ αὐτὸν τὰ ἥπατά μου τοῦ * ἀνελεῖν * αὐτὸν ὅτι ὁ ἄρχων τῆς πλάνης ἀποστείλας τὸ
TSim. 3 3 πιεῖν οὔτε ποιῆσαί τι ἀγαθὸν πάντοτε ὑποβάλλει * ἀνελεῖν * τὸν φθονούμενον καὶ ὁ μὲν φθονούμενος πάντοτε
TLevi 6 4 διὰ τὸ βδέλυγμα ὃ ἐποίησαν ἐν Ἰσραήλ. κἀγὼ * ἀνεῖλον * τὸν Συχὲμ ἐν πρώτοις καὶ Συμεὼν τὸν Ἐμμώρ. καὶ
TLevi 14 4 ὑμῖν εἰς φωτισμὸν παντὸς ἀνθρώπου τοῦτον θέλοντες * ἀνελεῖν * ἐναντίας ἐντολὰς διδάσκοντες τοῖς τοῦ θεοῦ
TJud. 2 7 κεράτων καὶ ἐν κύκλῳ συσσείσας καὶ σκοτίσας ῥίψας * ἀνεῖλον * αὐτόν. καὶ ὅτε ἦλθον οἱ δύο βασιλεῖς τῶν
TJud. 3 1 καὶ ἐπὶ τὰς κνημῖδας κρούσας κατέσπασα καὶ οὕτως * ἀνεῖλον * αὐτόν. καὶ τὸν ἕτερον βασιλέα Ταφουὲ καθήμενον
TJud. 3 2 τὸν ἕτερον βασιλέα Ταφουὲ καθήμενον ἐπὶ τοῦ ἵππου * ἀνεῖλον * αὐτὸν καὶ οὕτως πάντα τὸν λαὸν διεσκόρπισα. τὸν
TJud. 3 3 βάλλοντα τόξα ἔμπροσθε καὶ ὄπισθεν ἐφ᾽ ἵππου * ἀνελόμενος * λίθον λιτρῶν ξ᾽ ἀκοντίσας ἔδωκα τῷ ἵππῳ καὶ
TJud. 3 6 μου λίθοις σφενδονίσας αὐτοὺς τέσσαρας ἐξ αὐτῶν * ἀνεῖλον * οἱ δὲ ἄλλοι ἔφυγον. καὶ Ἰακὼβ ὁ πατὴρ ἡμῶν
TJud. 3 7 οἱ δὲ ἄλλοι ἔφυγον. καὶ Ἰακὼβ ὁ πατὴρ ἡμῶν * ἀνεῖλε * τὸν Βεελισὰ βασιλέα πάντων τῶν βασιλέων γίγαντα
TJud. 4 2 ἐπ᾽ αὐτοὺς ἐπὶ τοῦ τείχους καὶ ἄλλους δύο βασιλεῖς * ἀνεῖλον * καὶ οὕτως ἐλευθερώσαμεν τὴν Χεβρὼν καὶ ἐλάβομεν
TJud. 7 6 εἰ μὴ Δὰν ὁ ἀδελφός μου συνεμάχησέ μοι εἶχόν με * ἀνελεῖν. * ἐπήλθομεν οὖν ἐπ᾽ αὐτοὺς μετὰ θυμοῦ καὶ πάντες
TJud. 8 3 τὸν Ἤρ καὶ Αὐνὰν καὶ Σηλὼμ ὧν τοὺς δύο ἀτέκνους * ἀνεῖλε * κύριος ὁ γὰρ Σηλὼμ ἔζησε καὶ τὰ τέκνα αὐτοῦ ὑμεῖς
TJud. 9 5 ἀποδεχόμενος λίθους ἕως ταλάντων τριῶν καὶ ἀνελθὼν * ἀνεῖλον * τέσσαρες τοὺς δυνατοὺς ἐξ αὐτῶν. καὶ τῇ ἑξῆς
TJud. 9 6 ἐξ αὐτῶν. καὶ τῇ ἑξῆς ἐμβάντες Ῥουβὴμ καὶ Γὰδ * ἀνεῖλον * ἑτέρους ἑξήκοντα. τότε αἰτοῦσιν ἡμᾶς τὰ πρὸς
TJud. 10 2 Θαμὰρ ὅτι οὐκ ἦν ἐκ γῆς Χανάαν. καὶ ἄγγελος κυρίου * ἀνεῖλεν * αὐτὸν τῇ τρίτῃ ἡμέρᾳ τῇ νυκτὶ καὶ αὐτὸς οὐκ ἔγνω
TJud. 12 5 αὐτῇ συνείληφεν. ἀγνοῶν δὲ ὃ ἐποίησεν ἤθελον * ἀνελεῖν * αὐτὴν πέμψασα δὲ ἐν κρυπτῷ τοὺς ἀρραβῶνας
TJud. 12 6 σὺν αὐτῇ ἐν τῇ μέθῃ μου ἐλάλησα καὶ οὐκ ἠδυνήθην * ἀνελεῖν * αὐτὴν ὅτι παρὰ κυρίου ἦν. ἔλεγον δὲ μήποτε ἐν
TZab. 1 6 συνέθεντο πάντες ὁμοῦ εἴ τις ἐξείποι τὸ μυστήριον * ἀναιρεθῆναι * αὐτὸν μαχαίρᾳ. πλὴν ὅτε ἐβούλοντο ἀνελεῖν
TZab. 1 7 ἀναιρεθῆναι αὐτὸν μαχαίρᾳ. πλὴν ὅτε ἐβούλοντο * ἀνελεῖν * αὐτὸν πολλὰ διεμαρτυράμην αὐτοῖς μετὰ δακρύων
TZab. 2 1 γὰρ Συμεὼν καὶ Γὰδ ἐπὶ τὸν Ἰωσὴφ μετ᾽ ὀργῆς τοῦ * ἀνελεῖν * αὐτὸν καὶ πεσὼν ἐπὶ πρόσωπον Ἰωσὴφ ἔλεγεν
TZab. 2 6 ἰδών με συγκλαίοντα αὐτῷ κἀκείνους ἐπερχομένους * ἀνελεῖν * αὐτὸν κατέφυγεν ὀπίσω μου δεόμενος αὐτῶν.
TZab. 4 2 λάκκῳ ὅτι ἐφοβεῖτο μὴ ἀποπηδήσαντες Συμεὼν καὶ Γὰδ * ἀνέλωσιν * αὐτόν. καὶ ὁρῶντες κἀμὲ μὴ ἐσθίοντα ἔθεντό με
TZab. 4 11 κατακόψαι αὐτὸν ὀργιζόμενος ὅτι ἔζησε καὶ οὐκ * ἀνεῖλεν * αὐτόν. ἀναστάντες δὲ κατ᾽ αὐτοῦ πάντες ὁμοῦ
TDan 1 7 συνήργει μοι λέγων λάβε τὸ ξίφος τοῦτο καὶ ἐν αὐτῷ * ἄνελε * τὸν Ἰωσὴφ καὶ ἀγαπήσει σε ὁ πατήρ σου ἀποθανόντος
TGad 1 3 καὶ ἠκόντιζον αὐτὸ ἐπὶ δύο σταδίους καὶ οὕτως * ἀνῄρουν. * ὁ οὖν Ἰωσὴφ ἐποίμαινε μεθ᾽ ἡμῶν ὡς ἡμέρας
TGad 2 1 νῦν τὴν ἁμαρτίαν μου τέκνα ὅτι πλειστάκις ἤθελον * ἀνελεῖν * αὐτὸν ὅτι ἕως ψυχῆς ἐμίσουν αὐτὸν καὶ ὅλως οὐκ
TGad 5 3 ἡ δικαιοσύνη ἐκβάλλει τὸ μῖσος ἡ ταπείνωσις * ἀναιρεῖ * τὸ μῖσος. ὁ γὰρ δίκαιος καὶ ταπεινὸς αἰδεῖται
TGad 5 7 περὶ τοῦ Ἰωσήφ. ἡ γὰρ κατὰ θεὸν ἀληθὴς μετάνοια * ἀναιρεῖ * τὴν ἄγνοιαν καὶ φυγαδεύει τὸ σκότος καὶ φωτίζει
TGad 6 2 μου τὸν νοῦν καὶ ἐτάρασσε τὴν ψυχήν μου τοῦ * ἀνελεῖν * αὐτόν. ἀγαπᾶτε οὖν ἀλλήλους ἀπὸ καρδίας καὶ ἐὰν
TAser 2 7 τὴν ψυχὴν σπιλοῖ καὶ τὸ σῶμα λαμπρύνει πολλοὺς * ἀναιρεῖ * καὶ ὀλίγους ἐλεεῖ καὶ τοῦτο μὲν διπρόσωπόν ἐστιν
TAser 3 2 οἱ ἄνθρωποι ποθοῦσιν αὐτὴν τὴν κακίαν ἀποδράσατε * ἀναιροῦντες * τὸν διάβολον ἐν ταῖς ἀγαθαῖς ὑμῶν πράξεσιν
TAser 4 2 ἁμαρτάνειν δίκαιοί εἰσι παρὰ τῷ θεῷ. πολλοὶ γὰρ * ἀναιροῦντες * τοὺς πονηροὺς δύο ποιοῦσιν ἔργα καλὸν διὰ
TJos. 1 4 με καὶ ὁ κύριος ἠγάπησέ με αὐτοὶ ἤθελόν με * ἀνελεῖν * καὶ ὁ θεὸς τῶν πατέρων μου ἐφύλαξέ με εἰς λάκκον
TJos. 5 1 ἑτέρῳ χρόνῳ λέγει μοι εἰ μοιχεῦσαι οὐ θέλεις ἐγὼ * ἀναιρῶ * τὸν Αἰγύπτιον καὶ οὕτως νόμῳ λήψομαί σε εἰς
TJos. 7 5 θορυβῇ ἐν ἁμαρτίαις τυφλώττουσα; μνήσθητι ὅτι ἐὰν * ἀνελῇς * σεαυτὴν ἡ Σηθων ἡ παλλακὴ τοῦ ἀνδρός σου ἡ
TBen. 2 4 κρύψαι τὸ ἱμάτιόν μου ὑπήντησεν αὐτῷ λέων καὶ * ἀνεῖλεν * αὐτόν. καὶ οὕτως οἱ μέτοχοι φοβηθέντες
TBen. 3 4 τοῦ ἀδελφοῦ μου. πόσοι τῶν ἀνθρώπων ἠθέλησαν * ἀνελεῖν * αὐτὸν καὶ ὁ θεὸς ἐσκέπασεν αὐτὸν ὁ γὰρ
Asen. 28 9 τοὺς υἱοὺς τῶν παιδισκῶν τοῦ πατρὸς αὐτῶν τοῦ * ἀνελεῖν * αὐτούς. καὶ εἶπε πρὸς αὐτοὺς Ἀσενὲθ δέομαι ὑμῶν
Prop. 2 12 ἐκεῖ ἐκδεχόμενοι κύριον καὶ τὸν ἐχθρὸν φεύγοντες * ἀνελεῖν * αὐτοὺς θέλοντα. ἐν τῇ πέτρᾳ ἐσφράγισε τῷ δακτύλῳ
Prop. 3 20 ἕως συντελείας πλάνης αὐτῶν. καὶ ἐξ αὐτῶν ἦν ὁ * ἀνελὼν * αὐτόν. ἀντέκειντο γὰρ αὐτῷ πάσας τὰς ἡμέρας τῆς
Prop. 4 7 τέλει δὲ θῆρες γίνονται ἁρπάζοντες ὀλοθρεύοντες * ἀναιροῦντες * καὶ πατάσσοντες. ἔγνω διὰ θεοῦ ὁ ἅγιος ὅτι
Prop. 6 1 πολλὰ ποιήσας τῷ Ἀχαὰβ ὑπὸ Ἰωρὰμ τοῦ υἱοῦ αὐτοῦ * ἀνῃρέθη * κρημνῷ ὅτι ἤλεγχεν αὐτὸν ἐπὶ ταῖς ἀσεβείαις τῶν
Prop. 7 1 καὶ Ἀμασίας πυκνῶς αὐτὸν τυμπανίσας τέλος καὶ * ἀνεῖλεν * αὐτὸν ὁ υἱὸς αὐτοῦ ἐν ῥοπάλῳ πλήξας αὐτοῦ τὸν
Prop. 17 4 Δαυὶδ τῇ νυκτὶ ἐκείνῃ ἐποίησε τὴν ἀνομίαν. καὶ ὡς * ἀνεῖλε * τὸν ἄνδρα αὐτῆς ἔπεμψε κύριος ἐλέγξαι αὐτὸν καὶ
Prop. 17 4B ὁ ὅσιος ὑπέστρεψε πενθῶν πάσας τὰς ἡμέρας καὶ ὅτε * ἀνεῖλε * τὸν ἄνδρα αὐτῆς ἀπέστειλεν αὐτὸν ὁ θεὸς ἐλέγξαι
Prop. 21 8 καὶ πάντες τὸν μὲν θεὸν εὐλόγησαν τοὺς δὲ τοῦ Βάαλ * ἀνεῖλον * ὄντας τετρακοσίους πεντήκοντα. τῷ βασιλεῖ Ὀζίᾳ
Esdr. 4 11 βασιλεὺς καὶ ἀπὸ διετοῦς καὶ κατώτερον ἐκέλευσεν * ἀνελεῖν * τὰ βρέφη. καὶ εἶπον ἐγὼ οὐαὶ τὴν ψυχὴν αὐτοῦ.
Job 4 5 πολλὰς ἀφαιρεῖταί σου τὰ ὑπάρχοντα, τὰ παιδία σου * ἀναιρήσει * ἀλλ᾽ ἐὰν ὑπομείνῃς, ποιήσω σου τὸ ὄνομα

Job 18 1 καὶ κατέβαλεν τὴν οἰκίαν ἐπὶ τὰ τέκνα μου καὶ * ἀνεῖλεν * αὐτὰ καὶ οἱ συμπολῖται ἰδόντες ὅτι ἀληθῶς
Aris. 166 6 καλῶς δὲ ποιῶν ὁ βασιλεὺς ὑμῶν τοὺς τοιούτους * ἀναιρεῖ * καθὼς μεταλαμβάνομεν. ἐγὼ δ᾽ εἶπα τοὺς
FMos. 1 154 1 ὄνομα ἐν οὐρανῷ μετὰ τὴν ἀνάληψιν Μελχί. λόγῳ μόνῳ * ἀνελεῖν * τὸν Αἰγύπτιον. καὶ διαδοχεύσει ⟨ἐπ᾽⟩ αὐτὸν ὁ
FJub. 4 2 δὲ τοῦ Ἄβελ δῶρα. τῷ αὐτῷ ἐνενηκοστῷ ἐνάτῳ ἔτει * ἀνεῖλεν * ὁ Κάϊν τὸν Ἄβελ καὶ ἐπένθησαν αὐτόν οἱ
FJub. 4 31 αὐτὸν τοῦ οἴκου. λίθοις γὰρ καὶ αὐτὸς τὸν Ἄβελ * ἀνεῖλε. * πληρωθέντος οὖν ἐνιαυτοῦ μετὰ θάνατον τοῦ Ἀδὰμ
FJub. 4 31B θάνατον τοῦ Ἀδὰμ τέθνηκεν. ὑπὸ τοῦ Λάμεχ τὸν Κάϊν * ἀνῃρῆσθαι * ἀκουσίως τοῖχον γὰρ οἰκοδομῶν προσανέτρεψεν
FJub. 4 31B προσανέτρεψεν αὐτὸν ὄπιθεν ὄντος τοῦ Κάϊν ὃς καὶ * ἀνῃρέθη * ἀκουσίως. γυνὴ Νῶε Ἐμζαρα θυγάτηρ Βαραχιὴλ
FJub. 38 3 δὲ θανόντος ἀνοίξαντες τὰς πύλας οἱ υἱοὶ Ἰακὼβ * ἀνεῖλον * τοὺς πλείστους. Ἰωσὴφ ιζ᾽ ἐτῶν ἐπράθη καὶ τριὰ
FAch. 104 ὀργισθεὶς προσέταξεν Ἑρμίππῳ τινὶ στρατοφύλακι * ἀνελεῖν * τὸν Αἴσωπον ὡς προδότην. ὁ δὲ οὐκ ἀνεῖλεν αὐτὸν
FAch. 104 ἀνελεῖν τὸν Αἴσωπον ὡς προδότην. ὁ δὲ οὐκ * ἀνεῖλεν * αὐτὸν ἦν γὰρ φίλος αὐτοῦ γνήσιος. μηδενὸς
FAch. 108 μεθ᾽ ὅρκου παρεστήσατο. τοῦ βασιλέως θέλοντος * ἀνελεῖν * τὸν Ἥλιον ὡς εἰς πατέρα ἀθετήσαντα παρῃτήσατο ὁ
HArt. 9 27 7 αὐτῷ καὶ ζητεῖν αὐτὸν ἐπ᾽ εὐλόγῳ αἰτίᾳ τινὶ * ἀνελεῖν. * καὶ δή ποτε τῶν Αἰθιόπων ἐπιστρατευσαμένων τῇ
HArt. 9 27 7 διὰ τὴν τῶν στρατιωτῶν ἀσθένειαν ὑπὸ τῶν πολεμίων * ἀναιρεθήσεσθαι. * τὸν δὲ Μώϋσον ἐλθόντα ἐπὶ τὸν
HArt. 9 27 9 διὰ τὸ ταύτην τὰ βλάπτοντα ζῷα τοὺς ἀνθρώπους * ἀναιρεῖν * προσαγορεῦσαι δὲ αὐτὴν Ἑρμοῦ πόλιν. οὕτω δὴ
HArt. 9 27 13 αὐτῷ ἐπιβουλὴν καὶ προβαλέσθαι τοὺς * ἀναιρήσοντας * αὐτόν. μηδενὸς δ᾽ ὑπακούσαντος ὀνειδίσαι
HArt. 9 27 15 θάψαι ὑπολαβόντα τὸν Μώϋσον ὑπὸ τοῦ Χανεθώθου * ἀναιρεθήσεσθαι. * πορευομένων δὲ αὐτῶν τὴν ἐπιβουλὴν τῷ
HArt. 9 27 18 πυθόμενον τοῦ Μωΰσου τὴν φυγὴν ἐνεδρεύειν ὡς * ἀναιρήσοντα * ἰδόντα δὲ ἐρχόμενον σπάσασθαι τὴν μάχαιραν
HArt. 9 27 27 πτοηθέντων δὲ πάντων ἐπιλαβόμενον τῆς οὐρᾶς * ἀνελέσθαι * καὶ πάλιν ῥάβδον ποιῆσαι προελθόντα δὲ μικρὸν
HArt. 9 27 30 ἱερεῖς τοὺς ὑπὲρ Μέμφιν καλέσαι καὶ φάναι αὐτοὺς * ἀναιρήσειν * καὶ τὰ ἱερὰ κατασκάψειν ἐὰν μὴ καὶ αὐτοὶ
HArt. 9 27 33 ὥστε τοὺς τὸν σεισμὸν φεύγοντας ἀπὸ τῆς χαλάζης * ἀναιρεῖσθαι * τούς τε τὴν χάλαζαν ἐκκλίνοντας ὑπὸ τῶν
HAno. 9 18 2 ἐν τῇ Βαβυλωνίᾳ διὰ τὴν ἀσέβειαν ὑπὸ τῶν θεῶν * ἀναιρεθῆναι * ὧν ἕνα Βῆλον ἐκφεύγοντα τὸν θάνατον ἐν
LThe. 9 22 8 Συμεῶνα διαγνῶναι τόν τε Ἐμμὼρ καὶ τὸν Συχὲμ * ἀνελεῖν * τὴν ὕβριν τῆς ἀδελφῆς μὴ βουληθέντα πολιτικῶς
LThe. 9 22 8 τὴν πρᾶξιν παρορμῆσαι λόγιον προφερόμενον τὸν θεὸν * ἀνελεῖν * φάμενον τοῖς Ἀβραὰμ ἀπογόνοις δέκα ἔθνη δώσειν.
LThe. 9 22 10 ἐλθεῖν καὶ πρῶτα μὲν τοὺς ἐντυγχάνοντας * ἀναιρεῖν * ἔπειτα δὲ καὶ τὸν Ἐμμὼρ καὶ τὸν Συχὲμ
LEze. 9 28 2 21 χρῶτα φαιδρῦναι νέον ἰδοῦσα δ᾽ εὐθὺς καὶ λαβοῦσ᾽ * ἀνείλετο * ἔγνω δ᾽ Ἑβραῖον ὄντα καὶ λέγει τάδε Μαριὰμ
LEze. 9 28 2 31 σέθεν. ὄνομα δὲ Μωσῆν ὠνόμαζε τοῦ χάριν ὑγρᾶς * ἀνεῖλε * ποταμίας ἀπ᾽ ᾐόνος. ἐπεὶ δὲ καιρὸς νηπίων παρῆλθέ
FrAn. 9 17 4 φάγονται Ἀσσύριοι. ἡνίκα Ζαχαρίαν τὸν προφήτην * ἀνεῖλεν * ὁ Ἰωὰς ὁ τῆς Ἰουδαίας βασιλεὺς οὐκ εἰς μακρὰν

ἀναισθησία 1
Aris. 135 4 χρήσιμον οἷς προσκυνοῦσι παρὰ πόδας ἔχοντες τὴν * ἀναισθησίαν. * εἴτε γὰρ κατ᾽ ἐκεῖνό τις θεοὶ κατὰ τὴν

ἀναισθητέω 1
TLevi 3 10 σαλεύονται οἱ δὲ υἱοὶ τῶν ἀνθρώπων ἐπὶ τούτοις * ἀναισθητοῦντες * ἁμαρτάνουσι καὶ παροργίζουσι τὸν ὕψιστον.

ἀναισχυντία 1
TJud. 16 2 θεοῦ φόβος λοιπὸν γίνεται μέθη καὶ παρεισέρχεται ἡ * ἀναισχυντία. * εἰ δὲ ⟨μὴ⟩ μηδὲ ὅλως πίετε ἵνα μὴ ἁμάρτητε

ἀναίσχυντος 3
Abr.1 16 1 κάλεσόν μοι ὧδε τὸν θάνατον τὸν κεκλημένον τὸ * ἀναίσχυντον * πρόσωπον καὶ ἀνέλεον βλέμμα. καὶ ἀπελθὼν
Sedr. 9 5 ἐγὼ παρηγγέλθην παρὰ τοῦ πατρός μου μὴ * ἀναισχύντως * λάβω τὴν ψυχήν σου εἰ ⟨δὲ⟩ μὴ δός μοι τὴν
Job 24 7 καὶ μὴ ἐμπλήσκεσθαί σε τοῦ ἄρτου ὥστε τολμῆσαί με * ἀναισχύντως * ἐξελθεῖν εἰς τὴν ἀγοράν, +εἰ κατανύγομαι ἐν

ἀναιτέω 1
Sedr. 13 6 ὁ σωτὴρ ἐρωτῶ σε ἕνα λόγον Σεδρὰχ ἀγαπητέ μου εἶτα * ἀναιτήσεις * με ἐὰν μετανοήσῃ ὁ ἁμαρτωλὸς εἰς ἡμέρας

ἀναίτιος 1
Sib. 4 136 τότε μῆνιν ἐπουρανίοιο θεοῖο εὐσεβέων ὅτι φῦλον * ἀναίτιον * ἐξολέσουσιν. ἐς δὲ δύσιν τότε νεῖκος

ἀνακαθαίρω 1
HHec. 1 22 192 καὶ προελομένου τὸ τοῦ Βήλου πεπτωκὸς ἱερὸν * ἀνακαθῆραι * καὶ πᾶσιν αὐτοῦ τοῖς στρατιώταις ὁμοίως

ἀνακαθίζω 1
Asen. 29 1 αὐτούς. καὶ ὁ υἱὸς Φαραὼ ἀνέστη ἀπὸ τῆς γῆς καὶ * ἀνεκάθισε * καὶ ἔπτυεν αἷμα ἀπὸ τοῦ στόματος αὐτοῦ διότι

ἀνακαινίζω 8
Hen. 106 13 ἦν +ἔχεις+ καὶ τὴν ἀλήθειαν. τότε ἀπεκρίθην λέγων * ἀνακαινίσει * ὁ κύριος πρόσταγμα ἐπὶ τῆς γῆς καὶ τὸν αὐτὸν
Asen. 8 9 ζωὴν σὺ κύριε εὐλόγησον τὴν παρθένον ταύτην καὶ * ἀνακαίνισον * αὐτὴν τῷ πνεύματί σου καὶ ἀνάπλασον αὐτὴν τῇ
Asen. 15 5 εἰς τὸν αἰῶνα. ἰδοὺ δὴ ἀπὸ τῆς σήμερον * ἀνακαινισθήσῃ * καὶ ἀναπλασθήσῃ καὶ ἀναζωοποιηθήσῃ καὶ
Asen. 15 7 τόπον ἀναπαύσεως ἡτοίμασεν ἐν τοῖς οὐρανοῖς. καὶ * ἀνακαινιεῖ * πάντας τοὺς μετανοήσαντας καὶ αὕτη διακονήσει
Bar. 8 4 ἄγγελοι τοῦτον καὶ ἀναφέρουσιν εἰς τὸν οὐρανὸν καὶ * ἀνακαινίζουσιν * αὐτὸν διὰ τὸ μεμολύνθαι αὐτὸν καὶ τὰς
Bar. 8 4 ἐπὶ τῆς γῆς. καὶ λοιπὸν καθ᾽ ἑκάστην ἡμέραν οὕτως * ἀνακαινίζεται. * καὶ εἶπον ἐγὼ Βαροὺχ κύριε καὶ διά τί
Bar. 8 5 τῷ θεῷ ἀρεστὰ διὰ ταῦτα μολύνεται καὶ διὰ τοῦτο * ἀνακαινίζεται. * περὶ δὲ τοῦ ὀρνέου τὸ πῶς ἐταπεινώθη ἐπεὶ
Prop. 8 1 θυσιῶν καὶ πάθους προφήτου δικαίου καὶ δι᾽ αὐτοῦ * ἀνακαινισθήσεσθαι * τὴν κτίσιν εἰς σωτηρίαν⟩. ἐν εἰρήνῃ

ἀνακαινοποιέω 2
TLevi 16 3 μισήσετε ἀληθινῶν λόγους βδελύξεσθε καὶ ἄνδρα * ἀνακαινοποιοῦντα * νόμον ἐν δυνάμει ὑψίστου πλάνον
TLevi 17 10 ἑβδομάδι ἐπιστρέψουσιν εἰς γῆν ἐρημώσεως αὐτῶν καὶ * ἀνακαινοποιήσουσιν * οἶκον κυρίου. ἐν δὲ τῷ ἑβδόμῳ

ἀνακαλέω 4
Abr.1 14 14 καὶ οὓς ποτε νομίζεις ὅτι ἀπώλεσας ἐγὼ αὐτοὺς * ἀνεκαλεσάμην * καὶ εἰς ζωὴν αἰώνιον αὐτοὺς ἤγαγον δι᾽
TGad 4 6 ζωοποιῆσαι καὶ τοὺς ἐν ἀποφάσει θανάτου θελήσει * ἀνακαλέσασθαι * οὕτως τὸ μῖσος τοὺς ζῶντας θέλει
TJos. 3 1 ἠπείλησέ μοι θάνατον ποσάκις τιμωρίαις παραδοῦσα * ἀνεκαλέσατό * με καὶ ἠπείλησέ μοι μὴ θέλοντι συνελθεῖν
Esdr. 7 2 τοὺς ἐκλεκτούς μου ἀνέστησα τὸν Ἀδὰμ ἐκ τοῦ ᾅδου * ἀνεκαλεσάμην * ἵνα τὸ τῶν ἀνθρώπων γένος μὴ οὖν φοβηθῇ τὸν

ἀνακαλύπτω 9
Hen. 8B 3 τὰ σημεῖα τῆς σελήνης. πάντες οὗτοι ἤρξαντο * ἀνακαλύπτειν * τὰ μυστήρια ταῖς γυναιξὶν αὐτῶν καὶ τοῖς
Hen. 16 3 ὑμεῖς ἐν τῷ οὐρανῷ ἦτε καὶ πᾶν μυστήριον ὃ οὐκ * ἀνεκαλύφθη * ὑμῖν καὶ μυστήριον τὸ ἐκ τοῦ θεοῦ γεγενημένον
Hen. 98 6 ἁγίου τοῦ μεγάλου ὅτι τὰ ἔργα ὑμῶν τὰ πονηρὰ ἔσται * ἀνακεκαλυμμένα * ἐν τῷ οὐρανῷ οὐκ ἔσται ὑμῖν ἔργον
TJud. 14 5 πρὸς τὴν Θαμὰρ καὶ ἐποίησα ἁμαρτίαν μεγάλην καὶ * ἀνεκάλυψα * κάλυμμα ἀκαθαρσίας υἱῶν μου. πιὼν οἶνον οὐκ
Sal. 2 17 καὶ κατὰ τὰς ἁμαρτίας αὐτῶν τὰς πονηρὰς σφόδρα. * ἀνεκάλυψας * τὰς ἁμαρτίας αὐτῶν ἵνα φανῇ τὸ κρίμα σου
Sal. 4 7 ἐν φθορᾷ σαρκὸς αὐτοῦ καὶ πενίᾳ τὴν ζωὴν αὐτοῦ * ἀνακαλύψαι * ὁ θεὸς τὰ ἔργα ἀνθρώπων ἀνθρωπαρέσκων ἐν
Sal. 8 8 τὸν θεὸν ἐν τοῖς κρίμασιν αὐτοῦ τοῖς ἀπ᾽ αἰῶνος. * ἀνεκάλυψεν * ὁ θεὸς τὰς ἁμαρτίας αὐτῶν ἐναντίον τοῦ ἡλίου
Jer. 5 3 ἡ κεφαλή μου ὅτι οὐκ ἐκορέσθην τοῦ ὕπνου μου. εἶτα * ἀνακαλύψας * τὸν κόφινον τῶν σύκων εὗρεν αὐτὰ στάζοντα
Jer. 5 28 εἰς Βαβυλῶνα. ἵνα δὲ γνῷς λάβε ἴδε τὰ σῦκα. καὶ * ἀνεκάλυψε * τὸν κόφινον τῶν σύκων τῷ γέροντι καὶ εἶδεν

ἀνακάμπτω 5
Prop. 10 2 καὶ ἐκβρασθεὶς ἐκ τοῦ κήτους καὶ ἀπελθὼν ἐν Νινευῇ * ἀνακάμψας * οὐκ ἔμεινεν εἰς τὴν γῆν αὐτοῦ ἀλλὰ παραλαβὼν
Prop. 10 6B οἱ Νινευῖται καὶ ἠλεήθησαν. καὶ ἐλυπήθη Ἰωνᾶς καὶ * ἀνακάμψας * οὐκ ἔμεινεν εἰς τὴν γῆν αὐτῶν ἀλλὰ παραλαβὼν
Job 4 7 τῆς γῆς ἄχρι τῆς συντελείας τοῦ αἰῶνος. καὶ πάλιν * ἀνακάμψω * σε ἐπὶ τὰ ὑπάρχοντά σου, καὶ ἀποδοθήσεταί σοι
Sib. 5 33 τε παλάξει ἀλλ᾽ ἔσται καὶ ἄιστος ὀλοίιος εἶτ᾽ * ἀνακάμψει * ἰσάζων θεῷ αὐτὸν ἐλέγξει δ᾽ οὔ μιν ἐόντα.
HDem. 9 29 16 τριῶν ἡμερῶν ὁδὸν ἐξελθόντες καὶ θυσιάσαντες πάλιν * ἀνακάμψειν. * φαίνεται οὖν τοὺς μὴ κατακλυσθέντας τοῖς

ἀνάκειμαι 3
Jer. 9 9 καὶ ἔδραμον ἐπ᾽ αὐτοὺς πάντες καὶ εἶδον Ἱερεμίαν * ἀνακείμενον * χαμαὶ ὥσπερ τεθνηκότα. καὶ διέρρηξαν τὰ
Job 15 4 ταῖς θεραπαινίσιν, ἐπειδὴ γὰρ καὶ οἱ υἱοί μου * ἀνέκειντο * τοῖς ἀρρενικοῖς δούλοις τοῖς διακονοῦσιν
HEup. 9 34 18 εἰς Τύρον πέμψαι τὸν χρυσοῦν κίονα τὸν ἐν Τύρῳ * ἀνακείμενον * ἐν τῷ ἱερῷ τοῦ Διός. ποιῆσαι δὲ τὸν Σολομῶνα

ἀνακηρύσσω 2
HCal. 28 13 τοὺς θεοὺς τῆς γῆς ⟨καὶ μόνον θεὸν ἀληθινὸν * ἀνεκήρυξεν * ἀκατανόητον ἀθεώρητον ἀνεξιχνίαστον ἐπὶ τῶν⟩
LAri. 8 10 4 σοφίαν καὶ τὸ θεῖον πνεῦμα καθ᾽ ὃ καὶ προφήτης * ἀνακεκήρυκται * ὧν εἰσιν οἱ προειρημένοι φιλόσοφοι καὶ

ἀνάκλασις 2
Aris. 68 2 δὲ πόδας ἐποίησαν τὰς κεφαλίδας ἔχοντας κρινωτὰς * ἀνάκλασιν * κρίνων ὑπὸ τὴν τράπεζαν λαμβανόντων τὰ δὲ τῆς
Aris. 105 5 ἐπάνωθεν εἰθισμένως καὶ τὰς διὰ τούτων διεξόδους. * ἀνάκλασιν * γὰρ ἔχει τὰ τῶν τόπων ὡς ἂν ἐπ᾽ ὄρους τῆς

ἀνάκλησις 1
Bar. 4 15 Χριστοῦ τοῦ Ἐμμανουὴλ ἐν αὐτῷ μέλλουσιν τὴν * ἀνάκλησιν * προσλαβεῖν καὶ τὴν εἰς παράδεισον εἴσοδον.

ἀνακλίνω 1
TGad 1 5 ὑπέστρεψεν εἰς Χεβρὼν πρὸς τὸν πατέρα αὐτοῦ καὶ * ἀνέκλινεν * αὐτὸν πλησίον αὐτοῦ ὅτι ἠγάπα αὐτόν. καὶ εἶπεν

ἀνάκλισις 1
Aris. 187 2 ἐκ διαστήματος ἠρώτησε τὸν ἔχοντα τὴν πρώτην * ἀνάκλισιν * ἦσαν γὰρ καθ᾽ ἡλικίαν τὴν ἀνάπτωσιν

ἀνακομίζω 1
Aris. 321 3 ἵνα ἐάν τινες τῶν ἀνδρῶν προαιρῶνται πρὸς αὐτὸν * ἀνακομισθῆναι * μὴ κωλύσῃ περὶ πολλοῦ ποιούμενος τοῖς

ἀνακράζω 2
Job 24 1 αὐτῆς τὴν καρδίαν. ἅμα τε ἤγγισεν ἡ γυνή μου * ἀνακράξασα * μετὰ κλαυθμοῦ λέγει μοι Ιωβ Ιωβ, ἄχρι τίνος
Job 40 9 εὗρεν αὐτὴν νεκρὰν ἡπλωμένην καὶ ἅπαντες ἰδόντες * ἀνέκραξαν * μετὰ μυκήματος κλαυθμοῦ ἐπ᾽ αὐτήν, καὶ ἡ φωνὴ

ἀνακρίνω 1
Abr.1 13 4 αἰωνία καὶ ἀμετάθετος ἣν ἄλλος οὐδεὶς δυνήσεται * ἀνακρῖναι * πᾶς ἄνθρωπος ἐκ τοῦ πρωτοπλάστου γεγένηται καὶ

ἀνακτάομαι 2
Job 40 4 εἰσελεύσομαι εἰς τὴν πόλιν καὶ καμμύσω ὀλίγον καὶ * ἀνακτήσομαι * πρὸ τῆς ὑπουργείας τῆς δουλείας μου. καὶ

| Aris. | 279 | | 3 | ὁ δὲ ἔφη τοῖς νόμοις ἵνα δικαιοπραγοῦντες ✶ ἀνακτῶνται ✶ τοὺς βίους τῶν ἀνθρώπων καθὼς σὺ τοῦτο |
| | | | | 1 |

**ἀνακτορία**

| Sib. | 4 | | 66 | ἔσται ὅλου κόσμοιο μέγιστον οἷς γενεὴ μία κεῖται ✶ ἀνακτορίης ✶ πολυόλβου. ἔσται δ' ὅσσα κεν ἄνδρες |

**ἀνάκτορον**

| HEup. | 9 | | 34 | 13 | δὲ καὶ βασίλεια ἑαυτῷ. προσαγορευθῆναι δὲ τὸ ✶ ἀνάκτορον ✶ πρῶτον μὲν ἱερὸν Σολομῶνος ὕστερον δὲ |
| | | | | | 1 |

**ἀνακύπτω**

| Aris. | 233 | | 2 | ⟨δεῖ⟩ τὸν θεὸν ἵνα μὴ τὰ παρὰ τὴν προαίρεσιν ἡμῶν ✶ ἀνακύπτοντα ✶ βλάπτῃ λέγω δὴ οἷον θάνατοί τε καὶ νόσοι καὶ |
| | | | | 28 |

**ἀναλαμβάνω**

| Hen. | 1 | | 2 | πάντας τοὺς ἐχθροὺς καὶ σωθήσονται δίκαιοι. καὶ ✶ ἀναλαβὼν ✶ τὴν παραβολὴν αὐτοῦ εἶπεν Ἑνὼχ ἄνθρωπος |
| Hen. | 1 | | 3 | καὶ περὶ τῶν ἐκλεκτῶν νῦν λέγω καὶ περὶ αὐτῶν ✶ ἀνέλαβον ✶ τὴν παραβολήν μου. καὶ ἐξελεύσεται ὁ ἅγιός μου |
| Abr.1 | 7 | | 7 | σελήνην ἔασον ἐπ' ἐμέ. αὐτὸς δὲ εἶπεν ἄφες ἀρτίως ✶ ἀναληφθῆναι ✶ αὐτούς ⟨εἰς τὴν ἄνω βασιλείαν ὅτι θέλει |
| Abr.1 | 15 | | 4 | τὸν κύριον τὸν Ἀβραὰμ ἰδοὺ γὰρ ἐνομίζομεν ✶ ἀναληφθέντα ✶ αὐτὸν ἀφ' ἡμῶν. ἦλθεν δὲ Ἰσαὰκ ὁ υἱὸς αὐτοῦ |
| Abr.2 | 4 | | 4 | ἤγγισεν δὲ ὁ ἥλιος δύνειν καὶ ἐξῆλθεν Μιχαὴλ καὶ ✶ ἀνελήφθη ✶ εἰς τοὺς οὐρανοὺς προσκυνῆσαι ἐνώπιον τοῦ θεοῦ |
| Abr.2 | 7 | | 10 | μοι μὴ κλαύσῃς ὅτι ἔλαβον τὸ φῶς τοῦ οἴκου σου ✶ ἀνελήφθη ✶ γὰρ ἀπὸ καμάτου εἰς ἀνάπαυσιν αἴρουσιν αὐτὸν |
| Abr.2 | 7 | | 16 | ἐγένετο ὁ ἥλιος Ἰσαὰκ ὁ πατήρ σού ἐστιν Ἀβραὰμ ✶ ἀναλαμβάνεται ✶ εἰς τοὺς οὐρανοὺς τὸ δὲ σῶμα αὐτοῦ μένει |
| Abr.2 | 7 | | 19 | σε κύριε εἰ ἐξέρχομαι ἐκ τοῦ σώματος ἐθέλω ✶ ἀναληφθῆναι ✶ ἵνα θεάσωμαι ὅτι κτῆμα ὅλον ἔκτισεν ὁ κύριος |
| Abr.2 | 8 | | 2 | καὶ ἀποκριθεὶς ὁ κύριος εἶπεν τῷ Μιχαὴλ ἄπελθε καὶ ✶ ἀνάλαβε ✶ σωματικῶς τὸν Ἀβραὰμ καὶ ὑπόδειξον αὐτῷ πάντα |
| Abr.2 | 8 | | 3 | αὐτῷ ὅτι φίλος μού ἐστιν. ἦλθεν οὖν Μιχαὴλ καὶ ✶ ἀνέλαβεν ✶ τὸν Ἀβραὰμ σώματι ἐπὶ νεφέλης καὶ ἀπήνεγκεν |
| Jer. | 9 | | 3 | τῶν ζώντων τὸ φῶς τὸ ἀληθινὸν τὸ φωτίζον με ἕως οὗ ✶ ἀναληφθῶ ✶ πρός σε περὶ τοῦ ἐλέους σου παρακαλῶ περὶ τῆς |
| Jer. | 9 | | 26 | τῷ Ἀβιμέλεχ. τότε ὁ λίθος διὰ προστάγματος θεοῦ ✶ ἀνέλαβεν ✶ ὁμοιότητα τοῦ Ἱερεμίου. καὶ ἐλιθοβόλουν τὸν |
| Prop. | 21 | | 12 | ξηρῷ τῷ ποδὶ αὐτός τε καὶ Ἐλισαῖος τὸ τελευταῖον ✶ ἀνελήφθη ✶ ἅρματι πυρός. Ἐλισαῖος ἦν ἐξ Ἀβελμαοὺλ γῆς |
| Esdr. | 1 | | 7 | γεννηθῆναι τὸν ἄνθρωπον ἢ εἰσελθεῖν ἐν τῷ κόσμῳ. ✶ ἀνελήφθην ✶ οὖν εἰς τὸν οὐρανὸν καὶ ἴδον ἐν τῷ πρώτῳ |
| Job | 14 | | 4 | κύριον. καὶ εἴ ποτε διεγόγγυζον αἱ θεράπαιναί μου ✶ ἀνελάμβανον ✶ τὸ ψαλτήριον καὶ τὸν μισθὸν τῆς ἀνταποδόσεως |
| Job | 21 | | 4 | χρῶνται τῇ γαμετῇ μου ὡς δουλίδι. καὶ μετὰ ταῦτα ✶ ἀνελάμβανον ✶ λογισμὸν μακρόθυμον. καὶ μετὰ ἔνδεκα ἔτη καὶ |
| Job | 39 | | 12 | κάμητε εἰκῇ, οὐ γὰρ εὑρήσετε τὰ παιδία μου ἐπειδὴ ✶ ἀνελήφθησαν ✶ εἰς οὐρανοὺς ὑπὸ τοῦ δημιουργοῦ αὐτῶν τοῦ |
| Job | 39 | | 13 | οὐκ ἐρεῖ ὅτι ἐξεστήκεις καὶ μαίνει, εἶπας ὅτι ✶ ἀνελήφθη ✶ τὰ τέκνα μου εἰς τὸν οὐρανόν· διὸ ἔκραναν ἡμῖν |
| Job | 43 | | 2 | τὴν ἁμαρτίαν αὐτῶν, τὸν δὲ Ἐλιους οὐ κατηξίωσεν, ✶ ἀναλαβὼν ✶ Ἐλιφας πνεῦμα εἶπεν ὕμνον, ἐπιφωνούντων αὐτῷ |
| Job | 48 | | 2 | τὴν ἑαυτῆς σπάρτιν καθὼς εἶπεν ὁ πατὴρ καὶ ✶ ἀνέλαβεν ✶ ἄλλην καρδίαν, μηκέτι τὰ τῆς γῆς φρονεῖν, καὶ |
| Job | 49 | | 2 | ἐνθυμεῖσθαι τὰ κοσμικὰ καὶ τὸ μὲν στόμα αὐτῆς ✶ ἀνέλαβεν ✶ τὴν διάλεκτον τῶν ἀρχῶν, ἐδοξολόγησεν δὲ τοῦ |
| Aris. | 2 | | 5 | οὕτω γὰρ κατασκευάζεται ψυχῆς καθαρὰ διάθεσις ✶ ἀναλαβοῦσα ✶ τὰ κάλλιστα καὶ πρὸς τὸ πάντων κυριώτατον |
| Aris. | 25 | | 11 | τὰ δὲ ὑπάρχοντα τῶν τοιούτων εἰς τὸ βασιλικὸν ✶ ἀναλαμβάνεσθαι. ✶ εἰσοδθέντος τοῦ προστάγματος ὅπως |
| FMos. | 6 | 132 | 2 | τὸν οἶκον τοῦ θεοῦ. εἰκότως ἄρα καὶ τὸν Μωυσέα ✶ ἀναλαμβανόμενον ✶ διττὸν εἶδεν Ἰησοῦς ὁ τοῦ Ναυῆ καὶ τὸν |
| FJub. | 47 | | 3 | τὰ βρέφη τῶν Ἰσραηλιτῶν ἐν τῷ ποταμῷ ἕως οὗ ✶ ἀνελήφθη ✶ Μωϋσῆς ὑπὸ τῆς βασιλίσσης. ὁ δ' αὐτὸς υἱὸς τῇ |
| FSop. | 5 | 77 | 2 | καὶ ✶ ἀνέλαβεν ✶ με πνεῦμα καὶ ἀνήνεγκέν με εἰς οὐρανὸν πέμπτον |
| FAch. | 112 | | | ἐκέλευσεν τοὺς ὑφ' ἑαυτὸν στρατηγοὺς καὶ νομάρχας ✶ ἀναλαβεῖν ✶ στολὰς ⟨λευκὰς⟩ ὁμοίως καὶ αὐτὸς |
| FAch. | 114 | | | ἀπὸ τῆς ὁράσεως τέρψιν καὶ τοὺς καρποὺς εὐανθεῖς ✶ ἀναλαμβάνεις. ✶ ὁ δὲ βασιλεὺς θαυμάσας αὐτοῦ τὸ νοερὸν |
| | | | | 3 |

**ἀναλάμπω**

| Hen. | 104 | | 2 | καὶ ἐν ταῖς θλίψεσιν ὡσεὶ φωστῆρες τοῦ οὐρανοῦ ✶ ἀναλάμψετε ✶ καὶ φανεῖτε αἱ θυρίδες τοῦ οὐρανοῦ |
| TLevi | 18 | | 4 | ἐν τῇ οἰκουμένῃ ἕως ἀναλήψεως αὐτοῦ. οὗτος ✶ ἀναλάμψει ✶ ὡς ὁ ἥλιος ἐν τῇ γῇ καὶ ἐξαρεῖ πᾶν σκότος ἐκ |
| TJud. | 24 | | 5 | καὶ αὕτη ἡ πηγὴ εἰς ζωὴν πάσης σαρκός. τότε ✶ ἀναλάμψει ✶ σκῆπτρον βασιλείας μου καὶ ἀπὸ τῆς ῥίζης ὑμῶν |

**ἀνάλημψις**

| Sal. | 4 | | 18 | ψυχὴν αὐτοῦ ἐν μονώσει ἀτεκνίας τὸ γῆρας αὐτοῦ εἰς ✶ ἀνάλημψιν. ✶ σκορπισθείησαν σάρκες ἀνθρωπαρέσκων ὑπὸ |
| | | | | 2 |

**ἀνάληψις**

| TLevi | 18 | | 3 | ἡλίῳ ἡμέρας καὶ μεγαλυνθήσεται ἐν τῇ οἰκουμένῃ ἕως ✶ ἀναλήψεως ✶ αὐτοῦ. οὗτος ἀναλάμψει ὡς ὁ ἥλιος ἐν τῇ γῇ καὶ |
| FMos. | 1 | 153 | 1 | ἔσχεν δὲ καὶ τρίτον ὄνομα ἐν οὐρανῷ μετὰ τὴν ✶ ἀνάληψιν ✶ Μελχι. λόγῳ μόνῳ ἀνελεῖν τὸν Αἰγύπτιον. καὶ |
| | | | | 14 |

**ἀναλίσκω**

| Adam | 29 | | 8 | καὶ ἀποκριθεῖσα εἶπον τῷ Ἀδὰμ ἀνάστα κύριε καὶ ✶ ἀναλῶσόν ✶ με ἵνα ἀναπαύσωμαι ἀπὸ προσώπου σου καὶ ἀπὸ |
| Hen. | 103 | | 9 | ζωῇ τῶν ἡμερῶν τῆς θλίψεως κόπους ἐκοπιάσαμεν καὶ ✶ ἀνηλώθημεν ✶ καὶ ὀλίγοι ἐγενήθημεν καὶ ἀντιλήμπτορα οὐχ |
| Abr.1 | 4 | | 10 | μετ' αὐτοῦ ἐγὼ ἀποστελῶ ἐπὶ σὲ πνεῦμα παμφάγον καὶ ✶ ἀναλίσκει ✶ ἐκ τῶν χειρῶν σου καὶ διὰ στόματός σου πάντα |
| TNep. | 4 | | 2 | καὶ πάσῃ κακώσει καὶ θλίψει συγκαλυφθήσεσθε ἕως ἂν ✶ ἀναλώσῃ ✶ κύριος πάντας ὑμᾶς. καὶ μετὰ τὸ ὀλιγωθῆναι ὑμᾶς |
| Prop. | 3 | | 18 | καὶ ἐποίησεν αὐτοῖς τέρας μέγα ὅτι οἱ ὄφεις ✶ ἀνήλισκον ✶ τὰ βρέφη αὐτῶν καὶ τὰ κτήνη αὐτῶν καὶ |
| Prop. | 21 | | 7 | ἔνθα ἦν ἡ θυσία ηὔξατο καὶ εὐθὺς ἐπέπεσε πῦρ καὶ ✶ ἀνήλωσε ✶ τὴν θυσίαν καὶ τὸ ὕδωρ ἐξέλειπεν καὶ πάντες τὸν |
| Prop. | 21 | | 10 | τὸν κύριον καὶ πῦρ ἀπ' οὐρανοῦ κατέβη κἀκείνους ✶ ἀνήλωσε ✶ τὸ πῦρ ἐκ προστάγματος κυρίου. κόρακες ἔφερον |
| Esdr. | 6 | | 24 | καταπίνειν· οἴμμοι οἴμμοι ὅτι ὑπὸ σκωλήκων μέλλω ✶ ἀναλίσκεσθαι. ✶ κλαύσατέ με πάντες οἱ ἅγιοι καὶ δίκαιοι |
| Job | 11 | | 2 | τινὲς ἦσάν ποτε ἀποροῦντες καὶ μηδὲν δυνάμενοι ✶ ἀναλῶσαι ✶ ἤρχοντο παρακαλοῦντες καὶ λέγοντες δεόμεθά σου, |
| Job | 16 | | 4 | καὶ τὰ πεντακόσια ζεύγη τῶν βοῶν. ταῦτα πάντα ✶ ἀνήλισκαι ✶ δι' ἑαυτοῦ καθ' ἣν εἴληφεν ἐξουσίαν κατ' ἐμοῦ. |
| Job | 17 | | 3 | μετὰ ἀπειλῆς αὐτοῖς εἴληφεν οὗτος ὁ ἀνὴρ Ἰωβαβ ὁ ✶ ἀναλώσ ✶ πάντα τὰ ἀγαθὰ τῆς γῆς καὶ μηδὲν καταλίπων, ὁ |
| Sib. | 3 | 646 | | ἐπὰν δὴ ταῦτα τελεσθῇ λείψανα γαῖα πέλωρος ✶ ἀναλώσειε ✶ θανόντων. αὕτη δ' ἄσπαρτος καὶ ἀνήροτος ἔσται |
| LEze. | 9 | 29 12 | 15 | ὅλας ἀκρίδας τε πέμψω καὶ περισσὰ βρώματα ἅπαντ' ✶ ἀναλώσουσι ✶ καὶ καρποῦ χλόην. ἐπὶ πᾶσι τούτοις τέκν' |
| LAri. | 8 | 10 | 15 | παρὰ πάντα θαυμάσιον ὑπάρχουσαν διὰ τὸ πάντ' ✶ ἀναλίσκειν ✶ ἔδειξε φλεγμένην ἀνυποστάτως μηδὲν δ' |
| | | | | 1 |

**ἀναλογέω**

| Job | 28 | | 5 | τὰ χρήματα, ἐὰν συναχθῇ εἰς ἓν ἐπὶ τὸ αὐτό, οὐ μὴ ✶ ἀναλογήσῃ ✶ τοὺς λίθους τοὺς ἐνδόξους τῆς βασιλείας σου. |

**ἀναλογίζομαι**

| Sal. | 8 | | 7 | εἶπα κατευθυνοῦσιν ὁδοὺς αὐτῶν ἐν δικαιοσύνῃ. ✶ ἀνελογισάμην ✶ τὰ κρίματα τοῦ θεοῦ ἀπὸ κτίσεως οὐρανοῦ καὶ |
| | | | | 1 |

**ἀναλύω**

| FPho. | 102 | | | καὶ δαιμόνιον χόλον ὄρσῃς. οὐ καλὸν ἁρμονίην ✶ ἀναλυέμεν ✶ ἀνθρώποιο καὶ τάχα δ' ἐκ γαίης ἐλπίζομεν ἐς |

**ἀνάλωμα**

| Job | 39 | | 9 | ἐπὶ μνήμης, ἐπεὶ ἡμεῖς οὐκ ἰσχύσαμεν διὰ τὰ ✶ ἀναλώματα ✶ ὅπως θεάσωμεν κἂν τὰ ὀστᾶ αὐτῶν. μὴ ἄρα θηρίου |
| | | | | 6 |

**ἀναμάρτητος**

| Hen. | 5 | | 6 | καὶ ἀσεβὲς ἐν ὑμῖν ὁμοῦνται καὶ πάντες οἱ ✶ ἀναμάρτητοι ✶ χαρήσονται καὶ ἔσται αὐτοῖς λύσις ἁμαρτιῶν |
| Hen. | 99 | | 2 | τὴν αἰωνίαν διαθήκην καὶ λογιζόμενοι ἑαυτοὺς ✶ ἀναμαρτήτους ✶ ἐν τῇ γῇ καταποθήσονται. τότε ἑτοιμάζεσθε |
| TBen. | 3 | | 8 | κόσμου ὅτι ἁμαρτεῖ ὑπὲρ ἄνθρωπον παραδοθήσεται καὶ ✶ ἀναμάρτητος ✶ ὑπὲρ ἀσεβῶν ἀποθανεῖται ἐν αἵματι διαθήκης |
| Sedr. | 15 | | 1 | μου. λέγει Σεδρὰχ πρὸς τὸν θεὸν κύριε σὺ μόνος εἶ ✶ ἀναμάρτητος ✶ καὶ πολὺ εὔσπλαγχος ὁ ἁμαρτιμοὺς ἐλεῶν καὶ |
| Aris. | 252 | | 2 | δὲ τούτῳ τὸν ἑξῆς ἠρώτα πῶς ⟨ἂν⟩ ✶ ἀναμάρτητος ✶ εἴη; ὁ δὲ ἔφη σεμνῶς ἅπαντα πράσσων καὶ μετὰ |
| Aris. | 252 | | 5 | τὰ τῶν ἐντεύξεων καὶ διὰ κρίσεως ἐπιτελῶν ταῦτα ✶ ἀναμάρτητος ✶ ἔφησεν ἂν εἴης ὦ βασιλεῦ. τὸ δ' ἐπινοεῖν |
| | | | | 1 |

**ἀνάμειξις**

| Sal. | 2 | | 13 | κρίμα σου ἀνθ' ὧν αὗται ἐμίαιωσαν αὐτὰς ἐν φυρμῷ ✶ ἀναμείξεως. ✶ τὴν κοιλίαν μου καὶ τὰ σπλάγχνα μου πονῶ ἐπὶ |
| | | | | 7 |

**ἀναμένω**

| Abr.1 | 10 | | 14 | τὸν κόσμον καὶ οὐ θέλω ἀπολέσαι ἐξ αὐτῶν οὐδένα ✶ ἀναμένω ✶ δὲ τὸν θάνατον τῶν ἁμαρτωλῶν ἕως οὗ ἐπιστρέψῃ |
| TAser | 5 | | 2 | ζωὴν τὰ δίκαια διὸ καὶ τὸν θάνατον ἡ αἰώνιος ζωὴ ✶ ἀναμένει. ✶ καὶ οὐκ ἔστιν εἰπεῖν τὴν ἀλήθειαν ψεῦδος οὐδὲ |
| Asen. | 24 | | 8 | Νεφθαλὶμ καὶ Ἀσὴρ καὶ οὐκ εἶσιν ἀδελφοί μου καὶ ✶ ἀναμένω ✶ τὸν θάνατον τοῦ πατρός μου καὶ τὴν ἐκτριφὴν αὐτοῖς ἐκ |
| Bar. | 9 | | 3 | καὶ ἐν ποίῳ σχήματι περιπατεῖ; καὶ εἶπεν ὁ ἄγγελος ✶ ἀνάμεινον ✶ καὶ ὄψει καὶ ταύτην ὡς μετ' ὀλίγον. καὶ τῇ |
| Bar. | 11 | | 2 | ὁ κλειδοῦχος τῆς βασιλείας τῶν οὐρανῶν. ἀλλ' ✶ ἀνάμεινον ✶ καὶ ὄψει καὶ τὴν δόξαν τοῦ θεοῦ. καὶ ἐγένετο φωνὴ |
| Sedr. | 14 | | 8 | τέλειαν ἀπόγνωσιν καὶ οὐ μελλούσιν μεταγνῶναι καὶ ✶ ἀναμένω ✶ αὐτοὺς μετὰ πολλῆς εὐσπλαγχνίας καὶ πολλοῦ |
| Job | 12 | | 1 | ἐπίσταμαι ὅτι ἐργάτης εἶ ἄνθρωπος προσδοκῶν καὶ ✶ ἀναμένων ✶ σου τὸν μισθὸν ἀνάγκην ἔχεις λαβεῖν. καὶ οὐκ |
| | | | | 9 |

**ἀνάμεσος**

| TLevi | 2 | | 7 | εἰς τὸν δεύτερον καὶ εἶδον ἐκεῖ ὕδωρ κρεμάμενον ✶ ἀνάμεσον ✶ τούτου κἀκείνου. καὶ εἶδον τρίτον οὐρανὸν πολὺ |
| TNep. | 2 | | 7 | ἐν νόμῳ κυρίου ἢ ἐν νόμῳ Βελίαρ. καὶ ὡς κεχώρισται ✶ ἀνάμεσον ✶ φωτὸς καὶ σκότους ὁράσεως καὶ ἀκοῆς οὕτω |
| TNep. | 2 | | 7 | καὶ σκότους ὁράσεως καὶ ἀκοῆς οὕτω κεχώρισται ✶ ἀνάμεσον ✶ ἀνδρὸς καὶ ἀνδρὸς καὶ ἀνάμεσον γυναικὸς καὶ |
| TNep. | 2 | | 7 | οὕτω κεχώρισται ἀνάμεσον ἀνδρὸς καὶ ἀνδρὸς καὶ ✶ ἀνάμεσον ✶ γυναικὸς καὶ γυναικὸς καὶ οὐκ ἔστιν εἰπεῖν ὅτι |
| Asen. | 4 | | 4 | δὲ εἶπεν ἰδοὺ ἐγὼ κύριε. καὶ εἶπεν αὐτῇ κάθισον δὴ ✶ ἀνάμεσον ✶ ἡμῶν καὶ λάλησον πρός σε τὰ ῥήματα μου. καὶ |
| Asen. | 4 | | 5 | λαλήσω πρός σε τὰ ῥήματά μου. καὶ ἐκάθισεν Ἀσενὲθ ✶ ἀνάμεσον ✶ τοῦ πατρὸς αὐτῆς καὶ τῆς μητρός. καὶ ἐκράτησε |
| Asen. | 4 | | 5 | αὐτοῦ τῆς δεξιᾶς καὶ ἔθηκε πρὸς τὸ στῆθος αὐτῆς ✶ ἀνάμεσον ✶ τῶν δύο μασθῶν αὐτῆς καὶ ἦσαν οἱ μασθοὶ αὐτῆς |
| Asen. | 24 | | 20 | κάκεῖθεν τῆς ὁδοῦ ἀνὰ πεντακόσιοι ἄνδρες. καὶ ἦν ✶ ἀνάμεσον ✶ αὐτῶν ἡ ὁδὸς πλατεῖα καὶ εὐρύχωρος. καὶ ἀνέστη |
| Asen. | 28 | | 7 | θαρσεῖτε οὖν καὶ μὴ φοβεῖσθε πλὴν κρινεῖ κύριος ✶ ἀνάμεσον ✶ ἐμοῦ καὶ ὑμῶν. καὶ ἔφυγον εἰς τὴν ὕλην τοῦ |
| | | | | 1 |

**ἀναμηρύκησις**

| Aris. | 154 | | 1 | σαφῶς τοῖς νοοῦσιν ἐκτίθεται τὸ τῆς μνήμης. ἡ γὰρ ✶ ἀναμηρύκησις ✶ οὐθὲν ἕτερον ἀλλὰ τῆς ζωῆς καὶ συστάσεως |

**ἀνάμιγα**                                          cf. ἄμμιγα ✶

**ἀναμιμνήσκω**                                                                              6

| Hen. | 103 | | 15 | ὑποδεικνύουσιν περὶ τῶν πεφονευμένων ἡμῶν καὶ οὐκ ✶ ἀναμιμνήσκουσιν ✶ περὶ τῶν ἁμαρτωλῶν αὐτῶν τὰς ἁμαρτίας |
| Hen. | 104 | | 1 | αὐτῶν. ὀμνύω ὑμῖν ὅτι οἱ ἄγγελοι ἐν τῷ οὐρανῷ ✶ ἀναμιμνήσκουσιν ✶ ⟨ὑμῶν⟩ εἰς ἀγαθὸν ἐνώπιον τῆς δόξης τοῦ |
| Job | 14 | | 3 | αὐτοῖς, καὶ αὐταὶ ὕμνουν καὶ ἐκ τοῦ ψαλτηρίου ✶ ἀνεμίμνησκον ✶ αὐτὰς τοῦ θεοῦ ἵνα δοξάσωσιν τὸν κύριον. |
| Job | 26 | | 4 | ἀπαλλοτριωθῶμεν τοῦ μεγάλου πλούτου; διὰ τί δὲ οὐκ ✶ ἀνεμνήσθης ✶ τῶν μεγάλων ἐκείνων ἀγαθῶν ἐν οἷς ὑπήρχομεν; |

```
Job     41    4   ἀνέξομαι ἀρχῆθεν γὰρ καὶ κλαυθμὸν διετέλεσα αὐτῷ, * ἀναμνησκόμενος * τῆς εὐδαιμονίας τῆς προτέρας, καὶ
Job     44    4       με λέγοντες τί παρ' ἡμῶν νῦν αἰτεῖς; ἐγὼ δὲ * ἀναμνησθεὶς * τῶν πτωχῶν τοῦ πάλιν εὐποιεῖν ᾐτησάμην λέγων
ἀνανεόω                     2
TBen.    9    1   γὰρ πορνείαν Σοδόμων καὶ ἀπολεῖσθε ἕως βραχὺ καὶ * ἀνανεώσεσθε * ἐν γυναιξὶ στρήνους καὶ ἡ βασιλεία κυρίου
FEsd.   14   22       τῶν γραφῶν ἐπίπνους πάσας τὰς παλαιὰς αὖθις * ἀνανεούμενος * προεφήτευσε γραφάς.
ἀνανεύω                     2
Asen.   11    1   ἤδη καὶ οἱ κύνες ὕλαττον ἐπὶ τοὺς διοδεύοντας καὶ * ἀνένευσε * μικρὸν τὴν κεφαλὴν αὐτῆς Ἀσενὲθ ἐκ τοῦ ἐδάφους
Asen.   11   1B   αὐτῆς καὶ ἔθηκε τὴν χεῖρα αὐτῆς ἐπὶ τὸ ἔδαφος καὶ * ἀνένευσε * μικρὸν ἀπὸ τῆς γῆς καὶ τῇ κεφαλῇ κατανεύουσα
Ἀνανθνά                     1
Hen.     6    7   Ἐξεκιήλ Βατριήλ Σαθιήλ Ἀτριήλ Ταμιήλ Βαρακιήλ * Ἀνανθνά * Θωνιήλ Ῥαμιήλ Ἀσέαλ Ῥακειήλ Τουριήλ. οὗτοι
Ἀνανίας                     2
Aris.   48    2       Δάκις. τετάρτης Ἰωνάθας Ἀβραῖος Ἐλισσαῖος * Ἀνανίας * Χαβρίας---. πέμπτης Ἴσακος Ἰάκωβος Ἰησοῦς
FIsa.  1    2    9   τῷ ὄρει ἐν τόπῳ ἐρήμῳ. καὶ Μιχάας ὁ προφήτης καὶ * Ἀνανίας * ὁ γέρων καὶ ⟨ Ἰωήλ καὶ Ἀμβακοὺμ καὶ
ἄναξ                       10
Sib.     3   49   βασιλῆος ἐπ' ἀνθρώποισι φανεῖται. ἥξει δ' ἀγνὸς * ἄναξ * πάσης γῆς σκῆπτρα κρατήσων εἰς αἰῶνας ἅπαντας
Sib.     3  411   δὲ φύσεται ἀρχή. παμφύλου πολέμοιο δαήμονας ἕξει * ἄνακτας * Αἰνεάδας +διδοὺς+ αὐτόχθονος ἐγγενὲς αἷμα. ἀλλὰ
Sib.     5   10       ὅστις πυρὸς ἔσχισεν ὁρμὴν πολλοὺς δ' αὖ μετ' * ἄνακτας * ἀριηφίλους μετὰ φῶτας καὶ μετὰ νηπιάχους θηρὸς
Sib.     5   12   καὶ μετὰ νηπιάχους θηρὸς τέκνα μηλοφάγοιο ἔσσετ' * ἄναξ * πρώτιστος ὅ τις δέκα δὶς κορυφώσει γράμματος
Sib.     5   26       δ' ὅς⟨τις⟩ ἔπειτ' ἄρξει κεραίην ἐπὶ πρώτην ἕξει * ἄναξ * κεῖνος δὲ καθ' ὕστατον Ὠκεανοῖο ἴξεθ' ὕδωρ
Sib.     5   35   αὐτὸν ἐλέγξει δ' οὔ μιν ἐόντα. τρεῖς δὲ μετ' αὐτὸν * ἄνακτες * ὑπ' ἀλλήλων ἀπολοῦνται. εἶτά τις εὐσεβέων ὀλετὴρ
Sib.     5  143   πολλοὺς σὺν μητρὶ ταλαίνῃ. φεύξεται ἐκ Βαβυλῶνος * ἄναξ * φοβερὸς καὶ ἀναιδὴς ὃν πάντες στυγέουσι βροτοὶ καὶ
Sib.     5  352   ἔσσεται ἦμαρ ἐκεῖνο χρόνον πολὺν ὥστε νοῆσαι αὐτὸν * ἄνακτα * θεὸν πανεπίσκοπον οὐρανόθι πρό. αὐτὸς δυσμενέας
FPho.       226   θεράποντα. δοῦλον μὴ βλάψῃς τι κακηγορέων παρ' * ἄνακτι. * λάμβανε καὶ βουλὴν παρὰ οἰκέτου εὖ φρονέοντος.
IOrp.         8   εὖ δ' ἐπίβαινε ἀτραπιτοῦ μοῦνον δ' ἐσόρα κόσμοιο * ἄνακτα * ἀθάνατον. παλαιὸς δὲ λόγος περὶ τοῦδε φαείνει εἷς
ἀνάξιος                     6
Adam    29   10   τραχήλου. καὶ μὴ ἐξέλθῃ λόγος ἐκ τοῦ στόματός σου * ἀνάξιοι * γὰρ ἔσμεν καὶ τὰ χείλα ἡμῶν οὐκ ἔστι καθαρά.
Adam    42    6   ᾗρές με ἐκ τῶν μελῶν αὐτοῦ. ἀλλὰ ἀξίωσον κάμὲ τὴν * ἀναξίαν * καὶ ἁμαρτωλὴν εἰσελθεῖν μετὰ τοῦ σκηνώματος
Abr.1    9    3       ἀπηξίωσας αὐτὸν ὅλως πρὸς ἐμὲ τὸν ἁμαρτωλὸν καὶ * ἀνάξιον * ἱκέτην σου καθεκάστην ἔρχεσθαι παρακαλῶ σε καὶ
Aris.  205    2   ἐπισχὼν ὁ τὴν ἐρώτησιν ἐκδεχόμενος εἶπεν εἰ μηδὲν * ἀνάξιον * τῆς ἀρχῆς μηδὲ ἀσελγὲς πράσσοι μηδὲ δαπάνην εἰς
Aris.  217    4   πρὸς τὸ δεῖπνον τραπησόμεθα. ἠρώτα δὲ πῶς ἂν μηδὲν * ἀνάξιον * ἑαυτῶν πράσσοιμεν; ὁ δὲ εἶπεν ἐπίβλεπε διὰ
FMan. 2  22   14   καὶ ἐν ἐμοὶ δείξεις τὴν ἀγαθωσύνην σου ὅτι * ἀνάξιον * ὄντα σώσεις με κατὰ τὸ πολὺ ἔλεός σου καὶ αἰνέσω
ἄναξις *                   1
Sal.         18    5   εἰς ἡμέραν ἐλέους ἐν εὐλογίᾳ εἰς ἡμέραν ἐκλογῆς ἐν * ἀνάξει * χριστοῦ αὐτοῦ. μακάριοι οἱ γενόμενοι ἐν ταῖς
ἀναξυρίς                   2
Asen.    3    6       εἰς τὰς χεῖρας καὶ τοὺς πόδας αὐτῆς ἔθετο καὶ * ἀναξυρίδας * χρυσᾶς περιέθηκε τοῖς ποσὶν αὐτῆς καὶ περὶ
Asen.   18    6   ταῖς χερσὶν αὐτῆς ψέλια χρυσᾶ καὶ εἰς τοὺς πόδας * ἀναξυρίδας * χρυσᾶς καὶ κόσμον τίμιον περιέθηκε περὶ τὸν
ἀνάπαυσις                  
Hen.    23    3       διαμένον. καὶ ἠρώτησα λέγων τί ἐστιν τὸ μὴ ἔχον * ἀνάπαυσιν; * τότε ἀπεκρίθη μοι Ῥαγουὴλ ὁ εἷς τῶν ἁγίων
Abr.2    7   10   τὸ φῶς τοῦ οἴκου σου ἀνελήφθη γὰρ ἀπὸ καμάτου εἰς * ἀνάπαυσιν * αἴρουσιν αὐτὴν ἀπὸ ταπεινώσεως εἰς ὕψος
Abr.2    9    8   ἔργων αὐτῆς καὶ οὐκ εἴασεν αὐτὴν ἐν μόχθῳ οὐδὲ εἰς * ἀνάπαυσιν. * ἀλλ' ἐν τόπῳ μεσότητος ἐκείνας μὲν τὰς ψυχὰς
Abr.2   14    6   τὸν φίλον κυρίου εἰσήνεγκαν δὲ αὐτὸν εἰς τὴν * ἀνάπαυσιν. * ἔθαψαν δὲ Ἰσαὰκ τὸν πατέρα αὐτοῦ Ἀβραὰμ
TZab.   10    4   καὶ ἀπολέσει αὐτοὺς ἕως γενεᾶν. τέως ἐγὼ εἰς τὴν * ἀνάπαυσιν * μου ἀποτρέχω ὡς οἱ πατέρες μου ὑμεῖς δὲ
Asen.   15    7       ὥραν τὸν ὕψιστον καὶ πᾶσι τοῖς μετανοοῦσι τόπον * ἀναπαύσεως * ἡτοίμασεν ἐν τοῖς οὐρανοῖς. καὶ ἀνακαινιεῖ
Jer.     5   32   λέγων εὐλογήσω σε ὁ θεὸς τοῦ οὐρανοῦ καὶ τῆς γῆς ἡ * ἀνάπαυσις * τῶν ψυχῶν τῶν δικαίων ἐν παντὶ τόπῳ. εἶτα
Sedr.   16    5   ἀλλὰ ἔσται μετὰ τῶν δικαίων ἐν τόπῳ ἀναψύξεως καὶ * ἀναπαύσεως * καὶ εἴ τις συγγράψει τὸν λόγον τοῦτον τὸν
Aris.   94    1       τὸ προειρημένον ἐπιτελεῖται. πρὸς δὲ τὴν * ἀνάπαυσιν * τόπος αὐτός ἐστιν ἀποτεταγμένος οὗ καθίζουσιν
Sib.     3  205   κλεψίγαμοι καὶ πάντα κακοὶ καὶ οὐκέτι θνητοῖς * ἄμπαυσις * πολέμοιο. Φρύγες δ' ἔκπαγλοι ὀλοῦνται πάντες
LAri. 13  12    9   θεὸς ⟨ὃς⟩ τὸν ὅλον κόσμον κατεσκεύακε καὶ δέδωκεν * ἀνάπαυσιν * ἡμῖν διὰ τὸ κακόπαθον εἶναι πᾶσι τὴν βιοτὴν
LAri. 13  12   13   τῷ δὲ σάββατον αὐτὴν προσαγορεύεσθαι διερμηνεύεται * ἀνάπαυσις * οὖσα. διασαφεῖ δὲ καὶ Ὅμηρος καὶ Ἡσίοδος
ἀναπαύω                    26
Adam     9    3   ἔλαιον ἐξ αὐτοῦ καὶ ἐνέγκῃς μοι καὶ ἀλείψομαι καὶ * ἀναπαύσομαι * ἀπὸ τῆς νόσου μου καὶ δηλώσω σοι τὸν τρόπον
Adam    24    2   σου. ἔσει δὲ ἐν καμάτοις πολυτρόποις. καμῇ καὶ μὴ * ἀναπαύσῃ. * θλιβεὶς ἀπὸ πικρίας καὶ μὴ γεύσει γλυκύτητος.
Adam    29    8   εἶπον τῷ Ἀδὰμ ἀνάστα κύριε καὶ ἀναλῶσόν με ἵνα * ἀναπαύσωμαι * ἀπὸ προσώπου σου καὶ ἀπὸ προσώπου τοῦ θεοῦ
Hen.    23    2       τῆς γῆς. καὶ ἐπεσάμην πῦρ διατρέχον καὶ οὐκ * ἀναπαυόμενον * οὐδὲ ἐλλεῖπον τοῦ δρόμου ἡμέρας καὶ νυκτὸς
Hen.    99   14       διώξεται ὑμᾶς πνεῦμα πλανήσεως οὐκ ἔστιν ὑμῖν * ἀναπαῦσαι. * οὐαὶ ὑμῖν οἱ ποιοῦντες τὴν ἀ⟨νομίαν⟩ καὶ
Abr.1    5    2       κατὰ τὸ ἔθος εὐχὴν καὶ Μιχαὴλ μετ' αὐτοῦ καὶ * ἀνεπαύσαντο * ἕκαστος ἐν τῇ κλίνῃ αὐτοῦ. εἶπε δὲ Ἰσαὰκ
Abr.1    5    4   τέκνον Ἰσαὰκ ἀλλὰ ἄπελθε ἐν τῷ σῷ τρικλίνῳ καὶ * ἀνάπαυσον * καὶ μὴ γενώμεθα ἐπιβαρεῖς τοῖ ἀνθρώπου τούτου.
Abr.1   17    2   εἶπεν οὖν Ἀβραὰμ ἄπελθε ἄπελθε ἀπ' ἐμοῦ ὅτι θέλω * ἀναπαύεσθαι * ἐν τῇ κλίνῃ μου. ὁ δὲ θάνατος λέγει οὐκ
Abr.1   19    2   δὲ Ἀβραὰμ πρὸς αὐτὸν ἔξελθε ἀπ' ἐμοῦ ὅτι θέλω * ἀναπαύεσθαι * ὅτι ἐν ὀλιγωρίᾳ περίκειται τὸ πνεῦμά μου.
Abr.1   20    4   πρὸς τὸν θάνατον ἄπελθε ἀπ' ἐμοῦ ἔτι παρ΄ ὀλίγον ἵνα * ἀναπαύσωμαι * ἐν τῇ κλίνῃ μου ὅτι ἀθυμία πολλὴ καὶ ἔστιν
Abr.2    5    2   στρῶσον τὴν κλίνην τοῦ ἀνθρώπου σπεύδει γὰρ * ἀναπαῆναι * καὶ ἄψον λύχνον ἐπὶ τῆς οἰκίας. καὶ ἐποίησεν
Abr.2    5    5   ἐλθόντι πρὸς ἡμᾶς ἀλλὰ ἄπελθε ἐν τῷ ταμείῳ σου καὶ * ἀναπαύου. * καὶ ἀπελθὼν Ἰσαὰκ ἐν τῷ ταμείῳ εἰσῆλθεν καὶ
TDan     5   12   τοῖς ἐπικαλουμένοις αὐτὸν εἰρήνην αἰῶνιον καὶ * ἀναπαύονται * ἐν Ἐδὲμ ἅγιοι καὶ ἐπὶ τῆς νέας Ἱερουσαλὴμ
TAser    2    6   νόμου κυρίου ἀθετεῖ καὶ παροξύνει καὶ τὸν πένητα * ἀναπαύει * τὴν ψυχὴν σπιλοῖ καὶ τὸ σῶμα λαμπρύνει πολλοὺς
TAser    3    1   κακίας ἀλλὰ τῇ ἀγαθότητι μόνῃ κολλήθητε ὅτι ὁ θεὸς * ἀναπαύεται * εἰς αὐτὴν καὶ οἱ ἄνθρωποι ποθοῦσιν αὐτὴν τὴν
TBen.    8    2   εἰς πορνείαν οὐ γὰρ ἔχει μιασμὸν ἐν καρδίᾳ ὅτι * ἀναπαύεται * ἐν αὐτῷ τὸ πνεῦμα τοῦ θεοῦ. ὥσπερ γὰρ ὁ ἥλιος
Asen.   10    7   πορεύεσθε ἑκάστη ὑμῶν εἰς τὸν θάλαμον ὑμῶν καὶ * ἀναπαύεσθε * καὶ ἐμὲ ἐάσατε ἠρεμεῖν. καὶ ἀπῆλθον αἱ
Asen.   12    8   πατρὸς αὐτοῦ καὶ ⟨ἀναπνεῖ⟩ ἀπὸ τοῦ φόβου αὐτοῦ καὶ * ἀναπαύεται * πρὸς τὸ στῆθος τοῦ πατρὸς αὐτοῦ ὁ δὲ πατὴρ
Asen.   17    6   σύνοικοι τῶν ἐκλεκτῶν τῆς πόλεως ἐκείνης ἐφ' ὑμᾶς * ἀναπαύονται * εἰς τὸν αἰῶνα χρόνον. καὶ εἶπεν ὁ ἄνθρωπος
Jer.     5    1   καταλαβὼν δένδρον ἐκάθισεν ὑπὸ τὴν σκιὰν αὐτοῦ τοῦ * ἀναπαῆναι * ὀλίγον. καὶ κλίνας τὴν κεφαλὴν αὐτοῦ ἐπὶ τὸν
Jer.     5   26   καὶ ἐλθὼν ἐπὶ τι δένδρον τῷ καύματι ἐκάθισα τοῦ * ἀναπαῆναι * ὀλίγον καὶ ἔκλινα τὴν κεφαλήν μου ἐπὶ τὸν
Jer.     7   13   τραχήλῳ αὐτοῦ καὶ ἀπῆλθεν εἰς Βαβυλῶνα καὶ ἐλθὼν * ἀνεπαύσατο * ἐπὶ τι ξύλον ἔξω τῆς πόλεως εἰς τοῦτον ἔρημον.
Esdr.    1   12   ἀπάγειν. καὶ εἶπεν ὁ θεὸς ἐγὼ τοὺς δικαίους * ἀναπαύσωμαι * ἐν τῷ παραδείσῳ καὶ ἐλεήμων καθέστηκα. καὶ
Job     38    7   ἡμῶν καὶ βούλει θεραπευθῆναι ὑπ' αὐτῶν; ἴσως * ἀναπαύσει. * ἀποκριθεὶς δὲ εἶπον ἡ ἐμὴ ἴασις καὶ ἡ ἐμὴ
FJub.    2   17   ἐν τῷ φωτὶ καὶ ἐν τῷ σκότει καὶ ἐν πᾶσι. καὶ * ἀναπαύσεται * ὁ θεὸς ἐκ πάντων τῶν ἔργων αὐτοῦ ἐν τῇ ἑβδόμῃ
FEz.        186   13   πλανωμέ⟨νον επιστρεψω κ⟩αι βοσκήσω αυτους⟨ εγω και * αναπαυσω * ε⟩πι το ορος το αγιον ⟨μου και εσομαι αυ⟩τοις
ἀναπέμπω                    3
Job     48    3       ἀπεφθέγξατο δὲ τῇ ἀγγελικῇ διαλέκτῳ, ὕμνον * ἀναπέμψασα * τῷ θεῷ κατὰ τὴν τῶν ἀγγέλων ὑμνολογίαν καὶ
HAno.  9   17    8   καὶ αὐτὸν εὑρηκέναι τὴν δὲ εὕρεσιν αὐτῆν εἰς Ἑνὼχ * ἀναπέμπειν * καὶ τοῦτον εὑρηκέναι πρῶτον τὴν ἀστρολογίαν
LAri. 13  12    7   Διὰ καὶ Ζῆνα τὸ γὰρ τῆς διανοίας αὐτῶν ἐπὶ θεὸν * ἀναπέμπεται * διόπερ οὕτως ἡμῖν εἴρηται. οὐκ ἀπεοικότως
ἀναπετάννυμι                 
TLevi  2 3B004   τοὺς δακτύλους τῶν χειρῶν μου καὶ τὰς χεῖράς μου * ἀνεπέτασα * εἰς ἀλήθειαν κατέναντι τῶν ἁγίων. καὶ ηὐξάμην
Job     52   10   ἄλλων δέ τινων μὴ βλεπόντων λαβὼν δὲ τὴν ψυχὴν * ἀνεπετάσθη * ἐναγκαλισάμενος αὐτὴν καὶ ἀνεβίβασεν ἐπὶ τὸ
ἀναπέτομαι                  1
Hen.    97   10       ὅτι οὐ μὴ παραμείνῃ ὁ πλοῦτος ὑμῶν ἀλλὰ ταχὺ * ⟨ἀναπτήσεται⟩ * ἀπὸ ὑμῶν ὅτι ἀδίκως πάντα κέκτησθε καὶ
ἀναπηδάω                    
Adam    40    4   ἐθέλησεν κρύψαι αὐτὸν ὁ Κάϊν ἀλλ' οὐκ ἐδυνήθη ὅτι * ἀνεπήδα * τὸ σῶμα αὐτοῦ ἀπὸ τῆς γῆς. καὶ ἐξήρχετο φωνὴ ἀπὸ
Hen.    89   48   ἔπεσεν ἔμπροσθεν τῶν κυνῶν. καὶ ὁ κριὸς ὁ δεύτερος * ἀναπηδήσας * ἀφηγήσατο τῶν προβάτων. καὶ τὰ πρόβατα
ἀνάπηρος                    
Abr.1    1    2       πλουσίους καὶ πένητας βασιλεῖς τε καὶ ἄρχοντας * ἀναπήρους * καὶ ἀδυνάτους φίλους τε καὶ ξένους γειτονάς τε
ἀναπίμπλημι                  2
Sib.     3  188   πάντα ταράξει πάντα δὲ συγκόψει καὶ πάντα κακῶν * ἀναπλήσει * αἰσχροβίῳ φιλοχρημοσύνη κακοκερδέι πλούτῳ ἐν
Sib.     3  613   τε καὶ ἱππέων πάντα δὲ συγκόψει καὶ πάντα κακῶν * ἀναπλήσει * ῥίψει δ' Αἰγύπτου βασίλιον ἐκ δέ τε πάντα
ἀναπίπτω                    4
Abr.1    5    3   δὲ Ἰσαὰκ πρὸς τὸν πατέρα αὐτοῦ πάτερ ἤθελα κἀγὼ * ἀναπεσεῖν * μεθ' ὑμῶν ἐν τῷ τρικλίνῳ τούτῳ ἔγγιστα ὑμῶν
Abr.1    5    5   εὐχὴν παρ' αὐτῶν ἀπῆλθεν ἐν τῷ ἰδίῳ τρικλίνῳ καὶ * ⟨ἐπὶ τῆς κλίνης αὐτοῦ⟩. ἔρριψε δὲ ὁ θεὸς τὴν
Abr.1   17    1   Ἀβραὰμ εἰς τὸ τρίκλινον αὐτοῦ ἀνέβη καὶ ὁ θάνατος * ἀνέπεσεν * ⟨ἐπὶ Ἀβραὰμ ἐπὶ τῆς κλίνης αὐτοῦ ἦλθεν οὖν καὶ ὁ
Abr.1   19    1   ἔδωκεν δόξαν τῷ θεῷ. καὶ ἀνελθὼν ἐν τῇ κλίνῃ αὐτοῦ * ἀνέπεσεν * ἐλθὼν καὶ ὁ θάνατος ἔστη ἔμπροσθεν αὐτοῦ. εἶπεν
ἀναπλάσσω                    
Asen.    8    9   ταύτην καὶ ἀνακαίνισον αὐτὴν τῷ πνεύματί σου καὶ * ἀνάπλασον * αὐτὴν τῇ χειρί σου τῇ ⟨κρυφαίᾳ⟩ καὶ
Asen.   15    5   αἰῶνα. ἰδοὺ δὴ ἀπὸ τῆς σήμερον ἀνακαινισθήσῃ καὶ * ἀναπλασθήσῃ * καὶ ἀναζωοποιηθήσῃ καὶ φαγεῖς ἄρτον
ἀναπλέκω                    1
Aris.   79    3   δὲ τὰ χείλη κισσοῦ τε καὶ μυρσίνης ἔτι δ' ἐλαίας * ἀνέπλεξαν * στέφανον ἔκτυπον πολυτελεῖς ἐνέντες λίθους καὶ
```

ἀναπληρόω
                                                    4
TLevi    18  2B062    τῆς γῆς εἰς πάσας τὰς γενεὰς τῶν αἰώνων. καὶ ὅτε  *  ἀνεπληρώθησάν  *  μοι ἑβδομάδες τέσσαρες ἐν τοῖς ἔτεσιν τῆς
TBen.    11   5       αὐτὸν συνέτισέ με Ἰακὼβ ὁ πατήρ μου λέγων αὐτὸς  *  ἀναπληρώσει  *  τὰ ὑστερήματα τῆς φυλῆς σου. καὶ ὡς ἐπλήρωσε
Bar.      7   3       ἔμπροσθεν καὶ πρὸς μικρὸν μικρὸν ηὔξανε καὶ  *  ἀνεπληροῦτο.  *  καὶ ὅπισθεν τούτου τὸν ἥλιον ἐξαστράποντα
Aris.    75   4       παραλλαγὴν ἐχόντων τετραδακτύλων οὐκ ἔλαττον  *  ἀνεπλήρουν  *  τὸ τῆς καλλονῆς ἐναργές. ἐπὶ δὲ τῆς στεφάνης
ἀναπλόω
                                                    1
Sib.      3  425       τε κρατήσει πρῶτος γὰρ χείρεσσιν ἐμὰς βίβλους  *  ἀναπλώσει  *  αὐτὸς δ᾽ αὖ μάλα κοσμήσει πολέμοιο κορυστάς
ἀναπνέω
                                                    1
Asen.    12   8       χεῖρας αὐτοῦ ἐπὶ τὸν αὐχένα τοῦ πατρὸς αὐτοῦ καὶ  *  ⟨ἀναπνεῖ⟩  *  ἀπὸ τοῦ φόβου αὐτοῦ καὶ ἀναπαύεται πρὸς τὸ
ἀναποδίζω
                                                    1
Job       5   1       αὐτῷ ὅτι ἄχρι θανάτου ὑπομείνω καὶ οὐ μὴ  *  ἀναποδίσω.  *  καὶ μετὰ τὸ σφραγισθῆναί με ὑπὸ τοῦ ἀγγέλου
ἀναποιέω
                                                    3
TLevi    18  2B030    καθήκει αὐτοῖς αὐτάρκως. καὶ μετὰ ταῦτα σεμίδαλιν  *  ἀναπεποιημένον  *  ἐν ἐλαίῳ καὶ μετὰ ταῦτα οἶνον σπεῖσον καὶ
TLevi    18  2B043    καὶ τὸ ἔλαιον καὶ τὸ τέταρτον τοῦ σάτου τῷ ταύρῳ  *  ἀναπεποιημένον  *  ἐν τῇ σεμιδάλει ταύτῃ καὶ τῷ κριῷ τὸ
TLevi    18  2B045   καὶ τὸ τρίτον αὐτοῦ τῷ ἐρίφῳ. καὶ πᾶσα ἡ σεμίδαλις  *  ἀναπεποιημένη  *  ᾖ⟨ν⟩ ἂν προσαγάγῃς μόνον οὐκ ἐπὶ στέατος
ἀναπόσβεστος
                                                    1
HHec.     1  22  199   δύο τάλαντα τὴν ὁλκήν. ἐπὶ δὲ τούτων φῶς ἔστιν  *  ἀναπόσβεστον  *  καὶ τὰς νύκτας καὶ τὰς ἡμέρας. ἄγαλμα δ᾽
ἀναπτερόω
                                                    1
Bar.      3   2       καὶ εἶπεν εἰσέλθωμεν δι᾽ αὐτῆς. καὶ εἰσήλθομεν  *  ἀναπτερωμένοι  *  ὡσεὶ πορείας ὁδοῦ ἡμερῶν ἑξήκοντα. καὶ
ἀναπτέρωσις
                                                    1
Sal.      4  12       αὐτοῦ ἐπ᾽ οἶκον ἕτερον ὀλεθρεῦσαι ἐν λόγοις  *  ἀναπτερώσεως.  *  οὐκ ἐμπίπλαται ἡ ψυχὴ αὐτοῦ ὡς ᾅδης ἐν
ἀναπτύσσω
                                                    1
Prop.     2  11       εἰ μὴ Ἀαρὼν καὶ τὰς ἐν αὐτῷ πλάκας οὐδεὶς  *  ἀναπτύξει  *  οὐκέτι ἱερέων ἢ προφητῶν εἰ μὴ Μωϋσῆς ὁ
FrAn.     1 217   1   καὶ ἀνελεήμων ἐλθὼν πρός τινα τῶν διδασκάλων καὶ  *  ἀναπτύξας  *  τὴν σοφίαν Σολομῶντος εὗρεν εὐθὺς ὁ ἐλεῶ
ἀνάπτω
                                                    6
Abr.1     4   3       ἐκ τοῦ παραδείσου ἐνέγκας πλήρωσον τὸν οἶκον  *  ἄναψον  *  δὲ λύχνους ἑπτὰ διὰ ἐλαίου ὅπως εὐφρανθῶμεν ὅτι ὁ
TLevi    18  2B053    τῶν ἁγίων πᾶν αἷμα μὴ ἀπτέσθω τῆς στολῆς σου οὐκ  *  ἀνήψῃς  *  αὐτῷ αὐθημερόν. καὶ τὰς χεῖρας καὶ τοὺς πόδας
Sal.     12   2       λόγοι τῆς γλώσσης ἀνδρὸς πονηροῦ ὥσπερ ἐν λαῷ πῦρ  *  ἀνάπτον  *  καλλονὴν αὐτοῦ. ἡ παροικία αὐτοῦ ἐμπρῆσαι οἴκους
Sib.      4 180       γένηται καὶ πῦρ κοιμήσῃ θεὸς ἄσπερον ὥσπερ  *  ἀνῆψεν  *  ὀστέα καὶ σποδιὴν αὐτὸς θεὸς ἔμπαλιν ἀνδρῶν
FPho.        70       δ᾽ ἀλεγειναί. μὴ φθονέοις ἀγαθῶν ἑτάροις μὴ μῶμον  *  ἀνάψῃς.  *  ἄφθονοι Οὐρανίδαι καὶ ἐν ἀλλήλοις τελέθουσιν.
HArt.     9  27  21   ἱλασκομένου δ᾽ αὐτοῦ αἰφνιδίως ἐκ τῆς γῆς πῦρ  *  ἀναφθῆναι  *  καὶ τοῦτο κάεσθαι μήτε ὕλης μήτε ἄλλης τινὸς
ἀνάπτωσις
                                                    2
Aris.   187   3       τὴν πρώτην ἀνάκλισιν ἦσαν γὰρ καθ᾽ ἡλικίαν τὴν  *  ἀνάπτωσιν  *  πεποιημένοι πῶς ἂν τὴν βασιλείαν μέχρι τέλους
Aris.   203   2   δὲ μετὰ ταῦτα πάλιν κατὰ τὴν αὐτὴν διάταξιν τὰ τῆς  *  ἀναπτώσεως  *  καὶ συμποσίας ἐπετελεῖτο. καθὸ δὲ ἐνόμιζεν ὁ
ἀναρίθμητος
                                                    2
Asen.    16  17C   τῶν σίμβλων τοῦ κηρίου ἐκείνου καὶ οἱ σίμβλοι ἦσαν  *  ἀναρίθμητοι  *  μυριάδες μυριάδων καὶ χιλιάδες χιλιάδων. καὶ
Asen.    18   6       αὐτῆς ἐν ᾧ ἦσαν λίθοι πολυτελεῖς τίμιοι ἠρτημένοι  *  ἀναρίθμητοι  *  καὶ στέφανον χρυσοῦν περιέθηκεν ἐπὶ τὴν
ἀνάριθμος
                                                    2
Aris.    89   5       τὸ ἱερὸν καταβολῆς καὶ ἑκάστου τούτων σύριγγας  *  ἀναρίθμους  *  καθ᾽ ἕκαστον μέρος ἑαυτὰ συναπτόντων τῶν
Sib.      3 438       Ἀσίδι στέρξῃ+ καὶ δὴ καὶ στοναχὰς λήψῃ καὶ  *  ἀνήριθμον  *  αἷμα. καὶ Κράγος ὑψηλὸν Λυκίης ὄρος ἐκ
ἀναρπάζω
                                                    5
Aris.   146   5   οὐ μόνον δὲ ταῦτα ἀλλὰ καὶ τοὺς ἄρνας καὶ ἐρίφους  *  ἀναρπάζουσι  *  καὶ τοὺς ἀνθρώπους δὲ ἀδικοῦσι νεκρούς τε
ἀναρπαστος
                                                    1
Abr.1    19  13      βροντῆς ἀνυποφόρου καὶ ἀστραπῆς φοβερᾶς ἐλθούσης  *  ἀνάρπαστοι  *  γίνονται καὶ οὕτω τὸν θάνατον βλέπουσιν
ἀναρρήγνυμι
                                                    1
TJud.    26   3      με ἐνταφιάσει πολυτελεῖ ἐσθῆτι ἢ τὴν κοιλίαν μου  *  ἀναρρήξει  *  ὅτι ταῦτα μέλλουσι ποιεῖν οἱ βασιλεύοντες καὶ
ἀναρρίπτω
                                                    2
Aris.    93   3      τὰ σκέλη πλεῖον ὄντα τὸ τοῦ ταλάντων δύο σχεδὸν ἑκάστου  *  ἀναρρίπτουσιν  *  ἑκατέραις θαυμασίως ὕψος ἱκανὸν καὶ οὐχ
Sib.      4 144      σέ δὲ πλατὺ κῦμα θαλάσσης κρύψει χειμερίῃσιν  *  ἀναρριφθεῖσαν  *  ἀέλλαις. ἥξει δ᾽ εἰς Ἀσίην πλοῦτος μέγας
ἀναρρύω
                                                    1
LThe.     9  22  11       καὶ τὴν πόλιν ἐκπορθῆσαι καὶ τὴν ἀδελφὴν  *  ἀναρρυσαμένους  *  μετὰ τῶν αἰχμαλώτων εἰς τὴν πατρῴαν
ἀναρχία
                                                    2
Prop.    10   7       κριτοῦ γενομένου μιᾶς φυλῆς ἐν ἡμέραις τῆς  *  ἀναρχίας.  *  καὶ κατοικήσας ἐν γῇ Σαὰρ ἐκεῖ ἀπέθανε καὶ
Prop.    16   3       ἄγγελος θεοῦ ἐπεδευτέρωσεν ὡς ἐγένετο ἐν ἡμέραις  *  ἀναρχίας  *  ὡς γέγραπται ἐν Σφαρφωτὶμ τουτέστιν ἐν βίβλῳ
ἀνασκολοπίζω
                                                    1
Prop.     4  21B   καὶ εἰς ἑαυτὸν ἀναδέξεται ἀνομίας τῆς γῆς ἐν τῷ  *  ἀνασκολοπίζεσθαι  *  αὐτὸν ὑπὸ τῶν ἱερέων τοῦ νόμου ⟨καὶ
ἀνάσπαστος
                                                    2
Aris.    35   3      εἰς τὴν ἡμετέραν χώραν κατῳκίσθαι γενηθέντας  *  ἀνασπάστους  *  ἐκ τῶν Ἱεροσολύμων ὑπὸ Περσῶν καθ᾽ ὃν
HHec.     1  22  194  δὲ καὶ συγγνώμης μετελάμβανον. πολλὰς μὲν γὰρ ἡμῶν  *  ἀνασπάστους  *  εἰς Βαβυλῶνα Πέρσαι πρότερον αὐτῶν ἐποίησαν
ἀνασπάω
                                                    2
Jer.      3   9       ἐποίησε τῷ δούλῳ σου Ἰερεμίᾳ. ὅτι αὐτός  *  ἀνέσπασέ  *  με ἐκ τοῦ λάκκου τοῦ βορβόρου καὶ οὐ θέλω αὐτὸν
ἀνάσσω
                                                    2
Sib.      5  46   Νεμείης ἄνθεος οὔνομ᾽ ἔχουσα μετ᾽ αὐτὸν δ᾽ ἄλλος  *  ἀνάξει  *  ἀργυρόκρανος ἀνὴρ τῷ δ᾽ ἔσσεται οὔνομα πόντου
LThe.     9  22   3  δόμονδε Λάβαν ὅς οἱ ἔην μὲν ἀνεψιὸς ἀλλὰ τότ᾽ οἷος  *  ἤνασσεν  *  Συρίης νειηνεγές αἷμα λελοιχώς. τῷ δὲ γάμῳ
ἀναστασία
                                                    1
Sib.      4  69   τε διχοστασίαι τε φυγαί τε πύργων τε πρηνισμοὶ  *  ἀναστασίαι  *  τε πολήων Ἑλλὰς ὅταν μεγάλαυχος ἐπὶ πλατὺν
ἀνάστασις
                                                    8
Adam     10   2       οἴμμοι οἴμμοι ὅτι ἐὰν ἔλθω εἰς τὴν ἡμέραν τῆς  *  ἀναστάσεως  *  πάντες οἱ ἁμαρτήσαντες καταράσονταί με
Adam     28   4       ἑαυτὸν ἀπὸ παντὸς κακοῦ ὡς βουλόμενος ἀποθανεῖν  *  ἀναστάσεως  *  πάλιν γενομένης ἀναστήσω σε καὶ δοθήσεταί σοι
Adam     41   2       σοι ὅτι γῆ εἶ καὶ εἰς γῆν ἀπελεύσει. πάλιν τὴν  *  ἀνάστασιν  *  ἐπαγγέλλομαί σοι ἀναστήσω σε ἐν τῇ ἀναστάσει
Adam     41   2       τὴν ἀνάστασιν ἐπαγγέλλομαί σοι ἀναστήσω σε ἐν τῇ  *  ἀναστάσει  *  μετὰ παντὸς γένους ἀνθρώπων τοῦ ἐκ τοῦ
Adam     43   2       πάντα θεῷ ἀποθνήσκοντα ἕως ἡμέρας τῆς  *  ἀναστάσεως.  *  μετὰ δὲ τὸ δοῦναι αὐτὸν νόμον εἶπεν παρ᾽ ἐξ
Prop.     2  12       εἰ μὴ Μωϋσῆς ὁ ἐκλεκτὸς τοῦ θεοῦ καὶ ἐν τῇ  *  ἀναστάσει.  *  πρώτη ἡ κιβωτὸς ἀναστήσεται καὶ ἐξελεύσεται ἐκ
Prop.    10   8B   ἔστιν Ἰωνᾶς ὁ γενόμενος εἰς τύπον τῆς τοῦ κυρίου  *  ἀναστάσεως  *  καὶ ἔδωκε τέρας ἐπὶ Ἰσραὴλ λέγων ὅτι ὅτε
Job       4   9       ἑκάστῳ τῷ ὑπακούοντι ἀγαθὰ καὶ ἐγερθήσῃ ἐν τῇ  *  ἀναστάσει  *  ἔσῃ γὰρ ὡς ἀθλητὴς πυκτεύων καὶ καρτερῶν
ἀνασταχυόομαι
                                                    1
Sib.      3 382       βαρὺ τέξεται Ἀσίδι πῆμα Εὐρώπῃ δὲ μέγιστον  *  ἀνασταχυώσεται  *  ἄλγος ἐκ γενεῆς Κρονίδαο νόθων δούλων τε
ἀναστενάζω
                                                    5
Adam      9   1  τῷ σώματι. ταῦτα δὲ λέγων ὁ Ἀδὰμ τοῖς υἱοῖς αὐτοῦ  *  ἀνεστέναξε  *  μέγα καὶ εἶπεν τί ποιήσω ὅτι ἐν μεγάλῃ λύπῃ
Adam     42   8       δὲ τὸ εὔξασθαι αὐτὴν ἀναβλέψασα εἰς τὸν οὐρανὸν  *  ἀνεστέναξεν  *  καὶ τύπτουσα τὸ στῆθος αὐτῆς καὶ λέγουσα θεέ τῶν
Asen.     6   1       ὅλον τὸ σῶμα αὐτῆς καὶ ἐφοβήθη φόβον μέγαν. καὶ  *  ἀνεστέναξε  *  καὶ εἶπεν ἐν τῇ καρδίᾳ αὐτῆς τί νῦν ἐγὼ
Asen.     8   8   τοῦ Ἰωσὴφ κατενύγη ἰσχυρῶς καὶ ἐλυπήθη σφόδρα καὶ  *  ἀνεστέναξε  *  καὶ ἦν ἀτενίζουσα εἰς τὸν Ἰωσὴφ ἀνεῳγμένων
Asen.    18   7       εἶπεν αὐτῇ ὅτι συμπέπτωκε τὸ πρόσωπόν σου. καὶ  *  ἀνεστέναξε  *  καὶ ἐλυπήθη σφόδρα καὶ εἶπεν οἴμοι τῇ ταπεινῇ
ἀνάστερος
                                                    2
Sib.      5 531   ἐπ᾽ Ὠκεανοῖο λοετρὰ ᾖψαν γαῖαν ἅπασαν ἔμεινε δ᾽  *  ἀνάστερος  *  αἰθήρ.
ἀνάστημα
                                                    1
Abr.1    10  13       τοὺς ἐν ἁμαρτίᾳ διάγοντας καὶ ἀπολέσει πᾶν τὸ  *  ἀνάστημα  *  ἰδοὺ γὰρ ὁ Ἀβραὰμ οὐχ ἥμαρτεν καὶ τοὺς
TLevi    16   3  ὡς νομίζετε ἀποκτενεῖτε αὐτὸν οὐκ εἰδότες αὐτοῦ τὸ  *  ἀνάστημα  *  τὸ ἀθῷον αἷμα ἐν κακίᾳ ἐπὶ κεφαλὰς ὑμῶν
ἀναστρέφω
                                                    3
TAser     6   3  διατηρεῖτε αὐτὸ ἐν πάσαις ἐντολαῖς κυρίου εἰς αὐτὸ  *  ἀναστρεφόμενοι  *  καὶ ἐν αὐτῷ καταπαύοντες. ὅτι τὰ τέλη τῶν
Aris.   252   7       ὃ βασιλεῦ. τὸ δ᾽ ἐπινοεῖν ταῦτα καὶ ἐν τούτοις  *  ἀναστρέφεσθαι  *  θείας δυνάμεώς ἐστιν ἔργον. διαχυθεὶς δὲ
HCal.    24  34  μηκέτι προσεγγίσαι αὐτῷ ἐκέλευσεν ἀλλ᾽ ἐν τῇ πόλει  *  ἀναστρέφεσθαι.  *  προσκαλεσάμενος δὲ ἕνα τῶν ἱερέων λέγει
ἀναστροφή
                                                    2
Aris.   130   1       πρὸς ταῦτα οὕτως ἐνήρξατο θεωρεῖς ἔφη τὰς  *  ἀναστροφὰς  *  καὶ τὰς ὁμιλίας οἷον ἐνεργάζονται πρᾶγμα
Aris.   216   4       καὶ καθ᾽ ὕπνον ἐν τοῖς αὐτοῖς ἡ διάνοια τὴν  *  ἀναστροφὴν  *  ἔχει θεὸς δὲ πάντα διαλογισμὸν καὶ πρᾶξιν ἐπὶ
ἀνάτασις
                                                    1
Aris.    83   6       τῆς ὅλης Ἰουδαίας ἐπ᾽ ὄρους ὑψηλὴν ἔχοντος τὴν  *  ἀνάτασιν.  *  ἐπὶ δὲ τῆς κορυφῆς κατεσκεύαστο τὸ ἱερὸν
ἀνατάσσω
                                                    1
Aris.   144   5   τρόπων ἐξαρτισμὸν δικαιοσύνης ἕνεκεν σεμνῶς πάντα  *  ἀνατέτακται.  *  τῶν γὰρ πτηνῶν οἷς χρώμεθα πάντα ἥμερα
ἀνατείνω
                                                    1
Aris.   169   3       τῶν ἀκαθάρτων ἑρπετῶν καὶ κνωδάλων καὶ πᾶς λόγος  *  ἀνατείνει  *  πρὸς δικαιοσύνην καὶ τὴν τῶν ἀνθρώπων
ἀνατέλλω
                                                    19
Adam     24   2       οὐ δώσει τὴν ἰσχὺν αὐτῆς. ἀκάνθας καὶ τριβόλους  *  ἀνατελεῖ  *  σοι καὶ ἐν ἱδρώτητι τοῦ προσώπου σου φάγει τὸν

Hen. 2 1 καὶ τοὺς φωστῆρας τοὺς ἐν τῷ οὐρανῷ ὡς τὰ πάντα * ἀνατέλλει * καὶ δύνει τεταγμένος ἕκαστος ἐν τῷ τεταγμένῳ
Abr.2 6 8 ἐδάκρυσάν σου οἱ ὀφθαλμοὶ τῶν βημάτων τοῦ φωτὸς * ἀνατείλαντος * εἰς τὸν οἶκον ἡμῶν; ἡ γὰρ σήμερον ἡμέρα
TSim. 7 1 μὴ ἐπαίρεσθε ἐπὶ τὰς δύο φυλὰς ταύτας ὅτι ἐξ αὐτῶν * ἀνατελεῖ * ὑμῖν τὸ σωτήριον τοῦ θεοῦ. ἀναστήσει γὰρ κύριος
TLevi 18 3 τὸ ὄνομα αὐτοῦ Μεραρί ἐλυπήθην γὰρ περὶ αὐτοῦ καὶ * ἀνατελεῖ * ἄστρον αὐτοῦ ἐν οὐρανῷ ὡς βασιλεὺς φωτίζων φῶς
TJud. 24 1 τῆς αἰχμαλωσίας τῶν ἐχθρῶν ὑμῶν. καὶ μετὰ ταῦτα * ἀνατελεῖ * ὑμῖν ἄστρον ἐξ Ἰακὼβ ἐν εἰρήνῃ καὶ ἀναστήσεται
TZab. 9 8 αὐτοὺς ἐπὶ πάσαις πράξεσιν αὐτῶν. καὶ μετὰ ταῦτα * ἀνατελεῖ * ὑμῖν αὐτὸς ὁ κύριος φῶς δικαιοσύνης καὶ ἴασις
TDan 5 10 ὑμᾶς εἰς τὸ ἁγίασμα αὐτοῦ βοῶν ὑμῖν εἰρήνην. καὶ * ἀνατελεῖ * ὑμῖν ἐκ τῆς φυλῆς Ἰουδὰ καὶ Λευὶ τὸ σωτήριον
TNep. 8 2 ἑνοῦνται τῷ Λευὶ καὶ τῷ Ἰούδᾳ. διὰ γὰρ τοῦ Ἰουδὰ * ἀνατελεῖ * σωτηρία τῷ Ἰσραὴλ καὶ ἐν αὐτῷ εὐλογηθήσεται
TGad 8 1 ὅπως τιμήσωσιν Ἰουδὰν καὶ τὸν Λευὶ ὅτι ἐξ αὐτῶν * ἀνατελεῖ * κύριος σωτῆρα τῷ Ἰσραήλ. ἔγνων γὰρ ὅτι ἐπὶ
TJos. 19 6 καὶ τιμᾶτε τὸν Ἰούδαν καὶ τὸν Λευὶ ὅτι ἐξ αὐτῶν * ἀνατελεῖ * ὑμῖν ὁ ἀμνὸς τοῦ θεοῦ χάριτι σῴζων πάντα τὰ
Asen. 14 1 ἐξομολογουμένη τῷ κυρίῳ ἰδοὺ ὁ ἑωσφόρος ἀστὴρ * ἀνέτειλεν * ἐκ τοῦ οὐρανοῦ κατὰ ἀνατολάς. καὶ εἶδεν αὐτὸν
Asen. 14 1 ἄγγελος καὶ κῆρυξ τοῦ φωτὸς τῆς μεγάλης ἡμέρας * ἀνέτειλεν. * καὶ ἔτι ἑώρα Ἀσενὲθ καὶ ἰδοὺ ἐγγὺς τοῦ
Asen. 18 9 ἦν ὡς ὁ ἥλιος καὶ οἱ ὀφθαλμοὶ αὐτῆς ὡς ἑωσφόρος * ἀνατέλλων * καὶ αἱ παρειαὶ αὐτῆς ὡς ἄρουραι τοῦ ὑψίστου
Sal. 11 5 αὐτοῖς ἐν τῇ παρόδῳ αὐτῶν πᾶν ξύλον εὐωδίας * ἀνέτειλεν * αὐτοῖς ὁ θεὸς ἵνα παρέλθῃ Ισραηλ ἐν ἐπισκοπῇ
Esdr. 4 29 ἀγροῦ ὁ ὀφθαλμὸς αὐτοῦ ὁ δεξιὸς ὡς ἀστὴρ τῷ πρωὶ * ἀνατέλλων * καὶ ὁ ἕτερος ἀσάλευτος τὸ στόμα αὐτοῦ πῆχυς
Job 37 8 εἰ ἔστιν σοι φρόνησις, διά τί ἥλιον μὲν ὁρῶμεν * ἀνατέλλοντα * ἐν ἀνατολαῖς, δύνοντα δὲ ἐν τῇ δύσει, καὶ
Job 37 8 κατὰ πρωὶ εὑρίσκομεν τὸν αὐτὸν ἐν ἀνατολαῖς * ἀνατέλλοντα; * νουθέτησόν με πρὸς ταῦτα εἰ σὺ εἶ ὁ θεράπων
FSop. 5 77 2 ἦν ἑκάστου αὐτῶν ὁ θρόνος ἑπταπλασίων φωτὸς ἡλίου * ἀνατέλλοντος * οἰκοῦντας ἐν ναοῖς σωτηρίας καὶ ὑμνοῦντας

ἀνατίθημι 6
TIss. 2 5 Ῥαχὴλ ὅτι καίγε ποθήσασα αὐτοὺς οὐκ ἔφαγεν ἀλλὰ * ἀνέθηκεν * αὐτοὺς ἐν οἴκῳ κυρίου προσενέγκασα ἱερεῖ
Aris. 19 7 ἄξιόν ἐστι τῆς σῆς μεγαλοψυχίας ὅπως χαριστήριον * ἀναθῇ * τῷ μεγίστῳ θεῷ τὴν τούτων ἀπόλυσιν. μεγίστως γὰρ
Aris. 37 5 εὐσεβῶς τοῦτο πρᾶξαι καὶ τῷ μεγίστῳ θεῷ χαριστικὸν * ἀνατιθέντες * ὃς ἡμῖν τὴν βασιλείαν ἐν εἰρήνῃ καὶ δόξῃ
FAch. 110 ἀλλ' ὡς τὰ ὑπὸ σοῦ λεγόμενα ἢ πραττόμενα ἑτέροις * ἀναθήσεται. * ἐπὶ μεγάλῃ κτήσει μὴ χαῖρε μηδὲ ἐπὶ μικρᾷ
FAch. 123 ἐκέλευσεν οὖν ὁ Λυκοῦργος ἀνδριάντα χρυσοῦν * ἀνατεθῆναι * τῷ Αἰσώπῳ μετὰ καὶ τῶν Μουσῶν καὶ ἐποίησεν
HArt. 9 27 32 διὰ τοῦτο δὲ καὶ τοὺς Αἰγυπτίους τὴν ῥάβδον * ἀνατιθέναι * εἰς πᾶν ἱερὸν ὁμοίως δὲ καὶ τῇ Ἴσιδι διὰ τὸ

ἀνατολή 41
Adam 1 2 παραδείσου ἔλαβεν Ἀδὰμ Εὔαν καὶ ἀνῆλθεν εἰς τὴν * ἀνατολὴν * καὶ ἔμεινεν ἐκεῖ ἔτη δέκα καὶ ὀκτὼ καὶ μῆνας
Hen. 18 6 ὅπου τὰ ἑπτὰ ὄρη ἀπὸ λίθων πολυτελῶν ⟨τρία⟩ εἰς * ἀνατολὰς * καὶ τρία εἰς νότον βάλλοντα. καὶ τὰ μὲν πρὸς
Hen. 18 7 καὶ τρία εἰς νότον βάλλοντα. καὶ τὰ μὲν πρὸς * ἀνατολὰς * ἀπὸ λίθου χρώματος τὸ δὲ ἦν ἀπὸ λίθου
Hen. 18 15 εἰσιν οἱ παραβάντες πρόσταγμα κυρίου ἐν ἀρχῇ τῆς * ἀνατολῆς * αὐτῶν ὅτι τόπος ἔξω τοῦ οὐρανοῦ κενός ἐστιν ὅτι
Hen. 24 2 καὶ πάντα ἔντιμα καὶ ἔνδοξα καὶ εὐειδῆ τρία ἐπ' * ἀνατολὰς * ἐστηριγμένα ἐν τῷ ἑνὶ καὶ τρία ἐπὶ νότον ἐν τῷ
Hen. 26 2 τεθέαμαι ὄρος ἅγιον ὑποκάτω τοῦ ὄρους ὕδωρ ἐξ * ἀνατολῶν * καὶ τὴν δύσιν εἶχεν πρὸς νότον. καὶ ἴδον πρὸς
Hen. 26 3 καὶ τὴν δύσιν εἶχεν πρὸς νότον. καὶ ἴδον πρὸς * ἀνατολὰς * ἄλλο ὄρος ὑψηλότερον τούτου καὶ ἀνὰ μέσον αὐτοῦ
Hen. 29 1 ἐπορεύθην εἰς ἄλλον τόπον ἐν τῷ Βαβδηρὰ καὶ πρὸς * ἀνατολὰς * τοῦ ὄρους τούτου ᾠχόμην καὶ ἴδον κρίσεως δένδρα
Hen. 30 1 ὅμοια καρύαις. καὶ ἐπέκεινα τούτων ᾠχόμην πρὸς * ἀνατολὰς * μακρὰν καὶ ἴδον τόπον ἄλλον μέγαν φάραγγα
Hen. 30 3 ἀρωμάτων καὶ ἐπέκεινα τούτων ᾠχόμην πρὸς * ἀνατολάς. * καὶ ἴδον ἄλλα ὄρη καὶ ἐν αὐτοῖς ἄλση δένδρων
Hen. 31 2 καὶ ἐπέκεινα τῶν ὀρέων τούτων ἴδον ἄλλο ὄρος πρὸς * ἀνατολὰς * τῶν περάτων τῆς γῆς καὶ πάντα τὰ δένδρα πλήρη
Hen. 32 1 ὑπὲρ πάντων τῶν ἀρωμάτων.--- εἰς βορρᾶν πρὸς * ἀνατολὰς * τεθέαμαι ἑπτὰ ὄρη πλήρη νάρδου χρηστοῦ καὶ
Hen. 32 2 ἀρχὰς πάντων τῶν ὀρέων τούτων μακρὰν ἀπέχων πρὸς * ἀνατολὰς * τῆς γῆς καὶ διέβην ἐπάνω τῆς ἐρυθρᾶς θαλάσσης
Abr.1 11 1 ὁ Μιχαὴλ τὸ ἅρμα καὶ ἤνεγκεν τὸν Ἀβραὰμ ⟨εἰς τὴν * ἀνατολὴν * ἐν τῇ πύλῃ τοῦ οὐρανοῦ τῇ πρώτῃ καὶ εἶδεν ἐκεῖ
TLevi 11 4 καὶ ὁ Καὰθ ἐγεννήθη τριακοστῷ πέμπτῳ ἔτει πρὸς * ἀνατολὰς * ἡλίου. εἶδον δὲ ἐν ὁράματι ὅτι μέσος ἐν ὑψηλοῖς
TLevi 18 2B068 ἔτει ἐγεννήθη ἐν τῷ πρώτῳ μηνὶ μιᾷ τοῦ μηνὸς ἐπ' * ἀνατολῆς * ἡλίου. καὶ πάλιν συνεγενόμην αὐτῇ καὶ ἐν γαστρὶ
TJud. 5 2 ἡμῖν θάνατον. ἐγὼ οὖν καὶ Γὰδ προσήξαμεν ἀπὸ * ἀνατολῶν * τῆς πόλεως Ῥουβὴμ δὲ καὶ Λευὶ ἀπὸ δυσμῶν καὶ
TNep. 5 1 τεσσαρακοστῷ ζωῆς μου εἶδον ἐν ὄρεσιν ἐλαίου κατὰ * ἀνατολὰς * Ἱερουσαλὴμ ὅτι ὁ ἥλιος καὶ ἡ σελήνη ἔστηκαν.
Asen. 2 7 πρώτη μεγάλη σφόδρα ἀποβλέπουσα ἐπὶ τὴν αὐλὴν εἰς * ἀνατολὰς * καὶ ἡ δευτέρα ἦν ἀποβλέπουσα εἰς μεσημβρίαν καὶ
Asen. 2 8 ἐν τῷ θαλάμῳ ἀποβλέπουσα ⟨πρὸς τὴν θυρίδα⟩ κατὰ * ἀνατολὰς * καὶ ἦν ἡ κλίνη ἐστρωμένη πορφυρᾷ χρυσοϋφῇ ἐξ
Asen. 5 2 ἔστη ἐπὶ τὴν θυρίδα τὴν μεγάλην τὴν βλέπουσαν κατὰ * ἀνατολὰς * τοῦ ἰδεῖν τὸν Ἰωσὴφ εἰσερχόμενον εἰς τὴν
Asen. 5 4 ἠνοίχθησαν αἱ πύλαι τῆς αὐλῆς αἱ βλέπουσαι κατὰ * ἀνατολὰς * καὶ εἰσῆλθεν Ἰωσὴφ ἑστὼς ἐπὶ τῷ ἅρματι τῷ
Asen. 11 1C ἐκάθισεν ὑποκάτω τῆς θυρίδος τῆς βλεπούσης κατὰ * ἀνατολάς. * καὶ τὴν κεφαλὴν αὐτῆς ἐνέβαλεν εἰς τὸν κόλπον
Asen. 11 15 καὶ ἀπεστράφη πρὸς τὴν θυρίδα τὴν βλέπουσαν πρὸς * ἀνατολὰς * καὶ ἀνορθώθη ἐπὶ τὰ γόνατα αὐτῆς καὶ ἐξεπέτασε
Asen. 11 19 τὰ γόνατα αὐτῆς καὶ ἐξεπέτασε τὰς χεῖρας αὐτῆς εἰς * ἀνατολὰς * καὶ ἀνέβλεψε τοῖς ὀφθαλμοῖς αὐτῆς εἰς τὸν
Asen. 14 1 ὁ ἑωσφόρος ἀστὴρ ἀνέτειλεν ἐκ τοῦ οὐρανοῦ κατὰ * ἀνατολάς. * καὶ εἶδεν αὐτὸν Ἀσενὲθ καὶ ἐχάρη καὶ εἶπεν
Asen. 16 17 αὐτοῦ εἰς τὸ ἄκρον τοῦ κηρίου τὸ βλέπον κατὰ * ἀνατολὰς * ⟨καὶ εἵλκυσεν ἐπὶ τὸ ἄκρον τὸ βλέπον κατὰ
Asen. 17 8 τεσσάρων ἵππων πορευόμενον εἰς τὸν οὐρανὸν κατὰ * ἀνατολάς. * καὶ τὸ ἅρμα ἦν ὡς φλὸξ πυρὸς καὶ οἱ ἵπποι ὡς
Sal. 5 9 σὺ τρέφεις ἐν τῷ διδόναι σε ὑετὸν ἐρήμοις εἰς * ἀνατολὴν * χλόης ἡτοίμασας χορτάσματα ἐν ἐρήμῳ παντὶ ζῶντι
Sal. 11 2 Ιερουσαλημ ἐφ' ὑψηλοῦ καὶ ἰδὲ τὰ τέκνα σου ἀπὸ * ἀνατολῶν * καὶ δυσμῶν συνηγμένα εἰς ἅπαξ ὑπὸ κυρίου. ἀπὸ
Prop. 1 7 ἐποίησε τοὺς τάφους τοῦ Δαυὶδ διαγράψαντος κατ' * ἀνατολὰς * τῆς Σιὼν ἥτις ἔχει εἴσοδον ἀπὸ Γαβαὼν μήκοθεν
Prop. 4 21B ἐν πυρὶ κεῖται τὸ τέλος πάσης τῆς γῆς. ὅτε δὲ κατ' * ἀνατολὰς * ὕδωρ καθαρὸν ἐξελεύσεται τότε ἐπὶ γῆς ὁ θεὸς
Esdr. 5 21 τὸν παράδεισον. καὶ ἀπήγαγόν με οἱ ἄγγελοι κατὰ * ἀνατολὰς * καὶ ἴδον τὸ φυτὸν τῆς ζωῆς. καὶ ἴδον ἐκεῖ τὸν
Job 28 6 βασιλείας σου. εὐγενέστερος γὰρ ἤμην τῶν ἀφ' ἡλίου * ἀνατολῶν. * ὁπηνίκα δὲ ἦλθον εἰς τὴν Αὐσιτίδα ἐρωτήσαντες
Job 37 8 φρόνησις, διά τί ἥλιον μὲν ὁρῶμεν ἀνατέλλοντα ἐν * ἀνατολαῖς, * δύνοντα δὲ ἐν τῇ δύσει, καὶ πάλιν ἀνιστάμενοι
Job 37 8 ἀνιστάμενοι κατὰ πρωὶ εὑρίσκομεν τὸν αὐτὸν ἐν * ἀνατολαῖς * ἀνατέλλοντα; νουθέτησόν με πρὸς ταῦτα εἰ σὺ εἶ
Job 40 3 εὐχὴν εἶπον αὐτοῖς ἀναβλέψατε τοῖς ὀφθαλμοῖς πρὸς * ἀνατολὴν * καὶ ἴδετε τὰ τέκνα μου ἐστεφανωμένα παρὰ τῇ
Job 52 10 αὐτὴν καὶ ἀνεβίβασεν ἐπὶ τὸ ἅρμα καὶ ὥδευσεν ἐπὶ * ἀνατολάς * τὸ δὲ σῶμα αὐτοῦ περισταλὲν ἀπηνέχθη εἰς τὸν
HDem. 9 29 3 παίδων ὀνομασθῆναι. τὸν Ἀβραὰμ τοὺς παῖδας πρὸς * ἀνατολὰς * ἐπὶ κατοικίαν πέμψαι διὰ τοῦτο δὲ καὶ Ἀαρὼν
HCal. 28 4 εὐμήκεσι καὶ μεταρσίοις κατοχυρώσας ἐν δὲ τῇ κατὰ * ἀνατολὴν * πύλῃ μεταρσιώτατον πάντων ἕνα πύργον
FrAn. 15 πιστεύσωσιν. συνάξει πᾶσαν δύναμιν αὐτοῦ ἀπὸ ἡλίου * ἀνατολῶν * μέχρις ἡλίου δυσμῶν. οὓς κεκλήκει καὶ οὓς οὐ

ἀνατόλιος 4
Sib. 3 26 Ἀδὰμ τὸν πρῶτον πλασθέντα καὶ οὔνομα πληρώσαντα * ἀντολίην * τε δύσιν τε μεσημβρίην τε καὶ ἄρκτον αὐτὸς δ'
Sib. 5 5 φέρεσκεν καὶ μετὰ τὸν Πέλλης πολίτορα ᾧ ὕπο πᾶσα * ἀντολίη * βεβόληto καὶ ἑσπερίη πολύολβος ὃν Βαβυλὼν ἤλεγξε
Sib. 5 113 δηλοῦν Αἰγύπτῳ πολυκοιρανίην ἀλεγεινήν; βαῖνε πρὸς * ἀντολίην * Περσῶν γενεὰς ἀνοήτους καὶ δήλου τοῖσιν τὸ
Sib. 5 428 τε δικαίους ἀϊδίοιο θεοῦ δόξαν ποθεημένον εἶδος * ἀντολίαι * δύσιές τε θεοῦ κλέος ἐξύμνησαν. οὐκέτι γὰρ

ἀνατρέπω 1
TAser 1 7 δίκαια γὰρ λογιζόμενος καὶ ἀπορρίπτων τὴν πονηρίαν * ἀνατρέπει * εὐθὺς τὸ κακὸν καὶ ἐκριζοῖ τὴν ἁμαρτίαν. ἐὰν

ἀνατρέχω 1
Sedr. 11 13 ὦ πόδες ὅλον τὸ σῶμα βαστάζοντες εἰς τοὺς ναοὺς * ἀνατρέχοντες * μετανοίας ποιοῦντες καὶ παρακαλοῦντες τοὺς

ἄναυδος 1
Sib. 5 485 τριτάλαινα μενεῖς ἐπὶ χεύμασι Νείλου μούνη μαινὰς * ἄναυδος * ἐπὶ ψαμάθοις Ἀχέροντος κοὐκέτι σου μνεία γε

ἀναφαίνω 4
Hen. 10 16 ἀπὸ τῆς γῆς καὶ πᾶν ἔργον πονηρίας ἐκλειπέτω καὶ * ἀναφανήτω * τὸ φυτὸν τῆς δικαιοσύνης καὶ τῆς ἀληθείας εἰς
TBen. 5 5 πρὸς ὀλίγον ταπεινωθῇ μετ' οὐ πολὺ φαιδρότερος * ἀναφαίνεται * οἷος γέγονεν Ἰωσὴφ ὁ ἀδελφός μου. τὸ
Bar. 7 3 θεοῦ. καὶ ἐν τῷ ὁμιλεῖν με αὐτῷ ὁρῶ τὸ ὄρνεον καὶ * ἀνεφάνη * ἔμπροσθεν καὶ πρὸς μικρὸν μικρὸν ηὖξανε καὶ
Job 42 1 δὲ τὸ παύσασθαι αὐτὸν τῆς μεγαλορημοσύνης αὐτοῦ, * ἀναφανεὶς * μοι ὁ κύριος διὰ λαίλαπος καὶ νεφῶν εἶπεν, καὶ

ἀναφαιρέω 1
Hen. 97 6 τοῦ μεγάλου ἁγίου κατὰ πρόσωπον ὑμῶν εἰτ' * ἀναφελεῖ * τὰ πάντα ἔργα τὰ μετασχόντα ἐν τῇ ἀνομίᾳ. οὐαὶ

ἀναφέρω 36
Adam 29 3 εὐωδίας ἐκ τοῦ παραδείσου ἵνα μετὰ τὸ ἐξελθεῖν με * ἀνενέγκω * θυσίαν τῷ θεῷ ὅπως εἰσακούσεταί μου ὁ θεός. καὶ
Adam 32 4 τοῦ σώματος αὐτοῦ. ἀνάστα καὶ ἴδε τὸ πνεῦμα αὐτοῦ * ἀναφερόμενον * εἰς τὸν ποιήσαντα αὐτὸν τοῦ ἀπαντῆσαι αὐτῷ.
Abr.1 3 8 Ἰσαὰκ εἰς τὸ φρέαρ ἀντλήσας ὕδωρ ἐπὶ τῆς λεκάνης * ἀνήνεγκεν * ⟨πρὸς⟩ αὐτόν. προσελθὼν οὖν Ἀβραὰμ ἔνιπτεν
Abr.1 13 12 εὐθέως λαμβάνει αὐτὸν ὁ ἄγγελος τῆς κρίσεως καὶ * ἀναφέρει * εἰς τὸν τόπον τῶν ἁμαρτωλῶν πικρότατον ποτήριον
Abr.1 13 13 καὶ λαμβάνει αὐτὸν ὁ τῆς δικαιοσύνης ἄγγελος καὶ * ἀναφέρει * αὐτὸν εἰς τὸ σῴζεσθαι ἐν τῷ κλήρῳ τῶν δικαίων
Abr.1 14 8 καὶ ἰδοὺ ἔλαβεν αὐτὴν ἄγγελος φωτοφόρος καὶ * ἀνήνεγκεν * αὐτὴν ἐν τῷ παραδείσῳ. εἶπεν δὲ Ἀβραὰμ δοξάζω
Abr.1 15 4 ἱκετεύουσα καὶ λέγουσα εὐχαριστῶ σοι κύριέ μου ὅτι * ἀνήνεγκας * τὸν κύριον τὸν Ἀβραὰμ ἰδοὺ γὰρ ἐνομίζομεν
TRub. 7 2 τοῖς υἱοῖς αὐτοῦ. καὶ ἔθεντο αὐτὸν ἐν σορῷ ἕως ὅτε * ἀνενέγκαντες * αὐτὸν ἐξ Αἰγύπτου ἔθαψαν ἐν Χεβρὼν ἐν τῷ
TSim. 8 2 ἀσήπτων τοῦ ἀναγαγεῖν τὰ ὀστᾶ αὐτοῦ ἐν Χεβρών. καὶ * ἀνήνεγκαν * αὐτὰ ἐν πολέμῳ Αἰγυπτίων κρυφῇ. τὰ γὰρ ὀστᾶ
TLevi 18 2B021 ὁλοκάρπωσιν καὶ ὅταν μέλλῃς προσφέρειν ὅσα δεῖ * ἀνενέγκαι * ἐπὶ τὸν βωμὸν πάλιν νίπτου τὰς χεῖρας σου καὶ
TLevi 18 2B022 νίπτου τὰς χεῖράς σου καὶ τοὺς πόδας σου. καὶ * ἀνάφερε * τὰ ξύλα πρῶτον ⟨ἐ⟩σχισμένα ἐπισκοπῶν αὐτὰ πρῶτον
TLevi 18 2B025 καὶ ἀσφάλαθον. ταῦτα εἴρηκεν ὅτι ταῦτά ἐστιν ἃ σε * ἀναφέρειν * ὑποκάτω τῆς ὁλοκαυτώσεως ἐπὶ τοῦ θυσιαστηρίου.
TLevi 18 2B026 καὶ τοὺς πόδας ἀπὸ τοῦ αἵματος καὶ ἄρξῃ τὰ μέλη * ἀναφέρειν * ἡλισμένα τὴν κεφαλὴν ἀνάφερε πρῶτον καὶ
TLevi 18 2B027 καὶ ἄρξῃ τὰ μέλη ἀναφέρειν ἡλισμένα τὴν κεφαλὴν * ἀνάφερε * πρῶτον καὶ κάλυπτε αὐτὴν τῷ στέατι καὶ μὴ
TLevi 18 2B031 οὐ καθήκει. καὶ +τῷ καθηκι τῶν+ οὕτως ξύλα καθηκει * ἀναφέρεσθαι * ἐπὶ τὸν βωμὸν τῷ ταύρῳ τῷ τελείῳ τάλαντον
TLevi 18 2B032 καθήκει αὐτῷ ἐν σταθμῷ καὶ εἰς τὸ στέαρ μόνον * ἀναφέρεσθαι * ἐξ μνᾶς καὶ τῷ ταύρῳ τῷ δευτέρῳ πεντήκοντα
TLevi 18 2B037 τῷ ταύρῳ τῷ μεγάλῳ ἁλίσαι τὸ κρέας αὐτοῦ καὶ * ἀνένεγκε * ἐπὶ τὸν βωμόν. σάτον καθηκει τῷ ταύρῳ καὶ ᾧ ἂν

```
TDan    7    2    καὶ ἔθαψαν αὐτὸν οἱ υἱοὶ αὐτοῦ. καὶ μετὰ ταῦτα  * ἀνήνεγκαν *  τὰ ὀστᾶ αὐτοῦ σύνεγγυς ᾿Αβραὰμ καὶ ᾿Ισαὰκ καὶ
TBen   12    1    τοὺς λόγους αὐτοῦ εἶπεν ἐντέλλομαι ὑμῖν τέκνα μου  * ἀνενέγκατε *  τὰ ὀστᾶ μου ἐξ Αἰγύπτου καὶ θάψατέ με εἰς
Asen.  10    2          καὶ ἔπλησεν αὐτὴν τέφρας ἐκ τῆς ἑστίας καὶ  * ἀνήνεγκεν *  εἰς τὸ ὑπερῷον καὶ ἀπέθηκεν αὐτὴν εἰς τὸ
Jer.    6   22          ἐκ στόματος ᾿Ιερεμίου τοῦ παιδός μου ὁ ἀκούων  * ἀναφέρω *  αὐτὸν ἐκ τῆς Βαβυλῶνος ὁ δὲ μὴ ἀκούων ξένος
Jer.    9    1    ὑψηλόν. ἔμειναν δὲ οἱ τοῦ ᾿Ιερεμίου χαίροντες καὶ  * ἀναφέροντες *  θυσίας ὑπὲρ τοῦ λαοῦ ἐννέα ἡμέρας. τῇ δὲ
Jer.    9    2    θυσίας ὑπὲρ τοῦ λαοῦ ἐννέα ἡμέρας. τῇ δὲ δεκάτῃ  * ἀνήνεγκεν *  ᾿Ιερεμίας μόνος θυσίαν. καὶ ηὔξατο εὐχὴν λέγων
Bar.    8    4    διαδράμῃ λαμβάνουσι τέσσαρες ἄγγελοι τοῦτον καὶ  * ἀναφέρουσιν *  εἰς τὸν οὐρανὸν καὶ ἀνακαινίζουσιν αὐτὸν διὰ
Sedr.  10    3    ⟨καὶ⟩ ἔστι διεσπορισμένη εἰς πάντα τὰ μέλη σου;  * ἀναφέρυσται *  διὰ φάρυγγος καὶ λάρυγγος καὶ τοῦ στόματος
Job     2    3    θρησκευομένου καὶ συνεχῶς βλέπων ὁλοκαυτώματα αὐτῷ  * ἀναφερόμενα *  διελογιζόμην ἐν ἑαυτῷ λέγων ἆρα οὗτός ἐστιν
Job    15    4    τοῖς διακονοῦσιν ἀνιστάμενος οὖν ἐγὼ κατὰ τὸ πρωὶ  * ἀνέφερον *  ὑπὲρ αὐτῶν θυσίας κατὰ ἀριθμὸν αὐτῶν,
Job    15    9    τοῦ θεοῦ ἢ ὑπερηφανία. καὶ πάλιν ἐξαίρετον μόσχον  * ἀνέφερον *  ἐπὶ τὸ θυσιαστήριον τοῦ θεοῦ, μήπως οἱ υἱοί μου
Job    28    5    ἐν πολλῷ πλούτῳ ὄντα, καὶ γὰρ ὅτε ἠρξάμην αὐτοῖς  * ἀναφέρειν *  τοὺς πολυτελεῖς λίθους, ἀπεθαύμαζον καὶ
Job    42    6    μου ᾿Ιὼβ διὸ ἀναστάντες ποιήσατε αὐτῶν ὑπὲρ ὑμῶν  * ἀναφέρειν *  ὅπως ἀφαιρεθῇ ὑμῶν ἡ ἁμαρτία εἰ μὴ γὰρ
Job    42    8    δὲ προσανήνεγκάν μοι τὰ πρὸς θυσίαν καὶ ἐγὼ λαβὼν  * ἀνήνεγκα *  ὑπὲρ αὐτῶν καὶ ὁ κύριος προσδεξάμενος ἀφῆκεν
Job    46    7    ἡ δὲ ἀπελθοῦσα ἤνεγκεν αὐτὰ καὶ ἤνοιξεν καὶ  * ἀνήνεγκεν *  τὰς τρεῖς χορδὰς τὰς ποικίλας ὡς μὴ δύνασθαι
Aris. 268    6    οὐχ ὑπογράφει λύπην ὁ λόγος ἀλλὰ ἐφ᾿ ἑαυτοὺς  * ἀναφέροντες *  καὶ τὸ πρὸς ἑαυτοὺς συμφέρον λυποῦνται
FJub.   4    1    προσήνεγκε Κάϊν. τῷ ἐνενηκοστῷ ἐνάτῳ ἔτει ῎Αβελ  * ἀνήνεγκε *  θυσίαν τῷ θεῷ εἰκοστὸν δεύτερον ἔτος ἄγων κατὰ
FSop.  5  77    2                    καὶ ἀνέλαβέν με πνεῦμα καὶ  * ἀνήνεγκέν *  με εἰς οὐρανὸν πέμπτον καὶ ἐθεώρουν ἀγγέλους
HAno.  9  18    2    θεοῦ γνῶναι καὶ ἡμᾶς οὕτως ἐπιγνῶναι. τὸν ᾿Αβραὰμ  * ἀναφέροντα *  εἰς τοὺς γίγαντας τούτους δὲ οἰκοῦντας ἐν τῇ
```

ἀναφωνέω
```
                                                             1
Job    31    7    οὕτως κλαύσας κλαυθμὸν μέγαν σὺν θρήνῳ βασιλικῷ  * ἀνεφώνησεν *  ὑποφωνούντων καὶ τῶν ἄλλων βασιλέων καὶ τῶν
```

ἀνάχωμα
```
Aris. 301    2    παραλαβὼν αὐτοὺς καὶ διελθὼν τὸ τῶν ἑπτὰ σταδίων  * ἀνάχωμα *  τῆς θαλάσσης πρὸς τὴν νῆσον καὶ διαβὰς τὴν
                                                            14
```

ἀναχωρέω
```
Abr.1  17    3          ἐν τῇ κλίνῃ μου. ὁ δὲ θάνατος λέγει οὐκ  * ἀναχωρῶ *  ἕως οὗ λάβω τὸ πνεῦμά σου ἀπό σου. λέγει αὐτῷ
Abr.1  19    3    περίκειται τὸ πνεῦμά μου. καὶ ὁ θάνατος εἶπεν οὐκ  * ἀναχωρῶ *  ἀπὸ σοῦ ἕως οὗ λάβω τὴν ψυχήν σου. καὶ ὁ ᾿Αβραὰμ
Abr.2   4    3    ἐργάζου μὴ ἐπιβαρὴς γένῃ τῷ ξένῳ τούτῳ ἀνθρώπῳ. *  ἀνεχώρησεν *  δὲ Σάρρα ὡς ἤμελλεν ἑτοιμάζειν τὸ ἄριστον.
TJos.   5    4    ἠξίου ἵνα μηδενὶ ἐξαγγείλω τὴν κακίαν αὐτῆς. καὶ  * ἀνεχώρησε *  θλάπουσά με δώροις καὶ πέμπουσα πᾶσαν
TJos.  16    3    με εἰς πρᾶσιν καὶ μὴ θελήσας ποιῆσαι μετ᾿ αὐτῶν  * ἀνεχώρησεν. *  ὁ δὲ εὐνοῦχος πειρασθεὶς αὐτῶν δηλοῖ τῇ
Bar.   17    1    αὐτοῖς. καὶ ἅμα τῷ λόγῳ ἐκλείσθη ἡ θύρα καὶ ἡμεῖς  * ἀνεχωρήσαμεν. *  καὶ λαβών με ὁ ἄγγελος ἀπεκατέστησέν με
Job     5    3    ἀπελθὼν κατήνεγκα αὐτὸ εἰς τὸ Ἔδαφος, καὶ οὕτως  * ἀνεχώρησα *  εἰς τὸν οἶκόν μου κελεύσας ἀσφαλισθῆναι τὰς
Job    27    6    μου ἡ ἐπήγαγόν σοι. τότε καταισχυνθεὶς ὁ Σατανᾶς  * ἀνεχώρησεν *  ἀπ᾿ ἐμοῦ ἐν τρισὶν ἔτεσιν. νῦν οὖν τέκνα μου
Job    34    3    αὐτόν; καὶ ἰδοὺ αὐτὸς προσεγκαλεῖ ἡμῖν διὸ  * ἀναχωρήσωμεν *  εἰς τὰς ἰδίας χώρας αὐτὸς ἐν ταλαιπωρίᾳ
FIsa.   1    2    7    ᾿Ιούδα καὶ ᾿Ισραήλ. ---⟨καὶ τὴν πομπήν αὐ⟩τοῦ  * ἀνεχώρησεν *  ἀπ⟨ὸ⟩ ᾿Ι⟨ερουσαλή⟩μ καὶ ἐκάθισεν ἐν Β⟨ηθ⟩λεὲμ
FIsa.   1    2    8    τῆς ᾿Ιουδαίας. ⟨καὶ⟩ ἐκεῖ δὲ ἦν ἀνομ⟨ία π⟩ολλὴ καὶ  * ἀναχωρήσα⟨ς⟩ *  ἀπὸ Βηθλεὲμ ἐκά⟨θι⟩σεν ἐν τῷ ὄρει ἐν τόπῳ
FIsa.   1    2    9    τῶν πιστῶν τῶν πιστευόντων εἰς οὐρανοὺς ἀναβῆναι  * ἀνεχώρησαν *  καὶ ἐκάθισαν εἰς τὸ ὄρος πάντε⟨ς⟩ σάκκον
HHec.   1   22  203    τοὔμπροσθεν πέτηται προάγειν ἐὰν δὲ εἰς τοὖπίσθεν  * ἀναχωρεῖν *  αὖθις σιωπήσας καὶ παρελκύσας τὸ τόξον ἔβαλε
FrAn. 574 3053    σε μέγαν θεὸν Σαβαὼθ δι᾿ ὃν ὁ ᾿Ιορδάνης ποταμὸς  * ἀνεχώρησεν *  εἰς τὰ ὀπίσω καὶ ἐρυθρὰ θάλασσα ἣν ὥδευσεν
```

ἀνάψυξις
```
                                                             1
Sedr.  16    5    κολαστήριον ἀλλὰ ἔσται μετὰ τῶν δικαίων ἐν τόπῳ  * ἀναψύξεως *  καὶ ἀναπαύσεως καὶ εἴ τις συγγράψει τὸν λόγον
```

ἀναψύχω
```
                                                             2
Hen.  103   12    ἡμᾶς ἐξητήσαμεν πο⟨ῦ φύγωμεν⟩ ἀπ᾿ αὐτῶν ὅπως  * ἀναψύχ⟨ωμεν.⟩--- *  ἐκράξαμεν ἐπὶ τοὺς καταβάλλοντας καὶ
Jer.    6    4    σε ἐν τῷ σκηνώματί σου οὐ γὰρ γέγονε σοι ἁμαρτία.  * ἀνάψυξον *  ἐν τῷ σκηνώματι σου ἐν τῇ παρθενικῇ σου πίστει
```

ἄνδιχα
```
                                                             1
FPho. 197    φίλα γήραος ἄχρις καὶ πόσις ἧι ἀλόχωι μηδ᾿ ἐμπέσηι  * ἄνδιχα *  νεῖκος; μὴ δέ τις ἀμνήστευτα βίηι κούρηισι
```

᾿Ανδρέας
```
                                                             6
Aris.  12    2    πολλάκις ἠξιώκειν Σωσιβιόν τε τὸν Ταραντῖνον καὶ  *  ᾿Ανδρέαν *  τοὺς ἀρχισωματοφύλακας περὶ τῆς ἀπολυτρώσεως
Aris.  19    3    ὑπολαμβάνεις μυριάδας ἔσεσθαι; ἔφη. παρεστὼς δὲ  *  ᾿Ανδρέας *  ἀπεφήνατο βραχεῖ πλεῖον μυριάδων δέκα. ὃ δὲ
Aris.  40    2    ἀποίεσθαι δόξαν. ἀπεστάλκαμεν δὲ περὶ τούτων  *  ᾿Ανδρέαν *  τῶν ἀρχισωματοφυλάκων καὶ ᾿Αριστέαν τιμωμένους
Aris.  43    1    τὸ ἱερὸν ἀργυρίου τάλαντα ἑκατὸν ἅπερ ἐκόμισεν  *  ᾿Ανδρέας *  τῶν τετιμημένων παρά σοι καὶ ᾿Αριστέας ἄνδρες
Aris. 123    4    περὶ τῆς ἀποκαταστάσεως αὐτῶν πολλὰ παρεκάλεσε τὸν  *  ᾿Ανδρέαν *  ποιῆσαι συναντιλαμβάνεσθαι παρακαλῶν καθ᾿ ὃ ἂν
Aris. 173    3    περὶ τῆς ἀφίξεως ἡμῶν. παρειμένοι δ᾿ εἰς τὴν αὐλὴν  *  ᾿Ανδρέας *  τε καὶ ἐγὼ φιλοφρόνως ἠσπασάμεθα τὸν βασιλέα
```

ἀνδρεία
```
                                                             5
TSim.   2    5    μου ἀκίνητα καὶ τὰ σπλάγχνα μου ἀσυμπαθῆ ὅτι καὶ ἡ  * ἀνδρεία *  ἀπὸ ὑψίστου δέδοται τοῖς ἀνθρώποις ἐν ψυχαῖς καὶ
TJud.   1    1    διαθήκῃ ᾿Ιουδα. περι  * ἀνδρείας *  καὶ φιλαργυρίας καὶ πορνείας. ἀντίγραφον λόγων
Aris.  12    6    καὶ Φοινίκην ἅπαντα συγχρώμενος εὐημερίᾳ μετὰ  * ἀνδρείας *  τοὺς μὲν μετῴκιζεν οὓς δὲ ᾐχμαλώτιζε φόβῳ πάντα
Aris. 199    2    τι πλέον. εἶτ᾿ ἐπηρώτα τὸν ἄνδρα τί πέρας  * ἀνδρείας *  ἐστίν; ὁ δὲ εἶπεν εἰ τὸ βουλευθὲν ὀρθῶς ἐν ταῖς
Aris. 281    4    ἐπὶ τῶν δυνάμεων ἄρχοντας; ὁ δὲ ἀπεφήνατο τοὺς  * ἀνδρείᾳ *  διαφέροντας καὶ δικαιοσύνῃ καὶ περὶ πολλοῦ
```

ἀνδρεῖος
```
                                                             4
TJud.  15    6    καὶ τοῦ μὲν βασιλέως αἴρουσι τὴν δόξαν τοῦ δὲ  * ἀνδρείου *  τὴν δύναμιν καὶ τοῦ πτωχοῦ τὸ τῆς πτωχείας
TGad    1    2    λέγων ἔνατος υἱὸς ἐγενόμην τῷ ᾿Ιακὼβ καὶ ἤμην  * ἀνδρεῖος *  ἐπὶ τῶν ποιμνίων. ἐγὼ ἐφύλαττον ἐν νυκτὶ τὰ
TBen    4    4    οὐ φθονεῖ ἐάν τις πλουτῇ οὐ ζηλοῖ ἐάν τις  * ἀνδρεῖος *  ἐπαινεῖ τὸν σώφρονα πιστεύων ὑμνεῖ τὸν πένητα
HCal.  28    8    κέρας ἔχουσαν γνωρίζεσθαι πεποίηκε διά τε τὸ  * ἀνδρεῖον *  καὶ δυσμάχητον Φιλίππου δὲ σχῆμα ἔχειν καὶ
```

ἀνδριάς
```
                                                             3
FAch. 123    αὐτῷ τὰ χρήματα. ἐκέλευσεν οὖν ὁ Λυκοῦργος  * ἀνδριάντα *  χρυσοῦν ἀνατεθῆναι τῷ Αἰσώπῳ μετὰ καὶ τῶν
HThe.  9  34   19    ζῷον ὁλοσώματον κατασκευάσαι καὶ ἔλυτρον τῷ  * ἀνδριάντι *  τὸν χρυσοῦν κίονα περιθεῖναι.
FrAn. 10  98    1    ἀρχήν. τότε γὰρ δυστυχήσειν τὰ τῇδε πράγματα ὅταν  * ἀνδριᾶσι *  πιστεύσωσιν. συνάξει πᾶσαν δύναμιν αὐτοῦ ἀπὸ
```

ἀνδρίζω
```
                                                             7
Asen.  24    δυνατοὶ καὶ οὐκ ἀποθανεῖσθε ὡς γυναῖκες ἀλλ᾿  * ἀνδρίζεσθε *  καὶ ἀμύνεσθε τοὺς ἐχθροὺς ὑμῶν. διότι ἤκουσα
```

ἀνδροκτασία
```
                                                             1
Sib.    4  164    θεὸν μέγαν ἀλλὰ μεθέντες φάσγανα καὶ στοναχὰς  * ἀνδροκτασίας *  τε καὶ ὕβρεις ἐν ποταμοῖς λούσασθε ὅλον
```

ἀνδρομήκης
```
                                                             1
HEup.  9  34    9    τοῦ λουτῆρος τορευτὰς χωνευτὰς δώδεκα καὶ τῷ ὕψει  * ἀνδρομήκεις *  καὶ στῆσαι ἐξ ὑστέρου μέρους ὑπὸ τὸν λουτῆρα
```

ἀνδροφονέω
```
                                                             1
Sib.    4  126    ὃς πυρὶ νηὸν συμφλέξας Σολύμων πολλοὺς δ᾿ ἅμα  * ἀνδροφονήσας *  ᾿Ιουδαίων ὀλέσει μεγάλην χθόνα εὐρυάγυιαν.
```

ἀνδρόω
```
                                                             3
TJud.   1    6    μου καὶ τὴν ἀδελφὴν τῆς μητρός μου. καὶ ἐγένετο ὡς  * ἠνδρώθην *  καὶ ὁ πατήρ μου ᾿Ιακὼβ ηὔξατό μοι λέγων
HArt.  9  27    3    τοῦτο δὲ Μώϋσον ὀνόμασι ὑπὸ δὲ τῶν ᾿Ελλήνων αὐτὸν  * ἀνδρωθέντα *  Μουσαῖον προσαγορευθῆναι. γενέσθαι δὲ τὸν
HArt.  9  27    4    γενέσθαι δὲ τὸν Μώϋσον τοῦτον ᾿Ορφέως διδάσκαλον.  * ἀνδρωθέντα *  δ᾿ αὐτὸν πολλὰ τοῖς ἀνθρώποις εὔχρηστα
```

ἀνεγείρω
```
                                                             2
Sib.    3  361    ποτὶ γαῖαν ῥίψει ἐκ δὲ γαίης πάλιν οὐρανὸν εἰς  * ἀνεγείρει *  ὅττι βροτοὶ φαύλου ζωῆς ἀδίκου τ᾿ ἐνέχοντο.
FJub.  46  14    καὶ οἰκοδομήσαι τείχη ταῖς πόλεσι καὶ χώματα  * ἀνεγείραι *  ἵνα δι᾿ αὐτῶν ὁ ποταμὸς λιμάζειν ἀνείργοιτο
```

ἀνείλημα
```
                                                             1
Aris. 177    1    περὶ τῶν βιβλίων. ὡς δὲ ἀπεκάλυψαν αὐτὰ τῶν  * ἀνειλημάτων *  καὶ τοὺς ὑμένας ἀνείλιξαν πολὺν ἐπιστὰς
```

ἄνειμι (εἶμι)
```
                                   3 (cf.+ ἀνέρχομαι)
Sib.    3  94    Ω Ω δὴ πλωτὰ ὑδάτων καὶ χέρσου ἁπάσης ἠελίου  * ἀνιόντος *  ὃς οὐ δὴ καὶ πάλι δύνει πάνθ᾿ ὑπακούσονται
Sib.    4  174    ὅλον καὶ σῆμα μέγιστον ῥομφαίᾳ σάλπιγγι ἅμ᾿ ἠελίῳ  * ἀνιόντι *  κόσμος ἅπας μύκημα καὶ ὄμβριμον ἦχον ἀκούσει.
HCal.  28  11    ἐν παντὶ ὀφθαλμῷ ἀνθρώπων γεγονυίας  * ἄνεισιν *  ᾿Αλέξανδρος ἐν τῷ πύργῳ καὶ στὰς πάντας
```

ἀνείργω
```
                                                             1
FJub.  46  14    χώματα ἀνεγεῖραι ἵνα δι᾿ αὐτῶν ὁ ποταμὸς λιμάζειν  * ἀνείργοιτο *  καὶ ἀνιστᾶν πυραμίδας καὶ τούτοις τοὺς
```

ἀνεκδιήγητος
```
                                                             1
Aris.  99    5    τῶν προειρημένων εἰς ἔκπληξιν ἥξειν καὶ θαυμασμὸν  * ἀνεκδιήγητον *  μετατραπέντα τῇ διανοίᾳ διὰ τὴν περὶ
```

ἀνεκλάλητος
```
                                                             1
Asen.  14    2    ἑωσφόρου ἐσχίσθη ὁ οὐρανὸς καὶ ἐφάνη φῶς μέγα καὶ  * ἀνεκλάλητον. *  καὶ εἶδεν ᾿Ασενὲθ καὶ ἔπεσεν ἐπὶ πρόσωπον
```

ἀνέκλειπτος
```
                                                             2
Aris.  89    1    προσάγονται κατὰ τὰς τῶν ἑορτῶν ἡμέρας. ὕδατος δὲ  * ἀνέκλειπτός *  ἐστι σύστασις ὡς ἂν καὶ πηγῆς ἔσωθεν
Aris. 185    3    καὶ γυναικὶ καὶ τέκνοις καὶ τοῖς ὁμονοοῦσι πάντα  * ἀνέκλειπτα *  τὸν τῆς ζωῆς χρόνον. εἰπόντος δὲ ταῦτα τούτου
```

ἀνέκφευκτος
```
                                                             1
Aris. 268    4    τοῖς φίλοις ὅταν θεωρῶμεν πολυχρόνια καὶ  * ἀνέκφευκτα *  γινόμενα. τελευτήσασι μὲν γὰρ καὶ κακῶν
```

ἀνελαύνω *
```
                                                             1
TAser   1    9    ποιῶν τὸ τέλος τῆς πράξεως αὐτοῦ εἰς κακὸν ποιεῖν  * ἀνελαύνει *  ἐπειδὴ ὁ θησαυρὸς τοῦ διαβουλίου ἰοῦ πονηροῦ
```

ἀνέλεγκτος
```
                                                             1
FPho. 132    κυβερνᾶι. οὐχ ὅσιον κρύπτειν τὸν ἀτάσθαλον ἄνδρ᾿  * ἀνέλεγκτον *  ἀλλὰ χρὴ κακοεργὸν ἀποτρωπᾶσθαι ἀνάγκηι.
```

```
ἀνελεήμων                              2
Adam        2      2  εἰς τὸ στόμα Κάϊν τοῦ ἀδελφοῦ αὐτοῦ καὶ ἔπιεν αὐτὸ  *  ἀνελεημόνως.  *  παρεκάλει δὲ αὐτὸν συγχωρῆσαι αὐτῷ ὀλίγον
FrAn.   1  216     24  καὶ ἄνθρωπός τις ἐν τῷ Ἰσραὴλ πλούσιός τε καὶ  *  ἀνελεήμων  *  ἐλθὼν πρός τινα τῶν διδασκάλων καὶ ἀναπτύξας
ἀνέλεος                               1
Abr.1      16      1  θάνατον τὸν κεκλημένον τὸ ἀναίσχυντον πρόσωπον καὶ  *  ἀνέλεον  *  βλέμμα. καὶ ἀπελθὼν Μιχαὴλ εἶπεν τὸν θάνατον
ἀνελίσσω                              1
Aris.     177      2  δὲ ἀπεκάλυψαν αὐτὰ τῶν ἀνειλημάτων καὶ τοὺς ὑμένας  *  ἀνείλιξαν  *  πολὺν ἐπιστὰς χρόνον καὶ προσκυνήσας σχεδὸν
ἀνέλπιστος                            1
FAch.     107       τί σεαυτῷ σύνοιδας; ὁ δὲ εἶπεν Αἴσωπος ζῇ. ἐξ  *  ἀνελπίστου  *  δὲ ἀκούσας ὁ Λυκοῦργος περιχαρὴς ἐγένετο καὶ
ἄνεμος                               21
Adam       38      3         καὶ ἰδοὺ κύριος στρατιῶν ἐπέβη καὶ τέσσαρες  *  ἄνεμοι  *  εἶλκον αὐτὸν καὶ τὰ Χερουβὶμ ἐπέχοντα τοῖς
Adam       38      3  ἄνεμοι εἶλκον αὐτὸν καὶ τὰ Χερουβὶμ ἐπέχοντα τοῖς  *  ἀνέμοις  *  καὶ οἱ ἄγγελοι ἐκ τοῦ οὐρανοῦ προάγοντες αὐτὸν
Hen.       14      8  διαστραπαὶ με κατεσπούδαζον καὶ ἐθορύβαζόν με καὶ  *  ἄνεμοι  *  ἐν τῇ ὁράσει μου ἐξεπέτασάν με καὶ ἐπῆράν με ἄνω
Hen.       17      7  καὶ ἀπῆλθον ὅπου πᾶσα σάρξ οὐ περιπατεῖ. ἴδον τοὺς  *  ἀνέμους  *  τῶν γνόφων τοὺς χειμερινοὺς καὶ τὴν ἔκχυσιν τῆς
Hen.       18      1  καὶ τὸ στόμα τῆς ἀβύσσου. ἴδον τοὺς θησαυροὺς τῶν  *  ἀνέμων  *  πάντων ἴδον ὅτι ἐν αὐτοῖς ἐκόσμησεν πάσας τὰς
Hen.       18      2  λίθον ἴδον τῆς γωνίας τῆς γῆς. ἴδον τοὺς τέσσαρας  *  ἀνέμους  *  τὴν γῆν βαστάζοντας καὶ τὸ στερέωμα τοῦ οὐρανοῦ
Hen.       18      4  καὶ αὐτοὶ ἱστάσιν μεταξὺ γῆς καὶ οὐρανοῦ. ἴδον  *  ἀνέμους  *  τῶν οὐρανῶν στρέφοντας καὶ διανεύοντας τὸν
Hen.       18      5  καὶ πάντας τοὺς ἀστέρας. ἴδον τοὺς ἐπὶ τῆς γῆς  *  ἀνέμους  *  βαστάζοντας ἐν νεφέλῃ. ἴδον πέρατα τῆς γῆς τὸ
Hen.      100     13  ἐφ' ὑμᾶς χιὼν καὶ πάχνη καὶ ψῦχος αὐτῆς καὶ οἱ  *  ἄνεμοι  *  καὶ ὁ παγετὸς αὐτῶν καὶ πᾶσαι αἱ μάστιγες αὐτῶν
TNep.       6      4  ὡς δὲ εἰσήλθομεν γίνεται χειμὼν σφοδρὸς καὶ λαῖλαψ  *  ἀνέμου  *  μεγάλου καὶ ἀφίπταται ὁ πατὴρ ἀφ' ἡμῶν ὁ κρατῶν
Asen.      12      2  θεμελιώσας αὐτὸν ἐν στερεώματι ἐπὶ τὸν νῶτον τῶν  *  ἀνέμων  *  ὁ θεμελιώσας τὴν γῆν ἐπὶ τῶν ὑδάτων ὁ θεὶς λίθους
Sal.        8      2  ἠχούσης σφαγὴν καὶ ὄλεθρον φωνὴ λαοῦ πολλοῦ ὡς  *  ἀνέμου  *  πολλοῦ σφόδρα ὡς καταιγὶς πυρὸς πολλοῦ φερομένου
Esdr.       5     23  ἴδον ἐκεῖ τοῦ ἀέρος τὴν κόλασιν καὶ τὴν πνοὴν τῶν  *  ἀνέμων  *  καὶ τὰς ἀποθήκας τῶν κρυστάλλων καὶ τὰς αἰωνίους
Sedr.       8      9  ὑποδιέβησαν καὶ πόσα μέλλουν ἐγεῖραι καὶ πόσοι  *  ἄνεμοι  *  πνέουσιν παρὰ τὸ χεῖλος τῆς θαλάσσης; εἰπέ μοι
Job        18      7         ἴδον τὴν τρικυμίαν καὶ τὴν ἐναντίωσιν τῶν  *  ἀνέμων  *  ἔρριψεν εἰς θάλασσαν τὸ φορτίον λέγων θέλω
Sib.        3    102  μεγάλην ἐπέθηκεν ἀνάγκην πνεύμασιν αὐτὰρ ἔπειτ'  *  ἄνεμοι  *  μέγαν ὑψηλὸ πύργον ῥίψαν καὶ θνητοῖσιν ἐπ'
FJub.      10     26  βασιλεύων μερικοῦ τινος πλήθους ἐφ' ὃν ὁ πύργος  *  ἀνέμῳ  *  βιαίῳ καταπεσὼν θείᾳ κρίσει τοῦτον ἐπάταξε. γυνὴ
FPho.            121  ἤλυθεν ἄφνω. καιρφαὶ λατρεύειν ἠμ δ' ἀντιπνέειν  *  ἀνέμοισιν.  *  μὴ μεγαληγορίῃ τρυφᾷν φρένα λυσσώθεις,
IEsc.    5  131     2  ⟨δὲ⟩ γνόφος καὶ θηρσὶν αὐτὸς γίνεται παρεμφερὴς  *  ἀνέμῳ  *  νεφέλῃ τε καὶ ἀστραπῇ βροντῇ βροχῇ. ὑπηρετεῖ δὲ
ISop.    5  113     2  καὶ γαῖαν μακρὴν πόντου τε χαροπὸν οἶδμα καὶ  *  ἀνέμων  *  βίαν. θνητοὶ δὲ πολλοὶ καρδίαν πλανώμενοι
FrAn.     574   3066  ὅτι ὁρκίζω σε τὸν συνσείοντα τοὺς τέσσαρας  *  ἀνέμους  *  ἀπὸ τῶν ἱερῶν Αἰώνων οὐρανοειδῆ θαλασσοειδῆ
ἀνεξήγητος                            3
Aris.      77      5  εἶτα χρυσοῦ πάλιν ἀργυροῦ καὶ χρυσοῦ παντελῶς  *  ἀνεξήγητος  *  ἐγένετο τῆς προσόψεως ἡ διάθεσις καὶ τῶν πρὸς
Aris.      78      7  ἐποίει μείζονα τοῖς θεωμένοις ὥστε παντελῶς  *  ἀνεξήγητον  *  εἶναι τὴν ἐνηργημένην τὴν πολυτεχνίαν. τὰς δὲ
Aris.      97      6  ἐξ ἀρχῆς διάταξιν γενηθεῖσαν ἀπαυγάζοντες ἕκαστος  *  ἀνεξήγητον  *  τῆς ἰδιότητος τὴν φυσικὴν χρόαν. ἐπὶ δὲ τὰς
ἀνεξιχνίαστος                         2
FMan.   2   22     12  τῆς ἐπὶ ἁμαρτωλοὺς ἀπειλῆς σου ἀμέτρητόν τε καὶ  *  ἀνεξιχνίαστον  *  τὸ ἔλεος τῆς ἐπαγγελίας σου. ὅτι σὺ εἶ
HCal.      28     14  θεὸν ἀληθινὸν ἀνεκήρυξεν ἀκατανόητον ἀθεώρητον  *  ἀνεξιχνίαστον  *  ἐπὶ τῶν⟩ Σεραφὶμ ἐποχούμενον καὶ τρισαγίῳ
ἀνεπαίσθητος                          1
Aris.     176      5         τοῦ ὑμένος καὶ τῆς πρὸς ἄλληλα συμβολῆς  *  ἀνεπαισθήτου  *  κατεσκευασμένης ὡς εἶδεν ὁ βασιλεὺς τοὺς
ἀνεπιεικής                            1
Aris.      23      6  γεγονυῖα ἐκ τῶν στρατιωτῶν ὠφέλεια διὸ παντελῶς  *  ἀνεπιεικής  *  ἐστι καὶ ἡ τῶν ἀνθρώπων καταδυναστεία. πᾶσιν
ἀνεπίλησατος                          1
Aris.      44      3  καὶ ἀγαπήσεως σημεῖόν ἐστι. μεγάλα γὰρ καὶ σὺ καὶ  *  ἀνεπίλησατα  *  τοὺς πολίτας ἡμῶν κατὰ πολλοὺς ⟨τρόπους⟩
ἀνέρχομαι                            27  (cf.+ ἄνειμι (εἶμι))
Adam        2      2         αὐτοὺς ἐκ τοῦ παραδείσου ἔλαβεν Ἀδὰμ Εὔαν καὶ  *  ἀνῆλθεν  *  εἰς τὴν ἀνατολὴν καὶ ἔμεινεν ἐκεῖ ἔτη δέκα καὶ
Adam       17      1  ἐκρεμάσθη ἐκ τῶν τειχέων τοῦ παραδείσου. καὶ ὅτε  *  ἀνῆλθον  *  οἱ ἄγγελοι τοῦ θεοῦ προσκυνῆσαι τότε ὁ Σατανᾶς
Adam       43      4  τῆς μεταστάσης ἀπὸ τῆς γῆς. ταῦτα εἰπὼν ὁ ἄγγελος  *  ἀνῆλθεν  *  εἰς τὸν οὐρανὸν δοξάζων καὶ λέγων ἀλληλούϊα.
Abr.1       4      4         πάντα καλῶς παραλαβὼν δὲ Ἀβραὰμ τὸν Μιχαὴλ  *  ἀνῆλθεν  *  ἐν τῷ οἰκήματι τοῦ τρικλίνου καὶ ἐκαθέσθησαν
Abr.1       4      5  ὡς δῆθεν γαστρὸς χρείᾳ ὕδατος χύσιν ποιήσας καὶ  *  ἀνῆλθεν  *  εἰς τοὺς οὐρανοὺς ἐν ῥιπῇ ὀφθαλμοῦ καὶ ἔστη
Abr.1       7      4  ἐκεῖνος ἔλαβεν τὸν ἥλιον ἀπὸ τῆς κεφαλῆς ⟨μου⟩ καὶ  *  ἀνῆλθεν  *  εἰς τοὺς οὐρανοὺς ὅθεν καὶ ἐξῆλθεν καὶ ἐλυπήθην
Abr.1       8      1  ἀκούσας τὸ ῥῆμα τοῦτο εὐθέως ἀφανὴς ἐγένετο καὶ  *  ἀνῆλθεν  *  εἰς τοὺς οὐρανοὺς καὶ ἔστη ἐνώπιον τοῦ θεοῦ καὶ
Abr.1      10      1  αὐτὸν ἐπὶ τῆς νεφέλης καὶ ἑξήκοντα ἀγγέλους καὶ  *  ἀνήρχετο  *  ὁ Ἀβραὰμ ἐπὶ ὀχήματος ἐφ' ὅλην τὴν οἰκουμένην.
Abr.1      15     11  τούτους εὐθέως ἐξῆλθεν ἐκ προσώπου τοῦ Ἀβραὰμ καὶ  *  ἀνῆλθεν  *  εἰς τοὺς οὐρανοὺς καὶ ἔστη ἐνώπιον τοῦ θεοῦ τοῦ
Abr.1      19      1  οὖν ὁ δίκαιος Ἀβραὰμ ἔδωκεν δόξαν τῷ θεῷ. καὶ  *  ἀνελθὼν  *  ἐν τῇ κλίνῃ αὐτοῦ ἀνέπεσεν ἐλθὼν καὶ ὁ θάνατος
Abr.1      20     12  τὴν δὲ τιμίαν αὐτοῦ ψυχὴν ὀφικεύοντας ἄγγελοι  *  ἀνήρχοντο  *  εἰς τὸν οὐρανὸν ψάλλοντες τὸν τρισάγιον ὕμνον
TLevi       2      9  οὐρανοὺς ὄψει φαιδροτέρους καὶ ἀσυγκρίτους ὅτε  *  ἀνέλθῃς  *  ἐκεῖ ὅτι σὺ ἐγγὺς κυρίου στήσῃ καὶ λειτουργὸς
TLevi      18  2B011  κρίσιν ἀληθείας ἐπὶ τῆς γῆς ἐν πλήθει ἡμερῶν. καὶ  *  ἀνήλθομεν  *  ἀπὸ Βεθὴλ καὶ κατελύσαμεν ἐν τῇ αὐλῇ Ἀβραὰμ
TJud.       4      2  αὐτῶν διακοσίους ἄνδρας καὶ τέσσαρα βασιλεῖς. καὶ  *  ἀνήλθομεν  *  ἐπ' αὐτοὺς ἐπὶ τοῦ τείχους καὶ ἄλλους δύο
TJud.       9      5  κλίμακα καὶ τὴν ἀσπίδα ἐπὶ τῆς κεφαλῆς μου καὶ  *  ἀνῆλθον  *  ἀποδεχόμενος λίθους ἕως ταλάντων τριῶν καὶ
TJud.       9      5  ἀνῆλθον ἀποδεχόμενος λίθους ἕως ταλάντων τριῶν καὶ  *  ἀνελθὼν  *  ἀνεῖλον τέσσαρες τοὺς δυνατοὺς ἐξ αὐτῶν. καὶ τῇ
TJud.      12      1  χηρευούσης τῆς Θαμὰρ μετὰ δύο ἔτη ἀκούσασα ὅτι  *  ἀνέρχομαι  *  κεῖται τὰ πρόβατα κοσμηθεῖσα κόσμῳ νυμφικῷ
TIss.       7      4  ἐπόθησα δόλος οὐκ ἐγένετο ἐν καρδίᾳ μου ψεῦδος οὐκ  *  ἀνῆλθε  *  διὰ τῶν χειλέων μου. παντὶ ἀνθρώπῳ ὀδυνωμένῳ
TBen.       9      5  τοῦ θεοῦ ἐπὶ τὰ ἔθνη ὡς πῦρ ἐκχυνόμενον. καὶ  *  ἀνελθὼν  *  ἐκ τοῦ ἅδου ἔσται ἀναβαίνων ἀπὸ γῆς εἰς οὐρανόν.
Bar.        4     10  τὰς τετρακοσίας ἐννέα χιλιάδας τῶν γιγάντων καὶ  *  ἀνῆλθεν  *  τὸ ὕδωρ ἐπάνω τῶν ὑψηλῶν ἐπὶ πήχεις δεκαπέντε
Sedr.       2      3  στόμα ὑπὸ στόματος θεοῦ οὐκ εἰμὶ ἱκανὸς κύριε τοῦ  *  ἀνελθεῖν  *  εἰς τοὺς οὐρανούς. καὶ ἐκτείνας ταῖς πτέρυξιν
Sedr.       2      4  ταῖς πτέρυξιν αὐτοῦ ὁ ἄγγελος ἔλαβεν αὐτὸν καὶ  *  ἀνῆλθεν  *  εἰς τοὺς οὐρανοὺς καὶ ἔστησεν αὐτὸν ἕως τρίτου
Sedr.      11     16  ταλαίπωρον σῶμα; καὶ ἄρτι χωριζομένη ἀπ' αὐτοῦ καὶ  *  ἀνέρχεσαι  *  ἔνθα καλεῖ ⟨σε⟩ ὁ κύριος καὶ τὸ σῶμα τὸ
Job         5      2  καὶ μετὰ τὸ σφραγισθῆναί με ὑπὸ τοῦ ἀγγέλου καὶ  *  ἀνελθόντος  *  ἀπ' ἐμοῦ, τότε ἐγὼ τεκνία μου ἀναστὰς ἐν τῇ
Job        28      8  τῆς κοπρίας ἔξω τῆς πόλεως ἔχει γὰρ εἴκοσι ἔτη μὴ  *  ἀνελθὼν  *  εἰς τὴν πόλει. πάλιν ἠρώτησαν περὶ τῶν ὑπαρχόντων
Sib.        5    477  γενεὴ κατὰ τέρμα ἠελίου δύνοντος ἵν' ἔμπαλι μηκέτ'  *  ἀνέλθῃ  *  ὠκεανοῦ μείνας ἵν' ἐφ' ὕδασι βαπτισθείη πολλῶν
FAch.     106       ἐπὶ τῷ ἐξαπίνης πτώματι. ἐκάλεσεν τοὺς φίλους  *  ἀνελθεῖν  *  ἐν οἷς καὶ Ἕρμιππον ἔφη τε αὐτοῖς δύνασθε
ἄνεσις                                4
Esdr.       5     10  ἀφ' οὗ ἦλθες ὧδε ἅγιε τοῦ θεοῦ εὕραμεν ὀλίγην  *  ἄνεσιν.  *  καὶ εἶπεν ὁ προφήτης μακάριοι οἱ κλαίοντες τὰς
Aris.     284      2  ἠρώτα τίνας δεῖ ποιεῖσθαι τὰς διαγωγὰς ἐν ταῖς  *  ἀνέσεσι  *  καὶ ῥᾳθυμίαις; ὁ δὲ ἔφη θεωρεῖν ὅσα παίζεται
Aris.     314      4  τῆς διανοίας πλεῖον ἡμερῶν τριάκοντα κατὰ δὲ τὴν  *  ἄνεσιν  *  ἐξιλάσκεσθαι τὸν θεὸν σαφὲς αὐτῷ γενέσθαι τίνος
HArt.    9   27     31  μὴ δυναμένων ἰᾶσθαι τοὺς κάμνοντας οὕτως πάλι  *  ἀνέσεως  *  τυχεῖν τοὺς Ἰουδαίους. πάλιν τε τὸν Μώϋσον
ἄνετος                                1
TJos.      14      3  αἰχμάλωτον καὶ εὐγενῆ παῖδα ὃν ἔδει εἶναι μᾶλλον  *  ἄνετον  *  καὶ ὑπηρετεῖν σοι; ἤθελε γάρ με ὁρᾶν ἐν πόθῳ
ἄνευ                                  6
TGad        1      9  Ἰωσήφ. καὶ κατὰ πρόσωπον ἡμῶν ἤλεγξεν ἡμᾶς ὅτι  *  ἄνευ  *  Ἰουδᾶ ᾐσθόμεθα τὰ θρέμματα καὶ πάντα ὅσα ἔλεγε τῷ
Sal.        4      4  ἐν ἀκρασίαις. οἱ ὀφθαλμοὶ αὐτοῦ ἐπὶ πᾶσαν γυναῖκα  *  ἄνευ  *  διαστολῆς ἡ γλῶσσα αὐτοῦ ψευδὴς ἐν συναλλάγματι
Sal.        5     13  ἀνθρώπου ἐν φειδοῖ καὶ ἡ αὔριον καὶ ἐὰν δευτερώσῃ  *  ἄνευ  *  γογγυσμοῦ καὶ τοῦτο θαυμάσειας. τὸ δὲ δόμα σου πολὺ
Job        52      1  ἡμέρας ποιουμένου τοῦ Ἰὼβ νοσεῖν ἐπὶ τῆς κλίνης,  *  ἄνευ  *  πόνου μέντοι καὶ ὀδύνης, ἐπεὶ μηκέτι πόνος ἴσχυεν
FPho.            162  εἰ δὲ γεηπονίην μεθέπειν μακραί τοι ἄρουραι. οὐδὲν  *  ἄνευ  *  καμάτου πέλει ἀνδράσιν εὐπετὲς ἔργον οὐδ' αὐτοῖς
LAri.   8   10     17  ἢ κατασκευῆς ὀργάνων γίνεσθαι τὸν δὲ θεὸν  *  ἄνευ  *  τινὸς δεικνύναι τὴν ἑαυτοῦ διὰ πάντων μεγαλειότητα.
ἀνεύρετος                             1
Aris.      71      3  ἑαυτὰ κατὰ τὸ πάχος τῆς κατασκευῆς ἀθέατον καὶ  *  ἀνεύρετον  *  τὴν τῶν ἁρμῶν κατασκευάσαντες συμβολήν.
ἀνέφικτος                             2
Aris.     223      5  ἃ δὲ ὁ θεὸς δίδωσι ταῦτα λαμβάνων σύνεχε τῶν δ'  *  ἀνεφίκτων  *  μὴ ἐπιθύμει. τοῖς δὲ ῥηθεῖσιν ἀρεσθεὶς πρὸς
Aris.     283      6  ἐπανόρθωσιν καὶ διαμονὴν ἀνθρώπων. ὃ σὺ πράσσων  *  ἀνέφικτον  *  ἄλλοις δόξαν κέκτησαι θεοῦ σοι τὰ βουλήματα
ἀνέχω                                 6
Abr.1       2     10         μὴ κύριέ μου Ἀβραὰμ μὴ ἐνέγκωσιν ἵππους ὅτι  *  ἀνέχομαι  *  τούτου τοῦ μὴ καθῆσαι ἐπὶ ζῴου τετραπόδου μὴ
Sal.       17     18  τὴν γῆν ἐγενήθη ὁ σκορπισμὸς αὐτῶν ὑπὸ ἀνόμων ὅτι  *  ἀνέσχεν  *  ὁ οὐρανὸς τοῦ στάξαι ὑετὸν ἐπὶ τὴν γῆν. πηγαὶ
Job        41      3  τούτου δείξω αὐτῷ, ὅτι τοσαύτας ἡμέρας ἐποιήσατε  *  ἀνεχόμενοι  *  τοῦ Ἰὼβ καυχωμένου εἶναι δίκαιον ἐγὼ γὰρ οὐκ
Job        41      4  τοῦ Ἰὼβ καυχωμένου εἶναι δίκαιον ἐγὼ γὰρ οὐκ  *  ἀνέξομαι  *  ἀρχῆς γὰρ καὶ κλαυθμὸν διετέλεσα αὐτῷ,
Sib.        3    559  ψυχαὶ μεγάλα στενάχουσι ἄντα πρὸς οὐρανὸν εὐρὺν  *  ἀνασχόμεναι  *  χέρας αὐτῶν ἄρξονται βασιλῆα μέγαν
FJub.      37     18  τὸν Ἠσαῦ μνησθῆναι τῶν γονικῶν ἐντολῶν. τοῦ δὲ μὴ  *  ἀνεχομένου  *  ἀλλ' ὑβρίζοντος καὶ ὀνειδίζοντος βιασθεὶς
ἀνεψιός                               3
Prop.      25      1  τοῦ βασιλέως παραυτίκα. Σίμων ὁ υἱὸς τοῦ Κλωπᾶ ὁ  *  ἀνεψιὸς  *  τοῦ κυρίου συκοφαντηθεὶς ὑπὸ τῶν αἱρέσεων
LThe.   9   22     3  πρόφρων ὑπέδεκτο δόμονδε Λάβαν ὅς οἱ ἔην μὲν  *  ἀνεψιὸς  *  ἀλλὰ τότ' οἷος ἤνασσεν Συρίης νειηγενὲς αἷμα
ἀνήκω                                 1
HEup.   9   30     6  αὐτὸν δὲ εὐτρεπίζειν τὰ πρὸς τὴν κατασκευὴν  *  ἀνήκοντα  *  χρυσίον ἀργύριον χαλκὸν λίθους ξύλα κυπαρίσσινα
```

| | | | | | |
|---|---|---|---|---|---|
| ἀνηλεής | | | 6 | | |
| Abr.1 | 12 | 1 | λαλοῦντος ἰδοὺ δύο ἄγγελοι πύρινοι τῇ ὄψει καὶ | * ἀνηλεεῖς * | τῇ γνώμῃ καὶ ἀπότομοι τῷ βλέμματι καὶ ἤλαυνον |
| Abr.1 | 12 | 1 | ἀπότομοι τῷ βλέμματι καὶ ἤλαυνον μυριάδαν ψυχὰς | * ἀνηλεῶς * | τύπτοντες ἐν πυρίναις χαρζαναῖς καὶ μίαν ψυχὴν |
| Abr.1 | 12 | 10 | ζυγὸν ἀριστερῶν δὲ αὐτοῦ ἐκάθητο ἄγγελος πύρινος | * ἀνηλεὴς * | καὶ ἀπότομος ἐν τῇ χειρὶ αὐτοῦ κατέχων σάλπιγγα |
| TGad | 5 | 11 | καὶ κολάζεται. ἐπεὶ οὖν ἐνέκειτο τὰ ἤπατά μου | * ἀνηλεῶς * | κατὰ τοῦ Ἰωσὴφ τῷ ἤπατι πάσχων ἀνηλεῶς |
| TGad | 5 | 11 | ἤπατά μου ἀνηλεῶς κατὰ τοῦ Ἰωσὴφ τῷ ἤπατι πάσχων | * ἀνηλεῶς * | ἐκρινόμην ἐπὶ μῆνας ἕνδεκα καθ᾽ ὅσον χρόνον |
| Job | 16 | 2 | τὸ εἰληφέναι τὴν ἐξουσίαν τὸν Σατανᾶν, τότε λοιπὸν | * ἀνηλεῶς * | κατῆλθεν καὶ ἐφλόγισεν τὰς ἑπτὰ χιλιάδας τῶν |
| ἀνήμερος | | | 1 | | |
| Aris. | 289 | 2 | βασιλεῖς γινόμενοι πρὸς τοὺς ὑποτεταγμένους | * ἀνήμεροι * | τε καὶ σκληροὶ καθίστανται πολλῷ δὲ μᾶλλον καὶ |
| ἀνήρ | | | 313 | | |
| Adam | 19 | 1 | καὶ λέγει μοι ἐὰν μὴ ὀμόσῃς μοι ὅτι δίδῃς καὶ τῷ | * ἀνδρὶ * | σου. ἐγὼ δὲ εἶπον αὐτῷ ὅτι οὐ γινώσκω ποίῳ ὅρκῳ |
| Adam | 19 | 2 | τὰ Χερουβὶμ καὶ τὸ ξύλον τῆς ζωῆς ὅτι δώσω καὶ τῷ | * ἀνδρὶ * | μου. ὅτε δὲ ἔλαβεν ἀπ᾽ ἐμοῦ τὸν ὅρκον τότε ἦλθε |
| Adam | 25 | 4 | ἔθετο ὁ ἐχθρὸς ἐν σοί. στραφήσει δὲ πάλιν πρὸς τὸν | * ἄνδρα * | σου καὶ αὐτός σου κυριεύσει. μετὰ δὲ τὸ εἰπεῖν μοι |
| Adam | 32 | 4 | Εὔα ἐκ τῆς μετανοίας σου. ἰδοὺ γὰρ ὁ Ἀδὰμ ὁ | * ἀνήρ * | σου ἐξῆλθεν ἀπὸ τοῦ σώματος αὐτοῦ. ἀνάστα καὶ ἴδε |
| Adam | 42 | 4 | κλαίουσα ἵνα ταφῇ εἰς τὸν τόπον ὅπου ἦν Ἀδὰμ ὁ | * ἀνὴρ * | αὐτῆς. μετὰ δὲ τὸ τελέσαι αὐτῆς τὴν εὐχὴν λέγει |
| Hen. | 98 | 2 | ὄψεσθε ἐπὶ τῆς γῆς ἀνομίας ὅτι κάλλος περιθήσονται | * ἄνδρες * | ὡς γυναῖκες <καὶ> χρῶμα ὡραῖον ὑπὲρ παρθένους ἐν |
| Abr.1 | 4 | 6 | ὅτι ἐγὼ τὴν μνήμην τοῦ θανάτου πρὸς τὸν δίκαιον | * ἄνδρα * | ἐκεῖνον ἀναγγεῖλαι οὐ δύναμαι. ὁ δὲ κύριος εἶπεν |
| Abr.1 | 5 | 3 | τὴν διαφορὰν τῆς ὁμιλίας αὐτοῦ τοῦ ἐναρέτου | * ἀνδρὸς * | τούτου. εἶπε δὲ Ἀβραὰμ οὐχὶ τέκνον Ἰσαὰκ ἀλλὰ |
| Abr.1 | 6 | 2 | κύριέ μου Ἀβραὰμ οὐ γινώσκεις τίς ἐστιν οὗτος ὁ | * ἀνήρ; * | εἶπεν δὲ Ἀβραὰμ οὐ γινώσκω. εἶπεν δὲ Σάρρα εἶδες |
| Abr.1 | 6 | 4 | γινώσκω. εἶπεν δὲ Σάρρα εἶδες κύριέ μου τοὺς τρεῖς | * ἄνδρας * | τοὺς ἐπουρανίους τοὺς ἐπιξενισθέντας ἐν τῇ σκηνῇ |
| Abr.1 | 6 | 5 | ἡμῖν ἐδωρήσατο τὸν Ἰσαάκ; ἐκ γὰρ τῶν τριῶν | * ἀνδρῶν * | οὗτός ἐστιν ὁ εἷς ἐξ αὐτῶν. εἶπεν δὲ Ἀβραὰμ ὦ |
| Abr.1 | 6 | 6 | εἶπον ἐν τῇ καρδίᾳ μου οὗτοι οἱ πόδες ἐκ τῶν τριῶν | * ἀνδρῶν * | εἰσὶν οὓς ἔνιψα τότε καὶ γὰρ τὰ δάκρυα αὐτοῦ ὀψὲ |
| Abr.1 | 7 | 3 | εἶδον καὶ τὸν οὐρανὸν ἀνεῳγότα καὶ εἶδον | * ἄνδρα * | φωτοφόρον ἐκ τοῦ οὐρανοῦ κατελθόντα ὑπὲρ ἑπτὰ |
| Abr.1 | 7 | 4 | κατελθόντα ὑπὲρ ἑπτὰ ἡλίους ἀστράπτοντα καὶ ἐλθὼν | * ἀνὴρ * | ὁ ἡλιόμορφος ἐκεῖνος ἔλαβεν τὸν ἥλιον ἀπὸ τῆς |
| Abr.1 | 7 | 5 | ὡς ἔτι μου λυπουμένου καὶ ἀδημονοῦντος εἶδον τὸν | * ἄνδρα * | ἐκεῖνον τὸν φωτοφόρον ἐκ δευτέρου ἐκ τοῦ οὐρανοῦ |
| Abr.1 | 7 | 6 | κεφαλῆς μου ἔκλαυσα δὲ μεγάλως καὶ παρεκάλεσα τὸν | * ἄνδρα * | ἐκεῖνον καὶ εἶπον μὴ κύριε μὴ ἄρῃς ἀπ᾽ ἐμοῦ τὴν |
| Abr.1 | 7 | 8 | ἡ σελήνη ὁμοίως ἡ μήτηρ αὐτοῦ Σάρρα ὑπάρχουσα ὁ δὲ | * <ἀνὴρ * | ὁ> φωτοφόρος ἐκ τοῦ οὐρανοῦ καταβὰς οὗτός ἐστιν ὁ |
| Abr.1 | 10 | 4 | ἀγαθὰ καὶ πονηρά. διερχόμενος δὲ Ἀβραὰμ εἶδεν | * ἄνδρας * | ξιφηφόρους ἐν ταῖς χερσὶν αὐτοῦ κρατοῦντας ξίφη |
| Abr.1 | 10 | 8 | καὶ κατέφαγον αὐτούς. καὶ εἶδεν εἰς ἕτερον τόπον | * ἄνδρα * | μετὰ γυναικὸς εἰς ἀλλήλους πορνεύοντας καὶ εἶπεν |
| Abr.1 | 11 | 4 | ὁδοῦ. ἔξωθεν δὲ τῶν πυλῶν τῶν ἐκεῖσε τῶν δύο εἶδον | * ἄνδρα * | καθήμενον ἐπὶ τοῦ θρόνου κεχρυσωμένου καὶ ἦν ἡ |
| Abr.1 | 11 | 4 | ἐπὶ τοῦ θρόνου κεχρυσωμένου καὶ ἦν ἡ ἰδέα τοῦ | * ἀνδρὸς * | ἐκείνου φοβερὰ ὁμοία τοῦ δεσπότου καὶ εἶδον ψυχὰς |
| Abr.1 | 11 | 6 | ἀγγέλων διὰ τῆς στενῆς πύλης. καὶ <ὅτε> ἐθεώρει <ὁ | * ἀνὴρ * | θαυμάσιος ὁ ἐπὶ χρυσοῦ θρόνου καθήμενος διὰ τῆς |
| Abr.1 | 11 | 6 | τῆς πλατείας πύλης ἀμετρήτους ἀπαγομένας εὐθέως> ὁ | * ἀνὴρ * | ὁ ὅσιος ἐκεῖνος ὁ θαυμάσιος ἥρπαξεν τὰς τρίχας τῆς |
| Abr.1 | 11 | 8 | κύριέ μου ἀρχιστράτηγε τίς ἐστιν οὗτος ὁ | * ἀνὴρ * | πανθαύμαστος ὁ ἐν τοιαύτῃ δόξῃ κοσμούμενος ποτὲ μὲν |
| Abr.1 | 12 | 5 | κρυστάλλου ἐξαστράπτων ὡς πῦρ καὶ ἐπ᾽ αὐτῷ ἐκάθητο | * ἀνὴρ * | θαυμαστὸς ἡλιόρατος ὅμοιος υἱῷ θεοῦ ἔμπροσθεν δὲ |
| Abr.1 | 12 | 11 | πῦρ παμφάγον δοκιμαστήριον τῶν ἁμαρτωλῶν καὶ ὁ μὲν | * ἀνὴρ * | ὁ θαυμάσιος ὁ ἐπὶ τοῦ θρόνου αὐτοῦ καθήμενος |
| Abr.1 | 13 | 2 | θεωρεῖς πανόσιε καὶ δίκαιε Ἀβραὰμ τὸν | * ἄνδρα * | τὸν φοβερὸν τὸν ἐπὶ θρόνου καθήμενον; οὗτός ἐστιν |
| Abr.1 | 16 | 10 | θεσμοσυλλήπτωρ ἐνδοξότατε ὑπερένδοξε φωτοφόρε | * ἀνὴρ * | θαυμάσιε πόθεν ἥκεν ἡ σὴ ἐνδοξότης πρὸς ἡμᾶς καὶ |
| Abr.2 | 7 | 6 | καὶ στέφανος ἐπὶ τὴν κεφαλὴν ἐγένετο καὶ ἰδοὺ | * ἀνὴρ * | παμμεγέθης λίαν λάμπων ἐκ τοῦ οὐρανοῦ ὡς φῶς |
| Abr.2 | 7 | 10 | δόξαν τῆς δυνάμεως ἡμῶν καὶ ἀπεκρίθη ὁ φωτεινὸς | * ἀνὴρ * | καὶ εἶπέν μοι μὴ κλαύσῃς ὅτι ἔλαβον τὸ φῶς τοῦ |
| Abr.2 | 8 | 5 | δὲ ἑτέραν μεγάλην ἀνὰ μέσον δὲ τῶν πυλῶν ἐκαθέζετο | * ἀνὴρ * | <ἐπὶ θρόνου δόξης μεγάλης καὶ πλῆθος ἀγγέλων κύκλῳ |
| Abr.2 | 8 | 12 | αὕτη ἐστὶν ἡ ἀπάγουσα εἰς τὴν ἀπώλειαν οὗτος ὁ | * ἀνὴρ * | ὁ καθεζόμενος ἐν μέσῳ αὐτῶν οὗτός ἐστιν ὁ Ἀδὰμ ὁ |
| Abr.2 | 10 | 8 | Χερουβὶμ βαστάζοντα βιβλία δύο καὶ ἦν μετ᾽ αὐτῶν | * ἀνὴρ * | παμμεγέθης σφόδρα εἶχεν δὲ τρεῖς στεφάνους ἐπὶ τῆς |
| Abr.2 | 10 | 10 | οὗτοι δέ οἱ καλούμενοι μάρτυρες. καὶ εἶχεν ὁ | * ἀνὴρ * | ἐν τῇ χειρὶ αὐτοῦ κάλαμον χρυσοῦν καὶ λέγει αὐτῷ ὁ |
| Abr.2 | 10 | 11 | τὴν ἁμαρτίαν τῆς ψυχῆς ταύτης. καὶ ἀνοίξας ὁ | * ἀνὴρ * | τὴν μίαν βίβλον ἐκ τῶν δύο τῶν οὐσῶν ἐκ τῶν |
| Abr.2 | 10 | 12 | τῆς ψυχῆς τὴν ἁμαρτίαν. καὶ ἀποκριθεὶς ὁ | * ἀνὴρ * | εἶπεν ὦ ταλαίπωρε ψυχὴ πῶς λέγεις ὅτι φόνος οὐ |
| Abr.2 | 10 | 13 | δι᾽ ἐμοῦ οὐχὶ σὺ ἀπελθοῦσα τελευτήσαντος τοῦ | * ἀνδρός * | σου καὶ ἐμοίχευσας μετὰ τοῦ ἀνδρὸς τῆς θυγατρός |
| Abr.2 | 10 | 13 | τοῦ ἀνδρός σου καὶ ἐμοίχευσας μετὰ τοῦ | * ἀνδρὸς * | τῆς θυγατρός σου <καὶ τὴν θυγατέρα σου |
| TRub. | 5 | 6 | εἰς ἀνθρώπους καὶ ἐν τῇ συνουσίᾳ τῶν | * ἀνδρῶν * | αὐτῶν συνεφαίνοντο αὐταῖς κἀκεῖναι ἐπιθυμοῦσαι τῇ |
| TSim. | 4 | 4 | ὅτι δικαίως πάσχω καὶ οὐκ ἐλυπούμην. Ἰωσὴφ δὲ ἦν | * ἀνὴρ * | ἀγαθὸς καὶ ἔχων πνεῦμα θεοῦ ἐν ἑαυτῷ εὔσπλαγχνος |
| TLevi | 16 | 2 | λόγους προφητῶν ἐξουθενώσετε ἐν διαστροφῇ διώξετε | * ἄνδρας * | δικαίους καὶ εὐσεβεῖς μισήσετε ἀληθινῶν λόγους |
| TLevi | 16 | 3 | εὐσεβεῖς μισήσετε ἀληθινῶν λόγους βδελύξεσθε καὶ | * ἄνδρα * | ἀνακαινοποιοῦντα νόμον ἐν δυνάμει ὑψίστου πλάνον |
| TJud. | 3 | 3 | πάντα τὸν λαὸν διεσκόρπισα. τὸν Ἀχὼρ βασιλέα | * ἄνδρα * | γιγάντων βάλλοντα τόξα ἔμπροσθε καὶ ὄπισθεν ἐφ᾽ |
| TJud. | 3 | 5 | ἐν δὲ τῷ ἐκδύειν με αὐτοῦ τὸν θώρακα ἰδοὺ ὀκτὼ | * ἄνδρες * | ἑταῖροι αὐτοῦ ἤρξαντο πολεμεῖν πρός με. ἐνειλήσας |
| TJud. | 4 | 1 | παραταξάμενος μετὰ τῶν ἀδελφῶν μου ἐδίωξα χιλίους | * ἄνδρας * | καὶ ἀπέκτεινα ἐξ αὐτῶν διακοσίους ἄνδρας καὶ |
| TJud. | 4 | 1 | χιλίους ἄνδρας καὶ ἀπέκτεινα ἐξ αὐτῶν διακοσίους | * ἄνδρας * | καὶ τέσσαρες βασιλεῖς. καὶ ἀνῆλθον ἐπ᾽ αὐτοὺς ἐπὶ |
| TJud. | 5 | 6 | πύργον σὺν αὐτοῖς ἐλάβομεν. καὶ ἐν τῷ ἀπιέναι ἡμᾶς | * ἄνδρες * | Θαφφοὺ ἐπέβαλον τῇ αἰχμαλωσίᾳ ἡμῶν καὶ παραδόντες |
| TJud. | 17 | 3 | ἔσεσθε τὸ γένος μου ἐν πονηρίᾳ ὅτι καίγε σοφοὺς | * ἄνδρας * | τῶν υἱῶν μου ἀλλοιώσουσι καὶ βασιλείαν Ἰουδὰ |
| TJud. | 18 | 3 | τῆς ψυχῆς καὶ ὑπερηφανίαν ἐκδιδάσκει καὶ οὐκ ἀφίει | * ἄνδρα * | ἐλεῆσαι τὸν πλησίον αὐτοῦ στερίσκει τὴν ψυχὴν |
| TIss. | 1 | 7 | δύο. καὶ εἶπε Λεία ἱκανούσθω σοι ὅτι ἔλαβες τὸν | * ἄνδρα * | παρθενίας μου μὴ καὶ ταῦτα λήψῃ; ἡ δὲ εἶπεν ἰδοὺ |
| TIss. | 2 | 1 | δύο τέκνα Ῥαχὴλ τέξεται ὅτι διέπτυσε συνουσίαν | * ἀνδρὸς * | καὶ ἐξελέξατο ἐγκράτειαν. καὶ εἰ μὴ Λεία ἡ μήτηρ |
| TDan | 1 | 4 | ὅτι ἐν καρδίᾳ μου ἡδόμην περὶ τοῦ θανάτου Ἰωσὴφ | * ἀνδρὸς * | ἀληθινοῦ καὶ ἀγαθοῦ καὶ ἔχαιρον ἐπὶ τῇ πράσει |
| TNep. | 2 | 7 | σκότους ὁράσεως καὶ ἀκοῆς οὕτω κεχώρισται ἀνάμεσον | * ἀνδρὸς * | καὶ ἀνδρὸς καὶ ἀνάμεσον γυναικὸς καὶ γυναικὸς καὶ |
| TNep. | 2 | 7 | καὶ ἀκοῆς οὕτω κεχώρισται ἀνάμεσον ἀνδρὸς καὶ | * ἀνδρὸς * | καὶ ἀνάμεσον γυναικὸς καὶ γυναικὸς καὶ οὐκ ἔστιν |
| TGad | 5 | 4 | ἐπισκέπτει τὸ διαβούλιον αὐτοῦ. οὐ καταλαλεῖ | * ἀνδρὸς * | ἐπειδὴ ὁ φόβος τοῦ ὑψίστου νικᾷ τὸ μῖσος. |
| TAser | 4 | 1 | καὶ τοῖς ὁμοίοις αὐτῶν ἀνθρώποις. οἱ γὰρ ἀγαθοὶ | * ἄνδρες * | καὶ μονοπρόσωποι κἂν νομισθῶσι παρὰ τῶν |
| TAser | 7 | 3 | οὕτως σώσει τὸν Ἰσραὴλ καὶ πάντα τὰ ἔθνη θεὸς εἰς | * ἄνδρα * | ὑποκρινόμενος. εἴπατε οὖν ταῦτα τοῖς τέκνοις ὑμῶν |
| TJos. | 4 | 1 | τῆς ἐπιθυμίας αὐτῆς τῆς πονηρᾶς. ποσάκις ὡς ἁγίῳ | * ἀνδρὶ * | ἐν λόγοις ἐκολάκευσέ με μετὰ δόλου διὰ ῥημάτων |
| TJos. | 4 | 1 | ῥημάτων ἐπαινοῦσα τὴν σωφροσύνην μου ἐνώπιον τοῦ | * ἀνδρὸς * | αὐτῆς βουλομένη καταμόνας ὑποσκελίσαι με. ἐδόξαζέ |
| TJos. | 4 | 2 | φανερῶς καὶ ἐν κρυφῇ ἔλεγέ μοι μὴ φοβηθῇς τὸν | * ἄνδρα * | μου καὶ γὰρ πέπεισται περὶ τῆς σωφροσύνης σου ὅτι |
| TJos. | 5 | 1 | ἀναιρῶ τὸν Αἰγύπτιον καὶ οὕτως νόμῳ λήψομαί σε εἰς | * ἄνδρα. * | ἐγὼ οὖν ὡς ἤκουσα τοῦτο διέρρηξα τὴν στολήν μου |
| TJos. | 6 | 2 | ἦλθεν ὁ εὐνοῦχος ὁ κομίζων αὐτὸ ἀνέβλεψα καὶ εἶδον | * ἄνδρα * | φοβερὸν ἐπιδιδόντα μοι μετὰ τοῦ τρυβλίου μάχαιραν. |
| TJos. | 7 | 3 | τότε εἰσεπήδησε πρός με ἔτι ὄντος ἔξω τοῦ | * ἀνδρὸς * | αὐτῆς καὶ λέγει μοι ἄγχομαι ἢ εἰς φρέαρ ἢ εἰς |
| TJos. | 7 | 5 | ὅτι ἐὰν ἀνέλῃς σεαυτὴν ἡ Σηθων ἡ παλλακὴ τοῦ | * ἀνδρός * | σου ἡ ἀντίζηλός σου κολαφίσει τὰ τέκνα σου καὶ |
| TJos. | 10 | 6 | Ἰσμαηλίταις τὸ γένος μου ὅτι υἱός εἰμι Ἰακὼβ | * ἀνδρὸς * | μεγάλου καὶ δυνατοῦ. καὶ ὑμεῖς οὖν ἔχετε ἐν πάσῃ |
| TJos. | 12 | 2 | ὅτι εἶπον αὐτῇ οἱ εὐνοῦχοι περὶ ἐμοῦ. καὶ λέγει τῷ | * ἀνδρὶ * | αὐτῆς περὶ τοῦ μεταβόλου ὅτι ἐπλούτησεν ἐν χειρὶ |
| TJos. | 14 | 1 | διὰ θυρίδος τυπτομένου μου καὶ ἀποστέλλει πρὸς τὸν | * ἄνδρα * | αὐτῆς λέγουσα ἄδικός ἐστιν ἡ κρίσις σου ὅτι καὶ |
| TJos. | 15 | 2 | σεαυτὸν δοῦλον εἶναι; καὶ ἰδοὺ ἔγνωμεν ὅτι υἱὸς εἶ | * ἀνδρὸς * | μεγάλου ἐν γῇ Χαναὰν καὶ πενθεῖ ὁ πατήρ σου ἐν |
| TJos. | 16 | 1 | κἀκεῖνος ἀπέλυσεν ἡμᾶς. ἡ δὲ Μέμφις ἐδήλωσε τῷ | * ἀνδρὶ * | αὐτῆς πρίασθαί με ἀκούω γάρ φησιν ὅτι πωλοῦσιν |
| TBen. | 3 | 1 | ἐντολὰς αὐτοῦ μιμούμενοι τὸν ἀγαθὸν καὶ ὅσιον | * ἄνδρα * | Ἰωσήφ. καὶ ἔστω ἡ διάνοια ὑμῶν εἰς τὸ ἀγαθὸν ὡς |
| TBen. | 4 | 1 | καὶ τοὺς ὑπηρετοῦντας αὐτῷ. ἴδετε τέκνα τοῦ ἀγαθοῦ | * ἀνδρὸς * | τὸ τέλος μιμήσασθε οὖν ἐν ἀγαθῇ διανοίᾳ τὴν |
| TBen. | 5 | 4 | τὸ σκότος ἀποδιδράσκει αὐτοῦ. ἐὰν γὰρ ὑβρίσῃ τις | * ἄνδρα * | ὅσιον μετανοεῖ ἐλεεῖ γὰρ ὁ ὅσιος τὸν λοίδορον καὶ |
| TBen. | 6 | 1 | Ἰωσὴφ ὁ ἀδελφός μου. τὸ διαβούλιον τοῦ ἀγαθοῦ | * ἀνδρὸς * | οὐκ ἔστιν ἐν χειρὶ πλάνης πνεύματος Βελιὰρ ὁ γὰρ |
| Asen. | 1 | 3 | χώρας ἐκείνης ὡς τὴν ἄμμον τῆς θαλάσσης. καὶ ἦν | * ἀνὴρ * | ἐν τῇ πόλει ἐκείνῃ σατράπης τοῦ Φαραὼ καὶ οὗτος ἦν |
| Asen. | 1 | 3 | σατραπῶν καὶ τῶν μεγιστάνων τοῦ Φαραώ. καὶ ἦν ὁ | * ἀνὴρ * | οὗτος πλούσιος σφόδρα καὶ φρόνιμος καὶ ἐπιεικὴς καὶ |
| Asen. | 1 | 3 | πάντας τοὺς μεγιστᾶνας Φαραὼ συνίων. καὶ ὄνομα τῷ | * ἀνδρὶ * | ἐκείνῳ Πεντεφρῆς ἱερεὺς Ἡλιουπόλεως. καὶ ἦν |
| Asen. | 2 | 1 | καὶ ἦν Ἀσενὲθ ἐξουθενοῦσα καὶ καταπτύουσα πάντα | * ἄνδρα * | καὶ ἦν ἀλαζὼν καὶ ὑπερήφανος πρὸς πάντα ἄνθρωπον. |
| Asen. | 2 | 1 | καὶ ὑπερήφανος πρὸς πάντα ἄνθρωπον. καὶ οὐδεὶς | * ἀνὴρ * | ἑώρακεν αὐτὴν πώποτε καθότι ἦν πύργος τῷ Πεντεφρῇ |
| Asen. | 2 | 6 | καὶ ἦσαν καλαὶ σφόδρα ὡς τὰ ἄστρα τοῦ οὐρανοῦ καὶ | * ἀνὴρ * | οὐχ ὡμίλει αὐταῖς οὐδὲ παιδίον ἄρρεν. καὶ ἦσαν |
| Asen. | 2 | 9 | καὶ ἐν ταύτῃ τῇ κλίνῃ ἐκάθευδεν Ἀσενὲθ μόνη καὶ | * ἀνὴρ * | ἢ γυνὴ ἑτέρα οὐδέποτε ἐκάθισεν ἐπ᾽ αὐτῇ πλὴν τῆς |
| Asen. | 2 | 11 | σεσιδηρωμέναι καὶ ταύτας ἐφύλαττον ἀνὰ δεκαοκτὼ | * ἄνδρες * | δυνατοὶ νεανίσκοι ἔνοπλοι. καὶ ἦσαν πεφυτευμένα |
| Asen. | 3 | 2 | ἐκείνῃ Ἰωσὴφ ἀπέστειλεν ἔμπροσθεν αὐτοῦ δώδεκα | * ἄνδρας * | πρὸς Πεντεφρῆ τὸν ἱερέα λέγων πρός σε καταλύσω |
| Asen. | 4 | 7 | αὐτὴν ἐκ τοῦ ἐπερχομένου λιμοῦ. καὶ ἔστιν Ἰωσὴφ | * ἀνὴρ * | θεοσεβὴς καὶ σώφρων καὶ παρθένος ὡς σὺ σήμερον καὶ |
| Asen. | 4 | 7 | σώφρων καὶ παρθένος ὡς σὺ σήμερον καὶ ἔστιν Ἰωσὴφ | * ἀνὴρ * | δυνατὸς ἐν σοφίᾳ καὶ ἐπιστήμῃ καὶ πνεῦμα θεοῦ ἔστιν |
| Asen. | 4 | 9 | κατὰ τὰ ῥήματα ταῦτα παραδοῦναί με ὡς αἰχμάλωτον | * ἀνδρὶ * | ἀλλοφύλῳ καὶ φυγάδι καὶ πεπραμένῳ; οὐχ οὗτός ἐστιν |
| Asen. | 5 | 6 | αὐλὴν καὶ ἐκλείσθησαν αἱ πύλαι τῆς αὐλῆς καὶ πᾶς | * ἀνὴρ * | καὶ γυνὴ ἀλλότριοι ἔμειναν ἔξω τῆς αὐλῆς διότι οἱ |
| Asen. | 7 | 7 | ἀλλ᾽ ἔστι θυγάτηρ ἡμῶν παρθένος μισοῦσα πάντα | * ἄνδρα * | καὶ οὐκ ἔστιν ἀνὴρ ἄλλος ὃς ἑώρακεν αὐτὴν πώποτε |
| Asen. | 7 | 7 | ἡμῶν παρθένος μισοῦσα πάντα ἄνδρα καὶ οὐκ ἔστιν | * ἀνὴρ * | ἄλλος ὃς ἑώρακεν αὐτὴν πώποτε εἰ μὴ σὺ μόνος |
| Asen. | 7 | 8 | εἶπε Πεντεφρῆς ὅτι παρθένος ἐστὶ μισοῦσα πάντα | * ἄνδρα. * | καὶ εἶπεν Ἰωσὴφ ἐν ἑαυτῷ εἰ παρθένος ἐστί |
| Asen. | 7 | 8 | Ἰωσὴφ ἐν ἑαυτῷ εἰ παρθένος ἐστὶ μισοῦσα πάντα | * ἄνδρα * | οὐ μὴ ἐνοχλήσῃ μοι αὕτη. καὶ εἶπεν Ἰωσὴφ τῷ |
| Asen. | 8 | 1 | καὶ μισεῖ πᾶσαν γυναῖκα ἀλλοτρίαν ὡς καὶ σὺ πάντα | * ἄνδρα * | ἀλλότριον. καὶ εἶπεν Ἀσενὲθ τῷ Ἰωσὴφ χαίροις |
| Asen. | 8 | 5 | μῆλα ὡραῖα. καὶ εἶπεν Ἰωσὴφ οὐκ ἔστι προσῆκον | * ἀνδρὶ * | θεοσεβεῖ ὃς εὐλογεῖ τῷ στόματι αὐτοῦ τὸν θεὸν τὸν |
| Asen. | 8 | 6 | ἐνέδρας καὶ χρίεται χρίσματι ἀπωλείας. ἀλλ᾽ | * ἀνὴρ * | θεοσεβὴς φιλήσει τὴν μητέρα αὐτοῦ καὶ τὴν ἀδελφὴν |

| | | | | | |
|---|---|---|---|---|---|
| Asen. | 8 | 7 | καὶ γυναικὶ θεοσεβεῖ οὐκ ἔστι προσῆκον φιλῆσαι | * ἄνδρα * | ἀλλότριον διότι βδέλυγμά ἐστι τοῦτο ἐνώπιον κυρίου |
| Asen. | 11 | 6 | ἄνθρωποι μισοῦσί με διότι κἀγὼ μεμίσηκα πάντα | * ἄνδρα * | καὶ πάντας τοὺς μνηστευομένους με. καὶ νῦν ἐν τῇ |
| Asen. | 14 | 9 | ἐπῆρε τὴν κεφαλὴν αὐτῆς Ἀσενὲθ καὶ εἶδε καὶ ἰδοὺ | * ἀνὴρ * | κατὰ πάντα ὅμοιος τῷ Ἰωσὴφ τῇ στολῇ καὶ τῷ στεφάνῳ |
| Asen. | 15 | 1 | εἶ παρθένος ἁγνὴ σήμερον καὶ ἡ κεφαλή σού ἐστιν ὡς | * ἀνδρὸς * | νεανίσκου. καὶ ἀπέστειλεν Ἀσενὲθ τὸ θέριστρον |
| Asen. | 15 | 14 | διότι ἡ κλίνη αὕτη ἐστὶ καθαρὰ καὶ ἀμίαντος καὶ | * ἀνὴρ * | ἢ γυνὴ οὐκ ἐκάθισεν ἐπ' αὐτὴν πώποτε. καὶ παραθήσω |
| Asen. | 21 | 1 | μετὰ τῆς Ἀσενὲθ διότι εἶπεν Ἰωσὴφ οὐ προσήκει | * ἀνδρὶ * | θεοσεβεῖ πρὸ τῶν γάμων κοιμηθῆναι μετὰ τῆς |
| Asen. | 21 | 17 | ἐνώπιόν σου πολλὰ ἥμαρτον⟩ καὶ ἐξουθένουν πάντα | * ἄνδρα * | ἐπὶ τῆς γῆς καὶ οὐκ ἦν ⟨ἄνθρωπος⟩ ὃς +ἄν τι |
| Asen. | 21 | 19 | τολμηρὰ ἐν ματαιότητι καὶ εἶπον ὅτι οὐκ ἔστιν | * ἀνὴρ * | δυνάστης ἐπὶ τῆς γῆς ὃς ἂν λύσῃ τὴν ζώνην τῆς |
| Asen. | 22 | 7 | τῷ εἴδει σφόδρα καὶ τὸ γῆρας αὐτοῦ ὥσπερ νεότης | * ἀνδρὸς * | ὡραίου καὶ ἦν ἡ κεφαλὴ αὐτοῦ πᾶσα λευκὴ ὡσεὶ χιὼν |
| Asen. | 22 | 13 | Ἰωσὴφ ὅτι ἦν προσκείμενος πρὸς τὸν κύριον καὶ ἦν | * ἀνὴρ * | συνίων καὶ προφήτης ὑψίστου καὶ ὀξέως βλέπων τοῖς |
| Asen. | 23 | 2 | ἑαυτὸν Συμεὼν καὶ Λευί. καὶ ἦλθον πρὸς αὐτόν οἱ | * ἄνδρες * | καὶ ἔστησαν ἐνώπιον αὐτοῦ. καὶ εἶπεν αὐτοῖς ὁ |
| Asen. | 23 | 2 | ὁ πρωτότοκος γινώσκω ἐγὼ σήμερον ὅτι ὑμεῖς ἐστέ | * ἄνδρες * | δυνατοὶ ὑπὲρ πάντας ἀνθρώπους ἐπὶ τῆς γῆς καὶ ἐν |
| Asen. | 23 | 2 | ῥομφαίαις ὑμῶν κατεκόπησαν τριάκοντα χιλιάδες | * ἀνδρῶν * | πολεμιστῶν. καὶ ἰδοὺ ἐγὼ σήμερον λήψομαι ὑμᾶς |
| Asen. | 23 | 6 | ἔδειξεν αὐτοῖς. ὡς δὲ ἤκουσαν τὰ ῥήματα ταῦτα οἱ | * ἄνδρες * | Συμεὼν καὶ Λευὶς κατενύγησαν σφόδρα διότι σχήματι |
| Asen. | 23 | 7 | ἐλάλησε πρὸς αὐτοὺς ὁ υἱὸς Φαραώ. καὶ ἦν Συμεὼν | * ἀνὴρ * | θρασὺς καὶ τολμηρὸς καὶ ἐνεθυμήθη βαλεῖν τὴν χεῖρα |
| Asen. | 23 | 8 | τὴν ἐνθύμησιν τῆς καρδίας αὐτοῦ διότι ἦν Λευὶς | * ἀνὴρ * | προφήτης καὶ ἐθεώρει ὀξέως τῇ διανοίᾳ αὐτοῦ καὶ |
| Asen. | 23 | 9 | τῷ Συμεὼν ἡσύχως ἵνα τί σὺ ὀργῇ θυμοῦσαι πρὸς τὸν | * ἄνδρα * | τοῦτον; καὶ ἡμεῖς ἐσμέν ἄνδρες θεοσεβεῖς καὶ οὐ |
| Asen. | 23 | 9 | θυμοῦσαι πρὸς τὸν ἄνδρα τοῦτον; καὶ ἡμεῖς ἐσμέν | * ἄνδρες * | θεοσεβεῖς καὶ οὐ προσήκει ἡμῖν ἀποδοῦναι κακὸν |
| Asen. | 23 | 10 | κύριος ἡμῶν κατὰ τὰ ῥήματα ταῦτα; καὶ ἡμεῖς ἐσμέν | * ἄνδρες * | θεοσεβεῖς καὶ ὁ πατὴρ ἡμῶν ἐστὶ φίλος τοῦ θεοῦ |
| Asen. | 23 | 12 | Ἰωσήφ; καὶ νῦν ἄκουε τῶν ῥημάτων μου. οὐ προσήκει | * ἀνδρὶ * | θεοσεβεῖ ἀδικεῖν πάντα ἄνθρωπον κατ' οὐδένα |
| Asen. | 23 | 12 | κατ' οὐδένα τρόπον. ἐὰν δέ τις ἀδικῆσαι βούλεται | * ἄνδρα * | θεοσεβῆ οὐκ ἀμύνεται αὐτῷ ὁ ἀνὴρ ἐκεῖνος ὁ |
| Asen. | 23 | 12 | βούλεται ἄνδρα θεοσεβῆ οὐκ ἀμύνεται αὐτῷ ὁ | * ἀνὴρ * | ἐκεῖνος ὁ θεοσεβὴς διότι ῥομφαία οὐκ ἔστιν ἐν ταῖς |
| Asen. | 24 | 3 | Φαραὼ ῥῆμά μοί ἐστι πρὸς ὑμᾶς διότι ὑμεῖς ἐστέ | * ἄνδρες * | δυνατοί. καὶ εἶπον αὐτῷ Δὰν καὶ Γάδ οἱ |
| Asen. | 24 | 5 | ἀπ' ἐμοῦ διότι λόγος μοί ἐστι κρυπτὸς πρὸς τοὺς | * ἄνδρας * | τούτους. καὶ ἀπέστησαν πάντες. καὶ ἐψεύσατο |
| Asen. | 24 | 7 | τὴν εὐλογίαν καὶ μὴ τὸν θάνατον διότι ὑμεῖς ἐστέ | * ἄνδρες * | δυνατοὶ καὶ οὐκ ἀποθανεῖσθε ὡς γυναῖκες ἀλλ' |
| Asen. | 24 | 10 | αὐτῷ καλῶς εἴρηκας τέκνον. λοιπὸν λαβὲ παρ' ἐμοῦ | * ἄνδρας * | δυνατοὺς εἰς πόλεμον καὶ ὑπέξελθε αὐτοῖς καθά σοι |
| Asen. | 24 | 11 | καὶ ἐγὼ ἔσομαί σοι βοηθός. καὶ ὡς ἤκουσαν οἱ | * ἄνδρες * | τῶν ῥημάτων τοῦ υἱοῦ Φαραὼ ἐταράχθησαν σφόδρα καὶ |
| Asen. | 24 | 13 | βοηθὸς ἐὰν ἀκούσητε τῶν ῥημάτων μου. καὶ εἶπον οἱ | * ἄνδρες * | ἰδοὺ ἡμεῖς ἐσμέν παῖδές σου ἐνώπιόν σου. |
| Asen. | 24 | 15 | ἐστὶ τοῦ τρυγητοῦ. καὶ ἔδωκε μετ' αὐτῆς ἑξακοσίους | * ἄνδρας * | δυνατοὺς εἰς πόλεμον καὶ πεντήκοντα προδρόμους. |
| Asen. | 24 | 17 | τοὺς ἐν κρυφῇ αὐτῶν λόγους λέγοντες δὸς ἡμῖν | * ἄνδρας * | ⟨δυνατοὺς εἰς πόλεμον⟩. καὶ ἔδωκεν ὁ υἱὸς Φαραὼ |
| Asen. | 24 | 18 | Φαραὼ τοῖς τέσσαρσιν ἀδελφοῖς ἀνὰ πεντακοσίους | * ἄνδρας * | καὶ αὐτοὺς κατέστησεν ἄρχοντας αὐτῶν καὶ |
| Asen. | 24 | 19 | ὕλην τοῦ καλάμου. καὶ σὺ λαβὲ μετά σου πεντήκοντα | * ἄνδρας * | τοξότας ἐφ' ἵπποις καὶ πορεύου ἔμπροσθεν ⟨ἡμῶν⟩ |
| Asen. | 24 | 19 | εἰς τὰς χεῖρας ἡμῶν. καὶ ἡμεῖς κατακόψομεν τοὺς | * ἄνδρας * | τοὺς ὄντας μετ' αὐτῆς. καὶ φεύξεται Ἀσενὲθ |
| Asen. | 24 | 19 | ταῦτα. καὶ ἐξαπέστειλεν αὐτοὺς καὶ δύο χιλιάδας | * ἀνδρῶν * | πολεμιστῶν σὺν αὐτοῖς. καὶ ἦλθον εἰς τὸν |
| Asen. | 24 | 20 | ἔμπροσθεν ἔνθεν κἀκεῖθεν τῆς ὁδοῦ ἀνὰ πεντακόσιοι | * ἄνδρες * | καὶ ἐντεῦθεν τοῦ χειμάρρου ἐπανέμειναν οἱ λοιποὶ |
| Asen. | 24 | 20 | καλάμου ἔνθεν κἀκεῖθεν τῆς ὁδοῦ ἀνὰ πεντακόσιοι | * ἄνδρες. * | καὶ ἦν ἀνάμεσον αὐτῶν ἡ ὁδὸς πλατεῖα καὶ |
| Asen. | 25 | 4 | ὁ υἱὸς Φαραὼ καὶ ἔλαβε μετ' αὐτοῦ πεντήκοντα | * ἄνδρας * | ἱππεῖς τοξότας καὶ ἀπῆλθεν ἔμπροσθεν αὐτῶν καθὰ |
| Asen. | 26 | 5 | ἐπὶ τὸν τόπον τοῦ χειμάρρου καὶ οἱ ἑξακόσιοι | * ἄνδρες * | μετ' αὐτῆς. καὶ ἐξαίφνης ἐξεπήδησαν ἐκ τῶν |
| Asen. | 26 | 5 | αὐτῶν οἱ ἐνεδρευταὶ καὶ συνέμιξαν πόλεμον μετὰ τῶν | * ἀνδρῶν * | τῆς Ἀσενὲθ καὶ κατέκοψαν αὐτοὺς ἐν στόματι |
| Asen. | 26 | 7 | καὶ ἰδοὺ ὁ υἱὸς Φαραὼ ἀπαντᾷ αὐτῇ καὶ πεντήκοντα | * ἄνδρες * | ἱππεῖς μετ' αὐτοῦ. καὶ εἶδεν αὐτὸν Ἀσενὲθ καὶ |
| Asen. | 27 | 5 | πεντήκοντα λίθους καὶ ἀπέκτεινε τοὺς πεντήκοντα | * ἄνδρας * | τοὺς ὄντας μετὰ τοῦ υἱοῦ τοῦ Φαραώ. καὶ ἔδυσαν |
| Asen. | 27 | 6 | Ἰούδας Ἰσάχαρ καὶ Ζαβουλὼν κατεδίωξαν ὀπίσω τῶν | * ἀνδρῶν * | τῶν ἐνεδρευόντων τῇ Ἀσενὲθ καὶ ἐπέπεσαν αὐτοῖς |
| Asen. | 27 | 6 | αὐτοὺς πάντας καὶ ἀπέκτειναν δισχιλίους οἱ ἕξ | * ἄνδρες. * | καὶ ἔφυγον ἀπὸ προσώπου αὐτῶν οἱ ἀδελφοὶ αὐτῶν |
| Asen. | 27 | 10 | ζήσεται ἡ ψυχή σου ῥῦσαί με ἐκ τῶν χειρῶν τῶν | * ἀνδρῶν * | τῶν πονηρῶν τούτων. καὶ ἤκουσε κύριος ὁ θεὸς τῆς |
| Asen. | 28 | 5 | ἡμῶν εἰσιν. καὶ οἴδαμεν ὅτι οἱ ἀδελφοὶ ἡμῶν | * ἄνδρες * | εἰσὶ θεοσεβεῖς καὶ μὴ ἀποδιδόντες κακὸν ἀντὶ |
| Asen. | 28 | 7 | μὴ φοβεῖσθε ἀπὸ τῶν ἀδελφῶν ὑμῶν διότι αὐτοί εἰσιν | * ἄνδρες * | θεοσεβεῖς καὶ φοβούμενοι τὸν θεὸν καὶ αἰδούμενοι |
| Asen. | 28 | 15 | αὐτῆς τὴν δεξιὰν καὶ ἔγνω ὅτι σῶσαι ἤθελε τοὺς | * ἄνδρας * | ἐκ τῆς ὀργῆς τῶν ἀδελφῶν αὐτῶν τοῦ μὴ ἀποκτεῖναι |
| Asen. | 29 | 3 | ἄδελφε ποιήσεις τὸ πρᾶγμα τοῦτο διότι ἡμεῖς | * ἄνδρες * | θεοσεβεῖς ἐσμέν καὶ οὐ προσήκει ἀνδρὶ θεοσεβεῖ |
| Asen. | 29 | 3 | διότι ἡμεῖς ἄνδρες θεοσεβεῖς ἐσμέν καὶ οὐ προσήκει | * ἀνδρὶ * | θεοσεβεῖ ἀποδοῦναι κακὸν ἀντὶ κακοῦ οὐδὲ πεπτωκότα |
| Sal. | 3 | 8 | ταπεινώσει ψυχῆς αὐτοῦ καὶ ὁ κύριος καθαρίζει πᾶν | * ἄνδρα * | ὅσιον καὶ τὸν οἶκον αὐτοῦ. προσέκοψεν ἁμαρτωλὸς |
| Sal. | 4 | 9 | νόμον μετὰ δόλου. καὶ οἱ ὀφθαλμοὶ αὐτῶν ἐπ' οἶκον | * ἀνδρὸς * | ἐν εὐσταθείᾳ ὡς ὄφις διαλῦσαι σοφίαν ἀλλήλων ἐν |
| Sal. | 5 | 3 | ἀπ' ἐμοῦ. οὐ γὰρ λήψεταί ⟨τις⟩ σκῦλα παρὰ | * ἀνδρὸς * | δυνατοῦ καὶ τίς λήψεται ἀπὸ πάντων ὧν ἐποίησας |
| Sal. | 6 | 1 | βασιλεὺς ἡμῶν. ἐν ἐλπίδι τῷ Σαλωμων. μακάριος | * ἀνὴρ * | οὗ ἡ καρδία αὐτοῦ ἑτοίμη ἐπικαλέσασθαι τὸ ὄνομα |
| Sal. | 9 | 5 | ἀπωλείᾳ τὰ γὰρ κρίματα κυρίου ἐν δικαιοσύνῃ κατ' | * ἄνδρα * | καὶ οἶκον. τίνι χρηστεύσῃ ὁ θεὸς εἰ μὴ τοῖς |
| Sal. | 10 | 1 | τὸν αἰῶνα καὶ ἔτι. ἐν ὕμνοις τῷ Σαλωμων. μακάριος | * ἀνὴρ * | οὗ ὁ κύριος ἐμνήσθη ἐν ἐλεγμῷ καὶ ἐκυκλώθη ἀπὸ ὁδοῦ |
| Sal. | 12 | 1 | ἐν γλώσσῃ παρανόμων. κύριε ῥῦσαι τὴν ψυχήν μου ἀπὸ | * ἀνδρὸς * | παρανόμου καὶ πονηροῦ ἀπὸ γλώσσης παρανόμου καὶ |
| Sal. | 12 | 2 | δόλια. ἐν ποικιλίᾳ στροφῆς οἱ λόγοι τῆς γλώσσης | * ἀνδρὸς * | πονηροῦ ὥσπερ ἐν λαῷ πῦρ ἀνάπτον καλλονὴν αὐτοῦ. |
| Sal. | 12 | 5 | ἡσύχιον μισοῦσαν ἀδίκους καὶ κατευθύναι κύριος | * ἄνδρα * | ποιοῦντα εἰρήνην ἐν οἴκῳ. τοῦ κυρίου ἡ σωτηρία ἐπὶ |
| Sal. | 18 | 8 | πνεύματος καὶ δικαιοσύνης καὶ ἰσχύος κατευθῦναι | * ἄνδρα * | ἐν ἔργοις δικαιοσύνης φόβῳ θεοῦ καταστῆσαι πάντας |
| Jer. | 8 | 2 | γυναῖκας καὶ τὰς γυναῖκας τὰς λαβούσας ἐξ αὐτῶν | * ἄνδρας * | διαπεράσωσιν οἱ ἀκούοντές σου καὶ ἆρον αὐτοὺς εἰς |
| Bar. | 1 | 3 | κυρίου ἐλθόντα καὶ λέγοντά μοι σύνες ὦ ἄνθρωπε | * ἄνερ * | ἐπιθυμιῶν καὶ μὴ τοσοῦτόν σε μέλη περὶ τῆς σωτηρίας |
| Bar. | 3 | 5 | τὸν πύργον. αὐτοὶ γὰρ οὓς ὁρᾷς ἐξέβαλλον πλήθη | * ἀνδρῶν * | τε καὶ γυναικῶν εἰς τὸ πλινθεύειν. ἐν οἷς μία |
| Bar. | 5 | 3 | ὁ ἄγγελος ἡ κοιλία τούτου ὁ Ἅιδης ἐστίν. καὶ ὅσον | * ἀνδρῶν * | τριακοσίων μόλιβδος ἀκοντίζεται τοσαύτη ἐστὶν ἡ |
| Prop. | 2 | 5 | ἐκ τῶν παίδων Ἀντιγόνου καὶ Πτολεμαίου γερόντων | * ἀνδρῶν * | ὅτι Ἀλέξανδρος ὁ Μακεδὼν ἐπιστὰς τῷ τόπῳ τοῦ |
| Prop. | 4 | 2 | Χαλδαίων ἐγεννήθη δὲ ἐν Βεθώρῳ τῇ ἀνωτέρᾳ καὶ ἦν | * ἀνὴρ * | σώφρων ὥστε δοκεῖν τοὺς Ἰουδαίους εἶναι αὐτὸν |
| Prop. | 4 | 3 | ἤσκησεν ἀπὸ πάσης τροφῆς ἐπιθυμητῆς καὶ ἦν | * ἀνὴρ * | ξηρὸς τὴν ἰδέαν ἀλλὰ ὡραῖος ἐν χάριτι ὑψίστου. |
| Prop. | 10 | 6B | ἐκήρυξε τὴν ἀπώλειαν Νινευΐ καὶ μετενόησαν οἱ | * ἄνδρες * | οἱ Νινευῖται καὶ ἠλεήθησαν. καὶ ἐλυπήθη Ἰωνᾶς |
| Prop. | 17 | 4 | ἐκείνη ἐποίησε τὴν ἀνομίαν. καὶ ὡς ἀνεῖλε τὸν | * ἄνδρα * | αὐτῆς ἔπεμψε κύριος ἐλέγξαι αὐτὸν καὶ γνοὺς τῷ |
| Prop. | 17 | 4B | πενθῶν πάσας τὰς ἡμέρας καὶ ὅτε ἀνεῖλε τὸν | * ἄνδρα * | αὐτῆς ἀπέστειλεν αὐτὸν ὁ θεὸς ἐλέγξαι τὸν Δαυίδ |
| Prop. | 21 | 2 | ὅτε εἶχε τεχθῆναι εἶδε Σοβαχὰ ὁ πατὴρ αὐτοῦ ὅτι | * ἄνδρες * | λευκοφανεῖς αὐτὸν προσηγόρευον καὶ ὅτι ἐν πυρὶ |
| Prop. | 26 | 2 | γένος Ἰσραὴλ κατ' ὄνομα ⟨τῶν προφητῶν καὶ ὁσίων | * ἀνδρῶν * | καὶ ὁ θάνατος αὐτῶν καὶ τὰ ἀξιώματα αὐτῶν καὶ |
| Prop. | 26 | 3 | βασιλέων καὶ προφητῶν καὶ τῶν μεγιστάνων καὶ ὁσίων | * ἀνδρῶν⟩. * | καὶ ταῦτα μὲν μέχρι τούτων. |
| Esdr. | 3 | 12 | καὶ τέκνα ἐπὶ γονεῖς ἀναστήσονται καὶ γυνὴ τὸν | * ἄνδρα * | τὸν ἴδιον καταλιμπάνει καὶ ὅταν ἔθνος πρὸς ἔθνος |
| Esdr. | 3 | 14 | τὸ τέλος τότε οὖν οὔτε ἀδελφὸς ἀδελφὸν ἐλεεῖ οὔτε | * ἀνὴρ * | γυναῖκα οὐ τέκνα γονεῖς οὐ φίλοι φίλους οὐ δοῦλος |
| Esdr. | 5 | 5 | μετὰ ἀδελφοῦ οὐ μήτηρ μετὰ τέκνου οὐ γυνὴ μετὰ | * ἀνδρός. * | καὶ ἔκλαυσα καὶ εἶπον ὦ δέσποτα κύριε ἐλέησον |
| Sedr. | 16 | 2 | αὐτοῦ ἐπαράβλεπον τὰ πταίσματα αὐτοῦ ὅτε δὲ πάλιν | * ἀνὴρ * | ἐτήρουν αὐτοῦ τὴν διάνοιαν ὅταν δὲ πάλιν γηράσῃ καὶ |
| Job | 12 | 1 | τι παρὰ τοῦ ὀφειλέτου μου. καὶ εἴ ποτέ μοι ἤρχετο | * ἀνὴρ * | ἱλαρὸς τὴν καρδίαν λέγων οὔτε ἐγὼ εὐπορῶ |
| Job | 15 | 7 | ὅτι ἡμεῖς τέκνα ἐσμέν τοῦ πλουσίου τούτου | * ἀνδρός, * | ἡμῶν δέ ἐστιν τὰ χρήματα ταῦτα διά τί δὲ καὶ |
| Job | 17 | 3 | καὶ ἐλάλησεν μετὰ ἀπειλῆς αὐτοῖς λέγων οὗτος ὁ | * ἀνὴρ * | Ιωβαβ ὁ ἀναλώσας πάντα τὰ ἀγαθὰ τῆς γῆς καὶ μηδὲν |
| Job | 18 | 3 | ἔβλεπον ἐπάνω τῶν τραπεζῶν μου καὶ κραββάτων | * ἄνδρας * | εὐτελεῖς καὶ ἀτίμους καὶ οὐκ ἠδυνάμην φθέγξασθαι |
| Job | 23 | 8 | τί γάρ μοι ἡ θρὶξ τῆς κεφαλῆς πρὸς τὸν πεινοῦντα | * ἄνδρα * | μου; καὶ οὕτω καταφρονήσασα τῆς τριχὸς εἶπεν αὐτῷ |
| Job | 26 | 6 | τῶν ἀφρόνων γυναικῶν τῶν πλανησάντων τῶν ἑαυτῶν | * ἀνδρῶν * | τὴν ἁπλότητα. ἐγὼ δὲ πάλιν στραφεὶς πρὸς τὸν |
| Job | 47 | 5 | τὰς τρεῖς χορδὰς λέγων μοι ἀνάστα, ζῶσαι ὥσπερ | * ἀνὴρ * | τὴν ὀσφῦν σου ἐρωτήσω δέ σε, σὺ δέ μοι ἀποκρίνου. |
| Aris. | 3 | 3 | ἑαυτοὺς ἐπεδώκαμεν εἰς ⟨τὴν πρὸς⟩ τὸν προειρημένον | * ἄνδρα * | πρεσβείαν καλοκἀγαθίᾳ καὶ δόξῃ προτετιμημένον ὑπό |
| Aris. | 13 | 2 | μετήγαγεν ἀφ' ὧν ὡσεὶ τρεῖς μυριάδας καθοπλίσας | * ἀνδρῶν * | ἐκλεκτῶν εἰς τὴν χώραν κατῴκισεν ἐν τοῖς |
| Aris. | 31 | 6 | τῶν κατ' αὐτὰ πεπολιτευμένων (καὶ πολιτευομένων) | * ἀνδρῶν * | διὰ τὸ ἁγνήν τινα καὶ σεμνὴν εἶναι τὴν ἐν αὐτοῖς |
| Aris. | 32 | 4 | μάλιστα καλῶς βεβιωκότας καὶ πρεσβυτέρους ὄντας | * ἄνδρας * | ἐμπείρους τῶν κατὰ τὸν νόμον τὸν ἑαυτῶν ἀφ' |
| Aris. | 39 | 2 | καὶ τῆς ἡμετέρας σπουδῆς ἀξίως ἐπιλεξάμενος | * ἄνδρας * | καλῶς βεβιωκότας πρεσβυτέρους ἐμπειρίαν ἔχοντας |
| Aris. | 43 | 2 | Ἀνδρέας τῶν τετιμημένων παρά σοι καὶ Ἀριστέας | * ἄνδρες * | καλοὶ καὶ ἀγαθοὶ καὶ παιδείᾳ διαφέροντες καὶ τῆς |
| Aris. | 46 | 2 | νόμου μεταγραφή. παρόντων δὲ πάντων ἐπελεξάμεθα | * ἄνδρας * | καλοὺς καὶ ἀγαθοὺς πρεσβυτέρους ἀφ' ἑκάστης φυλῆς |
| Aris. | 46 | 6 | ἵνα πάλιν ἀποκατασταθῶσι πρὸς ἡμᾶς ἀσφαλῶς οἱ | * ἄνδρες. * | ἔρρωσο. εἰσὶ δὲ πρώτης φυλῆς Ἰώσηφος Ἐζεκίας |
| Aris. | 102 | 2 | ὡσανεὶ φυλασσομένων τῶν πύργων ὑπὸ τῶν πιστοτάτων | * ἀνδρῶν * | καὶ τῇ πατρίδι μεγάλας ἀποδείξεις δεδωκότων |
| Aris. | 116 | 5 | δέ οἱ γειτνιῶντες ἐπέβησαν αὐτῆς ἑξήκοντα μυριάδες | * ἀνδρῶν * | ἔγκληροι καθειστήκεισαν ἑκατοντάρουροι. |
| Aris. | 121 | 1 | ἑπομένως δηλώσομεν. ἐπιλέξας γὰρ τοὺς ἀρίστους | * ἄνδρας * | καὶ παιδείᾳ διαφέροντας ἅτε δὴ γονέων τετευχότας |
| Aris. | 125 | 2 | γὰρ καλῶς αὐτὸν λέγειν ὅτι περὶ ἑαυτὸν ἔχων | * ἄνδρας * | δικαίους καὶ σώφρονας τὴν μεγίστην ἂν φυλακὴν τῆς |
| Aris. | 172 | 1 | ὁ δὲ Ἐλεάζαρος ποιησάμενος θυσίαν καὶ τοὺς | * ἄνδρας * | ἐπιλέξας καὶ πολλὰ δῶρα τῷ βασιλεῖ κατασκευάσας |
| Aris. | 174 | 2 | περὶ πολλοῦ δὲ ποιούμενος τοῖς ἀπεσταλμένοις | * ἀνδράσιν * | ἐντυχεῖν ἐκέλευσε τοὺς λοιποὺς πάντας ἀπολῦσαι |
| Aris. | 176 | 6 | κατεσκευασμένης ὡς εἶδεν ὁ βασιλεὺς τοὺς | * ἄνδρας * | ἐπηρώτα περὶ τῶν βιβλίων. ὡς δὲ ἀπεκάλυψαν αὐτὰ |
| Aris. | 177 | 4 | καὶ προσκυνήσας σχεδὸν ἑπτάκις εἶπεν εὐχαριστῶ μὲν | * ἄνδρες * | ὑμῖν τῷ δ' ἀποστείλαντι μᾶλλον μέγιστον δὲ τῷ θεῷ |
| Aris. | 179 | 3 | ἀποδοῦναι τὰ τεύχη τὸ τηνικαῦτα ἀσπασάμενος τοὺς | * ἄνδρας * | εἶπε δίκαιον ἦν θεοσεβεῖς ἄνδρες ὧν χάριν ὑμᾶς |
| Aris. | 179 | 3 | ἀσπασάμενος τοὺς ἄνδρας εἶπε δίκαιον ἦν θεοσεβεῖς | * ἄνδρες * | ὧν χάριν ὑμᾶς μετεπεμψάμην ἐκείνοις πρῶτον |
| Aris. | 183 | 7 | τὴν ἑαυτοῦ κλισίαν οὐδὲν ἐλλιπὼν εἰς τὸ τιμᾶν τοὺς | * ἄνδρας. * | ὡς δὲ κατεκλίθησαν ἐκέλευσε τῷ Δωροθέῳ τοῖς |
| Aris. | 199 | 2 | λοιπῶν ἑξῆς μαθήσομαί τι πλέον. εἶτ' ἐπηρώτα τὸν | * ἄνδρα * | τί πέρας ἀνδρείας ἐστίν; ὁ δὲ εἶπεν εἰ τὸ |

| | | | | |
|---|---|---|---|---|
| Aris. | 200 4 | ὀλίγοι γὰρ παρῆσαν τούτοις οἴομαι διαφέρειν τοὺς | * ἄνδρας * | ἀρετῇ καὶ συνιέναι πλεῖον οἵτινες ἐκ τοῦ καιροῦ |
| Aris. | 203 4 | βασιλεὺς εὔκαιρον εἶναι πρὸς τὸ πυνθάνεσθαί τι τῶν | * ἀνδρῶν * | ἐπηρώτα τοὺς ἑξῆς τῶν ἀποκεκριμένων τῇ προτέρᾳ |
| Aris. | 221 3 | ὁ βασιλεὺς εἶναι τοῦ πυνθάνεσθαί τι τῶν | * ἀνδρῶν * | ἠρώτα τὸν πρῶτον τῶν ἀπολιπόντων πρὸς τὴν ἑξῆς |
| Aris. | 225 2 | οὐ δύνανται θεοῦ γάρ ἐστι δόμα. ἐπαινέσας δὲ τὸν | * ἄνδρα * | διὰ πλειόνων ἐπηρώτα τὸν ἕτερον πῶς ἂν καταφρονοίη |
| Aris. | 274 5 | τι πρὸς τὸ τερφθῆναι ⟨ἐτράπη⟩ μετ' εὐφροσύνης τοῖς | * ἀνδράσι * | συνὼν καὶ χαρᾶς πλείονος. τῇ ἑβδόμῃ δὲ τῶν |
| Aris. | 281 5 | καὶ περὶ πολλοῦ ποιουμένους τὸ σῴζειν τοὺς | * ἄνδρας * | ἢ τὸ νικᾶν τῷ θράσει παραβάλλοντας τὸ ζῆν. ὡς γὰρ |
| Aris. | 295 2 | ὦ Φιλόκρατες συγγνώμην ἔχειν. τεθαυμακὼς γὰρ τοὺς | * ἄνδρας * | ὑπὲρ τὸ δέον ὡς ἐκ τοῦ καιροῦ τὰς ἀποκρίσεις |
| Aris. | 301 6 | ἔχοντα καὶ πολλῆς ἡσυχίας ἔφεδρον παρεκάλει τοὺς | * ἄνδρας * | τὰ τῆς ἑρμηνείας ἐπιτελεῖν παρόντων ὅσα πρὸς τὴν |
| Aris. | 319 3 | αὐτῶν ἐκέλευσεν ἑτοιμάζειν μεγαλομερῶς τοῖς | * ἀνδράσι * | χρησάμενος. ἑκάστῳ γὰρ στολὰς ἔδωκε τῶν |
| Aris. | 321 2 | ἔγραψε δὲ καὶ παρακαλῶν ἵνα ἐάν τινες τῶν | * ἀνδρῶν * | προαιρῶνται πρὸς αὐτὸν ἀνακομισθῆναι μὴ κωλύσῃ |
| Sib. | 3 45 | ἄλλους πολλαὶ διὰ κέρδος οὐ σπάρτην κατέχουσι βίου | * ἀνδρῶν * | λελαχοῦσαι. αὐτὰρ ἐπεὶ Ῥώμη καὶ Αἰγύπτου |
| Sib. | 3 51 | χρόνοιο. καὶ τότε Λατίνων ἀπαραίτητος χόλος | * ἀνδρῶν * | τρεῖς Ῥώμην οἰκτρῇ μοίρῃ καταδηλήσονται. πάντες |
| Sib. | 3 70 | τ' ἐκλεκτούς θ' Ἑβραίους ἀνόμους τε καὶ ἄλλους | * ἀνέρας * | οἵτινες +οὔπω θεοῦ λόγον+ εἰσήκουσαν. ἀλλ' ὁπόταν |
| Sib. | 3 109 | ἐξ οὗ περ κατακλυσμὸς ἐπὶ προτέρους γένετ' | * ἄνδρας. * | καὶ βασίλευσε Κρόνος καὶ Τιτὰν Ἰαπετός τε Γαίης |
| Sib. | 3 137 | ὀφθαλμοῖσιν θῆλυ γένος ᾤχοντο πρὸς αὐτοὺς ἄγριοι | * ἄνδρες * | Τιτῆνες. καὶ ἔπειτα Ῥέη τέκεν ἄρσενα παῖδα τὸν |
| Sib. | 3 140 | διέπεμψε λάθρῃ ἰδίῃ τε τρέφεσθαι ἐς Φρυγίην τρεῖς | * ἄνδρας * | ἐνόρκους Κρῆτας ἑλοῦσα τοὔνεκά τοι Δί' |
| Sib. | 3 182 | τε κόσμος. καὶ θλίψουσι βροτούς. μέγα δ' ἔσσεται | * ἀνδράσι * | κείνοις πτῶμ' ὁπόταν ἄρξωνθ' ὑπερηφανίης |
| Sib. | 3 213 | δεύτερ' ἐπ' ἀνθρώπους. καί τοι πρώτιστα βοήσω | * ἀνδράσιν * | εὐσεβέσιν ἥξει κακὸν οἳ περὶ ναὸν οἰκείουσι |
| Sib. | 3 215 | περὶ ναὸν οἰκείουσι μέγαν Σολομώνιον οἵ τε δικαίων | * ἀνδρῶν * | ἔκγονοί εἰσιν ὁμῶς καὶ τῶνδε βοήσω φῦλον καὶ |
| Sib. | 3 229 | τὰ γὰρ πλάνα πάντα πέφυκεν ὅσσα κεν ἄφρονες | * ἄνδρες * | ἐρευνῶσι κατ' ἦμαρ ψυχὰς γυμνάζοντες ἐς οὐδὲν |
| Sib. | 3 241 | γείτων τοῦ γείτονος αἴρει οὐδὲ πολὺ πλουτῶν τις | * ἀνὴρ * | τὸν ἐλάττονα λυπεῖ +οὐδέ γε χήρας θλίβει μᾶλλον δ' |
| Sib. | 3 252 | ἦμαρ ὁδεύσει+ τούτῳ δ' ἡγητῆρα καταστήσει μέγαν | * ἄνδρα * | Μωσῆν ὃν παρ' ἕλους βασιλὶς εὑροῦσ' ἐκόμιζεν |
| Sib. | 3 269 | Ἀσσυρίους καὶ νήπια τέκνα ὄψει δουλεύοντα παρ' | * ἀνδράσι * | δυσμενέεσσιν ἠδ' ἀλόχους καὶ πᾶς βίοτος καὶ |
| Sib. | 3 287 | καὶ τότε δὴ θεὸς οὐράνιος πέμψει βασιλῆα κρινεῖ δ' | * ἄνδρα * | ἕκαστον ἐν αἵματι καὶ πυρὸς αὐγῇ. ἔστι δέ τις φυλὴ |
| Sib. | 3 303 | ἐξαλάπαξεν. αἰαῖ σοι Βαβυλὼν ἠδ' Ἀσσυρίων γένος | * ἀνδρῶν * | πᾶσαν ἁμαρτωλῶν γαῖαν ῥοῖζός ποθ' ἱκνεῖται καὶ |
| Sib. | 3 312 | τότε πλησθήσῃ ἀπὸ αἵματος ὡς πάρος αὐτὴ ἐξέχεας | * ἀνδρῶν * | τ' ἀγαθῶν ἀνδρῶν τε δικαίων ὧν ἔτι καὶ νῦν αἷμα |
| Sib. | 3 312 | ἀπὸ αἵματος ὡς πάρος αὐτὴ ἐξέχεας ἀνδρῶν τ' ἀγαθῶν | * ἀνδρῶν * | τε δικαίων ὧν ἔτι καὶ νῦν αἷμα βοᾷ εἰς αἰθέρα |
| Sib. | 3 336 | θανάτοιό τε σῆμα βροτοῖσιν ἡγεμόνων τε +φθορὰν+ | * ἀνδρῶν * | μεγάλων τ' ἐπισήμων. σήματα δ' ἔσσεται αὖτις ἐν |
| Sib. | 3 371 | γαίης. ὦ μακαριστὸς ἐκεῖνον ὃς ἐς χρόνον ἔσσεται | * ἀνὴρ * | ἠὲ γυνὴ μακάρων +κενεήφατος ὅσσον ἄγραυλος+ εὐνομίη |
| Sib. | 3 389 | ἥξει καί ποτ' ἄπιστος ἐς Ἀσίδος ὄλβιον οὖδας | * ἀνὴρ * | πορφυρέην λώπην ἐπιειμένος ὤμοις ἄγριος ἀλλοδίκης |
| Sib. | 3 460 | γείτων Ἐφέσου σεισμῷ καταλύσει τείχεά τ' εὐποίητ' | * ἀνδρῶν * | τε λεὼν βαρυθύμων ὀμβρήσει δέ τε γαῖα ὕδωρ ζεστὸν |
| Sib. | 3 470 | δὲ τιθήνη. ἀλλ' ὅτ' ἀπ' Ἰταλίης λυμήτης ἵξεται | * ἀνὴρ * | τῆμος Λαοδίκεια καταπρηνὴς ἐριποῦσα Καρῶν ἀγλαὸν |
| Sib. | 3 492 | προφητεῦσαι κατὰ γαῖαν. αἰαῖ Φοινίκων γένει | * ἀνδρῶν * | ἠδὲ γυναικῶν καὶ πάσαις πόλεσιν παραλίαις οὐδεμί' |
| Sib. | 3 521 | πολὺ βάρβαρον ἔθνος ἐπέλθῃ πολλὰ μὲν ἐκλεκτῶν | * ἀνδρῶν * | ὀλέσειε κάρηνα πολλὰ δὲ πίονα μῆλα βροτῶν |
| Sib. | 3 545 | μέρος ἔσσεται αὖτις. Ἑλλὰς δὴ τί πέποιθας ἐπ' | * ἀνδράσιν * | ἡγεμόνεσσιν θνητοῖς οἷς οὐκ ἔστι φυγεῖν |
| Sib. | 3 568 | αὖτις. ἀλλὰ μέχρις γε τοσοῦδ' ἀσεβῶν γένος ἔσσεται | * ἀνδρῶν * | ὁππότε κεν τοῦτο προλάβῃ τέλος αἴσιμον ἦμαρ. οὐ |
| Sib. | 3 573 | τελεσθῆναι κρατερὴ δ' ἐπικείσετ' ἀνάγκη. εὐσεβέων | * ἀνδρῶν * | ἱερὸν γένος ἔσσεται αὖτις βουλαῖς ἠδὲ νόῳ |
| Sib. | 3 610 | ἐξ Ἑλλήνων ἀρχῆς ἧς ἄρξουσι Μακηδόνες ἄσπετοι | * ἄνδρες * | ἔλθῃ δ' ἐξ Ἀσίης βασιλεὺς μέγας αἰετὸς αἴθων ὃς |
| Sib. | 3 619 | πάντα πεσεῖται. καὶ τότε δὴ χάρμην μεγάλην θεὸς | * ἀνδράσι * | δώσει καὶ γὰρ γῆ καὶ δένδρα καὶ ἄσπετα ποίμνια |
| Sib. | 3 674 | λαμπάδες αὐγαὶ ἵξονται μεγάλαι λάμπουσαι εἰς μέσον | * ἀνδρῶν. * | γαῖα δὲ παγγενέτειρα σαλεύσεται ἤμασι κείνοις |
| Sib. | 3 686 | χαράδρα. τείχεα δ' εὐποίητα χαμαὶ πεσέονται ἅπαντα | * ἀνδρῶν * | δυσμενέων ὅτι τὸν νόμον οὐκ ἔγνωσαν οὐδὲ κρίσιν |
| Sib. | 3 695 | καὶ ἀλαλαγμὸς κατ' ἀπείρονα γαῖαν ἵξεται ὀλλυμένων | * ἀνδρῶν * | καὶ πάντες ἄναγνοι αἵματι λούσονται πίεται δέ τε |
| Sib. | 3 711 | πόλιές τ' ἐρέουσιν ὁππόσον ἀθάνατος φιλέει τοὺς | * ἄνδρας * | ἐκείνους. πάντα γὰρ αὐτοῖσιν συναγωνιᾷ ἠδὲ βοηθεῖ |
| Sib. | 3 761 | ἔτ' ἄλλος αὐτὸς καὶ πυρὶ φλέξειεν χαλεπῶν γένος | * ἀνδρῶν. * | ἀλλὰ κατασπεύσαντες ἑὰς φρένας ἐν στήθεσσιν |
| Sib. | 3 775 | ἐσσομένοισι πυθέσθαι ἀλλ' ὃν ἔδωκε θεὸς πιστοῖς | * ἄνδρεσσι * | γεραίρειν. υἱὸν γὰρ καλέουσι βροτοὶ μεγάλοιο |
| Sib. | 3 824 | θνητοῖς. ὅτε γὰρ κατεκλύζετο κόσμος ὕδασι καί τις | * ἀνὴρ * | μόνος εὐδοκίμητος ἐλείφθη ὑλοτόμῳ ἐνὶ οἴκῳ |
| Sib. | 4 6 | δὲ μάντιν ἀλλὰ θεοῦ μεγάλοιο τὸν οὐ χέρες ἔπλασαν | * ἀνδρῶν * | εἰδώλοις ἀλάλοισι λιθοξέστοισιν ὅμοιον. οὐδὲ γὰρ |
| Sib. | 4 35 | τε στυγερήν τε). ὧν τρόπον εὐσεβίην τε καὶ ἤθεα | * ἀνέρες * | ἄλλοι οὔποτε μιμήσονται ἀναιδείην ποθέοντες ἀλλ' |
| Sib. | 4 67 | μία κεῖται ἀνακτορίης πολυόλβου. ἔσται δ' ὅσσα κεν | * ἄνδρες * | ἀπεύξωνται κακὰ ἔργα φυλόπιδές τε φόνοι τε |
| Sib. | 4 132 | οὐρανὸν εὐρὺν ἵκηται πολλὰς δὲ φλέξῃ πόλιας καὶ | * ἄνδρας * | ὀλέσσῃ πολλὴ δ' αἰθαλόεσσα τέφρη μέγαν αἰθέρα |
| Sib. | 4 176 | φλέξει δὲ χθόνα πᾶσαν ἅπαν δ' ὀλέσει γένος | * ἀνδρῶν * | καὶ πάσας πόλιας ποταμούς θ' ἅμα ἠδὲ θάλασσαν |
| Sib. | 4 181 | ὥσπερ ἀνῆψεν ὀστέα καὶ σποδιὴν αὐτὸς θεὸς ἔμπαλιν | * ἀνδρῶν * | μορφώσει στήσει δὲ βροτοὺς πάλιν ὡς πάρος ἦσαν. |
| Sib. | 4 192 | ὦ μακαριστὸς ἐκεῖνον ὃς ἐς χρόνον ἔσσεται | * ἀνήρ. * | λόγος πέμπτος. ἀλλ' ἄγε μοι στονόεντα χρόνον κλύε |
| Sib. | 5 36 | ἀπολοῦνται. εἶτά τις εὐσεβέων ὀλετὴρ ἥξει μέγας | * ἀνδρῶν * | ἑπτάκις ὃς δεκάτην κεραίην δείκνυσι πρόδηλον. τοῦ |
| Sib. | 5 47 | ἔχουσα μετ' αὐτὸν δ' ἄλλος ἀνάξει ἀργυρόκρανος | * ἀνὴρ * | τῷ δ' ἔσσεται οὔνομα πόντου ἔσται καὶ πανάριστος |
| Sib. | 5 48 | τῷ δ' ἔσσεται οὔνομα πόντου ἔσται καὶ πανάριστος | * ἀνὴρ * | καὶ πάντα νοήσει. καὶ ἐπὶ σοὶ πανάριστε πανέξοχε |
| Sib. | 5 69 | ἐμοὺς παῖδας θεοχρίστους καὶ τε κάκην ὤτρυνας ἐπ' | * ἀνδράσι * | τοῖς ἀγαθοῖσιν ἕξεις ἀντὶ τόσων τοίαν τροφὸν |
| Sib. | 5 74 | θεὸς ἔννεπεν ἐξαυδῆσαι ὑστατίῳ καιρῷ ὅτε πάγκακοι | * ἄνδρες * | ἔσονται. ἀλλὰ ταλαιπωροῦσι κακοὶ κακότητα |
| Sib. | 5 102 | δ' ὃς Περσῶν ἔλαχεν γαῖαν πτολεμίξει κτείνας τ' | * ἄνδρα * | ἕκαστον ὅλον βίον ἐξαλαπάξει ὥστε μένειν μοῖραν |
| Sib. | 5 189 | γενοίμαν. ὦ Θῆβαι ποῦ σοι τὸ μέγα σθένος; ἄγριος | * ἀνὴρ * | ἐξολέσει λαὸν σὺ δὲ εἵματα φαιὰ λαβοῦσα θρηνήσεις |
| Sib. | 5 196 | Ἰνδοί. Πεντάπολι κλαύσεις σέ δ' ὀλεῖ μεγαλόσθενος | * ἀνήρ. * | σὰς Λιβύη πάγκλαυστε τίς ἐξηγήσεται ἄτας; τίς δέ |
| Sib. | 5 246 | σῳζομένης πάλι Μοίραις κλῦθι πικρᾶς φήμης δυσηχέος | * ἀνδράσι * | πῆμα. ἀλλ' ὁπόταν Περσὶς γαῖ' ἀπόσχηται |
| Sib. | 5 256 | εἷς δέ τις ἔσσεται αὖτις ἀπ' αἰθέρος ἔξοχος | * ἀνὴρ * | ὃς παλάμας ἥπλωσεν ἐπὶ ξύλου πολυκάρπου Ἑβραίων ὁ |
| Sib. | 5 301 | ἔσσεται ἤματι τῷδε. καὶ τότε δὴ +μετέπειτ'+ ἔσται | * +ἄνδρεσσι+ * | βροτοῖσιν ἐξολέσει γὰρ πάντας ἀναιδέας |
| Sib. | 5 304 | βρονταῖς τε στεροπαῖς τε κεραυνοῖς τε φλεγέθουσιν | * ἀνδράσι * | δυσμενέεσσι καὶ ὡς ἀσεβεῖς ὀλοθρεύσει ὥστε |
| Sib. | 5 309 | σὺν νάμασι τοῖς θεοπνεύστοις ἐν παλάμαις ἀθέων | * ἀνδρῶν * | ἀδίκων καὶ ἀθέσμων ῥιφθεῖσ' οὐκέτι τόσσον ἐς |
| Sib. | 5 327 | εἵλετο τὴν Φοίβου δολόεσσαν ἀοιδὴν +τήν τε σοφὴν | * ἀνδρῶν * | μελέτην καὶ σώφρονα βουλήν+. ἵλαθι παγγενέτωρ |
| Sib. | 5 353 | θεὸν πανεπίσκοπον οὐρανόθι πρό. αὐτὸς δυσμενέας | * ἄνδρας * | τότε δ' οὐκ ἐλεήσει ἀρνῶν ἠδ' οἴων ταύρων τ' |
| Sib. | 5 363 | ἐν δολότητι. ἥξει δ' ἐκ περάτων γαίης μητροκτόνος | * ἀνὴρ * | φεύγων ἠδὲ νόῳ ὀξύστομα μερμηρίζων ὃς πᾶσαν γαῖαν |
| Sib. | 5 368 | ἧς χάριν ὤλετό τ' αὐτὸς ἑλεῖ ταύτην παραχρῆμα. | * ἄνδρας * | τ' ἐξολέσει πολλοὺς μεγάλους τε τυράννους πάντας |
| Sib. | 5 393 | ἐξεμίηναν ἐν σοὶ καὶ κτηνῶν εὗρον κοίτην κακοὶ | * ἄνδρες. * | σίγησον πανόδυρτε κακὴ πόλι κῶμον ἔχουσα οὐκέτι |
| Sib. | 5 410 | καὶ ἀνοικοδόμητον ἀφῆκεν σὺν πλήθει μεγάλῳ καὶ | * ἀνδράσι * | κυδαλίμοισιν. αὐτὸς δ' ὤλετο +χέρσον ἀπ' |
| Sib. | 5 414 | μεγάλην πόλιν ἐξαλαπάξαι. ἦλθε γὰρ οὐρανίων νώτων | * ἀνὴρ * | μακαρίτης σκῆπτρον ἔχων ἐν χερσὶν ὅ οἱ θεὸς |
| Sib. | 5 417 | τοῖς ἀγαθοῖς τὸν πλοῦτον ὃν οἱ πρότεροι λάβον | * ἄνδρες. * | πᾶσαν δ' ἐκ βάθρων εἷλεν πόλιν ἐν πυρὶ πολλῷ καὶ |
| Sib. | 5 475 | εἶθ' οὕτως ὀλιγηπελίη ἔσται κατὰ γαῖαν ὥστε νοεῖν | * ἀνδρῶν * | τ' ἀριθμὸν μέτρον τε γυναικῶν. μυρία δ' οἰμώξει |
| Sib. | 5 483 | δεύτερον αὐτὰρ ἔπειτα θεοῦ φάος ἡγεμονεύσει | * ἀνδράσι * | τοῖς ἀγαθοῖσιν ὅσοι θεὸν ἐξύμνησαν. Ἶσι θεὰ |
| Sib. | 5 492 | καὶ ⟨ποτε⟩ τῶν ἱερέων τις ἐρεῖ λινόστολος | * ἀνὴρ * | δεῦτε θεοῦ τέμενος καλὸν στήσωμεν ἀληθοῦς δεῦτε τὸν |
| FJos. | 189 | τὸ δὲ ὄνομά μου Ἰσραὴλ ὁ κληθεὶς ὑπὸ θεοῦ Ἰσραὴλ | * ἀνὴρ * | ὁρῶν θεὸν ὅτι ἐγὼ πρωτόγονος παντὸς ζῴου ζωουμένου |
| FJub. | 48 14 | βρέφη τῶν Ἑβραίων ἐν τῷ ποταμῷ ἀπέπνιγον χιλίων | * ἀνδρῶν * | ἀποπνιγέντων ἰσχυρῶν Αἰγυπτίων ἀνθ' ἑνὸς βρέφους |
| FEsd. | 7 103 | τοῦ γένους Ἰσραήλ; εἰ δὲ καὶ οὔτε γυναῖκες ὑπὲρ | * ἀνδρῶν * | οὔτε οἰκέται ὑπὲρ δεσποτῶν οὔτε συγγενεῖς ὑπὲρ |
| FAch. | 109 | τάχει ἀποθάνῃς. τῇ γυναικί σου χρηστὰ ὁμίλει ὅπως | * ἀνδρὸς * | ἄλλου πεῖραν μὴ θέλῃ λαβεῖν κοῦφον γὰρ τὸ γένος |
| FAch. | 110 | αὐτοὺς εὖ ποίει ἵνα μεταμέλωνται γνωρίζοντες οἷον | * ἄνδρα * | ἠδίκουν. δυνάμενος ἐλεεῖν μὴ μέλλε ἀλλὰ κοπία |
| FAch. | 110 | τὴν τύχην μὴ οὖσαν παράμονον. ψίθυρον καὶ διάβολον | * ἄνδρα * | εἰ καὶ ἀδελφός σού ἐστι γευσάμενον πρὸς καιρὸν |
| FAch. | 112 | δὲ ἀκούσας μετεκαλέσατο τοὺς φίλους καὶ φησιν | * ἄνδρες * | ἐνεδρεύθην ἀκούσας Αἴσωπον τεθνάναι προσεκάλεσα |
| FPho. | 2 | δικηισ' ὁσίῃσι θεοῦ βουλεύματα φαίνει Φωκυλίδης | * ἀνδρῶν * | ὁ σοφώτατος ὄλβια δῶρα. μήτε γαμοκλοπέειν μήτ' |
| FPho. | 26 | ἄδηλος. χεῖρα πεσόντι δίδου σῶσον δ' ἀπερίστατον | * ἄνδρα. * | κοινὰ πάθη πάντων ὁ βίος τροχὸς ἄστατος ὄλβος. |
| FPho. | 51 | τὰ δ' ἐκ ψυχῆς ἀγόρευε. ὅστις ἑκὼν ἀδικεῖ κακὸς | * ἀνὴρ * | ἦν δ' ὑπ' ἀνάγκης οὐκ ἐρέω τὸ τέλος. βουλὴ δ' |
| FPho. | 83 | παρὰ καιρόν. μηδέποτε χρήστης πικρὸς γένηι | * ἀνδρὶ * | πένητι. μηδέ τις ὄρνιθας καλιῆς ἅμα πάντας ἑλέσθω |
| FPho. | 86 | πάλι τῆσδε νεοσσούς. μηδέποτε κρίνειν ἀδαήμονας | * ἄνδρας * | ἐάσῃς. ⟨μηδὲ δίκην δικάσῃς πρὶν ⟨ἂν⟩ ἄμφω μῦθον |
| FPho. | 124 | ἀσκεῖν ἥτις μάλα πάντας ὀνήσει. ὅπλον τοι λόγος | * ἀνδρὶ * | τομώτερόν ἐστι σιδήρου ὅπλον ἑκάστωι νεῖμε θεός |
| FPho. | 130 | ἄριστος.⟩ βέλτερος ἀλκήεντος ἔφυ σεσοφισμένος | * ἀνὴρ * | ἀγροὺς καὶ πόλιας σοφίη καὶ νῆα κυβερνᾷ. οὐχ ὅσιον |
| FPho. | 132 | καὶ νῆα κυβερνᾷ. οὐχ ὅσιον κρύπτειν τὸν ἀτάσθαλον | * ἄνδρ' * | ἀνέλεγκτον ἀλλὰ χρὴ κακοεργὸν ἀποτρωπᾶσθαι |
| FPho. | 154 | μοχθῶν ὡς ἐξ ἰδίων βιοτεύσῃς πᾶς γὰρ ἀεργὸς | * ἀνὴρ * | ζώει κλοπίμων ἀπὸ χειρῶν. ⟨τέχνη ⟨γὰρ⟩ τρέφει ἄνδρα |
| FPho. | 155 | ἀνὴρ ζώει κλοπίμων ἀπὸ χειρῶν. ⟨τέχνη ⟨γὰρ⟩ τρέφει | * ἄνδρα * | ἀεργὸν δ' ἴψατο λιμός.⟩ μὴ δ' ἄλλου παρὰ δαιτὸς |
| FPho. | 162 | μακραί τοι ἄρουραι. οὐδὲν ἄνευ καμάτου πέλει | * ἀνδράσιν * | εὐπετὲς ἔργον οὐδ' αὐτοῖς μακάρεσσι πόνος δ' |
| FPho. | 192 | συνεύαδον ἄρσενες εὐναί. μηδέ τι θηλύτεραι λέχος | * ἀνδρῶν * | μιμήσαιντο. μηδ' ἐς ἔρωτα γυναικὸς ἅπας ῥεύσῃς |
| FPho. | 196 | τεὴν ἄλοχον τί γὰρ ἥδύτερον καὶ ἄρειον ἢ ὅταν | * ἀνδρὶ * | γυνὴ φρονέηι φίλα γήραος ἄχρις καὶ πόσις ἧι ἀλόχωι |
| FPho. | 204 | ἀγαθὴν ἐριδαίνομεν ἀφρονέοντες. οὐ δὲ γυνὴ κακὸν | * ἄνδρ' * | ἀπαναίνεται ἀφνεὸν ὄντα. μηδὲ γάμωι γάμον ἄλλον |
| ISop. | 5 111 4 | ὡς κόρην Πλευρωνίαν ὑπημβρύωσεν ἀλλ' ὁλοσχερὴς | * ἀνήρ. * | ταχὺς δὲ βαθμοῖς νυμφικοῖς ἐπεστάθη ὁ μοιχός. ὃ δ' |
| IMen. | 5 119 2 | ἐκεῖνος καὶ φρένας κούφας ἔχει. δεῖ γὰρ τὸν | * ἄνδρα * | χρήσιμον πεφυκέναι μὴ παρθένους φθείροντα καὶ |
| HEup. | 9 32 1 | ἐπὶ τῷ παρειληφέναι σε τὴν βασιλείαν παρὰ χρηστοῦ | * ἀνδρὸς * | καὶ δεδοκιμασμένου ὑπὸ τηλικούτου θεοῦ. περὶ δὲ |
| HEup. | 9 34 1 | γῆν ἔκτισεν ὃς εἵλετο ἄνθρωπον χρηστὸν ἐκ χρηστοῦ | * ἀνδρὸς * | ἅμα τῷ ἀναγνῶναι τὴν παρὰ σοῦ ἐπιστολὴν σφόδρα |
| HAno. | 9 17 7 | ὅτι γυνὴ ἦν τοῦ Ἀβραὰμ καὶ ἀποδοῦναι αὐτὴν τῷ | * ἀνδρί. * | συζήσαντα δὲ τὸν Ἀβραὰμ ἐν Ἡλιουπόλει τοῖς |

LThe. 9 22 2 πτόλιν ἤλυθ' Ἰακὼβ εὐρεῖαν Σικίμων ἐπὶ δ' * ἀνδράσι * τοῖσιν ἔτησιν ἀρχὸς Ἐμὼρ σὺν παιδὶ Συχὲμ μάλ'
LThe. 9 22 3 πάμπαν ἀλλὰ δόλον τολύπευσε καὶ εἰς λέχος * ἀνέρι * πέμπε Λειαν ἥ οἱ ἔην προγενεστέρη. οὐδέ μιν ἔμπης
LThe. 9 22 7 ἐξήγαγε δῖον Ἀβραὰμ αὐτὸς ἀπ' οὐρανόθεν κάλεσ' * ἀνέρα * παντὶ σὺν οἴκῳ σάρκ' ἀποσυλῆσαι πόσθης ἄπο καὶ ῥ'
LEze. 9 28 2 06 ἐς ἄχρι τούτων τῶν χρόνων κακούμενον κακῶν ὑπ' * ἀνδρῶν * καὶ δυναστείας χερός. ἰδὼν γὰρ ἡμῶν γένναν ἄλις
LEze. 9 28 3 11 μ' ἄνωγε καὶ τέχνασμα βασιλέως. ὁρῶ δὲ πρῶτον * ἄνδρας * ἐν χειρῶν νόμῳ τὸν μέν γ' Ἑβραῖον τὸν δὲ γένος
LEze. 9 28 3 17 ἡμᾶς κἀπογυμνῶσαι φόνον. τῇ 'παύριον δὲ πάλιν ἰδὼν * ἄνδρας * δύο μάλιστα δ' αὐτοὺς συγγενεῖς πατουμένους λέγω
LEze. 9 28 3 22 ἐνταῦθα; μὴ κτενεῖς σύ με ὥσπερ τὸν ἐχθὲς * ἄνδρα; * καὶ δείσας ἐγὼ ἔλεξα πῶς ἐγένετο συμφανὲς τόδε;
LEze. 9 28 4 04 ξένε οἰκοῦσι δ' αὐτὴν φῦλα παντοίων γενῶν Αἰθίοπες * ἄνδρες * μέλανες ἄρχων δ' ἐστὶ γῆς εἷς καὶ τύραννος καὶ
LEze. 9 29 13 01 πρώτως τέκνα τάρσενικὰ διανοίγοντα μήτρας μητέρων. * ἀνδρῶν * Ἑβραίων τοῦδε τοῦ μηνὸς λαβὼν κατὰ συγγενείας
LEze. 9 29 14 05 καὶ προστάταισι καὶ παραστάταις ὁμοῦ ἦν φρικτὸς * ἀνδρῶν * ἐκτεταγμένων ὄχλος. πεζοὶ μὲν ἐν μέσοισι καὶ
LEze. 9 29 14 21 τ' ἐτάθησαν ἀθρόοι θεὸν πατρῷον. ἦν πολὺς δ' * ἀνδρῶν * ὄχλος. ἡμᾶς δὲ χάρμα πάντας εἶχεν ἐν μέρει.
LAri. 13 12 6 αὐτῶν φησιν οὕτως ἐκ θεοῦ ἀρχώμεσθα τὸν οὐδέποτ' * ἄνδρες * ἐῶσιν ἄρρητον μεσταὶ δὲ θεοῦ πᾶσαι μὲν ἀγυιαί
FrAn. 1 217 9 τὰ ὑπάρχοντά μου. πορευομένου δὲ αὐτοῦ εἶδεν * ἄνδρας * δύο μαχομένους πρὸς ἀλλήλους εὑρόντας λίθον
FrAn. 574 3086 ἐστὶν ἑβραϊκὸς καὶ φυλασσόμενος παρὰ καθαροῖς * ἀνδράσιν. *

ἀνηροσία 1
Sib. 3 542 βροτοὶ δεινῶς κλαύσουσιν ἅπαντες ἀσπορίην καὶ * ἀνηροσίην * καὶ πῦρ ἐπὶ γαίης κατθήσει +πολὺν ἱστὸν+ ὃς

ἀνήροτος 2
Sib. 3 647 πέλωρος ἀναλώσειε θανόντων. αὐτὴ δ' ἄσπαρτος καὶ * ἀνήροτος * ἔσται ἅπασα κηρύσσουσα τάλαινα μύσος μυρίων
Sib. 5 276 στάχυν ἀγλαὸν ἐκ γῆς πάντ' ἄσπαρτα μενεῖ καὶ * ἀνήροτα * ἄχρι νοῆσαι τὸν πρύτανιν πάντων θεὸν ἄμβροτον

ἀνθεμίς 1
Aris. 75 5 δὲ τῆς στεφάνης τοῦ στόματος κρίνων τύπωσις σὺν * ἀνθεμίσι * καὶ βοτρύων σχοινιαὶ διάπλοκοι' διετυποῦντο

ἀνθέω 3
TSim. 3 3 τὸν φθονούμενον καὶ ὁ μὲν φθονούμενος πάντοτε * ἀνθεῖ * ὁ δὲ φθονῶν μαραίνεται. δύο ἔτη ἡμερῶν ἐν φόβῳ
TSim. 6 2 ὑμῶν τὸν φθόνον καὶ πᾶσαν σκληροτραχηλίαν ὡς ῥόδον * ἀνθήσει * τὰ ὀστᾶ μου ἐν Ἰσραὴλ καὶ ὡς κρίνον ἡ σάρξ μου
Sib. 4 103 Μακηδονίης ἔσται κράτος ἀλλ' ἀπὸ δυσμῶν Ἰταλὸς * ἀνθήσει * πόλεμος μέγας ᾧ ὕπο κόσμος λατρεύσει δούλειον

ἀνθίστημι 6
Abr.1 8 8 ὁ θεός σου καὶ πλὴν ἐμοῦ οὐκ ἔστιν ἄλλος σὺ δέ τί * ἀνθέστηκας * ἀπ' ἐμοῦ καὶ τί ἐν σοὶ λύπη ἀνάγγειλόν μοι
Abr.1 8 8 ἐμοῦ καὶ τί ἐν σοὶ λύπη ἀνάγγειλόν μοι <καὶ ἵνα τί * ἀνθέστηκας * τὸν ἄγγελόν μου>; ἢ οὐκ οἶδας ὅτι πάντες οἱ
Abr.1 9 5 πᾶσαν τὴν βουλήν μου ἐπλήρωσας καὶ νῦν κύριε οὐκ * ἀνθίσταμαι * τὸ σὸν κράτος ὅτι κἀγὼ γινώσκω ὅτι οὐκ ἔσομαι
HCal. 24 1 <Ἀλέξανδρος> τὴν Ἰουδαίαν γῆν οἵτινες * ἀντιστῆναι * βουληθέντες ἐκπέμπουσιν κατασκόπους ὡς δῆθεν
HCal. 24 26 ἐὰν δὲ καὶ κέρδος ἐλπίσουσι οὐκ ἄν τις * ἀντιστῆναι * δυνήσεται. λοιπὸν γὰρ ἡμεῖς ἅπερ ἐθεασάμεθα
FrAn. 1 226 34 - - μ>ακαρια< - - Ιωσ>ηφ μνησ<θεις του Ιακωβ> - * αν>τιστας * δε τη πρεσβεια τ< - >την ευχην εξελ<

ἀνθομολογέομαι 1
TJud. 1 3 μου καὶ ἡ μήτηρ μου ὠνόμασέ με Ἰουδὰ λέγουσα * ἀνθομολογοῦμαι * τῷ κυρίῳ ὅτι ἔδωκέ μοι καὶ τέταρτον υἱόν.

ἄνθος (τό) 11
Hen. 24 4 πάντων ἀρωμάτων καὶ τὰ φύλλα αὐτοῦ καὶ τὸ * ἄνθος * καὶ τὸ δένδρον οὐ φθίνει εἰς τὸν αἰῶνα. οἱ δὲ περὶ
Hen. 24 5 τοῦτό ἐστιν καὶ εὐῶδες καὶ ὡραῖα τὰ φύλλα καὶ τὰ * ἄνθη * αὐτοῦ ὡραῖα τῇ ὁράσει. τότε ἀπεκρίθη μοι Μιχαὴλ εἷς
TJos. 18 4 μοι αὐτοὺς ἐδούλωσεν. καίγε ὡραιότητα ἔδωκέ μοι ὡς * ἄνθος * ὑπὲρ ὡραίους Ἰσραὴλ καὶ διεφύλαξέ με ἕως γήρως ἐν
Asen. 16 16 ἰδοὺ δὴ ἀπὸ τῆς σήμερον αἱ σάρκες σου βρύουσιν ὡς * ἄνθη * ζωῆς ἀπὸ τῆς γῆς τοῦ ὑψίστου καὶ τὰ ὀστᾶ σου
Bar. 4 10 εἰσῆλθε τὸ ὕδωρ εἰς τὸν παράδεισον καὶ ἦρεν πᾶν * ἄνθος * τὸ δὲ κλῆμα τῆς ἀμπέλου ἐξώρισεν εἰς τὸ παντελὲς
Bar. 12 1 ἰδοὺ ἦλθον ἄγγελοι φέροντες κανίσκια γέμοντα * ἀνθῶν * καὶ ἔδωκαν αὐτὰ πρὸς τὸν Μιχαήλ. καὶ ἠρώτησα τὸν
Esdr. 4 2 τοῦ δικάζεσθαί σε. καὶ εἶπεν ὁ θεὸς ἐξαρίθμησαι τὰ * ἄνθη * τῆς γῆς εἰ ταῦτα δυνήσει ἐξαριθμῆσαι δύνασαι καὶ
Aris. 96 6 ἦχον ἀνιέντες ἰδιάζοντα παρ' ἑκάτερον δὲ τούτων * ἄνθεσι * πεποικιλμένοι ῥοΐσκοι τῇ χρόᾳ θαυμασίως ἔχοντες.
Sib. 5 46 ὃν κόνις ἀλλοτρίη κρύψει νέκυν ἀλλὰ Νεμείης * ἄνθεος * οὔνομ' ἔχουσα μετ' αὐτὸν δ' ἄλλος ἀνάξει
Sib. 5 261 μάκαιρα θειογενὲς πάμπλουτε μόνον πεποθημένον * ἄνθος * φῶς ἀγαθὸν σεμνόν τε τέλος +πεποθημένον ἄγνος+
FAch. 114 πορφύραν ἐμφανῆ ἔστη σὺν τοῖς περὶ αὐτὸν ἔχων * ἄνθεα * πολλὰ καὶ ἐκέλευσε τὸν Αἴσωπον εἰσελθεῖν.

ἄνθραξ 2
Aris. 66 3 λίθους ἔχοντα κατὰ μέσον πολυτελεῖς τῶν πολυειδῶν * ἀνθράκων * τε καὶ σμαράγδων ἔτι δὲ ὄνυχος καὶ τῶν ἄλλων
Aris. 69 1 τὴν πετάλωσιν. ἡ δὲ ἐπ' ἐδάφους ἔρεισις τοῦ ποδὸς * ἄνθρακος * λίθου πάντοθεν παλαιστιαία κρηπῖδος ἔχουσα

ἀνθρωπάρεσκος 4
Sal. 4 καὶ οὐκ ἐκλείψει ἔτι. διαλογὴ τοῦ Σαλωμων τοῖς * ἀνθρωπαρέσκοις. * ἵνα τί σὺ βέβηλε κάθησαι ἐν συνεδρίῳ
Sal. 4 7 τὴν ζωὴν αὐτοῦ ἀνακαλύψαι ὁ θεὸς τὰ ἔργα ἀνθρώπων * ἀνθρωπαρέσκων * ἐν καταγέλωτι καὶ μυκτηρισμῷ τὰ ἔργα
Sal. 4 8 ἐν τῷ ἐξαίρεσθαι ἁμαρτωλοὺς ἀπὸ προσώπου δικαίου * ἀνθρωπάρεσκον * λαλοῦντα νόμον μετὰ δόλου. καὶ οἱ ὀφθαλμοὶ
Sal. 4 19 γῆρας αὐτοῦ εἰς ἀνάλημψιν. σκορπισθείησαν σάρκες * ἀνθρωπαρέσκων * ὑπὸ θηρίων καὶ ὀστᾶ παρανόμων κατέναντι

ἀνθρώπινος 13
Abr.1 3 3 κατὰ πρόσταξιν θεοῦ τὸ δένδρον ἐβόησεν φωνὴν * ἀνθρωπίνην * καὶ εἶπεν ἅγιος ἅγιος ἅγιος κύριος ὁ
Jer. 7 2 καθεζόμενον ἐκτὸς τοῦ μνημείου. καὶ ἀποκριθεὶς * ἀνθρωπίνῃ * φωνῇ εἶπεν αὐτῷ ὁ ἀετὸς χαῖρε Βαρούχ ὁ
Prop. 4 8 θεοῦ ὁ ἅγιος ὅτι ὡς βοῦς ἤσθιε χόρτον καὶ ἐγένετο * ἀνθρωπίνης * φύσεως τροφή. διὰ τοῦτο καὶ ὁ Ναβουχοδονόσορ
Prop. 4 9 καὶ ὁ Ναβουχοδονόσορ μετὰ τὴν πέψιν ἐν καρδίᾳ * ἀνθρωπίνῃ * γενόμενος ἔκλαιε καὶ ἠξίου κύριον πᾶσαν ἡμέραν
Esdr. 3 1 καὶ εἶπεν ὁ προφήτης κύριε οἶδας ὅτι σάρκα φορῶ * ἀνθρωπίνην * καὶ πῶς δύναμαι ἀριθμῆσαι τοὺς ἀστέρας τοῦ
Esdr. 4 4 ὁ προφήτης κύριε ἐγὼ οὐ δύναμαι ἐξαριθμῆσαι σάρκα * ἀνθρωπίνην * φορῶ ἀλλ' οὐδὲ παύσομαι δικαζόμενός σε. θέλω
Esdr. 5 15 τοῦ μὴ γεννηθῆναι τὸν ἄνθρωπον οὐαὶ τὸ <γένος τὸ> * ἀνθρώπινον * τότε ὅταν εἰς κρίσιν ἔλθῃς. καὶ εἶπον πρὸς
Job 3 3 ἐστὶν ἡ δύναμις τοῦ διαβόλου, ἐν ᾧ ἀπατηθήσεται ἡ * ἀνθρωπίνη * φύσις. καὶ ἐγὼ ἀκούσας κατέπεσα ἐπὶ τὴν κλίνην
FJub. 3 28 πρὸ τῆς παραβάσεως τοῖς πρωτοπλάστοις διότι ὁ ὄφις * ἀνθρωπίνῃ * φωνῇ ἐλάλησε τῇ Εὔᾳ. τῷ ἑβδόμῳ ἔτει παρέβη καὶ
HEup. 9 30 5 αὐτὸν μὴ ἱδρύ<ε>σθαι τὸ ἱερὸν διὰ τὸ αἵματι * ἀνθρωπίνῳ * πεφύρθαι καὶ πολλὰ ἔτη πεπολεμηκέναι εἶναι δ'
LAri. 8 10 2 θεοῦ κρατεῖν καὶ μὴ ἐκπίπτειν εἰς τὸ μυθῶδες καὶ * ἀνθρώπινον * κατάστημα. πολλαχῶς γὰρ ὃ βούλεται λέγειν ὁ
LAri. 8 10 17 προείρηται μηδὲν μήτε τὰς τῶν σαλπίγγων φωνὰς δι' * ἀνθρωπίνης * ἐνεργείας ἢ κατασκευῆς ὀργάνων γίνεσθαι τὸν
LAri. 13 12 12 ἡμᾶς ἑβδόμου λόγου καθεστῶτος ἐν ᾧ γνῶσιν ἔχομεν * ἀνθρωπίνων * καὶ θείων πραγμάτων. δι' ἑβδομάδων δὲ καὶ πᾶς

ἄνθρωπος 566
Adam 13 2 ὁ θεὸς Μιχαὴλ τὸν ἀρχάγγελον. καὶ εἶπεν αὐτῷ Σὴθ * ἄνθρωπε * τοῦ θεοῦ μὴ κάμῃς εὐχόμενος ἐπὶ τῇ ἱκεσίᾳ ταύτῃ
Adam 38 4 ἐκινήθησαν πάντα τὰ φυτὰ τοῦ παραδείσου ὡς πάντας * ἀνθρώπους * γεγεννημένους ἐκ τοῦ Ἀδὰμ νυστάξαι ἀπὸ τῆς
Adam 41 2 σοι ἀναστήσω σε ἐν τῇ ἀναστάσει μετὰ παντὸς γένους * ἀνθρώπων * τοῦ ἐκ τοῦ σπέρματός σου. μετὰ δὲ τὰ ῥήματα
Adam 43 2 ὁ Μιχαὴλ τῷ Σὴθ λέγων οὕτως κήδευσον πάντα * ἄνθρωπον * ἀποθνήσκοντα ἕως ἡμέρας τῆς ἀναστάσεως. μετὰ δὲ
Hen. 1 2 καὶ ἀναλαβὼν τὴν παραβολὴν αὐτοῦ εἶπεν Ἐνὼχ * ἄνθρωπος * δίκαιός ἐστιν <ᾧ> ὅρασις ἐκ θεοῦ αὐτῷ ἀνεῳγμένη
Hen. 5 8 κατ' ἀλήθειαν οὔτε κατὰ ὑπερηφανίαν καὶ ἔσται ἐν * ἀνθρώπῳ * πεφωτισμένῳ φῶς καὶ ἀνθρώπῳ ἐπιστήμονι νόημα καὶ
Hen. 5 8 καὶ ἔσται ἐν ἀνθρώπῳ πεφωτισμένῳ φῶς καὶ * ἀνθρώπῳ * ἐπιστήμονι νόημα καὶ οὐ μὴ πλημμελήσουσιν οὐδὲ
Hen. 6 1 αὐτῶν. καὶ ἐγένετο οὗ ἂν ἐπληθύνθησαν οἱ υἱοὶ τῶν * ἀνθρώπων * ἐν ἐκείναις ταῖς ἡμέραις ἐγεννήθησαν θυγατέρες
Hen. 6 2 ἀλλήλους δεῦτε ἐκλεξώμεθα ἑαυτοῖς γυναῖκας ἀπὸ τῶν * ἀνθρώπων * καὶ γεννήσομεν ἑαυτοῖς τέκνα. καὶ εἶπεν
Hen. 6B 1 καὶ ἐγένετο ὅτε ἐπληθύνθησαν οἱ υἱοὶ τῶν * ἀνθρώπων, * ἐγεννήθησαν αὐτοῖς θυγατέρες ὡραῖαι. καὶ
Hen. 6B 2 ἐκλεξώμεθα ἑαυτοῖς γυναῖκας ἀπὸ τῶν θυγατέρων τῶν * ἀνθρώπων * τῆς γῆς. καὶ εἶπε Σεμιαζᾶς ὁ ἄρχων αὐτῶν πρὸς
Hen. 7 3 τρισχιλίων οἵτινες κατησθίοσαν τοὺς κόπους τῶν * ἀνθρώπων. * ὡς δὲ οὐκ ἐδυνήθησαν αὐτοῖς οἱ ἄνθρωποι
Hen. 7 3 τῶν ἀνθρώπων. ὡς δὲ οὐκ ἐδυνήθησαν αὐτοῖς οἱ * ἄνθρωποι * ἐπιχορηγεῖν οἱ γίγαντες ἐτόλμησαν ἐπ' αὐτοὺς
Hen. 7 4 γίγαντες ἐτόλμησαν ἐπ' αὐτοὺς καὶ κατησθίοσαν τοὺς * ἀνθρώπους. * καὶ ἤρξαντο ἁμαρτάνειν ἐν τοῖς πετεινοῖς καὶ
Hen. 8 1 ἑαυτῶν φαρμακείας καὶ ἐπαοιδίας. ἐδίδαξεν τοὺς * ἀνθρώπους * Ἀζαὴλ μαχαίρας ποιεῖν καὶ ὅπλα καὶ ἀσπίδας
Hen. 8 4 Σαθιὴλ ἀστεροσκοπίαν Σεριὴλ σεληναγωγίας. τῶν οὖν * ἀνθρώπων * ἀπολλυμένων ἡ βο<ὴ> εἰς οὐρανοὺς ἀνέβη. πρῶτος
Hen. 8B 1 καὶ τὰ βαφικά. καὶ ἐποίησαν ἑαυτοῖς οἱ υἱοὶ τῶν * ἀνθρώπων * καὶ ταῖς θυγατράσιν αὐτῶν καὶ παρέβησαν καὶ
Hen. 8B 3 ἤρξαντο οἱ γίγαντες κατεσθίειν τὰς σάρκας τῶν * ἀνθρώπων * καὶ ἤρξαντο οἱ ἄνθρωποι ἐλαττοῦσθαι ἐπὶ τῆς
Hen. 8B 4 κατεσθίειν τὰς σάρκας τῶν ἀνθρώπων καὶ ἤρξαντο οἱ * ἄνθρωποι * ἐλαττοῦσθαι ἐπὶ τῆς γῆς. τότε παρ<α>κύψαντες
Hen. 9 3 πυλῶν τοῦ οὐρανοῦ. ἐντυγχάνουσιν αἱ ψυχαὶ τῶν * ἀνθρώπων * λεγόντων εἰσαγάγετε τὴν κρίσιν ἡμῶν πρὸς τὸν
Hen. 9 6 τὰ ἐν τῷ οὐρανῷ ἃ ἐπιτηδεύουσιν <καὶ> ἔγνωσαν * ἄνθρωποι * καὶ Σεμιαζᾶς ᾧ τὴν ἐξουσίαν ἔδωκας ἄρχειν τῶν
Hen. 9 8 ἅμα ὄντων. καὶ ἐπορεύθησαν πρὸς τὰς θυγατέρας τῶν * ἀνθρώπων * τῆς γῆς καὶ συνεκοιμήθησαν αὐταῖς καὶ
Hen. 9B 3 πρὸς ἀλλήλους ὅτι τὰ πνεύματα καὶ αἱ ψυχαὶ τῶν * ἀνθρώπων * στενάζουσιν ἐντυγχάνοντα καὶ λέγοντα ὅτι
Hen. 9B 6 ἐπιτηδεύματα αὐτοῦ εἰδέναι τὰ μυστήρια οἱ υἱοὶ τῶν * ἀνθρώπων. * τῷ Σεμιαζᾷ τὴν ἐξουσίαν ἔδωκας ἔχειν τῶν σὺν
Hen. 9B 8 ἅμα ὄντων. καὶ ἐπορεύθησαν πρὸς τὰς θυγατέρας τῶν * ἀνθρώπων * τῆς γῆς καὶ συνεκοιμήθησαν μετ' αὐτῶν καὶ ἐν
Hen. 9B 9 μίσητρα ποιεῖν. καὶ νῦν ἰδοὺ αἱ θυγατέρες τῶν * ἀνθρώπων * ἔτεκον ἐξ αὐτῶν υἱοὺς γίγαντας κίβδηλα ἐπὶ τῆς
Hen. 9B 9 ἐξ αὐτῶν υἱοὺς γίγαντας κίβδηλα ἐπὶ τῆς γῆς τῶν * ἀνθρώπων * ἐκκέχυται καὶ ὅλη ἡ γῆ ἐπλήσθη ἀδικίας. καὶ νῦν
Hen. 9B 10 καὶ νῦν ἰδοὺ τὰ πνεύματα τῶν ψυχῶν τῶν ἀποθανόντων * ἀνθρώπων * ἐντυγχάνουσιν καὶ μέχρι τῶν πυλῶν τοῦ οὐρανοῦ
Hen. 10 7 τὴν πληγὴν ἵνα μὴ ἀπόλωνται πάντες οἱ υἱοὶ τῶν * ἀνθρώπων * ἐν τῷ μυστηρίῳ ὅλῳ ᾧ ἐπέταξαν οἱ ἐγρήγοροι καὶ
Hen. 10 9 καὶ ἀπόλεσον τοὺς υἱοὺς τῶν ἐγρηγόρων ἀπὸ τῶν * ἀνθρώπων * πέμψον αὐτοὺς ἐν πολέμῳ ἀπωλείας. μακρότης γὰρ
Hen. 10 15 καὶ τοὺς υἱοὺς τῶν ἐγρηγόρων διὰ τὸ ἀδικῆσαι τοὺς * ἀνθρώπους. * καὶ ἀπόλεσον τὴν ἀδικίαν πᾶσαν ἀπὸ τῆς γῆς
Hen. 10B 7 τὴν πληγὴν καὶ μὴ ἀπόλωνται πάντες οἱ υἱοὶ τῶν * ἀνθρώπων * ἐν τῷ μυστηρίῳ ὃ εἶπον οἱ ἐγρήγοροι καὶ
Hen. 10B 7 ὃ εἶπον οἱ ἐγρήγοροι καὶ ἐδίδαξαν τοὺς υἱοὺς τῶν * ἀνθρώπων * καὶ ἠρημώθη πᾶσα ἡ γῆ ἐν τοῖς ἔργοις τῆς
Hen. 10B 9 ἀπόλεσον τοὺς υἱοὺς τῶν ἐγρηγόρων ἀπὸ τῶν υἱῶν τῶν * ἀνθρώπων * πέμψον αὐτοὺς εἰς ἀλλήλους ἐξ αὐτῶν εἰς αὐτοὺς

| | | | | | |
|---|---|---|---|---|---|
| Hen. | 10B | 11 | σὺν αὐτῷ τοὺς συμμιγέντας ταῖς θυγατράσι τῶν | * ἀνθρώπων * | τοῦ μιανθῆναι ἐν αὐταῖς ἐν τῇ ἀκαθαρσίᾳ αὐτῶν. |
| Hen. | 11 | 1 | αὐτὰ ἐπὶ τὰ ἔργα ἐπὶ τὸν κόπον τῶν υἱῶν τῶν | * ἀνθρώπων. * | καὶ τότε ἀλήθεια καὶ εἰρήνη κοινωνήσουσιν ὁμοῦ |
| Hen. | 11 | 2 | τὰς ἡμέρας τοῦ αἰῶνος καὶ εἰς πάσας τὰς γενεὰς τῶν | * ἀνθρώπων. * | πρὸ τούτων τῶν λόγων ἐλήμφθη Ἐνὼχ καὶ οὐδεὶς |
| Hen. | 12 | 1 | πρὸ τούτων τῶν λόγων ἐλήμφθη Ἐνὼχ καὶ οὐδεὶς τῶν | * ἀνθρώπων * | ἔγνω ποῦ ἐλήμφθη καὶ ποῦ ἐστιν καὶ τί ἐγένετο |
| Hen. | 13 | 2 | τῆς ἀδικίας καὶ τῆς ἁμαρτίας ὅσα ὑπέδειξας τοῖς | * ἀνθρώποις. * | τότε πορευθεὶς εἴρηκα πᾶσιν αὐτοῖς καὶ αὐτοὶ |
| Hen. | 14 | 2 | τῷ πνεύματι τοῦ στόματός μου ὃ ἔδωκεν ὁ μέγας τοῖς | * ἀνθρώποις * | λαλεῖν ἐν αὐτοῖς καὶ νοήσει καρδίας ὃς ἔκτισεν |
| Hen. | 15 | 1 | μου κάτω ἔκυφον. καὶ ἀποκριθεὶς εἶπέν μοι ὁ | * ἄνθρωπος * | ὁ ἀληθινὸς ἄνθρωπος τῆς ἀληθείας ὁ γραμματεὺς |
| Hen. | 15 | 1 | καὶ ἀποκριθεὶς εἶπέν μοι ὁ ἄνθρωπος ὁ ἀληθινὸς | * ἄνθρωπος * | τῆς ἀληθείας ὁ γραμματεὺς καὶ τῆς φωνῆς αὐτοῦ |
| Hen. | 15 | 1 | καὶ τῆς φωνῆς αὐτοῦ ἤκουσα μὴ φοβηθῇς Ἐνὼχ | * ἄνθρωπος * | ἀληθινὸς καὶ γραμματεὺς τῆς ἀληθείας πρόσελθε |
| Hen. | 15 | 2 | εἶπε τοῖς πέμψασίν σε ἐρωτῆσαι ὑμᾶς ἔδει περὶ τῶν | * ἀνθρώπων * | καὶ μὴ τοὺς ἀνθρώπους περὶ ὑμῶν. διά τί |
| Hen. | 15 | 2 | ἐρωτῆσαι ὑμᾶς ἔδει περὶ τῶν ἀνθρώπων καὶ μὴ τοὺς | * ἀνθρώπους * | περὶ ὑμῶν. διά τί ἀπελίπετε τὸν οὐρανὸν τὸν |
| Hen. | 15 | 3 | τῶν γυναικῶν ἐκοιμήθητε καὶ μετὰ τῶν θυγατέρων τῶν | * ἀνθρώπων * | ἐμιάνθητε καὶ ἐλάβετε ἑαυτοῖς γυναῖκας; ὥσπερ |
| Hen. | 15 | 4 | καὶ ἐν αἵματι σαρκὸς ἐγεννήσατε καὶ ἐν αἵματι | * ἀνθρώπων * | ἐπεθυμήσατε. καθὼς καὶ αὐτοὶ ποιοῦσιν σάρκα καὶ |
| Hen. | 15 | 12 | πνεύματα. καὶ ἐξαναστήσει ταῦτα εἰς τοὺς υἱοὺς τῶν | * ἀνθρώπων * | καὶ τῶν γυναικῶν ὅτι ἐξεληλύθασιν ἀπ' αὐτῶν καὶ |
| Hen. | 15B | 9 | ἀπὸ τοῦ σώματος τῆς σαρκὸς αὐτῶν διότι ἀπὸ τῶν | * ἀνθρώπων * | ἐγένοντο καὶ ἐκ τῶν ἁγίων τῶν ἐγρηγόρων ἡ ἀρχὴ |
| Hen. | 15B | 12 | καὶ ἐξαναστήσονται τὰ πνεύματα ἐπὶ τοὺς υἱοὺς τῶν | * ἀνθρώπων * | καὶ τῶν γυναικῶν ὅτι ἐξ αὐτῶν ἐξεληλύθασι. ἀπὸ |
| Hen. | 16 | 3 | ἐν τῷ μυστηρίῳ τούτῳ πληθύνουσιν αἱ θήλειαι καὶ οἱ | * ἄνθρωποι * | τὰ κακὰ ἐπὶ τῆς γῆς. εἶπον οὖν αὐτοῖς οὐκ ἔστιν |
| Hen. | 17 | 1 | ὡς πῦρ φλέγον καὶ ὅταν θέλωσιν φαίνονται ὡσεὶ | * ἄνθρωποι. * | καὶ ἀπήγαγόν με εἰς ζοφώδη τόπον καὶ εἰς ὄρος |
| Hen. | 19 | 1 | πνεύματα αὐτῶν πολύμορφα γενόμενα λυμαίνεται τοὺς | * ἀνθρώπους * | καὶ πλανήσει αὐτοὺς ἐπιθύειν τοῖς δαιμονίοις |
| Hen. | 19 | 3 | μόνος τὰ πέρατα πάντων καὶ οὐ μὴ ἴδῃ οὐδὲ εἷς | * ἀνθρώπων * | ὡς ἐγὼ ἴδον. ---ἀνθρώπων ὡς ἐγὼ εἶδον. ἄγγελοι |
| Hen. | 19B | 3 | καὶ οὐ μὴ ἴδῃ οὐδὲ εἷς ἀνθρώπων ὡς ἐγὼ ἴδον. | * ---ἀνθρώπων * | ὡς ἐγὼ εἶδον. ἄγγελοι τῶν δυνάμεων. Οὐριὴλ ὁ |
| Hen. | 20 | 3 | ὁ εἷς τῶν ἁγίων ἀγγέλων ὁ ἐπὶ τῶν πνευμάτων τῶν | * ἀνθρώπων * | Ῥαγουὴλ ὁ εἷς τῶν ἁγίων ἀγγέλων ὁ ἐκδικῶν τὸν |
| Hen. | 20B | 3 | ὁ εἷς τῶν ἁγίων ἀγγέλων ὁ ἐπὶ τῶν πνευμάτων τῶν | * ἀνθρώπων. * | Ῥαγουὴλ ὁ εἷς τῶν ἁγίων ἀγγέλων ὁ ἐκδικῶν τὸν |
| Hen. | 22 | 3 | ἐκρίθησαν ὧδε ἐπισυνάγεσθαι πάσας τὰς ψυχὰς τῶν | * ἀνθρώπων. * | καὶ οὗτοι οἱ τόποι εἰς ἐπισύνσχεσιν αὐτῶν |
| Hen. | 22 | 5 | ἐν ᾧ ἡ κρίσις ἡ μεγάλη ἔσται ἐν αὐτοῖς. τεθέαμαι | * ἀνθρώπους * | νεκροὺς ἐντυγχάνοντας καὶ ἡ φωνὴ αὐτοῦ μέχρι |
| Hen. | 22 | 7 | ἀπὸ προσώπου τῆς γῆς καὶ ἀπὸ τοῦ σπέρματος τῶν | * ἀνθρώπων * | ἀφανισθῇ τὸ σπέρμα αὐτοῦ. τότε ἠρώτησα περὶ τῶν |
| Hen. | 22 | 13 | ἁμαρτωλῶν. καὶ οὕτως ἐκτίσθη τοῖς πνεύμασιν τῶν | * ἀνθρώπων * | ὅσοι οὐκ ἔσονται ὅσιοι ἀλλὰ ἁμαρτωλοὶ ὅσοι |
| Hen. | 25 | 7 | θεὸν τῆς δόξης τὸν βασιλέα τοῦ αἰῶνος ὃς ἡτοίμασεν | * ἀνθρώποις * | τὰ τοιαῦτα δικαίοις καὶ αὐτὰ ἔκτισεν καὶ εἶπεν |
| Hen. | 90 | 3 | τῶν ἔργων αὐτοῦ. καὶ νῦν ἐγὼ λέγω ὑμῖν υἱοῖς | * ἀνθρώπων * | ὀργὴ μεγάλη καθ' ὑμῶν κατὰ τῶν υἱῶν ὑμῶν καὶ οὐ |
| Hen. | 98 | 4 | ---ἐπὶ τὴν <γῆν οὐκ ἀπεστάλη ἀλλ' αὐτήν οἱ | * ἄνθρω>ποι * | ἀφ' ἑαυτῶν <ἔκτισαν καὶ εἰς κατάραν> μεγάλην |
| Hen. | 100 | 2 | τότε ἐν ἑνὶ τόπῳ--- <ῥέη τὰ α>ἵμα<τα αὐτῶν. καὶ | * ἄνθρωπο>ς * | οὐκ <ἀφέξ>ει τὴν <χεῖρα αὐτοῦ ἀπ>ὸ τοῦ υἱοῦ |
| Hen. | 100 | 6 | ὁ ἐκφοβῶν αὐτούς. τότε ὄψονται οἱ φρόνιμοι τῶν | * ἀνθρώπων * | καὶ κατανοήσουσιν οἱ υἱοὶ τῆς γῆς ἐπὶ τοὺς |
| Hen. | 101 | 1 | τῶν μαστίγων αὐτῶν. κατανοήσατε τοίνυν υἱοὶ τῶν | * ἀνθρώπων * | τὰ ἔργα τοῦ ὑψίστου καὶ φοβήθητε τοῦ ποιῆσαι τὸ |
| Hen. | 106 | 5 | αὐτῷ τέκνον ἐγεννήθη μου ἀλλοῖον οὐχ ὅμοιον τοῖς | * ἀνθρώποις * | ἀλλὰ τοῖς τέκνοις τῶν ἀγγέλων τοῦ οὐρανοῦ καὶ |
| Hen. | 106 | 10 | καὶ ὁ τύπος αὐτοῦ καὶ ἡ εἰκὼν αὐτοῦ (οὐχ ὅμοιος | * ἀνθρώποις * | καὶ τὸ χρῶμα αὐτοῦ) λευκότερον χιόνος καὶ |
| Abr.1 | 2 | 4 | καὶ πανευπρεπέστατε ὑπὲρ πάντας τοὺς υἱοὺς τῶν | * ἀνθρώπων * | καλῶς ἔοικας τούτου χάριν αἰτοῦμαι τῆς σῆς |
| Abr.1 | 2 | 6 | δίδαξόν με. ὁ δὲ ἀρχιστράτηγος ἔφη ἐγὼ δίκαιε | * ἄνθρωπε * | ἐκ τῆς μεγάλης πόλεως ἔρχομαι παρὰ τοῦ μεγάλου |
| Abr.1 | 2 | 9 | δεδαμασμένους ὅπως ἂν καθεσθῶμεν ἐγώ τε καὶ ὁ | * ἄνθρωπος * | οὗτος ὁ ἐπίξενος. εἶπεν δὲ ὁ ἀρχιστράτηγος μὴ |
| Abr.1 | 2 | 11 | οὐκ ἦν πλούσιος ἐν ἐμπορίᾳ πολλῇ ἔχων ἐξουσίαν καὶ | * ἀνθρώποις * | καὶ κτήνεσιν παντοίοις; ἀλλ' ἐγὼ ἀπέχομαι |
| Abr.1 | 3 | 5 | Σάρραν τὴν μητέρα αὐτοῦ κυρία μου μήτηρ ἰδοὺ ὁ | * ἄνθρωπος * | ὁ καθεζόμενος μετὰ τοῦ πατρός μου υἱὸς οὐκ |
| Abr.1 | 3 | 7 | καὶ ἔνεγκέ μοι ὧδε ἐπὶ τῆς λεκάνης ἵνα νίψωμεν τοῦ | * ἀνθρώπου * | τούτου τοῦ ἐπιξένου τοὺς πόδας ὅτι ἀπὸ μακρᾶς |
| Abr.1 | 4 | 1 | στρῶσαι μοι ἐκεῖ δύο κλινάρια ἕνα ἐμοὶ καὶ ἕνα τοῦ | * ἀνθρώπου * | τούτου τοῦ ἐπιξενισθέντος ἡμῖν σήμερον |
| Abr.1 | 4 | 3 | δὲ λύχνους ἑπτὰ διὰ ἐλαίου ὅπως εὐφρανθῶμεν ὅτι ὁ | * ἄνθρωπος * | οὗτος ὁ ἐπιξενισθεὶς ἡμῖν σήμερον ἐνδοξότερος |
| Abr.1 | 4 | 3 | καὶ ἡ ὅρασις αὐτοῦ ὑπερφέρει πάντας τοὺς υἱοὺς τῶν | * ἀνθρώπων. * | ὁ δὲ Ἰσαὰκ ἡτοίμασεν πάντα καλῶς παραλαβὼν δὲ |
| Abr.1 | 5 | 4 | καὶ ἀνάπαυσαι καὶ μὴ γενώμεθα ἐπιβαρεῖς τοῦ | * ἀνθρώπου * | τούτου. τότε Ἰσαὰκ λαβὼν τὴν εὐχὴν παρ' αὐτῶν |
| Abr.1 | 10 | 10 | καὶ κατέπιεν αὐτούς.> καὶ εἶδεν εἰς ἕτερον τόπον | * ἀνθρώπους * | διορύττοντας οἴκους καὶ ἁρπάζοντας τὰ ἀλλότρια |
| Abr.1 | 12 | 14 | ὁ τὸ πῦρ κατέχων ἐδοκίμαζε διὰ πυρὸς τὰς ψυχὰς τῶν | * ἀνθρώπων. * | ἠρώτησεν δὲ Ἀβραὰμ τὸν ἀρχιστράτηγον καὶ |
| Abr.1 | 13 | 3 | εἶπεν ὁ θεὸς ὅτι οὐκ ἐγὼ κρίνω τὸν κόσμον ἀλλὰ πᾶς | * ἄνθρωπος * | ἐξ ἀνθρώπου κρίνεται τούτου χάριν αὐτῷ ἔδωκε |
| Abr.1 | 13 | 3 | ὅτι οὐκ ἐγὼ κρίνω τὸν κόσμον ἀλλὰ πᾶς ἄνθρωπος ἐξ | * ἀνθρώπου * | κρίνεται τούτου χάριν αὐτῷ ἔδωκε κρίσιν κρῖναι |
| Abr.1 | 13 | 5 | ἀμετάθετος ἦν ἄλλος οὐδεὶς δυνήσεται ἀνακρῖναι πᾶς | * ἄνθρωπος * | ἐκ τοῦ πρωτοπλάστου γεγένηται καὶ διὰ τοῦτο |
| Abr.1 | 13 | 5 | καὶ διὰ τοῦτο ἐνταῦθα πρῶτον ἐκ τοῦ τοιούτου | * ἀνθρώπου * | κρίνεται καὶ ἐν τῇ δευτέρᾳ παρουσίᾳ |
| Abr.1 | 13 | 7 | ὑπὸ τοῦ δεσπότου θεοῦ τῶν ἀπάντων κριθήσεται πᾶς | * ἄνθρωπος * | καὶ τότε λοιπὸν τῆς κρίσεως ἐκείνης τὸ τέλος |
| Abr.1 | 13 | 11 | ἐπὶ τὸ πῦρ ἔχων τὴν ἐξουσίαν καὶ δοκιμάζει τὰ τῶν | * ἀνθρώπων * | ἔργα διὰ πυρὸς καὶ εἴ τινος τὸ ἔργον κατακαύσει |
| Abr.1 | 15 | 15 | τὰ ἀρεστὰ <ἐνώπιόν> σου ἐποίησεν καὶ οὐκ ἔστιν | * <ἄνθρωπος> * | ὅμοιος αὐτοῦ ἐπὶ τῆς γῆς οὐ κἂν Ἰακὼβ ὁ |
| Abr.1 | 15 | 15 | ὅμοιος αὐτοῦ ἐπὶ τῆς γῆς οὐ κἂν Ἰακὼβ ὁ θαυμάσιος | * ἄνθρωπος * | καὶ διὰ τοῦτο φείδομαι τοῦ ἅψασθαι τούτου |
| Abr.1 | 16 | 6 | καὶ γέγονεν εὐπρεπὴς ὡραῖος ὑπὲρ τοὺς υἱοὺς τῶν | * ἀνθρώπων * | ἀρχαγγέλου δὲ περιβαλόμενος μορφὴν τὰς παρειὰς |
| Abr.1 | 16 | 12 | σὺ εἶ ἡ δόξα καὶ τὸ κάλλος τῶν ἀγγέλων καὶ τῶν | * ἀνθρώπων * | σὺ εἶ πάσης <μορφῆς> εὐμορφότερος καὶ λέγεις |
| Abr.1 | 19 | 13 | τῆς φοβερᾶς ἀστραπῆς ἔδειξά σοι διότι πολλοὶ τῶν | * ἀνθρώπων * | ἐν ὥρᾳ θυμοῦ δρακόντων καὶ ἀσπίδων καὶ κεράστων |
| Abr.1 | 19 | 14 | πρόσωπον ἔδειξά σοι δικαιότατε διότι πολλοὶ τῶν | * ἀνθρώπων * | ὑπὸ θηρίων ἀναιροῦνται ἄλλοι μὲν ὑπὸ κεράστου |
| Abr.1 | 19 | 16 | δηλητήρια φάρμακα μεμεστωμένα διότι πολλοὶ τῶν | * ἀνθρώπων * | ὑπὸ ἑτέρων τινῶν φάρμακα ποτισθέντες παρευθὺς |
| Abr.1 | 20 | 2 | ὑπάρχει ὁ δίκαιος ὁ ἔχων ὅρον καὶ πολλοὶ τῶν | * ἀνθρώπων * | παρὰ μίαν ὥραν εἰς θάνατον ἔρχονται |
| Abr.2 | 2 | 3 | Μιχαὴλ μὴ γινώσκων τίς ἐστιν καὶ εἶπεν πόθεν εἶ σὺ | * ἄνθρωπε * | ὁ πορευόμενος τὴν ὁδόν; καὶ ἀπεκρίθη αὐτῷ Μιχαὴλ |
| Abr.2 | 2 | 10 | εἶπεν αὐτῷ κύριε ἄφες μοι ὅτι ἐπιξενοῦμαι πατὴρ | * ἀνθρώπων * | μεμελημένων ἤκουσα δὲ ὅτι ἀπῆλθες σταδίους |
| Abr.2 | 3 | 7 | τὸ ἐπιπλῆσαι ὕδωρ εἰς νιπτῆρα καὶ πλῦναι πόδας | * ἀνθρώπου * | ξενιζομένου πρὸς ἡμᾶς. καὶ ἀκούσας Ἰσαὰκ τοῦ |
| Abr.2 | 3 | 9 | ὅτι ἔσχατόν μοι ἐγένετο τοῦτο τοῦ νίψαι πόδας | * ἀνθρώπου * | ξενιζομένου ἐν τῷ οἴκῳ ἡμῶν; καὶ ἰδὼν Ἀβραὰμ |
| Abr.2 | 4 | 2 | τὰ ἴδιά σου ἐργάζου μὴ ἐπιβαρὴς γένῃ τῷ ξένῳ τούτῳ | * ἀνθρώπῳ. * | ἀνεχώρησεν δὲ Σάρρα ὡς ἤμελλεν ἑτοιμάζειν τὸ |
| Abr.2 | 4 | 10 | αὐτῷ ἐκφάναι λόγον ὅτι φίλος σού ἐστιν καὶ δίκαιος | * ἄνθρωπος * | ξένους ὑποδεχόμενος παρακαλῶ οὖν κύριε κέλευσον |
| Abr.2 | 5 | 2 | τῷ υἱῷ αὐτοῦ ἀνάστηθι στρῶσον τὴν κλίνην τοῦ | * ἀνθρώπου * | σπεύδει γὰρ ἀναπαῆναι καὶ ἅψον λύχνον ἐπὶ τῆς |
| Abr.2 | 5 | 5 | Ἀβραὰμ καὶ εἶπεν μὴ ἐπιβαρεῖς γενώμεθα τῷ ξένῳ | * ἀνθρώπῳ * | τῷ ἐλθόντι πρὸς ἡμᾶς ἀλλὰ ἄπελθε ἐν τῷ ταμείῳ |
| Abr.2 | 6 | 6 | τὴν διαφορὰν τῆς ὁμιλίας αὐτοῦ ὅτι διαφέρει πάντα | * ἄνθρωπον * | τῶν κατοικούντων ἐπὶ τῆς γῆς ὅτι ἔνδοξος ἦν ἡ |
| Abr.2 | 6 | 7 | τῷ Ἀβραὰμ πῶς ἐτόλμησας κλαῦσαι εἰσελθόντος τοῦ | * ἀνθρώπου * | πρὸς ἡμᾶς εἰς τὸν οἶκον ἡμῶν; ἢ πῶς ἐδάκρυσάν |
| Abr.2 | 6 | 9 | ἐστίν. λέγει Ἀβραὰμ πόθεν γινώσκεις ὅτι ὁ | * ἄνθρωπος * | οὗτος τοῦ θεοῦ ἐστιν; ἀπεκρίθη Σάρρα καὶ εἶπεν |
| Abr.2 | 6 | 11 | μοι λέγων ἀναστᾶσα ποίησον ἵνα φάγωμεν μετὰ τῶν | * ἀνθρώπων * | τούτων ἐν τῷ οἴκῳ ἡμῶν. καὶ ἀπεκρίθη αὐτῇ |
| Abr.2 | 7 | 14 | λάβωσιν ἄνω καὶ ὡς ἦν ταῦτα λέγων ὁ φωτεινὸς | * ἄνθρωπος * | εἶδον καὶ τὸν ἥλιον τοῦ οἴκου μου ἀναβαίνοντα |
| Abr.2 | 8 | 12 | ἐν μέσῳ αὐτῶν οὗτός ἐστιν ὁ Ἀδὰμ ὁ πρῶτος | * ἄνθρωπος * | ὃν ἔπλασεν ὁ θεὸς καὶ ἤγαγεν αὐτὸν εἰς τὸν |
| Abr.2 | 9 | 2 | λέγων οὐαί μοι τί ποιήσω ἐγὼ ὅτι μὲν γάρ εἰμι | * ἄνθρωπος * | εὐρὺς τῷ σώματι τυγχάνων; καὶ οὐ δυνήσομαι |
| Abr.2 | 12 | 2 | καὶ κατανοήσας Ἀβραὰμ ἐπὶ τὴν γῆν εἶδεν | * ἄνθρωπον * | μοιχεύοντα γυναῖκα ὕπανδρον. καὶ εἶπεν Ἀβραὰμ |
| Abr.2 | 12 | 6 | αὐτὸν ἡ νεφέλη καὶ ἀτενίσας πάλιν Ἀβραὰμ εἶδεν | * ἀνθρώπους * | ἐπὶ τῆς γῆς καταλαλοῦντας καὶ εἶπεν Ἀβραὰμ |
| Abr.2 | 13 | 12 | καὶ ὅτι ποιῶ τὴν ὡραιότητα ταύτην μετὰ παντὸς | * ἀνθρώπου; * | καὶ εἶπεν Ἀβραὰμ τίνος οὖν ἐστιν ἡ ὡραιότης |
| TRub. | 2 | 2 | ἐν τῇ μετανοίᾳ μου. ἑπτὰ πνεύματα ἐδόθη κατὰ τοῦ | * ἀνθρώπου * | ἀπὸ τοῦ Βελιὰρ καὶ αὐτά εἰσι κεφαλὴ τῶν ἔργων |
| TRub. | 2 | 3 | αὐτῷ ἐπὶ τῆς κτίσεως τοῦ εἶναι ἐν αὐτοῖς πᾶν ἔργον | * ἀνθρώπου. * | πρῶτον πνεῦμα ζωῆς μεθ' ἧς ἡ σύστασις κτίζεται |
| TRub. | 4 | 7 | ποιεῖ καὶ γέλωτα παρὰ τῷ Βελιὰρ καὶ τοῖς υἱοῖς τῶν | * ἀνθρώπων. * | ἐπειδὴ γὰρ ἐφύλαξεν ἑαυτὸν Ἰωσὴφ ἀπὸ πάσης |
| TRub. | 4 | 8 | ἀπὸ πάσης πορνείας εὗρε χάριν ἐνώπιον κυρίου καὶ | * ἀνθρώπων. * | καὶ γὰρ πολλὰ ἐποίησεν αὐτῷ ἡ Αἰγυπτία καὶ |
| TRub. | 5 | 1 | μου ὅτι μὴ ἔχουσαι ἐξουσίαν ἢ δύναμιν ἐπὶ τὸν | * ἄνθρωπον * | δολιεύονται ἐν σχήμασι πῶς αὐτὸν πρὸς αὐτὰς |
| TRub. | 5 | 3 | ἡττῶνται τῷ πνεύματι τῆς πορνείας ὑπὲρ τὸν | * ἄνθρωπον * | καὶ ἐν καρδίᾳ μηχανῶνται κατὰ τῶν ἀνθρώπων καὶ |
| TRub. | 5 | 3 | τὸν ἄνθρωπον καὶ ἐν καρδίᾳ μηχανῶνται κατὰ τῶν | * ἀνθρώπων * | καὶ διὰ τῆς κοσμήσεως πλανῶσιν αὐτῶν πρῶτον τὰς |
| TRub. | 5 | 4 | τότε τῷ ἔργῳ αἰχμαλωτίζουσιν οὐ γὰρ δύναται γυνὴ | * ἄνθρωπον * | βιάσασθαι. φεύγετε οὖν τὴν πορνείαν τέκνα μου |
| TRub. | 5 | 6 | τῇ διανοίᾳ τὴν πρᾶξιν καὶ μετεσχηματίζοντο εἰς | * ἀνθρώπους * | καὶ ἐν τῇ συνουσίᾳ τῶν ἀνδρῶν αὐτῶν |
| TRub. | 6 | 2 | θηλείας. κἀκείναις δὲ ἐντείλασθε μὴ συνδυάζειν | * ἀνθρώποις * | ἵνα καὶ αὐταὶ καθαρεύωσι τῇ διανοίᾳ. αἱ γὰρ |
| TSim. | 2 | 5 | ὅτι καὶ ἡ ἀνδρεία ἀπὸ ὑψίστου δέδοται τοῖς | * ἀνθρώποις * | ἐν ψυχαῖς καὶ ἐν σώμασιν. καὶ ἐν τῷ καιρῷ |
| TSim. | 3 | 2 | καὶ γὰρ ὁ φθόνος κυριεύει πάσης τῆς διανοίας τοῦ | * ἀνθρώπου * | καὶ οὐκ ἀφίησιν αὐτὸν οὔτε φαγεῖν οὔτε πιεῖν |
| TSim. | 4 | 8 | ἄγει τὴν διάνοιαν καὶ οὐκ ἐᾷ τὴν σύνεσιν ἐν | * ἀνθρώποις * | ἐνεργεῖν ἀλλὰ καὶ τὸν ὕπνον ἀφαιρεῖ καὶ κλόνον |
| TSim. | 4 | 9 | πονηρὸν καὶ ἰοβόλον ἔχων οὕτως φαίνεται τοῖς | * ἀνθρώποις. * | διὰ τοῦτο Ἰωσὴφ ἦν ὡραῖος τῷ εἴδει καὶ καλὸς |
| TSim. | 5 | 2 | κυρίου καὶ εὐθύνατε τὰς ὁδοὺς ὑμῶν ἐνώπιον τῶν | * ἀνθρώπων * | καὶ ἔσεσθε εὑρίσκοντες χάριν ἐνώπιον θεοῦ καὶ |
| TSim. | 5 | 2 | καὶ ἔσεσθε εὑρίσκοντες χάριν ἐνώπιον θεοῦ καὶ | * ἀνθρώπων. * | καὶ φυλάσσεσθε τοῦ μὴ πορνεύειν ὅτι ἡ πορνεία |
| TSim. | 6 | 5 | ὁ θεὸς μέγας τοῦ Ἰσραὴλ φαινόμενος ἐπὶ γῆς ὡς | * ἄνθρωπος * | καὶ σῴζων ἐν αὐτῷ τὸν Ἀδάμ. τότε δοθήσονται |
| TSim. | 6 | 6 | πάντα τὰ πνεύματα τῆς πλάνης εἰς καταπάτησιν καὶ | * ἄνθρωποι * | βασιλεύσουσι τῶν πονηρῶν πνευμάτων. τότε |
| TSim. | 6 | 7 | θαυμασίοις αὐτοῦ ὅτι θεὸς σῶμα λαβὼν καὶ συνεσθίων | * ἀνθρώποις * | ἔσωσεν ἀνθρώπους. καὶ νῦν τεκνία μου ὑπακούετε |
| TSim. | 6 | 7 | ὅτι θεὸς σῶμα λαβὼν καὶ συνεσθίων ἀνθρώποις ἔσωσεν | * ἀνθρώπους. * | καὶ νῦν τεκνία μου ὑπακούετε Λευὶ καὶ ἐν |
| TSim. | 7 | 2 | ὡς ἀρχιερέα καὶ ἐκ τοῦ Ἰούδα ὡς βασιλέα θεὸν καὶ | * ἄνθρωπον. * | οὗτος σώσει πάντα τὰ ἔθνη καὶ τὸ γένος τοῦ |
| TLevi | 2 | 3 | συνέσεως κυρίου ἦλθεν ἐπ' ἐμὲ καὶ πάντας ἑώρων | * ἀνθρώπους * | ἀφανίσαντας τὴν ὁδὸν αὐτῶν καὶ ὅτι τείχη |
| TLevi | 2 | 4 | καὶ ἐλυπούμην περὶ τοῦ γένους τῶν υἱῶν τῶν | * ἀνθρώπων * | καὶ ηὐξάμην κυρίῳ ὅπως σωθῶ. τότε ἐπέπεσεν ἐπ' |
| TLevi | 2 | 10 | αὐτοῦ ἔσῃ καὶ μυστήρια αὐτοῦ ἐξαγγελεῖς τοῖς | * ἀνθρώποις * | καὶ περὶ τοῦ μέλλοντος λυτροῦσθαι τὸν Ἰσραὴλ |

| | | | | | |
|---|---|---|---|---|---|
| TLevi | 2 | 11 | καὶ διὰ σοῦ καὶ Ἰουδὰ ὀφθήσεται κύριος ἐν | * ἀνθρώποις * | σῴζων ἐν αὐτοῖς πᾶν γένος ἀνθρώπων καὶ ἐκ |
| TLevi | 2 | 11 | κύριος ἐν ἀνθρώποις σῴζων ἐν αὐτοῖς πᾶν γένος | * ἀνθρώπων * | καὶ ἐκ μερίδος κυρίου ἡ ζωή σου καὶ αὐτὸς ἔσται |
| TLevi | 3 | 1 | στυγνότερός ἐστιν ἐπειδὴ οὗτος ὁρᾷ πάσας ἀδικίας | * ἀνθρώπων. * | ὁ δεύτερος ἔχει πῦρ χιόνα κρύσταλλον ἕτοιμα |
| TLevi | 3 | 10 | τῆς μεγαλωσύνης αὐτοῦ σαλεύονται οἱ δὲ υἱοὶ τῶν | * ἀνθρώπων * | ἐπὶ τούτοις ἀναισθητοῦντες ἁμαρτάνουσι καὶ |
| TLevi | 4 | 1 | ὅτι ποιήσει κύριος κρίσιν ἐπὶ τοὺς υἱοὺς τῶν | * ἀνθρώπων * | ὅτι τῶν πετρῶν σχιζομένων καὶ τοῦ ἡλίου |
| TLevi | 4 | 1 | τοῦ ᾅδου σκυλευομένου ἐπὶ τῷ πάθει τοῦ ὑψίστου οἱ | * ἄνθρωποι * | ἀπιστοῦντες ἐπιμενοῦσιν ἐν ταῖς ἀδικίαις διὰ |
| TLevi | 8 | 2 | μετὰ τὸ ποιῆσαι ἡμέρας ἑβδομήκοντα. καὶ εἶδον ἑπτὰ | * ἀνθρώπους * | ἐν ἐσθῆτι λευκῇ λέγοντάς μοι ἀναστὰς ἔνδυσαι |
| TLevi | 8 | 19 | ἐν τῇ καρδίᾳ μου καὶ οὐκ ἀνήγγειλα αὐτὸ παντὶ | * ἀνθρώπῳ * | ἐπὶ τῆς γῆς. καὶ μεθ' ἡμέρας δύο ἀνέβημεν ἐγὼ |
| TLevi | 13 | 4 | ὑπὲρ γονεῖς κτήσεται καὶ ἐπιθυμήσουσι πολλοὶ τῶν | * ἀνθρώπων * | δουλεῦσαι αὐτῷ καὶ ἀκοῦσαι νόμον ἐκ τοῦ |
| TLevi | 14 | 4 | φῶς τοῦ νόμου τὸ δοθὲν ἐν ὑμῖν εἰς φωτισμὸν παντὸς | * ἀνθρώπου * | τοῦτον θέλοντες ἀνελεῖν ἐναντίας ἐντολὰς |
| TLevi | 14 | 7 | ἀσεβείᾳ καὶ φυσιωθήσεσθε ἐπὶ τῇ ἱερωσύνῃ κατὰ τῶν | * ἀνθρώπων * | ἐπαιρόμενοι οὐ μόνον δὲ ἀλλὰ καὶ κατὰ τῶν |
| TLevi | 17 | 8 | μιασμὸς ὃν οὐ δύναμαι εἰπεῖν ἐνώπιον κυρίου καὶ | * ἀνθρώπων * | ὅτι αὐτοὶ γνώσονται οἱ ποιοῦντες αὐτά. διὰ |
| TLevi | 18 | 2B018 | ἐν τῷ σώματί σου ἀπὸ πάσης ἀκαθαρσίας παντὸς | * ἀνθρώπου. * | καὶ ὅταν εἰσπορεύῃ ἐν τοῖς ἁγίοις λούου ὕδατι |
| TJud. | 14 | 2 | ὅτι καίγε τὰ δύο ταῦτα ἀφιστῶσι τὴν δύναμιν τοῦ | * ἀνθρώπου. * | ἐὰν γάρ τις πίῃ οἶνον εἰς μέθην ἐν |
| TJud. | 16 | 4 | οὐκ ἐν καιρῷ ὑμῶν. καίγε μυστήρια θεοῦ καὶ | * ἀνθρώπων * | ἀλλοτρίοις ἀποκαλύπτει ὁ οἶνος ὡς κἀγὼ ἐντολὰς |
| TJud. | 19 | 4 | ἐτύφλωσε γάρ με ὁ ἄρχων τῆς πλάνης καὶ ἠγνόησα ὡς | * ἄνθρωπος * | καὶ ὡς σὰρξ ἐν ἁμαρτίαις φθαρεὶς καὶ ἐπέγνων |
| TJud. | 20 | 1 | οὖν τέκνα μου ὅτι δύο πνεύματα σχολάζουσι τῷ | * ἀνθρώπῳ * | τὸ τῆς ἀληθείας καὶ τὸ τῆς πλάνης καὶ μέσον ἐστὶ |
| TJud. | 20 | 3 | καὶ τὰ τῆς πλάνης γέγραπται ἐπὶ τὸ στῆθος τοῦ | * ἀνθρώπου * | καὶ ἓν ἕκαστον αὐτῶν γνωρίζει κύριος. καὶ οὐκ |
| TJud. | 20 | 4 | κύριος. καὶ οὐκ ἔστι καιρὸς ἐν ᾧ δυνήσεται λαθεῖν | * ἀνθρώπων * | ἔργα ὅτι ἐν στήθει ὀστέων αὐτοῦ ἐγγέγραπται |
| TJud. | 21 | 6 | οἱ δὲ πλουτοῦντες οὕτως καὶ ἐν σοὶ πᾶν γένος | * ἀνθρώπων * | οἱ μὲν κινδυνεύουσιν αἰχμαλωτιζόμενοι οἱ δὲ |
| TJud. | 21 | 7 | ὅτι οἱ βασιλεύοντες ἔσονται ὡς κήτη καταπίνοντες | * ἀνθρώπους * | ὡς ἰχθύας θυγατέρας καὶ υἱοὺς ἐλευθέρους |
| TJud. | 24 | 1 | ὑμῖν ἄστρον ἐξ Ἰακὼβ ἐν εἰρήνῃ καὶ ἀναστήσεται | * ἄνθρωπος * | ἐκ τοῦ σπέρματός μου ὡς ὁ ἥλιος τῆς δικαιοσύνης |
| TJud. | 24 | 1 | τῆς δικαιοσύνης συμπορευόμενος τοῖς υἱοῖς τῶν | * ἀνθρώπων * | ἐν πραότητι καὶ δικαιοσύνῃ καὶ πᾶσα ἁμαρτία οὐχ |
| TIss. | 1 | 11 | ποιήσω ὅτι ἐπλήθυνεν ὁ δόλος καὶ ἡ πανουργία τῶν | * ἀνθρώπων * | καὶ ὁ δόλος προχωρεῖ ἐπὶ τῆς γῆς. εἰ δὲ μὴ οὐκ |
| TIss. | 3 | 4 | τῷ πλησίον οὐ κατελάλησά τινος οὐδὲ ἔψεξα βίον | * ἀνθρώπου * | πορευόμενος ἐν ἁπλότητι ὀφθαλμῶν. διὰ τοῦτο |
| TIss. | 7 | 5 | μου ψεῦδος οὐκ ἀνῆλθε διὰ τῶν χειλέων μου. παντὶ | * ἀνθρώπῳ * | ὀδυνωμένῳ συνεστέναξα καὶ πτωχῷ μετέδωκα τὸν |
| TIss. | 7 | 6 | ἠγάπησα ἐν πάσῃ τῇ ἰσχύι μου ὁμοίως καὶ πάντα | * ἄνθρωπον * | ἠγάπησα ὡς τέκνα μου. ταῦτα καὶ ὑμεῖς ποιήσατε |
| TIss. | 7 | 7 | Βελιὰρ φεύξεται ἀφ' ὑμῶν καὶ πᾶσα πρᾶξις πονηρῶν | * ἀνθρώπων * | οὐ κυριεύσει ὑμῶν καὶ πάντα ἄγριον θῆρα |
| TIss. | 7 | 7 | ἑαυτῶν τὸν θεὸν τοῦ οὐρανοῦ συμπορευόμενον τοῖς | * ἀνθρώποις * | ἐν ἁπλότητι καρδίας. καὶ ἐνετείλατο αὐτοῖς |
| TZab. | 5 | 1 | καὶ εὐσπλαγχνίαν πρὸς πάντας ἔχειν οὐ μόνον πρὸς | * ἀνθρώπους * | ἀλλὰ καὶ εἰς ἄλογα. διὰ γὰρ ταῦτα εὐλόγησέ με |
| TZab. | 6 | 4 | ἤλθομεν εἰς Αἴγυπτον καὶ ἐκ τῆς θήρας μου παντὶ | * ἀνθρώπῳ * | ξένῳ σπλαγχνιζόμενος ἐδίδουν. εἰ δὲ ἦν ξένος ἤ |
| TZab. | 6 | 7 | πολλαπλασίονα παρὰ κυρίου. πέντε ἔτη ἡλίευσα παντὶ | * ἀνθρώπῳ * | ὃν ἑωράκειν μεταδιδοὺς καὶ παντὶ τῷ οἴκῳ τοῦ |
| TZab. | 7 | 2 | πάντας σπλαγχνιζόμενοι ἐλεᾶτε καὶ παρέχετε παντὶ | * ἀνθρώπῳ * | ἐν ἀγαθῇ καρδίᾳ. εἰ δὲ μὴ ἔχετε πρὸς καιρὸν |
| TZab. | 8 | 1 | ὑμεῖς οὖν τέκνα μου ἔχετε εὐσπλαγχνίαν κατὰ παντὸς | * ἀνθρώπου * | ἐν ἐλέει ἵνα καὶ ὁ κύριος εἰς ὑμᾶς |
| TZab. | 8 | 3 | εὕρῃ σπλάγχνα ἐλέους ἐν αὐτῷ κατοικεῖ. ὅσον γὰρ | * ἄνθρωπος * | σπλαγχνίζεται εἰς τὸν πλησίον τοσοῦτον κύριος |
| TZab. | 9 | 7 | εὔσπλαγχνος μὴ λογιζόμενος κακίαν τοῖς υἱοῖς τῶν | * ἀνθρώπων * | διότι σάρξ εἰσι καὶ τὰ πνεύματα τῆς πλάνης |
| TZab. | 9 | 8 | αὐτοῦ. αὐτὸς λυτρώσεται πᾶσαν αἰχμαλωσίαν υἱῶν | * ἀνθρώπων * | ἐκ τοῦ Βελιὰρ καὶ πᾶν πνεῦμα πλάνης πατηθήσεται |
| TZab. | 9 | 8 | εἰς παραζήλωσιν αὐτοῦ καὶ ὄψεσθε θεὸν ἐν σχήματι | * ἀνθρώπου * | ⟨ἐν ναῷ⟩ ὃν ἂν ἐκλέξηται κύριος Ἱερουσαλὴμ |
| TDan | 1 | 3 | ὅτι πονηρὸν τὸ ψεῦδος καὶ ὁ θυμὸς ὅτι πᾶσαν κακίαν | * ἄνθρωπον * | ἐκδιδάσκει. ὁμολογῶ σήμερον ὑμῖν τέκνα μου ὅτι |
| TDan | 5 | 13 | Ἰσραὴλ ὅτι κύριος ἔσται ἐν μέσῳ αὐτῆς τοῖς | * ἀνθρώποις * | συναναστρεφόμενος καὶ ἅγιος Ἰσραὴλ βασιλεύων |
| TDan | 6 | 2 | παραιτουμένῳ ὑμᾶς ὅτι οὗτός ἐστι μεσίτης θεοῦ καὶ | * ἀνθρώπων * | ἐπὶ τῆς εἰρήνης Ἰσραὴλ καὶ κατέναντι τῆς |
| TNep. | 2 | 5 | καὶ πᾶσα ἔννοια ἣν οὐκ ἔγνω κύριος πάντα γὰρ | * ἄνθρωπον * | ἔκτισε κατ' εἰκόνα ἑαυτοῦ. ὡς ἡ ἰσχὺς αὐτοῦ |
| TNep. | 4 | 5 | πάσης τῆς γῆς ἄχρι τοῦ ἐλθεῖν τὸ σπλάγχνον κυρίου | * ἄνθρωπος * | ποιῶν δικαιοσύνην καὶ ποιῶν ἔλεος εἰς πάντας |
| TNep. | 8 | 3 | γὰρ τοῦ σκήπτρου αὐτοῦ ὀφθήσεται θεὸς κατοικῶν ἐν | * ἀνθρώποις * | ἐπὶ τῆς γῆς σῶσαι τὸ γένος Ἰσραὴλ καὶ |
| TNep. | 8 | 4 | τὸ καλὸν τέκνα μου εὐλογήσουσιν ὑμᾶς καὶ οἱ | * ἄνθρωποι * | καὶ οἱ ἄγγελοι καὶ θεὸς δοξασθήσεται δι' ὑμῶν |
| TNep. | 8 | 6 | ἀγαθή. τὸν δὲ μὴ ποιοῦντα τὸ καλὸν καταράσονται οἱ | * ἄνθρωποι * | καὶ οἱ ἄγγελοι καὶ ὁ θεὸς ἀδοξήσει ἐν τοῖς |
| TGad | 3 | 1 | τοῦ μίσους ὅτι κακόν ἐστιν ἐπὶ πάσαις πράξεσιν | * ἀνθρώπων. * | πᾶν ὃ ἐὰν ποιῇ ὁ μισῶν βδελύσσεται ἐὰν ποιῇ |
| TGad | 4 | 7 | συνεργεῖ τῷ σατανᾷ ἐν πᾶσιν εἰς θάνατον τῶν | * ἀνθρώπων * | τὸ δὲ πνεῦμα τῆς ἀγάπης ἐν μακροθυμίᾳ συνεργεῖ |
| TGad | 4 | 7 | μακροθυμίᾳ συνεργεῖ τῷ νόμῳ τοῦ θεοῦ εἰς σωτηρίαν | * ἀνθρώπων. * | κακὸν τὸ μῖσος ὅτι ἐνδελεχεῖ συνεχῶς τῷ ψεύδει |
| TGad | 5 | 5 | οὐ θέλει τὸ καθόλου οὐδὲ ἕως ἐννοιῶν ἀδικῆσαι | * ἄνθρωπον. * | ταῦτα ἐγὼ ἔσχατον ἔγνων μετὰ τὸ μετανοῆσαί με |
| TGad | 5 | 8 | τὸ διαβούλιον πρὸς σωτηρίαν καὶ ἃ οὐκ ἔμαθεν ἀπὸ | * ἀνθρώπων * | οἶδε διὰ τῆς μετανοίας. ἐπήγαγε γάρ μοι ὁ θεὸς |
| TGad | 5 | 10 | διεφώνησεν ἀπ' ἐμοῦ τὸ πνεῦμά μου. δι' ὧν γὰρ | * ἄνθρωπος * | παρανομεῖ δι' ἐκείνων καὶ κολάζεται. ἐπεὶ οὖν |
| TGad | 7 | 2 | τῷ παρέχοντι τὰ καλὰ καὶ συμφέροντα πᾶσιν | * ἀνθρώποις. * | ἐξέτασον κρίματα κυρίου καὶ οὕτος οὐ |
| TGad | 7 | 6 | πλουτεῖ ὅτι οὐκ ἔχει τὸν πονηρὸν περισπασμὸν τῶν | * ἀνθρώπων. * | ἐξάρατε οὖν τὸ μῖσος ἀπὸ τῶν ψυχῶν ὑμῶν καὶ |
| TAser | 1 | 3 | ὑμῖν. δύο ὁδοὺς ἔδωκεν ὁ θεὸς τοῖς υἱοῖς τῶν | * ἀνθρώπων * | καὶ δύο διαβούλια καὶ δύο πράξεις καὶ δύο |
| TAser | 2 | 2 | καὶ τὸ τέλος τοῦ πράγματος εἰς κακίαν ἄγει. ἔστιν | * ἄνθρωπος--- * | ὅτι οὐκ οἰκτίρει λειτουργοῦντα αὐτῷ ἐν κακῷ |
| TAser | 2 | 3 | διπρόσωπον ἀλλὰ τὸ ὅλον πονηρόν ἐστιν. καὶ ἔστιν | * ἄνθρωπος * | ἀγαπῶν τὸν πονηρευόμενον ὡσαύτως ἐστὶν ἐν |
| TAser | 3 | 1 | κολλήθητε ὅτι ὁ θεὸς ἀναπαύεται εἰς αὐτὴν καὶ οἱ | * ἄνθρωποι * | ποθοῦσιν αὐτὴν τὴν κακίαν ἀποδράσατε |
| TAser | 3 | 2 | ἵνα τῷ Βελιὰρ ἀρέσωσι καὶ τοῖς ὁμοίοις αὐτῶν | * ἀνθρώποις. * | οἱ γὰρ ἀγαθοὶ ἄνδρες καὶ μονοπρόσωποι κἂν |
| TAser | 6 | 2 | τὰ πνεύματα τῆς πλάνης μισήσατε τὰ κατὰ τῶν | * ἀνθρώπων * | ἀγωνιζόμενα. τὸν νόμον κυρίου φυλάξατε καὶ μὴ |
| TAser | 6 | 4 | καὶ ἐν αὐτῷ καταπαύοντες. ὅτι τὰ τέλη τῶν | * ἀνθρώπων * | δείκνυσι τὴν δικαιοσύνην αὐτῶν γνωρίζοντες τοὺς |
| TAser | 7 | 3 | ὁ ὕψιστος ἐπισκέψηται τὴν γῆν. καὶ αὐτὸς ἐλθὼν ὡς | * ἄνθρωπος * | μετὰ ἀνθρώπων ἐσθίων καὶ πίνων καὶ ἐν ἡσυχίᾳ |
| TAser | 7 | 3 | τὴν γῆν. καὶ αὐτὸς ἐλθὼν ὡς ἄνθρωπος μετὰ | * ἀνθρώπων * | ἐσθίων καὶ πίνων καὶ ἐν ἡσυχίᾳ συντρίβων τὴν |
| TAser | 7 | 5 | μὴ προσέχοντες τὸν νόμον τοῦ θεοῦ ἀλλ' ἐντολαῖς | * ἀνθρώπων. * | διὰ τοῦτο διασκορπισθήσεσθε ὡς Γὰδ καὶ ὡς Δάν |
| TJos. | 2 | 5 | σκότει ἢ δεσμοῖς ἢ θλίψεσιν ἢ ἀνάγκαις οὐ γὰρ ὡς | * ἄνθρωπος * | ἐπαισχύνεται ὁ θεὸς οὐδὲ ὡς υἱὸς ἀνθρώπου |
| TJos. | 2 | 5 | γὰρ ὡς ἄνθρωπος ἐπαισχύνεται ὁ θεὸς οὐδὲ ὡς υἱὸς | * ἀνθρώπου * | δειλιᾷ οὐδὲ ὡς γηγενὴς ἀσθενεῖ ἢ ἀπωθεῖται ἐπὶ |
| TJos. | 5 | 4 | με δώροις καὶ πέμπουσα πᾶσαν ἀπόλαυσιν υἱῶν | * ἀνθρώπων. * | καὶ ἀποστέλλει μοι βρῶμα ἐν γοητείᾳ |
| TJos. | 10 | 4 | καὶ ὑψοῖ καὶ δοξάζει αὐτὸν ὡς κἀμέ. πάντως γὰρ ὁ | * ἄνθρωπος * | ἢ ἐν ἔργῳ ἢ ἐν λόγῳ ἢ ἐν διανοίᾳ συνέχεται. |
| TJos. | 15 | 5 | κινδύνου ἠκούσθη γὰρ ὅτι μέγας ἐστὶ παρὰ κυρίῳ καὶ | * ἀνθρώποις. * | τότε λέγει ὁ μετάβολος αὐτοῖς λύσατέ με ἀπὸ |
| TJos. | 19 | 4 | καὶ ἔχαιρον ἐπ' αὐτῷ οἱ ἄγγελοι καὶ οἱ | * ἄνθρωποι * | καὶ πᾶσα ἡ γῆ. ταῦτα δὲ γενήσεται ἐν καιρῷ |
| TBen. | 3 | 4 | θλίψεως ὡς οὐδὲ Ἰωσὴφ τοῦ ἀδελφοῦ μου. πόσοι τῶν | * ἀνθρώπων * | ἠθέλησαν ἀνελεῖν αὐτὸν καὶ ὁ θεὸς ἐσκέπασεν |
| TBen. | 3 | 5 | ὑπὸ τοῦ φόβου τοῦ θεοῦ καὶ ὑπὸ ἐπιβουλῆς | * ἀνθρώπων * | ἢ θηρίων οὐ δύναται κυριευθῆναι βοηθούμενος ὑπὸ |
| TBen. | 4 | 2 | ἵνα καὶ ὑμεῖς στεφάνους δόξης φορέσητε. ὁ ἀγαθὸς | * ἄνθρωπος * | οὐκ ἔχει σκοτεινὸν ὀφθαλμὸν ἐλεᾷ γὰρ πάντας κἂν |
| TBen. | 5 | 1 | ἐὰν ἔχητε ἀγαθὴν διάνοιαν τέκνα καὶ οἱ πονηροὶ | * ἄνθρωποι * | εἰρηνεύσουσιν ὑμῖν καὶ οἱ ἄσωτοι αἰδεσθέντες |
| TBen. | 6 | 4 | ἀγαθὸν διαβούλιον οὐκ ἐπιδέχεται δόξης καὶ ἀτιμίας | * ἀνθρώπων * | καὶ πάντα δόλον ἢ ψεῦδος μάχην καὶ λοιδορίαν |
| TBen. | 6 | 7 | αὐτοῦ πρὸς τὸ μὴ καταγνωσθῆναι ὑπὸ θεοῦ καὶ | * ἀνθρώπων. * | καὶ τοῦ Βελιὰρ δὲ πᾶν ἔργον διπλοῦν ἐστι καὶ |
| TBen. | 10 | 7 | τὸν βασιλέα τῶν οὐρανῶν τὸν ἐπὶ γῆς φανέντα μορφῇ | * ἀνθρώπου * | ταπεινώσεως καὶ ὅσοι ἐπίστευσαν αὐτῷ ἐπὶ γῆς |
| Asen. | 2 | 1 | ἄνδρα καὶ ἦν ἀλαζὼν καὶ ὑπερήφανος πρὸς πάντα | * ἄνθρωπον. * | καὶ οὐδεὶς ἀνὴρ ἑώρακεν αὐτὴν πώποτε καθότι ἦν |
| Asen. | 6 | 4 | οὐκ ᾔδειν ὅτι Ἰωσὴφ υἱὸς τοῦ θεοῦ ἐστιν. τίς γὰρ | * ἀνθρώπων * | ἐπὶ γῆς γεννήσει τοιοῦτον κάλλος καὶ ποία |
| Asen. | 11 | 4 | αὐτοὺς καὶ ἔδωκα αὐτοὺς καταπατεῖσθαι ὑπὸ τῶν | * ἀνθρώπων. * | καὶ διὰ τοῦτο μεμισήκασί με ὁ πατήρ μου καὶ ἡ |
| Asen. | 11 | 6 | Ἀσενὲθ διότι τοὺς θεοὺς ἡμῶν ἀπώλεσεν. καὶ πάντες | * ἄνθρωποι * | μισοῦσί με διότι κἀγὼ μεμίσηκα πάντα ἄνδρα καὶ |
| Asen. | 11 | 10 | πολυέλεος καὶ ἐπιεικὴς καὶ μὴ λογιζόμενος ἁμαρτίαν | * ἀνθρώπου * | ταπεινοῦ καὶ μὴ ἐλέγχων ἀνομίας ἀνθρώπου |
| Asen. | 11 | 10 | ἁμαρτίαν ἀνθρώπου ταπεινοῦ καὶ μὴ ἐλέγχων ἀνομίας | * ἀνθρώπου * | τεθλιμμένου ἐν καιρῷ θλίψεως αὐτοῦ. ὅθεν |
| Asen. | 12 | 5 | καὶ εὐθηνοῦσα ἐν τῷ πλούτῳ μου ὑπὲρ πάντας | * ἀνθρώπους * | νυνὶ δὲ ὑπάρχω ὀρφανὴ καὶ ἔρημος καὶ |
| Asen. | 12 | 5 | ὀρφανὴ καὶ ἔρημος καὶ ἐγκαταλελειμμένη ἀπὸ πάντων | * ἀνθρώπων. * | σοὶ προσφεύγω κύριε καὶ σοὶ προσφέρω τὴν |
| Asen. | 13 | 11 | καὶ νεκρὰ καὶ δέδωκα αὐτοὺς καταπατεῖσθαι ὑπὸ τῶν | * ἀνθρώπων * | καὶ οἱ κλέπται διήρπασαν αὐτοὺς οἵτινες ἦσαν |
| Asen. | 13 | 13 | ἐγὼ ἡ ἀθλία ὅτι υἱὸς σοῦ ἐστιν ἐπειδὴ εἶπόν μοι οἱ | * ἄνθρωποι * | ὅτι Ἰωσὴφ υἱὸς τοῦ ποιμένος ἐστὶν ἐκ γῆς |
| Asen. | 13 | 14 | πονηρὰ καὶ οὐκ ᾔδειν ὅτι υἱὸς σοῦ ἐστιν. τίς γὰρ | * ἀνθρώπων * | τέξεται τοιοῦτον κάλλος καὶ τοσαύτην σοφίαν καὶ |
| Asen. | 14 | 3 | ἐπὶ πρόσωπον ἐπὶ τὴν τέφραν. καὶ ἦλθε πρὸς αὐτὴν | * ἄνθρωπος * | ἐκ τοῦ οὐρανοῦ καὶ ἔστη ὑπὲρ κεφαλῆς Ἀσενέθ. |
| Asen. | 14 | 6 | εἰσῆλθεν εἰς τὸν θάλαμόν μου; καὶ ἐκάλεσεν αὐτὴν ὁ | * ἄνθρωπος * | ἐκ δευτέρου καὶ εἶπεν Ἀσενὲθ Ἀσενέθ. καὶ |
| Asen. | 14 | 8 | ἐγὼ κύριε. τίς εἶ σὺ ἀνάγγειλόν μοι. καὶ εἶπεν ὁ | * ἄνθρωπος * | ἐγώ εἰμι ὁ ἄρχων τοῦ οἴκου κυρίου καὶ |
| Asen. | 14 | 11 | καὶ ἐτρόμαξε πάντα τὰ μέλη αὐτῆς. καὶ εἶπεν αὐτῇ ὁ | * ἄνθρωπος * | θάρσει Ἀσενὲθ καὶ μὴ φοβηθῇς ἀλλ' ἀνάστηθι καὶ |
| Asen. | 14 | 12 | καὶ ἔστη ἐπὶ τοὺς πόδας αὐτῆς. καὶ εἶπεν αὐτῇ ὁ | * ἄνθρωπος * | βάδιζε ἀκωλύτως ἐν τῷ δευτέρῳ σου θαλάμῳ καὶ |
| Asen. | 15 | 1 | κατεκάλυψε τὴν κεφαλὴν αὐτῆς. καὶ ἦλθε πρὸς τὸν | * ἄνθρωπον * | εἰς τὸν θάλαμον αὐτῆς τὸν πρῶτον καὶ ἔστη |
| Asen. | 15 | 1 | πρῶτον καὶ ἔστη ἐνώπιον αὐτοῦ. καὶ εἶπεν αὐτῇ ὁ | * ἄνθρωπος * | ἀπόστειλον δὴ τὸ θέριστρον ἀπὸ τῆς κεφαλῆς σου |
| Asen. | 15 | 2 | θέριστρον ἀπὸ τῆς κεφαλῆς αὐτῆς. καὶ εἶπεν αὐτῇ ὁ | * ἄνθρωπος * | θάρσει Ἀσενὲθ ἡ παρθένος ἁγνή. ἰδοὺ ἀκήκοα |
| Asen. | 15 | 11 | καὶ ὄψεταί σε καὶ χαρήσεται. καὶ ὡς ἐτέλεσεν ὁ | * ἄνθρωπος * | λαλῶν τὰ ῥήματα ταῦτα ἐχάρη Ἀσενὲθ χαρὰν |
| Asen. | 15 | 12B | δοξάσω σε εἰς τὸν αἰῶνα χρόνον καὶ εἶπεν αὐτῇ ὁ | * ἄνθρωπος * | ἵνα τί τοῦτο ζητεῖς τὸ ὄνομά μου Ἀσενέθ; τὸ |
| Asen. | 15 | 12B | γεγραμμένα ἐν τῇ βίβλῳ τοῦ ὑψίστου ἄρρητά ἐστι καὶ | * ἀνθρώπῳ * | οὔτε εἰπεῖν οὔτε ἀκοῦσαι ἐν τῷ κόσμῳ τούτῳ |
| Asen. | 15 | 14 | δὴ ἡ παιδίσκη σου ἐνώπιόν σου. καὶ εἶπεν αὐτῇ ὁ | * ἄνθρωπος * | λάλησον. καὶ ἐξέτεινεν Ἀσενὲθ τὴν χεῖρα αὐτῆς |
| Asen. | 15 | 15 | μετὰ ταῦτα ἀπελεύσῃ τὴν ὁδόν σου. καὶ εἶπεν αὐτῇ ὁ | * ἄνθρωπος * | σπεῦσον καὶ φέρε συντόμως. καὶ ἔσπευσεν Ἀσενὲθ |
| Asen. | 16 | 1 | καὶ ἐπορεύετο κόμισαι αὐτῷ ἄρτον. καὶ εἶπεν αὐτῇ ὁ | * ἄνθρωπος * | φέρε δή μοι καὶ κηρίον μελίσσης. καὶ ἔστη |
| Asen. | 16 | 3 | μελίσσης ἐν τῷ ταμιείῳ αὐτῆς. καὶ εἶπεν αὐτῇ ὁ | * ἄνθρωπος * | τίνος χάριν ἵστασαι; καὶ εἶπεν Ἀσενὲθ πέμψω δὴ |

| | | | |
|---|---|---|---|
| Asen. | 16 | 5 | μελισσης καὶ παραθήσω σοι κύριε. καὶ εἶπεν αὐτῇ ὁ * ἄνθρωπος * βάδιζε καὶ εἴσελθε εἰς τὸ ταμιεῖόν σου καὶ |
| Asen. | 16 | 7 | μελισσης ἐν τῷ ταμιείῳ μου οὐκ ἔστιν. καὶ εἶπεν ὁ * ἄνθρωπος * βάδιζε καὶ εὑρήσεις. καὶ εἰσῆλθεν Ἀσενὲθ εἰς |
| Asen. | 16 | 9 | ἑαυτῇ ἄρα γε τὸ κηρίον τοῦτο ἐκ τοῦ στόματος τοῦ * ἀνθρώπου * τούτου ἐξῆλθε διότι ἡ πνοὴ αὐτοῦ ὡς πνοὴ τοῦ |
| Asen. | 16 | 9 | ἐξῆλθε διότι ἡ πνοὴ αὐτοῦ ὡς πνοὴ τοῦ στόματος τοῦ * ἀνθρώπου * τούτου ἐστίν. καὶ ἔλαβεν Ἀσενὲθ τὸ κηρίον |
| Asen. | 16 | 10 | καὶ ἔλαβεν Ἀσενὲθ τὸ κηρίον ἐκεῖνο καὶ ἤνεγκε τῷ * ἀνθρώπῳ * καὶ παρέθηκεν αὐτὸ ἐπὶ τῆς τραπέζης ἣν ἡτοίμασεν |
| Asen. | 16 | 10 | ἣν ἡτοίμασεν ἐνώπιον αὐτοῦ. καὶ εἶπεν αὐτῇ ὁ * ἄνθρωπος * τί ὅτι εἶπας ὅτι οὐκ ἔστι κηρίον μελίσσης ἐν τῷ |
| Asen. | 16 | 12 | ὡς πνοὴ τοῦ στόματός σού ἐστιν. καὶ ἐμειδίασεν ὁ * ἄνθρωπος * ἐπὶ τῇ συνέσει Ἀσενὲθ καὶ ἐκάλεσεν αὐτὴν πρὸς |
| Asen. | 16 | 13 | κεφαλὴν αὐτῆς. καὶ ἐφοβήθη Ἀσενὲθ τὴν χεῖρα τοῦ * ἀνθρώπου * διότι σπινθῆρες ἀπεπήδων ἀπὸ τῆς χειρὸς αὐτοῦ |
| Asen. | 16 | 13 | ἀτενίζουσα τοῖς ὀφθαλμοῖς αὐτῆς εἰς τὴν χεῖρα τοῦ * ἀνθρώπου. * καὶ εἶδεν ὁ ἄνθρωπος καὶ ἐμειδίασε καὶ εἶπεν |
| Asen. | 16 | 14 | αὐτῆς εἰς τὴν χεῖρα τοῦ ἀνθρώπου. καὶ εἶδεν ὁ * ἄνθρωπος * καὶ ἐμειδίασε καὶ εἶπεν μακαρία εἶ σὺ Ἀσενὲθ |
| Asen. | 16 | 15 | ἀποθανεῖται εἰς τὸν αἰῶνα χρόνον. καὶ ἐξέτεινεν ὁ * ἄνθρωπος * τὴν χεῖρα αὐτοῦ τὴν δεξιὰν καὶ ἀπέκλασεν ἀπὸ |
| Asen. | 16 | 16 | καὶ εἶπεν αὐτῇ φάγε. καὶ ἔφαγεν. καὶ εἶπεν ὁ * ἄνθρωπος * τῇ Ἀσενὲθ ἰδοὺ δὴ ἔφαγες ἄρτον ζωῆς καὶ ἔπιες |
| Asen. | 16 | 16B | αἰώνων⟩. καὶ ἐξέτεινε τὴν χεῖρα αὐτοῦ τὴν δεξιὰν ὁ * ἄνθρωπος * καὶ ἥψατο τοῦ κηρίου οὗ ἀπέκλασε καὶ |
| Asen. | 16 | 17 | εὐθὺς ἐγένετο ὁλόκληρον ὡς ἦν ἐν ἀρχῇ. καὶ πάλιν ὁ * ἄνθρωπος * ἐξέτεινε τὴν χεῖρα αὐτοῦ τὴν δεξιὰν καὶ ἐπέθηκε |
| Asen. | 16 | 17B | ἐξ εὐωνύμων αὐτοῦ καὶ ἔβλεπε πάντα ὅσα ἐποίει ὁ * ἄνθρωπος. * καὶ εἶπεν ὁ ἄνθρωπος τῷ κηρίῳ δεῦρο. καὶ |
| Asen. | 16 | 17B | ἔβλεπε πάντα ὅσα ἐποίει ὁ ἄνθρωπος. καὶ εἶπεν ὁ * ἄνθρωπος * τῷ κηρίῳ δεῦρο. καὶ ἀνέστησαν μέλισσαι ἐκ τῶν |
| Asen. | 16 | 19 | αὐτῆς κηρίον ὅμοιον τῷ κηρίῳ τῷ παρακειμένῳ τῷ * ἀνθρώπῳ. * καὶ πᾶσαι αἱ μέλισσαι ἐκεῖναι ἤσθιον ἀπὸ τοῦ |
| Asen. | 16 | 20 | τοῦ ὄντος ἐπὶ τῷ στόματι Ἀσενέθ. καὶ εἶπεν ὁ * ἄνθρωπος * ταῖς μελίσσαις ὑπάγετε δὴ εἰς τὸν τόπον ὑμῶν. |
| Asen. | 16 | 22 | ἔπεσον ἐπὶ τὴν γῆν καὶ ἀπέθανον. καὶ ἐξέτεινεν ὁ * ἄνθρωπος * τὴν ῥάβδον αὐτοῦ ἐπὶ τὰς μελίσσας τὰς νεκρὰς |
| Asen. | 17 | 1 | ἐπὶ τοῖς δένδροις τοῖς καρποφόροις. καὶ εἶπεν ὁ * ἄνθρωπος * τῇ Ἀσενὲθ ἑώρακας τὸ ῥῆμα τοῦτο; καὶ αὐτὴ |
| Asen. | 17 | 2 | ναὶ κύριε ἑώρακα ταῦτα πάντα. καὶ εἶπεν αὐτῇ ὁ * ἄνθρωπος * οὕτως ἔσται πάντα τὰ ῥήματά μου ἃ λελάληκα πρός |
| Asen. | 17 | 3 | καὶ ἐξέτεινε τρίτον τὴν δεξιὰν χεῖρα αὐτοῦ ὁ * ἄνθρωπος * καὶ ἥψατο τῆς ⟨πληγῆς⟩ τοῦ κηρίου καὶ εὐθέως |
| Asen. | 17 | 4 | καὶ ἔπλησε τὸν θάλαμον. καὶ εἶπεν Ἀσενὲθ πρὸς τὸν * ἄνθρωπον * κύριέ εἰσι σὺν ἐμοὶ ἑπτὰ παρθένοι ὑπηρετοῦσαί |
| Asen. | 17 | 5 | καὶ εὐλογήσεις αὐτὰς ὡς κἀμὲ εὐλόγησας καὶ εἶπεν ὁ * ἄνθρωπος * κάλεσον αὐτάς. καὶ ἐκάλεσεν Ἀσενὲθ τὰς ἑπτὰ |
| Asen. | 17 | 6 | τὰς ἑπτὰ παρθένους καὶ ἔστησεν αὐτὰς ἐνώπιον τοῦ * ἀνθρώπου. * καὶ εὐλόγησεν αὐτὰς ὁ ἄνθρωπος καὶ εἶπεν |
| Asen. | 17 | 6 | αὐτὰς ἐνώπιον τοῦ ἀνθρώπου. καὶ εὐλόγησεν αὐτὰς ὁ * ἄνθρωπος * καὶ εἶπεν εὐλογήσει ὑμᾶς κύριος ὁ θεὸς ὁ |
| Asen. | 17 | 7 | ἀναπαύσονται εἰς τὸν αἰῶνα χρόνον. καὶ εἶπεν ὁ * ἄνθρωπος * τῇ Ἀσενὲθ μετάθες τὴν τράπεζαν ταύτην. καὶ |
| Asen. | 17 | 8 | τράπεζαν καὶ εὐθέως ἀπῆλθεν ἐξ ὀφθαλμῶν αὐτῆς ὁ * ἄνθρωπος. * καὶ εἶδεν Ἀσενὲθ ὡς ἅρμα τεσσάρων ἵππων |
| Asen. | 17 | 8 | ἦν ὡς φλὸξ πυρὸς καὶ οἱ ἵπποι ὡς ἀστραπή. καὶ ὁ * ἄνθρωπος * εἱστήκει ἐπάνω τοῦ ἅρματος ἐκείνου. καὶ εἶπεν |
| Asen. | 17 | 9 | καὶ τολμηρὰ διότι λελάληκα παρρησίᾳ καὶ εἶπον ὅτι * ἄνθρωπος * ἦλθεν εἰς τὸν θάλαμόν μου ἐκ τοῦ οὐρανοῦ καὶ |
| Asen. | 18 | 5 | τὴν οἰκίαν καὶ τὸ δεῖπνον. καὶ ἐμνήσθη Ἀσενὲθ τοῦ * ἀνθρώπου * καὶ τῶν ἐντολῶν αὐτοῦ καὶ ἔσπευσε καὶ εἰσῆλθεν |
| Asen. | 18 | 9 | καὶ ἐν ταῖς ⟨παρειαῖς⟩ ἐρυθρὸς ὡς αἷμα υἱοῦ * ἀνθρώπου * καὶ τὰ χείλη αὐτῆς ὡς ῥόδον ζωῆς ⟨ἐξερχόμενον |
| Asen. | 19 | 5 | εἴδωλα πάντα ἀπέρριψα ἀπ' ἐμοῦ καὶ ἀπώλοντο. καὶ * ἄνθρωπος * ἦλθε πρός με ἐκ τοῦ οὐρανοῦ σήμερον καὶ ἔδωκέ |
| Asen. | 19 | 6 | ἐπὶ κύριον τὸν θεὸν τὸν ὕψιστον. καὶ εἶπέ μοι ὁ * ἄνθρωπος * πορεύσομαι καὶ πρὸς Ἰωσὴφ καὶ λαλήσω εἰς τὰ |
| Asen. | 19 | 7 | νῦν σὺ γινώσκεις κύριέ μου εἰ ἐλήλυθε πρός σε ὁ * ἄνθρωπος * ἐκεῖνος καὶ λελάληκέ σοι περὶ ἐμοῦ. καὶ εἶπεν |
| Asen. | 19 | 9 | αὐτῶν εἰς τοὺς αἰῶνας τῶν αἰώνων. διότι ὁ * ἄνθρωπος * ἐκεῖνος ἦλθε πρός με σήμερον καὶ εἶπέ μοι κατὰ |
| Asen. | 21 | 8 | ἐθνῶν καὶ ἐκήρυξε πάσῃ τῇ γῇ Αἰγύπτου λέγων πᾶς * ἄνθρωπος * ὃς ποιήσει ἔργον ἐν ταῖς ἑπτὰ ἡμέραις τῶν γάμων |
| Asen. | 21 | 17 | καὶ ἐξουθένουν πάντα ἄνδρα ἐπὶ τῆς γῆς καὶ οὐκ ἦν * ⟨ἄνθρωπος⟩ * ὃς +ἄν τι ποιήσει+ ἐνώπιόν μου. ἥμαρτον κύριε |
| Asen. | 22 | 7 | οἱ πόδες αὐτοῦ ὡσεὶ γίγαντος. ⟨καὶ ἦν Ἰακὼβ ὡς * ἄνθρωπος * ὃς ἐπάλαισε μετὰ θεοῦ.⟩ καὶ εἶδεν αὐτὸν Ἀσενὲθ |
| Asen. | 23 | 2 | σήμερον ὅτι ὑμεῖς ἐστέ ἄνδρες δυνατοὶ ὑπὲρ πάντας * ἀνθρώπους * ἐπὶ τῆς γῆς καὶ ἐν ταῖς δεξιαῖς ὑμῶν ταύταις |
| Asen. | 23 | 8 | καὶ ἀνεγίνωσκε ⟨τὰ γεγραμμένα⟩ ἐν τῇ καρδίᾳ τῶν * ἀνθρώπων. * καὶ ἐπάτησε Λευὶς τῷ ποδὶ αὐτοῦ τὸν δεξιὸν |
| Asen. | 23 | 12 | μου. οὐ προσήκει ἀνδρὶ θεοσεβεῖ ἀδικεῖν πάντα * ἄνθρωπον * κατ' οὐδένα τρόπον. ἐὰν δέ τις ἀδικῆσαι |
| Asen. | 26 | 3 | ἐπὶ τὴν σιτοδοσίαν μου καὶ δώσω ἄρτον πᾶσι τοῖς * ἀνθρώποις * καὶ οὐ μὴ φθαρήσεται ἀπὸ προσώπου κυρίου πᾶσα |
| Asen. | 28 | 5 | θεοσεβεῖς καὶ μὴ ἀποδιδόντες κακὸν ἀντὶ κακοῦ τινι * ἀνθρώπῳ. * λοιπὸν γενοῦ ἵλεως τοῖς δούλοις σου δέσποινα |
| Asen. | 28 | 7 | καὶ φοβούμενοι τὸν θεὸν καὶ αἰδούμενοι πάντα * ἄνθρωπον. * πορεύθητε δὲ εἰς τὴν ὕλην τοῦ καλάμου τούτου |
| Sal. | 2 | 9 | καὶ ἡ γῆ ἐβδελύξατο αὐτοὺς ὅτι οὐκ ἐποίησε πᾶς * ἄνθρωπος * ἐπ' αὐτῆς ὅσα ἐποίησαν. καὶ γνώσεται ἡ γῆ τὰ |
| Sal. | 2 | 28 | ὅτι ἐξουθένωσεν αὐτὸν ἐν ἀτιμίᾳ. οὐκ ἐλογίσατο ὅτι * ἄνθρωπός * ἐστιν καὶ τὸ ὕστερον οὐκ ἐλογίσατο εἶπεν ἐγὼ |
| Sal. | 4 | 7 | καὶ πενίᾳ τὴν ζωὴν αὐτοῦ ἀνακαλύψαι ὁ θεὸς τὰ ἔργα * ἀνθρώπων * ἀνθρωπαρέσκων ἐν καταγέλωτι καὶ μυκτηρισμῷ τὰ |
| Sal. | 4 | 20 | κόρακες ὑποκρινομένων ὅτι ἠρήμωσαν οἴκους πολλοὺς * ἀνθρώπων * ἐν ἀτιμίᾳ καὶ ἐσκόρπισαν ἐν ἐπιθυμίᾳ καὶ οὐκ |
| Sal. | 4 | 23 | κύριον ἐν ἀκακίᾳ αὐτῶν ὁ κύριος ῥύσεται αὐτοὺς ἀπὸ * ἀνθρώπων * δολίων καὶ ἁμαρτωλῶν καὶ ῥύσεται ἡμᾶς ἀπὸ |
| Sal. | 5 | 4 | λήψεται ἀπὸ πάντων ὧν ἐποίησας ἐὰν μὴ σὺ δῷς; ὅτι * ἄνθρωπος * καὶ ἡ μερὶς αὐτοῦ παρὰ σοῦ ἐν σταθμῷ οὐ |
| Sal. | 5 | 13 | ἐν τῷ ἀνοῖξαι χεῖρά σου ἐν ἐλέει; ἡ χρηστότης * ἀνθρώπου * ἐν φειδοῖ καὶ ἡ αὔριον καὶ ἐὰν δευτερώσῃ ἄνευ |
| Sal. | 5 | 16 | ὁ θεὸς ἐν συμμετρίᾳ αὐταρκείας ἐὰν ὑπερπλεονάσῃ ὁ * ἄνθρωπος * ἐξαμαρτάνει. ἱκανὸν τὸ μέτριον ἐν δικαιοσύνῃ |
| Sal. | 9 | 3 | τῶν ὁσίων σου ἐνώπιόν σου κύριε καὶ ποῦ κρυβήσεται * ἄνθρωπος * ἀπὸ τῆς γνώσεώς σου ὁ θεός; τὰ ἔργα ἡμῶν ἐν |
| Sal. | 9 | 4 | ἡμῶν καὶ ἐν τῇ δικαιοσύνῃ σου ἐπισκέπτῃ υἱοὺς * ἀνθρώπων. * ὁ ποιῶν δικαιοσύνην θησαυρίζει ζωὴν αὐτῷ παρὰ |
| Sal. | 10 | 4 | νόμῳ διαθήκης αἰωνίου ἡ μαρτυρία κυρίου ἐπὶ ὁδοὺς * ἀνθρώπων * ἐν ἐπισκοπῇ. δίκαιος καὶ ὅσιος ὁ κύριος ἡμῶν ἐν |
| Sal. | 14 | 8 | αὐτῶν καὶ οὐκ ἐμνήσθησαν τοῦ θεοῦ. ὅτι ὁδοὶ * ἀνθρώπων * γνωσταὶ ἐνώπιον αὐτοῦ διὰ παντὸς καὶ ταμιεῖα |
| Sal. | 15 | 2 | μὴ ἐξομολογήσασθαί σοι ἐν ἀληθείᾳ; καὶ τί δυνατὸς * ἄνθρωπος * εἰ μὴ ἐξομολογήσασθαι τῷ ὀνόματί σου; ψαλμὸν |
| Sal. | 17 | 2 | θεὸς καυχήσεται ἡ ψυχὴ ἡμῶν. καὶ τίς ὁ χρόνος ζωῆς * ἀνθρώπου * ἐπὶ τῆς γῆς; κατὰ τὸν χρόνον αὐτοῦ καὶ ἡ ἐλπὶς |
| Sal. | 17 | 7 | σπέρμα αὐτῶν ἀπὸ τῆς γῆς ἐν τῷ ἐπαναστῆναι αὐτοῖς * ἄνθρωπον * ἀλλότριον γένους ἡμῶν. κατὰ τὰ ἁμαρτήματα αὐτῶν |
| Sal. | 17 | 27 | ἐν μέσῳ αὐτῶν αὐλισθῆναι ἔτι καὶ οὐ κατοικήσει πᾶς * ἄνθρωπος * μετ' αὐτῶν εἰδὼς κακίαν γνώσεται γὰρ αὐτοὺς ὅτι |
| Jer. | 5 | 22 | λόγον. εὐθὺς δὲ ἀκούσας Ἀβιμέλεχ παρὰ τοῦ γηραιοῦ * ἀνθρώπου * εἶπεν εἰ μὴ ἧς πρεσβύτης καὶ ὅτι οὐκ ἐξὸν |
| Jer. | 5 | 23 | ἀνθρώπου εἶπεν εἰ μὴ ἧς πρεσβύτης καὶ ὅτι οὐκ ἐξὸν * ἀνθρώπῳ * ὑβρίσαι τὸν μείζονα αὐτοῦ ἐπικατεγέλων ἄν σοι |
| Jer. | 5 | 30 | εἶδεν αὐτὰ στάζοντα γάλα. ἰδὼν δὲ αὐτὰ ὁ γηραιὸς * ἄνθρωπος * εἶπεν ὦ υἱέ μου δίκαιος ἄνθρωπος εἶ σὺ καὶ οὐκ |
| Jer. | 5 | 30 | δὲ αὐτὰ ὁ γηραιὸς ἄνθρωπος εἶπεν ὦ υἱέ μου δίκαιος * ἄνθρωπος * εἶ σὺ καὶ οὐκ ἠθέλησεν ὁ θεὸς ἰδεῖν σε τὴν |
| Jer. | 5 | 33 | τῶν δικαίων ἐν παντὶ τόπῳ. εἶτα λέγει τῷ γηραιῷ * ἀνθρώπῳ * ποῖός ἐστιν ὁ μὴν οὗτος; ὁ δὲ εἶπε νισσὰν ὅ |
| Jer. | 5 | 34 | Ἀβίβ. καὶ ἐπάρας ἐκ τῶν σύκων ἔδωκε τῷ γηραιῷ * ἀνθρώπῳ * καὶ λέγει αὐτῷ ὁ θεὸς φωταγωγήσει σε εἰς τὴν ἄνω |
| Jer. | 8 | 5 | καὶ Βαρούχ καὶ Ἀβιμέλεχ λέγοντες ὅτι πᾶς * ἄνθρωπος * κοινωνῶν Βαβυλωνίταις οὐ μὴ εἰσέλθῃ εἰς τὴν |
| Bar. | 1 | 3 | ὁρῶ ἄγγελον κυρίου ἐλθόντα καὶ λέγοντά μοι σύνες ὦ * ἄνθρωπε * ἀνὴρ ἐπιθυμιῶν καὶ μὴ τοσοῦτόν σε μέλῃ περὶ τῆς |
| Bar. | 2 | 3 | ὑπέδειξέν μοι ἔνδον τοῦ οὐρανοῦ πεδίον. καὶ ἦσαν * ἄνθρωποι * κατοικοῦντες ἐν αὐτῷ ὧν τὰ πρόσωπα βοῶν τὰ δὲ |
| Bar. | 2 | 4 | ἢ τί τὸ πεδίον; ἵνα κἀγὼ ἀπαγγείλω τοῖς υἱοῖς τῶν * ἀνθρώπων. * καὶ εἶπέν μοι ὁ ἄγγελος οὗ τὸ ὄνομα αὐτοῦ |
| Bar. | 2 | 7 | εἶπον δὲ ἐγὼ δέομαί σου δεῖξόν μοι τί εἰσιν οἱ * ἄνθρωποι * οὗτοι; καὶ εἶπέν μοι οὗτοί εἰσιν οἱ τὸν πύργον |
| Bar. | 3 | 3 | καὶ ἔδειξέν μοι κἀκεῖ πεδίον καὶ ἦν πλῆρες * ἀνθρώπων * ἡ δὲ θεωρία αὐτῶν ὁμοία κυνῶν οἱ δὲ πόδες |
| Bar. | 4 | 15 | ὥσπερ ὑπ' αὐτοῦ τὴν καταδίκην ἔλαβεν τὸ γένος τῶν * ἀνθρώπων * πάλιν διὰ Ἰησοῦ Χριστοῦ τοῦ Ἐμμανουὴλ ἐν αὐτῷ |
| Bar. | 4 | 16 | καὶ τῆς δόξης θεοῦ ἐγυμνώθη οὕτως καὶ οἱ νῦν * ἄνθρωποι * τὸν ἐξ αὐτοῦ γεννώμενον οἶνον ἀπλήστως δρῶντες |
| Bar. | 6 | 2 | τετραέλαστον ὃ ἦν ὑπόπυρον. καὶ ἐπὶ τοῦ ἅρματος * ἄνθρωπος * καθήμενος φορῶν στέφανον πυρὸς ἐλαυνόμενον τὸ |
| Bar. | 6 | 6 | ἀκτῖνας αὐτοῦ εἰ μὴ γὰρ ταύτας ἐδέχετο οὐκ ἂν τῶν * ἀνθρώπων * γένος ἐσώζετο οὔτε ἕτερόν τι ζῷον ἀλλὰ |
| Bar. | 8 | 5 | ὁ ἄγγελος θεωρῶν τὰς ἀνομίας καὶ τὰς ἀδικίας τῶν * ἀνθρώπων * ἤγουν πορνείας μοιχείας κλοπὰς ἁρπαγὰς |
| Bar. | 10 | 8 | καὶ εἶπον ἐγὼ Βαρούχ κύριε καὶ πῶς λέγουσιν οἱ * ἄνθρωποι * ὅτι ἀπὸ τῆς θαλάσσης ἐστὶ τὸ ὕδωρ ὅπερ βρέχει; |
| Bar. | 11 | 4 | ὁ ἀρχιστράτηγος Μιχαὴλ ἵνα δέξηται τὰς δεήσεις τῶν * ἀνθρώπων. * καὶ ἰδοὺ ἦλθεν φωνὴ ἀνοιγήτωσαν αἱ πύλαι. καὶ |
| Bar. | 13 | 1 | ἴδε ἡμᾶς μεμελανωμένους κύριε ὅτι πονηροῖς * ἀνθρώποις * παρεδόθημεν καὶ θέλομεν ὑποχωρῆσαι ὑπ' αὐτῶν. |
| Bar. | 13 | 3 | ἡμῶν μετάθες ἡμᾶς ἀπ' αὐτῶν ὅτι οὐ δυνάμεθα * ἀνθρώποις * πονηροῖς καὶ ἄφροσι προσμένειν ὅτι οὐκ ἔστιν |
| Bar. | 14 | 2 | φωνή; καὶ εἶπέν μοι ἄρτι προσφέρει Μιχαὴλ τὰς τῶν * ἀνθρώπων * ἀρετὰς τῷ θεῷ. καὶ αὐτῇ τῇ ὥρᾳ κατῆλθεν ὁ |
| Bar. | 15 | 3 | μισθὸν καθὼς ἠνέγκατε καὶ ἀπόδοτε τοῖς υἱοῖς τῶν * ἀνθρώπων. * εἶτα λέγει καὶ τοῖς τὰ γέμοντα ἐνεγκοῦσι καὶ |
| Bar. | 16 | 1 | καὶ μὴ κλαίετε μηδὲ ἐάσατε τοὺς υἱοὺς τῶν * ἀνθρώπων. * ἀλλ' ἐπειδὴ παρώργισάν με ἐν τοῖς ἔργοις αὐτῶν |
| Prop. | 4 | 10 | Βεημὼθ ἐπεγίνετο αὐτῷ καὶ ἐλάνθανεν ὅτι γέγονεν * ἄνθρωπος * ἤρθη ἡ γλῶσσα αὐτοῦ τοῦ μὴ λαλεῖν καὶ νοῶν |
| Prop. | 4 | 13 | αὐτοῦ ἐν προσευχῇ ἦν περὶ αὐτοῦ ἔλεγεν ὅτι πάλιν * ἄνθρωπος * γενήσεται καὶ ἠπίστουν αὐτῷ. ὁ Δανιὴλ τὰ ἑπτὰ |
| Prop. | 4 | 21B | καθαρὸν ἐξελεύσεται τότε ἐπὶ γῆς ὁ θεὸς φανεὶς ὡς * ἄνθρωπος * καὶ εἰς ἑαυτὸν ἀναδέξεται ἀνομίας τῆς γῆς ἐν τῷ |
| Prop. | 24 | 1 | δήλων ἀποκριθῆναι τῷ λαῷ ὡς τὸ πρίν. ⟨( Ἰαδώκ). * ἄνθρωπος * τοῦ θεοῦ ὁ ἐλθὼν ἐκ γῆς Ἰούδα εἰς Ἱερουσαλὴμ |
| Esdr. | 1 | 6 | τὸ γένος τῶν Χριστιανῶν καλὸν μὴ γεννηθῆναι τὸν * ἄνθρωπον * ἢ εἰσελθεῖν ἐν τῷ κόσμῳ. ἀνελήφθην οὖν εἰς τὸν |
| Esdr. | 1 | 20 | θησαυρὸν τὸ κειμήλιον τῆς παρθένου τὸ τεῖχος τῶν * ἀνθρώπων. * καὶ εἶπεν Ἐσδρὰμ καλὸν τὸ μὴ γεννηθῆναι τὸν |
| Esdr. | 1 | 21 | καὶ εἶπεν Ἐσδρὰμ καλὸν τὸ μὴ γεννηθῆναι τὸν * ἄνθρωπον * καλὸν τὸ μὴ εἶναι ἐν βίῳ τὰ ἄλογα κάλλιόν εἰσιν |
| Esdr. | 1 | 22 | τὸ μὴ εἶναι ἐν βίῳ τὰ ἄλογα κάλλιόν εἰσιν παρὰ τὸν * ἄνθρωπον * ὅτι κόλασιν οὐκ ἔχουσιν ἡμᾶς δὲ ἔπλασας καὶ εἰς |
| Esdr. | 2 | 2 | οἱ ἀπόστολοι πάντες καὶ εἶπον χαῖρε πιστὲ τοῦ θεοῦ * ἄνθρωπε. * ⟨καὶ εἶπεν Ἐσδρὰμ⟩ ἀνάστα καὶ δεῦρο μετ' ἐμοῦ |
| Esdr. | 3 | 3 | καὶ εἶπεν ὁ θεὸς προφῆτά μου ἐκλεκτὲ οὐδεὶς * ἄνθρωπος * γνώσεται τὴν ἡμέραν ἐκείνην τὴν μεγάλην καὶ |
| Esdr. | 3 | 6 | τὴν κοιλάδα τοῦ Ἰωσαφὰτ καὶ ἐξαλείψω τὸ γένος τῶν * ἀνθρώπων * καὶ οὐκέτι ᾖ κόσμος. καὶ εἶπεν ὁ προφήτης καὶ |
| Esdr. | 3 | 9 | κύριε εἰ ἐλογίζου ταῦτα διά τί ἔπλασας τὸν * ἄνθρωπον; * σὺ εἶπας πρὸς Ἀβραὰμ τὸν πατέραν ἡμῶν |
| Esdr. | 3 | 11 | θεὸς πρῶτον ποιήσω σεισμοὺς πτῶσιν τετραπόδων καὶ * ἀνθρώπων * καὶ ὅταν ἴδητε ὅτι ἀδελφὸς ἀδελφὸν παραδίδει |
| Esdr. | 3 | 15 | τὸν κύριον αὐτὸς ἀναβήσεται γὰρ ὁ ἐπικείμενος τοῖς * ἀνθρώποις * ἀπὸ τῶν ταρτάρων καὶ ἐνδείξεται πολλὰ τοῖς |
| Esdr. | 3 | 15 | ἀπὸ τῶν ταρτάρων καὶ ἐνδείξεται πολλὰ τοῖς * ἀνθρώποις. * τί σε ποιῶ Ἐσδρὰμ καὶ δικάζῃ μετ' ἐμοῦ; καὶ |
| Esdr. | 4 | 16 | πολλοὺς οὓς οὐκ ἠδυνήθην μετρῆσαι. καὶ ἴδον ἐκεῖ * ἀνθρώπους * γεραιοὺς καὶ στρόφιγγες πυρώμενοι εἰς τὰ ὦτα |
| Esdr. | 4 | 22 | καὶ ἀπήγαγόν με ἐπὶ τὴν μεσημβρίαν καὶ ἴδον ἐκεῖ * ἄνθρωπον * κρεμάμενον ἐκ τῶν βλεφάρων καὶ οἱ ἄγγελοι |
| Esdr. | 4 | 25 | καὶ ἀπήγαγόν με ἐπὶ βορρᾶν καὶ ἴδον ἐκεῖ * ἄνθρωπον * σιδηροῖς μοχλοῖς κατεχόμενον. καὶ ἐπηρώτησα τίς |

| | | | | | |
|---|---|---|---|---|---|
| Esdr. | 4 | 28 | μοι ποῖον σχῆμά ἐστιν κἀγὼ παραγγέλλω τὸ γένος τῶν | * ἀνθρώπων * | ἵνα μὴ πιστεύσωσιν αὐτῷ. καὶ εἶπέν μοι τὸ εἶδος |
| Esdr. | 4 | 34 | κύριε καὶ πῶς σὺ ἀφεὶς καὶ πλανᾶται τὸ γένος τῶν | * ἀνθρώπων; * | καὶ εἶπεν ὁ θεὸς ἄκουσον προφῆτά μου καὶ |
| Esdr. | 4 | 43 | τὴν γῆν καὶ σὺν αὐτῇ τὸν ἀντάρτην τοῦ γένους τῶν | * ἀνθρώπων. * | καὶ εἶπεν ὁ προφήτης ἐλέησον δέσποτα τὸ γένος |
| Esdr. | 5 | 9 | ἔκλαυσα πικρῶς καὶ εἶπον καλὸν τοῦ μὴ ἐξελθεῖν τὸν | * ἄνθρωπον * | ἐκ κοιλίας μητρὸς αὐτοῦ. οἱ δὲ ὄντες ἐν τῇ |
| Esdr. | 5 | 12 | καταβάλλει τὸν σπόρον τοῦ σίτου τῇ γῇ οὕτως καὶ ὁ | * ἄνθρωπος * | καταβάλλει τὸ σπέρμα αὐτοῦ ἐν τῇ χώρᾳ τῆς |
| Esdr. | 5 | 14 | ὁ προφήτης κύριε εἰ καλὸν τοῦ μὴ γεννηθῆναι τὸν | * ἄνθρωπον * | οὐαὶ τὸ ⟨γένος τὸ⟩ ἀνθρώπινον τότε ὅταν εἰς |
| Esdr. | 5 | 16 | καὶ εἶπον πρὸς τὸν δεσπότην κύριε τί ἔπλασας τὸν | * ἄνθρωπον * | καὶ εἰς κρίσιν παρέδωκας; καὶ εἶπεν ὁ θεὸς |
| Esdr. | 5 | 19 | καὶ εἶπεν ὁ θεὸς ἐγὼ πάντα κατεσκεύασα διὰ τὸν | * ἄνθρωπον * | καὶ ὁ ἄνθρωπος τὰς ἐντολάς μου οὐ φυλάττει. καὶ |
| Esdr. | 5 | 19 | θεὸς ἐγὼ πάντα κατεσκεύασα διὰ τὸν ἄνθρωπον καὶ ὁ | * ἄνθρωπος * | τὰς ἐντολάς μου οὐ φυλάττει. καὶ εἶπεν ὁ |
| Esdr. | 5 | 24 | καὶ τὰς αἰωνίους κρίσεις. καὶ εἶδον ἐκεῖ | * ἄνθρωπον * | κρεμάμενον ἐκ τοῦ κρανίου καὶ εἶπον τίς ἐστιν |
| Esdr. | 5 | 26 | πρὸς τὸν δεσπότην ὦ δέσποτα κύριε καὶ τίς ἄρα | * ἄνθρωπος * | γεννηθεὶς οὐχ ἥμαρτε; καὶ κατήγαγόν με |
| Esdr. | 5 | 28 | τοὺς ἁμαρτωλοὺς ἔκλαυσα κἀγὼ ὁρῶν τὸ γένος τῶν | * ἀνθρώπων * | οὕτως κολαζομένους. τότε λέγει μοι ὁ θεὸς |
| Esdr. | 6 | 18 | ἐμοῦ τίς σοι λείψει δικάζεσθαι ὑπὲρ τοῦ γένους τῶν | * ἀνθρώπων; * | καὶ εἶπεν ὁ θεὸς θνητὸς ὢν καὶ ἐκ γῆς μὴ |
| Esdr. | 7 | 2 | τὸν Ἀδὰμ ἐκ τοῦ ᾅδου ἀνεκαλεσάμην ἵνα τὸ τῶν | * ἀνθρώπων * | γένος μὴ οὖν φοβηθῇ τὸν θάνατον. τὸ γὰρ ἐξ ἐμοῦ |
| Sedr. | 3 | 3 | τί ἐποίησας τὴν γῆν; λέγει αὐτῷ ὁ κύριος διὰ τὸν | * ἄνθρωπον. * | λέγει Σεδρὰχ καὶ διά τί ἐποίησας τὴν θάλασσαν; |
| Sedr. | 3 | 5 | πᾶν ἀγαθὸν ἐπὶ τῆς γῆς; λέγει ὁ κύριος διὰ τὸν | * ἄνθρωπον. * | λέγει αὐτῷ Σεδρὰχ εἰ ταῦτα ἐποίησας διά τί |
| Sedr. | 3 | 7 | διά τί ἀπώλεσας αὐτόν; εἶπεν δὲ ὁ κύριος ὁ | * ἄνθρωπος * | ἔργον μου ἐστίν καὶ πλάσμα τῶν χειρῶν μου καὶ |
| Sedr. | 4 | 2 | παίδευσίς σου πικροί εἰσιν κύριέ μου καλὸν ἦν τοῦ | * ἀνθρώπου * | εἰ οὐκ ἐγεννήθη τί τάχα ἐποίησας κύριέ μου; διά |
| Sedr. | 4 | 3 | ἐκοπίασας τὰς ἀχράντους σοῦ χεῖρας καὶ ἔπλασας τὸν | * ἄνθρωπον * | ἐπεὶ οὐκ ἤθελες ἐλεῆσαι αὐτόν; λέγει αὐτὸν ὁ |
| Sedr. | 5 | 4 | προσῆλθεν τῶν χειρῶν σου τὸ πλαστούργημα; ἐὰν τὸν | * ἄνθρωπον * | ἠγάπησας τὸν διάβολον διά τί οὐκ ἐφόνευσας τὸν |
| Sedr. | 5 | 5 | αὐτὸς δὲ ὡς καπνὸς εἰσέρχεται εἰς τὰς καρδίας τῶν | * ἀνθρώπων * | ⟨καὶ⟩ διδάσκει αὐτοὺς πᾶσαν ἁμαρτίαν αὐτός σε |
| Sedr. | 5 | 6 | αὐτός σε τὸν ἀθάνατον θεὸν πολεμεῖ ὁ δὲ ἐλεεινὸς | * ἄνθρωπος * | τί ἄρα ἔχει ποιῆσαι αὐτῷ; ἀλλὰ ἐλέησον δέσποτα |
| Sedr. | 7 | 1 | λέγει αὐτῷ Σεδρὰχ σὺ δέσποτα ἔπλασας τὸν | * ἄνθρωπον * | οἶδας ποταπῆς βουλῆς ἦν καὶ ποταπῆς γνώσεώς |
| Sedr. | 7 | 1 | ἦν καὶ ποταπῆς γνώσεώς ἐσμεν καὶ προφασίζεις τὸν | * ἄνθρωπον * | εἰς τὴν κόλασιν ἀλλ' ἔκβαλον αὐτὸν μὴ γὰρ ἐγὼ |
| Sedr. | 7 | 3 | ἐγὼ μόνος γεμίσω τὰ ἐπουράνια; εἰ ⟨δὲ μὴ⟩ καὶ τὸν | * ἄνθρωπον * | σῶσον κύριε σοῦ θελήματος ἥμαρτεν κύριε |
| Sedr. | 7 | 3 | σῶσον κύριε σοῦ θελήματος ἥμαρτεν κύριε ἐλεεινὸς | * ἄνθρωπος. * | ⟨λέγει αὐτῷ ὁ θεός⟩ τί ἀπέβαλες λόγους πρός με |
| Sedr. | 7 | 8 | ὁ λόγος οὐδέποτε ψεύδεται καὶ διά τί ἀποδίδως τὸν | * ἄνθρωπον; * | ἢ οὐ θέλεις κακὸν ἀντὶ κακοῦ; ἐγὼ οἶδα ὅτι |
| Sedr. | 7 | 11 | ἀπόστειλον τοῦ φυλάξαι αὐτοὺς καὶ ὅταν κινήσῃ ὁ | * ἄνθρωπος * | πρὸς τὴν ἁμαρτίαν τὸν πόδα αὐτοῦ τὸν ἕνα |
| Sedr. | 8 | 3 | δέσποτα ὅτι εἰς τὰ κτήματά σου πρῶτον ἠγάπησας τὸν | * ἄνθρωπον * | εἰς τὰ τετράποδα τὸ πρόβατον εἰς τὰ ξύλα τὴν |
| Sedr. | 8 | 4 | πόλεις τὴν Ἱερουσαλὴμ καὶ ταῦτα πάντα ἀγαπᾷ καὶ ὁ | * ἄνθρωπος * | δέσποτά μου. λέγει ὁ θεὸς τὸν Σεδρὰχ ἐρωτῶ σε |
| Sedr. | 8 | 7 | αὐτῷ κύριος ὁ θεὸς⟩ ἀφ' ἧς ἐποίησα τὰ πάντα πόσοι | * ἄνθρωποι * | ἐγεννήθησαν καὶ πόσοι ἀπέθανον καὶ πόσοι θέλουν |
| Sedr. | 8 | 12 | ταῦτα πάντα μόνον δέομαί σου ἐλευθέρωσον τὸν | * ἄνθρωπον * | ἐκ τὴν κόλασιν εἰ δὲ μήγε ἀπέρχομαι καὶ ἐγὼ εἰς |
| Sedr. | 12 | 4 | ὁ Σεδρὰχ⟩ ἔτη ὀγδοήκοντα ⟨ἢ⟩ ἐνενήκοντα ἐὰν ζήσῃ | * ἄνθρωπος * | ἢ ἑκατὸν καὶ ζήσῃ αὐτοὺς ἐν ἁμαρτίαις καὶ πάλιν |
| Sedr. | 12 | 4 | αὐτοὺς ἐν ἁμαρτίαις καὶ πάλιν ἐπιστρέψῃ καὶ ζήσῃ | * ἄνθρωπος * | ἐν μετανοίᾳ πόσας ἡμέρας μετανοήσας ἀφίεις |
| Sedr. | 13 | 3 | ἔτη. λέγει αὐτὸν ὁ θεὸς ἐὰν μετὰ ἑκατὸν ἔτη ζήσῃ | * ἄνθρωπος * | καὶ μνησθῇ τὸν θάνατον αὐτοῦ καὶ ὁμολογήσῃ |
| Sedr. | 13 | 3 | τὸν θάνατον αὐτοῦ καὶ ὁμολογήσῃ ἔμπροσθεν τῶν | * ἀνθρώπων * | καὶ εὕρω αὐτὸν μετὰ χρόνον ἀφίω πάσας τὰς |
| Sedr. | 14 | 2 | ἡμᾶς πῶς δεῖ καὶ ἐν ποίᾳ μετανοίᾳ σωθήσεται ὁ | * ἄνθρωπος * | καὶ ἐν ποίῳ κόπῳ; ⟨λέγει ὁ θεὸς⟩ ἐν μετανοίαις |
| Sedr. | 16 | 1 | ἀμετανόητος. λέγει κύριος τὸν Σεδρὰχ ἐποίησα τὸν | * ἄνθρωπον * | ἐν τρισὶ τάξεσιν ὅτε ἐστίν νέος ὡς νέου αὐτοῦ |
| Job | 3 | 6 | ἐστιν ὁ τόπος τοῦ Σατανᾶ ἐν ᾧ ἀπατηθήσονται οἱ | * ἄνθρωποι, * | δός μοι ἐξουσίαν ἵνα ἀπελθὼν καθαρίσω αὐτοῦ |
| Job | 12 | 3 | παρ' ἐμοῦ λέγοντος ἐπίσταμαι ὅτι ἐργάτης εἶ | * ἄνθρωπος * | προσδοκῶν καὶ ἀναμένων σου τὸν μισθὸν ἀνάγκην |
| Job | 23 | 2 | μου καὶ αἰτῆσαι ἄρτον, νομίζουσα εἶναι αὐτὸν | * ἄνθρωπον. * | καὶ ὁ Σατανᾶς ἔλεγεν αὐτῇ παράσχου τὸ τίμημα |
| Job | 35 | 1 | ἐκράτησεν αὐτὸν λέγων ὅτι οὐχ οὕτως δεῖ λαλῆσαι | * ἀνθρώπῳ * | πενθοῦντι, οὐ μόνον ἀλλὰ καὶ ἐν πληγαῖς πολλαῖς |
| Job | 42 | 2 | ὑποδείξας μοι τὸν ἐν αὐτῷ λαλήσαντα μὴ εἶναι | * ἄνθρωπον * | ἀλλὰ θηρίον. τοῦ δὲ κυρίου λαλήσαντός μοι διὰ |
| Job | 46 | 7 | τὰς τρεῖς χορδὰς τὰς ποικίλας ὡς μὴ δύνασθαί τινα | * ἄνθρωπον * | λαλῆσαι περὶ τῆς εἰδέας αὐτῶν, ἐπεὶ μὴ εἶναι |
| Job | 53 | 4 | ἡ ἔνδυσις τῶν χηρῶν. τίς λοιπὸν οὐ κλαύσει ἐπὶ τὸν | * ἄνθρωπον * | τοῦ θεοῦ; ἅμα τε ἤνεγκαν τὸ σῶμα πρὸς τὸν |
| Aris. | 2 | 1 | ἣν ἔχεις φιλομαθῆ διάθεσιν ὅπερ μέγιστόν ἐστιν | * ἀνθρώπῳ * | προσμανθάνειν ἀεί τι καὶ προσλαμβάνειν ἤτοι κατὰ |
| Aris. | 5 | 3 | ἔχοντα πρόσκλισιν πρὸς τὴν σεμνότητα καὶ τὴν τῶν | * ἀνθρώπων * | διάθεσιν τῶν κατὰ τὴν σεμνὴν νομοθεσίαν |
| Aris. | 16 | 6 | ἡγεῖσθαί τε καὶ κυριεύειν. ὑπερηρκὼς δὲ σύμπαντας | * ἀνθρώπους * | τῇ λαμπρότητι τῆς ψυχῆς ἀπόλυσιν ποιῆσαι τῶν |
| Aris. | 17 | 4 | ἅπαντας ἀπολυθῆναι κτίσμα γὰρ ὂν θεοῦ τὸ γένος τῶν | * ἀνθρώπων * | καὶ μεταλλοιοῦται καὶ τρέπεται πάλιν ὑπ' αὐτοῦ |
| Aris. | 18 | 2 | ἐπιτελέσαι μεγάλην γὰρ εἶχον ἐλπίδα περὶ σωτηρίας | * ἀνθρώπων * | προτιθέμενος λόγον ὅτι τὴν ἐπιτέλειαν ὁ θεὸς |
| Aris. | 18 | 4 | καὶ καλῶν ἔργων ἐπιμέλειαν ἐν ὁσιότητι νομίζουσιν | * ἄνθρωποι * | ποιεῖν κατευθύνει τὰς πράξεις καὶ τὰς ἐπιβολὰς |
| Aris. | 23 | 7 | ὠφέλεια διὸ παντελῶς ἀνεπιεικής ἐστι καὶ ἡ τῶν | * ἀνθρώπων * | καταδυναστεία. πᾶσιν οὖν ἀνθρώποις τὸ δίκαιον |
| Aris. | 24 | 1 | ἐστι καὶ ἡ τῶν ἀνθρώπων καταδυναστεία. πᾶσιν οὖν | * ἀνθρώποις * | τὸ δίκαιον ἀπονέμειν ὁμολογούμενοι πολλῷ δὲ |
| Aris. | 95 | 2 | τε πᾶσα σιγὴ καθέστηκεν ὥσθ' ὑπολαμβάνειν μηθ' ἕνα | * ἄνθρωπον * | ἐν τῷ τόπῳ παρεῖναι πρὸς τοὺς ἑπτακοσίους |
| Aris. | 99 | 4 | ἐκτὸς τοῦ κόσμου καὶ διαβεβαιοῦμαι πάντα | * ἄνθρωπον * | προσελθόντα τῇ θεωρίᾳ τῶν προειρημένων εἰς |
| Aris. | 104 | 4 | πρᾶγμα ὄντας πεντακοσίους μὴ παραδέξασθαι πλεῖον | * ἀνθρώπων * | πέντε κατὰ τὸ αὐτὸ τοῦ γὰρ ἱεροῦ τὴν πᾶσαν |
| Aris. | 108 | 5 | ἱλαροῦσθαι νενευκότων καὶ τῇ κατασκευῇ πάντας | * ἀνθρώπους * | ἐπὶ τὰς ἡδονὰς εὐκαταφόρους εἶναι. τοῦτο δὲ |
| Aris. | 124 | 4 | τὸ μεταπέμπεσθαι καθ' ὃν ἂν τόπον ὀνομασθῇ τις | * ἄνθρωπος * | διαφέρων ἀγωγῇ καὶ φρονήσει παρ' ἑτέρους. |
| Aris. | 126 | 2 | αὐτοῦ. καὶ δι' ὅρκων ἐπιστοῦτο μὴ προΐεσθαι τοὺς | * ἀνθρώπους * | εἴ τις ἑτέρα χρεία πρὸς τὰ κατ' ἰδίαν αὐτῷ |
| Aris. | 130 | 3 | διότι κακοῖς ὁμιλήσαντες διαστροφὰς ἐπιλαμβάνουσιν | * ἄνθρωποι * | καὶ ταλαίπωροι δι' ὅλου τοῦ ζῆν εἰσιν ἐὰν δὲ |
| Aris. | 132 | 4 | καὶ οὐθὲν αὐτὸν λανθάνει τῶν ἐπὶ γῆς γινομένων ὑπ' | * ἀνθρώπων * | κρυφίως ἀλλ' ὅσα ποιεῖ τις αὐτῷ φανερὰ |
| Aris. | 134 | 2 | ταύτην καὶ δείξας ὅτι πάντες οἱ λοιποὶ παρ' ἡμᾶς | * ἄνθρωποι * | πολλοὺς θεοὺς εἶναι νομίζουσιν αὐτοὶ |
| Aris. | 137 | 3 | ἔτι καὶ νῦν εὑρεματικώτεροι καὶ πολυμαθέστεροι τῶν | * ἀνθρώπων * | τῶν πρὶν εἰσι πολλοὶ καὶ οὐκ ἂν φθάνοιεν αὐτοὺς |
| Aris. | 140 | 3 | ἐγκεκυφότες εἰς πολλὰ καὶ μετεσχηκότες πραγμάτων | * ἀνθρώπους * | θεοῦ προσονομάζουσιν ἡμᾶς ὃ τοῖς λοιποῖς οὐ |
| Aris. | 140 | 5 | μή τις σέβεται τὸν κατὰ ἀλήθειαν θεὸν ἀλλ' εἰσὶν | * ἄνθρωποι * | βρωτῶν καὶ ποτῶν καὶ σκέπης ἡ γὰρ πᾶσα διάθεσις |
| Aris. | 146 | 6 | καὶ τοὺς ἄρνας καὶ ἐρίφους ἀναρπάζουσι καὶ τοὺς | * ἀνθρώπους * | δὲ ἀδικοῦσι νεκρούς τε καὶ ζῶντας. παράσημον |
| Aris. | 151 | 5 | διὰ τούτων ἔτι δὲ καὶ διότι παρὰ πάντας | * ἀνθρώπους * | διεστάλμεθα. οἱ γὰρ πλείονες τῶν λοιπῶν |
| Aris. | 152 | 2 | ἀνθρώπους διεστάλμεθα. οἱ γὰρ πλείονες τῶν λοιπῶν | * ἀνθρώπων * | ἑαυτοὺς μολύνουσιν ἐπιμισγόμενοι συντελοῦντες |
| Aris. | 164 | 3 | τροφὴν ἀλλὰ καὶ εἰς τὸ παντελῶς ἄχρηστον γίνεσθαι | * ἀνθρώπῳ * | ὅ,τι ἂν δή ποτ' οὖν ἐπιβάληται κακοποιεῖν. τό τε |
| Aris. | 166 | 2 | δὲ τῷ στόματι. καὶ διὰ τοῦτο ὁ τοιοῦτος τρόπος τῶν | * ἀνθρώπων * | ἀκάθαρτός ἐστιν ὅσα γὰρ δι' ἀκοῆς λαβόντες |
| Aris. | 167 | 4 | ὁ δὲ τούτους γὰρ καὶ λέγω ἡ γὰρ ἐπαγρύπνησις | * ἀνθρώπων * | ἀπωλείᾳ ἀνόσιος. ὁ δὲ νόμος ἡμῶν κελεύει μήτε |
| Aris. | 168 | 7 | ἐν ταῖς πράξεσιν ἀσκῶμεν δικαιοσύνην πρὸς πάντας | * ἀνθρώπους * | μεμνημένοι τοῦ δυναστεύοντος θεοῦ. περὶ βρωτῶν |
| Aris. | 169 | 3 | πᾶς λόγος ἀνατείνει πρὸς δικαιοσύνην καὶ τὴν τῶν | * ἀνθρώπων * | συναναστροφὴν δικαίαν. ἐμοὶ μὲν οὖν καλῶς |
| Aris. | 174 | 4 | πάντας ἀπολῦσαι τοὺς ἐπὶ τῶν χρειῶν καλεῖν δὲ τοὺς | * ἀνθρώπους. * | οὗ πᾶσι παραδόξου φανέντος διὰ τὸ κατὰ ἔθος |
| Aris. | 183 | 1 | ὃ καὶ περὶ τούτους ἐγεγόνει. προσεχέστατος γὰρ ὢν | * ἄνθρωπος * | ὁ Δωρόθεος εἶχε τὴν τῶν τοιούτων προστασίαν. |
| Aris. | 190 | 5 | τοῦτο πράξεις ἐπιβλέπων ὡς ὁ θεὸς εὐεργετεῖ τὸ τῶν | * ἀνθρώπων * | γένος ὁ ὑγείαν αὐτοῖς καὶ τροφὴν καὶ τὰ λοιπὰ |
| Aris. | 197 | 4 | πρόληψιν λαμβάνοις ὅτι γέγοναν ὑπὸ τοῦ θεοῦ πάντες | * ἄνθρωποι * | μετασχεῖν τῶν μεγίστων κακῶν ὡσαύτως δὲ καὶ |
| Aris. | 197 | 5 | μεγίστων κακῶν ὡσαύτως δὲ καὶ ἀγαθῶν καὶ οὐκ ἔστιν | * ἄνθρωπον * | ὄντα τούτων ἀμιγῆ γενέσθαι ὁ θεὸς δὲ τὴν |
| Aris. | 201 | 3 | καὶ ὑπειληφότων ὀρθῶς τοῦτο ὅτι θεόκτιστόν ἐστιν | * ἄνθρωπος * | ἀκολουθεῖ πᾶσαν δυναστείαν καὶ λόγου καλλονὴν |
| Aris. | 206 | 3 | ὅτι μεγάλην αἰσχύνην ἐπιφέρει τὸ ψεῦδος πᾶσιν | * ἀνθρώποις * | πολλῷ δὲ μᾶλλον τοῖς βασιλεῦσιν ἐξουσίαν γὰρ |
| Aris. | 207 | 6 | τοὺς ἁμαρτάνοντας εἰ τοὺς καλοὺς καὶ ἀγαθοὺς τῶν | * ἀνθρώπων * | ἐπιεικέστερον νουθετοῖς καὶ γὰρ ὁ θεὸς τοὺς |
| Aris. | 207 | 7 | ἐπιεικέστερον νουθετοῖς καὶ γὰρ ὁ θεὸς τοὺς | * ἀνθρώπους * | ἅπαντας ἐπιεικείᾳ ἄγει. ἐπαινέσας αὐτὸν τῷ |
| Aris. | 208 | 3 | μεγίσταις αὔξει τε καὶ γεννᾶται τὸ τῶν | * ἀνθρώπων * | γένος ὅθεν οὔτε εὐκόπως δεῖ κολάζειν οὔτε |
| Aris. | 208 | 5 | οὔτε αἰκίαις περιβάλλειν γινώσκων ὅτι τὸ τῶν | * ἀνθρώπων * | ζῆν ἐν ὀδύναις τε καὶ τιμωρίαις καθέστηκεν. |
| Aris. | 210 | 5 | οὐθὲν ἂν λάθοι ἄδικον ποιήσας ἢ κακὸν ἐργασάμενος | * ἄνθρωπος * | ὡς γὰρ θεὸς εὐεργετεῖ τὸν ὅλον κόσμον οὕτως καὶ |
| Aris. | 211 | 6 | δὲ ἀπροσδεής ἐστι καὶ ἐπιεικής. καὶ σὺ καθόσον | * ἄνθρωπος * | ἐννόει καὶ μὴ πολλῶν ὀρέγου τῶν δὲ ἱκανῶν πρὸς |
| Aris. | 220 | 3 | μετὰ φιλοφροσύνης ἐπὶ πλείονα χρόνον τοὺς | * ἀνθρώπους * | καθυπνοῦν παρεκάλουν. καὶ τὰ μὲν πρὸς τούτους |
| Aris. | 222 | 3 | καὶ μὴ συγκαταφέρεσθαι ταῖς ὁρμαῖς. πᾶσι γὰρ | * ἀνθρώποις * | φυσικὸν εἶναι τὸ πρός τι τὴν διάνοιαν ῥέπειν |
| Aris. | 225 | 4 | τῶν ἐχθρῶν; ὁ δὲ εἶπεν ἠσκηκὼς πρὸς πάντας | * ἀνθρώπους * | εὔνοιαν καὶ κατεργασάμενος φιλίας λόγον |
| Aris. | 225 | 5 | οὐθενὸς ἂν ἔχοις τὸ δὲ κεχαριτῶσθαι πρὸς πάντας | * ἀνθρώπους * | καὶ καλὸν δῶρον εἰληφέναι παρὰ θεοῦ τοῦτ' ἔστι |
| Aris. | 228 | 7 | ἴσον τῇ ψυχῇ τὸν φίλον. σὺ δὲ καλῶς ποιεῖς ἅπαντας | * ἀνθρώπους * | εἰς φιλίαν πρὸς ἑαυτὸν καθιστῶν. παρακαλέσας |
| Aris. | 240 | 4 | τοῖς νομοθετήσασι πρὸς τὸ σῴζεσθαι τοὺς βίους τῶν | * ἀνθρώπων * | ἀκόλουθος εἴης ἂν αὐτοῖς. ἀποδεξάμενος δὲ αὐτὸν |
| Aris. | 244 | 2 | ἔχοι τὸν ὀρθὸν λόγον; ὁ δὲ εἶπεν εἰ τὰ τῶν | * ἀνθρώπων * | ἀτυχήματα διὰ παντὸς ἐπιβλέποι γινώσκων ὅτι ὁ |
| Aris. | 257 | 6 | τὸ ταπεινούμενον προσδέχεται κατὰ φύσιν καὶ τὸ τῶν | * ἀνθρώπων * | γένος τοὺς ὑποτασσομένους φιλανθρωπεῖ. |
| Aris. | 259 | 2 | χρείαν. διανοούμενος γὰρ ὡς θεὸς πολυωρεῖ τὸ τῶν | * ἀνθρώπων * | γένος χορηγῶν αὐτοῖς καὶ ὑγείαν καὶ εὐαισθησίαν |
| Aris. | 263 | 3 | τηροῖ καὶ παρ' ἕκαστον ἑαυτὸν ὑπομιμνήσκοι καθὼς | * ἄνθρωπος * | ὢν ἀνθρώπων ἡγεῖται. καὶ ὁ θεὸς τοὺς |
| Aris. | 263 | 3 | παρ' ἕκαστον ἑαυτὸν ὑπομιμνήσκοι καθὼς ἄνθρωπος ὢν | * ἀνθρώπων * | ἡγεῖται. καὶ ὁ θεὸς τοὺς ὑπερηφάνους καθαιρεῖ |
| Aris. | 268 | 7 | καὶ τὸ πρὸς ἑαυτοὺς συμφέρον λυποῦνται πάντες | * ἄνθρωποι. * | τὸ δ' ἐκφυγεῖν πᾶν κακὸν θεοῦ δυνάμει γίνεται. |
| Aris. | 277 | 2 | ἐπηρώτα διά τί τὴν ἀρετὴν οὐ παραδέχονται τῶν | * ἀνθρώπων * | οἱ πλείονες; ὅτι φυσικῶς ἅπαντες εἶπεν ἀκρατεῖς |
| Aris. | 279 | 4 | ἵνα δικαιοπραγοῦντες ἀνακτῶνται τοὺς βίους τῶν | * ἀνθρώπων * | καθὼς σὺ τοῦτο πράσσων ἀέννασν μνήμην |
| Aris. | 282 | 2 | αὐτὸν εὖ ἄλλον ἠρώτα τίνα θαυμάζειν ἄξιόν ἐστιν | * ἄνθρωπον; * | ὁ δὲ ἔφη τὸν κεχορηγημένον δόξῃ καὶ πλούτῳ καὶ |
| Aris. | 283 | 6 | τυγχάνουσι πρὸς ἐπανόρθωσιν καὶ διαμονὴν | * ἀνθρώπων. * | ὃ σὺ πράσσων ἀνέφικτον ἄλλοις δόξαν κέκτησαι |
| Aris. | 290 | 4 | προσχὼν ὅσον ἐπιεικείᾳ καὶ φιλανθρωπίᾳ πάντας | * ἀνθρώπους * | ὑπερῆρκας τοῦ θεοῦ σοι δεδωρημένου ταῦτα. ἐπὶ |

| | | | | | | |
|---|---|---|---|---|---|---|
| Aris. | | 292 | 3 | ἢ καὶ φιλάγαθος καὶ περὶ πολλοῦ ποιούμενος ψυχὴν | * ἀνθρώπου * | σῴζειν καθὼς καὶ σὺ μέγιστον κακὸν ἥγησαι τὴν |
| Aris. | | 315 | 2 | ὅτι τὰ θεῖα βούλεται περιεργασάμενος εἰς κοινοὺς | * ἀνθρώπους * | ἐκφέρειν ἀποσχόμενον δὲ οὕτως ἀποκαταστῆναι. |
| Sib. | | 3 | 7 | πάντ' ἀγορεύσω ὅσσα θεὸς κέλεταί μ' ἀγορευέμεν | * ἀνθρώποισιν. * | ἄνθρωποι θεόπλαστον ἔχοντες ἐν εἰκόνι |
| Sib. | | 3 | 8 | ὅσσα θεὸς κέλεταί μ' ἀγορευέμεν ἀνθρώποισιν. | * ἄνθρωποι * | θεόπλαστον ἔχοντες ἐν εἰκόνι μορφὴν τίπτε μάτην |
| Sib. | | 3 | 14 | χεὶρ οὐκ ἐποίησε λιθοξόος οὐδ' ἀπὸ χρυσοῦ τέχνησ' | * ἀνθρώπου * | φαίνει τύπος οὐδ' ἐλέφαντος ἀλλ' αὐτὸς |
| Sib. | | 3 | 37 | αἱμοχαρὲς δόλιον κακὸν ἀσεβέων τε ψευδῶν διγλώσσων | * ἀνθρώπων * | καὶ κακοηθῶν λεκτροκλόπων εἰδωλολατρῶν δόλια |
| Sib. | | 3 | 48 | +τότε δὴ+ βασιλεία μεγίστη ἀθανάτου βασιλῆος ἐπ' | * ἀνθρώποισι * | φανεῖται. ἥξει δ' ἁγνὸς ἄναξ πάσης γῆς |
| Sib. | | 3 | 53 | Ῥώμην οἰκτρῇ μοίρῃ καταδηλήσονται. πάντες δ' | * ἄνθρωποι * | μελάθροις ἰδίοισιν ὀλοῦνται ὁππόταν οὐρανόθεν |
| Sib. | | 3 | 61 | ἥξει γὰρ ὁπόταν θείου διαβήσεται ὀδμὴ πᾶσιν ἐν | * ἀνθρώποισιν. * | ἀτὰρ τὰ ἕκαστ' ἀγορεύσω ὅσσαις ἐν πόλεσιν |
| Sib. | | 3 | 67 | σελήνην καὶ νέκυας στήσει καὶ σήματα πολλὰ ποιήσει | * ἀνθρώποις * | ἀλλ' οὐχὶ τελεσφόρα ἔσσετ' ἐν αὐτῷ ἀλλὰ πλανᾷ |
| Sib. | | 3 | 73 | εἰς γαῖαν ἥξῃ καὶ Βελίαρ φλέξῃ καὶ ὑπερφιάλους | * ἀνθρώπους * | πάντας ὅσοι τούτῳ πίστιν ἐνιποιήσαντο καὶ τότε |
| Sib. | | 3 | 79 | εἰς ἅλα δῖαν +καὶ χαλκόν τε+ σίδηρον ἐφημερίων | * ἀνθρώπων * | εἰς πόντον ῥίψῃ τότε δὴ στοιχεῖα πρόπαντα |
| Sib. | | 3 | 105 | ἔθεντο. αὐτὰρ ἐπεὶ πύργος τ' ἔπεσεν γλῶσσαί τ' | * ἀνθρώπων * | παντοδαπαῖς φωναῖσι διέστρεφον αὐτὰρ ἅπασα γαῖα |
| Sib. | | 3 | 108 | βασιλειῶν καὶ τότε δὴ δεκάτη γενεὴ μερόπων | * ἀνθρώπων * | ἐξ οὗ περ κατακλυσμὸς ἐπὶ προτέρους γένετ' |
| Sib. | | 3 | 112 | τε Γαίης τέκνα φέριστα καὶ Οὐρανοῦ οὓς ἐκάλεσσαν | * ἄνθρωποι * | γαῖάν τε καὶ οὐρανὸν οὔνομα θέντες οὕνεκά τοι |
| Sib. | | 3 | 113 | οὔνομα θέντες οὕνεκά τοι πρώτιστοι ἔσαν μερόπων | * ἀνθρώπων. * | τρισσαὶ δὴ μερίδες γαίης κατὰ κλῆρον ἑκάστου |
| Sib. | | 3 | 126 | πάντας ἀδελφειούς τε συναίμους ἠδὲ καὶ ἄλλους | * ἀνθρώπους * | οἵ τ' ἦσαν ἀφ' αἵματος ἠδὲ τοκήων καὶ κρῖναν |
| Sib. | | 3 | 166 | καί μοι τοῦτο θεὸς πρῶτον νόῳ ἐγγυάλιξεν ὅσσαι | * ἀνθρώπων * | βασιληίδες ἠγερέθονται. οἶκος μὲν γὰρ πρώτιστος |
| Sib. | | 3 | 187 | ἐν τεγέεσσι καὶ ἔσσεται ἤμασι κείνοις θλῖψις ἐν | * ἀνθρώποις * | μεγάλη καὶ πάντα ταράξει πάντα δὲ συγκόψει καὶ |
| Sib. | | 3 | 198 | τί δ' ἔπειτα τί δ' ὑστάτιον κακὸν ἔσται πάντας ἐπ' | * ἀνθρώπους * | τίς δ' ἀρχὴ τούτων ἔσται; πρῶτον Τιτάνεσσι |
| Sib. | | 3 | 212 | τὰ πρῶτα τέλος λάβῃ αὐτίκα δ' ἔσται δεύτερ' ἐπ' | * ἀνθρώπους. * | καί τοι πρώτιστα βοήσω ἀνδράσιν εὐσεβέσιν |
| Sib. | | 3 | 219 | Οὔρ Χαλδαίων ἐξ ἧς δὴ γένος ἐστὶ δικαιοτάτων | * ἀνθρώπων * | οἷσιν ἀεὶ βουλή τ' ἀγαθὴ καλά τ' ἔργα μέμηλεν. |
| Sib. | | 3 | 231 | χρήσιμον ἔργον καί ῥα πλάνας ἐδίδαξαν ἀεικελίους | * ἀνθρώπους * | ἐξ ὧν δὴ κακὰ πολλὰ βροτοῖς πέλεται κατὰ γαῖαν |
| Sib. | | 3 | 236 | κού φιλοχρημοσύνην ἥτις κακὰ μυρία τίκτει θνητοῖς | * ἀνθρώποις * | πόλεμον καὶ λιμὸν ἄπειρον. τοῖσι δὲ μέτρα |
| Sib. | | 3 | 278 | οὐδὲ φοβηθεὶς ἀθάνατον γενετῆρα θεῶν πάντων τ' | * ἀνθρώπων * | οὐκ ἔθελες τιμᾶν θνητῶν εἴδωλα δ' ἐτίμας. ἀνθ' |
| Sib. | | 3 | 321 | πόσον αἵματος ἔκχυμα δέξῃ καὶ κρίσεως οἴκησις ἐν | * ἀνθρώποισι * | κεκλήσῃ καὶ πίεταί σου γαῖα πολύδροσος αἷμα |
| Sib. | | 3 | 337 | μεγάλων τ' ἐπισήμων. σήματα δ' ἔσσεται αὖτις ἐν | * ἀνθρώποισι * | μέγιστα καὶ γὰρ Μαιῶτιν λίμνην Τάναϊς |
| Sib. | | 3 | 374 | εὐνομίη γὰρ πᾶσα ἀπ' οὐρανοῦ ἀστερόεντος ἥξει ἐπ' | * ἀνθρώπους * | ἠδ' εὐδικίη μετὰ δ' αὐτῆς ἡ πάντων προφέρουσα |
| Sib. | | 3 | 378 | τε δυσνομίη μῶμος φθόνος ὀργὴ ἄνοια φεύξετ' ἀπ' | * ἀνθρώπων * | πενίη καὶ φεύξετ' ἀνάγκη+ καὶ φόνος οὐλόμεναί |
| Sib. | | 3 | 413 | αὐτόχθονος ἐγγενὲς αἷμα. ἀλλὰ μεταῦτις ἕλωρ ἔσῃ | * ἀνθρώποισιν * | ἐρασταῖς. Ἴλιον οἰκτείρω σε κατὰ Σπάρτην |
| Sib. | | 3 | 447 | ἕξεις κράτος ἔξοχον ἄλλων. ἀλλὰ μεταῦτις ἕλωρ ἔσῃ | * ἀνθρώποισιν * | ἐρασταῖς κάλλεσιν ἠδ' ὄλβῳ δεινὸν ζυγὸν |
| Sib. | | 3 | 544 | +πολὺν ἱστὸν+ ὅς οὐρανὸν ἔκτισε καὶ γῆν πάντων δ' | * ἀνθρώπων * | τὸ τρίτον μέρος ἔσσεται αὖτις. Ἑλλὰς δή τί |
| Sib. | | 3 | 558 | τότ' ἐπιγνώσεσθε θεοῦ μεγάλοιο πρόσωπον. πᾶσαι δ' | * ἀνθρώπων * | ψυχαὶ μεγάλα στενάχουσαι ἄντα πρὸς οὐρανὸν |
| Sib. | | 3 | 586 | νόημα οἵτινες οὐκ ἀπάτῃσι κεναῖς οὐδ' ἔργ' | * ἀνθρώπων * | χρύσεα καὶ χάλκεια καὶ ἀργύρου ἠδ' ἐλέφαντος |
| Sib. | | 3 | 595 | ἀθάνατον καὶ ἔπειτα γονεῖς μέγα δ' ἔξοχα πάντων | * ἀνθρώπων * | ὁσίης εὐνῆς μεμνημένοι εἰσίν κοὐδὲ πρὸς |
| Sib. | | 3 | 604 | ἄλγεα δακρυόεντα οὕνεκεν ἀθάνατον γενέτην πάντων | * ἀνθρώπων * | οὐκ ἔθελον τιμᾶν ὁσίως εἴδωλα δ' ἐτίμων |
| Sib. | | 3 | 621 | ἄσπετα ποίμνια μήλων δώσουσιν καρπὸν τὸν ἀληθινὸν | * ἀνθρώποισιν * | οἴνου καὶ μέλιτος γλυκεροῦ λευκοῦ τε |
| Sib. | | 3 | 648 | ἔσται ἅπασα κηρύσσουσα τάλαινα μύσος μυρίων | * ἀνθρώπων * | --- πολλὰ χρόνων μήκη περιτελλομένων ἐνιαυτῶν |
| Sib. | | 3 | 678 | τε θηρία γῆς ἠδ' ἄσπετα φῦλα πετεινῶν πᾶσαί τ' | * ἀνθρώπων * | ψυχαὶ καὶ πᾶσα θάλασσα φρίξει ὑπ' ἀθανάτοιο |
| Sib. | | 3 | 723 | σεβάσμεθα ἄφρονι θυμῷ εἴδωλα ξοανά τε καταφθιμένων | * ἀνθρώπων. * | ταῦτα βοήσουσιν ψυχαὶ πιστῶν ἀνθρώπων (δεῦτε |
| Sib. | | 3 | 724 | ἀνθρώπων. ταῦτα βοήσουσιν ψυχαὶ πιστῶν | * ἀνθρώπων * | (δεῦτε θεοῦ κατὰ δῆμον ἐπὶ στομάτεσσι πεσόντες |
| Sib. | | 3 | 743 | δὲ βροτοὺς ἥξει κρίσις ἀθανάτοιο θεοῖο) ἥξει ἐπ' | * ἀνθρώπους * | μεγάλη κρίσις ἠδὲ καὶ ἀρχή. γῆ γὰρ |
| Sib. | | 3 | 758 | ἔσται αἰῶνος κοινόν τε νόμον κατὰ γαῖαν ἅπασαν | * ἀνθρώποις * | τελέσειεν ἐν οὐρανῷ ἀστερόεντι ἀθάνατος ὅσα |
| Sib. | | 3 | 768 | τότε δὴ ἐξεγερεῖ βασιλήιον εἰς αἰῶνας πάντας ἐπ' | * ἀνθρώπους * | ἅγιον νόμον ὅς ποτ' ἔδωκεν εὐσεβέσιν τοῖς |
| Sib. | | 3 | 774 | μεγάλοιο θεοῦ κοὐκ ἔσσεται ἄλλος οἶκος ἐπ' | * ἀνθρώποισι * | καὶ ἐσσομένοισι πυθέσθαι ἀλλ' ὃν ἔδωκε θεὸς |
| Sib. | | 3 | 783 | βασιλεῖς τε δίκαιοι. ἔσται δὴ καὶ πλοῦτος ἐν | * ἀνθρώποισι * | δίκαιος αὕτη γὰρ μεγάλοιο θεοῦ κρίσις ἠδὲ καὶ |
| Sib. | | 4 | 5 | οὐ ψευδοῦς Φοίβου χρησμηγόρος ὅντε μάταιοι | * ἄνθρωποι * | θεὸν εἶπον ἐπεψεύσαντο δὲ μάντιν ἀλλὰ θεοῦ |
| Sib. | | 4 | 19 | ἐλαίην. οὗτός μοι μάστιγα διὰ φρενὸς ἤλασεν εἴσω | * ἀνθρώποις * | ὅσα νῦν τε καὶ ὁππόσα ἔσσεται αὖτις ἐκ πρώτης |
| Sib. | | 4 | 24 | ἐξ ὁσίου στόματος φωνὴν προχέοντος ἀληθῆ. ὄλβιοι | * ἀνθρώπων * | κεῖνοι κατὰ γαῖαν ἔσονται ὅσσοι δὴ στέρξουσι |
| Sib. | | 4 | 52 | μηνίσαντος ἐπουρανίοιο θεοῖο αὐτῇσιν πολίεσσι καὶ | * ἀνθρώποισιν * | ἅπασιν γῆν ἐκάλυψε θάλασσα κατακλυσμοῖο |
| Sib. | | 4 | 59 | μεγάλοιο πολλὰς πρηνίξει πόλιας καὶ ἔργ' | * ἀνθρώπων * | ἐκ δὲ βυθοῦ τότε νῆσοι ὑπερκύψουσι θαλάσσης. |
| Sib. | | 4 | 152 | ἀποκρύψῃ μέλαν ὕδωρ. ἀλλ' ὅταν εὐσεβίης μὲν ἀπ' | * ἀνθρώπων * | ἀπόληται πίστις καὶ τὸ δίκαιον ἀποκρυφθῇ ἐνὶ |
| Sib. | | 4 | 161 | ἐόντα ἀλλὰ χόλῳ βρύχοντα καὶ ἐξολέκοντα γενέθλην | * ἀνθρώπων * | ἅμα πᾶσαν ὑπ' ἐμπρησμοῦ μεγάλοιο. ἆ μέλεοι |
| Sib. | | 5 | 67 | ἄμβροτον ἐν νεφέεσσιν. ποῦ σοι λῆμα κραταιὸν ἐν | * ἀνθρώποισι * | τέτυκται; ἀνθ' ὧν ἐξεμάνης ἐς ἐμοὺς παῖδας |
| Sib. | | 5 | 82 | γεγαῶτα ἐξ ἰδίων δὲ κόπων καὶ ἀτασθαλιῶν ἐπινοιῶν | * ἄνθρωποι * | δέξαντο θεοὺς ξυλίνους λιθίνους τε χαλκοῦς τε |
| Sib. | | 5 | 94 | ἐπὶ σὸν +δάπος+ ὥστε χάλαζα καὶ σὴν γαῖαν ὀλεῖ καὶ | * ἀνθρώπους * | κακοτέχνους αἵματι καὶ νεκύεσσι +παρ' |
| Sib. | | 5 | 110 | ἀρίστους. εἴθ' οὕτως κρίσις ἔσται ὑπ' ἀφθίτου | * ἀνθρώποισιν. * | αἰαῖ σοι κραδίη δειλή τί με ταῦτ' ἐρεθίζεις |
| Sib. | | 5 | 120 | σεμνὴ βοτρυδὸν ὀλεῖται καὶ Πιτάνη πανέρημος ἐν | * ἀνθρώποισι * | φανεῖται. Λέσβος ὅλη δύσει βαθὺν εἰς βυθὸν |
| Sib. | | 5 | 225 | φαγεῖν σάρκας γονέων βασιλῆος ἀνάγνου. πᾶσι γὰρ | * ἀνθρώποισι * | φόνος καὶ δείματα κεῖται εἵνεκα τῆς μεγάλης |
| Sib. | | 5 | 229 | κακὰς περικείμενε κῆρας ἀρχὴ καὶ καμάτοιο καὶ | * ἀνθρώποις * | μέγα τέρμα βλαπτομένης κτίσεως καὶ σῳζομένης |
| Sib. | | 5 | 231 | καὶ σῳζομένης πάλι Μοίραις ὕβρι κακῶν ἀρχηγὲ καὶ | * ἀνθρώποις * | μέγα πῆμα τίς σε βροτῶν ἐπόθησε τίς ἔνδοθεν οὐ |
| Sib. | | 5 | 238 | πείσω σε καὶ εἴ τί σε μέμφομαι αὐδῶ ἣν ποτ' ἐν | * ἀνθρώποις * | λαμπρὸν σέλας ἠελίοιο σπειρομένης ἀκτῖνος |
| Sib. | | 5 | 244 | ἐλεύσεται ἤματι κείνῳ. ἀρχὴ καὶ καμάτοιο καὶ | * ἀνθρώποις * | μέγα τέρμα βλαπτομένης κτίσεως καὶ σῳζομένης |
| Sib. | | 5 | 278 | τὸν πρύτανιν πάντων θεὸν ἄμβροτον αἰὲν ἐόντα | * ἀνθρώπους * | θνητοὺς καὶ μηκέτι θνητὰ γεραίρειν μηδὲ κύνας |
| Sib. | | 5 | 359 | μή ποτε θυμωθεὶς θεὸς ἄφθιτος ἐξαπολέσσῃ πᾶν γένος | * ἀνθρώπων * | +βίοτον+ καὶ φῦλον ἀναιδὲς δεῖ στέργειν |
| Sib. | | 5 | 366 | πᾶσαν γαῖαν καθελεῖ καὶ πάντα κρατήσει πάντων τ' | * ἀνθρώπων * | φρονιμώτερα πάντα νοήσει ἧς χάριν ὤλετό τ' |
| Sib. | | 5 | 371 | διὰ ζῆλον. ἔσται δ' ἐκ δυσμῶν πόλεμος πολὺς | * ἀνθρώποισιν * | ῥεύσει δ' αἷμαθ' ἕως ὄχθου ποταμῶν |
| Sib. | | 5 | 412 | ἀπ' ἀθανάτην ἐπιβὰς γῆν+ κοὐκέτι σῆμα τοιοῦτον ἐπ' | * ἀνθρώποισι * | τέτυκτο ὥστε δοκεῖν ἑτέρους μεγάλην πόλιν |
| FJos. | | 189 | | πρὸ παντὸς ἔργου ἐγὼ δὲ Ἰακὼβ ὁ κληθεὶς ὑπὸ | * ἀνθρώπων * | Ἰακὼβ τὸ δὲ ὄνομά μου Ἰσραὴλ ὁ κληθεὶς ὑπὸ |
| FJos. | | 190 | | εἶπεν ὅτι κατέβην ἐπὶ τὴν γῆν καὶ κατεσκήνωσα ἐν | * ἀνθρώποις * | καὶ ὅτι ἐκλήθην ὀνόματι Ἰακὼβ ἐζήλωσε καὶ |
| FJub. | | 2 | 14 | τὰ περὶ τῆς γενέσεως τοῦ κόσμου καὶ τοῦ πρώτου | * ἀνθρώπου * | καὶ τῶν μετ' ἐκεῖνον καὶ τοῦ κατακλυσμοῦ καὶ |
| FJub. | | 1 | 1 | καὶ ποικιλίας τῶν γλωσσῶν καὶ τῶν περὶ τὸν πρῶτον | * ἄνθρωπον * | καὶ τῶν μέχρις αὐτοῦ χρόνων καὶ περὶ τῆς |
| FJub. | | 2 | 14 | ἕκτῃ ἡμέρᾳ τὰ θηρία τὰ κτήνη τὰ ἑρπετὰ τῆς γῆς τὸν | * ἄνθρωπον. * | ταῦτα τὰ τέσσαρα μεγάλα ἔργα ἐποίησεν ὁ θεὸς |
| FJub. | | 10 | 8 | ᾐτήσατο λαβεῖν μοῖραν ἀπ' αὐτῶν πρὸς πειρασμὸν τῶν | * ἀνθρώπων * | καὶ ἐδόθη αὐτῷ τὸ δέκατον αὐτῶν κατὰ πρόσταξιν |
| FJub. | | 10 | 9 | αὐτῶν κατὰ πρόσταξιν θείαν ὥστε πειράζειν τοὺς | * ἀνθρώπους * | πρὸς δοκιμὴν τῆς ἑκάστου πρὸς θεὸν προαιρέσεως |
| FJub. | | 11 | 2 | ἐτῶν ἐγέννησε τὸν Σερούχ. ἐπὶ τούτου οἱ | * ἄνθρωποι * | τὸν κατ' ἀλλήλων αὐξήσαντες τῦφον στρατηγούς τε |
| FEll. | 1 | 34 | 8 | οὐκ εἶδεν καὶ οὖς οὐκ ἤκουσεν καὶ ἐπὶ καρδίαν | * ἀνθρώπου * | οὐκ ἀνέβη ὅσα ἡτοίμασεν ὁ θεὸς τοῖς ἀγαπῶσιν |
| FEll. | 10 | 94 | 4 | οὐκ εἶδεν οὐδὲ οὖς ἤκουσεν οὐδὲ ἐπὶ καρδίαν | * ἀνθρώπου * | ἀνέβη καὶ χαρήσονται ἐπὶ τῇ βασιλείᾳ τοῦ κυρίου |
| FIsa. | 1 | 3 | 9 | τοῦ προφήτου. εἶπεν γὰρ Μωυσῆς ὅτι οὐκ ὄψεται | * ἄνθρωπος * | τὸν θεὸν καὶ ζήσετα(ι) Ἡσαίας δὲ εἶπεν εἶδον |
| FMan. | 2 | 22 | 12 | πολυέλεος καὶ μετανοῶν ἐπὶ ταῖς κακίαις τῶν | * ἀνθρώπων * | ὅτι σὺ ὁ θεὸς κατὰ τὴν χρηστότητα τῆς |
| FAch. | | 115 | | ἀμίαντος ὑπάρχει οὕτως καὶ σὺ καθαρὸν σεαυτὸν τοῖς | * ἀνθρώποις * | τοῖς βουλομένοις κατοπτεύειν παρέστησας φέρων |
| FAch. | | 116 | | ἐστίν. ὁ δὲ Νεκταναβὼν ἔφη πόθεν ἐμοὶ πτηνοὺς | * ἀνθρώπους; * | ὁ δὲ Αἴσωπός φησιν ἀλλὰ Λυκοῦργος ἔχει |
| FAch. | | 116 | | ὁ δὲ Αἴσωπός φησιν ἀλλὰ Λυκοῦργος ἔχει πτηνοὺς | * ἀνθρώπους. * | σὺ δὲ θέλεις ἄνθρωπος ὑπάρχων ἰσοθέῳ βασιλεῖ |
| FAch. | | 116 | | Λυκοῦργος ἔχει πτηνοὺς ἀνθρώπους. σὺ δὲ θέλεις | * ἄνθρωπος * | ὑπάρχων ἰσοθέῳ βασιλεῖ ἐρίζειν; ὁ δὲ Νεκταναβὼν |
| FPho. | | | 41 | τῆς πολυπλάγκτου χώρης δ' οὔ τι βέβαιον ἔχει πέδον | * ἀνθρώποισιν. * | ἡ φιλοχρημοσύνη μήτηρ κακότητος ἁπάσης. |
| FPho. | | | 43 | ἁπάσης. χρυσὸς ἀεὶ δόλος ἐστὶ καὶ ἄργυρος | * ἀνθρώποισιν. * | χρυσὲ κακῶν ἀρχηγὲ βιοφθόρε πάντα χαλέπτων |
| FPho. | | | 102 | χόλον ὄρσῃς. οὐ καλὸν ἁρμονίην ἀναλυέμεν | * ἀνθρώποιο * | καὶ τάχα δ' ἐκ γαίης ἐλπίζομεν ἐς φάος ἐλθεῖν |
| FPho. | | | 114 | χῶρος ἅπασι πένησί τε καὶ βασιλεῦσιν. οὐ πολὺν | * ἄνθρωποι * | ζῶμεν χρόνον ἀλλ' ἐπίκαιρον ψυχὴ δ' ἀθάνατος |
| FPho. | | | 128 | μελίσσαις ἔμφυτον ἄλκαρ ἔδωκε λόγον δ' ἔρυμ' | * ἀνθρώποισιν. * | (τῆς δὲ θεοπνεύστου σοφίης λόγος ἐστὶν |
| FPho. | | | 146 | καὶ λωβητῶν δ' ἀπέχεσθαι. φεῦγε κακὴν φήμην φεῦγ' | * ἀνθρώπους * | ἀθεμίστους.) μὴ δέ τι θηρόβορον δαίσῃ κρέας |
| IOrp. | | | 15 | οὗτος δ' ἐξ ἀγαθοῖο κακὸν θνητοῖσι δίδωσι | * ἀνθρώποις * | αὐτῷ δὲ χάρις καὶ μῖσος ὀπηδεῖ καὶ πόλεμον |
| IOrp. | | | 25 | πάντων μεδέοντα. λοιπὸν ἐμοὶ 'στᾶσιν δὲ δεκάπτυχον | * ἀνθρώποισιν. * | οὐ γὰρ κέν τις ἴδοι θνητῶν μερόπων |
| HEup. | 9 | 34 | 1 | θεὸς ὃς τὸν οὐρανὸν καὶ τὴν γῆν ἔκτισεν ὃς εἵλετο | * ἄνθρωπον * | χρηστὸν ἐκ χρηστοῦ ἀνδρὸς ἅμα τῷ ἀναγνῶναι τὴν |
| HEup. | 9 | 34 | 2 | ὀκτακισμυρίους καὶ ἀρχιτέκτονά σοι ἀπέσταλκα | * ἄνθρωπον * | Τύριον ἐκ μητρὸς Ἰουδαίας ἐκ τῆς φυλῆς τῆς |
| HArt. | 9 | 27 | 4 | Ὀρφέως διδάσκαλον. ἀνδρωθέντα δ' αὐτὸν πολλὰ τοῖς | * ἀνθρώποις * | εὔχρηστα παραδοῦναι καὶ γὰρ πλοῖα καὶ μηχανὰς |
| HArt. | 9 | 27 | 9 | καθιερῶσαι διὰ τὸ ταύτην τὰ βλάπτοντα ζῷα τοὺς | * ἀνθρώπους * | ἀναιρεῖν προσαγορεῦσαι δὲ αὐτὴν Ἑρμοῦ πόλιν. |
| HArt. | 9 | 27 | 12 | παρ' αὐτοῦ εἴ τι ἄλλο ἐστὶν εὔχρηστον τοῖς | * ἀνθρώποις * | τὸν δὲ φάναι γένος τῶν βοῶν διὰ τὸ τὴν γῆν ἀπὸ |
| HArt. | 9 | 27 | 20 | τὸν αὐτὸν χρόνον καὶ τὸν Χενεφρῆν πρῶτον ἁπάντων | * ἀνθρώπων * | ἐλεφαντιάσαντα μεταλλάξαι τούτῳ δὲ τῷ πάθει |
| HHec. | 1 | 22 | 186 | τῶν περὶ Συρίαν τόπων ἐγκρατὴς καὶ πολλοὶ τῶν | * ἀνθρώπων * | πυνθανόμενοι τὴν ἠπιότητα καὶ φιλανθρωπίαν τοῦ |
| HHec. | 1 | 22 | 187 | ὧν εἷς ἦν Ἐζεκίας ὁ ἀρχιερεὺς τῶν Ἰουδαίων | * ἄνθρωπος * | τὴν μὲν ἡλικίαν ὡς ἑξήκοντα ἓξ ἐτῶν τῷ δ' |
| HHec. | 1 | 22 | 189 | χιλίους μάλιστα καὶ πεντακοσίους εἰσίν. οὗτος ὁ | * ἄνθρωπος * | τετευχὼς τῆς τιμῆς ταύτης καὶ συνήθης ἡμῖν |
| HHec. | 1 | 22 | 197 | μάλιστα σταδίων τὴν περίμετρον ἣν οἰκοῦσι μὲν | * ἀνθρώπων * | περὶ δώδεκα μυριάδες καλοῦσι δ' αὐτὴν |
| HHec. | 1 | 22 | 201 | ἡμᾶς ἱππέων Ἰουδαίων ὄνομα Μοσόλλαμος | * ἄνθρωπος * | ἱκανὸς κατὰ ψυχὴν εὔρωστος καὶ τοξότης ὑπὸ δὴ |

HHec. 1 22 202 τῶν Ἑλλήνων καὶ τῶν βαρβάρων ἄριστος. οὗτος οὖν ὁ * ἄνθρωπος * διαβαδιζόντων πολλῶν κατὰ τὴν ὁδὸν καὶ μάντεώς
HCal. 24 16 οὐ γάρ ἐστιν ἡμῖν ἐλπὶς σωτηρίας. ἔξω γὰρ φύσεως * ἀνθρώπων * ὁ Μακεδόνων στρατὸς ὡς γὰρ ἐν ἡμῖν φοβερὸς
HCal. 24 40 ὁρώμενά τε καὶ ἀόρατα. οὐδεὶς δὲ αὐτὸν ἑρμηνεῦσαι * ἀνθρώπων * δεδύνηται. ἐπὶ τούτοις Ἀλέξανδρος ἔφη ⟨ὡς
HCal. 28 11 καὶ τῆς πόλεως περικαλλεστάτης ἐν παντὶ ὀφθαλμῷ * ἀνθρώπων * γεγονυίας ἄνεισιν Ἀλέξανδρος ἐν τῷ πύργῳ καὶ
LEze. 9 29 7 06 προελθὼν ὄψομαι τεράστιον μέγιστον οὐ γὰρ πίστιν * ἀνθρώποις * φέρει. ἐπίσχες ὦ φέριστε μὴ προσεγγίσῃς Μωσῆ
LEze. 9 29 12 17 τέκν᾽ ἀποκτενῶ βροτῶν πρωτόγονα. παύσω δ᾽ ὕβριν * ἀνθρώπων * κακῶν. Φαραὼ δὲ βασιλεὺς πείσετ᾽ οὐδὲν ὧν λέγω
LEze. 9 29 12 33 τε παρὰ γυναικὸς λήψεται σκεύη κόσμον τε πάνθ᾽ ὃν * ἄνθρωπος * φέρει χρυσόν τε καὶ ⟨τὸν⟩ ἄργυρον ἠδὲ καὶ
LAri. 8 10 8 γὰρ ἔστι μεταφέροντας νοῆσαι τὴν πᾶσαν ἰσχὺν τῶν * ἀνθρώπων * καὶ τὰς ἐνεργείας ἐν ταῖς χερσὶν εἶναι. διόπερ
LAri. 8 10 10 καὶ πάνθ᾽ ὑποτέτακται καὶ στάσιν εἴληφεν ὥστε τοὺς * ἀνθρώπους * καταλαμβάνειν ἀκίνητα εἶναι ταῦτα. λέγω δὲ τὸ
LAri. 8 10 11 καὶ πάλιν ἐπὶ τῶν ζῴων ὁ αὐτός ἐστι λόγος. οὐ γὰρ * ἄνθρωπος * ἔσται θηρίον οὐδὲ θηρίον ἄνθρωπος. καὶ ἐπὶ τῶν
LAri. 8 10 11 λόγος. οὐ γὰρ ἄνθρωπος ἔσται θηρίον οὐδὲ θηρίον * ἄνθρωπος. * καὶ ἐπὶ τῶν λοιπῶν δὲ ταὐτὸν ὑπάρχει φυτῶν τε
LAri. 13 12 6 ἄρρητον μεσταὶ δὲ θεοῦ πᾶσαι μὲν ἀγυιαὶ πᾶσαι δ᾽ * ἀνθρώπων * ἀγοραὶ μεστὴ δὲ θάλασσα καὶ λιμένες πάντῃ δὲ
LAri. 13 12 6 πάντες. τοῦ γὰρ καὶ γένος ἐσμέν ὁ δ᾽ ἤπιος * ἀνθρώποισι * δεξιὰ σημαίνει λαοὺς δ᾽ ἐπὶ ἔργον ἐγείρει
FrAn. 1 216 24 ἀπολογούμενος ταύτῃ ὑπὲρ ὧν εἰς αὐτὸν ἥμαρτε. καὶ * ἄνθρωπός * τις ἐν τῷ Ἰσραὴλ πλούσιός τε καὶ ἀνελεήμων
FrAn. 1 217 21 κυρίου εἶπε πρὸς τὸν ἀρχιερέα νῦν ἐλεύσεται * ἄνθρωπος * πρός σε τὸν ἀπολεσθέντα πολυθρύλλητον λίθον ἐκ
FrAn. 1 218 5 ἀρχιερεὺς τὰ διατεταγμένα πάντα πεποίηκε πρὸς τὸν * ἄνθρωπον * καὶ λελάληκεν ὁ δὲ ἀκούσας καὶ ἔντρομος
FrAn. 574 3048 ζωῆς ἐπιστάμενον τὸν χρυσοπλάστην τοῦ γένους τῶν * ἀνθρώπων * τὸν ἐξαγαγόντα ἐξ ἀδήλων καὶ πυκνοῦντα τὰ νέφη

ἀνθρωπότης 1
Adam 32 3 αὐτῆς οὔσης ἰδοὺ ἦλθεν πρὸς αὐτὴν ὁ ἄγγελος τῆς * ἀνθρωπότητος * καὶ ἀνέστησεν αὐτὴν λέγων ἀνάστα Εὔα ἐκ τῆς

ἀνθυποτίθημι 1
Aris. 239 4 πρὸς τὰ συμβαίνοντα ἐκλεγόμενός τι τῶν ἠκροαμένων * ἀνθυποτιθεὶς * πρὸς τὰ τῶν καιρῶν [ἂν] ἀντιπράσσηται σὺν

ἀνθύς * 1
Sedr. 11 12 καὶ τὰς πόσεις καὶ τὸ σκεῦος διατρέφοντες. ὦ πόδες * ἀνθύτατοι * καὶ καλόδρομοι ἐπὶ προσώπου τῆς γῆς

ἀνίατος 1
TRub. 6 3 κἂν μὴ πραχθῇ τὸ ἀσέβημα αὐταῖς μέν ἐστι νόσος * ἀνίατος * ἡμῖν δὲ ὄνειδος τοῦ Βελιὰρ αἰώνιον ὅτι ἡ πορνεία

ἀνίημι 6
Aris. 96 5 κώδωνες περὶ τὸν ποδήρη εἰσὶν αὐτοῦ μέλους ἦχον * ἀνιέντες * ἰδιάζοντα παρ᾽ ἑκάτερον δὲ τούτων ἄνθεσι
FMan. 2 22 14 ἀνομίας μου ἐγὼ γινώσκω ἀλλ᾽ αἰτοῦμαι δεόμενός σου * ἄνες * μοι κύριε ἄνες μοι καὶ μὴ συναπολέσῃς με ταῖς
FMan. 2 22 14 γινώσκω ἀλλ᾽ αἰτοῦμαι δεόμενός σου ἄνες μοι κύριε * ἄνες * μοι καὶ μὴ συναπολέσῃς με ταῖς ἀνομίαις μου μηδὲ
HArt. 9 27 31 καὶ πατάξαντα τὴν γῆν τῇ ῥάβδῳ ζῷόν τι πτηνὸν * ἀνεῖναι * λυμαίνεσθαι τοὺς Αἰγυπτίους πάντας τε
HArt. 9 27 32 πάλιν τε τὸν Μώϋσον βάτραχον διὰ τῆς ῥάβδου * ἀνεῖναι * πρὸς δὲ τούτοις ἀκρίδας καὶ σκνίφας. διὰ τοῦτο
HArt. 9 27 32 γῆν εἶναι Ἶσιν παιομένην δὲ τῇ ῥάβδῳ τὰ τέρατα * ἀνεῖναι. * τοῦ δὲ βασιλέως ἔτι ἀφρονουμένου τὸν Μώϋσον

ἀνίκητος 1
Sedr. 11 9 ὦ πόδες καλοπεριπατητοὶ αὐτόδρομοι ταχύτατοι λίαν * ἀνίκητοι. * ὦ γόνατα συνηρμοσμένα ὅτι πλὴν σου τὸ σκεῦος

ἀνίλεως 2
Abr.1 17 8 καὶ μεγίστῃ πικρίᾳ καὶ ἀγρίῳ τῷ βλέμματι καὶ * ἀνίλεως * ἀπέρχομαι τοῖς ἁμαρτωλοῖς τοῖς μὴ πράξασιν
Esdr. 4 9 θρόνον καὶ ἐπ᾽ αὐτὸν καθεζόμενον γέροντα καὶ * ἀνίλεως * αὐτοῦ ἡ κρίσις. καὶ εἶπον πρὸς τοὺς ἀγγέλους τίς

ἀνίπταμαι 2
Job 27 1 τὴν ἰσχὺν δεικνυσιν ἐν γαλεάγρᾳ; μὴ τὸ πετεινὸν * ἀνίπταται * τυγχάνων ἐν τῷ καρτάλῳ; ἐξελθὼν πολέμησόν με.
FAch. 111 δὲ τέλειοι ἔφερον τοὺς παῖδας. οἱ δὲ βαστάζοντες * ἀνίπταντο * εἰς τὸν ἀέρα δεδεμένοι καλῳδίοις δεδεμένοι δὲ

ἀνιστάω 2
Sal. 2 31 ἐπὶ τῶν οὐρανῶν καὶ κρίνων βασιλεῖς καὶ ἀρχὰς ὁ * ἀνιστῶν * ἐμὲ εἰς δόξαν καὶ κοιμίζων ὑπερηφάνους εἰς
FJub. 46 14 ἵνα δι᾽ αὐτῶν ὁ ποταμὸς λιμνάζειν ἀνείργοιτο καὶ * ἀνιστᾶν * πυραμίδας καὶ τούτοις τοὺς Ἑβραίους ἐξέτρυχον.

ἀνίστημι 146
Adam 2 4 ἀλλ᾽ ἐξῆλθεν ἔξω τοῦ στόματος αὐτοῦ. εἶπε δὲ Ἀδὰμ * ἀναστάντες * πορευθῶμεν καὶ ἴδωμεν τί ἐστι τὸ γεγονὸς
Adam 9 3 ἐμὲ ἐν καμάτοις τυγχάνεις. εἶπε δὲ Ἀδὰμ τῇ Εὔᾳ * ἀνάστα * καὶ πορεύου μετὰ τοῦ υἱοῦ ἡμῶν Σὴθ πλησίον τοῦ
Adam 13 3 σοι νῦν ἀλλ᾽ ἐπ᾽ ἐσχάτων τῶν ἡμερῶν. τότε * ἀναστήσεται * πᾶσα σὰρξ ἀπὸ Ἀδὰμ ἕως τῆς ἡμέρας ἐκείνης
Adam 16 1 ἐτήρει. καὶ ἐλάλησε τῷ ὄφει ὁ διάβολος λέγων * ἀνάστα * ἐλθὲ πρός με καὶ εἴπω σοι ῥῆμα ἐν ᾧ ὠφεληθῇς. καὶ
Adam 16 2 ἐλθὲ πρός με καὶ εἴπω σοι ῥῆμα ἐν ᾧ ὠφεληθῇς. καὶ * ἀναστὰς * ἦλθε πρὸς αὐτὸν καὶ λέγει αὐτῷ ὁ διάβολος ἀκούω
Adam 16 3 καὶ τῆς γυναικὸς αὐτοῦ καὶ οὐχὶ ἐκ τοῦ παραδείσου; * ἀνάστα * καὶ ποιήσωμεν αὐτὸν ἐκβληθῆναι ἐκ τοῦ παραδείσου
Adam 21 1 καὶ ἐβόησα αὐτῇ τῇ ὥρᾳ λέγουσα Ἀδὰμ Ἀδὰμ ποῦ εἶ; * ἀνάστα * ἐλθὲ πρός με καὶ δείξω σοι μέγα μυστήριον. ὅτε δὲ
Adam 28 4 ὡς βουλόμενος ἀποθανεῖν ἀναστάσεως πάλιν γενομένης * ἀναστήσω * σε καὶ δοθήσεταί σοι ἐκ τοῦ ξύλου τῆς ζωῆς καὶ
Adam 29 7 μετὰ ἑπτὰ ἡμέρας ἐπεινάσαμεν. καὶ εἶπον τῷ Ἀδὰμ * ἀνάστα * καὶ φρόντισον ἡμῖν βρώματα ἵνα φάγωμεν καὶ
Adam 29 7 τὴν γῆν εἰ οὕτως εἰσακούσῃ ἡμῶν ὁ θεός. καὶ * ἀνέστημεν * καὶ διωδεύσαμεν πᾶσαν τὴν γῆν ἐκείνην καὶ οὐχ
Adam 29 8 καὶ οὐχ εὕρομεν. καὶ ἀποκριθεῖσα εἶπον τῷ Ἀδὰμ * ἀνάστα * κύριε καὶ ἀναλῶσόν με ἵνα ἀναπαύσωμαι ἀπὸ
Adam 29 10 ἕκτῃ ἐν ᾗ ἐτέλεσεν ὁ θεὸς τὴν κτίσιν αὐτοῦ. ἀλλ᾽ * ἀνάστα * καὶ πορεύου εἰς τὸν Τίγριν ποταμὸν καὶ λάβε λίθον
Adam 31 4 μου ὁ θεὸς ἀλλὰ ζητήσει τὸ ἴδιον σκεῦος ὃ ἔπλασεν. * ἀνάστα * μᾶλλον εὖξαι τῷ θεῷ ἕως οὗ ἀποδώσω τὸ πνεῦμά μου
Adam 32 1 ἡ ὀργισθῇ ἡμῖν ἡ ἐπιστρέψῃ τοῦ ἐλεῆσαι ἡμᾶς. τότε * ἀνέστη * ἡ Εὔα καὶ ἐξῆλθεν ἔξω. καὶ πεσοῦσα ἐπὶ τὴν γῆν
Adam 32 3 ἦλθεν πρὸς αὐτὴν ὁ ἄγγελος τῆς ἀνθρωπότητος καὶ * ἀνέστησεν * αὐτὴν λέγων ἀνάστα Εὔα ἐκ τῆς μετανοίας σου.
Adam 32 4 ἄγγελος τῆς ἀνθρωπότητος καὶ ἀνέστησεν αὐτὴν λέγων * ἀνάστα * Εὔα ἐκ τῆς μετανοίας σου. ἰδοὺ γὰρ ὁ Ἀδὰμ ὁ ἀνήρ
Adam 32 4 ὁ Ἀδὰμ ὁ ἀνήρ σου ἐξῆλθεν ἀπὸ τοῦ σώματος αὐτοῦ. * ἀνάστα * καὶ ἴδε τὸ πνεῦμα αὐτοῦ ἀναφερόμενον εἰς τὸν
Adam 33 1 εἰς τὸν ποιήσαντα αὐτὸν τοῦ ἀπαντῆσαι αὐτῷ. * ἀναστᾶσα * δὲ Εὔα ἐπέβαλεν τὴν χεῖρα αὐτῆς ἐπὶ τὸ πρόσωπον
Adam 34 2 τοῦ φόβου καὶ ἐβόησα πρὸς τὸν υἱόν μου Σὴθ λέγουσα * ἀνάστα * Σὴθ ἐκ τοῦ σώματος τοῦ πατρός σου καὶ ἐλθὲ πρός
Adam 35 1 καὶ πῶς δέονται ὑπὲρ τοῦ πατρός σου Ἀδάμ. τότε * ἀνέστη * Σὴθ καὶ ἦλθεν πρὸς τὴν μητέρα αὐτοῦ καὶ λέγει
Adam 37 1 τὴν μητέρα αὐτοῦ Εὔαν ἰδοὺ ἐσάλπισεν ὁ ἄγγελος καὶ * ἀνέστησαν * πάντες οἱ ἄγγελοι οἱ ἐπ᾽ ὄψεσιν κείμενοι καὶ
Adam 41 2 γῆν ἀπελεύσει. πάλιν τὴν ἀνάστασιν ἐπαγγέλομαί σοι * ἀναστήσω * σε ἐν τῇ ἀναστάσει μετὰ παντὸς γένους ἀνθρώπων
Hen. 20B 7 ὁ εἷς τῶν ἁγίων ἀγγέλων ὃν ἔταξεν ὁ θεὸς ἐπὶ τῶν * ἀνισταμένων. * ὀνόματα ζ᾽ ἀρχαγγέλων. καὶ ἐφόδευσα ἕως τῆς
Hen. 99 4 εἰς μνημόσυνον καὶ τότε συν⟨ταραχ⟩θήσονται καὶ * ἀνασταθήσονται * ἐν ⟨ἡμέρ⟩ᾳ ἀπωλείας τῆς ἀδικίας. ἐν αὐτῷ
Hen. 102 8 καὶ τί αὐτοῖς ἐγένετο περισσόν; ἀπὸ τοῦ νῦν * ἀναστήτωσαν * καὶ σωθήτωσαν καὶ ὄψονται εἰς τὸν αἰῶνα ἡμᾶς
Hen. 106 3 τοὺς ὀφθαλμοὺς ἔλαμψεν ἡ οἰκία ὡσεὶ ἥλιος. καὶ * ἀνέστη * ἐκ τῶν χειρῶν τῆς μαίας καὶ ἀνέῳξεν τὸ στόμα
Hen. 106 11 τὰ ὄμματα αὐτοῦ ἀφόμοια ταῖς τοῦ ἡλίου ἀκτῖσιν καὶ * ἀνέστη * ἀπὸ τῶν τῆς μαίας χειρῶν καὶ ἀνοίξας τὸ στόμα
Hen. 107 1 γενεᾶς κακ⟨ίων ἔσται⟩ καὶ εἶδον τόδε μέχρις τοῦ * ἀνασ⟨τῆναι⟩ * γενεὰν δικαιοσύνης καὶ ἡ κακία ἀπολεῖται καὶ
Abr.1 2 2 μηκόθεν ἐρχόμενον δίκην στρατιώτου εὐπρεπεστάτου * ἀναστὰς * τοίνυν ὁ ἱερώτατος Ἀβραὰμ ὑπηντήθη αὐτῷ καθότι
Abr.1 5 7 περὶ ὥραν τρίτην τῆς νυκτός. διϋπνισθεὶς δὲ Ἰσαὰκ * ἀνέστη * ἐπὶ τῆς κλίνης αὐτοῦ καὶ ἦλθε δρομαίως ἐν τῷ
Abr.1 5 8 οὗ Ἰσαὰκ πρὸς τὴν θύραν ἔκραξε λέγων πάτερ πάτερ * ἀνάστα * οὖν ἄνοιξόν μοι ταχέως ὅπως εἰσέλθω καὶ κρεμασθῶ
Abr.1 5 9 σου καὶ ἀσπάσωμαί σε πρὶν σε ἀροῦσιν ἀπ᾽ ἐμοῦ. * ἀναστὰς * οὖν Ἀβραὰμ ἤνοιξεν αὐτῷ εἰσελθὼν δὲ Ἰσαὰκ
Abr.1 9 2 τοῦ ὑψίστου τότε οὖν ὁ ὅσιος καὶ δίκαιος Ἀβραὰμ * ἀναστὰς * μετὰ πολλῶν δακρύων προσέπεσεν τοῖς ποσὶν τοῦ
Abr.1 11 7 ψυχὰς εἰσερχομένας διὰ τῆς στενῆς πύλης τότε * ἀνίστατο * ἀπὸ τῆς γῆς καὶ ἐκαθέζετο ἐπὶ τοῦ θρόνου αὐτοῦ
Abr.1 11 10 ψυχὰς εἰσερχομένας διὰ τῆς στενῆς πύλης τότε * ἀνίσταται * καὶ κάθηται ἐπὶ τοῦ θρόνου αὐτοῦ χαίρων καὶ
Abr.1 11 11 τὴν αἰώνιον καὶ διὰ τοῦτο ὁ πρωτόπλαστος Ἀδὰμ * ἀνίσταται * ἀπὸ τοῦ θρόνου αὐτοῦ κλαίων καὶ ὀδυρόμενος ἐπὶ
Abr.1 14 6 ⟨καὶ εἰσήκουσεν ὁ θεὸς τὴν προσευχὴν αὐτῶν καὶ * ἀναστάντες * ἐκ τῆς προσευχῆς οὐκ εἶδον τὴν ψυχήν⟩
Abr.1 16 8 πρὸς αὐτὸν ἐν πολλῇ δόξῃ καὶ ὡραιότητι καὶ * ἀναστὰς * ὑπήντησεν αὐτὸν νομίζων τὸν ἀρχιστράτηγον εἶναι.
Abr.1 17 1 ἀκολουθήσω. ὁ δὲ θάνατος ἐσιώπα καὶ οὐκ ἀπεκρίθη. * ἀνέστη * δὲ Ἀβραὰμ καὶ ἦλθεν εἰς τὸν οἶκον αὐτοῦ
Abr.1 18 9 κυρίῳ τῷ θεῷ ἡμῶν ὅπως εἰσακούσῃ ἡμῖν ὁ θεὸς καὶ * ἀναστήσῃ * τοὺς ἐξαίφνης τεθνήξαντας διὰ τῆς σῆς
Abr.1 18 10 σῆς ἀγριότητος. καὶ εἶπεν ὁ θάνατος ἀμὴν γένοιτο * ἀναστὰς * οὖν Ἀβραὰμ ἔπεσεν ἐπὶ πρόσωπον ἐπὶ τὴν γῆν
Abr.2 1 2 παραστῆναι ἐλάλησε κύριος πρὸς Μιχαὴλ λέγων * ἀναστὰς * πορεύου πρὸς Ἀβραὰμ λέγων πρὸς αὐτὸν
Abr.2 2 6 ὥραν πρός με διΐεναι ὅτι πρὸς ἑσπέραν ἐστὶν καὶ * ἀναστὰς * τῷ πρωὶ πορεύου ὅπου ἂν βούλῃ μήπως συναντήσῃ
Abr.2 2 8 ὠνόμασάν με Ἀβρὰμ καὶ ὁ κύριος ἐκάλεσέν με λέγων * ἀνάστηθι * καὶ πορεύου ἐκ τοῦ οἴκου τοῦ πατρός σου καὶ τῆς
Abr.2 2 11 ξενιζομένοις ἐν τῷ οἴκῳ σου ὅπως εὐφρανθῶσιν. καὶ * ἀναστάντων * καὶ πορευομένων ἐκάλεσεν Ἀβραὰμ Δαμασκὸν
Abr.2 3 5 ἦλθεν ἐν τῷ οἴκῳ λέγει Ἀβραὰμ τοῖς παισὶν αὐτοῦ * ἀναστάντες * ἐξέλθατε εἰς τὰ ποίμνια καὶ ἐνέγκατε θρέμματα
Abr.2 3 6 αὐτοῦ Ἰσαὰκ λέγων αὐτῷ ἀγαπητέ μου υἱὲ Ἰσαὰκ * ἀνάστηθι * πλῆσον ὕδωρ ἐπὶ τῆς λεκάνης καὶ φέρε ἵνα
Abr.2 4 14 ἡμῶν. τότε λέγει ὁ κύριος τῷ Μιχαὴλ Μιχαὴλ ὁ ἐμὸς * ἀνάστηθι * καὶ πορεύου πρὸς Ἀβραὰμ καὶ εἴ τι ἂν ἴδῃς
Abr.2 5 2 εὐφράνθησαν. λέγει δὲ Ἀβραὰμ Ἰσαὰκ τῷ υἱῷ αὐτοῦ * ἀνάστηθι * στρῶσον τὴν κλίνην τοῦ ἀνθρώπου σπεύδει γὰρ
Abr.2 6 2 μοι ἵνα συναπολαύσω πρὶν σε ἀροῦσιν ἀπ᾽ ἐμοῦ. * ἀνέστη * δὲ Ἀβραὰμ καὶ ἤνοιξεν καὶ εἰσῆλθεν Ἰσαὰκ καὶ
Abr.2 6 4 ἤκουσεν δὲ καὶ ἡ Σάρρα ἐν τῇ σκηνῇ αὐτῆς καὶ * ἀνέστη * καὶ ἦλθεν πρὸς τὴν θύραν τοῦ ταμείου ὅπου Ἀβραὰμ
Abr.2 6 11 ἤνεγκας τὸν μόσχον καὶ ἔθυσας καὶ ἔδωκάς μοι λέγων * ἀναστᾶσα * ποίησον ἵνα φάγωμεν μετὰ τῶν ἀνθρώπων τούτων ἐν
Abr.2 10 5 ἐλεήσω ὡς σὺ αὐτὴν οὐκ ἐλέησας τὴν θυγατέραν; ἀλλὰ * ἀνέστης * ἐπὶ τὸν καρπὸν τῆς κοιλίας σου καὶ ἀπέκτεινας
Abr.2 14 5 τοῦ θανάτου ηὔξατο δὲ Ἀβραὰμ πρὸς κύριον καὶ * ἀνέστησεν * αὐτούς. ἐγένετο δὲ ὡς ἐπέστρεψεν Ἀβραὰμ
TRub. 1 4 καὶ Γὰδ καὶ Ἀσὴρ τοὺς ἀδελφοὺς αὐτοῦ εἶπεν αὐτοῖς * ἀναστήσατέ * με ἀδελφοὶ ὅπως εἴπω τοῖς ἀδελφοῖς μου καὶ
TRub. 1 5 μου κρυπτὰ ἐκλιπὼν γὰρ ἐγώ εἰμι ἀπὸ τοῦ νῦν. καὶ * ἀναστὰς * κατεφίλησεν αὐτοὺς καὶ κλαύσας εἶπεν ἀκούσατε
TSim. 6 7 ἄνθρωποι βασιλεύσουσι τῶν πονηρῶν πνευμάτων. τότε * ἀναστήσομαι * ἐν εὐφροσύνῃ καὶ εὐλογήσω τὸν ὕψιστον ἐν
TSim. 7 2 ὅτι ἐξ αὐτῶν ἀνατελεῖ ὑμῖν τὸ σωτήριον τοῦ θεοῦ. * ἀναστήσει * γὰρ κύριος ἐκ τοῦ Λευὶ ὡς ἀρχιερέα καὶ ἐκ τοῦ
TLevi 8 2 εἶδον ἑπτὰ ἀνθρώπους ἐν ἐσθῆτι λευκῇ λέγοντάς μοι * ἀναστὰς * ἔνδυσαι τὴν στολὴν τῆς ἱερατείας καὶ τὸν

| | | | | | |
|---|---|---|---|---|---|
| TLevi | 8 | 14 | αὐτῷ ὄνομα καινὸν ὅτι βασιλεὺς ἐκ τοῦ Ἰουδὰ | * ἀναστήσεται * | καὶ ποιήσει ἱερατείαν νέαν κατὰ τὸν τύπον |
| TLevi | 9 | 4 | ὅτι ἔσομαι αὐτοῖς εἰς ἱερέα πρὸς τὸν θεόν. καὶ | * ἀναστὰς * | τὸ πρωὶ ἀπεδεκάτωσε πάντα δι᾽ ἐμοῦ τῷ κυρίῳ. καὶ |
| TLevi | 17 | 2 | καὶ ἐν ἡμέρᾳ χαρᾶς αὐτοῦ ἐπὶ σωτηρίᾳ κόσμου αὐτὸς | * ἀναστήσεται. * | ἐν τῷ δευτέρῳ ἰωβηλαίῳ ὁ χριόμενος ἐν |
| TJud. | 24 | 1 | ταῦτα ἀνατελεῖ ὑμῖν ἄστρον ἐξ Ἰακὼβ ἐν εἰρήνῃ καὶ | * ἀναστήσεται * | ἄνθρωπος ἐκ τοῦ σπέρματός μου ὡς ὁ ἥλιος τῆς |
| TJud. | 25 | 1 | πάντας τοὺς ἐπικαλουμένους κύριον. καὶ μετὰ ταῦτα | * ἀναστήσεται * | Ἀβραὰμ καὶ Ἰσαὰκ καὶ Ἰακὼβ εἰς ζωὴν καὶ |
| TJud. | 25 | 4 | αἰῶνα καὶ ἐπέκεινα. καὶ οἱ ἐν λύπῃ τελευτήσαντες | * ἀναστήσονται * | ἐν χαρᾷ καὶ οἱ ἐν πτωχείᾳ διὰ κύριον |
| TZab. | 2 | 7 | ἀνελεῖν αὐτὸν κατέφυγεν ὀπίσω μου δεόμενος αὐτῶν. | * ἀναστὰς * | δὲ Ῥουβὴμ εἶπεν ἀδελφοὶ μὴ ἀποκτείνωμεν αὐτὸν |
| TZab. | 3 | 4 | ἐν γραφῇ νόμου Ἐνὼχ γέγραπται τὸν μὴ θέλοντα | * ἀναστῆσαι * | σπέρμα τῷ ἀδελφῷ αὐτοῦ ὑπολυθήσεσθαι τὸ |
| TZab. | 4 | 12 | αὐτὸν ὀργιζόμενος ὅτι ἔζησε καὶ οὐκ ἀνεῖλεν αὐτόν. | * ἀναστάντες * | δὲ κατ᾽ αὐτοῦ πάντες ὁμοῦ εἴπομεν ὅτι ἐὰν μὴ |
| TZab. | 10 | 2 | ὅτι ἀποθνήσκω ἐγὼ μηδὲ συμπίπτετε ὅτι ἀπολείπω. | * ἀναστήσομαι * | γὰρ πάλιν ἐν μέσῳ ὑμῶν ὡς ἡγούμενος ἐν μέσῳ |
| TJos. | 6 | 8 | ἐπὶ πρόσωπον εἰς τοὺς πόδας μου καὶ ἔκλαυσε καὶ | * ἀναστήσας * | αὐτὴν ἐνουθέτησα καὶ συνέθετο τοῦ μὴ ποιῆσαι |
| TJos. | 8 | 1 | ἡμέραν καὶ ὅλην τὴν νύκτα συνάψας περὶ τὸν ὄρθρον | * ἀνέστην * | δακρύων καὶ αἰτῶν λύτρωσιν ἀπὸ τῆς Αἰγυπτίας. |
| TBen. | 10 | 6 | Νῶε καὶ Σὴμ καὶ Ἀβραὰμ καὶ Ἰσαὰκ καὶ Ἰακὼβ | * ἀνισταμένους * | ἐκ δεξιῶν ἐν ἀγαλλιάσει. τότε καὶ ἡμεῖς |
| TBen. | 10 | 7 | ἐκ δεξιῶν ἐν ἀγαλλιάσει. τότε καὶ ἡμεῖς | * ἀναστησόμεθα * | ἕκαστος ἐπὶ σκῆπτρον ἡμῶν προσκυνοῦντες τὸν |
| TBen. | 10 | 8 | αὐτῷ ἐπὶ γῆς συγχαρήσονται αὐτῷ. τότε καὶ πάντες | * ἀναστήσονται * | οἱ μὲν εἰς δόξαν οἱ δὲ εἰς ἀτιμίαν. καὶ |
| TBen. | 11 | 2 | διαδίδων τροφὴν τοῖς ἐργαζομένοις τὸ ἀγαθόν. καὶ | * ἀναστήσεται * | ἐκ τοῦ σπέρματός μου ἐν ὑστέροις καιροῖς |
| Asen. | 10 | 2 | ἐφοβεῖτο φόβον μέγαν καὶ ἔτρεμε τρόμον βαρύν. καὶ | * ἀνέστη * | Ἀσενὲθ ἀπὸ τῆς κλίνης αὐτῆς καὶ κατέβη ἡσύχως |
| Asen. | 10 | 6 | ἔστι πόνος βαρὺς καὶ ἡσυχάζω ἐν τῇ κλίνῃ μου καὶ | * ἀναστῆναι * | καὶ ἀνοῖξαι ὑμῖν οὐκ ἰσχύω διότι ἠσθένησα ἀπὸ |
| Asen. | 10 | 8 | αἱ παρθένοι ἑκάστη εἰς τὸν θάλαμον αὐτῆς. καὶ | * ἀνέστη * | Ἀσενὲθ καὶ ἤνοιξε τὴν θύραν ἡσύχως καὶ ἀπῆλθεν |
| Asen. | 10 | 16 | νύκτα μετὰ στεναγμοῦ καὶ βριμήματος ἕως πρωΐ. καὶ | * ἀνέστη * | Ἀσενὲθ τὸ πρωΐ καὶ εἶδε καὶ ἰδοὺ πηλὸς πολὺς ἐκ |
| Asen. | 11 | 1B | τοῖς μέλεσι διὰ τὴν ἔνδειαν τῶν ἑπτὰ ἡμερῶν. καὶ | * ἀνέστη * | ἐπὶ τὰ γόνατα αὐτῆς καὶ ἔθηκε τὴν χεῖρα αὐτῆς ἐπὶ |
| Asen. | 11 | 15 | βοηθός. τολμήσω καὶ βοήσω πρὸς αὐτόν. καὶ | * ἀνέστη * | Ἀσενὲθ ἀπὸ τοῦ τοίχου οὗ ἐκαθέζετο καὶ ἀπεστράφη |
| Asen. | 11 | 19 | τολμήσω οὖν ἀνοῖξαι τὸ στόμα μου πρὸς αὐτόν. καὶ | * ἀνέστη * | Ἀσενὲθ πάλιν ἀπὸ τοῦ τοίχου οὗ ἐκάθητο καὶ |
| Asen. | 14 | 8 | κυρίου καὶ στρατιάρχης πάσης στρατιᾶς τοῦ ὑψίστου. | * ἀνάστηθι * | καὶ στῆθι ἐπὶ τοὺς πόδας σου καὶ λαλήσω πρός σέ |
| Asen. | 14 | 11 | αὐτῇ ὁ ἄνθρωπος θάρσει Ἀσενὲθ καὶ μὴ φοβηθῇς ἀλλ᾽ | * ἀνάστηθι * | καὶ στῆθι ἐπὶ τοὺς πόδας σου καὶ λαλήσω πρός σέ |
| Asen. | 14 | 12 | πόδας σου καὶ λαλήσω πρός σέ τὰ ῥήματά μου. καὶ | * ἀνέστη * | Ἀσενὲθ καὶ ἔστη ἐπὶ τοὺς πόδας αὐτῆς. καὶ εἶπεν |
| Asen. | 16 | 17C | ἄνθρωπος. καὶ εἶπεν ὁ ἄνθρωπος τῷ κηρίῳ δεῦρο. καὶ | * ἀνέστησαν * | μέλισσαι ἐκ τῶν σίμβλων τοῦ κηρίου ἐκείνου καὶ |
| Asen. | 16 | 21 | ταῖς μελίσσαις ὑπάγετε δὴ εἰς τὸν τόπον ὑμῶν. καὶ | * ἀνέστησαν * | πᾶσαι αἱ μέλισσαι καὶ ἐπετάσθησαν καὶ ἀπῆλθον |
| Asen. | 16 | 22 | αὐτοῦ ἐπὶ τὰς μελίσσας τὰς νεκρὰς καὶ εἶπεν αὐταῖς | * ἀνάστητε * | καὶ ὑμεῖς καὶ ἀπέλθετε εἰς τὸν τόπον ὑμῶν. καὶ |
| Asen. | 16 | 23 | καὶ ὑμεῖς καὶ ἀπέλθετε εἰς τὸν τόπον ὑμῶν. καὶ | * ἀνέστησαν * | αἱ τεθνηκυῖαι μέλισσαι καὶ ἀπῆλθον εἰς τὴν |
| Asen. | 21 | 2 | τῶν γάμων κοιμηθῆναι μετὰ τῆς γυναικὸς αὐτοῦ. καὶ | * ἀνέστη * | Ἰωσὴφ τὸ πρωΐ καὶ ἀπῆλθε πρὸς Φαραὼ καὶ εἶπεν |
| Asen. | 23 | 16 | τὴν δεξιὰν καὶ ἐκράτησεν αὐτὸν καὶ εἶπεν αὐτῷ | * ἀνάστηθι * | καὶ μὴ φοβηθῇς πλὴν φύλαξαι ἔτι τοῦ μὴ λαλῆσαι |
| Asen. | 25 | 1 | ἀνάμεσον αὐτῶν ἡ ὁδὸς πλατεῖα καὶ εὐρύχωρος. καὶ | * ἀνέστη * | ὁ υἱὸς Φαραὼ ἐν τῇ νυκτὶ ταύτῃ καὶ ἦλθεν ἐπὶ τὸν |
| Asen. | 26 | 1 | εἰς συνάντησιν τῷ Ἰωσὴφ καὶ τῇ Ἀσενέθ. καὶ | * ἀνέστη * | τὸ πρωΐ Ἀσενὲθ καὶ εἶπε τῷ Ἰωσὴφ πορεύσομαι |
| Asen. | 29 | 1 | τῇ ὀργῇ αὐτῶν κατακόψωσιν αὐτούς. καὶ ὁ υἱὸς Φαραὼ | * ἀνέστη * | ἀπὸ τῆς γῆς καὶ ἀνεκάθισε καὶ ἔπτυεν αἷμα ἀπὸ τοῦ |
| Asen. | 29 | 5 | καὶ ὁ πατὴρ αὐτοῦ Φαραὼ ἔσται ὡς πατὴρ ἡμῶν. καὶ | * ἀνέστησε * | Λευὶς τὸν υἱὸν Φαραὼ ἐκ τῆς γῆς καὶ ἀπένιψε τὸ |
| Asen. | 29 | 6 | καὶ διηγήσατο αὐτῷ πάντας τοὺς λόγους τούτους. καὶ | * ἀνέστη * | Φαραὼ ἀπὸ τοῦ θρόνου αὐτοῦ καὶ προσεκύνησε τῷ |
| Sal. | 3 | 10 | αὐτοῦ ἔπεσεν ὅτι πονηρὸν τὸ πτῶμα αὐτοῦ καὶ οὐκ | * ἀναστήσεται. * | ἡ ἀπώλεια τοῦ ἁμαρτωλοῦ εἰς τὸν αἰῶνα καὶ |
| Sal. | 3 | 12 | εἰς τὸν αἰῶνα οἱ δὲ φοβούμενοι τὸν κύριον | * ἀναστήσονται * | εἰς ζωὴν αἰώνιον καὶ ἡ ζωὴ αὐτῶν ἐν φωτὶ |
| Sal. | 11 | 8 | κύριος ἃ ἐλάλησεν ἐπὶ Ισραηλ καὶ Ιερουσαλημ | * ἀναστῆσαι * | κύριος τὸν Ισραηλ ἐν ὀνόματι δόξης αὐτοῦ τοῦ |
| Sal. | 17 | 21 | ἐν ἀπειθείᾳ καὶ ὁ λαὸς ἐν ἁμαρτίᾳ. ἰδὲ κύριε καὶ | * ἀνάστησον * | αὐτοῖς τὸν βασιλέα αὐτῶν υἱὸν Δαυιδ εἰς τὸν |
| Sal. | 17 | 42 | ἡ εὐπρέπεια τοῦ βασιλέως Ισραηλ ἣν ἔγνω ὁ θεὸς | * ἀναστῆσαι * | αὐτὸν ἐπ᾽ οἶκον Ισραηλ παιδεῦσαι αὐτόν. τὰ |
| Jer. | 1 | 1 | θεὸς πρὸς Ἱερεμίαν λέγων Ἱερεμία ὁ ἐκλεκτός μου | * ἀνάστα * | καὶ ἔξελθε ἐκ τῆς πόλεως ταύτης σὺ καὶ Βαροὺχ |
| Jer. | 1 | 3 | ὡς τεῖχος ἀδαμάντινον περικυκλοῦν αὐτήν. νῦν οὖν | * ἀναστάντες * | ἐξέλθατε πρὸ τοῦ ἡ δύναμις τῶν Χαλδαίων |
| Jer. | 1 | 7 | εἶπε κύριος τῷ Ἱερεμίᾳ ἐπειδὴ σὺ ἐκλεκτός μου εἶ | * ἀνάστα * | καὶ ἔξελθε ἐκ τῆς πόλεως ταύτης σὺ καὶ Βαροὺχ |
| Jer. | 1 | 9 | εἰς αὐτὴν εἰ μὴ ἐγὼ πρῶτος ἀνοίξω τὰς πύλας αὐτῆς. | * ἀνάστηθι * | οὖν καὶ ἄπελθε πρὸς Βαροὺχ καὶ ἀπάγγειλον αὐτῷ |
| Jer. | 1 | 10 | Βαροὺχ καὶ ἀπάγγειλον αὐτῷ τὰ ῥήματα ταῦτα. καὶ | * ἀναστάντες * | ἕκτην ὥραν τῆς νυκτὸς ἔλθετε ἐπὶ τὰ τείχη τῆς |
| Jer. | 5 | 6 | γὰρ ἐσπούδαζεν οὐκ ἂν ἀπέστειλέ με ὄρθρου σήμερον. | * ἀναστὰς * | οὖν πορεύσομαι τῷ καύματι οὐ γὰρ καῦμα οὐ κόπος |
| Jer. | 6 | 8 | αὐτοῦ. ταῦτα εἰπὼν ὁ Βαροὺχ λέγει τῷ Ἀβιμέλεχ | * ἀνάστηθι * | καὶ εὐξώμεθα ἵνα γνωρίσῃ ἡμῖν ὁ κύριος πῶς |
| Jer. | 7 | 1 | τοῦτο τὸ σημεῖόν ἐστι τῆς μεγάλης σφραγῖδος. καὶ | * ἀνέστη * | Βαροὺχ καὶ ἐξῆλθεν ἐκ τοῦ μνημείου καὶ εὗρεν τὸν |
| Jer. | 8 | 2 | ἐκ Βαβυλῶνος. καὶ εἶπεν ὁ κύριος πρὸς Ἱερεμίαν | * ἀνάστηθι * | σὺ καὶ ὁ λαὸς καὶ δεῦτε ἐπὶ τὸν Ἰορδάνην καὶ |
| Jer. | 8 | 4 | δὲ ἐλάλησεν πρὸς τὸν λαὸν τὰ ῥήματα ταῦτα καὶ | * ἀναστάντες * | ἦλθον ἐπὶ τὸν Ἰορδάνην τοῦ περᾶσαι. καὶ |
| Jer. | 8 | 6 | εἰς τὴν πόλιν ταύτην. καὶ εἶπον πρὸς ἑαυτοὺς | * ἀναστάντες * | ὑποστρέψωμεν εἰς Βαβυλῶνα εἰς τὸν τόπον ἡμῶν |
| Jer. | 9 | 12 | αὐτοῦ ἡμέρας τρεῖς λέγοντες ποίᾳ ὥρᾳ μέλλει | * ἀναστῆναι; * | μετὰ δὲ τρεῖς ἡμέρας εἰσῆλθεν ἡ ψυχὴ αὐτοῦ |
| Bar. | 4 | 15 | θεὸς τὸν ἄγγελον αὐτοῦ τὸν Σαρασαὴλ καὶ εἶπεν αὐτῷ | * ἀναστὰς * | Νῶε φύτευσον τὸ κλῆμα ὅτι τάδε λέγει κύριος τὸ |
| Prop. | 2 | 12 | τοῦ θεοῦ καὶ ἐν τῇ ἀναστάσει πρώτη ἡ κιβωτὸς | * ἀναστήσεται * | καὶ ἐξελεύσεται ἐκ τῆς πέτρας καὶ τεθήσεται |
| Prop. | 10 | 6 | αὐτὸν τῇ μητρὶ αὐτοῦ διὰ τὴν φιλοξενίαν αὐτῆς. καὶ | * ἀναστὰς * | μετὰ τὸν λιμὸν ἦλθεν ἐν γῇ Ἰούδα. καὶ |
| Esdr. | 2 | 3 | χαῖρε πιστὲ τοῦ θεοῦ ἄνθρωπε. ⟨καὶ εἶπεν Ἐσδρὰμ⟩ | * ἀνάστα * | καὶ δεῦρο μετ᾽ ἐμοῦ κύριε εἰς κρίσιν. καὶ εἶπεν ὁ |
| Esdr. | 3 | 12 | ἀδελφὸν παραδίδει εἰς θάνατον καὶ τέκνα ἐπὶ γονεῖς | * ἀναστήσονται * | καὶ γυνὴ τὸν ἄνδρα τὸν ἴδιον καταλιμπάνει |
| Esdr. | 4 | 36 | σάλπιγξ καὶ τὰ μνημεῖα ἀνοιχθήσονται καὶ οἱ νεκροὶ | * ἀναστήσονται * | ἄφθαρτοι. τότε ὁ ἀντικείμενος ἀκούσας τῆς |
| Esdr. | 7 | 2 | ἐγευσάμην ἐν τάφῳ κατετέθην καὶ τοὺς ἐκλεκτούς μου | * ἀνέστησα * | τὸν Ἀδὰμ ἐκ τοῦ ᾅδου ἀνεκαλεσάμην ἵνα τὸ τῶν |
| Job | 3 | 2 | λέγουσα Ιωβαβ Ιωβαβ. καὶ εἶπον ἰδοὺ ἐγώ. καὶ εἶπεν | * ἀνάστηθι * | καὶ ὑποδείξω σοι τίς ἐστιν οὗτος ὃν γνῶναι |
| Job | 5 | 2 | ἀγγέλου ἀνελθόντος ἀπ᾽ ἐμοῦ, τότε ἐγὼ τεκνία μου | * ἀναστὰς * | ἐν τῇ ἑξῆς νυκτί, παραλαβὼν μεθ᾽ ἑαυτοῦ |
| Job | 15 | 4 | ἀνέκειντο τοῖς ἀρρενικοῖς δούλοις τοῖς διακονοῦσιν | * ἀνιστάμενος * | οὖν ἐγὼ κατὰ τὸ πρωὶ ἀνέφερον ὑπὲρ αὐτῶν |
| Job | 23 | 9 | μου; καὶ οὕτω καταφρονήσασα τῆς τριχὸς εἶπεν αὐτῷ | * ἀνάστα, * | ἆρον αὐτήν. τότε λαβὼν ψαλίδα ἔκειρεν τὴν τρίχα |
| Job | 24 | 10 | ἐν τρισὶν ἡμέραις. κἀγὼ ἐκκακήσασα εἶπον αὐτῷ | * ἀναστὰς * | κεῖρόν με. καὶ οὕτως ἀναστὰς μετὰ ψαλίδος ἀτίμως |
| Job | 24 | 10 | ἐκκακήσασα εἶπον αὐτῷ ἀναστὰς κεῖρόν με. καὶ οὕτως | * ἀναστὰς * | μετὰ ψαλίδος ἀτίμως ἔκειρέν μου τὴν τρίχα ἐν τῇ |
| Job | 25 | 10 | ἐπὶ ἀσθενείᾳ τῆς καρδίας μου συνετρίβη μου τὰ ὀστᾶ | * ἀνάστηθι * | σύ, λαβὼν τοὺς ἄρτους χορτάσθητι, καὶ εἰπόν τι |
| Job | 28 | 2 | πληγῇ, καὶ ἤκουσαν οἱ βασιλεῖς τὰ συμβεβηκότα μοι, | * ἀναστάντες * | ἦλθον πρός με ἕκαστος ἐκ τῆς ἰδίας χώρας ὅπως |
| Job | 30 | 3 | ἐν τῇ γῇ ἐπὶ ὥρας τρεῖς ὡσεὶ νεκρούς, τότε | * ἀναστάντες * | συνελάλουν ἀλλήλοις ὅτι οὗτός ἐστιν. καὶ |
| Job | 31 | 2 | ὡς ἥμισυ σταδίου διὰ τὴν δυσωδίαν τοῦ σώματός μου | * ἀναστάντες * | προσήγγισάν μοι ἔχοντες εὐωδίας ἐν ταῖς |
| Job | 34 | 5 | αὐτῶν καὶ ἰδοὺ ἡμῖν, φησίν, ἔσται ἕως αἰῶνος. | * ἀναστὰς * | δὲ ἐν μεγάλῃ ταραχῇ Ελιφας ἔκλινεν ἀπ᾽ αὐτῶν ἐν |
| Job | 37 | 8 | ἐν ἀνατολαῖς, δύνοντα δὲ ἐν τῇ δύσει, καὶ πάλιν | * ἀνιστάμενοι * | κατὰ πρωὶ εὑρίσκομεν τὸν αὐτὸν ἐν ἀνατολαῖς |
| Job | 40 | 4 | νῦν ἔγνων ὅτι ὑπάρχει μοι μνημόσυνον παρὰ κυρίου | * ἀναστήσομαι * | δὴ καὶ εἰσελεύσομαι εἰς τὴν πόλιν καὶ |
| Job | 41 | 2 | κατ᾽ ἐμοῦ, ὡς μετὰ εἴκοσι ἑπτὰ ἡμέρας | * ἀναστῆναι * | αὐτοὺς καὶ πορευθῆναι εἰς τὴν ἑαυτῶν χώραν, |
| Job | 42 | 6 | λελαλήκατε ἀληθῶς κατὰ τοῦ θεράποντός μου Ιωβ διὸ | * ἀναστάντες * | ποιήσατε αὐτὸν ὑπὲρ ὑμῶν ἀναφέρειν θυσίας, |
| Job | 44 | 1 | αὐτῷ πάντων καὶ κυκλούντων τὸ θυσιαστήριον, | * ἀναστάντες * | εἰσήλθομεν εἰς τὴν πόλιν εἰς ἣν νῦν οἰκοῦμεν |
| Job | 47 | 5 | με παρέσχετό μοι ταύτας τὰς τρεῖς χορδὰς λέγων μοι | * ἀνάστα, * | ζῶσαι ὥσπερ ἀνὴρ τὴν ὀσφῦν σου ἐρωτήσω δέ σε, σὺ |
| Job | 48 | 1 | ψυχήν, ἵνα θαυμάσητε τὰ τοῦ θεοῦ κτίσματα. οὕτως | * ἀναστᾶσα * | ἡ μία ἡ καλουμένη Ἡμέρα περιείληξεν τὴν ἑαυτῆς |
| Job | 52 | 3 | εἶδεν τοὺς ἐλθόντας ἐπὶ τὴν ψυχὴν αὐτοῦ καὶ εὐθέως | * ἀναστὰς * | ἔλαβεν κιθάραν καὶ ἔδωκεν τῇ θυγατρὶ αὐτοῦ |
| Job | 53 | 10 | τῶν υἱῶν αὐτοῦ ἕως τετάρτης γενεᾶς. γέγραπται δὲ | * ἀναστῆναι * | αὐτὸν μεθ᾽ ὧν ὁ κς ἀνέστησε. τῷ δὲ θῷ εἴη |
| Job | 53 | 10 | γενεᾶς. γέγραπται δὲ ἀναστῆναι αὐτὸν μεθ᾽ ὧν ὁ κς | * ἀνέστησε. * | τῷ δὲ θῷ εἴη δόξα. |
| Sib. | 3 | 474 | μεγάλαυχον ἀποιμώξασα τοκῆα. Θρήικες δὲ Κρόβυζοι | * ἀναστήσονται * | ἀν᾽ Αἷμον. Καμπανοῖς ἄραβος πέλεται διὰ τὸν |
| FBar. | 13 | 2 | Σιων και ιδου φων⟩η εξηλθεν εξ ὑ⟨ψους και ειπε μοι | * ανα⟩στα * | επι τους πο⟨δας σου Βαρουχ και ακουε⟩ τον λογον |
| FAch. | 120 | | ἡμέρα ἄλλῃ μὲν παρ᾽ ἄλλην πορεύεται. μετὰ τοῦτο | * ἀνέστησαν * | τοῦ δείπνου. τῇ δὲ ἑξῆς ἡμέρᾳ ὁ βασιλεὺς |
| HHec. 1 | 22 | 203 | μὲν αὐτοῦ μένῃ προσμένειν συμφέρειν πᾶσιν ἐὰν δ᾽ | * ἀναστὰς * | εἰς τοὔμπροσθεν πέτηται προάγειν ἐὰν δὲ εἰς |
| FrAn. 1 | 217 | 15 | αὐτὸν χρυσοχόῳ παραχρῆμα τὸν λίθον ἐκεῖνος ἰδὼν | * ἀναστὰς * | προσεκύνησε καὶ ἔκθαμβος γενόμενος ἐπυνθάνετο. |
| ἀνόδευτος | | | 1 | | |
| FrAn. | 574 | 3055 | καὶ ἐρυθρὰ θάλασσα ἣν ὥδευσεν Εἰσραὴλ καὶ ἔστη | * ἀνόδευτος * | ὅτι ὁρκίζω σε τὸν καταδείξαντα τὰς ἑκατὸν |
| ἀνοδία | | | 1 | | |
| Hen. | 89 | 44 | ἕως οὗ ἀφῆκεν τὴν ὁδὸν αὐτοῦ καὶ ἤρξατο πορεύεσθαι | * ἀνοδίᾳ. * | καὶ ὁ κύριος τῶν προβάτων ἀπέστειλεν τὸν ἄρνα |
| ἄνοδος (ἡ) | | | 1 | | |
| Adam | 13 | 6 | δὲ τῆς ψυχῆς αὐτοῦ μέλλεις θεάσασθαι τὴν | * ἄνοδον * | αὐτῆς φοβεράν. εἰπὼν δὲ ταῦτα ὁ ἄγγελος ἀπῆλθεν |
| ἀνόητος | | | 5 | | |
| Aris. | 136 | 2 | κατ᾽ ἐκεῖνό τις θεοὶ κατὰ τὴν ἐξεύρεσιν παντελῶς | * ἀνόητον * | τῶν γὰρ ἐν τῇ κτίσει λαβόντες τινὰ συνέθηκαν καὶ |
| Sib. | 5 | 113 | ἀλεγεινήν; βαῖνε πρὸς ἀντολίην Περσῶν γενεὰς | * ἀνοήτους * | καὶ δήλου τοῖσιν τὸ παρὸν τό τε μέλλον ἔσεσθαι. |
| Sib. | 5 | 473 | ἐκ πολέμοιο αἱματόεις σάρκας τε καὶ αἵματα τῶν | * ἀνοήτων. * | εἶθ᾽ οὕτως ὀλιγηπελίη ἔσται κατὰ γαῖαν ὥστε |
| HHec. 1 | 22 | 187 | τῷ παρὰ τοῖς ὁμοέθνοις μέγας καὶ τὴν ψυχὴν οὐκ | * ἀνόητος * | ἔτι δὲ καὶ λέγειν δυνατὸς καὶ τῶν πραγμάτων |
| FrAn. 2 | 11 | 3 | ἐξ ἡμέρας προσδεχόμενοι οὐδὲν τούτων ἑωράκαμεν. | * ἀνόητοι * | συμβάλετε ἑαυτοὺς ξύλῳ λάβετε ἄμπελον πρῶτον μὲν |
| ἄνοια | | | 1 | | |
| Sib. | 3 | 377 | ἄπο καὐτῶν +ἠδέ τε δυσνομίη μῶμος φθόνος ὀργὴ | * ἄνοια * | φεύξετ᾽ ἀπ᾽ ἀνθρώπων πενίη καὶ φεύξετ᾽ ἀνάγκη+ καὶ |
| ἀνοίγω | | | 78 | | |
| Adam | 10 | 3 | φοβήσει τὴν εἰκόνα τοῦ θεοῦ πολεμῆσαι αὐτήν; πῶς | * ἠνοίγη * | τὸ στόμα σου; πῶς ἐνίσχυσαν οἱ ὀδόντες σου; πῶς |

Adam 11 2 σέ ἐπειδὴ ἡ ἀρχὴ τῶν θηρίων ἐκ σοῦ ἐγένετο. πῶς * ἠνοίγη * τὸ στόμα σου φαγεῖν ἀπὸ τοῦ ξύλου περὶ οὗ
Adam 18 3 εἶπεν ἡμῖν. καὶ λέγει μοι μὴ φοβοῦ. ἅμα γὰρ φάγῃς * ἀνοιχθήσονται * σου οἱ ὀφθαλμοὶ καὶ ἔσεσθε ὡς θεοὶ
Adam 19 1 καρποῦ καὶ λέγει μοι δεῦρο δώσω σοι ἀκολούθει μοι. * ἤνοιξα * δὲ καὶ εἰσῆλθεν ἔσω εἰς τὸν παράδεισον. καὶ
Adam 20 1 ἀπὸ τοῦ καρποῦ καὶ ἔφαγον. καὶ ἐν αὐτῇ τῇ ὥρᾳ * ἠνεῴχθησαν * οἱ ὀφθαλμοί μου καὶ ἔγνων ὅτι γυμνὴ ἤμην τῆς
Adam 21 3 κατήγαγον ἡμᾶς ἀπὸ μεγάλης δόξης. ἅμα γὰρ ἦλθεν * ἤνοιξα * τὸ στόμα καὶ ὁ διάβολος ἐλάλει καὶ ἠρξάμην
Adam 21 5 πονηρόν. καὶ τότε ταχέως πείσασα αὐτὸν ἔφαγεν. καὶ * ἠνεῴχθησαν * αὐτοῦ οἱ ὀφθαλμοὶ καὶ ἔγνω τὴν γύμνωσιν
Adam 35 2 τοῖς ὀφθαλμοῖς σου καὶ ἴδε τὰ ἑπτὰ στερεώματα * ἀνεῳγμένα * καὶ πῶς κεῖται τὸ σῶμα τοῦ πατρός σου ἐπὶ
Hen. 1 2 ἄνθρωπος δίκαιός ἐστιν ⟨ᾧ⟩ ὅρασις ἐκ θεοῦ αὐτῷ * ἀνεῳγμένη * ἦν ἔχων τὴν ὅρασιν τοῦ ἁγίου (καὶ) τοῦ
Hen. 10 4 ποσὶν καὶ χερσὶν καὶ βάλε αὐτὸν εἰς τὸ σκότος καὶ * ἄνοιξον * τὴν ἔρημον τὴν οὖσαν ἐν τῷ Δαδουὴλ κἀκεῖ βάλε
Hen. 10B 4 αὐτὸν καὶ ἔμβαλε αὐτὸν εἰς τὸ σκότος καὶ * ἄνοιξον * τὴν ἔρημον τὴν οὖσαν ἐν τῇ ἐρήμῳ Δουδαὴλ καὶ
Hen. 11 1 δεθήσεται μέχρι τελειώσεως γενεᾶς αὐτῶν. καὶ τότε * ἀνοίξω * τὰ ταμεῖα τῆς εὐλογίας τὰ ὄντα ἐν τῷ οὐρανῷ καὶ
Hen. 14 15 ἐθεώρουν ἐν τῇ ὁράσει μου καὶ ἰδοὺ ἄλλη θύρα * ἀνεῳγμένη * κατέναντί μου καὶ ὁ οἶκος μείζων τούτου καὶ
Hen. 89 44 τοὺς κύνας. καὶ τὰ πρόβατα ὧν οἱ ὀφθαλμοὶ * ἠνοίγησαν * ἐθεάσαντο τὸν κριὸν τὸν ἐν τοῖς προβάτοις ἕως
Hen. 104 2 ἀναλάμψετε καὶ φανεῖτε αἱ θυρίδες τοῦ οὐρανοῦ * ἀνοιχθήσονται * ὑμῖν καὶ ἡ κραυγὴ ὑμῶν ἀκουσθήσεται καὶ ἡ
Hen. 106 2 καὶ ὡς ἔρια λευκὰ καὶ οὖλον καὶ ἔνδοξον. καὶ ὅτε * ἀνέῳξεν * τοὺς ὀφθαλμοὺς ἔλαμψεν ἡ οἰκία ὡσεὶ ἥλιος. καὶ
Hen. 106 3 ὡσεὶ ἥλιος. καὶ ἀνέστη ἐκ τῶν χειρῶν τῆς μαίας καὶ * ἀνέῳξεν * τὸ στόμα καὶ εὐλόγησεν τῷ κυρίῳ καὶ ἐφοβήθη
Hen. 106 11 ἀκτῖσιν καὶ ἀνέστη ἀπὸ τῶν τῆς μαίας χειρῶν καὶ * ἀνοίξας * τὸ στόμα εὐλόγησεν τὸν κύριον τοῦ αἰῶνος καὶ
Abr.1 5 8 πρὸς τὴν θύραν ἔκραξε λέγων πάτερ πάτερ ἀνάστα οὖν * ἄνοιξόν * μοι ταχέως ὅπως εἰσέλθω καὶ κρεμασθῶ ἐπὶ τοῦ
Abr.1 5 9 σε πρὶν σε ἄρουσιν ἀπ' ἐμοῦ. ἀναστὰς οὖν Ἀβραὰμ * ἤνοιξεν * αὐτῷ εἰσελθὼν δὲ Ἰσαὰκ ἐκρεμάσθη ἐπὶ τὸν
Abr.1 7 3 καὶ διαλογιζομένου εἶδον καὶ τὸν οὐρανὸν * ἀνεῳγότα * καὶ εἶδον ἄνδρα φωτοφόρον ἐκ τοῦ οὐρανοῦ
Abr.1 12 17 ὁ κριτὴς ἕνα τῶν ἀγγέλων τῶν καθυπουργούντων αὐτῷ * ἄνοιξόν * μοι τὴν βίβλον ταύτην καὶ εὑρέ μοι τὰς ἁμαρτίας
Abr.1 12 18 καὶ εὑρέ μοι τὰς ἁμαρτίας τῆς ψυχῆς ταύτης. καὶ * ἀνοίξας * τὴν βίβλον εὗρεν αὐτῆς ζυγάδας τὰς ἁμαρτίας καὶ
Abr.2 6 1 ἦλθεν πρὸς τὴν θύραν τοῦ πατρὸς αὐτοῦ λέγων πάτερ * ἄνοιξόν * μοι ἵνα συναπολαύσω πρὶν σε ἄρουσιν ἀπ' ἐμοῦ.
Abr.2 6 2 πρὶν σε ἄρουσιν ἀπ' ἐμοῦ. ἀνέστη δὲ Ἀβραὰμ καὶ * ἤνοιξεν * καὶ εἰσῆλθεν Ἰσαὰκ καὶ ἐκρέμασεν ἑαυτὸν εἰς τὸν
Abr.2 10 11 κριτὴς σύστησον τὴν ἁμαρτίαν τῆς ψυχῆς ταύτης. καὶ * ἀνοίξας * ὁ ἀνὴρ τὴν μίαν βίβλον ἐκ τῶν δύο τῶν οὐσῶν ἐκ
Abr.2 10 15 αὐτὴ ἐν ποίᾳ ὥρᾳ ἔπραξεν. ἀκούσασα δὲ ἡ ψυχὴ ταῦτα * ἤνοιξεν * τὸ στόμα αὐτῆς βοῶσα καὶ λέγουσα οἴμοι ὅτι πάσας
Abr.2 12 7 ἐπὶ τῆς γῆς καταλαλοῦντας καὶ εἶπεν Ἀβραὰμ * ἄνοιξον * τὴν γῆν καταπίῃ αὐτοὺς ζῶντας καὶ εὐθέως
TLevi 2 3B003 πρόσωπόν μου ἦρα πρὸς τὸν οὐρανὸν καὶ τὸ στόμα μου * ἠνοίγη * καὶ ἐλάλησα καὶ τοὺς δακτύλους τῶν χειρῶν μου καὶ
TLevi 2 6 ὑψηλὸν τοῦτο ὄρος Ἀσπίδος ἐν Ἀβελμαούλ. καὶ ἰδοὺ * ἠνεῴχθησαν * οἱ οὐρανοὶ καὶ ἄγγελος θεοῦ εἶπε πρός με Λευὶ
TLevi 5 1 ἔσται οἱ δὲ καταρώμενοι αὐτὸν ἀπολοῦνται. καὶ * ἤνοιξέ * μοι ὁ ἄγγελος τὰς πύλας τοῦ οὐρανοῦ καὶ εἶδον τὸν
TLevi 18 6 τοῦ προσώπου κυρίου χαρήσονται ἐν αὐτῷ. οἱ οὐρανοὶ * ἀνοιγήσονται * καὶ ἐκ τοῦ ναοῦ τῆς δόξης ἥξει ἐπ' αὐτὸν
TLevi 18 10 οἱ δὲ δίκαιοι καταπαύσουσιν ἐν αὐτῷ. καίγε αὐτὸς * ἀνοίξει * τὰς θύρας τοῦ παραδείσου καὶ στήσει τὴν
TJud. 7 3 πόλιν αὐτῶν. νυκτὶ δὲ βαθείᾳ ἐλθοῦσι τοῖς ἀδελφοῖς * ἠνοίξαμεν * τὰς πύλας καὶ πάντας αὐτοὺς καὶ τὰ αὐτῶν
TJud. 9 5 περικαθίσαντες ἐπολιορκοῦμεν αὐτούς. καὶ ὡς οὐκ * ἠνοίγον * μετὰ ἡμέρας εἴκοσιν ὀρύντων αὐτῶν προσάγω
TJud. 24 2 καὶ πᾶσα ἁμαρτία οὐχ εὑρηθήσεται ἐν αὐτῷ. καὶ * ἀνοιγήσονται * ἐπ' αὐτὸν οἱ οὐρανοὶ ἐκχέαι πνεύματος
Asen. 5 4 καὶ ἡ γυνὴ αὐτοῦ καὶ πᾶσα ἡ συγγένεια αὐτοῦ. καὶ * ἠνοίχθησαν * αἱ πύλαι τῆς αὐλῆς αἱ βλέπουσαι κατὰ ἀνατολὰς
Asen. 8 8 καὶ ἀνεστέναξε καὶ ἦν ἀτενίζουσα εἰς τὸν Ἰωσὴφ * ἀνεῳγμένων * τῶν ὀφθαλμῶν αὐτῆς καὶ ἐπλήσθησαν δακρύων οἱ
Asen. 10 5 τί σὺ σκυθρωπάζεις καὶ τί ἐστι τὸ ἐνοχλοῦν σοι; * ἄνοιξον * ἡμῖν καὶ ὀψόμεθα τί σοί ἐστιν. καὶ οὐκ ἤνοιξεν
Asen. 10 6 ἄνοιξον ἡμῖν καὶ ὀψόμεθα τί σοί ἐστιν. καὶ οὐκ * ἤνοιξεν * Ἀσενὲθ τὴν θύραν ἀλλ' εἶπεν αὐταῖς ἔσωθεν τῆς
Asen. 10 6 καὶ ἡσυχάζω ἐν τῇ κλίνῃ μου καὶ ἀναστῆναι καὶ * ἀνοῖξαι * ὑμῖν οὐκ ἰσχύω διότι ἠσθένησα ἀπὸ πάντων τῶν
Asen. 10 8 εἰς τὸν θάλαμον αὐτῆς. καὶ ἀνέστη Ἀσενὲθ καὶ * ἤνοιξε * τὴν θύραν ἡσύχως καὶ ἀπῆλθεν εἰς τὸν θάλαμον
Asen. 10 8 δεύτερον ὅπου ἦσαν αἱ θῆκαι τοῦ κόσμου αὐτῆς καὶ * ἤνοιξε * τὸ κιβώτιον αὐτῆς καὶ ἐξήνεγκε χιτῶνα μελανὸν καὶ
Asen. 11 2 δεξιὸν καὶ τὸ στόμα αὐτῆς ἦν κεκλεισμένον καὶ οὐκ * ἤνοιξεν * αὐτὸ ἐν ταῖς ἑπτὰ ἡμέραις καὶ ἐν ταῖς ἑπτὰ νυξὶ
Asen. 11 3 αὐτῆς. καὶ εἶπεν ἐν τῇ καρδίᾳ αὐτῆς τὸ στόμα μὴ * ἀνοίξασα * τί ποιήσω ἐγὼ ἡ ταπεινὴ ἢ ποῦ ἀπέλθω πρὸς τίνα
Asen. 11 15 τὰς χεῖρας αὐτῆς εἰς τὸν οὐρανόν. καὶ ἐφοβήθη * ἀνοῖξαι * τὸ στόμα αὐτῆς καὶ ὀνομάσαι τὸ ὄνομα τοῦ θεοῦ.
Asen. 11 15 αὐτῆς πολλάκις καὶ εἶπεν ἐν τῇ καρδίᾳ αὐτῆς οὐκ * ἀνοίξασα * τὸ στόμα αὐτῆς ταλαίπωρος ἐγὼ καὶ ὀρφανὴ καὶ
Asen. 11 17 καὶ τῷ ῥύπῳ τῆς ταπεινώσεώς μου πῶς ἐγὼ * ἀνοίξω * τὸ στόμα μου πρὸς τὸν ὕψιστον καὶ πῶς ὀνομάσω τὸ
Asen. 11 18 ποιήσω ἡ ταλαίπωρος ἐγώ; ἀλλὰ τολμήσω μᾶλλον καὶ * ἀνοίξω * τὸ στόμα μου πρὸς αὐτὸν καὶ ⟨ἐπικαλέσω⟩ τὸ ὄνομα
Asen. 11 18 μοι καὶ ἀφήσει μοι πᾶσαν ἁμαρτίαν. τολμήσω οὖν * ἀνοῖξαι * τὸ στόμα μου πρὸς αὐτόν. καὶ ἀνέστη Ἀσενὲθ
Asen. 11 19 ἀνέβλεψε τοῖς ὀφθαλμοῖς αὐτῆς εἰς τὸν οὐρανὸν καὶ * ἤνοιξε * τὸ στόμα αὐτῆς πρὸς τὸν θεὸν καὶ εἶπεν κύριε ὁ
Asen. 12 5 εἴδωλα νεκρὰ καὶ κωφά. καὶ νῦν οὐκ εἰμὶ ἀξία * ἀνοῖξαι * τὸ στόμα μου πρός σέ κύριε. κἀγὼ Ἀσενὲθ θυγάτηρ
Asen. 14 14 δεύτερον ὅπου ἦσαν αἱ θῆκαι τοῦ κόσμου αὐτῆς καὶ * ἠνέῳξε * τὸ κιβώτιον αὐτῆς καὶ ἔλαβε στολὴν λινῆν καινὴν
Asen. 18 5 δεύτερον ὅπου ἦσαν αἱ θῆκαι τοῦ κόσμου αὐτῆς καὶ * ἤνοιξε * τὴν κιβωτὸν αὐτῆς τὴν μεγάλην καὶ ἐξήνεγκε τὴν
Sal. 5 12 ἐπιεικὴς ἀλλ' ἢ σὺ εὐφρᾶναι ψυχὴν ταπεινοῦ ἐν τῷ * ἀνοῖξαι * χεῖρά σου ἐν ἐλέει; ἡ χρηστότης ἀνθρώπου ἐν
Sal. 8 17 εἰρήνης. ὡμάλισαν ὁδοὺς τραχείας ἀπὸ εἰσόδου αὐτοῦ * ἤνοιξαν * πύλας ἐπὶ Ἰερουσαλὴμ ἐστεφάνωσαν τείχη αὐτῆς.
Jer. 1 8 δυνήσεται εἰσελθεῖν εἰς αὐτὴν εἰ μὴ ἐγὼ πρῶτος * ἀνοίξω * τὰς πύλας αὐτῆς. ἀνάστηθι οὖν καὶ ἄπελθε πρὸς
Jer. 4 1 εἰς τὴν πόλιν ἡ δύναμις τῶν Χαλδαίων ἰδοὺ γὰρ * ἠνεῴχθη * ὑμῖν ἡ πύλη. εἰσελθέτω οὖν ὁ βασιλεὺς μετὰ τοῦ
Jer. 9 5 ἡ μελέτη μου Μιχαὴλ ὁ ἀρχάγγελος τῆς δικαιοσύνης ὁ * ἀνοίγων * τὰς πύλας τοῖς δικαίοις ἕως ἂν εἰσενέγκῃ τοὺς
Bar. 6 13 τί ἐστιν ἡ φωνὴ αὕτη; καὶ εἶπέν μοι ὁ ἄγγελος ἄρτι * ἀνοίγουσιν * οἱ ἄγγελοι τὰς τριακοσίας ἑξήκοντα πέντε
Bar. 11 2 καὶ ἦν ἡ πύλη κεκλεισμένη. καὶ εἴπον κύριε οὐκ * ἀνοίγεται * ὁ πυλὼν οὗτος ὅπως εἰσέλθωμεν; καὶ εἶπέν μοι ὁ
Bar. 11 5 τὰς δεήσεις τῶν ἀνθρώπων. καὶ ἰδοὺ ἦλθεν φωνή * ἀνοιγήτωσαν * αἱ πύλαι. καὶ ἤνοιξαν καὶ ἐγένετο τρισμὸς ὡς
Bar. 11 5 καὶ ἰδοὺ ἦλθεν φωνὴ ἀνοιγήτωσαν αἱ πύλαι. καὶ * ἤνοιξαν * καὶ ἐγένετο τρισμὸς ὡς βροντῆς. καὶ ἦλθεν Μιχαὴλ
Bar. 15 1 τῷ θεῷ. καὶ αὐτῇ τῇ ὥρᾳ κατῆλθεν ὁ Μιχαὴλ καὶ * ἠνοίγη * ἡ πύλη καὶ ἤνεγκεν ἔλαιον. καὶ τοὺς ἀγγέλους τοὺς
Esdr. 4 36 καὶ μετὰ ταῦτα σαλπίσει σάλπιγξ καὶ τὰ μνημεῖα * ἀνοιχθήσονται * καὶ οἱ νεκροὶ ἀναστήσονται ἄφθαρτοι. τότε
Esdr. 5 13 τὴν ψυχὴν τὸ ἕβδομον παρασκευάζεται τὸ ἔννατον μὲν * ἀνοίγεται * τὰ κλεῖθρα τοῦ πυλῶνος τῆς γυναικὸς καὶ
Sedr. 12 1 ἕως πότε δακρύζεις καὶ στενάζεις; ὁ παράδεισός σοι * ἠνοίγη * καὶ ἀποθανὼν ζήσεις. λέγει αὐτῷ Σεδρὰχ ἔτι ἅπαξ
Job 9 7 μοι εἰς ἀπάντησιν ἀπὸ πασῶν τῶν χωρῶν ἅπαντες. * ἀνεῳγμέναι * δὲ ἦσαν αἱ τέσσαρες θύραι τοῦ οἴκου μου
Job 9 8 μου ἐκέλευον δὲ τοῖς οἰκέταις μου ταύτας εἶναι * ἀνεῳγμένας *, τοῦτον τὸν σκοπὸν ἔχων, μὴ ἄρα ἔλθωσίν τινες
Job 46 7 τὴν κληρονομίαν. ἡ δὲ ἀπελθοῦσα ἤνεγκεν αὐτὰ καὶ * ἤνοιξεν * καὶ ἀνήνεγκεν τὰς τρεῖς χορδὰς τὰς ποικίλας ὡς
Sib. 3 440 καὶ Κράγος ὑψηλὸν Λυκίης ὄρος ἐκ κορυφάων χάσματ' * ἀνοιγομένης * πέτρης κελαρύξεται ὕδωρ μέχρι κε καὶ Πατάρων
Sib. 3 497 ἀνόμου τε βίου καὶ ἀνάγνου ὃν κατέτριψαν πάντες * ἀνοίγοντες * στόμ' ἄναγνον καὶ δεινοὺς διέθεντο λόγους
Sib. 3 500 τε κἄστησαν κατέναντι θεοῦ μεγάλου βασιλῆος * κἤνοιξαν * ψευδῶς μυσαρὸν στόμα. τοὔνεκ' ἄρ' αὐτοὺς
Sib. 3 769 ὅς ποτ' ἔδωκεν εὐσεβέσιν τοῖς πᾶσιν ὑπέσχετο γαῖαν * ἀνοίξειν * καὶ κόσμον μακάρων τε πύλας καὶ χάρματα πάντα
FJub. 38 3 δεξιοῦ μαζοῦ τὸν Ἠσαῦ κατέβαλε. τοῦ δὲ θανόντος * ἀνοίξαντες * τὰς πύλας οἱ υἱοὶ Ἰακὼβ ἀνεῖλον τοὺς
FEz. 186 7 την εμην εν⟨τολην αλλα πας πυμη⟩ν εξ υμων * ανεω⟨ξε * το στομα και πολλ⟩οι εις καταβρωμα α⟨υτοις
HArt. 9 27 23 δὲ ἐπιγενομένης τάς τε θύρας πάσας αὐτομάτως * ἀνοιχθῆναι * τοῦ δεσμωτηρίου καὶ τῶν φυλάκων οὓς μὲν
HArt. 9 27 24 δὲ τὸν Μώϋσον ἐπὶ τὰ βασίλεια ἐλθεῖν εὐρόντα δὲ * ἀνεῳγμένας * τὰς θύρας εἰσελθεῖν καὶ ἐνθάδε τῶν φυλάκων

ἀνοίκειος 1

Aris. 16 4 προσονομάζοντες ἑτέρως Ζῆνα καὶ Δία τοῦτο δ' οὐκ * ἀνοικείως * οἱ πρῶτοι διεσήμαναν δι' ὃν ζωοποιοῦνται τὰ

ἀνοικοδομέω 1

Aris. 100 4 πλείοσι μέχρι κορυφῆς εὐμήκεσι λίθοις * ἀνῳκοδομημένων * αὐτῶν ὡς μεταλαμβάνομεν πρὸς φυλακὴν τῶν

ἀνοικοδόμητος * 1

Sib. 5 409 ἀφανὴς βασιλεὺς καὶ ἄναγνος ταύτην ἔρριψεν καὶ * ἀνοικοδόμητον * ἀφῆκεν σὺν πλήθει μεγάλῳ καὶ ἀνδράσι

ἄνομβρος 1

Hen. 28 2 μόνον πλήρης δένδρων καὶ ἀπὸ τῶν σπερμάτων ὕδωρ * ἄνομβρον * ἄνωθεν φερόμενον ὡς ὑδραγωγὸς δαψιλὴς ὡς πρὸς

ἀνομέω 2

TLevi 10 3 καὶ ἐπεγείροντες αὐτῷ κακὰ μεγάλα παρὰ κυρίου. καὶ * ἀνομήσετε * σὺν τῷ Ἰσραὴλ ὥστε μὴ βαστάξαι τὴν
Asen. 12 4 φείσαι μου κύριε ὅτι ἥμαρτον ἐνώπιόν σου πολλὰ * ἠνόμησα * καὶ ἠσέβησα καὶ λελάληκα πονηρὰ καὶ ἄρρητα

ἀνόμημα 3

Hen. 9 10 ἐξελθεῖν ἀπὸ προσώπου τῶν ἐπὶ τῆς γῆς γινομένων * ἀνομημάτων. * καὶ σὺ πάντα οἶδας πρὸ τοῦ αὐτὰ γενέσθαι καὶ
TDan 1 9 χεῖράς μου ἵνα εὕρω αὐτὸν μόνον οὐδὲ ἔασέ με τὸ * ἀνόμημα * τοῦτο ποιῆσαι ἵνα λυθῶσι δύο σκῆπτρα ἐν Ἰσραήλ.
TGad 2 5 μου ἐρρύσατο αὐτὸν ἐκ τῶν χειρῶν μου ἵνα ποιήσω * ἀνόμημα * ἐν Ἰσραήλ. καὶ νῦν ἀκούσατε τέκνα μου λόγους

ἀνομία 42

Hen. 9B 2 ἐκκεχυμένον ἐπὶ τῆς γῆς καὶ πᾶσαν ἀσέβειαν καὶ * ἀνομίαν * γενομένην ἐπ' αὐτῆς εἰσελθόντες εἶπον πρὸς
Hen. 97 6 ταῦτα. ⟨καὶ ἀναγνωσθήσο⟩νται ⟨πάντες⟩ οἱ λόγοι τῶν * ἀνομιῶν * ὑμῶν ἐν⟨ώπιον⟩ τοῦ μεγάλου ἁγίου κατὰ πρόσωπον
Hen. 97 6 εἶτ' ἀναφελεῖ τὰ πάντα ἔργα τὰ μετασχόντα ἐν τῇ * ἀνομίᾳ. * οὐαὶ ὑμῖν οἱ ἁμαρτωλοὶ ⟨οἱ⟩ ἐν μέσῳ τῆς θαλάσσης
Hen. 98 1 καὶ οὐχὶ τοῖς ἄφροσι ὅτι πολλὰς ὄψεσθε ἐπὶ τῆς γῆς * ἀνομίας * ὅτι κάλλος περιθήσουσιν ἄνδρες ὡς γυναῖκες ⟨καὶ⟩
Hen. 98 5 ἀλλὰ ἐκ καταδυναστείας ἐγένετο. ὁ⟨μοίως⟩ οὐδὲ ἡ * ἀνομία * ἄνωθεν ἐδόθη ἀλλ' ἐκ παραβάσεως. ὁμοίως οὐδὲ
Hen. 99 15 ἔστιν ὑμῖν ἀναπαῦσαι. οὐαὶ ὑμῖν οἱ ποιοῦντες τὴν * ἀ⟨νομίαν⟩ * καὶ ἐπιβοηθοῦντες τῇ ἀδι⟨κίᾳ φονεύ⟩οντες τὸν
Abr.2 12 3 ὕπανδρον. καὶ εἶπεν Ἀβραὰμ τῷ Μιχαὴλ θεωρεῖς τὴν * ἀνομίαν * ταύτην; εἶπε κατελθεῖν πῦρ ἐκ τοῦ οὐρανοῦ καὶ
Abr.2 12 10 φόνον. καὶ εἶπεν Ἀβραὰμ πρὸς Μιχαὴλ θεωρεῖς τὴν * ἀνομίαν * αὐτῶν; καὶ εἶπεν ἐλθέτωσαν θηρία καὶ
TRub. 3 11 λουομένην ἐν σκεπεινῷ τόπῳ οὐκ ἐνέπιπτον εἰς τὴν * ἀνομίαν * τὴν μεγάλην. συλλαβοῦσα γὰρ ἡ διάνοιά μου τὴν
TLevi 2 3 τείχη ᾠκοδόμησεν ἑαυτῇ ἡ ἀδικία καὶ ἐπὶ πύργους ἡ * ἀνομία * κάθηται τότε ἐγὼ ἔπλυνα τὰ ἱμάτιά μου καὶ

TLevi 2 3B013 με ἀπὸ παντὸς κακοῦ. παραδοὺς διὸ δὴ καὶ τὴν * ἀνομίαν * ἐξάλειψον ὑποκάτωθεν τοῦ οὐρανοῦ καὶ συντελέσαι
TLevi 2 3B013 ὑποκάτωθεν τοῦ οὐρανοῦ καὶ συντελέσαι τὴν * ἀνομίαν * ἀπὸ προσώπου τῆς γῆς καθάρισον τὴν καρδίαν μου
TZab. 1 7 αὐτοῖς μετὰ δακρύων τοῦ μὴ ποιῆσαι τὴν * ἀνομίαν * ταύτην. ἦλθον γὰρ Συμεὼν καὶ Γὰδ ἐπὶ τὸν Ἰωσὴφ
TDan 3 2 παρέχει τῷ σώματι δύναμιν ἰδίαν ἵνα ποιήσῃ πᾶσαν * ἀνομίαν * καὶ ὅταν πράξῃ ἡ ψυχὴ δικαιοῖ τὸ πραχθὲν ἐπειδὴ
TDan 6 6 ἐμπεσεῖν αὐτὸν εἰς τέλος κακῶν. ἔσται δὲ ἐν καιρῷ * ἀνομίας * τοῦ Ἰσραὴλ ἀφιστάμενος ἀπ' αὐτῶν κύριος καὶ
TNep. 4 1 κατὰ πᾶσαν πονηρίαν ἐθνῶν καὶ ποιήσετε κατὰ πᾶσαν * ἀνομίαν * Σοδόμων. καὶ ἐπάξει ὑμῖν κύριος αἰχμαλωσίαν καὶ
TGad 4 1 τέκνα μου ἀπὸ τοῦ μίσους ὅτι εἰς αὐτὸν τὸν κύριον * ἀνομίαν * ποιεῖ. οὐ γὰρ θέλει ἀκούειν λόγων ἐντολῶν αὐτοῦ
Asen. 11 10 ἁμαρτίαν ἀνθρώπου ταπεινοῦ καὶ μὴ ἐλέγχων * ἀνομίας * ἀνθρώπου τεθλιμμένου ἐν καιρῷ θλίψεως αὐτοῦ.
Asen. 11 17 τὸ φοβερὸν μήποτε ὀργισθῇ μοι κύριος διότι ἐν ταῖς * ἀνομίαις * μου ἐγὼ ἐπεκαλεσάμην τὸ ὄνομα τὸ ἅγιον αὐτοῦ;
Asen. 12 3 τὰς ἁμαρτίας μου καὶ πρός σὲ ἀποκαλύψω τὰς * ἀνομίας * μου. φεῖσαί μου κύριε ὅτι ἥμαρτον ἐνώπιόν σου
Sal. 1 8 ἁμαρτίαι αὐτῶν ἐν ἀποκρύφοις καὶ ἐγὼ οὐκ ᾔδειν αἱ * ἀνομίαι * αὐτῶν ὑπὲρ τὰ πρὸ αὐτῶν ἔθνη ἐβεβήλωσαν τὰ ἅγια
Sal. 2 3 τὰ ἅγια κυρίου ἐβεβηλοῦσαν τὰ δῶρα τοῦ θεοῦ ἐν * ἀνομίαις. * ἕνεκεν τούτων εἶπεν ἀπορρίψατε αὐτὰ μακρὰν ἀπ'
Sal. 2 12 εἰσεπορεύετο κατέναντι τοῦ ἡλίου. ἐνέπαιζον ταῖς * ἀνομίαις * αὐτῶν καθὰ ἐποίουν αὐτοὶ ἀπέναντι τοῦ ἡλίου
Sal. 9 2 ἵνα δικαιωθῇς ὁ θεὸς ἐν τῇ δικαιοσύνῃ σου ἐν ταῖς * ἀνομίαις * ἡμῶν ὅτι σὺ κριτὴς δίκαιος ἐπὶ πάντας τοὺς
Sal. 15 8 καὶ καταλήμψονται καὶ οὐκ ἐκφεύξονται οἱ ποιοῦντες * ἀνομίαν * τὸ κρίμα κυρίου ὡς ὑπὸ πολεμίων ἐμπείρων
Sal. 15 10 κληρονομία τῶν ἁμαρτωλῶν ἀπώλεια καὶ σκότος καὶ αἱ * ἀνομίαι * αὐτῶν διώξονται αὐτοὺς ἕως ᾅδου κάτω. ἡ
Bar. 8 5 ἐπὶ τῆς γῆς; καὶ εἶπέν μοι ὁ ἄγγελος θεωρῶν τὰς * ἀνομίας * καὶ τὰς ἀδικίας τῶν ἀνθρώπων ἥγουν πορνείας
Prop. 4 15 ὡμολόγει τὴν ἀσέβειαν αὐτοῦ καὶ μετὰ ἄφεσιν τῆς * ἀνομίας * αὐτοῦ ἀπέδωκεν αὐτῷ τὴν βασιλείαν. οὔτε ἄρτον ἢ
Prop. 4 21B θεὸς φανεὶς ὡς ἄνθρωπος καὶ εἰς ἑαυτὸν ἀναδέξεται * ἀνομίας * τῆς γῆς ἐν τῷ ἀνασκολοπίζεσθαι αὐτὸν ὑπὸ τῶν
Prop. 17 2B ἐλθεῖν καὶ ἀναγγεῖλαι αὐτῷ ὥστε φυλάξασθαι ἀπὸ τῆς * ἀνομίας. * καὶ ἐνεπόδισεν αὐτὸν ὁ Βελίαρ. ἐρχόμενος γὰρ
Prop. 17 3B ἐλθεῖν πρὸς Δαυὶδ τῇ νυκτὶ ἐκείνῃ ἐποίησε τὴν * ἀνομίαν. * καὶ ὡς ἀνεῖλε τὸν ἄνδρα αὐτῆς ἔπεμψε κύριος
Esdr. 7 11 ὥσπερ καὶ τὰ ἔσχατα τοῦ Ἰωσὴφ καὶ μὴ μνησθῇς * ἀνομιῶν * ἀρχαίων αὐτοῦ ἐν ἡμέρᾳ κρίσεως αὐτοῦ. ὅσοι δὲ μὴ
Job 43 4 περιῄρηνται ἡμῶν αἱ ἁμαρτίαι, καὶ τέθαπται ἡμῶν ἡ * ἀνομία * Ελιους, Ελιους ὁ μόνος πονηρὸς μνημόσυνον οὐχ
Job 43 17 ἦρται ἡ ἁμαρτία ἡμῶν, κεκαθάρισται ἡμῶν ἡ * ἀνομία * ὁ δὲ πονηρὸς Ελιους μνημόσυνον ἐν τοῖς ζῶσιν οὐκ
FIsa. 1 2 4 καὶ κατε<δυ>νάμου αὐτὸν ἐν <τῇ> ἀποστάσει καὶ τῇ * <ἀν>ομίᾳ * ἥτις ἐσπάρη ἐν < Ἰ>ερουσαλήμ. κα<ὶ> ἐπλήθυνεν
FIsa. 1 2 8 ἐν Β<ηθ>λεὲμ τῆς Ἰουδαίας. <καὶ> ἐκεῖ δὲ ἦν * ἀνομ<ία * π>ολλὴ καὶ ἀναχωρήσα<ς> ἀπὸ Βηθλεὲμ ἐκά<θι>σεν
FIsa. 1 3 4 καὶ εὑρέθη ἐν τῷ χρόνῳ Ἐζεκίου λαλῶν λόγους * ἀνομίας * ἐν Ἰερουσαλὴμ καὶ κατηγορήθη ὑπὸ τῶν παίδων
FMan. 2 22 13 ἥμαρτον ὑπὲρ ἀριθμὸν ψάμμου θαλάσσης. ἐπλήθυναν αἱ * ἀνομίαι * μου κύριε ἐπλήθυναν αἱ ἀνομίαι μου καὶ οὐκέτι
FMan. 2 22 13 ἐπλήθυναν αἱ ἀνομίαι μου κύριε ἐπλήθυναν αἱ * ἀνομίαι * μου καὶ οὐκέτι εἰμὶ ἄξιος ἀτενίσαι καὶ ἰδεῖν τὸ
FMan. 2 22 14 σοῦ χρηστότητος ἡμάρτηκα κύριε ἡμάρτηκα καὶ τὰς * ἀνομίας * μου ἐγὼ γινώσκω ἀλλ' αἰτοῦμαι δεόμενός σου ἄνες
FMan. 2 22 14 ἄνες μοι κύριε ἄνες μοι καὶ μὴ συναπολέσῃς με ταῖς * ἀνομίαις * μου μηδὲ εἰς τὸν αἰῶνα μηνίσας τηρήσῃς τὰ κακά
FEz. 1 8 3 οὐ τέτοκεν. μετανοήσατε οἶκος Ἰσραὴλ ἀπὸ τῆς * ἀνομίας * ὑμῶν. εἶπον τοῖς υἱοῖς τοῦ λαοῦ μου ἐὰν ὦσιν αἱ

ἄνομος 15

Hen. 7 6 καὶ τὸ αἷμα ἔπινον. τότε ἡ γῆ ἐνέτυχεν κατὰ τῶν * ἀνόμων. * οὗτοι καὶ οἱ λοιποὶ πάντες ἐν τῷ χιλιοστῷ
Hen. 22 13 ὅσιοι ἀλλὰ ἁμαρτωλοὶ ὅσοι ἀσεβεῖς καὶ μετὰ τῶν * ἀνόμων * ἔσονται μέτοχοι. τὰ δὲ πνεύματα ὅτι οἱ ἐνθάδε
Hen. 103 11 κεκυριεύκαμεν. ἐγενήθημεν κατάβρωμα ἁμαρτωλῶν <οἱ * ἄνο>μοι * ἐβάρυναν ἐφ' ἡμᾶς τὸν ζυγόν. οἱ κυριεύουσιν οἱ
TLevi 3 2 πάντα τὰ πνεύματα τῶν ἐπαγωγῶν εἰς ἐκδίκησιν τῶν * ἀνόμων. * ἐν τῷ τρίτῳ εἰσὶν αἱ δυνάμεις τῶν παρεμβολῶν οἱ
TLevi 17 11 εἰδωλολατροῦντες μάχιμοι φιλάργυροι ὑπερήφανοι * ἄνομοι * ἀσελγεῖς παιδοφθόροι καὶ κτηνοφθόροι. καὶ μετὰ τὸ
TLevi 18 9 τῆς ἱερωσύνης αὐτοῦ ἐκλείψει πᾶσα ἁμαρτία καὶ οἱ * ἄνομοι * καταπαύσουσιν εἰς κακά οἱ δὲ δίκαιοι
TDan 5 5 βδελύγματα ἐθνῶν ἐκπορνεύοντες ἐν γυναιξὶν * ἀνόμων * καὶ ἐν πάσῃ πονηρίᾳ ἐνεργούντων ἐν ὑμῖν τῶν
TBen. 3 8 τοῦ θεοῦ καὶ σωτῆρος τοῦ κόσμου ὅτι ἄμωμος ὑπὲρ * ἀνόμων * παραδοθήσεται καὶ ἀναμάρτητος ὑπὲρ ἀσεβῶν
Sal. 17 11 κρίμασιν αὐτοῦ οἷς ποιεῖ ἐπὶ τὴν γῆν. ἠρήμωσεν ὁ * ἄνομος * τὴν γῆν ἡμῶν ἀπὸ ἐνοικούντων αὐτὴν ἠφάνισαν νέον
Sal. 17 18 εἰς πᾶσαν τὴν γῆν ἐγενήθη ὁ σκορπισμὸς αὐτῶν ὑπὸ * ἀνόμων * ὅτι ἀνέσχεν ὁ οὐρανὸς τοῦ στάξαι ὑετὸν ἐπὶ τὴν
Jer. 7 23 ἡμῶν ἄχρις ἂν ἐξέλθωμεν ἐκ τῶν προσταγμάτων τοῦ * ἀνόμου * βασιλέως τούτου. δίκαιος γὰρ εὑρέθης ἐναντίον τοῦ
Sib. 3 69 τε πλανήσει πιστούς τ' ἐκλεκτούς θ' Ἑβραίους * ἀνόμους * τε καὶ ἄλλους ἀνέρας οἵτινες +οὔπω θεοῦ λόγον+
Sib. 3 496 ἀριθμὸς καὶ φῦλον ἔτ' ἔσται ἀντ' ἀδίκου γλώττης * ἀνόμου * τε βίου καὶ ἀνάγνου ὃν κατέτριψαν πάντες
Sib. 3 763 ἐὰς φρένας ἐν στήθεσσιν φεύγετε λατρείας * ἀνόμους * τῷ ζῶντι λάτρευε μοιχείας πεφύλαξο καὶ ἄρσενος
Sib. 5 509 αὐτοῖς ὥστ' ὀλέσαι πάντας τε κακοὺς πάντας τ' * +ἀνόμους * τε+. κοὐκέτι δὴ φειδώ τις ἔτ' ἔσσεται ἐν χθονὶ

ἄνοπλος 3

Aris. 103 4 τινας οἷον καὶ καθ' ἡμᾶς ἐγεγόνει. μόλις γὰρ * ἀνόπλους * ὄντας ἡμᾶς δύο παρεδέξαντο πρὸς τὸ κατανοῆσαι
HDem. 9 29 16 ἐπιζητεῖν δέ τινα πῶς οἱ Ἰσραηλῖται ὅπλα ἔσχον * ἄνοπλοι * ἐξελθόντες ἔφασαν γὰρ τριῶν ἡμερῶν ὁδὸν
LEze. 9 29 14 18 κόπῳ κτήνη τε πολλὰ καὶ δόμων ἀποσκευὴ αὐτοὶ δ' * ἄνοπλοι * πάντες εἰς μάχην χέρας ἰδόντες ἡμᾶς ἠλάλαξαν

ἀνορθόω 5

Abr.Z 11 1 οὗτος ὁ κρίνων ὅτι οὐ κρίνει πρὶν ὁ ἀποφαινόμενος * ἀνώρθωσε; * καὶ λέγει Μιχαὴλ τῷ Ἀβραὰμ θεωρεῖς σὺ τὸν
Asen. 11 15 πρὸς τὴν θυρίδα τὴν βλέπουσαν πρὸς ἀνατολὰς καὶ * ἀνορθώθη * ἐπὶ τὰ γόνατα αὐτῆς καὶ ἐξεπέτασε τὰς χεῖρας
Asen. 11 19 ἀνέστη Ἀσενὲθ πάλιν ἀπὸ τοῦ τοίχου οὗ ἐκάθητο καὶ * ἀνορθώθη * ἐπὶ τὰ γόνατα αὐτῆς καὶ ἐξεπέτασε τὰς χεῖρας
Esdr. 2 22 γραφῶν ὁ πατήρ μου ἐκμετρήσας τὴν Ἰερουσαλὴμ καὶ * ἀνορθώσας * αὐτὴν ἐλέησον δέσποτα τοὺς ἁμαρτωλοὺς ἐλέησον
Sib. 5 370 ὡς οὐδέποτ' ἄλλος ἐποίει τοὺς δ' αὖ πεπτηῶτας * ἀνορθώσει * διὰ ζῆλον. ἔσται δ' ἐκ δυσμῶν πόλεμος πολὺς

ἀνορύσσω 1

FPho. 100 ἀταρχύτοις νεκύεσσιν. μὴ τύμβον φθιμένων * ἀνορύξῃς * μηδ' ἀθέατα δείξῃς ἠελίωι καὶ δαιμόνιον χόλον

ἀνόσιος 2

Aris. 167 4 γὰρ καὶ λέγω ἡ γὰρ ἐπαγρύπνησις ἀνθρώπων ἀπωλείᾳ * ἀνόσιος. * ὁ δὲ νόμος ἡμῶν κελεύει μήτε λόγῳ μήτε ἔργῳ
Aris. 289 5 πενίας μετεσχηκότες ἄρξαντες ὄχλων χαλεπώτεροι τῶν * ἀνοσίων * τυράννων ἐξέβησαν. ἀλλὰ ὡς προεῖπον ἦθος χρηστὸν

ἄνοσος 2

TZab. 5 2 κύριος καὶ πάντων τῶν ἀδελφῶν μου ἀσθενούντων ἐγὼ * ἄνοσος * παρῆλθον οἶδε γὰρ κύριος ἑκάστου τὴν προαίρεσιν.
TZab. 5 4 ἐποίησαν ἔλεος ἐν σπλάγχνοις αὐτῶν οἱ δὲ ἐμοὶ υἱοὶ * ἄνοσοι * διεφυλάχθησαν ὡς οἴδατε. καὶ ὅτε ἤμην ἐν γῇ

ἀνοχή 2

Hen. 13 2 εἰρήνη. κρίμα μέγα ἐξῆλθεν κατὰ σοῦ δῆσαί σε καὶ * ἀνοχὴ * καὶ ἐρώτησίς σοι οὐκ ἔσται περὶ ὧν ἔδειξας
Aris. 194 5 πρὸς τὸ συμπέρασμα δρᾶν τι καὶ γὰρ ὁ θεὸς διδοὺς * ἀνοχὰς * καὶ ἐνδεικνύμενος τὰ τῆς δυναστείας φόβον

ἄντα 1

Sib. 3 559 πᾶσαι δ' ἀνθρώπων ψυχαὶ μεγάλα στενάχουσαι * ἄντα * πρὸς οὐρανὸν εὐρὺν ἀνασχόμεναι χέρας αὐτῶν ἄρξονται

Ἀνταῖος 1

HCle. 1 15 241 τούτους γὰρ Ἡρακλεῖ συστρατεῦσαι ἐπὶ Λιβύην καὶ * Ἀνταῖον * γῆμαντά τε τὴν Ἄφρα θυγατέρα Ἡρακλέα γεννῆσαι

ἀνταίρω 1

Prop. 3 9 ποτε πλήθους συνόντος αὐτῷ ἔδεισαν οἱ Χαλδαῖοι μὴ * ἀντάρωσι * καὶ ἐπῆλθον αὐτοῖς εἰς ἀναίρεσιν. καὶ ἐποίησε

ἀντάμειψις 1

Aris. 259 4 ἀκόλουθόν τι πράξει τῶν κακοπαθειῶν ἀποδιδοὺς τὴν * ἀντάμειψιν. * τὰ γὰρ ἐκ δικαιοσύνης τελούμενα ταῦτα καὶ

ἀνταποδίδωμι 5

Abr.1 14 15 ἄκραν ἀγαθότηταν <διότι πρόσκαιρον κρίσιν αὐτοὺς * ἀνταπέδωκας> * ἐγὼ δὲ οὕσπερ ἀποδώσω ἐπὶ τῆς γῆς ζῶντας ἐν
TJud. 13 8 πατέρων μου καὶ ἔλαβον αὐτὴν εἰς γυναῖκα. καὶ * ἀνταπέδωκέ * μοι κύριος κατὰ τὸ διαβούλιον τῆς καρδίας μου
Asen. 24 9 καὶ οὗτοί με πεπράκασι τοῖς Ἰσμαηλίταις κἀγὼ * ἀνταποδώσω * αὐτοῖς κατὰ πᾶσαν ὕβριν αὐτῶν ἣν
Asen. 28 3 κακὰ καὶ κατὰ τοῦ ἀδελφοῦ ἡμῶν Ἰωσὴφ καὶ κύριος * ἀνταπέδωκεν * ἡμῖν κατὰ τὰ ἔργα ἡμῶν. καὶ νῦν δεόμεθά σου
Job 17 4 καὶ ἀφανίσας τὸν τόπον τῆς σπονδῆς διὸ κἀγὼ * ἀνταποδώσω * αὐτῷ καθὰ ἔπραξεν κατὰ τοῦ οἴκου τοῦ θεοῦ.

ἀνταπόδοσις 7

Hen. 22 11 καὶ τῶν βασάνων τῶν κατηραμένων μέχρι αἰῶνος ἦν * ἀνταπόδοσις * τῶν πνευμάτων ἐκεῖ δήσει αὐτοὺς μέχρις
Abr.1 10 15 τοῦ οὐρανοῦ ὅπως θεάσηται ἐκεῖ τὰς κρίσεις καὶ * ἀνταποδόσεις * καὶ μετανοήσῃ ἐπὶ τὰς ψυχὰς <τῶν ἁμαρτωλῶν>
Abr.1 12 15 ἅπερ βλέπεις ὅσιε Ἀβραὰμ τοῦτο ἔστιν ἡ κρίσις καὶ * ἀνταπόδοσις. * καὶ ἰδοὺ ὁ ἄγγελος ὁ κρατῶν τὴν ψυχὴν ἐν τῇ
Abr.1 13 4 δικαιότατε Ἀβραὰμ γενήσεται τελεία κρίσις καὶ * ἀνταπόδοσις * αἰωνία καὶ ἀμετάθετος ἣν ἄλλος οὐδεὶς
Abr.1 13 8 διὰ τριῶν βημάτων γίνεται ἡ κρίσις τοῦ κόσμου καὶ * ἀνταπόδοσις * καὶ διὰ τοῦτο καὶ νῦν ἐπὶ ἑνὸς ἢ δύο
Abr.1 15 12 τὴν ὑπ' οὐρανὸν γῆν τε καὶ θάλασσαν κρίσιν καὶ * ἀνταπόδοσιν * διὰ νεφέλης καὶ ἁρμάτων ἔδειξα αὐτῷ καὶ
Job 14 4 μου ἀνελάμβανον τὸ ψαλτήριον καὶ τὸν μισθὸν τῆς * ἀνταποδόσεως * ἔψαλλον, καὶ κατέπαυον αὐτὰς τῆς ὀλιγωρίας

ἀνταποκρίνομαι 3

Job 5 1 ἐνισχύων τοὺς ἐκλεκτοὺς αὐτοῦ. καὶ ἐγὼ τεκνία μου * ἀνταπεκρίθην * αὐτῷ ὅτι ἄχρι θανάτου ὑπομείνω καὶ οὐ μὴ
Job 7 13 ἐν γὰρ μιᾷ ὥρᾳ ἀπέρχομαι καὶ ἐρημώσω σε. καὶ * ἀνταπεκρίθην * αὐτῷ ὃ ποιεῖς ποίησον εἴ τι γὰρ βούλει
Job 41 1 Ελιφας δὲ καὶ οἱ λοιποὶ μετὰ ταῦτα παρεκάθισάν μοι * ἀνταποκρινόμενοι * καὶ μεγαλορημονοῦντες κατ' ἐμοῦ, ὡς

ἀντάρτης 1

Esdr. 4 43 καὶ διὰ τοῦτο χωνεύσω τὴν γῆν καὶ σὺν αὐτῇ τὸν * ἀντάρτην * τοῦ γένους τῶν ἀνθρώπων. καὶ εἶπεν ὁ προφήτης

ἀντάω 1

LEze. 9 29 14 12 ἑκατὸν εὐάνδρου λεώ<ς>. ἐπεὶ δ' Ἑβραίων οὐμὸς * ἤντησε * στρατός οἱ μὲν παρ' ἀκτὴν πλησίον βεβλημένοι

ἀντερῶ 1 (cf.+ ἀντιλέγω)

FrAn. 1 227 15 εχω το τ< - α>γαγετε μοι τουτου ο< >μενοι νυν * αντερει * το< - >δυα δοτε κνημ< - Συμεω<ν - - >ενωπιον σου

ἀντέχω 1

TNep. 8 4 ὑμᾶς καὶ ὁ κύριος ἀγαπήσει ὑμᾶς καὶ οἱ ἄγγελοι * ἀνθέξονται * ὑμῶν. ὡς ἂν τις γὰρ τέκνον ἐκθρέψῃ καλῶς

άντι    54   άντ' άντί άνθ' αντι

**άντιβολέω**
1
Sib.  3  737   γάρ άμείνων πάρδαλιν έκ κοίτης μή τοι κακόν ✻ άντιβολήση ✻ άλλ' άπέχου μηδ' ίσχ' ύπερήφανον έν στήθεσσιν

**άντιβολή**
1
Aris.  302  3   έκαστα σύμφωνα ποιοῦντες πρός έαυτούς ταῖς ✻ άντιβολαῖς ✻ τό δέ έκ τῆς συμφωνίας γινόμενον πρεπόντως

**'Αντιγόνη**
1
Sib.  3  347   Εύρώπης δέ +Κύαγρα κλύτος+ βασιλίς Μερόπεια ✻ 'Αντιγόνη ✻ Μαγνησίη +Μυκήνη πάνθεια+. ίσθι τότ' Αίγύπτου
3

**'Αντίγονος**
Prop.  2  5   φυγαδεύουσιν.) ήμεῖς δέ ήκούσαμεν έκ τῶν παίδων ✻ 'Αντιγόνου ✻ καί Πτολεμαίου γερόντων άνδρῶν ότι
Aris.  180  4 καί τά κατά τήν νίκην ήμῖν προσπεπτωκέναι τῆς πρός ✻ 'Αντίγονον ✻ ναυμαχίας. διό καί δειπνῆσαι σήμερον μεθ'
HHec.  1  22  185   ό Λάγου ένίκα κατά Γάζαν μάχη Δημήτριον τόν ✻ 'Αντιγόνου ✻ τόν έπικληθέντα Πολιορκητήν. μετά τήν έν Γάζη
2

**άντιγραφή**
Aris.  28  2   είσδοῦναι περί τῆς τῶν 'Ιουδαϊκῶν βιβλίων ✻ άντιγραφῆς. ✻ πάντα γάρ διά προσταγμάτων καί μεγάλης
Aris.  51  2 πρός τήν τοῦ βασιλέως έπιστολήν τοιαύτης έτύγχανεν ✻ άντιγραφῆς ✻ ύπό τῶν περί τόν 'Ελεάζαρον. ώς δέ

**άντίγραφος**
17
TRub.  1  1   διαθηκη Ρουβημ. περι εννοιων. ✻ άντίγραφον ✻ διαθήκης 'Ρουβήμ όσα ένετείλατο τοῖς υίοῖς
TSim.  1  1   διαθηκη Συμεων. περι φθονου. ✻ άντίγραφον ✻ λόγων Συμεών ἅ έλάλησε τοῖς υίοῖς αύτοῦ πρό
TLevi  1  1   διαθηκη Λευι. περι ιερωσυνης και υπερηφανιας. ✻ άντίγραφον ✻ λόγων Λευί όσα διέθετο τοῖς υίοῖς αύτοῦ πρό
TJud.  1  1 Ιουδα. περι ανδρειας και φιλαργυριας και πορνειας. ✻ άντίγραφον ✻ λόγων 'Ιουδά όσα έλάλησε τοῖς υίοῖς αύτοῦ πρό
TIss.  1  1   διαθηκη Ισαχαρ. περι απλοτητος. ✻ άντίγραφον ✻ λόγων 'Ισαχάρ. καλέσας τούς υίούς αύτοῦ εΙπεν
TZab.  1  1   διαθηκη Ζαβουλων. περι ευσπλαγχνιας και ελεους. ✻ άντίγραφον ✻ λόγων Ζαβουλών ὅ διέθετο τοῖς τέκνοις αύτοῦ
TDan.  1  1   διαθηκη Δαν. περι θυμου και ψευδους. ✻ άντίγραφον ✻ λόγων Δάν ὅν εΙπε τοῖς υίοῖς αύτοῦ έπ'
TNep.  1  1   διαθηκη Νεφθαλιμ. περι φυσικης αγαθοτητος. ✻ άντίγραφον ✻ διαθήκης Νεφθαλίμ ἧς διέθετο έν καιρῶ τέλους
TGad  1  1   διαθηκη Γαδ. περι μισους. ✻ άντίγραφον ✻ διαθήκης Γάδ ἅ έλάλησεν αύτός τοῖς υίοῖς
TAser  1  1 διαθηκη Ασηρ. περι δυο προσωπων κακιας και αρετης. ✻ άντίγραφον ✻ διαθήκης 'Ασήρ ἅ έλάλησε τοῖς υίοῖς αύτοῦ
TJos.  1  1   διαθηκη Ιωσηφ. περι σωφροσυνης. ✻ άντίγραφον ✻ διαθήκης 'Ιωσήφ. έν τῶ μέλλειν αύτόν
TBen.  1  1   διαθηκη Βενιαμιν. περι διανοιας καθαρας. ✻ άντίγραφον ✻ λόγων Βενιαμίν ὅν διέθετο τοῖς υίοῖς αύτοῦ
Aris.  21  2 δόσιν άπέφαινον εΙναι. καί τοῦ προστάγματος δέ τό ✻ άντίγραφον ✻ ούκ άχρηστον οίομαι κατακεχωρίσθαι. πολλῶ γάρ
Aris.  28  5   διόπερ καί τό τῆς είσοδόσεως καί τά τῶν έπιστολῶν ✻ άντίγραφα ✻ κατακεχώρικα καί τό τῶν άπεσταλμένων πλῆθος
Aris.  28  8   διαφέρειν έκαστον αύτῶν. τῆς δέ είσοδόσεώς έστιν ✻ άντίγραφα ✻ τόδε βασιλεῖ μεγάλω παρά Δημητρίου
Aris.  34  2   δέ σοι περί τῆς κατασκευῆς ώς ἄν τά τῶν έπιστολῶν ✻ άντίγραφα ✻ διέλθωμεν. ἥν δέ ἡ τοῦ βασιλέως έπιστολή τόν
HEup.  9  32  1   τήν χρείαν καθότι έπιτέτακται. έπιστολη Ουαφρη ✻ αντιγραφος. ✻ βασιλεύς Ούάφρης Σολομῶνι βασιλεῖ μεγάλω
3

**άντιγράφω**
Hen.  104  10 πᾶσα ⟨ἡ πλάνη⟩--- ---τῆς άληθείας έξαλλοιοῦσιν καί ✻ άντιγράφουσιν ✻ οί άμαρτωλοί καί άλλάσσουσιν τούς πολλούς
Aris.  41  1 περί ὧν ἄν αίρῆ. έρρωσο. πρός ταύτην τήν έπιστολήν ✻ άντέγραψεν ✻ ένδεχομένως ό 'Ελεάζαρος ταῦτα 'Ελεάζαρος
FAch.  108   άνάγνωθι. ό δέ γνούς τό ζήτημα καί μειδιάσας φησίν ✻ άντίγραψον ✻ αύτῶ ούτως πέμψω σοι τούς οίκοδομοῦντας τόν

**άντιδίδωμι**
Job  25  4   άπέφερον είς τάς χώρας τοῖς πτωχοῖς, ότι νῦν ✻ άντιδίδωσιν ✻ τήν τρίχα αύτῆς άντί άρτων. ίδε ἡ έχουσα

**άντίδικος**
Sib.  5  445   +τοιγάρτοι καύτη βασιλίς φρονέουσ' είς κρίσιν ✻ άντιδίκων ✻ ήξεις ὧν είνεκα λύτρα πέπομφας+ δώσεις δ' άντί
FAch.  104   πλαστήν έπιστολήν τῶ αύτοῦ όνόματι πρός τούς ✻ άντιδίκους ✻ Λυκούργου (πιστούς) ὡς μέλλοντα αύτοῖς τόν

**άντιδοξέω**
Aris.  227  4 ότι πρός τούτους δέον έγώ δ' ύπολαμβάνω πρός τούς ✻ άντιδοξοῦντας ✻ φιλοτιμίαν δεῖν χαριστικήν έχειν ίνα τούτω
LAri.  8  10  1 θείας δυνάμεως ἅ τεύξεται λόγου καθήκοντος καί ούκ ✻ άντιδοξήσει ✻ τοῖς προειρημένοις ὑφ' ήμῶν ούδέν.

**άντίζηλος**
TJos.  7  5 άνελῆς σεαυτήν ἤ Σηθων ἤ παλλακή τοῦ άνδρός σου ἤ ✻ άντίζηλός ✻ σου κολαφίσει τά τέκνα σου καί άπολέσει τό

**άντικαταλλάσσω**
Job  25  6   δέ ποσίν βαδίζει έπί έδάφους, άλλά καί τήν τρίχα ✻ άντικαταλλάσσει ✻ άντί άρτων. ίδε ότι αύτη έστίν ἥτις
Job  25  7   ύφασμένην σύν χρυσῶ, νῦν δέ φορεῖ ῥακκώδη καί ✻ άντικαταλλάσσει ✻ τήν τρίχα άντί άρτων. βλέπε τήν τούς
4

**άντίκειμαι**
Prop.  3  20   πλάνης αύτῶν. καί έξ αύτῶν ἧν ό άνελών αύτόν. ✻ άντέκειντο ✻ γάρ αύτῶ πάσας τάς ήμέρας τῆς ζωῆς αύτοῦ.
Esdr.  4  37   καί οί νεκροί άναστήσονται άφθαρτοι. τότε ό ✻ άντικείμενος ✻ άκούσας τῆς φοβερᾶς άπειλῆς κρυβήσεται είς
Esdr.  4  43   τί ἥμαρτεν; καί εΙπεν ό θεός έπειδή άκούσας μου ό ✻ άντικείμενος ✻ τῆς φοβερᾶς άπειλῆς κρυβήσεται καί διά
Aris.  266  5   έπιδεικνύντα. ούτω γάρ λήψη τόν άκροατήν ούκ ✻ άντικείμενος ✻ συγχρώμενος δέ έπαίνω πρός τό πεῖσαι. θεοῦ
1

**άντικρυς**
FrAn.  574  3018   παντός δαίμονος φρικτόν ὅ φοβεῖται. στήσας ✻ άντικρυς ✻ όρκιζε. έστιν δέ ό όρκισμός οὗτος όρκίζω σε
5

**άντιλαμβάνω**
Hen.  1  8   δώσει αύτοῖς καί πάντας εύλογήσει καί πάντων ✻ άντιλήμψεται ✻ καί βοηθήσει ήμῖν καί φανήσεται αύτοῖς φῶς
Hen.  100  8   τό κακόν περιέχει ύμᾶς φόβος καί ούκ έστιν ό ✻ άντιλαμβανόμενος ✻ ὑμῶν. ούαί ὑμῖν πᾶσιν τοῖς άμαρτωλοῖς
Hen.  103  15   ούδέ έβούλοντο έπακούσαι τῆς φωνῆς ήμῶν. καί ούκ ✻ άντελαμβανόμην ✻ ἡμῶν ούχ εύρόντες κατά τῶν βιαζομένων καί
Sal.  16  3   ψυχήν μου άπό κυρίου θεοῦ Ισραηλ εί μή ό κύριος ✻ άντελάβετό ✻ μου τῶ έλέει αύτοῦ είς τόν αίῶνα. ένυξέν με
Sal.  16  5   καιρῶ έσωσέν με. έξομολογήσομαι σοι ό θεός ότι ✻ άντελάβου ✻ μου είς σωτηρίαν καί ούκ έλογίσω με μετά τῶν
· (cf.+ άντερῶ)

**άντιλέγω**
Aris.  266  3 πέρας έστί λόγου; κάκεῖνος δέ έφησε τό πεῖσαι τόν ✻ άντιλέγοντα ✻ διά τῆς ὑποτεταγμένης τάξεως τάς βλάβας

**άντιλήπτωρ**
Hen.  103  9   καί άνηλώμεθα καί όλίγοι έγενήθημεν καί ✻ άντιλήμπτορα ✻ ούχ εύρήκαμεν συντετριμμένοι καί άπολώλαμεν
Sal.  16  4   κέντρον ίππου έπί τήν γρηγόρησιν αύτοῦ ό σωτήρ καί ✻ άντιλήμπτωρ ✻ μου έν παντί καιρῶ έσωσέν με. έξομολογήσομαι

**άντίληψις**
Sal.  7  10   μάστιγα παιδείας σου. κατευθυνεῖς ήμᾶς έν καιρῶ ✻ άντιλήψεώς ✻ σου τοῦ έλεῆσαι τόν οΙκον Ιακωβ είς ήμέραν έν
Sal.  16    είς τόν αίῶνα χρόνον. ύμνος τῶ Σαλωμων είς ✻ άντίληψιν ✻ όσίοις. έν τῶ νυστάξαι ψυχήν μου άπό κυρίου

**άντίος**
Sib.  3  640 πορθήση πᾶσαν καί πίονα γαῖαν έξαρύση πλούτοιο καί ✻ άντίον ✻ είς έριν αύτῶν έλθωσιν χρυσοῦ τε καί άργύρου
2

**'Αντιόχεια**
Sib.  3  344 'Ιασσός Κεβρήν +Πανδονίη+ Κολοφών "Εφεσος Νίκαια ✻ 'Αντιόχεια ✻ Τάναγρα Σινώπη Σμύρνη +Μάρος+ Γάζα πανολβίστη
Sib.  4  140   Εύφρήτην διαβάς πολλαῖς άμα μυριάδεσσιν. τλήμων ✻ 'Αντιόχεια ✻ σέ δέ πτόλιν ούποτ' έροῦσιν ήνίκ' άν
2

**'Αντίοχος**
HCal.  28  6   στήλην ποιήσας ίδρυσε περί αύτόν δέ Σελεύκου καί ✻ 'Αντιόχου ✻ καί Φιλίππου ίατρού καί τήν μέν Σελεύκου κέρας
HCal.  28  9   δέ σχῆμα έχειν καί ίατρικόν καί στρατιωτικόν ✻ 'Αντίοχον ✻ δέ δορυφόρον έμφέρεσθαι. τῶν πασῶν τοίνυν

**άντίπαλος**
FAch.  109   καί άπορρήτων μηδέν αύτῆ δῆλον τίθει τό γάρ γένος ✻ άντίπαλον ✻ όν πρός τήν συμβίωσιν όλην τήν ήμέραν καθημένη

**άντιπέμπω**
Job  7  12   έχθρῶ ούδέν παρέσχον. ταῦτα άκούσας ό Σατανᾶς ✻ άντέπεμψέν ✻ μοι τήν παῖδα λέγων ότι ὡς όλόκαυστός έστιν ό

**άντιπίπτω**
HDem.  9  29  3   άφ' οὗ τήν Σεπφώραν γεγενεαλογῆσθαι. ούδέν οὖν ✻ άντιπίπτει ✻ τόν Μωσῆν καί τήν Σεπφώραν κατά τούς αύτούς

**άντιπνέω**
FPho.  121   κακοῦ λύσις ἥλυθεν ἅφνω. καιρῶι λατρεύειν μή δ' ✻ άντιπνέειν ✻ άνέμοισιν. μή μεγαληγορίηι τρυφῶν φρένα

**άντιποιέω**
TJos.  7  6   πρός με ίδε οὖν άγαπᾶς με άρκεῖ μοι μόνον ότι ✻ άντιποιῆ ✻ τῆς ζωῆς μου καί τῶν τέκνων μου έχω προσδοκίαν

**άντιπράσσω**
Aris.  239  5   ήκροαμένων άνθυποτιθείς πρός τά τῶν καιρῶν (ἄν) ✻ άντιπράσσηται ✻ σύν χειραγωγία θεοῦ τοῦτο δ' έστιν αί τῶν
Aris.  250  6   δ' έστί κατά τό ὑγιές χρῆσθαι καί μή πρός έριν ✻ άντιπράσσειν. ✻ κατορθοῦται γάρ βίος όταν ό κυβερνῶν είδῆ

**άντιτάσσω**
TDan.  5  4   κυρίου καί προσοχθιεῖτε τῶ Λευί καί πρός 'Ιουδάν ✻ άντιτάξεσθε ✻ άλλ' ού δυνήσεσθε πρός αύτούς. άγγελος γάρ
Job  47  10   νῦν οὖν, τεκνία μου έχουσαι ταύτας ούχ έξετε όλως ✻ άντιτασσόμενον ✻ τόν έχθρόν, άλλ' ούδέ τάς ένθυμήσεις

**άντιτείνω**
Job  29  2 καί οί μέν πολΙται μου ύπέδειξάν με αύτοΙς, οί δέ ✻ άντέτειναν ✻ λέγοντες μή εΙναί με τόν Ιωβαβ. άπαξαπλῶς έτι

**άντιφυτεύω**
FPho.  78   άμυναν. Πειθώ μέν γάρ όνειαρ "Ερις δ' έριν ✻ άντιφυτεύει. ✻ μή πίστευε τάχιστα πρίν άτρεκέως πέρας

**άντιχριστος**
Esdr.  4  31   αύτοῦ σπιθαμῶν δύο καί είς τό μέτωπον αύτοῦ γραφή ✻ άντιχριστος. ✻ έως τοῦ ούρανοῦ ὑψώθη έως τοῦ ᾅδου
Sedr.  15  5   πορεύοντες άσεβεῖς όδοῖς καί άπόλλυμενοι μετά τοῦ ✻ άντιχρίστου. ✻ λέγει Σεδράχ κύριέ μου καί εΙπας ότι τό
FEll.  4  228   τῆ βασιλεία τοῦ κυρίου αύτῶν είς τούς αίῶνας. τοῦ ✻ 'Αντιχρίστου ✻ οΙος μέλλη τότε φαίνεσθαι ἡ κεφαλή αύτοῦ
3

**άντλέω**
Abr.1  3  7 'Αβραάμ πρός 'Ισαάκ τόν υίόν αύτοῦ τέκνον 'Ισαάκ ✻ άντλησον ✻ ὕδωρ έκ τοῦ φρέατος καί ένεγκέ μοι ὧδε έπί τῆς

Abr.1      3       8        ἡμᾶς ἐκοπίασεν. καὶ δραμών Ἰσαὰκ εἰς τὸ φρέαρ ⋇ ἀντλήσας ⋇ ὕδωρ ἐπὶ τῆς λεκάνης ἀνήνεγκεν ⟨πρὸς⟩ αὐτόν.
Jer.       2       5        σου ἀλλὰ μᾶλλον σχίσωμεν τὰς καρδίας ἡμῶν καὶ μὴ ⋇ ἀντλήσωμεν ⋇ ὕδωρ ἐπὶ τὰς ποτίστρας ἀλλὰ κλαύσωμεν καὶ
                            1
**ἀντοφθαλμέω**
Bar.       7       4        ἐπὶ τὴν κεφαλὴν αὐτοῦ οὗ τὴν θέαν οὐκ ἠδυνήθημεν ⋇ ἀντοφθαλμῆσαι ⋇ καὶ ἰδεῖν. καὶ ἅμα τῷ λάμψαι τὸν ἥλιον
                            1
**ἀνύβριστος**
FPho.            157        τραπέζης ἀλλ' ἀπὸ τῶν ἰδίων μισθῶν φαγέοις ⋇ ἀνυβρίστως. ⋇ εἰ δέ τις οὐ δεδάηκε τέχνης σκάπτοιτο
                            2
**ἀνυμνέω**
TBen.      4       4        τὸν πένητα ἐλεεῖ τῷ ἀσθενεῖ συμπαθεῖ τὸν θεὸν ⋇ ἀνυμνεῖ ⋇ τὸν ἔχοντα φόβον θεοῦ ὑπερασπίζει αὐτοῦ τῷ
Bar.      10       7        τὰ δὲ ὄρνεα; καὶ εἶπέν μοι αὐτά εἰσιν ἃ διαπαντὸς ⋇ ἀνυμνοῦσι ⋇ τὸν κύριον. καὶ εἶπον ἐγὼ Βαροὺχ κύριε καὶ πῶς
                            1
**ἀνύμνησις** ⋇
Abr.1     20      13        εἰς προσκύνησιν τοῦ θεοῦ καὶ πατρὸς καὶ δὴ πολλῆς ⋇ ἀνυμνήσεως ⋇ καὶ δοξολογίας γενομένης ἦλθεν ἡ ἄχραντος
                            1
**ἀνύπαρκτος**
Abr.1     19       9        ἀπὸ ὕψους δένδρων ⟨ἢ⟩ κρημνοῦ κατερχόμενοι καὶ ⋇ ἀνύπαρκτοι ⋇ γινόμενοι τελευτῶσιν καὶ εἰς τύπον κρημνοῦ
                            2
**ἀνυπέρβλητος**
Aris.     92       1        δεδήλωται. τῶν δὲ ἱερέων ἡ λειτουργία κατὰ πᾶν ⋇ ἀνυπέρβλητός ⋇ ἐστι τῇ ῥώμῃ καὶ τῇ τῆς εὐκοσμίας καὶ σιγῆς
FrAn.   1 218      4        καὶ εἰ πιστεύεις λήψῃ καὶ ἐν τῷ μέλλοντι πλοῦτον ⋇ ἀνυπέρβλητον. ⋇ καὶ ὁ μὲν ἀρχιερεὺς τὰ διατεταγμένα πάντα
                            1
**ἀνυπέρθετος**
Job       11      11        ἡμᾶς ἴδωμεν πῶς ἀποκαταστῆσαί σοι δυνάμεθα. κἀγὼ ⋇ ἀνυπερθέτως ⋇ προέφερον αὐτοῖς τὸ χειρόγραφον καὶ
                            1
**ἀνυπονόητος**
Prop.      1       7        σταδίους εἴκοσι. καὶ ἐποίησε σκολιὰν σύνθεσιν ⋇ ἀνυπονόητον ⋇ καὶ ἔστιν ἕως τῆς σήμερον τοῖς πολλοῖς
                            1
**ἀνυπόστατος**
FMan.   2 22      12 σου ὅτι ἄστεκτος ἡ μεγαλοπρέπεια τῆς δόξης σου καὶ ⋇ ἀνυπόστατος ⋇ ἡ ὀργὴ τῆς ἐπὶ ἁμαρτωλοὺς ἀπειλῆς σου
LAri.   8 10      13        σαλπίγγων τε φωνὰς καὶ τὸ πῦρ φλεγόμενον ⋇ ἀνυποστάτως ⋇ εἶναι. τοῦ γὰρ παντὸς πλήθους μυριάδων οὐκ
LAri.   8 10      15        διὰ τὸ πάντ' ἀναλίσκειν ἔδειξε φλεγομένη ⋇ ἀνυποστάτως ⋇ μηδὲν δ' ἐξαναλίσκουσαν εἰ μὴ τὸ παρὰ τοῦ
                            1
**ἀνυπόφορος** ⋇
Abr.1     19       6        κυματίζουσα δίδαξόν με καὶ ὑπὲρ τῆς βροντῆς τῆς ⋇ ἀνυποφόρου ⋇ καὶ τῆς φοβερᾶς ἀστραπῆς καὶ τί τὰ ποτήρια τὰ
Abr.1     19      13        θαλάσσιον θάνατον βλέποντες τῆς δὲ βροντῆς τῆς ⋇ ἀνυποφόρου ⋇ καὶ τῆς φοβερᾶς ἀστραπῆς ἔδειξά σοι διότι
Abr.1     19      13        καὶ κεράστων καὶ βασιλίσκων ⟨καὶ τυχόντες βροντῆς ⋇ ἀνυποφόρου ⋇ καὶ ἀστραπῆς φοβερᾶς ἐλθούσης ἀνάρπαστοι
                            3
**ἄνω**
Hen.      14       9        ἐν τῇ ὁράσει μου ἐξεπέτασάν με καὶ ἐπῆράν με ⋇ ἄνω ⋇ καὶ εἰσήνεγκάν με εἰς τὸν οὐρανὸν καὶ εἰσῆλθον
Abr.1      7       7        δὲ εἶπεν ἄφες ἀρτίως ἀναληφθῆναι αὐτοὺς ⟨εἰς τὴν ⋇ ἄνω ⋇ βασιλείαν ὅτι θέλει αὐτοὺς ἐκεῖ καὶ ἦρεν αὐτοὺς⟩ ἀπ'
Abr.1      9       3        ἱκέτευεν αὐτὸν λέγων δέομαί σου ἀρχιστράτηγε τῶν ⋇ ἄνω ⋇ δυνάμεων ἐπειδὴ οὐκ ἀπηξίωσας αὐτὸν ὅλως πρὸς ἐμὲ
Abr.1     14      12        ἐνώπιον τοῦ θεοῦ δεῦρο Μιχαὴλ ἀρχιστράτηγε τῶν ⋇ ἄνω ⋇ δυνάμεων δεῦρο παρακαλέσωμεν τὸν θεὸν μετὰ σπουδῆς
Abr.2      7      13        ὧραι τῆς ἡμέρας ἵνα ὅλας τὰς ἀκτῖνας λάβωσιν ⋇ ἄνω ⋇ καὶ ὡς ἦν ταῦτα λέγων ὁ φωτεινὸς ἄνθρωπος εἶδον καὶ
Asen.     11      1C        καὶ ἐξέλιπε τῇ δυνάμει αὐτῆς. καὶ ἀπεστράφη ⋇ ἄνω ⋇ πρὸς τὸν τοῖχον καὶ ἐκάθισεν ὑποκάτω τῆς θυρίδος τῆς
Jer.       5      34        καὶ λέγει αὐτῷ ὁ θεὸς φωταγωγήσει σε εἰς τὴν ⋇ ἄνω ⋇ πόλιν Ἱερουσαλήμ. μετὰ ταῦτα ἐξῆλθεν Ἀβιμέλεχ ἔξω
Aris.     62       2        πλαγίων δὲ κατὰ τὴν στεφάνην κυκλόθεν τὰ πρὸς τὴν ⋇ ἄνω ⋇ πρόσοψιν φωθεσία κατεσκεύαστο διάλιθος ἐκτύπωσιν
Aris.     86       5        γίνεσθαι τὴν ὑποδρομὴν κατὰ τὴν κόλπωσιν μέχρι τῆς ⋇ ἄνω ⋇ διατάσεως ἠδεῖάν τινα καὶ δυσαπάλλακτον τὴν θεωρίαν
                            1
**ἄνωγα**
LEze.  9 28    3 10        ἐξῆλθον οἴκων βασιλικῶν πρὸς ἔργα γὰρ θυμός μ' ⋇ ἄνωγε ⋇ καὶ τέχνασμα βασιλέως. ὁρῶ δὲ πρῶτον ἄνδρας ἐν
                            9
**ἄνωθεν**
Hen.      28       2 πλήρης δένδρων καὶ ἀπὸ τῶν σπερμάτων ὕδωρ ἄνομβρον ⋇ ἄνωθεν ⋇ φερόμενον ὡς ὑδραγωγὸς δαψιλὴς ὡς πρὸς βορρᾶν ἐπὶ
Hen.      98       5 ἔργα τῶν χειρῶν ὅτι οὐχ ὡρίσθη δούλη εἶναι δούλην ⋇ ἄνωθεν ⋇ οὐκ ἐδόθη ἀλλὰ ἐκ καταδυναστείας ἐγένετο.
Hen.      98       5 ἐκ καταδυναστείας ἐγένετο. ὁ⟨μοίως⟩ οὐδὲ ἡ ἀνομία ⋇ ἄνωθεν ⋇ ἐδόθη ἀλλ' ἐκ παραβάσεως. ὁμοίως οὐδὲ στεῖρα γυνὴ
Asen.     21       5        αὐτῶν οἵτινες ἦσαν ἐν τῷ οἴκῳ αὐτοῦ ἐξ ἀρχῆς καὶ ⋇ ἄνωθεν ⋇ καὶ ἔστησε Φαραὼ τὴν Ἀσενὲθ ἐκ δεξιῶν τοῦ Ἰωσὴφ
Bar.      12       5        εἰς τὴν φιάλην. καὶ λέγει μοι ὁ ἄγγελος ταῦτα τὰ ⋇ ἄνωθεν ⋇ εἰσιν αἱ ἀρεταὶ τῶν δικαίων. καὶ εἶδον ἑτέρους
Sib.       3     307        ἡγήτορος ὕμνων. ἀέριος γάρ σοι Βαβυλὼν ἥξει ποτ' ⋇ ἄνωθεν ⋇ ⟨αὐτὰρ ἀπ'⟩ οὐρανόθεν καταβήσεται ἐξ ἁγίων σοι⟩
Sib.       5     325        γείτονα χώραν Μίλητον τρυφερήν ἀπολεῖ πρηστήρ ποτ' ⋇ ἄνωθεν ⋇ ἀνθ' ὧν εἵλετο τὴν Φοίβου δολόεσσαν ἀοιδὴν +τὴν
FEz.   64 70      10        πόδες καὶ βάστασόν με καὶ γίνομαι σοι ὀφθαλμοὶ ⋇ ἄνωθεν ⋇ ὁδηγῶν σε δεξιὰ καὶ εὐώνυμα. τοῦτο δὲ ποιήσαντες
IOrp.           27        κραίνοντα εἰ μὴ μουνογενής τις ἀπορρὼξ φύλου ⋇ ἄνωθεν ⋇ Χαλδαίων ἴδρις γὰρ ἔην ἄστροιο πορείης καὶ
                            5
**ἀνώτερος**
Hen.      14      17        μεγαλωσύνης αὐτοῦ. τὸ ἔδαφος αὐτοῦ ἦν πυρὸς τὸ δὲ ⋇ ἀνώτερον ⋇ αὐτοῦ ἦσαν ἀστραπαὶ καὶ διαδρομαὶ ἀστέρων καὶ ἡ
Hen.      15       9 πονηρὰ ἐξῆλθον ἀπὸ τοῦ σώματος αὐτῶν διότι ἀπὸ τῶν ⋇ ἀνωτέρων ⋇ ἐγένοντο καὶ ἐκ τῶν ἁγίων ἐγρηγόρων ἡ ἀρχὴ τῆς
TLevi      3       4        τὸν τέταρτον ἐπάνω τούτων ἅγιοί εἰσιν ὅτι ἐν τῷ ⋇ ἀνωτέρῳ ⋇ πάντων καταλύει ἡ μεγάλη δόξα ἐν ἁγίῳ ἁγίων
Prop.      4       2        εἰς γῆν Χαλδαίων ἐγεννήθη δὲ ἐν Βεθώρῳ τῇ ⋇ ἀνωτέρᾳ ⋇ καὶ ἦν ἀνὴρ σώφρων ὥστε δοκεῖν τοὺς Ἰουδαίους
FJub.      2       2        πᾶσαν σοφίαν. τῇ μὲν γὰρ πρώτῃ ἡμέρᾳ ἐποίησε τοὺς ⋇ ἀνωτέρους ⋇ οὐρανοὺς τὴν γῆν τὰ ὕδατα ἐξ ὧν ἐστι χιὼν καὶ
                            2
**ἀνωφελής**
Sal.      16       8        παρανομούσης καὶ παντὸς ὑποκειμένου ἀπὸ ἁμαρτίας ⋇ ἀνωφελοῦς. ⋇ τὰ ἔργα τῶν χειρῶν μου κατεύθυνον ἐν τόπῳ σου
Aris.    253       5        ἔχει καὶ εἰ χρήσαιτο θυμῷ θάνατον ἐπιφέρει ὅπερ ⋇ ἀνωφελὲς ⋇ καὶ ἀλγεινόν ἐστιν εἰ τὸ ζῆν ἀφελεῖται πολλῶν
                            4
**ἀξία**
Abr.2      9       7        ἐν ταῖς ψυχαῖς ταύταις καὶ ἐὰν εὔρωμεν ⋇ ἀξίαν ⋇ ἐνεχθῆναι εἰς τὴν ζωὴν ἐνέγκωμεν αὐτήν. καὶ
Abr.2      9       8        Μιχαὴλ καὶ Ἀβραὰμ ἐξήτησαν καὶ οὐκ εὗρον ⋇ ἀξίαν ⋇ ζωῆς εἰ μὴ μόνον ἐκείνην ἣν κατεῖχεν ὁ ἄγγελος ἐν
TJos.     13       5        προσεκύνησαν τῷ ἀρχιευνούχῳ τρίτος γὰρ ἦν ἐν ⋇ ἀξίᾳ ⋇ παρὰ τῷ Φαραὼ ἄρχων πάντων τῶν εὐνούχων ἔχων
Aris.     37       2        ἠλευθερώκαμεν ἀπόδοντες αὐτοὺς τοῖς κρατοῦσι τὴν κατ' ⋇ ἀξίαν ⋇ ἀργυρικὴν τιμὴν διορθούμενοι καὶ εἴ τι κακῶς
                            4
**ἀξιοθαύμαστος**
Aris.    282       4        καὶ ψυχὴν ἴσον πᾶσιν ὄντα καθὼς σὺ τοῦτο ποιῶν ⋇ ἀξιοθαύμαστος ⋇ εἶ τοῦ θεοῦ σοι διδόντος εἰς ταῦτα τὴν
                            4
**ἀξιόλογος**
Aris.      1       1                           ἀρισταέας φιλοκρατεῖ ⋇ ἀξιολόγου ⋇ διηγήσεως ὦ Φιλόκρατες περὶ τῆς γενηθείσης
Aris.     72       5        προαίρεσιν αὐτοῦ πάντα ἐπετελέσθη θαυμασίως καὶ ⋇ ἀξιολόγως ⋇ ἔχοντα καὶ ταῖς τέχναις ἀμίμητα καὶ τῇ καλλονῇ
Aris.    184       7        πρεσβύτερον παρεκάλεσε ποιήσασθαι κατευχὴν ὃς ⋇ ἀξιολόγως ⋇ στὰς εἶπε πληρῶσαι σε βασιλεῦ πάντων τῶν
Aris.    322       5        χρόνον διατελεῖς. πειράσομαι δὲ καὶ τὰ λοιπὰ τῶν ⋇ ἀξιολόγων ⋇ ἀναγράφειν ἵνα διαπορευόμενος αὐτὰ κομίζῃ τοῦ
                            1
**ἀξιομνημόνευτος**
Aris.      6       2        καὶ πρότερον δὲ διεπεμψάμην σοι περὶ ὧν ἐνόμιζον ⋇ ἀξιομνημονεύτων ⋇ εἶναι τὴν ἀναγραφὴν ἣν μετελάβομεν παρὰ
                            27
**ἄξιος**
Abr.2     13       7        ἐταράχθη ἡ ψυχή μου ἐν ἐμοὶ πάντως οὐκ εἰμὶ ⋇ ἄξιός ⋇ σου σὺ γὰρ ὑψηλὸν πνεῦμα εἶ ἐγὼ δὲ σάρξ εἰμι καὶ
Asen.      3       3        καὶ εἶπεν εὐλογητὸς κύριος ὁ θεὸς τοῦ Ἰωσὴφ ὅτι ⋇ ἄξιόν ⋇ με ἡγήσατο ὁ κύριός μου Ἰωσὴφ ἔρχεσθαι πρὸς ἡμᾶς.
Asen.     12       5        ἐσεβάσθην εἴδωλα νεκρὰ καὶ κωφά. καὶ νῦν οὐκ εἰμὶ ⋇ ἀξία ⋇ ἀνοῖξαι τὸ στόμα μου πρὸς σέ κύριε. κἀγὼ Ἀσενὲθ
Jer.       4       4        σε κύριος περὶ αὐτῶν. διότι ἡμεῖς οὐχ εὑρέθημεν ⋇ ἄξιοι ⋇ τοῦ φυλάξαι αὐτὰς ὅτι ἐπίτροποι τοῦ ψεύδους
Esdr.      2      20 ἐπὶ Σόδομα καὶ Γόμορρα. καὶ εἶπεν ὁ προφήτης κύριε ⋇ ἀξίως ⋇ ἐπάγεις ἐφ' ἡμᾶς. καὶ εἶπεν ὁ θεὸς αἱ ἁμαρτίαι
Job       23       6 εἰ δὲ μὴ σὺ ὄψει. καὶ ἀπεκρίθη αὐτῇ λέγων εἰ μὴ ⋇ ἄξιοί ⋇ ἦτε τῶν κακῶν, οὐκ ἂν ἀπελάβετε αὐτὰ νῦν οὖν εἰ μὴ
Aris.      4       5        τε πόλιν καὶ τὰ κατὰ τὴν Αἴγυπτον παρειληφότος ⋇ ἄξιόν ⋇ ἐστι καὶ ταῦτά σοι δηλῶσαι. πέπεισμαι γὰρ σε
Aris.     10       6        δέ μοι καὶ τῶν Ἰουδαίων νόμιμα μεταγραφῆς ⋇ ἄξια ⋇ καὶ τῆς παρὰ σοὶ βιβλιοθήκης εἶναι. τί τὸ κωλῦον
Aris.     19       6 δὲ καὶ τῶν παρόντων τινὲς τοῦτ' εἶπον καὶ γὰρ ⋇ ἄξιόν ⋇ ἐστι τῆς σῆς μεγαλοψυχίας ὅπως χαριστήριον ἀναθῇ
Aris.     32       6        καὶ λαβόντες τὸ κατὰ τὴν ἑρμηνείαν ἀκριβὲς ⋇ ἀξίως ⋇ καὶ τῶν πραγμάτων καὶ τῆς σῆς προαιρέσεως θῶμεν
Aris.     37       9        καὶ περὶ ἡμᾶς εἶναι τῆς περὶ τὴν αὐλὴν πίστεως ⋇ ἀξίους ⋇ ἐπὶ χρειῶν καθεστάκαμεν. βουλομένων δ' ἡμῶν καὶ
Aris.     39       1        καλῶς οὖν ποιήσεις καὶ τῆς ἡμετέρας σπουδῆς ⋇ ἀξίως ⋇ ἐπιλεξάμενος ἄνδρας καλῶς βεβιωκότας πρεσβυτέρους
Aris.     40       6 ἡμᾶς περὶ ὧν ἐὰν βούλῃ κεχαρισμένος ἔσῃ καὶ φιλίας ⋇ ἄξιόν ⋇ τι πράξεις ὡς ἐπιτελεσθησομένην τὴν ταχίστην περὶ
Aris.     43       4        διαφέροντες καὶ τῆς σῆς ἀγωγῆς καὶ δικαιοσύνης ⋇ ἄξιοι ⋇ κατὰ πάντα οἳ καὶ μετέδωκαν ἡμῖν τὰ παρὰ σοῦ πρὸς
Aris.     98       5        κατὰ μέσον τῶν ὀφρύων δόξῃ πεπληρωμένον ὁ κριθεὶς ⋇ ἄξιος ⋇ τούτων ἔκ τῆς λειτουργίας. ἢ δὲ συμφάνεια τούτων
Aris.    122      11        ἕτερος ἑτέρου καὶ τοῦ καθηγουμένου πάντες ⋇ ἄξιοι ⋇ καὶ τῆς περὶ αὐτὸν ἀρετῆς. νοῆσαι δ' ἦν ὡς
Aris.    128       1        φανερὸς ἦν τὴν διάθεσιν οἷος ἦν πρὸς αὐτούς. ⋇ ἄξιον ⋇ δὲ ἐπιμνησθῆναι ⟨διὰ⟩ βραχέων τῶν ὑποδειχθέντων
Aris.    171       2        καὶ περὶ τούτων ὅτι νομίζω τὰ τῆς ὁμιλίας ⋇ ἄξιον ⋇ λόγου καθεστάναι διὰ τὴν σεμνότητα καὶ φυσικὴν
Aris.    188       4 κολάζων τοὺς αἰτίους ἐπιεικέστερον ⟨ἢ⟩ καθὼς εἰσιν. ⋇ ἄξιον ⋇ μετατιθεὶς ἐκ τῆς κακίας καὶ εἰς μετάνοιαν ἄξεις.
Aris.    192       3        ὑπὸ τοῦ θεοῦ τὰ γὰρ ἱκετευόμενα συντελεῖσθαι τοῖς ⋇ ἀξίοις ⋇ τοῖς δὲ ἀποτυγχάνουσιν ἢ δι' ὀνείρων ἢ πράξεων
Aris.    229       2        τοῦτον ἐπυνθάνετο καὶ τοῦ μετέπειτα τί καλλονῆς ⋇ ἄξιόν ⋇ ἐστιν; ὁ δὲ εἶπεν εὐσέβεια. τὸ γὰρ αὕτη ἀπολύει
Aris.    238       2        δὲ τούτων πρὸς τὸν ἕτερον ἔφη πῶς ἂν γονεῦσι τὰς ⋇ ἀξίας ⋇ ἀποδῷ χάριτας; ὃς δὲ εἶπε μηδὲν αὐτοὺς λυπήσας
Aris.    264       5        θεοῦ δὲ ἐπιφάνεια γίνεται πρὸς τὰ τοιαῦτα τοῖς ⋇ ἀξίοις. ⋇ ἐπαινέσας δὲ αὐτὸν ἄλλον ἠρώτα τίς ἐστι βασιλεῖ
Aris.    282       2        φήσας αὐτὸν εὖ ἄλλων ἐπαίνων τίνα ἀξίωμαν ⋇ ἄξιόν ⋇ ἐστιν ἀθρώπου; ὁ δὲ ἔφη τὸν κεχορηγημένον δόξῃ
Aris.    296       3        καταλλήλως ἔχοντα τὰ πρὸς τὰς ἐρωτήσεις ⋇ ἄξιοι ⋇ θαυμασμοῦ κατεφαίνοντό μοι καὶ τοῖς παροῦσι
FMan.   2 22      13 μου κύριε ἐπλήθυναν αἱ ἀνομίαι μου καὶ οὐκέτι εἰμὶ ⋇ ἄξιος ⋇ ἀτενίσαι καὶ ἰδεῖν τὸ ὕψος τοῦ οὐρανοῦ ἀπὸ πλήθους
HCal.     24      41        ἐπὶ τούτοις Ἀλέξανδρος ἔφη ⟨ὡς ἀληθινοῦ θεοῦ ⋇ ἄξιοι ⋇ θεραπευταί ἄπιτε ἐν εἰρήνῃ⟩ ἄπιτε. ὁ γὰρ θεὸς ὑμῶν
                            18
**ἀξιόω**
Adam      42       6        Ἀδὰμ ἐξ οὗ ἥρές με ἐκ τῶν μελῶν αὐτοῦ. ἀλλὰ ⋇ ἀξίωσον ⋇ κἀμὲ τὴν ἀναξίαν καὶ ἁμαρτωλὴν εἰσελθεῖν μετὰ

Abr.1 20 15 καὶ τὴν ἐνάρετον αὐτοῦ κτησώμεθα πολιτείαν ἵνα * ἀξιωθῶμεν * τῆς αἰωνίου ζωῆς δοξάζοντες τῷ πατρὶ καὶ τῷ
TJos. 5 3 τῆς ἀσεβείας σου πᾶσιν. φοβηθεῖσα οὖν ἐκείνη * ἠξίου * ἵνα μηδενὶ ἐξαγγείλω τὴν κακίαν αὐτῆς. καὶ
Asen. 21 10 κυρίῳ τῷ θεῷ καὶ ἐχαρίτωσε δεομένη ἐπὶ πᾶσιν οἷς * ἠξίωται * ἀγαθοῖς παρὰ κυρίου) ἥμαρτον κύριε (ἥμαρτον
Bar. 17 3 ἀρχῆς. καὶ εἰς ἑαυτὸν ἐλθὼν δόξαν ἔφερον τῷ θεῷ τῷ * ἀξιώσαντί * με τοιούτου ἀξιώματος. ὦ καὶ ὑμεῖς ἀδελφοί οἱ
Prop. 4 9 τὴν πέψιν ἐν καρδίᾳ ἀνθρωπίνῃ γενόμενος ἔκλαιε καὶ * ἠξίου * κύριον πᾶσαν ἡμέραν καὶ νύκτα τεσσαρακοντάκις
Aris. 12 1 λάβῃ. νομίσας δὲ ἐγὼ καιρὸν εἶναι περὶ ὧν πολλάκις * ἠξιώκειν * Σωσίβιόν τε τὸν Ταραντῖνον καὶ Ἀνδρέαν τοὺς
Aris. 17 7 τὸν κυριεύοντα κατὰ καρδίαν ἵνα συναναγκασθῇ καθὼς * ἠξίουν * ἐπιτελέσαι μεγάλην γὰρ εἴχον ἐλπίδα περὶ σωτηρίας
Aris. 18 3 λόγον ὅτι τὴν ἐπιτέλειαν ὁ θεὸς ποιήσει τῶν * ἀξιουμένων * ὃ γὰρ πρὸς δικαιοσύνην καὶ καλῶν ἔργων
Aris. 19 4 μυριάδων δέκα. ὃ δὲ μικρόν γε εἶπεν Ἀριστέας ἡμᾶς * ἀξιοῖ * πρᾶγμα. Σωσίβιος δὲ καὶ τῶν παρόντων τινὲς τοῦτ'
Aris. 245 6 εἶναι τῆς δὲ τούτων ἐπιμελείας φροντίζειν θεὸν δὲ * ἀξιοῦν * ὅπως μηθὲν ἐλλίπῃ τῶν καθηκόντων. ἐπαινέσας δὲ
FMos. 6 132 2 τὸν δὲ ἐπὶ τὰ ὄρη περὶ τὰς φάραγγας κηδείας * ἀξιούμενον. * εἶδεν δὲ Ἰησοῦς τὴν θέαν ταύτην κάτω
FJub. 4 18 καὶ διδάσκει καὶ θείων μυστηρίων ἀποκαλύψεως * ἀξιοῦται. * γυνὴ Ἰάρεδ Βαραχα θυγάτηρ Ἀσουὴλ πατραδέλφου
FJub. 11 17 τῶν κτισμάτων ἀναχθεὶς καλλονῆς θείας ἐλλάμψεως * ἠξιώθη * ἔτι διατρίβων ἐν τῇ πατρίδι. Σαρα θυγάτηρ ἦν τοῦ
FAch. 106 ἔχομεν πρὸς τὰ τοιαῦτα. συγγνώμης τοίνυν τυχεῖν * ἀξιοῦμεν. * ὁ δὲ βασιλεὺς ὀργισθεὶς ἐκέλευσεν τῷ φύλακι
HDem. 9 21 6 δὲ τὸν Ἰακὼβ πρὸς τὸν πατέρα εἰς Χανααν ἀπιέναι * ἀξιωθέντα * ὑπὸ Λάβαν ἄλλα ἔτη ἓξ μεῖναι ὥστε τὰ πάντα
HEup. 9 30 5 βουλόμενόν τε τὸν Δαβὶδ οἰκοδομῆσαι ἱερὸν τῷ θεῷ * ἀξιοῦν * τὸν θεὸν τόπον αὐτῷ δεῖξαι τοῦ θυσιαστηρίου. ἔνθα
HHec. 1 22 202 μάντεώς τινος ὀρνιθευομένου καὶ πάντας ἐπισχεῖν * ἀξιοῦντος * ἠρώτησε διὰ τί προσμένουσι. δείξαντος δὲ τοῦ

ἀξίωμα 3
Bar. 17 3 ἐλθὼν δόξαν ἔφερον τῷ θεῷ τῷ ἀξιώσαντί με τοιούτου * ἀξιώματος. * ὦ καὶ ὑμεῖς ἀδελφοί οἱ τυχόντες τῆς τοιαύτης
Prop. 26 2 καὶ ὁσίων ἀνδρῶν καὶ ὁ θάνατος αὐτῶν καὶ τὰ * ἀξιώματα * αὐτῶν καὶ πότε ἀπέθνησκον καὶ ἦν εἰς μνημόσυνον
HHec. 1 22 187 ἄνθρωπος τὴν μὲν ἡλικίαν ὡς ἑξήκοντα ἓξ ἐτῶν τῷ δ' * ἀξιώματι * τῷ παρὰ τοῖς ὁμοέθνοις μέγας καὶ τὴν ψυχὴν οὐκ

ἀξιωματικός 1
HArt. 9 27 37 δὲ τὸν Μώϋσον μακρὸν πυρρακὴ πολιὸν κομήτην * ἀξιωματικόν. * ταῦτα δὲ πρᾶξαι περὶ ἔτη ὄντα ὀγδοήκοντα

ἄξων 2
Hen. 100 3 διὰ τοῦ αἵματος τῶν ἁμαρτωλῶν καὶ τὸ ἅρμα μέχρι * ἀξόνων * καταβήσεται. καὶ καταβήσονται ἄγγελοι
Sib. 5 207 καὶ Αἰθίοπες μεγάθυμοι ἡνίκα γὰρ +τούτους+ τροχὸς * Ἄξονος * Αἰγοκεράστης Ταῦρός τ' ἐν Διδύμοις μέσον οὐρανὸν

ἀοιδή 7
Sal. 15 ζωὴν ἐν εὐφροσύνῃ. ψαλμὸς τῷ Σαλωμων μετὰ * ᾠδῆς. * ἐν τῷ θλίβεσθαί με ἐπεκαλεσάμην τὸ ὄνομα κυρίου
Sal. 15 3 ἐξομολογήσασθαι τῷ ὀνόματί σου; ψαλμὸν καινὸν μετὰ * ᾠδῆς * ἐν εὐφροσύνῃ καρδίας καρπὸν χειλέων ἐν ὀργάνῳ
Sal. 17 ἐλεηθήσεται ὑπὸ κυρίου. ψαλμὸς τῷ Σαλωμων μετὰ * ᾠδῆς * τῷ βασιλεῖ. κύριε σὺ αὐτὸς βασιλεὺς ἡμῶν εἰς τὸν
Jer. 7 29 ἐνταῦθα κατέχουσιν ἡμᾶς λέγοντες ὅτι εἴπατε ἡμῖν * ᾠδὴν * ἐκ τῶν ᾠδῶν Σιὼν τὴν ᾠδὴν τοῦ θεοῦ ὑμῶν. καὶ
Jer. 7 29 ἡμᾶς λέγοντες ὅτι εἴπατε ἡμῖν ᾠδὴν ἐκ τῶν * ᾠδῶν * Σιὼν τὴν ᾠδὴν τοῦ θεοῦ ὑμῶν. καὶ λέγομεν αὐτοῖς πῶς
Jer. 7 29 λέγοντες ὅτι εἴπατε ἡμῖν ᾠδὴν ἐκ τῶν ᾠδῶν Σιὼν τὴν * ᾠδὴν * τοῦ θεοῦ ὑμῶν. καὶ λέγομεν αὐτοῖς πῶς ᾄσωμεν ὑμῖν
Sib. 5 326 ποτ' ἄνωθεν ἀνθ' ὧν εἵλετο τὴν Φοίβου δολόεσσαν * ἀοιδὴν * +τήν τε σοφὴν ἀνδρῶν μελέτην καὶ σώφρονα βουλήν+.

ἀοίκητος 1
TNep. 3 5 αὐτοὺς ἀπὸ κατοικεσίας καὶ καρπῶν τάξας τὴν γῆν * ἀοίκητον. * ταῦτα λέγω τέκνα μου ὅτι ἀνέγνων ἐν γραφῇ ἁγίᾳ

ἀορασία 2
Bar. 3 8 θεὸς οὐ συνεχώρησεν αὐτοὺς ἀλλ' ἐπάταξεν αὐτοὺς ἐν * ἀορασίᾳ * καὶ ἐν γλωσσαλλαγῇ καὶ κατέστησεν αὐτοὺς ὡς
Prop. 22 18 ὁ δὲ εὐξάμενος πεποίηκεν αὐτοὺς καταχθῆναι * ἀορασίᾳ * καὶ ἀπήγαγεν εἰς Σαμάρειαν παρὰ τοὺς ἐχθροὺς

ἀόρατος 13
Adam 35 3 ἐστίν μοι; πότε παραδοθήσεται εἰς τὰς χεῖρας τοῦ * ἀοράτου * θεοῦ ἡμῶν; τίνες δέ εἰσιν υἱέ μου Σήθ οἱ δύο
Abr.1 9 7 ἀπῆλθεν πάλιν ὁ ἀρχιστράτηγος καὶ ἔστη ἐνώπιον τοῦ * ἀοράτου * πατρὸς καὶ ἀνήγγειλεν αὐτῷ πάντα λέγων τάδε
Abr.1 16 3 (καὶ ἐλθὼν μετὰ φόβου πολλοῦ ἔστη ἔμπροσθεν τοῦ * ἀοράτου * θεοῦ φρίττων καὶ στένων καὶ τρέμων
Abr.1 16 4 τὴν κέλευσιν τοῦ δεσπότου. λέγει οὖν ὁ * ἀόρατος * θεὸς τὸν θάνατον δεῦρο οὖν τὸ πικρὸν καὶ ἄγριον
TRub. 6 12 ὅτι ὑπὲρ ἡμῶν ἀποθανεῖται ἐν πολέμοις ὁρατοῖς καὶ * ἀοράτοις * καὶ ἔσται ἐν ὑμῖν βασιλεὺς αἰώνων. καὶ ἀπέθανε
TLevi 4 1 καὶ πάσης κτίσεως κλονουμένης καὶ τῶν * ἀοράτων * πνευμάτων τηκομένων καὶ τοῦ ᾅδου σκυλευομένου
Asen. 12 1 δοὺς πνοὴν ζωῆς πάσῃ τῇ κτίσει σου ὁ ἐξενέγκας τὰ * ἀόρατα * εἰς τὸ φῶς ὁ ποιήσας τὰ ὄντα καὶ τὰ φαινόμενα ἐκ
Sedr. 2 1 ἡμῶν Ἰησοῦ Χριστοῦ. δέσποτα εὐλόγησον. καὶ φωνὴν * ἀοράτως * ἐδέξατο ἐν ταῖς ἀκοαῖς αὐτοῦ ὧδε Σεδρὰχ ὅτι
Aris. 90 4 ἁπάντων εἶναι δὲ πυκνὰ τὰ στόματα πρὸς τὴν βάσιν * ἀοράτως * ἔχοντα τοῖς πᾶσι πλὴν αὐτοῖς οἷς ἐστιν ἡ
Aris. 156 3 διακόσμησις διανοίας ἐνέργημα καὶ κίνησις * ἀοράτως * ἥ τε ὀξύτης τοῦ πρὸς ἕκαστόν τι πράσσειν καὶ
Sib. 3 12 θεός ἐστι μόναρχος ἀθέσφατος αἰθέρι ναίων αὐτοφυὴς * ἀόρατος * ὁρώμενος αὐτὸς ἅπαντα ὃν χεὶρ οὐκ ἐποίησε
HCal. 24 39 οὐρανὸν καὶ γῆν καὶ πάντα τὰ ὁράμενά τε καὶ * ἀόρατα. * οὐδεὶς δὲ αὐτὸν ἑρμηνεῦσαι ἀνθρώπων δεδύνηται.
HCal. 28 17 καὶ ὦ θεὲ θεῶν εἶπε καὶ δημιουργὲ ὁρατῶν καὶ * ἀοράτων * συνεργός μοι φάνηθι ὧν πράττειν μέλλω. κατιὼν δὲ

ἀπαγγέλλω 8
Jer. 1 9 αὐτῆς. ἀνάστηθι οὖν καὶ ἄπελθε πρὸς Βαρούχ καὶ * ἀπάγγειλον * αὐτῷ τὰ ῥήματα ταῦτα. καὶ ἀναστάντες ἔκτην
Jer. 7 21 αὐτῶν καὶ ἔλεγον τῷ Ἱερεμίᾳ σῶσον ἡμᾶς καὶ * ἀπάγγειλον * ἡμῖν τί ποιήσωμεν ἵνα εἰσέλθωμεν πάλιν εἰς
Bar. 2 4 ἢ τί τὸ διάστημα αὐτοῦ ἢ τί τὸ πεδίον; ἵνα κἀγὼ * ἀπαγγείλω * τοῖς υἱοῖς τῶν ἀνθρώπων. καὶ εἶπέν μοι ὁ
Prop. 22 17 τὸν Ἰσραὴλ ἠσφαλίζετο τὸν βασιλέα Ἰσραὴλ * ἀπαγγέλλων * αὐτῷ τὰς σκέψεις τοῦ ἐχθροῦ τοῦτο μαθὼν ὁ
Job 19 2 μεγάλη ταραχῇ καὶ διέρρηξά μου τὰ ἱμάτια λέγων τῷ * ἀπαγγέλλοντι * πῶς οὖν σὺ ἐσώθης; καὶ τότε ἐγὼ συνιδὼν τὸ
HHec. 1 22 204 προϊδὼν περὶ τῆς ἡμετέρας πορείας ἡμῖν ἂν τι ὑγιὲς * ἀπήγγελλεν; * εἰ γὰρ ἠδύνατο προγιγνώσκειν τὸ μέλλον εἰς
LEze. 9 28 3 24 πῶς ἐγένετο συμφανὲς τόδε; καὶ πάντα βασιλεῖ ταῦτ' * ἀπήγγειλεν * ταχὺ ζητεῖ δὲ Φαραὼ τὴν ἐμὴν ψυχὴν λαβεῖν ἐγὼ
LAri. 8 10 3 λέγω δὲ τῶν κατὰ τὴν ἐπιφάνειαν φυσικὰς διαθέσεις * ἀπαγγέλλει * καὶ μεγάλων πραγμάτων κατασκευάς. οἷς μὲν οὖν

ἀπαγορευτικός 1
Aris. 131 3 νομοθέτης ἡμῶν καὶ διδάξας ἕκαστα περὶ τούτων οὐκ * ἀπαγορευτικῶς * μόνον ἀλλ' ἐνδεικτικῶς καὶ τὰς βλάβας

ἀπαγορεύω 2
TAser 4 5 ἀπεχόμενοι ὧν καὶ ὁ θεὸς διὰ τῶν ἐντολῶν μισῶν * ἀπαγορεύει * ἀπείργων τὸ κακὸν τοῦ ἀγαθοῦ. ὁρᾶτε οὖν τέκνα
Aris. 146 1 ἔτι δὲ χῆνες καὶ τὰ ἄλλα ὅσα τοιαῦτα. περὶ ὧν δὲ * ἀπηγόρευται * πτηνῶν εὑρήσεις ἄγριά τε καὶ σαρκοφάγα καὶ

ἀπάγω 33
Adam 37 3 τῶν Σεραφὶμ ἑξαπτερύγων καὶ ἥρπασεν τὸν Ἀδὰμ καὶ * ἀπήγαγεν * αὐτὸν εἰς τὴν Ἀχερουσίαν λίμνην καὶ ἀπέλουσεν
Hen. 10 6 θεωρείτω καὶ ἐν τῇ ἡμέρᾳ τῆς μεγάλης τῆς κρίσεως * ἀπαχθήσεται * εἰς τὸν ἐνπυρισμόν. καὶ ἰαθήσεται ἡ γῆ ἣν
Hen. 10 13 ἕως τελεσθῇ τὸ κρίμα τοῦ αἰῶνος τῶν αἰώνων. τότε * ἀπαχθήσονται * εἰς τὸ χάος τοῦ πυρὸς καὶ εἰς τὴν βάσανον
Hen. 10B 6 καὶ φῶς μὴ θεωρείτω. καὶ ἐν τῇ ἡμέρᾳ τῆς κρίσεως * ἀπαχθήσεται * εἰς τὸν ἐμπυρισμὸν τοῦ πυρός. καὶ ἴασαι τὴν
Hen. 17 1 τελεσθήσονται. καὶ παραλαβόντες με εἴς τινα τόπον * ἀπήγαγον * ἐν ᾧ οἱ ὄντες ἐκεῖ γίνονται ὡς πῦρ φλέγον καὶ
Hen. 17 2 καὶ ὅταν θέλωσιν φαίνονται ὡσεὶ ἄνθρωποι. καὶ * ἀπήγαγόν * με εἰς ζοφώδη τόπον καὶ εἰς ὄρος οὗ ἡ κεφαλὴ
Hen. 17 4 καὶ τὰς θήκας αὐτῶν καὶ τὰς ἀστραπὰς πάσας. καὶ * ἀπήγαγόν * με μέχρι ὑδάτων ζώντων καὶ μέχρι πυρὸς δύσεως ὅ
Abr.1 11 6 καὶ διὰ τῆς πλατείας πύλης ἀμετρήτους * ἀπαγομένας * εὐθέως) ὁ ἀνὴρ ὁ ὅσιος ἐκεῖνος ὁ θαυμάσιος
Abr.1 11 10 ὅτι αὕτη ἡ πύλη (τῶν δικαίων ἐστὶν ἡ στενὴ) ἡ * ἀπάγουσα * εἰς τὴν ζωὴν καὶ εἰσερχόμενοι δι' αὐτῆς εἰς τὸν
Abr.1 11 11 πικρῶς διότι ἡ ὁδὸς πλατεῖα τῶν ἁμαρτωλῶν ἐστὶν ἡ * ἀπάγουσα * εἰς τὴν ἀπώλειαν καὶ εἰς τὴν κόλασιν τὴν
Abr.2 2 12 Ἐλεέζερ τὸν υἱὸν ἕνα τῶν οἰκοτρόφων αὐτοῦ λέγων * ἄπαγε * κτῆνος ἵνα καθίσῃ ἐπ' αὐτῷ ὁ ξένος ὅτι ἔκαμεν ἐν
Abr.2 8 11 καὶ τὴν μεγάλην; αὗταί εἰσιν αἱ δύο πύλαι αἱ * ἀπάγουσαι * εἰς τὴν δόξαν καὶ εἰς τὸν θάνατον ἡ μὲν μία
Abr.2 8 11 καὶ εἰς τὸν θάνατον ἡ μὲν μία πύλη αὕτη ἐστὶν ἡ * ἀπάγουσα * εἰς τὴν ζωὴν ἡ δὲ ἑτέρα πύλη ἡ ἀπλουμένη αὕτη
Abr.2 8 11 τὴν ζωὴν ἡ δὲ ἑτέρα πύλη ἡ ἀπλουμένη αὕτη ἐστὶν ἡ * ἀπάγουσα * εἰς τὴν ἀπώλειαν οὗτος ὁ ἀνὴρ ὁ καθεζόμενος ἐν
Abr.2 8 14 θεωρῇς αὐτὸν κλαίοντα γνῶθι (ὅτι) ἐθεάσατο ψυχὰς * ἀπαγομένας * εἰς τὴν ἀπώλειαν καὶ ἐὰν ἴδῃς αὐτὸν γελῶντα
Abr.2 8 15 καὶ ἐὰν ἴδῃς αὐτὸν γελῶντα ἐθεάσατο ψυχὰς ὀλίγας * ἀπαγομένας * εἰς τὴν ζωὴν θεώρησον οὖν αὐτὸν πῶς
Abr.2 8 16 τὸν γέλωτα ἐπειδὴ θεωρεῖ τὸ περισσὸν τοῦ κόσμου * ἀπαγόμενον * διὰ τῆς πύλης τῆς ἀπαγούσης εἰς τὴν ἀπώλειαν
Abr.2 8 16 περισσὸν τοῦ κόσμου ἀπαγόμενον διὰ τῆς πύλης τῆς * ἀπαγούσης * εἰς τὴν ἀπώλειαν διὰ τοῦτο ὑπερβαίνει ὁ
Abr.2 9 5 ἓξ μίαν δὲ ψυχὴν κρατῶν ἐν τῇ χειρὶ αὐτοῦ καὶ * ἀπῆξεν * τὰς μυριάδας τῶν ψυχῶν εἰς τὴν πύλην τὴν
Abr.2 9 5 ἀπῆξεν τὰς μυριάδας τῶν ψυχῶν εἰς τὴν πύλην τὴν * ἀπάγουσαν * εἰς τὴν ἀπώλειαν. λέγει δὲ Ἀβραὰμ μὴ οὗτοι
Abr.2 10 1 κρίνῃ αὐτούς. λέγει Ἀβραὰμ τῷ Μιχαὴλ θέλω ἵνα * ἀπάξῃς * με εἰς τὸν τόπον τοῦ κριτηρίου ὅπως κἀγὼ θεάσωμαι
Abr.2 12 1 μετὰ τὸ θεωρῆσαι Ἀβραὰμ τὸν τόπον τοῦ κριτηρίου * ἀπήγαγεν * αὐτὸν ἡ νεφέλη ἐν τῷ στερεώματι καὶ κατανοήσας
TDan 5 8 ἁρπάζοντες τὰ ἀλλότρια ὡς λέοντες. διὰ τοῦτο * ἀπαχθήσεσθε * σὺν αὐτοῖς ἐν αἰχμαλωσίᾳ κἀκεῖ ἀπολήψεσθε
Sal. 8 21 αἷμα τῶν οἰκούντων Ἰερουσαλημ ὡς ὕδωρ ἀκαθαρσίας. * ἀπήγαγεν * τοὺς υἱοὺς καὶ τὰς θυγατέρας αὐτῶν ἃ ἐγέννησαν
Sal. 9 1 εἰς τὸν αἰῶνα. τῷ Σαλωμων εἰς ἔλεγχον. ἐν τῷ * ἀπαχθῆναι * Ισραηλ ἐν ἀποικεσίᾳ εἰς γῆν ἀλλοτρίαν ἐν τῷ
Prop. 22 18 εὐξάμενος πεποίηκεν αὐτοὺς καταχθῆναι ἀορασίᾳ καὶ * ἀπήγαγεν * εἰς Σαμάρειαν παρὰ τοὺς ἐχθροὺς ἀβλαβεῖς τε
Esdr. 1 7 ἐν τῷ πρώτῳ οὐρανῷ στρατηγίαν ἀγγέλων μεγάλην καὶ * ἀπήγαγόν * με εἰς τὰς κρίσεις. καὶ ἤκουσα φωνῆς λεγούσης
Esdr. 1 11 κολάσασθαι καὶ μὴ ὅλον τὸν κόσμον εἰς ἀπώλειαν * ἀπάγειν. * καὶ εἶπεν ὁ θεὸς ἐγὼ τοὺς δικαίους ἀναπαύσωμαι
Esdr. 4 22 καὶ ἴδον ἐκεῖ τὸ δωδεκάπηχον τῆς ἀβύσσου. καὶ * ἀπήγαγόν * με ἐπὶ τὴν μεσημβρίαν καὶ ἴδον ἐκεῖ ἄνθρωπον
Esdr. 4 25 θέλημα πράξας ἐκελεύσθη οὗτος κρεμασθῆναι. καὶ * ἀπήγαγόν * με ἐπὶ βορρᾶν καὶ ἴδον ἐκεῖ ἄνθρωπον σιδηροῖς
Esdr. 5 21 ἀποκάλυψόν μοι τὰς κρίσεις καὶ τὸν παράδεισον. καὶ * ἀπήγαγόν * με οἱ ἄγγελοι κατὰ ἀνατολὰς καὶ ἴδον τὸ φυτὸν
LEze. 9 29 12 23 ὁμοῦ ὁ μεὶς ὅδ' ὑμῖν πρῶτος ἐνιαυτῶν πέλει ἐν τῷδ' * ἀπάξω * λαὸν εἰς ἄλλην χθόνα εἰς ἣν ὑπέστην πατράσιν
FrAn. 1 227 22 >ετε εστιν πιστα αλ< >ν παρ εμοι κατα< - >κατε νυν * απαγαγε<τε * - - το>ν συγγονον πρ<ος >μοι ελαβε< - >ας

ἀπαίδευτος 1
Sib. 3 670 καὶ ῥα θεὸς φωνῇ μεγάλῃ πρὸς πάντα λαλήσει λαὸν * ἀπαίδευτον * κενεόφρονα καὶ κρίσις αὐτοῖς ἔσσεται ἐκ

```
      ἀπαίρω                        4
Hen.      13     5    οὐρανοῦ ὅτι αὐτοὶ οὐκ ἔτι δύνανται λαλῆσαι οὐδὲ * ἀπᾶραι * αὐτῶν τοὺς ὀφθαλμοὺς εἰς τὸν οὐρανὸν ἀπὸ αἰσχύνης
TLevi      7     4    ἡμῶν. καὶ λαβόντες ἐκεῖθεν τὴν ἀδελφὴν ἡμῶν * ἀπάραντες * ἤλθομεν εἰς Βεθήλ. κἀκεῖ πάλιν εἶδον πρᾶγμα
Jer.       3     6    τὴν πόλιν εἰς χεῖρας τῶν ἐχθρῶν αὐτῆς καὶ * ἀπαροῦσι * τὸν λαὸν εἰς Βαβυλῶνα. τί θέλεις ποιῆσαι τὰ ἅγια
FrAn.    574  3082    ἦν. ὁρκίζω δὲ φύσα ἀπὸ τῶν ἄκρων καὶ τῶν ποδῶν * ἀπαίρων * τὸ φύσημα ἕως τοῦ προσώπου καὶ ἐκκριθήσεται.
      ἀπαίσσω                       1
Sib.       5    97    πολυαίματος ἄφρονα λυσσῶν παμπληθεὶ ψαμαθηδὸν * +ἀπαίξων * σὸν ὄλεθρον+. καὶ τότ' ἔσῃ πόλεων πολύολβος
      ἀπαιτέω                       2
Abr.1     14    15    οὖσπερ ἀποδώσω ἐπὶ τῆς γῆς ζῶντας ἐν τῷ θανάτῳ οὐκ * ἀπαιτήσομαι. * εἶπεν δὲ καὶ τὸν ἀρχιστράτηγον ἡ φωνὴ τοῦ
FEsd.      7   103    ἀλλ' ἕκαστος ὑπὲρ τοῦ οἰκείου ἔργου τὸν λόγον * ἀπαιτηθήσεται. * οὗ τὸ βλέμμα ξηραίνει ἀβύσσους καὶ ἡ
      ἀπακοντίζω                    1
TJud.      2     6    ἐπὶ τὸν κύνα καὶ πιάσας αὐτὴν ἀπὸ τῆς οὐρᾶς * ἀπηκόντισα * αὐτὴν καὶ ἐρράγη ἐν τοῖς ὁρίοις Γάζης. βοῦν
      ἀπαλλάσσω                    11
Abr.1     18     7    μετὰ σοῦ ἐν τῇ ὥρᾳ ἐκείνῃ καὶ σὺ τοῦ βίου τούτου * ἀπαλλάξαι * εἶχες. καὶ ὁ δίκαιος εἶπεν νῦν ἔγνων κἀγὼ ὅτι
Abr.1     19    15    ὑπὸ θηρίων ἀναιροῦνται ἄλλοι μὲν ὑπὸ κεράστου * ἀπαλλάσσονται * ἕτεροι δὲ ὑπὸ ἐχίδνης ἀποφυσούμενοι
Abr.1     19    16    ὑπὸ ἑτέρων τινῶν φάρμακα ποτισθέντες παρευθὺς * ἀπαλλάσσονται * παραλόγως. εἶπεν δὲ Ἀβραὰμ δέομαί σου
TJos.      8     5    ἐδόξαζον τὸν θεόν μου μόνον ὅτι διὰ προφάσεως * ἀπηλλάγην * τῆς Αἰγυπτίας. πολλάκις ἔπεμψε πρός με λέγουσα
TJos.      9     1    τὴν ἐπιθυμίαν μου καὶ λυτρώσω σε τῶν δεσμῶν καὶ * ἀπαλλάξω * σε τοῦ σκότους. καὶ οὐδὲ ἕως ἐννοιῶν ποτέ
Job       25    10    εἰπόν τι ῥῆμα πρὸς κύριον καὶ τελεύτα καὶ ἐγὼ δὲ * ἀπαλλαγήσομαι * ἀκηδίας διὰ πόνου σου τοῦ σώματος. καὶ ἐγὼ
FIsa.      1     8    ὅτι ἐν ταῖς χερσὶ Μανασσῆ τοῦ υἱοῦ σου βασάνοις * ἀπαλλαγήσομαι. * κατοικήσει ὁ Σατανᾶς ἐν <καρδίᾳ> Μανασσῆ
HArt.   9 18     1    δὲ ἔτι ἐκεῖ εἴκοσι πάλιν εἰς τοὺς κατὰ Συρίαν * ἀπαλλαγῆναι * τόπους τῶν δὲ τούτῳ συνελθόντων πολλοὺς ἐν
HArt.   9 27    17    δὲ πεισθέντα ἀπὸ Μέμφεως τὸν Νεῖλον διαπλεύσαντα * ἀπαλλάσσεσθαι * εἰς τὴν Ἀραβίαν. τὸν δὲ Χανεθώθην
HAno.   9 17     6    λαβεῖν δῶρα. λιμοῦ δὲ γενομένου τὸν Ἀβραὰμ * ἀπαλλαγῆναι * εἰς Αἴγυπτον πανοικίᾳ κἀκεῖ κατοικεῖν τήν τε
LEze.  9 29 13 16    ἄζυμα καὶ οὐ βρωθήσεται ζύμη. κακῶν γὰρ τῶνδ' * ἀπαλλαγήσεται * καὶ τοῦδε μηνὸς ἔξοδον διδοῖ θεὸς ἀρχὴ δὲ
      ἀπαλλοτριόω                   7
Adam      20     2    καὶ ἔκλαυσα λέγουσα τί τοῦτο ἐποίησας ὅτι * ἀπηλλοτριώθην * ἐκ τῆς δόξης μου ἧς ἤμην ἐνδεδυμένη.
Adam      21     6    λέγει μοι ὦ γύναι πονηρά τί κατειργάσω ἐν ἡμῖν; * ἀπηλλοτρίωσάς * με ἐκ τῆς δόξης τοῦ θεοῦ. καὶ αὕτῃ τῇ ὥρᾳ
Adam      42     5    τὴν εὐχὴν λέγει κύριε δέσποτα θεὲ πάσης ἀρετῆς μὴ * ἀπαλλοτριώσῃς * με τοῦ σώματος Ἀδὰμ ἐξ οὗ ᾖρές με ἐκ τῶν
TBen.     10    10    διὰ τῆς πορνείας καὶ τῆς εἰδωλολατρείας καὶ * ἀπηλλοτριώθησαν * θεοῦ γενόμενοι οὐ τέκνα ἐν μερίδι
Job        7     4    ὅτι μηκέτι προσδόκα φαγεῖν ἐκ τῶν ἐμῶν ἄρτων, ὅτι * ἀπηλλοτρίωσαί * μου. καὶ ἡ θυρωρὸς αἰδεσθεῖσα δοῦναι αὐτῷ
Job        7    10    μου ὅτι οὐκέτι οὐ μὴ φάγῃς ἐκ τῶν ἄρτων μου διότι * ἀπηλλοτριώθην * σου ἀκμὴν καὶ τοῦτό σοι ἔδωκα ἵνα μὴ
Job       26     3    +βουλόμενος+ ἡμᾶς λαλῆσαί τι πρὸς κύριον, ἵνα * ἀπαλλοτριωθῶμεν * τοῦ μεγάλου πλούτου; διὰ τί δὲ οὐκ
      ἀπαλός                        2
TNep.      1     7    Ῥαχὴλ ὅτι ἐπὶ τῶν μηρῶν αὐτῆς ἐγεννήθην καὶ εἶδεῖ * ἀπαλὸν * ὄντα κατεφίλει με λέγουσα ἴδοιμι ἀδελφόν σου ἐκ
Sib.       3   527    καὶ τέκνα βαθυζώνους τε γυναῖκας ἐκ θαλάμων * ἀπαλὰς * τρυφεροῖς ποσὶ πρόσθε πεσούσας ὄψονται δεσμοῖσιν
      ἀπαναίνομαι                   1
FPho.          204    ἐριδαίνομεν ἀφρονέοντες. οὐ δὲ γυνὴ κακὸν ἄνδρ' * ἀπαναίνεται * ἀφενὸν ὄντα. μηδὲ γάμωι γάμον ἄλλον ἄγοις
      ἀπανίστημι                    1
FJub.     16    10    τὸν Ἰσαάκ. μετὰ ταῦτα τῆς κατὰ Μαβρῆ δρυὸς * ἀπαναστὰς * ὁ Ἀβραὰμ ἐπὶ τὸ φρέαρ κατασκηνοῖ τοῦ ὅρκου.
      ἀπαντάω                       9
Adam      31     4    τοῦ δεδωκότος μοι αὐτό διότι οὐκ οἴδαμεν πῶς * ἀπαντήσωμεν * τοῦ ποιήσαντος ἡμᾶς ἢ ὀργισθῇ ἡμῖν ἢ
Adam      32     4    αὐτοῦ ἀναφερόμενον εἰς τὸν ποιήσαντα αὐτὸν τοῦ * ἀπαντῆσαι * αὐτῷ. ἀναστᾶσα δὲ Εὔα ἐπέβαλεν τὴν χεῖρα αὐτῆς
Hen.      98     9    καὶ τῶν <φρονίμων> οὐ μὴ ἀκούσητε καὶ τὰ ἀγαθὰ οὐκ * ἀπαντήσει * ὑμῖν τὰ δὲ κακὰ <περιέξει> ὑμᾶς. καὶ νῦν
Hen.     102     5    αἱ ψυχαὶ ὑμῶν εἰς ᾅδου μετὰ λύπης καὶ οὐκ * ἀπηντήθη * τῷ σώματι τῆς σαρκὸς ὑμῶν ἐν τῇ ζωῇ ὑμῶν κατὰ
Asen.     22     5    Ἰωσὴφ καὶ Ἀσενὲθ ἐν γῇ Γεσὲμ πρὸς Ἰακώβ. καὶ * ἀπήντησαν * αὐτοῖς οἱ ἀδελφοὶ Ἰωσὴφ καὶ προσεκύνησαν
Asen.     26     7    καὶ ἔφυγεν Ἀσενὲθ ἔμπροσθεν καὶ ἰδοὺ ὁ υἱὸς Φαραὼ * ἀπαντᾷ * αὐτῇ καὶ πεντήκοντα ἄνδρες ἱππεῖς μετ' αὐτοῦ. καὶ
Sal.       8    16    τὸν πόλεμον ἐπὶ Ἱερουσαλὴμ καὶ τὴν γῆν αὐτῆς. * ἀπήντησαν * αὐτῷ οἱ ἄρχοντες τῆς γῆς μετὰ χαρᾶς εἶπαν αὐτῷ
Aris.     36     5    δὲ παραλαβόντες τὴν βασιλείαν φιλανθρωπότερον * ἀπαντῶμεν * τοῖς πᾶσι πολὺ δὲ μᾶλλον τοῖς σοῖς πολίταις
HHec.  1  22   191    αἰκίαις καὶ θανάτοις δεινοτάτοις μάλιστα πάντων * ἀπαντῶσι * μὴ ἀρνούμενοι τὰ πάτρια. Ἀλεξάνδρου ποτὲ ἐν
      ἀπάντησις                     2
Job        9     7    τοῖς πένησιν καὶ ἐπιδεομένοις. καὶ ἤρχοντό μοι εἰς * ἀπάντησιν * ἀπὸ πασῶν τῶν χωρῶν ἅπαντες. ἀνεωγμέναι δὲ
Aris.     91     5    κατακύψαντα συνακοῦσαι τοῦ γινομένου ψόφου τῆς * ἀπαντήσεως * τῶν ὑδάτων ὥστε συμφανές μοι γεγονέναι τὸ
      ἅπαξ                         10
Hen.     168     1    τῆς μεγάλης ἐν ᾗ ὁ αἰὼν ὁ μέγας τελεσθήσεται ἐφ' * ἅπαξ * ὁμοῦ τελεσθήσονται. καὶ παραλαβόντες με εἴς τινα
Abr.1      8     4    Μιχαὴλ ἄπελθε πρὸς τὸν φίλον μου τὸν Ἀβραάμ <ἔτι * ἅπαξ> * καὶ εἶπε αὐτὸν οὕτως τάδε λέγει ὁ θεός σου τί σε
Abr.1      9     3    σε καὶ νῦν ἀρχιστράτηγε τοῦ διακονῆσαί μοι ἔτι * ἅπαξ * πρὸς τὸν ὕψιστον καὶ ἐρεῖς αὐτῷ ὅτι τάδε λέγει ὁ
Abr.1     15     7    ἡ ἡμέρα ἐν ᾗ μέλλεις ἐκδημεῖν ἐκ τοῦ σώματος ἔτι * ἅπαξ * πρὸς τὸν κύριον ἔρχεσθαι. εἶπεν δὲ Ἀβραὰμ ὁ κύριος
Asen.     25     5    διαφυλάσσει ὁ κύριος ὡς κόρην ὀφθαλμοῦ. οὐκ ἰδοὺ * ἅπαξ * πεπράκατε αὐτὸν καὶ ἔστι σήμερον βασιλεὺς πάσης τῆς
Sal.       2     8    αὐτῶν νέον καὶ πρεσβύτην καὶ τέκνα αὐτῶν εἰς * ἅπαξ * ὅτι πονηρὰ ἐποίησαν εἰς ἅπαξ τοῦ μὴ ἀκούειν. καὶ ὁ
Sal.       2     8    καὶ τέκνα αὐτῶν εἰς ἅπαξ ὅτι πονηρὰ ἐποίησαν εἰς * ἅπαξ * τοῦ μὴ ἀκούειν. καὶ ὁ οὐρανὸς ἐβαρυθύμησεν καὶ ἡ γῆ
Sal.      11     2    τὰ τέκνα σου ἀπὸ ἀνατολῶν καὶ δυσμῶν συνηγμένα εἰς * ἅπαξ * ὑπὸ κυρίου. ἀπὸ βορρᾶ ἔρχονται τῇ εὐφροσύνῃ τοῦ
Sal.      12     6    καὶ ἀπόλοιντο οἱ ἁμαρτωλοὶ ἀπὸ προσώπου κυρίου * ἅπαξ * καὶ ὅσιοι κυρίου κληρονομήσασιν ἐπαγγελίας κυρίου.
Sedr.     12     2    ἠνοίγη καὶ ἀποθάνῃ ζήσεις. λέγει αὐτῷ Σεδρὰχ ἔτι * ἅπαξ * λαλήσω σοι κύριε ἕως πότε ζῶ πρὶν ἀποθανεῖν με; καὶ
      ἁπαξαπλῶς                     2
Job       25     9    νυνὶ δὲ πιπράσκουσαν τὴν τρίχα ἀντὶ ἄρτων. * ἁπαξαπλῶς, * Ἰωβ, Ἰωβ, πολλῶν ὄντων τῶν εἰρημένων,
Job       29     3    οἱ δὲ ἀντέτειναν λέγοντες μὴ εἶναί με τὸν Ἰωβαβ. * ἁπαξαπλῶς * ἔτι ἀμφιβαλλόντων, στραφεὶς πρός με Ἐλιφας ὁ
      ἀπαξιόω                       1
Abr.1      9     3    σου ἀρχιστράτηγε τῶν ἄνω δυνάμεων ἐπειδὴ οὐκ * ἀπηξίωσας * αὐτὸν ὅλως πρὸς ἐμὲ τὸν ἁμαρτωλὸν καὶ ἀνάξιον
      ἀπαραίτητος                   3
Abr.1      1     3    Ἀβραάμ. ἔφθασε δὲ καὶ ἐπὶ τοῦτον τὸ κοινὸν καὶ * ἀπαραίτητον * τοῦ θανάτου πικρὸν ποτήριον καὶ τὸ ἄδηλον
Sib.       3    51    ἅπαντας ἐπειγομένοιο χρόνοιο. καὶ τότε Λατίνων * ἀπαραίτητος * χόλος ἀνδρῶν τρεῖς Ῥώμην οἰκτρῇ μοίρῃ
FrAn.    574  3025    καὶ ὁμίχλης ταννητις καταβάτω ἐπὶ τὸ ἄγγελος ὁ * ἀπαραίτητος * καὶ ἐκκρινέτω τὸν περιπτάμενον δαίμονα τοῦ
      ἀπαράλλακτος                  2
Job       33     5    τῇ ἁγίᾳ γῇ καὶ ἡ δόξα αὐτοῦ ἐν τῷ αἰῶνί ἐστιν τοῦ * ἀπαραλλάκτου. * οἱ μὲν ποταμοὶ ξηρανθήσονται καὶ τὸ
Aris.     70     6    προσηγμένα τῆς ἐμπειρίας καὶ τέχνης τὰς ὑπεροχὰς * ἀπαραλλάκτως * ἔχοντα πρὸς τὴν ἀλήθειαν ὥστε καὶ
      ἀπαραλόγιστος                 1
Aris.    275     5    πρωτεύοντα τῶν ἀπολιπόντων τῆς ἐρωτήσεως πῶς ἂν * ἀπαραλόγιστος * εἴη; ἐκεῖνος δὲ ἔφη δοκιμάζων καὶ τὸν
      ἀπαρνέομαι                    1
Sib.       4    27    τε πεποιθότες εὐσεβίησιν οἳ νηοὺς μὲν ἅπαντας * ἀπαρνήσονται * ἰδόντες καὶ βωμοὺς εἰκαῖα λίθων ἀφιδρύματα
      ἀπαρτίζω                      1
TLevi      9    11    εἰς τὰ ἅγια λούου καὶ ἐν τῷ θύειν νίπτου καὶ * ἀπαρτίζων * πάλιν τὴν θυσίαν νίπτου. δώδεκα δένδρων ἀεὶ
      ἀπαρχή                        6
TLevi      9     7    ἐδίδασκέ με νόμῳ ἱερωσύνης θυσιῶν ὁλοκαυτωμάτων * ἀπαρχῶν * ἑκουσίων σωτηρίων. καὶ ἦν καθ' ἑκάστην ἡμέραν
TLevi      9    14    καὶ παντὸς πρωτογενήματος καὶ οἴνου πρόσφερε * ἀπαρχάς. * καὶ πᾶσαν θυσίαν ἅλατι ἁλιεῖς. νῦν οὖν
TJud.     21     5    ἐγγίζειν αὐτῷ καὶ ἐσθίειν τράπεζαν αὐτοῦ καὶ * ἀπαρχάς * ἐντρυφήματα υἱῶν Ἰσραήλ. σὺ δὲ ἔσῃ βασιλεὺς ἐν
TIss.      5     6    ὅτι ὁ πατὴρ ἡμῶν Ἰακὼβ ἐν εὐλογίαις γῆς καὶ * ἀπαρχὴν * καρπῶν εὐλόγησέ με. καὶ ὁ Λευὶ καὶ ὁ Ἰουδάς
Sal.      15     3    καρδίας καρπὸν χειλέων ἐν ὀργάνῳ ἡρμοσμένῳ γλώσσης * ἀπαρχὴν * χειλέων ἀπὸ καρδίας ὁσίας καὶ δικαίας ὁ ποιῶν
Aris.     40     4    παρ' ἡμῖν διαλεξομένους σοι καὶ κομίζοντας * ἀπαρχάς * εἰς τὸ ἱερὸν ἀναθημάτων καὶ εἰς θυσίας καὶ τὰ
      ἀπάρχομαι                     2
Adam      11     2    μετηλλάγησαν. νῦν οὖν οὐ δυνήσει ὑπενεγκεῖν ἐὰν * ἀπάρξομαι * ἐλέγχειν σε. λέγει ὁ Σὴθ πρὸς τὸ θηρίον
Aris.    158     2    καὶ συντηροῦντος. καὶ γὰρ ἐπὶ τῶν βρωτῶν καὶ ποτῶν * ἀπαρξαμένους * εὐθέως τότε συγχρῆσθαι κελεύει. καὶ μὴν καὶ
      ἅπας                         21
               121    ἅπαντα ἁπάντων ἅπαντες ἅπασι ἅπαντας ἅπαν ἅπαντ' ἁπασῶν ἁπάσης ἅπασα ἅπασαν ἅπασιν ἅπας
      ἀπατάω                        7
Adam       9     3    ἀπὸ τῆς νόσου μου καὶ δηλώσω σοι τὸν τρόπον ἐν ᾧ * ἠπατήθημεν * τὸ πρότερον. ἐπορεύθη δὲ Σὴθ καὶ ἡ Εὔα εἰς τὰ
Adam      15     1    καὶ τὰ τέκνα τῶν τέκνων μου κἀγὼ ἀναγγελῶ ὑμῖν πῶς * ἠπάτησεν * ἡμᾶς ὁ ἐχθρός. ἐγένετο ἐν τῷ φυλάσσειν ἡμᾶς τὸν
Adam      23     4    Ἀδὰμ ἐμνήσθη τοῦ λόγου οὗ ἐλάλησα αὐτῷ ὅτε ἤθελον * ἀπατῆσαι * αὐτὸν ὅτι ἀκίνδυνόν σε ποιήσαι παρὰ τοῦ θεοῦ.
Adam      23     5    με εἶπεν τί τοῦτο ἐποίησας; κἀγὼ εἶπον ὅτι ὁ ὄφις * ἠπάτησέ * με. καὶ λέγει ὁ θεὸς τῷ Ἀδὰμ ἐπειδὴ παρήκουσας
Adam      29    13    τὸν θεὸν ὑπὲρ ὑμῶν. καὶ ταῦτα εἰπὼν δεύτερον * ἠπάτησέ * με ὁ ἐχθρός. καὶ ἐξέβην ἀπὸ τοῦ ὕδατος. νῦν οὖν
Adam      30     1    νῦν οὖν τεκνία μου ἐδήλωσα ὑμῖν τὸν τρόπον ἐν ᾧ * ἠπατήθημεν. * ὑμεῖς δὲ φυλάξατε ἑαυτοὺς μὴ ἐγκαταλιπεῖν τὸ
Adam      39     2    εἰς τὴν ἀρχήν σου καὶ καθίσω σε εἰς τὸν θρόνον τοῦ * ἀπατήσαντός * σε. ἐκεῖνος δὲ εἰς τὸν καθίσαντα ἐπ' αὐτῷ πρὶν
TJud.     11     2    μου. καὶ ἰδὼν αὐτὴν οἰνοχοοῦσαι ἐν μέθῃ οἴνου * ἠπατήθην * καὶ συνέπεσα πρὸς αὐτήν. αὐτὴ ἀπόντος μου
TJud.     12     3    ὕδασι Χωζηβὰ οὐκ ἐπέγνων αὐτὴν ἀπὸ τοῦ οἴνου καὶ * ἠπάτησέ * με τὸ κάλλος αὐτῆς διὰ τοῦ σχήματος τῆς
```

TJud. 13 3 ἐπειδὴ γὰρ κἀγὼ καυχησάμενος ὅτι ἐν πολέμοις οὐκ * ἠπάτησέ * με πρόσωπον γυναικὸς εὐμόρφου ὠνείδιζον Ῥουβὴμ
TZab. 9 7 διότι σάρξ εἰσι καὶ τὰ πνεύματα τῆς πλάνης * ἀπατᾷ * αὐτοὺς ἐπὶ πάσαις πράξεσιν αὐτῶν. καὶ μετὰ ταῦτα
TNep. 3 1 διαφθεῖραι τὰς πράξεις ὑμῶν ἢ ἐν λόγοις κενοῖς * ἀπατᾶν * τὰς ψυχὰς ὑμῶν ὅτι σιωπῶντες ἐν καθαρότητι
Sal. 16 8 γυναικὸς πονηρᾶς σκανδαλιζούσης ἄφρονα. καὶ μὴ * ἀπατησάτω * με κάλλος γυναικὸς παρανομούσης καὶ παντὸς
Bar. 4 8 ἅψασθαι αὐτοῦ. καὶ διὰ τοῦτο φθονήσας ὁ διάβολος * ἠπάτησεν * αὐτὸν διὰ τῆς ἀμπέλου αὐτοῦ. καὶ εἶπον ἐγὼ
Esdr. 2 15 ζωὴ ἐφυλάττετο εἰς τὸν ἀτελεύτητον αἰῶνα καὶ πῶς * ὑπατίθη * ὁ ὑπ᾽ ἀγγέλων φυλαττόμενος; ἐκέλευες
Esdr. 2 16 ἀλλ᾽ ἐὰν μὴ σὺ ἐδωρήσω αὐτῷ τὴν Εὔαν οὐ μὴ * ἠπάτησεν * αὐτὸν ὁ ὄφις σὺ δὲ ὃν θέλεις σῴζεις καὶ ὃν
Sedr. 4 6 δὲ παρήκουσέ μου τὴν ἐντολὴν καὶ ὑπὸ τοῦ διαβόλου * ἀπατηθεὶς * ἔφαγεν ἀπὸ τοῦ ξύλου. λέγει αὐτῷ Σεδρὰχ σοῦ
Sedr. 5 1 ἀπὸ τοῦ ξύλου. λέγει αὐτῷ Σεδρὰχ σοῦ θελήματος * ἠπατήθη * δέσποτά μου ὁ Ἀδάμ. σὺ ἐκέλευσας τοὺς ἀγγέλους
Job 3 3 θεός, ἀλλὰ αὕτη ἐστὶν ἡ δύναμις τοῦ διαβόλου, ἐν ᾧ * ἀπατηθήσεται * ἡ ἀνθρωπίνη φύσις. καὶ ἐγὼ ἀκούσας κατέπεσα
Job 3 6 σου, εἴπερ οὗτός ἐστιν ὁ τόπος τοῦ Σατανᾶ ἐν ᾧ * ἀπατηθήσονται * οἱ ἄνθρωποι, δός μοι ἐξουσίαν ἵνα ἀπελθὼν
Job 26 6 καὶ ταράσσοντα τοὺς διαλογισμούς σου, ὅπως καὶ ἐμὲ * ἀπατήσῃ; * βούλεται γάρ σε δεῖξαι ὥσπερ μίαν τῶν ἀφρόνων

ἀπάτη 4
TRub. 5 2 διὰ δυνάμεως οὐκ ἰσχύει καταγωνίσασθαι τοῦτον δι᾽ * ἀπάτης * καταγωνίζεται. ὅτι καίγε περὶ αὐτῶν εἶπέ μοι ὁ
SIb. 3 226 οὐ φαρμακοὺς οὐ μὴν ἐπαοιδοὺς οὐ μύθων μωρῶν * ἀπάτας * ἐγγαστεριμύθων οὐδέ τε Χαλδαίων τὰ προμάντια
SIb. 3 586 πίστιν καὶ ἄριστον ἐνὶ στήθεσσι νόημα οἵτινες οὐκ * ἀπάτῃσι * κεναῖς οὐδ᾽ ἔργ᾽ ἀνθρώπων χρύσεα καὶ χάλκεια καὶ
SIb. 5 405 ποίησε σοφὸς τέκτων παρὰ τούτοις οὐ χρυσοῦ κόσμον * ἀπάτην * ψυχῶν ἐσεβάσθη. ἀλλὰ μέγαν γενετῆρα θεὸν πάντων

ἀπάτησις 1
TJos. 9 5 αὐτὴν πάνυ γὰρ ἦν ὡραία μάλιστα κοσμουμένη πρὸς * ἀπάτησιν * μου. καὶ ὁ κύριος ἐφύλαξέ με ἀπὸ τῶν

ἀπαυγάζω 3
Abr.1 16 6 δὲ περιβαλόμενος μορφὴν τὰς παρειὰς αὐτοῦ πῦρ * ἀπαυγάζων * καὶ ἀπῆλθεν πρὸς τὸν Ἀβραάμ.' ὁ δὲ δίκαιος
Aris. 76 5 αὐτὸ τοῦτο θαυμασίως ἔχουσαν ὥστε πᾶν τὸ προσαχθὲν * ἀπαυγάζεσθαι * σαφέστερον μᾶλλον ἢ ἐν τοῖς κατόπτροις. οὐκ
Aris. 97 5 ὀνόματα κατὰ τὴν ἐξ ἀρχῆς διάταξιν γενηθεῖσαν * ἀπαυγάζοντες * ἕκαστος ἀνεξήγητον τῆς ἰδιότητος τὴν

ἀπαύγασμα 1
Abr.1 16 8 ὀσμὴ εὐωδίας ἤρχετο πρὸς τὸν Ἀβραὰμ καὶ φωτὸς * ἀπαύγασμα * περιστραφεὶς δὲ Ἀβραὰμ εἶδεν τὸν θάνατον

ἀπείθεια 1
Sal. 17 20 ἁμαρτίᾳ ὁ βασιλεὺς ἐν παρανομίᾳ καὶ ὁ κριτὴς ἐν * ἀπειθείᾳ * καὶ ὁ λαὸς ἐν ἁμαρτίᾳ. ἰδὲ κύριε καὶ ἀνάστησον

ἀπειθέω 5
TAser 7 4 εἴπατε οὖν ταῦτα τοῖς τέκνοις ὑμῶν μὴ * ἀπειθεῖν * αὐτῷ. ἀνέγνων γὰρ ἐν ταῖς πλαξὶ τῶν οὐρανῶν ὅτι
TAser 7 5 αὐτῷ. ἀνέγνων γὰρ ἐν ταῖς πλαξὶ τῶν οὐρανῶν ὅτι * ἀπειθοῦντες * ἀπειθήσετε αὐτῷ καὶ ἀσεβοῦντες ἀσεβήσετε εἰς
TAser 7 5 γὰρ ἐν ταῖς πλαξὶ τῶν οὐρανῶν ὅτι ἀπειθοῦντες * ἀπειθήσετε * αὐτῷ καὶ ἀσεβοῦντες ἀσεβήσετε εἰς αὐτὸν μὴ
TBen. 10 10 ὥσπερ ἤλεγξε τὸν Ἠσαῦ ἐν τοῖς Μαδιναίοις τοῖς * ἀπειθήσασιν * ἀδελφοὺς αὐτῶν γενέσθαι διὰ τῆς πορνείας καὶ
Aris. 25 3 τὸν δὲ βουλόμενον προσαγγέλλειν περὶ τῶν * ἀπειθησάντων * ἐφ᾽ ᾧ τοῦ φανέντος ἐνόχου τὴν κυρίαν ἕξειν

ἀπειθής 2
TDan 5 11 ἀπὸ τοῦ Βελιὰρ ψυχὰς ἁγίων καὶ ἐπιστρέψει καρδίας * ἀπειθεῖς * πρὸς κύριον καὶ δώσει τοῖς ἐπικαλουμένοις αὐτὸν
SIb. 3 668 βασιλῆες τὸν θρόνον αὐτοῦ ἕκαστος ἔχων καὶ λαὸν * ἀπειθῆ. * καὶ ῥα θεὸς φωνῇ μεγάλῃ πρὸς πάντα λαλήσει λαὸν

ἀπειλέω (ἀπειλή) 7
TLevi 18 10 ἀνοίξει τὰς θύρας τοῦ παραδείσου καὶ στήσει τὴν * ἀπειλοῦσαν * ῥομφαίαν κατὰ τοῦ Ἀδὰμ καὶ δώσει τοῖς ἁγίοις
TJud. 5 1 πόλιν κραταιὰν καὶ τειχήρη καὶ ἀπροσέγγιστον * ἀπειλοῦσαν * ἡμῖν θάνατον. ἐγὼ οὖν καὶ Γὰδ προσήξαμεν ἀπὸ
TJud. 10 5 οὐκ ἔγνω αὐτὴν ποιήσας σὺν αὐτῇ ἐνιαυτόν. καὶ ὅτε * ἠπείλησα * αὐτῷ συνῆλθε μὲν αὐτῇ διέφθειρε δὲ τὸ σπέρμα
TJos. 3 1 πολλὰ ἀγαθὰ δίδωσιν ἡ ὑπομονή. ποσάκις ἡ Αἰγυπτία * ἠπείλησέ * μοι θάνατον ποσάκις τιμωρίαις παραδοῦσα
TJos. 3 1 ποσάκις τιμωρίαις παραδοῦσα ἀνεκαλέσατό με καὶ * ἠπείλησέ * μοι μὴ θέλοντι συνελθεῖν αὐτῇ ἔλεγε δέ μοι
TJos. 11 3 εἶ δοῦλος σὺ ὅτι καὶ ἡ ὄψις σου δηλοῖ περὶ σοῦ καὶ * ἠπείλει * μοι ἕως θανάτου. ἐγὼ δὲ ἔλεγον ὅτι δοῦλος αὐτῶν
FAch. 103 ὁ δὲ Αἴσωπος ἰδὼν καὶ ἀγανακτήσας πυκνὸν αὐτῷ * ἠπείλησεν * εἰπὼν βασιλικῆς ὁ παρὰ νόμον ἁπτόμενος θάνατον

ἀπειλή 10
Asen. 7 4 ἀργυρίου καὶ δώρων πολυτίμων ἀπέπεμπεν Ἰωσὴφ μετὰ * ἀπειλῆς * καὶ ὕβρεως διότι ἔλεγεν Ἰωσὴφ οὐχ ἁμαρτήσω
Sal. 17 25 ὀλεθρεῦσαι ἔθνη παράνομα ἐν λόγῳ στόματος αὐτοῦ ἐν * ἀπειλῇ * αὐτοῦ φυγεῖν ἔθνη ἀπὸ προσώπου αὐτοῦ καὶ ἐλέγξαι
Esdr. 4 37 ἄφθαρτοι. τότε ὁ ἀντικείμενος ἀκούσας τῆς φοβερᾶς * ἀπειλῆς * κρυβήσεται εἰς τὸ σκότος τὸ ἐξώτερον. τότε ὁ
Esdr. 4 43 θεὸς ἐπειδὴ ἀκούσας μου ὁ ἀντικείμενος τῆς φοβερᾶς * ἀπειλῆς * κρυβήσεται καὶ διὰ τοῦτο χωνεύσω τὴν γῆν καὶ σὺν
Job 17 3 πάντας τοὺς ἐν αὐτῇ πανούργους, καὶ ἐλάλησεν μετὰ * ἀπειλῆς * αὐτοῖς λέγων οὗτος ὁ ἀνὴρ Ἰωβαβ ὁ ἀναλώσας πάντα
SIb. 3 71 εἰσήκουσαν. ἀλλ᾽ ὁπόταν μεγάλοιο θεοῦ πελάσωσιν * ἀπειλαὶ * καὶ δύναμις φλογέουσα δι᾽ οἴδματος εἰς γαῖαν ἥξῃ
SIb. 3 97 κράτος αὐτοῦ. ἀλλ᾽ ὁπόταν μεγάλοιο θεοῦ τελέωνται * ἀπειλαὶ * ἅς ποτ᾽ ἐπηπείλησε βροτοῖς ὅτε πύργον ἔτευξαν
SIb. 5 512 ἐγγυάλιξεν. Ἠελίου φαέθοντος ἐν ἀστράσιν εἶδον * ἀπειλὴν * ἠδὲ Σεληναίης δεινὸν χόλον ἐν στεροπῇσιν ἄστρα
FMan. 2 22 12 σου καὶ ἀνυπόστατος ἡ ὀργὴ τῆς ἐπὶ ἁμαρτωλοὺς * ἀπειλῆς * σου ἀμέτρητόν τε καὶ ἀνεξιχνίαστον τὸ ἔλεος τῆς
FEsd. 8 23 οὗ τὸ βλέμμα ξηραίνει ἀβύσσους καὶ ἡ * ἀπειλὴ * τήκει ὄρη καὶ ἡ ἀλήθεια μένει εἰς τὸν αἰῶνα.

ἄπειμι (εἰμί) 3
TRub. 3 13 οὐκ εἴασέ με ὑπνῶσαι ἕως οὗ ἔπραξα τὸ βδέλυγμα. * ἀπόντος * γὰρ Ἰακὼβ τοῦ πατρὸς ἡμῶν πρὸς Ἰσαὰκ τὸν
TJud. 11 3 μέθῃ οἴνου ἠπατήθην καὶ συνέπεσα πρὸς αὐτήν. αὐτὴ * ἀπόντος * μου ἐπορεύθη καὶ ἔλαβε τῷ Σηλὼμ γυναῖκα ἐκ γῆς
TZab. 4 5 ἐπράθη ἄσιτος. καὶ ἀκούσας Ῥουβὴμ ὅτι ἐπράθη * ἀπόντος * αὐτοῦ περισχισάμενος ἐθρήνει λέγων πῶς ὄψομαι τὸ

ἄπειμι (εἶμι) 5 (cf.+ ἀπέρχομαι)
TJud. 5 6 τὸν πύργον σὺν αὐτοῖς ἐλάβομεν. καὶ ἐν τῷ * ἀπιέναι * ἡμᾶς ἄνδρες Θαφφοῦ ἐπέβαλον τῇ αἰχμαλωσίᾳ ἡμῶν
HDem. 9 21 6 θέλοντα δὲ τὸν Ἰακὼβ πρὸς τὸν πατέρα εἰς Χανάαν * ἀπιέναι * ἀξιωθέντα ὑπὸ Λάβαν ἄλλα ἔτη ἓξ μεῖναι ὥστε τὰ
HCal. 24 10 πῶς ἀντ᾽ οὐδενὸς τῷ στρατῷ Μακεδόνων ὁ θάνατος. * ἄπιτε * οὖν καὶ τὸ συμφέρον ὑμῖν πραγματεύεσθε. ἐγὼ δὲ τὴν
HCal. 24 41 Ἀλέξανδρος ἔφη ‹ὡς ἀληθινοῦ θεοῦ ἄξιοι θεραπευταὶ * ἄπιτε * ἐν εἰρήνῃ› ἄπιτε. ὁ γὰρ θεὸς ὑμῶν ἔσται μοι θεός
HCal. 24 42 ἀληθινοῦ θεοῦ ἄξιοι θεραπευταὶ ἄπιτε ἐν εἰρήνῃ› * ἄπιτε. * ὁ γὰρ θεὸς ὑμῶν ἔσται μοι θεὸς καὶ ἡ εἰρήνη μου

ἀπείργω 1
TAser 4 5 ὧν καὶ ὁ θεὸς διὰ τῶν ἐντολῶν μισῶν ἀπαγορεύει * ἀπείργων * τὸ κακὸν τοῦ ἀγαθοῦ. ὁρᾶτε οὖν τέκνα πῶς δύο

ἀπειρέσιος 1
SIb. 3 745 γὰρ παγγενέτειρα βροτοῖς δώσει τὸν ἄριστον καρπὸν * ἀπειρέσιον * σίτου οἴνου καὶ ἐλαίου (αὐτὰρ ἀπ᾽ οὐρανόθεν

ἄπειρος (πεῖρα) 1
FAch. 106 πάντα τὰ ὑπὸ σοῦ κελευόμενα ποιεῖν. ἀδυνάτως καὶ * ἀπείρως * ἔχομεν πρὸς τὰ τοιαῦτα. συγγνώμης τοίνυν τυχεῖν

ἄπειρος (πέρας) 3
TLevi 2 8 φαιδρότερον παρὰ τοὺς δύο καὶ γὰρ ὕψος ἦν ἐν αὐτῷ * ἄπειρον. * καὶ εἶπον τῷ ἀγγέλῳ διατί οὕτως; καὶ εἶπεν ὁ
TJud. 13 4 μοι ἐπ᾽ ὀνόματι τῆς θυγατρὸς αὐτοῦ χρυσοῦ πλῆθος * ἄπειρον * ἦν γὰρ βασιλεύς. καὶ αὐτὴν κοσμήσας ἐν χρυσῷ καὶ
SIb. 3 236 μυρία τίκτει θνητοῖς ἀνθρώποις πόλεμον καὶ λιμὸν * ἄπειρον. * τοῖσι δὲ μέτρα δίκαια πέλει κατ᾽ ἀγρούς τε

ἀπείρων (πέρας) 2
SIb. 3 694 ὃς τάδε κρίνει οἰμωγή τε καὶ ἀλαλαγμὸς κατ᾽ * ἀπείρονα * γαῖαν ἵξεται ὀλλυμένων ἀνδρῶν καὶ πάντες
SIb. 5 424 ἠδὲ ἔπλασσεν πολλοῖς ἐν σταδίοισι μέγαν καὶ * ἀπείρονα * πύργον αὐτῶν ἁπτόμενον νεφέων καὶ πᾶσιν ὁρατὸν

ἀπεκδέχομαι 1
Abr.1 16 3 τοῦ ἀοράτου θεοῦ φρίττων καὶ στένων καὶ τρέμων * ἀπεκδεχόμενος› * τὴν κέλευσιν τοῦ δεσπότου. λέγει οὖν ὁ

ἀπεκδύω (-δύνω) 1
Abr.1 17 12 μου τοῦ ἐπουρανίου μετ᾽ ἐμοῦ ἐστιν. τότε ὁ θάνατος * ἀπεκδύσατο * πᾶσαν τὴν ὡραιότητα καὶ τὰ κάλλη καὶ πᾶσαν

ἀπελαύνω 2
TBen. 8 3 κόπρον καὶ βόρβορον ἀλλὰ μᾶλλον ἀμφότερα ψύχει καὶ * ἀπελαύνει * τὴν δυσωδίαν οὕτω καὶ ὁ καθαρὸς νοῦς ἐν τοῖς
HAri. 9 25 3 μετ᾽ οὐ πολὺ δὲ καὶ τὰς καμήλους ὑπὸ λῃστῶν * ἀπελαθῆναι * εἶτα τὰ τέκνα αὐτοῦ ἀποθανεῖν πεσούσης τῆς

ἀπελπίζω 1
Hen. 103 10 οὐχ εὑρήκαμεν συντετριμμένοι καὶ ἀπολώλαμεν καὶ * ἀπηλπίσμεθα * καὶ μηκέτι εἰδέναι σωτηρίαν ἡμέραν ἐξ

ἀπεμπολάω 1
SIb. 4 32 οὔτε φόνον ῥέξαντες ἀτάσθαλον οὔτε κλοπαῖον κέρδος * ἀπεμπολέοντες * ἃ δὴ ῥίγιστα τέτυκται οὐδ᾽ ἄρ᾽ ἐπ᾽

ἀπέναντι 4
Adam 29 2 ἔκλαυσε δὲ ὁ πατὴρ ὑμῶν ἔμπροσθεν τῶν ἀγγέλων * ἀπέναντι * τοῦ παραδείσου καὶ λέγουσιν οἱ ἄγγελοι αὐτῷ τί
Sal. 2 12 ἐνέπαιζον ταῖς ἀνομίαις αὐτῶν καθὰ ἐποίουν αὐτοὶ * ἀπέναντι * τοῦ ἡλίου παρεδειγμάτισαν ἀδικίας αὐτῶν. καὶ
Sal. 17 4 τοῦ σπέρματος αὐτοῦ εἰς τὸν αἰῶνα τοῦ μὴ ἐκλείπειν * ἀπέναντί * σου βασίλειον αὐτοῦ. καὶ ἐν ταῖς ἁμαρτίαις ἡμῶν
Job 34 6 ἵνα παραμυθησώμεθα αὐτὸν καὶ ἀκμὴν κατέλυσεν ἡμᾶς * ἀπέναντι * τῶν στρατιωτῶν ἡμῶν. τότε Βαλδαδ ἐκράτησεν

ἀπεοικότως 1
LAri. 13 12 7 θεὸν ἀναπέμπεται διόπερ οὕτως ἡμῖν εἴρηται. οὐκ * ἀπεοικότως * οὖν τοῖς ἐπεζητημένοις προενηνέγμεθα ταῦτα.

ἀπέραντος 1
Aris. 156 4 τοῦ πρὸς ἕκαστόν τι πράσσειν καὶ τεχνῶν εὕρεσις * ἀπέραντον * περιέχει τρόπον. διὸ παρακελεύεται μνείαν

ἀπεργάζομαι 1
Bar. 4 16 ἀπλήστως δρῶντες χεῖρον τοῦ Ἀδὰμ τὴν παράβασιν * ἀπεργάζονται * καὶ τῆς τοῦ θεοῦ δόξης μακρὰν γίνονται καὶ

ἀπέρεισις 2
Aris. 138 3 θηρία καὶ τῶν ἑρπετῶν τὰ πλεῖστα καὶ κνωδάλων τὴν * ἀπέρεισιν * πεποίηνται καὶ ταῦτα προσκυνοῦσι καὶ θύουσι
Aris. 151 2 ἔχον ἡ γὰρ ἰσχὺς τῶν ὅλων σωμάτων μετ᾽ ἐνεργείας * ἀπέρεισιν * ἐπὶ τοὺς ὤμους ἔχει καὶ τὰ σκέλη. μετὰ

| | | | | | |
|---|---|---|---|---|---|
| ἀπερινόητος | | | 1 | | |
| Jer. | 9 | 6 | σε κύριε παντοκράτωρ πάσης κτίσεως ὁ ἀγέννητος καὶ | * ἀπερινόητος * | ᾧ πᾶσα κρίσις κέκρυπται ἐν αὐτῷ πρὸ τοῦ |
| ἀπερίστατος | | | 2 | | |
| Asen. | 12 | 12 | ἐπ' ἐμὲ ταῦτα πάντα. ῥῦσαί με κύριε τὴν ἔρημον καὶ | * ἀπερίστατον * | διότι ὁ πατήρ μου καὶ ἡ μήτηρ μου ἠρνήσαντό |
| FPho. | | 26 | πλόος ἐστὶν ἄδηλος. χεῖρα πεσόντι δίδου σῶσον δ' | * ἀπερίστατον * | ἄνδρα. κοινὰ πάθη πάντων ὁ βίος τροχὸς |
| ἀπερίτμητος | | | 3 | | |
| Prop. | 4 | 18 | πατέρων μου καὶ κολληθῆναι κληρονομίαις | * ἀπεριτμήτων. * | καὶ τοῖς ἄλλοις βασιλεῦσι Περσῶν πολλὰ |
| Prop. | 10 | 4 | μετὰ τοῦ υἱοῦ αὐτῆς οὐ γὰρ ἠδύνατο μένειν μετὰ | * ἀπεριτμήτων * | καὶ εὐλόγησεν αὐτήν. ἦν τότε Ἠλίας ὁ |
| Prop. | 10 | 4B | καὶ ἔμεινεν μετ' αὐτοῦ. οὐ γὰρ ἠδύνατο μένειν μετὰ | * ἀπεριτμήτων * | καὶ θανόντα τὸν υἱὸν αὐτῆς πάλιν ἤγειρεν ἐκ |
| ἀπερριμμένως | | | 1 | | |
| Aris. | 28 | 4 | τοῖς βασιλεῦσι τούτοις διῳκεῖτο καὶ οὐδὲν | * ἀπερριμμένως * | οὐδ' εἰκῇ. διόπερ καὶ τὸ τῆς εἰσδόσεως καὶ |
| ἀπέρχομαι | | | 130 (cf.+ ἄπειμι (εἶμι)) | | |
| Adam | 14 | 1 | τὴν ἄνοδον αὐτῆς φοβεράν. εἰπὼν δὲ ταῦτα ὁ ἄγγελος | * ἀπῆλθεν * | ἀπ' αὐτῶν. ἦλθε δὲ Σὴθ καὶ ἡ Εὔα εἰς τὴν σκηνὴν |
| Adam | 40 | 1 | αὐτοῦ. μετὰ ταῦτα εἶπεν ὁ θεὸς τῷ ἀρχαγγέλῳ Μιχαὴλ | * ἄπελθε * | εἰς τὸν παράδεισον ἐν τῷ τρίτῳ οὐρανῷ καὶ ἔνεγκε |
| Adam | 41 | 2 | αὐτῷ ὁ θεὸς ὅτι εἶπόν σοι ὅτι γῆ εἶ καὶ εἰς γῆν | * ἀπελεύσει. * | πάλιν τὴν ἀνάστασιν ἐπαγγέλομαί σοι ἀναστήσω |
| Hen. | 17 | 6 | καὶ μέχρι τοῦ μεγάλου σκότους κατήντησα καὶ | * ἀπῆλθον * | ὅπου πᾶσα σάρξ οὐ περιπατεῖ. ἴδον τοὺς ἀνέμους |
| Hen. | 98 | 10 | ἡμέραν ἀπωλείας. ⟨μὴ ἐλπίζε⟩τε σωθῆναι ἁμαρτωλοί | * ἀπ⟨ελθόντες⟩ * | ἀποθάνετε γινώσκοντε⟨ς ὅτι ἡτοίμασ⟩ται εἰς |
| Abr.1 | 1 | 6 | φιλόχρηστος μέχρι τέλους σὺ δὲ ἀρχάγγελε Μιχαὴλ | * ἄπελθε * | πρὸς τὸν φίλον μου τὸν Ἀβραὰμ τὸν ἠγαπημένον μοι |
| Abr.1 | 1 | 7 | ἐκ τοῦ σώματος καὶ πρὸς τὸν ἴδιον δεσπότην | * ἀπελεύσει * | ἐν ἀγαθοῖς. ἐξελθὼν δὲ ὁ ἀρχιστράτηγος ἐκ |
| Abr.1 | 2 | 8 | εἰς τὴν χώραν. ⟨καί φησίν ὁ ἀρχιστράτηγος ἔρχομαι. | * ἀπελθόντες * | δὲ ἐν τῇ χώρᾳ⟩ τοῦ ἀροτριασμοῦ ἐκαθέσθησαν |
| Abr.1 | 2 | 9 | δὲ Ἀβραὰμ τοῖς παισὶν αὐτοῦ τοῖς υἱοῖς Μασὲκ | * ἀπέλθατε * | εἰς τὴν ἀγέλην τῶν ἵππων καὶ ἐνέγκατε δύο |
| Abr.1 | 2 | 12 | τοῦτο τοῦ μὴ καθίσαι ἐπὶ ζῴου τετραπόδου ποτέ | * ἀπέλθωμεν * | δικαία ψυχὴ πεζεύοντες ἕως τοῦ οἴκου σου |
| Abr.1 | 3 | 1 | καὶ εἶπεν Ἀβραὰμ ἀμὴν γένοιτο κύριε. | * ἀπέρχονται * | ἀπὸ τοῦ ἀγροῦ πρὸς τὸν οἶκον αὐτοῦ. κατὰ δὲ |
| Abr.1 | 4 | 1 | ⟨εἶπεν δὲ Ἀβραὰμ πρὸς Ἰσαὰκ τὸν υἱὸν αὐτοῦ⟩ | * ἄπελθε * | υἱέ μου ἀγαπητὲ εἰς τὸ ταμεῖον τοῦ τρικλίνου καὶ |
| Abr.1 | 4 | 7 | ἐκεῖνον ἀναγγεῖλαι οὐ δύναμαι. ὁ δὲ κύριος εἶπεν | * ἄπελθε * | Μιχαὴλ ἀρχιστράτηγε πρὸς τὸν φίλον μου τὸν |
| Abr.1 | 5 | 4 | τούτου. εἶπε δὲ Ἀβραὰμ οὐχὶ τέκνον Ἰσαὰκ ἀλλὰ | * ἄπελθε * | ἐν τῷ σῷ τρικλίνῳ καὶ ἀνάπαυσαι καὶ μὴ γενώμεθα |
| Abr.1 | 5 | 5 | τούτου. τότε Ἰσαὰκ λαβὼν τὴν εὐχὴν παρ' αὐτῶν | * ἀπῆλθεν * | ἐν τῷ ἰδίῳ τρικλίνῳ καὶ ἀνέπεσεν ⟨ἐπὶ τῆς κλίνης |
| Abr.1 | 7 | 11 | σοι τὴν μνήμην τοῦ θανάτου καὶ εἶθ' οὕτως | * ἀπελεύσομαι * | πρὸς αὐτὸν καθὼς ἐκέλευσέ μοι. εἶπε δὲ |
| Abr.1 | 8 | 4 | βασιλεία ἡ ἀθάνατος. εἶπεν δὲ ὁ θεὸς τὸν Μιχαὴλ | * ἄπελθε * | πρὸς τὸν φίλον μου τὸν Ἀβραὰμ ⟨ἔτι ἅπαξ⟩ καὶ |
| Abr.1 | 8 | 10 | δὲ οὐκ ἀπεστάλη θάνατος οὐκ εἴασα ὡς θανατηφόρον | * ἀπελθεῖν * | οὐ συνεχώρησα τῇ τοῦ θανάτου δρεπάνῃ συναντῆσαί |
| Abr.1 | 8 | 12 | εἴρηκας; ⟨ἢ οὐκ οἶδας⟩ ὅτι ἐὰν ἐάσω τὸν θάνατον | * ἀπελθεῖν * | σοι τότε ἂν εἶχον ἰδεῖν κἂν ἔρχῃ κἂν οὐκ ἔρχῃ; |
| Abr.1 | 9 | 7 | τότε καὶ νῦν ἐὰν μετέλθω τοῦ βίου ἄλυπός εἰμι. | * ἀπῆλθεν * | πάλιν ὁ ἀρχιστράτηγος καὶ ἔστη ἐνώπιον τοῦ |
| Abr.1 | 11 | 10 | ζωὴν καὶ εἰσερχόμενοι δι' αὐτῆς εἰς τὸν παράδεισον | * ⟨ἀπέρχονται⟩ * | καὶ διὰ τοῦτο χαίρει ὁ πρωτόπλαστος Ἀδὰμ |
| Abr.1 | 15 | 3 | τὸν Ἀβραὰμ τὸν ἱερώτατον εἰς τὸν οἶκον αὐτοῦ καὶ | * ἀπελθὼν * | ἐν τῷ τρικλίνῳ αὐτοῦ ἐκάθισεν ⟨ἐπὶ τῆς κλίνης |
| Abr.1 | 16 | 2 | τὸ ἀναίσχυντον πρόσωπον καὶ ἀνέλεον βλέμμα. καὶ | * ἀπελθὼν * | Μιχαὴλ εἶπεν τὸν θάνατον δεῦρο καλεῖ σε ὁ |
| Abr.1 | 16 | 6 | μορφὴν τὰς παρειὰς αὐτοῦ πῦρ ἀπαυγάζων καὶ | * ἀπῆλθεν * | πρὸς τὸν Ἀβραάμ. ὁ δὲ δίκαιος Ἀβραὰμ ἰδὼν |
| Abr.1 | 17 | 2 | καὶ ἔστη παρὰ τοὺς πόδας αὐτοῦ. εἶπεν οὖν Ἀβραὰμ | * ἄπελθε * | ἄπελθε ἀπ' ἐμοῦ ὅτι θέλω ἀναπαύεσθαι ἐν τῇ κλίνῃ |
| Abr.1 | 17 | 2 | παρὰ τοὺς πόδας αὐτοῦ. εἶπεν οὖν Ἀβραὰμ ἄπελθε | * ἄπελθε * | ἀπ' ἐμοῦ ὅτι θέλω ἀναπαύεσθαι ἐν τῇ κλίνῃ μου. ὁ |
| Abr.1 | 17 | 6 | εἶ ὁ θάνατος ἀνάγγειλόν μοι καὶ πρὸς πάντας οὕτως | * ἀπέρχει * | ἐν εὐμορφίᾳ καὶ δόξῃ καὶ ὡραιότητι τοιαύτῃ; ὁ |
| Abr.1 | 17 | 7 | καὶ ἐν ὡραιότητι καὶ ἐν ἡσυχίᾳ πολλῇ καὶ κολακείᾳ | * ἀπέρχομαι * | τοῖς δικαίοις τοῖς δὲ ⟨ἁμαρτωλοῖς⟩ οὕτως |
| Abr.1 | 17 | 8 | ἀπέρχομαι τοῖς δικαίοις τοῖς δὲ ⟨ἁμαρτωλοῖς⟩ οὕτως | * ἀπέρχομαι * | ἐν πολλῇ σαπρίᾳ καὶ ἀγριότητι καὶ μεγίστῃ |
| Abr.1 | 17 | 8 | μεγίστῃ πικρίᾳ καὶ ἀγρίῳ τῷ βλέμματι καὶ ἀνίλεως | * ἀπέρχομαι * | τοῖς ἁμαρτωλοῖς τοῖς μὴ πράξασιν ἔλεον. εἶπεν |
| Abr.1 | 19 | 4 | ἀκολουθήσω ἕως οὗ ὁ ἀρχιστράτηγος Μιχαὴλ ἔλθῃ καὶ | * ἀπέλθω * | μετ' αὐτοῦ ἀλλὰ καὶ τοῦτο λέγω σοι εἴ περ θέλεις |
| Abr.1 | 20 | 4 | προσέταξέν μοι. εἶπεν δὲ Ἀβραὰμ πρὸς τὸν θάνατον | * ἄπελθε * | ἀπ' ἐμοῦ ἔτι μικρὸν ἵνα ἀναπαύσωμαι ἐν τῇ κλίνῃ |
| Abr.2 | 2 | 5 | ὀλίγην ὥραν καὶ ποιήσω ἐνεχθῆναι ἡμῖν ζῷον ἵνα | * ἀπελθόντες * | ἐν τῷ οἴκῳ ἡμῶν ταύτην τὴν ὥραν πρός με |
| Abr.2 | 2 | 10 | πατὴρ ἀνθρώπων μεμελημένων ἤκουσα δὲ ὅτι | * ἀπῆλθες * | σταδίους τεσσεράκοντα καὶ ἤνεγκας μόσχον καὶ |
| Abr.2 | 5 | 5 | γενώμεθα τῷ ξένῳ ἀνθρώπῳ τῷ ἐλθόντι πρὸς ἡμᾶς ἀλλὰ | * ἄπελθε * | ἐν τῷ ταμείῳ σου καὶ ἀναπαύου. καὶ ἀπελθὼν Ἰσαὰκ |
| Abr.2 | 5 | 6 | ἀλλὰ ἄπελθε ἐν τῷ ταμείῳ σου καὶ ἀναπαύου. καὶ | * ἀπελθὼν * | Ἰσαὰκ ἐν τῷ ταμείῳ εἰσῆλθεν καὶ ἐκοιμήθη καὶ οὐ |
| Abr.2 | 7 | 20 | Μιχαὴλ καὶ εἶπεν τοῦτο οὐκ ἔστιν ἐμὸν ποιῆσαι ἀλλὰ | * ἀπελθὼν * | ἀναγγελῶ τῷ πατρί μου περὶ τούτου ὅπως ἂν |
| Abr.2 | 8 | 1 | ὅπως ἂν κελεύσῃ μοι καὶ ὑποδείξω σοι πάντα. καὶ | * ἀπῆλθεν * | Μιχαὴλ εἰς τοὺς οὐρανοὺς καὶ ἐλάλησεν ἐνώπιον |
| Abr.2 | 8 | 2 | Ἀβραάμ. καὶ ἀποκριθεὶς ὁ κύριος εἶπεν τῷ Μιχαὴλ | * ἄπελθε * | καὶ ἀνάλαβε σωματικῶς τὸν Ἀβραὰμ καὶ ὑπόδειξον |
| Abr.2 | 9 | 6 | εἰς τὴν ἀπώλειαν. λέγει δὲ Ἀβραὰμ μὴ οὗτοι | * ἀπέρχονται * | εἰς τὴν ἀπώλειαν; καὶ ἀποκριθεὶς Μιχαὴλ εἶπεν |
| Abr.2 | 9 | 7 | ἀπώλειαν; καὶ ἀποκριθεὶς Μιχαὴλ εἶπεν τῷ Ἀβραὰμ | * ἀπελθόντες * | ἀναζητήσωμεν ἐν ταῖς ψυχαῖς ταύταις καὶ ἐὰν |
| Abr.2 | 9 | 8 | ἀξίαν ἐνεχθῆναι εἰς τὴν ζωὴν ἐνέγκωμεν αὐτήν. καὶ | * ἀπελθόντες * | Μιχαὴλ καὶ Ἀβραὰμ ἐζήτησαν καὶ οὐκ εὗρον |
| Abr.2 | 10 | 13 | πῶς λέγεις ὅτι φόνος οὐ γέγονεν δι' ἐμοῦ οὐχὶ σὺ | * ἀπελθοῦσα * | τελευτήσαντος τοῦ ἀνδρός σου καὶ ἐμοίχευσας |
| Abr.2 | 13 | 2 | αὐτοῦ ἐκ τοῦ σώματος εἶπεν δὲ κύριος πρὸς Μιχαὴλ | * ἀπελθὼν * | κόσμησον τὸν θάνατον ἐν πολλῇ ὡραιότητι καὶ |
| Abr.2 | 13 | 3 | Ἀβραὰμ ὅπως θεάσηται τοῖς ὀφθαλμοῖς αὐτοῦ. καὶ | * ἀπελθὼν * | Μιχαὴλ ἐκόσμησεν τὸν θάνατον ἐν πολλῇ ὡραιότητι |
| Abr.2 | 13 | 19 | καὶ γίνεται στέφανος ἐπὶ τὴν κεφαλήν μου καὶ | * ἀπέρχομαι * | πρὸς αὐτὸν ἐν πιθανότητι καὶ δικαιοσύνῃ αὐτοῦ |
| Abr.2 | 13 | 20 | πιθανότητι καὶ δικαιοσύνῃ αὐτοῦ ἐὰν δὲ ἁμαρτωλὸς ᾖ | * ἀπέρχομαι * | πρὸς αὐτὸν ἐν μεγάλῃ σαπρότητι ἀλλὰ καὶ τὰς |
| TJud. | 5 | 1 | πᾶσαν τὴν αἰχμαλωσίαν τῶν βασιλέων. τῇ ἑξῆς | * ἀπήλθομεν * | εἰς Ἀρετὰν πόλιν κραταιὰν καὶ τειχήρη καὶ |
| TAser | 6 | 5 | κυρίου καὶ τοῦ σατανᾶ. ἐὰν γὰρ τεταραγμένη ἡ ψυχὴ | * ἀπέρχεται * | βασανίζεται ὑπὸ τοῦ πονηροῦ πνεύματος οὗ καὶ |
| Asen. | 1 | 6 | καὶ ἦν τὸ ὄνομα τῆς παρθένου ἐκείνης Ἀσενέθ. καὶ | * ἀπῆλθεν * | ἡ φήμη τοῦ κάλλους αὐτῆς εἰς πᾶσαν τὴν γῆν |
| Asen. | 6 | 5 | τῷ πατρί μου περὶ αὐτοῦ ῥήματα πονηρά. καὶ νῦν ποῦ | * ἀπελεύσομαι * | καὶ ἀποκρυβήσομαι ἀπὸ προσώπου αὐτοῦ ὅπως μὴ |
| Asen. | 6 | 6 | τοῦ θεοῦ διότι λελάληκα πονηρὰ περὶ αὐτοῦ; καὶ ποῦ | * ἀπελεύσομαι * | καὶ κρυβήσομαι ὅτι πᾶσαν ἀποκρυβὴν αὐτὸς ὁρᾷ |
| Asen. | 7 | 2 | γυνὴ ἐκείνη ἡ ἑστῶσα ἐν τῷ ὑπερῴῳ πρὸς τὴν θυρίδα; | * ἀπελθέτω * | δὴ ἐκ τῆς οἰκίας ταύτης. διότι ἐφοβεῖτο Ἰωσὴφ |
| Asen. | 7 | 6 | ἀπώλειά ἐστι καὶ διαφθορά. διὰ τοῦτο εἶπεν Ἰωσὴφ | * ἀπελθέτω * | ἡ γυνὴ ἐκείνη ἐκ τῆς οἰκίας ταύτης. καὶ εἶπεν |
| Asen. | 9 | 1 | τοῦ Ἰωσὴφ χαρὰν μεγάλην σφόδρα καὶ ἔσπευσε καὶ | * ἀπῆλθεν * | εἰς τὸ ὑπερῷον πρὸς ἑαυτὴν καὶ πέπτωκεν ἐπὶ τῆς |
| Asen. | 9 | 3 | αὐτοῦ ζεύξατε τοὺς ἵππους εἰς τὰ ἅρματα εἶπε γὰρ | * ἀπελεύσομαι * | καὶ κυκλεύσω πᾶσαν τὴν γῆν. καὶ εἶπε |
| Asen. | 9 | 4 | δὴ ἐνταῦθα ὁ κύριός μου σήμερον καὶ τὸ πρωΐ | * ἀπελεύσῃ * | τὴν ὁδόν σου. καὶ εἶπεν Ἰωσὴφ οὐχὶ ἀλλ' |
| Asen. | 9 | 5 | ἀπελεύσῃ τὴν ὁδόν σου. καὶ εἶπεν Ἰωσὴφ οὐχὶ ἀλλ' | * ἀπελεύσομαι * | σήμερον διότι αὕτη ἡ ἡμέρα ἐστὶν ἐν ᾗ ἤρξατο |
| Asen. | 10 | 1 | κἀγὼ πρὸς ὑμᾶς καὶ αὐλισθήσομαι ἐνθάδε. καὶ | * ἀπῆλθεν * | Ἰωσὴφ τὴν ὁδὸν αὐτοῦ καὶ Πεντεφρῆς καὶ πᾶσα ἡ |
| Asen. | 10 | 1 | αὐτοῦ καὶ Πεντεφρῆς καὶ πᾶσα ἡ συγγένεια αὐτοῦ | * ἀπῆλθον * | εἰς τὸν κλῆρον αὐτῶν. καὶ κατελείφθη Ἀσενὲθ |
| Asen. | 10 | 8 | ὑμῶν καὶ ἀναπαύεσθε καὶ ἐμὲ ἐάσατε ἠρεμεῖν. καὶ | * ἀπῆλθον * | αἱ παρθένοι ἑκάστη εἰς τὸν θάλαμον αὐτῆς. καὶ |
| Asen. | 10 | 8 | καὶ ἀνέστη Ἀσενὲθ καὶ ἤνοιξε τὴν θύραν ἡσύχως καὶ | * ἀπῆλθεν * | εἰς τὸν θάλαμον αὐτῆς τὸν δεύτερον ὅπου ἦσαν αἱ |
| Asen. | 11 | 3 | τὸ στόμα μὴ ἀνοίξασα τί ποιήσω ἐγὼ ἡ ταπεινὴ ἢ ποῦ | * ἀπέλθω * | πρὸς τίνα καταφύγω ἢ τί λαλήσω ἐγὼ ἡ παρθένος καὶ |
| Asen. | 15 | 9 | τὰς παρθένους ἀγαπᾷ κἀγὼ ὑμᾶς ἀγαπῶ. καὶ ἰδοὺ ἐγὼ | * ἀπέρχομαι * | πρὸς Ἰωσὴφ καὶ λαλήσω αὐτῷ περὶ σοῦ πάντα τὰ |
| Asen. | 15 | 14 | τοῦ οὐρανοῦ καὶ πίεσαι ἐξ αὐτοῦ. καὶ μετὰ ταῦτα | * ἀπελεύσῃ * | τὴν ὁδόν σου. καὶ εἶπεν αὐτῇ ὁ ἄνθρωπος σπεῦσον |
| Asen. | 16 | 21 | ἀνέστησαν πᾶσαι αἱ μέλισσαι καὶ ἐπετάσθησαν καὶ | * ἀπῆλθον * | εἰς τὸν οὐρανόν. καὶ ὅσαι ἠβουλήθησαν ἀδικῆσαι |
| Asen. | 16 | 22 | τὰς νεκρὰς καὶ εἶπεν αὐταῖς ἀνάστητε καὶ ὑμεῖς καὶ | * ἀπέλθετε * | εἰς τὸν τόπον ὑμῶν. καὶ ἀνέστησαν αἱ τεθνηκυῖαι |
| Asen. | 16 | 23 | ὑμῶν. καὶ ἀνέστησαν αἱ τεθνηκυῖαι μέλισσαι καὶ | * ἀπῆλθον * | εἰς τὴν αὐλὴν τὴν παρακειμένην τῇ οἰκίᾳ τῆς |
| Asen. | 17 | 8 | Ἀσενὲθ τοῦ μετατεθῆναι τὴν τράπεζαν καὶ εὐθέως | * ἀπῆλθεν * | ἐξ ὀφθαλμῶν αὐτῆς ὁ ἄνθρωπος. καὶ εἶδεν Ἀσενὲθ |
| Asen. | 18 | 5 | καὶ τούτου ἕνεκα τὸ πρόσωπόν μου συμπέπτωκεν. καὶ | * ἀπῆλθεν * | ὁ τροφεὺς αὐτῆς καὶ ἡτοίμασε τὴν οἰκίαν καὶ τὸ |
| Asen. | 21 | 2 | τῆς γυναικὸς αὐτοῦ. καὶ ἀνέστη Ἰωσὴφ τὸ πρωΐ καὶ | * ἀπῆλθε * | πρὸς Φαραὼ καὶ εἶπεν αὐτῷ δός μοι τὴν Ἀσενὲθ |
| Asen. | 25 | 4 | μηδὲ ὁ υἱός μου ὁ πρωτότοκος. καὶ ὡς ἤκουσε ταῦτα | * ἀπῆλθε * | σπεύδων ὁ υἱὸς Φαραὼ καὶ ἔλαβε μετ' αὐτοῦ |
| Asen. | 25 | 4 | μετ' αὐτοῦ πεντήκοντα ἄνδρας ἱππεῖς τοξότας καὶ | * ἀπῆλθεν * | ἔμπροσθεν αὐτῶν καθὰ ἐλάλησαν αὐτῷ Δὰν καὶ Γάδ. |
| Asen. | 26 | 4 | μὴ φθαρήσεται ἀπὸ προσώπου κυρίου πᾶσα ἡ γῆ. καὶ | * ἀπῆλθεν * | Ἀσενὲθ ἐπὶ τὴν ὁδὸν αὐτῆς καὶ Ἰωσὴφ ἀπῆλθεν |
| Asen. | 26 | 4 | καὶ ἀπῆλθεν Ἀσενὲθ ἐπὶ τὴν ὁδὸν αὐτῆς καὶ Ἰωσὴφ | * ἀπῆλθεν * | ἐπὶ τὴν σιτοδοσίαν αὐτοῦ. καὶ ἦλθεν Ἀσενὲθ ἐπὶ |
| Jer. | 1 | 9 | πρῶτος ἀνοίξω τὰς πύλας αὐτῆς. ἀνάστηθι οὖν καὶ | * ἄπελθε * | πρὸς Βαρούχ καὶ ἀπάγγειλον αὐτῷ τὰ ῥήματα ταῦτα. |
| Jer. | 1 | 11 | δύνανται εἰσελθεῖν εἰς αὐτήν. ταῦτα εἰπὼν ὁ κύριος | * ἀπῆλθεν * | ἀπὸ τοῦ Ἱερεμίου. δραμὼν δὲ Ἱερεμίας ἀνήγγειλε |
| Jer. | 3 | 11 | ἐπιστρέψω τὸν λαὸν εἰς τὴν πόλιν. σὺ δὲ Ἱερεμίας | * ἄπελθε * | μετὰ τοῦ λαοῦ σου εἰς Βαβυλῶνα καὶ μεῖνον μετ' |
| Jer. | 3 | 15 | Ἱερεμίας τὸν Ἀβιμέλεχ λέγων ἆρον τὸν κόφινον καὶ | * ἄπελθε * | εἰς τὸ χωρίον τοῦ Ἀγρίππα διὰ τῆς ὁδοῦ τοῦ ὄρους |
| Jer. | 5 | 15 | ἔξω τῆς πόλεως καὶ ἔμεινε λυπούμενος μὴ εἰδὼς ποῦ | * ἀπέλθῃ. * | καὶ ἀπέθηκε τὸν κόφινον λέγων καθέζομαι ὧδε ἕως |
| Jer. | 5 | 24 | οὐρανοῦ κατελθόντες ἐπ' αὐτοὺς οὔπω ἐστὶ καιρὸς | * ἀπελθεῖν * | εἰς Βαβυλῶνα. πόση γὰρ ὥρα ἐστὶν ἀφ' οὗ |
| Jer. | 5 | 25 | ὀλίγα σῦκα ἵνα δίδωμεν τοῖς νοσοῦσι τοῦ λαοῦ; καὶ | * ἀπελθὼν * | ἤνεγκον αὐτὰ καὶ ἐλθὼν ἐπί τι δένδρον τῷ καύματι |
| Jer. | 6 | 15 | λέγει κύριος. καὶ ταῦτα εἰπὼν ὁ ἄγγελος | * ἀπῆλθεν * | ἀπὸ τοῦ Βαρούχ. ὁ δὲ Βαροὺχ ἀπέστειλεν εἰς τὴν |
| Jer. | 7 | 9 | ἀετοῦ καὶ εἶπεν αὐτῷ σοὶ λέγω βασιλεῦ τῶν πετεινῶν | * ἄπελθε * | ἐν εἰρήνῃ μεθ' ὑγείας καὶ τὴν φάσιν ἔνεγκόν μοι. |
| Jer. | 7 | 12 | μήτε εἰς τὰ ἀριστερὰ ἀλλ' ὡς βέλος ὕπαγον ὀρθῶς | * ἄπελθε * | ἐν τῇ δυνάμει τοῦ θεοῦ καὶ ἔσται ἡ δόξα κυρίου |
| Jer. | 7 | 13 | ἔχων τὴν ἐπιστολὴν ἐν τῷ τραχήλῳ αὐτοῦ καὶ | * ἀπῆλθεν * | εἰς Βαβυλῶνα καὶ ἐλθὼν ἀνεπαύσατο ἐπί τι ξύλον |
| Jer. | 7 | 15 | νεκροὺς τοῦ λαοῦ μου καὶ ἔδωκεν αὐτῷ ὁ βασιλεύς. | * ἀπερχομένων * | δὲ αὐτῶν καὶ κλαιόντων μετὰ τοῦ νεκροῦ ἦλθον |
| Jer. | 7 | 15 | φωνῇ λέγων σοὶ λέγω Ἱερεμία ὁ ἐκλεκτὸς τοῦ θεοῦ | * ἄπελθε * | σύναξον τὸν λαὸν καὶ ἐλθὲ ἐνταῦθα ἵνα ἀκούσωσι |
| Jer. | 7 | 16 | ἀκούσας δὲ ὁ Ἱερεμίας ἐδόξασε τὸν θεὸν καὶ | * ἀπελθὼν * | συνῆξε τὸν λαὸν σὺν γυναιξὶ καὶ τέκνοις καὶ |
| Jer. | 7 | 30 | εἰς τὸν τράχηλον τοῦ ἀετοῦ Ἱερεμίας λέγων | * ἄπελθε * | ἐν εἰρήνῃ καὶ ἐπισκέψηταί ἡμᾶς ἀμφοτέρους ὁ |
| Jer. | 9 | 8 | Ἱερεμίας κατέλιπεν ἡμᾶς ὁ ἱερεὺς τοῦ θεοῦ καὶ | * ἀπῆλθεν. * | ἤκουσε δὲ πᾶς ὁ λαὸς τοῦ κλαυθμοῦ αὐτῶν καὶ |

Bar. 9 2 μοι καὶ ταύτην παρακαλῶ πῶς ἐξέρχεται; καὶ ποῦ * ἀπέρχεται; * καὶ ἐν ποίῳ σχήματι περιπατεῖ; καὶ εἶπεν ὁ
Bar. 14 1 οὗ μάθω παρὰ κυρίου τό τι γένηται. καὶ αὐτῇ τῇ ὥρᾳ * ἀπῆλθεν * ὁ Μιχαὴλ καὶ ἐκλείσθησαν αἱ θύραι. καὶ ἐγένετο
Prop. 10 2 κατὰ θάλασσαν. καὶ ἐκβρασθεὶς ἐκ τοῦ κήτους καὶ * ἀπελθὼν * ἐν Νινευῇ ἀνακάμψας οὐκ ἔμεινεν εἰς τὴν γῆν
Prop. 17 48 τὸ τραῦμα διὰ σοῦ καὶ ἡ θεραπεία γενήσεται. * ἀπελθὼν * οὖν ἤλεγξεν αὐτὸν ἐπὶ κεκρυμμένοις καὶ ἐποίησεν
Prop. 22 11 ἔσχεν εἰς διατροφὴν τῶν παιδίων. εἰς Σουμὰν * ἀπελθὼν * ἔμεινε παρά τινι γυναικὶ καὶ μὴ ποιοῦσαν αὐτὴν
Prop. 22 16 λέπρας. τὸν παῖδα αὐτοῦ Ἐλισαῖος λεγόμενον Γιεζεὶ * ἀπελθόντα * κρύφα παρὰ γνώμην αὐτοῦ πρὸς Ναιμὰν καὶ
Esdr. 6 15 οἱ πόδες μου ἐν τῷ θυσιαστηρίῳ περιεπάτησαν. καὶ * ἀπῆλθον * οἱ ἄγγελοι ἄπρακτοι λέγοντες κύριε οὐ δυνάμεθα
Esdr. 7 3 φοβηθῇ τὸν θάνατον. τὸ γὰρ ἐξ ἐμοῦ ἤγουν ἡ ψυχὴ * ἀπέρχεται * εἰς τὸν οὐρανὸν τὸ δὲ ἐκ τῆς γῆς ἤγουν τὸ σῶμα
Esdr. 7 3 εἰς τὸν οὐρανὸν τὸ δὲ ἐκ τῆς γῆς ἤγουν τὸ σῶμα * ἀπέρχεται * εἰς τὴν γῆν ἐξ ἧς ἐλήφθη. καὶ εἶπεν ὁ προφήτης
Sedr. 6 5 αὐτοῦ καὶ λαβὼν τὴν οὐσίαν καταλιπὼν τὸν πατέρα * ἀπῆλθεν * καὶ ἐγένετο ἀλλότριος καὶ δουλεύει ἀλλοτρίῳ; καὶ
Sedr. 6 7 αὐτὸν ὁ υἱὸς καπνίζεται ἡ καρδία αὐτοῦ. καὶ * ἀπελθὼν * ὁ πατὴρ λαμβάνει τὴν οὐσίαν αὐτοῦ καὶ ἐξορίζει
Sedr. 8 12 ἐλευθέρωσον τὸν ἄνθρωπον ἐκ τὴν κόλασιν εἰ δὲ μήγε * ἀπέρχομαι * καὶ ἐγὼ εἰς τὴν κόλασιν καὶ οὐ χωρίζομαι ἀπὸ
Sedr. 11 16 ἔνθα καλεῖ ⟨σε⟩ ὁ κύριος καὶ τὸ σῶμα τὸ ταλαίπωρον * ἀπέρχεται * εἰς κρίσιν. ὦ σῶμα καλλωπισμένον τρίχες
Job 3 6 ᾧ ἀπατηθήσονται οἱ ἄνθρωποι, δός μοι ἐξουσίαν ἵνα * ἀπελθὼν * καθαρίσω αὐτοῦ τὸν τόπον, ἵνα ποιήσω μηκέτι
Job 5 2 πεντήκοντα παῖδας, καὶ εἰς τὸν ναὸν τοῦ εἰδωλίου * ἀπελθὼν * κατήνεγκα αὐτὸ εἰς τὸ ἔδαφος, καὶ οὕτως
Job 7 1 δηλῶσαι μὴ σχολάζειν με νῦν. ὁ δὲ Σατανᾶς ἀκούσας * ἀπῆλθεν * καὶ ἐπέθετο τοῖς ὤμοις ἀσσάλιον, καὶ ἐλθὼν
Job 7 7 ὁ δὲ λαβὼν καὶ γνοὺς τὸ γεγονός, εἶπεν τῇ παιδὶ * ἀπελθοῦσα, * κακὴ δούλη, φέρε τὸν δοθέντα σοι δοθῆναί μοι
Job 7 12 ποιήσω καὶ τὸ σῶμά σου τοιοῦτον ἐν γὰρ μιᾷ ὥρᾳ * ἀπέρχομαι * καὶ ἐρημώσω σε. καὶ ἀνταπεκρίθην αὐτῷ ὃ ποιεῖς
Job 8 1 ἅπερ ἐπιφέρεις μοι. ὅτε δὲ ἀπέστη ἀπ' ἐμοῦ, * ἀπελθὼν * ὑπὸ τὸ στερέωμα ὥρκωσεν τὸν κύριον ἵνα λάβῃ
Job 9 5 εἰς τὰς πόλεις καὶ εἰς τὰς κώμας, ἐντειλάμενος * ἀπελθεῖν * καὶ ἐπιδιδόναι τοῖς ἀδυνάτοις καὶ τοῖς
Job 11 3 σὺ μεθ' ἡμῶν ἔλεος καὶ πρόχρησον ἡμῖν χρυσίον ἵνα * ἀπέλθωμεν * εἰς τὰς μακρὰς πόλεις ἐμπορευόμενοι καὶ τοῖς
Job 12 2 καὶ ἔτρωγεν καὶ ἑσπέρας γινομένης ἐξερχόμενος * ἀπελθεῖν * εἰς τὸν οἶκον αὐτοῦ λαμβάνειν ἠναγκάζετο παρ'
Job 18 1 καὶ τὰ τέκνα αὐτοῦ ἀπολέσω. ταῦτα δὲ λέγων αὐτοῖς * ἀπῆλθεν * καὶ κατέβαλεν τὴν οἰκίαν ἐπὶ τὰ τέκνα μου καὶ
Job 20 2 ὅτι οὐδὲν δύναται με εἰς ὀλιγωρίαν τρέψαι καὶ * ἀπελθὼν * ᾐτήσατο τὸ σῶμά μου παρὰ τοῦ κυρίου ἵνα ἐπενέγκῃ
Job 23 2 εἰς πρᾶτην καὶ ἐγένετο κατὰ συντυχίαν * ἀπελθεῖν * πρὸς αὐτὸν τὴν γυναῖκά μου καὶ αἰτῆσαι ἄρτον,
Job 39 11 τέθνηκεν, καὶ οὐδένα αὐτῶν κεκήδευκα; καὶ οἱ μὲν * ἀπῆλθον * εἰς τὸ σκάπτειν, ἐγὼ δὲ ἐκώλυσα λέγων μὴ κάμητε
Job 40 5 πρὸ τῆς ὑπουργείας τῆς δουλείας μου. καὶ * ἀπελθοῦσα * εἰς τὴν πόλιν εἰσῆλθεν εἰς τὴν ἐπαύλιν τῶν
Job 46 6 τοῦ χρυσοῦ, ἵνα δῶ ὑμῖν τὴν κληρονομίαν. ἡ δὲ * ἀπελθοῦσα * ἤνεγκεν αὐτὰ καὶ ἤνοιξεν καὶ ἀνήνεγκεν τὰς
FIsa. 1 3 6 ἐν γαλε⟨άγ⟩ρ⟨αις κα⟩ὶ ἐν πέδαις---- * ἀπελεύσῃ * καὶ αὐτοὶ ψευδοπροφητεύουσιν καὶ τὸν Ἰσραὴλ
FEz. 64 70 9 αὐτόν. ὁ δὲ ἕτερος ἠρώτα ποίῳ τρόπῳ; ὁ δὲ εἶπεν * ἀπέλθωμεν * εἰς τὸν παράδεισον αὐτοῦ καὶ ἀφανίσωμεν ἐκεῖ
FEz. 64 70 9 ἔφη αὐτὸς ἐγὼ δύναμαί τι πράττειν μὴ ὁρῶν ποῦ * ἀπέρχομαι; * ἀλλὰ τεχνασώμεθα. τίλας χόρτον τὸν πλησίον
IDlp. 5 121 1 χρόνῳ εἰ γὰρ δίκαιος κἀσεβὴς ἕξουσιν ἓν ἅρπαζε * ἀπελθὼν * κλέπτε ἀποστέρει κύκα μηδὲν πλανηθῇς ἔστι καὶ ἐν
HCal. 24 14 πρὸς ὑμᾶς καὶ ὡς τῇ προνοίᾳ δεκτὸν πράξω. οἱ δὲ * ἀπελθόντες * τοῖς ἄρχουσιν αὐτῶν εἶπον. ὑπείκειν
HCal. 24 20 ὡς ἄν τις εἴποι πρὸς ἀναγκαῖόν τι χρῆμα τούτοις * ἀπέρχεσθαι. * ἐξέστησαν γὰρ ἡμᾶς ἐν τῇ φάραγγι τῇ μεγάλῃ
FrAn. 1 217 3 δανείζει. καὶ εἰς ἑαυτὸν γενόμενος καὶ κατανυγεὶς * ἀπελθὼν * πέπρακε πάντα καὶ διένειμε πτωχοῖς μηδὲν ἑαυτῷ
FrAn. 1 217 7 ἐλεούμενος ὕστερον ἐν ἑαυτῷ λέγει μικροψυχήσας * ἀπελεύσομαι * εἰς Ἰερουσαλὴμ καὶ διακρινοῦμαι τῷ θεῷ μου
FrAn. 1 217 13 παρασχόντων οὐ γὰρ ᾔδεσαν τοῦ λίθου τὸ ὑπέρτιμον * ἀπῆλθεν * εἰς Ἰερουσαλὴμ τὸν λίθον ἐπιφερόμενος καὶ
FrAn. 1 217 19 ἀκαταστατεῖ διὰ τὸν περιβόητον λίθον τοῦτον. ἀλλ' * ἀπελθὼν * δὸς αὐτὸν τῷ ἀρχιερεῖ καὶ σφόδρα πλουτήσεις. τοῦ
FrAn. 1 217 20 αὐτὸν τῷ ἀρχιερεῖ καὶ σφόδρα πλουτήσεις. τοῦ δὲ * ἀπερχομένου * ἄγγελος κυρίου εἶπε πρὸς τὸν ἀρχιερέα νῦν

ἀπεύχομαι 1
SIb. 4 67 ἀνακτορίης πολυόλβου. ἔσται δ' ὅσσα κεν ἄνδρες * ἀπεύξωνται * κακὰ ἔργα φυλόπιδές τε φόνοι τε διχοστασίαι

ἀπεχθής 1
SIb. 4 34 πόθον αἰσχρὸν ἔχοντες (οὐδὲ ἐπ' ἄρσενος ὕβριν * ἀπεχθέα * τε στυγερήν τε). ὧν τρόπον εὐσεβίην τε καὶ ἤθεα

ἀπέχω 24
Hen. 32 2 ἐπὶ τὰς ἀρχὰς πάντων τῶν ὀρέων τούτων μακρὰν * ἀπέχων * πρὸς ἀνατολὰς τῆς γῆς καὶ διέβην ἐπάνω τῆς
Hen. 100 2 τόπῳ--- ⟨ρέῃ τὰ α⟩ἵμα⟨τα αὐτῶν. καὶ ἄνθρωπο⟩ς οὐκ * ⟨ἀφέξ⟩ει * τὴν ⟨χεῖρα αὐτοῦ ἀπ⟩ὸ τοῦ υἱοῦ αὐ⟨τοῦ οὔτ' ἀ⟩πὸ
Hen. 104 6 καὶ μὴ μέτοχοι αὐτῶν γίνεσθε ἀλλὰ μακρὰν * ἀπέχεσθε * ἀπὸ πάντων τῶν ἀδικημάτων αὐτῶν. μὴ γὰρ εἴπητε
Abr.1 2 11 καὶ ἀνθρώποις καὶ κτήνεσιν παντοίοις; ἀλλ' ἐγὼ * ἀπέχομαι * τοῦτο τοῦ μὴ καθίσαι ἐπὶ ζῴου τετραπόδου ποτέ
TSIm. 2 13 ἔκλαυσα καὶ ηὐξάμην κυρίῳ ἵνα ἀποκατασταθῶ καὶ * ἀπόσχωμαι * ἀπὸ παντὸς μολυσμοῦ καὶ φθόνου καὶ ἀπὸ πάσης
TAser 2 8 δὲ πονηρόν ἐστιν. ἄλλος μοιχεύει καὶ πορνεύει καὶ * ἀπέχεται * ἐδεσμάτων καὶ νηστεύων κακοποιεῖ καὶ τῇ
TAser 4 5 δὲ πᾶν καθαροί εἰσιν ὅτι ἐν ζήλῳ θεοῦ πορεύονται * ἀπεχόμενοι * ὧν καὶ ὁ θεὸς διὰ τῶν ἐντολῶν μισῶν
Sal. 5 7 ἀνάγκην ἁμάρτωμεν. καὶ ἐὰν μὴ ἐπιστρέψῃς ἡμᾶς οὐκ * ἀφεξόμεθα * ἀλλ' ἐπὶ σέ ἥξομεν. ἐὰν γὰρ πεινάσω πρὸς σέ
Sal. 8 32 ἀρχῆς καὶ ἐπὶ σὲ ἡ ἐλπὶς ἡμῶν κύριε καὶ ἡμεῖς οὐκ * ἀφεξόμεθά * σου ὅτι χρηστὰ τὰ κρίματά σου ἐφ' ἡμᾶς. ἡμῖν
Jer. 7 32 νοσοῦσι τοῦ λαοῦ καὶ ἔμεινε διδάσκων αὐτοὺς τοῦ * ἀπέχεσθαι * ἐκ τῶν ἀλισγημάτων τῶν ἐθνῶν τῆς Βαβυλῶνος.
Prop. 22 9 καὶ τὸ ἔχον ὀλίγιστον ἔλαιον ἐκκενοῦν εἰς αὐτὰ ἕως * ἀποσχῇ * τὰ ἀγγεῖα καὶ τοῦτο ποιήσασα ἐπλήρωσε τὰ ἀγγεῖα
Aris. 115 5 μέσῃ δὲ κεῖται πρὸς τοὺς προειρημένους τόπους οὐκ * ἀπέχουσα * τούτων πολύ. ἔχει δὲ πάντα δαψιλῆ κάθυγρος οὖσα
Aris. 143 4 καὶ καθ' ἓν ἕκαστον ἔχει λόγον βαθὺν ἀφ' ὧν * ἀπεχόμεθα * κατὰ τὴν χρῆσιν καὶ οἷς συγχρώμεθα. χάριν δὲ
Aris. 315 3 περιεργασάμενος εἰς κοινοὺς ἀνθρώπους ἐκφέρειν * ἀποσχόμενον * δὲ οὕτως ἀποκατασταθῆναι. καὶ παρὰ Θεοδέκτου
Aris. 322 1 καὶ οὐκ εἰς μάταια. σὺ δὲ καθὼς ἐπηγγειλάμην * ἀπέχεις * τὴν διήγησιν ὦ Φιλόκρατες. τέρπειν γὰρ οἴομαί σε
SIb. 3 738 πάρδαλιν ἐκ κοίτης μή τοι κακὸν ἀντιβολήσῃ ἀλλ' * ἀπέχου * μηδ' ἴσχ' ὑπερήφανον ἐν στήθεσσιν θυμόν
SIb. 5 247 δυσηχέος ἀνδράσι πῆμα. ἀλλ' ὁπόταν Περσὶς γαῖ' * ἀπόσχηται * πτολέμοιο λοιμοῦ τε στοναχῆς τε τότ' ἔσσεται
FJub. 3 9 καὶ σελήνης αἰγοκέρωτι ἐνετείλατο ὁ θεὸς τῷ Ἀδὰμ * ἀπέχεσθαι * τῆς βρώσεως τοῦ ξύλου τῆς γνώσεως. τῇ
FPho. 6 βιοτεύειν. ἀρκεῖσθαι παρ' ἑτοῖσι καὶ ἀλλοτρίων * ἀπέχεσθαι. * ψεύδεα μὴ βάζειν τὰ δ' ἐτήτυμα πάντ'
FPho. 31 ὁμόφρονα πάντα. ⟨αἷμα δὲ μὴ φαγέειν εἰδωλοθύτων * ἀπέχεσθαι.⟩ * τὸ ξίφος ἀμφιβαλοῦ μὴ πρὸς φόνον ἀλλ' ἐς
FPho. 35 ἐχθρὸν σέο χεῖρα μιαίνεις. ἀγροῦ γειτονέοντος * ἀπόσχεο * μὴ δ' ἄρ' ὑπερβῇς. πάντων μέτρον ἄριστον
FPho. 76 ἂν πόλος ἔστῃ. σωφροσύνην ἀσκεῖν αἰσχρῶν δ' ἔργων * ἀπέχεσθαι. * μὴ μιμοῦ κακότητα Δίκῃ δ' ἀπόλειψον ἄμυναν.
FPho. 145 αἴθεται ὕλη. ἐγκρατὲς ἦτορ ἔχειν καὶ λωβητῶν δ' * ἀπέχεσθαι. * φεῦγε κακὴν φήμην φεῦγ' ἀνθρώπους
FPho. 149 θῆρες ἔδονται. φάρμακα μὴ τεύχειν μαγικῶν βίβλων * ἀπέχεσθαι. * νηπιάχοις ἁταλοῖς μὴ ἅψῃ χεῖρα βιαίως. φεῦγε

ἀπηνής 1
Bar. 4 4 τίς ἐστιν ὁ δράκων οὗτος; καὶ τίς ὁ περὶ αὐτὸν * ἀπηνής; * καὶ εἶπεν ὁ ἄγγελος ὁ μὲν δράκων ἐστὶν ὁ τὰ

Ἆπις 1
HArt. 9 27 12 ἀροῦσθαι τὸν δὲ Χενεφρῆν προσαγορεύσαντα ταῦρον * Ἆπιν * κελεῦσαι ἱερὸν αὐτοῦ τοὺς ὄχλους καθιδρύσασθαι καὶ

ἀπιστέω 5
Abr.1 6 7 ἐκ τοῦ κόλπου αὐτοῦ δέδωκεν αὐτὰ τῇ Σάρρᾳ λέγων εἰ * ἀπιστεῖς * μοι θέασον ταῦτα. λαβοῦσα δὲ αὐτὰ ἡ Σάρρα
TLevl 4 1 σκυλευομένου ἐπὶ τῷ πάθει τοῦ ὑψίστου οἱ ἄνθρωποι * ἀπιστοῦντες * ἐπιμενοῦσιν ἐν ταῖς ἀδικίαις διὰ τοῦτο ἐν
TJos. 13 9 καὶ εἶπον ὅτι ἐκ γῆς Χανάαν ἐπριαντό με. ὁ δὲ * ἠπίστησε * λέγων ὅτι ψεύδη καὶ γυμνόν με ἐκέλευσε
Prop. 4 13 περὶ αὐτοῦ ἔλεγεν ὅτι πάλιν ἄνθρωπος γενήσεται καὶ * ἠπίστουν * αὐτῷ. ὁ Δανιὴλ τὰ ἑπτὰ ἔτη ἃ εἶπεν ἑπτὰ καιροὺς
FrAn. 1 217 25 μετρίως εἰπέ. μὴ δίσταζε ἐν τῇ καρδίᾳ σου μηδὲ * ἀπίστει * τῷ θεῷ διὰ τῆς γραφῆς λέγοντι ὁ ἐλεῶν πτωχὸν θεῷ

ἀπιστία 1
LEze. 9 29 7 02 μοι σημεῖον ἐκ βάτου τόδε τεράστιόν τε καὶ βροτοῖς * ἀπιστία; * ἄφνω βάτος μὲν καίεται πολλῷ πυρὶ αὐτοῦ δὲ

ἄπιστος 4
Prop. 3 15 ἐκεῖθεν καὶ ἦλθεν εἰς Ἰερουσαλὴμ εἰς ἔλεγχον τῶν * ἀπίστων. * οὗτος κατὰ τὸν Μωϋσῆν εἶδε τὸν τύπον οὗ τὸ
Aris. 296 5 δὲ καὶ πᾶσι τοῖς παραληψομένοις τὴν ἀναγραφὴν * ἄπιστον * φανεῖται. ψεύσασθαι μὲν οὖν οὐ καθῆκόν ἐστι περὶ
SIb. 3 388 ὀψιγόνοισι πολυπλάγκτοισιν ἔχουσα. ἥξει καί ποτ' * ἄπιστος * ἐς Ἀσίδος ὄλβιον οὖδας ἀνὴρ πορφυρέην λῶπην
FPho. 119 χάρμη πολλάκις ἐν βιότωι καὶ θαρσαλέοισιν * ἄπιστον * πῆμα καὶ ἀχθομένοισι κακοῦ λύσις ἤλυθεν ἄφνω.

ἀπλανής 1
Aris. 2 6 πρὸς τὸ πάντων κυριώτατον νενευκυῖα τὴν εὐσέβειαν * ἀπλανεῖ * κεχρημένη κανόνι διοικεῖ. τὴν προαίρεσιν ἔχοντες

ἄπλατος 1
IEsc. 5 131 2 οὐκ οἶσθα δ' αὐτόν ποτὲ μὲν ὡς πῦρ φαίνεται * ἄπλατος * ὁρμή ποτὲ δὲ ὕδωρ ποτὲ ⟨δὲ⟩ γνόφος καὶ θηρσὶν

ἄπλετος 1
HArt. 9 23 4 τὸν τῶν ἑπτὰ ἐτῶν σῖτον γενόμενον κατὰ τὴν φορὰν * ἄπλετον * παραθέσθαι καὶ τῆς Αἰγύπτου δεσπότην γενέσθαι.

ἀπληστία 3
TRub. 3 3 φύσει καὶ ταῖς αἰσθήσεσιν ἔγκειται δεύτερον πνεῦμα * ἀπληστίας * ἐν τῇ γαστρὶ τρίτον πνεῦμα μάχης ἐν τῷ ἥπατι
TIss. 4 5 οὐ βασκανία ἐκτήκει ψυχὴν αὐτοῦ οὐδὲ πορισμὸν ἐν * ἀπληστίᾳ * ἐννοεῖ πορεύεται γὰρ ἐν εὐθύτητι ζωῆς καὶ πάντα
TIss. 6 1 οἱ υἱοὶ ὑμῶν τὴν ἁπλότητα καὶ κολληθήσονται τῇ * ἀπληστίᾳ * καὶ ἀφέντες τὴν ἀκακίαν προσπελάσουσι τῇ

ἄπληστος 2
Bar. 4 16 καὶ οἱ νῦν ἄνθρωποι τὸν ἐξ αὐτοῦ γεννώμενον οἶνον * ἀπλήστως * δρῶντες χεῖρον τοῦ Ἀδὰμ τὴν παράβασιν
FPho. 94 ἔχωσιν ἀχθόμενοι δ' ὀλίγοις καὶ πολλοῖς πάντες * ἄπληστοι. * λαῷ μὴ πίστευε πολύτροπός ἐστιν ὅμιλος λαός

ἀπλονέω * 1
Sedr. 11 8 κτίσματα ὑπὸ τῶν δακτύλων ἄγονται. τὰς παλάμας * ἀπλονοῦσιν * οἱ τρεῖς ἁρμοὶ καὶ τὰ κάλλη σωρεύουν καὶ ἄρτι

ἁπλόος 7
Abr.1 10 3 εἶδεν δὲ καὶ νεονύμφους ὀψικευομένους καὶ * ἁπλῶς * εἰπεῖν εἶδεν πάντα τὰ τοῦ κόσμου γινόμενα ἀγαθὰ
Abr.1 17 17 φοβερὸν καὶ ποτήρια μεμεστωμένα φαρμάκων καὶ * ἁπλῶς * εἰπεῖν ἔδειξεν αὐτὸν πολλὴν ἀγριότητα καὶ πικρίαν

Abr.1 19 14 λέοντας καὶ σκύμνους καὶ ἄρκους καὶ ἔχιδνας καὶ * ἁπλῶς * ειπεῖν παντὸς θηρίου πρόσωπον ἔδειξά σοι
TIss. 4 2 ὅτι εἶδον ἐν αὐτῇ πᾶσαν εὐαρέστησιν κυρίου. ὁ * ἁπλοῦς * χρυσίον οὐκ ἐπιθυμεῖ τὸν πλησίον οὐ πλεονεκτεῖ
Bar. 10 2 ἤγαγέν με εἰς τρίτον οὐρανόν. καὶ εἶδον πεδίον * ἁπλοῦν * καὶ ἐν μέσῳ αὐτοῦ λίμνην ὑδάτων. καὶ ἦσαν ἐν αὐτῷ
FPho. 50 ὡς πετροφυὴς πολύπους κατὰ χῶρον ἀμείβου. πᾶσιν δ' * ἁπλόος * ἴσθι τὰ δ' ἐκ ψυχῆς ἀγόρευε. ὅστις ἑκὼν ἀδικεῖ
IMen. 5 119 2 ἢ δώματος ἢ κτήσεως παιδός τε παιδίσκης θ' * ἁπλῶς * ἵππων βοῶν τὸ σύνολον ἢ κτηνῶν. τί δή; μηδὲ

ἁπλότης 17
TRub. 4 1 μηδὲ ἐννοεῖσθε τὰς πράξεις αὐτῶν ἀλλὰ πορεύεσθε ἐν * ἁπλότητι * καρδίας ἐν φόβῳ κυρίου καὶ μοχθοῦντες ἐν ἔργοις
TSim. 4 5 μου ἀπὸ παντὸς ζήλου καὶ φθόνου καὶ πορεύεσθε ἐν * ἁπλότητι * ψυχῆς καὶ ἐν ἀγαθῇ καρδίᾳ ἐννοοῦντες τὸν
TLevi 13 1 τὸν κύριον ἡμῶν ἐξ ὅλης καρδίας καὶ πορεύεσθε ἐν * ἁπλότητι * κατὰ πάντα τὸν νόμον αὐτοῦ. διδάξατε δὲ καὶ
TIss. 1 διαθηκη Ισαχαρ. περι * απλοτητος. * ἀντίγραφον λόγων Ἰσαχάρ. καλέσας τοὺς υἱοὺς
TIss. 3 2 αὐτῶν καὶ εὐλόγησέ με ὁ πατήρ μου βλέπων ὅτι ἐν * ἁπλότητι * πορεύομαι. καὶ οὐκ ἤμην περίεργος ἐν ταῖς
TIss. 3 4 τινος οὐδὲ ἔψεξα βίον ἀνθρώπου πορευόμενος ἐν * ἁπλότητι * ὀφθαλμῶν. διὰ τοῦτο τριάκοντα ἐτῶν ἔλαβον
TIss. 3 6 ὕπνος μου περιεγένετο. καὶ πάντοτε ἔχαιρεν ἐπὶ τῇ * ἁπλότητί * μου ὁ πατήρ μου. εἴ τι γὰρ ἔκαμνον πᾶσαν ὀπώραν
TIss. 3 7 μου. ᾔδει δὲ καὶ Ἰακὼβ ὅτι ὁ θεὸς συνεργεῖ τῇ * ἁπλότητί * μου παντὶ γὰρ πένητι καὶ παντὶ θλιβομένῳ
TIss. 3 8 καὶ παντὶ θλιβομένῳ παρεῖχον τῆς γῆς τὰ ἀγαθὰ ἐν * ἁπλότητι * καρδίας. καὶ νῦν ἀκούσατέ μου τέκνα καὶ
TIss. 4 1 καὶ νῦν ἀκούσατέ μου τέκνα καὶ πορεύεσθε ἐν * ἁπλότητι * καρδίας ὅτι εἶδον ἐν αὐτῇ πᾶσαν εὐαρέστησιν
TIss. 4 6 πορεύεται γὰρ ἐν εὐθύτητι ζωῆς καὶ πάντα ὁρᾷ ἐν * ἁπλότητι * μὴ ἐπιδεχόμενος ὀφθαλμοῖς πονηρίας ἀπὸ τῆς
TIss. 5 1 κυρίου. φυλάξατε οὖν νόμον θεοῦ τέκνα μου καὶ τὴν * ἁπλότητα * κτήσασθε καὶ ἐν ἀκακίᾳ πορεύεσθε μὴ
TIss. 5 8 τῷ δὲ τὴν βασιλείαν. αὐτοῖς οὖν ὑπακούσατε καὶ τῇ * ἁπλότητι * τοῦ πατρὸς ὑμῶν περιπατήσατε ὅτι καὶ τῷ Γὰδ
TIss. 6 1 ἐν ἐσχάτοις καιροῖς καταλείψουσιν οἱ υἱοὶ ὑμῶν τὴν * ἁπλότητα * καὶ κολληθήσονται τῇ ἀπληστίᾳ καὶ ἀφέντες τὴν
TIss. 7 7 θεὸν τοῦ οὐρανοῦ συμπορευόμενον τοῖς ἀνθρώποις ἐν * ἁπλότητι * καρδίας. καὶ ἐνετείλατο αὐτοῖς ὅπως ἀναγάγωσιν
TBen. 6 7 τοῦ Βελιὰρ δὲ πᾶν ἔργον διπλοῦν ἐστι καὶ οὐκ ἔχει * ἁπλότητα. * διὰ τοῦτο τέκνα μου φεύγετε τὴν κακίαν τοῦ
Job 26 6 γυναικῶν τῶν πλανησάντων τῶν ἑαυτῶν ἀνδρῶν τὴν * ἁπλότητα. * ἐγὼ δὲ πάλιν στραφεὶς πρὸς τὸν Σατανᾶν εἶπον,

ἁπλόω 6
Adam 29 11 τὸν Ἰορδάνην ποταμὸν καὶ ἡ θρὶξ τῆς κεφαλῆς αὐτοῦ * ἡπλοῦτο * εὐχομένου αὐτοῦ ἐν τῷ ὕδατι. καὶ ἔκραξε φωνῇ
Abr.2 8 11 ἐστὶν ἡ ἀπάγουσα εἰς τὴν ζωὴν ἡ δὲ ἑτέρα πύλη ἡ * ἡπλουμένη * αὕτη ἐστὶν ἡ ἀπάγουσα εἰς τὴν ἀπώλειαν οὗτος ὁ
Asen. 11 1B κατανεύουσα καὶ αἱ τρίχες τῆς κεφαλῆς αὐτῆς ἦσαν * ἁπλο‹ύ›μεναι * ἀπὸ τῆς πολλῆς τέφρας. καὶ ἔπλεξεν Ἀσενὲθ
Bar. 6 7 ζῷον ἀλλὰ προσέταξεν ὁ θεὸς τοῦτο τὸ ὄρνεον. καὶ * ἥπλωσε * τὰς πτέρυγας αὐτοῦ καὶ εἶδον εἰς τὸ δεξιὸν πτερὸν
Job 40 8 εἰς τὴν ἐπαύλην τῶν κτηνῶν, καὶ εὗρεν αὐτὴν νεκρὰν * ἡπλωμένην * καὶ ἅπαντες ἰδόντες ἀνέκραξαν μετὰ μυκήματος
Sib. 5 257 ἔσσεται αὖτις ἀπ' αἰθέρος ἔξοχος ἀνὴρ ὃς παλάμας * ἥπλωσεν * ἐπὶ ξύλου πολυκάρπου Ἑβραίων ὁ ἄριστος ὃς

ἅπλωμα 2
TBen. 9 4 καὶ ἐπὶ ξύλου ὑψωθήσεται. καὶ ἔσται τὸ * ἅπλωμα * τοῦ ναοῦ σχιζόμενον καὶ μεταβήσεται τὸ πνεῦμα τοῦ
Prop. 12 12 προεῖπεν ὅτι ὑπὸ ἔθνους δυτικοῦ γενήσεται. τότε * ἅπλωμά * φησι τοῦ Δαβὴρ εἰς μικρὰ ῥαγήσεται καὶ τὰ

ἀπό 711 ἀπό ἀπ' ἀφ' ἄπο απ απο

ἀποβαίνω 3
Job 43 6 τὸ φέγγος αὐτοῦ, ἡ δὲ τῆς λαμπάδος αὐτοῦ δόξα * ἀποβήσεται * αὐτῷ εἰς κρίμα ὅτι οὗτός ἐστιν ὁ τοῦ σκότους
FAch. 112 δι' ἐπιστολῶν. ταῦτα εἰπὼν ἐκέλευσεν τὸν Αἴσωπον * ἀποβῆναι * τῆς νηός. καὶ τῇ ἐπαύριον ἐλθὼν ὁ Αἴσωπος
FrAn. 1 226 45 - )δε κρατησας τοτε εαυτο‹ν - )ν λειπων προς βραχυ * απεβ‹η * - )ς τοις συγγονοις αυτου κ‹ - πρια›σασθαι σιτον

ἀποβάλλω 2
Abr.1 16 4 πάσας σου τὰς παρειὰς καὶ τὰς πικρίας σου πάσας * ἀποβαλοῦ * περιβαλοῦ δὲ τὴν ὡραιότητά σου καὶ ὅλην τὴν
Sedr. 7 4 κύριε ἐλεεινὸς ἄνθρωπος. ‹λέγει αὐτῷ ὁ θεός› τί * ἀπέβαλες * λόγους πρός με Σεδράχ; ἐγὼ ἔπλασα τὸν Ἀδὰμ καὶ

ἀποβλέπω 6
TAser 6 3 τὸ κακὸν ὡς καλὸν ἀλλ' εἰς τὸ ὄντως καλὸν * ἀποβλέπετε * καὶ διατηρεῖτε αὐτὸ ἐν πάσαις ἐντολαῖς κυρίου
Asen. 2 7 ἐτρέφετο. καὶ ἦν ἡ μία θυρὶς ἡ πρώτη μεγάλη σφόδρα * ἀποβλέπουσα * ἐπὶ τὴν αὐλὴν εἰς ἀνατολὰς καὶ ἡ δευτέρα ἦν
Asen. 2 7 ἐπὶ τὴν αὐλὴν εἰς ἀνατολὰς καὶ ἡ δευτέρα ἦν * ἀποβλέπουσα * εἰς μεσημβρίαν καὶ ἡ τρίτη ἦν ἀποβλέπουσα
Asen. 2 7 ἦν ἀποβλέπουσα εἰς μεσημβρίαν καὶ ἡ τρίτη ἦν * ἀποβλέπουσα * εἰς βορρᾶν ἐπὶ τὸ ἄμφοδον τῶν
Asen. 2 8 καὶ ἦν κλίνη χρυσῆ ἑστῶσα ἐν τῷ θαλάμῳ * ἀποβλέπουσα * ‹πρὸς τὴν θυρίδα› κατὰ ἀνατολὰς καὶ ἦν ἡ
Sal. 3 5 ὁ δίκαιος καὶ ἐδικαίωσεν τὸν κύριον ἔπεσεν καὶ * ἀποβλέπει * τί ποιήσει αὐτῷ ὁ θεὸς ἀποσκοπεύει ὅθεν ἥξει

ἀπογαλακτόω 1
Esdr. 5 13 τριχοῦται τὸ τέταρτον μὲν ὀνυχοῦται τὸ πέμπτον μὲν * ἀπογαλακτοῦται * καὶ τὸ ἕκτον μὲν ἕτοιμον γίνεται καὶ

ἀπογλαυκόομαι 1
Aris. 316 4 ἀναγεγραμμένων ἐν τῇ βίβλῳ πρός τι δρᾶμα τὰς ὄψεις * ἀπεγλαυκώθη * καὶ λαβὼν ὑπόνοιαν ὅτι διὰ τοῦτ' αὐτῷ τὸ

ἀπόγνωσις 1
Sedr. 14 7 μυρισθέντες καὶ γίνονται ἀπογνωστοὶ τὴν τέλειαν * ἀπόγνωσιν * καὶ οὐ μέλλουσιν μεταγνῶναι καὶ ἀναμένω αὐτοὺς

ἀπογνωστός * 1
Sedr. 14 7 καὶ τὸ θεῖόν μου μύρον μυρισθέντες καὶ γίνονται * ἀπογνωστοὶ * τὴν τέλειαν ἀπόγνωσιν καὶ οὐ μέλλουσιν

ἀπόγονος 3
HArt. 9 23 1 διὰ τὴν εὐδαιμονίαν τῆς χώρας. τῷ Ἀβραὰμ Ἰωσὴφ * ἀπόγονον * γενέσθαι υἱὸν δὲ Ἰακώβου συνέσει δὲ καὶ
HArt. 9 23 1 ποιῆσαι εἶναι γὰρ τοὺς τῶν Ἀράβων βασιλεῖς * ἀπογόνους * Ἰσραὴλ υἱοὺς τοῦ Ἀβραὰμ Ἰσαὰκ δὲ ἀδελφούς.
LThe. 9 22 8 προφερόμενον τὸν θεὸν ἀνελεῖν φάμενον τοῖς Ἀβραὰμ * ἀπογόνοις * δέκα ἔθνη δώσειν. εὖ γὰρ ἐγὼ μῦθόν ‹γε›

ἀπογραφή 3
Aris. 20 3 εἴκοσι καὶ περὶ τούτων ἐκθεῖναι πρόσταγμα τὰς δὲ * ἀπογραφὰς * ποιεῖσθαι παρ' αὐτὰ μεγαλείως χρησάμενος τῇ
Aris. 24 9 κακοσχόλως περὶ τούτων μηδὲν οἰκονομεῖν τὰς δ' * ἀπογραφὰς * ἐν ἡμέραις τρισὶν ἀφ' ἧς ἡμέρας ἔκκειται τὸ
Aris. 283 4 εἶπεν ἐν ταῖς ἀναγνώσεσι καὶ ἐν ταῖς τῶν πορειῶν * ἀπογραφαῖς * διατρίβειν ὅσαι πρὸς τοὺς βασιλεῖς

ἀπογράφω 8
Hen. 98 7 βλέπουσιν οὐδὲ τὰ ἀδικήματα ὑμῶν θεωρεῖται οὐδὲ * ἀπογράφεται * αὐτὰ ἐνώπιον τοῦ ὑψίστου. ἀπὸ τοῦ ‹νῦν›
Hen. 98 8 ἀπὸ τοῦ ‹νῦν› ἐπίγνωτε ὅτι πάντα τὰ ἀδικήματα ὑμῶν * ἀπογράφονται * ἡμέραν ἐξ ‹ἡμέρας› μέχρι τῆς κρίσεως ὑμῶν.
Abr.1 12 12 οἱ δὲ δύο ἄγγελοι οἱ ‹ἐκ δεξιῶν καὶ› ἐξ ἀριστερῶν * ‹ἀπεγράφοντο› * καὶ ὁ δεξιὸς ἀπεγράφετο τὰς δικαιοσύνας
Abr.1 12 12 καὶ› ἐξ ἀριστερῶν ‹ἀπεγράφοντο› καὶ ὁ δεξιὸς * ἀπεγράφετο * τὰς δικαιοσύνας καὶ ὁ ἐξ ἀριστερῶν ἀπεγράφετο
Abr.1 12 12 ἀπεγράφετο τὰς δικαιοσύνας καὶ ὁ ἐξ ἀριστερῶν * ἀπεγράφετο * τὰς ἁμαρτίας καὶ ὁ μὲν πρὸ προσώπου τῆς
Abr.1 13 1 οὗτος ὁ πανθαύμαστος; καὶ τίνες οἱ ἄγγελοι οἱ * ἀπογραφόμενοι; * καὶ τίς ὁ ἄγγελος ὁ ἡλιόμορφος ὁ τὸν
Abr.1 13 9 ἄγγελοι οἱ ‹ἐκ δεξιῶν καὶ› ἐξ ἀριστερῶν ἐρχόμενοι * ἀπογράφουσι * τὰς ἁμαρτίας καὶ τὰς δικαιοσύνας ὁ μὲν ἐκ
Abr.1 13 9 καὶ τὰς δικαιοσύνας ὁ μὲν ἐκ δεξιῶν ἄγγελος * ἀπογράφεται * ‹τὰς δικαιοσύνας ὁ δὲ ἐξ ἀριστερῶν› τοὺς

ἀπογυμνόω 1
LEze. 9 28 3 16 δ' ἄμμῳ τοῦτον ὥστε μὴ εἰσιδεῖν ἕτερόν τιν' ἡμᾶς * κἀπογυμνῶσαι * φόνον. τῇ 'παύριον δὲ πάλιν ἰδὼν ἄνδρας δύο

ἀποδείκνυμι 4
TLevi 18 2B037 ιε' μναῖ καὶ τῷ στέατι μίαν ἥμισυ μνᾶν. καὶ ἅλας * +ἀποδεδεικτω+ * τῷ ταύρῳ τῷ μεγάλῳ ἁλῖσαι τὸ κρέας αὐτοῦ
Aris. 159 3 δὲ διαρρήδην τὸ σημεῖον κελεύει περιῆφθαι σαφῶς * ἀποδεικνὺς * ὅτι πᾶσαν ἐνέργειαν μετὰ δικαιοσύνης
Sib. 3 828 ἐτύχθην τῷ τὰ πρῶτ' ἐγένοντο τὰ δ' ἔσχατα πάντ' * ἀπεδείχθη * ὥστ' ἀπ' ἐμοῦ στόματος τάδ' ἀληθινὰ πάντα
FBar. 14 1 ηχα‹ριστειτε αει› και απεκριθην και ειπο‹ν ιδου * απεδει›ξας * μοι καιρων ταξεις κ‹αι το μελλον εσ›εσθαι και

ἀποδεικνύω 1
Hen. 104 8 ἐκζητηθῶσιν αἱ ἁμαρτίαι ὑμῶν ‹ἐξ› ἡμερῶν. καὶ νῦν * ἀποδεικνύω * ὑμῖν ὅτι φῶς καὶ σκότος ἡμέρα καὶ νὺξ

ἀπόδειξις 3
TJos. 14 5 εἶπε πρὸς τὴν Μέμφιν οὐκ ἔστι παρ' Αἰγυπτίοις πρὸ * ἀποδείξεως * ἀφαιρεῖσθαι τὰ ἀλλότρια. ταῦτα εἶπε περὶ τοῦ
Prop. 15 1 πολλὰ τῷ λαῷ προεφήτευσε καὶ τέρατα ἔδωκεν εἰς * ἀπόδειξιν. * οὗτος εἶπε τῷ Ἰωσεδὲκ ὅτι γεννήσει υἱὸν καὶ
Aris. 102 3 ὑπὸ τῶν πιστοτάτων ἀνδρῶν καὶ τῇ πατρίδι μεγάλας * ἀποδείξεις * δεδωκότων οἵτινες οὐκ εἶχον ἐξουσίαν ἐξιέναι

ἀποδεκατόω 1
TLevi 9 4 εἰς ἱερέα πρὸς τὸν θεόν. καὶ ἀναστὰς τὸ πρωῒ * ἀπεδεκάτωσε * πάντα δι' ἐμοῦ τῷ κυρίῳ. καὶ ἤλθομεν εἰς

ἀποδέχομαι 15
Hen. 103 14 καὶ βιαζομένους ἡμᾶς καὶ τὰς ἐντεύξεις ἡμῶν οὐκ * ἀπεδέξαντο * οὐδὲ ἐβούλοντο ἐπακοῦσαι τῆς φωνῆς ἡμῶν. καὶ
TJud. 9 5 καὶ τὴν ἀσπίδα ἐπὶ τῆς κεφαλῆς μου καὶ ἀνῆλθον * ἀποδεχόμενος * λίθους ἕως ταλάντων τριῶν καὶ ἀνελθὼν
Jer. 6 14 μὴ εἰσέλθῃ εἰς τὴν πόλιν καὶ ἐπιτιμῶ αὐτοῖς τοῦ μὴ * ἀποδεχθῆναι * αὐτοὺς αὖθις ὑπὸ τῶν Βαβυλωνιτῶν λέγει
Aris. 194 1 ἐπιβολὰς αὐτῷ κατευθύνῃ δικαίως διεξάγοντι πάντα. * ἀποδεξάμενος * δὲ καὶ τοῦτον τὸν ἕτερον ἠρώτα πῶς ἂν
Aris. 207 1 δεῖ τοῦτό σε βασιλεῦ διότι φιλαλήθης ὁ θεός ἐστιν. * ἀποδεξάμενος * δὲ εὖ μάλα καὶ τοῦτον ‹ἐπὶ τὸν ἕτερον›
Aris. 209 1 τὸν ἔλεον τραπῇς καὶ γὰρ ὁ θεὸς ἐλεήμων ἐστίν. * ἀποδεξάμενος * δὲ τοῦτον ἐπυνθάνετο τοῦ κατὰ τὸ ἑξῆς τίς
Aris. 241 1 τοὺς βίους τῶν ἀνθρώπων ἀκόλουθος εἴης ἂν αὐτοῖς. * ἀποδεξάμενος * δὲ αὐτὸν πρὸς ἕτερον εἶπε τίς ὠφέλεια
Aris. 243 2 ἱκετεύειν πάντα ἀγαθοποιεῖν. ὡσαύτως δὲ ἐκείνοις * ἀποδεξάμενος * αὐτὸν ἄλλον ἠρώτα πῶς ἀφοβία γίνεται; εἶπε
Aris. 245 1 εἰς τὸ τιμᾶσθαι προάγει. καλῶς δὲ καὶ τοῦτον * ἀποδεξάμενος * τὸν ἑξῆς ἀποκριθῆναι παρεκάλει πῶς ἂν μὴ
Aris. 273 2 θεοῦ δῶρον τοῦτ' ἔχων. κεχαρισμένως δὲ καὶ τοῦτον * ἀποδεξάμενος * τὸν ἐνδέκατον ἐπηρώτα διὰ τὸ δύο πλεονάζειν
Aris. 274 3 δεδωκότος. ἐπισημήνας δὲ κρότῳ πάντας αὐτοὺς * ἀπεδέξατο * φιλοφρονούμενος καὶ προπίνων ἑκάστῳ πλεῖόν τι
Aris. 281 1 βασιλεῦ θεοῦ σοι στέφανον δικαιοσύνης δεδωκότος. * ἀποδεξάμενος * δὲ αὐτὸν μετὰ φωνῆς ἐπὶ τὸν ἐχόμενον
Aris. 297 5 ἀφοσιούμενοι πᾶν ἁμάρτημα. διόπερ ἐπειράθην * ἀποδεξάμενος * αὐτῶν τὴν τοῦ λόγου δύναμιν παρὰ τῶν
Aris. 309 1 παραιτιοι γεγονότες. ὡσαύτως δὲ καὶ τὸν Δημήτριον * ἀποδεξάμενοι * παρεκάλεσαν μεταδοῦναι τοῖς ἡγουμένοις

HArt. 9 27 11 δὲ Χενεφρῆν λυθέντος τοῦ πολέμου λόγῳ μὲν αὐτὸν * ἀποδέξασθαι * ἔργῳ δὲ ἐπιβουλεύειν. παρελόμενον γοῦν αὐτοῦ
ἀποδημέω 3
Abr.1 7 9 τῷ καιρῷ τούτῳ τὸν κοσμικὸν βίον καὶ πρὸς τὸν θεὸν * ἀποδημεῖν. * εἶπε δὲ Ἀβραὰμ πρὸς τὸν ἀρχιστράτηγον ὦ
TJos. 3 5 τοῦ προσώπου τὴν χάριν λαμβάνουσιν. ἐὰν δὲ * ἀπεδήμει * οἶνον οὐκ ἔπινον καὶ τριημερίζων ἐλάμβανόν μου
Prop. 2 10 αὐτὰ καταποθῆναι ἐν πέτρᾳ καὶ εἶπε τοῖς παρεστῶσιν * ἀπεδήμησε * κύριος ἐκ Σιὼν εἰς οὐρανὸν καὶ πάλιν ἐλεύσεται
ἀποδιδράσκω 9
Hen. 102 1 ὑμᾶς τὸν κλύδωνα τοῦ πυρὸς τῆς καύσεως ὑμῶν ποῦ * ἀποδράντες * σωθήσεσθε; καὶ ὅταν δῷ ἐφ' ὑμᾶς φωνὴν αὐτοῦ
TAser 3 2 αὐτὴν καὶ οἱ ἄνθρωποι ποθοῦσιν αὐτὴν τὴν κακίαν * ἀποδράσατε * ἀναιροῦντες τὸν διάβολον ἐν ταῖς ἀγαθαῖς ὑμῶν
TBen. 5 3 γὰρ ἔνι φῶς ἀγαθῶν ἔργων εἰς διάνοιαν τὸ σκότος * ἀποδιδράσκει * αὐτοῦ. ἐὰν γὰρ ὑβρίσῃ τις ἄνδρα ὅσιον
TBen. 8 1 αὐτῇ κολάσει κριθήσονται. καὶ ὑμεῖς οὖν τέκνα μου * ἀποδράσατε * τὴν κακίαν φθόνον τε καὶ τὴν μισαδελφίαν καὶ
Prop. 10 5 τοῦ Ἠλία ἠθέλησε γὰρ δεῖξαι αὐτῷ ὅτι οὐ δύναται * ἀποδρᾶσαι * θεόν. καὶ θανόντα τὸν υἱὸν αὐτῆς Ἰωνᾶν πάλιν
Prop. 10 6B Νινευΐ τὴν πόλιν Ἀσσυρίων. καὶ ἐζήτησεν Ἰωνᾶς * ἀποδρᾶσαι * κυρίου καὶ κατεπόθη ὑπὸ τοῦ κήτους καὶ
Prop. 10 6B ἠθέλησε γὰρ ὁ θεὸς δεῖξαι αὐτῷ ὅτι οὐ δύναται * ἀποδρᾶσαι * θεόν. καὶ κατοικήσας ἐν γῇ Σαραὰρ ἀπέθανε καὶ
Job 39 2 ἦλθεν ἡ γυνή μου Σίτιδος ἐν ἱματίοις ῥακκώδοις, * ἀποδράσασα * ἐκ τῆς τοῦ οἰκοδεσπότου δουλείας ᾧ ἐδούλευεν,
Sib. 4 124 δ' ἀμφὶ θρόνῳ Ῥώμης πέδον αἱμάξουσιν κείνου * ἀποδρήσαντος * ὑπὲρ Παρθηίδα γαῖαν. εἰς Συρίην δ' ἥξει
ἀποδίδωμι 45
Adam 31 4 ὃ ἔπλασεν. ἀνάστα μᾶλλον εὖξαι τῷ θεῷ ἕως οὗ * ἀποδώσω * τὸ πνεῦμά μου εἰς τὰς χεῖρας τοῦ δεδωκότος μοι
Adam 42 8 λέγουσα θεὲ τῶν ἁπάντων δέξαι τὸ πνεῦμά μου. καὶ * ἀπέδωκεν * τὴν ψυχὴν αὐτῆς. καὶ ἦλθεν Μιχαὴλ καὶ ἐδίδαξεν
Abr.1 14 15 κρίσιν αὐτοὺς ἀνταπέδωκας> ἐγὼ δὲ οὕσπερ * ἀποδώσω * ἐπὶ τῆς γῆς ζῶντας ἐν τῷ θανάτῳ οὐκ ἀπαιτήσομαι.
Abr.2 10 3 τὸν τόπον ὅπου ἦν ὁ κριτὴς <ἐλθόντος τοῦ ἀγγέλου * ἀπέδωκεν * τὴν ψυχὴν ἐκείνην ἣν εἶχεν ἐν τῇ χειρὶ αὐτοῦ
TJud. 7 8 οὐθὲν κακὸν ἀλλ' ἐποιήσαμεν αὐτοὺς ὑποσπόνδους καὶ * ἀπεδώκαμεν * αὐτοῖς πᾶσαν τὴν αἰχμαλωσίαν. καὶ ᾠκοδόμησα
TIss. 2 2 καὶ εἰ μὴ Λεία ἡ μήτηρ μου ἀντὶ συνουσίας * ἀπέδω * τὰ δύο μῆλα ὀκτὼ υἱοὺς εἶχε τεκεῖν διὰ τοῦτο ἕξ
TIss. 2 4 οὐ διὰ φιληδονίαν. προσθεῖσα γὰρ καὶ τῇ ἐπαύριον * ἀπέδοτο * τὸν Ἰακὼβ ἵνα λάβῃ καὶ τὸν ἄλλον μανδραγόραν.
Asen. 23 9 ἡμεῖς ἐσμέν ἄνδρες θεοσεβεῖς καὶ οὐ προσήκει ἡμῖν * ἀποδοῦναι * κακὸν ἀντὶ κακοῦ. καὶ εἶπε Λευὶς τῷ υἱῷ Φαραὼ
Asen. 28 5 ὅτι οἱ ἀδελφοὶ ἡμῶν ἄνδρες εἰσὶ θεοσεβεῖς καὶ μὴ * ἀποδιδόντες * κακὸν ἀντὶ κακοῦ τινι ἀνθρώπῳ. λοιπὸν γενοῦ
Asen. 29 3 θεοσεβεῖς ἐσμέν καὶ οὐ προσήκει ἀνδρὶ θεοσεβεῖ * ἀποδοῦναι * κακὸν ἀντὶ κακοῦ οὐδὲ πεπτωκότα καταπατῆσαι
Asen. 29 9 ἐν Αἰγύπτῳ ἔτη τεσσαράκοντα ὀκτὼ καὶ μετὰ ταῦτα * ἀπέδωκεν * Ἰωσὴφ τὸ διάδημα τῷ ἐκγόνῳ Φαραὼ τῷ νεωτέρῳ ὃς
Sal. 2 16 ἐν τοῖς κρίμασίν σου ἡ δικαιοσύνη σου ὁ θεός. ὅτι * ἀπέδωκας * τοῖς ἁμαρτωλοῖς κατὰ τὰ ἔργα αὐτῶν καὶ κατὰ τὰς
Sal. 2 25 εἰς ἡμᾶς ἐν ἁρπάγματι. μὴ χρονίσῃς ὁ θεὸς τοῦ * ἀποδοῦναι * αὐτοῖς εἰς κεφαλὰς τοῦ εἰπεῖν τὴν ὑπερηφανίαν
Sal. 2 34 τοῦ διαστεῖλαι ἀνὰ μέσον δικαίου καὶ ἁμαρτωλοῦ * ἀποδοῦναι * ἁμαρτωλοῖς εἰς τὸν αἰῶνα κατὰ τὰ ἔργα αὐτῶν
Sal. 2 35 καὶ ἐλεῆσαι δίκαιον ἀπὸ ταπεινώσεως ἁμαρτωλοῦ καὶ * ἀποδοῦναι * ἁμαρτωλῷ ἀνθ' ὧν ἐποίησεν δικαίῳ. ὅτι χρηστὸς
Sal. 17 8 ἀλλότριον γένους ἡμῶν. κατὰ τὰ ἁμαρτήματα αὐτῶν * ἀποδώσεις * αὐτοῖς ὁ θεὸς εὑρεθῆναι αὐτοῖς κατὰ τὰ ἔργα
Bar. 1 2 αὐτόν; τί ἐποίησας τοῦτο; καὶ ἵνα τί κύριε οὐκ * ἀπέδωκας * ἡμᾶς ἐν ἄλλῃ παιδείᾳ ἀλλὰ παρέδωκας ἡμᾶς εἰς
Bar. 15 3 καὶ ὑμεῖς ἀπολάβετε τὸν μισθὸν καθὼς ἠνέγκατε καὶ * ἀπόδοτε * τοῖς υἱοῖς τῶν ἀνθρώπων. εἶτα λέγει καὶ τοῖς τὰ
Prop. 4 15 ἀσέβειαν αὐτοῦ καὶ μετὰ ἄφεσιν τῆς ἀνομίας αὐτοῦ * ἀπέδωκεν * αὐτῷ τὴν βασιλείαν. οὔτε ἄρτον ἢ κρέα ἔφαγεν
Prop. 10 5B ἤγειρεν αὐτὸν ὁ θεὸς ἐκ νεκρῶν διὰ τοῦ Ἠλία. καὶ * ἀπέδωκεν * αὐτὸν τῇ μητρὶ αὐτοῦ διὰ τὴν φιλοξενίαν αὐτῆς.
Prop. 22 8 τελευτήσαντος ὀχλουμένη ὑπὸ δανιστῶν καὶ μὴ ἔχουσα * ἀποδοῦναι * προσῆλθε τῷ Ἐλισαίῳ καὶ ἐνετείλατο αὐτῇ
Prop. 22 10 ἀγγεῖα καὶ τοῦτο ποιήσασα ἐπλήρωσε τὰ ἀγγεῖα καὶ * ἀποδέδωκε * τοῖς δανισταῖς καὶ τὸ περισσεῦον ἔσχεν εἰς
Esdr. 7 13 φωνὴ λέγουσα Ἐσδρὰμ ἀγαπητέ μου πάντα ὅσα ᾐτήσω * ἀποδώσω * ἑνὶ ἑκάστῳ. καὶ εὐθέως παρέδωκεν τὴν τιμίαν
Sedr. 7 7 μαραίνωνται; πῶς εἶπας κύριε κακὸν ἀντὶ κακοῦ μὴ * ἀποδώσῃς; * πῶς ἐστιν δέσποτα; τῆς θεότητός σου ὁ λόγος
Sedr. 7 8 θεότητός σου ὁ λόγος οὐδέποτε ψεύδεται καὶ διά τί * ἀποδίδως * τὸν ἄνθρωπον; ἢ οὐ θέλεις κακὸν ἀντὶ κακοῦ; ἐγὼ
Job 4 7 καὶ πάλιν ἀνακάμψω σε ἐπὶ τὰ ὑπάρχοντά σου, καὶ * ἀποδοθήσεταί * σοι διπλάσιον, ἵνα γνῷς ὅτι ἀπροσωπόληπτός
Job 4 8 σοι διπλάσιον, ἵνα γνῷς ὅτι ἀπροσωπόληπτός ἐστιν, * ἀποδιδοὺς * ἑκάστῳ τῷ ὑπακούοντι ἀγαθὰ καὶ ἐγερθήσῃ ἐν τῇ
Aris. 36 3 δὲ καὶ τοὺς προόντας κρίνας πιστοὺς φρούρια κτίσας * ἀπέδωκεν * αὐτοῖς ὅπως τὸ τῶν Αἰγυπτίων ἔθνος φόβον (μὴ)
Aris. 37 1 ὑπὲρ δέκα μυριάδας αἰχμαλώτων ἠλευθερώκαμεν * ἀποδόντες * τοῖς κρατοῦσι τὴν κατ' ἀξίαν ἀργυρικὴν τιμὴν
Aris. 72 3 ἔδει δαπανηθῆναι κατασκευαζομένων μειζόνων ταῦτα * ἀποδέδωκε * πλείονα καὶ κατὰ τὴν προαίρεσιν αὐτοῦ πάντα
Aris. 173 5 ἠσπασάμεθα τὸν βασιλέα καὶ τὰς ἐπιστολὰς * ἀποδεδώκαμεν * τὰς παρὰ τοῦ Ἐλεαζάρου. περὶ πολλοῦ δὲ
Aris. 179 2 κατὰ τὰς ἐπιτυχίας. κελεύσας δὲ εἰς τάξιν * ἀποδοῦναι * τὰ τεύχη τὸ τηνικαῦτα ἀσπασάμενος τοὺς ἄνδρας
Aris. 179 5 χάριν ὑμᾶς μετεπεμψάμην ἐκείνοις πρῶτον σεβασμὸν * ἀποδοῦναι * μετὰ ταῦτα τὴν δεξιὰν ὑμῖν προτεῖναι διὸ
Aris. 238 2 πρὸς τὸν ἕτερον ἔφη πῶς ἂν γονεῦσι τὰς ἀξίας * ἀποδῴη * χάριτας; ὃς δὲ εἶπε μηδὲν αὐτοὺς λυπήσας τοῦτο δ'
Aris. 259 4 καὶ αὐτὸς ἀκόλουθόν τι πράξει τῶν κακοπαθειῶν * ἀποδιδοὺς * τὴν ἀντάμειψιν. τὰ γὰρ ἐκ δικαιοσύνης
Sib. 4 147 κατὰ δῶμα θήκατο καὶ δὶς ἔπειτα τοσαῦτα καὶ ἄλλ' * ἀποδώσει * εἰς Ἀσίην τότε δ' ἔσται ὑπέρκτησις πολέμοιο.
Sib. 5 416 θεὸς ἐγγυάλιξεν καὶ πάντων ἐκράτησε καλῶς πᾶσίν τ' * ἀπέδωκεν * τοῖς ἀγαθοῖς τὸν πλοῦτον ὃν οἱ πρότεροι λάβον
FAch. 109 ὧν καὶ πρότερον παιδευθεὶς οὐ δικαίας μοι χάριτας * ἀποδέδωκας. * καὶ νῦν οὖν φύλαξον τούτους ὡς
FAch. 109 τῷ δὲ ἐκ προαιρέσεως στέρξαντι διπλασίους δεῖ * ἀποδιδόναι * χάριτας. τὴν καθημερινὴν τροφὴν χρησίμην
FAch. 122 πολλάκις. ὁ δὲ Αἴσωπος ἔφη χαίρω μαρτυρούντων. * ἀποδοθήτω * παραυτὰ τὰ χρήματα ἡ γὰρ προθεσμία παρῆλθεν
FAch. 123 τῷ Λυκούργῳ πάντα τὰ πραχθέντα ἐν Αἰγύπτῳ καὶ * ἀποδέδωκεν * αὐτῷ τὰ χρήματα. ἐκέλευσεν οὖν ὁ Λυκοῦργος
HAno. 9 17 5 ἐπεμβαίνειν ἀλλὰ τὰς τροφὰς λαβόντα τῶν νεανίσκων * ἀποδοῦναι * τὰ αἰχμάλωτα ξενισθῆναί τε αὐτὸν ὑπὸ πόλεως
HAno. 9 17 7 οὕτως ἐπιγνῶναι ὅτι γυνὴ ἦν τοῦ Ἀβραὰμ καὶ * ἀποδοῦναι * αὐτὴν τῷ ἀνδρί. συζήσαντα δὲ τὸν Ἀβραὰμ ἐν
LEze. 9 28 2 29 θυγάτηρ βασιλέως τοῦτον γύναι τρόφευε κἀγὼ μισθὸν * ἀποδώσω * σέθεν. ὄνομα δὲ Μωσῆν ὠνόμαζε τοῦ χάριν ὑγρᾶς
LEze. 9 29 12 35 (τὸν) ἄργυρον ἠδὲ καὶ στολὰς ἵν' ὧν ἔπραξαν μισθὸν * ἀποδῶσι * βροτοῖς. ὅταν δ' ἐς ἴδιον χῶρον εἰσέλθηθ' ὅπως
ἀπόδοσις 1
FAch. 122 παραυτὰ τὰ χρήματα ἡ γὰρ προθεσμία παρῆλθεν τῆς * ἀποδόσεως. * ὁ δὲ βασιλεὺς Νεκταναβὼν ἀκούσας ἔφη πόθεν
ἀποδοχή 2
Aris. 257 2 θεόν. ἐπισημήνας δὲ καὶ τοῦτον ἕτερον ἠρώτα πῶς ἂν * ἀποδοχῆς * ἐν ξενιτείᾳ τυγχάνοι; πᾶσιν ἴσος γινόμενος ἔφη
Aris. 308 4 παρόντων καὶ τῶν διερμηνευσάντων οἵτινες μεγάλης * ἀποδοχῆς * καὶ παρὰ τοῦ πλήθους ἔτυχον ὡς ἂν μεγάλων
ἀποδύω (-δύνω) 3
TBen. 2 3 καὶ γὰρ ὅτε ἔλαβόν με οἱ Ἰσμαηλῖται εἷς ἐξ αὐτῶν * ἀποδύσας * με τὸν χιτῶνα ἔδωκέ μοι περίζωμα καὶ
Asen. 14 14 καὶ ἔλαβε στολὴν λινῆν καινὴν ἐπίσημον ἄθικτον καὶ * ἀπεδύσατο * τὸν χιτῶνα τὸν μελανὸν τοῦ πένθους καὶ ἀπέθετο
Prop. 17 2B εὗρε νεκρὸν ἐσφαγμένον παρεσκευασμένον γυμνὸν καὶ * ἀποδυσάμενος * τὴν στολὴν καὶ ἐπέμεινεν ἐκεῖ καὶ τῇ νυκτὶ
ἀποθαυμάζω 1
Job 28 5 ἠρξάμην αὐτοῖς ἀναφέρειν τοὺς πολυτελεῖς λίθους, * ἀπεθαύμαζον * καὶ τύπτοντες τὰς χεῖρας ἔλεγον ὅτι ἡμῶν τῶν
ἀποθεόω 1
Aris. 137 2 αὐτοὶ διὸ κενὸν καὶ μάταιον τοὺς ὁμοίους * ἀποθεοῦν. * καὶ γὰρ ἔτι καὶ νῦν εὑρεματικώτεροι καὶ
ἀπόθεσις 1
TSim. 2 9 εἰς Δωθάϊμ ὅπου τὰ ἐγχρήζοντα ἡμῖν καὶ πᾶσα ἡ * ἀπόθεσις * Ἰούδας ὁ ἀδελφὸς ἡμῶν ἐπώλησεν αὐτὸν τοῖς
ἀποθήκη 1
Esdr. 5 23 ἀέρος τὴν κόλασιν καὶ τὴν πνοὴν τῶν ἀνέμων καὶ τὰς * ἀποθήκας * τῶν κρυστάλλων καὶ τὰς αἰωνίους κρίσεις. καὶ
ἀποθησαυρίζω 1
FAch. 110 σου βίον ζήτει πρὸς τὸ λαμβανόμενον καὶ εἰς αὔριον * ἀποθησαυρίζειν * βέλτιον γὰρ ἐχθροῖς καταλιπεῖν ἢ ζῶντα
ἀποθνήσκω 108
Adam 5 2 πρός με οἱ υἱοί μου πάντες ὅπως ὄψωμαι αὐτοὺς πρὶν * ἀποθανεῖν * με. καὶ συνήχθησαν πάντες. ἦν γὰρ οἰκισθεῖσα ἡ
Adam 7 1 ἡμᾶς ὁ θεὸς ἐμέ τε καὶ τὴν μητέρα ὑμῶν δι' ἧς καὶ * ἀποθνήσκω * ἔδωκεν ἡμῖν πᾶν φυτὸν ἐν τῷ παραδείσῳ. περὶ
Adam 7 1 δὲ ἐνετείλατο ἡμῖν μὴ ἐσθίειν ἐξ αὐτοῦ δι' οὗ καὶ * ἀποθνήσκομεν. * ἤγγισε δὲ ἡ ὥρα τῶν ἀγγέλων τῶν
Adam 17 5 ἡμῖν ὁ θεὸς μὴ ἐσθίειν ἐξ αὐτοῦ ἐπεὶ θανάτῳ * ἀποθανεῖσθε. * τότε λέγει μοι ὁ ὄφις ζῇ ὁ θεὸς ὅτι
Adam 28 4 ἐὰν φυλάξεις ἑαυτὸν ἀπὸ παντὸς κακοῦ ὡς βουλόμενος * ἀποθανεῖν * ἀναστάσεως πάλιν γενομένης ἀναστήσω σε καὶ
Adam 29 7 ἡμῖν βρώματα ἵνα φάγωμεν καὶ ζήσωμεν ἵνα μὴ * ἀποθάνωμεν. * ἐγερθῶμεν καὶ κυκλώσωμεν τὴν γῆν εἰ οὕτως
Adam 31 2 τοῦ σώματος αὐτοῦ. καὶ λέγει τῷ Ἀδὰμ ἡ Εὔα διά τί * ἀποθνήσκεις * κἀγὼ ζῶ ἢ πόσον χρόνον ἔχω ποιῆσαι μετὰ
Adam 31 3 περὶ πραγμάτων οὐ γὰρ βραδυνεῖς ἀπ' ἐμοῦ ἀλλ' ἴσα * ἀποθνήσκομεν * ἀμφότεροι καὶ αὐτὴ τεθήσει εἰς τὸν τόπον
Adam 31 3 καὶ αὐτὴ τεθήσει εἰς τὸν τόπον τὸν ἐμόν. κἂν * ἀποθανῶ * κατάλειψόν με καὶ μηδεὶς μου ἅψηται ἕως οὗ
Adam 43 2 Μιχαὴλ τῷ Σὴθ λέγων οὕτως κήδευσον πάντα ἄνθρωπον * ἀποθνήσκοντα * ἕως ἡμέρας τῆς ἀναστάσεως. μετὰ δὲ τὸ
Hen. 5 9 πάσας τὰς ἡμέρας τῆς ζωῆς αὐτῶν καὶ οὐ μὴ * ἀποθάνωσιν * ἐν ὀργῇ θυμοῦ ἀλλὰ τὸν ἀριθμὸν αὐτῶν ζωῆς
Hen. 9B 10 ἀδικίας. καὶ νῦν ἰδοὺ τὰ πνεύματα τῶν ψυχῶν τῶν * ἀποθανόντων * ἀνθρώπων ἐντυγχάνουσιν καὶ μέχρι τῶν πυλῶν
Hen. 15 4 καθὼς καὶ αὐτοὶ ποιοῦσιν σάρκα καὶ αἷμα οἵτινες * ἀποθνήσκουσιν * καὶ ἀπόλλυνται. διὰ τοῦτο ἔδωκα αὐτοῖς
Hen. 15 6 ὑμεῖς δὲ ὑπήρχετε πνεύματα ζῶντα αἰώνια καὶ οὐκ * ἀποθνήσκοντα * εἰς πάσας τὰς γενεὰς τοῦ αἰῶνος. καὶ διὰ
Hen. 22 10 αὐτῷ φωτινὴ καὶ οὕτως ἐκτίσθη τῶν ἁμαρτωλῶν ὅταν * ἀποθάνωσιν * καὶ ταφῶσιν εἰς τὴν γῆν καὶ κρίσις οὐκ
Hen. 90 4 τῶν υἱῶν ὑμῶν. καὶ ἀπολοῦνται οἱ ἀγαπητοὶ ὑμῶν καὶ * ἀποθανοῦνται * οἱ ἔντιμοι ὑμῶν ἀπὸ πάσης τῆς γῆς ὅτι πᾶσαι
Hen. 98 5 ἰδίων ἀδικημάτων ἐπετιμήθη ἀτεκνίᾳ <καὶ> ἄτεκνος * ἀποθανεῖται. * ὀμνύω ὑμῖν ἁμαρτωλοὶ κατὰ τοῦ ἁγίου τοῦ
Hen. 98 10 <μὴ ἐλπίζε>τε σωθῆναι ἁμαρτωλοὶ ἀπ<ελθόντες> * ἀποθάνετε * γινώσκοντε<ς ὅτι ἡτοίμασ>ται εἰς ἡμέραν
Hen. 102 4 ἔστιν ὑμῖν χαίρειν. θαρσεῖτε ψυχαὶ τῶν δικαίων τῶν * ἀποθανόντων * τῶν δικαίων καὶ τῶν εὐσεβῶν καὶ μὴ λυπεῖσθε
Hen. 102 6 ἦσαν ἁμαρτωλῶν καὶ καταράτων ἐπὶ τῆς γῆς. ὅταν * ἀποθάνητε * τότε ἐροῦσιν οἱ ἁμαρτωλοὶ ὅτι εὐσεβεῖς κατὰ
Hen. 102 6 οἱ ἁμαρτωλοὶ ὅτι εὐσεβεῖς κατὰ τὴν εἱμαρμένην * ἀπεθάνοσαν * καί τί αὐτοῖς περιεγένετο ἐπὶ τοῖς ἔργοις
Hen. 102 7 ἐπὶ τοῖς ἔργοις αὐτῶν; καὶ αὐτοὶ ὁμοίως ἡμῖν * ἀπεθάνοσαν. * ἴδετε οὖν ὡς ἀποθνήσκουσιν μετὰ λύπης καὶ

| | | | | | |
|---|---|---|---|---|---|
| Hen. | 102 | 7 | καὶ αὐτοὶ ὁμοίως ἡμῖν ἀπεθάνοσαν. ἴδετε οὖν ὡς | * ἀποθνῄσκουσιν * | μετὰ λύπης καὶ σκότους καὶ τί αὐτοῖς |
| Hen. | 102 | 10 | ὅτι πᾶσα δικαιοσύνη οὐχ εὑρέθη ἐν αὐτοῖς ἕως | * ἀπέθανον * | καὶ ἀπώλοντο καὶ ἐγένοντο ὡς οὐκ ὄντες καὶ |
| Hen. | 103 | 3 | ἡτοίμασται καὶ ἐγγέγραπται ταῖς ψ<υχαῖς> τῶν | * ἀποθανόντων * | εὐσεβῶν καὶ χαρήσονται καὶ οὐ μὴ ἀπόλωνται |
| Hen. | 103 | 5 | αὐτῶν. καὶ ὑμεῖς οἱ νεκροὶ τῶν ἁμαρτωλῶν ὅταν | * ἀποθάνητε * | ἐροῦσιν ἐφ᾽ ὑμῖν μακάριοι ἁμαρτωλοὶ πάσας τὰς |
| Hen. | 103 | 6 | αὐτῶν ὅσας εἴδοσαν ἐν τῇ ζωῇ αὐτῶν καὶ ἐνδόξως | * ἀπεθάνοσαν * | καὶ κρίσις οὐκ ἐγενήθη ἐν τῇ ζωῇ αὐτῶν. αὐτοὶ |
| Hen. | 106 | 16 | καταλειφθήσεται καὶ τρία αὐτοῦ τέκνα σωθήσεται | * ἀποθανόντων * | τῶν ἐπὶ τῆς γῆς καὶ πραϋνεῖ τὴν γῆν ἀπὸ τῆς |
| Abr.1 | 5 | 13 | Λὼτ τοῦ ἀδελφοῦ σου <τοῦ οἰκοῦντος ἐν Σοδόμοις ὅτι | * ἀπέθανεν> * | καὶ <διὰ τοῦτο> οὕτως πενθεῖται; προλαβὼν δὲ ὁ |
| Abr.1 | 8 | 9 | οἶδας ὅτι πάντες οἱ ἀπὸ τοῦ Ἀδὰμ <καὶ τῆς Εὔας> | * ἀπέθανον; * | καὶ οὐδέ οἱ βασιλεῖς ὑπῆρχον ἀθάνατοι οὐδεὶς |
| Abr.1 | 8 | 9 | ἐξέφυγεν τὸ τοῦ θανάτου κειμήλιον πάντες | * ἀπέθανον * | πάντες ἐν τῷ ᾅδῃ καθείλοντο καὶ πάντες τῇ τοῦ |
| Abr.1 | 9 | 7 | πᾶσαν τὴν οἰκουμένην ἐν τῇ ζωῇ μου πρὸ τοῦ | * ἀποθανεῖν * | με. ἀκούσας δὲ ταῦτα ὁ ὕψιστος κελεύει τὸν |
| Abr.2 | 6 | 5 | τῷ κυρίῳ μου Ἀβραὰμ περὶ τοῦ ἀδελφοῦ Λὼτ <ὅτι | * ἀπέθανεν * | ἢ ἄλλο τι συνέβη ἐφ᾽ ἡμᾶς>; ἀπεκρίθη Μιχαὴλ καὶ |
| Abr.2 | 12 | 15 | Μιχαὴλ τὸν Ἀβραὰμ ἐπὶ τὴν γῆν. ἐγένετο δὲ ἡνίκα | * ἀπέθανεν * | Σάρρα ἔθαψεν αὐτὴν Ἀβραάμ. ὅτε δὲ ἤγγισαν αἱ |
| TRub. | 1 | 1 | Ῥουβὴμ ὅσα ἐνετείλατο τοῖς υἱοῖς αὐτοῦ πρὶν ἢ | * ἀποθανεῖν * | αὐτὸν ἐν ἑκατοστῷ εἰκοστῷ πέμπτῳ ἔτει τῆς ζωῆς |
| TRub. | 1 | 3 | τῶν υἱῶν αὐτοῦ. καὶ εἶπεν αὐτοῖς τεκνία μου ἐγὼ | * ἀποθνῄσκω * | καὶ πορεύομαι ὁδὸν πατέρων μου. καὶ ἰδὼν ἐκεῖ |
| TRub. | 6 | 6 | ὁ γὰρ θεὸς ποιήσει τὴν ἐκδίκησιν αὐτῶν καὶ | * ἀποθανεῖσθε * | θανάτῳ πονηρῷ. τῷ γὰρ Λευὶ ἔδωκε κύριος τὴν |
| TRub. | 6 | 12 | καὶ προσκυνήσατε τῷ σπέρματι αὐτοῦ ὅτι ὑπὲρ ἡμῶν | * ἀποθανεῖται * | ἐν πολέμοις ὁρατοῖς καὶ ἀοράτοις καὶ ἔσται |
| TRub. | 7 | 1 | ἀοράτοις καὶ ἔσται ἐν ὑμῖν βασιλεὺς αἰώνων. καὶ | * ἀπέθανε * | Ῥουβὴμ ἐντειλάμενος τοῖς υἱοῖς αὐτοῦ. καὶ |
| TSim. | 1 | 1 | ἑκατοστῷ εἰκοστῷ ἔτει τῆς ζωῆς αὐτοῦ ἐν ᾧ ἔτει | * ἀπέθανεν * | Ἰωσήφ. ἦλθον γὰρ ἐπισκέψασθαι αὐτὸν |
| TLevi | 1 | 2 | αὐτοὺς πρὸς ἑαυτὸν ὤφθη γὰρ αὐτῷ ὅτι μέλλει | * ἀποθνῄσκειν. * | καὶ ὅτε συνήχθησαν εἶπε πρὸς αὐτοὺς ἐγὼ |
| TLevi | 6 | 6 | ὅτι κατεδέξαντο τὴν περιτομὴν καὶ μετὰ τοῦτο | * ἀπέθανον * | καὶ ἐν ταῖς εὐλογίαις ἄλλως ἐποίησεν. ἡμάρτομεν |
| TLevi | 11 | 7 | αὐτὸν Μεραρὶ ὅ ἐστι πικρία μου ὅτι καίγε αὐτὸς | * ἀπέθανεν. * | ἡ δὲ Ἰωχάβεδ ἑξηκοστῷ τετάρτῳ ἔτει ἐτέχθη ἐν |
| TLevi | 12 | 7 | τρίτη γενεά. Ἰωσὴφ ἑκατοστῷ ὀκτωκαιδεκάτῳ ἔτει | * ἀπέθανεν. * | καὶ νῦν τέκνα μου ἐντέλλομαι ὑμῖν ἵνα φοβεῖσθε |
| TJud. | 1 | 1 | λόγων Ἰουδὰ ὅσα ἐλάλησε τοῖς υἱοῖς αὐτοῦ πρὸ τοῦ | * ἀποθανεῖν * | αὐτόν. συναχθέντες ἦλθον πρὸς αὐτὸν καὶ εἶπεν |
| TJud. | 9 | 3 | νεκρὸς ἐν ὄρει Σηιρ καὶ πορευόμενος ἐπάνω Ειρραμνα | * ἀπέθανεν. * | ἡμεῖς δὲ ἐδιώξαμεν ἐπὶ τοὺς υἱοὺς Ἠσαύ. ἦν δὲ |
| TJud. | 10 | 5 | ἐντολὴν τῆς μητρὸς αὐτοῦ καίγε οὗτος ἐν πονηρίᾳ | * ἀπέθανεν. * | ἤθελον δὲ καὶ τὸν Σηλὼμ δοῦναι αὐτῇ ἀλλ᾽ ἡ |
| TJud. | 11 | 5 | κατηρασάμην αὐτῇ ἐν ὀδύνῃ ψυχῆς μου καίγε αὐτὴ | * ἀπέθανεν * | ἐν πονηρίᾳ υἱῶν αὐτῆς. μετὰ δὲ τοὺς λόγους |
| TJud. | 19 | 2 | καὶ αἱ εὐχαὶ Ἰακὼβ τοῦ πατρός μου ἄτεκνος εἶχον | * ἀποθανεῖν. * | ἀλλ᾽ ὁ θεὸς τῶν πατέρων μου ὁ οἰκτίρμων καὶ |
| TJud. | 25 | 4 | καὶ οἱ ἐν ἀσθενείᾳ ἰσχύσουσι καὶ οἱ διὰ κύριον | * ἀποθανόντες * | ἐξυπνισθήσονται ἐν ζωῇ. καὶ οἱ ἔλαφοι Ἰακὼβ |
| TJud. | 26 | 2 | καὶ εἶπε πρὸς αὐτοὺς ἑκατὸν δεκαεννέα ἐτῶν ἐγὼ | * ἀποθνῄσκω * | σήμερον ἐν ὀφθαλμοῖς ὑμῶν. μηδεὶς με |
| TIss. | 7 | 9 | πατέρων αὐτοῦ. καὶ ἐξέτεινε τοὺς πόδας αὐτοῦ καὶ | * ἀπέθανε * | πέμπτος ἐν γήρει καλῷ πᾶν μέλος ἔχων ὑγιὲς καὶ |
| TZab. | 5 | 4 | αὐτῷ. καὶ γὰρ οἱ υἱοὶ τῶν ἀδελφῶν μου ἠσθένουν | * ἀπέθνησκον * | διὰ Ἰωσὴφ ὅτι οὐκ ἐποίησαν ἔλεος ἐν |
| TZab. | 10 | 1 | συντελείας. καὶ νῦν τέκνα μου μὴ λυπεῖσθε ὅτι | * ἀποθνῄσκω * | ἐγὼ μηδὲ συμπίπτετε ὅτι ἀπολείπω. ἀναστήσομαι |
| TDan | 1 | 7 | αὐτῷ ἄνελε τὸν Ἰωσὴφ καὶ ἀγαπήσει σε ὁ πατήρ σου | * ἀποθανόντος * | αὐτοῦ. τοῦτό ἐστι τὸ πνεῦμα τοῦ θυμοῦ τὸ |
| TDan | 2 | 1 | δύο σκῆπτρα ἐν Ἰσραήλ. καὶ νῦν τέκνα μου ἐγὼ | * ἀποθνῄσκω * | καὶ ἐν ἀληθείᾳ λέγω ὑμῖν ὅτι ἐὰν μὴ |
| TNep. | 1 | 3 | τὸ ἐξυπνισθῆναι αὐτὸν τὸ πρωὶ εἶπεν αὐτοῖς ὅτι | * ἀποθνῄσκω * | καὶ οὐκ ἐπίστευον αὐτῷ. καὶ εὐλογῶν κύριον |
| TNep. | 1 | 4 | κύριον ἐκραταίωσεν ὅτι μετὰ τὸ δεῖπνον τὸ χθὲς | * ἀποθανεῖται. * | ἤρξατο οὖν λέγειν τοῖς υἱοῖς αὐτοῦ ἀκούσατε |
| TNep. | 9 | 2 | ἱλαρότητι ψυχῆς συνεκάλυψε τὸ πρόσωπον αὐτοῦ καὶ | * ἀπέθανεν. * | καὶ ἐποίησαν οἱ υἱοὶ αὐτοῦ κατὰ πάντα ὅσα |
| TGad | 4 | 3 | καὶ σπεύδει ἵνα κριθῇ περὶ αὐτῆς καὶ κολασθεὶς | * ἀποθάνῃ. * | ἐὰν δὲ ᾖ δοῦλος συμβάλλει αὐτὸν πρὸς τὸν κύριον |
| TGad | 7 | 2 | ὑψοῦται μὴ φθονεῖτε μνημονεύοντες ὅτι πᾶσα σάρξ | * ἀποθανεῖται * | κυρίῳ δὲ ὕμνον προσφέρετε τῷ παρέχοντι τὰ |
| TAser | 2 | 3 | τὸν πονηρευόμενον ὡσαύτως ἐστὶν ἐν πονηρίᾳ ὅτι καὶ | * ἀποθανεῖν * | αἱρεῖται ἐν κακῷ δι᾽ αὐτὸν καὶ περὶ τούτου |
| TAser | 8 | 1 | ἐνετείλατο αὐτοῖς λέγων θάψατέ με εἰς Χεβρών. καὶ | * ἀπέθανεν * | ὕπνῳ καλῷ κοιμηθείς. καὶ μετὰ ταῦτα ἐποίησαν οἱ |
| TJos. | 1 | 1 | ἀντίγραφον διαθήκης Ἰωσήφ. ἐν τῷ μέλλειν αὐτὸν | * ἀποθνῄσκειν * | καλέσας τοὺς υἱοὺς αὐτοῦ καὶ τοὺς ἀδελφοὺς |
| TBen. | 3 | 8 | ἀνόμων παραδοθήσεται καὶ ἀναμάρτητος ὑπὲρ ἀσεβῶν | * ἀποθανεῖται * | ἐν αἵματι διαθήκης ἐπὶ σωτηρίᾳ ἐθνῶν καὶ |
| TBen. | 10 | 2 | ἦν πᾶσα ἡ ἰδέα αὐτοῦ. γινώσκετε οὖν τέκνα μου ὅτι | * ἀποθνῄσκω. * | ποιήσατε οὖν ἀλήθειαν καὶ δικαιοσύνην ἕκαστος |
| TBen. | 12 | 2 | θάψατέ με εἰς Χεβρὼν ἐγγὺς τῶν πατέρων μου. καὶ | * ἀπέθανε * | Βενιαμὶν ἑκατὸν εἰκοσιπέντε ἐτῶν ἐν γήρει καλῷ |
| Asen. | 10 | 8 | ζοφώδη. καὶ οὗτος ἦν ὁ χιτὼν τοῦ πένθους αὐτῆς ὅτε | * ἀπέθανεν * | ὁ ἀδελφὸς αὐτῆς ὁ νεώτερος. τοῦτον ἐνεδύσατο |
| Asen. | 16 | 14 | ζωῆς ἐστι τοῦτο καὶ πᾶς ὃς ἂν φάγῃ ἐξ αὐτοῦ οὐκ | * ἀποθανεῖται * | εἰς τὸν αἰῶνα χρόνον. καὶ ἐξέτεινεν ὁ |
| Asen. | 16 | 22 | ἀδικῆσαι τὴν Ἀσενὲθ ἔπεσον ἐπὶ τὴν γῆν καὶ | * ἀπέθανον. * | καὶ ἐξέτεινεν ὁ ἄνθρωπος τὴν ῥάβδον αὐτοῦ ἐπὶ |
| Asen. | 21 | 8 | ἑπτὰ ἡμέραις τῶν γάμων Ἰωσὴφ καὶ Ἀσενὲθ θανάτῳ | * ἀποθανεῖται. * | καὶ ἐγένετο μετὰ ταῦτα εἰσῆλθεν Ἰωσὴφ πρὸς |
| Asen. | 24 | 7 | θάνατον διότι ὑμεῖς ἐστε ἄνδρες δυνατοὶ καὶ οὐκ | * ἀποθανεῖσθε * | ὡς γυναῖκες ἀλλ᾽ ἀνδρίζεσθε καὶ ἀμύνεσθε |
| Asen. | 24 | 9 | ὕβριν αὐτῶν ἣν ἐπονηρεύσαντο κατ᾽ ἐμοῦ. μόνον | * ἀποθανεῖται * | ὁ πατήρ μου. καὶ ἐπῄνεσεν αὐτὸν Φαραὼ ὁ |
| Asen. | 25 | 7 | πρεσβύτεροι Δὰν καὶ Γὰδ καὶ εἶπον ἀλλ᾽ ὡς γυναῖκες | * ἀποθανούμεθα; * | μὴ γένοιτο. καὶ ἐξῆλθον εἰς συνάντησιν τῷ |
| Asen. | 29 | 7 | τὴν γῆν καὶ εὐλόγησεν αὐτόν. καὶ ἐν τῇ τρίτῃ ἡμέρᾳ | * ἀπέθανεν * | ὁ υἱὸς Φαραὼ ἐκ τοῦ τραύματος τοῦ λίθου |
| Asen. | 29 | 8 | σφόδρα καὶ ἐκ τοῦ πένθους ἐμαλακίσθη καὶ | * ἀπέθανε * | Φαραὼ ἐτῶν ἑκατὸν ἐννέα καὶ κατέλιπε τὸ διάδημα |
| Asen. | 29 | 9 | τῷ ἐκγόνῳ Φαραὼ τῷ νεωτέρῳ ὃς ἦν ἐπὶ μασθῷ ὅτε | * ἀπέθανε * | Φαραώ. καὶ ἦν Ἰωσὴφ ὡς πατὴρ τοῦ υἱοῦ Φαραὼ τοῦ |
| Prop. | | 1 | ονοματα προφητων και ποθεν εισι και που | * απεθανον * | και πως και που κεινται. Ἠσαΐας ἀπὸ |
| Prop. | 2 | 1 | ἐν Τάφναις Αἰγύπτου λίθοις βληθεὶς ὑπὸ τοῦ λαοῦ | * ἀποθνῄσκει. * | κεῖται δὲ ἐν τῷ τόπῳ τῆς οἰκήσεως Φαραὼ ὅτι |
| Prop. | 3 | 1 | οὗτός ἐστιν ἐκ γῆς Ἀρίρα ἐκ τῶν ἱερέων καὶ | * ἀπέθανεν * | ἐν τῇ γῇ τῶν Χαλδαίων ἐπὶ τῆς αἰχμαλωσίας πολλὰ |
| Prop. | 4 | 20 | πολλὰ ἐποίησεν τεράστια ὅσα οὐκ ἔγραψαν. ἐκεῖ | * ἀπέθανε * | καὶ ἐτάφη ἐν τῷ σπηλαίῳ τῷ βασιλικῷ μόνος |
| Prop. | 7 | 2 | ἐμπνέων ἦλθεν εἰς τὴν γῆν αὐτοῦ καὶ μεθ᾽ ἡμέρας | * ἀπέθανε * | καὶ ἐτάφη ἐκεῖ. Ἰωὴλ ἦν ἐκ τῆς γῆς τοῦ Ῥουβὴν |
| Prop. | 8 | 2 | τὴν κτίσιν εἰς σωτηρίαν>. ἐν εἰρήνῃ | * ἀπέθανε * | καὶ ἐτάφη ἐκεῖ. Ἀβδιοῦ ἦν ἐκ γῆς Συχὲμ ἀγροῦ |
| Prop. | 9 | 4 | τὴν λειτουργίαν τοῦ βασιλέως προεφήτευσε καὶ | * ἀπέθανε * | ταφεὶς μετὰ τῶν πατέρων αὐτοῦ. καὶ καταλιπὼν τὴν |
| Prop. | 10 | 6 | καὶ ἀναστὰς μετὰ τὸν λιμὸν ἦλθεν ἐν γῇ Ἰούδα. καὶ | * ἀποθανοῦσαν * | τὴν μητέρα αὐτοῦ κατὰ τὴν ὁδὸν ἔθαψεν αὐτὴν |
| Prop. | 10 | 7 | ἀποδρᾶσαι θεόν. καὶ κατοικήσας ἐν γῇ Σαραὰρ | * ἀπέθανε * | καὶ ἐτάφη ἐν σπηλαίῳ Κενεζέου κριτοῦ γενομένου |
| Prop. | 10 | 7B | τῆς ἀναρχίας. καὶ κατοικήσας ἐν γῇ Σαὰρ ἐκεῖ | * ἀπέθανε * | καὶ ἐτάφη ἐν τῷ σπηλαίῳ τοῦ Κενεζίου τοῦ κριτοῦ. |
| Prop. | 11 | 4 | ἐπελθὸν τὸ ὑψηλότερον αὐτῆς μέρος ἐνέπρησεν. | * ἀπέθανε * | δὲ ἐν εἰρήνῃ καὶ ἐτάφη ἐν τῇ γῇ αὐτοῦ. Ἀμβακοὺμ |
| Prop. | 12 | 8 | ἐπιστρέψει ὁ λαὸς ὑπὸ Βαβυλῶνος. καὶ πρὸ δύο ἐτῶν | * ἀποθνῄσκει * | τῆς ἐπιστροφῆς. καὶ ἐτάφη ἐν ἀγρῷ ἰδίῳ μόνος. |
| Prop. | 15 | 6 | καὶ ἱερέων καὶ περὶ διπλῆς κρίσεως ἐξέθετο καὶ | * ἀπέθανεν * | ἐν γήρει μακρῷ καὶ ἐκλειπὼν ἐτάφη σύνεγγυς |
| Prop. | 17 | 5 | ἐνετείλατο αὐτῷ ὁ κύριος. καὶ αὐτὸς πάνυ γηράσας | * ἀπέθανε * | καὶ ἐτάφη εἰς τὴν γῆν αὐτοῦ. οὗτος οὖν εἰς βαθὺ |
| Prop. | 18 | 5 | Ἠλεὶ πρὸς τοὺς υἱοὺς αὐτοὺς ἱερατεῦσαι. καὶ | * ἀπέθανε * | καὶ ἐτάφη σύνεγγυς τῆς δρυὸς Σηλώμ. καὶ οὗτος ὁ |
| Prop. | 18 | 5B | τῆς δρυὸς Σηλώμ. καὶ οὗτος ὁ προφήτης αὐτὸς | * ἀπέθανεν * | ἐν γήρει βαθυτάτῳ οὐκ ἀγαθῶς. Ἰωὰδ ἐκ τῆς |
| Prop. | 19 | 1 | τῆς Σαμαρείμ. οὗτός ἐστιν ὃν ἐπάταξεν ὁ λέων καὶ | * ἀπέθανεν * | ὅτε ἤλεγξε τὸν Ἱεροβοὰμ ἐπὶ ταῖς δαμάλεσι καὶ |
| Prop. | 21 | 5 | καψάκην τοῦ ἐλαίου μὴ ἐλαττωθῆναι τὸν υἱὸν αὐτῆς | * ἀποθανόντα * | ἤγειρεν ὁ θεὸς ἐκ νεκρῶν εὐξαμένου αὐτοῦ. |
| Prop. | 21 | 9 | μαντεύσασθαι παρὰ εἰδώλων προεφήτευσε θάνατον καὶ | * ἀπέθανεν. * | δύο πεντηκοντάρχων ἀποσταλέντων ἐπ᾽ αὐτὸν παρὰ |
| Prop. | 22 | 12 | σχεῖν εὐξάμενος πεποίηκε συλλαβεῖν καὶ τεκεῖν εἶτα | * ἀποθανόντα * | τὸν παῖδα εὐξάμενος πάλιν ἤγειρεν ἐκ νεκρῶν. |
| Prop. | 22 | 20 | ἐπαύσατο τοῦ πολεμεῖν. μετὰ θάνατον Ἐλισαίου | * ἀποθανών * | τις καὶ θαπτόμενος ἐρρίφη ἐπὶ τὰ ὀστᾶ αὐτοῦ καὶ |
| Prop. | 26 | 2 | καὶ ὁ θάνατος αὐτῶν καὶ τὰ ἀξιώματα αὐτῶν καὶ πότε | * ἀπέθνησκον * | καὶ ἦν εἰς μνημόσυνον τῶν ἱερέων καὶ βασιλέων |
| Sedr. | 4 | 5 | τῆς ζωῆς φύλαξον ἐὰν γὰρ φάγῃς ἀπ᾽ αὐτοῦ θανάτῳ | * ἀποθανεῖ. * | αὐτὸς δὲ παρήκουσέ μου τὴν ἐντολὴν καὶ ὑπὸ τοῦ |
| Sedr. | 8 | 7 | τὰ πάντα πόσοι ἄνθρωποι ἐγεννήθησαν καὶ πόσοι | * ἀπέθανον * | καὶ πόσοι θέλουν ἀποθανεῖν καὶ πόσας τρίχας |
| Sedr. | 8 | 7 | ἐγεννήθησαν καὶ πόσοι ἀπέθανον καὶ πόσοι θέλουν | * ἀποθανεῖν * | καὶ πόσας τρίχας ἔχουσιν; εἰπέ μοι Σεδρὰχ ἀφ᾽ |
| Sedr. | 12 | 1 | καὶ στενάζεις; ὁ παράδεισός σοι ἠνοίγη καὶ | * ἀποθανὼν * | ζήσεις. λέγει αὐτῷ Σεδρὰχ ἔτι ἅπαξ λαλήσω σοι |
| Sedr. | 12 | 2 | Σεδρὰχ ἔτι ἅπαξ λαλήσω σοι κύριε ἕως πότε ζῶ πρὶν | * ἀποθανεῖν * | με; καὶ μὴ παρακούσῃς τῆς αἰτήσεώς μου. λέγει |
| FJub. | 4 | 31 | πατραδέλφου αὐτοῦ. τῷ αὐτῷ Σ λ᾽ ἔτει καὶ Κάϊν | * ἀπέθανεν * | ἐμπεσόντος ἐπ᾽ αὐτὸν τοῦ οἴκου. λίθοις γὰρ καὶ |
| FIsa. 1 | 2 | 14 | ἐπροφήτευεν περὶ Ὀχοζείου ὅτι ἐν κλίνῃ ἀρρωστίας | * ἀποθανεῖται * | καὶ ἡ Σαμαρία εἰς χεῖρας Ἀλνασὰρ |
| FAch. | 109 | | τι ἀκούσῃς τοῦτο ἐναποθανέτω σοι μὴ σὺ ἐν τάχει | * ἀποθάνῃς. * | τῇ γυναικί σου χρηστὰ ὁμίλει ὅπως ἀνδρὸς ἄλλου |
| HArl. 9 | 25 | 3 | καμήλους ὑπὸ λῃστῶν ἀπελαθῆναι εἶτα τὰ τέκνα αὐτοῦ | * ἀποθανεῖν * | πεσούσης τῆς οἰκίας αὐθημερὸν δὲ αὐτοῦ καὶ τὸ |
| ἀποθωύσσω * | | | 1 | | |
| Sib. | 3 | 455 | δὲ σὺν ἀγλαοφαρέσι κούραις ὕβριν ἀεικελίην ἰδίην | * ἀποθωύξουσιν * | ται μὲν ὑπὲρ +νεκύων+ ται δ᾽ ὀλλυμένων ὑπὲρ |
| ἀποικεσία | | | 1 | | |
| Sal. | 9 | 1 | τῷ Σαλωμων εἰς ἔλεγχον. ἐν τῷ ἀπαχθῆναι Ισραηλ ἐν | * ἀποικεσίᾳ * | εἰς γῆν ἀλλοτρίαν ἐν τῷ ἀποστῆναι αὐτοὺς ἀπὸ |
| ἀποιμώζω | | | 2 | | |
| Sib. | 3 | 473 | ἄστυ Λύκου παρὰ θέσκελον ὕδωρ σιγήσεις μεγάλαυχον | * ἀποιμώξασα * | τοκῆα. Θρήικες δὲ Κρόβυζοι ἀναστήσονται ἄν᾽ |
| Sib. | 3 | 476 | πέλεται διὰ τὸν +πολύκαρπον+ λιμὸν πουλυετεῖς δὲ | * (ἀποιμώξασα * | τοκῆα). Κύρνος καὶ Σαρδὼ μεγάλαις χειμῶνος |
| ἀποίχομαι | | | 1 | | |
| FPho. | | 104 | τάχα δ᾽ ἐκ γαίης ἐλπίζομεν ἐς φάος ἐλθεῖν λείψαν᾽ | * ἀποιχομένων * | ὀπίσω δὲ θεοὶ τελέθονται. ψυχαὶ γὰρ |
| ἀποκάθημαι | | | 1 | | |
| FEz. | 185 | 14 | θν η>μων εγνωκαμεν και<--- >ενεσι και εγεννηθη<--- | * απο>καθημενης * | μεμ<---- >ς εβδελοιχθημε<ν--- >το ονομα |
| ἀποκαθίστημι | | | 15 | | |
| TSim. | 2 | 13 | καὶ μετανοήσας ἔκλαυσα καὶ ηὐξάμην κυρίῳ ἵνα | * ἀποκατασταθῶ * | καὶ ἀπόσχωμαι ἀπὸ παντὸς μολυσμοῦ καὶ |
| Asen. | 16 | 16B | ὁ ἄνθρωπος καὶ ἥψατο τοῦ κηρίου οὗ ἀπέκλασε καὶ | * ἀπεκατεστάθη * | καὶ ἐπληρώθη καὶ εὐθὺς ἐγένετο ὁλόκληρον ὡς |
| Jer. | 6 | 1 | κυρίου ἦλθε καὶ κρατήσας αὐτοῦ τῆς δεξιᾶς χειρὸς | * ἀπεκατέστησεν * | αὐτὸν εἰς τὸν τόπον ὅπου ἦν Βαροὺχ |
| Bar. | 17 | 2 | καὶ ἡμεῖς ἀνεχωρήσαμεν. καὶ λαβών με ὁ ἄγγελος | * ἀπεκατέστησέν * | με εἰς τὸ ἀπ᾽ ἀρχῆς. καὶ εἰς ἑαυτὸν ἐλθὼν |
| Prop. | 4 | 15 | μυστήριον τῶν ἑπτὰ καιρῶν ἐτελέσθη ἐπ᾽ αὐτὸν ὅτι | * ἀποκατέστησεν * | ἑπτὰ μησὶ τὰ ἑξ ἔτη καὶ ἑξ μῆνας ὑπέπιπτε |

| | | | | |
|---|---|---|---|---|
| Job | 11 | 4 | δυνηθῶμεν ποιήσασθαι διακονίαν, καὶ μετὰ τοῦτο | * ἀποκαταστήσωμέν * σοι τὸ ἴδιον. καὶ ἐγὼ ταῦτα ἀκούων |
| Job | 11 | 10 | δεόμεθά σου, μακροθύμησον ἐφ' ἡμᾶς ἴδωμεν πῶς | * ἀποκαταστῆσαί * σοι δυνάμεθα. κἀγὼ ἀνυπερθέτως προέφερον |
| Aris. | 46 | 5 | ὡς ἂν ἡ μεταγραφὴ γένηται τῶν βιβλίων ἵνα πάλιν | * ἀποκατασταθῶσι * πρὸς ἡμᾶς ἀσφαλῶς οἱ ἄνδρες. ἔρρωσο. εἰσὶ |
| Aris. | 294 | 4 | τρία τάλαντα προσέταξεν ἀργυρίου δοθῆναι καὶ τὸν | * ἀποκαταστήσοντα * παῖδα. συνεπιφωνησάντων δὲ πάντων χαρᾷ |
| Aris. | 315 | 3 | κοινοὺς ἀνθρώπους ἐκφέρειν ἀποσχόμενον δὲ οὕτως | * ἀποκατασταθῆναι. * καὶ παρὰ Θεοδέκτου δὲ τοῦ τῶν τραγῳδιῶν |
| Aris. | 316 | 6 | γέγονεν ἐξιλασάμενος τὸν θεὸν ἐν πολλαῖς ἡμέραις | * ἀποκατέστη. * μεταλαβὼν δὲ ὁ βασιλεὺς καθὼς προεῖπον περὶ |
| Aris. | 318 | 2 | ἵνα παραγίνωνται πυκνότερον πρὸς αὐτὸν ἐὰν | * ἀποκατασταθῶσιν * εἰς τὴν Ἰουδαίαν δίκαιον γὰρ εἶπε τὴν |
| FAch. | 108 | | ἀμφιασθέντα ἀσπάσασθαι. ὁ δὲ Αἴσωπος εἰς ἑαυτὸν | * ἀποκατασταθεὶς * ἐλθὼν ἠσπάσατο τὸν βασιλέα καὶ ἀπελογεῖτο |
| HEup. 9 | 32 | 1 | τὰ δέοντα αὐτοῖς καὶ τὰ ἄλλα ὅπως εὐτακτῇ καὶ ἵνα | * ἀποκατασταθῶσιν * εἰς τὴν ἰδίαν ὡς ἂν ἀπὸ τῆς χρείας |
| HArt. 9 | 27 | 29 | τεράτων φάναι μετὰ μῆνα τοὺς λαοὺς ἀπολύσειν ἐὰν | * ἀποκαταστήσῃ * τὸν ποταμὸν τὸν δὲ Μώϋσον πάλιν τῇ ῥάβδῳ |
| ἀποκαίω | | | 1 | |
| FBar. | 12 | 2 | σε την <γην την ευοδουσαν ο>υ παντοτε μεσεμ<βρια | * αποκαιει * ουδ>ε το διηνεκες αι ακτι<νες του ηλιου |
| ἀποκαλύπτω | | | 21 | |
| Adam | | 1 | καὶ πολιτεία Ἀδὰμ καὶ Εὔας τῶν πρωτοπλάστων | * ἀποκαλυφθεῖσα * παρὰ θεοῦ Μωϋσῇ τῷ θεράποντι αὐτοῦ ὅτε τὰς |
| Hen. | 9B | 6 | δόλον ἐπὶ τῆς ξηρᾶς. ἐδίδαξε γὰρ τὰ μυστήρια καὶ | * ἀπεκάλυψε * τῷ αἰῶνι τὰ ἐν οὐρανῷ. ἐπιτηδεύουσιν δὲ τὰ |
| Abr.2 | | 1 | ἀποκάλυψις | * ἀποκαλυφθεῖσα * τῷ πατρὶ ἡμῶν Ἀβραὰμ ὑπὸ Μιχαὴλ τοῦ |
| TRub. | 3 | 15 | κοιμωμένην ἐξῆλθον. καὶ εὐθέως ἄγγελος τοῦ θεοῦ | * ἀπεκάλυψε * τῷ πατρί μου Ἰακὼβ περὶ τῆς ἀσεβείας μου καὶ |
| TLevi | 18 | 2 | κύριος ἱερέα καινὸν ᾧ πάντες οἱ λόγοι κυρίου | * ἀποκαλυφθήσονται * καὶ αὐτὸς ποιήσει κρίσιν ἀληθείας ἐπὶ |
| TJud. | 16 | 4 | ὑμῶν. καίγε μυστήρια θεοῦ καὶ ἀνθρώπων ἀλλοτρίοις | * ἀποκαλύπτει * ὁ οἶνος ὡς κἀγὼ ἐντολὰς θεοῦ καὶ μυστήρια |
| TJud. | 16 | 4 | ἐντολὰς θεοῦ καὶ μυστήρια Ἰακὼβ τοῦ πατρός μου | * ἀπεκάλυψα * τῇ Χαναναΐτιδι Βησσουὲ οἷς εἶπεν ὁ θεὸς μὴ |
| TJud. | 16 | 4 | τῇ Χαναναΐτιδι Βησσουὲ οἷς εἶπεν ὁ θεὸς μὴ | * ἀποκαλύψαι. * καὶ πολέμου δὲ καὶ ταραχῆς αἴτιος γίνεται ὁ |
| TJos. | 6 | 6 | οὖν γνῶθι ὅτι ὁ θεὸς τοῦ πατρός μου δι' ἀγγέλου | * ἀπεκάλυψέ * μοι τὴν κακίαν σου καὶ ἐτήρησα αὐτὸ εἰς |
| TBen. | 10 | 5 | φυλάξατε τὰς ἐντολὰς τοῦ θεοῦ ἕως ὅτε ὁ κύριος | * ἀποκαλύψῃ * τὸ σωτήριον αὐτοῦ πᾶσι τοῖς ἔθνεσιν. τότε |
| Asen. | 12 | 3 | σοί ἐξομολογήσομαι τὰς ἁμαρτίας μου καὶ πρὸς σέ | * ἀποκαλύψω * τὰς ἀνομίας μου. φεῖσαί μου κύριε ὅτι ἥμαρτον |
| Asen. | 16 | 14 | ἐμειδίασε καὶ εἶπεν μακαρία εἶ σὺ Ἀσενὲθ διότι | * ἀπεκαλύφθη * σοι τὰ ἀπόρρητα μυστήρια τοῦ ὑψίστου καὶ |
| Asen. | 22 | 13 | τοῦ θεοῦ> καὶ ᾔδει τὰ ἄρρητα θεοῦ τοῦ ὑψίστου καὶ | * ἀπεκάλυπτεν * αὐτὰ τῇ Ἀσενὲθ κρυφῇ διότι καὶ αὐτὸς Λευὶς |
| Jer. | 5 | 26 | μου ἐπὶ τὸν κόφινον καὶ ἐκοιμήθην. καὶ ἐξυπνισθεὶς | * ἀπεκάλυψα * τὸν κόφινον τῶν σύκων νομίζων ὅτι ἐβράδυνα καὶ |
| Bar. | 4 | 13 | ἐπιτύχω δι' αὐτοῦ. καὶ ταῦτα λέγων προσηύξατο ὅπως | * ἀποκαλύψῃ * αὐτῷ ὁ θεὸς περὶ αὐτοῦ τί ποιήσει. καὶ |
| Bar. | 4 | 14 | δεηθεὶς καὶ κλαύσας εἶπεν κύριε παρακαλῶ ὅπως | * ἀποκαλύψῃς * μοι τί ποιήσω περὶ τοῦ φυτοῦ τούτου. |
| Prop. | 4 | 6 | τῇ κεφαλῇ καὶ οἱ πόδες σὺν τοῖς ὀπισθίοις λέων. | * ἀπεκαλύφθη * τῷ ὁσίῳ περὶ τοῦ μυστηρίου τούτου ὅτι κτῆνος |
| Esdr. | 2 | 26 | ὡς οὐδὲ τοῦτοι ἐμετενόησαν. καὶ εἶπεν ὁ προφήτης | * ἀποκάλυψόν * σου τὰ Χερουβὶμ καὶ ἔλθωμεν ὁμοῦ εἰς κρίσιν |
| Esdr. | 5 | 20 | μου οὐ φυλάττει. καὶ εἶπεν ὁ προφήτης κύριε | * ἀποκάλυψόν * μοι τὰς κρίσεις καὶ τὸν παράδεισον. καὶ |
| Sedr. | 2 | 1 | ὁμιλῆσαι σὺν θεῷ καὶ αἰτῆσαι παρ' αὐτοῦ ἵνα | * ἀποκαλύψῃ * αὐτῷ ἅπερ βούλῃ ἐρωτᾶν. καὶ εἶπεν Σεδρὰχ τί |
| Aris. | 177 | 1 | τοὺς ἄνδρας ἐπηρώτα περὶ τῶν βιβλίων. ὡς δὲ | * ἀπεκάλυψαν * αὐτὰ τῶν ἀνειλημάτων καὶ τοὺς ὑμένας |
| ἀποκάλυψις | | | 11 | |
| Abr.1 | 6 | 8 | θαυμάσια καὶ νῦν γίνωσκε κύριέ μου Ἀβραὰμ ὅτι | * ἀποκάλυψίς * τινος ἔργου ἡμῖν ἐστιν κἄν τε ἀγαθὸν κἄν τε |
| Abr.2 | | 1 | | * ἀποκάλυψις * ἀποκαλυφθεῖσα τῷ πατρὶ ἡμῶν Ἀβραὰμ ὑπὸ |
| Bar. | | | | * αποκαλυψις * βαρουχ. διήγησις καὶ ἀποκάλυψις Βαροὺχ περὶ |
| Bar. | | 1 | αποκαλυψις βαρουχ. διήγησις καὶ | * ἀποκάλυψις * Βαροὺχ περὶ ὧν κελεύματι θεοῦ ἀρρήτων εἶδεν. |
| Bar. | | 2 | κελεύματι θεοῦ ἀρρήτων εἶδεν. εὐλόγησον δέσποτα. | * ἀποκάλυψις * Βαροὺχ ὃς ἔστιν ἐπὶ ποταμοῦ Γέλ. κλαίων ὑπὲρ |
| Bar. | 11 | 7 | Μιχαὴλ χαίροις καὶ σὺ ὁ ἡμέτερος ἀδελφὸς καὶ ὁ τὰς | * ἀποκαλύψεις * διερμηνεύων τοῖς καλῶς τὸν βίον |
| Bar. | 17 | 4 | ὦ καὶ ὑμεῖς ἀδελφοὶ οἱ τυχόντες τῆς τοιαύτης | * ἀποκαλύψεως * δοξάσατε καὶ αὐτοὶ τὸν θεὸν ὅπως καὶ αὐτὸς |
| Esdr. | | | | * αποκαλυψις * Εσδραμ. λόγος καὶ ἀποκάλυψις τοῦ ἁγίου |
| Esdr. | 1 | 1 | αποκαλυψις Εσδραμ. λόγος καὶ | * ἀποκάλυψις * τοῦ ἁγίου προφήτου Ἐσδρὰμ καὶ ἀγαπητοῦ τοῦ |
| Sedr. | | | | * αποκαλυψις * Σεδραχ. τοῦ ἁγίου καὶ μακαρίου Σεδρὰχ λόγος |
| FJub. | 4 | 18 | γράμματα μανθάνει καὶ διδάσκει καὶ θείων μυστηρίων | * ἀποκαλύψεως * ἀξιοῦται. γυνὴ Ἰάρεδ Βαραχα θυγάτηρ Ἀσουὴλ |
| ἀποκάμνω | | | 1 | |
| Job | 13 | 4 | γάλακτι καὶ ὡς πεπηγμένον βούτυρον γίγνεσθαι, | * ἀπέκαμνον * δὲ καὶ οἱ δοῦλοί μου οἱ τὰ τῶν χηρῶν ἐδέσματα |
| ἀποκαρτερέω | | | 1 | |
| FAch. | 110 | | τῷ ἠδικηκέναι αὐτὸν καὶ διὰ λόγων μεμαστιγῶσθαι | * ἀποκαρτερήσας * τοῦ βίου ἀπέληξεν. ὁ δὲ Αἴσωπος λαμπρῶς |
| ἀποκατάστασις | | | 1 | |
| Aris. | 123 | 4 | χωρὶς καὶ τοῦ πρὸς τὸν βασιλέα γεγραφέναι περὶ τῆς | * ἀποκαταστάσεως * αὐτῶν πολλὰ παρεκάλεσε τὸν Ἀνδρέαν |
| ἀπόκειμαι | | | 1 | |
| Asen. | 15 | 10 | γάμου σου τὴν στολὴν τὴν ἀρχαίαν καὶ πρώτην τὴν | * ἀποκειμένην * ἐν τῷ θαλάμῳ σου ἀπ' ἀρχῆς καὶ πάντα τὸν |
| ἀπόκενος | | | 2 | |
| Bar. | 15 | 3 | καὶ καλῶς ἐπισυνάγουσιν. καὶ λέγει καὶ τοὺς | * ἀποκένους * φέροντας τοὺς κανίσκους δεῦτε καὶ ὑμεῖς |
| Bar. | 15 | 4 | λέγει καὶ τοῖς τὰ γέμοντα ἐνεγκοῦσι καὶ τοῖς τὰ | * ἀπόκενα * πορευθέντες εὐλογήσατε τοὺς φίλους ἡμῶν καὶ |
| ἀποκλάω | | | 2 | |
| Asen. | 16 | 15 | ὁ ἄνθρωπος τὴν χεῖρα αὐτοῦ τὴν δεξιὰν καὶ | * ἀπέκλασεν * ἀπὸ τοῦ κηρίου μέρος μικρὸν καὶ ἔφαγεν αὐτὸς |
| Asen. | 16 | 16B | τὴν δεξιὰν ὁ ἄνθρωπος καὶ ἥψατο τοῦ κηρίου οὗ | * ἀπέκλασε * καὶ ἀπεκατεστάθη καὶ ἐπληρώθη καὶ εὐθὺς ἐγένετο |
| ἀποκλείω | | | 2 | |
| Hen. | 101 | 2 | τοῦ ποιῆσαι τὸ πονηρὸν ἐναντίον αὐτοῦ. ἐὰν | * ἀποκλείσῃ * τὰς θυρίδας τοῦ οὐρανοῦ καὶ κωλύσῃ τὴν δρόσον |
| FJub. | 37 | 17 | Ἰακὼβ καὶ τῶν υἱῶν αὐτοῦ εἰς πόλεμον. Ἰακὼβ δὲ | * ἀποκλείσας * τὰς πύλας τῆς βάρεως παρεκάλει τὸν Ἠσαῦ |
| ἀποκληρόω | | | 1 | |
| HArt. 9 | 23 | 2 | ἀποτελέσαι καὶ τινας τῶν ἀρουρῶν τοῖς ἱερεῦσιν | * ἀποκληρῶσαι. * τοῦτον δὲ καὶ μέτρα εὑρεῖν καὶ μεγάλως |
| ἀπόκλιμα | | | 1 | |
| Aris. | 59 | 5 | δὲ κατὰ τῆς στεφάνης τὸ μὲν εἰς αὐτὴν τὴν τράπεζαν | * ἀπόκλιμα * τὴν διατύπωσιν ἔχειν τῆς ὡραιότητος τὸ δὲ ἐκτὸς |
| ἀποκομίζω | | | 2 | |
| Abr.1 | 2 | 6 | βασιλέως ἀπεστάλην διαδοχὴν φίλου αὐτοῦ γνησίου | * ἀποκομίζομαι * ὅτι καὶ αὐτὸν ὁ βασιλεὺς πρὸς αὐτὸν |
| Bar. | 11 | 9 | δικαίων καὶ ὅσα ἐργάζονται ἀγαθὰ ἅτινα δι' αὐτοῦ | * ἀποκομίζονται * ἔμπροσθεν τοῦ ἐπουρανίου θεοῦ. καὶ ἐν τῷ |
| ἀποκρίνω | | | 97 | |
| Adam | 6 | 1 | καὶ λέγουσιν αὐτῷ τί ἐστιν πόνος καὶ νόσος; καὶ | * ἀποκριθεὶς * Σὴθ λέγει αὐτῷ μὴ ἐμνήσθης πάτερ τοῦ |
| Adam | 17 | 4 | ἔθετο ἡμᾶς ὥστε φυλάσσειν καὶ ἐσθίειν ἐξ αὐτοῦ. | * ἀπεκρίθη * ὁ διάβολος διὰ στόματος τοῦ ὄφεως καλῶς ποιεῖτε |
| Adam | 21 | 4 | θεὸς τοῦ μὴ φαγεῖν ἀπ' αὐτοῦ καὶ ἔσει ὡς θεός. καὶ | * ἀποκριθεὶς * ὁ πατὴρ ὑμῶν εἶπεν φοβοῦμαι μήποτε ὀργισθῇ |
| Adam | 23 | 2 | μὴ κρυβήσεται οἶκος τῷ οἰκοδομήσαντι αὐτόν; τότε | * ἀποκριθεὶς * ὁ πατὴρ ὑμῶν εἶπεν οὐχὶ κύριέ μου οὐ |
| Adam | 28 | 2 | ἀφήσω σε ἀπὸ τοῦ νῦν εἶναι ἐν τῷ παραδείσῳ. καὶ | * ἀποκριθεὶς * ὁ Ἀδὰμ εἶπεν κύριε δός μοι ἐκ τοῦ φυτοῦ τῆς |
| Adam | 29 | 3 | οἱ ἄγγελοι αὐτῷ τί θέλεις ποιήσωμέν σοι Ἀδάμ; | * ἀποκριθεὶς * δὲ ὁ πατὴρ ὑμῶν εἶπεν τοῖς ἀγγέλοις ἰδοὺ |
| Adam | 29 | 8 | πᾶσαν τὴν γῆν ἐκείνην καὶ οὐχ εὕρομεν. καὶ | * ἀποκριθεῖσα * εἶπον τῷ Ἀδὰμ ἀνάστα κύριε καὶ ἀναλῶσόν με |
| Adam | 29 | 9 | ὅπως παύσωνται τοῦ ὀργίζεσθαί σοι δι' ἐμοῦ. τότε | * ἀποκριθεὶς * ὁ Ἀδὰμ εἶπεν μοι τί ἐμνήσθης τῆς κακίας |
| Adam | 41 | 1 | δὲ ὁ θεὸς τὸν Ἀδὰμ καὶ εἶπεν Ἀδὰμ Ἀδάμ. | * ἀπεκρίθη * τὸ σῶμα ἐκ τῆς γῆς καὶ εἶπεν ἰδοὺ ἐγὼ κύριε. |
| Hen. | 6 | 4 | καὶ ἔσομαι ἐγὼ μόνος ὀφειλέτης ἁμαρτίας μεγάλης. | * ἀπεκρίθησαν * οὖν αὐτῷ πάντες ὀμόσωμεν ὅρκῳ πάντες καὶ |
| Hen. | 6B | 4 | ἔσομαι ἐγὼ μόνος ὀφειλέτης ἁμαρτίας μεγάλης. καὶ | * ἀπεκρίθησαν * αὐτῷ πάντες καὶ εἶπον, ὀμόσωμεν ἅπαντες ὅρκῳ |
| Hen. | 15 | 1 | τῆς θύρας ἐγὼ δὲ τὸ πρόσωπόν μου κάτω ἔκυφον. καὶ | * ἀποκριθεὶς * εἶπέν μοι ὁ ἄνθρωπος ὁ ἀληθινὸς ἄνθρωπος τῆς |
| Hen. | 21 | 9 | ὡς φοβερὸς ὁ τόπος καὶ ὡς δεινὸς τῇ ὁράσει. τότε | * ἀπεκρίθη * μοι ὁ εἷς τῶν ἁγίων ἀγγέλων ὃς μετ' ἐμοῦ ἦν καὶ |
| Hen. | 21 | 9 | μοι Ἐνὼχ διά τί ἐφοβήθης; οὕτως καὶ ἐπτοήθης; καὶ | * ἀπεκρίθην * περὶ τούτου τοῦ φοβεροῦ καὶ περὶ τῆς προσόψεως |
| Hen. | 22 | 3 | ταῦτα καὶ ὁλοβαθῆ καὶ σκοτινὰ τῇ ὁράσει; τότε | * ἀπεκρίθη * Ῥαφαὴλ ὁ εἷς τῶν ἁγίων ἀγγέλων ὃς μετ' ἐμοῦ ἦν |
| Hen. | 22 | 7 | προβαίνει καὶ ἐντυγχάνει ἕως τοῦ οὐρανοῦ; καὶ | * ἀπεκρίθη * μοι λέγων τοῦτο τὸ πνεῦμά ἐστιν τὸ ἐξελθὸν ἀπὸ |
| Hen. | 22 | 9 | πάντων διά τί ἐχωρίσθησαν ἓν ἀπὸ τοῦ ἑνός; καὶ | * ἀπεκρίθη * μοι λέγων οὗτοι οἱ τρεῖς ἐποιήθησαν χωρίζεσθαι |
| Hen. | 23 | 4 | ἠρώτησα λέγων τί ἐστιν τὸ μὴ ἔχον ἀνάπαυσιν; τότε | * ἀπεκρίθη * μοι Ῥαγουὴλ ὁ εἷς τῶν ἁγίων ἀγγέλων ὃς μετ' |
| Hen. | 24 | 6 | τὰ φύλλα καὶ τὰ ἄνθη αὐτοῦ ὡραῖα τῇ ὁράσει. τότε | * ἀπεκρίθη * μοι Μιχαὴλ εἷς τῶν ἁγίων ἀγγέλων ὃς μετ' ἐμοῦ |
| Hen. | 25 | 2 | καὶ διά τί θέλεις τὴν ἀλήθειαν μαθεῖν; τότε | * ἀπεκρίθην * αὐτῷ περὶ πάντων εἰδέναι θέλω μάλιστα δὲ περὶ |
| Hen. | 25 | 3 | μάλιστα δὲ περὶ τοῦ δένδρου τούτου σφόδρα. καὶ | * ἀπεκρίθη * λέγων τοῦτο τὸ ὄρος τὸ ὑψηλὸν οὗ ἡ κορυφὴ ὁμοία |
| Hen. | 32 | 6 | ὡς καλὸν τὸ δένδρον καὶ ὡς ἐπίχαρι τῇ ὁράσει. τότε | * ἀπεκρίθη * Ῥαφαὴλ ὁ ἅγιος ἄγγελος ὁ μετ' ἐμοῦ ὢν τοῦτο τὸ |
| Hen. | 106 | 9 | τέκνον διά τί ἐλήλυθας πρὸς ἐμὲ τέκνον; καὶ | * ἀπεκρίθη * λέγων δι' ἀνάγκην μεγάλην ἦλθον ὧδε πάτερ καὶ |
| Hen. | 106 | 13 | τὴν ἀκρίβειαν ἣν +ἔχεις+ καὶ τὴν ἀλήθειαν. τότε | * ἀπεκρίθην * λέγων ἀνακαινίσει ὁ κύριος πρόσταγμα ἐπὶ τῆς |
| Abr.1 | 16 | 16 | οὐ μὴ σε ἀκολουθήσω. ὁ δὲ θάνατος ἐσιώπα καὶ οὐκ | * ἀπεκρίθη. * ἀνέστη δὲ Ἀβραὰμ καὶ ἦλθεν εἰς τὸν οἶκον |
| Abr.2 | 2 | 4 | πόθεν εἶ σὺ ἄνθρωπε ὁ πορευόμενος τὴν ὁδόν; καὶ | * ἀπεκρίθη * αὐτῷ Μιχαὴλ φιλάνθρωπος <εἶ σύ>. λέγει αὐτῷ |
| Abr.2 | 2 | 8 | με εἰς τὸν οἶκόν σου καὶ ἐπιβαρής σοι γενήσωμαι. | * ἀπεκρίθη * Ἀβραὰμ λέγων αὐτῷ οἱ γονεῖς μου ὠνόμασάν με |
| Abr.2 | 2 | 10 | κληθήσει Ἀβρὰμ ἀλλ' ἔσται τὸ ὄνομά σου Ἀβραάμ. | * ἀπεκρίθη * Μιχαὴλ καὶ εἶπεν αὐτῷ κύριε ἄφες μοι ὅτι |
| Abr.2 | 2 | 13 | ἵνα καθίσῃ ἐπ' αὐτῷ ὁ ξένος ὅτι ἔκαμεν ἐν τῇ ὁδῷ. | * ἀπεκρίθη * Μιχαὴλ καὶ εἶπεν μὴ σκύλου τὸ παιδάριον ἀλλὰ |
| Abr.2 | 4 | 2 | εἶπεν τῷ Ἀβραάμ τί ἐστιν ὅτι οὕτως κλαίετε; καὶ | * ἀπεκρίθη * αὐτῇ Ἀβραὰμ οὐδὲν κακόν ἐστιν εἴσελθε εἰς τὴν |
| Abr.2 | 4 | 7 | πάντες οἱ ἄγγελοι εἰς τοὺς τόπους αὐτῶν. | * ἀποκριθεὶς * δὲ Μιχαὴλ ἐνώπιον τοῦ θεοῦ εἶπεν κύριε |
| Abr.2 | 5 | 3 | Ἰσαὰκ καθὼς ἐνετείλατο αὐτῷ ὁ πατὴρ αὐτοῦ καὶ | * ἀποκριθεὶς * Ἀβραὰμ εἶπεν τῷ υἱῷ αὐτοῦ ἐποίησας καθὼς |

| | | | | | |
|---|---|---|---|---|---|
| Abr.2 | 5 | 4 | εἶπεν τῷ υἱῷ αὐτοῦ ἐποίησας καθὼς εἶπόν σοι; | * ἀπεκρίθη * | Ἰσαὰκ καὶ εἶπεν τῷ πατρὶ αὐτοῦ πάτερ εἰπὲ |
| Abr.2 | 5 | 5 | κἀμοὶ ὅπως εἰσέλθω κἀγὼ ἔγγιστα ὑμῶν κοιμηθῆναι. | * ἀπεκρίθη * | Ἀβραὰμ καὶ εἶπεν μὴ ἐπιβαρεῖς γενώμεθα τῷ ξένῳ |
| Abr.2 | 6 | 6 | Λὼτ ‹ὅτι ἀπέθανεν ἢ ἄλλο τι συνέβη ἐφ᾽ ἡμᾶς›; | * ἀπεκρίθη * | Μιχαὴλ καὶ εἶπεν οὐχὶ Σάρρα ἡ τοῖς δικαίοις |
| Abr.2 | 6 | 10 | γινώσκεις ὅτι ὁ ἄνθρωπος οὗτος τοῦ θεοῦ ἐστιν; | * ἀπεκρίθη * | Σάρρα καὶ εἶπεν ἦ ἄρα ὅτι παραφρενοῦσα λέγω ὅτι |
| Abr.2 | 6 | 12 | μετὰ τῶν ἀνθρώπων τούτων ἐν τῷ οἴκῳ ἡμῶν. καὶ | * ἀπεκρίθη * | αὐτῇ Ἀβραὰμ καλῶς κυρὰ Σάρρα ἐνόησας ὅτι κἀγὼ |
| Abr.2 | 7 | 2 | Ἀβραὰμ εἶπεν τῷ Μιχαὴλ δήλωσόν μοι τίς εἶ σύ. | * ἀπεκρίθη * | Μιχαὴλ καὶ εἶπεν ἐγώ εἰμι Μιχαήλ. καὶ εἶπεν |
| Abr.2 | 7 | 5 | αὐτοῦ υἱέ μου ἀγαπητὲ εἰπέ μοι τί οἶδας κατ᾽ ὄναρ. | * ἀπεκρίθη * | Ἰσαὰκ τῷ πατρὶ αὐτοῦ εἶδον κατ᾽ ὄναρ ἐμαυτὸν |
| Abr.2 | 7 | 10 | λέγοντες μὴ ἐπάρῃς τὴν δόξαν τῆς δυνάμεως ἡμῶν καὶ | * ἀπεκρίθη * | ὁ φωτεινὸς ἀνὴρ καὶ εἶπέν μοι μὴ κλαύσῃς ὅτι |
| Abr.2 | 7 | 12 | αἴρουσιν αὐτὸν ἀπὸ τοῦ σκότους εἰς τὸ φῶς καὶ | * ἀποκριθεὶς * | εἶπον αὐτῷ παρακαλῶ σε κύριε λαβὲ τὰς ἀκτῖνας |
| Abr.2 | 7 | 16 | τὸν ἥλιον γενόμενον ‹ὅμοιον› τοῦ πατρός μου. καὶ | * ἀπεκρίθη * | Μιχαὴλ καὶ εἶπεν ἐν ἀληθείᾳ ἀληθῶς ἐγένετο ὁ |
| Abr.2 | 7 | 19 | σου τελείωσίς σε ἔχει εἰς τὴν οἰκονομίαν σου. καὶ | * ἀποκριθεὶς * | Ἀβραὰμ εἶπεν τῷ Μιχαὴλ παρακαλῶ σε κύριε εἰ |
| Abr.2 | 7 | 20 | ἐν οὐρανῷ καὶ ἐπὶ γῆς πρὸ τοῦ μετενεχθῆναί με. καὶ | * ἀπεκρίθη * | Μιχαὴλ καὶ εἶπεν τοῦτο οὐκ ἔστιν ἐμὸν ποιῆσαι |
| Abr.2 | 8 | 2 | ἐλάλησεν ἐνώπιον τοῦ θεοῦ περὶ τοῦ Ἀβραάμ. καὶ | * ἀποκριθεὶς * | ὁ κύριος εἶπεν τῷ Μιχαὴλ ἄπελθε καὶ ἀνάλαβε |
| Abr.2 | 9 | 7 | Ἀβραὰμ μὴ οὗτοι ἀπέρχονται εἰς τὴν ἀπώλειαν; καὶ | * ἀποκριθεὶς * | Μιχαὴλ εἶπεν τῷ Ἀβραὰμ ἀπελθόντες |
| Abr.2 | 9 | 11 | αὐτός ἐστιν ὁ φέρων αὐτὰς ἀπὸ τοῦ σώματος ἢ οὔ; | * ἀπεκρίθη * | Μιχαὴλ καὶ εἶπεν ὁ θάνατος ἄγει αὐτοὺς εἰς τὸν |
| Abr.2 | 10 | 6 | καρπὸν τῆς κοιλίας σου καὶ ἀπέκτεινας αὐτήν. καὶ | * ἀπεκρίθη * | ἡ ψυχὴ καὶ εἶπεν φόνος οὐ γέγονεν δι᾽ ἐμοῦ ἀλλ᾽ |
| Abr.2 | 10 | 12 | καὶ ἀνεζήτησεν τῆς ψυχῆς τὴν ἁμαρτίαν. καὶ | * ἀποκριθεὶς * | ὁ ἀνὴρ εἶπεν ὦ ταλαίπωρε ψυχὴ πῶς λέγεις ὅτι |
| Abr.2 | 11 | 1 | οἱ ὑπηρέται τῆς ὀργῆς καὶ ἐβασάνισαν αὐτήν. καὶ | * ἀποκριθεὶς * | Ἀβραὰμ εἶπεν τῷ Μιχαὴλ κύριε τίς ἐστιν οὗτος |
| Abr.2 | 13 | 5 | ἔγγιστα αὐτοῦ καθήμενον ἐφοβήθη φόβον μέγαν. καὶ | * ἀποκριθεὶς * | Ἀβραὰμ εἶπεν παρακαλῶ σε δήλωσόν μοι τίς εἶ |
| TLevi | 19 | 2 | σκότος ἢ τὸ φῶς ἢ νόμον κυρίου ἢ ἔργα Βελιάρ. καὶ | * ἀπεκρίθημεν * | ἡμεῖς τῷ πατρὶ λέγοντες ἐνώπιον κυρίου |
| Asen. | 4 | 12 | Ἰωσὴφ διότι θρασέως καὶ μετὰ ἀλαζονείας καὶ ὀργῆς | * ἀπεκρίθη * | αὐτῷ. καὶ εἰσεπήδησε νεανίσκος ἐκ τῆς θεραπείας |
| Jer. | 1 | 4 | πρὸ τοῦ ἡ δύναμις τῶν Χαλδαίων κυκλώσει αὐτήν. καὶ | * ἀπεκρίθη * | Ἰερεμίας λέγων παρακαλῶ σε κύριε ἐπίτρεψόν μοι |
| Jer. | 7 | 2 | τὸν ἀετὸν καθεζόμενον ἐκτὸς τοῦ μνημείου. καὶ | * ἀποκριθεὶς * | ἀνθρωπίνῃ φωνῇ εἶπεν αὐτῷ ὁ ἀετὸς χαῖρε |
| Jer. | 7 | 22 | ποιήσωμεν ἵνα εἰσέλθωμεν πάλιν εἰς τὴν πόλιν ἡμῶν. | * ἀποκριθεὶς * | δὲ Ἰερεμίας εἶπεν αὐτοῖς πάντα ὅσα ἐκ τῆς |
| Prop. | 23 | 2 | Δαβεὶρ οὔτε ἐρωτῆσαι ἐν τῷ Ἐφοὺδ οὔτε διὰ δήλων | * ἀποκριθῆναι * | τῷ λαῷ ὡς τὸ πρίν. ‹[ Ἰαδώκ]. ἄνθρωπος τοῦ |
| Job | 4 | 1 | ὁ κωλύων με βασιλεύοντα ταύτης τῆς χώρας; καὶ | * ἀποκριθεὶς * | ἐμοὶ εἶπεν τὸ φῶς ὅτι μὲν καθαρίσαι τοῦτον |
| Job | 17 | 5 | πάντα τὰ ζῷα καὶ ὅσα ἔχει ἐπὶ τῆς γῆς. καὶ αὐτοὶ | * ἀποκριθέντες * | εἶπον αὐτῷ ἔχει ἑπτὰ υἱοὺς καὶ θυγατέρας |
| Job | 23 | 4 | ἔλεγεν αὐτῇ παράσχου τὸ τίμημα καὶ λάβε ὃ θέλεις. | * ἀποκριθεῖσα * | δὲ αὐτῷ λέγει πόθεν μοι ἀργύριον; ἀγνοεῖς τὰ |
| Job | 23 | 6 | εἰ μὲν ἐλεεῖς ἐλέησον, εἰ δὲ μὴ σὺ ὄψει. καὶ | * ἀπεκρίθη * | αὐτῇ λέγων εἰ μὴ ἄξιοι ἦτε τῶν κακῶν, οὐκ ἂν |
| Job | 26 | 1 | ἀκηδίας διὰ πόνου σου τοῦ σώματος. καὶ ἐγὼ | * ἀπεκρίθην * | αὐτῇ ἰδοὺ ἐγὼ δέκα ἑπτὰ ἔτη ἔχω ἐν ταῖς |
| Job | 31 | 1 | δὲ μετὰ τὰς ἑπτὰ ἡμέρας οὕτως διαλογιζομένους, | * ἀποκριθεὶς * | Ελιους εἶπεν τοῖς συμβασιλεῦσιν προσεγγιοῦμεν |
| Job | 31 | 5 | τὰ θυμιάματα καὶ ὅτε πλησίον μου ἐγένοντο, | * ἀποκριθεὶς * | Ελιους εἶπέν μοι σὺ εἶ Ιωβαβ ὁ συμβασιλεὺς |
| Job | 36 | 6 | ἐν τούτῳ τυγχάνεις, ἐρωτήσω σε λόγον, καὶ ἐὰν | * ἀποκριθῇς * | μοι πρὸς τὸ πρῶτον νουνεχῶς, ἐρωτήσω σε ἐν τῷ |
| Job | 36 | 6 | πρῶτον νουνεχῶς, ἐρωτήσω σε ἐν τῷ δευτέρῳ καὶ ἐὰν | * ἀποκριθῇς * | μοι εὐσταθῶς, δῆλον ὅτι γνωσόμεθα ὅτι ἡ καρδία |
| Job | 37 | 7 | ἢ κατατολμᾷ τις προσάπτειν τῷ κυρίῳ ἀδίκημα; | * ἀποκρίνου * | μοι, Ιωβ, πρὸς ταῦτα. καὶ πάλιν λέγω σοι, εἰ |
| Job | 38 | 8 | καὶ βούλει θεραπευθῆναι ὑπ᾽ αὐτῶν; ἴσως ἀναπαύσει. | * ἀποκριθεὶς * | δὲ εἶπον ἡ ἐμὴ ἴασις καὶ ἡ ἐμὴ θεραπεία παρὰ |
| Job | 39 | 13 | ὑπὸ τοῦ δημιουργοῦ αὐτῶν τοῦ βασιλέως. τότε πάλιν | * ἀποκριθέντες * | εἶπάν μοι τίς πάλιν οὐκ ἐρεῖ ὅτι ἐξεστήκεις |
| Job | 47 | 5 | ὥσπερ ἀνὴρ τὴν ὀσφῦν σου ἐρωτήσω δέ σε, σὺ δέ μοι | * ἀποκρίνου. * | ἐγὼ δὲ λαβὼν περιεζωσάμην καὶ εὐθέως ἀφανεῖς |
| Aris. | 122 | 8 | τὴν δ᾽ ὁμιλίαν καὶ τὸ συνακούειν καὶ πρὸς ἕκαστον | * ἀποκρίνεσθαι * | δεόντως παραδεδεγμένοι καὶ πάντες ταῦτα |
| Aris. | 189 | 3 | τὸν ἐχόμενον ἠρώτα πῶς ἂν ἕκαστα πράττοι; ὁ δὲ | * ἀπεκρίθη * | ‹ὅτι› τὸ δίκαιον εἰ πρὸς ἅπαντας διατηροῖ |
| Aris. | 200 | 6 | τοιαύτας ἐρωτήσεις λαμβάνοντες ὡς δέον ἐστὶν | * ἀποκέκρινται * | πάντες ἀπὸ θεοῦ τοῦ λόγου τὴν καταρχὴν |
| Aris. | 203 | 4 | τὸ πυνθάνεσθαί τι τῶν ἀνδρῶν ἐπηρώτα τοὺς ἑξῆς τῶν | * ἀποκεκριμένων * | τῇ προτέρᾳ ἡμέρᾳ. πρὸς τὸν ἑνδέκατον δὲ |
| Aris. | 206 | 2 | πῶς ἂν τὴν ἀλήθειαν διατηροῖ; ὁ δὲ πρὸς τοῦτο | * ἀπεκρίθη * | γινώσκων ὅτι μεγάλην αἰσχύνην ἐπιφέρει τὸ |
| Aris. | 212 | 3 | τὸν ἕτερον πῶς ἂν τὰ κάλλιστα διαλογίζοιτο; | * ἀπεκρίθη * | δὲ ἐκεῖνος εἰ τὸ δίκαιον ἐπὶ παντὸς προβάλλοι |
| Aris. | 226 | 1 | συναινέσας δὲ τούτοις τὸν ἑξῆς ἐκέλευσεν | * ἀποκριθῆναι * | πρὸς αὐτὸν εἰπὼν πῶς ἂν δοξαζόμενος |
| Aris. | 228 | 3 | πυνθανόμενος τίσι δεῖ χαρίζεσθαι; ἐκεῖνος δ᾽ | * ἀπεκρίθη * | γονεῦσι διὰ παντὸς καὶ γὰρ ὁ θεὸς πεποίηται |
| Aris. | 245 | 2 | προάγει. καλῶς δὲ καὶ τοῦτον ἀποδεξάμενος τὸν ἑξῆς | * ἀποκριθῆναι * | παρεκάλει πῶς ἂν μὴ εἰς ῥᾳθυμίαν μηδὲ ἐπὶ |
| Aris. | 255 | 1 | ἀναγκαῖόν ἐστί σε ἔφησεν ὦ βασιλεῦ. καλῶς δὲ | * ἀποκεκρίσθαι * | φήσας τοῦτον ἐπυνθάνετο τοῦ μετέπειτα τί |
| Aris. | 263 | 1 | δὲ ἔφη πῶς ἂν μὴ τραπείη [τις] εἰς ὑπερηφανίαν; | * ἀπεκρίθη * | δὲ εἰ τὴν ἰσότητα τηροῖ καὶ παρ᾽ ἕκαστον ἑαυτὸν |
| Aris. | 265 | 3 | τῶν ὑποτεταγμένων φιλανθρωπία καὶ ἀγάπησις | * ἀπεκρίνατο. * | διὰ γὰρ τούτων ἄλυτος εὐνοίας δεσμὸς |
| Aris. | 268 | 3 | ἕτερον εἶπεν ἐπὶ τίσι δεῖ λυπεῖσθαι; πρὸς ταῦτα | * ἀπεκρίθη * | τὰ συμβαίνοντα τοῖς φίλοις ὅταν θεωρῶμεν |
| Aris. | 269 | 2 | κακὸν θεοῦ δυνάμει γίνεται. ὡς ἔδει δὲ φήσας αὐτὸν | * ἀποκρίνεσθαι * | πρὸς ἕτερον εἶπε πῶς ἀδοξία γίνεται; |
| Aris. | 271 | 1 | σοι καλὴν βουλὴν διδόντος. σοφῶς δὲ αὐτὸν εἰπὼν | * ἀποκεκρίσθαι * | ἑτέρῳ εἶπε τί βασιλείαν διατηρεῖ; πρὸς |
| Aris. | 279 | 1 | προτιμᾶν. ὁ δὲ θεὸς πάντων ἡγεῖται τούτων. εὖ δὲ | * ἀποκεκρίσθαι * | τοῦτον εἰπὼν ὁ βασιλεὺς τὸν μετ᾽ αὐτὸν |
| Aris. | 282 | 1 | μιμούμενος εὐεργετεῖς τοὺς ὑπὸ σεαυτόν. ὁ δὲ | * ἀποκεκρίσθαι * | φήσας αὐτὸν εὖ ἄλλον ἠρώτα τίνα θαυμάζειν |
| Aris. | 296 | 2 | καὶ τοῦ μὲν ἐρωτῶντος μεμεριμνηκότος ἕκαστα τῶν δὲ | * ἀποκρινομένων * | καταλλήλως ἐχόντων τὰ πρὸς τὰς ἐρωτήσεις |
| FBar. | 14 | 1 | γαρ ευερ›γετουμενοι αει ηχα‹ριστειτε αει› και | * απεκριθην * | και ειπο‹ν ιδου απεδει›ξας μοι καιρων ταξεις |
| FEz. 64 | 70 | 14 | ἠρώτα σὺ κατῆλθες εἰς τὸν παράδεισόν μου; ὁ δὲ | * ἀποκριθεὶς * | εἶπεν ὦ κύριε πικρᾶναί μου τὴν ψυχὴν ἐν τῷ |
| FAch. | 105 | | ἀπόστειλόν μοι τοὺς οἰκοδομοῦντας αὐτὸν καὶ ‹τὸν› | * ἀποκριθησόμενον * | ὅ,τι ἂν αὐτὸν ἐρωτήσω καὶ λάβε φόρους |
| FAch. | 106 | | μήτε γῆς ἁπτόμενος. ἕτερος δέ τις δειλὸς λέγει | * ἀποκρινόμενος * | κύριε βασιλεῦ ἡμεῖς θέλομεν πάντα τὰ ὑπὸ |
| FAch. | 108 | | πέμψω σοι τοὺς οἰκοδομοῦντας τὸν πύργον καὶ τὸν | * ἀποκριθησόμενον * | τὰ ἐρωτήματα ἐὰν ὁ χειμὼν παρέλθῃ. |
| FAch. | 116 | | Νεκταναβὼν ἔφη Αἴσωπε ἥττημαι. τὸ δὲ ἐπερωτώμενον | * ἀποκρίνου * | μοι. ὁ δὲ Αἴσωπος λέγει λέγε εἴ τι βούλει. |
| FAch. | 117 | | ἐκτιτρώσκουσιν. ὁ δὲ Αἴσωπος αὔριον περὶ τούτου | * ἀποκριθήσομαι. * | ὁ δὲ Αἴσωπος ἐλθὼν εἰς τὴν οἰκίαν |
| FAch. | 121 | | ποτε. ὁ δὲ Αἴσωπος ἔφη δός μοι τριῶν ἡμερῶν καὶ | * ἀποκριθήσομαί * | σοι. καὶ ἐξελθὼν ἀπὸ τοῦ βασιλέως |
| FrAn. 1 | 227 | 10 | ταις σαις ο θς Ια‹κωβ - - ›και οπερ ου ζητω | * απεκρ‹ * | - Συ›μεων που μη καυτος‹ - - Ιω›σηφ |
| **ἀπόκρισις** | | | 4 | | |
| TLevi | 3 | 7 | ἐν δὲ τῷ ὑποκάτω εἰσὶν οἱ ἄγγελοι οἱ φέροντες τὰς | * ἀποκρίσεις * | τοῖς ἀγγέλοις τοῦ προσώπου κυρίου. ἐν δὲ τῷ |
| Aris. | 217 | 3 | δὲ καὶ τοῦτον εἶπε πρὸς ἕτερον ἐπεὶ σὺ δέκατος τὴν | * ἀπόκρισιν * | ἔχεις ὡς ἂν ἀποφήνῃ πρὸς τὸ δεῖπνον |
| Aris. | 270 | 2 | ῥέπων οὐ βούλεται. καὶ τούτῳ δ᾽ ἐπικυρώσας τὰ τῆς | * ἀποκρίσεως * | τὸν ἑξῆς ἠρώτα τίσι δεῖ πιστεύειν ἑαυτόν; |
| Aris. | 295 | 3 | γὰρ τοὺς ἄνδρας ὑπὲρ τὸ δέον ὡς ἐκ τοῦ καιροῦ τὰς | * ἀποκρίσεις * | ἐποιοῦντο πολλοῦ χρόνου δεομένας καὶ τοῦ μὲν |
| **ἀποκρυβή** | | | 1 | | |
| Asen. | 6 | 6 | καὶ ποῦ ἀπελεύσομαι καὶ κρυβήσομαι ὅτι πᾶσαν | * ἀποκρυβὴν * | αὐτὸς ὁρᾷ καὶ οὐδὲν κρυπτὸν λέληθεν αὐτὸν διὰ |
| **ἀποκρύπτω** | | | 8 | | |
| Hen. | 98 | 6 | ἀνακεκαλυμμένα ἐν τῷ οὐρανῷ οὐκ ἔσται ὑμῖν ἔργον | * ἀποκεκρυμμένον * | ἄδικον. μὴ ὑπολάβητε τῇ ψυχῇ ὑμῶν μηδὲ |
| TGad | 2 | 3 | τοῖς Ἰσμαηλίταις τριάκοντα χρυσῶν καὶ τὰ δέκα | * ἀποκρύψαντες * | τὰ εἴκοσι ἐδείξαμεν τοῖς ἀδελφοῖς ἡμῶν. καὶ |
| Asen. | 6 | 5 | αὐτοῦ ῥήματα πονηρά. καὶ νῦν ποῦ ἀπελεύσομαι καὶ | * ἀποκρυβήσομαι * | ἀπὸ προσώπου αὐτοῦ ὅπως μὴ ὄψηταί με |
| Asen. | 24 | 20 | σὺν αὐτοῖς. καὶ ἦλθον εἰς τὸν χείμαρρον καὶ | * ἀπεκρύβησαν * | ἐν τῇ ὕλῃ τοῦ καλάμου. ‹καὶ› γεγόνασιν εἰς |
| Bar. | 9 | 7 | παρῆψε τῷ Σαμαὴλ ὅτε τὸν ὄφιν ἔλαβεν ἔνδυμα οὐκ | * ἀπεκρύβη * | ἀλλὰ παρηύξησε. καὶ ὠργίσθη αὐτῇ ὁ θεὸς καὶ |
| Sib. | 4 | 75 | σταχυητρόφος ἡνίκα Νεῖλος ἄλλοθί που ὑπὸ γαῖαν | * ἀποκρύψει * | μέλαν ὕδωρ. ἥξει δ᾽ ἐξ Ἀσίης βασιλεὺς μέγα |
| Sib. | 4 | 151 | περικαλλέα πικρὸς ὀλέσσει λιμὸς ὅταν Μαίανδρος | * ἀποκρύψῃ * | μέλαν ὕδωρ. ἀλλ᾽ ὅταν εὐσεβίης μὲν ἀπ᾽ ἀνθρώπων |
| Sib. | 4 | 153 | μὲν ἀπ᾽ ἀνθρώπων ἀπόληται πίστις καὶ τὸ δίκαιον | * ἀποκρυφθῇ * | ἐνὶ κόσμῳ --- παλίμβολοι --- ἐπ᾽ οὐχ ὁσίοισι |
| **ἀπόκρυφος** | | | 5 | | |
| Hen. | 1 | 5 | πάντες καὶ πιστεύσουσιν οἱ ἐγρήγοροι [καὶ ᾄσουσιν | * ἀπόκρυφα * | ἐν πᾶσιν τοῖς ἄκροις τῆς ‹γῆς› καὶ σεισθήσονται |
| Hen. | 100 | 4 | καὶ καταβήσονται ἄγγελοι καταδύνοντες εἰς τὰ | * ἀπόκρυφα * | ἐν ἡμέρᾳ ἐκείνῃ οἵτινες ἐβοήθουν τῇ ἀδικίᾳ καὶ |
| Sal. | 1 | 7 | αὐτῶν καὶ οὐκ ἤνεγκαν. αἱ ἁμαρτίαι αὐτῶν ἐν | * ἀποκρύφοις * | καὶ ἐγὼ οὐκ ᾔδειν αἱ ἀνομίαι αὐτῶν ὑπὲρ τὰ |
| Sal. | 4 | 5 | ψευδὴς ἐν συναλλάγματι μεθ᾽ ὅρκου. ἐν νυκτὶ καὶ ἐν | * ἀποκρύφοις * | ἁμαρτάνει ὡς οὐχ ὁρώμενος ἐν ὀφθαλμοῖς αὐτοῦ |
| Prop. | 3 | 5 | Σάρρας. διπλοῦν δὲ λέγεται ὅτι εἱλικτόν ἐστι καὶ | * ἀπόκρυφον * | ἐξ ἐπιπέδου ὑπερῷον καὶ ἔστι ἐπὶ γῆς ἐν πέτρᾳ |
| **ἀποκτείνω** | | | 44 | | |
| Adam | 4 | 2 | Ἀδὰμ τῇ Εὔᾳ ἰδοὺ ἐγεννήσαμεν υἱὸν ἀντὶ Ἄβελ ὃν | * ἀπέκτεινεν * | Κάϊν. δώσωμεν δόξαν καὶ θυσίαν τῷ θεῷ. |
| Hen. | 98 | 12 | ὅτι εἰς ‹χεῖρας τ›ῶν δικαίων παραδοθήσεσθε καὶ | * ἀποκτενοῦσιν * | ὑμᾶς καὶ οὐ μὴ φείσονται ὑμῶν. οὐαὶ ὑμῖν οἱ |
| Hen. | 100 | 2 | ἀπ›ὸ τοῦ υἱοῦ αὐ‹τοῦ οὔτ᾽ ἀ›πὸ τοῦ ἀγαπητοῦ αὐτοῦ | * ἀποκτεῖναι * | αὐτὸν καὶ ὁ ἁμαρτωλὸς ἀπὸ τοῦ ἐντίμου οὔτε |
| Hen. | 103 | 15 | κατεσθόντων ἡμᾶς ἀλλὰ στερεοῦσιν αὐτοὺς ἐφ᾽ ἡμᾶς | * ἀπέκτειναν * | ἡμᾶς καὶ εἰς ὀλίγους ἤγαγον. καὶ οὐχ |
| Abr.1 | 13 | 2 | υἱὸς τοῦ πρωτοπλάστου ὁ ἐπιλεγόμενος Ἄβελ ὃν | * ἀπέκτεινεν * | Κάιν ὁ πονηρότατος καὶ κάθηται ὧδε κρῖναι |
| Abr.1 | 18 | 3 | δὲ Ἀβραὰμ πρὸς τὸν θάνατον τί τοῦτο ἐποίησας ὅτι | * ἀπέκτεινας * | πάντας τοὺς παῖδας καὶ παιδίσκας μου; ἢ ὁ |
| Abr.2 | 10 | 5 | ἀλλὰ ἀνέστης ἐπὶ τὸν καρπὸν τῆς κοιλίας σου καὶ | * ἀπέκτεινας * | αὐτήν. καὶ ἀπεκρίθη ἡ ψυχὴ καὶ εἶπεν φόνος οὐ |
| Abr.2 | 10 | 13 | τοῦ ἀνδρὸς τῆς θυγατρός σου ‹καὶ τὴν θυγατέρα σου | * ἀπέκτεινας›; * | καὶ τὰς ἄλλας ἁμαρτίας ἔλεγεν αὐτῇ ἐν ποίᾳ |
| TLevi | 12 | 5 | εἰσῆλθον εἰς γῆν Χανάαν καὶ ὀκτωκαίδεκα ἐτῶν ὅτε | * ἀπέκτεινα * | τὸν Συχὲμ καὶ ἐννεακαίδεκα ἐτῶν ἱεράτευσα καὶ |
| TLevi | 16 | 3 | πλάνον προσαγορεύσετε καὶ τέλος ὡς νομίζετε | * ἀποκτενεῖτε * | αὐτὸν οὐκ εἰδότες αὐτοῦ τὸ ἀνάστημα τὸ ἀθῷον |
| TJud. | 2 | 4 | ἀγρίαν κατέλαβον καὶ πιάσας ἡμέρωσα καὶ λέοντα | * ἀπέκτεινα * | καὶ ἀφελόμην ἔριφον ἐκ τοῦ στόματος αὐτοῦ. |
| TJud. | 3 | 3 | λίθον λιτρῶν ξ᾽ ἀκοντίσας ἔδωκα τῷ ἵππῳ καὶ | * ἀπέκτεινα * | αὐτόν. καὶ πολεμήσας τὸν Ἀχὼρ ἐπὶ ὥρας δύο |
| TJud. | 3 | 4 | αὐτόν. καὶ πολεμήσας τὸν Ἀχὼρ ἐπὶ ὥρας δύο | * ἀπέκτεινα * | αὐτὸν καὶ εἰς δύο μερίδας ποιήσας τὴν ἀσπίδα |
| TJud. | 4 | 1 | μετὰ τῶν ἀδελφῶν μου ἐδίωξα χιλίους ἄνδρας καὶ | * ἀπέκτεινα * | ἐξ αὐτῶν διακοσίους ἄνδρας καὶ τέσσαρες |
| TJud. | 5 | 7 | ἡμῶν συνήψαμεν πρὸς αὐτοὺς ἕως Θαφφοὺ κἀκείνους | * ἀπεκτείναμεν * | καὶ τὴν πόλιν ἐνεπρήσαμεν πάντα τὰ ἐν αὐτῇ |

TJud. 6 2 αὐτοῖς καὶ τοὺς ἀπὸ Σιλὼμ συμμάχους αὐτῶν * ἀπεκτείναμεν * καὶ οὐκ ἐδώκαμεν αὐτοῖς διέξοδον τοῦ
TJud. 6 3 ὅτι ἦσαν πλῆθος δυνατῶν ἐν αὐτοῖς καὶ * ἀπεκτείναμεν * αὐτοὺς πρὸ τοῦ ἀναβῆναι τὴν ἀνάβασιν. ὡς δὲ
TZab. 2 7 αὐτῶν. ἀναστὰς δὲ Ῥουβὴμ εἶπεν ἀδελφοὶ μὴ * ἀποκτείνωμεν * αὐτὸν ἀλλὰ ῥίψωμεν αὐτὸν εἰς ἕνα τῶν λάκκων
TGad 4 6 ἀνακαλέσασθαι οὕτως τὸ μῖσος τοὺς ζῶντας θέλει * ἀποκτεῖναι * καὶ τοὺς ἐν ὀλίγῳ ἁμαρτήσαντας οὐ θέλει ζῆν.
Asen. 23 4 καὶ πολεμήσομεν πρὸς Ἰωσὴφ τὸν ἀδελφὸν ὑμῶν καὶ * ἀποκτενῶ * αὐτὸν ἐν τῇ ῥομφαίᾳ μου καὶ ἕξω τὴν Ἀσενὲθ εἰς
Asen. 24 14 τὸ θέλημά σου. καὶ εἶπεν αὐτοῖς ὁ υἱὸς Φαραὼ ἐγὼ * ἀποκτενῶ * τὸν πατέρα μου Φαραὼ τῇ νυκτὶ ταύτῃ διότι Φαραὼ
Asen. 24 14 αὐτῷ τοῦ βοηθῆσαι αὐτῷ κατέναντι ὑμῶν. καὶ ὑμεῖς * ἀποκτείνατε * τὸν Ἰωσὴφ καὶ λήψομαι ἐμαυτῷ τὴν Ἀσενὲθ
Asen. 24 19 αὐτῇ καθὰ ἐπιθυμεῖ ἡ ψυχή σου. καὶ μετὰ ταῦτα * ἀποκτενοῦμεν * τὸν Ἰωσὴφ λυπούμενον περὶ Ἀσενὲθ καὶ τὰ
Asen. 24 19 Ἰωσὴφ λυπούμενον περὶ Ἀσενὲθ καὶ τὰ τέκνα αὐτοῦ * ἀποκτενοῦμεν * κατέναντι τῶν ὀφθαλμῶν αὐτοῦ. καὶ ἐχάρη ὁ
Asen. 25 1 καὶ ἦλθεν ἐπὶ τὸν θάλαμον τοῦ πατρὸς αὐτοῦ τοῦ * ἀποκτεῖναι * ἐν ῥομφαίᾳ τὸν πατέρα αὐτοῦ. καὶ οἱ φύλακες
Asen. 26 5 ἐν στόματι ῥομφαίας καὶ τοὺς προδρόμους αὐτῆς * ἀπέκτειναν * πάντας καὶ ἔφυγεν Ἀσενὲθ μετὰ τοῦ ὀχήματος
Asen. 27 5 καὶ ἠκόντισε Βενιαμὶν τοὺς πεντήκοντα λίθους καὶ * ἀπέκτεινε * τοὺς πεντήκοντα ἄνδρας τοὺς ὄντας μετὰ τοῦ
Asen. 27 6 αὐτοῖς ἄφνω καὶ κατέκοψαν αὐτοὺς πάντας καὶ * ἀπέκτειναν * δισχιλίους οἱ ἓξ ἄνδρες. καὶ ἔφυγον ἀπὸ
Asen. 27 8 ἐν χειρὶ μιᾷ τοῦ παιδαρίου Βενιαμίν. καὶ νῦν δεῦτε * ἀποκτείνωμεν * τὴν Ἀσενὲθ καὶ τὸν Βενιαμὶν καὶ φύγωμεν
Asen. 28 15 τοὺς ἄνδρας ἐκ τῆς ὀργῆς τῶν ἀδελφῶν αὐτῶν τοῦ μὴ * ἀποκτεῖναι * αὐτούς. καὶ αὐτοὶ ἦσαν ἐγγὺς ἐν τῇ ὕλῃ τοῦ
Jer. 9 21 τὸν θεὸν καὶ τὸν υἱὸν τοῦ θεοῦ. δεῦτε οὖν καὶ μὴ * ἀποκτείνωμεν * αὐτὸν τῷ ἐκείνου θανάτῳ ἀλλὰ λίθοις
Jer. 9 23 Ἱερεμίας σιωπήσατε καὶ μὴ κλαίετε οὐ μὴ γάρ με * ἀποκτείνωσιν * ἕως οὗ πάντα ὅσα εἶδον διηγήσωμαι ὑμῖν.
Prop. 3 2 αἰχμαλωσίας πολλὰ προφητεύσας τοῖς ἐν τῇ Ἰουδαίᾳ. * ἀπέκτεινεν * δὲ αὐτὸν ὁ ἡγούμενος τοῦ λαοῦ Ἰσραὴλ ἐκεῖ
Prop. 23 1 Ζαχαρίας ἐξ Ἱερουσαλὴμ υἱὸς Ἰωδαὲ τοῦ ἱερέως ὃν * ἀπέκτεινεν * Ἰωὰς ὁ βασιλεὺς Ἰούδα ἐχόμενα τοῦ
Job 17 5 καθ' ἡμῶν ὡς τυραννούντων, καὶ λοιπὸν ἐπαναστάντες * ἀποκτείνωσιν * ἡμᾶς. καὶ εἶπεν αὐτοῖς μὴ φοβηθῆτε ὅλως τὰ
FJub. 4 10 αὐτῷ δύο μὲν θυγατέρας ἄρρενας δὲ δώδεκα ἕνα μὲν * ἀποκτανθέντα * ἕνδεκα δὲ περιλειφθέντας τῷ βίῳ. γυνὴ Ἑνὼς
FIsa. 1 12 ἐν ἐκείνῃ δὲ τῇ ὥρᾳ διελογίζετο Ἑζεκίας τοῦ * ἀποκτεῖναι * τὸν υἱὸν αὐτοῦ Μανασσῆν. καὶ εἶπεν Ἡσαΐας
FAch. 118 καὶ μάχιμον ἔτι δὲ καὶ τὰς ὥρας αὐτῷ ἐσήμαινεν καὶ * ἀπέκτεινεν * αὐτὸν ἡ αἴλουρος τῇδε τῇ νυκτί. ὁ Νεκταναβὼν
FPho. 34 δὲ μὴ χρήιζοις μήτ' ἔκνομα μήτε δικαίως ἦν γὰρ * ἀποκτείνῃς * ἐχθρὸν σέο χεῖρα μιαίνεις. ἀγροῦ
HDem. 9 21 9 μηνῶν τεσσάρων Λευὶν δὲ ἐτῶν εἴκοσι μηνῶν ἓξ * ἀποκτεῖναι * τόν τε Ἐμμὼρ καὶ Συχὲμ τὸν υἱὸν αὐτοῦ καὶ
HHec. 1 22 203 παρελκύσας τὸ τόξον ἔβαλε καὶ τὸν ὄρνιθα πατάξας * ἀπέκτεινεν. * ἀγανακτούντων δὲ τοῦ μάντεως καὶ τινων ἄλλων
HHec. 1 22 204 τοῦτον οὐκ ἂν ἦλθε φοβούμενος μὴ τοξεύσας αὐτὸν * ἀποκτείνῃ * Μοσόλλαμος ὁ Ἰουδαῖος. διὰ τὴν ἐπιείκειαν καὶ
LEze. 9 29 12 16 καὶ καρποῦ χλόην. ἐπὶ πᾶσι τούτοις τέκν' * ἀποκτενῶ * βροτῶν πρωτόγονα. παύσω δ' ὕβριν ἀνθρώπων
FrAn. 1 227 8 - >υν καθ ημων κα< - - >και οργιζομεν< - - * απ>οκτιναι * ημας ομ< αμαρ>τιαις ταις σαις ο θς Ια<κωβ - -

ἀποκυλίω 1
TJud. 2 4 ἐκ τοῦ στόματος αὐτοῦ. ἄρκον λαβὼν ἐκ τοῦ ποδὸς * ἀπεκύλισα * εἰς κρημνὸν καὶ πᾶν θηρίον εἰ ἐπέστρεφε πρός

ἀποκωλύω 1
HArt. 9 27 19 θυγατρὶ καὶ τῷ γαμβρῷ κατασκευάσαι τὸν δὲ Μώϋσον * ἀποκωλῦσαι * στοχαζόμενον τῶν ὁμοφύλων τὸν δὲ Ῥαγουῆλον

ἀπολαμβάνω 7
TDan 5 8 τοῦτο ἀπαχθήσεσθε σὺν αὐτοῖς ἐν αἰχμαλωσίᾳ κἀκεῖ * ἀπολήψεσθε * πάσας τὰς πληγὰς Αἰγύπτου καὶ πάσας πονηρίας
Bar. 15 3 ἀποκένους φέροντας τοὺς κανίσκους δεῦτε καὶ ὑμεῖς * ἀπολάβετε * τὸν μισθὸν καθὼς ἠνέγκατε καὶ ἀπόδοτε τοῖς
Esdr. 1 14 τοῖς κυρίοις αὐτοῦ ἐπιτυχεῖν οὕτως καὶ ὁ δίκαιος * ἀπέλαβεν * τὸν μισθὸν αὐτοῦ ἐν οὐρανοῖς. ἀλλὰ τοὺς
Job 23 6 αὐτῇ λέγων εἰ μὴ ἄξιοι ἦτε τῶν κακῶν, οὐκ ἂν * ἀπελάβετε * αὐτὰ νῦν οὖν εἰ μὴ ἔχεις ἐν χερσίν σου
Job 43 16 χαιρέτωσαν οἱ ἅγιοι, ἀγαλλιάσθωσαν ἐν καρδίᾳ, ὅτι * ἀπείληφαν * τὴν δόξαν ἣν προσεδόκησαν. ἦρται ἡ ἁμαρτία
Aris. 14 7 δὲ ἐπεί τινα παρεύρεσιν εἰς τὴν ἀπόλυσιν αὐτῶν * ἀπελάβομεν * καθὼς προδεδήλωται τοιούτοις ἐχρησάμεθα
FrAn. 2 11 4 ὁ λαός μου ἀκαταστασίας καὶ θλίψεις ἔσχεν ἔπειτα * ἀπολήψεται * τὰ ἀγαθά. θυσία τῷ κυρίῳ καρδία συντετριμμένη

ἀπολάμπω 2
Asen. 14 9 καὶ αἱ χεῖρες καὶ οἱ πόδες ὥσπερ σίδηρος ἐκ πυρὸς * ἀπολάμπων * καὶ σπινθῆρες ἀπεπήδων ἀπό τε τῶν χειρῶν καὶ
Aris. 78 5 πρὸς τὴν τῶν ἀργυρῶν προσβλέψαι τις θέσιν ἤθελεν * ἀπέλαμπε * τὰ πάντα κυκλόθεν ὡς ἄν τις ἑστήκῃ καὶ διάχυσιν

ἀπόλαυσις 2
TJos. 5 4 ἀνεχώρησε θάλπουσά με δώροις καὶ πέμπουσα πᾶσαν * ἀπόλαυσιν * υἱῶν ἀνθρώπων. καὶ ἀποστέλλει μοι βρῶμα ἐν
Prop. 1 5 αὐτοῦ καὶ μετὰ θάνατον αὐτοῦ ὡσαύτως ἔχωσι τὴν * ἀπόλαυσιν * τοῦ ὕδατος ὅτι καὶ χρησμὸς ἐδόθη αὐτοῖς περὶ

ἀπολαύω 1
TJos. 7 6 τῆς ζωῆς μου καὶ τῶν τέκνων μου ἔχω προσδοκίαν * ἀπολαῦσαι * τῆς ἐπιθυμίας μου. καὶ οὐκ ἔγνω ὅτι διὰ τὸν

ἀπολείπω 11
Hen. 12 4 καὶ εἶπε τοῖς ἐγρηγόροις τοῦ οὐρανοῦ οἵτινες * ἀπολιπόντες * τὸν οὐρανὸν τὸν ὑψηλὸν τὸ ἁγίασμα τῆς
Hen. 15 3 ἀνθρώπων καὶ μὴ τοὺς ἀνθρώπους περὶ ὑμῶν. διά τί * ἀπελίπετε * τὸν οὐρανὸν τὸν ὑψηλὸν τὸν ἅγιον τοῦ αἰῶνος
TZab. 10 1 μὴ λυπεῖσθε ὅτι ἀποθνήσκω ἐγὼ μηδὲ συμπίπτετε ὅτι * ἀπολείπω. * ἀναστήσομαι γὰρ πάλιν ἐν μέσῳ ὑμῶν ὡς
Prop. 9 4 αὐτοῦ μαθητὴς καὶ πολλὰ παθὼν δι' αὐτὸν μετὰ ταῦτα * ἀπολιπὼν * τὴν λειτουργίαν τοῦ βασιλέως προεφήτευσε καὶ
Aris. 29 2 παρὰ Δημητρίου. προστάξαντός σου βασιλεῦ περὶ τῶν * ἀπολειπόντων * εἰς τὴν συμπλήρωσιν τῆς βιβλιοθήκης βιβλίων
Aris. 30 2 τῶν Ἰουδαίων βιβλία σὺν ἑτέροις ὀλίγοις τισὶν * ἀπολείπει * τυγχάνει γὰρ Ἑβραϊκοῖς γράμμασι καὶ φωνῇ
Aris. 221 3 τοῦ πυνθάνεσθαί τι τῶν ἀνδρῶν ἠρώτα τὸν πρῶτον τῶν * ἀπολιπόντων * πρὸς τὴν ἑξῆς ἐρώτησιν τίς ἐστιν ἀρχὴ
Aris. 226 4 ἄλλους μεταδοτικὸς ὢν καὶ μεγαλομερὴς οὐδέποτ' ἂν * ἀπολίποι * δόξης ἵνα δὲ τὰ προειρημένα σοι διαμένῃ τὸν
Aris. 262 2 τὸν πότον ἐπιτελουμένων καιροῦ δὲ γενομένου τοὺς * ἀπολιπόντας * ὁ βασιλεὺς ἐπηρώτα. πρὸς τὸν πρῶτον δὲ ἔφη
Aris. 275 4 ὁ βασιλεὺς καιροῦ γενομένου τὸν πρωτεύοντα τῶν * ἀπολιπόντων * τῆς ἐρωτήσεως πῶς ἂν ἀπαραλόγιστος εἴη;
FPho. 77 δ' ἔργων ἀπέχεσθαι. μὴ μιμοῦ κακότητα Δίκῃ δ' * ἀπόλειψον * ἄμυναν. Πειθὼ μὲν γὰρ ὄνειαρ Ἔρις δ' ἔριν

ἀπόλεμος 1
Sib. 3 707 κύκλοθεν ὡσεὶ τεῖχος ἔχων πυρὸς αἰθομένοιο. * ἀπτόλεμοι * δ' ἔσσονται ἐν ἄστεσιν ἠδ' ἐνὶ χώραις. οὐ χεὶρ

ἀπολήγω 1
FAch. 110 καὶ διὰ λόγων μεμαστιγῶσθαι ἀποκαρτερήσας τοῦ βίου * ἀπέληξεν. * ὁ δὲ Αἴσωπος λαμπρῶς αὐτὸν ἔθαψε πενθήσας.

ἀπόλλυμι 103
Adam 25 2 τρόποις καὶ ἐν μιᾷ ὥρᾳ ἔλθεις τοῦ τεκεῖν καὶ * ἀπολέσεις * τὴν ζωήν σου ἐκ τῆς ἀνάγκης σου τῆς μεγάλης
Hen. 1 7 ἡ γῆ σχίσμα ῥαγάδι καὶ πάντα ὅσα ἐστὶν ἐπὶ τῆς γῆς * ἀπολεῖται * καὶ κρίσις ἔσται κατὰ πάντων. καὶ μετὰ τῶν
Hen. 1 9 τοῖς ἁγίοις αὐτοῦ ποιῆσαι κρίσιν κατὰ πάντων καὶ * ἀπολέσει * πάντας τοὺς ἀσεβεῖς καὶ ἐλέγξει πᾶσαν σάρκα
Hen. 5 5 ὑμῶν ὑμεῖς καταράσεσθε καὶ τὰ ἔτη τῆς ζωῆς ὑμῶν * ἀπολεῖται * καὶ τὰ ἔτη τῆς ἀπωλείας ὑμῶν πληθυνθήσεται ἐν
Hen. 8 4 Σεριὴλ σεληναγωγίας. τῶν οὖν ἀνθρώπων * ἀπολλυμένων * ἡ βο<ὴ> εἰς οὐρανοὺς ἀνέβη. πρῶτος Ἀζαὴλ ὁ
Hen. 10 2 καὶ δήλωσον αὐτῷ τέλος ἐπερχόμενον ὅτι ἡ γῆ * ἀπόλλυται * πᾶσα καὶ κατακλυσμὸς μέλλει γίνεσθαι πάσης τῆς
Hen. 10 2 καὶ κατακλυσμὸς μέλλει γίνεσθαι πάσης τῆς γῆς καὶ * ἀπολέσει * πάντα ὅσα ἐστὶν <ἐν> αὐτῇ. καὶ δίδαξον αὐτὸν
Hen. 10 7 τῆς γῆς δήλωσον ἵνα ἰάσωνται τὴν πληγὴν ἵνα μὴ * ἀπόλωνται * πάντες οἱ υἱοὶ τῶν ἀνθρώπων ἐν τῷ μυστηρίῳ ὅλῳ
Hen. 10 9 ἐπὶ τοὺς κιβδήλους καὶ τοὺς υἱοὺς τῆς πορνείας καὶ * ἀπόλεσον * τοὺς υἱοὺς τῶν ἐγρηγόρων ἀπὸ τῶν ἀνθρώπων
Hen. 10 15 αὐτῶν ὁμοῦ δεθήσονται μέχρι τελειώσεως γενεᾶς. * ἀπόλεσον * πάντα τὰ πνεύματα τῶν κιβδήλων καὶ τοὺς υἱοὺς
Hen. 10 16 τῶν ἐγρηγόρων διὰ τὸ ἀδικῆσαι τοὺς ἀνθρώπους. καὶ * ἀπόλεσον * τὴν ἀδικίαν πᾶσαν ἀπὸ τῆς γῆς καὶ πᾶν ἔργον
Hen. 10B 2 καὶ δήλωσον αὐτῷ τέλος ἐπερχόμενον ὅτι ἡ γῆ * ἀπόλλυται * πᾶσα καὶ εἶπον αὐτῷ ὅτι κατακλυσμὸς μέλλει
Hen. 10B 2 αὐτῷ ὅτι κατακλυσμὸς μέλλει γίνεσθαι πάσης τῆς γῆς * ἀπολέσαι * πάντα ἀπὸ προσώπου τῆς γῆς. δίδαξον τὸν δίκαιον
Hen. 10B 7 τῆς πληγῆς δήλωσον ἵνα ἰάσωνται τὴν πληγὴν καὶ μὴ * ἀπόλωνται * πάντες οἱ υἱοὶ τῶν ἀνθρώπων ἐν τῷ μυστηρίῳ ὃ
Hen. 10B 9 ἐπὶ τοὺς κιβδήλους ἐπὶ τοὺς υἱοὺς τῆς πορνείας καὶ * ἀπόλεσον * τοὺς υἱοὺς τῶν ἐγρηγόρων ἀπὸ τῶν υἱῶν τῶν
Hen. 15 4 ποιοῦσιν σάρκα καὶ αἷμα οἵτινες ἀποθνήσκουσιν καὶ * ἀπόλλυνται. * διὰ τοῦτο ἔδωκα αὐτοῖς θηλείας ἵνα
Hen. 22 7 ἀδελφὸς καὶ Ἄβελ ἐντυγχάνει περὶ αὐτοῦ μέχρι τοῦ * ἀπολέσαι * τὸ σπέρμα αὐτοῦ ἀπὸ προσώπου τῆς γῆς καὶ ἀπὸ
Hen. 89 43 εἰς τοὺς ἀλώπεκας καὶ μετ' αὐτοὺς εἰς τοὺς ὕας καὶ * ἀπώλεσεν * ὕας πολλοὺς καὶ μετ' αὐτοὺς <ἐλυμήνα>το τοὺς
Hen. 90 4 ἀφ' ὑμῶν μέχρι καιροῦ σφαγῆς τῶν υἱῶν ὑμῶν. καὶ * ἀπολοῦνται * οἱ ἀγαπητοὶ ὑμῶν καὶ ἀποθανοῦνται οἱ ἔντιμοι
Hen. 98 3 αὐτοὺς μηδὲ φρόνησιν μηδεμίαν <ἔχειν>. οὕτω * ἀπολεῖσθε * κοινῶς μετὰ πάντων <τῶν> ὑπαρχόντων ὑμῶν <καὶ
Hen. 98 9 μέχρι τῆς κρίσεως ὑμῶν. οὐαὶ ὑμῖν ἄφρονες ὅτι * ἀπολεῖσθε * διὰ τὴν ἀφροσύνην ὑμῶν καὶ τῶν <φρονίμων> οὐ
Hen. 98 16 ὑμεῖς αὐτοὶ καὶ οὐκ ἔστιν ὑμῖν χαίρειν ἀλλὰ ταχέως * ἀπολεῖσθε. * οὐαὶ ὑμῖν οἱ ποιοῦντες πλανήματα καὶ τοῖς
Hen. 99 1 ἔργοις τοῖς ψευδέσιν λαμβάνοντες τιμὴν καὶ δόξαν * ἀπολώλατε * οὐκ ἔστιν ὑμῖν σωτηρία εἰς ἀγαθόν. οὐαὶ ὑμῖν
Hen. 99 9 ψευδῆ ἃ ἐποιήσατε καὶ ἐλαεργ<ήσατε> καὶ ἐπὶ μιᾶς * ἀπολεῖσθε. * καὶ τότε μακάριοι πάντες οἱ ἀκούσαντες
Hen. 99 16 ὑμῶν> καὶ ἐπεγερεῖ τὸν θυμὸν <αὐτοῦ καθ'> ὑμῶν * ἀπολεῖ * πάντας ὑ<μᾶς ἐν ῥομ>φαίᾳ καὶ πάντες οἱ δί<καιοι
Hen. 101 5 ὅτι ἡ <θάλασσα κα>ταπίεται αὐτοὺς καὶ ἐν αὐτ<ῇ * ἀπολοῦν>ται. * οὐχὶ πᾶσα ἡ θάλασσα καὶ <πάντα τὰ> ὕδατα
Hen. 102 11 δικαιοσύνη οὐχ εὑρέθη ἐν αὐτοῖς ἕως ἀπέθανον καὶ * ἀπώλοντο * καὶ ἐγένοντο ὡς οὐκ ὄντες καὶ κατέβησαν αἱ
Hen. 103 4 τῶν ἀποθανόντων εὐσεβῶν καὶ χαρήσονται καὶ οὐ μὴ * ἀπόλωνται * τὰ πνεύματα αὐτῶν οὐδὲ τὸ μνημόσυνον ἀπὸ
Hen. 103 10 καὶ ἀντιλήμπτορα οὐχ εὑρήκαμεν συντετριμμένοι καὶ * ἀπολώλαμεν * καὶ ἀπηλπίσμεθα καὶ μηκέτι εἰδέναι σωτηρίαν
Hen. 107 1 τοῦ ἀνασ<τῆναι> γενεὰν δικαιοσύνης καὶ ἡ κακία * ἀπολεῖται * καὶ ἡ ἁμαρτία ἀλλάξει ἀπὸ τῆς γῆς καὶ τὰ ἀγαθὰ
Abr.1 10 5 φόνον ἐργάσασθαι καὶ κλέψαι καὶ θῦσαι καὶ * ἀπολέσαι. * εἶπεν δὲ Ἀβραὰμ κύριε εἰσάκουσον τῆς φωνῆς
Abr.1 10 13 εἰ γὰρ ἴδῃ πάντας τοὺς ἐν ἁμαρτίᾳ διάγοντας καὶ * ἀπολέσει * πᾶν τὸ ἀνάστημα ἰδοὺ γὰρ ὁ Ἀβραὰμ οὐχ ἥμαρτεν
Abr.1 10 14 οὐκ ἐλεῶ ἐγὼ δὲ ἐποίησα τὸν κόσμον καὶ οὐ θέλω * ἀπολέσαι * ἐξ αὐτῶν οὐδένα ἀναμένω δὲ τὸν θάνατον τῶν
Abr.1 10 15 καὶ μετανοήσῃ ἐπὶ τὰς ψυχὰς <τῶν ἁμαρτωλῶν> ἃς * ἀπώλεσεν. * ἔστρεψεν δὲ ὁ Μιχαὴλ τὸ ἅρμα καὶ ἤνεγκεν τὸν
Abr.1 11 11 ἐπὶ τῇ ἀπωλείᾳ τῶν ἁμαρτωλῶν διότι πολλοί εἰσιν οἱ * ἀπολλύμενοι * ὀλίγοι δέ οἱ σωζόμενοι εἰς γὰρ τὰς
Abr.1 14 11 τῶν ψυχῶν τῶν ἁμαρτωλῶν οὓς ἐγώ ποτε κακοφρονήσας * ἀπώλεσα * οὓς ποτε κατέπιεν ἡ γῆ καὶ οὓς διεμερίσαντο τὰ
Abr.1 14 14 ἀφίεταί σοι ἡ ἁμαρτία καὶ οὓς ποτε νομίζεις ὅτι * ἀπώλεσας * ἐγὼ αὐτοὺς ἀνεκαλεσάμην καὶ εἰς ζωὴν αἰώνιον

TRub. 3 8 πνεῦμα συνάπτεται πλάνη καὶ φαντασίᾳ. καὶ οὕτως * ἀπόλλυται * πᾶς νεώτερος σκοτίζων τὸν νοῦν ἀπὸ τῆς
TRub. 4 7 εἰς ᾅδην οὐκ ἐν καιρῷ αὐτῶν. καὶ γὰρ πολλοὺς * ἀπώλεσεν * ἡ πορνεία ὅτι κἂν ᾖ τις γέρων ἢ εὐγενὴς ὄνειδος
TSim. 6 3 καὶ οἱ κλάδοι αὐτῶν ἕως εἰς μακρὰν ἔσονται. τότε * ἀπολεῖται * σπέρμα Χανάαν καὶ ἐγκατάλειμμα οὐκ ἔσται τῷ
TSim. 6 3 Χανάαν καὶ ἐγκατάλειμμα οὐκ ἔσται τῷ Ἀμαλὴκ καὶ * ἀπολοῦνται * πάντες οἱ Καππάδοκες καὶ πάντες οἱ Χετταῖοι
TSim. 6 4 τότε ἐκλείψει ἡ γῆ Χὰμ καὶ πᾶς ὁ λαὸς * ἀπολεῖται. * τότε καταπαύσει ἡ γῆ πᾶσα ἀπὸ ταραχῆς καὶ
TLevi 4 6 αὐτὸν εὐλογημένος ἔσται οἱ δὲ καταρώμενοι αὐτὸν * ἀπολοῦνται. * καὶ ἤνοιξέ μοι ὁ ἄγγελος τὰς πύλας τοῦ
TLevi 13 7 καὶ χῶραι καὶ χρυσὸς καὶ ἄργυρος καὶ πᾶσα κτῆσις * ἀπολεῖται * τοῦ σοφοῦ τὴν σοφίαν οὐδεὶς δύναται ἀφελέσθαι
TJud. 16 3 καὶ συκοφαντίας καὶ παραβάσεως ἐντολῶν θεοῦ καὶ * ἀπολεῖσθε * οὐκ ἐν καιρῷ ὑμῶν. καίγε μυστήρια θεοῦ καὶ
TJud. 19 2 αὐτὴν εἰς ἔκστασιν ἐμπεσεῖν. διὰ ἀργύριον ἐγὼ * ἀπώλεσα * τὰ τέκνα μου καὶ εἰ μὴ ἡ μετάνοια σαρκός μου καὶ
TIss. 5 8 τοῦ πατρὸς ὑμῶν περιπατήσατε ὅτι καὶ τῷ Γὰδ ἐδόθη * ἀπολέσαι * τὰ πειρατήρια τὰ ἐπερχόμενα τῷ Ἰσραήλ. οἶδα
TZab. 10 3 ἐπὶ δὲ τοὺς ἀσεβεῖς ἐπάξει κύριος πῦρ αἰώνιον καὶ * ἀπολέσει * αὐτοὺς ἕως γενεῶν. τέως ἐγὼ εἰς τὴν ἀνάπαυσιν
TDan 2 1 καὶ ἀγαπήσητε τὴν ἀλήθειαν καὶ τὴν μακροθυμίαν * ἀπολεῖσθε. * τύφλωσίς ἐστιν ἐν τῷ θυμῷ τέκνα μου καὶ οὐκ
TDan 4 5 θροεῖσθε ὅτι αὐτὸ τὸ πνεῦμα ἐπιθυμῆσαι ποιεῖ τοῦ * ἀπολομένου * ἵνα θυμωθῇ διὰ τοῦ πόθου. ἐὰν ζημιωθῆτε
TAser 4 2 κακοῦ ὅλον ἐστὶ δὲ καλὸν ὅτι τὸ κακὸν ἐκριζώσας * ἀπώλεσεν. * ἔστι τις μισῶν τὸν ἐλεήμονα καὶ ἄδικον τὸν
TAser 7 1 ὡς Σόδομα ἥτις ἠγνόησε τοὺς ἀγγέλους κυρίου καὶ * ἀπώλετο * ἕως αἰῶνος. οἶδα γὰρ ὅτι ἁμαρτήσετε καὶ
TJos. 7 5 σου ἡ ἀντίζηλός σου κολαφίσει τὰ τέκνα σου καὶ * ἀπολέσει * τὸ μνημόσυνόν σου ἀπὸ τῆς γῆς. καὶ λέγει πρός
TJos. 19 3 ὥρμουν κατ' αὐτοῦ καὶ ἐνίκησεν αὐτὰ ὁ ἀμνὸς καὶ * ἀπώλεσεν * εἰς καταπάτησιν. καὶ ἔχαιρον ἐπ' αὐτῷ οἱ
TBen. 9 1 τοῦ δικαίου. πορνεύσετε γὰρ πορνείαν Σοδόμων καὶ * ἀπολεῖσθε * ἕως βραχὺ καὶ ἀνανεώσεσθε ἐν γυναιξὶ στρήνους
Asen. 11 4 μήτηρ μου διότι κἀγὼ μεμίσηκα τοὺς θεοὺς αὐτῶν καὶ * ἀπώλεσα * αὐτοὺς καὶ ἔδωκα αὐτοὺς καταπατεῖσθαι ὑπὸ τῶν
Asen. 11 5 ἔστι θυγάτηρ ἡμῶν Ἀσενὲθ διότι τοὺς θεοὺς ἡμῶν * ἀπώλεσεν. * καὶ πάντες ἄνθρωποι μισοῦσί με διότι κἀγὼ
Asen. 12 9 τοῦ λέοντός εἰσι καὶ ἔρριψα πάντας ἀπ' ἐμοῦ καὶ * ἀπώλεσα * αὐτούς. καὶ ὁ λέων ὁ πατὴρ αὐτῶν θυμωθεὶς
Asen. 12 11 καταπίεταί με τὸ κῆτος τὸ μέγα τὸ ἀπ' αἰῶνος καὶ * ἀπολοῦμαι * εἰς τὸν αἰῶνα χρόνον. ῥῦσαί με κύριε πρὶν ἔλθη
Asen. 12 12 με καὶ εἶπον οὐκ ἔστιν ἡμῶν θυγάτηρ Ἀσενὲθ διότι * ἀπώλεσα * καὶ συνέτριψα τοὺς θεοὺς αὐτῶν καὶ μεμίσηκα
Asen. 19 5 Ἀσενὲθ καὶ τὰ εἴδωλα πάντα ἀπέρριψα ἀπ' ἐμοῦ καὶ * ἀπώλοντο. * καὶ ἄνθρωπος ἦλθε πρός με ἐκ τοῦ οὐρανοῦ
Asen. 27 7 ἀδελφοὶ αὐτῶν οἱ υἱοὶ Βάλλας καὶ Ζέλφας καὶ εἶπον * ἀπολώλαμεν * ἀπὸ τῶν ἀδελφῶν ἡμῶν καὶ τέθνηκεν ὁ υἱὸς
Asen. 27 7 Βενιαμὶν τοῦ παιδαρίου καὶ πάντες οἱ μετ' αὐτοῦ * ἀπολώλασιν * ἐν χειρὶ μιᾷ τοῦ παιδαρίου Βενιαμίν. καὶ νῦν
Sal. 8 20 ἤγαγεν αὐτὸν μετὰ ἀσφαλείας ἐν τῇ πλανήσει αὐτῶν. * ἀπώλεσεν * ἄρχοντας αὐτῶν καὶ πᾶν σοφὸν ἐν βουλῇ ἐξέχεεν
Sal. 12 4 φοβουμένων κύριον ἐν πυρὶ φλογὸς γλῶσσα ψίθυρος * ἀπόλοιτο * ἀπὸ ὁσίων. φυλάξαι κύριος ψυχὴν ἡσύχιον
Sal. 12 6 ἡ σωτηρία ἐπὶ Ισραηλ παῖδα αὐτοῦ εἰς τὸν αἰῶνα καὶ * ἀπόλοιντο * οἱ ἁμαρτωλοὶ ἀπὸ προσώπου κυρίου ἅπαξ καὶ
Sal. 15 12 αἱ γὰρ ἁμαρτίαι ἐξερημώσουσιν οἴκους ἁμαρτωλῶν καὶ * ἀπολοῦνται * ἁμαρτωλοὶ ἐν ἡμέρᾳ κρίσεως κυρίου εἰς τὸν
Sal. 15 13 ἐν τῇ ἐλεημοσύνῃ τοῦ θεοῦ αὐτῶν καὶ ἁμαρτωλοὶ * ἀπολοῦνται * εἰς τὸν αἰῶνα χρόνον. ὕμνος τῷ Σαλωμων εἰς
Jer. 1 1 ἔξελθε ἐκ τῆς πόλεως ταύτης σὺ καὶ Βαροὺχ ἐπειδὴ * ἀπολῶ * αὐτὴν διὰ τὸ πλῆθος τῶν ἁμαρτιῶν τῶν κατοικούντων
Jer. 1 7 ἔξελθε ἐκ τῆς πόλεως ταύτης σὺ καὶ Βαροὺχ ἐπειδὴ * ἀπολῶ * αὐτὴν διὰ τὸ πλῆθος τῶν ἁμαρτιῶν τῶν κατοικούντων
Jer. 3 4 δὲ Ἱερεμίας τοὺς ἀγγέλους λέγων παρακαλῶ ὑμᾶς μὴ * ἀπολέσθαι * τὴν πόλιν ἄρτι ἕως ἂν λαλήσω πρὸς κύριον ῥῆμα.
Jer. 3 4 ῥῆμα. ἐλάλησεν δὲ κύριος τοῖς ἀγγέλοις λέγων μὴ * ἀπολέσητε * τὴν πόλιν ἕως ἂν λαλήσω πρὸς τὸν ἐκλεκτόν μου
Bar. 4 10 ἐποίησεν ὁ θεὸς τὸν κατακλυσμὸν ἐπὶ τῆς γῆς καὶ * ἀπώλεσε * πᾶσαν σάρκα καὶ τὰς τετρακοσίας ἐννέα χιλιάδας
Bar. 4 13 εἶπεν ἄρα φυτεύσω αὐτὸ ἢ τί; ἐπεὶ Ἀδὰμ δι' αὐτοῦ * ἀπώλετο * μὴ καὶ αὐτὸς ὀργῆς θεοῦ ἐπιτύχω δι' αὐτοῦ. καὶ
Prop. 1 1 δρυὸς Ῥωγὴλ ἐχόμενα τῆς διαβάσεως τῶν ὑδάτων ὧν * ἀπώλεσεν * Ἐζεκίας χώσας αὐτά. καὶ ὁ θεὸς τὸ σημεῖον τοῦ
Prop. 3 12 ἐκλείπουσι ζωὴν ἐλθεῖν ἐκ θεοῦ παρεκάλεσεν. οὗτος * ἀπολλυμένου * τοῦ λαοῦ ὑπὸ τῶν ἐχθρῶν προσῆλθε τοῖς
Prop. 3 13 ἐπαύσαντο. τοῦτο ἔλεγεν αὐτοῖς ὅτι διαπεφωνήκαμεν * ἀπώλετο * ἡ ἐλπὶς ἡμῶν καὶ ἐν τέρατι τῶν ὀστέων τῶν νεκρῶν
Prop. 4 4 υἱοῦ αὐτοῦ ὅτε ἐγένετο θηρίον καὶ κτῆνος ἵνα μὴ * ἀπόληται. * ἦν τὰ ἐμπρόσθια ὡς βοῦς σὺν τῇ κεφαλῇ καὶ οἱ
Prop. 11 2 ἔδωκεν ὅτι ὑπὸ ὑδάτων γλυκέων καὶ πυρὸς ὑπογείου * ἀπολεῖται * ὃ καὶ γέγονεν. ἡ γὰρ περιέχουσα αὐτὴν λίμνη
Esdr. 2 17 αὐτὸν ὁ ὄφις σὺ δὲ ὃν θέλεις σῴζεις καὶ ὃν θέλεις * ἀπολεῖς. * καὶ εἶπεν ὁ προφήτης δευτέραν διέλθωμεν κύριέ
Esdr. 4 38 τὸ ἐξώτερον. τότε ὁ οὐρανὸς καὶ ἡ γῆ καὶ ἡ θάλασσα * ἀπολοῦνται. * τότε τὸν οὐρανὸν καύσω πήχας ὀγδοήκοντα καὶ
Sedr. 3 6 λέγει αὐτῷ Σεδρὰχ εἰ ταῦτα ἐποίησας διά τί * ἀπώλεσας * αὐτόν; εἶπεν δὲ ὁ κύριος ὁ ἄνθρωπος ἔργον μου
Sedr. 15 5 οὗτοί εἰσιν οἱ πορεύοντες ἀσεβέσιν ὁδοῖς καὶ * ἀπολύμενοι * μετὰ τοῦ ἀντιχρίστου. λέγει Σεδρὰχ κύριέ μου
Job 17 6 μὴ φοβηθῆτε ὅλως τὰ πλεῖονα τῶν κτημάτων αὐτοῦ ἤδη * ἀπώλεσα * ἐν πυρὶ τὰ ἄλλα ᾐχμαλώτευσα, καὶ ἰδοὺ καὶ τὰ
Job 17 6 τὰ ἄλλα ᾐχμαλώτευσα, καὶ ἰδοὺ καὶ τὰ τέκνα αὐτοῦ * ἀπολέσω. * ταῦτα δὲ λέγων αὐτοῖς ἀπῆλθεν καὶ κατέβαλεν τὴν
Job 18 7 ἀνέμων ἔρριψεν εἰς θάλασσαν τὸ φορτίον λέγων θέλω * ἀπολέσθαι * τὰ πάντα, μόνον εἰσελθεῖν εἰς τὴν πόλιν ταύτην
Job 20 1 κυρίου εὐλογημένον. τῶν οὖν ὑπαρχόντων μοι πάντων * ἀπολομένων * ἔμαθεν ὁ Σατανᾶς ὅτι οὐδὲν δύναταί με εἰς
Job 24 2 καὶ λάτρις τόπον ἐκ τόπου περιερχομένη διὸ * ἀπώλετο * ἀπὸ γῆς τὸ μνημόσυνόν σου, οἱ υἱοί μου καὶ αἱ
Job 42 6 ὅπως ἀφαιρεθῇ ὑμῶν ἡ ἁμαρτία εἰ μὴ γὰρ δι' αὐτόν, * ἀπώλεσα * ἂν ὑμᾶς. καὶ αὐτοὶ δὲ προσανήνεγκάν μοι τὰ πρὸς
Sib. 4 90 ἅλωσις Κᾶρες δ' οἰκήσουσι Τύρον Τύριοι δ' * ἀπολοῦνται. * καὶ Σάμον ἄμμος ἅπασαν ὑπ' ἠιόνεσσι καλύψει
Sib. 4 152 μέλαν ὕδωρ. ἀλλ' ὅταν εὐσεβίης μὲν ἀπ' ἀνθρώπων * ἀπόληται * πίστις καὶ τὸ δίκαιον ἀποκρυφθῇ ἐνὶ κόσμῳ ---
Sib. 5 35 μιν ἐόντα. τρεῖς δὲ μετ' αὐτὸν ἄνακτες ὑπ' ἀλλήλων * ἀπολοῦνται. * εἶτά τις εὐσεβέων ὀλετὴρ ἥξει μέγας ἀνδρῶν
Sib. 5 121 φανεῖται. Λέσβος ὅλη δύσει βαθὺν εἰς βυθὸν ὥστ' * ἀπολέσθαι. * Σμύρνα κατὰ κρημνῶν ἑλισσομένη ποτὲ κλαύσει
Sib. 5 134 Λαπίθας δάπεδον κατὰ γῆν ἐναρίξει. Θεσσαλίην χώρην * ἀπολεῖ * ποταμὸς βαθυδίνης Πηνειὸς βαθύρους μορφὰς θηρῶν
Sib. 5 142 ὅστις παμμούσῳ φθόγγῳ μελιηδέας ὕμνους θεατροκοπῶν * ἀπολεῖ * πολλοὺς σὺν μητρὶ ταλαίνῃ. φεύξεται ἐκ Βαβυλῶνος
Sib. 5 212 γαῖαν +ἄστρων δ' ἐν μαχίμοις+ καινὴ φύσις ὥστ' * ἀπολέσθαι * ἐν πυρὶ καὶ στοναχαῖσιν ὅλην γῆν Αἰθιοπήων.
Sib. 5 290 αἰαῖ πολυήρατε Τράλλις αἰαῖ Λαοδίκεια καλὴ πόλι ὡς * ἀπολεῖσθε * σεισμοῖς ὀλλύμεναί τε καὶ εἰς κόνιν
Sib. 5 325 ἑλεῖν Φοίβου τὴν γείτονα χώραν Μίλητον τρυφερὴν * ἀπολεῖ * πρηστήρ ποτ' ἄνωθεν ἀνθ' ὧν εἵλετο τὴν Φοίβου
FAch. 106 καὶ ἔλεγεν στενάζων τὸν κιονά μου τῆς βασιλείας * ἀπώλεσα * διὰ τὴν ἐμὴν ἀβουλίαν. καὶ οὔτε βρωτοῦ οὔτε
ISop. 5 122 1 τῶν ἀδίκων. κἄπειτα σώσει πάντα ἃ πρόσθ(εν) * ἀπώλεσεν. * τὴν τοῦδε γάρ τοι Ζεὺς ἔγημε μητέρα οὐ
HAri. 9 25 3 γὰρ αὐτοῦ τούς τε ὄνους καὶ τοὺς βοῦς ὑπὸ λῃστῶν * ἀπολέσθαι * εἶτα τὰ πρόβατα ὑπὸ πυρὸς ἐκ τοῦ οὐρανοῦ
FrAn. 9 17 5 προφήτου ἐξαπίνης αὐτῷ μάλα κεχαρισμένος ὁ παῖς * ἀπολώλει. * συμβαλὼν δὲ κατὰ θεομηνίαν τοιούτῳ παθήματι
FrAn. 1 217 22 τὸν ἀρχιερέα νῦν ἐλεύσεται ἄνθρωπος πρός σε τὸν * ἀπολεσθέντα * πολυθρύλλητον λίθον ἐκ τῆς διπλοΐδος Ἀαρὼν

ἀπόλλω 1

Abr.2 12 12 ἐάσῃς αὐτὸν κυκλῶσαι πᾶσαν τὴν κτίσιν εἰ δὲ μή γε * ἀπόλλει * ὅλην τὴν κτίσιν ἣν ἐποίησα οὐ σπλαχνίζεται γὰρ

ἀπολογέομαι 3

Aris. 170 1 δικαίαν. ἐμοὶ μὲν οὖν καλῶς ἐνόμιζε περὶ ἑκάστων * ἀπολογεῖσθαι * καὶ γὰρ ἐπὶ τῶν προσφερομένων ἔλεγε μόσχων
FAch. 108 ἀποκατασταθεὶς ἐλθὼν ἠσπάσατο τὸν βασιλέα καὶ * ἀπελογεῖτο * πῶς ψεῦδος αὐτοῦ κατηγόρησεν ὁ υἱοποίητος καὶ
FrAn. 9 17 5 ὑπὸ τοὺς πόδας αὐτοῦ τὸ μειράκιον ἔθαψεν * ἀπολογούμενος * ταύτῃ ὑπὲρ ὧν εἰς αὐτὸν ἥμαρτε. καὶ

ἀπολούω 1

Adam 37 3 καὶ ἀπήγαγεν αὐτὸν εἰς τὴν Ἀχερουσίαν λίμνην καὶ * ἀπέλουσεν * αὐτὸν τρίτον καὶ ἤγαγεν αὐτὸν ἐνώπιον τοῦ

ἀπόλυσις 3

Aris. 14 7 ἀγῶσιν ἡμεῖς δὲ ἐπεί τινα παρεύρεσιν εἰς τὴν * ἀπόλυσιν * αὐτῶν ἀπελάβομεν καθὼς προδεδήλωται τοιούτοις
Aris. 16 7 δὲ σύμπαντας ἀνθρώπους τῇ λαμπρότητι τῆς ψυχῆς * ἀπόλυσιν * ποιῆσαι τῶν ἐνεχομένων ταῖς οἰκετίαις. οὐδὲ
Aris. 19 7 ὅπως χαριστήριον ἀναθῇ τῷ μεγίστῳ θεῷ τὴν τούτων * ἀπόλυσιν. * μεγίστως γὰρ τετιμημένος ὑπὸ τοῦ κρατοῦντος τὰ

ἀπολυτρόω 2

Aris. 20 6 ἡμῶν προαίρεσιν καὶ συναναγκάσαντος αὐτὸν * ἀπολυτρῶσαι * μὴ μόνον τοὺς συνεληλυθότας τῷ στρατοπέδῳ
HAno. 9 17 5 δὲ παραγενομένων πρὸς αὐτὸν ὅπως χρήματα λαβὼν * ἀπολυτρώσῃ * ταῦτα μὴ προελέσθαι τοῖς δυστυχοῦσιν

ἀπολύτρωσις 2

Aris. 12 3 καὶ Ἀνδρέαν τοὺς ἀρχισωματοφύλακας περὶ τῆς * ἀπολυτρώσεως * τῶν μετηγμένων ἐκ τῆς Ἰουδαίας ὑπὸ τοῦ
Aris. 33 3 περὶ τούτων σημάναντας καὶ τὴν γενομένην * ἀπολύτρωσιν * τῶν αἰχμαλώτων. ἔδωκε δὲ καὶ εἰς κατασκευὴν

ἀπολύω 18

TSim. 2 11 ἐγὼ δὲ ὠργίσθην πρὸς τὸν Ἰούδαν ὅτι ζῶντα αὐτὸν * ἀπέλυσε * καὶ ἐποίησα μῆνας πέντε ὀργιζόμενος αὐτῷ ἐπὶ τῷ
TJos. 15 7 με λέγοντες ὅτι ἐν ἀργυρίῳ ἠγοράσθη ἡμῖν. κἀκεῖνος * ἀπέλυσεν * ἡμᾶς. ἡ δὲ Μέμφις ἐδήλωσε τῷ ἀνδρὶ αὐτῆς
Jer. 3 16 τὴν κεφαλήν σου ἡ δόξα. καὶ ταῦτα εἰπὼν Ἱερεμίας * ἀπέλυσεν * αὐτὸν Ἀβιμέλεχ δὲ ἐπορεύθη καθὰ εἶπεν αὐτῷ.
Bar. 3 5 ἐν τῇ ὥρᾳ τοῦ τεκεῖν αὐτὴν οὐ συνεχωρήθη * ἀπολυθῆναι * ἀλλὰ πλινθεύουσα ἔτεκεν καὶ τὸ τέκνον αὐτῆς
Aris. 15 6 πληθῶν ἱκανῶν; ἀλλὰ τελείᾳ καὶ πλουσίᾳ ψυχῇ * ἀπόλυσον * τοὺς συνεχομένους ἐν ταλαιπωρίαις κατευθύνοντός
Aris. 17 3 διάνοιαν αὐτοῦ κατασκευάσαι πρὸς τὸ τοὺς ἅπαντας * ἀπολυθῆναι * κτίσμα γὰρ ὂν θεοῦ τὸ γένος τῶν ἀνθρώπων καὶ
Aris. 22 8 ἢ καὶ μετὰ ταῦτά εἰσιν εἰσηγμένοι τῶν τοιούτων * ἀπολύειν * παραχρῆμα τοὺς ἔχοντας κομιζομένους αὐτίκα
Aris. 24 7 κομιζομένους τοὺς ἔχοντας τὸ προκείμενον κεφάλαιον * ἀπολύειν * καὶ μηδένα κακοσχόλως περὶ τούτων μηδὲν
Aris. 139 6 μηδὲν ἁγνοὶ καθεστῶτες κατὰ σῶμα καὶ κατὰ ψυχὴν * ἀπολελυμένοι * ματαίων δοξῶν τὸν μόνον θεὸν καὶ δυνατὸν
Aris. 174 3 ἀνδράσιν ἐντυχεῖν ἐκέλευσε τοὺς λοιποὺς πάντας * ἀπολῦσαι * τοὺς ἐπὶ τῶν χρειῶν καλεῖν δὲ τοὺς ἀνθρώπους.
Aris. 175 7 μείζονος καὶ τὴν ὑπεροχὴν κρίνων τοῦ πέμψαντος * ἀπολύσας * οὓς ἐνόμιζε περισσοὺς ὑπέμενε περιπατῶν ἕως ἂν
Aris. 268 5 ἀνέκφευκτα γινόμενα. τελευτήσασι μὲν γὰρ καὶ κακῶν * ἀπολελυμένοις * οὐχ ὑπογράφει λύπην ὁ λόγος ἀλλὰ ἐφ'
Aris. 303 3 μετὰ δὲ ταῦτα περὶ τὴν τοῦ σώματος θεραπείαν * ἀπελύοντο * γίνεσθαι χορηγουμένων αὐτοῖς δαψιλῶς ὧν
Aris. 304 5 ἡμέραν καὶ ποιησάμενοι τὸν ἀσπασμὸν τοῦ βασιλέως * ἀπελύοντο * πρὸς τὸν ἑαυτῶν τόπον. ὡς δὲ ἔθος ἐστὶ πᾶσι
HArt. 9 27 22 διότι προστάσσειν αὐτῷ τὸν τῆς οἰκουμένης δεσπότην * ἀπολῦσαι * τοὺς Ἰουδαίους. τὸν δὲ πυθόμενον εἰς φυλακὴν
HArt. 9 27 29 γενομένων τῶν τεράτων φάναι μετὰ μῆνα τοὺς λαοὺς * ἀπολύσειν * ἐὰν ἀποκαταστήσῃ τὸν ποταμὸν τὸν δὲ Μώϋσον
HArt. 9 27 34 συμφοραῖς περιπεσόντα τὸν βασιλέα τοὺς Ἰουδαίους * ἀπολῦσαι * τοὺς δὲ χρησαμένους παρὰ τῶν Αἰγυπτίων πολλὰ
HAri. 9 25 4 ἀγασθέντα τὴν εὐψυχίαν αὐτοῦ τῆς τε νόσου αὐτὸν * ἀπολῦσαι * καὶ πολλῶν κύριον ὑπάρξεων ποιῆσαι.

```
άπομένω                              2
Asen.    19    3  Ἰωσὴφ εἰς τὴν αὐλὴν καὶ ἐκλείσθησαν αἱ πύλαι καὶ  *  ἀπέμειναν  *  ἔξω πάντες ἀλλότριοι. καὶ ἐξῆλθεν Ἀσενὲθ ἐκ
Job      12    4  ἀνάγκην ἔχεις λαβεῖν. καὶ οὐκ ἔων μισθὸν μισθωτοῦ  *  ἀπομεῖναι  *  παρ' ἐμοὶ ἐν τῇ οἰκίᾳ μου. διεφώνουν δέ οἱ
άπομερίζω                           1
Aris.    26    6  ἐκέλευσέ τε τὴν τῶν διαφόρων δόσιν ἁθρόαν οὖσαν  *  ἀπομερίσαι  *  τοῖς ὑπηρέταις τῶν ταγμάτων καὶ βασιλικοῖς
άπόμοιρα                            1
Sib.      3  245 δήμῳ τοῖς μηδὲν ἔχουσιν ἀλλὰ πενιχρομένοισι θέρους  *  ἀπόμοιραν  *  ἰάλλει πληροῦντες μεγάλοιο θεοῦ φάτιν ἔννομον
άπονέμω                             3
Asen.    28   14 μηκόθεν ἀπὸ προσώπου ὑμῶν. λοιπὸν συγγνώμην αὐτοῖς  *  ἀπονείματε.  *  καὶ ἦλθε πρὸς αὐτὴν Λευὶς καὶ κατεφίλησε τὴν
Aris.    24    2  καταδυναστεία. πᾶσιν οὖν ἀνθρώποις τὸ δίκαιον  *  ἀπονέμειν  *  ὁμολογούμενοι πολλῷ δὲ μᾶλλον τοῖς ἀλόγως
HArt.  9  27    4     εἶναι δὲ καὶ αἰλούρους καὶ κύνας καὶ ἴβεις  *  ἀπονεῖμαι  *  δὲ καὶ τοῖς ἱερεῦσιν ἐξαίρετον χώραν. ταῦτα δὲ
άπονίζω                             1
Aris.   306    2  διασάφησιν. ἐπηρώτησα δὲ καὶ τοῦτο τίνος χάριν  *  ἀπονιζόμενοι  *  τὰς χεῖρας τὸ τηνικαῦτα εὔχονται; διεσάφουν
άπονίπτω                            1
Asen.    29    5  καὶ ἀνέστησε Λευὶς τὸν υἱὸν Φαραὼ ἐκ τῆς γῆς καὶ  *  ἀπένιψε  *  τὸ αἷμα ἀπὸ τοῦ προσώπου αὐτοῦ καὶ ἔδησε
Aris.   305    2 ἑαυτῶν τόπον. ὡς δὲ ἔθος ἐστὶ πᾶσι τοῖς Ἰουδαίοις  *  ἀπονιψάμενοι  *  τῇ θαλάσσῃ τὰς χεῖρας ὡς ἂν εὔξωνται πρὸς
άπονοσφίζω                          1
Sib.      5  520     ἀφήρπασε νόστιμον ἦμαρ. καὶ Ζυγὸν Ὠρίων  *  ἀπενόσφισε  *  μηκέτι μεῖναι Παρθένος ἐν Κριῷ Διδύμων
άποξενόω                            1
HArt.  9  27   13   κατακρύπτειν θέλοντα τὰ τοῦ Μωϋσου ἐπινοήματα.  *  ἀποξενωσάντων  *  δὲ αὐτῶν τῶν Αἰγυπτίων ὁρκωμοτῆσαι τοὺς
άποπάτημα                           1
HEup.  9  34   11 τοῖς φατνώμασι τῶν πυλῶν καὶ στοῶν καὶ μολύνῃ τοῖς  *  ἀποπατήμασι  *  τὸ ἱερόν. περιβαλεῖν δὲ καὶ τὰ Ἱεροσόλυμα
άποπαύω                             2
LAri. 13  12   11     τὸ δὲ διασαφούμενον διὰ τῆς νομοθεσίας  *  ἀποπεπαυκέναι  *  τὸν θεὸν ἐν αὐτῇ τοῦτο οὐχ ὡς τινες
άποπέμπω                            2
Asen.     7    4   μετὰ χρυσίου καὶ ἀργυρίου καὶ δώρων πολυτίμων  *  ἀπέπεμπεν  *  Ἰωσὴφ μετὰ ἀπειλῆς καὶ ὕβρεως διότι ἔλεγεν
HEup.  9  34   17 τὴν στοὰν τάλαντα μύρια ὀκτακισχίλια πεντήκοντα.  *  ἀποπέμψαι  *  δὲ τὸν Σολομῶνα καὶ τοὺς Αἰγυπτίους καὶ τοὺς
άποπηδάω                            3
TZab.     4    2    αὐτοῖς προσεῖχε δὲ τῷ λάκκῳ ὅτι ἐφοβεῖτο μὴ  *  ἀποπηδήσαντες  *  Συμεὼν καὶ Γὰδ ἀνέλωσιν αὐτόν. καὶ ὁρῶντες
Asen.    14    9   ὥσπερ σίδηρος ἐκ πυρὸς ἀπολάμπων καὶ σπινθῆρες  *  ἀπεπήδων  *  ἀπό τε τῶν χειρῶν καὶ τῶν ποδῶν αὐτοῦ. καὶ
Asen.    16   13  Ἀσενὲθ τὴν χεῖρα τοῦ ἀνθρώπου διότι σπινθῆρες  *  ἀπεπήδων  *  ἀπὸ τῆς χειρὸς αὐτοῦ ὡς ἀπὸ σιδήρου
άποπίπτω                            2
TJud.    21    4 ἱερατεία τῆς ἐπὶ γῆς βασιλείας ἐὰν μὴ δι' ἁμαρτίας  *  ἀποπέσῃ  *  κυρίου καὶ κυριευθῇ ὑπὸ τῆς ἐπιγείου βασιλείας.
Sal.      4   16    ἀφαιρεθείη ὕπνος ἀπὸ κροτάφων αὐτοῦ ἐν νυκτὶ  *  ἀποπέσοι  *  ἀπὸ παντὸς ἔργου χειρῶν αὐτοῦ ἐν ἀτιμίᾳ. κενὸς
άποπλανάω                           5
Hen.     6Β    2     ὡραῖαι. καὶ ἐπεθύμησαν αὐτάς οἱ ἐγρήγοροι καὶ  *  ἀπεπλανήθησαν  *  ὀπίσω αὐτῶν καὶ εἶπον πρὸς ἀλλήλους
Hen.      8    2    καὶ ἐγένετο ἀσέβεια πολλὴ καὶ ἐπόρνευσαν καὶ  *  ἀπεπλανήθησαν  *  καὶ ἠφανίσθησαν ἐν πάσαις ταῖς ὁδοῖς
Hen.     98   15  καὶ λόγους πλανήσεως αὐτοὶ γράφουσιν καὶ πολλοὺς  *  ἀποπλανήσουσιν  *  τοῖς ψεύδεσιν αὐτῶν πλανᾶσθε ὑμεῖς αὐτοὶ
Hen.    100    9  ⟨ἔργοις⟩ τῶν χειρῶν ὑμῶν ὅτι ἀπὸ τῶν ἁγίων ἔργων  *  ἀπεπλα⟨νήθητε⟩  *  --⟩φλεγομ⟨--- ⟩ πᾶσα νεφέλη καὶ ὁμίχλη καὶ
TRub.     4    1     ἐν φόβῳ κυρίου καὶ μοχθοῦντες ἐν ἔργοις καὶ  *  ἀποπλανώμενοι  *  ἐν γράμμασι καὶ ἐν τοῖς ποιμνίοις ὑμῶν ἕως
άποπλάνησις                         2
TIss.     7    3 οὐκ ἐπόρνευσα ἐν μετεωρισμῷ ὀφθαλμῶν μου οἶνον εἰς  *  ἀποπλάνησιν  *  οὐκ ἔπιον πᾶν ἐπιθύμημα τοῦ πλησίον οὐκ
TJos.     6    2    μάχαιραν. καὶ συνῆκα ὅτι ἡ περιεργία αὐτῆς εἰς  *  ἀποπλάνησιν  *  ψυχῆς ἐστίν. καὶ ἐξελθόντος αὐτοῦ ἔκλαιον
άποπλύνω                            1
Asen.    18   10    καὶ οὐκ ἔνιψε τὸ πρόσωπον αὐτῆς εἶπε γὰρ μήποτε  *  ἀποπλύνω  *  τὸ κάλλος τὸ μέγα τοῦτο. καὶ ἦλθεν ὁ τροφεὺς
άποπνίγω                            3
Abr.1    19   11 ἁρπαζόμενοι καὶ ὑπὸ μεγίστων ποταμῶν ἐπαιρόμενοι  *  ἀποπνίγονται  *  καὶ τελευτῶσιν ἄωρος τὸν θάνατον βλέπουσιν
FJub.    48   14     ὃν τρόπον τὰ βρέφη τῶν Ἑβραίων ἐν τῷ ποταμῷ  *  ἀπέπνιγον  *  χιλίων ἀνδρῶν ἀποπνιγέντων ἰσχυρῶν Αἰγυπτίων
FJub.    48   14  τῶν Ἑβραίων ἐν τῷ ποταμῷ ἀπέπνιγον χιλίων ἀνδρῶν  *  ἀποπνιγέντων  *  ἰσχυρῶν Αἰγυπτίων ἀνθ' ἑνὸς βρέφους
άπορέω (ἄπορος)                     4
TJud.    10    2 Μεσοποταμίας θυγατέρα Ἀράμ. ἦν δὲ Ἤρ πονηρὸς καὶ  *  ἠπορεῖτο  *  περὶ τῆς Θαμάρ ὅτι οὐκ ἦν ἐκ γῆς Χανάαν. καὶ
Job      11    2   ὑπηρετεῖν τῇ διακονίᾳ καὶ ἄλλοι τινὲς ἦσάν ποτε  *  ἀποροῦντες  *  καὶ μηδὲν δυνάμενοι ἀναλῶσαι ἤρχοντο
FAch.   121       ἐρούμεν αὐτῷ ἀκηκοέναι καὶ εἰδέναι καὶ ἐπὶ τούτοις  *  ἀπορηθείς  *  νικηθήσεται. ὁ δὲ βασιλεὺς ἀκούσας περιχαρὴς
FAch.   122    εὖρεν αὐτὸν μετὰ τῶν φίλων προσδεχόμενον πρὸς τὸ  *  ἀπορῆσαι.  *  ὁ δὲ Αἴσωπος ἐκβαλὼν τὸ χειρόγραφον ⟨ψευδῆ⟩
άπόρθητος                           1
FAch.   110        μὴ ἐπὶ χρήμασι τὰ μὲν γὰρ καιρὸς ἀφείλετο ἡ δὲ  *  ἀπόρθητος  *  διαμένει. ἐὰν εὐτυχήσῃς μὴ μνησικακήσῃς τοῖς
άπορία                              5
Sal.      4   15     ἡ εἴσοδος αὐτοῦ ἐν ἀρᾷ ἐν ὀδύναις καὶ πενίᾳ καὶ  *  ἀπορίᾳ  *  ἡ ζωὴ αὐτοῦ κύριε ὁ ὕπνος αὐτοῦ ἐν λύπαις καὶ ἡ
Sal.      4   15     ὁ ὕπνος αὐτοῦ ἐν λύπαις καὶ ἡ ἐξέγερσις αὐτοῦ ἐν  *  ἀπορίαις.  *  ἀφαιρεθείη ὕπνος ἀπὸ κροτάφων αὐτοῦ ἐν νυκτὶ
Sal.     12    4    μακρύναι ὁ θεὸς ἀπὸ ἀκάκων χείλη παρανόμων ἐν  *  ἀπορίᾳ  *  καὶ σκορπισθείησαν ὀστᾶ ψιθύρων ἀπὸ φοβουμένων
Job      24    9    δὸς τὸ ἀργύριον καὶ λήψει. καὶ ἐμὲ δὲ δεῖξαι τὴν  *  ἀπορίαν  *  ἡμῶν αὐτῷ καὶ ἀκούσαι παρ' αὐτοῦ εἰ μὴ ἔχεις, ὦ
Job      32   10 σὺ εἰ ὁ τὸ ἄλειμμα ἔχων ἐκ τοῦ λιβάνου, νυνὶ δὲ ἐν  *  ἀπορίᾳ  *  ὦν ποῦ οὖν τυγχάνει ἡ δόξα τοῦ θρόνου σου; σὺ εἰ
άπορρήγνυμι                         1
Sib.      3  436     παῖς Αἰτώλιος ἐξεναρίξει. Κύζικε καὶ σοι πόντος  *  ἀπορρήξει  *  βαρὺν ὄλβον. καὶ σύ ποτ' + Ἄρη Βυζάντιον
άπόρρητος                           2
Asen.    16   14   μακαρία εἶ σὺ Ἀσενὲθ διότι ἀπεκαλύφθη σοι τὰ  *  ἀπόρρητα  *  μυστήρια τοῦ ὑψίστου καὶ μακάριοι πάντες οἱ
FAch.   109       ἡ ἀμαθῇ καλεῖσθαι. τῇ γυναικί σου κρύπτου καὶ  *  ἀπορρήτων  *  μηδὲν αὐτῇ δῆλον τίθει τὸ γὰρ γένος ἀντίπαλον
άπορρίπτω                           8
TZab.     9    9  πάλιν ἐν πονηρίᾳ λόγων ὑμῶν παροργίσετε αὐτὸν καὶ  *  ἀπορριφήσεσθε  *  ἕως καιροῦ συντελείας. καὶ νῦν τέκνα μου
TDan.     6    8 οὖν ἑαυτοὺς τέκνα μου ἀπὸ παντὸς ἔργου πονηροῦ καὶ  *  ἀπορρίψατε  *  τὸν θυμὸν καὶ πᾶν ψεῦδος καὶ ἀγαπήσατε τὴν
TNep.     3    1   καρδίας συνήσετε τὸ θέλημα τοῦ θεοῦ κρατεῖν καὶ  *  ἀπορρίπτειν  *  τὸ θέλημα τοῦ διαβόλου. ἥλιος καὶ σελήνη καὶ
TAser     1    7  ἁμάρτῃ εὐθὺς μετανοεῖ. δίκαια γὰρ λογιζόμενος καὶ  *  ἀπορρίπτων  *  τὴν πονηρίαν ἀνατρέπει εὐθὺς τὸ κακὸν καὶ
Asen.    19    5    εἰμι ἡ παιδίσκη σου Ἀσενὲθ καὶ τὰ εἴδωλα πάντα  *  ἀπέρριψα  *  ἀπ' ἐμοῦ καὶ ἀπώλοντο. καὶ ἄνθρωπος ἦλθε πρὸς
Sal.      2    4    τὰ δῶρα τοῦ θεοῦ ἐν ἀνομίαις. ἕνεκεν τούτων εἶπεν  *  ἀπορρίψατε  *  αὐτὰ μακρὰν ἀπ' ἐμοῦ οὐκ εὐδοκῶ ἐν αὐτοῖς. τὸ
Sal.      2   21   περιέθηκεν αὐτῇ ὁ θεὸς ἐν ἀτιμίᾳ τὸ κάλλος αὐτῆς  *  ἀπερρίφη  *  ἐπὶ τὴν γῆν. καὶ ἐγὼ εἶδον καὶ ἐδεήθην τοῦ
Sal.      9    1     αὐτοὺς ἀπὸ κυρίου τοῦ λυτρωσαμένου αὐτοὺς  *  ἀπερρίφησαν  *  ἀπὸ κληρονομίας ἧς ἔδωκεν αὐτοῖς κύριος. ἐν
άπορρώξ                             1
IOrp.         27 ἴδοι θνητῶν μερόπων κραίνοντα εἰ μὴ μουνογενής τις  *  ἀπορρώξ  *  φύλου ἄνωθεν Χαλδαίων ἴδρις γὰρ ἔην ἄστροιο
άποσείω                             1
Asen.    14   15    αὐτῆς καὶ ἑτέραν ζώνην ἐπὶ τῷ στήθει αὐτῆς. καὶ  *  ἀπεσείσατο  *  τὴν τέφραν ἐκ τῆς κεφαλῆς αὐτῆς καὶ ἐνίψατο
άποσκευή                            1
LEze.  9  29 14 17 καὶ δάμαρσιν ἔμπονοι κόπῳ κτήνη τε πολλὰ καὶ δόμων  *  ἀποσκευὴ  *  αὐτοὶ δ' ἄνοπλοι πάντες εἰς μάχην χέρας ἰδόντες
άποσκηνόω                           1
Sal.      7    1      αὐτὸν ἐν ἀληθείᾳ. τῷ Σαλωμων ἐπιστροφῆς. μὴ  *  ἀποσκηνώσῃς  *  ἀφ' ἡμῶν ὁ θεὸς ἵνα μὴ ἐπιθῶνται ἡμῖν οἳ
άποσκολοπίζω                        1
TLevi     4    4    πλὴν οἱ υἱοί σου ἐπιβαλοῦσι χεῖρας ἐπ' αὐτὸν τοῦ  *  ἀποσκολοπίσαι  *  αὐτόν. καὶ διὰ τοῦτο δέδοται σοι βουλὴ καὶ
άποσκοπεύω                          1
Sal.      3    5 κύριον ἔπεσεν καὶ ἀποβλέπει τί ποιήσει αὐτῷ ὁ θεὸς  *  ἀποσκοπεύει  *  ὅθεν ἥξει σωτηρία αὐτοῦ. ἀλήθεια τῶν δικαίων
άποσοβέω                            2
FJub.     3   16  ἡμέρας ἐν τῷ ἱερῷ κατὰ τὸν θεῖον νόμον. ὁ Ἀδὰμ  *  ἀπεσόβει  *  τὰ πετεινὰ καὶ ἑρπετὰ συνῆγε τὸν καρπὸν ἐν
HEup.  9  34   11   ὅλας τὰς δίκτυας πρὸς τὸ ψοφεῖν τοὺς κώδονας καὶ  *  ἀποσοβεῖν  *  τὰ ὄρνεα ὅπως μὴ καθίζῃ ἐπὶ τοῦ ἱεροῦ μηδὲ
άποσπάω                             1
Sedr.    10    4  μεγάλη ἀνάγκη τοῦ χωρισθῆναι ἀπὸ τοῦ σώματος καὶ  *  ἀποσπασθῆναι  *  τῇ καρδίᾳ. ταῦτα πάντα ἀκούσας ὁ Σεδρὰχ καὶ
άποστασία                           1
FJub.    10   21  ἐκείνου ⟨Νεβρὼδ⟩ μάλιστα παρορμῶντος αὐτοὺς εἰς  *  ἀποστασίαν  *  συνεχύθησαν διαιρεθέντες εἰς πολυγλωσσίαν ὑπὸ
άπόστασις                           1
FIsa. 1   2    4 διαβόλῳ. ⟨Μ⟩ανασσῇ καὶ κατε⟨δυ⟩νάμου αὐτὸν ἐν ⟨τῇ⟩  *  ἀποστάσει  *  καὶ τῇ ⟨ἀν⟩ομίᾳ ἥτις ἐσπάρη ἐν ⟨Ἱ⟩ερουσαλήμ.
άποστέλλω                          95
Adam      6    2    καὶ προσεύξομαι καὶ εἰσακούσεταί μου κύριος καὶ  *  ἀποστελεῖ  *  τὸν ἄγγελον αὐτοῦ καὶ ἐνέγκω σοι ἵνα καταπαύσῃ
Adam      9    3   δεόμενοι τοῦ θεοῦ ὅπως σπλαγχνισθῇ ἐπ' ἐμοὶ καὶ  *  ἀποστείλῃ  *  τὸν ἄγγελον αὐτοῦ εἰς τὸν παράδεισον καὶ δώσῃ
Adam     13    1    παραδείσου. καὶ ἔκλαυσαν δεόμενοι τοῦ θεοῦ ὅπως  *  ἀποστείλῃ  *  τὸν ἄγγελον αὐτοῦ καὶ δώσει αὐτοῖς τὸ ἔλαιον
Adam     13    2    αὐτοῦ καὶ δώσει αὐτοῖς τὸ ἔλαιον τοῦ ἐλέου. καὶ  *  ἀπέστειλε  *  ὁ θεὸς Μιχαὴλ τὸν ἀρχάγγελον. καὶ εἶπεν αὐτῷ
Adam     40    7   καὶ ἐποίησεν ὀρυγῆναι τῶν δύο τὸν τόπον. καὶ  *  ἀπέστειλεν  *  ὁ θεὸς ἑπτὰ ἀγγέλους εἰς τὸν παράδεισον καὶ
```

| | | | | | |
|---|---|---|---|---|---|
| Hen. | 89 | 45 | πορεύεσθαι ἀνοδίᾳ. καὶ ὁ κύριος τῶν προβάτων | * ἀπέστειλεν * | τὸν ἄρνα τοῦτον ἐπὶ ἄρνα ἕτερον τοῦ στῆσαι |
| Hen. | 98 | 4 | τοῦ πυρὸς ἐμβληθήσεται.⟩ ---ἐπὶ τὴν ⟨γῆν οὐκ | * ἀπεστάλη * | ἀλλ' αὐτήν οἱ ἄνθρω⟩ποι ἀφ' ἑαυτῶν ⟨ἔκτισαν καὶ |
| Hen. | 101 | 3 | τὸν ὄμβρον καταβῆναι εἵνεκα ὑμῶν τί ποιήσετε; ἐὰν | * ἀποστείληται * | τὸν θυμὸν αὐτοῦ ἐφ' ὑμᾶς καὶ ἐπὶ τὰ ἔργα |
| Abr.1 | 2 | 6 | μεγάλης πόλεως ἔρχομαι παρὰ τοῦ μεγάλου βασιλέως | * ἀπεστάλην * | διαδοχὴν φίλου αὐτοῦ γνησίου ἀποκομίζομαι ὅτι |
| Abr.1 | 4 | 10 | μὴ σὺ μελετῶ καθεζομένου γάρ σου μετ' αὐτοῦ ἐγὼ | * ἀποστελῶ * | ἐπὶ σέ πνεῦμα παμφάγον καὶ ἀναλίσκει ἐκ τῶν |
| Abr.1 | 7 | 8 | ἐκ τοῦ οὐρανοῦ καταβὰς οὗτός ἐστιν ὁ ἐκ τοῦ θεοῦ | * ἀποσταλεὶς * | ὁ μέλλων λαβεῖν τὴν δικαίαν σου ψυχὴν καὶ νῦν |
| Abr.1 | 7 | 11 | ἀρχιστράτηγος ⟨ὁ παρεστηκὼς ἐνώπιον τοῦ θεοῦ⟩ καὶ | * ἀπεστάλην * | πρός σε ὅπως ἀναγγείλω σοι τὴν μνήμην τοῦ |
| Abr.1 | 7 | 12 | νῦν ἔγνωκα κἀγὼ ὅτι σὺ εἶ ἄγγελος κυρίου καὶ | * ἀπεστάλης * | λαβεῖν τὴν ψυχήν μου ἀλλ' οὐ μή σε ἀκολουθήσω |
| Abr.1 | 8 | 10 | τῇ τοῦ θανάτου δρεπάνῃ συλλέγονται ἐπί σε δὲ οὐκ | * ἀπεστάλη * | θάνατος οὐκ εἴασα ὡς θανατηφόρον ἀπελθεῖν οὐ |
| Abr.1 | 8 | 11 | πρὸς παράκλησιν τῶν ἀγαθῶν τὸν ἐμὸν ἀρχιστράτηγον | * ἀπέστειλα * | πρός σε ἵνα γνώσῃς τὴν ἐκ τοῦ κόσμου |
| Abr.1 | 18 | 3 | παῖδας καὶ παιδίσκας μου; ἢ ὁ θεὸς ἐν τούτῳ σε | * ἀπέστειλεν; * | καὶ ὁ θάνατος εἶπεν οὐχὶ κύριέ μου οὐκ ἔστιν |
| Abr.1 | 18 | 4 | μου οὐκ ἔστιν οὕτως ὡς σὺ λέγεις ἐγὼ δὲ διά σέ | * ἀπεστάλην * | ἕως ὧδε. εἶπεν δὲ Ἀβραὰμ πρὸς τὸν θάνατον καὶ |
| Abr.1 | 18 | 11 | τὴν γῆν προσευχόμενος καὶ ὁ θάνατος σὺν αὐτῷ καὶ | * ἀπέστειλεν * | ὁ θεὸς πνεῦμα ζωῆς ἐπὶ τοὺς τελευτήσαντας καὶ |
| Abr.2 | 4 | 9 | εἶπεν ὁ κύριος λέγε Μιχαήλ. καὶ εἶπεν κύριε σύ με | * ἀπέστειλας * | πρὸς Ἀβραὰμ τὸν παῖδά σου εἰπεῖν αὐτῷ |
| Abr.2 | 4 | 11 | ξένους ὑποδεχόμενος παρακαλῶ οὖν κύριε κέλευσον | * ἀποστεῖλαι * | τὴν μνήμην τοῦ θανάτου Ἀβραὰμ ἐν τῇ καρδίᾳ |
| Abr.2 | 11 | 4 | τοῦ οὐρανοῦ καὶ γραμματεὺς τῆς δικαιοσύνης καὶ | * ἀπέστειλεν * | δὲ αὐτὸν ὁ κύριος ἐνταῦθα ὅπως ἀναγράφεται |
| Abr.2 | 13 | 2 | κόσμησον τὸν θάνατον ἐν πολλῇ ὡραιότητι καὶ | * ἀπόστειλον * | αὐτὸν πρὸς Ἀβραὰμ ὅπως θεάσηται τοῖς |
| Abr.2 | 13 | 3 | ἐκόσμησεν τὸν θάνατον ἐν πολλῇ ὡραιότητι καὶ | * ἀπέστειλε * | πρὸς Ἀβραάμ. ἰδὼν δὲ Ἀβραὰμ τὸν θάνατον |
| TSim. | 2 | 7 | ἤπατά μου τοῦ ἀνελεῖν αὐτὸν ὅτι ὁ ἄρχων τῆς πλάνης | * ἀποστείλας * | τὸ πνεῦμα τοῦ ζήλου ἐτύφλωσέ μου τὸν νοῦν μὴ |
| TSim. | 2 | 8 | ἀλλ' ὁ θεὸς αὐτοῦ καὶ ὁ θεὸς τῶν πατέρων αὐτοῦ | * ἀποστείλας * | τὸν ἄγγελον αὐτοῦ ἐρρύσατο αὐτὸν ἐκ τῶν |
| TLevi | 5 | 3 | Συχὲμ ὑπὲρ Δίνας κἀγὼ ἔσομαι μετά σου ὅτι κύριος | * ἀπέσταλκέ * | με. καὶ συνετέλεσα τῷ καιρῷ ἐκείνῳ τοὺς υἱοὺς |
| TZab. | 8 | 2 | ἐλεήσῃ ὑμᾶς ὅτι καίγε ἐπ' ἐσχάτων ἡμερῶν ὁ θεὸς | * ἀποστέλλει * | τὸ σπλάγχνον αὐτοῦ ἐπὶ τῆς γῆς καὶ ὅπου εὕρῃ |
| TJos. | 6 | 1 | καὶ πέμπουσα πᾶσαν ἀπόλαυσιν υἱῶν ἀνθρώπων. καὶ | * ἀποστέλλει * | μοι βρῶμα ἐν γοητείᾳ πεφυραμένον. καὶ ὡς |
| TJos. | 14 | 1 | ἡ δὲ Μέμφις ἑώρα διὰ θυρίδος τυπτομένου μου καὶ | * ἀποστέλλει * | πρὸς τὸν ἄνδρα αὐτῆς λέγουσα ἄδικός ἐστιν ἡ |
| TJos. | 16 | 2 | με ἀκούω γάρ φησίν ὅτι πωλοῦσιν αὐτόν. καὶ | * ἀπέστειλεν * | εὐνοῦχον τοῖς Ἰσμαηλίταις αἰτοῦσά με εἰς |
| TJos. | 16 | 4 | δεσποίνῃ ὅτι πολλὴν αἰτοῦσι τιμὴν τοῦ παιδός. ἡ δὲ | * ἀπέστειλεν * | ἕτερον εὐνοῦχον λέγουσα ἐὰν καὶ δύο μνᾶς |
| TBen. | 9 | 2 | συναχθήσονται καὶ πάντα τὰ ἔθνη ἕως οὗ ὁ ὕψιστος | * ἀποστείλῃ * | τὸ σωτήριον αὐτοῦ ἐν ἐπισκοπῇ μονογενοῦς |
| Asen. | 3 | 2 | ἐκείνης. καὶ ὡς ἤγγισεν τῇ πόλει ἐκείνῃ Ἰωσὴφ | * ἀπέστειλεν * | ἔμπροσθεν αὐτοῦ δώδεκα ἄνδρας πρὸς Πεντεφρῆ |
| Asen. | 15 | 1 | καὶ ἔστη ἐνώπιον αὐτοῦ. καὶ εἶπεν αὐτῇ ὁ ἄνθρωπος | * ἀπόστειλον * | δὴ τὸ θέριστρον ἀπὸ τῆς κεφαλῆς σου καὶ ἵνα |
| Asen. | 15 | 2 | καὶ ἡ κεφαλή σού ἐστιν ὡς ἀνδρὸς νεανίσκου. καὶ | * ἀπέστειλεν * | Ἀσενὲθ τὸ θέριστρον ἀπὸ τῆς κεφαλῆς αὐτῆς. |
| Asen. | 21 | 4 | σου γυνὴ ἀπὸ τοῦ νῦν καὶ εἰς τὸν αἰῶνα χρόνον. καὶ | * ἀπέστειλε * | Φαραὼ καὶ ἐκάλεσε τὸν Πεντεφρῆ ⟨καὶ ἦλθε⟩ καὶ |
| Asen. | 23 | 2 | τὸ κάλλος αὐτῆς καὶ εἶπεν οὐχὶ οὕτως ἔσται. καὶ | * ἀπέστειλεν * | ἀγγέλους ὁ υἱὸς Φαραὼ καὶ ἐκάλεσε πρὸς ἑαυτὸν |
| Asen. | 24 | 3 | ἔσονταί σοι ὑποχείριοι κατὰ τὸ θέλημά σου. καὶ | * ἀπέστειλεν * | ὁ υἱὸς Φαραὼ ἀγγέλους καὶ ἐκάλεσεν αὐτοὺς |
| Sal. | 7 | 4 | σου παίδευσον ἡμᾶς καὶ μὴ δῷς ἔθνεσιν. ἐὰν γὰρ | * ἀποστείλῃς * | θάνατον σὺ ἐντελῇ αὐτῷ περὶ ἡμῶν ὅτι σὺ |
| Jer. | 3 | 10 | αὐτὸν καὶ μὴ λυπηθῇ. καὶ εἶπε κύριος τῷ Ἰερεμίᾳ | * ἀπόστειλον * | αὐτὸν εἰς τὸν ἀμπελῶνα τοῦ Ἀγρίππα καὶ ἐν τῇ |
| Jer. | 3 | 15 | δέ οἱ δύο καὶ ἔκλαυσαν. πρωΐας δὲ γενομένης | * ἀπέστειλεν * | Ἰερεμίας τὸν Ἀβιμέλεχ λέγων ἆρον τὸν |
| Jer. | 5 | 5 | Ἰερεμίας ὁ πατήρ μου εἰ μὴ γὰρ ἐσπούδαζεν οὐκ ἂν | * ἀπέστειλέ * | με ὄρθρου σήμερον. ἀναστὰς οὖν πορεύσομαι τῷ |
| Jer. | 5 | 25 | ἀπελθεῖν εἰς Βαβυλῶνα. πόση γὰρ ὥρα ἐστίν ἀφ' οὗ | * ἀπέστειλέ * | με ὁ πατήρ μου Ἰερεμίας εἰς τὸ χωρίον τοῦ |
| Jer. | 6 | 8 | εὐξώμεθα ἵνα γνωρίσῃ ἡμῖν ὁ κύριος πῶς δυνησώμεθα | * ἀποστεῖλαι * | τὴν φάσιν τῷ Ἰερεμίᾳ εἰς Βαβυλῶνα διὰ τὴν |
| Jer. | 6 | 10 | γνῶσις ἐν τῇ καρδίᾳ ἡμῶν. τί ποιήσωμεν καὶ πῶς | * ἀποστείλωμεν * | πρὸς Ἰερεμίαν εἰς Βαβυλῶνα τὴν φάσιν |
| Jer. | 6 | 12 | τούτους ὁ σύμβουλος τοῦ φωτὸς μὴ μεριμνήσῃς τὸ πῶς | * ἀποστείλῃς * | πρὸς Ἰερεμίαν ἔρχεται γὰρ πρός σε ὥρα τοῦ |
| Jer. | 6 | 16 | ὁ ἄγγελος ἀπῆλθεν ἀπὸ τοῦ Βαρούχ. ὁ δὲ Βαροὺχ | * ἀπέστειλεν * | εἰς τὴν ἀγορὰν τῶν ἐθνῶν καὶ ἤνεγκε χάρτην |
| Jer. | 6 | 19 | τῶν πατέρων ἡμῶν Ἀβραὰμ Ἰσαὰκ καὶ Ἰακώβ. καὶ | * ἀπέστειλε * | πρός με τὸν ἄγγελον αὐτοῦ καὶ εἶπέ μοι τοὺς |
| Jer. | 6 | 19 | ἄγγελον αὐτοῦ καὶ εἶπέ μοι τοὺς λόγους τούτους οὓς | * ἀπέστειλα * | πρός σε. οὗτοι οὖν εἰσίν οἱ λόγοι οὓς εἶπε |
| Jer. | 7 | 5 | μοι οὖν τί ποιεῖς ἐνταῦθα; καὶ εἶπεν αὐτῷ ὁ ἀετὸς | * ἀπεστάλην * | ὧδε ὅπως πᾶσαν φάσιν ἣν θέλεις ἀποστείλῃς δι' |
| Jer. | 7 | 5 | ὁ ἀετὸς ἀπεστάλην ὧδε ὅπως πᾶσαν φάσιν ἣν θέλεις | * ἀποστείλῃς * | δι' ἐμοῦ. καὶ εἶπεν αὐτῷ Βαροὺχ εἰ δύνασαι σὺ |
| Jer. | 7 | 7 | Βαβυλῶνα; καὶ εἶπεν αὐτῷ ὁ ἀετὸς εἰς τοῦτο γὰρ καὶ | * ἀπεστάλην. * | καὶ ἄρας Βαροὺχ τὴν ἐπιστολὴν καὶ δεκαπέντε |
| Jer. | 8 | 9 | πόλιν καὶ ἐπωνόμασαν τὸ ὄνομα αὐτῆς Σαμάρειαν. | * ἀπέστειλε * | δὲ πρὸς αὐτοὺς Ἰερεμίας λέγων μετανοήσατε |
| Bar. | 1 | 4 | ὅτι τάδε λέγει κύριος ὁ θεὸς ὁ παντοκράτωρ. | * ἀπέστειλε * | γάρ με πρὸ προσώπου σου ὅπως ἀναγγείλω καὶ |
| Bar. | 4 | 15 | ἀποκαλύψῃς μοι τί ποιήσω περὶ τοῦ φυτοῦ τούτου. | * ἀπέστειλε * | δὲ ὁ θεὸς τὸν ἄγγελον αὐτοῦ τὸν Σαρασαὴλ καὶ |
| Prop. | 1 | 2 | τοῦ θανεῖν ὀλιγωρήσας ηὔξατο πιεῖν ὕδωρ καὶ εὐθέως | * ἀπεστάλη * | αὐτῷ ἐξ αὐτοῦ διὰ τοῦτο ἐκλήθη Σιλωὰμ ὃ |
| Prop. | 1 | 2 | ἐξ αὐτοῦ διὰ τοῦτο ἐκλήθη Σιλωὰμ ὃ ἑρμηνεύεται | * ἀπεσταλμένος. * | καὶ ἐπὶ τοῦ Ἐζεκία πρὸ τοῦ ποιῆσαι τοὺς |
| Prop. | 17 | 4B | πάσας τὰς ἡμέρας καὶ ὅτε ἀνεῖλε τὸν ἄνδρα αὐτῆς | * ἀπέστειλεν * | αὐτὸν ὁ θεὸς ἐλέγξαι τὸν Δαυὶδ ἐπειδὴ γὰρ |
| Prop. | 21 | 9 | ὄντας τετρακοσίους πεντήκοντα. τῷ βασιλεῖ Ὀζίᾳ | * ἀποστείλαντι * | μαντεύσασθαι παρὰ εἰδώλων προεφήτευσε |
| Prop. | 21 | 10 | θάνατον καὶ ἀπέθανεν. δύο πεντηκοντάρχων | * ἀποσταλέντων * | ἐπ' αὐτὸν παρὰ Ὀχοζίου τοῦ βασιλέως |
| Sedr. | 2 | 2 | Σεδρὰχ τί κύριέ μου; καὶ εἶπεν αὐτῷ ἡ φωνὴ ἐγὼ | * ἀπεστάλην * | πρός σε ἵνα ἀναβάσω σε ὧδε εἰς τὸν οὐρανόν. ὁ |
| Sedr. | 7 | 11 | αὐτὸ ὅπου ἡμεῖς θέλομεν σὺ δὲ ἔχεις ἀγγέλους | * ἀπόστειλον * | τοῦ φυλάξαι αὐτοὺς καὶ ὅταν κινήσῃ ὁ ἄνθρωπος |
| Sedr. | 8 | 2 | ὅτι ἠγάπησα αὐτὸν διότι τοὺς δικαίους μου ἀγγέλους | * ἀπέστειλα * | τοῦ φυλάσσειν αὐτὸν ἐν νυκτὶ καὶ ἡμέρᾳ. λέγει |
| Sedr. | 9 | 4 | σοι τὴν ψυχήν μου. λέγει αὐτὸν ὁ υἱὸς καὶ διά τί | * ἀπεστάλην * | ἐγὼ καὶ ἦλθα ὧδε σὺ δέ μοι προφασίζεις; ἐγὼ |
| Job | 9 | 5 | ἐργάζεσθαι πᾶσαν πόλιν, καὶ γομώσας ἀγαθῶν | * ἀπέστειλα * | εἰς τὰς πόλεις καὶ εἰς τὰς κώμας, ἐντειλάμενος |
| Job | 30 | 5 | μου λέγοντες μὴ οὐκ οἴδαμεν τὰ πολλὰ ἀγαθὰ τὰ | * ἀποστελλόμενα * | ὑπ' αὐτοῦ εἰς τὰς κώμας καὶ εἰς τὰς κύκλῳ |
| Aris. | 1 | 4 | παρ' ἕκαστα ὑπομιμνήσκοντος συνακοῦσαι περὶ ὧν | * ἀπεστάλημεν * | καὶ διά τί πεπείραμαι σαφῶς ἐκθέσθαι σοι |
| Aris. | 28 | 6 | τὰ τῶν ἐπιστολῶν ἀντίγραφα κατακεχώρικα καὶ τὸ τῶν | * ἀπεσταλμένων * | πλῆθος καὶ τὴν ἑκάστου κατασκευὴν διὰ τὸ |
| Aris. | 32 | 2 | γραφήσεται πρὸς τὸν ἀρχιερέα τὸν ἐν Ἱεροσολύμοις | * ἀποστεῖλαι * | τοὺς μάλιστα καλῶς βεβιωκότας καὶ |
| Aris. | 40 | 1 | ἐπιτελεσθέντος τούτου μεγάλην ἀποίσεσθαι δόξαν. | * ἀπεστάλκαμεν * | δὲ περὶ τούτων Ἀνδρέαν τῶν |
| Aris. | 42 | 5 | ἡμῶν εὐσέβειαν. ἐπεδείξαμεν δὲ καὶ τὰς φιάλας ἃς | * ἀπέστειλας * | χρυσᾶς εἴκοσι καὶ ἀργυρᾶς τριάκοντα κρατῆρας |
| Aris. | 46 | 3 | ἀγαθοὺς πρεσβυτέρους ἀφ' ἑκάστης φυλῆς ἓξ οὓς καὶ | * ἀπεστείλαμεν * | ἔχοντας τὸν νόμον. καλῶς οὖν ποιήσεις |
| Aris. | 81 | 4 | ἵνα καθηκόντως τῷ τόπῳ συντελέσωσιν εἰς ὃν | * ἀπεστέλλετο * | τὰ τῶν ἔργων. διὸ πάντα σεμνῶς ἐγεγόνει καὶ |
| Aris. | 81 | 5 | διὸ πάντα σεμνῶς ἐγεγόνει καὶ καταξίως τοῦ τε | * ἀποστέλλοντος * | βασιλέως καὶ τοῦ προστατοῦντος ἀρχιερέως |
| Aris. | 125 | 4 | πρὸς τὸ συμφέρον τῶν φίλων ὃ δὴ σύνεστι τοῖς | * ἀποστελλομένοις * | ὑπ' αὐτοῦ. καὶ δι' ὅρκων ἐπιστοῦτο μὴ |
| Aris. | 174 | 2 | τοῦ Ἐλεαζάρου. περὶ πολλοῦ δὲ ποιούμενος τοῖς | * ἀπεσταλμένοις * | ἀνδράσιν ἐντυχεῖν ἐκέλευσε τοὺς λοιποὺς |
| Aris. | 176 | 2 | παραγινομένους ἀσπάσηται. παρελθόντων δὲ σὺν τοῖς | * ἀπεσταλμένοις * | δώροις καὶ ταῖς διαφόροις διφθέραις ἐν αἷς |
| Aris. | 177 | 4 | ἑπτάκις εἶπεν εὐχαριστῶ μὲν ἄνδρες ὑμῖν τῷ δ' | * ἀποστείλαντι * | μᾶλλον μέγιστον δὲ τῷ θεῷ οὗτινός ἐστι τὰ |
| FMos. | 8 163 | 20 | κύριος. τελευτήσαντος ἐν τῷ ὄρει Μωϋσέως ὁ Μιχαὴλ | * ἀποστέλλεται * | μεταθήσων τὸ σῶμα εἶτα τοῦ διαβόλου κατὰ |
| FIsa. | 1 3 | 12 | βασιλέως καὶ ἤρεσαν αὐτῷ οἱ λόγοι τοῦ Βελχειρὰ καὶ | * ἀπέστειλεν * | καὶ ἐκράτησεν τὸν Ἠσαΐαν. ⟨ἐκέλευσεν⟩ |
| FAch. | 105 | | βασιλεὺς τὸν Αἴσωπον τεθνηκέναι πρεσβείαν | * ἀπέστειλεν * | πρὸς τὸν Λυκοῦργον μετὰ ἐπιστολῶν καὶ |
| FAch. | 105 | | πύργον μήτε γῆς μήτε οὐρανοῦ ἁπτόμενον ὑψηλόν. | * ἀπόστειλόν * | μοι τοὺς οἰκοδομοῦντας αὐτὸν καὶ ⟨τὸν⟩ |
| FAch. | 119 | | τῶν Ἡλιουπολιτῶν ἔφη τις πρὸς τὸν Αἴσωπον ἡμεῖς | * ἀπεστάλημεν * | ἀπὸ τοῦ θεοῦ λόγους τινὰς πρός σε ἀναγγεῖλαι |
| HDem. | 9 21 | 1 | πέντε φυγεῖν εἰς Χαρρὰν τῆς Μεσοποταμίας | * ἀποσταλέντα * | ὑπὸ τῶν γονέων διὰ τὴν πρὸς τὸν ἀδελφὸν |
| HDem. | 9 21 | 15 | πέντε καὶ τριακοσίους χρυσοῦς καὶ τῷ πατρὶ δὲ | * ἀποστεῖλαι * | κατὰ ταὐτὰ ὥστε τὸν οἶκον αὐτοῦ τῆς μητρὸς |
| HEup. | 9 31 | 1 | τὸν οὐρανὸν καὶ τὴν γῆν ἔκτισεν ἅμα δέ σοι γράψαι | * ἀποστεῖλαί * | μοι τῶν παρὰ σοῦ λαῶν οἵ παραστήσονταί μοι |
| HEup. | 9 32 | 1 | μοι περὶ τῶν κατὰ τοὺς λαοὺς τοὺς παρ' ἡμῖν | * ἀπέσταλκά * | σοι μυριάδας ὀκτὼ ὧν καὶ τὰ πλήθη ἐξ ὧν εἰσι |
| HEup. | 9 33 | 1 | οὐρανὸν καὶ τὴν γῆν ἔκτισεν ἅμα δὲ καί σοί γράψαι | * ἀποστεῖλαί * | μοι τῶν παρὰ σοῦ λαῶν οἵ συμπαραστήσονται |
| HEup. | 9 34 | 2 | μοι περὶ τῶν κατὰ τοὺς λαοὺς τοὺς παρ' ἡμῖν | * ἀπέσταλκά * | σοι Τυρίων καὶ Φοινίκων ὀκτακισμυρίους καὶ |
| HEup. | 9 34 | 2 | καὶ Φοινίκων ὀκτακισμυρίους καὶ ἀρχιτέκτονά σοι | * ἀπέσταλκα * | ἄνθρωπον Τύριον ἐκ μητρὸς Ἰουδαίας ἐκ τῆς |
| HEup. | 9 34 | 3 | σοι καὶ ποιήσει. περὶ δὲ τῶν δεόντων καὶ | * ἀποστελλομένων * | σοι παίδων καλῶς ποιήσεις ἐπιστείλας τοῖς |
| HEup. | 9 39 | 2 | Ἰερεμίαν τὸν προφήτην. τοῦτον ὑπὸ τοῦ θεοῦ | * ἀποσταλέντα * | καταλαβεῖν τοὺς Ἰουδαίους θυσιάζοντας |
| HEup. | 9 39 | 5 | ἱερῷ καὶ ἄργυρον καὶ χαλκὸν ἐκλέξαντα εἰς Βαβυλῶνα | * ἀποστεῖλαι * | χωρὶς τῆς κιβωτοῦ καὶ τῶν ἐν αὐτῇ πλακῶν |
| LEze. | 9 28 | 3 20 | τύπτεις ἀσθενέστερον σέθεν; ὁ δ' εἶπεν ἡμῖν τίς σ' | * ἀπέστειλε * | κριτὴν ἢ 'πιστάτην ἐνταῦθα; μὴ κτενεῖς σύ με |
| LAri. | 8 10 | 8 | Αἰγύπτου. καὶ πάλιν εἰρηκέναι αὐτῷ φησι τὸν θεὸν | * ἀποστελῶ * | τὴν χεῖρά μου καὶ πατάξω τοὺς Αἰγυπτίους. καὶ |
| ἀποστερέω | | | 1 | | |
| IDip. | 5 121 | 1 | δίκαιος κἀσεβὴς ἕξουσιν ἓν ἅρπαζε ἀπελθὼν κλέπτε | * ἀποστέρει * | κύκα μηδὲν πλανηθῇς ἔστι καὶ ἐν Ἅιδου κρίσις |
| ἀποστολή | | | 2 | | |
| TNep. | 2 | 1 | ὡς ἔλαφος ἔταξέ με ὁ πατήρ μου Ἰακὼβ εἰς πᾶσαν | * ἀποστολὴν * | καὶ ἀγγελίαν καίγε ὡς ἔλαφόν με εὐλόγησεν. |
| Aris. | 15 | 4 | ἀλλὰ καὶ διερμηνεῦσαι τίνα λόγον ἕξομεν πρὸς | * ἀποστολὴν * | ἐν οἰκετίαις ὑπαρχόντων ἐν τῇ σῇ βασιλείᾳ |
| ἀπόστολος | | | 5 | | |
| Jer. | 9 | 18 | καὶ ἐξελεύσεται καὶ ἐπιλέξεται ἑαυτῷ δώδεκα | * ἀποστόλους * | ἵνα εὐαγγελίζωνται ἐν τοῖς ἔθνεσιν ὃν ἐγὼ |
| Esdr. | 2 | 1 | λαλοῦντός μου ἦλθεν Μιχαὴλ καὶ Γαβριὴλ καί οἱ | * ἀπόστολοι * | πάντες καὶ εἶπον χαῖρε πιστὲ τοῦ θεοῦ ἄνθρωπε. |
| Sedr. | 14 | 10 | οὐ μὴ ἴδουν τὴν κόλασιν; καὶ ⟨οὐκ ἤκουσαν⟩ | * ἀποστόλων * | οὔτε ἐμοῦ λόγου ἐν τοῖς εὐαγγελίοις καὶ |
| Sedr. | 15 | 4 | λῃστὴν μιᾷ ῥοπῇ ἐσώθη μεταγνῶναι; οὐκ οἶδας ὅτι | * ἀπόστολοί * | μου καὶ εὐαγγελιστὴς καὶ αὐτὸς ἐν μιᾷ ῥοπῇ |
| Sedr. | 15 | 7 | τὰ⟩ τοῦ νόμου ποιοῦσιν ὁμῶς δὲ καὶ ὁ λῃστὴς καὶ ὁ | * ἀπόστολος * | καὶ εὐαγγελιστὴς καὶ οἱ λοιποὶ οἱ πταίσαντες |
| ἀποστρέφω | | | 21 | | |
| Adam | 42 | 1 | μηδεὶς τι ποιήσῃ αὐτῷ ἐν ταῖς ἓξ ἡμέραις ἕως οὗ | * ἀποστραφῇ * | ἡ πλευρὰ αὐτοῦ πρὸς αὐτόν. τότε ὁ κύριος καὶ |

| | | | | | |
|---|---|---|---|---|---|
| Hen. | 6 | 4 | ὅρκῳ πάντες καὶ ἀναθεματίσωμεν πάντες ἀλλήλους μὴ | * ἀποστρέψαι * | τὴν γνώμην ταύτην μέχρις οὗ ἂν τελέσωμεν |
| Hen. | 6B | 4 | ἅπαντες ὅρκῳ καὶ ἀναθεματίσωμεν ἀλλήλους τοῦ μὴ | * ἀποστρέψαι * | τὴν γνώμην ταύτην μέχρις οὗ ἀποτελέσωμεν |
| Abr.1 | 10 | 12 | κέλευσον Μιχαὴλ ἀρχιστράτηγε στῆναι τὸ ἅρμα καὶ | * ἀπόστρεψον * | τὸν Ἀβραὰμ ἵνα μὴ ἴδῃ πᾶσαν τὴν οἰκουμένην |
| Abr.1 | 15 | 1 | ἡ φωνὴ τοῦ κυρίου Μιχαὴλ Μιχαὴλ ὁ ἐμὸς λειτουργὸς | * ἀπόστρεψον * | ⟨τὸν Ἀβραὰμ⟩ εἰς τὸν οἶκον αὐτοῦ ὅτι ἰδοὺ |
| TLevi | 2 | 3B007 | καὶ διαλογισμὸν τὸν πονηρὸν καὶ πορνείαν καὶ ὕβριν | * ἀπόστρεψον * | ἀπ᾽ ἐμοῦ. δειχθήτω μοι δέσποτα τὸ πνεῦμα τὸ |
| TLevi | 2 | 3B015 | ἀκαθαρσίας καὶ προσάρωμαι πρός σε αὐτὸς καὶ μὴ | * ἀποστρέψῃς * | τὸ πρόσωπόν σου ἀπὸ τοῦ υἱοῦ παιδός σου |
| TJos. | 3 | 10 | τὴν πλάνην. καὶ ἔλεγον αὐτῇ ῥήματα ὑψίστου εἰ ἄρα | * ἀποστρέψει * | ἀπὸ τῆς ἐπιθυμίας αὐτῆς τῆς πονηρᾶς. ποσάκις |
| TJos. | 17 | 4 | ἦλθον οἱ ἀδελφοί μου εἰς Αἴγυπτον ὡς ἔγνωσαν ὅτι | * ἀπέστρεψα * | τὸ ἀργύριον αὐτοῖς καὶ οὐκ ὠνείδισα ἀλλὰ καὶ |
| Asen. | 11 | 1C | καὶ ὠλιγοψύχησε καὶ ἐξέλιπε τῇ δυνάμει αὐτῆς. καὶ | * ἀπεστράφη * | ἄνω πρὸς τὸν τοῖχον καὶ ἐκάθισεν ὑποκάτω τῆς |
| Asen. | 11 | 15 | καὶ ἀνέστη Ἀσενὲθ ἀπὸ τοῦ τοίχου οὗ ἐκαθέζετο καὶ | * ἀπεστράφη * | πρὸς τὴν θυρίδα τὴν βλέπουσαν πρὸς ἀνατολὰς |
| Asen. | 11 | 15 | τὸ στόμα αὐτῆς καὶ ὀνομάσαι τὸ ὄνομα τοῦ θεοῦ. καὶ | * ἀπεστράφη * | πάλιν πρὸς τὸν τοῖχον καὶ ἐκάθισε καὶ ἐπάτασσε |
| Asen. | 29 | 4 | ἐκθλῖψαι τὸν ἐχθρὸν αὐτοῦ ἕως θανάτου. καὶ νῦν | * ἀπόστρεψον * | τὴν ῥομφαίαν σου εἰς τὸν τόπον αὐτῆς καὶ |
| Sal. | 2 | 8 | ὅτι ἐγκατέλιπεν αὐτοὺς εἰς χεῖρας κατισχυόντων. | * ἀπέστρεψεν * | γὰρ τὸ πρόσωπον αὐτοῦ ἀπὸ ἐλέους αὐτῶν νέον |
| Sal. | 5 | 5 | ἡμᾶς ἐπικαλεσόμεθά σε εἰς βοήθειαν καὶ σὺ οὐκ | * ἀποστρέψῃ * | τὴν δέησιν ἡμῶν ὅτι σὺ ὁ θεὸς ἡμῶν εἶ. μὴ |
| Sal. | 18 | 4 | ἡ παιδεία σου ἐφ᾽ ἡμᾶς ὡς υἱὸν πρωτότοκον μονογενῆ | * ἀποστρέψαι * | ψυχὴν εὐήκοον ἀπὸ ἀμαθίας ἐν ἀγνοίᾳ. |
| Jer. | 7 | 10 | μὴ ὁμοιωθῇς τῷ κόρακι ὃν ἐξαπέστειλε Νῶε καὶ οὐκ | * ἀπεστράφη * | ἔτι πρὸς αὐτὸν εἰς τὴν κιβωτὸν ἀλλὰ ὁμοιώθητι |
| Job | 9 | 8 | ἴδωσίν με παρακαθεζόμενον τῇ θύρᾳ, καὶ αἰδεσθέντες | * ἀποστραφῶσιν * | μηδὲν λαβόντες ἀλλ᾽ ὅταν ἴδωσίν με πρὸς |
| Aris. | 236 | 5 | διὰ θείας δυνάμεως ἐπιδέχεσθαι πᾶν τὸ καλὸν | * ἀποστρέφεσθαι * | δὲ τἀναντία. συνομολογήσας δὲ τὸν ἐχόμενον |
| Sib. | 4 | 131 | ὁπόταν χθονίης ἀπὸ ῥωγάδος Ἰταλίδος γῆς πυρσὸς | * ἀποστραφθεὶς * | εἰς οὐρανὸν εὐρὺν ἵκηται πολλὰς δὲ φλέξῃ |
| FAch. | 107 | | κομῶντος καὶ ὠχρῶντος διὰ τὴν πολυχρόνιον συνοχὴν | * ἀποστραφεὶς * | ὁ βασιλεὺς ἔκλαυσεν. καὶ ἐκέλευσεν αὐτὸν ὁ |
| ἀποσυλέω * | | | 2 | | |
| Job | 11 | 10 | καὶ ἐδίδουν τοῖς πτωχοῖς ἐνίοτε δὲ πάλιν | * ἀπεσυλοῦντο * | καὶ ἤρχοντο καὶ παρεκάλουν με λέγοντες |
| LThe. | 9 22 | 7 | ἀπ᾽ οὐρανόθεν κάλεσ᾽ ἀνέρα παντὶ σὺν οἴκῳ σάρκ᾽ | * ἀποσυλῆσαι * | πόσθης ἄπο καὶ ῥ᾽ ἐτέλεσσεν ἀστεμφὲς δὲ |
| ἀποσχολέομαι | | | 1 | | |
| Bar. | 7 | 1 | ἀγγέλων καὶ φωνεῖ ὁ ἀλέκτωρ. καὶ εἶπον ἐγὼ καὶ ποῦ | * ἀποσχολεῖται * | ὁ ἥλιος ἀφ᾽ οὗ ὁ ἀλέκτωρ φωνεῖ; καὶ εἶπέν |
| ἀποτάσσω | | | 5 | | |
| Aris. | 94 | 1 | πρὸς δὲ τὴν ἀνάπαυσιν τόπος αὐτοῖς ἐστὶν | * ἀποτεταγμένος * | οὗ καθίζουσιν οἱ διαναπαυόμενοι. τούτου δὲ |
| Aris. | 182 | 2 | Νικάνωρ Δωρόθεον προσκαλεσάμενος ὃς ἦν ἐπὶ τούτων | * ἀποτεταγμένος * | ἐκέλευσε τὴν ἑτοιμασίαν εἰς ἕκαστον |
| Aris. | 271 | 4 | καὶ φροντὶς ὡς οὐδὲν κακουργηθήσεται διὰ τῶν | * ἀποτεταγμένων * | εἰς τοὺς ὄχλους ταῖς χρείαις καθὼς σὺ |
| FAch. | 111 | | ἠβούλοντο ⟨μέρος⟩ (βούλημα) φερόμενοι. τῷ δὲ θέρει | * ἀποταξάμενος * | ὁ Αἴσωπος τῷ βασιλεῖ ἔπλευσεν εἰς Αἴγυπτον |
| HArt. | 9 27 | 4 | πόλιν εἰς λ ς᾽ νομοὺς διελεῖν καὶ ἑκάστῳ τῶν νομῶν | * ἀποτάξαι * | τὸν θεὸν σεφθήσεσθαι τά τε ἱερὰ γράμματα τοῖς |
| ἀποτελείωσις | | | 1 | | |
| Hen. | 19 | 1 | μέχρι τῆς μεγάλης κρίσεως ἐν ᾗ κριθήσονται εἰς | * ἀποτελείωσιν. * | καὶ αἱ γυναῖκες αὐτῶν τῶν παραβάντων |
| ἀποτελέω | | | 7 | | |
| Hen. | 5 | 2 | εἰς ἐνιαυτὸν γινόμενα πάντα οὕτως καὶ πάντα ὅσα | * ἀποτελοῦσιν * | αὐτῷ τὰ ἔργα καὶ οὐκ ἀλλοιοῦνται αὐτῶν τὰ |
| Hen. | 5 | 3 | ἴδετε πῶς ἡ θάλασσα καὶ οἱ ποταμοὶ ὡς ὁμοίως | * ἀποτελοῦσιν * | καὶ οὐκ ἀλλοιοῦσιν αὐτῶν τὰ ἔργα ἀπὸ τῶν |
| Hen. | 6B | 4 | τοῦ μὴ ἀποστρέψαι τὴν γνώμην ταύτην μέχρις οὗ | * ἀποτελέσωμεν * | αὐτήν. τότε πάντες ὤμοσαν ὁμοῦ καὶ |
| Aris. | 67 | 2 | ἐπέκειτο σχιστὴ πλοκὴ θαυμασίως ἔχουσα ῥομβωτὴν | * ἀποτελοῦσα * | τὴν ἀνὰ μέσον θεωρίαν ἐφ᾽ ᾗ κρυστάλλου λίθος |
| Aris. | 67 | 4 | τὸ λεγόμενον ἤλεκτρον ἐντετύπωτο ἀμίμητον θεωρίαν | * ἀποτελοῦν * | τοῖς θεωροῦσι. τοὺς δὲ πόδας ἐποίησαν τὰς |
| HArt. | 9 23 | 2 | διασημήνασθαι καὶ πολλὴν χερσευομένην γεωργήσιμον | * ἀποτελέσαι * | καί τινας τῶν ἀρουρῶν τοῖς ἱερεῦσιν |
| HArt. | 9 27 | 33 | τὸν Μώϋσον χάλαζάν τε καὶ σεισμοὺς διὰ νυκτὸς | * ἀποτελέσαι * | ὥστε τοὺς τὸν σεισμὸν φεύγοντας ἀπὸ τῆς |
| ἀποτίθημι | | | 11 | | |
| Asen. | 10 | 2 | ἐκ τῆς ἑστίας καὶ ἀνήνεγκεν εἰς τὸ ὑπερῷον καὶ | * ἀπέθηκεν * | αὐτὴν εἰς τὸ ἔδαφος. καὶ ἔκλεισε τὴν θύραν |
| Asen. | 10 | 10 | καθῆκεν ἐκ πλαγίου. καὶ ἔσπευσεν Ἀσενὲθ καὶ | * ἀπέθετο * | τὴν στολὴν αὐτῆς τὴν βασιλικὴν τὴν βυσσίνην καὶ |
| Asen. | 10 | 10 | αὐτῆς τὴν χρυσῆν καὶ περιεζώσατο σχοινίον καὶ | * ἀπέθετο * | τὴν κίδαριν ἐκ τῆς κεφαλῆς αὐτῆς καὶ τὸ διάδημα |
| Asen. | 13 | 3 | καὶ τῷ σποδῷ γυμνὴ καὶ ὀρφανὴ καὶ μεμονωμένη. ἰδοὺ | * ἀπεθέμην * | μου τὴν βασιλικὴν στολὴν τὴν βυσσίνην ἐξ |
| Asen. | 14 | 12 | βάδιζε ἀκωλύτως ἐν τῷ δευτέρῳ σου θαλάμῳ καὶ | * ἀπόθου * | τὸν χιτῶνα τὸν μελανὸν τοῦ πένθους σου καὶ τὸν |
| Asen. | 14 | 12 | χιτῶνα τὸν μελανὸν τοῦ πένθους σου καὶ τὸν σάκκον | * ἀπόθου * | ἀπὸ τῆς ὀσφύος σου καὶ ἀποτίναξον ἀπὸ τῆς κεφαλῆς |
| Asen. | 14 | 14 | ἀπεδύσατο τὸν χιτῶνα τὸν μελανὸν τοῦ πένθους καὶ | * ἀπέθετο * | τὸν σάκκον ἀπὸ τῆς ὀσφύος αὐτῆς καὶ ἐνεδύσατο |
| Jer. | 5 | 16 | καὶ ἔμεινε λυπούμενος μὴ εἰδὼς ποῦ ἀπέλθῃ. καὶ | * ἀπέθηκε * | τὸν κόφινον λέγων καθέζομαι ὧδε ἕως ὁ κύριος ἄρῃ |
| Sedr. | 9 | 1 | ὕπαγε λαβὲ τὴν ψυχὴν τοῦ ἠγαπημένου μου Σεδρὰχ καὶ | * ἀπόθου * | αὐτὴν ἐν τῷ παραδείσῳ. λέγει ὁ μονογενὴς υἱὸς τὸν |
| Aris. | 122 | 5 | ἐξηλωκότες κατάστημα τοῦτο γὰρ κάλλιστόν ἐστιν | * ἀποτεθειμένοι * | τὸ τραχὺ καὶ βάρβαρον τῆς διανοίας ὁμοίως |
| FJub. | 4 | 7 | τῷ ἑκατοστῷ εἰκοστῷ ἑβδόμῳ ἔτει ὁ Ἀδὰμ καὶ ἡ Εὔα | * ἀπέθεντο * | τὸ πένθος. τῷ ἑκατοστῷ τριακοστῷ πέμπτῳ ἔτει |
| ἀποτινάσσω | | | 1 | | |
| Asen. | 14 | 12 | σου καὶ τὸν σάκκον ἀπόθου ἀπὸ τῆς ὀσφύος σου καὶ | * ἀποτίναξον * | ἀπὸ τῆς κεφαλῆς σου τὴν τέφραν ταύτην καὶ |
| ἀποτίνω | | | 3 | | |
| Sib. | 3 | 352 | τόσσα δεδέξεται ἔμπαλιν Ἀσὶς ἐκ Ῥώμης ὀλοὴν δ᾽ | * ἀποτίσεται * | ὕβριν ἐς αὐτήν. ὅσσοι δ᾽ ἐξ Ἀσίης Ἰταλῶν |
| Sib. | 5 | 191 | φαιὰ λαβοῦσα θρηνήσεις δύστηνε μόνη καὶ πάντ᾽ | * ἀποτίσεις * | ὅσσα τὸ πρόσθεν ἔρεξας ἀναιδέα θυμὸν ἔχουσα. |
| HHec. | 1 22 | 192 | ἀλλὰ καὶ πολλὰς ὑπομεῖναι πληγὰς καὶ ζημίας | * ἀποτῖσαι * | μεγάλας ἕως αὐτοῖς συγγνόντα τὸν βασιλέα δοῦναι |
| ἀπότομος | | | 4 | | |
| Abr.1 | 12 | 1 | ἄγγελοι πύρινοι τῇ ὄψει καὶ ἀνηλεεῖς τῇ γνώμῃ καὶ | * ἀπότομοι * | τῷ βλέμματι καὶ ἤλαυνον μυριάδαν ψυχὰς ἀνηλεῶς |
| Abr.1 | 12 | 10 | δὲ αὐτοῦ ἐκάθητο ἄγγελος πύρινος ἀνηλεὴς καὶ | * ἀπότομος * | ἐν τῇ χειρὶ αὐτοῦ κατέχων σάλπιγγα ἔνδοθεν |
| Abr.1 | 13 | 11 | ἐν δικαιοσύνῃ θεοῦ ὁ δὲ πύρινος ἄγγελος καὶ | * ἀπότομος * | ὁ κατέχων ἐν τῇ χειρὶ αὐτοῦ τὸ πῦρ οὗτός ἐστιν |
| Abr.1 | 19 | 5 | καὶ τί τὸ πρόσωπον τοῦ κρημνοῦ καὶ τίς ἡ ῥομφαία ἡ | * ἀπότομος * | καὶ τίς ὁ ποταμὸς ὁ μεγάλα κοχλάζων καὶ τίς ἡ |
| ἀποτρέχω | | | 5 | | |
| Hen. | 107 | 2 | καὶ τὰ ἀγαθὰ ἥξει ἐπὶ τῆς γῆς ἐπ᾽ αὐτούς. καὶ νῦν | * ἀπότρεχε * | τέκνον καὶ σήμανον Λάμεχ τῷ υἱῷ σου ὅτι τὸ |
| TSim. | 3 | 5 | φόβου θεοῦ γίνεται. ἐάν τις ἐπὶ κύριον καταφύγῃ | * ἀποτρέχει * | τὸ πονηρὸν πνεῦμα ἀπ᾽ αὐτοῦ καὶ γίνεται ἡ |
| TZab. | 10 | 4 | αὐτοὺς ἕως γενεῶν. τέως ἐγὼ εἰς τὴν ἀνάπαυσίν μου | * ἀποτρέχω * | ὡς οἱ πατέρες μου ὑμεῖς δὲ φοβεῖσθε κύριον τὸν |
| Aris. | 273 | 7 | περὶ τῶν εὐεργετημάτων εἰδότες κἂν ἐκ τοῦ ζῆν | * ἀποτρέχωσιν * | ἐπιμελητήν σε τῶν βίων. οὐ γὰρ διαλείπεις |
| LEze. | 9 29 12 | 31 | βασιλεὺς ἐκβαλεῖ πρόπαντ᾽ ὄχλον. ὅταν δὲ μέλλητ᾽ | * ἀποτρέχειν * | δώσω χάριν λαῷ γυνή τε παρὰ γυναικὸς λήψεται |
| ἀποτρίβω | | | 1 | | |
| Aris. | 272 | 4 | ἀρετή. καλῶν γὰρ ἔργων ἐστὶν ἐπιτέλεια τὸ δὲ κακὸν | * ἀποτρίβεται * | καθὼς σὺ διατηρεῖς τὴν πρὸς ἅπαντας |
| ἀπότροπος | | | 1 | | |
| FPho. | | 182 | πατρὸς λεχέεσσι μιγείης. μηδὲ κασιγνήτης ἐς | * ἀπότροπον * | ἐλθέμεν εὐνήν. μηδὲ κασιγνήτων ἀλόχων ἐπὶ |
| ἀποτρωπάω | | | 1 | | |
| FPho. | | 133 | τὸν ἀτάσθαλον ἄνδρ᾽ ἀνέλεγκτον ἀλλὰ χρὴ κακοεργὸν | * ἀποτρωπᾶσθαι * | ἀνάγκηι. πολλάκι συνθνήισκουσι κακοῖσ᾽ οἱ |
| ἀποτυγχάνω | | | 2 | | |
| Aris. | 191 | 3 | καὶ διακρίσεσιν εὐφημίας τυγχάνοι καὶ ὑπὸ τῶν | * ἀποτυγχανόντων; * | ὁ δὲ εἶπεν εἰ πᾶσιν ἴσος γένοιο τῷ λόγῳ |
| Aris. | 192 | 3 | γὰρ ἱκετευόμενα συντελεῖσθαι τοῖς ἀξίοις τοῖς δὲ | * ἀποτυγχάνουσιν * | ἢ δι᾽ ὀνείρων ἢ πράξεων σημαίνεσθαι τὸ |
| ἀποφαίνω | | | 19 | | |
| Abr.1 | 12 | 11 | ὁ ἐπὶ τοῦ θρόνου αὐτοῦ καθήμενος ἔκρινεν καὶ | * ἀπεφήνατο * | τὰς ψυχάς οἱ δὲ δύο ἄγγελοι οἱ ⟨ἐκ δεξιῶν καὶ⟩ |
| Abr.2 | 11 | 1 | τίς ἐστιν οὗτος ὁ κρίνων ὅτι οὐ κρίνει πρὶν ὁ | * ἀποφαινόμενος * | ἀνώρθωσε; καὶ λέγει Μιχαὴλ τῷ Ἀβραὰμ |
| Abr.2 | 11 | 3 | ἠνέχθη εἰς τὸν τόπον τοῦτον ἵνα κρίνῃ οὗτος δὲ ὁ | * ἀποφαινόμενός * | ἐστιν Ἐνὼχ ὁ πατήρ σου οὗτός ἐστιν ὁ |
| Abr.2 | 11 | 6 | τύπον οὐ συγχωρεῖται ἀλλ᾽ οὐδὲ ἀφ᾽ ἑαυτοῦ Ἐνὼχ | * ἀποφαίνεται * | ἀλλ᾽ ὁ κύριός ἐστιν ὁ ἀποφαινόμενος καὶ τοῦ |
| Abr.2 | 11 | 7 | ἀφ᾽ ἑαυτοῦ Ἐνὼχ ἀποφαίνεται ἀλλ᾽ ὁ κύριός ἐστιν ὁ | * ἀποφαινόμενος * | καὶ τοῦ δὲ Ἐνὼχ ἐστιν τὸ γράψαι. ἐπειδὴ |
| Aris. | 19 | 3 | μυριάδας ἔσεσθαι; ἔφη. παρεστὼς δὲ Ἀνδρέας | * ἀπεφήνατο * | βραχεῖ πλεῖον μυριάδων δέκα. ὃ δὲ μικρόν γε |
| Aris. | 20 | 9 | βασιλείαν. ὑπὲρ τὰ τετρακόσια τάλαντα τὴν δόσιν | * ἀπέφαινον * | εἶναι. καὶ τοῦ προστάγματος δὲ τὸ ἀντίγραφον |
| Aris. | 53 | 1 | καὶ κειμένη κατὰ τὸ ἱερὸν ἐν Ἱεροσολύμοις. ὡς δὲ | * ἀπεφήναντο * | τὰ μέτρα προσεπηρώτησεν εἰ κατασκευάσει |
| Aris. | 89 | 4 | καὶ ἀδιηγήτων ὑποδοχείων ὑπαρχόντων ὑπὸ γῆν καθὼς | * ἀπέφαινον * | πέντε σταδίων κυκλόθεν τῆς κατὰ τὸ ἱερὸν |
| Aris. | 198 | 2 | φιλοφρονηθεὶς δὲ καὶ τοῦτον καλῶς εἶπεν ἅπαντας | * ἀποφαίνεσθαι * | ἐπερωτήσας δὲ ἔτι ἕνα καταλήξω τὸ νῦν ἔχον |
| Aris. | 207 | 3 | εἶπεν τί ἐστι σοφίας διδαχή; ὁ δὲ (ἕτερος) | * ἀπεφήνατο * | καθὼς οὐ βούλει σεαυτῷ τὰ κακὰ παρεῖναι |
| Aris. | 217 | 3 | ἕτερον ἐπεὶ σὺ δέκατος τὴν ἀπόκρισιν ἔχεις ὡς ἂν | * ἀποφήνῃ * | πρὸς τὸ δεῖπνον τραπησόμεθα. ἠρώτα δὲ πῶς ἂν |
| Aris. | 228 | 2 | συνομολογήσας δὲ τούτοις τὸν ἕκτον ἐκέλευσεν | * ἀποφήνασθαι * | πυνθανόμενος τίσι δεῖ χαρίζεσθαι; ἐκεῖνος δ᾽ |
| Aris. | 241 | 3 | ἕτερον εἶπε τίς ὠφέλεια συγγενείας ἐστίν; ὁ δὲ | * ἀπεφήνατο * | ἐὰν τοῖς συμβαίνουσι νομίζωμεν ἀτυχοῦσι μὲν |
| Aris. | 246 | 3 | τοὺς δόλῳ τινὶ πρὸς αὐτὸν πράσσοντας; ὁ δὲ | * ἀπεφήνατο * | πρὸς τοῦτο εἰ παρατηροῖτο τὴν ἀγωγὴν |
| Aris. | 255 | 3 | τί ἐστιν εὐβουλία; τὸ καλῶς ἅπαντα πράσσειν | * ἀπεφήνατο * | μετὰ διαλογισμοῦ κατὰ τὴν βουλὴν παρατιθέντα |
| Aris. | 256 | 3 | καλῶς διαλογίζεσθαι πρὸς ἕκαστον τῶν συμβαινόντων | * ἀπεφήνατο * | καὶ μὴ ἐκφέρεσθαι ταῖς ὁρμαῖς ἀλλὰ τὰς βλάβας |
| Aris. | 273 | 4 | ψυχὴν καὶ ἐν τοῖς πολέμοις εἰρηνικῶς ἔχοι; ὁ δὲ | * ἀπεφήνατο * | διαλαμβάνων ὅτι κακὸν οὐδὲν εἴργασται τῶν |
| Aris. | 281 | 3 | δεῖ καθιστάνειν ἐπὶ τῶν δυνάμεων ἄρχοντας; ὁ δὲ | * ἀπεφήνατο * | τοὺς ἀνδρείᾳ διαφέροντας καὶ δικαιοσύνῃ καὶ |
| ἀπόφασις | | | 7 | | |
| Abr.1 | 13 | 7 | τῆς κρίσεως ἐκείνης τὸ τέλος ἐγγὺς καὶ φοβερὰ ἡ | * ἀπόφασις * | καὶ ὁ λύων οὐδεὶς καὶ λοιπὸν διὰ τριῶν βημάτων |
| Abr.2 | 11 | 5 | τὸ μέρος τῶν ψυχῶν; ἢ δυνήσεται δοῦναι πάσης ψυχῆς | * ἀπόφασιν; * | καὶ εἶπεν Μιχαὴλ ἐὰν ἡ ἀπόφασις παρὰ τύπον οὐ |
| Abr.2 | 11 | 6 | πάσης ψυχῆς ἀπόφασιν; καὶ εἶπεν Μιχαὴλ ἐὰν ἡ | * ἀπόφασις * | παρὰ τύπον οὐ συγχωρεῖται ἀλλ᾽ οὐδὲ ἀφ᾽ ἑαυτοῦ |

| | | | |
|---|---|---|---|
| Abr.2 | 11 | 8 | ηὔξατο Ἐνὼχ τῷ κυρίῳ λέγων οὐ θέλω δοῦναι ψυχῆς * ἀπόφασιν * ὅπως μή τινος ἐπίβαρυς γένωμαι. καὶ λέγει ὁ |
| TLevi | 6 | 8 | ἐμαλακίσθη ἐν τῇ ἡμέρᾳ ἐκείνῃ. ἀλλ' ἐγὼ εἶδον ὅτι * ἀπόφασις * θεοῦ ἦν εἰς κακὰ ἐπὶ Σίκιμα διότι ἤθελον τὴν |
| TGad | 4 | 6 | καὶ τοὺς νεκροὺς θέλει ζωοποιῆσαι καὶ τοὺς ἐν * ἀποφάσει * θανάτου θελήσει ἀνακαλέσασθαι οὕτως τὸ μῖσος |
| Prop. | 21 | 3 | ἔσται γὰρ ἡ οἴκησις αὐτοῦ φῶς καὶ ὁ λόγος αὐτοῦ * ἀπόφασις * καὶ κρινεῖ τὸν Ἰσραήλ. τὰ δὲ σημεῖα ἃ ἐποίησεν |

ἀποφέρω
11

| | | | |
|---|---|---|---|
| Hen. | 10B | 13 | ἕως συντελεσθῇ κρίμα τοῦ αἰῶνος τῶν αἰώνων. τότε * ἀπενεχθήσονται * εἰς τὸ χάος τοῦ πυρὸς καὶ εἰς τὴν βάσανον |
| Abr.2 | 8 | 3 | καὶ ἀνέλαβεν τὸν Ἀβραὰμ σώματι ἐπὶ νεφέλης καὶ * ἀπήνεγκεν * αὐτὸν ἡ νεφέλη ἐπὶ τὸν Ὠκεανὸν ποταμόν. καὶ |
| Bar. | 15 | 2 | τὰ κανίσκια πλήρη ἐπλήρωσεν αὐτὰ ἐλαίῳ λέγων * ἀπενέγκατε * δότε ἑκατονταπλασίονα τὸν μισθὸν τοῖς φίλοις |
| Prop. | 12 | 6 | εἰς γῆν μακρὰν καὶ ταχέως ἐλεύσομαι. εἰ δὲ βραδύνω * ἀπενέγκατε * τοῖς θερισταῖς. καὶ γενόμενος ἐν Βαβυλῶνι καὶ |
| Prop. | 12 | 13 | οὐδεὶς γνώσεται ποῦ ἔσονται αὐτὰ δὲ ἐν τῇ ἐρήμῳ * ἀπενεχθήσονται * ὑπὸ ἀγγέλων ὅπου ἐν ἀρχῇ ἐπάγη ἡ σκηνὴ |
| Esdr. | 5 | 7 | λέγειν μου ταῦτα ἦλθεν νεφέλη καὶ ἥρπασέν με καὶ * ἀπήνεγκέν * με πάλιν εἰς τοὺς οὐρανούς. καὶ ἴδον ἐκεῖ |
| Job | 25 | 4 | αὐτῆς ἀντὶ ἄρτων. ἧς αἱ κάμηλοι γεγομωμέναι ἀγαθῶν * ἀπέφερον * εἰς τὰς χώρας τοῖς πτωχοῖς, ὅτι νῦν ἀντιδίδωσιν |
| Job | 52 | 11 | ᾤδευσεν ἐπὶ ἀνατολὰς τὸ δὲ σῶμα αὐτοῦ περισταλὲν * ἀπήνεχθη * εἰς τὸν τάφον προηγουμένων τῶν τριῶν θυγατέρων |
| Aris. | 39 | 6 | σκέψιν. οἰόμεθα γὰρ ἐπιτελεσθέντος τούτου μεγάλην * ἀποίσεσθαι * δόξαν. ἀπεστάλκαμεν δὲ περὶ τούτων Ἀνδρέαν |
| FIsa. 1 | 3 | 2 | λαβεῖν τὰς ἐννέα ἥμισυ φυλὰς ἐν αἰχμαλωσίᾳ καὶ * ἀπενέγκαι * αὐτοὺς εἰς ὄρη Μήδων καὶ ποταμῶν (καὶ) Γωζάν. |
| FEz. 64 | 70 | 16 | ὁ μὲν χωλὸς λέγων τῷ τυφλῷ οὐ σύ με ἐβάστασας καὶ * ἀπήνεγκας; * καὶ ὁ τυφλὸς τῷ χωλῷ οὐκ αὐτὸς ὀφθαλμοί μου |

ἀποφεύγω
1

| | | | |
|---|---|---|---|
| Asen. | 13 | 1 | μου καὶ οἴκτειρόν με τὴν τεθλιμμένην. ἰδοὺ γὰρ ἐγὼ * ἀπέφυγον * ἐκ πάντων καὶ πρός σέ κατέφυγον κύριε τὸν μόνον |

ἀποφθέγγομαι
3

| | | | |
|---|---|---|---|
| Job | 48 | 3 | ἀνέλαβεν ἄλλην καρδίαν, μηκέτι τὰ τῆς γῆς φρονεῖν, * ἀπεφθέγξατο * δὲ τῇ ἀγγελικῇ διαλέκτῳ, ὕμνον ἀναπέμψασα τῷ |
| Job | 48 | 3 | τὴν τῶν ἀγγέλων ὑμνολογίαν καὶ τοὺς ὕμνους οὓς * ἀπεφθέγξατο * εἴασεν τὸ πνεῦμα ἐν στολῇ τῇ ἑαυτῆς |
| Job | 50 | 1 | ἡ καλουμένη Ἀμαλθείας κέρας καὶ ἔσχεν τὸ στόμα * ἀποφθεγγόμενον * ἐν τῇ διαλέκτῳ τῶν ἐν ὕψει, ἐπεὶ καὶ |

ἀποφυγή
1

| | | | |
|---|---|---|---|
| TJud. | 7 | 4 | καὶ ἐν τῇ θάμνᾳ προσηγγίσαμεν οὗ ἦν πᾶσα ἡ * ἀποφυγή * τῶν πολεμίων βασιλέων. τότε ὑβριζόμενος ἐθυμώθην |

ἀποφυσάω *
2

| | | | |
|---|---|---|---|
| Abr.1 | 19 | 15 | ὑπὸ κεράστου ἀπαλλάσσονται ἕτεροι δὲ ὑπὸ ἐχίδνης * ἀποφυσούμενοι * ἐκλείπουσιν ἄλλοι δὲ ὑπὸ ὄφεων ἰοβόλων καὶ |
| Abr.1 | 19 | 15 | ἐκλείπουσιν ἄλλοι δὲ ὑπὸ ὄφεων ἰοβόλων καὶ ἐχίδνης * ἀποφυσούμενοι * ἐκλείπουσιν ἔδειξά σοι δὲ καὶ ποτήρια |

ἀποχωρέω
2

| | | | |
|---|---|---|---|
| Hen. | 14 | 23 | καὶ οἱ ἅγιοι τῶν ἀγγέλων οἱ ἐγγίζοντες αὐτῷ οὐκ * ἀποχωροῦσιν * νυκτὸς οὔτε ἀφίστανται αὐτοῦ. κἀγὼ ἤμην ἕως |
| LEze. 9 | 29 11 03 | | καὶ βροτῶν κολάστριαν. (Θ). ῥῖψον πρὸς οὖδας καὶ * ἀποχώρησον * ταχύ. δράκων γὰρ ἔσται φοβερὸς ὥστε θαυμάσαι. |

ἀποχωρίζω
2

| | | | |
|---|---|---|---|
| Abr.2 | 4 | 9 | ἀπέστειλας πρὸς Ἀβραὰμ τὸν παῖδά σου εἰπεῖν αὐτῷ * ἀποχωρισθῆναι * ἀπὸ τοῦ κόσμου καὶ ἐξελθεῖν ἀπὸ τοῦ |
| FAch. | 110 | | λυποῦ. ταῦτα δὴ εἰπὼν ὁ Αἴσωπος πρὸς τὸν νεανίσκον * ἀπεχώρισθη. * ὁ δὲ Λῖνος λυπούμενος ἐπὶ τῷ ἠδικηκέναι |

ἀπραγμάτευτος
1

| | | | |
|---|---|---|---|
| Aris. | 118 | 2 | ἀσφαλείαις αὐτοφυέσι δυσείσβολος οὖσα καὶ πλήθεσιν * ἀπραγμάτευτος * διὰ τὸ στενὰς εἶναι τὰς παρόδους κρημνῶν |

ἄπρακτος
1

| | | | |
|---|---|---|---|
| Esdr. | 6 | 15 | θυσιαστηρίῳ περιεπάτησαν. καὶ ἀπῆλθον οἱ ἄγγελοι * ἄπρακτοι * λέγοντες κύριε οὐ δυνάμεθα παραλαβεῖν τὴν ψυχὴν |

ἀπρεπής
1

| | | | |
|---|---|---|---|
| Hen. | 27 | 2 | οἵτινες ἐροῦσιν τῷ στόματι αὐτῶν κατὰ κυρίου φωνὴν * ἀπρεπῆ * καὶ περὶ τῆς δόξης αὐτοῦ σκληρὰ λαλήσουσιν. ὧδε |

Ἀπρίλλιος
2

| | | | |
|---|---|---|---|
| FJub. | 3 | 1 | Ἀδὰμ ὀγδόῃ δὲ τοῦ πρώτου μηνὸς Νισὰν πρώτη δὲ τοῦ * Ἀπριλλίου * μηνὸς καὶ ἕκτη τοῦ παρ' Αἰγυπτίοις Φαρμουθὶ |
| FJub. | 3 | 5 | τῆς δευτέρας ἑβδομάδος ἥτις ἦν κατὰ μὲν Ῥωμαίους * Ἀπριλλίου * ἕκτη κατὰ δὲ Αἰγυπτίους Φαρμουθὶ ἑνδεκάτη |

ἀπροϊδής
1

| | | | |
|---|---|---|---|
| Sib. | 3 | 468 | καὶ δ' αὐτὴ θερμῇσι παρὰ σποδιῇσι ταθεῖσα * ἀπροϊδῆ * στήθεσσιν ἑοῖς ἐναρίξεαι αὐτήν. ἔσσῃ δ' οὐκ |

ἀπρόοπτος
1

| | | | |
|---|---|---|---|
| FJub. | 3 | 21 | καὶ σὺν τῇ γυναικὶ αὐτοῦ ἤσθιεν αὐτόν. τὸν Ἀδὰμ * ἀπροόπτως * ἀπὸ τοῦ ξύλου λαβεῖν καὶ φαγεῖν καὶ μὴ |

ἀπροσδεής
1

| | | | |
|---|---|---|---|
| Aris. | 211 | 5 | πάντα γάρ σοι πάρεστιν ὅσα δέον. ὁ θεὸς δὲ * ἀπροσδεὴς * ἐστι καὶ ἐπιεικής. καὶ σὺ καθόσον ἄνθρωπος |

ἀπροσέγγιστος
1

| | | | |
|---|---|---|---|
| TJud. | 5 | 1 | εἰς Ἀρεταὰν πόλιν κραταιὰν καὶ τειχήρη καὶ * ἀπροσέγγιστον * ἀπειλοῦσαν ἡμῖν θάνατον. ἐγὼ οὖν καὶ Γὰδ |

ἀπρόσκοπος
1

| | | | |
|---|---|---|---|
| Aris. | 210 | 6 | εὐεργετεῖ τὸν ὅλον κόσμον οὕτως καὶ σὺ μιμούμενος * ἀπρόσκοπος * ἂν εἴης. ἐπιφωνήσας δὲ τούτῳ πρὸς τὸν ἕτερον |

ἀπροσωπόληπτος
1

| | | | |
|---|---|---|---|
| Job | 4 | 8 | σου, καὶ ἀποδοθήσεταί σοι διπλάσιον, ἵνα γνῷς ὅτι * ἀπροσωπόληπτός * ἐστιν, ἀποδιδοὺς ἑκάστῳ τῷ ὑπακούοντι |

ἄπταιστος
2

| | | | |
|---|---|---|---|
| Aris. | 187 | 4 | πεποιημένοι πῶς ἂν τὴν βασιλείαν μέχρι τέλους * ἄπταιστον * ἔχων διατελοῖ; βραχὺ δὲ ἐπισχὼν εἶπεν οὕτως ἂν |
| Sib. | 3 | 289 | αὐγῇ. ἔστι δέ τις φυλὴ βασιλήιος ἧς γένος ἔσται * ἄπταιστον * καὶ τοῦτο χρόνοις περιτελλομένοισιν ἄρξει καὶ |

ἅπτω (ἁπτός)
24

| | | | |
|---|---|---|---|
| Adam | 31 | 3 | τὸν ἐμόν. κἂν ἀποθανῶ κατάλειψόν με καὶ μηδείς μου * ἅψηται * ἕως οὗ ἄγγελος λαλήσει τι περὶ ἐμοῦ. οὐ γὰρ |
| Hen. | 25 | 4 | τὸ δένδρον εὐωδίας καὶ οὐδεμία σάρξ ἐξουσίαν ἔχει * ἅψασθαι * αὐτοῦ μέχρι τῆς μεγάλης κρίσεως ἐν ᾗ ἐκδίκησις |
| Hen. | 25 | 6 | αὐτῶν καὶ βάσανοι καὶ πληγαὶ καὶ μάστιγες οὐχ * ἅψονται * αὐτῶν. τότε ἡὐλόγησα τὸν θεὸν τῆς δόξης τὸν |
| Abr.1 | 13 | 13 | εἴ τινος δὲ τὸ ἔργον τὸ πῦρ δοκιμάσει καὶ μὴ * ἅψεται * αὐτοῦ οὗτος δικαιοῦται καὶ λαμβάνει αὐτὸν ὁ τῆς |
| Abr.1 | 15 | 14 | λέγει ὁ φίλος σου Ἀβραὰμ καὶ ἐγὼ φείδομαι τοῦ * ἅψασθαι * αὐτοῦ) ὅτι ἐξ ἀρχῆς φίλος σου <ἐστὶν> καὶ πάντα |
| Abr.1 | 15 | 15 | τὸ θαυμάσιος ἄνθρωπος καὶ διὰ τοῦτο φείδομαι τοῦ * ἅψασθαι * τούτου κελεύσον ἀθάνατε βασιλεῦ τὶ ῥῆμα καὶ |
| TRub. | 3 | 15 | τῆς ἀσεβείας μου καὶ ἐλθὼν ἐπένθει ἐπ' ἐμοὶ μηκέτι * ἀψάμενος * αὐτῆς. μὴ οὖν προσέχετε κάλλος γυναικῶν μηδὲ |
| TLevi | 18 | 2B053 | καὶ ὅταν ἐκπορεύῃς ἐκ τῶν ἁγίων τὴν αἷμα μὴ * ἀπτέσθω * τῆς στολῆς σου οὐκ ἀνήψῃς αὐτῷ αὐθημερὸν. καὶ |
| Asen. | 16 | 16B | ἐξέτεινε τὴν χεῖρα αὐτοῦ τὴν δεξιὰν ὁ ἄνθρωπος καὶ * ἥψατο * τοῦ κηρίου οὗ ἀπέκλασε καὶ ἀπεκατεστάθη καὶ |
| Asen. | 17 | 2 | τρίτον τὴν δεξιὰν χεῖρα αὐτοῦ ὁ ἄνθρωπος καὶ * ἥψατο * τῆς <πληγῆς> τοῦ κηρίου καὶ εὐθέως ἀνέβη πῦρ ἐκ |
| Asen. | 28 | 14 | καὶ ἐξέτεινεν Ἀσενὲθ τὴν δεξιὰν αὐτῆς χεῖρα καὶ * ἥψατο * τῆς γενεαλᾶς τοῦ Συμεὼν καὶ κατεψίλησεν αὐτὸν |
| Sal. | 13 | 6 | ὅτι δεινὴ ἡ καταστροφὴ τοῦ ἁμαρτωλοῦ καὶ οὐχ * ἅψεται * δικαίου οὐδὲν ἐκ πάντων τούτων. ὅτι οὐχ ὁμοία ἡ |
| Sal. | 15 | 4 | τὸν αἰῶνα ἀπὸ κακοῦ φλὸξ πυρὸς καὶ ὀργὴ ἀδίκων οὐχ * ἅψεται * αὐτοῦ ὅταν ἐξέλθῃ ἐπὶ ἁμαρτωλοὺς ἀπὸ προσώπου |
| Bar. | 4 | 8 | αὐτοῦ. ἐκ ᾧ καὶ διὰ τοῦτο οὐ συνεχώρησεν τὸν Ἀδὰμ * ἀψασθαι * αὐτοῦ. καὶ διὰ τοῦτο φθονύσας ὁ διάβολος |
| Prop. | 22 | 20 | θαπτόμενος ἐρρίφη ἐπὶ τὰ ὀστᾶ αὐτοῦ καὶ μόνον ὡς * ἥψατο * τῶν ὀστέων τοῦ Ἐλισαίου ὁ νεκρὸς εὐθὺς ἀνέζησεν. |
| Job | 52 | 1 | πόνου μέντοι καὶ ὀδύνης, ἐπεὶ μηκέτι πόνος ἴσχυεν * ἅπτεσθαι * αὐτοῦ διὰ τὸ σημεῖον τῆς περιζώσεως ἧς |
| Aris. | 149 | 1 | πεποιθότας ἑτέρους καταδυναστεύειν. ὅπου γὰρ οὐδ᾽ * ἅψασθαι * καθῆκε τῶν προειρημένων διὰ τὴν περὶ ἕκαστα |
| Sib. | 5 | 425 | ἐν σταδίοισι μέγαν καὶ ἄπειρα πύργον αὐτῶν * ἁπτόμενον * νεφέων καὶ πᾶσιν ὁρατὸν ὥστε βλέπειν πάντας |
| FAch. | 103 | | πυκνὸν αὐτῷ ἠπείλησεν εἰπὼν βασιλικῆς ὁ παρὰ νόμον * ἁπτόμενος * θάνατον ἐνακμάται. ὁ δὲ νεανίσκος βαρέως φέρων |
| FAch. | 105 | | θέλω οἰκοδομῆσαι πύργον μήτε γῆς μήτε οὐρανοῦ * ἁπτόμενον * ὑψηλόν. ἀπόστειλόν μοι τοὺς οἰκοδομοῦντας |
| FAch. | 106 | | πῶς πύργος οἰκοδομεῖται μήτε οὐρανοῦ μήτε γῆς * ἁπτόμενος. * ἕτερος δέ τις δειλὸς λέγει ἀποκρινόμενος |
| FPho. | 150 | | μαγικῶν βίβλων ἀπέχεσθαι. νηπιάχοις ἀταλοῖς μὴ * ἅψῃ * χεῖρα βιαίως. φεῦγε διχοστασίην καὶ ἔριν πολέμου |
| HDem. 9 | 21 | 7 | δ᾽ αὐτῇ εἰς Χαναὰν ἄγγελον τοῦ θεοῦ παλαῖσαι καὶ * ἀψασθαι * τοῦ πλάτους τοῦ μηροῦ τοῦ Ἰακὼβ τὸν δὲ |
| LThe. 9 | 22 | 11 | δὲ καὶ Λευιὰ μένος ἄσχετος Ἑλλαβε χαίτης γούνων * ἁπτόμενον * Συχὲμ ἄσπετα μαργήναντα. ἥλασε δὲ κληῖδα μέσην |

ἅπτω (ἅπτρα)
2

| | | | |
|---|---|---|---|
| Abr.2 | 5 | 2 | τὴν κλίνην τοῦ ἀνθρώπου σπεύδει γὰρ ἀναπῆναι καὶ * ἄψον * λύχνον ἐπὶ τῆς οἰκίας. καὶ ἐποίησεν Ἰσαὰκ καθὼς |
| Sib. | 5 | 531 | ῥίμφα μὲν οὖν πληγέντες ἐπ' Ὠκεανοῖο λοετρὰ * ἧψαν * γαῖαν ἅπασαν ἔμεινε δ' ἀνάστερος αἰθήρ. |

ἄπυστος
1

| | | | |
|---|---|---|---|
| Sib. | 4 | 120 | βασιλεὺς μέγας οἷά τε δράστης φεύξετ' ἄφαντος * ἄπυστος * ὑπὲρ πόρον Εὐφρήταο ὁπότε δὴ μητρῷον ἄγος |

ἀπωθέω
5

| | | | |
|---|---|---|---|
| TAser | 1 | 8 | διαβούλιον πᾶσα πρᾶξις αὐτῆς ἐστιν ἐν πονηρίᾳ καὶ * ἀπωθούμενος * τὸ ἀγαθὸν προσλαμβάνει τὸ κακὸν καὶ |
| TJos. | 2 | 5 | ὡς υἱὸς ἀνθρώπου δειλαῖ' ὁδεύω ὡς γηγενὴς ἀσθενεῖ' ἢ * ἀπωθεῖται * ἐπὶ πᾶσι δὲ τόποις παρίσταναι ἐν διαφόροις |
| Sal. | 7 | 7 | ἵνα μὴ ἐπιθανατίσῃ ἡμῖν οἳ ἐμίσησαν ἡμᾶς δωρεάν. ὅτι * ἀπώσω * αὐτούς ὁ θεὸς μὴ πατησάτω ὁ πούς αὐτῶν κληρονομίαν |
| Sal. | 7 | 8 | οἰκτιρήσεις τὸ γένος Ισραηλ εἰς τὸν αἰῶνα καὶ οὐκ * ἀπώσῃ. * καὶ ἡμεῖς ὑπὸ ζυγόν σου τὸν αἰῶνα καὶ μάστιγα |
| Sal. | 9 | 9 | ἔθνη καὶ ἔθου τὸ ὄνομά σου ἐφ' ἡμᾶς κύριε καὶ οὐκ * ἀπώσῃ * εἰς τὸν αἰῶνα. ἐν διαθήκῃ διέθου τοῖς πατράσιν |

ἀπώλεια
48

| | | | |
|---|---|---|---|
| Hen. | 5 | 5 | καὶ τὰ ἔτη τῆς ζωῆς ὑμῶν ἀπολεῖται καὶ τὰ ἔτη τῆς * ἀπωλείας * ὑμῶν πληθυνθήσεται ἐν κατάρᾳ αἰώνων καὶ οὐκ |
| Hen. | 9B | 3 | τὴν κρίσιν ἡμῶν πρὸς τὸν Ὕψιστον καὶ τὴν * ἀπώλειαν * ἡμῶν ἐνώπιον τῆς δόξης τῆς μεγαλωσύνης ἐνώπιον |
| Hen. | 10 | 9 | ἐγρηγόρων ἀπὸ τῶν ἀνθρώπων πέμψον αὐτοὺς ἐν πολέμῳ * ἀπωλείας. * μακρότης γὰρ ἡμερῶν οὐκ ἔστιν αὐτοῖς καὶ πᾶσα |
| Hen. | 10 | 12 | καὶ ὅταν κατασφαγῶσιν οἱ υἱοὶ αὐτῶν καὶ ἴδωσι τὴν * ἀπώλειαν * τῶν ἀγαπητῶν δῆσον αὐτοὺς ἑβδομήκοντα |
| Hen. | 10B | 9 | εἰς ἀπώλειάν ἐξ αὐτῶν εἰς αἰῶνας ἐν πολέμῳ καὶ * ἀπωλείᾳ * καὶ μακρότης γὰρ ἡμερῶν οὐκ ἔσται αὐτοῖς καὶ πᾶσα |
| Hen. | 10B | 12 | καὶ ὅταν κατασφαγῶσιν οἱ υἱοὶ αὐτῶν καὶ ἴδωσι τὴν * ἀπώλειαν * τῶν ἀγαπητῶν αὐτῶν δῆσον αὐτοὺς ἐπὶ ἑβδομήκοντα |
| Hen. | 12 | 6 | τὸν φόνον τῶν ἀγαπητῶν αὐτῶν ὄψονται καὶ ἐπὶ τῇ * ἀπωλείᾳ * τῶν υἱῶν αὐτῶν στενάξουσιν καὶ δεηθήσονται εἰς |
| Hen. | 14 | 6 | γενεὰς τοῦ αἰῶνος καὶ ἵνα περὶ τούτων ἴδητε τὴν * ἀπώλειαν * τῶν υἱῶν ὑμῶν τῶν ἀγαπητῶν καὶ ὅτι οὐκ ἔσται |
| Hen. | 16 | 1 | ὅτι ἐξ αὐτῶν ἐξεληλύθασι. ἀπὸ ἡμέρας σφαγῆς καὶ * ἀπωλείας * καὶ θανάτου ἀφ' ὧν τὰ πνεύματα ἐκπορευόμενα ἐκ |

Hen. 16B 1 οὐκ ἔστιν εἰρήνη. καὶ ἀπὸ ἡμέρας καιροῦ σφαγῆς καὶ * ἀπωλείας * καὶ θανάτου τῶν γιγάντων Ναφηλειμ οἱ ἰσχυροὶ
Hen. 22 12 τῶν ἐντυγχανόντων οἵτινες ἐνφανίζουσιν περὶ τῆς * ἀπωλείας * ὅταν φονευθῶσιν ἐν ταῖς ἡμέραις τῶν ἁμαρτωλῶν.
Hen. 98 10 καὶ νῦν γινώσκετε ὅτ<ι ἡτοίμασται> ὑμῖν εἰς ἡμέραν * ἀπωλείας. * <μὴ ἐλπίζε>τε σωθῆναι ἁμαρτωλοὶ ἀπ<ελθόντες>
Hen. 99 4 συν<ταραχ>θήσονται καὶ ἀνασταθήσονται ἐν <ἡμέρ>ᾳ * ἀπωλείας * τῆς ἀδικίας. ἐν αὐτῷ <τῷ και>ρῷ ἐκείνῳ αἱ
Hen. 106 15 ὀργὴ μεγάλη ἐπὶ τῆς γῆς καὶ κατακλυσμὸς καὶ ἔσται * ἀπώλεια * μεγάλη ἐπὶ ἐνιαυτὸν ἕνα καὶ τόδε τὸ παιδίον τὸ
Hen. 107 3 τὸ ὄνομα αὐτοῦ Νῶε εὐφραίνων τὴν γῆν ἀπὸ τῆς * ἀπωλείας. * ΕΠΙΣΤΟΛΗ ΕΝΩΧ.
Abr.1 11 11 πλατεῖα τῶν ἁμαρτωλῶν ἐστὶν ἡ ἀπάγουσα εἰς τὴν * ἀπώλειαν * καὶ εἰς τὴν κόλασιν τὴν αἰώνιον καὶ διὰ τοῦτο ὁ
Abr.1 11 11 ἀπὸ τοῦ θρόνου αὐτοῦ κλαίων καὶ ὀδυρόμενος ἐπὶ τῇ * ἀπωλείᾳ * τῶν ἁμαρτωλῶν διότι πολλοί εἰσιν οἱ ἀπολλύμενοι
Abr.1 12 2 πάσας τὰς ψυχὰς εἰς τὴν πλατεῖαν πύλην εἰς τὴν * ἀπώλειαν. * ἠκολουθήσαμεν δὲ ἡμεῖς τοῖς ἀγγέλοις καὶ
Abr.2 8 11 πύλη ἡ ἀπλουμένη αὕτη ἐστὶν ἡ ἀπάγουσα εἰς τὴν * ἀπώλειαν * οὗτος ὁ ἀνὴρ ὁ καθεζόμενος ἐν μέσῳ αὐτῶν οὗτός
Abr.2 8 14 γνῶθι <ὅτι> ἐθεάσατο ψυχὰς ἀπαγομένας εἰς τὴν * ἀπώλειαν * καὶ ἐὰν ἴδῃς αὐτὸν γελῶντα ἐθεάσατο ψυχὰς
Abr.2 8 16 ἀπαγόμενον διὰ τῆς πύλης τῆς ἀπαγούσης εἰς τὴν * ἀπώλειαν * διὰ τοῦτο ὑπερβαίνει ὁ κλαυθμὸς τὸν γέλωτα
Abr.2 9 4 τοῦ κόσμου διὰ τῆς πύλης τῆς αἰρούσης εἰς τὴν * ἀπώλειαν. * καὶ ἑστῶτος τοῦ Ἀβραὰμ καὶ θαυμάζοντος ἐν τῇ
Abr.2 9 5 τῶν ψυχῶν εἰς τὴν πύλην τὴν ἀπάγουσαν εἰς τὴν * ἀπώλειαν. * λέγει δὲ Ἀβραὰμ μὴ οὗτοι ἀπέρχονται εἰς τὴν
Abr.2 9 6 λέγει δὲ Ἀβραὰμ μὴ οὗτοι ἀπέρχονται εἰς τὴν * ἀπώλειαν; * καὶ ἀποκριθεὶς Μιχαὴλ εἶπεν τῷ Ἀβραὰμ
Abr.2 9 9 ἐν τόπῳ μεσότητος ἐκείνας μὲν τὰς ψυχὰς ἦρεν εἰς * ἀπώλειαν. * καὶ εἶπεν Ἀβραὰμ τῷ Μιχαὴλ εἰπέ μοι κύριε τὰς
TRub. 3 5 καυχᾶται καὶ μεγαλοφρονῇ ἕκτον πνεῦμα ψεύδους ἐν * ἀπωλείᾳ * καὶ ζήλῳ τοῦ πλάττειν λόγους καὶ κρύπτειν λόγους
TJud. 23 3 κύνας εἰς διασπασμὸν ἐχθρῶν καὶ φίλων ὀνειδισμοὺς * ἀπώλειαν * καὶ σφακελισμὸν ὀφθαλμῶν νηπίων ἀναίρεσιν καὶ
TDan 4 5 θυμωθεὶς νομίζει δικαίως ὀργίζεσθαι. ἐὰν ζημίᾳ ἐὰν * ἀπωλείᾳ * τινὶ περιπέσητε τέκνα μου μὴ θροεῖσθε ὅτι αὐτὸ
TBen. 7 2 διὰ τοῦ Βελιὰρ ἔστι δὲ πρῶτον ὁ φθόνος δεύτερον * ἀπώλεια * τρίτον θλῖψις τέταρτον αἰχμαλωσία πέμπτον ἔνδεια
Asen. 7 5 ἀλλοτρίας τοῦ κοινωνῆσαι αὐτῇ ἡ γὰρ κοινωνία αὐτῆς * ἀπώλειά * ἐστι καὶ διαφθορά. διὰ τοῦτο εἶπεν Ἰωσὴφ
Asen. 8 5 αὐτῶν ποτήριον ἐνέδρας καὶ χρίεται χρίσματι * ἀπωλείας. * ἀλλ' ἀνὴρ θεοσεβὴς φιλήσει τὴν μητέρα αὐτοῦ
Sal. 2 31 ἀνιστῶν ἐμὲ εἰς δόξαν καὶ κοιμίζων ὑπερηφάνους εἰς * ἀπώλειαν * αἰῶνος ἐν ἀτιμίᾳ ὅτι οὐκ ἔγνωσαν αὐτόν. καὶ νῦν
Sal. 3 11 ὅτι πονηρὸν τὸ πτῶμα αὐτοῦ καὶ οὐκ ἀναστήσεται. ἡ * ἀπώλεια * τοῦ ἁμαρτωλοῦ εἰς τὸν αἰῶνα καὶ οὐ μνησθήσεται
Sal. 9 5 καὶ ὁ ποιῶν ἀδικίαν αὐτὸς αἴτιος τῆς ψυχῆς ἐν * ἀπωλείᾳ * τὰ γὰρ κρίματα κυρίου ἐν δικαιοσύνῃ κατ' ἄνδρα
Sal. 13 11 δικαίων εἰς τὸν αἰῶνα ἁμαρτωλοὶ δὲ ἀρθήσονται εἰς * ἀπώλειαν * καὶ οὐχ εὑρεθήσεται μνημόσυνον αὐτῶν ἔτι ἐπὶ δὲ
Sal. 14 9 διὰ τοῦτο ἡ κληρονομία αὐτῶν ᾅδης καὶ σκότος καὶ * ἀπώλεια * καὶ οὐχ εὑρεθήσονται ἐν ἡμέρᾳ ἐλέους δικαίων οἱ
Sal. 15 9 ἐμπείρων καταλημφθήσονται τὸ γὰρ σημεῖον τῆς * ἀπωλείας * ἐπὶ τοῦ μετώπου αὐτῶν. καὶ ἡ κληρονομία τῶν
Sal. 15 10 τοῦ μετώπου αὐτῶν. καὶ ἡ κληρονομία τῶν ἁμαρτωλῶν * ἀπώλεια * καὶ σκότος καὶ αἱ ἀνομίαι αὐτῶν διώξονται αὐτοὺς
Sal. 16 5 σωτηρίαν καὶ οὐκ ἐλογίσω με μετὰ τῶν ἁμαρτωλῶν εἰς * ἀπώλειαν. * μὴ ἀποστήσῃς τὸ ἔλεός σου ἀπ' ἐμοῦ ὁ θεὸς μηδὲ
Sal. 17 22 καθαρίσαι Ιερουσαλημ ἀπὸ ἐθνῶν καταπατούντων ἐν * ἀπωλείᾳ * ἐν σοφίᾳ δικαιοσύνης ἐξῶσαι ἁμαρτωλοὺς ἀπὸ
Prop. 10 6B κατεπόθη ὑπὸ τοῦ κήτους καὶ ἐκβρασθεὶς ἐκήρυξε τὴν * ἀπώλειαν * Νινευῒ καὶ μετενόησαν οἱ ἄνδρες οἱ Νινευῖται
Esdr. 1 11 μίαν ψυχὴν κολάσασθαι καὶ μὴ ὅλον τὸν κόσμον εἰς * ἀπώλειαν * ἀπάγειν. καὶ εἶπεν ὁ θεὸς ἐγὼ τοὺς δικαίους
Esdr. 4 21 ἁμαρτωλούς. καὶ κατήγαγόν με εἰς τὸ ἔδαφος τῆς * ἀπωλείας * καὶ ἴδον ἐκεῖ τὸ δωδεκάπληγον τῆς ἀβύσσου. καὶ
Job 16 7 μου. καὶ τῶν ὑπαρχόντων μοι ἀνήγγειλάν μοι τὴν * ἀπώλειαν, * καὶ ἐδόξασα τὸν θεὸν καὶ οὐκ ἐβλασφήμησα. τότε
Job 19 1 ἀγγέλου καὶ δηλώσαντός μοι τὴν τῶν ἐμῶν τέκνων * ἀπώλειαν, * ἐταράχθην ἐν μεγάλῃ ταραχῇ καὶ διέρρηξά μου τὰ
Job 20 4 ἐπὶ τὸν θρόνον καὶ πενθοῦντι τὴν τῶν τέκνων μου * ἀπώλειαν * καὶ ὁμοιώθη μεγάλῃ καταιγίδι καὶ τὸν θρόνον μου
Job 26 3 ὑποφέρω καὶ ὑποφέρεις καὶ τὴν τῶν τέκνων ἡμῶν * ἀπώλειαν * καὶ τῶν ὑπαρχόντων +βουλόμενος+ ἡμᾶς λαλῆσαί τι
Aris. 167 4 τούτους γὰρ καὶ λέγω ἡ γὰρ ἐπαγρύπνησις ἀνθρώπων * ἀπωλείᾳ * ἀνόσιος. ὁ δὲ νόμος ἡμῶν κελεύει μήτε λόγῳ μήτε

ἀρά 1
Sal. 4 14 ἔξοδος αὐτοῦ ἐν στεναγμοῖς καὶ ἡ εἴσοδος αὐτοῦ ἐν * ἀρᾷ * ἐν ὀδύναις καὶ πενίᾳ καὶ ἀπορίᾳ ἡ ζωὴ αὐτοῦ κύριε ὁ

ἄρα 31 ἄρα ἄρ'

ἆρα 5
Bar. 4 13 ἐλθὼν ἐγὼ εἶπον αὐτῷ τὰ περὶ ἐκείνου. καὶ εἶπεν * ἆρα * φυτεύσω αὐτὸ ἤ τί; ἐπεὶ Ἀδὰμ δι' αὐτοῦ ἀπώλετο μὴ
Job 2 4 αὐτῷ ἀναφερόμενα διελογιζόμην ἐν ἑαυτῷ λέγων * ἆρα * οὗτός ἐστιν ὁ θεὸς ὁ ποιήσας τὸν οὐρανὸν καὶ τὴν γῆν
Job 26 6 ἕως ἂν ὁ κύριος σπλαγχνισθεὶς ἐλεήσῃ ἡμᾶς. * ἆρα * σὺ οὐχ ὁρᾷς τὸν διάβολον ὄπισθέν σου στήκοντα καὶ
Job 36 2 μοι λέγων σὺ εἶ Ἰωβ; καὶ εἶπον αὐτῷ ναί. καὶ εἶπεν * ἆρα * ἐν τῷ καθεστηκότι ἡ καρδία σου; κἀγὼ εἶπον ὅτι ἐν
LEze. 9 29 6 03 θεὸς ζῴην δ' ὅταν σοι ταῦτα συμβαί<ν>ῃ ποτέ. * ἆρά * γε μέγαν τιν' ἐξαναστήσεις θρόνον καὶ αὐτὸς

Ἀραβία 8
Aris. 119 2 ἐλέγετο δὲ καὶ ἐκ τῶν παρακειμένων ὀρέων τῆς * Ἀραβίας * μέταλλα χαλκοῦ καὶ σιδήρου συνίστασθαι
HEup. 9 30 7 Δαβὶδ πλοῖα ναυπηγήσασθαι ἐν Ἐλάνοις πόλει τῆς * Ἀραβίας * καὶ πέμψαι μεταλλευτὰς εἰς τὴν Οὐρφῆ νῆσον
HEup. 9 33 1 ἐκ τῆς Ἰουδαίας ἱερεῖα δὲ εἰς κρεωφαγίαν ἐκ τῆς * Ἀραβίας. * ἐπιστολη Σουρωνος. Σούρων Σολομῶνι βασιλεῖ
HArt. 9 27 17 ἐπιγνόντα συμβουλεῦσαι τῷ ἀδελφῷ φυγεῖν εἰς τὴν * Ἀραβίαν * τὸν δὲ πεισθέντα ἀπὸ Μέμφεως τὸν Νεῖλον
HArt. 9 27 17 τὸν Νεῖλον διαπλεύσαντα ἀπαλλάσσεσθαι εἰς τὴν * Ἀραβίαν. * τὸν δὲ Χανεθώθην πυθόμενον τοῦ Μωΰσου τὴν
HArt. 9 27 19 ξίφος φονεῦσαι τὸν Χανεθώθην διεκδρᾶναι δὲ εἰς τὴν * Ἀραβίαν * καὶ Ῥαγουήλῳ τῷ τῶν τόπων ἄρχοντι συμβιοῦν
HArt. 9 27 34 ἄλλην τε παμπληθῆ γάζαν διαβάντας τοὺς κατὰ τὴν * Ἀραβίαν * ποταμοὺς καὶ διαβάντας ἱκανὸν τόπον ἐπὶ τὴν
HAri. 9 25 1 τῇ Αὐσίτιδι χώρᾳ ἐπὶ τοῖς ὅροις τῆς Ἰδουμαίας καὶ * Ἀραβίας. * γενέσθαι δ' αὐτὸν δίκαιον καὶ πολύκτηνον

Ἀραθάκ 1
Hen. 6 7 τῶν ἀρχόντων αὐτῶν Σεμιαζὰ οὗτος ἦν ἄρχων αὐτῶν * Ἀραθὰκ * Κιμβρὰ Σαμμανὴ Δανειὴλ Ἀρεαρὼς Σεμιὴλ Ἰωμειὴλ

ἀραιός 1
LThe. 9 22 1 πλήθοντα καὶ ὕλης τῶν δὲ μεσηγὺ ἀτραπιτὸς τέτμηται * ἀραιὴ * <αὐλῶπις> ἐν δ' ἑτέρωθι ἡ διερὴ Σικίμων

Ἀρακιήλ 1
Hen. 6B 7 αὐτῶν. α' Σεμιαζᾶς ὁ ἄρχων αὐτῶν β' Ἀταρκούφ γ' * Ἀρακιὴλ * δ' Χωβαβιὴλ ε' Ὀραμμαμὴ ϛ' Ῥαμιὴλ ζ' Σαμψίχ

Ἀράμ 2
TJud. 10 1 υἱός μου ἄγεται τὴν Θαμὰρ ἐκ Μεσοποταμίας θυγατέρα * Ἀράμ. * ἦν δὲ Ἤρ πονηρὸς καὶ ἠπορεῖτο περὶ τῆς Θαμὰρ ὅτι
TIss. 1 5 μου. ταῦτα δὲ ἦσαν μῆλα εὐώδημα ἃ ἐποίει ἡ γῆ * Ἀρὰμ * ἐν ὕψει ὑποκάτω φάραγγος ὑδάτων. εἶπε δὲ Ῥαχὴλ οὐ

ἀραρίσκω 1
Asen. 21 7 αὐτῶν καὶ προσήγαγεν αὐτοὺς ἐπὶ τὸ στόμα αὐτῶν καὶ * <ἦρσεν> * αὐτοὺς ἐπὶ τὰ χείλη αὐτῶν καὶ κατεφίλησαν

Ἄρατος 1
LAri. 13 12 6 καὶ ἐπὶ πάντων εἶναι τὸν θεόν. λέγει δ' οὕτως. καὶ * Ἄρατος * δὲ περὶ τῶν αὐτῶν φησιν οὕτως ἐκ θεοῦ ἀρχώμεσθα

Ἄραψ 7
Prop. 21 1 θανὼν ἐτάφη ἐν ἀγρῷ αὐτοῦ. Ἠλίας Θεσβίτης ἐκ γῆς * Ἀράβων * φυλῆς Ἀαρὼν οἰκῶν ἐν Γαλαὰδ ὅτι ἡ Θέσβις δόμα
Aris. 114 2 λίθων πολυτελῶν καὶ χρυσοῦ παρακομίζεται διὰ τῶν * Ἀράβων * εἰς τὸν τόπον. ἐργάσιμος γὰρ καὶ πρὸς τὴν
Sib. 3 475 δὲ Κρόβυζοι ἀναστήσονται ἀν' Αἷμον. Καμπανοῖς * ἄραβος * πέλεται διὰ τὸν +πολύκαρπον+ λιμὸν πουλυετεῖς δὲ
Sib. 3 517 Αἰθιόπων τε καὶ ἐθνῶν βαρβαροφώνων Καππαδοκῶν τ' * Ἀράβων * τε τί δὴ κατὰ μοῖραν ἕκαστον ἐξαυδῶ; πᾶσιν γὰρ
HArt. 9 23 1 δὲ τὴν ἐπισύστασιν δεηθῆναι τῶν ἀστυγειτόνων * Ἀράβων * εἰς τὴν Αἴγυπτον αὐτὸν διακομίσαι τοὺς δὲ τὸ
HArt. 9 23 1 δὲ τὸ ἐντυγχανόμενον ποιῆσαι εἶναι γὰρ τοὺς τῶν * Ἀράβων * βασιλεῖς ἀπογόνους Ἰσραὴλ υἱοὺς τοῦ Ἀβραὰμ
HArt. 9 27 19 τὸν δὲ Ῥαγουῆλον διακωλύοντα στρατεύειν τοῖς * Ἄραψι * προστάξαι λῃστεύειν τὴν Αἴγυπτον. ὑπὸ δὲ τὸν

ἀργαλέος 1
Sib. 5 65 τὸ πάλαι δειλοῖσι βροτοῖς αὐχοῦσα μέγιστα κλαύσεαι * ἀργαλέη * καὶ πάμμορος ὥστε νοῆσαι αὐτὴν ἀίδιον θεὸν

Ἀργαριζίν 1
HAno. 9 17 5 τὰ αἰχμάλωτα ξενισθῆναί τε αὐτὸν ὑπὸ πόλεως ἱερὸν * Ἀργαριζὶν * ὃ εἶναι μεθερμηνευόμενον ὄρος ὑψίστου παρὰ δὲ

ἀργέω 1
FEz. 64 70 14 τῷ μέρει τῆς ἀδυναμίας βούλει. καὶ λοιπὸν ἡ κρίσις * ἀργεῖ. * τί οὖν ποιεῖ ὁ κριτὴς ὁ δίκαιος; ἀναγνοὺς ποίῳ

ἀργία 1
Prop. 15 5 καὶ περὶ τέλους ἐθνῶν καὶ Ἰσραὴλ καὶ τοῦ ναοῦ καὶ * ἀργίας * προφητῶν καὶ ἱερέων καὶ περὶ διπλῆς κρίσεως

ἀργίπους 1
FPho. 147 ἀθεμίστους.) μὴ δέ τι θηρόβορον δαίσῃ κρέας * ἀργίποσιν * δὲ λείψανα λεῖπε κυσὶν θηρῶν ἄπο θῆρες

ἀργόλας 2
Prop. 2 6 καὶ οὕτως ἐνέβαλε τοὺς ὄφεις τοὺς λεγομένους * ἀργόλας * ὅ ἐστιν ὀφιομάχους οὓς ἤνεγκεν ἐκ τοῦ Ἄργους
Prop. 2 6 ἤνεγκεν ἐκ τοῦ Ἄργους τῆς Πελοποννήσου ὅθεν καὶ * ἀργόλαι * καλοῦνται τοῦτ' ἔστιν Ἄργους δεξιοὶ λαιὰν γὰρ

Ἄργος 2
Prop. 2 6 ἀργόλας ὅ ἐστιν ὀφιομάχους οὓς ἤνεγκεν ἐκ τοῦ * Ἄργους * τῆς Πελοποννήσου ὅθεν καὶ ἀργόλαι καλοῦνται
Prop. 2 6 ὅθεν καὶ ἀργόλαι καλοῦνται τοῦτ' ἔστιν * Ἄργους * δεξιοὶ λαιὰν γὰρ λέγουσι πᾶν εὐώνυμον. οὗτος ὁ

ἀργός (ἀεργός) 2
Sib. 5 487 γε μενεῖ κατὰ γαῖαν ἅπασαν. καὶ σὺ Σάραπι λίθους * ἀργοὺς * ἐπικείμενε πολλοὺς κείσῃ πτῶμα μέγιστον ἐν
HHec. 1 22 198 ἐστι τετράγωνος οὐκ ἐκ τμητῶν ἀλλ' ἐκ συλλέκτων * ἀργῶν * λίθων οὕτω συγκείμενος πλευρὰν μὲν ἑκάστην εἴκοσι

ἀργύρεος 15
Hen. 99 7 οὐδὲ μὴ φείσονται--- <καὶ> οἱ γλύφοντες εἰκόνα<ς * ἀργυ>ρᾶς * καὶ χρυσᾶς ξυλίνας τε <καὶ λιθίνας> καὶ
Asen. 2 3 οἱ θεοὶ τῶν Αἰγυπτίων ὧν οὐκ ἦν ἀριθμὸς χρυσοῖ καὶ * ἀργυροῖ. * καὶ πάντας ἐκείνους ἐσέβετο Ἀσενὲθ καὶ
Asen. 10 12 τοὺς ὄντας ἐν τῷ θαλάμῳ αὐτῆς τούς τε χρυσοῦς καὶ * ἀργυροῦς * ὧν οὐκ ἦν ἀριθμὸς καὶ συνέτριψεν αὐτοὺς εἰς
Asen. 13 11 καὶ οἱ κλέπται διήρπασαν αὐτοὺς οἵτινες ἦσαν * ἀργυροῖ * καὶ χρυσοῖ. καὶ πρός σέ κατέφυγον κύριε ὁ θεός
Sedr. 11 7 ὦ δάκτυλοι καλλωπισμένοι καὶ ὑπὸ τῶν χρυσῶν καὶ * ἀργυρῶν * ἐστολισμένοι καὶ μεγάλα κτίσματα ὑπὸ τῶν

```
Job      25    8  ἀντὶ ἄρτων. βλέπε τὴν τοὺς κραββάτους χρυσοῦς καὶ  ✶ ἀργυρέους ✶ ἔχουσαν, νυνὶ δὲ πιπράσκουσαν τὴν τρίχα ἀντὶ
Job      32    9  ὑπάρχεις σὺ εἶ ὁ τοὺς χρυσέους λύχνους ἐπὶ τὰς  ✶ ἀργυρᾶς ✶ λυχνίας ἔχων, νυνὶ δὲ προσδοκᾷς τὴν φαῦσιν τῆς
Aris.    42    5  δὲ καὶ τὰς φιάλας ἃς ἀπέστειλας χρυσᾶς εἴκοσι καὶ  ✶ ἀργυρᾶς ✶ τριάκοντα κρατῆρας πέντε καὶ τράπεζαν εἰς
Aris.    76    3  τὴν κατασκευὴν χωροῦντες ὑπὲρ δύο μετρητάς οἱ δ'  ✶ ἀργυροῖ ✶ λείαν εἶχον τὴν διασκευὴν ἔνοπτρον δὴ γεγονυῖαν
Aris.    77    4  κατασκευασμάτων ἑτέρου παρ' ἕτερον λέγω δὲ πρῶτον  ✶ ἀργυροῦ ✶ κρατῆρος εἶτα χρυσοῦ πάλιν ἀργυροῦ καὶ χρυσοῦ
Aris.    77    5  λέγω δὲ πρῶτον ἀργυροῦ κρατῆρος εἶτα χρυσοῦ πάλιν  ✶ ἀργυροῦ ✶ καὶ χρυσοῦ παντελῶς ἀνεξήγητος ἐγένετο τῆς
Aris.    78    5  διανοίας τεχνίτευμα. καὶ πάλιν ὅτε πρὸς τὴν τῶν  ✶ ἀργυρῶν ✶ προσβλέψαι τις θέσιν ἤθελεν ἀπέλαμπε τὰ πάντα
Sib.      3   59  ναοῖς καὶ σταδίοις ἀγορᾶς χρυσοῖς ξοάνοις τε  ✶ ἀργυρέοις ✶ λιθίνοις τε ἵν' ἔλθῃτ' εἰς πικρὸν ἦμαρ. ἥξει
Sib.      5   83  ξυλίνους λιθίνους τε χαλκοῦς τε χρυσοῦς τε καὶ  ✶ ἀργυρέους ✶ τε ματαίους ἀψύχους κωφοὺς καὶ ἐν πυρὶ
HEup.  9 34    5  χρυσᾶ πενταπήχη καὶ προστιθέναι προσηλοῦντα ἥλοις  ✶ ἀργυροῖς ✶ ταλαντιαίοις τὴν ὁλκὴν μαστοειδέσι τὸν ῥυθμὸν
```

ἀργυρικός       2

```
Aris.    37    2  ἀποδόντες τοῖς κρατοῦσι τὴν κατ' ἀξίαν  ✶ ἀργυρικὴν ✶ τιμὴν διορθούμενοι καὶ εἴ τι κακῶς ἐπράχθη διὰ
FAch.   101       καὶ ἐν τοῖς ἀκρωτηρίοις διελέγετο. τιμήματα δὲ  ✶ ἀργυρικὰ ✶ λαμβάνων πᾶσάν τε χώραν περιελθὼν ὁ Αἴσωπος
```

ἀργύριον       28

```
Hen.     97    8  εἰς ὑμᾶς κακόν. οὐαὶ ὑμῖν οἱ κτώμενοι χρυσίον καὶ  ✶ ἀργύριον ✶ οὐκ ἀπὸ δικαιοσύνης καὶ ἐρεῖτε πλούτῳ
Hen.     97    9  κεκτήμεθα καὶ πᾶν ὃ ἐὰν θελήσωμεν ποιήσωμεν ὅτι  ✶ ἀργύριον ✶ τεθησαυρίκαμεν ἐν τοῖς θησαυροῖς ἡμῶν καὶ ἀγαθὰ
Hen.     98    2  βασιλείᾳ καὶ μεγαλωσύνῃ καὶ ἐν ἐξουσίᾳ. ἔσονται δὲ  ✶ ἀργύριον ✶ καὶ χρυσίον ⟨παρ'⟩ αὐτοῖς εἰς βρώματα καὶ ἐν
TLevi     2   12  καὶ αὐτὸς ἔσται σου ἀγρὸς ἀμπελὼν καρποὶ χρυσίον  ✶ ἀργύριον. ✶ ἄκουσον οὖν περὶ τῶν ἑπτὰ οὐρανῶν. ὁ κατώτερος
TJud.    17    1  ὁ οἶνος. ἐντέλλομαι οὖν ὑμῖν τέκνα μου μὴ ἀγαπᾶν  ✶ ἀργύριον ✶ μηδὲ ἐμβλέπειν εἰς κάλλος γυναικῶν ὅτι καί γε
TJud.    17    1  μηδὲ ἐμβλέπειν εἰς κάλλος γυναικῶν ὅτι καί γε δι'  ✶ ἀργύριον ✶ καὶ εὐμορφίαν ἐπλανήθην εἰς Βησσουὲ τὴν
TJud.    19    1  ἡ φιλαργυρία πρὸς εἴδωλα ὁδηγεῖ ὅτι ἐν πλάνῃ δι'  ✶ ἀργυρίου ✶ τοὺς μὴ ὄντας θεοὺς ὀνομάζουσι καὶ ποιεῖ τὸν
TJud.    19    2  ποιεῖ τὸν ἔχοντα αὐτὴν εἰς ἔκστασιν ἐμπεσεῖν. διὰ  ✶ ἀργυρίου ✶ ἐγὼ ἀπώλεσα τὰ τέκνα μου καὶ εἰ μὴ ἡ μετάνοια
TZab.     4    6  τὸ πρόσωπον Ἰακὼβ τοῦ πατρός μου· καὶ λαβὼν δι'  ✶ ἀργυρίου ✶ κατέδραμε τοῖς ἐμπόροις καὶ οὐδένα εὗρεν
TJos.    11    7  αὐτὸν κύριος ἐν χειρί μου καὶ ἐπλήθυνεν αὐτὸν ἐν  ✶ ἀργυρίῳ ✶ καὶ χρυσίῳ καὶ ἤμην μετ' αὐτοῦ μῆνας τρεῖς καὶ
TJos.    15    7  προσελθόντος αὐτῷ αἰτοῦνταί με λέγοντες ὅτι ἐν  ✶ ἀργυρίῳ ✶ ἠγοράσθη ἡμῖν. κἀκεῖνος ἀπέλυσεν ἡμᾶς. ἡ δὲ
TJos.    17    4  μου εἰς Αἴγυπτον ὡς ἔγνωσαν ὅτι ἀπέστρεψα τὸ  ✶ ἀργύριον ✶ αὐτοῖς καὶ οὐκ ὠνείδισα ἀλλὰ καὶ παρεκάλεσα
Asen.     7    4  ἔπεμπον πρὸς αὐτὸν αἱ γυναῖκες μετὰ χρυσίου καὶ  ✶ ἀργυρίου ✶ καὶ δώρων πολυτίμων ἀπέπεμπεν Ἰωσὴφ μετὰ
Asen.    23    3  ὑμᾶς ἐμαυτῷ εἰς ἑταίρους καὶ δώσω ὑμῖν χρυσίον καὶ  ✶ ἀργύριον ✶ πολὺν καὶ παῖδας καὶ παιδίσκας καὶ οἴκους καὶ
Sal.     17   33  ἀναβάτην καὶ τόξον οὐδὲ πληθυνεῖ αὐτῷ χρυσίον οὐδὲ  ✶ ἀργύριον ✶ εἰς πόλεμον καὶ πολλοῖς ⟨λαοῖς⟩ οὐ συνάξει
Prop.    22   16  κρύφα παρὰ γνώμην αὐτοῦ πρὸς Ναιμᾶν καὶ αἰτήσαντα  ✶ ἀργύριον ✶ ὕστερον ἐλθόντα καὶ ἀρνούμενον ἤλεγξε καὶ
Job     ·23    4  λάβε ὃ θέλεις. ἀποκριθεῖσα δὲ αὐτῷ λέγει πόθεν μοι  ✶ ἀργύριον; ✶ ἄγνοεῖς τὰ συμβεβηκότα ἡμῖν πονηρά; εἰ μὲν
Job      23    7  ἀπελάβετε αὐτὰ νῦν οὖν εἰ μὴ ἔχεις ἐν χερσί σου  ✶ ἀργύριον, ✶ ὑποθοῦ μοι τὴν τρίχα τῆς κεφαλῆς σου καὶ λάβε
Job      24    8  ἐν τῇ καρδίᾳ μου ὅτι οὐκ ἀρκετὸν πράττειν+ δὸς τὸ  ✶ ἀργύριον ✶ καὶ λήψει. καὶ ἐμὲ δὲ δεῖξαι τὴν ἀπορίαν ἡμῶν
Job      24    9  αὐτῷ καὶ ἀκοῦσαι παρ' αὐτοῦ εἰ μὴ ἔχεις, ὦ γύναι,  ✶ ἀργύριον, ✶ παράσχου τὴν τρίχα τῆς κεφαλῆς σου καὶ λάμβανε
Aris.    33    6  σπονδείων χρυσίου μὲν ὁλκῆς τάλαντα πεντήκοντα καὶ  ✶ ἀργυρίου ✶ τάλαντα ἑβδομήκοντα καὶ λίθων ἱκανόν τι πλῆθος
Aris.    40    5  εἰς τὸ ἱερὸν ἀναθημάτων καὶ εἰς θυσίας καὶ τὰ ἄλλα  ✶ ἀργυρίου ✶ τάλαντα ἑκατόν. γράφων δὲ καὶ σὺ πρὸς ἡμᾶς περὶ
Aris.    42    8  θυσιῶν καὶ εἰς ἐπισκευὰς ὧν ἂν δέηται εἰς ταῦτα  ✶ ἀργυρίου ✶ τάλαντα ἑκατὸν ὅπερ ἐκόμισεν Ἀνδρέας τῶν
Aris.   294    3  τὸ βασιλεύειν. ἑκάστῳ δὲ τρία τάλαντα προσέταξεν  ✶ ἀργυρίου ✶ δοθῆναι καὶ τὸν ἀποκαταστήσοντα παῖδα.
HEup.  9 30    6  τὰ πρὸς τὴν κατασκευὴν ἀνήκοντα χρυσίον  ✶ ἀργύριον ✶ χαλκὸν λίθους ξύλα κυπαρίσσινα καὶ κέδρινα.
HEup.  9 34    8  τὰς πύλας τοῦ ἱεροῦ καὶ κατακοσμῆσαι χρυσίῳ καὶ  ✶ ἀργυρίῳ ✶ καὶ κατεστεγάσαι φατνώμασι κεδρίνοις καὶ
HEup.  9 34   16  υ ξ'. εἰς δὲ τοὺς ἥλους καὶ τὴν ἄλλην κατασκευὴν  ✶ ἀργυρίου ✶ τάλαντα χίλια διακόσια τριάκοντα δύο χαλκοῦ δὲ
FrAn.  1 217   24  αὐτὸν δὸς τῷ ἐνέγκαντι αὐτὸν χρυσίον πολὺ καὶ  ✶ ἀργύριον ✶ ἅμα δὲ καὶ ῥαπίσας αὐτὸν μετρίως εἶπέ. μὴ
```

ἀργυροδίνης       1

```
Sib.      4   97  γαῖαν ἅπαντες. ἔσσεται ἐσσομένοις ὅτε Πύραμος  ✶ ἀργυροδίνης ✶ ἠϊόνα προχέων ἱερὴν ἐς νῆσον ἵκηται. καὶ σὺ
```

ἀργυρόκρανος ✶       1

```
Sib.      5   47  ἄνθεος οὔνομ' ἔχουσα μετ' αὐτὸν δ' ἄλλος ἀνάξει  ✶ ἀργυρόκρανος ✶ ἀνὴρ τῷ δ' ἔσσεται οὔνομα πόντου ἔσται καὶ
```

ἀργυρόπους

```
Aris.   320    2  ἔπεμψε δὲ καὶ τῷ Ἐλεαζάρῳ μετὰ τῆς ἐκπομπῆς αὐτῶν  ✶ ἀργυρόποδας ✶ κλίνας δέκα καὶ τὰ ἀκόλουθα πάντα καὶ
```

ἄργυρος       15

```
Hen.     8B    1  καὶ ποιήσωσιν αὐτὰ κόσμια ταῖς γυναιξὶ καὶ τὸν  ✶ ἄργυρον. ✶ ἔδειξε δὲ αὐτοῖς καὶ τὸ στίλβειν καὶ τὸ
TLevi    13    7  καὶ πόλεις ὀλοθρευθῶσι καὶ χῶραι καὶ χρυσὸς καὶ  ✶ ἄργυρος ✶ καὶ πᾶσα κτῆσις ἀπολεῖται τοῦ σοφοῦ τὴν σοφίαν
Asen.     2    4  τὰς θήκας Ἀσενὲθ καὶ ἦν χρυσὸς πολὺς ἐν αὐτῷ καὶ  ✶ ἄργυρος ✶ καὶ ἱματισμὸς χρυσοϋφὴς καὶ λίθοι ἐκλεκτοὶ καὶ
Job      25    6  βλέπε τίς εἶχεν τὸν νιπτῆρα τῶν ποδῶν χρυσοῦ καὶ  ✶ ἀργύρου, ✶ νυνὶ δὲ ποσὶν βαδίζει ἐπὶ ἐδάφους, ἀλλὰ καὶ τὴν
Sib.      3   78  παντὸς χήρα βασιλεύσῃ καὶ ῥίψῃ χρυσόν τε καὶ  ✶ ἄργυρον ✶ εἰς ἅλα δῖαν +καὶ χαλκόν τε+ σίδηρον ἐφημερίων
Sib.      3  179  φόβῳ μετόπισθε ποιήσει πολλῶν δ' αὖ χρυσόν τε καὶ  ✶ ἄργυρον ✶ ἐξαλαπάξει ἐκ πόλεων πολλῶν πάλι δ' ἔσσεται ἐν
Sib.      3  181  δ' ἔσσεται ἐν χθονὶ δίῃ χρυσοῦ αὐτὰρ ἔπειτα καὶ  ✶ ἄργυρος ✶ ἠδέ τε κόσμος. καὶ θλίψουσι βροτούς. μέγα δ'
Sib.      3  587  κεναῖς οὐδ' ἔργ' ἀνθρώπων χρύσεα καὶ χάλκεια καὶ  ✶ ἀργύρου ✶ ἠδ' ἐλέφαντος καὶ ξυλίνων λιθίνων τε θεῶν εἴδωλα
Sib.      3  641  καὶ ἀντίον εἰς Ἔριν αὐτῶν ἔλθωσιν χρυσοῦ τε καὶ  ✶ ἀργύρου ✶ εἵνεκεν ἔσται ἡ φιλοχρημοσύνη κακὰ ποιμαίνουσα
Sib.      3  658  θεοῦ περικαλλέϊ πλούτῳ βεβριθὼς χρυσῷ τε καὶ  ✶ ἀργύρῳ ✶ ἠδέ τε κόσμῳ πορφυρέῳ καὶ γαῖα τελεσφόρος ἠδὲ
FPho.    43       μῆτερ κακότητος ἁπάσης. χρυσὸς ἀεὶ δόλος ἐστὶ καὶ  ✶ ἄργυρος ✶ ἀνθρώποισιν. χρυσὲ κακῶν ἀρχηγὲ βιοφθόρε πάντα
HEup.  9 30    8  φυλάρχων καὶ παραδοῦναι αὐτῷ τόν τε χρυσὸν καὶ  ✶ ἄργυρον ✶ καὶ χαλκὸν καὶ λίθον καὶ ξύλα κυπαρίσσινα καὶ
HEup.  9 39    5  ζωγρῆσαι τὸν δὲ χρυσὸν τὸν ἐν τῷ ἱερῷ καὶ  ✶ ἄργυρον ✶ καὶ χαλκὸν ἐκλέξαντα εἰς Βαβυλῶνα ἀποστεῖλαι
HCal.    24   45  λαβόντες δὲ χρημάτων πλήθη ἔν τε χρυσῷ καὶ  ✶ ἀργύρῳ ✶ ἤγαγον πρὸς τὸν Ἀλέξανδρον. ὁ δὲ οὐκ ἠθέλησε
LEze.   9  29 12 34  τε πάνθ' ὃν ἄνθρωπος φέρει χρυσόν τε καὶ ⟨τὸν⟩  ✶ ἄργυρον ✶ ἠδὲ καὶ στολὰς ἵν' ὧν ἔπραξαν μισθὸν ἀποδῶσι
```

ἀργυρώνητος       1

```
FrAn.  1 226   41  - ⟩την του σιτου τιμην⟨ - ⟩λωσαντες μετα την⟨ - - ✶ ⟩αργυρωνητον ✶ η του ν⟨ - ⟩γνωσθεις παρ' αυτων καὶ⟨ -
```

ἀρδεύω       1

```
Aris.   116    7  ὁ Νεῖλος ἐν ταῖς πρὸς τὸν θερισμὸν ἡμέραις πολλὴν  ✶ ἀρδεύει ✶ τῆς γῆς ὃς εἰς ἕτερον ποταμὸν ἐμβάλλει τὸ ῥεῦμα
```

ἄρδην       1

```
Sib.      5  323  Μαιάνδροιο κύμασι νυκτερινοῖσι ὑπ' ἠόνι κληρωθεῖσα  ✶ ἄρδην ✶ ἐξολέσει σε θεοῖό ποθ' ἥδε πρόνοια. μή μ'
```

Ἀρεαρώς       1

```
Hen.      6    7  ἦν ἄρχων αὐτῶν Ἀραθὰκ Κιμβρὰ Σαμμανὴ Δανειὴλ  ✶ Ἀρεαρώς ✶ Σεμιὴλ Ἰωμειὴλ Χωχαριὴλ Ἐζεκιὴλ Βατριὴλ
```

ἀρείων       1 (cf.+ ἀγαθός, ἀμείνων, ἄριστος, βελτίων, κρείσσων)

```
FPho.   195       ἁπάντων. στέργε τεὴν ἄλοχον τί γὰρ ἥδυτερον καὶ  ✶ ἄρειον ✶ ἢ ὅταν ἀνδρὶ γυνὴ φρονέῃ φίλα γήραος ἄχρις καὶ
```

ἀρέσκεια       1

```
TRub.     3    4  μάχης ἐν τῷ ἥπατι καὶ τῇ χολῇ τέταρτον πνεῦμα  ✶ ἀρεσκείας ✶ καὶ μαγγανείας ἵνα διὰ περιεργίας ὡραῖος ὤφθη
```

ἀρέσκω       4

```
TLevi   2 3B009  καὶ σοφίαν καὶ γνῶσιν καὶ ἰσχὺν δός μοι ποιῆσαι τὰ  ✶ ἀρέσκοντά ✶ σοι καὶ εὑρεῖν χάριν ἐνώπιόν σου καὶ αἰνεῖν
TAser     3    2  ταῖς ἐπιθυμίαις αὐτῶν δουλεύουσιν ἵνα τῷ Βελιὰρ  ✶ ἀρέσωσι ✶ καὶ τοῖς ὁμοίοις αὐτῶν ἀνθρώποις. οἱ γὰρ ἀγαθοὶ
Aris.   224    1  τῶν δ' ἀνεφίκτων μὴ ἐπιθύμει. τοῖς δὲ ῥηθεῖσιν  ✶ ἀρεσθεὶς ✶ πρὸς τὸν ἐχόμενον εἶπε πῶς ἂν ἐκτὸς εἴη φθόνου;
FIsa.   1  3   12  τῶν εὐνούχων καὶ τῶν συμβούλων τοῦ βασιλέως καὶ  ✶ ἤρεσαν ✶ αὐτῷ οἱ λόγοι τοῦ Βελχειρὰ καὶ ἀπέστειλεν καὶ
```

ἀρεστός       2

```
Abr.1    15   14  αὐτοῦ) ὅτι ἐξ ἀρχῆς φίλος σου ⟨ἐστὶν⟩ καὶ πάντα τὰ  ✶ ἀρεστὰ ✶ ⟨ἐνώπιόν⟩ σου ἐποίησεν καὶ οὐκ ἔστιν ⟨ἄνθρωπος⟩
Bar.      8    5  μαντείας καὶ τὰ τούτων ὅμοια ἅτινα οὔκ εἰσι τῷ θεῷ  ✶ ἀρεστὰ ✶ διὰ ταῦτα μολύνεται καὶ διὰ τοῦτο ἀνακαινίζεται.
```

Ἀρετά       1

```
TJud.     5    1  αἰχμαλωσίαν τῶν βασιλέων. τῇ ἑξῆς ἀπήλθομεν εἰς  ✶ Ἀρετὰν ✶ πόλιν κραταιὰν καὶ τειχήρη καὶ ἀπροσέγγιστον
```

ἀρετή       17

```
Adam     42    5  αὐτῆς τὴν εὐχὴν λέγει κύριε δέσποτα θεὲ πάσης  ✶ ἀρετῆς ✶ μὴ ἀπαλλοτριώσῃς με τοῦ σώματος Ἀδὰμ ἐξ οὗ ᾑρέθ
TAser     1       διαθήκη Ασηρ. περὶ δύο προσώπων κακίας καὶ  ✶ ἀρετῆς. ✶ ἀντίγραφον διαθήκης Ἀσὴρ ἃ ἐλάλησε τοῖς υἱοῖς
Asen.    13   14  τέξεται τοιοῦτον κάλλος καὶ τοσαύτην σοφίαν καὶ  ✶ ἀρετὴν ✶ καὶ δύναμιν ὡς ὁ πάγκαλος Ἰωσήφ; κύριε
Bar.     11    9  καὶ εἶπέν μοι τοῦτό ἐστιν ἔνθα προσγίνονται αἱ  ✶ ἀρεταὶ ✶ τῶν δικαίων καὶ ὅσα ἐργάζονται ἀγαθὰ ἅτινα δι'
Bar.     12    5  καὶ λέγει μοι ὁ ἄγγελος ταῦτα τὰ ἄνωθέν εἰσιν αἱ  ✶ ἀρεταὶ ✶ τῶν δικαίων. καὶ εἶδον ἑτέρους ἀγγέλους φέροντας
Bar.     14    2  εἶπέν μοι ἄρτι προσφέρει Μιχαὴλ τὰς τῶν ἀνθρώπων  ✶ ἀρετὰς ✶ τῷ θεῷ. καὶ αὕτη τῇ ὥρᾳ κατῆλθεν ὁ Μιχαὴλ καὶ
Job      50    2  διαλέκτῳ τῶν Χερουβὶμ δοξολογοῦσα τὸν δεσπότην τῶν  ✶ ἀρετῶν ✶ ἐνδειξαμένη τὴν δόξαν αὐτῶν καὶ ὁ βουλόμενος
Aris.   122   11  τοῦ καθηγουμένου πάντες ἄξιοι καὶ τῆς περὶ αὐτὸν  ✶ ἀρετῆς. ✶ νοῆσαι δ' ἦν ὡς ἠγάπησαν τὸν Ἐλεάζαρον
Aris.   200    4  γὰρ παρῆσαν τούτοις οἵομαι διαφέρειν τοὺς ἄνδρας  ✶ ἀρετῇ ✶ καὶ συνιέναι πλεῖον οἵτινες ἐκ τοῦ καιροῦ τοιαύτας
Aris.   215    5  ἐπανάγειν ὅπως ἑαυτῷ συνιστορῇς ὅτι τὸ κατ'  ✶ ἀρετὴν ✶ συντηρῶν οὔτε χαρίζεσθαι προαιρῇ παρὰ λόγον οὐδὲ
Aris.   272    3  τί διαφυλάσσει χάριτα καὶ τιμήν; ὁ δὲ εἶπεν  ✶ ἀρετή. ✶ καλῶν γὰρ ἔργων ἐστὶν ἐπιτέλεια τὸ δὲ κακὸν
Aris.   277    1  ὁ βασιλεύς ἔφη. ἐπηρώτα διὰ τί τὴν  ✶ ἀρετὴν ✶ οὐ προσδέχονται τῶν ἀνθρώπων οἱ πλείονες; ὅτι
Aris.   278    1  πέφυκε καὶ τὸ τῆς πλεονεξίας χῦμα. τὸ δὲ τῆς  ✶ ἀρετὴν ✶ κατάστημα κωλύει τοὺς ἐπιφερομένους ἐπὶ τὴν
Sib.      3  234  ἔργα δίκαια. οἱ δὲ μεριμνῶσίν τε δικαιοσύνην τ'  ✶ ἀρετήν ✶ τε κοὐ φιλοχρημοσύνην ἥτις κακὰ μυρία τίκτει
FPho.    67       ὀλοή μέγ' ὀφέλλει δ' ἐσθλὰ πονεῦντα. σεμνὸς ἔρως  ✶ ἀρετῆς ✶ ὁ δὲ Κύπριδος αἶσχος ὀφέλλει. ἠδύς ἄγαν ἄφρων
FPho.   163       εὐπετὲς ἔργον οὐδ' αὐτοῖς μακάρεσσι πόνος δ'  ✶ ἀρετὴν ✶ μέγ' ὀφέλλει. μύρμηκες γαίης μυχάτους
```

HArt. 9 27 7 γραμμάτων ἑρμηνείαν. τὸν δὲ Χενεφρῆν ὁρῶντα τὴν * ἀρετὴν * τοῦ Μωΰσου φθονῆσαι αὐτῷ καὶ ζητεῖν αὐτὸν ἐπ'

ἀρηΐφιλος 1

Sib. 5 10 πυρὸς ἔσχισεν ὁρμὴν πολλοὺς δ' αὖ μετ' ἄνακτας * ἀρηιφίλους * μετὰ φῶτας καὶ μετὰ νηπιάχους θηρὸς τέκνα

ἀρήν 6 (cf.+ ἀρνός)

Hen. 89 45 ἀνοδίᾳ. καὶ ὁ κύριος τῶν προβάτων ἀπέστειλεν τὸν * ἄρνα * τοῦτον ἐπὶ ἄρνα ἕτερον τοῦ στῆσαι αὐτὸν εἰς κριὸν
Hen. 89 45 κύριος τῶν προβάτων ἀπέστειλεν τὸν ἄρνα τοῦτον ἐπὶ * ἄρνα * ἕτερον τοῦ στῆσαι αὐτὸν εἰς κριὸν ἐν ἀρχῇ τῶν
TLevi 18 2B035 καὶ τούτῳ λ' μναῖ καὶ τῷ στέατι τρεῖς μναῖ καὶ εἰ * ἄρνα * ἐκ προβάτων ἢ ἔριφον ἐξ αἰγῶν κ' μναῖ καὶ τῷ στέατι
Aris. 146 5 μετὰ ἀδικίας οὐ μόνον δὲ ταῦτα ἀλλὰ καὶ τοὺς * ἄρνας * καὶ ἐρίφους ἀναρπάζουσι καὶ τοὺς ἀνθρώπους δὲ
Sib. 3 748 καρπὸν καὶ πίονα μῆλα καὶ βόας ἔκ τ' οἰων * ἄρνας * αἰγῶν τε χιμάρους) πηγάς τε ῥήξει γλυκερὰς λευκοῖο
Sib. 3 788 σοὶ δ' ἔσσεται ἀθάνατον φῶς ἠδὲ λύκοι τε καὶ * ἄρνες * ἐν οὔρεσιν ἄμμιγ' ἔδονται χόρτον παρδάλιές τ'

Ἄρης 3

Sib. 3 437 καί σοι πόντος ἀπορρήξει βαρὺν ὄλβον. καὶ σύ ποτ' * +Ἄρη * Βυζάντιον Ἀσίδι στέρξῃ+ καὶ δὴ καὶ στοναχὰς λήψῃ
Sib. 3 464 καιρῷ βασιλήια δώματα τεύξει. Ἰταλίη σοὶ δ' οὔτις * Ἄρης * ἀλλότριος ἥξει ἀλλ' ἐμφύλιον αἷμα πολύστονον οὐκ
Sib. 5 334 τὰ Θρῃκῶν ἔργα ἰδέσθαι καὶ τεῖχος διθάλασσον ὑπ' * Ἄρεος * ἐν κονίῃσιν συρόμενον ποταμηδὸν ἐπ' ἰχθυόεντι

ἀριθμέω 7

Esdr. 3 2 οἶδας ὅτι σάρκα φορῶ ἀνθρωπίνην καὶ πῶς δύναμαι * ἀριθμῆσαι * τοὺς ἀστέρας τοῦ οὐρανοῦ καὶ τὴν ἄμμον τῆς
Aris. 112 6 τὰ μὲν τῶν ἄλλων ἀκροδρύων καὶ φοινίκων οὐδ' * ἀριθμεῖται * παρ' αὐτοῖς. κτήνη τε πολλὰ παμμιγῆ καὶ
Sib. 3 609 βασιλεὺς νέος ἕβδομος ἄρχῃ τῆς ἰδίης γαίης * ἀριθμούμενος * ἐξ Ἑλλήνων ἀρχῆς ἧς ἄρξουσι Μακηδόνες
Sib. 5 21 δὲ χρόνῳ ἑτέρῳ παραδώσεται ἀρχὴν ὅς τε τριηκοσίων * ἀριθμῶν * κεραίην ἐπὶ πρώτην ἕξει καὶ ποταμοῦ φίλον οὔνομα
Sib. 5 24 καὶ Βαβυλῶνα βαλεῖ δορὶ δὴ τότε Μήδους. εἶτα τριῶν * ἀριθμῶν * κεραίην ὅστις λάχεν ἄρξει. δὶς δέκα δ' ὅς(τις)
Sib. 5 41 κεραίης +τ' ἔφθος μόρος+ αὐτὰρ ἔπειτα πεντήκοντ' * ἀριθμῶν * γεραρὸς βροτός. αὐτὰρ ἐπ' αὐτῷ ὅστε τριηκοσίης
LEze. 9 29 5 13 πλῆθος ἀστέρων πρὸς γόνατα ἔπιπτ' ἐγὼ δὲ πάντας * ἠριθμησάμην * κἀμοῦ παρῆγεν ὡς παρεμβολὴ βροτῶν. εἶτ'

ἀριθμητικός 1

FJub. 4 17 καὶ τὰς τῶν ἄστρων θέσεις καὶ τὰ στοιχεῖα καὶ * ἀριθμητικὴν * καὶ γεωμετρίαν καὶ πᾶσαν σοφίαν. τῇ μὲν γὰρ

ἀριθμός 13

Hen. 5 9 αὐτῶν καὶ οὐ μὴ ἀποθάνωσιν ἐν ὀργῇ θυμοῦ ἀλλὰ τὸν * ἀριθμὸν * αὐτῶν ζωῆς ἡμερῶν πληρώσουσιν καὶ ἡ ζωὴ αὐτῶν
Abr.1 2 1 μετὰ τοὺς υἱοὺς Μασὲκ καὶ ἑτέροις παισὶν τὸν * ἀριθμὸν * δώδεκα. καὶ ἰδοὺ ὁ ἀρχιστράτηγος ἤρχετο πρὸς
Asen. 2 3 τοῖχους πεπηγμένοι οἱ θεοὶ τῶν Αἰγυπτίων ὧν οὐκ ἦν * ἀριθμὸς * χρυσοῖ καὶ ἀργυροῖ. καὶ πάντας ἐκείνους ἐσέβετο
Asen. 10 12 αὐτῆς τούς τε χρυσοῦς καὶ ἀργυροῦς ὧν οὐκ ἦν * ἀριθμὸς * καὶ συνέτριψεν αὐτοὺς εἰς λεπτὰ καὶ ἔρριψε πάντα
Asen. 21 13 ἥμαρτον) καὶ ἐσεβόμην θεοὺς ἀλλοτρίους ὧν οὐκ (ἦν) * ἀριθμὸς * καὶ ἤσθιον ἄρτον ἐκ (τῶν) θυσι(ῶν) αὐτῶν.
Job 15 4 ἐγὼ κατὰ τὸ πρωὶ ἀνέφερον ὑπὲρ αὐτῶν θυσίας κατὰ * ἀριθμὸν * αὐτῶν, περιστερὰς τριακοσίας, ἐρίφους αἰγῶν
Sib. 3 495 ἠελίοιο παρέσσεται ἐν φαὶ κοινῷ οὐδ' ἔτι τῆς ζωῆς * ἀριθμὸς * καὶ φῦλον ἔτ' ἔσται ἀντ' ἀδίκου γλώττης ἀνόμου
Sib. 5 475 ὀλιγηπελίη ἔσται κατὰ γαῖαν ὥστε νοεῖν ἀνδρῶν τ' * ἀριθμὸν * μέτρον τε γυναικῶν. μυρία δ' οἰμώξει δειλὴ γενεὴ
FMan. 2 22 13 μετάνοιαν ἐπ' ἐμοὶ τῷ ἁμαρτωλῷ διότι ἥμαρτον ὑπὲρ * ἀριθμὸν * ψάμμου θαλάσσης. ἐπλήθυναν αἱ ἀνομίαι μου κύριε
HEup. 9 34 5 τὴν ὁλκὴν μαστοειδέσι τὸν ῥυθμὸν τέσσαρσι δὲ τὸν * ἀριθμόν. * οὕτω δ' αὐτὸν χρυσῶσαι ἀπὸ ἐδάφους ἕως τῆς
LThe. 9 22 4 Ἰακὼβ γεωμορεῖν τοὺς δὲ υἱοὺς αὐτοῦ ἕνδεκα τὸν * ἀριθμὸν * ὄντας ποιμαίνειν τὴν δὲ θυγατέρα Δειναν καὶ τὰς
LEze. 9 29 14 10 δὲ πάντας Αἰγυπτίου στρατοῦ. τὸν πάντα δ' αὐτῶν * ἀριθμὸν * ἠρόμην ἐγὼ (στρατοῦ) μυριάδες (ἦσαν) ἑκατὸν
FrAn. 1 227 3 εις Χανααν( - - ε)σκιρτα και το βλεμμ(α - - τ)ον * αριθμον * των δεκα Χ(ανанαιων τ)ου ενος δειχα επυνθ(αν -

Ἀρίρα 1

Prop. 3 1 εἰσιν ἕως σήμερον. Ἰεζεκιήλ. οὗτός ἐστιν ἐκ γῆς * Ἀρίρα * ἐκ τῶν ἱερέων καὶ ἀπέθανεν ἐν τῇ γῇ τῶν Χαλδαίων

Ἀριστέας 4

Aris. * αριστεας * φιλοκρατει ἀξιολόγου διηγήσεως ὦ Φιλόκρατες
Aris. 19 4 βραχεῖ πλεῖον μυριάδων δέκα. ὃ δὲ μικρόν γε εἶπεν * Ἀριστέας * ἡμᾶς ἀξιοῖ πρᾶγμα. Σωσίβιος δὲ καί τῶν
Aris. 40 3 δὲ περὶ τούτων Ἀνδρέαν τῶν ἀρχισωματοφυλάκων καὶ * Ἀριστέαν * τιμωμένους παρ' ἡμῖν διαλεξομένους σοι καὶ
Aris. 43 2 ἐκόμισεν Ἀνδρέας τῶν τετιμημένων παρά σοι καὶ * Ἀριστέας * ἄνδρες καλοὶ καὶ ἀγαθοὶ καὶ παιδείᾳ

ἀριστερός 9

Abr.1 12 8 πλάτος αὐτοῦ πήχεων ἔξ) ἐκ δεξιῶν δὲ αὐτοῦ καὶ ἐξ * ἀριστερῶν * ἵσταντο δύο ἄγγελοι κρατοῦντες χάρτην καὶ
Abr.1 12 10 ἄγγελος φωτοφόρος κρατῶν ἐν τῇ χειρὶ αὐτοῦ ζυγὸν * ἀριστερῶν * δὲ αὐτοῦ ἐκάθητο ἄγγελος πύρινος ἀνηλεὴς καὶ
Abr.1 12 12 τὰς ψυχάς οἱ δὲ δύο ἄγγελοι οἱ (ἐκ δεξιῶν καὶ) ἐξ * ἀριστερῶν * (ἀπεγράφοντο) καὶ ὁ δεξιὸς ἀπεγράφετο τὰς
Abr.1 12 12 καὶ ὁ δεξιὸς ἀπεγράφετο τὰς δικαιοσύνας καὶ ὁ ἐξ * ἀριστερῶν * ἀπεγράφετο τὰς ἁμαρτίας καὶ ὁ μὲν πρὸ προσώπου
Abr.1 13 9 πᾶν ῥῆμα οἱ δὲ δύο ἄγγελοι οἱ (ἐκ δεξιῶν καὶ) ἐξ * ἀριστερῶν * ἐρχόμενοι ἀπογράφονται τὰς ἁμαρτίας καὶ τὰς
Abr.1 13 9 ἄγγελος ἀπογράφεται (τὰς δικαιοσύνας ὁ δὲ ἐξ * ἀριστερῶν) * τοὺς ἁμαρτωλοὺς ὁ δὲ ἡλιόμορφος ἄγγελος ὁ τὸν
TJos. 19 3 βυσσίνην καὶ ἐξ αὐτῆς προῆλθεν ἀμνὸς ἄμωμος καὶ ἐξ * ἀριστερῶν * αὐτοῦ ὡς λέων καὶ πάντα τὰ θηρία ὥρμουν κατ'
Asen. 5 5 χρυσαῖ. καὶ ῥάβδος βασιλικὴ ἐν τῇ χειρὶ αὐτοῦ τῇ * ἀριστερᾷ * καὶ ἐν τῇ χειρὶ αὐτοῦ τῇ δεξιᾷ εἶχεν
Jer. 7 12 δύναμιν. καὶ μὴ ἐκκλίνῃς εἰς τὰ δεξιὰ μήτε εἰς τὰ * ἀριστερὰ * ἀλλ' ὡς βέλος ὕπαγον ὀρθῶς ἄπελθε ἐν τῇ δυνάμει

ἀριστοπόνος 1

FPho. 171 δ' ὀλίγον τελέθει πολύμοχθον. κάμνει δ' ἠεροφοῖτις * ἀριστοπόνος * τε μέλισσα ἠὲ πέτρης κοίλης κατὰ χηραμὸν ἢ

ἄριστος 25 (cf.+ ἀγαθός, ἀμείνων, ἀρείων, βελτίων, κρείσσων)

Abr.2 4 3 ἀνεχώρησεν δὲ Σάρρα ὡς ἤμελλεν ἑτοιμάζειν τὸ * ἄριστον. * ἤγγισεν δὲ ὁ ἥλιος δύνειν καὶ ἐξῆλθεν Μιχαὴλ
Asen. 3 2 σε καταλύσω ὅτι ὥρα μεσημβρίας ἐστὶ καὶ καιρὸς * ἀρίστου * καὶ καῦμα μέγα ἐστὶ τοῦ ἡλίου καὶ ἵνα καταψύξω
Prop. 12 7 θερισταῖς. καὶ γενόμενος ἐν Βαβυλῶνι καὶ δοὺς τὸ * ἄριστον * τῷ Δανιὴλ ἐπέστη τοῖς θερισταῖς ἐσθίουσι καὶ
Aris. 14 2 Λάγου μετήγαγε καθὼς δὲ προείπομεν ἐπιλέξας τοὺς * ἀρίστους * ταῖς ἡλικίαις καὶ ῥώμῃ διαφέροντας καθώπλισε τὸ
Aris. 121 1 ἑρμηνείας ἑπομένως δηλώσομεν. ἐπιλέξας γὰρ τοὺς * ἀρίστους * ἄνδρας καὶ παιδείᾳ διαφέροντας ἅτε δὴ γονέων
Aris. 288 4 αὐτῶν ἢ ἐκ βασιλέως βασιλέα; ἐκεῖνος δὲ ἔφη τὸν * ἄριστον * τῇ φύσει. καὶ γὰρ ἐκ βασιλέων βασιλεῖς γινόμενοι
Sib. 3 128 βασιλεύειν οὕνεκά τοι πρέσβιστος ἔην καὶ εἶδος * ἄριστος. * ὅρκους δ' αὖτε Κρόνῳ μεγάλους Τιτὰν ἐπέθηκεν μὴ
Sib. 3 262 Οὐράνιος κοινὴν ἐτελέσσατο γαῖαν καὶ πίστιν καὶ * ἄριστον * ἐνὶ στήθεσσι νόημα. τοῖσι μόνοις καρπὸν τελέθει
Sib. 3 415 γὰρ Ἐρινὺς βλαστήσει περικαλλὲς ἀείφατον ἔρνος * ἄριστον * Ἀσίδος Εὐρώπης τε πολυσπερὲς οἶδμα λιποῦσα σοὶ
Sib. 3 585 σφιν δῶκε θεὸς μέγας εὔφρονα βουλὴν καὶ πίστιν καὶ * ἄριστον * ἐνὶ στήθεσσι νόημα οἵτινες οὐκ ἀπάτῃσι κεναῖς
Sib. 3 665 κῆρα φέροντες σηκὸν γὰρ μεγάλοιο θεοῦ καὶ φῶτας * ἀρίστους * πορθεῖν βουλήσονται ὁπηνίκα γαῖαν ἵκωνται.
Sib. 3 744 καὶ ἀρχή. γῆ γὰρ παγγενέτειρα βροτοῖς δώσει τὸν * ἄριστον * καρπὸν ἀπειρέσιον σίτου οἴνου καὶ ἐλαίου (αὐτὰρ
Sib. 5 109 ἐπὶ τοῦτον πάντας ὀλεῖ βασιλεῖς μεγάλους καὶ φῶτας * ἀρίστους. * εἶθ' οὕτως κρίσις ἔσται ὑπ' ἀφθίτου
Sib. 5 144 καὶ ἀναιδὴς ὃν πάντες στυγέουσι βροτοὶ καὶ φῶτες * ἄριστοι * ὤλεσε γὰρ πολλοὺς καὶ γαστέρι χεῖρας ἔθηκεν εἰς
Sib. 5 258 ὃς παλάμας ἥπλωσεν ἐπὶ ξύλου πολυκάρπου Ἑβραίων ὁ * ἄριστος * ὅς ἠέλιόν ποτε στήσει φωνήσας ῥήσει τε καλῇ καὶ
Sib. 5 380 ὁμίχλη πάντας ὁμοῦ τ' ὀλέσει βασιλεῖς καὶ φῶτας * ἀρίστους. * εἶθ' οὕτως πολέμοιο πεπαύσεται οἰκτρὸς ὄλεθρος
FPho. 36 ἀπόσχεο μὴ δ' ἄρ' ὑπερβῇς. πάντων μέτρον * ἄριστον * ὑπερβασίαι δ' ἀλεγειναί. (κτῆσις ὀνήσιμός ἐσθ'
FPho. 69B μέτρωι δὲ πιεῖν καὶ μυθολογεύειν. πάντων μέτρον * ἄριστον * ὑπερβασίαι δ' ἀλεγειναί. μὴ φθονέοις ἀγαθῶν
FPho. 98 ἦτορ. μέτρα δὲ τεῦχ' ἔθ' ἑοῖσι τὸ γὰρ μέτρον ἐστὶν * ἄριστον. * γαῖαν ἐπιμοιρᾶσθαι ἀταρχύτοις νεκύεσσιν. μὴ
FPho. 129 (τῆς δὲ θεοπνεύστου σοφίης λόγος ἐστὶν * ἄριστος.) * βέλτερος ἀλκήεντος ἔφυ σεσοφισμένος ἀνήρ
FPho. 137 ὁ κλέψας. μοίρας πᾶσι νέμειν ἰσότης δ' ἐν πᾶσιν * ἄριστον. * ἀρχόμενος φειδοῦ πάντων μὴ τέρμ' ἐπιδεύῃς. μὴ
HDem. 9 21 14 δὲ διὰ τί ποτε ὁ Ἰωσὴφ Βενιαμὶν ἐπὶ τοῦ * ἀρίστου * πενταπλασίονα μερίδα ἔδωκε μὴ δυναμένου αὐτοῦ
HHec. 1 22 195 στάσιν. τριακοσίας μυριάδας ἀρουρῶν σχεδὸν τῆς * ἀρίστης * καὶ παμφορωτάτης χώρας νέμονται ἡ γὰρ Ἰουδαία
HHec. 1 22 201 ὁμολογούμενος καὶ τῶν Ἑλλήνων καὶ τῶν βαρβάρων * ἄριστος. * οὗτος οὖν ὁ ἄνθρωπος διαβαδιζόντων πολλῶν κατὰ
LAri. 13 12 6 ἔργον ἐγείρει μιμνήσκων βιότοιο λέγει δ' ὅτε βῶλος * ἀρίστη * βουσί τε καὶ μακέλῃσι λέγει δ' ὅτε δεξιαὶ ὧραι

ἀριφραδής 1

Sib. 3 796 γὰρ θεοῦ ἔσσετ' ἐπ' αὐτούς. σῆμα δέ τοι ἐρέω μάλ' * ἀριφραδὲς * ὥστε νοῆσαι ἡνίκα δὴ πάντων τὸ τέλος γαίηφι

ἀρκετός 2

Job 24 6 τε καὶ ἐμοί, ἐννοουμένη ἐν τῇ καρδίᾳ μου ὅτι οὐκ * ἀρκετὸν * εἶναί σε ἐν πόνοις, ἀλλὰ καὶ μὴ ἐμπλήσκεσθαί σε
Job 24 8 ἀγοράν, +εἰ κατανύγομαι ἐν τῇ καρδίᾳ μου ὅτι οὐκ * ἀρκετὸν * πράττειν+ δὸς τὸ ἀργύριον καὶ λήψει. καὶ ἐμὲ δὲ

ἀρκέω 3

TJos. 7 6 ἀπὸ τῆς γῆς. καὶ λέγει πρός με ἴδε οὖν ἀγαπᾷ με * ἀρκεῖ * μοι μόνον ὅτι ἀντιποιῇ τῆς ζωῆς μου καὶ τῶν τέκνων
Sal. 16 12 τὴν ψυχήν μου ἐν τῷ ἐνισχῦσαί σε τὴν ψυχήν μου * ἀρκέσει * μοι τὸ δοθέν. ὅτι ἐὰν μὴ σὺ ἐνισχύσῃς τίς
FPho. 6 μὴ πλουτεῖν ἀδίκως ἀλλ' ἐξ ὁσίων βιοτεύειν. * ἀρκεῖσθαι * παρ' ἑοῖσι καὶ ἀλλοτρίων ἀπέχεσθαι. ψεύδεα μὴ

ἄρκος (ὁ, ἡ) 5

Abr.1 19 14 καὶ παρδάλεις καὶ λέοντας καὶ σκύμνους καὶ * ἄρκους * καὶ ἔχιδνας καὶ ἁπλῶς εἰπεῖν παντὸς θηρίου
TJud. 2 4 καὶ ἀφελόμην ἔριφον ἐκ τοῦ στόματος αὐτοῦ. * ἄρκον * λαβὼν ἐκ τοῦ ποδὸς ἀπεκύλισα εἰς κρημνὸν καὶ πᾶν
TGad 1 3 ποίμνιον καὶ ὅταν ἤρχετο λέων ἢ λύκος ἢ πάρδαλις ἢ * ἄρκος * ἢ πᾶν θηρίον ἐπὶ τὴν ποίμνην κατεδίωκον αὐτὸ καὶ
TGad 1 7 εἶδε γὰρ ὅτι ἀρνὸν ἐξειλόμην ἐκ τοῦ στόματος τῆς * ἄρκου * κἀκείνην ἐθανάτωσα καὶ τὸν ἀρνὸν ἔθυσα περὶ οὗ
Prop. 22 7 κατ' αὐτοῦ κατηράσατο ἐν αὐτοῖς καὶ ἐξέλθουσαι δύο * ἄρκοι * ἐνέρρηξαν ἐξ αὐτῶν μ β'. γυνὴ προφήτου

ἄρκτος 2

Sib. 3 26 πληρώσαντα ἀντολίην τε δύσιν τε μεσημβρίην τε καὶ * ἄρκτον * αὐτὸς δ' ἐστήριξε τύπον μορφῆς μερόπων τε καὶ
Sib. 3 790 χόρτον παρδάλιές τ' ἐρίφοις ἅμα βοσκήσονται * ἄρκτοι * σὺν μόσχοις νομάδες αὐλισθήσονται σαρκοβόρος τε

ἅρμα (τὸ) 38

Adam 22 3 καὶ ἦλθεν ὁ θεὸς εἰς τὸν παράδεισον ἐπιβεβηκὼς ἐπὶ * ἅρματος * Χερουβὶμ καὶ οἱ ἄγγελοι ὑμνοῦντες αὐτόν. ἐν ᾧ δὲ

Adam 33 2 ἀπὸ τῶν γηΐνων. καὶ ἀτενίσασα εἰς τὸν οὐρανὸν ἴδεν * ἅρμα * φωτὸς ἐρχόμενον ὑπὸ τεσσάρων ἀετῶν λαμπρῶν ὃ οὐκ ἦν
Adam 33 2 ἰδεῖν τὸ πρόσωπον αὐτῶν καὶ ἀγγέλους προάγοντας τὸ * ἅρμα. * ὅτε δὲ ἦλθεν ὅπου ἔκειτο ὁ πατὴρ ὑμῶν Ἀδὰμ ἔστη
Adam 33 3 δὲ ἦλθεν ὅπου ἔκειτο ὁ πατὴρ ὑμῶν Ἀδὰμ ἔστη τὸ * ἅρμα * καὶ τὰ Σεραφὶμ ἀνὰ μέσον τοῦ πατρὸς καὶ τοῦ
Adam 33 3 ἅρμα καὶ τὰ Σεραφὶμ ἀνὰ μέσον τοῦ πατρὸς καὶ τοῦ * ἅρματος. * ἴδον δὲ ἐγὼ θυμιατήρια χρυσᾶ καὶ τρεῖς φιάλας.
Hen. 100 3 στήθους αὐτοῦ διὰ τοῦ αἵματος τῶν ἁμαρτωλῶν καὶ τὸ * ἅρμα * μέχρι ἀξόνων καταβήσεται. καὶ καταβήσονται ἄγγελοι
Abr.1 9 8 αὐτῷ λαβὲ νεφέλην φωτὸς <καὶ> ἀγγέλους τοὺς ἐπὶ τῷ * ἅρματι * τὴν ἐξουσίαν ἔχοντας καὶ κατάλαβε τὸν δίκαιον
Abr.1 9 8 ἔχοντας καὶ κατάλαβε τὸν δίκαιον Ἀβραὰμ ἐπὶ τὸ * ἅρμα * τὸ χερουβικὸν καὶ ὕψωσον αὐτὸν εἰς τὸν αἰθέρα τοῦ
Abr.1 10 1 ὁ ἀρχάγγελος Μιχαὴλ ἔλαβεν τὸν Ἀβραὰμ ἐπὶ * ἅρματος * χερουβικοῦ καὶ ὕψωσεν αὐτὸν εἰς τὸν αἰθέρα τοῦ
Abr.1 10 12 οὕτως λέγων κέλευσον Μιχαὴλ ἀρχιστράτηγε στῆναι τὸ * ἅρμα * καὶ ἀπόστρεψον τὸν Ἀβραὰμ ἵνα μὴ ἴδῃ πᾶσαν τὴν
Abr.1 11 1 ἁμαρτωλῶν> ἃς ἀπώλεσεν. ἔστρεψεν δὲ ὁ Μιχαὴλ τὸ * ἅρμα * καὶ ἤνεγκεν τὸν Ἀβραὰμ <εἰς τὴν ἀνατολὴν ἐν τῇ
Abr.1 15 12 θάλασσαν κρίσιν καὶ ἀνταπόδοσιν διὰ νεφέλης καὶ * ἁρμάτων * ἔδειξα αὐτῷ καὶ πάλιν λέγει οὐκ ἀκολουθῶ σε. καὶ
Abr.2 14 6 ὁ θάνατος τὴν ψυχὴν αὐτοῦ ὡς ἐν ὀνείροις ἦλθον δὲ * ἅρματα * κυρίου τοῦ θεοῦ καὶ ἦραν τὴν ψυχὴν αὐτοῦ εἰς τοὺς
Asen. 5 4 κατὰ ἀνατολὰς καὶ εἰσῆλθεν Ἰωσὴφ ἑστὼς ἐπὶ τῷ * ἅρματι * τῷ δευτέρῳ τοῦ Φαραὼ καὶ ἦσαν ἐζευγμένοι ἵπποι
Asen. 5 4 τέσσαρες λευκοὶ ὡσεὶ χιὼν χρυσοχάλινοι καὶ τὸ * ἅρμα * κατεσκεύαστο ὅλον ἐκ χρυσίου καθαροῦ. καὶ ἦν Ἰωσὴφ
Asen. 5 7 πρόσωπον ἐπὶ τὴν γῆν. καὶ κατέβη Ἰωσὴφ ἀπὸ τοῦ * ἅρματος * αὐτοῦ καὶ ἐδεξιώσατο αὐτοὺς ἐν τῇ δεξιᾷ αὐτοῦ.
Asen. 6 1 δεξιᾷ αὐτοῦ. καὶ εἶδεν Ἀσενὲθ τὸν Ἰωσὴφ ἐπὶ τοῦ * ἅρματος * καὶ κατενύγη ἰσχυρῶς καὶ παρεκλάσθη ἡ ψυχὴ αὐτῆς
Asen. 6 2 ἰδοὺ ὁ ἥλιος ἐκ τοῦ οὐρανοῦ ἥκει πρὸς ἡμᾶς ἐν τῷ * ἅρματι * αὐτοῦ καὶ εἰσῆλθεν εἰς τὴν οἰκίαν ἡμῶν σήμερον
Asen. 9 3 εἶπε τοῖς παισὶν αὐτοῦ ζεύξατε τοὺς ἵππους εἰς τὰ * ἅρματα * εἶπε γὰρ ἀπελεύσομαι καὶ κυκλεύσω πᾶσαν τὴν γῆν.
Asen. 17 8 ἐξ ὀφθαλμῶν αὐτῆς ὁ ἄνθρωπος. καὶ εἶδεν Ἀσενὲθ ὡς * ἅρμα * τεσσάρων ἵππων πορευόμενον εἰς τὸν οὐρανὸν κατὰ
Asen. 17 8 πορευόμενον εἰς τὸν οὐρανὸν κατὰ ἀνατολάς. καὶ τὸ * ἅρμα * ἦν ὡς φλὸξ πυρὸς καὶ οἱ ἵπποι ὡς ἀστραπή. καὶ ὁ
Asen. 17 8 ὡς ἀστραπή. καὶ ὁ ἄνθρωπος εἱστήκει ἐπάνω τοῦ * ἅρματος * ἐκείνου. καὶ εἶπεν Ἀσενὲθ ἄφρων ἐγὼ καὶ τολμηρὰ
Bar. 6 2 ἤγαγέν με ὅπου ὁ ἥλιος ἐκπορεύεται. καὶ ἔδειξέ μοι * ἅρμα * τετραέλαστον ὃ ἦν ὑπόπυρον. καὶ ἐπὶ τοῦ ἅρματος
Bar. 6 2 μοι ἅρμα τετραέλαστον ὃ ἦν ὑπόπυρον. καὶ ἐπὶ τοῦ * ἅρματος * ἄνθρωπος καθήμενος φορῶν στέφανον πυρὸς
Bar. 6 2 καθήμενος φορῶν στέφανον πυρὸς ἐλαυνόμενον τὸ * ἅρμα * ὑπ᾽ ἀγγέλων τεσσαράκοντα. καὶ ἰδοὺ ὄρνεον
Bar. 9 3 καὶ ταύτην ἐν σχήματι γυναικὸς καὶ καθημένην ἐπὶ * ἅρματος * τροχοῦ. καὶ ἦσαν ἔμπροσθεν αὐτῆς βόες καὶ ἀμνοὶ
Bar. 9 3 καὶ ἦσαν ἔμπροσθεν αὐτῆς βόες καὶ ἀμνοὶ ἐν τῷ * ἅρματι * καὶ πλῆθος ἀγγέλων ὁμοίως. καὶ εἶπον κύριε τί
Prop. 21 12 ποδὶ αὐτός τε καὶ Ἐλισαῖος τὸ τελευταῖον ἀνελήφθη * ἅρματι * πυρός. Ἐλισαῖος ἦν ἐξ Ἀβελμαοὺλ γῆς τοῦ Ῥουβὴν
Esdr. 7 6 καὶ τὴν γῆν κατέχων δρακὶ ὁ ἡνιοχῶν τὰ Χερουβὶμ ὁ * ἅρματι * πυρίνῳ εἰς τοὺς οὐρανοὺς ἄρας τὸν προφήτην Ἠλίαν
Job 33 9 αἰώνων, καὶ ἡ δόξα καὶ ἡ εὐπρέπεια αὐτῆς ἐν τοῖς * ἅρμασιν * τοῦ πατρὸς ὑπάρχει. καὶ ἐμοῦ ταῦτα λέγοντος πρὸς
Job 52 6 τὴν ψυχὴν αὐτοῦ αἱ δὲ λαβοῦσαι εἶδον τὰ φωτεινὰ * ἅρματα * τὰ ἐλθόντα ἐπὶ τὴν ψυχὴν αὐτοῦ, καὶ ηὐλόγησαν καὶ
Job 52 8 καὶ μετὰ ταῦτα ἐξῆλθεν ὁ ἐπικαθήμενος τῷ μεγάλῳ * ἅρματι, * καὶ ἠσπάσατο τὸν Ἰωβ, βλεπουσῶν τῶν τριῶν
Job 52 10 ἐναγκαλισάμενος αὐτὴν καὶ ἀνεβίβασεν ἐπὶ τὸ * ἅρμα * καὶ ὥδευσεν ἐπὶ ἀνατολὰς τὸ δὲ σῶμα αὐτοῦ
Sib. 5 310 καὶ ἀθέσμων ῥιφθεῖσ᾽ οὐκέτι τόσσον ἐς αἰθέρα * +ἅρμα * προδώσει+ ἀλλὰ μενεῖ νεκρὰ ἐν νάμασι +κυμήοισιν+
HEup. 9 39 5 ὀκτωκαίδεκα ἱππέων δὲ μυριάδας δώδεκα καὶ πεζῶν * ἅρματα * μυρία πρῶτον μὲν τὴν Σαμαρεῖτιν καταστρέψασθαι
LEze. 9 29 14 03 Φαραὼ μυρίων ὅπλων μέτα ἵππου τε πάσης καὶ * ἁρμάτων * τετραόρων καὶ προστάταισι καὶ παραστάταις ὁμοῦ
LEze. 9 29 14 07 μὲν ἐν μέσοισι καὶ φαλαγγικοὶ διεκδρομὰς ἔχοντες * ἅρμασιν * τόπους ἱππεῖς δ᾽ ἔταξε τοὺς μὲν ἐξ εὐωνύμων ἐκ
LEze. 9 29 14 40 κατ᾽ ἴχνος αὐτῶν νυκτὸς εἰσεκύρσαμεν βοηδρομοῦντες * ἁρμάτων * δ᾽ ἄφνω τροχοὶ οὐκ ἐστρέφοντο δέσμιοι δ᾽ ὣς

Ἁρμαρώς 1
Hen. 8 3 αὐτῶν. Σεμιαζᾶς ἐδίδαξεν ἐπα<ο>ιδὰς καὶ ῥιζοτομίας * Ἁρμαρὼς * ἐπαοιδῶν λυτήριον Βαρακιὴλ ἀστρολογίας Χωχιὴλ

Ἁρμενία 2
Sib. 4 114 βρονταῖς καὶ σεισμοῖσιν ἁλὸς πετάσει μέλαν ὕδωρ+. * Ἁρμενίη * καὶ σοὶ δὲ μένει δούλειος ἀνάγκη ἥξει καὶ
FJub. 7 1 α᾽ ἔτει Νῶε ἐφύτευσεν ἀμπελῶνα ἐν ὄρει Λουβὰρ τῆς * Ἁρμενίας. * τῷ ͵β φ π ε᾽ ἔτει Καϊνᾶν διοδεύων ἐν τῷ πεδίῳ

ἁρμενίζω 1
TNep. 6 2 οἱ υἱοὶ αὐτοῦ σὺν αὐτῷ. καὶ ἰδοὺ πλοῖον ἤρχετο * ἁρμενίζον * μεστὸν ταρίχων ἐκτὸς ναυτῶν καὶ κυβερνήτου

Ἁρμένιος 1
HAno. 9 17 4 Φοίνικας εὐαρεστῆσαι τῷ βασιλεῖ αὐτῶν. ὕστερον δὲ * Ἁρμενίους * ἐπιστρατεῦσαι τοῖς Φοίνιξι νικησάντων δὲ καὶ

ἁρμόζω 7
TIss. 1 10 αὐτοῦ. ἡ δὲ Ῥαχὴλ εἶπεν τί οὖν; ὅτι ἐμοὶ πρῶτον * ἥρμοσται * καὶ δι᾽ ἐμὲ ἐδούλευσε τῷ πατρὶ ἡμῶν ἔτη
Sal. 15 3 ᾠδῆς ἐν εὐφροσύνῃ καρδίας καρπὸν χειλέων ἐν ὀργάνῳ * ἡρμοσμένῳ * γλώσσης ἀπαρχὴν χειλέων ἀπὸ καρδίας ὁσίας καὶ
Aris. 43 5 ἡμῖν τὰ παρὰ σοῦ πρὸς ἃ καὶ παρ᾽ ἡμῶν ἀκηκόασιν * ἁρμόζοντα * τοῖς σοῖς γράμμασι. πάντα γὰρ ὅσα σοι συμφέρει
Aris. 250 2 δὲ ἀκούσας τοῦ κατὰ τὸ ἑξῆς ἐπυνθάνετο πῶς <ἂν> * ἁρμόσαι * γυναικί; <γινώσκων> ὅτι μὲν θρασύ ἐστιν ἔφη τὸ
Aris. 267 3 πῶς ἂν παμμιγῶν ὄχλων ὄντων ἐν τῇ βασιλείᾳ τούτοις * ἁρμόσαι; * τὸ πρέπον ἑκάστῳ συνυποκρινόμενος εἶπε
LEze. 9 29 14 41 δ᾽ ἄφνω τροχοὶ οὐκ ἐστρέφοντο δέσμιοι δ᾽ ὣς * ἥρμοσαν. * ἀπ᾽ οὐρανοῦ δὲ φέγγος ὡς πυρὸς μέγα ὤφθη τι
LAri. 8 10 2 πρὸς τὸ φυσικῶς λαμβάνειν τὰς ἐκδοχὰς καὶ τὴν * ἁρμόζουσαν * ἔννοιαν περὶ θεοῦ κρατεῖν καὶ μὴ ἐκπίπτειν

ἁρμονία 1
FPho. 102 ἠελίωι καὶ δαιμόνιον χόλον ὄρσῃς. οὐ καλὸν * ἁρμονίην * ἀναλυέμεν ἀνθρώποιο καὶ τάχα δ᾽ ἐκ γαίης

ἁρμός 3
TZab. 2 5 κἀγὼ σὺν αὐτῷ καὶ ἐβόμβει ἡ καρδία μου καὶ οἱ * ἁρμοὶ * τοῦ σώματός μου ἐξέστησαν καὶ οὐκ ἠδυνάμην τοῦ
Sedr. 11 8 δακτύλων ἄγονται. τὰς παλάμας ἁπλονοῦσιν οἱ τρεῖς * ἁρμοὶ * καὶ τὰ κάλλη σωρεύουν καὶ ἄρτι πάροικοι γίνεσθε
Aris. 71 4 πάχος τῆς κατασκευῆς ἀθέατον καὶ ἀνεύρετον τὴν τῶν * ἁρμῶν * κατασκευασάντες συμβολήν. ἡμιπηχίου δὲ οὐκ

ἀρνέομαι 8
TGad 6 4 καὶ ἐὰν ὁμολογήσας μετανοήσῃ ἄφες αὐτῷ ἐὰν τε * ἀρνεῖται * μὴ φιλονείκει αὐτῷ μήποτε ὀμόσαντος αὐτοῦ
TGad 6 6 σε ἐν κακῷ λαβὼν ἀπὸ σοῦ τὸν ἰόν. ἐὰν οὖν * ἀρνεῖται * καὶ αἰδεσθῇ ἐλεγχόμενος ἡσύχασον μὴ ἐξάξῃς
TGad 6 6 ἐλεγχόμενος ἡσύχασον μὴ ἐξάξῃς αὐτόν. ὁ γὰρ * ἀρνούμενος * μετανοεῖ τοῦ μηκέτι πλημμελῆσαι εἰς σε ἀλλὰ
Asen. 12 12 καὶ ἀπερίστατον διότι ὁ πατήρ μου καὶ ἡ μήτηρ μου * ἠρνήσαντό * με καὶ εἶπον οὐκ ἔστιν ἡμῶν θυγάτηρ Ἀσενὲθ
Prop. 22 16 Ναιμᾶν καὶ αἰτήσαντα ἀργύριον ὕστερον ἐλθόντα καὶ * ἀρνούμενον * ἤλεγξε καὶ κατηράσατο αὐτὸν καὶ γέγονε
Sib. 5 522 ἠλλάξατο μοῖραν Πλειὰς δ᾽ οὐκέτ᾽ ἔφαινε Δράκων δ᾽ * ἠρνήσατο * ζώνην Ἰχθύες εἰσεδύοντο κατὰ ζωστῆρα Λέοντος
FEz. 64 70 15 καὶ τοὺς ἀμφοτέρους ἐτάζει μάστιξι καὶ οὐ δύνανται * ἀρνήσασθαι. * ἑκάτεροι ἀλλήλους ἐλέγχουσιν ὁ μὲν χωλὸς
HHec. 1 22 191 θανάτοις δεινοτάτοις μάλιστα πάντων ἀπαντῶσι μὴ * ἀρνούμενοι * τὰ πάτρια. Ἀλεξάνδρου ποτέ ἐν Βαβυλῶνι

ἀρνίον 4
TLevi 18 2B040 τὸ ἥμισυ τοῦ σάτου καὶ τῷ τράγῳ τὸ ἴσον καὶ τῷ * ἀρνίῳ * καὶ τῷ ἐρίφῳ τὸ τρίτον τοῦ σάτου καὶ σεμίδαλις
TLevi 18 2B042 τῷ κριῷ καὶ τῷ τράγῳ τὰ δύο μέρη τοῦ σάτου καὶ τῷ * ἀρνίῳ * καὶ τῷ ἐρίφῳ ἐξ αἰγῶν τὸ τρίτον τοῦ σάτου καὶ τὸ
TLevi 18 2B044 ταύτῃ καὶ τῷ κριῷ τὸ ἕκτον τοῦ σάτου καὶ τῷ * ἀρνίῳ * τὸ ὄγδοον τοῦ σάτου καὶ ἀμνοῦ καὶ οἶνον κατὰ τὸ
Sal. 8 23 ἐν τοῖς ἔθνεσιν τῆς γῆς καὶ οἱ ὅσιοι τοῦ θεοῦ ὡς * ἀρνία * ἐν ἀκακίᾳ ἐν μέσῳ αὐτῶν. αἰνετὸς κύριος ὁ κρίνων

ἀρνός 6 (cf.+ ἀρήν)
TGad 1 7 αὐτὰ παρὰ γνώμην Ἰουδὰ καὶ Ῥουβήμ. εἶδε γὰρ ὅτι * ἀρνὸν * ἐξειλόμην ἐκ τοῦ στόματος τῆς ἄρκου κἀκείνην
TGad 1 7 τοῦ στόματος τῆς ἄρκου κἀκείνην ἐθανάτωσα καὶ τὸν * ἀρνὸν * ἔθυσα περὶ οὗ ἐλυπούμην ὅτι οὐκ ἠδύνατο ζῆν καὶ
Bar. 2 3 τὰ δὲ κέρατα ἐλάφων οἱ δὲ πόδες αἰγῶν αἱ δὲ ὀσφύες * ἀρνῶν. * καὶ ἠρώτησα ἐγὼ Βαροὺχ τὸν ἄγγελον ἀνάγγειλόν μοι
Sib. 3 578 θυσίαις κριῶν τε τελείων πρωτοτόκων ὀίων τε καὶ * ἀρνῶν * πίονα μῆλα βωμῷ ἐπὶ μεγάλῳ ἁγίως ὁλοκαρπεύοντες.
Sib. 3 626 θεὸν ἱλάσκοιο. θῦε θεῷ ταύρων ἑκατοντάδας ἠδὲ καὶ * ἀρνῶν * πρωτοτόκων αἰγῶν τε περιπλομένῃσιν ἐν ὥραις. ἀλλὰ
Sib. 5 354 πρό. αὐτὸς δυσμενέας ἄνδρας τότε δ᾽ οὐκ ἐλεήσει * ἀρνῶν * ἠδ᾽ ὀίων ταύρων τ᾽ ἀγέλας ἐριμύκων ἐκθυσιάζοντας

ἀροτρία 1
Job 32 3 σὺ εἶ ὁ τὰς χιλίας βοῦς ἐκτάξας τοῖς πένησιν εἰς * ἀροτρίαν * ποῦ οὖν τυγχάνει ἡ δόξα τοῦ θρόνου σου; σὺ εἶ ὁ

ἀροτριασμός 4
Abr.1 2 1 καὶ εὗρε τὸν Ἀβραὰμ ἐν τῇ χώρᾳ ἔγγιστα ζεύγη βοῶν * ἀροτριασμοῦ * προσεδρεύοντα μετὰ τοὺς υἱοὺς Μασὲκ καὶ
Abr.1 2 8 ἔρχομαι. ἀπελθόντες δὲ ἐν τῇ χώρᾳ> τοῦ * ἀροτριασμοῦ * ἐκαθέσθησαν πρὸς ὁμιλίαν. εἶπεν δὲ Ἀβραὰμ
Abr.2 2 1 δὲ αὐτοῦ καθεζομένου ἔγγιστα τῶν βοῶν εἰς * ἀροτριασμὸν * ἦν δὲ γηραλέος τῇ ἡλικίᾳ ἠσπάσατο δὲ Ἀβραὰμ
Job 10 5 ἐξ αὐτῶν ζεύγη πεντακόσια καὶ ἔστησα εἰς τὸν * ἀροτριασμὸν * ὃν δύνανται ποιεῖν ἐν παντὶ ἀγρῷ τῶν

ἀροτριάω 1
Abr.1 10 2 κόσμον καθὼς ἦγεν ἡ ἡμέρα ἐκείνη ἄλλους μὲν εἶδεν * ἀροτριῶντας * ἑτέρους ἁμαξηγοῦντας ἐν ἄλλῳ δὲ τόπῳ

ἄρουρα 11
Asen. 18 9 ὡς ἑωσφόρος ἀνατέλλων καὶ αἱ παρειαὶ αὐτῆς ὡς * ἄρουραι * τοῦ ὑψίστου καὶ ἐν ταῖς <παρειαῖς> ἐρυθρὸς ὡς
Aris. 116 3 <τῆς δὲ χώρας> οὐκ ἔλαττον ἑξακισχιλίων μυριάδων * ἀρουρῶν * κατὰ τὸ ἀρχαῖον οὔσης μετέπειτα δέ οἱ
Sib. 3 263 νόημα. τοῖσι μόνοις καρπὸν τελέθει ζείδωρος * ἄρουρα * ἐξ ἑνὸς εἰς ἑκατὸν τελέθοντό τε μέτρα θεοῖο. ἀλλ᾽
Sib. 4 16 πηγῶν κτίσματα πρὸς ζωὴν ὄμβροι θ᾽ ἅμα καρπὸν * ἀρούρης * τίκτοντες καὶ δένδρα καὶ ἄμπελον ἠδέ τ᾽ ἐλαίην.
Sib. 4 45 ἀσέβειαν ἔρεξαν) εὐσεβέες δὲ μενοῦσιν ἐπὶ ζείδωρον * ἄρουραν * πνεῦμα θεοῦ δόντος ζωήν θ᾽ ἅμα καὶ χάριν αὐτοῖς.
FPho. 38 δὲ πονηρά.) μηδὲ τιν᾽ αὐξόμενον καρπὸν λωβήσῃ * ἀρούρης. * ἔστωσαν δ᾽ ὁμότιμοι ἐπήλυδες ἐν πολιήταις
FPho. 161 εὐρεῖα θάλασσα εἰ δὲ γεηπονίην μεθέπειν μακραί τοι * ἄρουραι. * οὐδὲν ἄνευ καμάτου πέλει ἀνδράσιν εὐπετὲς ἔργον
FPho. 165 οἴκευς ἔρχονται βιότου κεχρημένοι ὁππότ᾽ * ἄρουραι * λήια κειράμεναι καρπῶν πλήθωσιν ἀλωάς. οἱ δ᾽
HArt. 9 23 2 χερσευομένην γεωργήσιμον ἀποτελέσαι καί τινας τῶν * ἀρουρῶν * τοῖς ἱερεῦσιν ἀποκληρῶσαι. τοῦτον δὲ καὶ μέτρα
HHec. 1 22 195 διὰ τὴν ἐν Συρίᾳ στάσιν. τριακοσίας μυριάδας * ἀρουρῶν * σχεδὸν τῆς ἀρίστης καὶ παμφορωτάτης χώρας
FrAn. 574 3023 λωνα αβρα μαροια βρακιων πυριφανῆ ὁ ἐν μέσῃ * ἀρούρης * καὶ χιόνος καὶ ὀμίχλης ταννητις καταβάτω σου ὁ

ἀρόω 3
Sib. 5 505 φῦλα Τριβαλλῶν Αἰθίοπες μέλλωσ᾽ +Αἴγυπτον ἐήν τε+ * ἀροῦσθαι * ἄρξονται κακότητος ἵν᾽ ὕστερα πάντα γένηται.

IMen.  5 120   2        πονοῦντα δὲ ἐᾷ τὸν ἴδιον ὑψῶσαι βίον τὴν γῆν ✶ ἀροῦντα ✶ νύκτα καὶ τὴν ἡμέραν. θεῷ δὲ θῦε διὰ τέλους
HArt.  9  27  12   δὲ φάναι γένος τῶν βοῶν διὰ τὸ τὴν γῆν ἀπὸ τούτων ✶ ἀροῦσθαι ✶ τὸν δὲ Χενεφρὴν προσαγορεύσαντα ταῦρον Ἄπιν
                3

ἀρπαγή
TJud.    23    3   νηπίων ἀναίρεσιν καὶ συμβίων ἀφαίρεσιν ὑπαρχόντων ✶ ἀρπαγὴν ✶ ναοῦ θεοῦ ἐμπυρισμὸν γῆς ἐρήμωσιν ὑμῶν αὐτῶν
TBen.    11    1   κύριον. καὶ οὐκέτι κληθήσομαι λύκος ἅρπαξ διὰ τὰς ✶ ἀρπαγὰς ✶ ὑμῶν ἀλλ' ἐργάτης κυρίου διαδίδως τροφὴν τοῖς
Bar.      8    5     τῶν ἀνθρώπων ἤγουν πορνείας μοιχείας κλοπὰς ✶ ἀρπαγὰς ✶ εἰδωλολατρείας μέθας φόνους ἔρεις ζήλη

ἅρπαγμα
Sal.      2   24   ἐπιθυμίᾳ ψυχῆς ἐκχέαι τὴν ὀργὴν αὐτῶν εἰς ἡμᾶς ἐν ✶ ἁρπάγματι. ✶ μὴ χρονίσῃς ὁ θεὸς τοῦ ἀποδοῦναι αὐτοῖς εἰς
               27

ἁρπάζω
Adam     37    3   ἄγγελοι ἰδοὺ ἦλθεν ἓν τῶν Σεραφὶμ ἐξαπτερύγων καὶ ✶ ἥρπασεν ✶ τὸν Ἀδὰμ καὶ ἀπήγαγεν αὐτὸν εἰς τὴν Ἀχερουσίαν
Hen.    102    9       εἰς τὸν αἰῶνα ἡμᾶς φαγεῖν καὶ πεῖν. τοιγαροῦν ✶ ἁρπάσαι ✶ καὶ ἁμαρτάνειν καὶ λωποδυτεῖν καὶ ἐγκτᾶσθαι καὶ
Abr.1    10   10  εἰς ἕτερον τόπον ἀνθρώπους διορύττοντας οἴκους καὶ ✶ ἁρπάζοντας ✶ τὰ ἀλλότρια πράγματα καὶ εἶπεν Ἀβραὰμ κύριε
Abr.1    11    6        εὐθέως) ὁ ἀνὴρ ὁ ὅσιος ἐκεῖνος ὁ θαυμάσιος ✶ ἥρπαξεν ✶ τὰς τρίχας τῆς κεφαλῆς αὐτοῦ καὶ τὰς παρειὰς τοῦ
Abr.1    11   11   ψυχὰς εἰσερχομένας διὰ τῆς πλατείας πύλης τότε ✶ ἁρπάζει ✶ τὰς τρίχας τῆς κεφαλῆς αὐτοῦ καὶ ῥίπτει ἑαυτὸν
Abr.1    19   11  ἔδειξά σοι διότι πολλοὶ ὑπὸ ἐμβάσεως ὑδάτων πολλῶν ✶ ἁρπαζόμενοι ✶ καὶ ὑπὸ μεγίστων ποταμῶν ἐπαιρόμενοι
TLevi     6   10     οὕτως ἐποίουν πάντας τοὺς ξένους ἐν δυναστείᾳ ✶ ἁρπάζοντες ✶ καὶ γυναῖκας αὐτῶν καὶ ξενηλατοῦντες αὐτούς.
TJud.    21    6   κινδυνεύουσιν αἰχμαλωτιζόμενοι οἱ δὲ πλουτήσουσιν ✶ ἁρπάζοντες. ✶ ὅτι οἱ βασιλεύοντες ἔσονται ὡς κήτη
TJud.    21    7    καταδουλώσουσιν οἴκους ἀγροὺς ποίμνια χρήματα ✶ ἁρπάσουσι ✶ καὶ πολλῶν σάρκας ἀδίκως κόρακας καὶ ἴβεις
TDan      5    7       ἐν πᾶσιν καὶ υἱοὶ Ἰουδὰ ἔσονται ἐν πλεονεξίᾳ ✶ ἁρπάζοντες ✶ καὶ τὰ ἀλλότρια ὡς λέοντες. διὰ τοῦτο ἀπαχθήσεσθε
TAser     2    5     πράξεως ἔρχεται εἰς κακόν. ἄλλος κλέπτει ἀδικεῖ ✶ ἁρπάζει ✶ πλεονεκτεῖ καὶ ἐλεεῖ τοὺς πτωχοὺς διπρόσωπον μὲν
TBen.    11    2   φῶς γνώσεως ἐπεμβαίνων τῷ Ἰσραὴλ ἐν σωτηρίᾳ καὶ ✶ ἁρπάζων ✶ ὡς λύκος ἀπ' αὐτῶν καὶ διδοὺς τῇ συναγωγῇ τῶν
Asen.    12    8   πατέρα αὐτοῦ καὶ ὁ πατὴρ ἔκτεινας τὰς χεῖρας αὐτοῦ ✶ ἁρπάζει ✶ αὐτὸ ἐκ τῆς γῆς καὶ ἐναγκαλίζεται αὐτὸ πρὸς τὸ
Asen.    12    8    τὰς χεῖράς σου ἐπ' ἐμὲ ὡς πατὴρ φιλότεκνος καὶ ✶ ἅρπασόν ✶ με ἐκ τῆς γῆς. ἰδοὺ γὰρ ὁ λέων ὁ ἄγριος ὁ
Asen.    12   11  αὐτοῦ καὶ ἐκ τοῦ στόματος αὐτοῦ ἐξελοῦ με μήποτε ✶ ἁρπάσῃ ✶ με ὡς λέων καὶ διασπαράξῃ με καὶ βάλῃ με εἰς τὴν
Prop.     2    9   αὐτοῦ. οὗτος ὁ προφήτης πρὸ τῆς ἁλώσεως τοῦ ναοῦ ✶ ἥρπαξε ✶ τὴν κιβωτὸν τοῦ νόμου καὶ τὰ ἐν αὐτῷ καὶ ἐποίησεν
Prop.     3   15     τὰ ἐν Ἱερουσαλὴμ καὶ ἐν τῷ ναῷ γινόμενα. οὗτος ✶ ἡρπάγη ✶ ἐκεῖθεν καὶ ἦλθεν εἰς Ἱερουσαλὴμ εἰς ἔλεγχον τῶν
Prop.     4    7  οἱ δυνάσται ἐν νεότητι ἐπὶ τέλει δὲ θῆρες γίνονται ✶ ἁρπάζοντες ✶ ὀλοθρεύοντες ἀναιροῦντες καὶ πατάσσοντες.
Esdr.     5    7        καὶ ἐν τῷ λέγειν μου ταῦτα ἦλθεν ψεφέλη καὶ ✶ ἥρπασέν ✶ με καὶ ἀπήνεγκεν με πάλιν εἰς τοὺς οὐρανούς. καὶ
Sedr.    13    5   πολὺς ἐστιν ὁ χρόνος μὴ ὁ θάνατος αὐτοῦ φθάσῃ καὶ ✶ ἁρπάσῃ ✶ αὐτὸν συντόμως. λέγει αὐτὸν ὁ σωτὴρ ἐρωτῷ σε ἕνα
Job      18    2  ἐπελθόντες ἐδίωξάν με καὶ πάντα τὰ ἐν τῇ οἰκίᾳ μου ✶ ἥρπαζον. ✶ οἱ ἐμοὶ ὀφθαλμοὶ ἔβλεπον ἐπάνω τῶν τραπεζῶν μου
Job      39    2   ἐκωλύεο ἐξελθεῖν ἵνα μὴ ἰδόντες οἱ συμβασιλεῖς ✶ ἁρπάσωσιν ✶ αὐτὴν ὅτε οὖν ἦλθεν, ἔρριψεν ἑαυτὴν παρὰ τοὺς
Job      40    5   πόλιν εἰσῆλθεν εἰς τὴν ἔπαυλιν τῶν βοῶν αὐτῆς τῶν ✶ ἁρπασθέντων ✶ ὑπὸ τῶν ἀρχόντων οἷς ἐδούλευεν καὶ περί τινα
Sib.      3   40 κακὸν ἐν στέρνοισιν ἔνι μεμανημένος οἴστρος αὐτοῖς ✶ ἁρπάζοντες ✶ ἀναιδέα θυμὸν ἔχοντες οὐδεὶς γὰρ πλουτῶν καὶ
FJub.     4   23      παραδέλφου αὐτοῦ. ⟨ Ἑνὼχ⟩ εἰς τὸν παράδεισον ✶ ἡρπάθαι. ✶ γυνὰ Μαθουσάλα Ἔδνα θυγάτηρ Ἐζριὴλ
IDip.  5 121   1   τῷ παντὶ χρόνῳ εἰ γὰρ δίκαιος κἀσεβὴς ἕξουσιν ἐν ✶ ἅρπαζε ✶ ἀπελθὼν κλέπτε ἀποστέρει κύκα μηδὲν πλανηθῇς ἔστι
LThe.  9  22   4  δὲ τὸν τοῦ Ἐμμὼρ υἱὸν ἰδόντα ἐρασθῆναι αὐτῆς καὶ ✶ ἁρπάσαντα ✶ ὡς ἑαυτὸν διακομίσαι καὶ φθεῖραι αὐτήν. αὖθις
                1

ἅρπαξ
TBen.    11    1   Ἰσραὴλ πρὸς κύριον. καὶ οὐκέτι κληθήσομαι λύκος ✶ ἅρπαξ ✶ διὰ τὰς ἁρπαγὰς ὑμῶν ἀλλ' ἐργάτης κυρίου διαδίδω
                2

ἀρραβών
TJud.    12    5        ἤθελον ἀνελεῖν αὐτὴν πέμψασα δὲ ἐν κρυπτῷ τοὺς ✶ ἀρραβῶνας ✶ κατῄσχυνέ με. καλέσας δὲ αὐτὴν ἤκουσα καὶ τοὺς
TJud.    12    7 μήποτε ἐν δολιότητι ἐποίησε παρὰ ἄλλης λαβοῦσα τὸν ✶ ἀρραβῶνα. ✶ ἀλλ' οὐδὲ ἤγγισα αὐτῇ ἔτι ἕως θανάτου μου ὅτι
                2

Ἀρράν
FJub.    12    9   ἔτι διατρίβων ἐν τῇ πατρίδι. Σαρὰ θυγάτηρ ἦν τοῦ ✶ Ἀρραν ✶ ἀδελφὴ τῆς Μελχας καὶ τοῦ Λωτ. τῷ ᾽γ τ ο γ᾽ ἔτει
FJub.    12   14 τὰ εἴδωλα τοῦ πατρὸς αὐτοῦ καὶ συγκατεκαύθη αὐτοῖς ✶ Ἀρρὰν ✶ θέλων σβέσαι τὸ πῦρ ἐν νυκτί. καὶ ἐξῆλθε Θαρὰ σὺν
                2

ἀρρενογονία
FJub.     3   10   χωρισμοῦ αὐτῶν ἡμέρας ἐκ τοῦ παραδείσου ἐπὶ μὲν ✶ ἀρρενογονίας ✶ ἀκάθαρτον αὐτὴν εἶναι ἐπὶ τεσσαράκοντα
                7

ἄρρητος
Asen.    12    4   πολλὰ ἠνόμησα καὶ ἠσέβησα καὶ λελάληκα πονηρὰ καὶ ✶ ἄρρητα ✶ ἐνώπιόν σου. μεμίαται τὸ στόμα μου ἀπὸ τῶν θυσιῶν
Asen.    15  12B     τὰ ὀνόματα τὰ γεγραμμένα ἐν τῇ βίβλῳ τοῦ ὑψίστου ✶ ἄρρητά ✶ ἐστι καὶ ἀνθρώπῳ οὔτε εἰπεῖν οὔτε ἀκοῦσαι ἐν τῷ
Asen.    22   13      ἐν τῷ οὐρανῷ ⟨τῷ δακτύλῳ τοῦ θεοῦ⟩ καὶ ᾔδει τὰ ✶ ἄρρητα ✶ θεοῦ τοῦ ὑψίστου καὶ ἀπεκάλυπτεν αὐτὰ τῇ Ἀσενέθ
Asen.    27    1   καὶ ἰσχυρὸν καὶ πρυτανικὸν καὶ ἦν κάλλος ἐν αὐτῷ ✶ ἄρρητον ✶ καὶ ἰσχὺς ὡς σκύμνος λέοντος καὶ ἦν φοβούμενος
Bar.      1        καὶ ἀποκάλυψις Βαροὺχ περὶ ὧν κελεύματι θεοῦ ✶ ἀρρήτων ✶ εἶδεν. εὐλόγησον δέσποτα. ἀποκάλυψις Βαρούχ ὃς
FSop.  5  77   2   οἰκοῦντας ἐν ναοῖς σωτηρίας καὶ ὑμνοῦντας θεὸν ✶ ἄρρητον ✶ Ὕψιστον.
LAri. 13  12   6  οὕτως ἐκ θεοῦ ἀρχώμεθα τὸν οὐδέποτ' ἄνδρες ἔωσιν ✶ ἄρρητον ✶ μεσταὶ δὲ θεοῦ πᾶσαι μὲν ἀγυιαὶ πᾶσαι δ'

ἀρρωστέω
TRub.     1    2  τῆς ζωῆς αὐτοῦ. μετὰ ἔτη δύο τῆς τελευτῆς Ἰωσὴφ ✶ ἀρρωστοῦντι ✶ συνήχθησαν ἐπισκέψασθαι αὐτόν οἱ υἱοὶ καὶ
TSim.     1    2 ἔτει ἀπέθανεν Ἰωσήφ. ἦλθον γὰρ ἐπισκέψασθαι αὐτὸν ✶ ἀρρωστοῦντα ✶ καὶ ἐνισχύσας ἐκάθισε καὶ κατεφίλησεν αὐτοὺς

ἀρρωστία
FIsa.     1    2   καὶ τοὺς λόγους οὓς αὐτὸς ὁ βασιλεὺς εἶδεν ἐν τῇ ✶ ἀρρωστίᾳ ✶ αὐτοῦ. ⟨ἤκουσεν⟩ Σωμνᾶς ὁ γραμματεὺς καὶ Ἀσοὺρ
FIsa.  1   2  14 καὶ αὐτὸς ἐπροφήτευσεν περὶ Ὀχοζείου ὅτι ἐν κλίνη ✶ ἀρρωστίας ✶ ἀποθανεῖται καὶ ἡ Σαμαρία εἰς χεῖρας Ἀλνασὰρ

Ἄρσαμος
Aris.    49    3         Ἰωάννης Ἰωνάθας. ἐνάτης Θεόφιλος Ἄβραμος ✶ Ἄρσαμος ✶ Ἰάσων Ἐνδεμίας Δανιηλος. δεκάτης Ἱερεμίας
Aris.    50    4   Δοσίθεος. δωδεκάτης Ἰσάηλος Ἰωάννης Θεοδόσιος ✶ Ἄρσαμος ✶ Ἀβιήτης Ἐζεκῆλος. οἱ πάντες ἐβδομήκοντα δύο.
                8

ἀρσενικός
Adam     15    3   ἦν τὰ θηρία ἐπειδὴ τὰ θηρία ἐμέρισεν ὁ θεός. τὰ ✶ ἀρσενικὰ ✶ πάντα δέδωκε τῷ πατρί ὑμῶν καὶ τὰ θηλυκὰ πάντα
TJos.     3    7   ἐπισκέψεως πρός με. καὶ τὰ μὲν πρῶτα ὅτι τέκνον ✶ ἀρσενικὸν ✶ οὐκ ἦν αὐτῇ προσεποιεῖτο ἔχειν με ὡς υἱὸν καὶ
Job      15    4        ἐπειδὴ γὰρ καὶ οἱ υἱοί μου ἀνέκειντο τοῖς ✶ ἀρρενικοῖς ✶ καὶ δούλοις τοῖς διακονοῦσιν ἀνιστάμενος οὖν ἐγὼ
Job      53    1  Νηρεὺς ὁ ἀδελφὸς αὐτοῦ μετὰ τῶν ἑπτὰ τέκνων τῶν ✶ ἀρρενικῶν, ✶ σὺν τοῖς πένησιν καὶ ὀρφανοῖς καὶ πᾶσιν τοῖς
Sib.      3  130    δ' αὖτε Κρόνῳ μεγάλους Τιτᾶν ἐπέθηκεν μὴ θρέψ' ✶ ἀρρενικὰ ✶ παίδων γένος ὡς βασιλεύσῃ αὐτὸς ὅταν ὑφήρῃς τε
Sib.      3  596  ἀνθρώπων ὁσίης εὐνῆς μεμνημένοι εἰσὶν κοὐδὲ πρὸς ✶ ἀρσενικοὺς ✶ παῖδας μίγνυνται ἀνάγνως ὅσσα τε Φοίνικες
LEze.  9  28  2 13 ἕκατι δυσμόρων. Ἔπειτα κηρύσσει μὲν Ἑβραίων γένει ✶ τἀρσενικὰ ✶ ῥίπτειν ποταμὸν ἐς βαθύρροον. ἐνταῦθα μήτηρ ἡ
LEze.  9  29 12 43 θύοντες θεῷ ὅσ' ἂν τέκωσι παρθένοι πρώτως τέκνα ✶ τἀρσενικὰ ✶ διανοίγοντα μήτρας μητέρων. ἀνδρῶν Ἑβραίων
               21

ἄρρην
TJos.     3    7      με ὡς υἱὸν καὶ ηὐξάμην πρὸς κύριον καὶ ἔτεκεν ✶ ἄρρεν. ✶ ἕως οὖν χρόνου ὡς υἱόν με περιεπτύσσετο κἀγὼ
Asen.     2    6   οὐρανοῦ καὶ ἀνὴρ οὐχ ὡμίλει αὐτῆς οὐδὲ παιδίον ✶ ἄρρεν. ✶ καὶ ἦσαν θυρίδες τρεῖς τῷ θαλάμῳ τῷ μεγάλῳ τῆς
Jer.      8    2 κύριον καταλειψάτω τὰ ἔργα τῆς Βαβυλῶνος. καὶ τοὺς ✶ ἄρρενας ✶ τοὺς λαβόντας ἐξ αὐτῶν γυναῖκας καὶ τὰς γυναῖκας
Job      46    1   παρήνεγκαν τὰ ὄντα εἰς μερισμὸν αὐτοῖς τοῖς ἑπτὰ ✶ ἄρρεσιν ✶ ἀπὸ γὰρ τῶν χρημάτων οὐ παρέσχετο ταῖς θηλείαις
Aris.   152    4   ὅλαι σεμνύνονται ἐπὶ τούτοις. οὐ μόνον γὰρ πρὸς ✶ ἄρρενας ✶ προσάγουσιν ἀλλὰ καὶ τεκούσας ἔτι δὲ καὶ
Sib.      3  133    παρὰ τήνδ' ἐκάθητο Τιτῆνες καὶ τέκνα διέσπων ✶ ἄρσενα ✶ πάντα θήλεα δὲ ζῶοντ' εἴων παρὰ μητρὶ τρέφεσθαι.
Sib.      3  138       ἄγριοι ἄνδρες Τιτῆνες. καὶ ἔπειτα Ῥέη τέκεν ✶ ἄρσενα ✶ παῖδα τὸν ταχέως διέπεμψε λάθρῃ ἰδίῃ τε τρέφεσθαι
Sib.      3  185       αὐτίκα δ' ἐν τούτοις ἀσεβείας ἔσσετ' ἀνάγκη ✶ ἄρσενι ✶ δ' ἄρσεν πλησιάσει στήσουσί τε παῖδας αἰσχροῖς ἐν
Sib.      3  185    δ' ἐν τούτοις ἀσεβείας ἔσσετ' ἀνάγκη ἄρσην δ' ✶ ἄρσεν ✶ πλησιάσει στήσουσί τε παῖδας αἰσχροῖς ἐν τεγέεσσι
Sib.      3  399   μαχητὴν καὐτὸς ὑφ' +υἱῶν ὧν ἐς ὁμόφρονα αἴσων ✶ ἄρρης+ ✶ φθεῖται καὶ τότε δὴ παραφυόμενον κέρας ἄρξει.
Sib.      3  764   ἀνόμους τῷ ζῶντι λάτρευε μοιχείας πεφύλαξο καὶ ✶ ἄρσενος ✶ ἄκριτον εὐνήν τὴν δ' ἰδίαν γένναν παίδων τρέφε
Sib.      4   34 ἐπ' ἀλλοτρίῃ κοίτῃ πόθον αἰσχρὸν ἔχοντες (οὐδὲ ἐπ' ✶ ἄρσενος ✶ ὕβριν ἀπεχθέα τε στυγερήν τε). ὧν τρόπον
FJub.     3   11   ἡμέρᾳ καὶ διὰ τὸ ἀκάθαρτον τοῦ θήλεος πρὸς τὸ ✶ ἄρρεν. ✶ ἄφεδρος γὰρ πάλιν οὖσα οὐκ εἰσέρχεται ἕως ἑπτὰ
FJub.     4   10   τοὺς τρεῖς τούτους ὡς εἶναι αὐτῶν μὲν θυγατέρας ✶ ἄρσενα ✶ Κύπριν ὀρίνειν μήτε δόλους ῥάπτειν μήθ' αἵματι
FPho.              ὁ σοφώτατος ὄλβια δῶρα. μήτε γαμοκλοπέειν μήτ' ✶ ἄρσενα ✶ Κύπριν ὀρίνειν μήτε δόλους ῥάπτειν μήθ' αἵματι
FPho.   187   χεῖρα βάλῃαι. μηδ' αὖ παιδογόνον τέμνειν φύσιν ✶ ἄρσενα ✶ κούρου. μηδ' ἀλόγοις ζώιοισι βατήριον ἐς λέχος
FPho.   191    ἐς Κύπριν ἄθεσμον οὐδ' αὐτοῖς θήρεσσι συνεύαδεν ✶ ἄρσενα ✶ κύναί. μηδὲ τι θηλύτεραι λέχος ἀνδρῶν
FPho.   210 καὶ πρεσβύτατοι γενεῆ ἢ δημογέροντες. μὴ μὲν ἐπ' ✶ ἄρσενι ✶ παιδὶ τρέφειν πλοκάμους ἐπὶ χαίτης. μὴ κορυφὴν
FPho.   212    μὴ κορυφὴν πλέξῃς μηθ' ἅμματα λοξὰ κορύμβων. ✶ ἄρσεσιν ✶ οὐκ ἐπέοικε κομᾶν χλιδαναῖς δὲ γυναιξίν. παιδὸς
FPho.   214   φρουρεῖν νεότητος ὥρην πολλοὶ γὰρ λυσσῶσι πρὸς ✶ ἄρσενα ✶ μετεξιν ἔρωτος. παρθενικήν δὲ φύλασσε
HDem.  9  21   9 τε Ἐμμὼρ καὶ Συχὲμ τὸν υἱὸν αὐτοῦ καὶ πάντας τοὺς ✶ ἄρσενας ✶ διὰ τὴν Δείνας φθορὰν Ἰακὼβ δὲ τότε εἶναι ἐτῶν
                1

Ἀρσινόη
Aris.    41    4   γνησίῳ χαίρειν. αὐτός τε ἔρρωσο καὶ ἡ βασίλισσα ✶ Ἀρσινόη ✶ ἡ ἀδελφὴ καὶ τὰ τέκνα καλῶς ἂν ἔχοι καὶ ὡς

ἀρτάβη
HEup.  9  33   1   κατὰ μῆνα κόρους σίτου μυρίους ὁ δὲ κόρος ἐστὶν ✶ ἀρταβῶν ✶ ἓξ καὶ οἴνου κόρους μυρίους ὁ δὲ κόρος τοῦ οἴνου
HEup.  9  34  17   Οὐάφρη ἐλαίου μετρητὰς μυρίους φοινικοβαλάνων ✶ ἀρτάβας ✶ χιλίας μέλιτος δὲ ἀγγεῖνα ἑκατὸν καὶ ἀρώματα

ἀρτάω
Asen.    18    6   τράχηλον αὐτῆς ἐν ᾧ ἦσαν λίθοι πολυτελεῖς τίμιοι ✶ ἠρτημένοι ✶ ἀναρίθμητοι καὶ στέφανον χρυσοῦν περιέθηκεν
                1

Ἄρτεμις
Sib.      5  293   Ἀσίδι τῇ δνοφερῇ (Λυδῶν τε--- πολυχρύσων) --- ✶ Ἀρτέμιδος ✶ σηκός Ἐφέσου πηγνύμενος χάσμασι καὶ

ἄρτι 17
Abr.1 20 3 τῷ τάφῳ ἰδοὺ γὰρ ἀνήγγειλά σοι πάντα ὅσα ἂν ᾐτήσω * ἄρτι * λέγω σοι δικαιότατε τί γὰρ οὖν; πᾶσαν βουλὴν
Abr.2 6 5 κύριέ μου Ἀβραάμ τί ἔχετε κλαίοντες ὀψέ; καὶ * ἄρτι * μή τι φάσιν ἤνεγκας τῷ κυρίῳ μου Ἀβραὰμ περὶ τοῦ
Jer. 3 4 λέγων παρακαλῶ ὑμᾶς μὴ ἀπολέσθαι τὴν πόλιν * ἄρτι * ἕως ἂν λαλήσω πρὸς κύριον ῥῆμα. ἐλάλησεν δὲ κύριος
Bar. 4 9 παρὰ θεοῦ καὶ τοῦ πρωτοπλάστου ἀναίρεσις πῶς * ἄρτι * εἰς τοσαύτην χρείαν ἐστίν; καὶ εἶπεν ὁ ἄγγελος
Bar. 6 13 μου τί ἐστιν ἡ φωνὴ αὕτη; καὶ εἶπέν μοι ὁ ἄγγελος * ἄρτι * ἀνοίγουσιν οἱ ἄγγελοι τὰς τριακοσίας ἑξήκοντα πέντε
Bar. 11 4 εἶπον κύριε τί ἐστιν ἡ φωνὴ αὕτη; καὶ εἶπέν μοι * ἄρτι * κατέρχεται ὁ ἀρχιστράτηγος Μιχαὴλ ἵνα δέξηται τὰς
Bar. 14 2 ἠρώτησα τὸν ἄγγελον τί ἐστιν ἡ φωνή; καὶ εἶπέν μοι * ἄρτι * προσφέρει Μιχαὴλ τὰς τῶν ἀνθρώπων ἀρετὰς τῷ θεῷ.
Esdr. 1 3 ἦλθεν ἄγγελος Μιχαὴλ ὁ ἀρχάγγελος καὶ λέγει μοι * ἄρτι * τὸν προφήτην Ἔσδρὰμ ἄφησον ⟨ἑβδομάδας⟩
Sedr. 11 4 καλόπιστε καὶ καλλίστατε ἀπὸ πάντων φιλούμενον καὶ * ἄρτι * πεσὼν εἰς τὴν γῆν ἄγνωστος γίνεται. ὦ χεῖρες
Sedr. 11 8 οἱ τρεῖς ἁρμοὶ καὶ τὰ κάλλη σωρεύουν καὶ * ἄρτι * πάροικοι γίνεσθε τοῦ κόσμου τούτου. ὦ πόδες
Sedr. 11 13 ποιοῦντες καὶ παρακαλοῦντες τοὺς ἁγίους καὶ * ἄρτι * ἀκίνητοι μένετε. ὦ κεφαλὴ καὶ χεῖρες καὶ πόδες ἕως
Sedr. 11 14 ἀκίνητοι μένετε. ὦ κεφαλὴ καὶ χεῖρες καὶ πόδες ἕως * ἄρτι * σῴζω σε. ὦ ψυχὴ τί γάρ σε ἐνέβαλεν εἰς τὸ ταπεινὸν
Sedr. 11 16 ἐνέβαλεν εἰς τὸ ταπεινὸν καὶ ταλαίπωρον σῶμα; καὶ * ἄρτι * χωριζομένη ἀπ' αὐτοῦ καὶ ἀνέρχεσαι ἔνθα καλεῖ ⟨σε⟩
Sedr. 11 20 σῶμα τὸ φωταγωγὸν γλεύφορον πάγγνωστον καὶ * ἄρτι * πεσὸν εἰς τὴν γῆν ὕπαγε κάλλος σου ἀφανὲς γίνεται.
Sedr. 16 8 παντὸς κακοῦ. καὶ λέγει ὁ δοῦλος τοῦ θεοῦ Σεδρὰχ * ἄρτι * λαβὲ τὴν ψυχήν μου δέσποτα. καὶ ἔλαβεν αὐτὸν ὁ θεὸς
Sib. 3 57 ἐκεῖνο καὶ κρίσις ἀθανάτοιο θεοῦ μεγάλου βασιλῆος; * ἄρτι * δ' ἔτι κτίζεσθε πόλεις κοσμεῖσθέ τε πᾶσαι ναοῖς καὶ
Sib. 5 287 ἀλλά τί δή μοι ταῦτα νόος σοφὸς ἐγγυαλίζει; * ἄρτι * δέ σε τλήμων Ἀσίη κατοδύρομαι οἰκτρῶς καὶ γένος

ἄρτιος 2
Abr.1 7 7 κἂν τὴν σελήνην ἔασον ἐπ' ἐμέ. αὐτὸς δὲ εἶπεν ἄφες * ἀρτίως * ἀναληφθῆναι αὐτοὺς ⟨εἰς τὴν ἄνω βασιλείαν ὅτι
Abr.1 8 3 ὅτι οὐ μὴ σε ἀκολουθήσω ἀλλ' ὅτι κελεύεις ποίησον * ἀρτίως * δέσποτα παντοκράτορ ὅτι κελεύει ἡ σὴ δόξα καὶ

ἀρτίχειρ 1
LPhl. 9 20 1 κείνου ἔκγονος αἰνογόνοιο πολύμνιον ἔλλαχε κῦδος. * ἀρτίχερος * θηκτοῖο ξιφηφόρον ἐντύνοντος λήματι καὶ

ἀρτοκοπεῖον 1
Job 10 7 τοῖς πένησιν εἰς τὴν τράπεζαν αὐτῶν εἶχον δὲ * ἀρτοκόπια * πεντήκοντα ἀφ' ὧν ἔταξα εἰς τὴν ὑπηρεσίαν τῆς

ἀρτοπράτης 1
Job 22 3 ἐξελθεῖν ἐν τῇ ἀγορᾷ προσαιτῆσαι ἄρτον παρὰ τῶν * ἀρτοπρατῶν * ἕως ἂν προσενέγκῃ μοι καὶ φάγομαι. καὶ ὁ

ἄρτος 52
Adam 24 2 σοι καὶ ἐν ἱδρώτητι τοῦ προσώπου σου φάγει τὸν * ἄρτον * σου. ἔσει δὲ ἐν καμάτοις πολυτρόποις. καμῇ καὶ μὴ
TRub. 1 10 καὶ κρέας οὐκ εἰσῆλθεν εἰς τὸ στόμα μου καὶ πᾶν * ἄρτον * ἐπιθυμίας οὐκ ἐγευσάμην πενθῶν ἐπὶ τῇ ἁμαρτίᾳ μου
TLevi 8 5 ὁ δεύτερος ἔλουσέ με ὕδατι καθαρῷ καὶ ἐψώμισέ με * ἄρτον * καὶ οἶνον ἅγια ἁγίων καὶ περιέθηκέ μοι στολὴν
TIss. 7 5 ὀδυνωμένῳ συνεστέναξα καὶ πτωχῷ μετέδωκα τὸν * ἄρτον * μου. οὐκ ἔφαγον μόνος ὅριον οὐκ ἔλυσα εὐσέβειαν
TZab. 4 7 ἐν τῇ συντόμῳ. καὶ οὐκ ἔφαγε Ῥουβὴμ * ἄρτον * ἐν τῇ ἡμέρᾳ ἐκείνῃ. προσελθὼν οὖν Δὰν εἶπεν αὐτῷ
Asen. 8 5 τῷ στόματι αὐτοῦ τὸν θεὸν τὸν ζῶντα καὶ ἐσθίει * ἄρτον * εὐλογημένον ζωῆς καὶ πίνει ποτήριον εὐλογημένον
Asen. 8 5 νεκρὰ καὶ κωφὰ καὶ ἐσθίει ἐκ τῆς τραπέζης αὐτῶν * ἄρτον * ἀγχόνης καὶ πίνει ἐκ τῆς σπονδῆς αὐτῶν ποτήριον
Asen. 8 9 καὶ ἀναζωοποίησον αὐτὴν τῇ ζωῇ σου καὶ φαγέτω * ἄρτον * ζωῆς σου καὶ πιέτω ποτήριον εὐλογίας σου καὶ
Asen. 10 1 καὶ ἐβαρυθύμει καὶ ἔκλαιεν ἕως ἔδυ ὁ ἥλιος. καὶ * ἄρτον * οὐκ ἔφαγε καὶ ὕδωρ οὐκ ἔπιεν καὶ ἐπῆλθεν ἡ νὺξ καὶ
Asen. 10 17 καὶ οὕτως ἐποίησεν Ἀσενὲθ τὰς ἑπτὰ ἡμέρας καὶ * ἄρτον * οὐκ ἔφαγε καὶ ὕδωρ οὐκ ἔπιεν ἐν ⟨ἐκείναις⟩ ταῖς
Asen. 13 9 ἐγὼ ἑπτὰ ἡμέρας καὶ ἑπτὰ νύκτας ἤμην νήστης καὶ * ἄρτον * οὐκ ἔφαγον καὶ ὕδωρ οὐκ ἔπιον καὶ τὸ στόμα μου
Asen. 15 5 καὶ ἀναπλασθήσῃ καὶ ἀναζωοποιηθήσῃ καὶ φαγεῖς * ἄρτον * εὐλογημένον ζωῆς καὶ πιεῖς ποτήριον εὐλογημένον
Asen. 15 14 πώποτε. καὶ παραθήσω σοι τράπεζαν καὶ εἰσοίσω σοι * ἄρτον * καὶ φάγεσαι καὶ οἴσω σοι ἐκ τοῦ ταμιείου μου οἶνον
Asen. 16 1 αὐτῷ τράπεζαν καινὴν καὶ ἐπορεύετο κόμισαι αὐτῷ * ἄρτον. * καὶ εἶπεν αὐτῇ ὁ ἄνθρωπος φέρε δή μοι καὶ κηρίον
Asen. 16 16 καὶ εἶπεν ὁ ἄνθρωπος τῇ Ἀσενὲθ ἰδοὺ δὴ ἔφαγες * ἄρτον * ζωῆς καὶ ἔπιες ποτήριον ἀθανασίας καὶ κέχρισαι
Asen. 19 5 ἦλθε πρός με ἐκ τοῦ οὐρανοῦ σήμερον καὶ ἔδωκέ μοι * ἄρτον * ζωῆς καὶ ἔφαγον καὶ ποτήριον εὐλογίας καὶ ἔπιον
Asen. 21 13 θεοὺς ἀλλοτρίους ὧν οὐκ ⟨ἦν⟩ ἀριθμὸς καὶ ἤσθιον * ἄρτον * ἐκ ⟨τῶν⟩ θυσι⟨ῶν⟩ αὐτῶν. ⟨ἥμαρτον κύριε ἥμαρτον
Asen. 21 14 ⟨ἥμαρτον κύριε ἥμαρτον ἐνώπιόν σου πολλὰ ἥμαρτον * ἄρτον * ἀγχόνης ἔφαγον καὶ ποτήριον ἐνέδρας ἔπιον ἀπὸ τῆς
Asen. 21 21 τοῦ ⟨οἴκου⟩ τοῦ ὑψίστου καὶ ἔδωκέ μοι φαγεῖν * ἄρτον * ζωῆς καὶ ⟨πιεῖν⟩ ποτήριον σοφίας καὶ ἐγενόμην
Asen. 26 3 κἀγὼ πορεύσομαι ἐπὶ τὴν σιτοδοσίαν μου καὶ δώσω * ἄρτον * πᾶσι τοῖς ἀνθρώποις καὶ οὐ μὴ φθαρήσεται ἀπὸ
Prop. 4 16 ἀνομίας αὐτοῦ ἀπέδωκεν αὐτῷ τὴν βασιλείαν. οὔτε * ἄρτον * ἢ κρέα ἔφαγεν οὔτε οἶνον ἔπιεν ἐξομολογούμενος ὅτι
Prop. 21 11 τὸ πῦρ ἐκ προστάγματος κυρίου. κόρακες ἔφερον αὐτῷ * ἄρτους * τὸ πρωῒ δείλης δὲ κρέα τῇ μηλωτῇ ἐπάταξε τὸν
Esdr. 4 27 ὁ λέγων ἐγώ εἰμι ὁ υἱὸς τοῦ θεοῦ καὶ τοὺς λίθους * ἄρτους * ποιήσας καὶ τὸ ὕδωρ οἶνον. καὶ εἶπεν ὁ προφήτης
Job 7 2 λελάληκεν τῇ θυρωρῷ λέγων εἰπὸν τῷ Ιωβ δός μοι * ἄρτον * ἐκ τῶν χειρῶν σου ἵνα φάγω. καὶ ἐγὼ ἄρτον
Job 7 3 δός μοι ἄρτον ἐκ τῶν χειρῶν σου ἵνα φάγω. καὶ ἐγὼ * ἄρτον * ἐκκεκαυμένον δέδωκα τῇ παιδὶ διδόναι αὐτῷ, καὶ
Job 7 4 εἶπον αὐτῷ ὅτι μηκέτι προσδόκα φαγεῖν ἐκ τῶν ἐμῶν * ἄρτων, * ὅτι ἀπηλλοτρίωσαί μου. καὶ ἡ θυρωρὸς αἰδεσθεῖσα
Job 7 5 δοῦναι αὐτῷ τὸν κεκαυμένον καὶ σποδοειδῆν * ἄρτον, * ἐπεὶ μὴ ἔγνωκεν εἶναι αὐτὸν τὸν Σατανᾶν, ἦρεν ἐκ
Job 7 6 εἶναι αὐτὸν τὸν Σατανᾶν, ἦρεν ἐκ τῶν ἑαυτῆς ἕνα * ἄρτον * καλὸν καὶ ἔδωκεν αὐτῷ. ὁ δὲ λαβὼν καὶ γνοὺς τὸ
Job 7 7 κακὴ δούλη, φέρε τὸν δοθέντα σοι δοθῆναί μοι * ἄρτον. * καὶ ἔκλαυσεν μετὰ λύπης μεγάλης ἡ παῖς λέγουσα
Job 7 9 καὶ ὑποστρέψασα προσήνεγκεν αὐτῷ τὸν κεκαυμένον * ἄρτον * λέγουσα αὐτῷ τάδε λέγει ὁ κύριός μου ὅτι οὐκέτι οὐ
Job 7 10 λέγει ὁ κύριός μου ὅτι οὐκέτι οὐ μὴ φάγῃς ἐκ τῶν * ἄρτων * μου διότι ἀπηλλοτριώθην σου ἀκμὴν καὶ τοῦτό σοι
Job 7 12 μοι τὴν παῖδα λέγων ὅτι ὡς ὁλόκαυστός ἐστιν ὁ * ἄρτος * οὗτος, οὕτως ποιήσω καὶ τὸ σῶμά σου τοιοῦτον ἐν
Job 21 2 οἶκον τινὸς εὐσχήμονος ὡς παιδίσκην ἕως ἂν λάβῃ * ἄρτον * καὶ προσενέγκῃ μοι καὶ ἐγὼ κατανενυγμένος ἔλεγον ὦ
Job 22 1 μακρόθυμον. καὶ μετὰ ἕνδεκα ἔτη καὶ αὐτὸν τὸν * ἄρτον * ἀφείλαντο μὴ προσενεχθῆναί μοι, μόλις ἐπιτρέψαντες
Job 22 2 καὶ ἐμοί, λέγουσα μετ' ὀδύνης οὐαί μοι, τάχα οὔτε * ἄρτου * χορτάζεται. καὶ οὐκ ἐφείδετο ἐξελθεῖν ἐν τῇ ἀγορᾷ
Job 22 3 καὶ οὐκ ἐφείδετο ἐξελθεῖν ἐν τῇ ἀγορᾷ προσαιτῆσαι * ἄρτον * παρὰ τῶν ἀρτοπρατῶν ἕως ἂν προσενέγκῃ μοι καὶ
Job 23 2 ἀπελθεῖν πρὸς αὐτὸν τὴν γυναῖκά μου καὶ αἰτῆσαι * ἄρτον, * νομίζουσα εἶναι αὐτὸν ἄνθρωπον. καὶ ὁ Σατανᾶς
Job 23 7 μοι τὴν τρίχα τῆς κεφαλῆς σου καὶ λάβε τρεῖς * ἄρτους * ἴσως δυνήσεσθε ζῆσαι ἐν τρισὶν ἡμέραις. τότε
Job 23 10 τὴν τρίχα τῆς κεφαλῆς αὐτῆς καὶ ἔδωκεν αὐτῇ τρεῖς * ἄρτους * πάντων βλεπόντων ἡ δὲ λαβοῦσα ἦλθεν καὶ προσφέρει
Job 24 4 ἡμέρας ὀδυνωμένη καὶ ἐν νυκτὶ ἕως ἂν εὐπορήσασα * ἄρτον * προσενέγκω σοι οὐκέτι γὰρ δὴ μόλις τὴν ἐμὴν τροφὴν
Job 24 6 σε ἐν πόνοις, ἀλλὰ καὶ μὴ ἐμπλήσκεσθαί σε τοῦ * ἄρτου * ὥστε τολμῆσαί με ἀναισχύντως ἐξελθεῖν εἰς τὴν
Job 24 9 τὴν τρίχα τῆς κεφαλῆς σου καὶ λάμβανε τρεῖς * ἄρτους * ἴσως ζήσεσθε ἐν τρισὶν ἡμέραις. κἀγὼ ἐκκακήσασα
Job 25 3 πρὸς αὐτήν; νυνὶ καταλλάσσει τὴν τρίχα αὐτῆς ἀντὶ * ἄρτων. * ἧς αἱ κάμηλοι γεγομωμέναι ἀγαθῶν ἀπέφερον εἰς τὰς
Job 25 4 πτωχοῖς, ὅτι νῦν ἀντιδίδωσιν τὴν τρίχα αὐτῆς ἀντὶ * ἄρτων. * ἴδε ἡ ἔχουσα ἑπτὰ τραπέζας ἀκινήτους ἐπὶ τῆς
Job 25 5 πᾶς ξένος, ὅτι νῦν καταπιπράσκει τὴν τρίχα ἀντὶ * ἄρτων. * βλέπε τίς εἶχεν τὸν νιπτῆρα τῶν ποδῶν χρυσοῦ καὶ
Job 25 6 ἐδάφους, ἀλλὰ καὶ τὴν τρίχα ἀντικαταλλάσσει ἀντὶ * ἄρτων. * ἴδε ὅτι αὕτη ἐστίν ἥτις εἶχεν τὴν ἔνδυσιν ἐκ
Job 25 7 φορεῖ ῥακκώδη καὶ ἀντικαταλλάσσει τὴν τρίχα ἀντὶ * ἄρτων. * βλέπε τὴν τοὺς κραββάτους χρυσοῦς καὶ ἀργυρέους
Job 25 8 ἔχουσαν, νυνὶ δὲ πιπράσκουσαν τὴν τρίχα ἀντὶ * ἄρτων. * ἁπαξαπλῶς, Ιωβ, Ιωβ, πολλῶν ὄντων τῶν εἰρημένων,
Job 25 10 μου συνετρίβη μου τὰ ὀστᾶ ἀνάστηθι σύ, λαβὼν τοὺς * ἄρτους * χορτάσθητι, καὶ εἰπόν τι ῥῆμα πρὸς κύριον καὶ
FMan. 2 22 10 ὅλος ἐν οἴκῳ φυλακῆς καὶ ἐδίδοτο αὐτῷ ἐκ πιτύρων * ἄρτος * ἐν σταθμῷ βραχὺς καὶ ὕδωρ σὺν ὄξει ὀλίγον ἐν μέτρῳ
FEz. 64 70 8 ἐλάλει τῷ χωλῷ λέγων πόσον ἦν ἡμῶν τὸ κλάσμα τοῦ * ἄρτου * μετὰ τῶν ὄχλων τῶν κληθέντων εἰς τὴν εὐφρασίαν;
FAch. 110 τοῖς συναντῶσί σοι εἰδὼς ὅτι καὶ τῷ κυνὶ ἡ οὐρὰ * ἄρτον * πορίζει τὸ δὲ στόμα πληγάς. ἐπὶ σωφροσύνῃ

Ἀρφαξάδ 1
Prop. 3 3 καὶ ἔθαψαν αὐτὸν ἐν ἀγρῷ Μαοὺρ ἐν τάφῳ Σὴμ καὶ * Ἀρφαξὰδ * πατέρων Ἀβραὰμ καὶ ἔστιν ὁ τάφος σπήλαιον

Ἀρφουγιτόνος 1
Esdr. 6 2 Μιχαὴλ Γαβριὴλ Οὐριὴλ Ῥαφαὴλ Γαβουθελῶν Ἀκὴρ * Ἀρφουγιτόνος * Βεβουρὸς Ζεβουλεῶν. τότε ἦλθεν φωνὴ πρός

ἀρχάγγελος 38
Adam 1 νόμου ἐκ χειρὸς αὐτοῦ ἐδέξατο διδαχθεὶς παρὰ τοῦ * ἀρχαγγέλου * Μιχαήλ. κύριε εὐλόγησον. αὕτη ἡ διήγησις
Adam 3 2 Κάϊν τοῦ ἀδελφοῦ αὐτοῦ. καὶ λέγει ὁ θεὸς Μιχαὴλ τῷ * ἀρχαγγέλῳ * εἰπὲ τῷ Ἀδὰμ ὅτι τὸ μυστήριον ὃ οἶδας μὴ
Adam 3 3 σὺ δὲ μὴ εἴπῃς αὐτῷ μηδέν. ταῦτα εἶπεν ὁ θεὸς τῷ * ἀρχαγγέλῳ * αὐτοῦ. Ἀδὰμ δὲ ἐφύλαξεν τὸ ῥῆμα ἐν τῇ καρδίᾳ
Adam 13 2 ἔλαιον τοῦ ἐλέου. καὶ ἀπέστειλε ὁ θεὸς Μιχαὴλ τὸν * ἀρχάγγελον. * καὶ εἶπεν αὐτῷ Σὴθ ἄνθρωπε τοῦ θεοῦ μὴ κάμῃς
Adam 22 1 τῆς δόξης τοῦ θεοῦ. καὶ αὐτῇ τῇ ὥρᾳ ἠκούσαμεν τοῦ * ἀρχαγγέλου * Μιχαὴλ σαλπίζοντος ἐν τῇ σάλπιγγι αὐτοῦ καὶ
Adam 22 2 ἐν ᾧ κρινῶ τὸν Ἀδάμ. καὶ ὡς ἠκούσαμεν τοῦ * ἀρχαγγέλου * σαλπίζοντος εἴπομεν ἰδοὺ ὁ θεὸς εἰς τὸν
Adam 37 4 αὐτοῦ καὶ ἦρεν τὸν Ἀδὰμ καὶ παρέδωκεν αὐτὸν τῷ * ἀρχαγγέλῳ * Μιχαὴλ λέγων ἆρον αὐτὸν εἰς τὸν παράδεισον ἕως
Adam 38 1 χαρὰν τοῦ Ἀδὰμ ἐβόησεν πρὸς τὸν πατέρα ὁ * ἀρχάγγελος * Μιχαὴλ διὰ τὸν Ἀδάμ. καὶ ἐλάλησεν ὁ πατὴρ
Adam 40 1 ἐπὶ τοῦ θρόνου αὐτοῦ. μετὰ ταῦτα εἶπεν ὁ θεὸς τῷ * ἀρχαγγέλῳ * Μιχαὴλ ἄπελθε εἰς τὸν παράδεισον ἐν τῷ τρίτῳ
Hen. 9B 1 περὶ τούτων. καὶ ἀκούσαντες οἱ τέσσαρες μεγάλοι * ἀρχάγγελοι * Μιχαὴλ καὶ Οὐριὴλ καὶ Ῥαφαὴλ καὶ Γαβριὴλ
Hen. 9B 4 καὶ τὰ ἑξῆς. (τότε ὁ ὕψιστος ἐκέλευσε τοῖς ἁγίοις * ἀρχαγγέλοις * καὶ ἔδησαν τοὺς ἐξάρχους αὐτῶν καὶ ἔβαλον
Hen. 20 7 τοῦ παραδείσου καὶ τῶν δρακόντων καὶ χερουβείν. * ἀρχαγγέλων * ὀνόματα ἑπτά. ὁ εἷς τῶν ἁγίων ἀγγέλων ὁ ἐπὶ
Hen. 20B 7 ὃν ἔταξεν ὁ θεὸς ἐπὶ τῶν ἀνισταμένων. ὀνόματα ζ' * ἀρχαγγέλων. * καὶ ἐφώδευσα ἕως τῆς ἀκατασκευάστου. κἀκεῖ
Abr.1 1 4 πέρας. προσκαλεσάμενος τοίνυν ὁ δεσπότης θεὸς τὸν * ἀρχάγγελον * Μιχαὴλ αὐτοῦ καὶ εἶπεν πρὸς αὐτὸν κάτελθε
Abr.1 1 6 καὶ φιλόξενος καὶ φιλόχρηστος μέχρι τέλους σὺ δὲ * ἀρχάγγελε * Μιχαὴλ ἄπελθε πρὸς τὸν φίλον μου τὸν Ἀβραὰμ
Abr.1 5 7 τρικλίνῳ ἔνθα ὁ πατὴρ αὐτοῦ ἦν κοιμώμενος μετὰ τοῦ * ἀρχαγγέλου. * φθάσας οὖν Ἰσαὰκ πρὸς τὴν θύραν ἔκραξε
Abr.1 10 1 ⟨ὅπως ἴδῃ πᾶσαν τὴν οἰκουμένην. καὶ κατελθὼν ὁ * ἀρχάγγελος * Μιχαὴλ ἔλαβεν τὸν Ἀβραὰμ ἐπὶ ἅρματος
Abr.1 13 10 κατέχων ἐν τῇ χειρὶ αὐτοῦ οὗτός ἐστιν ὁ Δοκιὴλ ὁ * ἀρχάγγελος * ὁ δίκαιος ζυγοστάτης καὶ ζυγίζει τὰς ἁμαρτίας

| | | | |
|---|---|---|---|
| Abr.1 | 13 | 11 | ἐν τῇ χειρὶ αὐτοῦ τὸ πῦρ οὗτός ἐστιν Πυρουὴλ ὁ * <ἀρχ>άγγελος * ὁ ἐπὶ τὸ πῦρ ἔχων τὴν ἐξουσίαν καὶ |
| Abr.1 | 14 | 10 | εἶπεν δὲ Ἀβραὰμ πρὸς τὸν ἀρχιστράτηγον δέομαί σου * ἀρχάγγελε * εἰσάκουσον τῆς δεήσεώς μου καὶ παρακαλέσωμεν |
| Abr.1 | 15 | 14 | ὁ φίλος μου Ἀβραὰμ ὅτι οὐκ ἀκολουθῶ σε; καὶ <ὁ * ἀρχάγγελος> * εἶπεν ἐκ προσώπου κυρίου τοῦ θεοῦ ἡμῶν |
| Abr.1 | 16 | 6 | εὐπρεπὴς ὡραῖος ὑπὲρ τοὺς υἱοὺς τῶν ἀνθρώπων * ἀρχαγγέλου * δὲ περιβαλόμενος μορφὴν τὰς παρειὰς αὐτοῦ πῦρ |
| Abr.1 | 20 | 10 | τῇ χειρὶ τοῦ θανάτου. καὶ εὐθέως παρέστη Μιχαὴλ ὁ * ἀρχάγγελος * μετὰ πλήθους ἀγγέλων καὶ ἦραν τὴν τιμίαν |
| Abr.2 | | 1 | ἀποκαλυφθεῖσα τῷ πατρὶ ἡμῶν Ἀβραὰμ ὑπὸ Μιχαὴλ τοῦ * ἀρχαγγέλου * περὶ τῆς διαθήκης αὐτοῦ. κύριε εὐλόγησον. |
| Abr.2 | 13 | 10 | εὑρέθη ὅμοιός σου ἐζήτει γὰρ ἐν τοῖς ἀγγέλοις καὶ * ἀρχαγγέλοις * καὶ ἀρχαῖς καὶ ἐξουσίαις θρόνοις τε καὶ πάσῃ |
| Jer. | 9 | 5 | εὐωδίας θυμιάματος. καὶ ἡ μελέτη μου Μιχαὴλ ὁ * ἀρχάγγελος * τῆς δικαιοσύνης ὁ ἀνοίγων τὰς πύλας τοῖς |
| Bar. | 10 | 1 | θέρμης ἐκδαπανᾶται. καὶ ταῦτα πάντα μαθὼν παρὰ τοῦ * ἀρχαγγέλου * λαβών ἤγαγέν με εἰς τρίτον οὐρανόν. καὶ εἶδον |
| Bar. | 11 | 8 | νότου. καὶ εἶπον κύριε τί ἐστιν ὃ κρατεῖ Μιχαὴλ ὁ * ἀρχάγγελος; * καὶ εἶπέν μοι τοῦτό ἐστιν ἔνθα προσέρχονται |
| Bar. | 12 | 4 | οὗτοί εἰσιν ἄγγελοι ἐπὶ τῶν ἐξουσιῶν. καὶ λαβὼν ὁ * ἀρχάγγελος * τοὺς κανίσκους ἔβαλεν αὐτοὺς εἰς τὴν φιάλην. |
| Esdr. | 1 | 3 | σου. καὶ νυκτὸς γεναμένης ἦλθεν ἄγγελος Μιχαὴλ ὁ * ἀρχάγγελος * καὶ λέγει μοι ἄρτι τὸν προφήτην Ἔσδρὰμ |
| Sedr. | 14 | 1 | αὐτοῦ ἃς ἐποίησεν. καὶ λέγει Σεδρὰχ πρὸς τὸν * ἀρχάγγελον * Μιχαὴλ ἐπάκουσόν μου πρόστατα δυνατὲ καὶ |
| FJos. | 190 | | υἱοῖς θεοῦ οὐχὶ σὺ Οὐριὴλ ὄγδοος ἐμοῦ κἀγὼ Ἰσραὴλ * ἀρχάγγελος * δυνάμεως κυρίου καὶ ἀρχιχιλίαρχός εἰμι ἐν |
| FMos. | 9 | 1 | οἱ ἄγγελοι ἀπὸ τοῦ ἁγίου σώματος. ὁ δὲ Μιχαὴλ ὁ * ἀρχάγγελος * ὅτε τῷ διαβόλῳ διακρινόμενος διελέγετο περὶ |
| FMos. 2 | 629 | 5 | σοι ὁ θεὸς πρὸς τὸν διάβολον ἔφη. τὸν Μιχαὴλ τὸν * ἀρχάγγελον * τῇ τοῦ Μωϋσέως ταφῇ δεδιηκονηκέναι. τοῦ γὰρ |
| FJub. | 2 | 1 | εἰς τὴν ἔρημον ἐφιλοσόφει διδασκόμενος παρὰ τοῦ * ἀρχαγγέλου * Γαβριὴλ τὰ περὶ τῆς γενέσεως τοῦ κόσμου καὶ |
| FJub. | 10 | 7 | Νῶε ἵνα ἀποστῶσιν ἀπ᾽ αὐτῶν ὁ κύριος ἐκέλευσε τῷ * ἀρχαγγέλῳ * Μιχαὴλ βαλεῖν αὐτοὺς εἰς τὴν ἄβυσσον ἄχρι |
| FJub. | 48 | 1 | εἰς τὴν ἔρημον ἐφιλοσόφει διδασκόμενος παρὰ τοῦ * ἀρχαγγέλου * Γαβριὴλ τὰ περὶ τῆς γενέσεως τοῦ κόσμου. ἐν ρ |
| FrAn. | 574 | 3052 | αὐτῆς ὃν εὐλογεῖ πᾶσα ἐνουράνιος δύναμις ἡ ἀγγέλων * ἀρχαγγέλων. * ὁρκίζω σε μέγαν θεὸν Σαβαὼθ δι᾽ ὃν ὁ |
| ἀρχαῖος | | | 9 |
| Asen. | 15 | 10 | ἔνδυσαι τὴν στολὴν τοῦ γάμου σου τὴν στολὴν τὴν * ἀρχαίαν * καὶ πρώτην τὴν ἀποκειμένην ἐν τῷ θαλάμῳ σου ἀπ᾽ |
| Sal. | 18 | 12 | ἀφ᾽ ἧς ἡμέρας ἔκτισεν αὐτοὺς ἀπὸ γενεῶν * ἀρχαίων * οὐκ ἀπέστησαν ὁδῶν αὐτῶν εἰ μὴ ὁ θεὸς ἐνετείλατο |
| Prop. | 2 | 14 | ἐν νυκτὶ νεφέλη ὡς πῦρ γίνεται κατὰ τὸν τύπον τὸν * ἀρχαῖον * ὅτι οὐ μὴ παύσηται ἡ δόξα τοῦ θεοῦ ἐκ τοῦ νόμου |
| Esdr. | 2 | 8 | τὸ γένος τῶν Χριστιανῶν ποῦ εἰσιν τὰ ἐλέη σου τὰ * ἀρχαῖα * κύριε; ποῦ σου ἡ μακροθυμία; καὶ εἶπεν ὁ θεὸς ὡς |
| Esdr. | 7 | 11 | καὶ τὰ ἔσχατα τοῦ Ἰωσὴφ καὶ μὴ μνησθῇς ἀνομιῶν * ἀρχαίων * αὐτοῦ ἐν ἡμέρᾳ κρίσεως αὐτοῦ. ὅσοι δὲ μὴ |
| Aris. | 116 | 3 | οὐκ ἔλαττον ἑξακισχιλίων μυριάδων ἀρουρῶν κατὰ τὸ * ἀρχαῖον * οὔσης μετέπειτα δέ οἱ γειτνιῶντες ἐπέβησαν αὐτῆς |
| Sib. | 3 | 407 | ἐννοσιγαίου ἥν ποτε φημίξουσιν ἐπωνυμίην Δορύλαιον * ἀρχαίης * Φρυγίης πολυδακρύτοιο κελαινῆς. ἔστ᾽ ἄρα καιρὸς |
| IOrp. | | 41 | ἀρχὴν αὐτὸς ἔχων καὶ μέσσην ἠδὲ τελευτὴν ὡς λόγος * ἀρχαίων * ὡς ὑδογενὴς διέταξεν ἐκ θεόθεν γνώμῃσι λαβὼν |
| HArt. 9 | 27 | 21 | Αἴγυπτον καὶ τοὺς Ἰουδαίους διασώσαντα εἰς τὴν * ἀρχαίαν * ἀγαγεῖν πατρίδα. τὸν δὲ θαρρήσαντα δύναμιν |
| ἀρχέγονος | | | 1 |
| LPhi. 9 | 20 | 1 | Φιλωνος περι του αυτου. ἔκλυον * ἀρχεγόνοισι * τὸ μηρίον ὥς ποτε θεσμοῖς Ἀβραὰμ κλυτοηχὲς |
| ἀρχεδέατρος | | | 1 |
| Aris. | 182 | 1 | αὐτοῖς καὶ τὰ κατὰ τὸ συμπόσιον ἑτοιμάζειν. ὁ δὲ * ἀρχεδέατρος * Νικάνωρ Δωρόθεον προσκαλεσάμενος ὃς ἦν ἐπὶ |
| ἀρχή | | | 65 |
| Adam | 11 | 1 | πλεονεξία σου οὔτε κλαυθμὸς ἀλλὰ πρός σέ ἐπειδὴ ἡ * ἀρχὴ * τῶν θηρίων ἐκ σοῦ ἐγένετο. πῶς ἠνοίγη τὸ στόμα σου |
| Adam | 39 | 2 | σου ἐπιστρέψω εἰς χαρὰν καὶ ἐπιστρέψω σε εἰς τὴν * ἀρχήν * σου καὶ καθίσω σε εἰς τὸν θρόνον τοῦ ἀπατήσαντός |
| Hen. | 2 | 2 | περὶ τῶν ἔργων τῶν ἐν αὐτῇ γενομένων ἀπ᾽ * ἀρχῆς * μέχρι τελειώσεως ὥς εἰσιν φθαρτὰ ὡς οὐκ |
| Hen. | 6 | 8 | Ῥαμιὴλ Ἀσέαλ Ῥακειὴλ Τουριήλ. οὗτοί εἰσιν * ἀρχαὶ * αὐτῶν οἱ <ἐπὶ> δέκα. ἐκ τοῦ πρώτου βιβλίου Ἐνὼχ |
| Hen. | 15 | 9 | τῶν ἀνωτέρων ἐγένοντο καὶ ἐκ τῶν ἁγίων ἐγρηγόρων ἡ * ἀρχὴ * τῆς κτίσεως αὐτῶν καὶ ἀρχὴ θεμελίου πνεύματα πονηρὰ |
| Hen. | 15 | 9 | τῶν ἁγίων ἐγρηγόρων ἡ ἀρχὴ τῆς κτίσεως αὐτῶν καὶ * ἀρχὴ * θεμελίου πνεύματα πονηρὰ κληθήσεται. πνεύματα |
| Hen. | 15B | 9 | ἀνθρώπων ἐγένοντο καὶ ἐκ τῶν ἁγίων τῶν ἐγρηγόρων ἡ * ἀρχὴ * τῆς κτίσεως αὐτῶν καὶ ἀρχὴ θεμελίου πνεύματα πονηρὰ |
| Hen. | 15B | 9 | ἁγίων τῶν ἐγρηγόρων ἡ ἀρχὴ τῆς κτίσεως αὐτῶν καὶ * ἀρχὴ * θεμελίου πνεύματα πονηρὰ ἐπὶ τῆς γῆς ἔσονται τὰ |
| Hen. | 18 | 15 | πυρὶ οὗτοί εἰσιν οἱ παραβάντες πρόσταγμα κυρίου ἐν * ἀρχῇ * τῆς ἀνατολῆς αὐτῶν ὅτι τόπος ἔξω τοῦ οὐρανοῦ κενός |
| Hen. | 32 | 2 | καὶ πιπέρεως. καὶ ἐκεῖθεν ἐφώδευσα ἐπὶ τὰς * ἀρχὰς * πάντων τῶν ὀρέων τούτων μακρὰν ἀπέχων πρὸς |
| Hen. | 89 | 45 | ἐπὶ ἄρνα ἕτερον τοῦ στῆσαι αὐτὸν εἰς κριὸν ἐν * ἀρχῇ * τῶν προβάτων ἀντὶ τοῦ κριοῦ τοῦ ἀφέντος τὴν ὁδὸν |
| Abr.1 | 15 | 14 | Ἀβραὰμ καὶ ἐγὼ φείδομαι τοῦ ἅψασθαι αὐτοῦ) ὅτι ἐξ * ἀρχῆς * φίλος σου <ἐστιν> καὶ πάντα τὰ ἀρεστὰ <ἐνώπιόν> |
| Abr.2 | 4 | 13 | λόγος ὅτι οὐκ ἐξέρχῃ ἐν σώματι μάλιστα σὺ κύριε ἐξ * ἀρχῆς * ἐποίησας τοῦ ἐλεᾶν τὰς ψυχὰς ἡμῶν. τότε λέγει ὁ |
| Abr.2 | 13 | 10 | ἐζήτει γὰρ ἐν τοῖς ἀγγέλοις καὶ ἀρχαγγέλοις καὶ * ἀρχαῖς * καὶ ἐξουσίαις θρόνοις τε καὶ πάσῃ τῇ γῇ καὶ |
| TRub. | 6 | 7 | θανάτῳ πονηρῷ. τῷ γὰρ Λευὶ ἔδωκε κύριος τὴν * ἀρχὴν * καὶ τῷ Ἰούδᾳ μετ᾽ αὐτῶν κἀμοὶ καὶ Δὰν καὶ Ἰωσὴφ |
| TLevi | 8 | 11 | με κυρίῳ. εἶπαν δὲ πρός με Λευὶ εἰς τρεῖς * ἀρχὰς * διαιρεθήσεται τὸ σπέρμα σου εἰς σημεῖον δόξης |
| TLevi | 11 | 6 | διὰ τοῦτο ἐκάλεσα τὸ ὄνομα αὐτοῦ Καὰθ ὅ ἐστιν * ἀρχὴ * μεγαλείου καὶ συμβιβασμός. καὶ τρίτον ἔτεκέ μοι τὸν |
| TLevi | 18 | 2B064 | ἔσται αὐτὸς καὶ τὸ σπέρμα αὐτοῦ ἀπὸ τῆς * ἀρχῆς * ἱερωσύνης (ἔσται τὸ σπέρμα αὐτοῦ). λ᾽ ἐτῶν ἤμην |
| TLevi | 18 | 2B067 | ἡ μεγάλη αὐτὸς καὶ τὸ σπέρμα αὐτοῦ ἔσονται * ἀρχὴ * βασιλέων ἱεράτευμα τῷ Ἰσραήλ. ἐν τῷ τετάρτῳ καὶ λ᾽ |
| Asen. | 15 | 4 | ὄνομά σου ἐν τῇ βίβλῳ τῶν ζώντων ἐν τῷ οὐρανῷ ἐν * ἀρχῇ * τῆς βίβλου πρῶτον πάντων ἐγράφη τὸ ὄνομά σου τῷ |
| Asen. | 15 | 10 | καὶ πρώτην τὴν ἀποκειμένην ἐν τῷ θαλάμῳ σου ἀπ᾽ * ἀρχῆς * καὶ πάντα τὸν κόσμον τοῦ γάμου σου περίθου καὶ |
| Asen. | 15 | 12B | τοῦ ὑψίστου γεγραμμένον τῷ δακτύλῳ τοῦ θεοῦ ἐν * ἀρχῇ * τῆς βίβλου πρὸ πάντων ὅτι ἐγὼ ἄρχων εἰμὶ τοῦ οἴκου |
| Asen. | 16 | 16B | καὶ ἐπληρώθη καὶ εὐθὺς ἐγένετο ὁλόκληρον ὡς ἦν ἐν * ἀρχῇ. * καὶ πάλιν ὁ ἄνθρωπος ἐξέτεινε τὴν χεῖρα αὐτοῦ τὴν |
| Asen. | 21 | 5 | τὰς κεφαλὰς αὐτῶν οἵτινες ἦσαν ἐν τῷ οἴκῳ αὐτοῦ ἐξ * ἀρχῆς * καὶ ἄνωθεν καὶ ἔστησε Φαραὼ τὴν Ἀσενὲθ ἐκ δεξιῶν |
| Asen. | 23 | 3 | Ἀσενὲθ τὴν γυναῖκά μου τὴν ἐμοὶ κατεγγυημένην ἀπ᾽ * ἀρχῆς. * καὶ νῦν δεῦτε συνάρασθε ἐμοὶ καὶ πολεμήσομεν πρὸς |
| Asen. | 24 | 20 | τῇ ὕλῃ τοῦ καλάμου. <καὶ> γεγόνασιν εἰς τέσσαρας * ἀρχάς. * καὶ ἐκάθισαν ἐκεῖθεν τοῦ χειμάρρου ὡς πρὸς τὸ |
| Sal. | 2 | 30 | βασιλεὺς ἐπὶ τῶν οὐρανῶν καὶ κρίνων βασιλεῖς καὶ * ἀρχὰς * ὁ ἀνιστῶν ἐμὲ εἰς δόξαν καὶ κοιμίζων ὑπερηφάνους |
| Sal. | 8 | 31 | ὡς μὴ ὄντος λυτρουμένου. καὶ σὺ ὁ θεὸς ἡμῶν ἀπ᾽ * ἀρχῆς * καὶ ἐπὶ σέ ἡ ἐλπὶς ἡμῶν κύριε καὶ ἡμεῖς οὐκ |
| Sal. | 17 | 30 | καὶ καθαριεῖ Ιερουσαλημ ἐν ἁγιασμῷ ὡς καὶ τὸ ἀπ᾽ * ἀρχῆς * ἔρχεσθαι ἔθνη ἀπ᾽ ἄκρου τῆς γῆς ἰδεῖν τὴν δόξαν |
| Bar. | 17 | 2 | καὶ λαβών με ὁ ἄγγελος ἀπεκατέστησέν με εἰς τὸ ἀπ᾽ * ἀρχῆς. * καὶ εἰς ἑαυτὸν ἐλθὼν δόξαν ἔφερον τῷ θεῷ τῷ |
| Prop. | 12 | 13 | δὲ ἐν τῇ ἐρήμῳ ἀπενεχθήσονται ὑπὸ ἀγγέλων ὅπου ἐν * ἀρχῇ * ἐπάγη ἡ σκηνὴ τοῦ μαρτυρίου. καὶ ἐν αὐτοῖς |
| Prop. | 12 | 14 | τοὺς διωκομένους ὑπὸ τοῦ ὄφεως ἐν σκότει ὡς ἐξ * ἀρχῆς. * <καὶ διασώσει αὐτοὺς κύριος ἐκ σκότους καὶ σκιᾶς |
| Prop. | 18 | 2B | οὗτος εἶπε περὶ Σολομῶν ὅτι προσκρούσει κυρίῳ ἐν * ἀρχῇ * τῆς ἱερωσύνης προεφήτευσε περὶ Σολομῶντος ὅτι |
| Sedr. | 10 | 3 | καὶ τοῦ στόματος καὶ οἷαν ὥραν μέλλει ἐξέρχεσθαι * ἀρχὴν * σπάρναται καὶ συνάζεται ἀπὸ τῶν ἀκρονύχων καὶ ἀπὸ |
| Job | 49 | 2 | καὶ τὸ μὲν στόμα αὐτῆς ἀνέλαβεν τὴν διάλεκτον τῶν * ἀρχῶν, * ἐδοξολόγησεν δὲ τοῦ ὑψηλοῦ τόπου τὸ ποίημα. διότι |
| Aris. | 97 | 5 | κεκολλημένοι τὰ τῶν φυλάρχων ὀνόματα κατὰ τὴν ἐξ * ἀρχῆς * διάταξιν γενηθεῖσαν ἀπαυγάζοντες ἕκαστος |
| Aris. | 205 | 2 | ἐρώτησιν ἐκδεχόμενος εἶπεν εἰ μηδὲν ἀνάξιον τῆς * ἀρχῆς * μηδὲ ἀσελγὲς πράσσοι μηδὲ δαπάνην εἰς τὰ κενὰ καὶ |
| Aris. | 221 | 4 | τῶν ἀπολιπόντων πρὸς τὴν ἑξῆς ἐρώτησιν τίς ἐστιν * ἀρχὴ * κρατίστη; ἐκεῖνος δὲ ἔφη τὸ κρατεῖν ἑαυτοῦ καὶ μὴ |
| Aris. | 261 | 4 | καὶ ἐλπίδες ἐπὶ θεῷ καλαὶ κρατοῦντί σοι τῆς * ἀρχῆς * εὐσεβῶς. ὡς δὲ συνήκουσαν πάντες ἐπεφώνησαν σὺν |
| Aris. | 290 | 3 | σὺ βασιλεὺς μέγας ὑπάρχεις οὐ τοσοῦτον τῇ δόξῃ τῆς * ἀρχῆς * καὶ πλούτῳ προσχὼν ὅσον ἐπιεικείᾳ καὶ φιλανθρωπίᾳ |
| Sib. | 3 | 154 | ἐπήγειραν πόλεμον μέγαν ἠδὲ κυδοιμόν. αὕτη δ᾽ ἔστ᾽ * ἀρχὴ * πολέμου πάντεσσι βροτοῖσιν. (πρώτη γάρ τε βροτοῖς |
| Sib. | 3 | 175 | ἐξαλαπάξει. αὐτὰρ ἔπειτ᾽ ἄλλης βασιληΐδος ἔσσεται * ἀρχὴ * λευκὴ καὶ πολύκρανος ἀφ᾽ ἑσπερίοιο θαλάσσης ἣ |
| Sib. | 3 | 198 | ὑστάτιον κακὸν ἔσται πάντας ἐπ᾽ ἀνθρώπους τίς δ᾽ * ἀρχη * τούτων ἔσται; πρῶτον Τιτάνεσσι θεὸς κακὸν |
| Sib. | 3 | 410 | λύσει. σήματα δ᾽ οὐκ ἀγαθοῖο κακοῖο δὲ φύσεται * ἀρχή. * παμφύλου πολέμοιο δαήμονας ἔξει ἄνακτας Αἰνεάδας |
| Sib. | 3 | 610 | ἄρχη τῆς ἰδίης γαίης ἀριθμούμενος ἐξ Ἑλλήνων * ἀρχῆς * ἧς ἄρξουσι Μακηδόνες ἄσπετοι ἄνδρες ἔλθη δ᾽ ἐξ |
| Sib. | 3 | 638 | ἅπαντες +ἀλλαχθῇ δέ τε γαῖα βροτῶν καὶ βάρβαρος * ἀρχὴ * Ἑλλάδα πορθήσῃ πᾶσαν καὶ πίονα γαῖαν ἐξαρύσῃ |
| Sib. | 3 | 743 | θεοῖο) ἥξει ἐπ᾽ ἀνθρώπους μεγάλη κρίσις ἠδὲ καὶ * ἀρχή. * γῆ γὰρ παγγενέτειρα βροτοῖς δώσει τὸν ἄριστον |
| Sib. | 3 | 784 | δίκαιος αὕτη γὰρ μεγάλοιο θεοῦ κρίσις ἠδὲ καὶ * ἀρχή. * εὐφράνθητι κόρη καὶ ἀγάλλεο σοὶ γὰρ ἔδωκεν |
| Sib. | 4 | 50 | ἁπάντων ἐξ γενεὰς κόσμοιο διακρατέοντες ἐν * ἀρχῇ * ἐξ οὗ μηνίσαντος ἐπουρανίοιο θεοῖο αὐτῇσιν πολίεσσι |
| Sib. | 5 | 15 | μετ᾽ αὐτὸν ἄρχειν στοιχείων ὅστις λάχε γράμματος * ἀρχὴν * ὃν Θρήκη πτήξει καὶ Σικελίη μετὰ Μέμφις Μέμφις |
| Sib. | 5 | 20 | πάνθ᾽ ὑποτάξει ἐν μακρῷ δὲ χρόνῳ ἑτέρῳ παραδώσεται * ἀρχὴν * ὅς τε τριηκοσίων ἀριθμῶν κεραίην ἐπὶ πρώτην ἕξει |
| Sib. | 5 | 42 | ἐπ᾽ αὐτῷ ὅστε τριηκοσίης κεραίης λάχεν ἔντυπον * ἀρχὴν * Κελτὸς ὀρειοβάτης σπεύδων δ᾽ ἐπὶ δῆριν ἐῴαν μοῖραν |
| Sib. | 5 | 153 | ἐξετινάχθη καὶ βασιλεῖς ὤλοντο καὶ ἐν τοῖσιν μένεν * ἀρχὴ * ἐξόλεσαν μεγάλην τε πόλιν λαόν τε δίκαιον. ἀλλ᾽ |
| Sib. | 5 | 229 | ἄστατε καὶ κακόβουλε κακὰς περικείμενε κῆρας * ἀρχὴ * καὶ καμάτοιο καὶ ἀνθρώποις μέγα τέρμα βλαπτομένης |
| Sib. | 5 | 244 | καὶ ῥαμφὴ καὶ πένθος ἐλεύσεται ἤματι κείνῳ. * ἀρχὴ * καὶ καμάτοιο καὶ ἀνθρώποις μέγα τέρμα βλαπτομένης |
| Sib. | 5 | 442 | ἢ πῶς Μήδων +τε+ κρατήσεις εἵνεκα γὰρ τῆς σῆς * ἀρχῆς * ἧς ἔσχες ὅμηρα εἰς Ῥώμην πέμψασα καὶ Ἀσίδι |
| FJub. | 4 | 15 | ἤρξατο ἡ κακομηχανία ἐν κόσμῳ γίνεσθαι καὶ ἀπ᾽ * ἀρχῆς * μὲν διὰ τῆς τοῦ Ἀδὰμ παρακοῆς ἔπειτα δὲ διὰ τῆς |
| FJub. | 12 | 26 | ἐγὼ ἐδίδαξα τὴν Ἑβραΐδα γλῶσσαν κατὰ τὴν ἀπ᾽ * ἀρχῆς * κτίσεως λαλεῖν τὰ πάτρια πάντα. ἐκ τοῦ Λὼτ |
| FAch. | 108 | | τῶν πρεσβευτῶν εἰς Αἴγυπτον. καὶ τῷ Αἰσώπῳ τὴν ἐξ * ἀρχῆς * διοίκησιν τῶν πραγμάτων ἐχαρίσατο τὸν δὲ Ἥλιον |
| IOrp. | | 40 | πάντῃ αὐτὸς ἐπουράνιος καὶ ἐπὶ χθονὶ πάντα τελευτᾷ * ἀρχὴν * αὐτὸς ἔχων καὶ μέσσην ἠδὲ τελευτὴν ὡς λόγος |
| HEup. 9 | 30 | 8 | δὲ τὸν Δαβὶδ ἔτη μ᾽ Σολομῶνι τῷ υἱῷ τὴν * ἀρχὴν * παραδοῦναι ὄντι ἐτῶν ιβ᾽ ἐνώπιον Ἠλεὶ τοῦ |
| LEze. 9 | 29 | 13 18 | ἀπαλλαγήσεται καὶ τοῦδε μηνὸς ἔξοδον διδοῖ θεὸς * ἀρχὴ * δὲ μηνῶν καὶ χρόνων οὗτος πέλει. ὡς γὰρ σὺν ὄχλῳ |
| LEze. 64 | 29 | 6 01 | ἔβαινε κραιπνὸν βῆμα βαστάζων ποδός. ὦ πᾶσιν * ἀρχὴ * καὶ πέρας κακῶν ὄφις σύ τ᾽ ὦ βαρὺν τίκτουσα |
| FrAn. | 15 | 8 | δεκτὰ ἀλλὰ ὃ πεποίηκα ἐν ᾧ καταπαύσας τὰ πάντα * ἀρχὴν * ἡμέρας ὀγδόης ποιήσω ὅ ἐστιν ἄλλου κόσμου ἀρχήν. |
| FrAn. | 15 | 8 | ἀρχὴν ἡμέρας ὀγδόης ποιήσω ὅ ἐστιν ἄλλου κόσμου * ἀρχήν. * τότε γὰρ δυστυχήσειν τὰ τῇδε πράγματα ὅταν |
| ἀρχηγός | | | 4 |
| Sib. | 5 | 180 | δὲ πάλιν Αἴγυπτε τεὴν ὀλοφύρομαι ἄτην Μέμφι πόνων * ἀρχηγὸς * ἔσῃ πληχθεῖσα τένοντας ἐν σοὶ πυραμίδες φωνὴν |
| Sib. | 5 | 231 | κτίσεως καὶ σῳζομένης πάλι Μοίραις ὕβρι κακῶν * ἀρχηγὲ * καὶ ἀνθρώποις μέγα πῆμα τίς σε βροτῶν ἐπόθησε τίς |

Sib. 5 242 ἥμερα πᾶσιν ἔτελλεν. τοῦδ' ἕνεκεν στενόβουλε κακῶν * ἀρχηγὲ * μεγίστων καὶ ῥαμφὴ καὶ πένθος ἐλεύσεται ἤματι
FPho. 44 δόλος ἐστὶ καὶ ἄργυρος ἀνθρώποισιν. χρυσὲ κακῶν * ἀρχηγὲ * βιοφθόρε πάντα χαλέπτων εἴθε σε μὴ θνητοῖσι

ἀρχῆθεν 1
Job 41 4 Ιωβ καυχωμένου εἶναι δίκαιον ἐγὼ γὰρ οὐκ ἀνέξομαι * ἀρχῆθεν * γὰρ καὶ κλαυθμὸν διετέλεσα αὐτῷ, ἀναμνησκόμενος

ἀρχιερεύς 18
TRub. 6 8 θυσίας ὑπὲρ παντὸς Ἰσραὴλ μέχρι τελειώσεως χρόνων * ἀρχιερέως * χριστοῦ ὃν εἶπε κύριος. ὀρκῶ ὑμᾶς τὸν θεὸν τοῦ
TSim. 7 2 τοῦ θεοῦ. ἀναστήσει γὰρ κύριος ἐκ τοῦ Λευὶ ὡς * ἀρχιερέα * καὶ ἐκ τοῦ Ἰούδα ὡς βασιλέα θεὸν καὶ ἄνθρωπον.
TLevi 8 17 διανεμήσεται τὸ σπέρμα σου καὶ ἐξ αὐτῶν ἔσονται * ἀρχιερεῖς * καὶ κριταὶ καὶ γραμματεῖς ὅτι ἐπὶ στόματος
TLevi 14 2 ἡμῶν Ἰσραὴλ καθαρὸς ἔσται ἀπὸ τῆς ἀσεβείας τῶν * ἀρχιερέων * οἵτινες ἐπιβαλοῦσι τὰς χεῖρας αὐτῶν ἐπὶ τὸν
Aris. 1 2 ἡμῖν ἐντυχίας πρὸς Ἐλεάζαρον τὸν τῶν Ἰουδαίων * ἀρχιερέα * συνεσταμένης διὰ τό σέ περὶ πολλοῦ πεποιῆσθαι
Aris. 6 3 παρὰ τῶν κατὰ τὴν λογιωτάτην Αἴγυπτον λογιωτάτων * ἀρχιερέων * περὶ τοῦ γένους τῶν Ἰουδαίων. φιλομαθῶς γὰρ
Aris. 11 8 δὲ ἕκαστα ὁ βασιλεὺς εἶπε γραφῆναι πρὸς τὸν * ἀρχιερέα * τῶν Ἰουδαίων ὅπως τὰ προειρημένα τελείωσιν
Aris. 32 2 ἐὰν οὖν φαίνηται βασιλεῦ γραφήσεται πρὸς τὸν * ἀρχιερέα * τὸν ἐν Ἱεροσολύμοις ἀποστεῖλαι τοὺς μάλιστα
Aris. 35 1 τύπον ἔχουσα τοῦτον βασιλεὺς Πτολεμαῖος Ἐλεαζάρῳ * ἀρχιερεῖ * χαίρειν καὶ ἐρρῶσθαι. ἐπεὶ συμβαίνει πλείονας
Aris. 41 3 ἐνδεχομένως ὁ Ἐλεάζαρος ταῦτα Ἐλεάζαρος * ἀρχιερεὺς * βασιλεῖ Πτολεμαίῳ φίλῳ γνησίῳ χαίρειν. αὐτός
Aris. 81 6 τε ἀποστέλλοντος βασιλέως καὶ τοῦ προστατοῦντος * ἀρχιερέως * τοῦ τόπου. καὶ γὰρ τὸ τῶν λίθων πλῆθος ἄφθονον
FJub. 31 14 καὶ ἰδὼν τοὺς υἱοὺς Ἰακὼβ ηὐλόγησε τὸν Λευὶ ὡς * ἀρχιερέα * καὶ τὸν Ἰούδαν ὡς βασιλέα καὶ ἄρχοντα. ἡ
HEup. 9 30 8 ἀρχὴν παραδοῦναι ὄντι ἐτῶν ιβ' ἐνώπιον Ἠλεὶ τοῦ * ἀρχιερέως * καὶ τῶν δώδεκα φυλάρχων καὶ παραδοῦναι αὐτῷ
HHec. 1 22 187 τῶν πραγμάτων ἠβουλήθησαν. ὧν εἷς ἦν Ἐζεκίας ὁ * ἀρχιερεὺς * τῶν Ἰουδαίων ἄνθρωπος τὴν μὲν ἡλικίαν ὡς
FrAn. 1 217 19 περιβόητον λίθον τοῦτον. ἀλλ' ἀπελθὼν δὸς αὐτὸν τῷ * ἀρχιερεῖ * καὶ σφόδρα πλουτήσεις. τοῦ δὲ ἀπερχομένου
FrAn. 1 217 21 τοῦ δὲ ἀπερχομένου ἄγγελος κυρίου εἶπε πρὸς τὸν * ἀρχιερέα * νῦν ἐλεύσεται ἄνθρωπος πρός σε τὸν ἀπολεσθέντα
FrAn. 1 217 23 πολυθρύλλητον λίθον ἐκ τῆς διπλοΐδος Ἀαρὼν τοῦ * ἀρχιερέως * ἔχων. λαβὼν αὐτὸν δὸς τῷ ἐνέγκαντι αὐτὸν
FrAn. 1 218 4 καὶ ἐν τῷ μέλλοντι πλοῦτον ἀνυπέρβλητον. καὶ ὁ μὲν * ἀρχιερεὺς * τὰ διατεταγμένα πάντα πεποίηκε πρὸς τὸν

ἀρχιερωσύνη 1
TLevi 18 2B067 ἡ συναγωγὴ παντὸς τοῦ λαοῦ καὶ ὅτι αὐτοῦ ἔσται ἡ * ἀρχιερωσύνη * ἡ μεγάλη αὐτὸς καὶ τὸ σπέρμα αὐτοῦ ἔσονται

ἀρχιευνοῦχος 1
TJos. 13 5 ἀχθήτω ὁ νεανίσκος. καὶ εἰσαχθεὶς προσεκύνησα τῷ * ἀρχιευνούχῳ * τρίτος γὰρ ἦν ἐν ἀξίᾳ παρὰ τῷ Φαραὼ ἄρχων

ἀρχικός 1
FJos. 189 καὶ Ἰσραὴλ ἄγγελος θεοῦ εἰμι ἐγὼ καὶ πνεῦμα * ἀρχικὸν * καὶ Ἀβραὰμ καὶ Ἰσαὰκ προεκτίσθησαν πρὸ παντὸς

ἀρχιμάγειρος 2
TJos. 2 1 συνδούλων καὶ ὕψωσέ με. καὶ οὕτως Φωτιμὰρ ὁ * ἀρχιμάγειρος * Φαραὼ ἐπίστευσέ μοι τὸν οἶκον αὐτοῦ. καὶ
TJos. 16 2 αἰτοῦσά με εἰς διάπρασιν. καλέσας οὖν ὁ * ἀρχιμάγειρος * τοὺς Ἰσμαηλίτας ᾐτεῖτό με εἰς πρᾶσιν καὶ

ἀρχιποίμην 1
TJud. 8 1 ἀδελφούς μου. ἦν δέ μοι καὶ κτήνη πολλὰ καὶ εἶχον * ἀρχιποίμενα * Ἴραν τὸν Ὀδολαμίτην πρὸς ὃν ἐλθὼν εἶδον

ἀρχιστράτηγος 70
Abr.1 1 4 Μιχαὴλ αὐτοῦ καὶ εἶπεν πρὸς αὐτὸν κάτελθε Μιχαὴλ * ἀρχιστράτηγε * ⟨πρὸς τὸν φίλον μου Ἀβραὰμ⟩ καὶ εἰπὲ αὐτὸν
Abr.1 2 1 ἴδιον δεσπότην ἀπελεύσει ἐν ἀγαθοῖς. ἐξελθὼν δὲ ὁ * ἀρχιστράτηγος * ἐκ προσώπου κυρίου θεοῦ κατῆλθε πρὸς τὸν
Abr.1 2 1 καὶ ἑτέροις παισὶν τὸν ἀριθμὸν δώδεκα. καὶ ἰδοὺ ὁ * ἀρχιστράτηγος * ἤρχετο πρὸς αὐτόν. ἰδὼν δὲ Ἀβραὰμ τὸν
Abr.1 2 2 ἤρχετο πρὸς αὐτόν. ἰδὼν δὲ Ἀβραὰμ τὸν * ἀρχιστράτηγον * Μιχαὴλ ἀπὸ μηκόθεν ἐρχόμενον δίκην
Abr.1 2 3 τοῖς ἐπιξένοις προσυπαντᾶν καὶ ἐπιδεχόμενος. ὁ δὲ * ἀρχιστράτηγος * προχαιρετίσας τὸν δίκαιον Ἀβραὰμ εἶπεν
Abr.1 2 4 τοῦ θεοῦ τοῦ ἐπουρανίου. εἶπεν δὲ Ἀβραὰμ πρὸς τὸν * ἀρχιστράτηγον * χαίροις τιμιώτατε στρατιῶτα ἡλιόρατε καὶ
Abr.1 2 6 ὁδοῦ παραγέγονας τὸ σὸν κάλλος δίδαξόν με. ὁ δὲ * ἀρχιστράτηγος * ἔφη ἐγὼ δίκαιε ἄνθρωπε ἐκ τῆς μεγάλης
Abr.1 2 7 πορεύθητι μετ' ἐμοῦ εἰς τὴν χώραν. ⟨καὶ φησὶν ὁ * ἀρχιστράτηγος * ἔρχομαι. ἀπελθόντες δὲ ἐν τῇ χώρᾳ⟩ τοῦ
Abr.1 2 10 ἐγώ τε καὶ ὁ ἄνθρωπος οὗτος ὁ ἐπίξενος. εἶπεν δὲ ὁ * ἀρχιστράτηγος * μὴ κύριέ μου Ἀβραὰμ μὴ ἐνέγκωσιν ἵππους
Abr.1 3 4 αὐτόν. ἔκρυψεν Ἀβραὰμ τὸ μυστήριον νομίσας ὅτι ὁ * ἀρχιστράτηγος * τὴν φωνὴν τοῦ δένδρου οὐκ ἤκουσεν.
Abr.1 3 6 καὶ προσέπεσεν τοῖς ποσὶν τοῦ ἀσωμάτου καὶ ὁ * ἀρχιστράτηγος * ηὐλόγησεν τὸν Ἰσαὰκ καὶ εἶπε χαρίσεταί
Abr.1 3 9 προσελθὼν οὖν Ἀβραὰμ ἔνιπτεν τοὺς πόδας τοῦ * ἀρχιστρατήγου * Μιχαὴλ ἐκινήθησαν δὲ τὰ σπλάγχνα τοῦ
Abr.1 3 10 αὐτὸν Ἰσαὰκ κλαίοντα ἔκλαυσεν καὶ αὐτὸς ἰδὼν δὲ ὁ * ἀρχιστράτηγος * κλαίοντας συνεδάκρυσεν καὶ αὐτὸς μετ'
Abr.1 3 11 καὶ αὐτὸς μετ' αὐτούς. ἔπιπτον δὲ τὰ δάκρυα τοῦ * ἀρχιστρατήγου * ἐπὶ τῆς λεκάνης καὶ ἐγένοντο λίθοι τίμιοι.
Abr.1 4 5 τράπεζα ἐν ἀφθονίᾳ παντὸς ἀγαθοῦ. ἐγερθεὶς οὖν ὁ * ἀρχιστράτηγος * ἐξῆλθεν ἔξω ὡς δῆθεν γαστρὸς χρείᾳ ὕδατος
Abr.1 4 7 οὐ δύναμαι. ὁ δὲ κύριος εἶπεν ἄπελθε Μιχαὴλ * ἀρχιστράτηγε * πρὸς τὸν φίλον μου τὸν Ἀβραὰμ καὶ ὅτι ἂν
Abr.1 4 9 καὶ αὐτὸς γνώσεται τὸ τέλος αὐτοῦ. καὶ ὁ * ἀρχιστράτηγος * εἶπεν κύριε πάντα γὰρ τὰ ἐπουράνια
Abr.1 5 1 τὴν ἄμμον τὴν παρὰ τὸ χεῖλος τῆς θαλάσσης. τότε ὁ * ἀρχιστράτηγος * Μιχαὴλ κατῆλθεν εἰς τὸν οἶκον τοῦ Ἀβραὰμ
Abr.1 5 10 ὁ Ἀβραὰμ ἔκλαυσεν οὖν καὶ αὐτὸς μεγάλως ἰδὼν δὲ ὁ * ἀρχιστράτηγος * αὐτοὺς κλαίοντας ἔκλαυσε καὶ αὐτός. Σάρρα
Abr.1 5 14 καὶ ⟨διὰ τοῦτο⟩ οὕτως πενθεῖται; προλαβὼν δὲ ὁ * ἀρχιστράτηγος * εἶπε πρὸς Σάρρα ἀδελφὴ Σάρρα οὐκ ἔστιν
Abr.1 6 1 ἀκούσασα δὲ Σάρρα τὴν διαφορὰν τῆς ὁμιλίας τοῦ * ἀρχιστρατήγου * εὐθέως ἐγνώρισεν ὅτι ἄγγελος κυρίου ἦν ὁ
Abr.1 7 8 τὰς δὲ ἀκτῖνας αὐτῶν ἔασεν ἐπ' ἐμέ. εἶπεν δὲ ὁ * ἀρχιστράτηγος * ἄκουσον δίκαιε Ἀβραὰμ ὁ μὲν ἥλιος ὃν
Abr.1 7 10 πρὸς τὸν θεὸν ἀποδημεῖν. εἶπε δὲ Ἀβραὰμ πρὸς τὸν * ἀρχιστράτηγον * ὢ θαῦμα θαυμάτων καινότερον καὶ λοιπὸν σὺ
Abr.1 7 11 μέλλων λαβεῖν τὴν ψυχήν μου ἀπ' ἐμοῦ; καὶ λέγει ὁ * ἀρχιστράτηγος * ἐγώ εἰμι Μιχαὴλ ὁ ἀρχιστράτηγος ⟨ὁ
Abr.1 7 11 ἐμοῦ; καὶ λέγει ὁ ἀρχιστράτηγος ἐγώ εἰμι Μιχαὴλ ὁ * ἀρχιστράτηγος * ⟨ὁ παρεστηκὼς ἐνώπιον τοῦ θεοῦ⟩ καὶ
Abr.1 8 1 μή σε ἀκολουθήσω ὅπερ νῦν κελεύεις ποίησον. ὁ δὲ * ἀρχιστράτηγος * ἀκούσας τὸ ῥῆμα τοῦτο εὐθέως ἀφανὴς
Abr.1 8 2 εἶδεν ἐν τῷ οἴκῳ τοῦ Ἀβραάμ. εἶπεν δὲ καὶ τοῦτο ὁ * ἀρχιστράτηγος * πρὸς τὸν δεσπότην ὅτι καὶ τοῦτο λέγει ὁ
Abr.1 8 11 σοι ἀλλὰ πρὸς παράκλησιν τῶν ἀγαθῶν τὸν ἐμὸν * ἀρχιστράτηγον * ἀπέστειλα πρός σε ἵνα γνώσῃς τὴν ἐκ τοῦ
Abr.1 8 12 θέλω λυπῆσαί σε ταῦτα πεποίηκα ἵνα τί σὺ εἶπας τὸν * ἀρχιστράτηγόν * μου ὅτι οὐ μή σε ἀκολουθήσω; ἵνα τί τοῦτο
Abr.1 9 1 ἂν εἶχον ἰδεῖν κἂν ἔρχῃ κἂν οὐκ ἔρχῃ; λαβὼν δὲ ὁ * ἀρχιστράτηγος * τὰς παραινέσεις τοῦ ὑψίστου κατῆλθεν πρὸς
Abr.1 9 2 ἐπὶ πρόσωπον εἰς τὸ ἔδαφος τῆς γῆς ὡς νεκρός. ὁ δὲ * ἀρχιστράτηγος * εἶπεν αὐτῷ πάντα ὅσα ἤκουσεν παρὰ τοῦ
Abr.1 9 3 τοῦ ἀσωμάτου καὶ ἱκέτευεν αὐτὸν λέγων δέομαί σου * ἀρχιστράτηγε * τῶν ἄνω δυνάμεων ἐπειδὴ οὐκ ἀπηξίωσας αὐτὸν
Abr.1 9 3 ἱκέτην σου καθεκάστην ἔρχεσθαι παρακαλῶ σε καὶ νῦν * ἀρχιστράτηγε * τοῦ διακονῆσαί μοι ἔτι ἅπαξ πρὸς τὸν
Abr.1 9 7 ἐὰν μετέλθω τοῦ βίου ἄλυπός εἰμι. ἀπῆλθεν πάλιν ὁ * ἀρχιστράτηγος * καὶ ἔστη ἐνώπιον τοῦ ἀοράτου πατρὸς καὶ
Abr.1 9 8 με. ἀκούσας δὲ ταῦτα ὁ ὕψιστος κελεύει τὸν * ἀρχιστράτηγον * Μιχαὴλ καὶ λέγει αὐτῷ λαβὲ νεφέλην φωτὸς
Abr.1 10 4 ξίφη ἠκονημένα καὶ ἠρώτησεν ⟨Ἀβραὰμ τὸν * ἀρχιστράτηγον⟩ * τίνες εἰσίν οὗτοι; καὶ εἶπεν ὁ
Abr.1 10 5 τὸν ἀρχιστράτηγον⟩ τίνες εἰσίν οὗτοι; καὶ εἶπεν ὁ * ἀρχιστράτηγος * οὗτοί εἰσιν οἱ κλέπται οἱ βουλόμενοι φόνον
Abr.1 10 12 καὶ εὐθέως ἦλθεν φωνὴ ἐκ τοῦ οὐρανοῦ πρὸς τὸν * ἀρχιστράτηγον * οὕτως λέγων κέλευσον Μιχαὴλ ἀρχιστράτηγε
Abr.1 10 12 πρὸς τὸν ἀρχιστράτηγον οὕτως λέγων κέλευσον Μιχαὴλ * ἀρχιστράτηγε * στῆναι τὸ ἅρμα καὶ ἀπόστρεψον τὸν Ἀβραὰμ
Abr.1 11 8 χαίρων καὶ ἀγαλλιώμενος. ἠρώτησεν δὲ ὁ Ἀβραὰμ τὸν * ἀρχιστράτηγον * κύριέ μου ἀρχιστράτηγε τίς ἐστιν οὗτος ὁ
Abr.1 11 8 ἠρώτησεν δὲ ὁ Ἀβραὰμ τὸν ἀρχιστράτηγον κύριέ μου * ἀρχιστράτηγε * τίς ἐστιν οὗτος ὁ ἀνὴρ πανθαύμαστος ὁ ἐν
Abr.1 11 9 δὲ χαίρεται καὶ ἀγάλλεται ἐν εὐφροσύνῃ; εἶπεν δὲ ὁ * ἀρχιστράτηγος * οὗτός ἐστιν ὁ πρωτόπλαστος Ἀδὰμ καὶ
Abr.1 12 15 τὰς ψυχὰς τῶν ἀνθρώπων. ἠρώτησεν δὲ Ἀβραὰμ τὸν * ἀρχιστράτηγον * καὶ λέγει τί ἐστι ταῦτα ἃ θεωροῦμεν; καὶ
Abr.1 12 15 καὶ λέγει τί ἐστι ταῦτα ἃ θεωροῦμεν; καὶ εἶπεν ὁ * ἀρχιστράτηγος * ταῦτα ἅπερ βλέπεις ὅσιε Ἀβραὰμ τοῦτο
Abr.1 13 1 αὐτὴν εἰς τὸ μέσον. καὶ εἶπεν Ἀβραὰμ κύριέ μου * ἀρχιστράτηγε * τίς ἐστιν ὁ κριτὴς οὗτος ὁ πανθαύμαστος;
Abr.1 13 2 ὁ πύρινος ἄγγελος ὁ τὸ πῦρ δοκιμάζων; εἶπεν δὲ ὁ * ἀρχιστράτηγος * θεωρεῖς πανόσιε καὶ δίκαιε Ἀβραὰμ τὸν
Abr.1 14 1 εἶπεν δὲ Ἀβραὰμ πρὸς τὸν ἄγγελον κύριέ μου * ἀρχιστράτηγε * τὴν ψυχὴν ἣν κατεῖχεν ὁ ἄγγελος ἐν τῇ χειρὶ
Abr.1 14 2 χειρὶ αὐτοῦ πῶς κατεδικάσθη ἐν τῷ μέσῳ; εἶπεν δὲ ὁ * ἀρχιστράτηγος * ἄκουσον δίκαιε Ἀβραὰμ διότι εὗρεν ὁ
Abr.1 14 5 εἰς τὸ σώζεσθαι. ⟨εἶπεν δὲ Ἀβραὰμ πρὸς τὸν * ἀρχιστράτηγον⟩ * δεῦρο Μιχαὴλ ἀρχιστράτηγε ποιήσωμεν εὐχὴν
Abr.1 14 5 δὲ Ἀβραὰμ πρὸς τὸν ἀρχιστράτηγον⟩ δεῦρο Μιχαὴλ * ἀρχιστράτηγε * ποιήσωμεν εὐχὴν ὑπὲρ τῆς ψυχῆς καὶ ἴδωμεν
Abr.1 14 5 ψυχῆς καὶ ἴδωμεν εἰ ἐπακούσεται ἡμῖν ὁ θεὸς καὶ ὁ * ἀρχιστράτηγος * εἶπεν ἀμὴν γένοιτο. καὶ ἐποίησαν δέησιν
Abr.1 14 8 ⟨πρὸς τὸν ἄγγελον⟩ ποῦ ἐστίν ἡ ψυχή; εἶπεν δὲ ὁ * ἀρχιστράτηγος * σέσωσται διὰ τῆς εὐχῆς σου τῆς δικαίας καὶ
Abr.1 14 10 αὐτοῦ τὸ ἀμέτρητον. εἶπεν δὲ Ἀβραὰμ πρὸς τὸν * ἀρχιστράτηγον * δέομαί σου ἀρχάγγελε εἰσάκουσον τῆς
Abr.1 14 12 ἐγὼ ὅτι ἥμαρτον ἐνώπιον τοῦ θεοῦ δεῦρο Μιχαὴλ * ἀρχιστράτηγε * τῶν ἄνω δυνάμεων δεῦρο παρακαλέσωμεν τὸν
Abr.1 14 13 αὐτοὺς συγχωρήσει. καὶ εὐθέως εἰσήκουσεν αὐτοῦ ὁ * ἀρχιστράτηγος * καὶ ἐποίησαν δέησιν ἐνώπιον κυρίου τοῦ
Abr.1 15 1 ἐν τῷ θανάτῳ οὐκ ἀπαιτήσομαι. εἶπεν δὲ καὶ τὸν * ἀρχιστράτηγον * ἡ φωνὴ τοῦ κυρίου Μιχαὴλ Μιχαὴλ ὁ ἐμὸς
Abr.1 15 2 σὺ καὶ προσάγαγε αὐτὸν πρός με. διαστρέψας δὲ ὁ * ἀρχιστράτηγος * τὴν νεφέλην ἤγαγεν τὸν Ἀβραὰμ τὸν
Abr.1 15 9 ὁ κύριος εἶπεν ἢ ἀφ' ἑαυτοῦ σὺ τοῦτο λέγεις; ὁ δὲ * ἀρχιστράτηγος * εἶπεν ἅπερ ὁ δεσπότης ἐκέλευσεν κἀγώ σοι
Abr.1 15 11 εἶπεν δὲ Ἀβραὰμ οὐ μή σε ἀκολουθήσω. ἀκούσας δὲ ὁ * ἀρχιστράτηγος * τοὺς λόγους τούτους εὐθέως ἐξῆλθεν ἐκ
Abr.1 15 13 λέγει οὐκ ἀκολουθῶ σε. καὶ ὁ ὕψιστος ἔφη πρὸς τὸν * ἀρχιστράτηγον * πάλιν οὕτως λέγει ὁ φίλος μου Ἀβραὰμ ὅτι
Abr.1 16 7 τῇ χειρὶ κατέχων καὶ ἐκδεχόμενος τὴν κέλευσιν τοῦ * ἀρχιστρατήγου. * καὶ ἰδοὺ ὀσμὴ εὐωδίας ἤρχετο πρὸς τὸν
Abr.1 16 8 ὡραιότητι καὶ ἀναστὰς ὑπήντησεν αὐτὸν νομίζων τὸν * ἀρχιστράτηγον * εἶναι. καὶ ἰδὼν αὐτὸν ὁ θάνατος
Abr.1 19 4 ῥήματα καυχώμενος καὶ οὐ μή σε ἀκολουθήσω ἕως οὗ ὁ * ἀρχιστράτηγος * Μιχαὴλ ἔλθῃ καὶ ἀπέλθω μετ' αὐτοῦ ἀλλὰ καὶ
Bar. 11 4 ἐστιν ἡ φωνὴ αὕτη; καὶ εἶπέν μοι ἄρτι κατέρχεται ὁ * ἀρχιστράτηγος * Μιχαὴλ ἵνα δέξηται τὰς δεήσεις τῶν
Bar. 11 6 καὶ προσεκύνησεν αὐτὸν καὶ εἶπεν χαίροις ὁ ἐμὸς * ἀρχιστράτηγος * καὶ παντὸς τοῦ ἡμετέρου τάγματος. καὶ
Bar. 11 7 καὶ παντὸς τοῦ ἡμετέρου τάγματος. καὶ εἶπεν ὁ * ἀρχιστράτηγος * Μιχαὴλ χαίροις καὶ σὺ ὁ ἡμέτερος ἀδελφὸς
Bar. 11 8 ἀλλήλους κατασπασάμενοι ἔστησαν. καὶ ἴδον τὸν * ἀρχιστράτηγον * Μιχαὴλ κρατοῦντα φιάλην μεγάλην σφόδρα τὸ
Bar. 13 3 μοι τί αἰτεῖσθε. καὶ εἶπον δεόμεθά σου Μιχαὴλ ὁ * ἀρχιστράτηγος * ἡμῶν μετάθες ἡμᾶς ἀπ' αὐτῶν ὅτι οὐ

Esdr. 1 4 καὶ ἐνήστευσα καθὼς εἶπέν μοι. καὶ ἦλθεν Ῥαφαὴλ ὁ * ἀρχιστράτηγος * καὶ ἔδωκέν μοι ῥάβδον στηράκην. καὶ
Esdr. 4 24 καὶ τί τὸ ἁμάρτημα αὐτοῦ; καὶ εἶπέν μοι Μιχαὴλ ὁ * ἀρχιστράτηγος * οὗτος μητροκοίτης ἐστὶν μικρὸν θέλημα
ἀρχισωματοφύλαξ 2
Aris. 12 2 Σωσίβιόν τε τὸν Ταραντῖνον καὶ Ἀνδρέαν τοὺς * ἀρχισωματοφύλακας * περὶ τῆς ἀπολυτρώσεως τῶν μετηγμένων
Aris. 40 2 δόξαν. ἀπεστάλκαμεν δὲ περὶ τούτων Ἀνδρέαν τῶν * ἀρχισωματοφυλάκων * καὶ Ἀριστέαν τιμωμένους παρ' ἡμῖν
ἀρχιτεκτονία 1
HEup. 9 34 2 ἂν αὐτὸν ἐρωτήσῃς τῶν ὑπὸ τὸν οὐρανὸν πάντων κατ' * ἀρχιτεκτονίαν * ὑφηγήσεταί σοι καὶ ποιήσει. περὶ δὲ τῶν
ἀρχιτέκτων 1
HEup. 9 34 2 σοι Τυρίων καὶ Φοινίκων ὀκτακισμυρίους καὶ * ἀρχιτέκτονά * σοι ἀπέσταλκα ἄνθρωπον Τύριον ἐκ μητρὸς
ἀρχιχιλίαρχος 1
FJos. 190 ἐμοῦ κἀγὼ Ἰσραὴλ ἀρχάγγελος δυνάμεως κυρίου καὶ * ἀρχιχιλίαρχός * εἰμι ἐν υἱοῖς θεοῦ; οὐχὶ ἐγὼ Ἰσραὴλ ὁ ἐν
ἀρχός 1
LThe. 9 22 2 εὕρεῖαν Σικίμων ἐπὶ δ' ἀνδράσι τοῖσιν ἔτησιν * ἀρχὸς * Ἐμὼρ σὺν παιδὶ Συχὲμ μάλ' ἀτειρέε φῶτε. Ἰακὼβ
ἄρχω 79
Adam 21 3 ἦλθεν ἤνοιξα τὸ στόμα καὶ ὁ διάβολος ἐλάλει καὶ * ἠρξάμην * νουθετεῖν αὐτὸν λέγουσα δεῦρο κύριέ μου Ἀδὰμ
Hen. 7 1 ἕκαστος αὐτῶν ἐξελέξαντο ἑαυτοῖς γυναῖκας καὶ * ἤρξαντο * εἰσπορεύεσθαι πρὸς αὐτὰς καὶ μιαίνεσθαι ἐν
Hen. 7 5 ἐπ' αὐτοὺς καὶ κατησθίοσαν τοὺς ἀνθρώπους. καὶ * ἤρξαντο * ἁμαρτάνειν ἐν τοῖς πετεινοῖς καὶ τοῖς ⟨θ⟩ηρίοις
Hen. 7B 1 ἔτει τοῦ κόσμου ἔλαβον ἑαυτοῖς γυναῖκας καὶ * ἤρξαντο * μιαίνεσθαι ἐν αὐταῖς ἕως τοῦ κατακλυσμοῦ καὶ
Hen. 8B 3 ἐδίδαξε τὰ σημεῖα τῆς σελήνης. πάντες οὗτοι * ἤρξαντο * ἀνακαλύπτειν τὰ μυστήρια ταῖς γυναιξὶν αὐτῶν καὶ
Hen. 8B 3 αὐτῶν καὶ τοῖς τέκνοις αὐτῶν. μετὰ δὲ ταῦτα * ἤρξαντο * οἱ γίγαντες κατεσθίειν τὰς σάρκας τῶν ἀνθρώπων
Hen. 8B 4 οἱ γίγαντες κατεσθίειν τὰς σάρκας τῶν ἀνθρώπων καὶ * ἤρξαντο * οἱ ἄνθρωποι ἐλαττοῦσθαι ἐπὶ τῆς γῆς. τότε
Hen. 9 7 ἄνθρωποι καὶ Σεμιαζᾶς ᾧ τὴν ἐξουσίαν ἔδωκας * ἄρχειν * τῶν σὺν αὐτῷ ἅμα ὄντων. καὶ ἐπορεύθησαν πρὸς τὰς
Hen. 13 10 πάσας τὰς ὁράσεις ἃς εἶδον κατὰ τοὺς ὕπνους καὶ * ἠρξάμην * λαλεῖν τοὺς λόγους τῆς δικαιοσύνης ἐλέγχων τοὺς
Hen. 14 9 λίθοις χαλάζης καὶ γλώσσης πυρὸς κύκλῳ αὐτῶν καὶ * ἤρξαντο * ἐκφοβεῖν με. καὶ εἰσῆλθον εἰς τὰς γλώσσας τοῦ
Hen. 89 42 φρονήσεως ἐξ οὗ ἔφαγεν ὁ πατήρ σου. καὶ οἱ κύνες * ἤρξαντο * κατεσθίειν τὰ πρόβατα καὶ οἱ ὕες καὶ οἱ ἀλώπεκες
Hen. 89 43 κριὸν ἕνα ἐκ τῶν προβάτων. καὶ ὁ κριὸς οὗτος * ἤρξατο * κερατίζειν καὶ ἐπιδιώκειν ἐν τοῖς κέρασιν καὶ
Hen. 89 44 ἐν τοῖς προβάτοις ἕως οὗ ἀφῆκεν τὴν ὁδὸν αὐτοῦ καὶ * ἤρξατο * πορεύεσθαι ἀνοδίᾳ. καὶ ὁ κύριος τῶν προβάτων
Abr.1 5 9 δὲ Ἰσαὰκ ἐκρεμάσθη ἐπὶ τὸν τράχηλον αὐτοῦ καὶ * ἤρξατο * κλαίειν φωνὴν μεγάλην. συγκινηθεὶς οὖν τὰ
Abr.1 7 2 κλαίων οὕτως ἐν ὀλιγωρίᾳ πολλῇ; ὑπολαβὼν δὲ Ἰσαὰκ * ἤρξατο * λέγειν ἰδοὺ ἐγὼ κύριέ μου ⟨εἶδον⟩ τῇ νυκτὶ ταύτῃ
TLevi 18 2B013 ὅτι ἐγὼ ἱεράτευσα τῷ κυρίῳ δεσπότῃ τοῦ οὐρανοῦ * ἤρξατο * διδάσκειν με τὴν κρίσιν ἱερωσύνης καὶ εἶπεν
TLevi 18 2B025 ὁλοκαυτώσεως ἐπὶ τοῦ θυσιαστηρίου. καὶ τὸ πῦρ τότε * ἄρξῃ * ἐκκαίειν ἐν αὐτοῖς τότε ἄρξῃ κατασπένδειν τὸ αἷμα
TLevi 18 2B025 καὶ τὸ πῦρ τότε ἄρξῃ ἐκκαίειν ἐν αὐτοῖς τότε * ἄρξῃ * κατασπένδειν τὸ αἷμα ἐπὶ τὸν τοῖχον τοῦ
TLevi 18 2B026 σου τὰς χεῖρας καὶ τοὺς πόδας ἀπὸ τοῦ αἵματος καὶ * ἄρξῃ * τὰ μέλη ἀναφέρειν ἡλισμένα τὴν κεφαλὴν ἀνάφερε
TJud. 3 5 με αὐτοῦ τὸν θώρακα ἰδοὺ ὀκτὼ ἄνδρες ἑταῖροι αὐτοῦ * ἤρξαντο * πολεμεῖν πρός με. ἐνειλήσας οὖν τὴν στολήν μου
TZab. 2 4 δὲ ἔλεγε τὰ ῥήματα ταῦτα εἰς οἶκτον ἦλθον ἐγὼ καὶ * ἠρξάμην * κλαίειν καὶ τὰ ἥπατά μου ἐξεχύθησαν ἐπ' ἐμὲ καὶ
TNep. 1 5 ὅτι μετὰ τὸ δεῖπνον τὸ χθὲς ἀποθανεῖται. * ἤρξατο * οὖν λέγειν τοῖς υἱοῖς αὐτοῦ ἀκούσατε τέκνα μου
TNep. 2 4 οἶδε τὸ σῶμα ἕως τίνος διαρκέσει ἐν ἀγαθῷ καὶ πότε * ἄρχεται * ἐν κακῷ. ὅτι οὐκ ἔστι πᾶν πλάσμα καὶ πᾶσα ἔννοια
Asen. 9 5 ἀπελεύσομαι σήμερον διότι αὕτη ἡ ἡμέρα ἐστὶν ἐν ᾗ * ἤρξατο * ὁ θεὸς ποιεῖν πάντα τὰ κτίσματα αὐτοῦ καὶ τῇ
Asen. 21 10 τὸν ἀδελφὸν αὐτοῦ ἐν τῷ οἴκῳ Ἰωσήφ. ⟨καὶ τότε * ἤρξατο * Ἀσενὲθ ἐξομολογεῖσθαι κυρίῳ τῷ θεῷ καὶ ἐχαρίτωσε
Asen. 22 1 μετὰ ταῦτα παρῆλθον τὰ ἑπτὰ ἔτη τῆς εὐθηνίας καὶ * ἤρξαντο * ἔρχεσθαι τὰ ἑπτὰ ἔτη τοῦ λιμοῦ. καὶ ἤκουσεν
Sal. 17 36 μετ' εὐφροσύνης καὶ αὐτὸς καθαρὸς ἀπὸ ἁμαρτίας τοῦ * ἄρχειν * λαοῦ μεγάλου ἐλέγξαι ἄρχοντας καὶ ἐξᾶραι
Bar. 4 11 ἡ γῆ ἀπὸ τοῦ ὕδατος καὶ ἐξῆλθε Νῶε τῆς κιβωτοῦ * ἤρξατο * φυτεύειν ἐκ τῶν εὑρισκομένων φυτῶν. εὗρε δὲ καὶ
Esdr. 1 9 μοι ἐλέησον ἡμᾶς ἐκλεκτὲ τοῦ θεοῦ Ἔσδράμ. τότε * ἠρξάμην * λέγειν οὐαὶ τοὺς ἁμαρτωλοὺς ὅταν ἴδωσιν τὸν
Esdr. 6 23 ἡτοίμασται δεῦρο τελεύτα ἵνα ἐπιτύχῃς αὐτοῦ. τότε * ἤρξατο * λέγειν ὁ προφήτης μετὰ δακρύων ὦ δέσποτα τί
Esdr. 7 5 οἴμμοι τί ποιήσω; τί πράξω; οὐκ οἶδα. καὶ τότε * ἤρξατο * λέγειν ὁ μακάριος Ἔσδρὰμ ὁ θεὸς ὁ αἰώνιος ὁ
Sedr. 11 1 τοῦ ταπεινοῦ σώματος τοῦ πλάσματός σου. καὶ * ἤρξατο * κλαίων καὶ ὀδυρόμενος λέγειν ὦ κεφαλὴ παράδοξε
Job 28 5 τούτων τῶν κακῶν ἐν πολλῷ πλούτῳ ὄντα, καὶ γὰρ ὅτε * ἠρξάμην * αὐτοῖς ἀναφέρειν τοὺς πολυτελεῖς λίθους,
Aris. 190 4 εἰ θεωροίησαν πολλὴν σε πρόνοιαν ποιούμενον ὧν * ἄρχεις * ὄχλων σὺ δὲ τοῦτο πράξεις ἐπιβλέπων ὡς ὁ θεὸς
Aris. 204 1 τῇ προτέρᾳ ἡμέρᾳ. πρὸς τὸν ἐνδέκατον δὲ * ἤρξατο * τὴν κοινολογίαν ποιεῖσθαι. δέκα γὰρ ἦσαν οἱ
Aris. 211 2 τίς ὅρος τοῦ βασιλεύειν ἐστίν; ὁ δὲ ἔφη τὸ καλῶς * ἄρχειν * ἑαυτοῦ καὶ μὴ τῷ πλούτῳ καὶ τῇ δόξῃ φερόμενον
Aris. 218 3 καὶ λέγῃς καὶ διανοῇ γινώσκων ὅτι πάντες ὧν * ἄρχεις * περὶ σοῦ καὶ διανοοῦνται καὶ λαλοῦσιν. οὐ γὰρ
Aris. 286 5 ὑπομιμνήσκειν τὰ χρήσιμα τῇ βασιλείᾳ καὶ τοῖς τῶν * ἀρχομένων * βίοις ἐμμελέστερον ἢ μουσικώτερον οὐκ ἂν
Aris. 289 4 καὶ κακῶν πεπειραμένοι καὶ πενίας μετεσχηκότες * ἄρξαντες * ὄχλων χαλεπώτεροι τῶν ἀνοσίων τυράννων
Aris. 290 2 ἦθος χρηστὸν καὶ παιδείας κεκοινωνηκὸς δυνατὸν * ἄρχειν * ἐστί καθὼς σὺ βασιλεὺς μέγας ὑπάρχεις οὐ τοσοῦτον
Aris. 298 3 καὶ σὺ γινώσκεις ἀφ' ἧς ἂν (ἡμέρας) ὁ βασιλεὺς * ἄρξηται * χρηματίζειν μέχρις οὗ κατακοιμηθῇ πάντα
Sib. 3 76 τότε δὴ κόσμος ὑπὸ ταῖς παλάμῃσι γυναικὸς ἔσσεται * ἀρχόμενος * καὶ πειθόμενος περὶ παντός. ἔνθ' ὁπόταν κόσμου
Sib. 3 121 ὥρσαν ὃς πάντεσσι βροτοῖσιν ἔχων βασιληίδα τιμὴν * ἄρξει * καὶ μαχέσαντο Κρόνος Τιτάν τε πρὸς αὐτούς. τοὺς δὲ
Sib. 3 167 ἠγερέθονται. οἶκος μὲν γὰρ πρώτιστος Σολομώνιος * ἄρξει * Φοίνικές τ' Ἀσίης ἐπιβήτορες ἠδὲ καὶ ἄλλων νήσων
Sib. 3 172 καὶ ἄναγνοι +ἄλλο+ Μακηδονίης ἔθνος μέγα ποικίλον * ἄρξει * οἳ φοβερὸν πολέμοιο νέφος ἥξουσι βροτοῖσιν. ἀλλά
Sib. 3 177 πολύκρανος ἀφ' ἑσπερίοιο θαλάσσης ἣ πολλῆς γαίης * ἄρξει * πολλοὺς δὲ σαλεύσει καὶ πᾶσιν βασιλεῦσι φόβον
Sib. 3 183 μέγα δ' ἔσσεται ἀνδράσι κείνοις πτῶμ' ὁπόταν * ἄρξωνθ' * ὑπερηφανίης ἀδίκοιο. αὐτίκα δ' ἐν τούτοις
Sib. 3 290 ἄπταιστον καὶ τοῦτο χρόνοις περιτελλομένοισιν * ἄρξει * καὶ καινὸν σηκὸν θεοῦ ἄρξετ' ἐγείρειν. καὶ πάντες
Sib. 3 290 περιτελλομένοισιν ἄρξει καὶ καινὸν σηκὸν θεοῦ * ἄρξετ' * ἐγείρειν. καὶ πάντες Περσῶν βασιλεῖς
Sib. 3 400 ἄρρης+ φθεῖται καὶ τότε δὴ παραφυόμενον κέρας * ἄρξει. * ἔσται καὶ Φρυγίῃ δὲ φερεσβίῳ αὐτίκα τέκμαρ ὁππότε
Sib. 3 560 ἄντα πρὸς οὐρανὸν εὐρὺν ἀνασχόμεναι χέρας αὐτῶν * ἄρξονται * βασιλῆα μέγαν ἐπαμύντορα κλῄζειν καὶ ζητεῖν
Sib. 3 608 δι' ὄνειδος ὁππόταν Αἰγύπτου βασιλεὺς νέος ἕβδομος * ἄρχῃ * τῆς ἰδίης γαίης ἀριθμούμενος ἐξ Ἑλλήνων ἀρχῆς ἧς
Sib. 3 610 τῆς ἰδίης γαίης ἀριθμούμενος ἐξ Ἑλλήνων ἀρχῆς ἧς * ἄρξουσι * Μακηδόνες ἄσπετοι ἄνδρες ἔλθῃ δ' ἐξ Ἀσίης
Sib. 3 660 τελεσφόρος ἠδὲ θάλασσα τῶν ἀγαθῶν πλήθουσα. καὶ * ἄρξονται * βασιλῆες ἀλλήλοις +κοτέειν ἐπαμύνοντες κακὰ
Sib. 4 49 γενεῆς ἔσται τάδε λέξω. πρῶτα μὲν Ἀσσύριοι θνητῶν * ἄρξουσιν * ἁπάντων ἓξ γενεὰς κόσμοιο διακρατέοντες ἐν ἀρχῇ
Sib. 5 13 ἄναξ πρώτιστος ὅ τις δέκα δὶς κορυφώσει γράμματος * ἀρχομένου * πολέμων δ' ἐπὶ πουλὺ κρατήσει ἕξει δ' ἐκ
Sib. 5 15 ἕξει δ' ἐκ δεκάδος πρῶτον τύπον ὥστε μετ' αὐτὸν * ἄρχειν * στοιχείων ὅστις λάχε γράμματος ἀρχὴν ὃν Θρῄκη
Sib. 5 23 ἕξει καὶ ποταμοῦ φίλον οὔνομα ὅς τ' ἐπὶ Πέρσας * ἄρξει * καὶ Βαβυλῶνα βαλεῖ δορὶ δὴ τότε Μήδους. εἶτα τριῶν
Sib. 5 24 Μήδους. εἶτα τριῶν ἀριθμῶν κεραίην ὅστις λάχεν * ἄρξει. * δὶς δέκα δ' ὅς⟨τις⟩ ἔπειτ' ἄρξει κεραίην ἐπὶ
Sib. 5 25 ὅστις λάχεν ἄρξει. δὶς δέκα δ' ὅς⟨τις⟩ ἔπειτ' * ἄρξει * κεραίην ἐπὶ πρώτην ἕξει ἄναξ κεῖνος δὲ καθ'
Sib. 5 51 κλάδοισι τάδ' ἔσσεται ἤματα πάντα. τὸν μέτα τρεῖς * ἄρξουσιν * ὁ δὲ τρίτος ὀψὲ κρατήσει. τείρομαι ἡ τριτάλαινα
Sib. 5 270 καμάτους ὑπέμειναν πλείονα καὶ χαρίεντα +καλὸν * ἄρξουσι+ * δίκαιοι οἱ δὲ κακοὶ στείλαντες ἐπ' αἰθέρα
Sib. 5 441 Χαλδαίων γενεὴ μήτ' εἴρεο μηδὲ μερίμνα πῶς Περσῶν * ἄρξεις * ἢ πῶς Μήδων +τε+ κρατήσεις εἵνεκα γὰρ τῆς σῆς
Sib. 5 506 Αἰθίοπες μέλλωσ' +Αἴγυπτον ἐήν τε+ ἀροῦσθαι * ἄρξονται * κακότητος ἵν' ὕστερα πάντα γένηται. νηὸν γὰρ
FJub. 4 15 Δινα θυγάτηρ Βαραχιὴλ πατραδέλφου αὐτοῦ. ἐντεῦθεν * ἤρξατο * ἡ κακομηχανία ἐν κόσμῳ γίνεσθαι καὶ ἀπ' ἀρχῆς μὲν
FJub. 48 5 τοῦ κόσμου. ἐν ρ μ δ' ἔτει τῆς ἐν Αἰγύπτῳ δουλείας * ἤρξαντο * Αἰγύπτιοι δέχεσθαι τὴν δεκάπληγον. ἐν μηνὶ
FAch. 106 ἐπελάβετο δὲ τὴν ὄψιν ἑαυτοῦ τύπτων καὶ * ⟨ἤρξατο⟩ * κατατίλλεσθαι καὶ ὀδύρεσθαι τὸν Αἴσωπον. καὶ
FAch. 108 λαβὼν τὸν νεανίσκον διέθηκεν διὰ λόγων (ἐνουθέτει) * ἀρξάμενος * οὕτως. ἐπακούσον τῶν ἐμῶν λόγων τέκνον Λῖνε
FPho. 138 μοίρας πᾶσι νέμειν ἰσότης δ' ἐν πᾶσιν ἄριστον. * ἀρχόμενος * φείδου πάντων μὴ τέρμ' ἐπιδεύῃς. μὴ κτήνους
FPho. 143 βέλτερον ἀντ' ἐχθροῦ τεύχειν φίλον εὐμενέοντα. * ἀρχόμενον * τὸ κακὸν κόπτειν ἕλκος τ' ἀκέσασθαι. ⟨ἐξ
HDem. 9 21 12 κρίναντα δὲ τῷ βασιλεῖ τὸν Ἰωσὴφ τὰ ἐνύπνια * ἄρξαι * Αἰγύπτου ἔτη ἑπτὰ ἐν οἷς καὶ συνοικῆσαι Ἀσενὲθ
HEup. 9 30 2 βουλήσει ὑπὸ Σαμουὴλ Σαοῦλον βασιλέα αἱρεθῆναι * ἄρξαντα * δὲ ἔτη κ α' τελευτῆσαι. εἶτα Δαβὶδ τὸν τούτου
HEup. 9 34 4 εἰς Ἰόππην ἐκεῖθεν δὲ πεζῇ εἰς Ἱεροσόλυμα. καὶ * ἄρξασθαι * οἰκοδομεῖν τὸ ἱερὸν τοῦ θεοῦ ὄντα ἐτῶν
LEze. 9 28 4 06 ἐστὶ γῆς εἷς καὶ τύραννος καὶ στρατηλάτης μόνος. * ἄρχει * δὲ πόλεως τῆσδε καὶ κρίνει βροτοὺς ἱερεὺς ὅς ἐστ'
LEze. 9 29 14 28 λαοῖσι καὶ φρικτοῖς ὅπλοις. ἔπειτα θείων * ἄρχεται * τεραστίων θαυμάστ' ἰδέσθαι. καὶ τις ἐξαίφνης
LAri. 8 10 6 προσκειμένοις οὐ φαίνεται μεγαλεῖόν τι διασαφῶν. * ἄρξομαι * δὲ λαμβάνειν καθ' ἕκαστον σημαινόμενον καθ' ὅσον
LAri. 13 12 6 καὶ "Ἄρατος δὲ περὶ τῶν αὐτῶν φησιν οὕτως ἐκ θεοῦ * ἀρχώμεσθα * τὸν οὐδέποτ' ἄνδρες ἐῶσιν ἄρρητον μεσταὶ δὲ
FrAn. 17 2069 11 >ων των μεγαλω⟨ν – – >το μετα⟨ – – >ετερος⟨ – – * >ηρξατο * πας α⟨ – – >αναβλεψας⟨ – – ε⟨ι⟩ς τον ουρανον⟨ – –
FrAn. 17 2069 20 και⟨ – >εκ του ουρανου⟨ – – την νομην⟨ – – >και * ηρξαν⟨το * – – >της χειρος μ⟨ – – >ϋϊων της⟨ – – >ημερα
ἄρχων 47
Hen. 6 3 τέκνα. καὶ εἶπεν Σεμιαζᾶς πρὸς αὐτοὺς ὃς ἦν * ἄρχων * αὐτῶν φοβοῦμαι μὴ οὐ θελήσετε ποιῆσαι τὸ πρᾶγμα
Hen. 6 7 ἀλλήλους ἐν αὐτῷ----- καὶ ταῦτα τὰ ὀνόματα τῶν * ἀρχόντων * αὐτῶν Σεμιαζᾶ οὗτος ἦν ἄρχων αὐτῶν Ἀραθὰκ
Hen. 6 7 τὰ ὀνόματα τῶν ἀρχόντων αὐτῶν Σεμιαζᾶ οὗτος ἦν * ἄρχων * αὐτῶν Ἀραθὰκ Κιμβρὰ Σαμμανὴ Δανειὴλ Ἀρεαρὼς
Hen. 6B 3 τῶν ἀνθρώπων τῆς γῆς. καὶ εἶπε Σεμιαζᾶς ὁ * ἄρχων * αὐτῶν πρὸς αὐτοὺς φοβοῦμαι μὴ οὐ θελήσητε ποιῆσαι
Hen. 6B 7 ἀλλήλους ἐν αὐτῷ. καὶ ταῦτα τὰ ὀνόματα τῶν * ἀρχόντων * αὐτῶν. α' Σεμιαζᾶς ὁ ἄρχων αὐτῶν β' Ἀταρκούφ
Hen. 6B 7 ταῦτα τὰ ὀνόματα τῶν ἀρχόντων αὐτῶν. α' Σεμιαζᾶς ὁ * ἄρχων * αὐτῶν β' Ἀταρκούφ γ' Ἀρακιὴλ δ' Χωβαβιὴλ ε'
Hen. 8B 1 εἰς οὐρανοὺς ἀνέβη. πρῶτος Ἀζαὴλ ὁ δέκατος τῶν * ἀρχόντων * ἐδίδαξε ποιεῖν μαχαίρας καὶ θώρακας καὶ πᾶν
Hen. 89 46 κατὰ μόνας καὶ ἤγειρεν αὐτὸν εἰς κριὸν καὶ εἰς * ἄρχοντα * καὶ εἰς ἡγούμενον τῶν προβάτων καὶ οἱ κύνες ἐπὶ
Abr.1 1 2 ἐδέχετο πλουσίους καὶ πένητας βασιλεῖς τε καὶ * ἄρχοντας * ἀναπήρους καὶ ἀδυνάτους φίλους τε καὶ ξένους

| | | | |
|---|---|---|---|
| Abr.1 | 4 | 3 | ἡμῖν σήμερον ἐνδοξότερος ὑπάρχει βασιλέων καὶ * ἀρχόντων * ὅτι καὶ ἡ ὅρασις αὐτοῦ ὑπερφέρει πάντας τοὺς |
| Abr.1 | 19 | 7 | τὸν κόσμον καὶ πάντας εἰς ᾄδην κατάγω βασιλεῖς καὶ * ἄρχοντας * πλουσίους καὶ πένητας δούλους καὶ ἐλευθέρους |
| TRub. | 6 | 7 | μετ᾽ αὐτῶν κἀμοὶ καὶ Δὰν καὶ Ἰωσὴφ τοῦ εἶναι εἰς * ἄρχοντας. * διὰ τοῦτο ἐντέλλομαι ὑμῖν ἀκούειν τοῦ Λευὶ ὅτι |
| TSim. | 2 | 7 | ἐπ᾽ αὐτὸν τὰ ἥπατά μου τοῦ ἀνελεῖν αὐτὸν ὅτι ὁ * ἄρχων * τῆς πλάνης ἀποστείλας τὸ πνεῦμα τοῦ ζήλου ἐτύφλωσέ |
| TJud. | 19 | 4 | συνέγνω ὅτι ἐν ἀγνοίᾳ ἐποίησα. ἐτύφλωσε γάρ με ὁ * ἄρχων * τῆς πλάνης καὶ ἠγνόησα ὡς ἄνθρωπος καὶ ὡς σάρξ ἐν |
| TDan | 5 | 6 | ἀνέγνων γὰρ ἐν βίβλῳ Ἐνὼχ τοῦ δικαίου ὅτι ὁ * ἄρχων * ὑμῶν ἐστιν ὁ σατανᾶς καὶ ὅτι πάντα τὰ πνεύματα τῆς |
| TJos. | 13 | 5 | τῷ ἀρχιευνούχῳ τρίτος γὰρ ἦν ἐν ἀξίᾳ παρὰ τῷ Φαραὼ * ἄρχων * πάντων τῶν εὐνούχων ἔχων γυναῖκα καὶ τέκνα καὶ |
| TBen. | 11 | 3 | τῶν αἰώνων ἔσται ἐν συναγωγαῖς ἐθνῶν καὶ ἐν τοῖς * ἄρχουσιν * αὐτῶν ὡς μουσικὸν μέλος ἐν στόματι πάντων καὶ |
| Asen. | 1 | 3 | ἐν τῇ πόλει ἐκείνῃ σατράπης τοῦ Φαραὼ καὶ οὗτος ἦν * ἄρχων * πάντων τῶν σατραπῶν καὶ τῶν μεγιστάνων τοῦ Φαραώ. |
| Asen. | 4 | 7 | θεοῦ ἔρχεται πρὸς ἡμᾶς σήμερον. καὶ αὐτός ἐστιν * ἄρχων * πάσης τῆς γῆς Αἰγύπτου καὶ ὁ βασιλεὺς Φαραὼ |
| Asen. | 14 | 8 | σὺ ἀνάγγειλόν μοι. καὶ εἶπεν ὁ ἄνθρωπος ἐγώ εἰμι ὁ * ἄρχων * τοῦ οἴκου κυρίου καὶ στρατιάρχης πάσης στρατιᾶς |
| Asen. | 15 | 12B | τοῦ θεοῦ ἐν ἀρχῇ τῆς βίβλου πρὸ πάντων ὅτι ἐγὼ * ἄρχων * εἰμὶ τοῦ οἴκου τοῦ ὑψίστου. καὶ πάντα τὰ ὀνόματα |
| Asen. | 20 | 9 | διότι αὐτός ἐστιν ὡς πατήρ μου καὶ κατέστησέ με * ἄρχοντα * ἐπὶ πάσης τῆς γῆς Αἰγύπτου καὶ λαλήσω περὶ |
| Asen. | 21 | 8 | πολὺν ἐν ἑπτὰ ἡμέραις. καὶ συνεκάλεσε πάντας τοὺς * ἄρχοντας * τῆς γῆς Αἰγύπτου καὶ πάντας τοὺς βασιλεῖς τῶν |
| Asen. | 21 | 21 | ⟨με⟩ καὶ ἤγαγέ με τῷ θεῷ τῶν αἰώνων καὶ τῷ * ἄρχοντι * τοῦ ⟨οἴκου⟩ τοῦ ὑψίστου καὶ ἔδωκέ μοι φαγεῖν |
| Asen. | 24 | 18 | ἀνὰ πεντακοσίους ἄνδρας καὶ αὐτοὺς κατέστησεν * ἄρχοντας * αὐτῶν καὶ ἡγεμόνας. καὶ εἶπον αὐτῷ Δὰν καὶ Γὰδ |
| Sal. | 5 | 11 | πρός σέ ἀροῦσιν πρόσωπον αὐτῶν. τοὺς βασιλεῖς καὶ * ἄρχοντας * καὶ λαοὺς σὺ τρέφεις ὁ θεὸς καὶ πτωχοῦ καὶ |
| Sal. | 8 | 16 | Ἱερουσαλημ καὶ τὴν γῆν αὐτῆς. ἀπήντησαν αὐτῷ οἱ * ἄρχοντες * τῆς γῆς μετὰ χαρᾶς εἶπαν αὐτῷ ἐπευκτὴ ἡ ὁδός |
| Sal. | 8 | 20 | μετὰ ἀσφαλείας ἐν τῇ πλανήσει αὐτῶν. ἀπώλεσεν * ἄρχοντας * αὐτῶν καὶ πᾶν σοφὸν ἐν βουλῇ ἐξέχεεν τὸ αἷμα |
| Sal. | 17 | 12 | αὐτοῦ ἐξαπέστειλεν αὐτὰ ἕως ἐπὶ δυσμῶν καὶ τοὺς * ἄρχοντας * τῆς γῆς εἰς ἐμπαιγμὸν καὶ οὐκ ἐφείσατο. ἐν |
| Sal. | 17 | 20 | οὐκ ἦν ἐν αὐτοῖς ποιῶν δικαιοσύνην καὶ κρίμα. ἀπὸ * ἄρχοντος * αὐτῶν καὶ λαοῦ ἐλαχίστου ἐν πάσῃ ἁμαρτίᾳ ὁ |
| Sal. | 17 | 22 | παῖδά σου καὶ ὑπόζωσον αὐτὸν ἰσχὺν τοῦ θραῦσαι * ἄρχοντας * ἀδίκους καθαρίσαι Ἱερουσαλημ ἀπὸ ἐθνῶν |
| Sal. | 17 | 36 | ἀπὸ ἁμαρτίας τοῦ ἄρχειν λαοῦ μεγάλου ἐλέγξαι * ἄρχοντας * καὶ ἐξᾶραι ἁμαρτωλοὺς ἐν ἰσχύι λόγου. καὶ οὐκ |
| Bar. | 6 | 12 | γίνεται κινάμωμον ᾧπερ χρῶνται βασιλεῖς καὶ * ἄρχοντες. * μεῖνον δὲ καὶ ὄψει δόξαν θεοῦ. καὶ ἐν τῷ |
| Job | 21 | 3 | καὶ ἐγὼ κατανενυγμένος ἔλεγον ὦ τῆς ἀλαζονείας τῶν * ἀρχόντων * τῆς πόλεως ταύτης πῶς χρῶνται τῇ γαμετῇ μου ὡς |
| Job | 40 | 5 | τὴν ἐπαύλην τῶν βοῶν αὐτῆς τῶν ἁρπασθέντων ὑπὸ τῶν * ἀρχόντων * οἷς ἐδούλευεν καὶ περί τινα φάτνην ἐκοιμήθη καὶ |
| Job | 40 | 7 | εὐθυμήσασα. καὶ ὁ μὲν δεσποτικὸς αὐτῆς * ἄρχων * ἐπιζητήσας αὐτὴν καὶ μὴ εὑρὼν εἰσῆλθεν ἑσπέρας |
| Aris. | 281 | 3 | εἶπε τίνας δεῖ καθιστάνειν ἐπὶ τῶν δυνάμεων * ἄρχοντας; * ὁ δὲ ἀπεφήνατο τοὺς ἀνδρείᾳ διαφέροντας καὶ |
| FJub. | 17 | 16 | ἐτῶν κ ε᾽ εἶναι ὅτε πρὸς θυσίαν ἀνήχθη. Μαστιφὰμ ὁ * ἄρχων * τῶν δαιμονίων προσελθὼν τῷ θεῷ εἶπεν εἰ ἀγαπᾷ σε |
| FJub. | 31 | 18 | Λευὶ ὡς ἀρχιερέα καὶ τὸν Ἰούδαν ὡς βασιλέα καὶ * ἄρχοντα. * ἡ Ῥεβέκκα ᾔτησε τὸν Ἰσαὰκ ἐν τῷ γήρᾳ |
| FJub. | 46 | 3 | καὶ γ᾽ ἔτη ἐν τῇ φυλακῇ καὶ π᾽ πάσης γῆς Ἐγύπτου * ἄρχων. * τόν τε γὰρ ποταμὸν εἰς διώρυχας πλείστας |
| FIsa. | 1 3 | 10 | καὶ τὴν Ἰ⟨ε⟩ρουσαλὴμ Σόδο⟨μ⟩α ἐκάλεσεν κ⟨αὶ τοὺς⟩ * ἄρχοντα⟨ς * Ἰούδα⟩ καὶ Ἰσραὴλ ⟨λαὸν Γο⟩μόρρας |
| FIsa. | 1 3 | 11 | ἐν τῇ καρ⟨δ⟩ίᾳ τοῦ Μανασσῆ καὶ ἐν τῇ καρδίᾳ τῶν * ἀρχόντων * Ἰούδα καὶ Βενιαμειν καὶ τῶν εὐνούχων καὶ τῶν |
| FAch. | 113 | | σὺ τῇ κερατοειδεῖ μορφῇ σελήνης τρόπον ἔχεις οἱ δὲ * ἄρχοντές * σου τοῖς περὶ ἐκείνην ἄστροις. ταῦτα ἀκούσας |
| HArt. | 9 27 | 19 | δὲ εἰς τὴν Ἀραβίαν καὶ Ῥαγουήλῳ τῷ τῶν τόπων * ἄρχοντι * συμβιοῦν λαβόντα τὴν ἐκείνου θυγατέρα τὸν δὲ |
| HCal. | 24 | 14 | ὡς τῇ προνοίᾳ δεκτὸν πράξω. οἱ δὲ ἀπελθόντες τοῖς * ἄρχουσιν * αὐτῶν εἶπον. ὑπείκειν Ἀλέξανδρον καὶ σῴζεσθαι |
| HCal. | 28 | 19 | τοῦ πύργου εἰς τὰ βασίλεια ᾤχετο καὶ Σέλευκον μὲν * ἄρχοντα * τῶν Περσῶν καθίστησι Φίλιππον δὲ Αἰγυπτίων |
| LEze. | 9 28 | 4 04 | αὐτὴν φῦλα παντοίων γενῶν Αἰθίοπες ἄνδρες μέλανες * ἄρχων * δ᾽ ἐστὶ γῆς εἷς καὶ τύραννος καὶ στρατηλάτης |
| ἀρωγός | | | 2 |
| LEze. | 9 29 | 14 44 | μέγα ὤφθη τι ἡμῖν ὡς μὲν εἰκάζειν παρῆν αὐτοῖς * ἀρωγὸς * ὁ θεός. ὡς δ᾽ ἤδη πέραν ἦσαν θαλάσσης κῦμα δ᾽ |
| LEze. | 9 29 | 14 48 | οἶκοι πρόσθεν Ὑψίστου χέρας οἷς μὲν γάρ ἐστ᾽ * ἀρωγὸς * ἡμῖν δ᾽ ἀθλίοις ὄλεθρον ἔρδει. καὶ συνεκλύσθη |
| ἄρωμα | | | 10 |
| Hen. | 24 | 4 | ἕτερον ὅμοιον αὐτῷ ὀσμὴν εἶχεν εὐωδεστέραν πάντων * ἀρωμάτων * καὶ τὰ φύλλα αὐτοῦ καὶ τὸ ἄνθος καὶ τὸ δένδρον |
| Hen. | 29 | 2 | τούτου ᾠχόμην καὶ ἴδον κρίσεως δένδρα πνέοντα * ἀρωμάτων * λιβάνων καὶ ζμύρνας καὶ τὰ δένδρα αὐτῶν ὅμοια |
| Hen. | 30 | 2 | ἄλλον μέγαν φάραγγα ὕδατος ἐν ᾧ καὶ δένδρον χρόα * ἀρωμάτων * ὁμοίων σχίνῳ καὶ τὰ παρὰ τὰ χείλη τῶν φαράγγων |
| Hen. | 30 | 3 | παρὰ τὰ χείλη τῶν φαράγγων τούτων ἴδον κιννάμωμον * ἀρωμάτων * καὶ ἐπέκεινα τούτων ᾠχόμην πρὸς ἀνατολάς. καὶ |
| Hen. | 31 | 3 | ὅταν τριβῶσιν διὸ εὐωδέστερον ὑπὲρ πάντων τῶν * ἀρωμάτων.--- * εἰς βορρᾶν πρὸς ἀνατολὰς τεθέαμαι ἑπτὰ ὄρη |
| Abr.1 | 20 | 11 | σινδόνι θεοϋφαντῷ. καὶ μυρίσμασι θεοπνεύστοις καὶ * ἀρώμασιν * ἐκήδευσαν δὲ τὸ σῶμα τοῦ δικαίου ἕως τρίτης |
| Prop. | 1 | 8 | εἶχεν ὁ βασιλεὺς τὸ χρυσίον τὸ ἐξ Αἰθιοπίας καὶ τὰ * ἀρώματα. * καὶ ἐπειδὴ ὁ Ἐζεκίας ἔδειξε τοῖς ἔθνεσι τὸ |
| Aris. | 92 | 6 | ξυλείαν οἱ δὲ ἔλαιον οἱ δὲ σεμίδαλιν οἱ δὲ τὰ τῶν * ἀρωμάτων * ἕτεροι τὰ τῆς σαρκὸς ὁλοκαυτοῦντες ἰσχύι |
| Aris. | 114 | 1 | κωμῶν ἔθεντο κατὰ λόγον. πολὺ δὲ πλῆθος καὶ τῶν * ἀρωμάτων * καὶ λίθων πολυτελῶν καὶ χρυσοῦ παρακομίζεται |
| HEup. | 9 34 | 17 | ἀρτάβας χιλίας μέλιτος δὲ ἀγγεῖνα ἑκατὸν καὶ * ἀρώματα * πέμψαι τῷ δὲ Σούρωνι εἰς Τύρον πέμψαι τὸν |
| ἀσάλευτος | | | 2 |
| Adam | 32 | 2 | ἀγγέλους ἥμαρτον εἰς τὰ Χερουβὶμ ἥμαρτον εἰς τὸν * ἀσάλευτόν * σου θρόνον ἥμαρτον κύριε ἥμαρτον πολλὰ ἥμαρτον |
| Esdr. | 4 | 29 | ὁ δεξιὸς ὡς ἀστὴρ τῷ πρωὶ ἀνατέλλων καὶ ὁ ἕτερος * ἀσάλευτος * τὸ στόμα αὐτοῦ πῆχυς μία οἱ ὀδόντες αὐτοῦ |
| Ἀσαυνᾶ | | | 1 |
| FJub. | 4 | 9 | πέμπτῳ ἔτει ἔλαβεν ὁ Κάϊν τὴν ἰδίαν ἀδελφὴν * Ἀσαυνᾶν * οὖσαν ἐτῶν ν᾽. αὐτὸς δὲ ἦν ἐτῶν ἑξήκοντα πέντε. |
| ἄσβεστος | | | 4 |
| Jer. | 9 | 13 | ἡμᾶς Ἰησοῦν Χριστὸν τὸ φῶς τῶν αἰώνων πάντων ὁ * ἄσβεστος * λύχνος ἡ ζωὴ τῆς πίστεως. γίνεται δὲ μετὰ τοὺς |
| Esdr. | 1 | 24 | αἰῶνι ὅτι ἀτελεύτητος αὐτῶν ἡ κρίσις καὶ ἡ φλὸξ * ἄσβεστος. * ταῦτα αὐτοῦ λαλοῦντός μου ἦλθεν Μιχαὴλ καὶ |
| FJos. | 190 | | θεοῦ λειτουργὸς πρῶτος καὶ ἐπεκαλεσάμην ἐν ὀνόματι * ἀσβέστῳ * τὸν θεόν μου; ἀνέγνων γὰρ ἐν ταῖς πλαξὶ τοῦ |
| FrAn. | 574 | 3070 | ὁρκίζω σε τὸν ἐν τῇ καθαρᾷ Ἱεροσολύμῳ ᾧ τὸ * ἄσβεστον * πῦρ διὰ παντὸς αἰῶνος προσπαράκειται τῷ ὀνόματι |
| Ἄσβολος | | | 1 |
| HAno. | 9 17 | 9 | δὲ Χοὺμ υἱὸν γενέσθαι ὃν ὑπὸ τῶν Ἑλλήνων λέγεσθαι * Ἄσβολον * πατέρα δὲ Αἰθιόπων ἀδελφὸν δὲ τοῦ Μεστραειμ |
| Ἀσεάλ | | | 1 |
| Hen. | 6 | 7 | Ἀτριὴλ Ταμιὴλ Βαρακιὴλ Ἀνανθνὰ Θωνιὴλ Ῥαμιὴλ * Ἀσέαλ * Ῥακειὴλ Τουριήλ. οὗτοί εἰσιν ἀρχαὶ αὐτῶν οἱ |
| ἀσέβεια | | | 24 |
| Hen. | 1 | 9 | καὶ ἐλέγξει πᾶσαν σάρκα περὶ πάντων ἔργων τῆς * ἀσεβείας * αὐτῶν ὧν ἠσέβησαν καὶ σκληρῶν ὧν ἐλάλησαν λόγων |
| Hen. | 8 | 2 | λίθους ἐκλεκτοὺς καὶ τὰ βαφικά. καὶ ἐγένετο * ἀσέβεια * πολλὴ καὶ ἐπόρνευσαν καὶ ἀπεπλανήθησαν καὶ |
| Hen. | 8B | 2 | παρέβησαν καὶ ἐπλάνησαν τοὺς ἁγίους. καὶ ἐγένετο * ἀσέβεια * πολλὴ ἐπὶ τῆς γῆς καὶ ἠφάνισαν τὰς ὁδοὺς αὐτῶν. |
| Hen. | 9B | 2 | αἷμα πολὺ ἐκκεχυμένον ἐπὶ τῆς γῆς καὶ πᾶσαν * ἀσέβειαν * καὶ ἀνομίαν γενομένην ἐπ᾽ αὐτῆς εἰσελθόντες |
| Hen. | 10 | 20 | καὶ ἀπὸ πάσης ἀδικίας καὶ ἀπὸ πάσης ἁμαρτίας καὶ * ἀσεβείας * καὶ πάσας τὰς ἀκαθαρσίας τὰς γινομένας ἐπὶ τῆς |
| Hen. | 13 | 2 | ἔδειξας ἀδικημάτων καὶ περὶ πάντων τῶν ἔργων τῶν * ἀσεβειῶν * καὶ τῆς ἀδικίας καὶ τῆς ἁμαρτίας ὅσα ὑπέδειξας |
| TRub. | 3 | 14 | εἰσελθὼν καὶ ἰδὼν τὴν γύμνωσιν αὐτῆς ἔπραξα τὴν * ἀσέβειαν * καὶ καταλιπὼν αὐτὴν κοιμωμένην ἐξῆλθον. καὶ |
| TRub. | 3 | 15 | τοῦ θεοῦ ἀπεκάλυψε τῷ πατρί μου Ἰακὼβ περὶ τῆς * ἀσεβείας * μου καὶ ἐλθὼν ἐπένθει ἐπ᾽ ἐμοὶ μηκέτι ἁψάμενος |
| TLevi | 10 | 2 | πατέρων μου ἀνήγγειλα ὑμῖν. ἀθῷός εἰμι ἀπὸ πάσης * ἀσεβείας * ὑμῶν καὶ παραβάσεως ἣν ποιήσετε ἐπὶ συντελείᾳ |
| TLevi | 13 | 7 | τὴν σοφίαν οὐδεὶς δύναται ἀφελέσθαι εἰ μὴ τύφλωσις * ἀσεβείας * καὶ πήρωσις ἁμαρτίας ὅτι γενήσεται αὐτῷ αὐτὴ |
| TLevi | 14 | 2 | καὶ γὰρ ὁ πατὴρ ἡμῶν Ἰσραὴλ καθαρὸς ἔσται ἀπὸ τῆς * ἀσεβείας * τῶν ἀρχιερέων οἵτινες ἐπιβαλοῦσι τὰς χεῖρας |
| TLevi | 14 | 4 | τί ποιήσουσι πάντα τὰ ἔθνη ἐὰν ὑμεῖς σκοτισθῆτε ἐν * ἀσεβείᾳ * καὶ ἐπάξητε κατάραν ἐπὶ τὸ γένος ἡμῶν ὑπὲρ ὧν τὸ |
| TLevi | 14 | 6 | καὶ γενήσεται ἡ μεῖξις ὑμῶν Σόδομα καὶ Γόμορρα ἐν * ἀσεβείᾳ * καὶ φυσιωθήσεσθε ἐπὶ τῇ ἱερωσύνῃ κατὰ τῶν |
| TJos. | 5 | 2 | ὅτι καίγε ἐγὼ ἐξαγγελῶ τὴν ἐπίνοιαν τῆς * ἀσεβείας * σου πᾶσιν. φοβηθεῖσα οὖν ἐκείνη ἠξίου ἵνα |
| TJos. | 6 | 9 | ἐνουθέτησα καὶ συνέθετο τοῦ μὴ ποιῆσαι ἔτι τὴν * ἀσέβειαν * ταύτην. ὅτι δὲ ἡ καρδία αὐτῆς ἐνέκειτο εἰς ἐμὲ |
| Prop. | 4 | 15 | ἔτη καὶ ἓξ μῆνας ὑπέπιπτε κυρίῳ καὶ ὡμολόγει τὴν * ἀσέβειαν * αὐτοῦ καὶ μετὰ ἄφεσιν τῆς ἀνομίας αὐτοῦ |
| Prop. | 6 | 1 | αὐτοῦ ἀνῃρέθη κρημνῷ ὅτι ἤλεγχεν αὐτὸν ἐπὶ ταῖς * ἀσεβείαις * τῶν πατέρων αὐτοῦ. καὶ ἐτάφη ἐν τῇ γῇ αὐτοῦ |
| Prop. | 17 | 4B | τὸν Ναθὰν ἔλεγε γὰρ ὅτι δι᾽ ἐμοῦ γέγονεν ἡ * ἀσέβεια * αὕτη. καὶ προσέσχεν ὁ κύριος ἐπὶ τὸν στεναγμὸν |
| Aris. | 166 | 5 | ἐπετέλεσαν μιανθέντες αὐτοὶ παντάπασι τῷ τῆς * ἀσεβείας * μολυσμῷ. καλῶς δὲ ποιῶν ὁ βασιλεὺς ὑμῶν τοὺς |
| Sib. | 3 | 184 | ἄρξωνθ᾽ ὑπερηφανίης ἀδίκοιο. αὐτίκα δ᾽ ἐν τούτοις * ἀσεβείας * ἔσσετ᾽ ἀνάγκη ἄρσην δ᾽ ἄρσενι πλησιάσει |
| Sib. | 4 | 44 | ζόφον ἐν πυρὶ πέμψει (καὶ τότ᾽ ἐπιγνώσονται ὅσην * ἀσέβειαν * ἔρεξαν) εὐσεβέες δὲ μενοῦσιν ἐπὶ ζείδωρον |
| Sib. | 4 | 167 | τῶν πάρος ἔργων συγγνώμην αἰτεῖσθε καὶ εὐλογίαις * ἀσέβειαν * πικρὰν ἱλάσκεσθε θεὸς δώσει μετάνοιαν οὐδ᾽ |
| Sib. | 4 | 171 | ἀσκήσητε. εἰ δ᾽ οὔ μοι πείθοισθε κακόφρονες ἀλλ᾽ * ἀσέβειαν * στέργοντες τάδε πάντα κακαῖς δέξαισθε ἀκουαῖς |
| HAno. | 9 18 | 2 | τούτους δὲ οἰκοῦντας ἐν τῇ Βαβυλωνίᾳ διὰ τὴν * ἀσέβειαν * ὑπὸ τῶν θεῶν ἀναιρεθῆναι ὧν ἕνα Βῆλον |
| ἀσεβέω | | | 9 |
| Hen. | 1 | 9 | σάρκα περὶ πάντων ἔργων τῆς ἀσεβείας αὐτῶν ὧν * ἠσέβησαν * καὶ σκληρῶν ὧν ἐλάλησαν λόγων (καὶ περὶ πάντων |
| TLevi | 10 | 2 | ἐπὶ συντελείᾳ τῶν αἰώνων εἰς τὸν σωτῆρα τοῦ κόσμου * ἀσεβοῦντες * πλανῶντες τὸν Ἰσραὴλ καὶ ἐπεγείροντες αὐτῷ |
| TLevi | 14 | 1 | καὶ νῦν τέκνα ἔγνων ἀπὸ γραφῆς Ἐνὼχ ὅτι ἐπὶ τέλει * ἀσεβήσετε * ἐπὶ κύριον χεῖρας ἐπιβάλλοντες ἐν πάσῃ κακίᾳ |
| TNep. | 4 | 4 | ἐν γῇ πατέρων αὐτῶν πάλιν ἐπιλάθωνται κυρίου καὶ * ἀσεβήσουσιν * καὶ διασπείρει αὐτοὺς κύριος ἐπὶ προσώπου |
| TAser | 7 | 5 | τῶν οὐρανῶν ὅτι ἀπειθοῦντες ἀπειθήσετε αὐτῷ καὶ * ἀσεβοῦντες * ἀσεβήσετε εἰς αὐτὸν μὴ προσέχοντες τὸν νόμον |
| TAser | 7 | 5 | ὅτι ἀπειθοῦντες ἀπειθήσετε αὐτῷ καὶ ἀσεβοῦντες * ἀσεβήσετε * εἰς αὐτὸν μὴ προσέχοντες τὸν νόμον τοῦ θεοῦ |
| TJos. | 6 | 7 | τῶν ἐν σωφροσύνῃ θεοσεβούντων οὐ κατισχύει κακία * ἀσεβούντων * λαβὼν ἐνώπιον αὐτῆς ἐξαυτῆς ἔφαγον εἰπὼν ὁ |
| Asen. | 12 | 4 | κύριε ὅτι ἥμαρτον ἐνώπιόν σου πολλὰ ἠνόμησα καὶ * ἠσέβησα * καὶ λελάληκα πονηρὰ καὶ ἄρρητα ἐνώπιόν σου. |
| Prop. | 3 | 17 | ἔκρινεν ἐν Βαβυλῶνι τὴν φυλὴν Δὰν καὶ τοῦ Γὰδ ὅτι * ἠσέβουν * εἰς τὸν κύριον διώκοντες τοὺς τὸν νόμον |
| ἀσέβημα | | | 1 |
| TRub. | 6 | 3 | αἱ γὰρ συνεχεῖς συντυχίαι κἂν μὴ πραχθῇ τὸ * ἀσέβημα * αὐταῖς μέν ἐστι νόσος ἀνίατος ἡμῖν δὲ ὄνειδος |

ἀσεβής 19

Hen. 1 9 κρίσιν κατὰ πάντων καὶ ἀπολέσει πάντας τοὺς * ἀσεβεῖς * καὶ ἐλέγξει πᾶσαν σάρκα περὶ πάντων ἔργων τῆς
Hen. 1 9 περὶ πάντων ὧν κατελάλησαν) κατ' αὐτοῦ ἁμαρτωλοὶ * ἀσεβεῖς. * κατανοήσατε πάντα τὰ ἔργα ἐν τῷ οὐρανῷ πῶς οὐκ
Hen. 5 6 πάντες οἱ καταρώμενοι καὶ πάντες οἱ ἁμαρτωλοὶ καὶ * ἀσεβεῖς * ἐν ὑμῖν ὀμοῦνται καὶ πάντες οἱ ἀναμάρτητοι
Hen. 5 7 καὶ αὐτοὶ κληρονομήσουσιν τὴν γῆν ὑμῖν δὲ τοῖς * ἀσεβέσιν * ἔσται κατάρα. τότε δοθήσεται τοῖς ἐκλεκτοῖς φῶς
Hen. 22 13 ὅσοι οὐκ ἔσονται ὅσιοι ἀλλὰ ἁμαρτωλοὶ ὅσοι * ἀσεβεῖς * καὶ μετὰ τῶν ἀνόμων ἔσονται μέτοχοι. τὰ δὲ
Hen. 27 3 δικαίων εἰς τὸν ἅπαντα χρόνον ὧδε εὐλογήσουσιν οἱ * ἀσεβεῖς * τὸν κύριον τῆς δόξης τὸν βασιλέα τοῦ αἰῶνος ἐν
TJud. 25 5 καὶ οἱ ἀετοὶ Ἰσραὴλ πετασθήσονται ἐν χαρᾷ οἱ δὲ * ἀσεβεῖς * πενθήσουσι καὶ οἱ ἁμαρτωλοὶ κλαύσονται καὶ
TZab. 10 3 καὶ ἐντολὰς Ζαβουλὼν πατρὸς αὐτῶν. ἐπὶ δὲ τοὺς * ἀσεβεῖς * ἐπάξει κύριος πῦρ αἰώνιον καὶ ἀπολέσει αὐτοὺς
TBen. 3 8 ὑπὲρ ἀνόμων παραδοθήσεται καὶ ἀναμάρτητος ὑπὲρ * ἀσεβῶν * ἀποθανεῖται ἐν αἵματι διαθήκης ἐπὶ σωτηρίᾳ ἐθνῶν
Prop. 13 2 περὶ τῆς πόλεως καὶ περὶ τέλους ἐθνῶν καὶ αἰσχύνης * ἀσεβῶν * καὶ θανὼν ἐτάφη ἐν ἀγρῷ αὐτοῦ. Ἀγγαῖος ὁ καὶ
Sedr. 15 5 αὐτῶν ὡς λίθος σαθρὸς οὗτοί εἰσιν οἱ πορεύοντες * ἀσεβέσιν * ὁδοῖς καὶ ἀπολύμενοι μετὰ τοῦ ἀντιχρίστου.
Sib. 3 36 ἔκτισε καὶ γῆν. αἶ γένος αἱμοχαρὲς δόλιον κακὸν * ἀσεβέων * τε ψευδῶν διγλώσσων ἀνθρώπων καὶ κακοηθῶν
Sib. 3 568 ὑπεκφεύξῃ ζυγὸν αὖτις. ἀλλὰ μέχρις γε τοσοῦδ' * ἀσεβῶν * γένος ἔσσεται ἀνδρῶν ὁππότε κεν τοῦτο προλάβῃ
Sib. 4 42 θνητῶν ἔλθῃ κρίσις ἣν θεὸς αὐτὸς ποιήσει κρίνων * ἀσεβεῖς * θ' ἅμα εὐσεβέας τε καὶ τότε δυσσεβέας μὲν ὑπὸ
Sib. 5 171 κλαύσεται ἣν παράκοιτιν ἧτε μιαιφόνον ἦτορ ἔχεις * ἀσεβῆ * δέ τε θυμόν. οὐκ ἔγνως τί θεὸς δύναται τί δὲ
Sib. 5 304 τε φλεγέθουσιν ἀνδράσι δυσμενέεσσι καὶ ὡς * ἀσεβεῖς * ὀλοθρεύσει ὥστε μένειν νέκυας κατὰ γῆς πλέονας
IDip. 5 121 1 δύο τρίβους νομίζομεν μίαν δικαίων ἑτέραν δὲ * ἀσεβῶν * εἶναι ὁδόν. εἰ τοὺς δύω καλύψει ἡ γῆ τῷ παντὶ
IDip. 5 121 1 δύω καλύψει ἡ γῆ τῷ παντὶ χρόνῳ εἰ γὰρ δίκαιος * κἀσεβὴς * ἕξουσιν ἓν ἅρπαζε ἀπελθὼν κλέπτε ἀποστέρει κύκα
LThe. 9 22 9 τοῦτον τὸν νοῦν ἐμβαλεῖν διὰ τὸ τοὺς ἐν Σικίμοις * ἀσεβεῖς * εἶναι. βλάπτε θεὸς Σικίμων οἰκήτορας οὐ γὰρ

ἀσέλγεια 2

TJud. 23 1 αἰῶνος. πολλὴ δὲ λύπη μοί ἐστι τέκνα μου διὰ τὰς * ἀσελγείας * καὶ γοητείας καὶ εἰδωλολατρείας ἃς ποιήσετε
FJub. 4 15 τοῦ Ἰάρεδ καὶ ἐπέκεινα φαρμακεία καὶ μαγεία * ἀσέλγεια * μοιχεία τε καὶ ἀδικία. οὗτος ⟨Ἐνὼχ⟩ πρῶτος

ἀσελγής 2

TLevi 17 11 μάχιμοι φιλάργυροι ὑπερήφανοι ἄνομοι * ἀσελγεῖς * παιδοφθόροι καὶ κτηνοφθόροι. καὶ μετὰ τὸ
Aris. 205 2 ἐκδεχόμενος εἶπεν εἰ μηδὲν ἀνάξιον τῆς ἀρχῆς μηδὲ * ἀσελγὲς * πράσσοι μηδὲ δαπάνην εἰς τὰ κενὰ καὶ μάταια

Ἀσενέθ 191

Asen. 1 5 ὡς Ῥαχήλ. καὶ ἦν τὸ ὄνομα τῆς παρθένου ἐκείνης * Ἀσενέθ. * καὶ ἀπῆλθεν ἡ φήμη τοῦ κάλλους αὐτῆς εἰς πᾶσαν
Asen. 1 6 καὶ δυνατοὶ καὶ ἦν ἔρις πολλὴ ἐν αὐτοῖς περὶ * Ἀσενὲθ * καὶ ἐπειρῶντο πολεμεῖν πρὸς ἀλλήλους δι' αὐτήν.
Asen. 1 7 Φαραὼ ὁ υἱὸς αὐτοῦ ὁ πρωτότοκος δός μοι πάτερ τὴν * Ἀσενὲθ * τὴν θυγατέρα Πεντεφρῆ τοῦ ἱερέως Ἡλιουπόλεως
Asen. 2 1 σφόδρα; ταύτην λαβὲ σεαυτῷ εἰς γυναῖκα. καὶ ἦν * Ἀσενὲθ * ἐξουθενοῦσα καὶ καταπτύουσα πάντα ἄνδρα καὶ ἦν
Asen. 2 3 χρυσοῖ καὶ ἀργυροῖ. καὶ πάντας ἐκείνους ἐσέβετο * Ἀσενὲθ * καὶ ἐφοβεῖτο αὐτοὺς καὶ θυσίας αὐτοῖς ἐπετέλει
Asen. 2 4 ὁ δεύτερος θάλαμος ἔχων τὸν κόσμον καὶ τὰς θήκας * Ἀσενὲθ * καὶ ἦν χρυσὸς πολὺς ἐν αὐτῷ καὶ ἄργυρος καὶ
Asen. 2 5 αὐτῆς. καὶ ἦν ὁ τρίτος θάλαμος ταμιεῖον τῆς * Ἀσενὲθ * καὶ ἦν ἐν αὐτῷ πάντα τὰ ἀγαθὰ τῆς γῆς. καὶ τοὺς
Asen. 2 6 θάλαμον κεκτημένη καὶ αὗται ἦσαν διακονοῦσαι τῇ * Ἀσενὲθ * καὶ ἦσαν πᾶσαι ὁμήλικαι ἐν μιᾷ νυκτὶ τεχθεῖσαι
Asen. 2 6 ἦσαν πᾶσαι ὁμήλικαι ἐν μιᾷ νυκτὶ τεχθεῖσαι σὺν τῇ * Ἀσενὲθ * καὶ ἠγάπα αὐτὰς πάνυ. καὶ ἦσαν καλαὶ σφόδρα ὡς
Asen. 2 7 καὶ ἦσαν θυρίδες τρεῖς τῷ θαλάμῳ τῷ μεγάλῳ τῆς * Ἀσενὲθ * ὅπου ἡ παρθενία αὐτῆς ἐτρέφετο. καὶ ἦν ἡ μία
Asen. 2 9 καθυφασμένη. καὶ ἐν ταύτῃ τῇ κλίνῃ ἐκάθευδεν * Ἀσενὲθ * μόνη καὶ ἀνὴρ ἢ γυνὴ ἑτέρα οὐδέποτε ἐκάθισεν ἐπ'
Asen. 2 9 ἢ γυνὴ ἑτέρα οὐδέποτε ἐκάθισεν ἐπ' αὐτῇ πλὴν τῆς * Ἀσενὲθ * μόνης. καὶ ἦν αὐλὴ μεγάλη παρακειμένη τῇ οἰκίᾳ
Asen. 3 5 τοῦ θεοῦ ἔρχεται πρὸς ἡμᾶς σήμερον. καὶ ἤκουσεν * Ἀσενὲθ * ὅτι ἥκασιν ἐξ ἀγροῦ τῆς κληρονομίας αὐτῶν ὁ
Asen. 3 6 ἡμῶν. διότι ὥρα ἦν θερισμοῦ. καὶ ἔσπευσεν * Ἀσενὲθ * εἰς τὸν θάλαμον αὐτῆς ὅπου ἐκεῖντο αἱ στολαὶ
Asen. 4 1 Πεντεφρῆς καὶ ἡ γυνὴ αὐτοῦ ἐπὶ τῇ θυγατρὶ αὐτῶν * Ἀσενὲθ * χαρὰν μεγάλην διότι ἑώρων αὐτὴν κεκοσμημένην ὡς
Asen. 4 2 τῇ θυγατρὶ αὐτῶν. καὶ ἐχάρη ἐπὶ πᾶσι τοῖς ἀγαθοῖς * Ἀσενὲθ * ἐπί τε τῇ ὀπώρᾳ καὶ τῇ σταφυλῇ καὶ τοῖς φοίνιξι
Asen. 4 3 τῇ γεύσει. καὶ εἶπε Πεντεφρῆς τῇ θυγατρὶ αὐτοῦ * Ἀσενὲθ * τέκνον μου. ἡ δὲ εἶπεν ἰδοὺ ἐγὼ κύριε. καὶ εἶπεν
Asen. 4 5 καὶ λαλήσω πρός σε τὰ ῥήματά μου. καὶ ἐκάθισεν * Ἀσενὲθ * ἀνάμεσον τοῦ πατρὸς αὐτῆς καὶ τῆς μητρός. καὶ
Asen. 4 5 καὶ κατεφίλησεν αὐτὴν καὶ εἶπεν αὐτῇ τέκνον μου * Ἀσενέθ. * καὶ αὕτη εἶπεν ἰδοὺ ἐγὼ κύριε. λαλησάτω δὴ ὁ
Asen. 4 9 σου νυμφίος εἰς τὸν αἰῶνα χρόνον. καὶ ὡς ἤκουσεν * Ἀσενὲθ * τὰ ῥήματα ταῦτα παρὰ τοῦ πατρὸς αὐτῆς περιεχύθη
Asen. 4 12 Πεντεφρῆς ᾐδέσθη ἔτι λαλῆσαι τῇ θυγατρὶ αὐτοῦ * Ἀσενὲθ * περὶ Ἰωσὴφ διότι θρασέως καὶ μετὰ ἀλαζονείας
Asen. 5 2 πρὸ τῶν θυρῶν τῆς αὐλῆς ἡμῶν ἕστηκε. καὶ ἔφυγεν * Ἀσενὲθ * ἀπὸ προσώπου τοῦ πατρὸς καὶ τῆς μητρὸς αὐτῆς ὡς
Asen. 5 7 καὶ πᾶσα ἡ συγγένεια αὐτοῦ πλὴν τῆς θυγατρὸς αὐτῶν * Ἀσενὲθ * καὶ προσεκύνησαν τῷ Ἰωσὴφ ἐπὶ πρόσωπον ἐπὶ τὴν
Asen. 6 1 καὶ ἐδεξιώσατο αὐτοὺς ἐν τῇ δεξιᾷ αὐτοῦ. καὶ εἶδεν * Ἀσενὲθ * τὸν Ἰωσὴφ ἐπὶ τοῦ ἅρματος καὶ κατενύγη ἰσχυρῶς
Asen. 7 2 Ἰωσὴφ τοῖς ὀφθαλμοῖς αὐτοῦ εἶδε παρακύπτουσαν τὴν * Ἀσενέθ. * καὶ εἶπεν Ἰωσὴφ τῷ Πεντεφρῇ καὶ πάσῃ τῇ
Asen. 8 1 τῆς σήμερον ὡς ἀδελφήν μου. καὶ ἀνέβη ἡ μήτηρ τῆς * Ἀσενὲθ * εἰς τὸ ὑπερῷον καὶ ἤγαγε αὐτὴν καὶ ἔστησεν αὐτὴν
Asen. 8 1 τοῦ Ἰωσήφ. καὶ εἶπε Πεντεφρῆς τῇ θυγατρὶ αὐτοῦ * Ἀσενὲθ * ἄσπασαι τὸν ἀδελφόν σου διότι καὶ αὐτὸς παρθένος
Asen. 8 2 ὡς καὶ σὺ πάντα ἄνδρα ἀλλότριον. καὶ εἶπεν * Ἀσενὲθ * τῷ Ἰωσὴφ χαίροις κύριέ μου εὐλογημένε τῷ θεῷ τῷ
Asen. 8 3 εὐλογημένε τῷ θεῷ τῷ ὑψίστῳ. καὶ εἶπεν Ἰωσὴφ τῇ * Ἀσενὲθ * εὐλογήσει σε κύριος ὁ θεὸς ὁ ζωοποιήσας τὰ
Asen. 8 4 τὰ πάντα. καὶ εἶπε Πεντεφρῆς τῇ θυγατρὶ αὐτοῦ * Ἀσενὲθ * πρόσελθε καὶ καταφίλησον τὸν ἀδελφόν σου. καὶ ὡς
Asen. 8 5 καὶ καταφίλησον τὸν ἀδελφόν σου. καὶ ὡς προσῆλθεν * Ἀσενὲθ * φιλῆσαι τὸν Ἰωσὴφ ἐξέτεινεν Ἰωσὴφ τὴν χεῖρα
Asen. 8 8 ἐστι τοῦτο ἐνώπιον κυρίου τοῦ θεοῦ. καὶ ὡς ἤκουσεν * Ἀσενὲθ * τὰ ῥήματα ταῦτα τοῦ Ἰωσὴφ κατενύγη ἰσχυρῶς καὶ
Asen. 9 1 τῇ αἰωνίῳ ζωῇ σου εἰς τὸν αἰῶνα χρόνον. καὶ ἐχάρη * Ἀσενὲθ * ἐπὶ τῇ εὐλογίᾳ τοῦ Ἰωσὴφ χαρὰν μεγάλην σφόδρα
Asen. 10 1 αὐτοῦ ἀπῆλθον εἰς τὸν κλῆρον αὐτῶν. καὶ κατελείφθη * Ἀσενὲθ * μόνη μετὰ τῶν ἑπτὰ παρθένων καὶ ἐβαρυθύμει καὶ
Asen. 10 2 φόβον μέγαν καὶ ἔτρεμε τρόμον βαρύν. καὶ ἀνέστη * Ἀσενὲθ * ἀπὸ τῆς κλίνης αὐτῆς καὶ κατέβη ἡσύχως τὴν
Asen. 10 2 ἐκάθευδε μετὰ τῶν τέκνων αὐτῆς. καὶ ἔσπευσεν * Ἀσενὲθ * καὶ καθεῖλεν ἐκ τῆς θυρίδος τὴν δέρριν τοῦ
Asen. 10 4 καὶ ἤκουσεν ἡ παρθένος ἡ σύντροφος αὐτῆς ἣν ἠγάπα * Ἀσενὲθ * παρὰ πάσας τὰς παρθένους τὸν στεναγμὸν αὐτῆς καὶ
Asen. 10 4 ἄλλας ἓξ παρθένους. καὶ ἦλθον πρὸς τὴν θύραν τῆς * Ἀσενὲθ * καὶ εὗρον τὴν θύραν κεκλεισμένην. καὶ ἤκουσαν
Asen. 10 5 καὶ ἤκουσαν τοῦ στεναγμοῦ καὶ τοῦ κλαυθμοῦ τῆς * Ἀσενὲθ * καὶ εἶπον αὐτῇ τί σοί ἐστι δέσποινα καὶ διά τί
Asen. 10 6 ἡμῖν καὶ ὀψόμεθα τί σοί ἐστιν. καὶ οὐκ ἤνοιξεν * Ἀσενὲθ * τὴν θύραν ἀλλ' εἶπεν αὐταῖς ἔσωθεν τῆς κεφαλῆς
Asen. 10 8 παρθένοι ἑκάστη εἰς τὸν θάλαμον αὐτῆς. καὶ ἀνέστη * Ἀσενὲθ * καὶ ἤνοιξε τὴν θύραν ἡσύχως καὶ ἀπῆλθεν εἰς τὸν
Asen. 10 8 ὁ ἀδελφὸς αὐτῆς ὁ νεώτερος. τοῦτον ἐνεδύσατο * Ἀσενὲθ * καὶ ἐπένθησε τὸν ἀδελφὸν αὐτῆς. καὶ ἔλαβε τὸν
Asen. 10 10 καὶ τὸν μοχλὸν καθῆκεν ἐκ πλαγίου. καὶ ἔσπευσεν * Ἀσενὲθ * καὶ ἀπέθετο τὴν στολὴν αὐτῆς τὴν βασιλικὴν τὴν
Asen. 10 12 βλεπούσης πρὸς βορρᾶν τοῖς πένησιν. καὶ ἔσπευσεν * Ἀσενὲθ * καὶ ἔλαβε πάντας τοὺς θεοὺς αὐτῆς τοὺς ὄντας ἐν
Asen. 10 13 ὑπερῴου αὐτῆς πτωχοῖς καὶ δεομένοις. καὶ ἔλαβεν * Ἀσενὲθ * τὸ δεῖπνον αὐτῆς τὸ βασιλικὸν καὶ τὰ σιτιστὰ καὶ
Asen. 10 13 πάντα τοῖς κυσὶ τοῖς ἀλλοτρίοις. εἶπε γὰρ ἐν ἑαυτῇ * Ἀσενὲθ * οὐ μὴ φάγωσιν οἱ κύνες μου ἐκ τοῦ δείπνου μου
Asen. 10 14 αὐτά οἱ κύνες οἱ ἀλλότριοι. καὶ μετὰ ταῦτα ἔλαβεν * Ἀσενὲθ * τὴν δέρριν τῆς τέφρας καὶ κατέχεεν αὐτὴν ἐπὶ τὸ
Asen. 10 16 μετὰ στεναγμοῦ καὶ βριμήματος ἕως πρωΐ. καὶ ἀνέστη * Ἀσενὲθ * τὸ πρωΐ καὶ εἶδε καὶ ἰδοὺ πηλὸς πολὺς ἐκ τῶν
Asen. 10 16 καὶ ἐκ τῆς τέφρας εἰς τὸ ἔδαφος. καὶ ἔπεσε πάλιν * Ἀσενὲθ * ἐπὶ πρόσωπον ἐπὶ τῆς τέφρας ἕως δείλης καὶ μέχρι
Asen. 10 17 καὶ μέχρι τοῦ δῦναι τὸν ἥλιον. καὶ οὕτως ἐποίησεν * Ἀσενὲθ * τὰς ἑπτὰ ἡμέρας καὶ ἄρτον οὐκ ἔφαγε καὶ ὕδωρ οὐκ
Asen. 11 1 διοδεύοντας καὶ ἀνένευσε μικρὸν τὴν κεφαλὴν αὐτῆς * Ἀσενὲθ * ἐκ τοῦ ἐδάφους καὶ τῆς τέφρας οὗ ἦν ἐπικειμένη
Asen. 11 1B ἁπλο⟨ύ⟩μεναι ἀπὸ τῆς πολλῆς τέφρας. καὶ ἔπλεξεν * Ἀσενὲθ * τὰς χεῖρας αὐτῆς δάκτυλον πρὸς δάκτυλον καὶ
Asen. 11 1C τέφραν ἐπάνω τῆς κεφαλῆς αὐτῆς. καὶ ἔκαμεν * Ἀσενὲθ * καὶ ὠλιγοψύχησε καὶ ἐξέλιπε τῇ δυνάμει αὐτῆς.
Asen. 11 5 ἡ συγγένειά μου καὶ εἶπον οὐκ ἔστι θυγάτηρ ἡμῶν * Ἀσενὲθ * διότι τοὺς θεοὺς ἡμῶν ἀπώλεσεν. καὶ πάντες
Asen. 11 15 βοηθός. τολμήσω καὶ βοήσω πρὸς αὐτόν. καὶ ἀνέστη * Ἀσενὲθ * ἀπὸ τοῦ τοίχου οὗ ἐκαθέζετο καὶ ἀπεστράφη πρὸς
Asen. 11 19 οὖν ἀνοῖξαι τὸ στόμα μου πρὸς αὐτόν. καὶ ἀνέστη * Ἀσενὲθ * πάλιν ἀπὸ τοῦ τοίχου οὗ ἐκάθητο καὶ ἀνορθώθη ἐπὶ
Asen. 12 5 εἰμὶ ἀξία ἀνοῖξαι τὸ στόμα μου πρός σέ κύριε. κἀγὼ * Ἀσενὲθ * θυγάτηρ Πεντεφρῆ τοῦ ἱερέως ἡ παρθένος καὶ
Asen. 12 12 μου ἠρνήσαντό με καὶ εἶπον οὐκ ἔστιν ἡμῶν θυγάτηρ * Ἀσενὲθ * διότι ἀπώλεσα καὶ συνέτριψα τοὺς θεοὺς αὐτῶν καὶ
Asen. 14 1 αὐτῷ εἰς τὸν αἰῶνα χρόνον. καὶ ὡς ἐπαύσατο * Ἀσενὲθ * ἐξομολογουμένη τῷ κυρίῳ ἰδοὺ ὁ ἑωσφόρος ἀστὴρ
Asen. 14 1 ἐκ τοῦ οὐρανοῦ κατὰ ἀνατολάς. καὶ εἶδεν αὐτὸν * Ἀσενὲθ * καὶ ἐχάρη καὶ εἶπεν ἄρα ἐπήκουσε κύριος ὁ θεὸς
Asen. 14 2 φωτὸς τῆς μεγάλης ἡμέρας ἀνέτειλεν. καὶ ἔτι ἑώρα * Ἀσενὲθ * καὶ ἰδοὺ ἐγγὺς τοῦ ἑωσφόρου ἐσχίσθη ὁ οὐρανὸς
Asen. 14 3 καὶ ἐφάνη φῶς μέγα καὶ ἀνεκλάλητον. καὶ εἶδεν * Ἀσενὲθ * καὶ ἔπεσεν ἐπὶ πρόσωπον ἐπὶ τὴν τέφραν. καὶ ἦλθε
Asen. 14 3 ἄνθρωπος ἐκ τοῦ οὐρανοῦ καὶ ἔστη ὑπὲρ κεφαλῆς * Ἀσενέθ. * καὶ ἐκάλεσεν αὐτὴν καὶ εἶπεν Ἀσενὲθ Ἀσενέθ.
Asen. 14 4 ὑπὲρ κεφαλῆς Ἀσενέθ. καὶ ἐκάλεσεν αὐτὴν καὶ εἶπεν * Ἀσενὲθ * Ἀσενέθ. καὶ εἶπεν τίς ἐστιν ὁ καλῶν με διότι ἡ
Asen. 14 4 Ἀσενέθ. καὶ ἐκάλεσεν αὐτὴν καὶ εἶπεν Ἀσενὲθ * Ἀσενέθ. * καὶ εἶπεν τίς ἐστιν ὁ καλῶν με διότι ἡ θύρα τοῦ
Asen. 14 6 ἐκάλεσεν αὐτὴν ὁ ἄνθρωπος ἐκ δευτέρου καὶ εἶπεν * Ἀσενὲθ * Ἀσενέθ. καὶ εἶπεν ἰδοὺ ἐγὼ κύριε. τίς εἶ σὺ
Asen. 14 6 αὐτὴν ὁ ἄνθρωπος ἐκ δευτέρου καὶ εἶπεν Ἀσενὲθ * Ἀσενέθ. * καὶ εἶπεν ἰδοὺ ἐγὼ κύριε. τίς εἶ σὺ ἀνάγγειλόν
Asen. 14 9 πρός σέ τὰ ῥήματά μου. καὶ ἐπῆρε τὴν κεφαλὴν αὐτῆς * Ἀσενὲθ * καὶ εἶδε καὶ ἰδοὺ ἀνὴρ κατὰ πάντα ὅμοιος τῷ
Asen. 14 10 ἀπό τε τῶν χειρῶν καὶ τῶν ποδῶν αὐτοῦ. καὶ εἶδεν * Ἀσενὲθ * καὶ ἔπεσεν ἐπὶ πρόσωπον αὐτῆς ἐπὶ τοὺς πόδας
Asen. 14 10 ἐπὶ τοὺς πόδας αὐτοῦ ἐπὶ τὴν γῆν. καὶ ἐφοβήθη * Ἀσενὲθ * φόβον μέγαν καὶ ἐτρόμαξε πάντα τὰ μέλη αὐτῆς.
Asen. 14 11 τὰ μέλη αὐτῆς. καὶ εἶπεν αὐτῇ ὁ ἄνθρωπος θάρσει * Ἀσενὲθ * καὶ μὴ φοβηθῇς ἀλλ' ἀνάστηθι καὶ στῆθι ἐπὶ τοὺς
Asen. 14 12 σου καὶ λαλήσω πρός σέ τὰ ῥήματά μου. καὶ ἀνέστη * Ἀσενὲθ * καὶ ἔστη ἐπὶ τοὺς πόδας αὐτῆς. καὶ εἶπεν αὐτῇ ὁ
Asen. 14 14 πρός με καὶ λαλήσω σοι τὰ ῥήματά μου. καὶ ἔσπευσεν * Ἀσενὲθ * καὶ εἰσῆλθεν εἰς τὸν θάλαμον αὐτῆς τὸν δεύτερον
Asen. 15 2 σού ἐστιν ὡς ἀνδρὸς νεανίσκου. καὶ ἀπέστειλεν * Ἀσενὲθ * τὸ θέριστρον ἀπὸ τῆς κεφαλῆς αὐτῆς. καὶ εἶπεν
Asen. 15 2 κεφαλῆς αὐτῆς. καὶ εἶπεν αὐτῇ ὁ ἄνθρωπος θάρσει * Ἀσενὲθ * ἡ παρθένος ἁγνή. ἰδοὺ ἀκήκοα πάντων τῶν ῥημάτων
Asen. 15 4 ταύτης πηλὸς πολὺς γέγονε πρὸ προσώπου σου. θάρσει * Ἀσενὲθ * ἡ παρθένος ἁγνή. ἰδοὺ γὰρ ἐγράφη τὸ ὄνομά σου ἐν

| | | | | |
|---|---|---|---|---|
| Asen. | 15 | 6 | χρισθήσῃ χρίσματι εὐλογημένῳ τῆς ἀφθαρσίας. θάρσει * | Ἀσενὲθ * ἡ παρθένος ἁγνή. ἰδοὺ δέδωκά σε σήμερον νύμφην |
| Asen. | 15 | 7 | αἰῶνα χρόνον. καὶ τὸ ὄνομά σου οὐκέτι κληθήσεται * | Ἀσενὲθ * ἀλλ' ἔσται τὸ ὄνομά σου πόλις καταφυγῆς διότι ἐν |
| Asen. | 15 | 10 | νύμφη εἰς τὸν αἰῶνα χρόνον. καὶ νῦν ἄκουσόν μου * | Ἀσενὲθ * ἡ παρθένος ἁγνὴ καὶ ἔνδυσαι τὴν στολὴν τοῦ γάμου |
| Asen. | 15 | 11 | ὡς ἐτέλεσεν ὁ ἄνθρωπος λαλῶν τὰ ῥήματα ταῦτα ἐχάρη * | Ἀσενὲθ * χαρὰν μεγάλην ἐπὶ πᾶσι τοῖς ῥήμασιν αὐτοῦ καὶ |
| Asen. | 15 | 12B | αὐτῇ ὁ ἄνθρωπος ἵνα τί τοῦτο ζητεῖς τὸ ὄνομά μου * | Ἀσενέθ; * τὸ ἐμὸν ὄνομα ἐν τοῖς οὐρανοῖς ἐστιν ἐν τῇ |
| Asen. | 15 | 13 | ἐκεῖνα καὶ θαυμαστὰ καὶ ἐπαινετὰ σφόδρα. καὶ εἶπεν * | Ἀσενὲθ * εἰ εὗρον χάριν ἐνώπιόν σου κύριε καὶ γνώσομαι |
| Asen. | 15 | 14 | καὶ εἶπεν αὐτῇ ὁ ἄνθρωπος λάλησον. καὶ ἐξέτεινεν * | Ἀσενὲθ * τὴν χεῖρα αὐτῆς τὴν δεξιὰν καὶ τέθηκεν ἐπὶ τῶν |
| Asen. | 16 | 1 | ὁ ἄνθρωπος σπεῦσον καὶ φέρε συντόμως. καὶ ἔσπευσεν * | Ἀσενὲθ * καὶ παρέθηκεν αὐτῷ τράπεζαν καινὴν καὶ ἐπορεύετο |
| Asen. | 16 | 2 | ἄνθρωπος φέρε δή μοι καὶ κηρίον μελίσσης. καὶ ἔστη * | Ἀσενὲθ * καὶ ἐλυπήθη διότι οὐκ εἶχε κηρίον μελίσσης ἐν τῷ |
| Asen. | 16 | 4 | αὐτῇ ὁ ἄνθρωπος τίνος χάριν ἵστασαι; καὶ εἶπεν * | Ἀσενὲθ * πέμψω δὴ παιδάριον εἰς τὸ προάστειον διότι ἐγγύς |
| Asen. | 16 | 6 | κείμενον. ἆρον αὐτὸ καὶ κόμισον ὧδε. καὶ εἶπεν * | Ἀσενὲθ * κύριε κηρίον μελίσσης ἐν τῷ ταμιείῳ μου οὐκ |
| Asen. | 16 | 8 | εἶπεν ὁ ἄνθρωπος βάδιζε καὶ εὑρήσεις. καὶ εἰσῆλθεν * | Ἀσενὲθ * εἰς τὸ ταμιεῖον αὐτῆς καὶ εὗρε κηρίον μελίσσης |
| Asen. | 16 | 9 | καὶ ἡ πνοὴ αὐτοῦ ὡς πνοὴ ζωῆς. καὶ ἐθαύμασεν * | Ἀσενὲθ * καὶ εἶπεν ἐν ἑαυτῇ ἄρα γε τὸ κηρίον τοῦτο ἐκ τοῦ |
| Asen. | 16 | 10 | τοῦ στόματος τοῦ ἀνθρώπου τούτου ἐστίν. καὶ ἔλαβεν * | Ἀσενὲθ * τὸ κηρίον ἐκεῖνο καὶ ἤνεγκε τῷ ἀνθρώπῳ καὶ |
| Asen. | 16 | 11 | ἐνήνοχας κηρίον μελίσσης θαυμαστόν. καὶ ἐφοβήθη * | Ἀσενὲθ * καὶ εἶπεν κύριε ἐγὼ οὐκ εἶχον κηρίον μέλιτος ἐν |
| Asen. | 16 | 12 | ἐστιν. καὶ ἐμειδίασεν ὁ ἄνθρωπος ἐπὶ τῇ συνέσει * | Ἀσενὲθ * καὶ ἐκάλεσεν αὐτὴν πρὸς ἑαυτὸν καὶ ἐξέτεινε τὴν |
| Asen. | 16 | 13 | αὐτοῦ τῇ δεξιᾷ τὴν κεφαλὴν αὐτῆς. καὶ ἐφοβήθη * | Ἀσενὲθ * τὴν χεῖρα τοῦ ἀνθρώπου διότι σπινθῆρες ἀπεπήδων |
| Asen. | 16 | 13 | αὐτοῦ ὡς ἀπὸ σιδήρου κοχλάζοντος. καὶ ἐπέβλεψεν * | Ἀσενὲθ * ἀτενίζουσα τοῖς ὀφθαλμοῖς αὐτῆς εἰς τὴν χεῖρα |
| Asen. | 16 | 14 | ὁ ἄνθρωπος καὶ ἐμειδίασε καὶ εἶπεν μακαρία εἶ σὺ * | Ἀσενὲθ * διότι ἀπεκαλύφθη σοι τὰ ἀπόρρητα μυστήρια τοῦ |
| Asen. | 16 | 15 | τὸ κατάλοιπον ἐνέβαλε τῇ χειρὶ αὐτοῦ εἰς τὸ στόμα * | Ἀσενὲθ * καὶ εἶπεν αὐτῇ φάγε. καὶ ἔφαγεν. καὶ εἶπεν ὁ |
| Asen. | 16 | 16 | αὐτῇ φάγε. καὶ ἔφαγεν. καὶ εἶπεν ὁ ἄνθρωπος τῇ * | Ἀσενὲθ * ἰδοὺ δὴ ἔφαγες ἄρτον ζωῆς καὶ ἔπιες ποτήριον |
| Asen. | 16 | 17B | ἡ ὁδὸς τοῦ δακτύλου αὐτοῦ ἐγένετο ὡς αἷμα⟩. καὶ * | Ἀσενὲθ * εἱστήκει ἐξ εὐωνύμων αὐτοῦ καὶ ἔβλεπε πάντα ὅσα |
| Asen. | 16 | 19 | καὶ περιεπλάκησαν πᾶσαι αἱ μέλισσαι ἐκεῖναι τῇ * | Ἀσενὲθ * ἀπὸ ποδῶν ἕως κεφαλῆς. καὶ ἄλλαι μέλισσαι ἦσαν |
| Asen. | 16 | 19 | τοῦ κηρίου καὶ περιεπλάκησαν περὶ τὸ πρόσωπον * | Ἀσενὲθ * καὶ ἐποίησαν ἐπὶ τῷ στόματι αὐτῆς καὶ ἐπὶ τὰ |
| Asen. | 16 | 20 | ἤσθιον ἀπὸ τοῦ κηρίου τοῦ ὄντος ἐπὶ τῷ στόματι * | Ἀσενέθ. * καὶ εἶπεν ὁ ἄνθρωπος ταῖς μελίσσαις ὑπάγετε δὴ |
| Asen. | 16 | 22 | εἰς τὸν οὐρανόν. καὶ ὅσαι ἠβουλήθησαν ἀδικῆσαι τὴν * | Ἀσενὲθ * ἔπεσον ἐπὶ τὴν γῆν καὶ ἀπέθανον. καὶ ἐξέτεινεν ὁ |
| Asen. | 16 | 23 | εἰς τὴν αὐλὴν τὴν παρακειμένην τῇ οἰκίᾳ τῆς * | Ἀσενὲθ * καὶ ἐσκήνωσαν ἐπὶ τοῖς δένδροις τοῖς |
| Asen. | 17 | 1 | δένδροις τοῖς καρποφόροις. καὶ εἶπεν ὁ ἄνθρωπος τῇ * | Ἀσενὲθ * ἑώρακας τὸ ῥῆμα τοῦτο; καὶ αὐτὴ εἶπεν ναὶ κύριε |
| Asen. | 17 | 4 | εὐωδία πολλὴ καὶ ἔπλησε τὸν θάλαμον. καὶ εἶπεν * | Ἀσενὲθ * πρὸς τὸν ἄνθρωπον κύριέ εἰσι σὺν ἐμοὶ ἑπτὰ |
| Asen. | 17 | 6 | καὶ εἶπεν ὁ ἄνθρωπος κάλεσον αὐτάς. καὶ ἐκάλεσεν * | Ἀσενὲθ * τὰς ἑπτὰ παρθένους καὶ ἔστησεν αὐτὰς ἐνώπιον τοῦ |
| Asen. | 17 | 7 | εἰς τὸν αἰῶνα χρόνον. καὶ εἶπεν ὁ ἄνθρωπος τῇ * | Ἀσενὲθ * μετάθες τὴν τράπεζαν ταύτην. καὶ ἐπεστράφη |
| Asen. | 17 | 8 | Ἀσενὲθ μετάθες τὴν τράπεζαν ταύτην. καὶ ἐπεστράφη * | Ἀσενὲθ * τοῦ μεταθῆναι τὴν τράπεζαν καὶ εὐθέως ἀπῆλθεν ἐξ |
| Asen. | 17 | 8 | ἀπῆλθεν ἐξ ὀφθαλμῶν αὐτῆς ὁ ἄνθρωπος. καὶ εἶδεν * | Ἀσενὲθ * ὡς ἅρμα τεσσάρων ἵππων πορευόμενον εἰς τὸν |
| Asen. | 17 | 9 | εἱστήκει ἐπάνω τοῦ ἅρματος ἐκείνου. καὶ εἶπεν * | Ἀσενὲθ * ἄφρων ἐγὼ καὶ τολμηρὰ διότι λελάληκα παρρησίᾳ |
| Asen. | 18 | 1 | ἐν ἀγνοίᾳ πάντα τὰ ῥήματά μου. καὶ ὡς ἔτι ἐλάλει * | Ἀσενὲθ * ταῦτα ἐν ἑαυτῇ ἰδοὺ εἰσεπήδησε νεανίσκος ἐκ τῆς |
| Asen. | 18 | 2 | τὰς πύλας τῆς αὐλῆς ἡμῶν ἕστηκεν. καὶ ἔσπευσεν * | Ἀσενὲθ * καὶ ἐκάλεσε τὸν τροφέα αὐτῆς τὸν ἐπάνω τῆς |
| Asen. | 18 | 4 | οὕτως συμπέπτωκε τὸ πρόσωπόν σου; καὶ εἶπεν αὐτῷ * | Ἀσενὲθ * τῆς κεφαλῆς μου πόνος γέγονε βαρὺς καὶ ὁ ὕπνος |
| Asen. | 18 | 5 | ἡτοίμασε τὴν οἰκίαν καὶ τὸ δεῖπνον. καὶ ἐμνήσθη * | Ἀσενὲθ * τοῦ ἀνθρώπου καὶ τῶν ἐντολῶν αὐτοῦ καὶ ἔσπευσε |
| Asen. | 18 | 7 | καὶ ἔλαβε σκῆπτρον ἐν τῇ χειρὶ αὐτῆς. καὶ ἐμνήσθη * | Ἀσενὲθ * τῶν ῥημάτων τοῦ τροφέως αὐτῆς διότι εἶπεν αὐτῇ |
| Asen. | 18 | 9 | πηγῆς καὶ ἐνέχεεν αὐτὸ ἐν τῇ λεκάνῃ. καὶ ἔκυψεν * | Ἀσενὲθ * νίψασθαι τὸ πρόσωπον αὐτῆς καὶ ὁρᾷ τὸ πρόσωπον |
| Asen. | 18 | 10 | ὡς τὰ ὄρη τοῦ θεοῦ τοῦ ὑψίστου⟩. καὶ ὡς εἶδεν * | Ἀσενὲθ * ἑαυτὴν ἐν τῷ ὕδατι ἐθαμβήθη ἐπὶ τῇ ὁράσει καὶ |
| Asen. | 19 | 1 | λαλούντων αὐτῶν ταῦτα ἦλθε παιδάριον καὶ εἶπε πρὸς * | Ἀσενὲθ * ἰδοὺ Ἰωσὴφ πρὸς τὰς θύρας τῆς αὐλῆς ἡμῶν |
| Asen. | 19 | 2 | τὰς θύρας τῆς αὐλῆς ἡμῶν ἵσταται. καὶ ἔσπευσεν * | Ἀσενὲθ * καὶ κατέβη τὴν κλίμακα ἐκ τοῦ ὑπερῴου σὺν ταῖς |
| Asen. | 19 | 4 | καὶ ἀπέμειναν ἔξω πάντες ἀλλότριοι. καὶ ἐξῆλθεν * | Ἀσενὲθ * ἐκ τοῦ +προδρόμου+ εἰς συνάντησιν τῷ Ἰωσὴφ καὶ |
| Asen. | 19 | 5 | μοι. καὶ εἶπεν αὐτῷ ἐγώ εἰμι ἡ παιδίσκη σου * | Ἀσενὲθ * καὶ τὰ εἴδωλα πάντα ἀπέρριψα ἀπ' ἐμοῦ καὶ |
| Asen. | 19 | 5 | καὶ εἶπέ μοι οὐ κληθήσεται ἔτι τὸ ὄνομά σου * | Ἀσενὲθ * ἀλλὰ κληθήσεται τὸ ὄνομά σου πόλις καταφυγῆς καὶ |
| Asen. | 19 | 8 | καὶ λελάληκέ σοι περὶ ἐμοῦ. καὶ εἶπεν Ἰωσὴφ πρὸς * | Ἀσενὲθ * εὐλογημένη εἶ σὺ τῷ θεῷ τῷ ὑψίστῳ καὶ |
| Asen. | 19 | 10 | ἐξέτεινε τὰς χεῖρας αὐτοῦ Ἰωσὴφ καὶ ἐκάλεσε τὴν * | Ἀσενὲθ * ⟨ἐν νεύματι τῶν ὀφθαλμῶν αὐτοῦ⟩. καὶ ἐξέτεινε |
| Asen. | 19 | 10 | ⟨ἐν νεύματι τῶν ὀφθαλμῶν αὐτοῦ⟩. καὶ ἐξέτεινε καὶ * | Ἀσενὲθ * τὰς χεῖρας αὐτῆς καὶ ἔδραμε πρὸς Ἰωσὴφ καὶ |
| Asen. | 19 | 10 | αὐτοῦ. καὶ ἐνηγκαλίσατο αὐτὴν ὁ Ἰωσὴφ καὶ ἡ * | Ἀσενὲθ * τὸν Ἰωσὴφ καὶ ἠσπάσαντο ἀλλήλους ἐπιπολὺ καὶ |
| Asen. | 19 | 11 | τῷ πνεύματι αὐτῶν. καὶ κατεφίλησεν ὁ Ἰωσὴφ τὴν * | Ἀσενὲθ * καὶ ἔδωκεν αὐτῇ πνεῦμα ζωῆς καὶ κατεφίλησεν |
| Asen. | 20 | 1 | καὶ ἔσφιγξαν τὰ δεσμὰ τῶν χειρῶν αὐτῶν. καὶ εἶπεν * | Ἀσενὲθ * τῷ Ἰωσὴφ δεῦρο κύριέ μου καὶ εἴσελθε εἰς τὴν |
| Asen. | 20 | 4 | καὶ νιψάτω τοὺς πόδας μου. καὶ εἶπε πρὸς αὐτὸν * | Ἀσενὲθ * οὐχὶ κύριέ μου ὅτι σύ μου εἶ κύριος ἀπὸ τοῦ νῦν |
| Asen. | 20 | 5 | χεῖρα αὐτῆς τὴν δεξιὰν καὶ κατεφίλησεν αὐτὴν καὶ * | Ἀσενὲθ * κατεφίλησε τὴν κεφαλὴν αὐτοῦ καὶ ἐκάθισεν ἐκ |
| Asen. | 20 | 6 | ἐκ τοῦ ἀγροῦ τῆς κληρονομίας αὐτῶν. καὶ εἶδον τὴν * | Ἀσενὲθ * ὡς εἶδος φωτὸς καὶ ἦν τὸ κάλλος αὐτῆς ὡς κάλλος |
| Asen. | 20 | 8 | καὶ ποιήσω ὑμῖν γάμους καὶ λήψῃ τὴν θυγατέρα μου * | Ἀσενὲθ * εἰς γυναῖκα. καὶ εἶπεν Ἰωσὴφ ἐγὼ πορεύσομαι |
| Asen. | 20 | 9 | ἄρχοντα ἐπὶ πάσης τῆς γῆς Αἰγύπτου καὶ λαλήσω περὶ * | Ἀσενὲθ * εἰς τὰ ὦτα αὐτοῦ καὶ αὐτὸς δώσει μοι αὐτὴν εἰς |
| Asen. | 21 | 1 | ἐκείνην παρὰ τῷ Πεντεφρῇ καὶ οὐκ ἐκοιμήθη μετὰ τῆς * | Ἀσενὲθ * διότι εἶπεν Ἰωσὴφ οὐ προσήκει ἀνδρὶ θεοσεβεῖ |
| Asen. | 21 | 2 | καὶ ἀπῆλθε πρὸς Φαραὼ καὶ εἶπεν αὐτῷ δός μοι τὴν * | Ἀσενὲθ * θυγατέρα Πεντεφρῆ ἱερέως Ἡλιουπόλεως εἰς |
| Asen. | 21 | 4 | καὶ ἐκάλεσε τὸν Πεντεφρῆ ⟨καὶ ἦλθε⟩ καὶ ἤγαγε τὴν * | Ἀσενὲθ * καὶ ἔστησεν αὐτὴν ἐνώπιον Φαραώ. καὶ εἶδεν αὐτὴν |
| Asen. | 21 | 5 | ἕως τοῦ αἰῶνος. καὶ ἔλαβε Φαραὼ τὸν Ἰωσὴφ καὶ τὴν * | Ἀσενὲθ * καὶ ἐπέθηκε στεφάνους χρυσοῦς εἰς τὰς κεφαλὰς |
| Asen. | 21 | 5 | αὐτοῦ ἐξ ἀρχῆς καὶ ἄνωθεν καὶ ἔστησε Φαραὼ τὴν * | Ἀσενὲθ * ἐκ δεξιῶν τοῦ Ἰωσὴφ καὶ ἐπέθηκε τὰς χεῖρας |
| Asen. | 21 | 6 | αὐτῶν καὶ ἡ δεξιὰ χεὶρ αὐτοῦ ἦν ἐπὶ τῆς κεφαλῆς * | Ἀσενὲθ * καὶ εἶπε Φαραὼ εὐλογήσει ὑμᾶς κύριος ὁ θεὸς ὁ |
| Asen. | 21 | 8 | ἔργον ἐν ταῖς ἑπτὰ ἡμέραις τῶν γάμων Ἰωσὴφ καὶ * | Ἀσενὲθ * θανάτῳ ἀποθανεῖται. καὶ ἐγένετο μετὰ ταῦτα |
| Asen. | 21 | 9 | καὶ ἐγένετο μετὰ ταῦτα εἰσῆλθεν Ἰωσὴφ πρὸς * | Ἀσενὲθ * καὶ συνέλαβεν Ἀσενὲθ ἐκ τοῦ Ἰωσὴφ καὶ ἔτεκε |
| Asen. | 21 | 9 | ταῦτα εἰσῆλθεν Ἰωσὴφ πρὸς Ἀσενὲθ καὶ συνέλαβεν * | Ἀσενὲθ * ἐκ τοῦ Ἰωσὴφ καὶ ἔτεκε τὸν Μανασσῆ καὶ τὸν |
| Asen. | 21 | 10 | ἀδελφὸν αὐτοῦ ἐν τῷ οἴκῳ Ἰωσήφ. ⟨καὶ τότε ἤρξατο * | Ἀσενὲθ * ἐξομολογεῖσθαι κυρίῳ τῷ θεῷ καὶ ἐχαρίτωσε |
| Asen. | 21 | 11 | κύριε ⟨ἥμαρτον ἐνώπιόν σου πολλὰ ἥμαρτον⟩ ἐγὼ * | Ἀσενὲθ * ⟨θυγάτηρ Πεντεφρῆ ἱερέως Ἡλιουπόλεως ὅς ἐστιν |
| Asen. | 22 | 3 | τοῦ μηνὸς καὶ κατῴκησεν ἐν γῇ Γεσέμ. καὶ εἶπεν * | Ἀσενὲθ * τῷ Ἰωσὴφ πορεύσομαι καὶ ὄψομαι τὸν πατέρα σου |
| Asen. | 22 | 5 | ἐμοὶ καὶ ὄψῃ τὸν πατέρα μου. καὶ ἦλθεν Ἰωσὴφ καὶ * | Ἀσενὲθ * ἐν γῇ Γεσὲμ πρὸς Ἰακώβ. καὶ ἀπήντησαν αὐτοῖς οἱ |
| Asen. | 22 | 7 | ἦν πρεσβύτης ἐν γήρει λιπαρῷ. καὶ εἶδεν αὐτὸν * | Ἀσενὲθ * καὶ ἐθαμβήθη ἐπὶ τῷ κάλλει αὐτοῦ διότι ἦν Ἰακὼβ |
| Asen. | 22 | 8 | ἄνθρωπος ὃς ἐπάλαισε μετὰ θεοῦ.⟩ καὶ εἶδεν αὐτὸν * | Ἀσενὲθ * καὶ ἐθαμβήθη καὶ προσεκύνησεν αὐτῷ ἐπὶ πρόσωπον |
| Asen. | 22 | 9 | αὐτὴν καὶ κατεφίλησεν αὐτήν. καὶ ἐξέτεινεν * | Ἀσενὲθ * τὰς χεῖρας αὐτῆς καὶ ἐκράτησε τοῦ αὐχένος Ἰακὼβ |
| Asen. | 22 | 10 | ταῦτα ἔφαγον καὶ ἔπιον. καὶ ἐπορεύθησαν Ἰωσὴφ καὶ * | Ἀσενὲθ * εἰς τὸν οἶκον αὐτῶν. καὶ συμπροέπεμψαν αὐτοὺς |
| Asen. | 22 | 12 | καὶ ἤχθραινον αὐτοῖς. καὶ ἦν Λευὶς ἐκ δεξιῶν τῆς * | Ἀσενὲθ * καὶ Ἰωσὴφ ἐξ εὐωνύμων. καὶ ἐκράτησεν Ἀσενὲθ |
| Asen. | 22 | 13 | τῆς Ἀσενὲθ καὶ Ἰωσὴφ ἐξ εὐωνύμων. καὶ ἐκράτησεν * | Ἀσενὲθ * τὴν χεῖρα Λευί. καὶ ἠγάπησεν Ἀσενὲθ τὸν Λευὶ |
| Asen. | 22 | 13 | καὶ ἐκράτησεν Ἀσενὲθ τὴν χεῖρα Λευί. καὶ ἠγάπησεν * | Ἀσενὲθ * τὸν Λευὶ σφόδρα ὑπὲρ πάντας τοὺς ἀδελφοὺς Ἰωσὴφ |
| Asen. | 22 | 13 | τὰ ἄρρητα θεοῦ τοῦ ὑψίστου καὶ ἀπεκάλυπτεν αὐτὰ τῇ * | Ἀσενὲθ * κρυφῇ διότι καὶ αὐτὸς Λευὶς ἠγάπα τὴν Ἀσενὲθ |
| Asen. | 22 | 13 | τῇ Ἀσενὲθ κρυφῇ διότι καὶ αὐτὸς Λευὶς ἠγάπα τὴν * | Ἀσενὲθ * πάνυ καὶ ἑώρα τὸν τόπον τῆς καταπαύσεως αὐτῆς ἐν |
| Asen. | 23 | 1 | καὶ ἐγένετο ἐν τῷ παριέναι τὸν Ἰωσὴφ καὶ τὴν * | Ἀσενὲθ * εἶδεν αὐτοὺς ἀπὸ τοῦ τείχους ὁ υἱὸς Φαραὼ ὁ |
| Asen. | 23 | 1 | τείχους ὁ υἱὸς Φαραὼ ὁ πρωτότοκος. καὶ εἶδεν τὴν * | Ἀσενὲθ * καὶ κατενύγη καὶ ἐδυσφόρει βαρέως καὶ κακῶς εἶχε |
| Asen. | 23 | 3 | τοῦ ἀδελφοῦ ὑμῶν Ἰωσὴφ διότι ἔλαβεν αὐτὸς τὴν * | Ἀσενὲθ * τὴν γυναῖκά μου τὴν ἐμοὶ κατεγγυημένην ἀπ' |
| Asen. | 23 | 4 | καὶ ἀποκτενῶ αὐτὸν ἐν τῇ ῥομφαίᾳ μου καὶ ἕξω τὴν * | Ἀσενὲθ * εἰς γυναῖκα καὶ ὑμεῖς ἔσεσθέ μοι εἰς ἀδελφοὺς |
| Asen. | 24 | 1 | Συμεὼν καὶ Λευὶς καὶ ἐβαρεῖτο ἀπὸ τοῦ κάλλους * | Ἀσενὲθ * καὶ ἐλυπεῖτο λύπην μεγάλην ὑπερμεγέθη. καὶ εἶπον |
| Asen. | 24 | 2 | γυναικῶν Ἰακὼβ ἐχθραίνονται τῷ Ἰωσὴφ καὶ τῇ * | Ἀσενὲθ * καὶ φθονοῦσιν αὐτοῖς καὶ οὗτοι ἔσονταί σοι |
| Asen. | 24 | 14 | ἀποκτείνατε τὸν Ἰωσὴφ καὶ λήψομαι ἐμαυτῷ τὴν * | Ἀσενὲθ * εἰς γυναῖκα καὶ ὑμεῖς ἔσεσθέ μοι ἀδελφοὶ καὶ |
| Asen. | 24 | 15 | ἀκηκόαμεν σήμερον τοῦ Ἰωσὴφ λέγοντος πρὸς τὴν * | Ἀσενὲθ * πορεύου αὔριον εἰς τὸν ἀγρὸν τῆς κληρονομίας |
| Asen. | 24 | 19 | ἔμπροσθεν ⟨ἡμῶν⟩ ἀπὸ μακρόθεν. καὶ ἐλεύσεται * | Ἀσενὲθ * καὶ ἐμπεσεῖται εἰς τὰς χεῖρας ἡμῶν. καὶ ἡμεῖς |
| Asen. | 24 | 19 | τοὺς ἄνδρας τοὺς ὄντας μετ' αὐτῆς. καὶ φεύξεται * | Ἀσενὲθ * ἔμπροσθεν μετὰ τοῦ ὀχήματος αὐτῆς καὶ ἐμπεσεῖται |
| Asen. | 24 | 19 | μετὰ ταῦτα ἀποκτενοῦμεν τὸν Ἰωσὴφ λυπούμενον περὶ * | Ἀσενὲθ * καὶ τὰ τέκνα αὐτοῦ ἀποκτενοῦμεν κατέναντι τῶν |
| Asen. | 25 | 8 | καὶ ἐξῆλθον εἰς συνάντησιν τῷ Ἰωσὴφ καὶ τῇ * | Ἀσενέθ. * καὶ ἀνέστη τὸ πρωΐ Ἀσενὲθ καὶ εἶπε τῷ Ἰωσὴφ |
| Asen. | 26 | 1 | τῷ Ἰωσὴφ καὶ τῇ Ἀσενέθ. καὶ ἀνέστη τὸ πρωΐ * | Ἀσενὲθ * καὶ εἶπε τῷ Ἰωσὴφ πορεύσομαι καθὰ εἴρηκας εἰς |
| Asen. | 26 | 4 | ἀπὸ προσώπου κυρίου πᾶσα ἡ γῆ. καὶ ἀπῆλθεν * | Ἀσενὲθ * ἐπὶ τὴν ὁδὸν αὐτῆς καὶ Ἰωσὴφ ἀπῆλθεν ἐπὶ τὴν |
| Asen. | 26 | 5 | Ἰωσὴφ ἀπῆλθεν ἐπὶ τὴν σιτοδοσίαν αὐτοῦ. καὶ ἦλθεν * | Ἀσενὲθ * ἐπὶ τὸν τόπον τοῦ χειμάρρου καὶ οἱ ἑξακόσιοι |
| Asen. | 26 | 5 | καὶ συνέμιξαν πόλεμον μετὰ τῶν ἀνδρῶν τῆς * | Ἀσενὲθ * καὶ κατέκοψαν αὐτοὺς ἐν στόματι ῥομφαίας καὶ |
| Asen. | 26 | 5 | τοὺς προδρόμους αὐτῆς ἀπέκτειναν πάντας καὶ ἔφυγεν * | Ἀσενὲθ * μετὰ τοῦ ὀχήματος αὐτῆς ἔμπροσθεν. καὶ ἔγνω |
| Asen. | 26 | 6 | ἀδελφοῖς αὐτοῦ τοῖς υἱοῖς Λίας τὸν κίνδυνον τῆς * | Ἀσενέθ. * καὶ ἔλαβεν ἕκαστος τὴν ῥομφαίαν αὐτοῦ καὶ |
| Asen. | 26 | 6 | ταῖς δεξιαῖς χερσὶν αὐτῶν καὶ κατεδίωξαν ὀπίσω τῆς * | Ἀσενὲθ * δρόμῳ ταχεῖ. καὶ ἔφυγεν Ἀσενὲθ ἔμπροσθεν καὶ |
| Asen. | 26 | 7 | ὀπίσω τῆς Ἀσενὲθ δρόμῳ ταχεῖ. καὶ ἔφυγεν * | Ἀσενὲθ * ἔμπροσθεν καὶ ἰδοὺ ὁ υἱὸς Φαραὼ ἀπαντᾷ αὐτῇ καὶ |
| Asen. | 26 | 8 | ἄνδρες ἱππεῖς μετ' αὐτοῦ. καὶ εἶδεν αὐτὸν * | Ἀσενὲθ * καὶ ἐφοβήθη καὶ ἐταράχθη σφόδρα καὶ ἐτρόμαξεν |
| Asen. | 27 | 1 | θεοῦ αὐτῆς. καὶ Βενιαμὶν ἐκάθητο ἐξ εὐωνύμων τῆς * | Ἀσενὲθ * ἐν τῷ ὀχήματι αὐτῆς. καὶ ἦν Βενιαμὶν παιδάριον |
| Asen. | 27 | 4 | καὶ ἀνέβη ἐπὶ τὴν πέτραν καὶ εἶπε τῷ ἡνιόχῳ τῆς * | Ἀσενὲθ * δός μοι λίθους ἐκ τοῦ χειμάρρου. καὶ ἔδωκεν αὐτῷ |
| Asen. | 27 | 6 | κατεδίωξαν ὀπίσω τῶν ἀνδρῶν τῶν ἐνεδρευόντων τῇ * | Ἀσενὲθ * καὶ ἐπέπεσαν αὐτοῖς ἄφνω καὶ κατέκοψαν αὐτοὺς |

| | | | | | |
|---|---|---|---|---|---|
| Asen. | 27 | 8 | παιδαρίου Βενιαμίν. καὶ νῦν δεῦτε ἀποκτείνωμεν τὴν | * Ἀσενὲθ * | καὶ τὸν Βενιαμὶν καὶ φύγωμεν εἰς τὴν ὕλην τοῦ |
| Asen. | 27 | 9 | εἰς τὴν ὕλην τοῦ καλάμου τούτου. καὶ ἦλθον ἐπὶ | * Ἀσενὲθ * | ἐσπασμένας ἔχοντες τὰς ῥομφαίας αὐτῶν αἵματος |
| Asen. | 27 | 10 | ῥομφαίας αὐτῶν αἵματος πλήρεις. καὶ εἶδεν αὐτοὺς | * Ἀσενὲθ * | καὶ ἐφοβήθη σφόδρα καὶ εἶπεν κύριε ὁ θεός μου ὁ |
| Asen. | 27 | 11 | πονηρῶν τούτων. καὶ ἤκουσε κύριος ὁ θεὸς τῆς φωνῆς | * Ἀσενὲθ * | καὶ εὐθέως ἔπεσον αἱ ῥομφαῖαι αὐτῶν ἐκ τῶν |
| Asen. | 28 | 1 | σφόδρα καὶ εἶπον κύριος πολεμεῖ καθ' ἡμῶν ὑπὲρ | * Ἀσενέθ. * | καὶ ἔπεσον ἐπὶ πρόσωπον ἐπὶ τὴν γῆν καὶ |
| Asen. | 28 | 2 | ἐπὶ πρόσωπον ἐπὶ τὴν γῆν καὶ προσεκύνησαν τῇ | * Ἀσενὲθ * | καὶ εἶπον ἐλέησον ἡμᾶς τοὺς δούλους σου διότι |
| Asen. | 28 | 7 | σου δέσποινα ἐνώπιον αὐτῶν. καὶ εἶπεν αὐτοῖς | * Ἀσενὲθ * | θαρσεῖτε καὶ μὴ φοβεῖσθε ἀπὸ τῶν ἀδελφῶν ὑμῶν |
| Asen. | 28 | 9 | ὡς ἔλαφοι τριέτεις κατ' αὐτῶν. καὶ κατέβη | * Ἀσενὲθ * | ἐκ τοῦ ὀχήματος τῆς σκέπης αὐτῆς καὶ ἐδεξιώσατο |
| Asen. | 28 | 10 | αὐτῶν τοῦ ἀνελεῖν αὐτούς. καὶ εἶπε πρὸς αὐτοὺς | * Ἀσενὲθ * | δέομαι ὑμῶν φείσασθε τῶν ἀδελφῶν ὑμῶν καὶ μὴ |
| Asen. | 28 | 14 | δέσποινα καὶ βασίλισσα ἡμῶν σήμερον. καὶ ἐξέτεινεν | * Ἀσενὲθ * | τὴν δεξιὰν αὐτῆς χεῖρα καὶ ἥψατο τῆς γενειάδος |
| HDem. | 9 21 | 12 | ἄρξαι Αἰγύπτου ἔτη ἑπτὰ ἐν οἷς καὶ συνοικῆσαι | * Ἀσενὲθ * | Πεντεφρῆ τοῦ Ἡλιουπόλεως ἱερέως θυγατρὶ καὶ |
| HArt. | 9 23 | 3 | ἀγαπηθῆναι. γῆμαι δ' αὐτὸν Ἡλιουπολίτου ἱερέως | * Ἀσενὲθ * | θυγατέρα ἐξ ἧς γεννῆσαι παῖδας. μετὰ δὲ ταῦτα |
| ἄσηπτος | | | 1 | | |
| TSim. | 8 | 2 | εἴκοσιν ἐτῶν. καὶ ἔθηκαν αὐτὸν ἐν θήκῃ ξύλων | * ἀσήπτων * | τοῦ ἀναγαγεῖν τὰ ὀστᾶ αὐτοῦ ἐν Χεβρών. καὶ |
| Ἀσήρ | | | 10 | | |
| TRub. | 1 | 4 | πατέρων μου. καὶ ἰδὼν ἐκεῖ Ἰούδαν καὶ Γὰδ καὶ | * Ἀσὴρ * | τοὺς ἀδελφοὺς αὐτοῦ εἶπεν αὐτοῖς ἀναστήσατέ με |
| TJud. | 25 | 2 | Δὰν ἡ τρυφὴ τὸν Νεφθαλὶμ ὁ ἥλιος τὸν Γὰδ ἐλαία τὸν | * Ἀσὴρ * | καὶ ἔσται εἷς λαὸς κυρίου καὶ γλῶσσα μία καὶ οὐκ |
| TAser | | | διαθηκη | * Ασηρ. * | περι δυο προσωπων κακιας και αρετης. ἀντίγραφον |
| TAser | 1 | 1 | προσωπων κακιας και αρετης. ἀντίγραφον διαθήκης | * Ἀσὴρ * | ἃ ἐλάλησε τοῖς υἱοῖς αὐτοῦ ἑκατοστῷ εἰκοστῷ ἕκτῳ |
| TAser | 1 | 2 | ἔτι ὑγιαίνων εἶπε πρὸς αὐτοὺς ἀκούσατε τέκνα | * Ἀσὴρ * | τοῦ πατρὸς ὑμῶν καὶ πᾶν τὸ εὐθὲς ἐνώπιον τοῦ θεοῦ |
| Asen. | 24 | 8 | τοῦ πατρός μού εἰσι Δὰν καὶ Γὰδ καὶ Νεφθαλὶμ καὶ | * Ἀσὴρ * | καὶ οὐκ εἰσὶν ἀδελφοί μου καὶ ἀναμενῶ τὸν θάνατον |
| Asen. | 25 | 5 | καὶ ἐλάλησαν οἱ ἀδελφοὶ οἱ νεώτεροι Νεφθαλὶμ καὶ | * Ἀσὴρ * | τοῖς ἀδελφοῖς αὐτῶν τοῖς πρεσβυτέροις τῷ Δὰν καὶ |
| HDem. | 9 21 | 3 | τεκεῖν ὃν καὶ αὐτὸν προσαγορευθῆναι ὑπὸ Λείας | * Ἀσήρ. * | καὶ Λείαν πάλιν ἀντὶ τῶν μήλων τῶν μανδραγόρου ἃ |
| HDem. | 9 21 | 8 | ἐτῶν ὀκτὼ μηνῶν δέκα Γὰδ ἐτῶν ὀκτὼ μηνῶν δέκα | * Ἀσὴρ * | ἐτῶν ὀκτὼ Ἰσσάχαρ ἐτῶν ὀκτὼ Ζαβουλὼν ἐτῶν ἑπτὰ |
| HDem. | 9 21 | 17 | ἐτῶν μ α' μηνῶν ζ' Γὰδ ἐτῶν μ α' μηνῶν γ' | * Ἀσὴρ * | ἐτῶν μ' μηνῶν ὀκτὼ Ζαβουλὼν ἐτῶν μ' Δεῖναν ἐτῶν λ |
| Ἀσηρώθ | | | 1 | | |
| HDem. | 9 29 | 3 | πέμψαι διὰ τοῦτο δὲ καὶ Ἀαρὼν καὶ Μαριὰμ ἐν | * Ἀσηρὼθ * | Μωσῆν Αἰθιοπίδα γῆμαι γυναῖκα. ἐκεῖθεν ἦλθον |
| ἀσθένεια | | | 7 | | |
| TJud. | 19 | 4 | σάρξ ἐν ἁμαρτίαις φθαρεὶς καὶ ἐπέγνων τὴν ἐμαυτοῦ | * ἀσθένειαν * | νομίζων ἀκαταμάχητος εἶναι. ἐπίγνωτε οὖν τέκνα |
| TJud. | 25 | 4 | καὶ οἱ ἐν πενίᾳ χορτασθήσονται καὶ οἱ ἐν | * ἀσθενείᾳ * | ἰσχύσουσι καὶ οἱ διὰ κύριον ἀποθανόντες |
| TZab. | 9 | 6 | ὑμῶν καὶ κακωθήσεσθε ἐν τοῖς ἔθνεσιν ἐν πάσαις | * ἀσθενείαις * | καὶ θλίψεσι καὶ ὀδύναις ψυχῆς. καὶ μετὰ ταῦτα |
| TJos. | 1 | 6 | διέθρεψέ με μόνος ἤμην καὶ ὁ θεὸς παρεκάλεσέ με ἐν | * ἀσθενείᾳ * | ἤμην καὶ ὁ ὕψιστος ἐπεσκέψατό με ἐν φυλακῇ ἤμην |
| TJos. | 17 | 7 | πᾶν ἄλγημα αὐτῶν ἄλγημά μου καὶ πᾶσα μαλακία αὐτῶν | * ἀσθένειά * | μου ἡ γῆ μου γῆ αὐτῶν ἡ βουλὴ αὐτῶν βουλή μου. |
| Job | 25 | 10 | πολλῶν ὄντων τῶν εἰρημένων, συντόμως λέγω σοι ἐπὶ | * ἀσθενείᾳ * | τῆς καρδίας μου συνετρίβη μου τὰ ὀστᾶ ἀνάστηθι |
| HArt. | 9 27 | 7 | ὑπολαβόντα ῥᾳδίως αὐτὸν διὰ τὴν τῶν στρατιωτῶν | * ἀσθένειαν * | ὑπὸ τῶν πολεμίων ἀναιρεθήσεσθαι. τὸν δὲ Μώϋσον |
| ἀσθενέω | | | 13 | | |
| TZab. | 5 | 2 | εὐλόγησέ με κύριος καὶ πάντων τῶν ἀδελφῶν μου | * ἀσθενούντων * | ἐγὼ ἄνοσος παρῆλθον οἶδε γὰρ κύριος ἑκάστου |
| TZab. | 5 | 4 | ποιήσει αὐτῷ. καὶ γὰρ οἱ υἱοὶ τῶν ἀδελφῶν μου | * ἠσθένουν * | ἀπέθνησκον διὰ Ἰωσὴφ ὅτι οὐκ ἐποίησαν ἔλεος ἐν |
| TGad | 4 | 5 | εὐπραγούντων τὴν προκοπὴν ἀκούων καὶ ὁρῶν πάντοτε | * ἀσθενεῖ. * | ὥσπερ γὰρ ἡ ἀγάπη καὶ τοὺς νεκροὺς θέλει |
| TJos. | 2 | 5 | θεὸς οὐδὲ ὡς υἱὸς ἀνθρώπου δειλιᾷ οὐδὲ ὡς γηγενὴς | * ἀσθενεῖ * | ἢ ἀπωθεῖται ἐπὶ πᾶσι δὲ τόποις παρίσταται καὶ ἐν |
| TJos. | 3 | 5 | μου τὴν δίαιταν καὶ ἐδίδουν αὐτὴν πένησι καὶ | * ἀσθενοῦσιν. * | καὶ ὤρθριζον πρὸς κύριον καὶ ἔκλαιον περὶ |
| TJos. | 7 | 2 | μου συνέχουσί με. καὶ ἐθεράπευεν αὐτὴν μὴ | * ἀσθενοῦσαν. * | τότε εἰσεπήδησε πρός με ἔτι ὄντος ἔξω τοῦ |
| TJos. | 8 | 5 | τοῦ Φαραώ. ὡς οὖν ἤμην ἐν πέδαις ἡ Αἰγυπτία | * ἠσθένει * | ἀπὸ τῆς λύπης καὶ ἐπηκροᾶτό μου πῶς ὕμνουν |
| TJos. | 9 | 4 | παρέχει αὐτῷ καὶ ταῦτα ὡς κἀμοί. ποσάκις καίπερ | * ἀσθενοῦσα * | κατήει πρός με ἐν ἀωρίᾳ καὶ ἤκουε τῆς φωνῆς |
| Asen. | 9 | 1 | πρὸς ἑαυτὴν καὶ πέπτωκεν ἐπὶ τῆς κλίνης αὐτῆς | * ἀσθενοῦσα * | διότι ἦν ἐν αὐτῇ χαρὰ καὶ λύπη καὶ φόβος πολὺς |
| Asen. | 10 | 6 | μου καὶ ἀναστῆναι καὶ ἀνοῖξαι ὑμῖν οὐκ ἰσχύω διότι | * ἠσθένησα * | ἀπὸ πάντων τῶν μελῶν μου. ἀλλὰ πορεύεσθε ἑκάστη |
| Sal. | 17 | 37 | καὶ ἐξᾶραι ἁμαρτωλοὺς ἐν ἰσχύι λόγου. καὶ οὐκ | * ἀσθενήσει * | ἐν ταῖς ἡμέραις αὐτοῦ ἐπὶ θεῷ αὐτοῦ ὅτι ὁ θεὸς |
| Sal. | 17 | 38 | καὶ εὐλογία κυρίου μετ' αὐτοῦ ἐν ἰσχύι καὶ οὐκ | * ἀσθενήσει. * | ἡ ἐλπὶς αὐτοῦ ἐπὶ κύριον καὶ τίς δύναται πρὸς |
| Sal. | 17 | 40 | κυρίου ἐν πίστει καὶ δικαιοσύνῃ καὶ οὐκ ἀφήσει | * ἀσθενῆσαι * | ἐν αὐτοῖς ἐν τῇ νομῇ αὐτῶν. ἐν ἰσότητι πάντας |
| ἀσθενής | | | 6 | | |
| TIss. | 5 | 2 | ἀλλ' ἀγαπᾶτε κύριον καὶ τὸν πλησίον πένητα καὶ | * ἀσθενῆ * | ἐλεᾶτε. ὑπόθετε τὸν νῶτον ὑμῶν εἰς τὸ γεωργεῖν |
| TDan | 3 | 5 | τοῦ σώματος καὶ δι' ἑαυτοῦ δρῶν τὸ κακόν. ἐὰν δὲ | * ἀσθενὴς * | ᾖ ὁ θυμούμενος διπλῆν ἔχει τὴν δύναμιν παρὰ τὴν |
| TBen. | 4 | 4 | τὸν σώφρονα πιστεύων ὑμνεῖ τὸν πένητα ἐλεεῖ τῷ | * ἀσθενεῖ * | συμπαθεῖ τὸν θεὸν ἀνυμνεῖ τὸν ἔχοντα φόβον θεοῦ |
| Aris. | 250 | 5 | διὰ παραλογισμοῦ καὶ τῇ φύσει κατεσκεύασται | * ἀσθενὲς * | δέον δ' ἐστὶ κατὰ τὸ ὑγιὲς χρῆσθαι καὶ μὴ πρὸς |
| IOrp. | | 24 | ὅσσοις μικραὶ ἔπει σάρκες τε καὶ ὀστέα ἐμπεφύασιν | * ἀσθενέες * | δ' ἰδέειν Δία τὸν πάντων μεδέοντα. λοιπὸν ἐμοὶ |
| LEze. | 9 28 | 3 19 | δ' αὐτοὺς συγγενεῖς πατουμένους λέγω τί τύπτεις | * ἀσθενέστερον * | σέθεν; ὁ δ' εἶπεν ἡμῖν τίς σ' ἀπέστειλε |
| Ἀσία | | | 12 | | |
| Sib. | 3 | 168 | μὲν γὰρ πρώτιστος Σολομώνιος ἄρξει Φοινικές τ' | * Ἀσίης * | ἐπιβήτορες ἠδὲ καὶ ἄλλων νήσων Παμφύλων τε γένος |
| Sib. | 3 | 350 | ἔτος τὸ παρελθὸν ἄμεινον ὁππόσα δασμοφόρου | * Ἀσίης * | ὑπεδέξατο Ῥώμη χρήματὰ κεν τρὶς τόσσα δεδέξεται |
| Sib. | 3 | 353 | ὀλοὴν δ' ἀποτίσεται ὕβριν ἐς αὐτήν. ὅσσοι δ' ἐξ | * Ἀσίης * | Ἰταλῶν δόμον ἀμφεπόλευσαν εἰκοσάκις τοσσοῦτοι ἐν |
| Sib. | 3 | 391 | ἤγειρε γὰρ αὐτοῦ πρόσθε κεραυνὸς φῶτα κακὸν δ' | * Ἀσίη * | ζυγὸν ἕξει πᾶσα πολὺν δὲ χθὼν πίεται φόνον |
| Sib. | 3 | 450 | αὖ σεισμὸς δὲ τὰ Περσίδος ἐξεναρίξει Εὐρώπης | * Ἀσίης * | τελέων ῥίγιστά περ ἄλγη. Σιδονίων δ' ὀλοὸς |
| Sib. | 3 | 599 | καὶ ἄλλων ἔθνεα πολλὰ Περσῶν καὶ Γαλατῶν πάσης τ' | * Ἀσίης * | παραβάντες ἀθανάτοιο θεοῦ ἁγνὸν νόμον +ὃν |
| Sib. | 3 | 611 | ἧς ἄρξουσι Μακηδόνες ἄσπετοι ἄνδρες ἔλθῃ δ' ἐξ | * Ἀσίης * | βασιλεὺς μέγας αἰετὸς αἴθων ὃς πᾶσαν σκεπάσει |
| Sib. | 4 | 1 | ἀληθινὰ πάντα λελέχθω. λόγος τέταρτος. κλῦτε λεὼς | * Ἀσίης * | μεγαλαυχέος Εὐρώπης τε ὅσσα μελιφθέγκτοιο διὰ |
| Sib. | 4 | 76 | που ὑπὸ γαῖαν ἀποκρύψει μέλαν ὕδωρ. ἥξει δ' ἐξ | * Ἀσίης * | βασιλεὺς μέγα ἔγχος ἀείρας νηυσὶν ἀμετρήτοισιν τὰ |
| Sib. | 4 | 145 | χειμερίῃσιν ἀναρριφθεῖσαν ἀέλλαις. ἥξει δ' εἰς | * Ἀσίην * | πλοῦτος μέγας ὅν ποτε Ῥώμη αὐτὴ συλήσασα |
| Sib. | 4 | 148 | καὶ δὶς ἔπειτα τοσαῦτα καὶ ἄλλ' ἀποδώσει εἰς | * Ἀσίην * | τότε δ' ἔσται ὑπέρκτησις πολέμοιο. Καρῶν δὲ |
| Sib. | 5 | 287 | μοι ταῦτα νόος σοφὸς ἐγγυαλίζει; ἄρτι δέ σε τλήμων | * Ἀσίη * | κατοδύρομαι οἰκτρῶς καὶ γένος Ἰώνων Καρῶν Λυδῶν |
| Ἀσιάς | | | 1 | | |
| Sib. | 3 | 342 | ἀχανῆ πολλαὶ δὲ πόληες αὔτανδροι πεσέονται ἐν | * Ἀσιάδι * | μὲν Ἰασσὸς Κεβρὴν +Πανδονίη+ Κολοφὼν Ἔφεσος |
| Ἀσίς | | | 16 | | |
| Sib. | 3 | 351 | Ῥώμη χρήματὰ κεν τρὶς τόσσα δεδέξεται ἔμπαλιν | * Ἀσὶς * | ἐκ Ῥώμης ὀλοὴν δ' ἀποτίσεται ὕβριν ἐς αὐτήν. |
| Sib. | 3 | 354 | Ἰταλῶν δόμον ἀμφεπόλευσαν εἰκοσάκις τοσσοῦτοι ἐν | * Ἀσίδι * | θητεύσουσιν Ἰταλοὶ ἐν πενίῃ ἀνὰ μυρία δ' |
| Sib. | 3 | 367 | καὶ ἡγεμόνων κακότητι --- εἰρήνη δὲ γαληνὸς ἐς | * Ἀσίδα * | γαῖαν ὁδεύσει Εὐρώπη δὲ μάκαιρα τότ' ἔσσεται |
| Sib. | 3 | 381 | κακὸν ἤμασι κείνοις. ἀλλὰ Μακηδονίη βαρὺ τέξεται | * Ἀσίδι * | πῆμα Εὐρώπῃ δὲ μέγιστον ἀνασταχυώσεται ἄλγος ἐκ |
| Sib. | 3 | 388 | πολυπλάγκτοισιν ἔχουσα. ἥξει καὶ ποτ' ἄπιστος ἐς | * Ἀσίδος * | ὄλβιον οὖδας ἀνὴρ πορφυρέην λώπην ἐπιειμένος |
| Sib. | 3 | 416 | βλαστήσει περικαλλὲς ἀείφατον ἔρνος ἄριστον | * Ἀσίδος * | Εὐρώπης τε πολυσπερὲς οἶδμα λιποῦσα σοὶ δὲ |
| Sib. | 3 | 437 | ἀπορρήξει βαρὺν ὄλβον. καὶ σύ ποτ' +Ἄρη Βυζάντιον | * Ἀσίδι * | στέρξῃ+ καὶ δὴ καὶ στοναχὰς λήψῃ καὶ ἀνήριθμον |
| Sib. | 4 | 71 | ἐπὶ πλατὺν Ἑλλήσποντον πλεύσει Φρυξὶ βαρεῖαν ἰδ' | * Ἀσίδι * | κῆρα φέρουσα. αὐτὰρ ἐς Αἴγυπτον πολυαύλακα |
| Sib. | 4 | 79 | ὑψικάρηνον ὃν φυγάδ' ἐκ πολέμου δειλὴ ὑποδέξεται | * Ἀσίς. * | Σικελίην δὲ τάλαιναν ἐπιφλέξει μάλα πᾶσαν χεῦμα |
| Sib. | 5 | 99 | τότ' ἔσῃ πόλεων πολύολβος πολλὰ καμοῦσα. κλαύσεται | * Ἀσὶς * | ὅλη δώρων χάριν ὧν ἀπὸ σεῖο στεψαμένη κεφαλὴν |
| Sib. | 5 | 118 | Μασσαγέτας τε φιλοπτολέμους τόξοισί τε πιστούς. | * Ἀσὶς * | ὅλη πυρίφλεκτος ἕως νήσων σελαγήσει. Πέργαμος ἢ τὸ |
| Sib. | 5 | 292 | σεισμοῖς ὀλλύμεναί τε καὶ εἰς κόνιν ἀλλαχθεῖσαι. | * Ἀσίδι * | τῇ δνοφερῇ (Λυδῶν τε--- πολυχρύσων) --- |
| Sib. | 5 | 443 | σῆς ἀρχῆς ἧς ἔσχες ὅμηρα εἰς Ῥώμην πέμψασα καὶ | * Ἀσίδι * | θητεύοντας +τοιγάρτοι καὐτὴ βασιλὶς φρονέουσ' εἰς |
| Sib. | 5 | 449 | πόντος κοὐκέτι πλωτεύσουσιν ἐς Ἰταλίην τότε νῆες | * Ἀσὶς * | δ' ἡ μεγάλη τότε πάμφορον ἔσσεται ὕδωρ καὶ Κρήτη |
| Sib. | 5 | 461 | δ' εἰς Αἴγυπτον καθεδοῦνται ἔν τε Μακηδονίῃ καὶ ἐν | * Ἀσίδι * | καὶ +Λυκίοισιν+ κοσμομανὴς πόλεμος πολυαίματος ἐν |
| Sib. | 5 | 466 | ποταμοῦ λιμνῶν τε μεγίστων εὐθὺς βάρβαρος ὄχλος ἐς | * Ἀσίδα * | γαῖαν ὁδεύσει καὶ Θρᾳκῶν ὀλέσει δεινῶν γένος ὡς |
| ἀσιτέω | | | 2 | | |
| Hen. | 15 | 11 | καὶ δρόμους ποιοῦντα καὶ μηδὲν ἐσθίοντα ἀλλ' | * ἀσιτοῦντα * | καὶ διψῶντα καὶ προσκόπτοντα πνεύματα. καὶ |
| Hen. | 15B | 11 | γῆς καὶ δρόμους ποιοῦντα καὶ μηδὲν ἐσθίοντα ἀλλ' | * ἀσιτοῦντα * | καὶ ῥιπτοῦντα καὶ φάσματα ποιοῦντα καὶ διψῶντα |
| ἄσιτος | | | 1 | | |
| TZab. | 4 | 4 | τρεῖς ἡμέρας καὶ τρεῖς νύκτας καὶ οὕτως ἐπράθη | * ἄσιτος. * | καὶ ἀκούσας Ῥουβὴμ ὅτι ἐπράθη ἀπόντος αὐτοῦ |
| Ἀσκάλων | | | 1 | | |
| Aris. | 115 | 3 | καὶ λιμένας εὐκαίρους χορηγοῦντας τόν τε κατὰ τὴν | * Ἀσκαλῶνα * | καὶ Ἰόππην καὶ Γάζαν ὁμοίως δὲ καὶ Πτολεμαΐδα |
| ἀσκέω | | | 9 | | |
| Prop. | 4 | 3 | ἐπένθησεν οὗτος ἐπὶ τὴν πόλιν καὶ ἐν νηστείαις | * ἤσκησεν * | ἀπὸ πάσης τροφῆς ἐπιθυμητῆς καὶ ἦν ἀνὴρ ξηρὸς |
| Aris. | 168 | 6 | ἀλλ' ἵνα δι' ὅλου τοῦ ζῆν καὶ ἐν ταῖς πράξεσιν | * ἀσκῶμεν * | δικαιοσύνην πρὸς πάντας ἀνθρώπους μεμνημένοι τοῦ |
| Aris. | 225 | 3 | ἕτερον πῶς ἂν καταφρονοίη τῶν ἐχθρῶν; ὁ δὲ εἶπεν | * ἠσκηκὼς * | πρὸς πάντας ἀνθρώπους εὔνοιαν καὶ κατεργασάμενος |
| Aris. | 255 | 8 | πᾶν βούλευμα τελείωσιν ἕξει σοι τὴν εὐσέβειαν | * ἀσκοῦντι. * | κατωρθωκέναι δὲ καὶ τοῦτον εἰπὼν ἄλλον ἠρώτα |
| Aris. | 285 | 2 | ἐκ τῶν ἐλαχίστων αἱρετόν τι δείκνυται. σὺ δὲ πᾶσαν | * ἠσκηκὼς * | καταστολὴν διὰ τῶν ἐνεργειῶν φιλοσοφεῖς διὰ |
| Sib. | 4 | 170 | πάλιν ἥνπερ ἅπαντες εὐσεβίην περίτιμον ἐνὶ φρεσὶν | * ἀσκήσητε. * | εἰ δ' οὔ μοι πείθοισθε κακόφρονες ἀλλ' |
| FJub. | 47 | 5 | βασιλίδι οὔσῃ εἰσποιηθεὶς καὶ πᾶσαν Αἰγυπτίων | * ἀσκηθεὶς * | παίδευσιν ὡς βασιλίδος υἱὸς δικαίως ἂν κληθείη |

FPho.    76    ἔρις μακάρεσσιν ἔην οὐκ ἂν πόλος ἔστη. σωφροσύνην ✳ ἀσκεῖν ✳ αἰσχρῶν δ᾽ ἔργων ἀπέχεσθαι. μὴ μιμοῦ κακότητα

FPho.    123    μὴ μεγαληγορίηι τρυφῶν φρένα λυσσωθείης. εὐεπίην ✳ ἀσκεῖν ✳ ἥτις μάλα πάντας ὀνήσει. ὅπλον τοι λόγος ἀνδρὶ

**ἄσκοπος (σκέπτομαι)**

FPho.    117    ⟨οὐδεὶς γιγνώσκει τί μετ᾽ αὔριον ἢ τί μεθ᾽ ὥραν. ✳ ἄσκοπός ✳ ἐστι βροτῶν θάνατος τὸ δὲ μέλλον ἄδηλον.⟩ μήτε

**ἀσμενίζω**

Aris.    181    2 καθηκόντως οἷς συγχρήσησθε κἀμοὶ μεθ᾽ ὑμῶν. τῶν δὲ ✳ ἀσμενισάντων ✳ ἐκέλευσε καταλύματα δοθῆναι τὰ κάλλιστα
              1

**ἄσμενος**

Aris.    5    4 νομοθεσίαν διεξαγόντων περὶ ὧν προαιρούμεθα δηλοῦν ✳ ἀσμένως ✳ σε ἀκούσεσθαι προσφάτως παραγεγενημένον ἐκ τῆς
              1

**Ἀσουά**

FJub.    4    1 ἔτει ἐγεννήθη αὐτοῖς θυγάτηρ καὶ ὠνόμασαν αὐτὴν ✳ Ἀσουάμ. ✳ τῷ ἐνενηκοστῷ ἑβδόμῳ ἔτει προσήνεγκε Κάϊν. τῷ

**Ἀσουήλ**

FJub.    4    16 ἀποκαλύψεως ἀξιοῦται. γυνὴ Ἰάρεδ Βαραχα θυγάτηρ ✳ Ἀσουὴλ ✳ πατραδέλφου αὐτοῦ. γυνὴ Ἐνὼχ Εανι θυγάτηρ

**Ἀσούρ**

TJud.    3    1 λαὸς μετ᾽ αὐτῶν κἀγὼ μόνος δραμὼν ἐπὶ τὸν βασιλέα ✳ Ἀσοὺρ ✳ συνέσχον αὐτὸν καὶ ἐπὶ τὰς κνημῖδας κρούσας

FIsa.    1    3 ἀρρωστίᾳ αὐτοῦ. ⟨ἤκουσεν⟩ Σωμνᾶς ὁ γραμματεὺς καὶ ✳ Ἀσοὺρ ✳ ὁ ὑπομνηματογράφος ἐρχόμενον Ἠσαΐαν ἀπὸ Γαλγάλων
              17

**ἀσπάζομαι**

Abr.1    5    8 ὅπως εἰσέλθω καὶ κρεμασθῶ ἐπὶ τοῦ τραχήλου σου καὶ ✳ ἀσπάσωμαι ✳ σε πρὶν σε ἀροῦσιν ἀπ᾽ ἐμοῦ. ἀναστὰς οὖν

Abr.1    6    8 ταῦτα. λαβοῦσα δὲ αὐτὰ ἡ Σάρρα προσεκύνησεν καὶ ✳ ἠσπάζετο ✳ ταῦτα ⟨καὶ εἶπε⟩ δόξα τῷ θεῷ τῷ δεικνύοντι ἡμῖν

Abr.1    20    8 εἶπεν δὲ ὁ θάνατος ⟨πρὸς⟩ τὸν Ἀβραὰμ δεῦρο ✳ ἄσπασαι ✳ τὴν δεξιάν μου χεῖραν καὶ ἐλθεῖν σοι ἱλαρότης

Abr.1    20    9 δύναμις. πεπλάνηκεν γὰρ τὸν Ἀβραὰμ ὁ θάνατος καὶ ✳ ἠσπάσατο ✳ τὴν χεῖρα αὐτοῦ καὶ εὐθέως ἐκολλᾶτο ἡ ψυχὴ

Abr.2    2    2 τῶν βοῶν εἰς ἀροτριασμὸν ἦν δὲ γηραλέος τῇ ἡλικίᾳ ✳ ἠσπάσατο ✳ δὲ Ἀβραὰμ τὸν Μιχαὴλ μὴ γινώσκων τίς ἐστιν καὶ

TGad    3    3 ἀλήθειαν ψέγει τῷ κατορθοῦντι φθονεῖ καταλαλιὰν ✳ ἀσπάζεται ✳ ὑπερηφανίαν ἀγαπᾷ ὅτι τὸ μῖσος ἐτύφλωσε τὴν

Asen.    4    1 καὶ ἦλθε πρὸς τὸν πατέρα αὐτῆς καὶ τὴν μητέρα καὶ ✳ ἠσπάσατο ✳ αὐτοὺς καὶ κατεφίλησεν αὐτούς. καὶ ἐχάρησαν

Asen.    8    1 καὶ εἶπε Πεντεφρῆς τῇ θυγατρὶ αὐτοῦ Ἀσενὲθ ✳ ἄσπασαι ✳ τὸν ἀδελφόν σου διότι καὶ αὐτός παρθένος ἐστὶν

Asen.    19    10 αὐτὴν ὁ Ἰωσὴφ καὶ ἡ Ἀσενὲθ τὸν Ἰωσὴφ καὶ ✳ ἠσπάσαντο ✳ ἀλλήλους ἐπιπολὺ καὶ ἀνέζησαν ἀμφότεροι τῷ

Job    52    8 ταῦτα ἐξῆλθεν ὁ ἐπικαθήμενος τῷ μεγάλῳ ἅρματι, καὶ ✳ ἠσπάσατο ✳ τὸν Ἰωβ, βλεπουσῶν τῶν τριῶν θυγατέρων καὶ

Aris.    173    4 δ᾽ εἰς τὴν αὐλὴν Ἀνδρέας τε καὶ ἐγὼ φιλοφρόνως ✳ ἠσπασάμεθα ✳ τὸν βασιλέα καὶ τὰς ἐπιστολὰς ἀποδεδώκαμεν

Aris.    175    8 περισσοὺς ὑπέμενε περιπατῶν ἕως ἂν παραγινομένους ✳ ἀσπάσηται. ✳ παρελθόντων δὲ αὖ τοῖς ἀπεσταλμένοις δώροις

Aris.    179    3 δὲ εἰς τάξιν ἀποδοῦναι τὰ τεύχη τὰ τηνικαῦτα ✳ ἀσπασάμενος ✳ τοὺς ἄνδρας εἶπε δίκαιον ἦν θεοσεβεῖς ἄνδρες

Aris.    235    2 μετὰ μείζονος δὲ φωνῆς πάντας αὐτοὺς ὁ βασιλεὺς ✳ ἠσπάζετο ✳ καὶ παρεκάλει συνεπιφωνούντων τῶν παρόντων

FAch.    107    αὐτὸν ὁ βασιλεὺς ἐπιμελείας τυχεῖν καὶ ἀμφιασθέντα ✳ ἀσπάσασθαι. ✳ ὁ δὲ Αἴσωπος εἰς ἑαυτὸν ἀποκατασταθεὶς ἐλθὼν

FAch.    108    ὁ δὲ Αἴσωπος εἰς ἑαυτὸν ἀποκατασταθεὶς ἐλθὼν ✳ ἠσπάσατο ✳ τὸν βασιλέα καὶ ἀπελογεῖτο πῶς ψεύδος αὐτοῦ

FAch.    112    ἀποβῆναι τῆς νηός. καὶ τῇ ἐπαύριον ἐλθὼν ὁ Αἴσωπος ✳ ἠσπάσατο ✳ τὸν βασιλέα. ὁ δὲ Νεκταναβὼ ἐκέλευσεν τοὺς ὑφ᾽
              1

**ἀσπάλαθος**

TLevi    18    2B024 θεχακ καὶ κυπάρισσον καὶ δάφνην καὶ μυρσίνην καὶ ✳ ἀσφάλαθον. ✳ ταῦτα εἴρηκεν ὅτι ταῦτά ἐστιν ἃ σε ἀναφέρειν
              2

**ἄσπαρτος**

Sib.    3    647 λείψανα γαῖα πέλωρος ἀναλώσειε θανόντων. αὐτὴ δ᾽ ✳ ἄσπαρτος ✳ καὶ ἀνήροτος ἔσται ἅπασα κηρύσσουσα τάλαινα

Sib.    5    276 καρπεύσουσι βροτοὶ στάχυν ἀγλαὸν ἐκ γῆς πάντ᾽ ✳ ἄσπαρτα ✳ μενεῖ καὶ ἀνήροτα ἄχρι νοῆσαι τὸν πρύτανιν

**ἀσπασμός**

Aris.    246    5 οὖσαν καὶ τὴν εὐταξίαν διαμένουσαν ἐν τοῖς ✳ ἀσπασμοῖς ✳ καὶ συμβουλίαις καὶ τῇ λοιπῇ συναναστροφῇ τῶν

Aris.    304    4 εἰς τὴν αὐλὴν καθ᾽ ἡμέραν καὶ ποιησάμενοι τὸν ✳ ἀσπασμὸν ✳ τοῦ βασιλέως ἀπελύοντο πρὸς τὸν ἑαυτῶν τόπον.

**ἄσπετος**

Sib.    3    610 ἐξ Ἑλλήνων ἀρχῆς ἧς ἄρξουσι Μακεδόνες ✳ ἄσπετοι ✳ ἄνδρες ἔλθη δ᾽ ἐξ Ἀσίης βασιλεὺς μέγας αἰετὸς

Sib.    3    620 θεὸς ἄνδρασι δώσει καὶ γὰρ γῆ καὶ δένδρα καὶ ✳ ἄσπετα ✳ ποίμνια μήλων δώσουσιν καρπὸν τὸν ἀληθινὸν

Sib.    3    677 καὶ ἰχθύες οἱ κατὰ πόντον πάντα τε θηρία γῆς ἠδ᾽ ✳ ἄσπετα ✳ φῦλα πετεινῶν πᾶσαί τ᾽ ἀνθρώπων ψυχαὶ καὶ πᾶσα

Sib.    4    180 πάντα τέφρη σποδόεσσα γένηται καὶ πῦρ κοιμήσῃ θεὸς ✳ ἄσπετον ✳ ὥσπερ ἀνῆψεν ὀστέα καὶ σποδιὴν αὐτὸς θεὸς

LThe.    9    22    11 μένος ἄσχετος ἔλλαβε χαίτης γούνων ἁπτόμενον Συχὲμ ✳ ἄσπετα ✳ μαργήναντα. ἤλασε δὲ κληῖδα μέσην δῦ δὲ ξίφος ὀξὺ
              1

**ἀσπιδίσκος**

Aris.    75    2 τὴν πρόσοψιν ἕως ἐπὶ τὸ στόμα. τὸ δ᾽ ἀνὰ μέσον ✳ ἀσπιδίσκοι ✳ λίθων ἑτέρων παρ᾽ ἑτέροις τοῖς γένεσι
              15

**ἀσπίς**

Hen.    8    1 τοὺς ἀνθρώπους Ἀζαὴλ μαχαίρας ποιεῖν καὶ ὅπλα καὶ ✳ ἀσπίδας ✳ καὶ θώρακας διδάγματα ἀγγέλων καὶ ὑπέδειξεν

Abr.1    17    14 καὶ πρόσωπον ἐχίδνης ζοφοειδέστατον ⟨καὶ πρόσωπον ✳ ἀσπίδος ✳ ἀγριώτερον⟩ καὶ πρόσωπον λέοντος φοβεροῦ καὶ

Abr.1    19    13 πολλοὶ τῶν ἀνθρώπων ἐν ὥρᾳ θυμοῦ δρακόντων καὶ ✳ ἀσπίδων ✳ καὶ κεράστων καὶ βασιλίσκων ⟨καὶ τυχόντες

Abr.1    19    14 τὸν θάνατον βλέπουσιν ἔδειξέ σοι καὶ θηρία ἰοβόλα ✳ ἀσπίδας ✳ καὶ βασιλίσκους⟩ καὶ παρδάλεις καὶ λέοντας καὶ

Abr.2    14    3 αὐτοῦ εἶχον πρόσωπα δρακόντων διὰ τοῦτό τινες ὑπὸ ✳ ἀσπίδων ✳ τελευτῶσιν ⟨ἄλλαι δὲ κεφαλαὶ ὅμοιαι ῥομφαίων διὰ

TLevi    6    1 δικαίων. καὶ ὡς ἠρχόμην πρὸς τὸν πατέρα μου εὗρον ✳ ἀσπίδα ✳ χαλκῆν διὸ καὶ τὸ ὄνομα τοῦ ὄρους Ἀσπὶς ὃ ἐστιν

TJud.    3    4 ἀπέκτεινα αὐτὸν καὶ εἰς δύο μερίδας ποιήσας τὴν ✳ ἀσπίδα ✳ αὐτοῦ συνέκομα τοὺς πόδας αὐτοῦ. ἐν δὲ τῷ ἐκδύειν

TJud.    9    5 εἴκοσιν δρώντων αὐτῶν προσάγω κλίμακα καὶ τὴν ✳ ἀσπίδα ✳ ἐπὶ τῆς κεφαλῆς μου καὶ ἀνῆλθον ἀποδεχόμενος

Asen.    26    6 καὶ ἔθηκεν ἐπὶ τὸν μηρὸν αὐτοῦ καὶ ἔλαβον τὰς ✳ ἀσπίδας ✳ αὐτῶν καὶ ἔθηκαν ἐπὶ τοὺς βραχίονας αὐτῶν καὶ

Prop.    2    3 αὐτῶν εὐεργετηθέντες δι᾽ αὐτοῦ. ηὔξατο γὰρ καὶ αἱ ✳ ἀσπίδες ✳ αὐτοὺς ἔασαν καὶ τῶν ὑδάτων οἱ θῆρες οὓς

Prop.    2    4 τῷ τόπῳ καὶ λαμβάνοντες τοῦ χοὸς τοῦ τόπου δήγματα ✳ ἀσπίδων ✳ θεραπεύουσι ἱκαὶ πολλοὶ αὐτὰ ἰὰ θηρία καὶ τὰ τοῦ

Prop.    2    6 ἐνδόξως κύκλῳ καὶ ἐκωλύθη ἐκ τῆς γῆς τὸ γένος τῶν ✳ ἀσπίδων ✳ καὶ ἐκ τοῦ ποταμοῦ ὡσαύτως τοὺς κροκοδείλους καὶ

Job    43    12 καρδίᾳ αὐτοῦ οὐδὲ εἰρήνην ἐν τῷ σώματι αὐτοῦ ἰὸν ✳ ἀσπίδων ✳ ἔσχεν ἐν τῇ γλώσσῃ αὐτοῦ. δίκαιός ἐστιν κύριος,

Sib.    3    794 χθονὶ θῆρα ποιήσει. σὺν βρέφεσίν τε δράκοντες ἅμ᾽ ✳ ἀσπίσι ✳ κοιμήσονται κοὐκ ἀδικήσουσιν χεὶρ γὰρ θεοῦ ἔσσετ᾽

HEup.    9    34    20 ἐν τῷ ἱερῷ τοῦ Διός. ποιῆσαι δὲ τὸν Σολομῶνα δὲ ✳ ἀσπίδας ✳ χρυσᾶς χιλίας δν ἑκάστην πεντακοσίων εἶναι
              2

**Ἀσπίς**

TLevi    2    5 ἐπ᾽ ἐμὲ ὕπνος καὶ ἐθεασάμην ὄρος ὑψηλὸν τοῦτο ὄρος ✳ Ἀσπίδος ✳ ἐν Ἀβελμαούλ. καὶ ἰδοὺ ἠνεῴχθησαν οἱ οὐρανοὶ

TLevi    6    1 μου εὗρον ἀσπίδα χαλκῆν διὸ καὶ τὸ ὄνομα τοῦ ὄρους ✳ Ἀσπίς ✳ ὃ ἐστιν ἐγγὺς Γεβὰλ ἐκ δεξιῶν Ἀβιλὰ καὶ
              1

**ἀσπορία**

Sib.    3    542 αὐτὰρ ἔπειτα βροτοὶ δεινῶς κλαύσουσιν ἅπαντες ✳ ἀσπορίην ✳ καὶ ἀνηροσίην καὶ πῦρ ἐπὶ γαίης καθήσει +πολὺν

**ἀσσάλιος**

Job    7    1 δὲ Σατανᾶς ἀκούσας ἀπῆλθεν καὶ ἐπέθετο τοῖς ὤμοις ✳ ἀσσάλιον, ✳ καὶ ἐλθὼν λελάληκεν τῇ θυρωρῷ λέγων εἰπὸν τῷ

**Ἀσσάρακος**

Sib.    5    8 φημιχθέντα καὶ μετὰ τὸν γενεῆς τε καὶ αἵματος ✳ Ἀσσαράκοιο ✳ ὃς μόλεν ἐκ Τροίης ὅστις πυρὸς ἔσχισεν ὁρμὴν
              5

**Ἀσσυρία**

Sib.    3    99 ποτ᾽ ἐπηπείλησε βροτοῖς ὅτε πύργον ἔτευξαν χώρῃ ἐν ✳ Ἀσσυρίῃ ✳ ὁμόφωνοι δ᾽ ἦσαν ἅπαντες καὶ βούλοντ᾽ ἀναβῆν

Sib.    3    160 ἐγείρατο εἶτα τὸ Περσῶν Μήδων Αἰθιόπων τε καὶ ✳ Ἀσσυρίης ✳ Βαβυλῶνος εἶτα Μακεδονίων πάλιν Αἰγύπτου τότε

Sib.    3    809 ἀλλὰ χρὴ πάντας θύειν μεγάλῳ βασιλῆι. ταῦτά σοι ✳ Ἀσσυρίης ✳ Βαβυλώνια τείχεα μακρὰ οἰστρομανῆς προλιποῦσα

HCle.    1    15    241 τρεῖς Ἀφέραν Σουρειμ Ἰάφραν. ἀπὸ Σουρειμ μὲν τὴν ✳ Ἀσσυρίαν ✳ κεκλῆσθαι ἀπὸ δὲ τῶν δύο Ἀφέρα τε καὶ Ἰάφρα

HAno.    9    17    2 τοῦ πολυιστορος περὶ ιουδαιων γραφῇ. τῆς ✳ Ἀσσυρίας ✳ πόλιν Βαβυλῶνα πρῶτον μὲν κτισθῆναι ὑπὸ τῶν
              12

**Ἀσσύριος**

TNep.    5    8 ἐν κήποις καὶ ἰδοὺ γραφῇ ἁγίᾳ ὤφθη ἡμῖν λέγουσα ✳ Ἀσσύριοι ✳ Μῆδοι Πέρσαι Ἐλυμαῖοι Γελαχαῖοι Χαλδαῖοι

Prop.    10    6B μέγας ἐπέμφθη ὑπὸ κυρίου εἰς Νινευῒ τὴν πόλιν ✳ Ἀσσυρίων. ✳ καὶ ἐζήτησεν Ἰωνᾶς ἀποδρᾶσαι κυρίου καὶ

Prop.    10    6B προφητεύσας κατὰ Νινευῒ τῆς μεγάλης πόλεως ✳ Ἀσσυρίων ✳ ἠθέλησε γὰρ ὁ θεὸς δεῖξαι αὐτῷ ὅτι οὐ δύναται

Sib.    3    207 κακὸν ἔσσεται ἤματι κείνῳ. αὐτίκα καὶ Πέρσαι καὶ ✳ Ἀσσύριοι ✳ κακὸν ἥξει πάσῃ τ᾽ Αἰγύπτῳ Λιβύῃ τ᾽ ἠδ᾽

Sib.    3    268 μοῖρα λιπεῖν πέδον ἀγνὸν ὑπάρχει. ἀχθήση δὲ πρὸς ✳ Ἀσσυρίους ✳ καὶ νήπια τέκνα ὄψει δουλεύουσαν παρ᾽ ἀνδράσι

Sib.    3    303 ὅτι οἱ ναὸν μέγαν ἐξαλάπαξεν. αἰαῖ σοι Βαβυλὼν ἠδ᾽ ✳ Ἀσσυρίων ✳ γένος ἀνδρῶν πᾶσαν ἁμαρτωλῶν γαῖαν ῥοίζός ποθ᾽

Sib.    4    49 ὅσ᾽ ἀπὸ πρώτης γενεῆς ἔσται τάδε λέξω. πρῶτα μὲν ✳ Ἀσσύριοι ✳ θνητῶν ἄρξουσιν ἀπάντων ἓξ γενεὰς κόσμοιο

Sib.    5    336 κολύμβῳ. Ἑλλήσποντε τάλαν ζεύξει ποτέ σ᾽ ✳ Ἀσσύριων ✳ παῖς +εἰς σέ μάχη+ Θρηκῶν κρατερόν σθένος

FJub.    11    14 τὸν Θάρρα. Νίνου δὲ τοῦ πρώτου βασιλέως τῶν ✳ Ἀσσυρίων ✳ τεσσαρακοστὸν τρίτον ἄγοντος ἔτος τῆς

FIsa.    1    3    2 ἦν ἀπὸ Σαμαρίας. καὶ ἐγένετο ἐν τῷ ἐλθεῖν Ἀλγασὰν ✳ Ἀσσυρίων ✳ βασιλέα καὶ αἰχμαλωτίσαι τὴν Σαμαρίαν καὶ

HEup.    9    30    3 ποταμὸν καὶ τὴν Κομμαγηνὴν καὶ τοὺς ἐν Γαλαδηνῇ ✳ Ἀσσυρίους ✳ καὶ Φοίνικας. στρατεῦσαι δ᾽ αὐτὸν καὶ ἐπὶ

FrAn.    4    1    2 πεσεῖται. ἃ οὐκ ἔφαγον ἅγιοι ταῦτα φάγονται ✳ Ἀσσύριοι. ✳ ἡνίκα Ζαχαρίαν τὸν προφήτην ἀνεῖλεν ὁ Ἰωὰς ὁ
              3

**ἄστατος**

Sib.    5    228 σῳζομένου διὰ παντὸς ὃν ἔξοχον εἶχε Πρόνοια. ✳ ἄστατε ✳ καὶ κακόβουλε κακῶς περικείμενε κῆρας ἀρχή καὶ

FPho.    27 ἀπερίστατον ἄνδρα. κοινὰ πάθη πάντων ὁ βίος τροχὸς ✳ ἄστατος ✳ ὄλβος. πλοῦτον ἔχων σὴν χεῖρα πενητεύουσι

HCal.    24    29 τοῦ Ἀλέξανδρον καταλαβεῖν καὶ πᾶσα ἀκυρωθήσεται ✳ ἄστατος ✳ βουλή. ὡς οὖν ταῦτα ἤκουσαν Ἀλεξάνδρῳ ὑπείκειν

**ἄστεγος**

FPho.    24 πληρώσει σέο χεῖρ᾽. ἔλεον χρήζοντι παράσχου. ✳ ἄστεγον ✳ εἰς οἶκον δέξαι καὶ τυφλὸν ὁδήγει. ναυηγοὺς

**ἄστεκτος**

FMan.    2    22    12 φρίσσει καὶ τρέμει ἀπὸ προσώπου δυνάμεώς σου ὅτι ✳ ἄστεκτος ✳ ἡ μεγαλοπρέπεια τῆς δόξης σου καὶ ἀνυπόστατος ἡ
              1

**ἀστεμφής**

LThe.    9    22    7 οἴκῳ σάρκ᾽ ἀποσυλῆσαι πόσθης ἄπο καὶ ῥ᾽ ἐτέλεσσεν ✳ ἀστεμφὲς ✳ δὲ τέτυκται ἐπεὶ θεὸς αὐτὸς ἔειπε. πορευθέντος

ἀστερόεις                                    6
SIb.    3   100    δ' ἦσαν ἄπαντες καὶ βούλοντ' ἀναβῆν' εἰς οὐρανὸν * ἀστερόεντα * αὐτίκα δ' ἀθάνατος μεγάλην ἐπέθηκεν ἀνάγκην
SIb.    3   373    ὅσσον ἄγραυλος+ εὐνομίη γὰρ πᾶσα ἀπ' οὐρανοῦ * ἀστερόεντος * ἥξει ἐπ' ἀνθρώπους ἠδ' εὐδικίη μετὰ δ' αὐτῆς
SIb.    3   758    κατὰ γαῖαν ἄπασαν ἀνθρώποις τελέσειεν ἐν οὐρανῷ * ἀστερόεντι * ἀθάνατος ὅσα πέπρακται δειλοῖσι βροτοῖσιν.
SIb.    3   798    γαίηφι γένηται. ὁπότε κεν ῥομφαῖαι ἐν οὐρανῷ * ἀστερόεντι * ἐννύχιαι ὀφθῶσι πρὸς ἕσπερον ἠδὲ πρὸς ἠῶ
IHom.  5  107  4  τετύκοντο ἅπαντα. ἑπτὰ δὲ πάντα τέτυκτο ἐν οὐρανῷ * ἀστερόεντι * ἐν κύκλοισι φανέντα ἐπιτελλομένοις ἐνιαυτοῖς.
LAri.  13  12  16  ἐστι τελείη καὶ ἑπτὰ δὲ πάντα τέτυκται ἐν οὐρανῷ * ἀστερόεντι * ἐν κύκλοισι φανέντ' ἐπιτελλομένοις ἐνιαυτοῖς.

ἀστερόμορφος *                               1
Sedr.  11  19    γλῶσσα εὐδιάλλακτε γένειον καλλωπισμένον τρίχες * ἀστερόμορφοι * κεφαλῇ οὐρανομήκες ἐστολισμένον σῶμα τὸ

ἀστεροσκοπία                                 1
Hen.    8   3    Βαρακιὴλ ἀστρολογίας Χωχιὴλ τὰ σημειωτικὰ Σαθιὴλ * ἀστεροσκοπίαν * Σεριὴλ σεληναγωγίας. τῶν οὖν ἀνθρώπων

ἀστερόχυτος *                                1
Sedr.  11  17    ἀπέρχεται εἰς κρίσιν. ὦ σῶμα καλλωπισμένον τρίχες * ἀστερόχυται * κεφαλῇ οὐρανοκόσμητε ἐστολισμένον. ὦ

ἀστήρ                                        29
Hen.   14   8    ἐκάλουν καὶ ὀμίχλαι με ἐφώνουν καὶ διαδρομαὶ τῶν * ἀστέρων * καὶ διαστραπαὶ με κατεσπούδαζον καὶ ἐθορύβαζόν
Hen.   14  11    καὶ ἐδάφη χιονικὰ καὶ αἱ στέγαι ὡς διαδρομαὶ * ἀστέρων * καὶ ἀστραπαὶ καὶ μεταξὺ αὐτῶν χερουβὶν πύρινα
Hen.   14  17    τὸ δὲ ἀνώτερον αὐτοῦ ἦσαν ἀστραπαὶ καὶ διαδρομαὶ * ἀστέρων * καὶ ἡ στέγη αὐτοῦ ἦν πῦρ φλέγον. ἐθεώρουν δὲ καὶ
Hen.   17   3    εἶδον τόπον τῶν φωστήρων καὶ τοὺς θησαυροὺς τῶν * ἀστέρων * καὶ τῶν βροντῶν καὶ εἰς τὰ ἀεροβαθῆ ὅπου τόξον
Hen.   18   4    διανεύοντας τὸν τροχὸν τοῦ ἡλίου καὶ πάντας τοὺς * ἀστέρας. * ἴδον τοὺς ἐπὶ τῆς γῆς ἀνέμους βαστάζοντας ἐν
Hen.   18  13    ἀλλὰ τόπος ἦν ἔρημος καὶ φοβερός. ἐκεῖ ἴδον ἑπτὰ * ἀστέρας * ὡς ὄρη μεγάλα καιόμενα περὶ ὧν πυνθανομένῳ μοι
Hen.   18  15    ἄστροις καὶ ταῖς δυνάμεσιν τοῦ οὐρανοῦ. καὶ οἱ * ἀστέρες * οἱ κυλιόμενοι ἐν τῷ πυρὶ οὗτοί εἰσιν οἱ
Hen.   21   3    καὶ φοβερόν. καὶ ἐκεῖ τεθέαμαι ἑπτὰ τῶν * ἀστέρων * τοῦ οὐρανοῦ δεδεμένους καὶ ἐρριμμένους ἐν αὐτῷ
Hen.   21   6    τίνος τὴν ἀλήθειαν φιλοσπευδεῖς; οὗτοί εἰσιν τῶν * ἀστέρων * τοῦ οὐρανοῦ οἱ παραβάντες τὴν ἐπιταγὴν τοῦ
Hen.  21B   3    ἀκατασκεύαστον καὶ φοβερόν. καὶ ἐκεῖ τεθέαμαι ζ' * ἀστέρας * τοῦ οὐρανοῦ δεδεμένους καὶ ἐριμμένους ἐν αὐτῷ
Abr.1   4  11    τῶν ὑπαρχόντων αὐτοῦ ὅτι ηὐλόγησα αὐτὸν ὡς τοὺς * ἀστέρας * τοῦ οὐρανοῦ καὶ ὡς τὴν ἄμμον τὴν παρὰ τὸ χεῖλος
Abr.1   8   5    σου ὁ εὐλογήσας σε ὑπὲρ ἄμμον θαλάσσης καὶ ὡς τοὺς * ἀστέρας * τοῦ οὐρανοῦ ὁ διαλύσας μήτραν Σάρρας τῆς
Abr.2   7   9    ἐμὴν ἐπένθησεν δὲ καὶ ὁ ἥλιος καὶ ἡ σελήνη καὶ οἱ * ἀστέρες * λέγοντες μὴ ἐπάρῃς τὴν δόξαν τῆς δυνάμεως ἡμῶν
TNep.   3   2    τὸ θέλημα τοῦ διαβόλου. ἥλιος καὶ σελήνη καὶ * ἀστέρες * οὐκ ἀλλοιοῦσι τάξιν αὐτῶν οὕτως καὶ ὑμεῖς μὴ
Asen.  14   1    Ἀσενὲθ ἐξομολογουμένη τῷ κυρίῳ ἰδοὺ ὁ ἑωσφόρος * ἀστὴρ * ἀνέτειλεν ἐκ τοῦ οὐρανοῦ κατὰ ἀνατολάς. καὶ εἶδεν
Asen.  14   1    ἐπήκουσε κύριος ὁ θεὸς τῆς προσευχῆς μου διότι ὁ * ἀστὴρ * οὗτος ἄγγελος καὶ κῆρυξ τοῦ φωτὸς τῆς μεγάλης
Bar.    9   1    καὶ ἅμα ταύτῃ μετὰ καὶ τῆς σελήνης καὶ μετὰ τῶν * ἀστέρων. * καὶ εἶπον ἐγὼ Βαροὺχ κύριε δεῖξόν μοι καὶ
Bar.    9   8    οὕτως οὐδὲ ἐνώπιον τοῦ ἡλίου δύνανται ἡ σελήνη καὶ * ἀστέρες * αὐγάσαι. ἀεὶ γὰρ οἱ ἀστέρες κρέμανται ἀλλ' ὑπὸ
Bar.    9   8    δύνανται ἡ σελήνη καὶ ἀστέρες αὐγάσαι. ἀεὶ γὰρ οἱ * ἀστέρες * κρέμανται ἀλλ' ὑπὸ τοῦ ἡλίου σκεδάζονται. καὶ ἡ
Esdr.   2  32    συντελείας. ⟨καὶ εἶπεν ὁ θεὸς⟩ ἐξαρίθμησον τοὺς * ἀστέρας * καὶ τὴν ἄμμον τῆς θαλάσσης καὶ εἰ δυνήσει ταύτην
Esdr.   3   2    φορῶ ἀνθρωπίνην καὶ πῶς δύναμαι ἀριθμῆσαι τοὺς * ἀστέρας * τοῦ οὐρανοῦ καὶ τὴν ἄμμον τῆς θαλάσσης;
Esdr.   4  29    αὐτοῦ ὡσεὶ ἀγροῦ ὁ ὀφθαλμὸς αὐτοῦ ὁ δεξιὸς ὡς * ἀστὴρ * τῷ πρωὶ ἀνατέλλων καὶ ὁ ἕτερος ἀσάλευτος τὸ στόμα
Job    31   5    ἐν πάσῃ τῇ γῇ; σὺ εἶ ὁ ὡς ἡ σελήνη καὶ οἱ * ἀστέρες * οἱ ἐν ταῖς μεσονυκτίῳ φαίνοντες; καὶ εἶπον αὐτῷ
SIb.    3  334    ἔρημος ἅπασα σέθεν καὶ ἔρημα πόλης. ἐν δὲ δύσει * ἀστὴρ * λάμψει ὃν ἐροῦσι κομήτην ῥομφαίας λιμοῦ θανάτοιό
SIb.    5  155    δίκαιον. ἀλλ' ὅταν ἐκ τετράτου ἔτεος λάμψῃ μέγας * ἀστὴρ * ὃς πᾶσαν γαῖαν καθελεῖ μόνος εἵνεκα τιμῆς +αὐτοὶ
SIb.    5  158    ἔθηκάν τ' εἰναλίῳ Ποσειδῶνι+ ἥξει δ' οὐρανόθεν * ἀστὴρ * μέγας εἰς ἅλα δῖαν καὶ φλέξει πόντον βαθὺν αὐτὴν
SIb.    5  512    ὃ μιν θεὸς ἐγγυάλιξεν. Ἡελίου φαέθοντος ἐν * ἀστράσιν * εἶδον ἀπειλὴν ἠδὲ Σεληναίης δεινὸν χόλον ἐν
FJub.   2   8    ἡμέρᾳ. τῇ δὲ τετάρτῃ τὸν ἥλιον τὴν σελήνην τοὺς * ἀστέρας * ταῦτα τὰ τρία ἔργα τὰ μεγάλα ἐποίησεν ὁ θεὸς ἐν
LEze.  9  29  5  12  γαίας καὶ ἐξύπερθεν οὐρανοῦ καὶ μοί τι πλῆθος * ἀστέρων * πρὸς γούνατα ἔπιπτ' ἐγὼ δὲ πάντας ἠριθμησάμην

Ἀστιβάρης                                    1
HEup.  9  39  4  τὰ ὑπὸ τοῦ Ἱερεμίου προμαντευθέντα παρακαλέσαι * Ἀστιβάρην * τὸν Μήδων βασιλέα συστρατεύειν αὐτῷ.

ἀστραπή                                      13
Hen.   14  11    χιονικὰ καὶ αἱ στέγαι ὡς διαδρομαὶ ἀστέρων καὶ * ἀστραπαὶ * καὶ μεταξὺ αὐτῶν χερουβὶν πύρινα καὶ οὐρανὸς
Hen.   14  17    τὸ ἔδαφος αὐτοῦ ἦν πυρὸς τὸ δὲ ἀνώτερον αὐτοῦ ἦσαν * ἀστραπαὶ * καὶ διαδρομαὶ ἀστέρων καὶ ἡ στέγη αὐτοῦ ἦν πῦρ
Hen.   17   3    πυρὸς καὶ τὰ βέλη καὶ τὰς θήκας αὐτῶν καὶ τὰς * ἀστραπὰς * πάσας. καὶ ἀπήγαγόν με μέχρι ὑδάτων ζώντων καὶ
Abr.1  17  15    πύρινον καὶ πρόσωπον ξιφηφόρον καὶ πρόσωπον * ἀστραπῆς * φοβερῶς ἐξαστράπτον καὶ ἦχον βροντῆς φοβερᾶς
Abr.1  19   6    ὑπὲρ τῆς βροντῆς τῆς ἀνυποφόρου καὶ τῆς φοβερᾶς * ἀστραπῆς * καὶ τί τὰ ποτήρια τὰ δυσώδη φάρμακα καὶ
Abr.1  19  13    τῆς δὲ βροντῆς τῆς ἀνυποφόρου καὶ τῆς φοβερᾶς * ἀστραπῆς * ἐδείξα σοι διότι πολλοὶ τῶν ἀνθρώπων ἐν ὥρᾳ
Abr.1  19  13    βασιλίσκων ⟨καὶ τυχόντες βροντῆς ἀνυποφόρου καὶ * ἀστραπῆς * φοβερᾶς ἐλθούσης ἀνάρπαστοι γίνονται καὶ οὕτω
Asen.  14   9    τῇ ῥάβδῳ τῇ βασιλικῇ πλὴν τὸ πρόσωπον αὐτοῦ ἦν ὡς * ἀστραπὴ * καὶ οἱ ὀφθαλμοὶ αὐτοῦ ὡς φέγγος ἡλίου καὶ αἱ
Asen.  17   8    καὶ τὸ ἅρμα ἦν ὡς φλὸξ πυρὸς καὶ οἱ ἵπποι ὡς * ἀστραπή. * καὶ ὁ ἄνθρωπος εἱστήκει ἐπάνω τοῦ ἅρματος
Asen.  18   5    ἐξήνεγκε τὴν στολὴν αὐτῆς τὴν πρώτην τοῦ γάμου ὡς * ἀστραπὴν * τῷ εἴδει καὶ ἐνεδύσατο αὐτήν. καὶ περιεζώσατο
Bar.   16   3    καὶ βροῦχον ἐρυσίβην καὶ ἀκρίδα χάλαζαν μετ' * ἀστραπῶν * καὶ ὀργῆς. καὶ διχοτομήσατε αὐτοὺς ἐν μαχαίρᾳ
FJub.   2   2    χιόνος καὶ χαλάζης καὶ πάγου ἀγγέλων φωνῶν βροντῶν * ἀστραπῶν * ψύχους καύματος χειμῶνος φθινοπώρου ἔαρος καὶ
IEsc.  5  131  2  αὐτὸς γίνεται παρεμφερὴς ἀνέμῳ νεφέλῃ τε καὶ * ἀστραπῇ * βροντῇ βροχῇ. ὑπηρετεῖ δὲ αὐτῷ θάλασσα καὶ

ἀστραπηδόν                                   1
LAri.  8  10  16  τε φωναὶ σφοδρότερον συνηκούοντο σὺν τῇ τοῦ πυρὸς * ἀστραπηδὸν * ἐκφάνσει μὴ προκειμένων ὀργάνων τοιούτων μηδὲ

ἀστράπτω                                     3
Abr.1   7   3    ἐκ τοῦ οὐρανοῦ κατελθόντα ὑπὲρ ἑπτὰ ἡλίους * ἀστράπτοντα * καὶ ἐλθὼν ἀνὴρ ὁ ἡλιόμορφος ἐκεῖνος ἔλαβεν
Asen.  23  15    σφόδρα καὶ ἐτρόμαξεν ὅλῳ τῷ σώματι αὐτοῦ διότι * ἤστραπτον * αἱ ῥομφαῖαι αὐτῶν ὡς φλόγα πυρὸς καὶ
FAch.  115       τρέμειν ποιεῖ καὶ φοβερὰ βροντήσας καὶ δεινῶς * ἀστράψας * καὶ σείσας σεισμούς. ὁμοίως καὶ Λυκοῦργος τῇ

ἀστρολογέω                                   1
SIb.    3  227    ἐγγαστεριμύθων οὐδέ τε Χαλδαίων τὰ προμάντια * ἀστρολογοῦσιν * οὐδὲ μὲν ἀστρονομοῦσι τὰ γὰρ πλάνα πάντα

ἀστρολογία                                   8
Hen.    8   3    καὶ ῥιζοτομίας Ἀρμαρὼς ἐπαοιδῶν λυτήριον Βαρακιὴλ * ἀστρολογίας * Χωχιὴλ τὰ σημειωτικὰ Σαθιὴλ ἀστεροσκοπίαν
Hen.   8B   3    ἐδίδαξε ἀστεροσκοπίαν. ὁ δὲ τέταρτος ἐδίδαξεν * ἀστρολογίαν. ὁ δὲ ὄγδοος ἐδίδαξεν ἀεροσκοπίαν. ὁ δὲ
HArt.  9  18  1  πρὸς τὸν τῶν Αἰγυπτίων βασιλέα Φαρεθώθην καὶ τὴν * ἀστρολογίαν * αὐτὸν διδάξαι μείναντα δὲ ἔτη ἐκεῖ εἴκοσι
HAno.  9  17  3  καὶ σοφίᾳ πάντας ὑπερβεβηκότα ὃν δὴ καὶ τὴν * ἀστρολογίαν * καὶ Χαλδαϊκὴν εὑρεῖν ἐπί τε τὴν εὐσέβειαν
HAno.  9  17  8  Αἰγυπτίων ἱερεῦσιν πολλὰ μεταδιδάξαι αὐτοὺς καὶ τὴν * ἀστρολογίαν * καὶ τὰ λοιπὰ τούτων αὐτοῖς εἰσηγήσασθαι
HAno.  9  17  8  Ἑνὼχ ἀναπέμπειν καὶ τούτων εὑρηκέναι πρῶτον τὴν * ἀστρολογίαν * οὐκ Αἰγυπτίους. Βαβυλωνίους γὰρ λέγειν
HAno.  9  17  9  Ἕλληνας δὲ λέγειν τὸν Ἄτλαντα εὑρηκέναι * ἀστρολογίαν * εἶναι δὲ τὸν Ἄτλαντα τὸν αὐτὸν καὶ Ἑνὼχ
HAno.  9  17  2  πρῶτον μὲν ἐλθεῖν εἰς Φοινίκην καὶ τοὺς Φοίνικας * ἀστρολογίαν * διδάξαι ὕστερον δὲ εἰς Αἴγυπτον

ἀστρολογικός                                 1
HAno.  9  18  2  Βήλου Βῆλον ὀνομασθῆναι. τὸν δὲ Ἄβραμον τὴν * ἀστρολογικὴν * ἐπιστήμην παιδευθέντα πρῶτον μὲν ἐλθεῖν εἰς

ἄστρον                                       20
Hen.   18  14    τοῦ οὐρανοῦ καὶ γῆς δεσμωτήριον τοῦτο ἐγένετο τοῖς * ἄστροις * καὶ ταῖς δυνάμεσιν τοῦ οὐρανοῦ. καὶ οἱ ἀστέρες
Abr.1   1   5    περὶ τῶν πραγμάτων αὐτοῦ ὅτι ηὐλόγησα αὐτὸν ὡς τὰ * ἄστρα * τοῦ οὐρανοῦ καὶ ὡς τὴν ἄμμον τὴν παρὰ τὸ χεῖλος
TLevi. 18   3    αὐτοῦ Μεραρὶ ἐλυπήθην γὰρ περὶ αὐτοῦ καὶ ἀνατελεῖ * ἄστρον * αὐτοῦ ἐν οὐρανῷ ὡς βασιλεὺς φωτίζων φῶς γνώσεως
TJud.  24   1    τῶν ἐχθρῶν ὑμῶν. καὶ μετὰ ταῦτα ἀνατελεῖ ὑμῖν * ἄστρον * ἐξ Ἰακὼβ ἐν εἰρήνῃ καὶ ἀναστήσεται ἄνθρωπος ἐκ
Asen.   2   6    καὶ ἠγάπα αὐτὰς πάνυ. καὶ ἦσαν καλαὶ σφόδρα ὡς τὰ * ἄστρα * τοῦ οὐρανοῦ καὶ ἀνὴρ οὐχ ὡμίλει αὐταῖς οὐδὲ
Sal.    1   5    ἡ δόξα αὐτῶν ἕως ἐσχάτου τῆς γῆς. ὑψώθησαν ἕως τῶν * ἄστρων * εἶπαν οὐ μὴ πέσωσιν καὶ ἐξύβρισαν ἐν τοῖς ἀγαθοῖς
Esdr.   3  10    πατέρων ἡμῶν πληθύναι πληθυνῶ τὸ σπέρμα σου ὡς τὰ * ἄστρα * τοῦ οὐρανοῦ καὶ ὡς τὴν ἄμμον τὴν παρὰ τὸ χεῖλος
Esdr.   5   4    καὶ ἴδον σκότος δεινὸν καὶ νύκταν οὐκ ἔχουσαν * ἄστρα * οὐδὲ σελήνην οὐδὲ ἔστιν ἐκεῖ νέος ἢ παλαιὸς οὐδὲ
SIb.    3  22    θαλάσσαν ἠέλιόν τ' ἀστέρα σελήνην τε ἡλίθουσαν * ἄστρα * τε λαμπετόωντα κραταιὴν μητέρα Τηθὺν πηγάς τε καὶ
SIb.    4  14    ὁρᾶται οὗ νὺξ τε δνοφερή τε καὶ ἡμέρη ἠέλιός τε * ἄστρα * σελήναιά τε καὶ ἰχθυόεσσα θάλασσα καὶ γῆ καὶ
SIb.    4  57    ἔργα νὺξ ἔσται σκοτόεσσα μέση ἐνὶ ἤματος ὥρῃ * ἄστρα * δ' ἀπ' οὐρανόθεν λείψει καὶ κύκλα σελήνης γῇ δὲ
SIb.    5  72    οὐκέτι σοι +φανεροὶ+ θέμις ἔσται εἰ μακάρεσσιν ἐξ * ἄστρα * νέων πέπτωκας δ' ἀπ' οὐρανοῦ. ταῦτα τάδε
SIb.    5  212    ἔσσεται ἐμπρησμὸς μέγας αἰθέριος κατὰ γαῖαν * +ἄστρων * δ' ἐν μαχίμοις+ καινὴ φύσις ὥστ' ἀπολέσθαι ἐν
SIb.    5  421    πόλιν ἣν ἐπόθησε θεὸς ταύτην ἐποίησεν φαιδροτέραν * ἄστρων * τε καὶ ἠελίου ἠδὲ σελήνης καὶ κόσμον κατέθηκ'
SIb.    5  514    ἀπειλὴν ἠδὲ Σεληναίης δεινὸν χόλον ἐν στερεοπῆσιν * ἄστρων * μάχην ὤδινε θεὸς δ' ἐπέτρεψε μάχεσθαι. ἀντὶ γὰρ
FJub.   2   8    παρ' αὐτοῦ δίδοσθαι τῷ Ἰουδαίων ἔθνει καὶ τὰς τῶν * ἄστρων * θέσεις καὶ τὰ στοιχεῖα καὶ ἀριθμητικὴν καὶ
FAch.  113       ὁ δὲ ἔφη τῇ σελήνῃ ἔοικας καὶ οἱ περὶ σέ τοῖς * ἄστροις * ὥσπερ γὰρ ἡ σελήνη διαφέρει τῶν λοιπῶν ἄστρων
FAch.  113       ἄστροις ὥσπερ γὰρ ἡ σελήνη διαφέρει τῶν λοιπῶν * ἄστρων * οὕτω καὶ σὺ τῇ κεραιότῃδεῖ μορφῇ σελήνης τρόπον
FAch.  113       τρόπον ἔχεις οἱ δὲ ἄρχοντές σου τοῖς περὶ ἐκείνην * ἄστροις. * ταῦτα ἀκούσας Νεκτεναβὼ καὶ θαυμάσας ἔδωκεν
IOrp.  28        τις ἀπορρὼξ φύλου ἄνωθεν Χαλδαίων ἴδρις γὰρ ἔην * ἄστροιο * πορείης καὶ σφαίρης κίνημ' ἀμφὶ χθόνα ὡς

ἀστρονομέω                                   1
SIb.    3  228    τε Χαλδαίων τὰ προμάντια ἀστρολογοῦσιν οὐδὲ μὲν * ἀστρονομοῦσι * τὰ γὰρ πλάνα πάντα πέφυκεν ὅσσα κεν ἄφρονες

ἀστροσκοπία                                  1
Hen.   8B   3    σοφίας καὶ ἐπαοιδῶν λυτήρια. ὁ ἔνατος ἐδίδαξεν * ἀστροσκοπίαν. * ὁ δὲ τέταρτος ἐδίδαξεν ἀστρολογίαν. ὁ δὲ

ἄστυ
                      3
Sib.     3   472   τῆμος Λαοδίκεια καταπρηνὴς ἐριποῦσα Καρῶν ἀγλαὸν ✱ ἄστυ ✱ Λύκου παρὰ θέσκελον ὕδωρ σιγήσεις μεγάλαυχον
Sib.     3   707   ἔχων πυρὸς αἰθομένοιο. ἀπτόλεμοι δ' ἔσσονται ἐν ✱ ἄστεσιν ✱ ἠδ' ἐνὶ χώραις. οὐ χεὶρ γὰρ πολέμοιο κακοῦ μάλα
LThe.  9  22   1   ἐν δ' ἑτέρωθι ἡ διερὴ Σικίμων καταφαίνεται ἱερὸν ✱ ἄστυ ✱ νέρθεν ὑπὸ ῥίζῃ δεδμημένον ἀμφὶ δὲ τεῖχος λισσὸν
ἀστυγείτων
                      2
HArt.  9  23   1   προϊδόμενον δὲ τὴν ἐπισύστασιν δεηθῆναι τῶν ✱ ἀστυγειτόνων ✱ Ἀράβων εἰς τὴν Αἴγυπτον αὐτὸν διακομίσαι
HHec.  1  22  191  γεγραμμένην. τοιγαροῦν καὶ κακῶς ἀκούοντες ὑπὸ τῶν ✱ ἀστυγειτόνων ✱ καὶ τῶν εἰσαφικνουμένων πάντων καὶ
Ἀστυπάλαια
Sib.     3   345   Σινώπη Σμύρνη +Μάρος+ Γάζα πανολβίστη Ἱεράπολις ✱ Ἀστυπάλαια ✱ Εὐρώπης δὲ +Κύαγρα κλυτός+ βασιλὶς Μερόπεια
ἀσύγκριτος
TLevi    2      9   ἄλλους γὰρ τέσσαρας οὐρανοὺς ὄψει φαιδροτέρους καὶ ✱ ἀσυγκρίτους ✱ ὅτε ἀνέλθῃς ἐκεῖ ὅτι σὺ ἐγγὺς κυρίου στήσῃ
ἀσύλητος
Esdr.    1   20   Παῦλον καὶ Ἰωάννην σὺ διδούς μοι ἀδιάφθορον τὸν ✱ ἀσύλητον ✱ θησαυρὸν τὸ κειμήλιον τῆς παρθένου τὸ τεῖχος
ἀσυμπαθής
TSim.    2    4   καὶ τὰ ἥπατά μου ἀκίνητα καὶ τὰ σπλάγχνα μου ✱ ἀσυμπαθῆ ✱ ὅτι καὶ ἡ ἀνδρεία ἀπὸ ὑψίστου δέδοται τοῖς
ἀσύνετος
                      2
TLevi    7    2   σε. ἔσται γὰρ ἀπὸ σήμερον Σίκιμα λεγομένη πόλις ✱ ἀσυνέτων ✱ ὅτι ὡσεὶ τις χλευάσαι μωρὸν οὕτως ἐχλευάσαμεν
Bar.    16    2   καὶ παραπικράνατε ἐπ' οὐκ ἔθνει ἐπὶ ἔθνει ✱ ἀσυνέτῳ. ✱ ἔτι σὺν τούτοις ἐξαποστείλατε κάμπην καὶ
ἀσφάλεια
                    10
Sal.     8   18   αὐτοῦ μετ' εἰρήνης ἔστησεν τοὺς πόδας αὐτοῦ μετὰ ✱ ἀσφαλείας ✱ πολλῆς. κατελάβετο τὰς πυργοβάρεις αὐτῆς καὶ
Sal.     8   19   τὸ τεῖχος Ιερουσαλημ ὅτι ὁ θεὸς ἤγαγεν αὐτὸν μετὰ ✱ ἀσφαλείας ✱ ἐν τῇ πλανήσει αὐτῶν. ἀπώλεσεν ἄρχοντας αὐτῶν
Aris.   28   3   ἀντιγραφῆς. πάντα γὰρ διὰ προσταγμάτων καὶ μεγάλης ✱ ἀσφαλείας ✱ τοῖς βασιλεῦσι τούτοις διῳκεῖτο καὶ οὐδὲν
Aris.   45   6   θεὸς καὶ ὅπως γένηταί σοι συμφερόντως καὶ μετὰ ✱ ἀσφαλείας ✱ ἡ τοῦ ἁγίου νόμου μεταγραφή. παρόντων δὲ
Aris.   61   3   τρημάτων κατειλημμένοι χρυσαῖς περόναις πρὸς τὴν ✱ ἀσφάλειαν. ✱ ἐπὶ δὲ τῶν γωνιῶν αἱ κατακλεῖδες συνέσφιγγον
Aris.   85   3   συνδέσμων κατὰ τὰς φλιὰς καὶ τῆς τῶν ὑπερθύρων ✱ ἀσφαλείας ✱ ἔκδηλος ἦν ἡ τῶν χρημάτων γεγονυῖα ἀφειδὴς
Aris.  115   7   δαψιλῆ κάθυγρος οὖσα πάντοθεν ἡ χώρα καὶ μεγάλην ✱ ἀσφάλειαν ✱ ἔχουσα. περιρρεῖ δ' αὐτὴν ὁ λεγόμενος
Aris.  118   1   Γάζαν μέρη καὶ τὴν Ἀζωτίων χώραν. περιέχεται δὲ ✱ ἀσφαλείαις ✱ αὐτοφυέσι δυσείσβολος οὖσα καὶ πλήθεσιν
Aris.  172   3   δῶρα τῷ βασιλεῖ κατασκευάσας προέπεμψεν ἡμᾶς μετὰ ✱ ἀσφαλείας ✱ πολλῆς. ὡς δὲ παρεγενήθημεν εἰς Ἀλεξάνδρειαν
Aris.  230   6   τῶν ὅπλων κατισχύουσα περιλαμβάνει τὴν μεγίστην ✱ ἀσφάλειαν ✱ εἰ δέ τινες πταίουσιν ἐφ' οἷς πταίουσιν οὐκέτι
ἀσφαλής
                    5
Asen.   10   3   αὐτὴν εἰς τὸ ἔδαφος. καὶ ἔκλεισε τὴν θύραν ✱ ἀσφαλῶς ✱ καὶ τὸν μοχλὸν τὸν σιδηροῦν καθῆκεν ἐκ πλαγίου
Asen.   10   9   εἰς τὸν θάλαμον αὐτῆς καὶ ἔκλεισε πάλιν τὴν θύραν ✱ ἀσφαλῶς ✱ καὶ τὸν μοχλὸν καθῆκεν ἐκ πλαγίου. καὶ ἔσπευσεν
Aris.   46   6   τῶν βιβλίων ἵνα πάλιν ἀποκατασταθῶσι πρὸς ἡμᾶς ✱ ἀσφαλῶς ✱ οἱ ἄνδρες. ἔρρωσο. εἰσὶ δὲ πρώτης φυλῆς Ἰώσηφος
Aris.  312   2   τῷ βασιλεῖ μεγάλως ἐχάρη τὴν γὰρ πρόθεσιν ἣν εἶχεν ✱ ἀσφαλῶς ✱ ἔδοξε τετελειῶσθαι. παρανεγνώσθη δὲ αὐτῷ καὶ
FAch.  120      τὸ περιέχειν ἅπαντα ὁ δὲ στύλος ὁ ἐνιαυτὸς διὰ τὸ ✱ ἀσφαλῶς ✱ αὐτὸν βεβηκέναι αἱ δὲ ἑπτὰ τούτων πόλεις δεκαδύο
ἀσφαλίζω
                    6
Abr.1    13   8   καὶ διὰ τοῦτο καὶ νῦν ἐπὶ ἑνὸς ἢ δύο μαρτύρων οὐκ ✱ ἀσφαλίζεται ✱ λόγος ἀλλ' ἐπὶ τριῶν μαρτύρων σταθήσεται πᾶν
Prop.   22  17   λεπρός. βασιλέως Συρίας πολεμοῦντος τὸν Ἰσραὴλ ✱ ἠσφαλίζετο ✱ τὸν βασιλέα Ἰσραὴλ ἀπαγγέλλων αὐτῷ τὰς
Job     5   3   καὶ οὕτως ἀνεχώρησα εἰς τὸν οἶκόν μου κελεύσας ✱ ἀσφαλισθῆναι ✱ τὰς θύρας. ἀκούσατέ μου τεκνία καὶ
Job     6   2   γὰρ εἰσῆλθον εἰς τὸν οἶκόν μου καὶ τὰς θύρας μου ✱ ἀσφαλισάμενος ✱ ἐνετειλάμην τοῖς προθύροις μου ὅτι εἴ τις
Job   39   8   ἐπιπεσούσης τοῖς τέκνοις μου ἵνα καὶ τὰ ὀστᾶ αὐτῶν ✱ ἀσφαλισασθαι ✱ μὴ μνήμης, ἐπεὶ ἡμεῖς οὐκ ἰσχύσαμεν διὰ τὰ
Aris.  104   7   αὐτὴν τὴν προφυλακὴν τῶν εἰρημένων οὕτως ✱ ἠσφαλισθαι. ✱ τῆς δὲ πόλεώς ἐστι τὸ χῦμα συμμέτρως ἔχον
ἄσχετος
                    1
LThe.  9  22   11   ἐπεὶ πόνος ἄλλος ὀρώρει. τόφρα δὲ καὶ Λευὶν μένος ✱ ἄσχετος ✱ ἔλλαβε χαίτης γούνων ἀπτόμενον Συχὲμ ἄσπετα
ἀσχημοσύνη
                    2
TLevi   10   3   σχίσαι τὸ ἔνδυμα τοῦ ναοῦ ὥστε μὴ κατακαλύπτειν ✱ ἀσχημοσύνην ✱ ὑμῶν. καὶ διασπαρήσεσθε αἰχμάλωτοι ἐν τοῖς
Sib.     5  389   πόρνας ἐστήσατε τὰς πάλαι ἁγνὰς ὕβρεσι καὶ κολάσει ✱ κἀσχημοσύνῃ ✱ πολυμόχθῳ. --- ἐν σοὶ γὰρ μήτηρ τέκνῳ ἐμίγη
ἀσχήμων
Aris.  211   4   μὴ τῷ πλούτῳ καὶ τῇ δόξῃ φερόμενον ὑπερήφανον καὶ ✱ ἀσχημόν ✱ τι ἐπιθυμῆσαι εἰ καλῶς λογίζοιο πάντα γάρ σοι
ἀσχολέω
TLevi   9   8   ἦν καθ' ἑκάστην ἡμέραν συνετίζων με καὶ εἰς ἐμὲ ✱ ἀσχολούμενος ✱ ἦν ἐνώπιον κυρίου. καὶ ἔλεγεν πρόσεχε
ἀσώματος
                    6
Abr.1     3   6   καὶ προσεκύνησεν καὶ προσέπεσεν τοῖς ποσὶν τοῦ ✱ ἀσωμάτου ✱ καὶ ὁ ἀρχιστράτηγος ηὐλόγησεν τὸν Ἰσαὰκ καὶ
Abr.1     4   9   κύριε πάντα γὰρ τὰ ἐπουράνια πνεύματα ὑπάρχουσιν ✱ ἀσώματα ✱ καὶ οὐκ ἐσθίουσιν οὐδὲ πίνουσιν καὶ οὗτος
Abr.1     9   2   μετὰ πολλῶν δακρύων προσέπεσεν τοῖς ποσὶν τοῦ ✱ ἀσωμάτου ✱ καὶ ἱκέτευεν αὐτῶν λέγων δέομαί σου
Abr.1   14   4   ἔτι λείπεται ἡ ψυχὴ εἰς τὸ σώζεσθαι; ⟨εἶπεν δὲ ὁ ✱ ἀσώματος⟩ ✱ μίαν δικαιοσύνην ἐὰν κέκτητο ὑπεράνω τῶν
Abr.1   15   4   Σάρρα ἡ γυνὴ αὐτοῦ καὶ περιπλάκη τοῖς ποσὶν τοῦ ✱ ἀσωμάτου ✱ ἱκετεύουσα καὶ λέγουσα εὐχαριστῶ σοι κύριέ μου
Abr.1   15   6   Ἀβραὰμ δοξάζοντες τὸν θεὸν τὸν ἅγιον. εἶπεν δὲ ὁ ✱ ἀσώματος ✱ πρὸς Ἀβραὰμ ἄκουσον δικαιώτατε ἰδοὺ ἡ γυνή σου
ἀσωτία
TJud.   16   1   ἐν αὐτῷ τέσσαρα πνεύματα πονηρὰ ἐπιθυμίας πυρώσεως ✱ ἀσωτίας ✱ αἰσχροκερδίας. ἐὰν πίνητε οἶνον ἐν εὐφροσύνῃ
ἄσωτος
TAser    4   4   κακοῦ. ἕτερος οὐ θέλει ἡμέραν ἀγαθὴν ἰδεῖν μετὰ ✱ ἀσώτων ✱ ἵνα μὴ χράνῃ τὸ στόμα καὶ μολύνῃ τὴν ψυχὴν καίγε
TBen.    5   1   καὶ οἱ πονηροὶ ἄνθρωποι εἰρηνεύσουσιν ὑμῖν καὶ οἱ ✱ ἄσωτοι ✱ αἰδεσθέντες ὑμᾶς ἐπιστρέψουσιν εἰς ἀγαθὸν καὶ οἱ
ἀτακτέω
Prop.   22   7   καὶ ἴαθησαν τὰ ὕδατα ἕως τῆς ἡμέρας ταύτης. παιδῶν ✱ ἀτακτούντων ✱ κατ' αὐτοῦ κατηράσατο ἐν αὐτοῖς καὶ
ἄτακτος
                    2
TNep.    2   9   μου ἐν τάξει ἐστὲ εἰς ἀγαθὰ ἐν φόβῳ θεοῦ καὶ μηδὲν ✱ ἄτακτον ✱ ποιεῖτε ἐν καταφρονήσει μηδὲ ἔξω καιροῦ αὐτοῦ.
HArt.  9  23   2   διοικητὴν τῆς ὅλης γενέσθαι χώρας. καὶ πρότερον ✱ ἀτάκτως ✱ τῶν Αἰγυπτίων γεωμορούντων διὰ τὸ τὴν χώραν
ἀτάλαντος
                    1
FPho.   221      δὲ γέρουσιν ἕδρης καὶ γεράων πάντων γενεῇ δ' ✱ ἀτάλαντον ✱ πρέσβυν ὁμήλικα πατρὸς ἴσαις τιμάῖσι γέραιρε.
ἀταλός
FPho.   150      μὴ τεύχειν μαγικῶν βίβλων ἀπέχεσθαι. νηπιάχοις ✱ ἀταλοῖς ✱ μὴ ἅψῃ χεῖρα βιαίως. φεῦγε διχοστασίην καὶ ἔριν
ἀταξία
TNep.    3   2   αὐτῶν οὕτως καὶ ὑμεῖς μὴ ἀλλοιώσητε νόμον θεοῦ ἐν ✱ ἀταξίᾳ ✱ πράξεων ὑμῶν. ἔθνη πλανηθέντα καὶ ἀφέντα τὸν
ἀτάρ
                    3
Sib.     3   16   αἰώνιος αὐτὸς ἑαυτὸν ὄντα τε καὶ πρὶν ἐόντα ✱ ἀτάρ ✱ πάλι καὶ μετέπειτα. τίς γὰρ θνητὸς ἐὼν κατιδεῖν
Sib.     3   61   ὁπόταν θείου διαβήσεται ὀδμὴ πᾶσιν ἐν ἀνθρώποισιν. ✱ ἀτάρ ✱ τὰ ἕκαστ' ἀγορεύω ὅσσαις ἐν πόλεσιν μέροπες
FPho.   202      εὐγενέας διζήμεθα γειαρότας τε ταύρους ὑψιτένοντας ✱ ἀτάρ ✱ σκυλάκων πανάριστον ῦῆμαι δ' οὐκ ἀγαθὴν ἐριδαίνομεν
ἀτάραχος
                    2
Aris.  213   2   ἐπαινέσας εἶπε πρὸς τὸν ἑξῆς πῶς ἂν ἐν τοῖς ὕπνοις ✱ ἀτάραχος ✱ εἴη; ὁ δὲ ἔφη δυσαπολόγητον ἠρώτηκας πρᾶγμα.
LAri. 13  12   10   αὐτὴν ἔχειν τάξιν ἀκολουθοῦντες γὰρ αὐτῇ συνεχῶς ✱ ἀτάραχοι ✱ καταστήσονται δι' ὅλου τοῦ βίου. σαφέστερον δὲ
Ἀταρκούφ
Hen.    6Β      7   τῶν ἀρχόντων αὐτῶν. α' Σεμιαζᾶς ὁ ἄρχων αὐτῶν β' ✱ Ἀταρκούφ ✱ γ' Ἀρακιὴλ δ' Χωβαβιὴλ ε' Ὁραμμαμὴ ϛ'
ἀτάρχυτος
FPho.   99      τὸ γὰρ μέτρον ἐστὶν ἄριστον. γαῖαν ἐπιμοιρᾶσθαι ✱ ἀταρχύτοις ✱ νεκύεσσιν. μὴ τύμβον φθιμένων ἀνορύξῃς μηδ'
ἀτασθαλία
Sib.     5   81   βροτῶν παλάμαις γεγαῶτα ἐξ ἰδίων δὲ κόπων καὶ ✱ ἀτασθαλιῶν ✱ ἐπινοίαις ἄνθρωποι δέξαντο θεοὺς ξυλίνους
ἀτάσθαλος
                    4
Sib.     4   31   δ' ἑνὸς θεοῦ εἰς μέγα κῦδος οὔτε φόνον ῥέξαντες ✱ ἀτάσθαλον ✱ οὔτε κλοπαῖον κέρδος ἀπεμπολέοντες ἃ δὴ
Sib.     4   39   ἐπιψεύσονται ἐκείνοις ὅσσ' αὐτοὶ ῥέξουσιν ✱ ἀτάσθαλα ✱ καὶ κακὰ ἔργα. δύσπιστον γὰρ ἅπαν μερόπων
Sib.     4  155   ἐπ' οὐχ ὁσίοισι δὲ τόλμαις ζῶντες ὕβριν ῥέξωσιν ✱ ἀτάσθαλα ✱ καὶ κακὰ ἔργα εὐσεβέων δ' οὐδεὶς ποιῇ λόγον
FPho.   132      σοφίη καὶ νῆα κυβερνᾷ. οὐχ ὅσιον κρύπτειν τὸν ✱ ἀτάσθαλον ✱ ἄνδρ' ἀνέλεγκτον ἀλλὰ χρὴ κακοεργὸν
ἄταφος
Sib.     3  643   κακὰ ποιμαίνουσα πόλεσσιν+. χώρῃ ἐν ἀλλοτρίῃ ✱ ἄταφοι ✱ δὲ ἅπαντες ἔσονται καὶ τῶν μὲν γῦπές τε καὶ ἄγρια
ἄτε
Aris.  121   2   γὰρ τοὺς ἀρίστους ἄνδρας καὶ παιδείᾳ διαφέροντας ✱ ἄτε ✱ δὴ γονέων τετευχότας ἐνδόξων οἵτινες οὐ μόνον τὴν
Sib.     5   79   ἀλλὰ φοβούμενοι οἷς λόγος οὐδεὶς οὐ νοῦς οὐκ ἀκοή ✱ ἄτε ✱ μοι θέμις οὐδ' ἀγορεύειν εἰδώλων τὰ ἕκαστα βροτῶν
FMos.  6  132   3   ἣν ἐθεᾶτο διαθρῆσαι δυνηθεὶς μᾶλλον θατέρου ✱ ἄτε ✱ καὶ καθαρώτερος γενόμενος. ἐναταφίασαν οἱ ἄγγελοι τὸ
ἀτειρής
LThe.  9  22   2   τοῖσιν ἔτησιν ἄρχος Ἐμὼρ σὺν παιδὶ Συχὲμ μάλ' ✱ ἀτειρέε ✱ φῶτε Ἰακὼβ Συρίην κτηνοτρόφον ἵκτο καὶ εὑρὺ
ἀτεκνέω
Prop.   22   6   ὕδατα ταῦτα καὶ οὐκ ἔσται ἔτι ἐκεῖθεν θάνατος καὶ ✱ ἀτεκνουμένη ✱ καὶ ἰάθησαν τὰ ὕδατα ἕως τῆς ἡμέρας ταύτης.
ἀτεκνία
Hen.   98    5   γυνὴ ἐκτίσθη ἀλλ' ἐξ ἰδίων ἀδικημάτων ἐπετιμήθη ✱ ἀτεκνίᾳ ✱ ⟨καὶ⟩ ἄτεκνος ἀποθανεῖται. ὀμνύω ὑμῖν ἁμαρτωλοὶ

Sal. 4 18 ἀπὸ παντὸς οὗ ἐμπλήσει ψυχὴν αὐτοῦ ἐν μονώσει * ἀτεκνίας * τὸ γῆρας αὐτοῦ εἰς ἀνάλημψιν. σκορπισθείησαν
ἄτεκνος 4
Hen. 98 5 ἀλλ' ἐξ ἰδίων ἀδικημάτων ἐπετιμήθη ἀτεκνίᾳ ⟨καὶ⟩ * ἄτεκνος * ἀποθανεῖται. ὀμνύω ὑμῖν ἁμαρτωλοὶ κατὰ τοῦ ἁγίου
TJud. 8 3 ἔτεκέ μοι τὸν Ἤρ καὶ Αὐνὰν καὶ Σηλὼμ ὧν τοὺς δύο * ἀτέκνους * ἀνεῖλε κύριος ὁ γὰρ Σηλὼμ ἔζησε καὶ τὰ τέκνα
TJud. 19 2 ψυχῆς μου καὶ αἱ εὐχαὶ Ἰακὼβ τοῦ πατρός μου * ἄτεκνος * εἶχον ἀποθανεῖν. ἀλλ' ὁ θεὸς τῶν πατέρων μου ὁ
FAch. 103 ὁ δὲ Αἴσωπος ἐπιγνούς τινα εὐγενῆ ἐν Βαβυλῶνι * ἄτεκνος * ὑπάρχων τοῦτον υἱὸν ἐποιήσατο καὶ τῷ βασιλεῖ
ἀτέλεστος 2
Sib. 3 571 πάντα γένηται ὅσσα θεός γε μόνος βουλεύσεται οὐκ * ἀτέλεστα. * πάντα τελεσθῆναι κρατερὴ δ' ἐπικείσετ' ἀνάγκη.
Sib. 3 699 ἀέναός τε εἶπε προφητεῦσαι τάδε δ' ἔσσεται οὐκ * ἀτέλεστα * οὐδ' ἀτελεύτητον ὅ,τι κεν μόνον ἐν φρεσὶ θείη
ἀτελεύτητος 4
Abr.1 20 14 οὐ στεναγμὸς ἀλλ' εἰρήνη καὶ ἀγαλλίασις καὶ ζωὴ * ἀτελεύτητος. * μεθ' οὗ καὶ ἡμεῖς ἀδελφοί μου ἀγαπητοὶ τοῦ
Esdr. 1 24 οὐαὶ τοὺς ἁμαρτωλοὺς ἐν τῷ μέλλοντι αἰῶνι ὅτι * ἀτελεύτητος * αὐτῶν ἡ κρίσις καὶ ἡ φλὸξ ἄσβεστος. ταῦτα
Esdr. 2 14 καὶ ὑπὸ τῶν Χερουβὶμ ζωῆ ἐφυλάττετο εἰς τὸν * ἀτελεύτητον * αἰῶνα καὶ πῶς ὑπατίθη ὁ ὑπ' ἀγγέλων
Sib. 3 700 εἶπε προφητεῦσαι τάδε δ' ἔσσεται οὐκ ἀτέλεστα οὐδ' * ἀτελεύτητον * ὅ,τι κεν μόνον ἐν φρεσὶ θείη ἄψευστον γὰρ
ἀτενίζω 7
Adam 33 2 αὐτῇ ὁ ἄγγελος ἆρον καὶ αὐτὴν ἀπὸ τῶν γηΐνων. καὶ * ἀτενίσασα * εἰς τὸν οὐρανὸν ἴδεν ἅρμα φωτὸς ἐρχόμενον ὑπὸ
Abr.2 8 4 αὐτὸν ἡ νεφέλη ἐπὶ τὸν Ὠκεανὸν ποταμόν. καὶ * ἀτενίσας * Ἀβραὰμ εἶδεν δύο πύλας μίαν μὲν μικρὰν τὴν δὲ
Abr.2 12 6 ὅτι φίλος μού ἐστιν. καὶ ἤγαγεν αὐτὸν ἡ νεφέλη καὶ * ἀτενίσας * πάλιν Ἀβραὰμ εἶδεν ἀνθρώπους ἐπὶ τῆς γῆς
TRub. 4 2 ἄχρι τελευτῆς τοῦ πατρὸς ἡμῶν οὐκ εἶχον παρρησίαν * ἀτενίσαι * εἰς πρόσωπον Ἰακὼβ ἢ λαλῆσαί τινι τῶν ἀδελφῶν
Asen. 8 8 ἰσχυρῶς καὶ ἐλυπήθη σφόδρα καὶ ἀνεστέναξε καὶ ἦν * ἀτενίζουσα * εἰς τὸν Ἰωσὴφ ἀνεῳγμένων τῶν ὀφθαλμῶν αὐτῆς
Asen. 16 13 ὡς ἀπὸ σιδήρου κοχλάζοντος. καὶ ἐπέβλεψεν Ἀσενὲθ * ἀτενίζουσα * τοῖς ὀφθαλμοῖς αὐτῆς εἰς τὴν χεῖρα τοῦ
FMan. 2 22 13 ἐπλήθυναν αἱ ἀνομίαι μου καὶ οὐκέτι εἰμὶ ἄξιος * ἀτενίσαι * καὶ ἰδεῖν τὸ ὕψος τοῦ οὐρανοῦ ἀπὸ πλήθους τῶν
ἄτη 4
Sib. 3 386 ἐπιδέρκεται ἠέλιος γῆν δεσπότις αὐδηθεῖσα κακαῖς * ἄτησιν * ὀλεῖται οὔνομ' ἐν ὀψιγόνοισι πολυπλάγκτοισιν
Sib. 3 602 ἀνθ' ὧν ἀθάνατος θήσει πάντεσσι βροτοῖσιν * ἄτην * καὶ λιμὸν καὶ πήματά τε στοναχάς τε καὶ πόλεμον καὶ
Sib. 5 179 ἄθεσμον. νῦν δὲ πάλιν Αἴγυπτε τεὴν ὀλοφύρομαι * ἄτην * Μέμφι πόνων ἀρχηγὸς ἔσῃ πληχθεῖσα τένοντας ἐν σοί
Sib. 5 197 ἀνήρ. σὰς Λιβύη πάγκλαυστε τίς ἐξηγήσεται * ἄτας; * τίς δέ σε Κυρήνη μερόπων ἐλεεινὰ δακρύσει; οὐ
ἀτιμάζω 2
Asen. 13 6 λαμπροῖς νυνὶ καταρραίνεται τοῖς δάκρυσί μου καὶ * ἠτιμάσθη * κατεσποδωμένον ὄν. ἰδοὺ κύριέ μου ἐκ τῶν
Job 37 6 ἐχρῆν αὐτὸν ὅλως μὴ δεδωκέναι τι οὐδέποτε βασιλεὺς * ἀτιμάσει * στρατιώτην ἴδιον καλῶς αὐτῷ δορυφοροῦντα ἤ τίς
ἀτιμασμός 1
Aris. 269 4 ὅταν ὑπερηφανία καθηγῆται καὶ θράσος ἄληκτον * ἀτιμασμὸς * ἐπιφύεται καὶ δόξης ἀναίρεσις. θεὸς δὲ δόξης
ἀτιμία 13
Hen. 98 3 ⟨καὶ τῆς⟩ πάσης δόξης καὶ τῆς τιμῆς ⟨ὑμῶν καὶ⟩ εἰς * ἀτιμίαν * καὶ ἐρήμωσιν ⟨καὶ σφαγὴν⟩ μεγάλην τ⟨ὰ πνεύματα
TJud. 14 8 καὶ μὴ αἰσχύνεσθαι ἀλλὰ καὶ ἐγκαυχᾶσθαι τῇ * ἀτιμίᾳ * νομίζοντα εἶναι καλόν. ὁ πορνεύων ζημιούμενος οὐκ
TAser 5 2 τὴν ζωὴν ὁ θάνατος διαδέχεται τὴν δόξαν ἡ * ἀτιμία * τὴν ἡμέραν ἡ νὺξ καὶ τὸ φῶς τὸ σκότος τὰ δὲ πάντα
TBen. 6 4 τὸ ἀγαθὸν διαβούλιον οὐκ ἐπιδέχεται δόξης καὶ * ἀτιμίας * ἀνθρώπων καὶ πάντα δόλον ἢ ψεῦδος μάχην καὶ
TBen. 10 8 καὶ πάντες ἀναστήσονται οἱ μὲν εἰς δόξαν οἱ δὲ εἰς * ἀτιμίαν. * καὶ κρινεῖ κύριος ἐν πρώτοις τὸν Ἰσραὴλ περὶ
Sal. 2 21 μίτραν δόξης ἣν περιέθηκεν αὐτῇ ὁ θεὸς ἐν * ἀτιμίᾳ * τὸ κάλλος αὐτῆς ἀπερρίφη ἐπὶ τὴν γῆν. καὶ ἐγὼ
Sal. 2 25 τοῦ εἰπεῖν τὴν ὑπερηφανίαν τοῦ δράκοντος ἐν * ἀτιμίᾳ. * καὶ οὐκ ἐχρόνισα ἕως ἔδειξέν μοι ὁ θεὸς τὴν
Sal. 2 27 πολλῇ καὶ οὐκ ἦν ὁ θάπτων ὅτι ἐξουθένωσεν αὐτὸν ἐν * ἀτιμίᾳ. * οὐκ ἐλογίσατο ὅτι ἄνθρωπός ἐστιν καὶ τὸ ὕστερον
Sal. 2 31 καὶ κοιμίζων ὑπερηφάνους εἰς ἀπώλειαν αἰῶνος ἐν * ἀτιμίᾳ * ὅτι οὐκ ἔγνωσαν αὐτόν. καὶ νῦν ἴδετε οἱ
Sal. 4 14 ἐν πᾶσι τούτοις. γένοιτο κύριε ἡ μερὶς αὐτοῦ ἐν * ἀτιμίᾳ * ἐνώπιόν σου ἡ ἔξοδος αὐτοῦ ἐν στεναγμοῖς καὶ ἡ
Sal. 4 16 ἐν νυκτὶ ἀποπέσοι ἀπὸ παντὸς ἔργου χειρῶν αὐτοῦ ἐν * ἀτιμίᾳ. * κενὸς χερσὶν αὐτοῦ εἰσέλθοι εἰς τὸν οἶκον αὐτοῦ
Sal. 4 19 θηρίων καὶ ὀστᾶ παρανόμων κατέναντι τοῦ ἡλίου ἐν * ἀτιμίᾳ. * ὀφθαλμοὺς ἐκκόψαισαν κόρακες ὑποκρινομένων ὅτι
Sal. 4 20 ὅτι ἠρήμωσαν οἴκους πολλοὺς ἀνθρώπων ἐν * ἀτιμίᾳ * καὶ ἐσκόρπισαν ἐν ἐπιθυμίᾳ καὶ οὐκ ἐμνήσθησαν
ἄτιμος 2
Job 18 3 τῶν τραπεζῶν μου καὶ κραββάτων ἄνδρας εὐτελεῖς καὶ * ἀτίμους * καὶ οὐκ ἠδυνάμην φθέγξασθαι ἠτονημένος γὰρ ἤμην
Job 24 10 ἀναστὰς κεῖρόν με. καὶ οὕτως ἀναστὰς μετὰ ψαλίδος * ἀτίμως * ἔκειρέν μου τὴν τρίχα ἐν τῇ ἀγορᾷ παρεστῶτος
ἀτιμόω 1
Sal. 2 5 κάλλος τῆς δόξης αὐτῆς ἐξουθενώθη ἐνώπιον τοῦ θεοῦ * ἠτιμώθη * ἕως εἰς τέλος. οἱ υἱοὶ καὶ αἱ θυγατέρες ἐν
Ἄτλας 2
HAno. 9 17 9 Μεστραεὶμ πατρὸς Αἰγυπτίων Ἕλληνας δὲ λέγειν τὸν * Ἄτλαντα * εὑρηκέναι ἀστρολογίαν εἶναι δὲ τὸν Ἄτλαντα τὸν
HAno. 9 17 9 τὸν Ἄτλαντα εὑρηκέναι ἀστρολογίαν εἶναι δὲ τὸν * Ἄτλαντα * τὸν αὐτὸν καὶ Ἐνὼχ τοῦ δὲ Ἐνὼχ γενέσθαι υἱὸν
ἀτμίς 1
Adam 33 4 ἐπὶ τὸ θυσιαστήριον καὶ ἐνεφύσων αὐτά. καὶ ἡ * ἀτμὶς * τοῦ θυμιάματος ἐκάλυψεν τὰ στερεώματα. καὶ
ἀτονέω 1
Job 18 4 εὐτελεῖς καὶ ἀτίμους καὶ οὐκ ἠδυνάμην φθέγξασθαι * ἠτονημένος * γὰρ ἤμην ὡς γυνὴ παρειμένη τὰς ὀσφύας ἀπὸ τοῦ
ἀτραπιτός 2
IOrp. 8 ἰθύνων κραδίης νοερὸν κύτος εὖ δ' ἐπίβαινε * ἀτραπιτοῦ * μοῦνον δ' ἐσόρα κόσμοιο ἄνακτα ἀθάνατον.
LThe. 9 22 1 ἐρυμνὰ ποίης τε πλήθοντα καὶ ὕλης τῶν δὲ μεσηγὺ * ἀτραπιτὸς * τέτμηται ἀραιὴ ⟨αὐλῶπις⟩ ἐν δ' ἑτέρωθι ἡ διερὴ
ἀτραπός 3
Sib. 3 9 εἰκόνι μορφὴν τίπτε μάτην πλάζεσθε καὶ οὐκ εὐθεῖαν * ἀταρπὸν * βαίνετε ἀθανάτου κτίστου μεμνημένοι αἰεί; εἷς
Sib. 3 248 ἐτελέσσατο γαῖαν. ἡνίκα δ' Αἴγυπτον λείψει καὶ * ἀταρπὸν * ὁδεύσει λαὸς ὁ δωδεκάφυλος ἐν ἡγεμόσιν
LEze. 9 29 14 37 οἱ δὲ σύμπαντες σθένει ὥρουσαν ὠκεῖς ἁλμυρᾶς δι' * ἀτραποῦ. * ἡμεῖς δ' ἐπ' αὐτῆς ᾠχόμεσθα συντόμως κατ' ἴχνος
ἀτρεκής 2
Sib. 4 21 αὖτις ἐκ πρώτης γενεῆς ἄχρις ἐς δεκάτην ἀφικέσθαι * ἀτρεκέως * καταλέξαι ἅπαντα γὰρ αὐτὸς ἐλέγξει ἐξανύων. σὺ
FPho. 79 Ἔρις δ' ἔριν ἀντιφυτεύει. μὴ πίστευε τάχιστα πρὶν * ἀτρεκέως * πέρας ὄψει. νικᾶν εὖ ἔρδοντας ἐπὶ πλεόνεσσι
Ἀτριήλ 1
Hen. 6 7 Σεμιὴλ Ἰωμειὴλ Χωχαριὴλ Ἐζεκιὴλ Βατριὴλ Σαθιὴλ * Ἀτριὴλ * Ταμιὴλ Βαρακιὴλ Ἀνανθνὰ Θωνιὴλ Ῥαμιὴλ Ἀσέαλ
ἄτρυτος 1
FPho. 170 ἐκ θέρεος ποτὶ χεῖμα βορὴν σφετέρην ἐπάγοντες * ἄτρυτοι * φῦλον δ' ὀλίγον τελέθει πολύμοχθον. κάμνει δ'
ἄττακος 1
Aris. 145 4 χρώμενα πρὸς τὴν τροφὴν οἷον περιστεραὶ τρυγόνες * ἄττακοι * πέρδικες ἔτι δὲ χῆνες καὶ τὰ ἄλλα ὅσα τοιαῦτα.
Ἀττικός 1
Prop. 25 1 συκοφαντηθεὶς ὑπὸ τῶν αἱρέσεων κατηγορήθη ἐπὶ * Ἀττικοῦ * ὑπατικοῦ. καὶ ἐπὶ πολλὰς ἡμέρας αἰκιζόμενος
ἄτυκτος 1
FPho. 56 τεὸν ἦπαρ οὐκέτι γὰρ δύναται τὸ τετυγμένον εἶναι * ἄτυκτον. * μὴ προπετὴς ἐς χεῖρα χαλίνου δ' ἄγριον ὀργὴν
ἀτυχέω 1
Aris. 241 3 ὁ δὲ ἀπεφήνατο ἐὰν τοῖς συμβαίνουσι νομίζωμεν * ἀτυχοῦσι * μὲν ἐλαττοῦσθαι καὶ κακοπαθῶμεν ὡς αὐτοὶ
ἀτύχημα 1
Aris. 244 3 τὸν ὀρθὸν λόγον; ὁ δὲ εἶπεν εἰ τὰ τῶν ἀνθρώπων * ἀτυχήματα * διὰ παντὸς ἐπιβλέποι γινώσκων ὅτι ὁ θεὸς
ἀτυχία 2
HEup. 9 39 3 ᾧ εἶναι ὄνομα Βάαλ. τοῦτον δὲ αὐτοῖς τὴν μέλλουσαν * ἀτυχίαν * δηλῶσαι. τὸν δὲ Ἰωναχεὶμ ζῶντα αὐτὸν
HAri. 9 25 3 τὸν θεὸν ἐμμεῖναι μεγάλαις δὲ περιβαλεῖν αὐτὸν * ἀτυχίαις. * πρῶτον μὲν γὰρ αὐτοῦ τούς τε ὄνους καὶ τοὺς
αὖ 11
Aris. 255 6 καὶ τὸ προτεθὲν ἡμῖν ἐπιτελῆται. τὸ δ' * αὖ * κράτιστον θεοῦ δυναστείᾳ πᾶν βούλευμα τελείωσιν ἕξει
Sib. 3 143 δ' αὔτως διέπεμψε Ποσειδάωνα λαθραίως. τὸ τρίτον * αὖ * Πλούτωνα Ῥέη τέκε δῖα γυναικῶν Δωδώνην παριοῦσα ὅθεν
Sib. 3 179 πᾶσιν βασιλεῦσι φόβον μετόπισθε ποιήσει πολλὸν δ' * αὖ * χρυσόν τε καὶ ἄργυρον ἐξαλαπάξει ἐκ πόλεων πολλῶν
Sib. 3 426 γὰρ χείρεσσιν ἐμὰς βίβλους ἀναπλώσει αὐτὸς δ' * αὖ * μάλα κοσμήσει πολέμοιο κορυστὰς Ἕκτορα Πριαμίδην καὶ
Sib. 3 449 κάλλεσιν ἠδ' ὄλβῳ δεινὸν ζυγὸν αὐχένι θήσῃ. Λύδιος * αὖ * σεισμὸς δὲ τὰ Περσίδος ἐξεναρίξει Εὐρώπης Ἀσίης
Sib. 3 657 μεγάλοιο πιθήσας δόγμασιν ἐσθλοῖς. --- ναὸς δ' * αὖ * μεγάλοιο θεοῦ περικαλλέι πλούτῳ βεβριθὼς χρυσῷ τε καὶ
Sib. 3 702 γὰρ πνεῦμα θεοῦ πέλεται κατὰ κόσμον. υἱοὶ δ' * αὖ * μεγάλοιο θεοῦ περὶ ναὸν ἅπαντες ἡσυχίως ζήσοντ'
Sib. 5 10 ἐκ Τροίης ὅστις πυρὸς ἔσχισεν ὁρμὴν πολλοὺς δ' * αὖ * μετ' ἄνακτας ἀρηιφίλους μετὰ φῶτας καὶ μετὰ νηπιάχους
Sib. 5 370 τ' ἐμπρήσει ὡς οὐδέποτ' ἄλλος ἐποίει τοὺς δ' * αὖ * πεπτηῶτας ἀνορθώσει διὰ ζῆλον. ἔσται δ' ἐκ δυσμῶν
FPho. 107 καὶ εἰκὼν σῶμα γὰρ ἐκ γαίης ἔχομεν κἄπειτα πρὸς * αὖ * γῆν λυόμενοι κόνις ἐσμὲν ἀὴρ δ' ἀνὰ πνεῦμα δέδεκται.
FPho. 187 μηδ' ἐπὶ σῇ ἀλόχῳ ἐγκύμονι χεῖρα βάληαι. μηδ' * αὖ * παιδογόνον τέμνειν φύσιν ἄρσενα κούρου. μηδ' ἀλόγοις
αὐγάζω 1
Bar. 9 8 ἐνώπιον τοῦ ἡλίου δύνανται ἡ σελήνη καὶ ἀστέρες * αὐγάσαι. * ἀεὶ γάρ οἱ ἀστέρες κρέμανται ἀλλ' ὑπὸ τοῦ ἡλίου
αὐγή 6
Jer. 7 3 ἐκ πάντων τῶν πετεινῶν τοῦ οὐρανοῦ ἐκ τῆς γὰρ * αὐγῆς * τῶν ὀφθαλμῶν σου δῆλόν ἐστι δεῖξόν μοι οὖν τί
Sib. 3 287 κρινεῖ δ' ἄνδρα ἕκαστον ἐν αἵματι καὶ πυρὸς * αὐγῇ. * ἔστι δέ τις φυλὴ βασιλήιος ἧς γένος ἔσται
Sib. 3 651 θ' ὅπλα οὐδὲ μὲν ἐκ δρυμοῦ ξύλα κόψεται εἰς πυρὸς * αὐγήν. * καὶ τότ' ἀπ' ἠελίοιο θεὸς πέμψει βασιλῆα ὃς πᾶσαν

Slb. 3 673 δὲ πεσοῦνται ῥομφαῖαι πύρινοι κατὰ γαῖαν λαμπάδες * αὐγαί * ἵξονται μεγάλαι λάμπουσαι εἰς μέσον ἀνδρῶν. γαῖα
Slb. 3 731 τε οὐδὲ γὰρ ἐκ δρυμοῦ ξύλα κόψεται εἰς πυρὸς * αὐγήν.) * ἀλλὰ τάλαιν' Ἑλλὰς ὑπερήφανα παῦε φρονοῦσα
FPho. 72 τελέθουσιν. οὐ φθονέει μήνη πολὺ κρείσσοσιν ἡλίου * αὐγαῖς * οὐ χθὼν οὐρανίοισ' ὑψώμασι νέρθεν ἐοῦσα οὐ

Αὔγουστος 1
FJub. 48 5 τὰ ὕδατα εἰς αἷμα μετεβλήθη Ἰουλίῳ βάτραχοι * Αὐγούστῳ * σκνῖπες Σεπτεμβρίῳ κυνόμυια Ὀκτωβρίῳ κτηνῶν

αὐδάω 2
Slb. 3 386 καὶ πάσης ὁπόσην ἐπιδέρκεται ἠέλιος γῆν δεσπότις * αὐδηθεῖσα * κακαῖς ἄτῃσιν ὀλεῖται οὔνομ' ἐν ὀψιγόνοισι
Slb. 5 237 πῶς τί λέγεις; πείσω σε καὶ εἴ τί σε μέμφομαι * αὐδῶ * ἦν ποτ' ἐν ἀνθρώποις λαμπρὸν σέλας ἠελίοιο

αὐδή 2
Slb. 3 5 ἠδέ γε θυμὸς τυπτόμενος μάστιγι βιάζεται ἔνδοθεν * αὐδὴν * ἀγγέλλειν πᾶσιν; αὐτὰρ πάλι πάντ' ἀγορεύσω ὅσσα
IOrp. 50 (οὐρανὸν ὁρκίζω σε θεοῦ μεγάλου σοφὸν ἔργον) * (αὐδὴν * ὁρκίζω σε πατρὸς τὴν φθέγξατο πρῶτον) (ἡνίκα

αὐθημερόν 2
TLevi 18 2B053 πᾶν αἷμα μὴ ἁπτέσθω τῆς στολῆς σου οὐκ ἀνήψης αὐτῷ * αὐθημερόν. * καὶ τὰς χεῖρας καὶ τοὺς πόδας νίπτου διὰ
HArl. 9 25 3 εἶτα τὰ τέκνα αὐτοῦ ἀποθανεῖν πεσούσης τῆς οἰκίας * αὐθημερὸν * δὲ αὐτοῦ καὶ τὸ σῶμα ἑλκῶσαι. φαύλως δὲ αὐτοῦ

αὖθις 21 αὖθις αὖτις

αὖλαξ 1
Slb. 3 339 λίμνην Τάναϊς βαθυδίνης λείψει κὰδ δὲ ῥόον βαθὺν * αὔλακος * ἔσσεται ὀλκὸς καρποφόρου τὸ δὲ ῥεῦμα τὸ μυρίον

αὐλή 24
Abr.1 3 5 οὐκ ἤκουσεν. ἐλθόντες δὲ πλησίον ⟨τοῦ οἴκου ἐν τῇ * αὐλῇ⟩ * ἐκαθέσθησαν καὶ ἰδὼν Ἰσαὰκ τὴν πρόσοψιν τοῦ
TLevi 18 2B011 καὶ ἀνήλθομεν ἀπὸ Βεθὴλ καὶ κατελύσαμεν ἐν τῇ * αὐλῇ * Ἀβραὰμ τοῦ πατρὸς ἡμῶν παρὰ Ἰσαὰκ τὸν πατέρα
Asen. 2 7 θυρὶς ἡ πρώτη μεγάλη σφόδρα ἀποβλέπουσα ἐπὶ τὴν * αὐλὴν * εἰς ἀνατολὰς καὶ ἡ δευτέρα ἦν ἀποβλέπουσα εἰς
Asen. 2 10 ἐκάθισεν ἐπ' αὐτῇ πλὴν τῆς Ἀσενὲθ μόνης. καὶ ἦν * αὐλὴ * μεγάλη παρακειμένη τῇ οἰκίᾳ κυκλόθεν καὶ ἦν τεῖχος
Asen. 2 10 τῇ οἰκίᾳ κυκλόθεν καὶ ἦν τεῖχος κύκλῳ τῆς * αὐλῆς * ὑψηλὸν σφόδρα λίθοις τετραγώνοις μεγάλοις
Asen. 2 11 μεγάλοις ᾠκοδομημένον. καὶ ἦσαν πύλαι τῇ * αὐλῇ * τέσσαρες σεσιδηρωμέναι καὶ ταύτας ἐφύλαττον ἀνὰ
Asen. 2 11 νεανίσκοι ἔνοπλοι. καὶ ἦσαν πεφυτευμένα ἐντὸς τῆς * αὐλῆς * παρὰ τὸ τεῖχος δένδρα ὡραῖα παντοδαπὰ καὶ
Asen. 2 12 αὐτῶν πέπειρος ὥρα γὰρ ἦν θερισμοῦ. καὶ ἦν ἐν τῇ * αὐλῇ * ἐκ δεξιῶν πηγὴ ὕδατος πλουσίου ζῶντος καὶ
Asen. 2 12 ἐκείνης. ἔνθα ἐπορεύετο ποταμὸς διὰ μέσης τῆς * αὐλῆς * καὶ ἐπότιζε πάντα τὰ δένδρα τῆς αὐλῆς ἐκείνης. καὶ
Asen. 2 12 μέσης τῆς αὐλῆς καὶ ἐπότιζε πάντα τὰ δένδρα τῆς * αὐλῆς * ἐκείνης. καὶ ἐγένετο ἐν τῷ πρώτῳ ἔτει τῶν ἑπτὰ
Asen. 5 1 Πεντεφρῆ καὶ λέγει ἰδοὺ Ἰωσὴφ πρὸ τῶν θυρῶν τῆς * αὐλῆς * ἡμῶν ἕστηκε. καὶ ἔφυγεν Ἀσενὲθ ἀπὸ προσώπου τοῦ
Asen. 5 4 ἡ συγγένεια αὐτοῦ. καὶ ἠνοίχθησαν αἱ πύλαι τῆς * αὐλῆς * αἱ βλέπουσαι κατὰ ἀνατολὰς καὶ εἰσῆλθεν Ἰωσὴφ
Asen. 5 6 πιότης ἐλαίου πολλοῦ. καὶ εἰσῆλθεν Ἰωσὴφ εἰς τὴν * αὐλὴν * καὶ ἐκλείσθησαν αἱ πύλαι τῆς αὐλῆς καὶ πᾶς ἀνὴρ
Asen. 5 6 Ἰωσὴφ εἰς τὴν αὐλὴν καὶ ἐκλείσθησαν αἱ πύλαι τῆς * αὐλῆς * καὶ πᾶς ἀνὴρ καὶ γυνὴ ἀλλότριοι ἔμειναν ἔξω τῆς
Asen. 5 6 καὶ πᾶς ἀνὴρ καὶ γυνὴ ἀλλότριοι ἔμειναν ἔξω τῆς * αὐλῆς * διότι οἱ φύλακες τῶν πυλῶν ἐπεσπάσαντο καὶ
Asen. 16 23 αἱ τεθνηκυῖαι μέλισσαι καὶ ἀπῆλθον εἰς τὴν * αὐλὴν * τὴν παρακειμένην τῇ οἰκίᾳ τῆς Ἀσενὲθ καὶ
Asen. 18 1 σήμερον. ὁ γὰρ πρόδρομος αὐτοῦ πρὸς τὰς πύλας τῆς * αὐλῆς * ἡμῶν ἕστηκεν. καὶ ἔσπευσεν Ἀσενὲθ καὶ ἐκάλεσε τὸν
Asen. 19 1 εἶπε πρὸς Ἀσενὲθ ἰδοὺ Ἰωσὴφ πρὸς τὰς θύρας τῆς * αὐλῆς * ἡμῶν ἵσταται. καὶ ἔσπευσεν Ἀσενὲθ καὶ κατέβη τὴν
Asen. 19 3 +προδρόμῳ+ τῆς οἰκίας. καὶ εἰσῆλθεν Ἰωσὴφ εἰς τὴν * αὐλὴν * καὶ ἐκλείσθησαν αἱ πύλαι καὶ ἀπέμειναν ἔξω πάντες
Aris. 37 8 δὲ δυναμένους καὶ περὶ ἡμᾶς εἶναι τῆς περὶ τὴν * αὐλὴν * πίστεως ἀξίους ἐπὶ χρειῶν καθεστάκαμεν. βουλομένων
Aris. 173 3 περὶ τῆς ἀφίξεως ἡμῶν. παρειμένοι δ' εἰς τὴν * αὐλὴν * Ἀνδρέας τε καὶ ἐγὼ φιλοφρόνως ἠσπασάμεθα τὸν
Aris. 175 5 ἡ πόλεων ἐν ὑπεροχαῖς μόλις ἐν τριάκοντα εἰς τὴν * αὐλὴν * παριέσθαι τοὺς δὲ ἥκοντας τιμῆς καταξιῶν μείζονος
Aris. 304 4 τοῦ βασιλέως. ἅμα δὲ τῇ πρωΐᾳ παρεγίνοντο εἰς τὴν * αὐλὴν * καθ' ἡμέραν καὶ ποιησάμενοι τὸν ἀσπασμὸν τοῦ
FAch. 109 ἐργατικώτερος ᾖς καὶ οὕτως ὑγιαίνῃς. ἐν βασιλικῇ * αὐλῇ * ἐάν τι ἀκούσῃς τοῦτο ἐναποθανέτω σοι μὴ σὺ ἐν τάχει

αὐλίζομαι 5
Asen. 9 4 πᾶσαν τὴν γῆν. καὶ εἶπε Πεντεφρῆς πρὸς Ἰωσὴφ * αὐλίσθητι * δὴ ἐνταῦθα ὁ κύριός μου σήμερον καὶ τὸ πρωΐ
Asen. 9 5 ἡ ἡμέρα αὕτη ἐπαναστρέψω κἀγὼ πρὸς ὑμᾶς καὶ * αὐλισθήσομαι * ἐνθάδε. καὶ ἀπῆλθεν Ἰωσὴφ τὴν ὁδὸν αὐτοῦ
Sal. 3 6 ἀλήθεια τῶν δικαίων παρὰ θεοῦ σωτῆρος αὐτῶν οὐκ * αὐλίζεται * ἐν οἴκῳ δικαίου ἁμαρτία ἐφ' ἁμαρτίαν
Sal. 17 27 θεοῦ αὐτοῦ καὶ οὐκ ἀφήσει ἀδικίαν ἐν μέσῳ αὐτῶν * αὐλισθῆναι * ἔτι καὶ οὐ κατοικήσει πᾶς ἄνθρωπος μετ' αὐτῶν
Slb. 3 790 ἐρίφοις ἅμα βοσκήσονται ἄρκτοι σὺν μόσχοις νομάδες * αὐλισθήσονται * σαρκοβόρος τε λέων φάγεται ἄχυρον παρὰ

αὐλός 1
Slb. 3 488 καὶ σέ Κόρινθε αὐχήσει ἐπὶ πᾶσιν ἴσον δὲ βοήσεται * αὐλός. * ἡνίκα δή μοι θυμὸς ἐπαύσατο ἔνθεον ὕμνον καὶ πάλι

αὐλῶπις 1
LThe. 9 22 1 καὶ ὕλης τῶν δὲ μεσηγὺ ἀτραπιτὸς τέτμηται ἀραιὴ * ⟨αὐλῶπις⟩ * ἐν δ' ἑτέρωθι ἡ διερὴ Σικίμων καταφαίνεται

Αὐνάς 2
TJud. 8 3 Βησσουὲ εἰς γυναῖκα. αὐτὴ ἔτεκέ μοι τὸν Ἤρ καὶ * Αὐνὰν * καὶ Σηλώμ ὧν τοὺς δύο ἀτέκνους ἀνεῖλε κύριος ὁ γὰρ
TJud. 10 4 ἐν ταῖς ἡμέραις τοῦ θαλάμου ἐπεγάμβρευσα αὐτῇ τὸν * Αὐνὰν * καίγε οὗτος ἐν πονηρίᾳ οὐκ ἔγνω αὐτὴν ποιήσας σὺν

αὐξάνω 10
Hen. 5 9 αὐτῶν ζωῆς ἡμερῶν πληρώσουσιν καὶ ἡ ζωὴ αὐτῶν * αὐξηθήσεται * ἐν εἰρήνῃ καὶ τὰ ἔτη τῆς χαρᾶς αὐτῶν
Hen. 7B 2 καὶ τοῖς Ναφηλεὶμ ἐγεννήθησαν Ἐλιούδ. καὶ ἦσαν * αὐξανόμενοι * κατὰ τὴν μεγαλειότητα αὐτῶν καὶ ἐδίδαξαν
Hen. 89 49 ἀναπηδήσας ἀφηγήσατο τῶν προβάτων. καὶ τὰ πρόβατα * ηὐξήθησαν * καὶ ἐπληθύνθησαν καὶ πάντες οἱ κύνες καὶ οἱ
TZab. 1 3 ἀγαθὴ τοῖς γονεῦσί μου. ἐν γὰρ τῷ γεννηθῆναί με * ηὐξήθη * ὁ πατὴρ ἡμῶν ἕως σφόδρα καὶ τὰ ποίμνια καὶ τὰ
Jer. 9 14 πάντα τὰ δένδρα τὰ ἄκαρπα ποιήσαι καρπὸν καὶ * αὐξηθήσονται * καὶ βλαστήσουσι. καὶ τὰ δένδρα τὰ
Bar. 7 3 καὶ ἀνεφάνη ἔμπροσθεν καὶ πρὸς μικρὸν μικρὸν * ηὔξανε * καὶ ἀνεπληροῦτο. καὶ ὄπισθεν τούτου τὸν ἥλιον
Bar. 10 6 ὅπερ τὰ νέφη λαμβάνοντα βρέχουσιν ἐπὶ τῆς γῆς καὶ * αὐξάνουσιν * οἱ καρποί. καὶ εἶπον πάλιν τὸν ἄγγελον κυρίου
FJub. 11 2 Σερούχ. ἐπὶ τούτου οἱ ἄνθρωποι τὸν κατ' ἀλλήλων * αὐξήσαντες * τῦφον στρατηγούς τε ἑαυτοῖς κατεστήσαντο καὶ
FJub. 11 8 γυνὴ Ναχὼρ Ἰεσθὰ θυγάτηρ Νεσθὰ τοῦ Χαλδαίου. * αὐξηθέντα * δὲ τὸν Ναχὼρ ἐδίδαξεν ὁ πατὴρ πάντων ἐπίλυσιν
LEze. 9 28 2 07 καὶ δυναστείας χερός. ἰδὼν γὰρ ἡμῶν γένναν ἄλις * ηὐξημένην * δόλον καθ' ἡμῶν πολὺν ἐμηχανήσατο βασιλεὺς

αὔξησις 1
Jer. 5 31 ἀνάβλεψον εἰς τὸν ἀγρὸν καὶ ἴδε ὅτι οὐκ ἐφάνη ἡ * αὔξησις * τῶν γενημάτων. ἴδε καὶ τὰ σῦκα ὅτι καιρὸς αὐτῶν

αὔξω 3
Bar. 9 5 αὐτοί. καὶ πάλιν ἠρώτησα καὶ τί ἐστιν ὅτι ποτὲ μὲν * αὔξει * ποτὲ δὲ λήγει; ἄκουσον ὦ Βαρούχ ταύτην ἣν βλέπεις
Aris. 208 3 ὡς ἐν πολλῷ χρόνῳ καὶ κακοπαθείαις μεγίσταις * αὔξει * τε καὶ γεννᾶται τὸ τῶν ἀνθρώπων γένος ὅθεν οὔτε
FPho. 38 ὀνήσιμος ἐσθ' ὁσίων ἀδίκων δὲ πονηρά.) μηδὲ τιν' * αὐξόμενον * καρπὸν λωβήσῃ ἀρούρης. ἔστωσαν δ' ὁμότιμοι

αὔριον 11
Asen. 20 8 καὶ εὐφράνθησαν. καὶ εἶπε Πεντεφρῆς τῷ Ἰωσὴφ * αὔριον * ἐγὼ καλέσω πάντας τοὺς μεγιστάνους καὶ τοὺς
Asen. 20 9 εἰς γυναῖκα. καὶ εἶπεν Ἰωσὴφ ἐγὼ πορεύσομαι * αὔριον * πρὸς Φαραὼ τὸν βασιλέα διότι αὐτός ἐστιν ὡς πατὴρ
Asen. 24 15 τοῦ Ἰωσὴφ λέγοντος πρὸς τὴν Ἀσενὲθ πορεύου * αὔριον * εἰς τὸν ἀγρὸν τῆς κληρονομίας ἡμῶν διότι ὥρα ἐστὶ
Sal. 5 13 σου ἐν ἐλέει; ἡ χρηστότης ἀνθρώπου ἐν φειδοῖ καὶ ἡ * αὔριον * καὶ ἐὰν δευτερώσῃ ἄνευ γογγυσμοῦ καὶ τοῦτο
Jer. 6 12 πρὸς Ἱερεμίαν ἔρχεται γὰρ πρὸς σε ὥρα τοῦ φωτὸς * αὔριον * ἀετὸς καὶ σὺ ἐπισκέψῃ πρὸς Ἱερεμίαν. γράψον οὖν
FAch. 109 τροφὴν χρησίμην λάμβανε καθόσον δύνῃ ἵνα καὶ εἰς * αὔριον * ἐργατικώτερος ᾖς καὶ οὕτως ὑγιαίνῃς. ἐν βασιλικῇ
FAch. 110 σου βίον ζήτει πρὸς τὸ λαμβανόμενον καὶ εἰς * αὔριον * ἀποθησαυρίζειν βέλτιον γὰρ ἐχθροῖς καταλιπεῖν ἢ
FAch. 117 ἵππων χρεμετιζόντων ἐκτιτρώσκουσιν. ὁ δὲ Αἴσωπος * αὔριον * περὶ τούτου ἀποκριθήσομαι. ὁ δὲ Αἴσωπος ἐλθὼν εἰς
FPho. 22 οὖν ἀδικοῦντα ἐάσῃς. πτωχῷ δ' εὐθὺ δίδου μὴ δ' * αὔριον * ἐλθέμεν εἴπῃς πληρώσει σέο χείρ'. ἔλεον
FPho. 116 ἀγήρως ζῇ διὰ παντός. ⟨οὐδεὶς γιγνώσκει τί μετ' * αὔριον * ἢ τί μεθ' ὥραν. ἄσκοπός ἐστι βροτῶν θάνατος τὸ δὲ
HCal. 24 12 οὖν καὶ τὸ συμφέρον ὑμῖν πραγματεύεσθε. ἐγὼ δὲ τὴν * αὔριον * ἐπελεύσομαι πρὸς ὑμᾶς καὶ ὡς τῇ προνοίᾳ δεκτὸν

Αὐσιτις 1
Job 28 7 τῶν ἀφ' ἡλίου ἀνατολῶν. ὁπηνίκα δὲ ἦλθον εἰς τὴν * Αὐσιτιδα * ἐρωτήσαντες ἐν τῇ πόλει ποῦ Ἰωβαβ ὁ τῆς

Αὐσῖτις 1
HArl. 9 25 1 ἐν Ἐδὼμ γεννῆσαι Ἰὼβ κατοικεῖν δὲ τοῦτον ἐν τῇ * Αὐσίτιδι * χώρᾳ ἐπὶ τοῖς ὅροις τῆς Ἰδουμαίας καὶ

Αὐσονίς 1
Slb. 5 27 δὲ καθ' ὕστατον Ὠκεανοῖο ἵξεθ' ὕδωρ +ἄμπωτιν ὑπ' * αὐσονίσιν+ * ἀΐξας. πεντήκοντα δ' ὅτις κεραίην λάχε

αὔτανδρος 2
Slb. 3 342 ἐφέξει. χάσματα ἠδὲ βάραθρ' ἀχανῆ πολλαὶ δὲ πόληες * αὔτανδροι * πεσέονται ἐν Ἀσιάδι μὲν Ἰασσὸς Κεβρὴν
Slb. 3 405 αὐτόπρεμνον ἄιστον ἴῃ ἐν νυκτὶ γένηται ἐν πόλει * αὐτάνδρῳ * σεισίχθονος ἐννοσιγαίου ἦν ποτε φημίξουσιν

αὐτάρ 18
Slb. 3 6 μάστιγι βιάζεται ἔνδοθεν αὐδὴν ἀγγέλλειν πᾶσιν; * αὐτὰρ * πάλι πάντ' ἀγορεύσω ὅσσα θεὸς κέλεταί μ'
Slb. 3 46 οὐ σπάρτην κατέχουσι βίου ἀνδρῶν λελαχοῦσαι. * αὐτὰρ * ἐπεὶ Ῥώμη καὶ Αἰγύπτου βασιλεύσει εἰσέτι
Slb. 3 102 δ' ἀθάνατος μεγάλην ἐπέθηκεν ἀνάγκην πνεύμασιν * αὐτὰρ * ἔπειτ' ἄνεμοι μέγαν ὑψόθι πύργον ῥίψαν καὶ
Slb. 3 105 τοὔνεκά τοι Βαβυλῶνα βροτοὶ πόλει οὔνομ' ἔθεντο. * αὐτὰρ * ἐπεὶ πύργος τ' ἔπεσεν γλῶσσαί τ' ἀνθρώπων
Slb. 3 106 γλῶσσαί τ' ἀνθρώπων παντοδαπαῖς φωναῖσι διέστρεφον * αὐτὰρ * ἅπασα γαῖα βροτῶν πληροῦτο μεριζομένων βασιλειῶν
Slb. 3 158 καὶ πᾶσαι γενεαὶ Τιτάνων ἠδὲ Κρόνοιο κάτθανον. * αὐτὰρ * ἔπειτα χρόνου περιτελλομένοιο Αἰγύπτου βασίλειον
Slb. 3 171 τε Καρῶν καὶ Μυσῶν Λυδῶν τε γένος πολυχρύσων. * αὐτὰρ * ἔπειθ' Ἕλληνες ὑπερφίαλοι καὶ ἄναγνοι +ἄλλο+
Slb. 3 175 ἀλλά μιν οὐράνιος θεὸς ἐκ βυθοῦ ἐξαλαπάξει. * αὐτὰρ * ἔπειτ' ἄλλης βασιληίδος ἔσσεται ἀρχὴ λευκὴ καὶ
Slb. 3 181 πόλεων πολλῶν πάλι δ' ἔσσεται ἐν χθονὶ δίῃ χρυσίον * αὐτὰρ * ἔπειτα καὶ ἄργυρος ἠδέ τε κόσμος. καὶ θλίψουσι

```
Sib.      3   308    ὕμνων. ἀέριος γάρ σοι Βαβυλὼν ἥξει ποτ' ἄνωθεν  *  (αὐτὰρ * ἀπ' οὐρανόθεν καταβήσεται ἐξ ἀγίων σοι) καὶ θυμοῦ
Sib.      3   541    ὑψοῦ ἀβροχίην τ' ἐπὶ γαῖαν ὅλην αὐτήν δὲ σιδηρᾶν.  *  αὐτὰρ * ἔπειτα βροτοὶ δεινῶς κλαύσουσιν ἅπαντες ἀσπορίην
Sib.      3   691    ὑετῷ τε κατακλύζοντι καὶ ἔσται θεῖον ἀπ' οὐρανόθεν  *  αὐτὰρ * λῖθος ἠδὲ χάλαζα πολλὴ καὶ χαλεπὴ θάνατος δ' ἐπὶ
Sib.      3   746    ἄριστον καρπὸν ἀπειρέσιον σίτου οἴνου καὶ ἐλαίου  *  (αὐτὰρ * ἀπ' οὐρανόθεν μέλιτος γλυκεροῦ ποτὸν ἠδὺ δένδρεά
Sib.      4    72    πλεύσει φρυξὶ βαρεῖαν ἰδ' Ἀσίδι κῆρα φέρουσα.  *  αὐτὰρ * ἐς Αἴγυπτον πολυαύλακα πυροφόρον τε λιμὸς ἀκαρπίη
Sib.      4    88    καὶ τότε Πέρσησιν ζυγὰ δούλια καὶ φόβος ἔσται.  *  αὐτὰρ * ἐπεὶ σκήπτροισι Μακηδόνες αὐχήσουσιν ἔσται καὶ
Sib.      5    40    ἔσται τετράδος ἐκ κεραίης +τ' ἔφθος μόρος+  *  αὐτὰρ * ἔπειτα πεντήκοντ' ἀριθμῶν γεραρὸς βροτός. αὐτὰρ
Sib.      5    41    αὐτὰρ ἔπειτα πεντήκοντ' ἀριθμῶν γεραρὸς βροτός.  *  αὐτὰρ * ἐπ' αὐτῷ ὥστε τριηκοσίης κεραίης λάχεν ἔντυπον
Sib.      5   482    δ' οὐκ ὀλίγη κόσμου πτύχας ἀμφικαλύψει δεύτερον  *  αὐτὰρ * ἔπειτα θεοῦ φάος ἡγεμονεύσει ἀνδράσι τοῖς
       αὐτάρκεια
Sal.      5    16    μακάριος οὗ μνημονεύει ὁ θεὸς ἐν συμμετρίᾳ  *  αὐταρκείας * ἐὰν ὑπερπλεονάσῃ ὁ ἄνθρωπος ἐξαμαρτάνει.
       αὐτάρκης
TLevi    18  2Β029   καὶ πάντα ἠλισμένα ἐν ἅλατι ὡς καθήκει αὐτοῖς  *  αὐτάρκως. * καὶ μετὰ ταῦτα σεμίδαλιν ἀναπεποιημένον ἐν
                7
       αὖτε
Sib.      3   129    τοι πρέσβιστος ἔην καὶ εἶδος ἄριστος. ὅρκους δ'  *  αὖτε * Κρόνῳ μεγάλους Τιτὰν ἐπέθηκεν μὴ θρέψ' ἀρσενικῶν
Sib.      3   202    τοι δῆσάν τε Κρόνον καὶ μητέρα κεδνήν. δεύτερον  *  αὖθ' * Ἕλλησι τυραννίδες ἠδ' ἀγέρωχοι ἔσσονται βασιλῆες
Sib.      3   242    τὸν ἐλάττονα λυπεῖ +οὐδέ γε χήρας θλίβει μᾶλλον δ'  *  αὖτε+ * βοηθεῖ αἰεὶ ἐπαρκείων σίτῳ οἴνῳ καὶ ἐλαίῳ αἰεὶ δ'
Sib.      3   576    θεοῦ περικυδανέουσιν λοιβῇ τε κνίσῃ τ' ἠδ'  *  αὖθ' * ἱερᾷς ἑκατόμβαις ταύρων ζατρεφέων θυσίαις κριῶν τε
Sib.      3   750    τε ῥήξει γλυκερὰς λευκοῖο γάλακτος πλήρεις δ'  *  αὖτε * πόλεις ἀγαθῶν καὶ πίονες ἀγροὶ ἔσσοντ' οὐδὲ μάχαιρα
Sib.      3   753    στενάχουσα σαλεύεται οὐκέτι γαῖα οὐ πόλεμος οὐδ'  *  αὖτε * κατὰ χθονὸς αὐχμὸς ἔτ' ἔσται οὐ λιμὸς καρπῶν τε
Sib.      4   185    κόσμον ὅσοι δ' ὑπὸ δυσσεβίῃσιν ἥμαρτον τοὺς δ'  *  αὖτε * χυτὴ κατὰ γαῖα καλύψει Τάρταρά τ' εὐρώεντα μυχοί
       αὐτίκα
                8
Aris.    22     9    ἀπολύειν παραχρῆμα τοὺς ἔχοντας κομιζομένους  *  αὐτίκα * ἑκάστου σώματος δραχμὰς εἴκοσι τοὺς μὲν
Sib.      3   101    καὶ βούλοντ' ἀναβῆν' εἰς οὐρανὸν ἀστερόεντα  *  αὐτίκα * δ' ἀθάνατοι μεγάλην ἐπέθηκεν ἀνάγκην πνεύμασιν
Sib.      3   184    κείνοις πτῶμ' ὁπόταν ἄρξωνθ' ὑπερηφανίης ἀδίκοιο.  *  αὐτίκα * δ' ἐν τούτοις ἀσεβείας ἔσσετ' ἀνάγκη ἄρσην δ'
Sib.      3   207    πάντες καὶ Τροίῃ κακὸν ἔσσεται ἤματι κείνῳ.  *  αὐτίκα * καὶ Πέρσῃσι καὶ Ἀσσυρίοις κακὸν ἥξει πάσῃ τ'
Sib.      3   211    καθ' ἓν ἐξαγορεύεις; ἀλλ' ὁπόταν τὰ πρῶτα τέλος λάβῃ  *  αὐτίκα * δ' ἔσται δεύτερ' ἐπ' ἀνθρώπους. καὶ τοι πρώτιστα
Sib.      3   401    κέρας ἄρξει. ἔσται καὶ Φρυγίη δὲ φερεσβίῳ  *  αὐτίκα * τέκμαρ ὁππότε κεν Ῥείης μιαρὸν γένος ἐν χθονὶ
Sib.      3   800    ἐννύχιαι ὀφθαλοὶ πρὸς ἕσπερον ἠδὲ πρὸς ἠῶ  *  αὐτίκα * καὶ κονιορτὸς ἀπ' οὐρανόθεν προφέρηται πρὸς γαῖαν
FAch.   119          νικηθεὶς μέλλη φόρους τελεῖν τῷ βασιλεῖ Λυκούργῳ.  *  αὐτίκα * οὖν τοὺς ἀπὸ Ἡλιουπόλεως μετεπέμψατο προφήτας
       αὐτογενής
                1
IOrp.          10    παλαιὸς δὲ λόγος περὶ τοῦδε φαείνει εἷς ἔστ'  *  αὐτογενής * ἑνὸς ἔκγονα πάντα τέτυκται ἐν δ' αὐτοῖς αὐτὸς
       αὐτόδρομος
                1
Sedr.    11     9    γίνεσθε τοῦ κόσμου τούτου. ὦ πόδες καλοπεριπατητοὶ  *  αὐτόδρομοι * ταχύτατοι λίαν ἀνικητοί. ὦ γόνατα
       αὐτόθεν
                1
HDem.    9  21  11    συμβιῶσαι δ' αὐτῇ τὸν Ἰακὼβ ἔτη εἴκοσι τρία.  *  αὐτόθεν * δὲ ἐλθεῖν τὸν Ἰακὼβ εἰς Μαμβρὶ τῆς Χεβρὼν πρὸς
       αὐτοκασίγνητος
                1
LThe.    9  22   3    ἤλυθε γὰρ κἀκεῖθι λιπὼν δριμεῖαν ἐνιπὴν  *  αὐτοκασιγνήτοιο * πρόφρων ὑπέδεκτο δόμονδε Λάβαν ὅς οἱ ἔην
       αὐτοκέλευστος
                1
Aris.    92     3    τῇ τῆς εὐκοσμίας καὶ σιγῆς διαθέσει. πάντες γὰρ  *  αὐτοκελεύστως * διαπονοῦσι πολλῆς γινομένης κακοπαθείας
       αὐτόματος
                3
Prop.    3    11    ἐπιδιῶξαι κατεποντίσθησαν. οὗτος διὰ προσευχῆς  *  αὐτομάτως * αὐτοῖς δαψιλῆ τροφὴν ἰχθύων παρέσχετο καὶ
Sib.      5   127    αἰαῖ σοι Λυκίη ὅσα σοι κακὰ μηχανάαται πόντος ἀπ'  *  αὐτομάτου * ἐπιβὰς χώρης ἀλεγεινῆς ὥστε κλύσαι σεισμῷ τε
HArt.    9  27  23    νυκτὸς δὲ ἐπιγενομένης τάς τε θύρας πάσας  *  αὐτομάτως * ἀνοιχθῆναι τοῦ δεσμωτηρίου καὶ τῶν φυλάκων οὓς
       αὐτομολέω
HCal.    24    25    τι προσδοκῶντες. οὕτως εὐχερῶς πρὸς τὸ θανεῖν  *  ηὐτομόλησαν. * ἐὰν δὲ καὶ κέρδος ἐλπίσουσι οὐκ ἄν τις
       αὐτόπρεμνος
                1
Sib.      3   404    ἐν χθονὶ κῦμα ἀέναον ῥίζησιν ἀδιψήτοισι τεθηλὸς  *  αὐτόπρεμνον * ἄϊστον ᾗ ἐν νυκτὶ γένηται ἐν πόλει αὐτάνδρῳ
       αὐτός
             4538    αὐτῷ αὐτούς αὐτῶν αὐτῆς αὐτό αὐτόν αὐτῷ αὐτός αὐτοῖς αὐτῇ αὐτήν αὐτοὶ αὐτή αὐτὰ αὐτάς
                     αὐταῖς αὐταὶ αὐτου ταὐτόν ταὐτά καὐτῶν καὐτός αὐτοῖσιν αὐτῆσιν καὐτοὶ καὐτή αυτη αυτοις
                     αυτους αυτων αυτ καὐτόν αυτης αυτου αυτα αυτην αυτω καυτος
       αὐτοφυής
                2
Aris.   118     1    καὶ τὴν Ἀζωτίων χώραν. περιέχεται δὲ ἀσφαλείαις  *  αὐτοφύέσι * δυσείσβολος οὖσα καὶ πλήθεσιν ἀπραγμάτευτος
Sib.      3    12    εἷς θεός ἐστι μόναρχος ἀθέσφατος αἰθέρι ναίων  *  αὐτοφυής * ἀόρατος ὁρώμενος αὐτὸς ἅπαντα ὃν χεὶρ οὐκ
       αὐτόφωρος
Asen.     4    10    τοῦ ποιμένος ἐκ γῆς Χαναὰν καὶ αὐτὸς κατελήφθη ἐπ'  *  αὐτοφώρῳ * κοιμώμενος μετὰ τῆς κυρίας αὐτοῦ καὶ ὁ κύριος
       αὐτόχθων
                1
Sib.      3   412    πολέμοιο δαήμονας ἕξει ἄνακτας Αἰνεάδας +διδοὺς+  *  αὐτόχθονος * ἐγγενὲς αἷμα. ἀλλὰ μεταῦτις ἕλωρ ἔσῃ
       αὐτόχυτος
                1
FPho.    127          πώλοις ταχυτῆτ' ἀλκήν τε λέουσιν ταύρους δ'  *  αὐτοχύτως * κέρα ἔσσεν κέντρα μελίσσαις ἔμφυτον ἄλκαρ
       αὔτως
Sib.      3   142    τοὐνεκά τοι Δί' ἐπωνομάσανθ' ὅτι ἡ διεπέμφθη. ὡς δ'  *  αὔτως * διέπεμψε Ποσειδάωνα λαθραίως. τὸ τρίτον αὖ
       αὐχένιος
FrAn.   574  3058    τῷ ἰδίῳ προστάγματι. ὁρκίζω σε τὸν τῶν  *  αὐχενίων * γιγάντων τοῖς πρηστῆρσι καταφλέξαντα ὃν ὑμνεῖ ὁ
                3
       αὐχέω
Sib.      3   488    καὶ Σικυὼν χάλκειος ὑλάγμασι καὶ σέ Κόρινθε  *  αὐχήσει * ἐπὶ πᾶσιν ἶσον δὲ βοήσεται αὐλός. ἡνίκα δή μοι
Sib.      4    88    καὶ φόβος ἔσται. αὐτὰρ ἐπεὶ σκήπτροισι Μακηδόνες  *  αὐχήσουσιν * ἔσται καὶ Θήβῃσι κακὴ μετόπισθεν ἅλωσις Κᾶρες
Sib.      5    64    μεγαλόσθενε Μέμφι ἢ τὸ πάλαι δειλοῖσι βροτοῖς  *  αὐχοῦσα * μέγιστα κλαύσεαι ἀργαλέη καὶ πάμμορος ὥστε
       αὐχήν
                6
TNep.     6     4    καὶ ἀφίπταται ὁ πατὴρ ἀφ' ἡμῶν ὁ κρατῶν τοὺς  *  αὐχένας. * καὶ ἡμεῖς χειμαζόμενοι ἐπὶ τὸ πέλαγος ἐφερόμεθα
Asen.    12     8    καὶ τὸ παιδίον σφίγγει τὰς χεῖρας αὐτοῦ ἐπὶ τὸν  *  αὐχένα * τοῦ πατρὸς αὐτοῦ καὶ ⟨ἀναπνεῖ⟩ ἀπὸ τοῦ φόβου
Asen.    22     9    Ἀσενὲθ τὰς χεῖρας αὐτῆς καὶ ἐκράτησε τοῦ  *  αὐχένα * τοῦ Ἰακὼβ καὶ ἐκρεμάσθη ἀπὸ τοῦ τραχήλου τοῦ πατρὸς
Sib.      3   340    ἔσσεται ὁλκὸς καρποφόρου τὸ δὲ ῥεῦμα τὸ μύριον  *  αὐχέν' * ἐφέξει. χάσματα ἠδὲ βάραθρ' ἀχανῆ πολλαὶ δὲ
Sib.      3   448    ἐρασταῖς κάλλεσιν ἠδ' ὄλβῳ δεινὸν ζυγὸν  *  αὐχένι * θήσῃ. Λύδιος αὖ σεισμὸς δὲ τὰ Περσίδος ἐξεναρίξει
LEze.    9  29 16 17  πορφυροῦν ἐφαίνετο σκέλη δὲ μιλτόχρωτα καὶ κατ'  *  αὐχένων * κροκωτίνοις μαλλοῖσιν εὐτρεπίζετο. κάρα δὲ
       αὐχμός
Sib.      3   753    οὐκέτι γαῖα οὐ πόλεμος οὐδ' αὖτε κατὰ χθονὸς  *  αὐχμὸς * ἔτ' ἔσται οὐ λιμὸς καρπῶν τε κακορρέκτειρα χάλαζα
       ἀφαίρεσις
TJud.    23     3    σφακελισμὸν ὀφθαλμῶν νηπίων ἀναίρεσιν καὶ συμβίων  *  ἀφαίρεσιν * ὑπαρχόντων ἁρπαγὴν ναοῦ θεοῦ ἐμπυρισμὸν γῆς
Job      11    11    χειρόγραφον καὶ ἀνέγνωσκον στέφανον ἐπιφερόμενος  *  ἀφαιρήσεως * λέγων ὅσον προφάσει τῶν πενήτων ἐπίστευσα
Aris.   311     4    τι τὸ σύνολον τῶν γεγραμμένων ἢ ποιούμενος  *  ἀφαίρεσιν * καλῶς τοῦτο πράσσοντες ἵνα διὰ παντὸς ἀέννάα
       ἀφαιρέω
                28
Hen.    104    11    ἐπ' ἀληθείας ἐπὶ τὰ ὀνόματα αὐτῶν καὶ μήτε  *  ἀφέλωσιν * μήτε ἀλλοιώσωσιν τῶν λόγων τούτων ἀλλὰ πάντα
TSim.     4     8    σύνεσιν ἐν ἀνθρώποις ἐνεργεῖν ἀλλὰ καὶ τὸν ὕπνον  *  ἀφαιρεῖ * καὶ κλόνον παρέχει τῇ ψυχῇ καὶ τρόμον τῷ σώματι
TSim.     6     2    δικαιωθῶ ἀπὸ τῆς ἁμαρτίας τῶν ψυχῶν ὑμῶν. ἐὰν δὲ  *  ἀφέλητε * ἀφ' ὑμῶν τὸν φθόνον καὶ πᾶσαν σκληροτραχηλίαν ὡς
TLevi    13     7    ἀπολεῖται τοῦ σοφοῦ τὴν σοφίαν οὐδεὶς δύναται  *  ἀφελέσθαι * εἰ μὴ τύφλωσις ἀσεβείας καὶ πήρωσις ἁμαρτίας
TJud.     2     4    καὶ πιάσας τὰς χεῖρας μου λέοντα ἀπέκτεινα καὶ  *  ἀφελόμην * Ἔριφον ἐκ τοῦ στόματος αὐτοῦ. ἄρκον λαβὼν ἐκ
TGad.     7     5    μου μὴ ζηλώσητε ὅρον γὰρ κυρίου ἐκδέξασθε. ἢ γὰρ  *  ἀφαιρεῖται * αὐτὰ ἐν κακοῖς ἢ μετανοοῦσιν ἄφησιν ἢ
TJos.    12     3    γῆς Χαναὰν νῦν οὖν ποίησον μετ' αὐτοῦ κρίσιν καὶ  *  ἀφελοῦ * τὸν νεανίαν εἰς οἰκονόμον σου καὶ εὐλογήσει σε ὁ
TJos.    14     5    τὴν Μέμφιν οὐκ ἔστι παρ' Αἰγυπτίοις πρὸ ἀποδείξεως  *  ἀφαιρεῖσθαι * τὰ ἀλλότρια. ταῦτα εἶπε περὶ τοῦ μεταβόλου
Sal.      4    16    αὐτοῦ ἐν λύπαις καὶ ἢ ἐξέγερσις αὐτοῦ ἐν ἀπορίαις.  *  ἀφαιρεῖται * ὕπνος ἀπὸ κροτάφων αὐτοῦ ἐν νυκτὶ ἀποπέσῃ
Sal.     17     5    ἡμῖν καὶ ἔξωσαν ἡμᾶς οἷς οὐκ ἐπηγγείλω μετὰ βίας  *  ἀφείλαντο * καὶ οὐκ ἐδόξασαν τὸ ὄνομά σου τὸ ἔντιμον. ἐν
Prop.    10     3    τὴν Σοὺρ χώραν ἀλλοφύλων ἐθνῶν ἔλεγε γὰρ ὅτι οὕτως  *  ἀφελῶ * ὀνειδός μου ὅτι ἐψευσάμην προφητεύσας κατὰ Νινευῆ
Prop.    10    6Β    τὴν Σοὺρ χώραν ἀλλοφύλων. ἔλεγε γὰρ ὅτι οὕτως  *  ἀφελῶ * τὸ ὄνειδός μου ὅτι ἐψευσάμην προφητεύσας κατὰ
Prop.    12    12    εἰς μικρὰ ῥαγήσεται καὶ τὰ ἐπίκρανα τῶν δύο στύλων  *  ἀφαιρεθήσονται * καὶ οὐδεὶς γνώσεται ποῦ ἔσονται αὐτὰ δὲ
Job       4     5    δυνήσεται ἐπενεγκεῖν ἐπιφέρει δέ σοι πληγὰς πολλὰς  *  ἀφαιρεῖταί * σου τὰ ὑπάρχοντα, τὰ παιδία σου ἀναίρησεῖ
Job      16     6    ἐμοῦ εὐεργετηθέντων, νυνὶ δὲ ἐπανισταμένων μοι καὶ  *  ἀφαιρουμένων * τὰ ὑπόλοιπα τῶν θρεμμάτων μου. καὶ τῶν
Job      19     4    γενόμενον ἀνέβησα λέγων ὁ κύριος ἔδωκεν, ὁ κύριος  *  ἀφείλατο * ὡς τῷ κυρίῳ ἔδοξεν, οὕτως καὶ ἐγένετο εἴη τὸ
Job      22     1    καὶ μετὰ ἔνδεκα ἔτη καὶ προσενεχθῆναι αὐτῷ, μόλις  *  ἀφείλατο * ἐπιτρέψαντες ἔχειν
Job      37     3    εἶπον ἐπὶ τῷ θεῷ τῷ ζῶντι. καὶ πάλιν εἶπέν μοι τίς  *  ἀφείλατο * τὰ ὑπάρχοντά σου ἢ ἐπήνεγκέν σοι τὰς πληγάς
Job      37     5    ἀδικῆσαι κρίνων; ἐπενεγκὼν σοι τὰς πληγὰς ταύτας ἢ  *  ἀφελόμενός * σου τὰ ὑπάρχοντα. εἰ ἐδίδου καὶ ἀφείλατο,
Job      37     6    ἢ ἀφελόμενός σου τὰ ὑπάρχοντα. εἰ ἐδίδου καὶ  *  ἀφείλατο, * ἐχρῆν αὐτὸν ὅλως μὴ δεδωκέναι τι οὐδέποτε
Job      42     6    ποιήσατε αὐτὸν ὑπὲρ ὑμῶν ἀναφέρειν θυσίας, ὅπως  *  ἀφαιρεθῇ * ὑμῶν ἡ ἁμαρτία εἰ μὴ γὰρ δι' αὐτόν, ἀπώλεσα ἂν
```

Aris. 147 4 πεποιθότας ἰσχύι τῇ καθ᾽ ἑαυτοὺς μηδὲ * ἀφαιρεῖσθαι * μηδὲν ἀλλ᾽ ἐκ δικαίου τὰ τοῦ βίου κυβερνᾶν
Aris. 244 4 ἀτυχήματα διὰ παντὸς ἐπιβλέποι γινώσκων ὅτι ὁ θεὸς * ἀφαιρεῖται * τὰς εὐημερίας ἑτέρους δὲ δοξάζων εἰς τὸ
Aris. 253 5 ὅπερ ἀνωφελὲς καὶ ἀλγεινόν ἐστιν εἰ τὸ ζῆν * ἀφελεῖται * πολλῶν διὰ τὸ κύριον εἶναι. πάντων δ᾽ ὑπηκόων
SIb. 3 635 δαμέντες καὶ βασιλεὺς βασιλῆα λάβῃ χώραν τ᾽ * ἀφέληται * ἔθνη δ᾽ ἔθνεα πορθήσῃ καὶ φῦλα δυνάσται
SIb. 3 781 γὰρ εἰρήνη ἀγαθῶν ἐπὶ γαῖαν ἱκνεῖται ῥομφαίαν δ᾽ * ἀφελοῦσι * θεοῦ μεγάλοιο προφῆται αὐτοὶ γὰρ κριταί εἰσι
FJub. 3 23 ἑρπετὸν ἐγένετο χεῖράς τε καὶ πόδας ἐκέκτητο. * ἀφῃρέθη * δὲ ταῦτα διὰ τὸ τολμηρῶς εἰς τὸν παράδεισον
FAch. 110 μεγαλοφρόνει μὴ ἐπὶ χρήμασι τὰ μὲν γὰρ καιρὸς * ἀφείλετο * ἡ δὲ ἀπόρθητος διαμένει. ἐὰν εὐτυχήσῃς μὴ

ἀφάλλομαι 1
Job 20 9 σκώληκες πολλοὶ ἦσαν ἐν τῷ σώματί μου καὶ εἴποτε * ἀφήλατο * σκώληξ, ἦρον καὶ κατήγγιζον εἰς τὸν αὐτὸν τόπον

ἀφανής 7
Abr.1 8 1 ὁ δὲ ἀρχιστράτηγος ἀκούσας τὸ ῥῆμα τοῦτο εὐθέως * ἀφανὴς * ἐγένετο καὶ ἀνῆλθεν εἰς τοὺς οὐρανοὺς καὶ ἔστη
Asen. 12 2 τὸ φῶς ὁ ποιήσας τὰ ὄντα καὶ τὰ φαινόμενα ἐκ τῶν * ἀφανῶν * καὶ μὴ ὄντων ὁ ὑψώσας τὸν οὐρανὸν καὶ θεμελιώσας
Sedr. 11 20 καὶ ἄρτι πεσὸν εἰς τὴν γῆν ὕπαγε κάλλος σου * ἀφανὲς * γίνεται. λέγει αὐτὸν ὁ Χριστὸς παῦσον Σεδρὰχ ἕως
Job 47 6 ἀποκρίνου. ἐγὼ δὲ λαβὼν περιεζωσάμην καὶ εὐθέως * ἀφανεῖς * ἐγένοντο ἀπὸ τότε οἱ σκώληκες ἀπὸ τοῦ σώματός
SIb. 5 403 σώματος +αὐτοῦ+ οὐ γὰρ ἀκηδέστως +αἰνεῖ+ θεὸν ἐξ * ἀφανοῦς * γῆς οὐδὲ πέτρης ποίησε σοφὸς τέκτων παρὰ τούτοις
SIb. 5 408 ἐγέραιρον καὶ ἑκατόμβαις. νῦν δέ τις ἐξαναβὰς * ἀφανὴς * βασιλεὺς καὶ ἄναγνος ταύτην ἔρριψεν καὶ
FAch. 115 ὑμῶν λαμπρότητα) (φωτεινὴν) σκοτεινὴν ποιεῖ καὶ * ἀφανῆ * (πάντ)α γὰρ ἐν ὑπεροχῇ καταπαύει. ὁ δὲ Νεκταναβὼν

ἀφανίζω 29
Hen. 8 2 ἀσέβεια πολλὴ καὶ ἐπόρνευσαν καὶ ἀπεπλανήθησαν καὶ * ἠφανίσθησαν * ἐν πάσαις ταῖς ὁδοῖς αὐτῶν. Σεμιαζᾶς
Hen. 8B 2 ἁγίους. καὶ ἐγένετο ἀσέβεια πολλὴ ἐπὶ τῆς γῆς καὶ * ἠφάνισαν * τὰς ὁδοὺς αὐτῶν. ἔτι δὲ καὶ ὁ πρώταρχος αὐτῶν
Hen. 10 7 εἰς τὸν ἐνπυρισμόν. καὶ ἰαθήσεται ἡ γῆ ἣν * ἠφάνισαν * οἱ ἄγγελοι καὶ τὴν ἴασιν τῆς γῆς δήλωσον ἵνα
Hen. 10 8 ἐδίδαξαν τοὺς υἱοὺς αὐτῶν καὶ ἠρημώθη πᾶσα ἡ γῆ * ἀφανισθεῖσα * ἐν τοῖς ἔργοις τῆς διδασκαλίας Ἀζαὴλ καὶ
Hen. 10 14 συνκλείσεως αἰῶνος. καὶ ὃς ἂν κατακαυθῇ καὶ * ἀφανισθῇ * ἀπὸ τοῦ νῦν μετ᾽ αὐτῶν ὁμοῦ δεθήσονται μέχρι
Hen. 10B 7 εἰς τὸν ἐμπυρισμὸν τοῦ πυρός. καὶ ἴασαι τὴν γῆν ἣν * ἠφάνισαν * οἱ ἐγρήγοροι καὶ τὴν ἴασιν τῆς πληγῆς δήλωσον
Hen. 10B 14 συγκλείσεως τοῦ αἰῶνος. καὶ ὃς ἂν κατακριθῇ καὶ * ἀφανισθῇ * ἀπὸ τοῦ νῦν μετ᾽ αὐτῶν δεθήσεται μέχρι
Hen. 12 4 καὶ ἔλαβον ἑαυτοῖς γυναῖκας. ἀφανισμὸν μέγαν * ἠφανίσατε * τὴν γῆν καὶ οὐκ ἔσται ὑμῖν εἰρήνη οὔτε ἄφεσις.
Hen. 15 11 καὶ τὰ πνεύματα τῶν γιγάντων νεφέλας ἀδικοῦντα * ἀφανίζοντα * καὶ ἐνπίπτοντα καὶ συνπαλαίοντα καὶ
Hen. 15B 11 τὰ πνεύματα τῶν γιγάντων νεμόμενα ἀδικοῦντα * ἀφανίζοντα * ἐμπίπτοντα καὶ συμπαλαίοντα καὶ ῥιπτοῦντα ἐπὶ
Hen. 16 1 ἐκπορευόμενα ἐκ τῆς ψυχῆς τῆς σαρκὸς αὐτῶν ἔσται * ἀφανίζοντα * χωρὶς κρίσεως οὕτως ἀφανίσουσιν μέχρις ἡμέρας
Hen. 16 1 σαρκὸς αὐτῶν ἔσται ἀφανίζοντα χωρὶς κρίσεως οὕτως * ἀφανίσουσιν * μέχρις ἡμέρας τελειώσεως τῆς κρίσεως τῆς
Hen. 16B 1 ἀπὸ τῆς ψυχῆς αὐτῶν ὡς ἐκ τῆς σαρκὸς ἔσονται * ἀφανίζοντα * χωρὶς κρίσεως οὕτως ἀφανίσουσι μέχρις ἡμέρας
Hen. 16B 1 τῆς σαρκὸς ἔσονται ἀφανίζοντα χωρὶς κρίσεως οὕτως * ἀφανίσουσι * μέχρις ἡμέρας τῆς τελειώσεως ἕως τῆς κρίσεως
Hen. 22 7 τῆς γῆς καὶ ἀπὸ τοῦ σπέρματος τῶν ἀνθρώπων * ἀφανισθῇ * τὸ σπέρμα αὐτοῦ. τότε ἠρώτησα περὶ τῶν
TLevi 2 3 κυρίου ἦλθεν ἐπ᾽ ἐμὲ καὶ πάντας ἑώρων ἀνθρώπους * ἀφανίσαντας * τὴν ὁδὸν αὐτῶν καὶ ὅτι τείχη ᾠκοδόμησεν
TLevi 16 2 βεβηλώσετε καὶ τὰς θυσίας μιανεῖτε καὶ τὸν νόμον * ἀφανίσετε * καὶ λόγους προφητῶν ἐξουθενώσετε ἐν διαστροφῇ
TLevi 17 9 ἐν προνομῇ ἔσονται καὶ ἡ γῆ καὶ ἡ ὕπαρξις αὐτῶν * ἀφανισθήσεται. * καὶ ἐν πέμπτῃ ἑβδομάδι ἐπιστρέψουσιν εἰς
TZab. 8 6 καὶ τὴν ψυχὴν ταράσσει καὶ τὴν ὕπαρξιν * ἀφανίζει. * ὁ γὰρ μνησίκακος σπλάγχνα ἐλέους οὐκ ἔχει.
TZab. 9 2 γῆν ἄμμον κατασύρει ἐὰν δὲ εἰς πολλὰ διαιρεθῇ ἡ γῆ * ἀφανίζει * αὐτὰ καὶ γίνεται εὐκαταφρόνητα. καὶ ὑμεῖς ἐὰν
Sal. 17 11 ὁ ἄνομος τὴν γῆν ἡμῶν ἀπὸ ἐνοικούντων αὐτήν * ἠφάνισαν * νέον καὶ πρεσβύτην καὶ τέκνα αὐτῶν ἅμα ἐν ὀργῇ
Jer. 1 6 μου ἀλλ᾽ εἰ θέλημά σού ἐστιν ἐκ τῶν χειρῶν σου * ἀφανισθήτω. * καὶ εἶπε κύριος τῷ Ἰερεμίᾳ ἐπειδὴ σὺ
Jer. 1 10 τῆς πόλεως καὶ δείξω ὑμῖν ὅτι ἐὰν μή τι ἐγὼ πρῶτος * ἀφανίσω * τὴν πόλιν οὐ δύνανται εἰσελθεῖν εἰς αὐτήν. ταῦτα
Prop. 10 8 Ἱερουσαλὴμ πάντα τὰ ἔθνη ὅτι ἡ πόλις ἕως ἐδάφους * ἠφάνισται * ὅλη. οὗτός ἐστιν Ἰωνᾶς ὁ γενόμενος εἰς τύπον
Prop. 10 8B ἐπὶ Ἱερουσαλὴμ πολλὰ ἔθνη ὅτι ἡ πόλις ἕως ἐδάφους * ἀφανισθήσεται. * Ναοὺμ ἀπὸ Ἐλκεσὶ πέραν τοῦ Ἰσβηγαβαρὶν
Job 17 4 καὶ τὸν μὲν ναὸν τοῦ μεγάλου θεοῦ καθελὼν καὶ * ἀφανίσας * τὸν τόπον τῆς σπονδῆς διὸ κἀγὼ ἀνταποδώσω αὐτῷ
Job 33 7 γῆς ἐν ᾗ ἐστιν ὁ θρόνος μου οὐ ξηραίνονται οὐδὲ * ἀφανισθήσονται, * ἀλλ᾽ ἔσονται εἰς τὸ διηνεκές. οὗτοι οἱ
Job 43 5 ἕξει ἐν τοῖς ζῶσιν. καὶ ὁ λύχνος αὐτοῦ σβεσθεὶς * ἠφάνισεν * τὸ φέγγος αὐτοῦ, ἡ δὲ τῆς λαμπάδος αὐτοῦ δόξα
FEz. 64 70 9 ὁ δὲ εἶπεν ἀπέλθωμεν εἰς τὸν παράδεισον αὐτοῦ καὶ * ἀφανίσωμεν * ἐκεῖ τὰ τοῦ παραδείσου. ὁ δὲ εἶπεν καὶ πῶς

ἀφανισμός 3
Hen. 12 4 καὶ αὐτοὶ ποιοῦσιν καὶ ἔλαβον ἑαυτοῖς γυναῖκας. * ἀφανισμὸν * μέγαν ἠφανίσατε τὴν γῆν καὶ οὐκ ἔσται ὑμῖν
Jer. 3 9 λάκκου τοῦ βορβόρου καὶ οὐ θέλω αὐτὸν ἵνα ἴδῃ τὸν * ἀφανισμὸν * τῆς πόλεως ταύτης καὶ τὴν ἐρήμωσιν ἀλλ᾽ ἵνα
Jer. 4 9 ὅτι ἐξῆλθον ἐκ τοῦ κόσμου τούτου καὶ οὐκ εἶδον τὸν * ἀφανισμὸν * τῆς πόλεως ταύτης. ταῦτα εἰπὼν Βαροὺχ ἐξῆλθεν

ἄφαντος 3
Adam 20 3 τοῦ ὅρκου. ἐκεῖνος δὲ κατῆλθεν ἀπὸ τοῦ φυτοῦ καὶ * ἄφαντος * ἐγένετο. ἐγὼ δὲ ἐζήτουν ἐν τῷ μέρει μου φύλλα
Asen. 12 15 ἃ δέδωκέ μοι εἰς κληρονομίαν πρόσκαιρά εἰσι καὶ * ἄφαντα * τὰ δὲ (δόματα) τῆς κληρονομίας σου κύριε ἄφθαρτά
SIb. 4 120 ἀπ᾽ Ἰταλίης βασιλεὺς μέγας οἷά τε δράστης φεύξετ᾽ * ἄφαντος * ἄπυστος ὑπὲρ πόρον Εὐφρήταο ὁππότε δὴ μητρῷον

ἀφαρπάζω 2
Abr.1 18 6 θαυμαστόν ἐστιν ὅτι οὐκ ἂν καὶ σὺ μετ᾽ αὐτοὺς * ἀφηρπάγης * ἀλλὰ ὅμως λέγω σοι τὴν ἀλήθειαν καὶ γὰρ εἰ μὴ
SIb. 5 519 ἔπληξε νέου Ταύροιο τένοντα Ταῦρος δ᾽ Αἰγοκέρωτος * ἀφήρπασε * νόστιμον ἦμαρ. καὶ Ζυγὸν Ὠρίων ἀπενόσφισε

ἄφεδρος 2
Sal. 8 12 τὸ θυσιαστήριον κυρίου ἀπὸ πάσης ἀκαθαρσίας καὶ ἐν * ἀφέδρῳ * αἵματος ἐμίαναν τὰς θυσίας ὡς κρέα βέβηλα. οὐ
FJub. 3 13 καὶ διὰ τὸ ἀκάθαρτον τοῦ θήλεος πρὸς τὸ ἄρσεν. * ἄφεδρος * γὰρ πάλιν οὖσα οὐκ εἰσέρχεται ἕως ἑπτὰ ἡμέρας ἐν

ἀφεδρών 1
Job 38 3 ἐν τῇ αὐτῇ φάρυγγι ὅταν δὲ καταβῇ τὰ δύο εἰς τὸν * ἀφεδρῶνα, * τότε ἀφορίζεται ἀπ᾽ ἀλλήλων. τίς οὖν ταῦτα

ἀφειδής 1
Aris. 85 4 ἀσφαλείας ἔκδηλος ἦν ἡ τῶν χρημάτων γεγονυῖα * ἀφειδὴς * δαπάνη. τοῦ τε καταπετάσματος ἡ διατύπωσις

Ἀφέρα 2
HCle. 1 15 241 ἐγένοντο παῖδες ἱκανοί. αὐτῶν καὶ τὰ ὀνόματα τρεῖς * Ἀφέραν * Σουρειμ Ἰάφραν. ἀπὸ Σουρειμ μὲν τὴν Ἀσσυρίαν
HCle. 1 15 241 Σουρειμ μὲν τὴν Ἀσσυρίαν κεκλῆσθαι ἀπὸ δὲ τῶν δύο * Ἀφέρα * τε καὶ Ἰάφρα πόλιν τε Ἄφραν καὶ τὴν χώραν

ἄφεσις 5
Hen. 12 5 ἠφανίσατε τὴν γῆν καὶ οὐκ ἔσται ὑμῖν εἰρήνη οὔτε * ἄφεσις. * καὶ περὶ ὧν χαίρουσιν τῶν υἱῶν αὐτῶν τὸν φόνον
Hen. 13 4 αὐτοῖς ὑπομνήματα ἐρωτήσεως ἵνα γένηται αὐτοῖς * ἄφεσις * καὶ ἵνα ἐγὼ ἀναγνῶ αὐτοῖς τὸ ὑπόμνημα τῆς
Hen. 13 6 αὐτῶν καὶ περὶ ὧν δέονται ὅπως αὐτῶν γένωνται * ἄφεσις * καὶ μακρότης. καὶ πορευθεὶς ἐκάθισα ἐπὶ τῶν
Prop. 4 15 κυρίῳ καὶ ὡμολόγει τὴν ἀσέβειαν αὐτοῦ καὶ μετὰ * ἄφεσιν * τῆς ἀνομίας αὐτοῦ ἀπέδωκεν αὐτῷ τὴν βασιλείαν.
FMan. 2 22 12 χρηστότητα τῆς ἀγαθωσύνης σου ἐπηγγείλω μετανοίας * ἄφεσιν * τοῖς ἡμαρτηκόσιν καὶ τῷ πλήθει τῶν οἰκτιρμῶν σου

ἁφή 3
Aris. 129 3 ἀκάθαρτα νομίζεται πρὸς βρῶσιν τὰ δὲ καὶ πρὸς τὴν * ἁφὴν * δεισιδαιμόνως γὰρ τὰ πλεῖστα τὴν νομοθεσίαν ἔχειν
Aris. 142 3 περιέφραξεν ἁγνείαις καὶ διὰ βρωτῶν καὶ ποτῶν καὶ * ἁφῶν * καὶ ἀκοῆς καὶ ὁράσεως νομικῶς. τὸ γὰρ καθόλου πάντα
Aris. 162 2 διατάξας γὰρ ἐπὶ βρωτῶν καὶ ποτῶν καὶ τῶν κατὰ τὰς * ἁφὰς * ἕκαστα κελεύει μηθὲν εἰκῇ μήτε πράσσειν μήτε

ἀφηγέομαι 3
Hen. 89 48 τῶν κυνῶν. καὶ ὁ κριὸς ὁ δεύτερος ἀναπηδήσας * ἀφηγήσατο * τῶν προβάτων. καὶ τὰ πρόβατα ηὐξήθησαν καὶ
Sal. 17 26 ἐν λόγῳ καρδίας αὐτῶν. καὶ συνάξει λαὸν ἅγιον οὗ * ἀφηγήσεται * ἐν δικαιοσύνῃ καὶ κρινεῖ φυλὰς λαοῦ
Aris. 245 4 ὅτι μεγάλης βασιλείας κατάρχει καὶ πολλῶν ὄχλων * ἀφηγεῖται * καὶ οὐ δεῖ περὶ ἕτερόν τι τὴν διάνοιαν εἶναι

ἀφῆλιξ 1
LAri. 8 10 14 πλήθους μυριάδων οὐκ ἔλαττον ἑκατὸν χωρὶς τῶν * ἀφηλίκων * ἐκκλησιαζομένων κυκλόθεν τοῦ ὄρους οὐκ ἔλασσον

ἀφθαρσία 3
Asen. 8 5 ἀθανασίας καὶ χρίεται χρίσματι εὐλογημένῳ * ἀφθαρσίας * φιλῆσαι γυναῖκα ἀλλοτρίαν ἥτις εὐλογεῖ τῷ
Asen. 15 5 ἀθανασίας καὶ χρισθήσῃ χρίσματι εὐλογημένῳ τῆς * ἀφθαρσίας. * θάρσει Ἀσενὲθ ἡ παρθένος ἁγνή. ἰδοὺ δέδωκά
Asen. 16 16 καὶ ἔπιες ποτήριον ἀθανασίας καὶ κέχρισαι χρίσματι * ἀφθαρσίας. * ἰδοὺ δὴ ἀπὸ τῆς σήμερον αἱ σάρκες σου

ἄφθαρτος 2
Asen. 12 15 ἄφαντα τὰ δὲ (δόματα) τῆς κληρονομίας σου κύριε * ἄφθαρτά * εἰσι καὶ αἰώνια. ἐπίσκεψαι κύριε τὴν ταπείνωσιν
Esdr. 4 36 μνημεῖα ἀνοιχθήσονται καὶ οἱ νεκροὶ ἀναστήσονται * ἄφθαρτοι. * τότε ὁ ἀντικείμενος ἀκούσας τῆς φοβερᾶς

ἄφθιτος 10
SIb. 3 23 κραταιὰν μητέρα Τηθὺν πηγὰς καὶ ποταμοὺς πῦρ * ἄφθιτον * ἤματα νύκτας αὐτὸς δὴ θεὸς ἐσθ᾽ ὁ πλάσας
SIb. 4 188 πάλιν ζήσοντ᾽ ἐπὶ γαῖαν ἀθανάτου μεγάλοιο θεοῦ καὶ * ἄφθιτον * ὄλβον πνεῦμα θεοῦ δόντος ζωήν θ᾽ ἅμα καὶ χάριν
SIb. 5 110 καὶ φῶτας ἀρίστους. εἶθ᾽ οὕτως κρίσις ἔσται ὑπ᾽ * ἀφθίτου * ἀνθρώποισιν. αἰαῖ σοι κραδίη δειλὴ τί με ταῦτ᾽
SIb. 5 298 τὸν οὐκέτι ναιετάοντα. καὶ τότε θυμωθεὶς θεὸς * ἄφθιτος * αἰθέρι ναίων οὐρανόθεν πρηστῆρα βαλεῖ κατὰ
SIb. 5 346 θεοῦ φωνὴν +ἐπακοῦσαι+ ἠελίου δ᾽ αὐτοῦ φλόγες * ἄφθιτοι * οὐκέτ᾽ ἔσονται οὐδὲ σεληναίης λαμπρὸν φάος
SIb. 5 358 θέμις σοφίη καὶ δόξα δικαίων μή ποτε θυμωθεὶς θεὸς * ἄφθιτος * ἐξαπολέσσῃ πᾶν γένος ἀνθρώπων +βίοτον+ καὶ φῦλον
SIb. 5 401 θάλλοντα θεοῦ τηρήμονα ναὸν ἐξ ἁγίων γεγαῶτα καὶ * ἄφθιτον * αἰὲν ἐόντα ἐκ ψυχῆς ἐλπιζόμενον καὶ σώματος
SIb. 5 490 ἤγαγον εἴς σε ἅπαντες κλαύσονται σε κακῶς θεὸν * ἄφθιτον * ἐν φρεσὶ θέντες γνώσονται σε τὸ μηδὲν ὅσοι θεὸν
SIb. 5 497 ποιούμενοι οὐκ ἐνόησαν. στρέψωμεν ψυχὰς θεὸν * ἄφθιτον * ἐξυμνοῦντες αὐτὸν τὸν γενετῆρα τὸν ἀίδιον
SIb. 5 503 θυσίας οἴσει λαὸς θεότευκτος κείνοισιν δώσει θεὸς * ἄφθιτος * (ἐμ)βιοτεύειν. ἀλλ᾽ ὅταν ἐκπρολιπόντες ἀναιδέα

ἀφθονία 3
Abr.1 4 2 δὲ ἡμῖν ἐκεῖ δίφρον καὶ λυχνίαν καὶ τράπεζαν ἐν * ἀφθονίᾳ * παντὸς ἀγαθοῦ καλλώπισον τὸ οἴκημα τέκνον καὶ

| | | | | | |
|---|---|---|---|---|---|
| Abr.1 | 4 | 4 | ἐπὶ τὰ κλινάρια μέσον αὐτῶν (ὑπῆρχε) τράπεζα ἐν | * ἀφθονίᾳ * | παντὸς ἀγαθοῦ. ἐγερθεὶς οὖν ὁ ἀρχιστράτηγος |
| Abr.1 | 4 | 9 | οὐδὲ πίνουσιν καὶ οὗτος τράπεζάν μοι παρέθετο ἐν | * ἀφθονίᾳ * | ἀγαθῶν τῶν ἐπιγείων φθαρτῶν καὶ νῦν κύριε τί |
| ἄφθονος | | 3 | | | |
| TGad | 7 | 6 | τηρεῖ εἰς αἰῶνα τὴν κόλασιν. ὁ γὰρ πένης καὶ | * ἄφθονος * | ἐπὶ πᾶσι κυρίῳ εὐχαριστῶν αὐτὸς παρὰ πάντας |
| Aris. | 82 | 2 | ἀρχιερέως τοῦ τόπου. καὶ γὰρ τὸ τῶν λίθων πλῆθος | * ἄφθονον * | καὶ μεγάλοι τοῖς μεγέθεσιν οὐκ ἔλαττον |
| FPho. | | 71 | μὴ φθονέοις ἀγαθῶν ἑτάροις μὴ μῶμον ἀνάψῃς. | * ἄφθονοι * | Οὐρανίδαι καὶ ἐν ἀλλήλοις τελέθουσιν. οὐ φθονέει |
| ἀφίδρυμα | | 1 | | | |
| Sib. | 4 | 28 | ἀπαρνήσονται ἰδόντες καὶ βωμοὺς εἰκαῖα λίθων | * ἀφιδρύματα * | κωφῶν καὶ λίθινα ξόανα καὶ ἀγάλματα |
| ἀφίημι | | 43 | | | |
| Adam | 12 | 2 | ἀπὸ τῆς εἰκόνος τοῦ θεοῦ. τότε ἔφυγε τὸ θηρίον καὶ | * ἀφῆκεν * | αὐτὸν πεπληγμένον καὶ ἐπορεύθη εἰς τὴν σκηνὴν |
| Adam | 26 | 3 | πορεύσει ὑστερηθεὶς καὶ χειρῶν καὶ ποδῶν σου. οὐκ | * ἀφεθήσεταί * | σοι ὠτίον οὔτε πτέρυξ οὔτε ἓν μέλος τούτων ὧν |
| Adam | 28 | 1 | κρίνεις. στραφεὶς δὲ πρὸς τὸν Ἀδὰμ εἶπεν οὐκ | * ἀφήσω * | σε ἀπὸ τοῦ νῦν εἶναι ἐν τῷ παραδείσῳ. καὶ |
| Adam | 29 | 3 | εἶπεν τοῖς ἀγγέλοις ἰδοὺ ἐκβάλλετέ με δέομαι ὑμῶν | * ἄφετέ * | με ἆραι εὐωδίας ἐκ τοῦ παραδείσου ἵνα μετὰ τὸ |
| Adam | 29 | 6 | λάβῃ εὐωδίας καὶ σπέρματα εἰς διατροφὴν αὐτοῦ. καὶ | * ἀφέντες * | αὐτὸν οἱ ἄγγελοι ἔλαβεν τέσσαρα γένη κρόκον καὶ |
| Adam | 37 | 5 | αὐτὸν εἰς τὸν παράδεισον ἕως τρίτου οὐρανοῦ καὶ | * ἄφες * | αὐτὸν ἐκεῖ ἕως τῆς ἡμέρας ἐκείνης τῆς μεγάλης τῆς |
| Adam | 37 | 6 | εἰς τὸν κόσμον. τότε ὁ Μιχαὴλ ἦρεν τὸν Ἀδὰμ καὶ | * ἀφῆκεν * | αὐτὸν ὅπου εἶπεν αὐτῷ ὁ θεός. καὶ πάντες οἱ |
| Adam | 40 | 5 | οὐ κρυβήσεται εἰς τὴν γῆν ἕτερον πλάσμα ἕως οὗ | * ἀφιέναι * | μοι τὸ πρῶτον πλάσμα τὸ ἀρθὲν ἀπ' ἐμοῦ τὸν χοῦν |
| Hen. | 89 | 44 | ἐθεάσαντο τὸν κριὸν τὸν ἐν τοῖς προβάτοις ἕως οὗ | * ἀφῆκεν * | τὴν ὁδὸν αὐτοῦ καὶ ἤρξατο πορεύεσθαι ἀνοδίᾳ. καὶ |
| Hen. | 89 | 45 | εἰς κριὸν ἐν ἀρχῇ τῶν προβάτων ἀντὶ τοῦ κριοῦ τοῦ | * ἀφέντος * | τὴν ὁδὸν αὐτοῦ. καὶ ἐπορεύθη πρὸς αὐτὸν καὶ |
| Abr.1 | 7 | 7 | ἦρας κἂν τὴν σελήνην ἔασον ἐπ' ἐμέ. αὐτὸς δὲ εἶπεν | * ἄφες * | ἀρτίως ἀναληφθῆναι αὐτοὺς (εἰς τὴν ἄνω βασιλείαν |
| Abr.1 | 14 | 12 | τὸν θεὸν μετὰ σπουδῆς καὶ πολλῶν δακρύων ὅπως | * ἀφήσει * | μοι τὸ ἁμάρτημα καὶ αὐτοὺς συγχωρήσει. καὶ εὐθέως |
| Abr.1 | 14 | 14 | Ἀβραὰμ εἰσήκουσε κύριος τῆς δεήσεώς σου καὶ | * ἀφίεταί * | σοι ἡ ἁμαρτία καὶ οὓς ποτε νομίζεις ὅτι ἀπώλεσας |
| Abr.2 | 2 | 10 | σου Ἀβραάμ. ἀπεκρίθη Μιχαὴλ καὶ εἶπεν αὐτῷ κύριε | * ἄφες * | μοι ὅτι ἐπιξενοῦμαι πατὴρ ἀνθρώπων μεμελημένων |
| TSim. | 3 | 2 | κυριεύει πάσης τῆς διανοίας τοῦ ἀνθρώπου καὶ οὐκ | * ἀφίησιν * | αὐτὸν οὔτε φαγεῖν οὔτε πιεῖν οὔτε ποιῆσαί τι |
| TJud. | 10 | 6 | τὸν Σηλὼμ δοῦναι αὐτῇ ἀλλ' ἡ γυνή μου Βησσουὲ οὐκ | * ἀφῆκεν * | ἐπονηρεύετο γὰρ πρὸς τὴν Θαμὰρ ὅτι οὐκ ἦν ἐκ |
| TJud. | 18 | 3 | τῆς ψυχῆς καὶ ὑπερηφανίαν ἐκδιδάσκει καὶ οὐκ | * ἀφίει * | ἄνδρα ἐλεῆσαι τὸν πλησίον αὐτοῦ στερίσκει τὴν |
| TIss. | 6 | 1 | τὴν ἁπλότητα καὶ κολληθήσονται τῇ ἀπληστίᾳ καὶ | * ἀφέντες * | τὴν ἀκακίαν προσπελάσουσι τῇ κακουργίᾳ καὶ |
| TIss. | 6 | 2 | τὰς ἐντολὰς κυρίου κολληθήσονται τῷ Βελιὰρ καὶ | * ἀφέντες * | τὸ γεώργιον ἐξακολουθήσουσι τοῖς πονηροῖς |
| TZab. | 4 | 6 | ἀργύριον κατέδραμε τοῖς ἐμπόροις καὶ οὐδένα εὗρεν | * ἀφέντες * | γὰρ τὴν ὁδὸν τὴν μεγάλην ἐπορεύθησαν διὰ |
| TNep. | 3 | 3 | θεοῦ ἐν ἀταξίᾳ πράξεων ὑμῶν. ἔθνη πλανηθέντα καὶ | * ἀφέντα * | τὸν κύριον ἠλλοίωσαν τάξιν αὐτῶν καὶ |
| TGad | 6 | 3 | σου μὴ κρατήσῃς δόλον καὶ ἐὰν ὁμολογήσας μετανοήσῃ | * ἄφες * | αὐτῷ ἐάν τε ἀρνεῖται μὴ φιλονείκει αὐτῷ μήποτε |
| TGad | 6 | 7 | δὲ ἀναιδής ἐστι καὶ ἐνίσταται τῇ κακίᾳ καὶ οὕτως | * ἄφες * | αὐτῷ ἀπὸ καρδίας καὶ δὸς τῷ θεῷ τὴν ἐκδίκησιν. ἐάν |
| TGad | 7 | 5 | ἢ γὰρ ἀφαιρεῖται αὐτὰ ἐν κακοῖς ἢ μετανοοῦσιν | * ἀφίησιν * | ἢ ἀμετανοήτῳ τηρεῖ εἰς αἰῶνα τὴν κόλασιν. ὁ γὰρ |
| TJos. | 17 | 6 | ἐκέλευσεν ἐκ περισσοῦ ἐποίησα καὶ ἐθαύμαζον. οὐκ | * ἀφῆκα * | γὰρ αὐτοὺς θλιβῆναι ἕως μικροῦ πράγματος καίγε πᾶν |
| Asen. | 11 | 18 | ἐν ταῖς ἁμαρτίαις μου πάλιν διαλλαγήσεταί μοι καὶ | * ἀφήσει * | μοι πᾶσαν ἁμαρτίαν. τολμήσω οὖν ἀνοῖξαι τὸ στόμα |
| Sal. | 9 | 7 | καὶ τοῖς προσώποις ἡμῶν περὶ ἁπάντων. καὶ τίνι | * ἀφήσεις * | ἁμαρτίας εἰ μὴ τοῖς ἡμαρτηκόσιν; δικαίους |
| Sal. | 17 | 9 | αὐτοὺς ὁ θεὸς ἐξηρεύνησεν τὸ σπέρμα αὐτῶν καὶ οὐκ | * ἀφῆκεν * | αὐτῶν ἕνα. πιστὸς ὁ κύριος ἐν πᾶσι τοῖς κρίμασιν |
| Sal. | 17 | 27 | λαοῦ ἡγιασμένου ὑπὸ κυρίου θεοῦ αὐτοῦ καὶ οὐκ | * ἀφήσει * | ἀδικίαν ἐν μέσῳ αὐτῶν αὐλισθῆναι ἔτι καὶ οὐ |
| Sal. | 17 | 40 | ποίμνιον κυρίου ἐν πίστει καὶ δικαιοσύνῃ καὶ οὐκ | * ἀφήσει * | ἀσθενῆσαι ἐν αὐτοῖς ἐν τῇ νομῇ αὐτῶν. ἐν ἰσότητι |
| Jer. | 2 | 3 | αὐτοῦ ὁ Ἱερεμίας καὶ ηὔχετο ὑπὲρ τοῦ λαοῦ ἕως ἂν | * ἀφεθῇ * | αὐτῷ ἡ ἁμαρτία. ἠρώτησε δὲ αὐτὸν ὁ Βαροὺχ λέγων |
| Jer. | 6 | 17 | τῆς Βαβυλῶνος χαῖρε καὶ ἀγαλλιῶ ὅτι ὁ θεὸς οὐκ | * ἀφῆκεν * | ἡμᾶς ἐξελθεῖν ἐκ τοῦ σώματος τούτου λυπουμένους |
| Prop. | 4 | 18 | τῶν τέκνων αὐτοῦ. ἀλλ' ὁ ὅσιος εἶπεν ἵλεώς μοι | * ἀφεῖναι * | κληρονομίαν πατέρων μου καὶ κολληθῆναι |
| Esdr. | 1 | 3 | ἀρχάγγελος καὶ λέγει μοι ἄρτι τὸν προφήτην Ἔσδρὰμ | * ἄφησον * | (ἑβδομάδας) ἑβδομήκοντα. καὶ ἐνήστευσα καθὼς |
| Esdr. | 4 | 34 | δὲ γέρων. καὶ εἶπεν ὁ προφήτης κύριε καὶ πῶς σὺ | * ἀφεῖς * | καὶ πλανᾶται τὸ γένος τῶν ἀνθρώπων; καὶ εἶπεν ὁ |
| Sedr. | 8 | 1 | ὅτι οὐκ ἐποίησάς μοι χάριν εἰς τὸν κόσμον ἀλλὰ | * ἀφῆκα * | αὐτὸν εἰς τὸ θέλημα αὐτοῦ ὅτι ἠγάπησα αὐτὸν διότι |
| Sedr. | 12 | 4 | ζήσῃ ἄνθρωπος ἐν μετανοίᾳ πόσας ἡμέρας μετανοήσας | * ἀφίεις * | αὐτοῦ τὰς ἁμαρτίας; λέγει αὐτὸν ὁ θεὸς ἐὰν |
| Sedr. | 13 | 3 | ἔμπροσθεν τῶν ἀνθρώπων καὶ εὕρω αὐτὸν μετὰ χρόνον | * ἀφίω * | πάσας τὰς ἁμαρτίας αὐτοῦ. λέγει πάλιν ὁ Σεδρὰχ |
| Job | 42 | 8 | ἀνήνεγκα ὑπὲρ αὐτῶν καὶ ὁ κύριος προσδεξάμενος | * ἀφῆκεν * | αὐτοῖς τὴν ἁμαρτίαν. τότε Ελιφας καὶ Βαλδαδ καὶ |
| Sib. | 5 | 409 | καὶ ἄναγνος ταύτην ἔρριψεν καὶ ἀνοικοδόμητον | * ἀφῆκεν * | σὺν πλήθει μεγάλῳ καὶ ἀνδράσι κυδαλίμοισιν. αὐτὸς |
| FIsa. | 3 | 2 | τῶν ἐντολῶν τοῦ πατρὸς αὐτοῦ ἀλλ' ἐπελάθετο καὶ | * ἀφῆκεν * | τὴν λατρείαν τοῦ θεοῦ καὶ ἐλάτρευσεν τῷ σατανᾷ |
| FAch. | 107 | | ἐφύλαξας εἰς ἐμὴν σωτηρίαν. πλὴν ἄμοιρόν σε οὐκ | * ἀφήσω * | σωτῆρα δὲ ἡμῶν ἐπικαλέσομαι. καὶ ἐκέλευσεν αὐτὸν |
| FAch. | 117 | | κατέκραζον. ὁ δὲ Αἴσωπος ἐκέλευσεν τὴν αἴλουρον | * ἀφεθῆναι. * | ἦλθον δέ οἱ Αἰγύπτιοι πρὸς τὸν βασιλέα |
| ἀφικνέομαι | | 7 | | | |
| Hen. | 17 | 2 | με εἰς ζοφώδη τόπον καὶ εἰς ὄρος οὗ ἡ κεφαλὴ | * ἀφικνεῖτο * | εἰς τὸν οὐρανόν. καὶ εἶδον τόπον τῶν φωστήρων |
| Hen. | 98 | 4 | ἀφ' ἑαυτῶν (ἔκτισαν καὶ εἰς κατάραν) μεγάλην | * ἀφίξονται * | οἱ ποιοῦντες (αὐτήν). καὶ δουλεία (στεῖρα) |
| Aris. | 175 | 3 | πρόσωπον ἔρχεσθαι βασιλεῖ τοὺς περὶ χρηματισμὸν | * ἀφικνουμένους * | τοὺς δὲ παρὰ βασιλέων ἢ πόλεων ἐν |
| Sib. | 4 | 20 | ἔσσεται αὖτις ἐκ πρώτης γενεῆς ἄχρις ἐς δεκάτην | * ἀφικέσθαι * | ἀτρεκέως καταλέξαι ἅπαντα γὰρ αὐτὸς ἐλέγξει |
| FAch. | 112 | | καὶ παρασκευῆς πρὸς τὴν κατάπληξιν τῶν Αἰγυπτίων. | * ἀφικομένου * | δὲ αὐτοῦ εἰς τὴν Μέμφιν ἐδηλώθη τῷ βασιλεῖ |
| FAch. | 116 | | δείξῃς. ὁ δὲ βασιλεὺς θαυμάσας ἔξω τῆς πόλεως | * ἀφίκετο * | σὺν τῷ Αἰσώπῳ καὶ μέτρα ἔδωκεν εἰς τὴν |
| HHec. 1 | 22 | 193 | τὴν ἄδειαν. τῶν γε μὴν εἰς τὴν χώραν πρὸς αὐτοὺς | * ἀφικνουμένων * | καὶ νεὼς καὶ βωμοὺς κατασκευασάντων ἅπαντα |
| ἄφιξις | | 1 | | | |
| Aris. | 173 | 3 | εἰς Ἀλεξάνδρειαν προσηγγέλη τῷ βασιλεῖ περὶ τῆς | * ἀφίξεως * | ἡμῶν. παρειμένοι δ' εἰς τὴν αὐλὴν Ἀνδρέας τε |
| ἀφίπταμαι | | 1 | | | |
| TNep. | 6 | 4 | χειμὼν σφοδρὸς καὶ λαῖλαψ ἀνέμου μεγάλου καὶ | * ἀφίπταται * | ὁ πατὴρ ἀφ' ἡμῶν ὁ κρατῶν τοὺς αὐχένας. καὶ |
| ἀφιστάω | | 2 | | | |
| TJud. | 18 | 3 | ἀκούσατε Ἰουδὰ τοῦ πατρὸς ὑμῶν ὅτι ταῦτα | * ἀφιστᾷ * | νόμου θεοῦ καὶ τυφλοῖ τὸ διαβούλιον τῆς ψυχῆς καὶ |
| TJud. | 18 | 4 | καὶ συνέχει αὐτὸν ἐν μόχθοις καὶ πόνοις καὶ | * ἀφιστᾷ * | ὕπνον αὐτοῦ καὶ καταδαπανᾷ σάρκας αὐτοῦ καὶ |
| ἀφίστημι | | 40 | | | |
| Adam | 12 | 1 | πρὸς τὸ θηρίον κλεῖσαί σου τὸ στόμα καὶ σίγα καὶ | * ἀπόστηθι * | ἀπὸ τῆς εἰκόνος τοῦ θεοῦ ἕως ἡμέρας τῆς |
| Adam | 12 | 2 | τῆς κρίσεως. τότε λέγει τὸ θηρίον τῷ Σὴθ ἰδοὺ | * ἀφίσταμαι * | ἀπὸ τῆς εἰκόνος τοῦ θεοῦ. τότε ἔφυγε τὸ θηρίον |
| Adam | 36 | 3 | τί γεγόνασι μελανοειδεῖς; καὶ λέγει αὐτῇ Σὴθ οὐκ | * ἀπέστη * | τὸ φῶς αὐτῶν ἀλλ' οὐ δύνανται φαίνειν ἐνώπιον τοῦ |
| Hen. | 5 | 4 | οὐδὲ ἐποιήσατε κατὰ τὰς ἐντολὰς αὐτοῦ ἀλλὰ | * ἀπέστητε * | καὶ κατελαλήσατε μεγάλους καὶ σκληροὺς λόγους |
| Hen. | 14 | 23 | οἱ ἐγγίζοντες αὐτῷ οὐκ ἀποχωροῦσιν νυκτὸς οὔτε | * ἀφίστανται * | αὐτοῦ. κἀγὼ ἤμην ἕως τούτου ἐπὶ πρόσωπόν μου |
| Hen. | 90 | 1 | πρὸς τὸν πλησίον αὐτῶν ὅτι εἰς τὸν αἰῶνα οὐ μὴ | * ἀποστῇ * | ἀπ' αὐτοῦ ψῦχος καὶ χιὼν καὶ πάχνη καὶ δρόσος οὐ |
| Abr.2 | 13 | 5 | Ἀβραὰμ εἶπεν παρακαλῶ σε δήλωσόν μοι τίς εἶ | * ἀπόστηθι * | ἀπ' ἐμοῦ ἀφ' οὗ γάρ σε ἐθεασάμην ἔγγιστά μου |
| TSim. | 4 | 7 | ἕκαστος τὸν ἀδελφὸν αὐτοῦ ἐν ἀγαθῇ καρδίᾳ καὶ | * ἀποστήσατε * | ἀφ' ὑμῶν τὸ πνεῦμα τοῦ φθόνου ὅτι ἄγριοῖ |
| TLevi | 2 | 3B019 | υἱούς μου εἰς πάσας τὰς γενεὰς τῶν αἰώνων καὶ μὴ | * ἀποστήσῃς * | τὸν υἱὸν τοῦ παιδός σου ἀπὸ τοῦ προσώπου σου |
| TLevi | 18 | 2B048 | λόγους μου καὶ ἐνωτίσαι τὰς ἐντολάς μου καὶ μὴ | * ἀποστήτωσαν * | οἱ λόγοι μου οὗτοι ἀπὸ τῆς καρδίας σου ἐν |
| TJud. | 14 | 2 | τὰς ἡδονὰς ἔχει τοῦ νοὸς ὅτι καίγε τὰ δύο ταῦτα | * ἀφιστῶσι * | τὴν δύναμιν τοῦ ἀνθρώπου. ἐὰν γάρ τις πίῃ οἶνον |
| TJud. | 16 | 2 | θεοῦ αἰδούμενοι ἐὰν γὰρ πίνητε μὴ αἰδούμενοι καὶ | * ἀποστῇ * | ὁ τοῦ θεοῦ φόβος λοιπὸν γίνεται μέθη καὶ |
| TZab. | 9 | 5 | ἔγνων ἐν γραφῇ πατέρων μου ὅτι ἐν ἐσχάταις ἡμέραις | * ἀποστήσεσθε * | ἀπὸ κυρίου καὶ διαιρεθήσεσθε ἐν Ἰσραὴλ καὶ |
| TDan | 4 | 7 | τὸ διαβούλιον ταρασσομένης δὲ τῆς ψυχῆς συνεχῶς | * ἀφίσταται * | κύριος ἀπ' αὐτῆς καὶ κυριεύει αὐτῆς ὁ Βελιάρ. |
| TDan | 5 | 1 | ἐντολὰς τοῦ κυρίου καὶ τὸν νόμον αὐτοῦ τηρήσατε | * ἀπόστητε * | δὲ ἀπὸ θυμοῦ καὶ μισήσατε τὸ ψεῦδος ἵνα κύριος |
| TDan | 5 | 4 | ἀληθινῇ καρδίᾳ. οἶδα γὰρ ὅτι ἐν ἐσχάταις ἡμέραις | * ἀποστήσεσθε * | τοῦ κυρίου καὶ προσοχθιεῖτε τῷ Λευὶ καὶ πρὸς |
| TDan | 5 | 5 | ὅτι ἐν αὐτοῖς στήσεται Ἰσραήλ. καὶ ὡς ἂν | * ἀπόστητε * | ἀπὸ κυρίου ἐν πάσῃ κακίᾳ πορεύεσθε ποιοῦντες |
| TDan | 6 | 6 | τέλος κακῶν. ἔσται δὲ ἐν καιρῷ ἀνομίας τοῦ Ἰσραὴλ | * ἀφιστάμενος * | ἀπ' αὐτῶν κύριος καὶ μετελεύσεται ἐπὶ ἔθνη |
| TDan | 6 | 10 | ταπεινὸς καὶ ἐκδιδάσκων διὰ τῶν ἔργων νόμον θεοῦ. | * ἀπόστητε * | οὖν ἀπὸ πάσης ἀδικίας καὶ κολλήθητε τῇ |
| TNep. | 4 | 1 | ἀνέγνων ἐν γραφῇ ἁγίᾳ Ἐνὼχ ὅτι καίγε καὶ ὑμεῖς | * ἀποστήσεσθε * | ἀπὸ κυρίου πορευόμενοι κατὰ πᾶσαν πονηρίαν |
| TGad | 8 | 2 | κύριος σωτῆρα τῷ Ἰσραήλ. ἔγνων γὰρ ὅτι ἐπὶ τέλει | * ἀποστήσονται * | τὰ τέκνα ὑμῶν ἀπ' αὐτῶν καὶ ἐν πάσῃ πονηρίᾳ |
| TJos. | 2 | 6 | καὶ ἐν διαφόροις τρόποις παρακαλεῖ ἐν βραχεῖ | * ἀφιστάμενος * | εἰς τὸ δοκιμάσαι τῆς ψυχῆς τὸ διαβούλιον. ἐν |
| TJos. | 4 | 5 | τὰ εἴδωλα συμπεισθητί μοι καὶ τὸν Αἰγύπτιον πείσω | * ἀποστῆναι * | τῶν εἰδώλων ἐν νόμῳ κυρίου σου πορευόμενοι. |
| TBen. | 5 | 1 | εἰς ἀγαθὸν καὶ οἱ πλεονέκται οὐ μόνον | * ἀποστήσονται * | τοῦ πάθους ἀλλὰ καὶ τὰ τῆς πλεονεξίας |
| Asen. | 18 | 4 | τῆς κεφαλῆς μου πόνος γέγονε βαρὺς καὶ ὁ ὕπνος | * ἀπέστη * | ἀπὸ τῶν ὀφθαλμῶν μου καὶ τούτου ἕνεκα τὸ πρόσωπόν |
| Asen. | 24 | 5 | χαρὰν μεγάλην σφόδρα καὶ εἶπε τοῖς παισὶν αὐτοῦ | * ἀπόστητε * | δὴ μικρὸν ἀπ' ἐμοῦ διότι λόγος μοί ἐστι κρυπτὸς |
| Asen. | 24 | 6 | μοί ἐστι κρυπτὸς πρὸς τοὺς ἄνδρας τούτους. καὶ | * ἀπέστησαν * | πάντες. καὶ ἐψεύσατο αὐτοῖς ὁ υἱὸς Φαραὼ καὶ |
| Sal. | 4 | 1 | κάθησαι ἐν συνεδρίῳ ὁσίων καὶ ἡ καρδία σου μακρὰν | * ἀφέστηκεν * | ἀπὸ τοῦ κυρίου ἐν παρανομίαις παροργίζων τὸν |
| Sal. | 4 | 10 | αὐτοῦ παραλογισμοὶ εἰς πράξιν ἐπιθυμίας ἀδίκου οὐκ | * ἀπέστη * | ἕως ἐνίκησεν σκορπίσαι ὡς ἐν ὀρφανίᾳ καὶ ἠρήμωσεν |
| Sal. | 9 | 1 | Ισραηλ ἐν ἀποικεσίᾳ εἰς γῆν ἀλλοτρίαν ἐν τῷ | * ἀποστῆναι * | αὐτοὺς ἀπὸ κυρίου τοῦ λυτρωσαμένου αὐτούς |
| Sal. | 9 | 8 | καὶ οἰκτίρησον ὁ θεὸς Ισραηλ ὅτι σοί ἐσμεν καὶ μὴ | * ἀποστήσῃς * | ἔλεός σου ἀφ' ἡμῶν ἵνα μὴ ἐπιθῶνται ἡμῖν. ὅτι |
| Sal. | 16 | 6 | οὐκ ἐλογίω με μετὰ τῶν ἁμαρτωλῶν εἰς ἀπώλειαν. μὴ | * ἀποστήσῃς * | τὸ ἔλεός σου ἀπ' ἐμοῦ ὁ θεὸς μηδὲ τὴν μνήμην |
| Sal. | 18 | 12 | ἧς ἡμέρας ἔκτισεν αὐτοὺς ἀπὸ γενεῶν ἀρχαίων οὐκ | * ἀπέστησαν * | ὁδῶν αὐτῶν εἰ μὴ ὁ θεὸς ἐνετείλατο αὐτοῖς ἐν |
| Job | 8 | 1 | ἕτοιμός εἰμι ὑποστῆναι ἅπερ ἐπιφέρεις μοι. ὅτε δὲ | * ἀπέστη * | ἀπ' ἐμοῦ, ἀπελθὼν ὑπὸ τὸ στερέωμα ὅρκωσεν τὸν |
| Job | 50 | 2 | τῶν ἐν ὕψει, ἐπεὶ καὶ αὐτῆς ἡ καρδία ἠλλοιοῦτο | * ἀφισταμένη * | ἀπὸ τῶν κοσμικῶν λελάληκεν γὰρ ἐν τῇ διαλέκτῳ |

| | | | | |
|---|---|---|---|---|
| Aris. | 77 | 7 | καὶ τῶν πρὸς τὴν θεωρίαν προσιόντων οὐ δυναμένων * ἀφίστασθαι * διὰ τὴν περιαύγειαν καὶ τὸ τῆς ὄψεως τερπνόν. | |
| Aris. | 313 | 4 | τινὲς ὑπὸ τοῦ θεοῦ πληγέντες τῆς ἐπιβολῆς * ἀπέστησαν. * καὶ γὰρ ἔφησεν ἀκηκοέναι Θεοπόμπου διότι | |
| FJub. | 10 | 2 | ἐπλάνησαν τοὺς υἱοὺς Νῶε καὶ εὐξαμένου τοῦ Νῶε ἵνα * ἀποστῶσιν * ἀπ' αὐτῶν ὁ κύριος ἐκέλευσε τῷ ἀρχαγγέλῳ | |
| FJub. | 10 | 24 | τοῦ θεοῦ. ἐκεῖνος δὲ ἔμεινεν ἐκεῖ κατοικῶν καὶ μὴ * ἀφιστάμενος * τοῦ πύργου βασιλεύων μερικοῦ τινος πλήθους | |
| FIsa. | 1 | 9 | εἰς δύο καὶ πολλοὺς ἐξ Ἱερουσαλὴμ καὶ ἐξ Ἰούδα * ἀποστήσει. * ἀκούσας δὲ ταῦτα Ἐζεκίας ἔσχισεν τὰ ἱμάτια | |

**ἀφνεός** 1

FPho. 204 ἀφρονέοντες. οὐ δὲ γυνὴ κακὸν ἄνδρ' ἀπαναίνεται * ἀφνεὸν * ὄντα. μηδὲ γάμωι γάμον ἄλλον ἄγοις ἐπὶ πήματι

**ἄφνω** 5

Asen. 27 6 τῶν ἐνεδρευόντων τῇ Ἀσενὲθ καὶ ἐπέπεσαν αὐτοῖς * ἄφνω * καὶ κατέκοψαν αὐτοὺς πάντας καὶ ἀπέκτειναν
Sib. 3 483 βαρὺν ὄλβον. Μυσῶν γαῖα μάκαιρα γένος βασιλήιον * ἄφνω * +τεύξεται. οὐ μὴν πουλὺν ἐπὶ χρόνον ἔσσετ' ἀληθῶς
FPho. 120 ἄπιστον πῆμα καὶ ἀχθομένοισι κακοῦ λύσις ἤλυθεν * ἄφνω. * καιρῶι λατρεύειν μὴ δ' ἀντιπνέειν ἀνέμοισιν. μὴ
LEze. 9 29 7 03 ἐκ βάτου τόδε τεράστιόν τε καὶ βροτοῖς ἀπιστία; * ἄφνω * βάτος μὲν καλεται πολλῷ πυρὶ αὐτοῦ δὲ χλωρὸν πᾶν
LEze. 9 29 14 40 αὐτῶν νυκτὸς εἰσεκύρσαμεν βοηδρομοῦντες ἁρμάτων δ' * ἄφνω * τροχοὶ οὐκ ἐστρέφοντο δέσμιοι δ' ὡς ἥρμοσαν. ἀπ'

**ἀφοβία** 1

Aris. 243 2 δὲ ἐκείνοις ἀποδεξάμενος αὐτὸν ἄλλον ἠρώτα πῶς * ἀφοβία * γίνεται; εἶπε δὲ συνιστορούσης τῆς διανοίας μηδὲν

**ἀφόδευμα** 2

Bar. 6 12 καὶ εἶπέν μοι ἀφοδεύει σκώληκα καὶ τὸ τοῦ σκώληκος * ἀφόδευμα * γίνεται κινάμωμον ὅπερ χρῶνται βασιλεῖς καὶ

**ἀφοδεύω**

Bar. 6 12 τοῦ οὐρανοῦ καὶ τὴν δρόσον τῆς γῆς. καὶ εἶπον * ἀφοδεύει * τὸ ὄρνεον; καὶ εἶπέν μοι ἀφοδεύει σκώληκα καὶ
Bar. 6 12 γῆς. καὶ εἶπον ἀφοδεύει τὸ ὄρνεον; καὶ εἶπέν μοι * ἀφοδεύει * σκώληκα καὶ τὸ τοῦ σκώληκος ἀφόδευμα γίνεται

**ἀφόμοιος** 1

Hen. 106 10 αὐτοῦ λευκότερον ἐρίων λευκῶν καὶ τὰ ὄμματα αὐτοῦ * ἀφόμοια * ταῖς τοῦ ἡλίου ἀκτῖσιν καὶ ἀνέστη ἀπὸ τῶν τῆς

**ἀφόρητος** 1

Adam 25 1 τὴν ἐντολήν μου ἕξει ἐν καμάτοις καὶ ἐν πόνοις * ἀφορήτοις. * τέξει τέκνα ἐν πολλοῖς τρόποις καὶ ἐν μιᾷ ὥρᾳ

**ἀφορίζω** 7

Jer. 6 13 τοῖς υἱοῖς Ἰσραὴλ ὁ γενόμενος ἐν ὑμῖν ξένος * ἀφορισθήτω * καὶ ποιήσωσι ιε' ἡμέρας καὶ μετὰ ταῦτα εἰσάξω
Jer. 6 14 εἰσάξω ὑμᾶς εἰς τὴν πόλιν ὑμῶν λέγει κύριος. ὁ μὴ * ἀφοριζόμενος * ἐκ τῆς Βαβυλῶνος οὐ μὴ εἰσέλθῃ εἰς τὴν
Job 9 3 εἶχον γὰρ ἑκατὸν τριάκοντα χιλιάδας προβάτων καὶ * ἀφώρισα * ἀπ' αὐτῶν χιλιάδας ἑπτὰ καρῆναι εἰς ἔνδυσιν
Job 9 6 δὲ ἑκατὸν τεσσαράκοντα χιλιάδας ὄνων νομάδων, καὶ * ἀφώρισα * ἐξ αὐτῶν πεντακοσίας, καὶ τὴν ἐξ αὐτῶν γονὴν
Job 10 6 τῶν προσλαμβανόντων αὐτά, καὶ τὸν καρπὸν αὐτῶν * ἀφορίζειν * τοῖς πένησιν εἰς τὴν τράπεζαν αὐτῶν εἶχον δὲ
Job 38 3 ὅταν δὲ καταβῇ τὰ δύο εἰς τὸν ἀφεδρῶνα, τότε * ἀφορίζεται * ἀπ' ἀλλήλων. τίς οὖν ταῦτα διαχωρίζει; εἶπεν
HCal. 24 47 εἶπεν αὐτοῖς. ἔστωσαν ταῦτα τὰ δῶρα καὶ ἐμοὶ * ἀφωρισμένος * φόρος κυρίῳ τῷ θεῷ. ἐγὼ δὲ οὐ λήψομαι ἐξ

**ἀφορμάω**

HDem. 9 21 2 εἶναι τὸν Ἡσαῦ καὶ ὅπως λάβῃ ἐκεῖθεν γυναῖκα. * ἀφορμῆσαι * οὖν τὸν Ἰακὼβ εἰς Χαρρὰν τῆς Μεσοποταμίας τὸν
LEze. 9 29 14 01 μηνῶν καὶ χρόνων οὗτος πέλει. ὡς γὰρ σὺν ὄχλῳ τῷδ' * ἀφώρμησεν * δόμων βασιλεὺς Φαραὼ μυρίων ὅπλων μετὰ ἵππου

**ἀφορμή** 1

LArl. 8 10 4 καὶ πλείονες ἕτεροι καὶ ποιηταὶ παρ' αὐτοῦ μεγάλας * ἀφορμὰς * εἰληφότες καθὸ καὶ θαυμάζονται. τοῖς δὲ μὴ

**ἀφορολόγητος** 1

HHec. 2 4 43 τὴν Σαμαρεῖτιν χώραν προσέθηκεν ἔχειν αὐτοῖς * ἀφορολόγητον. *

**ἀφοσιόω** 2

Aris. 297 4 ὅσιον ἐν τούτοις ἀλλ' ὡς γέγονεν οὕτως διασαφοῦμεν * ἀφοσιούμενοι * πᾶν ἁμάρτημα. διόπερ ἐπειράθην ἀποδεξάμενος

**Ἄφρά**

HCle. 1 15 241 ἀπὸ δὲ τῶν δύο Ἄφερά τε καὶ Ἰάφρα πόλιν τε * Ἄφραν * καὶ τὴν χώραν Ἀφρικὴν ὀνομασθῆναι τούτους γὰρ
HCle. 1 15 241 ἐπὶ Λιβύην καὶ Ἀνταῖον γήμαντά τε τὴν * Ἄφρα * θυγατέρα Ἡρακλέα γεννῆσαι υἱὸν ἐξ αὐτῆς Δίδωρον

**ἄφραστος** 1

TLevi 8 15 τῶν ἐθνῶν εἰς πάντα τὰ ἔθνη. ἡ δὲ παρουσία αὐτοῦ * ἄφραστος * ὡς προφήτου ὑψηλοῦ ἐκ σπέρματος Ἀβραὰμ πατρὸς

**Ἀφρική** 1

HCle. 1 15 241 Ἄφερά τε καὶ Ἰάφρα πόλιν τε Ἄφραν καὶ τὴν χώραν * Ἀφρικὴν * ὀνομασθῆναι τούτους γὰρ Ἡρακλεῖ συστρατεῦσαι

**Ἀφροδίτη** 3

Sib. 3 122 πρὸς αὐτούς. τοὺς δὲ Ῥέη καὶ Γαῖα φιλοστέφανός τ' * Ἀφροδίτη * Δημήτηρ Ἑστίη τε εὐπλόκαμός τε Διώνη ἤγαγον

**ἀφρονέω**

FPho. 203 πανάριστον γῆμαι δ' οὐκ ἀγαθὴν ἐριδαίνομεν * ἀφρονέοντες. * οὐ δὲ γυνὴ κακὸν ἄνδρ' ἀπαναίνεται ἀφνεὸν
HArt. 9 27 33 δὲ τῇ ῥάβδῳ τὰ τέρατα ἀνεῖναι. τοῦ δὲ βασιλέως ἔτι * ἀφρονουμένου * τὸν Μώϋσον χάλαζάν τε καὶ σεισμοὺς διὰ
FrAn. 1 227 32 υμιν μη< - - >μη οργιζεσθαι σαρξ< - - >ως * αφρονουντα * κα< >μους δε τους< - - >εστιν κα< πρὸς

**ἀφροντις** 1

Aris. 248 3 ἐστιν ἀμέλεια μεγίστη; πρὸς τοῦτ' ἔφη εἰ τέκνων * ἀφροντίς * τις εἴη καὶ μὴ κατὰ πάντα τρόπον ἀγαγεῖν

**ἀφροσύνη** 8

Hen. 98 9 ὑμῶν. οὐαὶ ὑμῖν ἄφρονες ὅτι ἀπολεῖσθε διὰ τὴν * ἀφροσύνην * ὑμῶν καὶ τῶν ⟨φρονίμων⟩ οὐ μὴ ἀκούσητε καὶ τὰ
Hen. 99 8 οὐ μὴ εὕρητε ⟨ἀπ'⟩ αὐτῶν. καὶ πλανηθήσονται ἐν * ἀφροσύνῃ * τῆς καρδίας αὐτῶν καὶ τὰ ὁράματα τῶν ἐνυπνίων
TSim. 2 13 ἀπὸ παντὸς μολυσμοῦ καὶ φθόνου καὶ ἀπὸ πάσης * ἀφροσύνης. * ἔγνων γὰρ ὅτι πονηρὸν πρᾶγμα ἐνεθυμήθην
TLevi 7 3 χλευάσαι μωρὸν οὕτως ἐχλευάσαμεν αὐτοὺς ὅτι καίγε * ἀφροσύνη * ἔπραξαν ἐν Ἰσραὴλ μιᾶναι τὴν ἀδελφὴν ἡμῶν.
Sib. 4 38 ἀλλ' αὐτοὺς χλεύῃ τε γέλωτί τε μυχθίζοντες νήπιοι * ἀφροσύνῃσιν * ἐπιψεύσονται ἐκείνοις ὅσσ' αὐτοὶ ῥέξουσιν
Sib. 4 117 Ἰταλόθεν νηὸν δὲ θεοῦ μέγαν ἐξαλαπάξει ἡνίκ' ἂν * ἀφροσύνῃσι * πεποιθότες εὐσεβίην μὲν ῥίψωσιν στυγερούς δὲ
Sib. 4 141 Ἀντιόχεια σὲ δὲ πτόλιν οὔποτ' ἐρύσιντο ἡνίκ' ἂν * ἀφροσύνῃσι * τεαῖς ὑπὸ δούρασι πίπτεις. καὶ Κύρρον τότε
Sib. 4 157 δ' οὐδεὶς ποιῇ λόγον ἀλλὰ καὶ αὐτοὺς πάντας ὑπ' * ἀφροσύνης * μέγα νήπιοι ἐξολέσωσιν ὕβρεσι χαίροντες καὶ

**ἄφρων** 13

Hen. 98 1 καὶ νῦν ὀμνύω ὑμῖν τοῖς φρονίμοις καὶ οὐχὶ τοῖς * ἄφροσι * ὅτι πολλὰς ὄψεσθε ἐπὶ τῆς γῆς ἀνομίας ὅτι κάλλος
Hen. 98 9 ἐξ ⟨ἡμέρας⟩ μέχρι τῆς κρίσεως ὑμῶν. οὐαὶ ὑμῖν * ἄφρονες * ὅτι ἀπολεῖσθε διὰ τὴν ἀφροσύνην ὑμῶν καὶ τῶν
Asen. 6 3 καὶ λάμπει εἰς αὐτὴν ὡς φῶς ἐπὶ τῆς γῆς. ἐγὼ δὲ * ἄφρων * καὶ θρασεῖα ἐξουδένωσα αὐτὸν καὶ ἐλάλησα ῥήματα
Asen. 6 4 γυναικὸς τέξεται τοιοῦτον φῶς; ταλαίπωρος ἐγὼ καὶ * ἄφρων * ὅτι λελάληκα τῷ πατρί μου περὶ αὐτοῦ ῥήματα
Asen. 17 9 ἐπάνω τοῦ ἅρματος ἐκείνου. καὶ εἶπεν Ἀσενὲθ * ἄφρων * ἐγὼ καὶ τολμηρὰ διότι λελάληκα παρρησίᾳ καὶ εἶπον
Sal. 16 7 καὶ ἀπὸ πάσης γυναικὸς πονηρᾶς σκανδαλιζούσης * ἄφρονα. * καὶ μὴ ἀπατησάτω με κάλλος γυναικὸς παραμουσῆς
Bar. 13 3 ἀπ' αὐτῶν ὅτι οὐ δυνάμεθα ἄνθρωποι πονηροῖς καὶ * ἄφροσι * προσμένειν ὅτι οὐκ ἔστιν ἐν αὐτοῖς οὐδὲν ἀγαθὸν
Job 26 6 ἐμὲ ἀπατήσῃ; βούλεται γάρ σε δεῖξαι ὥσπερ μίαν τῶν * ἀφρόνων * γυναικῶν τῶν πλανησάντων τὸν ἑαυτῶν ἀνδρῶν τὴν
Sib. 3 229 ἀστρονομοῦσι τὰ γὰρ πλάνα πάντα πέφυκεν ὅσσα κεν * ἄφρονες * ἄνδρες ἐρευνῶσι κατ' ἦμαρ ψυχὰς γυμνάζοντες εἰς
Sib. 3 687 νόμου οὐκ ἔγνωσαν οὐδὲ κρίσιν μεγάλοιο θεοῦ ἀλλ' * ἄφρονι * θυμῷ πάντες ἐφορμηθέντες ἐφ' Ἱερὸν ἦρατε λόγχας.
Sib. 3 722 πεπλανημένοι ἦμεν ἔργα δὲ χειροποίητα σεβάσμεθα * ἄφρονι * θυμῷ εἴδωλα ξόανά τε καταφθιμένων ἀνθρώπων. ταῦτα
Sib. 5 96 τε βωμοῖς+ βαρβαρόφρων σθεναρὸς πολυαίματος * ἄφρονα * λυσσῶν παμπληθεῖ ψαμαθηδὸν +ἀπαίξων σὸν ὄλεθρον+.
FPho. 68 ἀρετῆς ὁ δὲ Κύπριδος αἶσχος ὀφέλλει. ἡδύς ἄγαν * ἄφρων * κικλήσκεται ἐν πολιήταις. μέτρωι ἔδειν μέτρωι δὲ

**ἀφυπνόω** 1

FJub. 22 4 κατέχων αὐτὸν ἐν τοῖς κόλποις αὐτοῦ ἐτελεύτησεν * ἀφυπνώσαντος * τοῦ Ἀβραὰμ τῷ ιε' ἔτει τῆς ζωῆς Ἰακώβ. τῷ

**ἀφύσσω** 1

LEze. 9 29 16 08 ὑγράς τε λιβάδας δαψιλῆς χῶρος βαθὺς πηγὰς * ἀφύσσων * δώδεκ' ἐκ μιᾶς πέτρας στελέχη δ' ἐρυμνὰ πολλὰ

**ἄφωνος** 2

Asen. 18 11 ὡς προσέταξας. καὶ ὡς εἶδεν αὐτὴν ἐπτοήθη καὶ ἔστη * ἄφωνος * ἐπιπολὺ καὶ ἐφοβήθη φόβον μέγαν καὶ ἔπεσεν ἐπὶ
HArt. 9 27 25 πρὸς τὸ οὖς εἰπεῖν ἀκούσαντα δὲ τὸν βασιλέα πεσεῖν * ἄφωνον * διακρατηθέντα δὲ ὑπὸ τοῦ Μωϋσου πάλιν ἀναβιῶσαι

**Ἀχαάβ** 6

Prop. 6 1 ὁ Μωραθὶ ἦν ἐκ φυλῆς Ἐφραΐμ. πολλὰ ποιήσας τῷ * Ἀχαὰβ * ὑπὸ Ἰωρὰμ τοῦ υἱοῦ αὐτοῦ ἀνῃρέθη κρημνῷ ὅτι
Prop. 9 3B οὗ ἐφείσατο Ἡλίας καὶ κατέβη πρὸς Ὀχοζίαν. τοῦ * Ἀχαὰβ * δηθεὶς τοῦ Ἡλία ἐγένετο αὐτοῦ μαθητὴς καὶ πολλὰ
Prop. 10 4 μεγάλης πόλεως. ἦν τότε Ἡλίας ἐλέγχων τὸν οἶκον * Ἀχαὰβ * καὶ καλέσας λιμὸν ἐπὶ τὴν γῆν Ἰσραὴλ καὶ ἐλθὼν
Prop. 10 4B αὐτήν. ἦν τότε Ἡλίας ὁ προφήτης ἐλέγχων τὸν * Ἀχαὰβ * βασιλέα Σαμαρείας καὶ ἐκάλεσε λιμὸν μέγαν ἐπὶ τῆς
FIsa. 1 2 12 ὃς ἦν ἀδελφὸς τοῦ πατρὸς αὐτοῦ ἐν δὲ ταῖς ἡμέραις * Ἀχαὰβ * βασιλέως τοῦ Ἰσραὴλ ἦν διδάσκαλος τῶν
FIsa. 1 2 13 Ἰεμμαδὰ τὸν προφήτην. καὶ αὐτὸς δὲ ὑβρίσθη ὑπὸ * Ἀχαὰβ * καὶ ἐβλήθη Μιχαίας εἰς φυλακήν. ⟨καὶ ἦν⟩ μ⟨ε⟩τὰ

**ἀχάλαζος** 1

Sib. 3 369 εὔβοτος αἰθὴρ πουλυετὴς εὔρωστος ἀχείματος ἠδ' * ἀχάλαζος * πάντα φέρων καὶ πτηνὰ καὶ ἑρπετὰ θηρία γαίης. ὃ

**ἀχανής** 1

Sib. 3 341 ῥεῦμα τὸ μυρίον αὐχέν' ἐφέξει. χάσματα ἠδὲ βάραθρ' * ἀχανῆ * πολλαὶ δὲ πόλιες αὔτανδροι πεσέονται ἐν Ἀσιάδι

**ἀχαριστέω** 1

FBar. 13 12 εν αυτη κτισμ⟨ασι⟩ υμεις γαρ ευερ⟩γετουμενοι αει * ηχα⟨ριστειτε * αει⟩ και απεκριθην και ειπο⟨ν ιδου

**ἀχάριστος** 1

Adam 26 1 λέγων ἐπειδὴ ἐποίησας τοῦτο καὶ ἐγένου σκεῦος * ἀχάριστον * ἕως ἂν πλανήσῃς τοὺς παρειμένους τῇ καρδίᾳ

**ἀχείματος** 1

Sib. 3 369 τότ' ἔσσεται εὔβοτος αἰθὴρ πουλυετὴς εὔρωστος * ἀχείματος * ἠδ' ἀχάλαζος πάντα φέρων καὶ πτηνὰ καὶ ἑρπετὰ

```
        Ἀχερούσιος                    1
Adam      37      3    καὶ ἥρπασεν τὸν Ἀδὰμ καὶ ἀπήγαγεν αὐτὸν εἰς τὴν * Ἀχερουσίαν * λίμνην καὶ ἀπέλουσεν αὐτὸν τρίτον καὶ ἤγαγεν
        Ἀχέρων                        2
Sib.       5     485   χεύμασι Νείλου μούνη μαινὰς ἄναυδος ἐπὶ ψαμάθοις * Ἀχέροντος * κοὔκέτι σου μνεία γε μενεῖ κατὰ γαῖαν ἅπασαν.
LAri. 13   12     14        ἅπαντα καὶ ἑβδομάτῃ δ' ἠοῖ λίπομεν ῥόον ἐξ * Ἀχέροντος. * τοῦτο δὴ σημαίνων ὡς ἀπὸ τῆς κατὰ ψυχὴν
        ἄχθομαι                       3
FPho.             94    ἑταῖροι καιρὸν θωπεύοντες ἐπὴν κορέσασθαι ἔχωσιν * ἀχθόμενοι * δ' ὀλίγοις καὶ πολλοῖς πάντες ἄπληστοι. λαῶι
FPho.            118   βροτῶν θάνατος τὸ δὲ μέλλον ἄδηλον.⟩ μήτε κακοῖσ' * ἄχθου * μήτ' οὖν ἐπαγάλλεο χάρμῃ πολλάκις ἐν βιότωι καὶ
FPho.            120       ἐν βιότωι καὶ θαρσαλέοισιν ἄπιστον πῆμα καὶ * ἀχθομένοισι * κακοῦ λύσις ἤλυθεν ἄφνω. καιρῶι λατρεύειν μὴ
        ἄχθος                         1
FPho.            167       πλήθωσιν ἁλωάς. οἱ δ' αὐτοὶ πυροῖο νεοτριβὲς * ἄχθος * ἔχουσιν ἢ κριθῶν αἰεὶ δὲ φέρων φορέοντα διώκει ἐκ
        Ἀχία                          1
Prop.      18      1    ἐλάσας καὶ ἐν πολλῇ ἀγαθῇ ἐκοιμήθη ἐν εἰρήνῃ. * Ἀχία * ἀπὸ Σηλὼμ ὅπου ἦν ἡ σκηνὴ τὸ παλαιὸν ἐκ πόλεως
        Ἀχιλλεύς                      1
Sib.       3     427   κοσμήσει πολέμοιο κορυστὰς Ἕκτορα Πριαμίδην καὶ * Ἀχιλλέα * Πηλείωνα τούς τ' ἄλλους ὁπόσοις πολεμήια ἔργα
        ἀχλύς                         1
Sib.       5     481   ἔσται δὲ σκοτόμαινα περὶ μέγαν οὐρανὸν αὐτός * ἀχλὺς * δ' οὐκ ὀλίγη κόσμου πτύχας ἀμφικαλύψει δεύτερον
        ἄχραντος                      3
Abr.1      20     13  πολλῆς ἀνυμνήσεως καὶ δοξολογίας γενομένης ἦλθεν ἡ * ἄχραντος * φωνὴ τοῦ θεοῦ καὶ πατρὸς λέγουσα οὕτως ἄρατε
Esdr.       2     11       τίς ἐποίησεν; καὶ εἶπεν ὁ θεὸς αἱ χεῖρές μου αἱ * ἄχρανται. * καὶ ἐθέμην αὐτὸν ἐν τῷ παραδείσῳ φυλάττειν τὴν
Sedr.       4      3      τί τάχα ἐποίησας κύριέ μου; διὰ τί ἐκοπίασας τὰς * ἀχράντους * σοῦ χεῖρας καὶ ἔπλασας τὸν ἄνθρωπον ἐπεὶ οὐκ
        ἄχρηστος (χράομαι, -ω)        6
TAser       7      2    γῆς καὶ ἔσεσθε ἐν διασπορᾷ ἐξουθενώμενοι ὡς ὕδωρ * ἄχρηστον * ἕως οὗ ὁ ὕψιστος ἐπισκέψηται τὴν γῆν. καὶ αὐτὸς
Aris.      21      2       εἶναι. καὶ τοῦ προστάγματος δὲ τὸ ἀντίγραφον οὐκ * ἄχρηστον * οἴομαι κατακεχωρίσθαι. πολλῷ γὰρ ἡ μεγαλομέρεια
Aris.      53      5       τοῖς μεγέθεσι ποιῆσαι διστάζειν δὲ μήποτε * ἄχρηστος * γένηται πρὸς τὰς λειτουργίας. οὐ γὰρ αἱρετῶαι
Aris.     119      4   τῶν τότε προστατούντων ποιημασμένων διαβολὴν ὡς * ἄχρηστος * ἡ κατεργασία γίνεται καὶ πολυδάπανος ὅπως μὴ
Aris.     164      2      πρὸς τὴν ἑαυτῶν τροφὴν ἀλλὰ καὶ εἰς τὸ παντελῶς * ἄχρηστον * γίνεσθαι ἀνθρώπῳ ὅ,τι ἂν δή ποτ' οὖν ἐπιβάληται
Sib.        4     94       μεγάλη μὲν ἰδεῖν μικρὴ δὲ μάχεσθαι στήσεται * ἀχρήστοισιν * ἐπ' ἐλπίσι τειχισθεῖσα. Βάκτρα κατοικήσουσι
        ἄχρι                         20
TRub.       4      2  ὑμῖν σύζυγον ἦν αὐτὸς θέλει ἵνα μὴ πάθητε ὡς κἀγώ. * ἄχρι * τελευτῆς τοῦ πατρὸς ἡμῶν οὐκ εἶχον παρρησίαν
TNep.       4      5          αὐτοὺς κύριος ἐπὶ προσώπου πάσης τῆς γῆς * ἄχρι * τοῦ ἐλθεῖν τὸ σπλάγχνον κυρίου ἄνθρωπος ποιῶν
Jer.        7     23  τοῦ θεοῦ ὑπὲρ ἡμῶν ὅπως κατευοδώσῃ τὴν ὁδὸν ἡμῶν * ἄχρις * ἂν ἐξέλθωμεν ἐκ τῶν προσταγμάτων τοῦ ἀνόμου
Job         4      6   τὸ ὄνομα ὀνομαστὸν ἐν πάσαις ταῖς γενεαῖς τῆς γῆς * ἄχρι * τῆς συντελείας τοῦ αἰῶνος. καὶ πάλιν ἀνακάμψω σε
Job         5      1     αὐτοῦ. καὶ ἐγὼ τεκνία μου ἀνταπεκρίθην αὐτῷ ὅτι * ἄχρι * θανάτου ὑπομείνω καὶ οὐ μὴ ἀναποδίσω. καὶ μετὰ τὸ
Job        20      9   τόπον λέγων παράμεινον ἐν τῷ αὐτῷ τόπῳ ἐν ᾧ ἐτέθης * ἄχρις * οὗ ἐνταλθῇ ὑπὸ τοῦ κελεύσαντός σε. καὶ ἐποίησα ἔτη
Job        24      1       μου ἀνακράξασα μετὰ κλαυθμοῦ λέγει μοι Ιωβ Ιωβ, * ἄχρι * τίνος καθέζῃ ἐπὶ τῆς κοπρίας ἔξωθεν τῆς πόλεως
Sib.        3    192      μῖσος δ' ἐξεγερεῖ καὶ πᾶς δόλος ἔσσεται αὐτοῖς. * (ἄχρι * πρὸς ἑβδομάτην βασιληίδα ἧς βασιλεύσει Αἰγύπτου
Sib.        4     20   νῦν τε καὶ ὁπόσα ἔσσεται αὖτις ἐκ πρώτης γενεῆς * ἄχρι * ἐς δεκάτην ἀφικέσθαι ἀτρεκέως καταλέξαι ἅπαντα γὰρ
Sib.        5    251   τε οἳ περιναιετάουσι θεοῦ πόλιν ἐν μεσογαίοις * ἄχρι * δὲ καὶ Ἰόπης τεῖχος μέγα κυκλώσαντες ὑφός'
Sib.        5    252  καὶ Ἰόπης τεῖχος μέγα κυκλώσαντες ὑφός' ἀείροντα * ἄχρι * νεφέων ἐρεβεννῶν. οὐκέτι συρίξει σάλπιγξ
Sib.        5    276    ἀγλαῶν ἐκ γῆς πάντ' ἄσπαρτα μενεῖ καὶ ἀνήροτα * ἄχρι * νοῆσαι τὸν πρύτανιν πάντων θεὸν ἄμβροτον αἰὲν ἐόντα
Sib.        5    456  κλαύσεσθε βλέποντες. Φοινίκη δεινός σε μένει χόλος * ἄχρι * πέσεῖν σε πτῶμα κακὸν Σειρῆνες ὅπως κλαύσωνται
FJub.       2     23       τῷ Μωυσῇ ὅτι καὶ εἰκοσίδυο κεφάλαια ἀπὸ Ἀδὰμ * ἄχρι * τοῦ Ἰακώβ. καὶ ἐκλέξομαι ἐμαυτῷ ἐκ τοῦ σπέρματος
FJub.      10      7  τῷ ἀρχαγγέλῳ Μιχαὴλ βαλεῖν αὐτοὺς εἰς τὴν ἄβυσσον * ἄχρι * ἡμέρας τῆς κρίσεως ὁ δὲ διάβολος ᾐτήσατο λαβεῖν
FPho.            196   καὶ ἄρειον ἢ ὅταν ἀνδρὶ γυνὴ φρονέῃ φίλα γήραος * ἄχρις * καὶ πόσις ᾗι ἀλόχωι μηδ' ἐμπέσηι ἀνδίχα νεῖκος; μὴ
FPho.            216    δὲ φύλασσε πολυκλείστοις θαλάμοισιν μὴ δέ μιν * ἄχρι * γάμων πρὸ δόμων ὀφθῆμεν ἕξειρα. κάλλος δυστήρητον
FPho.            218    δυστήρητον ἔφυ παίδων τοκέεσσιν. ⟨στέργε φίλους * ἄχρι * θανάτου πίστις γὰρ ἀμείνων.⟩ συγγενέσιν φιλότητα
HEup.  1  141      4  δὲ τὸν Ἰερεμίαν κατασχεῖν. τὰ πάντα ἔτη ἀπὸ Ἀδὰμ * ἄχρι * τοῦ πέμπτου ἔτους Δημητρίου βασιλείας Πτολεμαίου τὸ
LEze.  9   28   2 05  πολὺν λαὸν κακῶς πράσσοντα καὶ τεθλιμμένον ἐς * ἄχρι * τούτων τῶν χρόνων κακούμενον κακῶν ὑπ' ἀνδρῶν καὶ
        ἀχρώτιστος                    1
FrAn.     574   3010        μαστιγίας καὶ λωτομήτρας ἔψει μετὰ σαμψούχου * ἀχρωτίστου * λέγων ἰωηλ ωσσαρθιωμι εμωρι θεωχιψοϊθ
        ἄχυρον                        2
Sib.        3    791   νομάδες αὐλισθήσονται σαρκοβόρος τε λέων φάγεται * ἄχυρον * παρὰ φάτνῃ ὡς βοῦς καὶ παῖδες μάλα νήπιοι ἐν
        Ἀχώρ                          2
TJud.       3      3    αὐτὸν καὶ οὕτως πάντα τὸν λαὸν διεσκόρπισα. τὸν * Ἀχὼρ * βασιλέα ἄνδρα γιγάντων βάλλοντα τόξα ἔμπροσθε καὶ
TJud.       3      4        τῷ ἵππῳ καὶ ἀπέκτεινα αὐτόν. καὶ πολεμήσας τὸν * Ἀχὼρ * ἐπὶ ὥρας δύο ἀπέκτεινα αὐτὸν καὶ εἰς δύο μερίδας
        ἄψ                           1
Sib.        3    803   ἀπ' οὐρανοῦ ἠδὲ σελήνης ἀκτῖνες προφανοῦσι καὶ * ἄψ * ἐπὶ γαῖαν ἵκονται αἵματι καὶ σταγόνεσσι πετρῶν δ' ἄπο
        ἄψευστος                      1
Sib.        3    701    οὐδ' ἀτελεύτητον ὅ,τι κεν μόνον ἐν φρεσὶ θείῃ * ἄψευστον * γὰρ πνεῦμα θεοῦ πέλεται κατὰ κόσμον. υἱοὶ δ' αὖ
        ἄψυχος                        2
Sib.        5     84   τε χαλκοῦς τε χρυσοῦς τε καὶ ἀργυρέους τε ματαίους * ἀψύχους * κωφοὺς καὶ ἐν πυρὶ χωνευθέντας ποιήσαντο μάτην
Sib.        5    356    ἐριμύκων ἐκθυσιάζοντας μόσχων μεγάλων κεροχρύσων * ἀψύχοις * θ' Ἑρμᾶις καὶ τοῖς λιθίνοισι θεοῖσιν. ἡγείσθω
        αωθ *                         1
FrAn.     574   3030    σε λαβρεία ιακουθ αβλαναθαναλβα ακραμμ. λόγος * αωθ * ιαθαβαθρα χαχθαβραθα χαμυνχελ αβρωωθ σὺ αβρασιλωθ
        ἀωρία                         1
TJos.       9      4   κἀμοί. ποσάκις καίπερ ἀσθενοῦσα κατῄει πρός με ἐν * ἀωρίᾳ * καὶ ἤκουε τῆς φωνῆς μου προσευχομένου συνίων δὲ
        ἄωρος (ὥρα)                   3
Abr.1      17     17  πικρίαν ἀβάστακτον ⟨καὶ⟩ πᾶσαν νόσον θανατηφόρον * ⟨ἀώρως * θνήσκοντα⟩ ὡς τῆς ὀσμῆς τοῦ θανάτου καὶ πολλῆς
Abr.1      18      9  δέομαί σου πανώλεθρε θάνατε ἐπειδὴ (οὖν οἱ παῖδες) * ἀώρως * τεθνήκασιν δεῦρο δεηθῶμεν κυρίῳ τῷ θεῷ ἡμῶν ὅπως
Abr.1      19     11  ποταμῶν ἐπαιρόμενοι ἀποπνίγεσθαι καὶ τελευτῶσιν * ἀώρως * τὸν θάνατον βλέπουσιν τὸ δὲ πρόσωπον τῆς θαλάσσης
        Βάαλ                          7
Prop.      21      6        γενομένου παρ' αὐτοῦ καὶ τῶν προφητῶν τοῦ * Βάαλ * τίς ἂν εἴη ὁ ἀληθινὸς καὶ ὄντως θεὸς ἤρησε γενέσθαι
Prop.      21      7     τὸν ἐπακούοντα αὐτοῦ εἶναι θεόν. οἱ μὲν οὖν τοῦ * Βάαλ * ηὔχοντο καὶ κατετέμνοντο ἕως ὥρας ἐνάτης καὶ οὐδεὶς
Prop.      21      8    καὶ πάντες τῶν μὲν θεὸν εὐλόγησαν τοὺς δὲ τοῦ * Βάαλ * ἀνεῖλον ὄντας τετρακοσίους πεντήκοντα. τῷ βασιλεῖ
Prop.      24      2   τοῦ βασιλέως Ἰούδα ὅτι τὰ ὀστᾶ τῶν ἱερέων τοῦ * Βααλ * κατακαύσει ἐπὶ τοῦ θυσιαστηρίου ἔνθα Ἱεροβοὰμ ἔθυε
Prop.      24      2       ἐπὶ τοῦ θυσιαστηρίου ἔνθα Ἱεροβοὰμ ἔθυε τῷ * Βάαλ. * καὶ προφητεύοντος αὐτοῦ ἐξέτεινεν ὁ βασιλεὺς τὴν
FIsa.   1   2     12  Ἰσραὴλ ἦν διδάσκαλος τῶν τετρακοσίων προφητῶν τοῦ * Βάαλ * καὶ αὐτός⟨ς⟩ ἐράπισεν καὶ ὕβρισεν τὸν Μιχαίαν υἱὸν
HEup.   9  39      2   Ἰουδαίους θυσιάζοντας εἰδώλῳ χρυσῷ ᾧ εἶναι ὄνομα * Βάαλ. * τοῦτον δὲ αὐτοῖς τὴν μέλλουσαν ἀτυχίαν δηλῶσαι.
        Βαβδηρά                       1
Hen.       29      1       ἔτι ἐκεῖθεν ἐπορεύθην εἰς ἄλλον τόπον ἐν τῷ * Βαβδηρά * καὶ πρὸς ἀνατολὰς τοῦ ὄρους τούτου ᾠχόμην καὶ
        Βαβυλών                      55
Jer.        2      7    τῶν Χαλδαίων τοῦ αἰχμαλωτεῦσαι τὸν λαὸν εἰς * Βαβυλῶνα. * ἀκούσας δὲ ταῦτα Βαροὺχ διέρρηξε καὶ αὐτὸς τὰ
Jer.        3      6   χεῖρας τῶν ἐχθρῶν αὐτῆς καὶ ἀπαρούσι τὸν λαὸν εἰς * Βαβυλῶνα. * τί θέλεις ποιῆσαι τὰ ἅγια σκεύη τῆς
Jer.        3     11        σὺ δὲ Ἱερεμίας ἄπελθε μετὰ τοῦ λαοῦ σου εἰς * Βαβυλῶνα * καὶ μένον μετ' αὐτῶν εὐαγγελιζόμενος αὐτοῖς
Jer.        4      5    λαὸν ἐξήνεγκαν αὐτὸν μετὰ τοῦ λαοῦ ἕλκοντες εἰς * Βαβυλῶνα. * ὁ δὲ Βαροὺχ ἐπέθηκε χοῦν ἐπὶ τὴν κεφαλὴν αὐτοῦ
Jer.        5     21  περὶ αὐτοῦ μετὰ τοσοῦτον χρόνον· Ἱερεμίας γὰρ ἐν * Βαβυλῶνί * ἐστι μετὰ τοῦ λαοῦ ἠχμαλωτεύθησαν γὰρ ὑπὸ
Jer.        5     23  ἔλεγον ὅτι μαίνῃ ὅτι εἶπας ἠχμαλωτεύθη ὁ λαὸς εἰς * Βαβυλῶνα. * εἰ ἦσαν οἱ καταρράκται τοῦ οὐρανοῦ κατελθόντες
Jer.        5     24       ἐπ' αὐτοὺς οὔπω ἐστὶ καιρὸς ἀπελθεῖν εἰς * Βαβυλῶνα. * πόση γὰρ ὥρα ἐστὶν ἀφ' οὗ ἀπέστειλέ με ὁ πατὴρ
Jer.        5     26        δὲ ὅ λέγεις ὅτι ἠχμαλωτεύθη ὁ λαὸς εἰς * Βαβυλῶνα; * ἵνα δὲ γνῷς λάβε ἴδε τὰ σῦκα. καὶ ἀνεκάλυψε
Jer.        5     30  ἓξ ἔτη σήμερόν εἰσιν ἀφ' οὗ ἠχμαλωτεύθη ὁ λαὸς εἰς * Βαβυλῶνα. * καὶ ἵνα μάθῃς τέκνον ὅτι ἀληθές ἐστιν ἅπερ
Jer.        6      8      δυνησώμεθα ἀποστεῖλαι τὴν φάσιν τῷ Ἱερεμίᾳ εἰς * Βαβυλῶνα * διὰ τὴν σκέπην τὴν γενομένην σοι ἐν τῇ ὁδῷ. καὶ
Jer.        6     10   ποιήσωμεν καὶ πῶς ἀποστείλωμεν πρὸς Ἱερεμίαν εἰς * Βαβυλῶνα * οὐ φάσιν ταύτην; ἔτι δὲ προσευχομένου τοῦ
Jer.        6     14    πόλιν ὑμῶν λέγει κύριος. ὁ μὴ ἀφοριζόμενος ἐκ * Βαβυλῶνος * οὐ μὴ εἰσέλθῃ εἰς τὴν πόλιν καὶ ἐπιτιμῶ αὐτοῖς
Jer.        6     17    τοῦ θεοῦ γράφει τῷ Ἱερεμίᾳ ἐν τῇ αἰχμαλωσίᾳ τῆς * Βαβυλῶνος * χαῖρε καὶ ἀγαλλιῶ ὅτι ὁ θεὸς οὐκ ἀφῆκεν ἡμᾶς
Jer.        6     21  μου ἐν ὀργῇ καὶ θυμῷ παρέδωκα ὑμᾶς τῷ καινῷ εἰς * Βαβυλῶνος. * ἐὰν οὖν μὴ ἀκούσητε τῆς φωνῆς μου λέγει κύριος δὲ
Jer.        6     22   τοῦ παιδός μου ὃ ἀκούων ἀναφέρω αὐτὸν ἐκ τῆς * Βαβυλῶνος * ὁ δὲ μὴ ἀκούων ξένος γενήσεται τῆς Ἱερουσαλὴμ
Jer.        6     22   μὴ ἀκούων ξένος γενήσεται τῆς Ἱερουσαλὴμ καὶ τῆς * Βαβυλῶνος. * δοκιμάσεις δὲ αὐτοὺς ἐκ τοῦ ὕδατος τοῦ
Jer.        7      6   δύνασαι σὺ ἐπᾶραι τὴν φάσιν ταύτην τῷ Ἱερεμίᾳ εἰς * Βαβυλῶνα; * ἰδοὺ ἐστιν αὐτῷ ὁ ἀετὸς εἰς τοῦτο ὑπὲρ τοῦ
Jer.        7     13    τὴν ἐπιστολὴν ἐν τῷ τραχήλῳ αὐτοῦ καὶ ἀπῆλθεν εἰς * Βαβυλῶνα * καὶ ἐλθὼν ἀνεπαύσατο ἐπὶ τι ξύλον ἔξω τῆς
Jer.        7     24  γάρ σε ἐλέησεν ὁ θεὸς καὶ οὐκ ἔασέν σε ἐλθεῖν εἰς * Βαβυλῶνα * ἵνα μὴ ἴδῃς τὴν κάκωσιν τοῦ λαοῦ. ἀφ' ἧς γὰρ
Jer.        7     32     τοῦ ἀπέχεσθαι ἐκ τῶν ἀλισγημάτων τῶν ἐθνῶν τῆς * Βαβυλῶνος. * ἐγένετο δὲ ἡ ἡμέρα ἐν ᾗ ἐξέφερε κύριος τὸν
Jer.        8      1   ἐγένετο δὲ ἡ ἡμέρα ἐν ᾗ ἐξέφερε κύριος τὸν λαὸν ἐκ * Βαβυλῶνος. * καὶ εἶπεν ὁ κύριος πρὸς Ἱερεμίαν ἀνάστηθι σὺ
```

Jer. 8 2 τῷ λαῷ ὁ θέλων τὸν κύριον καταλειψάτω τὰ ἔργα τῆς * Βαβυλῶνος. * καὶ τοὺς ἄρρενας τοὺς λαβόντας ἐξ αὐτῶν
Jer. 8 6 καὶ εἶπον πρὸς ἑαυτοὺς ἀναστάντες ὑποστρέψωμεν εἰς * Βαβυλῶνα * εἰς τὸν τόπον ἡμῶν καὶ ἐπορεύθησαν. ἐλθόντων δὲ
Jer. 8 7 τόπον ἡμῶν καὶ ἐπορεύθησαν. ἐλθόντων δὲ αὐτῶν εἰς * Βαβυλῶνα * ἐξῆλθον οἱ Βαβυλωνῖται εἰς συνάντησιν αὐτῶν
Prop. 3 17 καὶ ὁ Δανιὴλ ὅτι κτισθήσεται. οὗτος ἔκρινεν ἐν * Βαβυλῶνι * τὴν φυλὴν Δὰν καὶ τοῦ Γὰδ ὅτι ἠσέβουν εἰς τὸν
Prop. 4 21 καὶ αὐτὸς ἔδωκε τέρας ἐν ὄρεσι τοῖς ὑπεράνω * Βαβυλῶνος * ὅτι ὅτε καπνισθήσεται τὸ ἐκ βορρᾶ ἥξει τὸ
Prop. 4 21 ὅτι ὅτε καπνισθήσεται τὸ ἐκ βορρᾶ ἥξει τὸ τέλος * Βαβυλῶνος * ὅτε δὲ ὡς ἐν πυρὶ κεῖται τὸ τέλος πάσης τῆς
Prop. 12 7 ἀπενέγκατε τοῖς θερισταῖς. καὶ γενόμενος ἐν * Βαβυλῶνι * καὶ δοὺς τὸ ἄριστον τῷ Δανιὴλ ἐπέστη τοῖς
Prop. 12 8 συνῆκε δὲ ὅτι τάχιον ἐπιστρέψει ὁ λαὸς ὑπὸ * Βαβυλῶνος. * καὶ πρὸ δύο ἐτῶν ἀποθνήσκει τῆς ἐπιστροφῆς.
Prop. 12 17 καὶ πρὸ δύο ἐτῶν τῆς ἐπιστροφῆς τοῦ λαοῦ τῆς ἀπὸ * Βαβυλῶνος * ἐτελεύτησε καὶ ἐτάφη ἐν τῷ ἰδίῳ ἀγρῷ μονώτατος
Prop. 14 1 αὐτοῦ. Ἀγγαῖος ὁ καὶ ἄγγελος τάχα νέος ἦλθεν ἐκ * Βαβυλῶνος * εἰς Ἱερουσαλὴμ καὶ φανερῶς περὶ τῆς
Prop. 15 7 θεὸν ἐν ψαλμοῖς καὶ χοροῖς περὶ τῆς ἐπανόδου ἀπὸ * Βαβυλῶνος.> * Μαλαχίας. οὗτος μετὰ τὴν ἐπιστροφὴν τίκτεται
Sib. 3 104 καὶ θνητοῖσιν ἐπ' ἀλλήλους ἔριν ὦρσαν τοὔνεκά τοι * Βαβυλῶνα * βροτοὶ πόλει οὔνομ' ἔθεντο. αὐτὰρ ἐπεὶ πύργος
Sib. 3 160 εἶτα τὸ Περσῶν Μήδων Αἰθιόπων τε καὶ Ἀσσυρίης * Βαβυλῶνος * εἶτα Μακηδονίων πάλιν Αἰγύπτου τότε Ῥώμης.
Sib. 3 301 μοι τοῦτο θεὸς πρῶτον νόῳ ἔνθετο λέξαι ὅσσα γέ τοι * Βαβυλῶνι * ἐμήσατο ἄλγεα λυγρὰ ἀθάνατος ὅτι οἱ ναὸν μέγαν
Sib. 3 303 ἀθάνατος ὅτι οἱ ναὸν μέγαν ἐξαλάπαξεν. αἰαῖ σοι * Βαβυλὼν * ἠδ' Ἀσσυρίων γένος ἀνδρῶν πᾶσαν ἁμαρτωλῶν γαῖαν
Sib. 3 307 πληγὴ μεγάλοιο θεοῦ ἡγήτορος ὕμνων. ἀέριος γάρ σοι * Βαβυλὼν * ἥξει ποτ' ἄνωθεν (αὐτὰρ ἀπ' οὐρανόθεν
Sib. 3 384 Κρονίδαο νόθων δούλων τε γενέθλης. κείνη καὶ * Βαβυλῶνα * πόλιν δεδομήσετ' ἐρυμνὴν καὶ πάσης ὁπόσην
Sib. 4 93 Δῆλος δ' οὐκέτι δῆλος ἄδηλα δὲ πάντα τὰ Δήλου. καὶ * Βαβυλὼν * μεγάλη μὲν ἰδεῖν μικρὴ δὲ μάχεσθαι στήσεται
Sib. 5 6 ὑπὸ πᾶσα ἀντολίη βεβόλητο καὶ ἑσπερίη πολύολβος ὃν * Βαβυλὼν * ἤλεγξε νέκυν δ' ὤρεξε Φιλίππῳ οὐ Διὸς οὐκ
Sib. 5 23 ποταμοῦ φίλον οὔνομα ὅς τ' ἐπὶ Πέρσας ἄρξει καὶ * Βαβυλῶνα * βαλεῖ δορὶ δὴ τότε Μήδους. εἶτα τριῶν ἀριθμῶν
Sib. 5 116 ἐποίσει καὶ Πέρσας ὀλέσει καὶ Ἴβηρας καὶ * Βαβυλῶνα * Μασσαγέτας τε φιλοπτολέμους τόξοισί τε
Sib. 5 143 ἀπολεῖ πολλοὺς σὺν μητρὶ ταλαίνῃ. φεύξεται ἐκ * Βαβυλῶνος * ἄναξ φοβερὸς καὶ ἀναιδὴς ὃν πάντες στυγέουσι
Sib. 5 159 εἰς ἅλα δῖαν καὶ φλέξει πόντον βαθὺν αὐτήν τε * Βαβυλῶνα * Ἰταλίης γαῖάν θ' ἧς εἵνεκα πολλοὶ ὄλοντο
Sib. 5 434 θεὸς ὑψιβρεμέτης κτίστης ναοῖο μεγίστου. αἰαῖ σοι * Βαβυλὼν * χρυσόθρονε χρυσοπέδιλε πουλυετὴς βασίλεια μόνη
FAch. 101 πᾶσάν τε χώραν περιελθὼν ὁ Αἴσωπος ἐγένετο (δὲ) ἐν * Βαβυλῶνι * ἐν ᾗ ἐβασίλευεν Λυκοῦργος. ἐπιδειξάμενος δὲ
FAch. 103 ὑποτέτακται. ὁ δὲ Αἴσωπος ἐπιγνοὺς τινα εὐγενῆ ἐν * Βαβυλῶνι * ἄτεκνος ὑπάρχων τοῦτον υἱὸν ἐποιήσατο καὶ τῷ
FAch. 117 τῆς Ἑλλάδος ἵππους ἐπιτοκίους ἐὰν ἀκούσωσι τῶν ἐν * Βαβυλῶνι * ἵππων χρεμετιζόντων ἐκτιτρώσκουσιν. ὁ δὲ
FAch. 118 ἐν μιᾷ νυκτὶ αἴλουρος ἀπὸ Αἰγύπτου εἰς * Βαβυλῶνα; * ὁ δὲ Αἴσωπος ἔφη (πῶς) τῶν παρ' ἐμὲ
FAch. 123 εἰρηνικῶν. ὁ δὲ Αἴσωπος παραγενάμενος εἰς * Βαβυλῶνα * διηγήσατο τῷ Λυκούργῳ πάντα τὰ πραχθέντα ἐν
HEup. 9 39 5 ἐν τῷ ἱερῷ καὶ ἄργυρον καὶ χαλκὸν ἐκλέξαντα εἰς * Βαβυλῶνα * ἀποστεῖλαι χωρὶς τῆς κιβωτοῦ καὶ τῶν ἐν αὐτῇ
HAno. 9 17 2 περὶ ιουδαιων γραφης. τῆς Ἀσσυρίας πόλιν * Βαβυλῶνα * πρῶτον μὲν κτισθῆναι ὑπὸ τῶν διασωθέντων ἐκ τοῦ
HAno. 9 18 2 ἀναιρεθῆναι ὧν ἕνα Βῆλον ἐκφεύγοντα τὸν θάνατον ἐν * Βαβυλῶνι * κατοικῆσαι πύργον τε κατασκευάσαντα ἐν αὐτῷ
HHec. 1 22 192 μὴ ἀρνούμενοι τὰ πάτρια. Ἀλεξάνδρου ποτὲ ἐν * Βαβυλῶνι * γενομένου καὶ προελομένου τὸ τοῦ Βήλου πεπτωκὸς
HHec. 1 22 194 μετελάμβανον. πολλὰς μὲν γὰρ ἡμῶν ἀναspάστους εἰς * Βαβυλῶνα * Πέρσαι πρότερον αὐτῶν ἐποίησαν μυριάδας οὐκ

Βαβυλωνία 2

HAno. 9 17 3 καθ' ὅλην τὴν γῆν. δεκάτῃ δὲ γενεᾷ ἐν πόλει τῆς * Βαβυλωνίας * Καμαρίνῃ ἥν τινας λέγειν πόλιν Οὐρίην εἶναι
HAno. 9 18 2 εἰς τοὺς γίγαντας τούτους δὲ οἰκοῦντας ἐν τῇ * Βαβυλωνίᾳ * διὰ τὴν ἀσέβειαν ὑπὸ τῶν θεῶν ἀναιρεθῆναι ὧν

Βαβυλώνιος 11

Jer. 7 23 μὴ ἴδῃς τὴν κάκωσιν τὴν γενομένην τῷ λαῷ ὑπὸ τῶν * Βαβυλωνίων. * ὥσπερ γὰρ πατὴρ υἱὸν μονογενῆ ἔχων τούτου δὲ
Sib. 3 809 πάντας θύειν μεγάλῳ βασιλῆι. ταῦτά σοι Ἀσσυρίης * Βαβυλώνια * τείχεα μακρὰ οἰστρομανὴς προλιποῦσα ἐς Ἑλλάδα
FAch. 101 δὲ αὐτοῦ τὴν φιλοσοφίαν μέγας παρὰ τοῖς * Βαβυλωνίοις * ἀνεδείχθη ὥστε καὶ τὸν βασιλέα ἐραστὴν αὐτοῦ
FAch. 102 μὴ εὑρίσκοντες φόρους ἐχορήγουν. καὶ οὕτως ἡ τῶν * Βαβυλωνίων * βασιλεία προέβαινεν. ὥστε οὐ μόνον τὰ βάρβαρα
FAch. 105 εἰδὼς ὅτι μετὰ Αἴσωπον οὐδεὶς εὑρεθήσεται παρὰ * Βαβυλωνίοις * ὁ δυνάμενος διαλῦσαι. ἦν δὲ τὸ πρόβλημα
FAch. 105 τοῦτο Νεκταναβὼν βασιλεὺς Αἰγύπτου Λυκούργῳ * Βαβυλωνίῳ * χαίρειν. θέλω οἰκοδομῆσαι πύργον μήτε γῆς μήτε
HEup. 9 39 3 κατακαῦσαι τὸν δὲ φάναι τοὺς ξύλοις τούτοις * Βαβυλωνίοις * ὑφοποιῆσειν καὶ σκάψειν τὰς τοῦ Τίγριδος καὶ
HEup. 9 39 4 καὶ Εὐφράτου διώρυχας αἰχμαλωτισθέντας. τὸν δὲ τῶν * Βαβυλωνίων * βασιλέα ἀκούσαντα Ναβουχοδονόσορ τὰ ὑπὸ τοῦ
HEup. 9 39 5 Μήδων βασιλέα συστρατεύειν αὐτῷ. παραλαβόντα δὲ * Βαβυλωνίους * καὶ Μήδους καὶ συναγαγόντα πεζῶν μὲν
HAno. 9 17 8 καὶ τὰ λοιπὰ τούτον αὐτοῖς εἰσηγήσασθαι φάμενον * Βαβυλωνίους * ταῦτα καὶ αὐτὸν εὑρηκέναι τὴν δὲ εὕρεσιν
HAno. 9 17 9 εὑρηκέναι πρῶτον τὴν ἀστρολογίαν οὐκ Αἰγυπτίους. * Βαβυλωνίους * γὰρ λέγειν πρῶτον γενέσθαι Βῆλον ὃν εἶναι

Βαβυλωνίτης * 3

Jer. 6 14 αὐτοῖς τοῦ μὴ ἀποδεχθῆναι αὐτοὺς αὖθις ὑπὸ τῶν * Βαβυλωνιτῶν * λέγει κύριος. καὶ ταῦτα εἰπὼν ὁ ἄγγελος
Jer. 8 5 καὶ Ἀβιμέλεχ λέγοντες ὅτι πᾶς ἄνθρωπος κοινωνῶν * Βαβυλωνίταις * οὐ μὴ εἰσέλθῃ εἰς τὴν πόλιν ταύτην. καὶ
Jer. 8 7 ἐλθόντων δὲ αὐτῶν εἰς Βαβυλῶνα ἐξῆλθον οἱ * Βαβυλωνῖται * εἰς συνάντησιν αὐτῶν λέγοντες οὐ μὴ

βαδίζω 8

Hen. 106 7 αὐτοῦ ἐν τῇ γῇ. καὶ παραιτοῦμαι π(άτερ καὶ) δέομαι * βάδισον * πρὸς Ἑνώ(χ τὸν πατέρα ἡμῶν καὶ ἐρώτησον)---
Asen. 14 12 ἐπὶ τοὺς πόδας αὐτῆς. καὶ εἶπεν αὐτῇ ὁ ἄνθρωπος * βάδιζε * ἀκωλύτως ἐν τῷ δευτέρῳ σου θαλάμῳ καὶ ἀπόθου τὸν
Asen. 16 5 καὶ παραθήσω σοι κύριε. καὶ εἶπεν αὐτῇ ὁ ἄνθρωπος * βάδιζε * καὶ εἴσελθε εἰς τὸ ταμιεῖόν σου καὶ εὑρήσεις
Asen. 16 7 ἐν τῷ ταμιείῳ μου οὐκ ἔστιν. καὶ εἶπεν ὁ ἄνθρωπος * βάδιζε * καὶ εὑρήσεις. καὶ εἰσῆλθεν Ἀσενὲθ εἰς τὸ
Job 25 6 τῶν ποδῶν χρυσοῦ καὶ ἀργύρου, νυνὶ δὲ ποσὶν * βαδίζει * ἐπὶ ἐδάφους, ἀλλὰ καὶ τὴν τρίχα ἀντικαταλλάσσει
FEz. 64 70 13 ὁρᾷς ἡμῶν τὴν ἀδυναμίαν οἶδας ὅτι (οὐχ) ὁρῶ ποῦ * βαδίζω. * εἶτα ἐλθὼν ἐπὶ τὸν χωλὸν καὶ αὐτὸν ἠρώτα σύ
FAch. 109 ἀκαίρως γὰρ κατασοφιζόμενος καταγελασθήσῃ. ὀξύτερα * βάδιζε * τῆς γλώττης. τοῖς εὖ πράττουσι μὴ φθόνει ἀλλὰ
HHec. 1 22 201 ἐμοῦ ( Ἑκαταίου) γοῦν ἐπὶ τὴν Ἐρυθρὰν θάλασσαν * βαδίζοντος * συνηκολούθει τις μετὰ τῶν ἄλλων τῶν

βάζω 1

FPho. 7 παρ' ἑοῖσι καὶ ἀλλοτρίων ἀπέχεσθαι. ψεύδεα μὴ * βάζειν * τὰ δ' ἐτήτυμα πάντ' ἀγορεύειν. πρῶτα θεὸν τιμᾶν

βαθμός 6

Esdr. 4 8 τέσσαρας ἀγγέλους καὶ κατέβην ὀγδοήκοντα καὶ πέντε * βαθμοὺς * καὶ κατήγαγόν με κάτω βαθμοὺς πεντακοσίους καὶ
Esdr. 4 8 ὀγδοήκοντα καὶ πέντε βαθμοὺς καὶ κατήγαγόν με κάτω * βαθμοὺς * πεντακοσίους καὶ ἴδον πύρινον θρόνον καὶ ἐπ'
Esdr. 4 13 ἐγὼ οὐαὶ τὴν ψυχὴν αὐτοῦ. καὶ πάλιν κατήγαγόν με * βαθμοὺς * τριάκοντα καὶ ἴδον ἐκεῖ βράσματα πυρὸς καὶ ἐν
Esdr. 4 15 δὲ μορφὰς οὐκ ἔβλεπον. καὶ κατήγαγόν με κατώτερον * βαθμοὺς * πολλοὺς οὓς οὐκ ἠδυνήθην μετρῆσαι. καὶ ἴδον ἐκεῖ
Esdr. 4 19 καὶ κατήγαγόν με πάλιν ἄλλους πεντακοσίους * βαθμοὺς * καὶ ἴδον ἐκεῖ τὸν σκώληκα τὸν ἀκοίμητον καὶ πῦρ
ISop. 5 111 5 ὑπημβρύωσεν ἀλλ' ὁλοσχερὴς ἀνήρ. ταχὺς δὲ * βαθμοῖς * νυμφικοῖς ἐπεστάθη ὁ μοιχός. ὃ δ' οὔτε δαιτὸς

βάθος 8

Hen. 18 11 τοῦ πυρὸς καταβαίνοντας καὶ οὐκ ἦν μέτρον οὔτε εἰς * βάθος * οὔτε εἰς ὕψος. καὶ ἐπέκεινα τοῦ χάσματος τούτου
Hen. 22 2 πέτρας στερεάς. καὶ τέσσαρες τόποι ἐν αὐτῷ κοῖλοι * βάθος * ἔχοντες καὶ λίαν λεῖοι τρεῖς αὐτῶν σκοτινοὶ καὶ
Bar. 11 8 Μιχαὴλ κρατοῦντα φιάλην μεγάλην σφόδρα τὸ * βάθος * αὐτῆς ὅσον ἀπὸ οὐρανοῦ ἕως τῆς γῆς καὶ τὸ πλάτος
Job 33 6 τὸ γαυρίαμα τῶν κυμάτων αὐτῶν καταβαίνει εἰς τὰ * βάθη * τῆς ἀβύσσου. οἱ δὲ ποταμοὶ τῆς ἐμῆς γῆς ἐν ᾗ ἐστιν
Job 37 6 καλῶς αὐτῷ δορυφοροῦντα ἤ τίς ποτε καταλήψεται τὰ * βάθη * τοῦ κυρίου καὶ τῆς σοφίας αὐτοῦ, ἢ κατατολμᾷ τις
Sib. 3 223 οὔτε πελώρια ἔργα μεριμνῶσιν κατὰ γαίης οὔτε * βάθος * χαροποῖο θαλάσσης Ὠκεανοῖο οὐ πταρμῶν σημεῖ'
IOrp. 37 περὶ γὰρ τρέμει οὔρεα μακρὰ καὶ ποταμοὶ πολιῆς τε * βάθος * χαροποῖο θαλάσσης οὐδὲ φέρειν δύναταί κρατερὸν
LEze. 9 29 14 36 ἐξεμήσατο ἔτυψ' Ἐρυθρᾶς νῶτα καὶ ἔσχισεν μέσον * βάθος * Θαλάσσης οἱ δὲ σύμπαντες σθένει ὤρουσαν ὠκεῖς

Βαθουήλ 1

TLevi 18 2B062 συγγενείας Ἀβραὰμ τοῦ πατρός μου Μελχὰ θυγατέρα * Βαθουὴλ * υἱοῦ Λαβὰν ἀδελφοῦ μητρός μου. καὶ ἐν γαστρὶ

βάθρον 1

Sib. 5 418 πλοῦτον ὃν οἱ πρότεροι λάβον ἄνδρες. πᾶσαν δ' ἐκ * βάθρων * εἷλεν πόλιν ἐν πυρὶ πολλῷ καὶ δήμους ἔφλεξε

βαθυδίνης 3

Sib. 3 338 ἀνθρώποισι μέγιστα καὶ γὰρ Μαιῶτιν λίμνην Τάναϊς * βαθυδίνης * λείψει κὰδ δὲ ῥόον βαθὺν αὔλακος ἔσσεται ὁλκὸς
Sib. 5 134 κατὰ γῆν ἐναρίξει. Θεσσαλίην χώρην ἀπολεῖ ποταμὸς * βαθυδίνης * Πηνειὸς βαθύρους μορφὰς θηρῶν ἀπὸ γαίης
Sib. 5 372 ἀνθρώποισιν ῥεύσει δ' αἷμα ἕως ὄχθου ποταμῶν * βαθυδινῶν. * τῆς τε Μακηδονίης στάξει χόλος ἐν πεδίοισιν

βαθύζωνος 1

Sib. 3 526 δοῦλα πρὸς ἄλλην γαῖαν ἀνάγκῃ ἄξουσιν καὶ τέκνα * βαθυζώνους * τε γυναῖκας ἐκ θαλάμων ἁπαλὰς τρυφεροῖς ποσὶ

βαθύρροος 2

Sib. 5 135 Θεσσαλίην χώρην ἀπολεῖ ποταμὸς βαθυδίνης Πηνειὸς * βαθύρους * μορφὰς θηρῶν ἀπὸ γαίης Ἠπιδανὸς φάσκων θηρῶν
LEze. 9 28 2 13 μὲν Ἑβραίων γένει τάρσενικὰ ῥίπτειν ποταμὸν ἐς * βαθύρροον. * ἐνταῦθα μήτηρ ἡ τεκοῦσ' ἔκρυπτε με τρεῖς

βαθύς 16

Hen. 24 2 τῷ ἑνὶ καὶ τρία ἐπὶ νότον ἐν τῷ ἑνὶ καὶ φάραγγες * βαθεῖαι * καὶ τραχεῖαι μία τῇ μιᾷ οὐκ ἐγγίζουσαι καὶ τῷ
Hen. 26 3 ὄρος ὑψηλότερον τούτου καὶ ἀνὰ μέσον αὐτοῦ φάραγγα * βαθεῖαν * οὐκ ἔχουσαν πλάτος καὶ δι' αὐτῆς ὕδωρ πορεύεται
Hen. 26 4 ταπεινότερον αὐτοῦ καὶ οὐκ ἔχον ὕψος καὶ φάραγγα * βαθεῖαν * καὶ ξηρὰν ἀνὰ μέσον αὐτῶν καὶ ἄλλην φάραγγα
Hen. 26 4 καὶ ξηρὰν ἀνὰ μέσον αὐτῶν καὶ ἄλλην φάραγγα * βαθεῖαν * καὶ ξηρὰν ἐπ' ἄκρων τῶν τριῶν ὀρέων. καὶ πᾶσαι
Hen. 26 5 ἄκρων τῶν τριῶν ὀρέων. καὶ πᾶσαι φάραγγές εἰσιν * βαθεῖαι * ἐκ πέτρας στερεᾶς καὶ δένδρον οὐκ ἐφυτεύετο ἐπ'
TJud. 7 3 ὡς σύμμαχοι ἤλθομεν εἰς τὴν πόλιν αὐτῶν. νυκτὶ δὲ * βαθείᾳ * ἐλθοῦσι τοῖς ἀδελφοῖς ἠνοίξαμεν τὰς πύλας καὶ
Prop. 17 5B ἀπέθανε καὶ ἐτάφη εἰς τὴν γῆν αὐτοῦ. οὗτος οὖν εἰς * βαθὺ * γῆρας ἐλάσας καὶ ἐν πολλῇ ἀγαθῇ ἐκοιμήθη ἐν εἰρήνῃ.
Prop. 18 5B καὶ οὗτος ὁ προφήτης αὐτὸς ἀπέθανεν ἐν γήρει * βαθυτάτῳ * οὐκ ἀγαθῶς. Ἰωὰδ ἐκ τῆς Σαμαρείμ. οὗτός ἐστιν
Aris. 118 4 τὰς παρόδους κρημνῶν παρακειμένων καὶ φαράγγων * βαθέων * ἔτι δὲ τραχείας οὔσης πάσης τῆς περιεχούσης πᾶσαν

```
Aris.    143    3        οἰκονομούμενα καὶ καθ' ἓν ἕκαστον ἔχει λόγον  *  βαθὺν  *  ἀφ' ὧν ἀπεχόμεθα κατὰ τὴν χρῆσιν καὶ οἷς
Sib.      3   339  Μαιῶτιν λίμνην Τάναϊς βαθυδίνης λείψει κὰδ δὲ ῥόον  *  βαθὺν  *  αὔλακος ἔσσεται ὁλκὸς καρποφόρου τὸ δὲ ῥεῦμα τὸ
Sib.      4    82        φλογὸς Αἴτνης ἠδὲ Κρότων πέσεται μεγάλη πόλις εἰς  *  βαθὺ  *  χεῦμα. ἔσται δ' Ἑλλάδι νεῖκος ἐν ἀλλήλοις δὲ
Sib.      5   121        πανέρημος ἐν ἀνθρώποισι φανεῖται. Λέσβος ὅλη δύσει  *  βαθὺν  *  εἰς βυθὸν ὥστ' ἀπολέσθαι. Σμύρνα κατὰ κρημνῶν
Sib.      5   159          ἀστὴρ μέγας εἰς ἅλα δῖαν καὶ φλέξει πόντον  *  βαθὺν  *  αὐτήν τε Βαβυλῶνα Ἰταλίης γαῖάν θ' ἧς εἵνεκα
LPhi.  9   37    1    συναοιδὰ μεγιστούχοιο λοετροῖς ῥεύμασιν ἐμπίπλησι  *  βαθὺν  *  ῥόον ἐξανιεῖσης. ῥεῦμα γὰρ ὑψιφάεννον ἐν ὑετίοις
LEze.  9   29  16 07  εὕρομεν κατάσκιον ὑγράς τε λιβάδας δαψιλῆς χῶρος  *  βαθὺς  *  πηγὰς ἀφύσσων δώδεκ' ἐκ μιᾶς πέτρας στελέχη δ'
```

Βαιθήλ
```
HDem.  9   21    10        ἑκατὸν ἑπτά. ἐλθόντα τε οὖν αὐτὸν εἰς Λουζὰ τῆς  *  Βαιθὴλ  *  φάναι τὸν θεὸν μηκέτι Ἰακὼβ ἀλλ' Ἰσραὴλ
                                          8
```

βαίνω
```
Sib.      3    10            τίπτε μάτην πλάζεσθε καὶ οὐκ εὐθεῖαν ἀταρπὸν  *  βαίνετε  *  ἀθανάτου κτίστου μεμνημένοι αἰεί; εἷς θεός ἐστι
Sib.      5   113        ἐρεθίζεις δηλοῦν Αἰγύπτῳ πολυκοιρανίην ἀλεγεινήν;  *  βαῖνε  *  πρὸς ἀντολίην Περσῶν γενεὰς ἀνοήτους καὶ δήλου
FAch.   120            ἅπαντα ὁ δὲ στῦλος ὁ ἐνιαυτὸς διὰ τὸ ἀσφαλῶς αὐτὸν  *  βεβηκέναι  *  αἱ δὲ ἐπὶ τούτου πόλεις δεκαδύο οἱ μῆνες διὰ
FPho.           180        λέκτρα γονῆς μητέρα δ' ὡς τίμα τὴν μητέρος ἴχνια  *  βᾶσαν.  *  μηδέ τι παλλακίσιν πατρὸς λεχέεσσι μιγείης. μηδὲ
FPho.           183        ἐλθέμεν εὐνήν. μηδὲ κασιγνήτων ἀλόχων ἐπὶ δέμνια  *  βαίνειν.  *  μηδὲ γυνὴ φθείρῃ βρέφος ἔμβρυον ἔνδοθι γαστρὸς
IOrp.            34        ἐστήρικται χρυσέῳ εἰνὶ θρόνῳ γαίῃ δ' ὑπὸ ποσσὶ  *  βέβηκε  *  χεῖρά τε δεξιτερὴν ἐπὶ τέρματος ὠκεανοῖο πάντοθεν
LEze.  9   29  16 27      ἐπέσσυτο αὐτός. δὲ πρόσθεν ταῦρος ὡς γαυρούμενος  *  ἔβαινε  *  κραιπνῷ βῆμα βαστάζων ποδός. ὧ πᾶσιν ἀρχὴ καὶ
FrAn.  1   227    1            ἡμ<εῖς - - >τ<η> γη ἡμῶν< - - >ταις σουκ< - - >    >εβησαν  *  εἰς Χανααν< - - >σκιρτα καὶ τὸ βλεμμ<α - - >τ>ον
```

βάϊον
```
TNep.    5     4          τοῦ Λευὶ ὡς ἡλίου νεανίας τις ἐπιδίδωσιν αὐτῷ  *  βάϊα  *  φοινίκων δώδεκα καὶ Ἰούδας ἦν λαμπρὸς ὡς ἡ σελήνη
```

βαιός
```
Sib.      3     3            ἱδρυμένος λίτομαι παναληθέα φημίξασαν παῦσον  *  βαιόν  *  με κέκμηκε γὰρ ἔνδοθεν ἦτορ. ἀλλά τί μοι κραδίη
```

βακτηρία
```
LEze.  9   29  13 08  περιεζωσμένοι καὶ κοῖλα ποσσὶν ὑποδέδεσθε καὶ χερὶ  *  βακτηρίαν  *  ἔχοντες. ἐν σπουδῇ τε γὰρ βασιλεὺς κελεύσει
```

Βάκτρα
```
Sib.      4    95        στήσεται ἀχρήστοισιν ἐπ' ἐλπίσι τειχισθεῖσα.  *  Βάκτρα  *  κατοικήσουσι Μακεδόνες οἳ δ' ὑπὸ Βάκτρων καὶ
Sib.      4    95          Βάκτρα κατοικήσουσι Μακεδόνες οἳ δ' ὑπὸ  *  Βάκτρων  *  καὶ Σούσων φεύξονται ἐς Ἑλλάδα γαῖαν ἅπαντες.
```

βακχεύω
```
Sib.      5   264  Ἰουδαίη χαρίεσσα καλὴ πόλις ἔνθεος ὕμνων. οὐκέτι  *  βακχεύσει  *  περὶ σὴν χθόνα πούς ἀκάθαρτος Ἑλλήνων
```

βάλανος
```
Prop.          10     6          αὐτοῦ κατὰ τὴν ὁδὸν ἔθαψεν αὐτὴν ἐχόμενα τῆς  *  βαλάνου  *  Δεββώρας. καὶ γενόμενος υἱὸς Ἰωνᾶς μέγας
                                          6
```

Βαλδάδ
```
Job       35     1    κατέλυσεν ἡμᾶς ἀπέναντι τῶν στρατιωτῶν ἡμῶν. τότε  *  Βαλδὰδ  *  ἐκράτησεν αὐτὸν λέγων ὅτι οὐχ οὕτως δεῖ λαλῆσαι
Job       36     1        αὐτῷ, καὶ γνώσομαι ἐν τίνι ἐστίν. τότε ἐγερθεὶς ὁ  *  Βαλδὰδ  *  προσήγγισέν μοι λέγων σὺ εἶ Ἰωβ; καὶ εἶπον αὐτῷ
Job       36     4        διότι οὐχ ὑπάρχει ἐν οὐρανῷ ταραχή. ὑπολαβὼν δὲ  *  Βαλδὰδ  *  λέγει ὅτι μὲν γινώσκομεν τὴν γῆν ἀκατάστατον
Job       38     4        ἀπ' ἀλλήλων. τίς οὖν ταῦτα διαχωρίζει; εἶπεν δὲ ὁ  *  Βαλδὰδ  *  ἀγνοῶ. ἐγὼ πάλιν ὑπολαβὼν εἶπον αὐτῷ εἰ οὖν τὴν
Job       43     1        ἀφῆκεν αὐτοῖς τὴν ἁμαρτίαν. τότε Ελιφας καὶ  *  Βαλδὰδ  *  καὶ Σοφαρ γνόντες ὅτι ἐχαρίσατο αὐτοῖς ὁ κύριος
HAri.  9   25    4    εἰς ἐπίσκεψιν Ἐλίφαν τὸν Θαιμανιτῶν βασιλέα καὶ  *  Βαλδὰδ  *  τὸν Σαυχαίων τύραννον καὶ Σωφὰρ τὸν Μινναίων
```

Βαλκιήλ
```
Hen.            6B     7    ε' Ὀραμμαμή ς' Ῥαμιήλ ζ' Σαμψιχ η' Ζακιήλ θ'  *  Βαλκιήλ  *  ι' Ἀζαζζήλ ια' Φαρμαρος ιβ' Ἀμαριήλ ιγ'
                                          15
```

Βάλλα
```
TRub.    3    11  περιεργάζεσθε πρᾶξιν γυναικῶν. εἰ μὴ γὰρ εἶδον ἐγὼ  *  Βάλλαν  *  λουομένην ἐν σκεπεινῷ τόπῳ οὐκ ἐνέπιπτον εἰς τὴν
TRub.    3    13  ὄντων ἡμῶν ἐν Γάδερ πλησίον Ἐφραθὰ οἴκου Βηθλέεμ  *  Βάλλα  *  ἣν μεθύουσα καὶ κοιμωμένη ἀκάλυφος κατέκειτο ἐν τῷ
TJud.   13     3        εὐμόρφου ὠνειδίζον Ῥουβὴμ τὸν ἀδελφόν μου περὶ  *  Βάλλας  *  γυναικὸς πατρός μου τὸ πνεῦμα τοῦ ζήλου καὶ τῆς
TNep.    1     6        ἀκούσατε λόγους πατρὸς ὑμῶν. ἐγὼ ἐγεννήθην ἀπὸ  *  Βάλλας  *  καὶ ὅτι ἐν πανουργίᾳ ἐποίησε Ῥαχὴλ καὶ ἔδωκεν
TNep.    1     6          ἐποίησε Ῥαχὴλ καὶ ἔδωκεν ἀνθ' ἑαυτῆς τῆς  *  Βάλλαν  *  τῷ Ἰακὼβ καὶ ἐπὶ τῶν μηρῶν Ῥαχὴλ ἔτεκέ με διὰ
TNep.    1     9  Ἰωσὴφ κατὰ τὰς εὐχὰς Ῥαχήλ. ἡ δὲ μήτηρ μού ἐστι  *  Βάλλα  *  θυγάτηρ Ῥωθέου ἀδελφοῦ Δεβόρρας τῆς τροφοῦ
TNep.    1    12      ὀνόματι τῆς κώμης ἐν ᾗ ᾐχμαλωτεύθη ἑξῆς ἔτεκε τὴν  *  Βάλλαν  *  λέγουσα καινόσπουδός μου ἡ θυγάτηρ εὐθὺς γὰρ
TGad.    1     6    καὶ εἶπεν Ἰωσὴφ τῷ πατρὶ ἡμῶν ὅτι υἱοὶ Ζέλφας καὶ  *  Βάλλας  *  θύουσι τὰ καλὰ καὶ κατεσθίουσιν αὐτὰ παρὰ γνώμην
TJos.   20     3        καὶ Ζέλφαν τὴν μητέρα ὑμῶν ἀναγάγετε καὶ ἐγγὺς  *  Βάλλας  *  παρὰ τὸν ἱππόδρομον πλησίον Ῥαχὴλ θέτε αὐτήν.
TBen.    1     3        οὖν Ῥαχὴλ τέθνηκε γεννῶσά με γάλα οὐκ ἔσχον.  *  Βάλλας  *  οὖν τὴν παιδίσκην αὐτῆς ἐθήλασα. ἡ γὰρ Ῥαχὴλ
Asen.   22    11      Ἰωσὴφ οἱ υἱοὶ Λίας μόνον οἱ δὲ υἱοὶ Ζέλφας καὶ  *  Βάλλας  *  τῶν παιδισκῶν Λίας καὶ Ῥαχὴλ οὐ συμπροεπέμψαν
Asen.   24     2    οἱ παῖδες αὐτοῦ εἰς τὸ οὖς λέγοντες ἰδού οἱ υἱοὶ  *  Βάλλας  *  καὶ οἱ υἱοὶ Ζέλφας παιδίσκων Λίας καὶ Ῥαχὴλ
Asen.   27     7  ἔφυγον ἀπὸ προσώπου αὐτῶν οἱ ἀδελφοὶ αὐτῶν οἱ υἱοὶ  *  Βάλλας  *  καὶ Ζέλφας καὶ εἶπον ἀπολώμεν ἀπὸ τῶν ἀδελφῶν
Asen.   28     1        ἐπὶ τὴν γῆν καὶ ἐτεφρώθησαν. καὶ εἶδον οἱ υἱοὶ  *  Βάλλας  *  καὶ Ζέλφας τὸ ῥῆμα τὸ μέγα τοῦτο καὶ ἐφοβήθησαν
HDem.  9   21    3        τὴν ἑαυτῆς παιδίσκην Ζελφαν τῷ αὐτῷ χρόνῳ ᾧ καὶ  *  Βάλλαν  *  συλλαβεῖν τὸν Νεφθαλειμ τῷ ἑνδεκάτῳ ἔτει μηνὶ
                                          28
```

βάλλω
```
Adam     2     2  αἷμα τοῦ υἱοῦ μου Ἀμιλαβὲς τοῦ ἐπιλεγομένου Ἄβελ  *  βαλλόμενον  *  εἰς τὸ στόμα Κάϊν τοῦ ἀδελφοῦ αὐτοῦ καὶ ἔπιεν
Hen.            9B     4        ἀρχαγγέλοις καὶ ἔδησαν τοὺς ἐξάρχους αὐτῶν καὶ  *  ἔβαλον  *  αὐτοὺς εἰς τὴν ἄβυσσον ἕως τῆς κρίσεως καὶ τὰ
Hen.            10     4        εἶπεν δῆσον τὸν Ἀζαὴλ ποσὶν καὶ χερσὶν καὶ  *  βάλε  *  αὐτὸν εἰς τὸ σκότος καὶ ἄνοιξον τὴν ἔρημον τὴν
Hen.            10     4        ἄνοιξον τὴν ἔρημον τὴν οὖσαν ἐν τῷ Δαδουὴλ κἀκεῖ  *  βάλε  *  αὐτὸν καὶ ὑπόθες αὐτῷ λίθους τραχεῖς καὶ ὀξεῖς καὶ
Hen.            10B    4        τὴν οὖσαν ἐν τῇ ἐρήμῳ Δουδαὴλ καὶ ἐκεῖ πορευθεὶς  *  βάλε  *  αὐτόν. καὶ ὑπόθες αὐτῷ λίθους ὀξεῖς καὶ λίθους
Hen.            14    24        αὐτοῦ. κἀγὼ ἤμην ἕως τούτου ἐπὶ πρόσωπόν μου  *  βεβλημένος  *  καὶ τρέμων καὶ ὁ κύριος τῷ στόματι αὐτοῦ
Hen.            18     6      πολυτελὴς <τρία> εἰς ἀνατολὰς καὶ τρία εἰς μέσον  *  βάλλοντα.  *  καὶ τὰ μὲν πρὸς ἀνατολὰς ἀπὸ λίθου χρώματος τὸ
Abr.2          11    11      ἐλεηθῇ εὑρήσεις τὰς ἁμαρτίας αὐτῆς γεγραμμένας καὶ  *  βληθήσεται  *  εἰς τὴν κόλασιν. ἐγένετο δὲ μετὰ τὸ θεωρῆσαι
TJud.    3     3      λαὸν διεσκόρπισα. τὸν Ἀχὼρ βασιλέα ἄνδρα γιγάντων  *  βάλλοντα  *  τόξα ἔμπροσθε καὶ ὄπισθεν ἐφ' ἵππου ἀνελόμενος
Asen.   11    1B    ἐπάταξεν συνεχῶς τὸ στῆθος ταῖς χερσὶν αὐτῆς καὶ  *  ἔβαλε  *  τὴν κεφαλὴν αὐτῆς εἰς τὸν κόλπον αὐτῆς καὶ τὸ
Asen.   12    11      με μήποτε ἁρπάσῃ με ὡς λέων καὶ διασπαράξῃ με καὶ  *  βάλῃ  *  με εἰς τὴν φλόγα τοῦ πυρὸς καὶ τὸ πῦρ ἐμβάλει με
Asen.   23     7        ἦν Συμεὼν ἀνὴρ θρασὺς καὶ τολμηρὸς καὶ ἐνεθυμήθη  *  βαλεῖν  *  τὴν χεῖρα αὐτοῦ ἐπὶ τὴν κώπην τῆς ῥομφαίας αὐτοῦ
Bar.      12     4        ἐξουσίαις. καὶ λαβὼν ὁ ἀρχάγγελος τούς κανίσκους  *  ἔβαλεν  *  αὐτοὺς εἰς τὴν φιάλην. καὶ λέγει μοι ὁ ἄγγελος
Prop.           2     1          ἣν ἐξ Ἀναθὼθ καὶ ἐν Τάφναις Αἰγύπτου λίθοις  *  βληθεὶς  *  ὑπὸ τοῦ λαοῦ ἀποθνήσκει. κεῖται δὲ ἐν τῷ τόπῳ
Esdr.    2    19          κύριέ μου εἰς κρίσιν. καὶ εἶπεν ὁ θεὸς πῦρ  *  βάλλω  *  ἐπὶ Σόδομα καὶ Γόμορρα. καὶ εἶπεν ὁ προφήτης κύριε
Job       31     3      συνόντων αὐτοῖς τῶν στρατιωτῶν αὐτῶν καὶ θυμίαμα  *  βαλλόντων  *  μοι κυκλόθεν, ἵνα δυνηθῶσίν προσεγγίσαι μοι
Sib.      5     5      καὶ μετὰ τὸν Πέλλης πολιήτορα ᾧ ὕπο πᾶσα ἀντολὴ  *  βεβόλητο  *  καὶ ἑσπερίη πολυόλβος ὃν Βαβυλὼν ἤλεγξε νέκυν
Sib.      5    23        φίλον οὔνομα ὅς τ' ἐπὶ Πέρσας ἄρξει καὶ Βαβυλῶνα  *  βαλεῖ  *  δορὶ δὴ τότε Μήδους. εἶτα τριῶν ἀριθμῶν κεφαλὴν
Sib.      5   299        θεὸς ἄφθιτος αἰθέρι ναίων οὐδ᾽ ἐφόρησεν πρηστῆρα  *  βαλεῖ  *  κατὰ κρατὸς ἀάγνυου. ἀντὶ δὲ χειμῶνος θέρος
FJub.   10     7      ἀπ' αὐτῶν ὁ κύριος ἐκέλευσε τῷ ἀρχαγγέλῳ Μιχαὴλ  *  βαλεῖν  *  αὐτούς εἰς τὴν ἄβυσσον ἄχρι ἡμέρας τῆς κρίσεως ὁ
FJub.   10     9        πρὸς θεὸν προαιρέσεως τὰ δὲ λοιπὰ ἐννέα μέρη  *  ἐβλήθη  *  εἰς τὴν ἄβυσσον. γυνὴ Φαλεκ Δυμνα θυγάτηρ
FIsa.     1    10        ἔσχισεν τὰ ἱμάτια αὐτοῦ καὶ ἔκλαυσεν πικρῶς καὶ  *  ἐβλήθη  *  χοῦν ἐπὶ τὴν κεφαλὴν αὐτοῦ καὶ ἔπεσεν ἐπὶ
FIsa.     1     2    13        προφήτην. καὶ αὐτὸς δὲ ὑβρί<ισ>θη ὑπὸ Ἀχαὰβ καὶ  *  ἐβλήθη  *  Μιχαίας εἰς φυλακήν. <καὶ ἦν> μ<ε>τὰ Σεδεκίου τοῦ
FPho.           186        γυψὶν ἔλωρα. μηδ' ἐπὶ σῇ ἀλόχωι ἐγκύμονι χεῖρα  *  βάλῃαι.  *  μηδ' αὖ παιδογόνον τέμνειν φύσιν ἄρσενα κούρου.
HHec.  1   22   203        ἀναχωρεῖν αὖθις σιωπήσας καὶ παρεκκύσας τὰ ὄμματα  *  ἔβαλε  *  καὶ τὸν ὀρνίθα πατάξας ἀπέκτεινεν. ἀγανακτούντων
LEze.  9   29  11 05      δράκων γὰρ ἔσται φοβερὸς ὥστε θαυμάσαι. (Μ). ἰδοὺ  *  βέβληται  *  δέσποθ' ἵλεως γενοῦ ὡς φοβερὸς ὡς πέλωρος
LEze.  9   29  14 13        οὑμὸς ἤντησε στρατός οἱ μὲν παρ' ἀκτὴν πλησίον  *  βεβλημένοι  *  Ἐρυθρᾶς Θαλάσσης ᾖσαν ἠθροϊσμένοι οἱ μὲν
LAri.  13  12     6        δεξιαὶ ὧραι καὶ φυτὰ γυρῶσαι καὶ σπέρματα πάντα  *  βαλέσθαι.  *  σαφῶς οἴομαι δεδεῖχθαι διότι διὰ πάντων ἐστὶν
                                          2
```

Βαλτάσαρ
```
Prop.           4     4        ηὔξατο ὑπὲρ τοῦ Ναβουχοδονόσορ παρακαλοῦντος αὐτὸν  *  Βαλτάσαρ  *  τοῦ υἱοῦ αὐτοῦ ὅτε ἐγένετο θηρίον καὶ κτῆνος
Prop.           4    17        ἐξιλεοῦσθαι κύριον. διὰ τοῦτο ἐκάλεσεν αὐτὸν  *  Βαλτάσαρ  *  ὅτι ἠθέλησεν αὐτὸν συγκληρονόμον καταστῆσαι τῶν
```

Βανέας
```
Aris.    50     2        Δανίηλος. δεκάτης Ἱερεμίας Ἐλεάζαρος Ζαχαρίας  *  Βανέας  *  Ἐλισσαῖος Δαθαῖος. ἑνδεκάτης Σαμούηλος Ἰώσηφος
```

βαπτίζω
```
Sedr.   14     7        δικαίων μου ἐν κόλποις Ἀβραὰμ καὶ εἰσίν τινες οἱ  *  βαπτισθέντες  *  τὸ ἐμὸν βάπτισμα καὶ τὸ θεῖόν μου μύρον
Sib.      5   478        ἔμπαλι μηκέτ' ἀνέλθῃ ὠκεανοῦ μείνας ἵν' ἐφ' ὕδασι  *  βαπτισθείη  *  πολλῶν γὰρ μερόπων εἶδεν κακότητας ἀνάγνους.
                                          2
```

βάπτισμα
```
Sedr.   14     6        πνεῦμα εἰς αὐτούς καὶ ἐπιστρέφονται πρὸς τὸ ἐμὸν  *  βάπτισμα  *  καὶ δέχομαι αὐτοὺς μετὰ τῶν δικαίων μου ἐν
Sedr.   14     7        Ἀβραὰμ καὶ εἰσίν τινες οἱ βαπτισθέντες τὸ ἐμὸν  *  βάπτισμα  *  καὶ τὸ θεῖόν μου μύρον μυρισθέντες καὶ γίνονται
```

βάπτω
```
LEze.  9   29  13 12      δὲ δέσμην λαβόντες χερσὶν ὑσσώπου κόμης εἰς αἷμα  *  βάψαι  *  καὶ θιγεῖν σταθμῶν δυοῖν ὅπως παρέλθῃ θάνατος
```

βάραθρον
```
Sib.      3   341      τὸ δὲ ῥεῦμα τὸ μυρίον αὐχέν' ἐφέξει. χάσματα ἠδὲ  *  βάραθρ'  *  ἀχανῆ πολλαὶ δὲ πόληες αὐτάνδροι πεσέονται ἐν
```

Βαραχα
```
FJub.    4    16      θείων μυστηρίων ἀποκαλύψεως ἀξιοῦται. γυνὴ Ἰάρεδ  *  Βαραχα  *  θυγάτηρ Ἀσουὴλ πατραδέλφου αὐτοῦ. γυνὴ Ἑνώχ
                                          6
```

Βαραχιήλ
```
Hen.             6     7        Χωχαριήλ Ἐζεκιήλ Βατριήλ Σαθιήλ Ἀτριήλ Ταμιήλ  *  Βαρακιήλ  *  Ἀνανθνὰ Θωνιήλ Ῥαμιήλ Ἀσέαλ Ῥακειήλ
```

| | | | | | |
|---|---|---|---|---|---|
| Hen. | 8 | 3 | καὶ ῥιζοτομίας Ἀρμαρὼς ἐπαοιδῶν λυτήριον | * Βαρακιήλ * | ἀστρολογίας Χωχιὴλ τὰ σημειωτικὰ Σαθιὴλ |
| FJub. | 4 | 15 | Μαωλὶθ ἀδελφὴ αὐτοῦ. γυνὴ Μαλελεὴλ Δινα θυγάτηρ | * Βαραχιήλ * | πατραδέλφου αὐτοῦ. ἐντεῦθεν ἤρξατο ἡ |
| FJub. | 4 | 28 | πατραδέλφου αὐτοῦ. γυνὴ Λάμεχ Βεθενως θυγάτηρ | * Βαραχιήλ * | πατραδέλφου αὐτοῦ. τῷ αὐτῷ Σ λ᾽ ἔτει καὶ Κάϊν |
| FJub. | 4 | 33 | ὃς καὶ ἀνῃρέθη ἀκουσίως. γυνὴ Νῶε Ἐμζαρα θυγάτηρ | * Βαραχιήλ * | πατραδέλφου αὐτοῦ. εἰσῆλθεν πρὸς ἡμᾶς ἡ κιβωτὸς |
| HAri. 9 | 25 | 4 | τὸν Μινναίων βασιλέα ἐλθεῖν δὲ καὶ Ἐλιοῦν τὸν | * Βαραχιήλ * | τὸν Ζωβίτην παρακαλούμενον δὲ φάναι καὶ χωρὶς |
| βαρβαρικός | | | | 1 | |
| Sib. | 5 | 339 | τε Μακηδονίην βασιλεὺς Αἰγύπτιος αἱρεῖ καὶ κλίμα | * βαρβαρικὸν * | ῥίψει σθένος ἡγεμονήων. Λυδοὶ καὶ Γαλάται |
| βαρβαρόθυμος * | | | | 1 | |
| Sib. | 3 | 332 | δαίμονος ὁρμῆς λιμοῦ καὶ λοιμοῦ ὑπό τ᾽ ἐχθρῶν | * βαρβαροθύμων. * | γαῖα <δ᾽> ἔρημος ἅπασα σέθεν καὶ ἔρημα |
| βάρβαρος | | | | 8 | |
| Aris. | 122 | 5 | γὰρ κάλλιστόν ἐστιν ἀποτεθειμένοι τὸ τραχὺ καὶ | * βάρβαρον * | τῆς διανοίας ὁμοίως δὲ καὶ τὸ κατοίεσθαι καὶ |
| Sib. | 3 | 520 | ἐπιπέμψει ἔθνεσι πληγήν. Ἕλλησιν δ᾽ ὁπόταν πολὺ | * βάρβαρον * | ἔθνος ἐπέλθῃ πολλὰ μὲν ἐκλεκτῶν ἀνδρῶν ὀλέσειε |
| Sib. | 3 | 638 | ἄλλην γαῖαν ἅπαντες +ἀλλαχθῇ δέ τε γαῖα βροτῶν καὶ | * βάρβαρος * | ἀρχὴ Ἑλλάδα πορθήσῃ πᾶσαν καὶ πίονα γαῖαν |
| Sib. | 5 | 132 | κἀκεῖ προσέμεινεν. πόντος ὀλεῖ Ταύρων γενεὴν καὶ | * βάρβαρον * | ἔθνος +καὶ Λαπίθας δάπεδον κατὰ γῆν ἐναρίξει. |
| Sib. | 5 | 466 | μεγάλου ποταμοῦ λιμνῶν τε μεγίστων εὐθὺς | * βάρβαρος * | ὄχλος ἐς Ἀσίδα γαῖαν ὁδεύσει καὶ Θρακῶν ὀλέσει |
| FAch. | 102 | | Βαβυλωνίων βασιλεία προέβαινεν. ὥστε οὐ μόνον τὰ | * βάρβαρα * | τῶν ἐθνῶν κατειληφέναι ἀλλὰ καὶ τὰ πλείονα μέρη |
| HCle. 1 | 15 | 241 | Διδώρον τούτου δὲ γενέσθαι Σόφωνα ἀφ᾽ οὗ τοὺς | * βαρβάρους * | Σόφακας λέγεσθαι. |
| HHec. 1 | 22 | 201 | δὴ πάντων ὁμολογούμενος καὶ τῶν Ἑλλήνων καὶ τῶν | * βαρβάρων * | ἄριστος. οὗτος οὖν ὁ ἄνθρωπος διαβαδιζόντων |
| βαρβαρόφρων * | | | | 1 | |
| Sib. | 5 | 96 | αἵματι καὶ νεκύεσσι +παρ᾽ ἐκπάγλοισί τε βωμοῖς+ | * βαρβαρόφρων * | σθεναρὸς πολυαίματος ἄφρονα λυσσῶν παμπληθεῖ |
| βαρβαρόφωνος | | | | 2 | |
| Sib. | 3 | 516 | Λυδῶν τε πεσεῖται Μαύρων τ᾽ Αἰθιόπων τε καὶ ἐθνῶν | * βαρβαροφώνων * | Καππαδοκῶν τ᾽ Ἀράβων τε τί δὴ κατὰ μοῖραν |
| Sib. | 3 | 528 | ποσὶ πρόσθε πεσούσας ὄψονται δεσμοῖσιν ὑπ᾽ ἐχθρῶν | * βαρβαροφώνων * | πᾶσαν ὕβριν δεινὴν πάσχοντας κοὐκ ἔσετ᾽ |
| βαρέω | | | | 4 | |
| Asen. | 24 | 1 | ἐφοβεῖτο τοὺς ἀδελφοὺς Ἰωσὴφ Συμεὼν καὶ Λευὶς καὶ | * ἐβαρεῖτο * | ἀπὸ τοῦ κάλλους Ἀσενὲθ καὶ ἐλυπεῖτο λύπην |
| Jer. | 5 | 2 | ὕπνου αὐτοῦ εἶπεν ὅτι ἡδέως ἐκοιμήθην ὀλίγον ἀλλὰ | * βεβαρημένη * | ἐστὶν ἡ κεφαλή μου ὅτι οὐκ ἐκορέσθην τοῦ |
| Jer. | 5 | 4 | γάλα. καὶ εἶπεν ἤθελον κοιμηθῆναι ἔτι ὀλίγον ὅτι | * βεβαρημένη * | ἐστὶν ἡ κεφαλή μου ἀλλὰ φοβοῦμαι μήπως |
| Job | 26 | 2 | τοὺς σκώληκας τοὺς ἐν τῷ σώματί μου καὶ οὐκ | * ἐβαρήθη * | ἡ ψυχή μου διὰ τοὺς πόνους ὅσον διὰ τὸ ῥῆμα ὃ |
| βᾶρις | | | | 1 | |
| FJub. | 37 | 17 | εἰς πόλεμον. Ἰακὼβ δὲ ἀποκλείσας τὰς πύλας τῆς | * βάρεως * | παρεκάλει τὸν Ἡσαῦ μνησθῆναι τῶν γονικῶν |
| Βάρις | | | | 1 | |
| Sib. | 4 | 99 | ἠιόνα προχέων ἱερὴν ἐς νῆσον ἵκηται. καὶ σὺ | * Βάρις * | πέσεαι καὶ Κύζικος ἡνίκα γαίης βρασσομένης |
| Βάρκη | | | | 1 | |
| Sib. | 5 | 187 | ἐγένου σὺ μόνη κόσμοιο κρατοῦσα. ἀλλ᾽ ὅταν ἡ | * Βάρκη * | τὸ κυπάσσιον ἀμφιβάληται λευκὸν ἐπὶ ῥυπαρῷ μήτ᾽ |
| βάρος | | | | 2 | |
| Abr.1 | 20 | 5 | πάντα δὲ τὰ μέλη τῆς σαρκός μου δίκην μολύβδου | * βάρος * | μοι φαίνονται καὶ τὸ πνεῦμά μου ἐν πολλῷ |
| Aris. | 93 | 5 | ὁμοίως δὲ καὶ τὰ τῶν προβάτων ἔτι δ᾽ αἰγῶν τοῖς | * βάρεσι * | καὶ πιμελῇ θαυμασίως ἔχει. κατὰ πᾶν γὰρ |
| Βαρούχ | | | | 59 | |
| Jer. | 1 | 1 | μου ἀνάστα καὶ ἔξελθε ἐκ τῆς πόλεως ταύτης σὺ καὶ | * Βαροὺχ * | ἐπειδὴ ἀπολῶ αὐτὴν διὰ τὸ πλῆθος τῶν ἁμαρτιῶν τῶν |
| Jer. | 1 | 7 | εἶ ἀνάστα καὶ ἔξελθε ἐκ τῆς πόλεως ταύτης σὺ καὶ | * Βαροὺχ * | ἐπειδὴ ἀπολῶ αὐτὴν διὰ τὸ πλῆθος τῶν ἁμαρτιῶν τῶν |
| Jer. | 1 | 9 | τὰς πύλας αὐτῆς. ἀνάστηθι οὖν καὶ ἄπελθε πρὸς | * Βαροὺχ * | καὶ ἀπάγγειλον αὐτῷ τὰ ῥήματα ταῦτα. καὶ |
| Jer. | 2 | 1 | Ἱερεμίου. δραμὼν δὲ Ἱερεμίας ἀνήγγειλε ταῦτα τῷ | * Βαροὺχ * | καὶ ἐλθόντες εἰς τὸν ναὸν τοῦ θεοῦ διέρρηξεν ὁ |
| Jer. | 2 | 2 | εἰς τὸ ἁγιαστήριον τοῦ θεοῦ. ἰδὼν δὲ αὐτὸν ὁ | * Βαροὺχ * | χοῦν πεπασμένον ἐπὶ τὴν κεφαλὴν αὐτοῦ καὶ τὰ |
| Jer. | 2 | 4 | ἕως ἂν ἀφεθῇ αὐτῷ ἡ ἁμαρτία. ἠρώτησε δὲ αὐτὸν ὁ | * Βαροὺχ * | λέγων πάτερ τί ἔστι τοῦτο; εἶπε δὲ αὐτῷ Ἱερεμίας |
| Jer. | 2 | 6 | ὅτι οὐ μὴ ἐλεήσῃ κύριος τὸν λαὸν τοῦτον. καὶ εἶπε | * Βαροὺχ * | πάτερ Ἱερεμία τί γέγονε; καὶ εἶπεν Ἱερεμίας ὅτι |
| Jer. | 2 | 8 | τὸν λαὸν εἰς Βαβυλῶνα. ἀκούσας δὲ ταῦτα | * Βαροὺχ * | διέρρηξε καὶ αὐτὸς τὰ ἱμάτια αὐτοῦ καὶ εἶπε πάτερ |
| Jer. | 3 | 1 | ἦλθον ὁμοῦ ἐπὶ τὰ τείχη τῆς πόλεως Ἱερεμίας καὶ | * Βαρούχ. * | καὶ ἰδοὺ ἐγένετο φωνὴ σαλπίγγων καὶ ἐξῆλθον |
| Jer. | 3 | 3 | τείχη τῆς πόλεως. ἰδόντες δὲ αὐτοὺς Ἱερεμίας καὶ | * Βαροὺχ * | ἔκλαυσαν λέγοντες νῦν ἐγνώκαμεν ὅτι ἀληθές ἐστι |
| Jer. | 3 | 12 | ἐπιστρέψω αὐτοὺς εἰς τὴν πόλιν. κατάλειψον δὲ τὸν | * Βαροὺχ * | ὧδε ἕως οὗ λαλήσω αὐτῷ. ταῦτα εἰπὼν ὁ κύριος |
| Jer. | 3 | 14 | ἀπὸ Ἱερεμίου εἰς τὸν οὐρανόν. Ἱερεμίας δὲ καὶ | * Βαροὺχ * | εἰσῆλθον εἰς τὸ ἁγιαστήριον καὶ ἐπάραντες τὰ |
| Jer. | 4 | 6 | αὐτὸν μετὰ τοῦ λαοῦ ἕλκοντες εἰς Βαβυλῶνα. ὁ δὲ | * Βαροὺχ * | ἐπέθηκε χοῦν ἐπὶ τὴν κεφαλὴν αὐτοῦ καὶ ἐκάθισε |
| Jer. | 4 | 10 | εἶδον τὸν ἀφανισμὸν τῆς πόλεως ταύτης. ταῦτα εἰπὼν | * Βαροὺχ * | ἐξῆλθεν ἔξω τῆς πόλεως κλαίων καὶ λέγων ὅτι |
| Jer. | 5 | 18 | αὐτῷ Ἀβιμέλεχ ποῦ ἔστιν ὁ Ἱερεμίας ὁ ἱερεὺς καὶ | * Βαροὺχ * | ὁ ἀναγνώστης καὶ πᾶς ὁ λαὸς τῆς πόλεως ταύτης ὅτι |
| Jer. | 6 | 1 | χειρὸς ἀπεκατέστησεν αὐτὸν εἰς τὸν τόπον ὅπου ἦν | * Βαροὺχ * | καθεζόμενος εὗρε δὲ αὐτὸν ἐν μνημείῳ. καὶ ἐν τῷ |
| Jer. | 6 | 2 | ἀμφότεροι καὶ κατεφίλησαν ἀλλήλους. ἀναβλέψας δὲ | * Βαροὺχ * | τοῖς ὀφθαλμοῖς αὐτοῦ εἶδε τὰ σῦκα ἐσκεπασμένα ἐν |
| Jer. | 6 | 8 | φυλάξει σε ἐν τῇ δυνάμει αὐτοῦ. ταῦτα εἰπὼν ὁ | * Βαροὺχ * | λέγει τῷ Ἀβιμέλεχ ἀνάστηθι καὶ εὐξώμεθα ἵνα |
| Jer. | 6 | 9 | τὴν σκέπην τὴν γενομένην σοι ἐν τῇ ὁδῷ. καὶ ηὔξατο | * Βαροὺχ * | λέγων ἡ δύναμις ἡμῶν ὁ θεὸς κύριε τὸ ἐκλεκτὸν φῶς |
| Jer. | 6 | 11 | τὴν φάσιν ταύτην; ἔτι δὲ προσευχομένου τοῦ | * Βαροὺχ * | ἰδοὺ ἄγγελος κυρίου ἦλθε καὶ λέγει τῷ Βαροὺχ |
| Jer. | 6 | 11 | τοῦ Βαροὺχ ἰδοὺ ἄγγελος κυρίου ἦλθε καὶ λέγει τῷ | * Βαροὺχ * | ἅπαντας τοὺς λόγους τούτους ὁ σύμβουλος τοῦ φωτὸς |
| Jer. | 6 | 15 | κύριος. καὶ ταῦτα εἰπὼν ὁ ἄγγελος ἀπῆλθεν ἀπὸ τοῦ | * Βαρούχ. * | ὁ δὲ Βαροὺχ ἀπέστειλεν εἰς τὴν ἀγορὰν τῶν ἐθνῶν |
| Jer. | 6 | 16 | ταῦτα εἰπὼν ὁ ἄγγελος ἀπῆλθεν ἀπὸ τοῦ Βαρούχ. ὁ δὲ | * Βαροὺχ * | ἀπέστειλεν εἰς τὴν ἀγορὰν τῶν ἐθνῶν καὶ ἤνεγκε |
| Jer. | 6 | 17 | καὶ μέλανα καὶ ἔγραψεν ἐπιστολὴν περιέχουσαν οὕτως | * Βαροὺχ * | ὁ δοῦλος τοῦ θεοῦ γράφει τῷ Ἱερεμίᾳ ἐν τῇ |
| Jer. | 7 | 1 | τὸ σημεῖόν ἐστι τῆς μεγάλης σφραγῖδος. καὶ ἀνέστη | * Βαροὺχ * | καὶ ἐξῆλθεν ἐκ τοῦ μνημείου καὶ εὗρεν τὸν ἀετὸν |
| Jer. | 7 | 2 | ἀποκριθεὶς ἀνθρωπίνῃ φωνῇ εἶπεν αὐτῷ ὁ ἀετὸς χαῖρε | * Βαροὺχ * | ὁ οἰκονόμος τῆς πίστεως. καὶ εἶπεν αὐτῷ Βαροὺχ |
| Jer. | 7 | 3 | Βαροὺχ ὁ οἰκονόμος τῆς πίστεως. καὶ εἶπεν αὐτῷ | * Βαροὺχ * | ὅτι ἐκλεκτὸς εἶ σὺ ὁ λαλῶν ἐκ πάντων τῶν πετεινῶν |
| Jer. | 7 | 6 | ἣν θέλεις ἀποστείλῃς δι᾽ ἐμοῦ. καὶ εἶπεν αὐτῷ | * Βαροὺχ * | εἰ δύνασαι σὺ ἐπᾶραι τὴν φάσιν ταύτην τῷ Ἱερεμίᾳ |
| Jer. | 7 | 8 | αὐτῷ ὁ ἀετὸς εἰς τοῦτο γὰρ καὶ ἀπεστάλην. καὶ ἄρας | * Βαροὺχ * | τὴν ἐπιστολὴν καὶ δεκαπέντε σῦκα ἐκ τοῦ κοφίνου |
| Jer. | 7 | 15 | ἵνα ἀκούσωσι ἐπιστολῆς ἧς ἤνεγκά σοι ἀπὸ τοῦ | * Βαροὺχ * | καὶ τοῦ Ἀβιμέλεχ. ἀκούσας δὲ ὁ Ἱερεμίας ἐδόξασε |
| Jer. | 7 | 23 | πόλιν ἡμῶν. ἔγραψε δὲ καὶ ἐπιστολὴν ὁ Ἱερεμίας τῷ | * Βαροὺχ * | λέγων οὕτως υἱέ μου ἀγαπητὲ μὴ ἀμελήσῃς ἐν ταῖς |
| Jer. | 7 | 31 | ἦλθεν εἰς Ἱερουσαλὴμ καὶ ἔδωκε τὴν ἐπιστολὴν τῷ | * Βαροὺχ * | καὶ λύσας ἀνέγνω καὶ κατεφίλησεν αὐτὴν καὶ |
| Jer. | 8 | 5 | καὶ ἦλθον εἰς Ἱερουσαλήμ. καὶ ἔστη Ἱερεμίας καὶ | * Βαροὺχ * | καὶ Ἀβιμέλεχ λέγοντες ὅτι πᾶς ἄνθρωπος κοινωνῶν |
| Jer. | 9 | 7 | τοῦ Ἱερεμίου καὶ ἱσταμένου ἐν τῷ θυσιαστηρίῳ μετὰ | * Βαροὺχ * | καὶ Ἀβιμέλεχ ἐγένετο ὡς εἷς τῶν παραδιδόντων τὴν |
| Jer. | 9 | 8 | εἷς τῶν παραδιδόντων τὴν ψυχὴν αὐτοῦ. καὶ ἔμειναν | * Βαροὺχ * | καὶ Ἀβιμέλεχ κλαίοντες καὶ κράζοντες μεγάλῃ τῇ |
| Jer. | 9 | 22 | λίθοις λιθοβολήσωμεν αὐτόν. ἐλυπήθησαν οὖν σφόδρα | * Βαροὺχ * | καὶ Ἀβιμέλεχ ὅτι ἤθελον ἀκοῦσαι πλήρης τὰ |
| Jer. | 9 | 25 | μου γενέσθαι ἕως οὗ πάντα ὅσα εἶδον διηγήσωμαι τῷ | * Βαροὺχ * | καὶ τῷ Ἀβιμέλεχ. τότε ὁ λίθος διὰ προστάγματος |
| Jer. | 9 | 28 | δὲ Ἱερεμίας πάντα παρέδωκε τὰ μυστήρια ἃ εἶδε τῷ | * Βαροὺχ * | καὶ τῷ Ἀβιμέλεχ καὶ εἶθ᾽ οὕτως ἔστη ἐν μέσῳ τοῦ |
| Jer. | 9 | 32 | λίθων καὶ ἐπληρώθη αὐτοῦ οἰκονομία. καὶ ἐλθόντες | * Βαροὺχ * | καὶ Ἀβιμέλεχ ἔθαψαν αὐτὸν καὶ λαβόντες τὸν λίθον |
| Bar. | | | αποκαλυψις | * βαρουχ. * | διήγησις καὶ ἀποκάλυψις Βαροὺχ περὶ ὧν κελεύματι |
| Bar. | | 1 | αποκαλυψις βαρουχ. διήγησις καὶ ἀποκάλυψις | * Βαροὺχ * | περὶ ὧν κελεύματι θεοῦ ἀρρήτων εἶδεν. εὐλόγησον |
| Bar. | | 2 | θεοῦ ἀρρήτων εἶδεν. εὐλόγησον δέσποτα. ἀποκάλυψις | * Βαροὺχ * | ὃς ἔστιν ἐπὶ ποταμοῦ Γέλ. κλαίων ὑπὲρ τῆς |
| Bar. | 1 | 1 | πύλας ὅπου ἔκειτο τὰ τῶν ἁγίων ἅγια. οἱ νῦν ἐγὼ | * Βαροὺχ * | κλαίων ἐν τῇ συνέσει μου καὶ ἔχων περὶ τοῦ λαοῦ |
| Bar. | 1 | 7 | σοι ἄλλα μυστήρια τούτων μείζονα. καὶ εἶπον ἐγὼ | * Βαροὺχ * | ζῇ κύριος ὁ θεὸς ὅτι ἐὰν ὑποδείξῃς μοι καὶ ἀκούσω |
| Bar. | 2 | 4 | δὲ πόδες αἰγῶν αἱ δὲ ὀσφύες ἀρνῶν. καὶ ἠρώτησα ἐγὼ | * Βαροὺχ * | τὸν ἄγγελον ἀνάγγειλόν μοι δέομαί σου τί ἐστιν τὸ |
| Bar. | 4 | 1 | καὶ κατέστησεν αὐτοὺς ὡς ὁρᾷς. καὶ εἶπον ἐγὼ | * Βαροὺχ * | ἰδοὺ κύριε μεγάλα καὶ θαυμαστὰ ἔδειξάς μοι καὶ |
| Bar. | 4 | 7 | ὡσεὶ πῆχυν μίαν καὶ οὐκ ἐκλείπει ἀπ᾽ αὐτῆς τι. ὁ | * Βαροὺχ * | εἶπεν καὶ πῶς; καὶ εἶπεν ὁ ἄγγελος ἄκουσον κύριος |
| Bar. | 4 | 9 | αὐτὸν διὰ τῆς ἀμπέλου αὐτοῦ. καὶ εἶπον ἐγὼ | * Βαροὺχ * | καὶ ἐπεὶ τοσούτου κακοῦ αἰτία γέγονεν ἡ ἄμπελος |
| Bar. | 4 | 16 | τὴν εἰς παράδεισον εἴσοδον. γίνωσκε τοιγαροῦν ὦ | * Βαροὺχ * | ὅτι ὥσπερ ὁ Ἀδὰμ δι᾽ αὐτοῦ τοῦ ξύλου τὴν |
| Bar. | 5 | 1 | οὐδὲν ἀγαθὸν δι᾽ αὐτοῦ κατορθοῦται. καὶ εἶπον ἐγὼ | * Βαροὺχ * | πρὸς τὸν ἄγγελον ἐπερωτῶ σε ἕνα λόγον κύριε |
| Bar. | 7 | 2 | ὁ ἀλέκτωρ φωνεῖ; καὶ εἶπέν μοι ὁ ἄγγελος ἄκουσον | * Βαροὺχ * | πάντα ὅσα ἔδειξά σοι ἐν τῷ πρώτῳ καὶ δευτέρῳ |
| Bar. | 7 | 6 | τοῦ ἀγγέλου. καὶ εἶπέν μοι ὁ ἄγγελος μὴ φοβοῦ | * Βαροὺχ * | ἀλλ᾽ ἔκδεξαι καὶ ὄψει καὶ τὴν δύσιν αὐτῶν. καὶ |
| Bar. | 8 | 5 | ἑκάστην ἡμέραν οὕτως ἀνακαινίζεται. καὶ εἶπον ἐγὼ | * Βαροὺχ * | κύριε καὶ διά τί μολύνονται αἱ ἀκτῖνες αὐτοῦ ἐπὶ |
| Bar. | 9 | 2 | τῆς σελήνης καὶ μετὰ τῶν ἀστέρων. καὶ εἶπον ἐγὼ | * Βαροὺχ * | κύριε δεῖξόν μοι καὶ ταύτην παρακαλῶ πῶς |
| Bar. | 9 | 6 | ἐστιν ὅτι ποτὲ μὲν αὔξει ποτὲ δὲ λήγει; ἄκουσον ὦ | * Βαροὺχ * | ταύτην ἣν βλέπεις ὡραία ἣν γεγραμμένη ὑπὸ θεοῦ ὡς |
| Bar. | 10 | 5 | πλῆθος τῶν ὀρνέων; καὶ εἶπεν ὁ ἄγγελος ἄκουσον | * Βαροὺχ * | τὸ μὲν πεδίον ἐστί τὸ περιέχον τὴν λίμνην καὶ |
| Bar. | 10 | 8 | ἃ διαπαντὸς ἀνυμνοῦσι τὸν κύριον. καὶ εἶπον ἐγὼ | * Βαροὺχ * | κύριε καὶ πῶς λέγουσιν οἱ ἄνθρωποι ὅτι ἀπὸ τῆς |
| FBar. | 13 | 1 | ημε>ρας ζ᾽ και εγενετο με<τα ταυτα οτι εγω> | * Βαρουχ * | ϊστηκειν επι το <ορος Σιων και ιδου φων>η εξηλθεν |
| FBar. | 13 | 2 | εξ ὑ<ψους και ειπε μοι ανα>στα επι τους πο<δας σου | * Βαρουχ * | και ακουε> τον λογον ϊσχυ<ρου θεου> >οπη<-- >τα |
| Βάρσας | | | | 1 | |
| TJud. | 8 | 2 | Ἴραν τὸν Ὀδολαμίτην πρὸς ὃν ἐλθὼν εἶδον | * Βάρσαν * | βασιλέα Ὀδολάμ. καὶ ἐποίησεν ἡμῖν πότον καὶ |
| βαρυθυμέω | | | | 2 | |
| Asen. | 10 | 1 | κατελείφθη Ἀσενὲθ μόνη μετὰ τῶν ἑπτὰ παρθένων καὶ | * ἐβαρυθύμει * | καὶ ἔκλαιεν ἕως ἔδυ ὁ ἥλιος. καὶ ἄρτον οὐκ |
| Sal. | 2 | 9 | ἐποίησαν εἰς ἅπαξ τοῦ μὴ ἀκούειν. καὶ ὁ οὐρανὸς | * ἐβαρυθύμησεν * | καὶ ἡ γῆ ἐβδελύξατο αὐτοὺς ὅτι οὐκ ἐποίησε |
| βαρύθυμος | | | | 1 | |
| Sib. | 3 | 460 | σεισμῷ καταλύσει τείχεά τ᾽ εὐποίητ᾽ ἀνδρῶν τε λεὼν | * βαρυθύμων * | ὀμβρήσει δέ τε γαῖα ὕδωρ ζεστὸν ποτὶ δ᾽ αὐτῆς |

βαρύκτυπος 1
Sib. 5 76 κακοὶ κακότητα μένοντες ὀργὴν ἀθανάτοιο * βαρυκτύπου * οὐρανίωνος ἀντὶ θεοῦ δὲ λίθους καὶ κνώδαλα
βαρύνω 4
Hen. 103 11 ἐγενήθημεν κατάβρωμα ἁμαρτωλῶν ⟨οἱ ἄνο⟩μοι * ἐβάρυναν * ἐφ' ἡμᾶς τὸν ζυγόν. οἱ κυριεύουσιν οἱ ἐχθροὶ
Sal. 2 22 τοῦ προσώπου κυρίου καὶ εἶπον ἱκάνωσον κύριε τοῦ * βαρύνεσθαι * χεῖρά σου ἐπὶ Ιερουσαλημ ἐν ἐπαγωγῇ ἐθνῶν ὅτι
Sal. 5 6 τὴν δέησιν ἡμῶν ὅτι σὺ ὁ θεὸς ἡμῶν εἶ. μὴ * βαρύνῃς * τὴν χεῖρά σου ἐφ' ἡμᾶς ἵνα μὴ δι' ἀνάγκην
Sib. 3 462 ὀμβρήσει δέ τε γαῖα ὕδωρ ζεστὸν ποτὶ δ' αὐτῆς γαῖα * βαρυνομένη * πίεται δσμὴ δέ τε θείου. καὶ Σάμος ἐν καιρῷ
βαρύς 18
TJud. 7 1 ἐρρέθη πρὸς ἡμᾶς ὅτι Γαὰς πόλις βασιλέων ἐν ὄχλῳ * βαρεῖ * ἔρχεται πρὸς ἡμᾶς. ἐγὼ οὖν καὶ Δὰν προσποιησάμενοι
TJud. 9 2 ἐπῆλθεν ἡμῖν Ἠσαῦ ὁ ἀδελφὸς τοῦ πατρός μου ἐν λαῷ * βαρεῖ * καὶ ἰσχυρῷ καὶ ἔπεσεν ἐν τόξῳ Ἰακὼβ καὶ ἤρθη
Asen. 10 1 πυκνῶς καὶ ἐφοβεῖτο φόβον μέγαν καὶ ἔτρεμε τρόμον * βαρύν. * καὶ ἀνέστη Ἀσενὲθ ἀπὸ τῆς κλίνης αὐτῆς καὶ
Asen. 10 6 εἶπεν αὐταῖς ἔσωθεν τῆς κεφαλῆς μού ἐστι πόνος * βαρὺς * καὶ ἡσυχάζω ἐν τῇ κλίνῃ μου καὶ ἀναστῆναι καὶ
Asen. 18 4 εἶπεν αὐτῷ Ἀσενὲθ τῆς κεφαλῆς μου πόνος γέγονε * βαρὺς * καὶ ὁ ὕπνος ἀπέστη ἀπὸ τῶν ὀφθαλμῶν μου καὶ τούτου
Asen. 23 1 καὶ εἶδεν τὴν Ἀσενὲθ καὶ κατενύγη καὶ ἐδυσφόρει * βαρέως * καὶ κακῶς εἶχε διὰ τὸ κάλλος αὐτῆς καὶ εἶπεν οὐχὶ
Asen. 27 2 αὐτοῦ τὸν εὐώνυμον καὶ ἐτραυμάτισεν αὐτὸν τραύματι * βαρεῖ. * καὶ ἔπεσεν ὁ υἱὸς Φαραὼ ἀπὸ τοῦ ἵππου αὐτοῦ ἐπὶ
Jer. 5 10 τοῦ ὄρους ἦλθον ἐγερθεὶς ἀπὸ τοῦ ὕπνου μου καὶ * βαρείας * οὔσης τῆς κεφαλῆς μου διὰ τὸ μὴ κορεσθῆναί με
Sib. 3 381 καὶ πᾶν κακὸν ἤμασι κείνοις. ἀλλὰ Μακηδονίη * βαρὺ * τέξεται Ἀσίδι πῆμα Εὐρώπῃ δὲ μέγιστον
Sib. 3 436 ἐξεναρίξει. Κύζικε καὶ σοὶ πόντος ἀπορρήξει * βαρὺν * ὄλβον. καὶ σύ ποτ' +Ἄρη Βυζάντιον Ἀσίδι στέρξη+
Sib. 3 482 βυθὸς ἀμφιπολεύσει αἰαῖ νήπια τέκν' ἁλινηχέα καὶ * βαρὺν * ὄλβον. Μυσῶν γαῖα μάκαιρα γένος βασιλήιον ἄφνω
Sib. 3 534 εἷς δ' αὐτοὺς πάντας ὀλέσσει πέντε δὲ κινήσουσι * βαρὺν * χόλον οἱ δὲ πρὸς αὐτοὺς αἰσχρῶς φυρόμενοι πολέμῳ
Sib. 3 752 οὐδὲ μάχαιρα κατὰ χθονὸς οὐδὲ κυδοιμὸς οὐδὲ * βαρὺ * στενάχουσα σαλεύσεται οὐκέτι γαῖα οὐ πόλεμος οὐδ'
Sib. 4 71 μεγάλαυχος ἐπὶ πλατὺν Ἑλλήσποντον πλεύσει Φρυξὶ * βαρεῖαν * ἰδ' Ἀσίδι κῆρα φέρουσα. αὐτὰρ ἐς Αἴγυπτον
Sib. 5 29 λάχε κοίρανος ἔσται δεινὸς ὄφις φυσῶν πόλεμον * βαρὺν * ὅς ποτε χεῖρας ἧς γενεῆς τανύσας ὀλέσει καὶ πάντα
FAch. 104 νόμον ἀπτόμενος θάνατον ἐνακμᾶται. ὁ δὲ νεανίσκος * βαρέως * φέρων τοὺς λόγους τοῦ Αἰσώπου καταπεισθεὶς ὑπὸ
LEze. 9 28 2 10 Φαραὼ τοὺς μὲν ἐν πλινθεύμασιν οἰκοδομίαις τε * βαρέσιν * αἰκίζων βροτοὺς πόλεις τ' ἐπύργουν σφῶν ἔκατι
LEze. 64 29 6 02 ποδός. ὦ πᾶσιν ἀρχὴ καὶ πέρας κακῶν ὄφις σύ τ' ὦ * βαρὺν * τίκτουσα θησαυρὸν κακῶν πλάνη τυφλοῦ ποδηγέ
βασανίζω 2
Abr.2 10 16 ἦραν οὖν αὐτὴν οἱ ὑπηρέται τῆς ὀργῆς καὶ * ἐβασάνισαν * αὐτήν. καὶ ἀποκριθεὶς Ἀβραὰμ εἶπεν τῷ Μιχαὴλ
TAser 6 5 τοῦ σατανᾶ. ἐὰν γὰρ τεταραγμένη ἡ ψυχὴ ἀπέρχεται * βασανίζεται * ὑπὸ τοῦ πονηροῦ πνεύματος οὗ καὶ ἐδούλευσεν
βασανιστής 1
Abr.1 12 18 τὰς ἁμαρτίας καὶ τὰς δικαιοσύνας ἐξ ἴσου οὔτε ταῖς * βασανισταῖς * ἐξέδωκεν αὐτὴν οὔτε τοῖς σωζομένοις ἀλλ'
βάσανος 7
Hen. 10 13 ἀπαχθήσονται εἰς τὸ χάος τοῦ πυρὸς καὶ εἰς τὴν * βάσανον * καὶ εἰς τὸ δεσμωτήριον συγκλείσεως αἰῶνος. καὶ
Hen. 10B 13 ἀπενεχθήσονται εἰς τὸ χάος τοῦ πυρὸς καὶ εἰς τὴν * βάσανον * καὶ εἰς τὸ δεσμωτήριον τῆς συγκλείσεως τοῦ
Hen. 22 11 ὧδε χωρίζεται τὰ πνεύματα αὐτῶν εἰς τὴν μεγάλην * βάσανον * ταύτην μέχρι τῆς μεγάλης ἡμέρας τῆς κρίσεως τῶν
Hen. 22 11 μεγάλης ἡμέρας τῆς κρίσεως τῶν μαστίγων καὶ τῶν * βασάνων * τῶν κατηραμένων μέχρι αἰῶνος ἦν ἀνταπόδοσις τῶν
Hen. 25 6 οἱ πατέρες σου καὶ ἐν ταῖς ἡμέραις αὐτῶν καὶ * βάσανοι * καὶ πληγαὶ καὶ μάστιγες οὐχ ἅψονται αὐτῶν. τότε
FIsa. 1 6 χεῖρας αὐτοῦ ⟨ἐπ' αὐτὸν τὸν μέλλοντά⟩ με τιμωρεῖν * βασάνοις. * ζῇ κύριος καὶ ὁ ἀγαπητὸς καὶ τὸ πνεῦμα τὸ
FIsa. 1 8 ἐν ἐμοὶ ὅτι ἐν ταῖς χερσὶ Μανασσῆ τοῦ υἱοῦ σου * βασάνοις * ἀπαλλαγήσομαι. κατοικήσει ὁ Σατανᾶς ἐν ⟨καρδίᾳ⟩
Βασέας 1
Aris. 47 4 Ἐσχλεμίας. τρίτης Νεεμίας Ἰώσηφος Θεοδόσιος * Βασέας * Ὀρνίας Δάκις. τετάρτης Ἰωνάθας Ἀβραῖος
βασιλεία 65
Hen. 98 2 ὡς γυναῖκες ⟨καὶ⟩ χρῶμα ὡραῖον ὑπὲρ παρθένους ἐν * βασιλείᾳ * καὶ μεγαλωσύνῃ καὶ ἐν ἐξουσίᾳ. ἔσονται δὲ
Abr.1 7 7 εἶπεν ἄφες ἀρτίως ἀναληφθῆναι αὐτοὺς ⟨εἰς τὴν ἄνω * βασιλείαν * ὅτι θέλει αὐτοὺς ἐκεῖ καὶ ἦρεν αὐτοὺς⟩ ἀπ'
Abr.1 8 3 δέσποτα παντοκράτορ ὅτι κελεύει ἡ σὴ δόξα καὶ * βασιλεία * ἡ ἀθάνατος. εἶπεν δὲ ὁ θεὸς τὸν Μιχαὴλ ἄπελθε
TJud. 12 4 τὴν ῥάβδον μου καὶ τὴν ζώνην καὶ τὸ διάδημα τῆς * βασιλείας * καὶ συνελθὼν αὐτῇ συνείληφεν. ἀγνοῶν δὲ ὃ
TJud. 15 2 κἂν γάρ τις βασιλεύσῃ πορνεύων γυμνοῦμενος τῆς * βασιλείας * ἐξέρχεται δουλωθεὶς τῇ πορνείᾳ ὡς κἀγώ
TJud. 15 3 τὴν δύναμιν καὶ τὸ διάδημα τουτέστι τὴν δόξαν τῆς * βασιλείας * μου. καίγε μετανοήσας ἐπὶ τούτοις οἶνον καὶ
TJud. 17 3 καίγε σοφοὺς ἄνδρας τῶν υἱῶν μου ἀλλοιώσουσι καὶ * βασιλείαν * Ἰουδὰ σμικρυνθῆναι ποιήσουσιν ἣν ἔδωκέ μοι
TJud. 21 2 ἵνα μὴ ἐξολοθρευθῆτε. ἐμοὶ γὰρ ἔδωκε κύριος τὴν * βασιλείαν * κἀκείνῳ τὴν ἱερατείαν καὶ ὑπέταξε τὴν
TJud. 21 2 βασιλείαν κἀκείνῳ τὴν ἱερατείαν καὶ ὑπέταξε τὴν * βασιλείαν * τῇ ἱερωσύνῃ. ἐμοὶ ἔδωκε τὰ ἐπὶ τῆς γῆς ἐκείνῳ
TJud. 21 4 τῆς γῆς οὕτως ὑπερέχει θεοῦ ἱερατεία τῆς ἐπὶ γῆς * βασιλείας * ἐὰν μὴ δι' ἁμαρτίας ἀποπέσῃ κυρίου καὶ
TJud. 21 4 ἀποπέσῃ κυρίου καὶ κυριευθῇ ὑπὸ τῆς ἐπιγείου * βασιλείας. * καὶ γὰρ αὐτὸν ὑπὲρ σε ἐξελέξατο κύριος
TJud. 22 2 ἐν Ἰσραὴλ καὶ ἐν ἀλλοφύλοις συντελεσθήσεται ἡ * βασιλεία * μου ἕως τοῦ ἐλθεῖν τὸ σωτήριον Ἰσραὴλ ἕως
TJud. 22 3 εἰρήνῃ καὶ πάντα τὰ ἔθνη. καὶ αὐτὸς φυλάξει κράτος * βασιλείας * μου ἕως τοῦ αἰῶνος. ὅρκῳ γὰρ ὤμοσέ μοι κύριος
TJud. 24 5 εἰς ζωὴν πάσης σαρκός. τότε ἀναλάμψει σκῆπτρον * βασιλείας * μου καὶ ἀπὸ τῆς ῥίζης ὑμῶν γενήσεται πυθμήν.
TIss. 5 7 ἐν αὐτοῖς καὶ τῷ μὲν ἔδωκε τὴν ἱερατείαν τῷ δὲ τὴν * βασιλείαν. * αὐτοῖς οὖν ὑπακούσατε καὶ τῇ ἁπλότητι τοῦ
TDan 6 2 ἀνθρώπων ἐπὶ τῆς εἰρήνης Ἰσραὴλ καὶ κατέναντι τῆς * βασιλείας * τοῦ ἐχθροῦ στήσεται διὰ τοῦτο σπουδάζει ὁ
TDan 6 4 ὅτι ἐν ᾗ ἡμέρᾳ πιστεύσει Ἰσραὴλ συντελεσθήσεται ἡ * βασιλεία * τοῦ ἐχθροῦ. αὐτὸς ὁ ἄγγελος τῆς εἰρήνης
TJos. 19 7 χάριτι σῴζων πάντα τὰ ἔθνη καὶ τὸν Ἰσραήλ. ἡ γὰρ * βασιλεία * αὐτοῦ βασιλεία αἰῶνος ἥτις οὐ παρασαλεύεται. ἡ
TJos. 19 7 τὰ ἔθνη καὶ τὸν Ἰσραήλ. ἡ γὰρ βασιλεία αὐτοῦ * βασιλεία * αἰῶνος ἥτις οὐ παρασαλεύεται. ἡ δὲ ἐμὴ βασιλεία
TJos. 19 7 βασιλεία αἰῶνος ἥτις οὐ παρασαλεύεται. ἡ δὲ ἐμὴ * βασιλεία * ἐν ὑμῖν ἐπιτελεῖται ὡς ὀπωροφυλάκιον ὅτι μετὰ
TBen. 9 1 βραχὺ καὶ ἀνανεώσεσθε ἐν γυναιξὶ στρήνους καὶ ἡ * βασιλεία * κυρίου οὐκ ἔσται ἐν ὑμῖν ὅτι εὐθὺς αὐτὸς
Sal. 5 18 ἐν ἀγαθοῖς καὶ ἡ χρηστότης σου ἐπὶ Ισραηλ ἐν τῇ * βασιλείᾳ * σου. εὐλογημένη ἡ δόξα κυρίου ὅτι αὐτὸς
Sal. 17 3 τοῦ θεοῦ ἡμῶν εἰς τὸν αἰῶνα μετ' ἐλέους καὶ ἡ * βασιλεία * τοῦ θεοῦ ἡμῶν εἰς τὸν αἰῶνα ἐπὶ τὰ ἔθνη ἐν
Bar. 11 2 εἰσελθεῖν ἕως ἔλθῃ Μιχαὴλ ὁ κλειδοῦχος τῆς * βασιλείας * τῶν οὐρανῶν. ἀλλ' ἀνάμεινον καὶ ὄψει τὴν δόξαν
Prop. 4 15 μετὰ ἄφεσιν τῆς ἀνομίας αὐτοῦ ἀπέδωκεν αὐτῷ τὴν * βασιλείαν. * οὔτε ἄρτον ἢ κρέα ἔφαγεν οὔτε οἶνον ἔπιεν
Sedr. 15 7 καὶ εὐαγγελιστῆς καὶ οἱ λοιποὶ οἱ πταίσαντες τὴν * βασιλείαν * σου κύριέ μου οὕτως καὶ τοὺς ἐπ' ἐσχάτων
Job 28 5 οὐ μὴ ἀναλογίσῃ τοὺς λίθους τοὺς ἐνδόξους τῆς * βασιλείας * σου. εὐγενέστερος γὰρ ἤμην τῶν ἀφ' ἡλίου
Job 33 9 καὶ τὸ καύχημα αὐτῶν ἔσονται ὡς ἔσοπτρον ἐμοὶ δὲ ἡ * βασιλεία * εἰς αἰῶνας αἰώνων, καὶ ἡ δόξα καὶ ἡ εὐπρέπεια
Job 34 4 καὶ δυσωδίαις, καὶ ἀκμὴν ἐπαίρεται καθ' ἡμῶν * Βασιλεῖαι * παρέρχονται καὶ αἱ ἡγεμονίαι αὐτῶν καὶ ἰδοὺ
Job 38 7 γὰρ (ἐ)πάρωμεν μεθ' ἑαυτῶν τοὺς ἰατροὺς τῶν τριῶν * βασιλειῶν * ἡμῶν καὶ βούλει θεραπευθῆναι ὑπ' αὐτῶν; ἴσως
Job 43 7 αὐτοῦ τὴν δόξαν καὶ τὴν εὐπρέπειαν ἡ * βασιλεία * αὐτοῦ παρῆλθεν, σέσηπται αὐτοῦ ὁ θρόνος καὶ ἡ
Aris. 15 5 πρὸς ἀποστολὴν ἐν οἰκετίαις ὑπαρχόντων ἐν τῇ σῇ * βασιλείᾳ * πληθῶν ἱκανῶν; ἀλλὰ τελείᾳ καὶ πλουσίᾳ ψυχῇ
Aris. 15 7 συνεχομένους ἐν ταλαιπωρίαις κατευθύνοντός σοι τὴν * βασιλείαν * τοῦ τεθεικότος αὐτοῖς θεοῦ τὸν νόμον καθὼς
Aris. 20 8 τινες προῆσαν ἢ μετὰ ταῦτα παρεισήχθησαν εἰς τὴν * βασιλείαν. * ὑπὲρ τὰ τετρακόσια τάλαντα τὴν δόσιν
Aris. 24 6 ἐν οἰκετίαις πανταχῇ καθ' ὀντινοῦν τρόπον ἐν τῇ * βασιλείᾳ * κομιζομένους τοὺς ἔχοντας τὸ προκείμενον
Aris. 36 5 (μὴ) ἔχῃ διὰ τούτων καὶ ἡμεῖς δὲ παραλαβόντες τὴν * βασιλείαν * φιλανθρωπότερον ἀπαντῶμεν τοῖς πᾶσι πολὺ δὲ
Aris. 37 5 τῷ μεγίστῳ θεῷ χαριστικὸν ἀνατιθέντες ὃς ἡμῖν τὴν * βασιλείαν * ἐν εἰρήνῃ καὶ δόξῃ κρατίστῃ παρ' ὅλην τὴν
Aris. 45 4 καθὼς προαιρῇ διὰ παντὸς καὶ διασώζῃ σοι τὴν * βασιλείαν * ἐν εἰρήνῃ μετὰ δόξης ὁ κυριεύων ἁπάντων θεὸς
Aris. 125 3 δικαίους καὶ σώφρονας τὴν μεγίστην ἂν φυλακὴν τῆς * βασιλείας * ἕξειν συμβουλευόντων παρρησίᾳ πρὸς τὸ συμφέρον
Aris. 187 3 καθ' ἡλικίαν τὴν ἀνάπτωσιν πεποιημένοι πῶς ἂν τὴν * βασιλείαν * μέχρι τέλους ἄπταιστον ἔχων διατελοῖ; βραχὺ δὲ
Aris. 209 3 τοῦ κατὰ τὸ ἑξῆς τίς ἀναγκαιότατος τρόπος * βασιλείας; * τὸ συντηρεῖν εἶπεν αὐτὸν ἀδωροδόκητον καὶ
Aris. 245 4 τρέποιτο; ὁ δὲ προχείρως ἔχων εἶπεν ὅτι μεγάλης * βασιλείας * κατάρχει καὶ πολλῶν ὄχλων ἀφηγεῖται καὶ οὐ δεῖ
Aris. 267 3 ἕτερον ἠρώτα πῶς ἂν παμμιγῶν ὄχλων ὄντων ἐν τῇ * βασιλείᾳ * τούτοις ἁρμόσαι; τὸ πρέπον ἑκάστῳ
Aris. 271 2 σοφῶς δὲ αὐτὸν εἰπὼν ἀποκεκρίσθαι ἑτέρῳ εἶπε τί * βασιλείαν * διατηρεῖ; πρὸς τοῦτ' ἔφη μέριμνα καὶ φροντὶς
Aris. 286 4 καὶ δυναμένους ὑπομιμνήσκειν τὰ χρήσιμα τῇ * βασιλείᾳ * καὶ τοῖς τῶν ἀρχομένων βίοις ἐμμελέστερον ἢ
Aris. 291 2 ἐπαινέσας τὸν ἐπὶ πᾶσιν ἠρώτα τί μέγιστόν ἐστι * βασιλείας; * πρὸς τοῦτο εἶπε τὸ διὰ παντὸς ἐν εἰρήνῃ
Sib. 3 47 καὶ Αἰγύπτου βασιλεύσει εἰσέτι δηθύνουσα +τότε δὴ+ * βασιλεία * μεγίστη ἀθανάτου βασιλῆος ἐπ' ἀνθρώποισι
Sib. 3 107 αὐτὰρ ἅπασα γαῖα βροτῶν πληρούτο μεριζομένων * βασιλειῶν * καὶ τότε δὴ δεκάτη γενεὴ μερόπων ἀνθρώπων ἐξ
FJub. 11 14 Ἀσσυρίων τεσσαρακοστὸν τρίτον ἄγοντος ἔτος τῆς * βασιλείας * γεννᾶται Ἀβραάμ. Θάρρα δὲ γενόμενος ἐτῶν ο'
FEll. 10 94 4 ἐπὶ καρδίαν ἀνθρώπου ἀνέβη καὶ χαρήσονται ἐπὶ τῇ * βασιλείᾳ * τοῦ κυρίου αὐτῶν εἰς τοὺς αἰῶνας. τοῦ
FIsa. 3 1 ἐτελεύτησεν δὲ Ἐζεκίας καὶ Μανασσῆς παρέλαβεν τὴν * βασιλείαν * αὐτοῦ. οὐκ ἐμνήσθη τῶν ἐντολῶν τοῦ πατρὸς
FEz. 64 70 6 βασιλεύς τις ἐν τῇ αὐτοῦ * βασιλείᾳ * πάντας εἶχεν ἐστρατευμένους παγανὸν δὲ οὐκ
FEz. 64 70 7 τῷ ἰδίῳ υἱῷ ἐκάλεσε πάντας τοὺς ἐν τῇ αὐτοῦ * βασιλείᾳ * περιεφρόνησε δὲ τῶν δύο παγανῶν τοῦ τε χωλοῦ
FEz. 64 70 12 τῷ βασιλεῖ λέγοντες ἅπαντες στρατιῶται ἐν τῇ * βασιλείᾳ * σου καὶ οὐδεὶς ἐστὶ παγανός. πόθεν τοίνυν ἴχνη
FAch. 102 φόρους ἐχορήγουν. καὶ οὕτως ἡ τῶν Βαβυλωνίων * βασιλεία * προέβαινεν. ὥστε οὐ μόνον τὰ βάρβαρα τῶν ἐθνῶν
FAch. 104 Λυκούργῳ λέγων ὁ πιστός φίλος σου ἴδε πῶς κατὰ τῆς * βασιλείας * σου βουλεύεται. ὁ δὲ βασιλεὺς πεισθεὶς τῇ
FAch. 106 τὸν Αἴσωπον. καὶ ἔλεγεν στενάζων τὸν κιονά μου τῆς * βασιλείας * ἀπώλεσα διὰ τὴν ἐμὴν ἀβουλίαν. καὶ οὔτε βρωτοῦ
FAch. 115 ὁ δὲ βασιλεὺς θαυμάσας αὐτὸν ἔφη οὕτως τῆς * βασιλείας * περιμενούσης συμβαίνει Λυκοῦργον μηδὲν εἶναι.
FAch. 115 σεισμούς. ὁμοίως καὶ Λυκοῦργος τῇ λαμπρότητι τῆς * βασιλείας * ⟨αὐτοῦ τὴν ὑμῶν λαμπρότητα⟩ (φωτεινὴν)
FAch. 123 ὁ δὲ Νεκταναβὼν ἔφη μακάριος Λυκοῦργος ἐν τῇ * βασιλείᾳ * αὐτοῦ τοιαύτην σοφίαν κεκτημένος. δοὺς δὲ αὐτῷ
HEup. 9 31 1 φίλῳ πατρικῷ χαίρειν. γίνωσκέ με παρειληφότα τὴν * βασιλείαν * παρὰ Δαβὶδ τοῦ πατρὸς διὰ τοῦ θεοῦ τοῦ

HEup. 9 32 1 καὶ ἡ δύναμίς μου πᾶσα ἐπὶ τῷ παρειληφέναι σε τὴν * βασιλείαν * παρὰ χρηστοῦ ἀνδρὸς καὶ δεδοκιμασμένου ὑπὸ
HEup. 9 33 1 φίλῳ πατρικῷ χαίρειν. γίνωσκέ με παρειληφότα τὴν * βασιλείαν * παρὰ Δαβὶδ τοῦ πατρὸς διὰ τοῦ θεοῦ τοῦ
HEup. 9 34 1 καὶ εὐλόγησα τὸν θεὸν ἐπὶ τῷ παρειληφέναι σέ τὴν * βασιλείαν. * περὶ δὲ ὧν γράφεις μοι περὶ τῶν κατὰ τοὺς
HEup. 1 141 4 ἔτη ἀπὸ Ἀδὰμ ἄχρι τοῦ πέμπτου ἔτους Δημητρίου * βασιλείας * Πτολεμαίου τὸ δωδέκατον βασιλεύοντος Αἰγύπτου

βασίλεια 1

SIb. 5 435 αἰαῖ σοι Βαβυλὼν χρυσόθρονε χρυσοπέδιλε πουλυετὴς * βασίλεια * μόνη κόσμοιο κρατοῦσα ἡ τὸ πάλαι μεγάλη καὶ

βασίλειος 17

TSIm. 8 3 ἐφύλαττον οἱ Αἰγύπτιοι ἐν τοῖς ταμιείοις τῶν * βασιλείων. * ἔλεγον γὰρ αὐτοῖς οἱ ἐπαοιδοὶ ὅτι ἐν ἐξόδῳ
TJud. 17 6 ὁμοίως οὕτως. καὶ ἐγὼ οἶδα ὅτι ἐξ ἐμοῦ στήσεται τὸ * βασίλειον. * ὅτι καίγε ἀνέγνων ἐν βίβλοις Ἐνὼχ τοῦ
TJud. 22 3 αἰῶνος. ὅρκῳ γὰρ ὤμοσέ μοι κύριος μὴ ἐκλεῖψαι τὸ * βασίλειόν * μου ἐκ τοῦ σπέρματός μου πάσας τὰς ἡμέρας ἕως
TJud. 23 1 καὶ γοητείας καὶ εἰδωλολατρείας ἃς ποιήσετε εἰς τὸ * βασίλειον * ἐγγαστριμύθοις ἐξακολουθοῦντες κληδόσι καὶ
TJos. 9 2 σκότους νηστεύοντα ἐν σωφροσύνῃ ἢ τὸν ἐν ταμιείοις * βασιλείων * τρυφῶντα μετὰ ἀκολασίας. ὁ δὲ ἐν σωφροσύνῃ
Sal. 17 4 αὐτοῦ εἰς τὸν αἰῶνα τοῦ μὴ ἐκλείπειν ἀπέναντί σου * βασίλειον * αὐτοῦ. καὶ ἐν ταῖς ἁμαρτίαις ἡμῶν ἐπανέστησαν
Sal. 17 6 ἐδόξασαν τὸ ὄνομά σου τὸ ἔντιμον. ἐν δόξῃ ἔθεντο * βασίλειον * ἀντὶ ὕψους αὐτῶν ἠρήμωσαν τὸν θρόνον Δαυιδ ἐν
Aris. 98 2 ἐπὶ δὲ ταύτης τὴν ἀμίμητον μίτραν τὸ καθηγιασμένον * βασίλειον * ἐκτυποῦν ἐπὶ πετάλῳ χρυσῷ γράμμασιν ἁγίοις τὸ
SIb. 3 159 αὐτὰρ ἔπειτα χρόνου περιτελλομένοιο Αἰγύπτου * βασίλειον * ἐγείρατο εἶτα τὸ Περσῶν Μήδων Αἰθιόπων τε καὶ
SIb. 3 288 ἕκαστον ἐν αἵματι καὶ πυρὸς αὐγῇ. ἔστι δέ τις φυλὴ * βασιλήιος * ἧς γένος ἔσται ἄπταιστον καὶ τοῦτο χρόνοις
SIb. 3 463 πίεται ὀσμὴ δέ τε θείου. καὶ Σάμος ἐν καιρῷ * βασιλήια * δώματα τεύξει. Ἰταλίη σοὶ δ' οὔτις Ἄρης
SIb. 3 483 ἀλινηχέα καὶ βαρὺν ὄλβον. Μυσῶν γαῖα μάκαιρα γένος * βασιλήιον * ἄφνω +τεύξεται. οὐ μὴν πουλὺν ἐπὶ χρόνον
SIb. 3 614 καὶ πάντα κακῶν ἀναπλήσει ῥίψει δ' Αἰγύπτου * βασιλήιον * ἐκ δέ τε πάντα κτήμαθ' ἑλὼν ἐποχεῖται ἐπ'
SIb. 3 767 κεχολώσεται ὅς κεν ἁμάρτῃ. καὶ τότε δὴ ἐξεγερεῖ * βασιλήιον * εἰς αἰῶνας πάντας ἐπ' ἀνθρώπους ἅγιον νόμον ὅς
HEup. 9 34 12 τείχεσι καὶ πύργοις καὶ τάφροις οἰκοδομῆσαι δὲ καὶ * βασίλεια * ἑαυτῷ. προσαγορευθῆναι δὲ τὸ ἀνάκτορον πρῶτον
HArt. 9 27 24 τε ὅπλα κατεαγῆναι. ἐξελθόντα δὲ τὸν Μώϋσον ἐπὶ τὰ * βασίλεια * ἐλθεῖν εὑρόντα δὲ ἀνεῳγμένας τὰς θύρας
HCal. 28 18 ὧν πράττειν μέλλω. κατιὼν δὲ τοῦ πύργου εἰς τὰ * βασίλεια * ᾤχετο καὶ Σέλευκον μὲν ἄρχοντα τῶν Περσῶν

βασιλεύς 392

Adam 29 4 εἶπον οἱ ἄγγελοι τῷ κυρίῳ Ἰαὴλ αἰώνιε * βασιλεῦ * κέλευσον δοθῆναι τῷ Ἀδὰμ θυμιάματα εὐωδίας ἐκ
Hen. 9 4 σὺ εἶ κύριος τῶν κυρίων καὶ ὁ θεὸς τῶν θεῶν καὶ * βασιλεὺς * τῶν αἰώνων ὁ θρόνος τῆς δόξης σου εἰς πάσας τὰς
Hen. 9B 4 σὺ εἶ ὁ θεὸς τῶν θεῶν καὶ κύριος τῶν κυρίων καὶ ὁ * βασιλεὺς * τῶν βασιλευόντων καὶ θεὸς τῶν αἰώνων καὶ ὁ
Hen. 12 3 ἥμην Ἐνὼχ εὐλογῶν τῷ κυρίῳ τῆς μεγαλωσύνης τῷ * βασιλεῖ * τῶν αἰώνων. καὶ ἰδοὺ οἱ ἐγρήγοροι τοῦ ἁγίου τοῦ
Hen. 25 3 οὗ καθίζει ὁ μέγας κύριος ὁ ἅγιος τῆς δόξης ὁ * βασιλεὺς * τοῦ αἰῶνος ὅταν καταβῇ ἐπισκέψασθαι τὴν γῆν ἐπ'
Hen. 25 5 ἐν τόπῳ ἁγίῳ παρὰ τὸν οἶκον τοῦ θεοῦ * βασιλέως * τοῦ αἰῶνος. τότε εὐφρανθήσονται εὐφραινόμενοι
Hen. 25 7 αὐτῶν. τότε ηὐλόγησα τὸν θεὸν τῆς δόξης τὸν * βασιλέα * τοῦ αἰῶνος ὃς ἡτοίμασεν ἀνθρώποις τὰ τοιαῦτα
Hen. 27 3 εὐλογήσουσιν οἱ ἀσεβεῖς τὸν κύριον τῆς δόξης τὸν * βασιλέα * τοῦ αἰῶνος ἐν ταῖς ἡμέραις τῆς κρίσεως αὐτῶν
Hen. 90 5 ἀπὸ τοῦ νῦν διὰ τὴν ὀργὴν ἣν ὠργίσθη ὑμῖν ὁ * βασιλεὺς * πάντων τῶν αἰώνων μὴ νομίσητε ὅτι ἐκφεύξεσθε
Abr.1 1 2 Μαβρῆς τοὺς πάντας ἐδέχετο πλουσίους καὶ πένητας * βασιλεῖς * τε καὶ ἄρχοντας ἀναπήρους καὶ ἀδυνάτους φίλους
Abr.1 2 6 ἐκ τῆς μεγάλης πόλεως ἔρχομαι παρὰ τοῦ μεγάλου * βασιλέως * ἀπεστάλην διαδοχὴν φίλου αὐτοῦ γνησίου
Abr.1 2 6 φίλου αὐτοῦ γνησίου ἀποκομίζομαι ὅτι καὶ αὐτὸν ὁ * βασιλεὺς * πρὸς αὐτὸν προσκαλεῖται. καὶ ὁ Ἀβραὰμ εἶπεν
Abr.1 2 11 μὴ καθίσαι ἐπὶ ζῴου τετραπόδου μὴ γὰρ καὶ ὁ ἐμὸς * βασιλεὺς * οὐκ ἦν πλούσιος ἐν ἐμπορίᾳ πολλῇ ἔχων ἐξουσίαν
Abr.1 4 3 ὁ ἐπιξενισθεὶς ἡμῖν σήμερον ἐνδοξότερος ὑπάρχει * βασιλέων * καὶ ἀρχόντων ὅτι καὶ ἡ θρασις αὐτοῦ ὑπερφέρει
Abr.1 8 9 ἀπὸ τοῦ Ἀδὰμ ⟨καὶ τῆς Εὔας⟩ ἀπέθανον; καὶ οὐδὲ οἱ * βασιλεῖς * ὑπῆρχον ἀθάνατοι οὐδεὶς ⟨ἐκ τῶν⟩ προπατόρων
Abr.1 15 15 τοῦτο φείδομαι τοῦ ἅψασθαι τούτου κέλευσον ἀθάνατε * βασιλεῦ * τί ῥῆμα καὶ γενήσεται. τότε ὁ ὕψιστος εἶπεν
Abr.1 16 2 δεῦρο καλεῖ σε ὁ δεσπότης τῆς κτίσεως ὁ ἀθάνατος * βασιλεύς. * ἀκούσας δὲ ὁ θάνατος ἔφριξεν καὶ ἐτρόμαξεν καὶ
Abr.1 19 7 ἐγὼ λυμαίνω τὸν κόσμον καὶ πάντας εἰς ᾅδην κατάγω * βασιλεῖς * καὶ ἄρχοντας πλουσίους καὶ πένητας δούλους καὶ
TRub. 6 12 ἐν πολέμοις ὁρατοῖς καὶ ἀοράτοις καὶ ἔσται ἐν ὑμῖν * βασιλεὺς * αἰώνων. καὶ ἀπέθανε Ῥουβὴμ ἐντειλάμενος τοῖς
TSIm. 7 2 ἐκ τοῦ Λευὶ ὡς ἀρχιερέα καὶ ἐκ τοῦ Ἰούδα ὡς * βασιλέα * θεὸν καὶ ἄνθρωπον. οὗτος σώσει πάντα τὰ ἔθνη καὶ
TLevi 8 14 ὁ τρίτος ἐπικληθήσεται αὐτῷ ὄνομα καινὸν ὅτι * βασιλεὺς * ἐκ τοῦ Ἰουδὰ ἀναστήσεται καὶ ποιήσει ἱερατείαν
TLevi 13 9 ἐὰν διδάσκῃ ταῦτα καὶ πράττῃ σύνθρονος ἔσται * βασιλέων * ὡς καὶ Ἰωσὴφ ὁ ἀδελφὸς ἡμῶν. καὶ νῦν τέκνα
TLevi 18 2B067 ἡ μεγάλη αὐτὸς καὶ τὸ σπέρμα αὐτοῦ ἔσονται ἀρχὴ * βασιλέων * ἱεράτευμα τῷ Ἰσραήλ. ἐν τῷ τετάρτῳ καὶ λ' ἔτει
TLevi 18 3 περὶ αὐτοῦ καὶ ἀνατελεῖ ἄστρον αὐτοῦ ἐν οὐρανῷ ὡς * βασιλέως * φωτίζων φῶς γνώσεως ὡς ἐν ἡλίῳ ἡμέρας καὶ
TJud. 1 6 ἠνδρώθην καὶ ὁ πατήρ μου Ἰακὼβ ηὔξατό μοι λέγων * βασιλεὺς * ἔσῃ κατευοδούμενος ἐν πᾶσι. καὶ ἔδωκέ μοι
TJud. 3 1 σκοτίσας ῥίψας ἀνεῖλον αὐτόν. καὶ ὅτε ἦλθον οἱ δύο * βασιλεῖς * τῶν Χαναναίων τεθωρακισμένοι ἐπὶ τὰ ποίμνια καὶ
TJud. 3 1 πολὺς λαὸς μετ' αὐτῶν κἀγὼ μόνος δραμὼν ἐπὶ τὸν * βασιλέα * Ἀσοὺρ συνέσχον αὐτὸν καὶ ἐπὶ τὰς κνημῖδας
TJud. 3 2 κατέσπασα καὶ οὕτως ἀνεῖλον αὐτόν. καὶ τὸν ἕτερον * βασιλέα * Ταφουὲ καθήμενον ἐπὶ τοῦ ἵππου ἀνεῖλον αὐτὸν καὶ
TJud. 3 3 καὶ οὕτως πάντα τὸν λαὸν διεσκόρπισα. τὸν Ἀχὼρ * βασιλέα * ἄνδρα γιγάντων βάλλοντα τόξα ἔμπροσθε καὶ
TJud. 3 7 ἔφυγον. καὶ Ἰακὼβ ὁ πατὴρ ἡμῶν ἀνεῖλε τὸν Βεελισὰ * βασιλέα * πάντων τῶν βασιλέων γίγαντα τῇ ἰσχύι πηχῶν ιβ'.
TJud. 3 7 ὁ πατὴρ ἡμῶν ἀνεῖλε τὸν Βεελισὰ βασιλέα πάντων τῶν * βασιλέων * γίγαντα τῇ ἰσχύι πηχῶν ιβ'. καὶ ἐπέπεσεν ἐπ'
TJud. 4 1 ἀπέκτεινα ἐξ αὐτῶν διακοσίους ἄνδρας καὶ τέσσαρες * βασιλεῖς. * καὶ ἀνῆλθον ἐπ' αὐτοὺς ἐπὶ τοῦ τείχους καὶ
TJud. 4 2 ἀνῆλθον ἐπ' αὐτοὺς ἐπὶ τοῦ τείχους καὶ ἄλλους δύο * βασιλεῖς * ἀνεῖλον καὶ οὕτως ἐλευθερώσαμεν τὴν Χεβρὼν καὶ
TJud. 4 3 τὴν Χεβρὼν καὶ ἐλάβομεν πᾶσαν τὴν αἰχμαλωσίαν τῶν * βασιλέων. * τῇ ἐξῆς ἀπήλθομεν εἰς Ἀρετὰν πόλιν κραταιὰν
TJud. 7 1 καὶ τῇ ἐξῆς ἐρρέθη πρὸς ἡμᾶς ὅτι Γαὰς πόλις * βασιλέων * ἐν ὄχλῳ βαρεῖ ἔρχεται πρὸς ἡμᾶς. ἐγὼ οὖν καὶ
TJud. 7 4 προσηγγίσαμεν οὗ ἦν πᾶσα ἡ ἀποφυγὴ τῶν πολεμίων * βασιλέων. * τότε ὑβριζόμενος ἐθυμώθην καὶ ὥρμησα ἐπ'
TJud. 8 2 Ἵραν τὸν Ὀδολαμίτην πρὸς ὃν ἐλθὼν εἶδον Βάρσαν * βασιλέα * Ὀδολάμ. καὶ ἐποίησεν ἡμῖν πότον καὶ παρακαλέσας
TJud. 13 4 τῆς θυγατρὸς αὐτοῦ χρυσοῦ πλῆθος ἄπειρον ἦν γὰρ * βασιλεύς. * καὶ αὐτὴν κοσμήσας ἐν χρυσῷ καὶ μαργαρίταις
TJud. 15 5 μοι ὁ ἄγγελος τοῦ θεοῦ ὅτι ἕως τοῦ αἰῶνος καὶ * βασιλεῖ * καὶ πτωχῷ αἱ γυναῖκες κατακυριεύουσιν καὶ
TJud. 15 6 καὶ πτωχῷ αἱ γυναῖκες κατακυριεύουσιν καὶ τοῦ μὲν * βασιλέως * αἴρουσι τὴν δόξαν τοῦ δὲ ἀνδρείου τὴν δύναμιν
TJud. 21 6 καὶ ἀπαρχὰς ἐντρυφήματα υἱῶν Ἰσραήλ. σὺ δὲ ἔσῃ * βασιλεὺς * ἐν Ἰακὼβ καὶ ἔσῃ αὐτοῖς ὡς θάλασσα. ὥσπερ γὰρ
TZab. 9 5 ἀπὸ κυρίου καὶ διαιρεθήσεσθε ἐν Ἰσραὴλ καὶ δύο * βασιλεῦσιν * ἐξακολουθήσετε καὶ πᾶν βδέλυγμα ποιήσετε
TBen. 10 7 ἕκαστος ἐπὶ σκῆπτρον ἡμῶν προσκυνοῦντες τὸν * βασιλέα * τῶν οὐρανῶν τὸν ἐπὶ γῆς φανέντα μορφῇ ἀνθρώπου
Asen. 1 6 καὶ υἱοὶ τῶν σατραπῶν καὶ υἱοὶ πάντων τῶν * βασιλέων * καὶ νεανίσκοι πάντες καὶ δυνατοὶ καὶ ἦν ἔρις
Asen. 1 8 αὐτοῦ ἵνα τί σὺ ζητεῖς γυναῖκα ἧττόν σου καὶ σὺ * βασιλεὺς * εἶ πάσης τῆς γῆς Αἰγύπτου; οὐκ ἰδοὺ ἡ θυγάτηρ
Asen. 1 9 εἶ πάσης τῆς γῆς Αἰγύπτου; οὐκ ἰδοὺ ἡ θυγάτηρ τοῦ * βασιλέως * Μωὰβ Ἰωακεὶμ κατεγγύηταί σοι καὶ αὐτὴ ἐστὶ
Asen. 4 7 καὶ αὐτός ἐστιν ἄρχων πάσης τῆς γῆς Αἰγύπτου καὶ ὁ * βασιλεὺς * Φαραὼ κατέστησεν αὐτὸν βασιλέα πάσης τῆς γῆς
Asen. 4 7 γῆς Αἰγύπτου καὶ ὁ βασιλεὺς Φαραὼ κατέστησεν αὐτὸν * βασιλέα * πάσης τῆς γῆς καὶ σιτοδοτεῖ πᾶσαν τὴν γῆν καὶ
Asen. 4 11 τῶν Αἰγυπτίων; οὐχὶ ἀλλὰ γαμηθήσομαι τῷ υἱῷ τοῦ * βασιλέως * τῷ πρωτοτόκῳ ὅτι αὐτός ἐστι βασιλεὺς πάσης τῆς
Asen. 4 11 τῷ υἱῷ τοῦ βασιλέως τῷ πρωτοτόκῳ ὅτι αὐτός ἐστι * βασιλεὺς * πάσης τῆς γῆς Αἰγύπτου. ταῦτα ἀκούσας Πεντεφρῆς
Asen. 16 16 καταφευγόντων ἐπὶ τῷ ὀνόματι κυρίου τοῦ θεοῦ ⟨τοῦ * βασιλέως * τῶν αἰώνων⟩. καὶ ἐξέτεινε τὴν χεῖρα αὐτοῦ τὴν
Asen. 20 9 εἶπεν Ἰωσὴφ ἐγὼ πορεύσομαι αὔριον πρὸς Φαραὼ τὸν * βασιλέα * διότι αὐτός ἐστιν ὡς πατήρ μου καὶ κατέστησέ με
Asen. 21 8 τοὺς ἄρχοντας τῆς γῆς Αἰγύπτου καὶ πάντας τοὺς * βασιλεῖς * τῶν ἐθνῶν καὶ ἐκήρυξε πάσῃ τῇ γῇ Αἰγύπτου λέγων
Asen. 21 20 ἥμαρτον ἀλλ' ἐγὼ ἔσομαι νύμφη τοῦ υἱοῦ τοῦ μεγάλου * βασιλέως * τοῦ πρωτοτόκου.⟩ ⟨ἥμαρτον κύριε ἥμαρτον ἐνώπιόν
Asen. 25 5 οὐκ ἰδοὺ ἅπαξ πεπράκατε αὐτὸν καὶ ἔστι σήμερον * βασιλεὺς * πάσης τῆς γῆς Αἰγύπτου καὶ σωτὴρ καὶ σιτοδότης;
Sal. 2 30 μέγας κραταιὸς ἐν ἰσχύι αὐτοῦ τῇ μεγάλῃ. αὐτὸς * βασιλεὺς * ἐπὶ τῶν οὐρανῶν καὶ κρίνων βασιλεῖς καὶ ἀρχὰς ὁ
Sal. 2 30 μεγάλῃ. αὐτὸς βασιλεὺς ἐπὶ τῶν οὐρανῶν καὶ κρίνων * βασιλεῖς * καὶ ἀρχὰς ὁ ἀνιστῶν ἐμὲ εἰς δόξαν καὶ κοιμίζων
Sal. 2 32 μεγιστᾶνες τῆς γῆς τὸ κρίμα τοῦ κυρίου ὅτι μέγας * βασιλεὺς * καὶ δίκαιος κρίνων τὴν ὑπ' οὐρανόν. εὐλογεῖτε
Sal. 5 11 πεινάσωσιν πρὸς σὲ ἀροῦσιν πρόσωπον αὐτῶν. τοὺς * βασιλεῖς * καὶ ἄρχοντας καὶ λαοὺς σὺ τρέφεις ὁ θεὸς καὶ
Sal. 5 19 βασιλείᾳ σου. εὐλογημένη ἡ δόξα κυρίου ὅτι αὐτὸς * βασιλεὺς * ἡμῶν. ἐν ἐλπίδι τῷ Σαλωμων. μακάριος ἀνὴρ οὗ ἡ
Sal. 17 ὑπὸ κυρίου. ψαλμὸς τῷ Σαλωμων μετὰ ᾠδῆς τῷ * βασιλεῖ. * κύριε σὺ αὐτὸς βασιλεὺς ἡμῶν εἰς τὸν αἰῶνα καὶ
Sal. 17 1 τῷ Σαλωμων μετὰ ᾠδῆς τῷ βασιλεῖ. κύριε σὺ αὐτὸς * βασιλεὺς * ἡμῶν εἰς τὸν αἰῶνα καὶ ἔτι ὅτι ἐν σοί ὁ θεὸς
Sal. 17 4 ἐπὶ τὰ ἔθνη ἐν κρίσει. σὺ κύριε ᾑρετίσω τὸν Δαυιδ * βασιλέα * ἐπὶ Ισραηλ καὶ σὺ ὤμοσας αὐτῷ περὶ τοῦ σπέρματος
Sal. 17 20 αὐτῶν καὶ λαοῦ ἐλαχίστου ἐν πάσῃ ἁμαρτίᾳ ὁ * βασιλεὺς * ἐν παρανομίᾳ καὶ ὁ κριτὴς ἐν ἀπειθείᾳ καὶ ὁ
Sal. 17 21 ἐν ἁμαρτίᾳ. ἰδέ κύριε καὶ ἀνάστησον αὐτοῖς τὸν * βασιλέα * αὐτῶν υἱὸν Δαυιδ εἰς τὸν καιρὸν ὃν εἶλου σὺ ὁ
Sal. 17 32 δόξαν κυρίου ἣν ἐδόξασεν αὐτὴν ὁ θεός. καὶ αὐτὸς * βασιλεὺς * δίκαιος διδακτὸς ὑπὸ θεοῦ ἐπ' αὐτοὺς καὶ οὐκ
Sal. 17 32 ἡμέραις αὐτοῦ ἐν μέσῳ αὐτῶν ὅτι πάντες ἅγιοι καὶ * βασιλεὺς * αὐτῶν χριστὸς κυρίου. οὐ γὰρ ἐλπιεῖ ἐπὶ ἵππον
Sal. 17 34 συνάξει ἐλπίδας εἰς ἡμέραν πολέμου. κύριος αὐτὸς * βασιλεὺς * αὐτοῦ ἐλπὶς τοῦ δυνατοῦ ἐλπίδι θεοῦ καὶ ἐλεήσει
Sal. 17 42 καταδυναστευθῆναι ἐν αὐτοῖς. αὕτη ἡ εὐπρέπεια τοῦ * βασιλέως * Ισραηλ ἣν ἔγνω ὁ θεὸς ἀναστῆσαι αὐτὸν ἐπ' οἶκον
Sal. 17 46 ἡμᾶς ἀπὸ ἀκαθαρσίας ἐχθρῶν βεβήλων. κύριος αὐτὸς * βασιλεὺς * ἡμῶν εἰς τὸν αἰῶνα καὶ ἔτι. ψαλμὸς τῷ Σαλωμων
Jer. 1 1 ἡνίκα ᾐχμαλωτεύθησαν οἱ υἱοὶ Ἰσραὴλ ἀπὸ τοῦ * βασιλέως * τῶν Χαλδαίων ἐλάλησεν ὁ θεὸς πρὸς Ἱερεμίαν
Jer. 1 5 ἐκλεκτὴν εἰς χεῖρας τῶν Χαλδαίων ἵνα καυχήσηται ὁ * βασιλεὺς * μετὰ τοῦ πλήθους αὐτοῦ καὶ εἴπῃ ὅτι
Jer. 1 8 τῶν ἁμαρτιῶν τῶν κατοικούντων ἐν αὐτῇ. οὔτε γὰρ ὁ * βασιλεὺς * οὔτε ἡ δύναμις αὐτοῦ δυνήσεται εἰσελθεῖν εἰς
Jer. 2 7 ὅτι ὁ θεὸς παραδίδωσι τὴν πόλιν εἰς χεῖρας τοῦ * βασιλέως * τῶν Χαλδαίων τοῦ αἰχμαλωτεῦσαι τὸν λαὸν εἰς
Jer. 4 2 ἰδοὺ γὰρ ἠνεῴχθη ὑμῖν ἡ πύλη. εἰσελθέτω οὖν ὁ * βασιλεὺς * μετὰ τοῦ πλήθους αὐτοῦ καὶ αἰχμαλωτευσάτω πάντα
Jer. 5 21 τοῦ λαοῦ ᾐχμαλωτεύθησαν γὰρ ὑπὸ Ναβουχοδονόσορ τοῦ * βασιλέως * καὶ μετ' αὐτῶν ἐστιν Ἱερεμίας εὐαγγελίσασθαι
Jer. 7 9 εἰς τὸν τράχηλον τοῦ ἀετοῦ καὶ εἶπεν αὐτῷ σοὶ λέγω * βασιλεῦ * τῶν πετεινῶν ἄπελθε ἐν εἰρήνῃ μεθ' ὑγείας καὶ
Jer. 7 14 ἔξω τῆς πόλεως. ᾐτήσατο γὰρ Ἱερεμίας παρὰ τοῦ * βασιλέως * Ναβουχοδονόσορ λέγων δός μοι τόπον ποῦ θάψω

| | | | | | |
|---|---|---|---|---|---|
| Jer. | 7 | 15 | θάψω τοὺς νεκροὺς τοῦ λαοῦ μου καὶ ἔδωκεν αὐτῷ ὁ | * βασιλεύς. * | ἀπερχομένων δὲ αὐτῶν καὶ κλαιόντων μετὰ τοῦ |
| Jer. | 7 | 23 | ἄχρις ἂν ἐξέλθωμεν ἐκ τῶν προσταγμάτων τοῦ ἀνόμου | * βασιλέως * | τούτου. δίκαιος γὰρ εὑρέθης ἐναντίον τοῦ θεοῦ |
| Jer. | 7 | 25 | ἐκ τοῦ λαοῦ κρεμαμένους ὑπὸ Ναβουχοδονόσορ | * βασιλέως * | κλαίοντας καὶ λέγοντας ἐλέησον ἡμᾶς ὁ θεὸς Ζάρ. |
| Bar. | 1 | 1 | περὶ τοῦ λαοῦ καὶ ὅπως συνεχωρήθη Ναβουχοδονόσωρ ὁ | * βασιλεὺς * | ὑπὸ θεοῦ πορθῆσαι τὴν πόλιν αὐτοῦ λέγων κύριε |
| Bar. | 6 | 12 | σκώληκος ἀφόδευμα γίνεται κινάμωμον ὧπερ χρῶνται | * βασιλεῖς * | καὶ ἄρχοντες. μεῖνον δὲ καὶ ὄψει δόξαν θεοῦ. |
| Bar. | 9 | 8 | μόνον; καὶ εἶπεν ὁ ἄγγελος ἄκουσον ὥσπερ ἐνώπιον | * βασιλέως * | οὐ δύνανται οἰκέται παρρησιασθῆναι οὕτως οὐδὲ |
| Prop. | 1 | 6 | περὶ αὐτοῦ. ἔστι δὲ ὁ τάφος ἐχόμενα τοῦ τάφου τῶν | * βασιλέων * | ὄπισθεν τοῦ τάφου τῶν ἱερέων ἐπὶ τὸ μέρος τὸ |
| Prop. | 1 | 8 | πολλοῖς ἀγνοουμένη ὅλου δὲ τοῦ λαοῦ. ἐκεῖ εἶχεν ὁ | * βασιλεὺς * | τὸ χρυσίον τὸ ἐξ Αἰθιοπίας καὶ τὰ ἀρώματα. καὶ |
| Prop. | 2 | 8 | ἐν φάτνῃ τιθέντες προσκυνοῦσι καὶ Πτολεμαίῳ τῷ | * βασιλεῖ * | τὴν αἰτίαν πυνθανομένῳ ἔλεγον ὅτι πατροπαράδοτόν |
| Prop. | 4 | 19 | κληρονομίαις ἀπεριτμήτων. καὶ τοῖς ἄλλοις | * βασιλεῦσι * | Περσῶν πολλὰ ἐποίησεν τεράστια ὅσα οὐκ |
| Prop. | 9 | 4 | δι' αὐτὸν μετὰ ταῦτα ἀπολιπὼν τὴν λειτουργίαν τοῦ | * βασιλέως * | προεφήτευσε καὶ ἀπέθανε ταφεὶς μετὰ τῶν πατέρων |
| Prop. | 9 | 4B | πατέρων αὐτοῦ. καὶ καταλιπὼν τὴν λειτουργίαν τοῦ | * βασιλέως * | ἠκολούθει τῷ Ἠλίᾳ καὶ προεφήτευσε καὶ ἐτάφη |
| Prop. | 10 | 4B | ἦν τότε Ἠλίας ὁ προφήτης ἐλέγχων τὸν Ἀχαὰβ | * βασιλέα * | Σαμαρείας καὶ ἐκάλεσε λιμὸν μέγαν ἐπὶ τῆς γῆς |
| Prop. | 21 | 9 | τοῦ Βάαλ ἀνεῖλον ὄντας τετρακοσίους πεντήκοντα. τῷ | * βασιλεῖ * | Ὀζίᾳ ἀποστείλαντι μαντεύσασθαι παρὰ εἰδώλων |
| Prop. | 21 | 10 | ἀποσταλέντων ἐπ' αὐτὸν παρὰ Ὀχοζίου τοῦ | * βασιλέως * | Ἰσραὴλ ἐπεκαλέσατο τὸν κύριον καὶ πῦρ ἀπ' |
| Prop. | 22 | 17 | ἤλεγξε καὶ κατηράσατο αὐτὸν καὶ γέγονε λεπρός. | * βασιλέως * | Συρίας πολεμοῦντος τὸν Ἰσραὴλ ἠσφαλίζετο τὸν |
| Prop. | 22 | 17 | Συρίας πολεμοῦντος τὸν Ἰσραὴλ ἠσφαλίζετο τὸν | * βασιλέα * | Ἰσραὴλ ἀπαγγέλλων αὐτῷ τὰς σκέψεις τοῦ ἐχθροῦ |
| Prop. | 22 | 18 | αὐτῷ τὰς σκέψεις τοῦ ἐχθροῦ τοῦτο μαθὼν ὁ | * βασιλεὺς * | Συρίας πέμπει δύναμιν ἀγαγεῖν τὸν προφήτην ὁ δὲ |
| Prop. | 22 | 19 | αὐτοὺς φυλάξας διέσωσε καὶ ἔθρεψεν τοῦτο μαθὼν ὁ | * βασιλεὺς * | Συρίας ἐπαύσατο τοῦ πολεμεῖν. μετὰ θάνατον |
| Prop. | 23 | 1 | υἱὸς Ἰωδαὲ τοῦ ἱερέως ὃν ἀπέκτεινεν Ἰωὰς ὁ | * βασιλεὺς * | Ἰούδα ἐχόμενα τοῦ θυσιαστηρίου καὶ ἐξέχεεν τὸ |
| Prop. | 24 | 2 | Ἰαδὼκ ἐκαλεῖτο. οὗτος προεφήτευσε περὶ Ἰωσία τοῦ | * βασιλέως * | Ἰούδα ὅτι τὰ ὀστᾶ τῶν ἱερέων τοῦ Βαὰλ |
| Prop. | 24 | 3 | ἔθυε τῷ Βαάλ. καὶ προφητεύοντος αὐτοῦ ἐξέτεινεν ὁ | * βασιλεὺς * | τὴν χεῖρα αὐτοῦ συλλαβεῖν αὐτὸν καὶ ἐξηράνθη ἡ |
| Prop. | 24 | 3 | αὐτοῦ συλλαβεῖν αὐτὸν καὶ ἐξηράνθη ἡ χεὶρ τοῦ | * βασιλέως * | παραυτίκα. Σίμων ὁ υἱὸς τοῦ Κλωπᾶ ὁ ἀνεψιὸς τοῦ |
| Prop. | 26 | 3 | ἀπέθνησκον καὶ ἦν εἰς μνημόσυνον τῶν ἱερέων καὶ | * βασιλέων * | καὶ προφητῶν καὶ τῶν μεγιστάνων καὶ ὁσίων |
| Esdr. | 4 | 11 | μοι οὗτος ὁ Ἡρώδης ἐστὶν ὁ πρὸς καιρὸν γενόμενος | * βασιλεὺς * | καὶ ἀπὸ διετοῦς καὶ κατώτερον ἐκέλευσεν ἀνελεῖν |
| Job | 17 | 2 | καρδίαν κατεμηχανήσατό με καὶ μετασχηματισθεὶς εἰς | * βασιλέα * | τῶν Περσῶν ἐπέστη τῇ ἐμῇ πόλει, συναγαγὼν πάντας |
| Job | 28 | 2 | εἴκοσι ἔτη τυγχάνων ἐν τῇ πληγῇ, καὶ ἤκουσαν οἱ | * βασιλεῖς * | τὰ συμβεβηκότα μοι, ἀναστάντες ἦλθον πρός με |
| Job | 28 | 5 | καὶ τύπτοντες τὰς χεῖρας ἔλεγον ὅτι ἡμῶν τῶν τριῶν | * βασιλέων * | τὰ χρήματα, ἐὰν συναχθῇ εἰς ἓν ἐπὶ τὸ αὐτό, οὐ |
| Job | 29 | 3 | στραφεὶς πρός με Ελιφας ὁ τῶν Θεμανῶν | * βασιλεὺς * | εἶπεν σὺ εἶ Ιωβαβ ὁ συμβασιλεὺς ἡμῶν; ἐγὼ δὲ |
| Job | 30 | 2 | τῶν στρατευμάτων αὐτῶν βλεπόντων τοὺς τρεῖς | * βασιλεῖς * | κατερρημένους ἐν τῇ γῇ ἐπὶ ὥρας τρεῖς ὡσεὶ |
| Job | 31 | 8 | βασιλικῷ ἀνεφώνησεν ὑποφωνούντων καὶ τῶν ἄλλων | * βασιλέων * | καὶ τῶν στρατευμάτων αὐτῶν. ἀκούσατε οὖν τοῦ |
| Job | 33 | 8 | ἀλλ' ἔσονται εἰς τὸ διηνεκές. οὗτοι οἱ | * βασιλεῖς * | παρελεύσονται καὶ οἱ ἡγεμόνες παρέρχονται, ἡ δὲ |
| Job | 37 | 6 | ἐχρῆν αὐτὸν ὅλως μὴ δεδωκέναι τι οὐδέποτε | * βασιλεὺς * | ἀτιμάσει στρατιώτην ἴδιον καλῶς αὐτῷ |
| Job | 39 | 12 | εἰς οὐρανοὺς ὑπὸ τοῦ δημιουργοῦ αὐτῶν τοῦ | * βασιλέως. * | τότε πάλιν ἀποκριθέντες εἶπάν μοι τίς πάλιν |
| Job | 42 | 3 | ἤκουον τῆς φωνῆς τοῦ λαλήσαντος καὶ οἱ τέσσαρες | * βασιλεῖς * | καὶ μετὰ τὸ παύσασθαι τὸν κύριον λαλοῦντά μοι |
| Aris. | 4 | 2 | ἐποιησάμεθα ἡμεῖς σπουδῇ λαβόντες καιρὸν πρὸς τὸν | * βασιλέα * | περὶ τῶν μετοικισθέντων εἰς Αἴγυπτον ἐκ τῆς |
| Aris. | 4 | 3 | εἰς Αἴγυπτον ἐκ τῆς Ἰουδαίας ὑπὸ τοῦ πατρὸς τοῦ | * βασιλέως * | πρώτως κεκτημένου τήν τε πόλιν καὶ τὰ κατὰ τὴν |
| Aris. | 9 | 1 | τῆς διηγήσεως ἐπανήξομεν. κατασταθεὶς ἐπὶ τῆς τοῦ | * βασιλέως * | βιβλιοθήκης Δημήτριος ὁ Φαληρεὺς ἐχρηματίσθη |
| Aris. | 9 | 5 | μεταγραφὰς ἐπὶ τέλος ἤγαγεν ὅσον ἐφ' ἑαυτῷ τὴν τοῦ | * βασιλέως * | πρόθεσιν. παρόντων οὖν ἡμῶν ἐρωτηθεὶς πόσαι |
| Aris. | 10 | 3 | μυριάδες τυγχάνουσι βιβλίων; εἶπεν ὑπὲρ τὰς εἴκοσι | * βασιλεῦ * | σπουδάσω δ' ἐν ὀλίγῳ χρόνῳ πρὸς τὸ πληρωθῆναι |
| Aris. | 11 | 8 | ἔστιν ἀλλ' ἕτερος τρόπος. μεταλαβὼν δὲ ἕκαστα ὁ | * βασιλεὺς * | εἶπε γραφῆναι πρὸς τὸν ἀρχιερέα τῶν Ἰουδαίων |
| Aris. | 12 | 4 | τῶν μετηγμένων ἐκ τῆς Ἰουδαίας ὑπὸ τοῦ πατρὸς τοῦ | * βασιλέως * | ἐκεῖνος γὰρ ἐπελθὼν τὰ κατὰ κοίλην Συρίαν καὶ |
| Aris. | 13 | 5 | συμμαχιῶν ἐξαπεσταλμένων πρὸς τὸν τῶν Αἰθιόπων | * βασιλέα * | μάχεσθαι σὺν Ψαμμιτίχῳ ἀλλ' οὐ τοσοῦτοι τῷ |
| Aris. | 14 | 9 | προδεδήλωται τοιούτοις ἐχρησάμεθα λόγοις πρὸς τὸν | * βασιλέα * | μήποτε ἄλογον ᾖ ἐλέγχεσθαι ὑπ' αὐτῶν τῶν |
| Aris. | 15 | 2 | ἄλογον ᾖ ἐλέγχεσθαι ὑπ' αὐτῶν τῶν πραγμάτων ὦ | * βασιλεῦ. * | τῆς γὰρ νομοθεσίας κειμένης πᾶσι τοῖς |
| Aris. | 16 | 3 | κτίστην θεὸν οὗτοι σέβονται ὃν καὶ πάντες ἡμεῖς δὲ | * βασιλεῦ * | προσονομάζοντες ἑτέρως Ζῆνα καὶ Δία τοῦτο δ' οὐκ |
| Aris. | 21 | 4 | ἡ μεγαλομέρεια φανερωτέρα καὶ εὔδηλος ἔσται τοῦ | * βασιλέως * | τοῦ θεοῦ κατισχύοντος αὐτὸν εἰς τὸ σωτηρίαν |
| Aris. | 22 | 2 | γενέσθαι πλήθεσιν ἱκανοῖς. ἦν δὲ τοιοῦτο τοῦ | * βασιλέως * | προστάξαντος ὅσοι τῶν συνεστρατευμένων τῷ πατρὶ |
| Aris. | 26 | 2 | εἰσδοθέντος τοῦ προστάγματος ὅπως ἐπαναγνωσθῇ τῷ | * βασιλεῖ * | τὰ ἄλλα πάντ' ἔχοντος πλὴν τοῦ καὶ εἴ τινες |
| Aris. | 26 | 4 | ταῦτά εἰσιν εἰσηγμένοι τῶν τοιούτων αὐτὸς τοῦτο ὁ | * βασιλεὺς * | προσέθηκε μεγαλομερείᾳ καὶ μεγαλοψυχίᾳ |
| Aris. | 27 | 5 | εἰκοσαδραχμία δοθήσεται καὶ τοῦτ' ἐκέλευσεν ὁ | * βασιλεὺς * | ποιεῖν ὁλοσχερῶς περὶ τοῦ δόξαντος ἄπαντ' |
| Aris. | 28 | 3 | γὰρ διὰ προσταγμάτων καὶ μεγάλης ἀσφαλείας τοῖς | * βασιλεῦσι * | τούτοις διῳκεῖτο καὶ οὐδὲν ἀπερριμμένως οὐδ' |
| Aris. | 29 | 1 | αὐτῶν. τῆς δὲ εἰσδόσεώς ἐστιν ἀντίγραφον τόδε | * βασιλεῖ * | μεγάλῳ παρὰ Δημητρίου. προστάξαντός σου βασιλεῦ |
| Aris. | 29 | 2 | βασιλεῖ μεγάλῳ παρὰ Δημητρίου. προστάξαντός σου | * βασιλεῦ * | περὶ τῶν ἀπολειπόντων εἰς τὴν συμπλήρωσιν τῆς |
| Aris. | 32 | 1 | ὥς φησιν Ἑκαταῖος ὁ Ἀβδηρίτης. ἐὰν οὖν φαίνηται | * βασιλεῦ * | γραφήσεται πρὸς τὸν ἀρχιερέα τὸν ἐν |
| Aris. | 33 | 2 | τῆς δὲ εἰσδόσεως ταύτης γενομένης ἐκέλευσεν ὁ | * βασιλεὺς * | γραφῆναι πρὸς τὸν Ἐλεάζαρον περὶ τούτων |
| Aris. | 34 | 4 | τὰ τῶν ἐπιστολῶν ἀντίγραφα διέλθωμεν. ἦν δὲ ἡ τοῦ | * βασιλέως * | ἐπιστολὴ τὸν τύπον ἔχουσα τοῦτον βασιλεὺς |
| Aris. | 35 | 1 | δὲ ἡ τοῦ βασιλέως ἐπιστολὴ τὸν τύπον ἔχουσα τοῦτον | * βασιλεὺς * | Πτολεμαῖος Ἐλεαζάρῳ ἀρχιερεῖ χαίρειν καὶ |
| Aris. | 41 | 3 | ὁ Ἐλεάζαρος ταῦτα Ἐλεάζαρος ἀρχιερεὺς | * βασιλεῖ * | Πτολεμαίῳ φίλῳ γνησίῳ χαίρειν. αὐτός τε ἔρρωσο |
| Aris. | 46 | 4 | ἀπεστείλαμεν ἔχοντας τὸν νόμον. καλῶς οὖν ποιήσεις | * βασιλεῦ * | δίκαιε προστάξας ὡς ἂν ἡ μεταγραφὴ γένηται τῶν |
| Aris. | 51 | 1 | οἱ πάντες ἑβδομήκοντα δύο. καὶ τὰ μὲν πρὸς τὴν τοῦ | * βασιλέως * | ἐπιστολὴν τοιαύτης ἐτύγχανεν ἀντιγραφῆς ὑπὸ τῶν |
| Aris. | 51 | 5 | ποιήσω. πολυτεχνίᾳ γὰρ διαφέροντα συνετελέσθη τοῦ | * βασιλέως * | πολλὴν ἐπίδοσιν ποιουμένου καὶ παρ' ἕκαστον |
| Aris. | 52 | 1 | τῆς τραπέζης ἐξηγήσομαι. προεθυμεῖτο μὲν οὖν ὁ | * βασιλεὺς * | ὑπέροπλόν τι ποιῆσαι τοῖς μέτροις τὸ |
| Aris. | 72 | 2 | γὰρ οὐ προῄρητο τοῖς μεγέθεσιν οὐδὲν προσθεῖναι ὁ | * βασιλεὺς * | ὅσον ἔδει δαπανηθῆναι κατασκευαζομένων μειζόνων |
| Aris. | 79 | 5 | ἅπαντα φιλοτιμηθέντες εἰς ὑπεροχὴν δόξης τοῦ | * βασιλέως * | ποιῆσαι. καθόλου γὰρ οὔτ' ἐν τοῖς βασιλικοῖς |
| Aris. | 80 | 4 | ἔν τινι ἄλλῳ. πρόνοιαν γὰρ οὐ μικρὰν ἐποιεῖτο ὁ | * βασιλεὺς * | φιλοδοξῶν εἰς τὰ καλῶς ἔχοντα. πολλάκις γὰρ τὸν |
| Aris. | 81 | 5 | σεμνῶς ἐγεγόνει καὶ καταξίως τοῦ τε ἀποστέλλοντος | * βασιλέως * | καὶ τοῦ προστατοῦντος ἀρχιερέως τοῦ τόπου. καὶ |
| Aris. | 110 | 1 | ἱκανὸν εἰς ἐλάττωσιν ἦγον τὰ τῆς ἐργασίας. ὅθεν ὁ | * βασιλεὺς * | ἵνα μὴ καταμένωσι προσέταξε μὴ πλέον εἴκοσιν |
| Aris. | 115 | 4 | καὶ Γάζαν ὁμοίως δὲ καὶ Πτολεμαΐδα τὴν ὑπὸ τοῦ | * βασιλέως * | ἐκτισμένην. μέση δὲ κεῖται πρὸς τοὺς |
| Aris. | 123 | 3 | ἔχοντες καὶ ἐκεῖνος αὐτοὺς χωρὶς καὶ τοῦ πρὸς τὸν | * βασιλέα * | γεγραφέναι περὶ τῆς ἀποκαταστάσεως αὐτῶν πολλὰ |
| Aris. | 124 | 2 | καὶ λίαν διαγωνιᾶν εἰδέναι γὰρ ὅτι φιλάγαθος ὢν ὁ | * βασιλεὺς * | πάντων μέγιστον ἡγεῖται τὸ μεταπέμπεσθαι καθ' |
| Aris. | 166 | 6 | τῷ τῆς ἀσεβείας μολυσμῷ. καλῶς δὲ ποιῶν ὁ | * βασιλεὺς * | ὑμῶν τοὺς τοιούτους ἀναιρεῖ καθὼς |
| Aris. | 172 | 2 | θυσίαν καὶ τοὺς ἄνδρας ἐπιλέξας καὶ πολλὰ δῶρα τῷ | * βασιλεῖ * | κατασκευάσας προέπεμψεν ἡμᾶς μετὰ ἀσφαλείας |
| Aris. | 173 | 2 | δὲ παρεγενήθημεν εἰς Ἀλεξάνδρειαν προσηγγέλη τῷ | * βασιλεῖ * | περὶ τῆς ἀφίξεως ἡμῶν. παρειμένοι δ' εἰς τὴν |
| Aris. | 173 | 4 | Ἀνδρέας τε καὶ ἐγὼ φιλοφρόνως ἠσπασάμεθα τὸν | * βασιλέα * | καὶ τὰς ἐπιστολὰς ἀποδεδώκαμεν τὰς παρὰ τοῦ |
| Aris. | 175 | 3 | κατὰ ἔθος εἶναι πεμπταίους εἰς πρόσωπον ἔρχεσθαι | * βασιλεῖ * | τοὺς περὶ χρηματισμὸν ἀφικνουμένους τοὺς δὲ παρὰ |
| Aris. | 175 | 4 | τοὺς περὶ χρηματισμὸν ἀφικνουμένους τοὺς δὲ παρὰ | * βασιλέων * | ἢ πόλεων ἐν ὑπεροχαῖς μόλις ἐν τριάκοντα εἰς |
| Aris. | 176 | 6 | συμβολῆς ἀνεπαισθήτου κατεσκευασμένης ὡς εἶδεν ὁ | * βασιλεὺς * | τοὺς ἄνδρας ἐπηρώτα περὶ τῶν βιβλίων. ὡς δὲ |
| Aris. | 178 | 3 | φωνὴν τῶν τε παραγεγονότων καὶ τῶν συμπαρόντων εὖ | * βασιλεῦ * | προήχθη δακρῦσαι τῇ χαρᾷ πεπληρωμένος. ἡ γὰρ τῆς |
| Aris. | 182 | 4 | ἐπιτελεῖν. ἦν γὰρ οὕτω διατεταγμένον ὑπὸ τοῦ | * βασιλέως * | ὃ μένον ἔτι καὶ νῦν ὁρᾷς ὅσαι γὰρ πόλεις ἔθεσιν |
| Aris. | 182 | 7 | οὕτως ἐσκευάζετο ὅταν παραγένοιντο πρὸς τοὺς | * βασιλεῖς * | ἵνα κατὰ μηθὲν δυσχεραίνοντες ἱλαρῶς διεξάγωσιν |
| Aris. | 183 | 5 | τε ἐποίησε τὰ τῶν κλισιῶν καθὼς προσέταξεν ὁ | * βασιλεὺς * | τοὺς γὰρ ἡμίσεις ἐκέλευσεν ἀνὰ χεῖρα κατακλῖναι |
| Aris. | 185 | 1 | κατευχὴν ὃς ἀξιολόγως στὰς εἶπε πληρώσαι σε | * βασιλεῦ * | πάντων τῶν ἀγαθῶν ὧν ἔκτισεν ὁ παντοκράτωρ θεὸς |
| Aris. | 186 | 6 | βασιλικοὶ παῖδες ἦσαν καὶ τῶν τιμωμένων ὑπὸ τοῦ | * βασιλέως. * | ὅτε δὲ καιρὸν ἔλαβεν ἐκ διαστήματος ἠρώτησε |
| Aris. | 189 | 2 | τῆς κακίας καὶ εἰς μετάνοιαν ἄξεις. ἐπαινέσας δὲ ὁ | * βασιλεὺς * | τὸν ἐχόμενον ἠρώτα πῶς ἂν ἕκαστα πράττοι; ὁ δὲ |
| Aris. | 199 | 5 | δὲ ὑπὸ τοῦ θεοῦ πάντα σοι καλῶς βουλευομένῳ | * βασιλεῦ * | συμφερόντως. ἐπιφωνησάντων δὲ πάντων καὶ κρότῳ |
| Aris. | 200 | 3 | καὶ κρότῳ σημηναμένων πρὸς τοὺς φιλοσόφους εἶπεν ὁ | * βασιλεὺς * | οὐκ ὀλίγοι γὰρ παρῆσαν τούτοις οἴομαι διαφέρειν |
| Aris. | 201 | 2 | Μενέδημος δὲ ὁ Ἐρετριεὺς φιλόσοφος εἶπε ναὶ | * βασιλεῦ * | προνοίᾳ γὰρ τῶν ὅλων διοικουμένων καὶ |
| Aris. | 202 | 1 | καὶ λόγου καλλονὴν ἀπὸ θεοῦ κατάρχεσθαι. τοῦ δὲ | * βασιλέως * | ἐπινεύσαντος τὰ περὶ τούτων ἔληξεν ἐτράπησαν δὲ |
| Aris. | 203 | 3 | καὶ συμποσίας ἐπετελεῖτο. καθὸ δὲ ἐνόμιζεν ὁ | * βασιλεὺς * | εὔκαιρον εἶναι πρὸς τὸ πυνθάνεσθαί τι τῶν |
| Aris. | 206 | 1 | ἐστιν ᾧ κατακολουθεῖν ἀναγκαῖον. ἐπαινέσας δὲ ὁ | * βασιλεὺς * | τοῦτον ἕτερον ἐπηρώτα πῶς ἂν τὴν ἀλήθειαν |
| Aris. | 206 | 4 | τὸ ψεῦδος πᾶσιν ἀνθρώποις πολλῷ δὲ μᾶλλον τοῖς | * βασιλεῦσιν * | ἐξουσίαν γὰρ ἔχοντες ὃ βούλονται πράσσειν |
| Aris. | 206 | 6 | ἕνεκεν ἂν ψεύσαιντο; προσλαμβάνειν δὲ δεῖ τοῦτό σε | * βασιλεῦ * | διότι φιλαλήθης ὁ θεός ἐστιν. ἀποδεξάμενος δὲ εὖ |
| Aris. | 215 | 2 | ἔμοιγε ἐφικτὸν οὕτω διείληφα κατὰ πάντα τρόπον σέ | * βασιλεῦ * | καὶ τὰ λεγόμενα καὶ τὰ πραττόμενα πρὸς εὐσέβειαν |
| Aris. | 220 | 2 | σοι καταξίως τῶν τρόπων τὴν ἡγεμονίαν. τοῦ δὲ | * βασιλέως * | εὖ μάλα συγκροτήσαντος μετὰ φιλοφροσύνης ἐπὶ |
| Aris. | 221 | 2 | διατάξεως γενηθείσης ὅτε καιρὸν ὑπελάμβανεν ὁ | * βασιλεὺς * | εἶναι τοῦ πυνθάνεσθαί τι τῶν ἀνδρῶν ἠρώτα τὸν |
| Aris. | 223 | 2 | ποτὰ καὶ τὰς ἡδονὰς εἰκός ἐστι κεκλῖσθαι τοῖς δὲ | * βασιλεῦσιν * | ἐπὶ χώρας κατάκτησιν κατὰ τὸ τῆς δόξης |
| Aris. | 224 | 4 | πᾶσι μερίζει δόξαν τε καὶ πλούτου μέγεθος τοῖς | * βασιλεῦσι * | καὶ οὐδεὶς παρ' ἑαυτοῦ βασιλεύς ἐστι πάντες |
| Aris. | 224 | 5 | μέγεθος τοῖς βασιλεῦσι καὶ οὐδεὶς παρ' ἑαυτοῦ | * βασιλεύς * | ἐστι πάντες γὰρ θέλουσι μετασχεῖν ταύτης τῆς |
| Aris. | 235 | 1 | μετὰ μείζονος δὲ φωνῆς πάντας αὐτοὺς ὁ | * βασιλεὺς * | ἠσπάζετο καὶ παρεκάλει συνεπιφωνούντων τῶν |
| Aris. | 235 | 5 | ἀπὸ θεοῦ τὴν καταρχὴν ποιούμενοι. μετὰ δὲ ταῦτα ὁ | * βασιλεὺς * | εἰς τὸ φιλοφρονεῖσθαι προῆλθε διὰ τῶν |
| Aris. | 236 | 2 | τοῦ συμποσίου γενομένης καθὼς εὔκαιρον ἐγένετο τῷ | * βασιλεῖ * | τοὺς ἑξῆς ἠρώτα τῶν προαποκεκριμένων εἶπε δὲ τῷ |
| Aris. | 247 | 1 | κατὰ τὴν ἀγωγήν. θεὸς δὲ τὴν διάνοιαν ἄξει σοι | * βασιλεῦ * | πρὸς τὰ κάλλιστα. ὁ δὲ βασιλεὺς συγκροτήσας |

| | | | | | | |
|---|---|---|---|---|---|---|
| Aris. | | 247 | 2 | διάνοιαν ἄξει σοι βασιλεῦ πρὸς τὰ κάλλιστα. ὁ δὲ | * βασιλεὺς * | συγκροτήσας πάντας τ' ἐπαινέσας κατ' ὄνομα καὶ |
| Aris. | | 252 | 6 | ἐπιτελῶν ταῦτα ἀναμάρτητος ἔφησεν ἂν εἴης ὦ | * βασιλεῦ. * | τὸ δ' ἐπινοεῖν ταῦτα καὶ ἐν τούτοις |
| Aris. | | 254 | 5 | τούτῳ δὲ κατακολουθεῖν ἀναγκαῖόν ἐστί σε ἔφησεν ὦ | * βασιλεῦ. * | καλῶς δὲ ἀποκεκρίσθαι φήσας τοῦτον ἐπυνθάνετο |
| Aris. | | 261 | 3 | χαρὰ καὶ ψυχῆς εὐστάθειά σοι γίνεται μέγιστε | * βασιλεῦ * | καὶ ἐλπίδες ἐπὶ θεῷ καλαὶ κρατοῦντί σοι τῆς |
| Aris. | | 261 | 5 | κρότῳ πλείονι. καὶ μετὰ ταῦτα πρὸς τὸ προπιεῖν ὁ | * βασιλεὺς * | (λαμβάνειν) ἐτράπη χαρᾷ πεπληρωμένος. τῇ δ' |
| Aris. | | 262 | 3 | καιροῦ δὲ γενομένου τοὺς ἀπολιπόντας ὁ | * βασιλεὺς * | ἐπηρώτα. πρὸς τὸν πρῶτον δὲ ἔφη πῶς ἂν μὴ |
| Aris. | | 265 | 2 | ἀξίοις. ἐπαινέσας δὲ αὐτὸν ἄλλον ἠρώτα τίς ἐστι | * βασιλεῖ * | κτῆσις ἀναγκαιοτάτη; τῶν ὑποτεταγμένων |
| Aris. | | 275 | 3 | τῶν πόλεων ἦσαν γὰρ ἱκανοὶ πρέσβεις ἐπηρώτησεν ὁ | * βασιλεὺς * | καιροῦ γενομένου τὸν πρωτεύοντα τῶν ἀπολιπόντων |
| Aris. | | 276 | 5 | θεοῦ δώρημα καλόν ἐστιν ὡς σὺ τοῦτο κέκτησαι | * βασιλεῦ. * | κρότῳ δὲ ἐπισημηνάμενος ὁ βασιλεὺς ἕτερον |
| Aris. | | 277 | 1 | τοῦτο κέκτησαι βασιλεῦ. κρότῳ δὲ ἐπισημηνάμενος ὁ | * βασιλεὺς * | ἕτερον ἐπηρώτα διά τί τὴν ἀρετὴν οὐ |
| Aris. | | 279 | 1 | ἡγεῖται τούτων. εὖ δὲ ἀποκεκρίσθαι τοῦτον εἰπὼν ὁ | * βασιλεὺς * | τὸν μετ' αὐτὸν ἠρώτα τίσι δεῖ κατακολουθεῖν |
| Aris. | | 279 | 2 | τὸν μετ' αὐτὸν ἠρώτα τίσι δεῖ κατακολουθεῖν τοὺς | * βασιλεῖς; * | ὁ δὲ ἔφη τοῖς νόμοις ἵνα δικαιοπραγοῦντες |
| Aris. | | 280 | 5 | πράσσουσι καθὼς σὺ τοῦτο ἐπιτελεῖς εἶπε μέγιστε | * βασιλεῦ * | θεοῦ σοι στέφανον δικαιοσύνης δεδωκότος. |
| Aris. | | 283 | 3 | πρὸς τὸν ἕτερον εἶπεν ἐν τίσι δεῖ πράγμασι τοὺς | * βασιλεῖς * | τὸν πλείω χρόνον διάγειν; ὁ δὲ εἶπεν ἐν ταῖς |
| Aris. | | 283 | 5 | τῶν πορειῶν ἀπογραφαῖς διατρίβειν ὅσαι πρὸς τοὺς | * βασιλεῖς * | ἀναγεγραμμέναι τυγχάνουσι πρὸς ἐπανόρθωσιν καὶ |
| Aris. | | 288 | 2 | μετέπειτα τί κάλλιστόν ἐστι τοῖς ὄχλοις ἐξ ἰδιώτου | * βασιλέα * | κατασταθῆναι ἐπ' αὐτῶν ἢ ἐκ βασιλέως βασιλέα; |
| Aris. | | 288 | 3 | ἐξ ἰδιώτου βασιλέα κατασταθῆναι ἐπ' αὐτῶν ἢ ἐκ | * βασιλέως * | βασιλέα; ἐκεῖνος δὲ ἔφη τὸν ἄριστον τῇ φύσει. |
| Aris. | | 288 | 3 | βασιλέα κατασταθῆναι ἐπ' αὐτῶν ἢ ἐκ βασιλέως | * βασιλέα; * | ἐκεῖνος δὲ ἔφη τὸν ἄριστον τῇ φύσει. καὶ γὰρ ἐκ |
| Aris. | | 289 | 1 | ἐκεῖνος δὲ ἔφη τὸν ἄριστον τῇ φύσει. καὶ γὰρ ἐκ | * βασιλέων * | βασιλεῖς γινόμενοι πρὸς τοὺς ὑποτεταγμένους |
| Aris. | | 289 | 1 | δὲ ἔφη τὸν ἄριστον τῇ φύσει. καὶ γὰρ ἐκ βασιλέων | * βασιλεῖς * | γινόμενοι πρὸς τοὺς ὑποτεταγμένους ἀνήμεροί τε |
| Aris. | | 290 | 2 | παιδείας κεκοινωνηκὸς δυνατὸν ἄρχειν ἐστί καθὼς σὺ | * βασιλεὺς * | μέγας ὑπάρχεις οὐ τοσοῦτον τῇ δόξῃ τῆς ἀρχῆς |
| Aris. | | 293 | 3 | καὶ χαρᾶς ἐπὶ πλείονα χρόνον. ὡς δὲ ἐπαύσατο ὁ | * βασιλεὺς * | λαβὼν ποτήριον ἐπεχέατο καὶ τῶν παρόντων |
| Aris. | | 294 | 5 | πάντων χαρᾶς ἐπληρώθη τὸ συμπόσιον ἀδιαλείπτως τοῦ | * βασιλέως * | εἰς εὐφροσύνην τραπέντος. ἐγὼ δὲ εἰ πεπλεόνακα |
| Aris. | | 297 | 7 | ἕκαστα τῶν γινομένων ἔν τε τοῖς χρηματισμοῖς τοῦ | * βασιλέως * | καὶ ταῖς συμποσίαις μεταλαβεῖν. ἔθος γάρ ἐστι |
| Aris. | | 298 | 2 | ἐστι καθὼς καὶ σὺ γινώσκεις ἀφ' ἧς ἂν (ἡμέρας) ὁ | * βασιλεὺς * | ἄρξηται χρηματίζειν μέχρις οὗ κατακοιμηθῇ πάντα |
| Aris. | | 304 | 1 | ὧν προηροῦντο πάντων. ἐκτὸς δὲ καὶ καθ' ἡμέραν ὅσα | * βασιλεῖ * | παρεσκευάζετο καὶ τούτοις ὁ Δωρόθεος ἐπετέλει |
| Aris. | | 304 | 3 | ἐπετέλει προστεταγμένον γὰρ ἦν αὐτῷ διὰ τοῦ | * βασιλέως. * | ἅμα δὲ τῇ πρωΐᾳ παρεγίνοντο εἰς τὴν αὐλὴν καθ' |
| Aris. | | 304 | 5 | αὐλὴν καθ' ἡμέραν καὶ ποιησάμενοι τὸν ἀσπασμὸν τοῦ | * βασιλέως * | ἀπελύοντο πρὸς τὸν ἑαυτῶν τόπον. ὡς δὲ ἔθος |
| Aris. | | 312 | 1 | φυλάσσηται. προσφωνηθέντων δὲ καὶ τούτων τῷ | * βασιλεῖ * | μεγάλως ἐχάρη τὴν γὰρ πρόθεσιν ἣν εἶχεν ἀσφαλῶς |
| Aris. | | 317 | 1 | θεὸν ἐν πολλαῖς ἡμέραις ἀποκατέστη. μεταλαβὼν δὲ ὁ | * βασιλεὺς * | καθὼς προεῖπον περὶ τούτων τὰ παρὰ τοῦ |
| Sib. | | 3 | 48 | δηθύνουσα +τότε δὴ+ βασιλεία μεγίστη ἀθανάτου | * βασιλῆος * | ἐπ' ἀνθρώποισι φανεῖται. ἥξει δ' ἁγνὸς ἄναξ |
| Sib. | | 3 | 56 | ἦμαρ ἐκεῖνο καὶ κρίσις ἀθανάτοιο θεοῦ μεγάλου | * βασιλῆος; * | ἄρτι δ' ἔτι κτίζεσθε πόλεις κοσμεῖσθέ τε πᾶσαι |
| Sib. | | 3 | 124 | ἐυπλόκαμός τε Διώνη ἤγαγον ἐς φιλίην συναγείρασαι | * βασιλῆας * | πάντας ἀδελφειούς τε συναίμους ἠδὲ καὶ ἄλλους |
| Sib. | | 3 | 127 | οἵ τ' ἦσαν ἀφ' αἵματος ἠδὲ τοκήων καὶ κρῖναν | * βασιλῆα * | Κρόνον πάντων βασιλεύειν οὕνεκά τοι πρέσβιστος |
| Sib. | | 3 | 164 | καί μ' ἐκέλευσε προφητεῦσαι κατὰ πᾶσαν γαῖαν καὶ | * βασιλεῦσι * | τά τ' ἐσσόμεν' ἐν φρεσὶ θεῖναι. καί μοι τοῦτο |
| Sib. | | 3 | 178 | ἢ πολλῆς γαίης ἄρξει πολλοὺς δὲ σαλεύσει καὶ πᾶσιν | * βασιλεῦσι * | φόβον μετόπισθε ποιήσει πολλὸν δ' αὖ χρυσόν τε |
| Sib. | | 3 | 193 | πρὸς ἑβδομάτην βασιληίδα ἧς βασιλεύσει Αἰγύπτου | * βασιλεὺς * | ὃς ἀφ' Ἑλλήνων γένος ἔσται.) καὶ τότ' ἔθνος |
| Sib. | | 3 | 203 | αὖθ' Ἕλλησι τυραννίδες ἠδ' ἀγέρωχοι ἔσσονται | * βασιλῆες * | ὑπερφίαλοι καὶ ἄναγνοι κλεψίγαμοι καὶ πάντα |
| Sib. | | 3 | 286 | πρὸς φάος ἄρῃ. καὶ τότε δὴ θεὸς οὐράνιος πέμψει | * βασιλῆα * | κρινεῖ δ' ἄνδρα ἕκαστον ἐν αἵματι καὶ πυρὸς |
| Sib. | | 3 | 291 | σηκὸν θεοῦ ἄρξετ' ἐγείρειν. καὶ πάντες Περσῶν | * βασιλεῖς * | ἐπικουρήσουσιν χρυσὸν καὶ χαλκόν τε πολύκμητόν |
| Sib. | | 3 | 299 | καί μ' ἐκέλευσε προφητεῦσαι κατὰ πᾶσαν γαῖαν καὶ | * βασιλεῦσι * | τά τ' ἐσσόμεν' ἐν φρεσὶ θεῖναι. καί μοι τοῦτο |
| Sib. | | 3 | 318 | δέ τε καὶ θάνατος καὶ λιμὸς ἐφέξει ἑβδομάτῃ γενεῇ | * βασιλήων * | καὶ τότε παύσῃ. αἰαῖ σοι χώρα Γὼγ ἠδὲ Μαγὼγ |
| Sib. | | 3 | 451 | Ἀσίης τελέων ῥιγιστά περ ἄλγη. Σιδονίων δ' ὀλοὸς | * βασιλεὺς * | καὶ +φύλοπις ἄλλων ποντοπόρον σαμίοις ὀλοὸν δ' |
| Sib. | | 3 | 499 | τ' ἀδίκους τε κάστησαν κατέναντι θεοῦ μεγάλου | * βασιλῆος * | κἤνοιξαν ψευδῶς μυσαρὸν στόμα. τοὔνεκ' ἄρ' |
| Sib. | | 3 | 552 | ἑκατοντάδες ἄλλαι ἐξ οὗ δὴ βασίλευσαν ὑπερφίαλοι | * βασιλῆες * | Ἑλλήνων οἳ πρῶτα βροτοῖς κακὰ ἡγεμόνευσαν |
| Sib. | | 3 | 560 | οὐρανὸν εὐρὺν ἀνασχόμεναι χέρας αὐτῶν ἄρξονται | * βασιλῆα * | μέγαν ἐπαμύντορα κλῄζειν καὶ ζητεῖν ῥυστῆρα |
| Sib. | | 3 | 608 | πετρῶν κατακρύψαντες δι' ὄνειδος ὁππόταν Αἰγύπτου | * βασιλεὺς * | νέος ἕβδομος ἄρχῃ τῆς ἰδίης γαίης ἀριθμούμενος |
| Sib. | | 3 | 611 | ἄρξουσι Μακηδόνες ἄσπετοι ἄνδρες ἔλθῃ δ' ἐξ Ἀσίης | * βασιλεὺς * | μέγας αἰετὸς αἴθων ὃς πᾶσαν σκεπάσει γαῖαν |
| Sib. | | 3 | 616 | νῶτα θαλάσσης. καὶ τότε δὴ κάμψουσι θεῷ μεγάλῳ | * βασιλῆι * | ἀθανάτῳ γόνυ λευκὸν ἐπὶ χθονὶ πουλυβοτείρῃ ἔργα |
| Sib. | | 3 | 635 | ἔλθῃ καὶ φοβεροῖο δίκης ‹τε›τύχωσι δαμέντες καὶ | * βασιλεὺς * | βασιλῆα λάβῃ χώραν τ' ἀφέληται ἔθνη δ' ἔθνεα |
| Sib. | | 3 | 635 | φοβεροῖο δίκης ‹τε›τύχωσι δαμέντες καὶ βασιλεὺς | * βασιλῆα * | λάβῃ χώραν τ' ἀφέληται ἔθνη δ' ἔθνεα πορθήσῃ καὶ |
| Sib. | | 3 | 652 | εἰς πυρὸς αὐγήν. καὶ τότ' ἀπ' ἠελίοιο θεὸς πέμψει | * βασιλῆα * | ὃς πᾶσαν γαῖαν παύσει πολέμοιο κακοῖο οὓς μὲν |
| Sib. | | 3 | 660 | ἠδὲ θάλασσα τῶν ἀγαθῶν πλήθουσα. καὶ ἄρξονται | * βασιλῆες * | ἀλλήλοις +κοτέειν ἐπαμύνοντες κακὰ θυμῷ+ ὁ |
| Sib. | | 3 | 663 | οὐκ ἀγαθὸν πέλεται δειλοῖσι βροτοῖσιν. ἀλλὰ πάλιν | * βασιλῆες * | ἐθνῶν ἐπὶ τήνδε γε γαῖαν ἀθρόοι ὁρμήσονται |
| Sib. | | 3 | 667 | γαῖαν ἵκωνται. θήσουσιν κύκλῳ πόλεως μιαροὶ | * βασιλῆες * | τὸν θρόνον αὐτοῦ ἕκαστος ἔχων καὶ λαὸν ἀπειθῆ. |
| Sib. | | 3 | 717 | πεσόντες ἅπαντες ἐπὶ χθονὶ λισσώμεσθα ἀθάνατον | * βασιλῆα * | θεὸν μέγαν ἀέναόν τε. πέμπωμεν πρὸς ναὸν ἐπεὶ |
| Sib. | | 3 | 756 | ἀλλὰ μὲν εἰρήνη μεγάλη κατὰ γαῖαν ἅπασαν καὶ | * βασιλεὺς * | βασιλῆι φίλος μέχρι τέρματος ἔσται αἰῶνος |
| Sib. | | 3 | 756 | μὲν εἰρήνη μεγάλη κατὰ γαῖαν ἅπασαν καὶ βασιλεὺς | * βασιλῆι * | φίλος μέχρι τέρματος ἔσται αἰῶνος κοινόν τε |
| Sib. | | 3 | 782 | μεγάλοιο προφῆται αὐτοὶ γὰρ κριταί εἰσι βροτῶν | * βασιλεῖς * | τε δίκαιοι. ἔσται δὴ καὶ πλοῦτος ἐν ἀνθρώποισι |
| Sib. | | 3 | 808 | θεὸς οὐρανὸν οἰκῶν. ἀλλὰ χρὴ πάντας θύειν μεγάλῳ | * βασιλῆι. * | ταῦτά σοι Ἀσσυρίης Βαβυλώνια τείχεα μακρὰ |
| Sib. | | 4 | 76 | ὑπὸ γαῖαν ἀποκρύψει μέλαν ὕδωρ. ἥξει δ' ἐξ Ἀσίης | * βασιλεὺς * | μέγα ἔγχος ἀείρας νηυσὶν ἀμετρήτοισιν τὰ μὲν |
| Sib. | | 4 | 119 | δὲ φόνους τελέωσι πρὸ νηοῦ καὶ τότ' ἀπ' Ἰταλίης | * βασιλεὺς * | μέγας οἷά τε δράστης φεύξετ' ἄφαντος ἄπυστος |
| Sib. | | 5 | 2 | Λατινιδάων. ἤ τοι μὲν πρώτιστα μετ' ὀλλυμένους | * βασιλῆας * | Αἰγύπτου τοὺς πάντας ἴσῃ κατὰ γαῖα φέρεσκεν καὶ |
| Sib. | | 5 | 108 | ἐθέλων πόλιν ἐξαλαπάξαι. καὶ κέν τις θεόθεν | * βασιλεὺς * | πεμφθεὶς ἐπὶ τοῦτον πάντας ὀλεῖ βασιλεῖς |
| Sib. | | 5 | 109 | θεόθεν βασιλεὺς πεμφθεὶς ἐπὶ τοῦτον πάντας ὀλεῖ | * βασιλεῖς * | μεγάλους καὶ φῶτας ἀρίστους. εἶθ' οὕτως κρίσις |
| Sib. | | 5 | 139 | Ἰταλίης ἰσθμοῦ πλήξειε τένοντα τῆς μεγάλης Ῥώμης | * βασιλεὺς * | μέγας ἰσόθεος φὼς ὅν φάσ' αὐτὸς ὁ Ζεὺς ἔτεκεν |
| Sib. | | 5 | 147 | ἐτέτυκτο. ἥξει δ' εἰς Μήδους καὶ Περσῶν πρὸς | * βασιλῆας * | πρώτους οὓς ἐπόθησε καὶ οἷς κλέος ἐγκατέθηκεν |
| Sib. | | 5 | 153 | τούτου γὰρ +φανέντος+ ‹ὅλ›η κτίσις ἐξετινάχθη καὶ | * βασιλεῖς * | ὤλοντο καὶ ἐν τοῖσιν μένεν ἀρχὴ ἐξόλεσαν |
| Sib. | | 5 | 203 | γὰρ κακότητα θεοῦ τέκνοις ἐποίησαν ἡνίκα Σιδονίοις | * βασιλεὺς * | Φοῖνιξ Γαλικανὸν ἤγαγεν ἐκ Συρίης πλῆθος πολὺ |
| Sib. | | 5 | 221 | ἐς τὸ ποιῆσαι οἷά τις οὐ πρότερος τῶν συμπάντων | * βασιλήων * | πρῶτα μὲν ἐκ τρισσῶν κεφαλῶν σὺν πληγάδι ῥίζας |
| Sib. | | 5 | 224 | ἑτέροις δώσειε πάσασθαι ὥστε φαγεῖν σάρκας γονέων | * βασιλῆος * | ἀνάγνου. πᾶσι γὰρ ἀνθρώποισι φόνος καὶ δείματα |
| Sib. | | 5 | 233 | βροτῶν ἐπόθησε τίς ἔνδοθεν οὐ χαλέπηνεν ἐν σοί τις | * βασιλεὺς * | σεμνὸν βίον ὤλεσε ῥιφθείς. πάντα κακῶς διέθηκας |
| Sib. | | 5 | 338 | κρατερὸν σθένος ἐξαλαπάξει. τήν τε Μακηδονίην | * βασιλεὺς * | Αἰγύπτιος αἱρεῖ καὶ κλίμα βαρβαρικὸν ῥίψει |
| Sib. | | 5 | 374 | χόλος ἐν πεδίοισιν --- συμμαχίην +δῷ δ'+ ἐκ δυσμῶν | * βασιλῆι * | δ' ὄλεθρον. καὶ τότε χειμερίη πνοιὴ πνεύσει κατὰ |
| Sib. | | 5 | 380 | καὶ ἐπὶ σφαγῇσιν ὁμίχλη πάντας ὁμοῦ τ' ὀλέσει | * βασιλεῖς * | καὶ φῶτας ἀρίστους. εἶθ' οὕτως πολέμοιο |
| Sib. | | 5 | 392 | καὶ θυγάτηρ γενετῆρι ἑῷ συζεύξατο νύμφη ἐν σοὶ καὶ | * βασιλεῖς * | στόμα δύσμορον ἐξεμίηναν ἐν σοί καὶ κτηνῶν |
| Sib. | | 5 | 408 | καὶ ἑκατόμβαις. νῦν δέ τις ἐξαναβὰς ἀφανὴς | * βασιλεὺς * | καὶ ἄναγνος ταύτην ἔρριψεν καὶ ἀνοικοδόμητον |
| Sib. | | 5 | 459 | δ' ἐν πέμπτῃ γενεῇ ὅτε παύσετ' ὄλεθρος Αἰγύπτου | * βασιλῆες * | ὅταν μιχθῶσιν ἀναιδεῖς Παμφύλων γενεαὶ δ' εἰς |
| Sib. | | 5 | 463 | πόλεμος πολυαίματος ἐν κονίῃσιν ὃν παύσει Ῥώμης | * βασιλεὺς * | δυσμῶν τε δυνάσται. χειμερίη ὁπόταν ῥιπὴ στάξῃ |
| Sib. | | 5 | 499 | ἀίδιον γεγαῶτα τὸν πρύτανιν πάντων τὸν ἀληθέα τὸν | * βασιλῆα * | ψυχοτρόφον γενετῆρα θεὸν μέγαν αἰὲν ἐόντα. καὶ |
| FJub. | | 11 | 2 | τῦφον στρατηγούς τε ἑαυτοῖς κατεστήσαντο καὶ | * βασιλεῖς. * | καὶ τότε πρώτως πολεμικὰ κατασκευάσαντες |
| FJub. | | 11 | 14 | ο θ' ἐτῶν ἐγέννησε τὸν Θάρρα. Νίνου δὲ τοῦ πρώτου | * βασιλέως * | τῶν Ἀσσυρίων τεσσαρακοστὸν τρίτον ἄγοντος ἔτος |
| FJub. | | 31 | 18 | ηὐλόγησε τὸν Λευὶ ὡς ἀρχιερέα καὶ τὸν Ἰούδαν ὡς | * βασιλέα * | καὶ ἄρχοντα. ἡ Ῥεβέκκα ᾔτησε τὸν Ἰσαὰκ ἐν τῷ |
| FJub. | | 47 | 5 | ὡς βασιλίδος υἱὸς δικαίως ἂν κληθείη κατὰ κόσμον | * βασιλεὺς * | ἐξ ὕδατος. καταλιπὼν δὲ Μωϋσῆς τὰς κατ' |
| FIsa. | | 1 | 2 | ἣν μετεμορφώθη καὶ τοὺς λόγους οὓς αὐτὸς ὁ | * βασιλεὺς * | εἶδεν ἐν τῇ ἀρρωστίᾳ αὐτοῦ. ‹ἤκουσεν› Σωμνὰς ὁ |
| FIsa. | | 1 | 5 | ἐκάθισεν δὲ ἐπὶ τὸν δίφρον ἀλλ' ἐπὶ τὴν κλίνην τοῦ | * βασιλέως. * | ἐπιθήσῃ τὰς χεῖρας αὐτοῦ ‹ἐπ' αὐτὸν τὸν |
| FIsa. | 1 | 2 | 6 | λόγοι ἰδοὺ γεγραμμένοι εἰσ‹ὶν ἐ›ν τοῖς βίβλοις τῶν | * ‹β›ασ‹ιλέων› * | Ἰούδα καὶ Ἰ‹σραήλ›. ---‹κ›αὶ τὴν πομπή‹ν |
| FIsa. | 1 | 2 | 12 | ἀδελφὸς τοῦ πατρὸς αὐτοῦ ἐν δὲ ταῖς ἡμέραις Ἀχαὰβ | * βασιλέως * | τοῦ Ἰσραὴλ ἦν διδάσκαλος τῶν τετρακοσίων |
| FIsa. | 1 | 2 | 16 | τοῦ Σεδεκίου ἀκούσαν‹τ›ες μετέπεισαν τὸν Ὀχοζείαν | * βασιλέα * | Γομόρρων καὶ ἐφό‹ν›ευσαν τὸν Μιχαί‹α›ν. καὶ |
| FIsa. | 1 | 3 | 2 | καὶ ἐγένετο ἐν τῷ ἐλθεῖν Ἀλγασὰρ Ἀσσυρίων | * βασιλέα * | καὶ αἰχμαλωτίσαι τὴν Σαμαρίαν καὶ λαβεῖν τὰς |
| FIsa. | 1 | 3 | 3 | καὶ ἦλθεν εἰς Ἰε‹ρου›σαλὴμ ἡμ‹έρ›αις ‹ Ἐζε›κίου | * βασ‹ιλέως * | Ἰ›ούδα. κα‹ὶ οὐκ ἐ›πάτει +εἰς Σαμαρίαν ἐν |
| FIsa. | 1 | 3 | 10 | Ἠσαίας δὲ εἶπεν εἶδον τὸν ‹θεὸν› κ‹α›ὶ ἰδοὺ ζῶ. | * βασι‹λ›εῦ * | ‹γί›νω‹σ›κε ὅτι ψευδή‹ς› ἐστιν. καὶ τὴν |
| FIsa. | 1 | 3 | 11 | Βενιαμειν καὶ τῶν εὐνούχων καὶ τῶν συμβούλων τοῦ | * βασιλέως * | καὶ ἤρεσαν αὐτῷ οἱ λόγοι τοῦ Βελχειρὰ καὶ |
| FEz. | 64 | 70 | 6 | | * βασιλεύς * | τις ἐν τῇ αὐτοῦ βασιλείᾳ πάντας εἶχεν |
| FEz. | 64 | 70 | 7 | ἐκαθέζετο καὶ κατ' ἰδίαν ᾤκει. γάμους δὲ ποιήσας ὁ | * βασιλεὺς * | τῷ ἰδίῳ υἱῷ ἐκάλεσε πάντας τοὺς ἐν τῇ αὐτοῦ |
| FEz. | 64 | 70 | 7 | ἠγανάκτησαν ἐν ἑαυτοῖς καὶ ἐπιβουλὴν ἐργάσασθαι τῷ | * βασιλεῖ * | ἐπενόουν. παράδεισον δὲ εἶχεν ὁ βασιλεὺς καὶ ἀπὸ |
| FEz. | 64 | 70 | 8 | τῷ βασιλεῖ ἐπενόουν. παράδεισον δὲ εἶχεν ὁ | * βασιλεὺς * | καὶ ἀπὸ μήκοθεν ὁ τυφλὸς ἐλάλει τῷ χωλῷ λέγων |
| FEz. | 64 | 70 | 12 | εὑρόντες ἐν τῷ παραδείσῳ καὶ ταῦτα ἀνήγγειλαν τῷ | * βασιλεῖ * | λέγοντες ἅπαντες στρατιῶται ἐν τῇ βασιλείᾳ σου |
| FAch. | | 101 | | μέγας παρὰ τοῖς Βαβυλωνίοις ἀνεδείχθη ὥστε καὶ τὸν | * βασιλέα * | ἐραστὴν αὐτοῦ γενέσθαι τῶν ἠθῶν διὰ τὸν νοῦν |
| FAch. | | 102 | | ἐπ' ἐκείνοις δὲ τοῖς καιροῖς ἔθος εἶχον οἱ | * βασιλεῖς * | παρ' ἀλλήλων φόρους λαμβάνειν διὰ τῆς ἐναρέτου |
| FAch. | | 102 | | τῷ Λυκούργῳ λύων προβλήματα εὐδοκεῖν ἠνάγκαζεν τὸν | * βασιλέα * | αὐτὸς δὲ διὰ τοῦ Λυκούργου ἔπεμπεν τοῖς |
| FAch. | | 102 | | βασιλέα αὐτὸς δὲ διὰ τοῦ Λυκούργου ἔπεμπεν τοῖς | * βασιλεῦσιν * | καὶ μὴ εὑρίσκοντες φόρους ἐχορήγουν. καὶ |
| FAch. | | 103 | | ἄτεκνος ὑπάρχων τοῦτον υἱὸν ἐποιήσατο καὶ τῷ | * βασιλεῖ * | παρέστησεν ὡς διάδοχον αὐτοῦ τῆς σοφίας. πᾶσαν |

| | | | | | | |
|---|---|---|---|---|---|---|
| FAch. | | 103 | | παιδείας. ὁ δὲ νεανίσκος μέγα ποιήσας ἅμα τῇ τοῦ | * βασιλέως * | παλλακίδι περιπλακεὶς ἐπιχαρὴς ἐγένετο |
| FAch. | | 104 | | ὑπὸ τῶν φίλων ψεῦδος διέβαλεν τὸν Αἴσωπον πρὸς τὸν | * βασιλέα * | γράψας πλαστὴν ἐπιστολὴν τῷ αὐτοῦ ὀνόματι πρὸς |
| FAch. | | 104 | | ἴδε πῶς κατὰ τῆς βασιλείας σου βουλεύεται. ὁ δὲ | * βασιλεὺς * | πεισθεὶς τῇ σφραγῖδι καὶ ὀργισθεὶς προσέταξεν |
| FAch. | | 104 | | ἐτήρει αὐτὸν ἐν τῇ φυλακῇ ἀνήγγειλεν δὲ τῷ | * βασιλεῖ * | ὅτι τεθανάτωκα τὸν Αἴσωπον. ὁ δὲ Ἥλιος |
| FAch. | | 105 | | μετὰ δὲ χρόνον ἀκούσας Νεκταναβὼν ὁ τῶν Αἰγυπτίων | * βασιλεὺς * | τὸν Αἴσωπον τεθνηκέναι πρεσβείαν ἀπέστειλεν |
| FAch. | | 105 | | διαλῦσαι. ἦν δὲ τὸ πρόβλημα τοῦτο Νεκταναβὼν | * βασιλεὺς * | Αἰγύπτου Λυκούργῳ Βαβυλωνίῳ χαίρειν. θέλω |
| FAch. | | 106 | | ἕτερος δέ τις δειλὸς λέγει ἀποκρινόμενος κύριε | * βασιλεῦ * | ἡμεῖς θέλομεν πάντα τὰ ὑπὸ σοῦ κελευόμενα |
| FAch. | | 106 | | τὰ τοιαῦτα. συγγνώμης τοίνυν τυχεῖν ἀξιοῦμεν. ὁ δὲ | * βασιλεὺς * | ὀργισθεὶς ἐκέλευσεν τῷ φύλακι τοῦ ζῆν πάντας |
| FAch. | | 107 | | οὖν ὁ στρατοφύλαξ τὰς ἀναγκαίας χρείας τοῦ | * βασιλέως * | ἠθέλησεν τὸ ἑαυτοῦ ἁμάρτημα εὔκαιρον ⟨δεῖξαι⟩ |
| FAch. | | 107 | | ἁμάρτημα εὔκαιρον ⟨δεῖξαι⟩ καί φησιν δέσποτα | * βασιλεῦ * | ἡ σήμερον ἐσχάτη εἶναί μοι οἶδα. ὁ δὲ Λυκοῦργος |
| FAch. | | 107 | | ὁ δὲ Λυκοῦργος πρὸς αὐτόν τί φῄς; ὁ δὲ ἐπιταγὴν | * βασιλέως * | μὴ ποιήσας ἐπ᾽ ἐμαυτὸν θησαυρίζω κακά. ὁ δὲ |
| FAch. | | 107 | | μὴ ποιήσας ἐπ᾽ ἐμαυτὸν θησαυρίζω κακά. ὁ δὲ | * βασιλεὺς * | εἶπεν τί σεαυτῷ σύνοιδας; ὁ δὲ εἶπεν Αἴσωπος |
| FAch. | | 107 | | ὠχρῶντος διὰ τὴν πολυχρόνιον συνοχὴν ἀποστραφεὶς ὁ | * βασιλεὺς * | ἔκλαυσεν. καὶ ἐκέλευσεν αὐτὸν ὁ βασιλεὺς |
| FAch. | | 107 | | ὁ βασιλεὺς ἔκλαυσεν. καὶ ἐκέλευσεν αὐτὸν ὁ | * βασιλεὺς * | ἐπιμελείας τυχεῖν καὶ ἀμφιασθέντα ἀσπάσασθαι. ὁ |
| FAch. | | 108 | | εἰς ἑαυτὸν ἀποκατασταθεὶς ἐλθὼν ἠσπάσατο τὸν | * βασιλέα * | καὶ ἀπελογεῖτο πῶς ψεῦδος αὐτοῦ κατηγόρησεν ὁ |
| FAch. | | 108 | | καὶ τὴν ἀλήθειαν μεθ᾽ ὅρκου παρεστήσατο. τοῦ | * βασιλέως * | θέλοντος ἀνελεῖν τὸν Ἥλιον ὡς εἰς πατέρα |
| FAch. | | 108 | | εἶναι τῆς ἰδίας συνειδήσεως. συγχωρήσας δὲ ὁ | * βασιλεὺς * | ἐκείνῳ τὸ ζῆν ἔφη τῷ Αἰσώπῳ λαβὼν τὴν ἐπιστολὴν |
| FAch. | | 108 | | τῷ Αἰσώπῳ λαβὼν τὴν ἐπιστολὴν τοῦ τῶν Αἰγυπτίων | * βασιλέως * | ἀνάγνωθι. ὁ δὲ γνοὺς τὸ ζήτημα καὶ μειδιάσας |
| FAch. | | 109 | | παρακαταθήκην. καὶ πρῶτον μὲν θεὸν σέβου ὡς δεῖ. | * βασιλέα * | τίμα τὸ γὰρ κράτος ἰσότιμόν ἐστι. τὸν καθηγητήν |
| FAch. | | 111 | | φερόμενοι. τῷ δὲ θέρει ἀποταξάμενος ὁ Αἴσωπος τῷ | * βασιλεῖ * | ἔπλευσεν εἰς Αἴγυπτον σὺν τοῖς παιδίοις καὶ τοῖς |
| FAch. | | 112 | | ἀφικομένου δὲ αὐτοῦ εἰς τὴν Μέμφιν ἐδηλώθη τῷ | * βασιλεῖ * | Νεκταναβῷ τὸν Αἴσωπον παραστῆναι. ἀηδῶς δὲ |
| FAch. | | 112 | | νηός. καὶ τῇ ἐπαύριον ἐλθὼν ὁ Αἴσωπος ἠσπάσατο τὸν | * βασιλέα. * | ὁ δὲ Νεκταναβὼ ἐκέλευσεν τοὺς ὑφ᾽ ἑαυτὸν |
| FAch. | | 114 | | τοὺς δὲ περί σέ τοῖς ἐκ τῆς γῆς καρποῖς ὡς γὰρ | * βασιλεὺς * | πορφυρίζουσαν ἔχεις τὴν ἀπὸ τῆς ὁράσεως τέρψιν |
| FAch. | | 114 | | καὶ τοὺς καρποὺς εὐανθεῖς ἀναλαμβάνεις. ὁ δὲ | * βασιλεὺς * | θαυμάσας αὐτοῦ τὸ νοερὸν δῶρα ἐπέδωκε. καὶ τῇ |
| FAch. | | 115 | | ὡς ὁ ἥλιος οὕτοι δὲ διάπυροι ⟨ὡς⟩ αἱ ἀκτῖνες. ὁ δὲ | * βασιλεὺς * | θαυμάσας αὐτὸν ἔφη οὕτως τῆς βασιλείας |
| FAch. | | 116 | | λέγει ἕτοιμοί εἰσιν ἐπὰν σὺ τὸν τόπον δείξῃς. ὁ δὲ | * βασιλεὺς * | θαυμάσας ἔξω τῆς πόλεως ἀφίκετο σὺν τῷ Αἰσώπῳ |
| FAch. | | 116 | | ἀνθρώπους. σὺ δὲ θέλεις ἄνθρωπος ὑπάρχων ἰσοθέῳ | * βασιλεῖ * | ἐρίζειν; ὁ δὲ Νεκταναβὼν ἔφη Αἴσωπε ἥττημαι. τὸ |
| FAch. | | 117 | | συλλαμβάνεσθαι ζῶντα. (ἔστιν δὲ θεὰ ἱερασίου | * βασιλέως)--- * | οἱ δὲ Αἰγύπτιοι ἰδόντες συνέδραμον εἰς τὴν |
| FAch. | | 117 | | αἴλουρον ἀφεθῆναι. ἦλθον δέ οἱ Αἰγύπτιοι πρὸς τὸν | * βασιλέα * | κράζοντες κατὰ τοῦ Αἰσώπου. ὁ δὲ βασιλεὺς |
| FAch. | | 117 | | πρὸς τὸν βασιλέα κράζοντες κατὰ τοῦ Αἰσώπου. ὁ δὲ | * βασιλεὺς * | ἐκάλεσεν τὸν Αἴσωπον καὶ ἐλθόντος εἶπεν αὐτῷ |
| FAch. | | 118 | | ἐνθάδε ⟨δύνανται⟩ τῶν ἵππων καὶ ἐκτιτρώσκειν; ὁ δὲ | * βασιλεὺς * | ἰδὼν αὐτοῦ τὸν νοῦν ἐφοβήθη μὴ νικηθεὶς μέλλῃ |
| FAch. | | 118 | | νοῦν ἐφοβήθη μὴ νικηθεὶς μέλλῃ φόρους τελεῖν τῷ | * βασιλεῖ * | Λυκούργῳ. αὐτίκα οὖν τοὺς ἀπὸ Ἡλιουπόλεως |
| FAch. | | 121 | | τοῦτο ἀνέστησαν τοῦ δείπνου. τῇ δὲ ἐξῆς ἡμέρᾳ ὁ | * βασιλεὺς * | Νεκταναβὼν συμβούλιον ποιησάμενος μετὰ τῶν |
| FAch. | | 121 | | καὶ κατάρατον τοῦτον μέ⟨λλω⟩ φόρους στέλλειν τῷ | * βασιλεῖ * | Λυκούργῳ. εἷς δέ τις τῶν φίλων αὐτοῦ εἶπεν |
| FAch. | | 121 | | καὶ ἐπὶ τούτοις ἀπορηθεὶς νικηθήσεται. ὁ δὲ | * βασιλεὺς * | ἀκούσας περιχαρὴς ἐγένετο δόξας εὑρηκέναι |
| FAch. | | 121 | | νίκας. καὶ παραγεναμένου τοῦ Αἰσώπου ἔφη αὐτῷ ὁ | * βασιλεὺς * | Νεκταναβὼν ἔτι ἓν ἡμῖν ἐπίλυσον κἀγὼ παράσχω |
| FAch. | | 121 | | ἡμερῶν καὶ ἀποκριθήσομαί σοι. καὶ ἐξελθὼν ἀπὸ τοῦ | * βασιλέως * | διελογίζετο ἐν ἑαυτῷ ὁ Αἴσωπος ὅ,τι περ ἐὰν |
| FAch. | | 122 | | μετὰ δὲ τὰς τρεῖς ἡμέρας ἦλθεν ὁ Αἴσωπος πρὸς τὸν | * βασιλέα * | Νεκταναβὼν καὶ εὗρεν αὐτὸν μετὰ τῶν φίλων |
| FAch. | | 122 | | ἔφη ἀνάγνωτε τὸν κοινὸν τοῦτον. οἱ δὲ φίλοι τοῦ | * βασιλέως * | Νεκταναβὼν ἔφησαν ψευδόμενοι τοῦτον καὶ |
| FAch. | | 122 | | ἡ γὰρ προθεσμία παρῆλθεν τῆς ἀποδόσεως. ὁ δὲ | * βασιλεὺς * | Νεκταναβὼν ἀκούσας ἔφη πόθεν μαρτυρεῖτε περὶ |
| FAch. | | 123 | | μετὰ καὶ τῶν Μουσῶν καὶ ἐποίησεν ἑορτὴν μεγάλην ὁ | * βασιλεὺς * | ἐπὶ τῇ τοῦ Αἰσώπου σοφίᾳ. |
| FPho. | | | 113 | καὶ πατρὶς Ἅιδης ξυνὸς χῶρος ἅπασι πένησί τε καὶ | * βασιλεῦσιν. * | οὐ πολὺν ἄνθρωποι ζῶμεν χρόνον ἀλλ᾽ |
| IOrp. | | | 17 | δακρυόεντα. οὐδέ τις ἔσθ᾽ ἕτερος χωρὶς μεγάλου | * βασιλῆος. * | αἴ κεν ἴδῃς αὐτὸν πρὶν δή ποτε δεῦρ᾽ ἐπὶ γαῖαν |
| IHes. | 5 | 112 | 3 | αὐτὸς γὰρ πάντων | * βασιλεὺς * | καὶ κοιρανός ἐστιν ἀθανάτων σέο δ᾽ οὔτις |
| HDem. | 9 | 21 | 12 | ἐτῶν ὄντα ἑκατὸν ὀγδοήκοντα. κρίναντα δὲ τῷ | * βασιλεῖ * | τὸν Ἰωσὴφ τὰ ἐνύπνια ἄρξαι Αἰγύπτου ἔτη ἑπτὰ ἐν |
| HDem. | 9 | 21 | 13 | τῶν συγγενῶν φάναι αὐτοῖς ἐὰν κληθῶσιν ὑπὸ τοῦ | * βασιλέως * | καὶ ἐρωτῶνται τί διαπράσσονται λέγειν |
| HEup. | 9 | 30 | 2 | εἶτα τῇ τοῦ θεοῦ βουλήσει ὑπὸ Σαμουὴλ Σαοῦλον | * βασιλέα * | αἱρεθῆναι ἄρξαντα δὲ ἔτη κ α᾽ τελευτῆσαι. εἶτα |
| HEup. | 9 | 30 | 4 | καὶ Ναβδαίους αὖθις δὲ ἐπιστρατεῦσαι ἐπὶ Σούρωνα | * βασιλέα * | Τύρου καὶ Φοινίκης οὓς καὶ ἀναγκάσαι φόρους |
| HEup. | 9 | 30 | 5 | Ἰουδαίοις ὑποτελεῖν πρός τε Οὐαφρῆν τὸν Αἰγύπτιον | * βασιλέα * | φιλίαν συνθέσθαι. βουλόμενόν τε τὸν Δαβὶδ |
| HEup. | 9 | 30 | 8 | δὲ βασιλεύειν καὶ γράψαι πρὸς Οὐαφρῆν τὸν Αἰγύπτου | * βασιλέα * | τὴν ὑπογεγραμμένην ἐπιστολήν. ἐπιστολη |
| HEup. | 9 | 31 | 1 | τὴν ὑπογεγραμμένην ἐπιστολήν. ἐπιστολη Σολομωνος. | * βασιλεὺς * | Σολομῶν Οὐαφρῇ βασιλεῖ Αἰγύπτου φίλῳ πατρικῷ |
| HEup. | 9 | 31 | 1 | ἐπιστολη Σολομωνος. βασιλεὺς Σολομῶν Οὐαφρῇ | * βασιλεῖ * | Αἰγύπτου φίλῳ πατρικῷ χαίρειν. γίνωσκέ με |
| HEup. | 9 | 32 | 1 | καθότι ἐπιτέτακται. ἐπιστολη Ουαφρη αντιγραφος. | * βασιλεὺς * | Οὐαφρῆς Σολομῶνι βασιλεῖ μεγάλῳ χαίρειν. ἅμα τῷ |
| HEup. | 9 | 32 | 1 | Ουαφρη αντιγραφος. βασιλεὺς Οὐαφρῆς Σολομῶνι | * βασιλεῖ * | μεγάλῳ χαίρειν. ἅμα τῷ ἀναγνῶναι τὴν παρὰ σοῦ |
| HEup. | 9 | 33 | 1 | ἂν ἀπὸ τῆς χρείας γενόμενοι. ἐπιστολη Σολομωνος. | * βασιλεὺς * | Σολομῶν Σούρωνι τῷ βασιλεῖ Τύρου καὶ Σιδῶνος |
| HEup. | 9 | 33 | 1 | ἐπιστολη Σολομωνος. βασιλεὺς Σολομῶν Σούρωνι τῷ | * βασιλεῖ * | Τύρου καὶ Σιδῶνος καὶ Φοινίκης φίλῳ πατρικῷ |
| HEup. | 9 | 34 | 1 | τῆς Ἀραβίας. ἐπιστολη Σουρωνος. Σούρων Σολομῶνι | * βασιλεῖ * | μεγάλῳ χαίρειν. εὐλογητὸς ὁ θεὸς ὃς τὸν οὐρανὸν |
| HEup. | 9 | 34 | 10 | δυοῖν κατὰ τὸν λουτῆρα ἵν᾽ ἐφεστήκῃ ἐπ᾽ αὐτῆς ὁ | * βασιλεὺς * | ὅταν προσεύχηται ὅπως ὀπτάνηται τῷ λαῷ τῶν |
| HEup. | 9 | 34 | 17 | τὸ δὲ τάλαντον εἶναι σίκλον. καὶ τῷ μὲν Αἰγύπτου | * βασιλεῖ * | Οὐαφρῇ ἐλαίου μετρητὰς μυρίους φοινικοβαλάνων |
| HEup. | 9 | 39 | 4 | διώρυχας αἰχμαλωτισθέντας. τὸν δὲ τῶν Βαβυλωνίων | * βασιλέα * | ἀκούσαντα Ναβουχοδονόσορ τὰ ὑπὸ τοῦ Ἱερεμίου |
| HEup. | 9 | 39 | 4 | προμαντευθέντα παρακαλέσαι Ἀστιβάρην τὸν Μήδων | * βασιλέα * | συστρατεύειν αὐτῷ. παραλαβόντα δὲ Βαβυλωνίους |
| HEup. | 9 | 39 | 5 | δὲ τὰ Ἱεροσόλυμα παραλαβεῖν καὶ τὸν Ἰουδαίων | * βασιλέα * | Ἰωναχειμ ζωγρῆσαι τὸν δὲ χρυσὸν τὸν ἐν τῷ ἱερῷ |
| HArt. | 9 | 18 | 1 | ἐλθεῖν εἰς Αἴγυπτον πρὸς τὸν τῶν Αἰγυπτίων | * βασιλέα * | Φαρεθώθην καὶ τὴν ἀστρολογίαν αὐτὸν διδάξαι |
| HArt. | 9 | 23 | 1 | ἐντυγχανόμενον ποιῆσαι εἶναι γὰρ τοὺς τῶν Ἀράβων | * βασιλεῖς * | ἀπογόνους Ἰσραὴλ υἱοὺς τοῦ Ἀβραὰμ Ἰσαὰκ δὲ |
| HArt. | 9 | 23 | 2 | δὲ αὐτὸν εἰς τὴν Αἴγυπτον καὶ συσταθέντα τῷ | * βασιλεῖ * | διοικητὴν τῆς ὅλης γενέσθαι χώρας. καὶ πρότερον |
| HArt. | 9 | 23 | 4 | μετὰ δὲ ταῦτα τελευτῆσαι τόν τε Ἰωσὴφ καὶ τὸν | * βασιλέα * | τῶν Αἰγυπτίων. τὸν οὖν Ἰωσὴφ κρατοῦντα τῆς |
| HArt. | 9 | 27 | 1 | καὶ τοῦ υἱοῦ αὐτοῦ Μεμψασθενὼθ ὁμοίως δὲ καὶ τοῦ | * βασιλέως * | τῶν Αἰγυπτίων τὴν δυναστείαν παραλαβεῖν τὸν |
| HArt. | 9 | 27 | 5 | τοὺς ὄχλους ποτὲ μὲν ἐκβάλλειν ποτὲ δὲ καθιστάνειν | * βασιλεῖς * | καὶ πολλάκις μὲν τοὺς αὐτοὺς ἐνιάκις δὲ ἄλλους. |
| HArt. | 9 | 27 | 22 | πρῶτον δὲ πρὸς Ἀάρωνα τὸν ἀδελφὸν ἐλθεῖν. τὸν δὲ | * βασιλέα * | τῶν Αἰγυπτίων πυθόμενον τὴν τοῦ Μωύσου παρουσίαν |
| HArt. | 9 | 27 | 24 | εἰσελθεῖν καὶ ἐνθάδε τῶν φυλάκων παρειμένων τὸν | * βασιλέα * | ἐξεγεῖραι. τὸν δὲ ἐκπλαγέντα ἐπὶ τῷ γεγονότι |
| HArt. | 9 | 27 | 25 | δὲ προσκύψαντα πρὸς τὸ οὖς εἰπεῖν ἀκούσαντα δὲ τὸν | * βασιλέα * | πεσεῖν ἄφωνον διακρατηθέντα δὲ ὑπὸ τοῦ Μωύσου |
| HArt. | 9 | 27 | 27 | μετὰ σπασμοῦ τὸν βίον ἐκλιμπάνειν εἰπεῖν τε τὸν | * βασιλέα * | σημεῖόν τι αὐτῷ ποιῆσαι τὸν δὲ Μώϋσον ἣν εἶχε |
| HArt. | 9 | 27 | 29 | ζῷα τούς τε λαοὺς διὰ τὴν δίψαν φθείρεσθαι. τὸν δὲ | * βασιλέα * | τούτων γενομένων τῶν τεράτων φάναι μετὰ μῆνα |
| HArt. | 9 | 27 | 30 | ὕδωρ συστεῖλαι τὸ ῥεῦμα. τούτου δὲ γενομένου τὸν | * βασιλέα * | τοὺς ἱερεῖς τοὺς ὑπὲρ Μέμφιν καλέσαι καὶ φάναι |
| HArt. | 9 | 27 | 31 | ποιῆσαι καὶ τὸν ποταμὸν μεταχρῶσαι. τὸν δὲ | * βασιλέα * | φρονηματισθέντα ἐπὶ τῷ γεγονότι πάσῃ τιμωρίᾳ καὶ |
| HArt. | 9 | 27 | 33 | παιομένην δὲ τῇ ῥάβδῳ τὰ τέρατα ἀνεῖναι. τοῦ δὲ | * βασιλέως * | ἔτι ἀφρονουμένου τὸν Μώϋσον χάλαζάν τε καὶ |
| HArt. | 9 | 27 | 34 | τελευταῖον τοιαύταις συμφοραῖς περιπεσόντα τὸν | * βασιλέα * | τοὺς Ἰουδαίους ἀπολῦσαι τοὺς δὲ χρησαμένους |
| HArt. | 9 | 27 | 35 | Ἡλιουπολίτας δὲ λέγειν ἐπικαταδραμεῖν τὸν | * βασιλέα * | μετὰ πολλῆς δυνάμεως ⟨ἅμα⟩ καὶ τοῖς |
| HAri. | 9 | 25 | 4 | ἐλθεῖν εἰς ἐπίσκεψιν Ἐλίφαν τὸν Θαιμανιτῶν | * βασιλέα * | καὶ Βαλδὰδ τὸν Σαυχαίων τύραννον καὶ Σωφὰρ τὸν |
| HAri. | 9 | 25 | 4 | τὸν Σαυχαίων τύραννον καὶ Σωφὰρ τὸν Μινναίων | * βασιλέα * | ἐλθεῖν δὲ καὶ Ἐλιοῦν τὸν Βαραχιὴλ τὸν Ζωβίτην |
| HAno. | 9 | 17 | 4 | ἄλλα πάντα διδάξαντα τοὺς Φοίνικας εὐαρεστῆσαι τῷ | * βασιλεῖ * | αὐτῶν. ὕστερον δὲ Ἀρμενίους ἐπιστρατεῦσαι τοῖς |
| HAno. | 9 | 17 | 6 | πανοικίᾳ κἀκεῖ κατοικεῖν τήν τε γυναῖκα αὐτοῦ τὸν | * βασιλέα * | τῶν Αἰγυπτίων γῆμαι φάντος αὐτοῦ ἀδελφὴν εἶναι. |
| HAno. | 9 | 17 | 7 | τούτους φάναι μὴ εἶναι χήραν τὴν γυναῖκα τὸν δὲ | * βασιλέα * | τῶν Αἰγυπτίων οὕτως ἐπιγνῶναι ὅτι γυνὴ ἦν τοῦ |
| HHec. | 1 | 22 | 191 | καὶ προπηλακιζόμενοι πολλάκις ὑπὸ τῶν Περσικῶν | * βασιλέων * | καὶ σατραπῶν οὐ δύνανται μεταπεισθῆναι τῇ |
| HHec. | 1 | 22 | 192 | ζημίας ἀποτῖσαι μεγάλας ἕως αὐτοῖς συγγνόντα τὸν | * βασιλέα * | δοῦναι τὴν ἄδειαν. τῶν γε μὴν εἰς τὴν χώραν πρὸς |
| HThe. | 9 | 34 | 19 | τὸν περισσεύσαντα χρυσὸν τὸν Σολομῶνα τῷ Τυρίων | * βασιλεῖ * | πέμψαι τὸν δὲ εἰκόνα τῆς θυγατρὸς ζῷον |
| LEze. | 9 | 28 | 2 09 | ἅλις ηὐξημένην δόλον καθ᾽ ἡμῶν πολὺν ἐμηχανήσατο | * βασιλεὺς * | Φαραὼ τοὺς μὲν ἐν πλινθεύμασιν οἰκοδομίαις τε |
| LEze. | 9 | 28 | 2 19 | δ᾽ ἀδελφή μου κατώπτευεν πέλας. κἄπειτα θυγάτηρ | * βασιλέως * | ἅβραις ὁμοῦ κατῆλθε λουτροῖς χρῶτα φαιδρῦναι |
| LEze. | 9 | 28 | 2 28 | μήτηρ καὶ ἔλαβέν μ᾽ ἐς ἀγκάλας. εἶπεν δὲ θυγάτηρ | * βασιλέως * | τοῦτον γύναι τρόφευε κἀγὼ μισθὸν ἀποδώσω σέθεν. |
| LEze. | 9 | 28 | 3 10 | πρὸς ἔργα γὰρ θυμός μ᾽ ἄνωγε καὶ τέχνασμα | * βασιλέως. * | ὁρῶ δὲ πρῶτον ἄνδρας ἐν χειρῶν νόμῳ τὸν μέν γ᾽ |
| LEze. | 9 | 28 | 3 24 | ἐγὼ ἔλεξα πῶς ἐγένετο συμφανὲς τόδε; καὶ πάντα | * βασιλεῖ * | ταῦτ᾽ ἀπήγγειλεν ταχὺ ζητεῖ δὲ Φαραὼ τὴν ἐμὴν |
| LEze. | 9 | 29 | 8 16 | πρῶτον μὲν αὐτοῖς πᾶσιν Ἑβραίοις ὁμοῦ ἔπειτα | * βασιλεῖ * | τὰ ὑπ᾽ ἐμοῦ τεταγμένα ὅπως σὺ λαὸν τὸν ἐμὸν |
| LEze. | 9 | 29 | 9 03 | ἰσχνόφωνος ὥστε μὴ λόγους ἐμοὺς γενέσθαι | * βασιλέως * | ἐναντίον. Ἀάρωνα πέμψω σὸν κασίγνητον ταχὺ ᾧ |
| LEze. | 9 | 29 | 10 03 | πάντα λέξεις τἀξ ἐμοῦ λελεγμένα καὶ αὐτὸς λαλήσει | * βασιλέως * | ἐναντίον σὺ μὲν πρὸς ἡμᾶς ὁ δὲ λαβὼν σέθεν |
| LEze. | 9 | 29 | 12 18 | πρωτόγονα. παύσω δ᾽ ὕβριν ἀνθρώπων κακῶν. Φαραὼ δὲ | * βασιλεὺς * | πείσετ᾽ οὐδὲν ὧν λέγω πλὴν τέκνον αὐτοῦ |
| LEze. | 9 | 29 | 12 30 | ὑμεῖς δὲ νυκτὸς ὀπτὰ δαίσεσθε κρέα. σπουδῇ δὲ | * βασιλεὺς * | ἐκβαλεῖ πρόπαντ᾽ ὄχλον. ὅταν δὲ μέλλητ᾽ |
| LEze. | 9 | 29 | 13 09 | καὶ χερὶ βακτηρίαν ἔχοντες. ἐν σπουδῇ τε γὰρ | * βασιλεὺς * | κελεύσει πάντας ἐκβαλεῖν χθονὸς κεκλήσεται δὲ |
| LEze. | 9 | 29 | 14 02 | οὗτος πέλει. ὡς γὰρ σὺν ὄχλῳ τῷδ᾽ ἀφώρμησεν δόμων | * βασιλεὺς * | Φαραὼ μυρίων ὅπλων μέτα ἵππου τε πάσης καὶ |
| LEze. | 9 | 29 | 16 23 | ὡς ἐφαίνετο. φωνὴν δὲ πάντων εἶχεν ἐκπρεπεστάτην. | * βασιλεὺς * | δὲ πάντων ὀρνέων ἐφαίνετο ὡς ἦν νοῆσαι πάντα |
| LAri. | 8 | 10 | 1 | πρὸς τὰ προκείμενα ζητήματα ἐπεφώνησας καὶ σὺ | * βασιλεῦ * | διότι σημαίνεται διὰ τοῦ νόμου τοῦ παρ᾽ ἡμῖν καὶ |
| LAri. | 8 | 10 | 7 | ἡμῶν κοινότερον. ὅταν γὰρ δυνάμεις ἐξαποστέλλῃς σὺ | * βασιλεὺς * | ὧν βουλόμενός τι κατεργάσασθαι λέγομεν μεγάλην |
| LAri. | 8 | 10 | 7 | τι κατεργάσασθαι λέγομεν μεγάλην χεῖρα ἔχει ὁ | * βασιλεὺς * | φερομένων τῶν ἀκουόντων ἐπὶ τὴν δύναμιν ἣν |
| LAri. | 8 | 10 | 8 | γεγονότος θανάτου τῶν κτηνῶν καὶ τῶν ἄλλων φησὶ τῷ | * βασιλεῖ * | τῶν Αἰγυπτίων λέγων ἰδοὺ χεὶρ κυρίου ἐπέσται ἐν |

LArl. 13 12 2 νόμου πάντων ἐπὶ τοῦ προσαγορευθέντος Φιλαδέλφου * βασιλέως * σοῦ δὲ προγόνου προσενεγκαμένου μείζονα
FrAn. 9 17 4 τὸν προφήτην ἀνεῖλεν ὁ Ἰωὰς ὁ τῆς Ἰουδαίας * βασιλεὺς * οὐκ εἰς μακρὰν περὶ τὸν οἶκον ἐχρήσατο χαλεπῇ
FrAn. 1 226 16 - >ευσεν Ιωσηφ μνησθεις τ<ου Ιακωβ> - >θεις * βασιλευς * του λαου κα< - >ευθυς σιτου οντος πο<λλου -
FrAn. 1 226 54 ο θ<ς Αβρααμ - >ενοι δε τον φοβον προς βραχ<υ - - * βα>σιλει * Ιωσηφ μη οργιζου β<ασιλευ - - ηλ>θαμεν γαρ ουκ
FrAn. 1 226 54 φοβον προς βραχ<υ - - βα>σιλει Ιωσηφ μη οργιζου * β<ασιλευ * - - ηλ>θαμεν γαρ ουκ ιχν<ευσαι - >ηδες
βασιλεύω 39
Hen. 9B 4 τῶν θεῶν καὶ κύριος τῶν κυρίων καὶ ὁ βασιλεὺς τῶν * βασιλευόντων * καὶ θεὸς τῶν αἰώνων καὶ ὁ θρόνος τῆς δόξης
TRub. 6 11 καὶ τὸν Ἰουδὰν ὅτι ἐν αὐτῷ ἐξελέξατο κύριος * βασιλεῦσαι * πάντων τῶν λαῶν. καὶ προσκυνήσατε τῷ σπέρματι
TSim. 6 6 πνεύματα τῆς πλάνης εἰς καταπάτησιν καὶ ἄνθρωποι * βασιλεύσουσι * τῶν πονηρῶν πνευμάτων. τότε ἀναστήσομαι ἐν
TJud. 15 2 αἰσθάνεται καὶ ἀδοξῶν οὐκ αἰσχύνεται κἂν γάρ τις * βασιλεύσῃ * πορνεύων γυμνούμενος τῆς βασιλείας ἐξέρχεται
TJud. 17 5 καὶ Ἀβραὰμ ὁ πατὴρ τοῦ πατρός μου εὐλόγησέ με * βασιλεύειν * ἐν Ἰσραὴλ καὶ Ἰσαὰκ ἐπευλόγησέ με ὁμοίως
TJud. 21 7 οἱ δὲ πλουτήσουσιν ἁρπάζοντες. ὅτι οἱ * βασιλεύοντες * ἔσονται ὡς κήτη καταπίνοντες ἀνθρώπους ὡς
TJud. 26 3 κοιλίαν μου ἀναρρήξει ὅτι ταῦτα μέλλουσι ποιεῖν οἱ * βασιλεύοντες * καὶ ἀναγάγετέ με εἰς Χεβρὼν μεθ᾽ ὑμῶν. καὶ
TZab. 3 3 ἀλλὰ καταπατήσει καταπατήσωμεν αὐτὴν ἀνθ᾽ ὧν εἶπε * βασιλεύειν * ἐφ᾽ ἡμᾶς καὶ ἴδωμεν τί ἔσται τὰ ἐνύπνια
TDan 5 13 τοῖς ἀνθρώποις συναναστρεφόμενος καὶ ἅγιος Ἰσραὴλ * βασιλεύων * ἐπ᾽ αὐτοὺς ἐν ταπεινώσει καὶ ἐν πτωχείᾳ καὶ ὁ
TDan 5 13 ταπεινώσει καὶ ἐν πτωχείᾳ καὶ ὁ πιστεύων ἐπ᾽ αὐτῷ * βασιλεύσει * ἐν ἀληθείᾳ ἐν τοῖς οὐρανοῖς. καὶ νῦν φοβήθητε
Asen. 19 5 τὸ ὄνομά σου πόλις καταφυγῆς καὶ κύριος ὁ θεὸς * βασιλεύσει * ἐθνῶν πολλῶν εἰς τοὺς αἰῶνας διότι ἐν σοί
Asen. 19 8 ἐν τῇ πόλει τῆς καταφυγῆς σου καὶ κύριος ὁ θεὸς * βασιλεύσει * αὐτῶν εἰς τοὺς αἰῶνας τῶν αἰώνων. διότι ὁ
Asen. 29 9 ἐννέα καὶ κατέλιπε τὸ διάδημα αὐτοῦ τῷ Ἰωσήφ. καὶ * ἐβασίλευσεν * Ἰωσὴφ ἐν Αἰγύπτῳ ἔτη τεσσαράκοντα ὀκτὼ καὶ
Sal. 17 21 υἱὸν Δαυιδ εἰς τὸν καιρὸν ὃν εἵλου σὺ ὁ θεὸς τοῦ * βασιλεῦσαι * ἐπὶ Ισραηλ παῖδά σου καὶ ὑπόζωσον αὐτὸν ἰσχὺν
Job 3 7 μηκέτι σπένδεσθαι αὐτόν. καὶ τίς ἐστιν ὁ κωλύων με * βασιλεύοντα * ταύτης τῆς χώρας; καὶ ἀποκριθεὶς ἐμοὶ εἶπεν
Job 28 7 ἐν τῇ πόλει ποῦ Ιωβαβ ὁ τῆς Αἰγύπτου ὅλης * βασιλεύων; * καὶ ἐμήνυσαν αὐτοῖς περὶ ἐμοῦ ὅτι κάθηται ἐπὶ
Aris. 211 2 δὲ τούτῳ πρὸς τὸν ἕτερον εἶπε τίς ὅρος τοῦ * βασιλεύειν * ἐστίν; ὁ δὲ ἔφη τὸ καλῶς ἄρχειν ἑαυτοῦ καὶ μὴ
Aris. 211 7 ἐννόει καὶ μὴ πολλῶν ὀρέγου τῶν δὲ ἱκανῶν πρὸς τὸ * βασιλεύειν. * κατεπαινέσας δὲ αὐτὸν ἐπηρώτα τὸν ἕτερον πῶς
Aris. 219 4 πράσσουσι σὺ δὲ οὐχ ὑπόκρισιν ἔχεις ἀλλ᾽ ἀληθῶς * βασιλεύεις * θεοῦ δόντος σοι καταξίως τῶν τρόπων τὴν
Aris. 294 2 ὠφέλημαι καταβεβλημένων ὑμῶν διδαχὴν ἐμοὶ πρὸς τὸ * βασιλεύειν. * ἑκάστῳ δὲ τρία τάλαντα προσέταξεν ἀργυρίου
Sib. 3 46 ἀνδρῶν λελαχοῦσαι. αὐτὰρ ἐπεὶ Ῥώμη καὶ Αἰγύπτου * βασιλεύσει * εἰσέτι δηθύνουσα +τότε δὴ+ βασιλεία μεγίστη
Sib. 3 77 περὶ παντός. ἔνθ᾽ ὁπόταν κόσμου παντὸς χήρη * βασιλεύσῃ * καὶ ῥίψῃ χρυσόν τε καὶ ἄργυρον εἰς ἅλα δῖαν
Sib. 3 110 περ κατακλυσμὸς ἐπὶ προτέρους γένετ᾽ ἄνδρας. καὶ * βασίλευσε * Κρόνος καὶ Τιτὰν Ἰαπετός τε Γαίης τέκνα
Sib. 3 115 τρισσαὶ δὴ μερίδες γαίης κατὰ κλῆρον ἑκάστου καὶ * βασίλευσεν * ἕκαστος ἔχων μέρος οὐδ᾽ ἐμάχοντο ὅρκοι γὰρ τ᾽
Sib. 3 127 ἠδὲ τοκήων καὶ κρῖναν βασιλῆα Κρόνον πάντων * βασιλεύειν * οὕνεκά τοι πρέσβιστος ἔην καὶ εἶδος ἄριστος.
Sib. 3 130 Τιτὰν ἐπέθηκεν μὴ θρέψ᾽ ἀρσενικῶν παίδων γένος ὡς * βασιλεύσῃ * αὐτὸς ὅταν γῆράς τε Κρόνῳ καὶ μοῖρα πέληται.
Sib. 3 192 ἔσσεται αὐτοῖς. ἄχρι πρὸς ἑβδομάτην βασιληίδα ἧς * βασιλεύσει * Αἰγύπτου βασιλεὺς ὃς ἀφ᾽ Ἑλλήνων γένος
Sib. 3 552 δ᾽ ἔστ᾽ ἔτεα καὶ πένθ᾽ ἑκατοντάδες ἄλλαι ἐξ οὗ δὴ * βασίλευσαν * ὑπερφίαλοι βασιλῆες Ἑλλήνων οἳ πρῶτα βροτοῖς
FJub. 10 24 ἐκεῖ κατοικῶν καὶ μὴ ἀφιστάμενος τοῦ πύργου * βασιλεύων * μερικοῦ τινος πλήθους ἐφ᾽ ὃν ὁ πύργος ἀνέμῳ
FIsa. 1 1 ἐγένετο ἐν τῷ πέμπτῳ καὶ εἰκοστῷ ἔτει * βασιλεύοντος * Ἐζεκίου καλέσαι Μανασσῆν τὸν υἱὸν αὐτοῦ
FAch. 101 περιελθὼν ὁ Αἴσωπος ἐγένετο (δὲ) ἐν Βαβυλῶνι ἐν ᾗ * ἐβασίλευεν * Λυκοῦργος. ἐπιδειξάμενος δὲ αὐτοῦ τὴν
FPho. 111 χρήματ᾽ ἄγεσθαι. πάντες ἴσον νέκυες ψυχῶν δὲ θεὸς * βασιλεύει. * κοινὰ μέλαθρα δόμων αἰώνια καὶ πατρὶς Ἅιδης
HEup. 9 30 8 μετακομίσαι τοὺς μεταλλευτὰς εἰς τὴν Ἰουδαίαν. * βασιλεύσαντα * δὲ τὸν Δαβὶδ ἔτη μ᾽ Σολομῶνι τῷ υἱῷ τὴν
HEup. 9 30 8 καὶ κέδρινα. καὶ αὐτὸν μὲν τελευτῆσαι Σολομῶνα δὲ * βασιλεύειν * καὶ γράψαι πρὸς Οὐαφρῆν τὸν Αἰγύπτου βασιλέα
HEup. 9 34 20 βιῶσαι δὲ αὐτὸν ἔτη πεντήκοντα δύο ὧν ἐν εἰρήνῃ * βασιλεῦσαι * ἔτη μ᾽. εἶτα Ἰωναχειμ ἐπὶ τούτου προφητεῦσαι
HEup. 1 141 4 ἔτους Δημητρίου βασιλείας Πτολεμαίου τὸ δωδέκατον * βασιλεύοντος * Αἰγύπτου συνάγεσθαι ἔτη ᾽ε ρ μ θ᾽. ἀφ᾽ οὗ
HArt. 9 27 3 ἢν Χενεφρῇ τινι κατεγγυῆσαι τῶν ὑπὲρ Μέμφιν τόπων * βασιλεύοντι * πολλοὺς γὰρ τότε τῆς Αἰγύπτου βασιλεύειν
HArt. 9 27 3 τόπων βασιλεύοντι πολλοὺς γὰρ τότε τῆς Αἰγύπτου * βασιλεύειν * ταύτην δὲ στεῖραν ὑπάρχουσαν ὑποβαλέσθαι
HAno. 9 17 6 παρὰ δὲ τοῦ Μελχισεδὲκ ἱερέως ὄντος τοῦ θεοῦ καὶ * βασιλεύοντος * λαβεῖν δῶρα. λιμοῦ δὲ γενομένου τὸν Ἀβραὰμ
βασιληΐς 4
Sib. 3 120 ἐπ᾽ ἀλλήλους ἔριν ὦρσαν ὃς πάντεσσι βροτοῖσιν ἔχων * βασιληίδα * τιμὴν ἄρξει καὶ μαχέσαντο Κρόνος Τιτάν τε πρὸς
Sib. 3 166 τοῦτο θεὸς πρῶτον νόῳ ἐγγυάλιξεν ὅσσαι ἀνθρώπων * βασιληίδες * ἠγερέθονται. οἶκος μὲν γὰρ πρώτιστος
Sib. 3 175 θεὸς ἐκ βυθοῦ ἐξαλαπάξει. αὐτὰρ ἔπειτ᾽ ἄλλης * βασιληίδος * ἔσσεται ἀρχὴ λευκὴ καὶ πολύκρανος ἀφ᾽
Sib. 3 192 καὶ πᾶς δόλος ἔσσεται αὐτοῖς. ἄχρι πρὸς ἑβδομάτην * βασιληίδα * ἧς βασιλεύσει Αἰγύπτου βασιλεὺς ὃς ἀφ᾽
βασιλικός 22
Asen. 5 5 λίθων ἦσαν δώδεκα ἀκτῖνες χρυσαῖ. καὶ ῥάβδος * βασιλικὴ * ἐν τῇ χειρὶ αὐτοῦ τῇ ἀριστερᾷ καὶ ἐν τῇ χειρὶ
Asen. 10 10 ἔσπευσεν Ἀσενὲθ καὶ ἀπέθετο τὴν στολὴν αὐτῆς τὴν * βασιλικὴν * τὴν βυσσίνην καὶ χρυσοϋφῆν καὶ ἐνεδύσατο τὸν
Asen. 10 13 δεομένοις. καὶ ἔλαβεν Ἀσενὲθ τὸ δεῖπνον αὐτῆς τὸ * βασιλικὸν * καὶ τὰ σιτιστὰ καὶ τοὺς ἰχθύας καὶ τὰ κρέα τῆς
Asen. 13 3 καὶ ὀρφανὴ καὶ μεμονωμένη. ἰδοὺ ἀπεθέμην μου τὴν * βασιλικὴν * στολὴν τὴν βυσσίνην ἐξ ὑακίνθου χρυσοϋφῆ καὶ
Asen. 13 8 ὡς ἐν ὁδῷ πλατείᾳ. ἰδοὺ κύριε τὸ δεῖπνόν μου τὸ * βασιλικὸν * καὶ τὰ σιτία δέδωκα τοῖς κυσὶ τοῖς ἀλλοτρίοις.
Asen. 14 9 τῷ Ἰωσὴφ τῇ στολῇ καὶ τῷ στεφάνῳ καὶ τῇ ῥάβδῳ τῇ * βασιλικῇ * πλὴν τὸ πρόσωπον αὐτοῦ ἦν ὡς ἀστραπὴ καὶ οἱ
Asen. 18 6 ἐνεδύσατο αὐτήν. καὶ περιεζώσατο ζώνην χρυσῆν καὶ * βασιλικὴν * ἥτις ἦν διὰ λίθων τιμίων. καὶ περιέθηκεν ἐν
Prop. 4 1 μὲν ἦν ἐκ φυλῆς Ἰούδα γένους τῶν ἐξεχόντων τῆς * βασιλικῆς * ὑπηρεσίας ἀλλ᾽ ἔτι νήπιος ἤχθη ἐκ τῆς
Prop. 4 20 ἔγραψαν. ἐκεῖ ἀπέθανε καὶ ἐτάφη ἐν τῷ σπηλαίῳ τῷ * βασιλικῷ * μόνος ἐνδόξως. καὶ αὐτὸς ἔδωκε τέρας ἐν ὄρεσι
Job 31 7 εἰμι. καὶ οὕτως κλαύσας κλαυθμὸν μέγαν σὺν θρήνῳ * βασιλικῷ * ἀνεφώνησεν ὑποφωνούντων καὶ τῶν ἄλλων βασιλέων
Aris. 22 10 τῇ τῶν ὀψωνίων δόσει τοὺς δὲ λοιποὺς ἀπὸ τῆς * βασιλικῆς * τραπέζης. νομίζομεν γὰρ καὶ παρὰ τὴν τοῦ
Aris. 25 5 κυρίαν ἕξειν τὰ δὲ ὑπάρχοντα τῶν τοιούτων εἰς τὸ * βασιλικὸν * ἀναληφθήσεται. εἰσδοθέντος τοῦ προστάγματος
Aris. 26 7 οὖσαν ἀπομερίσαι τοῖς ὑπηρέταις τῶν ταγμάτων καὶ * βασιλικοῖς * τραπεζίταις. οὕτω δοχθὲν ἐκεκύρωτο ἐν ἡμέραις
Aris. 30 5 καθὼς ὑπὸ τῶν εἰδότων προσαναφέρεται προνοίας γὰρ * βασιλικῆς * οὐ τέτευχε. δέον δέ ἐστι καὶ ταῦθ᾽ ὑπάρχειν
Aris. 38 6 καὶ ταῦτα παρ᾽ ἡμῖν ἐν βιβλιοθήκῃ σὺν τοῖς ἄλλοις * βασιλικοῖς * βιβλίοις. καλῶς οὖν ποιήσεις καὶ τῆς ἡμετέρας
Aris. 80 1 τοῦ βασιλέως ποιῆσαι. καθόλου γὰρ οὔτ᾽ ἐν τοῖς * βασιλικοῖς * ὑπῆρχε ῥισκοφυλακίοις τοιαύτη κατασκευὴ τῇ
Aris. 186 5 τοῦ Δωροθέου συντάξεως ἐπιτελουμένων ἐν οἷς καὶ * βασιλικοὶ * παῖδες ἦσαν καὶ τῶν τιμωμένων ὑπὸ τοῦ
FAch. 103 ἰδὼν καὶ ἀγανακτήσας πυκνὸν αὐτῷ ἠπείλησεν εἰπὼν * βασιλικῆς * ὁ παρὰ νόμον ἁπτόμενος θάνατον ἐνακμᾶται. ὁ δὲ
FAch. 109 εἰς αὔριον ἐργατικώτερος ᾖς καὶ οὕτως ὑγιαίνῃς. ἐν * βασιλικῇ * αὐλῇ ἐάν τι ἀκούσῃς τοῦτο ἐναποθανέτω σοι μὴ σὺ
LEze. 9 28 3 06 ἕως μὲν οὖν τὸν παιδὸς εἴχομεν χρόνον τροφαῖσι * βασιλικαῖσι * καὶ παιδεύμασιν ἅπανθ᾽ ὑπισχνεῖθ᾽ ὡς ἀπὸ
LEze. 9 28 3 09 ἐπεὶ δὲ πλήρης κόλπος ἡμερῶν παρῆν ἐξῆλθον οἴκων * βασιλικῶν * πρὸς ἔργα γὰρ θυμός μ᾽ ἄνωγε καὶ τέχνασμα
LEze. 9 29 5 08 μοι παρέδωκε καὶ εἰς θρόνον μέγαν εἶπεν καθῆσθαι * βασιλικὸν * δ᾽ ἔδωκέ μοι διάδημα καὶ αὐτὸς ἐκ θρόνων
βασιλίς 7
Sib. 3 253 ἡγητῆρα καταστήσει μέγαν ἄνδρα Μωσῆν ὃν παρ᾽ ἕλους * βασιλὶς * εὑροῦσ᾽ ἐκόμιζεν θρεψαμένη δ᾽ υἱὸν ἐκαλέσσατο.
Sib. 3 346 Ἱεράπολις Ἀστυπάλαια Εὐρώπης δὲ +Κύαγρα κλύτος+ * βασιλὶς * Μερόπεια Ἀντιγόνη Μαγνησίη +Μυκήνη πάνθεια+.
Sib. 5 444 πέμψασα καὶ Ἀσίδι θητεύοντας +τοιγάρτοι καὐτὴ * βασιλὶς * φρονέουσ᾽ εἰς κρίσιν ἀντιδίκων ἥξεις ὧν εἵνεκα
FJub. 47 5 υἱὸς τῇ θυγατρὶ Φαραῷ Θερμούθιδι τῇ καὶ Φαρίῃ * βασιλίδι * οὔσῃ εἰσποιηθεὶς καὶ πᾶσαν Αἰγυπτίων ἀσκηθεὶς
FJub. 47 5 καὶ πᾶσαν Αἰγυπτίων ἀσκηθεὶς παίδευσιν ὡς * βασιλίδος * υἱὸς δικαίως ἂν κληθείη κατὰ κόσμον βασιλεὺς
LEze. 9 28 2 23 ὄντα καὶ λέγει τάδε Μαριὰμ ἀδελφὴ προσδραμοῦσα * βασιλίδι * θέλεις τροφόν σοι παιδὶ τῷδ᾽ εὕρω ταχὺ ἐκ τῶν
LEze. 9 28 3 02 ἐπεὶ δὲ καιρὸς νηπίων παρῆλθέ μοι ἤγαγέ με μήτηρ * βασιλίδος * πρὸς δώματα ἅπαντα μυθεύσασα καὶ λέξασά μοι
βασιλίσκος 3
Abr.1 17 14 πρόσωπον λέοντος φοβεροῦ καὶ πρόσωπον κεράστου καὶ * βασιλίσκου * ἔδειξεν δὲ καὶ πρόσωπον ῥομφαίας πύρινον καὶ
Abr.1 19 13 ὥρᾳ θυμοῦ δρακόντων καὶ ἀσπίδων καὶ κεράστων καὶ * βασιλίσκων * <καὶ τυχόντες βροντῆς ἀνυποφόρου καὶ ἀστραπῆς
Abr.1 19 14 βλέπουσιν ἔδειξά σοι καὶ θηρία ἰοβόλα ἀσπίδας καὶ * βασιλίσκους> * καὶ παρδάλεις καὶ λέοντας καὶ σκύμνους καὶ
βασίλισσα 7
Asen. 1 9 Μωὰβ Ἰωακειμ κατεγγύηταί σοι καὶ αὕτη ἐστὶ * βασίλισσα * καὶ καλὴ σφόδρα; ταύτην λαβὲ σεαυτῷ εἰς
Asen. 12 5 Ἀσενὲθ θυγάτηρ Πεντεφρῆ τοῦ ἱερέως ἡ παρθένος καὶ * βασίλισσα * ἥ ποτε σοβαρὰ καὶ ὑπερήφανος καὶ εὐθηνοῦσα ἐν
Asen. 16 19 καὶ ἄλλαι μέλισσαι ἦσαν μεγάλαι καὶ ἐκλεκταὶ ὡς * βασίλισσαι * αὐτῶν καὶ ἐξανέστησαν ἀπὸ τῆς <πληγῆς> τοῦ
Asen. 28 2 τοὺς δούλους σου διότι δέσποινα ἡμῶν σὺ εἶ καὶ * βασίλισσα. * καὶ ἡμεῖς ἐπονηρευσάμεθα εἰς σε κακὰ καὶ κατὰ
Asen. 28 13 Ἰωσὴφ ἤδη τοῦτο δὶς καὶ κατά σου δέσποινα καὶ * βασίλισσα * ἡμῶν σήμερον. καὶ ἐξέτεινεν Ἀσενὲθ τὴν δεξιὰν
Aris. 41 4 φίλῳ γνησίῳ χαίρειν. αὐτός τε ἔρρωσο καὶ ἡ * βασίλισσα * Ἀρσινόη ἡ ἀδελφὴ καὶ τὰ τέκνα καλῶς ἂν ἔχοι
FJub. 47 3 ἐν τῷ ποταμῷ ἕως οὗ ἀνελήφθη Μωϋσῆς ὑπὸ τῆς * βασιλίσσης. * ὁ δ᾽ αὐτὸς υἱὸς τῇ θυγατρὶ Φαραῷ Θερμούθιδι
βάσις 6
Aris. 73 2 <χρυσοῖ> τῇ κατασκευῇ φολιδωτὴν ἔχοντες ἀπὸ τῆς * βάσεως * μέχρι τοῦ μέσου τὴν διασκευὴν τῇ τορείᾳ καὶ τὴν
Aris. 90 4 ἁπάντων εἶναι δὲ πυκνὰ τὰ στόματα πρὸς τὴν * βάσιν * ἀοράτως ἔχοντα τοῖς πᾶσι πλὴν αὐτοῖς οἷς ἐστιν ἡ
Sib. 5 54 καὶ χρησμῶν ἔνθεον ὕμνον. πρῶτον μὲν περὶ σεῖο * βάσιν * ναοῦ πολυκλαύστου μαινάδες ἀΐξουσι καὶ ἐν παλάμῃσι
HEup. 9 34 9 πηχῶν ε᾽ ποιῆσαι δὲ ἐπ᾽ αὐτῷ στεφάνην πρὸς τὴν * βάσιν * ἔξω ὑπερέχουσαν πῆχυν ἕνα πρὸς τὸ τοὺς ἱερεῖς τούς
HEup. 9 34 9 χεῖρας νίπτεσθαι ἐπιβαίνοντας ποιῆσαι δὲ καὶ τὰς * βάσεις * τοῦ λουτῆρος τορευτὰς χωνευτὰς δώδεκα καὶ τῷ ὕψει
HEup. 9 34 10 λουτῆρα ἐκ δεξιῶν τοῦ θυσιαστηρίου. ποιῆσαι δὲ καὶ * βάσιν * χαλκῆν τῷ ὕψει πηχῶν δυοῖν κατὰ τὸν λουτῆρα ἵν᾽
βασκανία 1
TIss. 4 5 αὐτοῦ οὐ ζῆλος ἐν διαβουλίοις αὐτοῦ ἐπελεύσεται οὐ * βασκανία * ἐκτήκει ψυχὴν αὐτοῦ οὐδὲ πορισμὸν ἐν ἀπληστίᾳ
βάσκανος 1
TIss. 3 3 περίεργος ἐν ταῖς πράξεσί μου οὐδὲ πονηρὸς καὶ * βάσκανος * τῷ πλησίον οὐ κατελάλησά τινος οὐδὲ ἔψεξα βίον

```
      Βασσάρα                              1
HArl.    9   25      1                      τὸν Ἠσαῦ γήμαντα ✱ Βασσάραν ✱ υἱὸν ἐν Ἐδὼμ γεννῆσαι Ἰὼβ κατοικεῖν δὲ τοῦτον
      βαστάζω                             15
Hen.        18      2  γωνίας τῆς γῆς. Ἴδον τοὺς τέσσαρας ἀνέμους τὴν γῆν ✱ βαστάζοντας ✱ καὶ τὸ στερέωμα τοῦ οὐρανοῦ καὶ αὐτοὶ
Hen.        18      5  πάντας τοὺς ἀστέρας. Ἴδον τοὺς ἐπὶ τῆς γῆς ἀνέμους ✱ βαστάζοντας ✱ ἐν νεφέλῃ. Ἴδον πέρατα τῆς γῆς τὸ στήριγμα
Abr.2       10      8             τὸν τὸ ὑπόμνημα γράφοντα καὶ ἰδοὺ Χερουβὶμ ✱ βαστάζοντα ✱ βιβλία δύο καὶ ἦν μετ' αὐτῶν ἀνὴρ παμμεγέθης
Abr.2       11      5  ἑκάστου. καὶ εἶπεν Ἀβραὰμ τῷ Μιχαὴλ δύναται Ἐνὼχ ✱ βαστάσαι ✱ τὸ μέρος τῶν ψυχῶν; ἢ δυνήσεται δοῦναι πάσῃς
Abr.2       13      7  εἰ ἐγὼ δὲ σάρξ εἰμι καὶ αἷμα διὰ τοῦτο οὐ δύναμαι ✱ βαστάσαι ✱ τὴν δόξαν σου θεωρῶ γὰρ τὴν ὡραιότητά σου ὅτι
TLevi        8      3           τῆς προφητείας. καὶ εἰς ἕκαστος αὐτῶν ἕκαστον ✱ βαστάζοντες ✱ ἐπέθηκάν μοι καὶ εἶπαν ἀπὸ τοῦ νῦν γίνου εἰς
TLevi       10      3  παρὰ κυρίου. καὶ ἀνομήσετε σὺν τῷ Ἰσραὴλ ὥστε μὴ ✱ βαστάξει ✱ τὴν Ἰερουσαλὴμ ἀπὸ προσώπου πονηρίας ὑμῶν ἀλλὰ
Bar.         3      5               ἔτεκεν καὶ τὸ τέκνον αὐτῆς ἐν τῷ λεντίῳ ✱ ἐβάσταζεν ✱ καὶ ἐπλίνθευεν. καὶ ὀφθεὶς αὐτοῖς ὁ κύριος
Sedr.       11     13  εὐτρεπίζοντες παντὸς ἀγαθοῦ. ὦ πόδες ὅλον τὸ σῶμα ✱ βαστάζοντες ✱ εἰς τοὺς ναοὺς ἀνατρέχοντες μετανοίας
FEz.  64    70     10            ὅτε ἔφθασε λέγει δεῦρό μοι γενοῦ πόδες καὶ ✱ βάστασόν ✱ με καὶ γίνομαί σοι ὀφθαλμοὶ ἄνωθεν ὁδηγῶν σε
FEz.  64    70     16  ἐλέγχουσιν ὁ μὲν χωλὸς λέγων τῷ τυφλῷ οὐ σύ με ✱ ἐβάστασας ✱ καὶ ἀπήνεγκας; καὶ ὁ τυφλὸς τῷ χωλῷ οὐκ αὐτὸς
FAch.      111         ὕπτασθαι. οὕτως τε αὐτοὺς ἐκέλευσεν τρέφεσθαι καὶ ✱ βαστάζειν ✱ παιδία μανθάνειν. γενάμενοι δὲ τέλειοι ἔφερον
FAch.      111         γενάμενοι δὲ τέλειοι ἔφερον τοὺς παῖδας. οἱ δὲ ✱ βαστάζοντες ✱ ἀνίπταντο εἰς τὸν ἀέρα δεδεμένοι καλῳδίοις
ISop.  5   122      1  γῇ δὲ ἑδράνων ἔρημος οὐδ' ἀὴρ ἔτι πτερωτὰ φῦλα ✱ βαστάει ✱ πυρουμένη καὶ γὰρ καθ' ᾄδην δύο τρίβους
LEze.  9    29  16  27  πρόσθεν ταῦρος ὡς γαυρούμενος ἔβαινε κραιπνὸν βῆμα ✱ βαστάζων ✱ ποδός. ὦ πᾶσιν ἀρχὴ καὶ πέρας κακῶν ὄφις σύ τ'
      βατήριον                            1
FPho.      188         τέμνειν φύσιν ἄρσενα κούρου. μηδ' ἀλόγοις ζώοισι ✱ βατήριον ✱ ἐς λέχος ἐλθεῖν. μηδ' ὕβριζε γυναῖκα ἐπ'
      βάτος (ἡ)                           3
LEze.  9    29   7  01  τά τε προτοῦ τά θ' ὕστερον. ἔα τί μοι σημεῖον ἐκ ✱ βάτου ✱ τόδε τεράστιόν τε καὶ βροτοῖς ἀπιστία; ἄφνω βάτος
LEze.  9    29   7  03  βάτου τόδε τεράστιόν τε καὶ βροτοῖς ἀπιστία; ἄφνω ✱ βάτος ✱ μὲν καλεῖται πολλῷ πυρὶ αὐτοῦ δὲ χλωρὸν πᾶν μένει
LEze.  9    29   8  04  δέσιν ἁγία γὰρ ἧς σὺ γῆς ἐφέστηκας πέλει ὁ δ' ἐκ ✱ βάτου ✱ σοι θεῖος ἐκλάμπει λόγος. θάρσησον ὦ παῖ καὶ λόγων
      βάτος (μέτρον)                       2
Hen.        10     19  ποιήσει καθ' ἕκαστον μέτρον ἐλαίας ποιήσει ἀνὰ ✱ βάτους ✱ δέκα. καὶ σὺ καθάρισον τὴν γῆν ἀπὸ πάσης
TLevi       18  2B047  σάτου τὸ τρίτον τοῦ ὑφὴ ἐστιν καὶ τὰ δύο μέρη τοῦ ✱ βάτου ✱ καὶ ὁλκῆς τῆς μνᾶς ν' σίκλων ἐστὶν καὶ τοῦ σικλίου
      βάτραχος                            3
FJub.       48      5  μηνὶ Ἰουνίῳ τὰ ὕδατα εἰς αἷμα μετεβλήθη Ἰουλίῳ ✱ βάτραχοι ✱ Αὐγούστῳ σκνῖπες Σεπτεμβρίῳ κυνόμυια Ὀκτωβρίῳ
HArt.  9    27     32  τυχεῖν τοὺς Ἰουδαίους. πάλιν τε τὸν Μώϋσον ✱ βάτραχον ✱ διὰ τῆς ῥάβδου ἀνεῖναι πρὸς δὲ τούτοις ἀκρίδα
LEze.  9    29  12  04  ῥυήσεται πηγαί τε πᾶσαι καὶ ὑδάτων συστήματα ✱ βατράχων ✱ τε πλῆθος καὶ σκνῖπας ἐμβαλῶ χθονί. Ἔπειτα
      Βατριὴλ                             1
Hen.         6      7  Δανειὴλ Ἀρεαρῶς Σεμιὴλ Ἰωμειὴλ Χωχαριὴλ Ἐζεκιὴλ ✱ Βατριὴλ ✱ Σαθιὴλ Ἀτριὴλ Ταμιὴλ Βαρακιὴλ Ἀνανθνὰ Θωνιὴλ
      βαφικός                             1
Hen.         8      1                καὶ παντοίους λίθους ἐκλεκτοὺς καὶ τὰ ✱ βαφικά. ✱ καὶ ἐγένετο ἀσέβεια πολλὴ καὶ ἐπόρνευσαν καὶ
Hen.         8B      1  τὸ καλλωπίζειν καὶ τοὺς ἐκλεκτοὺς λίθους καὶ τὰ ✱ βαφικά. ✱ καὶ ἐποίησαν ἑαυτοῖς οἱ υἱοὶ τῶν ἀνθρώπων καὶ
      βδέλυγμα                           12
Hen.        99      7  καὶ λατρεύοντες φαντάσμασιν καὶ δαιμονίοι⟨ς καὶ ✱ βδελύγ⟩μασιν ✱ καὶ πνεύμασιν πονη⟨ροῖς καὶ⟩ πάσαις ταῖς
TRub.        3     12  γύμνωσιν οὐκ εἴασέ με ὑπνῶσαι ἕως οὗ ἔπραξα τὸ ✱ βδέλυγμα. ✱ ἀπόνου γὰρ Ἰακὼβ τοῦ πατρὸς ἡμῶν πρὸς Ἰσαὰκ
TLevi        6      3  Ἐμμὼρ τοῦ περιτμηθῆναι αὐτοὺς ὅτι ἐξηλωσα διὰ τὸ ✱ βδέλυγμα ✱ ὃ ἐποίησαν ἐν Ἰσραήλ. κἀγὼ ἀνεῖλον τὸν Συχὲμ
TLevi       15      2  αἰχμάλωτοι ἔσεσθε εἰς πάντα τὰ ἔθνη καὶ ἔσεσθε ✱ βδέλυγμα ✱ ἐν αὐτοῖς καὶ λήψεσθε ὀνειδισμὸν καὶ αἰσχύνην
TJud.       12      8  ἀλλ' οὐδὲ ἥγγισα αὐτῇ ἔτι ἕως θανάτου μου ὅτι ✱ βδέλυγμα ✱ ἐποίησα τοῦτο ἐν παντὶ Ἰσραήλ. καίγε οἱ ἐν τῇ
TJud.       23      2  μουσικὰς καὶ δημοσίας ποιήσετε καὶ ἐπιμιγήσεσθε ἐν ✱ βδελύγμασιν ✱ ἐθνῶν ἀνθ' ὧν ἄξει κύριος ἐφ' ὑμᾶς λιμὸν καὶ
TZab.        9      5  Ἰσραὴλ καὶ δύο βασιλεῦσιν ἐξακολουθήσετε καὶ πᾶν ✱ βδέλυγμα ✱ ποιήσετε καίγε πᾶν εἴδωλον προσκυνήσετε καὶ
TDan         5      5           ἀπὸ κυρίου ἐν πάσῃ κακίᾳ πορεύεσθε ποιοῦντες ✱ βδελύγματα ✱ ἐθνῶν ἐκπορνεύοντες ἐν γυναιξὶν ἀνόμων καὶ ἐν
Asen.        7      1            διότι Ἰωσὴφ οὐ συνήσθιε μετὰ τῶν Αἰγυπτίων ὅτι ✱ βδέλυγμα ✱ ἦν αὐτῷ τοῦτο. καὶ ἀναβλέψας Ἰωσὴφ τοῖς
Asen.        8      7  οὐκ ἔστι προσῆκον φιλῆσαι ἄνδρα ἀλλότριον διότι ✱ βδέλυγμά ✱ ἐστι τοῦτο ἐνώπιον κυρίου τοῦ θεοῦ. καὶ ὡς
Job         15      8  τὰ χρήματα ταῦτα διὰ τί δὲ καὶ διακονοῦμεν; διότι ✱ βδέλυγμά ✱ ἐστιν ἐναντίον τοῦ θεοῦ ἡ ὑπερηφανία. καὶ πάλιν
FMan.  2    22     13  σου καὶ τὸ πονηρὸν ἐνώπιόν σου ἐποίησα στήσας ✱ βδελύγματα ✱ καὶ πληθύνας προσοχθίσματα. καὶ νῦν κλίνω
      βδελύσσω                            4
TLevi       16      2  δικαίους καὶ εὐσεβεῖς μισήσετε ἀληθινῶν λόγους ✱ βδελύξεσθε ✱ καὶ ἄνδρα ἀνακαινοποιοῦντα νόμον ἐν δυνάμει
TGad         3      2  πάσαις πράξεσιν ἀνθρώπων. πᾶν ὃ ἐὰν ποιῇ ὁ μισῶν ✱ βδελύσσεται ✱ ἐὰν ποιῇ νόμον κυρίου τοῦτον οὐκ ἐπαινεῖ ἐὰν
Sal.         2      9  μὴ ἀκούειν. καὶ ὁ οὐρανὸς ἐβαρυθύμησεν καὶ ἡ γῆ ✱ ἐβδελύξατο ✱ αὐτοὺς ὅτι οὐκ ἐποίησε πᾶς ἄνθρωπος ἐπ' αὐτῆς
FEz.       185     15  ⟩ενεσι καὶ εγεννηθη⟨--- απο⟩καθημενης μεμ⟨---- ⟩ς ✱ εβδελοιχθημεν⟨ν--- ✱ ⟩το ονομα απ⟨ ⟩μενω⟨ ⟩πλατεια⟨ ‹το
      βέβαιος                             2
FPho.       41         πένης πειρώμεθα τῆς πολυπλάγκτου χώρης δ' οὔ τι ✱ βέβαιον ✱ ἔχει πέδον ἀνθρώποισιν. ἡ φιλοχρημοσύνη μήτηρ
HArt.  9    27      5  ταῦτα δὲ πάντα ποιῆσαι χάριν τοῦ τὴν μοναρχίαν ✱ βεβαίαν ✱ τῷ Χενεφρῇ διαφυλάξαι. πρότερον γὰρ ἀδιατάκτους
      βέβηλος                             6
Sal.         2     13              ἀδικίας αὐτῶν. καὶ θυγατέρες Ἰερουσαλημ ✱ βέβηλοι ✱ κατὰ τὸ κρίμα σου ἀνθ' ὧν αὗται ἐμίαωσαν αὐτὰς
Sal.         4      1  διαλογὴ τοῦ Σαλωμων τοῖς ἀνθρωπαρέσκοις. ἵνα τί σὺ ✱ βέβηλε ✱ κάθησαι ἐν συνεδρίῳ ὁσίων καὶ ἡ καρδία σου μακραν
Sal.         8     12  καὶ ἐν ἀφέσῳ αἵματος ἐμίαναν τὰς θυσίας ὡς κρέα ✱ βέβηλα. ✱ οὐ παρέλιπον ἁμαρτίαν ἣν οὐκ ἐποίησαν ὑπὲρ τὰ
Sal.        17     45  τὸ ἔλεος αὐτοῦ ῥύσαιτο ἡμᾶς ἀπὸ ἀκαθαρσίας ἐχθρῶν ✱ βεβήλων. ✱ κύριος αὐτὸς βασιλεὺς ἡμῶν εἰς τὸν αἰῶνα καὶ
Bar.         4      3  μοι τὸν Ἄιδην καὶ ἦν ἡ εἰδέα αὐτοῦ ζοφώδης καὶ ✱ βέβηλος. ✱ καὶ εἶπον τίς ἐστιν ὁ δράκων οὗτος; καὶ τίς ὁ
IOrp.        1         φθέγγομαι οἷς θέμις ἐστὶ θύρας δ' ἐπίθεσθε ✱ βέβηλοι. ✱ φεύγοντες δικαίων θεσμοὺς θείοιο τιθέντος πάντες
      βεβηλόω                             6
TLevi        9     10  σεαυτῷ γυναῖκα ἔτι νέος ὢν μὴ ἔχουσαν μῶμον μηδὲ ✱ βεβηλωμένην ✱ μηδὲ ἀπὸ γένους ἀλλοφύλων ἢ ἐθνῶν. καὶ πρὸ
TLevi       14      6  τὰς ἐντολὰς κυρίου διδάξετε τὰς ὑπάνδρους ✱ βεβηλώσετε ✱ καὶ παρθένους Ἰερουσαλὴμ μιανεῖτε καὶ
TLevi       16      1  ἑβδομάδας πλανηθήσεσθε καὶ τὴν ἱερωσύνην ✱ βεβηλώσετε ✱ καὶ τὰς θυσίας μιανεῖτε καὶ τὸν νόμον
TLevi       18  2B017  σὺ +πρῶτος+ ἀπὸ τοῦ σπέρματος λάβε σεαυτῷ καὶ μὴ ✱ βεβηλώσῃς ✱ τὸ σπέρμα σου μετὰ +πολλῶν+ ἐκ σπέρματος γὰρ
Sal.         1      1  οὐκ ἤδειν αἱ ἄνομίαι αὐτῶν ὑπὲρ τὰ πρὸ αὐτῶν ἔθνη ✱ ἐβεβήλωσαν ✱ τὰ ἅγια κυρίου ἐν βεβηλώσει. ψαλμὸς τῷ
Sal.         2      3  ἀνθ' ὧν οἱ υἱοὶ Ἰερουσαλημ ἐμίαναν τὰ ἅγια κυρίου ✱ ἐβεβηλοῦσαν ✱ τὰ δῶρα τοῦ θεοῦ ἐν ἀνομίαις. ἕνεκεν τούτων
      βεβήλωσις                           2
Sal.         1      8  τὰ πρὸ αὐτῶν ἔθνη ἐβεβήλωσαν τὰ ἅγια κυρίου ἐν ✱ βεβηλώσει. ✱ ψαλμὸς τῷ Σαλωμων περὶ Ἰερουσαλημ. ἐν τῷ
Sal.         8     21  τοὺς υἱοὺς καὶ τὰς θυγατέρας αὐτῶν ἃ ἐγέννησαν ἐν ✱ βεβηλώσει. ✱ ἐποίησαν κατὰ τὰς ἀκαθαρσίας αὐτῶν καθὼς οἱ
      Βεβουρός                            1
Esdr.        6      2          Οὐριήλ Ῥαφαὴλ Γαβουθελῶν Ἀκὴρ Ἀρφουγιτόνος ✱ Βεβουρός ✱ Ζεβουλεῶν. τότε ἦλθεν φωνὴ πρός με δεῦρο
      Βεελζεφών                           1
LEze.  9    29  14  24  ἐν μέρει. ἔπειθ' ὑπ' αὐτοὺς θήκαμεν παρεμβολὴν ✱ (Βεελζεφών ✱ τις κληῇσεται πόλις βροτοῖς). ἐπεὶ δὲ Τιτὰν
      Βεελισὰ                             1
TJud.        3      7  ἄλλοι ἔφυγον. καὶ Ἰακὼβ ὁ πατὴρ ἡμῶν ἀνεῖλε τὸν ✱ Βεελισὰ ✱ βασιλέα πάντων τῶν βασιλέων γίγαντα τῇ ἰσχύι
      Βεημώθ                              1
Prop.        4     10  πᾶσαν ἡμέραν καὶ νύκτα τεσσαρακοντάκις δεόμενος. ✱ Βεημώθ ✱ ἐπεγίνετο αὐτῷ καὶ ἐλάνθανεν ὅτι γέγονεν ἄνθρωπος
      βεθ                                 1
TJud.        9      8  ἦσαν διδόντες ἡμῖν πυροῦ κόρους διακοσίους ἐλαίου ✱ βεθ ✱ φ' οἴνου μέτρα χίλια πεντακόσια ἕως ὅτε κατήλθομεν
      Βεθενως                             1
FJub.        4     28  θυγάτηρ Ἐζριὴλ πατραδέλφου αὐτοῦ. γυνὴ Λάμεχ ✱ Βεθενως ✱ θυγάτηρ Βαραχιὴλ πατραδέλφου αὐτοῦ. τῷ αὐτῷ Σ λ'
      Βεθήλ                               5
TLevi        7      4  ἐκεῖθεν τὴν ἀδελφὴν ἡμῶν ἀπάραντες ἤλθομεν εἰς ✱ Βεθήλ. ✱ κἀκεῖ πάλιν εἶδον πρᾶγμα ὥσπερ τὸ πρότερον μετὰ
TLevi        9      2  ὧν εἶδον καὶ οὐκ ἠθέλησε πορευθῆναι μεθ' ἡμῶν εἰς ✱ Βεθήλ. ✱ ὡς δὲ ἤλθομεν εἰς Βεθὴλ εἶδεν ὁ πατήρ μου Ἰακὼβ
TLevi        9      3  πορευθῆναι μεθ' ἡμῶν εἰς Βεθήλ. ὡς δὲ ἤλθομεν εἰς ✱ Βεθήλ ✱ εἶδεν ὁ πατήρ μου Ἰακὼβ ἐν ὁράματι περὶ ἐμοῦ ὅτι
TLevi       18  2B011  ἐπὶ τῆς γῆς ἐν πλήθει ἡμερῶν. καὶ ἀνήλθομεν ἀπὸ ✱ Βεθὴλ ✱ καὶ κατελύσαμεν ἐν τῇ αὐλῇ Ἀβραὰμ τοῦ πατρὸς ἡμῶν
Prop.       19      2  τὸν Ἰεροβοὰμ ἐπὶ ταῖς δαμάλεσι καὶ ἐτάφη ἐν ✱ Βεθὴλ ✱ σύνεγγυς τοῦ ψευδοπροφήτου τοῦ πλανήσαντος αὐτόν.
      Βεθωμοροι                           1
Prop.        8      1  ἐκεῖ. Ἰωὴλ ἦν ἐκ τῆς γῆς τοῦ Ῥουβὴν ἐν ἀγρῷ ✱ Βεθωμόρων ✱ ⟨προφητεύσας περὶ λιμοῦ καὶ ἐκθλίψεως θυσιῶν
      Βεθωρῶν                             1
Prop.        4      2  ἐκ τῆς Ἰουδαίας εἰς γῆν Χαλδαίων ἐγεννήθη δὲ ἐν ✱ Βεθωρῷ ✱ τῇ ἀνωτέρᾳ καὶ ἦν ἀνὴρ σώφρων ὥστε δοκεῖν τοὺς
      Βελεμώθ                             1
Prop.        5      1  καὶ ἐκοιμήθη ἐν εἰρήνῃ ὁ ὅσιος. Ὠσηέ. οὗτος ἦν ἐκ ✱ Βελεμώθ ✱ τῆς φυλῆς Ἰσάχαρ καὶ ἐτάφη ἐν τῇ γῇ αὐτοῦ ἐν
      Βελιάρ                             37
TRub.        2      2  μου. ἑπτὰ πνεύματα ἐδόθη κατὰ τοῦ ἀνθρώπου ἀπὸ τοῦ ✱ Βελιὰρ ✱ καὶ αὐτά εἰσι κεφαλὴ τῶν ἔργων τοῦ νεωτερισμοῦ
TRub.        4      7  ἡ εὐγενὴς ὄνειδος αὐτὸν ποιεῖ καὶ γέλωτα παρὰ τῷ ✱ Βελιὰρ ✱ καὶ τοῖς υἱοῖς τῶν ἀνθρώπων. ἐπειδὴ γὰρ ἐφύλαξεν
TRub.        4     11  ἐὰν γὰρ μὴ κατισχύσῃ ἡ πορνεία τὴν ἔννοιαν οὐδὲ ✱ Βελιὰρ ✱ κατισχύσει ὑμᾶς. πονηραί εἰσιν αἱ γυναῖκες τέκνα
TRub.        6      3  αὐταῖς μέν ἐστι νόσος ἀνίατος ἡμῖν δὲ ὄνειδος τοῦ ✱ Βελιὰρ ✱ αἰώνιον ὅτι ἡ πορνεία οὔτε σύνεσιν οὔτε εὐσέβειαν
```

TSlm. 5 3 τῶν κακῶν χωρίζουσα θεοῦ καὶ προσεγγίζουσα τῷ * Βελιάρ. * ἑώρακα γὰρ ἐν χαρακτῆρι γραφῆς Ἐνὼχ ὅτι υἱοὶ
TLevi 3 3 ἐκδίκησιν ἐν τοῖς πνεύμασι τῆς πλάνης καὶ τοῦ * Βελιάρ. * οἱ δὲ εἰς τὸν τέταρτον ἐπάνω τούτων ἅγιοί εἰσιν
TLevi 18 12 ζωῆς καὶ πνεῦμα ἁγιωσύνης ἔσται ἐπ' αὐτοῖς. καὶ ὁ * Βελιὰρ * δεθήσεται ὑπ' αὐτοῦ καὶ δώσει ἐξουσίαν τοῖς
TLevi 19 1 ἑαυτοῖς ἢ τὸ σκότος ἢ τὸ φῶς ἢ νόμον κυρίου ἢ ἔργα * Βελιάρ. * καὶ ἀπεκρίθημεν ἡμεῖς τῷ πατρὶ λέγοντες ἐνώπιον
TJud. 25 3 καὶ γλῶσσα μία καὶ οὐκ ἔσται ἔτι πνεῦμα πλάνης τοῦ * Βελιὰρ * ὅτι ἐμβληθήσεται ἐν τῷ πυρὶ εἰς τὸν αἰῶνα καὶ
TIss. 6 1 καταλιπόντες τὰς ἐντολὰς κυρίου κολληθήσονται τῷ * Βελιὰρ * καὶ ἀφέντες τὸ γεώργιον ἐξακολουθήσουσι τοῖς
TIss. 7 7 καὶ ὑμεῖς ποιήσατε τέκνα μου καὶ πᾶν πνεῦμα τοῦ * Βελιὰρ * φεύξεται ἀφ' ὑμῶν καὶ πᾶσα πρᾶξις πονηρῶν
TZab. 9 8 λυτρώσεται πᾶσαν αἰχμαλωσίαν υἱῶν ἀνθρώπων ἐκ τοῦ * Βελιὰρ * καὶ πᾶν πνεῦμα πλάνης πατηθήσεται καὶ ἐπιστρέψει
TDan 1 7 μοι καίγε σὺ υἱὸς αὐτοῦ. καὶ ἓν τῶν πνευμάτων τοῦ * Βελιὰρ * συνήργει μοι λέγων λάβε τὸ ξίφος τοῦτο καὶ ἐν
TDan 4 7 ἀφίσταται κύριος ἀπ' αὐτῆς καὶ κυριεύει αὐτῆς ὁ * Βελιάρ. * φυλάξατε οὖν τέκνα μου τὰς ἐντολὰς τοῦ κυρίου
TDan 5 1 ἵνα κύριος κατοικήσῃ ἐν ὑμῖν καὶ φύγῃ ἀφ' ὑμῶν ὁ * Βελιάρ. * ἀλήθειαν φθέγγεσθε ἕκαστος πρὸς τὸν πλησίον
TDan 5 10 Λευὶ τὸ σωτήριον κυρίου καὶ αὐτὸς ποιήσει πρὸς τὸν * Βελιὰρ * πόλεμον καὶ τὴν ἐκδίκησιν τοῦ νίκους δώσει
TDan 5 11 πατράσιν ἡμῶν. καὶ τὴν αἰχμαλωσίαν λάβῃ ἀπὸ τοῦ * Βελιὰρ * ψυχὰς ἁγίων καὶ ἐπιστρέψει καρδίας ἀπειθεῖς πρὸς
TNep. 2 6 οὕτω καὶ ὁ λόγος αὐτοῦ ἢ ἐν νόμῳ κυρίου ἢ ἐν νόμῳ * Βελιάρ. * καὶ ὡς κεχώρισται ἀνάμεσον φωτὸς καὶ σκότους
TAser 1 8 προσλαμβάνει τὸ κακὸν καὶ κυριευθεὶς ὑπὸ τοῦ * Βελιὰρ * κἂν ἀγαθὸν πράξῃ ἐν πονηρίᾳ αὐτὸ μεταστρέφει.
TAser 3 2 θεῷ ἀλλὰ ταῖς ἐπιθυμίαις αὐτῶν δουλεύουσιν ἵνα τῷ * Βελιὰρ * ἀρέσωσι καὶ τοῖς ὁμοίοις αὐτῶν ἀνθρώποις. οἱ γὰρ
TJos. 7 4 μή μοι συμπεισθῇς. καὶ νοήσας ὅτι τὸ πνεῦμα τοῦ * Βελιὰρ * αὐτὴν ἐνοχλεῖ προσευξάμενος κυρίῳ εἶπον αὐτῇ ἵνα
TJos. 20 2 τῶν ὀστέων μου κύριος ἐν φωτὶ ἔσται μεθ' ὑμῶν καὶ * Βελιὰρ * ἐν σκότει ἔσται μετὰ τῶν Αἰγυπτίων. καὶ Ζέλφαν
TBen. 3 3 καὶ ἀγαπᾶτε τὸν πλησίον. καὶ ἐὰν τὰ πνεύματα τοῦ * Βελιὰρ * εἰς πᾶσαν πονηρίαν θλίψεως ἐξαιτήσωνται ὑμᾶς οὐ
TBen. 3 4 τὸν πλησίον αὐτοῦ ὑπὸ τοῦ ἀερίου πνεύματος τοῦ * Βελιὰρ * οὐ δύναται πληγῆναι σκεπαζόμενος ὑπὸ τοῦ φόβου
TBen. 3 8 ἐπὶ σωτηρίᾳ ἐθνῶν καὶ Ἰσραὴλ καὶ καταργήσει * Βελιὰρ * καὶ τοὺς ὑπηρετοῦντας αὐτῷ. ἴδετε τέκνα τοῦ
TBen. 6 1 ἀγαθοῦ ἀνδρὸς οὐκ ἔστιν ἐν χειρὶ πλάνης πνεύματος * Βελιὰρ * ὁ γὰρ ἄγγελος τῆς εἰρήνης ὁδηγεῖ τὴν ψυχὴν αὐτοῦ.
TBen. 6 7 τὸ μὴ καταγνωσθῆναι ὑπὸ θεοῦ καὶ ἀνθρώπων. καὶ τοῦ * Βελιὰρ * δὲ πᾶν ἔργον διπλοῦν ἐστι καὶ οὐκ ἔχει ἁπλότητα.
TBen. 7 1 διὰ τοῦτο τέκνα μου φεύγετε τὴν κακίαν τοῦ * Βελιὰρ * ὅτι μάχαιραν δίδωσι τοῖς πειθομένοις αὐτῇ. ἡ δὲ
TBen. 7 2 μήτηρ ἐστί. πρῶτον συλλαμβάνει ἡ διάνοια διὰ τοῦ * Βελιὰρ * ἔστι δὲ πρῶτον ὁ φθόνος δεύτερον ἀπώλεια τρίτον
Prop. 4 6 καὶ ὅτι ὡς βοῦς ὑπὸ ζυγὸν γίνονται τοῦ * Βελίαρ. * ταῦτα ἔχουσιν οἱ δυνάσται ἐν νεότητι ἐπὶ τέλει
Prop. 4 21B πρεσβυτέρων τοῦ λαοῦ Ἰσραήλ. τότε φόνος ἔσται τοῦ * Βελίαρ>. * εὐθέως δὲ χαρὰ ἐκχυθήσεται εἰς πάντα τὰ ἔθνη
Prop. 4 22 εἰς γῆν αὐτοῦ καὶ ἐὰν αἷμα ῥεύσῃ φόνος ἔσται τοῦ * Βελίαρ * ἐν πάσῃ τῇ γῇ. καὶ ἐκοιμήθη ἐν εἰρήνῃ ὁ ὅσιος.
Prop. 17 2 καὶ σπεύδοντα ἐλθεῖν ἀγγεῖλαι αὐτῷ ἐνεπόδισεν ὁ * Βελίαρ * ὅτι κατὰ τὴν ὁδὸν εὗρε νεκρὸν κείμενον γυμνὸν
Prop. 17 2B φυλάξασθαι ἀπὸ τῆς ἀνομίας. καὶ ἐνεπόδισεν αὐτὸν ὁ * Βελίαρ. * ἐρχόμενος γὰρ εἰς Ἰερουσαλὴμ εὗρε νεκρὸν
Sib. 3 63 μέροπες κακότητα φέρουσιν. ἐκ δὲ Σεβαστηνῶν ἥξει * Βελίαρ * μετόπισθεν καὶ στήσει ὀρέων ὕψος στήσει δὲ
Sib. 3 73 δύναμις φλογέουσα δι' οἴδματος εἰς γαῖαν ἥξῃ καὶ * Βελίαρ * φλέξῃ καὶ ὑπερφιάλους ἀνθρώπους πάντας ὅσοι τούτῳ
FIsa. 1 3 11 ἐπὶ τοῦ Μανασσῆ καὶ τῶν προφητῶν. καὶ ἐκάθισεν * Βελιὰρ * ἐν τῇ καρ<δ>ίᾳ τοῦ Μανασσῆ καὶ ἐν τῇ καρδίᾳ τῶν

Βελιχειάρ 1
FIsa. 1 2 12 τοῖς ἐρήμ<ο>ις καὶ----- ἐν Σαμαρίᾳ ᾧ <ὄ>νομα ἦν * Βελιχειὰρ * ἐκ τῆς συγγενίας Σεδεκίου υἱοῦ Χανανὶ τοῦ

βελόνη 2
IMen. 5 119 2 ἁπλῶς ἵππων βοῶν τὸ σύνολον ἢ κτηνῶν. τί δή; μηδὲ * βελόνης * ἔναμμα ἐπιθυμήσῃς <Πάμ>φιλε ὁ γὰρ θεὸς βλέπει σε
IMen. 5 120 1 <Πάμ>φιλε ὁ γὰρ θεὸς βλέπει σε πλησίον παρών. μηδὲ * βελόνης * ὦ φίλτατε ἐπιθυμήσῃς ποτὲ ἀλλοτρίας ὁ γὰρ θεὸς

βέλος 4
Hen. 17 3 καὶ εἰς τὰ ἀεροβαθῆ ὅπου τόξον πυρὸς καὶ τὰ * βέλη * καὶ τὰς θήκας αὐτῶν καὶ τὰς ἀστραπὰς πάσας. καὶ
Jer. 7 12 ἐκκλίνῃς εἰς τὰ δεξιὰ μήτε εἰς τὰ ἀριστερὰ ἀλλ' ὡς * βέλος * ὕπαγον ὀρθῶς ἄπελθε ἐν τῇ δυνάμει τοῦ θεοῦ καὶ
Sib. 3 730 παμποίκιλά θ' ὅπλα πολλά τε καὶ τόξων πληθὺν * βελέων * ἀδίκων τε οὐδὲ γὰρ ἐκ δρυμοῦ ξύλα κόψεται εἰς
Sib. 5 383 τις ξίφεσιν πολεμίξεται οὐδὲ σιδήρῳ οὐδ' αὐτοῖς * βελέεσσιν * ἃ μὴ θέμις ἔσσεται αὖτις. εἰρήνην δ' ἕξει λαὸς

βέλτερος 2
FPho. 130 <τῆς δὲ θεοπνεύστου σοφίης λόγος ἐστὶν ἄριστος.> * βέλτερος * ἀλκήεντος ἔφυ σεσοφισμένος ἀνὴρ ἀγροὺς καὶ
FPho. 142 δὲ βροτὸν καὶ ἀλίτροπον οὔποτ' ἐλέγξεις. * βέλτερον * ἀντ' ἐχθροῦ τεύχειν φίλον εὐμενέοντα. ἀρχόμενον

βελτίων 3 (cf.+ ἀγαθός, ἀμείνων, ἀρείων, ἄριστος, κρείσσων)
Job 53 9 τρεῖς καὶ οὐχ εὑρέθησαν κατὰ τὰς θυγατέρας Ιωβ * βελτίους * αὐτῶν ἐν τοῖς ὑπ' οὐνόν. προυπῆρχε ὄνομα τῷ Ιωβ
FAch. 109 κράτει. ἐάν τι παρηκμακὼς μανθάνῃς μὴ αἰσχυνθῇς * βέλτιον * γὰρ ὀψιμαθῆ μᾶλλον ἢ ἀμαθῆ καλεῖσθαι. τῇ γυναικί
FAch. 110 πρὸς τὸ λαμβανόμενον καὶ εἰς αὔριον ἀποθησαυρίζειν * βέλτιον * γὰρ ἐχθροῖς καταλιπεῖν ἢ ζῶντα τῶν φίλων

Βελχειρά 1
FIsa. 1 3 12 τοῦ βασιλέως καὶ ἤρεσαν αὐτῷ οἱ λόγοι τοῦ * Βελχειρὰ * καὶ ἀπέστειλεν καὶ ἐκράτησεν τὸν Ἠσαίαν.

βένθος 1
Sib. 3 478 χειμῶνος ἀέλλαις καὶ πληγαῖς ἁγίοιο θεοῦ κατὰ * βένθεα * πόντου δύσονται κατὰ κῦμα θαλασσείοις τεκέεσσιν.

Βενιαμίν 27
TJud. 25 1 Λευὶ πρῶτος δεύτερος ἐγὼ τρίτος Ἰωσὴφ τέταρτος * Βενιαμιν * πέμπτος Συμεὼν ἕκτος Ἰσαχὰρ καὶ οὕτως καθεξῆς
TJud. 25 2 θάλασσα τὸν Ζαβουλὼν τὰ ὄρη τὸν Ἰωσὴφ ἡ σκηνὴ τὸν * Βενιαμίν * οἱ φωστῆρες τὸν Δὰν ἡ τρυφὴ τὸν Νεφθαλιμ ὁ
TBen. διαθηκη * Βενιαμιν. * περι διανοιας καθαρας. ἀντίγραφον λόγων
TBen. 1 1 Βενιαμιν. περι διανοιας καθαρας. ἀντίγραφον λόγων * Βενιαμίν * ὧν διέθετο τοῖς υἱοῖς αὐτοῦ ζήσας ἔτη ἑκατὸν
TBen. 1 6 ἀπ' αὐτῆς. διὰ τοῦτο ἐκλήθην υἱὸς ἡμερῶν ὅ ἐστι * Βενιαμίν. * ὅτε οὖν εἰσῆλθον εἰς Αἴγυπτον καὶ ἀνεγνώρισέ
TBen. 12 2 με εἰς Χεβρὼν ἐγγὺς τῶν πατέρων μου. καὶ ἀπέθανε * Βενιαμὶν * ἑκατὸν εἰκοσιπέντε ἐτῶν ἐν γήρει καλῷ καὶ
Asen. 27 1 ἐπεκαλέσατο τὸ ὄνομα κυρίου τοῦ θεοῦ αὐτῆς. καὶ * Βενιαμὶν * ἐκάθητο ἐξ εὐωνύμων τῆς Ἀσενὲθ ἐν τῷ ὀχήματι
Asen. 27 1 εὐωνύμων τῆς Ἀσενὲθ ἐν τῷ ὀχήματι αὐτῆς. καὶ ἦν * Βενιαμὶν * παιδάριον ὀκτωκαίδεκα ἐτῶν μέγα καὶ ἰσχυρὸν καὶ
Asen. 27 2 ἦν φοβούμενος τὸν κύριον σφόδρα. καὶ κατεπήδησε * Βενιαμὶν * ἀπὸ τοῦ ὀχήματος καὶ ἔλαβε λίθον στρογγύλον ἐκ
Asen. 27 4 αὐτοῦ ἐπὶ τὴν γῆν ἡμιθανὴς τυγχάνων. καὶ ἐπήδησε * Βενιαμὶν * καὶ ἀνέβη ἐπὶ τὴν πέτραν καὶ εἶπε τῷ ἡνιόχῳ τῆς
Asen. 27 5 καὶ ἔδωκεν αὐτῷ λίθους πεντήκοντα. καὶ ἠκόντισε * Βενιαμὶν * τοὺς πεντήκοντα λίθους καὶ ἀπέκτεινε τοὺς
Asen. 27 7 ἀδελφῶν ἡμῶν καὶ τέθνηκεν ὁ υἱὸς Φαραὼ ἐν χειρὶ * Βενιαμὶν * τοῦ παιδαρίου καὶ πάντες οἱ μετ' αὐτοῦ
Asen. 27 7 μετ' αὐτοῦ ἀπολώλασιν ἐν χειρὶ μιᾷ τοῦ παιδαρίου * Βενιαμίν. * καὶ νῦν δεῦτε ἀποκτείνωμεν τὴν Ἀσενὲθ καὶ τὸν
Asen. 27 8 καὶ νῦν δεῦτε ἀποκτείνωμεν τὴν Ἀσενὲθ καὶ τὸν * Βενιαμὶν * καὶ φύγωμεν εἰς τὴν ὕλην τοῦ καλάμου τούτου.
Asen. 29 2 ἐπὶ τῷ στόματι αὐτοῦ. καὶ ἔδραμεν ἐπ' αὐτὸν * Βενιαμὶν * καὶ ἔλαβε τὴν ῥομφαίαν αὐτοῦ καὶ εἵλκυσεν αὐτὴν
Asen. 29 2 αὐτοῦ καὶ εἵλκυσεν αὐτὴν ἐκ τοῦ κολεοῦ αὐτῆς διότι * Βενιαμὶν * ῥομφαίαν οὐκ εἶχεν ἐπὶ τῷ μηρῷ αὐτοῦ καὶ ἤμελλε
Asen. 29 7 ἀπέθανεν ὁ υἱὸς Φαραὼ ἐκ τοῦ τραύματος τοῦ λίθου * Βενιαμὶν * τοῦ παιδαρίου. καὶ Φαραὼ ἐπένθησε τὸν υἱὸν
FIsa. 1 3 6 ἐπὶ Ἰερουσαλὴμ καὶ ἐπὶ <τά>ς πόλεις Ἰούδα <κα>ὶ * Βε<νι>αμεὶν * ὅτι <πο>ρεύ<σο>νται ἐν γαλε<άγ>ρ<αις κα>ὶ ἐν
FIsa. 1 3 7 καὶ τὸν Ἰσραὴλ καὶ τὸν Ἰούδαν καὶ τὸν * Βενιαμεὶν * αὐτοὶ μισοῦσιν καὶ ὁ λόγος αὐτῶν κακὸς ἐπὶ τὸν
FIsa. 1 3 11 Μανασσῆ καὶ ἐν τῇ καρδίᾳ τῶν ἀρχόντων Ἰούδα καὶ * Βενιαμεὶν * καὶ τῶν εὐνούχων καὶ τῶν συμβούλων τοῦ
HDem. 9 21 10 Ἐφραθὰ ἦν εἶναι Βηθλεὲμ καὶ γεννῆσαι αὐτὸν ἐκεῖ * Βενιαμὶν * καὶ τελευτῆσαι Ῥαχὴλ τεκοῦσαν τὸν Βενιαμίν
HDem. 9 21 10 ἐκεῖ Βενιαμὶν καὶ τελευτῆσαι Ῥαχὴλ τεκοῦσαν τὸν * Βενιαμὶν * συμβιῶσαι δ' αὐτῇ τὸν Ἰακὼβ ἔτη εἴκοσι τρία.
HDem. 9 21 14 αὐτοὺς εἶναι. διαπορεῖσθαι δὲ διά τί ποτε ὁ Ἰωσὴφ * Βενιαμὶν * ἐπὶ τοῦ ἀρίστου πενταπλασίονα μερίδα ἔδωκε μὴ
HDem. 9 21 14 ἐκ δὲ Ῥαχὴλ τῆς μητρὸς αὐτοῦ δύο διὰ τοῦτο τῷ * Βενιαμὶν * πέντε μερίδας παραθεῖναι καὶ αὐτὸν λαβεῖν δύο
HDem. 9 21 15 καὶ ἐπὶ τοῦ τὰς στολὰς δοῦναι ἑκάστῳ διπλᾶς τῷ δὲ * Βενιαμὶν * πέντε καὶ τριακοσίους χρυσοῦς καὶ τῷ πατρὶ δὲ
HDem. 9 21 17 μ' μηνῶν ὀκτὼ Ζαβουλὼν ἐτῶν μ' Δείναν ἐτῶν λ θ' * Βενιαμὶν * ἐτῶν κ η'. τὸν δὲ Ἰωσὴφ γενέσθαι ἐν Αἰγύπτῳ
HDem. 1 141 1 ἐκείνων ὅπλοις χρήσασθαι. τὴν Ἰούδα φυλὴν καὶ * Βενιαμεὶν * καὶ Λευὶ μὴ αἰχμαλωτισθῆναι ὑπὸ τοῦ Σεναχηρεὶμ

βερωθα * 1
TLevi 18 2B024 καὶ σχῖνον καὶ στρόβιλον καὶ πίτυν καὶ ολδινα καὶ * βερωθα * +καν+ θεχακ καὶ κυπάρισσον καὶ δάφνην καὶ

Βεχειρά 2
FIsa. 1 2 16 Ἰαλλαρίας ἐξ ὄρους +Ἰσαλ+ καὶ αὐτὸς ἦν <ὁ> * Βεχειρ<ὰ> * ἀδελφὸς τοῦ Σεδεκίου ἀκούσαν<τ>ες μετέπεισαν
FIsa. 1 3 1 Γομόρρων καὶ ἐφό<ν>ευσαν τὸν Μιχαί<α>ν. καὶ * Βεχειρὰ * ἔγνω <κ>αὶ εἶδεν τὸν τό<π>ον τοῦ Ἠσαίου <καὶ

Βηθανία 1
FIsa. 1 2 12 υἱοῦ Χανανὶ τοῦ ψευδοπροφήτου ὃς ἦν κατοικῶν ἐν * Βηθανίᾳ. * καὶ Σεδεκίας υἱὸς Χανανὶ ὃς ἦν ἀδελφὸς τοῦ

Βηθαχαράμ 1
Prop. 9 1 καὶ ἐτάφη ἐκεῖ. Ἀβδιοῦ ἦν ἐκ γῆς Συχὲμ ἀγροῦ * Βηθαχαράμ. * οὗτος ἦν μαθητὴς Ἠλία καὶ πολλὰ ὑπομείνας

Βηθζουχάρ 1
Prop. 12 1 τῇ γῇ αὐτοῦ. Ἀμβακοὺμ ἐκ φυλῆς ἦν Συμεὼν ἐξ ἀγροῦ * Βηθζουχάρ. * οὗτος εἶδε πρὸ τῆς αἰχμαλωσίας περὶ τῆς

Βηθλεέμ 6
TRub. 3 13 αὐτοῦ ὄντων ἡμῶν ἐν Γάδερ πλησίον Ἐφραθὰ οἴκου * Βηθλέεμ * Βάλλα ἦν μεθύουσα καὶ κοιμωμένη ἀκάλυφος
FIsa. 1 2 7 ἀνεχώρησεν ἀπ<ὸ> Ἰ<ερουσαλ>ὴμ καὶ ἐκάθισεν ἐν * Β<ηθ>λεὲμ * τῆς Ἰουδαίας. <καὶ> ἐκεῖ δὲ ἦν ἀνομ<ία π>ολλὴ
FIsa. 1 2 8 ἐκεῖ δὲ ἦν ἀνομ<ία π>ολλὴ καὶ ἀναχωρήσα<ς> ἀπὸ * Βηθλεὲμ * ἐκά<θι>σεν ἐν τῷ ὄρει ἐν τόπῳ ἐρήμῳ. καὶ Μιχάας
FIsa. 1 3 1 τῶν> μετ' αὐ<τοῦ. οὗτο>ς γὰρ ἦν οἰκῶν ἐν τῇ χώρᾳ * Βηθλεὲμ * καὶ ἐκολλήθη τῷ Μανασσῇ. καὶ αὐτὸς ἦν
FIsa. 1 3 5 ὑπὸ τῶν παίδων Ἐζεκίου καὶ ἔφυγεν εἰς τὴν χώραν * Βηθλεέμ. * καὶ ἔπεισαν καὶ κατηγόρησεν Μελχειρὰ τοῦ
HDem. 9 21 10 Χαφραθὰ ἔνθεν παραγενέσθαι εἰς Ἐφραθὰ ἣν εἶναι * Βηθλεὲμ * καὶ γεννῆσαι αὐτὸν ἐκεῖ Βενιαμὶν καὶ τελευτῆσαι

βῆλον 1
Job 25 2 Ιωβ, ἥτις εἶχεν σκεπάζοντα αὐτῆς τὸ καθεστήριον * βῆλα * δεκατέσσαρα, καὶ θύραν ἔνδοθεν θυρῶν ἕως ἂν ὅλως

Βῆλος 6
HAno. 9 17 9 Αἰγυπτίους. Βαβυλωνίους γὰρ λέγειν πρῶτον γενέσθαι * Βῆλον * ὃν εἶναι Κρόνον ἐκ τούτου δὲ γενέσθαι Βῆλον καὶ

HAno. 9 17 9 Βῆλον ὃν εἶναι Κρόνον ἐκ τούτου δὲ γενέσθαι * Βῆλον * καὶ Χαναὰν τοῦτον δὲ τὸν Χαναὰν γεννῆσαι τὸν
HAno. 9 18 2 διὰ τὴν ἀσέβειαν ὑπὸ τῶν θεῶν ἀναιρεθῆναι ὧν ἕνα * Βῆλον * ἐκφεύγοντα τὸν θάνατον ἐν Βαβυλῶνι κατοικῆσαι
HAno. 9 18 2 ἐν αὐτῷ διαιτᾶσθαι ὃν δὴ ἀπὸ τοῦ κατασκευάσαντος * Βήλου * Βῆλον ὀνομασθῆναι. τὸν δὲ Ἄβραμον τὴν
HAno. 9 18 2 διαιτᾶσθαι ὃν δὴ ἀπὸ τοῦ κατασκευάσαντος Βήλου * Βῆλον * ὀνομασθῆναι. τὸν δὲ Ἄβραμον τὴν ἀστρολογικὴν
HHec. 1 22 192 ποτὲ ἐν Βαβυλῶνι γενομένου καὶ προελομένου τὸ τοῦ * Βήλου * πεπτωκὸς ἱερὸν ἀνακαθῆραι καὶ πᾶσιν αὐτοῦ τοῖς
βῆμα 3
Abr.1 13 8 ἡ ἀπόφασις καὶ ὁ λύων οὐδεὶς καὶ λοιπὸν διὰ τριῶν * βημάτων * γίνεται ἡ κρίσις τοῦ κόσμου καὶ ἀνταπόδοσις καὶ
Abr.2 6 8 οἶκον ἡμῶν; ἢ πῶς ἐδάκρυσάν σου οἱ ὀφθαλμοὶ τῶν * βημάτων * τοῦ φωτὸς ἀνατείλαντος εἰς τὸν οἶκον ἡμῶν; ἡ γὰρ
LEze. 9 29 16 27 δὲ πρόσθεν ταῦρος ὡς γαυρούμενος ἔβαινε κραιπνὸν * βῆμα * βαστάζων ποδός. ὦ πᾶσιν ἀρχὴ καὶ πέρας κακῶν ὄφις
Βηρσαβεέ 2
Prop. 17 2 τὸν Δαυὶδ νόμον κυρίου καὶ εἶδεν ὅτι Δαυὶδ ἐν τῇ * Βηρσαβεὲ * παραβήσεται καὶ σπεύδοντα ἐλθεῖν ἀγγεῖλαι αὐτῷ
Prop. 17 2B νεκρὸν κείμενον γυμνὸν ἐσφαγμένον καὶ γνοὺς ὅτι ἐν * Βηρσαβεὲ * παραβήσεται ὁ Δαυὶδ ἔσπευσε τοῦ ἐλθεῖν καὶ
Βησσουέ 5
TJud. 8 2 καὶ παρακαλέσας δίδωσί μοι τὴν θυγατέρα αὐτοῦ * Βησσουὲ * εἰς γυναῖκα. αὐτὴ ἔτεκέ μοι τὸν Ἤρ καὶ Αὐνὰν
TJud. 10 6 δὲ καὶ τὸν Σηλὼμ δοῦναι αὐτῇ ἀλλ' ἡ γυνή μου * Βησσουὲ * οὐκ ἀφῆκεν ἐπονηρεύετο γὰρ πρὸς τὴν Θαμὰρ ὅτι
TJud. 13 3 τῆς πορνείας παρετάξατο ἐν ἐμοὶ ἕως συνέπεσα εἰς * Βησσουὲ * τὴν Χαναναίαν καὶ εἰς Θαμὰρ τὴν νυμφευθεῖσαν
TJud. 16 4 Ἰακὼβ τοῦ πατρός μου ἀπεκάλυψα τῇ Χανανίτιδι * Βησσουὲ * οἷς εἶπεν ὁ θεὸς μὴ ἀποκαλύψαι. καὶ πολέμου δὲ
TJud. 17 1 ὅτι καίγε δι' ἀργύριον καὶ εὐμορφίαν ἐπλανήθην εἰς * Βησσουὲ * τὴν Χαναναίαν. ὅτι οἶδα ἐγὼ ὅτι διὰ τὰ δύο ταῦτα
βία 7
TJos. 8 2 τέλος οὖν ἐπιλαμβάνεταί μου τῶν ἱματίων μετὰ * βίας * ἐφελκομένη με εἰς συνουσίαν. ὡς οὖν εἶδον ὅτι
TJos. 8 3 με εἰς συνουσίαν. ὡς οὖν εἶδον ὅτι μαινομένη * βίᾳ * κρατεῖ τὰ ἱμάτιά μου γυμνὸς ἔφυγον. κἀκείνη
Sal. 17 5 ἡμῖν καὶ ἔξωσαν ἡμᾶς οἷς οὐκ ἐπηγγείλω μετὰ * βίας * ἀφείλαντο καὶ οὐκ ἐδόξασαν τὸ ὄνομά σου τὸ ἔντιμον.
Aris. 148 3 συνετοῖς εἶναι δικαίους τε καὶ μηδὲν ἐπιτελεῖν * βίᾳ * μηδὲ τῇ περὶ ἑαυτοὺς ἰσχύι πεποιθότας ἑτέρους
Sib. 5 195 δ' ὀλέσειε μέγας φὼς Αἰθιοπήων Τεύχιραν οἰκήσουσι * βίῃ * μελανόχροες Ἰνδοί. Πεντάπολι κλαύσεις σέ δ' ὀλεῖ
FPho. 198 μηδ' ἐμπέσῃ ἄνδιχα νεῖκος; μὴ δέ τις ἀμνήστευτα * βίῃι * κούρῃσι μιγείη. μὴ δὲ γυναῖκα κακὴν πολυχρήματον
ISop. 5 113 2 γαῖαν μακρὴν πόντου τε χαροπὸν οἶδμα καὶ ἀνέμων * βίαν. * θνητοὶ δὲ πολλοὶ καρδίαν πλανώμενοι ἱδρυσάμεσθα
βιάζω 7
Hen. 103 14 ἐκράξαμεν ἐπὶ τοὺς καταβάλλοντας καὶ * βιαζομένους * ἡμᾶς καὶ τὰς ἐντεύξεις ἡμῶν οὐκ ἀπεδέξαντο
Hen. 103 15 καὶ οὐκ ἀντελαμβάνοντο ἡμῶν οὐχ εὑρόντες κατὰ τῶν * βιαζομένων * καὶ κατεσθόντων ἡμᾶς ἀλλὰ στερεοῦσιν αὐτοὺς
Hen. 104 3 τῆς θλίψεως ὑμῶν καὶ ἐκ πάντων ὅστις μετέσχεν τῶν * βιαζομένων * καὶ κατεσθόντων ὑμᾶς. ⟨μὴ φοβεῖσθε⟩ τὰ κακὰ
TRub. 5 4 ἔργῳ αἰχμαλωτίζουσιν οὐ γὰρ δύναται γυνὴ ἄνθρωπον * βιάσασθαι. * φεύγετε οὖν τὴν πορνείαν τέκνα μου καὶ
Asen. 20 5 ψυχή μου καὶ οὐ μὴ σοῦ νίψῃ ἄλλη τοὺς πόδας. καὶ * ἐβιάσατο * αὐτὸν καὶ ἔνιψε τοὺς πόδας αὐτοῦ. καὶ ἐθεώρει
Sib. 3 5 πάλι πάλλεται ἠδέ γε θυμὸς τυπτόμενος μάστιγι * βιάζεται * ἔνδοθεν αὐδὴν ἀγγέλλειν πᾶσιν; αὐτὰρ πάλι πάντ'
FJub. 38 1 δὲ μὴ ἀνεχομένου ἀλλ' ὑβρίζοντος καὶ ὀνειδίζοντος * βιασθεὶς * Ἰακὼβ ὑπὸ τοῦ Ἰούδα ἐνέτεινε τόξον καὶ πλήξας
βίαιος 3
FJub. 10 26 μερικοῦ τινος πλήθους ἐφ' ὃν ὁ πύργος ἀνέμῳ * βιαίῳ * καταπεσὼν θείᾳ κρίσει τοῦτον ἐπάταξε. γυνὴ Ραγαυ
FMan. 2 22 11 καὶ ἦν συνεχόμενος καὶ ὀδυνώμενος σφόδρα. καὶ ὡς * βιαίως * ἐθλίβη ἐζήτησεν τὸ πρόσωπον κυρίου τοῦ θεοῦ αὐτοῦ
FPho. 150 βίβλων ἀπέχεσθαι. νηπιάχοις ἀταλοῖς μὴ ἅψηι χεῖρα * βιαίως. * φεῦγε διχοστασίην καὶ ἔριν πολέμου προσιόντος.
βιασμός 1
Adam 8 2 σου ἑβδομήκοντα πληγάς. πρῶτον νόσος πληγῆς ὁ * βιασμὸς * τῶν ὀφθαλμῶν. δεύτερον πληγῆς ἀκοῆς. καὶ οὕτως
βιβλιοθήκη 4
Aris. 9 1 ἐπανήξομεν. κατασταθεὶς ἐπὶ τῆς τοῦ βασιλέως * βιβλιοθήκης * Δημήτριος ὁ Φαληρεὺς ἐχρηματίσθη πολλὰ
Aris. 10 6 Ἰουδαίων νόμιμα μεταγραφῆς ἄξια καὶ τῆς παρά σοὶ * βιβλιοθήκης * εἶναι. τί τὸ κωλῦον οὖν εἶπεν ἐστὶ σε τοῦτο
Aris. 29 3 περὶ τῶν ἀπολειπόντων εἰς τὴν συμπλήρωσιν τῆς * βιβλιοθήκης * βιβλίων ὅπως ἐπισυναχθῇ καὶ τὰ διαπεπτωκότα
Aris. 38 6 γραμμάτων ἵν' ὑπάρχῃ καὶ ταῦτα παρ' ἡμῖν ἐν * βιβλιοθήκῃ * σὺν τοῖς ἄλλοις βασιλικοῖς βιβλίοις. καλῶς
βιβλίον 22
Hen. 6B εἰσιν ἀρχαὶ αὐτῶν οἱ ⟨ἐπὶ⟩ δέκα. ἐκ τοῦ πρώτου * βιβλίου * Ἐνὼχ περὶ τῶν ἐγρηγόρων. καὶ ἐγένετο ὅτε
Abr.1 12 7 ὅλως διὰ χρυσοῦ ἐπάνω δὲ τῆς τραπέζης ⟨ἦν⟩ * βιβλίον * κείμενον τὸ πάχος αὐτοῦ πήχεων τριῶν ⟨καὶ τὸ
Abr.2 10 8 τὸ ὑπόμνημα γράφοντα καὶ ἰδοὺ Χερουβὶμ βαστάζοντα * βιβλία * δύο καὶ ἦν μετ' αὐτῶν ἀνὴρ παμμεγέθης σφόδρα
Abr.2 11 9 σημεῖον πρός σε ἵνα γράψῃς ἁμαρτίας ψυχῆς ἐπὶ τοῦ * βιβλίου * καὶ ἐὰν ἡ ψυχὴ ἐλεηθῇ εὑρήσεις τὰς ἁμαρτίας
TLevi 16 1 μου οὐ μὴ καταλειφθῇ ἐπὶ τῆς γῆς. καὶ νῦν ἔγνων ἐν * βιβλίῳ * Ἐνὼχ ὅτι ἑβδομήκοντα ἑβδομάδας πλανηθήσεσθε καὶ
TLevi 18 2B059 τὸ σπέρμα σου ἕως πάντων τῶν αἰώνων ἐνεχθήσεται ἐν * βιβλίῳ * μνημοσύνου ζωῆς καὶ οὐκ ἐξαλειφθήσεται τὸ ὄνομά
Esdr. 7 9 σοι δικασάμενον καὶ δὸς πᾶσι τοῖς μεταγράφουσιν τὸ * βιβλίον * τοῦτο καὶ ἔχουσιν αὐτὸ καὶ μνημονεύουσιν τοῦ
Esdr. 7 12 ἐν ἡμέρᾳ κρίσεως αὐτοῦ. ὅσοι δὲ μὴ πιστεύσαντες τὸ * βιβλίον * τοῦτο κατακαυθήσονται ὡς τὰ Σόδομα καὶ Γόμορρα.
Job 51 4 μιᾶς ὑποσημειουμένης τῇ μιᾷ καὶ ἀνεγραψάμην τὸ * βιβλίον * ὅλον πλείστων σημειώσεων τῶν ὕμνων παρὰ τῶν
Aris. 9 3 εἰ δυνατὸν ἅπαντα τὰ κατὰ τὴν οἰκουμένην * βιβλία * καὶ ποιούμενος ἀγορασμοὺς καὶ μεταγραφὰς ἐπὶ
Aris. 10 3 οὖν ἡμῶν ἐρωτηθεὶς πόσαι τινὲς μυριάδες τυγχάνουσι * βιβλίων; * εἶπεν ὑπὲρ τὰς εἴκοσι βασιλεῦ σπουδάσω δ' ἐν
Aris. 28 2 ἐκέλευσεν εἰσδοῦναι περὶ τῆς τῶν Ἰουδαϊκῶν * βιβλίων * ἀντιγραφῆς. πάντα γὰρ διὰ προσταγμάτων καὶ
Aris. 29 3 ἀπολειπόντων εἰς τὴν συμπλήρωσιν τῆς βιβλιοθήκης * βιβλίων * ὅπως ἐπισυναχθῇ καὶ τὰ διαπεπτωκότα τύχῃ τῆς
Aris. 30 2 προσαναφέρω σοι τάδε. τοῦ νόμου τῶν Ἰουδαίων * βιβλία * σὺν ἑτέροις ὀλίγοις τισὶν ἀπολείπει τυγχάνει γὰρ
Aris. 31 5 ἱστορικῶν πλῆθος τῆς ἐπιμνήσεως τῶν προειρημένων * βιβλίων * καὶ τῶν κατ' αὐτὰ πεπολιτευμένων ⟨καὶ
Aris. 38 6 παρ' ἡμῖν ἐν βιβλιοθήκῃ σὺν τοῖς ἄλλοις βασιλικοῖς * βιβλίοις. * καλῶς οὖν ποιήσεις καὶ τῆς ἡμετέρας σπουδῆς
Aris. 46 5 δίκαιε προστάξας ὡς ἂν ἡ μεταγραφὴ γένηται τῶν * βιβλίων * ἵνα πάλιν ἀποκατασταθῶσι πρὸς ἡμᾶς ἀσφαλῶς οἱ
Aris. 176 7 ὡς εἶδεν ὁ βασιλεὺς τοὺς ἄνδρας ἐπηρώτα περὶ τῶν * βιβλίων. * ὡς δὲ ἀπεκάλυψαν αὐτὰ τῶν ἀνειλημάτων καὶ τοὺς
Aris. 317 3 ἐκέλευσε μεγάλην ἐπιμέλειαν ποιεῖσθαι τῶν * βιβλίων * καὶ συντηρεῖν ἁγνῶς. παρακαλέσας δὲ καὶ τοὺς
Aris. 322 3 τέρπειν γὰρ οἴομαί σε ταῦτα ἢ τὰ τῶν μυθολόγων * βιβλία. * νένευκας γὰρ πρὸς περιεργίαν τῶν δυναμένων
Sib. 3 82 ὁπόταν θεὸς αἰθέρι ναίων οὐρανὸν εἱλίξῃ καθ' ἅπερ * βιβλίον * εἱλεῖται καὶ πέσεται πολύμορφος ὅλος πόλος ἐν
LAri. 13 12 13 Ὅμηρος καὶ Ἡσίοδος μετειληφότες ἐκ τῶν ἡμετέρων * βιβλίων * ἱερὰν εἶναι. Ἡσίοδος μὲν οὕτως πρῶτον ἔνη
βίβλος 22
Hen. 14 1 δικαιοσύνης ἐλέγχων τοὺς ἐγρηγόρους τοῦ οὐρανοῦ. * βίβλος * λόγων δικαιοσύνης καὶ ἐλέγξεως ἐγρηγόρων τῶν ἀπὸ
Hen. 104 12 δικαίοις καὶ ὁσίοις καὶ φρονίμοις δοθήσονται αἱ * βίβλοι * μου εἰς χαρὰν ἀληθείας καὶ αὐτοὶ πιστεύσουσιν
Abr.1 12 17 ἀγγέλων τῶν καθυπουργούντων αὐτῷ ἄνοιξόν μοι τὴν * βίβλον * ταύτην καὶ εὑρέ μοι τὰς ἁμαρτίας τῆς ψυχῆς
Abr.1 12 18 μοι τὰς ἁμαρτίας τῆς ψυχῆς ταύτης. καὶ ἀνοίξας τὴν * βίβλον * εὗρεν αὐτῆς ζυγάδας τὰς ἁμαρτίας καὶ τὰς
Abr.2 10 11 τῆς ψυχῆς ταύτης. καὶ ἀνοίξας ὁ ἀνὴρ τὴν μίαν * βίβλον * ἐκ τῶν δύο τῶν οὐσῶν ἐκ τῶν Χερουβὶμ καὶ
TLevi 10 5 κύριος Ἱερουσαλὴμ κληθήσεται καθὼς περιέχει * βίβλος * Ἐνὼχ τοῦ δικαίου. ὅτε οὖν ἔλαβον γυναῖκα ἤμην
TLevi 18 2B057 πατήρ μου Ἀβραὰμ ὅτι οὕτως εὗρεν ἐν τῇ γραφῇ τῆς * βίβλου * τοῦ Νῶε περὶ τοῦ αἵματος. καὶ νῦν ὡς σοί τέκνον
TJud. 18 1 ἐμοῦ στήσεται τὸ βασίλειον. ὅτι καίγε ἀνέγνων ἐν * βίβλοις * Ἐνὼχ τοῦ δικαίου ὅσα κακὰ ποιήσετε ἐν ἐσχάταις
TDan 5 6 ἐν ὑμῖν τῶν πνευμάτων τῆς πλάνης. ἀνέγνων γὰρ ἐν * βίβλῳ * Ἐνὼχ τοῦ δικαίου ὅτι ὁ ἄρχων ὑμῶν ἐστιν ὁ σατανᾶς
TBen. 11 4 αὐτῶν ὡς μουσικὸν μέλος ἐν στόματι πάντων καὶ ἐν * βίβλοις * ἁγίαις ἔσται ἀναγραφόμενος καὶ τὸ ἔργον καὶ ὁ
Asen. 15 4 παρθένος ἁγνή. ἰδοὺ γὰρ ἐγράφη τὸ ὄνομά σου ἐν τῇ * βίβλῳ * τῶν ζώντων ἐν τῷ οὐρανῷ ἐν ἀρχῇ τῆς βίβλου πρῶτον
Asen. 15 4 ἐν τῇ βίβλῳ τῶν ζώντων ἐν τῷ οὐρανῷ ἐν ἀρχῇ τῆς * βίβλου * πρῶτον πάντων ἐγράφη τὸ ὄνομά σου τῷ δακτύλῳ μου
Asen. 15 12B τὸ ἐμὸν ὄνομα ἐν τοῖς οὐρανοῖς ἐστὶν ἐν τῇ * βίβλῳ * τοῦ ὑψίστου γεγραμμένον τῷ δακτύλῳ τοῦ θεοῦ ἐν
Asen. 15 12B γεγραμμένον τῷ δακτύλῳ τοῦ θεοῦ ἐν ἀρχῇ τῆς * βίβλου * πρὸ πάντων ὅτι ἐγὼ ἄρχων εἰμὶ τοῦ οἴκου τοῦ
Asen. 15 12B ὑψίστου. καὶ πάντα τὰ ὀνόματα τὰ γεγραμμένα ἐν τῇ * βίβλῳ * τοῦ ὑψίστου ἄρρητά ἐστι καὶ ἀνθρώπῳ οὔτε εἰπεῖν
Prop. 16 3 ἀναρχίας ὡς γέγραπται ἐν Σφαρφωτὶμ τουτέστιν ἐν * βίβλῳ * κριτῶν. καὶ ἔτι νέος προσετέθη πρὸς τοὺς πατέρας
Prop. 26 1 ὀνόματα ἐμφέρονται ἐν ταῖς γενεαλογίαις αὐτῶν ἐπὶ * βίβλων * ὀνομάτων Ἰσραὴλ ἐγράφοντο γὰρ πᾶν τὸ γένος
Job 1 1 διαθηκη ιωβ. * βίβλος * λόγων Ἰωβ τοῦ καλουμένου Ἰωβαβ. ἐν ᾗ γὰρ ἡμέρᾳ
Aris. 316 4 παραφέρειν μέλλοντός τι τῶν ἀναγεγραμμένων ἐν τῇ * βίβλῳ * πρός τι δρᾶμα τὰς ὄψεις ἀπεγλαυκώθη καὶ λαβὼν
Sib. 3 425 ἐμῶν μέτρων τε κρατήσει πρῶτος γὰρ χείρεσσιν ἐμὰς * βίβλους * ἀναπλώσει αὐτὸς δ' αὖ μάλα κοσμήσει πολέμοιο
FIsa. 1 2 6 οἱ λοιποὶ λόγοι ἰδοὺ γεγραμμένοι εἰσ⟨ὶν ἐ⟩ν τοῖς * βίβλοις * τῶν ⟨β⟩ασ⟨ιλέων⟩ Ἰούδα καὶ Ἰ⟨σραήλ⟩. ---⟨κ⟩αὶ
FPho. 149 ἄπο θῆρες ἔδονται. φάρμακα μὴ τεύχειν μαγικῶν * βίβλων * ἀπέχεσθαι. νηπιάχοις ἀταλοῖς μὴ ἅψηι χεῖρα
βιβρώσκω 1
LEze. 9 29 13 15 ἑορτὴν δεσπότῃ τηρήσετε ἑφθ' ἡμέρας ἄζυμα καὶ οὐ * βρωθήσεται * ζύμη. κακῶν γὰρ τῶνδ' ἀπαλλαγήσεται καὶ τοῦδε
βιεύω 1
FPho. 229 εἰσι καθαρμοί. ταῦτα δικαιοσύνης μυστήρια τοῖα * βιεῦντες * ζωὴν ἐκτελέοιτ' ἀγαθὴν μέχρι γήραος οὐδοῦ.
Βιθυνός 1
Sib. 5 124 κλαύσει ἣ τὸ πάλαι σεμνὴ καὶ ἐπώνυμος ἐξαπολεῖται. * Βιθυνοὶ * κλαύσουσιν ἑὴν χθόνα τεφρωθεῖσαν καὶ Συρίην
βίος 43
Abr.1 1 3 τοῦ θανάτου πικρὸν ποτήριον καὶ τὸ ἄδηλον τοῦ * βίου * πέρας. προσκαλεσάμενος τοίνυν ὁ δεσπότης θεὸς τὸν
Abr.1 1 5 παρὰ τὸ χεῖλος τῆς θαλάσσης καὶ ἔστιν ἐν ἐμπορίᾳ * βίου * πραγμάτων πολλῶν καὶ ὑπάρχει πλούσιος πάνυ παρὰ
Abr.1 4 11 ὁ Ἀβραὰμ τὴν τοῦ θανάτου δρεπάνην καὶ τὸ τοῦ * βίου * ἄδηλον πέρας καὶ ἵνα ποιήσῃ διάταξιν περὶ πάντων
Abr.1 7 9 μέλλεις καταλιπεῖν ἐν τῷ καιρῷ τούτῳ τὸν κοσμικὸν * βίον * καὶ πρὸς τὸν θεὸν ἀποδημεῖν. εἶπε δὲ Ἀβραὰμ πρὸς
Abr.1 9 6 καὶ ὅτε ἴδω ταῦτα τότε καὶ νῦν ἐὰν μετέλθω τοῦ * βίου * ἄλυπός εἰμι. ἀπῆλθεν πάλιν ὁ ἀρχιστράτηγος καὶ ἔστη

Abr.1 18 7 τοῦ κυρίου ἦν μετὰ σοῦ ἐν τῇ ὥρᾳ ἐκείνῃ καὶ σὺ τοῦ * βίου * τούτου ἀπαλλάξαι εἶχες. καὶ ὁ δίκαιος εἶπεν νῦν
Abr.2 1 2 Ἀβραὰμ λέγων πρὸς αὐτὸν ἐξερχόμενος ἐξελεύσει τοῦ * βίου * τούτου ὅτι ἤγγισάν σου αἱ ἡμέραι ὅπως διοικήσεις
TIss. 3 4 βάσκανος τῷ πλησίον οὐ κατελάλησά τινος οὐδὲ ἔψεξα * βίον * ἀνθρώπου πορευόμενος ἐν ἁπλότητι ὀφθαλμῶν. διὰ
Bar. 4 5 ὁ μὲν δράκων ἐστὶν ὁ τὰ σώματα τῶν κακῶς τὸν * βίον * μετερχομένων ἐσθίων καὶ ὑπ' αὐτῶν τρέφεται καὶ
Bar. 11 7 καὶ ὁ τὰς ἀποκαλύψεις διερμηνεύων τοῖς καλῶς τὸν * βίον * διερχομένοις. καὶ οὕτως ἀλλήλους κατασπασάμενοι
Prop. 16 1 τίκτεται ἐν Σωφᾶ καὶ ἔτι πάνυ νέος καλὸν * βίον * ἔσχηκε. καὶ ἐπειδὴ πᾶς ὁ λαὸς ἐτίμα αὐτὸν ὡς ὅσιον
Esdr. 1 21 τὸ μὴ γεννηθῆναι τὸν ἄνθρωπον καλὸν τὸ μὴ εἶναι ἐν * βίῳ * τὰ ἄλογα κάλλιόν εἰσιν παρὰ τὸν ἄνθρωπον ὅτι κόλασιν
Sedr. 15 8 ἐσχάτων ἁμαρτήσαντάς σοι συγχώρησον κύριε ὅτι ὁ * βίος * πολύμοχθός ἐστιν καὶ ἀμετανόητος. λέγει κύριος τὸν
Aris. 130 5 φρονίμοις συζῶσιν ἐξ ἀγνοίας ἐπανορθώσεως εἰς τὸν * βίον * ἔτυχον. διαστειλάμενος οὖν τὰ τῆς εὐσεβείας καὶ
Aris. 147 5 μηδὲ ἀφαιρεῖσθαι μηδὲν ἀλλ' ἐκ δικαίου τὰ τοῦ * βίου * κυβερνᾶν ὡς τὰ τῶν προειρημένων πτηνῶν ἥμερα ζῷα τὰ
Aris. 209 4 αὐτὸν ἀδωροδόκητον καὶ νήφειν τὸ πλεῖον μέρος τοῦ * βίου * καὶ δικαιοσύνην προτιμᾶν καὶ τοὺς τοιούτους
Aris. 240 4 θεὸς ἔδωκε τοῖς νομοθετήσασι πρὸς τὸ σῴζεσθαι τοὺς * βίους * τῶν ἀνθρώπων ἀκόλουθος εἴης ἂν αὐτοῖς.
Aris. 251 1 καὶ μὴ πρὸς ἔριν ἀντιπράσσειν. κατορθοῦται γὰρ * βίος * ὅταν ὁ κυβερνῶν εἰδῇ πρὸς τίνα σκοπὸν δεῖ τὴν
Aris. 251 3 δεῖ τὴν διέξοδον ποιεῖσθαι. θεοῦ δ' ἐπικλήσει καὶ * βίος * κυβερνᾶται κατὰ πάντα. συνανθομολογησάμενος δὲ
Aris. 260 3 τὸ μὴ συνιστορεῖν ἑαυτῷ κακὸν πεπραχότι τὸν δὲ * βίον * ἐν ἀληθείᾳ διεξάγειν. ἐκ τούτων γὰρ κρατίστη χαρὰ
Aris. 273 7 κἂν ἐκ τοῦ ζῆν ἀποτρέχωσιν ἐπιμελητήν σε τῶν * βίων. * οὐ γὰρ διαλείπεις ἐπανορθῶν ἅπαντας τοῦ θεοῦ σοι
Aris. 279 4 τοῖς νόμοις ἵνα δικαιοπραγοῦντες ἀνακτῶνται τοὺς * βίους * τῶν ἀνθρώπων καθὼς σὺ τοῦτο πράσσων ἀέναον μνήμην
Aris. 284 4 μετὰ περιστολῆς καὶ πρὸ ὀφθαλμῶν τιθέναι τὰ τοῦ * βίου * μετ' εὐσχημοσύνης καὶ καταστολῆς γινόμενα βίῳ
Aris. 284 5 τοῦ βίου μετ' εὐσχημοσύνης καὶ καταστολῆς γινόμενα * βίῳ * συμφέρον καὶ καθῆκον ἔνεστι γὰρ καὶ ἐν τούτοις
Aris. 286 5 τὰ χρήσιμα τῇ βασιλείᾳ καὶ τοῖς τῶν ἀρχομένων * βίοις * ἐμμελέστερον ἢ μουσικώτερον οὐκ ἂν εὕροις τι
Sib. 3 45 ἄλλους πολλαὶ διὰ κέρδος οὐ σπάρτην κατέχουσι * βίου * ἀνδρῶν λελαχοῦσαι. αὐτὰρ ἐπεὶ Ῥώμη καὶ Αἰγύπτου
Sib. 3 195 θεοῦ πάλι καρτερὸν ἔσται οἳ πάντεσσι βροτοῖσι * βίου * καθοδηγοὶ ἔσονται. ἀλλά τί μοι καὶ τοῦτο θεὸς νόῳ
Sib. 3 496 καὶ φῦλον ἔτ' ἔσται ἀντ' ἀδίκου γλώττης ἀνόμου τε * βίου * καὶ ἀνάγνου ὃν κατέτριψαν πάντες ἀνοίγοντες στόμ'
Sib. 5 102 γαῖαν πτολεμίξει κτείνας τ' ἄνδρα ἕκαστον ὅλον * βίον * ἐξαλαπάξει ὥστε μένειν μοῖραν τριτάτην δειλοῖσι
Sib. 5 233 ἔνδοθεν οὐ χαλέπηνεν ἐν σοί τις βασιλεὺς σεμνὸν * βίον * ὤλεσε ῥιφθείς. πάντα κακῶς διέθηκας ὅλον τε κακὸν
FJub. 4 10 ἕνα μὲν ἀποκτανθέντα ἕνδεκα δὲ περιλειφθέντας τῷ * βίῳ. * γυνὴ Ἐνὼς Νωα ἡ ἀδελφὴ αὐτοῦ. γυνὴ Καϊνὰν Μαωλιθ
FAch. 108 ὁ Αἴσωπος εἰπὼν τεθνεῶτα μὲν ἔχειν παρακάλυμμα τοῦ * βίου * τῆς αἰσχύνης (μετὰ) τὸν θάνατον ζῶντα δὲ τρόπαιον
FAch. 110 μηχανωμένη πῶς σου κυριεύσει. τὸν καθημερινόν σου * βίον * ζήτει πρὸς τὸ λαμβανόμενον καὶ εἰς αὔριον
FAch. 110 καὶ διὰ λόγων μεμαστιγῶσθαι ἀποκαρτερήσας τοῦ * βίου * ἀπέληξεν. ὁ δὲ Αἴσωπος λαμπρῶς αὐτὸν ἔθαψε
FPho. 27 σῶσον δ' ἀπερίστατον ἄνδρα. κοινὰ πάθη πάντων ὁ * βίος * τροχὸς ἄστατος ὄλβος. πλοῦτον ἔχων σὴν χεῖρα
FPho. 30 θεὸς τούτων χρήιζουσι παράσχου. ἔστω κοινὸς ἅπας ὁ * βίος * καὶ ὁμόφρονα πάντα. (αἷμα δὲ μὴ φαγέειν εἰδωλοθύτων
FPho. 159 δέ τις οὐ δεδάηκε τέχνης σκάπτοιτο δικέλλῃ. ἔστι * βίωι * πᾶν ἔργον ἐπὴν μοχθεῖν ἐθέλησθα. ναυτίλος εἰ πλώειν
IDip. 5 121 1 θανόντας ὦ Νικήρατε τρυφῆς ἁπάσης μεταλαβόντας ἐν * βίῳ * καὶ γῆν καλύψειν ὡς ἀπὸ τοῦ πάντ' εἰς χρόνον
IDip. 5 121 1 ἂν ὀνομάσαιμι ἐγώ. ὃς τοῖς ἁμαρτάνουσι πρὸς μῆκος * βίον * δίδωσιν. εἴ τις δὲ θνητῶν οἴεται τὸ ὑφ' ἡμέραν
IMen. 5 120 2 καὶ οὐκ ἀδίκοις πονοῦντα δὲ ἐᾷ τὸν ἴδιον ὑψῶσαι * βίον * τὴν γῆν ἀροῦντα νύκτα καὶ τὴν ἡμέραν. θεῷ δὲ θῦε
HArt. 9 27 26 ἐν τῇ πινακίδι τὰ γεγραμμένα μετὰ σπασμοῦ τὸν * βίον * ἐκλιμπάνειν εἰπεῖν τε τὸν βασιλέα σημεῖόν τι αὐτῷ
LEze. 64 29 6 03 θησαυρὸν κακῶν πλάνη τυφλοῦ ποδηγὲ ἀγνοίας * βίου * χαίρουσα θρήνοις καὶ στενάγμασι βροτῶν ὑμεῖς
LAri. 13 12 10 αὐτῇ συνεχῶς ἀτάραχοι καταστήσονται δι' ὅλου τοῦ * βίου. * σαφέστερον δὲ καὶ κάλλιον τῶν ἡμετέρων προγόνων

βιοτεύω 2
FPho. 5 χεῖρα μιαίνειν. μὴ πλουτεῖν ἀδίκως ἀλλ' ἐξ ὁσίων * βιοτεύειν. * ἀρκεῖσθαι παρ' ἑοῖσι καὶ ἀλλοτρίων ἀπέχεσθαι.
FPho. 153 ἴσον ἔστ' ἐνὶ πόντωι. ἐργάζευ μοχθῶν ὡς ἐξ ἰδίων * βιοτεύσῃς * πᾶς γὰρ ἀεργὸς ἀνὴρ ζώει κλοπίμων ἀπὸ χειρῶν.

βιοτή 1
LAri. 13 12 9 ἀνάπαυσιν ἡμῖν διὰ τὸ κακόπαθον εἶναι πᾶσι τὴν * βιοτὴν * ἑβδόμην ἡμέραν ἣ δὴ καὶ πρώτη φυσικῶς ἂν λέγοιτο

βίοτος 5
Sib. 3 270 παρ' ἀνδράσι δυσμενέεσσιν ἠδ' ἀλόχους καὶ πᾶς * βίοτος * καὶ πλοῦτος ὀλεῖται πᾶσα δὲ γαῖα σέθεν πλήρης καὶ
Sib. 5 359 θεὸς ἄφθιτος ἐξαπολέσσῃ πᾶν γένος ἀνθρώπων * +βίοτον+ * καὶ φῦλον ἀναιδὲς δεῖ στέργειν γενετῆρα θεὸν
FPho. 119 ἄχθου μήτ' οὖν ἐπαγάλλεο χάρμῃ πολλάκις ἐν * βιότωι * καὶ θαρσαλέοισιν ἄπιστον πῆμα καὶ ἀχθομένοισι
FPho. 165 γαίης μυχάτους προλελοιπότες οἴκους ἔρχονται * βιότου * κεχρημένοι ὁππότ' ἄρουραι λήια κειράμεναι καρπῶν
LAri. 13 12 6 σημαίνει λαοὺς δ' ἐπὶ ἔργον ἐγείρει μιμνήσκων * βιότοιο * λέγει δ' ὅτε βῶλος ἀρίστη βουσί τε καὶ μακέλῃσι

βιοφθόρος 1
FPho. 44 ἐστὶ καὶ ἄργυρος ἀνθρώποισιν. χρυσὲ κακῶν ἀρχηγὲ * βιοφθόρε * πάντα χαλέπτων εἴθε σε μὴ θνητοῖσι γενέσθαι

βιόω 4
Aris. 32 3 τὸν ἐν Ἱεροσολύμοις ἀποστεῖλαι τοὺς μάλιστα καλῶς * βεβιωκότας * καὶ πρεσβυτέρους ὄντας ἄνδρας ἐμπείρους τῶν
Aris. 39 2 ἡμετέρας σπουδῆς ἀξίως ἐπιλεξάμενος ἄνδρας καλῶς * βεβιωκότας * πρεσβυτέρους ἐμπειρίαν ἔχοντας τοῦ νόμου καὶ
HEup. 9 30 1 ἔτη μ' εἶτα Ἰησοῦν τὸν τοῦ Ναυῆ υἱὸν ἔτη λ' * βιῶσαι * δ' αὐτὸν ἔτη ρ ι' πῆξαί τε τὴν ἱερὰν σκηνὴν ἐν
HEup. 9 34 20 χρυσᾶς χιλίας ὧν ἑκάστην πεντακοσίων εἶναι χρυσῶν. * βιῶσαι * δὲ αὐτὸν ἔτη πεντήκοντα δύο ὧν ἐν εἰρήνῃ

βλαβερός 2
Aris. 192 4 ἢ δι' ὀνείρων ἢ πράξεων σημαίνεσθαι τὸ * βλαβερὸν * αὐτοῖς οὐ κατὰ τὰς ἁμαρτίας οὐδὲ κατὰ τὴν
Aris. 255 4 διαλογισμοῦ κατὰ τὴν βουλὴν παρατιθέντα καὶ (τὰ) * βλαβερὰ * τῶν κατὰ τὸ ἐναντίον τοῦ λόγου διάστημα ἵνα πρὸς

βλάβη 3
Aris. 131 4 οὐκ ἀπαγορευτικῶς μόνον ἀλλ' ἐνδεικτικῶς καὶ τὰς * βλάβας * προδηλώσας καὶ τὰς ὑπὸ τοῦ θεοῦ γινομένας
Aris. 256 4 ἀπεφήνατο καὶ μὴ ἐκφέρεσθαι ταῖς ὁρμαῖς ἀλλὰ τὰς * βλάβας * καταμελετᾶν τὰς ἐκ τῶν ἐπιθυμιῶν ἐκβαινούσας καὶ
Aris. 266 4 τὸν ἀντιλέγοντα διὰ τῆς ὑποτεταγμένης τάξεως τὰς * βλάβας * ἐπιδεικνύντα. οὕτω γὰρ λήψῃ τὸν ἀκροατὴν οὐκ

βλάπτω 8
Aris. 232 3 πῶς ἂν ἐκτὸς γένοιτο λύπης; ὁ δὲ ἔφησεν εἰ μηδένα * βλάπτοι * πάντας δὲ ὠφελοῖ τῇ δικαιοσύνῃ κατακολουθῶν τοὺς
Aris. 233 2 ἵνα μὴ τὰ παρὰ τὴν προαίρεσιν ἡμῶν ἀνακύπτοντα * βλάπτῃ * λέγω δὴ οἷον θάνατοί τε καὶ νόσοι καὶ λῦπαι καὶ
Sib. 5 230 κῆρας ἀρχὴ καὶ καμάτοιο καὶ ἀνθρώποις μέγα τέρμα * βλαπτομένης * κτίσεως καὶ σῳζομένης πάλι Μοίραις ὕβρι
Sib. 5 245 κείνῳ. ἀρχὴ καὶ καμάτοιο καὶ ἀνθρώποις μέγα τέρμα * βλαπτομένης * κτίσεως καὶ σῳζομένης πάλι Μοίραις κλῦθι
FAch. 109 αὐτῶν τῆς εὐπραξίας ὁ γὰρ φθονῶν ἀγνοῶν ἑαυτὸν * βλάπτει. * δούλων σου ἐπιμελοῦ μεταδιδοὺς αὐτοῖς ἀφ' ὧν
FPho. 226 μὴ γράψῃς ἐπονειδίζων θεράποντα. δοῦλον μὴ * βλάψῃς * τι κακηγορέων παρ' ἄνακτι. λάμβανε καὶ βουλὴν
HArt. 9 27 9 καὶ τὴν ἶβιν ἐν αὐτῇ καθιερῶσαι διὰ τὸ ταύτην τὰ * βλάπτοντα * ζῷα τοὺς ἀνθρώπους ἀναιρεῖν προσαγορεῦσαι δὲ
LThe. 9 22 9 ἐμβαλεῖν διὰ τὸ τοὺς ἐν Σικίμοις ἀσεβεῖς εἶναι. * βλάπτε * θεὸς Σικίμων οἰκήτορας οὐ γὰρ ἔτιον εἰς αὐτοὺς

βλαστάνω 6
Hen. 26 1 ἐν ᾧ δένδρα ἔχοντα παραφυάδας μενούσας καὶ * βλαστούσας * τοῦ δένδρου ἐκκοπέντος. κἀκεῖ τεθέαμαι ὄρος
Jer. 9 14 τὰ ἄκαρπα ποιῆσαι καρπὸν καὶ αὐξηθήσονται καὶ * βλαστήσουσι. * καὶ τὰ δένδρα τὰ βεβλαστηκότα καὶ
Jer. 9 15 καὶ αὐξηθήσονται καὶ βλαστήσουσι. καὶ τὰ δένδρα τὰ * βεβλαστηκότα * καὶ μεγαλαυχοῦντα καὶ λέγοντα ἐδώκαμεν τὸ
Aris. 230 4 δυνατόν ἐστι πταῖσαι πᾶσι γὰρ χάριτας ἔσπαρκας αἳ * βλαστάνουσιν * εὔνοιαν ἢ τὰ μέγιστα τῶν ὅπλων κατισχύουσα
Sib. 3 415 Ἴλιον οἰκτείρω σε κατὰ Σπάρτην γὰρ Ἐρινὺς * βλαστήσει * περικαλλὲς ἀείφατον ἔρνος ἄριστον Ἀσίδος
LEze. 9 29 7 04 καίεται πολλῷ πυρὶ αὐτοῦ δὲ χλωρὸν πᾶν μένει τὸ * βλαστάνον. * τί δή; προελθὼν ὄψομαι τεράστιον μέγιστον οὐ

βλάστημα 1
FJub. 2 7 τὰς πηγὰς καὶ λίμνας τὰ σπέρματα τοῦ σπόρου τὰ * βλαστήματα * τὰ ξύλα τὰ κάρπιμά τε καὶ ἄκαρπα τοὺς δρυμοὺς

βλαστός 2
TJud. 24 4 προστάγμασιν αὐτοῦ πρώτοις καὶ ἐσχάτοις. οὗτος ὁ * βλαστὸς * θεοῦ ὑψίστου καὶ αὕτη ἡ πηγὴ εἰς ζωὴν πάσης
FrAn. 2 11 3 ξύλῳ λάβετε ἄμπελον πρῶτον μὲν φυλλοροεῖ εἶτα * βλαστὸς * γίνεται μετὰ ταῦτα ὄμφαξ εἶτα σταφυλή

βλάσφημα 1
Asen. 13 13 παρθένος οὖσα καὶ ἀδαὴς πεπλάνημαι καὶ λελάληκα * βλάσφημα * εἰς τὸν κύριόν μου Ἰωσὴφ διότι οὐκ ᾔδειν ἐγὼ ἡ

βλασφημέω 2
Job 16 7 μοι τὴν ἀπώλειαν, καὶ ἐδόξασα τὸν θεὸν καὶ οὐκ * ἐβλασφήμησα. * τότε ὁ διάβολος ἐγνωκώς μου τὴν καρδίαν
FMos. 8 163 20 τὸ σῶμα εἶτα τοῦ διαβόλου κατὰ τοῦ Μωϋσέως * βλασφημοῦντος * καὶ φονέα ἀναγορεύοντος διὰ τὸ πατάξαι τὸν

βλασφημία 2
FMos. 9 1 Μωϋσέως σώματος οὐκ ἐτόλμησεν κρίσιν ἐπενεγκεῖν * βλασφημίας * ἀλλὰ εἶπεν ἐπιτιμήσαι σοι κύριος.
FMos. 8 163 20 πατάξαι τὸν Αἰγύπτιον οὐκ ἐνεγκὼν τὴν κατ' αὐτοῦ * βλασφημίαν * ὁ Ἄγγελος ἐπιτιμήσαι σοι ὁ θεὸς πρὸς τὸν

βλέμμα 7
Abr.1 12 1 τῇ ὄψει καὶ ἀνηλεεῖς τῇ γνώμῃ καὶ ἀπότομοι τῷ * βλέμματι * καὶ ἤλαυνον μυριάδαν ψυχὰς ἀνηλεῶς τύπτοντες ἐν
Abr.1 16 1 τὸν κεκλημένον τὸ ἀναίσχυντον πρόσωπον καὶ ἀνέλεον * βλέμμα. * καὶ ἀπελθὼν Μιχαὴλ εἶπεν τὸν θάνατον δεῦρο καλεῖ
Abr.1 17 8 καὶ ἀγριότητι καὶ μεγίστῃ πικρίᾳ καὶ ἀγρίῳ τῷ * βλέμματι * καὶ ἀνίλεως ἀπέρχομαι τοῖς ἁμαρτωλοῖς τοῖς μὴ
Abr.1 19 4 ἕως οὗ λάβω τὴν ψυχήν σου. καὶ ὁ Ἀβραὰμ στερρῷ τῷ * βλέμματι * καὶ ὀργίλῳ τῷ προσώπῳ εἶπεν πρὸς τὸν θάνατον
TRub. 5 3 πλανῶσιν αὐτῶν πρῶτον τὰς διανοίας καὶ διὰ τοῦ * βλέμματος * τὸν ἰὸν ἐνσπείρουσι καὶ τότε τῷ ἔργῳ
FEsd. 8 23 τοῦ οἰκείου ἔργου τὸν λόγον ἀπαιτηθήσεται. οὗ τὸ * βλέμμα * ξηραίνει ἀβύσσους καὶ ἡ ἀπειλὴ τήκει ὄρη καὶ ἡ
FrAn. 1 227 2 σου( - - )εβησαν εις Χαναακ( - - ε)σκιρτα και το * βλεμμ(α * - - τ)ον αριθμον των δεκα Χ(ανανaιων τ)ου ενος

βλέπω 50
Hen. 98 7 ὑπολάβητε τῇ καρδίᾳ ὑμῶν ὅτι οὐ γινώσκουσιν οὐδὲ * βλέπουσιν * οὐδὲ τὰ ἀδικήματα ὑμῶν θεωρεῖται οὐδὲ
Abr.1 11 9 Ἀδὰμ καὶ κάθηται ὧδε ἐν τῇ αὐτοῦ δόξῃ καὶ * βλέπει * τὸν κόσμον καθότι πάντες ἐξ αὐτοῦ ἐγένοντο καὶ

| | | | | | |
|---|---|---|---|---|---|
| Abr.1 | 12 | 15 | ἃ θεωροῦμεν; καὶ εἶπεν ὁ ἀρχιστράτηγος ταῦτα ἅπερ | * βλέπεις * | ὅσιε Ἀβραὰμ τοῦτο ἔστιν ἡ κρίσις καὶ |
| Abr.1 | 19 | 8 | τελευτῶσιν καὶ διὰ πυρίνου προσώπου θάνατον | * βλέπουσιν * | τὸ δὲ πρόσωπον τοῦ κρημνοῦ ἔδειξά σοι διότι |
| Abr.1 | 19 | 11 | ἀποπνίγονται καὶ τελευτῶσιν ἀώρως τὸν θάνατον | * βλέπουσιν * | τὸ δὲ πρόσωπον τῆς θαλάσσης τῆς ἀγρίας |
| Abr.1 | 19 | 12 | γεγονότες ὑποβρύχιοι γίνονται θαλάσσιον θάνατον | * βλέποντες * | τῆς δὲ βροντῆς τῆς ἀνυποφόρου καὶ τῆς φοβερᾶς |
| Abr.1 | 19 | 13 | ἐλθούσης ἀνάρπαστοι γίνονται καὶ οὕτω τὸν θάνατον | * βλέπουσιν * | ἔδειξά σοι καὶ θηρία ἰοβόλα ἀσπίδας καὶ |
| TIss. | 3 | 2 | κατὰ καιρὸν αὐτῶν καὶ εὐλόγησέ με ὁ πατήρ μου | * βλέπων * | ὅτι ἐν ἁπλότητι πορεύομαι. καὶ οὐκ ἤμην περίεργος |
| TDan | 2 | 3 | οἶδεν ἐὰν προφήτης κυρίου παρακούει ἐὰν δίκαιος οὐ | * βλέπει * | φίλον οὐ γνωρίζει. περιβάλλει γὰρ αὐτὸν τὸ πνεῦμα |
| TDan | 3 | 3 | καὶ ὅταν πράξῃ ἡ ψυχὴ δικαιοῖ τὸ πραχθὲν ἐπειδὴ οὐ | * βλέπει. * | διὰ τοῦτο ὁ θυμούμενος ἐὰν μὲν ᾖ δυνατὸς τριπλῆν |
| TNep. | 7 | 3 | καὶ κλαίων ἔλεγε ζῇς Ἰωσὴφ τέκνον μου καὶ οὐ | * βλέπω * | σέ καὶ σὺ οὐχ ὁρᾷς Ἰακὼβ τὸν γεννήσαντά σε. |
| TGad | 3 | 3 | ὅτι τὸ μῖσος ἐτύφλωσε τὴν ψυχὴν αὐτοῦ καθὼς κἀγὼ | * ἔβλεπον * | ἐν τῷ Ἰωσήφ. φυλάξασθε οὖν τέκνα μου ἀπὸ τοῦ |
| TBen. | 3 | 2 | ὡς κἀμὲ οἴδατε. ὁ ἔχων τὴν διάνοιαν ἀγαθὴν πάντα | * βλέπει * | ὀρθῶς. φοβεῖσθε κύριον καὶ ἀγαπᾶτε τὸν πλησίον. |
| Asen. | 5 | 2 | αὐτῆς καὶ ἔστη ἐπὶ τὴν θυρίδα τὴν μεγάλην τὴν | * βλέπουσαν * | κατὰ ἀνατολὰς τοῦ ἰδεῖν τὸν Ἰωσήφ |
| Asen. | 5 | 4 | αὐτοῦ. καὶ ἠνοίχθησαν αἱ πύλαι τῆς αὐλῆς αἱ | * βλέπουσαι * | κατὰ ἀνατολὰς καὶ εἰσῆλθεν Ἰωσὴφ ἑστὼς ἐπὶ τῷ |
| Asen. | 10 | 11 | τὸ διάδημα καὶ ἔρριψεν πάντα διὰ τῆς θυρίδος τῆς | * βλεπούσης * | πρὸς βορρᾶν τοῖς πένησιν. καὶ ἔσπευσεν Ἀσενὲθ |
| Asen. | 10 | 12 | πάντα τὰ εἴδωλα τῶν Αἰγυπτίων διὰ τῆς θυρίδος τῆς | * βλεπούσης * | πρὸς βορρᾶν ἀπὸ τοῦ ὑπερῴου αὐτῆς πτωχοῖς καὶ |
| Asen. | 10 | 13 | σπονδῆς αὐτῶν καὶ ἔρριψε πάντα διὰ τῆς θυρίδος τῆς | * βλεπούσης * | πρὸς βορρᾶν καὶ ἔδωκε πάντα τοῖς κυσὶ τοῖς |
| Asen. | 11 | 1C | τὸν τοῖχον καὶ ἐκάθισεν ὑποκάτω τῆς θυρίδος τῆς | * βλεπούσης * | κατὰ ἀνατολάς. καὶ τὴν κεφαλὴν αὐτῆς ἐνέβαλεν |
| Asen. | 11 | 15 | οὗ ἐκαθέζετο καὶ ἀπεστράφη πρὸς τὴν θυρίδα τὴν | * βλέπουσαν * | πρὸς ἀνατολὰς καὶ ἀνορθώθη ἐπὶ τὰ γόνατα αὐτῆς |
| Asen. | 16 | 17 | τὸν δάκτυλον αὐτοῦ εἰς τὸ ἄκρον τοῦ κηρίου τὸ | * βλέπον * | κατὰ ἀνατολὰς ‹καὶ εἵλκυσεν ἐπὶ τὸ ἄκρον τὸ |
| Asen. | 16 | 17 | βλέπον κατὰ ἀνατολὰς ‹καὶ εἵλκυσεν ἐπὶ τὸ ἄκρον τὸ | * βλέπον * | κατὰ δυσμὰς καὶ ἡ ὁδὸς τοῦ δακτύλου αὐτοῦ ἐγένετο |
| Asen. | 16 | 17 | τὸν δάκτυλον αὐτοῦ ἐπὶ τὸ ἄκρον τοῦ κηρίου τὸ | * βλέπον * | πρὸς βορρᾶν ‹καὶ εἵλκυσεν ἐπὶ τὸ ἄκρον τὸ βλέπον |
| Asen. | 16 | 17 | βλέπον πρὸς βορρᾶν ‹καὶ εἵλκυσεν ἐπὶ τὸ ἄκρον τὸ | * βλέπον * | πρὸς μεσημβρίαν καὶ ἡ ὁδὸς τοῦ δακτύλου αὐτοῦ |
| Asen. | 16 | 17B | αἷμα›. καὶ Ἀσενὲθ εἱστήκει ἐξ εὐωνύμων αὐτοῦ καὶ | * ἔβλεπε * | πάντα ὅσα ἐποίει ὁ ἄνθρωπος. καὶ εἶπεν ὁ ἄνθρωπος |
| Asen. | 22 | 13 | καὶ ἦν ἀνὴρ συνίων καὶ προφήτης ὑψίστου καὶ ὀξέως | * βλέπων * | τοῖς ὀφθαλμοῖς αὐτοῦ καὶ αὐτὸς ἑώρα γράμματα |
| Bar. | 9 | 6 | αὔξει ποτέ δὲ λήγει; ἄκουσον ὦ Βαροὺχ ταύτην ἣν | * βλέπεις * | ὡραία ἦν γεγραμμένη ὑπὸ θεοῦ ὡς οὐκ ἄλλη. καὶ ἐν |
| Prop. | 17 | 4B | αὐτὸν ὁ θεὸς ἐλέγξαι τὸν Δαυὶδ ἐπειδὴ γὰρ | * ἔβλεπεν * | ὁ θεὸς πενθοῦντα τὸν Ναθὰν ἔλεγε γὰρ ὅτι δι' |
| Esdr. | 4 | 14 | καὶ τὴν φωνὴν αὐτῶν ἤκουον τὰς δὲ μορφὰς οὐκ | * ἔβλεπον. * | καὶ κατήγαγόν με κατώτερον βαθμοὺς πολλοὺς οὓς |
| Job | 2 | 3 | τὸ πρὶν ἔγγιστα εἰδωλίου θρησκευομένου καὶ συνεχῶς | * βλέπων * | ὁλοκαυτώματα αὐτῷ ἀναφερόμενα διελογιζόμην ἐν |
| Job | 18 | 3 | πάντα τὰ ἐν τῇ οἰκίᾳ μου ἥρπαζον. οἱ ἐμοὶ ὀφθαλμοὶ | * ἔβλεπον * | ἐπάνω τῶν τραπεζῶν μου καὶ κραββάτων ἄνδρας |
| Job | 23 | 10 | κεφαλῆς αὐτῆς καὶ ἔδωκεν αὐτῇ τρεῖς ἄρτους πάντων | * βλεπόντων * | ἡ δὲ λαβοῦσα ἦλθεν καὶ προσφέρει μοι καὶ ὁ |
| Job | 25 | 6 | ξένος, ὅτι νῦν καταπιπράσκει τὴν τρίχα ἀντὶ ἄρτων. | * βλέπε * | τίς εἶχεν τὸν νιπτῆρα τῶν ποδῶν χρυσοῦ καὶ |
| Job | 25 | 8 | ῥακκώδη καὶ ἀντικαταλλάσσει τὴν τρίχα ἀντὶ ἄρτων. | * βλέπε * | τὴν τοὺς κραββάτους χρυσοῦς καὶ ἀργυρέους ἔχουσαν, |
| Job | 30 | 2 | ἐκλυθέντες καὶ ταραχθέντων τῶν στρατευμάτων αὐτῶν | * βλεπόντων * | τοὺς τρεῖς βασιλεῖς κατερρημένους ἐν τῇ γῇ ἐπὶ |
| Job | 52 | 9 | τῷ μεγάλῳ ἅρματι, καὶ ἠσπάσατο τὸν Ιωβ, | * βλεπουσῶν * | τῶν τριῶν θυγατέρων καὶ αὐτοῦ τοῦ πατρὸς |
| Job | 52 | 9 | βλεπουσῶν τῶν τριῶν θυγατέρων καὶ αὐτοῦ τοῦ πατρὸς | * βλέποντος, * | ἄλλων δέ τινων μὴ βλεπόντων λαβὼν δὲ τὴν |
| Job | 52 | 9 | καὶ αὐτοῦ τοῦ πατρὸς βλέποντος, ἄλλων δέ τινων μὴ | * βλεπόντων * | λαβὼν δὲ τὴν ψυχὴν ἀνεπετάσθη ἐναγκαλισάμενος |
| Aris. | 88 | 1 | μέχρι τῶν σφυρῶν βυσσίνοις χιτῶσιν. ὁ δὲ οἶκος | * βλέπει * | πρὸς ἕω τὰ δ' ὀπίσθια αὐτοῦ πρὸς ἑσπέραν τὸ δὲ |
| Aris. | 113 | 1 | πολλὰ παμμιγῆ καὶ δαψιλὴς ἡ τούτων νομή. διὸ καλῶς | * ἔβλεψαν * | ὅτι πολυανθρωπίας οἱ τόποι προσδέονται καὶ τὴν |
| Aris. | 192 | 2 | τῶν ἁμαρτανόντων. τοῦτο δὲ ποιήσεις τὴν διάταξιν | * βλέπων * | τὴν ὑπὸ τοῦ θεοῦ τὰ γὰρ ἱκετευόμενα συντελεῖσθαι |
| Sib. | 5 | 426 | αὐτῶν ἁπτόμενον νεφέων καὶ πᾶσιν ὁρατὸν ὥστε | * βλέπειν * | πάντας πιστοὺς πάντας τε δικαίους ἀιδίοιο θεοῦ |
| Sib. | 5 | 455 | εἰς Τύρον αἰνόμοροι μέροπες κλαύσεσθε | * βλέποντες. * | Φοινίκη δεινός σε μένει χόλος ἄχρι πεσεῖν σε |
| FIsa. 1 | 3 | 8 | καὶ τὸν Ἰσραήλ. καὶ αὐτὸς Ἠσαΐας εἶπεν (αὐτοῖς) | * βλέπω * | πλέον Μωυσῆ τοῦ προφήτου. εἶπεν γὰρ Μωυσῆς ὅτι οὐκ |
| FAch. | 113 | | πρὸς τὸν Αἴσωπον λέγει τίνι ἴκελός εἰμι. πῶς | * βλέπεις * | τοὺς περὶ ἐμὲ πάντας; ὁ δὲ ἔφη τῇ σελήνῃ ἔοικας |
| FAch. | 114 | | εἰσελθόντος δὲ ἐπηρώτησε λέγων τίνι ἴκελόν με | * βλέπεις * | καὶ τοὺς περὶ ἐμέ; ὁ δὲ ἔφη σέ μὲν ἡλίῳ τῷ τῆς |
| IOrp. | | 6 | φανέντα φίλης αἰῶνος ἀμέρσῃ εἰς δὲ λόγον θεῖον | * βλέψας * | τούτῳ προσέδρευε ἰθύνων κραδίης νοερὸν κύτος εὖ |
| IMen. 5 | 119 | 2 | κλέπτοντα καὶ σφάττοντα χρημάτων χάριν τἀλλότρια | * βλέποντα * | κἀπιθυμοῦντα ἤτοι γυναικὸς πολυτελοῦς ἢ δώματος |
| IMen. 5 | 119 | 2 | βελόνης ἔναμμα ἐπιθυμήσῃς (Πάμ)φιλε ὁ γὰρ θεὸς | * βλέπει * | σε πλησίον παρών. μηδὲ βελόνης ὦ φίλτατε |
| IMen. 5 | 120 | 2 | μη‹δὲν› συνειδὼς αὐτὸς αὑτῷ δέσποτα ὁ γὰρ θεὸς | * βλέπει * | σε πλησίον παρών. |
| βλέφαρον | | 2 | | | |
| Esdr. | 4 | 22 | καὶ ἴδον ἐκεῖ ἄνθρωπον κρεμάμενον ἐκ τῶν | * βλεφάρων * | καὶ οἱ ἄγγελοι ἐμάστιζον αὐτόν. καὶ ἐπηρώτησα |
| FEli. | 4 | 228 | ὁ δὲ εὐώνυμος χαροπὸς ἔχων δύο κόρας τὰ δὲ | * βλέ‹φαρα› * | αὐτοῦ λευκὰ τὸ δὲ χεῖλος αὐτοῦ τὸ κάτω μέγα ὁ |
| βλώσκω | | 4 | | | |
| Sib. | 3 | 435 | Χαλκηδὼν στεινοῖο πόρον πόντοιο λαχοῦσα καὶ σε | * μολὼν * | ποτε παῖς Αἰτώλιος ἐξεναρίξει. Κύζικε καὶ σοὶ |
| Sib. | 5 | 9 | καὶ μετὰ τὸν γενεῆς τε καὶ αἵματος Ἀσσαράκοιο ὃς | * μόλεν * | ἐκ Τροίης ὅστις πυρὸς ἔσχισεν ὁρμὴν πολλοὺς δ' αὖ |
| LThe. 9 | 22 | 9 | Σικίμων οἰκήτορας οὐ γὰρ ἔτιον εἰς αὐτοὺς ὅστις κε | * μόλῃ * | κακὸς οὐδὲ μὲν ἐσθλὸς οὐδὲ δίκας ἐδίκαζον ἀνὰ |
| LEze. 9 | 28 | 2 26 | εὗρω ταχὺ ἐκ τῶν Ἑβραίων; ἡ δ' ἐπέσπευσεν κόρην. | * μολοῦσα * | δ' εἶπε μητρὶ καὶ παρῆν ταχὺ αὐτή τε μήτηρ καὶ |
| βοάω | | 28 | | | |
| Adam | 5 | 2 | ἔτη ἐνακόσια τριάκοντα. καὶ περιπεσὼν εἰς νόσον | * ἐβόησεν * | φωνῇ μεγάλῃ λέγων ἐλθέτωσαν πρός με οἱ υἱοί μου |
| Adam | 11 | 1 | ὑπετάγης τῇ εἰκόνι τοῦ θεοῦ; τότε τὸ θηρίον | * ἐβόησε * | λέγων ὦ Εὔα οὐ πρὸς ἡμᾶς ἡ πλεονεξία σου οὔτε |
| Adam | 21 | 1 | καὶ ἔστι παρὰ τὸ φυτὸν ἐξ οὗ ἔφαγον. καὶ | * ἐβόησα * | αὐτῇ τῇ ὥρᾳ λέγουσα Ἀδὰμ Ἀδὰμ ποῦ εἶ; ἀνάστα |
| Adam | 27 | 3 | ἥμαρτον. αὐτοὶ δὲ ἐπαύσαντο τοῦ ἐλαύνειν αὐτόν. | * ἐβόησεν * | δὲ Ἀδὰμ μετὰ κλαυθμοῦ λέγων συγχώρησόν μοι |
| Adam | 33 | 5 | τὰ στερεώματα. καὶ προσέπεσαν οἱ ἄγγελοι τῷ θεῷ | * βοῶντες * | καὶ λέγοντες Ἰαὴλ ἅγιε συγχώρησον ὅτι εἰκών σού |
| Adam | 34 | 1 | ἐνώπιον τοῦ θεοῦ καὶ ἔκλαυσα ἐκ τοῦ φόβου καὶ | * ἐβόησα * | πρὸς τὸν υἱόν μου Σὴθ λέγουσα ἀνάστα Σὴθ ἐκ τοῦ |
| Adam | 37 | 1 | πάντες οἱ ἄγγελοι οἱ ἐπ' ὄψεσιν κείμενοι καὶ | * ἐβόησαν * | φωνὴν φοβερὰν λέγοντες εὐλογημένη ἡ δόξα κυρίου |
| Adam | 38 | 1 | τοῦ Ἀδάμ. μετὰ δὲ τὴν γεγενομένην χαρὰν τοῦ Ἀδὰμ | * ἐβόησεν * | πρὸς τὸν πατέρα ὁ ἀρχάγγελος Μιχαὴλ διὰ τὸν |
| Hen. | 9 | 2 | ἐπὶ τῆς γῆς καὶ εἶπαν πρό‹ς› ἀλλήλους φωνὴ | * βοώντω‹ν› * | ἐπὶ τῆς γῆς μέχρι πυλῶν τοῦ οὐρανοῦ. |
| Hen. | 9 | 10 | ὅλη ἡ γῆ ἐπλήσθη αἵματος καὶ ἀδικίας. καὶ νῦν ἰδοὺ | * βοῶσιν * | αἱ ψυχαὶ τῶν τετελευτηκότων καὶ ἐντυγχάνουσιν |
| Abr.1 | 3 | 3 | δένδρον κυπάρισσος κατὰ πρόσταξιν θεοῦ τὸ δένδρον | * ἐβόησεν * | φωνὴν ἀνθρωπίνην καὶ εἶπεν ἅγιος ἅγιος ἅγιος |
| Abr.2 | 10 | 15 | ἀκούσασα δὲ ἡ ψυχὴ ταῦτα ἤνοιξεν τὸ στόμα αὐτῆς | * βοῶσα * | καὶ λέγουσα οἴμοι ὅτι πάσας τὰς ἁμαρτίας ἃς |
| TDan | 5 | 9 | ἐλεηθήσεσθε καὶ ἄξει ὑμᾶς εἰς τὸ ἁγίασμα αὐτοῦ | * βοῶν * | ὑμῖν εἰρήνην. καὶ ἀνατελεῖ ὑμῖν ἐκ τῆς φυλῆς Ἰουδὰ |
| TBen. | 3 | 7 | εἴ τι ἐνεθυμήθησαν πονηρὸν περὶ αὐτοῦ. καὶ οὕτως | * ἐβόα * | Ἰακὼβ ὦ τέκνον Ἰωσὴφ ὦ τέκνον χρηστὸν ἐνίκησας τὰ |
| Asen. | 11 | 14 | καὶ τῶν τεθλιμμένων βοηθός. τολμήσω καὶ | * βοήσω * | πρὸς αὐτόν. καὶ ἀνέστη Ἀσενὲθ ἀπὸ τοῦ τοίχου οὗ |
| Asen. | 25 | 6 | νῦν πάλιν ἐὰν πειράσητε πονηρεύσασθαι κατ' αὐτοῦ | * βοήσει * | πρὸς τὸν ὕψιστον καὶ πέμψει πῦρ ἐξ οὐρανοῦ καὶ |
| Sal. | 1 | 1 | ψαλμοὶ σολομωντος. | * ἐβόησα * | πρὸς κύριον ἐν τῷ θλίβεσθαί με εἰς τέλος πρὸς τὸν |
| Jer. | 9 | 30 | ἐκτελέσαι βουλόμενος τὴν οἰκονομίαν αὐτοῦ. τότε | * ἐβόησε * | ὁ λίθος λέγων ὦ μωροὶ υἱοὶ Ἰσραὴλ διά τί |
| Bar. | 12 | 7 | ἐγγίσαι διότι οὐκ εἶχον τέλεια τὰ βραβεῖα. καὶ | * ἐβόησε * | Μιχαὴλ λέγων δεῦτε καὶ ὑμεῖς ἄγγελοι φέρετε ὃ |
| Prop. | 10 | 8 | ἐπὶ Ἱερουσαλὴμ καὶ ὅλην τὴν γῆν ὅτε ἴδωσι λίθον | * βοῶντα * | οἰκτρῶς ἐγγίζειν τὸ τέλος. καὶ ὅτε ἴδωσιν ἐν |
| Prop. | 22 | 2 | ἡνίκα ἐτέχθη ἐν Γαλγάλοις ἡ δάμαλις ἡ χρυσῆ ὀξὺν | * ἐβόησεν * | ὥστε ἀκουσθῆναι εἰς Ἱερουσαλὴμ καὶ εἶπεν ὁ |
| Sib. | 3 | 212 | δ' ἔσται δεύτερ' ἐπ' ἀνθρώπους. καί τοι πρώτιστα | * βοήσω * | ἀνδράσιν εὐσεβέσιν ἥξει κακὸν οἳ περὶ ναὸν |
| Sib. | 3 | 215 | οἵ τε δικαίων ἀνδρῶν ἔκγονοί εἰσιν ὁμῶς καὶ τῶνδε | * βοήσω * | φῦλον καὶ γενεὴν πατέρων καὶ δῆμον ἁπάντων πάντα |
| Sib. | 3 | 313 | τ' ἀγαθῶν ἀνδρῶν τε δικαίων ὧν ἔτι καὶ νῦν αἷμα | * βοᾷ * | εἰς αἰθέρα μακρόν. ἥξει σοι πληγὴ μεγάλη Αἴγυπτε |
| Sib. | 3 | 488 | ὑλάγμασι καὶ σέ Κόρινθε αὐχήσει ἐπὶ πᾶσιν ἴσον δὲ | * βοήσεται * | αὐλός. ἡνίκα δή μοι θυμὸς ἐπαύσατο ἔνθεον ὕμνον |
| Sib. | 3 | 724 | θυμῷ εἴδωλα ξοανά τε καταφθιμένων ἀνθρώπων. ταῦτα | * βοήσουσιν * | ψυχαὶ πιστῶν ἀνθρώπων (δεῦτε θεοῦ κατὰ δῆμον |
| Sib. | 5 | 62 | γὰρ ἡ μεγάλως γαίης κρατέουσα γενήσῃ λυπρὴ ὥστε | * βοῆσαι * | καὶ αὐτὸν τερπικέραυνον οὐρανόθεν φωνῇ μεγάλῃ |
| FrAn. 1 | 227 | 29 | δικαιως ταυτα‹ - - ›ο θς Ιωσηφ μνησ‹θεις - - ›υμων | * βοησω * | ο Ρουβη‹ν - - δο›υλευων υμιν μη‹ - - ›μη |
| βοή | | 1 | | | |
| Hen. | 8 | 4 | σεληναγωγίας. τῶν οὖν ἀνθρώπων ἀπολλυμένων ἡ | * βο‹ή› * | εἰς οὐρανοὺς ἀνέβη. πρῶτος Ἀζαὴλ ὁ δέκατος τῶν |
| βοηδρομέω | | 1 | | | |
| LEze. 9 | 29 | 14 40 | συντόμως κατ' ἴχνος αὐτῶν νυκτὸς εἰσεκύρσαμεν | * βοηδρομοῦντες * | ἁρμάτων δ' ἄφνω τροχοὶ οὐκ ἐστρέφοντο |
| βοήθεια | | 3 | | | |
| TDan | 3 | 4 | ἐν τῷ θυμῷ μίαν μὲν διὰ τῆς δυνάμεως καὶ τῆς | * βοηθείας * | τῶν ὑπουργούντων δεύτερον δὲ διὰ τοῦ πλούτου |
| Sal. | 5 | 5 | ὁ θεός. ἐν τῷ θλίβεσθαι ἡμᾶς ἐπικαλεσόμεθά σε εἰς | * βοήθειαν * | καὶ σὺ οὐκ ἀποστρέψῃ τὴν δέησιν ἡμῶν ὅτι σὺ ὁ |
| Sal. | 15 | 1 | τῷ θλίβεσθαί με ἐπεκαλεσάμην τὸ ὄνομα κυρίου εἰς | * βοήθειαν * | ἤλπισα τοῦ θεοῦ Ιακωβ καὶ ἐσώθην ὅτι ἐλπὶς καὶ |
| βοηθέω | | 13 | | | |
| Hen. | 1 | 8 | καὶ πάντας εὐλογήσει καὶ πάντων ἀντιλήμψεται καὶ | * βοηθήσει * | ἡμῖν καὶ φανήσεται αὐτοῖς φῶς καὶ ποιήσει ἐπ' |
| Hen. | 100 | 4 | εἰς τὰ ἀπόκρυφα ἐν ἡμέρᾳ ἐκείνῃ οἵτινες | * ἐβοήθουν * | τῇ ἀδικίᾳ καὶ συστραφήσονται εἰς ἕνα τόπον καὶ |
| TDan | 3 | 5 | διπλῆν ἔχει τὴν δύναμιν παρὰ τὴν τῆς φύσεως | * βοηθεῖ * | γὰρ αὐτοῖς ὁ θυμὸς πάντοτε ἐν παρανομίᾳ. τοῦτο τὸ |
| TJos. | 1 | 5 | εἰς αἰχμαλωσίαν ἐλήφθην καὶ ἡ κραταιὰ αὐτοῦ χεὶρ | * ἐβοήθησέ * | μοι ἐν λιμῷ συνεσχέθην καὶ αὐτὸς ὁ κύριος |
| TBen. | 3 | 5 | ἐπιβουλῆς ἀνθρώπων ἢ θηρίων οὐ δύναται κυριευθῆναι | * βοηθούμενος * | ὑπὸ τῆς τοῦ κυρίου ἀγάπης ἧς ἔχει πρὸς τὸν |
| Asen. | 24 | 11 | καὶ εἶπον πρὸς τὸν υἱὸν Φαραὼ δεόμεθά σου κύριε | * βοήθησον * | ἡμῖν. καὶ εἶπεν αὐτοῖς ὁ υἱὸς Φαραὼ ἐγὼ ἔσομαι |
| Asen. | 24 | 14 | μου ὡς πατήρ ἐστι του Ἰωσὴφ καὶ εἶπεν αὐτῷ τοῦ | * βοηθῆσαι * | αὐτῷ κατέναντι ὑμῶν. καὶ ὑμεῖς ἀποκτείνατε τὸν |
| Asen. | 29 | 4 | τὴν ῥομφαίαν σου εἰς τὸν τόπον αὐτῆς καὶ δεῦρο | * βοήθησόν * | μοι καὶ θεραπεύσομεν αὐτὸν ἀπὸ τοῦ τραύματος |
| Sedr. | 14 | 1 | Μιχαὴλ ἐπάκουσόν μου πρόστατα δυνατὲ καὶ | * βοήθει * | μοι καὶ πρεσβεῦσαι ἵνα ἐλεήσῃ ὁ θεὸς τὸν κόσμον. |

Slb. 3 242 λυπεῖ +οὐδέ γε χήρας θλίβει μᾶλλον δ' αὖτε+ * βοηθεῖ * αἰεὶ ἐπαρκείων σίτῳ οἴνῳ καὶ ἐλαίῳ αἰεὶ δ' ὄλβιος
Slb. 3 712 ἄνδρας ἐκείνους. πάντα γὰρ αὐτοῖσιν συναγωνιᾷ ἠδὲ * βοηθεῖ * οὐρανὸς ἠέλιός τε θεήλατος ἠδὲ σελήνη. γαῖα δὲ
FAch. 104 Λυκούργου (πιστοὺς) ὡς μέλλοντα αὐτοῖς τὸν Αἴσωπον * βοηθεῖν * καὶ σφραγίσας τῷ τοῦ Αἰσώπου δακτυλίῳ ἐπέδωκεν
HAno. 9 17 4 τὸν ἀδελφιδοῦν αὐτοῦ τὸν Ἀβραὰμ μετὰ οἰκετῶν * βοηθήσαντα * ἐγκρατῆ γενέσθαι τῶν αἰχμαλωτισαμένων καὶ τῶν

βοήθημα 1
Hen. 99 7 πάσαις ταῖς πλάναις οὐ κατ' ἐπι⟨στήμην⟩ καὶ πᾶν * βοήθημα * οὐ μὴ εὕρητε ⟨ἀπ'⟩ αὐτῶν. καὶ πλανηθήσονται ἐν

βοηθός 6
Asen. 11 13 τῶν δεδιωγμένων ὑπερασπιστὴς καὶ τῶν τεθλιμμένων * βοηθός. * τολμήσω καὶ βοήσω πρὸς αὐτόν. καὶ ἀνέστη Ἀσενὲθ
Asen. 12 13 τῶν δεδιωγμένων ὑπερασπιστὴς καὶ τῶν τεθλιμμένων * βοηθός. * ἐλέησόν με κύριε καὶ φύλαξόν με ⟨τὴν⟩ παρθένον
Asen. 24 10 αὐτοῖς καθὰ σοι ἐπράξαντο καὶ ἐγὼ ἔσομαί σοι * βοηθός. * καὶ ὡς ἤκουσαν οἱ ἄνδρες τῶν ῥημάτων τοῦ υἱοῦ
Asen. 24 12 καὶ εἶπεν αὐτοῖς ὁ υἱὸς Φαραὼ ἐγὼ ἔσομαι ὑμῖν * βοηθὸς * ἐὰν ἀκούσητε τῶν ῥημάτων μου. καὶ εἶπον οἱ ἄνδρες
Jer. 9 32 ἐπιγράψαντες ἐν αὐτῷ οὕτως οὗτός ἐστιν ὁ λίθος ὁ * βοηθὸς * τοῦ Ἱερεμίου.
FJub. 3 9 εἰσήχθη ὑπὸ τοῦ θεοῦ ἐν τῷ παραδείσῳ ἡ τοῦ Ἀδὰμ * βοηθὸς * Εὕα ἐν τῇ ὀγδοηκοστῇ ἡμέρᾳ τῆς πλάσεως αὐτῆς. ἦν

βόθρος 1
TRub. 2 9 καὶ αὕτη τὸν νεώτερον ὁδηγεῖ ὡς τυφλὸν ἐπὶ * βόθρον * καὶ ὡς κτῆνος ἐπὶ κρημνόν. ἐπὶ πᾶσι τούτοις

βομβέω 1
TZab. 2 5 ψυχήν μου. ἔκλαιε δὲ καὶ Ἰωσὴφ κἀγὼ σὺν αὐτῷ καὶ * ἐβόμβει * ἡ καρδία μου καὶ οἱ ἁρμοὶ τοῦ σώματός μου

βορά 4
Job 43 8 ἡ δὲ χολὴ αὐτοῦ καὶ ὁ ἰὸς αὐτοῦ ἔσται εἰς * βορὰν * οὐκ ἐκτήσατο ἑαυτῷ τὸν κύριον οὐδὲ ἐφοβήθη αὐτόν,
FPho. 139 πάντων μὴ τέρμ' ἐπιδεύης. μὴ κτήνους θνητοῖο * βορὴν * κατὰ μέτρον ἔλῃαι. κτῆνος δ' ἦν ἐχθροῖο πέσῃ καθ'
FPho. 169 αἰεὶ δὲ φέρων φορέοντα διώκει ἐκ θέρεος ποτὶ χεῖμα * βορὴν * σφετέρην ἐπάγοντες ἄτρυτοι φῦλον δ' ὀλίγον τελέθει
LEze. 9 29 14 15 ἤεσαν ἠθροϊσμένοι οἱ μὲν τέκνοισι νηπίοις δίδουν * βορὰν * ὁμοῦ τε καὶ δάμαρσιν ἔμπονοι κόπῳ κτήνη τε πολλὰ

βόρβορος 2
TBen. 8 3 γὰρ ὁ ἥλιος οὐ μιαίνεται προσέχων ἐπὶ κόπρον καὶ * βόρβορον * ἀλλὰ μᾶλλον ἀμφότερα ψύγει καὶ ἀπελαύνει τὴν
Jer. 3 9 Ἱερεμίᾳ. ὅτι αὐτὸς ἀνέσπασέ με ἐκ τοῦ λάκκου τοῦ * βορβόρου * καὶ οὐ θέλω αὐτὸν ἵνα ἴδῃ τὸν ἀφανισμὸν τῆς

βορβορόω 1
Abr.1 19 5 καὶ τίς ὁ ποταμὸς ὁ μεγάλα κοχλάζων καὶ τίς ἡ * βεβορβορωμένη * θάλασσα ἡ ἀγρίως κυματίζουσα δίδαξόν με

βορέας 13
Hen. 25 5 ὁ καρπὸς αὐτοῦ τοῖς ἐκλεκτοῖς εἰς ζωὴν εἰς * βορρᾶν * καὶ μεταφυτευθήσεται ἐν τόπῳ ἁγίῳ παρὰ τὸν οἶκον
Hen. 28 3 ἄνωθεν φερόμενον ὡς ὑδραγωγὸς δαψιλὴς ὡς πρὸς * βορρᾶν * ἐπὶ δυσμῶν πάντοθεν ἀνάγει ὕδωρ καὶ δρόσον. ἔτι
Hen. 32 1 διὸ εὐωδέστερον ὑπὲρ πάντων τῶν ἀρωμάτων.--- εἰς * βορρᾶν * πρὸς ἀνατολὰς τεθέαμαι ἑπτὰ ὄρη πλήρη νάρδου
Asen. 2 7 εἰς μεσημβρίαν καὶ ἡ τρίτη ἦν ἀποβλέπουσα εἰς * βορρᾶν * ἐπὶ τὸ ἄμφοδον τῶν παραπορευομένων. καὶ ἦν κλίνη
Asen. 10 11 ἔρριψεν πάντα διὰ τῆς θυρίδος τῆς βλεπούσης πρὸς * βορρᾶν * τοῖς πένησιν. καὶ ἔσπευσεν Ἀσενὲθ καὶ ἔλαβε
Asen. 10 12 τῶν Αἰγυπτίων διὰ τῆς θυρίδος τῆς βλεπούσης πρὸς * βορρᾶν * ἀπὸ τοῦ ὑπερῴου αὐτῆς πτωχοῖς καὶ δεομένοις. καὶ
Asen. 10 13 ἔρριψε πάντα διὰ τῆς θυρίδος τῆς βλεπούσης πρὸς * βορρᾶν * καὶ ἔδωκε πάντα τοῖς κυσὶ τοῖς ἀλλοτρίοις. εἶπε
Asen. 16 17 αὐτοῦ ἐπὶ τὸ ἄκρον τοῦ κηρίου τὸ βλέπον πρὸς * βορρᾶν * ⟨καὶ εἵλκυσεν ἐπὶ τὸ ἄκρον τὸ βλέπον πρὸς
Sal. 11 3 καὶ δυσμῶν συνηγμένα εἰς ἅπαξ ὑπὸ κυρίου. ἀπὸ * βορρᾶ * ἔρχονται τῇ εὐφροσύνῃ τοῦ θεοῦ αὐτῶν ἐκ νήσων
Bar. 11 8 ἀπὸ οὐρανοῦ ἕως τῆς γῆς καὶ τὸ πλάτος ὅσον ἀπὸ * βορρᾶ * ἕως νότου. καὶ εἶπον κύριε τί ἐστιν ὃ κρατεῖ
Prop. 4 21 τοῖς ὑπεράνω Βαβυλῶνος ὅτι ὅτε καπνισθήσεται τὸ ἐκ * βορρᾶ * ἥξει τὸ τέλος Βαβυλῶνος ὅτε δὲ ὡς ἐν πυρὶ κεῖται
Esdr. 4 25 ἐκελεύσθη οὗτος κρεμασθῆναι. καὶ ἀπήγαγόν με ἐπὶ * βορρᾶν * καὶ ἴδον ἐκεῖ ἄνθρωπον σιδηροῖς μοχλοῖς
HEup. 9 34 9 καὶ κυπαρισσίνοις. ποιῆσαι δὲ καὶ κατὰ τὸ πρὸς * βορρᾶν * μέρος τοῦ ἱεροῦ στοὰν καὶ στύλους αὐτῇ ὑποστῆσαι

βόρειος 1
Aris. 301 4 καὶ διαβὰς τὴν γέφυραν καὶ προσελθὼν ὡς ἐπὶ τὰ * βόρεια * μέρη συνέδριον ποιησάμενος εἰς κατεσκευασμένον

βόσκω 3
Slb. 3 789 ἄμμιγ' ἔδονται χόρτον παρδάλιές τ' ἐρίφοις ἅμα * βοσκήσονται * ἄρκτοι σὺν μόσχοις νομάδες αὐλισθήσονται
FEz. 186 13 ια)σομαι και το πλανομε⟨νον επιστρεψω κ⟩αι * βοσκήσω * αυτου⟨ς εγω και αναπαυσω ε⟩πι το ορος το αγιον
ISop. 5 121 4 πυρὸς γέμοντα θησαυρὸν σχάσῃ χρυσωπὸς αἰθὴρ ἡ δὲ * βοσκηθεῖσα * φλὸξ ἅπαντα τἀπίγεια καὶ μετάρσια φλέξει

Βοσόρ 1
Sedr. 11 2 αἱ τρίχες σου ἀπὸ Θαιμάν οἱ ὀφθαλμοί σου ἀπὸ * Βοσὸρ * αἱ ἀκοαί σου ἐκ βροντῆς ἡ γλῶσσά σου ἐκ σάλπιγγος

βοτάνη 6
Hen. 7 1 φαρμακείας καὶ ἐπαοιδὰς καὶ ῥιζοτομίας καὶ τὰς * βοτάνας * ἐδήλωσαν αὐταῖς. αἱ δὲ ἐν γαστρὶ λαβοῦσαι
Hen. 8B 3 ἐδίδαξεν εἶναι ὀργὰς κατὰ τοῦ νοὸς καὶ ῥίζας * βοτανῶν * τῆς γῆς. ὁ δὲ ἐνδέκατος Φαρμαρὸς ἐδίδαξε
Abr.1 4 2 βύσσον θυμίασον δὲ παντοῖον καὶ καλὸν θυμίαμα καὶ * βοτάνας * εὐόσμους ἐκ τοῦ παραδείσου ἐνέγκας πλήρωσον τὸν
Prop. 22 13 προφητῶν καὶ ἑψεθέντος προσφαγίου καὶ θανατικῆς * βοτάνης * συνεψεθείσης τῷ προσφαγίῳ καὶ παρ' ὀλίγον
FIsa. 1 2 11 πλ⟨ά⟩νης τοῦ Ἰσραήλ. καὶ οὗτοι οὐκ ἥσθιον εἰ μὴ * βοτάνας * τίλλον⟨τε⟩ς ἐκ τῶν ὀρέων καὶ----- ⟨---⟩αν μετὰ
FrAn. 574 3008 Πιβήχεως δόκιμον λαβὼν ἔλαιον ὀμφακίζοντα μετὰ * βοτάνης * μαστιγίας καὶ λωτομήτρας ἕψει μετὰ σαμψούχου

βοτρυδόν 1
Slb. 5 119 ἕως νήσων σελαγήσει. Πέργαμος ἡ τὸ πάλαι σεμνὴ * βοτρυδὸν * ὀλεῖται καὶ Πιτάνη πανέρημος ἐν ἀνθρώποισι

βότρυς 5
Hen. 24 4 φθίνει εἰς τὸν αἰῶνα. οἱ δὲ περὶ τὸν καρπὸν ὡσεὶ * βότρυες * φοινίκων. τότε εἶπον ὡς καλὸν τὸ δένδρον τοῦτο
Hen. 32 4 φύλλα αὐτοῦ κερατίᾳ ὅμοια ὁ δὲ καρπὸς αὐτοῦ ὡσεὶ * βότρυες * ἀμπέλου ἱλαροὶ λίαν ἡ δὲ ὀσμὴ αὐτοῦ διέτρεχεν
Aris. 63 3 οἱ τεχνῖται πάγκαρπον ἐν ὑπεροχῇ προδήλως ἔχοντα * βοτρύων * καὶ σταχύων ἔτι δὲ φοινίκων καὶ μήλων ἐλαίας τε
Aris. 70 3 ἀμπέλῳ περιειλούμενον κυκλόθεν τῷ ποδὶ σὺν τοῖς * βότρυσιν * οἱ λιθουργεῖς ἦσαν μέχρι τῆς κεφαλῆς. ἡ δ' αὐτὴ
Aris. 75 5 τοῦ στόματος κρίνων τύπωσις σὺν ἀνθεμίσι καὶ * βοτρύων * σχοινίαι διάπλοκοι διετυποῦντο κυκλόθεν. οἱ μὲν

Βούβαστις 1
FAch. 117 ἐλθόντος εἶπεν αὐτῷ κακῶς ἔπραξας θεᾶς ἱερασίου * Βουβάστεως * ἐστιν εἴδωλον ὃ σέβονται οἱ Αἰγύπτιοι; ὁ δὲ

βουκόλιον 2
TZab. 1 3 ὁ πατὴρ ἡμῶν ἕως σφόδρα καὶ τὰ ποίμνια καὶ τὰ * βουκόλια * ὅτε ἐν τοῖς ποικίλοις ῥάβδοις εἶχε τὸν κλῆρον.
Aris. 170 3 μόσχων τε καὶ κριῶν καὶ χιμάρων ὅτι δεῖ ταῦτα ἐκ * βουκολίων * καὶ ποιμνίων λαμβάνοντας ἥμερα θυσιάζειν καὶ

βούλευμα 2
Aris. 255 7 ἐπιτελῆται. τὸ δ' αὖ κράτιστον θεοῦ δυναστείᾳ πᾶν * βούλευμα * τελείωσιν ἕξει σοι τὴν εὐσέβειαν ἀσκοῦντι.
FPho. 1 Φωκυλίδου γνωμαι. ταῦτα δίκῃσι' ὁσίῃσι θεοῦ * βουλεύματα * φαίνει Φωκυλίδης ἀνδρῶν ὁ σοφώτατος ὄλβια

βουλεύω 10
TJos. 15 4 μου. καὶ εἶπα ἐγὼ οὐκ οἶδα δοῦλός εἰμι. τότε * βουλεύονται * πωλῆσαί με ἵνα μὴ εὑρεθῶ ἐν χερσὶν αὐτῶν.
TBen. 4 3 ὀφθαλμὸν ἐλεᾷ γὰρ πάντας κἂν ὦσιν ἁμαρτωλοὶ κἂν * βουλεύωνται * περὶ αὐτοῦ εἰς κακὰ οὗτος ἀγαθοποιῶν νικᾷ τὸ
Asen. 28 13 αὐτοὺς ἐν ταῖς ῥομφαίαις ἡμῶν διότι αὐτοὶ πρῶτοι * ἐβουλεύσαντο * κακὰ καθ' ἡμῶν καὶ κατὰ τοῦ πατρὸς ἡμῶν
Aris. 195 4 τῶν καλλίστων πράξεων οὐκ αὐτοὶ κατευθύνομεν τὰ * βουλευθέντα * θεὸς δὲ τελειοῖ τὰ πάντων καὶ καθηγεῖται
Aris. 199 2 ἄνδρα τί πέρας ἀνδρείας ἐστίν; ὁ δὲ εἶπεν εἰ τὸ * βουλευθὲν * ὀρθῶς ἐν ταῖς τῶν κινδύνων πράξεσιν ἐπιτελοῖτο
Aris. 199 4 τελειοῦται δὲ ὑπὸ τοῦ θεοῦ πάντα σοι καλῶς * βουλευομένῳ * βασιλεῦ συμφερόντως. ἐπιφωνησάντων δὲ πάντων
Aris. 243 4 πεπραχέναι θεοῦ κατευθύνοντος εἰς τὸ καλῶς ἅπαντα * βουλεύεσθαι. * τούτῳ δὲ ἐπιφωνήσας πρὸς ἄλλον εἶπε πῶς ἂν
Aris. 255 6 διάστημα ἵνα πρὸς ἕκαστον ἐπινοήσαντες ὦμεν εὖ * βεβουλευμένοι * καὶ τὸ προτεθὲν ἡμῖν ἐπιτελῆται. τὸ δ' αὖ
Slb. 3 571 θύσητε θεῷ μέχρι πάντα γένηται ὅσσα θεὸς γε μόνος * βουλεύσεται * οὐκ ἀτέλεστα. πάντα τελεσθῆναι κρατερὴ δ'
FAch. 104 ὁ πιστός φίλος σου ἴδε πῶς κατὰ τῆς βασιλείας σου * βουλεύεται. * ὁ δὲ βασιλεὺς πεισθεὶς τῇ σφραγῖδι καὶ

βουλή 30
Abr.1 9 4 καὶ ἔδωκάς μοι κατὰ τῆς καρδίας μου καὶ πᾶσαν τὴν * βουλήν * μου ἐπλήρωσας καὶ νῦν κύριε οὐκ ἀνθίσταμαι τὸ σὸν
Abr.1 20 3 ἠτήσω ἄρτι λέγω σοι δικαιότατε τί γὰρ οὖν; πᾶσαν * βουλὴν * κατάλιπε καὶ ἀκολούθει μοι καθότι ὁ θεὸς τῶν
TLevi 2 3B008 ἐμοῦ. δειχθήτω μοι δέσποτα τὸ πνεῦμα τὸ ἅγιον καὶ * βουλὴν * καὶ σοφίαν καὶ γνῶσιν καὶ ἰσχὺν δός μοι ποιῆσαι
TLevi 4 5 τοῦ ἀποσκολοπίσαι αὐτόν. καὶ διὰ τοῦτο δέδοταί σοι * βουλὴ * καὶ σύνεσις τοῦ συνετίσαι τοὺς υἱοὺς σου περὶ
TJud. 9 7 τότε αἰτοῦσιν ἡμᾶς τὰ πρὸς εἰρήνην καὶ γενόμενοι * βουλῆς * τοῦ πατρὸς ἡμῶν ἐδεξάμεθα αὐτοὺς ὑποφόρους. καὶ
TJos. 17 7 μαλακία αὐτῶν ἀσθένειά μου ἡ γῆ μου γῆ αὐτῶν ἡ * βουλὴ * αὐτῶν βουλή μου. καὶ οὐχ ὕψωσα ἐμαυτὸν ἐν αὐτοῖς
TJos. 17 7 αὐτῶν ἀσθένειά μου ἡ γῆ μου γῆ αὐτῶν ἡ βουλὴ αὐτῶν * βουλή * μου. καὶ οὐχ ὕψωσα ἐμαυτὸν ἐν αὐτοῖς ἐν ἀλαζονείᾳ
TJos. 20 6 μέλεσι συνέπασχε καὶ εὐεργέτει παντὶ ἔργῳ καὶ * βουλῇ * καὶ πράγματι παριστάμενος.
Asen. 23 5 ποιῆσαι τὸ ῥῆμα τοῦτο καὶ ἐξουθενήσητε τὴν * βουλήν * μου ἰδοὺ ἡ ῥομφαία μου ἡτοίμασται πρὸς ὑμᾶς. καὶ
Asen. 23 13 Ἰωσὴφ κατὰ τὰ ῥήματα ταῦτα. εἰ δὲ σὺ ἐπιμένεις τῇ * βουλῇ * σου ταύτῃ τῇ πονηρᾷ ἰδοὺ αἱ ῥομφαῖαι ἡμῶν
Sal. 8 20 αὐτῶν. ἀπώλεσεν ἄρχοντας αὐτῶν καὶ πᾶν σοφὸν ἐν * βουλῇ * ἐξέχεεν τὸ αἷμα τῶν οἰκούντων Ἰερουσαλημ ὡς ὕδωρ
Sal. 17 37 αὐτὸν δυνατὸν ἐν πνεύματι ἁγίῳ καὶ σοφὸν ἐν * βουλῇ * συνέσεως μετὰ ἰσχύος καὶ δικαιοσύνης. καὶ εὐλογία
Sedr. 7 1 σὺ δέσποτα ἔπλασας τὸν ἄνθρωπον οἶδας ποταπῆς * βουλῆς * ἦν καὶ ποταπῆς γνώσεώς ἐσμεν καὶ προφασίζεις τὸν
Aris. 42 2 ἐχάρημεν διὰ τὴν προαίρεσιν σου καὶ τὴν καλὴν * βουλὴν * καὶ συναγαγόντες τὸ πᾶν πλῆθος παρανέγνωμεν
Aris. 255 4 πράσσειν ἀπεφήνατο μετὰ διαλογισμοῦ κατὰ τὴν * βουλὴν * παρατιθέντα καὶ ⟨τὰ⟩ βλαβερὰ τῶν κατὰ τὸ ἐναντίον
Aris. 270 8 πέφυκε. σὺ δὲ πάντας εὐνόους ἔχεις βουλὴν σοὶ καλὴν * βουλὴν * διδόντος. σοφῶς δὲ αὐτὸν εἰπὼν ἀποκεκρίσθαι ἑτέρῳ
Slb. 3 220 ἐξ ἧς δὴ γένος ἐστὶ δικαιοτάτων ἀνθρώπων οἷσιν ἀεὶ * βουλὴ * τ' ἀγαθὴ καλά τ' ἔργα μέμηλεν. οὔτε γὰρ ἠελίου
Slb. 3 366 ὀλλυμένης οὐδεὶς λόγος. ἔκδικος ἔσται ἀλλὰ κακαῖς * βουλῆσι * καὶ ἡγεμόνων κακότητι --- εἰρήνη δὲ γαληνὸς ἐς
Slb. 3 574 ἀνάγκη. εὐσεβέων ἀνδρῶν ἱερὸν γένος ἔσσεται αὖτις * βουλαῖς * ἠδὲ νόῳ προσκείμενοι Ὑψίστοιο οἷ ναὸν μεγάλοιο

| | | | | | | |
|---|---|---|---|---|---|---|
| Sib. | | 3 | 584 | φέροντες. μούνοις γάρ σφιν δῶκε θεὸς μέγας εὔφρονα | * βουλὴν * | καὶ πίστιν καὶ ἄριστον ἐνὶ στήθεσσι νόημα οἵτινες |
| Sib. | | 3 | 590 | τυποειδεῖς τιμῶσιν ὅσα πέρ τε βροτοὶ κενεόφρονι | * βουλῇ * | ἀλλὰ γὰρ ἀείρουσι πρὸς οὐρανὸν ὠλένας ἁγνὰς |
| Sib. | | 3 | 655 | οἷς δ' ὅρκια πιστὰ τελέσσας. οὐδέ γε ταῖς ἰδίαις | * βουλαῖς * | τάδε πάντα ποιήσει ἀλλὰ θεοῦ μεγάλοιο πιθήσας |
| Sib. | | 5 | 86 | ἐν τοιούτοις. Θμοῦις καὶ Ξοῦις +θλίβεται κόπτεται | * βουλῇ+ * | Ἡρακλέους τε Διός τε καὶ Ἑρμείαο --- καί σέ δ' |
| Sib. | | 5 | 327 | ἀοιδὴν +τήν τε σοφὴν ἀνδρῶν μελέτην καὶ σώφρονα | * βουλήν+. * | ἵλαθι παγγενέτωρ τρυφερῇ χθονὶ τῇ πολυκάρπῳ |
| FIsa. | | 1 | 11 | οὐκ ὠφελήσεις σεαυτὸν οὐδὲν ⟨δεῖ⟩ πληρωθῆναι τὴν | * βουλὴν * | τοῦ σατανᾶ ἐν τῷ Μανασσῇ. ἐν ἐκείνῃ δὲ τῇ ὥρᾳ |
| FIsa. | | 1 | 13 | Ἡσαΐας πρὸς Ἐζεκίαν κατήργησεν ὁ ἀγαπητὸς τὴν | * βουλὴν * | σου οὐ μὴ γὰρ ἔσται δεῖ ⟨με⟩ ἐν ταῖς χερσὶ |
| FPho. | | | 52 | κακὸς ἀνὴρ ἦν δ' ὑπ' ἀνάγκης οὐκ ἐρέω τὸ τέλος. | * βουλὴ * | δ' εὐθύνεθ' ἑκάστου. μὴ γαυροῦ σοφίῃι μήτ' ἀλκῆι |
| FPho. | | | 227 | μὴ βλάψῃις τι κακηγορέων παρ' ἄνακτι. λάμβανε καὶ | * βουλὴν * | παρὰ οἰκέτου εὖ φρονέοντος. ἁγνείη ψυχῆς οὐ |
| IOrp. | | | 51 | πρῶτον) (ἡνίκα κόσμον ἅπαντα ἑαῖς στηρίξατο | * βουλαῖς.) * | |
| HCal. | | 24 | 29 | καταλαβεῖν καὶ πᾶσα ἀκυρωθήσεται ἄστατος | * βουλή. * | ὡς οὖν ταῦτα ἤκουσαν Ἀλεξάνδρῳ ὑπείκειν |
| βούλημα | | | | 3 | | |
| Aris. | | 283 | 7 | ἀνέφικτον ἄλλοις δόξαν κέκτησαι θεοῦ σοι τὰ | * βουλήματα * | συντελοῦντος. ἐνεργῶς δὲ καὶ τοῦτον προσειπὼν |
| Aris. | | 322 | 6 | ἀναγράφειν ἵνα διαπορευόμενος αὐτὰ κομιζῇ τοῦ | * βουλήματος * | τὸ κάλλιστον ἔπαθλον. |
| FAch. | | 111 | | ἦσαν τοῖς παισὶν πρὸς τὸ ἐν ᾧ ἠβούλοντο ⟨μέρος⟩ | * (βούλημα) * | φερόμενοι. τῷ δὲ θέρει ἀποταξάμενος ὁ Αἴσωπος |
| βούλησις | | | | 3 | | |
| Aris. | | 23 | 2 | νομίζομεν γὰρ καὶ παρὰ τὴν τοῦ πατρὸς ἡμῶν | * βούλησιν * | καὶ παρὰ τὸ καλῶς ἔχον ᾐχμαλωτεῦσθαι τούτους |
| Aris. | | 234 | 6 | πάντα κατασκευάζεται καὶ διοικεῖται κατὰ τὴν αὐτοῦ | * βούλησιν * | ἣν καὶ σὺ διατελεῖς ἔχων γνώμην ᾗ πάρεστι |
| HEup. | 9 | 30 | 2 | ταῦτα προφήτην γενέσθαι Σαμουήλ. εἶτα τῇ τοῦ θεοῦ | * βουλήσει * | ὑπὸ Σαμουὴλ Σαοῦλον βασιλέα αἱρεθῆναι ἄρξαντα |
| βούλομαι | | | | 62 | | |
| Adam | | 28 | 4 | παραδείσου ἐὰν φυλάξεις ἑαυτὸν ἀπὸ παντὸς κακοῦ ὡς | * βουλόμενος * | ἀποθανεῖν ἀναστάσεως πάλιν γενομένης ἀναστήσω |
| Hen. | | 98 | 14 | τῶν δικαίων τάφος ὑμῶν οὐ μὴ ὀρυγῇ. οὐαὶ ὑμῖν οἱ | * βουλόμενοι * | ἀκυρῶσαι τοὺς λόγους τῶν δικαίων οὐ μὴ |
| Hen. | | 103 | 14 | ἡμᾶς καὶ τὰς ἐντεύξεις ἡμῶν οὐκ ἀπεδέξαντο οὐδὲ | * ἐβούλοντο * | ἐπακοῦσαι τῆς φωνῆς ἡμῶν. καὶ οὐκ |
| Abr.1 | | 10 | 5 | εἶπεν ὁ ἀρχιστράτηγος οὗτοί εἰσιν οἱ κλέπται οἱ | * βουλόμενοι * | φόνον ἐργάσασθαι καὶ κλέψαι καὶ θῦσαι καὶ |
| Abr.1 | | 15 | 1 | διάταξιν περὶ τοῦ οἴκου αὐτοῦ καὶ πάντα ὅσα | * βούλεται * | καὶ εἶθ' οὕτως παράλαβε αὐτὸν σὺ καὶ προσάγαγε |
| Abr.1 | | 15 | 7 | σου κύκλῳ σου ποίησον διάταξιν περὶ πάντων ὧν ἐὰν | * βούλῃ * | ὅτι ἤγγισεν ἡ ἡμέρα ἐν ᾗ μέλλεις ἐκδημεῖν ἐκ τοῦ |
| Abr.2 | | 2 | 6 | ἑσπέραν ἐστὶν καὶ ἀναστὰς τῷ πρωῒ πορεύου ὅπου ἂν | * βούλῃ * | μήπως συναντήσῃ σοι θηρίον πονηρὸν καὶ ταραχθῇς. |
| TZab. | | 1 | 7 | τὸ μυστήριον ἀναιρεθῆναι αὐτὸν μαχαίρᾳ. πλὴν ὅτε | * ἐβούλοντο * | ἀνελεῖν αὐτὸν πολλὰ διεμαρτυράμην αὐτοῖς μετὰ |
| TJos. | | 4 | 1 | τὴν σωφροσύνην μου ἐνώπιον τοῦ ἀνδρὸς αὐτῆς | * βουλομένη * | καταμόνας ὑποσκελίσαι με. ἐδόξαζέ με ὡς |
| Asen. | | 7 | 7 | αὐτὴν πώποτε εἰ μὴ σὺ μόνος σήμερον. καὶ εἰ | * βούλῃ * | ἐλεύσεται καὶ προσαγορεύσει σε διότι ἡ θυγάτηρ |
| Asen. | | 16 | 22 | ἐπετάσθησαν καὶ ἀπῆλθον εἰς τὸν οὐρανόν. καὶ ὅσαι | * ἠβουλήθησαν * | ἀδικῆσαι τὴν Ἀσενὲθ ἔπεσον ἐπὶ τὴν γῆν καὶ |
| Asen. | | 23 | 12 | ἄνθρωπον κατ' οὐδένα τρόπον. ἐὰν δέ τις ἀδικῆσαι | * βούλεται * | ἄνδρα θεοσεβῆ οὐκ ἀμύνεται αὐτῷ ὁ ἀνὴρ ἐκεῖνος |
| Asen. | | 24 | 4 | λαλησάτω δὴ ὁ κύριος ἡμῶν τοῖς παισὶν αὐτοῦ ὃ | * βούλεται * | καὶ ἀκούσονται οἱ παῖδές σου καὶ ποιήσομεν κατὰ |
| Asen. | | 25 | 2 | κύριε; καὶ εἶπεν αὐτοῖς ὁ υἱὸς Φαραὼ ὄψεσθαι | * βούλομαι * | τὸν πατέρα μου διότι πορεύομαι τρυγῆσαι τὴν |
| Jer. | | 7 | 12 | ἐὰν κυκλώσωσί σε πάντα τὰ πετεινὰ τοῦ οὐρανοῦ καὶ | * βούλωνται * | πολεμῆσαι μετὰ σοῦ ἀγώνισαι ὁ κύριος δώῃ σοι |
| Jer. | | 9 | 29 | καὶ εἶθ' οὕτως ἔστη ἐν μέσῳ τοῦ λαοῦ ἐκτελέσαι | * βουλόμενος * | τὴν οἰκονομίαν αὐτοῦ. τότε ἐβόησε ὁ λίθος |
| Sedr. | | 2 | 1 | ἐδέξατο ἐν ταῖς ἀκοαῖς αὐτοῦ ὧδε Σεδρὰχ ὅτι | * βούλῃ * | καὶ ἐπιθυμεῖς ὁμιλῆσαι σὺν θεῷ καὶ αἰτῆσαι παρ' |
| Sedr. | | 2 | 1 | θεῷ καὶ αἰτῆσαι παρ' αὐτοῦ ἵνα ἀποκαλύψῃ αὐτῷ ἅπερ | * βούλῃ * | ἐρωτᾶν. καὶ εἶπεν Σεδρὰχ τί κύριέ μου; καὶ εἶπεν |
| Job | | 6 | 5 | καὶ λέγει τῇ θυρωρῷ σήμανον τῷ Ιωβ λέγουσα ὅτι | * βούλομαι * | συντυχεῖν σοι. καὶ ἡ θυρωρὸς εἰσελθοῦσα λέγει |
| Job | | 7 | 13 | καὶ ἀνταπεκρίθην αὐτῷ ὃ ποιεῖς ποίησον εἴ τι γὰρ | * βούλει * | ἀγάγαι μοι, ἕτοιμός εἰμι ὑποστῆναι ἅπερ ἐπιφέρεις |
| Job | | 12 | 1 | λέγων οὔτε ἐγὼ εὐπορῶ ἐπικουρῆσαι τοῖς πένησιν | * βούλομαι * | μέντοι κἂν διακονῆσαι τοῖς πτωχοῖς σήμερον ἐν |
| Job | | 20 | 3 | ὁ κύριος εἰς χεῖρας αὐτοῦ χρήσασθαι τῷ σώματι ὡς | * ἠβούλετο, * | τῆς δὲ ψυχῆς μου οὐκ ἔδωκεν αὐτῷ τὴν ἐξουσίαν |
| Job | | 26 | 3 | τὴν τῶν τέκνων ἡμῶν ἀπώλειαν καὶ τῶν ὑπαρχόντων | * +βουλόμενος+ * | ἡμᾶς λαλῆσαί τι πρὸς κύριον, ἵνα |
| Job | | 26 | 6 | τοὺς διαλογισμούς σου, ὅπως καὶ ἐμὲ ἀπατήσῃ; | * βούλεται * | γάρ σε δεῖξαι ὥσπερ μίαν τῶν ἀφρόνων γυναικῶν |
| Job | | 38 | 6 | καὶ Σοφαρ εἶπεν οὐχὶ τὰ ὑπὲρ ἡμᾶς ἐρευνῶμεν, ἀλλὰ | * βουλόμεθα * | γνῶναι εἰ ἐν τῷ καθεστῶτι ὑπάρχεις, καὶ ἰδοὺ |
| Job | | 38 | 7 | ἔγνωμεν ὅτι ἡ σύνεσίς σου οὐκ ἠλλοίωται τί οὖν | * βούλει * | ἡμᾶς ἐν σοὶ διαπράξασθαι; ἰδοὺ γὰρ (ἐ)πάρωμεν |
| Job | | 38 | 7 | ἑαυτῶν τοὺς ἰατροὺς τῶν τριῶν βασιλειῶν ἡμῶν καὶ | * βούλει * | θεραπευθῆναι ὑπ' αὐτῶν; ἴσως ἀναπαύσει. |
| Job | | 47 | 4 | τούτων; τούτων με κατηξίωσεν ὁ κύριος ἐν ἡμέρᾳ ᾗ | * ἠβουλήθη * | με ἐλεῆσαι καὶ περιγραφῆναι ἐκ τοῦ σώματος τὰς |
| Job | | 49 | 3 | δὲ τοῦ ὑψηλοῦ τόπου τὸ ποίημα. διότι εἴ τις | * βούλεται * | γνῶναι τὸ ποίημα τῶν οὐρανῶν, δυνήσεται εὑρεῖν |
| Job | | 50 | 3 | τῶν ἀρετῶν ἐνδειξαμένη τὴν δόξαν αὐτῶν καὶ ὁ | * βουλόμενος * | λοιπὸν ἴχνος ἡμέρας καταλαβεῖν τῆς πατρικῆς |
| Aris. | | 5 | 6 | παραγεγενημένον ἐκ τῆς νήσου πρὸς ἡμᾶς καὶ | * βουλόμενον * | συνακούειν ὅσα πρὸς ἐπισκευὴν ψυχῆς ὑπάρχει. |
| Aris. | | 25 | 3 | καὶ τοῖς πράγμασι τοῦτ' ἐπιτελεσθῆναι. τὸν δὲ | * βουλόμενον * | προσαγγέλλειν περὶ τῶν ἀπειθησάντων ἐφ' ᾧ τοῦ |
| Aris. | | 38 | 1 | τὴν αὐλὴν πίστεως ἀξίους ἐπὶ χρειῶν καθεστάκαμεν. | * βουλομένων * | δ' ἡμῶν καὶ τούτοις χαρίζεσθαι καὶ πᾶσι τοῖς |
| Aris. | | 40 | 6 | ἑκατόν. γράφων δὲ καὶ σὺ πρὸς ἡμᾶς περὶ ὧν ἐὰν | * βούλῃ * | κεχαρισμένος ἔσῃ καὶ φιλίας ἄξιόν τι πράξεις ὡς |
| Aris. | | 41 | 5 | ἡ ἀδελφὴ καὶ τὰ τέκνα καλῶς ἂν ἔχοι καὶ ὡς | * βουλόμεθα * | καὶ αὐτοὶ δὲ ὑγιαίνομεν. λαβόντες τὴν παρὰ σοῦ |
| Aris. | | 53 | 4 | καὶ τῶν ἄλλων ἔλεγον μηδὲν ἐπικωλύειν. ὁ δὲ εἶπε | * βούλεσθαι * | καὶ πενταπλῆν τοῖς μεγέθεσι ποιῆσαι διστάζειν |
| Aris. | | 122 | 9 | πάντες ταῦτα συντηροῦντες καὶ μᾶλλον ἐν τούτοις | * βουλόμενοι * | ὑπερφέρειν ἕτερος ἑτέρου καὶ τοῦ καθηγουμένου |
| Aris. | | 180 | 5 | ναυμαχίας. διὸ καὶ δειπνῆσαι σήμερον μεθ' ὑμῶν | * βουλήσομαι. * | πάντα δ' ὑμῖν εἶπε παρέσται καθηκόντως οἷς |
| Aris. | | 206 | 5 | δὲ μᾶλλον τοῖς βασιλεῦσιν ἐξουσίαν γὰρ ἔχοντες ὃ | * βούλονται * | πράσσειν τίνος ἕνεκεν ἂν ψεύσαιντο; |
| Aris. | | 207 | 3 | σοφίας διδαχή; ὁ δὲ (ἕτερος) ἀπεφήνατο καθὼς οὐ | * βούλει * | σεαυτῷ τὰ κακὰ παρεῖναι μέτοχος δὲ τῶν ἀγαθῶν |
| Aris. | | 250 | 3 | θρασύ ἐστιν ἔφη τὸ θῆλυ γένος καὶ δραστικὸν ἐφ' ὃ | * βούλεται * | πρᾶγμα καὶ μεταπῖπτον εὐκόπως διὰ παραλογισμοῦ |
| Aris. | | 269 | 5 | ἀναίρεσις. θεὸς δὲ δόξης πάσης κυριεύει ῥέπων οὗ | * βούλεται. * | καὶ τούτῳ δ' ἐπικυρώσας τὰ τῆς ἀποκρίσεως τὸν |
| Aris. | | 315 | 2 | ἐστι. δι' ὀνείρου δὲ σημανθέντος ὅτι τὰ θεῖα | * βούλεται * | περιεργασάμενος εἰς κοινοὺς ἀνθρώπους ἐκφέρειν |
| Sib. | | 3 | 100 | χώρῃ ἐν Ἀσσυρίῃ ὁμόφωνοι δ' ἦσαν ἅπαντες καὶ | * βούλοντ' * | ἀναβῆν' εἰς οὐρανὸν ἀστερόεντα αὐτίκα δ' |
| Sib. | | 3 | 666 | σηκὸν γὰρ μεγάλοιο θεοῦ καὶ φῶτας ἀρίστους πορθεῖν | * βουλήσονται * | ὁππηνίκα γαῖαν ἵκωνται. θήσουσιν κύκλῳ πόλεως |
| FEz. | 64 | 70 | 14 | πικρᾶναί μου τὴν ψυχὴν ἐν τῷ μέρει τῆς ἀδυναμίας | * βούλει. * | καὶ λοιπὸν ἡ κρίσις ἀργεῖ. τί οὖν ποιεῖ ὁ κριτής |
| FAch. | | 101 | | διατρίψας ὁ Αἴσωπος καὶ πολλῶν τιμῶν καταξιωθεὶς | * ἠβουλήθη * | περιελθεῖν τὴν οἰκουμένην καὶ ἐν τοῖς |
| FAch. | | 111 | | δεδεμένοι δὲ ὑπήκοοι ἦσαν τοῖς παισὶν πρὸς τὸ ἐν ᾧ | * ἠβούλοντο * | ⟨μέρος⟩ (βούλημα) φερόμενοι. τῷ δὲ θέρει |
| FAch. | | 115 | | οὕτως καὶ σὺ καθαρὸν σεαυτὸν τοῖς ἀνθρώποις τοῖς | * βουλομένοις * | κατοπτεύειν παρέστησας φέρων καὶ λαμπρὸς μὲν |
| FAch. | | 116 | | ἀποκρίνου μοι. ὁ δὲ Αἴσωπος λέγει λέγε εἴ τι | * βούλει. * | Νεκταναβὼν εἶπεν μετεπεμψάμην (τοὺς) ἀπὸ τῆς |
| HEup. | 9 | 30 | 5 | τε Οὐαφρῆν τὸν Αἰγύπτιον βασιλέα φιλίαν συνθέσθαι. | * βουλόμενόν * | τε τὸν Δαβὶδ οἰκοδομῆσαι ἱερὸν τῷ θεῷ ἀξιοῦν |
| HArt. | 9 | 27 | 19 | λαβόντα τὴν ἐκείνου θυγατέρα τὸν δὲ Ῥαγουῆλον | * βούλεσθαι * | στρατεύειν ἐπὶ τοὺς Αἰγυπτίους κατάγειν |
| HArt. | 9 | 27 | 19 | βούλεσθαι στρατεύειν ἐπὶ τοὺς Αἰγυπτίους κατάγειν | * βουλόμενον * | τὸν Μώϋσον καὶ τὴν δυναστείαν τῇ τε θυγατρὶ |
| HHec. | 1 | 22 | 186 | εἰς Αἴγυπτον αὐτῷ καὶ κοινωνεῖν τῶν πραγμάτων | * ἠβουλήθησαν. * | ὧν εἷς ἦν Ἐζεκίας ὁ ἀρχιερεὺς τῶν |
| HCal. | | 24 | 2 | ⟨Ἀλέξανδρος⟩ τὴν Ἰουδαίαν γῆν οἵτινες ἀντιστῆναι | * βουληθέντες * | ἐκπέμπουσιν κατασκόπους ὡς δῆθεν πρέσβεις |
| HCal. | | 24 | 8 | Ἀλεξάνδρου. καὶ στραφεὶς πρὸς τοὺς κατασκοπεῦσαι | * βουλομένους * | εἶπεν ὁρᾶτε οἱ τοῦ Ἰουδαϊκοῦ ἔθνους |
| LThe. | 9 | 22 | 4 | οὖσαν εἰς τὰ Σίκιμα ἐλθεῖν πανηγύρεως οὔσης | * βουλομένην * | θεάσασθαι τὴν πόλιν Συχὲμ δὲ τὸν τοῦ Ἐμμὼρ |
| LThe. | 9 | 22 | 8 | καὶ τὸν Συχὲμ ἀνελεῖν τὴν ὕβριν τῆς ἀδελφῆς μὴ | * βουληθέντα * | πολιτικῶς ἐνεγκεῖν ταῦτα δὲ διαγνόντα Λευὶν |
| LAri. | 8 | 10 | 2 | προειρημένοις ὑφ' ἡμῶν οὐδέν. παρακαλέσαι δέ σε | * βούλομαι * | πρὸς τὸ φυσικῶς λαμβάνειν τὰς ἐκδοχὰς καὶ τὴν |
| LAri. | 8 | 10 | 3 | μυθῶδες καὶ ἀνθρώπινον κατάστημα. πολλαχῶς γὰρ ὃ | * βούλεται * | λέγειν ὁ νομοθέτης ἡμῶν Μωσῆς ἐφ' ἑτέρων |
| LAri. | 8 | 10 | 7 | ὅταν γὰρ δυνάμεις ἐξαποστέλλῃς σὺ βασιλεὺς ὢν | * βουλόμενός * | τι κατεργάσασθαι λέγομεν μεγάλην χεῖρα ἔχει ὁ |
| LAri. | 8 | 10 | 12 | ἐστι καὶ περὶ τούτων οὖν οὕτως ἄν τις ἐξηγήσαιτο | * βουλόμενος * | συντηρεῖν τὸν περὶ θεοῦ λόγον. δηλοῦται γὰρ |
| βουνός | | | | 4 | | |
| Hen. | | 1 | 6 | καὶ διαλυθήσονται ὄρη ὑψηλὰ καὶ ταπεινωθήσονται | * βουνοὶ * | ὑψηλοὶ τοῦ διαρυῆναι ὄρη καὶ τακήσονται ὡς κηρὸς |
| Sal. | | 11 | 4 | ὄρη ὑψηλὰ ἐταπείνωσεν εἰς ὁμαλισμὸν αὐτοῖς οἱ | * βουνοὶ * | ἐφύγοσαν ἀπὸ εἰσόδου αὐτῶν οἱ δρυμοὶ ἐσκίασαν |
| Sib. | | 3 | 680 | καὶ φόβος ἔσται. ἠλιβάτους κορυφάς τ' ὀρέων | * βουνούς * | τε πελώρων ῥήξει κυάνεόν τ' ἔρεβος πάντεσσι |
| FIsa. | 1 | 2 | 11 | καὶ ἐπε⟨ὶ⟩ ἦσαν ἐν τ⟨ο⟩ῖς ὄρεσιν καὶ ἐν τοῖς | * βουνοῖς * | ⟨δ⟩ύ⟨ο ἔ⟩τη ἡμερῶν. ⟨ἐπὶ⟩ τοῦ ε⟨ἶ⟩ναι αὐτοὺς |
| βοῦς | | | | 29 | | |
| Abr.1 | | 2 | 1 | καὶ εὗρε τὸν Ἀβραὰμ ἐν τῇ χώρᾳ ἔγγιστα ζεύγη | * βοῶν * | ἀροτριασμοῦ προεδρεύοντα μετὰ τοὺς υἱοὺς Μασὲκ καὶ |
| Abr.2 | | 2 | 1 | συνήντησεν δὲ αὐτοῦ καθεζομένου ἔγγιστα τῶν | * βοῶν * | εἰς ἀροτριασμὸν ἦν δὲ γηραλέος τῇ ἡλικίᾳ ἠσπάσατο |
| TJud. | | 2 | 7 | ἀπηκόντισα αὐτὴν καὶ ἐρράγη ἐν τοῖς ὁρίοις Γάζης. | * βοῦν * | ἄγριον ἐν χώρᾳ νεμόμενον ἐκράτησα ἐκ τῶν κεράτων |
| Bar. | | 2 | 3 | ἦσαν ἄνθρωποι κατοικοῦντες ἐν αὐτῷ ὧν τὰ πρόσωπα | * βοῶν * | τὰ δὲ κέρατα ἐλάφων οἱ δὲ πόδες αἰγῶν αἱ δὲ ὀσφύες |
| Bar. | | 9 | 3 | ἐπὶ ἅρματος τροχοῦ. καὶ ἦσαν ἔμπροσθεν αὐτῆς | * βόες * | καὶ ἀμνοὶ ἐν τῷ ἅρματι καὶ πλῆθος ἀγγέλων ὁμοίως. |
| Bar. | | 9 | 4 | πλῆθος ἀγγέλων ὁμοίως. καὶ εἶπον κύριε τί εἰσιν οἱ | * βόες * | καὶ οἱ ἀμνοί; καὶ εἶπέν μοι ἄγγελοι εἰσι καὶ αὐτοί. |
| Bar. | | 10 | 3 | οὐχ ὅμοια τῶν ἐνταῦθα. ἀλλ' ἴδον τὸν γέρανον ὡς | * βόας * | μεγάλους. καὶ πάντα μεγάλα ὑπερέχοντα τῶν ἐν κόσμῳ. |
| Prop. | | 4 | 5 | καὶ κτῆνος ἵνα μὴ ἀπόληται. ἦν τὰ ἐμπρόσθια ὡς | * βοῦς * | σὺν τῇ κεφαλῇ καὶ οἱ πόδες σὺν τοῖς ὀπισθίοις λέων. |
| Prop. | | 4 | 6 | τὴν φιληδονίαν καὶ τὸ σκληροτράχηλον καὶ ὅτι ὡς | * βοῦς * | ὑπὸ ζυγὸν γίνονται τοῦ Βελίαρ. ταῦτα ἔχουσιν οἱ |
| Prop. | | 4 | 8 | καὶ πατάσσοντες. ἔγνω διὰ θεοῦ ὁ ἅγιος ὅτι ὡς | * βοῦς * | ἤσθιε χόρτον καὶ ἐγένετο ἀνθρωπίνης φύσεως τροφή. |
| Prop. | | 18 | 3 | ὅτι δόλῳ πορεύσεται μετὰ κυρίου εἶδε ζεῦγος | * βοῶν * | πατοῦν τὸν λαὸν καὶ κατὰ τῶν ἱερέων ἐπιτρέχον καὶ |
| Prop. | | 18 | 3B | μετὰ κυρίου καὶ μετὰ Ἰσραὴλ εἶδε ζεῦγος | * βοῶν * | θηλείων καταπατοῦν τὸν λαὸν καὶ κατὰ τῶν ἱερέων |
| Job | | 10 | 5 | κόλπῳ κενῷ εἶχον δὲ τρισχίλια καὶ πεντακόσια ζεύγη | * βοῶν, * | καὶ ἐξελεξάμην ἐξ αὐτῶν ζεύγη πεντακόσια καὶ |
| Job | | 13 | 1 | ἐν τῇ οἰκίᾳ μου. διεφώνουν δέ οἱ ἀμέλγοντες τὰς | * βοῦς * | ῥέοντος τοῦ γάλακτος ἐν τοῖς ὄρεσιν καὶ τὸ βούτυρον |
| Job | | 16 | 3 | τὰς πεντακοσίας ὄνους καὶ τὰ πεντακόσια ζεύγη τῶν | * βοῶν. * | ταῦτα πάντα ἀνήλισκεν δι' ἑαυτοῦ καθ' ἣν εἴληφεν |

```
Job      32    3  τυγχάνει ἡ δόξα τοῦ θρόνου σου; σὺ εἶ ὁ τὰς χιλίας  *  βοῦς  *  ἐκτάξας τοῖς πένησιν εἰς ἀροτρίαν ποῦ οὖν τυγχάνει
Job      40    5  εἰς τὴν πόλιν εἰσῆλθεν εἰς τὴν ἐπαύλην τῶν  *  βοῶν  *  αὐτῆς τῶν ἀρπασθέντων ὑπὸ τῶν ἀρχόντων οἷς
Sib.      3  239  ἀλλήλων νυκτοκλοπίας τελέουσιν οὐδ' ἀγέλας ἐλάουσι  *  βοῶν  *  οἵων τε καὶ αἰγῶν οὐδὲ ὅρους γαίης γείτων τοῦ
Sib.      3  523  μῆλα βροτῶν διαδηλήσονται ἵππων θ' ἡμιόνων τε  *  βοῶν  *  τ' ἀγέλας ἐριμύκων δώματά τ' εὐποίητα πυρὶ
Sib.      3  564  ἐνιαυτῶν κήδεα ἔσται. --- +καὶ τοὺς ἐλλὰς ἔρεξε+  *  βοῶν  *  ταύρων τ' ἐριμύκων πρὸς ναὸν μεγάλοιο θεοῦ
Sib.      3  748  ἡδὺ δένδρεά τ' ἀκροδρύων καρπὸν καὶ πίονα μῆλα καὶ  *  βόας  *  ἔκ τ' ὀΐων ἄρνας αἰγῶν τε χιμάρους) πηγάς τε ῥήξει
Sib.      3  792  σαρκοβόρος τε λέων φάγεται ἄχυρον παρὰ φάτνῃ ὡς  *  βοῦς  *  καὶ παῖδες μάλα νήπιοι ἐν δεσμοῖσιν ἄξουσιν πηρὸν
IMen.  5 119   2  ἢ κτήσεως παιδός τε παιδίσκης θ' ἁπλῶς ἵππων  *  βοῶν  *  τὸ σύνολον ἢ κτηνῶν. τί δή; μηδὲ βελόνης ἔναμμα
HEup.  9  34  14  καὶ θυσίαν τῷ θεῷ εἰς ὁλοκάρπωσιν προσαγαγεῖν  *  βοῦς  *  χιλίους. λαβόντα δὲ τὴν σκηνὴν καὶ τὸ θυσιαστήριον
HArt.  9  27  12  εὔχρηστον τοῖς ἀνθρώποις τὸν δὲ φάναι γένος τῶν  *  βοῶν  *  διὰ τὸ τὴν γῆν ἀπὸ τούτων ἀροῦσθαι τὸν δὲ Χενεφρῆν
HAr1.  9  25   2  μὲν ἑπτακισχίλια καμήλους δὲ τρισχιλίας ζεύγη  *  βοῶν  *  πεντακόσια ὄνους θηλείας νομάδας πεντακοσίας εἶχε
HAr1.  9  25   3  πρῶτον μὲν γὰρ αὐτοῦ τούς τε ὄνους καὶ τοὺς  *  βοῦς  *  ὑπὸ λῃστῶν ἀπολέσθαι εἶτα τὰ πρόβατα ὑπὸ πυρὸς ἐκ
LEze.  9  29 13 02  μηνὸς λαβὼν κατὰ συγγενείας πρόβατα καὶ μόσχους  *  βοῶν  *  ἄμωμα δεκάτῃ καὶ φυλαχθήτω μέχρι τετρὰς ἐπιλάμψει
LAr1. 13  12   6  μιμνήσκων βιότοιο λέγει δ' ὅτε βῶλος ἀρίστη  *  βουσί  *  τε καὶ μακέλῃσι λέγει δ' ὅτε δεξιαὶ ὧραι καὶ φυτὰ
```

Βουσιρίτης
                1
```
HEup.  9  32   1  ἐκ δὲ τοῦ Μενδησίου καὶ Σεβεννύτου δισμυρίους  *  Βουσιρίτου  *  Λεοντοπολίτου καὶ Ἀθριβίτου ἀνὰ μυρίους.
```

βούτυρον
                2
```
Job      13    2  βοῦς ῥέοντος τοῦ γάλακτος ἐν τοῖς ὄρεσιν καὶ τὸ  *  βούτυρον  *  διεχεῖτο ἐν ταῖς ὁδοῖς μου καὶ τὰ κτήνη μου ἀπὸ
Job      13    3  τὰ μὲν ὄρη ἐκλύζοντο γάλακτι καὶ ὡς πεπηγμένον  *  βούτυρον  *  γίγνεσθαι, ἀπέκαμνον δὲ καὶ οἱ δοῦλοί μου οἱ τὰ
```

βραβεῖον
                1
```
Bar.     12    6  οὐκ ἐτόλμησαν ἐγγίσαι διότι οὐκ εἶχον τέλεια τὰ  *  βραβεῖα.  *  καὶ ἐβόησε Μιχαὴλ λέγων δεῦτε καὶ ὑμεῖς ἄγγελοι
```

βραβεύω
```
FPho.          12  δικάσσει. μαρτυρίην ψευδῆ φεύγειν τὰ δίκαια  *  βραβεύειν.  *  παρθεσίην τηρεῖν πίστιν δ' ἐν πᾶσι φυλάσσειν.
LEze.  9  29 6 04  ἆρά γε μέγαν τιν' ἐξαναστήσεις θρόνον καὶ αὐτὸς  *  βραβεύσεις  *  καὶ καθηγήσῃ βροτῶν; τὸ δ' εἰσθεᾶσθαι γῆν
```

βραδύνω
                6
```
Adam     31    3  τῇ Εὔᾳ μὴ θέλε φροντίζειν περὶ πραγμάτων οὐ γὰρ  *  βραδυνεῖς  *  ἀπ' ἐμοῦ ἀλλ' ἴσα ἀποθνήσκομεν ἀμφότεροι καὶ
Jer.      5    5  ἐστιν ἡ κεφαλή μου ἀλλὰ φοβοῦμαι μήπως κοιμηθῶ καὶ  *  βραδυνῶ  *  τοῦ ἐξυπνισθῆναι καὶ ὀλιγωρήσῃ Ἱερεμίας ὁ πατήρ
Jer.      5   26  ἀπεκάλυψα τὸν κόφινον τῶν σύκων νομίζων ἐλεύσονται. εἰ δὲ  *  ἐβράδυνα  *  καὶ αὖρον τὰ σῦκα στάζοντα γάλα καθὼς συνέλεξα
Prop.    12    6  εἰς γῆν μακρὰν καὶ ταχέως ἐλεύσομαι. εἰ δὲ  *  βραδύνω  *  ἀπενέγκατε τοῖς θερισταῖς. καὶ γενόμενος ἐν
Sib.      3  624  ἁπάντων. ἀλλὰ σὺ μὴ μέλλων βροτὲ ποικιλόμητι  *  βράδυνε  *  ἀλλὰ παλίμπλαγκτος στρέψας θεὸν ἱλάσκοιο. θῦε
FPho.          82  ταχέως λιταῖσι τραπέζαις ἢ πλείσταις δολίαισι  *  βραδυνούσαις  *  παρὰ καιρόν. μηδέποτε χρήστης πικρὸς γένῃι
```

βραδύς
```
Abr.1     6    6  καὶ εἰρήνη παρὰ θεοῦ καὶ πατρὸς καὶ γὰρ ἐγὼ τῇ ὀψὲ  *  βραδείᾳ  *  ὅτε ἔνιπτον τοὺς πόδας αὐτοῦ ἐν τῇ λεκάνῃ τοῦ
```

βρακιων *
```
FrAn.   574 3022  ιιιβαεχ αβαρμας ϊαβαραου αβελβελ λωνα αβρα μαροια  *  βρακιων  *  πυριφανῆ ὁ ἐν μέσῃ ἀρούρης καὶ χιόνος καὶ
```

βράσμα
                1
```
Esdr.     4   13  πάλιν κατήγαγόν με βαθμοὺς τριάκοντα καὶ ἴδον ἐκεῖ  *  βράσματα  *  πυρὸς καὶ ἐν αὐτοῖς πλῆθος ἁμαρτωλῶν καὶ τὴν
```

βράσσω
                2
```
Sib.      4  100  καὶ σὺ Βάρις πέσεαι καὶ Κύζικος ἡνίκα γαίης  *  βρασσομένης  *  σεισμοῖσιν ὀλισθαίνουσι πόλης. Ἥξει καὶ
Sib.      4  109  πόλις ἱδρυνθεῖσα. ὦ Λυκίης Μύρα καλά σέ δ' οὔποτε  *  βρασσομένη  *  χθὼν στηρίξει πρηνὴς δὲ κάτω πίπτους' ἐπὶ
```

βραχίων
                6
```
TJos.     9    5  καὶ γὰρ ὅτε ἤμην ἐν τῷ οἴκῳ αὐτῆς ἐγύμνου τοὺς  *  βραχίονας  *  αὐτῆς καὶ τὰ στέρνα καὶ τὰς κνήμας ἵνα συμπέσω
Asen.    22    7  ἦσαν) οἱ τένοντες αὐτοῦ καὶ οἱ ὦμοι αὐτοῦ καὶ οἱ  *  βραχίονες  *  ὡς ἀγγέλου (καὶ) οἱ μηροὶ αὐτοῦ καὶ αἱ κνῆμαι
Asen.    26    6  καὶ ἔλαβον τὰς ἀσπίδας αὐτῶν καὶ ἔθηκαν ἐπὶ τοὺς  *  βραχίονας  *  αὐτῶν καὶ ⟨ἔλαβον⟩ τὰ δόρατα αὐτῶν ἐν ταῖς
Sal.     13    2  κυρίου ἐσκέπασέν με δεξιὰ κυρίου ἐφείσατο ἡμῶν ὁ  *  βραχίων  *  κυρίου ἔσωσεν ἡμᾶς ἀπὸ ῥομφαίας διαπορευομένης
Job      40    1  με ἵνα σταθῶ. οἱ δὲ ἤγειράν με ἑκατέρωθεν τοὺς  *  βραχίονάς  *  μου ὑποστηρίζοντες καὶ τότε σταθεὶς
LAr1.  8  10   1  διὰ τοῦ νόμου τοῦ παρ' ἡμῖν καὶ χεῖρες καὶ  *  βραχίων  *  καὶ πρόσωπον καὶ πόδες καὶ περίπατος ἐπὶ τῆς
```

βραχύμετρος
                1
```
Aris.    55    2  οὐ γὰρ ἕνεκεν σπάνεως χρυσοῦ τὰ προσυντετελεσμένα  *  βραχύμετρα  *  καθέστηκεν ἀλλὰ φαίνεται πρός τινα λόγον
```

βραχύς
               11
```
TJud.    12    9  πύλῃ τελισκομένην ὅτι ἐξ ἄλλου χωρίου ἐλθοῦσα πρὸς  *  βραχὺ  *  ἐκάθισεν ἐν πύλῃ καὶ ἐνόμιζον ὅτι οὐδεὶς ἔγνω ὅτι
TJos.     2    6  παρίσταται καὶ ἐν διαφόροις τρόποις παρακαλεῖ ἐν  *  βραχεῖ  *  ἀριστάμενος εἰς τὸ δοκιμάσαι τῆς ψυχῆς τὸ
TBen.     9    1  πορνεύσετε γὰρ πορνείαν Σοδόμων καὶ ἀπολεῖσθε ἕως  *  βραχὺ  *  καὶ ἀναναύσεσθε ἐν γυναικὶ στρήνους καὶ ἡ βασιλεία
Aris.    19    3  ἔσεσθαι; ἔφη. παρεστὼς δὲ Ἀνδρέας ἀπεφήνατο  *  βραχεῖ  *  πλεῖον μυριάδων δέκα. ὃ δὲ μικρόν γε εἶπεν
Aris.   128    1  οἷος ἦν πρὸς αὐτούς. ἄξιον δὲ ἐπιμνησθῆναι ⟨διὰ⟩  *  βραχέων  *  τῶν ὑποδειχθέντων ὑπ' αὐτοῦ πρὸς τὰ δι' ἡμῶν
Aris.   168    3  μηδένα κακοποιεῖν. καὶ περὶ τούτων οὖν ὅσον ἐπὶ  *  βραχὺ  *  διεξελθεῖν προσυπεδειξάμην σοι διότι πάντα
Aris.   188    1  βασιλείαν μέχρι τέλους ἄπταιστον ἔχων διατελοῖ;  *  βραχὺ  *  δὲ ἐπισχὼν εἶπεν οὕτως ἂν μάλιστα διευθύνοις
Aris.   205    1  δὲ γενομένης ἐπυνθάνετο πῶς ἂν πλούσιος διαμένοι;  *  βραχὺ  *  δὲ ἐπισχὼν ὃ τὴν ἐρώτησιν ἐκδεχόμενος εἶπεν εἰ
FMan.  2  22  10  καὶ ἐδίδοτο αὐτῷ ἐκ πιτύρων ἄρτος ἐν σταθμῷ  *  βραχὺς  *  καὶ ὕδωρ σὺν ὀξει ὀλίγον ἐν μέτρῳ ὥστε ζῆν αὐτὸν
FrAn.  1 226  45  - - )δε κρατησας τοτε εαυτο⟨ν - ⟩ν λειπων προς  *  βραχυ  *  απεβ⟨η - ⟩ς τοις συγγονοις αυτου κ⟨ - πρια⟩σασθαι
FrAn.  1 226  53  σωσον ημας ο θ⟨ς Αβρααμ - ⟩ενοι δε τον φοβον προς  *  βραχ⟨υ  *  - - βα⟩σιλει Ιωσηφ μη οργιζου β⟨ασιλευ - -
```

βρεκτός
                1
```
Prop.     4   16  ὅτι ὁ Δανιὴλ αὐτῷ προσέταξεν ἐν ὀσπρίοις  *  βρεκτοῖς  *  καὶ χλόαις ἐξιλεοῦσθαι κύριον. διὰ τοῦτο
```

βρέφος
               10
```
Hen.     99    5  καὶ ἐκσπάσουσιν καὶ ἐγκαταλείψουσιν ⟨τὸ νήπιο⟩ν  *  βρέφος  *  καὶ αἱ ἐν γαστρὶ ἔχου⟨σαι ἐκτρώσο⟩υσιν καὶ αἱ
Prop.     2    8  δι' ὃ καὶ ἕως νῦν τιμῶσι παρθένον λοχὸν καὶ  *  βρέφος  *  ἐν φάτνῃ τιθέντες προσκυνοῦσι καὶ Πτολεμαίῳ τῷ
Prop.     3   18  αὐτοῖς τέρας μέγα ὅτι οἱ ὄφεις ἀνήλωσαν αἱ  *  βρέφη  *  αὐτῶν καὶ πάντα τὰ κτήνη αὐτῶν καὶ προείρηκεν ὅτι
Esdr.     4   11  καὶ ἀπὸ διετοῦς καὶ κατώτερον ἐκέλευσεν ἀνελεῖν τὰ  *  βρέφη.  *  καὶ εἶπον ἐγὼ οὐαὶ τὴν ψυχὴν αὐτοῦ. καὶ πάλιν
Sedr.     9    2  κοιλία τῆς μητρός σου ἐν τῷ ἁγίῳ σου σκηνώματι ἐκ  *  βρέφους.  *  λέγει Σεδρὰχ οὐ δίδωμί σοι τὴν ψυχήν μου. λέγει
Sib.      8  794  ἔξουσιν πηρὸν γὰρ ἐπὶ χθονὶ θῆρα ποιήσει. σὺν  *  βρέφεσίν  *  τε δράκοντες ἅμ' ἄσπισι κοιμηθήσονται ἄμα
FJub.    47    3  Ἑβραίους ἐξέτρυχον. μόνους δέκα μῆνας ῥιφῆναι τὰ  *  βρέφη  *  τῶν Ἰσραηλιτῶν ἐν τῷ ποταμῷ ἕως οὗ ἀνελήφθη
FJub.    48   14  ἐν τῇ θαλάσσῃ κατεστράφησαν ὃν τρόπον τὰ  *  βρέφη  *  τῶν Ἑβραίων ἐν τῷ ποταμῷ ἀπέπνιγον χιλίων ἀνδρῶν
FJub.    48   14  ἀνδρῶν ἀπονιγέντων Ἰσχυρῶν Αἰγυπτίων ἀνθ' ἑνὸς  *  βρέφους  *  Ἰσραηλιτικοῦ.
FPho.         184  ἀλόχων ἐπὶ δέμνια βαίνειν. μηδὲ γυνὴ φθείρηι  *  βρέφος  *  Ἔμβρυον ἔνδοθι γαστρός μηδὲ τεκοῦσα κυσὶν ῥίψηι
```

βρέχω
                8
```
Bar.     10    6  χοροί. τὸ δὲ ὕδωρ ἐστὶν ὅπερ τὰ νέφη λαμβάνοντα  *  βρέχουσιν  *  ἐπὶ τῆς γῆς καὶ αὐξάνουσιν οἱ καρποί. καὶ
Bar.     10    8  οἱ ἄνθρωποι ὅτι ἀπὸ τῆς θαλάσσης ἐστὶ τὸ ὕδωρ ὅπερ  *  βρέχει;  *  καὶ εἶπεν ὁ ἄγγελος τὸ μὲν βρέχον ἀπὸ τῆς
Bar.     10    9  τὸ ὕδωρ ὅπερ βρέχει; καὶ εἶπεν ὁ ἄγγελος τὸ μὲν  *  βρέχον  *  ἀπὸ τῆς θαλάσσης καὶ τῶν ἐπὶ γῆς ὑδάτων καὶ τοῦτό
Prop.    21    4  σημεῖα ἃ ἐποίησεν εἰσὶ ταῦτα ηὔξατο Ἠλίας καὶ οὐκ  *  ἔβρεξεν  *  ἐπὶ ἔτη τρία καὶ πάλιν ηὔξατο μετὰ τρία ἔτη καὶ
Sedr.     8   10  εἰπέ μοι Σεδράχ ἀπὸ κτίσεως κόσμου τῶν αἰώνων  *  βρέχοντος  *  τοῦ ἀέρος πόσα σταλάγματα ἔπεσον εἰς τὸν
Sib.      5  377  πλησθήσεται αὖτις. πῦρ γὰρ ἀπ' οὐρανίων δαπέδων  *  βρέξει  *  μερόπεσσιν πῦρ καὶ αἷμα ὕδωρ πρηστὴρ γνόφος
Sib.      5  508  γὰρ καθελοῦσι μέγαν Αἰγυπτιάδος γῆς ἐν δὲ θεὸς  *  βρέξει  *  κατὰ γῆς δεινὸν χόλον αὐτοῖς ὥστ' ὀλέσαι πάντας
HArt.  9  27  37  κίνδυνον τεσσαράκοντα ἔτη ἐν τῇ ἐρήμῳ διατρῖψαι  *  βρέχοντος  *  αὐτοῖς τοῦ θεοῦ κρίμνον ὅμοιον ἐλύμῳ χιόνι
```

βριήπυος
                1
```
LPh1.  9  20   1  λιπόντι γὰρ ἀγλαὸν ἕρκος αἰνοφύτων ἔκκαυμα  *  βριήπυος  *  αἰνετὸς ἴσχων ἀθάνατον ποίησεν ἐὴν φάτιν ἐξότε
```

βρίθω
```
Sib.      3  658  --- ναὸς δ' αὖ μεγάλοιο θεοῦ περικαλλέι πλούτῳ  *  βεβριθὼς  *  χρυσῷ τε καὶ ἀργύρῳ ἠδέ τε κόσμῳ πορφυρέῳ καὶ
FMos.  6 132   3  θεῶνται ἀλλ' ὃ μὲν καὶ θᾶττον κατῆλθεν πολὺ τὸ  *  βρῖθον  *  ἐπαγόμενος ὃ δὲ ἐπικατελθὼν ὕστερον τὴν δόξαν
```

βρίμημα
                1
```
Asen.    10   15  μεγάλῳ καὶ πικρῷ ὅλην τὴν νύκτα μετὰ στεναγμοῦ καὶ  *  βριμήματος  *  ἕως πρωΐ. καὶ ἀνέστη Ἀσενὲθ τὸ πρωΐ καὶ εἶδε
```

βροντάω
                1
```
FAch.        115  ὀργίζεσθαι τὸ ἴδιον ἱερὸν τρέμειν ποιεῖ καὶ φοβερὰ  *  βροντήσας  *  καὶ δεινὸν ἀστράψας καὶ σείσας σεισμούς.
```

βροντή
               16
```
Hen.     17    3  φωστήρων καὶ τοὺς θησαυροὺς τῶν ἀστέρων καὶ τῶν  *  βροντῶν  *  καὶ εἰς τὰ ἀεροβαθῆ ὅπου τόξον πυρὸς καὶ τὰ βέλη
Abr.1    17   15  καὶ πρόσωπον ἀστραπῆς φοβερῶς ἐξαστράπτον καὶ ἦχον  *  βροντῆς  *  φοβερᾶς ἔδειξεν δὲ καὶ ἕτερον πρόσωπον θαλάσσης
Abr.1    19    6  ἢ ἀγρίως κυματίζουσα δίδαξόν με καὶ ὑπὲρ τῆς  *  βροντῆς  *  τῆς ἀνυποφόρου καὶ τῆς φοβερᾶς ἀστραπῆς καὶ τί
Abr.1    19   13  γίνονται θαλάσσιον θάνατον βλέποντος ὑπὲρ τῆς  *  βροντῆς  *  τῆς ἀνυποφόρου καὶ τῆς φοβερᾶς ἀστραπῆς ἔδειξέ
Abr.1    19   13  ἀσπίδων καὶ κεράτων καὶ βασιλίσκων ⟨καὶ τυχόντες  *  βροντῆς  *  ἀνυποφόρου καὶ ἀστραπῆς φοβερᾶς ἐλθούσης
Bar.      6   13  ὄψει δόξαν θεοῦ. καὶ ἐν τῷ ὁμιλεῖν αὐτὸν ἐγένετο  *  βροντὴ  *  ὡς ἦχος βροντῆς καὶ ἐσαλεύθη ὁ τόπος ἐν ᾧ
Bar.      6   13  καὶ ἐν τῷ ὁμιλεῖν αὐτὸν ἐγένετο βροντὴ ὡς ἦχος  *  βροντῆς  *  καὶ ἐσαλεύθη ὁ τόπος ἐν ᾧ ἱστάμεθα. καὶ ἠρώτησα
Bar.     11    3  τὴν δόξαν τοῦ θεοῦ. καὶ ἐγένετο ῥοίμη μεγάλη ὡς  *  βροντῆς.  *  καὶ εἶπον κύριε τί ἐστιν ἡ φωνὴ αὕτη; καὶ εἶπεν
Bar.     11    5  αἱ πύλαι. καὶ ἠνοίξαν καὶ ἐγένετο τριγμὸς ὡς  *  βροντῆς.  *  καὶ ἦλθεν Μιχαὴλ καὶ συνήντησεν αὐτῷ ὁ ἄγγελος
Bar.     14    1  καὶ ἐκλείσθησαν αἱ θύραι. καὶ ἐγένετο φωνὴ ὡς  *  βροντή.  *  καὶ ἠρώτησα τὸν ἄγγελον τί ἐστιν ἡ φωνή; καὶ
```

Sedr. 11 2 Θαιμάν οἱ ὀφθαλμοί σου ἀπὸ Βοσὸρ αἱ ἀκοαί σου ἐκ * βροντῆς * ἡ γλῶσσά σου ἐκ σάλπιγγος καὶ ὁ ἐγκέφαλός σου
Sib. 4 113 μέτοικος ἡνίκα δὴ Πατάρων +ὅμαδόν ποτε δυσσεβίῃσιν * βρονταῖς * καὶ σεισμοῖσιν ἁλὸς πετάσει μέλαν ὕδωρ+.
Sib. 5 303 βροτοῖσιν ἐξολέσει γὰρ πάντας ἀναιδέας ὑψικέραυνος * βρονταῖς * τε στεροπαῖς τε κεραυνοῖς τε φλεγέθουσιν
FJub. 2 2 γνόφων χιόνος καὶ χαλάζης καὶ πάγου ἄγγελοι φωνῶν * βροντῶν * ἀστραπῶν ψύχους καύματος χειμῶνος φθινοπώρου
IEsc. 5 131 2 γίνεται παρεμφερὴς ἀνέμῳ νεφέλῃ τε καὶ ἀστραπῇ * βροντῇ * βροχῇ. ὑπηρετεῖ δὲ αὐτῷ θάλασσα καὶ πέτραι καὶ
IMen. 5 120 2 ὧν μὴ λαμπρὸς ὧν ταῖς χλαμύσιν ὡς τῇ καρδίᾳ. * +βροντῆς * ἐὰν+ ἀκούσῃς μὴ φύγῃς μη<δὲν> συνειδὼς αὐτὸς

βροντηδόν * 1
Sib. 5 345 ἔσται δ' +αἰθέρος+ οὐρανὸς εὐρὺς ὕπερθεν * βροντηδὸν * κελάδημα θεοῦ φωνὴν +ἐπακοῦσαι+ ἡελίου δ'

βρότειος 1
Sib. 3 259 ἢν ἄρα τις παρακούσῃ ἠὲ νόμῳ τίσειε δίκην ἢ χερσὶ * βροτείαις * ἠὲ λαθὼν θνητοὺς πάσῃ δίκῃ ἐξαπολεῖται. πᾶσι

βροτολοιγός 1
Sib. 3 396 γένος ἐξαπολεῖται ῥίζαν ἴαν γε διδοὺς ἣν καὶ κόψει * βροτολοιγὸς * ἐκ δέκα δὴ κεράτων +παρὰ δὴ φυτὸν ἄλλο

βροτός 69
Sib. 3 42 ἄλλῳ μεταδώσει ἀλλ' ἔσεται κακίη δεινὴ πάντεσσι * βροτοῖσιν * πίστιν δ' οὐ σχήσουσιν ὅλως χῆραί τε γυναῖκες
Sib. 3 98 μεγάλοιο θεοῦ τελέωνται ἀπειλαὶ ἅς ποτ' ἐπηπείλησε * βροτοῖς * ὅτε πύργον ἔτευξαν χώρῃ ἐν Ἀσσυρίῃ ὁμόφωνοι δ'
Sib. 3 104 ἐπ' ἀλλήλους ἔριν ὦρσαν τοὔνεκά τοι Βαβυλῶνα * βροτοὶ * πόλει οὔνομ' ἔθεντο. αὐτὰρ ἐπεὶ πύργος τ' ἔπεσεν
Sib. 3 107 παντοδαπαῖς φωναῖσι διέστρεφον αὐτὰρ ἅπασα γαῖα * βροτῶν * πληροῦτο μεριζομένων βασιλειῶν καὶ τότε δὴ δεκάτη
Sib. 3 120 ποιήσαντες ἐπ' ἀλλήλους ἔριν ὦρσαν ὅς πάντεσσι * βροτοῖσιν * ἔχων βασιληίδα τιμὴν ἄρξει καὶ μαχέσαντο
Sib. 3 154 ἠδὲ κυδοιμόν. αὕτη δ' ἔστ' ἀρχὴ πολέμου πάντεσσι * βροτοῖσιν. * (πρώτη γάρ τε βροτοῖς αὕτη πολέμοιο καταρχή).
Sib. 3 155 ἀρχὴ πολέμου πάντεσσι βροτοῖσιν. (πρώτη γάρ τε * βροτοῖς * αὕτη πολέμοιο καταρχή). καὶ τότε Τιτάνεσσι θεὸς
Sib. 3 173 ποικίλον ἄρξει οἳ φοβερὸν πολέμοιο νέφος ἥξουσι * βροτοῖσιν. * ἀλλά μιν οὐράνιος θεὸς ἐκ βυθοῦ ἐξαλαπάξει.
Sib. 3 182 ἔπειτα καὶ ἄργυρος ἠδέ τε κόσμος. καὶ θλίψουσι * βροτούς. * μέγα δ' ἔσσεται ἀνδράσι κείνοις πτῶμ' ὁπόταν
Sib. 3 195 μεγάλοιο θεοῦ πάλι καρτερὸν ἔσται οἳ πάντεσσι * βροτοῖσι * βίου καθοδηγοὶ ἔσονται. ἀλλὰ τί μοι καὶ τοῦτο
Sib. 3 210 τε Παμφύλοις τε κακὸν +μετακινηθῆναι+ καὶ πάντεσσι * βροτοῖσι. * τί δὴ καθ' ἓν ἐξαγορεύω; ἀλλ' ὁπόταν τὰ πρῶτα
Sib. 3 217 γενεὴν πατέρων καὶ δῆμον ἁπάντων πάντα περιφραδέως * βροτὲ * ποικιλόμητι δολόφρον. ἔστι πόλις --- κατὰ χθονὸς
Sib. 3 232 ἐδίδαξαν ἀεικελίους ἀνθρώπους ἐξ ὧν δὴ κακὰ πολλὰ * βροτοῖς * πέλεται κατὰ γαῖαν τοῦ πεπλανῆσθαι ὁδούς τ'
Sib. 3 335 ὃν ἐροῦσι κομήτην ῥομφαίας λιμοῦ θανάτοιό τε σῆμα * βροτοῖσιν * ἡγεμόνων τε +φθορὰν+ ἀνδρῶν μεγάλων τ'
Sib. 3 362 ῥίψει ἐκ δὲ γαίης πάλιν οὐρανὸν εἰς ἀνεγείρει ὅττι * βροτοὶ * φαύλου ζωῆς ἀδίκου τ' ἐνέχοντο. ἔσται καὶ Σάμος
Sib. 3 375 ἠδ' εὐδικίη μετὰ δ' αὐτῆς ἡ πάντων προφέρουσα * βροτοῖς * ὁμόνοια σαόφρων καὶ στοργὴ πίστις φιλίη ξείνων
Sib. 3 419 κλέος ἐσσομένοισιν. καί τις ψευδογράφος πρέσβυς * βροτὸς * ἔσσεται αὖτις ψευδόπατρις δύσει δὲ φάος ἐν ὀπῇσιν
Sib. 3 522 ἐκλεκτῶν ἀνδρῶν ὀλέσειε κάρηνα πολλὰ δὲ πίονα μῆλα * βροτῶν * διαδηλήσονται ἵππων θ' ἡμιόνων τε βοῶν τ' ἀγέλας
Sib. 3 538 ζυγὸς ἔσσεται Ἑλλάδι πάσῃ πᾶσι δ' ὁμοῦ πόλεμός τε * βροτοῖς * καὶ λοιμὸς ἐπέσται χάλκειόν τε μέγαν τεύξει θεὸς
Sib. 3 541 τ' ἐπὶ γαῖαν ὅλην αὐτὴν δὲ σιδηρᾶν. αὐτὰρ ἔπειτα * βροτοὶ * δεινῶς κλαύσουσιν ἅπαντες ἀσπορίην καὶ ἀνηροσίην
Sib. 3 553 βασίλευσαν ὑπερφίαλοι βασιλῆες Ἑλλήνων οἳ πρῶτα * βροτοῖς * κακὰ ἡγεμόνευσαν πολλὰ θεῶν εἴδωλα καταφθιμένων
Sib. 3 583 ὑψωθέντες ὑπ' ἀθανάτοιο προφῆται +καὶ+ μέγα χάρμα * βροτοῖς * πάντεσσι φέροντες. μούνοις γάρ σφιν δῶκε θεὸς
Sib. 3 590 ζῳογραφίας τυποειδεῖς τιμῶσιν ὅσα πέρ τε * βροτοὶ * κενεόφρονι βουλῇ ἀλλὰ γὰρ ἀείρουσι πρὸς οὐρανὸν
Sib. 3 601 +ὃν παρέβησαν+. ἀνθ' ὧν ἀθάνατος θήσει πάντεσσι * βροτοῖσιν * ἄτην καὶ λιμὸν καὶ πήματά τε στοναχάς τε καὶ
Sib. 3 606 εἴδωλα δ' ἐτίμων χειροποίητα σέβοντες ἃ ῥίψουσιν * βροτοὶ * αὐτοὶ ἐν σχισμαῖς πετρῶν κατακρύψαντες δι'
Sib. 3 623 γλυκεροῦ λευκοῦ τε γάλακτος καὶ σίτου ὅπερ ἐστὶ * βροτοῖς * κάλλιστον ἁπάντων. ἀλλὰ σὺ μὴ μέλλων βροτὲ
Sib. 3 624 ἐστὶ βροτοῖς κάλλιστον ἁπάντων. ἀλλὰ σὺ μὴ μέλλων * βροτὲ * ποικιλόμητι βράδυνε ἀλλὰ παλίμπλαγκτος στρέψας
Sib. 3 631 μηδένα θλῖβε. ταῦτα γὰρ ἀθάνατος κέλεται δειλοῖσι * βροτοῖσιν. * ἀλλὰ σὺ τοῦ μεγάλοιο θεοῦ μήνιμα φύλαξαι
Sib. 3 633 μεγάλοιο θεοῦ μήνιμα φύλαξαι ὁππότε κεν πάντεσσι * βροτοῖς * λοιμοῖο τελευτὴ ἔλθῃ καὶ φοβεροῖο δίκης
Sib. 3 638 φύγωσιν ἐς ἄλλην γαῖαν ἅπαντες +ἀλλαχθῇ δέ τε γαῖα * βροτῶν * καὶ βάρβαρος ἀρχὴ Ἑλλάδα πορθήσῃ πᾶσαν καὶ πίονα
Sib. 3 662 κακὰ θυμῷ+ ὁ φθόνος οὐκ ἀγαθὸν πέλεται δειλοῖσι * βροτοῖσιν. * ἀλλὰ πάλιν βασιλῆες ἐθνῶν ἐπὶ τήνδε γε γαῖαν
Sib. 3 742 δὴ καὶ τοῦτο λάβῃ τέλος αἴσιμον ἦμαρ (εἰς δὲ * βροτοὺς * ἥξει κρίσις ἀθανάτοιο θεοῖο) ἥξει ἐπ' ἀνθρώπους
Sib. 3 744 μεγάλη κρίσις ἠδὲ καὶ ἀρχή. γῆ γὰρ παγγενέτειρα * βροτοῖς * δώσει τὸν ἄριστον καρπὸν ἀπειρέσιον σίτου οἴνου
Sib. 3 759 οὐρανῷ ἀστερόεντι ἀθάνατος ὅσα πέπρακται δειλοῖσι * βροτοῖσιν. * αὐτὸς γὰρ μόνος ἐστὶ θεὸς κοὐκ ἔστιν ἔτ'
Sib. 3 776 πιστοῖς ἄνδρεσσι γεραίρειν. (υἱὸν γὰρ καλέουσι * βροτοὶ * μεγάλοιο θεοῖο) καὶ πᾶσαι πεδίοιο τρίβοι καὶ
Sib. 3 782 θεοῦ μεγάλοιο προφῆται αὐτοὶ γὰρ κριταί εἰσι * βροτῶν * βασιλεῖς τε δίκαιοι. ἔσται δὴ καὶ πλοῦτος ἐν
Sib. 3 812 θεοῦ μηνίματα θνητοῖς --- ὥστε προφητεῦσαί με * βροτοῖς * αἰνίγματα θεῖα. καὶ καλέσουσι βροτοί με καθ'
Sib. 3 813 με βροτοῖς αἰνίγματα θεῖα. καὶ καλέσουσι * βροτοί * με καθ' Ἑλλάδα πατρίδος ἄλλης ἐξ Ἐρυθρῆς
Sib. 4 9 οἶκον ἔχει ναῷ λίθον ἑλκυσθέντα κωφότατον νωδόν τε * βροτῶν * πολυαλγέα λώβην ἀλλ' ὃν ἰδεῖν οὐκ ἔστιν ἀπὸ
Sib. 4 162 πᾶσαν ὑπ' ἐμπρησμοῦ μεγάλοιο. ἆ μέλεοι μετάθεσθε * βροτοὶ * τάδε μηδὲ πρὸς ὀργὴν παντοίην ἀγάγητε θεὸν μέγαν
Sib. 4 182 αὐτὸς θεὸς ἔμπαλιν ἀνδρῶν μορφώσει στήσει δὲ * βροτοὺς * πάλιν ὡς πάρος ἦσαν. καὶ τότε δὴ κρίσις ἔσσετ'
Sib. 5 41 μόρος+ αὐτὰρ ἔπειτα πεντήκοντ' ἀριθμῶν γεραρὸς * βροτός. * αὐτὰρ ἐπ' αὐτῷ ὅστε τριηκοσίης κεραίης λάχεν
Sib. 5 64 φωνῇ μεγάλῃ μεγαλόσθενε Μέμφι ἡ τὸ πάλαι δειλοῖσι * βροτοῖς * αὐχοῦσα μέγιστα κλαύσεαι ἀργαλέη καὶ πάμμορος
Sib. 5 80 ἅτε μοι θέμις οὐδ' ἀγορεύειν εἰδώλων τὰ ἕκαστα * βροτῶν * παλάμαις γεγαῶτα ἐξ ἰδίων δὲ κόπων καὶ ἀτασθαλιῶν
Sib. 5 103 ἐξαλαπάξει ὥστε μένειν μοῖραν τριτάτην δειλοῖσι * βροτοῖσιν. * αὐτὸς δ' ἐκ δυσμῶν εἰσπτήσεται ἅλματι κούφῳ
Sib. 5 144 ἄναξ φοβερὸς καὶ ἀναιδὴς ὃν πάντες στυγέουσι * βροτοὶ * καὶ φῶτες ἄριστοι ὤλεσε γὰρ πολλοὺς καὶ γαστέρι
Sib. 5 232 ὕβρι κακῶν ἀρχηγὲ καὶ ἀνθρώποις μέγα πῆμα τίς σε * βροτῶν * ἐπόθησε τίς ἔνδοθεν οὐ χαλέπηνεν ἐν σοί τις
Sib. 5 240 προφητῶν γλῶσσα μελισταγέουσα καλὸν πόμα πᾶσι * βροτοῖσιν * φαῖνέ τε καὶ προὔβαλλε καὶ ἤμερα πᾶσιν
Sib. 5 275 νεφέων ὄμβρος πυρὸς αἰθομένοιο κοὐκέτι καρπεύσουσι * βροτοὶ * στάχυν ἀγλαὸν ἐκ γῆς πάντ' ἄσπαρτα μενεῖ καὶ
Sib. 5 301 τῷδε. καὶ τότε δὴ +μετέπειτ'+ ἔσται +ἄνδρεσσι+ * βροτοῖσιν * ἐξολέσει γὰρ πάντας ἀναιδέας ὑψικέραυνος
Sib. 5 331 χαρίτεσσιν ἐς τὸ δοκεῖν προχάρισμα τεὸν πάντεσσι * βροτοῖσιν * εἶναι καὶ προσέχειν οἷον θεὸς ἐγγυάλιξεν.
Sib. 5 419 βάθρων εἷλεν πόλιν ἐν πυρὶ πολλῷ καὶ δήμους ἔφλεξε * βροτῶν * τῶν πρόσθε κακούργων καὶ πόλιν ἣν ἐπόθησε θεὸς
Sib. 5 429 θεοῦ κλέος ἐξύμνησαν. οὐκέτι γὰρ πέλεται +δειλοῖσι * βροτοῖσιν * δεινὰ+ οὐδὲ γαμοκλοπίαι καὶ παίδων Κύπρις
Sib. 5 471 θῆρες κατέδουσι τράπεζαν αὐτοί τ' οἰωνοί τε * βροτοὺς * κατέδουσιν ἅπαντας ὠκεανός τε κακοῦ πλησθήσεται
FPho. 117 τί μετ' αὔριον ἢ τί μεθ' ὥραν. ἄσκοπός ἐστι * βροτῶν * θάνατος τὸ δὲ μέλλον ἄδηλον.) μήτε κακοῖσ' ἄχθου
FPho. 141 ἐχθροῖο πέσῃ καθ' ὁδὸν συνέγειρε. πλαζόμενον δὲ * βροτὸν * καὶ ἀλίτροπον οὔποτ' ἐλέγξεις. βέλτερον ἀντ'
LEze. 9 28 2 10 μὲν ἐν πλινθεύμασιν οἰκοδομίαις τε βαρέσιν αἰκίζων * βροτοὺς * πόλεις τ' ἐπύργου σφῶν ἕκατι δυσμόρων. ἔπειτα
LEze. 9 28 4 06 μόνος. ἄρχει δὲ πόλεως τῆσδε καὶ κρίνει * βροτοὺς * ἱερεὺς ὅς ἐστ' ἐμοῦ τε καὶ τούτων πατήρ. (Χ.)
LEze. 9 29 5 14 δὲ πάντας ἠριθμησάμην κἀμοῦ παρῆγεν ὡς παρεμβολὴ * βροτῶν. * εἶτ' ἐμφοβηθεὶς ἐξανίσταμ' ἐξ ὕπνου. ὦ ξένε
LEze. 9 29 6 04 θρόνον καὶ αὐτὸς βραβεύσεις καὶ καθηγήσῃ * βροτῶν; * τὸ δ' εἰσθεᾶσθαι γῆν ὅλην τ' οἰκουμένην καὶ τὰ
LEze. 9 29 7 02 ἔα τί μοι σημεῖον ἐκ βάτου τόδε τεράστιόν τε καὶ * βροτοῖς * ἄπιστία; ἄφνω βάτος μὲν καίεται πολλῷ πυρὶ αὐτοῦ
LEze. 9 29 11 02 ἔχεις; λέξον τάχος. (Μ). ῥάβδον τετραπόδων καὶ * βροτῶν * κολάστριαν. (Θ). ῥῖψον πρὸς οὖδας καὶ ἀποχώρησον
LEze. 9 29 12 06 ἔπειτα τέφραν οἷς καμιναίαν πάσω ἀναβρυήσει δ' ἐν * βροτοῖς * ἕλκη πικρά. κυνόμυια δ' ἥξει καὶ βροτοὺς
LEze. 9 29 12 07 δ' ἐν βροτοῖς ἕλκη πικρά. κυνόμυια δ' ἥξει καὶ * βροτοὺς * Αἰγυπτίων πολλοὺς κακώσει. μετὰ δὲ ταῦτ' ἔσται
LEze. 9 29 12 11 χάλαζα νῦν σὺν πυρὶ πεσεῖται καὶ νεκροὺς θήσει * βροτούς. * καρποί τ' ὀλοῦνται τετραπόδων τε σώματα σκότος
LEze. 9 29 12 16 καὶ καρποῦ χλόην. ἐπὶ πᾶσι τούτοις τέκν' ἀποκτενῶ * βροτῶν * πρωτόγονα. παύσω δ' ὕβριν ἀνθρώπων κακῶν. φαραὼ
LEze. 9 29 12 35 ἠδὲ καὶ στολὰς ἵν' ὧν ἔπραξαν μισθὸν ἀποδῶσι * βροτοῖς. * ὅταν δ' ἐς ἴδιον χῶρον εἰσέλθηθ' ὅπως ἀφ' ἧσπερ
LEze. 9 29 14 24 θήκαμεν παρεμβολὴν (Βεελζεφὼν τις κλῄζεται πόλις * βροτοῖς). * ἐπεὶ δὲ Τιτὰν ἥλιος δυσμαῖς προσῆν ἐπέσχομεν
LEze. 64 29 6 04 ἀγνοίας βίου χαίρουσα θρήνοις καὶ στενάγμασι * βροτῶν * ὑμεῖς ἀθέσμους εἰς ὕβρεις ὁμοσπόρων τὰς

βροῦχος 1
Bar. 16 3 ἀσυνέτῳ. ἔτι σὺν τούτοις ἐξαποστείλατε κάμπην καὶ * βροῦχον * ἐρυσίβην καὶ ἀκρίδα χάλαζαν μετ' ἀστραπῶν καὶ

βροχή 1
IEsc. 5 131 2 παρεμφερὴς ἀνέμῳ νεφέλῃ τε καὶ ἀστραπῇ βροντῇ * βροχῇ. * ὑπηρετεῖ δὲ αὐτῷ θάλασσα καὶ πέτραι καὶ πᾶσα πηγὴ

Βρύγος 1
Sib. 5 200 θρήνου στυγεροῦ πρὸς καιρὸν ὀλέθρου. ἔσσεται ἐν * Βρύγεσσι * καὶ ἐν Γάλλοις πολυχρύσοις ὠκεανὸς κελαδῶν

βρύχω 1
Sib. 4 160 τότε γινώσκειν θεὸν οὐκέτι πρηΰν ἐόντα ἀλλὰ χόλῳ * βρύχοντα * καὶ ἐξολέκοντα γενέθλην ἀνθρώπων ἅμα πᾶσαν ὑπ'

βρύω 1
Asen. 16 16 ἀφθαρσίας. ἰδοὺ δὴ ἀπὸ τῆς σήμερον αἱ σάρκες σου * βρύουσιν * ὡς ἄνθη ζωῆς ἀπὸ τῆς γῆς τοῦ ὑψίστου καὶ τὰ

βρῶμα 10
Adam 29 7 καὶ εἶπον τῷ Ἀδὰμ ἀνάστα καὶ φρόντισον ἡμῖν * βρώματα * ἵνα φάγωμεν καὶ ζήσωμεν ἵνα μὴ ἀποθάνωμεν.
Hen. 98 2 ἔσονται δὲ ἀργύριον καὶ χρυσίον <παρ'> αὐτοῖς εἰς * βρώματα * καὶ ἐν ταῖς οἰκίαις αὐτῶν ὡς ὕδωρ ἐκχυθήσονται
TRub. 2 7 καὶ ποτῶν καὶ ἰσχὺς ἐν αὐτοῖς κτίζεται ὅτι ἐν * βρώμασίν * ἐστιν ἡ ὑπόστασις τῆς ἰσχύος ἕβδομον πνεῦμα
TJud. 2 2 ὅτε συνέδραμον τῇ ἐλάφῳ καὶ πιάσας αὐτὴν ἐποίησα * βρῶμα * τῷ πατρί μου. τὰς δορκάδας ἐκράτουν διὰ τοῦ δρόμου
TIss. 4 2 χρυσίον οὐκ ἐπιθυμεῖ τὸν πλησίον οὐ πλεονεκτεῖ * βρωμάτων * ποικίλων οὐκ ἐφίεται ἐσθῆτα διάφορον οὐ θέλει
TJos. 6 1 πᾶσαν ἀπόλαυσιν υἱῶν ἀνθρώπων. καὶ ἀποστέλλει μοι * βρῶμα * ἐν γοητείᾳ πεφυραμένον. καὶ ὡς ἦλθεν ὁ εὐνοῦχος ὁ
TJos. 6 4 μετὰ οὖν μίαν ἡμέραν ἐλθοῦσα πρός με ἐπέγνω τὸ * βρῶμα * καὶ λέγει πρός με τί τοῦτο ὅτι οὐκ ἔφαγες ἀπὸ τοῦ
TJos. 6 4 καὶ λέγει πρός με τί τοῦτο ὅτι οὐκ ἔφαγες ἀπὸ τοῦ * βρώματος; * καὶ εἶπον πρὸς αὐτὴν ὅτι ἐπλήρωσας αὐτὸ
Prop. 22 13 κινδυνευόντων πάντων πεποίηκεν ἀβλαβὲς καὶ ἡδὺ τὸ * βρῶμα * τῶν υἱῶν τῶν προφητῶν κοπτόντων ξύλα παρὰ τὸν
LEze. 9 29 12 14 τρεῖς ἐφ' ἡμέρας ὅλας ἀκρίδας τε πέμψω καὶ περισσὰ * βρώματα * ἅπαντ' ἀναλώσουσι καὶ καρποῦ χλόην. ἐπὶ πᾶσι

βρῶσις
4
TRub.    2    7    γνῶσις ἕκτον πνεῦμα γεύσεως μεθ' ἧς γίνεται ✶ βρῶσις ✶ βρωτῶν καὶ ποτῶν καὶ ἰσχὺς ἐν αὐτοῖς κτίζεται ὅτι
Aris.   129    2    καταβολῆς οὔσης τὰ μὲν ἀκάθαρτα νομίζεται πρὸς ✶ βρῶσιν ✶ τὰ δὲ καὶ πρὸς τὴν ἀφὴν δεισιδαιμόνως γὰρ τὰ
FJub.    3    9    ἐνετείλατο ὁ θεὸς τῷ Ἀδὰμ ἀπέχεσθαι τῆς ✶ βρώσεως ✶ τοῦ ξύλου τῆς γνώσεως. τῇ ἐνενηκοστῇ τρίτῃ ἡμέρᾳ
FPho.        92    κόλακας ποιεῖσθαι ἑταίρους πολλοὶ γὰρ πόσιος καὶ ✶ βρώσεός ✶ εἰσιν ἑταῖροι καιρὸν θωπεύοντες ἐπὴν κορέσασθαι

βρωτός
10
TRub.    2    7    γνῶσις ἕκτον πνεῦμα γεύσεως μεθ' ἧς γίνεται βρῶσις ✶ βρωτῶν ✶ καὶ ποτῶν καὶ ἰσχὺς ἐν αὐτοῖς κτίζεται ὅτι ἐν
Aris.   128    4    ἔχειν τινὰ τῶν ἐν τῇ νομοθεσίᾳ περί τε τῶν ✶ βρωτῶν ✶ καὶ ποτῶν καὶ τῶν νομιζομένων ἀκαθάρτων εἶναι
Aris.   140    5    σέβεται τὸν κατὰ ἀλήθειαν θεὸν ἀλλ' εἰσὶν ἄνθρωποι ✶ βρωτῶν ✶ καὶ ποτῶν καὶ σκέπης ἡ γὰρ πᾶσα διάθεσις αὐτῶν
Aris.   142    3    πάντοθεν ἡμᾶς περιέφραξεν ἁγνείαις καὶ διὰ ✶ βρωτῶν ✶ καὶ ποτῶν καὶ ἀφῶν καὶ ἀκοῆς καὶ δράσεως νομικῶς.
Aris.   158    1    κρατοῦντος θεοῦ καὶ συντηροῦντος. καὶ γὰρ ἐπὶ τῶν ✶ βρωτῶν ✶ καὶ ποτῶν ἀπαρξαμένους εὐθέως τότε συγχρῆσθαι
Aris.   162    1    καὶ σημείωσιν ὀρθοῦ λόγου. διατάξας γὰρ ἐπὶ ✶ βρωτῶν ✶ καὶ ποτῶν καὶ τῶν κατὰ τὰς ἁφὰς ἕκαστα κελεύει
Aris.   169    2    ἀνθρώπους μεμνημένοι τοῦ δυναστεύοντος θεοῦ. περὶ ✶ βρωτῶν ✶ οὖν καὶ τῶν ἀκαθάρτων ἑρπετῶν καὶ κνωδάλων καὶ
Aris.   182    1    πόλεις ἔθεσιν ἰδίοις συγχρῶνται πρὸς τὰ ποτὰ καὶ ✶ βρωτὰ ✶ καὶ στρωμνὰς τοσοῦτοι καὶ προεστῶτες ἦσαν καὶ κατὰ
Aris.   223    1    τι τὴν διάνοιαν ῥέπειν τοῖς μὲν οὖν πολλοῖς ἐπὶ τὰ ✶ βρωτὰ ✶ καὶ ποτὰ καὶ τὰς ἡδονὰς εἰκός ἐστι κεκλίσθαι τοῖς
FAch.   106        βασιλείας ἀπώλεσα διὰ τὴν ἐμὴν ἀβουλίαν. καὶ οὔτε ✶ βρωτοῦ ✶ οὔτε ποτοῦ μετέλαβεν. ἐπιγνοὺς οὖν ὁ στρατοφύλαξ

Βυζάντιον
1
Sib.    3    437    πόντος ἀπορρήξει βαρὺν ὄλβον. καὶ σύ ποτ' +Ἄρη Βυζάντιον ✶ Ἀσίδι στέρξῃ+ καὶ δὴ καὶ στοναχὰς λήψῃ καὶ

βυθίζω
1
Asen.   12    2    ἐπὶ τῆς ἀβύσσου τοῦ ὕδατος καὶ οἱ λίθοι οὐ ✶ βυθισθήσονται ✶ ἀλλ' εἰσὶν ὡς φύλλα δρυὸς ἐπάνω τῶν ὑδάτων

βυθός
8
Asen.   12    11    περιειλίσσεταί με ἐν σκότει καὶ ἐκβάλει με εἰς τὸν ✶ βυθὸν ✶ τῆς θαλάσσης καὶ καταπίεταί με τὸ κῆτος τὸ μέγα τὸ
Sib.    3    174    νέφος ἥξουσι βροτοῖσιν. ἀλλὰ μιν οὐράνιος θεὸς ἐκ ✶ βυθοῦ ✶ ἐξαλαπάξει. αὐτὰρ ἔπειτ' ἄλλης βασιληίδος ἔσσεται
Sib.    3    481    νυμφεύσεται Ἄιδης κούρους δ' ἀκτερέας ⟨ὁπόσους⟩ ✶ βυθὸς ✶ ἀμφιπολεύσει αἰαῖ νήπια τέκν' ἀλινηχέα καὶ βαρὺν
Sib.    4    60    πολλὰς πρηνίξει πόλιας καὶ ἔργ' ἀνθρώπων ἐκ δὲ ✶ βυθοῦ ✶ τότε νήσοι ὑπερκύψουσι θαλάσσης. ἀλλ' ὅταν
Sib.    4    77    μέγα ἔγχος ἀείρας νηυσὶν ἀμετρήτοισιν τὰ μὲν ✶ βυθοῦ ✶ ὑγρὰ κέλευθα πεζεύσει πλεύσει δὲ ταμὼν ὄρος
Sib.    5    121    ἐν ἀνθρώποισι φανεῖται. Λέσβος ὅλη δύσει βαθὺν εἰς ✶ βυθὸν ✶ ὥστ' ἀπολέσθαι. Σμύρνα κατὰ κρημνῶν ἑλισσομένη
IEsc.  5  131    3    συστήματα. τρέμει δ' ὄρη καὶ γαῖα καὶ πελώριος ✶ βυθὸς ✶ θαλάσσης καὶ ὀρέων ὕψος μέγα ἐπὰν ἐπιβλέψῃ γοργὸν
ISop.  5  122    1    δὲ ἐκλίπῃ τὸ πᾶν φροῦδος μὲν ἔσται κυμάτων ἅπας ✶ βυθὸς ✶ γῆ δὲ ἐδράνων ἔρημος οὐδ' ἀὴρ ἔτι πτερωτὰ φῦλα

βύσσινος
9
Adam   40    1    ἐν τῷ τρίτῳ οὐρανῷ καὶ ἔνεγκε τρεῖς σινδόνας ✶ βυσσίνας ✶ καὶ συρικάς. καὶ εἶπεν ὁ θεὸς τῷ Μιχαὴλ καὶ τῷ
TLevi   8    6    περιέθηκέ μοι στολὴν ἁγίαν καὶ ἔνδοξον. ὁ τρίτος ✶ βυσσίνην ✶ με περιέβαλεν ὁμοίαν ἐφούδ. ὁ τέταρτος ζώνην
TJos.  19    3    ὅτι ἐκ τοῦ Ἰουδὰ ἐγεννήθη παρθένος ἔχουσα στολὴν ✶ βυσσίνην ✶ καὶ ἐξ αὐτῆς προῆλθεν ἀμνὸς ἄμωμος καὶ ἐξ
Asen.   3    6    ὅπου ἔκειντο αἱ στολαὶ αὐτῆς καὶ ἐνεδύσατο στολὴν ✶ βυσσίνην ✶ ἐξ ὑακίνθου χρυσοϋφῆ καὶ ἐζώσατο ζώνην χρυσῆν
Asen.  10    10    καὶ ἀπέθετο τὴν στολὴν αὐτῆς τὴν βασιλικὴν τὴν ✶ βυσσίνην ✶ καὶ χρυσοϋφῆ καὶ ἐνεδύσατο τὸν χιτῶνα μελανὸν
Asen.  13    3    ἰδοὺ ἀπεθέμην μου τὴν βασιλικὴν στολὴν τὴν ✶ βυσσίνην ✶ ἐξ ὑακίνθου χρυσοϋφῆ καὶ ἐνεδυσάμην χιτῶνα
Asen.  16    18    ὡς πορφύρα καὶ ὡς ὑάκινθος καὶ ὡς κόκκος καὶ ὡς ✶ βύσσινα ✶ ἱμάτια χρυσοϋφῆ καὶ διαδήματα χρυσᾶ ἐπὶ ἱᾶς
Aris.  87    6    ἱερέων κεκαλυμμένων μέχρι τῶν σφυρῶν ✶ βυσσίνοις ✶ χιτῶσιν. ὁ δὲ οἶκος βλέπει πρὸς ἕω τὰ δ'
Aris. 320    5    στολὰς δέκα καὶ πορφύραν καὶ στέφανον διαπρεπῆ καὶ ✶ βυσσίνων ✶ ὀθονίων ἱστοὺς ἑκατὸν καὶ φιάλας καὶ τρύβλια

βύσσος
4
Abr.1   4    2    τέκνον καὶ ὑφάπλωσον σινδόνας καὶ πορφύραν καὶ ✶ βύσσον ✶ θυμίασον δὲ παντοῖον καὶ καλὸν θυμίαμα καὶ
Asen.   2    8    πορφυρᾶ χρυσοϋφῆ ἐξ ὑακίνθου καὶ πορφύρας καὶ ✶ βύσσου ✶ καθυφασμένη. καὶ ἐν ταύτῃ τῇ κλίνῃ ἐκάθευδεν
Asen.   5    5    καὶ ἡ στολὴ τῆς περιβολῆς αὐτοῦ ἦν πορφυρᾶ ἐκ ✶ βύσσου ✶ χρυσοϋφῆς καὶ στέφανος χρυσοῦς ἐπὶ τῆς κεφαλῆς
Job    25    7    ἴδε ὅτι αὕτη ἐστὶν ἥτις εἶχεν τὴν ἔνδυσιν ἐκ ✶ βύσσου ✶ ὑφασμένην σὺν χρυσῷ, νῦν δὲ φορεῖ ρακκώδη καὶ

βῶλος
1
LArl. 13   12    6    ἐπὶ ἔργον ἐγείρει μιμνήσκων βιότοιο λέγει δ' ὅτε ✶ βῶλος ✶ ἀρίστη βουσί τε καὶ μακέλῃσι λέγει δ' ὅτε δεξιαὶ

βωμός
14
TLevi  18   ZB020    σου καὶ τοὺς πόδας σου πρὸ τοῦ ἐγγίσαι πρὸς τὸν ✶ βωμὸν ✶ προσενέγκαι ὁλοκάρπωσιν καὶ ὅταν μέλλῃς προσφέρειν
TLevi  18   ZB021    ὅταν μέλλῃς προσφέρειν ὅσα δεῖ ἀνενέγκαι ἐπὶ τὸν ✶ βωμὸν ✶ πάλιν νίπτου τὰς χεῖράς σου καὶ τοὺς πόδας σου.
TLevi  18   ZB023    ἀπὸ παντὸς μολυσμοῦ ιβ' ξύλα εἴρηκέν μοι ἐπὶ τὸν ✶ βωμὸν ✶ προσφέρε⟨ιν⟩ ὧν ἐστιν ὁ καπνὸς αὐτῶν ἡδὺς
TLevi  18   ZB031    καθῆκι τῶν+ οὕτως ξύλα καθήκει ἀναφέρεσθαι ἐπὶ τὸν ✶ βωμὸν ✶ τῷ ταύρῳ τῷ τελείῳ τάλαντον ξύλων καθήκει αὐτῷ ἐν
TLevi  18   ZB037    μεγάλῳ ἁλῖσαι τὸ κρέας αὐτοῦ καὶ ἀνένεγκε ἐπὶ τὸν ✶ βωμὸν. ✶ σάτον καθῆκει τῷ ταύρῳ καὶ ἡ περισσεύση τοῦ
Sib.    3   273    σοῖς ἐθίμοισιν. γαῖα δ' ἔρημος ἅπασα σέθεν καὶ ✶ βωμὸς ✶ ἐρυμνὸς καὶ ναὸς μεγάλοιο θεοῦ καὶ τείχεα μακρὰ
Sib.    3   579    τε τελείων πρωτοτόκων ὅλων τε καὶ ἀρνῶν πίονα μῆλα ✶ βωμῷ ✶ ἐπὶ μεγάλῳ ἁγίως ὁλοκαρπεύοντες. ἐν δὲ δικαιοσύνῃ
Sib.    4   28    οἳ νηοὺς μὲν ἅπαντας ἀπαρνήσονται ἰδόντες καὶ ✶ βωμοὺς ✶ εἰκαῖα λίθων ἀφιδρύματα κωφῶν καὶ λίθινα ξόανα
Sib.    5   95    αἵματι καὶ νεκύεσσι +παρ' ἐκπάγλοισί τε ✶ βωμοῖς+ ✶ βαρβαρόφρων σθεναρὸς πολυαίματος ἄφρονα λυσσῶν
HEup.  9   30    5    ἄγγελον αὐτῷ ὀφθῆναι ἑστῶτα ἐπάνω τοῦ τόπου οὗ τὸν ✶ βωμὸν ✶ ἱδρῦσθαι ἐν Ἱεροσολύμοις καὶ κελεύειν αὐτὸν μὴ
HEup.  9   34    15    καὶ ἐν τῷ οἴκῳ θεῖναι. καὶ τὴν κιβωτὸν δὲ καὶ τὸν ✶ βωμὸν ✶ τὸν χρυσοῦν καὶ τὴν λυχνίαν καὶ τὴν τράπεζαν καὶ
HHec.  1   22   193    τὴν χώραν πρὸς αὐτοὺς ἀφικνουμένων καὶ νεὼς καὶ ✶ βωμοὺς ✶ κατασκευασάντων ἅπαντα ταῦτα κατέσκαπτον καὶ τῶν
HHec.  1   22   198    εὖρος δὲ πηχῶν ἑκατὸν ἔχων διπλᾶς πύλας. ἐν ᾧ ✶ βωμός ✶ ἐστι τετράγωνος οὐκ ἐκ τμητῶν ἀλλ' ἐκ συλλέκτων
HHec.  1   22   198    ὕψος δὲ δεκάπηχυ. καὶ παρ' αὐτὸν οἴκημα μέγα οὗ ✶ βωμός ✶ ἐστι καὶ λυχνίον ἀμφότερα χρυσᾶ δύο τάλαντα τὴν

Γαάς
1
TJud.   7    1    ὀλοθρεύσαμεν. καὶ τῇ ἑξῆς ἐρρέθη πρὸς ἡμᾶς ὅτι ✶ Γαὰς ✶ πόλις βασιλέων ἐν ὄχλῳ βαρεῖ ἔρχεται πρὸς ἡμᾶς. ἐγὼ

Γαβά
1
Prop.  17    1    αὐτοῦ ἐν ἀγρῷ αὐτοῦ. Ναθὰν προφήτης Δαυὶδ ἦν ἐκ ✶ Γαβὰ ✶ καὶ αὐτὸς ἦν ὁ διδάξας αὐτὸν νόμον κυρίου Ναθὰν ὁ

Γαβαών
2
Prop.   1    7    κατ' ἀνατολὰς τῆς Σιὼν ἥτις ἔχει εἴσοδον ἀπὸ ✶ Γαβαὼν ✶ μήκοθεν τῆς πόλεως σταδίους εἴκοσι. καὶ ἐποίησε
Prop.  17    1B    τοῦ Δαυὶδ ἐκ φυλῆς ἱερωσύνης ἦν. ἐγεννήθη δὲ ἐν ✶ Γαβαῷ ✶ καὶ αὐτὸς ἐδίδαξε τὸν Δαυὶδ νόμον κυρίου καὶ εἶδεν

Γαβουθελῶν
1
Esdr.   6    2    ἐπὶ τῆς συντελείας; Μιχαὴλ Γαβριὴλ Οὐριὴλ Ῥαφαὴλ ✶ Γαβουθελῶν ✶ Ἀκὴρ Ἀρφουγιτόνος Βεβουρὸς Ζεβουλεῶν. τότε

Γαβριήλ
13
Adam   40    2    καὶ συρικάς. καὶ εἶπεν ὁ θεὸς τῷ Μιχαὴλ καὶ τῷ ✶ Γαβριὴλ ✶ καὶ τῷ Οὐριὴλ στρώσατε σινδόνας καὶ σκεπάσατε τὸ
Hen.    9    1    παρα⟨καλύψαντες⟩ Μιχαὴλ καὶ Οὐ⟨ρι⟩ὴλ καὶ Ῥαφαὴλ καὶ ✶ Γαβρι⟨ὴλ⟩ ✶ οὗτοι ἐκ τοῦ οὐρανοῦ ἐθεάσαντο αἷμα πολὺ
Hen.   9B    1    ἀρχάγγελοι Μιχαὴλ καὶ Οὐριὴλ καὶ Ῥαφαὴλ καὶ ✶ Γαβριὴλ ✶ παρέκυψαν ἐπὶ τὴν γῆν ἐκ τῶν ἁγίων τοῦ οὐρανοῦ.
Hen.   10    9    καὶ ἐπ' αὐτῷ γράψον τὰς ἁμαρτίας πάσας. καὶ τῷ ✶ Γαβριὴλ ✶ εἶπεν ὁ κύριος πορεύου ἐπὶ τοὺς μαζηρέους ἐπὶ
Hen.  10B    9    καὶ ἐπ' αὐτῇ γράψον πάσας τὰς ἁμαρτίας. καὶ τῷ ✶ Γαβριὴλ ✶ εἶπε πορεύου Γαβριὴλ ἐπὶ τοὺς γίγαντας ἐπὶ τοὺς
Hen.  10B    9    πάσας τὰς ἁμαρτίας. καὶ τῷ Γαβριὴλ εἶπε πορεύου ✶ Γαβριὴλ ✶ ἐπὶ τοὺς γίγαντας ἐπὶ τοὺς κιβδήλους ἐπὶ τοὺς
Hen.   20    7    πνευμάτων οἵτινες ἐπὶ τῷ πνεύματι ἁμαρτάνουσιν. ✶ Γαβριὴλ ✶ ὁ εἷς τῶν ἁγίων ἀγγέλων ὁ ἐπὶ τοῦ παραδείσου καὶ
Hen.  20B    7    πνευμάτων οἵτινες ἐπὶ τῷ πνεύματι ἁμαρτάνουσιν. ✶ Γαβριὴλ ✶ ὁ εἷς τῶν ἁγίων ἀγγέλων ὁ ἐπὶ τοῦ παραδείσου καὶ
Esdr.   2    1    ταῦτα αὐτοῦ λαλοῦντός μου ἦλθεν Μιχαὴλ καὶ ✶ Γαβριὴλ ✶ καὶ οἱ ἀπόστολοι πάντες καὶ εἶπον χαῖρε πιστὲ
Esdr.   4    7    ὁ θεὸς κάτελθε καὶ ἴδε. καὶ ἔδωκέν μοι Μιχαὴλ καὶ ✶ Γαβριὴλ ✶ καὶ ἄλλους τριάκοντα τέσσαρας ἀγγέλους καὶ
Esdr.   6    2    ὀνόματα τῶν ἀγγέλων τῶν ἐπὶ τῆς συντελείας; Μιχαὴλ ✶ Γαβριὴλ ✶ Οὐριὴλ Ῥαφαὴλ Γαβουθελῶν Ἀκὴρ Ἀρφουγιτόνος
FJub.   2    1    ἔρημον ἐφιλοσόφει διδασκόμενος παρὰ τοῦ ἀρχαγγέλου ✶ Γαβριὴλ ✶ τὰ περὶ τῆς γενέσεως τοῦ κόσμου καὶ τοῦ πρώτου
FJub.  48    1    ἔρημον ἐφιλοσόφει διδασκόμενος παρὰ τοῦ ἀρχαγγέλου ✶ Γαβριὴλ ✶ τὰ περὶ τῆς γενέσεως τοῦ κόσμου. ἐν ρμδ' ἔτει

Γάδ
23
TRub.   1    4    ὁδὸν πατέρων μου. καὶ ἰδὼν ἐκεῖ Ἰούδαν καὶ ✶ Γὰδ ✶ καὶ Ἀσὴρ τοὺς ἀδελφοὺς αὐτοῦ εἶπεν αὐτοῖς
TJud.   5    2    ἀπροσέγγιστον ἀπειλοῦσαν ἡμῖν θάνατον. ἐγὼ οὖν καὶ ✶ Γὰδ ✶ προσήξαμεν ἀπὸ ἀνατολῶν τῆς πόλεως Ῥουβὴμ δὲ καὶ
TJud.   9    6    ἐξ αὐτῶν. καὶ τῇ ἑξῆς ἐμβάντες Ῥουβὴμ καὶ ✶ Γὰδ ✶ ἀνεῖλον ἑτέρους ἐξήκοντα. τότε ἀπειλοῦσιν ἡμᾶς τε πρὸς
TJud.  25    2    φωστῆρες τὸν Δὰν ἡ τρυφὴ τὸν Νεφθαλὶμ ὁ ἥλιος τὸν ✶ Γὰδ ✶ ἡ ἐλαία τὸν Ἀσὴρ καὶ ἔσται εἰς λαὸς κυρίου καὶ γλῶσσα
TIss.   5    8    ἁπλότητι τοῦ πατρὸς ὑμῶν περιπατήσατε ὅτι καὶ τῷ ✶ Γὰδ ✶ ἐδόθη ἀπολέσαι τὰ πειρατήρια τὰ ἐπερχόμενα τῷ
TZab.        1    ποιήσαι τὴν ἀνομίαν ταύτην. ἦλθον γὰρ Συμεὼν καὶ ✶ Γὰδ ✶ ἐπὶ τὸν Ἰωσὴφ μετ' ὀργῆς τοῦ ἀνελεῖν αὐτὸν καὶ
TZab.   3        Ἰωσὴφ τέκνα ἐγὼ οὐκ ἐκοινώνησα ἀλλὰ Συμεὼν καὶ ✶ Γὰδ ✶ καὶ οἱ ἄλλοι ἓξ ἀδελφοὶ ἡμῶν λαβόντες τὴν τιμὴν τοῦ
TZab.   4    2    τῷ λάκκῳ ὅτι ἐφοβεῖτο μὴ ἀποπηδήσαντες Συμεὼν καὶ ✶ Γὰδ. ✶ ἀνέλωσιν αὐτόν. καὶ ὁρῶντες κἀμὲ μὴ ἐσθίοντα ἔθεντό
TGad            ✶ Γὰδ. ✶ περὶ μίσους. ἀντίγραφον διαθήκης Γὰδ ἃ ἐλάλησεν
TGad    1    1    διαθήκη Γάδ. περὶ μίσους. ἀντίγραφον διαθήκης ✶ Γὰδ ✶ ἃ ἐλάλησεν αὐτὸς τοῖς υἱοῖς αὐτοῦ ἐν ἔτει ἑκατοστῷ
TAser   7    6    ἐντολαῖς ἀνθρώπων. διὰ τοῦτο διασκορπισθήσεσθε ὡς ✶ Γὰδ ✶ καὶ ὡς Δὰν οἱ ἀδελφοί μου οἳ χώρας αὐτῶν ἀγνοήσουσι
Asen.  24    4    ὑμεῖς ἐστὲ ἄνδρες δυνατοί. καὶ εἶπον αὐτῷ Δὰν καὶ ✶ Γὰδ ✶ οἱ πρεσβύτεροι ἀδελφοὶ λαλήσατε δὴ ὁ κύριος ἡμῶν
Asen.  24    8    ὅτι τέκνα παιδισκῶν τοῦ πατρός μού εἰσι Δὰν καὶ ✶ Γὰδ ✶ καὶ Νεφθαλὶμ καὶ Ἀσὴρ καὶ οὐκ εἰσὶν ἀδελφοί μου καὶ
Asen.  24    15    τὸ ρῆμα τοῦτο ποιήσατε. καὶ εἶπον αὐτῷ Δὰν καὶ ✶ Γὰδ ✶ ἡμεῖς ἐσμεν παῖδές σου σήμερον καὶ ποιήσομεν πάντα ἃ
Asen.  24    19    αὐτῶν ἡγεμόνας. καὶ εἶπον αὐτῷ Δὰν καὶ ✶ Γὰδ ✶ ἡμεῖς ἐσμεν παῖδές σου καὶ ποιήσομεν πάντα ὅσα
Asen.  25    4    ἀπῆλθεν ἔμπροσθεν αὐτῶν καθὰ ἐλάλησεν αὐτῷ Δὰν καὶ ✶ Γὰδ. ✶ καὶ ἐλάλησαν οἱ ἀδελφοὶ οἱ νεώτεροι Νεφθαλὶμ καὶ
Asen.  25    5    ἀδελφοῖς αὐτῶν τοῖς πρεσβυτέροις τῷ Δὰν καὶ τῷ ✶ Γὰδ ✶ λέγοντες ἵνα τί ὑμεῖς πονηρεύεσθε πάλιν κατὰ τοῦ
Asen.  25    7    αὐτοῖς οἱ ἀδελφοὶ αὐτῶν οἱ πρεσβύτεροι Δὰν καὶ ✶ Γὰδ ✶ καὶ εἶπον ἀλλ' ὡς γυναῖκες ἀποθανούμεθα; μὴ γένοιτο.

Asen. 28 8 ὑμῶν. καὶ ἔφυγον εἰς τὴν ὕλην τοῦ καλάμου Δὰν καὶ * Γὰδ * καὶ οἱ ἀδελφοὶ αὐτῶν. καὶ ἰδού οἱ υἱοὶ Λιας ἦλθον
Prop. 3 17 οὗτος ἔκρινεν ἐν Βαβυλῶνι τὴν φυλὴν Δὰν καὶ τοῦ * Γὰδ * ὅτι ἠσέβουν εἰς τὸν κύριον διώκοντες τοὺς τὸν νόμον
HDem. 9 21 3 τῷ δωδεκάτῳ ἔτει μηνὶ δευτέρῳ υἱὸν ὃν ὑπὸ Λειας * Γὰδ * ὀνομασθῆναι καὶ ἐκ τῆς αὐτῆς τοῦ αὐτοῦ ἔτους καὶ
HDem. 9 21 8 ἐννέα μηνῶν ὀκτὼ Νεφθαλειμ ἐτῶν ὀκτὼ μηνῶν δέκα * Γὰδ * ἐτῶν ὀκτὼ μηνῶν δέκα Ἀσὴρ ἐτῶν ὀκτὼ Ἰσσάχαρ ἐτῶν
HDem. 9 21 17 ἐτῶν μ β' μηνῶν δύο Νεφθαλειμ ἐτῶν μ α' μηνῶν ζ' * Γὰδ * ἐτῶν μ α' μηνῶν γ' Ἀσὴρ ἐτῶν μ' μηνῶν ὀκτὼ Ζαβουλὼν

Γάδερ 1
TRub. 3 13 ἡμῶν πρὸς Ἰσαὰκ τὸν πατέρα αὐτοῦ ὄντων ἡμῶν ἐν * Γάδερ * πλησίον Ἐφραθὰ οἴκου Βηθλέεμ Βάλλα ἦν μεθύουσα

γάζα 1
HArt. 9 27 34 ἐκπώματα οὐκ ὀλίγον δὲ ἱματισμὸν ἄλλην τε παμπληθῆ * γάζαν * διαβάντας τοὺς κατὰ τὴν Ἀραβίαν ποταμοὺς καὶ

Γάζα 6
TJud. 2 6 οὐρᾶς ἀπηκόντισα αὐτὴν καὶ ἐρράγη ἐν τοῖς ὁρίοις * Γάζης. * βοῦν ἄγριον ἐν χώρᾳ νεμόμενον ἐκράτησα ἐκ τῶν
Aris. 115 3 τόν τε κατὰ τὴν Ἀσκαλῶνα καὶ Ἰόππην καὶ * Γάζαν * ὁμοίως δὲ καὶ Πτολεμαΐδα τὴν ὑπὸ τοῦ βασιλέως
Aris. 117 4 λεγόμενοι κατίασι περιλαμβάνοντες τὰ πρὸς τὴν * Γάζαν * μέρη καὶ τὴν Ἀζωτίων χώραν. περιέχεται δὲ
Sib. 3 345 Νίκαια Ἀντιόχεια Τάναγρα Σινώπη Σμύρνη +Μάρος+ * Γάζα * πανολβίστη Ἱεράπολις Ἀστυπάλαια Εὐρώπης δὲ
HHec. 1 22 185 ἐπὶ ταύτης Πτολεμαῖος ὁ Λάγου ἐνίκα κατὰ * Γάζαν * μάχῃ Δημήτριον τὸν Ἀντιγόνου τὸν ἐπικληθέντα
HHec. 1 22 186 τὸν ἐπικληθέντα Πολιορκητήν. μετὰ τὴν ἐν * Γάζῃ * μάχην ὁ Πτολεμαῖος ἐγένετο τῶν περὶ Συρίαν τόπων

γαῖα 106 (cf.+ γῆ, αἶα)
Sib. 3 72 ἀπειλαὶ καὶ δύναμις φλογέουσα δι' οἴδματος εἰς * γαῖαν * ἥξῃ καὶ Βελιαρ φλέξῃ καὶ ὑπερφιάλους ἀνθρώπους
Sib. 3 85 δὲ πυρὸς μαλεροῦ καταράκτης ἀκάματος φλέξει δὲ * γαῖαν * φλέξει δὲ θάλασσαν καὶ πόλον οὐράνιον καὶ ἤματα
Sib. 3 107 παντοδαπαῖς φωναῖσι διέστρεφον αὐτὰρ ἅπασα * γαῖα * βροτῶν πληροῦτο μεριζομένων βασιλειῶν καὶ τότε δὴ
Sib. 3 111 ἄνδρας. καὶ βασίλευσε Κρόνος καὶ Τιτὰν Ἰαπετός τε * Γαίης * τέκνα φέριστα καὶ Οὐρανοῦ οὓς ἐκάλεσσαν ἄνθρωποι
Sib. 3 112 τέκνα φέριστα καὶ Οὐρανοῦ οὓς ἐκάλεσσαν ἄνθρωποι * γαῖάν * τε καὶ οὐρανὸν οὔνομα θέντες οὕνεκά τοι πρώτιστοι
Sib. 3 114 ἔσαν μερόπων ἀνθρώπων. τρισσαὶ δὴ μερίδες * γαίης * κατὰ κλῆρον ἑκάστου καὶ βασίλευσεν ἕκαστος ἔχων
Sib. 3 122 Κρόνος Τιτάν τε πρὸς αὐτούς. τοὺς δὲ Ῥέη καὶ * Γαῖα * φιλοστέφανός τ' Ἀφροδίτη Δημήτηρ Ἑστίη τε
Sib. 3 151 ἐν δεσμοῖσι Κρόνον Ῥείην τε σύνευνον κρύψεν δ' ἐν * γαίῃ * καὶ ἐν +ζωσμοῖς+ ἐφύλασσεν. καὶ τότε +δή μιν+
Sib. 3 164 ἵστατο καί μ' ἐκέλευσε προφητεῦσαι κατὰ πᾶσαν * γαῖαν * καὶ βασιλεῦσι τά τ' ἐσσόμεν' ἐν φρεσὶ θεῖναι. καὶ
Sib. 3 177 καὶ πολύκρανος ἀφ' ἑσπερίοιο θαλάσσης ἣ πολλῆς * γαίης * ἄρξει πολλοὺς δὲ σαλεύσει καὶ πᾶσιν βασιλεῦσι
Sib. 3 222 οὔτε σελήνης οὔτε πελώρια ἔργα μεριμνῶσιν κατὰ * γαίης * οὔτε βάθος χαροποῖο θαλάσσης Ὠκεανοῖο οὐ πταρμῶν
Sib. 3 232 ἀνθρώπους ἐξ ὧν δὴ κακὰ πολλὰ βροτοῖς πέλεται κατὰ * γαῖαν * τοῦ πεπλανῆσθαι ὁδούς τ' ἀγαθὰς καὶ ἔργα δίκαια.
Sib. 3 240 ἀγέλας ἐλάουσι βοῶν ὀίων τε καὶ αἰγῶν οὐδὲ ὅρους * γαίης * γείτων τοῦ γείτονος αἴρει οὐδὲ πολὺ πλουτῶν τις
Sib. 3 247 ἔννομον ὕμνον πᾶσι γὰρ Οὐράνιος κοινὴν ἐτελέσσατο * γαῖαν. * ἡνίκα δ' Αἴγυπτον λείψει καὶ ἀταρπὸν ὁδεύσει λαὸς
Sib. 3 261 ἐξαπολεῖται. πᾶσι γὰρ Οὐράνιος κοινὴν ἐτελέσσατο * γαῖαν * καὶ πίστιν καὶ ἄριστον ἐνὶ στήθεσσι νόημα. τοῖσι
Sib. 3 271 ἀλόχους καὶ πᾶς βίοτος καὶ πλοῦτος ὀλεῖται πᾶσα δὲ * γαῖα * σέθεν πλήρης καὶ πᾶσα θάλασσα πᾶς δὲ προσοχθίζων
Sib. 3 273 πᾶς δὲ προσοχθίζων ἔσται τοῖς σοῖς ἐθίμοισιν. * γαῖα * δ' ἔρημος ἅπασα σέθεν καὶ βωμὸς ἐρυμνὸς καὶ ναὸς
Sib. 3 299 ἵστατο καί μ' ἐκέλευσε προφητεῦσαι κατὰ πᾶσαν * γαῖαν * καὶ βασιλεῦσι τά τ' ἐσσόμεν' ἐν φρεσὶ θεῖναι. καὶ
Sib. 3 304 Βαβυλὼν ἤδ' Ἀσσυρίων γένος ἀνδρῶν πᾶσαν ἁμαρτωλῶν * γαῖαν * ῥοιζός ποθ' ἱκνεῖται καὶ πᾶσαν χώραν μερόπων
Sib. 3 322 οἴκησις ἐν ἀνθρώποισι κεκλήσῃ καὶ πίεταί σου * γαῖα * πολύδροσος αἷμα κελαινόν. αἰαῖ σοι Λιβύη αἰαῖ δὲ
Sib. 3 330 τ' ἐμασήσατε δεινῶς. τοὔνεκα δὴ νεκρῶν πλήρη σὴν * γαῖαν * ἐπόψει τοὺς μὲν ὑπὸ πτολέμου καὶ πάσης δαίμονος
Sib. 3 333 ὁρμῆς λιμοῦ καὶ λοιμοῦ ὑπό τ' ἐχθρῶν βαρβαροθύμων. * γαῖα * ⟨δ'⟩ ἔρημος ἅπασα σέθεν καὶ ἔρημα πόληες. ἐν δὲ
Sib. 3 360 τε κείρει ἠδὲ δίκην διέπουσα ἀπ' οὐρανόθεν ποτὶ * γαῖαν * ῥίψει ἐκ δὲ γαίης πάλιν οὐρανὸν εἰς ἀνεγείρει ὄττι
Sib. 3 361 διέπουσα ἀπ' οὐρανόθεν ποτὶ γαῖαν ῥίψει ἐκ δὲ * γαίης * πάλιν οὐρανὸν εἰς ἀνεγείρει ὄττι βροτοὶ φαύλου
Sib. 3 367 ἡγεμόνων κακότητι --- εἰρήνη δὲ γαληνὸς ἐς Ἀσίδα * γαῖαν * ὁδεύσει Εὐρώπη δὲ μάκαιρα τότ' ἔσσεται εὔβοτος
Sib. 3 370 ἀχάλαζος πάντα φέρων καὶ πτηνὰ καὶ ἑρπετὰ θηρία * γαίης. * ὦ μακαριστὸς ἐκεῖνον ὃς ἐς χρόνον ἔσσεται ἀνὴρ ἠὲ
Sib. 3 409 ἄρα καιρὸς ἐκεῖνος ἐπωνυμίην ἐνοσίχθων κευθμῶνας * γαίης * σκεδάσει καὶ τείχεα λύσει. σήματα δ' οὐκ ἀγαθοῖο
Sib. 3 461 εὐποίητ' ἀνδρῶν τε λεὼν βαρυθύμων ὀμβρήσει δέ τε * γαῖα * ὕδωρ ζεστὸν ποτὶ δ' αὐτῆς γαῖα βαρυνομένη πίεται
Sib. 3 462 ὀμβρήσει δέ τε γαῖα ὕδωρ ζεστὸν ποτὶ δ' αὐτῆς * γαῖα * βαρυνομένη πίεται ὀσμὴ δέ τε θείου. καὶ Σάμος ἐν
Sib. 3 483 αἰαῖ νήπια τέκν' ἀλινηχέα καὶ βαρὺν ὄλβον. Μυσῶν * γαῖα * μάκαιρα γένος βασιλήιον ἄφνω +τεύξεται. οὐ μὴν
Sib. 3 491 στήθεσσιν ἵστατο καί μ' ἐκέλευσε προφητεῦσαι κατὰ * γαῖαν. * αἰαῖ Φοινίκων γένει ἀνδρῶν ἠδὲ γυναικῶν καὶ
Sib. 3 502 ἄρ' αὐτοὺς ἐκπάγλως πληγαῖσι δαμάσσειεν παρὰ πᾶσαν * γαῖαν * καὶ πικρὴν μοίρην πέμψει θεὸς αὐτοῖς ἐξ ἐδάφους
Sib. 3 511 ἐπεσσυμένως πορθέοντες +τότε σοι κακὸν ἔσται+ * γαίῃ * δ' ἀλλοτρίῃ δώσεις --- οὐδέ τι λήψῃ. αἰαῖ +σοι Γὼγ
Sib. 3 525 φλέξουσιν ἀθέσμως πολλὰ δὲ σώματα δοῦλα πρὸς ἄλλην * γαῖαν * ἀνάγκῃ ἄξουσιν καὶ τέκνα βαθυζώνους τε γυναῖκας ἐκ
Sib. 3 540 τε μέγαν τεύξει θεὸς οὐρανὸν ὑψοῦ ἀβροχίην τ' ἐπὶ * γαῖαν * ὅλην αὐτὴν δὲ σιδηρᾶν. αὐτὰρ ἔπειτα βροτοὶ δεινῶς
Sib. 3 542 ἅπαντες ἀσπορίην καὶ ἀνηροσίην καὶ πῦρ ἐπὶ * γαίης * κατθήσει +πολὺν ἱστὸν+ ὃς οὐρανὸν ἔκτισε καὶ γῆν
Sib. 3 609 Αἰγύπτου βασιλεὺς νέος ἕβδομος ἄρχῃ τῆς ἰδίης * γαίης * ἀριθμούμενος ἐξ Ἑλλήνων ἀρχῆς ἧς ἄρξουσι
Sib. 3 612 βασιλεὺς μέγας αἰετὸς αἴθων ὃς πᾶσαν σκεπάσει * γαῖαν * πεζῶν τε καὶ ἱππέων πάντα δὲ συγκόψει καὶ πάντα
Sib. 3 637 καὶ φῦλα δυνάσται ἡγεμόνες δὲ φύγωσιν ἐς ἄλλην * γαῖαν * ἅπαντες +ἀλλαχθῇ δέ τε γαῖα βροτῶν καὶ βάρβαρος
Sib. 3 638 δὲ φύγωσιν ἐς ἄλλην γαῖαν ἅπαντες +ἀλλαχθῇ δέ τε * γαῖα * βροτῶν καὶ βάρβαρος ἀρχὴ Ἑλλάδα πορθήσῃ πᾶσαν καὶ
Sib. 3 639 καὶ βάρβαρος ἀρχὴ Ἑλλάδα πορθήσῃ πᾶσαν καὶ πίονα * γαῖαν * ἐξαρύσῃ πλούτοιο καὶ ἀντίον εἰς ἔριν αὐτῶν ἔλθωσιν
Sib. 3 644 ἔσονται καὶ τῶν μὲν γῦπές τε καὶ ἄγρια θηρία * γαίης * σάρκας δηλήσονται ἐπὰν δὴ ταῦτα τελεσθῇ λείψανα
Sib. 3 646 σάρκας δηλήσονται ἐπὰν δὴ ταῦτα τελεσθῇ λείψανα * γαῖα * πέλωρος ἀναλώσειε θανόντων. αὐτὴ δ' ἄσπαρτος καὶ
Sib. 3 653 καὶ τότ' ἀπ' ἠελίοιο θεὸς πέμψει βασιλῆα ὃς πᾶσαν * γαῖαν * παύσει πολέμοιο κακοῖο οὓς μὲν ἄρα κτείνας οἷς δ'
Sib. 3 659 χρυσῷ τε καὶ ἀργύρῳ ἠδέ τε κόσμῳ πορφυρέῳ καὶ * γαῖα * τελεσφόρος ἠδὲ θάλασσα τῶν ἀγαθῶν πλήθουσα. καὶ
Sib. 3 663 βροτοῖσιν. ἀλλὰ πάλιν βασιλῆες ἐθνῶν ἐπὶ τήνδε γε * γαῖαν * ἀθρόοι ὁρμήσονται ἑαυτοῖς κῆρα φέροντες σηκὸν γὰρ
Sib. 3 666 καὶ φῶτας ἀρίστους πορθεῖν βουλήσονται ὁπηνίκα * γαῖαν * ἵκωνται. θήσουσιν κύκλῳ πόλεως μιαροὶ βασιλῆες τὸν
Sib. 3 673 ἀπ' οὐρανόθεν δὲ πεσοῦνται ῥομφαῖαι πύρινοι κατὰ * γαῖαν * λαμπάδες αὐγαὶ ἴξονται μεγάλαι λάμπουσαι εἰς μέσον
Sib. 3 675 αὐγαὶ ἴξονται μεγάλαι λάμπουσαι εἰς μέσον ἀνδρῶν. * γαῖα * δὲ παγγενέτειρα σαλεύσεται ἤμασι κείνοις χειρὸς ἀπ'
Sib. 3 694 τάδε κρίνει οἰμωγή τε καὶ ἀλαλαγμὸς κατ' ἀπείρονα * γαῖαν * ἴξεται ὀλλυμένων ἀνδρῶν καὶ πάντες ἄναγνοι αἵματι
Sib. 3 696 καὶ πάντες ἄναγνοι αἵματι λούσονται πίεται δέ τε * γαῖα * καὶ αὐτὴ αἵματος ὀλλυμένων κορέσονται θηρία σαρκῶν.
Sib. 3 714 ἠδὲ βοηθεῖ οὐρανὸς ἠέλιός τε θεήλατος ἠδὲ σελήνη. * γαῖα * δὲ παγγενέτειρα σαλεύσεται ἤμασι κείνοις ἡδὺν ἀπὸ
Sib. 3 720 πάντες ὅστε δικαιότατος πέλεται πάντων κατὰ * γαῖαν. * ἡμεῖς δ' ἀθανάτοιο τρίβου πεπλανημένοι ἦμεν ἔργα
Sib. 3 727 γενετῆρα κατ' οἴκους ἐχθρῶν ὅπλα πoριζόμενοι κατὰ * γαῖαν * ἅπασαν ἑπτὰ χρόνων μήκη περιτελλομένων ἐνιαυτῶν
Sib. 3 735 τήνδε πόλιν ⟨σὸν⟩ λαὸν ἄβουλον ὅστε μὴ ἐξ ὁσίης * γαίης * πέλεται Μεγάλοιο. μὴ κίνει Καμάριναν ἀκίνητος γὰρ
Sib. 3 752 κυδοιμὸς οὐδὲ βαρὺ στενάχουσα σαλεύσεται οὐκέτι * γαῖα * οὐ πόλεμος οὐδ' αὖτε κατὰ χθονὸς αὐχμὸς ἔτ' ἔσται
Sib. 3 755 κακορρέκτειρα χάλαζα ἀλλὰ μὲν εἰρήνη μεγάλη κατὰ * γαῖαν * ἅπασαν καὶ βασιλεὺς βασιλῆι φίλος μέχρι τέρματος
Sib. 3 757 μέχρι τέρματος ἔσται αἰῶνος κοινόν τε νόμον κατὰ * γαῖαν * ἅπασαν ἀνθρώποις τελέσειεν ἐν οὐρανῷ ἀστερόεντι
Sib. 3 769 νόμον ὅς ποτ' ἔδωκεν εὐσεβέσιν τοῖς πᾶσιν ὑπέσχετο * γαῖαν * ἀνοίξειν καὶ κόσμον μακάρων τε πύλας καὶ χάρματα
Sib. 3 772 νοῦν ἀθάνατον αἰώνιον εὐφροσύνην τε. πάσης δ' ἐκ * γαίης * λίβανον καὶ δῶρα πρὸς οἴκους οἴσουσιν μεγάλοιο
Sib. 3 780 γενήσεται ἤμασι κείνοις πᾶσα γὰρ εἰρήνη ἀγαθῶν ἐπὶ * γαῖαν * ἱκνεῖται ῥομφαίαν δ' ἀφελοῦσι θεοῦ μεγάλοιο
Sib. 3 797 ἀριφραδὲς ὥστε νοῆσαι ἡνίκα δὴ πάντων τὸ τέλος * γαίηφι * γένηται. ὁππότε κεν ῥομφαῖαι ἐν οὐρανῷ ἀστερόεντι
Sib. 3 801 αὐτίκα καὶ κονιορτὸς ἀπ' οὐρανόθεν προφέρηται πρὸς * γαῖαν * +ἅπαν καὶ οἱ+ σέλας ἠελίοιο ἐκλείψει κατὰ μέσσον
Sib. 3 803 οὐρανοῦ ἠδὲ σελήνης ἀκτῖνες προφανοῦσι καὶ ἄψ ἐπὶ * γαῖαν * ἵκονται αἵματι καὶ σταγόνεσσι πετρῶν δ' ἄπο σῆμα
Sib. 4 24 προχέοντος ἀληθῆ. ὄλβιοι ἀνθρώπων κεῖνοι κατὰ * γαῖαν * ἔσονται ὅσσοι δὴ στέρξουσι μέγαν θεὸν εὐλογέοντες
Sib. 4 75 φοιτήσει σταχυητρόφος ἡνίκα Νεῖλος ἄλλοθι που ὑπὸ * γαῖαν * ἀποκρύψει μέλαν ὕδωρ. ἥξει δ' ἐξ Ἀσίης βασιλεὺς
Sib. 4 96 οἳ δ' ὑπὸ Βάκτρων καὶ Σούσων φεύξονται ἐς Ἑλλάδα * γαῖαν * ἅπαντες. ἔσσεται ἐσσομένοις ὅτε Πύραμος
Sib. 4 99 ἵκηται. καὶ σὺ Βάρις πέσεαι καὶ Κύζικος ἡνίκα * γαίης * βρασσομένης σεισμοῖσιν ὀλισθαίνουσι πόληες. ἥξει
Sib. 4 110 χθὼν στηρίξει πρηνὴς δὲ κάτω πίπτουσ' ἐπὶ * γαίης * εἰς ἑτέρην εὔξῃ προφυγεῖν χθόνα οἷα μέτοικος ἡνίκα
Sib. 4 124 πέδον αἱμάξουσιν κείνου ἀποδρήσαντος ὑπὲρ Παρθηίδα * γαῖαν. * εἰς Συρίην δ' ἥξει Ῥώμης πρόμος ὃς πυρὶ νηὸν
Sib. 4 185 δ' ὑπὸ δυσσεβίῃσιν ἥμαρτον τοὺς δ' αὖτε χυτὴ κατὰ * γαῖα * καλύψει Τάρταρά τ' εὐρώεντα μυχοὶ στύγιοί τε
Sib. 4 187 τε γεέννης. ὅσσοι δ' εὐσεβέουσι πάλιν ζήσοντ' ἐπὶ * γαῖαν * ἀθανάτου μεγάλοιο θεοῦ καὶ ἄφθιτον ὄλβον πνεῦμα
Sib. 5 3 ὀλλυμένους βασιλῆας Αἰγύπτου τοὺς πάντας ἴσῃ κατὰ * γαῖα * φέρεσκεν καὶ μετὰ τὸν Πέλλης πολιήτορα ᾧ ὕπο πᾶσα
Sib. 5 57 κακῇσιν ἔσσεαι ἤματι τῷδε ὅταν ποτέ Νεῖλος ὁδεύσῃ * γαῖαν * ὅλην Αἴγυπτον ἕως πηχῶν δέκα καὶ ἓξ ὥστε κλύσαι
Sib. 5 59 γῆν πᾶσαν ἐπαρδεῦσαί τε ῥόοισιν σιγήσει δὲ χάρις * γαίης * καὶ δόξα προσώπου. Μέμφι σὺ μὲν κλαύσῃ ὑπὲρ
Sib. 5 61 ὑπὲρ Αἰγύπτου τὰ μέγιστα πρόσθε γὰρ ἡ μεγάλως * γαίης * κρατέουσα γενήσῃ λυπρὴ ὥστε βοῆσαι καὶ αὐτὸν
Sib. 5 94 γὰρ Πέρσης ἐπὶ σὸν +δάπος+ ὥστε χάλαζα καὶ σὴν * γαῖαν * ὀλεῖ καὶ ἀνθρώπους κακοτέχνους αἵματι καὶ νεκύεσσι
Sib. 5 100 ὧν ἀπὸ σεῖο στεψαμένη κεφαλὴν ἐχάρη πίπτουσ' ἐπὶ * γαίης. * αὐτὸς δ' ὃς Περσῶν ἔλαχεν γαῖαν πτολεμίξει
Sib. 5 101 πίπτουσ' ἐπὶ γαίης. αὐτὸς δ' ὃς Περσῶν ἔλαχεν * γαῖαν * πτολεμίξει κτείνας τ' ἄνδρα ἕκαστον ὅλον βίον
Sib. 5 105 δ' ἐκ δυσμῶν εἰσπτήσεται ἅλματι κούφῳ σύμπασαν * γαῖαν * πολιορκῶν πᾶσαν ἐρημῶν. ἀλλ' ὅταν ὕψος ἔχῃ
Sib. 5 135 βαθυδίνης Πηνειὸς βαθύρους μορφὰς θηρῶν ἀπὸ * γαίης * Ἠπιδανὸς φάσκων θηρῶν μορφάς ποτε γεννᾶν+.
Sib. 5 156 ὅταν ἐκ τετράτου ἔτεος λάμψῃ μέγας ἀστὴρ ὃς πᾶσαν * γαῖαν * καθελεῖ μόνος εἵνεκα τιμῆς +αὐτοὶ πρῶτον ἔθηκάν τ'
Sib. 5 160 καὶ φλέξει πόντον βαθὺν αὐτήν τε Βαβυλῶνα Ἰταλίης * γαῖάν * θ' ἧς εἵνεκα πολλοὶ ὄλοντο Ἑβραίων ἅγιοι πιστοὶ
Sib. 5 211 ἡγεμονεύσῃ ἔσσεται ἐμπρησμὸς μέγας αἰθέριος κατὰ * γαῖαν * +ἄστρων δ' ἐν μαχίμοις+ καινὴ φύσις ὥστ' ἀπολέσθαι
Sib. 5 219 τὸν πάλαι ἐκκόψαντα πέτρην πολυήλατι χαλκῷ καὶ σὴν * γαῖαν * ὀλεῖ καὶ κόψει ὡς προτέθειται. τούτῳ γάρ τοι δῶκε
Sib. 5 247 φήμης δυσηχέος ἀνδράσι πῆμα. ἀλλ' ὁπόταν Περσὶς * γαῖ' * ἀπόσχηται πτολέμοιο λοιμοῦ τε στοναχῆς τε τότ'

Sib. 5 318 σοι +Κέρκυρα+ καλὴ πόλι παύεο κώμου. καὶ Ἱεράπολι * γαῖα * μόνη Πλούτω⟨νι⟩ μιγεῖσα ἕξεις ὃν πεπόθηκας ἔχειν
Sib. 5 343 Ἰταλίη τριτάλαινα μενεῖς πανέρημος ἄκλαυστος ἐν * γαίῃ * θαλερῇ ὀλοὸν δάκος ἐξαπολέσθαι. ἔσται δ' +αἰθέρος+
Sib. 5 349 ἡγεμονεύσῃ. πάντα μελανθείη σκοτίη δ' ἔσται κατὰ * γαῖαν * καὶ τυφλοὶ μέροπες θῆρές τε κακοὶ καὶ ὀιζύς.
Sib. 5 363 καὶ ἐπίκλοπος ἐν δολότητι. ἥξει δ' ἐκ περάτων * γαίης * μητροκτόνος ἀνὴρ φεύγων ἠδὲ νόῳ ὀξύστομα
Sib. 5 365 ἀνὴρ φεύγων ἠδὲ νόῳ ὀξύστομα μερμηρίζων ὃς πᾶσαν * γαῖαν * καθελεῖ καὶ πάντα κρατήσει πάντων τ' ἀνθρώπων
Sib. 5 375 δ' ὄλεθρον. καὶ τότε χειμερίη πνοιὴ πνεύσει κατὰ * γαῖαν * καὶ πεδίον πολέμοιο κακοῦ πλησθήσεται αὖτις. πῦρ
Sib. 5 466 λιμνῶν τε μεγίστων εὐθὺς βάρβαρος ὄχλος ἐς Ἀσίδα * γαῖαν * ὁδεύσει καὶ Θρακῶν ὀλέσει δεινῶν γένος ὡς
Sib. 5 474 τῶν ἀνοήτων. εἶθ' οὕτως ὀλιγηπελίη ἔσται κατὰ * γαῖαν * ὥστε νοεῖν ἀνδρῶν τ' ἀριθμὸν μέτρον τε γυναικῶν.
Sib. 5 486 Ἀχέροντος κοὐκέτι σου μνεία γε μενεῖ κατὰ * γαῖαν * ἅπασαν. καὶ σὺ Σάραπι λίθους ἀργοὺς ἐπικείμενε
Sib. 5 529 ἐτίναξε μαχητὰς θυμωθεὶς δ' ἔρριψε καταπρηνεῖς ἐπὶ * γαῖαν. * ῥίμφα μὲν οὖν πληγέντες ἐπ' Ὠκεανοῖο λοετρὰ ἧψαν
Sib. 5 531 ῥίμφα μὲν οὖν πληγέντες ἐπ' Ὠκεανοῖο λοετρὰ ἧψαν * γαῖαν * ἅπασαν ἔμεινε δ' ἀνάστερος αἰθήρ.
FPho. 99 δὲ τεῦχ' ἔθ' ἑοῖσι τὸ γὰρ μέτρον ἐστὶν ἄριστον. * γαῖαν * ἐπιμοιρᾶσθαι ἀταρχύτοις νεκύεσσιν. μὴ τύμβον
FPho. 103 καλὸν ἁρμονίην ἀναλυέμεν ἀνθρώποιο καὶ τάχα δ' ἐκ * γαίης * ἐλπίζομεν ἐς φάος ἐλθεῖν λείψαν' ἀποιχομένων ὀπίσω
FPho. 107 ἐστι θεοῦ χρῆσις θνητοῖσι καὶ εἰκὼν σῶμα γὰρ ἐκ * γαίης * ἔχομεν κἄπειτα πρὸς αὖ γῆν λυόμενοι κόνις ἐσμέν
FPho. 164 μακάρεσσι πόνος δ' ἀρετὴν μέγ' ὀφέλλει. μύρμηκες * γαίης * μυχάτους προλελοιπότες οἴκους ἔρχονται βιότου
IEsc. 5 131 3 πᾶσα πηγὴ καὶ ὕδατος συστήματα. τρέμει δ' ὄρη καὶ * γαῖα * καὶ πελώριος βυθὸς θαλάσσης καὶ ὀρέων ὕψος μέγα
ISop. 5 113 2 εἷς ἐστι⟨ν⟩ θεὸς ὃς οὐρανόν τε ἔτευξε καὶ * γαῖαν * μακρὴν πόντου τε χαροπὸν οἶδμα καὶ ἀνέμων βίαν.
IOrp. 18 βασιλῆος. αἴ κεν ἴδῃς αὐτὸν πρὶν δή ποτε δεῦρ' ἐπὶ * γαῖαν * τέκνον ἐμὸν δείξω σοι ὁπηνίκα δέρκομαι αὐτοῦ ἴχνια
IOrp. 34 χάλκειον ἐς οὐρανὸν ἐστήρικται χρυσέῳ εἰνὶ θρόνῳ * γαίῃ * δ' ὑπὸ ποσσὶ βέβηκε χεῖρά τε δεξιτερὴν ἐπὶ τέρματος
LEze. 9 29 5 11 ἐγὼ δ' ἐσεῖδον γῆν ἅπασαν ἔγκυκλον καὶ ἔνερθε * γαίας * καὶ ἐξύπερθεν οὐρανοῦ καί μοί τι πλῆθος ἀστέρων

γαισός 1
Sib. 3 650 μήκη περιτελλομένων ἐνιαυτῶν πέλτας καὶ θυρεοὺς * γαισοὺς * παμποίκιλά θ' ὅπλα οὐδὲ μὲν ἐκ δρυμοῦ ξύλα

γάλα 10 (cf.+ γλάγος)
TBen. 1 3 τῷ Ἰακώβ. ἐπειδὴ οὖν Ῥαχὴλ τέθνηκε γεννῶσά με * γάλα * οὐκ ἔσχον. Βάλλαν οὖν τὴν παιδίσκην αὐτῆς ἐθήλασα.
Jer. 5 3 τὸν κόφινον τῶν σύκων εὗρεν αὐτὰ στάζοντα * γάλα. * καὶ εἶπεν ἤθελον κοιμηθῆναι ἔτι ὀλίγον ὅτι
Jer. 5 26 νομίζων ὅτι ἐβράδυνα καὶ εὗρον τὰ σῦκα στάζοντα * γάλα * καθὼς συνέλεξα αὐτά. σὺ δὲ λέγεις ὅτι ᾐχμαλωτεύθη ὁ
Jer. 5 29 τῶν σύκων τῷ γέροντι καὶ εἶδεν αὐτὰ στάζοντα * γάλα. * ἰδὼν δὲ αὐτὰ ὁ γηραιὸς ἄνθρωπος εἶπεν ὦ υἱέ μου
Jer. 6 5 καὶ οὐκ ἐμαράνθησαν οὐδὲ ὤζεσαν ἀλλὰ στάζουσι τοῦ * γάλακτος. * οὕτως γίνεταί σοι ἡ σάρξ μου ἐὰν ποιήσῃς τὰ
Esdr. 5 3 μαστοὺς αὐτῆς. καὶ εἶπόν μοι οἱ ἄγγελοι αὕτη τὸ * γάλα * ἐφθόνησεν τοῦ δοῦναι ἀλλὰ καὶ τὰ νήπια ἐν τοῖς
Job 13 1 διεφώνουν δέ οἱ ἀμέλγοντες τὰς βοῦς ῥέοντος τοῦ * γάλακτος * ἐν τοῖς ὄρεσιν καὶ τὸ βούτυρον διεχεῖτο ἐν ταῖς
Job 13 3 τὰ λοχευόμενα. καὶ διὰ ταῦτα τὰ μὲν ὄρη ἐκλύζοντο * γάλακτι * καὶ ὡς πεπηγμένον βούτυρον γίγνεσθαι, ἀπέκαμνον
Sib. 3 622 ἀνθρώποισιν οἴνου καὶ μέλιτος γλυκεροῦ λευκοῦ τε * γάλακτος * καὶ σίτου ὅπερ ἐστὶ βροτοῖς κάλλιστον ἁπάντων.
Sib. 3 749 αἰγῶν τε χιμάρους) πηγάς τε ῥήξει γλυκερὰς λευκοῖο * γάλακτος * πλήρεις δ' αὖτε πόλεις ἀγαθῶν καὶ πίονες ἀγροὶ

Γαλαάδ 1
Prop. 21 1 Θεσβίτης ἐκ γῆς Ἀράβων φυλῆς Ἀαρὼν οἰκῶν ἐν * Γαλαὰδ * ὅτι ἡ Θέσβις δόμα ἦν τοῖς ἱερεῦσιν. ὅτε εἶχε

Γαλααδῖτις 2
HEup. 9 33 1 καὶ Σαμαρεῖτιν καὶ Μωαβῖτιν καὶ Ἀμμανῖτιν καὶ * Γαλαδῖτιν * χορηγεῖσθαι αὐτοῖς τὰ δέοντα ἐκ τῆς χώρας κατὰ
HEup. 9 39 5 καὶ Γαλιλαίαν καὶ Σκυθόπολιν καὶ τοὺς ἐν τῇ * Γαλααδίτιδι * οἰκοῦντας Ἰουδαίους αὖθις δὲ τὰ Ἱεροσόλυμα

Γαλαδηνή 1
HEup. 9 30 3 οἰκοῦντας ποταμὸν καὶ τὴν Κομμαγηνὴν καὶ τοὺς ἐν * Γαλαδηνῇ * Ἀσσυρίους καὶ Φοίνικας. στρατεῦσαι δ' αὐτὸν

Γαλάτης 4
Sib. 3 485 οὐ μὴν πουλὺν ἐπὶ χρόνον ἔσσετ' ἀληθῶς Καρχηδών+. * Γαλάταις * δὲ πολύστονος ἔσσεται οἶκτος. ἥξει καὶ Τενέδῳ
Sib. 3 509 Θρήκη ζυγὸν ὡς εἰς δούλιον ἥξεις ἡνίκα σύμμικτοι * Γαλάται * τοῖς Δαρδανίδαισιν Ἑλλάδ' ἐπεσσυμένως
Sib. 3 599 τ' εὐρύχορος καὶ ἄλλων ἔθνεα πολλὰ Περσῶν καὶ * Γαλατῶν * πάσης τ' Ἀσίης παραβάντες ἀθανάτοιο θεοῦ ἁγνὸν
Sib. 5 340 κλίμα βαρβαρικὸν ῥίψει σθένος ἡγεμονήων. Λυδοὶ καὶ * Γαλάται * Πάμφυλοι σὺν Πισίδαισι πανδημεὶ κρατέουσι κακὴν

Γάλγαλα 3
Prop. 22 2 καὶ ἐπὶ τούτου γέγονε τέρας ὅτι ἡνίκα ἐτέχθη ἐν * Γαλγάλοις * ἡ δάμαλις ἡ χρυσῆ ὀξὺν ἐβόησεν ὥστε ἀκουσθῆναι
Prop. 22 13 τὸν παῖδα εὐξάμενος πάλιν ἤγειρεν ἐκ νεκρῶν. εἰς * Γάλγαλα * ἐλθὼν κατήχθη παρὰ τοῖς υἱοῖς τῶν προφητῶν καὶ
FIsa. 1 3 Ἀσοὺρ ὁ ὑπομνηματογράφος ἐρχόμενον Ἡσαΐαν ἀπὸ * Γαλγάλων * εἰς Ἰερουσαλὴμ καὶ τεσσεράκοντα υἱοὺς προφητῶν

γαλεάγρα 2
Job 27 1 κρυπτόμενος μὴ ὁ λέων τὴν ἰσχὺν δεικνυσιν ἐν * γαλεάγρᾳ; * μὴ τὸ πετεινὸν ἀνίπταται τυγχάνων ἐν τῷ
FIsa. 1 3 6 Ἰούδα ⟨κα⟩ὶ Βε⟨νι⟩αμεὶν ὅτι ⟨πο⟩ρεύ⟨σο⟩νται ἐν * γαλε⟨άγ⟩ρ⟨αις * κα⟩ὶ ἐν πέδαις---- ἀπελεύσῃ καὶ αὐτοὶ

γαλέη 3
Aris. 144 2 γὰρ εἰς τὸν καταπεπτωκότα λόγον ἔλθῃς ὅτι μυῶν καὶ * γαλῆς * ἢ τῶν τοιούτων χάριν περιεργίαν ποιούμενος
Aris. 163 2 ἔστιν εὑρεῖν. κακοποιητικὸς γὰρ ὁ τρόπος ἐστὶ καὶ * γαλῆς * καὶ μυῶν καὶ τῶν τούτοις ὁμοίων ὅσα διηγόρευται.
Aris. 165 1 ἂν δή ποτ' οὖν ἐπιβάληται κακοποιεῖν. τό τε τῆς * γαλῆς * γένος ἰδιάζον ἐστί χωρὶς γὰρ τοῦ προειρημένου ἔχει

γαληνός 1
Sib. 3 367 κακαῖς βουλῆσι καὶ ἡγεμόνων κακότητι --- εἰρήνη δὲ * γαληνὸς * ἐς Ἀσίδα γαῖαν ὁδεύσει Εὐρώπη δὲ μάκαιρα τότ'

Γαλικανός 1
Sib. 5 203 τέκνοις ἐποίησαν ἡνίκα Σιδονίοις βασιλεὺς Φοῖνιξ * Γαλικανὸν * ἤγαγεν ἐκ Συρίης πλῆθος πολὺ καὶ σε φονεύσει

Γαλιλαία 2
HEup. 9 33 1 καθότι μοι ἐπιτέτακται. γέγραφα δὲ καὶ εἰς τὴν * Γαλιλαίαν * καὶ Σαμαρεῖτιν καὶ Μωαβῖτιν καὶ Ἀμμανῖτιν καὶ
HEup. 9 39 5 μυρία πρῶτον μὲν τὴν Σαμαρεῖτιν καταστρέψασθαι καὶ * Γαλιλαίαν * καὶ Σκυθόπολιν καὶ τοὺς ἐν τῇ Γαλααδίτιδι

Γάλλος 1
Sib. 5 200 πρὸς καιρὸν ὀλέθρου. ἔσσεται ἐν Βρύγεσσι καὶ ἐν * Γάλλοις * πολυχρύσοις ὠκεανὸς κελαδῶν πληρούμενος αἵματι

γαμβρός 2
HArt. 9 27 19 τὸν Μώϋσον καὶ τὴν δυναστείαν τῇ τε θυγατρὶ καὶ τῷ * γαμβρῷ * κατασκευάσαι τὸν δὲ Μώϋσον ἀποκωλῦσαι
LThe. 9 22 6 οὐ γὰρ δὴ θεμιτόν γε τόδ' Ἑβραίοισι τέτυκται * γαμβροὺς * ἄλλοθεν εἷς γε νυούς τ' ἀγέμεν ποτὶ δῶμα ἀλλ'

γαμετή 1
Job 21 3 τῶν ἀρχόντων τῆς πόλεως ταύτης πῶς χρῶνται τῇ * γαμετῇ * μου ὡς δουλίδι. καὶ μετὰ ταῦτα ἀνελάμβανον

γαμέω 14
Hen. 106 14 συγγίνονται καὶ μετ' αὐτῶν ἁμαρτάνουσιν καὶ * ἔγημαν * ἐξ αὐτῶν καὶ τίκτουσιν οὐχ ὁμοίους πνεύμασιν ἀλλὰ
TJud. 12 2 τῇ πόλει πρὸς τὴν πύλην. νόμος γὰρ Ἀμορραίων τὴν * γαμοῦσαν * προκαθίσαι ἐν πορνείᾳ ἑπτὰ ἡμέρας παρὰ τὴν
Asen. 4 11 γυναῖκες αἱ πρεσβύτεραι τῶν Αἰγυπτίων; οὐχὶ ἀλλὰ * γαμηθήσομαι * τῷ υἱῷ τοῦ βασιλέως τῷ πρωτοτόκῳ ὅτι αὐτός
Jer. 8 4 τὰ ῥήματα ἃ εἶπε κύριος πρὸς αὐτὸν τὸ ἥμισυ τῶν * γαμησάντων * ἐξ αὐτῶν οὐκ ἠθέλησαν ἀκοῦσαι τοῦ Ἱερεμίου
FPho. 203 τε ταύρους ὑψιτένοντας ἀτὰρ σκυλάκων πανάριστον * γῆμαι * δ' οὐκ ἀγαθὴν ἐριδαίνομεν ἀφρονέοντες. οὐ δὲ γυνὴ
ISop. 5 111 4 πάντα ἃ πρόσθ⟨εν⟩ ἀπώλεσεν. τὴν τοῦδε γάρ τοι Ζεὺς * ἔγημε * μητέρα οὐ χρυσόμορφος οὐδ' ἐπημφιεσμένος πτίλον
HDem. 9 21 3 ἐκεῖ ἑπτὰ ἔτη Λάβαν τοῦ μητρῴου δύο θυγατέρας * γῆμαι * Λείαν καὶ Ῥαχὴλ ὄντα ἐτῶν ὀγδοήκοντα τεσσάρων καὶ
HDem. 9 29 1 Ἰοθὼρ καὶ Ὀβὰβ ἐκ δὲ τοῦ Ἰοθὼρ Σεπφώραν ἣν * γῆμαι * Μωσῆν. καὶ τὰς γενεὰς δὲ συμφωνεῖν τὸν γὰρ Μωσῆν
HDem. 9 29 2 συνοικοῦντος γὰρ ἤδη τοῦ Ἰσαὰκ ἀφ' οὗ Μωσῆν εἶναι * γῆμαι * Ἀβραὰμ τὴν Χεττούραν ὄντα ἐτῶν ρ μ' καὶ γεννῆσαι
HDem. 9 29 3 καὶ Ἀαρὼν καὶ Μαριὰμ ἐν Ἀσηρὼθ Μωσῆν Αἰθιοπίδα * γῆμαι * γυναῖκα. ἐκεῖθεν ἦλθον ἡμέρας τρεῖς. μὴ ἔχοντα δὲ
HArt. 9 23 3 αὐτὸν ὑπὸ τῶν Αἰγυπτίων διὰ ταῦτα ἀγαπηθῆναι. * γῆμαι * δ' αὐτὸν Ἡλιουπολίτου ἱερέως Ἀσενὲθ θυγατέρα ἐξ
HAri. 9 25 1 τὸν Ἡσαῦ * γήμαντα * Βασσάραν υἱὸν ἐν Ἐδὼμ γεννῆσαι Ἰὼβ κατοικεῖν
HCle. 1 15 241 γὰρ Ἡρακλεῖ συστρατεῦσαι ἐπὶ Λιβύην καὶ Ἀνταῖον * γήμαντά * τε τὴν Ἄφρα θυγατέρα Ἡρακλέα γεννῆσαι υἱὸν ἐξ
HAno. 9 17 6 τήν τε γυναῖκα αὐτοῦ τὸν βασιλέα τῶν Αἰγυπτίων * γῆμαι * φάντος αὐτοῦ ἀδελφὴν εἶναι. οὐκ ἠδύνατο αὐτῇ

γαμοκλοπέω 1
FPho. 3 Φωκυλίδης ἀνδρῶν ὁ σοφώτατος ὄλβια δῶρα. μήτε * γαμοκλοπέειν * μήτ' ἄρσενα Κύπριν ὀρίνειν μήτε δόλους

γαμοκλοπία 1
Sib. 5 430 οὐκέτι γὰρ πέλεται +δειλοῖσι βροτοῖσιν δεινὰ+ οὐδὲ * γαμοκλοπίαι * καὶ παίδων Κύπρις ἄθεσμος οὐ φόνος οὐδὲ

γάμος 16
Asen. 15 10 Ἀσενὲθ ἡ παρθένος ἁγνὴ καὶ ἔνδυσαι τὴν στολὴν τοῦ * γάμου * σου τὴν στολὴν τὴν ἀρχαίαν καὶ πρώτην τὴν
Asen. 15 10 τῷ θαλάμῳ σου ἀπ' ἀρχῆς καὶ πάντα τὸν κόσμον τοῦ * γάμου * σου περίθου καὶ κατακόσμησον σεαυτὴν ὡς νύμφην
Asen. 18 5 καὶ ἐξήνεγκε τὴν στολὴν αὐτῆς τὴν πρώτην τοῦ * γάμου * ὡς ἀστραπὴν τῷ εἴδει καὶ ἐνεδύσατο αὐτήν. καὶ
Asen. 20 6 καθημένην μετὰ τοῦ Ἰωσὴφ καὶ ἐνδεδυμένην ἔνδυμα * γάμου. * καὶ ἐθαμβήθησαν ἐπὶ τῷ κάλλει αὐτῆς καὶ ἐχάρησαν
Asen. 20 8 τοὺς σατράπας πάσης γῆς Αἰγύπτου καὶ ποιήσω ὑμῖν * γάμους * καὶ λήψῃ τὴν θυγατέρα μου Ἀσενὲθ εἰς γυναῖκα.
Asen. 21 1 εἶπεν Ἰωσὴφ οὐ προσήκει ἀνδρὶ θεοσεβεῖ πρὸ τῶν * γάμων * κοιμηθῆναι μετὰ τῆς γυναικὸς αὐτοῦ. καὶ ἀνέστη
Asen. 21 8 κατεφίλησαν ἀλλήλους. καὶ μετὰ ταῦτα ἐποίησε Φαραὼ * γάμους * καὶ δεῖπνον μέγα καὶ πότον πολὺν ἐν ἑπτὰ ἡμέραις.
Asen. 21 8 ἄνθρωπος ὃς ποιήσει ἔργον ἐν ταῖς ἑπτὰ ἡμέραις τῶν * γάμων * Ἰωσὴφ καὶ Ἀσενὲθ θανάτῳ ἀποθανεῖται. καὶ ἐγένετο
Sib. 3 357 ἔκγονε Ῥώμη παρθένε πολλάκι σοῖσι πολυμνήστοισι * γάμοισιν * οἰνωθεῖσα λάτρις νυμφεύσεαι οὐκ ἐνὶ κόσμῳ
FEz. 64 70 7 ⟨αὐτῶν⟩ κατ' ἰδίαν ἐκαθέζετο καὶ κατ' ἰδίαν ᾤκει. * γάμους * δὲ ποιήσας ὁ βασιλεὺς τῷ ἰδίῳ υἱῷ ἐκάλεσε πάντας
FEz. 64 70 12 πέφηνεν ἐν τῷ παραδείσῳ. καταλύσαντες δὲ ἐκ τῶν * γάμων * οἱ εὐφρανθέντες καταβάντες εἰς τὸν παράδεισον
FPho. 205 δὲ γυνὴ κακὸν ἄνδρ' ἀπαναίνεται ἀφνεὸν ὄντα. μηδὲ * γάμωι * γάμον ἄλλον ἄγοις ἔπι πήματι πῆμα. μηδ' ἀμφὶ
FPho. 205 κακὸν ἄνδρ' ἀπαναίνεται ἀφνεὸν ὄντα. μηδὲ γάμωι * γάμον * ἄλλον ἄγοις ἔπι πήματι πῆμα. μηδ' ἀμφὶ κτεάνων

FPho. 216 δὲ φύλασσε πολυκλείστοις θαλάμοισιν μὴ δέ μιν ἄχρι * γάμων * πρὸ δόμων ὀφθῆμεν ἐάσῃς. κάλλος δυστήρητον ἔφυ
LThe. 9 22 3 οἷος ἤνασσεν Συρίης νειηγενὲς αἷμα λελογχώς. τῷ δὲ * γάμον * κούρης μὲν ὑπέσχετο καὶ κατένευσεν ὁπλοτάτης οὐ
LThe. 9 22 5 τῷ πατρὶ ἐλθόντα πρὸς τὸν Ἰακὼβ αἰτεῖν αὐτὴν πρὸς * γάμου * κοινωνίαν τὸν δὲ οὐ φάναι δώσειν πρὶν ἂν ἢ πάντας
γάρ 799 γάρ γαρ
γαστήρ 13
Adam 1 3 ἐκεῖ ἔτη δέκα καὶ ὀκτὼ καὶ μῆνας δύο. καὶ ἐν * γαστρὶ * εἴληφεν Εὕα καὶ ἐγέννησε δύο υἱοὺς τὸν Διάφωτον
Adam 4 1 μετὰ δὲ ταῦτα ἔγνω Ἀδὰμ τὴν γυναῖκα αὐτοῦ καὶ ἐν * γαστρὶ * ἔσχεν καὶ ἐγέννησεν τὸν Σήθ. καὶ λέγει Ἀδὰμ τῇ
Hen. 7 2 καὶ τὰς βοτάνας ἐδήλωσαν αὐταῖς. αἱ δὲ ἐν * γαστρὶ * λαβοῦσαι ἐτέκοσαν γίγαντας μεγάλους ἐκ πηχῶν
Hen. 99 5 καὶ ἐγκαταλείψουσιν ⟨τὸ νήπιο⟩ν βρέφος καὶ αἱ ἐν * γαστρὶ * ἔχου⟨σαι ἐκτρώσο⟩υσιν καὶ αἱ θηλάζουσαι ῥίψ⟨ουσιν
Abr.1 4 5 ἐγερθεὶς οὖν ὁ ἀρχιστράτηγος ἐξῆλθεν ἔξω ὡς δῆθεν * γαστρὸς * χρείᾳ ὕδατος χύσιν ποιήσας καὶ ἀνῆλθεν εἰς τοὺς
TRub. 3 3 ἔγκειται δεύτερον πνεῦμα ἀπληστίας ἐν τῇ * γαστρὶ * τρίτον πνεῦμα μάχης ἐν τῷ ἥπατι καὶ τῇ χολῇ
TLevi 18 2B063 Βαθουὴλ υἱοῦ Λαβὰν ἀδελφοῦ μητρός μου. καὶ ἐν * γαστρὶ * λαβοῦσα ἐξ ἐμοῦ ἔτεκεν υἱὸν πρῶτον καὶ ἐκάλεσα τὸ
TLevi 18 2B069 ἀνατολῆς ἡλίου. καὶ πάλιν συνεγενόμην αὐτῇ καὶ ἐν * γαστρὶ * ἔλαβεν καὶ ἔτεκέν μοι υἱὸν τρίτον καὶ ἐκάλεσα τὸ
Job 39 10 κἂν τὰ ὀστᾶ αὐτῶν. μὴ ἄρα θηρίου ἐγὼ ἢ κτηνώδη * γαστέρα * ἔχω, ὅτι τὰ τέκνα μου δέκα τέθνηκεν, καὶ οὐδένα
SIb. 5 145 βροτοὶ καὶ φῶτες ἄριστοι ὤλεσε γὰρ πολλοὺς καὶ * γαστέρι * χεῖρας ἔθηκεν εἰς ἀλόχους ἥμαρτε καὶ ἐκ μιαρῶν
FPho. 184 βαίνειν. μηδὲ γυνὴ φθείρῃ βρέφος ἔμβρυον ἔνδοθι * γαστρὸς * μηδὲ τεκοῦσα κυσὶν ῥίψῃ καὶ γυψὶν ἕλωρα. μηδ᾽
FPho. 223 πρέσβυν ὁμήλικα πατρὸς ἴσαις τιμαῖσι γέραιρε. * γαστρὸς * ὀφειλόμενον δασμὸν παρέχειν θεράποντι. δούλῳ
HDem. 9 21 5 τεκεῖν υἱὸν ὄνομα Δάν. ἐν ᾧ καὶ Ῥαχὴλ λαβεῖν ἐν * γαστρὶ * τῷ αὐτῷ χρόνῳ ᾧ καὶ Λείαν τεκεῖν θυγατέρα Δεῖναν
γαυρίαμα 1
Job 33 6 ἀπαραλλάκτου. οἱ μὲν ποταμοὶ ξηρανθήσονται καὶ τὸ * γαυρίαμα * τῶν κυμάτων αὐτῶν καταβαίνει εἰς τὰ βάθη τῆς
γαυρόω 2
FPho. 53 οὐκ ἐρέω τὸ τέλος. βουλὴ δ᾽ εὐθύνεθ᾽ ἑκάστου. μὴ * γαυροῦ * σοφίῃ μήτ᾽ ἀλκῇ μήτ᾽ ἐνὶ πλούτῳ εἷς θεός ἐστι
LEze. 9 29 16 26 δειλιῶντ᾽ ἐπέσσυτο αὐτὸς δὲ πρόσθεν ταῦρος ὡς * γαυρούμενος * ἔβαινε κραιπνὸν βῆμα βαστάζων ποδός. ὦ πᾶσιν
γε 26 γε γέ γ᾽
Γεβάλ 1
TLevi 6 1 διὸ καὶ τὸ ὄνομα τοῦ ὄρους Ἀσπὶς ὅ ἐστιν ἐγγὺς * Γεβὰλ * ἐκ δεξιῶν Ἀβιλὰ καὶ συνετήρουν τοὺς λόγους
γεγυμνωμένως 1
HHec. 1 22 191 σατραπῶν οὐ δύνανται μεταπεισθῆναι τῇ διανοίᾳ ἀλλὰ * γεγυμνωμένως * περὶ τούτων καὶ αἰκίαις καὶ θανάτοις
γέεννα 2
Esdr. 1 9 τὸν δίκαιον ὑπὲρ ἀγγέλων καὶ αὐτοὶ εἰσιν εἰς τὴν * γέενναν * τοῦ πυρός. καὶ εἶπεν Ἐσδρὰμ ἐλέησον τὰ ἔργα τῶν
SIb. 4 186 γαῖα καλύψει Τάρταρά τ᾽ εὐρώεντα μυχοὶ στύγιοί τε * γεέννης. * ὅσσοι δ᾽ εὐσεβέουσι πάλιν ζήσοντ᾽ ἐπὶ γαῖαν
γεηπονία 1
FPho. 161 ναυτίλος εἰ πλώειν ἐθέλεις εὐρεῖα θάλασσα εἰ δὲ * γεηπονίην * μεθέπειν μακραί τοι ἄρουραι. οὐδὲν ἄνευ
γειαρότης 1
FPho. 201 χάριν εἵνεκα φερνῆς. ἵππους εὐγενέας διζήμεθα * γειαρότας * τε ταύρους ὑψιτένοντας ἀτὰρ σκυλάκων
γειτνιάω 1
Aris. 116 4 ἀρουρῶν κατὰ τὸ ἀρχαῖον οὔσης μετέπειτα δέ οἱ * γειτνιῶντες * ἐπέβησαν αὐτῆς ἑξήκοντα μυριάδες ἀνδρῶν
γειτονέω 1
FPho. 35 γὰρ ἀποκτείνῃς ἐχθρὸν σέο χεῖρα μιαίνεις. ἀγροῦ * γειτονέοντος * ἀπόσχεο μὴ δ᾽ ἄρ᾽ ὑπερβῇς. πάντων μέτρον
γείτων 5
Abr.1 1 2 ἀναπήρους καὶ ἀδυνάτους φίλους τε καὶ ξένους * γείτονάς * τε καὶ παροδίτας ἴσον ὑπεδέχετο ὁ ὅσιος καὶ
SIb. 3 240 ἐλάουσι βοῶν ὀίων τε καὶ αἰγῶν οὐδὲ ὅρους γαίης * γείτων * τοῦ γείτονος αἴρει οὐδὲ πολὺ πλουτῶν τις ἀνὴρ τὸν
SIb. 3 240 βοῶν ὀίων τε καὶ αἰγῶν οὐδὲ ὅρους γαίης γείτων τοῦ * γείτονος * αἴρει οὐδὲ πολὺ πλουτῶν τις ἀνὴρ τὸν ἐλάττονα
SIb. 3 459 πολλὰς ψυχὰς Ἀίδης ὁμοθυμαδὸν ἕξει. Τράλλις δ᾽ ἡ * γείτων * Ἐφέσου σεισμῷ καταλύσει τείχεά τ᾽ εὐποίητ᾽
SIb. 5 324 ποθ᾽ ἧδε πρόνοια. μή μ᾽ ἐθέλουσαν ἑλεῖν Φοίβου τὴν * γείτονα * χώραν Μίλητον τρυφερὴν ἀπολεῖ πρηστὴρ ποτ᾽
Γέλ. 1
Bar. 2 δέσποτα. ἀποκάλυψις Βαρούχ ὅς ἐστιν ἐπὶ ποταμοῦ * Γέλ. * κλαίων ὑπὲρ τῆς αἰχμαλωσίας Ἰερουσαλὴμ ὅτε καὶ
Γελαχαῖος 1
TNep. 5 8 ὤφθη ἡμῖν λέγουσα Ἀσσύριοι Μῆδοι Πέρσαι Ἐλυμαῖοι * Γελαχαῖοι * Χαλδαῖοι Σύροι κληρονομήσουσιν ἐν αἰχμαλωσίᾳ
γελάω 4
Abr.2 8 6 καὶ πλῆθος ἀγγέλων κύκλῳ αὐτοῦ⟩ καὶ ἔκλαιεν καὶ * ἐγέλα * ὥστε τὸν κλαυθμὸν ὑπερβῆναι τὸν γέλωτα. καὶ εἶπεν
Abr.2 8 7 κυκλόθεν αὐτῷ παραστῆκον οὗτος δὲ κλαίων καὶ * γελῶν * ὥστε τὸν κλαυθμὸν ὑπερβῆναι τῷ γέλωτι ἐπταπλασίως;
Abr.2 8 15 ἀπαγομένας εἰς τὴν ἀπώλειαν καὶ ἐὰν ἴδῃς αὐτὸν * γελῶντα * ἐθεάσατο ψυχὰς ὀλίγας ἀπαγομένας εἰς τὴν ζωὴν
Asen. 15 8 ἔστιν ἡ μετάνοια καλὴ σφόδρα παρθένος καθαρὰ καὶ * γελῶσα * πάντοτε καὶ ἔστιν ἐπιεικὴς καὶ πραεῖα. καὶ διὰ
γελοιάζω 1
TLevi 14 8 φυσιούμενοι καταπαίξετε τὰ ἅγια ἐν καταφρονήσει * γελοιάζοντες. * διὰ ταῦτα ὁ ναὸς ὃν ἂν ἐκλέξηται κύριος
γέλως 7
Abr.2 8 6 ἔκλαιεν καὶ ἐγέλα ὥστε τὸν κλαυθμὸν ὑπερβῆναι τὸν * γέλωτα. * καὶ εἶπεν Ἀβραὰμ τῷ Μιχαὴλ τί ἐστιν κύριε οὗτος
Abr.2 8 7 δὲ κλαίων καὶ γελῶν ὥστε τὸν κλαυθμὸν ὑπερβῆναι τῷ * γέλωτι * ἐπταπλασίως; καὶ εἶπεν Μιχαὴλ τῷ Ἀβραὰμ οὐκ
Abr.2 8 16 θεώρησον οὖν αὐτὸν πῶς ὑπερβαίνει ὁ κλαυθμὸς τὸν * γέλωτα * ἐπειδὴ θεωρεῖ τὸ περισσὸν τοῦ κόσμου ἀπαγόμενον
Abr.2 8 16 τὴν ἀπώλειαν διὰ τοῦτο ὑπερβαίνει ὁ κλαυθμὸς τὸν * γέλωτα * ἐπταπλασίως. καὶ εἶπεν Ἀβραὰμ τῷ Μιχαὴλ ὥστε οὖν
TRub. 4 7 κἂν ᾖ τις γέρων ἢ εὐγενὴς ὄνειδος αὐτὸν ποιεῖ καὶ * γέλωτα * παρὰ τῷ Βελιὰρ καὶ τοῖς υἱοῖς τῶν ἀνθρώπων.
TNep. 2 8 ὑγίειαν ἧπαρ πρὸς θυμὸν χολὴν πρὸς πικρίαν εἰς * γέλωτα * σπλῆνα νεφροὺς εἰς πανουργίαν ψύας εἰς δύναμιν
SIb. 4 37 ἀναιδείην ποθέοντες ἀλλ᾽ αὐτοὺς χλεύῃ τε * γέλωτί * τε μυχθίζοντες νήπιοι ἀφροσύνῃσιν ἐπιψεύσονται
γεμίζω 3
Jer. 2 5 ὕδωρ ἐπὶ τὰς ποτίστρας ἀλλὰ κλαύσωμεν καὶ * γεμίσωμεν * αὐτὰς δακρύων ὅτι οὐ μὴ ἐλεήσῃ κύριος τὸν λαὸν
Bar. 12 8 Μιχαὴλ σφόδρα καὶ ὁ μετ᾽ ἐμοῦ ἄγγελος διὸ οὐκ * ἐγέμισαν * τὴν φιάλην. καὶ εἶθ᾽ οὕτως ἦλθον ἕτεροι ἄγγελοι
Sedr. 7 2 τὴν κόλασιν ἀλλ᾽ ἔκβαλον αὐτὸν μὴ γὰρ ἐγὼ μόνος * γεμίσω * τὰ ἐπουράνια; εἰ ⟨δὲ μὴ⟩ καὶ τὸν ἄνθρωπον σῶσον
γέμω 4
Bar. 12 1 με αὐτοῖς ἰδοὺ ἦλθον ἄγγελοι φέροντες κανίσκια * γέμοντα * ἀνθῶν καὶ ἔδωκαν αὐτὰ πρὸς τὸν Μιχαήλ. καὶ
Bar. 12 6 εἶδον ἑτέρους ἀγγέλους φέροντας κανίσκια κενὰ οὐ * γέμοντα. * καὶ ἤρχοντο λυπούμενοι καὶ οὐκ ἐτόλμησαν
Bar. 15 4 τοῖς υἱοῖς τῶν ἀνθρώπων. εἶτα λέγει καὶ τοῖς τὰ * γέμοντα * ἐνεγκοῦσι καὶ τοῖς τὰ ἀπόκενα πορευθέντες
ISop. 5 121 4 ἔσται γὰρ ἔσται κεῖνος αἰῶνος χρόνος ὅταν πυρὸς * γέμοντα * θησαυρὸν σχάσῃ χρυσωπὸς αἰθὴρ ἡ δὲ βοσκηθεῖσα
γενεά 65
Hen. 1 2 πάντα καὶ ἔγνων ἐγὼ θεωρῶν καὶ οὐκ εἰς τὴν νῦν * γενεὰν * διενοούμην ἀλλὰ ἐπὶ πόρρω οὖσαν ἐγὼ λαλῶ. καὶ
Hen. 9 4 τῶν αἰώνων ὁ θρόνος τῆς δόξης σου εἰς πάσας τὰς * γενεὰς * τοῦ αἰῶνος καὶ τὸ ὄνομά σου τὸ ἅγιον καὶ μέγα καὶ
Hen. 9B 4 αἰώνων καὶ ὁ θρόνος τῆς δόξης σου εἰς πάσας τὰς * γενεὰς * τῶν αἰώνων καὶ τὸ ὄνομά σου ἅγιον καὶ εὐλογημένον
Hen. 10 3 ἐκφύγῃ καὶ μενεῖ τὸ σπέρμα αὐτοῦ εἰς πάσας τὰς * γενεὰς * τοῦ αἰῶνος. καὶ τῷ Ῥαφαὴλ εἶπεν δῆσον τὸν Ἀζαὴλ
Hen. 10 12 ἀπώλειαν τῶν ἀγαπητῶν καὶ δῆσον αὐτοὺς ἑβδομήκοντα * γενεὰς * εἰς τὰς νάπας τῆς γῆς μέχρι ἡμέρας κρίσεως αὐτῶν
Hen. 10 14 νῦν μετ᾽ αὐτῶν ὁμοῦ δεθήσονται μέχρι τελειώσεως * γενεᾶς. * ἀπόλεσον πάντα τὰ πνεύματα τῶν κιβδήλων καὶ τοὺς
Hen. 10 22 μάστιγος καὶ οὐκέτι πέμψω ἐπ᾽ αὐτοὺς εἰς πάσας τὰς * γενεὰς * τοῦ αἰῶνος. τότε ὁ ὕψιστος εἶπε καὶ ὁ ἅγιος ὁ
Hen. 10B 3 φυτευθήσεται φύτευμα καὶ σταθήσεται πάσας τὰς * γενεὰς * τοῦ αἰῶνος. καὶ τῷ Ῥαφαὴλ εἶπε πορεύου Ῥαφαὴλ
Hen. 10B 12 τῶν ἀγαπητῶν αὐτῶν δῆσον αὐτοὺς ἐπὶ ἑβδομήκοντα * γενεὰς * εἰς τὰς νάπας τῆς γῆς μέχρι ἡμέρας κρίσεως αὐτῶν
Hen. 10B 14 ἀπὸ τοῦ νῦν μετ᾽ αὐτῶν δεθήσεται μέχρι τελειώσεως * γενεᾶς * αὐτῶν. καὶ τότε ἀνοίξω τὰ ταμεῖα τῆς εὐλογίας τὰ
Hen. 11 2 εἰς πάσας τὰς ἡμέρας τοῦ αἰῶνος καὶ εἰς πάσας τὰς * γενεὰς * τῶν ἀνθρώπων. πρὸ τούτων τῶν λόγων ἐλήμφθη Ἐνὼχ
Hen. 14 5 δεσμοῖς τῆς γῆς ἐρρέθη δῆσαι ὑμᾶς εἰς πάσας τὰς * γενεὰς * τοῦ αἰῶνος καὶ ἵνα περὶ τούτων ἴδητε τὴν ἀπώλειαν
Hen. 15 6 ζῶντα αἰώνια καὶ οὐκ ἀποθνήσκοντα εἰς πάσας τὰς * γενεὰς * τοῦ αἰῶνος. καὶ διὰ τοῦτο οὐκ ἐποίησα ἐν ὑμῖν
Hen. 103 4 μνημόσυνον ἀπὸ προσώπου τοῦ μεγάλου εἰς πάσας τὰς * γενεὰς * τῶν αἰώνων. μὴ οὖν φοβεῖσθε τοὺς ὀνειδισμοὺς
Hen. 103 8 μεγάλην εἰσελεύσονται αἱ ψυχαὶ ὑμῶν ἐν πάσαις ταῖς * γενεαῖς * τοῦ αἰῶνος. οὐαὶ ὑμῖν οὐκ ἔστιν ὑμῖν χαίρειν. μὴ
Hen. 104 5 καὶ κρίσις αἰώνιος ἐξ ὑμῶν ἔσται εἰς πάσας τὰς * γενεὰς * τῶν αἰώνων. μὴ φοβεῖσθε οἱ δίκαιοι ὅταν ἴδητε
Hen. 106 13 τρόπον τέκνον τεθέαμαι καὶ ἐσήμανά σοι ἐν γὰρ τῇ * γενεᾷ * Ἰάρεδ τοῦ πατρός μου παρέβησαν τὸν λόγον κυρίου
Hen. 107 1 αὐτά. τότε τεθέαμαι τὰ ἐγγεγραμμένα ἐπ᾽ αὐτῶν ὅτι * γενεὰ * γενεᾶς κακ⟨ίων ἔσται⟩ καὶ εἶδον τόδε μέχρις τοῦ
Hen. 107 1 τότε τεθέαμαι τὰ ἐγγεγραμμένα ἐπ᾽ αὐτῶν ὅτι γενεὰ * γενεᾶς * κακ⟨ίων ἔσται⟩ καὶ εἶδον τόδε μέχρις τοῦ
Hen. 107 1 ἔσται⟩ καὶ εἶδον τόδε μέχρις τοῦ ἀνασ⟨τῆναι⟩ * γενεὰν * δικαιοσύνης καὶ ἡ κακία ἀπολεῖται καὶ ἡ ἁμαρτία
TSIm. 7 3 τοῖς τέκνοις ὑμῶν ὅπως φυλάξωσιν αὐτὰ εἰς τὰς * γενεὰς * αὐτῶν. καὶ συνετέλεσε Συμεὼν ἐντελλόμενος τοῖς
TLevi 2 3B018 τὸν αἰῶνα ἐμὲ καὶ τοὺς υἱούς μου εἰς πάσας τὰς * γενεὰς * τῶν αἰώνων καὶ μὴ ἀποστήσῃς τὸν υἱὸν τοῦ παιδός
TLevi 12 6 εἰς Αἴγυπτον. καὶ ἰδοὺ ἐστε τέκνα μου τρίτη * γενεά. * Ἰωσὴφ ἑκατοστῷ ὀκτωκαιδεκάτῳ ἔτει ἀπέθανεν. καὶ
TLevi 18 2B061 ἔσται τὸ σπέρμα σου ἐπὶ τὰς τῆς γῆς εἰς τὰς * γενεὰς * τῶν αἰώνων. καὶ ὅτε ἀνεπληρώθησάν μοι ἑβδομάδες
TLevi 18 8 εἰς τὸν αἰῶνα καὶ οὐκ ἔσται διαδοχὴ αὐτῷ εἰς * γενεὰς * καὶ γενεὰς ἕως τοῦ αἰῶνος. καὶ ἐπὶ τῆς ἱερωσύνης
TLevi 18 8 αἰῶνα καὶ οὐκ ἔσται διαδοχὴ αὐτῷ εἰς γενεὰς καὶ * γενεὰς * ἕως τοῦ αἰῶνος. καὶ ἐπὶ τῆς ἱερωσύνης αὐτοῦ τὰ
TZab. 10 3 ἐπάξει κύριος πῦρ αἰώνιον καὶ ἀπολέσει αὐτοὺς ἕως * γενεῶν. * τέως ἐγὼ εἰς τὴν ἀνάπαυσίν μου ἀποτρέχω ὡς οἱ
Asen. 24 8 πατρός μου καὶ ἐκτρίψω αὐτοὺς ἐκ γῆς καὶ πᾶσαν τὴν * γενεὰν * αὐτῶν μήποτε συγκληρονομήσωσι μεθ᾽ ἡμῶν διότι
Sal. 18 6 ἡμέραις ἐκείναις ἰδεῖν τὰ ἀγαθὰ κυρίου ἃ ποιήσει * γενεᾷ * τῇ ἐρχομένῃ ὑπὸ ῥάβδον παιδείας χριστοῦ κυρίου ἐν

224 γενεά

Sal. 18 9 φόβῳ θεοῦ καταστῆσαι πάντας αὐτοὺς ἐνώπιον κυρίου * γενεὰ * ἀγαθὴ ἐν φόβῳ θεοῦ ἐν ἡμέραις ἐλέους. διάψαλμα.
Sal. 18 12 οὐκ ἐπλανήθησαν ἀφ' ἧς ἡμέρας ἔκτισεν αὐτοὺς ἀπὸ * γενεῶν * ἀρχαίων οὐκ ἀπέστησαν ὁδῶν αὐτῶν εἰ μὴ ὁ θεὸς
Bar. 10 3 ὑδάτων. καὶ ἦσαν ἐν αὐτῷ πλήθη ὀρνέων ἐκ πασῶν * γενεῶν * ἀλλ' οὐχ ὅμοια τῶν ἐνταῦθα. ἀλλ' ἴδον τὸν γέρανον
Job 4 6 ποιήσω σου τὸ ὄνομα ὀνομαστὸν ἐν πάσαις ταῖς * γενεαῖς * τῆς γῆς ἄχρι τῆς συντελείας τοῦ αἰῶνος. καὶ
Job 53 8 καλῷ ὕπνῳ, λαβόντα ὄνομα ὀνομαστὸν ἐν πάσαις ταῖς * γενεαῖς * τοῦ αἰῶνος, ἀμὴν καταλείψας υἱοὺς ζ' καὶ
Job 53 9 σ μ η'. καὶ ἴδεν υἱοὺς τῶν υἱῶν αὐτοῦ ἕως τετάρτης * γενεᾶς. * γέγραπται δὲ ἀναστῆναι αὐτὸν μεθ' ὧν ὁ κς
Sib. 3 108 πληροῦτο μεριζομένων βασιλειῶν καὶ τότε δὴ δεκάτη * γενεὴ * μερόπων ἀνθρώπων ἐξ οὗ περ κατακλυσμὸς ἐπὶ
Sib. 3 135 εἴων παρὰ μητρὶ τρέφεσθαι. ἀλλ' ὅτε τὴν τριτάτην * γενεὴν * τέκε πότνια 'Ρείη τίχθ' "Ηρην πρώτην καὶ ἐπεὶ
Sib. 3 157 τότε Τιτάνεσσι θεὸς κακὸν ἐγγυάλιξεν. καὶ πᾶσαι * γενεαὶ * Τιτάνων ἠδὲ Κρόνοιο κάτθανον. αὐτὰρ ἔπειτα χρόνου
Sib. 3 216 ἔκγονοί εἰσιν ὁμῶς καὶ τῶνδε βοήσω φῦλον καὶ * γενεὴν * πατέρων καὶ δῆμον ἁπάντων πάντα περιφραδέως βροτὲ
Sib. 3 318 δέ τε καὶ θάνατος καὶ λιμὸς ἐφέξει ἑβδομάτῃ * γενεῇ * βασιλήων καὶ τότε παύσῃ. αἰαῖ σοι χώρα Γὼγ ἠδὲ
Sib. 3 383 πῆμα Εὐρώπῃ δὲ μέγιστον ἀνασταχυώσεται ἄλγος ἐκ * γενεῆς * Κρονίδαο νόθων δούλων τε γενέθλης. κείνη καὶ
Sib. 3 394 ὡς πανάιστον ἅπαντ' 'Αίδης θεραπεύσει ὧν δή περ * γενεὴν * αὐτὸς θέλει ἐξαπολέσσαι ἐκ τῶν δὴ γενεῆς κείνου
Sib. 3 395 ὧν δή περ γενεὴν αὐτὸς θέλει ἐξαπολέσσαι ἐκ τῶν δὴ * γενεῆς * κείνου γένος ἐξαπολεῖται ῥίζαν ἴαν γε διδοὺς ἣν
Sib. 3 398 +παρὰ δὴ φυτὸν ἄλλο φυτεύσει+ κόψει πορφυρέης * γενεῆς * γενετῆρα μαχητὴν καὐτὸς ὑφ' +υἱῶν ὧν ἐς ὁμόφρονα
Sib. 4 20 ὅσα νῦν τε καὶ ὁππόσα ἔσσεται αὖτις ἐκ πρώτης * γενεῆς * ἄχρις ἐς δεκάτην ἀφικέσθαι ἀτρεκέως καταλέξαι
Sib. 4 47 ζωήν θ' ἅμα καὶ χάριν αὐτοῖς. ἀλλὰ τὰ μὲν δεκάτῃ * γενεῇ * μάλα πάντα τελεῖται νῦν δ' ὅσ' ἀπὸ πρώτης γενεῆς
Sib. 4 48 γενεῇ μάλα πάντα τελεῖται νῦν δ' ὅσ' ἀπὸ πρώτης * γενεῆς * ἔσται τάδε λέξω. πρῶτα μὲν 'Ασσύριοι θνητῶν
Sib. 4 50 πρῶτα μὲν 'Ασσύριοι θνητῶν ἄρξουσιν ἁπάντων ἓξ * γενεὰς * κόσμοιο διακρατέοντες ἐν ἀρχῇ ἐξ οὗ μηνίσαντος
Sib. 4 55 οὓς Μῆδοι καθελόντες ἐπαυχήσουσι θρόνοισιν οἷς * γενεαὶ * δύο μοῦναι ἐφ' ὧν τάδε ἔσσεται ἔργα νὺξ ἔσται
Sib. 4 66 Περσῶν δὲ κράτος ἔσται ὅλου κόσμοιο μέγιστον οἷς * γενεὴ * μία κεῖται ἀνακτορίης πολυόλβου. ἔσται δ' ὅσσα κεν
Sib. 4 86 νεῖκος ἰσόρροπον ἀλλήλοισιν. ἀλλ' ὅταν ἐς δεκάτην * γενεὴν * μερόπων γένος ἔλθῃ καὶ τότε Πέρσῃσιν ζυγὰ δούλια
Sib. 5 8 Διὸς οὐκ "Αμμωνος ἀληθέα φημιχθέντα καὶ μετὰ τὸν * γενεῆς * τε καὶ αἵματος 'Ασσαράκοιο ὃς μόλεν ἐκ Τροίης
Sib. 5 30 δεινὸς ὄφις φυσῶν πόλεμον βαρὺν ὅς ποτε χεῖρας ἧς * γενεῆς * τανύσας ὀλέσει καὶ πάντα ταράξει ἀθλεύων ἐλάων
Sib. 5 113 ἀλεγεινήν; βαῖνε πρὸς ἀντολίην Περσῶν * γενεὰς * ἀνοήτους καὶ δήλου τοῖσιν τὸ παρὸν τό τε μέλλον
Sib. 5 132 ἦλθε 'Ρέη κἀκεῖ προσέμεινεν. πόντος ὀλεῖ Ταύρων * γενεὴν * καὶ βάρβαρον ἔθνος +καὶ Λαπίθας δάπεδον κατὰ γῆν
Sib. 5 440 κρατεῖν ἐποίησαν. ἔχε στόμα φιμῷ ἄναγνε Χαλδαίων * γενεὴ * μήτ' εἴρεο μηδὲ μεριμνα πῶς Περσῶν ἄρξεις ἢ πῶς
Sib. 5 458 ὅπως κλαύσωνται ἀληθῶς. ἔσται δ' ἐν πέμπτῃ * γενεῇ * ὅτε παύσετ' ὄλεθρος Αἰγύπτου βασιλῆες ὅταν
Sib. 5 460 Αἰγύπτου βασιλῆες ὅταν μιχθῶσιν ἀναιδεῖς Παμφύλων * γενεαὶ * δ' εἰς Αἴγυπτον καθεδοῦνται ἔν τε Μακηδονίῃ καὶ
Sib. 5 476 ἀριθμὸν μέτρον τε γυναικῶν. μυρία δ' οἰμώξει δειλὴ * γενεὴ * κατὰ τέρμα ἠελίου δύνοντος ἵν' ἔμπαλι μηκέτ'
FPho. 209 ἀλίτηι σε κολουέτω υἱέα μήτηρ ἢ καὶ πρεσβύτατοι * γενεῆς * ἢ δημογέροντες. μὴ μὲν ἐπ' ἄρσενι παιδὶ τρέφειν
FPho. 221 εἴκειν δὲ γέρουσιν ἕδρης καὶ γεράων πάντων * γενεῆι * δ' ἀτάλαντον πρέσβυν ὁμήλικα πατρὸς ἴσαις τιμαῖσι
HDem. 9 29 1 ἐκ δὲ τοῦ 'Ιοθὼρ Σεπφώραν ἣν γῆμαι Μωσῆν. καὶ τὰς * γενεὰς * δὲ συμφωνεῖν τὸν γὰρ Μωσῆν εἶναι ἀπὸ 'Αβραὰμ
HAno. 9 17 3 γίγαντας διασπαρῆναι καθ' ὅλην τὴν γῆν. δεκάτῃ δὲ * γενεᾷ * ἐν πόλει τῆς Βαβυλωνίας Καμαρίνῃ ἥν τινας λέγειν
HAno. 9 17 3 πόλιν ⟨ἣ⟩ ἐν τρισκαιδεκάτῃ γενέσθαι 'Αβραὰμ * γενεᾷ * εὐγενείᾳ καὶ σοφίᾳ πάντας ὑπερβεβηκότα ὃν δὴ καὶ
LThe. 9 22 6 εἷς γε νυούς τ' ἀγέμεν ποτὶ δῶμα ἀλλ' ὅστις * γενεῆς * ἐξεύχεται εἶναι ὁμοίης. ὅς ποτ' ἐπεὶ πάτρης

γενεαλογέω 1
HDem. 9 29 2 ὕστερον γεγονέναι τὸν 'Ισαὰρ ἀφ' οὗ τὴν Σεπφώραν * γεγενεαλογῆσθαι. * οὐδὲν οὖν ἀντιπίπτει τὸν Μωσῆν καὶ τὴν

γενεαλογία 1
Prop. 26 1 ἐγένοντο κρυπτοὶ ὧν τὰ ὀνόματα ἐμφέρονται ἐν ταῖς * γενεαλογίαις * αὐτῶν ἐπὶ βίβλων ὀνομάτων 'Ισραὴλ ἐγράφοντο

γενέθλη 3
Sib. 3 383 ἄλγος ἐκ γενεῆς Κρονίδαο νόθων δούλων τε * γενέθλης. * κείνη καὶ Βαβυλῶνα πόλιν δεδομήσετ' ἐρυμνήν
Sib. 4 160 πρηῦν ἐόντα ἀλλὰ χόλῳ βρύχοντα καὶ ἐξολέκοντα * γενέθλην * ἀνθρώπων ἅμα πᾶσαν ὑπ' ἐμπρησμοῦ μεγάλοιο. ἆ
LAri. 13 12 16 καὶ πάλιν ἑβδόμη εἰν ἀγαθοῖς καὶ ἑβδόμη ἐστὶ * γενέθλη. * καὶ ἑβδόμη ἐν πρώτοισι καὶ ἑβδόμη ἐστὶ τελείη

γενειάς 1
Asen. 28 14 'Ασενὲθ τὴν δεξιὰν αὐτῆς χεῖρα καὶ ἥψατο τῆς * γενειάδος * τοῦ Συμεὼν καὶ κατεφίλησεν αὐτὸν καὶ εἶπεν

γένειον 1
Sedr. 11 19 φωταγωγοὶ φωνὴ σάλπιγγος ἦχος γλῶσσα εὐδιάλλακτε * γένειον * καλλωπισμένον τρίχες ἀστερόμορφοι κεφαλὴ

γενεσιουργός 1
FJub. 11 17 μὴ καταδεξάμενος ἐᾶσαι ἐνδιατρίβειν ἀλλ' ἐπὶ τὸν * γενεσιουργὸν * ἐκ τῆς τῶν κτισμάτων ἀναχθεὶς καλλονῆς

γένεσις 5
Sal. 3 9 ἁμαρτωλὸς καὶ καταρᾶται ζωὴν αὐτοῦ τὴν ἡμέραν * γενέσεως * αὐτοῦ καὶ ὠδῖνας μητρός. προσέθηκεν ἁμαρτίας
FJub. 2 1 παρὰ τοῦ ἀρχαγγέλου Γαβριὴλ τὰ περὶ τῆς * γενέσεως * τοῦ κόσμου καὶ τοῦ πρώτου ἀνθρώπου καὶ τῶν μετ'
FJub. 48 1 παρὰ τοῦ ἀρχαγγέλου Γαβριὴλ τὰ περὶ τῆς * γενέσεως * τοῦ κόσμου. ἐν ρ μ δ' ἔτει τῆς ἐν Αἰγύπτῳ
LAri. 13 12 3 καθὼς καὶ διὰ τῆς νομοθεσίας ἡμῖν ὅλην τὴν * γένεσιν * τοῦ κόσμου θεοῦ λόγους εἴρηκεν ὁ Μωσῆς. συνεχῶς
LAri. 13 12 9 ἡμέραν ἣ δὴ καὶ πρώτη φυσικῶς ἂν λέγοιτο φωτὸς * γένεσις * ἐν ᾧ τὰ πάντα συνθεωρεῖται. μεταφέροιτο δ' ἂν τὸ

γενετήρ 11
Sib. 3 278 ἐλάτρευσας ἀεικέσιν οὐδὲ φοβηθεὶς ἀθάνατον * γενετῆρα * θεῶν πάντων τ' ἀνθρώπων οὐκ ἔθελες τιμᾶν θνητῶν
Sib. 3 296 δή μοι θυμὸς ἐπαύσατο ἔνθεον ὕμνον καὶ λιτόμην * γενετῆρα * μέγαν παύσασθαι ἀνάγκης καὶ πάλι μοι μεγάλοιο
Sib. 3 398 δὴ φυτὸν ἄλλο φυτεύσει+ κόψει πορφυρέης γενεῆς * γενετῆρα * μαχητὴν καὐτὸς ὑφ' +υἱῶν ὧν ἐς ὁμόφρονα αἴσιον
Sib. 3 726 ἐπὶ στομάτεσσι πεσόντες τέρψωμεν ὕμνοισι θεὸν * γενετῆρα * κατ' οἴκους ἐχθρῶν ὅπλα ποριζόμενοι κατὰ γαῖαν
Sib. 3 819 θεοῦ μεγάλοιο προφῆτιν. οὐ γὰρ ἐμοὶ δήλωσεν ἃ πρὶν * γενετῆρσιν * ἐμοῖσιν ὅσσα δὲ πρῶτ' ἐγένοντο τά μοι +θεὸς+
Sib. 5 284 ἀμβρόσιον ῥεύσει πάντεσσι δικαίοις εἰς ἕνα γὰρ * γενετῆρα * θεὸν μόνον ἔξοχον ὄντα ἤλπισαν εὐσεβίην μεγάλην
Sib. 5 360 ἀνθρώπων +βίοτον+ καὶ φῦλον ἀναιδὲς δεῖ στέργειν * γενετῆρα * θεὸν σοφὸν αἰὲν ἐόντα. ἔσσεται ὑστατίῳ καιρῷ
Sib. 5 391 ἐν σοὶ γὰρ μήτηρ τέκνῳ ἐμίγη ἀθεμίστως καὶ θυγάτηρ * γενετῆρι * ἐῷ συζεύξατο νύμφη ἐν σοὶ καὶ βασιλεῖς στόμα
Sib. 5 406 οὐ χρυσοῦ κόσμον ἀπάτην ψυχῶν ἐσεβάσθη. ἀλλὰ μέγαν * γενετῆρα * θεὸν πάντων θεοπνεύστων ἐν θυσίαις ἁγίαις
Sib. 5 498 στρέψωμεν ψυχὰς θεὸν ἄφθιτον ἐξυμνοῦντες αὐτὸν τὸν * γενετῆρα * τὸν ἀίδιον γεγαῶτα τὸν πρύτανιν πάντων τὸν
Sib. 5 500 πρύτανιν πάντων τὸν ἀληθέα τὸν βασιλῆα ψυχοτρόφον * γενετῆρα * θεὸν μέγαν αἰὲν ἐόντα. καὶ τότ' ἐν Αἰγύπτῳ ναὸς

γενέτης 1
Sib. 3 604 καὶ λοιμὸν ἰδ' ἄλγεα δακρυόεντα οὕνεκεν ἀθάνατον * γενέτην * πάντων ἀνθρώπων οὐκ ἔθελον τιμᾶν ὁσίως εἴδωλα δ'

γένημα 1
Jer. 5 31 εἰς τὸν ἀγρὸν καὶ ἴδε ὅτι οὐκ ἐφάνη ἡ αὔξησις τῶν * γενημάτων. * ἴδε καὶ τὰ σῦκα ὅτι καιρὸς αὐτῶν οὐκ ἔστι καὶ

γενητός 1
LAri. 13 12 4 περὶ τοῦ διακρατεῖσθαι θείᾳ δυνάμει τὰ πάντα καὶ * γενητὰ * ὑπάρχειν καὶ ἐπὶ πάντων εἶναι τὸν θεόν. λέγει δ'

γέννα 3
Sib. 3 765 πεφύλαξο καὶ ἄρσενος ἄκριτον εὐνὴν τὴν δ' ἰδίαν * γένναν * παίδων τρέφε μηδὲ φόνευε ταῦτα γὰρ ἀθάνατος
LEze. 9 28 2 07 ὑπ' ἀνδρῶν καὶ δυναστείας χερός. ἰδὼν γὰρ ἡμῶν * γένναν * ἅλις ηὐξημένην δόλον καθ' ἡμῶν πολὺν ἐμηχανήσατο
FrAn. 574 3072 αὐτοῦ τῷ ἁγίῳ ιαεωβαφρενεμουν. λόγος ὃν τρέμει * γέννα * πυρὸς καὶ φλόγες περιφλογίζουσι καὶ σίδηρος λακᾷ

γενναῖος 1
LEze. 9 29 5 03 εἶναι μέχρις οὐρανοῦ πτυχὸς ἐν τῷ καθῆσθαι φῶτα * γενναῖόν * τινα διάδημ' ἔχοντα καὶ μέγα σκῆπτρον χερὶ

γεννάω 78
Adam 1 3 ὀκτὼ καὶ μῆνας δύο. καὶ ἐν γαστρὶ εἴληφεν Εὕα καὶ * ἐγέννησε * δύο υἱοὺς τὸν Διάφωτον τὸν καλούμενον Κάϊν καὶ
Adam 4 1 'Αδὰμ τὴν γυναῖκα αὐτοῦ καὶ ἐν γαστρὶ ἔσχεν καὶ * ἐγέννησεν * τὸν Σήθ. καὶ λέγει 'Αδὰμ τῇ Εὕᾳ ἰδοὺ
Adam 4 2 καὶ ἐγέννησεν τὸν Σήθ. καὶ λέγει 'Αδὰμ τῇ Εὕᾳ ἰδοὺ * ἐγεννήσαμεν * υἱὸν ἀντὶ "Αβελ ὃν ἀπέκτεινεν Κάϊν. δώσωμεν
Adam 33 2 ὑπὸ τεσσάρων ἀετῶν λαμπρῶν ὃ οὐκ ἦν δυνατὸν * γεννηθῆναι * ἀπὸ κοιλίας ἢ εἰπεῖν τὴν δόξαν αὐτῶν ἢ ἰδεῖν
Adam 38 4 πάντα τὰ φυτὰ τοῦ παραδείσου ὡς πάντας ἀνθρώπους * γεγεννημένους * ἐκ τοῦ 'Αδὰμ νυστάξαι ἀπὸ τῆς εὐωδίας
Hen. 6 1 οἱ υἱοὶ τῶν ἀνθρώπων ἐν ἐκείναις ταῖς ἡμέραις * ἐγεννήθησαν * θυγατέρες ὡραῖαι καὶ καλαί. καὶ ἐθεάσαντο
Hen. 6 2 ἐκλεξώμεθα ἑαυτοῖς γυναῖκας ἀπὸ τῶν ἀνθρώπων καὶ * γεννήσομεν * ἑαυτοῖς τέκνα. καὶ εἶπεν Σεμειαζᾶς πρὸς
Hen. 6B 1 καὶ ἐγένετο ὅτε ἐπληθύνθησαν οἱ υἱοὶ τῶν ἀνθρώπων, * ἐγεννήθησαν * αὐτοῖς θυγατέρες ὡραῖαι. καὶ ἐπεθύμησαν
Hen. 7B 2 δὲ γίγαντες ἐτέκνωσαν Ναφηλειμ καὶ τοῖς Ναφηλειμ * ἐγεννήθησαν * 'Ελιούδ. καὶ ἦσαν αὐξανόμενοι κατὰ τὴν
Hen. 9 9 αὐταῖς πάσας τὰς ἁμαρτίας. καὶ αἱ γυναῖκες * ἐγέννησαν * τιτᾶνας ὑφ' ὧν ὅλη ἡ γῆ ἐπλήσθη αἵματος καὶ
Hen. 10 17 οἱ δίκαιοι ἐκφεύξονται καὶ ἔσονται ζῶντες ἕως * γεννήσωσιν * χιλιάδας καὶ πᾶσαι αἱ ἡμέραι νεότητος αὐτῶν
Hen. 15 3 ἑαυτοῖς γυναῖκας; ὥσπερ υἱοὶ τῆς γῆς ἐποιήσατε καὶ * ἐγεννήσατε * ἑαυτοῖς τέκνα υἱοὺς γίγαντας. καὶ ὑμεῖς ἦτε
Hen. 15 4 αἵματι τῶν γυναικῶν ἐμιάνθητε καὶ ἐν αἵματι σαρκὸς * ἐγεννήσατε * καὶ ἐν αἵματι ἀνθρώπων ἐπεθυμήσατε. καθὼς καὶ
Hen. 15 8 οὐρανῷ ἡ κατοίκησις αὐτῶν. καὶ νῦν οἱ γίγαντες οἱ * γεννηθέντες * ἀπὸ τῶν πνευμάτων καὶ σαρκὸς πνεύματα ἰσχυρὰ
Hen. 15 10 αὐτῶν ἔσται καὶ τὰ πνεύματα ἐπὶ τῆς γῆς τὰ * γεννηθέντα * ἐπὶ τῆς γῆς ἡ κατοίκησις αὐτῶν ἔσται. καὶ τὰ
Hen. 15B 8 ὅτι ἐξεληλύθασιν ἀπ' αὐτῶν καὶ νῦν οἱ γίγαντες οἱ * γεννηθέντες * ἀπὸ πνευμάτων καὶ σαρκὸς πνεύματα πονηρὰ ἐπὶ
Hen. 106 2 αὐτῷ γυναῖκα καὶ ἔτεκεν αὐτῷ παιδίον καὶ ὅτε * ἐγεννήθη * τὸ παιδίον ἦν τὸ σῶμα λευκότερον χιόνος καὶ
Hen. 106 5 Μαθουσάλεκ τὸν πατέρα αὐτοῦ καὶ εἶπεν αὐτῷ τέκνον * ἐγεννήθη * μου ἀλλοῖον οὐχ ὅμοιον τοῖς ἀνθρώποις ἀλλὰ τοῖς
Hen. 106 10 λέγων δι' ἀνάγκην μεγάλην ἦλθον ὧδε πάτερ καὶ νῦν * ἐγεννήθη * τέκνον Λάμεχ τῷ υἱῷ μου καὶ ὁ τύπος αὐτοῦ καὶ ἡ
Hen. 106 16 μεγάλη ἐπὶ ἐνιαυτὸν ἕνα καὶ τόδε τὸ παιδίον τὸ * γεννηθὲν * καταλειφθήσεται καὶ τρία αὐτοῦ τέκνα σωθήσεται
Hen. 107 2 σήμανον Λάμεχ τῷ υἱῷ σου ὅτι τὸ παιδίον τοῦτο τὸ * γεννηθὲν * τέκνον αὐτοῦ ἐστιν δικαίως καὶ οὐ ψευδῶς. καὶ
TSim. 2 2 τοῦ πατρὸς ὑμῶν ὅσα ἔχω ἐν τῇ καρδίᾳ μου. ἐγὼ * ἐγεννήθην * ἐξ 'Ιακὼβ τοῦ πατρός μου υἱὸς δεύτερος καὶ

TLevi 11 4 αὐτοῦ ὅτι οὐκ ἔσται ἐν πρώτῃ τάξει. καὶ ὁ Καὰθ * ἐγεννήθη * τριακοστῷ πέμπτῳ ἔτει πρὸς ἀνατολὰς ἡλίου.
TLevi 12 4 θυγατέρα μου αὐτῷ εἰς γυναῖκα ὅτι ἐν μιᾷ ἡμέρᾳ * ἐγεννήθησαν * αὐτὸς καὶ ἡ θυγάτηρ μου. ὀκτὼ ἐτῶν ἤμην ὅτε
TLevi 18 2B063 εἶπα γὰρ ὅτι πάροικον ἔσται τὸ σπέρμα μου ἐν γῇ ᾗ * ἐγεννήθην * πάροικοι ἐσμεν ὡς τούτῳ ἐν τῇ γῇ ἡμετέρᾳ
TLevi 18 2B065 (ἔσται τὸ σπέρμα αὐτοῦ). λʹ ἐτῶν ἤμην ὅτε * ἐγεννήθη * ἐν τῇ ζωῇ μου καὶ ἐν τῷ ιʹ μηνὶ ἐγεννήθη ἐπὶ
TLevi 18 2B065 ἤμην ὅτε ἐγεννήθη ἐν τῇ ζωῇ μου καὶ ἐν τῷ ιʹ μηνὶ * ἐγεννήθη * ἐπὶ δυσμὰς ἡλίου. καὶ πάλιν συλλαβοῦσα ἔτεκεν
TLevi 18 2B067 γυναικῶν καὶ ἐκάλεσα τὸ ὄνομα αὐτοῦ Καάθ. καὶ ὅτε * ἐγεννήθη * ἑώρακα ὅτι ἐπʹ αὐτῷ ἔσται ἡ συναγωγὴ παντὸς τοῦ
TLevi 18 2B068 ἱεράτευμα τῷ Ἰσραήλ. ἐν τῷ τετάρτῳ καὶ λʹ ἔτει * ἐγεννήθη * ἐν τῷ πρώτῳ μηνὶ μιᾷ τοῦ μηνὸς ἐπʹ ἀνατολῆς
TZab. 1 3 Ζαβουλὼν δόσις ἀγαθὴ τοῖς γονεῦσί μου. ἐν γὰρ τῷ * γεννηθῆναί * με ηὐξήθη ὁ πατὴρ ἡμῶν ἕως σφόδρα καὶ τὰ
TNep. 1 6 μου υἱοὶ Νεφθαλὶμ ἀκούσατε λόγους πατρὸς ὑμῶν. ἐγὼ * ἐγεννήθην * ἀπὸ Βάλλας καὶ ὅτι ἐν πανουργίᾳ ἐποίησε Ῥαχὴλ
TNep. 1 7 καὶ ἠγάπησέ με Ῥαχὴλ ὅτι ἐπὶ τῶν μηρῶν αὐτῆς * ἐγεννήθην * καὶ εἶδει ἁπαλὸν ὄντα κατεφίλει με λέγουσα
TNep. 7 3 μου καὶ οὐ βλέπω σέ καὶ σὺ οὐχ ὁρᾷς Ἰακὼβ τὸν * γεννήσαντά * σε. ἐποίησε δὲ καὶ ἡμᾶς δακρῦσαι ἐπὶ τοῖς
TJos. 19 3 ὁμοίως καὶ οἱ τρεῖς. καὶ εἶδον ὅτι ἐκ τοῦ Ἰουδὰ * ἐγεννήθη * παρθένος ἔχουσα στολὴν βυσσίνην καὶ ἐξ αὐτῆς
TBen. 1 3 οὕτως κἀγὼ τῷ Ἰακώβ. ἐπειδὴ οὖν Ῥαχὴλ τέθνηκε * γεννῶσά * με γάλα οὐκ ἔσχον. Βάλλαν οὖν τὴν παιδίσκην
Asen. 6 4 υἱὸς τοῦ θεοῦ ἐστιν. τίς γὰρ ἀνθρώπων ἐπὶ γῆς * γεννήσει * τοιοῦτον κάλλος καὶ ποία κοιλία γυναικὸς
Sal. 8 21 ἀπήγαγεν τοὺς υἱοὺς καὶ τὰς θυγατέρας αὐτῶν ἃ * ἐγέννησαν * ἐν βεβηλώσει. ἐποίησαν κατὰ τὰς ἀκαθαρσίας
Bar. 4 15 αὐτοῦ γενήσεται εἰς εὐλογίαν καὶ τὸ παρʹ αὐτοῦ * γεννώμενον * γενήσεται αἷμα θεοῦ καὶ ὥσπερ ὑπʹ αὐτοῦ τὴν
Bar. 4 16 ἐγυμνώθη οὕτως καὶ οἱ νῦν ἄνθρωποι τὸν ἐξ αὐτοῦ * γεννώμενον * οἶνον ἀπλήστως δρῶντες χεῖρον τοῦ Ἀδὰμ τὴν
Prop. 4 2 ἔτι νήπιος ἤχθη ἐκ τῆς Ἰουδαίας εἰς γῆν Χαλδαίων * ἐγεννήθη * δὲ ἐν Βεθώρῳ τῇ ἀνωτέρᾳ καὶ ἦν ἀνὴρ σώφρων ὥστε
Prop. 15 2 ἔδωκεν εἰς ἀπόδειξιν. οὗτος εἶπε τῷ Ἰωσεδὲκ ὅτι * γεννήσει * υἱὸν καὶ ἐν Ἱερουσαλὴμ ἱερατεύσει. οὗτος καὶ
Prop. 17 1B Ναθὰν ὁ προφήτης τοῦ Δαυὶδ ἐκ φυλῆς ἱερωσύνης ἦν. * ἐγεννήθη * δὲ ἐν Γαβαῷ καὶ αὐτὸς ἐδίδαξε τὸν Δαυὶδ νόμον
Esdr. 1 6 τὸν θεὸν περὶ τὸ γένος τῶν Χριστιανῶν καλὸν μὴ * γεννηθῆναι * τὸν ἄνθρωπον ἢ εἰσελθεῖν ἐν τῷ κόσμῳ.
Esdr. 1 21 τεῖχος τῶν ἀνθρώπων. καὶ εἶπεν Ἐσδρὰμ καλὸν τὸ μὴ * γεννηθῆναι * τὸν ἄνθρωπον καλὸν τὸ μὴ εἶναι ἐν βίῳ τὰ
Esdr. 5 13 ἀνοίγεται τὰ κλεῖθρα τοῦ πυλῶνος τῆς γυναικὸς καὶ * γεννᾶται * ὑγιὴς εἰς τὴν γῆν. καὶ εἶπεν ὁ προφήτης κύριε
Esdr. 5 14 γῆν. καὶ εἶπεν ὁ προφήτης κύριε εἰ καλὸν τοῦ μὴ * γεννηθῆναι * τὸν ἄνθρωπον οὐαὶ τὸ <γένος τὸ> ἀνθρώπινον
Esdr. 5 26 τὸν δεσπότην ὦ δέσποτα κύριε καὶ τίς ἄρα ἄνθρωπος * γεννηθεὶς * οὐχ ἥμαρτε; καὶ κατήγαγόν με κατώτερον ἐν
Sedr. 4 2 εἰσιν κύριέ μου καλὸν ἦν τοῦ ἀνθρώπου εἰ οὐκ * ἐγεννήθη * τί τάχα ἐποίησας κύριέ μου; διά τί ἐκοπίασας
Sedr. 8 7 ὁ θεὸς> ἀφʹ ἧς ἐποίησα τὰ πάντα πόσοι ἄνθρωποι * ἐγεννήθησαν * καὶ πόσοι ἀπέθανον καὶ πόσοι θέλουν
Job 1 6 ἀδελφοῦ Ιακωβ, οὗ ἡ μήτηρ ὑμῶν ἐστιν Διvα, ἐξ ἧς * ἐγέννησα * ὑμᾶς ἡ γὰρ προτέρα μου γυνὴ ἐτελεύτησεν μετὰ
Aris. 208 3 χρόνῳ καὶ κακοπαθείαις μεγίσταις αὔξει τε καὶ * γεννᾶται * τὸ τῶν ἀνθρώπων γένος ὅθεν οὔτε εὐκόπως δεῖ
Sib. 5 136 θηρῶν ἀπὸ γαίης Ἠπιδανὸς φάσκων θηρῶν μορφάς ποτε * γεννᾶν+. * Ἑλλάδα τὴν τριτάλαιναν ἀναιάξουσι ποιηταί
FJub. 3 11 αὐτοῦ εἰσήχθη ἐν τῷ παραδείσῳ οὗ χάριν καὶ τὰ * γεννώμενα * τῇ τεσσαρακοστῇ ἡμέρᾳ εἰσφέρουσιν ἐν τῷ ἱερῷ
FJub. 4 1 Ἀδὰμ Εὔαν τὴν γυναῖκα αὐτοῦ. τῷ ἑβδομηκοστῷ ἔτει * ἐγεννήθη * αὐτοῖς πρωτότοκος υἱὸς ὁ Κάϊν. τῷ ἑβδομηκοστῷ
FJub. 4 1 τὸν δίκαιον Ἄβελ. τῷ ὀγδοηκοστῷ πέμπτῳ ἔτει * ἐγεννήθη * αὐτοῖς θυγάτηρ καὶ ὠνόμασαν αὐτὴν Ἀσουάμ. τῷ
FJub. 4 11 καλουμένῃ. ὁ δὲ Σὴθ τρίτος υἱὸς μετὰ τὸν Ἄβελ * γεννηθεὶς * τῇ λεγομένῃ αὐτοῦ ἀδελφῇ Ἀζουρᾷ. γεγόνασι δὲ
FJub. 11 1 Χεζα. Ῥαγὰβ γενόμενος ἑκατὸν τριακονταδύο ἐτῶν * ἐγέννησε * τὸν Σερούχ. ἐπὶ τούτου οἱ ἄνθρωποι τὸν κατʹ
FJub. 11 14 Χαλδαϊκὴν μαντείαν. Ναχὼρ δὲ γενόμενος ο θʹ ἐτῶν * ἐγέννησε * τὸν Θάρρα. Νίνου δὲ τοῦ πρώτου βασιλέως τῶν
FJub. 11 14 τεσσαρακοστὸν τρίτον ἄγοντος ἔτος τῆς βασιλείας * γεννᾶται * Ἀβραάμ. Θάρρα δὲ γενόμενος ἐτῶν οʹ ἐγέννησεν
FJub. 11 14 γεννᾶται Ἀβραάμ. Θάρρα δὲ γενόμενος ἐτῶν οʹ * ἐγέννησεν * ἐκ γυναικὸς Ἔδνας θυγατρὸς Ἀβραὰμ
FJub. 15 17 ἐκ παρανόμου μίξεως. οὗτος ὁ Ἀβραὰμ ἐτῶν ρʹ * ἐγέννησεν * τὸν Ἰσαάκ. μετὰ ταῦτα τῆς κατὰ Μαβρῆ δρυὸς
FJub. 19 11 οἰκοδομῆσαι ἔνθα Δαβὶδ ὕστερον ἱδρύσατο τὸ ἱερόν. * ἐγέννησεν * πάλιν Ἀβραὰμ ἐκ τῆς ἐσχάτης αὐτοῦ γυναικὸς
FJub. 19 13 Χετούρας υἱοὺς πέντε. ἐτῶν δὲ ξʹ ὂν ὁ Ἰσαὰκ * ἐγέννησεν * τὸν Ἰακώβ. κολλυρίδας ποιήσασα Ῥεβέκκα ἔδωκε
FEz. 185 13 τον κν <τον θν η>μων εγνωκαμεν και<--- >ενεσι και * εγεννηθη<--- * απο>καθημενης μεμ<---- >ς εβδελοιχθημε<ν---
HDem. 9 21 10 παραγενέσθαι εἰς Ἐφραθὰ ἥν εἶναι Βηθλεὲμ καὶ * γεννῆσαι * αὐτὸν ἐκεῖ Βενιαμὶν καὶ τελευτῆσαι Ῥαχὴλ
HDem. 9 21 12 Πεντεφρῆ τοῦ Ἡλιουπόλεως ἱερέως θυγατρὶ καὶ * γεννῆσαι * Μανασσῆν καὶ Ἐφραῒμ καὶ τοῦ λιμοῦ ἐπιγενέσθαι
HDem. 9 21 19 δὲ εἰς Χαρρὰν πρὸς Λάβαν ἐλθεῖν ἐτῶν ὄντα πʹ καὶ * γεννῆσαι * Λευὶν Λευὶν δὲ ἐν Αἰγύπτῳ ἐπιγενέσθαι ἔτη ιζʹ
HDem. 9 21 19 ἐλθεῖν εἰς Αἴγυπτον ὥστε εἶναι αὐτὸν ἐτῶν ξʹ καὶ * γεννῆσαι * Κλὰθ τῷ αὐτῷ δὲ ἔτει ᾧ γενέσθαι Κλὰθ τελευτῆσαι
HDem. 9 21 19 ἐτῶν ρ λ ζʹ τελευτῆσαι Κλὰθ δὲ ὄντα ἐτῶν μʹ * γεννῆσαι * Ἀμβρὰμ ὂν ἐτῶν εἶναι ι δʹ ἐν ᾧ τελευτῆσαι
HDem. 9 21 19 τοῦ θείου θυγατέρα Ἰωχαβὲτ καὶ ὄντα ἐνιαυτῶν ο εʹ * γεννῆσαι * Ἀαρὼν <καὶ Μωσῆν> γεννῆσαι δὲ Μωσῆν τὸν
HDem. 9 21 19 καὶ ὄντα ἐνιαυτῶν ο εʹ γεννῆσαι Ἀαρὼν <καὶ Μωσῆν> * γεννῆσαι * δὲ Μωσῆν τὸν Ἀμβρὰμ ὄντα ἐτῶν ο ηʹ καὶ
HDem. 9 29 2 γῆμαι Ἀβραὰμ τὴν Χεττούραν ὄντα ἐτῶν ρ μʹ καὶ * γεννῆσαι * Ἰσαὰρ ἐξ αὐτῆς δεύτερον τὸν δὲ Ἰσαὰκ ὄντα
HDem. 9 29 2 ἐξ αὐτῆς δεύτερον τὸν δὲ Ἰσαὰκ ὄντα ἐτῶν ἑκατὸν * γεννῆσαι. * ὥστε μ βʹ ἐτῶν ὕστερον γεγονέναι τὸν Ἰσαὰρ
HArt. 9 23 3 αὐτὸν Ἡλιουπολίτου ἱερέως Ἀσενὲθ θυγατέρα ἐξ ἧς * γεννῆσαι * παῖδας. μετὰ δὲ ταῦτα παραγενέσθαι πρὸς αὐτὸν
HArt. 9 27 3 τὸν ἐν Ἡλιουπόλει ναὸν κατασκευάσαι. τοῦτον δὲ * γεννῆσαι * θυγατέρα Μέρριν ἣν Χενεφρῇ τινι κατεγγυῆσαι τῶν
HAri. 9 25 1 τὸν Ἠσαῦ γήμαντα Βασσάραν υἱὸν ἐν Ἐδὼμ * γεννῆσαι * Ἰὼβ κατοικεῖν δὲ τοῦτον ἐν τῇ Αὐσίτιδι χώρᾳ
HCle. 1 15 241 Ἀνταῖον γήμαντά τε τὴν Ἄφρα θυγατέρα Ἡρακλέα * γεννῆσαι * υἱὸν ἐξ αὐτῆς Δίδωρον τούτου δὲ γενέσθαι Σόφωνα
HAno. 9 17 9 δὲ γενέσθαι Βῆλον καὶ Χαναὰν τοῦτον δὲ τὸν Χαναὰν * γεννῆσαι * τὸν πατέρα τῶν Φοινίκων τούτου δὲ Χοὺμ υἱὸν

γέννησις 1
FJub. 11 14 τοῦ ἑαυτῆς πατρὸς ἔφθη γὰρ ἐκεῖνος πρὸ τῆς τούτου * γεννήσεως * τετελευτηκέναι. θεοφιλὴς δὲ ὢν καὶ τοῖς

γεννήτωρ 1
LEze. 9 29 8 09 ἀκούειν τῶν ἑκατʹ ἐλήλυθα. ἐγὼ θεὸς σῶν ὧν λέγεις * γεννητόρων * Ἀβραάμ τε καὶ Ἰσαὰκ καὶ Ἰακώβου τρίτου.

γένος 95
Adam 14 2 μεγάλην ἥτις ἐστὶ θάνατος κατακυριεύων παντὸς τοῦ * γένους * ἡμῶν. λέγει Ἀδὰμ τῇ Εὔᾳ κάλεσον πάντα τὰ τέκνα
Adam 29 6 αὐτοῦ. καὶ ἀφέντες αὐτόν οἱ ἄγγελοι ἔλαβεν τέσσαρα * γένη * κρόκον καὶ νάρδον καὶ κάλαμον καὶ κινάμωμον καὶ
Adam 41 2 σοι ἀναστήσω σε ἐν τῇ ἀναστάσει μετὰ παντὸς * γένους * ἀνθρώπων τοῦ ἐκ τοῦ σπέρματός σου. μετὰ δὲ τὰ
Hen. 7B 1 ἐν αὐταῖς ἕως τοῦ κατακλυσμοῦ καὶ ἔτεκον αὐτοῖς * γένη * τρία πρῶτον γίγαντας μεγάλους. οἱ δὲ γίγαντες
Abr.1 3 5 μετὰ τοῦ πατρός μου υἱὸς οὐκ ἔστιν ἀπὸ τοῦ * γένους * τῶν κατοικούντων τὴν γῆν. καὶ ἔδραμεν Ἰσαὰκ καὶ
TRub. 3 5 τοῦ πλάττειν λόγους καὶ κρύπτειν λόγους αὐτοῦ ἀπὸ * γένους * καὶ οἰκείων ἕβδομον πνεῦμα ἀδικίας μεθʹ ἧς κλοπὴ
TSim. 7 2 καὶ ἄνθρωπον. οὗτος σώσει πάντα τὰ ἔθνη καὶ τὸ * γένος * τοῦ Ἰσραήλ. διὰ τοῦτο πάντα ταῦτα ἐντέλλομαι ὑμῖν
TLevi 2 4 καὶ ἐσιώπησα ἔτι δεόμενος. καὶ ἐλυπούμην περὶ τοῦ * γένους * τῶν υἱῶν τῶν ἀνθρώπων καὶ ηὐξάμην κυρίῳ ὅπως
TLevi 2 11 ὀφθήσεται κύριος ἐν ἀνθρώποις σῴζων ἐν αὐτοῖς πᾶν * γένος * ἀνθρώπων καὶ ἐκ μερίδος κυρίου ἡ ζωή σου καὶ αὐτὸς
TLevi 5 6 καὶ εἶπεν ἐγώ εἰμι ὁ ἄγγελος ὁ παραιτούμενος τὸ * γένος * Ἰσραὴλ τοῦ μὴ πατάξαι αὐτοὺς εἰς τέλος ὅτι πᾶν
TLevi 5 7 τὸν ὕψιστον καὶ τὸν ἄγγελον τὸν παραιτούμενον τὸ * γένος * τοῦ Ἰσραὴλ καὶ πάντων τῶν δικαίων. καὶ ὡς ἠρχόμην
TLevi 9 10 νέος ὢν μὴ ἔχουσαν μῶμον μηδὲ βεβηλωμένην μηδὲ ἀπὸ * γένους * ἀλλοφύλων ἢ ἐθνῶν. καὶ πρὸ τοῦ εἰσελθεῖν εἰς τὰ
TLevi 14 4 σκοτισθῆτε ἐν ἀσεβείᾳ καὶ ἐπάξητε κατάραν ἐπὶ τὸ * γένος * ἡμῶν ὑπὲρ ὧν τὸ φῶς τοῦ νόμου τὸ δοθὲν ἐν ὑμῖν εἰς
TJud. 11 1 Χανάαν ὡς αὐτή. κἀγὼ ᾔδειν ὅτι πονηρὸν τὸ * γένος * Χανάαν ἀλλὰ τὸ διαβούλιον τῆς νεότητος ἐτύφλωσε
TJud. 17 2 ὅτι οἶδα ἐγὼ ὅτι διὰ τὰ δύο ταῦτα ἔσεσθε τὸ * γένος * μου ἐν πονηρίᾳ ὅτι καίγε σοφοὺς ἄνδρας τῶν υἱῶν
TJud. 21 6 οἱ δὲ πλουτοῦντες οὕτως καὶ ἐν σοὶ πᾶν * γένος * ἀνθρώπων οἱ μὲν κινδυνεύουσιν αἰχμαλωτιζόμενοι οἱ
TDan 6 10 τῇ δικαιοσύνῃ τοῦ νόμου κυρίου καὶ ἔσται τὸ * γένος * μου εἰς σωτηρίαν ἕως τοῦ αἰῶνος. καὶ θάψατέ με
TDan 7 3 αὐτῶν καὶ ἀλλοτριωθήσονται γῆς κλήρου αὐτῶν καὶ * γένους * Ἰσραὴλ καὶ πατριᾶς αὐτῶν καὶ σπέρματος αὐτῶν
TNep. 1 10 ἡμέρᾳ ἐτέχθη ἐν ᾗ καὶ ἡ Ῥαχὴλ ὁ δὲ Ῥώθεος ἐκ τοῦ * γένους * ἦν Ἀβραὰμ Χαλδαῖος θεοσεβὴς ἐλεύθερος καὶ
TNep. 8 3 θεὸς κατοικῶν ἐν ἀνθρώποις ἐπὶ τῆς γῆς σῶσαι τὸ * γένος * Ἰσραὴλ καὶ ἐπισυνάξει δικαίους ἐκ τῶν ἐθνῶν. ἐὰν
TJos. 10 6 πιπρασκόμενος μὴ εἰπεῖν τοῖς Ἰσμαηλίταις τὸ * γένος * μου ὅτι υἱός εἰμι Ἰακὼβ ἀνδρὸς μεγάλου καὶ
Asen. 28 14 τὴν ὕβριν αὐτῶν. καὶ αὐτοὶ ἀδελφοὶ ὑμῶν εἰσι καὶ * γένος * τοῦ πατρὸς ὑμῶν Ἰσραὴλ καὶ ἔφυγον μηκόθεν ἀπὸ
Sal. 7 8 σε καὶ σὺ ἐπακούσῃ ἡμῶν. ὅτι σὺ οἰκτιρήσεις τὸ * γένος * Ισραηλ εἰς τὸν αἰῶνα καὶ οὐκ ἀπώσῃ. καὶ ἡμεῖς ὑπὸ
Sal. 17 7 γῆς ἐν τῷ ἐπαναστῆναι αὐτοῖς ἄνθρωπον ἀλλότριον * γένους * ἡμῶν. κατὰ τὰ ἁμαρτήματα αὐτῶν ἀποδώσεις αὐτοῖς ὁ
Jer. 5 7 οὔτε τὴν οἰκίαν οὔτε τὸν τόπον ἑαυτοῦ οὔτε τὸ * γένος * ἑαυτοῦ οὔτε τινὰ τῶν γνωρίμων εὗρεν. καὶ εἶπεν
Bar. 4 15 θεοῦ καὶ ὥσπερ ὑπʹ αὐτοῦ τὴν καταδίκην ἔλαβεν τὸ * γένος * τῶν ἀνθρώπων πάλιν διὰ Ἰησοῦ Χριστοῦ τοῦ
Bar. 6 6 αὐτοῦ εἰ μὴ γὰρ ταύτας ἐδέχετο οὐκ ἂν τῶν ἀνθρώπων * γένος * ἐσώζετο οὔτε ἕτερόν τι ζῷον ἀλλὰ προσέταξεν ὁ θεὸς
Prop. 2 6 αὐτὰ ἐνδόξως κύκλῳ καὶ ἐκωλύθη ἐκ τῆς γῆς τὸ * γένος * τῶν ἀσπίδων καὶ ἐκ τοῦ ποταμοῦ ὡσαύτως τοὺς
Prop. 4 1 ζωῆς αὐτοῦ. Δανιήλ. οὗτος μὲν ἦν ἐκ φυλῆς Ἰούδα * γένους * τῶν ἐξεχόντων τῆς βασιλικῆς ὑπηρεσίας ἀλλʹ ἔτι
Prop. 18 2B καὶ διαστρέψουσιν αὐτὸν ἀπὸ κυρίου καὶ ἅπαν τὸ * γένος * αὐτοῦ καὶ ἤλεγξε τὸν Ἱεροβοὰμ ὅτι δόλῳ πορεύσεται
Prop. 18 4 ὅτι αἱ γυναῖκες αὐτὸν ἐκστήσουσι καὶ πᾶν τὸ * γένος * αὐτοῦ καὶ ὅτι παραβήσεται Σολομὼν τὸν νόμον τοῦ
Prop. 26 2 ἐπὶ βίβλων ὀνομάτων Ἰσραὴλ ἐγράφοντο γὰρ πᾶν τὸ * γένος * Ἰσραὴλ κατʹ ὄνομα <τῶν προφητῶν καὶ ὁσίων ἀνδρῶν
Esdr. 1 6 εἶπον πρὸς αὐτοὺς θέλω δικάσασθαι τὸν θεὸν περὶ τὸ * γένος * τῶν Χριστιανῶν καλὸν μὴ γεννηθῆναι τὸν ἄνθρωπον ἢ
Esdr. 2 7 ζῇ κύριος οὐ μὴ παύσομαι δικαζόμενός σε ὑπὲρ τὸ * γένος * τῶν Χριστιανῶν ποῦ εἰσιν τὰ ἐλέη σου τὰ ἀρχαῖα
Esdr. 3 6 εἰς τὴν κοιλάδα τοῦ Ἰωσαφὰτ καὶ ἐξαλείψω τὸ * γένος * τῶν ἀνθρώπων καὶ οὐκέτι ᾖ κόσμος. καὶ εἶπεν ὁ
Esdr. 4 28 γνώρισόν μοι ποῖον σχῆμά ἐστιν κἀγὼ παραγγέλλω τὸ * γένος * τῶν ἀνθρώπων ἵνα μὴ πιστεύσωσιν αὐτῷ. καὶ εἶπέν
Esdr. 4 34 ὁ προφήτης κύριε καὶ πῶς σὺ ἀφεὶς καὶ πλανᾶται τὸ * γένος * τῶν ἀνθρώπων; καὶ εἶπεν ὁ θεὸς ἄκουσον προφῆτά μου
Esdr. 4 43 χωνεύσω τὴν γῆν καὶ σὺν αὐτῇ τὸν ἀντάρτην τοῦ * γένους * τῶν ἀνθρώπων. καὶ εἶπεν ὁ προφήτης ἐλέησον
Esdr. 5 1 ἀνθρώπων. καὶ εἶπεν ὁ προφήτης ἐλέησον δέσποτα τὸ * γένος * τῶν Χριστιανῶν. καὶ ἴδον γυναῖκα κρεμαμένην καὶ
Esdr. 5 15 εἰ καλὸν τοῦ μὴ γεννηθῆναι τὸν ἄνθρωπον οὐαὶ τὸ * <γένος * τὸ> ἀνθρώπινον τότε ὅταν εἰς κρίσιν ἔλθῃς. καὶ
Esdr. 5 28 κακὸν πένθος τοὺς ἁμαρτωλοὺς ἔκλαυσα κἀγὼ ὁρῶν τὸ * γένος * τῶν ἀνθρώπων οὕτως κολαζομένους. τότε λέγει μοι ὁ
Esdr. 6 18 μου ἀπʹ ἐμοῦ τίς σοι λείψει δικάζεσθαι ὑπὲρ τοῦ * γένους * τῶν ἀνθρώπων; καὶ εἶπεν ὁ θεὸς θνητὸς ὢν καὶ ἐκ

Esdr. 7 2 'Αδὰμ ἐκ τοῦ ᾅδου ἀνεκαλεσάμην ἵνα τὸ τῶν ἀνθρώπων * γένος * μὴ οὖν φοβηθῇ τὸν θάνατον. τὸ γὰρ ἐξ ἐμοῦ ἤγουν ἡ
Sedr. 8 12 καὶ ἐγὼ εἰς τὴν κόλασιν καὶ οὐ χωρίζομαι ἀπὸ τὸ * γένος * ἡμῶν. καὶ εἶπεν ὁ θεὸς τὸν υἱὸν αὐτοῦ τὸν μονογενῆ
Job 1 5 πατὴρ ὑμῶν Ιωβ ἐν πάσῃ ὑπομονῇ γενόμενος, ὑμεῖς δὲ * γένος * ἐκλεκτὸν ἔντιμον ἐκ σπέρματος Ιακωβ τοῦ πατρὸς τῆς
Aris. 6 4 λογιωτάτην Αἴγυπτον λογιωτάτων ἀρχιερέων περὶ τοῦ * γένους * τῶν 'Ιουδαίων. φιλομαθῶς γὰρ ἔχοντί σοι περὶ τῶν
Aris. 17 4 τὸ τοὺς ἅπαντας ἀπολυθῆναι κτίσμα γὰρ ὂν θεοῦ τὸ * γένος * τῶν ἀνθρώπων καὶ μεταλλοιοῦται καὶ τρέπεται πάλιν
Aris. 63 6 τῶν προειρημένων καρπῶν διατύπωσιν ἔχοντας ἑκάστου * γένους * τὴν χρόαν ἀνέδησαν τῷ χρυσίῳ κύκλῳ περὶ ὅλην τὴν
Aris. 66 4 τε καὶ σμαράγδων ἔτι δὲ ὄνυχος καὶ τῶν ἄλλων * γενῶν * τῶν διαφερόντων ἐν ὡραιότητι. μετὰ δὲ τὴν τοῦ
Aris. 75 3 μέσον ἀσπιδίσκοι λίθων ἑτέρων παρ' ἑτέροις τοῖς * γένεσι * παραλλαγὴν ἐχόντων τετραδακτύλων οὐκ ἔλαττον
Aris. 97 4 ᾧ συνεσφιγμένοι λίθοι δεκαδύο διαλλάσσοντες τοῖς * γένεσι * χρυσῷ κεκολλημένοι τὰ τῶν φυλάρχων ὀνόματα κατὰ
Aris. 165 1 δή ποτ' οὖν ἐπιβάληται κακοποιεῖν. τό τε τῆς γαλῆς * γένος * ἰδιάζον ἐστί χωρὶς γὰρ τοῦ προειρημένου ἔχει
Aris. 190 5 ἐπιβλέπων ὡς ὁ θεὸς εὐεργετεῖ τὸ τῶν ἀνθρώπων * γένος * ὁ ὑγείαν αὐτοῖς καὶ τροφὴν καὶ τὰ λοιπὰ κατὰ
Aris. 208 4 μεγίσταις αὔξει τε καὶ γεννᾶται τὸ τῶν ἀνθρώπων * γένος * ὅθεν οὔτε εὐκόπως δεῖ κολάζειν οὔτε αἰκίαις
Aris. 250 3 <γινώσκων> ὅτι μὲν θρασύ ἐστιν ἔφη τὸ θῆλυ * γένος * καὶ δραστικὸν ἐφ' ὃ βούλεται πρᾶγμα καὶ μεταπῖπτον
Aris. 257 6 προσδέχεται κατὰ φύσιν καὶ τὸ τῶν ἀνθρώπων * γένος * τοὺς ὑποτασσομένους φιλανθρωπεῖ. ἐπιμαρτυρήσας δὲ
Aris. 259 2 διανοούμενος γὰρ ὡς θεὸς πολυωρεῖ τὸ τῶν ἀνθρώπων * γένος * χορηγῶν αὐτοῖς καὶ ὑγείαν καὶ εὐαισθησίαν καὶ τὰ
Sib. 3 36 ἀθανάτου σωτῆρος ὃς οὐρανὸν ἔκτισε καὶ γῆν. αἶ * γένος * αἱμοχαρὲς δόλιον κακὸν ἀσεβέων τε ψευδῶν διγλώσσων
Sib. 3 130 μεγάλους Τιτὰν ἐπέθηκεν μὴ θρέψ' ἀρσενικῶν παίδων * γένος * ὡς βασιλεύσῃ αὐτὸς ὅταν γῆράς τε Κρόνῳ καὶ μοῖρα
Sib. 3 137 τίχθ' "Ηρην πρώτην καὶ ἐπεὶ ἴδον ὀφθαλμοῖσιν θῆλυ * γένος * ᾤχοντο πρὸς αὐτοὺς ἄγριοι ἄνδρες Τιτῆνες. καὶ
Sib. 3 169 'Ασίης ἐπιβήτορες ἠδὲ καὶ ἄλλων νήσων Παμφύλων τε * γένος * Περσῶν τε Φρυγῶν τε Καρῶν καὶ Μυσῶν Λυδῶν τε γένος
Sib. 3 170 γένος Περσῶν τε Φρυγῶν τε Καρῶν καὶ Μυσῶν Λυδῶν τε * γένος * πολυχρύσων. αὐτὰρ ἔπειθ' "Ελληνες ὑπερφίαλοι καὶ
Sib. 3 193 ἧς βασιλεύσει Αἰγύπτου βασιλεὺς ὃς ἀφ' 'Ελλήνων * γένος * ἔσται.) καὶ τότ' ἔθνος μεγάλοιο θεοῦ πάλι καρτερὸν
Sib. 3 219 ἔστι πόλις --- κατὰ χθονὸς Οὖρ Χαλδαίων ἐξ ἧς δὴ * γένος * ἐστὶ δικαιοτάτων ἀνθρώπων οἷσιν ἀεὶ βουλή τ' ἀγαθὴ
Sib. 3 288 καὶ πυρὸς αὐγῇ. ἔστι δέ τις φυλὴ βασιλήιος ἧς * γένος * ἔσται ἄπταιστον καὶ τοῦτο χρόνοις
Sib. 3 303 μέγαν ἐξαλάπαξεν. αἰαῖ σοι Βαβυλὼν ἠδ' 'Ασσυρίων * γένος * ἀνδρῶν πᾶσαν ἁμαρτωλῶν γαῖαν ῥοῖζός ποθ' ἱκνεῖται
Sib. 3 348 +Μυκήνη πάνθεια+. ἴσθι τότ' Αἰγύπτου ὀλοὸν * γένος * ἐγγὺς ὀλέθρου καὶ τότ' 'Αλεξανδρεῦσιν ἔτος τὸ
Sib. 3 395 αὐτὸς θέλει ἐξαπολέσσαι ἐκ τῶν δὴ γενεῆς κείνου * γένος * ἐξαπολεῖται ῥίζαν ἴαν γε διδοὺς ἣν καὶ κόψει
Sib. 3 402 δὲ φερεσβίῳ αὐτίκα τέκμαρ ὁππότε κεν 'Ρείης μιαρὸν * γένος * ἐν χθονὶ κῦμα ἀέναον ῥίζῃσιν ἀδιψήτοισι τεθηλὸς
Sib. 3 433 καὶ αὐτὸς ἀμοιβαῖα δέξεται ἔργα. καὶ Λυκίῃ Λοκροῖο * γένος * κακὰ πολλὰ φυτεύσει. Χαλκηδὼν στεινοῖο πόρον
Sib. 3 483 τέκν' ἀλινηχέα καὶ βαρὺν ὄλβον. Μυσῶν γαῖα μάκαιρα * γένος * βασιλήιον ἄφνω +τεύξεται. οὐ μὴν πουλὺν ἐπὶ χρόνον
Sib. 3 492 μ' ἐκέλευσε προφητεῦσαι κατὰ γαῖαν. αἰαῖ Φοινίκων * γένει * ἀνδρῶν ἠδὲ γυναικῶν καὶ πάσαις πόλεσιν παραλίαις
Sib. 3 568 ζυγὸν αὖτις. ἀλλὰ μέχρις γε τοσοῦδ' ἀσεβῶν * γένος * ἔσσεται ἀνδρῶν ὁππότε κεν τοῦτο προλάβῃ τέλος
Sib. 3 573 δ' ἐπικεισετ' ἀνάγκη. εὐσεβέων ἀνδρῶν ἱερὸν * γένος * ἔσσεται αὖτις βουλαῖς ἠδὲ νόῳ προσκείμενοι
Sib. 3 761 ἔστιν ἔτ' ἄλλος αὐτὸς καὶ πυρὶ φλέξειεν χαλεπῶν * γένος * ἀνδρῶν. ἀλλὰ κατασπεύσαντες ἐὰς φρένας ἐν
Sib. 4 40 ἀτάσθαλα καὶ κακὰ ἔργα. δύσπιστον γὰρ ἅπαν μερόπων * γένος. * ἀλλ' ὅταν ἤδη κόσμου καὶ θνητῶν ἔλθῃ κρίσις ἣν
Sib. 4 86 ἀλλήλοισιν. ἀλλ' ὅταν ἐς δεκάτην γενεὴν μερόπων * γένος * ἔλθῃ καὶ τότε Πέρσῃσιν ζυγὰ δούλια καὶ φόβος
Sib. 4 176 ἦχον ἀκούσει. φλέξει δὲ χθόνα πᾶσαν ἅπαν δ' ὀλέσει * γένος * ἀνδρῶν καὶ πάσας πόλιας ποταμούς θ' ἅμα ἠδὲ
Sib. 5 249 τότ' ἔσσεται ἤματι κείνῳ 'Ιουδαίων μακάρων θεῖον * γένος * οὐράνιόν τε οἳ περιναιετάουσι θεοῦ πόλιν ἐν
Sib. 5 288 ἄρτι δέ σε τλήμων 'Ασίη κατοδύρομαι οἰκτρῶς καὶ * γένος * 'Ιώνων Καρῶν Λυδῶν πολυχρύσων. αἰαῖ <σοι> Σάρδεις
Sib. 5 359 μή ποτε θυμωθεὶς θεὸς ἄφθιτος ἐξαπολέσσῃ πᾶν * γένος * ἀνθρώπων +βίοτον+ καὶ φῦλον ἀναιδὲς δεῖ στέργειν
Sib. 5 467 ἐς 'Ασίδα γαῖαν ὁδεύσει καὶ Θρακῶν ὀλέσει δεινῶν * γένος * ὡς ἀλαπαδνόν. καὶ τότε θυμοβόροι μέροπες κατέδουσι
FJub. 2 7 τε καὶ ἄκαρπα τοὺς δρυμοὺς καὶ πάντα τὰ φυτὰ κατὰ * γένος. * ταῦτα τὰ τέσσαρα ἔργα τὰ μέγιστα ἐποίησεν ὁ θεὸς
FEsd. 5 35 ἵνα μὴ ἴδω τὸν μόχθον τοῦ 'Ιακὼβ καὶ τὸν κόπον τοῦ * γένους * 'Ισραήλ; εἰ δὲ καὶ οὔτε γυναῖκες ὑπὲρ ἀνδρῶν οὔτε
FAch. 109 ἀνδρὸς ἄλλου πεῖραν μὴ θέλῃ λαβεῖν κοῦφον γὰρ τὸ * γένος * τοῦτό ἐστιν καὶ κολακευόμενον ἐλάττονα φρονεῖ
FAch. 109 καὶ ἀπορρήτων μηδὲν αὐτῇ δῆλον τίθει τὸ γὰρ * γένος * ἀντίπαλον ὂν πρὸς τὴν συμβίωσιν ὅλην τὴν ἡμέραν
HDem. 9 29 1 ὀνομάτων τῶν γενομένων ἐκ Χεττούρας τοῦ 'Αβραὰμ * γένους * ἐκ τοῦ 'Ιεζὰν τοῦ γενομένου 'Αβραὰμ ἐκ Χεττούρας
HArt. 9 27 12 ἄλλο ἐστὶν εὔχρηστον τοῖς ἀνθρώποις τὸν δὲ φάναι * γένος * τῶν βοῶν διὰ τὸ τὴν γῆν ἀπὸ τούτων ἀροῦσθαι τὸν δὲ
LEze. 9 28 2 12 σφῶν ἕκατι δυσμόρων. ἔπειτα κηρύσσει μὲν 'Εβραίων * γένει * τἄρσενικὰ ῥίπτειν ποταμὸν ἐς βαθύρροον. ἐνταῦθα
LEze. 9 28 3 04 πρὸς δώματα ἅπαντα μυθεύσασα καὶ λέξασά μοι * γένος * πατρῷον καὶ θεοῦ δωρήματα. ἕως μὲν οὖν τὸν παιδὸς
LEze. 9 28 3 12 ἄνδρας ἐν χειρῶν νόμῳ τὸν μέν γ' 'Εβραῖον τὸν δὲ * γένος * Αἰγύπτιον. ἰδὼν δ' ἐρήμους καὶ παρόντα μηδένα
LEze. 9 28 4 03 πᾶσα κλῄζεται ξένε οἰκοῦσι δ' αὐτὴν φῦλα παντοίων * γενῶν * Αἰθίοπες ἄνδρες μέλανες ἄρχων δ' ἐστὶ γῆς εἷς καὶ
LEze. 9 29 12 24 εἰς ἄλλην χθόνα εἰς ἣν ὑπέστην πατράσιν 'Εβραίων * γένους. * λέξεις δὲ λαῷ παντὶ μηνὸς οὗ λέγω διχομηνίᾳ τὸ
LAri. 13 12 6 πάντῃ δὲ θεοῦ κεχρήμεθα πάντες. τοῦ γὰρ καὶ * γένος * ἐσμέν ὁ δ' ἤπιος ἀνθρώποισι δεξιὰ σημαίνει λαοὺς
FrAn. 574 3047 καρδίᾳ πάσης ζωῆς ἐπιστάμενον τὸν χουοπλάστην τοῦ * γένους * τῶν ἀνθρώπων τὸν ἐξαγαγόντα ἐξ ἀδήλων καὶ

γεραιός 1
Esdr. 4 16 οὓς οὐκ ἠδυνήθην μετρῆσαι. καὶ ἴδον ἐκεῖ ἀνθρώπους * γεραιοὺς * καὶ στρόφιγγες πυρώμενοι εἰς τὰ ὦτα αὐτῶν

γεραίρω 4
Sib. 3 775 πυθέσθαι ἀλλ' ὃν ἔδωκε θεὸς πιστοῖς ἄνδρεσσι * γεραίρειν. * (υἱὸν γὰρ καλέουσι βροτοὶ μεγάλοιο θεοῖο) καὶ
Sib. 5 278 αἰὲν ἐόντα ἀνθρώπους θνητοὺς καὶ μηκέτι θνητὰ * γεραίρειν * μηδὲ κύνας καὶ γῦπας ἃ Αἴγυπτος κατέδειξεν
Sib. 5 407 γενετῆρα θεὸν πάντων θεοπνεύστων ἐν θυσίαις ἁγίαις * ἐγέραιρον * καὶ ἑκατόμβαις. νῦν δέ τις ἐξαναβὰς ἀφανὴς
FPho. 222 δ' ἀτάλαντον πρέσβυν ὁμήλικα πατρὸς ἴσαις τιμαῖσι * γέραιρε. * γαστρὸς ὀφειλόμενον δασμὸν παρέχειν θεράποντι.

γέρανος 1
Bar. 10 3 γενεῶν ἀλλ' οὐχ ὅμοια τῶν ἐνταῦθα. ἀλλ' ἴδον τὸν * γέρανον * ὡς βόας μεγάλους. καὶ πάντα μεγάλα ὑπερέχοντα

γεραρός 1
Sib. 5 41 +τ' ἔφθος μόρος+ αὐτὰρ ἔπειτα πεντήκοντ' ἀριθμῶν * γεραρὸς * βροτός. αὐτὰρ ἐπ' αὐτῷ ὅστε τριηκοσίης κεραίης

γέρας 1
FPho. 221 πολιοκροτάφους εἴκειν δὲ γέρουσιν ἕδρης καὶ * γεράων * πάντων γενεῇ δ' ἀτάλαντον πρέσβυν ὁμήλικα πατρὸς

γέρων 8
TRub. 4 7 καὶ γὰρ πολλοὺς ἀπώλεσεν ἡ πορνεία ὅτι κἂν ᾖ τις * γέρων * ἢ εὐγενὴς ὄνειδος αὐτὸν ποιεῖ καὶ γέλωτα παρὰ τῷ
Jer. 5 28 τὰ σῦκα. καὶ ἀνεκάλυψε τὸν κόφινον τῶν σύκων τῷ * γέροντι * καὶ εἶδεν αὐτὰ στάζοντα γάλα. ἰδὼν δὲ αὐτὰ ὁ
Prop. 2 5 ἠκούσαμεν ἐκ τῶν παίδων 'Αντιγόνου καὶ Πτολεμαίου * γερόντων * ἀνδρῶν ὅτι 'Αλέξανδρος ὁ Μακεδὼν ἐπιστὰς τῷ
Esdr. 4 9 καὶ ἴδον πύρινον θρόνον καὶ ἐπ' αὐτὸν καθεζόμενον * γέροντα * καὶ ἀνίλεως αὐτοῦ ἡ κρίσις. καὶ εἶπον πρὸς τοὺς
Esdr. 4 33 ᾅδου καταβήσει. ποτέ μὲν γενήσεται παιδίον ποτὲ δὲ * γέρων. * καὶ εἶπεν ὁ προφήτης κύριε καὶ πῶς σὺ ἀφεὶς καὶ
Esdr. 4 35 ὁ θεὸς ἄκουσον προφῆτά μου καὶ παιδίον γίνεται καὶ * γέρων * καὶ μηδεὶς αὐτῷ πιστεύει ὅτι ἔστιν ὁ υἱός μου ὁ
FIsa. 1 2 9 τόπῳ ἐρήμῳ. καὶ Μιχάας ὁ προφήτης καὶ 'Ανανίας ὁ * γέρων * καὶ <'Ι>ωὴλ καὶ 'Αμβακοὺμ καὶ 'Ι(σ)ασοὺφ ὁ υἱὸς
FPho. 220 θ' ὁμόνοιαν. αἰδεῖσθαι πολιοκροτάφους εἴκειν δὲ * γέρουσιν * ἕδρης καὶ γεράων πάντων γενεῇ δ' ἀτάλαντον

Γεσέμ 2
Asen. 22 2 μηνὶ μιᾷ καὶ εἰκάδι τοῦ μηνὸς καὶ κατῴκησεν ἐν γῇ * Γεσέμ. * καὶ εἶπεν 'Ασενὲθ τῷ 'Ιωσὴφ πορεύσομαι καὶ ὄψομαι
Asen. 22 5 τὸν πατέρα μου. καὶ ἦλθεν 'Ιωσὴφ καὶ 'Ασενὲθ ἐν γῇ * Γεσὲμ * πρὸς 'Ιακώβ. καὶ ἀπήντησαν αὐτοῖς οἱ ἀδελφοὶ

γεῦσις 3
TRub. 2 5 διδασκαλία τέταρτον πνεῦμα ὀσφρήσεως μεθ' ἧς ἐστὶ * γεῦσις * δεδομένη εἰς συνολκὴν ἀέρος καὶ πνοῆς πέμπτον
TRub. 2 7 πνεῦμα λαλιᾶς μεθ' ἧς γίνεται γνῶσις ἕκτον πνεῦμα * γεύσεως * μεθ' ἧς γίνεται βρῶσις βρωτῶν καὶ ποτῶν καὶ
Asen. 4 2 καὶ τοῖς σύκοις διότι ἦσαν πάντα ὡραῖα καὶ καλὰ τῇ * γεύσει. * καὶ εἶπε Πεντεφρῆς τῇ θυγατρὶ αὐτοῦ 'Ασενὲθ

γεύω 7
Adam 24 2 καμῇ καὶ μὴ ἀναπαύσῃ. θλιβεὶς ἀπὸ πικρίας καὶ μὴ * γεύσει * γλυκύτητος. θλιβεὶς ἀπὸ καύματος καὶ στενωθεὶς
Adam 28 3 τῇ στρεφομένῃ φυλάσσειν αὐτὸ διά σέ ὅπως μὴ * γεύσῃ * ἀπ' αὐτοῦ καὶ ἀθάνατος ἔσῃ εἰς τὸν αἰῶνα. ἔχεις δὲ
TRub. 1 10 εἰς τὸ στόμα μου καὶ πᾶν ἄρτον ἐπιθυμίας οὐκ * ἐγευσάμην * πενθῶν ἐπὶ τῇ ἁμαρτίᾳ μου μεγάλη γὰρ ἦν καὶ οὐ
TZab. 4 2 ἐκεῖνοι. ἐγὼ γὰρ δύο ἡμέρας καὶ δύο νύκτας οὐκ * ἐγευσάμην * σπλαγχνιζόμενος ἐπὶ 'Ιωσήφ. καὶ 'Ιούδας οὐ
TJos. 6 3 μήτε ἐκεῖνο μήτε ἄλλο τι τῶν ἐδεσμάτων αὐτῆς * γευσάμενος. * μετὰ οὖν μίαν ἡμέραν ἐλθοῦσα πρός με ἐπέγνω
Esdr. 7 1 ἐγὼ ἀθάνατος ὢν σταυρὸν κατεδεξάμην ὄξος καὶ χολὴν * ἐγευσάμην * ἐν τάφῳ κατετέθην καὶ τοὺς ἐκλεκτούς μου
FAch. 110 ψίθυρον καὶ διάβολον ἄνδρα εἰ καὶ ἀδελφός σού ἐστι * γευσάμενον * πρὸς καιρὸν ἔκβαλλε οὐ γὰρ ἕνεκα τοῦ εὐνοεῖν

γέφυρα 1
Aris. 301 3 ἀνάχωμα τῆς θαλάσσης πρὸς τὴν νῆσον καὶ διαβὰς τὴν * γέφυραν * καὶ προσελθὼν ὡς ἐπὶ τὰ βόρεια μέρη συνέδριον

γεωμετρία 1
FJub. 4 17 ἄστρων θέσεις καὶ τὰ στοιχεῖα καὶ ἀριθμητικὴν καὶ * γεωμετρίαν * καὶ πᾶσαν σοφίαν. τῇ μὲν γὰρ πρώτῃ ἡμέρᾳ

γεωμορέω 2
HArt. 9 23 2 γενέσθαι χώρας. καὶ πρότερον ἀτάκτως τῶν Αἰγυπτίων * γεωμορούντων * διὰ τὸ τὴν χώραν ἀδιαίρετον εἶναι καὶ τῶν
LThe. 9 22 4 τι τῆς χώρας δοῦναι. καὶ αὐτὸν μὲν τὸν 'Ιακὼβ * γεωμορεῖν * τοὺς δὲ υἱοὺς αὐτοῦ ἕνδεκα τὸν ἀριθμὸν ὄντας

γεωργέω 3
TIss. 5 3 καὶ ἀσθενῆ ἐλεᾶτε. ὑπόθετε τὸν νῶτον ὑμῶν εἰς τὸ * γεωργεῖν * καὶ ἐργάζεσθε ἐν ἔργοις γῆς καθ' ἑκάστην
Aris. 107 8 τοῦτο οὗτοι τὴν εὐκαρπίαν ἔχωσιν. οὗ καὶ γινομένου * γεωργεῖται * πάντα μετὰ δαψιλείας πολλῆς ἐν πάσῃ τῇ
Aris. 112 3 τὰ προειρημένα. μεγάλη γάρ ἐστιν ἡ τῶν * γεωργουμένων * φιλοπονία. καὶ γὰρ ἐλαϊκοῖς πλήθεσι

γεωργήσιμος 1
HArt. 9 23 2 καὶ ὅροις διασημήνασθαι καὶ πολλὴν χερσευομένην * γεωργήσιμον * ἀποτελέσαι καί τινας τῶν ἀρουρῶν τοῖς

| | | | | |
|---|---|---|---|---|
| γεωργία | | | | 4 |
| TIss. | | 5 | 3 | γεωργεῖν καὶ ἐργάζεσθε ἐν ἔργοις γῆς καθ' ἑκάστην * γεωργίαν * δῶρα μετ' εὐχαριστίας κυρίῳ προσφέροντες ὅτι ἐν |
| Aris. | | 107 | 6 | δὲ ὀρεινῶν τῶν ⟨πρὸς μέσην τὴν χώραν χρή⟩ πρὸς τὴν * γεωργίαν * καὶ τὴν ἐπιμέλειαν τῆς γῆς γίνεσθαι συνεχῶς ἵνα |
| Aris. | | 111 | 4 | τῆς πόλεως ἐλαττῶσι τὰ ταμιεῖα λέγω δὲ τὰ τῆς * γεωργίας * πρόσφορα. παρεξέβημεν δὲ ταῦτα διὰ τὸ καλῶς |
| HAri. | 9 | 25 | 2 | ὄνους θηλείας νομάδας πεντακοσίας εἶχε δὲ καὶ * γεωργίας * ἱκανάς. τοῦτον δὲ τὸν 'Ιὼβ πρότερον 'Ιωβὰβ |
| γεώργιον | | | | 1 |
| TIss. | | 6 | 2 | κυρίου κολληθήσονται τῷ Βελιὰρ καὶ ἀφέντες τὸ * γεώργιον * ἐξακολουθήσουσι τοῖς πονηροῖς διαβουλίοις αὐτῶν |
| γεωργός | | | | 5 |
| TIss. | | 3 | 1 | μου ἐπορευόμην ἐν εὐθύτητι καρδίας καὶ ἐγενόμην * γεωργὸς * τῶν πατέρων μου καὶ τῶν ἀδελφῶν μου καὶ ἔφερον |
| Esdr. | | 5 | 12 | καὶ εἶπεν ὁ θεὸς ἄκουσον 'Εσδρὰμ ἀγαπητὲ ὥσπερ * γεωργὸς * καταβάλλει τὸν σπόρον τοῦ σίτου τῇ γῇ οὕτως καὶ |
| Aris. | | 111 | 3 | κατὰ νομοὺς ὅπως μὴ πορισμὸν λαμβάνοντες οἱ * γεωργοὶ * καὶ προστάται τῆς πόλεως ἐλαττῶσι τὰ ταμιεῖα |
| HArt. | 9 | 27 | 7 | ἐπ' αὐτοὺς στρατηγὸν μετὰ δυνάμεως τὸ δὲ τῶν * γεωργῶν * αὐτῷ συστῆσαι πλῆθος ὑπολαβόντα ῥᾳδίως αὐτὸν διὰ |
| HArt. | 9 | 27 | 8 | ὀνομαζόμενον νομὸν ἔχοντα περὶ δέκα μυριάδας * γεωργῶν * αὐτοῦ καταστρατοπεδεῦσαι πέμψαι δὲ στρατηγοὺς |
| γῆ | | | | 503 (cf.+ αἶα, γαῖα) |
| Adam | | 5 | 3 | με. καὶ συνήχθησαν πάντες. ἦν γὰρ οἰκισθεῖσα ἡ * γῆ * εἰς τρία μέρη. καὶ ἦλθον πάντες ἐπὶ τὴν θύραν τοῦ |
| Adam | | 9 | 3 | υἱοῦ ἡμῶν Σὴθ πλησίον τοῦ παραδείσου καὶ ἐπίθετε * γῆν * ἐπὶ τὰς κεφαλὰς ὑμῶν καὶ κλαύσατε δεόμενοι τοῦ θεοῦ |
| Adam | | 19 | 3 | πάσης ἁμαρτίας. καὶ κλίνας τὸν κλάδον ἐπὶ τὴν * γῆν * ἔλαβον ἀπὸ τοῦ καρποῦ καὶ ἔφαγον. καὶ ἐν αὐτῇ τῇ ὥρᾳ |
| Adam | | 24 | 1 | μου καὶ ἤκουσας τῆς γυναικός σου ἐπικατάρατος ἡ * γῆ * ἕνεκα σοῦ. ἐργάσει αὐτὴν καὶ οὐ δώσει τὴν ἰσχὺν |
| Adam | | 27 | 5 | ἢ κακῶς ἔκρινα; τότε οἱ ἄγγελοι πεσόντες ἐπὶ τὴν * γῆν * προσεκύνησαν τῷ κυρίῳ λέγοντες δίκαιος εἶ κύριε καὶ |
| Adam | | 29 | 6 | ἐξῆλθεν ἐκ τοῦ παραδείσου καὶ ἐγενόμεθα ἐπὶ τῆς * γῆς. * ἐγένετο δὲ ἡμᾶς πενθῆσαι ἡμέρας ἑπτά. καὶ μετὰ ἑπτὰ |
| Adam | | 29 | 7 | ἵνα μὴ ἀποθάνωμεν. ἐγερθῶμεν καὶ κυκλώσωμεν τὴν * γῆν * εἰ οὕτως εἰσακούσῃ ἡμῶν ὁ θεός. καὶ ἀνέστημεν καὶ |
| Adam | | 29 | 7 | ὁ θεός. καὶ ἀνέστημεν καὶ διωδεύσαμεν πᾶσαν τὴν * γῆν * ἐκείνην καὶ οὐχ εὕρομεν. καὶ ἀποκριθεῖσα εἶπον τῷ |
| Adam | | 29 | 11 | καὶ πάντα τὰ πετεινὰ καὶ πάντα τὰ ἑρπετὰ ἐν τῇ * γῇ * καὶ θαλάσσῃ. καὶ πάντες οἱ ἄγγελοι καὶ πάντα τὰ |
| Adam | | 29 | 12 | μου κλαίων καὶ τὰ δάκρυα αὐτοῦ ἔρρεεν ἐπὶ τὴν * γῆν. * καὶ λέγει μοι ἔξελθε ἐκ τοῦ ὕδατος καὶ παῦσαι τοῦ |
| Adam | | 32 | 1 | ἀνέστη ἡ Εὔα καὶ ἐξῆλθεν ἔξω. καὶ πεσοῦσα ἐπὶ τὴν * γῆν * ἔλεγεν ἥμαρτον ὁ θεὸς ἥμαρτον ὁ πατὴρ τῶν ἁπάντων |
| Adam | | 38 | 3 | τοῦ οὐρανοῦ προάγοντες αὐτὸν καὶ ἐλθόντες ἐπὶ τὴν * γῆν * ὅπου ἦν τὸ σῶμα τοῦ 'Αδάμ. καὶ ἦλθον εἰς τὸν |
| Adam | | 40 | 4 | ἀλλ' οὐκ ἐδυνήθη ὅτι ἀνεπήδα τὸ σῶμα αὐτοῦ ἀπὸ τῆς * γῆς. * καὶ ἐξήρχετο φωνὴ ἀπὸ τῆς γῆς λέγουσα οὐ κρυβήσεται |
| Adam | | 40 | 4 | σῶμα αὐτοῦ ἀπὸ τῆς γῆς. καὶ ἐξήρχετο φωνὴ ἀπὸ τῆς * γῆς * λέγουσα οὐ κρυβήσεται εἰς τὴν γῆν ἕτερον πλάσμα ἕως |
| Adam | | 40 | 5 | φωνὴ ἀπὸ τῆς γῆς λέγουσα οὐ κρυβήσεται εἰς τὴν * γῆν * ἕτερον πλάσμα ἕως οὗ ἀφιέναι μοι τὸ πρῶτον πλάσμα τὸ |
| Adam | | 40 | 7 | καὶ ἤγαγον εὐωδίας πολλὰς καὶ ἔθεντο αὐτὰς ἐν τῇ * γῇ. * καὶ μετὰ ταῦτα ἔλαβον τὰ δύο σώματα καὶ ἔθαψαν αὐτὰ |
| Adam | | 41 | 1 | καὶ εἶπεν 'Αδὰμ 'Αδάμ. ἀπεκρίθη τὸ σῶμα ἐκ τῆς * γῆς * καὶ εἶπεν ἰδοὺ ἐγὼ κύριε. καὶ εἶπεν αὐτῷ ὁ θεὸς ὅτι |
| Adam | | 41 | 2 | ἐγὼ κύριε. καὶ εἶπεν αὐτῷ ὁ θεὸς ὅτι εἶπόν σοι ὅτι * γῆ * εἶ καὶ εἰς γῆν ἀπελεύσει. πάλιν τὴν ἀνάστασιν |
| Adam | | 41 | 2 | εἶπεν αὐτῷ ὁ θεὸς ὅτι εἶπόν σοι ὅτι γῆ εἶ καὶ εἰς * γῆν * ἀπελεύσει. πάλιν τὴν ἀνάστασιν ἐπαγγέλομαί σοι |
| Adam | | 42 | 3 | πλὴν τοῦ Σὴθ μόνου καὶ οὐδεὶς ἐγίνωσκεν ἐπὶ τῆς * γῆς * πλὴν τοῦ υἱοῦ αὐτοῦ Σήθ. καὶ προσηύξατο Εὔα κλαίουσα |
| Adam | | 43 | 3 | εὐφραινόμεθα μετὰ τῆς ψυχῆς τῆς μεταστάσης ἀπὸ τῆς * γῆς. * ταῦτα εἰπὼν ὁ ἄγγελος ἀνῆλθεν εἰς τὸν οὐρανὸν |
| Hen. | | 1 | 4 | ἐκ τῆς κατοικήσεως αὐτοῦ καὶ ὁ θεὸς τοῦ αἰῶνος ἐπὶ * γῆν * πατήσει ἐπὶ τὸ Σεινὰ ὄρος καὶ φανήσεται ἐκ τῆς |
| Hen. | | 1 | 5 | (καὶ ᾄσουσιν ἀπόκρυφα ἐν πᾶσιν τοῖς ἄκροις τῆς * ⟨γῆς⟩ * καὶ σεισθήσονται πάντα τὰ ἄκρα τῆς γῆς) καὶ |
| Hen. | | 1 | 5 | τῆς ⟨γῆς⟩ καὶ σεισθήσονται πάντα τὰ ἄκρα τῆς * γῆς) * καὶ λήμψεται αὐτοὺς τρόμος καὶ φόβος μέγας μέχρι |
| Hen. | | 1 | 5 | τρόμος καὶ φόβος μέγας μέχρι τῶν περάτων τῆς * γῆς. * καὶ σεισθήσονται καὶ πεσοῦνται καὶ διαλυθήσονται |
| Hen. | | 1 | 7 | ἀπὸ προσώπου πυρὸς ἐν φλογί. καὶ διασχισθήσεται ἡ * γῆ * σχίσμα ῥαγάδι καὶ πάντα ὅσα ἐστὶν ἐπὶ τῆς γῆς |
| Hen. | | 1 | 7 | ἡ γῆ σχίσμα ῥαγάδι καὶ πάντα ὅσα ἐστὶν ἐπὶ τῆς * γῆς * ἀπολεῖται καὶ κρίσις ἔσται κατὰ πάντων. καὶ μετὰ τῶν |
| Hen. | | 2 | 2 | καὶ οὐ παραβαίνουσιν τὴν ἰδίαν τάξιν. ἴδετε τὴν * γῆν * καὶ διανοήθητε περὶ τῶν ἔργων τῶν ἐν αὐτῇ γενομένων |
| Hen. | | 2 | 2 | ὡς εἰσιν φθαρτὰ ὡς οὐκ ἀλλοιοῦνται οὐδὲν τῶν ἐπὶ * γῆς * ἀλλὰ πάντα ἔργα θεοῦ ὑμῖν φαίνεται. ἴδετε τὴν |
| Hen. | | 5 | 6 | σωτηρία φῶς ἀγαθὸν καὶ αὐτοὶ κληρονομήσουσιν τὴν * γῆν * καὶ πᾶσιν ὑμῖν τοῖς ἁμαρτωλοῖς οὐχ ὑπάρξει σωτηρία |
| Hen. | | 5 | 7 | καὶ χάρις καὶ εἰρήνη καὶ αὐτοὶ κληρονομήσουσιν τὴν * γῆν * ὑμῖν δὲ τοῖς ἀσεβέσιν ἔσται κατάρα. τότε δοθήσεται |
| Hen. | | 5 | 8 | φῶς καὶ χάρις καὶ αὐτοὶ κληρονομήσουσιν τὴν * γῆν. * τότε δοθήσεται πᾶσιν τοῖς ἐκλεκτοῖς σοφία καὶ |
| Hen. | | 6B | 2 | γυναῖκας ἀπὸ τῶν θυγατέρων τῶν ἀνθρώπων τῆς * γῆς. * καὶ εἶπε Σεμιαζᾶς ὁ ἄρχων αὐτῶν πρὸς αὐτοὺς |
| Hen. | | 7 | 6 | τὰς σάρκας κατεσθίειν καὶ τὸ αἷμα ἔπινον. τότε ἡ * γῆ * ἐνέτυχεν κατὰ τῶν ἀνόμων. οὗτοι καὶ οἱ λοιποὶ πάντες |
| Hen. | | 8B | 1 | καὶ πᾶν σκεῦος πολεμικὸν καὶ τὰ μέταλλα τῆς * γῆς * καὶ τὸ χρυσίον πῶς ἐργάσωνται καὶ ποιήσωσιν αὐτὰ |
| Hen. | | 8B | 2 | τοὺς ἁγίους. καὶ ἐγένετο ἀσέβεια πολλὴ ἐπὶ τῆς * γῆς * καὶ ἠφάνισαν τὰς ὁδοὺς αὐτῶν. ἔτι δὲ καὶ ὁ πρώταρχος |
| Hen. | | 8B | 3 | εἶναι ὀργὰς κατὰ τοῦ νοὸς καὶ ῥίζας βοτανῶν τῆς * γῆς. * ὁ δὲ ἑνδέκατος Φαρμαρὸς ἐδίδαξε φαρμακείας |
| Hen. | | 8B | 3 | ἀεροσκοπίαν. ὁ δὲ τρίτος ἐδίδαξε τὰ σημεῖα τῆς * γῆς. * ὁ δὲ ἕβδομος ἐδίδαξε τὰ σημεῖα τοῦ ἡλίου ὁ δὲ |
| Hen. | | 8B | 4 | καὶ ἤρξαντο οἱ ἄνθρωποι ἐλαττοῦσθαι ἐπὶ τῆς * γῆς. * τότε παρ⟨α⟩κύψαντες Μιχαὴλ καὶ Οὐ⟨ρι⟩ὴλ καὶ 'Ραφαὴλ |
| Hen. | | 9 | 1 | ἐθεάσ⟨αν⟩το αἷμα πολὺ ἐκχυννόμεν⟨ον⟩ ἐπὶ τῆς * γῆς * καὶ εἶπαν πρό⟨ς⟩ ἀλλήλους φωνὴ βοώντω⟨ν⟩ ἐπὶ τῆς γῆς |
| Hen. | | 9 | 2 | καὶ εἶπαν πρό⟨ς⟩ ἀλλήλους φωνὴ βοώντω⟨ν⟩ ἐπὶ τῆς * γῆς * μέχρι πυλῶν τοῦ οὐρανοῦ. ἐντυγχάνουσιν αἱ ψυχαὶ τῶν |
| Hen. | | 9 | 6 | 'Αζαὴλ ὃς ἐδίδαξεν πάσας τὰς ἀδικίας ἐπὶ τῆς * γῆς * καὶ ἐδήλωσεν τὰ μυστήρια τοῦ αἰῶνος τὰ ἐν τῷ οὐρανῷ |
| Hen. | | 9 | 8 | ἐπορεύθησαν πρὸς τὰς θυγατέρας τῶν ἀνθρώπων τῆς * γῆς * καὶ συνεκοιμήθησαν αὐταῖς καὶ ἐμιάνθησαν καὶ |
| Hen. | | 9 | 9 | καὶ αἱ γυναῖκες ἐγέννησαν τιτᾶνας ὑφ' ὧν ὅλη ἡ * γῆ * ἐπλήσθη αἵματος καὶ ἀδικίας. καὶ νῦν ἰδοὺ βοῶσιν αἱ |
| Hen. | | 9 | 10 | καὶ οὐ δύναται ἐξελθεῖν ἀπὸ προσώπου τῶν ἐπὶ τῆς * γῆς * γινομένων ἀνομημάτων. καὶ σὺ πάντα οἶδας πρὸ τοῦ |
| Hen. | | 9B | 1 | Οὐριὴλ καὶ 'Ραφαὴλ καὶ Γαβριὴλ παρέκυψαν ἐπὶ τὴν * γῆν * ἐκ τῶν ἁγίων τοῦ οὐρανοῦ. καὶ θεασάμενοι αἷμα πολὺ |
| Hen. | | 9B | 2 | καὶ θεασάμενοι αἷμα πολὺ ἐκκεχυμένον ἐπὶ τῆς * γῆς * καὶ πᾶσαν ἀσέβειαν καὶ ἀνομίαν γενομένην ἐπ' αὐτῆς |
| Hen. | | 9B | 6 | ὅσα ἐδίδαξεν ἀδικίας καὶ ἁμαρτίας ἐπὶ τῆς * γῆς * καὶ πάντα δόλον ἐπὶ τῆς ξηρᾶς. ἐδίδαξε γὰρ τὰ |
| Hen. | | 9B | 8 | ἐπορεύθησαν πρὸς τὰς θυγατέρας τῶν ἀνθρώπων τῆς * γῆς * καὶ συνεκοιμήθησαν μετ' αὐτῶν καὶ ἐν ταῖς θηλείαις |
| Hen. | | 9B | 9 | ἔτεκον ἐξ αὐτῶν υἱοὺς γίγαντας κίβδηλα ἐπὶ τῆς * γῆς * τῶν ἀνθρώπων ἐκκέχυται καὶ ὅλη ἡ γῆ ἐπλήσθη ἀδικίας. |
| Hen. | | 9B | 9 | ἐπὶ τῆς γῆς τῶν ἀνθρώπων ἐκκέχυται καὶ ὅλη ἡ * γῆ * ἐπλήσθη ἀδικίας. καὶ νῦν ἰδοὺ τὰ πνεύματα τῶν ψυχῶν |
| Hen. | | 9B | 10 | καὶ οὐ δύναται ἐξελθεῖν ἀπὸ προσώπου τῶν ἐπὶ τῆς * γῆς * γινομένων ἀδικημάτων. καὶ σὺ αὐτὰ οἶδας πρὸ τῶν αὐτὰ |
| Hen. | | 10 | 2 | σεαυτὸν καὶ δήλωσον αὐτῷ τέλος ἐπερχόμενον ὅτι ἡ * γῆ * ἀπόλλυται πᾶσα καὶ κατακλυσμὸς μέλλει γίνεσθαι πάσης |
| Hen. | | 10 | 2 | πᾶσα καὶ κατακλυσμὸς μέλλει γίνεσθαι πάσης τῆς * γῆς * καὶ ἀπολέσει πάντα ὅσα ἐστὶν ⟨ἐν⟩ αὐτῇ. καὶ δίδαξον |
| Hen. | | 10 | 7 | ἀπαχθήσεται εἰς τὸν ἐνπυρισμόν. καὶ ἰαθήσεται ἡ * γῆ * ἣν ἠφάνισαν οἱ ἄγγελοι καὶ τὴν ἴασιν τῆς γῆς δήλωσον |
| Hen. | | 10 | 7 | ἡ γῆ ἣν ἠφάνισαν οἱ ἄγγελοι καὶ τὴν ἴασιν τῆς * γῆς * δήλωσον ἵνα ἰάσωνται τὴν πληγὴν ἵνα μὴ ἀπόλωνται |
| Hen. | | 10 | 8 | καὶ ἐδίδαξαν τοὺς υἱοὺς αὐτῶν καὶ ἠρημώθη πᾶσα ἡ * γῆ * ἀφανισθεῖσα ἐν τοῖς ἔργοις τῆς διδασκαλίας 'Αζαὴλ καὶ |
| Hen. | | 10 | 12 | δῆσον αὐτοὺς ἑβδομήκοντα γενεὰς εἰς τὰς νάπας τῆς * γῆς * μέχρι ἡμέρας κρίσεως αὐτῶν καὶ συντελεσμοῦ ἕως |
| Hen. | | 10 | 16 | ἀνθρώπους. καὶ ἀπόλεσον τὴν ἀδικίαν πᾶσαν ἀπὸ τῆς * γῆς * καὶ πᾶν ἔργον πονηρίας ἐκλειπέτω καὶ ἀναφανήτω τὸ |
| Hen. | | 10 | 18 | μετὰ εἰρήνης πληρώσουσιν. τότε ἐργασθήσεται πᾶσα ἡ * γῆ * ἐν δικαιοσύνῃ καὶ καταφυτευθήσεται δένδρον ἐν αὐτῇ |
| Hen. | | 10 | 19 | καὶ πλησθήσεται εὐλογίας. καὶ πάντα τὰ δένδρα τῆς * γῆς * ἀγαλλιάσονται φυτευθήσεται καὶ ἔσονται φυτεύοντες |
| Hen. | | 10 | 20 | ποιήσει ἀνὰ βάτους δέκα. καὶ σὺ καθάρισον τὴν * γῆν * ἀπὸ πάσης ἀκαθαρσίας καὶ ἀπὸ πάσης ἀδικίας καὶ ἀπὸ |
| Hen. | | 10 | 20 | καὶ πάσας τὰς ἀκαθαρσίας τὰς γινομένας ἐπὶ τῆς * γῆς * ἐξάλειψον. καὶ ἔσονται πάντες λατρεύοντες οἱ λαοὶ |
| Hen. | | 10 | 22 | ἐμοὶ καὶ προσκυνοῦντες. καὶ καθαρισθήσεται πᾶσα ἡ * γῆ * ἀπὸ παντὸς μιάσματος καὶ ἀπὸ πάσης ἀκαθαρσίας καὶ |
| Hen. | | 10B | 2 | σεαυτὸν καὶ δήλωσον αὐτῷ τέλος ἐπερχόμενον ὅτι ἡ * γῆ * ἀπόλλυται πᾶσα καὶ εἶπον αὐτῷ ὅτι κατακλυσμὸς μέλλει |
| Hen. | | 10B | 2 | αὐτῷ ὅτι κατακλυσμὸς μέλλει γίνεσθαι πάσης τῆς * γῆς * ἀπολέσαι πάντα ἀπὸ προσώπου τῆς γῆς. δίδαξον τὸν |
| Hen. | | 10B | 2 | πάσης τῆς γῆς ἀπολέσαι πάντα ἀπὸ προσώπου τῆς * γῆς. * δίδαξον τὸν δίκαιον τί ποιήσει τὸν υἱὸν Λάμεχ καὶ |
| Hen. | | 10B | 7 | εἰς τὸν ἐμπυρισμὸν τοῦ πυρός. καὶ ἴασαι τὴν * γῆν * ἣν ἠφάνισαν οἱ ἐγρήγοροι καὶ τὴν ἴασιν τῆς πληγῆς |
| Hen. | | 10B | 8 | τοὺς υἱοὺς τῶν ἀνθρώπων καὶ ἠρημώθη πᾶσα ἡ * γῆ * ἐν τοῖς ἔργοις τῆς διδασκαλίας 'Αζαὴλ καὶ ἐπ' αὐτῇ |
| Hen. | | 10B | 12 | αὐτοὺς ἐπὶ ἑβδομήκοντα γενεὰς εἰς τὰς νάπας τῆς * γῆς * μέχρι ἡμέρας κρίσεως αὐτῶν μέχρι ἡμέρας τελειώσεως |
| Hen. | | 12 | 4 | μετὰ τῶν γυναικῶν ἐμιάνθησαν καὶ ὥσπερ οἱ υἱοὶ τῆς * γῆς * ποιοῦσιν οὕτως καὶ αὐτοὶ ποιοῦσιν καὶ ἔλαβον ἑαυτοῖς |
| Hen. | | 12 | 4 | ἑαυτοῖς γυναῖκας. ἀφανισμὸν μέγαν ἠφανίσατε τὴν * γῆν * καὶ οὐκ ἔσται ὑμῖν εἰρήνη οὔτε ἄφεσις. καὶ περὶ ὧν |
| Hen. | | 13 | 7 | καὶ πορευθεὶς ἐκάθισα ἐπὶ τῶν ὑδάτων Δὰν ἐν * γῇ * Δὰν ἥτις ἐστὶν ἐκ δεξιῶν 'Ερμωνειειμ δύσεως |
| Hen. | | 14 | 5 | ἐπὶ πάντας τοὺς αἰῶνας καὶ ἐν τοῖς δεσμοῖς τῆς * γῆς * ἐρρέθη δῆσαι ὑμᾶς εἰς πάσας τὰς γενεὰς τοῦ αἰῶνος |
| Hen. | | 15 | 3 | καὶ ἐλάβετε ἑαυτοῖς γυναῖκας; ὥσπερ υἱοὶ τῆς * γῆς * ἐποιήσατε καὶ ἐγεννήσατε ἑαυτοῖς τέκνα υἱοὺς |
| Hen. | | 15 | 5 | οὕτως ἵνα μὴ ἐκλείπῃ αὐτοῖς πᾶν ἔργον ἐπὶ τῆς * γῆς. * ὑμεῖς δὲ ὑπήρχετε πνεύματα ζῶντα αἰώνια καὶ οὐκ |
| Hen. | | 15 | 8 | τῶν πνευμάτων καὶ σαρκὸς πνεύματα ἰσχυρὰ ἐπὶ τῆς * γῆς * καὶ ἐν τῇ γῇ ἡ κατοίκησις αὐτῶν ἔσται. πνεύματα |
| Hen. | | 15 | 8 | καὶ σαρκὸς πνεύματα ἰσχυρὰ ἐπὶ τῆς γῆς καὶ ἐν τῇ * γῇ * ἡ κατοίκησις αὐτῶν ἔσται. πνεύματα πονηρὰ ἐξῆλθον ἀπὸ |
| Hen. | | 15 | 10 | ἡ κατοίκησις αὐτῶν ἔσται καὶ τὰ πνεύματα ἐπὶ τῆς * γῆς * τὰ γεννηθέντα ἐπὶ τῆς γῆς ἡ κατοίκησις αὐτῶν ἔσται. |
| Hen. | | 15 | 10 | καὶ τὰ πνεύματα ἐπὶ τῆς γῆς τὰ γεννηθέντα ἐπὶ τῆς * γῆς * ἡ κατοίκησις αὐτῶν ἔσται. καὶ τὰ πνεύματα τῶν |
| Hen. | | 15 | 11 | καὶ συνπαλαίοντα καὶ συνρίπτοντα ἐπὶ τῆς * γῆς * πνεύματα σκληρὰ γιγάντων καὶ δρόμους ποιοῦντα καὶ |
| Hen. | | 15B | 8 | ἀπὸ πνευμάτων καὶ σαρκὸς πνεύματα πονηρὰ ἐπὶ τῆς * γῆς * καλέσουσιν αὐτοὺς ὅτι ἡ κατοίκησις αὐτῶν ἔσται ἐπὶ |
| Hen. | | 15B | 8 | αὐτοὺς ὅτι ἡ κατοίκησις αὐτῶν ἔσται ἐπὶ τῆς * γῆς. * πνεύματα πονηρὰ ἔσονται τὰ πνεύματα ἐξεληλυθότα ἀπὸ |
| Hen. | | 15B | 10 | αὐτῶν καὶ ἀρχὴ θεμελίου πνεύματα πονηρὰ ἐπὶ τῆς * γῆς * ἔσονται τὰ πνεύματα τῶν γιγάντων νεμόμενα ἀδικοῦντα |
| Hen. | | 15B | 11 | ἐμπίπτοντα καὶ συμπαλαίοντα καὶ ῥιπτοῦντα ἐπὶ τῆς * γῆς * καὶ δρόμους ποιοῦντα καὶ μηδὲν ἐσθίοντα ἀλλ' |
| Hen. | | 16 | 3 | αἱ θήλειαι καὶ οἱ ἄνθρωποι τὰ κακὰ ἐπὶ τῆς * γῆς. * εἶπον οὖν αὐτοῖς οὐκ ἔστιν εἰρήνη. καὶ ἀπὸ ἡμέρας |
| Hen. | | 16B | 1 | καὶ θανάτου τῶν γιγάντων Ναφηλείμ οἱ ἰσχυροὶ τῆς * γῆς * οἱ μεγάλοι ὀνομαστοὶ τὰ πνεύματα τὰ ἐκπορευόμενα ἀπὸ |
| Hen. | | 17 | 8 | τῆς ἀβύσσου πάντων ὑδάτων. ἴδον τὸ στόμα τῆς * γῆς * πάντων τῶν ποταμῶν καὶ τὸ στόμα τῆς ἀβύσσου. ἴδον |
| Hen. | | 18 | 1 | ἐκόσμησεν πάσας τὰς κτίσεις καὶ τὸν θεμέλιον τῆς * γῆς * καὶ τὸν λίθον ἴδον τῆς γωνίας τῆς γῆς. ἴδον τοὺς |

| | | | | | | | |
|---|---|---|---|---|---|---|---|
| Hen. | 18 | 1 | θεμέλιον τῆς γῆς καὶ τὸν λίθον ἴδον τῆς γωνίας τῆς | * | γῆς. | * | ἴδον τοὺς τέσσαρας ἀνέμους τὴν γῆν βαστάζοντας καὶ |
| Hen. | 18 | 2 | τῆς γωνίας τῆς γῆς. ἴδον τοὺς τέσσαρας ἀνέμους τὴν | * | γῆν | * | βαστάζοντας καὶ τὸ στερέωμα τοῦ οὐρανοῦ καὶ αὐτοὶ |
| Hen. | 18 | 3 | τὸ στερέωμα τοῦ οὐρανοῦ καὶ αὐτοὶ ἱστᾶσιν μεταξὺ | * | γῆς | * | καὶ οὐρανοῦ. ἴδον ἀνέμους τῶν οὐρανῶν στρέφοντας καὶ |
| Hen. | 18 | 5 | ἥλιου καὶ πάντας τοὺς ἀστέρας. ἴδον τοὺς ἐπὶ τῆς | * | γῆς | * | ἀνέμους βαστάζοντας ἐν νεφέλῃ. ἴδον πέρατα τῆς γῆς |
| Hen. | 18 | 5 | γῆς ἀνέμους βαστάζοντας ἐν νεφέλῃ. ἴδον πέρατα τῆς | * | γῆς | * | τὸ στήριγμα τοῦ οὐρανοῦ ἐπάνω. παρῆλθον καὶ ἴδον |
| Hen. | 18 | 10 | τῶν ὀρέων τούτων τόπος ἐστὶν πέρας τῆς μεγάλης | * | γῆς | * | ἐκεῖ συντελεσθήσονται οἱ οὐρανοί. καὶ ἴδον χάσμα |
| Hen. | 18 | 12 | ἴδον τόπον ὅπου οὐδὲ στερέωμα οὐρανοῦ ἐπάνω οὔτε | * | γῆ | * | ἣ τεθεμελιωμένη ὑποκάτω αὐτοῦ οὔτε ὕδωρ ἦν ὑπὸ αὐτὸ |
| Hen. | 18 | 14 | οὗτός ἐστιν ὁ τόπος τὸ τέλος τοῦ οὐρανοῦ καὶ | * | γῆς | * | δεσμωτήριον τοῦτο ἐγένετο τοῖς ἄστροις καὶ ταῖς |
| Hen. | 21 | 2 | ἔργον φοβερὸν ἑώρακα οὔτε οὐρανὸν ἐπάνω οὔτε | * | γῆν | * | τεθέαμαι τεθεμελιωμένην ἀλλὰ τόπον ἀκατασκεύαστον |
| Hen. | 21B | 2 | ἔργον φοβερόν. ἑώρακα οὔτε οὐρανὸν ἐπάνω οὔτε | * | γῆν | * | τεθεμελιωμένην ἀλλὰ τόπον ἀκατασκεύαστον καὶ |
| Hen. | 22 | 7 | τοῦ ἀπολέσαι τὸ σπέρμα αὐτοῦ ἀπὸ προσώπου τῆς | * | γῆς | * | καὶ ἀπὸ τοῦ σπέρματος τῶν ἀνθρώπων ἀφανισθῇ τὸ |
| Hen. | 22 | 10 | τῶν ἁμαρτωλῶν ὅταν ἀποθάνωσιν καὶ ταφῶσιν εἰς τὴν | * | γῆν | * | καὶ κρίσις οὐκ ἐγενήθη ἐπ᾽ αὐτῶν ἐν τῇ ζωῇ αὐτῶν. |
| Hen. | 23 | 1 | εἰς ἄλλον τόπον πρὸς δυσμὰς τῶν περάτων τῆς | * | γῆς. | * | καὶ ἐθεασάμην πῦρ διατρέχον καὶ οὐκ ἀναπαυόμενον |
| Hen. | 25 | 3 | ὁ βασιλεὺς τοῦ αἰῶνος ὅταν καταβῇ ἐπισκέψασθαι τὴν | * | γῆν | * | ἐπ᾽ ἀγαθῷ. καὶ τοῦτο τὸ δένδρον εὐωδίας καὶ οὐδεμία |
| Hen. | 25 | 6 | τοῖς ὀστέοις αὐτῶν καὶ ζωὴν πλείονα ζήσονται ἐπὶ | * | γῆς | * | ἣν ἔζησαν οἱ πατέρες σου καὶ ἐν ταῖς ἡμέραις αὐτῶν |
| Hen. | 26 | 1 | αὐτοῖς. καὶ ἐκεῖθεν ἐφώδευσα εἰς τὸ μέσον τῆς | * | γῆς | * | καὶ ἴδον τόπον ηὐλογημένον ἐν ᾧ δένδρα ἔχοντα |
| Hen. | 27 | 1 | τῆς φάραγγος καὶ λίαν ἐθαύμασα. καὶ εἶπον διά τί ἡ | * | γῆ | * | αὕτη ἡ εὐλογημένη καὶ πᾶσα πλήρης δένδρων αὐτὴ δὲ ἡ |
| Hen. | 27 | 2 | δένδρων αὐτὴ δὲ ἡ φάραγξ κεκατηραμένη ἐστίν; | * | γῆ | * | κατάρατος τοῖς κεκατηραμένοις ἐστὶν μέχρι αἰῶνος. ὧδε |
| Hen. | 31 | 2 | ἴδον ἄλλο ὄρος πρὸς ἀνατολὰς τῶν περάτων τῆς | * | γῆς | * | καὶ πάντα τὰ δένδρα πλήρη ἐξαυτῆς ἐν ὁμοιώματι |
| Hen. | 32 | 2 | τῶν ὀρέων τούτων μακρὰν ἀπέχων πρὸς ἀνατολὰς τῆς | * | γῆς | * | καὶ διέβην ἐπάνω τῆς ἐρυθρᾶς θαλάσσης καὶ ᾠχόμην ἐπ᾽ |
| Hen. | 90 | 4 | καὶ ἀποθανοῦνται οἱ ἔντιμοι ὑμῶν ἀπὸ πάσης τῆς | * | γῆς | * | ὅτι πᾶσαι αἱ ἡμέραι τῆς ζωῆς αὐτῶν ἀπὸ τοῦ νῦν οὐ μὴ |
| Hen. | 98 | 1 | καὶ οὐχὶ τοῖς ἄφροσι ὅτι πολλὰς ὄψεσθε ἐπὶ τῆς | * | γῆς | * | ἀνομίας ὅτι κάλλος περιθήσονται ἄνδρες ὡς γυναῖκες |
| Hen. | 98 | 4 | τὴν κάμινον τοῦ πυρὸς ἐμβληθήσεται.> ---ἐπὶ τὴν | * | <γῆν | * | οὐκ ἀπεστάλη ἀλλ᾽ αὐτὴν οἱ ἄνθρω>ποι ἀφ᾽ ἑαυτῶν |
| Hen. | 99 | 2 | καὶ λογιζόμενοι ἑαυτοὺς ἀναμαρτήτους ἐν τῇ | * | γῇ | * | καταποθήσονται. τότε ἑτοιμάζεσθε οἱ δίκαιοι καὶ |
| Hen. | 100 | 6 | τῶν ἀνθρώπων καὶ κατανοήσουσιν οἱ υἱοὶ τῆς | * | γῆς | * | ἐπὶ τοὺς λόγους τούτους τῆς ἐπιστολῆς ταύτης καὶ |
| Hen. | 101 | 8 | αὐτοῦ <φοβοῦνται καὶ ξη>ραίνονται καὶ οἱ ἰχθύες--- | * | <--γῆν> | * | καὶ πάντα τὰ ἐν αὐτοῖς; καὶ τίς ἔδωκεν ἐπιστήμην |
| Hen. | 102 | 2 | συνσειόμενοι καὶ φοβούμενοι ἤχῳ μεγάλῳ (καὶ) τὴν | * | γῆν | * | σύμπασαν σειομένην καὶ τρέμουσαν καὶ |
| Hen. | 102 | 3 | σειόμενοι καὶ τρέμοντες ἅπαντες οἱ υἱοὶ τῆς | * | γῆς | * | καὶ ὑμεῖς ἁμαρτωλοὶ ἐπικατάρατοι εἰς τὸν αἰῶνα οὐκ |
| Hen. | 102 | 5 | ἃς ἦτε ἡμέραι ἦσαν ἁμαρτωλῶν καὶ καταράτων ἐπὶ τῆς | * | γῆς. | * | ὅταν ἀποθάνητε τότε ἐροῦσιν οἱ ἁμαρτωλοὶ ὅτι |
| Hen. | 106 | 6 | αὐτὸν μήποτέ τι ἔσται ἐν ταῖς ἡμέραις αὐτοῦ ἐν τῇ | * | γῇ. | * | καὶ παραιτοῦμαι π<άτερ καὶ> δέομαι βάδισον πρὸς |
| Hen. | 106 | 8 | ἐρώτησον>--- <ἦλθ>εν πρὸς ἐμὲ εἰς τὰ τέρματα τῆς | * | γῆς | * | οὗ <εἶδ>εν τότε εἶναί με καὶ εἶπέν μοι πάτερ <μου> |
| Hen. | 106 | 13 | λέγων ἀνακαινίσει ὁ κύριος πρόσταγμα ἐπὶ τῆς | * | γῆς | * | καὶ τὸν αὐτὸν τρόπον τέκνον τεθέαμαι καὶ ἐσήμανά σοι |
| Hen. | 106 | 15 | ἀλλὰ σαρκίνους καὶ ἔσται ὀργὴ μεγάλη ἐπὶ τῆς | * | γῆς | * | καὶ κατακλυσμὸς καὶ ἔσται ἀπώλεια μεγάλη ἐπὶ |
| Hen. | 106 | 16 | τρία αὐτοῦ τέκνα σωθήσεται ἀποθανόντων τῶν ἐπὶ τῆς | * | γῆς | * | καὶ πραΰνεῖ τὴν γῆν ἀπὸ τῆς οὔσης ἐν αὐτῇ φθορᾶς. |
| Hen. | 106 | 17B | ἀποθανόντων τῶν ἐπὶ τῆς γῆς καὶ πραΰνεῖ τὴν | * | γῆν | * | ἀπὸ τῆς οὔσης ἐν αὐτῇ φθορᾶς. καὶ νῦν λέγε Λάμεχ ὅτι |
| Hen. | 106 | 18 | καταπαύσητε καὶ (οἱ) υἱοὶ αὐτοῦ ἀπὸ τῆς φθορᾶς τῆς | * | γῆς | * | καὶ ἀπὸ πάντων τῶν ἁμαρτωλῶν καὶ ἀπὸ πασῶν τῶν |
| Hen. | 106 | 18 | τῶν ἁμαρτωλῶν καὶ ἀπὸ πασῶν τῶν συντελειῶν ἐπὶ τῆς | * | γῆς--- | * | ὑπέδειξέν μοι καὶ ἐμήνυσεν καὶ ἐν ταῖς πλαξὶν τοῦ |
| Hen. | 107 | 1 | ἡ κακία ἀπολεῖται καὶ ἡ ἁμαρτία ἀλλάξει ἀπὸ τῆς | * | γῆς | * | καὶ τὰ ἀγαθὰ ἥξει ἐπὶ τῆς γῆς ἐπ᾽ αὐτούς. καὶ νῦν |
| Hen. | 107 | 1 | ἀλλάξει ἀπὸ τῆς γῆς καὶ τὰ ἀγαθὰ ἥξει ἐπὶ τῆς | * | γῆς | * | ἐπ᾽ αὐτούς. καὶ νῦν ἀπότρεχε τέκνον καὶ σήμανον |
| Hen. | 107 | 3 | αὐτῷ.> καὶ ἐκλήθη τὸ ὄνομα αὐτοῦ Νῶε εὐφραίνων τὴν | * | γῆν | * | ἀπὸ τῆς ἀπωλείας. ΕΠΙΣΤΟΛΗ ΕΝΩΧ. |
| Abr.1 | 3 | 5 | υἱὸς οὐκ ἔστιν ἀπὸ τοῦ γένους τῶν κατοικούντων τὴν | * | γῆν. | * | καὶ ἔδραμεν Ἰσαὰκ καὶ προσεκύνησεν καὶ προσέπεσεν |
| Abr.1 | 8 | 5 | τάδε λέγει ὁ θεός σου τί σε ἐγκατέλειπα ἐπὶ τῆς | * | γῆς; | * | ἐγώ εἰμι ὁ θεός σου ὁ ἀναγαγών σε εἰς τὴν γῆν τῆς |
| Abr.1 | 8 | 5 | τῆς γῆς; ἐγώ εἰμι ὁ θεός σου ὁ ἀναγαγών σε εἰς τὴν | * | γῆν | * | τῆς ἐπαγγελίας σου ὁ εὐλογήσας σε ὑπὲρ ἄμμον |
| Abr.1 | 9 | 1 | ὁ δίκαιος ἔπεσεν ἐπὶ πρόσωπον εἰς τὸ ἔδαφος τῆς | * | γῆς | * | ὡς νεκρός. ὁ δὲ ἀρχιστράτηγος εἶπεν αὐτῷ πάντα ὅσα |
| Abr.1 | 10 | 9 | πορνεύοντας καὶ εἶπεν <κύριε> κέλευσον ὅπως χάνῃ ἡ | * | γῆ | * | καὶ καταπίῃ αὐτοὺς <καὶ εὐθὺς ἐδιχάσθη ἡ γῆ καὶ |
| Abr.1 | 10 | 9 | χάνῃ ἡ γῆ καὶ καταπίῃ αὐτοὺς <καὶ εὐθὺς ἐδιχάσθη ἡ | * | γῆ | * | καὶ κατέπιεν αὐτούς.> καὶ εἶδεν εἰς ἕτερον τόπον |
| Abr.1 | 11 | 7 | διὰ τῆς στενῆς πύλης τότε ἀνίστατο ἀπὸ τῆς | * | γῆς | * | καὶ ἐκαθέζετο ἐπὶ τοῦ θρόνου αὐτοῦ ἐν εὐφροσύνῃ |
| Abr.1 | 14 | 11 | ἐγώ ποτε κακοφρονήσας ἀπώλεσα οὓς ποτε κατέπιεν ἡ | * | γῆ | * | καὶ οὓς διεμερίσαντο τὰ θηρία καὶ οὓς ποτε κατέφαγεν |
| Abr.1 | 14 | 15 | αὐτοὺς ἀνταπέδωκας> ἐγὼ δὲ οὕσπερ ἀποδώσω ἐπὶ τῆς | * | γῆς | * | ζῶντας ἐν τῷ θανάτῳ οὐκ ἀπαιτήσομαι. εἶπεν δὲ καὶ |
| Abr.1 | 15 | 12 | αὐτῷ τὴν δυναστείαν σου καὶ πᾶσαν τὴν ὑπ᾽ οὐρανὸν | * | γῆν | * | τε καὶ θάλασσαν κρίσιν καὶ ἀνταπόδοσιν διὰ νεφέλης |
| Abr.1 | 15 | 15 | καὶ οὐκ ἔστιν <ἄνθρωπος> ὅμοιος αὐτοῦ ἐπὶ τῆς | * | γῆς | * | οὐ κἂν Ἰακὼβ ὁ θαυμάσιος ἄνθρωπος καὶ διὰ τοῦτο |
| Abr.1 | 18 | 10 | ἀναστὰς οὖν Ἀβραὰμ ἔπεσεν ἐπὶ πρόσωπον ἐπὶ τὴν | * | γῆν | * | προσευχόμενος καὶ ὁ θάνατος σὺν αὐτῷ καὶ ἀπέστειλεν |
| Abr.1 | 20 | 11 | ἡμέρας τῆς τελειώσεως αὐτοῦ καὶ ἔθαψαν αὐτὸν ἐν τῇ | * | γῇ | * | τῆς ἐπαγγελίας ἐν τῇ δρυῒ τῇ Μαβρῇ τὴν δὲ τιμίαν |
| Abr.2 | 2 | 8 | καὶ πορεύου ἐκ τοῦ οἴκου τοῦ πατρός σου καὶ τῆς | * | γῆς | * | σου καὶ τῶν συγγενῶν σου καὶ ἐλθὲ εἰς τὴν γῆν ἣν ἄν |
| Abr.2 | 2 | 8 | τῆς γῆς σου καὶ τῶν συγγενῶν σου καὶ ἐλθὲ εἰς τὴν | * | γῆν | * | ἣν ἄν σοι δείξω. ἤκουσα δὲ αὐτοῦ καὶ ἦλθον εἰς τὴν |
| Abr.2 | 2 | 9 | ἣν ἄν σοι δείξω. ἤκουσα δὲ αὐτοῦ καὶ ἦλθον εἰς τὴν | * | γῆν | * | ἣν εἶπέν μοι κύριος καὶ ἤλλαξεν τὸ ὄνομά μου λέγων |
| Abr.2 | 6 | 6 | διαφέρει πάντα ἄνθρωπον τῶν κατοικούντων ἐπὶ τῆς | * | γῆς | * | ὅτι ἔνδοξος ἦν ἡ φωνὴ αὐτοῦ καὶ εἶπεν Σάρρα τῷ |
| Abr.2 | 7 | 17 | εἰς τοὺς οὐρανοὺς τὸ δὲ σῶμα αὐτοῦ μένει ἐπὶ τῆς | * | γῆς | * | ἕως πληρωθῶσιν ἑξακισχίλια ἔτη ἐν ᾧ ἐγερθήσεται πᾶσα |
| Abr.2 | 7 | 19 | ὅτι κτῆμα ὅλον ἔκτισεν ὁ κύριος ἐν οὐρανῷ καὶ ἐπὶ | * | γῆς | * | πρὸ τοῦ μετενεχθῆναί με. καὶ ἀπεκρίθη Μιχαὴλ καὶ |
| Abr.2 | 12 | 2 | ἐν τῷ στερεώματι καὶ κατανοήσας Ἀβραὰμ ἐπὶ τὴν | * | γῆν | * | εἶδεν ἄνθρωπον μοιχεύοντα γυναῖκα ὕπανδρον. καὶ |
| Abr.2 | 12 | 6 | καὶ ἀτενίσας πάλιν Ἀβραὰμ εἶδεν ἀνθρώπους ἐπὶ τῆς | * | γῆς | * | καταλαλοῦντας καὶ εἶπεν Ἀβραὰμ ἄνοιξον τὴν γῆν |
| Abr.2 | 12 | 7 | γῆς καταλαλοῦντας καὶ εἶπεν Ἀβραὰμ ἄνοιξον τὴν | * | γῆν | * | καταπίῃ αὐτοὺς ζῶντας καὶ εὐθέως κατέπιεν αὐτοὺς |
| Abr.2 | 12 | 8 | αὐτοὺς ζῶντας καὶ εὐθέως κατέπιεν αὐτοὺς ζῶντας ἡ | * | γῆ. | * | καὶ πάλιν ἤγαγεν αὐτοὺς ἡ νεφέλη καὶ εἶδεν Ἀβραάμ |
| Abr.2 | 12 | 12 | Μιχαὴλ λέγων μετάστρεψον τὸν Ἀβραὰμ κάτω εἰς τὴν | * | γῆν | * | καὶ μὴ ἐάσῃς αὐτὸν κυκλῶσαι πᾶσαν τὴν κτίσιν εἰ δὲ |
| Abr.2 | 12 | 14 | τῇ ὥρᾳ ἐπέστρεψεν Μιχαὴλ τὸν Ἀβραὰμ ἐπὶ τὴν | * | γῆν. | * | ἐγένετο δὲ ἡνίκα ἀπέθανεν Σάρρα ἔθαψεν αὐτὴν |
| Abr.2 | 13 | 10 | καὶ ἀρχαῖς καὶ ἐξουσίαις θρόνοις τε καὶ πάσῃ τῇ | * | γῇ | * | καὶ τετράποσιν καὶ θηρίοις τῆς γῆς καὶ πᾶσιν τοῖς ἐν |
| Abr.2 | 13 | 10 | τε καὶ πάσῃ τῇ γῇ καὶ τετράποσιν καὶ θηρίοις τῆς | * | γῆς | * | καὶ πᾶσιν τοῖς ἐν ὕδασιν μέχρι ἕως τοῦ οὐρανοῦ καὶ |
| TSim. | 6 | 4 | οἱ Χετταῖοι ἐξολοθρευθήσονται. τότε ἐκλείψει ἡ | * | γῆ | * | Χὰμ καὶ πᾶς ὁ λαὸς ἀπολεῖται. τότε καταπαύσει ἡ γῆ |
| TSim. | 6 | 4 | γῆ Χὰμ καὶ πᾶς ὁ λαὸς ἀπολεῖται. τότε καταπαύσει ἡ | * | γῆ | * | πᾶσα ἀπὸ ταραχῆς καὶ πᾶσα ἡ ὑπ᾽ οὐρανὸν ἀπὸ πολέμου. |
| TSim. | 6 | 5 | ὅτι κύριος ὁ θεὸς μέγας τοῦ Ἰσραὴλ φαινόμενος ἐπὶ | * | γῆς | * | ὡς ἄνθρωπος καὶ σῴζων ἐν αὐτῷ τὸν Ἀδάμ. τότε |
| TSim. | 8 | 4 | ἐπαοιδοὶ ὅτι ἐν ἐξόδῳ ὀστῶν Ἰωσὴφ ἔσται ἐν πάσῃ | * | γῇ | * | Αἰγύπτῳ σκότος καὶ γνόφος καὶ πληγὴ μεγάλη σφόδρα |
| TLevi | 2 | 3B013 | καὶ συντελέσαι τὴν ἀνομίαν ἀπὸ προσώπου τῆς | * | γῆς | * | καθάρισον τὴν καρδίαν μου δέσποτα ἀπὸ πάσης |
| TLevi | 3 | 9 | ἡμᾶς πάντες ἡμεῖς σαλευόμεθα καὶ οἱ οὐρανοὶ καὶ ἡ | * | γῆ | * | καὶ αἱ ἄβυσσοι ἀπὸ προσώπου τῆς μεγαλωσύνης αὐτοῦ |
| TLevi | 5 | 3 | μέσῳ τοῦ Ἰσραήλ. τότε ὁ ἄγγελος ἤγαγέ με ἐπὶ τὴν | * | γῆν | * | καὶ ἔδωκέ μοι ὅπλον καὶ ῥομφαίαν καὶ εἶπε ποίησον |
| TLevi | 7 | 1 | ἐξουδενώσει κύριος τοὺς Χαναναίους καὶ δώσει τὴν | * | γῆν | * | αὐτῶν σοι καὶ τῷ σπέρματί σου μετά σε. ἔσται γὰρ ἀπὸ |
| TLevi | 8 | 19 | μου καὶ οὐκ ἀνήγγειλα αὐτὸ παντὶ ἀνθρώπῳ ἐπὶ τῆς | * | γῆς. | * | καὶ μεθ᾽ ἡμέρας δύο ἀνέβημεν ἐγὼ καὶ Ἰούδας πρὸς |
| TLevi | 11 | 2 | ἔτεκε καὶ ἐκάλεσε τὸ ὄνομα αὐτοῦ Γηρσὰμ ὅτι ἐν τῇ | * | γῇ | * | ἡμῶν πάροικοι ἦμεν Γηρσὰμ γὰρ παροικία γράφεται. |
| TLevi | 12 | 5 | καὶ ἡ θυγάτηρ μου. ὀκτὼ ἐτῶν ἤμην ὅτε εἰσῆλθον εἰς | * | γῆν | * | Χανάαν καὶ ὀκτωκαίδεκα ἐτῶν ὅτε ἀπέκτεινα τὸν Συχὲμ |
| TLevi | 13 | 5 | αὐτοῦ. ποιήσατε δικαιοσύνην τέκνα μου ἐπὶ τῆς | * | γῆς | * | ἵνα εὕρητε ἐν τοῖς οὐρανοῖς καὶ σπείρετε ἐν ταῖς |
| TLevi | 13 | 8 | αὐτῷ αὐτὴ καὶ παρὰ τοῖς πολεμίοις λαμπρὰ καὶ ἐπὶ | * | γῆς | * | ἀλλοτρίας πατρὶς καὶ ἐν μέσῳ ἐχθρῶν εὑρεθήσεται |
| TLevi | 14 | 3 | τὸν σωτῆρα τοῦ κόσμου. καθαρὸς ὁ οὐρανὸς ὑπὲρ τὴν | * | γῆν | * | καὶ ὑμεῖς οἱ φωστῆρες τοῦ οὐρανοῦ ὡς ὁ ἥλιος καὶ ἡ |
| TLevi | 15 | 4 | εἷς ἐκ τοῦ σπέρματός μου οὐ μὴ καταλειφθῇ ἐπὶ τῆς | * | γῆς. | * | καὶ νῦν ἔγνων ἐν βιβλίῳ Ἐνὼχ ὅτι ἑβδομήκοντα |
| TLevi | 17 | 9 | τοῦτο ἐν αἰχμαλωσίᾳ καὶ ἐν προνομῇ ἔσονται καὶ ἡ | * | γῆ | * | καὶ ἡ ὕπαρξις αὐτῶν ἀφανισθήσεται. καὶ ἐν πέμπτῃ |
| TLevi | 17 | 10 | καὶ ἐν πέμπτῃ ἑβδομάδι ἐπιστρέψουσιν εἰς | * | γῆν | * | ἐρημώσεως αὐτῶν καὶ ἀνακαινοποιήσουσιν οἶκον κυρίου. |
| TLevi | 18 | 2 | καὶ αὐτὸς ποιήσει κρίσιν ἀληθείας ἐπὶ τῆς | * | γῆς | * | ἐν πλήθει ἡμερῶν. καὶ ἀνήλθομεν ἀπὸ Βεθὴλ καὶ |
| TLevi | 18 | 2B056 | σεαυτὸν πᾶν κρέας φαγεῖν κάλυπτε τὸ αἷμα αὐτοῦ τῇ | * | γῇ | * | πρῶτον πρὶν ἢ φαγεῖν σε ἀπὸ τῶν κρεῶν καὶ οὐκέτι ἔσῃ |
| TLevi | 18 | 2B059 | ἀδελφούς σου. τῷ σπέρματί σου εὐλογηθήσεται ἐν τῇ | * | γῇ | * | καὶ τὸ σπέρμα σου ἕως πάντων τῶν αἰώνων ἐνεχθήσεται |
| TLevi | 18 | 2B061 | Λευὶ εὐλογημένον ἔσται τὸ σπέρμα σου ἐπὶ τῆς | * | γῆς | * | εἰς πάσας τὰς γενεὰς τῶν αἰώνων. καὶ ὅτε |
| TLevi | 18 | 2B063 | εἶπα γὰρ ὅτι πάροικον ἔσται τὸ σπέρμα μου ἐν | * | γῇ | * | ᾗ ἐγεννήθην πάροικοί ἐσμεν ὡς τούτῳ ἐν τῇ γῇ ἡμετέρᾳ |
| TLevi | 18 | 2B063 | ἐν γῇ ᾗ ἐγεννήθην πάροικοί ἐσμεν ὡς τούτῳ ἐν τῇ | * | γῇ | * | ἡμετέρᾳ νομιζομένῃ. καὶ ἐπὶ τοῦ παιδαρίου εἶδον ἐγὼ |
| TLevi | 18 | 4 | ἀναλήψεως αὐτοῦ. οὗτος ἀναλάμψει ὡς ὁ ἥλιος ἐν τῇ | * | γῇ | * | καὶ ἐξαρεῖ πᾶν σκότος ἐκ τῆς ὑπ᾽ οὐρανὸν καὶ ἔσται |
| TLevi | 18 | 4 | ἐκ τῆς ὑπ᾽ οὐρανὸν καὶ ἔσται εἰρήνη ἐν πάσῃ τῇ | * | γῇ. | * | οἱ οὐρανοὶ ἀγαλλιάσονται ἐν ταῖς ἡμέραις αὐτοῦ καὶ ἡ |
| TLevi | 18 | 5 | οὐρανοὶ ἀγαλλιάσονται ἐν ταῖς ἡμέραις αὐτοῦ καὶ ἡ | * | γῆ | * | χαρήσεται καὶ αἱ νεφέλαι εὐφρανθήσονται καὶ ἡ γνῶσις |
| TLevi | 18 | 5 | καὶ ἡ γνῶσις κυρίου χυθήσεται ἐπὶ τῆς | * | γῆς | * | ὡς ὕδωρ θαλασσῶν καὶ οἱ ἄγγελοι τῆς δόξης τοῦ |
| TLevi | 18 | 9 | αὐτοῦ τὰ ἔθνη πληθυνθήσονται ἐν γνώσει ἐπὶ τῆς | * | γῆς | * | καὶ φωτισθήσονται διὰ χάριτος κυρίου ὁ δὲ Ἰσραὴλ |
| TJud. | 10 | 2 | πονηρὸς καὶ ἠπορεῖτο περὶ τῆς Θαμὰρ ὅτι οὐκ ἦν ἐκ | * | γῆς | * | Χανάαν. καὶ ἄγγελος κυρίου ἀνεῖλεν αὐτὸν τῇ τρίτῃ |
| TJud. | 10 | 5 | συνῆλθε μὲν αὐτῇ διέφθειρε δὲ τὸ σπέρμα ἐπὶ τὴν | * | γῆν | * | κατὰ τὴν ἐντολὴν τῆς μητρὸς αὐτοῦ καίγε οὗτος ἐν |
| TJud. | 11 | 3 | ἀπόντος μου ἐπορεύθη καὶ ἔλαβε τῷ Σηλὼμ γυναῖκα ἐκ | * | γῆς | * | Χανάαν. γνοὺς δὲ ὃ ἐποίησε κατηρασάμην αὐτῇ ἐν ὀδύνῃ |
| TJud. | 21 | 3 | τὴν βασιλείαν τῇ ἱερωσύνῃ. ἐμοὶ ἔδωκε τὰ ἐπὶ τῆς | * | γῆς | * | ἐκείνῳ τὰ ἐν οὐρανοῖς. ὡς ὑπερέχει οὐρανὸς τῆς γῆς |
| TJud. | 21 | 4 | γῆς ἐκείνῳ τὰ ἐν οὐρανοῖς. ὡς ὑπερέχει οὐρανὸς τῆς | * | γῆς | * | οὕτως ὑπερέχει θεοῦ ἱερατεία τῆς ἐπὶ γῆς βασιλείας |
| TJud. | 21 | 4 | τῆς γῆς οὕτως ὑπερέχει θεοῦ ἱερατεία τῆς ἐπὶ | * | γῆς | * | βασιλείας ἐὰν μὴ δι᾽ ἁμαρτίας ἀποπέσῃ κυρίου καὶ |
| TJud. | 23 | 3 | ἀφαίρεσιν ὑπαρχόντων ἁρπαγὴν ναοῦ θεοῦ ἐμπυρισμὸν | * | γῆς | * | ἐρήμωσιν ὑμῶν αὐτῶν δουλείαν ἐν ἔθνεσιν καὶ |
| TJud. | 25 | 2 | τὸν Συμεὼν ὁ οὐρανὸς τὸν Ῥουβὴμ τὸν Ἰσαχὰρ ἡ | * | γῆ | * | ἡ θάλασσα τὸν Ζαβουλὼν τὰ ὄρη τὸν Ἰωσὴφ ἡ σκηνὴ τὸν |

| | | | | | |
|---|---|---|---|---|---|
| TIss. | 1 | 5 | ἡ μήτηρ μου. ταῦτα δὲ ἦσαν μῆλα εὐώδημα ἃ ἐποίει ἡ | * γῆ * | Ἀρὰμ ἐν ὕψει ὑποκάτω φάραγγος ὑδάτων. εἶπε δὲ Ῥαχὴλ |
| TIss. | 1 | 11 | τῶν ἀνθρώπων καὶ ὁ δόλος προχωρεῖ ἐπὶ τῆς | * γῆς. * | εἰ δὲ μὴ οὐκ ἂν ἧς σὺ ὁρῶσα πρόσωπον Ἰακὼβ οὐ γὰρ |
| TIss. | 3 | 8 | παντὶ γὰρ πένητι καὶ παντὶ θλιβομένῳ παρεῖχον τῆς | * γῆς * | τὰ ἀγαθὰ ἐν ἁπλότητι καρδίας. καὶ νῦν ἀκούσατέ μου |
| TIss. | 5 | 3 | νῶτον ὑμῶν εἰς τὸ γεωργεῖν καὶ ἐργάζεσθε ἐν ἔργοις | * γῆς * | καθ' ἑκάστην γεωργίαν δῶρα μετ' εὐχαριστίας κυρίῳ |
| TIss. | 5 | 4 | κυρίῳ προσφέροντες ὅτι ἐν πρωτογενήμασι καρπῶν | * γῆς * | εὐλόγησέ σε κύριος καθὼς εὐλόγησε πάντας τοὺς ἁγίους |
| TIss. | 5 | 5 | οὐ γὰρ δέδοταί σοι ἄλλη μερὶς ἢ τῆς πιότητος τῆς | * γῆς * | ἧς ἐν πόνοις οἱ καρποί ὅτι ὁ πατὴρ ἡμῶν Ἰακὼβ ἐν |
| TIss. | 5 | 6 | οἱ καρποί ὅτι ὁ πατὴρ ἡμῶν Ἰακὼβ ἐν εὐλογίαις | * γῆς * | καὶ ἀπαρχῶν καρπῶν εὐλόγησέ με. καὶ ὁ Λευὶ καὶ ὁ |
| TIss. | 6 | 4 | ἐστὶ καὶ ἐξελεῖται αὐτοὺς τοῦ ἐπιστρέψαι εἰς τὴν | * γῆν * | αὐτῶν. ἑκατὸν εἰκοσιδύο ἐτῶν εἰμι ἐγὼ καὶ οὐκ ἔγνων |
| TZab. | 5 | 5 | ἄνοσοι διεφυλάχθησαν ὡς οἴδατε. καὶ ὅτε ἤμην ἐν | * γῇ * | Χανάαν εἰς παράλιον ἐθήρευον θήραν ἰχθύων Ἰακὼβ τῷ |
| TZab. | 8 | 2 | ὁ θεὸς ἀποστέλλει τὸ σπλάγχνον αὐτοῦ ἐπὶ τῆς | * γῆς * | καὶ ὅπου εὕρῃ σπλάγχνα ἐλέους ἐν αὐτῷ κατοικεῖ. ὅσον |
| TZab. | 9 | 1 | τὰ ὕδατα ὅτι ὅτε ἐπὶ τὸ αὐτὸ πορεύεται λίθους ξύλα | * γῆν * | ἄμμον κατασύρει ἐὰν δὲ εἰς πολλὰ διαιρεθῇ ἡ γῆ |
| TZab. | 9 | 2 | γῆν ἄμμον κατασύρει ἐὰν δὲ εἰς πολλὰ διαιρεθῇ ἡ | * γῆ * | ἀφανίζει αὐτὰ καὶ γίνεται εὐκαταφρόνητα. καὶ ὑμεῖς |
| TDan | 7 | 3 | ἐπιλάθωνται νόμον θεοῦ αὐτῶν καὶ ἀλλοτριωθήσονται | * γῆς * | κλήρου αὐτῶν καὶ γένους Ἰσραὴλ καὶ πατριᾶς αὐτῶν |
| TNep. | 3 | 4 | δὲ μὴ οὕτως τέκνα μου γνόντες ἐν στερεώματι ἐν | * γῇ * | καὶ ἐν θαλάσσῃ καὶ πᾶσι τοῖς δημιουργήμασι κύριον τὸν |
| TNep. | 3 | 5 | δι' αὐτοὺς ἀπὸ κατοικεσίας καὶ καρπῶν τάξας τὴν | * γῆν * | ἀοίκητον. ταῦτα λέγω τέκνα μου ὅτι ἀνέγνων ἐν γραφῇ |
| TNep. | 4 | 3 | κύριον τὸν θεὸν ὑμῶν καὶ ἐπιστρέψει ὑμᾶς εἰς τὴν | * γῆν * | ὑμῶν κατὰ τὸ πολὺ αὐτοῦ ἔλεος. καὶ ἔσται ὅταν |
| TNep. | 4 | 4 | τὸ πολὺ αὐτοῦ ἔλεος. καὶ ἔσται ὅταν ἥξουσιν ἐν | * γῇ * | πατέρων αὐτῶν πάλιν ἐπιλάθωνται κυρίου καὶ |
| TNep. | 4 | 5 | διασπείρει αὐτοὺς κύριος ἐπὶ προσώπου πάσης τῆς | * γῆς * | ἄχρι τοῦ ἐλθεῖν τὸ σπλάγχνον κυρίου ἄνθρωπος ποιῶν |
| TNep. | 5 | 6 | Ἰούδας ἐκράτησαν ἑαυτούς. καὶ ἰδοὺ ταῦρος ἐπὶ τῆς | * γῆς * | ἔχων δύο κέρατα μεγάλα καὶ πτέρυγες ἀετοῦ ἐπὶ τοῦ |
| TNep. | 6 | 9 | ὡς δὲ ἐπαύσατο ὁ χειμὼν τὸ σκάφος ἔφθασεν ἐπὶ τὴν | * γῆν * | ὥσπερ ἐν εἰρήνῃ. καὶ ἰδοὺ ἦλθεν Ἰακὼβ ὁ πατὴρ ἡμῶν |
| TNep. | 8 | 3 | αὐτοῦ ὀφθήσεται θεὸς κατοικῶν ἐν ἀνθρώποις ἐπὶ τῆς | * γῆς * | σῶσαι τὸ γένος Ἰσραὴλ καὶ ἐπισυνάξει δικαίους ἐκ |
| TGad | 2 | 2 | προσεθέμην μῖσος καὶ ἤθελον αὐτὸν ἐκλεῖξαι ἐκ | * γῆς * | ζώντων ὃν τρόπον ἐκλείχει ὁ μόσχος τὰ χλωρὰ ἀπὸ τῆς |
| TGad | 2 | 2 | ὃν τρόπον ἐκλείχει ὁ μόσχος τὰ χλωρὰ ἀπὸ τῆς | * γῆς. * | διὸ ἐγὼ καὶ Ἰούδας πεπράκαμεν αὐτὸν τοῖς |
| TAser | 7 | 2 | καὶ παραδοθήσεσθε εἰς χεῖρας ἐχθρῶν ὑμῶν καὶ ἡ | * γῆ * | ὑμῶν ἐρημωθήσεται καὶ τὰ ἅγια ὑμῶν καταφθαρήσεται καὶ |
| TAser | 7 | 2 | διασκορπισθήσεσθε εἰς τὰς τέσσαρας γωνίας τῆς | * γῆς * | καὶ ἔσεσθε ἐν διασπορᾷ ἐξουθενώμενοι ὡς ὕδωρ |
| TAser | 7 | 2 | ὡς ὕδωρ ἄχρηστον ἕως οὗ ὁ ὕψιστος ἐπισκέψηται τὴν | * γῆν. * | καὶ αὐτὸς ἐλθὼν ὡς ἄνθρωπος μετὰ ἀνθρώπων ἐσθίων |
| TJos. | 7 | 5 | τέκνα σου καὶ ἀπολέσει τὸ μνημόσυνόν σου ἀπὸ τῆς | * γῆς. * | καὶ λέγει πρός με ἴδε οὖν ἀγαπᾷς με ἀρκεῖ μοι μόνον |
| TJos. | 12 | 2 | Ἑβραίου λέγουσι δὲ ὅτι καὶ κλοπῇ ἔκλεψαν αὐτὸν ἐκ | * γῆς * | Χανάαν νῦν οὖν ποίησον μετ' αὐτοῦ κρίσιν καὶ ἀφελοῦ |
| TJos. | 13 | 1 | αὐτῷ τί ταῦτα ἀκούω ὅτι κλέπτεις τὰς ψυχὰς ἐκ | * γῆς * | Ἑβραίων εἰς παῖδας μετεμπολῶν; πεσὼν οὖν ἐπὶ |
| TJos. | 13 | 8 | μοι πῶς αὐτῶν ἐγένου δοῦλος; καὶ εἶπον ὅτι ἐκ | * γῆς * | Χανάαν ἐπριαντό με. ὁ δὲ ἠπίστησε λέγων ὅτι ψεύδῃ |
| TJos. | 15 | 2 | καὶ ἰδοὺ ἔγνωμεν ὅτι υἱὸς εἶ ἀνδρὸς μεγάλου ἐν | * γῇ * | Χανάαν καὶ πενθεῖ ὁ πατήρ σου ἐν σάκκῳ. καὶ πάλιν |
| TJos. | 17 | 7 | ἄλγημά μου καὶ πᾶσα μαλακία αὐτῶν ἀσθένειά μου ἡ | * γῆ * | μου γῆ αὐτῶν ἡ βουλὴ αὐτῶν βουλή μου. καὶ οὐχ ὕψωσα |
| TJos. | 17 | 7 | μου καὶ πᾶσα μαλακία αὐτῶν ἀσθένειά μου ἡ γῆ μου | * γῆ * | αὐτῶν ἡ βουλὴ αὐτῶν βουλή μου. καὶ οὐχ ὕψωσα ἐμαυτὸν |
| TJos. | 19 | 2 | καὶ οἱ ἐννέα διαιρέθησαν καὶ διεσπάρησαν τῇ | * γῇ * | ὁμοίως καὶ οἱ τρεῖς. καὶ εἶδον ὅτι ἐκ τοῦ Ἰουδὰ |
| TJos. | 19 | 4 | ἐπ' αὐτῷ οἱ ἄγγελοι καὶ οἱ ἄνθρωποι καὶ πᾶσα ἡ | * γῆ. * | ταῦτα δὲ γενήσεται ἐν καιρῷ αὐτῶν ἐν ἐσχάταις |
| TJos. | 20 | 1 | ποιήσει τὴν ἐκδίκησιν ὑμῶν καὶ εἰσάξει ὑμᾶς εἰς | * γῆν * | ἐπαγγελίας τῶν πατέρων ὑμῶν. ἀλλὰ συνανοίσετε τὰ |
| TBen. | 8 | 3 | οὕτω καὶ ὁ καθαρὸς νοῦς ἐν τοῖς μιασμοῖς τῆς | * γῆς * | συνεχόμενος μᾶλλον οἰκοδομεῖ αὐτὸς δὲ οὐ μιαίνεται. |
| TBen. | 9 | 5 | καὶ ἀνελθὼν ἐκ τοῦ ᾅδου ἔσται ἀναβαίνων ἀπὸ | * γῆς * | εἰς οὐρανόν. ἔγνων δὲ οἷος ἔσται ταπεινὸς ἐπὶ γῆς |
| TBen. | 9 | 5 | γῆς εἰς οὐρανόν. ἔγνων δὲ οἷος ἔσται ταπεινὸς ἐπὶ | * γῆς * | καὶ οἷος ἔνδοξος ἐν οὐρανῷ. ὅτε δὲ Ἰωσὴφ ἦν ἐν |
| TBen. | 10 | 7 | ἡμῶν προσκυνοῦντες τὸν βασιλέα τῶν οὐρανῶν τὸν ἐπὶ | * γῆς * | φανέντα μορφῇ ἀνθρώπου ταπεινώσεως καὶ ὅσοι |
| TBen. | 10 | 7 | ἀνθρώπου ταπεινώσεως καὶ ὅσοι ἐπίστευσαν αὐτῷ ἐπὶ | * γῆς * | συγχαρήσονται αὐτῷ. τότε καὶ πάντες ἀναστήσονται οἱ |
| TBen. | 10 | 9 | κρινεῖ πάντα τὰ ἔθνη ὅσα οὐκ ἐπίστευσαν αὐτῷ ἐπὶ | * γῆς * | φανέντι καὶ ἐλέγξει ἐν τοῖς ἐκλεκτοῖς τῶν ἐθνῶν τὸν |
| TBen. | 11 | 2 | μου ἐν ὑστέροις καιροῖς ἀγαπητὸς κυρίου ἀκούων ἐπὶ | * γῆς * | φωνὴν αὐτοῦ καὶ ποιῶν εὐδοκίαν θελήματος αὐτοῦ |
| TBen. | 12 | 4 | πόδας τῶν πατέρων αὐτῶν. καὶ αὐτοὶ ἐπέστρεψαν ἐκ | * γῆς * | Χανάαν καὶ ᾤκησαν ἐν Αἰγύπτῳ ἕως ἡμέρας ἐξόδου αὐτῶν |
| TBen. | 12 | 4 | καὶ ᾤκησαν ἐν Αἰγύπτῳ ἕως ἡμέρας ἐξόδου αὐτῶν ἐκ | * γῆς * | Αἰγύπτου. |
| Asen. | 1 | 1 | ἐξαπέστειλε Φαραὼ τὸν Ἰωσὴφ κυκλεῦσαι πᾶσαν τὴν | * γῆν * | Αἰγύπτου. καὶ ἦλθεν Ἰωσὴφ ἐν τῷ τετάρτῳ μηνὶ τοῦ |
| Asen. | 1 | 4 | τῷ εἴδει σφόδρα ὑπὲρ πάσας τὰς παρθένους ἐπὶ τῆς | * γῆς. * | καὶ αὕτη οὐδὲν εἶχεν ὅμοιον τῶν παρθένων τῶν |
| Asen. | 1 | 6 | καὶ ἀπῆλθεν ἡ φήμη τοῦ κάλλους αὐτῆς εἰς πᾶσαν τὴν | * γῆν * | ἐκείνην καὶ ἕως περάτων τῆς οἰκουμένης. καὶ |
| Asen. | 1 | 8 | γυναῖκα ἧττόν σου καὶ σὺ βασιλεὺς εἶ πάσης τῆς | * γῆς * | Αἰγύπτου; οὐκ ἰδοὺ ἡ θυγάτηρ τοῦ βασιλέως Μωὰβ |
| Asen. | 2 | 5 | τῆς Ἀσενὲθ καὶ ἦν ἐν αὐτῷ πάντα τὰ ἀγαθὰ τῆς | * γῆς. * | καὶ τοὺς λοιποὺς ἑπτὰ θαλάμους εἶχον ἑπτὰ παρθένοι |
| Asen. | 4 | 7 | πρὸς ἡμᾶς σήμερον. καὶ αὐτός ἐστιν ἄρχων πάσης τῆς | * γῆς * | Αἰγύπτου καὶ ὁ βασιλεὺς Φαραὼ κατέστησεν αὐτὸν |
| Asen. | 4 | 7 | βασιλεὺς Φαραὼ κατέστησεν αὐτὸν βασιλέα πάσης τῆς | * γῆς * | καὶ σιτοδοτεῖ πᾶσαν τὴν γῆν καὶ σῴζει αὐτὴν ἐκ τοῦ |
| Asen. | 4 | 7 | βασιλέα πάσης τῆς γῆς καὶ σιτοδοτεῖ πᾶσαν τὴν | * γῆν * | καὶ σῴζει αὐτὴν ἐκ τοῦ ἐπερχομένου λιμοῦ. καὶ ἔστιν |
| Asen. | 4 | 10 | πεπραμένῳ; οὐχ οὗτός ἐστιν ὁ υἱὸς τοῦ ποιμένος ἐκ | * γῆς * | Χαναὰν καὶ αὐτὸς κατελήφθη ἐπ' αὐτοφώρῳ κοιμώμενος |
| Asen. | 4 | 11 | τῷ πρωτοτόκῳ ὅτι αὐτός ἐστι βασιλεὺς πάσης τῆς | * γῆς * | Αἰγύπτου. ταῦτα ἀκούσας Πεντεφρῆς ᾐδέσθη ἔτι λαλῆσαι |
| Asen. | 5 | 7 | καὶ προσεκύνησαν τῷ Ἰωσὴφ ἐπὶ πρόσωπον ἐπὶ τὴν | * γῆν. * | καὶ κατέβη Ἰωσὴφ ἀπὸ τοῦ ἅρματος αὐτοῦ καὶ |
| Asen. | 6 | 2 | λέγουσα ὅτι Ἰωσὴφ ἔρχεται ὁ υἱὸς τοῦ ποιμένος ἐκ | * γῆς * | Χαναάν; καὶ νῦν ἰδοὺ ὁ ἥλιος ἐκ τοῦ οὐρανοῦ ἥκει |
| Asen. | 6 | 2 | ἡμῶν σήμερον καὶ λάμπει εἰς αὐτὴν ὡς φῶς ἐπὶ τῆς | * γῆς. * | ἐγὼ δὲ ἄφρων καὶ θρασεῖα ἐξουδένωσα αὐτὸν καὶ |
| Asen. | 6 | 4 | Ἰωσὴφ υἱὸς τοῦ θεοῦ ἐστιν. τίς γὰρ ἀνθρώπων ἐπὶ | * γῆς * | γεννήσει τοιοῦτον κάλλος καὶ ποία κοιλία γυναικὸς |
| Asen. | 7 | 3 | αἱ θυγατέρες τῶν μεγιστάνων καὶ τῶν σατραπῶν πάσης | * γῆς * | Αἰγύπτου τοῦ κοιμηθῆναι μετ' αὐτοῦ καὶ πᾶσαι αἱ |
| Asen. | 9 | 3 | ἅρματα εἶπε γὰρ ἀπελεύσομαι καὶ κυκλεύσω πᾶσαν τὴν | * γῆν. * | καὶ εἶπε Πεντεφρῆς πρὸς Ἰωσὴφ αὐλισθήτω δὴ ἐνταῦθα |
| Asen. | 11 | 1B | αὐτῆς ἐπὶ τὸ ἔδαφος καὶ ἀνένευσε μικρὸν ἀπὸ τῆς | * γῆς * | καὶ τῇ κεφαλῇ κατανεύουσα καὶ αἱ τρίχες τῆς κεφαλῆς |
| Asen. | 12 | 2 | ἐπὶ τὸν νῶτον τῶν ἀνέμων ὁ θεμελιώσας τὴν | * γῆν * | ἐπὶ τῶν ὑδάτων ὁ θεὶς λίθους μεγάλους ἐπὶ τῆς |
| Asen. | 12 | 8 | ἐκτείνας τὰς χεῖρας αὐτοῦ ἁρπάζει αὐτὸ ἐκ τῆς | * γῆς * | καὶ ἐναγκαλίζεται αὐτὸ πρὸς τὸ στῆθος αὐτοῦ καὶ τὸ |
| Asen. | 12 | 8 | ἐπ' ἐμὲ ὡς πατὴρ φιλότεκνος καὶ ἅρπασόν με ἐκ τῆς | * γῆς. * | ἰδοὺ γὰρ ὁ λέων ὁ ἄγριος ὁ παλαιὸς καταδιώκει με |
| Asen. | 13 | 2 | τὸν μόνον φιλάνθρωπον. ἰδοὺ πάντα τὰ ἀγαθὰ τῆς | * γῆς * | κατέλιπον καὶ πρός σέ κατέφυγον κύριε ἐν τῷ σάκκῳ |
| Asen. | 13 | 13 | οἱ ἄνθρωποι ὅτι Ἰωσὴφ υἱὸς τοῦ ποιμένος ἐστὶν ἐκ | * γῆς * | Χαναάν. κἀγὼ ἡ ἀθλία πεπίστευκα αὐτοῖς καὶ |
| Asen. | 14 | 10 | ἐπὶ πρόσωπον αὐτῆς ἐπὶ τοὺς πόδας αὐτοῦ ἐπὶ τὴν | * γῆν. * | καὶ ἐφοβήθη Ἀσενὲθ φόβον μέγαν καὶ ἐτρόμαξε πάντα |
| Asen. | 15 | 11 | αὐτοῦ καὶ προσεκύνησεν αὐτῷ ἐπὶ πρόσωπον εἰς τὴν | * γῆν * | καὶ εἶπεν αὐτῷ εὐλογημένος κύριος ὁ θεός σου ὁ |
| Asen. | 16 | 16 | αἱ σάρκες σου βρύουσιν ὡς ἄνθη ζωῆς ἀπὸ τῆς | * γῆς * | τοῦ ὑψίστου καὶ τὰ ὀστᾶ σου πιανθήσονται ὡς αἱ |
| Asen. | 16 | 22 | ἠβουλήθησαν ἀδικῆσαι τὴν Ἀσενὲθ ἔπεσον ἐπὶ τὴν | * γῆν * | καὶ ἀπέθανον. καὶ ἐξέτεινεν ὁ ἄνθρωπος τὴν ῥάβδον |
| Asen. | 20 | 8 | πάντας τοὺς μεγιστάνους καὶ τοὺς σατράπας πάσης | * γῆς * | Αἰγύπτου καὶ ποιήσω ὑμῖν γάμους καὶ λήψῃ τὴν |
| Asen. | 20 | 9 | πατήρ μου καὶ κατέστησέ με ἄρχοντα ἐπὶ πάσης τῆς | * γῆς * | Αἰγύπτου καὶ λαλήσω περὶ Ἀσενὲθ εἰς τὰ ὦτα αὐτοῦ |
| Asen. | 21 | 8 | ἡμέραις. καὶ συνεκάλεσε πάντας τοὺς ἄρχοντας τῆς | * γῆς * | Αἰγύπτου καὶ πάντας τοὺς βασιλεῖς τῶν ἐθνῶν καὶ |
| Asen. | 21 | 8 | πάντας τοὺς βασιλεῖς τῶν ἐθνῶν καὶ ἐκήρυξε πάσῃ τῇ | * γῇ * | Αἰγύπτου λέγων πᾶς ἄνθρωπος ὃς ποιήσει ἔργον ἐν ταῖς |
| Asen. | 21 | 17 | πολλὰ ἥμαρτον> καὶ ἐξουθένουν πάντα ἄνδρα ἐπὶ τῆς | * γῆς * | καὶ οὐκ ἦν <ἄνθρωπος> ὃς +ἄν τι ποιήσει+ ἐνώπιόν |
| Asen. | 21 | 19 | καὶ εἶπον ὅτι οὐκ ἔστιν ἀνὴρ δυνάστης ἐπὶ τῆς | * γῆς * | ὃς ἂν λύσῃ τὴν ζώνην τῆς παρθενίας μου. ἥμαρτον |
| Asen. | 22 | 2 | μηνὶ μιᾷ καὶ εἰκάδι τοῦ μηνὸς καὶ κατῴκησεν ἐν | * γῇ * | Γεσέμ. καὶ εἶπεν Ἀσενὲθ τῷ Ἰωσὴφ πορεύσομαι καὶ |
| Asen. | 22 | 5 | τὸν πατέρα μου. καὶ ἦλθεν Ἰωσὴφ καὶ Ἀσενὲθ ἐν | * γῇ * | Γεσὲμ πρὸς Ἰακώβ. καὶ ἀπήντησαν αὐτοῖς οἱ ἀδελφοί |
| Asen. | 22 | 5 | καὶ προσεκύνησαν αὐτοῖς ἐπὶ πρόσωπον ἐπὶ τὴν | * γῆν. * | καὶ εἰσῆλθον πρὸς Ἰακώβ. καὶ ἦν Ἰσραὴλ καθήμενος |
| Asen. | 22 | 8 | καὶ προσεκύνησεν αὐτῷ ἐπὶ πρόσωπον ἐπὶ τὴν | * γῆν. * | καὶ εἶπεν Ἰακὼβ πρὸς Ἰωσὴφ αὕτη ἐστὶν ἡ νύμφη μου |
| Asen. | 23 | 2 | ἐστέ ἄνδρες δυνατοὶ ὑπὲρ πάντας ἀνθρώπους ἐπὶ τῆς | * γῆς * | καὶ ἐν ταῖς δεξιαῖς ὑμῶν ταύταις κατέστραπται ἡ |
| Asen. | 23 | 15 | υἱοῦ Φαραὼ καὶ ἔπεσεν ἐπὶ πρόσωπον αὐτοῦ ἐπὶ τὴν | * γῆν * | ὑποκάτω τῶν ποδῶν αὐτῶν. καὶ ἐξέτεινε Λευὶς τὴν |
| Asen. | 24 | 8 | τὸν θάνατον τοῦ πατρός μου καὶ ἐκτρίψω αὐτοὺς ἐκ | * γῆς * | καὶ πᾶσαν τὴν γενεὰν αὐτῶν μήποτε συγκληρονομήσωσι |
| Asen. | 25 | 5 | αὐτὸν καὶ ἔστι σήμερον βασιλεὺς πάσης τῆς | * γῆς * | Αἰγύπτου καὶ σωτὴρ καὶ σιτοδότης; καὶ νῦν πάλιν ἐὰν |
| Asen. | 26 | 3 | καὶ οὐ μὴ φθαρήσεται ἀπὸ προσώπου κυρίου πᾶσα ἡ | * γῆ. * | καὶ ἀπῆλθεν Ἀσενὲθ ἐπὶ τὴν ὁδὸν αὐτῆς καὶ Ἰωσὴφ |
| Asen. | 27 | 3 | ἔπεσεν ὁ υἱὸς Φαραὼ ἀπὸ τοῦ ἵππου αὐτοῦ ἐπὶ τὴν | * γῆν * | ἡμιθανὴς τυγχάνων. καὶ ἐπήδησε Βενιαμὶν καὶ ἀνέβη |
| Asen. | 27 | 11 | αἱ ῥομφαῖαι αὐτῶν ἐκ τῶν χειρῶν αὐτῶν ἐπὶ τὴν | * γῆν * | καὶ ἐτεφρώθησαν. καὶ εἶδον οἱ υἱοὶ Βάλλας καὶ Ζέλφας |
| Asen. | 28 | 2 | ἡμῶν ὑπὲρ Ἀσενέθ. καὶ ἔπεσον ἐπὶ πρόσωπον ἐπὶ τὴν | * γῆν * | καὶ προσεκύνησαν τῇ Ἀσενὲθ καὶ εἶπον ἐλέησον ἡμᾶς |
| Asen. | 28 | 9 | καὶ αὐτοὶ πεσόντες προσεκύνησαν αὐτῇ ἐπὶ τὴν | * γῆν * | καὶ ἔκλαυσαν μετὰ φωνῆς μεγάλης καὶ ἐζήτουν τοὺς |
| Asen. | 28 | 10 | ἐκ τῶν χειρῶν αὐτῶν καὶ ἰδοὺ τετήκασιν ἐπὶ τὴν | * γῆν * | ὥσπερ κηρὸς ἀπὸ προσώπου πυρός. καὶ ἔστι τοῦτο |
| Asen. | 29 | 1 | αὐτούς. καὶ ὁ υἱὸς Φαραὼ ἀνέστη ἀπὸ τῆς | * γῆς * | καὶ ἀνεκάθισε καὶ ἔπτυεν αἷμα ἀπὸ τοῦ στόματος αὐτοῦ |
| Asen. | 29 | 5 | ἡμῶν. καὶ ἀνέστησε Λευὶς τὸν υἱὸν Φαραὼ ἐκ τῆς | * γῆς * | καὶ ἀπένιψε τὸ αἷμα ἀπὸ τοῦ προσώπου αὐτοῦ καὶ ἔδησε |
| Asen. | 29 | 6 | τοῦ θρόνου αὐτοῦ καὶ προσεκύνησε τῷ Λευὶ ἐπὶ τὴν | * γῆν * | καὶ εὐλόγησεν αὐτόν. καὶ ἐν τῇ τρίτῃ ἡμέρᾳ ἀπέθανεν |
| Asen. | 29 | 9 | ἦν Ἰωσὴφ ὡς πατὴρ τοῦ υἱοῦ Φαραὼ τοῦ νεωτέρου ἐν | * γῇ * | Αἰγύπτου <πάσας τὰς ἡμέρας τῆς ζωῆς αὐτοῦ>. |
| Sal. | 1 | 4 | ἐν τέκνοις. ὁ πλοῦτος αὐτῶν διεδόθη εἰς πᾶσαν τὴν | * γῆν * | καὶ ἡ δόξα αὐτῶν ἕως ἐσχάτου τῆς γῆς. ὑψώθησαν ἕως |
| Sal. | 1 | 4 | εἰς πᾶσαν τὴν γῆν καὶ ἡ δόξα αὐτῶν ἕως ἐσχάτου τῆς | * γῆς. * | ὑψώθησαν ἕως τῶν ἄστρων εἶπαν οὐ μὴ πέσωσιν καὶ |
| Sal. | 2 | 9 | τοῦ μὴ ἀκούειν. καὶ ὁ οὐρανὸς ἐβαρυθύμησεν καὶ ἡ | * γῆ * | ἐβδελύξατο αὐτοὺς ὅτι οὐκ ἐποίησε πᾶς ἄνθρωπος ἐπ' |
| Sal. | 2 | 10 | ἄνθρωπος ἐπ' αὐτῆς ὅσα ἐποίησαν. καὶ γνώσεται ἡ | * γῆ * | τὰ κρίματά σου πάντα τὰ δίκαια ὁ θεός. ἔστησαν τοὺς |
| Sal. | 2 | 17 | τὸ κρίμα σου ἐξήλειψας τὸ μνημόσυνον αὐτῶν ἀπὸ τῆς | * γῆς. * | ὁ θεὸς κριτὴς δίκαιος καὶ οὐ θαυμάσει πρόσωπον |
| Sal. | 2 | 21 | ὁ θεὸς ἐν ἀτιμίᾳ τὸ κάλλος αὐτῆς ἀπερρίφη ἐπὶ τὴν | * γῆν. * | καὶ ἐγὼ εἶδον καὶ ἐδεήθην τοῦ προσώπου κυρίου καὶ |
| Sal. | 2 | 26 | ὀρέων Αἰγύπτου ὑπὲρ ἐλάχιστον ἐξουδενωμένον ἐπὶ | * γῆς * | καὶ θαλάσσης τὸ σῶμα αὐτοῦ διαφερόμενον ἐπὶ κυμάτων |
| Sal. | 2 | 29 | καὶ τὸ ὕστερον οὐκ ἐλογίσατο εἶπεν ἐγὼ κύριος | * γῆς * | καὶ θαλάσσης ἔσομαι καὶ οὐκ ἐπέγνω ὅτι ὁ θεὸς μέγας |

| | | | |
|---|---|---|---|
| Sal. | 2 | 32 | οὐκ ἔγνωσαν αὐτόν. καὶ νῦν ἴδετε οἱ μεγιστᾶνες τῆς * γῆς * τὸ κρίμα τοῦ κυρίου ὅτι μέγας βασιλεὺς καὶ δίκαιος |
| Sal. | 4 | 22 | τὸν θεὸν καὶ παρώξυναν. ἐξᾶραι αὐτοὺς ἀπὸ τῆς * γῆς * ὅτι ψυχὰς ἀκάκων παραλογισμῷ ὑπεκρίνοντο. μακάριοι |
| Sal. | 5 | 15 | ἐλπὶς ἐπὶ σέ οὐ φείσεται ἐν δόματι. ἐπὶ πᾶσαν τὴν * γῆν * τὸ ἔλεός σου κύριε ἐν χρηστότητι. μακάριος οὗ |
| Sal. | 8 | 7 | τὰ κρίματα τοῦ θεοῦ ἀπὸ κτίσεως οὐρανοῦ καὶ * γῆς * ἐδικαίωσα τὸν θεὸν ἐν τοῖς κρίμασιν αὐτοῦ τοῖς ἀπ' |
| Sal. | 8 | 8 | τὰς ἁμαρτίας αὐτῶν ἐναντίον τοῦ ἡλίου ἔγνω πᾶσα ἡ * γῆ * τὰ κρίματα τοῦ θεοῦ τὰ δίκαια. ἐν καταγαίοις κρυφίοις |
| Sal. | 8 | 15 | ἀκράτου εἰς μέθην. ἤγαγεν τὸν ἀπ' ἐσχάτου τῆς * γῆς * τὸν παίοντα κραταιῶς ἔκρινεν τὸν πόλεμον ἐπὶ |
| Sal. | 8 | 15 | ἔκρινεν τὸν πόλεμον ἐπὶ Ιερουσαλημ καὶ τὴν * γῆν * αὐτῆς. ἀπήντησαν αὐτῷ οἱ ἄρχοντες τῆς γῆς μετὰ χαρᾶς |
| Sal. | 8 | 16 | καὶ τὴν γῆν αὐτῆς. ἀπήντησαν αὐτῷ οἱ ἄρχοντες τῆς * γῆς * μετὰ χαρᾶς εἶπαν αὐτῷ ἐπευκτὴ ἡ ὁδός σου δεῦτε |
| Sal. | 8 | 23 | ὁ θεὸς ἐν τοῖς κρίμασιν αὐτοῦ ἐν τοῖς ἔθνεσιν τῆς * γῆς * καὶ οἱ ὅσιοι τοῦ θεοῦ ὡς ἀρνία ἐν ἀκακίᾳ ἐν μέσῳ |
| Sal. | 8 | 24 | ἐν μέσῳ αὐτῶν. αἰνετὸς κύριος ὁ κρίνων πᾶσαν τὴν * γῆν * ἐν δικαιοσύνῃ αὐτοῦ. ἰδοὺ δὴ ὁ θεὸς ἔδειξας ἡμῖν τὸ |
| Sal. | 9 | 1 | ἔλεγχον. ἐν τῷ ἀπαχθῆναι Ισραηλ ἐν ἀποικεσίᾳ εἰς * γῆν * ἀλλοτρίαν ἐν τῷ ἀποστῆναι αὐτοὺς ἀπὸ κυρίου τοῦ |
| Sal. | 9 | 2 | ὅτι σὺ κριτὴς δίκαιος ἐπὶ πάντας τοὺς λαοὺς τῆς * γῆς. * οὐ γὰρ κρυβήσεται ἀπὸ τῆς γνώσεώς σου πᾶς ποιῶν |
| Sal. | 15 | 12 | κυρίου εἰς τὸν αἰῶνα ὅταν ἐπισκέπτηται ὁ θεὸς τὴν * γῆν * ἐν κρίματι αὐτοῦ οἱ δὲ φοβούμενοι τὸν κύριον |
| Sal. | 17 | 2 | ψυχὴ ἡμῶν. καὶ τίς ὁ χρόνος ζωῆς ἀνθρώπου ἐπὶ τῆς * γῆς; * κατὰ τὸν χρόνον αὐτοῦ καὶ ἡ ἐλπὶς αὐτοῦ ἐπ' αὐτόν. |
| Sal. | 17 | 7 | αὐτοὺς καὶ ἀρεῖς τὸ σπέρμα αὐτῶν ἀπὸ τῆς * γῆς * ἐν τῷ ἐπαναστῆναι αὐτοῖς ἄνθρωπον ἀλλότριον γένους |
| Sal. | 17 | 10 | ἐν πᾶσι τοῖς κρίμασιν αὐτοῦ οἷς ποιεῖ ἐπὶ τὴν * γῆν. * ἠρήμωσεν ὁ ἄνομος τὴν γῆν ἡμῶν ἀπὸ ἐνοικούντων |
| Sal. | 17 | 11 | αὐτοῦ οἷς ποιεῖ ἐπὶ τὴν γῆν. ἠρήμωσεν ὁ ἄνομος τὴν * γῆν * ἡμῶν ἀπὸ ἐνοικούντων αὐτὴν ἠφάνισαν νέον καὶ |
| Sal. | 17 | 12 | αὐτὰ ἕως ἐπὶ δυσμῶν καὶ τοὺς ἄρχοντας τῆς * γῆς * εἰς ἐμπαιγμὸν καὶ οὐκ ἐφείσατο. ἐν ἀλλοτριότητι ὁ |
| Sal. | 17 | 18 | παροικίας ψυχὴ σεσῳσμένη ἐξ αὐτῶν. εἰς πᾶσαν τὴν * γῆν * ἐγενήθη ὁ σκορπισμὸς αὐτῶν ὑπὸ ἀνόμων ὅτι ἀνέσχεν ὁ |
| Sal. | 17 | 18 | ὅτι ἀνέσχεν ὁ οὐρανὸς τοῦ στάξαι ὑετὸν ἐπὶ τὴν * γῆν. * πηγαὶ συνεσχέθησαν αἰώνιοι ἐξ ἀβύσσων ἀπὸ ὀρέων |
| Sal. | 17 | 28 | καταμερίσει αὐτοὺς ἐν ταῖς φυλαῖς αὐτῶν ἐπὶ τῆς * γῆς * καὶ πάροικος καὶ ἀλλογενὴς οὐ παροικήσει αὐτοῖς ἔτι |
| Sal. | 17 | 30 | αὐτοῦ καὶ τὸν κύριον δοξάσει ἐν ἐπισήμῳ πάσης τῆς * γῆς * καὶ καθαριεῖ Ιερουσαλημ ἐν ἁγιασμῷ ὡς καὶ τὸ ἀπ' |
| Sal. | 17 | 31 | ὡς καὶ τὸ ἀπ' ἀρχῆς ἔρχεσθαι ἔθνη ἀπ' ἄκρου τῆς * γῆς * ἰδεῖν τὴν δόξαν αὐτοῦ φέροντες δῶρα τοὺς |
| Sal. | 17 | 35 | πάντα τὰ ἔθνη ἐνώπιον αὐτοῦ ἐν φόβῳ. πατάξει γὰρ * γῆν * τῷ λόγῳ τοῦ στόματος αὐτοῦ εἰς αἰῶνα εὐλογήσει λαὸν |
| Sal. | 18 | 3 | πτωχοῦ ἐν ἐλπίδι. τὰ κρίματά σου ἐπὶ πᾶσαν τὴν * γῆν * μετὰ ἐλέους καὶ ἡ ἀγάπη σου ἐπὶ σπέρμα Αβρααμ υἱοὺς |
| Jer. | 3 | 8 | εἶπεν αὐτῷ ὁ κύριος ἆρον αὐτὰ καὶ παράδος αὐτὰ τῇ * γῇ * λέγων ἄκουε γῆ τῆς φωνῆς τοῦ κτίσαντός σε ὁ πλάσας σε |
| Jer. | 3 | 8 | ἆρον αὐτὰ καὶ παράδος αὐτὰ τῇ γῇ λέγων ἄκουε * γῆ * τῆς φωνῆς τοῦ κτίσαντός σε ὁ πλάσας σε ἐν τῇ |
| Jer. | 3 | 14 | τὰ σκεύη τῆς λειτουργίας παρέδωκαν αὐτὰ τῇ * γῇ * καθὼς ἐλάλησεν αὐτοῖς ὁ κύριος. καὶ εὐθέως κατέπιεν |
| Jer. | 3 | 14 | αὐτοῖς ὁ κύριος. καὶ εὐθέως κατέπιεν αὐτὰ ἡ * γῆ. * ἐκάθισαν δέ οἱ δύο καὶ ἔκλαυσαν. πρωΐας δὲ γενομένης |
| Jer. | 5 | 32 | λέγων εὐλογήσω σε ὁ θεὸς τοῦ οὐρανοῦ καὶ τῆς * γῆς * ἡ ἀνάπαυσις τῶν ψυχῶν τῶν δικαίων ἐν παντὶ τόπῳ. |
| Jer. | 6 | 20 | οὓς εἶπε κύριος ὁ θεὸς Ἰσραὴλ ὁ ἐξαγαγὼν ἡμᾶς ἐκ * γῆς * Αἰγύπτου ἐκ τῆς μεγάλης καμίνου ὅτι οὐκ ἐφυλάξατε τὰ |
| Jer. | 7 | 29 | θεοῦ ὑμῶν. καὶ λέγομεν αὐτοῖς πῶς ᾄσωμεν ὑμῖν ἐπὶ * γῆς * ἀλλοτρίας ὄντες; καὶ μετὰ ταῦτα ἔδησε τὴν ἐπιστολὴν |
| Jer. | 9 | 14 | ἔτη τετρακόσια ἑβδομηκονταεπτὰ καὶ ἔρχεται εἰς τὴν * γῆν. * καὶ τὸ δένδρον τῆς ζωῆς τὸ ἐν μέσῳ τοῦ παραδείσου |
| Bar. | 2 | 5 | ὁρᾷς ἐστιν τοῦ οὐρανοῦ καὶ ὅσον διαφέρει ἀπὸ τῆς * γῆς * ἕως τοῦ οὐρανοῦ τοσοῦτόν ἐστιν καὶ τὸ πάχος αὐτοῦ |
| Bar. | 4 | 10 | ἐρωτᾷς ὅτε ἐποίησεν ὁ θεὸς τὸν κατακλυσμὸν ἐπὶ τῆς * γῆς * καὶ ἀπώλεσε πᾶσαν σάρκα καὶ τὰς τετρακοσίας ἐννέα |
| Bar. | 4 | 11 | εἰς τὸ παντελὲς καὶ ἐξέβαλεν ἔξω. καὶ ὅταν ἐφάνη ἡ * γῆ * ἀπὸ τοῦ ὕδατος καὶ ἐξῆλθε Νῶε τῆς κιβωτοῦ ἤρξατο |
| Bar. | 6 | 8 | ἀνάγνωθι ταῦτα. καὶ ἀνέγνων. καὶ ἔλεγον οὕτως οὔτε * γῆ * με τίκτει οὔτε οὐρανὸς ἀλλὰ τίκτουσί με πτέρυγες |
| Bar. | 6 | 11 | εἶπέν μοι τὸ μάννα τοῦ οὐρανοῦ καὶ τὴν δρόσον τῆς * γῆς. * καὶ εἶπον ἀφοδεύει τὸ ὄρνεον; καὶ εἶπέν μοι |
| Bar. | 6 | 16 | οὗτος; καὶ εἶπεν τοῦτό ἐστι τὸ ἐξυπνίζον τοὺς ἐπὶ * γῆς * ἀλέκτορας ὡς γὰρ τὰ δίστομα οὕτως καὶ ὁ ἀλέκτωρ |
| Bar. | 8 | 4 | τὸ μεμολύνθαι αὐτὸν καὶ τὰς ἀκτῖνας αὐτοῦ ἐπὶ τῆς * γῆς. * καὶ λοιπὸν καθ' ἑκάστην ἡμέραν οὕτως ἀνακαινίζεται. |
| Bar. | 8 | 5 | καὶ διά τί μολύνονται αἱ ἀκτῖνες αὐτοῦ ἐπὶ τῆς * γῆς; * καὶ εἶπέν μοι ὁ ἄγγελος θεωρῶν τὰς ἀνομίας καὶ τὰς |
| Bar. | 10 | 6 | ἐστὶν ὅπερ τὰ νέφη λαμβάνοντα βρέχουσιν ἐπὶ τῆς * γῆς * καὶ αὐξάνουσιν οἱ καρποί. καὶ εἶπον πάλιν τὸν |
| Bar. | 10 | 9 | ἄγγελος τὸ μὲν βρέχον ἀπὸ τῆς θαλάσσης καὶ τῶν ἐπὶ * γῆς * ὑδάτων καὶ τοῦτό ἐστιν τὸ δὲ τὸ τοὺς καρποὺς |
| Bar. | 11 | 8 | σφόδρα τὸ βάθος αὐτῆς ὅσον ἀπὸ οὐρανοῦ ἕως τῆς * γῆς * καὶ τὸ πλάτος ὅσον ἀπὸ βορρᾶ ἕως νότου. καὶ εἶπον |
| Prop. | 2 | 6 | περιθεὶς αὐτὰ ἐνδόξως κύκλῳ καὶ ἐκωλύθη ἐκ τῆς * γῆς * τὸ γένος τῶν ἀσπίδων καὶ ἐκ τοῦ ποταμοῦ ὡσαύτως τοὺς |
| Prop. | 3 | 1 | ὁμοῦ εἰσιν ἕως σήμερον. Ἰεζεκιήλ. οὗτός ἐστιν ἐκ * γῆς * Ἀρίρα ἐκ τῶν ἱερέων καὶ ἀπέθανεν ἐν τῇ γῇ τῶν |
| Prop. | 3 | 1 | ἐκ γῆς Ἀρίρα ἐκ τῶν ἱερέων καὶ ἀπέθανεν ἐν τῇ * γῇ * τῶν Χαλδαίων ἐπὶ τῆς αἰχμαλωσίας πολλὰ προφητεύσας |
| Prop. | 3 | 5 | καὶ ἀπόκρυφον ἐξ ἐπιπέδου ὑπερῷον καὶ ἔστι ἐπὶ * γῆς * ἐν πέτρᾳ κρεμάμενον. οὗτος ὁ προφήτης τέρας ἔδωκε τῷ |
| Prop. | 3 | 7 | ἐπελπίζειν τὸ δρέπανον τῆς ἐρημώσεως εἰς πέρας τῆς * γῆς * καὶ ὅτε πλημμυρήσῃ τὴν εἰς Ἰερουσαλὴμ ἐπάνοδον. καὶ |
| Prop. | 3 | 19 | ὅτι δι' αὐτοὺς οὐκ ἐπιστρέψει ὁ λαὸς εἰς τὴν * γῆν * αὐτοῦ ἀλλὰ ἐν Μηδίᾳ ἔσονται ἕως συντελείας πλάνης |
| Prop. | 4 | 1 | ἀλλ' ἔτι νήπιος ἤχθη ἐκ τῆς Ἰουδαίας εἰς * γῆν * Χαλδαίων ἐγεννήθη δὲ ἐν Βεθώρῳ τῇ ἀνωτέρᾳ καὶ ἦν |
| Prop. | 4 | 21 | ὅτε δὲ ὡς ἐν πυρὶ κεῖται τὸ τέλος πάσης τῆς * γῆς. * ὅτε δὲ κατ' ἀνατολὰς ὕδωρ καθαρὸν ἐξελεύσεται τότε |
| Prop. | 4 | 21B | δὲ κατ' ἀνατολὰς ὕδωρ καθαρὸν ἐξελεύσεται τότε ἐπὶ * γῆς * ὁ θεὸς φανεὶς ὡς ἄνθρωπος καὶ εἰς ἑαυτὸν ἀναδέξεται |
| Prop. | 4 | 21B | ὡς ἄνθρωπος καὶ εἰς ἑαυτὸν ἀναδέξεται ἀνομίας τῆς * γῆς * ἐν τῷ ἀνασκολοπίζεσθαι αὐτὸν ὑπὸ τῶν ἱερέων τοῦ |
| Prop. | 4 | 21B | νότον ἐν πυρὶ καίεται τὸ τέλος ἔσται πάσης τῆς * γῆς. * ἐὰν δὲ τὸ ἐν τῷ νότῳ ῥεύσῃ ὕδατα ἐπιστρέψει ὁ λαὸς |
| Prop. | 4 | 22 | δὲ τὸ ἐν τῷ νότῳ ῥεύσῃ ὕδατα ἐπιστρέψει ὁ λαὸς εἰς * γῆν * αὐτοῦ καὶ ἐὰν αἷμα ῥεύσῃ φόνος ἔσται τοῦ Βελίαρ ἐν |
| Prop. | 4 | 22 | ἐὰν αἷμα ῥεύσῃ φόνος ἔσται τοῦ Βελίαρ ἐν πάσῃ τῇ * γῇ. * καὶ ἐκοιμήθη ἐν εἰρήνῃ ὁ ὅσιος. Ὠσηέ. οὗτος ἦν ἐκ |
| Prop. | 5 | 1 | ἦν ἐκ Βελεμὼθ τῆς φυλῆς Ἰσάχαρ καὶ ἐτάφη ἐν τῇ * γῇ * αὐτοῦ ἐν εἰρήνῃ. καὶ ἔδωκε τέρας ἥξειν κύριον ἐπὶ τῆς |
| Prop. | 5 | 2 | ἐν εἰρήνῃ. καὶ ἔδωκε τέρας ἥξειν κύριον ἐπὶ τῆς * γῆς * ἐὰν ἡ δρῦς ἡ ἐν Σηλὼμ μερισθῇ ἀφ' ἑαυτῆς καὶ |
| Prop. | 6 | 2 | ταῖς ἀσεβείαις τῶν πατέρων αὐτοῦ. καὶ ἐτάφη ἐν τῇ * γῇ * αὐτοῦ μόνος σύνεγγυς πολυανδρίου Ἐνακείμ. Ἀμὼς ἦν |
| Prop. | 7 | 2 | αὐτοῦ τὸν κρόταφον καὶ ἔτι ἐμπνέων ἦλθεν εἰς τὴν * γῆν * αὐτοῦ καὶ μεθ' ἡμέρας ἀπέθανε καὶ ἐτάφη ἐκεῖ. Ἰωὴλ |
| Prop. | 8 | 1 | ἡμέρας ἀπέθανε καὶ ἐτάφη ἐκεῖ. Ἰωὴλ ἦν ἐκ τῆς * γῆς * τοῦ Ῥουβὴν ἐν ἀγρῷ Βεθωμόρων (προφητεύσας περὶ |
| Prop. | 9 | 1 | ἐν εἰρήνῃ ἀπέθανε καὶ ἐτάφη ἐκεῖ. Ἀβδιοῦ ἦν ἐκ * γῆς * Συχὲμ ἀγροῦ Βηθαχαράμ. οὗτος ἦν μαθητὴς Ἠλία καὶ |
| Prop. | 10 | 1 | καὶ ἐτάφη μετὰ τῶν πατέρων αὐτοῦ. Ἰωνᾶς ἦν ἐκ * γῆς * Καριαθμοῦς πλησίον πόλεως Ἑλλήνων Ἀζώτου κατὰ |
| Prop. | 10 | 2 | ἀπελθὼν ἐν Νινευῇ ἀνακάμψας οὐκ ἔμεινεν εἰς τὴν * γῆν * αὐτοῦ ἀλλὰ παραλαβὼν τὴν μητέρα αὐτοῦ παρῴκησε τὴν |
| Prop. | 10 | 4 | ἐλέγχων τὸν οἶκον Ἀχαὰβ καὶ καλέσας λιμὸν ἐπὶ τὴν * γῆν * ἔφυγεν. καὶ ἐλθὼν εὗρε τὴν χήραν μετὰ τοῦ υἱοῦ αὐτῆς |
| Prop. | 10 | 4B | βασιλέα Σαμαρείας καὶ ἐκάλεσε λιμὸν μέγαν ἐπὶ τῆς * γῆς * ἔφυγεν ἐν τῇ ἐρήμῳ καὶ ἐτρέφετο ἐκ τῶν κοράκων τῆς |
| Prop. | 10 | 6 | αὐτῆς. καὶ ἀναστὰς μετὰ τὸν λιμὸν ἦλθεν ἐν * γῇ * Ἰούδα. καὶ ἀποθανοῦσαν τὴν μητέρα αὐτοῦ κατὰ τὴν |
| Prop. | 10 | 6B | ἐλυπήθη Ἰωνᾶς καὶ ἀνακάμψας οὐκ ἔμεινεν εἰς τὴν * γῆν * αὐτῶν ἀλλὰ παραλαβὼν τὴν μητέρα αὐτοῦ παρῴκησε τὴν |
| Prop. | 10 | 7 | ὅτι οὐ δύναται ἀποδρᾶσαι θεόν. καὶ κατοικήσας ἐν * γῇ * Σαραὰρ ἀπέθανε καὶ ἐτάφη ἐν σπηλαίῳ Κενεζέου κριτοῦ |
| Prop. | 10 | 7B | φυλῆς ἐν ἡμέραις τῆς ἀναρχίας. καὶ κατοικήσας ἐν * γῇ * Σαὰρ ἐκεῖ ἀπέθανε καὶ ἐτάφη ἐν τῷ σπηλαίῳ τοῦ |
| Prop. | 10 | 8 | καὶ ἔδωκε τέρας ἐπὶ Ἰερουσαλὴμ καὶ ὅλην τὴν * γῆν * ὅτε ἴδωσι λίθον βοῶντα οἰκτρῶς ἐγγίζειν τὸ τέλος. |
| Prop. | 11 | 4 | ἐνέπρησεν. ἀπέθανε δὲ ἐν εἰρήνῃ καὶ ἐτάφη ἐν τῇ * γῇ * αὐτοῦ. Ἀμβακοὺμ ἐκ φυλῆς ἦν Συμεὼν ἐξ ἀγροῦ |
| Prop. | 12 | 3 | ἔφυγεν εἰς Ὀστρακίνην καὶ παρῴκησεν ἐν * γῇ * Ἰσμαήλ. ὡς δὲ ἐπέστρεψαν οἱ Χαλδαῖοι καὶ οἱ |
| Prop. | 12 | 4 | ὄντες ἐν Ἰερουσαλὴμ εἰς Αἴγυπτον ἦν παροικῶν τὴν * γῆν * αὐτοῦ καὶ ἐλειτούργει θερισταῖς τοῦ ἀγροῦ αὐτοῦ. ὡς |
| Prop. | 12 | 6 | ἔδεσμα προεφήτευσε τοῖς ἰδίοις εἰπὼν πορεύομαι εἰς * γῆν * μακρὰν καὶ ταχέως ἐλεύσομαι. εἰ δὲ βραδύνω |
| Prop. | 17 | 5 | καὶ αὐτὸς πάνυ γηράσας ἀπέθανε καὶ ἐτάφη εἰς τὴν * γῆν * αὐτοῦ. οὗτος οὖν εἰς βαθὺ γῆρας ἐλάσας καὶ ἐν πολλῇ |
| Prop. | 20 | 1 | ψευδοπροφήτου τοῦ πλανήσαντος αὐτόν. Ἀζαρίας ἐκ * γῆς * Συβαθὰ ὃς ἐπέστρεψεν ἐξ Ἰσραὴλ τὴν αἰχμαλωσίαν |
| Prop. | 21 | 1 | καὶ θανὼν ἐτάφη ἐν ἀγρῷ αὐτοῦ. Ἠλίας Θεσβίτης ἐκ * γῆς * Ἀράβων φυλῆς Ἀαρὼν οἰκῶν ἐν Γαλαὰδ ὅτι ἡ Θέσβις |
| Prop. | 22 | 1 | ἀνελήφθη ἅρματι πυρός. Ἐλισαῖος ἦν ἐξ Ἀβελμαοὺλ * γῆς * τοῦ Ῥουβὴν καὶ ἐπὶ τούτου γέγονε τέρας ὅτι ἡνίκα |
| Prop. | 24 | 1 | τὸ πρίν. ((Ἰαδώκ). ἄνθρωπος τοῦ θεοῦ ὁ ἐλθὼν ἐκ * γῆς * Ἰούδα εἰς Ἰερουσαλὴμ πρὸς Ἱεροβοὰμ Ἰαδὼκ |
| Esdr. | 2 | 29 | γάρ ἐστιν ἡ ἡμέρα τῆς κρίσεως ἐν ᾗ ὑετὸς ἐπὶ τῆς * γῆς * οὐ γίνεται ἐστὶν γὰρ κατὰ τὴν ἑσπέραν ἐκείνην |
| Esdr. | 4 | 2 | σε. καὶ εἶπεν ὁ θεὸς ἐξαρίθμησαι τὰ ἄνθη τῆς * γῆς * εἰ ταῦτα δυνήσει ἐξαριθμῆσαι δύνασαι καὶ μετ' ἐμοῦ |
| Esdr. | 4 | 38 | εἰς τὸ σκότος τὸ ἐξώτερον. τότε ὁ οὐρανὸς καὶ ἡ * γῆ * καὶ ἡ θάλασσα ἀπολοῦνται. τότε τὸν οὐρανὸν καύσω |
| Esdr. | 4 | 39 | τότε τὸν οὐρανὸν καύσω πήχας ὀγδοήκοντα καὶ τὴν * γῆν * πήχας ὀκτακοσίας. καὶ εἶπεν ὁ προφήτης καὶ ὁ οὐρανός |
| Esdr. | 4 | 42 | ἐστὶν τὸ κακόν. καὶ εἶπεν ὁ προφήτης κύριε καὶ ἡ * γῆ * τί ἥμαρτεν; καὶ εἶπεν ὁ θεὸς ἐπειδὴ ἀκούσας μου ὁ |
| Esdr. | 4 | 43 | ἀπειλῆς κρυβήσεται καὶ διὰ τοῦτο χωνεύσω τὴν * γῆν * καὶ σὺν αὐτῇ τὸν ἀντάρτην τοῦ γένους τῶν ἀνθρώπων. |
| Esdr. | 5 | 12 | ὥσπερ γεωργὸς καταβάλλει τὸν σπόρον τοῦ σίτου τῇ * γῇ * οὕτως καὶ ὁ ἄνθρωπος καταβάλλει τὸ σπέρμα αὐτοῦ ἐν τῇ |
| Esdr. | 5 | 13 | πυλῶνος τῆς γυναικὸς καὶ γεννᾶται ὑγιὴς εἰς τὴν * γῆν. * καὶ εἶπεν ὁ προφήτης κύριε εἰ καλὸν τοῦ μὴ |
| Esdr. | 6 | 19 | τῶν ἀνθρώπων; καὶ εἶπεν ὁ θεὸς θνητὸς ὢν καὶ ἐκ * γῆς * μὴ δικάζου μοι. καὶ εἶπεν ὁ προφήτης οὐ μὴ παύσωμαι |
| Esdr. | 6 | 23 | ὦ δέσποτα τί ὠφέλησα δικαζόμενός σε καὶ μέλλω εἰς * γῆν * καταπίπτειν; οἴμμοι οἴμμοι ὅτι ὑπὸ σκωλήκων μέλλω |
| Esdr. | 7 | 3 | ἡ ψυχὴ ἀπέρχεται εἰς τὸν οὐρανὸν τὸ δὲ ἐκ τῆς * γῆς * ἤγουν τὸ σῶμα ἀπέρχεται εἰς τὴν γῆν ἐξ ἧς ἐλήφθη. |
| Esdr. | 7 | 3 | τὸ δὲ ἐκ τῆς γῆς ἤγουν τὸ σῶμα ἀπέρχεται εἰς τὴν * γῆν * ἐξ ἧς ἐλήφθη. καὶ εἶπεν ὁ προφήτης οἴμμοι οἴμμοι τί |
| Esdr. | 7 | 5 | δημιουργὸς ὁ τὸν οὐρανὸν μετρήσας σπιθαμὴν καὶ τὴν * γῆν * κατέχων δρακὶ ὁ ἡνιοχῶν τὰ Χερουβὶμ ὁ ἅρματι πυρινῷ |
| Sedr. | 3 | 2 | δίκην μὲ τὸν πατέρα κύριέ μου διά τί ἐποίησας τὴν * γῆν; * λέγει αὐτῷ ὁ κύριος διὰ τὸν ἄνθρωπον. λέγει Σεδρὰχ |
| Sedr. | 3 | 4 | τὴν θάλασσαν; διά τί ἔσπειρας πᾶν ἀγαθὸν ἐπὶ τῆς * γῆς; * λέγει ὁ κύριος διὰ τὸν ἄνθρωπον. λέγει αὐτῷ Σεδρὰχ |
| Sedr. | 6 | 2 | ἐποίησα αὐτὸν φρόνιμον καὶ κληρονόμον οὐρανοῦ καὶ * γῆς * καὶ πάντα αὐτῷ ὑπέταξα καὶ πᾶν ζῷον φεύγει ἀπ' αὐτοῦ |
| Sedr. | 7 | 6 | λέγει Σεδρὰχ καὶ τί ὠφελοῦν τὰ κάλλη ἐὰν εἰς * γῆν * μαραίνωνται; πῶς εἶπας κύριε κακὸν ἀντὶ κακοῦ μὴ |
| Sedr. | 8 | 8 | εἰπέ μοι Σεδρὰχ ἀφ' οὗ ἐκτίσθη ὁ οὐρανὸς καὶ ἡ * γῆ * πόσα δένδρα ἐγένοντο εἰς τὸν κόσμον καὶ πόσα ἔπεσον |
| Sedr. | 11 | 1 | παράδοξε οὐρανοκόσμητε ὦ ἡλιοφώτιστε οὐρανοῦ καὶ * γῆς * γνωσταὶ αἱ τρίχες σου ἀπὸ Θαιμάν οἱ ὀφθαλμοί σου ἀπὸ |
| Sedr. | 11 | 4 | ἀπὸ πάντων φιλούμενον καὶ ἄρτι πεσὼν εἰς τὴν * γῆν * ἄγνωστος γίνεται. ὦ χεῖρες εὔκρατοι καλοδίδακτοι |
| Sedr. | 11 | 12 | ὦ πόδες ἀνθύτατοι καὶ καλόδρομοι ἐπὶ προσώπου τῆς * γῆς * ταρασσόμενοι τοὺς οἴκους εὐτρεπίζοντες παντὸς |
| Sedr. | 11 | 20 | γλεύφορον πάγγνωστον καὶ ἄρτι πεσὸν εἰς τὴν * γῆν * ὕπαγε κάλλος σου ἀφανὲς γίνεται. λέγει αὐτὸν ὁ |

| | | | | | | |
|---|---|---|---|---|---|---|
| Job | 2 4 | οὗτός ἐστιν ὁ θεὸς ὁ ποιήσας τὸν οὐρανὸν καὶ τὴν | * | γῆν | * | καὶ τὴν θάλασσαν καὶ ἡμᾶς αὐτούς; ἄρα πῶς γνώσομαι; |
| Job | 4 6 | σου τὸ ὄνομα ὀνομαστὸν ἐν πάσαις ταῖς γενεαῖς τῆς | * | γῆς | * | ἄχρι τῆς συντελείας τοῦ αἰῶνος. καὶ πάλιν ἀνακάμψω |
| Job | 17 3 | οὗτος ὁ ἀνὴρ Ιωβαβ ὁ ἀναλώσας πάντα τὰ ἀγαθὰ τῆς | * | γῆς | * | καὶ μηδὲν καταλιπών, ὁ διαδεδωκὼς τοῖς ἐπιδεομένοις |
| Job | 17 4 | ἑαυτοῖς πάντα τὰ ζῷα καὶ ὅσα ἔχει ἐπὶ τῆς | * | γῆς. | * | καὶ αὐτοὶ ἀποκριθέντες εἶπον αὐτῷ ἔχει ἑπτὰ υἱοὺς |
| Job | 20 8 | σκωληκόβρωτον τὸ σῶμά μου εἶχον καὶ συνέβρεχον τὴν | * | γῆν | * | ἐκ τῆς ὑγρασίας καὶ ἰχῶρες τοῦ σώματος σκώληκες |
| Job | 24 2 | λάτρις τόπον ἐκ τόπου περιερχομένη διὸ ἀπώλετο ἀπὸ | * | γῆς | * | τὸ μνημόσυνόν σου, οἱ υἱοί μου καὶ αἱ θυγατέρες τῆς |
| Job | 28 3 | ῥήξαντες τὴν ἑαυτῶν στολὴν καὶ καταπασάμενοι | * | γῆν | * | παρεκάθισάν μοι ἑπτὰ ἡμέρας καὶ ἑπτὰ νύκτας καὶ |
| Job | 29 4 | ὁ συμβασιλεὺς ἡμῶν; ἐγὼ δὲ κλαύσας κατεπασάμην | * | γῆν | * | ἐπὶ τῆς κεφαλῆς μου καὶ κινήσας αὐτὴν ἐδήλωσα αὐτοῖς |
| Job | 30 1 | δέ με κινοῦντα τὴν κεφαλήν μου κατέπεσαν εἰς τὴν | * | γῆν | * | ἐκλυθέντες καὶ ταραχθέντων τῶν στρατευμάτων αὐτῶν |
| Job | 30 2 | βλεπόντων τοὺς τρεῖς βασιλεῖς κατερρημένους ἐν τῇ | * | γῇ | * | ἐπὶ ὥρας τρεῖς ὡσεὶ νεκρούς, τότε ἀναστάντες |
| Job | 31 5 | δόξαν; σὺ εἶ ὁ ὡς ὁ ἥλιος τῆς ἡμέρας ἐν πάσῃ τῇ | * | γῇ; | * | σὺ εἶ ὁ ὡς ἡ σελήνη καὶ οἱ ἀστέρες οἱ ἐν τῷ |
| Job | 33 5 | αὐτοῦ. ἐμοὶ δὲ ὁ θρόνος ὑπάρχει ἐν τῇ ἁγίᾳ | * | γῇ | * | καὶ ἡ δόξα αὐτοῦ ἐν τῷ αἰῶνί ἐστιν τοῦ ἀπαραλλάκτου. |
| Job | 33 7 | εἰς τὰ βάθη τῆς ἀβύσσου. οἱ δὲ ποταμοὶ τῆς ἐμῆς | * | γῆς | * | ἐν ᾗ ἐστιν ὁ θρόνος μου οὐ ξηραίνονται οὐδὲ |
| Job | 36 3 | μὲν τοῖς γηίνοις οὐ συνέστηκεν, ἐπεὶ ἀκατάστατος ἡ | * | γῆ | * | καὶ οἱ ἐνοικοῦντες ἐν αὐτῇ ἐν δὲ τοῖς ἐπουρανίοις |
| Job | 36 4 | ὑπολαβὼν δὲ Βαλδαδ λέγει ὅτι μὲν γινώσκομεν τὴν | * | γῆν | * | ἀκατάστατον οὖσαν, ἐπεὶ γὰρ κατὰ καιρὸν ἀλλοιοῦται |
| Job | 38 2 | τὰ οὐράνια σάρκινοι ὄντες, ἔχοντες τὴν μερίδα ἐν | * | γῇ | * | καὶ σποδῷ; ἵνα οὖν γνῶτε ὅτι συνέστηκεν ἡ καρδία μου |
| Job | 40 4 | δὲ τότε Σίτιδος ἡ γυνή μου κατέπεσεν ἐπὶ τὴν | * | γῆν | * | προσκυνοῦσα καὶ εἶπεν νῦν ἔγνων ὅτι ὑπάρχει μοι |
| Job | 46 8 | περὶ τῆς εἰδέας αὐτῶν, ἐπεὶ μὴ εἶναι αὐτὰς ἐκ τῆς | * | γῆς, | * | ἀλλ' ἐκ τοῦ οὐρανοῦ εἰσιν, ἐξαστράπτουσαι σπινθῆρας |
| Job | 48 2 | ὁ πατὴρ καὶ ἀνέλαβεν ἄλλην καρδίαν, μηκέτι τὰ τῆς | * | γῆς | * | φρονεῖν, ἀπεφθέγξατο δὲ τῇ ἀγγελικῇ διαλέκτῳ, ὕμνον |
| Aris. | 89 4 | θαυμασίων καὶ ἀδιηγήτων ὑποδοχείων ὑπαρχόντων ὑπὸ | * | γῆν | * | καθὼς ἀπέφαινον πέντε σταδίων κυκλόθεν τῆς κατὰ τὸ |
| Aris. | 107 6 | χρὴ> πρὸς τὴν γεωργίαν καὶ τὴν ἐπιμέλειαν τῆς | * | γῆς | * | γίνεσθαι συνεχῶς ἵνα καὶ διὰ τοῦτο οὗτοι τὴν |
| Aris. | 116 7 | ταῖς πρὸς τὸν θερισμὸν ἡμέραις πολλὴν ἀρδεύει τῆς | * | γῆς | * | ὃς εἰς ἕτερον ποταμὸν ἐμβάλλει τὸ ῥεῦμα κατὰ τὴν |
| Aris. | 132 4 | τῆς δυναστείας καὶ οὐθὲν αὐτὸν λανθάνει τῶν ἐπὶ | * | γῆς | * | γινομένων ὑπ' ἀνθρώπων κρυφίως ἀλλ' ὅσα ποιεῖ τις |
| Aris. | 147 6 | πτηνῶν ἥμερα ζῷα τὰ φυόμενα τῶν ὀσπρίων ἐπὶ | * | γῆς | * | δαπανᾷ καὶ οὐ καταδυναστεύει πρὸς τὴν ἐπαναίρεσιν |
| Sib. | 3 35 | ἐκλαθέοντες ἀθανάτου σωτῆρος ὃς οὐρανὸν ἔκτισε καὶ | * | γῆν. | * | αἶ γένος αἱμοχαρὲς δόλιον κακὸν ἀσεβέων τε ψευδῶν |
| Sib. | 3 49 | ἐπ' ἀνθρώποισι φανεῖται. ἥξει δ' ἁγνὸς ἄναξ πάσης | * | γῆς | * | σκῆπτρα κρατήσων εἰς αἰῶνας ἅπαντας ἐπειγομένοιο |
| Sib. | 3 280 | εἴδωλα δ' ἐτίμας. ἀνθ' ὧν ἑπτὰ χρόνων δεκάδας | * | γῆ | * | καρποδότειρα ἔσσετ' ἔρημος ἅπασα σέθεν καὶ θαύματα |
| Sib. | 3 323 | κελαινόν. αἰαῖ σοι Λιβύη αἰαῖ δὲ θάλασσά τε καὶ | * | γῆ | * | θυγατέρες δυσμῶν ὡς ἥξετε πικρὸν ἐς ἦμαρ. ἥξετε καὶ |
| Sib. | 3 385 | ἐρυμνὴν καὶ πάσης ὁπόσην ἐπιδέρκεται ἠέλιος | * | γῆν | * | δεσπότις αὐδηθεῖσα κακαῖς ἄτῃσιν ὀλεῖται οὔνομ' ἐν |
| Sib. | 3 543 | γαίης κατθήσει +πολὺν ἱστὸν+ ὃς οὐρανὸν ἔκτισε καὶ | * | γῆν | * | πάντων δ' ἀνθρώπων τὸ τρίτον μέρος ἔσσεται αὖτις. |
| Sib. | 3 620 | τότε δὴ χάρμην μεγάλην θεὸς ἀνδράσι δώσει καὶ γὰρ | * | γῆ | * | καὶ δένδρα καὶ ἄσπετα ποίμνια μήλων δώσουσιν καρπὸν |
| Sib. | 3 677 | ἀθανάτοιο καὶ ἰχθύες οἱ κατὰ πόντον πάντα τε θηρία | * | γῆς | * | ἠδ' ἄσπετα φῦλα πετεινῶν πᾶσαί τ' ἀνθρώπων ψυχαὶ καὶ |
| Sib. | 3 744 | ἥξει ἐπ' ἀνθρώπους μεγάλη κρίσις ἠδὲ καὶ ἀρχή. | * | γῆ | * | γὰρ παγγενέτειρα βροτοῖς δώσει τὸν ἄριστον καρπὸν |
| Sib. | 3 786 | γὰρ ἔδωκεν εὐφροσύνην αἰῶνος ὃς οὐρανὸν ἔκτισε καὶ | * | γῆν. | * | ἐν σοὶ δ' οἰκήσει σοὶ δ' ἔσσεται ἀθάνατον φῶς ἠδὲ |
| Sib. | 4 15 | τε ἄστρα σεληναίη τε καὶ ἰχθυόεσσα θάλασσα καὶ | * | γῆ | * | καὶ ποταμοί τε καὶ ἀενάων στόμα πηγῶν κτίσματα πρὸς |
| Sib. | 4 53 | θεοῖο αὐτῇσιν πολίεσσι καὶ ἀνθρώποισιν ἅπασιν | * | γῆν | * | ἐκάλυψε θάλασσα κατακλυσμοῖο ῥαγέντος. οὓς Μῆδοι |
| Sib. | 4 58 | ἄστρα δ' ἀπ' οὐρανόθεν λείψει καὶ κύκλα σελήνης | * | γῆ | * | δὲ κλόνῳ σεισμοῖο τινασσομένη μεγάλοιο πολλὰς |
| Sib. | 4 130 | ὕδωρ. ἀλλ' ὁπόταν χθονίης ἀπὸ ῥωγάδος 'Ιταλίδος | * | γῆς | * | πυρσὸς ἀποστραφθεὶς εἰς οὐρανὸν εὐρὺν ἵκηται πολλὰς |
| Sib. | 5 58 | ὅλην Αἴγυπτον ἕως πηχῶν δέκα καὶ ἓξ ὥστε κλύσαι | * | γῆν | * | πᾶσαν ἐπαρδεῦσαί τε ῥόοισιν σιγήσει δὲ χάρις γαίης |
| Sib. | 5 133 | καὶ βάρβαρον ἔθνος +καὶ Λαπίθας δάπεδον κατὰ | * | γῆν | * | ἐναρίξει. Θεσσαλίην χώρην ἀπολεῖ ποταμὸς βαθυδίνης |
| Sib. | 5 213 | φύσις ὥστ' ἀπολέσθαι ἐν πυρὶ καὶ στοναχαῖσιν ὅλην | * | γῆν | * | Αἰθιοπήων. μύρεο καὶ σὺ Κόρινθε τὸν ἐν σοὶ λυγρὸν |
| Sib. | 5 275 | κοὐκέτι καρπεύσουσι βροτοὶ στάχυν ἀγλαὸν ἐκ | * | γῆς | * | πάντ' ἄσπαρτα μενεῖ καὶ ἀνήροτα ἄχρι νοῆσαι τὸν |
| Sib. | 5 305 | καὶ ὡς ἀσεβεῖς ὀλοθρεύσει ὥστε μένειν νέκυας κατὰ | * | γῆς | * | πλέονας ψαμάθοιο. ἥξει γὰρ καὶ Σμύρνα ἑὸν κλαίουσα |
| Sib. | 5 320 | ἕξεις ὃν πεπόθηκας ἔχειν χῶρον πολύδακρυν ἐς | * | γῆν | * | χωσαμένη παρὰ χεύμασι Θερμώδοντος. πετροφυής |
| Sib. | 5 403 | +αὐτοῦ+ οὐ γὰρ ἀκηδέστως +αἰνεῖ+ θεὸν ἐξ ἀφανοῦς | * | γῆς | * | οὐδὲ πέτρης ποίησε σοφὸς τέκτων παρὰ τούτοις οὐ |
| Sib. | 5 411 | αὐτὸς δ' ὤλετο +χέρσον ἀπ' ἀθανάτην ἐπιβὰς | * | γῆν+ | * | κοὐκέτι σῆμα τοιοῦτον ἐπ' ἀνθρώποισι τέτυκτο ὥστε |
| Sib. | 5 507 | γένηται. νηὸν γὰρ καθελοῦσι μέγαν Αἰγυπτιάδος | * | γῆς | * | ἐν δὲ θεὸς βρέξει κατὰ γῆς δεινὸν χόλον αὐτοῖς ὥστ' |
| Sib. | 5 508 | μέγαν Αἰγυπτιάδος γῆς ἐν δὲ θεὸς βρέξει κατὰ | * | γῆς | * | δεινὸν χόλον αὐτοῖς ὥστ' ὀλέσαι πάντας τε κακοὺς |
| FJos. | 190 | ὁ ἄγγελος τοῦ θεοῦ καὶ εἶπεν ὅτι κατέβην ἐπὶ τὴν | * | γῆν | * | καὶ κατεσκήνωσα ἐν ἀνθρώποις καὶ ὅτι ἐκλήθην ὀνόματι |
| FJub. | 2 2 | πρώτῃ ἡμέρᾳ ἐποίησε τοὺς ἀνωτέρους οὐρανοὺς τὴν | * | γῆν | * | τὰ ὕδατα ἐξ ὧν ἐστι χιὼν καὶ κρύσταλλος καὶ χάλαζα |
| FJub. | 2 2 | τῶν κτισμάτων αὐτοῦ τῶν ἐν οὐρανοῖς καὶ ἐν τῇ | * | γῇ | * | τὰς ἀβύσσους τήν τε ὑποκάτω τῆς γῆς καὶ τοῦ χάους καὶ |
| FJub. | 2 2 | καὶ ἐν τῇ γῇ τὰς ἀβύσσους τήν τε ὑποκάτω τῆς | * | γῆς | * | καὶ τοῦ χάους καὶ σκότος ἑσπέρα καὶ νὺξ τὸ φῶς |
| FJub. | 2 4 | τῶν ὑποκάτω τοῦ στερεώματος ἐπὶ πρόσωπον πάσης τῆς | * | γῆς. | * | τοῦτο μόνον τὸ ἔργον ἐποίησεν ὁ θεὸς ἐν τῇ δευτέρᾳ |
| FJub. | 2 13 | τῇ δὲ ἕκτῃ ἡμέρᾳ τὰ θηρία τὰ κτήνη τὰ ἑρπετὰ τῆς | * | γῆς | * | τὸν ἄνθρωπον. ταῦτα τὰ τέσσαρα μεγάλα ἔργα ἐποίησεν |
| FJub. | 2 16 | ἐν τῇ ἕκτῃ ἡμέρᾳ ὅσα ἐν τοῖς οὐρανοῖς καὶ ἐν τῇ | * | γῇ | * | ἐν ταῖς θαλάσσαις καὶ ἐν ταῖς ἀβύσσοις ἐν τῷ φωτὶ καὶ |
| FJub. | 11 8 | τῶν τε ἐν οὐρανῷ σημείων διακρίσεις καὶ τῶν ἐπὶ | * | γῆς | * | ἁπάντων καὶ πᾶσαν Χαλδαϊκὴν μαντείαν. Ναχὼρ δὲ |
| FJub. | 12 14 | νυκτί. καὶ ἐξῆλθε Θαρὰ σὺν 'Αβραὰμ τοῦ ἐλθεῖν εἰς | * | γῆν | * | Χαναὰν καὶ μεταγνοὺς ᾤκησεν ἐν Χαρρὰν εἰδωλομανῶν |
| FJub. | 46 3 | δοῦλος καὶ γ' ἔτη ἐν τῇ φυλακῇ καὶ π' πάσης | * | γῆς | * | 'Εγύπτου ἄρχων. τόν τε γὰρ ποταμὸν εἰς διώρυχας |
| FMan. | 2 22 12 | αὐτῶν τοῦ δικαίου ὁ ποιήσας τὸν οὐρανὸν καὶ τὴν | * | γῆν | * | σὺν παντὶ τῷ κόσμῳ αὐτῶν ὁ πεδήσας τὴν θάλασσαν τῷ |
| FMan. | 2 22 14 | μοι μηδὲ καταδικάσῃς με ἐν τοῖς κατωτάτοις τῆς | * | γῆς | * | ὅτι σὺ εἶ ὁ θεὸς τῶν μετανοούντων καὶ ἐν ἐμοὶ |
| FBar. | 12 1 | τ>ουτο οιο<ν οιομαι ερω και λαλη>σω προς σε την | * | <γην | * | την ευοδουσαν ο>υ παντοτε μεσεμ<βρια αποκαιει ουδ>ε |
| FBar. | 13 11 | θεου> >οπη<-- >τα εθνη κα<-- καταπα>τησαντες την | * | <γην | * | και καταχρησαμενοι> τοις εν αυτη κτισμ<ασι υμεις |
| FEz. | 1 8 3 | τοῦ λαοῦ μου ἐὰν ὦσιν αἱ ἁμαρτίαι ὑμῶν ἀπὸ τῆς | * | γῆς | * | ἕως τοῦ οὐρανοῦ καὶ ἐὰν ὦσιν πυρρότεραι κόκκου καὶ |
| FEz. | 185 4 | πατερ ακουσθη>σεται και εσοντ<αι μετα εμου> <επι | * | γ>ης | * | ζωης ω ιημ ε<ιπον προς τον κν κε μ>η με ελλεγξης |
| FAch. | 105 | Βαβυλωνίῳ χαίρειν. θέλω οἰκοδομῆσαι πύργον μήτε | * | γῆς | * | μήτε οὐρανοῦ ἁπτόμενον ὑψηλόν. ἀπόστειλόν μοι τοὺς |
| FAch. | 106 | οἴδαμεν πῶς πύργος οἰκοδομεῖται μήτε οὐρανοῦ μήτε | * | γῆς | * | ἁπτόμενος. ἕτερος δέ τις δειλὸς λέγει ἀποκρινόμενος |
| FAch. | 114 | τῷ τῆς ἐαρινῆς ὥρας τοὺς δὲ περὶ σέ τοῖς ἐκ τῆς | * | γῆς | * | καρποῖς ὡς γὰρ βασιλεὺς πορφυρίζουσαν ἔχεις τὴν ἀπὸ |
| FPho. | 107 | καὶ εἰκὼν σῶμα γὰρ ἐκ γαίης ἔχομεν κἄπειτα πρὸς αὖ | * | γῆν | * | λυόμενοι κόνις ἐσμέν ἀὴρ δ' ἀνὰ πνεῦμα δέδεκται. |
| ISop. | 5 122 1 | ἐκλίπῃ τὸ πᾶν φροῦδος μὲν ἔσται κυμάτων ἄπας βυθὸς | * | γῆ | * | δὲ ἑδράνων ἔρημος οὐδ' ἀὴρ ἔτι πτερωτὰ φῦλα βαστάσει |
| IDip. | 5 121 1 | ὦ Νικήρατε τρυφῆς ἁπάσης μεταλαβόντας ἐν βίῳ καὶ | * | γῆν | * | καλύψειν ὡς ἀπὸ τοῦ πάντ' εἰς χρόνον πεφευγέναι τὸ |
| IDip. | 5 121 1 | ἑτέραν δὲ ἀσεβῶν εἶναι ὁδόν. εἰ τοὺς δύω καλύψει ἡ | * | γῆ | * | τῷ παντὶ χρόνῳ εἰ γὰρ δίκαιος κἀσεβὴς ἕξουσιν ἕν |
| IMen. | 5 120 2 | ἀδίκοις πονοῦντα δὲ ἐᾷ τὸν ἴδιον ὑψῶσαι βίον τὴν | * | γῆν | * | ἀροῦντα νύκτα καὶ τὴν ἡμέραν. θεῷ δὲ θῦε διὰ τέλους |
| HDem. | 9 21 8 | ὀνομασθήσεσθαι. καὶ ἐλθεῖν αὐτὸν τῆς Χαναὰν | * | γῆς | * | εἰς ἑτέραν πόλιν Σικίμων ἔχοντα παιδία 'Ρουβὶμ ἐτῶν |
| HDem. | 9 21 16 | αὐτοῦ τῆς μητρὸς εἶναι ἴσον. οἰκῆσαι δὲ αὐτοὺς ἐν | * | γῇ | * | Χαναὰν ἀφ' οὗ ἐκλεγῆναι 'Αβραὰμ ἐκ τῶν ἐθνῶν καὶ |
| HDem. | 9 21 16 | ἐτῶν ἑκατὸν τριάκοντα γίνεσθαι τὰ πάντα ἔτη ἐν | * | γῇ | * | Χαναὰν σ ι ε'. καὶ τῷ τρίτῳ ἔτει λιμοῦ οὔσης ἐν |
| HEup. | 9 31 1 | οἰκοδομῆσαι ἱερὸν τῷ θεῷ ὃς τὸν οὐρανὸν καὶ τὴν | * | γῆν | * | ἔκτισεν ἅμα δέ σοι γράψαι ἀποστεῖλαί μοι τῶν παρὰ |
| HEup. | 9 33 1 | οἰκοδομῆσαι ἱερὸν τῷ θεῷ ὃς τὸν οὐρανὸν καὶ τὴν | * | γῆν | * | ἔκτισεν ἅμα δὲ καὶ σοί γράψαι ἀποστεῖλαί μοι τῶν |
| HEup. | 9 34 1 | χαίρειν. εὐλογητὸς ὁ θεὸς ὃς τὸν οὐρανὸν καὶ τὴν | * | γῆν | * | ἔκτισεν ὃς εἵλετο ἄνθρωπον χρηστὸν ἐκ χρηστοῦ ἀνδρὸς |
| HArt. | 9 23 2 | τῶν κρεισσόνων ἀδικουμένων τοῦτον πρῶτον τήν τε | * | γῆν | * | διελεῖν καὶ ὅροις διασημήνασθαι καὶ πολλὴν |
| HArt. | 9 27 12 | ἀνθρώποις τὸν δὲ φάναι γένος τῶν βοῶν διὰ τὸ τὴν | * | γῆν | * | ἀπὸ τούτων ἀροῦσθαι τὸν δὲ Χενεφρῆν προσαγορεύσαντα |
| HArt. | 9 27 21 | κακοπαθειῶν. ἱλασκομένου δ' αὐτοῦ αἰφνιδίως ἐκ τῆς | * | γῆς | * | πῦρ ἀναφθῆναι καὶ τοῦτο κάεσθαι μήτε ὕλης μήτε ἄλλης |
| HArt. | 9 27 31 | ὁρῶντα ἄλλα τε σημεῖα ποιῆσαι καὶ πατάξαντα τὴν | * | γῆν | * | τῇ ῥάβδῳ ζῷόν τι πτηνὸν ἀνεῖναι λυμαίνεσθαι τοὺς |
| HArt. | 9 27 32 | εἰς πᾶν ἱερὸν ὁμοίως δὲ καὶ τῇ Ἴσιδι διὰ τὸ τὴν | * | γῆν | * | εἶναι Ἶσιν παιομένην δὲ τῇ ῥάβδῳ τὰ τέρατα ἀνεῖναι. |
| HAno. | 9 17 3 | ἐνεργείας τοὺς γίγαντας διασπαρῆναι καθ' ὅλην τὴν | * | γῆν. | * | δεκάτῃ δὲ γενεᾷ ἐν πόλει τῆς Βαβυλωνίας Καμαρίνῃ ἦν |
| HCal. | 24 1 | καὶ καταλαμβάνει <'Αλέξανδρος> τὴν 'Ιουδαίαν | * | γῆν | * | οἵτινες ἀντιστῆναι βουληθέντες ἐκπέμπουσιν |
| HCal. | 24 39 | θεὸν ἡμεῖς ἕνα δουλεύομεν ὃς ἐποίησεν οὐρανὸν καὶ | * | γῆν | * | καὶ πάντα τὰ ὁράμενά τε καὶ ἀόρατα. οὐδεὶς δὲ αὐτὸν |
| HCal. | 28 13 | πύργῳ καὶ στὰς πάντας ἐξουθένησεν τοὺς θεοὺς τῆς | * | γῆς | * | <καὶ μόνον θεὸν ἀληθινὸν ἀνεκήρυξεν ἀκατανόητον |
| LEze. | 9 28 2 01 | ἀφ' οὗ δ' 'Ιακὼβ | * | γῆν | * | λιπὼν Χαναναίαν κατῆλθ' ἔχων Αἴγυπτον ἑπτάκις δέκα |
| LEze. | 9 28 3 27 | ἐγὼ δ' ἀκούσας ἐκποδὼν μεθίσταμαι καὶ νῦν πλανῶμαι | * | γῆν | * | ἐπ' ἀλλοτέρμονα. ὁρῶ δὲ ταύτας ἑπτὰ παρθένους τινάς. |
| LEze. | 9 28 4 02 | ὁρῶ δὲ ταύτας ἑπτὰ παρθένους τινάς. Λιβύη μὲν ἡ | * | γῆ | * | πᾶσα κλῄζεται ξένε οἰκοῦσι δ' αὐτὴν φῦλα παντοίων |
| LEze. | 9 28 4 04 | γενῶν Αἰθίοπες ἄνδρες μέλανες ἄρχων δ' ἐστὶ | * | γῆς | * | εἷς καὶ τύραννος καὶ στρατηλάτης μόνος. ἄρχει δὲ |
| LEze. | 9 29 5 10 | καὶ αὐτὸς ἐκ θρόνων χωρίζεται. ἐγὼ δ' ἐσεῖδον | * | γῆν | * | ἅπασαν ἔγκυκλον καὶ ἔνερθε γαίας καὶ ἐξύπερθεν |
| LEze. | 9 29 6 05 | βραβεύσεις καὶ καθηγήσῃ βροτῶν; τὸ δ' εἰσθεᾶσθαι | * | γῆν | * | ὅλην τ' οἰκουμένην καὶ τὰ ὑπένερθε καὶ ὑπὲρ οὐρανὸν |
| LEze. | 9 29 8 03 | πρὶν ἢ τῶν σῶν ποδῶν λῦσαι δέσιν ἁγία γὰρ ἧς σὺ | * | γῆς | * | ἐφέστηκας πέλει ὁ δ' ἐκ βάτου σοι θεῖος ἐκλάμπει |
| LEze. | 9 29 14 30 | καί τις ἐξαίφνης μέγας στῦλος νεφώδης ἐστάθη πρὸ | * | γῆς | * | μέγας παρεμβολῆς ἡμῶν τε καὶ 'Εβραίων μέσος. κἄπειθ' |
| LEze. | 64 29 6 08 | ὠλένας Κάϊν μολῦναι φοινίῳ πρῶτον λύθρῳ ἐπείσατον | * | γῆν | * | καὶ τὸν ἐξ ἀκηράτων πεσεῖν αἰώνων πρωτόπλαστον εἰς |
| LAri. | 8 10 10 | λέγω δὲ τὸ τοιοῦτον ὡς οὐδέποτε γέγονεν οὐρανὸς | * | γῆ | * | γῆ δ' οὐρανὸς οὐδ' ἥλιος σελήνη λάμπουσα οὐδὲ σελήνη |
| LAri. | 8 10 10 | λέγω δὲ τὸ τοιοῦτον ὡς οὐδέποτε γέγονεν οὐρανὸς γῆ | * | γῆ | * | δ' οὐρανὸς οὐδ' ἥλιος σελήνη λάμπουσα οὐδὲ σελήνη |
| LAri. | 13 12 11 | προγόνων τις εἶπε Σολομῶν αὐτὴν πρὸ οὐρανοῦ καὶ | * | γῆς | * | ὑπάρχειν τὸ δὴ σύμφωνόν ἐστι τῷ προειρημένῳ. τὸ δὲ |
| LAri. | 13 12 12 | ὡς ἐν ἓξ ἡμέραις ἐποίησε τόν τε οὐρανὸν καὶ τὴν | * | γῆν | * | καὶ πάντα τὰ ἐν αὐτοῖς ἵνα τοὺς χρόνους δηλώσῃ καὶ |
| FrAn. | 1 226 8 | ραλε της< - - μνησθ>εις του Ιακωβ< - >ες της | * | γης | * | και εκτος σου< - >λης ηθελησα ο Φαραω< - >ου καμε |
| FrAn. | 1 226 25 | τροφευς κ< - Ιωση>φ μνησθεις του Ιακ<ωβ - - τη>ν | * | γην | * | εκαλυψε< - - το>ν λιμον ευθυν< - Φα>ραω επι του |
| FrAn. | 1 226 58 | πρεσβυτο<υ - - >κακεινος και ημ<εις - - >τ<η> | * | γη | * | ημω<ν - - >ταις σου< - - >εβησαν εις Χανααν< - - |

FrAn. 574 3049 ἐξ ἀδήλων καὶ πυκνοῦντα τὰ νέφη καὶ ὑετίζοντα τὴν * γῆν * καὶ εὐλογοῦντα τοὺς καρποὺς αὐτῆς ὃν εὐλογεῖ πᾶσα
FrAn. 574 3076 ὁρκίζω σε πᾶν πνεῦμα δαιμόνιον τὸν ἐφορῶντα ἐπὶ * γῆς * καὶ ποιοῦντα ἔκτρομα τὰ θεμέλια αὐτῆς καὶ ποιήσαντα

γηγενής 1
TJos. 2 5 ὁ θεὸς οὐδὲ ὡς υἱὸς ἀνθρώπου δειλιᾷ οὐδὲ ὡς * γηγενὴς * ἀσθενεῖ ἢ ἀπωθεῖται ἐπὶ πᾶσι δὲ τόποις

γήϊνος 2
Adam 33 1 καὶ λέγει αὐτῇ ὁ ἄγγελος ἆρον καὶ αὐτὴν ἀπὸ τῶν * γηΐνων. * καὶ ἀτενίσασα εἰς τὸν οὐρανὸν ἴδεν ἅρμα φωτὸς
Job 36 3 ἡ καρδία σου; κἀγὼ εἶπον ὅτι ἐν μὲν τοῖς * γηΐνοις * οὐ συνέστηκεν, ἐπεὶ ἀκατάστατος ἡ γῆ καὶ οἱ

γηραιός 5
Jer. 5 17 ταύτην ἀπ' ἐμοῦ. καθημένου δὲ αὐτοῦ εἶδέ τινα * γηραιὸν * ἐρχόμενον ἐξ ἀγροῦ καὶ λέγει αὐτῷ Ἀβιμέλεχ σοί
Jer. 5 22 τὸν λόγον. εὐθὺς δὲ ἀκούσας Ἀβιμέλεχ παρὰ τοῦ * γηραιοῦ * ἀνθρώπου εἶπεν εἰ μὴ ᾖς πρεσβύτης καὶ ὅτι οὐκ
Jer. 5 30 καὶ εἶδεν αὐτὰ στάζοντα γάλα. ἰδὼν δὲ αὐτὰ ὁ * γηραιὸς * ἄνθρωπος εἶπεν ὦ υἱέ μου δίκαιος ἄνθρωπος εἶ σὺ
Jer. 5 33 τῶν ψυχῶν τῶν δικαίων ἐν παντὶ τόπῳ. εἶτα λέγει τῷ * γηραιῷ * ἀνθρώπῳ ποῖός ἐστιν ὁ μὴν οὗτος; ὁ δὲ εἶπε νισσὰν
Jer. 5 34 ὅ ἐστιν Ἀβίβ. καὶ ἐπάρας ἐκ τῶν σύκων ἔδωκε τῷ * γηραιῷ * ἀνθρώπῳ καὶ λέγει αὐτῷ ὁ θεὸς φωταγωγήσει σε εἰς

γηραλέος 1
Abr.Z 2 1 καθεζομένου ἔγγιστα τῶν βοῶν εἰς ἀροτριασμὸν ἦν δὲ * γηραλέος * τῇ ἡλικίᾳ ἠσπάσατο δὲ Ἀβραὰμ τὸν Μιχαὴλ μὴ

γῆρας 18
Abr.1 8 6 στειρώσεως καὶ χαρισάμενός σοι καρπὸν κοιλίας ἐν * γήρει * υἱὸν τὸν Ἰσαὰκ ἀμὴν λέγω σοι εὐλογῶν εὐλογήσω σε
TJud. 15 4 ἐπὶ τούτοις οἶνον καὶ κρέας οὐκ ἔλαβον ἕως * γήρως * καὶ πᾶσαν εὐφροσύνην οὐκ εἶδον. καὶ ἔδειξέ μοι ὁ
TIss. 7 9 ἐξέτεινε τοὺς πόδας αὐτοῦ καὶ ἀπέθανε πέμπτος ἐν * γήρει * καλῷ πᾶν μέλος ἔχων ὑγιὲς καὶ ἰσχύων ὕπνωσεν ὕπνον
TJos. 18 4 ὡς ἄνθος ὑπὲρ ὡραίους Ἰσραὴλ καὶ διεφύλαξέ με ἕως * γήρως * ἐν δυνάμει καὶ ἐν κάλλει ὅτι ἐγὼ ὅμοιος ἐν πᾶσι τῷ
TBen. 12 2 καὶ ἀπέθανε Βενιαμὶν ἑκατὸν εἰκοσιπέντε ἐτῶν ἐν * γήρει * καλῷ καὶ ἔθηκαν αὐτὸν ἐν παραθήκῃ. καὶ ἐνενηκοστῷ
Asen. 16 16 δυνάμεις ἀκάματοι περισχήσουσί σε καὶ ἡ νεότης σου * γῆρας * οὐκ ὄψεται καὶ τὸ κάλλος σου εἰς τὸν αἰῶνα οὐκ
Asen. 22 6 ἐπὶ τῆς κλίνης αὐτοῦ καὶ αὐτὸς ἦν πρεσβύτης ἐν * γήρει * λιπαρῷ. καὶ εἶδεν αὐτὸν Ἀσενὲθ καὶ ἐθαμβήθη ἐπὶ
Asen. 22 7 αὐτοῦ διότι ἦν Ἰακὼβ καλὸς τῷ εἴδει σφόδρα καὶ τὸ * γῆρας * αὐτοῦ ὥσπερ νεότης ἀνδρὸς ὡραίου καὶ ἦν ἡ κεφαλὴ
Sal. 4 18 οὐ ἐμπλήσει ψυχὴν αὐτοῦ ἐν μονώσει ἀτεκνίας τὸ * γῆρας * αὐτοῦ εἰς ἀνάλημψιν. σκορπισθείησαν σάρκες
Prop. 15 6 καὶ περὶ διπλῆς κρίσεως ἐξέθετο καὶ ἀπέθανεν ἐν * γήρει * μακρῷ καὶ ἐκλείπων ἐτάφη σύνεγγυς Ἀγγαίου.
Prop. 17 5B καὶ ἐτάφη εἰς τὴν γῆν αὐτοῦ. οὗτος οὖν εἰς βαθὺ * γῆρας * ἐλάσας καὶ ἐν πολλῇ ἀγαθῇ ἐκοιμήθη ἐν εἰρήνῃ.
Prop. 18 5B Σηλώμ. καὶ οὗτος ὁ προφήτης αὐτὸς ἀπέθανεν ἐν * γήρει * βαθυτάτῳ οὐκ ἀγαθῶς. Ἰωὰδ ἐκ τῆς Σαμαρεὶμ. οὗτος
Sib. 3 117 τε δίκαιαι. τηνίκα δὴ πατρὸς τέλεος χρόνος ἵκετο * γήρως * καὶ ῥ' ἔθανεν καὶ παῖδες ὑπερβασίην ὅρκοισιν
Sib. 3 131 ἀρσενικῶν παίδων γένος ὡς βασιλεύσῃ αὐτὸς ὅταν * γῆράς * τε Κρόνῳ καὶ μοῖρα πέληται. ὁππότε κεν δὲ Ῥέη
FJub. 35 9 καὶ ἄρχοντα. ἡ Ῥεβέκκα ᾔτησε τὸν Ἰσαὰκ ἐν τῷ * γήρᾳ * παραινέσαι τῷ Ἠσαῦ καὶ τῷ Ἰακὼβ ἀγαπᾶν ἀλλήλους.
FMan. 2 23 3 ὁ πατήρ μου ἐκ νεότητος πολλὰ παρηνόμησεν καὶ ἐν * γήρᾳ * μετέγνω καὶ νῦν ἐγὼ πορεύσομαι καθὰ ἐπιθυμεῖ ἡ ψυχὴ
FPho. 196 ἡδύτερον καὶ ἄρειον ἢ ὅταν ἀνδρὶ γυνὴ φρονέῃ φίλα * γήραος * ἄχρις καὶ πόσις ἧ ἀλόχῳ μηδ' ἐμπέσῃ ἄνδιχα
FPho. 230 τοῖα βιεῦντες ζωὴν ἐκτελέοιτ' ἀγαθὴν μέχρι * γήραος * οὐδοῦ.

γηράω 3
TZab. 6 5 σπλαγχνιζόμενος ἐδίδουν. εἰ δὲ ἦν ξένος ἢ νοσῶν ἢ * γηράσας * ἑψήσας τοὺς ἰχθύας καὶ ποιήσας αὐτὰ ἀγαθῶς κατὰ
Prop. 17 5 καθὼς ἐνετείλατο αὐτῷ ὁ κύριος. καὶ αὐτὸς πάνυ * γηράσας * ἀπέθανε καὶ ἐτάφη εἰς τὴν γῆν αὐτοῦ. οὗτος οὖν
Sedr. 16 2 ἀνὴρ ἐτήρουν αὐτοῦ τὴν διάνοιαν ὅταν δὲ πάλιν * γηράσῃ * καὶ τηρῶ αὐτὸν ὅπως μετανοήσῃ. λέγει Σεδρὰχ κύριε

Γηρικός 1
Bar. 4 7 ὧν οἱ πρῶτοι πάντων Ἀλφίας καὶ Ἄβυρος καὶ ὁ * Γηρικὸς * καὶ ἀπὸ τούτων οὐκ ἐκλείπει ἡ θάλασσα. καὶ εἶπον

Γηρσάμ 4
TLevi 11 2 καὶ συλλαβοῦσα ἔτεκε καὶ ἐκάλεσε τὸ ὄνομα αὐτοῦ * Γηρσὰμ * ὅτι ἐν τῇ γῇ ἡμῶν πάροικοι ἦμεν Γηρσὰμ γὰρ
TLevi 11 2 ὄνομα αὐτοῦ Γηρσὰμ ὅτι ἐν τῇ γῇ ἡμῶν πάροικοι ἦμεν * Γηρσὰμ * γὰρ παροικία γράφεται. εἶδον δὲ περὶ αὐτοῦ ὅτι
TLevi 12 1 γὰρ ἤμην τότε ἐν μέσῳ τῶν ἀδελφῶν μου. καὶ ἔλαβε * Γηρσὰμ * γυναῖκα καὶ ἔτεκεν αὐτῷ τὸν Λομνὶ καὶ τὸν Σεμεΐ.
TLevi 18 2B063 ἐμοῦ ἔτεκεν υἱὸν πρῶτον καὶ ἐκάλεσα τὸ ὄνομα αὐτοῦ * Γηρσὰμ * εἶπα γὰρ ὅτι πάροικον ἔσται τὸ σπέρμα μου ἐν γῇ ᾗ

γίγας 24
Hen. 7 2 ἐδήλωσαν αὐταῖς. αἱ δὲ ἐν γαστρὶ λαβοῦσαι ἐτέκοσαν * γίγαντας * μεγάλους ἐκ πηχῶν τρισχιλίων οἵτινες
Hen. 7 4 οὐκ ἐδυνήθησαν αὐτοῖς οἱ ἄνθρωποι ἐπιχορηγεῖν οἱ * γίγαντες * ἐτόλμησαν ἐπ' αὐτοὺς καὶ κατησθίοσαν τοὺς
Hen. 7B 1 τοῦ κατακλυσμοῦ καὶ ἔτεκον αὐτοῖς γένη τρία πρῶτον * γίγαντας * μεγάλους. οἱ δὲ γίγαντες ἐτέκνωσαν Ναφηλεὶμ καὶ
Hen. 7B 2 αὐτοῖς γένη τρία πρῶτον γίγαντας μεγάλους. οἱ δὲ * γίγαντες * ἐτέκνωσαν Ναφηλεὶμ καὶ τοῖς Ναφηλεὶμ
Hen. 8B 3 καὶ τοῖς τέκνοις αὐτῶν. μετὰ δὲ ταῦτα ἤρξαντο οἱ * γίγαντες * κατεσθίειν τὰς σάρκας τῶν ἀνθρώπων καὶ ἤρξαντο
Hen. 9B 9 αἱ θυγατέρες τῶν ἀνθρώπων ἔτεκον ἐξ αὐτῶν υἱοὺς * γίγαντας * κίβδηλα ἐπὶ τῆς γῆς τῶν ἀνθρώπων ἐκκέχυται καὶ
Hen. 10B 9 καὶ τῷ Γαβριὴλ εἶπε πορεύου Γαβριὴλ ἐπὶ τοὺς * γίγαντας * ἐπὶ τοὺς κιβδήλους ἐπὶ τοὺς υἱοὺς τῆς πορνείας
Hen. 15 3 γῆς ἐποιήσατε καὶ ἐγεννήσατε ἑαυτοῖς τέκνα υἱοὺς * γίγαντας. * καὶ ὑμεῖς ἦτε ἅγιοι καὶ πνεύματα ζῶντα αἰώνια
Hen. 15 8 ἐν τῷ οὐρανῷ ἡ κατοίκησις αὐτῶν. καὶ νῦν οἱ * γίγαντες * οἱ γεννηθέντες ἀπὸ τῶν πνευμάτων καὶ σαρκὸς
Hen. 15 11 γῆς ἡ κατοίκησις αὐτῶν ἔσται. καὶ τὰ πνεύματα τῶν * γιγάντων * νεφέλας ἀδικοῦντα ἀφανίζοντα καὶ ἐνπίπτοντα καὶ
Hen. 15 11 καὶ συνρίπτοντα ἐπὶ τῆς γῆς πνεύματα σκληρὰ * γιγάντων * καὶ δρόμους ποιοῦντα καὶ μηδὲν ἐσθίοντα ἀλλ'
Hen. 15B 8 τῶν γυναικῶν ὅτι ἐξεληλύθασιν ἀπ' αὐτῶν καὶ νῦν οἱ * γίγαντες * οἱ γεννηθέντες ἀπὸ πνευμάτων καὶ σαρκὸς
Hen. 15B 11 πονηρὰ ἐπὶ τῆς γῆς ἔσονται τὰ πνεύματα τῶν * γιγάντων * νεμόμενα ἀδικοῦντα ἀφανίζοντα ἐμπίπτοντα καὶ
Hen. 16B 1 ἡμέρας καιροῦ σφαγῆς καὶ ἀπωλείας καὶ θανάτου τῶν * γιγάντων * Ναφηλεὶμ οἱ ἰσχυροὶ τῆς γῆς οἱ μεγάλοι
TRub. 5 7 ἐπιθυμοῦσαι τῇ διανοίᾳ τὰς φαντασίας αὐτῶν ἔτεκον * γίγαντας. * ἐφαίνοντο γὰρ αὐταῖς οἱ ἐγρήγοροι ἕως τοῦ
TJud. 3 3 τὸν λαὸν διεσκόρπισα. τὸν Ἀχὼρ βασιλέα ἄνδρα * γιγάντων * βάλλοντα τόξα ἔμπροσθε καὶ ὄπισθεν ἐφ' ἵππου
TJud. 3 7 ἀνεῖλε τὸν Βεελισὰ βασιλέα πάντων τῶν βασιλέων * γίγαντα * τῇ ἰσχύι πηχῶν ιβ'. καὶ ἐπέπεσεν ἐπ' αὐτοὺς
Asen. 22 7 καὶ αἱ κνῆμαι ⟨αὐτοῦ⟩ καὶ οἱ πόδες αὐτοῦ ὡσεὶ * γίγαντος. * ⟨καὶ ἦν Ἰακὼβ ἄνθρωπος ὃς ἐπάλαισε μετὰ
Bar. 4 10 πᾶσαν σάρκα καὶ τὰς τετρακοσίας ἐννέα χιλιάδας τῶν * γιγάντων * καὶ ἀνῆλθεν τὸ ὕδωρ ἐπάνω τῶν ὑψηλῶν ἐπὶ πήχεις
FJub. 8 3 Καϊνᾶν διοδεύων ἐν τῷ πεδίῳ εὗρε τὴν γραφὴν τῶν * γιγάντων * καὶ ἔκρυψε παρ' ἑαυτῷ. γυνὴ Καιναν Μελχα
HAno. 9 17 2 τῶν διασωθέντων ἐκ τοῦ κατακλυσμοῦ εἶναι δὲ αὐτοὺς * γίγαντας * οἰκοδομεῖν δὲ τὸν ἱστορούμενον πύργον. πεσόντος
HAno. 9 17 3 πεσόντος δὲ τούτου ὑπὸ τῆς τοῦ θεοῦ ἐνεργείας τοὺς * γίγαντας * διασπαρῆναι καθ' ὅλην τὴν γῆν. δεκάτῃ δὲ γενεᾷ
HAno. 9 18 2 οὕτως ἐπιγνῶναι. τὸν Ἀβραὰμ ἀναφέροντα εἰς τοὺς * γίγαντας * τούτους δὲ οἰκοῦντας ἐν τῇ Βαβυλωνίᾳ διὰ τὴν
FrAn. 574 3059 τῷ ἰδίῳ προστάγματι. ὁρκίζω σε τὸν τῶν αὐχενίων * γιγάντων * τοῖς πρηστῆρσι καταφλέξαντα ὃν ὑμνεῖ ὁ οὐρανὸς

γίγνομαι 504
Adam 2 1 τὸν Ἀμιλαβὲς τὸν καλούμενον Ἄβελ. καὶ μετὰ ταῦτα * ἐγένοντο * μετ' ἀλλήλων Ἀδὰμ καὶ Εὔα. κοιμωμένων δὲ αὐτῶν
Adam 2 4 Ἀδὰμ ἀναστάντες πορευθῶμεν καὶ ἴδωμεν τί ἐστι τὸ * γεγονὸς * αὐτοῖς μήποτε ὁ ἐχθρὸς πολεμῇ τι πρὸς αὐτούς.
Adam 6 3 νόσον καὶ πόνους ἔχω. λέγει αὐτῷ Σὴθ καὶ πῶς σοι * ἐγένοντο; * εἶπε δὲ αὐτῷ ὁ Ἀδὰμ ὅτε ἐποίησεν ἡμᾶς ὁ θεὸς
Adam 9 2 νόσου σου καὶ ὑπενέγκω αὐτὸ ὅτι δι' ἐμὲ τοῦτό σοι * γέγονεν * δι' ἐμὲ ἐν καμάτοις τυγχάνεις. εἶπε δὲ Ἀδὰμ τῇ
Adam 11 1 ἀλλὰ πρός σέ ἐπειδὴ ἡ ἀρχὴ τῶν θηρίων ἐκ σοῦ * ἐγένετο. * πῶς ἠνοίγη τὸ στόμα σου φαγεῖν ἀπὸ τοῦ ξύλου
Adam 13 3 ᾧ ῥέει τὸ ἔλαιον ἀλεῖψαι τὸν πατέρα σου Ἀδάμ. οὐ * γενήσεταί * σοι νῦν ἀλλ' ἐπ' ἐσχάτων τῶν ἡμερῶν. τότε
Adam 15 2 μου κἀγὼ ἀναγγελῶ ὑμῖν πῶς ἠπάτησεν ἡμᾶς ὁ ἐχθρός. * ἐγένετο * ἐν τῷ φυλάσσειν ἡμᾶς τὸν παράδεισον ἐφυλάττομεν
Adam 16 5 ὀργισθῇ μοι ὁ θεός. λέγει αὐτῷ ὁ διάβολος μὴ φοβοῦ * γενοῦ * μοι σκεῦος κἀγὼ λαλήσω διὰ στόματός σου ῥήματα
Adam 17 1 οἱ ἄγγελοι τοῦ θεοῦ προσκυνῆσαι τότε ὁ Σατανᾶς * ἐγένετο * ἐν εἴδει ἀγγέλου καὶ ὕμνει τὸν θεὸν καθάπερ οἱ
Adam 20 3 ἐκεῖνος δὲ κατῆλθεν ἀπὸ τοῦ φυτοῦ καὶ ἄφαντος * ἐγένετο. * ἐγὼ δὲ ἐζήτουν ἐν τῷ μέρει μου φύλλα ὅπως
Adam 26 1 ἐν ὀργῇ μεγάλῃ λέγων ἐπειδὴ ἐποίησας τοῦτο καὶ * ἐγένου * σκεῦος ἀχάριστον ἕως ἂν πλανήσῃς τοὺς παρειμένους
Adam 28 4 κακοῦ ὡς βουλόμενος ἀποθανεῖν ἀναστάσεως πάλιν * γενομένης * ἀναστήσω σε καὶ δοθήσεταί σοι ἐκ τοῦ ξύλου τῆς
Adam 29 6 καὶ λαβὼν ταῦτα ἐξῆλθεν ἐκ τοῦ παραδείσου καὶ * ἐγενόμεθα * ἐπὶ τῆς γῆς. ἐγένετο δὲ ἡμᾶς πενθῆσαι ἡμέρας
Adam 29 7 ἐκ τοῦ παραδείσου καὶ ἐγενόμεθα ἐπὶ τῆς γῆς. * ἐγένετο * δὲ ἡμᾶς πενθῆσαι ἡμέρας ἑπτά. καὶ μετὰ ἑπτὰ
Adam 32 2 ἥμαρτον ἐναντίον σου καὶ πᾶσα ἁμαρτία δι' ἐμὲ * γέγονεν * ἐν τῇ κτίσει. ἔτι εὐχομένης τῆς Εὔας ἐπὶ τὰ
Adam 36 2 αὐτῷ ἡ Εὔα καὶ ποῦ ἐστιν τὸ φῶς αὐτῶν καὶ διὰ τί * γεγόνασι * μελανοειδεῖς; καὶ λέγει αὐτῇ Σὴθ οὐκ ἀπέστη τὸ
Adam 38 1 ἐπὶ τῇ συγχωρήσει τοῦ Ἀδάμ. μετὰ δὲ τὴν * γεγενημένην * χαρὰν τοῦ Ἀδὰμ ἐβόησεν πρὸς τὸν πατέρα ὁ
Adam 38 4 νυστάξαι ἀπὸ τῆς εὐωδίας χωρὶς τοῦ Σὴθ μόνου ὅτι * ἐγένετο * καθορῶν τοῦ θεοῦ. καὶ ἦλθεν πρὸς τὸ σῶμα τοῦ
Adam 39 3 σε. ἐκεῖνος δὲ τὸν καθίσαντα ἐπ' αὐτῷ πρὶν * γένεσθαι * αὐτὸν ἐν ὑπερηφανίᾳ εἰσβληθήσεται εἰς τὸν τόπον
Hen. 1 8 ἔσται συντήρησις καὶ εἰρήνη καὶ ἐπ' αὐτοὺς * γενήσεται * ἔλεος καὶ ἔσονται πάντες τοῦ θεοῦ καὶ τὴν
Hen. 2 2 τὴν γῆν καὶ διανοήθητε περὶ τῶν ἔργων τῶν ἐν αὐτῇ * γενομένων * ἀπ' ἀρχῆς μέχρι τελειώσεως ὡς εἰσιν φθαρτὰ ὡς
Hen. 5 2 ἐποίησεν εἰς τοὺς αἰῶνας ἀπὸ ἐνιαυτοῦ εἰς ἐνιαυτὸν * γινόμενα * πάντα οὕτως καὶ πάντα ὅσα ἀποτελοῦσιν αὐτῷ τὰ
Hen. 5 2 αὐτῶν τὰ ἔργα ἀλλ' ὥσπερεὶ κατὰ ἐπιταγὴν τὰ πάντα * γίνεται. * ἴδετε πῶς ἡ θάλασσα καὶ οἱ ποταμοὶ ὡς ὁμοίως
Hen. 6 1 αἰῶνος ἐν πάσαις ταῖς ἡμέραις τῆς ζωῆς αὐτῶν. καὶ * ἐγένετο * οὗ ἂν ἐπληθύνθησαν οἱ υἱοὶ τῶν ἀνθρώπων ἐν
Hen. 6B 1 τοῦ πρώτου βιβλίου Ἐνὼχ περὶ τῶν ἐγρηγόρων. καὶ * ἐγένετο * ὅτε ἐπληθύνθησαν οἱ υἱοὶ τῶν ἀνθρώπων,
Hen. 8 2 καὶ παντοίους λίθους ἐκλεκτοὺς καὶ τὰ βαφικά. καὶ * ἐγένετο * ἀσέβεια πολλὴ καὶ ἐπόρνευσαν καὶ ἀπεπλανήθησαν
Hen. 8B 2 αὐτῶν καὶ παρέβησαν καὶ ἐπλάνησαν τοὺς ἁγίους. καὶ * ἐγένετο * ἀσέβεια πολλὴ ἐπὶ τῆς γῆς καὶ ἠφάνισαν τὰς ὁδοὺς
Hen. 9 10 οὐ δύναται ἐξελθεῖν ἀπὸ προσώπου τῶν ἐπὶ τῆς γῆς * γινομένων * ἀνομημάτων. καὶ σὺ πάντα οἶδας πρὸ τοῦ αὐτὰ
Hen. 9 11 ἀνομημάτων. καὶ σὺ πάντα οἶδας πρὸ τοῦ αὐτὰ * γενέσθαι * καὶ σὺ ὁρᾷς ταῦτα καὶ ἐᾷς αὐτοὺς καὶ οὐδὲ ἡμῖν
Hen. 9B 2 ἐπὶ τῆς γῆς καὶ πᾶσαν ἀσέβειαν καὶ ἀνομίαν * γενομένην * ἐπ' αὐτῆς εἰσελθόντες εἶπον πρὸς ἀλλήλους ὅτι
Hen. 9B 10 οὐ δύναται ἐξελθεῖν ἀπὸ προσώπου τῶν ἐπὶ τῆς γῆς * γινομένων * ἀδικημάτων. καὶ σὺ αὐτὰ οἶδας πρὸ τῶν αὐτὰ
Hen. 9B 11 ἀδικημάτων. καὶ σὺ αὐτὰ οἶδας πρὸ τῶν αὐτὰ * γενέσθαι * καὶ ὁρᾷς αὐτοὺς καὶ ἐᾷς αὐτοὺς καὶ οὐδὲν

| | | | | | |
|---|---|---|---|---|---|
| Hen. | 10 | 2 | ὅτι ἡ γῆ ἀπόλλυται πᾶσα καὶ κατακλυσμὸς μέλλει | * γίνεσθαι * | πάσης τῆς γῆς καὶ ἀπολέσει πάντα ὅσα ἐστὶν ⟨ἐν⟩ |
| Hen. | 10 | 20 | ἁμαρτίας καὶ ἀσεβείας καὶ πάσας τὰς ἀκαθαρσίας τὰς | * γινομένας * | ἐπὶ τῆς γῆς ἐξάλειψον. καὶ ἔσονται πάντες |
| Hen. | 10B | 2 | πᾶσα καὶ εἶπον αὐτῷ ὅτι κατακλυσμὸς μέλλει | * γίνεσθαι * | πάσης τῆς γῆς ἀπολέσαι πάντα ἀπὸ προσώπου τῆς |
| Hen. | 12 | 1 | τῶν ἀνθρώπων ἔγνω ποῦ ἐλήμφθη καὶ ποῦ ἐστιν καὶ τί | * ἐγένετο * | αὐτῷ. καὶ τὰ ἔργα αὐτοῦ μετὰ τῶν ἐγρηγόρων καὶ |
| Hen. | 13 | 4 | ὅπως γράψω αὐτοῖς ὑπομνήματα ἐρωτήσεως ἵνα | * γένηται * | αὐτοῖς ἄφεσις καὶ ἵνα ἐγὼ ἀναγνῶ αὐτοῖς τὸ |
| Hen. | 13 | 6 | τῶν πνευμάτων αὐτῶν καὶ περὶ ὧν δέονται ὅπως αὐτῶν | * γένωνται * | ἄφεσις καὶ μακρότης. καὶ πορευθεὶς ἐκάθισα ἐπὶ |
| Hen. | 13 | 9 | υἱοῖς τοῦ οὐρανοῦ τοῦ ἐλέγξαι αὐτούς. καὶ ἔξυπνος | * γενόμενος * | ἦλθον πρὸς αὐτοὺς καὶ πάντες συνηγμένοι |
| Hen. | 15 | 9 | ἀπὸ τοῦ σώματος αὐτῶν διότι ἀπὸ τῶν ἀνωτέρων | * ἐγένοντο * | καὶ ἐκ τῶν ἁγίων ἐγρηγόρων ἡ ἀρχὴ τῆς κτίσεως |
| Hen. | 15B | 9 | σώματος τῆς σαρκὸς αὐτῶν διότι ἀπὸ τῶν ἀνθρώπων | * ἐγένοντο * | καὶ ἐκ τῶν ἁγίων τῶν ἐγρηγόρων ἡ ἀρχὴ τῆς |
| Hen. | 16 | 3 | ὃ οὐκ ἀνεκαλύφθη ὑμῖν καὶ μυστήριον τὸ ἐκ τοῦ θεοῦ | * γεγενημένον * | ἔγνωτε καὶ τοῦτο ἐμηνύσατε ταῖς γυναιξὶν ἐν |
| Hen. | 17 | 1 | με εἴς τινα τόπον ἀπήγαγον ἐν ᾧ οἱ ὄντες ἐκεῖ | * γίνονται * | ὡς πῦρ φλέγον καὶ ὅταν θέλωσιν φαίνονται ὡσεὶ |
| Hen. | 18 | 14 | τὸ τέλος τοῦ οὐρανοῦ καὶ γῆς δεσμωτήριον τοῦτο | * ἐγένετο * | τοῖς ἄστροις καὶ ταῖς δυνάμεσιν τοῦ οὐρανοῦ. καὶ |
| Hen. | 19 | 1 | γυναιξὶν στήσονται καὶ τὰ πνεύματα αὐτῶν πολύμορφα | * γενόμενα * | λυμαίνεται τοὺς ἀνθρώπους καὶ πλανήσει αὐτοὺς |
| Hen. | 19 | 2 | γυναῖκες αὐτῶν τῶν παραβάντων ἀγγέλων εἰς σειρῆνας | * γενήσονται. * | κἀγὼ Ἑνὼχ ἴδον τὰ θεωρήματα μόνος τὰ πέρατα |
| Hen. | 22 | 10 | ἀποθάνωσιν καὶ ταφῶσιν εἰς τὴν γῆν καὶ κρίσις οὐκ | * ἐγενήθη * | ἐπ' αὐτῶν ἐν τῇ ζωῇ αὐτῶν. ὧδε χωρίζεται τὰ |
| Hen. | 98 | 5 | δούλην ἄνωθεν οὐκ ἐδόθη ἀλλὰ ἐκ καταδυναστείας | * ἐγένετο. * | ὁ⟨μοίως⟩ οὐδὲ ἡ ἀνομία ἄνωθεν ἐδόθη ἀλλ' ἐκ |
| Hen. | 98 | 14 | βουλόμενοι ἀκυρῶσαι τοὺς λόγους τῶν δικαίων οὐ μὴ | * γένηται * | ὑμῖν ἐλπὶς σωτηρίας. οὐαὶ ὑμῖν οἱ γράφοντες |
| Hen. | 102 | 7 | ἀποθνήσκουσιν μετὰ λύπης καὶ σκότους καὶ τί αὐτοῖς | * ἐγένετο * | περισσόν; ἀπὸ τοῦ νῦν ἀναστήτωσαν καὶ σωθήτωσαν |
| Hen. | 102 | 10 | ἀγαθάς. ἴδετε οὖν οἱ δικαιοῦντες ⟨ἑαυτ⟩οὺς ὁποία | * ἐγένετο * | αὐτῶν ἡ καταστροφὴ ὅτι πᾶσα δικαιοσύνη οὐχ |
| Hen. | 102 | 11 | οὐχ εὑρέθη ἐν αὐτοῖς ἕως ἀπέθανον καὶ ἀπώλοντο καὶ | * ἐγένοντο * | ὡς οὐκ ὄντες καὶ κατέβησαν αἱ ψυχαὶ αὐτῶν μετ' |
| Hen. | 103 | 6 | τῇ ζωῇ αὐτῶν καὶ ἐνδόξως ἀπεθάνοσαν καὶ κρίσις οὐκ | * ἐγενήθη * | ἐν τῇ ζωῇ αὐτῶν. αὐτοὶ ὑμεῖς γινώσκετε ὅτι εἰς |
| Hen. | 103 | 9 | κόπους ἐκοπιάσαμεν καὶ ἀνηλώμεθα καὶ ὀλίγοι | * ἐγενήθημεν * | καὶ ἀντιλήμπτορα οὐχ εὑρήκαμεν συντετριμμένοι |
| Hen. | 103 | 11 | εἰδέναι σωτηρίαν ἡμέραν ἐξ ἡμέρας. ἠλπίσαμεν | * γενέσθαι * | κεφαλὴ ἐγενήθημεν κέρ⟨κος ἐκο⟩πιάσαμεν |
| Hen. | 103 | 11 | ἡμέραν ἐξ ἡμέρας. ἠλπίσαμεν γενέσθαι κεφαλὴ | * ἐγενήθημεν * | κέρ⟨κος ἐκο⟩πιάσαμεν ἐργαζόμενοι καὶ τῶν |
| Hen. | 103 | 11 | ἐργαζόμενοι καὶ τῶν ὀψωνίων οὐ κεκυριεύκαμεν. | * ἐγενήθημεν * | κατάβρωμα ἁμαρτωλῶν ⟨οἱ ἄνο⟩μοι ἐβάρυναν ἐφ' |
| Hen. | 104 | 6 | κατισχύοντας καὶ εὐοδουμένους καὶ μὴ μέτοχοι αὐτῶν | * γίνεσθε * | ἀλλὰ μακρὰν ἀπέχεσθε ἀπὸ πάντων τῶν ἀδικημάτων |
| Abr.1 | 2 | 12 | οἴκου σου μετεωριζόμενοι. καὶ εἶπεν Ἀβραὰμ ἀμὴν | * γένοιτο * | κύριε. ἀπέρχονται ἀπὸ τοῦ ἀγροῦ πρὸς τὸν οἶκον |
| Abr.1 | 3 | 11 | δὲ τὰ δάκρυα τοῦ ἀρχιστρατήγου ἐπὶ τῆς λεκάνης καὶ | * ἐγένοντο * | λίθοι τίμιοι. ἰδὼν δὲ Ἀβραὰμ τὸ γεγονὸς καὶ |
| Abr.1 | 3 | 12 | καὶ ἐγένοντο λίθοι τίμιοι. ἰδὼν δὲ Ἀβραὰμ τὸ | * γεγονὸς * | καὶ ἐκπλαγεὶς ἔλαβεν τοὺς λίθους κρυφαίως καὶ |
| Abr.1 | 5 | 4 | ἀλλὰ ἄπελθε ἐν τῷ σῷ τρικλίνῳ καὶ ἀνάπαυσαι καὶ μὴ | * γενώμεθα * | ἐπιβαρεῖς τοῦ ἀνθρώπου τούτου. τότε Ἰσαὰκ |
| Abr.1 | 6 | 7 | καὶ γὰρ τὰ δάκρυα αὐτοῦ ὀψὲ ἐν τῷ νιπτῆρι πίπτοντα | * ἐγένοντο * | τίμιοι λίθοι καὶ ἐκβαλὼν ἐκ τοῦ κόλπου αὐτοῦ |
| Abr.1 | 8 | 1 | ἀρχιστράτηγος ἀκούσας τὸ ῥῆμα τοῦτο εὐθέως ἀφανὴς | * ἐγένετο * | καὶ ἀνῆλθεν εἰς τοὺς οὐρανοὺς καὶ ἔστη ἐνώπιον |
| Abr.1 | 10 | 3 | καὶ ἁπλῶς εἰπεῖν εἶδεν πάντα τὰ τοῦ κόσμου | * γινόμενα * | ἀγαθὰ καὶ πονηρά. διερχόμενος δὲ Ἀβραὰμ εἶδεν |
| Abr.1 | 11 | 9 | δόξῃ καὶ βλέπει τὸν κόσμον καθότι πάντες ἐξ αὐτοῦ | * ἐγένοντο * | καὶ ὅτε ἴδῃ πολλὰς ψυχὰς εἰσερχομένας διὰ τῆς |
| Abr.1 | 13 | 4 | αὐτοῦ παρουσίας καὶ τότε δικαιότατε Ἀβραὰμ | * γενήσεται * | τελεία κρίσις καὶ ἀνταπόδοσις αἰωνία καὶ |
| Abr.1 | 13 | 5 | ἀνακρῖναι πᾶς ἄνθρωπος ἐκ τοῦ πρωτοπλάστου | * γεγένηται * | καὶ διὰ τοῦτο ἐνταῦθα πρῶτον ἐκ τοῦ τοιούτου |
| Abr.1 | 13 | 8 | καὶ ὁ λύων οὐδεὶς καὶ λοιπὸν διὰ τριῶν βημάτων | * γίνεται * | ἡ κρίσις τοῦ κόσμου καὶ ἀνταπόδοσις καὶ διὰ |
| Abr.1 | 14 | 5 | ἡμῖν ὁ θεὸς καὶ ὁ ἀρχιστράτηγος εἶπεν ἀμὴν | * γένοιτο. * | καὶ ἐποίησαν δέησιν καὶ εὐχὴν πρὸς τὸν θεὸν |
| Abr.1 | 15 | 15 | τούτου κέλευσον ἀθάνατε βασιλεῦ τί ῥῆμα καὶ | * γενήσεται. * | τότε ὁ ὕψιστος εἶπεν κάλεσόν μοι ὧδε τὸν |
| Abr.1 | 16 | 6 | λαμπροτάτην ⟨καὶ ἐποίησεν ὄψιν ἡλιόμορφον⟩ καὶ | * γέγονεν * | εὐπρεπὴς ὡραῖος ὑπὲρ τοὺς υἱοὺς τῶν ἀνθρώπων |
| Abr.1 | 17 | 7 | σου καὶ τὸ μέγεθος τῆς ἀγάπης σου τῆς πρὸς θεὸν | * ἐγένετο * | στέφανος ἐπὶ τῆς ἐμῆς κεφαλῆς καὶ ἐν ὡραιότητι |
| Abr.1 | 18 | 10 | διὰ τῆς σῆς ἀγριότητος. καὶ εἶπεν ὁ θάνατος ἀμὴν | * γένοιτο * | ἀναστὰς οὖν Ἀβραὰμ ἔπεσεν ἐπὶ πρόσωπον ἐπὶ τὴν |
| Abr.1 | 19 | 9 | δένδρων ⟨ἢ⟩ κρημνοῦ κατερχόμενοι καὶ ἀνύπαρκτοι | * γινόμενοι * | τελευτῶσιν καὶ εἰς τύπον κρημνοῦ θεωροῦσιν τὸν |
| Abr.1 | 19 | 12 | κλυδωνίῳ μεγάλῃ περιπεσόντες ⟨ἐν τοῖς⟩ ναυαγίοις | * γεγονότες * | ὑποβρύχιοι γίνονται θαλάσσιον θάνατον |
| Abr.1 | 19 | 12 | ⟨ἐν τοῖς⟩ ναυαγίοις γεγονότες ὑποβρύχιοι | * γίνονται * | θαλάσσιον θάνατον βλέποντες τῆς δὲ βροντῆς τῆς |
| Abr.1 | 19 | 13 | καὶ ἀστραπῆς φοβερᾶς ἐλθούσης ἀνάρπαστοι | * γίνονται * | καὶ οὕτω τὸν θάνατον βλέπουσιν ἔδειξά σοι καὶ |
| Abr.1 | 20 | 13 | καὶ πατρὸς καὶ δὴ πολλῆς ἀνυμνήσεως καὶ δοξολογίας | * γενομένης * | ἦλθεν ἡ ἄχραντος φωνὴ τοῦ θεοῦ καὶ πατρὸς |
| Abr.2 | 1 | 1 | περὶ τῆς διαθήκης αὐτοῦ. κύριε εὐλόγησον. | * ἐγένετο * | ἡνίκα ἤγγισαν αἱ ἡμέραι Ἀβραὰμ παραστῆναι |
| Abr.2 | 2 | 7 | εἰσελθεῖν με εἰς τὸν οἶκόν σου καὶ ἐπιβαρής σοι | * γενήσωμαι. * | ἀπεκρίθη Ἀβραὰμ λέγων αὐτῷ οἱ γονεῖς μου |
| Abr.2 | 3 | 5 | ὑπηρετήσατε ἵνα φάγωμεν καὶ πίωμεν ὅτι εὐφρασία | * γίνεται * | σήμερον. καὶ ἤνεγκαν οἱ παῖδες καθὼς παρήγγειλεν |
| Abr.2 | 3 | 7 | ἡμᾶς λέγω γὰρ ἐν τῇ ψυχῇ μου ὅτι τοῦτο ὕστερόν μοι | * γενήσεται * | τὸ ἐπιπλῆσαι ὕδωρ εἰς νιπτῆρα καὶ πλῦναι πόδας |
| Abr.2 | 3 | 9 | ὦ πάτερ τί ἐστιν τοῦτο ὃ εἶπας ὅτι ἔσχατόν μοι | * ἐγένετο * | τοῦτο τοῦ νίψαι πόδας ἀνθρώπου ξενιζομένου ἐν τῷ |
| Abr.2 | 3 | 11 | καὶ ἔπεσαν τὰ δάκρυα Μιχαὴλ ἐπὶ τῆς λεκάνης καὶ | * ἐγένοντο * | λίθος. ἤκουσε δὲ Σάρρα τοὺς κλαυθμοὺς αὐτῶν |
| Abr.2 | 4 | 2 | τὴν σκηνήν σου καὶ τὰ ἴδιά σου ἐργάζου μὴ ἐπιβαρὴς | * γένῃ * | τῷ ξένῳ τούτῳ ἀνθρώπῳ. ἀνεχώρησεν δὲ Σάρρα ὡς |
| Abr.2 | 5 | 5 | ἀπεκρίθη Ἀβραὰμ καὶ εἶπεν μὴ ἐπιβαρεῖς | * γενώμεθα * | τῷ ξένῳ ἀνθρώπῳ τῷ ἐλθόντι πρὸς ἡμᾶς ἀλλὰ |
| Abr.2 | 6 | 1 | τῆς φωνῆς οὐδὲ τῆς ἐντολῆς τοῦ πατρὸς αὐτοῦ. | * ἐγένετο * | δὲ ὡς ὥρα ἑβδόμη τῆς νυκτὸς καὶ διυπνισθεὶς |
| Abr.2 | 7 | 5 | ἥλιον καὶ τὴν σελήνην καὶ στέφανος ἐπὶ τὴν κεφαλὴν | * ἐγένετο * | καὶ ἰδοὺ ἀνὴρ παμμεγέθης λίαν λάμπων ἐκ τοῦ |
| Abr.2 | 7 | 15 | ἀναβαίνοντα εἰς τοὺς οὐρανοὺς καὶ εἶδον τὸν ἥλιον | * γενόμενον * | ⟨ὅμοιον⟩ τοῦ πατρός μου. καὶ ἀπεκρίθη Μιχαὴλ |
| Abr.2 | 7 | 16 | καὶ ἀπεκρίθη Μιχαὴλ καὶ εἶπεν ἐν ἀληθείᾳ ἀληθῶς | * ἐγένετο * | ὁ ἥλιος Ἰσαὰκ ὁ πατήρ σού ἐστιν Ἀβραὰμ |
| Abr.2 | 10 | 6 | αὐτήν. καὶ ἀπεκρίθη ἡ ψυχὴ καὶ εἶπεν φόνος οὐ | * γέγονεν * | δι' ἐμοῦ ἀλλ' αὐτὴ κατεψεύσατό μου. ὁ δὲ κριτὴς |
| Abr.2 | 10 | 12 | εἶπεν ὦ ταλαίπωρε ψυχὴ πῶς λέγεις ὅτι φόνος οὐ | * γέγονεν * | δι' ἐμοῦ οὐχὶ σὺ ἀπελθοῦσα τελευτήσαντος τοῦ |
| Abr.2 | 11 | 8 | θέλω δοῦναι ψυχῆς ἀπόφασιν ὅπως μή τινος ἐπίβαρυς | * γένωμαι. * | καὶ λέγει ὁ κύριος τῷ Ἑνὼχ τίθημι σημεῖον πρός |
| Abr.2 | 12 | 1 | αὐτῆς γεγραμμένας καὶ βληθήσεται εἰς τὴν κόλασιν. | * ἐγένετο * | δὲ μετὰ τὸ θεωρῆσαι Ἀβραὰμ τὸν τόπον τοῦ |
| Abr.2 | 12 | 15 | τῇ ὥρᾳ ἐπέστρεψεν Μιχαὴλ τὸν Ἀβραὰμ ἐπὶ τὴν γῆν. | * ἐγένετο * | δὲ ἡνίκα ἀπέθανεν Σάρρα ἔθαψεν αὐτὴν Ἀβραάμ. |
| Abr.2 | 13 | 19 | πρὸς αὐτὸν λαμβάνουσιν ὅλην τὴν δικαιοσύνην καὶ | * γίνεται * | στέφανος ἐπὶ τὴν κεφαλήν μου καὶ ἀπέρχομαι πρὸς |
| Abr.2 | 14 | 6 | δὲ Ἀβραὰμ πρὸς κύριον καὶ ἀνέστησεν αὐτούς. | * ἐγένετο * | δὲ ὡς ἐπέστρεψεν Ἀβραὰμ ἐξήνεγκεν ὁ θάνατος τὴν |
| TRub. | 1 | 10 | πενθῶν ἐπὶ τῇ ἁμαρτίᾳ μου μεγάλῃ γὰρ ἦν καὶ οὐ μὴ | * γένηται * | ἐν τῷ Ἰσραὴλ οὕτως. καὶ νῦν ἀκούσατέ μου τέκνα |
| TRub. | 2 | 4 | σύστασις κτίζεται δεύτερον πνεῦμα ὁράσεως μεθ' ἧς | * γίνεται * | ἐπιθυμία τρίτον πνεῦμα ἀκοῆς μεθ' ἧς δίδοται |
| TRub. | 2 | 6 | ἀέρος καὶ πνοῆς πέμπτον πνεῦμα λαλιᾶς μεθ' ἧς | * γίνεται * | γνῶσις ἕκτον πνεῦμα γεύσεως μεθ' ἧς γίνεται |
| TRub. | 2 | 7 | ἧς γίνεται γνῶσις ἕκτον πνεῦμα γεύσεως μεθ' ἧς | * γίνεται * | βρῶσις βρωτῶν καὶ ποτῶν καὶ ἰσχὺς ἐν αὐτοῖς |
| TRub. | 5 | 6 | πρὸ τοῦ κατακλυσμοῦ κἀκεῖνοι συνεχῶς ὁρῶντες αὐτὰς | * ἐγένοντο * | ἐν ἐπιθυμίᾳ ἀλλήλων καὶ συνέλαβον τῇ διανοίᾳ |
| TSim. | 2 | 3 | ὅτι ἤκουσε κύριος τῆς δεήσεως αὐτῆς. δυνατὸς | * ἐγενόμην * | σφόδρα οὐκ ἐδειλίασα πρᾶξιν οὐδὲ ἐφοβήθην ἀπὸ |
| TSim. | 3 | 4 | καὶ ἔγνων ὅτι ἡ λύσις τοῦ φθόνου διὰ φόβου θεοῦ | * γίνεται. * | ἐάν τις ἐπὶ κύριον καταφύγῃ ἀποτρέχει τὸ |
| TSim. | 3 | 5 | καταφύγῃ ἀποτρέχει τὸ πονηρὸν πνεῦμα ἀπ' αὐτοῦ καὶ | * γίνεται * | ἡ διάνοια κούφη καὶ λοιπὸν συμπαθεῖ τῷ |
| TLevi | 2 | 3B012 | δοῦλος καὶ λατρεῦσαί σοι καλῶς. τεῖχος εἰρήνης σου | * γενέσθαι * | κύκλῳ μου καὶ σκέπη σου τῆς δυναστείας |
| TLevi | 2 | 3B017 | εἰσάκουσον δὲ καὶ τῆς φωνῆς τοῦ παιδός σου Λευὶ | * γενέσθαι * | σοι ἐγγὺς καὶ μέτοχον ποίησον τοῖς λόγοις σου |
| TLevi | 4 | 2 | προσευχῆς σου τοῦ διελεῖν σε ἀπὸ τῆς ἀδικίας καὶ | * γενέσθαι * | αὐτῷ υἱὸν καὶ θεράποντα καὶ λειτουργὸν τοῦ |
| TLevi | 5 | 7 | εἰς αὐτὸν προσβάλλει. καὶ μετὰ ταῦτα ὥσπερ ἔξυπνος | * γενόμενος * | εὐλόγησα τὸν ὕψιστον καὶ τὸν ἄγγελον τὸν |
| TLevi | 8 | 3 | βαστάζοντες ἐπέθηκάν μοι καὶ εἶπαν ἀπὸ τοῦ νῦν | * γίνου * | εἰς ἱερέα κυρίου σὺ καὶ τὸ σπέρμα σου ἕως αἰῶνος. |
| TLevi | 8 | 12 | πιστεύσας πρῶτος ἔσται κλῆρος μέγας ὑπὲρ αὐτὸν οὐ | * γενήσεται. * | ὁ δεύτερος ἔσται ἐν ἱερωσύνῃ. ὁ τρίτος |
| TLevi | 13 | 7 | σοφίαν κτήσασθε ἐν φόβῳ θεοῦ μετὰ σπουδῆς ὅτι ἐὰν | * γένηται * | αἰχμαλωσία καὶ πόλεις ὀλοθρευθῶσι καὶ χῶραι καὶ |
| TLevi | 13 | 8 | εἰ μὴ τύφλωσις ἀσεβείας καὶ πήρωσις ἁμαρτίας ὅτι | * γενήσεται * | αὐτῷ αὐτὴ καὶ παρὰ τοῖς πολεμίοις λαμπρὰ καὶ |
| TLevi | 14 | 1 | ἐφ' ὑμῖν οἱ ἀδελφοὶ ὑμῶν καὶ πᾶσι τοῖς ἔθνεσι | * γενήσεσθε * | χλευασμός. καὶ γὰρ ὁ πατὴρ ἡμῶν Ἰσραὴλ |
| TLevi | 14 | 6 | γυναῖκας καθαρίζοντες αὐτὰς καθαρισμῷ παρανόμῳ καὶ | * γενήσεται * | ἡ μεῖξις ὑμῶν Σόδομα καὶ Γόμορρα ἐν ἀσεβείᾳ |
| TLevi | 18 | 1 | ἀσελγεῖς παιδοφθόροι καὶ κτηνοφθόροι. καὶ μετὰ τὸ | * γενέσθαι * | τὴν ἐκδίκησιν αὐτῶν παρὰ κυρίου ἐκλείψει ἡ |
| TLevi | 18 | 2B018 | ἐγγὺς εἶ κυρίου καὶ σὺ ἐγγὺς τῶν ἁγίων αὐτοῦ. | * γίνου * | καθαρὸς ἐν τῷ σώματί σου ἀπὸ πάσης ἀκαθαρσίας |
| TLevi | 18 | 2B047 | καὶ τοῦ σικλίου τὸ τέταρτον ὁλκὴ θερμῶν δ' ἐστὶν | * γίνεται * | ὁ σίκλος ὡσεὶ ις' θερμοὶ καὶ ὁλκῆς μιᾶς. καὶ νῦν |
| TJud. | 1 | 3 | ἦλθον πρὸς αὐτὸν καὶ εἶπεν αὐτοῖς τέταρτος υἱὸς | * ἐγενόμην * | τῷ πατρί μου καὶ ἡ μήτηρ μου ὠνόμασέ με Ἰουδὰ |
| TJud. | 1 | 6 | τὴν μητέρα μου καὶ τὴν ἀδελφὴν τῆς μητρός μου. καὶ | * ἐγένετο * | ὡς ἠνδρώθην καὶ ὁ πατήρ μου Ἰακὼβ ηὔξατό μοι |
| TJud. | 4 | 1 | ἕπεταί μοι ἐν πᾶσι τοῦ μὴ ἡττᾶσθαι. καὶ κατὰ νότον | * γέγονεν * | ἡμῖν πόλεμος μείζων τοῦ ἐν Σικίμοις καὶ |
| TJud. | 7 | 10 | καὶ ὁ πατήρ μου τὴν Ραμβαηλ. εἴκοσιν ἐτῶν ἤμην ὅτε | * ἐγένετο * | ὁ πόλεμος οὗτος καὶ ἦσαν οἱ Χαναναῖοι φοβούμενοι |
| TJud. | 9 | 7 | ἑξήκοντα. τότε αἰτοῦσιν ἡμᾶς τὰ πρὸς εἰρήνην καὶ | * γενόμενοι * | βουλῆς τοῦ πατρὸς ἡμῶν ἐδεξάμεθα αὐτοὺς |
| TJud. | 16 | 2 | μὴ αἰδούμενοι καὶ ἀποστῇ ὁ τοῦ θεοῦ φόβος λοιπὸν | * γίνεται * | μέθη καὶ παρεισέρχεται ἡ ἀναισχυντία. εἰ δὲ ⟨μὴ⟩ |
| TJud. | 16 | 4 | μὴ ἀποκαλύψαι. καὶ πολέμου δὲ καὶ ταραχῆς αἴτιος | * γίνεται * | ὁ οἶνος. ἐντέλλομαι οὖν ὑμῖν τέκνα μου μὴ ἀγαπᾶν |
| TJud. | 24 | 5 | σκῆπτρον βασιλείας μου καὶ ἀπὸ τῆς ῥίζης ὑμῶν | * γενήσεται * | πυθμήν. καὶ ἐν αὐτῷ ἀναβήσεται ῥάβδος |
| TIss. | 1 | 13 | ἐκείνη οὐκ εἴασέ με ἰδεῖν ὅτι εἰ ἤμην ἐκεῖ οὐκ | * ἐγίνετο * | τοῦτο. καὶ εἶπε Ῥαχὴλ λάβε ἕνα μανδραγόραν καὶ |
| TIss. | 3 | 1 | τέκνα μου ἐπορευόμην ἐν εὐθύτητι καρδίας καὶ | * ἐγενόμην * | γεωργὸς τῶν πατέρων μου καὶ τῶν ἀδελφῶν μου καὶ |
| TIss. | 7 | 4 | πᾶν ἐπιθύμημα τοῦ πλησίον οὐκ ἐπόθησα δόλος οὐκ | * ἐγένετο * | ἐν καρδίᾳ μου ψεῦδος οὐκ ἀνῆλθε διὰ τῶν χειλέων |
| TZab. | 1 | 5 | ἐπὶ τοῖς ἀδελφοῖς μου μὴ εἰπεῖν τῷ πατρί μου τὸ | * γενόμενον. * | καὶ ἔκλαιον πολλὰ ἐν κρυφῇ ἐφοβούμην γὰρ τοὺς |
| TZab. | 2 | 8 | ἐκώλυσε κύριος τοῦ ἀναβῆναι ὕδωρ ἐν αὐτοῖς ἵνα | * γένηται * | περιποίησις τοῦ Ἰωσήφ. καὶ ἐποίησε κύριος οὕτως |
| TZab. | 8 | 5 | εἰς ὃν ἐμβλέποντες καὶ ὑμεῖς ἀμνησίκακοι | * γίνεσθε * | τέκνα μου καὶ ἀγαπᾶτε ἀλλήλους καὶ μὴ λογίζεσθε |
| TZab. | 9 | 2 | ἐὰν δὲ εἰς πολλὰ διαιρεθῇ ἡ γῆ ἀφανίζει αὐτὰ καὶ | * γίνεται * | εὐκαταφρόνητα. καὶ ὑμεῖς ἐὰν διαιρεθῆτε ἔσεσθε |
| TDan | 3 | 1 | ὁ θυμὸς τέκνα μου καὶ γὰρ αὐτῇ τῇ ψυχῇ αὐτὸς | * γίνεται * | ψυχή. καὶ τὸ μὲν σῶμα ἰδιοποιεῖται τοῦ θυμώδους |

| | | | | | |
|---|---|---|---|---|---|
| TDan | 3 | 6 | τοῦ σατανᾶ πορεύεται ἵνα ἐν ὠμότητι καὶ ψεύδει | * γίνωνται * | αἱ πράξεις αὐτοῦ. οὐκοῦν σύνετε τὴν δύναμιν τοῦ |
| TDan | 7 | 3 | καὶ πατριᾶς αὐτῶν καὶ σπέρματος αὐτῶν οὕτως καὶ | * γέγονεν. * | |
| TNep. | 3 | 4 | κύριον τὸν ποιήσαντα ταῦτα πάντα ἵνα μὴ | * γένησθε * | ὡς Σόδομα ἥτις ἐνήλλαξε τάξιν φύσεως αὐτῆς. |
| TNep. | 6 | 4 | ἡμῶν ἐμβῶμεν εἰς τὸ πλοῖον ἡμῶν. ὡς δὲ εἰσήλθομεν | * γίνεται * | χειμὼν σφοδρὸς καὶ λαῖλαψ ἀνέμου μεγάλου καὶ |
| TNep. | 8 | 1 | τέκνα μου ὑπέδειξα ὑμῖν καιροὺς ἐσχάτους ὅτι πάντα | * γενήσεται * | ἐν Ἰσραήλ. καὶ ὑμεῖς οὖν ἐντείλασθε τοῖς |
| TNep. | 8 | 9 | προσευχὴν αὐτοῦ. καὶ δύο ἐντολαί εἰσιν καὶ εἰ μὴ | * γένωνται * | ἐν τάξει αὐτῶν ἁμαρτίαν παρέχουσιν. οὕτως ἐστὶ |
| TNep. | 8 | 10 | παρέχουσιν. οὕτως ἐστὶ καὶ ἐπὶ τῶν λοιπῶν ἐντολῶν. | * γίνεσθε * | οὖν σοφοὶ ἐν θεῷ καὶ φρόνιμοι εἰδότες τάξιν |
| TGad | 1 | 2 | εἰκοστῷ ἑβδόμῳ ζωῆς αὐτοῦ λέγων ἔνατος υἱὸς | * ἐγενόμην * | τῷ Ἰακὼβ καὶ ἤμην ἀνδρεῖος ἐπὶ τῶν ποιμνίων. |
| TAser | 3 | 1 | τῶν οὐρανῶν οὕτως εἶπεν. ὑμεῖς οὖν τέκνα μου μὴ | * γίνεσθε * | κατ᾽ αὐτοὺς διπρόσωποι ἀγαθότητος καὶ κακίας |
| TAser | 7 | 1 | τῆς εἰρήνης <ὃς> παρακαλέσει αὐτὸν ἐν ζωῇ. μὴ | * γίνεσθε * | τέκνα ὡς Σόδομα ἥτις ἠγνόησε τοὺς ἀγγέλους |
| TJos. | 13 | 8 | τῶν Ἰσμαηλιτῶν. καὶ πάλιν λέγει μοι πῶς αὐτῶν | * ἐγένου * | δοῦλος; καὶ εἶπον ὅτι ἐκ γῆς Χανάαν ἐπριαντό με. |
| TJos. | 19 | 5 | οἱ ἄγγελοι καὶ οἱ ἄνθρωποι καὶ πᾶσα ἡ γῆ. ταῦτα δὲ | * γενήσεται * | ἐν καιρῷ αὐτῶν ἐν ἐσχάταις ἡμέραις. ὑμεῖς οὖν |
| TBen. | 5 | 5 | μετ᾽ οὐ πολὺ φαιδρότερος ἀναφαίνεται οἷος | * γέγονεν * | Ἰωσὴφ ὁ ἀδελφός μου. τὸ διαβούλιον τοῦ ἀγαθοῦ |
| TBen. | 9 | 2 | ὅτι εὐθὺς αὐτὸς λήψεται αὐτήν. πλὴν ἐν μερίδι ὑμῶν | * γενήσεται * | ναὸς θεοῦ καὶ ἔνδοξος ἔσται ὁ ἔσχατος ὑπὲρ τὸν |
| TBen. | 10 | 10 | ἐν τοῖς Μαδιναίοις τοῖς ἀπειθήσασιν ἀδελφοὺς αὐτῶν | * γενέσθαι * | διὰ τῆς πορνείας καὶ τῆς εἰδωλολατρείας καὶ |
| TBen. | 10 | 10 | καὶ τῆς εἰδωλολατρείας καὶ ἀπηλλοτριώθησαν θεοῦ | * γενόμενοι * | οὐ τέκνα ἐν μερίδι φοβουμένων κύριον. ὑμεῖς δὲ |
| Asen. | 1 | 1 | καὶ | * ἐγένετο * | ἐν τῷ πρώτῳ ἔτει τῶν ἑπτὰ ἐτῶν τῆς εὐθηνίας ἐν |
| Asen. | 3 | 1 | καὶ ἐπότιζε πάντα τὰ δένδρα τῆς αὐλῆς ἐκείνης. καὶ | * ἐγένετο * | ἐν τῷ πρώτῳ ἔτει τῶν ἑπτὰ ἐτῶν τῆς εὐθηνίας ἐν |
| Asen. | 8 | 9 | συγκαταρίθμησον αὐτὴν τῷ λαῷ σου ὃν ἐξελέξω πρὶν | * γενέσθαι * | τὰ πάντα καὶ εἰσελθέτω εἰς τὴν κατάπαυσίν σου |
| Asen. | 9 | 2 | προσώχθισε τοῖς εἰδώλοις πᾶσι καὶ περιέμενε τοῦ | * γενέσθαι * | ἑσπέρα<ν>. καὶ Ἰωσὴφ ἔφαγε καὶ ἔπιε καὶ εἶπε |
| Asen. | 13 | 7 | κύριέ μου ἐκ τῶν δακρύων μου καὶ τῆς τέφρας πηλὸς | * γέγονε * | πολὺς ἐν τῷ θαλάμῳ μου ὡς ἐν ὁδῷ πλατείᾳ. ἰδοὺ |
| Asen. | 13 | 9 | οὐκ ἔφαγον καὶ ὕδωρ οὐκ ἔπιον καὶ τὸ στόμα μου | * γέγονε * | ξηρὸν ὡς τύμπανον καὶ ἡ γλῶσσά μου ὡς κέρας καὶ |
| Asen. | 13 | 9 | καὶ οἱ ὀφθαλμοί μου ἐν αἰσχύνῃ φλεγμονῆς | * ἐγένοντο * | ἐκ τῶν δακρύων μου τῶν πολλῶν καὶ ἡ ἰσχύς μου |
| Asen. | 15 | 3 | τῶν δακρύων σου καὶ τῆς τέφρας ταύτης πηλὸς πολὺς | * γέγονε * | πρὸ προσώπου σου. θάρσει Ἀσενὲθ ἡ παρθένος ἁγνή. |
| Asen. | 16 | 11 | ἐν τῷ ταμιείῳ μου πώποτε ἀλλὰ σὺ ἐλάλησας καὶ | * γέγονε. * | μήτιγε τοῦτο ἐκ τοῦ στόματός σου ἐξῆλθε διότι ἡ |
| Asen. | 16 | 16B | ἀπέκλασε καὶ ἀπεκατεστάθη καὶ ἐπληρώθη καὶ εὐθὺς | * ἐγένετο * | ὁλόκληρον ὡς ἦν ἐν ἀρχῇ. καὶ πάλιν ὁ ἄνθρωπος |
| Asen. | 16 | 17 | βλέπον κατὰ δυσμὰς καὶ ἡ ὁδὸς τοῦ δακτύλου αὐτοῦ | * ἐγένετο * | ὡς αἷμα>. καὶ ἐξέτεινε τὸ δεύτερον τὴν χεῖρα |
| Asen. | 16 | 17 | πρὸς μεσημβρίαν καὶ ἡ ὁδὸς τοῦ δακτύλου αὐτοῦ | * ἐγένετο * | ὡς αἷμα>. καὶ Ἀσενὲθ εἱστήκει ἐξ εὐωνύμων αὐτοῦ |
| Asen. | 18 | 4 | σου; καὶ εἶπεν αὐτῷ Ἀσενὲθ τῆς κεφαλῆς μου πόνος | * γέγονε * | βαρὺς καὶ ὁ ὕπνος ἀπέστη ἀπὸ τῶν ὀφθαλμῶν μου καὶ |
| Asen. | 21 | 9 | γάμων Ἰωσὴφ καὶ Ἀσενὲθ θανάτῳ ἀποθανεῖται. καὶ | * ἐγένετο * | μετὰ ταῦτα εἰσῆλθεν Ἰωσὴφ πρὸς Ἀσενὲθ καὶ |
| Asen. | 21 | 21 | φαγεῖν ἄρτον ζωῆς καὶ <πιεῖν> ποτήριον σοφίας καὶ | * ἐγενόμην * | αὐτοῦ νύμφη εἰς τοὺς αἰῶνας <τῶν αἰώνων>. καὶ |
| Asen. | 22 | 1 | αὐτοῦ νύμφη εἰς τοὺς αἰῶνας <τῶν αἰώνων>. καὶ | * ἐγένετο * | μετὰ ταῦτα παρῆλθον τὰ ἑπτὰ ἔτη τῆς εὐθηνίας καὶ |
| Asen. | 23 | 1 | ὑπὲρ πέτρας τοῦ ἑβδόμου οὐρανοῦ.> καὶ | * ἐγένετο * | ἐν τῷ παριέναι τὸν Ἰωσὴφ καὶ τὴν Ἀσενὲθ εἶδεν |
| Asen. | 24 | 20 | καὶ ἀπεκρύβησαν ἐν τῇ ὕλῃ τοῦ καλάμου. <καὶ> | * γεγόνασιν * | εἰς τέσσαρας ἀρχάς. καὶ ἐκάθισαν ἐκεῖθεν τοῦ |
| Asen. | 25 | 7 | Γὰδ καὶ εἶπον ἀλλ᾽ ὡς γυναῖκες ἀποθανούμεθα; μὴ | * γένοιτο. * | καὶ ἐξῆλθον εἰς συνάντησιν τῷ Ἰωσὴφ καὶ τῇ |
| Asen. | 28 | 6 | ἀποδιδόντες κακὸν ἀντὶ κακοῦ τινι ἀνθρώπῳ. λοιπὸν | * γενοῦ * | ἵλεως τοῖς δούλοις σου δέσποινα ἐνώπιον αὐτῶν. καὶ |
| Sal. | 1 | 3 | ἐπλήσθην δικαιοσύνης ἐν τῷ εὐθηνῆσαί με καὶ πολλὴν | * γενέσθαι * | ἐν τέκνοις. ὁ πλοῦτος αὐτῶν διεδόθη εἰς πᾶσαν |
| Sal. | 4 | 14 | ἐμπίπλαται ἡ ψυχὴ αὐτοῦ ὡς ᾅδης ἐν πᾶσι τούτοις. | * γένοιτο * | κύριε ἡ μερὶς αὐτοῦ ἐν ἀτιμίᾳ ἐνώπιόν σου ἡ |
| Sal. | 4 | 25 | καὶ κραταιὸς κύριος ὁ θεὸς ἡμῶν ἐν δικαιοσύνῃ. | * γένοιτο * | κύριε τὸ ἔλεός σου ἐπὶ πάντας τοὺς ἀγαπῶντάς σε. |
| Sal. | 14 | 8 | διὰ παντὸς καὶ ταμιεῖα καρδίας ἐπίσταται πρὸ τοῦ | * γενέσθαι. * | διὰ τοῦτο ἡ κληρονομία αὐτῶν ᾅδης καὶ σκότος |
| Sal. | 17 | 18 | ψυχὴ σεσῳσμένη ἐξ αὐτῶν. εἰς πᾶσαν τὴν γῆν | * ἐγενήθη * | ὁ σκορπισμὸς αὐτῶν ὑπὸ ἀνόμων ὅτι ἀνέσχεν ὁ |
| Sal. | 17 | 44 | λόγοι ἁγίων ἐν μέσῳ λαῶν ἡγιασμένων. μακάριοι οἱ | * γενόμενοι * | ἐν ταῖς ἡμέραις ἐκείναις ἰδεῖν τὰ ἀγαθὰ Ισραηλ |
| Sal. | 18 | 6 | ἐκλογῆς ἐν ἀνάξει χριστοῦ αὐτοῦ. μακάριοι οἱ | * γενόμενοι * | ἐν ταῖς ἡμέραις ἐκείναις ἰδεῖν τὰ ἀγαθὰ κυρίου |
| Jer. | 1 | 1 | τα παραλειπομενα Ιερεμιου του προφητου. | * ἐγένετο * | ἡνίκα ᾐχμαλωτεύθησαν οἱ υἱοὶ Ἰσραὴλ ἀπὸ τοῦ |
| Jer. | 2 | 6 | τὸν λαὸν τοῦτον. καὶ εἶπε Βαροὺχ πάτερ Ἰερεμία τί | * γέγονε; * | καὶ εἶπεν Ἰερεμίας ὅτι ὁ θεὸς παραδίδωσι τὴν |
| Jer. | 3 | 1 | καὶ ἦσαν διερρωγότα τὰ ἱμάτια αὐτῶν. ὡς δὲ | * ἐγένετο * | ἡ ὥρα τῆς νυκτὸς καθὼς εἶπεν ὁ κύριος τῷ |
| Jer. | 3 | 2 | τὰ τείχη τῆς πόλεως Ἰερεμίας καὶ Βαρούχ. καὶ ἰδοὺ | * ἐγένετο * | φωνὴ σαλπίγγων καὶ ἐξῆλθον ἄγγελοι ἐκ τοῦ |
| Jer. | 3 | 15 | ἡ γῆ. ἐκάθισαν δέ οἱ δύο καὶ ἔκλαυσαν. πρωΐας δὲ | * γενομένης * | ἀπέστειλεν Ἰερεμίας τὸν Ἀβιμέλεχ λέγων ἆρον |
| Jer. | 4 | 1 | Ἀβιμέλεχ δὲ ἐπορεύθη καθὰ εἶπεν αὐτῷ. πρωΐας δὲ | * γενομένης * | ἰδοὺ ἡ δύναμις τῶν Χαλδαίων ἐκύκλωσε τὴν |
| Jer. | 4 | 4 | ἄξιοι τοῦ φυλάξαι αὐτὰς ὅτι ἐπίτροποι τοῦ ψεύδους | * ἐγενήθημεν. * | ἔτι κλαίοντος Ἰερεμίου τὸν λαὸν ἐξήνεγκαν |
| Jer. | 6 | 3 | ὁ ἱκανὸς καὶ ἀρεῖ σε ἐν τῷ σκηνώματί σου οὐ γὰρ | * γέγονε * | σοι ἁμαρτία. ἀνάψυξον ἐν τῷ σκηνώματι σου ἐν τῇ |
| Jer. | 6 | 6 | οὐδὲ ὤζεσαν ἀλλὰ στάζουσι τοῦ γάλακτος. οὕτως | * γίνεταί * | σοι ἡ σάρξ μου ἐὰν ποιήσῃς τὰ προσταχθέντα σου |
| Jer. | 6 | 8 | φάσιν τῷ Ἰερεμίᾳ εἰς Βαβυλῶνα διὰ τὴν σκέπην τὴν | * γενομένην * | σοι ἐν τῇ ὁδῷ. καὶ ηὔξατο Βαροὺχ λέγων ἡ |
| Jer. | 6 | 10 | γνῶναι ἄκουσον τῆς φωνῆς τῶν δούλων σου καὶ | * γενοῦ * | γνῶσις ἐν τῇ καρδίᾳ ἡμῶν. τί ποιήσωμεν καὶ πῶς |
| Jer. | 6 | 13 | ἐν τῇ ἐπιστολῇ ὅτι λάλησον τοῖς υἱοῖς Ἰσραὴλ ὁ | * γενόμενος * | ἐν ὑμῖν ξένος ἀφορισθήτω καὶ ποιήσωσι ιε᾽ |
| Jer. | 6 | 22 | αὐτὸν ἐκ τῆς Βαβυλῶνος ὁ δὲ μὴ ἀκούων ξένος | * γενήσεται * | τῆς Ἰερουσαλὴμ καὶ τῆς Βαβυλῶνος. δοκιμάσεις |
| Jer. | 6 | 23 | ἐκ τοῦ ὕδατος τοῦ Ἰορδάνου ὁ μὴ ἀκούων φανερὸς | * γενήσεται * | τοῦτο τὸ σημεῖόν ἐστι τῆς μεγάλης σφραγῖδος. |
| Jer. | 7 | 11 | τῷ Ἰερεμίᾳ καὶ τοῖς σὺν αὐτῷ δεσμίοις ἵνα εὖ σοι | * γένηται * | ἆρον τὸν χάρτην τοῦτον τῷ λαῷ καὶ τῷ ἐκλεκτῷ τοῦ |
| Jer. | 7 | 17 | κατῆλθεν ὁ ἀετὸς ἐπὶ τὸν τεθνηκότα καὶ ἀνέζησε. | * γέγονε * | δὲ τοῦτο ἵνα πιστεύσωσιν. ἐθαύμασε δὲ πᾶς ὁ λαὸς |
| Jer. | 7 | 18 | ἵνα πιστεύσωσιν. ἐθαύμασε δὲ πᾶς ὁ λαὸς ἐπὶ τῷ | * γεγονότι * | λέγοντες ὅτι μὴ οὗτος ὁ θεὸς ὁ ὀφθεὶς τοῖς |
| Jer. | 7 | 23 | σε εἰσελθεῖν ἐνταῦθα ὅπως μὴ ἴδῃς τὴν κάκωσιν τὴν | * γενομένην * | τῷ λαῷ ὑπὸ τῶν Βαβυλωνίων. ὥσπερ γὰρ πατὴρ |
| Jer. | 8 | 1 | ἐκ τῶν ἀλισγημάτων τῶν ἐθνῶν τῆς Βαβυλῶνος. | * ἐγένετο * | δὲ ἡ ἡμέρα ἐν ᾗ ἐξέφερε κύριος τὸν λαὸν ἐκ |
| Jer. | 9 | 6 | ᾧ πᾶσα κρίσις κέκρυπται ἐν αὐτῷ πρὸ τοῦ ταῦτα | * γενέσθαι. * | ταῦτα λέγοντος τοῦ Ἰερεμίου καὶ ἱσταμένου ἐν |
| Jer. | 9 | 7 | ἐν τῷ θυσιαστηρίῳ μετὰ Βαροὺχ καὶ Ἀβιμέλεχ | * ἐγένετο * | ὡς εἷς τῶν παραδιδόντων τὴν ψυχὴν αὐτοῦ. καὶ |
| Jer. | 9 | 14 | αἰώνων πάντων ὁ ἄσβεστος λύχνος ἡ ζωὴ τῆς πίστεως. | * γίνεται * | δὲ μετὰ τοὺς καιροὺς τούτους ἄλλα ἔτη τετρακόσια |
| Jer. | 9 | 15 | τὸ στηριχθέν. καὶ τὸ κόκκινον ὡς ἔριον λευκὸν | * γενήσεται * | ἡ χιὼν μελανθήσεται τὰ γλυκέα ὕδατα ἁλμυρὰ |
| Jer. | 9 | 16 | ἡ χιὼν μελανθήσεται τὰ γλυκέα ὕδατα ἁλμυρὰ | * γενήσονται * | καὶ τὰ ἁλμυρὰ γλυκέα ἐν τῷ μεγάλῳ φωτὶ τῆς |
| Jer. | 9 | 25 | αἰώνων ποίησον τὸν λίθον τοῦτον καθ᾽ ὁμοιότητά μου | * γενέσθαι * | ἕως οὗ πάντα ὅσα εἶδον διηγήσωμαι τῷ Βαροὺχ καὶ |
| Bar. | 4 | 9 | καὶ εἶπον ἐγὼ Βαροὺχ καὶ ἐπεὶ τοσούτου κακοῦ αἰτία | * γέγονεν * | ἡ ἄμπελος καὶ κατάρας ὑπόδικος παρὰ θεοῦ καὶ τοῦ |
| Bar. | 4 | 15 | τούτου μεταβληθήσεται εἰς γλυκὺ καὶ ἡ κατάρα αὐτοῦ | * γενήσεται * | εἰς εὐλογίαν καὶ τὸ παρ᾽ αὐτοῦ γεννώμενον |
| Bar. | 4 | 15 | εἰς εὐλογίαν καὶ τὸ παρ᾽ αὐτοῦ γεννώμενον | * γενήσεται * | αἷμα θεοῦ καὶ ὥσπερ ὑπ᾽ αὐτοῦ τὴν καταδίκην |
| Bar. | 4 | 16 | ἀπεργάζονται καὶ τῆς τοῦ θεοῦ δόξης μακρὰν | * γίνονται * | καὶ τῷ αἰωνίῳ πυρὶ ἑαυτοὺς προξενοῦσιν. πᾶν γὰρ |
| Bar. | 4 | 17 | πυρὶ ἑαυτοὺς προξενοῦσιν. πᾶν γὰρ ἀγαθὸν δι᾽ αὐτοῦ | * γίνεται. * | ταῦτα γὰρ ποιοῦσιν οἱ τοῦτον εἰς κόρον πίνοντες |
| Bar. | 4 | 17 | τέκνα γονεῖς ἀλλὰ διὰ τῆς πτώσεως τοῦ οἴνου πάντα | * γίνονται * | οἷον φόνοι μοιχεῖαι πορνεῖαι ἐπιορκεῖαι κλοπαὶ |
| Bar. | 6 | 12 | μοι ἀφοδεύει σκώληκα καὶ τὸ τοῦ σκώληκος ἀφόδευμα | * γίνεται * | κινάμωμον ᾧπερ χρῶνται βασιλεῖς καὶ ἄρχοντες. |
| Bar. | 6 | 13 | δὲ καὶ ὄψει δόξαν θεοῦ. καὶ ἐν τῷ ὁμιλεῖν αὐτὸν | * ἐγένετο * | βροντὴ ὡς ἦχος βροντῆς καὶ ἐσαλεύθη ὁ τόπος ἐν ᾧ |
| Bar. | 11 | 3 | ἀλλ᾽ ἀνάμεινον καὶ ὄψει τὴν δόξαν τοῦ θεοῦ. καὶ | * ἐγένετο * | φωνὴ μεγάλη ὡς βροντή. καὶ εἶπον κύριε τί ἐστιν |
| Bar. | 11 | 5 | ἦλθεν φωνὴ ἀνοιγήτωσαν αἱ πύλαι. καὶ ἤνοιξαν καὶ | * ἐγένετο * | τρισμὸς ὡς βροντῆς. καὶ ἦλθεν Μιχαὴλ καὶ |
| Bar. | 13 | 5 | ἀγγέλους ἐκδέξασθε ἕως οὗ μάθω παρὰ κυρίου τό τί | * γένηται. * | καὶ αὐτῇ τῇ ὥρᾳ ἀπῆλθεν ὁ Μιχαὴλ καὶ |
| Bar. | 14 | 1 | ὥρᾳ ἀπῆλθεν ὁ Μιχαὴλ καὶ ἐκλείσθησαν αἱ θύραι. καὶ | * ἐγένετο * | φωνὴ ὡς βροντή. καὶ ἠρώτησα τὸν ἄγγελον τί ἐστιν |
| Bar. | 16 | 4 | ἐσυνετήρησαν τῶν ἐντολῶν μου οὐδὲ ἐποίησαν ἀλλ᾽ | * ἐγένοντο * | καταφρονηταὶ τῶν ἐντολῶν μου καὶ τῶν ἐκκλησιῶν |
| Prop. | 1 | 5 | τὸ μυστήριον. καὶ ἐπειδὴ διὰ τοῦ Ἡσαΐου τοῦτο | * γέγονε * | μνήμης χάριν καὶ ὁ λαὸς πλησίον αὐτὸν ἐπιμελῶς |
| Prop. | 2 | 7 | αὐτῶν καὶ συμπεσεῖν (διὰ σωτῆρος ἐκ παρθένου | * γενομένου * | ἐν φάτνῃ). δι᾽ ὃ καὶ ἕως νῦν τιμῶσι παρθένον |
| Prop. | 2 | 13 | πέτρᾳ ἐσφράγισε τῷ δακτύλῳ τὸ ὄνομα τοῦ θεοῦ καὶ | * γέγονεν * | ὁ τύπος ὡς γλυφὴ σιδήρου καὶ νεφέλη ἐσκέπασε τὸ |
| Prop. | 2 | 14 | ἔστιν ἡ πέτρα ἐν τῇ ἐρήμῳ ὅπου πρώτως ἡ κιβωτὸς | * γέγονε * | μεταξὺ τῶν δύο ὀρέων ἐν οἷς κεῖνται Μωϋσῆς καὶ |
| Prop. | 2 | 14 | Μωϋσῆς καὶ Ἀαρών. καὶ ἐν νυκτὶ νεφέλη ὡς πῦρ | * γίνεται * | κατὰ τὸν τύπον τὸν ἀρχαῖον ὅτι οὐ μὴ παύσηται ἡ |
| Prop. | 2 | 15 | τὸ τέλος τοῦ μυστηρίου αὐτοῦ αὐτὸς ποιήσειεν ἵνα | * γένηται * | συγκοινωνὸς Μωϋσέως καὶ ὁμοῦ εἰσιν ἕως σήμερον. |
| Prop. | 3 | 10 | ἐποίησε στῆναι τὸ ὕδωρ ἵνα ἐκφύγωσιν εἰς τὸ πέραν | * γενόμενοι. * | καὶ οἱ τολμήσαντες τῶν ἐχθρῶν ἐπιδιῶξαι |
| Prop. | 3 | 14 | τῷ λαῷ Ἰσραὴλ τὰ ἐν Ἰερουσαλὴμ καὶ ἐν τῷ ναῷ | * γινόμενα. * | οὗτος ἡρπάγη ἐκεῖθεν καὶ ἦλθεν εἰς Ἰερουσαλὴμ |
| Prop. | 4 | 4 | παρακαλοῦντος αὐτὸν Βαλτάσαρ τοῦ υἱοῦ αὐτοῦ ὅτε | * ἐγένετο * | θηρίον καὶ κτῆνος ἵνα μὴ ἀπόληται. ἦν τὰ |
| Prop. | 4 | 6 | τῷ ὁσίῳ περὶ τοῦ μυστηρίου τούτου ὅτι κτῆνος | * γέγονε * | διὰ τὴν φιληδονίαν καὶ τὸ σκληροτράχηλον καὶ ὅτι |
| Prop. | 4 | 6 | καὶ τὸ σκληροτράχηλον καὶ ὅτι ὡς βοῦς ὑπὸ ζυγὸν | * γίνονται * | τοῦ Βελίαρ. ταῦτα ἔχουσιν οἱ δυνάσται ἐν |
| Prop. | 4 | 7 | ἔχουσιν οἱ δυνάσται ἐν νεότητι ἐπὶ τέλει δὲ θῆρες | * γίνονται * | ἁρπάζοντες ὀλοθρεύοντες ἀναιροῦντες καὶ |
| Prop. | 4 | 8 | ἔγνω διὰ θεοῦ ὁ ἅγιος ὅτι ὡς βοῦς ἤσθιε χόρτον καὶ | * ἐγένετο * | ἀνθρωπίνης φύσεως τροφή. διὰ τοῦτο καὶ ὁ |
| Prop. | 4 | 9 | Ναβουχοδονόσορ μετὰ τὴν πέψιν ἐν καρδίᾳ ἀνθρωπίνῃ | * γενόμενος * | ἔκλαιε καὶ ἠξίου κύριον πᾶσαν ἡμέραν καὶ νύκτα |
| Prop. | 4 | 10 | δεόμενος. Βεημὼθ ἐπεγίνετο αὐτῷ καὶ ἐλάνθανεν ὅτι | * γέγονεν * | ἄνθρωπος ἤρθη ἡ γλῶσσα αὐτοῦ τοῦ μὴ λαλεῖν καὶ |
| Prop. | 4 | 13 | προσευχῇ ἣν περὶ αὐτοῦ ἔλεγεν ὅτι πάλιν ἄνθρωπος | * γενήσεται * | καὶ ἠπίστουν αὐτῷ. ὁ Δανιὴλ τὰ ἑπτὰ ἔτη ἃ |
| Prop. | 4 | 14 | ὁ Δανιὴλ τὰ ἑπτὰ ἔτη ἃ εἶπεν ἑπτὰ καιροὺς ἐποίησε | * γενέσθαι * | ἑπτὰ μῆνας τὸ μυστήριον τῶν ἑπτὰ καιρῶν |
| Prop. | 5 | 2 | γῆς ἐὰν ἡ δρῦς ἡ ἐν Σηλὼμ μερισθῇ ἀφ᾽ ἑαυτῆς καὶ | * γένωνται * | δρύες δώδεκα. Μιχαίας ὁ Μωραθὶ ἦν ἐκ φυλῆς |
| Prop. | 9 | 3B | κατέβη πρὸς Ὀχοζίαν. τοῦ Ἀχαὰβ δεηθεὶς τοῦ Ἠλία | * ἐγένετο * | αὐτοῦ μαθητὴς καὶ πολλὰ παθὼν δι᾽ αὐτὸν μετὰ |
| Prop. | 10 | 6B | ἔθαψεν αὐτὴν ἐχόμενα τῆς βαλάνου Δεββώρας. καὶ | * γενόμενος * | υἱὸς Ἰωνᾶς μέγας ἐπέμφθη ὑπὸ κυρίου εἰς |
| Prop. | 10 | 7 | ἀπέθανε καὶ ἐτάφη ἐν σπηλαίῳ Κενεζέου κριτοῦ | * γενομένου * | μιᾶς φυλῆς ἐν ἡμέραις τῆς ἀναρχίας. καὶ |
| Prop. | 10 | 8B | ἕως ἐδάφους ἠφάνισται ὅλη. οὗτός ἐστιν Ἰωνᾶς ὁ | * γενόμενος * | εἰς τύπον τῆς τοῦ κυρίου ἀναστάσεως καὶ ἔδωκε |

| | | | | |
|---|---|---|---|---|
| Prop. | 11 | 2 | ὑδάτων γλυκέων καὶ πυρὸς ὑπογείου ἀπολεῖται ὃ καὶ | * γέγονεν. * ἡ γὰρ περιέχουσα αὐτὴν λίμνη κατέκλυσεν αὐτὴν |
| Prop. | 12 | 7 | εἰ δὲ βραδύνω ἀπενέγκατε τοῖς θερισταῖς. καὶ | * γενόμενος * ἐν Βαβυλῶνι καὶ δοὺς τὸ ἄριστον τῷ Δανιὴλ |
| Prop. | 12 | 7 | ἐπέστη τοῖς θερισταῖς ἐσθίουσι καὶ οὐδενὶ εἶπε τὸ | * γενόμενον * συνῆκε δὲ ὅτι τάχιον ἐπιστρέψει ὁ λαὸς ὑπὸ |
| Prop. | 12 | 11 | τοῦ ναοῦ προεῖπεν ὅτι ὑπὸ ἔθνους δυτικοῦ | * γενήσεται. * τότε ἅπλωμά φησι τοῦ Δαβὴρ εἰς μικρὰ |
| Prop. | 16 | 3 | αὐτῇ τῇ ἡμέρᾳ ὀφθεὶς ἄγγελος θεοῦ ἐπεδευτέρωσεν ὡς | * ἐγένετο * ἐν ἡμέραις ἀναρχίας ὡς γέγραπται ἐν Σφαρφωτιμ |
| Prop. | 17 | 4B | ὁ θεὸς πενθοῦντα τὸν Ναθὰν ἔλεγε γὰρ ὅτι δι' ἐμοῦ | * γέγονεν * ἡ ἀσέβεια αὕτη. καὶ προσέσχεν ὁ κύριος ἐπὶ τὸν |
| Prop. | 17 | 4B | αὐτοῦ καὶ εἶπε πρὸς αὐτὸν ἐπειδὴ διὰ σοῦ νομίζεις | * γεγενῆσθαι * τὸ τραῦμα διὰ σοῦ καὶ ἡ θεραπεία γενήσεται. |
| Prop. | 17 | 4B | γεγενῆσθαι τὸ τραῦμα διὰ σοῦ καὶ ἡ θεραπεία | * γενήσεται. * ἀπελθὼν οὖν ἤλεγξεν αὐτὸν ἐπὶ κεκρυμμένοις |
| Prop. | 21 | 4 | ἐπὶ ἔτη τρία καὶ πάλιν ηὔξατο μετὰ τρία ἔτη καὶ | * γέγονε * πολὺς ὑετὸς ἐν Σαρεφθοῖς τῆς Σιδωνίας ἐποίησε διὰ |
| Prop. | 21 | 6 | ὁ θεὸς ἐκ νεκρῶν εὐξαμένου αὐτοῦ. προβλήματος | * γενομένου * παρ' αὐτοῦ καὶ τῶν προφητῶν τοῦ Βάαλ τίς ἂν |
| Prop. | 21 | 6 | Βάαλ τίς ἂν εἴη ὁ ἀληθινὸς καὶ ὄντως θεὸς ἤρησε | * γενέσθαι * θυσίαν παρά τε αὐτοῦ κἀκείνων καὶ μὴ ὑποθεῖναι |
| Prop. | 22 | 2 | ἦν ἐξ Ἀβελμαοὺλ γῆς τοῦ Ῥουβὴν καὶ ἐπὶ τούτου | * γέγονε * τέρας ὅτι ἡνίκα ἐτέχθη ἐν Γαλγάλοις ἡ δάμαλις ἡ |
| Prop. | 22 | 16 | καὶ ἀρνούμενον ἤλεγξε καὶ κατηράσατο αὐτὸν καὶ | * γέγονε * λεπρός. βασιλέως Συρίας πολεμοῦντος τὸν Ἰσραὴλ |
| Prop. | 23 | 2 | ἱερεῖς ἔθαψαν αὐτὸν μετὰ τοῦ πατρὸς αὐτοῦ ἔκτοτε | * ἐγένοντο * τέρατα ἐν τῷ ναῷ φαντασίας καὶ οὐκ ἴσχυον οἱ |
| Prop. | 26 | 1 | ἐκέλευσεν αὐτὸν σταυρωθῆναι.) καὶ ἄλλοι προφῆται | * ἐγένοντο * κρυπτοὶ ὧν τὰ ὀνόματα ἐμφέρονται ἐν ταῖς |
| Esdr. | 1 | 2 | Ἐσδρὰμ καὶ ἀγαπητοῦ τοῦ θεοῦ. εὐλόγησον πάτερ. | * ἐγένετο * ἐν τῷ τριακοστῷ ἔτει δευτέρᾳ καὶ εἰκάδι τοῦ |
| Esdr. | 1 | 3 | δὸς τὴν δόξαν ἵνα ἴδω τὰ μυστήριά σου. καὶ νυκτὸς | * γεναμένης * ἦλθεν ἄγγελος Μιχαὴλ ὁ ἀρχάγγελος καὶ λέγει |
| Esdr. | 2 | 29 | ἡ ἡμέρα τῆς κρίσεως ἐν ᾗ ὑετὸς ἐπὶ τῆς γῆς οὐ | * γίνεται * ἐστὶν γὰρ κατὰ τὴν ἑσπέραν ἐκείνην ἐλεεινὸν |
| Esdr. | 4 | 11 | καὶ εἶπόν μοι οὗτος ὁ Ἡρώδης ἐστὶν ὁ πρὸς καιρὸν | * γενόμενος * βασιλεὺς καὶ ἀπὸ διετοῦς καὶ κατώτερον |
| Esdr. | 4 | 33 | τοῦ οὐρανοῦ ὑψώθη ἕως τοῦ ᾅδου καταβήσει. ποτέ μὲν | * γενήσεται * παιδίον ποτέ δὲ γέρων. καὶ εἶπεν ὁ προφήτης |
| Esdr. | 4 | 35 | καὶ εἶπεν ὁ θεὸς ἄκουσον προφῆτά μου καὶ παιδίον | * γίνεται * καὶ γέρων καὶ μηδεὶς αὐτῷ πιστεύει ὅτι ἔστιν ὁ |
| Esdr. | 5 | 13 | μὲν ἀπογαλακτοῦται καὶ τὸ ἔκτον μὲν ἕτοιμον | * γίνεται * καὶ λαμβάνει τὴν ψυχὴν τὸ ἕβδομον παρασκευάζεται |
| Sedr. | 6 | 4 | προσώπου αὐτοῦ ἀλλ' αὐτὸς τὰ ἐμὰ λαβὼν ἀλλότριος | * ἐγένετο * μοιχαλὶς καὶ ἁμαρτωλός. ποῖος πατὴρ προικίσας |
| Sedr. | 6 | 5 | λαβὼν τὴν οὐσίαν καταλιπὼν τὸν πατέρα ἀπῆλθεν καὶ | * ἐγένετο * ἀλλότριος καὶ δουλεύει ἀλλοτρίῳ; καὶ ἰδὼν ὁ |
| Sedr. | 6 | 8 | θεὸς τὰ πάντα δέδωκα αὐτῷ καὶ αὐτὸς λαβὼν ταῦτα | * ἐγένετο * μοιχαλὶς καὶ ἁμαρτωλός. λέγει αὐτῷ Σεδρὰχ σὺ |
| Sedr. | 8 | 8 | ἀφ' οὗ ἐκτίσθη ὁ οὐρανὸς καὶ ἡ γῆ πόσα δένδρα | * ἐγένοντο * εἰς τὸν κόσμον καὶ πόσα ἔπεσον καὶ πόσα θέλουν |
| Sedr. | 8 | 8 | πόσα ἔπεσον καὶ πόσα θέλουν πεσεῖν καὶ πόσα θέλουν | * γενηθῆναι * καὶ πόσα φύλλα ἔχουσιν; εἰπέ μοι Σεδρὰχ ἀφ' οὗ |
| Sedr. | 10 | 6 | ὅτι ἤκουσα πολλὰ δύνανται τὰ δάκρυα καὶ ἴαμα πολὺ | * γίνεται * τοῦ ταπεινοῦ σώματος τοῦ πλάσματός σου. καὶ |
| Sedr. | 11 | 4 | φιλούμενον καὶ ἄρτι πεσὼν εἰς τὴν γῆν ἄγνωστος | * γίνεται. * ὦ χεῖρες εὔκρατοι καλοδίδακτοι καματηροὶ δι' ἃς |
| Sedr. | 11 | 8 | ἁρμοὶ καὶ τὰ κάλλη σωρεύουν καὶ ἄρτι πάροικοι | * γίνεσθε * τοῦ κόσμου τούτου. ὦ πόδες καλοπεριπατητοὶ |
| Sedr. | 11 | 20 | καὶ ἄρτι πεσὸν εἰς τὴν γῆν ὕπαγε κάλλος σου ἀφανὲς | * γίνεται. * λέγει αὐτὸν ὁ Χριστὸς παῦσον Σεδρὰχ ἕως πότε |
| Sedr. | 14 | 7 | βάπτισμα καὶ τὸ θεῖόν μου μύρον μυρισθέντες καὶ | * γίνονται * ἀπογνωστοὶ τὴν τέλειαν ἀπόγνωσιν καὶ οὐ |
| Job | 1 | 4 | ὑποδείξω ὑμῖν ἃ ἐποίησεν κύριος μετ' ἐμοῦ καὶ τὰ | * γενάμενά * μοι πάντα ἐγὼ γάρ εἰμι ὁ πατὴρ ὑμῶν Ιωβ ἐν πάσῃ |
| Job | 1 | 5 | ἐγὼ γάρ εἰμι ὁ πατὴρ ὑμῶν Ιωβ ἐν πάσῃ ὑπομονῇ | * γενόμενος, * ὑμεῖς δὲ γένος ἐκλεκτὸν ἔντιμον ἐκ σπέρματος |
| Job | 7 | 7 | καλὸν καὶ ἔδωκεν αὐτῷ. ὁ δὲ λαβὼν καὶ γνοὺς τὸ | * γεγονός, * εἶπεν τῇ παιδὶ ἀπελθοῦσα, κακὴ δούλη, φέρε τὸν |
| Job | 12 | 2 | καὶ συγχωρηθεὶς ὑπηρέτει καὶ ἔτρωγεν καὶ ἑσπέρας | * γινομένης * ἐξερχόμενος ἀπελθεῖν εἰς τὸν οἶκον αὐτοῦ |
| Job | 13 | 3 | ὄρη ἐκλύζοντο γάλακτι καὶ ὡς πεπηγμένον βούτυρον | * γίγνεσθαι, * ἀπέκαμνον δὲ καὶ οἱ δοῦλοί μου οἱ τὰ τῶν |
| Job | 18 | 2 | ἀνεῖλεν αὐτὰ καὶ οἱ συμπολῖται ἰδόντες ὅτι ἀληθῶς | * γέγονεν * τὰ εἰρημένα, ἐπελθόντες ἐδίωξάν με καὶ πάντα τὰ |
| Job | 18 | 6 | αὐτοῦ καὶ τῶν ἐγκωμίων τῶν λαληθέντων μοι καὶ | * ἐγενόμην * ὡς θέλων εἰσβαλεῖν εἰς πόλιν τινὰ ἰδεῖν τὸν |
| Job | 19 | 3 | πῶς οὖν σὺ ἐσώθης; καὶ τότε ἐγὼ συνιδὼν τὸ | * γενόμενον * ἀνεβόησα λέγων ὁ κύριος ἔδωκεν, ὁ κύριος |
| Job | 19 | 4 | ὁ κύριος ἀφείλατο ὡς τῷ κυρίῳ ἔδοξεν, οὕτως καὶ | * ἐγένετο * εἴη τὸ ὄνομα κυρίου εὐλογημένον. τῶν οὖν |
| Job | 23 | 2 | Σατανᾶς τοῦτο γνοὺς μετεσχηματίσθη εἰς πράτην καὶ | * ἐγένετο * κατὰ συντυχίαν ἀπελθεῖν πρὸς αὐτὸν τὴν γυναῖκά |
| Job | 27 | 3 | μὲν ἐν πληγῇ ὑπάρχεις, ἐγώ εἰμι ἐν ὀχλήσει μεγάλῃ | * ἐγένου * γὰρ ὃν τρόπον ἀθλητὴς μετὰ ἀθλητοῦ, καὶ εἷς τὸν |
| Job | 31 | 1 | πῶς οὖν νῦν εἰς τὴν τοσαύτην νεκρότητα κατέπεσεν; | * ἐγένετο * δὲ μετὰ τὰς ἑπτὰ ἡμέρας οὕτως διαλογιζομένους, |
| Job | 31 | 5 | χορηγοῦντες τὰ θυμιάματα καὶ ὅτε πλησίον μου | * ἐγένοντο, * ἀποκριθεὶς Ελιους εἶπέν μοι σὺ εἶ Ιωβαβ ὁ |
| Job | 32 | 11 | τῶν ἀδικούντων καὶ ἁμαρτανόντων, νυνὶ δὲ | * ἐγένου * εἰς χλεύην ποῦ νῦν τυγχάνει ἡ δόξα τοῦ θρόνου |
| Job | 33 | 1 | κλαυθμὸν ὑποφωνούντων αὐτῷ τῶν συμβασιλέων ὥστε | * γενέσθαι * μεγάλην ταραχήν, καὶ καταπαυσάσης τῆς κραυγῆς |
| Job | 35 | 3 | πλείονος εὐωδίας σὺ ὅλως, Ελιφα, ἀμνημονεῖς πῶς | * ἐγένου * νοσήσας ἐν ταῖς δυσὶν ἡμέραις; νῦν οὖν |
| Job | 38 | 1 | ἢ ὅλως ἂν πταίσῃ μου τὸ στόμα εἰς τὸν δεσπότην; μὴ | * γένοιτο * τίνες γάρ ἐσμέν πολυπραγμονοῦντες τὰ οὐράνια |
| Job | 39 | 6 | μου ἢ τί ἐνδύομαι. τότε κλαύσαντες κλαυθμὸν μέγαν, | * γενόμενοι * ἐν διπλῇ ἀκηδίᾳ ἐσιώπησαν, ὡς τὸν Ελιφαν |
| Job | 40 | 10 | πάσης τῆς πόλεως. καὶ τότε εἰσεπήδησαν γνῶναι τὸ | * γεγονός, * καὶ εὗρον αὐτὴν νεκράν, τὰ δὲ περιεστῶτα ζῷα |
| Job | 40 | 14 | ταφῆς ἀναγκαίας. τὸν μὲν οὖν θρῆνον τὸν ἐπ' αὐτῇ | * γενόμενον * εὑρήσετε ἐν τοῖς παραλειπομένοις. Ελιφας δὲ |
| Job | 46 | 9 | εἰπὼν λάβετε αὐτὰς περὶ τὸ στῆθος ὑμῶν ἵνα εὖ ὑμῖν | * γένηται * πάσας τὰς ἡμέρας τῆς ζωῆς ὑμῶν. εἶπεν δὲ αὐτῷ ἡ |
| Job | 47 | 6 | ἐγὼ δὲ λαβὼν περιεζωσάμην καὶ εὐθέως ἀφανεῖς | * ἐγένοντο * ἀπὸ τότε οἱ σκώληκες ἀπὸ τοῦ σώματός μου ὁμοίως |
| Job | 47 | 9 | κύριος ἐλάλησέν μοι ἐν δυνάμει, ὑποδείξας μοι τὰ | * γενόμενα * καὶ τὰ μέλλοντα. νῦν οὖν, τεκνία μου ἔχουσαι |
| Aris. | 1 | 1 | ἀξιολόγου διηγήσεως ὦ Φιλόκρατες περὶ τῆς | * γενηθείσης * ἡμῖν ἐντυχίας πρὸς Ἐλεάζαρον τὸν τῶν |
| Aris. | 16 | 5 | πρῶτοι διεσήμαναν δι' ὃν ζωοποιοῦνται τὰ πάντα καὶ | * γίνεται * τοῦτον ἁπάντων ἡγεῖσθαί τε καὶ κυριεύειν. |
| Aris. | 21 | 5 | τοῦ θεοῦ κατισχύοντος αὐτὸν εἰς τὸ σωτηρίαν | * γενέσθαι * πλήθεσιν ἱκανοῖς. ἦν δὲ τοιοῦτο τοῦ βασιλέως |
| Aris. | 22 | 4 | ἐπελθόντες τὴν τῶν Ἰουδαίων χώραν ἐγκρατεῖς | * ἐγένοντο * σωμάτων Ἰουδαϊκῶν καὶ ταῦτα διακεκομίκασιν εἰς |
| Aris. | 23 | 5 | καὶ τὴν τῶν Ἰουδαίων μεταγωγὴν εἰς τὴν Αἴγυπτον | * γεγονέναι * ἱκανὴ γὰρ ἦν ἡ παρὰ τό γε δέον γεγονυῖα ἐκ τῶν |
| Aris. | 23 | 5 | Αἴγυπτον γεγονέναι ἱκανὴ γὰρ ἦν ἡ παρὰ τό γε δέον | * γεγονυῖα * ἐκ τῶν στρατιωτῶν ὠφέλεια διὸ παντελῶς |
| Aris. | 27 | 3 | ἑπτὰ πλεῖον δὲ ταλάντων ἑξακοσίων ἑξήκοντα ἡ δόσις | * ἐγεγόνει. * πολλὰ γὰρ καὶ τῶν ἐπιμαστιδίων τέκνων σὺν ταῖς |
| Aris. | 31 | 3 | τὴν νομοθεσίαν ταύτην ὡς ἂν οὖσαν θείαν. διὸ πόρρω | * γεγόνασιν * οἵ τε συγγραφεῖς καὶ ποιηταὶ καὶ τὸ τῶν |
| Aris. | 33 | 1 | εὐτύχει διὰ παντός. τῆς δὲ εἰσδόσεως ταύτης | * γενομένης * ἐκέλευσεν ὁ βασιλεὺς γραφῆναι πρὸς τὸν |
| Aris. | 33 | 3 | πρὸς τὸν Ἐλεάζαρον περὶ τούτων σημάναντας καὶ τὴν | * γενομένην * ἀπολύτρωσιν τῶν αἰχμαλώτων. ἔδωκε δὲ καὶ εἰς |
| Aris. | 35 | 3 | τῶν Ἰουδαίων εἰς τὴν ἡμετέραν χώραν κατῳκίσθαι | * γενηθέντας * ἀνασπάστους ἐκ τῶν Ἱεροσολύμων ὑπὸ Περσῶν |
| Aris. | 45 | 4 | καὶ τῶν φίλων καὶ ηὔξατο πᾶν τὸ πλῆθος ἵνα σοι | * γένηται * καθὼς προαιρῇ διὰ παντὸς καὶ διασώζῃ σοι τὴν |
| Aris. | 45 | 6 | εἰρήνη μετὰ δόξης ὁ κυριεύων ἁπάντων θεὸς καὶ ὅπως | * γένηταί * σοι συμφερόντως καὶ μετὰ ἀσφαλείας ἡ τοῦ ἁγίου |
| Aris. | 46 | 5 | βασιλεῦ δίκαιε προστάξας ὡς ἂν ἡ μεταγραφὴ | * γένηται * τῶν βιβλίων ἵνα πάλιν ἀποκατασταθῶσι πρὸς ἡμᾶς |
| Aris. | 53 | 5 | τοῖς μεγέθεσι ποιῆσαι διστάζειν δὲ μήποτε ἄχρηστος | * γένηται * πρὸς τὰς λειτουργίας. οὐ γὰρ αἱρεῖσθαι τὸ |
| Aris. | 76 | 4 | δ' ἀργυροῖ λείαν εἶχον τὴν διασκευὴν ἔνοπτρον δὴ | * γεγονυῖαν * πρὸς αὐτὸ τοῦτο θαυμασίως ἔχουσαν ὥστε πᾶν τὸ |
| Aris. | 77 | 5 | πάλιν ἀργυροῦ καὶ χρυσοῦ παντελῶς ἀνεξήγητος | * ἐγένετο * τῆς προσόψεως ἡ διάθεσις καὶ τῶν πρὸς τὴν |
| Aris. | 81 | 5 | εἰς ὃν ἀπεστέλλετο τὰ τῶν ἔργων. διὸ πάντα σεμνῶς | * ἐγεγόνει * καὶ καταξίως τοῦ τε ἀποστέλλοντος βασιλέως καὶ |
| Aris. | 83 | 3 | δ' ἑξῆς περιέχει τὴν πρὸς τὸν Ἐλεάζαρον ὁδὸν ἡμῖν | * γενομένην * τὴν δὲ θέσιν τῆς ὅλης χώρας πρῶτον δηλώσω. ὡς |
| Aris. | 85 | 4 | τῶν ὑπερθύρων ἀσφαλείας ἔκδηλος ἦν ἡ τῶν χρημάτων | * γεγονυῖα * ἀφειδὴς δαπάνη. τοῦ τε καταπετάσματος ἡ |
| Aris. | 86 | 4 | κίνησιν λαμβανούσης τῆς διυφῆς διὰ τὸ ἀπ' ἐδάφους | * γίνεσθαι * τὴν ὑποδρομὴν κατὰ τὴν κόλπωσιν μέχρι τῆς ἄνω |
| Aris. | 88 | 4 | τόπους ἔχει τῆς τῶν ὑδάτων ἐπιφορᾶς ἕνεκεν ἢ | * γίνεται * διὰ τὴν σμῆξιν τῶν ἀπὸ τῶν θυσιῶν αἱμάτων. |
| Aris. | 90 | 3 | τούτων κεχύσθαι πολύ τι πλῆθος κονιάσεως ἐνεργῶς | * γεγενημένων * ἁπάντων εἶναι δὲ πυκνὰ τὰ στόματα πρὸς τὴν |
| Aris. | 91 | 5 | τινα τόπον ἐκέλευσαν κατακύψαντα συνακοῦσαι τοῦ | * γινομένου * ψόφου τῆς ἀπαντήσεως τῶν ὑδάτων ὥστε συμφανές |
| Aris. | 91 | 6 | ψόφου τῆς ἀπαντήσεως τῶν ὑδάτων ὥστε συμφανές μοι | * γεγονέναι * τὸ μέγεθος τῶν ἀγγείων καθὼς δεδήλωται. τῶν δὲ |
| Aris. | 92 | 3 | πάντες γὰρ αὐτοκελεύστως διαπονοῦσι πολλῆς | * γινομένης * κακοπαθείας καὶ ἑκάστῳ τὸ διατεταγμένον μέλει. |
| Aris. | 94 | 2 | οὐ καθίζουσιν οἱ διαναπαυόμενοι. τούτου δὲ | * γινομένου * τῶν διαλελοιπότων ἐγείρονται πρόθυμοι οὐδενὸς |
| Aris. | 97 | 5 | τὰ τῶν φυλάρχων ὀνόματα κατὰ τὴν ἐξ ἀρχῆς διάταξιν | * γενηθεῖσαν * ἀπαυγάζοντες ἕκαστος ἀνεξήγητον τῆς ἰδιότητος |
| Aris. | 101 | 2 | ἐὰν ἐπίθεσίς τις ἢ νεωτερισμὸς ἢ πολεμίων ἔφοδος | * γένηται * μηθεὶς δύνηται ὁδὸν εἰς τοὺς περιβόλους |
| Aris. | 103 | 2 | μετὰ ἀκριβείας δὲ πολλῆς εἶχον εἰ καί τις ἐπιταγὴ | * γένοιτο * διὰ τοῦ προκαθηγουμένου πρὸς θεωρίαν εἰσδέξασθαί |
| Aris. | 103 | 3 | πρὸς θεωρίαν εἰσδέξασθαί τινας οἷον καὶ καθ' ἡμᾶς | * ἐγεγόνει. * μόλις γὰρ ἀνόπλους ὄντας ἡμᾶς δύο παρεδέξαντο |
| Aris. | 107 | 7 | χρὴ) πρὸς τὴν γεωργίαν καὶ τὴν ἐπιμέλειαν τῆς γῆς | * γίνεσθαι * συνεχῶς ἵνα καὶ διὰ τοῦτο οὗτοι τὴν εὐκαρπίαν |
| Aris. | 107 | 8 | καὶ διὰ τοῦτο οὗτοι τὴν εὐκαρπίαν ἔχωσιν. οὗ καὶ | * γινομένου * γεωργεῖται πάντα μετὰ δαψιλείας πολλῆς ἐν πάσῃ |
| Aris. | 109 | 1 | ἐπὶ τὰς ἡδονὰς εὐκαταφόρους εἶναι. τοῦτο δὲ | * ἐγίνετο * περὶ τὴν Ἀλεξάνδρειαν ὑπερβάλλουσαν πάσας τῷ |
| Aris. | 119 | 5 | ποιησαμένων διαβολὴν ὡς ἄχρηστος ἡ κατεργασία | * γίνεται * καὶ πολυδάπανος ὅπως μὴ διὰ τὴν μεταλλείαν τῶν |
| Aris. | 120 | 5 | εἰς τοὺς τόπους εἰσόδου διὰ τοῦτο τὴν διαβολὴν | * γεγονέναι * ταύτην. ὅσον οὖν καὶ περὶ τούτων ἔδει |
| Aris. | 131 | 5 | καὶ τὰς βλάβας προδηλώσας καὶ τὰς ὑπὸ τοῦ θεοῦ | * γινομένας * ἐπιπομπὰς τοῖς αἰτίοις προϋπέδειξε γὰρ πάντων |
| Aris. | 132 | 2 | ὁ θεός ἐστι καὶ διὰ πάντων ἡ δύναμις αὐτοῦ φανερὰ | * γίνεται * πεπληρωμένου παντὸς τόπου τῆς δυναστείας καὶ |
| Aris. | 132 | 4 | δυναστείας καὶ οὐθὲν αὐτὸν λανθάνει τῶν ἐπὶ γῆς | * γινομένων * ὑπ' ἀνθρώπων κρυφίως ἀλλ' ὅσα ποιεῖ τις αὐτῷ |
| Aris. | 132 | 5 | ποιεῖ τις αὐτῷ φανερὰ καθέστηκε καὶ τὰ μέλλοντα | * γίνεσθαι * ταῦτ' οὖν ἐξεργαζόμενος ἀκριβῶς καὶ πρόδηλα |
| Aris. | 164 | 3 | ἑαυτῶν τροφὴν ἀλλὰ καὶ εἰς τὸ παντελῶς ἄχρηστον | * γίνεσθαι * ἀνθρώπῳ ὅ,τι ἂν δή ποτ' οὖν ἐπιβάληται |
| Aris. | 182 | 9 | ἱλαρῶς διεξάγωσιν ὃ καὶ περὶ τούτους | * ἐγεγόνει. * προσεχέστατος γὰρ ὢν ἄνθρωπος ὁ Δωρόθεος εἶχε |
| Aris. | 191 | 4 | ὑπὸ τῶν ἀποτυγχανόντων; ὁ δὲ εἶπεν εἰ πᾶσιν ἴσος | * γένοιο * τῷ λόγῳ καὶ μηδὲν ὑπερηφάνως μηδὲ τῇ περὶ σεαυτὸν |
| Aris. | 197 | 3 | φέροι; ἐκεῖνος δὲ ἔφησεν εἰ πρόληψιν λαμβάνοις ὅτι | * γέγοναν * ὑπὸ τοῦ θεοῦ πάντες ἄνθρωποι μετασχεῖν τῶν |
| Aris. | 197 | 6 | ἀγαθῶν καὶ οὐκ ἔστιν ἄνθρωπον ὄντα τούτων ἀμιγῆ | * γενέσθαι * ὁ θεὸς δὲ τὴν εὐψυχίαν δίδωσιν ὃν ἱκετεύειν |
| Aris. | 204 | 3 | δέκα γὰρ ἦσαν οἱ ἠρωτημένοι τῇ προτέρᾳ. σιγῆς δὲ | * γενομένης * ἐπυνθάνετο πῶς ἂν πλούσιος διαμένοι; βραχὺ δὲ |
| Aris. | 221 | 1 | διάταξιν. τῇ δὲ ἐχομένῃ τῆς αὐτῆς διατάξεως | * γενηθείσης * ὅτε καιρὸν ὑπελάμβανεν ὁ βασιλεὺς εἶναι τοῦ |
| Aris. | 232 | 2 | δὲ τούτοις πρὸς τὸν ἕτερον εἶπε πῶς ἂν ἐκτὸς | * γένοιτο * λύπης; ὁ δὲ ἔφησεν εἰ μηδένα βλάπτοι πάντας δὲ |

236 γίγνομαι

| | | | | |
|---|---|---|---|---|
| Aris. | 236 2 | ἐπιούσῃ κατὰ τὰ αὐτὰ τῆς διατάξεως τοῦ συμποσίου | * γενομένης * | καθὼς εὔκαιρον ἐγένετο τῷ βασιλεῖ τοὺς ἑξῆς |
| Aris. | 236 2 | διατάξεως τοῦ συμποσίου γενομένης καθὼς εὔκαιρον | * ἐγένετο * | τῷ βασιλεῖ τοὺς ἑξῆς ἠρώτα τῶν προαποκεκριμένων |
| Aris. | 238 4 | τοῦτο δ᾽ οὐκ ἔστιν εἰ μὴ θεὸς τῆς διανοίας ἡγεμὼν | * γένοιτο * | πρὸς τὰ κάλλιστα. προσεπινεύσας δὲ τούτῳ τὸν |
| Aris. | 242 3 | παρὰ τοῖς τοιούτοις ὑπάρξει τὸ γὰρ συνεργὲς εὐνόως | * γινόμενον * | ὡς ἐξ ἑαυτοῦ ἀδιάλυτον πρὸς ἅπαντα μετὰ δὲ |
| Aris. | 243 2 | ἐκείνοις ἀποδεξάμενος αὐτὸν ἄλλον ἠρώτα πῶς ἀφοβία | * γίνεται; * | εἶπε δὲ συνιστορούσης τῆς διανοίας μηδὲν κακὸν |
| Aris. | 248 7 | παιδία σωφροσύνης μετασχεῖν θεοῦ δυνάμει τοῦτο | * γίνεται. * | φήσας δὲ εὐλογεῖν ἄλλον ἠρώτα πῶς ἂν φιλόπατρις |
| Aris. | 253 3 | εἰρημένοις τὸν ἕτερον ἠρώτα πῶς ἂν ἐκτὸς θυμοῦ | * γένοιτο; * | πρὸς τοῦτ᾽ εἶπε γινώσκων ὅτι πάντων ἐξουσίαν |
| Aris. | 257 3 | πῶς ἂν ἀποδοχῆς ἐν ξενιτείᾳ τυγχάνοι; πᾶσιν ἴσος | * γινόμενος * | ἔφη καὶ μᾶλλον ἥττων ἢ καθυπερέχων φαινόμενος |
| Aris. | 261 2 | τούτων γὰρ κρατίστη χαρὰ καὶ ψυχῆς εὐστάθειά σοι | * γίνεται * | μέγιστε βασιλεῦ καὶ ἐλπίδες ἐπὶ θεῷ καλαὶ |
| Aris. | 262 2 | ἦν τῶν κατὰ τὸν πότον ἐπιτελουμένων καιροῦ δὲ | * γενομένου * | τοὺς ἀπολιπόντας ὁ βασιλεὺς ἐπηρώτα. πρὸς τὸν |
| Aris. | 264 5 | τῶν τρόπων ὅσοι μετέχουσιν αὐτῷ. θεοῦ δὲ ἐπιφάνεια | * γίνεται * | πρὸς τὰ τοιαῦτα τοῖς ἀξίοις. ἐπαινέσας δὲ αὐτὸν |
| Aris. | 265 4 | ἀπεκρίνατο. διὰ γὰρ τούτων ἄλυτος εὐνοίας δεσμὸς | * γίνεται. * | τὸ δὲ γίνεσθαι κατὰ προαίρεσιν ταῦτα ὁ θεὸς |
| Aris. | 265 4 | γὰρ τούτων ἄλυτος εὐνοίας δεσμὸς γίνεται. τὸ δὲ | * γίνεσθαι * | κατὰ προαίρεσιν ταῦτα ὁ θεὸς ἐπιτελεῖ. |
| Aris. | 268 4 | φίλοις ὅταν θεωρῶμεν πολυχρόνια καὶ ἀνέκφευκτα | * γινόμενα. * | τελευτήσασι μὲν γὰρ καὶ κακῶν ἀπολελυμένοις |
| Aris. | 268 8 | ἄνθρωποι. τὸ δ᾽ ἐκφυγεῖν πᾶν κακὸν θεοῦ δυνάμει | * γίνεται. * | ὡς ἔδει δὲ φήσας αὐτὸν ἀποκρίνεσθαι πρὸς ἕτερον |
| Aris. | 269 2 | αὐτὸν ἀποκρίνεσθαι πρὸς ἕτερον εἶπε πῶς ἀδοξία | * γίνεται; * | ἐκεῖνος δὲ ἔφησεν ὅταν ὑπερηφανία καθηγῆται καὶ |
| Aris. | 275 1 | τῇ ἑβδόμῃ δὲ τῶν ἡμερῶν πλείονος παρασκευῆς | * γενομένης * | προσπαραγινομένων πλειόνων ἑτέρων ἀπὸ τῶν |
| Aris. | 275 4 | γὰρ ἱκανοὶ πρέσβεις ἐπηρώτησεν ὁ βασιλεὺς καιροῦ | * γενομένου * | τὸν πρωτεύοντα τῶν ἀπολιπόντων τῆς ἐρωτήσεως |
| Aris. | 277 4 | εἶπεν ἀκρατεῖς καὶ ἐπὶ τὰς ἡδονὰς τρεπόμενοι | * γεγόνασιν * | ὧν χάριν ἀδικία πέφυκε καὶ τὸ τῆς πλεονεξίας |
| Aris. | 284 5 | τὰ τοῦ βίου μετ᾽ εὐσχημοσύνης καὶ καταστολῆς | * γινόμενα * | βίῳ συμφέρον καὶ καθῆκον ἔνεστι γὰρ καὶ ἐν |
| Aris. | 289 2 | τὸν ἄριστον τῇ φύσει. καὶ γὰρ ἐκ βασιλέων βασιλεῖς | * γινόμενοι * | πρὸς τοὺς ὑποτεταγμένους ἀνήμεροί τε καὶ |
| Aris. | 292 1 | τὸ δίκαιον ταχέως ἐν ταῖς διακρίσεσι. ταῦτα δὲ | * γίνεται * | διὰ τὸν ἡγούμενον ὅταν μισοπόνηρος ᾖ καὶ |
| Aris. | 293 5 | εἰρημένων λόγων. ἐπὶ πᾶσι δὲ εἶπε τὰ μέγιστά μοι | * γέγονεν * | ἀγαθὰ παραγενηθέντων ὑμῶν πολλὰ γὰρ ὠφέλημαι |
| Aris. | 297 3 | δὲ καί τι παραβαίην οὐχ ὅσιον ἐν τούτοις ἀλλ᾽ ὡς | * γέγονεν * | οὕτως διασαφοῦμεν ἀφοσιούμενοι πᾶν ἁμάρτημα. |
| Aris. | 297 6 | λόγου δύναμιν παρὰ τῶν ἀναγραφομένων ἕκαστα τῶν | * γινομένων * | ἔν τε τοῖς χρηματισμοῖς τοῦ βασιλέως καὶ ταῖς |
| Aris. | 298 4 | ἀναγράφεσθαι τὰ λεγόμενα καὶ πρασσόμενα καλῶς | * γινομένου * | καὶ συμφερόντως. τῇ γὰρ ἐπιούσῃ τὰ τῇ πρότερον |
| Aris. | 299 3 | χρηματισμοῦ παραναγινώσκεται καὶ εἴ τι μὴ δεόντως | * γέγονε * | διορθώσεως τυγχάνει τὸ πεπραγμένον. πάντ᾽ οὖν |
| Aris. | 302 3 | ἑαυτοὺς ταῖς ἀντιβολαῖς τὸ δὲ ἐκ τῆς συμφωνίας | * γινόμενον * | πρεπόντως ἀναγραφῆς οὕτως ἐτύγχανε παρὰ τοῦ |
| Aris. | 303 2 | καὶ μέχρι μὲν ὥρας ἐνάτης τὰ τῆς συνεδρείας | * ἐγίνετο * | μετὰ δὲ ταῦτα περὶ τὴν τοῦ σώματος θεραπείαν |
| Aris. | 303 3 | δὲ ταῦτα περὶ τὴν τοῦ σώματος θεραπείαν ἀπελύοντο | * γίνεσθαι * | χορηγουμένων αὐτοῖς δαψιλῶς ὧν προῃροῦντο |
| Aris. | 306 4 | εἰργάσθαι κακὸν πᾶσα γὰρ ἐνέργεια διὰ τῶν χειρῶν | * γίνεται * | καλῶς καὶ ὁσίως μεταφέροντες ἐπὶ τὴν δικαιοσύνην |
| Aris. | 307 6 | μεταγραφῆς οἱονεὶ κατὰ πρόθεσίν τινα τοῦ τοιούτου | * γεγενημένου. * | τελείωσιν δὲ ὅτε ἔλαβε συναγαγὼν ὁ |
| Aris. | 308 5 | τοῦ πλήθους ἔτυχον ὡς ἂν μεγάλων ἀγαθῶν παραίτιοι | * γεγονότες. * | ὡσαύτως δὲ καὶ τὸν Δημήτριον ἀποδεξάμενοι |
| Aris. | 310 5 | ἔχον ἐστὶν ἵνα διαμείνῃ ταῦθ᾽ οὕτως ἔχοντα καὶ μὴ | * γένηται * | μηδεμία διασκευή. πάντων δ᾽ ἐπιφωνησάντων τοῖς |
| Aris. | 313 2 | διὰ τὸ σεμνὴν εἶναι τὴν νομοθεσίαν καὶ διὰ θεοῦ | * γεγονέναι * | καὶ τῶν ἐπιβαλλομένων τινὲς ὑπὸ τοῦ θεοῦ |
| Aris. | 314 5 | δὲ τὴν ἄνεσιν ἐξιλάσκεσθαι τὸν θεὸν σαφὲς αὐτῷ | * γενέσθαι * | τίνος χάριν τὸ συμβαῖνόν ἐστι. δι᾽ ὀνείρου δὲ |
| Aris. | 316 5 | καὶ λαβὼν ὑπόνοιαν ὅτι διὰ τοῦτ᾽ αὐτῷ τὸ σύμπτωμα | * γέγονεν * | ἐξιλασάμενος τὸν θεὸν ἐν πολλαῖς ἡμέραις |
| Aris. | 318 3 | τὴν Ἰουδαίαν δίκαιον γὰρ εἶπε τὴν ἐκπομπὴν αὐτῶν | * γενέσθαι * | παραγενηθέντας δὲ ὡς θέμις ἕξειν αὐτοὺς φίλους |
| Sib. | 3 92 | εἰς μέσον ἥξει αἰῶνος μεγάλοιο ὅταν τάδε πάντα | * γένηται. * | ὢ ὢ δὴ πλωτῶν ὑδάτων καὶ χέρσου ἁπάσης ἠελίου |
| Sib. | 3 109 | ἀνθρώπων ἐξ οὗ περ κατακλυσμὸς ἐπὶ προτέρους | * γένετ᾽ * | ἄνδρας. καὶ βασίλευσε Κρόνος καὶ Τιτὰν Ἰαπετός |
| Sib. | 3 116 | ἕκαστος ἔχων μέρος οὐδ᾽ ἐμάχοντο ὅρκοι γάρ τ᾽ | * ἐγένοντο * | πατρὸς μερίδες τε δίκαιαι. τηνίκα δὴ πατρὸς |
| Sib. | 3 310 | ἐξολόθρευσις. καὶ τότ᾽ ἔσῃ ὡς ἦσθα πρὸ τοῦ ὡς μὴ | * γεγονυῖα * | καὶ τότε πλησθήσῃ ἀπὸ αἵματος ὡς πάρος αὐτὴ |
| Sib. | 3 404 | ἀδιψήτοισι τεθηλὸς αὐτόπρεμνον ἄιστον ἰῇ ἐν νυκτὶ | * γένηται * | ἐν πόλει αὐτάνδρῳ σεισίχθονος ἐννοσιγαίου ἣν |
| Sib. | 3 570 | αἴσιμον ἦμαρ. οὐ γὰρ μὴ θύσητε θεῷ μέχρι πάντα | * γένηται * | ὅσσα θεός γε μόνος βουλεύσεται οὐκ ἀτέλεστα. |
| Sib. | 3 779 | ὑψήεντα καὶ ἄγρια κύματα πόντου εὔβατα καὶ εὔπλωτα | * γενήσεται * | ἤμασι κείνοις πᾶσα γὰρ εἰρήνη ἀγαθῶν ἐπὶ γαῖαν |
| Sib. | 3 797 | ὥστε νοῆσαι ἡνίκα δὴ πάντων τὸ τέλος γαίηφι | * γένηται. * | ὁππότε κεν ῥομφαῖαι ἐν οὐρανῷ ἀστερόεντι |
| Sib. | 3 804 | ἵκονται αἵματι καὶ σταγόνεσσι πετρῶν δ᾽ ἄπο σῆμα | * γένηται * | ἐν νεφέλῃ δ᾽ ὄψεσθε μάχην πεζῶν ⟨τε⟩ καὶ ἱππέων |
| Sib. | 3 814 | βροτοί με καθ᾽ Ἑλλάδα πατρίδος ἄλλης ἐξ Ἐρυθρῆς | * γεγαυῖαν * | ἀναιδέα οἵ δέ με Κίρκης μητρὸς καὶ Γνωστοῖο |
| Sib. | 3 816 | φήσουσι Σίβυλλαν μαινομένην ψεύστειραν ἐπὴν δὲ | * γένηται * | ἅπαντα τηνίκα μου μνήμην ποιήσετε κοὐκέτι μ᾽ |
| Sib. | 3 820 | δήλωσεν ἃ πρὶν γενετῆρσιν ἐμοῖσιν ὅσσα δὲ πρῶτ᾽ | * ἐγένοντο * | τά μοι +θεὸς+ κατέλεξε τῶν μετέπειτα δὲ πάντα |
| Sib. | 3 828 | νύμφη καὶ ἀφ᾽ αἵματος αὐτοῦ ἐτύχθην τῷ τὰ πρῶτ᾽ | * ἐγένοντο * | τὰ δ᾽ ἔσχατα πάντ᾽ ἀπεδείχθη ὥστ᾽ ἀπ᾽ ἐμοῦ |
| Sib. | 4 179 | αἰθαλόεσσα. ἀλλ᾽ ὅταν ἤδη πάντα τέφρη σποδόεσσα | * γένηται * | καὶ πῦρ κοιμήσῃ θεὸς ἄσπετον ὥσπερ ἀνῆψεν ὀστέα |
| Sib. | 5 61 | τὰ μέγιστα πρόσθε γὰρ ἡ μεγάλως γαίης κρατέουσα | * γενήσῃ * | λυπρὴ ὥστε βοῆσαι καὶ αὐτὸν τερπικέραυνον |
| Sib. | 5 80 | οὐδ᾽ ἀγορεύειν εἰδώλων τὰ ἕκαστα βροτῶν παλάμαις | * γεγαῶτα * | ἐξ ἰδίων δὲ κόπων καὶ ἀτασθαλιῶν ἐπινοιῶν |
| Sib. | 5 186 | πολύδακρυ μενεῖς χήρη διὰ παντός. πουλυετὴς | * ἐγένου * | σὺ μόνη κόσμοιο κρατοῦσα. ἀλλ᾽ ὅταν ἡ Βάρκη τὸ |
| Sib. | 5 188 | ἀμφιβάληται λευκὸν ἐπὶ ῥυπαρῷ μήτ᾽ εἴην μήτε | * γενοίμαν. * | ὦ Θῆβαι ποῦ σοι τὸ μέγα σθένος; ἄγριος ἀνὴρ |
| Sib. | 5 401 | οἶκον ἀεὶ θάλλοντα θεοῦ τηρήμονα ναὸν ἐξ ἁγίων | * γεγαῶτα * | καὶ ἄφθιτον αἰὲν ἐόντα ἐκ ψυχῆς ἐλπιζόμενον καὶ |
| Sib. | 5 498 | ἄφθιτον ἐξυμνοῦντες αὐτὸν τὸν γενετῆρα τὸν ἀίδιον | * γεγαῶτα * | τὸν πρύτανιν πάντων τὸν ἀληθέα τὸν βασιλῆα |
| Sib. | 5 506 | τε+ ἀροῦσθαι ἄρξονται κακότητος ἵν᾽ ὕστερα πάντα | * γένηται. * | νηὸν γὰρ καθελοῦσι μέγαν Αἰγυπτιάδος γῆς ἐν δὲ |
| FMos. | 2 21 7 | τοῦ θεοῦ ἐξῆλθε τὸ πνεῦμα αὐτοῦ καὶ ὁ κόσμος | * ἐγένετο. * | ἔσχεν δὲ καὶ τρίτον ὄνομα ἐν οὐρανῷ μετὰ τὴν |
| FMos. | 6 132 3 | δυνηθεὶς μᾶλλον θατέρου ἅτε καὶ καθαρώτερος | * γενόμενος. * | ἐνεταφίασαν οἱ ἄγγελοι τὸ σῶμα Μωυσέως τοῦ |
| FJub. | 2 15 | μεγάλα ἔργα ἐποίησεν ὁ θεὸς ἐν τῇ ἕκτῃ ἡμέρᾳ καὶ | * ἐγένετο * | πάντα τὰ ἐν ταῖς ἓξ ἡμέραις παρὰ τοῦ θεοῦ |
| FJub. | 3 23 | τε μόχθου καὶ πείνης. ὁ ὄφις ἀπὸ κτήνους ἑρπετὸν | * ἐγένετο * | χεῖράς τε καὶ πόδας ἐκέκτητο. ἀφῃρέθη δὲ ταῦτα |
| FJub. | 4 1 | πρωτότοκος υἱὸς ὁ Κάϊν. τῷ ἑβδομηκοστῷ ἑβδόμῳ ἔτει | * γεγενῆσθαι * | τὸν δίκαιον Ἄβελ. τῷ ὀγδοηκοστῷ πέμπτῳ ἔτει |
| FJub. | 4 10 | Ἄβελ γεννηθεὶς τῇ λεγομένῃ αὐτοῦ ἀδελφῇ Ἀζουρᾷ. | * γεγόνασι * | δὲ τῷ Ἀδὰμ καὶ ἄλλοι υἱοὶ ἐννέα μετὰ τοὺς |
| FJub. | 4 15 | αὐτοῦ. ἐντεῦθεν ἤρξατο ἡ κακομηχανία ἐν κόσμῳ | * γίνεσθαι * | καὶ ἀπ᾽ ἀρχῆς μὲν διὰ τῆς τοῦ Ἀδὰμ παρακοῆς |
| FJub. | 11 1 | γυνὴ Ραγαυ Ωρα θυγάτηρ Οὒρ υἱοῦ Χεζα. Ῥαγὰβ | * γενόμενος * | ἑκατὸν τριακονταδύο ἐτῶν ἐγέννησε τὸν Σερούχ. |
| FJub. | 11 14 | γῆς ἁπάντων καὶ πᾶσαν Χαλδαϊκὴν μαντείαν. Ναχὼρ δὲ | * γενόμενος * | ο θ᾽ ἐτῶν ἐγέννησε τὸν Θάρρα. Νίνου δὲ τοῦ |
| FJub. | 11 14 | ἔτος τῆς βασιλείας γεννᾶται Ἀβραάμ. Θάρρα δὲ | * γενόμενος * | ἐτῶν ο᾽ ἐγέννησεν ἐκ γυναικὸς Ἔδνας θυγατρὸς |
| FIsa. | 1 1 | | * ἐγένετο * | ἐν τῷ πέμπτῳ καὶ εἰκοστῷ ἔτει βασιλεύοντος |
| FIsa. | 1 3 2 | πρὸς αὐτόν. καὶ αὐτὸς δὲ ἦν ἀπὸ Σαμαρίας. καὶ | * ἐγένετο * | ἐν τῷ ἐλθεῖν Ἀλγασὰρ Ἀσσυρίων βασιλέα καὶ |
| FMan. | 2 22 15 | τῆς φωνῆς αὐτοῦ κύριος καὶ ᾠκτείρησεν αὐτὸν καὶ | * ἐγένετο * | περὶ αὐτὸν φλὸξ πυρὸς καὶ ἐτάκησαν πάντα τὰ περὶ |
| FBar. | 13 1 | και⟩ ειπων ταυτα ενηστευσα ημε⟩ρας ζ᾽ και | * εγενετο * | με⟨τα ταυτα οτι εγω⟩ Βαρουχ ϊστηκειν επι το |
| FEz. | 64 70 10 | δὲ ἐποίησεν ὃ προετράπη ὅτε ἔφθασε λέγει δεῦρό μοι | * γενοῦ * | πόδες καὶ βάστασόν με καὶ γίνομαί σοι ὀφθαλμοί |
| FEz. | 64 70 10 | λέγει δεῦρό μοι γενοῦ πόδες καὶ βάστασόν με καὶ | * γίνομαί * | σοι ὀφθαλμοὶ ἄνωθεν ὁδηγῶν σε δεξιὰ καὶ εὐώνυμα. |
| FEz. | 64 70 16 | καὶ ὁ τυφλὸς τῷ χωλῷ οὐκ αὐτὸς ὀφθαλμοί μου | * γέγονας; * | καὶ τέξεται ἡ δάμαλις καὶ ἐροῦσιν οὐ τέτοκεν. |
| FEz. | 186 8 | ανεω⟨ξε το στομα και πολλ⟩οι εις καταβρωμα α⟨υτοις | * εγενοντο * | αλ⟩λα ειδου εγω διακριν⟨ω κριον προς κριον⟩ και |
| FEz. | 187 18 | ⟩ται απο του ν⟨ μο⟩χθηρων και⟨ ⟩χωρας⟨ ⟩ης καλυπ⟨ | * ⟩γειν εται * | ε⟨ |
| FEsd. | 5 35 | διά τί γὰρ οὐκ | * ἐγένετο * | ἡ μήτρα τῆς μητρός μου τάφος ἵνα μὴ ἴδω τὸν |
| FAch. | 101 | λαμβάνων πᾶσάν τε χώραν περιελθὼν ὁ Αἴσωπος | * ἐγένετο * | ⟨δὲ⟩ ἐν Βαβυλῶνι ἐν ᾗ ἐβασίλευεν Λυκοῦργος. |
| FAch. | 101 | ἀνεδείχθη ὥστε καὶ τὸν βασιλέα ἐραστὴν αὐτοῦ | * γενέσθαι * | τῶν ἠθῶν διὰ τὸν νοῦν αὐτὸν ἔχειν καὶ ἐποίησεν |
| FAch. | 103 | ἅμα τῇ τοῦ βασιλέως παλλακίδι περιπλακεὶς ἐπιχαρὴς | * ἐγένετο * | προσπαίζων. ὁ δὲ Αἴσωπος ἰδὼν καὶ ἀγανακτήσας |
| FAch. | 106 | ἀναγνοὺς δὲ ὁ Λυκοῦργος τὴν ἐπιστολὴν περίλυπος | * ἐγένετο * | ἐπὶ τῷ ἐξαπίνης πτώματι. ἐκάλεσεν τοὺς φίλους |
| FAch. | 107 | ζῇ. ἐξ ἀνελπίστου δὲ ἀκούσας ὁ Λυκοῦργος περιχαρὴς | * ἐγένετο * | καὶ ἔφη πρὸς τὸν Ἕρμιππον ὄφελον ἠδυνάμην ἦν |
| FAch. | 110 | τῶν φίλων ἐπιδέεσθαι. εὐπροσήγορος καὶ κοινὸς | * γίνου * | τοῖς συναντῶσί σοι εἰδὼς ὅτι καὶ τῷ κυνὶ ἡ οὐρὰ |
| FAch. | 111 | τρέφεσθαι καὶ βαστάζειν παιδία μανθάνειν. | * γενάμενοι * | δὲ τέλειοι ἔφερον τοὺς παῖδας. οἱ δὲ |
| FAch. | 116 | τοὺς ἀετοὺς καὶ εἰς ἀέρα ἵπτασθαι. καὶ εἰς ὕψος | * γενάμενοι * | ἐφώνουν ἐπίδοτε πηλὸν καὶ πλίνθους καὶ ξύλα |
| FAch. | 121 | νικηθήσεται. ὁ δὲ βασιλεὺς ἀκούσας περιχαρὴς | * ἐγένετο * | δόξας εὑρηκέναι νίκας. καὶ παραγεναμένου τοῦ |
| FPho. | 45 | ἀρχηγὲ βιοφθόρε πάντα χαλέπτων εἴθε σε μὴ θνητοῖσι | * γενέσθαι * | πῆμα ποθεινὸν σεῦ γὰρ ἕκητι μάχαι τε λεηλασίαι |
| FPho. | 83 | βραδυνούσαις παρὰ καιρόν. μηδέποτε χρήστης πικρὸς | * γένῃ * | ἀνδρὶ πένητι. μηδέ τις ὄρνιθας καλιῆς ἅμα πάντας |
| IEsc. | 5 131 2 | ποτὲ δὲ ὕδωρ ποτὲ ⟨δὲ⟩ γνόφος καὶ θηρσὶν αὐτὸς | * γίνεται * | παρεμφερὴς ἀνέμῳ νεφέλῃ τε καὶ ἀστραπῇ βροντῇ |
| HDem. | 9 21 1 | απο της αυτης του πολυιστορος γραφης. τὸν Ἰακὼβ | * γενόμενον * | ἐτῶν ἑβδομήκοντα πέντε φυγεῖν εἰς Χαρρὰν τῆς |
| HDem. | 9 21 3 | Λείαν καὶ Ῥαχὴλ ὄντα ἐτῶν ὀγδοήκοντα τεσσάρων καὶ | * γενέσθαι * | ἐν ἑπτὰ ἔτεσιν ἄλλοις αὐτῷ παιδία ιβ᾽ ὀγδόῳ μὲν |
| HDem. | 9 21 5 | ἔτει μηνὶ ὀγδόῳ υἱὸν ὃν ὀνομασθῆναι Ἰωσὴφ ὥστε | * γεγονέναι * | ἐν τοῖς ἑπτὰ ἔτεσι τοῖς παρὰ Λάβαν δώδεκα |
| HDem. | 9 21 14 | πεποιηκέναι διὰ τὸ ἐκ τῆς Λείας τῷ πατρὶ αὐτοῦ | * γεγονέναι * | υἱοὺς ἑπτὰ ἐκ δὲ Ῥαχὴλ τῆς μητρὸς αὐτοῦ δύο |
| HDem. | 9 21 14 | πέντε μερίδας παραθεῖναι καὶ αὐτὸν λαβεῖν δύο | * γενέσθαι * | οὖν ἑπτὰ ὅσας καὶ τοὺς ἐκ τῆς Λείας υἱοὺς |
| HDem. | 9 21 16 | Ἰσαὰκ ἐτῶν ἑξήκοντα Ἰακὼβ ἐτῶν ἑκατὸν τριάκοντα | * γίνεσθαι * | τὰ πάντα ἔτη ἐν γῇ Χαναὰν σ ι ε᾽. καὶ τῷ τρίτῳ |
| HDem. | 9 21 18 | Δεῖναν ἐτῶν λ θ᾽ Βενιαμὶν ἐτῶν κ η᾽. τὸν δὲ Ἰωσὴφ | * γενέσθαι * | ἐν Αἰγύπτῳ ἔτη λ θ᾽. εἶναι δὲ ἀπὸ τοῦ Ἀδὰμ ἕως |
| HDem. | 9 21 19 | αὐτὸν ἐτῶν ξ᾽ καὶ γεννῆσαι Κλὰθ τῷ αὐτῷ δὲ ἔτει ᾧ | * γενέσθαι * | Κλὰθ τελευτῆσαι Ἰακὼβ ἐν Αἰγύπτῳ εὐλογήσαντα |
| HDem. | 9 21 19 | ρ μ ζ᾽ καταλιπόντα Ἰωσὴφ ὄντα ἐτῶν ν ς᾽. Λευὶν δὲ | * γενόμενον * | ἐτῶν ρ λ ζ᾽ τελευτῆσαι Κλὰθ δὲ ὄντα ἐτῶν μ᾽ |
| HDem. | 9 21 19 | Ἰωσὴφ ἐν Αἰγύπτῳ ὄντα ρ ι᾽ ἐτῶν Κλὰθ δὲ | * γενόμενον * | ἐτῶν ἑκατὸν λ γ᾽ τελευτῆσαι. Ἀμβρὰμ δὲ λαβεῖν |
| HDem. | 9 21 19 | γεννῆσαι δὲ Μωσῆν τὸν Ἀμβρὰμ ὄντα ἐτῶν ο η᾽ καὶ | * γενόμενον * | Ἀμβρὰμ ἐτῶν ρ λ ς᾽ τελευτῆσαι. φυγεῖν μέντοι |
| HDem. | 9 29 1 | ἣν εἶναι ὅσα στοχάζεσθαι ἀπὸ τῶν ὀνομάτων τῶν | * γενομένων * | ἐκ Χεττούρας τοῦ Ἀβραὰμ γένους ἐκ τοῦ Ἰεξὰν |

| | | | | | | |
|---|---|---|---|---|---|---|
| HDem. | 9 | 29 | 1 | ἐκ Χεττούρας τοῦ Ἀβραὰμ γένους ἐκ τοῦ Ἰεζὰν τοῦ | * γενομένου * | Ἀβραὰμ ἐκ Χεττούρας ἐκ δὲ τοῦ Ἰεζὰν γενέσθαι |
| HDem. | 9 | 29 | 1 | γενομένου Ἀβραὰμ ἐκ Χεττούρας ἐκ δὲ τοῦ Ἰεζὰν | * γενέσθαι * | Δαδὰν ἐκ δὲ Δαδὰν Ῥαγουὴλ ἐκ δὲ Ῥαγουὴλ |
| HDem. | 9 | 29 | 2 | ὄντα ἐτῶν ἑκατὸν γεννῆσαι. ὥστε μ β' ἐτῶν ὕστερον | * γεγονέναι * | τὸν Ἰσαὰρ ἀφ' οὗ τὴν Σεπφώραν |
| HDem. | 9 | 29 | 3 | τὸν Μωσῆν καὶ τὴν Σεπφώραν κατὰ τοὺς αὐτοὺς | * γεγονέναι * | χρόνους. κατοικεῖν δὲ αὐτοὺς Μαδιὰμ πόλιν ἣν |
| HDem. | 9 | 29 | 15 | θεοῦ εἰπόντος ξύλον τι ἐμβαλεῖν εἰς τὴν πηγὴν καὶ | * γενέσθαι * | γλυκὺ τὸ ὕδωρ. ἐκεῖθεν δὲ εἰς Ἐλεὶμ ἐλθεῖν καὶ |
| HDem. | 1 | 141 | 2 | ἀφ' οὗ δὲ αἱ φυλαὶ αἱ δέκα ἐκ Σαμαρείας αἰχμάλωτοι | * γεγόνασιν * | ἕως Πτολεμαίου τετάρτου ἔτη πεντακόσια |
| HEup. | 9 | 26 | 1 | τὸν Μωσῆν πρῶτον σοφὸν | * γενέσθαι * | καὶ γράμματα παραδοῦναι τοῖς Ἰουδαίοις πρῶτον |
| HEup. | 9 | 30 | 2 | τὴν ἱερὰν σκηνὴν ἐν Σιλοῖ. μετὰ δὲ ταῦτα προφήτην | * γενέσθαι * | Σαμουήλ. εἶτα τῇ τοῦ θεοῦ βουλήσει ὑπὸ Σαμουὴλ |
| HEup. | 9 | 32 | 1 | ἀποκατασταθῶσιν εἰς τὴν ἰδίαν ὡς ἂν ἀπὸ τῆς χρείας | * γενόμενοι. * | επιστολη Σολομωνος. βασιλεὺς Σολομῶν Σούρωνι |
| HArt. | 9 | 23 | 1 | εὐδαιμονίαν τῆς χώρας. τῷ Ἀβραὰμ Ἰωσὴφ ἀπόγονον | * γενέσθαι * | υἱὸν δὲ Ἰακώβου συνέσει δὲ καὶ φρονήσει παρὰ |
| HArt. | 9 | 23 | 2 | καὶ συσταθέντα τῷ βασιλεῖ διοικητὴν τῆς ὅλης | * γενέσθαι * | χώρας. καὶ πρότερον ἀτάκτως τῶν Αἰγυπτίων |
| HArt. | 9 | 23 | 4 | κρατοῦντα τῆς Αἰγύπτου τὸν τῶν ἑπτὰ ἐτῶν σῖτον | * γενόμενον * | κατὰ τὴν φορὰν ἄπλετον παραθέσθαι καὶ τῆς |
| HArt. | 9 | 23 | 4 | φορὰν ἄπλετον παραθέσθαι καὶ τῆς Αἰγύπτου δεσπότην | * γενέσθαι. * | Ἀβραὰμ τελευτήσαντος καὶ τοῦ υἱοῦ αὐτοῦ |
| HArt. | 9 | 27 | 4 | αὐτὸν ἀνδρωθέντα Μουσαῖον προσαγορευθῆναι. | * γενέσθαι * | δὲ τὸν Μώϋσον τοῦτον Ὀρφέως διδάσκαλον. |
| HArt. | 9 | 27 | 8 | ἐπιφανῶς κατὰ τὰς μάχας λέγειν δὲ Ἡλιουπολίτας | * γενέσθαι * | τὸν πόλεμον τοῦτον ἔτη δέκα. τοὺς οὖν περὶ τὸν |
| HArt. | 9 | 27 | 21 | οὔσης ἐν τῷ τόπῳ. τὸν δὲ Μώϋσον δείσαντα τὸ | * γεγονὸς * | φεύγειν φωνὴν δ' αὐτῷ θείαν εἰπεῖν στρατεύειν |
| HArt. | 9 | 27 | 24 | τὸν βασιλέα ἐξεγεῖραι. τὸν δὲ ἐκπλαγέντα ἐπὶ τῷ | * γεγονότι * | κελεῦσαι τῷ Μωΰσῳ τὸ τοῦ πέμψαντος αὐτὸν θεοῦ |
| HArt. | 9 | 27 | 28 | Νεῖλον τῇ ῥάβδῳ πατάξαι τὸν δὲ ποταμὸν πολύχουν | * γενόμενον * | κατακλύζειν ὅλην τὴν Αἴγυπτον ἀπὸ τότε δὲ καὶ |
| HArt. | 9 | 27 | 28 | τὴν Αἴγυπτον ἀπὸ τότε δὲ καὶ τὴν κατάβασιν αὐτοῦ | * γίνεσθαι * | συναγαγὸν δὲ τὸ ὕδωρ ἐποζέσαι καὶ τὰ ποτάμια |
| HArt. | 9 | 27 | 29 | διὰ τὴν δίψαν φθείρεσθαι. τὸν δὲ βασιλέα τούτων | * γενομένων * | τῶν τεράτων φάναι μετὰ μῆνα τοὺς λαοὺς |
| HArt. | 9 | 27 | 30 | πατάξαντα τὸ ὕδωρ συστεῖλαι τὸ ῥεῦμα. τούτου δὲ | * γενομένου * | τὸν βασιλέα τοὺς ἱερεῖς τοὺς ὑπὲρ Μέμφιν |
| HArt. | 9 | 27 | 31 | μεταχρῶσαι. τὸν δὲ βασιλέα φρονηματισθέντα ἐπὶ τῷ | * γεγονότι * | πάσῃ τιμωρίᾳ καὶ κολάσει καταικίζειν τοὺς |
| HArt. | 9 | 27 | 36 | χρησαμένους διακομίζειν. τῷ δὲ Μωΰσῳ φωνὴν θείαν | * γενέσθαι * | πατάξαι τὴν θάλασσαν τῇ ῥάβδῳ καὶ διαστῆσαι. |
| HArt. | 9 | 27 | 37 | κρίμνον ὅμοιον ἐλύμῳ χιόνι παραπλήσιον τὴν χρόαν. | * γεγονέναι * | δὲ τὸν Μώϋσον μακρὸν πυρρακῆ πολιὸν κομήτην |
| HAri. | 9 | 25 | 2 | χώρᾳ ἐπὶ τοῖς ὅροις τῆς Ἰδουμαίας καὶ Ἀραβίας. | * γενέσθαι * | δ' αὐτὸν δίκαιον καὶ πολύκτηνον κτήσασθαι γὰρ |
| HCle. | 1 | 15 | 240 | ἐκ τῆς Χετούρας Ἀβράμῳ | * ἐγένοντο * | παῖδες ἱκανοί. αὐτῶν καὶ τὰ ὀνόματα τρεῖς |
| HCle. | 1 | 15 | 241 | Ἡρακλέα γεννῆσαι υἱὸν ἐξ αὐτῆς Δίδωρον τούτου δὲ | * γενέσθαι * | Σόφωνα ἀφ' οὗ τοὺς βαρβάρους Σόφακας λέγεσθαι. |
| HAno. | 9 | 17 | 3 | Χαλδαίων πόλιν ‹ἣ› ἐν τρισκαιδεκάτῃ | * γενέσθαι * | Ἀβραὰμ γενεᾷ εὐγενείᾳ καὶ σοφίᾳ πάντας |
| HAno. | 9 | 17 | 4 | αὐτοῦ τὸν Ἀβραὰμ μετὰ οἰκετῶν βοηθήσαντα ἐγκρατῆ | * γενέσθαι * | τῶν αἰχμαλωτισαμένων καὶ τῶν πολεμίων |
| HAno. | 9 | 17 | 6 | τοῦ θεοῦ καὶ βασιλεύοντος λαβεῖν δῶρα. λιμοῦ δὲ | * γενομένου * | τὸν Ἀβραὰμ ἀπαλλαγῆναι εἰς Αἴγυπτον πανοικίᾳ |
| HAno. | 9 | 17 | 9 | οὐκ Αἰγυπτίους. Βαβυλωνίους γὰρ λέγειν πρῶτον | * γενέσθαι * | Βῆλον ὃν εἶναι Κρόνον ἐκ τούτου δὲ γενέσθαι |
| HAno. | 9 | 17 | 9 | πρῶτον γενέσθαι Βῆλον ὃν εἶναι Κρόνον ἐκ τούτου δὲ | * γενέσθαι * | Βῆλον καὶ Χαναὰν τοῦτον δὲ τὸν Χαναὰν γεννῆσαι |
| HAno. | 9 | 17 | 9 | τὸν πατέρα τῶν Φοινίκων τούτου δὲ Χοὺμ υἱὸν | * γενέσθαι * | ὃν ὑπὸ τῶν Ἑλλήνων λέγεσθαι Ἄσβολον πατέρα δὲ |
| HAno. | 9 | 17 | 9 | δὲ τὸν Ἄτλαντα τὸν αὐτὸν καὶ Ἐνὼχ τοῦ δὲ Ἐνὼχ | * γενέσθαι * | υἱὸν Μαθουσάλαν ὃν πάντα δι' ἀγγέλων θεοῦ |
| HHec. | 1 | 22 | 186 | Πολιορκητήν. μετὰ τὴν ἐν Γάζῃ μάχην ὁ Πτολεμαῖος | * ἐγένετο * | τῶν περὶ Συρίαν τόπων ἐγκρατὴς καὶ πολλοὶ τῶν |
| HHec. | 1 | 22 | 188 | οἱ πάντες ἱερεῖς τῶν Ἰουδαίων οἱ τὴν δεκάτην τῶν | * γινομένων * | λαμβάνοντες καὶ τὰ κοινὰ διοικοῦντες περὶ |
| HHec. | 1 | 22 | 189 | τετευχὼς τῆς τιμῆς ταύτης καὶ συνήθης ἡμῖν | * γενόμενος * | παραλαβών τινας τῶν μεθ' ἑαυτοῦ τὴν διαφορὰν |
| HHec. | 1 | 22 | 192 | ἀρνούμενοι τὰ πάτρια. Ἀλεξάνδρου ποτὲ ἐν Βαβυλῶνι | * γενομένου * | καὶ προελομένου τὸ τοῦ Βήλου πεπτωκὸς ἱερὸν |
| HCal. | | 24 | 27 | λοιπὸν γὰρ ἡμεῖς ἅπερ ἐθεασάμεθα εἴπομεν ὑμῖν. | * γενέσθω * | δὲ τὸ δοκοῦν ἡμῖν πρὸ τοῦ Ἀλέξανδρον καταλαβεῖν |
| HCal. | | 28 | 11 | πόλεως περικαλλεστάτης ἐν παντὶ ὀφθαλμῷ ἀνθρώπων | * γεγονυίας * | ἄνεισιν Ἀλέξανδρος ἐν τῷ πύργῳ καὶ στὰς |
| LThe. | 9 | 22 | 3 | ἀμφοῖν δ' ἐμίγη σὺν ὁμαίμοσιν ἦσι. τῷ δ' υἱεῖς | * ἐγένοντο * | νόῳ πεπνυμένοι αἰνῶς ἕνδεκα καὶ κούρη Δεῖνα |
| LEze. | 9 | 28 | 3 23 | με ὥσπερ τὸν ἐχθὲς ἄνδρα; καὶ δείσας ἐγὼ ἔλεξα πῶς | * ἐγένετο * | συμφανὲς τόδε; καὶ πάντα βασιλεῖ ταῦτ' |
| LEze. | 9 | 29 | 8 07 | ἄκου' ἐμῶν ἰδεῖν γὰρ ὄψιν τὴν ἐμὴν ἀμήχανον θνητὸν | * γεγῶτα * | τῶν λόγων δ' ἔξεστί σοι ἐμῶν ἀκούειν τῶν ἕκατ' |
| LEze. | 9 | 29 | 9 03 | μοι δύσφραστος ἰσχνόφωνος ὥστε μὴ λόγους ἐμοὺς | * γενέσθαι * | βασιλέως ἐναντίον. Ἀάρωνα πέμψω σὸν κασίγνητον |
| LEze. | 9 | 29 | 11 05 | ὥστε θαυμάσαι. (M). ἰδοὺ βέβληται δέσποθ' ἵλεως | * γενοῦ * | ὡς φοβερὸς ὡς πέλωρος οἴκτειρον σύ με πέφρικ' ἰδὼν |
| LEze. | 9 | 29 | 11 11 | χεῖρ' εἰς κόλπον ἐξένεγκέ τε. (M). ἰδοὺ τὸ ταχθὲν | * γέγονεν * | ὡσπερεὶ χιών. (Θ). ἔνθες πάλιν δ' εἰς κόλπον |
| LAri. | 8 | 10 | 8 | χεῖρά μου καὶ πατάξω τοὺς Αἰγυπτίους. καὶ ἐπὶ τοῦ | * γεγονότος * | θανάτου τῶν κτηνῶν καὶ τῶν ἄλλων φησὶ τῷ |
| LAri. | 8 | 10 | 10 | εἶναι ταῦτα. λέγω δὲ τὸ τοιοῦτον ὡς οὐδέποτε | * γέγονεν * | οὐρανὸς γῆ γῆ δ' οὐρανὸς οὐδ' ἥλιος σελήνη |
| LAri. | 8 | 10 | 12 | τῷ θεῷ. λέγεται δὲ καὶ κατάβασις ἐπὶ τὸ ὄρος θεία | * γεγονέναι * | διὰ τῆς γραφῆς τοῦ νόμου καθ' ὃν ἐνομοθέτει |
| LAri. | 8 | 10 | 16 | τοιούτων μηδὲ τοῦ φωνήσοντος ἀλλὰ θείᾳ κατασκευῇ | * γινομένων * | ἁπάντων ὥστε σαφὲς εἶναι διὰ ταῦτα τὴν |
| LAri. | 8 | 10 | 17 | ὥστε σαφὲς εἶναι διὰ ταῦτα τὴν κατάβασιν τὴν θείαν | * γεγονέναι * | διὰ τὸ τοὺς συνορῶντας ἐκφαντικῶς ἕκαστα |
| LAri. | 8 | 10 | 17 | δι' ἀνθρωπίνης ἐνεργείας ἢ κατασκευῆς ὀργάνων | * γίνεσθαι * | τὸν δὲ θεὸν ἄνευ τινὸς δεικνύναι τὴν ἑαυτοῦ διὰ |
| LAri. | 13 | 12 | 1 | τῶν Ἑβραίων ἡμετέρων δὲ πολιτῶν καὶ ἡ τῶν | * γεγονότων * | ἁπάντων αὐτοῖς ἐπιφάνεια καὶ κράτησις τῆς |
| LAri. | 13 | 12 | 1 | εἶναι τὸν προειρημένον φιλόσοφον εἰληφέναι πολλὰ | * γέγονε * | γὰρ πολυμαθὴς καθὼς καὶ Πυθαγόρας πολλὰ τῶν παρ' |
| LAri. | 13 | 12 | 3 | συνεχῶς γάρ φησιν ἐφ' ἑκάστου καὶ εἶπεν ὁ θεὸς καὶ | * ἐγένετο. * | δοκοῦσι δέ μοι περιειργασμένοι πάντα |
| LAri. | 13 | 12 | 4 | κατασκευὴν τῶν ὅλων συνθεωροῦντες ἀκριβῶς ὑπὸ θεοῦ | * γεγονυῖαν * | καὶ συνεχομένην ἀδιαλείπτως. ἔτι δὲ καὶ |
| FrAn. | 2 | 11 | 3 | λάβετε ἄμπελον πρῶτον μὲν φυλλοροεῖ εἶτα βλαστὸς | * γίνεται * | μετὰ ταῦτα ὄμφαξ εἶτα σταφυλὴ παρεστηκυῖα. οὕτως |
| FrAn. | 1 | 217 | 3 | εὐθὺς ὁ ἐλεῶν πτωχὸν θεῷ δανείζει. καὶ εἰς ἑαυτὸν | * γενόμενος * | καὶ κατανυγεὶς ἀπελθὼν πέπρακε πάντα καὶ |
| FrAn. | 1 | 217 | 16 | ἐκεῖνος ἰδὼν ἀναστὰς προσεκύνησε καὶ ἔκθαμβος | * γενόμενος * | ἐπυνθάνετο. ποῦ τὸν πολύτιμον καὶ θεῖον λίθον |
| FrAn. | 1 | 218 | 6 | ἄνθρωπον καὶ λελάληκεν ὁ δὲ ἀκούσας καὶ ἔντρομος | * γενόμενος * | πάντα ἐάσας ἐν τῷ ναῷ ἐξῆλθεν εὐχαριστῶν καὶ |
| γιγνώσκω | | | | 150 | | |
| Adam | | 4 | 1 | τὴν λύπην περὶ Ἄβελ τοῦ υἱοῦ αὐτῶν. μετὰ δὲ ταῦτα | * ἔγνω * | Ἀδὰμ τὴν γυναῖκα αὐτοῦ καὶ ἐν γαστρὶ ἔσχεν καὶ |
| Adam | | 7 | 2 | καὶ ἔδωκεν αὐτῇ ὁ ἐχθρὸς καὶ ἔφαγεν ἀπὸ τοῦ ξύλου | * ἐγνωκὼς * | ὅτι οὐκ ἤμην ἔγγιστα αὐτῆς οὔτε οἱ ἅγιοι |
| Adam | | 18 | 3 | ἀνοιχθήσονταί σου οἱ ὀφθαλμοὶ καὶ ἔσεσθε ὡς θεοὶ | * γινώσκοντες * | τί ἀγαθὸν καὶ τί πονηρόν. τοῦτο δὲ γινώσκων |
| Adam | | 18 | 4 | γινώσκοντες τί ἀγαθὸν καὶ τί πονηρόν. τοῦτο δὲ | * γινώσκων * | ὁ θεὸς ὅτι ἔσεσθε ὅμοιοι αὐτοῦ ἐφθόνησεν ὑμῖν |
| Adam | | 19 | 2 | δίδης καὶ τῷ ἀνδρί σου. ἐγὼ δὲ εἶπον αὐτῷ ὅτι οὐ | * γινώσκω * | ποίῳ ὅρκῳ ὀμόσω σοι. πλὴν ὃ οἶδα λέγω σοι μὰ τὸν |
| Adam | | 20 | 1 | καὶ ἐν αὐτῇ τῇ ὥρᾳ ἠνεώχθησαν οἱ ὀφθαλμοί μου καὶ | * ἔγνων * | ὅτι γυμνὴ ἤμην τῆς δικαιοσύνης ἧς ἤμην ἐνδεδυμένη. |
| Adam | | 21 | 4 | ὁ θεός. ἐγὼ δὲ εἶπον μὴ φοβοῦ ἅμα γὰρ φάγῃς ἔσει | * γινώσκων * | καλὸν καὶ πονηρόν. καὶ τότε ταχέως πείσασα |
| Adam | | 21 | 5 | αὐτὸν ἔφαγεν. καὶ ἠνεώχθησαν αὐτοῦ οἱ ὀφθαλμοὶ καὶ | * ἔγνω * | τὴν γύμνωσιν αὐτοῦ. καὶ λέγει μοι ὦ γύναι πονηρά τί |
| Adam | | 42 | 3 | ἔκλαυσεν περὶ τῆς κοιμήσεως τοῦ Ἀδάμ. οὐ γὰρ | * ἐγίνωσκεν * | ποῦ ἐτέθη ἐπειδὴ ἐν τῷ ἐλθεῖν τὸν κύριον ἐπὶ |
| Adam | | 42 | 3 | κηδεῦσαι τὸν Ἀδὰμ πλὴν τοῦ Σὴθ μόνου καὶ οὐδεὶς | * ἐγίνωσκεν * | ἐπὶ τῆς γῆς πλὴν τοῦ υἱοῦ αὐτοῦ Σήθ. καὶ |
| Hen. | | 1 | 2 | ἤκουσα ἐγὼ καὶ ὡς ἤκουσα παρ' αὐτῶν πάντα καὶ | * ἔγνων * | ἐγὼ θεωρῶν καὶ οὐκ εἰς τὴν νῦν γενεὰν διενοούμην |
| Hen. | | 5 | 1 | ὁ καρπὸς αὐτῶν εἰς τιμὴν καὶ δόξαν. διανοήθητε καὶ | * γνῶτε * | περὶ πάντων τῶν ἔργων αὐτοῦ καὶ νοήσατε ὅτι θεὸς |
| Hen. | | 9 | 6 | τοῦ αἰῶνος τὰ ἐν τῷ οὐρανῷ ἃ ἐπιτηδεύουσιν ‹καὶ› | * ἔγνωσαν * | ἄνθρωποι καὶ Σεμιαζᾶς ᾧ τὴν ἐξουσίαν ἔδωκας |
| Hen. | | 12 | 1 | τῶν λόγων ἐλήμφθη Ἐνὼχ καὶ οὐδεὶς τῶν ἀνθρώπων | * ἔγνω * | ποῦ ἐλήμφθη καὶ ποῦ ἐστιν καὶ τί ἐγένετο αὐτῷ. καὶ |
| Hen. | | 16 | 3 | ὑμῖν καὶ μυστήριον τὸ ἐκ τοῦ θεοῦ γεγενημένον | * ἔγνωτε * | καὶ τοῦτο ἐμηνύσατε ταῖς γυναιξὶν ἐν ταῖς |
| Hen. | | 98 | 7 | τῇ ψυχῇ ὑμῶν μηδὲ ὑπολάβητε τῇ καρδίᾳ ὑμῶν ὅτι οὐ | * γινώσκουσιν * | οὐδὲ βλέπουσιν οὐδὲ τὰ ἀδικήματα ὑμῶν |
| Hen. | | 98 | 10 | ἀπαντήσει ὑμῖν τὰ δὲ κακὰ ‹περιέξει› ὑμᾶς. καὶ νῦν | * γινώσκετε * | ὅτ‹ι ἡτοίμασται› ὑμῖν εἰς ἡμέραν ἀπωλείας. ‹μὴ |
| Hen. | | 98 | 10 | ἐλπίζε›τε σωθῆναι ἁμαρτωλοὶ ἀπ‹ελθόντες› ἀποθάνετε | * γινώσκοντε‹ς * | ὅτι ἡτοίμασ›ται εἰς ἡμέραν κρίσεως μ‹εγάλης |
| Hen. | | 100 | 6 | ἐπὶ τοὺς λόγους τούτους τῆς ἐπιστολῆς ταύτης καὶ | * γνώσονται * | ὅτι οὐ δύναται ὁ πλοῦτος αὐτῶν διασῶσαι αὐτοὺς |
| Hen. | | 103 | 2 | πλάκας τοῦ οὐρανοῦ καὶ εἶδον τὴν γραφὴν ἀναγκαίαν | * ἔγνων * | τὰ γ‹εγραμμέ›να ἐν αὐταῖς καὶ ἐγκεκολαμμέν‹α περὶ› |
| Hen. | | 103 | 7 | κρίσις οὐκ ἐγενήθη ἐν τῇ ζωῇ αὐτῶν. αὐτοὶ ὑμεῖς | * γινώσκετε * | ὅτι εἰς ᾅδου κατάξουσιν τὰς ψυχὰς ὑμῶν καὶ |
| Hen. | | 104 | 12 | ἃ ἐγὼ διαμαρτυροῦμαι αὐτοῖς. καὶ πάλιν ἐγὼ | * γινώσκω * | μυστήριον δεύτερον ὅτι δικαίοις καὶ ὁσίοις καὶ |
| Abr.1 | | 4 | 6 | θεοῦ καὶ εἶπεν πρὸς τὸν δεσπότην. κύριε κύριε ἵνα | * γινώσκῃ * | τὸ σὸν κράτος ὅτι ἐγὼ τὴν μνήμην τοῦ θανάτου |
| Abr.1 | | 4 | 8 | δὲ ἀναγγελεῖ τὸ ὅραμα σὺ δὲ διακρινεῖς καὶ αὐτὸς | * γνώσεται * | τὸ τέλος αὐτοῦ. καὶ ὁ ἀρχιστράτηγος εἶπεν κύριε |
| Abr.1 | | 4 | 11 | μόνον δὲ τὰ τοῦ ὁράματος διακρινεῖς καλῶς ὅπως ἂν | * γνώσῃ * | ὁ Ἀβραὰμ τὴν τοῦ θανάτου δρεπάνην καὶ τὸ τοῦ βίου |
| Abr.1 | | 6 | 2 | ἔξω ἐλθεῖν καὶ λέγει αὐτὸν κύριέ μου Ἀβραὰμ οὐ | * γινώσκεις * | τίς ἐστιν οὗτος ὁ ἀνήρ; εἶπεν δὲ Ἀβραὰμ οὐ |
| Abr.1 | | 6 | 3 | τίς ἐστιν οὗτος ὁ ἀνήρ; εἶπεν δὲ Ἀβραὰμ οὐ | * γινώσκω. * | εἶπεν δὲ Σάρρα εἶδες κύριέ μου τοὺς τρεῖς |
| Abr.1 | | 6 | 8 | δόξα τῷ θεῷ τῷ δεικνύοντι ἡμῖν θαυμάσια καὶ νῦν | * γίνωσκε * | κύριέ μου Ἀβραὰμ ὅτι ἀποκάλυψίς τινος ἔργου |
| Abr.1 | | 7 | 9 | ὁ μέλλων λαβεῖν τὴν δικαίαν σου ψυχὴν καὶ νῦν | * γίνωσκε * | τιμιώτατε Ἀβραὰμ ὅτι μέλλεις καταλιπεῖν ἐν τῷ |
| Abr.1 | | 7 | 12 | πρὸς αὐτὸν καθὼς ἐκέλευσέ μοι. εἶπε δὲ Ἀβραὰμ νῦν | * ἔγνωκα * | κἀγὼ ὅτι σὺ εἶ ἄγγελος κυρίου καὶ ἀπεστάλης |
| Abr.1 | | 8 | 11 | τὸν ἐμὸν ἀρχιστράτηγον ἀπέστειλα πρός σε ἵνα | * γνώσῃς * | τὴν ἐκ τοῦ κόσμου μετάστασιν καὶ ποιήσῃς διάταξιν |
| Abr.1 | | 9 | 5 | νῦν κύριε οὐκ ἀνθίσταμαι τὸ σὸν κράτος ὅτι κἀγὼ | * γινώσκω * | ὅτι οὐκ ἔσομαι ἀθάνατος ἀλλὰ θνητὸς ἐπειδὴ οὖν |
| Abr.1 | | 14 | 12 | ποτε κατέφαγεν τὸ πῦρ διὰ τοὺς ἐμοὺς λόγους νῦν | * ἔγνωκα * | ἐγὼ ὅτι ἥμαρτον ἐνώπιον τοῦ θεοῦ δεῦρο Μιχαὴλ |
| Abr.1 | | 18 | 8 | τούτου ἀπαλλάξαι εἶχες. καὶ ὁ δίκαιος εἶπεν νῦν | * ἔγνων * | κἀγὼ ὅτι εἰς ὀλιγωρίαν θανάτου ἦλθον ὥστε |
| Abr.2 | | 2 | 2 | τῇ ἡλικίᾳ ἠσπάσατο δὲ Ἀβραὰμ τὸν Μιχαὴλ μὴ | * γινώσκων * | τίς ἐστιν καὶ εἶπεν πόθεν εἶ σὺ ἄνθρωπε ὁ |
| Abr.2 | | 6 | 6 | περὶ Λὼτ καὶ ὡς ἤκουσεν Σάρρα λαλοῦντος τοῦ Μιχαὴλ | * ἔγνω * | τὴν διαφορὰν τῆς ὁμιλίας αὐτοῦ ὅτι διαφέρει πάντα |
| Abr.2 | | 6 | 9 | σήμερον ἡμέρα εὐφρασία ἐστίν. λέγει Ἀβραὰμ πόθεν | * γινώσκεις * | ὅτι ὁ ἄνθρωπος οὗτος τοῦ θεοῦ ἐστιν; ἀπεκρίθη |
| Abr.2 | | 8 | 14 | ἐξ αὐτοῦ ἦσαν πάντες ἐὰν οὖν θεωρῇς αὐτὸν κλαίοντα | * γνῶθι * | ‹ὅτι› ἐθεάσατο ψυχὰς ἀπαγομένας εἰς τὴν ἀπώλειαν |
| TRub. | | 6 | 8 | τοῦτο ἐντέλλομαι ὑμῖν ἀκούειν τοῦ Λευὶ ὅτι αὐτὸς | * γνώσεται * | νόμον κυρίου καὶ διαστελεῖ εἰς κρίσιν καὶ |
| TSim. | | 2 | 13 | χείρ μου ἡ δεξιὰ ἡμίξηρος ἦν ἐπὶ ἡμέρας ἑπτά. καὶ | * ἔγνων * | τέκνα ὅτι περὶ Ἰωσὴφ τοῦτό μοι συνέβη καὶ |
| TSim. | | 2 | 14 | μολυσμοῦ καὶ φθόνου καὶ ἀπὸ πάσης ἀφροσύνης. | * ἔγνων * | γὰρ ὅτι πονηρὸν πρᾶγμα ἐνεθυμήθην ἐνώπιον κυρίου |
| TSim. | | 3 | 4 | φόβῳ κυρίου ἐκάκωσα ἐν νηστείᾳ τὴν ψυχήν μου καὶ | * ἔγνων * | ὅτι ἡ λύσις τοῦ φθόνου διὰ φόβου θεοῦ γίνεται. ἐάν |

| | | | | | | |
|---|---|---|---|---|---|---|
| TSim. | 4 | 3 | κατέβημεν εἰς Αἴγυπτον καὶ ἔδησέ με ὡς κατάσκοπον | * | ἔγνων * | ὅτι δικαίως πάσχω καὶ οὐκ ἐλυπούμην. Ἰωσὴφ δὲ ἦν |
| TLevi | 2 | 3B005 | κατέναντι τῶν ἁγίων. καὶ ηὐξάμην καὶ εἶπα κύριε | * | γινώσκεις * | πάσας τὰς καρδίας καὶ πάντας τοὺς διαλογισμοὺς |
| TLevi | 4 | 1 | ἁμαρτάνουσι καὶ παροργίζουσι τὸν ὕψιστον. νῦν οὖν | * | γινώσκετε * | ὅτι ποιήσει κύριος κρίσιν ἐπὶ τοὺς υἱοὺς τῶν |
| TLevi | 13 | 3 | ἀδιαλείπτως τὸν νόμον τοῦ θεοῦ ὅτι πᾶς ὃς | * | γνώσεται * | νόμον θεοῦ τιμηθήσεται καὶ οὐκ ἔσται ξένος ὅπου |
| TLevi | 14 | 1 | ὡς καὶ Ἰωσὴφ ὁ ἀδελφὸς ἡμῶν. καὶ νῦν τέκνα | * | ἔγνων * | ἀπὸ γραφῆς Ἐνὼχ ὅτι ἐπὶ τέλει ἀσεβήσετε ἐπὶ |
| TLevi | 16 | 1 | μου οὐ μὴ καταλειφθῇ ἐπὶ τῆς γῆς. καὶ νῦν | * | ἔγνων * | ἐν βιβλίῳ Ἐνὼχ ὅτι ἑβδομήκοντα ἑβδομάδας |
| TLevi | 17 | 8 | εἰπεῖν ἐνώπιον κυρίου καὶ ἀνθρώπων ὅτι αὐτοὶ | * | γνώσονται * | οἱ ποιοῦντες αὐτά. διὰ τοῦτο ἐν αἰχμαλωσίᾳ καὶ |
| TLevi | 18 | 2B013 | ἡμᾶς καὶ ηὐλόγησεν ἡμᾶς καὶ ηὐφράνθη. καὶ ὅτε | * | ἔγνω * | ὅτι ἐγὼ ἱεράτευσα τῷ κυρίῳ δεσπότῃ τοῦ οὐρανοῦ |
| TJud. | 10 | 3 | αὐτὸν τῇ τρίτῃ ἡμέρᾳ τῇ νυκτὶ καὶ αὐτὸς οὐκ | * | ἔγνω * | αὐτὴν κατὰ πανουργίαν τῆς μητρὸς αὐτοῦ οὐ γὰρ |
| TJud. | 10 | 4 | αὐτῇ τὸν Αὐνὰν καίγε οὗτος ἐν πονηρίᾳ οὐκ | * | ἔγνω * | αὐτὴν ποιήσας σὺν αὐτῇ ἐνιαυτόν. καὶ ὅτε ἠπείλησα |
| TJud. | 11 | 4 | ἐπορεύθη καὶ ἔλαβε τῷ Σηλὼμ γυναῖκα ἐκ γῆς Χανάαν. | * | γνοὺς * | δὲ ὃ ἐποίησε κατηρασάμην αὐτῇ ἐν ὀδύνῃ ψυχῆς μου |
| TJud. | 12 | 10 | βραχὺ ἐκάθισεν ἐν πύλῃ καὶ ἐνόμιζον ὅτι οὐδεὶς | * | ἔγνω * | ὅτι εἰσῆλθον πρὸς αὐτήν. καὶ μετὰ ταῦτα ἤλθομεν εἰς |
| TIss. | 1 | 15 | ἀντὶ τοῦ ἐνὸς ἐκμισθῶ σοι αὐτὸν ἐν μιᾷ νυκτί. καὶ | * | ἔγνω * | Ἰακὼβ τὴν Λείαν καὶ συλλαβοῦσά με ἔτεκε καὶ διὰ |
| TIss. | 7 | 1 | γῆν αὐτῶν. ἑκατὸν εἰκοσιδύο ἐτῶν εἰμι ἐγὼ καὶ οὐκ | * | ἔγνων * | ἐπ' ἐμὲ ἁμαρτίαν εἰς θάνατον. πλὴν τῆς γυναικός |
| TIss. | 7 | 2 | ἁμαρτίαν εἰς θάνατον. πλὴν τῆς γυναικός μου οὐκ | * | ἔγνων * | ἄλλην οὐκ ἐπόρνευσα ἐν μετεωρισμῷ ὀφθαλμῶν μου |
| TZab. | 1 | 4 | ὅτε ἐν τοῖς ποικίλοις ῥάβδοις εἶχε τὸν κλῆρον. οὐκ | * | ἔγνων * | τέκνα μου ὅτι ἥμαρτον ἐν ταῖς ἡμέραις μου παρεκτὸς |
| TZab. | 9 | 5 | πόδας ἀλλὰ πάντα τὰ μέλη τῇ μιᾷ κεφαλῇ ὑπακούει. | * | ἔγνων * | ἐν γραφῇ πατέρων μου ὅτι ἐν ἐσχάταις ἡμέραις |
| TNep. | 2 | 5 | ὅτι οὐκ ἔστι πᾶν πλάσμα καὶ πᾶσα ἔννοια ἣν οὐκ | * | ἔγνω * | κύριος πάντα γὰρ ἄνθρωπον ἔκτισε κατ' εἰκόνα |
| TNep. | 3 | 4 | πνεύμασι πλάνης. ὑμεῖς δὲ μὴ οὕτως τέκνα μου | * | γνόντες * | ἐν στερεώματι ἐν γῇ καὶ ἐν θαλάσσῃ καὶ πᾶσι τοῖς |
| TGad | 5 | 6 | ἕως ἐννοιῶν ἀδικῆσαι ἄνθρωπον. ταῦτα ἐγὼ ἔσχατον | * | ἔγνων * | μετὰ τὸ μετανοῆσαί με περὶ τοῦ Ἰωσήφ. ἡ γὰρ κατὰ |
| TGad | 8 | 2 | ὅτι ἐξ αὐτῶν ἀνατελεῖ κύριος σωτῆρα τῷ Ἰσραήλ. | * | ἔγνων * | γὰρ ὅτι ἐπὶ τέλει ἀποστήσονται τὰ τέκνα ὑμῶν ἀπ' |
| TJos. | 3 | 9 | ἐμαυτὸν καὶ ἐπένθησα περὶ αὐτῆς ἡμέρας πολλὰς ὅτι | * | ἔγνων * | τὸν δόλον αὐτῆς καὶ τὴν πλάνην. καὶ ἔλεγον αὐτῇ |
| TJos. | 6 | 6 | ὅτι οὐκ ἐγγίζω εἰδώλοις ἀλλὰ κυρίῳ μόνῳ; νῦν οὖν | * | γνῶθι * | ὅτι ὁ θεὸς τοῦ πατρός μου δι' ἀγγέλου ἀπεκάλυψέ |
| TJos. | 7 | 7 | προσδοκίαν ἀπολαῦσαι τῆς ἐπιθυμίας μου. καὶ οὐκ | * | ἔγνω * | ὅτι διὰ τὸν θεόν μου εἶπον οὕτως καὶ οὐ δι' αὐτήν. |
| TJos. | 10 | 5 | ἢ ἐν ἔργῳ ἢ ἐν λόγῳ ἢ ἐν διανοίᾳ συνέχεται. | * | γινώσκουσιν * | οἱ ἀδελφοί μου πῶς ἠγάπησέ με ὁ πατήρ μου |
| TJos. | 15 | 2 | με τί ὅτι εἶπας σεαυτὸν δοῦλον εἶναι; καὶ ἰδοὺ | * | ἔγνωμεν * | ὅτι υἱὸς εἶ ἀνδρὸς μεγάλου ἐν γῇ Χανάαν καὶ |
| TJos. | 17 | 4 | καὶ ὅτε ἦλθον οἱ ἀδελφοί μου εἰς Αἴγυπτον ὡς | * | ἔγνωσαν * | ὅτι ἀπέστρεψα τὸ ἀργύριον αὐτοῖς καὶ οὐκ |
| TBen. | 9 | 5 | ἐκ τοῦ ᾅδου ἔσται ἀναβαίνων ἀπὸ γῆς εἰς οὐρανόν. | * | ἔγνων * | δὲ οἷος ἔσται ταπεινὸς ἐπὶ γῆς καὶ οἷος ἔνδοξος ἐν |
| TBen. | 10 | 2 | ἐν ἡμέρᾳ γρηγορῶν καθ' ὃ ἦν πᾶσα ἡ ἰδέα αὐτοῦ. | * | γινώσκετε * | οὖν τέκνα μου ὅτι ἀποθνήσκω. ποιήσατε οὖν |
| Asen. | 13 | 11 | θεοὺς πάντας οὓς ἐσεβόμην τὸ πρότερον ἀγνοοῦσα νῦν | * | ἔγνων * | ὅτι ἦσαν εἴδωλα κωφὰ καὶ νεκρὰ καὶ δέδωκα αὐτοὺς |
| Asen. | 15 | 13 | εἶπεν Ἀσενὲθ εἰ εὗρον χάριν ἐνώπιόν σου κύριε καὶ | * | γνώσομαι * | ὅτι ποιήσεις πάντα τὰ ῥήματά σου ὅσα εἶπας πρός |
| Asen. | 19 | 7 | τὰ ὦτα αὐτοῦ περὶ σου τὰ ῥήματά μου. καὶ νῦν σὺ | * | γινώσκεις * | κύριέ μου εἰ ἐλήλυθε πρός σε ὁ ἄνθρωπος |
| Asen. | 23 | 2 | αὐτοῦ. καὶ εἶπεν αὐτοῖς ὁ υἱὸς Φαραὼ ὁ πρωτότοκος | * | γινώσκω * | ἐγὼ σήμερον ὅτι ὑμεῖς ἐστέ ἄνδρες δυνατοὶ ὑπὲρ |
| Asen. | 26 | 6 | Ἀσενὲθ μετὰ τοῦ ὀχήματος αὐτῆς ἔμπροσθεν. καὶ | * | ἔγνω * | Λευὶς ὁ υἱὸς Λίας ταῦτα πάντα τῷ πνεύματι ὡς |
| Asen. | 28 | 15 | καὶ κατεφίλησε τὴν χεῖρα αὐτῆς τὴν δεξιὰν καὶ | * | ἔγνω * | ὅτι σῶσαι ἤθελε τοὺς ἄνδρας ἐκ τῆς ὀργῆς τῶν |
| Asen. | 28 | 17 | καὶ αὐτοὶ ἦσαν ἐγγὺς ἐν τῇ ὕλῃ τοῦ καλάμου. καὶ | * | ἔγνω * | Λευὶς ὁ ἀδελφὸς αὐτῶν καὶ οὐκ ἀνήγγειλε τοῖς |
| Sal. | 2 | 10 | ἐποίησε πᾶς ἄνθρωπος ἐπ' αὐτῆς ὅσα ἐποίησαν. καὶ | * | γνώσεται * | ἡ γῆ τὰ κρίματά σου πάντα τὰ δίκαια ὁ θεός. |
| Sal. | 2 | 31 | ὑπερηφάνους εἰς ἀπώλειαν αἰῶνος ἐν ἀτιμίᾳ ὅτι οὐκ | * | ἔγνωσαν * | αὐτόν. καὶ νῦν ἴδετε οἱ μεγιστᾶνες τῆς γῆς τὸ |
| Sal. | 8 | 8 | ὁ θεὸς τὰς ἁμαρτίας αὐτῶν ἐναντίον τοῦ ἡλίου | * | ἔγνω * | πᾶσα ἡ γῆ τὰ κρίματα τοῦ θεοῦ τὰ δίκαια. ἐν |
| Sal. | 17 | 27 | οὐ κατοικήσει πᾶς ἄνθρωπος μετ' αὐτῶν εἰδὼς κακίαν | * | γνώσεται * | γὰρ αὐτοὺς ὅτι πάντες υἱοὶ θεοῦ εἰσιν αὐτῶν. |
| Sal. | 17 | 42 | ἐν αὐτοῖς. αὕτη ἡ εὐπρέπεια τοῦ βασιλέως Ισραηλ ἣν | * | ἔγνω * | ὁ θεὸς ἀναστῆσαι αὐτὸν ἐπ' οἶκον Ισραηλ παιδεῦσαι |
| Jer. | 2 | 9 | μικρὸν μετ' ἐμοῦ ἕως ὥρας ἕκτης τῆς νυκτὸς ἵνα | * | γνῷς * | ὅτι ἀληθές ἐστι τὸ ῥῆμα τοῦτο. ἔμειναν οὖν |
| Jer. | 3 | 3 | αὐτοὺς Ἱερεμίας καὶ Βαροὺχ ἔκλαυσαν λέγοντες νῦν | * | ἐγνώκαμεν * | ὅτι ἀληθές ἐστι τὸ ῥῆμα. παρεκάλεσε δὲ |
| Jer. | 3 | 6 | μου Ἱερεμίας. καὶ εἶπεν Ἱερεμίας ἰδοὺ νῦν κύριε | * | ἐγνώκαμεν * | ὅτι παραδίδως τὴν πόλιν εἰς χεῖρας τῶν ἐχθρῶν |
| Jer. | 5 | 27 | λέγεις ὅτι ᾐχμαλωτεύθη ὁ λαὸς εἰς Βαβυλῶνα. ἵνα δὲ | * | γνῷς * | λάβε ἴδε τὰ σῦκα. καὶ ἀνεκάλυψε τὸν κόφινον τῶν |
| Jer. | 5 | 31 | ἴδε καὶ τὰ σῦκα ὅτι καιρὸς αὐτῶν οὐκ ἔστι καὶ | * | γνῶθι. * | τότε ἔκραξε μεγάλῃ φωνῇ Ἀβιμέλεχ λέγων εὐλογήσω |
| Jer. | 6 | 9 | σου τῆς ἀγαθότητος τὸ μέγα ὄνομα ὃ οὐδεὶς δύναται | * | γνῶναι * | ἄκουσον τῆς φωνῆς τῶν δούλων σου καὶ γενοῦ γνῶσις |
| Bar. | 4 | 16 | προσλαβεῖν καὶ τὴν εἰς παράδεισον εἴσοδον. | * | γίνωσκε * | τοιγαροῦν ὦ Βαροὺχ ὅτι ὥσπερ ὁ Ἀδὰμ δι' αὐτοῦ |
| Prop. | 4 | 8 | ὀλοθρεύοντες ἀναιροῦντες καὶ πατάσσοντες. | * | ἔγνω * | διὰ θεοῦ ὁ ἅγιος ὅτι ὡς βοῦς ἤσθιε χόρτον καὶ |
| Prop. | 12 | 12 | ἐπίκρανα τῶν δύο στύλων ἀφαιρεθήσονται καὶ οὐδεὶς | * | γνώσεται * | ποῦ ἔσονται αὐτὰ δὲ ἐν τῇ ἐρήμῳ ἀπενεχθήσονται |
| Prop. | 12 | 14 | ἐν ἀρχῇ ἐπάγη ἡ σκηνὴ τοῦ μαρτυρίου. καὶ ἐν αὐτοῖς | * | γνωσθήσεται * | ἐπὶ τέλει κύριος ὅτι φωτίσουσι τοὺς |
| Prop. | 17 | 2B | ὁδὸν εὗρε νεκρὸν κείμενον γυμνὸν ἐσφαγμένον καὶ | * | γνοὺς * | ὅτι ἐν Βηρσαβεὲ παραβήσεται ὁ Δαυὶδ ἔσπευσε τοῦ |
| Prop. | 17 | 3 | τὴν στολὴν καὶ ἐπέμεινεν ἐκεῖ καὶ τῇ νυκτὶ ἐκείνῃ | * | ἔγνω * | ὅτι ἐποίησε τὴν ἁμαρτίαν. καὶ ὑπέστρεψε πενθῶν καὶ |
| Prop. | 17 | 4B | τὸν ἄνδρα αὐτῆς ἔπεμψε κύριος ἐλέγξαι αὐτὸν καὶ | * | γνοὺς * | τῷ πνεύματι ὁ ὅσιος ὑπέστρεψε πενθῶν πάσας τὰς |
| Esdr. | 3 | 3 | εἶπεν ὁ θεὸς προφῆτά μου ἐκλεκτὲ οὐδεὶς ἄνθρωπος | * | γνώσεται * | τὴν ἡμέραν ἐκείνην τὴν μεγάλην καὶ ἐπιφάνειαν |
| Esdr. | 3 | 13 | καὶ ὅταν ἔθνος πρὸς ἔθνος ἐπαναστῇ ἐν πολέμῳ τότε | * | γνώσεσθε * | ὅτι ἐγγύς ἐστιν τὸ τέλος τότε οὖν οὔτε ἀδελφὸς |
| Esdr. | 6 | 1 | ἀνθρώπων οὕτως κολαζομένους. τότε λέγει μοι ὁ θεὸς | * | γινώσκεις * | Ἔσδρὰμ τὰ ὀνόματα τῶν ἀγγέλων τῶν ἐπὶ τῆς |
| Sedr. | 8 | 11 | καὶ πόσα μέλλουν πεσεῖν; καὶ εἶπεν Σεδρὰχ μόνος σὺ | * | γινώσκεις * | ταῦτα πάντα κύριε μόνος σὺ ἐπίστασαι ταῦτα |
| Job | 2 | 4 | τὴν γῆν καὶ τὴν θάλασσαν καὶ ἡμᾶς αὐτούς; ἄρα πῶς | * | γνώσομαι; * | καὶ ἐν τῇ νυκτὶ κοιμωμένου μου ἦλθέν μοι |
| Job | 3 | 2 | εἶπεν ἀνάστηθι καὶ ὑποδείξω σοι τίς ἐστιν οὗτος ὃν | * | γνῶναι * | θέλεις οὗτος οὗ τὰ ὁλοκαυτώματα προσφέρουσιν καὶ |
| Job | 4 | 8 | ὑπάρχοντά σου, καὶ ἀποδοθήσεταί σοι διπλάσιον, ἵνα | * | γνῷς * | ὅτι ἀπροσωπόληπτός ἐστιν, ἀποδιδοὺς ἑκάστῳ τῷ |
| Job | 4 | 11 | καρτερῶν πόνους καὶ ἐκδεχόμενος τὸν στέφανον. τότε | * | γνώσει * | ὅτι δίκαιος καὶ ἀληθινὸς καὶ ἰσχυρὸς ὁ κύριος, |
| Job | 7 | 6 | αὐτῷ τὸν κεκαυμένον καὶ σποδοειδῆν ἄρτον, ἐπεὶ μὴ | * | ἔγνωκεν * | εἶναι αὐτὸν τὸν Σατανᾶν, ἦρεν ἐκ τῶν ἑαυτῆς ἕνα |
| Job | 7 | 7 | ἕνα ἄρτον καλὸν καὶ ἔδωκεν αὐτῷ. ὁ δὲ λαβὼν καὶ | * | γνοὺς * | τὸ γεγονός, εἶπεν τῇ παιδὶ ἀπελθοῦσα, κακὴ δούλη, |
| Job | 17 | 1 | τὸν θεὸν καὶ οὐκ ἐβλασφήμησα. τότε ὁ διάβολος | * | ἐγνωκώς * | μου τὴν καρδίαν κατεμηχανήσατό με καὶ |
| Job | 23 | 1 | ἂν προσενέγκῃ μοι καὶ φάγομαι. καὶ ὁ Σατανᾶς τοῦτο | * | γνοὺς * | μετεσχηματίσθη εἰς πράτην καὶ ἐγένετο κατὰ |
| Job | 35 | 4 | ἐν ταῖς δυσὶν ἡμέραις; νῦν οὖν μακροθυμήσωμεν ἵνα | * | γνῶμεν * | ἐν τίνι ἐστὶν μήτι ἄρα ἐξέστη αὐτοῦ ἡ καρδία, |
| Job | 35 | 6 | ἐν πληγαῖς; ἀλλ' ἔασόν με προσεγγίσαι αὐτῷ, καὶ | * | γνώσομαι * | ἐν τίνι ἐστίν. τότε ἐγερθεὶς ὁ Βαλδαδ |
| Job | 36 | 4 | ἐν οὐρανῷ ταραχή. ὑπολαβὼν δὲ Βαλδαδ λέγει ὅτι μὲν | * | γινώσκομεν * | τὴν γῆν ἀκατάστατον οὖσαν, ἐπεὶ γὰρ κατὰ |
| Job | 36 | 6 | δευτέρῳ καὶ ἐὰν ἀποκριθῇς μοι εὐσταθῶς, δῆλον ὅτι | * | γνωσόμεθα * | ὅτι ἡ καρδία σου οὐκ ἐξίσταται. καὶ πάλιν |
| Job | 38 | 3 | ὄντες, ἔχοντες τὴν μερίδα ἐν γῇ καὶ σποδῷ; ἵνα οὖν | * | γνῶτε * | ὅτι συνέστηκεν ἡ καρδία μου ἀκούσατε ὃ ἐπερωτῶ |
| Job | 38 | 6 | εἶπεν οὐχὶ τὰ ὑπὲρ ἡμᾶς ἐρευνῶμεν, ἀλλὰ βουλόμεθα | * | γνῶναι * | εἰ ἐν τῷ καθεστῶτι ὑπάρχεις, καὶ ἰδοὺ ἀληθῶς |
| Job | 38 | 6 | εἰ ἐν τῷ καθεστῶτι ὑπάρχεις, καὶ ἰδοὺ ἀληθῶς | * | ἔγνωμεν * | ὅτι ἡ σύνεσίς σου οὐκ ἠλλοίωται τί οὖν βούλει |
| Job | 40 | 4 | κατέπεσεν ἐπὶ τὴν γῆν προσκυνοῦσα καὶ εἶπεν νῦν | * | ἔγνων * | ὅτι ὑπάρχει μοι μνημόσυνον παρὰ κυρίου ἀναστήσομαι |
| Job | 40 | 10 | ἔδωκεν διὰ πάσης τῆς πόλεως. καὶ τότε εἰσεπήδησαν | * | γνῶναι * | τὸ γεγονός, καὶ εὗρον αὐτὴν νεκράν, τὰ δὲ |
| Job | 43 | 1 | τὴν ἁμαρτίαν. τότε Ελιφας καὶ Βαλδαδ καὶ Σοφαρ | * | γνόντες * | ὅτι ἐχαρίσατο αὐτοῖς ὁ κύριος τὴν ἁμαρτίαν |
| Job | 49 | 3 | τοῦ ὑψηλοῦ τόπου τὸ ποίημα. διότι εἴ τις βούλεται | * | γνῶναι * | τὸ ποίημα τῶν οὐρανῶν, δυνήσεται εὑρεῖν ἐν τοῖς |
| Aris. | 195 | 3 | κάλλιστον αὐτῷ πρὸς τὸ ζῆν ἂν εἴη; κἀκεῖνος ἔφη τὸ | * | γινώσκειν * | ὅτι θεὸς δυναστεύει τῶν ἁπάντων καὶ ἐπὶ τῶν |
| Aris. | 206 | 2 | ἂν τὴν ἀλήθειαν διατηροῖ; ὁ δὲ πρὸς τοῦτο ἀπεκρίθη | * | γινώσκων * | ὅτι μεγάλην αἰσχύνην ἐπιφέρει τὸ ψεῦδος πᾶσιν |
| Aris. | 208 | 5 | οὔτε εὐκόπως δεῖ κολάζειν οὔτε αἰκίαις περιβάλλειν | * | γινώσκων * | ὅτι τὸ τῶν ἀνθρώπων ζῆν ἐν ὀδύναις τε καὶ |
| Aris. | 210 | 4 | ὅτι πάντα διὰ παντὸς ὁ θεὸς ἐνεργεῖ καὶ | * | γινώσκει * | καὶ οὐθὲν ἂν λάθοι ἄδικον ποιήσας ἢ κακὸν |
| Aris. | 218 | 3 | ὑπεροχὴν ἵνα τούτοις ἀκόλουθα καὶ λέγῃς καὶ διανοῇ | * | γινώσκων * | ὅτι πάντες ὧν ἄρχεις περὶ σοῦ καὶ διανοοῦνται |
| Aris. | 239 | 3 | ἐκεῖνος δὲ εἶπε διαλαμβάνων ὅτι πάντα συμφέρει | * | γινώσκειν * | ὅπως ἂν πρὸς τὰ συμβαίνοντα ἐκλεγόμενός τι τῶν |
| Aris. | 240 | 3 | πῶς ἂν μηθὲν παράνομον πράσσοι; πρὸς τοῦτο ἔφησε | * | γινώσκων * | ὅτι τὰς ἐπινοίας ὁ θεὸς ἔδωκε τοῖς νομοθετήσασι |
| Aris. | 244 | 3 | εἰ τὰ τῶν ἀνθρώπων ἀτυχήματα διὰ παντὸς ἐπιβλέποι | * | γινώσκων * | ὅτι ὁ θεὸς ἀφαιρεῖται τὰς εὐημερίας ἑτέρους δὲ |
| Aris. | 250 | 2 | κατὰ τὸ ἑξῆς ἐπυνθάνετο πῶς <ἂν> ἁρμόσαι γυναικί; | * | <γινώσκων> * | ὅτι μὲν θρασύ ἐστιν ἔφη τὸ θῆλυ γένος καὶ |
| Aris. | 253 | 3 | ἠρώτα πῶς ἂν ἐκτὸς θυμοῦ γένοιτο; πρὸς τοῦτ' εἶπε | * | γινώσκων * | ὅτι πάντων ἐξουσίαν ἔχει καὶ εἰ χρήσαιτο θυμῷ |
| Aris. | 254 | 2 | καὶ μηδενὸς ἐναντιουμένου τίνος χάριν θυμωθήσεται; | * | γινώσκειν * | δὲ δεῖ διότι θεὸς τὸν πάντα κόσμον διοικεῖ |
| Aris. | 298 | 2 | συμποσίαις μεταλαβεῖν. ἔθος γάρ ἐστι καθὼς καὶ σὺ | * | γινώσκεις * | ἀφ' ἧς ἂν (ἡμέρας) ὁ βασιλεὺς ἄρξηται |
| Sib. | 3 | 686 | ἅπαντα ἀνδρῶν δυσμενέων ὅτι τὸν νόμον οὐκ | * | ἔγνωσαν * | οὐδὲ κρίσιν μεγάλοιο θεοῦ ἀλλ' ἄφρονι θυμῷ |
| Sib. | 3 | 693 | χαλεπὴ θάνατος δ' ἐπὶ τετράποδ' ἔσται. καὶ τότε | * | γνώσονται * | θεὸν ἄμβροτον ὃς τάδε κρίνει οἰμωγή τε καὶ |
| Sib. | 4 | 135 | καὶ ψεκάδες πίπτωσιν ἀπ' οὐρανοῦ οἷά τε μίλτος | * | γινώσκειν * | τότε μῆνιν ἐπουρανίοιο θεοῖο εὐσεβέων ὅτι |
| Sib. | 4 | 159 | χαίροντες καὶ ἐφ' αἵμασι χεῖρας ἔχοντες καὶ τότε | * | γινώσκειν * | θεὸν οὐκέτι πρηΰν ἐόντα ἀλλὰ χόλῳ βρύχοντα καὶ |
| Sib. | 5 | 172 | ἦτε μιαιφόνον ἦτορ ἔχεις ἀσεβῆ δέ τε θυμόν. οὐκ | * | ἔγνως * | τί θεὸς δύναται τί δὲ μηχανάαται; ἀλλ' ἔλεγες μόνη |
| Sib. | 5 | 330 | μεγάλη ἵνα σὰς γνώμας ἐπίδωμεν. ταύτην γὰρ πρώτην | * | ἔγνως * | θεὸς ἐν χαρίτεσσιν ἐς τὸ δοκεῖν προχάρισμα τεὸν |
| Sib. | 5 | 491 | κλαύσονταί σε κακῶς θεὸν ἄφθιτον ἐν φρεσὶ θέντες | * | γνώσονταί * | σε τὸ μηδὲν ὅσοι θεὸν ἐξύμνησαν. καί <ποτε> |
| FJub. | 3 | 34 | παράβασιν τῇ δεκάτῃ τοῦ Μαΐου μηνός. τῷ ὀγδόῳ ἔτει | * | ἔγνω * | ὁ Ἀδὰμ Εὔαν τὴν γυναῖκα αὐτοῦ. τῷ ἑβδομηκοστῷ ἔτει |
| FIsa. 1 | 3 | 1 | καὶ ἐφό<ν>ευσαν τὸν Μιχαί<α>ν. καὶ Βεχειρὰ | * | ἔγνω * | <κ>αὶ εἶδεν τὸν τό<π>ον τοῦ Ἡσαίου <καὶ τῶ>ν |
| FIsa. 1 | 3 | 10 | δὲ εἶπεν εἶδον τὸν <θεὸν> κ<α>ὶ ἰδοὺ ζῶ. βασι<λ>εῦ | * | <γί>νω<σ>κε * | ὅτι ψευδή<ς> ἐστιν. καὶ τὴν Ἰ<ε>ρουσαλὴμ |
| FMan. 2 | 22 | 14 | ἡμάρτηκα κύριε ἡμάρτηκα καὶ τὰς ἀνομίας μου ἐγὼ | * | γινώσκω * | ἀλλ' αἰτοῦμαι δεόμενός σου ἄνες μοι κύριε ἄνες |
| FEz. | 185 | 12 | και ισακ ' κα>ι ιακωβ' αλλα σε τον κν <τον θν η>μων | * | εγνωκαμεν * | και<--- >ενεσι και εγεννηθη<--- απο>καθημενης |
| FAch. | 108 | | τοῦ τῶν Αἰγυπτίων βασιλέως ἀνάγνωθι. ὁ δὲ | * | γνοὺς * | τὸ ζήτημα καὶ μειδιάσας φησὶν ἀντίγραφον αὐτῷ |
| FPho. | | 116 | δ' ἀθάνατος καὶ ἀγήρως ζῇ διὰ παντός. <οὐδεὶς | * | γιγνώσκει * | τί μετ' αὔριον ἢ τί μεθ' ὥραν. ἄσκοπός ἐστι |

HEup. 9 31 1 Οὐαφρῇ βασιλεῖ Αἰγύπτου φίλῳ πατρικῷ χαίρειν. * γίνωσκέ * με παρειληφότα τὴν βασιλείαν παρὰ Δαβὶδ τοῦ
HEup. 9 33 1 καὶ Σιδῶνος καὶ Φοινίκης φίλῳ πατρικῷ χαίρειν. * γίνωσκέ * με παρειληφότα τὴν βασιλείαν παρὰ Δαβὶδ τοῦ
HAno. 9 17 9 γενέσθαι υἱὸν Μαθουσάλαν ὃν πάντα δι' ἀγγέλων θεοῦ * γνῶναι * καὶ ἡμᾶς οὕτως ἐπιγνῶναι. τὸν 'Αβραὰμ ἀναφέροντα
LEze. 9 28 2 22 νέον ἰδοῦσα δ' εὐθὺς καὶ λαβοῦσ' ἀνείλετο * ἔγνω * δ' 'Εβραῖον ὄντα καὶ λέγει τάδε Μαριὰμ ἀδελφή
FrAn. 1 226 42 - )λωσαντες μετα την( - - )αργυρωνητον η του ν( - * )γνωσθεις * παρ' αυτων κα( - )Ιωσηφ μνησθεις του Ια(κωβ -
Γιεζει 1
Prop. 22 16 τῆς λέπρας. τὸν παῖδα αὐτοῦ 'Ελισαῖος λεγόμενον * Γιεζει * ἀπελθόντα κρύφα παρὰ γνώμην αὐτοῦ πρὸς Ναιμᾶν καὶ
γλάγος 1 (cf.+ γάλα)
Sib. 5 283 νᾶμα μελισταγέος ἀπὸ πέτρης ἠδ' ἀπὸ πηγῆς καὶ * γλάγος * ἀμβρόσιον ῥεύσει πάντεσσι δικαίοις εἰς ἕνα γὰρ
γλεύφορος * 1
Sedr. 11 19 κεφαλὴ οὐρανομήκες ἐστολισμένον σῶμα τὸ φωταγωγὸν * γλεύφορον * πάγγνωστον καὶ ἄρτι πεσὸν εἰς τὴν γῆν ὕπαγε
γλυκερός 3
Sib. 3 622 καρπὸν τὸν ἀληθινὸν ἀνθρώποισιν οἴνου καὶ μέλιτος * γλυκεροῦ * λευκοῦ τε γάλακτος καὶ σίτου ὅπερ ἐστὶ βροτοῖς
Sib. 3 746 οἴνου καὶ ἐλαίου (αὐτὰρ ἀπ' οὐρανόθεν μέλιτος * γλυκεροῦ * ποτὸν ἡδὺ δένδρεά τ' ἀκροδρύων καρπὸν καὶ πίονα
Sib. 3 749 ἔκ τ' ὀίων ἄρνας αἰγῶν τε χιμάρους) πηγάς τε ῥήξει * γλυκερὰς * λευκοῖο γάλακτος πλήρεις δ' αὖτε πόλεις ἀγαθῶν
γλυκύς 10
TGad 5 1 τὰ μικρὰ μεγάλα ποιεῖ τὸ σκότος φῶς προσέχει τὸ * γλυκὺ * πικρὸν λέγει καὶ συκοφαντίαν ἐκδιδάσκει καὶ ὀργὴν
Asen. 12 14 καὶ ὀρφανὴν διότι σὺ εἶ κύριε πατὴρ * γλυκὺς * καὶ ἀγαθὸς καὶ ἐπιεικής. τίς πατὴρ οὕτω γλυκύς
Asen. 12 15 γλυκὺς καὶ ἀγαθὸς καὶ ἐπιεικής. τίς πατὴρ οὕτω * γλυκύς * ἐστιν ὡς σὺ κύριε καὶ τίς οὕτω ταχὺς ἐν ἐλέει ὡς
Jer. 9 3 σέ περὶ τοῦ ἐλέους σου παρακαλῶ περὶ τῆς φωνῆς τῆς * γλυκείας * τῶν δύο Σεραφὶμ παρακαλῶ περὶ ἄλλης εὐωδίας
Jer. 9 16 ὡς ἔριον λευκὸν γενήσεται ἡ χιὼν μελανθήσεται τὰ * γλυκέα * ὕδατα ἁλμυρὰ γενήσονται καὶ τὰ ἁλμυρὰ γλυκέα ἐν
Jer. 9 16 τὰ γλυκέα ὕδατα ἁλμυρὰ γενήσονται καὶ τὰ ἁλμυρὰ * γλυκέα * ἐν τῷ μεγάλῳ φωτὶ τῆς εὐφροσύνης τοῦ θεοῦ. καὶ
Bar. 4 15 λέγει κύριος τὸ πικρὸν τούτου μεταβληθήσεται εἰς * γλυκὺ * καὶ ἡ κατάρα αὐτοῦ γενήσεται εἰς εὐλογίαν καὶ τὸ
Prop. 11 2 τὸν 'Ιωνᾶν τῇ Νινευὶ τέρας ἔδωκεν ὅτι ὑπὸ ὑδάτων * γλυκέων * καὶ πυρὸς ὑπογείου ἀπολεῖται ὃ καὶ γέγονεν. ἡ
HDem. 9 29 15 ἐκεῖθεν ἦλθον ἡμέρας τρεῖς. μὴ ἔχοντα δὲ ὕδωρ ἐκεῖ * γλυκὺ * ἀλλὰ πικρὸν τοῦ θεοῦ εἰπόντος ξύλον τι ἐμβαλεῖν
HDem. 9 29 15 ξύλον τι ἐμβαλεῖν εἰς τὴν πηγὴν καὶ γενέσθαι * γλυκὺ * τὸ ὕδωρ. ἐκεῖθεν δὲ εἰς 'Ελεὶμ ἐλθεῖν καὶ εὑρεῖν
γλυκύτης 1
Adam 24 2 καὶ μὴ ἀναπαύσῃ. θλιβεὶς ἀπὸ πικρίας καὶ μὴ γεύσει * γλυκύτητος. * θλιβεὶς ἀπὸ καύματος καὶ στενωθεὶς ἀπὸ
γλυπτός 1
Prop. 22 3 δήλων ὅτι προφήτης ἐτέχθη 'Ισραὴλ ὃς καθελεῖ τὰ * γλυπτὰ * αὐτῶν καὶ τὰ χωνευτὰ καὶ θανὼν ἐτάφη ἐν Σαμαρείᾳ.
γλυφή 1
Prop. 2 13 δακτύλῳ τὸ ὄνομα τοῦ θεοῦ καὶ γέγονεν ὁ τύπος ὡς * γλυφὴ * σιδήρου καὶ νεφέλη ἐσκέπασε τὸ ὄνομα καὶ οὐδεὶς
γλύφω 1
Hen. 99 7 ἐπὶ τὰ θηλά>ζοντα οὐδὲ μὴ φείσονται--- <καὶ> οἱ * γλύφοντες * εἰκόνα<ς ἀργυ>ρᾶς καὶ χρυσᾶς ξυλίνας τε <καὶ
γλῶσσα 34
Hen. 14 2 ἐγὼ εἶδον κατὰ τοὺς ὕπνους μου ὃ νῦν λέγω ἐν * γλώσσῃ * σαρκίνῃ ἐν τῷ πνεύματι τοῦ στόματός μου ὃ ἔδωκεν
Hen. 14 9 ἤγγισα τείχους οἰκοδομῆς ἐν λίθοις χαλάζης καὶ * γλώσσης * πυρὸς κύκλῳ αὐτῶν καὶ ἤρξαντο ἐκφοβεῖν με. καὶ
Hen. 14 10 καὶ ἤρξαντο ἐκφοβεῖν με. καὶ εἰσῆλθον εἰς τὰς * γλώσσας * τοῦ πυρὸς καὶ ἤγγισα εἰς οἶκον μέγαν
Hen. 14 15 ὁ οἶκος μείζων τούτου καὶ ὅλος οἰκοδομημένος ἐν * γλώσσαις * πυρὸς καὶ ὅλος διαφέρων ἐν δόξῃ καὶ ἐν τιμῇ καὶ
TJud. 25 3 Γὰδ ἐλαία τὸν 'Ασὴρ καὶ ἔσται εἰς λαὸς κυρίου καὶ * γλῶσσα * μία καὶ οὐκ ἔσται ἔτι πνεῦμα πλάνης τοῦ Βελιὰρ
TAser 7 6 μου οἳ χώρας αὐτῶν ἀγνοήσουσι καὶ φυλὴν καὶ * γλῶσσαν * αὐτῶν. ἀλλ' ἐπισυνάξει ὑμᾶς κύριος ἐν πίστει δι'
TBen. 6 5 ἐν παντὶ καιρῷ. ἡ ἀγαθὴ διάνοια οὐκ ἔχει δύο * γλώσσας * εὐλογίας καὶ κατάρας ὕβρεως καὶ τιμῆς λύπης καὶ
Asen. 13 9 καὶ τὸ στόμα μου γέγονε ξηρὸν ὡς τύμπανον καὶ ἡ * γλῶσσά * μου ὡς κέρας καὶ τὰ χείλη μου ὡς ὄστρακον καὶ τὸ
Sal. 4 4 ὀφθαλμοὶ αὐτοῦ ἐπὶ πᾶσαν γυναῖκα ἄνευ διαστολῆς ἡ * γλῶσσα * αὐτοῦ ψευδὴς ἐν συναλλάγματι μεθ' ὅρκου. ἐν νυκτὶ
Sal. 12 τὸν Ισραηλ εἰς τὸν αἰῶνα καὶ ἔτι. τῷ Σαλωμων ἐν * γλώσσῃ * παρανόμων. κύριε ῥῦσαι τὴν ψυχήν μου ἀπὸ ἀνδρὸς
Sal. 12 1 τὴν ψυχήν μου ἀπὸ ἀνδρὸς παρανόμου καὶ πονηροῦ ἀπὸ * γλώσσης * παρανόμου καὶ ψιθύρου καὶ λαλούσης ψευδῆ καὶ
Sal. 12 2 ψευδῆ καὶ δόλια. ἐν ποικιλίᾳ στροφῆς οἱ λόγοι τῆς * γλώσσης * ἀνδρὸς πονηροῦ ὥσπερ ἐν λαῷ πῦρ ἀνάπτον καλλονὴν
Sal. 12 3 αὐτοῦ. ἡ παροικία αὐτοῦ ἐμπρῆσαι οἴκους ἐν * γλώσσῃ * ψευδεῖ ἐκκόψαι δένδρα εὐφροσύνης φλογιζούσης
Sal. 12 4 ὀστᾶ ψιθύρων ἀπὸ φοβουμένων κύριον ἐν πυρὶ φλογὸς * γλῶσσα * ψίθυρος ἀπόλοιτο ἀπὸ ὁσίων. φυλάξαι κύριος ψυχὴν
Sal. 15 3 καρδίας καρπὸν χειλέων ἐν ὀργάνῳ ἡρμοσμένῳ * γλώσσης * ἀπαρχὴν χειλέων ἀπὸ καρδίας ὁσίας καὶ δικαίας ὁ
Sal. 16 10 τὰ διαβήματά μου ἐν τῇ μνήμῃ σου διαφύλαξον. τὴν * γλῶσσάν * μου καὶ τὰ χείλη μου ἐν λόγοις ἀληθείας
Bar. 3 6 καὶ ὄψθεὶς αὐτοῖς ὁ κύριος ἐνήλλαξεν αὐτῶν τὰς * γλώσσας * ἀφ' οὗ τὸν πύργον (ὡς) ᾠκοδόμησαν ἐπὶ πήχεις
Prop. 4 11 αὐτῷ καὶ ἐλάνθανεν ὅτι γέγονεν ἄνθρωπος ἤρθη ἡ * γλῶσσα * αὐτοῦ τοῦ μὴ λαλεῖν καὶ νοῶν εὐθέως ἐδάκρυσεν οἱ
Sedr. 11 2 ὀφθαλμοί σου ἀπὸ Βοσὸρ αἱ ἀκοαί σου ἐκ βροντῆς ἡ * γλῶσσά * σου ἐκ σάλπιγγος καὶ ὁ ἐγκέφαλός σου ἐστὶν μικρὸν
Sedr. 11 19 ὀφθαλμοὶ φωταγωγοὶ φωνὴ σάλπιγγος ἦχος * γλώσσα * εὐδιάλλακτε γένειον καλλωπισμένον τρίχες
Job 43 12 εἰρήνην ἐν τῷ σώματι αὐτοῦ ἰὸν ἀσπίδων ἔσχεν ἐν τῇ * γλώσσῃ * αὐτοῦ. δίκαιός ἐστιν κύριος, ἀληθινὰ αὐτοῦ τὰ
Sib. 3 105 πόλει οὔνομ' ἔθεντο. αὐτὰρ ἐπεὶ πύργος τ' ἔπεσεν * γλῶσσαι * τ' ἀνθρώπων παντοδαπαῖς φωναῖσι διέστρεφον αὐτὰρ
Sib. 3 496 τῆς ζωῆς ἀριθμὸς καὶ φῦλον ἔτ' ἔσται ἀντ' ἀδίκου * γλώττης * ἀνόμου τε βίου καὶ ἀνάγνου ὃν κατέτριψαν πάντες
Sib. 5 240 ἠελίοιο σπειρομένης ἀκτῖνος ὁμοσπόνδοιο προφητῶν * γλῶσσα * μελισταγέουσα καλὸν πόμα πᾶσι βροτοῖσιν φαίνε τε
Sib. 5 271 ἄρξουσι+ δίκαιοι οἱ δὲ κακοὶ στείλαντες ἐπ' αἰθέρα * γλῶσσαν * ἄθεσμον παύσονται λαλέοντες ἐναντίον ἀλλήλοισιν
FJub. 10 24 κατακλυσμοῦ καὶ τῆς συγχύσεως καὶ ποικιλίας τῶν * γλωσσῶν * καὶ τῶν περὶ τὸν πρῶτον ἄνθρωπον καὶ τῶν μέχρις
FJub. 12 26 αὐτῷ ὅτι τὸν 'Αβραὰμ ἐγὼ ἐδίδαξα τὴν 'Εβραΐδα * γλῶσσαν * κατὰ τὴν ἀπ' ἀρχῆς κτίσεως λαλεῖν τὰ πάτρια
FAch. 109 κατασοφιζόμενος καταγελασθήσῃ. ὀξύτερα βάδιζε τῆς * γλώττης. * τοῖς εὖ πράττουσι μὴ φθόνει ἀλλὰ σύγχαιρε καὶ
FAch. 116 (τὴν) εὐστοχίαν αὐτοῦ εἰδὼς καὶ τὸ εὔθετον τῆς * γλώττης * (διάλεκτον) ἔφη πρὸς αὐτὸν ἤγαγές μοι τοὺς
FPho. 20 ἔληται. μισθὸν μοχθήσαντι δίδου μὴ θλῖβε πένητα. * γλώσσῃ * νοῦν ἐχέμεν κρυπτὸν λόγον ἐν φρεσὶν ἴσχειν. μήτ'
IOrp. 45 ἐνὶ τάξει. ὦ τέκνον σὺ δὲ τοῖσι νόοισι πελάζευ * γλώσσης * εὖ μάλ' ἐπικρατέων στέρνοισι δὲ ἔνθεο φήμην.
LEze. 9 29 9 01 λαὸν τὸν ἐμὸν ἐξάγοις χθονός. οὐκ εὔλογος πέφυκα * γλῶσσα * δ' ἐστί μοι δυσφραστος ἰσχνόφωνος ὥστε μὴ λόγους
FrAn. 574 3040 σε κατὰ τῆς σφραγῖδος ἧς ἔθετο Σολομὼν ἐπὶ τὴν * γλῶσσαν * τοῦ 'Ιερεμίου καὶ ἐλάλησεν. καὶ σὺ λάλησον
FrAn. 574 3057 ὁρκίζω σε τὸν καταδείξαντα τὰς ἑκατὸν τεσσαράκοντα * γλώσσας * καὶ διαμερίσαντα τῷ ἰδίῳ προστάγματι. ὁρκίζω σε
γλωσσαλλαγή * 1
Bar. 3 8 αὐτοὺς ἀλλ' ἐπάταξεν αὐτοὺς ἐν ἀορασίᾳ καὶ ἐν * γλωσσαλλαγῇ * καὶ κατέστησεν αὐτοὺς ὡς ὁρᾷς. καὶ εἶπον ἐγὼ
γνήσιος 6
Abr.1 2 3 εἶπεν χαίροις τιμιώτατε πάτερ δικαία ψυχὴ φίλε * γνήσιε * τοῦ θεοῦ τοῦ ἐπουρανίου. εἶπεν δὲ 'Αβραὰμ πρὸς
Abr.1 2 6 μεγάλου βασιλέως ἀπεστάλην διαδοχὴν φίλου αὐτοῦ * γνησίου * ἀποκομίζομαι ὅτι καὶ αὐτὸν ὁ βασιλεὺς πρὸς αὐτὸν
Abr.1 16 5 ἀλλὰ μετὰ κολακείας τοῦτον παράλαβε ὅτι φίλος * γνήσιός * ἐστιν. ταῦτα ἀκούσας ὁ θάνατος ἐξῆλθεν ἀπὸ
Aris. 7 3 μάλιστα μὲν πᾶσι τοῖς ὁμοίοις πολλῷ δὲ μᾶλλον σοὶ * γνησίαν * ἔχοντι τὴν αἵρεσιν οὐ μόνον κατὰ τὸ συγγενὲς
Aris. 41 3 ταῦτα 'Ελεάζαρος ἀρχιερεὺς βασιλεῖ Πτολεμαίῳ φίλῳ * γνησίῳ * χαίρειν. αὐτός τε ἔρρωσο καὶ ἡ βασίλισσα 'Αρσινόη
FAch. 104 ὁ δὲ οὐκ ἀνεῖλεν αὐτὸν ἦν γὰρ φίλος αὐτοῦ * γνήσιος. * μηδενὸς ἱστοροῦντος ἐτήρει αὐτὸν ἐν τῇ φυλακῇ
γνοφερός 1
Abr.1 17 14 κρημνοῦ φρικωδεστάτου) καὶ πρόσωπον σκοτώδους * γνοφερώτερον * καὶ πρόσωπον ἐχίδνης ζοφοειδέστατον (καὶ
γνόφος 5
Hen. 17 7 ὅπου πᾶσα σὰρξ οὐ περιπατεῖ. ἴδον τοὺς ἀνέμους τῶν * γνόφων * τοὺς χειμερινοὺς καὶ τὴν ἔκχυσιν τῆς ἀβύσσου
TSim. 8 4 ὀστῶν 'Ιωσὴφ ἔσται ἐν πάσῃ γῇ Αἰγύπτῳ σκότος καὶ * γνόφος * καὶ πληγὴ μεγάλη σφόδρα τοῖς Αἰγυπτίοις ὥστε μετὰ
Sib. 5 378 βρέξει μερόπεσσιν πῦρ καὶ αἷμα ὕδωρ πρηστὴρ * γνόφος * οὐρανίη νὺξ καὶ φθίσις ἐν πολέμῳ καὶ ἐπὶ σφαγῇσιν
FJub. 2 2 καὶ ἄγγελοι πνευμάτων πνεόντων ἄγγελοι νεφελῶν καὶ * γνόφων * χιόνος καὶ χαλάζης καὶ πάγου ἄγγελοι φωνῶν
IEsc. 5 131 2 πῦρ φαίνεται ἄπλατος ὁρμὴ ποτὲ δὲ ὕδωρ ποτὲ (δὲ) * γνόφος * καὶ θηρσὶν αὐτὸς γίνεται παρεμφερὴς ἀνέμῳ νεφέλῃ
γνώμη 10
Hen. 6 4 ἀναθεματίσωμεν πάντες ἀλλήλους μὴ ἀποστρέψαι τὴν * γνώμην * ταύτην μέχρις οὗ ἂν τελέσωμεν αὐτὴν καὶ ποιήσωμεν
Hen. 6B 4 καὶ ἀναθεματίσωμεν ἀλλήλους τοῦ μὴ ἀποστρέψαι τὴν * γνώμην * ταύτην μέχρις οὗ ἀποτελέσωμεν αὐτήν. τότε πάντες
Abr.1 12 1 ἰδοὺ δύο ἄγγελοι πύρινοι τῇ ὄψει καὶ ἀνηλεεῖς τῇ * γνώμῃ * καὶ ἀπότομοι τῷ βλέμματι καὶ ἤλαυνον μυριάδαν
TLevi 6 7 εὐλογίαις ἄλλως ἐποίησεν. ἡμάρτομεν γὰρ ὅτι παρὰ * γνώμην * αὐτοῦ τοῦτο πεποιήκαμεν καίγε ἐμαλακίσθη ἐν τῇ
TGad 1 6 Βάλλας θύουσι τὰ καλὰ καὶ κατεσθίουσιν αὐτὰ παρὰ * γνώμην * 'Ιουδὰ καὶ 'Ρουβήμ. εἶδε γὰρ ὅτι ἀρνὸν ἐξειλόμην
Prop. 22 16 'Ελισαῖος λεγόμενον Γιεζει ἀπελθόντα κρύφα παρὰ * γνώμην * αὐτοῦ πρὸς Ναιμᾶν καὶ αἰτήσαντα ἀργύριον ὕστερον
Aris. 234 6 κατὰ τὴν αὐτοῦ βούλησιν ἣν καὶ σὺ διατελεῖς ἔχων * γνώμην * ἣ πάρεστι σημειοῦσθαι πᾶσιν ἐκ τῶν ὑπὸ σοῦ
Sib. 5 329 τρυφερῇ χθονὶ τῇ πολυκάρπῳ 'Ιουδαίᾳ μεγάλη ἵνα σὰς * γνώμας * ἐπίδωμεν. ταύτην γὰρ πρώτην ἔγνως θεὸς ἐν
FPho. Φωκυλίδου * γνωμαι. * ταῦτα δίκῃσι ὁσίῃσι θεοῦ βουλεύματα φαίνει
IOrp. 42 ὡς λόγος ἀρχαίων ὡς ὑδογενὴς διέταξεν ἐκ θεόθεν * γνώμῃσι * λαβὼν κατὰ δίπλακα θεσμόν. ἄλλως οὐ θεμιτὸν δὲ
γνωρίζω 13
Abr.1 6 1 τὴν διαφορὰν τῆς ὁμιλίας τοῦ ἀρχιστρατήγου εὐθέως * ἐγνώρισεν * ὅτι ἄγγελος κυρίου ἦν ὁ λαλῶν. συννεύει οὖν
Abr.1 8 11 ὅπως εὐλογήσῃς τὸν ἠγαπημένον σου ( 'Ισαὰκ) καὶ νῦν * γνώρισον * ὅτι οὐ μὴ θέλω λυπῆσαί σε ταῦτα πεποίηκα ἵνα τί
Abr.2 6 13 Σάρρα ἐνόησας ὅτι κἀγὼ τοὺς πόδας αὐτῶν ἔπλυνα καὶ * ἐγνώρισα * ἐν τῇ καρδίᾳ μου ὅτι οὗτοί εἰσιν οἱ πόδες οὓς
Abr.2 6 13 ῥύσασθαι τὸν ἀδελφὸν Λὼτ ἀπὸ Σοδόμων τότε * ἐγνώρισάν * μοι τὸ μυστήριον. τότε 'Αβραὰμ εἶπεν τῷ Μιχαὴλ
TJud. 20 3 ἐπὶ τὸ στῆθος τοῦ ἀνθρώπου καὶ ἕν ἕκαστον αὐτῶν * γνωρίζει * κύριος. καὶ οὐκ ἔστι καιρὸς ἐν ᾧ δυνήσεται

```
TDan    2      3    κυρίου παρακούει ἐὰν δίκαιος οὐ βλέπει φίλον οὐ  *  γνωρίζει.  *  περιβάλλει γὰρ αὐτὸν τὸ πνεῦμα τοῦ θυμοῦ τὰ
TAser   6      4    τέλη τῶν ἀνθρώπων δείκνυσι τὴν δικαιοσύνην αὐτῶν  *  γνωρίζοντες  *  τοὺς ἀγγέλους κυρίου καὶ τοῦ σατανᾶ. ἐὰν γὰρ
TAser   6      6    καὶ ἔργοις πονηροῖς ἐὰν δὲ ἡσύχως ἐν χαρᾷ  *  ἐγνώρισε  *  τὸν ἄγγελον τῆς εἰρήνης <ὃς> παρακαλέσει αὐτὸν
Jer.    6      8    λέγει τῷ Ἀβιμέλεχ ἀνάστηθι καὶ εὐξώμεθα ἵνα  *  γνωρίσῃ  *  ἡμῖν ὁ κύριος πῶς δυνησώμεθα ἀποστεῖλαι τὴν
Esdr.   4     28    καὶ τὸ ὕδωρ οἶνον. καὶ εἶπεν ὁ προφήτης κύριε  *  γνώρισόν  *  μοι ποῖον σχῆμά ἐστιν κἀγὼ παραγγέλλω τὸ γένος
Job    41      5    θρόνον ἐν οὐρανοῖς. τοίνυν ἐμοῦ ἀκούσατε καὶ  *  γνωρίσω  *  ὑμῖν τὴν μερίδα αὐτοῦ οὐχ ὑπάρχουσαν. τότε
FAch.  110          ἐχθροῖς μᾶλλον δὲ αὐτοὺς εὖ ποιεῖ ἵνα μεταμέλωνται  *  γνωρίζοντες  *  οἷον ἄνδρα ἠδίκουν. δυνάμενος ἐλεεῖν μὴ
HCal.   28     7    Φιλίππου ἰατροῦ καὶ τὴν μὲν Σελεύκου κέρας ἔχουσαν  *  γνωρίζεσθαι  *  πεποίηκε διά τε τὸ ἀνδρεῖον καὶ δυσμάχητον
```
                                1
γνώριμος
```
Jer.    5      7    τόπον ἑαυτοῦ οὔτε τὸ γένος ἑαυτοῦ οὔτε τινὰ τῶν  *  γνωρίμων  *  εὗρεν. καὶ εἶπεν εὐλογητὸς κύριος ὅτι μεγάλη
```
                                16
γνῶσις
```
TRub.   2      6    καὶ πνοῆς πέμπτον πνεῦμα λαλιᾶς μεθ’ ἧς γίνεται  *  γνῶσις  *  ἕκτον πνεῦμα γεύσεως μεθ’ ἧς γίνεται βρῶσις
TLevi   2  3B008    τὸ πνεῦμα τὸ ἅγιον καὶ βουλὴν καὶ σοφίαν καὶ  *  γνῶσιν  *  καὶ ἰσχὺν δός μοι ποιῆσαι τὰ ἀρέσκοντά σοι καὶ
TLevi   4      3    θεράποντα καὶ λειτουργὸν τοῦ προσώπου αὐτοῦ. φῶς  *  γνώσεως  *  φωτεινῶν φωτιεῖς ἐν Ἰακὼβ καὶ ὡς ὁ ἥλιος ἔσῃ
TLevi  18      3    ἄστρον αὐτοῦ ἐν οὐρανῷ ὡς βασιλεὺς φωτίζων φῶς  *  γνώσεως  *  ὡς ἐν ἡλίῳ ἡμέρας καὶ μεγαλυνθήσεται ἐν τῇ
TLevi  18      5    ἡ γῆ χαρήσεται καὶ αἱ νεφέλαι εὐφρανθήσονται καὶ ἡ  *  γνῶσις  *  κυρίου χυθήσεται ἐπὶ τῆς γῆς ὡς ὕδωρ θαλασσῶν καὶ
TLevi  18      9    ἐπὶ τῆς ἱερωσύνης αὐτοῦ τὰ ἔθνη πληθυνθήσονται ἐν  *  γνώσει  *  ἐπὶ τῆς γῆς καὶ φωτισθήσονται διὰ χάριτος κυρίου
TGad    5      7    φυγαδεύει τὸ σκότος καὶ φωτίζει τοὺς ὀφθαλμοὺς καὶ  *  γνῶσιν  *  παρέχει τῇ ψυχῇ καὶ ὁδηγεῖ τὸ διαβούλιον πρὸς
TBen.  11      2    γῆς φωνὴν αὐτοῦ καὶ ποιῶν εὐδοκίαν θελήματος αὐτοῦ  *  γνῶσιν  *  καινὴν φωτίζων πάντα τὰ ἔθνη φῶς γνώσεως
TBen.  11      2    αὐτοῦ γνῶσιν καινὴν φωτίζων πάντα τὰ ἔθνη φῶς  *  γνώσεως  *  ἐπεμβαίνων τῷ Ἰσραὴλ ἐν σωτηρίᾳ καὶ ἁρπάζων ὡς
Sal.    9      3    τοὺς λαοὺς τῆς γῆς. οὐ γὰρ κρυβήσεται ἀπὸ τῆς  *  γνώσεώς  *  σου πᾶς ποιῶν ἄδικα καὶ αἱ δικαιοσύναι τῶν ὁσίων
Sal.    9      3    σου κύριε καὶ ποῦ κρυβήσεται ἄνθρωπος ἀπὸ τῆς  *  γνώσεώς  *  σου ὁ θεός· τὰ ἔργα ἡμῶν ἐν ἐκλογῇ καὶ ἐξουσίᾳ
Jer.    6     10    γνῶναι ἄκουσον τῆς φωνῆς τῶν δούλων σου καὶ γενοῦ  *  γνώσις  *  ἐν τῇ καρδίᾳ ἡμῶν. τί ποιήσωμεν καὶ πῶς
Sedr.   7      1    τὸν ἄνθρωπον οἶδας ποταπῆς βουλῆς ἦν καὶ ποταπῆς  *  γνώσεως  *  ἐσμεν καὶ προφασίζεις τὸν ἄνθρωπον εἰς τὴν
FJub.   3      9    θεὸς τῷ Ἀδὰμ ἀπέχεσθαι τῆς βρώσεως τοῦ ξύλου τῆς  *  γνώσεως.  *  τῇ ἐνενηκοστῇ τρίτῃ ἡμέρᾳ τῆς κτίσεως τῇ
LAri.  13     12    τοῦ περὶ ἡμᾶς φροντίζων λόγου καθεστῶτος ἐν ᾧ  *  γνῶσιν  *  ἔχομεν ἀνθρωπίνων καὶ θείων πραγμάτων. δι’
LAri.  13     15    ἑβδόμῳ λόγῳ καταλιμπάνεται τὰ προειρημένα καὶ  *  γνῶσιν  *  ἀληθείας λαμβάνομεν καθὼς προείρηται. Λίνος δὲ
```
γνωστός
```
Hen.   98     12    τῆς ἀδικίας διότι ἐλπίδας καλὰς ἔχετε ὑμῖ>ν; νῦν  *  γνωστὸν  *  ὑμῖν ἔστω ὅτι εἰς <χεῖρας τ>ῶν δικαίων
Sal.   14      8    καὶ οὐκ ἐμνήσθησαν τοῦ θεοῦ. ὅτι ὁδοὶ ἀνθρώπων  *  γνωσταὶ  *  ἐνώπιον αὐτοῦ διὰ παντὸς καὶ ταμιεῖα καρδίας
Sedr.   6      1    ποῦ ἡ εὐσπλαγχνία σου κύριε; λέγει αὐτὸν ὁ θεὸς  *  γνωστὸν  *  ἔστω σοι ὅτι πάντα εὐδιάλλακτα ἐπέταξα αὐτὸν
Sedr.  11      2    οὐρανοκόσμητε ὦ ἡλιοφώτιστε οὐρανοῦ καὶ γῆς  *  γνωσταί  *  αἱ τρίχες σου ἀπὸ θαιμάν οἱ ὀφθαλμοί σου ἀπὸ
Sib.    3    815    γεγαυῖαν ἀναιδέα οἴ δέ με Κίρκης μητρὸς καὶ  *  Γνωστοῖο  *  πατρὸς φήσουσι Σίβυλλαν μαινομένην ψεύστειραν
Sib.    5     53    τριτάλαινα κακὴν φάτιν ἐν φρεσὶ θέσθαι +Ἴσιδος ἡ  *  γνωστή+  *  καὶ χρησμῶν ἔνθεον ὕμνον. πρῶτον μὲν περὶ σεῖο
```
γογγυσμός
```
Sal.    5     13    ἐν φειδοῖ καὶ ἡ αὔριον καὶ ἐὰν δευτερώσῃ ἄνευ  *  γογγυσμοῦ  *  καὶ τοῦτο θαυμάσειας. τὸ δὲ δόμα σου πολὺ μετὰ
Sal.   16     11    ὀργὴν καὶ θυμὸν ἄλογον μακρὰν ποίησον ἀπ’ ἐμοῦ.  *  γογγυσμὸν  *  καὶ ὀλιγοψυχίαν ἐν θλίψει μάκρυνον ἀπ’ ἐμοῦ
Bar.    8      5    εἰδωλολατρείας μέθας φόνους ἔρεις ζῆλα καταλαλιᾶς  *  γογγυσμοὺς  *  ψιθυρισμοὺς μαντείας καὶ τὰ τούτων ὅμοια
Bar.   13      4    καταλαλιαὶ ἐπιορκίαι φθόνοι μέθαι ἔρεις ζῆλος  *  γογγυσμὸς  *  ψιθυρισμὸς εἰδωλολατρισμὸς μαντεία καὶ τὰ
Job    14      5    ἔψαλλον, καὶ κατέπαυον αὐτὰς τῆς ὀλιγωρίας τοῦ  *  γογγυσμοῦ.  *  καὶ τὰ ἐμὰ τέκνα μετὰ τὴν ὑπηρεσίαν τῆς
```
                                2
γοητεία
```
TJud.  23      1    δὲ λύπη μοί ἐστι τέκνα μου διὰ τὰς ἀσελγείας καὶ  *  γοητείας  *  καὶ εἰδωλολατρείας ἃς ποιήσετε εἰς τὸ βασίλειον
TJos.   6      1    υἱῶν ἀνθρώπων. καὶ ἀποστέλλει μοι βρῶμα ἐν  *  γοητείᾳ  *  πεφυραμένον. καὶ ὡς ἦλθεν ὁ εὐνοῦχος ὁ κομίζων
```
                                5
Γόμορρα
```
TLevi  14      6    παρανόμῳ καὶ γενήσεται ἡ μέτξις ὑμῶν Σόδομα καὶ  *  Γόμορρα  *  ἐν ἀσεβείᾳ καὶ φυσιωθήσεσθε ἐπὶ τῇ ἱερωσύνῃ κατὰ
Esdr.   2     19    κρίσιν. καὶ εἶπεν ὁ θεὸς πῦρ βάλλω ἐπὶ Σόδομα καὶ  *  Γόμορρα.  *  καὶ εἶπεν ὁ προφήτης κύριε ἀξίως ἐπάχεις ἐφ’
Esdr.   7     12    τὸ βιβλίον τοῦτο κατακαυθήσονται ὡς τὰ Σόδομα καὶ  *  Γόμορρα.  *  καὶ ἦλθεν αὐτῷ φωνὴ λέγουσα Ἐσδρὰμ ἀγαπητέ μου
FIsa.   1  2  16    ἀκούσαν<τες> μετέπεισαν τὸν Ὀχοζείαν βασιλέα  *  Γομόρρων  *  καὶ ἐφό<ν>ευσαν τὸν Μιχαί<α>ν. καὶ Βεχειρὰ ἔγνω
FIsa.   1  3  10    κ<αὶ τοὺς> ἄρχοντα<ς Ἰούδα> καὶ Ἰσραὴλ <λαὸν  *  Γο>μόρρας  *  πρ<οσηγό>ρευσεν. <κ>α<ὶ πολλὰ> κατηγόρει ἐπὶ
```
γομόω
```
Job     9      5    ἐξελεξάμην τρισχιλίας ἐργάζεσθαι πᾶσαν πόλιν, καὶ  *  γομώσας  *  ἀγαθῶν ἀπέστειλα εἰς τὰς πόλεις καὶ εἰς τὰς
Job    25      4    τὴν τρίχα αὐτῆς ἀντὶ ἄρτων. ἧς αἱ κάμηλοι  *  γεγομωμέναι  *  ἀγαθῶν ἀπέφερον εἰς τὰς χώρας τοῖς πτωχοῖς,
Aris.  71      2    τραπέζης οἱονεὶ τρίπτυχον πελεκίνοις συναρμοζόμενα  *  γομφωτοῖς  *  πρὸς ἑαυτὰ κατὰ τὸ πάχος τῆς κατασκευῆς
```
γομφωτός
```
                                18
```
γονεύς
```
Abr.Z   2      8    σοι γενήσωμαι. ἀπεκρίθη Ἀβραὰμ λέγων αὐτῷ οἱ  *  γονεῖς  *  μου ὠνόμασάν με Ἀβρὰμ καὶ ὁ κύριος ἐκάλεσέν με
TLevi  13      4    ἔσται ξένος ὅπου ὑπάγει. καίγε πολλοὺς φίλους ὑπὲρ  *  γονεῖς  *  κτήσεται καὶ ἐπιθυμήσουσι πολλοὶ τῶν ἀνθρώπων
TZab.   1      3    πατρὸς ὑμῶν. ἐγώ εἰμι Ζαβουλὼν δόσις ἀγαθὴ τοῖς  *  γονεῦσί  *  μου. ἐν γὰρ τῷ γεννηθῆναί με ηὔξηθη ὁ πατὴρ ἡμῶν
Bar.    4     17    ἀδελφὸς ἀδελφὸν ἐλεεῖ οὔτε ἀνὴρ υἱὸν οὔτε> τέκνα  *  γονεῖς  *  ἀλλὰ διὰ τῆς πτώσεως τοῦ οἴνου πάντα γίνονται
Esdr.   3     12    ἀδελφὸν παραδίδει εἰς θάνατον καὶ τέκνα ἐπὶ  *  γονεῖς  *  ἀναστήσονται καὶ γυνὴ τὸν ἄνδρα τὸν ἴδιον
Esdr.   3     14    ἀδελφὸς ἀδελφὸν ἐλεεῖ οὔτε ἀνὴρ γυναῖκα οὐ τέκνα  *  γονεῖς  *  οὐ φίλοι φίλους οὐ δούλος τὸν κύριον αὐτοῦ
Aris. 121      2    ἀρίστους ἄνδρας καὶ παιδείᾳ διαφέροντας ἄτε δὴ  *  γονέων  *  τετευχότας ἐνδόξων οἵτινες οὐ μόνον τὴν τῶν
Aris. 228      3    τίσι δεῖ χαρίζεσθαι; ἔκεῖνος δ’ ἀπεκρίθη  *  γονεῦσι  *  διὰ παντὸς καὶ γὰρ ὁ θεὸς πεποίηται ἐντολὴν
Aris. 228      5    γὰρ ὁ θεὸς πεποίηται ἐντολὴν μεγίστην περὶ τῆς τῶν  *  γονέων  *  τιμῆς. ἐπομένως δὲ τὴν τῶν φίλων ἐγκρίνει
Aris. 238      1    παρακαλέσας δὲ τοῦτον πρὸς τὸν ἕτερον ἔφη πῶς ἄν  *  γονεῦσι  *  τὰς ἀξίας ἀποδῷ χάριτας; ὃς δὲ εἶπε μηδὲν
Sib.    3    594    τιμῶσι μόνον τὸν ἀεὶ μεδέοντα ἀθάνατον καὶ ἔπειτα  *  γονεῖς  *  μέγα δ’ ἔξοχα πάντων ἀνθρώπων ὁσίης εὐήης
Sib.    5    224    μεγάλως ἑτέροις δώσειε πάσασθαι ὥστε φαγεῖν σάρκας  *  γονέων  *  βασιλῆος ἀνάγνου. πᾶσι γὰρ ἀνθρώποισι φόνος καὶ
Sib.    5    468    ὡς ἀλαπαδνόν. καὶ τότε θυμοβόρον μέροπες κατέδουσι  *  γονῆας  *  λιμῷ τειρόμενοι καὶ ἐδέσματα λαιφάσσονται. πάντων
FAch. 109          κράτος ἰσότιμόν ἐστι. τὸν καθηγητήν σου τίμα ἴσα  *  γονεῦσι  *  τούτους γὰρ εὖ ποιεῖν χρὴ διὰ τὴν φύσιν τῷ δὲ ἐκ
FPho.   8          ἀγορεύειν. πρῶτα θεὸν τιμᾶν μετέπειτα δὲ σεῖο  *  γονῆας.  *  πάντα δίκαια νέμειν μὴ δὲ κρίσιν ἐς χάριν
FPho.  47          μάχαι τε λῃλασίαι τε φόνοι τε ἐχθρὰ δὲ τέκνα  *  γονεῦσιν  *  ἀδελφειοί τε συναίμοις. μὴ δ’ ἕτερον κεύθῃς
FPho. 179          μοιχικὰ λέκτρα. μητρυιῆς μὴ ψαῦε τὰ δεύτερα λέκτρα  *  γονῆος  *  μητέρα δ’ ὡς τίμα τὴν μητέρος ἴχνια βᾶσαν. μηδέ
HDem.   9  21  1    εἰς Χαρρὰν τῆς Μεσοποταμίας ἀποσταλέντα ὑπὸ τῶν  *  γονέων  *  διὰ τὴν πρὸς τὸν ἀδελφὸν κρυφίαν ἔχθραν Ἠσαῦ διὰ
```
γονή
```
Job     9      6    καὶ ἀφώρισα ἐξ αὐτῶν πεντακοσίας, καὶ τὴν ἐξ αὐτῶν  *  γονὴν  *  ἐκέλευον πιπράσκεσθαι καὶ διδόναι τοῖς πένησιν καὶ
```
                                1
γονικός
```
FJub.  37     17    πύλας τῆς βάρεως παρεκάλει τὸν Ἠσαῦ μνησθῆναι τῶν  *  γονικῶν  *  ἐντολῶν. τοῦ δὲ μὴ ἀνεχομένου ἀλλ’ ὑβρίζοντος
```
                                17
γόνυ
```
Adam   32      3    ἐν τῇ κτίσει. ἔτι εὐχομένης τῆς Εὔας ἐπὶ τὰ  *  γόνατα  *  αὐτῆς οὔσης ἰδοὺ ἦλθεν πρὸς αὐτὴν ὁ ἄγγελος τῆς
TJos.   8      1    ὅτι ὥρα ἦν ὡσεὶ ἕκτη ὅτε ἐξῆλθεν ἀπ’ ἐμοῦ κἀγὼ  *  γόνυ  *  κλίνας πρὸς κύριον ὅλην τὴν ἡμέραν καὶ ὅλην τὴν
Asen.   6      1    ἰσχυρῶς καὶ παρεκλάσθη ἡ ψυχὴ αὐτῆς καὶ παρείθη τὰ  *  γόνατα  *  αὐτῆς καὶ ἐτρόμαξεν ὅλον τὸ σῶμα αὐτῆς καὶ
Asen.  11     1B    διὰ τὴν ἔνδειαν τῶν ἑπτὰ ἡμερῶν. καὶ ἀνέστη ἐπὶ τὰ  *  γόνατα  *  αὐτῆς καὶ ἔθηκε τὴν χεῖρα αὐτῆς ἐπὶ τὸ ἔδαφος καὶ
Asen.  11     2     πλέξασα τοὺς δακτύλους αὐτῆς τῶν χειρῶν ἐπὶ τὸ  *  γόνυ  *  τὸ δεξιὸν καὶ τὸ στόμα αὐτῆς ἦν κεκλεισμένον καὶ
Asen.  11     15    τὴν βλέπουσαν πρὸς ἀνατολὴν καὶ ἀνορθώθη ἐπὶ τὰ  *  γόνατα  *  αὐτῆς καὶ ἐξεπέτασε τὰς χεῖρας αὐτῆς εἰς τὸν
Asen.  11     19    ἀπὸ τοῦ τοίχου οὗ ἐκάθητο καὶ ἀνορθώθη ἐπὶ τὰ  *  γόνατα  *  αὐτῆς καὶ ἐξεπέτασε τὰς χεῖρας αὐτῆς εἰς ἀνατολὰς
Asen.  15     14    τὴν χεῖρα αὐτῆς τὴν δεξιὰν καὶ τέθηκεν ἐπὶ τῶν  *  γονάτων  *  αὐτοῦ καὶ εἶπεν αὐτῷ δέομαί σου κύριε κάθισον δὴ
Sal.    8      5    συνετρίβη ἡ ὀσφύς μου ἀπὸ ἀκοῆς παρελύθη  *  γόνατά  *  μου ἐφοβήθη ἡ καρδία μου ἐταράχθη τὰ ὀστᾶ μου ὡς
Sedr.  11     5     αὐτόδρομοι ταχύτατοι λίαν ἀνίκητοι. ὦ  *  γόνατα  *  συνηπμοσμένα ὅτι πλὴν σου τὸ σκεῦος οὐ κινεῖται
Sib.    3    285    θεοῦ ἀγνοῦσι νόμοισιν ὁππότε σεῖο καμὼν ὀρθῶ  *  γόνυ  *  πρὸς φάος ἄρῃ. καὶ τότε δὴ θεὸς οὐράνιος πέμψει
Sib.    3    532    καὶ πλοῦτον ἅπαντα ἐχθρὸν καρπίζοντα τρόμος δ’ ὑπὸ  *  γούνασιν  *  ἔσται. φεύξονται δ’ ἑκατὸν εἰς δ’ αὐτοὺς πάντας
Sib.    3    617    καὶ τότε δὴ κάμψουσι θεῷ μεγάλῳ βασιλῆι ἀθανάτῳ  *  γόνυ  *  λευκὸν ἐπὶ χθονὶ πουλυβοτείρῃ ἔργα δὲ χειροποίητα
Sib.    5    106    τεήν ποτ’ ἐπόψει ἄλωσιν. Καρχηδὼν καὶ σεῖο χαμαὶ  *  γόνυ  *  πύργος ἐρείσει. τλῆμον Λαοδίκεια σέ δὲ στρώσει ποτὲ
FMan.   2  22  14    καὶ πληθύνας προσοχθίσματα. καὶ νῦν κλίνω  *  γόνυ  *  καρδίας μου δεόμενος τῆς παρὰ σοῦ χρηστότητος
LThe.   9  22  11    τόφρα δὲ καὶ Λευὶ μένος ἄσχετος ἔλλαβε χαίτης  *  γούνων  *  ἁπτόμενον Συχὲμ ἄσπετα μαργήναντα. ἤλασε δὲ
LEze.   9  29  5  12    ἐξύπερθεν οὐρανοῦ καὶ μοὶ τι πλῆθος ἀστέρων πρὸς  *  γούνατα  *  ἔπιπτ’ ἐγὼ δὲ πάντας ἠριθμησάμην κἄμου παρῆγεν
```
                                1
γόος
```
Sib.    3    417    Εὐρώπης τε πολυσπερὲς οἶδμα λιποῦσα σοὶ δὲ μάλιστα  *  γόους  *  μόχθους στοναχάς τε φέρουσα θήσει ἀγήρατον δ’
```
γοργός
```
IEsc.   5  131  3    βυθὸς θαλάσσης καὶ ὁρέων ὕψος μέγα ἐπὰν ἐπιβλέψῃ  *  γοργὸν  *  ὄμμα δεσπότου. πάντα δυνατὴ γὰρ δόξα ὑψίστου
```
γοῦν
```
HArt.   9  27  11    ἀποδέξασθαι ἔργῳ δὲ ἐπιβουλεύειν. παρελόμενον  *  γοῦν  *  αὐτοῦ τοὺς ὄχλους τοὺς μὲν ἐπὶ τὰ ὅρια τῆς
HHec.   1  22  201    οἶνον οὐ πίνοντες ἐν τῷ ἱερῷ. ἐμοῦ <Ἑκαταίου>  *  γοῦν  *  ἐπὶ τὴν Ἐρυθρὰν θάλασσαν βαδίζοντος συνηκολούθει
```
γράμμα
```
                                20
TRub.   4      1    καὶ μοχθοῦντες ἐν ἔργοις καὶ ἀποπλανώμενοι ἐν  *  γράμμασι  *  καὶ ἐν τοῖς ποιμνίοις ὑμῶν ἕως ὁ κύριος δώῃ
```

TLevi 13 2 νόμον αὐτοῦ. διδάξατε δὲ καὶ ὑμεῖς τὰ τέκνα ὑμῶν * γράμματα * ἵνα ἔχωσι σύνεσιν ἐν πάσῃ τῇ ζωῇ αὐτῶν
Asen. 22 13 ὀξέως βλέπων τοῖς ὀφθαλμοῖς αὐτοῦ καὶ αὐτὸς ἑώρα * γράμματα * γεγραμμένα ἐν τῷ οὐρανῷ ⟨τῷ δακτύλῳ τοῦ θεοῦ⟩
Bar. 6 7 αὐτοῦ καὶ εἶδον εἰς τὸ δεξιὸν πτερὸν αὐτοῦ * γράμματα * παμμεγέθη ὡς ἄλωνος τόπον ἔχων μέτρον ὡσεὶ
Bar. 6 7 ἔχων μέτρον ὡσεὶ μοδίων τετρακισχιλίων καὶ ἦσαν * γράμματα * χρυσᾶ. καὶ εἶπέν μοι ὁ ἄγγελος ἀνάγνωθι ταῦτα.
Aris. 3 7 τὸ γεγράφθαι παρ' αὐτοῖς ἐν διφθέραις ἑβραϊκοῖς * γράμμασιν. * ἣν δὴ καὶ ἐποιησάμεθα ἡμεῖς σπουδῇ λαβόντες
Aris. 11 5 τὴν Ἰουδαίαν χρῶνται καθάπερ Αἰγύπτιοι τῇ τῶν * γραμμάτων * θέσει καθὸ καὶ φωνὴν ἰδίαν ἔχουσιν.
Aris. 30 3 ὀλίγοις τισὶν ἀπολείπει τυγχάνει γὰρ Ἑβραϊκοῖς * γράμμασι * καὶ φωνῇ λεγόμενα ἀμελέστερον δὲ καὶ οὐχ ὡς
Aris. 38 4 προῃρήμεθα τὸν νόμον ὑμῶν μεθερμηνευθῆναι * γράμμασιν * Ἑλληνικοῖς ἐκ τῶν παρ' ὑμῶν λεγομένων
Aris. 38 5 Ἑλληνικοῖς ἐκ τῶν παρ' ὑμῶν λεγομένων Ἑβραϊκῶν * γραμμάτων * ἵν' ὑπάρχῃ καὶ ταῦτα παρ' ἡμῖν ἐν βιβλιοθήκῃ
Aris. 43 6 πρὸς ἃ καὶ παρ' ἡμῶν ἀκηκόασιν ἁρμόζοντα τοῖς σοῖς * γράμμασι. * πάντα γὰρ ὅσα σοι συμφέρει καὶ εἰ παρὰ φύσιν
Aris. 98 3 καθηγιασμένον βασίλειον ἐκτυποῦν ἐπὶ πετάλῳ χρυσῷ * γράμμασιν * ἁγίοις τὸ ὄνομα τοῦ θεοῦ κατὰ μέσον τῶν ὀφρύων
Aris. 121 3 ἐνδόξως οἵτινες οὐ μόνον τὴν τῶν Ἰουδαϊκῶν * γραμμάτων * ἕξιν περιεποίησαν αὑτοῖς ἀλλὰ καὶ τῆς τῶν
Aris. 176 4 νομοθεσία γεγραμμένη χρυσογραφίᾳ τοῖς Ἰουδαϊκοῖς * γράμμασι * θαυμασίως εἰργασμένου τοῦ ὑμένος καὶ τῆς πρὸς
Sib. 5 13 ἔσσετ' ἄναξ πρώτιστος ὃ τις δέκα δὶς κορυφώσει * γράμματος * ἀρχομένου πολέμων δ' ἐπὶ πουλὺ κρατήσει ἕξει
Sib. 5 15 τύπον ὥστε μετ' αὐτὸν ἄρχειν στοιχείων ὅστις λάχε * γράμματος * ἀρχὴν ὃν Θρήκη πήξει καὶ Σικελίη μετὰ Μέμφις
FJub. 4 18 μοιχεία τε καὶ ἀδικία. οὗτος ⟨ Ἐνὼχ⟩ πρῶτος * γράμματα * μανθάνει καὶ διδάσκει καὶ θείων μυστηρίων
HEup. 9 26 1 τὸν Μωσῆν πρῶτον σοφὸν γενέσθαι καὶ * γράμματα * παραδοῦναι τοῖς Ἰουδαίοις πρῶτον παρὰ δὲ
HArt. 9 27 4 τῶν νομῶν ἀποτάξαι τὸν θεὸν σεφθήσεσθαι τά τε ἱερὰ * γράμματα * τοῖς ἱερεῦσιν εἶναι δὲ καὶ αἰλούρους καὶ κύνας
HArt. 9 27 6 προσαγορευθῆναι Ἑρμῆν διὰ τὴν τῶν ἱερῶν * γραμμάτων * ἑρμηνείαν. τὸν δὲ Χενεφρὴν ὁρῶντα τὴν ἀρετὴν

γραμματεῖον
1

Job 11 6 οἰκονομίαν τῶν πτωχῶν καὶ προθύμως δεξάμενος τὸ * γραμματεῖον * ἐδίδουν αὐτοῖς ὅσον ἤθελον μὴ λαμβάνων παρ'

γραμματεύς
6

Hen. 12 4 ἐγρήγοροι τοῦ ἁγίου τοῦ μεγάλου ἐκάλουν με Ἐνώχ ὁ * γραμματεὺς * τῆς δικαιοσύνης πορεύου καὶ εἶπε τοῖς
Hen. 15 1 μοι ὁ ἄνθρωπος ὁ ἀληθινὸς ἄνθρωπος τῆς ἀληθείας ὁ * γραμματεὺς * καὶ τῆς φωνῆς αὐτοῦ ἤκουσα μὴ φοβηθῇς Ἐνὼχ
Hen. 15 1 ἤκουσα μὴ φοβηθῇς Ἐνὼχ ἄνθρωπος ἀληθινὸς καὶ * γραμματεὺς * τῆς ἀληθείας πρόσελθε ὧδε καὶ τῆς φωνῆς μου
Abr.Z 11 3 πατήρ σου οὗτός ἐστιν ὁ διδάσκαλος τοῦ οὐρανοῦ καὶ * γραμματεὺς * τῆς δικαιοσύνης καὶ ἀπέστειλεν δὲ αὐτὸν ὁ
TLevi 8 17 σου καὶ ἐξ αὐτῶν ἔσονται ἀρχιερεῖς καὶ κριταὶ καὶ * γραμματεῖς * ὅτι ἐπὶ στόματος αὐτῶν φυλαχθήσεται τὸ ἅγιον.
FIsa. 1 1 εἶδεν ἐν τῇ ἀρρωστίᾳ αὐτοῦ. ⟨ἤκουσεν⟩ Σωμνᾶς ὁ * γραμματεὺς * καὶ Ἀσοὺρ ὁ ὑπομνηματογράφος ἐρχόμενον

γραπτός
2

Aris. 56 5 ἢ ἄγραφα πρὸς καλλονὴν ἐκέλευσε ποιεῖν ὅσα δὲ διὰ * γραπτῶν * μέτρα αὐτοῖς κατακολουθῆσαι. δύο γὰρ πήχεων τὸ
LAri. 8 10 5 τοῖς δὲ μὴ μετέχουσι δυνάμεως καὶ συνέσεως ἀλλὰ τῷ * γραπτῷ * μόνον προσκειμένοις οὐ φαίνεται μεγαλεῖόν τι

γραφεύς
1

Asen. 20 5 ζωῆς ⟨καὶ οἱ δάκτυλοι αὐτῆς λεπτοὶ ὡς δάκτυλοι * γραφέως * ὀξυγράφου⟩. καὶ μετὰ ταῦτα ἐκράτησεν Ἰωσὴφ τὴν

γραφή
23

Hen. 14 7 καὶ δεόμενοι καὶ μὴ λαλοῦντες πᾶν ῥῆμα ἀπὸ τῆς * γραφῆς * ἧς ἔγραψα. καὶ ἐμοὶ ἐφ' ὁράσει οὕτως ἐδείχθη ἰδοὺ
Hen. 103 2 ἀνέχγνων) γὰρ τὰς πλάκας τοῦ οὐρανοῦ καὶ εἶδον τὴν * γραφὴν * ἀναγκαίαν ἔγνων τὰ ψ⟨γεγραμμέ⟩να ἐν αὐταῖς καὶ
Hen. 104 10 ψεύδονται καὶ πλάσσουσιν πλάσματα μεγάλα καὶ τὰς * γραφὰς * ἀναγράφουσιν ἐπὶ τοῖς ὀνόμασιν αὐτῶν καὶ ὄφελον
TSim. 5 4 προσεγγίζουσα τῷ Βελιάρ. ἑώρακα γὰρ ἐν χαρακτῆρι * γραφῆς * Ἐνὼχ ὅτι υἱοὶ ὑμῶν μεθ' ὑμῶν ἐν πορνείᾳ
TLevi 14 1 καὶ Ἰωσὴφ ὁ ἀδελφός ἡμῶν. καὶ νῦν τέκνα ἔγνων ἀπὸ * γραφῆς * Ἐνὼχ ὅτι ἐπὶ τέλει ἀσεβήσετε ἐπὶ κυρίου χεῖρας
TLevi 18 2B057 ὁ πατήρ μου Ἀβραὰμ ὅτι οὕτως εὗρεν ἐν τῇ * γραφῇ * τῆς βίβλου τοῦ Νῶε περὶ τοῦ αἵματος. καὶ νῦν ὡς
TZab. 3 4 καὶ ἴδωμεν τί ἔσται τὰ ἐνύπνια αὐτοῦ. διὰ τοῦτο ἐν * γραφῇ * νόμου Ἐνὼχ γέγραπται τὸν μὴ θέλοντα ἀναστῆσαι
TZab. 9 5 πάντα τὰ μέλη τῇ μιᾷ κεφαλῇ ὑπακούει. ἔγνων ἐκ * γραφῇ * πατέρων μου ὅτι ἐν ἐσχάταις ἡμέραις ἀποστήσεσθε
TNep. 4 1 γῆν ἀοίκητον. ταῦτα λέγω τέκνα μου ὅτι ἀνέγνων ἐν * γραφῇ * ἁγίᾳ Ἐνὼχ ὅτι καίγε καὶ ὑμεῖς ἀποστήσεσθε ἀπὸ
TNep. 5 8 εἰς ὕψος. καὶ εἶδον ὅτι ἤμην ἐν κήποις καὶ ἰδοὺ * γραφῇ * ἁγίᾳ ὤφθη ἡμῖν λέγουσα Ἀσσύριοι Μῆδοι Πέρσαι
Esdr. 2 22 μου. καὶ εἶπεν ὁ προφήτης ὑπόμνησον τὴν * γραφῶν * ὁ πατήρ μου ἐκμετρήσας τὴν Ἱερουσαλὴμ καὶ
Esdr. 4 31 ποδῶν αὐτοῦ σπιθαμῶν δύο καὶ εἰς τὸ μέτωπον αὐτοῦ * γραφὴ * ἀντίχριστος. ἕως τοῦ οὐρανοῦ ὑψώθη ἕως τοῦ ᾅδου
Aris. 155 2 συνεστάναι νομίζει. διὸ παρακελεύεται καὶ διὰ τῆς * γραφῆς * ὁ λέγων οὕτως μνεία μνησθήσῃ κυρίου τοῦ
Aris. 168 5 δικαιοσύνην καὶ οὐδὲν εἰκῇ κατατέτακται διὰ τῆς * γραφῆς * οὐδὲ μυθωδῶς ἀλλ' ἵνα δι' ὅλου τοῦ ζῆν καὶ ἐν
FJub. 8 3 φ π ε' ἔτει Καϊνὰν διοδεύων ἐν τῷ πεδίῳ εὗρε τὴν * γραφὴν * τῶν γιγάντων καὶ ἔκρυψε παρ' ἑαυτῷ. γυνὴ Καινὰν
FEsd. 14 21 ἡ ἀλήθεια μένει εἰς τὸν αἰῶνα. διαφθαρεισῶν τῶν * γραφῶν * ἐπίπνους πάσας τὰς παλαιὰς αὖθις ἀνανεούμενος
FEsd. 14 22 πάσας τὰς παλαιὰς αὖθις ἀνανεούμενος προεφήτευσε * γραφάς. *
FAch. 122 δὲ ὧν ὁ Αἴσωπος καθέζεται καὶ τυποῖ ἑαυτῷ δανείου * γραφὴν * τοιαύτην τῷ Νεκταναβῷ δεδανεισμένα παρὰ Λυκούργου
HDem. 9 21 1 περὶ του ιακωβ απο της αυτης του πολυιστορος * γραφης. * τὸν Ἰακὼβ γενόμενον ἐτῶν ἑβδομήκοντα πέντε
HAno. 9 17 2 απο της Αλεξανδρου του πολυιστορος περι ιουδαιων * γραφης. * τῆς Ἀσσυρίας πόλιν Βαβυλῶνα πρῶτον μὲν
LAri. 8 10 12 καὶ κατάβασις ἐπὶ τὸ ὄρος θεῖα γεγονέναι διὰ τῆς * γραφῆς * τοῦ νόμου καθ' ὃν ἐνομοθέτει καιρὸν ἵνα πάντες
FrAn. 1 218 1 ἐν τῇ καρδίᾳ σου μηδὲ ἀπίστει τῷ θεῷ διὰ τῆς * γραφῆς * λέγοντι ὁ ἐλεῶν πτωχὸν θεῷ δανείζει. ἰδοὺ γὰρ ἐν
FrAn. 1 218 8 εὐχαριστῶν καὶ πιστεύων κυρίῳ καὶ ἐν τῇ θείᾳ * γραφῇ * πάντα διηγορευμένα. ε)τερος τ(ο)υ ετερουκ - - )ων

γράφω
63

Hen. 10 8 ἐν τοῖς ἔργοις τῆς διδασκαλίας Ἀζαὴλ καὶ ἐπ' αὐτῷ * γράψον * τὰς ἁμαρτίας πάσας. καὶ τῷ Γαβριὴλ εἶπεν ὁ κύριος
Hen. 10B 8 ἐν τοῖς ἔργοις τῆς διδασκαλίας Ἀζαὴλ καὶ ἐπ' αὐτῷ * γράψον * πάσας τὰς ἁμαρτίας. καὶ τῷ Γαβριὴλ εἶπε πορεύου
Hen. 13 4 ἔλαβεν αὐτοὺς τρόμος καὶ φόβος. καὶ ἠρώτησαν ὅπως * γράψω * αὐτοῖς ὑπομνήματα ἐρωτήσεως ἵνα γένηται αὐτοῖς
Hen. 13 6 περὶ ὧν ἡμαρτήκεισαν καὶ κατεκρίθησαν. τότε * ἔγραψα * τὸ ὑπόμνημα τῆς ἐρωτήσεως αὐτῶν καὶ τὰς δεήσεις
Hen. 14 4 τοῦ οὐρανοῦ. ἐγὼ τὴν ἐρώτησιν ὑμῶν τῶν ἀγγέλων * ἔγραψα * καὶ ἐν τῇ ὁράσει μου τοῦτο ἐδείχθη καὶ οὔτε ἡ
Hen. 14 7 καὶ μὴ λαλοῦντες πᾶν ῥῆμα ἀπὸ τῆς γραφῆς ἧς * ἔγραψα. * καὶ ἐμοὶ ἐφ' ὁράσει οὕτως ἐδείχθη ἰδοὺ νεφέλαι
Hen. 98 15 οὐ μὴ γένηται ὑμῖν ἐλπὶς σωτηρίας. οὐαὶ ὑμῖν οἱ * γράφοντες * λόγους ψευδεῖς καὶ λόγους πλανήσεως αὐτοὶ
Hen. 98 15 λόγους ψευδεῖς καὶ λόγους πλανήσεως αὐτοὶ * γράφουσιν * καὶ πολλοὺς ἀποπλανήσουσιν τοῖς ψεύδεσιν αὐτῶν
Hen. 103 2 οὐρανοῦ καὶ εἶδον τὴν γραφὴν ἀναγκαίαν ἔγνων τὰ * γ⟨εγραμμέ⟩να * ἐν αὐταῖς καὶ ἐγκεκολαμμέν⟨α περὶ⟩ ὑμῶν ὅτι
Hen. 104 11 ὀνόμασιν αὐτῶν καὶ ὄφελον πάντας τοὺς λόγους μου * γράψωσιν * ἐπ' ἀληθείας ἐπὶ τὰ ὀνόματα αὐτῶν καὶ μήτε
Hen. 104 11 τῶν λόγων ἀληθῶν ἀλλὰ πάντα ἐπ' ἀληθείᾳ * γράψωσιν * ἃ ἐγὼ διαμαρτυροῦμαι αὐτοῖς. καὶ πάλιν ἐγὼ
Abr.Z 10 7 ὁ δὲ κριτὴς ἐκέλευσεν ⟨ἐλθεῖν⟩ τὸν τὸ ὑπόμνημα * γράφοντα * καὶ ἰδοὺ Χερουβὶμ βαστάζοντα βιβλία δύο καὶ ἦν
Abr.Z 11 7 ἐστιν ὁ ἀποφαινόμενος καὶ τοῦ δὲ Ἐνὼχ ἐστιν ὁ * γράψαι. * ἐπειδὴ ηὔξατο Ἐνὼχ τῷ κυρίῳ λέγων οὐ θέλω
Abr.Z 11 9 λέγει ὁ κύριος τῷ Ἐνὼχ τίθημι σημεῖον πρός σε ἵνα * γράψῃς * ἁμαρτίας ψυχῆς ἐπὶ τοῦ βιβλίου καὶ ἐὰν ἡ ψυχὴ
Abr.Z 11 11 δὲ ἡ ψυχὴ μὴ ἐλενθῇ εὑρήσεις τὰς ἁμαρτίας αὐτῆς * γεγραμμένας * καὶ βληθήσεται εἰς τὴν κόλασιν. ἐγένετο δὲ
TLevi 5 4 συνετέλεσα τῷ καιρῷ ἐκείνῳ τοὺς υἱοὺς Ἐμμὼρ καθὼς * γέγραπται * ἐν ταῖς πλαξὶ τῶν οὐρανῶν. εἶπον δὲ αὐτῷ
TLevi 11 2 ἐν τῇ γῇ ἡμῶν πάροικοι ἦμεν Γηρσὰμ γὰρ παροικία * γράφεται. * εἶδον δὲ περὶ αὐτοῦ ὅτι οὐκ ἔσται ἐν πρώτῃ
TJud. 20 3 κλῖναι. καίγε τὰ τῆς ἀληθείας καὶ τὰ τῆς πλάνης * γέγραπται * ἐπὶ τὸ στῆθος τοῦ ἀνθρώπου καὶ ἐν ἑκάστῳ
TZab. 3 4 τὰ ἐνύπνια αὐτοῦ. διὰ τοῦτο ἐν γραφῇ νόμου Ἐνὼχ * γέγραπται * τὸν μὴ θέλοντα ἀναστῆσαι σπέρμα τῷ ἀδελφῷ
Asen. 15 4 σου. θάρσει Ἀσενὲθ ἡ παρθένος ἀγνή. ἰδοὺ γὰρ * ἐγράφη * τὸ ὄνομά σου ἐν τῇ βίβλῳ τῶν ζώντων ἐν τῷ οὐρανῷ
Asen. 15 4 ἐν τῷ οὐρανῷ ἐν ἀρχῇ τῆς βίβλου πρῶτον πάντων * ἐγράφη * τὸ ὄνομά σου τῷ δακτύλῳ μου καὶ οὐκ
Asen. 15 12B ἐν τοῖς οὐρανοῖς ἐστιν ἐν τῇ βίβλῳ τοῦ ὑψίστου * γεγραμμένον * τῷ δακτύλῳ τοῦ θεοῦ ἐν ἀρχῇ τῆς βίβλου πρὸ
Asen. 15 12B τοῦ οἴκου τοῦ ὑψίστου. καὶ πάντα τὰ ὀνόματά σε * γεγραμμένα * ἐν τῇ βίβλῳ τοῦ ὑψίστου ἄφρητά ἐστι καὶ
Asen. 22 13 τοῖς ὀφθαλμοῖς αὐτοῦ καὶ αὐτὸς ἑώρα γράμματα * γεγραμμένα * ἐν τῷ οὐρανῷ ⟨τῷ δακτύλῳ τοῦ θεοῦ⟩ καὶ ᾔδει
Asen. 23 8 αὐτοῦ καὶ τοῖς ὀφθαλμοῖς αὐτοῦ καὶ ἀνεγίνωσκε ⟨τὰ * γεγραμμένα⟩ * ἐν τῇ καρδίᾳ τῶν ἀνθρώπων. καὶ ἐπάτησε Λευὶς
Jer. 6 13 φωτὸς αὔριον ἀετὸς καὶ σὺ ἐπισκέψῃ πρὸς Ἱερεμίαν. * γράψον * οὖν εἰς τὴν ἐπιστολὴν ὅτι λάλησον τοῖς υἱοῖς Ἰσραὴλ
Jer. 6 16 ἀγορὰν τῶν ἐθνῶν καὶ ἤνεγκε χάρτην καὶ μέλανα καὶ * ἔγραψεν * ἐπιστολὴν περιέχουσαν οὕτως Βαροὺχ ὁ δοῦλος τοῦ
Jer. 6 17 περιέχουσαν οὕτως Βαροὺχ ὁ δοῦλος τοῦ θεοῦ * γράφει * τῷ Ἰερεμίᾳ ἐν τῇ αἰχμαλωσίᾳ τῆς Βαβυλῶνος χαῖρε
Jer. 7 23 καὶ εἰσάξει ἡμᾶς κύριος εἰς τὴν πόλιν ἡμῶν. * ἔγραψε * δὲ καὶ ἐπιστολὴ ὁ Ἰερεμίας τῷ Βαροὺχ λέγων
Bar. 9 6 λήγει; ἄκουσον ὦ Βαροὺχ ταύτην ἣν βλέπεις ὡραία ἦν * γεγραμμένη * ὑπὸ θεοῦ ὡς οὐκ ἄλλη. καὶ ἐν τῇ παραβάσει τοῦ
Prop. 4 19 βασιλεύσι Περσῶν πολλὰ ἐποίησεν τεράστια ὅσα οὐκ * ἔγραψαν. * ἐκεῖ ἀπέθανε καὶ ἐτάφη ἐν τῷ σπηλαίῳ τῷ
Prop. 16 3 ἐπεδευτεύετο ὡς ἐγένετο ἐν ἡμέρας ἀναρχίας ἐν * γέγραπται * ἐν Σφαρατὶμ τουτέστιν ἐν βιβλίῳ κριτῶν. καὶ
Prop. 26 3 γενεαλογίας αὐτῶν ἐπὶ βίβλων ὀνόματι Ἰσραὴλ * ἐγράφοντο * γὰρ πᾶν τὸ γένος Ἰσραὴλ κατ' ὄνομα ⟨τῶν
Sedr. 14 9 οὐδαμῶς ἁμαρτωλόν. παντελῶς οὐκ οἶδας ὅτι * γέγραπται * καὶ οἱ μετανοήσαντες οὐ μὴ ἴδουν τὴν κόλασιν;
Job 53 10 καὶ ἴδεν υἱοὺς τῶν υἱῶν αὐτοῦ ἕως τετάρτην γενεᾶς. * γέγραπται * δὲ ἀναστῆναι αὐτὸν μεθ' ὧν ὁ κς ἀνέστησε. τῷ
Aris. 3 7 πολίταις πρὸς τὴν ἑρμηνείαν τοῦ θείου νόμου διὰ τὸ * γεγράφθαι * παρ' αὐτοῖς ἐν διφθέραις ἑβραϊκοῖς γράμμασιν.
Aris. 11 8 ἕτερος τρόπος. μεταλαβὼν δὲ ἕκαστα ὁ βασιλεὺς εἶπε * γραφῆναι * πρὸς τὸν ἀρχιερέα τῶν Ἰουδαίων ὅπως τὰ
Aris. 32 2 Ἑκαταῖος ὁ Ἀβδηρίτης. ἐὰν οὖν φαίνηται βασιλεῦ * γραφῆναι * πρὸς τὸν ἐν Ἱεροσολύμοις
Aris. 33 2 δὲ εἰσοδώσεως ταύτης γενομένης ἐκέλευσεν ὁ βασιλεὺς * γραφῆναι * πρὸς τὸν Ἐλεάζαρον περὶ τούτων σημάναντας καὶ
Aris. 40 5 εἰς θυσίας καὶ τὰ ἄλλα ἀργυρίου τάλαντα ἑκατόν. * γράφων * δὲ καὶ σὺ πρὸς ἡμᾶς περὶ ὧν ἐὰν βούλῃ
Aris. 123 3 καὶ ἐκείνοις αὐτοὺς χωρὶς καὶ τοῦ πλήθους ἀπελθεῖν * γεγραμμένη * χρυσογραφίᾳ τοῖς Ἰουδαϊκοῖς γράμμασι
Aris. 176 3 ταῖς διαφόροις διφθέραις ἐν αἷς ⟨ἦν⟩ ἡ νομοθεσία * γεγραμμένη * χρυσογραφίᾳ τοῖς Ἰουδαϊκοῖς γράμμασι
Aris. 311 4 προστιθεὶς ἢ μεταφέρων τι τὸ σύνολον τῶν * γεγραμμένων * ἢ ποιούμενος ἀφαίρεσιν καλῶς τοῦτο
Aris. 321 1 τρύβλια καὶ κρατῆρας χρυσοῦς δύο πρὸς ἀνάθεσιν. * ἔγραψε * δὲ καὶ παρακαλῶν ἵνα ἐάν τινες τῶν ἀνδρῶν
Sib. 3 257 τὸ ὄρος Σινᾶ καὶ τὸν νόμον οὐρανόθι πρὸ δῶκε θεὸς * γράψας * πλαξὶν δυσὶ πάντα δίκαια καὶ προσέταξε ποιεῖν καὶ

SIb. 3 423 δυσὶ μισγόμενον Χῖον δὲ καλέσσει αὐτὸν καὶ * γράψει * τὰ κατ' Ἴλιον οὐ μὲν ἀληθῶς ἀλλὰ σοφῶς ἐπέων γὰρ
FJub. 48 1 νόμους δὲ πρῶτον Μωϋσῆς * γράφει * τοῖς Ἰουδαίοις. καταλιπὼν δὲ Μωϋσῆς τὰς κατ'
FIsa. 1 2 6 τοῦ ἐπὶ τῶν πραγματειῶν. καὶ οἱ λοιποὶ λόγοι ἰδοὺ * γεγραμμένοι * εἰσ‹ὶν ἐ›ν τοῖς βιβλίοις τῶν ‹β›ασ‹ιλέων›
FAch. 102 μάχης οὔτε γὰρ ἐν πολέμοις συνίσταντο οὔτε μάχαις * ἔγραφον * γὰρ προβλήματα φιλοσοφίας δι' ἐπιστολῶν καὶ ὁ μὴ
FAch. 104 φίλων ψεῦδος διέβαλεν τὸν Αἴσωπον πρὸς τὸν βασιλέα * γράψας * πλαστὴν ἐπιστολὴν τῷ αὐτοῦ ὀνόματι πρὸς τοὺς
FAch. 108 ἀποκριθησόμενον τὰ ἐρωτήματα ἐὰν ὁ χειμὼν παρέλθῃ. * γράψας * οὕτως ἔπεμψεν διὰ τῶν πρεσβευτῶν εἰς Αἴγυπτον.
FPho. 225 τακτὰ νέμοις ἵνα τοι καταθύμιος εἴῃ. στίγματα μὴ * γράψῃς * ἐπονειδίζων θεράποντα. δοῦλον μὴ βλάψῃς τι
HEup. 9 26 1 Ἕλληνας δὲ παρὰ Φοινίκων νόμους τε πρῶτον * γράψαι * Μωσῆν τοῖς Ἰουδαίοις. Μωσῆν προφητεῦσαι ἔτη μ'
HEup. 9 30 8 αὐτὸν μὲν τελευτῆσαι Σολομῶνα δὲ βασιλεύειν καὶ * γράψαι * πρὸς Οὐαφρῆν τὸν Αἰγύπτου βασιλέα τὴν
HEup. 9 31 1 θεῷ ὃς τὸν οὐρανὸν καὶ τὴν γῆν ἔκτισεν ἅμα δέ σοι * γράψαι * ἀποστεῖλαί μοι τῶν παρὰ σοῦ λαῶν οἳ παραστήσονται
HEup. 9 32 1 καὶ δεδοκιμασμένου ὑπὸ τηλικούτου θεοῦ. περὶ δὲ ὧν * γράφεις * μοι περὶ τῶν κατὰ τοὺς λαοὺς τοὺς παρ' ἡμῖν
HEup. 9 33 1 ὃς τὸν οὐρανὸν καὶ τὴν γῆν ἔκτισεν ἅμα δὲ καὶ σοὶ * γράψαι * ἀποστεῖλαί μοι τῶν παρὰ σοῦ λαῶν οἳ
HEup. 9 33 1 τὴν τοῦ θεοῦ χρείαν καθότι μοι ἐπιτέτακται. * γέγραφα * δὲ καὶ εἰς τὴν Γαλιλαίαν καὶ Σαμαρεῖτιν καὶ
HEup. 9 34 2 ἐπὶ τῷ παρειληφέναι σέ τὴν βασιλείαν. περὶ δὲ ὧν * γράφεις * μοι περὶ τῶν κατὰ τοὺς λαοὺς τοὺς παρ' ἡμῖν
HArt. 9 27 26 διακρατηθέντα δὲ ὑπὸ τοῦ Μωΰσου πάλιν ἀναβιῶσαι * γράψαντα * δὲ τοὔνομα εἰς δέλτον κατασφραγίσασθαι τῶν τε
HArt. 9 27 26 τῶν τε ἱερέων τὸν φαυλίσαντα ἐν τῇ πινακίδι τὰ * γεγραμμένα * μετὰ σπασμοῦ τὸν βίον ἐκλιμπάνειν εἰπεῖν τε
HHec. 1 22 189 εἶχε γὰρ τὴν κατοίκησιν αὐτῶν καὶ τὴν πολιτείαν * γεγραμμένην. * τοιγαροῦν καὶ κακῶς ἀκούοντες ὑπὸ τῶν
FrAn. 574 3015 κοινὰ τὸ δὲ φυλακτήριον ἐπὶ λαμνίῳ κασσιτερίνῳ * γράφε * ἴαηω αβραωθιωχ φθα μεσενψινιαω φεωχ ιαηω χαρσοκ

γρηγορέω 3

TBen. 10 1 εὐχῶν Ἰακὼβ τοῦ πατρός μου εἶδον αὐτὸν ἐν ἡμέρᾳ * γρηγορῶν * καθ' ὃ ἦν πᾶσα ἡ ἰδέα αὐτοῦ. γινώσκετε οὖν
Asen. 10 1 καὶ ἐκάθευδον πάντες οἱ ἐν τῇ οἰκίᾳ καὶ ἦν αὐτὴ * γρηγοροῦσα * μόνη καὶ ἐνεθυμεῖτο καὶ ἔκλαιε καὶ ἐπάτασσε
Sal. 3 2 ὕμνον καινὸν ψάλατε τῷ θεῷ τῷ αἰνετῷ. ψάλλε καὶ * γρηγόρησον * ἐπὶ τὴν γρηγόρησιν αὐτοῦ ὅτι ἀγαθὸς ψαλμὸς τῷ

γρηγόρησις 2

Sal. 3 2 τῷ θεῷ τῷ αἰνετῷ. ψάλλε καὶ γρηγόρησον ἐπὶ τὴν * γρηγόρησιν * αὐτοῦ ὅτι ἀγαθὸς ψαλμὸς τῷ θεῷ ἐξ ἀγαθῆς
Sal. 16 4 εἰς τὸν αἰῶνα. ἔνυξέν με ὡς κέντρον ἵππου ἐπὶ τὴν * γρηγόρησιν * αὐτοῦ ὁ σωτὴρ καὶ ἀντιλήπτωρ μου ἐν παντὶ

γρίπισμα 1

TRub. 3 6 οἰκείων ἕβδομον πνεῦμα ἀδικίας μεθ' ἧς κλοπὴ καὶ * γριπίσματα * ἵνα ποιήσῃ φιληδονίαν καρδίας αὐτοῦ ἢ γὰρ

γυῖον 1

IOrp. 43 θεσμόν. ἄλλως οὐ θεμιτὸν δὲ λέγειν τρομέω δέ γε * γυῖα * ἐν νόῳ ἐξ ὑπάτου κραίνει περὶ πάντ' ἐνὶ τάξει. ὦ

γυμνάζω 1

SIb. 3 230 ὅσσα κεν ἄφρονες ἄνδρες ἐρευνώωσι κατ' ἦμαρ ψυχὰς * γυμνάζοντες * ἐς οὐδὲν χρήσιμον ἔργον καὶ ῥα πλάνας

γυμνός 10

Adam 20 1 τῇ ὥρᾳ ἠνεῴχθησαν οἱ ὀφθαλμοί μου καὶ ἔγνων ὅτι * γυμνὴ * ἤμην τῆς δικαιοσύνης ἧς ἤμην ἐνδεδυμένη. καὶ
Adam 23 2 ὅτι οὐχ εὑρισκόμεθα ὑπὸ σοῦ ἀλλὰ φοβοῦμαι ὅτι * γυμνός * εἰμι καὶ ᾐδέσθην τὸ κράτος σου δέσποτα. λέγει
Adam 23 3 δέσποτα. λέγει αὐτῷ ὁ θεὸς τίς σοι ὑπέδειξεν ὅτι * γυμνὸς * εἶ εἰ μὴ ὅτι ἐγκατέλιπας τὴν ἐντολήν μου ἣν
TJos. 8 3 οὖν εἶδον ὅτι μαινομένη βίᾳ κρατεῖ τὰ ἱμάτιά μου * γυμνὸς * ἔφυγον. κἀκείνη ἐσυκοφάντησέ με καὶ ἐνέβαλέ με
TJos. 13 4 καὶ οὐκ ἐπίστευσεν αὐτῷ ἀλλ' ἐκέλευσε * γυμνὸν * τύπτεσθαι αὐτόν. ἐπιμένοντος δὲ αὐτοῦ τοῖς λόγοις
TJos. 13 9 ἐπριαντό με. ὁ δὲ ἠπίστησε λέγων ὅτι ψεύδῃ καὶ * γυμνόν * με ἐκέλευσε τύπτεσθαι. ἡ δὲ Μέμφις ἑώρα διὰ
Asen. 13 2 σέ κατέφυγον κύριε ἐν τῷ σάκκῳ τούτῳ καὶ τῷ σποδῷ * γυμνὴ * καὶ ὀρφανὴ καὶ μεμονωμένη. ἰδοὺ ἀπεθέμην μου τὴν
Prop. 17 2 ὁ Βελίαρ ὅτι κατὰ τὴν ὁδὸν εὗρε νεκρὸν κείμενον * γυμνὸν * ἐσφαγμένον καὶ γνοὺς ὅτι ἐν Βηρσαβεὲ παραβήσεται
Prop. 17 2B Ἱερουσαλὴμ εὗρε νεκρὸν ἐσφαγμένον παρεσκευασμένον * γυμνὸν * καὶ ἀποδυσάμενος τὴν στολὴν καὶ ἐπέμεινεν ἐκεῖ
FIsa. 1 2 10 πάντες ἦσαν προφῆται οὐδὲν ἔχοντες μετ' αὐτῶν ἀλλὰ * γυμνοὶ * ἦσαν πενθοῦντες πένθος μέγα περὶ τῆς πλ‹ά›νης τοῦ

γυμνότης 1

TZab. 7 1 νῦν ἀναγγελῶ ὑμῖν ἃ ἐποίησα. εἶδον θλιβόμενον ἐν * γυμνότητι * χειμῶνος καὶ σπλαγχνισθεὶς ἐπ' αὐτὸν κλέψας

γυμνόω 5

TJud. 15 2 οὐκ αἰσχύνεται κἂν γάρ τις βασιλεύσῃ πορνεύων * γυμνούμενος * τῆς βασιλείας ἐξέρχεται δουλωθεὶς τῇ πορνείᾳ
TJud. 15 2 βασιλείας ἐξέρχεται δουλωθεὶς τῇ πορνείᾳ ὡς κἀγὼ * γυμνωθεὶς. * ἔδωκα γὰρ τὴν ῥάβδον μου τουτέστι τὸ στήριγμα
TJos. 9 5 αὐτῆς ἐσιώπων. καὶ γὰρ ὅτε ἤμην ἐν τῷ οἴκῳ αὐτῆς * ἐγύμνου * τοὺς βραχίονας αὐτῆς καὶ τὰ στέρνα καὶ τὰς
Asen. 23 6 μου ἡτοίμασται πρὸς ὑμᾶς. καὶ ἅμα ταῦτα λέγων * ἐγύμνωσε * τὴν ῥομφαίαν αὐτοῦ καὶ ἔδειξεν αὐτοῖς. ὡς δὲ
Bar. 4 16 τοῦ ξύλου τὴν καταδίκην ἔλαβεν καὶ τῆς δόξης θεοῦ * ἐγυμνώθη * οὕτως καὶ οἱ νῦν ἄνθρωποι τὸν ἐξ αὐτοῦ

γύμνωσις 4

Adam 21 5 καὶ ἠνεῴχθησαν αὐτοῦ οἱ ὀφθαλμοὶ καὶ ἔγνω τὴν * γύμνωσιν * αὐτοῦ. καὶ λέγει μοι ὦ γύναι πονηρά τί
TRub. 3 12 συλλαβοῦσα γὰρ ἡ διάνοιά μου τὴν γυναικείαν * γύμνωσιν * οὐκ εἴασέ με ὑπνῶσαι ἕως οὗ ἔπραξα τὸ βδέλυγμα.
TRub. 3 14 κατέκειτο ἐν τῷ κοιτῶνι κἀγὼ εἰσελθὼν καὶ ἰδὼν τὴν * γύμνωσιν * αὐτῆς ἔπραξα τὴν ἀσέβειαν καὶ καταλιπὼν αὐτὴν
Job 44 4 ἕκαστος ἀμνάδα μίαν εἰς ἔνδυσιν τῶν πτωχῶν τῶν ἐν * γυμνώσει. * καὶ τότε ἕκαστος προσήνεγκέν μοι ἀνὰ ἀμνάδα

γυναικεῖος 1

TRub. 3 12 τὴν μεγάλην. συλλαβοῦσα γὰρ ἡ διάνοιά μου τὴν * γυναικείαν * γύμνωσιν οὐκ εἴασέ με ὑπνῶσαι ἕως οὗ ἔπραξα

γυνή 216

Adam 4 1 Ἄβελ τοῦ υἱοῦ αὐτῶν. μετὰ δὲ ταῦτα ἔγνω Ἀδὰμ τὴν * γυναῖκα * αὐτοῦ καὶ ἐν γαστρὶ ἔσχεν καὶ ἐγέννησεν τὸν Σήθ.
Adam 16 3 διά τί ἐσθίεις ἐκ τῶν ζιζανίων τοῦ Ἀδὰμ καὶ τῆς * γυναικὸς * αὐτοῦ καὶ οὐχὶ ἐκ τοῦ παραδείσου; ἀνάστα καὶ
Adam 21 6 καὶ ἔγνω τὴν γύμνωσιν αὐτοῦ. καὶ λέγει μοι ὦ * γύναι * πονηρά τί κατειργάσω ἐν ἡμῖν; ἀπηλλοτρίωσάς με ἐκ
Adam 24 1 ἐπειδὴ παρήκουσας τὴν ἐντολήν μου καὶ ἤκουσας τῆς * γυναικός * σου ἐπικατάρατος ἡ γῆ ἕνεκα σοῦ. ἐργάσει αὐτὴν
Hen. 6 2 καὶ εἶπαν πρὸς ἀλλήλους δεῦτε ἐκλεξώμεθα ἑαυτοῖς * γυναῖκας * ἀπὸ τῶν ἀνθρώπων καὶ γεννήσομεν ἑαυτοῖς τέκνα.
Hen. 6B 2 αὐτῶν καὶ εἶπον πρὸς ἀλλήλους ἐκλεξώμεθα ἑαυτοῖς * γυναῖκας * ἀπὸ τῶν θυγατέρων τῶν ἀνθρώπων τῆς γῆς. καὶ
Hen. 7 1 Τυριὴλ ιθ' Ἰουμιὴλ κ' Σαριήλ. καὶ ἔλαβον ἑαυτοῖς * γυναῖκας * ἕκαστος αὐτῶν ἐξελέξαντο ἑαυτοῖς γυναῖκας καὶ
Hen. 7 1 ἑαυτοῖς γυναῖκας ἕκαστος αὐτῶν ἐξελέξαντο ἑαυτοῖς * γυναῖκας * καὶ ἤρξαντο εἰσπορεύεσθαι πρὸς αὐτὰς καὶ
Hen. 7B 1 ἑβδομηκοστῷ ἔτει τοῦ κόσμου ἔλαβον ἑαυτοῖς * γυναῖκας * καὶ ἤρξαντο μιαίνεσθαι ἐν αὐταῖς ἕως τοῦ
Hen. 7B 2 μεγαλειότητα αὐτῶν καὶ ἐδίδαξαν ἑαυτοὺς καὶ τὰς * γυναῖκας * ἑαυτῶν φαρμακείας καὶ ἐπαοιδίας. ἐδίδαξεν τοὺς
Hen. 8B 1 πῶς ἐργάσωνται καὶ ποιήσωσιν αὐτὰ κόσμια ταῖς * γυναιξὶ * καὶ τὸν ἄργυρον. ἔδειξε δὲ αὐτοῖς καὶ τὸ
Hen. 8B 3 πάντες οὗτοι ἤρξαντο ἀνακαλύπτειν τὰ μυστήρια ταῖς * γυναιξὶν * αὐτῶν καὶ τοῖς τέκνοις αὐτῶν. μετὰ δὲ ταῦτα
Hen. 9 9 καὶ ἐδήλωσαν αὐταῖς πάσας τὰς ἁμαρτίας. καὶ αἱ * γυναῖκες * ἐγέννησαν τιτᾶνας ὑφ' ὧν ὅλη ἡ γῆ ἐπλήσθη
Hen. 10 11 Σεμιαζᾷ καὶ τοῖς λοιποῖς τοῖς σὺν αὐτῷ ταῖς * γυναιξὶν * μιγεῖσιν μιανθῆναι ἐν αὐταῖς ἐν ἀκαθαρσίᾳ αὐτῶν
Hen. 12 4 ὑψηλὸν τὸ ἁγίασμα τῆς στάσεως τοῦ αἰῶνος μετὰ τῶν * γυναικῶν * ἐμιάνθησαν καὶ ὥσπερ οἱ υἱοὶ τῆς γῆς ποιοῦσιν
Hen. 12 4 οὕτως καὶ αὐτοὶ ποιοῦσιν καὶ ἔλαβον ἑαυτοῖς * γυναῖκας. * ἀφανισμὸν μέγαν ἠφανίσατε τὴν γῆν καὶ οὐκ
Hen. 15 3 τὸν ὑψηλὸν τὸν ἅγιον τοῦ αἰῶνος καὶ μετὰ τῶν * γυναικῶν * ἐκοιμήθητε καὶ μετὰ τῶν θυγατέρων τῶν ἀνθρώπων
Hen. 15 3 τῶν ἀνθρώπων ἐμιάνθητε καὶ ἐλάβετε ἑαυτοῖς * γυναῖκας; * ὥσπερ υἱοὶ τῆς γῆς ἐποιήσατε καὶ ἐγεννήσατε
Hen. 15 4 ἅγιοι καὶ πνεύματα ζῶντα αἰώνια ἐν τῷ αἵματι τῶν * γυναικῶν * ἐμιάνθητε καὶ ἐν αἵματι σαρκὸς ἐγεννήσατε καὶ
Hen. 15 12 ταῦτα εἰς τοὺς υἱοὺς τῶν ἀνθρώπων καὶ τῶν * γυναικῶν * ὅτι ἐξεληλύθασιν ἀπ' αὐτῶν καὶ νῦν οἱ γίγαντες
Hen. 15B 12 τὰ πνεύματα ἐπὶ τοὺς υἱοὺς τῶν ἀνθρώπων καὶ τῶν * γυναικῶν * ὅτι ἐξ αὐτῶν ἐξεληλύθασι. ἀπὸ ἡμέρας σφαγῆς καὶ
Hen. 16 3 θεοῦ γεγενημένον ἔγνωτε καὶ τοῦτο ἐμηνύσατε ταῖς * γυναιξὶν * ἐν ταῖς σκληροκαρδίαις ὑμῶν καὶ ἐν τῷ μυστηρίῳ
Hen. 19 1 εἶπέν μοι Οὐριὴλ ἐνθάδε οἱ μιγέντες ἄγγελοι ταῖς * γυναιξὶν * στήσονται καὶ τὰ πνεύματα αὐτῶν πολύμορφα
Hen. 19 2 κρίσεως ἐν ᾗ κριθήσονται εἰς ἀποτελείωσιν. καὶ αἱ * γυναῖκες * αὐτῶν τῶν παραβάντων ἀγγέλων εἰς σειρῆνας
Hen. 98 2 τῆς γῆς ἀνομίας ὅτι κάλλος περιθήσονται ἄνδρες ὡς * γυναῖκες * ‹καὶ› χρῶμα ὡραῖον ὑπὲρ παρθένους ἐν βασιλείᾳ
Hen. 98 5 οἱ ποιοῦντες ‹αὐτήν›. καὶ δουλεία (στεῖρα) * γυναικὶ * οὐκ ἐδόθη ἀλλὰ διὰ τὰ ἔργα τῶν χειρῶν ὅτι οὐχ
Hen. 98 5 ἐδόθη ἀλλ' ἐκ παραβάσεως. ὁμοίως οὐδὲ στεῖρα * γυνὴ * ἐκτίσθη ἀλλ' ἐξ ἰδίων ἀδικημάτων ἐπετιμήθη ἀτεκνίᾳ
Hen. 106 1 μετὰ δὲ χρόνον ἔλαβεν Μαθουσάλεκ τῷ υἱῷ μου * γυναῖκα * καὶ ἔτεκεν υἱὸν καὶ ἐκάλεσεν τὸ ὄνομα αὐτοῦ
Hen. 106 1 ἐκείνης. καὶ ὅτε εἰς ἡλικίαν ἐπῆλθεν ἔλαβεν αὐτῷ * γυναῖκα * καὶ ἔτεκεν αὐτῷ παιδίον καὶ ὅτε ἐγεννήθη τὸ
Hen. 106 14 ἁμαρτάνουσιν καὶ παραβαίνουσιν τὸ ἔθος καὶ μετὰ * γυναικῶν * συγγίνονται καὶ μετ' αὐτῶν ἁμαρτάνουσιν καὶ
Abr.1 10 8 αὐτούς. καὶ εἶδεν εἰς ἕτερον τόπον ἄνδρα μετὰ * γυναικὸς * εἰς ἀλλήλους πορνεύοντας καὶ εἶπεν ‹κύριε›
Abr.1 15 4 ἐκάθισεν ‹ἐπὶ τῆς κλίνης αὐτοῦ›. ἦλθεν δὲ Σάρρα ἡ * γυνὴ * αὐτοῦ καὶ περιεπλάκη τοῖς ποσὶν τοῦ ἀσωμάτου
Abr.1 15 6 ὁ ἀσώματος πρὸς Ἀβραὰμ ἄκουσον δικαιώτατε ἰδοὺ ἡ * γυνή * σου Σάρρα ἰδοὺ καὶ ὁ υἱός σου ὁ ἠγαπημένος ἰδοὺ δὴ
Abr.1 20 6 ἐπὶ τὸ στῆθος αὐτοῦ ‹κλαίων ἦλθε δὲ καὶ ἡ Σάρρα ἡ * γυνὴ * αὐτοῦ καὶ› περιεπλάκη τοῖς ποσὶν τοῦ Ἀβραὰμ
Abr.2 12 2 Ἀβραὰμ ἐπὶ τὴν γῆν εἶδεν ἄνθρωπον μοιχεύοντα * γυναῖκα * ὕπανδρον. καὶ εἶπεν Ἀβραὰμ τῷ Μιχαὴλ θεωρεῖς
TRub. 3 10 Ῥουβὴμ τοῦ πατρὸς ὑμῶν. μὴ προσέχετε ἐν ὄψει * γυναικὸς * μηδὲ ἰδιάζετε μετὰ θηλείας ὑπάνδρου μηδὲ
TRub. 3 10 μετὰ θηλείας ὑπάνδρου μηδὲ περιεργάζεσθε πρᾶξιν * γυναικῶν. * εἰ μὴ γὰρ εἶδον ἐγὼ Βάλλαν λουομένην ἐν
TRub. 4 1 μηκέτι ἀψάμενος αὐτῆς. μὴ οὖν προσέχετε κάλλος * γυναικῶν * μηδὲ ἐννοεῖσθε τὰς πράξεις αὐτῶν ἀλλὰ πορεύεσθε
TRub. 4 8 ἐπειδὴ γὰρ ἐφύλαξεν ἑαυτὸν Ἰωσὴφ ἀπὸ πάσης * γυναικὸς * καὶ τὰς ἐννοίας ἐκαθάρισεν ἀπὸ πάσης πορνείας
TRub. 5 1 οὐδὲ Βελιὰρ κατισχύσει ὑμῶν. πονηραὶ εἰσιν αἱ * γυναῖκες * τέκνα μου ὅτι μὴ ἔχουσαι ἐξουσίαν ἢ δύναμιν ἐπὶ
TRub. 5 3 εἶπέ μοι ὁ ἄγγελος τοῦ θεοῦ καὶ ἐδίδαξέ με ὅτι αἱ * γυναῖκες * ἡττῶνται τῷ πνεύματι τῆς πορνείας ὑπὲρ τὸν
TRub. 5 4 καὶ τότε τῷ ἔργῳ αἰχμαλωτίζουσιν οὐ γὰρ δύναται * γυνὴ * ἄνθρωπον βιάσασθαι. φεύγετε οὖν τὴν πορνείαν τέκνα
TRub. 5 5 οὖν τὴν πορνείαν τέκνα μου καὶ προστάσσετε ταῖς * γυναιξὶν * ὑμῶν καὶ ταῖς θυγατράσιν ἵνα μὴ κοσμῶνται τὰς
TRub. 5 5 κοσμῶνται τὰς κεφαλὰς καὶ τὰς ὄψεις αὐτῶν ὅτι πᾶσα * γυνὴ * δολιευομένη ἐν τούτοις εἰς κόλασιν τοῦ αἰῶνος
TLevi 6 10 πάντας τοὺς ξένους ἐν δυναστείᾳ ἁρπάζοντες τὰς * γυναῖκας * αὐτῶν καὶ ξενηλατοῦντες αὐτούς. ἔφθασε δὲ ἡ

| | | | | | |
|---|---|---|---|---|---|
| TLevi | 9 | 10 | σπέρματός σου μιαίνειν τὰ ἅγια. λάβε οὖν σεαυτῷ | * γυναῖκα * | ἔτι νέος ὢν μὴ ἔχουσαν μῶμον μηδὲ βεβηλωμένην |
| TLevi | 11 | 1 | περιέχει βίβλος Ἐνὼχ τοῦ δικαίου. ὅτε οὖν ἔλαβον | * γυναῖκα * | ἤμην ἐτῶν εἰκοσιοκτὼ ἦ ὄνομα Μελχά. καὶ |
| TLevi | 12 | 1 | τότε ἐν μέσῳ τῶν ἀδελφῶν μου. καὶ ἔλαβε Γηρσὰμ | * γυναῖκα * | καὶ ἔτεκεν αὐτῷ τὸν Λομνὶ καὶ τὸν Σεμεΐ. καὶ |
| TLevi | 12 | 4 | ὁ Ἀμβρὰμ τὴν Ἰωχάβεδ θυγατέρα μου αὐτῷ εἰς | * γυναῖκα * | ὅτι ἐν μιᾷ ἡμέρᾳ ἐγεννήθησαν αὐτὸς καὶ ἡ θυγάτηρ |
| TLevi | 12 | 5 | ἐτῶν ἱεράτευσα καὶ εἰκοσιοκτὼ ἐτῶν ἔλαβον | * γυναῖκα * | καὶ τεσσαράκοντα ἐτῶν εἰσῆλθον εἰς Αἴγυπτον. καὶ |
| TLevi | 14 | 6 | μοιχαλίσι συναφθήσεσθε θυγατέρας ἐθνῶν λήψεσθε εἰς | * γυναῖκας * | καθαρίζοντες αὐτὰς καθαρισμῷ παρανόμῳ καὶ |
| TLevi | 18 | 2B062 | τῆς ζωῆς μου ἐν ἔτει ὀγδόῳ καὶ εἰκοστῷ ἔλαβον | * γυναῖκα * | ἐμαυτῷ ἐκ τῆς συγγενείας Ἀβραὰμ τοῦ πατρός μου |
| TLevi | 18 | 2B066 | ἔτεκεν ἐξ ἐμοῦ κατὰ τὸν καιρὸν τὸν καθήκοντα τῶν | * γυναικῶν * | καὶ ἐκάλεσα τὸ ὄνομα αὐτοῦ Καάθ. καὶ ὅτε |
| TJud. | 6 | 4 | τὴν ἀνάβασιν. ὡς δὲ ἤλθομεν ἐν τῇ πόλει αὐτῶν αἱ | * γυναῖκες * | αὐτῶν ἐκύλιον ἐφ' ἡμᾶς λίθους ἀπὸ τῆς κορυφῆς |
| TJud. | 8 | 2 | δίδωσί μοι τὴν θυγατέρα αὐτοῦ Βησσουὲ εἰς | * γυναῖκα. * | αὐτὴ ἔτεκέ μοι τὸν Ἢρ καὶ Αὐνὰν καὶ Σηλὼμ ὧν |
| TJud. | 10 | 6 | ἤθελον δὲ καὶ τὸν Σηλὼμ δοῦναι αὐτῇ ἀλλ' ἡ | * γυνή * | μου Βησσουὲ οὐκ ἀφῆκεν ἐπονηρεύετο γὰρ πρὸς τὴν |
| TJud. | 11 | 3 | αὐτὴ ἀπόντος μου ἐπορεύθη καὶ ἔλαβε τῷ Σηλὼμ | * γυναῖκα * | ἐκ γῆς Χανάαν. γνοὺς δὲ ὃ ἐποίησε κατηρασάμην |
| TJud. | 13 | 3 | ὅτι ἐν πολέμοις οὐκ ἠπάτησέ με πρόσωπον | * γυναικὸς * | εὐμόρφου ὠνείδιζον Ῥουβὴμ τὸν ἀδελφόν μου περὶ |
| TJud. | 13 | 3 | ὠνείδιζον Ῥουβὴμ τὸν ἀδελφόν μου περὶ Βάλλας | * γυναικὸς * | πατρός μου τὸ πνεῦμα τοῦ ζήλου καὶ τῆς πορνείας |
| TJud. | 13 | 5 | ἐποίησεν ἡμῖν οἰνοχοεῖν ἐν τῷ δείπνῳ ἐν κάλλει | * γυναικῶν. * | καὶ ὁ οἶνος διέστρεψέ μου τοὺς ὀφθαλμοὺς καὶ |
| TJud. | 13 | 7 | καὶ ἐντολὴν πατέρων μου καὶ ἔλαβον αὐτὴν εἰς | * γυναῖκα. * | καὶ ἀνταπέδωκέ μοι κύριος κατὰ τὸ διαβούλιον |
| TJud. | 14 | 6 | πιὼν οἶνον οὐκ αἰσχύνθην ἐντολὴν θεοῦ καὶ ἔλαβον | * γυναῖκα * | Χαναναίαν. διὸ συνέσεως χρήζει ὁ πίνων οἶνον |
| TJud. | 15 | 5 | θεοῦ ὅτι ἕως τοῦ αἰῶνος καὶ βασιλεῖ καὶ πτωχῷ αἱ | * γυναῖκες * | κατακυριεύουσιν καὶ τοῦ μὲν βασιλέως αἴρουσι |
| TJud. | 17 | 1 | μου μὴ ἀγαπᾶν ἀργύριον μηδὲ ἐμβλέπειν εἰς κάλλος | * γυναικῶν * | ὅτι καίγε δι' ἀργύριον καὶ εὐμορφίαν ἐπλανήθην |
| TJud. | 23 | 4 | ἔθνεσιν καὶ ἐκτεμοῦσιν ἐξ ὑμῶν εἰς εὐνούχους ταῖς | * γυναιξὶν * | αὐτῶν. καὶ ὡς ἂν ἐπιστρέψητε πρὸς κύριον ἐν |
| TIss. | 1 | 9 | καυχῶ καὶ μὴ δοξάζου ἐμὸς γάρ ἐστιν ὁ Ἰακὼβ κἀγὼ | * γυνὴ * | νεότητος αὐτοῦ. ἡ δὲ Ῥαχὴλ εἶπεν τί οὖν; ὅτι ἐμοὶ |
| TIss. | 1 | 12 | εἰ δὲ μὴ οὐκ ἂν ἦς σὺ ὁρῶσα πρόσωπον Ἰακὼβ οὐ γὰρ | * γυνὴ * | αὐτοῦ σὺ εἶ ἀλλ' ἐν δόλῳ ἀντ' ἐμοῦ εἰσήχθης. καὶ |
| TIss. | 3 | 5 | ὀφθαλμῶν. διὰ τοῦτο τριάκοντα ἐτῶν ἔλαβον ἐμαυτῷ | * γυναῖκα * | ὅτι ὁ κάματος κατήσθιε τὴν ἰσχύν μου καὶ οὐκ |
| TIss. | 3 | 5 | κατήσθιε τὴν ἰσχύν μου καὶ οὐκ ἐνενόουν ἡδονὴν | * γυναικὸς * | ἀλλὰ διὰ τοῦ κόπου ὁ ὕπνος μου περιεγένετο. καὶ |
| TIss. | 7 | 2 | οὐκ ἔγνων ἐπ' ἐμὲ ἁμαρτίαν εἰς θάνατον. πλὴν τῆς | * γυναικός * | μου οὐκ ἔγνων ἄλλην οὐκ ἐπόρνευσα ἐν μετεωρισμῷ |
| TZab. | 3 | 2 | τοῦ Ἰωσὴφ ἐπριάσαντο ὑποδήματα ἑαυτοῖς καὶ ταῖς | * γυναιξὶν * | αὐτῶν καὶ τοῖς τέκνοις αὐτῶν εἰπόντες οὐ |
| TDan | 5 | 5 | ποιοῦντες βδελύγματα ἐθνῶν ἐκπορνεύοντες ἐν | * γυναιξὶν * | ἀνόμων καὶ ἐν πάσῃ πονηρίᾳ ἐνεργούντων ἐν ὑμῖν |
| TNep. | 1 | 11 | καὶ ἔδωκεν αὐτῷ Αιναν τὴν παιδίσκην αὐτοῦ εἰς | * γυναῖκα * | ἥτις ἔτεκε θυγατέρα καὶ ἐκάλεσεν τὸ ὄνομα αὐτῆς |
| TNep. | 2 | 7 | κεχώρισται ἀνάμεσον ἀνδρὸς καὶ ἀνδρὸς καὶ ἀνάμεσον | * γυναικὸς * | καὶ γυναικὸς καὶ οὐκ ἔστιν εἰπεῖν ὅτι ἓν τῷ ἑνὶ |
| TNep. | 2 | 7 | ἀνδρὸς καὶ ἀνδρὸς καὶ ἀνάμεσον γυναικὸς καὶ | * γυναικὸς * | καὶ οὐκ ἔστιν εἰπεῖν ὅτι ἓν τῷ ἑνὶ τοῖς |
| TNep. | 8 | 8 | καὶ μετὰ τέχνης πληροῦνται. καιρὸς γὰρ συνουσίας | * γυναικὸς * | αὐτοῦ καὶ καιρὸς ἐγκρατείας εἰς προσευχὴν |
| TJos. | 2 | 2 | ἐπίστευσέ μοι τὸν οἶκον αὐτοῦ. καὶ ἠγωνισάμην πρὸς | * γυναῖκα * | ἀναιδῆ ἐπείγουσάν με παρανομεῖν μετ' αὐτῆς ἀλλ' |
| TJos. | 5 | 2 | ὡς ἤκουσα τοῦτο διέρρηξα τὴν στολήν μου καὶ εἶπον | * γύναι * | αἰδέσθητι τὸν κύριον καὶ μὴ ποιήσῃς τὴν πρᾶξιν τὴν |
| TJos. | 12 | 1 | ἐκεῖνον τὸν καιρὸν παρῄει ἡ Μεμφία ἐν λαμπήνῃ ἡ | * γυνὴ * | τοῦ Πετεφρῆ μετὰ δόξης πολλῆς καὶ ἐπέβαλεν ἐπ' ἐμὲ |
| TJos. | 13 | 5 | ἀξίᾳ παρὰ τῷ Φαραὼ ἄρχων πάντων τῶν εὐνούχων ἔχων | * γυναῖκα * | καὶ τέκνα καὶ παλλακάς. καὶ διαχωρίσας με ἀπ' |
| TJos. | 14 | 3 | με ἕως οὗ ἔλθωσι φησίν οἱ κύριοι τοῦ παιδός. καὶ ἡ | * γυνὴ * | αὐτοῦ λέγει πρὸς αὐτὸν διά τί συνέχεις τὸν |
| TJos. | 18 | 3 | τὴν μακροθυμίαν καὶ θυγατέρα κυρίων μου ἔλαβον εἰς | * γυναῖκα * | καὶ ἑκατὸν τάλαντά μοι χρυσίου δέδοται σὺν αὐτῇ |
| TBen. | 8 | 2 | τῇ ἀγάπῃ. ὁ ἔχων διάνοιαν καθαρὰν ἐν ἀγάπῃ οὐχ ὁρᾷ | * γυναῖκα * | εἰς πορνείαν οὐ γὰρ ἔχει μιασμὸν ἐν καρδίᾳ ὅτι |
| TBen. | 9 | 1 | Σοδόμων καὶ ἀπολεῖσθε ἕως βραχὺ καὶ ἀνανεώσεσθε ἐν | * γυναιξὶ * | στρήνους καὶ ἡ βασιλεία κυρίου οὐκ ἔσται ἐν ὑμῖν |
| Asen. | 1 | 7 | τὸν πατέρα αὐτοῦ τοῦ δοῦναι αὐτὴν αὐτῷ εἰς | * γυναῖκα. * | καὶ εἶπε τῷ Φαραὼ ὁ υἱὸς αὐτοῦ ὁ πρωτότοκος δός |
| Asen. | 1 | 7 | τὴν θυγατέρα Πεντεφρῆ τοῦ ἱερέως Ἡλιουπόλεως εἰς | * γυναῖκα. * | καὶ εἶπεν αὐτῷ Φαραὼ ὁ πατὴρ αὐτοῦ ἵνα τί σὺ |
| Asen. | 1 | 8 | εἶπεν αὐτῷ Φαραὼ ὁ πατὴρ αὐτοῦ ἵνα τί σὺ ζητεῖς | * γυναῖκα * | ἧττόν σου καὶ σὺ βασιλεὺς εἶ πάσης τῆς γῆς |
| Asen. | 1 | 9 | βασίλισσα καὶ καλὴ σφόδρα; ταύτην λαβὲ σεαυτῷ εἰς | * γυναῖκα. * | καὶ ἦν Ἀσενὲθ ἐξουθενοῦσα καὶ καταπτύουσα |
| Asen. | 2 | 9 | ταύτῃ τῇ κλίνῃ ἐκάθευδεν Ἀσενὲθ μόνη καὶ ἀνὴρ ἢ | * γυνὴ * | ἑτέρα οὐδέποτε ἐκάθισεν ἐπ' αὐτῇ πλὴν τῆς Ἀσενὲθ |
| Asen. | 4 | 1 | κατεφίλησεν αὐτούς. καὶ ἐχάρησαν Πεντεφρῆς καὶ ἡ | * γυνὴ * | αὐτοῦ ἐπὶ τῇ θυγατρὶ αὐτῶν Ἀσενὲθ χαρὰν μεγάλην |
| Asen. | 4 | 8 | δεῦρο δὴ τέκνον μου καὶ παραδώσω σε αὐτῷ εἰς | * γυναῖκα * | καὶ ἔσῃ αὐτῷ νύμφη καὶ αὐτὸς ἔσται σου νυμφίος |
| Asen. | 4 | 10 | τὸ ἐνύπνιον αὐτοῦ καθὰ συγκρίνουσι καὶ αἱ | * γυναῖκες * | αἱ πρεσβύτεραι τῶν Αἰγυπτίων; οὐχὶ ἀλλὰ |
| Asen. | 5 | 3 | ἐξῆλθον εἰς συνάντησιν τοῦ Ἰωσὴφ Πεντεφρῆς καὶ ἡ | * γυνὴ * | αὐτοῦ καὶ πᾶσα ἡ συγγένεια αὐτοῦ. καὶ ἠνοίχθησαν αἱ |
| Asen. | 5 | 6 | ἐκλείσθησαν αἱ πύλαι τῆς αὐλῆς καὶ πᾶς ἀνὴρ καὶ | * γυνὴ * | ἀλλότριοι ἔμειναν ἔξω τῆς αὐλῆς διότι οἱ φύλακες |
| Asen. | 5 | 7 | πάντες οἱ ἀλλότριοι. καὶ ἦλθον Πεντεφρῆς καὶ ἡ | * γυνὴ * | αὐτοῦ καὶ πᾶσα ἡ συγγένεια αὐτοῦ πλὴν τῆς θυγατρὸς |
| Asen. | 6 | 4 | ἐπὶ γῆς γεννήσει τοιοῦτον κάλλος καὶ ποία κοιλία | * γυναικὸς * | τέξεται τοιοῦτον φῶς; ταλαίπωρος ἐγὼ καὶ ἄφρων |
| Asen. | 7 | 2 | καὶ πάσῃ τῇ συγγενείᾳ αὐτοῦ λέγων τίς ἐστιν ἡ | * γυνὴ * | ἐκείνη ἡ ἑστῶσα ἐν τῷ ὑπερῴῳ πρὸς τὴν θυρίδα; |
| Asen. | 7 | 3 | καὶ αὕτη ἐνοχλήσῃ με. ὅτι ἠνόχλουν αὐτὸν πᾶσαι αἱ | * γυναῖκες * | καὶ αἱ θυγατέρες τῶν μεγιστάνων καὶ τῶν |
| Asen. | 7 | 3 | Αἰγύπτου τοῦ κοιμηθῆναι μετ' αὐτοῦ καὶ πᾶσαι αἱ | * γυναῖκες * | καὶ θυγατέρες τῶν Αἰγυπτίων ὡς ἑώρων τὸν Ἰωσὴφ |
| Asen. | 7 | 4 | αὐτὰς καὶ τοὺς πρέσβεις οὓς ἔπεμπον πρὸς αὐτὸν αἱ | * γυναῖκες * | μετὰ χρυσίου καὶ ἀργυρίου καὶ δώρων πολυτίμων |
| Asen. | 7 | 5 | τοῖς υἱοῖς αὐτοῦ φυλάξασθε τέκνα μου ἰσχυρῶς ἀπὸ | * γυναικὸς * | ἀλλοτρίας τοῦ κοινωνῆσαι αὐτῇ ἡ γὰρ κοινωνία |
| Asen. | 7 | 6 | καὶ διαφθορά. διὰ τοῦτο εἶπεν Ἰωσὴφ ἀπελθέτω ἡ | * γυνὴ * | ἐκείνη ἐκ τῆς οἰκίας ταύτης. καὶ εἶπεν αὐτῷ |
| Asen. | 7 | 7 | ἐκείνη ἣν ἑώρακας ἑστῶσαν ἐν τῷ ὑπερῴῳ οὐκ ἔστι | * γυνὴ * | ἀλλοτρία ἀλλ' ἔστι θυγάτηρ ἡμῶν παρθένος μισοῦσα |
| Asen. | 8 | 1 | αὐτὸς παρθένος ἐστὶν ὡς σὺ σήμερον καὶ μισεῖ πᾶσαν | * γυναῖκα * | ἀλλοτρίαν ὡς καὶ σὺ πάντα ἄνδρα ἀλλότριον. καὶ |
| Asen. | 8 | 5 | καὶ χρίεται χρίσματι εὐλογημένῳ ἀφθαρσίας φιλῆσαι | * γυναῖκα * | ἀλλοτρίαν ἥτις εὐλογεῖ τῷ στόματι αὐτῆς εἴδωλα |
| Asen. | 8 | 6 | τὴν ἐκ τῆς φυλῆς καὶ τῆς συγγενείας αὐτοῦ καὶ τὴν | * γυναῖκα * | τὴν σύγκοιτον αὐτοῦ αἵτινες εὐλογοῦσι τῷ στόματι |
| Asen. | 8 | 7 | τῷ στόματι αὐτῶν τὸν θεὸν τὸν ζῶντα. ὁμοίως καὶ | * γυναικὶ * | θεοσεβεῖ οὐκ ἔστι προσῆκον φιλῆσαι ἄνδρα |
| Asen. | 15 | 14 | ἡ κλίνη αὕτη ἐστὶ καθαρὰ καὶ ἀμίαντος καὶ ἀνὴρ ἢ | * γυνὴ * | οὐκ ἐκάθισεν ἐπ' αὐτὴν πώποτε. καὶ παραθήσω σοι |
| Asen. | 20 | 8 | ὑμῖν γάμους καὶ λήψῃ τὴν θυγατέρα μου Ἀσενὲθ εἰς | * γυναῖκα. * | καὶ εἶπεν Ἰωσὴφ ἐγὼ πορεύσομαι αὔριον πρὸς |
| Asen. | 20 | 9 | εἰς τὰ ὦτα αὐτοῦ καὶ αὐτὸς δώσει μοι αὐτὴν εἰς | * γυναῖκα. * | καὶ εἶπεν αὐτῷ Πεντεφρῆς πορεύου μετ' εἰρήνης. |
| Asen. | 21 | 1 | ἀνδρὶ θεοσεβεῖ πρὸ τῶν γάμων κοιμηθῆναι μετὰ τῆς | * γυναικὸς * | αὐτοῦ. καὶ ἀνέστη Ἰωσὴφ τὸ πρωΐ καὶ ἀπῆλθε |
| Asen. | 21 | 2 | Ἀσενὲθ θυγατέρα Πεντεφρῆ ἱερέως Ἡλιουπόλεως εἰς | * γυναῖκα. * | καὶ ἐχάρη Φαραὼ χαρὰν μεγάλην καὶ εἶπε τῷ |
| Asen. | 21 | 3 | αὕτη κατεγγύηταί σοι ἀπὸ τοῦ αἰῶνος; καὶ ἔστω σου | * γυνὴ * | ἀπὸ τοῦ νῦν καὶ εἰς τὸν αἰῶνα χρόνον. καὶ ἀπέστειλε |
| Asen. | 22 | 8 | εἶπεν Ἰακὼβ πρὸς Ἰωσὴφ αὕτη ἐστὶν ἡ νύμφη μου ἢ | * γυνὴ * | σου; εὐλογημένη ἔσται τῷ θεῷ τῷ ὑψίστῳ. καὶ |
| Asen. | 23 | 3 | ὑμῶν Ἰωσὴφ διότι ἔλαβεν αὐτὸς τὴν Ἀσενὲθ τὴν | * γυναῖκά * | μου τὴν ἐμοὶ κατεγγυημένην ἀπ' ἀρχῆς. καὶ νῦν |
| Asen. | 23 | 4 | αὐτὸν ἐν τῇ ῥομφαίᾳ μου καὶ ἕξω τὴν Ἀσενὲθ εἰς | * γυναῖκα * | καὶ ὑμεῖς ἔσεσθέ μοι εἰς ἀδελφοὺς καὶ φίλους |
| Asen. | 24 | 2 | καὶ οἱ υἱοὶ Ζέλφας παιδισκῶν Λίας καὶ Ῥαχὴλ | * γυναικῶν * | Ἰακὼβ ἐχθραίνονται τῷ Ἰωσὴφ καὶ τῇ Ἀσενὲθ |
| Asen. | 24 | 7 | ὑμεῖς ἐστέ ἄνδρες δυνατοὶ καὶ οὐκ ἀποθανεῖσθε ὡς | * γυναῖκες * | ἀλλ' ἀνδρίζεσθε καὶ ἀμύνεσθε τοὺς ἐχθροὺς ὑμῶν. |
| Asen. | 24 | 14 | τὸν Ἰωσὴφ καὶ λήψομαι ἐμαυτῷ τὴν Ἀσενὲθ εἰς | * γυναῖκα * | καὶ ὑμεῖς ἔσεσθέ μοι ἀδελφοὶ καὶ συγκληρονόμοι |
| Asen. | 25 | 7 | αὐτῶν οἱ πρεσβύτεροι Δὰν καὶ Γὰδ καὶ εἶπον ἀλλ' ὡς | * γυναῖκες * | ἀποθανούμεθα; μὴ γένοιτο. καὶ ἐξῆλθον εἰς |
| Sal. | 4 | 4 | καὶ ἐν ἀκρασίαις. οἱ ὀφθαλμοὶ αὐτοῦ ἐπὶ πᾶσαν | * γυναῖκα * | ἄνευ διαστολῆς ἡ γλῶσσα αὐτοῦ ψευδὴς ἐν |
| Sal. | 4 | 5 | ὡς οὐχ ὁρώμενος ἐν ὀφθαλμοῖς αὐτοῦ λαλεῖ πάσῃ | * γυναικὶ * | ἐν συνταγῇ κακίας ταχὺς εἰσόδῳ εἰς πᾶσαν οἰκίαν |
| Sal. | 8 | 10 | μετὰ θυγατρὸς συνεφύροντο. ἐμοιχῶντο ἕκαστος τὴν | * γυναῖκα * | τοῦ πλησίον αὐτοῦ συνέθεντο αὐτοῖς συνθήκας μετὰ |
| Sal. | 16 | 7 | μου ὁ θεὸς ἀπὸ ἁμαρτίας πονηρᾶς καὶ ἀπὸ πάσης | * γυναικὸς * | πονηρᾶς σκανδαλιζούσης ἄφρονα. καὶ μὴ ἀπατησάτω |
| Sal. | 16 | 8 | σκανδαλιζούσης ἄφρονα. καὶ μὴ ἀπατησάτω με κάλλος | * γυναικὸς * | παρανομούσης καὶ παντὸς ὑποκειμένου ἀπὸ |
| Jer. | 7 | 16 | ἐδόξασε τὸν θεὸν καὶ ἀπελθὼν συνῆξε τὸν λαὸν σὺν | * γυναιξὶ * | καὶ τέκνοις καὶ ἦλθεν ὅπου ἦν ὁ ἀετός. καὶ |
| Jer. | 8 | 2 | Βαβυλῶνος. καὶ τοὺς ἄρρενας τοὺς λαβόντας ἐξ αὐτῶν | * γυναῖκας * | καὶ τὰς γυναῖκας τὰς λαβούσας ἐξ αὐτῶν ἄνδρας |
| Jer. | 8 | 2 | ἄρρενας τοὺς λαβόντας ἐξ αὐτῶν γυναῖκας καὶ τὰς | * γυναῖκας * | τὰς λαβούσας ἐξ αὐτῶν ἄνδρας διαπεράσωσιν οἱ |
| Jer. | 8 | 4 | ἀλλ' εἶπον πρὸς αὐτὸν οὐ μὴ καταλείψωμεν τὰς | * γυναῖκας * | ἡμῶν εἰς τὸν αἰῶνα ἀλλ' ὑποστρέφωμεν αὐτὰς μεθ' |
| Bar. | 3 | 5 | αὐτοὶ γὰρ οὓς ὁρᾷς ἐξέβαλλον πλήθη ἀνδρῶν τε καὶ | * γυναικῶν * | εἰς τὸ πλινθεύειν. ἐν οἷς μία γυνὴ πλινθεύουσα |
| Bar. | 3 | 5 | τε καὶ γυναικῶν εἰς τὸ πλινθεύειν. ἐν οἷς μία | * γυνὴ * | πλινθεύουσα ἐν τῇ ὥρᾳ τοῦ τεκεῖν αὐτὴν οὐ |
| Bar. | 9 | 3 | ὀλίγον. καὶ τῇ ἐπαύριον ὁρῶ καὶ ταύτην ἐν σχήματι | * γυναικὸς * | καὶ καθημένην ἐπὶ ἅρματος τροχοῦ. καὶ ἦσαν |
| Prop. | 18 | 2B | περὶ Σολομῶντος ὅτι προσκρούσει διὰ τὰς | * γυναῖκας * | ὅτι γυναῖκες ἐκστήσουσι καὶ διαστρέψουσιν αὐτὸν |
| Prop. | 18 | 2B | Σολομῶντος ὅτι προσκρούσει διὰ τὰς γυναῖκας ὅτι | * γυναῖκες * | ἐκστήσουσι καὶ διαστρέψουσιν αὐτὸν ἀπὸ κυρίου |
| Prop. | 18 | 4 | ἱερέων ἐπιτρέχον προεῖπε καὶ τῷ Σολομῶντι ὅτι αἱ | * γυναῖκες * | αὐτὸν ἐκστήσουσι καὶ πᾶν τὸ γένος αὐτοῦ καὶ ὅτι |
| Prop. | 22 | 8 | καὶ ἐξέλθουσαι δύο ἄρκοι ἐνέρρηξαν ἐξ αὐτῶν μ β'. | * γυνὴ * | προφήτου τελευτήσαντος ὀχλουμένη ὑπὸ δανιστῶν καὶ |
| Prop. | 22 | 11 | τῶν παιδίων. εἰς Σουμὰν ἀπελθὼν ἔμεινε παρά τινι | * γυναικὶ * | καὶ μὴ ποιοῦσαν αὐτὴν παιδίον ἐπιθυμοῦσαν δὲ |
| Esdr. | 3 | 12 | εἰς θάνατον καὶ τέκνα ἐπὶ γονεῖς ἀναστήσονται καὶ | * γυνὴ * | τὸν ἄνδρα τὸν ἴδιον καταλιμπάνει καὶ ὅταν ἔθνος |
| Esdr. | 3 | 14 | τότε οὖν οὔτε ἀδελφὸς ἀδελφὸν ἐλεεῖ οὔτε ἀνὴρ | * γυναῖκα * | οὐ τέκνα γονεῖς οὐ φίλοι φίλους οὐ δοῦλος τὸν |
| Esdr. | 5 | 2 | ἐλέησον δέσποτα τὸ γένος τῶν Χριστιανῶν. καὶ ἴδον | * γυναῖκα * | κρεμαμένην καὶ τέσσαρα θηρία θηλάζοντα τοὺς |
| Esdr. | 5 | 5 | οὐδὲ ἀδελφὸς μετὰ ἀδελφοῦ οὐ μήτηρ μετὰ τέκνου οὐ | * γυνὴ * | μετὰ ἀνδρός. καὶ ἔκλαυσα καὶ εἶπον ὦ δέσποτα κύριε |
| Esdr. | 5 | 12 | ἄνθρωπος καταβάλλει τὸ σπέρμα αὐτοῦ ἐν τῇ χώρᾳ τῆς | * γυναικός. * | τὸ πρῶτον μὲν σύνολόν ἐστιν τὸ δεύτερον μὲν |
| Esdr. | 5 | 13 | ἔννατον μὲν ἀνοίγεται τὰ κλεῖθρα τοῦ πυλῶνος τῆς | * γυναικὸς * | καὶ γεννᾶται ὑγιὴς εἰς τὴν γῆν. καὶ εἶπεν ὁ |
| Sedr. | 7 | 4 | πρός με Σεδράχ; ἐγὼ ἔπλασα τὸν Ἀδὰμ καὶ τὴν | * γυναῖκα * | αὐτοῦ καὶ τὸν ἥλιον καὶ εἶπα ἴδετε ἀλλήλους |
| Sedr. | 7 | 5 | ὁ δὲ ἥλιος καὶ Ἀδὰμ μίαν χαρακτῆρα ἦσαν ἡ δὲ | * γυνὴ * | τοῦ Ἀδὰμ φωτεινοτέρα ἐστὶν ἐν τῷ κάλλει τῆς |
| Job | 1 | 6 | ἐστιν Δινα, ἐξ ἧς ἐγέννησα ὑμᾶς ἡ γὰρ προτέρα μου | * γυνὴ * | ἐτελεύτησεν μετὰ ἄλλων δέκα τέκνων ἐν θανάτῳ πικρῷ. |
| Job | 18 | 4 | καὶ οὐκ ἠδυνάμην φθέγξασθαι ἠτονημένος γὰρ ἤμην ὡς | * γυνὴ * | παρειμένη τὰς ὀσφύας ἀπὸ τοῦ πλήθους τῶν ὠδίνων, |
| Job | 21 | 2 | τέκνα μου τοῖς ἐμοῖς ὀφθαλμοῖς τὴν πρώτην μου | * γυναῖκα * | ὑδροφοροῦσαν εἰς οἶκον τινὸς εὐσχήμονος ὡς |

Job 23 2 καὶ ἐγένετο κατὰ συντυχίαν ἀπελθεῖν πρὸς αὐτὸν τὴν * γυναῖκά * μου καὶ αἰτῆσαι ἄρτον, νομίζουσα εἶναι αὐτὸν
Job 24 1 καὶ ἐπλαγίαζεν αὐτῆς τὴν καρδίαν. ἅμα τε ἤγγισεν ἡ * γυνή * μου ἀνακράξασα μετὰ κλαυθμοῦ λέγει μοι Ιωβ Ιωβ,
Job 24 9 ἡμῶν αὐτῷ καὶ ἀκοῦσαι παρ' αὐτοῦ εἰ μὴ ἔχεις, ὦ * γύναι, * ἀργύριον, παράσχου τὴν τρίχα τῆς κεφαλῆς σου καὶ
Job 25 1 τίς οὐκ ἐξεπλάγη ὅτι αὕτη ἐστὶν Σιτιδος ἡ * γυνὴ * τοῦ Ιωβ, ἥτις εἶχεν σκεπάζοντα αὐτῆς τὸ καθεστήριον
Job 26 6 βούλεται γάρ σε δεῖξαι ὥσπερ μίαν τῶν ἀφρόνων * γυναικῶν * τῶν πλανησάντων τῶν ἑαυτῶν ἀνδρῶν τὴν ἁπλότητα.
Job 27 1 στραφεὶς πρὸς τὸν Σατανᾶν εἶπον, ὄπισθεν ὄντα τῆς * γυναικός * μου ἐλθὲ ἐπὶ τὰ ἔμπροσθεν, παῦσαι κρυπτόμενος
Job 27 2 καρτάλῳ; ἐξελθὼν πολέμησόν με. τότε ἐξόπισθεν τῆς * γυναικός * μου ἐξῆλθεν καὶ σταθεὶς ἔκλαυσεν λέγων ἴδε,
Job 39 1 καὶ ἐμοῦ ταῦτα πρὸς αὐτοὺς λέγοντος, ἦλθεν ἡ * γυνή * μου Σιτιδος ἐν ἱματίοις ῥακκώδοις, ἀποδράσασα ἐκ
Job 39 7 τὴν πορφυρίδα αὐτοῦ περιρῆξαι καὶ περιβαλεῖν τὴν * γυναῖκά * μου. ἡ δὲ ἐδέετο αὐτῶν λέγουσα παρακαλῶ,
Job 40 4 τῇ δόξῃ τοῦ ἐπουρανίου. ἰδοῦσα δὲ τότε Σιτιδος ἡ * γυνὴ * μου κατέπεσεν ἐπὶ τὴν γῆν προσκυνοῦσα καὶ εἶπεν νῦν
Job 40 13 Σιτιδός ἐστιν αὕτη, ἡ τοῦ καυχήματος καὶ τῆς δόξης * γυνή, * ὅτι οὐ κατηξιώθη ταφῆς ἀναγκαίας. τὸν μὲν οὖν
Job 45 3 μὴ παρίδητε τοὺς ἀδυνάτους, μὴ λάβετε ἑαυτοῖς * γυναῖκας * ἐκ τῶν ἀλλοτρίων ἰδοὺ οὖν τεκνία μου διαμερίζω
Aris. 14 3 τὸ δὲ λοιπὸν χύμα πρεσβυτέρων καὶ νεωτέρων ἔτι δὲ * γυναικῶν * εἴασεν εἰς τὴν οἰκετίαν οὐχ οὕτως τῇ προαιρέσει
Aris. 185 3 ὁ παντοκράτωρ θεὸς καὶ δῴη σοι ταῦτ' ἔχειν καὶ * γυναικὶ * καὶ τέκνοις καὶ τοῖς ὁμονοοῦσι πάντα ἀνέκλειπτα
Aris. 250 2 τοῦ κατὰ τὸ ἑξῆς ἐπυνθάνετο πῶς ⟨ἂν⟩ ἁρμόσαι * γυναικί; * ⟨γινώσκων⟩ ὅτι μὲν θρασύ ἐστιν ἔφη τὸ θῆλυ
Sib. 3 43 βροτοῖσιν πίστιν δ' οὐ σχήσουσιν ὅλως χῆραί τε * γυναῖκες * στέρξουσιν κρυφίως ἄλλους πολλαὶ διὰ κέρδος οὐ
Sib. 3 75 ἐνιποιήσαντο καὶ τότε δὴ κόσμος ὑπὸ ταῖς παλάμησι * γυναικὸς * ἔσσεται ἀρχόμενος καὶ πειθόμενος περὶ παντός.
Sib. 3 143 λαθραίως. τὸ τρίτον αὖ Πλούτωνα Ῥέη τέκε δῖα * γυναικῶν * Δωδώνην παριοῦσα ὅθεν ῥέεν ὑγρὰ κέλευθα Εὐρώπου
Sib. 3 372 ὦ μακαριστὸς ἐκεῖνον ὃς ἐς χρόνον ἔσσεται ἀνὴρ ἠὲ * γυνὴ * μακάρων +κενεήφατος ὅσσον ἄγραυλος+ εὐνομίη γὰρ
Sib. 3 492 κατὰ γαῖαν. αἰαῖ Φοινίκων γένει ἀνδρῶν ἠδὲ * γυναικῶν * καὶ πάσαις πόλεσιν παραλίαις οὐδεμί' ὑμῶν πρὸς
Sib. 3 526 ἄλλην γαῖαν ἀνάγκη ἄξουσιν καὶ τέκνα βαθυζώνους τε * γυναῖκας * ἐκ θαλάμων ἁπαλὰς τρυφεροῖς ποσὶ πρόσθε
Sib. 5 18 Μέμφις πρηνιχθεῖσα δι' ἡγεμόνων κακότητα ἠδὲ * γυναικὸς * ἀδουλώτου ἐπὶ κῦμα πεσούσης. καὶ θεσμοὺς θήσει
Sib. 5 475 κατὰ γαῖαν ὥστε νοεῖν ἀνδρῶν τ' ἀριθμὸν μέτρον τε * γυναικῶν. * μυρία δ' οἰμώξει δειλὴ γενεὴ κατὰ τέρμα ἠελίου
FJub. 3 5 ὁ θεὸς μέρος τι τῆς πλευρᾶς τοῦ Ἀδὰμ ἔπλασε τὴν * γυναῖκα. * τῇ τεσσαρακοστῇ ἕκτῃ ἡμέρᾳ τῆς κοσμοποιίας
FJub. 3 16 ἑρπετὰ συνῆγε τὸν καρπὸν ἐν παραδείσῳ καὶ σὺν τῇ * γυναικὶ * αὐτοῦ ἤσθιεν αὐτόν. τὸν Ἀδὰμ ἀπροόπτως ἀπὸ τοῦ
FJub. 3 32 τριακοσίων ἑξήκοντα πέντε. καὶ ἐξεβλήθη σὺν τῇ * γυναικὶ * Εὔᾳ διὰ τὴν παράβασιν τῇ δεκάτῃ τοῦ Μαΐου μηνός.
FJub. 3 34 Μαΐου μηνός. τῷ ὀγδόῳ ἔτει ἔγνω ὁ Ἀδὰμ Εὔαν τὴν * γυναῖκα * αὐτοῦ. τῷ ἑβδομηκοστῷ ἔτει ἐγεννήθη αὐτοῖς
FJub. 4 13 μὲν ἀποκτανθέντα ἕνδεκα δὲ περιλειφθέντας τῷ βίῳ. * γυνὴ * Ἐνὼς Νωα ἡ ἀδελφὴ αὐτοῦ. γυνὴ Καϊνὰν Μαωλιθ ἀδελφή
FJub. 4 14 τῷ βίῳ. γυνὴ Ἐνὼς Νωα ἡ ἀδελφὴ αὐτοῦ. * γυνὴ * Καϊνὰν Μαωλιθ ἀδελφὴ αὐτοῦ. γυνὴ Μαλελεὴλ Δινα
FJub. 4 15 ἡ ἀδελφὴ αὐτοῦ. γυνὴ Καϊνὰν Μαωλιθ ἀδελφὴ αὐτοῦ. * γυνὴ * Μαλελεὴλ Δινα θυγάτηρ Βαραχιὴλ πατραδέλφου αὐτοῦ.
FJub. 4 16 διδάσκει καὶ θείων μυστηρίων ἀποκαλύψεως ἀξιοῦται. * γυνὴ * Ἰάρεδ Βαραχα θυγάτηρ Ἀσουὴλ πατραδέλφου αὐτοῦ.
FJub. 4 20 Ἰάρεδ Βαραχα θυγάτηρ Ἀσουὴλ πατραδέλφου αὐτοῦ. * γυνὴ * Ἐνὼχ Εανι θυγάτηρ Δανιὴλ πατραδέλφου αὐτοῦ.
FJub. 4 27 αὐτοῦ. ⟨Ἐνὼχ⟩ εἰς τὸν παράδεισον ἡρπᾶσθαι. * γυνὴ * Μαθουσάλα Ἐδνὰ θυγάτηρ Ἐζριὴλ πατραδέλφου αὐτοῦ.
FJub. 4 28 Μαθουσάλα Ἐδνὰ θυγάτηρ Ἐζριὴλ πατραδέλφου αὐτοῦ. * γυνὴ * Λάμεχ Βεθενως θυγάτηρ Βαραχιὴλ πατραδέλφου αὐτοῦ.
FJub. 4 33 ὄπιθεν ὄντος τοῦ Κάϊν ὃς καὶ ἀνῃρέθη ἀκουσίως. * γυνὴ * Νῶε Ἐμζαρα θυγάτηρ Βαραχιὴλ πατραδέλφου αὐτοῦ.
FJub. 8 5 τὴν γραφὴν τῶν γιγάντων καὶ ἔκρυψε παρ' ἑαυτῷ. * γυνὴ * Καιναν Μελχα θυγάτηρ Μαδαι υἱοῦ Ιαφεθ. γυνὴ Σαλα
FJub. 8 6 ἑαυτῷ. γυνὴ Καιναν Μελχα θυγάτηρ Μαδαι υἱοῦ Ιαφεθ. * γυνὴ * Σαλα Μωαχα θυγάτηρ Χεεδαμ πατραδέλφου αὐτοῦ. γυνὴ
FJub. 8 7 γυνὴ Σαλα Μωαχα θυγάτηρ Χεεδαμ πατραδέλφου αὐτοῦ. * γυνὴ * Εβερ Αζουρα θυγάτηρ Νεβρωδ. μετὰ τὸν κατακλυσμὸν τῷ
FJub. 10 18 τὰ δὲ λοιπὰ ἐννέα μέρη ἐβλήθη εἰς τὴν ἄβυσσον. * γυνὴ * Φαλεχ Δυμνα θυγάτηρ Σεννααρ. ἐπὶ μ γ' ἔτη ἔμειναν
FJub. 11 1 ἀνέμῳ βιαίῳ καταπεσὼν θείᾳ κρίσει τοῦτον ἐπάταξε. * γυνὴ * Ραγαυ Ωρα θυγάτηρ Οὖρ υἱοῦ Χεζα. Ῥαγὰβ γενόμενος
FJub. 11 7 ὄργανα πολεμεῖν ἀλλήλοις ἐνήρξαντο. * γυνὴ * Σερουχ Μελχα θυγάτηρ Χαβερ πατραδέλφου αὐτοῦ. γυνὴ
FJub. 11 9 γυνὴ Σερουχ Μελχα θυγάτηρ Χαβερ πατραδέλφου αὐτοῦ. * γυνὴ * Ναχωρ Ιεσθα θυγάτηρ Νεσθα τοῦ Χαλδαίου. αὐξηθέντα
FJub. 11 14 Ἀβραάμ. Θάρρα δὲ γενόμενος ἐτῶν ο' ἐγέννησεν ἐκ * γυναικὸς * Ἔδνας θυγατρὸς Ἀβραὰμ πατραδέλφου αὐτοῦ τὸν
FJub. 19 11 ἐγέννησεν πάλιν Ἀβραὰμ ἐκ τῆς ἐσχάτης αὐτοῦ * γυναικὸς * Χετούρας υἱοὺς πέντε. ἐτῶν δὲ ξ' ὃν ὁ Ἰσαὰκ
FEsd. 7 103 καὶ τὸν κόπον τοῦ γένους Ἰσραήλ; εἰ δὲ καὶ οὔτε * γυναῖκες * ὑπὲρ ἀνδρῶν οὔτε οἰκέται ὑπὲρ δεσποτῶν οὔτε
FAch. 109 τοῦτο ἐναποθανέτω σοι μὴ σὺ ἐν τάχει ἀποθάνῃς. τῇ * γυναικὶ * σου χρηστὰ ὁμίλει ὅπως ἀνδρὸς ἄλλου πεῖραν μὴ
FAch. 109 βέλτιον γὰρ ὀψιμαθῆ μᾶλλον ἢ ἀμαθῆ καλεῖσθαι. τῇ * γυναικὶ * σου κρύπτου καὶ ἀπορρήτων μηδὲν αὐτῇ δῆλον τίθει
FAch. 120 ἐστεγασμένη καὶ ⟨περὶ⟩ μίαν ἑκάστην αὐτῶν τρέχουσι * γυναῖκες * δύο. ὁ δὲ Αἴσωπος ἔφη τοῦτο τὸ πρόβλημα παρ'
FAch. 120 στεγάζουσα τὸν χρόνον ⟨αἱ δὲ⟩ περιερχόμεναι δύο * γυναῖκες * νὺξ καὶ ἡμέρα ἄλλη μὲν παρ' ἄλλην πορεύεται.
FPho. 184 μηδὲ κασιγνήτων ἀλόχων ἐπὶ δέμνια βαίνειν. μηδὲ * γυνὴ * φθείρῃ βρέφος ἔμβρυον ἔνδοθι γαστρὸς μηδὲ τεκοῦσα
FPho. 189 ζώιοισι βατήριον ἐς λέχος ἐλθεῖν. μηδ' ὕβριζε * γυναῖκα * ἐπ' αἰσχυντοῖς λεχέεσσιν. μὴ παραβῇς εὐνὰς
FPho. 193 θηλύτεραι λέχος ἀνδρῶν μιμήσαιντο. μηδ' ἐς ἔρωτα * γυναικὸς * ἅπας ῥεύσῃς ἀκάθεκτον οὐ γὰρ ἔρως θεός ἐστι
FPho. 196 ἄλοχον τί γὰρ ἡδύτερον καὶ ἄρειον ἢ ὅταν ἀνδρὶ * γυνὴ * φρονέῃ φίλα γήραος ἄχρις καὶ πόσις ᾗ ἀλόχῳ μηδ'
FPho. 199 μὴ δέ τις ἀμνήστευτα βίῃ κούρῃσι μιγείῃ. μὴ δὲ * γυναῖκα * κακὴν πολυχρήματον οἴκαδ' ἄγεσθαι λατρεύσεις
FPho. 204 γῆμαι δ' οὐκ ἀγαθὴν ἐριδαίνομεν ἀφρονέοντες. οὐ δὲ * γυνὴ * κακὸν ἄνδρ' ἀπαναίνεται ἀφνεὸν ὄντα. μηδὲ γάμῳ
FPho. 212 κορύμβων. ἄρσεσιν οὐκ ἐπέοικε κομᾶν χλιδαναῖς δὲ * γυναιξίν. * παιδὸς δ' εὐμόρφου φρουρεῖν νεοτήσιον ὥρην
IMen. 5 119 2 χάριν τἀλλότρια βλέποντα κἀπιθυμοῦντα ἤτοι * γυναικὸς * πολυτελοῦς ἢ δώματος ἢ κτήσεως παιδός τε
HDem. 9 21 1 δοκοῦντα εἶναι τὸν Ἠσαῦ καὶ ὅπως λάβῃ ἐκεῖθεν * γυναῖκα. * ἀφορμῆσαι οὖν τὸν Ἰακὼβ εἰς Χαρρὰν τῆς
HDem. 9 21 19 ἐτῶν ἑκατὸν λ γ' τελευτῆσαι. Ἀμβρὰμ δὲ λαβεῖν * γυναῖκα * τὴν τοῦ θείου θυγατέρα Ἰωχαβὲτ καὶ ὄντα
HDem. 9 29 3 Ἀαρὼν καὶ Μαριὰμ ἐν Ἀσηρὼθ Μωσῆν Αἰθιοπίδα γῆμαι * γυναῖκα. * ἐκεῖθεν ἦλθον ἡμέρας τρεῖς. μὴ ἔχοντα δὲ ὕδωρ
HAno. 9 17 4 καὶ τῶν πολεμίων αἰχμαλωτίσαι τέκνα καὶ * γυναῖκας. * πρέσβεων δὲ παραγενομένων πρὸς αὐτὸν ὅπως
HAno. 9 17 6 εἰς Αἴγυπτον πανοικίᾳ κἀκεῖ κατοικεῖν τήν τε * γυναῖκα * αὐτοῦ τὸν βασιλέα τῶν Αἰγυπτίων γῆμαι φάντος
HAno. 9 17 7 αὐτοῦ καλέσαντος τούτους φάναι μὴ εἶναι χήραν τὴν * γυναῖκα * τὸν δὲ βασιλέα τῶν Αἰγυπτίων οὕτως ἐπιγνῶναι ὅτι
HAno. 9 17 7 τὸν δὲ βασιλέα τῶν Αἰγυπτίων οὕτως ἐπιγνῶναι ὅτι * γυνὴ * ἦν τοῦ Ἀβραὰμ καὶ ἀποδοῦναι αὐτὴν τῷ ἀνδρί.
LThe. 9 22 4 ὄντας ποιμαίνειν τὴν δὲ θυγατέρα Δείναν καὶ τὰς * γυναῖκας * ἐριουργεῖν. καὶ τὴν Δείναν παρθένον οὖσαν εἰς
LEze. 9 28 2 28 μ' ἐς ἀγκάλας. εἶπεν δὲ θυγάτηρ βασιλέως τοῦτον * γύναι * τρόφευε κἀγὼ μισθὸν ἀποδώσω σέθεν. ὄνομα δὲ Μωσῆν
LEze. 9 29 12 32 ὄχλον. ὅταν δὲ μέλλητ' ἀποτρέχειν δώσω χάριν λαῷ * γυνὴ * τε παρὰ γυναικὸς λήψεται σκεύη κόσμον τε πάνθ' ὃν
LEze. 9 29 12 32 δὲ μέλλητ' ἀποτρέχειν δώσω χάριν λαῷ γυνή τε παρὰ * γυναικὸς * λήψεται σκεύη κόσμον τε πάνθ' ὃν ἄνθρωπος φέρει

γυρεύω 1
TGad 1 3 αὐτὸ καὶ πιάζων τὸν πόδα αὐτοῦ τῇ χειρί μου καὶ * γυρεύων * ἐσκότουν καὶ ἠκόντιζον αὐτὸ ἐπὶ δύο σταδίους καὶ

γυρόω 1
LArl. 13 12 6 τε καὶ μακέλῃσι λέγει δ' ὅτε δεξιαὶ ὧραι καὶ φυτὰ * γυρῶσαι * καὶ σπέρματα πάντα βαλέσθαι. σαφῶς οἴομαι

γύψ 3
Sib. 3 644 ἐν ἀλλοτρίῃ ἄταφοι δὲ ἅπαντες ἔσονται καὶ τῶν μὲν * γῦπές * τε καὶ ἄγρια θηρία γαίης σάρκας δηλήσονται ἐπὰν δὴ
Sib. 5 279 θνητοὺς καὶ μηκέτι θνητὰ γεραίρειν μηδὲ κύνας καὶ * γῦπας * ἃ Αἴγυπτος κατέδειξεν σεμνύνειν στομάτεσσι κενοῖς
FPho. 185 ἔνδοθι γαστρὸς μηδὲ τεκοῦσα κυσὶν ῥίψῃ καὶ * γυψὶν * ἕλωρα. μηδ' ἐπὶ σῇ ἀλόχῳ ἐγκύμονι χεῖρα βάλῃαι.

Γώγ 2
Sib. 3 319 γενεῇ βασιλήων καὶ τότε παύσῃ. αἰαῖ σοι χώρα * Γὼγ * ἠδὲ Μαγὼγ μέσον οὖσα Αἰθιόπων ποταμῶν πόσον αἵματος
Sib. 3 512 δ' ἀλλοτρίῃ δώσεις --- οὐδέ τι λήψῃ. αἰαῖ +σοι * Γὼγ * καὶ πᾶσιν ἐφεξῆς ἅμα Μαγὼγ μαρσῶν ἠδ' ἀγγὼν ὅσα σοι

Γωζάν 1
FIsa. 1 3 2 ἀπενέγκαι αὐτοὺς εἰς ὄρη Μήδων καὶ ποταμῶν (καὶ) * Γωζάν. * οὗτος ἦν νεώτερος καὶ ἔφυγεν καὶ ἦλθεν εἰς

γωνία 4
Hen. 18 1 καὶ τὸν θεμέλιον τῆς γῆς καὶ τὸν λίθον ἴδον τῆς * γωνίας * τῆς γῆς. ἴδον τοὺς τέσσαρας ἀνέμους τὴν γῆν
TAser 7 2 καὶ ὑμεῖς διασκορπισθήσεσθε εἰς τὰς τέσσαρας * γωνίας * τῆς γῆς καὶ ἔσεσθε ἐν διασπορᾷ ἐξουθενώμενοι ὡς
Aris. 61 3 χρυσαῖς περόναις πρὸς τὴν ἀσφάλειαν. ἐπὶ δὲ τῶν * γωνιῶν * αἱ κατακλεῖδες συνέσφιγγον πρὸς τὴν συνοχήν. ἐκ
FAch. 116 ἔδωκεν εἰς τὴν οἰκοδομήν. ὁ δὲ Αἴσωπος στήσας κατὰ * γωνίας * τοῦ δοθέντος μέτρου τοὺς ἀετοὺς ἐκέλευσεν ⟨τοὺς

Δαβειρ 2
Prop. 12 12 ὑπὸ ἔθνους δυτικοῦ γενήσεται. τότε ἅπλωμά φησι τοῦ * Δαβὴρ * εἰς μικρὰ ῥαγήσεται καὶ τὰ ἐπίκρανα τῶν δύο στύλων
Prop. 23 2 ὀπτασίαν ἀγγέλων θεοῦ οὔτε δοῦναι χρησμοὺς ἐκ τοῦ * Δαβειρ * οὔτε ἐρωτῆσαι ἐν τῷ Ἐφοὺδ οὔτε διὰ δήλων

Δαδάν 2
HDem. 9 29 1 Ἀβραὰμ ἐκ Χεττούρας ἐκ δὲ τοῦ Ἰεζὰν γενέσθαι * Δαδὰν * ἐκ δὲ Δαδὰν Ῥαγουὴλ ἐκ δὲ Ῥαγουὴλ Ἰοθὼρ καὶ
HDem. 9 29 1 ἐκ Χεττούρας ἐκ δὲ τοῦ Ἰεζὰν γενέσθαι Δαδὰν ἐκ δὲ * Δαδὰν * Ῥαγουὴλ ἐκ δὲ Ῥαγουὴλ Ἰοθὼρ καὶ Ὀβὰβ ἐκ δὲ τοῦ

Δαδουήλ 1
Hen. 10 4 τὸ σκότος καὶ ἄνοιξον τὴν ἔρημον τὴν οὖσαν ἐν τῷ * Δαδουὴλ * κἀκεῖ βάλε αὐτὸν καὶ ὑπόθες αὐτῷ λίθους τραχεῖς

δαήμων 1
Sib. 3 411 ἀγαθοῖο κακοῖο-δὲ φύσεται ἀρχή. παμφύλου πολέμοιο * δαήμονας * ἕξει ἄνακτας Αἰνεάδας +διδοὺς+ αὐτόχθονος

Δαθαῖος 1
Aris. 50 2 Ἰερεμίας Ἐλεάζαρος Ζαχαρίας Βανέας Ἐλισσαῖος * Δαθαῖος. * ἑνδεκάτης Σαμούηλος Ἰώσηφος Ἰούδας Ἰωνάθης

δαιμονιάζομαι 1
FrAn. 574 3007 αφρονουντα κα⟨ ⟩μους δε του⟨ - - ⟩εστιν κα⟨ πρὸς * δαιμονιαζομένους * Πιβήχεως δόκιμον λαβὼν ἔλαιον

δαιμόνιος 9
Hen. 19 1 τοὺς ἀνθρώπους καὶ πλανήσει αὐτοὺς ἐπιθύειν τοῖς * δαιμονίοις * μέχρι τῆς μεγάλης κρίσεως ἐν ᾗ κριθήσονται
Hen. 99 7 καὶ ὀστρακίνας καὶ λατρεύ⟨οντες φαν⟩τάσμασιν καὶ * δαιμονίοι⟨ς * καὶ βδελύγ⟩μασιν καὶ πνεύμασιν πονη⟨ροῖς

Bar. 16 3 ἐν μαχαίρᾳ καὶ ἐν θανάτῳ καὶ τὰ τέκνα αὐτῶν ἐν * δαιμονίοις. * ὅτι οὐκ εἰσήκουσαν τῆς φωνῆς μου οὐδὲ
FJub. 17 16 εἶναι ὅτε πρὸς θυσίαν ἀνήχθη. Μαστιφὰμ ὁ ἄρχων τῶν * δαιμονίων * προσελθὼν τῷ θεῷ εἶπεν εἰ ἀγαπᾷ σε Ἀβραὰμ
FPho. 101 φθιμένων ἀνορύξῃς μηδ' ἀθέατα δείξῃς ἠελίῳ καὶ * δαιμόνιον * χόλον ὄρσῃς. οὐ καλὸν ἁρμονίην ἀναλυέμεν
FrAn. 574 3038 διὰ τὸ παρακούειν αὐτόν. ὁρκίζω σε πᾶν πνεῦμα * δαιμόνιον * λαλῆσαι ὁποῖον καὶ ἂν ᾖς ὅτι ὁρκίζω σε κατὰ
FrAn. 574 3065 ἐπήκουσεν ἡ ἄβυσσος. καὶ σὺ ἐπάκουσον πᾶν πνεῦμα * δαιμόνιον * ὅτι ὁρκίζω σε τὸν συνσείοντα τοὺς τέσσαρας
FrAn. 574 3075 ὅρος ἐκ θεμελίου φοβεῖται. ὁρκίζω σε πᾶν πνεῦμα * δαιμόνιον * τὸν ἐφορῶντα ἐπὶ γῆς καὶ ποιοῦντα ἔκτρομα τὰ
FrAn. 574 3081 μὴ φαγεῖν καὶ ὑποταγήσεταί σ(ο)ι πᾶν πνεῦμα καὶ * δαιμόνιον * ὁποῖον ἐὰν ᾖν. ὁρκίζων δὲ φύσα ἀπὸ τῶν ἄκρων
δαίμων (δαιμόνιον) 4
TJud. 23 1 ἐγγαστριμύθοις ἐξακολουθοῦντες κληδόσι καὶ * δαίμοσι * πλάνης. τὰς θυγατέρας ὑμῶν μουσικὰς καὶ δημοσίας
SIb. 3 331 σὴν γαῖαν ἐπόψει τοὺς μὲν ὑπὸ πτολέμου καὶ πάσης * δαίμονος * ὁρμῆς λιμοῦ καὶ λοιμοῦ ὑπό τ' ἐχθρῶν
FrAn. 574 3017 φεωχ ιαηω χαρσοκ καὶ περίαπτε τὸν πάσχοντα παντὸς * δαίμονος * φρικτὸν ὃ φοβεῖται. στήσας ἄντικρυς ὅρκιζε.
FrAn. 574 3026 ὁ ἀπαραίτητος καὶ ἐκκρινέτω τὸν περιπτάμενον * δαίμονα * τοῦ πλάσματος τούτου ὃ ἔπλασεν ὁ θεὸς ἐν τῷ ἁγίῳ
δαίνυμι 2
FPho. 147 φεῦγ' ἀνθρώπους ἀθεμίστους.) μὴ δέ τι θηρόβορον * δαίσῃ * κρέας ἀργίποσιν δὲ λείψανα λεῖπε κυσὶν θηρῶν ἄπο
LEze. 9 29 12 29 παρέλθῃ σῆμα δεινὸς ἄγγελος. ὑμεῖς δὲ νυκτὸς ὀπτὰ * δαίσεσθε * κρέα. σπουδῇ δὲ βασιλεὺς ἐκβαλεῖ πρόπαντ'
δαίς 2
FPho. 156 ἄνδρα ἀεργὸν δ' ἴψατο λιμός.) μὴ δ' ἄλλου παρὰ * δαιτὸς * ἔδοις σκυβάλισμα τραπέζης ἀλλ' ἀπὸ τῶν ἰδίων
ISop. 5 111 6 δὲ βαθμοῖς νυμφικοῖς ἐπεστάθη ὁ μοιχός. ὃ δ' οὔτε * δαιτὸς * οὔτε χέρνιβος θιγὼν πρὸς λέκτρον ἧει καρδίαν
Δάκις 1
Aris. 47 4 τρίτης Νεεμίας Ἰώσηφος Θεοδόσιος Βασέας Ὀρνίας * Δάκις. * τετάρτης Ἰωνάθας Ἀβραῖος Ἐλισσαῖος Ἀνανίας
δάκος 1
SIb. 5 343 μενεῖς πανέρημος ἄκλαυστος ἐν γαίῃ θαλερῇ ὀλοὸν * δάκος * ἐξαπολέσθαι. ἔσται δ' +αἰθέρος+ οὐρανὸς εὐρὺς
δάκρυ 3
Asen. 11 17 εὐλογιῶν τῶν θεῶν τῶν Αἰγυπτίων. καὶ νῦν ἐν τοῖς * δάκρυσί * μου τούτοις καὶ τῇ τέφρᾳ κατεσποδωμένη καὶ τῷ
Asen. 13 6 ὀθονίοις λαμπροῖς νυνὶ καταρραίνεται τοῖς * δάκρυσί * μου καὶ ἠτιμάσθη κατεσποδωμένον ὄν. ἰδοὺ κύριέ
Sedr. 14 3 ἐν μετανοίαις ἐν παρακλήσεσιν ἐν λειτουργίαις ἐν * δάκρυσιν * ὀχετοῦ ἐν στεναγμοῖς θερμοῖς. οὐκ οἶδας ὅτι ὁ
δακρύζω 1
Sedr. 12 1 λέγει αὐτὸν ὁ Χριστὸς παῦσον Σεδρὰχ ἕως πότε * δακρύζεις * καὶ στενάζεις; ὁ παράδεισός σοι ἠνοίγη καὶ
δακρυόεις 2
SIb. 3 603 τε στοναχάς τε καὶ πόλεμον καὶ λοιμὸν ἰδ' ἄλγεα * δακρυόεντα * οὕνεκεν ἀθάνατον γενέτην πάντων ἀνθρώπων οὐκ
IOrp. 16 καὶ μῖσος ὀπηδεῖ καὶ πόλεμον κρυόεντα καὶ ἄλγεα * δακρυόεντα. * οὐδέ τις ἔσθ' ἕτερος χωρὶς μεγάλου βασιλῆος.
δάκρυον 19
Adam 29 12 λαβὼν σχῆμα ἀγγέλου ἔστη ἐνώπιόν μου κλαίων καὶ τὰ * δάκρυα * αὐτοῦ ἔρρεεν ἐπὶ τὴν γῆν. καὶ λέγει μοι ἔξελθε ἐκ
Abr.1 3 11 συνεδάκρυσεν καὶ αὐτὸς μετ' αὐτούς. ἔπιπτον δὲ τὰ * δάκρυα * τοῦ ἀρχιστρατήγου ἐπὶ τῆς λεκάνης καὶ ἐγένοντο
Abr.1 6 7 τῶν τριῶν ἀνδρῶν εἰσίν οὓς ἔνιψα τότε καὶ γὰρ τὰ * δάκρυα * αὐτοῦ ὀψὲ ἐν τῷ νιπτῆρι πίπτοντα ἐγένοντο τίμιοι
Abr.1 9 2 ὁ ὅσιος καὶ δίκαιος Ἀβραὰμ ἀναστὰς μετὰ πολλῶν * δακρύων * προσέπεσεν τοῖς ποσὶν τοῦ ἀσωμάτου καὶ ἱκέτευεν
Abr.1 14 12 παρακαλέσωμεν τὸν θεὸν μετὰ σπουδῆς καὶ πολλῶν * δακρύων * ὅπως ἀφήσει μοι τὸ ἁμάρτημα καὶ αὐτοὺς
Abr.2 3 11 κλαίοντας αὐτοὺς συνέκλαυσεν αὐτοῖς καὶ ἔπεσαν τὰ * δάκρυα * Μιχαὴλ ἐπὶ τῆς λεκάνης καὶ ἐγένοντο λίθος. ἤκουσε
TZab. 1 7 ἀνελεῖν αὐτὸν πολλὰ διεμαρτυράμην αὐτοῖς μετὰ * δακρύων * τοῦ μὴ ποιῆσαι τὴν ἀνομίαν ταύτην. ἦλθον γὰρ
Asen. 8 8 ἀνεῳγμένων τῶν ὀφθαλμῶν αὐτῆς καὶ ἐπλήσθησαν * δακρύων * οἱ ὀφθαλμοὶ αὐτῆς. καὶ εἶδεν αὐτὴν Ἰωσὴφ καὶ
Asen. 10 16 τὸ πρωῒ καὶ εἶδε καὶ ἰδοὺ πηλὸς πολὺς ἐκ τῶν * δακρύων * αὐτῆς καὶ ἐκ τῆς τέφρας εἰς τὸ ἔδαφος. καὶ ἔπεσε
Asen. 11 1B αὐτῆς καὶ τὸ πρόσωπον αὐτῆς ἦν κατάβροχον ἐκ τῶν * δακρύων * αὐτῆς καὶ ἐστέναξε μετὰ στεναγμοῦ μεγάλου καὶ
Asen. 13 7 ἠτιμάσθη κατεσποδωμένον ὄν. ἰδοὺ κύριέ μου ἐκ τῶν * δακρύων * μου καὶ τῆς τέφρας πηλὸς γέγονε πολὺς ἐν τῷ
Asen. 13 9 ὀφθαλμοί μου ἐν αἰσχύνῃ φλεγμονῆς ἐγένοντο ἐκ τῶν * δακρύων * μου τῶν πολλῶν καὶ ἡ ἰσχύς μου πᾶσα ἐκλέλοιπεν.
Asen. 15 3 τῶν ἑπτὰ ἡμερῶν τῆς ἐνδείας σου. ἰδοὺ ἐκ τῶν * δακρύων * σου καὶ τῆς τέφρας ταύτης πηλὸς πολὺς γέγονε πρὸ
Asen. 28 9 τῆς σκέπης αὐτῆς καὶ ἐδεξιώσατο αὐτοὺς μετὰ * δακρύων * καὶ αὐτοὶ πεσόντες προσεκύνησαν αὐτῇ ἐπὶ τὴν γῆν
Jer. 2 5 τὰς ποτίστρας ἀλλὰ κλαύσωμεν καὶ γεμίσωμεν αὐτὰς * δακρύων * ὅτι οὐ μὴ ἐλεήσῃ κύριος τὸν λαὸν τοῦτον. καὶ
Jer. 6 18 διὰ τοῦτο ἐσπλαγχνίσθη ὁ κύριος ἐπὶ τῶν * δακρύων * ἡμῶν καὶ ἐμνήσθη τῆς διαθήκης ἧς ἔστησε μετὰ τῶν
Esdr. 6 23 ἐπιτύχης αὐτοῦ. τότε ἤρξατο λέγειν ὁ προφήτης μετὰ * δακρύων * ὦ δέσποτα τί ὠφέλησα δικαζόμενός σε καὶ μέλλω
Sedr. 10 6 ὀλίγην ἵνα κλαύσω ὅτι ἤκουσα πολλὰ δύνανται τὰ * δάκρυα * καὶ ἴαμα πολὺ γίνεται τοῦ ταπεινοῦ σώματος τοῦ
Sedr. 14 4 θερμοῖς. οὐκ οἶδας ὅτι ὁ προφήτης μου Δαυὶδ ἐκ * δακρύων * καὶ οἱ λοιποὶ οἶδας ὅτι ἐσώθησαν ἐν μιᾷ ῥοπῇ;
δακρύω 10
Abr.1 3 9 Μιχαὴλ ἐκινήθησαν δὲ τὰ σπλάγχνα τοῦ Ἀβραὰμ καὶ * ἐδάκρυσεν * ἐπὶ τὸν ξένον. καὶ ἰδὼν αὐτὸν Ἰσαὰκ κλαίοντα
Abr.2 3 8 καὶ ἀκούσας Ἰσαὰκ τοῦ πατρὸς αὐτοῦ λαλοῦντος * δακρύων * ἤνεγκεν τὴν λεκάνην λέγων ὦ πάτερ τί ἐστιν τοῦτο
Abr.2 6 8 τοῦ ἀνθρώπου πρὸς ἡμᾶς εἰς τὸν οἶκον ἡμῶν; ἢ πῶς * ἐδάκρυσάν * σου οἱ ὀφθαλμοὶ τῶν βημάτων τοῦ φωτὸς
TNep. 7 4 ὁρᾷς Ἰακὼβ τὸν γεννήσαντά σε. ἐποίησε δὲ καὶ ἡμᾶς * δακρῦσαι * ἐπὶ τοῖς λόγοις αὐτοῦ τούτοις. καὶ ἐκαιόμην
TJos. 8 1 καὶ ὅλην τὴν νύκτα συνάψας περὶ τὸν ὄρθρον ἀνέστην * δακρύων * καὶ αἰτῶν λύτρωσιν ἀπὸ τῆς Αἰγυπτίας. τέλος οὖν
TJos. 15 3 καὶ πενθεῖ ὁ πατήρ σου ἐν σάκκῳ. καὶ πάλιν ἤθελον * δακρῦσαι * καὶ ἐπέσχον ἐμαυτὸν ἵνα μὴ αἰσχύνω τοὺς
Prop. 4 11 ἤρθη ἡ γλῶσσα αὐτοῦ τοῦ μὴ λαλεῖν καὶ νοῶν εὐθέως * ἐδάκρυσεν * οἱ ὀφθαλμοὶ αὐτοῦ ἦσαν ὡς κρέας ἐκ τοῦ
Aris. 178 3 καὶ τῶν συμπαρόντων εὖ βασιλεῦ προήχθη * δακρῦσαι * τῇ χαρᾷ πεπληρωμένος. ἡ γὰρ τῆς ψυχῆς ἔντασις
Aris. 178 5 γὰρ τῆς ψυχῆς ἔντασις καὶ τὸ τῆς τιμῆς ὑπερτεῖνον * δακρύειν * ἀναγκάζει κατὰ τὰς ἐπιτυχίας. κελεύσας δὲ εἰς
SIb. 5 198 ἐξηγήσεται ἄτας; τίς δέ σε Κυρήνη μερόπων ἐλεεινὰ * δακρύσει; * οὐ παύσῃ θρήνου στυγεροῦ πρὸς καιρὸν ὀλέθρου.
δακτύλιος 3
Job 46 5 αὐτοῦ τὴν λεγομένην Ἡμέραν λέγει αὐτῇ λαβοῦσα τὸ * δακτύλιον * ὕπαγε εἰς τὴν κρυπτὴν καὶ ἔνεγκε τὰ τρία
FAch. 104 τὸν Αἴσωπον βοηθεῖν καὶ σφραγίσας τῷ τοῦ Αἰσώπου * δακτυλίῳ * ἐπέδωκεν τῷ Λυκούργῳ λέγων ὁ πιστὸς φίλος σου
HEup. 9 34 11 πήχεις κ' τὸ δὲ ὕψος πηχῶν δώδεκα. ποιῆσαι δὲ καὶ * δακτυλίους * δύο χαλκοῦς ἁλυσιδωτοὺς καὶ στῆσαι αὐτοὺς ἐπὶ
δάκτυλος 21
TLevi 2 3B004 καὶ τὸ στόμα μου ἤνοιξα καὶ ἐλάλησα καὶ τοὺς * δακτύλους * τῶν χειρῶν μου καὶ τὰς χεῖράς μου ἀνεπέτασα
Asen. 11 1B τέφρας. καὶ ἔπλεξεν Ἀσενὲθ τὰς χεῖρας αὐτῆς * δάκτυλον * πρὸς δάκτυλον καὶ ἔσεισε τὴν κεφαλὴν αὐτῆς
Asen. 11 1B καὶ ἔπλεξεν Ἀσενὲθ τὰς χεῖρας αὐτῆς δάκτυλον πρὸς * δάκτυλον * καὶ ἔσεισε τὴν κεφαλὴν αὐτῆς ἔνθεν καὶ ἔνθεν
Asen. 11 2 αὐτῆς ἐνέβαλεν εἰς τὸν κόλπον αὐτῆς πλέξασα τοὺς * δακτύλους * αὐτῆς τῶν χειρῶν ἐπὶ τὸ γόνυ τὸ δεξιὸν καὶ τὸ
Asen. 15 4 τῆς βίβλου πρῶτον πάντων ἐγράφη τὸ ὄνομά σου τῷ * δακτύλῳ * μου καὶ οὐκ ἐξαλειφθήσεται εἰς τὸν αἰῶνα. ἰδοὺ
Asen. 15 12B ἐστὶν ἐν τῇ βίβλῳ τοῦ ὑψίστου γεγραμμένον τῷ * δακτύλῳ * τοῦ θεοῦ ἐν ἀρχῇ τῆς βίβλου πρὸ πάντων ὅτι ἐγὼ
Asen. 16 17 τὴν χεῖρα αὐτοῦ τὴν δεξιὰν καὶ ἐπέθηκε τὸν * δάκτυλον * αὐτοῦ εἰς τὸ ἄκρον τοῦ κηρίου τὸ βλέπον κατὰ
Asen. 16 17 ἐπὶ τὸ ἄκρον τὸ βλέπον κατὰ δυσμὰς καὶ ἡ ὁδὸς τοῦ * δακτύλου * αὐτοῦ ἐγένετο ὡς αἷμα). καὶ ἐξέτεινε τὸ
Asen. 16 17 ἐξέτεινε τὸ δεύτερον τὴν χεῖρα αὐτοῦ καὶ ἔθηκε τὸν * δάκτυλον * αὐτοῦ ἐπὶ τὸ ἄκρον τοῦ κηρίου τὸ βλέπον πρὸς
Asen. 16 17 τὸ ἄκρον τὸ βλέπον πρὸς μεσημβρίαν καὶ ἡ ὁδὸς τοῦ * δακτύλου * αὐτοῦ ἐγένετο ὡς αἷμα). καὶ Ἀσενὲθ εἱστήκει ἐξ
Asen. 20 5 τὰς χεῖρας αὐτῆς καὶ ἦσαν ὡς χεῖρες ζωῆς (καὶ οἱ * δάκτυλοι * αὐτῆς λεπτοὶ ὡς δάκτυλοι γραφέως ὀξυγράφου).
Asen. 20 5 ὡς χεῖρες ζωῆς (καὶ οἱ δάκτυλοι αὐτῆς λεπτοὶ ὡς * δάκτυλοι * γραφέως ὀξυγράφου). καὶ μετὰ ταῦτα ἐκράτησεν
Asen. 22 13 αὐτὸς ἑώρα γράμματα γεγραμμένα ἐν τῷ οὐρανῷ (τῷ * δακτύλῳ * τοῦ θεοῦ) καὶ ᾔδει τὰ ἄρρητα θεοῦ τοῦ ὑψίστου
Prop. 2 13 ἀνελεῖν αὐτοὺς θέλοντα. ἐν τῇ πέτρᾳ ἐσφράγισε τῷ * δακτύλῳ * τὸ ὄνομα τοῦ θεοῦ καὶ γέγονεν ὁ τύπος ὡς γλυφὴ
Esdr. 4 31 αὐτοῦ πῆχυς μία οἱ ὀδόντες αὐτοῦ σπιθαμιαῖοι οἱ * δάκτυλοι * αὐτοῦ ὡς δρέπανα τὸ ἴχνος τῶν ποδῶν αὐτοῦ
Sedr. 11 7 ἀπὸ πάντων οἱ σωρεύοντες τοὺς οἴκους ἐστολίσατε. ὦ * δάκτυλοι * καλλωπισμένοι καὶ ὑπὸ τῶν χρυσῶν καὶ ἀργυρῶν
Sedr. 11 7 ἀργυρῶν ἐστολισμένοι καὶ μεγάλα κτίσματα ὑπὸ τῶν * δακτύλων * ἄγονται. τὰς παλάμας ἁπλονοῦσιν οἱ τρεῖς ἁρμοὶ
Aris. 65 2 καθ' ὅλου τοῦ πλάτους τῆς τραπέζης στερεὸν * δακτύλων * τεσσάρων ὥστε τοὺς πόδας ἐνίεσθαι εἰς τοῦτο
Aris. 69 3 κρηπῖδος ἔχουσα τάξιν κατὰ τὴν πρόσοψιν ὀκτὼ δὲ * δακτύλων * τὸ πλάτος ἔχουσα ἐφ' ὃν ἐπίκειται τὸ πᾶν ἔλασμα
FEll. 4 228 καὶ οἱ πόδες αὐτοῦ πλατεῖς τέθλασται δὲ ὁ μέγας * δάκτυλος * τοῦ ποδὸς αὐτοῦ.
HEup. 9 34 6 χαλκοῦς καὶ καταχρυσῶσαι αὐτοὺς χρυσίῳ ἀδόλῳ * δακτύλου * τὸ πάχος. εἶναι δὲ τοὺς στύλους τῷ ναῷ
δαμάζω 2
Abr.1 2 9 καὶ ἐνέγκατε δύο ἵππους εὐμενεῖς δὲ καὶ ἡμέρους * δεδαμασμένους * ὅπως ἂν καθεσθῶμεν ἐγώ τε καὶ ὁ ἄνθρωπος
SIb. 3 501 στόμα. τοὔνεκ' ἄρ' αὐτοὺς ἐκπάγλως πληγαῖσι * δαμάσσειεν * παρὰ πᾶσαν γαῖαν καὶ πικρὴν μοίρην πέμψει
δάμαλις 4
Asen. 10 13 καὶ τὰ σιτιστὰ καὶ τοὺς ἰχθύας καὶ τὰ κρέα τῆς * δαμάλεως * καὶ πάσας τὰς θυσίας τῶν θεῶν αὐτῆς καὶ τὰ
Prop. 19 1 καὶ ἀπέθανεν ὅτε ἤλεγξε τὸν Ἱεροβοὰμ ἐπὶ ταῖς * δαμάλεσι * καὶ ἐτάφη ἐν Βεθὴλ σύνεγγυς τοῦ ψευδοπροφήτου
Prop. 22 2 γέγονε τέρας ὅτι ἡνίκα ἐτέχθη ἐν Γαλγάλοις ἡ * δάμαλις * ἡ χρυσῆ ὀξὺν ἐβόησεν ὥστε ἀκουσθῆναι εἰς
FEz. 30 30 3 χωλῷ οὐκ αὐτὸς ὀφθαλμοί μου γέγονας; καὶ τέξεται ἡ * δάμαλις * καὶ ἐροῦσιν οὐ τέτοκεν. μετανοήσατε οἶκος
δάμαρ 1
LEze. 9 29 14 16 οἱ μὲν τέκνοισι νηπίοις δίδουν βορὰν ὁμοῦ τε καὶ * δάμαρσιν * ἔμπονοι κόπῳ κτήνη τε πολλὰ καὶ δόμων ἀποσκευὴ
Δαμασκός 1
Abr.2 2 12 καὶ ἀναστάντων καὶ πορευομένων ἐκάλεσεν Ἀβραὰμ * Δαμασκὸν * Ἐλεέζερ τὸν υἱὸν ἕνα τῶν οἰκοτρόφων αὐτοῦ
δάμνημι 2
SIb. 3 634 λοιμοῖο τελευτὴ ἔλθῃ καὶ φοβεροῖο δίκης (τε)τύχωσι * δαμέντες * καὶ βασιλεὺς βασιλῆα λάβῃ χώραν τ' ἀφέληται
LThe. 9 22 1 Σικίμων καταφαίνεται ἱερὸν ἄστυ νέρθεν ὑπὸ ῥίζῃ * δεδμημένον * ἀμφὶ δὲ τεῖχος λισσὸν ὑπώρειαν ὑποδέδρομεν

## Δάν — 23

| | | |  | |  |
|---|---|---|---|---|---|
| Hen. | 13 | 7 | καὶ μακρότης. καὶ πορευθεὶς ἐκάθισα ἐπὶ τῶν ὑδάτων | ✳ Δάν ✳ | ἐν γῇ Δὰν ἥτις ἐστὶν ἐκ δεξιῶν Ἑρμωνειεὶμ δύσεως |
| Hen. | 13 | 7 | καὶ πορευθεὶς ἐκάθισα ἐπὶ τῶν ὑδάτων Δὰν ἐν γῇ | ✳ Δὰν ✳ | ἥτις ἐστὶν ἐκ δεξιῶν Ἑρμωνειεὶμ δύσεως ἀνεγίγνωσκον |
| TRub. | 6 | 7 | τὴν ἀρχὴν καὶ τῷ Ἰούδᾳ μετ' αὐτῶν κἀμοὶ καὶ | ✳ Δὰν ✳ | καὶ Ἰωσὴφ τοῦ εἶναι εἰς ἀρχοντας. διὰ τοῦτο |
| TJud. | 7 | 2 | ἐν ὀχλῷ βαρεῖ ἔρχεται πρὸς ἡμᾶς. ἐγὼ οὖν καὶ | ✳ Δὰν ✳ | προσποιησάμενοι Ἀμορραίους ὡς σύμμαχοι ἤλθομεν εἰς |
| TJud. | 7 | 6 | ἐσφενδόνουν ἐπ' ἐμὲ λίθοις καὶ τόξοις καὶ εἰ μὴ | ✳ Δὰν ✳ | ὁ ἀδελφός μου συνεμάχησέ μοι εἶχόν με ἀνελεῖν. |
| TJud. | 25 | 2 | τὸν Ἰωσὴφ ἡ σκηνὴ τὸν Βενιαμὶν οἱ φωστῆρες τὸν | ✳ Δὰν ✳ | ἡ τρυφὴ τὸν Νεφθαλὶμ ὁ ἥλιος τὸν Γὰδ ἐλαία τὸν Ἀσὴρ |
| TZab. | 4 | 7 | Ῥουβὴμ ἄρτον ἐν τῇ ἡμέρᾳ ἐκείνῃ. προσελθὼν οὖν | ✳ Δὰν ✳ | εἶπεν αὐτῷ μὴ κλαῖε μηδὲ πένθει εὗρον γάρ τί εἴπωμεν |
| TZab. | 4 | 13 | καὶ οὕτως δίδωσιν αὐτὸν καὶ ἐποίησαν καθὼς εἶπεν ὁ | ✳ Δάν. ✳ | καὶ νῦν τέκνα μου ἀναγγελῶ ὑμῖν τοῦ φυλάσσειν τὰς |
| TDan | | | διαθηκη | ✳ Δάν. ✳ | περὶ θυμου καὶ ψευδους. ἀντίγραφον λόγων Δὰν ὧν |
| TDan | 1 | 1 | Δαν. περὶ θυμου καὶ ψευδους. ἀντίγραφον λόγων | ✳ Δὰν ✳ | ὧν εἶπε τοῖς υἱοῖς αὐτοῦ ἐπ' ἐσχάτων τῶν ἡμερῶν |
| TDan | 1 | 2 | καλέσας τὴν πατριὰν αὐτοῦ εἶπεν ἀκούσατε υἱοὶ | ✳ Δὰν ✳ | λόγων μου προσέχετε ῥήμασι στόματος τοῦ πατρὸς ὑμῶν. |
| TDan | 7 | 3 | καὶ Ἰσαὰκ καὶ Ἰακώβ. πλὴν ὡς ἐπροφήτευσεν αὐτοῖς | ✳ Δὰν ✳ | ὅτι ἐπιλάθωνται νόμου θεοῦ αὐτῶν καὶ |
| TAser | 7 | 6 | διὰ τοῦτο διασκορπισθήσεσθε ὡς Γὰδ καὶ ὡς | ✳ Δὰν ✳ | οἱ ἀδελφοί μου οἳ χώρας αὐτῶν ἀγνοήσουσι καὶ φυλὴν |
| Asen. | 24 | 4 | διότι ὑμεῖς ἐστέ ἄνδρες δυνατοί. καὶ εἶπον αὐτῷ | ✳ Δὰν ✳ | καὶ Γὰδ οἱ πρεσβύτεροι ἀδελφοὶ λαλήσατω δὴ ὁ κύριος |
| Asen. | 24 | 8 | περὶ ὑμῶν ὅτι τέκνα παιδισκῶν τοῦ πατρός μού εἰσι | ✳ Δὰν ✳ | καὶ Γὰδ καὶ Νεφθαλὶμ καὶ Ἀσὴρ καὶ οὐκ εἰσιν ἀδελφοὶ |
| Asen. | 24 | 15 | πλὴν τὸ ῥῆμα τοῦτο ποιήσατε. καὶ εἶπον αὐτῷ | ✳ Δὰν ✳ | καὶ Γὰδ ἡμεῖς ἐσμὲν παῖδές σου σήμερον καὶ ποιήσομεν |
| Asen. | 24 | 19 | ἄρχοντας αὐτῶν καὶ ἡγεμόνας. καὶ εἶπον αὐτῷ | ✳ Δὰν ✳ | καὶ Γὰδ ἡμεῖς ἐσμὲν παῖδές σου σήμερον καὶ ποιήσομεν |
| Asen. | 25 | 4 | καὶ ἀπήλθεν ἔμπροσθεν αὐτῶν καθὰ ἐλάλησαν αὐτῷ | ✳ Δὰν ✳ | καὶ Γὰδ. καὶ ἐλάλησαν οἱ ἀδελφοὶ οἱ νεώτεροι |
| Asen. | 25 | 5 | καὶ Ἀσὴρ τοῖς ἀδελφοῖς αὐτῶν τοῖς πρεσβυτέροις τῷ | ✳ Δὰν ✳ | καὶ τῷ Γὰδ λέγοντες ἵνα τί ὑμεῖς πονηρεύεσθε πάλιν |
| Asen. | 25 | 7 | ὠργίσθησαν αὐτοῖς οἱ ἀδελφοὶ αὐτῶν οἱ πρεσβύτεροι | ✳ Δὰν ✳ | καὶ Γὰδ καὶ εἶπον ἀλλ' ὡς γυναῖκες ἀποθανούμεθα; μὴ |
| Asen. | 28 | 8 | ἐμοῦ καὶ ὑμῶν. καὶ ἔφυγον εἰς τὴν ὕλην τοῦ καλάμου | ✳ Δὰν ✳ | καὶ Γὰδ καὶ οἱ ἀδελφοὶ αὐτῶν. καὶ ἰδοὺ οἱ υἱοὶ Λίας |
| Prop. | 3 | 17 | κτισθήσεται. οὗτος ἔκρινεν ἐν Βαβυλῶνι τὴν φυλὴν | ✳ Δὰν ✳ | καὶ τοῦ Γὰδ ὅτι ἠσέβουν εἰς τὸν κύριον διώκοντες |
| HDem. | 9 21 | 5 | ἔτει μηνὶ ὀγδόῳ τεκεῖν υἱὸν ὄνομα | ✳ Δάν. ✳ | ἐν ᾧ καὶ Ῥαχὴλ λαβεῖν ἐν γαστρὶ τῷ αὐτῷ χρόνῳ ᾧ |

## δανείζω — 4

| | | | | | |
|---|---|---|---|---|---|
| FAch. | 122 | | τυποῖ ἑαυτῷ δανείου γραφὴν τοιαύτην τῷ Νεκταναβῷ | ✳ δεδανεισμένα ✳ | παρὰ Λυκούργου χίλια τάλαντα χρυσίου χρόνον |
| FrAn. | 1 217 | 3 | σοφίαν Σολομῶντος εὗρεν εὐθὺς ὁ ἐλεῶν πτωχὸν θεῷ | ✳ δανείζει. ✳ | καὶ εἰς ἑαυτὸν γενόμενος καὶ κατανυγεὶς |
| FrAn. | 1 218 | 1 | τῷ θεῷ διὰ τῆς γραφῆς λέγοντι ὁ ἐλεῶν πτωχὸν θεῷ | ✳ δανείζει. ✳ | ἰδοὺ γὰρ ἐν τῷ νῦν αἰῶνι ἐξεπλήρωσά σοι |
| FrAn. | 1 218 | 3 | τῷ νῦν αἰῶνι ἐξεπλήρωσά σοι πολυπλασίονα ὑπὲρ ὧν | ✳ ἐδάνεισάς ✳ | μοι. καὶ εἰ πιστεύεις λήψῃ καὶ ἐν τῷ μέλλοντι |

## Δανειήλ — 1

| | | | | | |
|---|---|---|---|---|---|
| Hen. | 6 | 7 | οὗτος ἦν ἄρχων αὐτῶν Ἀραθὰκ Κιμβρὰ Σαμμανὴ | ✳ Δανειὴλ ✳ | Ἀρεαρὼς Σεμιὴλ Ἰωμειὴλ Χωχαριὴλ Ἐζεκιὴλ |

## δάνειον — 1

| | | | | | |
|---|---|---|---|---|---|
| FAch. | 122 | | δὲ ὢν ὁ Αἴσωπος καθέζεται καὶ τυποῖ ἑαυτῷ | ✳ δανείου ✳ | γραφὴν τοιαύτην τῷ Νεκταναβῷ δεδανεισμένα παρὰ |

## Δανιήλ — 7

| | | | | | |
|---|---|---|---|---|---|
| Prop. | 3 | 16 | οὗ τὸ τεῖχος καὶ περίτειχος πλατὺ καθὼς εἶπε καὶ ὁ | ✳ Δανιὴλ ✳ | ὅτι κτισθήσεται. οὗτος ἔκρινεν ἐν Βαβυλῶνι τὴν |
| Prop. | 4 | 1 | γὰρ αὐτῷ πάσας τὰς ἡμέρας τῆς ζωῆς αὐτοῦ. | ✳ Δανιήλ. ✳ | οὗτος μὲν ἦν ἐκ φυλῆς Ἰούδα γένους τῶν |
| Prop. | 4 | 12 | πολλοὶ γὰρ ἐξιόντες ἐκ τῆς πόλεως ἑώρων αὐτόν. ὁ | ✳ Δανιὴλ ✳ | μόνος οὐκ ἠθέλησεν αὐτῶν ἰδεῖν ὅτι πάντα τὸν |
| Prop. | 4 | 14 | ὅτι πάλιν ἄνθρωπος γενήσεται καὶ ἠπίστουν αὐτῷ. ὁ | ✳ Δανιὴλ ✳ | τὰ ἑπτὰ ἔτη ἃ εἶπεν ἑπτὰ καιροὺς ἐποίησε γενέσθαι |
| Prop. | 4 | 16 | κρέα ἔφαγεν οὔτε οἶνον ἔπιεν ἐξομολογούμενος ὅτι ὁ | ✳ Δανιὴλ ✳ | αὐτῷ προσέταξεν ἐν ὀσπρίοις βρεκτοῖς καὶ χλόαις |
| Prop. | 12 | 7 | καὶ γενόμενος ἐν Βαβυλῶνι καὶ δοὺς τὸ ἄριστον τῷ | ✳ Δανιὴλ ✳ | ἐπέστη τοῖς θερισταῖς ἐσθίουσι καὶ οὐδενὶ εἶπε τὸ |
| FJub. | 4 | 20 | Ἀσουὴλ πατραδέλφου αὐτοῦ. γυνὴ Ἐνὼχ Εανι θυγάτηρ | ✳ Δανιὴλ ✳ | πατραδέλφου αὐτοῦ. < Ἐνώχ> εἰς τὸν παράδεισον |

## Δανιήλος — 1

| | | | | | |
|---|---|---|---|---|---|
| Aris. | 49 | 4 | ἐνάτης Θεόφιλος Ἄβραμος Ἄρσαμος Ἰάσων Ἐνδεμίας | ✳ Δανιήλος. ✳ | δεκάτης Ἱερεμίας Ἐλεάζαρος Ζαχαρίας Βανέας |

## δανιστής — 2

| | | | | | |
|---|---|---|---|---|---|
| Prop. | 22 | 8 | μ β'. γυνὴ προφήτου τελευτήσαντος ὀχλουμένη ὑπὸ | ✳ δανιστῶν ✳ | καὶ μὴ ἔχουσα ἀποδοῦναι προσῆλθε τῷ Ἐλισαίῳ |
| Prop. | 22 | 10 | ποιήσασα ἐπλήρωσε τὰ ἀγγεῖα καὶ ἀποδέδωκε τοῖς | ✳ δανισταῖς ✳ | καὶ τὸ περισσεῦον ἔσχεν εἰς διατροφὴν τῶν |

## δαπανάω — 3

| | | | | | |
|---|---|---|---|---|---|
| Abr.1 | 6 | 5 | ἡμεῖς τὸν μόσχον παρέθηκας αὐτοῖς τράπεζαν | ✳ δαπανηθέντων ✳ | δὲ τῶν κρεάτων εἰσῆλθεν πάλιν ὁ μόσχος καὶ |
| Aris. | 72 | 2 | μεγέθεσιν οὐδὲν προσθεῖναι ὁ βασιλεὺς ὅσον ἔδει | ✳ δαπανηθῆναι ✳ | κατασκευαζομένων μειζόνων ταῦτα ἀποδέδωκε |
| Aris. | 147 | 7 | πτηνῶν ἥμερα ζῷα τὰ φυόμενα τῶν ὀσπρίων ἐπὶ γῆς | ✳ δαπανᾷ ✳ | καὶ οὐ καταδυναστεύει πρὸς τὴν ἐπανάιρεσιν τῶν |

## δαπάνη — 2

| | | | | | |
|---|---|---|---|---|---|
| Aris. | 85 | 4 | ἔκδηλος ἦν ἡ τῶν χρημάτων γεγονυῖα ἀφειδής | ✳ δαπάνη. ✳ | τοῦ τε καταπετάσματος ἡ διατύπωσις θυρώσει κατὰ |
| Aris. | 205 | 3 | μηδὲν ἀνάξιον τῆς ἀρχῆς μηδὲ ἀσελγὲς πράσσοι μηδὲ | ✳ δαπάνην ✳ | εἰς τὰ κενὰ καὶ μάταια συντελοῖ τοὺς <δὲ> |

## δαπάνησις — 1

| | | | | | |
|---|---|---|---|---|---|
| Aris. | 146 | 4 | περὶ ἑαυτὰ δυνάμει τὰ λοιπὰ καὶ τὴν τροφὴν ἔχοντα | ✳ δαπάνησιν ✳ | τῶν προειρημένων ἡμερῶν μετὰ ἀδικίας οὐ μόνον |

## δάπεδον — 4

| | | | | | |
|---|---|---|---|---|---|
| Sib. | 3 | 453 | σαμίοις ὀλοὸν δ' ἕξουσιν ὄλεθρον+ +αἵματι μὲν | ✳ δάπεδον+ ✳ | κελαρύξεται εἰς ἅλα φωτῶν ὀλλυμένων ἄλοχοι δὲ |
| Sib. | 5 | 93 | τρυφερὸν πόμα--- --- ἥξει γὰρ Πέρσης ἐπὶ σὸν | ✳ +δάπος+ ✳ | ὥστε χάλαζα καὶ σὴν γαῖαν ὀλεῖ καὶ ἀνθρώπους |
| Sib. | 5 | 133 | ὀλεῖ Ταύρων γενεὴν καὶ βάρβαρον ἔθνος +καὶ Λαπίθας | ✳ δάπεδον ✳ | κατὰ γῆν ἐνάρξει. Θεσσαλίην χώρην ἀπολεῖ |
| Sib. | 5 | 377 | κακοῦ πλησθήσεται αὖτις. πῦρ γὰρ ἀπ' οὐρανίων | ✳ δαπέδων ✳ | βρέξει μερόπεσσιν πῦρ καὶ αἷμα ὕδωρ πρηστὴρ |

## Δαρδανίδης — 1

| | | | | | |
|---|---|---|---|---|---|
| Sib. | 3 | 509 | ὡς εἰς δούλιον ἥξεις ἡνίκα σύμμικτοι Γαλάται τοῖς | ✳ Δαρδανίδαισιν ✳ | Ἑλλάδ' ἐπεσσυμένως πορθέοντες +τότε σοι |

## δασμός — 1

| | | | | | |
|---|---|---|---|---|---|
| FPho. | 223 | | πατρὸς ἴσαις τιμαῖσι γέραιρε. γαστρὸς ὀφειλόμενον | ✳ δασμὸν ✳ | παρέχειν θεράποντι. δούλωι τακτὰ νέμοις ἵνα τοι |

## δασμοφόρος — 1

| | | | | | |
|---|---|---|---|---|---|
| Sib. | 3 | 350 | Ἀλεξανδρεῦσιν ἔτος τὸ παρελθὸν ἄμεινον ὁππόσα | ✳ δασμοφόρου ✳ | Ἀσίης ὑπεδέξατο Ῥώμη χρήματά κεν τρὶς τόσσα |

## δασύπους — 1

| | | | | | |
|---|---|---|---|---|---|
| TAser | 2 | 9 | ἐστιν ὅλον δὲ κακόν ἐστιν. οἱ τοιοῦτοι ὡς ὕες εἰσὶ | ✳ δασύποδες ✳ | ὅτι ἐξ ἡμίσεως εἰσὶ καθαροὶ τὸ δὲ ἀληθὲς |

## δασύς — 2

| | | | | | |
|---|---|---|---|---|---|
| Asen. | 22 | 7 | χιὼν καὶ αἱ τρίχες τῆς κεφαλῆς αὐτοῦ ἦσαν ὅλαι | ✳ δασεῖα ✳ | καὶ πυκναὶ σφόδρα <ὡς Αἰθίοπος> καὶ ὁ πώγων |
| LEze. | 9 28 | 2 17 | ἀμφιθετά μοι παρ' ἄκρα ποταμοῦ λάσιον εἰς ἕλος | ✳ δασὺ ✳ | Μαριὰμ δ' ἀδελφή μου κατώπτευεν πέλας. κἄπειτα |

## Δαυίδ — 23

| | | | | | |
|---|---|---|---|---|---|
| Sal. | 17 | 4 | αἰῶνα ἐπὶ τὰ ἔθνη ἐν κρίσει. σὺ κύριε ᾑρετίσω τὸν | ✳ Δαυὶδ ✳ | βασιλέα ἐπὶ Ισραηλ καὶ σὺ ὤμοσας αὐτῷ περὶ τοῦ |
| Sal. | 17 | 6 | βασίλειον ἀντὶ ὕψους αὐτῶν ἠρήμωσαν τὸν θρόνον | ✳ Δαυὶδ ✳ | ἐν ὑπερηφανίᾳ ἀλλάγματος. καὶ σὺ ὁ θεὸς καταβαλεῖς |
| Sal. | 17 | 21 | κύριε καὶ ἀνάστησον αὐτοῖς τὸν βασιλέα αὐτῶν υἱὸν | ✳ Δαυὶδ ✳ | εἰς τὸν καιρὸν ὃν εἴλου σὺ ὁ θεὸς τοῦ βασιλεῦσαι |
| Prop. | 1 | 7 | τὸ πρὸς νότον. Σολομὼν γὰρ ἐποίησε τοὺς τάφους τοῦ | ✳ Δαυὶδ ✳ | διαγράψαντα κατ' ἀνατολὰς τῆς Σιὼν ἥτις ἔχει |
| Prop. | 1 | 9 | ἐπειδὴ ὁ Ἐζεκίας ἔδειξε τοῖς ἔθνεσι τὸ μυστήριον | ✳ Δαυὶδ ✳ | καὶ Σολομῶντος καὶ ἐμίανεν ὀστᾶ τόπου πατέρων |
| Prop. | 15 | 7 | Ἀγγαίου καὶ Ζαχαρίου εἶπεν ὁ πνευματικὸς προφήτης | ✳ Δαυὶδ ✳ | ἐν τοῖς τελευταίοις ψαλμοῖς τουτέστιν αἰνεῖτε τὸν |
| Prop. | 17 | 1 | τοὺς πατέρας αὐτοῦ ἐν ἀγρῷ αὐτοῦ. Ναθὰν προφήτης | ✳ Δαυὶδ ✳ | ἦν ἐκ Γαβὰ καὶ αὐτὸς ἦν ὁ διδάξας αὐτὸν νόμον |
| Prop. | 17 | 1B | ὁ διδάξας αὐτὸν νόμον κυρίου Ναθὰν ὁ προφήτης τοῦ | ✳ Δαυὶδ ✳ | ἐκ φυλῆς ἱερωσύνης ἦν. ἐγεννήθη δὲ ἐν Γαβαῷ καὶ |
| Prop. | 17 | 1B | ἦν. ἐγεννήθη δὲ ἐν Γαβαῷ καὶ αὐτὸς ἐδίδαξε τὸν | ✳ Δαυὶδ ✳ | νόμον κυρίου καὶ εἶδεν ὅτι Δαυὶδ ἐν τῇ Βηρσαβεὲ |
| Prop. | 17 | 2 | αὐτὸς ἐδίδαξε τὸν Δαυὶδ νόμον κυρίου καὶ εἶδεν ὅτι | ✳ Δαυὶδ ✳ | ἐν τῇ Βηρσαβεὲ παραβήσεται καὶ σπεύδοντα ἐλθεῖν |
| Prop. | 17 | 2B | ἐσφαγμένον καὶ γνοὺς ὅτι ἐν Βηρσαβεὲ παραβήσεται ὁ | ✳ Δαυὶδ ✳ | ἔσπευσε τοῦ ἐλθεῖν καὶ ἀναγγεῖλαι αὐτῷ ὥστε |
| Prop. | 17 | 3B | θέλων θάψαι τὸν νεκρὸν καὶ μὴ φθάσας ἐλθεῖν πρὸς | ✳ Δαυὶδ ✳ | τῇ νυκτὶ ἐκείνῃ ἐποίησε τὴν ἀνομίαν. καὶ ὡς ἀνεῖλε |
| Prop. | 17 | 4B | ἄνδρα αὐτῆς ἀπέστειλεν αὐτὸν ὁ θεὸς ἐλέγξαι τὸν | ✳ Δαυὶδ ✳ | ἐπειδὴ γὰρ ἔβλεπεν ὁ θεὸς πενθοῦντα τὸν Ναθὰν |
| Prop. | 23 | 1 | τοῦ θυσιαστηρίου καὶ ἐξέχεεν τὸ αἷμα αὐτοῦ ὁ οἶκος | ✳ Δαυὶδ ✳ | ἀνὰ μέσον ἐπὶ τοῦ Αἰλὰμ καὶ λαβόντες αὐτόν οἱ |
| Sedr. | 14 | 4 | στεναγμοῖς θερμοῖς. οὐκ οἶδας ὅτι ὁ προφήτης μου | ✳ Δαυὶδ ✳ | ἐκ δακρύων καὶ οἱ λοιποὶ οἶδας ὅτι ἐσώθησαν ἐν μιᾷ |
| FJub. | 18 | 13 | ἐκεῖνος δὲ τὸν τόπον τὸν Ἀβραὰμ οἰκοδομῆσαι ἔνθα | ✳ Δαβὶδ ✳ | ὕστερον ἱδρύσατο τὸ ἱερόν. ἐγέννησεν πάλιν Ἀβραὰμ |
| HEup. | 9 30 | 3 | αἱρεθῆναι ἄρξαντα δὲ ἔτη κ α' τελευτῆσαι. εἶτα | ✳ Δαβὶδ ✳ | τὸν τούτου υἱὸν δυναστεῦσαι ὃν καταστρέψασθαι |
| HEup. | 9 30 | 5 | βασιλέα φίλιαν συνθέσθαι. βουλόμενον τε τὸν | ✳ Δαβὶδ ✳ | οἰκοδομῆσαι ἱερὸν τῷ θεῷ ἐξελθόντα εἰς πόλιν |
| HEup. | 9 30 | 7 | ξύλα κυπαρίσσινα καὶ κέδρινα. ἀκούσαντα δὲ τὸν | ✳ Δαβὶδ ✳ | πλοῖα ναυπηγήσασθαι ἐν Ἐλάνοις πόλει τῆς Ἀραβίας |
| HEup. | 9 30 | 8 | μεταλλευτὰς εἰς τὴν Ἰουδαίαν. βασιλεύσαντα δὲ τὸν | ✳ Δαβὶδ ✳ | ἔτη μ' Σολομῶνι τῷ υἱῷ τὴν ἀρχὴν παραδοῦναι ὄντι |
| HEup. | 9 31 | 1 | χαίρειν. γίνωσκέ με παρειληφότα τὴν βασιλείαν παρὰ | ✳ Δαβὶδ ✳ | τοῦ πατρός μου διὰ τοῦ θεοῦ τοῦ μεγίστου <καὶ> |
| HEup. | 9 33 | 1 | χαίρειν. γίνωσκέ με παρειληφότα τὴν βασιλείαν παρὰ | ✳ Δαβὶδ ✳ | τοῦ πατρός μου διὰ τοῦ θεοῦ τοῦ μεγίστου ἐπιτεταχότος |
| HEup. | 9 34 | 2 | Τύριον ἐκ μητρὸς Ἰουδαίας ἐκ τῆς φυλῆς τῆς | ✳ Δαβίδ. ✳ | ὑπὲρ ὧν ἂν αὐτὸν ἐρωτήσῃς τῶν ὑπὸ τὸν οὐρανὸν |

## δάφνη — 1

| | | | | | |
|---|---|---|---|---|---|
| TLevi | 18 | 2B024 | ολδινα καὶ βερωθα +καν+ θεχακ καὶ κυπάρισσον καὶ | ✳ δάφνην ✳ | καὶ μυρσίνην καὶ ἀσφάλαθον. ταῦτα εἴρηκεν ὅτι |

## δαψίλεια — 1

| | | | | | |
|---|---|---|---|---|---|
| Aris. | 107 | 8 | ἔχωσιν. οὗ καὶ γινομένου γεωργεῖται πάντα μετὰ | ✳ δαψιλείας ✳ | πολλῆς ἐν πάσῃ τῇ προειρημένῃ χώρᾳ. τῶν δὲ |

## δαψιλής

| | | | | | |
|---|---|---|---|---|---|
| Hen. | 28 | 3 | ὕδωρ ἄνομβρον ἄνωθεν φερόμενον ὡς ὑδραγωγὸς | ✳ δαψιλὴς ✳ | ὡς πρὸς βορρᾶν ἐπὶ δυσμῶν πάντοθεν ἀνάγει ὕδωρ |
| Prop. | 3 | 11 | οὗτος διὰ προσευχῆς αὐτομάτως αὐτοῖς | ✳ δαψιλῆ ✳ | τροφὴν ἰχθύων παρέσχετο καὶ πολλοῖς ἐκλείπουσι |
| Aris. | 112 | 7 | ἀριθμεῖται παρ' αὐτοῖς. κτήνη τε πολλὰ παμμιγῆ καὶ | ✳ δαψιλὴς ✳ | ἡ τούτων νομή. διὸ καλῶς ἔβλεψαν ὅτι |

Aris. 115 6 τόπους οὐκ ἀπέχουσα τούτων πολύ. ἔχει δὲ πάντα * δαψιλῆ * κάθυγρος οὖσα πάντοθεν ἡ χώρα καὶ μεγάλην
Aris. 303 4 θεραπείαν ἀπελύοντο γίνεσθαι χορηγουμένων αὐτοῖς * δαψιλῶς * ὧν προηροῦντο πάντων. ἐκτὸς δὲ καὶ καθ' ἡμέραν
Aris. 321 5 καὶ εἰς τοιούτους τὸν πλοῦτον κατατίθεσθαι * δαψιλῶς * καὶ οὐκ εἰς μάταια. σὺ δὲ καθὼς ἐπηγγειλάμην
LEze. 9 29 16 07 ἐνταῦθα λειμὼν' εὕρομεν κατάσκιον ὑγράς τε λιβάδας * δαψιλής * χῶρος βαθὺς πηγὰς ἀφύσσων δώδεκ' ἐκ μιᾶς πέτρας
δάω 1
FPho. 158 τῶν ἰδίων μισθῶν φαγέοις ἀνυβρίστως. εἰ δέ τις οὐ * δεδάηκε * τέχνης σκάπτοιτο δικέλλῃ. ἔστι βίωι πᾶν ἔργον
δέ 2426 δέ δ' δε
Δεββώρα 1
Prop. 10 6 κατὰ τὴν ὁδὸν ἔθαψεν αὐτὴν ἐχόμενα τῆς βαλάνου * Δεββώρας. * καὶ γενόμενος υἱὸς Ἰωνᾶς μέγας ἐπέμφθη ὑπὸ
Δεβόρρα 1
TNep. 1 9 ἡ δὲ μήτηρ μού ἐστι Βάλλα θυγάτηρ Ῥωθέου ἀδελφοῦ * Δεβόρρας * τῆς τροφοῦ Ῥεβέκκας ἥτις ἐν μιᾷ ἡμέρᾳ ἐτέχθη
δέησις 16
Adam 29 12 καὶ παῦσαι τοῦ κλαυθμοῦ. ἤκουσε γὰρ ὁ θεὸς τῆς * δεήσεώς * σου ὅτι καὶ ἡμεῖς οἱ ἄγγελοι καὶ πάντα τὰ
Hen. 13 6 ἔγραψα τὸ ὑπόμνημα τῆς ἐρωτήσεως αὐτῶν καὶ τὰς * δεήσεις * περὶ τῶν πνευμάτων αὐτῶν καὶ περὶ ὧν δέονται
Hen. 13 7 Ἑρμωνειείμ δύσεως ἀνεγίνωσκον τὸ ὑπόμνημα τῶν * δεήσεων * αὐτῶν. ὡς ἐκοιμήθην καὶ ἰδοὺ ὄνειροι ἐπ' ἐμὲ
Abr.1 9 6 παρά σου καὶ νῦν δέσποτα κύριε εἰσάκουσον τῆς * δεήσεώς * μου ἔτι ἐν τούτῳ ⟨τῷ σώματι ὢν⟩ θέλω ἰδεῖν πᾶσαν
Abr.1 14 6 ὁ ἀρχιστράτηγος εἶπεν ἀμὴν γένοιτο. καὶ ἐποίησαν * δέησιν * καὶ εὐχὴν πρὸς τὸν θεὸν ὑπὲρ τῆς ψυχῆς ⟨καὶ
Abr.1 14 10 ἀρχιστράτηγον δέομαί σου ἀρχάγγελε εἰσάκουσον τῆς * δεήσεώς * μου καὶ παρακαλέσωμεν ἔτι τὸν κύριον καὶ
Abr.1 14 13 εἰσήκουσεν αὐτοῦ ὁ ἀρχιστράτηγος καὶ ἐποίησαν * δέησιν * ἐνώπιον κυρίου τοῦ θεοῦ ἐπὶ πολλὴν δὲ ὥραν
Abr.1 14 14 τοῦ οὐρανοῦ Ἀβραάμ Ἀβραὰμ εἰσήκουσε κύριος τῆς * δεήσεώς * σου καὶ ἀφίεταί σοι ἡ ἁμαρτία καὶ οὓς ποτε
TSim. 2 2 μήτηρ μου ἐκάλεσέ με Συμεῶνα ὅτι ἤκουσε κύριος τῆς * δεήσεως * αὐτῆς. δυνατὸς ἐγενόμην σφόδρα οὐκ ἐδειλίασα
Asen. 11 11 αὐτῷ πάσας τὰς ἁμαρτίας μου καὶ ἐκχέω τὴν * δέησίν * μου ἐνώπιον αὐτοῦ. τίς οἶδεν εἰ ὄψεται τὴν
Asen. 12 3 κύριε καὶ πρὸς σὲ κεκράξομαι κύριε σοὶ προσχέω τὴν * δέησίν * μου σοὶ ἐξομολογήσομαι τὰς ἁμαρτίας μου καὶ πρὸς
Asen. 12 6 ἀνθρώπων. σοὶ προσφεύγω κύριε καὶ σοὶ προσφέρω τὴν * δέησίν * μου καὶ πρὸς σὲ κεκράξομαι. ῥῦσαί με πρὶν
Sal. 5 5 σε εἰς βοήθειαν καὶ σὺ οὐκ ἀποστρέψῃ τὴν * δέησιν * ἡμῶν ὅτι σὺ ὁ θεὸς ἡμῶν εἶ. μὴ βαρύνῃς τὴν χεῖρά
Sal. 18 2 καὶ οὐχ ὑστερήσει ἐξ αὐτῶν τὰ ὦτά σου ἐπακούει εἰς * δέησιν * πτωχοῦ ἐν ἐλπίδι. τὰ κρίματά σου ἐπὶ πᾶσαν τὴν
Bar. 1 5 ἀναγγελῶ καὶ ὑποδείξω σοι πάντα τοῦ θεοῦ. ἡ γὰρ * δέησίς * σου ἠκούσθη ἐνώπιον αὐτοῦ καὶ εἰσῆλθεν εἰς τὰ ὦτα
Bar. 11 4 κατέρχεται ὁ ἀρχιστράτηγος Μιχαὴλ ἵνα δέξηται τὰς * δεήσεις * τῶν ἀνθρώπων. καὶ ἰδοὺ ἦλθεν φωνὴ ἀνοιγήτωσαν αἱ
δείδω 7
Abr.1 9 5 φρίττει καὶ τρέμει ἀπὸ προσώπου δυνάμεώς σου κἀγὼ * δέδοικα * ἀλλὰ μίαν αἴτησιν αἰτοῦμαι παρά σου καὶ νῦν
Asen. 26 1 εἴρηκας εἰς τὸν ἀγρὸν τῆς κληρονομίας ἡμῶν. καὶ * δέδοικεν * ἡ ψυχή μου ὅτι οὐ χωρίζῃ ἀπ' ἐμοῦ. καὶ εἶπεν
Prop. 3 9 συνεστρέφοντο. καὶ ποτε πλήθους συνόντος αὐτῷ * ἔδεισαν * οἱ Χαλδαῖοι μὴ ἀντάρωσι καὶ ἐπῆλθον αὐτοῖς εἰς
Sib. 5 524 κατὰ ζωστῆρα Λέοντος Καρκῖνος οὐκ ἐνέμεινεν * ἔδεισε * γὰρ Ὠρίωνα Σκορπίος +οὐρὰν ἐπῆλθε+ διὰ δεινοῖο
HArt. 9 27 21 τινὸς ξυλείας οὔσης ἐν τῷ τόπῳ. τὸν δὲ Μώϋσον * δείσαντα * τὸ γεγονὸς φεύγειν φωνὴν δ' αὐτῷ θείαν εἰπεῖν
HCal. 24 32 παντὶ τῷ πλήθει αὐτῶν. τούτους δὲ Ἀλέξανδρος ἰδὼν * ἐδεδίει * τοῦ σχήματος καὶ τούτους μηκέτι προσεγγίσαι αὐτῷ
LEze. 9 28 3 22 μὴ κτενεῖς σύ με ὥσπερ τὸν ἐχθὲς ἄνδρα; καὶ * δείσας * ἐγὼ ἔλεξα πῶς ἐγένετο συμφανὲς τόδε; καὶ πάντα
δείκνυμι 79
Adam 21 1 Ἀδὰμ Ἀδὰμ ποῦ εἶ; ἀνάστα ἐλθὲ πρός με καὶ * δείξω * σοι μέγα μυστήριον. ὅτε δὲ ἦλθεν ὁ πατὴρ ὑμῶν
Hen. 1 2 ἣν ἔχων τὴν ὅρασιν τοῦ ἁγίου (καὶ) τοῦ οὐρανοῦ. * ἔδειξέν * μοι καὶ ἀπὸ λόγων ἁγίων ἤκουσα ἐγὼ καὶ ὡς ἤκουσα
Hen. 8B 1 αὐτὰ κόσμια ταῖς γυναιξὶ καὶ τὸν ἄργυρον. * ἔδειξε * δὲ αὐτοῖς καὶ τὸ στίλβειν καὶ τὸ καλλωπίζειν καὶ
Hen. 13 2 σε καὶ ἀνοχὴ καὶ ἐρώτησίς σοι οὐκ ἔσται περὶ ὧν * ἔδειξας * ἀδικημάτων καὶ περὶ πάντων τῶν ἔργων τῶν
Hen. 14 4 ὑμῶν τῶν ἀγγέλων ἔγραψα καὶ ἐν τῇ ὁράσει μου τοῦτο * ἐδείχθη * καὶ οὔτε ἡ ἐρώτησις ὑμῶν παρεδέχθη ἵνα μηκέτι
Hen. 14 8 τῆς γραφῆς ἧς ἔγραψα. καὶ ἐμοὶ ἐφ' ὁράσει οὕτως * ἐδείχθη * ἰδοὺ νεφέλαι ἐν τῇ ὁράσει ἐκάλουν καὶ ὁμίχλαι με
Hen. 22 1 κἀκεῖθεν ἐφώδευσα εἰς ἄλλον τόπον καὶ * ἔδειξέν * μοι πρὸς δυσμὰς ἄλλο ὄρος μέγα καὶ ὑψηλὸν πέτρας
Hen. 24 1 ἐστιν πάντας τοὺς φωστῆρας τοῦ οὐρανοῦ. καὶ * ἔδειξέν * μοι ὄρη πυρὸς καιόμενα νυκτός. καὶ ἐπέκεινα
Abr.1 15 12 εἶπεν πρός σε καὶ τὰς αἰτήσεις αὐτοῦ ἐπλήρωσα καὶ * ἔδειξα * αὐτῷ τὴν δυναστείαν σου καὶ πᾶσαν τὴν ὑπ' οὐρανὸν
Abr.1 15 12 κρίσιν καὶ ἀνταπόδοσιν διὰ νεφέλης καὶ ἁρμάτων * ἔδειξα * αὐτῷ καὶ πάλιν λέγει οὐκ ἀκολουθῶ σε. καὶ ὁ
Abr.1 17 15 φοβεροῦ καὶ πρόσωπον κεράστου καὶ βασιλίσκου * ἔδειξεν * δὲ καὶ πρόσωπον ῥομφαίας πύρινον καὶ πρόσωπον
Abr.1 17 16 φοβερῶς ἐξαστράπτον καὶ ἦχον βροντῆς φοβερᾶς * ἔδειξεν * δὲ καὶ ἕτερον πρόσωπον θαλάσσης ἀγρίας
Abr.1 17 17 καὶ ποτήρια μεμεστωμένα φαρμάκων καὶ ἁπλῶς εἰπεῖν * ἔδειξεν * αὐτὸν πολλὴν ἀγριότητα καὶ πικρίαν ἀβάστακτον
Abr.1 19 7 πένητας δούλους καὶ ἐλευθέρους καὶ διὰ τοῦτό σοι * ἔδειξα * τὰς ἑπτὰ κεφαλὰς τῶν δρακόντων τὸ δὲ πρόσωπον τοῦ
Abr.1 19 8 κεφαλὰς τῶν δρακόντων τὸ δὲ πρόσωπον τοῦ πυρὸς * ἔδειξά * σοι ὅτι πολλοὶ ὑπὸ πυρὸς καιόμενοι τελευτῶσιν καὶ
Abr.1 19 9 θάνατον βλέπουσιν τὸ δὲ πρόσωπον τοῦ κρημνοῦ * ἔδειξά * σοι διότι πολλοὶ ἀπὸ ὕψους δένδρων ⟨ἢ⟩ κρημνοῦ
Abr.1 19 10 θεωροῦσιν τὸν θάνατον τὸ δὲ πρόσωπον τῆς ῥομφαίας * ἔδειξά * σοι διότι πολλοὶ ἐν πολέμοις ὑπὸ ῥομφαίας
Abr.1 19 11 τὸ δὲ πρόσωπον τοῦ μεγάλου ποταμοῦ τοῦ κοχλάζοντος * ἔδειξά * σοι διότι πολλοὶ ὑπὸ ἐμβάσεως ὑδάτων πολλῶν
Abr.1 19 12 δὲ πρόσωπον τῆς θαλάσσης τῆς ἀγρίας κυματιζούσης * ἔδειξά * σοι διότι πολλοὶ ἐν θαλάσσῃ κλυδωνίῳ μεγάλῃ
Abr.1 19 13 δὲ βροντῆς τῆς ἀνυποφόρου καὶ τῆς φοβερᾶς ἀστραπῆς * ἔδειξά * σοι διότι πολλοὶ τῶν ἀνθρώπων ἐν ὥρᾳ θυμοῦ
Abr.1 19 14 ἀνάρπαστοι γίνονται καὶ οὕτω τὸν θάνατον βλέπουσιν * ἔδειξά * σοι καὶ θηρία ἰοβόλα ἀσπίδας καὶ βασιλίσκους⟩ καὶ
Abr.1 19 14 ἔχιδνας καὶ ἁπλῶς εἰπεῖν παντὸς θηρίου πρόσωπον * ἔδειξά * σοι δικαιότατε διότι πολλοὶ τῶν ἀνθρώπων ὑπὸ
Abr.1 19 16 ἰοβόλων καὶ ἐχίδνης ἀποφυσούμενοι ἐκλείπουσιν * ἔδειξά * σοι δὲ καὶ ποτήρια δηλητήρια φάρμακα μεμεστωμένα
Abr.2 2 8 τῶν συγγενῶν σου καὶ ἐλθὲ εἰς τὴν γῆν ἣν ἄν σοι * δείξω. * ἤκουσα δὲ αὐτοῦ καὶ ἦλθον εἰς τὴν γῆν ἣν εἶπέν
Abr.2 13 14 οὐδείς ἐστιν σαπρότερός μου. λέγει αὐτῷ Ἀβραὰμ * δεῖξόν * μοι τίς εἶ. εἶπεν δὲ ὁ θάνατος ἐγώ εἰμι τὸ
Abr.2 14 1 καὶ ταράσσω αὐτὸν σφόδρα. καὶ εἶπεν αὐτῷ Ἀβραὰμ * δεῖξόν * μοι καὶ τὴν σαπρότητά σου. καὶ ἦρεν ὁ θάνατος τὴν
TRub. 4 4 κύριον ἵνα παρέλθῃ ἀπ' ἐμοῦ ἡ ὀργὴ κυρίου καθὼς * ἔδειξέ * μοι κύριος. ἀπὸ τότε μετανοῶν παρεφυλαξάμην καὶ
TLevi 2 3B008 καὶ πορνείαν καὶ ὕβριν ἀπόστρεψον ἀπ' ἐμοῦ. * δειχθήτω * μοι δέσποτα τὸ πνεῦμα τὸ ἅγιον καὶ βουλὴν καὶ
TLevi 9 6 με συνεχῶς τοῦ ὑπομνῆσαί με νόμον κυρίου καθὼς * ἔδειξέ * μοι ὁ ἄγγελος τοῦ θεοῦ. καὶ ἐδίδασκέ με νόμον
TJud. 13 4 πατρί μου καὶ οὕτως λήψομαι τὴν θυγατέρα σου. καὶ * ἔδειξέ * μοι ἐπ' ὀνόματι τῆς θυγατρὸς αὐτοῦ χρυσοῦ πλῆθος
TJud. 15 5 ἕως γήρως καὶ πᾶσαν εὐφροσύνην οὐκ εἶδον. καὶ * ἔδειξέ * μοι ὁ ἄγγελος τοῦ θεοῦ ὅτι ἕως τοῦ αἰῶνος καὶ
TGad 2 3 χρυσῶν καὶ τὰ δέκα ἀποκρύψαντες τὰ εἴκοσι * ἐδείξαμεν * τοῖς ἀδελφοῖς ἡμῶν. καὶ οὕτως τῇ πλεονεξίᾳ
TAser 6 4 καὶ ἐν αὐτῷ καταπαύοντες. ὅτι τὰ τέλη τῶν ἀνθρώπων * δεικνυσι * τὴν δικαιοσύνην αὐτῶν γνωρίζοντες τοὺς ἀγγέλους
Asen. 23 6 ἅμα ταῦτα λέγων ἐγύμνωσε τὴν ῥομφαίαν αὐτοῦ καὶ * ἔδειξεν * αὐτοῖς. ὡς δὲ ἤκουσαν τὰ ῥήματα ταῦτα οἱ ἄνδρες
Sal. 2 26 τοῦ δράκοντος ἐν ἀτιμίᾳ. καὶ οὐκ ἐχρόνισα ἕως * ἔδειξέν * μοι ὁ θεὸς τὴν ὕβριν αὐτοῦ ἐκκεκεντημένον ἐπὶ
Sal. 8 25 πᾶσαν τὴν γῆν ἐν δικαιοσύνῃ αὐτοῦ. ἰδοὺ δὴ ὁ θεὸς * ἔδειξας * ἡμῖν τὸ κρίμα σου ἐν τῇ δικαιοσύνῃ σου εἴδοσαν
Jer. 1 10 ὥραν τῆς νυκτὸς ἔλθετε ἐπὶ τὰ τείχη τῆς πόλεως καὶ * δείξω * ὑμῖν ὅτι ἐὰν μή τι ἐγὼ πρῶτος ἀφανίσω τὴν πόλιν οὐ
Jer. 3 9 ἐλάλησε δὲ Ἱερεμίας λέγων παρακαλῶ σε κύριε * δεῖξόν * μοι τί ποιήσω Ἀβιμέλεχ τῷ Αἰθίοπι ὅτι πολλὰς
Jer. 7 4 ἐκ τῆς γὰρ αὐγῆς τῶν ὀφθαλμῶν σου δῆλόν ἐστι * δεῖξόν * μοι οὖν τί ποιεῖς ἐνταῦθα; καὶ εἶπεν αὐτῷ ὁ ἀετὸς
Bar. 2 2 καὶ λαβών με ἤγαγέν με ἐπὶ τὸν πρῶτον οὐρανὸν καὶ * ἔδειξέ * μοι θύραν πανμεγέθη. καὶ εἶπέν μοι εἰσέλθωμεν δι'
Bar. 2 7 σοι μείζονα μυστήρια. εἶπον δὲ ἐγὼ δέομαί σου * δεῖξόν * μοι τί εἰσιν οἱ ἄνθρωποι οὗτοι; καὶ εἶπέν μοι
Bar. 3 3 ὡσεὶ πορείας ὁδοῦ ἡμερῶν ἑξήκοντα. καὶ * ἔδειξέν * μοι κἀκεῖ πεδίον καὶ ἦν πλῆρες ἀνθρώπων ἡ δὲ
Bar. 4 1 εἶπον ἐγὼ Βαροὺχ ἰδοὺ κύριε μεγάλα καὶ θαυμαστὰ * ἔδειξάς * μοι καὶ νῦν δεῖξόν μοι πάντα διὰ τὸν κύριον. καὶ
Bar. 4 1 ἰδοὺ κύριε μεγάλα καὶ θαυμαστὰ ἔδειξάς μοι καὶ νῦν * δεῖξόν * μοι πάντα διὰ τὸν κύριον. καὶ εἶπέν μοι ἄγγελος
Bar. 4 3 ὡσεὶ πορείας ἡμερῶν ἑκατὸν ὀγδοήκοντα πέντε. καὶ * ἔδειξέν * μοι πεδίον καὶ ὄφιν ὡς ὁράσεως πέτρας. καὶ
Bar. 4 3 ἔδειξέν μοι πεδίον καὶ ὄφιν ὡς ὁράσεως πέτρας. καὶ * ἔδειξέν * μοι τὸν Ἅιδην καὶ ἦν ἡ εἰδέα αὐτοῦ ζοφώδης καὶ
Bar. 4 8 οὐκ ἐκλείπει ἡ θάλασσα. καὶ εἶπον ἐγὼ δέομαί σου * δεῖξόν * μοι τί τὸ ξύλον τὸ πλανῆσαν τὸν Ἀδάμ; καὶ εἶπεν
Bar. 5 3 τοσαύτη ἐστὶν ἡ κοιλία αὐτοῦ. ἐλθὲ οὖν ὅπως * δείξω * σοι καὶ μείζονα τούτων ἔργα. καὶ λαβών με ἤγαγέν
Bar. 6 2 λαβών με ἤγαγέν με ὅπου ὁ ἥλιος ἐκπορεύεται. καὶ * ἔδειξέ * μοι ἅρμα τετραέλαστον ὃ ἦν ὑπόπυρον. καὶ ἐπὶ τοῦ
Bar. 7 2 καὶ εἶπέν μοι ὁ ἄγγελος ἄκουσον Βαροὺχ πάντα ὅσα * ἔδειξά * σοι ἐν τῷ πρώτῳ καὶ δευτέρῳ οὐρανῷ εἰσὶν καὶ ἐν
Bar. 9 2 καὶ μετὰ τῶν ἀστέρων. καὶ εἶπον ἐγὼ Βαροὺχ κύριε * δεῖξόν * μοι καὶ ταύτην παρακαλῶ πῶς ἐξέρχεται; καὶ ποῦ
Prop. 1 4 οὐ. διὸ ἕως σήμερον αἰφνιδίως ἐξέρχεται ἵνα * δειχθῇ * τὸ μυστήριον. καὶ ἐπειδὴ διὰ τοῦ Ἠσαΐου τοῦτο
Prop. 1 9 ἐξ Αἰθιοπίας καὶ τὰ ἀρώματα. καὶ ἐπειδὴ ὁ Ἐζεκίας * ἔδειξε * τοῖς ἔθνεσι τὸ μυστήριον Δαυὶδ καὶ Σολομῶντος καὶ
Prop. 3 14 καὶ ὧδε καὶ ἐπὶ τοῦ μέλλοντος. οὗτος ἐκεῖ ὢν * ἐδείκνυ * τῷ λαῷ Ἰσραὴλ τὰ ἐν Ἱερουσαλὴμ καὶ ἐν τῷ ναῷ
Prop. 10 5 ἤγειρεν ἐκ νεκρῶν ὁ θεὸς διὰ τοῦ Ἠλία ἠθέλησε γὰρ * δεῖξαι * αὐτῷ ὅτι οὐ δύναται ἀποδρᾶσαι θεόν. καὶ θανόντα
Prop. 10 6B τῆς μεγάλης πόλεως Ἀσσυρίων ἠθέλησε γὰρ ὁ θεὸς * δεῖξαι * αὐτῷ ὅτι οὐ δύναται ἀποδρᾶσαι θεόν. καὶ
Esdr. 2 27 σου τὰ Χερουβὶμ καὶ ἔλθωμεν ὁμοῦ εἰς κρίσιν καὶ * δεῖξόν * μοι τὴν ἡμέραν τῆς κρίσεως ποία ἐστίν. καὶ εἶπεν
Job 24 9 πράττειν+ δὸς τὸ ἀργύριον καὶ λήψει. καὶ ἐμὲ δὲ * δεῖξαι * τὴν ἀπορίαν ἡμῶν αὐτῷ καὶ ἀκοῦσαι παρ' αὐτοῦ εἰ
Job 26 6 σου, ὅπως καὶ ἐμὲ ἀπατήσῃ; βούλεται γάρ σε * δεῖξαι * ὥσπερ μίαν τῶν ἀφρόνων γυναικῶν τῶν πλανησάντων
Job 27 1 ἔμπροσθεν, παῦσαι κρυπτόμενος μὴ ὁ λέων τὴν ἰσχὺν * δείκνυσιν * ἐν γαλεάγρᾳ; μὴ τὸ πετεινὸν ἀνίπταται τυγχάνων
Job 37 8 καὶ πάλιν λέγω σοι, εἰ ἐν τῷ καθεστηκότι ὑπάρχεις, * δεῖξον, * εἰ ἔστιν σοι φρόνησις, διὰ τί ἥλιον μὲν ὁρῶμεν
Job 41 3 Ἐλιου λέγοντος μείνατέ με, ἕως καὶ τὸ περὶ τούτου * δείξω * αὐτῷ, ὅτι τοσαύτας ἡμέρας ἐποιήσατε ἀνεχόμενοι τοῦ
Aris. 133 2 ταῦτ' οὖν ἐξεργαζόμενος ἀκριβῶς καὶ πρόδηλα * δείξας * ὅτι κἂν ἐννοηθῇ τις κακίαν ἐπιτελεῖν οὐκ ἂν
Aris. 134 1 ποιησάμενος οὖν τὴν καταρχὴν ταύτην καὶ * δείξας ὅτι πάντες οἱ λοιποὶ παρ' ἡμᾶς ἄνθρωποι πολλοὺς
Aris. 161 1 θεία τίς ἐστι καὶ ἀκατάληπτος τούτων ἡ μετάθεσις. * δέδεικται * δέ σοι καὶ τὸ περισσὸν τῆς εὐλογίας τῆς κατὰ
Aris. 285 2 τις. πολλάκις γὰρ καὶ ἐκ τῶν ἐλαχίστων αἱρετόν τι * δείκνυται. * σὺ δὲ πᾶσαν ἠσκηκὼς κατασταλὴν διὰ τῶν

| Sib. | 5 | 37 | ἥξει μέγας ἀνδρῶν ἑπτάκις ὃς δεκάτην κεραίην | * δείκνυσι * | πρόδηλον. τοῦ δὲ τριηκοσίης κεραίης ὅ,τι πρῶτον |
| FMan. | 2 22 | 14 | γῆς ὅτι σὺ εἶ ὁ θεὸς τῶν μετανοούντων καὶ ἐν ἐμοὶ | * δείξεις * | τὴν ἀγαθωσύνην σου ὅτι ἀνάξιον ὄντα σώσεις με |
| FAch. | 107 | | τοῦ βασιλέως ἠθέλησεν τὸ ἑαυτοῦ ἁμάρτημα εὔκαιρον | * <δεῖξαι> * | καὶ φησιν δέσποτα βασιλεῦ ἢ σήμερον ἐσχάτη |
| FAch. | 116 | | πύργον· ὃ δὲ λέγει ἕτοιμοι εἰσιν ἐπὰν σὺ τὸν τόπον | * δείξῃς. * | ὃ δὲ βασιλεὺς θαυμάσας ἔξω τῆς πόλεως ἀφίκετο |
| FPho. | 101 | | μὴ τύμβον φθιμένων ἀνορύξῃς μηδ' ἀθέατα | * δείξῃις * | ἠελίωι καὶ δαιμόνιον χόλον ὄρσηις. οὐ καλὸν |
| IOrp. | 19 | | αὐτὸν πρίν δή ποτε δεῦρ' ἐπὶ γαῖαν τέκνον ἐμὸν | * δείξω * | σοι ὁπηνίκα δέρκομαι αὐτοῦ ἴχνια καὶ χεῖρα |
| HEup. | 9 30 | 5 | ἱερὸν τῷ θεῷ ἀξιοῦν τὸν θεὸν τόπον αὐτῷ | * δεῖξαι * | τοῦ θυσιαστηρίου. ἔνθα δὴ ἄγγελος αὐτῷ ὀφθῆναι |
| HHec. | 1 22 | 203 | ἐπισχεῖν ἀξιοῦντος ἠρώτησε διά τι προσμένουσι. | * δείξαντος * | δὲ τοῦ μάντεως αὐτῷ τὸν ὄρνιθα καὶ φήσαντος |
| LPhi. | 9 37 | 2 | στρωφᾶται καὶ ξηρὰ πέδῳ κεκονιμένα κρήνης τηλεφαῆ | * δείκνυσιν * | ὑπέρτατα θάμβεα λαῶν. αἰπὺ δ' ἄρ' ἐκπτύουσι |
| LAri. | 8 10 | 15 | πάντα θαυμάσιον ὑπάρχουσαν διὰ τὸ πάντ' ἀναλίσκειν | * ἔδειξε * | φλεγομένην ἀνυποστάτως μηδὲν δ' ἐξαναλίσκουσαν εἰ |
| LAri. | 8 10 | 17 | κατασκευῆς ὀργάνων γίνεσθαι τὸν δὲ θεὸν ἄνευ τινὸς | * δεικνύναι * | τὴν ἑαυτοῦ διὰ πάντων μεγαλειότητα. φανερὸν |
| LAri. | 13 12 | 7 | γυρῶσαι καὶ σπέρματα πάντα βαλέσθαι. σαφῶς οἶμαι | * δεδεῖχθαι * | διότι διὰ πάντων ἐστὶν ἡ δύναμις τοῦ θεοῦ. |
| FrAn. | 1 217 | 14 | ἀπῆλθεν εἰς Ἱερουσαλὴμ τὸν λίθον ἐπιφερόμενος καὶ | * δείξας * | αὐτὸν χρυσοχόῳ παραχρῆμα τὸν λίθον ἐκεῖνος ἰδὼν |

**δεικνύω** 1

| Abr.1 | 6 | 8 | καὶ ἠσπάζετο ταῦτα <καὶ εἶπε> δόξα τῷ θεῷ τῷ | * δεικνύοντι * | ἡμῖν θαυμάσια καὶ νῦν γίνωσκε κύριέ μου |

**δείλαιος**

| Sib. | 3 | 55 | ὁπόταν οὐρανόθεν πύρινος ῥεύσῃ καταράκτης. οἴμοι | * δειλαίη * | πότ' ἐλεύσεται ἦμαρ ἐκεῖνο καὶ κρίσις ἀθανάτοιο |

**δείλη** 2

| Asen. | 10 | 16 | πάλιν Ἀσενὲθ ἐπὶ πρόσωπον ἐπὶ τῆς τέφρας ἕως | * δείλης * | καὶ μέχρι τοῦ δῦναι τὸν ἥλιον. καὶ οὕτως ἐποίησεν |
| Prop. | 21 | 11 | κυρίου. κόρακες ἔφερον αὐτῷ ἄρτους τὸ πρωΐ | * δείλης * | δὲ κρέα τῇ μηλωτῇ ἐπάταξε τὸν Ἰορδάνην καὶ |

**δειλία** 1

| Abr.1 | 16 | 3 | ἀκούσας δὲ ὁ θάνατος ἔφριξεν καὶ ἐτρόμαξεν καὶ | * δειλίᾳ * | πολὺ συνεχόμενος <καὶ ἐλθὼν μετὰ φόβου πολλοῦ |

**δειλιάω** 4

| TSim. | 2 | 3 | τῆς δεήσεως αὐτῆς. δυνατὸς ἐγενόμην σφόδρα οὐκ | * ἐδειλίασα * | πρᾶξιν οὐδὲ ἐφοβήθην ἀπὸ παντὸς πράγματος. ἡ |
| TJos. | 2 | 5 | ἄνθρωπος ἐπαισχύνεται ὁ θεὸς οὐδὲ ὡς υἱὸς ἀνθρώπου | * δειλιᾷ * | οὐδὲ ὡς γηγενὴς ἀσθενεῖ ἢ ἀπωθεῖται ἐπὶ πᾶσι δὲ |
| Prop. | 21 | 3 | ἐν Ἱερουσαλὴμ καὶ εἶπεν αὐτῷ ὁ χρησμὸς μὴ | * δειλιάσῃς * | ἔσται γὰρ ἡ οἴκησις αὐτοῦ φῶς καὶ ὁ λόγος |
| LEze. | 9 29 16 | 25 | ὡς ἦν νοῆσαι πάντα γὰρ τὰ πτήν' ὁμοῦ ὄπισθεν αὐτοῦ | * δειλιῶντ' * | ἐπέσσυτο αὐτὸς δὲ πρόσθεν ταῦρος ὣς |

**δειλός** 10

| Sib. | 3 | 631 | τίμα καὶ μηδένα θλῖβε. ταῦτα γὰρ ἀθάνατος κέλεται | * δειλοῖσι * | βροτοῖσιν. ἀλλὰ σὺ τοῦ μεγάλοιο θεοῦ μήνιμα |
| Sib. | 3 | 662 | ἐπαμύνοντες κακὰ θυμῷ+ ὁ φθόνος οὐκ ἀγαθὸν πέλεται | * δειλοῖσι * | βροτοῖσιν. ἀλλὰ πάλιν βασιλῆες ἐθνῶν ἐπὶ τήνδε |
| Sib. | 3 | 759 | ἐν οὐρανῷ ἀστερόεντι ἀθάνατος ὅσα πέπρακται | * δειλοῖσι * | βροτοῖσιν. αὐτὸς γὰρ μόνος ἐστὶ θεὸς κοὐκ ἔστιν |
| Sib. | 4 | 79 | δὲ ταμὼν ὄρος ὑψικάρηνον ὃν φυγάδ' ἐκ πολέμοιο | * δειλή * | ὑποδέξεται Ἀσίς. Σικελίην δὲ τάλαιναν ἐπιφλέξει |
| Sib. | 5 | 64 | οὐρανόθεν φωνῇ μεγάλῃ μεγαλόσθενε Μέμφι ἢ τὸ πάλαι | * δειλοῖσι * | βροτοῖς αὐχοῦσα μέγιστα κλαύσεαι ἀργαλέη καὶ |
| Sib. | 5 | 103 | ὅλον βίον ἐξαλαπάξει ὅστε μένειν μοῖραν τριτάτην | * δειλοῖσι * | βροτοῖσιν. αὐτὸς δ' ἐκ δυσμῶν εἰσπήσεται |
| Sib. | 5 | 111 | ἔσται ὑπ' ἀφθίτου ἀνθρώποισι. αἰαῖ σοι κραδίη | * δειλή * | τί με ταῦτ' ἐρεθίζεις δηλοῦν Αἰγύπτῳ πολυκοιρανίην |
| Sib. | 5 | 429 | δύσιές τε θεοῦ κλέος ἐξύμνησαν. οὐκέτι γὰρ πέλεται | * +δειλοῖσι * | βροτοῖσιν δεινὰ+ οὐδὲ γαμοκλοπίαι καὶ παίδων |
| Sib. | 5 | 476 | τ' ἀριθμὸν μέτρου τε γυναικῶν. μυρία δ' οἰμώξει | * δειλή * | γενεὴ κατὰ τέρμα ἠελίου δύνοντος ἵν' ἔμπαλι μηκέτ' |
| FAch. | 106 | | μήτε οὐρανοῦ μήτε γῆς ἁπτόμενος. ἕτερος δέ τις | * δειλὸς * | λέγει ἀποκρινόμενος κύριε βασιλεῦ ἡμεῖς θέλομεν |

**δεῖμα** 1

| Sib. | 5 | 225 | βασιλῆος ἀνάγνου. πᾶσι γὰρ ἀνθρώποισι φόνος καὶ | * δείματα * | κεῖται εἵνεκα τῆς μεγάλης πόλεως λαοῦ τε δικαίου |

**δεῖνα** 1

| FrAn. | 574 | 3013 | φερσωθι αεηιουω ιωη εωχαριφθα Ἔξελθε ἀπὸ τοῦ | * δεῖνα * | κοινὰ τὸ δὲ φυλακτήριον ἐπὶ λαμνίῳ κασσιτερίνῳ |

**δεινός** 31

| Hen. | 21 | 8 | οὐδὲ εἰκάσαι. τότε εἶπον ὡς φοβερὸς ὁ τόπος καὶ ὡς | * δεινὸς * | τῇ ὁράσει. τότε ἀπεκρίθη μοι ὁ εἷς τῶν ἁγίων |
| Hen. | 21 | 9 | περὶ τούτου τοῦ φοβεροῦ καὶ περὶ τῆς προσόψεως τῆς | * δεινῆς. * | καὶ εἶπεν οὗτος ὁ τόπος δεσμωτήριον ἀγγέλων ὧδε |
| Sal. | 13 | 6 | αὐτοῦ μήποτε συμπαραληφθῇ μετὰ τῶν ἁμαρτωλῶν ὅτι | * δεινὴ * | ἡ καταστροφὴ τοῦ ἁμαρτωλοῦ καὶ οὐχ ἅψεται δικαίου |
| Esdr. | 5 | 4 | τὰ νήπια ἐν τοῖς ποταμοῖς ἔρριψεν. καὶ ἴδον σκότος | * δεινὸν * | καὶ νύκταν οὐκ ἔχουσαν ἄστρα οὐδὲ σελήνην οὐδὲ |
| Sib. | 3 | 42 | πλουτῶν καὶ ἔχων ἄλλῳ μεταδώσει ἀλλ' ἔσται κακίη | * δεινὴ * | πάντεσσι βροτοῖσιν πίστιν δ' οὐ σχήσουσιν ὅλως |
| Sib. | 3 | 119 | γήρως καὶ ῥ' ἔθανεν καὶ παῖδες ὑπερβασίην ὅρκοισιν | * δεινῷ * | ποιήσαντες ἐπ' ἀλλήλους ἔριν ὦρσαν ὃς πᾶσιν |
| Sib. | 3 | 315 | μακρόν. ἥξει σοι πληγὴ μεγάλη Αἴγυπτε πρὸς οἴκους | * δεινὴ * | ἣν οὔπω ποτ' ἐπήλπισας ἐρχομένην σοι. ρομφαία γὰρ |
| Sib. | 3 | 326 | ἐς ἦμαρ. ἥξετε καὶ χαλεποῖο διωκόμεναι ὑπ' ἀγῶνος | * δεινοῦ * | καὶ χαλεποῦ δεινὴ κρίσις ἔσσεται αὖτις καὶ κατ' |
| Sib. | 3 | 326 | χαλεποῖο διωκόμεναι ὑπ' ἀγῶνος δεινοῦ καὶ χαλεποῦ | * δεινὴ * | κρίσις ἔσσεται αὖτις καὶ κατ' ἀνάγκην πάντες |
| Sib. | 3 | 329 | διεδηλήσασθε οἶκον ὁδοῦσι σιδηρείοις τ' ἐμασήσατε | * δεινῶς. * | τοὔνεκα δὴ νεκρῶν πλήρη σὴν γαῖαν ἐπόψει τοὺς |
| Sib. | 3 | 448 | ἕλωρ ἔσῃ ἀνθρώποισιν ἐρασταῖς κάλλεσιν ἠδ' ὄλβῳ | * δεινὸν * | ζυγὸν αὐχένι θήσῃ. Λύδιος αὖ σεισμὸς δὲ τὰ |
| Sib. | 3 | 498 | ὃν κατέτριψαν πάντες ἀνοίγοντες στόμ' ἄναγνον καὶ | * δεινοὺς * | διέθεντο λόγους ψευδεῖς τ' ἀδίκους τε κάστησαν |
| Sib. | 3 | 519 | ἐξαυδᾷ; πᾶσιν γὰρ ὅσοι χθόνα ναιετάουσιν Ὕψιστος | * δεινὴν * | ἐπιπέμψει ἔθνεσι πληγήν. Ἕλλησιν δ' ὁπόταν πολὺ |
| Sib. | 3 | 529 | δεσμοῖσιν ὑπ' ἐχθρῶν βαρβαροφώνων πᾶσαν ὕβριν | * δεινὴν * | πάσχοντας κοὐκ ἔσετ' αὐτοῖς μικρὸν ἐπαρκέσσων |
| Sib. | 3 | 535 | χόλον οἳ δὲ πρὸς αὐτοὺς αἰσχρῶς φυρόμενοι πολέμῳ | * δεινῷ * | τε κυδοιμῷ οἴσουσιν ἐχθροῖσι χαράν. Ἕλλησι δὲ |
| Sib. | 3 | 541 | γαῖαν ὅλην αὐτὴ δὲ σιδηρᾶν. αὐτὰρ ἔπειτα βροτοὶ | * δεινῶς * | κλαύσουσιν ἅπαντες ἀπορίην καὶ ἀνηροσίην καὶ πῦρ |
| Sib. | 5 | 29 | πεντήκοντα δ' ὅτις κεραίην λάχε κοίρανος ἔσται | * δεινὸς * | ὄφις φυσῶν πόλεμον βαρὺν ὅς ποτε χεῖρας ἧς γενεῆς |
| Sib. | 5 | 130 | καὶ τὴν μυρίπνουν ποτε χέρσον. ἔσται καὶ Φρυγίη | * δεινὸς * | χόλος εἵνεκα λύπης ἧς χάριν ἡ Ῥέη |
| Sib. | 5 | 429 | ἐξύμνησαν. οὐκέτι γὰρ πέλεται +δειλοῖσι βροτοῖσιν | * δεινὰ+ * | οὐδὲ γαμοκλοπίαι καὶ παίδων Κύπρις ἄθεσμος οὐ |
| Sib. | 5 | 438 | Εὐφρήταο στρωθῇση σεισμοῖο κλόνῳ Πάρθοι δέ σε | * δεινοὶ * | πάντα κρατεῖν ἐποίησαν. ἔχε στόμα φιμῷ ἄναγνε |
| Sib. | 5 | 451 | πεδίον. Κύπρος δ' ἕξει μέγα πῆμα καὶ Πάφος αἰεὶ | * δεινὸν * | μόρον ὥστε νοῆσαι καὶ Σαλαμῖνα πόλιν μεγάλην μέγα |
| Sib. | 5 | 456 | αἰνόμορ' μέροπες κλαύσεσθε βλέποντες. Φοινίκη | * δεινὸν * | σε μένει χόλος ἄχρι πεσεῖν σε πτῶμα κακὸν |
| Sib. | 5 | 467 | ὄχλος ἐς Ἀσίδα γαῖαν ὁδεύσει καὶ Θρακῶν ὀλέσει | * δεινῶν * | γένος ὡς ἀλαπαδνόν. καὶ τότε θυμοβόροι μέροπες |
| Sib. | 5 | 494 | καλὸν στήσωμεν ἀληθοῦς δεῦτε τὸν ἐκ προγόνων | * δεινὸν * | νόμον ἀλλάξωμεν τοῦ χάριν οἱ λιθίνοις καὶ |
| Sib. | 5 | 508 | μέγαν Αἰγυπτιάδος γῆς ἐν δὲ θεὸς βρέξει κατὰ γῆς | * δεινὸν * | χόλον αὐτοῖς ὥστ' ὀλέσαι πάντας τε κακοὺς πάντας |
| Sib. | 5 | 513 | φαέθοντος ἐν ἄστρασιν εἶδον ἀπειλὴν ἠδὲ Σεληναίης | * δεινὸν * | χόλον ἐν στεροπῇσιν ἄστρα μάχην ὤδινε θεὸς δ' |
| Sib. | 5 | 525 | ἔδεισε γὰρ Ὠρίωνα Σκορπίος +οὐρὰν ἐπῆλθε+ διὰ | * δεινοῖο * | ἀστράψας καὶ σείσας σεισμούς. ὁμοίως καὶ |
| FAch. | 115 | | ἴδιον ἱερὸν τρέμειν ποιεῖ καὶ φοβερὰ βροντήσας καὶ | * δεινὸν * | ἀστράψας καὶ σείσας σεισμούς. ὁμοίως καὶ |
| HAri. | 9 25 | 4 | ἐμμενεῖν αὐτὸν ἔν τε τῇ εὐσεβείᾳ καὶ τοῖς | * δεινοῖς. * | τὸν δὲ θεὸν ἀγανθέντα τὴν εὐψυχίαν αὐτοῦ τῆς τε |
| HHec. | 1 22 | 191 | γεγυμνωμένους περὶ τούτων καὶ αἰκίαις καὶ θανάτοις | * δεινοτάτοις * | μάλιστα πάντων ἀπαντῶσι μὴ ἀρνούμενοι τὰ |
| LEze. | 9 29 12 | 28 | πρόσθε νυκτὶ αἵματι ψαῦσαι θύρας ὅπως παρέλθῃ σῆμα | * δεινός * | ἄγγελος. ὑμεῖς δὲ νυκτὸς ὀπτὰ δαίσεσθε κρέα |

**δειπνέω** 2

| Job | 15 | 2 | αὐτῶν καὶ εἰσήρχοντο παρὰ τῷ ἀδελφῷ τῷ πρεσβυτέρῳ | * δειπνῆσαι * | μετ' αὐτοῦ, συμπαραλαμβάνοντες καὶ τὰς τρεῖς |
| Aris. | 180 | 5 | τῆς πρὸς Ἀντίγονον ναυμαχίας. διὸ καὶ | * δειπνῆσαι * | σήμερον μεθ' ὑμῶν βουλήσομαι. πάντα δ' ὑμῖν |

**δεῖπνον** 18

| Abr.1 | 5 | 2 | Ἰσαὰκ δὲ ὑπηρέτει αὐτούς. τελεσθέντος δὲ τοῦ | * δείπνου * | ἐποίησεν Ἀβραὰμ κατὰ τὸ ἔθος εὐχὴν καὶ Μιχαὴλ |
| Abr.2 | 5 | 1 | τὸν οἶκον Ἀβραὰμ καὶ εὗρεν αὐτὸν ἑτοιμάσαντα τὸ | * δεῖπνον * | καὶ ἔφαγον καὶ ἔπιον καὶ εὐφράνθησαν. λέγει δὲ |
| TJud. | 13 | 5 | καὶ μαργαρίταις ἐποίησεν ἡμῖν οἰνοχοεῖν ἐν τῷ | * δείπνῳ * | ἐν κάλλει γυναικῶν. καὶ ὁ οἶνος διέστρεψέ μου |
| TNep. | 1 | 2 | μηνὶ τετάρτῃ τοῦ μηνὸς ὑγιαίνοντος αὐτοῦ ἐποίησε | * δεῖπνον * | αὐτοῖς καὶ κώθωνα. καὶ μετὰ τὸ εὐφρανθῆναι |
| TNep. | 1 | 3 | αὐτῷ. καὶ εὐλόγησε κύριον ἐκραταίωσεν ὅτι μετὰ τὸ | * δεῖπνον * | τὸ χθὲς ἀποθανεῖται. ἠρέτα οὖν λέγει τοῖς |
| Asen. | 3 | 4 | αὐτῷ σπεῦσον καὶ εὐτρέπισον τὴν οἰκίαν μου καὶ | * δεῖπνον * | μέγα ἑτοίμασον διότι Ἰωσὴφ ὁ δυνατὸς τοῦ θεοῦ |
| Asen. | 10 | 13 | αὐτῆς πτωχοῖς καὶ δεομένοις. καὶ ἔλαβεν Ἀσενὲθ τὸ | * δεῖπνον * | αὐτῆς τὸ βασιλικὸν καὶ τὰ σιτιστὰ καὶ τοὺς |
| Asen. | 10 | 13 | ἐν ἑαυτῇ Ἀσενὲθ οὐ μὴ φάγωσιν οἱ κύνες μου ἐκ τοῦ | * δείπνου * | μου καὶ ἐκ τῆς θυσίας τῶν εἰδώλων ἀλλὰ φαγέτωσαν |
| Asen. | 13 | 8 | ἐν τῷ θαλάμῳ μου ὡς ἐν ὁδῷ πλατείᾳ. ἰδοὺ κύριε τὸ | * δεῖπνόν * | μου τὸ βασιλικὸν καὶ τὰ σιτία δέδωκα τοῖς κυσί |
| Asen. | 18 | 2 | σπεῦσον καὶ εὐτρέπισον τὴν οἰκίαν καὶ ἑτοίμασον | * δεῖπνον * | καλὸν ὅτι Ἰωσὴφ ὁ δυνατὸς τοῦ θεοῦ ἔρχεται πρὸς |
| Asen. | 18 | 5 | ὁ τροφεὺς αὐτῆς καὶ ἡτοίμασε τὴν οἰκίαν καὶ τὸ | * δεῖπνον. * | καὶ ἐμνήσθη Ἀσενὲθ τοῦ ἀνθρώπου καὶ τῶν |
| Asen. | 20 | 1 | οἰκίαν ἡμῶν διότι ἐγὼ ἡτοίμασα τὴν οἰκίαν ἡμῶν καὶ | * δεῖπνον * | μέγα πεποίηκα. καὶ ἐκράτησε τὴν χεῖρα αὐτοῦ τὴν |
| Asen. | 21 | 8 | ἀλλήλους. καὶ μετὰ ταῦτα ἐποίησε Φαραὼ γάμους καὶ | * δεῖπνον * | μέγα καὶ πότον πολὺν ἐπὶ ἑπτὰ ἡμέρας. καὶ |
| Job | 15 | 3 | τὴν ὑπηρεσίαν τῆς διακονίας ἦρον καθ' ἡμέραν τὸ | * δεῖπνον * | αὐτῶν καὶ εἰσήρχοντο παρὰ τῷ ἀδελφῷ τῷ |
| Aris. | 217 | 3 | δέκατος τὴν ἀπόκρισιν ἔχεις ὡς ἂν ἀποφήνῃ πρὸς τὸ | * δεῖπνον * | τραπησόμεθα. ἠρώτα δὲ πῶς ἂν μηδὲν ἀνάξιον |
| FAch. | 119 | | αὐτῷ περὶ τοῦ Αἰσώπου ἐκέλευσεν αὐτοὺς ἐπὶ | * δεῖπνον * | ἐλθεῖν ἅμα δὲ ἡμέρᾳ. τῇ οὖν τακτῇ ὥρᾳ |
| FAch. | 119 | | τῇ οὖν τακτῇ ὥρᾳ ἐλθόντες κατεκλίθησαν ἐν τῷ | * δείπνῳ. * | καὶ τῶν Ἡλιουπολιτῶν ἔφη τις πρὸς τὸν Αἴσωπον |
| FAch. | 120 | | μὲν παρ' ἄλλην πορεύεται. μετὰ τοῦτο ἀνέστησαν τοῦ | * δείπνου. * | τῇ δὲ ἑξῆς ἡμέρᾳ ὁ βασιλεὺς Νεκταναβὼν |

**δειρή** 1

| LThe. | 9 22 | 11 | μὲν Ἐμὼρ ὤρουσεν ἐπ' αὐτὸν πλῆξέ τέ οἱ κεφαλὴν | * δειρὴν * | δ' ἕλεν ἐν χειρὶ λαιῇ λεῖψε δ' ἔτι σπαίρουσαν ἐπεὶ |

**δεισιδαίμων** 2

| Aris. | 129 | 3 | νομίζεται πρὸς βρῶσιν τὰ δὲ καὶ πρὸς τὴν ἁφὴν | * δεισιδαιμόνως * | γὰρ τὰ πλεῖστα τὴν νομοθεσίαν ἔχειν ἐν δὲ |
| Aris. | 129 | 4 | πλεῖστα τὴν νομοθεσίαν ἔχειν ἐν δὲ τούτοις πάλιν | * δεισιδαιμόνως * | πρὸς ταῦτα οὕτως ἐνήρξατο θεωρεῖς ἔφη τὰς |

**δέκα** 46

| Adam | 1 | 2 | καὶ ἀνῆλθεν εἰς τὴν ἀνατολὴν καὶ ἔμεινεν ἐκεῖ ἔτη | * δέκα * | καὶ ὀκτὼ καὶ μῆνας δύο. καὶ ἐν γαστρὶ εἴληφεν Εὔα |

Hen. 6 8 'Ρακειὴλ Τουριήλ. οὗτοί εἰσιν ἀρχαὶ αὐτῶν οἱ ⟨ἐπὶ⟩ * δέκα. * ἐκ τοῦ πρώτου βιβλίου Ἐνὼχ περὶ τῶν ἐγρηγόρων.
Hen. 10 19 καθ' ἕκαστον μέτρον ἐλαίας ποιήσει ἀνὰ βάτους * δέκα. * καὶ σὺ καθάρισον τὴν γῆν ἀπὸ πάσης ἀκαθαρσίας καὶ
Abr.2 9 3 οὐδεὶς δύναται εἰσελθεῖν ἐν αὐτῇ εἰ μὴ παιδία ὡς * δέκα * ἐτῶν. καὶ εἶπεν Μιχαὴλ σὺ ὅλως εἰσέρχει ἐν αὐτῇ καὶ
TNep. 6 6 ἀκατίου φεύγει χωριζόμεθα δὲ καὶ ἡμεῖς ἐπὶ σανίδων * δέκα * Λευὶ δὲ καὶ Ἰούδας ἦσαν ἐπὶ τὸ αὐτό. διεσπάρημεν
TGad 2 3 αὐτὸν τοῖς Ἰσμαηλίταις τριάκοντα χρυσῶν καὶ τὰ * δέκα * ἀποκρύψαντες τὰ εἴκοσι ἐδείξαμεν τοῖς ἀδελφοῖς
TJos. 2 7 εἰς τὸ δοκιμάσαι τῆς ψυχῆς τὸ διαβούλιον. ἐν * δέκα * πειρασμοῖς δόκιμόν με ἀνέδειξε καὶ ἐν πᾶσιν αὐτοῖς
Asen. 2 1 ἐπάνω τοῦ πύργου ἐκείνου ἦν ὑπερῷον ἔχον θαλάμους * δέκα. * καὶ ἦν ὁ πρῶτος θάλαμος μέγας καὶ εὐπρεπὴς λίθοις
Job 1 6 ὑμᾶς ἡ γὰρ προτέρα μου γυνὴ ἐτελεύτησεν μετὰ ἄλλων * δέκα * τέκνων ἐν θανάτῳ πικρῷ. ἀκούσατε οὖν μου τέκνα, καὶ
Job 26 1 σου τοῦ σώματος. καὶ ἐγὼ ἀπεκρίθην αὐτῇ ἰδοὺ ἐγὼ * δέκα * ἑπτὰ ἔτη ἔχω ἐν ταῖς πληγαῖς, ὑφιστάμενος τοὺς
Job 39 10 θηρίου ἐγὼ ἢ κτηνώδη γαστέρα ἔχω, ὅτι τὰ τέκνα μου * δέκα * τέθνηκεν, καὶ οὐδένα αὐτῶν κεκήδευκα; καὶ οἱ μὲν
Aris. 12 8 φόβῳ πάντα ὑποχείρια ποιούμενος ἐν ὅσῳ καὶ πρὸς * δέκα * μυριάδας ἐκ τῆς τῶν Ἰουδαίων χώρας εἰς Αἴγυπτον
Aris. 19 4 δὲ Ἀνδρέας ἀπεφήνατο βραχεῖ πλεῖον μυριάδων * δέκα. * ὃ δὲ μικρόν γε εἶπεν Ἀριστέας ἡμᾶς ἀξιοῖ πρᾶγμα.
Aris. 37 1 τοῖς πᾶσι πολὺ δὲ μᾶλλον τοῖς σοῖς πολίταις ὑπὲρ * δέκα * μυριάδας αἰχμαλώτων ἠλευθερώκαμεν ἀποδόντες τοῖς
Aris. 204 2 τὸν ἐνδέκατον δὲ ἤρξατο τὴν κοινολογίαν ποιεῖσθαι. * δέκα * γὰρ ἦσαν οἱ ἠρωτημένοι τῇ προτέρᾳ. σιγῆς δὲ
Aris. 320 3 μετὰ τῆς ἐκπομπῆς αὐτῶν ἀργυρόποδας κλίνας * δέκα * καὶ τὰ ἀκόλουθα πάντα καὶ κυλικεῖον ταλάντων
Aris. 320 4 πάντα καὶ κυλικεῖον ταλάντων τριάκοντα καὶ στολὰς * δέκα * καὶ πορφύραν καὶ στέφανον διαπρεπῆ καὶ βυσσίνων
SIb. 3 397 ῥίζαν ἴαν γε διδοὺς ἣν καὶ κόψει βροτολοιγὸς ἐκ * δέκα * δὴ κεράτων +παρὰ δὴ φυτὸν ἄλλο φυτεύσει+ κόψει
SIb. 5 12 θηρὸς τέκνα μηλοφάγοιο ἔσσετ' ἄναξ πρώτιστος ὅ τις * δέκα * δὶς κορυφώσει γράμματος ἀρχομένου πολέμων δ' ἐπὶ
SIb. 5 25 εἶτα τριῶν ἀριθμῶν κεραίην ὅστις λάχεν ἄρξει. δὶς * δέκα * δ' ὅς⟨τις⟩ ἔπειτ' ἄρξει κεραίην ἐπὶ πρώτην ἕξει
SIb. 5 57 ποτὲ Νεῖλος ὁδεύσῃ γαῖαν ὅλην Αἴγυπτον ἕως πηχῶν * δέκα * καὶ ἓξ ὥστε κλύσαι γῆν πᾶσαν ἐπαρδεῦσαί τε ῥόοισιν
FJub. 47 3 καὶ τούτοις τοὺς Ἑβραίους ἐξέτρυχον. μόνους * δέκα * μῆνας ῥιφῆναι τὰ βρέφη τῶν Ἰσραηλιτῶν ἐν τῷ ποταμῷ
FAch. 105 ὅ,τι ἂν αὐτὸν ἐρωτήσω καὶ λάβε φόρους ἐτῶν * δέκα * ὑπέρ--- ὅλης τῆς χώρας. ἀναγνοὺς δὲ ὁ Λυκοῦργος τὴν
HDem. 9 21 8 Συμεῶνα ἐτῶν ἕνδεκα μηνῶν τεσσάρων Λευὶν ἐτῶν * δέκα * μηνῶν ἓξ Ἰούδαν ἐτῶν ἐννέα μηνῶν ὀκτὼ Νεφθαλεὶμ
HDem. 9 21 8 ἐτῶν ἐννέα μηνῶν ὀκτὼ Νεφθαλεὶμ ἐτῶν ὀκτὼ μηνῶν * δέκα * Γὰδ ἐτῶν ὀκτὼ μηνῶν δέκα Ἀσὴρ ἐτῶν ὀκτὼ Ἰσσάχαρ
HDem. 9 21 8 Νεφθαλεὶμ ἐτῶν ὀκτὼ μηνῶν δέκα Γὰδ ἐτῶν ὀκτὼ μηνῶν * δέκα * Ἀσὴρ ἐτῶν ὀκτὼ Ἰσσάχαρ ἐτῶν ὀκτὼ Ζαβουλὼν ἐτῶν
HDem. 9 21 9 τεσσάρων. παροικῆσαι δὲ Ἰσραὴλ παρὰ Ἐμμὼρ ἔτη * δέκα * καὶ φθαρῆναι τὴν Ἰσραὴλ θυγατέρα Δειναν ὑπὸ Συχὲμ
HDem. 9 21 16 τριάκοντα γίνεσθαι τὰ πάντα ἔτη ἐν γῇ Χαναὰν σ * ι * ε'. καὶ τῷ τρίτῳ ἔτει λιμοῦ οὔσης ἐν Αἰγύπτῳ ἐλθεῖν
HDem. 9 21 18 ἕως εἰς Αἴγυπτον τοὺς περὶ Ἰακὼβ ἐλθεῖν ἔτη σ * ι * ε'. Ἰακὼβ δὲ εἰς Χαρρὰν πρὸς Λάβαν ἐλθεῖν ἐτῶν ὄντα
HDem. 9 21 19 δὲ ὄντα ἐτῶν μ' γεννῆσαι Ἀμβρὰμ ὃν ἐτῶν εἶναι * ι * δ' ἐν ᾧ τελευτῆσαι Ἰωσὴφ ἐν Αἰγύπτῳ ὄντα ρ ι' ἐτῶν
HDem. 9 21 19 ι δ' ἐν ᾧ τελευτῆσαι Ἰωσὴφ ἐν Αἰγύπτῳ ὄντα ρ * ι' * ἐτῶν Κλὰθ δὲ γενόμενον ἐτῶν ἑκατὸν λ γ' τελευτῆσαι.
HDem. 1 141 2 ἑκατὸν εἴκοσι ὀκτὼ μῆνας ἕξ. ἀφ' οὗ δὲ αἱ φυλαὶ αἱ * δέκα * ἐκ Σαμαρείας αἰχμάλωτοι γεγόνασιν ἕως Πτολεμαίου
HEup. 9 30 1 τὸν τοῦ Ναυῆ υἱὸν ἔτη λ' βιῶσαι δ' αὐτὸν ἔτη ρ * ι' * πῆξαί τε τὴν ἱερὰν σκηνὴν ἐν Σιλοῖ. μετὰ δὲ ταῦτα
HEup. 9 33 1 κόρους μυρίους ὁ δὲ κόρος τοῦ οἴνου ἐστὶ μέτρα * δέκα. * τὸ δὲ ἔλαιον καὶ τὰ ἄλλα χορηγηθήσεται αὐτοῖς ἐκ
HEup. 9 34 4 τὸ δὲ πλάτος τῆς οἰκοδομῆς καὶ τῶν θεμελίων πηχῶν * ι' * οὕτω γὰρ αὐτῷ προστάξαι Νάθαν τὸν προφήτην τοῦ θεοῦ.
HEup. 9 34 7 ἰσομεγέθεις τὸ δὲ πλάτος κύκλῳ ἕκαστον κίονα πηχῶν * δέκα * στῆσαι δὲ αὐτοὺς τοῦ οἴκου ὃν μὲν ἐκ δεξιῶν ὃν δὲ
HEup. 9 34 7 ὃν δὲ ἐξ εὐωνύμων. ποιῆσαι δὲ καὶ λυχνίας χρυσᾶς * ⟨δέκα⟩ * δέκα τάλαντα ἑκάστην ὁλκὴν ἀγούσας ὑπόδειγμα
HEup. 9 34 7 ἐξ εὐωνύμων. ποιῆσαι δὲ καὶ λυχνίας χρυσᾶς ⟨δέκα⟩ * δέκα * τάλαντα ἑκάστην ὁλκὴν ἀγούσας ὑπόδειγμα λαβόντα τὴν
HEup. 9 34 17 εἰς τὴν ἑαυτῶν ἑκάστῳ χρυσοῦ σίκλους δόντα * δέκα * τὸ δὲ τάλαντον εἶναι σίκλον. καὶ τῷ μὲν Αἰγύπτου
HArt. 9 27 8 τὸν Ἑρμοπολίτην ὀνομαζόμενον νομὸν ἔχοντα περὶ * δέκα * μυριάδας γεωργῶν αὐτοῦ καταστρατοπεδεῦσαι πέμψαι δὲ
HArt. 9 27 8 δὲ Ἡλιουπολίτας γενέσθαι τὸν πόλεμον τοῦτον ἔτη * δέκα. * τοὺς οὖν περὶ τὸν Μώϋσον διὰ τὸ μέγεθος τῆς
LThe. 9 22 8 τὸν θεὸν ἀνελεῖν φάμενον τοῖς Ἀβραὰμ ἀπογόνοις * δέκα * ἔθνη δώσειν. εὖ γὰρ ἐγὼ μῦθόν ⟨γε⟩ πεπυσμένος εἰμί
LThe. 9 22 9 ⟨γε⟩ πεπυσμένος εἰμί θεοῖο δώσειν γάρ ποτ' ἔφησε * δέκ' * ἔθνεα παισὶν Ἀβραάμ. τὸν δὲ θεὸν αὐτοῖς τοῦτον τὸν
LEze. 9 28 2 02 γῆν λιπὼν Χαναναίαν κατῆλθ' ἔχων Αἴγυπτον ἑπτάκις * δέκα * ψυχὰς σὺν αὐτῷ καὶ ἐπεγέννησεν πολὺν λαὸν κακῶς
FrAn. 1 226 36 δε τη πρεσβεια τ⟨ - ⟩την ευχην εξελ⟨ εκαλ⟩υπτον οι * δεκα * α⟨δ⟩ελ⟨φοι - - Ιωσ⟩ηφ τοτε προσκυνουν⟨ - -
FrAn. 1 227 3 - - ε⟩σκιρτα και το βλεμμ⟨α - - τ⟩ον αριθμον των * δεκα * Χ⟨ανανaιων τ⟩ου ενος δειχα επυνθ⟨αν - ⟩ι δε φησιν

δεκαδύο 4
Job 15 4 τριακοσίας, ἐρίφους αἰγῶν πεντήκοντα καὶ πρόβατα * δεκαδύο * ταῦτα πάντα μετὰ τὴν σύνταξιν ἐκέλευον
Aris. 97 3 φορεῖ τὸ λεγόμενον λόγιον ἐν ᾧ συνεσφιγμένοι λίθοι * δεκαδύο * διαλλάσσοντες τοῖς γένεσι χρυσῷ κεκολλημένοι τὰ
FAch. 120 τις καὶ στῦλος εἷς καὶ ἐπάνω τοῦ στύλου πόλεις * δεκαδύο * καὶ τούτων ἑκάστη τριάκοντα δοκοῖς ἐστεγασμένη
FAch. 120 τὸ ἀσφαλῶς αὐτὸν βεβηκέναι αἱ δὲ ἐπὶ τούτου πόλεις * δεκαδύο * οἱ μῆνες διὰ τὸ διηνεκῶς αὐτοὺς πολιτεύεσθαι οἱ

δεκαεννέα 1
TJud. 26 2 τὰς ὁδοὺς αὐτῶν. καὶ εἶπε πρὸς αὐτοὺς ἑκατὸν * δεκαεννέα * ἐτῶν ἐγὼ ἀποθνήσκω σήμερον ἐν ὀφθαλμοῖς ὑμῶν.

δεκαέξ 2
TLevi 18 2B047 ὁλκὴ θερμῶν δ' ἐστὶν γίνεται ὁ σίκλος ὡσεὶ * ις' * θερμοὶ καὶ ὁλκῆς μιᾶς. καὶ νῦν τέκνον μου ἄκουσον
HDem. 9 21 9 Δειναν ὑπὸ Συχὲμ τοῦ Ἐμμὼρ υἱοῦ ἐτῶν οὖσαν * δεκαὲξ * μηνῶν τεσσάρων. ἐξαλλομένους δὲ τοὺς Ἰσραὴλ

δεκαεπτά 1
HDem. 9 21 11 πρὸς Ἰσαὰκ τὸν πατέρα. εἶναι δὲ τότε Ἰωσὴφ ἐτῶν * δεκαεπτὰ * καὶ πραθῆναι αὐτὸν εἰς Αἴγυπτον καὶ ἐν τῷ

δεκάκις 1
LEze. 9 29 16 10 στελέχη δ' ἐρυμνὰ πολλὰ φοινίκων πέλει ἔγκαρπα * δεκάκις * ἑπτὰ καὶ ἐπίρρυτος χλόη πέφυκε θρέμμασιν

δεκαοκτώ 3
TJud. 9 1 ὁ γὰρ Σηλὼμ ἔζησε καὶ τὰ τέκνα αὐτοῦ ὑμεῖς ἐστε. * δεκαοκτὼ * ἔτη ἐποιήσαμεν εἰρήνην ὁ πατὴρ ἡμῶν καὶ ἡμεῖς
TJud. 9 2 ἐκ Μεσοποταμίας ἀπὸ Λαβάν. καὶ πληρωθέντων τῶν * δεκαοκτὼ * ἐτῶν ἐν τεσσαρακοστῷ ἔτει ζωῆς μου ἐπῆλθεν ἡμῖν
Asen. 2 11 τέσσαρες σεσιδηρωμέναι καὶ ταύτας ἐφύλαττον ἀνὰ * δεκαοκτὼ * ἄνδρες δυνατοὶ νεανίσκοι ἔνοπλοι. καὶ ἦσαν

δεκαπέντε 4
TLevi 18 2B036 καὶ εἰ ἀμνὸς τέλειος ἐνιαύσιος ἢ ἔριφος ἐξ αἰγῶν * ιε' * μναῖ καὶ τῷ στέατι μίαν ἥμισυ μνᾶν. καὶ ἅλας
Jer. 6 13 ὁ γενόμενος ἐν ὑμῖν ξένος ἀφορισθήτω καὶ ποιήσωσι * ιε' * ἡμέρας καὶ μετὰ ταῦτα εἰσάξω ὑμᾶς εἰς τὴν πόλιν ὑμῶν
Jer. 7 8 καὶ ἀπεστάλην. καὶ ἄρας Βαροὺχ τὴν ἐπιστολὴν καὶ * δεκαπέντε * σῦκα ἐκ τοῦ κοφίνου τοῦ Ἀβιμέλεχ ἔδησεν αὐτὰ
Bar. 4 10 καὶ ἀνῆλθεν τὸ ὕδωρ ἐπάνω τῶν ὑψηλῶν ἐπὶ πήχεις * δεκαπέντε * εἰσῆλθε τὸ ὕδωρ εἰς τὸν παράδεισον καὶ ἦρεν

δεκάπηχυς 1
HHec. 1 22 198 πλευρὰν μὲν ἑκάστην εἴκοσι πήχεων ὕψος δὲ * δεκάπηχυ. * καὶ παρ' αὐτὸν οἴκημα μέγα οὗ βωμός ἐστι καὶ

δεκάπληγος 2
FJub. 48 5 ἐν Αἰγύπτῳ δουλείας ἤρξαντο Αἰγύπτιοι δέχεσθαι τὴν * δεκάπληγον. * ἐν μηνὶ Ἰουνίῳ τὰ ὕδατα εἰς αἷμα μετεβλήθη
FrAn. 574 3037 τὸν λαὸν ἔργου Φαραὼ καὶ ἐπενέγκαντα ἐπὶ Φαραὼ τὴν * δεκάπληγον * διὰ τὸ παρακούειν αὐτόν. ὁρκίζω σε πᾶν πνεῦμα

δεκάπτυχος 1
IOrp. 25 Δία τὸν πάντων μεδέοντα. λοιπὸν ἐμοὶ 'στᾶσιν δὲ * δεκάπτυχον * ἀνθρώποισιν. οὐ γὰρ κέν τις ἴδοι θνητῶν

δεκάς 3
SIb. 3 280 τιμᾶν θνητῶν εἴδωλα δ' ἐτίμας. ἀνθ' ὧν ἑπτὰ χρόνων * δεκάδας * γῆ καρποδότειρα ἔσσετ' ἔρημος ἅπασα σέθεν καὶ
SIb. 5 14 ἀρχομένου πολέμων δ' ἐπὶ πουλὺ κρατήσει ἕξει δ' ἐκ * δεκάδος * πρῶτον τύπον ὥστε μετ' αὐτὸν ἄρχειν στοιχείων
LEze. 9 29 13 04 ἄμωμα δεκάτῃ καὶ φυλαχθήτω μέχρι τετρὰς ἐπιλάμψει * δεκάδι * καὶ πρὸς ἑσπέραν θύσαντες ὀπτὰ πάντα σὺν τοῖς

δεκατέσσαρες 3
Abr.1 17 14 κεφαλὰς δρακόντων πυρίνους ἑπτὰ καὶ πρόσωπα * δεκατέσσαρα * καὶ πρόσωπον πυρὸς φλογερώτερον καὶ πολλῆς
TIss. 1 10 ἥρμοσται καὶ δι' ἐμὲ ἐδούλευσε τῷ πατρὶ ἡμῶν ἔτη * δεκατέσσαρα. * τί σοι ποιήσω ὅτι ἐπλήθυνεν ὁ δόλος καὶ ἡ
Job 25 2 ἥτις εἶχεν σκεπάζοντα αὐτῆς τὸ καθεστήριον βῆλα * δεκατέσσαρα, * καὶ θύραν ἔνδοθεν θυρῶν ἕως ἂν ὅλως

δεκάτη 1
HHec. 1 22 188 καίτοι οἱ πάντες ἱερεῖς τῶν Ἰουδαίων οἱ τὴν * δεκάτην * τῶν γινομένων λαμβάνοντες καὶ τὰ κοινὰ

δέκατος 22
Hen. 6B 7 ς' Ῥαμιὴλ ζ' Σαμψὶχ η' Ζακιὴλ θ' Βαλκιὴλ * ι' * Ἀζαλζὴλ ια' Φαρμαρὸς ιβ' Ἀμαριὴλ ιγ' Ἀναγημὰς ιδ'
Hen. 8B 1 ἡ βο⟨ὴ⟩ εἰς οὐρανοὺς ἀνέβη. πρῶτος Ἀζαὴλ ὁ * δέκατος * τῶν ἀρχόντων ἐδίδαξε ποιεῖν μαχαίρας καὶ θώρακας
TLevi 18 2B065 λ' ἐτῶν ἤμην ὅτε ἐγεννήθη ἐν τῇ ζωῇ μου καὶ ἐν τῷ * ι' * μηνὶ ἐγεννήθη ἐπὶ δυσμὰς ἡλίου. καὶ πάλιν συλλαβοῦσα
TZab. 1 1 ὃ διέθετο τοῖς τέκνοις αὐτοῦ ἑκατοστῷ τετάρτῳ καὶ * δεκάτῳ * ἔτει τῆς ζωῆς αὐτοῦ μετὰ δύο ἔτη τοῦ θανάτου
Jer. 9 2 θυσίας ὑπὲρ τοῦ λαοῦ ἐννέα ἡμέρας. τῇ δὲ * δεκάτῃ * ἀνήνεγκεν Ἱερεμίας μόνος θυσίαν. καὶ ηὔξατο
Aris. 50 1 Ἄβραμος Ἄρσαμος Ἰάσων Ἐνδεμίας Δανίηλος. * δεκάτης * Ἱερεμίας Ἐλεάζαρος Ζαχαρίας Βανέας Ἐλισσαῖος
Aris. 217 2 δὲ καὶ τοῦτον εἶπε πρὸς ἕτερον ἐπεὶ σὺ * δέκατος * τὴν ἀπόκρισιν ἔχεις ὡς ἂν ἀποφήνῃ πρὸς τὸ
Aris. 234 2 ἂν προσέλθοι. καλῶς δὲ καὶ τοῦτον ἐπαινέσας τὸν * δέκατον * ἠρώτα τί μέγιστόν ἐστι δόξης; ὁ δὲ εἶπε τὸ τιμᾶν
Aris. 246 1 ἐλλίπῃ τῶν καθηκόντων. ἐπαινέσας δὲ καὶ τοῦτον τὸν * δέκατον * ἠρώτα πῶς ⟨ἂν⟩ ἐπιγινώσκοι τοὺς δόλῳ τινὶ πρὸς
Aris. 260 1 καὶ διαμένει. εὖ δὲ καὶ τοῦτον εἰρηκέναι φήσας τὸν * δέκατον * ἠρώτα τί ἐστι σοφίας καρπός; ὁ δὲ εἶπε τὸ μὴ
SIb. 3 108 βροτῶν πληροῦτο μεριζομένων βασιλειῶν καὶ τότε δὴ * δεκάτη * γενεὴ μερόπων ἀνθρώπων ἐξ οὗ περ κατακλυσμὸς ἐπὶ
SIb. 4 20 καὶ ὁππόσα ἔσσεται αὖτις ἐκ πρώτης γενεῆς ἄχρις ἐς * δεκάτην * ἀφικέσθαι ἀτρεκέως καταλέξαι ἅπαντα γὰρ αὐτὸς
SIb. 4 47 δόντος ζωήν θ' ἅμα καὶ χάριν αὐτοῖς. ἀλλὰ τὰ μὲν * δεκάτῃ * γενεῇ μάλα πάντα τελεῖται νῦν δ' ὅσ' ἀπὸ πρώτης
SIb. 4 86 τὸ δὲ νεῖκος ἰσόρροπον ἀλλήλοισιν. ἀλλ' ὅταν ἐς * δεκάτην * γενεὴν μερόπων γένος ἔλθῃ καὶ τότε Πέρσῃσιν ζυγὰ
SIb. 5 37 τις εὐσεβέων ὀλετὴρ ἥξει μέγας ἀνδρῶν ἑπτάκις ὃς * δεκάτην * κεραίην δείκνυσι πρόδηλον. τοῦ δὲ τριηκοσίης
FJub. 3 32 ἐξεβλήθη σὺν τῇ γυναικὶ Εὔᾳ διὰ τὴν παράβασιν τῇ * δεκάτῃ * τοῦ Μαΐου μηνός. τῷ ὀγδόῳ ἔτει ἔγνω ὁ Ἀδὰμ Εὔαν
FJub. 10 9 πρὸς πειρασμὸν τῶν ἀνθρώπων καὶ ἐδόθη αὐτῷ τὸ * δέκατον * αὐτῶν κατὰ πρόσταξιν θείαν ὥστε πειράζειν τοὺς

HDem. 9 21 3 ἔτεσιν ἄλλοις αὐτῷ παιδία ιβ' ὀγδόῳ μὲν ἔτει μηνὶ * δεκάτῳ * Ῥουβὶν καὶ τῷ ἔτει δὲ τῷ ἐνάτῳ μηνὶ ὀγδόῳ Συμεὼν
HDem. 9 21 3 δὲ τῷ ἐνάτῳ μηνὶ ὀγδόῳ Συμεὼν καὶ τῷ ἔτει δὲ τῷ * δεκάτῳ * μηνὶ ἕκτῳ Λευὶν τῷ δὲ ἑνδεκάτῳ ἔτει μηνὶ τετάρτῳ
HDem. 9 21 5 καὶ πάλιν Λείαν τῷ τρισκαιδεκάτῳ ἔτει μηνὶ * δεκάτῳ * υἱὸν ἄλλον τεκεῖν ᾧ ὄνομα Ζαβουλὼν καὶ τὴν αὐτὴν
HAno. 9 17 3 τοὺς γίγαντας διασπαρῆναι καθ' ὅλην τὴν γῆν. * δεκάτῃ * δὲ γενεᾷ ἐν πόλει τῆς Βαβυλωνίας Καμαρίνῃ ἥν
LEze. 9 29 13 03 κατὰ συγγενείας πρόβατα καὶ μόσχους βοῶν ἄμωμα * δεκάτῃ * καὶ φυλαχθήτω μέχρι τετρὰς ἐπιλάμψει δεκάδι καὶ

δεκατρεῖς 1
HDem. 9 21 11 αὐτὸν εἰς Αἴγυπτον καὶ ἐν τῷ δεσμωτηρίῳ μεῖναι ἔτη * δεκατρία * ὥστ' εἶναι αὐτὸν ἐτῶν τριάκοντα Ἰακὼβ δὲ ἐτῶν

δεκάχορδος 1
Job 14 1 λίαν μου χρηστοῦ ὄντος. εἶχον δὲ ἓξ ψαλμοὺς καὶ * δεκάχορδον * κιθάραν καὶ διεγειρόμην τὸ καθ' ἡμέραν μετὰ

Δεκέμβριος 1
FJub. 48 5 κτηνῶν πτῶσις Νοεμβρίῳ φλυκτίδες καὶ ἕλκη * Δεκεμβρίῳ * χάλαζα Ἰανουαρίῳ ἀκρὶς Φεβρουαρίῳ σκότος

δεκτός 2
HCal. 24 12 τὴν αὔριον ἐπελεύσομαι πρὸς ὑμᾶς καὶ ὡς τῇ προνοίᾳ * δεκτὸν * πράξω. οἱ δὲ ἀπελθόντες τοῖς ἄρχουσιν αὐτῶν
FrAn. 15 8 τὸν πεπλακότα αὐτήν. οὐ τὰ νῦν σάββατα ἐμοὶ * δεκτὰ * ἀλλὰ ὃ πεποίηκα ἐν ᾧ καταπαύσας τὰ πάντα ἀρχὴν

δελεάζω 3
Adam 19 1 οὐ δώσω σοι φαγεῖν. ταῦτα εἶπε θέλων εἰς τέλος * δελεάσαι * με. καὶ λέγει μοι ἐὰν μὴ ὀμόσῃς μοι ὅτι δίδῃς
Adam 26 3 σοι ὠτίον οὔτε πτέρυξ οὔτε ἓν μέλος τούτων ὧν σὺ * ἐδελέασας * ἐν τῇ κακίᾳ σου καὶ ἐποίησας αὐτοὺς ἐκβληθῆναι
Asen. 21 21 ἀγκίστρῳ καὶ τῷ πνεύματι αὐτοῦ ὡς δελεάσματι ζωῆς * ⟨ἐδελέασέ * με⟩ καὶ τῇ δυνάμει αὐτοῦ ἐστήριξέ ⟨με⟩ καὶ

δελέασμα 1
Asen. 21 21 με⟩ ὡς ἰχθὺν ἐπ' ἀγκίστρῳ καὶ τῷ πνεύματι αὐτοῦ ὡς * δελεάσματι * ζωῆς ⟨ἐδελέασέ με⟩ καὶ τῇ δυνάμει αὐτοῦ

δέλτος 1
HArt. 9 27 26 τοῦ Μωύσου πάλιν ἀναβιῶσαι γράψαντα δὲ τοὔνομα εἰς * δέλτον * κατασφραγίσασθαι τῶν τε ἱερέων τὸν φαυλίσαντα ἐν

δέμας 4
SIb. 4 165 τε καὶ ὕβρεις ἐν ποταμοῖς λούσασθε ὅλον * δέμας * ἀενάοισιν χεῖράς τ' ἐκτανύσαντες ἐς αἰθέρα τῶν
IEur. 5 75 1 ὁρώμενον. ποῖος δ' ἂν οἶκος τεκτόνων πλασθεὶς ὕπο * δέμας * τὸ θεῖον περιβάλοι τοίχων πτυχαῖς;
LThe. 9 22 3 κούρη Δεῖνα περικαλλὲς ἔχουσα εἶδος ἐπίστρεπτον δὲ * δέμας * καὶ ἀμύμονα θυμόν. ἀπὸ δὲ τοῦ Εὐφράτου τὸν Ἰακὼβ
LThe. 9 22 11 δῦ δὲ ξίφος ὀξὺ σπλάγχνα διὰ στέρνων λίπε δὲ ψυχὴ * δέμας * εὐθύς. πυθομένους δὲ καὶ τοὺς ἑτέρους ἀδελφοὺς τὴν

δέμνιον 1
FPho. 183 ἐλθέμεν εὐνήν. μηδὲ κασιγνήτων ἀλόχων ἐπὶ * δέμνια * βαίνειν. μηδὲ γυνὴ φθείρῃ βρέφος ἔμβρυον ἔνδοθι

δένδρον 54
Adam 9 3 αὐτοῦ εἰς τὸν παράδεισον καὶ δώσῃ μοι ἐκ τοῦ * δένδρου * ἐν ᾧ ῥέει τὸ ἔλαιον ἐξ αὐτοῦ καὶ ἐνέγκῃς μοι καὶ
Adam 21 3 Ἀδὰμ ἐπάκουσόν μου καὶ φάγε ἀπὸ τοῦ καρποῦ τοῦ * δένδρου * οὗ εἶπεν ἡμῖν ὁ θεὸς τοῦ μὴ φαγεῖν ἀπ' αὐτοῦ καὶ
Hen. 2 3 καὶ τὸν χειμῶνα--- καταμάθετε καὶ ἴδετε πάντα τὰ * δένδρα--- * πῶς τὰ φύλλα χλωρὰ ἐν αὐτοῖς σκέποντα τὰ
Hen. 5 1 δένδρα--- πῶς τὰ φύλλα χλωρὰ ἐν αὐτοῖς σκέποντα τὰ * δένδρα * καὶ πᾶς ὁ καρπὸς αὐτῶν εἰς τιμὴν καὶ δόξαν.
Hen. 10 18 πᾶσα ἡ γῆ ἐν δικαιοσύνῃ καὶ καταφυτευθήσεται * δένδρον * ἐν αὐτῇ καὶ πλησθήσεται εὐλογίας. καὶ πάντα τὰ
Hen. 10 19 ἐν αὐτῇ καὶ πλησθήσεται εὐλογίας. καὶ πάντα τὰ * δένδρα * τῆς γῆς ἀγαλλιάσονται φυτευθήσεται καὶ ἔσονται
Hen. 24 3 τῷ ὕψει ὅμοιον καθέδρᾳ θρόνου καὶ περιεκύκλου * δένδρα * αὐτῷ εὐειδῆ. καὶ ἦν ἐν αὐτοῖς δένδρον ὃ οὐδέποτε
Hen. 24 4 περιεκύκλου δένδρα αὐτῷ εὐειδῆ. καὶ ἦν ἐν αὐτοῖς * δένδρον * ὃ οὐδέποτε ὠσφράνμαι καὶ οὐδεὶς ἕτερος αὐτῷ
Hen. 24 4 ἀρωμάτων καὶ τὰ φύλλα αὐτοῦ καὶ τὸ ἄνθος καὶ τὸ * δένδρον * οὐ φθίνει εἰς τὸν αἰῶνα. οἱ δὲ περὶ τὸν καρπὸν
Hen. 24 5 ὡσεὶ βότρυες φοινίκων. τότε εἶπον ὡς καλὸν τὸ * δένδρον * τοῦτό ἐστιν καὶ εὐῶδες καὶ ὡραῖα τὰ φύλλα καὶ τὰ
Hen. 25 1 Ἐνὼχ τί ἐρωτᾷς καὶ τί ἐθαύμασας ἐν τῇ ὀσμῇ τοῦ * δένδρου * καὶ διὰ τί θέλεις τὴν ἀλήθειαν μαθεῖν; τότε
Hen. 25 2 αὐτῷ περὶ πάντων εἰδέναι θέλω μάλιστα δὲ περὶ τοῦ * δένδρου * τούτου σφόδρα. καὶ ἀπεκρίθη λέγων τοῦτο τὸ ὄρος
Hen. 25 4 ἐπισκέψασθαι τὴν γῆν ἐπ' ἀγαθῷ. καὶ τοῦτο τὸ * δένδρον * εὐωδίας καὶ οὐδεμία σὰρξ ἐξουσίαν ἔχει ἅψασθαι
Hen. 26 1 τὸ μέσον τῆς γῆς καὶ ἴδον τόπον ηὐλογημένον ἐν ᾧ * δένδρα * ἔχοντα παραφυάδας μενούσας καὶ βλαστούσας τοῦ
Hen. 26 1 ἔχοντα παραφυάδας μενούσας καὶ βλαστούσας τοῦ * δένδρου * ἐκκοπέντος. κἀκεῖ τεθέαμαι ὄρος ἅγιον ὑποκάτω
Hen. 26 5 πᾶσαι φάραγγές εἰσιν βαθεῖαι ἐκ πέτρας στερεᾶς καὶ * δένδρον * οὐκ ἐφυτεύετο ἐπ' αὐτάς. καὶ ἐθαύμασα περὶ τῆς
Hen. 27 1 διὰ τί ἡ γῆ αὕτη ἡ εὐλογημένη καὶ πᾶσα πλήρης * δένδρων * αὕτη δὲ ἡ φάραγξ κεκατηραμένη ἐστίν; γῆ
Hen. 28 2 καὶ ἴδον αὐτὸ ἔρημον καὶ αὐτὸ μόνον πλήρης * δένδρων * καὶ ἀπὸ τῶν σπερμάτων ὕδωρ ἀνομβρον ἄνωθεν
Hen. 29 2 ἀνατολὰς τοῦ ὄρους τούτου ᾠχόμην καὶ ἴδον κρίσεως * δένδρα * πνέοντα ἀρωμάτων λιβάνων καὶ ζμύρνας καὶ τὰ
Hen. 29 2 δένδρα πνέοντα ἀρωμάτων λιβάνων καὶ ζμύρνας καὶ τὰ * δένδρα * αὐτῶν ὅμοια καρύαις. καὶ ἐπέκεινα τούτων ᾠχόμην
Hen. 30 2 καὶ ἴδον τόπον ἄλλον μέγαν φάραγγα ὕδατος ἐν ᾧ καὶ * δένδρον * χρόα ἀρωμάτων ὁμοίων σχίνῳ καὶ τὰ παρὰ τὰ χείλη
Hen. 31 1 ἀνατολάς. καὶ ἴδον ἄλλα ὄρη καὶ ἐν αὐτοῖς ἄλση * δένδρων * καὶ ἐκπορευόμενον ἐξ αὐτῶν νέκταρ τὸ καλούμενον
Hen. 31 2 πρὸς ἀνατολὰς τῶν περάτων τῆς γῆς καὶ πάντα τὰ * δένδρα * πλήρη ἐξαυτῆς ἐν ὁμοιώματι ἀμυγδάλων ὅταν
Hen. 32 3 παράδεισον τῆς δικαιοσύνης καὶ ἴδον μακρόθεν τῶν * δένδρων * τούτων δένδρα πλείονα καὶ μεγάλα δύο μὲν ἐκεῖ
Hen. 32 3 δικαιοσύνης καὶ ἴδον μακρόθεν τῶν δένδρων τούτων * δένδρα * πλείονα καὶ μεγάλα δύο μὲν ἐκεῖ μεγάλα σφόδρα
Hen. 32 3 σφόδρα καλὰ καὶ ἔνδοξα καὶ μεγαλοπρεπῆ καὶ τὸ * δένδρον * τῆς φρονήσεως οὗ ἐσθίουσιν ἅγιοι τοῦ καρποῦ
Hen. 32 4 αὐτοῦ καὶ ἐπίστανται φρόνησιν μεγάλην. ὅμοιον τὸ * δένδρον * ἐκεῖνο στροβιλέᾳ τὸ ὕψος τὰ δὲ φύλλα αὐτοῦ
Hen. 32 4 λίαν ἡ δὲ ὀσμὴ αὐτοῦ διέτρεχεν πόρρω ἀπὸ τοῦ * δένδρου. * τότε εἶπον ὡς καλὸν τὸ δένδρον καὶ ὡς ἐπίχαρι
Hen. 32 5 πόρρω ἀπὸ τοῦ δένδρου. τότε εἶπον ὡς καλὸν τὸ * δένδρον * καὶ ὡς ἐπίχαρι τῇ ὁράσει. τότε ἀπεκρίθη Ῥαφαὴλ
Hen. 32 6 Ῥαφαὴλ ὁ ἅγιος ἄγγελος ὁ μετ' ἐμοῦ ὢν τοῦτο τὸ * δένδρον * φρονήσεως ἐξ οὗ ἔφαγεν ὁ πατήρ σου. καὶ οἱ κύνες
Abr.1 3 2 τὸν οἶκον αὐτοῦ. κατὰ δὲ τῆς ὁδοῦ ἐκείνης ἵστατο * δένδρον * κυπάρισσος κατὰ πρόσταξιν θεοῦ τὸ δένδρον
Abr.1 3 3 ἵστατο δένδρον κυπάρισσος κατὰ πρόσταξιν θεοῦ τὸ * δένδρον * ἐβόησεν φωνὴν ἀνθρωπίνην καὶ εἶπεν ἅγιος ἅγιος
Abr.1 3 4 νομίσας ὅτι ὁ ἀρχιστράτηγος τὴν φωνὴν τοῦ * δένδρου * οὐκ ἤκουσεν. ἐλθόντες δὲ πλησίον ⟨τοῦ οἴκου ἐν
Abr.1 16 7 ἐκ τοῦ τρικλίνου αὐτοῦ καὶ ἐκαθέσθη ὑποκάτω τῶν * δένδρων * τῶν μαβρινῶν τὴν σιαγόνα αὐτοῦ τῇ χειρὶ κατέχων
Abr.1 19 9 τοῦ κρημνοῦ ἔδειξά σοι διότι πολλοὶ ἀπὸ ὕψους * δένδρων * ⟨ἢ⟩ κρημνοῦ κατερχόμενοι καὶ ἀνάπαρκτοι
Abr.2 3 2 ἔγγιστα τῆς πόλεως ὡς ἀπὸ σταδίων δύο καὶ ηὗρον * δένδρον * μέγαν ἐν τῇ ὁδῷ παμμεγέθει ἔχοντα κλάδους
Abr.2 6 10 λέγω ὅτι εἷς ἐστιν τῶν τριῶν τῶν ὑπὸ τῶν * δένδρων * Μαμβρῆ τῶν ἐπιξενωθέντων ἡμῖν ὅτε συναπῆλθες ⟨ἐν
Abr.2 6 13 μου ὅτι οὗτοί εἰσιν οἱ πόδες οὓς ἔπλυνα ὑπὸ τῶν * δένδρων * Μαμβρὴ ὑπάγοντες ῥύσασθαι τὸν ἀδελφὸν Λὼτ ἀπὸ
TLevi 9 12 καὶ ἀπαρτίζων πάλιν τὴν θυσίαν νίπτου. δώδεκα * δένδρων * ἀεὶ ἐχόντων φύλλα ἄναγε κυρίῳ ὡς κἀμὲ Ἀβραὰμ
Asen. 2 11 ἦσαν πεφυτευμένα ἐντὸς τῆς αὐλῆς παρὰ τὸ τεῖχος * δένδρα * ὡραῖα παντοδαπὰ καὶ καρποφόρα πάντα. καὶ ἦν ὁ
Asen. 2 12 ποταμὸς διὰ μέσης τῆς αὐλῆς καὶ ἐπότιζε πάντα τὰ * δένδρα * τῆς αὐλῆς ἐκείνης. καὶ ἐγένετο ἐν τῷ πρώτῳ ἔτει
Asen. 16 23 τῇ οἰκίᾳ τῆς Ἀσενὲθ καὶ ἐσκήνωσαν ἐπὶ τοῖς * δένδροις * τοῖς καρποφόροις. καὶ εἶπεν ὁ ἄνθρωπος τῇ
Sal. 12 3 αὐτοῦ ἐμπρῆσαι οἴκους ἐν γλώσσῃ ψευδεῖ ἐκκόψαι * δένδρα * εὐφροσύνης φλογιζούσης παρανόμους συγχέαι οἴκους
Jer. 5 1 Ἀβιμέλεχ ἤνεγκε τὰ σῦκα τῷ καύματι καὶ καταλαβὼν * δένδρον * ἐκάθισεν ὑπὸ τὴν σκιὰν αὐτοῦ τοῦ ἀναπαῆναι
Jer. 5 26 λαοῦ; καὶ ἀπελθὼν ἤνεγκον αὐτὰ καὶ ἐλθὼν ἐπί τι * δένδρον * τῷ καύματι ἐκάθισα τοῦ ἀναπαῆναι ὀλίγον καὶ
Jer. 9 3 εὐχὴν λέγων ἅγιος ἅγιος ἅγιος τὸ θυμίαμα τῶν * δένδρων * τῶν ζώντων τὸ φῶς τὸ ἀληθινὸν τὸ φωτίζον με ἕως
Jer. 9 14 ἑβδομηκονταεπτὰ καὶ ἔρχεται εἰς τὴν γῆν. καὶ τὸ * δένδρον * τῆς ζωῆς τὸ ἐν μέσῳ τοῦ παραδείσου φυτευθὲν
Jer. 9 14 ἐν μέσῳ τοῦ παραδείσου φυτευθὲν ποιήσει πάντα τὰ * δένδρα * τὰ ἄκαρπα ποιῆσαι καρπὸν καὶ αὐξηθήσονται καὶ
Jer. 9 15 καρπὸν καὶ αὐξηθήσονται καὶ βλαστήσουσι. καὶ τὰ * δένδρα * τὰ βεβλαστηκότα καὶ μεγαλαυχοῦντα καὶ λέγοντα
Jer. 9 15 τῶν κλάδων αὐτῶν καὶ ποιήσει αὐτὰ κριθῆναι τὸ * δένδρον * τὸ στηριχθέν. καὶ τὸ κόκκινον ὡς ἔριον λευκὸν
Sedr. 8 8 μοι Σεδρὰχ ἀφ' οὗ ἐκτίσθη ὁ οὐρανὸς καὶ ἡ γῆ πόσα * δένδρα * ἐγένοντο εἰς τὸν κόσμον καὶ πόσα ἔπεσον καὶ πόσα
SIb. 3 620 χάρμην μεγάλην θεὸς ἀνδράσι δώσει καὶ γὰρ γῆ καὶ * δένδρα * καὶ ἄσπετα ποίμνια μήλων δώσουσιν καρπὸν τὸν
SIb. 3 747 ⟨αὐτὰρ ἀπ' οὐρανόθεν μέλιτος γλυκεροῦ ποτὸν ἡδὺ * δένδρεά * τ' ἀκροδρύων καρπὸν καὶ πίονα μῆλα καὶ βόας ἔκ
SIb. 4 17 ζωὴν ὄμβροι θ' ἅμα καρπὸν ἀρούρης τίκτοντες καὶ * δένδρα * καὶ ἄμπελον ἠδὲ τ' ἐλαίην. οὗτός μοι μάστιγα διὰ

δεξιόομαι 2
Asen. 5 7 γῆν. καὶ κατέβη Ἰωσὴφ ἀπὸ τοῦ ἅρματος αὐτοῦ καὶ * ἐδεξιώσατο * αὐτοὺς ἐν τῇ δεξιᾷ αὐτοῦ. καὶ εἶδεν Ἀσενὲθ
Asen. 28 9 Ἀσενὲθ ἐκ τοῦ ὀχήματος τῆς σκέπης αὐτῆς καὶ * ἐδεξιώσατο * αὐτοὺς μετὰ δακρύων καὶ αὐτοὶ πεσόντες

δεξιός 62
Hen. 13 7 ἐκάθισα ἐπὶ τῶν ὑδάτων Δὰν ἐν γῇ Δὰν ἥτις ἐστὶν ἐκ * δεξιῶν * Ἑρμωνιειμ δύσεως ἀνεγίνωσκον τὸ ὑπόμνημα τῶν
Abr.1 12 8 πήχεων τριῶν ⟨καὶ τὸ πλάτος αὐτοῦ πήχεων ἓξ⟩ ἐκ * δεξιῶν * δὲ αὐτοῦ καὶ ἐξ ἀριστερῶν ἵσταντο δύο ἄγγελοι
Abr.1 12 12 καὶ ἀπεφήνατο τὰς ψυχάς οἱ δὲ δύο ἄγγελοι οἱ ⟨ἐκ * δεξιῶν * καὶ⟩ ἐξ ἀριστερῶν ⟨ἀπεγράφοντο⟩ καὶ ὁ δεξιὸς
Abr.1 12 12 ⟨ἐκ δεξιῶν καὶ⟩ ἐξ ἀριστερῶν ⟨ἀπεγράφοντο⟩ καὶ ὁ * δεξιὸς * ἀπεγράφετο τὰς δικαιοσύνας καὶ ὁ ἐξ ἀριστερῶν
Abr.1 13 9 σταθήσεται πᾶν ῥῆμα οἱ δὲ δύο ἄγγελοι οἱ ⟨ἐκ * δεξιῶν * καὶ⟩ ἐξ ἀριστερῶν ἐρχόμενοι ἀπογράφονται τὰς
Abr.1 13 9 τὰς ἁμαρτίας καὶ τὰς δικαιοσύνας ὁ μὲν ἐκ * δεξιῶν * ἄγγελος ἀπογράφεται ⟨τὰς δικαιοσύνας ὁ δὲ ἐξ
Abr.1 18 7 ἀλλὰ ὅμως λέγω σοι τὴν ἀλήθειαν καὶ γὰρ εἰ μὴ ἡ * δεξιὰ * χεὶρ τοῦ κυρίου ἦν μετὰ σοῦ ἐν τῇ ὥρᾳ ἐκείνῃ καὶ
Abr.1 20 8 δὲ ὁ θάνατος ⟨πρός⟩ τὸν Ἀβραὰμ δεῦρο ἄσπασαι τὴν * δεξιάν * μου χεῖραν καὶ ἔλθεῖν σοι ἱλαρότης καὶ ζωὴ καὶ
TSim. 2 12 ἐκώλυσεν ἀπ' ἐμοῦ δρᾶσιν χειρῶν ὅτι ἡ χεὶρ μου ἡ * δεξιὰ * ἡμίξηρος ἦν ἐπὶ ἡμέρας ἑπτά. καὶ ἔγνων τέκνα ὅτι
TLevi 6 1 τὸ ὄνομα τοῦ ὄρους Ἀσπὶς ὅ ἐστιν ἐγγὺς Γεβὰλ ἐκ * δεξιῶν * Ἀβιλὰ καὶ συνετήρουν τοὺς λόγους τούτους ἐν τῇ
TDan 3 6 παρανομίᾳ. τοῦτο τὸ πνεῦμα ἀεὶ μετὰ τοῦ ψεύδους ἐκ * δεξιῶν * τοῦ σατανᾶ πορεύεται ἵνα ἐν ὠμότητι καὶ ψεύδει
TBen. 10 6 καὶ Ἀβραὰμ καὶ Ἰσαὰκ καὶ Ἰακὼβ ἀνισταμένους ἐκ * δεξιῶν * ἐν ἀγαλλιάσει. τότε καὶ ἡμεῖς ἀναστησόμεθα
Asen. 2 12 πέπειρος ὥρα γὰρ ἦν θερισμοῦ. καὶ ἦν ἐν τῇ αὐλῇ ἐκ * δεξιῶν * πηγὴ ὕδατος πλουσίου ζῶντος καὶ ὑποκάτωθεν τῆς
Asen. 4 5 ἐκράτησε Πεντεφρῆς ὁ πατὴρ αὐτῆς τῇ χειρὶ αὐτοῦ τῇ * δεξιᾷ * τὴν χεῖρα τὴν δεξιὰν τῆς θυγατρὸς αὐτοῦ καὶ
Asen. 4 5 πατὴρ αὐτῆς τῇ χειρὶ αὐτοῦ τῇ δεξιᾷ τὴν χεῖρα τὴν * δεξιὰν * τῆς θυγατρὸς αὐτοῦ καὶ κατεφίλησεν αὐτὴν καὶ

Asen.     5    5   χειρὶ αὐτοῦ τῇ ἀριστερᾷ καὶ ἐν τῇ χειρὶ αὐτοῦ τῇ × δεξιᾷ × εἶχεν ἐκτεταμένον κλάδον ἐλαίας καὶ ἦν πλῆθος
Asen.     5    7   ἀπὸ τοῦ ἅρματος αὐτοῦ καὶ ἐδεξιώσατο αὐτοὺς ἐν τῇ × δεξιᾷ × αὐτοῦ. καὶ εἶδεν Ἀσενὲθ τὸν Ἰωσὴφ ἐπὶ τοῦ
Asen.     8    5   τὸν Ἰωσὴφ ἐξέτεινεν Ἰωσὴφ τὴν χεῖρα αὐτοῦ τὴν × δεξιὰν × καὶ ἔθηκε πρὸς τὸ στῆθος αὐτῆς ἀνάμεσον τῶν δύο
Asen.     8    9   φοβούμενος τὸν θεόν. καὶ ἐπῆρε τὴν χεῖρα αὐτοῦ τὴν × δεξιὰν × καὶ ἔθηκεν ἐπάνω τῆς κεφαλῆς αὐτῆς καὶ εἶπεν
Asen.    11    2   τοὺς δακτύλους αὐτῆς τῶν χειρῶν ἐπὶ τὸ γόνυ τὸ × δεξιὸν × καὶ τὸ στόμα αὐτῆς ἦν κεκλεισμένον καὶ οὐκ
Asen.    15   14   λάλησον. καὶ ἐξέτεινεν Ἀσενὲθ τὴν χεῖρα αὐτῆς τὴν × δεξιὰν × καὶ τέθηκεν ἐπὶ τῶν γονάτων αὐτοῦ καὶ εἶπεν αὐτῷ
Asen.    16   13   αὐτὴν πρὸς ἑαυτὸν καὶ ἐξέτεινε τὴν χεῖρα αὐτοῦ τὴν × δεξιὰν × καὶ ἐκράτησε τὴν κεφαλὴν αὐτῆς καὶ ἐπέεσεισε τῇ
Asen.    16   13   τὴν κεφαλὴν αὐτῆς καὶ ἐπέεσεισε τῇ χειρὶ αὐτοῦ τῇ × δεξιᾷ × τὴν κεφαλὴν αὐτῆς. καὶ ἐφοβήθη Ἀσενὲθ τὴν χεῖρα
Asen.    16   15   καὶ ἐξέτεινεν ὁ ἄνθρωπος τὴν χεῖρα αὐτοῦ τὴν × δεξιὰν × καὶ ἀπέκλασεν ἀπὸ τοῦ κηρίου μέρος μικρὸν καὶ
Asen.    16  16B   τῶν αἰώνων). καὶ ἐξέτεινε· νε τὴν χεῖρα αὐτοῦ τὴν × δεξιὰν × ὁ ἄνθρωπος καὶ ἥψατο τοῦ κηρίου οὗ ἀπέκλασε καὶ
Asen.    16   17   καὶ πάλιν ὁ ἄνθρωπος ἐξέτεινε τὴν χεῖρα αὐτοῦ τὴν × δεξιὰν × καὶ ἐπέθηκε τὸν δάκτυλον αὐτοῦ εἰς τὸ ἄκρον τοῦ
Asen.    17    3   λελάληκα πρός σε σήμερον. καὶ ἐξέτεινε τρίτον τὴν × δεξιὰν × χεῖρα αὐτοῦ ὁ ἄνθρωπος καὶ ἥψατο τῆς ⟨πληγῆς⟩ τοῦ
Asen.    18    3   ἐλυπήθη καὶ ἔκλαυσε καὶ ἔλαβε τὴν χεῖρα αὐτῆς τὴν × δεξιὰν × καὶ κατεφίλησεν καὶ εἶπεν τί σοί ἐστι
Asen.    20    5   μέγα πεποίηκα. καὶ ἐκράτησε τὴν χεῖρα αὐτοῦ τὴν × δεξιὰν × καὶ εἰσήγαγεν αὐτὸν εἰς τὴν οἰκίαν αὐτῆς καὶ
Asen.    20    5   μετὰ ταῦτα ἐκράτησεν Ἰωσὴφ τὴν χεῖρα αὐτῆς τὴν × δεξιὰν × καὶ κατεφίλησεν αὐτὴν καὶ Ἀσενὲθ κατεφίλησε τὴν
Asen.    20    5   κατεφίλησε τὴν κεφαλὴν αὐτοῦ καὶ ἐκάθισεν ἐκ × δεξιῶν × αὐτοῦ. καὶ ἦλθον ὁ πατὴρ καὶ ἡ μήτηρ αὐτῆς καὶ
Asen.    21    5   ἀρχῆς καὶ ἄνωθεν καὶ ἔστησε Φαραὼ τὴν Ἀσενὲθ ἐκ × δεξιῶν × τοῦ Ἰωσὴφ καὶ ἐπέθηκε τὰς χεῖρας αὐτοῦ ἐπὶ τὰς
Asen.    21    6   τὰς χεῖρας αὐτοῦ ἐπὶ τὰς κεφαλὰς αὐτῶν καὶ ἡ × δεξιὰ × χεὶρ αὐτοῦ ἦν ἐπὶ τῆς κεφαλῆς Ἀσενὲθ καὶ εἶπε
Asen.    22   12   ἐφθόνουν καὶ ἤχθραινον αὐτοῖς. καὶ ἦν Λευὶς ἐκ × δεξιῶν × τῆς Ἀσενὲθ καὶ Ἰωσὴφ ἐξ εὐωνύμων. καὶ ἐκράτησεν
Asen.    23    2   ὑπὲρ πάντας ἀνθρώπους ἐπὶ τῆς γῆς καὶ ἐν ταῖς × δεξιαῖς × ὑμῶν ταύταις κατέστραπται ἡ πόλις τῶν Σικημιτῶν
Asen.    23    8   τῶν ἀνθρώπων. καὶ ἐπάτησε Λευὶς τῷ ποδὶ αὐτοῦ τὸν × δεξιὸν × πόδα τοῦ Συμεὼν καὶ ἔθλιψεν αὐτὸν καὶ ἐσήμανεν
Asen.    23   13   τῇ πονηρᾷ ἰδοὺ αἱ ῥομφαῖαι ἡμῶν ἐσπασμέναι ἐν ταῖς × δεξιαῖς × ἡμῶν εἰσιν σου. καὶ εἵλκυσαν τὰς ῥομφαίας
Asen.    23   16   αὐτῶν. καὶ ἐξέτεινε Λευὶς τὴν χεῖρα αὐτοῦ τὴν × δεξιὰν × καὶ ἐκράτησεν αὐτὸν καὶ εἶπεν αὐτῷ ἀνάστηθι καὶ
Asen.    26    6   αὐτῶν καὶ ⟨ἔλαβον⟩ τὰ δόρατα αὐτῶν ἐν ταῖς × δεξιαῖς × χερσὶν αὐτῶν καὶ κατεδίωξαν ὀπίσω τῆς Ἀσενὲθ
Asen.    28   14   βασίλισσα ἡμῶν σήμερον. καὶ ἐξέτεινεν Ἀσενὲθ τὴν × δεξιὰν × αὐτῆς χεῖρα καὶ ἥψατο τῆς γενειάδος τοῦ Συμεὼν
Asen.    28   15   αὐτὴ Λευὶς καὶ κατεφίλησε τὴν χεῖρα αὐτῆς τὴν × δεξιὰν × καὶ ἔγνω ὅτι σῶσαι ἤθελε τοὺς ἄνδρας ἐκ τῆς ὀργῆς
Sal.     13    1   κυρίου. τῷ Σαλωμὼν ψαλμὸς παράκλησις τῶν δικαίων. × δεξιὰ × κυρίου ἐσκέπασέν με δεξιὰ κυρίου ἐφείσατο ἡμῶν ὁ
Sal.     13    1   παράκλησις τῶν δικαίων. δεξιὰ κυρίου ἐσκέπασέν με × δεξιὰ × κυρίου ἐφείσατο ἡμῶν ὁ βραχίων κυρίου ἔσωσεν ἡμᾶς
Jer.      6    1   ἰδοὺ ἄγγελος κυρίου ἦλθε καὶ κρατήσας αὐτοῦ τῆς × δεξιᾶς × χειρὸς ἀπεκατέστησεν αὐτὸν εἰς τὸν τόπον ὅπου ἦν
Jer.      7   12   ὁ κύριος δώῃ σοι δύναμιν. καὶ μὴ ἐκκλίνῃς εἰς τὰ × δεξιὰ × μήτε εἰς τὰ ἀριστερὰ ἀλλ' ὡς βέλος ὕπαγον ὀρθῶς
Bar.      6    7   καὶ ἥπλωσε τὰς πτέρυγας αὐτοῦ καὶ εἶδον εἰς τὰ × δεξιὰ × πτερὸν αὐτοῦ γράμματα παμμεγέθη ὡς ἅλωνος τόπον
Prop.     2    6   ὅθεν καὶ ἀργόλαι καλοῦνται τοῦτ' ἔστιν Ἄργους × δεξιοὶ × λαιὰν γὰρ λέγουσι πᾶν εὐώνυμον. οὗτος ὁ Ἱερεμίας
Esdr.     3    7   καὶ εἶπεν ὁ προφήτης καὶ πῶς ἔχει δοξάζεσθαι ἡ × δεξιά × σου; καὶ εἶπεν ὁ θεὸς ἐγὼ δοξάζομαι ὑπὸ τῶν
Esdr.     4   29   τοῦ προσώπου αὐτοῦ ὡσεὶ ἀγροῦ ὁ ὀφθαλμὸς ἐκ × δεξιὸς × ὡς ἀστὴρ τῷ πρωΐ ἀνατέλλων καὶ ὁ ἕτερος ἀσάλευτος
Job      33    3   ἐστίν, καὶ ἡ τούτου δόξα καὶ ἡ εὐπρέπεια ἐκ × δεξιᾶ × τοῦ πατρός ἐστιν. ὁ κόσμος ὅλος παρελεύσεται καὶ
Aris.   179    5   ἐκείνοις πρῶτον σεβασμὸν ἀποδοῦναι μετὰ ταῦτα τὴν × δεξιὰν × ὑμῖν προτεῖναι διὸ πεποίηκα τοῦτο πρῶτον. μεγάλην
FJub.    38    2   ὑπὸ τοῦ Ἰούδα ἐνέτεινε τόξον καὶ πλήξας κατὰ τοῦ × δεξιοῦ × μαζοῦ τὸν Ἡσαῦ κατέβαλε. τοῦ δὲ θανόντος
FEll.     4  228   ἡ κεφαλὴ αὐτοῦ φλὸξ πυρὸς ὁ ὀφθαλμὸς αὐτοῦ ὁ × δεξιὸς × κέκραται αἵματος. ὁ δὲ εὐώνυμος χαροπὸς ἔχων δύο
FEll.     4  228   αὐτοῦ λευκὰ τὸ δὲ χεῖλος αὐτοῦ τὸ κάτω μέγα ὁ × δεξιὸς × αὐτοῦ μηρὸς λεπτὸς καὶ οἱ πόδες αὐτοῦ πλατεῖς
FEz.  64 70   10   με καὶ γίνομαί σοι ὀφθαλμοὶ ἄνωθεν ὁδηγῶν σε × δεξιὰ × καὶ εὐώνυμα. τοῦτο δὲ ποιήσαντες κατέβησαν εἰς τὸν
HEup.  9  34    7   πηχῶν δέκα στῆσαι δὲ αὐτοῦς τοῦ οἴκου ὃν μὲν ἐκ × δεξιῶν × ὃν δὲ ἐξ εὐωνύμων. ποιῆσαι δὲ καὶ λυχνίας χρυσᾶς
HEup.  9  34    8   στῆσαι δ' ἐξ ἑκατέρου μέρους τοῦ σηκοῦ τὰς μὲν ἐκ × δεξιῶν × τὰς δὲ ἐξ εὐωνύμων. ποιῆσαι δ' αὐτῶν καὶ λύχνους
HEup.  9  34    9   καὶ στῆσαι ἐξ ὑστέρου μέρους ὑπὸ τὸν λουτῆρα ἐκ × δεξιῶν × τοῦ θυσιαστηρίου. ποιῆσαι δὲ καὶ βάσιν χαλκῆν τῷ
LEze.  9  29  5 05   ἔχοντα καὶ μέγα σκῆπτρον χερὶ εὐωνύμῳ μάλιστα. × δεξιᾷ × δέ μοι ἔνευσε κἀγὼ πρόσθεν ἐστάθην θρόνου.
LEze.  9  29 14 09   τόπους ἱππεῖς δ' ἔταξε τοὺς μὲν ἐξ εὐωνύμων ἐκ × δεξιῶν × δὲ πάντας Αἰγυπτίου στρατοῦ. τὸν πάντα δ' αὐτῶν
LAri. 13  12    6   τοῦ γὰρ καὶ γένος ἐσμὲν ὁ δ' ἤπιος ἀνθρώποισι × δεξιὰ × σημαίνει λαοὺς δ' ἐπὶ ἔργον ἐγείρει μιμνήσκων
LAri. 13  12    6   βῶλος ἀρίστη βουσὶ τε καὶ μακέλῃσι λέγει δ' ὅτε × δεξιαὶ × ὧραι καὶ φυτὰ γυρῶσαι καὶ σπέρματα πάντα

δεξιτερός                          1
IOrp.         35   εἰνὶ θρόνῳ γαίῃ δ' ὑπὸ ποσσὶ βέβηκε χεῖρά τε × δεξιτερήν × ἐπὶ τέρματος ὠκεανοῖο πάντοθεν ἐκτέτακεν περὶ

δεόντως                            4
Aris.    54    4   τῶν ὑπ' αὐτοῦ κατεσκευασμένων οἷς καθῆκε ποιῶνται × δεόντως. × οὐ γὰρ ἕνεκεν σπάνεως χρυσοῦ τὰ
Aris.   122    8   καὶ τὸ συνακούειν καὶ πρὸς ἕκαστον ἀποκρίνεσθαι × δεόντως × παραδεδειγμένοι καὶ πάντες ταῦτα συντηροῦντες καὶ
Aris.   256    6   ἐκβαινούσας καὶ τὰ πρὸς τὸν καιρὸν πράσσειν × δεόντως × μετριοπαθῆ καθεστῶτα. ἵνα δ' ἐπίσταιν τούτων
Aris.   299    3   πρὸ τοῦ χρηματισμοῦ παραναγινώσκεται καὶ εἴ τι μὴ × δεόντως × γέγονε διορθώσεως τυγχάνει τὸ πεπραγμένον. πάντ'

δέρκηθρον ×                        1
LPhi.  9  37    1   νηχόμενος δ' ἐφύπερθε τὸ θαμβηέστατον ἄλλο × δέρκηθρον × συναοιδᾷ μεγιστούχοιο λοετροῖς ῥεύματος

δέρκομαι                           1
IOrp.        19   ποτε δεῦρ' ἐπὶ γαῖαν τέκνον ἐμὸν δείξω σοι ὁπηνίκα × δέρκομαι × αὐτοῦ ἴχνια καὶ χεῖρα στιβαρὴν κρατεροῖο θεοῖο.

δέρμα                              1
TLevi 18 2B 037   καὶ ᾧ ἂν περισσεύσῃ τοῦ ἁλὸς ἄλισον ἐν αὐτῷ τὸ × δέρμα × καὶ τῷ ταύρῳ τῷ δευτέρῳ τὰ πέντε μέρη ἀπὸ τῶν ἓξ

δέρρις                             3
Asen.    10    2   ἔσπευσεν Ἀσενὲθ καὶ καθεῖλεν ἐκ τῆς θυρίδος τὴν × δέρριν × τοῦ καταπετάσματος καὶ ἔπλησεν αὐτὴν τέφρας ἐκ
Asen.    10   14   οἱ ἀλλότριοι. καὶ μετὰ ταῦτα ἔλαβεν Ἀσενὲθ τὴν × δέρριν × τῆς τέφρας καὶ κατέχεεν αὐτὴν ἐπὶ τὸ ἔδαφος. καὶ
Asen.    10   14   καὶ κατέχεεν αὐτὴν ἐπὶ τὸ ἔδαφος. καὶ ἔλαβε τὴν × δέρριν × τοῦ σάκκου καὶ περιεζώσατο περὶ τὴν ὀσφὺν αὐτῆς.

δέσις                              1
LEze  9  29  8 02   μὴ προσεγγίσῃς Μωσῆ πρὶν ἢ τῶν σῶν ποδῶν λῦσαι × δέσιν × ἁγία γὰρ ἧς σὺ γῆς ἐφέστηκας πέλει ὁ δ' ἐκ βάτου

δέσμη                              2
LEze.  9  29 13 11   χθονὸς κεκλήσεται δὲ πᾶς. καὶ ὅταν θύσητε δὲ × δέσμην × λαβόντες χερσὶν ὑσσώπου κόμης εἰς αἷμα βάψαι καὶ

δέσμιος                            2
Jer.      7   11   καλὴν φάσιν ταύτην τῷ Ἱερεμίᾳ καὶ τοῖς σὺν αὐτῷ × δεσμίοις × ἵνα εὖ σοι γένηται ἄρον τὸν χάρτην τοῦτον τῷ
LEze.  9  29 14 41   ἁρμάτων δ' ἄφνω τροχοὶ οὐκ ἐστρέφοντο × δέσμιοι × δ' ὡς ἥρμοσαν. ἀπ' οὐρανοῦ δὲ φέγγος ὡς πυρὸς

δεσμός                             
Hen.     14    5   οὐρανὸν ἀναβῆτε ἐπὶ πάντας τοὺς αἰῶνας καὶ ἐν τοῖς × δεσμοῖς × τῆς γῆς ἐρρέθη δῆσαι ὑμᾶς εἰς πάσας τὰς γενεὰς
TJos.     1    6   με ἐν φυλακῇ ἤμην καὶ ὁ σωτὴρ ἐχαρίτωσέ με ἐν × δεσμοῖς × καὶ ἔλυσέ με ἐν διαβολαῖς καὶ συνηγόρησέ μοι ἐν
TJos.     2    4   ἐγκαταλίπῃ τοὺς φοβουμένους αὐτὸν οὐκ ἐν σκότει ἢ × δεσμοῖς × ἢ θλίψεσιν ἢ ἀνάγκαις οὐ γὰρ ὡς ἄνθρωπος
TJos.     9    1   πληρῶσαι τὴν ἐπιθυμίαν μου καὶ λυτρῶσαι σε τῶν × δεσμῶν × καὶ ἀπαλλάξω σε τοῦ σκότους. καὶ οὐδὲ ἕως ἐννοιῶν
Asen.    20    1   καὶ περιεπλάκησαν ἀλλήλοις ἐπιπολὺ καὶ ἐσφίγξαν τὰ × δεσμὰ × τῶν χειρῶν αὐτῶν. καὶ εἶπεν Ἀσενὲθ τῷ Ἰωσὴφ
Aris.   265    4   ἀγάπησις ἀπεκρίνατο. διὰ γὰρ τούτων ἄλυτος εὐνοίας × δεσμὸς × γίνεται. τὸ δὲ γίνεσθαι κατὰ προαίρεσιν αὐτῶν ὁ
Sib.      3  150   δέ τοι παῖδας συναγείρατο Τιτὰν καὶ ῥ' εἶχ' ἐν × δεσμοῖσι × Κρόνον Ῥείην τε σύνευνον κρύψεν δ' ἐν γαίῃ καὶ
Sib.      3  528   ἁπαλὰς τρυφεροῖς ποσὶ πρόσθε πεσούσας ὄψονται × δεσμοῖσιν × ὑπ' ἐχθρῶν βαρβαροφώνων πᾶσαν ὕβριν δεινὴν
Sib.      3  792   παρὰ φάτνῃ ὡς βοῦς καὶ παῖδες μάλα νήπιοι ἐν × δεσμοῖσιν × ἄξουσιν πηρὸν γὰρ ἐπὶ χθονὶ θῆρα ποιήσει. σὺν
FMan.  2  22   13   ἀπὸ πλήθους τῶν ἀδικιῶν μου κατακαμπτόμενος πολλῷ × δεσμῷ × σιδήρου διότι παρώργισα τὸν θυμόν σου καὶ τὸ
LPhi.  9  20    1   ὡς ποτε θεσμὸς Ἀβραὰμ κλυτοηχὲς ὑπερτέρῳ ἄμματι × δεσμῶν × παμφαὲς πλήμμυρε μεγαυχήτοισι λογισμοῖς θειοφιλῆ

δεσμοφύλαξ                         1
TJos.     2    3   καὶ ἔδωκέ με κύριος εἰς οἰκτιρμοὺς ἐνώπιον τοῦ × δεσμοφύλακος. × οὐ μὴ γὰρ ἐγκαταλίπῃ τοὺς φοβουμένους

δεσμωτήριον                        6
Hen.     10   13   τὸ χάος τοῦ πυρὸς καὶ εἰς τὴν βάσανον καὶ εἰς τὸ × δεσμωτήριον × συγκλείσεως αἰῶνος. καὶ ὃς ἂν κατακαυθῇ καὶ
Hen.    10B   13   τὸ χάος τοῦ πυρὸς καὶ εἰς τὴν βάσανον καὶ εἰς τὸ × δεσμωτήριον × τῆς συγκλείσεως τοῦ αἰῶνος. καὶ ὃς ἂν
Hen.     18   14   οὗτός ἐστιν ὁ τόπος τὸ τέλος τοῦ οὐρανοῦ καὶ γῆς × δεσμωτήριον × τοῦτο ἐγένετο τοῖς ἄστροις καὶ ταῖς
Hen.     21   10   τῆς προσόψεως τῆς δεινῆς. καὶ εἶπεν οὗτος ὁ τόπος × δεσμωτήριον × ἀγγέλων ὧδε συνσχεθήσονται μέχρι αἰῶνος εἰς
HDem.  9  21   11   δεκαεπτὰ καὶ πραθῆναι αὐτὸν εἰς Αἴγυπτον καὶ ἐν τῷ × δεσμωτηρίῳ × μεῖναι ἔτη δεκατρία ὥστ' εἶναι αὐτῶν ἐτῶν
HArt.  9  27   23   τάς τε θύρας πάσας αὐτομάτως ἀνοιχθῆναι τοῦ × δεσμωτηρίου × καὶ τῶν φυλάκων οὓς μὲν τελευτῆσαι τινὰς δὲ

δεσπόζω                            1
Job      45    4   μου διαμερίζω ὑμῖν πάντα ὅσα μοι ὑπάρχει, πρὸς τὸ × δεσπόζειν × ἕκαστον τοῦ μέρους ἑαυτοῦ ἀκωλύτως. οἱ δὲ

δέσποινα                           8
TJos.    16    3   ἀνεχώρησεν. ὁ δὲ εὐνοῦχος πειραθεὶς αὐτῶν δηλοῖ τῇ × δεσποίνῃ × ὅτι πολλὴν αἰτοῦσι τιμὴν τοῦ παιδός. ἡ δὲ
Asen.    10    5   κλαυθμοῦ τῆς Ἀσενὲθ καὶ εἶπον αὐτῇ τί σοί ἐστι × δέσποινά × μου καὶ τίς ἐστιν ἡ καλλονὴ αὕτη ἡ μεγάλη καὶ
Asen.    18   11   ἐπὶ τοὺς πόδας αὐτῆς καὶ εἶπεν τί ἐστι τοῦτο × δέσποινά × μου καὶ τίς ἐστιν ἡ καλλονὴ αὕτη ἡ μεγάλη καὶ
Asen.    28    2   καὶ εἶπον ἐλέησον ἡμᾶς τοὺς δούλους σου διότι × δέσποινα × ἡμῶν σὺ εἶ καὶ βασίλισσα. καὶ ἡμεῖς
Asen.    28    6   τινι ἀνθρώπῳ. λοιπὸν ἡμεῖς ἴσμεν τοῖς δούλοις σου × δέσποινα × ἐνώπιον αὐτῶν. καὶ εἶπεν αὐτοῖς Ἀσενὲθ
Asen.    28   12   ὑμῶν Ἰσραήλ. καὶ εἶπεν αὐτῇ Συμεὼν ἵνα τί ἡ × δέσποινα × ἡμῶν λαλεῖ ἀγαθὰ ὑπὲρ τῶν ἐχθρῶν αὐτῆς; οὐχὶ
Asen.    28   13   τοῦ ἀδελφοῦ ἡμῶν Ἰωσὴφ ἤδη τοῦτο δὶς καὶ κατὰ σου × δέσποινα × καὶ βασίλισσα ἡμῶν σήμερον. καὶ ἐξέτεινεν
Sib.      3  359   οὐκ ἐνὶ κόσμῳ πολλάκι δ' ἀβρὴν σεῖο κόμην × δέσποινά × τε κείρει ἠδὲ δίκην διέπουσα ἀπ' οὐρανόθεν ποτὶ

δεσπότης 50
Adam 8 1 ὀργίσθη ἡμῖν ὁ θεός. καὶ ἐλθὼν ἐν τῷ παραδείσῳ ὁ * δεσπότης * ἔθηκε τὸν θρόνον αὐτοῦ καὶ ἐκάλησε φωνῇ φοβερᾷ
Adam 19 2 ὀμόσω σοι. πλὴν ὃ οἶδα λέγω σοι μὰ τὸν θρόνον τοῦ * δεσπότου * καὶ τὰ Χερουβὶμ καὶ τὸ ξύλον τῆς ζωῆς ὅτι δώσω
Adam 23 2 φοβοῦμαι ὅτι γυμνός εἰμι καὶ ᾐδέσθην τὸ κράτος σου * δέσποτα. * λέγει αὐτῷ ὁ θεὸς τίς σοι ὑπέδειξεν ὅτι γυμνὸς
Adam 42 5 μετὰ δὲ τὸ τελέσαι αὐτῆς τὴν εὐχὴν λέγει κύριε * δέσποτα * θεὲ πάσης ἀρετῆς μὴ ἀπαλλοτριώσῃς με τοῦ σώματος
Abr.1 1 4 τὸ ἄδηλον τοῦ βίου πέρας. προσκαλεσάμενος τοίνυν ὁ * δεσπότης * θεὸς τὸν ἀρχάγγελον Μιχαὴλ αὐτοῦ καὶ εἶπεν πρὸς
Abr.1 1 7 μέλλει ἐκδημεῖν ἐκ τοῦ σώματος καὶ πρὸς τὸν ἴδιον * δεσπότην * ἀπελεύσει ἐν ἀγαθοῖς. ἐξελθὼν δὲ ὁ
Abr.1 4 5 καὶ ἔστη ἐνώπιον τοῦ θεοῦ καὶ εἶπεν πρὸς τὸν * δεσπότην. * κύριε κύριε ἵνα γινώσκῃ τὸ σὸν κράτος ὅτι ἐγὼ
Abr.1 8 2 εἶπεν δὲ καὶ τοῦτο ὁ ἀρχιστράτηγος πρὸς τὸν * δεσπότην * ὅτι καὶ τοῦτο λέγει ὁ φίλος σου Ἀβραὰμ ὅτι οὐ
Abr.1 8 3 μή σε ἀκολουθήσω ἀλλ' ὅτι κελεύεις ποίησον ἀρτίως * δέσποτα * παντοκράτορ ὅτι κελεύει ἡ σὴ δόξα καὶ βασιλεία ἡ
Abr.1 9 6 ἀλλὰ μίαν αἴτησιν αἰτοῦμαι παρά σου καὶ νῦν * δέσποτα * κύριε εἰσάκουσον τῆς δεήσεώς μου ἔτι ἐν τούτῳ
Abr.1 9 6 τὰ ποιήματα ⟨πάντα⟩ ὅσα διὰ λόγου ἑνὸς συνεστήσω * δέσποτα * καὶ ὅτε ἴδω ταῦτα τότε καὶ νῦν ἐὰν μετέλθω τοῦ
Abr.1 11 4 καὶ ἦν ἡ ἰδέα τοῦ ἀνδρὸς ἐκείνου φοβερὰ ὁμοία τοῦ * δεσπότου * καὶ εἶδον ψυχὰς πολλὰς ἐλαυνομένας ὑπὸ ἀγγέλων
Abr.1 13 7 καὶ πᾶσα πνοὴ καὶ πᾶσα κτίσις τὸ δὲ τρίτον ὑπὸ τοῦ * δεσπότου * θεοῦ τῶν ἁπάντων κριθήσεται πᾶς ἄνθρωπος καὶ
Abr.1 15 9 σὺ τοῦτο λέγεις; ὁ δὲ ἀρχιστράτηγος εἶπεν ἅπερ ὁ * δεσπότης * ἐκέλευσεν κἀγώ σοι λέγω. εἶπεν δὲ Ἀβραὰμ οὐ μὴ
Abr.1 16 2 ἀπελθὼν Μιχαὴλ εἶπεν τὸν θάνατον δεῦρο καλεῖ σε ὁ * δεσπότης * τῆς κτίσεως ὁ ἀθάνατος βασιλεύς. ἀκούσας δὲ ὁ
Abr.1 16 3 στένων καὶ τρέμων ἀπεκδεχόμενος⟩ τὴν κέλευσιν τοῦ * δεσπότου. * λέγει οὖν ὁ ἀόρατος θεὸς τὸν θάνατον δεῦρο οὖν
Abr.1 20 12 εἰς τὸν οὐρανὸν ψάλλοντες τὸν τρισάγιον ὕμνον τῷ * δεσπότῃ * τῶν ὅλων θεῷ καὶ ἔστησαν αὐτὸν εἰς προσκύνησιν
TLevi 2 3B008 καὶ ὕβριν ἀπόστρεψον ἀπ' ἐμοῦ. δειχθήτω μοι * δέσποτα * τὸ πνεῦμα τὸ ἅγιον καὶ βουλὴν καὶ σοφίαν καὶ
TLevi 2 3B014 ἀπὸ προσώπου τῆς γῆς καθάρισον τὴν καρδίαν μου * δέσποτα * ἀπὸ πάσης ἀκαθαρσίας καὶ προσάρωμαι πρός σε
TLevi 18 2B013 ηὐφράνθη. καὶ ὅτε ἔγνω ὅτι ἐγὼ ἱεράτευσα τῷ κυρίῳ * δεσπότῃ * τοῦ οὐρανοῦ ἤρξατο διδάσκειν με τὴν κρίσιν
TJos. 3 2 τῶν ἐμῶν ἐὰν ἐπιδῷς σεαυτὸν εἰς ἐμὲ καὶ ἔσῃ ὡς * δεσπότης * ἡμῶν. ἐγὼ οὖν ἐμνησκόμην λόγους πατρός μου
Bar. 1 περὶ ὧν κελεύματι θεοῦ ἀρρήτων εἶδεν. εὐλόγησον * δέσποτα. * ἀποκάλυψις Βαροὺχ ὅς ἔστιν ἐπὶ ποταμοῦ Γέλ.
Esdr. 2 23 τὴν Ἱερουσαλὴμ καὶ ἀνορθώσας αὐτὴν ἐλέησον * δέσποτα * τοὺς ἁμαρτωλοὺς ἐλέησον τὴν σὴν πλάσιν
Esdr. 4 5 φορῶ ἀλλ' οὐδὲ παύσομαι δικαζόμενός σε. θέλω * δέσποτα * ἰδεῖν καὶ τὰ κατώτερα μέρη τοῦ ταρτάρου. καὶ
Esdr. 5 1 γένους τῶν ἀνθρώπων. καὶ εἶπεν ὁ προφήτης ἐλέησον * δέσποτα * τὸ γένος τῶν Χριστιανῶν. καὶ ἴδον γυναῖκα
Esdr. 5 6 οὐ γυνὴ μετὰ ἀνδρός. καὶ ἔκλαυσα καὶ εἶπον ὦ * δέσποτα * κύριε ἐλέησον τοὺς ἁμαρτωλούς. καὶ ἐν τῷ λέγειν
Esdr. 5 16 τότε ὅταν εἰς κρίσιν ἔλθῃς. καὶ εἶπον πρὸς τὸν * δεσπότην * κύριε τί ἔπλασας τὸν ἄνθρωπον καὶ εἰς κρίσιν
Esdr. 5 26 καὶ εἶδον ἐκεῖ μεγάλα κριτήρια καὶ εἶπον πρὸς τὸν * δεσπότην * ὦ δέσποτα κύριε καὶ τίς ἄρα ἄνθρωπος γεννηθεὶς
Esdr. 5 26 ἐκεῖ μεγάλα κριτήρια καὶ εἶπον πρὸς τὸν δεσπότην ὦ * δέσποτα * κύριε καὶ τίς ἄρα ἄνθρωπος γεννηθεὶς οὐχ ἥμαρτε;
Esdr. 6 23 τότε ἤρξατο λέγειν ὁ προφήτης μετὰ δακρύων ὦ * δέσποτα * τί ὠφέλησα δικαζόμενός σε καὶ μέλλω εἰς γῆν
Sedr. 1 δευτέρας παρουσίας τοῦ κυρίου ἡμῶν Ἰησοῦ Χριστοῦ. * δέσποτα * εὐλόγησον. καὶ φωνὴν ἀοράτως ἐδέξατο ἐν ταῖς
Sedr. 5 1 τοῦ ξύλου. λέγει αὐτῷ Σεδρὰχ σοῦ θελήματος ἠπατήθη * δέσποτά * μου ὁ Ἀδάμ. σὺ ἐκέλευσας τοὺς ἀγγέλους σου τὸν
Sedr. 5 7 ἄνθρωπος τί ἄρα ἔχει ποιῆσαι αὐτῷ; ἀλλὰ ἐλέησον * δέσποτα * καὶ κατάλυσον τὰς κολάσεις εἰ δὲ μὴ δέξαι καὶ
Sedr. 7 1 μοιχαλὶς καὶ ἁμαρτωλός. λέγει αὐτῷ Σεδρὰχ σὺ * δέσποτα * ἔπλασας τὸν ἄνθρωπον οἶδας ποταπῆς βουλῆς ἦν καὶ
Sedr. 7 8 κύριε κακὸν ἀντὶ κακοῦ μὴ ἀποδώσῃς; πῶς ἐστιν * δέσποτα; * τῆς θεότητός σου ὁ λόγος οὐδέποτε ψεύδεται καὶ
Sedr. 8 3 αὐτὸν ἐν νυκτὶ καὶ ἡμέρᾳ. λέγει Σεδρὰχ οἶδα * δέσποτα * ὅτι εἰς τὰ κτήματά σου πρῶτον ἠγάπησας τὸν
Sedr. 8 4 Ἱερουσαλὴμ καὶ ταῦτα πάντα ἀγαπᾷ καὶ ὁ ἄνθρωπος * δέσποτά * μου. λέγει ὁ θεὸς τὸν Σεδρὰχ ἐρωτῶ σε ἕνα λόγον
Sedr. 16 8 ὁ δοῦλος τοῦ θεοῦ Σεδρὰχ ἄρτι λαβὲ τὴν ψυχήν μου * δέσποτα. * καὶ ἔλαβεν αὐτὸν ὁ θεὸς καὶ ἔθηκεν αὐτὸν ἐν τῷ
Job 7 9 μὴ ἤμην, ἐποίησα ἂν καθὼς προσετάχθη μοι ὑπὸ τοῦ * δεσπότου * μου. καὶ ὑποστρέψασα προσήνεγκεν αὐτῷ τὸν
Job 38 1 τοῦ κυρίου; ἢ ὅλως ἂν πταίσῃ μου τὸ στόμα εἰς τὸν * δεσπότην; * μὴ γένοιτο τίνες γάρ ἐσμέν πολυπραγμονοῦντες
Job 50 2 γὰρ ἐν τῇ διαλέκτῳ τῶν Χερουβὶμ δοξολογοῦσα τὸν * δεσπότην * τῶν ἀρετῶν ἐνδειξαμένη τὴν δόξαν αὐτῶν καὶ ὁ
FEsd. 7 103 δὲ καὶ οὔτε γυναῖκες ὑπὲρ ἀνδρῶν οὔτε οἰκέται ὑπὲρ * δεσποτῶν * οὔτε συγγενεῖς ὑπὲρ συγγενῶν οὔτε φίλοι ὑπὲρ
FAch. 107 τὸ ἑαυτοῦ ἁμάρτημα εὔκαιρον ⟨δεῖξαι⟩ καί φησιν * δέσποτα * βασιλεῦ ἡ σήμερον ἐσχάτη εἶναί μοι οἶδα. ὁ δὲ
IEsc. 5 131 3 καὶ ὀρέων ὕψος μέγα ἐπὰν ἐπιβλέψῃ γοργὸν ὄμμα * δεσπότου. * πάντα δυνατὴ γὰρ δόξα ὑψίστου ⟨θεοῦ⟩.
IDip. 5 121 1 ἐν Ἅιδου κρίσις ἥνπερ ποιήσει ⟨ὁ⟩ θεὸς ὁ πάντων * δεσπότης * οὗ τὸ ὄνομα φοβερόν ⟨ἐστιν⟩ οὐδ' ἂν ὀνομάσαιμι
IMen. 5 120 2 ἐὰν+ ἀκούσῃς μὴ φύγῃς μη⟨δὲν⟩ συνειδὼς αὐτὸς αὐτῷ * δέσποτα * ὁ γὰρ θεὸς βλέπει σε πλησίον παρών.
HArt. 9 23 4 κατὰ τὴν φορὰν ἄπλετον παραθέσθαι καὶ τῆς Αἰγύπτου * δεσπότην * γενέσθαι. Ἀβραὰμ τελευτήσαντος καὶ τοῦ υἱοῦ
HArt. 9 27 22 δὲ φάναι διότι προστάσσειν αὐτῷ τὸν τῆς οἰκουμένης * δεσπότην * ἀπολῦσαι τοὺς Ἰουδαίους. τὸν δὲ πυθόμενον εἰς
LEze. 9 29 11 05 ἔσται φοβερὸς ὥστε θαυμάσαι. (Μ). ἰδοὺ βέβληται * δέσποθ' * ἵλεως γενοῦ ὡς φοβερὸς ὡς πέλωρος οἴκτειρον σύ
LEze. 9 29 13 14 παρέλθῃ θάνατος Ἑβραίων ἄπο. ταύτην δ' ἑορτὴν * δεσπότῃ * τηρήσετε ἔφθ' ἡμέρας ἄζυμα καὶ οὐ βρωθήσεται

δεσποτικός 1
Job 40 7 ἐκοιμήθη καὶ τετελεύτηκεν εὐθυμήσασα. καὶ ὁ μὲν * δεσποτικὸς * αὐτῆς ἄρχων ἐπιζητήσας αὐτὴν καὶ μὴ εὑρὼν

δεσπότις 1
SIb. 3 386 ἐρυμνὴν καὶ πάσης ὁπόσην ἐπιδέρκεται ἠέλιος γῆν * δεσπότις * αὐδηθεῖσα κακαῖς ἄτῃσιν ὀλεῖται οὔνομ' ἐν

δεῦρο 29
Adam 18 1 ὑμῶν ὅτι ὡς κτήνη ἐστέ. οὐ γὰρ θέλω ὑμᾶς ἀγνοεῖν. * δεῦρο * οὖν καὶ φάγε καὶ νόησον τὴν τιμὴν τοῦ ξύλου. ἐγὼ
Adam 18 5 ἐφοβήθην δὲ λαβεῖν ἀπὸ τοῦ καρποῦ καὶ λέγει μοι * δεῦρο * δώσω σοι ἀκολούθει μοι. ἤνοιξα δὲ καὶ εἰσῆλθεν ἔσω
Adam 21 3 ἐλάλει καὶ ἠρξάμην νουθετεῖν αὐτὸν λέγουσα * δεῦρο * κύριέ μου Ἀδὰμ ἐπάκουσόν μου καὶ φάγε ἀπὸ τοῦ
Abr.1 2 7 πρὸς αὐτὸν προσκαλεῖται. καὶ ὁ Ἀβραὰμ εἶπεν * δεῦρο * κύριέ μου πορεύθητι μετ' ἐμοῦ εἰς τὴν χώραν. ⟨καὶ
Abr.1 7 1 εἰσῆλθεν ἐν τῷ τρικλίνῳ καὶ εἶπε πρὸς Ἰσαὰκ * δεῦρο * υἱέ μου ἀγαπητὲ ἀνάγγειλόν μοι τὴν ἀλήθειαν τί τὰ
Abr.1 14 5 ⟨εἶπεν δὲ Ἀβραὰμ πρὸς τὸν ἀρχιστράτηγον⟩ * δεῦρο * Μιχαὴλ ἀρχιστράτηγε ποιήσωμεν εὐχὴν ὑπὲρ τῆς ψυχῆς
Abr.1 14 12 λόγους νῦν ἔγνωκα ἐγὼ ὅτι ἥμαρτον ἐνώπιον τοῦ θεοῦ * δεῦρο * Μιχαὴλ ἀρχιστράτηγε τῶν ἄνω δυνάμεων δεῦρο
Abr.1 14 12 θεοῦ δεῦρο Μιχαὴλ ἀρχιστράτηγε τῶν ἄνω δυνάμεων * δεῦρο * παρακαλέσωμεν τὸν θεὸν μετὰ σπουδῆς καὶ πολλῶν
Abr.1 16 2 βλέμμα. καὶ ἀπελθὼν Μιχαὴλ εἶπεν τὸν θάνατον * δεῦρο * καλεῖ σε ὁ δεσπότης τῆς κτίσεως ὁ ἀθάνατος
Abr.1 16 4 τοῦ δεσπότου. λέγει οὖν ὁ ἀόρατος θεὸς τὸν θάνατον * δεῦρο * οὖν τὸ πικρὸν καὶ ἄγριον τοῦ κόσμου ὄνομα κρύψαι
Abr.1 18 9 θάνατε ἐπειδὴ (οὖν οἱ παῖδες) ἀώρως τεθνήκασιν * δεῦρο * δεηθῶμεν κυρίῳ τῷ θεῷ ἡμῶν ὅπως εἰσακούσῃ ἡμῖν ὁ
Abr.1 20 8 ⟨θανάτου⟩. εἶπεν δὲ ὁ θάνατος ⟨πρὸς⟩ τὸν Ἀβραὰμ * δεῦρο * ἄσπασαι τὴν δεξιάν μου χεῖραν καὶ ἐλθεῖν σοι
Asen. 4 8 θεοῦ ἐστιν ἐπ' αὐτῷ καὶ χάρις κυρίου μετ' αὐτοῦ. * δεῦρο * δὴ τέκνον μου καὶ παραδώσω σε αὐτῷ εἰς γυναῖκα καὶ
Asen. 16 17B ἐποίει ὁ ἄνθρωπος. καὶ εἶπεν ὁ ἄνθρωπος τῷ κηρίῳ * δεῦρο. * καὶ ἀνέστησαν μέλισσαι ἐκ τῶν σίμβλων τοῦ κηρίου
Asen. 19 9 εἰπέ μοι κατὰ τὰ ῥήματα ταῦτα περὶ σοῦ. καὶ νῦν * δεῦρο * πρός με ἡ παρθένος ἁγνὴ καὶ ἵνα τί σὺ ἕστηκας ἀπὸ
Asen. 20 1 τῶν χειρῶν αὐτῶν. καὶ εἶπεν Ἀσενὲθ τῷ Ἰωσὴφ * δεῦρο * κύριέ μου καὶ εἴσελθε εἰς τὴν οἰκίαν ἡμῶν διότι
Asen. 29 4 τὴν ῥομφαίαν σου εἰς τὸν τόπον αὐτῆς καὶ * δεῦρο * βοήθησόν μοι καὶ θεραπεύσομεν αὐτὸν ἀπὸ τοῦ
Jer. 7 19 ἀετοῦ τούτου; καὶ εἶπεν ὁ ἀετός σοὶ λέγω Ἱερεμία * δεῦρο * λῦσον τὴν ἐπιστολὴν ταύτην καὶ ἀνάγνωθι αὐτὴν τῷ
Bar. 1 8 τοῦ λοιποῦ. καὶ εἶπέν μοι ὁ ἄγγελος τῶν δυνάμεων * δεῦρο * καὶ ὑποδείξω σοι τὰ μυστήρια τοῦ θεοῦ. καὶ λαβὼν
Bar. 2 6 εἶδας. καὶ πάλιν λέγει μοι ὁ ἄγγελος τῶν δυνάμεων * δεῦρο * καὶ ὑποδείξω σοι μείζονα μυστήρια. εἶπον δὲ ἐγὼ
Bar. 4 2 μοι πάντα διὰ τὸν κύριον. καὶ εἶπέν μοι ἄγγελος * δεῦρο * διέλθωμεν. ⟨καὶ διῆλθον πορείας⟩ μετὰ τοῦ ἀγγέλου
Esdr. 2 3 τοῦ θεοῦ ἄνθρωπε. ⟨καὶ εἶπεν Ἐσδρὰμ⟩ ἀνάστα καὶ * δεῦρο * μετ' ἐμοῦ κύριε εἰς κρίσιν. καὶ εἶπεν ὁ θεὸς ἰδοὺ
Esdr. 2 6 πατέραν ὑμῶν. ποῖον υἱὸν δικάζεσθαι ἐν πατρὶ καὶ * δεῦρο * δικάζου μεθ' ἡμῶν. καὶ εἶπεν Ἐσδρὰμ ζῇ κύριος οὐ
Esdr. 6 3 Βεβουρὸς Ζεβουλεῶν. τότε ἦλθεν φωνὴ πρός με * δεῦρο * τελεύτα Ἐσδρὰμ ἀγαπητέ μου δοὺς τὴν
Esdr. 6 22 τέως τὴν παρακαταθήκην ὁ στέφανός σοι ἡτοίμασται * δεῦρο * τελεύτα ἵνα ἐπιτύχῃς αὐτοῦ. τότε ἤρξατο λέγειν ὁ
FEz. 64 70 8 μετὰ τῶν ὄχλων τῶν κληθέντων εἰς τὴν εὐφρασίαν; * δεῦρο * τοίνυν καθὼς ἐποίησεν ἡμῖν ἀμυνώμεθα αὐτόν. ὁ δὲ
FEz. 64 70 10 σχοινίον ἠκόντισε τῷ τυφλῷ καὶ εἶπεν κράτει καὶ * δεῦρο * πρὸς τὸ σχοινίον πρός με. ὡς δὲ ἐποίησεν ὃ
FEz. 64 70 10 με. ὡς δὲ ἐποίησεν ὃ προετράπη ὅτε ἔφθασε λέγει * δεῦρό * μοι γενοῦ πόδες καὶ βάστασόν με καὶ γίνομαί σοι
IOrp. 18 μεγάλου βασιλῆος. αἴ κεν ἴδῃς αὐτὸν πρὶν δή ποτε * δεῦρ' * ἐπὶ γαῖαν τέκνον ἐμὸν δείξω σοι ὁπηνίκα δέρκομαι

δεῦτε 12
Hen. 6 2 καὶ ἐπεθύμησαν αὐτὰς καὶ εἶπαν πρὸς ἀλλήλους * δεῦτε * ἐκλεξώμεθα ἑαυτοῖς γυναῖκας ἀπὸ τῶν ἀνθρώπων καὶ
Asen. 23 4 μου τὴν ἐμοὶ κατεγγυημένην ἀπ' ἀρχῆς. καὶ νῦν * δεῦτε * συνάρασθε ἐμοὶ καὶ πολεμήσομεν πρὸς Ἰωσὴφ τὸν
Asen. 27 8 ἐν χειρὶ μιᾷ τοῦ παιδαρίου Βενιαμίν. καὶ νῦν * δεῦτε * ἀποκτείνωμεν τὴν Ἀσενὲθ καὶ τὸν Βενιαμὶν καὶ
Sal. 8 16 τῆς γῆς μετὰ χαρᾶς εἶπαν αὐτῷ ἐπευκτὴ ἡ ὁδός σου * δεῦτε * εἰσέλθατε μετ' εἰρήνης. ὡμάλισαν ὁδοὺς τραχείας
Jer. 8 2 ὁ κύριος πρὸς Ἱερεμίαν ἀνάστηθι σὺ καὶ ὁ λαὸς καὶ * δεῦτε * ἐπὶ τὸν Ἰορδάνην καὶ ἐρεῖς τῷ λαῷ ὁ θέλων τὸν
Jer. 9 21 λέγοντος ὅτι εἶδον τὸν θεὸν καὶ τὸν υἱὸν τοῦ θεοῦ. * δεῦτε * οὖν καὶ μὴ ἀποκτείνωμεν αὐτὸν τῷ ἐκείνου θανάτῳ
Bar. 12 7 εἶχον τέλεια τὰ βραβεῖα. καὶ ἐβόησε Μιχαὴλ λέγων * δεῦτε * καὶ ὑμεῖς ἄγγελοι φέρετε ὃ ἠνέγκατε. καὶ ἐλυπήθη
Bar. 15 3 λέγει καὶ τοὺς ἀποκένους φέροντας τοὺς κανίσκους * δεῦτε * καὶ ὑμεῖς ἀπολάβετε τὸν μισθὸν καθὼς ἠνέγκατε καὶ
SIb. 3 716 ἡδὺν ἀπὸ στομάτων δὲ λόγον ἄξουσιν ἐν ὕμνοις * δεῦτε * πεσόντες ἅπαντες ἐπὶ χθονὶ λισσώμεσθα ἀθάνατον
SIb. 3 725 ἀνθρώπων. ταῦτα βοήσουσιν ψυχαὶ πιστῶν ἀνθρώπων * (δεῦτε * θεοῦ κατὰ δῆμον ἐπὶ στομάτεσσι πεσόντες τέρψωμεν
SIb. 5 493 καὶ ⟨ποτε⟩ τῶν ἱερέων τις ἐρεῖ λινόστολος ἀνὴρ * δεῦτε * θεοῦ τέμενος καλὸν στήσωμεν ἀληθοῦς δεῦτε τὸν ἐκ
SIb. 5 494 ἀνὴρ δεῦτε θεοῦ τέμενος καλὸν στήσωμεν ἀληθοῦς * δεῦτε * τὸν ἐκ προγόνων δεινὸν νόμον ἀλλάξωμεν τοῦ χάριν

δεύτερος 64
Adam 8 2 πρῶτον νόσος πληγῆς ὁ βιασμὸς τῶν ὀφθαλμῶν. * δεύτερον * πληγῆς ἀκοῆς. καὶ οὕτως καθεξῆς πᾶσαι αἱ πληγαὶ
Adam 29 13 παρεκαλέσαμεν τὸν θεὸν ὑπὲρ ὑμῶν. καὶ ταῦτα εἰπὼν * δεύτερον * ἠπάτησέν με ὁ ἐχθρός. καὶ ἐξέβην ἀπὸ τοῦ
Hen. 6B 7 τῶν ἀρχόντων αὐτῶν. α' Σεμιαζᾶς ὁ ἄρχων αὐτῶν * β' * Ἀταρκούφ γ' Ἀρακιὴλ δ' Χωβαβιὴλ ε' Ὀραμμαμὴ ς'
Hen. 89 47 τὰ πρόβατα. ⟨καὶ⟩ ὁ κριὸς ὁ πρῶτος τὸν κριὸν τὸν * δεύτερον * ἐπεδίωκεν καὶ ἔφυγεν ἀπὸ προσώπου αὐτοῦ εἶτ'

| | | | | | |
|---|---|---|---|---|---|
| Hen. | 89 | 48 | ἕως οὗ ἔπεσεν ἔμπροσθεν τῶν κυνῶν. καὶ ὁ κριὸς ὁ | * δεύτερος * | ἀναπηδήσας ἀφηγήσατο τῶν προβάτων. καὶ τὰ |
| Hen. | 104 | 12 | αὐτοῖς. καὶ πάλιν ἐγὼ γινώσκω μυστήριον | * δεύτερον * | ὅτι δικαίοις καὶ ὁσίοις καὶ φρονίμοις |
| Abr.1 | 7 | 5 | εἶδον τὸν ἄνδρα ἐκεῖνον τὸν φωτοφόρον ἐκ | * δευτέρου * | ἐκ τοῦ οὐρανοῦ ἐξελθόντα καὶ ἔλαβεν ἀπ' ἐμοῦ |
| Abr.1 | 13 | 6 | πρῶτον ἐκ τοῦ τοιούτου ἀνθρώπου κρίνεται καὶ ἐν τῇ | * δευτέρᾳ * | παρουσίᾳ ‹κριθήσονται› ὑπὸ τῶν δώδεκα φυλῶν τοῦ |
| TRub. | 2 | 4 | πρῶτον πνεῦμα ζωῆς μεθ' ἧς ἡ σύστασις κτίζεται | * δεύτερον * | πνεῦμα ὁράσεως μεθ' ἧς γίνεται ἐπιθυμία τρίτον |
| TRub. | 3 | 3 | πορνείας ἐν τῇ φύσει καὶ ταῖς αἰσθήσεσιν ἔγκειται | * δεύτερον * | πνεῦμα ἀπληστίας ἐν τῇ γαστρὶ τρίτον πνεῦμα |
| TSim. | 2 | 2 | μου. ἐγὼ ἐγεννήθην ἐξ Ἰακὼβ τοῦ πατρός μου υἱὸς | * δεύτερος * | καὶ Λεία ἡ μήτηρ μου ἐκάλεσέ με Συμεῶνα ὅτι |
| TLevi | 2 | 7 | καὶ εἰσῆλθον ἐκ τοῦ πρώτου οὐρανοῦ εἰς τὸν | * δεύτερον * | καὶ εἶδον ἐκεῖ ὕδωρ κρεμάμενον ἀνάμεσον τούτου |
| TLevi | 3 | 2 | ἐστιν ἐπειδὴ οὗτος ὁρᾷ πάσας ἀδικίας ἀνθρώπων. ὁ | * δεύτερος * | ἔχει πῦρ χιόνα κρύσταλλον ἕτοιμα εἰς ἡμέραν |
| TLevi | 8 | 5 | με ἐλαίῳ ἁγίῳ καὶ ἔδωκέ μοι ῥάβδον κρίσεως. ὁ | * δεύτερος * | ἔλουσέ με ὕδατι καθαρῷ καὶ ἐψώμισέ με ἄρτον καὶ |
| TLevi | 8 | 13 | ἔσται κλῆρος μέγας ὑπὲρ αὐτὸν οὐ γενήσεται. ὁ | * δεύτερος * | ἔσται ἐν ἱερωσύνῃ. ὁ τρίτος ἐπικληθήσεται αὐτῷ |
| TLevi | 17 | 3 | αὐτοῦ ἐπὶ σωτηρίᾳ κόσμου αὐτὸς ἀναστήσεται. ἐν τῷ | * δευτέρῳ * | ἰωβηλαίῳ ὁ χριόμενος ἐν πένθει ἀγαπητῶν |
| TLevi | 18 | 2B032 | τὸ στέαρ μόνον ἀναφέρεσθαι ἐξ μνᾶς καὶ τῷ ταύρῳ τῷ | * δευτέρῳ * | πεντήκοντα μνᾶς καὶ εἰς τὸ στέαρ αὐτοῦ μόνον |
| TLevi | 18 | 2B038 | τοῦ ἁλὸς ἅλισον ἐν αὐτῷ τὸ δέρμα καὶ τῷ ταύρῳ τῷ | * δευτέρῳ * | τὰ πέντε μέρη ἀπὸ τῶν ἓξ μερῶν τοῦ σάτου καὶ τοῦ |
| TLevi | 18 | 2B041 | αὐτοῖς τῷ ταύρῳ τῷ μεγάλῳ καὶ τῷ ταύρῳ τῷ | * β' * | καὶ τῷ μοσχαρίῳ σάτον σεμίδαλιν καὶ τῷ κριῷ καὶ τῷ |
| TJud. | 25 | 1 | σκήπτρων ἡμῶν ἐν Ἰσραὴλ ἐσόμεθα Λευὶ πρῶτος | * δεύτερος * | ἐγὼ τρίτος Ἰωσὴφ τέταρτος Βενιαμὶν πέμπτος |
| TDan | 3 | 4 | διὰ τῆς δυνάμεως καὶ τῆς βοηθείας τῶν ὑπουργούντων | * δεύτερον * | δὲ διὰ τοῦ πλούτου παραπείθων καὶ νικῶν ἐν |
| TNep. | 1 | 1 | ἐν καιρῷ τέλους αὐτοῦ ἐν ἔτει ἑκατοστῷ τριακοστῷ | * δευτέρῳ * | τῆς ζωῆς αὐτοῦ. συνελθόντων τῶν υἱῶν αὐτοῦ ἐν |
| TBen. | 7 | 2 | ἡ διάνοια διὰ τοῦ Βελιὰρ ἔστι δὲ πρῶτον ὁ φθόνος | * δεύτερον * | ἀπώλεια τρίτον θλῖψις τέταρτον αἰχμαλωσία |
| Asen. | 1 | 1 | ἔτει τῶν ἑπτὰ ἐτῶν τῆς εὐθηνίας ἐν τῷ μηνὶ τῷ | * δευτέρῳ * | πέμπτῃ τοῦ μηνὸς ἐξαπέστειλε Φαραὼ τὸν Ἰωσὴφ |
| Asen. | 2 | 4 | καὶ θυσίας αὐτοῖς ἐπετέλει καθ' ἡμέραν. καὶ ἦν ὁ | * δεύτερος * | θάλαμος ἔχων τὸν κόσμον καὶ τὰς θήκας Ἀσενὲθ |
| Asen. | 2 | 7 | ἀποβλέπουσα ἐπὶ τὴν αὐλὴν εἰς ἀνατολὰς καὶ ἡ | * δευτέρα * | ἦν ἀποβλέπουσα εἰς μεσημβρίαν καὶ ἡ τρίτη ἦν |
| Asen. | 5 | 4 | καὶ εἰσῆλθεν Ἰωσὴφ ἑστὼς ἐπὶ τῷ ἅρματι τῷ | * δευτέρῳ * | τοῦ Φαραὼ καὶ ἦσαν ἐζευγμένοι ἵπποι τέσσαρες |
| Asen. | 10 | 8 | θύραν ἡσύχως καὶ ἀπῆλθεν εἰς τὸν θάλαμον αὐτῆς τὸν | * δεύτερον * | ὅπου ἦσαν αἱ θῆκαι τοῦ κόσμου αὐτῆς καὶ ἤνοιξε |
| Asen. | 14 | 6 | τὸν θάλαμόν μου; καὶ ἐκάλεσεν αὐτὴν ὁ ἄνθρωπος ἐκ | * δευτέρου * | καὶ εἶπεν Ἀσενὲθ Ἀσενέθ. καὶ εἶπεν ἰδοὺ ἐγώ |
| Asen. | 14 | 12 | καὶ εἶπεν αὐτῇ ὁ ἄνθρωπος βάδιζε ἀκωλύτως ἐν τῷ | * δευτέρῳ * | σου θαλάμῳ καὶ ἀπόθου τὸν χιτῶνα τὸν μελανὸν τοῦ |
| Asen. | 14 | 14 | Ἀσενὲθ καὶ εἰσῆλθεν εἰς τὸν θάλαμον αὐτῆς τὸν | * δεύτερον * | ὅπου ἦσαν αἱ θῆκαι τοῦ κόσμου αὐτῆς καὶ ἠνέῳξε |
| Asen. | 16 | 17 | δακτύλου αὐτοῦ ἐγένετο ὡς αἷμα›. καὶ ἐξέτεινε τὸ | * δεύτερον * | τὴν χεῖρα αὐτοῦ καὶ ἔθηκε τὸν δάκτυλον αὐτοῦ |
| Asen. | 18 | 5 | καὶ ἔσπευσε καὶ εἰσῆλθεν εἰς τὸν θάλαμον αὐτῆς τὸν | * δεύτερον * | ὅπου ἦσαν αἱ θῆκαι τοῦ κόσμου αὐτῆς καὶ ἤνοιξε |
| Asen. | 19 | 11 | ἔδωκεν αὐτῇ πνεῦμα ζωῆς καὶ κατεφίλησεν αὐτὴν τὸ | * δεύτερον * | καὶ ἔδωκεν αὐτῇ πνεῦμα σοφίας καὶ κατεφίλησεν |
| Asen. | 22 | 2 | εἰς Αἴγυπτον σὺν πάσῃ τῇ συγγενείᾳ αὐτοῦ ἐν τῷ | * δευτέρῳ * | ἔτει τοῦ λιμοῦ ἐν τῷ δευτέρῳ μηνὶ μιᾷ καὶ εἰκάδι |
| Asen. | 22 | 2 | συγγενείᾳ αὐτοῦ ἐν τῷ δευτέρῳ ἔτει τοῦ λιμοῦ ἐν τῷ | * δευτέρῳ * | μηνὶ μιᾷ καὶ εἰκάδι τοῦ μηνὸς καὶ κατῴκησεν ἐν |
| Bar. | 3 | 1 | καὶ λαβών με ὁ ἄγγελος κυρίου ἤγαγέν με εἰς | * δεύτερον * | οὐρανόν. καὶ ὑπέδειξέν μοι (ἐν) κἀκεῖ θύραν |
| Bar. | 7 | 2 | Βαροὺχ πάντα ὅσα ἔδειξά σοι ἐν τῷ πρώτῳ καὶ | * δευτέρῳ * | οὐρανῷ εἰσίν καὶ ἐν τῷ τρίτῳ οὐρανῷ διέρχεται ὁ |
| Esdr. | 1 | 2 | εὐλόγησον πάτερ. ἐγένετο ἐν τῷ τριακοστῷ ἔτει | * δευτέρᾳ * | καὶ εἰκάδι τοῦ μηνὸς ἤμην ἐν τῷ οἴκῳ μου καὶ |
| Esdr. | 2 | 18 | σῴζεις καὶ ὃν θέλεις ἀπολεῖς. καὶ εἶπεν ὁ προφήτης | * δευτέραν * | διέλθωμεν κύριέ μου εἰς κρίσιν. καὶ εἶπεν ὁ |
| Esdr. | 5 | 13 | χώρᾳ τῆς γυναικός. τὸ πρῶτον μὲν σύνολόν ἐστιν τὸ | * δεύτερον * | μὲν ὀγκοῦται τὸ τρίτον μὲν τριχοῦται τὸ |
| Sedr. | | 1 | περὶ μετανοίας καὶ ὀρθοδόξων Χριστιανῶν καὶ περὶ | * δευτέρας * | παρουσίας τοῦ κυρίου ἡμῶν Ἰησοῦ Χριστοῦ. |
| Job | 36 | 6 | μοι πρὸς τὸ πρῶτον νουνεχῶς, ἐρωτήσω σε ἐν τῷ | * δευτέρῳ * | καὶ ἐὰν ἀποκριθῇς μοι εὐσταθῶς, δῆλον ὅτι |
| Aris. | 47 | 2 | Ἐζεκίας Ζαχαρίας Ἰωάννης Ἐζεκίας Ἐλισσαῖος. | * δευτέρας * | Ἰούδας Σίμων Σομόηλος Ἀδαῖος Ματταθίας |
| Aris. | 143 | 5 | καὶ οἷς συγχρώμεθα. χάριν δὲ ὑποδείγματος ἓν ἢ | * δεύτερον * | ἐπιδραμών σοι σημανῶ. μὴ γὰρ εἰς τὸν |
| Sib. | 3 | | ἐκ τοῦ | * δευτέρου * | λόγου περὶ θεοῦ. +ὑψιβρεμέτα μάκαρ οὐράνιε ὃς |
| Sib. | 3 | 202 | οὕνεκά τοι δῆσάν τε Κρόνον καὶ μητέρα κεδνήν. | * δεύτερον * | αὖθ' Ἕλλησι τυραννίδες ἠδ' ἀγέρωχοι ἔσσονται |
| Sib. | 3 | 212 | ἀλλ' ὁπόταν τὰ πρῶτα τέλος λάβῃ αὔτικα δ' ἔσται | * δεύτερ' * | ἐπ' ἀνθρώπους. καί τοι πρώτιστα βοήσω ἀνδράσιν |
| Sib. | 5 | 398 | ἔσβεσται παρὰ σεῖο πάλαι πεποθημένος οἶκος ἡνίκα | * δεύτερον * | εἶδον ἐγὼ ῥιπτούμενον οἶκον πρηνηδὸν πυρὶ |
| Sib. | 5 | 482 | αὐτὸν ἀχλὺς δ' οὐκ ὀλίγη κόσμου πτύχας ἀμφικαλύψει | * δεύτερον * | αὐτὰρ ἔπειτα θεοῦ φάος ἡγεμονεύσει ἀνδράσι τοῖς |
| FJub. | 2 | 4 | ἔργα ἐποίησεν ὁ θεὸς ἐν τῇ πρώτῃ ἡμέρᾳ. ἐν δὲ τῇ | * δευτέρᾳ * | τὸ στερέωμα τὸ ἐν μέσῳ τῶν ὑδάτων καὶ τὴν |
| FJub. | 2 | 4 | γῆς. τοῦτο μόνον τὸ ἔργον ἐποίησεν ὁ θεὸς ἐν τῇ | * δευτέρᾳ * | ἡμέρᾳ. τρίτῃ δὲ ἡμέρᾳ τὰς θαλάσσας τοὺς ποταμοὺς |
| FJub. | 3 | 1 | Ἀδὰμ τὰ ἄγρια θηρία θείῳ τινὶ χαρίσματι. τῇ | * δευτέρᾳ * | ἡμέρᾳ τῆς δευτέρας ἑβδομάδος ὠνόμασε τὰ κτήνη. |
| FJub. | 3 | 1 | θηρία θείῳ τινὶ χαρίσματι. τῇ δευτέρᾳ ἡμέρᾳ τῆς | * δευτέρας * | ἑβδομάδος ὠνόμασε τὰ κτήνη. τῇ τρίτῃ ἡμέρᾳ τῆς |
| FJub. | 3 | 1 | ἑβδομάδος ὠνόμασε τὰ κτήνη. τῇ τρίτῃ ἡμέρᾳ τῆς | * δευτέρας * | ἑβδομάδος ὠνόμασε τὰ πετεινά. τῇ τετάρτῃ ἡμέρᾳ |
| FJub. | 3 | 1 | ἑβδομάδος ὠνόμασε τὰ πετεινά. τῇ τετάρτῃ ἡμέρᾳ τῆς | * δευτέρας * | ἑβδομάδος ὠνόμασε τὰ ἑρπετά. τῇ πέμπτῃ ἡμέρᾳ |
| FJub. | 3 | 1 | ἑβδομάδος ὠνόμασε τὰ ἑρπετά. τῇ πέμπτῃ ἡμέρᾳ τῆς | * δευτέρας * | ἑβδομάδος ὠνόμασε τὰ νηκτά. τῇ ἕκτῃ ἡμέρᾳ τῆς |
| FJub. | 3 | 5 | ἑβδομάδος ὠνόμασε τὰ νηκτά. τῇ ἕκτῃ ἡμέρᾳ τῆς | * δευτέρας * | ἑβδομάδος ἥτις ἦν κατὰ μὲν Ῥωμαίους Ἀπριλλίου |
| FJub. | 3 | 9 | γνώσεως. τῇ ἐνενηκοστῇ τρίτῃ ἡμέρᾳ τῆς κτίσεως τῇ | * δευτέρᾳ * | ἡμέρᾳ τῆς τεσσαρεσκαιδεκάτης ἑβδομάδος κατὰ τὴν |
| FJub. | 4 | 1 | ἐνάτῳ ἔτει Ἄβελ ἀνήνεγκε θυσίαν τῷ θεῷ εἰκοστὸν | * δεύτερον * | ἔτος ἄγων κατὰ τὴν πανσέληνον τοῦ ἑβδόμου μηνὸς |
| FJub. | 10 | 1 | θυγάτηρ Νεβρωδ. μετὰ τὸν κατακλυσμὸν τῷ ˏβ φ π | * β' * | ἔτει τοῦ κόσμου φθόνῳ κινούμενοι ‹οἱ ἐγρήγοροι› μετὰ |
| FPho. | | 179 | παῖδας ὁμοίους μοιχικὰ λέκτρα. μητρυιῆς μὴ ψαῦε τὰ | * δεύτερα * | λέκτρα γονῆος μητέρα δ' ὣς τίμα τὴν μητέρος |
| HDem. | 9 21 | 3 | ἔτει μηνὶ πέμπτῳ καὶ τεκεῖν τῷ δωδεκάτῳ ἔτει μηνὶ | * δευτέρῳ * | υἱὸν ὃν ὑπὸ Λείας Γὰδ ὀνομασθῆναι καὶ ἐκ τῆς |
| HDem. | 9 29 | 2 | ὄντα ἐτῶν ρ μ' καὶ γεννῆσαι Ἰσαὰρ ἐξ αὐτῆς | * δεύτερον * | τὸν δὲ Ἰσαὰκ ὄντα ἐτῶν ἑκατὸν γεννῆσαι. ὥστε μ |
| δευτερόω | | 1 | | | |
| Sal. | 5 | 13 | χρηστότης ἀνθρώπου ἐν φειδοῖ καὶ ἡ αὔριον καὶ ἐὰν | * δευτερώσῃ * | ἄνευ γογγυσμοῦ καὶ τοῦτο θαυμάσειας. τὸ δὲ |
| δέχομαι | | 30 | | | |
| Adam | | 1 | αὐτοῦ ὅτε τὰς πλάκας τοῦ νόμου ἐκ χειρὸς αὐτοῦ | * ἐδέξατο * | διδαχθεὶς παρὰ τοῦ ἀρχαγγέλου Μιχαήλ. κύριε |
| Adam | 42 | 8 | τὸ στῆθος αὐτῆς καὶ λέγουσα θεὲ τῶν ἁπάντων | * δέξαι * | τὸ πνεῦμά μου. καὶ ἀπέδωκεν τὴν ψυχὴν αὐτῆς. καὶ |
| Abr.1 | 1 | 2 | αὐτοῦ ἐν τετραόδῳ τῆς δρυὸς τῆς Μαβρῆς τοὺς πάντας | * ἐδέχετο * | πλουσίους καὶ πένητας βασιλεῖς τε καὶ ἄρχοντας |
| TRub. | 4 | 9 | παρεκάλεσε καὶ φάρμακα αὐτῷ προσήνεγκεν καὶ οὐκ | * ἐδέξατο * | τὸ διαβούλιον τῆς ψυχῆς αὐτοῦ ἐπιθυμίαν πονηράν. |
| TRub. | 6 | 10 | πρὸς τὸν Λευὶ ἐγγίσατε ἐν ταπεινώσει καρδίας ἵνα | * δέξησθε * | εὐλογίαν ἐκ τοῦ στόματος αὐτοῦ. αὐτὸς γὰρ |
| TJud. | 9 | 7 | πρὸς εἰρήνην καὶ γενόμενοι βουλῆς τοῦ πατρὸς ἡμῶν | * ἐδεξάμεθα * | αὐτοὺς ὑποφόρους. καὶ ἦσαν διδόντες ἡμῖν πυροῦ |
| TDan | 6 | 9 | ὑμῶν μετάδοτε καὶ ὑμεῖς τοῖς τέκνοις ὑμῶν ἵνα | * δέξηται * | ὑμᾶς ὁ σωτὴρ τῶν ἐθνῶν ἔστι γὰρ ἀληθὴς καὶ |
| Asen. | 2 | 12 | ζῶντος καὶ ὑποκάτωθεν τῆς πηγῆς ἦν ληνὸς μεγάλη | * δεχομένη * | τὸ ὕδωρ τῆς πηγῆς ἐκείνης. ἔνθα ἐπορεύετο |
| Jer. | 8 | 7 | ὀνόματος τοῦ θεοῦ ἡμῶν μήτε ὑμᾶς μήτε τέκνα ὑμῶν | * δέξασθαι * | ἐπειδὴ κρυφῇ ἐξήλθετε ἀφ' ἡμῶν. καὶ ἐπιγνόντες |
| Bar. | 6 | 5 | ὄρνεον παρατρέχει τῷ ἡλίῳ καὶ τὰς πτέρυγας ἐφαπλῶν | * δέχεται * | τὰς πυριμόρφους ἀκτῖνας αὐτοῦ εἰ μὴ γὰρ ταύτας |
| Bar. | 6 | 6 | τὰς πυριμόρφους ἀκτῖνας αὐτοῦ εἰ μὴ γὰρ ταύτας | * ἐδέχετο * | οὐκ ἂν τῶν ἀνθρώπων γένος ἐσώζετο οὔτε ἕτερόν τι |
| Bar. | 11 | 4 | μοι ἄρτι κατέρχεται ὁ ἀρχιστράτηγος Μιχαὴλ ἵνα | * δέξηται * | τὰς δεήσεις τῶν ἀνθρώπων. καὶ ἰδοὺ ἦλθεν φωνή |
| Sedr. | 2 | 1 | Χριστοῦ. δέσποτα εὐλόγησον. καὶ φωνὴν ἀοράτως | * ἐδέξατο * | ἐν ταῖς ἀκοαῖς αὐτοῦ ὧδε Σεδρὰχ ὅτι βούλῃ καὶ |
| Sedr. | 5 | 7 | δέσποτα καὶ κατάλυσον τὰς κολάσεις εἰ δὲ μὴ | * δέξαι * | καὶ ἐμέ μὲ τοὺς ἁμαρτωλοὺς ἐὰν τοὺς ἁμαρτωλοὺς οὐκ |
| Sedr. | 14 | 6 | αὐτοὺς καὶ ἐπιστρέφονται πρὸς τὸ ἐμὸν βάπτισμα καὶ | * δέχομαι * | αὐτοὺς μετὰ τῶν δικαίων μου ἐν κόλποις Ἀβραάμ |
| Sedr. | 14 | 12 | ἐν φόβῳ καὶ ἐν τρόμῳ ἀλλὰ μεγαλορημονοῦσιν ἃ οὐ | * δέχομαι * | ἐγὼ οὔτε οἱ ἄγγελοί μου. λέγει Σεδρὰχ πρὸς τὸν |
| Job | 11 | 6 | λαμβάνουσιν εἰς οἰκονομίαν τῶν πτωχῶν καὶ προθύμως | * δεξάμενος * | τὸ γραμματεῖον ἐδίδουν αὐτοῖς ὅσον ἤθελον μὴ |
| Job | 11 | 12 | ἐπίστευσα ὑμῖν, οὐδὲν λήψομαι παρ' ὑμῶν. οὐδὲ | * ἐδεχόμην * | τι παρὰ τοῦ ὀφειλέτου μου. καὶ εἴ ποτέ μοι |
| Job | 26 | 4 | ἐκείνων ἀγαθῶν ἐν οἷς ὑπήρχομεν; εἰ οὖν τὰ ἀγαθὰ | * ἐδεξάμεθα * | ἐκ χειρὸς κυρίου τὰ κακὰ πάλιν οὐχ ὑπομένομεν; |
| Sib. | 3 | 320 | μέσον οὖσα Αἰθιόπων ποταμῶν πόσον αἵματος ἔκχυμα | * δέξῃ * | καὶ κρίσεως οἴκησις ἐν ἀνθρώποισι κεκλήσῃ καὶ |
| Sib. | 3 | 351 | Ἀσίης ὑπεδέξατο Ῥώμη χρήματὰ κεν τρὶς τόσσα | * δεδέξεται * | ἔμπαλιν Ἀσὶς ἐκ Ῥώμης ὀλοὴν δ' ἀποτίσεται |
| Sib. | 3 | 432 | κλέος ἔσσεται εὐρὺ Ἰλίῳ ἀλλὰ καὶ αὐτὸς ἀμοιβαῖα | * δέξεται * | ἔργα. καὶ Λυκίῃ Λοκροῖο γένος κακὰ πολλὰ |
| Sib. | 4 | 172 | ἀλλ' ἀσέβειαν στέργοντες τάδε πάντα κακαῖς | * δέξαισθε * | ἀκουαῖς πῦρ ἔσται κατὰ κόσμον ὅλον καὶ σῆμα |
| Sib. | 5 | 82 | ἐξ ἰδίων δὲ κόπων καὶ ἀτασθαλιῶν ἐπινοιῶν ἄνθρωποι | * δέξαντο * | θεοὺς ξυλίνους λιθίνους τε χαλκοῦς τε χρυσοῦς τε |
| FJub. | 48 | 5 | δ' ἔτει τῆς ἐν Αἰγύπτῳ δουλείας ἤρξαντο Αἰγύπτιοι | * δέχεσθαι * | τὴν δεκάπληγον. ἐν μηνὶ Ἰουνίῳ τὰ ὕδατα εἰς |
| FPho. | | 24 | χεῖρ'. ἔλεον χρήιζοντι παράσχου. ἄστεγον εἰς οἶκον | * δέξαι * | καὶ τυφλὸν ὁδήγει. ναυηγοὺς οἴκτιρον ἐπεὶ πλόος |
| FPho. | | 108 | πρὸς αὖ γῆν λυόμενοι κόνις ἐσμέν ἀὴρ δ' ἀνὰ πνεῦμα | * δέδεκται. * | πλουτῶν μὴ φείδου μέμνησ' ὅτι θνητὸς ὑπάρχεις |
| FPho. | | 135 | συνθνήισκουσι κακοῖσ' οἱ συμπαρέοντες. φωρῶν μὴ | * δέξῃ * | κλοπίμην ἄδικον παραθήκην ἀμφότεροι κλῶπες καὶ ὁ |
| FPho. | | 136 | κλοπίμην ἄδικον παραθήκην ἀμφότεροι κλῶπες καὶ ὁ | * δεξάμενος * | καὶ ὁ κλέψας. μοίρας πᾶσι νέμειν ἰσότης δ' ἐν |
| LThe. | 9 22 | 3 | οὐδέ μιν ἔμπης ἔλλαθεν ἀλλ' ἐνόησε κακορραφίην καὶ | * ἔδεκτο * | παῖδ' ἑτέρην ἀμφοῖν δ' ἐμίγη σὺν ὁμαίμοσιν ἧσι. |
| δέω (δεήσω) | | 125 | | | |
| Adam | 9 | 3 | καὶ ἐπίθετε γῆν ἐπὶ τὰς κεφαλὰς ὑμῶν καὶ κλαύσατε | * δεόμενοι * | τοῦ θεοῦ ὅπως σπλαγχνισθῇ ἐπ' ἐμοὶ καὶ |
| Adam | 13 | 1 | Σὴθ μετὰ Εὔας πλησίον τοῦ παραδείσου. καὶ ἔκλαυσαν | * δεόμενοι * | τοῦ θεοῦ ὅπως ἀποστείλῃ τὸν ἄγγελον αὐτοῦ καὶ |
| Adam | 29 | 3 | ὁ πατὴρ ὑμῶν εἶπεν τοῖς ἀγγέλοις ἰδοὺ ἐκβάλλετέ με | * δέομαι * | ὑμῶν ἄφετέ με ἆραι εὐωδίας ἐκ τοῦ παραδείσου ἵνα |
| Adam | 34 | 2 | με καὶ ἴδε ἃ οὐκ εἶδεν ὀφθαλμός ποτε τινὸς καὶ πῶς | * δέονται * | ὑπὲρ τοῦ πατρός σου Ἀδάμ. τότε ἀνέστη Σὴθ καὶ |
| Hen. | 9 | 11 | ὁρᾷς ταῦτα καὶ ἐᾷς αὐτοὺς καὶ οὐδὲ ἡμῖν λέγεις τί | * δεῖ * | ποιεῖν αὐτοὺς περὶ τούτων. καὶ ἀκούσαντες οἱ |
| Hen. | 9B | 11 | ὁρᾷς αὐτοὺς καὶ ἐᾷς αὐτοὺς καὶ οὐδὲν λέγεις. τί | * δεῖ * | ποιῆσαι αὐτοὺς περὶ τούτου; τότε Ὕψιστος εἶπεν περὶ |
| Hen. | 12 | 6 | καὶ ἐπὶ τῇ ἀπωλείᾳ τῶν υἱῶν αὐτῶν στενάξουσιν καὶ | * δεηθήσονται * | εἰς τὸν αἰῶνα καὶ οὐκ ἔσται αὐτοῖς εἰς ἔλεον |
| Hen. | 13 | 6 | τὰς δεήσεις περὶ τῶν πνευμάτων αὐτῶν καὶ περὶ ὧν | * δέονται * | ὅπως αὐτῶν γένωνται ἄφεσις καὶ μακρότης. καὶ |
| Hen. | 14 | 7 | οὐκ ἔσται οὐδὲ περὶ ὑμῶν καὶ ὑμεῖς κλαίοντες καὶ | * δεόμενοι * | καὶ μὴ λαλοῦντες πᾶν ῥῆμα ἀπὸ τῆς γραφῆς ἧς |

| | | | | | | |
|---|---|---|---|---|---|---|
| Hen. | | 15 | 2 | πορεύθητι καὶ εἶπε τοῖς πέμψασίν σε ἐρωτῆσαι ὑμᾶς | * ἔδει * | περὶ τῶν ἀνθρώπων καὶ μὴ τοὺς ἀνθρώπους περὶ ὑμῶν. |
| Hen. | | 101 | 3 | αὐτοῦ ἐφ' ὑμᾶς καὶ ἐπὶ τὰ ἔργα ὑμῶν οὐχὶ ἔσεσθε | * δεόμενοι * | αὐτοῦ; διά τί ὑμεῖς λαλεῖτε τῷ στόματι ὑμῶν |
| Hen. | | 106 | 7 | αὐτοῦ ἐν τῇ γῇ. καὶ παραιτοῦμαι π‹άτερ καὶ› | * δέομαι * | βάδισον πρὸς Ἐνώ‹χ τὸν πατέρα ἡμῶν καὶ |
| Abr.1 | | 9 | 3 | τοῖς ποσὶν τοῦ ἀσωμάτου καὶ ἱκέτευεν αὐτὸν λέγων | * δέομαί * | σου ἀρχιστράτηγε τῶν ἄνω δυνάμεων ἐπειδὴ οὐκ |
| Abr.1 | | 14 | 10 | ἀμέτρητον. εἶπεν δὲ Ἀβραὰμ πρὸς τὸν ἀρχιστράτηγον | * δέομαί * | σου ἀρχάγγελε εἰσάκουσον τῆς δεήσεώς μου καὶ |
| Abr.1 | | 14 | 11 | κύριον καὶ προσπέσωμεν τοῖς οἰκτιρμοῖς αὐτοῦ καὶ | * δεηθῶμεν * | αὐτοῦ τὸ ἔλεος ὑπὲρ τῶν ψυχῶν τῶν ἁμαρτωλῶν οὓς |
| Abr.1 | | 17 | 6 | ἐγώ εἰμι ὁ τὸν κόσμον λυμαίνων. εἶπεν δὲ Ἀβραὰμ | * δέομαί * | σου ἐπειδὴ σὺ εἶ ὁ θάνατος ἀνάγγειλόν μοι καὶ |
| Abr.1 | | 17 | 9 | τοῖς μὴ πράξασιν ἔλεον. εἶπεν δὲ Ἀβραὰμ | * δέομαί * | σου ἐπάκουσόν μου καὶ δίδαξόν μοι τὴν ἀγριότητά |
| Abr.1 | | 18 | 1 | ἰδὼν ὁ πανίερος Ἀβραὰμ εἶπεν πρὸς τὸν θάνατον | * δέομαί * | σου πανώλεθρε θάνατε κρῦψαί σου τὴν ἀγριότητα καὶ |
| Abr.1 | | 18 | 9 | θανάτου ἦλθον ὥστε ἐκλείπειν τὸ πνεῦμά μου ἀλλὰ | * δέομαί * | σου πανώλεθρε θάνατε ἐπειδὴ (οὖν οἱ παῖδες) ἀώρως |
| Abr.1 | | 18 | 9 | ἐπειδὴ (οὖν οἱ παῖδες) ἀώρως τεθνήκασιν δεῦρο | * δεηθῶμεν * | κυρίῳ τῷ θεῷ ἡμῶν ὅπως εἰσακούσῃ ἡμῖν ὁ θεὸς |
| Abr.1 | | 20 | 1 | παρευθὺς ἀπαλλάσσονται παραλόγως. εἶπεν δὲ Ἀβραὰμ | * δέομαί * | σου ἔστιν καὶ παράλογος θάνατος; ἀνάγγειλόν μοι. |
| TLevi | | 2 | 3B019 | σου πάσας τὰς ἡμέρας τοῦ αἰῶνος. καὶ ἐσιώπησα ἔτι | * δεόμενος. * | καὶ ἐλυπούμην περὶ τοῦ γένους τῶν υἱῶν τῶν |
| TLevi | | 5 | 5 | γέγραπται ἐν ταῖς πλαξὶ τῶν οὐρανῶν. εἶπον δὲ αὐτῷ | * δέομαι * | κύριε εἰπέ μοι τὸ ὄνομά σου ἵνα ἐπικαλέσωμαί σε |
| TLevi | | 18 | 2B021 | ὁλοκάρπωσιν καὶ ὅταν μέλλῃς προσφέρειν ὅσα | * δεῖ * | ἀνενέγκαι ἐπὶ τὸν βωμὸν πάλιν νίπτου τὰς χεῖράς σου |
| TJud. | | 7 | 7 | καὶ πάντες ἔφυγον καὶ διελθόντες δι' ἄλλης ὁδοῦ | * ἐδεήθησαν * | τοῦ πατρός μου καὶ ἐποίησεν εἰρήνην μετ' αὐτῶν |
| TZab. | | 2 | 6 | ἐπερχομένους ἀνελεῖν αὐτὸν κατέφυγεν ὀπίσω μου | * δεόμενος * | αὐτῶν. ἀναστὰς δὲ Ῥουβὴμ εἶπεν ἀδελφοί μὴ |
| TNep. | | 6 | 8 | ὁ δὲ Λευὶ περιβαλόμενος σάκκον περὶ πάντων ἡμῶν | * ἐδέετο * | τοῦ κυρίου. ὡς δὲ ἐπαύσατο ὁ χειμὼν τὸ σκάφος |
| TNep. | | 7 | 1 | τὰ δύο ἐνύπνια εἶπον τῷ πατρί μου καὶ εἶπέ μοι | * δεῖ * | ταῦτα πληρωθῆναι κατὰ καιρὸν αὐτῶν πολλὰ τοῦ Ἰσραὴλ |
| TJos. | | 4 | 3 | ἐν τούτοις πᾶσιν ἐχαμοκοίτουν ἐγὼ ἐν σάκκῳ καὶ | * ἐδεόμην * | τοῦ θεοῦ ὅπως ῥύσεταί με ὁ κύριος ἐκ τῆς |
| TJos. | | 13 | 2 | πεσὼν οὖν ἐπὶ πρόσωπον αὐτοῦ ὁ μετάβολος | * ἐδέετο * | λέγων δέομαί σου κύριε οὐκ οἶδα ὃ λέγεις. ὁ δὲ |
| TJos. | | 13 | 2 | οὖν ἐπὶ πρόσωπον αὐτοῦ ὁ μετάβολος ἐδέετο λέγων | * δέομαί * | σου κύριε οὐκ οἶδα ὃ λέγεις. ὁ δὲ ἔφη πόθεν οὖν |
| TJos. | | 14 | 3 | διά τί συνέχεις τὸν αἰχμάλωτον καὶ εὐγενῆ παῖδα ὃν | * ἔδει * | εἶναι μᾶλλον ἄνετον καὶ ὑπηρετεῖν σοι; ἤθελε γάρ με |
| TBen. | | 3 | 6 | κυρίου ἀγάπης ἧς ἔχει πρὸς τὸν πλησίον. καὶ γὰρ | * ἐδεήθη * | τοῦ πατρὸς ἡμῶν Ἰωσὴφ ἵνα προσεύξηται περὶ τῶν |
| Asen. | | 10 | 12 | πρὸς βορρᾶν ἀπὸ τοῦ ὑπερῴου αὐτῆς πτωχοῖς καὶ | * δεομένοις. * | καὶ ἔλαβεν Ἀσενὲθ τὸ δεῖπνον αὐτῆς τὸ |
| Asen. | | 15 | 14 | καὶ τέθηκεν ἐπὶ τῶν γονάτων αὐτοῦ καὶ εἶπεν αὐτῷ | * δέομαί * | σου κύριε κάθισον δὴ μικρὸν ἐπὶ τῆς κλίνης ταύτης |
| Asen. | | 21 | 10 | Ἀσενὲθ ἐξομολογεῖσθαι κυρίῳ τῷ θεῷ καὶ ἐχαρίτωσε | * δεομένη * | ἐπὶ πᾶσιν οἷς ἠξίωται ἀγαθοῖς παρὰ κυρίου› |
| Asen. | | 24 | 11 | καὶ ἐλυπήθησαν καὶ εἶπον πρὸς τὸν υἱὸν Φαραὼ | * δεόμεθά * | σου κύριε βοήθησον ἡμῖν. καὶ εἶπεν αὐτοῖς ὁ υἱὸς |
| Asen. | | 28 | 4 | κύριος ἀνταπέδωκεν ἡμῖν κατὰ τὰ ἔργα ἡμῶν. καὶ νῦν | * δεόμεθά * | σου ἡμεῖς οἱ δοῦλοί σου ἐλέησον ἡμᾶς καὶ ῥῦσαι |
| Asen. | | 28 | 10 | τοῦ ἀνελεῖν αὐτούς. καὶ εἶπε πρὸς αὐτοὺς Ἀσενὲθ | * δέομαι * | ὑμῶν φείσασθε τῶν ἀδελφῶν ὑμῶν καὶ μὴ ποιήσητε |
| Sal. | | 2 | 22 | αὐτῆς ἀπερρίφη ἐπὶ τὴν γῆν. καὶ ἐγὼ εἶδον καὶ | * ἐδεήθην * | τοῦ προσώπου κυρίου καὶ εἶπον ἱκάνωσον κύριε τοῦ |
| Sal. | | 6 | 5 | αὐτοῦ ἐξύμνησεν τῷ ὀνόματι τοῦ θεοῦ αὐτοῦ καὶ | * ἐδεήθη * | τοῦ προσώπου κυρίου περὶ παντὸς τοῦ οἴκου αὐτοῦ |
| Jer. | | 3 | 4 | μου Ἰερεμίαν. τότε Ἰερεμίας ἐλάλησεν λέγων | * δέομαι * | κύριε κέλευσόν με λαλῆσαι ἐνώπιόν σου. καὶ εἶπε |
| Jer. | | 6 | 9 | φῶς τὸ ἐξελθὸν ἐκ στόματός σου. παρακαλοῦμεν καὶ | * δεόμεθά * | σου τῆς ἀγαθότητος τὸ μέγα ὄνομα ὃ οὐδεὶς |
| Jer. | | 7 | 23 | υἱέ μου ἀγαπητὲ μὴ ἀμελήσῃς ἐν ταῖς προσευχαῖς σου | * δεόμενος * | τοῦ θεοῦ ὑπὲρ ἡμῶν ὅπως κατευοδώσῃ τὴν ὁδὸν |
| Jer. | | 7 | 28 | εἰς τὸν οἶκόν μου ὀδυνώμενος καὶ κλαίων. νῦν οὖν | * δεήθητι * | εἰς τὸν τόπον ὅπου εἶ σὺ καὶ Ἀβιμέλεχ ὑπὲρ τοῦ |
| Bar. | | 2 | 4 | καὶ ἠρώτησα ἐγὼ Βαροὺχ τὸν ἄγγελον ἀνάγγειλόν μοι | * δέομαί * | σου τί ἐστιν τὸ πάχος τοῦ οὐρανοῦ ἐν ᾧ ὡδεύσαμεν |
| Bar. | | 2 | 7 | καὶ ὑποδείξω σοι μείζονα μυστήρια. εἶπον δὲ ἐγὼ | * δέομαί * | σου δεῖξόν μοι τί εἰσιν οἱ ἄνθρωποι οὗτοι; καὶ |
| Bar. | | 3 | 4 | κυνῶν οἱ δὲ πόδες ἐλάφων. καὶ ἠρώτησα τὸν ἄγγελον | * δέομαί * | σου κύριε εἰπέ μοι τίνες εἰσὶν οὗτοι; καὶ εἶπεν |
| Bar. | | 4 | 8 | ἀπὸ τούτων οὐκ ἐκλείπει ἡ θάλασσα. καὶ εἶπον ἐγὼ | * δέομαί * | σου δεῖξόν μοι τί τὸ ξύλον τὸ πλανῆσαν τὸν Ἀδάμ; |
| Bar. | | 4 | 14 | ἡμέρας τὴν εὐχὴν ἐκτελέσαντος καὶ πολλὰ | * δεηθεὶς * | καὶ κλαύσας εἶπεν κύριε παρακαλῶ ὅπως ἀποκαλύψῃς |
| Bar. | | 13 | 3 | ὁ Ἐχθρὸς ἀλλ' εἴπατέ μοι τί αἰτεῖσθε. καὶ εἶπον | * δεόμεθά * | σου Μιχαὴλ ὁ ἀρχιστράτηγος ἡμῶν μετάθες ἡμᾶς ἀπ' |
| Bar. | | 13 | 4 | ἐργάται τῶν τοιούτων καὶ ἑτέρων χειρόνων. διὸ | * δεόμεθα * | ἐξελθεῖν ἡμᾶς ἀπ' αὐτῶν. καὶ εἶπεν Μιχαὴλ τοὺς |
| Prop. | | 2 | 7 | σημεῖον δέδωκε τοῖς ἱερεῦσιν Αἰγύπτου ὅτι | * δεῖ * | σεισθῆναι τὰ εἴδωλα αὐτῶν καὶ συμπεσεῖν (διὰ σωτῆρος |
| Prop. | | 4 | 9 | κύριον πᾶσαν ἡμέραν καὶ νύκτα τεσσαρακοντάκις | * δεόμενος. * | Βεημὼθ ἐπεγίνετο αὐτῷ καὶ ἐλάνθανεν ὅτι |
| Prop. | | 9 | 3B | Ἠλίας καὶ κατέβη πρὸς Ὀχοζίαν. τοῦ Ἀχαὰβ | * δεηθεὶς * | τοῦ Ἠλία ἐγένετο αὐτοῦ μαθητὴς καὶ πολλὰ παθὼν |
| Sedr. | | 8 | 12 | πάντα κύριε μόνος σὺ ἐπίστασαι ταῦτα πάντα μόνον | * δέομαί * | σου ἐλευθέρωσον τὸν ἄνθρωπον ἐκ τὴν κόλασιν εἰ δὲ |
| Sedr. | | 14 | 2 | τὸν θεὸν καὶ εἶπον κύριε δίδαξον ἡμᾶς πῶς | * δεῖ * | καὶ ἐν ποίᾳ μετανοίᾳ σωθήσεται ὁ ἄνθρωπος καὶ ἐν |
| Job | | 3 | 6 | κύριέ μου ὁ ἐπὶ τῇ σωτηρίᾳ τῆς ἐμῆς ψυχῆς ἐλθών, | * δέομαί * | σου, εἴπερ οὗτός ἐστιν ὁ τόπος τοῦ Σατανᾶ ἐν ᾧ |
| Job | | 11 | 2 | ἀναλῶσαι ἤρχοντο παρακαλοῦντες καὶ λέγοντες | * δεόμεθά * | σου, καὶ ἡμεῖς δυνάμεθα ταύτην τὴν διακονίαν |
| Job | | 11 | 10 | ἀπεσυλοῦντο καὶ ἤρχοντο καὶ παρεκάλουν με λέγοντες | * δεόμεθά * | σου, μακροθύμησον ἐφ' ἡμᾶς ἴδωμεν πῶς |
| Job | | 15 | 5 | ταῦτα λαμβάνετε περισσὰ μετὰ τὴν σύνταξιν ἵνα | * δεηθῆτε * | ὑπὲρ τῶν τέκνων μου μὴ ἄρα οἱ υἱοί μου ἥμαρτον |
| Job | | 35 | 1 | τότε Βαλδαδ ἐκράτησεν αὐτὸν λέγων ὅτι οὐχ οὕτως | * δεῖ * | λαλῆσαι ἀνθρώπῳ πενθοῦντι, οὐ μόνον ἀλλὰ καὶ ἐν |
| Job | | 39 | 8 | περιρῆξαι καὶ περιβαλεῖν τὴν γυναῖκά μου. ἡ δὲ | * ἐδέετο * | αὐτῶν λέγουσα παρακαλῶ, κελεύσατε τοῖς |
| Aris. | | 7 | 2 | ἔχοντί σοι περὶ τῶν δυναμένων ὠφελῆσαι διάνοιαν | * δέον * | ἐστὶ μεταδιδόναι μάλιστα μὲν πᾶσι τοῖς ὁμοίοις |
| Aris. | | 23 | 5 | τὴν Αἴγυπτον γεγονέναι ἱκανὴ γὰρ ἦν ἡ παρὰ τό γε | * δέον * | γεγονυῖα ἐκ τῶν στρατιωτῶν ὠφέλεια διὸ παντελῶς |
| Aris. | | 31 | 1 | προσαναφέρεται προνοίας γὰρ βασιλικῆς οὐ τέτευχε. | * δέον * | δέ ἐστι καὶ ταῦθ' ὑπάρχειν παρά σοι διηκριβωμένα |
| Aris. | | 42 | 7 | καὶ εἰς προσαγωγὴν θυσιῶν καὶ εἰς ἐπισκευὰς ὧν ἂν | * δέηται * | τὸ ἱερὸν ἀργυρίου τάλαντα ἑκατὸν ἅπερ ἐκόμισεν |
| Aris. | | 72 | 2 | τοῖς μεγέθεσιν οὐδὲν προσθεῖναι ὁ βασιλεὺς ὅσον | * ἔδει * | δαπανηθῆναι κατασκευαζομένων μειζόνων ταῦτα |
| Aris. | | 106 | 4 | ταῖς ἁγνείαις ὄντας ὅπως μηδενὸς θιγγάνωσιν ὧν οὐ | * δέον * | ἐστίν. οὐκ ἀλόγως δὲ τὴν πόλιν συμμετρίᾳ καθηκούσῃ |
| Aris. | | 120 | 6 | γεγονέναι ταύτην. ὅσον οὖν καὶ περὶ τούτων | * ἔδει * | κεφαλαιωδῶς σεσήμαγκά σοι ὦ Φιλόκρατες ἄδελφε τὰ δὲ |
| Aris. | | 122 | 2 | εὔθετοι καθεστήκεισαν καὶ τοῦτ' ἐπετέλουν ὅτε | * δέοι * | καὶ πρὸς τὰς ὁμιλίας καὶ τὰς ἐπερωτήσεις τὰς διὰ |
| Aris. | | 138 | 2 | σοφώτατοι καθεστάναι. τῶν γὰρ ἄλλων πολυματαίων τί | * δεῖ * | καὶ λέγειν Αἰγυπτίων τε καὶ τῶν παραπλησίων οἵτινες |
| Aris. | | 147 | 2 | οὖν ἔθετο διὰ τούτων ἀκάθαρτα προσονομάσας ὅτι | * δέον * | ἐστὶ κατὰ ψυχὴν οἷς ἡ νομοθεσία διατέτακται |
| Aris. | | 159 | 4 | ὅτι πᾶσαν ἐνέργειαν μετὰ δικαιοσύνης ἐπιτελεῖν | * δεῖ * | μνήμην ἔχοντας τῆς ἑαυτῶν κατασκευῆς ἐπὶ πᾶσι δὲ τὸν |
| Aris. | | 170 | 3 | ἔλεγε μόσχων τε καὶ κριῶν καὶ χιμάρων ὅτι | * δεῖ * | ταῦτα ἐκ βουκολίων καὶ ποιμνίων λαμβάνοντας ἥμερα |
| Aris. | | 200 | 5 | ἐκ τοῦ καιροῦ τοιαύτας ἐρωτήσεις λαμβάνοντες ὡς | * δέον * | ἐστὶν ἀποκέκρινται πάντες ἀπὸ θεοῦ τοῦ λόγου τὴν |
| Aris. | | 206 | 6 | τίνος ἕνεκεν ἂν ψεύσαιντο; προσλαμβάνειν δὲ | * δεῖ * | τοῦτό σε βασιλεῦ διότι φιλαλήθης ὁ θεός ἐστιν. |
| Aris. | | 208 | 4 | γεννᾶται τὸ τῶν ἀνθρώπων γένος ὅθεν οὔτε εὐκόπως | * δεῖ * | κολάζειν οὔτε αἰκίαις περιβάλλειν γινώσκων ὅτι τὸ |
| Aris. | | 211 | 5 | εἰ καλῶς λογίζοιο πάντα γάρ σοι πάρεστιν ὅσα | * δέον. * | ὁ θεὸς δὲ ἀπροσδεής ἐστι καὶ ἐπιεικής. καὶ σὺ |
| Aris. | | 219 | 1 | καὶ διανοοῦνται καὶ λαλοῦσιν. οὐ γὰρ ἐλάχιστόν σε | * δεῖ * | τῶν ὑποκριτῶν φαίνεσθαι τὸ γὰρ πρόσωπον ὃ δέον |
| Aris. | | 219 | 2 | σε δεῖ τῶν ὑποκριτῶν φαίνεσθαι τὸ γὰρ πρόσωπον ὃ | * δέον * | αὐτούς ἐστιν ὑποκρίνεσθαι τοῦτο συνθεωροῦντες |
| Aris. | | 227 | 1 | παντός. εὐφημήσας δὲ τοῦτον ἕτερον ἠρώτα πρὸς τίνα | * δεῖ * | φιλότιμον εἶναι; ἐκεῖνος δὲ ἔφη πρὸς τοὺς φιλικῶς |
| Aris. | | 227 | 3 | ἔχοντας ἡμῖν οἴονται πάντες ὅτι πρὸς τούτους | * δέον * | ἐγὼ δ' ὑπολαμβάνω πρὸς τοὺς ἀντιδοξοῦντας |
| Aris. | | 227 | 4 | δ' ὑπολαμβάνω πρὸς τοὺς ἀντιδοξοῦντας φιλοτιμίαν | * δεῖν * | χαριστικὴν ἔχειν ἵνα τούτῳ τῷ τρόπῳ μετάγωμεν |
| Aris. | | 227 | 6 | αὐτοὺς ἐπὶ τὸ καθῆκον καὶ συμφέρον ἑαυτοῖς. | * δεῖ * | δὲ τὸν θεὸν λιτανεύειν ἵνα ταῦτ' ἐπιτελῆται τὰς γὰρ |
| Aris. | | 228 | 3 | τὸν ἕκτον ἐκέλευσεν ἀποφήνασθαι πυνθανόμενος τίσι | * δεῖ * | χαρίζεσθαι; ἐκεῖνος δ' ἀπεκρίθη γονεῦσι διὰ παντὸς |
| Aris. | | 233 | 1 | αὐτῆς καρποὺς ἀλυπίαν κατασκευάζειν. ἱκετεύειν δὲ | * ‹δεῖ› * | τὸν θεὸν ἵνα μὴ τὰ παρὰ τὴν προαίρεσιν ἡμῶν |
| Aris. | | 242 | 4 | δὲ εὐημερίας μηδὲν προσδεῖσθαι τῶν ἐκείνων ἀλλὰ | * δέον * | ‹θεὸν› ἱκετεύειν πάντα ἀγαθοποιεῖν. ὡσαύτως δὲ |
| Aris. | | 245 | 5 | κατάρχει καὶ πολλῶν ὄχλων ἀφηγεῖται καὶ οὐ | * δεῖ * | περὶ ἕτερόν τι τὴν διάνοιαν εἶναι τῆς δὲ τούτων |
| Aris. | | 246 | 6 | τῶν σὺν αὐτῷ καὶ μηθὲν ὑπερτείνοντας τοῦ | * δέοντος * | ἐν ταῖς φιλοφρονήσεσι καὶ τοῖς λοιποῖς τοῖς κατὰ |
| Aris. | | 250 | 5 | παραλογισμοῦ καὶ τῇ φύσει κατεσκεύασται ἀσθενὲς | * δέον * | δ' ἐστὶ κατὰ τὸ ὑγιὲς χρῆσθαι καὶ μὴ πρὸς ἔριν |
| Aris. | | 251 | 2 | γὰρ βίος ὅταν ὁ κυβερνῶν εἰδῇ πρὸς τίνα σκοπὸν | * δεῖ * | τὴν διέξοδον ποιεῖσθαι. θεοῦ δ' ἐπικλήσει καὶ βίος |
| Aris. | | 254 | 2 | τίνος χάριν θυμωθήσεται; γινώσκειν δὲ | * δεῖ * | διότι θεὸς τὸν πάντα κόσμον διοικεῖ μετ' εὐμενείας |
| Aris. | | 256 | 7 | ἵνα δ' ἐπίστασιν τούτων λαμβάνωμεν θεραπεύειν | * δεῖ * | τὸν θεόν. ἐπισημήνας δὲ καὶ τοῦτον ἕτερον ἠρώτα πῶς |
| Aris. | | 264 | 1 | ὑψοῖ. παρακαλέσας δὲ αὐτὸν τὸν ἑξῆς ἐπηρώτα τίσι | * δεῖ * | συμβούλοις χρῆσθαι; τοῖς διὰ πολλῶν ἔφη |
| Aris. | | 268 | 2 | δὲ τούτῳ πρὸς τὸν ἕτερον εἶπεν ἐπὶ τίσι | * δεῖ * | λυπεῖσθαι; πρὸς ταῦτα ἀπεκρίθη τὰ συμβαίνοντα τοῖς |
| Aris. | | 269 | 1 | τὸ δ' ἐκφυγεῖν πᾶν κακὸν θεοῦ δυνάμει γίνεται. ὡς | * ἔδει * | δὲ φήσας αὐτὸν ἀποκρίνεσθαι πρὸς ἕτερον εἶπε πῶς |
| Aris. | | 270 | 2 | ἐπικυρώσας τὰ τῆς ἀποκρίσεως τὸν ἑξῆς ἠρώτα τίσι | * δεῖ * | πιστεύειν ἑαυτόν; τοῖς διὰ τὴν εὔνοιαν εἶπε συνοῦσί |
| Aris. | | 279 | 2 | τοῦτον εἰπὼν ὁ βασιλεὺς τὸν μετ' αὐτὸν ἠρώτα τίσι | * δεῖ * | κατακολουθεῖν τοὺς βασιλεῖς; ὁ δὲ ἔφη τοῖς νόμοις |
| Aris. | | 280 | 2 | καὶ τοῦτον καλῶς λέγειν τὸν ἐχόμενον ἠρώτα τίνας | * δεῖ * | καθιστάνειν στρατηγούς; ὃς δὲ εἶπεν ὅσοι |
| Aris. | | 281 | 3 | μετὰ φωνῆς ἐπὶ τὸν ἐχόμενον ἐπιβλέψας εἶπε τίνας | * δεῖ * | καθιστάνειν ἐπὶ τῶν δυνάμεων ἄρχοντας; ὁ δὲ |
| Aris. | | 283 | 2 | δὲ καὶ τούτῳ πρὸς τὸν ἕτερον εἶπεν ἐν τίσι | * δεῖ * | πράγμασι τοὺς βασιλεῖς τὸν πλείω χρόνον διάγειν; ὁ |
| Aris. | | 284 | 2 | ἐνεργῶς δὲ καὶ τοῦτον προσειπὼν ἕτερον ἠρώτα τίνας | * δεῖ * | ποιεῖσθαι τὰς διαγωγὰς ἐν ταῖς ἀνέσεσι καὶ |
| Aris. | | 286 | 2 | δὲ τοῖς προειρημένοις πρὸς τὸν ἔνατον εἶπε πῶς | * δεῖ * | διὰ τῶν συμποσίων διεξάγειν; ὁ δὲ ἔφησε |
| Aris. | | 295 | 2 | ἔχειν.- τεθαυμακὼς γὰρ τοὺς ἄνδρας ὑπὲρ τὸ | * δέον * | ὡς ἐκ τοῦ καιροῦ τὰς ἀποκρίσεις ἐποιοῦντο πολλοῦ |
| Aris. | | 295 | 4 | τοῦ καιροῦ τὰς ἀποκρίσεις ἐποιοῦντο πολλοῦ χρόνου | * δεομένας * | καὶ τοῦ μὲν ἐρωτῶντος μεμεριμνηκότος ἕκαστα τῶν |
| Aris. | | 301 | 7 | ἑρμηνείας ἐπιτελεῖν παρόντων ὅσα πρὸς τὴν χρείαν | * ἔδει * | καλῶς. οἱ δὲ ἐπετέλουν ἕκαστα σύμφωνα ποιοῦντες |
| Sib. | | 5 | 360 | πᾶν γένος ἀνθρώπων +βίοτον+ καὶ φῦλον ἀναιδὲς | * δεῖ * | στέργειν γενετῆρα θεὸν σοφὸν αἰὲν ἐόντα. ἔσσεται |
| FIsa. | | 1 | 11 | καὶ εἶπεν Ἡσαΐας οὐκ ὠφελήσεις σεαυτὸν οὐδὲν | * ‹δεῖ› * | πληρωθῆναι τὴν βουλὴν τοῦ σατανᾶ ἐν τῷ Μανασσῇ. ἐν |
| FIsa. | | 1 | 13 | ὁ ἀγαπητὸς τὴν βουλήν σου οὐ μὴ γὰρ ἔσται | * δεῖ * | ‹με› ἐν ταῖς χερσὶ Μανασσῆ ἐξελθεῖν. ἐτελεύτησεν δὲ |
| FMan. | 2 | 22 | 14 | προσοχθίσματα. καὶ νῦν κλίνω γόνυ καρδίας μου | * δεόμενος * | τῆς παρὰ σοῦ χρηστότητος ἡμάρτηκα κύριε |
| FMan. | 2 | 22 | 14 | καὶ τὰς ἀνομίας μου ἐγὼ γινώσκω ἀλλ' αἰτοῦμαι | * δεόμενός * | σου ἄνες μοι κύριε ἄνες μοι καὶ μὴ συναπολέσῃς |

| | | | | | |
|---|---|---|---|---|---|
| FAch. | 109 | | ὡς παρακαταθήκην. καὶ πρῶτον μὲν θεὸν σέβου ὡς | * δεῖ. * | βασιλέα τίμα τὸ γὰρ κράτος ἰσότιμόν ἐστι. τὸν |
| FAch. | 109 | | φύσιν τῷ δὲ ἐκ προαιρέσεως στέρξαντι διπλασίους | * δεῖ * | ἀποδιδόναι χάριτας. τὴν καθημερινὴν τροφὴν χρησίμην |
| IMen. 5 | 119 | 2 | πεπλάνηται ἐκεῖνος καὶ φρένας κούφας ἔχει. | * δεῖ * | γὰρ τὸν ἄνδρα χρήσιμον πεφυκέναι μὴ παρθένους |
| HEup. 9 | 32 | 1 | καὶ Ἀθριβίτου ἀνὰ μυρίους. φρόντισον δὲ καὶ τὰ | * δέοντα * | αὐτοῖς καὶ τὰ ἄλλα ὅπως εὔτακτῇ καὶ ἵνα |
| HEup. 9 | 33 | 1 | καὶ Ἀμμανῖτιν καὶ Γαλαδῖτιν χορηγεῖσθαι αὐτοῖς τὰ | * δέοντα * | ἐκ τῆς χώρας κατὰ μῆνα κόρους σίτου μυρίους ὁ δὲ |
| HEup. 9 | 34 | 3 | ὑφηγήσεταί σοι καὶ ποιήσει. περὶ δὲ τῶν | * δεόντων * | καὶ ἀποστελλομένων σοι παίδων καλῶς ποιήσεις |
| HEup. 9 | 34 | 3 | τοῖς κατὰ τόπον ἐπάρχοις ὅπως χορηγῆται τὰ | * δέοντα. * | διελθὼν δὲ Σολομῶν ἔχων τοὺς πατρικοὺς φίλους |
| HEup. 9 | 34 | 4 | Ἰουδαίων καὶ παρέχειν ταῖς ἑκκαίδεκα μυριάσι τὰ | * δέοντα * | πάντα κατὰ μῆνα φυλὴν μίαν. θεμελιῶσαί τε τὸν |
| HArt. 9 | 23 | 1 | ἐπιβουλευθῆναι προϊδόμενον δὲ τὴν ἐπισύστασιν | * δεηθῆναι * | τῶν ἀστυγειτόνων Ἀράβων εἰς τὴν Αἴγυπτον αὐτὸν |
| LAri. 13 | 12 | 3 | τοῦ Φαληρέως πραγματευσαμένου τὰ περὶ τούτων. | * δεῖ * | γὰρ λαμβάνειν τὴν θείαν φωνὴν οὐ ῥητὸν λόγον ἀλλ' |
| LAri. 13 | 12 | 7 | διὰ πάντων ἐστὶν ἡ δύναμις τοῦ θεοῦ. καθὼς δὲ | * δεῖ * | σεσημάγκαμεν περιαιροῦντες τὸν διὰ τῶν ποιημάτων Δία |
| LAri. 13 | 12 | 8 | ταῦτα. πᾶσι γὰρ τοῖς φιλοσόφοις ὁμολογεῖται διότι | * δεῖ * | περὶ θεοῦ διαλήψεις ὁσίας ἔχειν ὃ μάλιστα |
| LAri. 7 | 32 | 17 | ἐν κύκλοισι φανέντ' ἐπιτελλομένοις ἐνιαυτοῖς. | * δεῖν * | τὰ διαβατήρια θύειν ἐπ' ἴσης ἅπαντας μετὰ ἰσημερίαν |
| δέω (δήσω) | | | | 24 | |
| Hen. | 9B | 4 | ὁ ὕψιστος ἐκέλευσε τοῖς ἁγίοις ἀρχαγγέλοις καὶ | * ἔδησαν * | τοὺς ἐξάρχους αὐτῶν καὶ ἔβαλον αὐτοὺς εἰς τὴν |
| Hen. | 10 | 4 | πάσας τὰς γενεὰς τοῦ αἰῶνος. καὶ τῷ Ῥαφαὴλ εἶπεν | * δῆσον * | τὸν Ἀζαὴλ ποσὶν καὶ χερσὶν καὶ βάλε αὐτὸν εἰς τὸ |
| Hen. | 10 | 12 | αὐτῶν καὶ ἴδωσιν τὴν ἀπώλειαν τῶν ἀγαπητῶν καὶ | * δῆσον * | αὐτοὺς ἑβδομήκοντα γενεὰς εἰς τὰς νάπας τῆς γῆς |
| Hen. | 10 | 14 | κατακαυθῇ καὶ ἀφανισθῇ ἀπὸ τοῦ νῦν μετ' αὐτῶν ὁμοῦ | * δεθήσονται * | μέχρι τελειώσεως γενεᾶς. ἀπόλεσον πάντα τὰ |
| Hen. | 10B | 4 | αἰῶνος. καὶ τῷ Ῥαφαὴλ εἶπε πορεύου Ῥαφαὴλ καὶ | * δῆσον * | τὸν Ἀζαὴλ χερσὶ καὶ ποσὶ συμπόδισον αὐτὸν καὶ |
| Hen. | 10B | 11 | ἔτη πεντακόσια. καὶ τῷ Μιχαὴλ εἶπε πορεύου Μιχαὴλ | * δῆσον * | Σεμιαζᾶν καὶ τοὺς ἄλλους σὺν αὐτῷ τοὺς συμμιγέντας |
| Hen. | 10B | 12 | αὐτῶν καὶ ἴδωσι τὴν ἀπώλειαν τῶν ἀγαπητῶν αὐτῶν | * δῆσον * | αὐτοὺς ἐπὶ ἑβδομήκοντα γενεὰς εἰς τὰς νάπας τῆς |
| Hen. | 10B | 14 | ἂν κατακριθῇ καὶ ἀφανισθῇ ἀπὸ τοῦ νῦν μετ' αὐτῶν | * δεθήσεται * | μέχρι τελειώσεως γενεᾶς αὐτῶν. καὶ τότε ἀνοίξω |
| Hen. | 13 | 1 | οὐκ ἔσται σοι εἰρήνη. κρίμα μέγα ἐξῆλθεν κατὰ σοῦ | * δῆσαί * | σε καὶ ἀνοχὴ καὶ ἐρώτησίς σοι οὐκ ἔσται περὶ ὧν |
| Hen. | 14 | 5 | τοὺς αἰῶνας καὶ ἐν τοῖς δεσμοῖς τῆς γῆς ἐρρέθη | * δῆσαι * | ὑμᾶς εἰς πάσας τὰς γενεὰς τοῦ αἰῶνος καὶ ἵνα περὶ |
| Hen. | 18 | 16 | ἐν τοῖς καιροῖς αὐτῶν. καὶ ὀργίσθη αὐτοῖς καὶ | * ἔδησεν * | αὐτοὺς μέχρι καιροῦ τελειώσεως αὐτῶν ἁμαρτίας |
| Hen. | 21 | 3 | καὶ ἐκεῖ τεθέαμαι ἑπτὰ τῶν ἀστέρων τοῦ οὐρανοῦ | * δεδεμένους * | καὶ ἐρριμμένους ἐν αὐτῷ ὁμοίους ὄρεσιν |
| Hen. | 21 | 6 | οὐρανοῦ οἱ παραβάντες τὴν ἐπιταγὴν τοῦ κυρίου καὶ | * ἐδέθησαν * | ὧδε μέχρι τοῦ πληρῶσαι μύρια ἔτη τὸν χρόνον τῶν |
| Hen. | 21B | 3 | φοβερόν. καὶ ἐκεῖ τεθέαμαι ζ' ἀστέρας τοῦ οὐρανοῦ | * δεδεμένους * | καὶ ἐριμμένους ἐν αὐτῷ ὁμοῦ ὁμοίους ὁράσει |
| Hen. | 22 | 11 | μέχρι αἰῶνος ἦν ἀνταπόδοσις τῶν πνευμάτων ἐκεῖ | * δήσει * | αὐτοὺς μέχρις αἰῶνος. καὶ οὕτως ἐχωρίσθη τοῖς |
| TSim. | 4 | 3 | πράσεως Ἰωσήφ. καὶ ὅτε κατέβημεν εἰς Αἴγυπτον καὶ | * ἔδησέ * | με ὡς κατάσκοπον ἔγνων ὅτι δικαίως πάσχω καὶ οὐκ |
| TLevi | 18 | 12 | πνεῦμα ἁγιωσύνης ἔσται ἐπ' αὐτοῖς. καὶ ὁ Βελιὰρ | * δεθήσεται * | ὑπ' αὐτοῦ καὶ δώσει ἐξουσίαν τοῖς τέκνοις |
| Asen. | 29 | 5 | γῆς καὶ ἀπένιψε τὸ αἷμα ἀπὸ τοῦ προσώπου αὐτοῦ καὶ | * ἔδησε * | τελαμῶνα εἰς τὸ τραῦμα αὐτοῦ καὶ ἐπέθηκεν αὐτὸν |
| Jer. | 7 | 8 | καὶ δεκαπέντε σῦκα ἐκ τοῦ κοφίνου τοῦ Ἀβιμέλεχ | * ἔδησεν * | αὐτὰ εἰς τὸν τράχηλον τοῦ ἀετοῦ καὶ εἶπεν αὐτῷ |
| Jer. | 7 | 30 | ὑμῖν ἐπὶ γῆς ἀλλοτρίας ὄντες; καὶ μετὰ ταῦτα | * ἔδησε * | τὴν ἐπιστολὴν εἰς τὸν τράχηλον τοῦ ἀετοῦ Ἱερεμίας |
| Sib. | 3 | 201 | γὰρ κρατεροῖο δίκας τίσουσι Κρόνοιο οὕνεκά τοι | * δῆσάν * | τε Κρόνον καὶ μητέρα κεδνήν. δεύτερον αὖθ' Ἕλλησι |
| FMan. 2 | 22 | 10 | καὶ ἦν | * δεδεμένος * | καὶ κατασεσιδηρωμένος ὅλος ἐν οἴκῳ φυλακῆς καὶ |
| FAch. | 111 | | παῖδας. οἱ δὲ βαστάζοντες ἀνίπταντο εἰς τὸν ἀέρα | * δεδεμένοι * | καλῳδίοις δεδεμένοι δὲ ὑπήκοοι ἦσαν τοῖς |
| FAch. | 111 | | ἀνίπταντο εἰς τὸν ἀέρα δεδεμένοι καλῳδίοις | * δεδεμένοι * | δὲ ὑπήκοοι ἦσαν τοῖς παισὶν πρὸς τὸ ἐν ᾧ |
| δή | | | | 102 δή δήπειτα | |
| δῆγμα | | | | 1 | |
| Prop. | 2 | 4 | ἐν τῷ τόπῳ καὶ λαμβάνοντες τοῦ χοὸς τοῦ τόπου | * δήγματα * | ἀσπίδων θεραπεύουσι (καὶ πολλοὶ αὐτὰ τὰ θηρία |
| δῆθεν | | | | 2 | |
| Abr.1 | 4 | 5 | ἐγερθεὶς οὖν ὁ ἀρχιστράτηγος ἐξῆλθεν ἔξω ὡς | * δῆθεν * | γαστρὸς χρείᾳ ὕδατος χύσιν ποιήσας καὶ ἀνῆλθεν εἰς |
| HCal. | 24 | 2 | ἀντιστῆναι βουληθέντες ἐκπέμπουσιν κατασκόπους ὡς | * δῆθεν * | πρέσβεις εἶναι τούτους. ταῦτα δὲ ὅμως οὐκ ἔλαθεν |
| δηθύνω | | | | 1 | |
| Sib. | 3 | 47 | αὐτὰρ ἐπεὶ Ῥώμη καὶ Αἰγύπτου βασιλεύσει εἰσέτι | * δηθύνουσα * | +τότε δὴ+ βασιλεία μεγίστη ἀθανάτου βασιλῆος |
| δηλέομαι | | | | 1 | |
| Sib. | 3 | 645 | καὶ τῶν μὲν γῦπές τε καὶ ἄγρια θηρία γαίης σάρκας | * δηλήσονται * | ἐπὰν δὴ ταῦτα τελεσθῇ λείψανα γαῖα πέλωρος |
| δηλητήριος | | | | 1 | |
| Abr.1 | 19 | 16 | ἐκλείπουσιν ἔδειξά σοι δὲ καὶ ποτήρια | * δηλητήρια * | φάρμακα μεμεστωμένα διότι πολλοὶ τῶν ἀνθρώπων |
| δῆλοι (οἱ) | | | | 2 | |
| Prop. | 22 | 3 | εἰς Ἱερουσαλὴμ καὶ εἶπεν ὁ ἱερεὺς διὰ τῶν | * δήλων * | ὅτι προφήτης ἐτέχθη Ἰσραὴλ ὃς καθελεῖ τὰ γλυπτὰ |
| Prop. | 23 | 2 | ἐκ τοῦ Δαβεὶρ οὔτε ἐρωτῆσαι ἐν τῷ Ἐφοὺδ οὔτε διὰ | * δήλων * | ἀποκριθῆναι τῷ λαῷ ὡς τὸ πρίν. (( Ἰαδὼκ). ἄνθρωπος |
| δῆλος | | | | 4 | |
| Jer. | 7 | 3 | τοῦ οὐρανοῦ ἐκ τῆς γὰρ αὐγῆς τῶν ὀφθαλμῶν σου | * δηλόν * | ἐστι δεῖξόν μοι οὖν τί ποιεῖς ἐνταῦθα; καὶ εἶπεν |
| Job | 36 | 6 | σε ἐν τῷ δευτέρῳ καὶ ἐὰν ἀποκριθῇς μοι εὐσταθῶς, | * δῆλον * | ὅτι γνωσόμεθα ὅτι ἡ καρδία σου οὐκ ἐξίσταται. καὶ |
| Sib. | 4 | 92 | ἄμμος ἅπασαν ὑπ' ἠιόνεσσι καλύψει Δῆλος δ' οὐκέτι | * δῆλος * | ἄδηλα δὲ πάντα τὰ Δήλου. καὶ Βαβυλὼν μεγάλη μὲν |
| FAch. | 109 | | τῇ γυναικί σου κρύπτου καὶ ἀπορρήτων μηδὲν αὐτῇ | * δῆλον * | τίθει τὸ γὰρ γένος ἀντίπαλον ὃν πρὸς τὴν συμβίωσιν |
| Δῆλος | | | | 3 | |
| Sib. | 3 | 363 | ἄδικου τ' ἐνέχοντο. ἔσται καὶ Σάμος ἄμμος ἐσεῖται | * Δῆλος * | ἄδηλος καὶ Ῥώμη ῥύμη τὰ δὲ θέσφατα πάντα |
| Sib. | 4 | 92 | καὶ Σάμον ἄμμος ἅπασαν ὑπ' ἠιόνεσσι καλύψει | * Δῆλος * | δ' οὐκέτι δῆλος ἄδηλα δὲ πάντα τὰ Δήλου. καὶ |
| Sib. | 4 | 92 | καλύψει Δῆλος δ' οὐκέτι δῆλος ἄδηλα δὲ πάντα τὰ | * Δήλου. * | καὶ Βαβυλὼν μεγάλη μὲν ἰδεῖν μικρὴ δὲ μάχεσθαι |
| δηλόω | | | | 47 | |
| Adam | 3 | 2 | μὴ λυποῦ δώσω σοι γὰρ ἀντ' αὐτοῦ ἕτερον υἱὸν οὗτος | * δηλώσει * | πάντα ὅσα ποιήσῃς. σὺ δὲ μὴ εἴπῃς αὐτῷ μηδέν. |
| Adam | 9 | 3 | ἀλείψωμαι καὶ ἀναπαύσωμαι ἀπὸ τῆς νόσου μου καὶ | * δηλώσω * | σοι τὸν τρόπον ἐν ᾧ ἠπατήθημεν τὸ πρότερον. |
| Adam | 30 | 1 | καὶ ἐξέβην ἀπὸ τοῦ ὕδατος. νῦν οὖν τεκνία μου | * ἐδήλωσα * | ὑμῖν τὸν τρόπον ἐν ᾧ ἠπατήθημεν. ὑμεῖς δὲ |
| Hen. | 7 | 1 | καὶ ἐπαοιδὰς καὶ ῥιζοτομίας καὶ τὰς βοτάνας | * ἐδήλωσαν * | αὐταῖς. αἱ δὲ ἐν γαστρὶ λαβοῦσαι ἐτέκοσαν |
| Hen. | 9 | 6 | ὃς ἐδίδαξεν πάσας τὰς ἀδικίας ἐπὶ τῆς γῆς καὶ | * ἐδήλωσεν * | τὰ μυστήρια τοῦ αἰῶνος τὰ ἐν τῷ οὐρανῷ ἃ |
| Hen. | 9 | 8 | γῆς καὶ συνεκοιμήθησαν αὐταῖς καὶ ἐμιάνθησαν καὶ | * ἐδήλωσαν * | αὐταῖς πάσας τὰς ἁμαρτίας. καὶ αἱ γυναῖκες |
| Hen. | 9B | 8 | μετ' αὐτῶν καὶ ἐν ταῖς θηλείαις ἐμιάνθησαν καὶ | * ἐδήλωσαν * | αὐταῖς πάσας τὰς ἁμαρτίας καὶ ἐδίδαξαν αὐτὰς |
| Hen. | 10 | 2 | εἶπον αὐτῷ ἐπὶ τῷ ἐμῷ ὀνόματι κρύψον σεαυτὸν καὶ | * δήλωσον * | αὐτῷ τέλος ἐπερχόμενον ὅτι ἡ γῆ ἀπόλλυται πᾶσα |
| Hen. | 10 | 7 | ἡ γῆ ἣν ἠφάνισαν οἱ ἄγγελοι καὶ τὴν ἴασιν τῆς γῆς | * δήλωσον * | ἵνα ἰάσωνται τὴν πληγὴν ἵνα μὴ ἀπόλωνται πάντες |
| Hen. | 10 | 11 | αὐτῶν ἔτη πεντακόσια. καὶ εἶπεν Μιχαὴλ πορεύου καὶ | * δήλωσον * | Σεμιαζᾷ καὶ τοῖς λοιποῖς τοῖς σὺν αὐτῷ ταῖς |
| Hen. | 10B | 2 | καὶ εἶπον αὐτῷ τῷ ἐμῷ ὀνόματι κρύψον σεαυτὸν καὶ | * δήλωσον * | αὐτῷ τέλος ἐπερχόμενον ὅτι ἡ γῆ ἀπόλλυται πᾶσα |
| Hen. | 10B | 7 | ἣν ἠφάνισαν οἱ ἐγρήγοροι καὶ τὴν ἴασιν τῆς πληγῆς | * δήλωσον * | ἵνα ἰάσωνται τὴν πληγὴν καὶ μὴ ἀπόλωνται πάντες |
| Hen. | 27 | 5 | ηὐλόγησα τὸν κύριον τῆς δόξης καὶ τὴν δόξαν αὐτοῦ | * ἐδήλωσα * | καὶ ὕμνησα μεγαλοπρεπῶς. καὶ ἐκεῖθεν ἐπορεύθην |
| Hen. | 107 | 3 | τοὺς λόγους Ἐνὼχ τοῦ πατρὸς αὐτοῦ μυστηριακῶς γὰρ | * ἐδήλωσεν * | αὐτῷ (ἐπέστρεψεν καὶ ἐδήλωσεν αὐτῷ.) καὶ ἐκλήθη |
| Hen. | 107 | 3 | μυστηριακῶς γὰρ ἐδήλωσεν αὐτῷ (ἐπέστρεψεν καὶ | * ἐδήλωσεν * | αὐτῷ.) καὶ ἐκλήθη τὸ ὄνομα αὐτοῦ Νῶε εὐφραίνων |
| Abr.2 | 7 | 1 | μοι τὸ μυστήριον. τότε Ἀβραὰμ εἶπεν τῷ Μιχαὴλ | * δήλωσόν * | μοι τίς εἶ σύ. ἀπεκρίθη Μιχαὴλ καὶ εἶπεν ἐγὼ |
| Abr.2 | 7 | 3 | τί ἦλθες. εἶπεν δὲ αὐτῷ Μιχαὴλ ὁ υἱός σου Ἰσαὰκ | * δηλώσει * | σοι. λέγει Ἀβραὰμ Ἰσαὰκ τῷ υἱῷ αὐτοῦ υἱέ μου |
| Abr.2 | 13 | 5 | μέγαν. καὶ ἀποκριθεὶς Ἀβραὰμ εἶπεν παρακαλῶ σε | * δήλωσόν * | μοι τίς εἶ ἀπόστηθι ἀπ' ἐμοῦ ἀφ' οὗ γὰρ σε |
| TSim. | 5 | 1 | πονηρὸν ἐκ γὰρ ταραχῆς τοῦ πνεύματος τὸ πρόσωπον | * δηλοῖ. * | καὶ νῦν τέκνα μου ἀγαθύνατε τὰς καρδίας ὑμῶν |
| TJos. | 11 | 3 | ὁ μείζων αὐτῶν οὐκ εἶ δοῦλος σὺ ὅτι καὶ ἡ ὄψις σου | * δηλοῖ * | περί σου καὶ ἠπείλει μοι ἕως θανάτου. ἐγὼ δὲ |
| TJos. | 16 | 1 | ἠγοράσθη ἡμῖν. κἀκεῖνος ἀπέλυσεν ἡμᾶς. ἡ δὲ Μέμφις | * ἐδήλωσε * | τῷ ἀνδρὶ αὐτῆς πρίασθαί με ἀκούω γάρ φησιν ὅτι |
| TJos. | 16 | 3 | αὐτῶν ἀνεχώρησεν. ὁ δὲ εὐνοῦχος πειραθεὶς αὐτῶν | * δηλοῖ * | τῇ δεσποίνῃ ὅτι πολλὴν αἰτοῦσι τιμὴν τοῦ παιδός. ἡ |
| Jer. | 2 | 8 | τὰ ἱμάτια αὐτοῦ καὶ εἶπε πάτερ Ἱερεμία τίς σοι | * ἐδήλωσε * | τοῦτο; καὶ εἶπεν αὐτῷ Ἱερεμίας ἔκδεξαι μικρὸν |
| Job | 1 | 6 | ἐν θανάτῳ πικρῷ. ἀκούσατε οὖν μου τέκνα, καὶ | * δηλώσω * | ὑμῖν τὰ συμβεβηκότα μοι. ἐγὼ γάρ εἰμι Ἰωβὰβ πρὶν |
| Job | 6 | 7 | εἰσελθοῦσα λέγει μοι ταῦτα, καὶ ἤκουσεν παρ' ἐμοῦ | * δηλῶσαι * | μὴ σχολάζειν με νῦν. ὁ δὲ Σατανᾶς ἀκούσας |
| Job | 19 | 1 | μοι ὁ ἄγγελος. ἐλθόντος δὲ τοῦ ἐσχάτου ἀγγέλου καὶ | * δηλώσαντός * | μοι τὴν τῶν ἐμῶν τέκνων ἀπώλειαν, ἐταράχθην |
| Job | 28 | 9 | πόλει. πάλιν ἠρώτησαν περὶ τῶν ὑπαρχόντων μου καὶ | * ἐδηλώθη * | αὐτοῖς τὰ συμβεβηκότα μοι. καὶ ἀκούσαντες |
| Job | 29 | 4 | γῆν ἐπὶ τῆς κεφαλῆς μου καὶ κινήσας αὐτὴν | * ἐδήλωσα * | αὐτοῖς ὅτι ἐγώ εἰμι. ἰδόντες δέ με κινοῦντα τὴν |
| Aris. | 4 | 5 | Αἴγυπτον παρειληφότος. ἄξιόν ἐστι καὶ ταῦτά σοι | * δηλῶσαι. * | πέπεισμαι γὰρ σε μᾶλλον ἔχοντα πρόσκλισιν πρὸς |
| Aris. | 5 | 4 | σεμνὴν νομοθεσίαν διεξαγόντων περὶ ὧν προαιρούμεθα | * δηλοῦν * | ἀσμένως σε ἀκούσεσθαι προσφάτως παραγεγενημένον |
| Aris. | 34 | 1 | εἰς θυσίας καὶ ἄλλα πρὸς τάλαντα ἑκατόν. | * δηλώσομεν * | δέ σοι περὶ τῆς κατασκευῆς ὡς ἂν τὰ τῶν |
| Aris. | 83 | 2 | οὖν καὶ τούτων τὴν ἀναγραφὴν ἀναγκαίαν εἶναι | * δεδήλωκά * | σοι. τὰ δ' ἑξῆς περιέχει τὴν πρὸς τὸν |
| Aris. | 83 | 4 | ἡμῖν γενομένην τὴν δὲ θέσιν τῆς ὅλης χώρας πρῶτον | * δηλώσω. * | ὡς γὰρ παρεγενήθημεν ἐπὶ τοὺς τόπους ἐθεωροῦμεν |
| Aris. | 91 | 2 | δὲ καὶ αὐτὸς τὴν τῶν ὑποδοχείων κατασκευὴν | * δηλώσω * | καθὼς ἐπιστώθην. προήγαγον γὰρ πλέον σταδίων |
| Aris. | 91 | 7 | μοι γεγονέναι τὸ μέγεθος τῶν ἀγγείων καθὼς | * δεδήλωται. * | τῶν δὲ ἱερέων ἡ λειτουργία κατὰ πᾶν |
| Aris. | 120 | 8 | ὦ Φιλόκρατες ἀδελφὲ τὰ τῆς ἑρμηνείας ἐπομένως | * δηλώσομεν. * | ἐπιλέξας γὰρ τοὺς ἀρίστους ἄνδρας καὶ παιδείᾳ |
| Sib. | 3 | 819 | φήσειε θεοῦ μεγάλοιο προφῆτιν. οὐ γὰρ ἐμοὶ | * δήλωσεν * | ἃ πρὶν γενετῆρσιν ἐμοῖσιν ὅσσα δὲ πρῶτ' ἐγένοντο |
| Sib. | 5 | 112 | αἰαῖ σοὶ κραδίη δειλὴ τί με ταῦτ' ἐρεθίζεις | * δηλοῦν * | Αἰγύπτῳ πολυκοιρανίην ἀλεγεινήν; βαῖνε πρὸς |
| Sib. | 5 | 114 | βαῖνε πρὸς ἀντολίην Περσῶν γενεᾶς ἀνοήτους καὶ | * δήλου * | τοῖσιν τὸ παρὸν τό τε μέλλον ἔσεσθαι. Εὐφρήτου |
| FJub. | 2 | 19 | ἡμέρᾳ καὶ ηὐλόγησεν αὐτὴν καὶ ἡγίασεν αὐτὴν καὶ | * ἐδήλωσε * | διʼ ἀγγέλου τῷ Μωυσῇ ὅτι καὶ εἰκοσιδύο κεφάλαια |

FAch. 112 τῶν Αἰγυπτίων. ἀφικομένου δὲ αὐτοῦ εἰς τὴν Μέμφιν * ἐδηλώθη * τῷ βασιλεῖ Νεκταναβῷ τὸν Αἴσωπον παραστῆναι.
HDem. 9 21 13 τὸ ποιμαίνειν. ὅτι δὲ διὰ τοῦτο οὐκ ἔπεμψεν αὐτὸν * δεδηλωκέναι * ἐλθόντων γὰρ αὐτοῦ τῶν συγγενῶν φάναι αὐτοῖς
HEup. 9 39 3 ὄνομα Βάαλ. τοῦτον δὲ αὐτοῖς τὴν μέλλουσαν ἀτυχίαν * δηλῶσαι. * τὸν δὲ Ἰωναχειμ ζῶντα αὐτὸν ἐπιβαλέσθαι
LAri. 8 10 8 ἐν πᾶσι τοῖς ἐν τοῖς πεδίοις θάνατος μέγας ὥστε * δηλοῦσθαι * τὰς χεῖρας ἐπὶ δυνάμεως εἶναι θεοῦ καὶ γὰρ
LAri. 8 10 13 βουλόμενος συντηρεῖν τὸν περὶ θεοῦ λόγον. * δηλοῦται * γὰρ ὡς τὸ ὄρος ἐκαίετο πυρὶ καθώς φησιν ἡ
LAri. 13 12 12 τὴν γῆν καὶ πάντα τὰ ἐν αὐτοῖς ἵνα τοὺς χρόνους * δηλώσῃ * καὶ τὴν τάξιν προείπῃ τί τίνος προτερεῖ. τάξας
FrAn. 1 226 49 εζητειτε< - >αι αλλ ηλθατε παντες ι< - >ουν εστε * δηλωσατε * και π< - >εχετε ετερον συγγονον< - >ημος των

Δημήτηρ 1
Sib. 3 123 τοὺς δὲ Ῥέη καὶ Γαῖα φιλοστέφανός τ' Ἀφροδίτη * Δημήτηρ * Ἑστίη τε εὐπλόκαμός τε Διώνη ἤγαγον ἐς φιλίην

Δημήτριος (ὁ) 15
Aris. 9 1 καστασταθεὶς ἐπὶ τῆς τοῦ βασιλέως βιβλιοθήκης * Δημήτριος * ὁ Φαληρεὺς ἐχρηματίσθη πολλὰ διάφορα πρὸς τὸ
Aris. 11 3 πάντα γὰρ ὑποτέτακταί σοι τὰ πρὸς τὴν χρείαν. ὁ δὲ * Δημήτριος * εἶπεν ἑρμηνείας προσδεῖται χαρακτῆρσι γὰρ
Aris. 28 1 ἅπαντ' ἐπιτελῶν. ὡς δὲ κατεπράχθη ταῦτα τὸν * Δημήτριον * ἐκέλευσεν εἰσδοῦναι περὶ τῆς τῶν Ἰουδαϊκῶν
Aris. 29 1 ἐστιν ἀντίγραφον τόδε βασιλεῖ μεγάλῳ παρὰ * Δημητρίου. * προστάξαντός σου βασιλεῦ περὶ τῶν
Aris. 301 1 φιλομάθειαν εἰς τὰ χρήσιμα. μετὰ δὲ τρεῖς ἡμέρας ὁ * Δημήτριος * παραλαβὼν αὐτοὺς καὶ διελθὼν τὸ τῶν ἑπτὰ
Aris. 302 4 πρεπόντως ἀναγραφῆς οὕτως ἐτύγχανε παρὰ τοῦ * Δημητρίου. * καὶ μέχρι μὲν ὥρας ἐνάτης τὰ τῆς συνεδρείας
Aris. 308 2 γεγενημένου. τελείωσιν δὲ ὅτε ἔλαβε συναγαγὼν ὁ * Δημήτριος * τὸ πλῆθος τῶν Ἰουδαίων εἰς τὸν τόπον οὗ καὶ
Aris. 309 1 ἀγαθῶν παραίτιοι γεγονότες. ὡσαύτως δὲ καὶ τὸν * Δημήτριον * ἀποδεξάμενοι παρεκάλεσαν μεταδοῦναι τοῖς
Aris. 312 4 τὴν τοῦ νομοθέτου διάνοιαν. καὶ πρὸς τὸν * Δημήτριον * εἶπε πῶς τηλικούτων συντετελεσμένων οὐδεὶς
Aris. 317 2 ὁ βασιλεὺς καθὼς προεῖπον περὶ τούτων τὰ παρὰ τοῦ * Δημητρίου * προσκυνήσας ἐκέλευσε μεγάλην ἐπιμέλειαν
HDem. 9 21 1 καθελεῖν ἀπὸ τῆς πυρᾶς τὸν δὲ κριὸν καρπῶσαι. * Δημητριου * περι του ιακωβ απο της αυτης του πολυιστορος
HEup. 1 141 4 τὰ πάντα ἔτη ἀπὸ Ἀδὰμ ἄχρι τοῦ πέμπτου ἔτους * Δημητρίου * βασιλείας Πτολεμαίου τὸ δωδέκατον βασιλεύοντος
HHec. 1 22 185 ταύτης Πτολεμαῖος ὁ Λάγου ἐνίκα κατὰ Γάζαν μάχῃ * Δημήτριον * τὸν Ἀντιγόνου τὸν ἐπικληθέντα Πολιορκητήν.
LAri. 13 12 1 ἕκαστα τῶν ἐν αὐτῇ. διηρμήνευται γὰρ πρὸ * Δημητρίου * τοῦ Φαληρέως δι' ἑτέρων πρὸ τῆς Ἀλεξάνδρου
LAri. 13 12 2 σοῦ δὲ προγόνου προσενεγκαμένου μείζονα φιλοτιμίαν * Δημητρίου * τοῦ Φαληρέως πραγματευσαμένου τὰ περὶ τούτων.

δημιούργημα 1
TNep. 3 4 ἐν στερεώματι ἐν γῇ καὶ ἐν θαλάσσῃ καὶ πᾶσι τοῖς * δημιουργήμασι * κύριον τὸν ποιήσαντα ταῦτα πάντα ἵνα μὴ

δημιουργός 3
Esdr. 7 5 Ἐσδρὰμ ὁ θεὸς ὁ αἰώνιος ὁ πάσης τῆς κτίσεως * δημιουργὸς * ὁ τὸν οὐρανὸν μετρήσας σπιθαμὴν καὶ τὴν γῆν
Job 39 12 παιδία μου ἐπειδὴ ἀνελήφθησαν εἰς οὐρανοὺς ὑπὸ τοῦ * δημιουργοῦ * αὐτῶν τοῦ βασιλέως. τότε πάλιν ἀποκριθέντες
HCal. 28 16 στὰς Ἀλέξανδρος ηὔξατο καὶ ὦ θεὲ θεῶν εἶπε καὶ * δημιουργὲ * ὁρατῶν καὶ ἀοράτων συνεργός μοι φάνηθι ὧν

δημογέρων 1
FPho. 209 σε κολουέτω υἱέα μήτηρ ἢ καὶ πρεσβύτατοι γενεῆς ἢ * δημογέροντες. * μὴ μὲν ἐπ' ἄρσενι παιδὶ τρέφειν πλοκάμους

δῆμος 5
Sib. 3 216 ὁμῶς καὶ τῶνδε βοήσω φῦλον καὶ γενεὴν πατέρων καὶ * δῆμον * ἀπάντων πάντα περιφραδέως βροτὲ ποικιλόμητι
Sib. 3 244 ἐπαρκείων σίτῳ οἴνῳ καὶ ἐλαίῳ αἰεὶ δ' ὄλβιος ἐν * δήμῳ * τοῖς μηδὲν ἔχουσιν ἀλλὰ πενιχρομένοισι θέρους
Sib. 3 725 βοήσουσιν ψυχαὶ πιστῶν ἀνθρώπων (δεῦτε θεοῦ κατὰ * δῆμον * ἐπὶ στομάτεσσι πεσόντες τέρψωμεν ὕμνοισι θεὸν
Sib. 5 314 εἰδήσει σημεῖον ἔχων ἀνθ' ὧν ἐμόγησεν Κυμαίων * δῆμος * χαλεπὸς καὶ φῦλον ἀναιδές. εἶθ' ὅτ' ἀναιάξουσι
Sib. 5 419 πᾶσαν δ' ἐκ βάθρων εἷλεν πόλιν ἐν πυρὶ πολλῷ καὶ * δήμους * ἔφλεξε βροτῶν τῶν πρόσθε κακούργων καὶ πόλιν ἣν

δημόσιος 2
TJud. 23 2 δαιμοσι πλάνης. τὰς θυγατέρας ὑμῶν μουσικὰς καὶ * δημοσίας * ποιήσετε καὶ ἐπιμιγήσεσθε ἐν βδελύγμασιν ἐθνῶν
Aris. 81 2 φιλοδοξῶν εἰς τὰ καλῶς ἔχοντα. πολλάκις γὰρ τὸν * δημόσιον * χρηματισμὸν παρίει τοῖς δὲ τεχνίταις παρήδρευεν

δῆρις 1
Sib. 5 43 ἔντυπον ἀρχὴν Κελτὸς ὀρειοβάτης σπεύδων δ' ἐπὶ * δῆριν * ἐῷαν μοῖραν ἀεικελίην οὐ φεύξεται ἀλλὰ καμεῖται ὃν

διά 572 δι' διά δια

διαβαδίζω 1
HHec. 1 22 202 καὶ τῶν βαρβάρων ἄριστος. οὗτος οὖν ὁ ἄνθρωπος * διαβαδιζόντων * πολλῶν κατὰ τὴν ὁδὸν καὶ μάντεώς τινος

διαβάθρα 1
Aris. 106 1 ἂν ἐπ' ὄρους τῆς πόλεως ᾠκοδομημένης. εἰσὶ δὲ καὶ * διαβάθραι * πρὸς τὰς διόδους. οἱ μὲν γὰρ μετέωροι τὴν

διαβαίνω 10
Hen. 32 2 τούτων μακρὰν ἀπέχων πρὸς ἀνατολὰς τῆς γῆς καὶ * διέβην * ἐπάνω τῆς ἐρυθρᾶς θαλάσσης καὶ ᾠχόμην ἐπ' ἄκρων
Hen. 32 2 θαλάσσης καὶ ᾠχόμην ἐπ' ἄκρων καὶ ἀπὸ τούτου * διέβην * ἐπάνω τοῦ Ζωτιήλ. καὶ ἦλθον πρὸς τὸν παράδεισον
Prop. 21 12 τῇ μηλωτῇ ἐπάταξε τὸν Ἰορδάνην καὶ διῃρέθη καὶ * διέβησαν * ξηρῷ τῷ ποδὶ αὐτός τε καὶ Ἐλισαῖος τὸ
Prop. 22 5 τῇ μηλωτῇ τῇ Ἠλίου καὶ διῃρέθη τὸ ὕδωρ καὶ * διέβη * καὶ αὐτὸς ξηρῷ τῷ ποδὶ τὰ ὕδατα ἐν Ἱεριχὼ πονηρὰ
Aris. 301 3 σταδίων ἀνάχωμα τῆς θαλάσσης πρὸς τὴν νῆσον καὶ * διαβὰς * τὴν γέφυραν καὶ προσελθὼν ὡς ἐπὶ τὰ βόρεια μέρη
Sib. 3 60 ἵν' ἔλθητ' εἰς πικρὸν ἦμαρ. ἥξει γὰρ ὁπόταν θείου * διαβήσεται * ὀδμὴ πᾶσιν ἐν ἀνθρώποισιν. ἀτὰρ τὰ ἕκαστ'
Sib. 4 139 ἥξει καὶ Ῥώμης ὁ φυγὰς μέγα ἔγχος ἀείρας Εὐφρήτην * διαβὰς * πολλαῖς ἅμα μυριάδεσσιν. τλήμων Ἀντιόχεια σέ δὲ
FEz. 186 18 και επικαλεσ>ονται με <και ερω ιδου παρειμι εαν * διαβαι>νωσιν * ο<υκ ολισθησουσιν λεγει κς> εκο< >ανις<
HArt. 9 27 34 οὐκ ὀλίγον δὲ ἱματισμὸν ἄλλην τε παμπληθῆ γάζαν * διαβάντας * τοὺς κατὰ τὴν Ἀραβίαν ποταμοὺς καὶ διαβάντας
HArt. 9 27 34 διαβάντας τοὺς κατὰ τὴν Ἀραβίαν ποταμοὺς καὶ * διαβάντας * ἱκανὸν τόπον ἐπὶ τὴν Ἐρυθρὰν τριταίους ἐλθεῖν

διαβάλλω 1
FAch. 104 τοῦ Αἰσώπου καταπεισθεὶς ὑπὸ τῶν φίλων ψεῦδος * διέβαλεν * τὸν Αἴσωπον πρὸς τὸν βασιλέα γράψας πλαστὴν

διάβασις 2
Sal. 6 3 ἐνυπνίων αὐτοῦ οὐ ταραχθήσεται ἡ ψυχὴ αὐτοῦ ἐν * διαβάσει * ποταμῶν καὶ σάλῳ θαλασσῶν οὐ πτοηθήσεται.
Prop. 1 1 εἰς δύο καὶ ἐτέθη ὑποκάτω δρυὸς Ῥωγὴλ ἐχόμενα τῆς * διαβάσεως * τῶν ὑδάτων ὧν ἀπώλεσεν Ἐζεκίας χώσας αὐτά.

διαβατήρια 3
LAri. 7 32 17 κύκλοισι φανέντ' ἐπιτελλομένοις ἐνιαυτοῖς. δεῖν τὰ * διαβατήρια * θύειν ἐπ' ἴσης ἅπαντας μετὰ ἰσημερίαν ἐαρινὴν
LAri. 7 32 17 κύκλου διεξιόντος ἡλίου. ἐξ ἀνάγκης τῇ τῶν * διαβατηρίων * ἑορτῇ μὴ μόνον τὸν ἥλιον ἰσημερινὸν
LAri. 7 32 18 καὶ διαμετρούντων ἄλληλα δοθείσης τε τῆς τῶν * διαβατηρίων * ἡμέρας τῇ τεσσαρεσκαιδεκάτῃ τοῦ μηνὸς μεθ'

διαβεβαιόω 1
Aris. 99 3 εἰς ἕτερον ἐληλυθέναι ἐκτὸς τοῦ κόσμου καὶ * διαβεβαιοῦμαι * πάντα ἄνθρωπον προσελθόντα τῇ θεωρίᾳ τῶν

διάβημα 1
Sal. 16 9 ἔργα τῶν χειρῶν μου κατεύθυνον ἐν τόπῳ σου καὶ τὰ * διαβήματά * μου ἐν τῇ μνήμῃ σου διαφύλαξον. τὴν γλῶσσάν

διαβολή 4
TJos. 1 7 ὁ σωτὴρ ἐχαρίτωσέ με ἐν δεσμοῖς καὶ ἔλυσέ με ἐν * διαβολαῖς * καὶ συνηγόρησέ μοι ἐν λόγοις Αἰγυπτίων πικροῖς
Aris. 119 4 Πέρσαι χρόνον τῶν τότε προστατούντων ποιησαμένων * διαβολὴν * ὡς ἄχρηστος ἡ κατεργασία γίνεται καὶ
Aris. 120 5 λαβόντων εἰς τοὺς τόπους εἰσόδου διὰ τοῦτο τὴν * διαβολὴν * γεγονέναι ταύτην. ὅσον οὖν καὶ περὶ τούτων ἔδει
Aris. 252 3 πράσσων καὶ μετὰ διαλογισμοῦ καὶ μὴ πειθόμενος * διαβολαῖς * ἀλλ' αὐτὸς ὢν δοκιμαστὴς τῶν λεγομένων καὶ

διαβολικός 1
TGad 5 1 καὶ ὕβριν καὶ πᾶσαν πλεονεξίαν κακῶν καὶ ἰοῦ * διαβολικοῦ * τὴν καρδίαν πληροῖ. καὶ ταῦτα ἐκ πείρας λέγω

διάβολος 24
Adam 15 3 ἐν τῷ κλήρῳ μου νότον καὶ δύσιν. ἐπορεύθη δὲ ὁ * διάβολος * εἰς τὸν κλῆρον τοῦ Ἀδὰμ ὅπου ἦν τὰ θηρία
Adam 16 1 ἡμῶν τὸ ἑαυτοῦ ἐτήρει. καὶ ἐλάλησε τῷ ὄφει ὁ * διάβολος * λέγων ἀνάστα ἐλθὲ πρός με καὶ εἴπω σοι ῥῆμα ἐν
Adam 16 2 καὶ ἀναστὰς ἦλθε πρὸς αὐτὸν καὶ λέγει αὐτῷ ὁ * διάβολος * ἀκούω ὅτι φρονιμώτερος εἶ ὑπὲρ πάντα τὰ θηρία.
Adam 16 5 φοβοῦμαι μήποτε ὀργισθῇ μοι ὁ θεός. λέγει αὐτῷ ὁ * διάβολος * μὴ φοβοῦ γενοῦ μοι σκεῦος κἀγὼ λαλήσω διὰ
Adam 17 4 ὥστε φυλάσσειν καὶ ἐσθίειν ἐξ αὐτοῦ. ἀπεκρίθη ὁ * διάβολος * διὰ στόματος τοῦ ὄφεως καλῶς ποιεῖτε ἀλλ' οὐκ
Adam 21 3 μεγάλης δόξης. ἅμα γὰρ ἦλθεν ἤνοιξα τὸ στόμα καὶ ὁ * διάβολος * ἐλάλει καὶ ἠρξάμην νουθετεῖν αὐτὸν λέγουσα
Adam 29 12 τοῦ Ἀδὰμ ὅπως εἰσακούσηται αὐτοῦ ὁ θεός. ὁ δὲ * διάβολος * μὴ εὑρὼν τόπον εἰς τὸν Ἀδὰμ ἐπορεύθη εἰς τὸν
TNep. 3 1 τοῦ θεοῦ κρατεῖν καὶ ἀπορρίπτειν τὸ θέλημα τοῦ * διαβόλου. * ἥλιος καὶ σελήνη καὶ ἀστέρες οὐκ ἀλλοιοῦσι
TNep. 8 4 θεὸς δοξασθήσεται δι' ὑμῶν ἐν τοῖς ἔθνεσι καὶ ὁ * διάβολος * φεύξεται ἀφ' ὑμῶν καὶ τὰ θηρία φοβηθήσονται
TNep. 8 6 καὶ ὁ θεὸς ἀδοξήσει ἐν τοῖς ἔθνεσι δι' αὐτοῦ καὶ ὁ * διάβολος * οἰκειοῦται αὐτὸν ὡς ἴδιον σκεῦος καὶ πᾶν θηρίον
TAser 3 2 αὐτὴν τὴν κακίαν ἀποδράσατε ἀναιροῦντες τὸν * διάβολον * ἐν ταῖς ἀγαθαῖς ὑμῶν πράξεσιν ὅτι οἱ διπρόσωποι
Bar. 4 8 τὸν Ἀδὰμ ἅψασθαι αὐτοῦ. καὶ διὰ τοῦτο φθονήσας ὁ * διάβολος * ἠπάτησεν αὐτὸν διὰ τῆς ἀμπέλου αὐτοῦ. καὶ εἶπον
Sedr. 4 6 αὐτὸς δὲ παρήκουσέ μου τὴν ἐντολὴν καὶ ὑπὸ τοῦ * διαβόλου * ἀπατηθεὶς ἔφαγεν ἀπὸ τοῦ ξύλου. λέγει αὐτῷ
Sedr. 5 4 σου τὸ πλαστούργημα; ἐὰν τὸν ἄνθρωπον ἠγάπησας τὸν * διάβολον * διά τί οὐκ ἐφόνευσας τὸν τεχνίτην τῆς ἀδικίας;
Job 3 3 οὐκ ἔστιν θεός, ἀλλὰ αὕτη ἐστὶν ἡ δύναμις τοῦ * διαβόλου, * ἐν ᾧ ἀπατηθήσεται ἡ ἀνθρωπίνη φύσις. καὶ ἐγὼ
Job 17 1 καὶ ἐδόξασα τὸν θεὸν καὶ οὐκ ἐβλασφήμησα. τότε ὁ * διάβολος * ἐγνωκώς μου τὴν καρδίαν κατεμηχανήσατό με καὶ
Job 26 6 σπλαγχνισθεὶς ἐλεήσῃ ἡμᾶς. ἆρα σὺ οὐχ ὁρᾷς τὸν * διάβολον * ὄπισθέν σου στήκοντα καὶ ταράσσοντα τοὺς
FMos. 9 1 τοῦ ἁγίου σώματος. ὁ δὲ Μιχαὴλ ὁ ἀρχάγγελος ὅτε τῷ * διαβόλῳ * διακρινόμενος διελέγετο περὶ τοῦ Μωϋσέως σώματος
FMos. 8 163 20 ὁ Μιχαὴλ ἀποστέλλεται μεταθήσων τὸ σῶμα εἶτα τοῦ * διαβόλου * κατὰ τοῦ Μωϋσέως βλασφημοῦντος καὶ φονέα
FMos. 8 163 20 ὁ Ἄγγελος ἐπιτιμήσαι σοι ὁ θεὸς πρὸς τὸν * διάβολον * ἔφη. τὸν Μιχαὴλ τὸν ἀρχάγγελον τῇ τοῦ Μωϋσέως
FMos. 2 629 5 τῇ τοῦ Μωϋσέως ταφῇ δεδιηκονηκέναι. τοῦ γὰρ * διαβόλου * τοῦτο μὴ καταδεχομένου ἀλλ' ἐπιφέροντος ἔγκλημα
FJub. 10 8 εἰς τὴν ἄβυσσον ἄχρι ἡμέρας τῆς κρίσεως ὁ δὲ * διάβολος * ᾐτήσατο λαβεῖν μοῖραν ἀπ' αὐτῶν πρὸς πειρασμὸν

FIsa. 3 3 αὐτοῦ ἀπὸ τῆς τοῦ θεοῦ λατρείας καὶ ἐλάτρευσαν τῷ * διαβόλῳ. * ⟨Μ⟩ανασσῆ καὶ κατε⟨δυ⟩νάμου αὐτὸν ἐν ⟨τῇ⟩
FAch. 110 τὴν τύχην μὴ οὖσαν παράμονον. ψίθυρον καὶ * διάβολον * ἄνδρα εἰ καὶ ἀδελφός σού ἐστι γευσάμενον πρὸς

διαβούλιον 20
TRub. 4 9 καὶ φάρμακα αὐτῷ προσήνεγκεν καὶ οὐκ ἐδέξατο τὸ * διαβούλιον * τῆς ψυχῆς αὐτοῦ ἐπιθυμίαν πονηράν. διὰ τοῦτο
TSim. 4 8 καὶ φθείρει τὸ σῶμα ὀργὴν καὶ πόλεμον παρέχει τῷ * διαβουλίῳ * καὶ εἰς αἵματα παροξύνει καὶ εἰς ἔκστασιν ἄγει
TJud. 11 1 κἀγὼ ᾔδειν ὅτι πονηρὸν τὸ γένος Χανάαν ἀλλὰ τὸ * διαβούλιον * τῆς νεότητος ἐτύφλωσε τὴν καρδίαν μου. καὶ
TJud. 13 2 ὀπίσω τῶν ἐπιθυμιῶν ὑμῶν μηδὲ ἐν ἐνθυμήσεσι * διαβουλίων * ὑμῶν ἐν ὑπερηφανίᾳ καρδίας ὑμῶν καὶ μὴ
TJud. 13 8 εἰς γυναῖκα. καὶ ἀνταπέδωκέ μοι κύριος κατὰ τὸ * διαβούλιον * τῆς καρδίας μου ὅτι οὐκ ηὐφράνθην ἐπὶ τοῖς
TJud. 18 3 ὑμῶν ὅτι ταῦτα ἀφιστᾷ νόμου θεοῦ καὶ τυφλοῖ τὸ * διαβούλιον * τῆς ψυχῆς καὶ ὑπερηφανίαν ἐκδιδάσκει καὶ οὐκ
TIss. 4 5 μὴ ἐν διαστροφῇ μιάνῃ τὸν νοῦν αὐτοῦ οὐ ζῆλος ἐν * διαβουλίοις * αὐτοῦ ἐπελεύσεται οὐ βασκανία ἐκτήκει ψυχὴν
TIss. 6 2 ἀφέντες τὸ γεώργιον ἐξακολουθήσουσι τοῖς πονηροῖς * διαβουλίοις * αὐτῶν καὶ διασπαρήσονται ἐν τοῖς ἔθνεσι καὶ
TDan 4 2 ἐρεθιζόμενον καὶ ἐν ζημίαις πικραῖς ταράσσει τὸ * διαβούλιον * αὐτοῦ καὶ οὕτως διεγείρει ἐν θυμῷ μεγάλῳ τὴν
TDan 4 7 ψεύδους καὶ συναίρονται ἀλλήλοις ἵνα ταράξωσι τὸ * διαβούλιον * ταρασσομένης δὲ τῆς ψυχῆς συνεχῶς ἀφίσταται
TGad 5 3 ὑπὸ τῆς ἰδίας καρδίας ὅτι κύριος ἐπισκέπτει τὸ * διαβούλιον * αὐτοῦ. οὐ καταλαλεῖ ἀνδρὸς ἐπειδὴ ὁ φόβος τοῦ
TGad 5 7 ὀφθαλμοὺς καὶ γνῶσιν παρέχει τῇ ψυχῇ καὶ ὁδηγεῖ τὸ * διαβούλιον * πρὸς σωτηρίαν καὶ ἃ οὐκ ἔμαθεν ἀπὸ ἀνθρώπων
TGad 7 3 κυρίου καὶ οὕτος οὐ καταλείψει καὶ ἡσυχάσει τὸ * διαβούλιόν * σου. ἐὰν δὲ καὶ ἔκ κακῶν τις πλουτήσῃ ὡς
TAser 1 3 ἔδωκεν ὁ θεὸς τοῖς υἱοῖς τῶν ἀνθρώπων καὶ δύο * διαβούλια * καὶ δύο πράξεις καὶ δύο τρόπους καὶ δύο τέλη.
TAser 1 5 ἑνός. ὁδοὶ δύο καλοῦ καὶ κακοῦ ἐν οἷς εἰσι τὰ δύο * διαβούλια * ἐν στέρνοις ἡμῶν διακρίνοντα αὐτάς. ἐὰν οὖν ἡ
TAser 1 8 ἐκριζοῖ τὴν ἁμαρτίαν. ἐὰν δὲ ἐν πονηρῷ κλίνῃ τὸ * διαβούλιον * πᾶσα πρᾶξις αὐτῆς ἐστιν ἐν πονηρίᾳ καὶ
TAser 1 9 εἰς κακὸν ποιεῖν ἀνελαύνει ἐπειδὴ ὁ θησαυρὸς τοῦ * διαβουλίου * ἰοῦ πονηροῦ πνεύματος πεπλήρωται. ἔστιν οὖν
TJos. 2 6 βραχεῖ ἀφιστάμενος εἰς τὸ δοκιμάσαι τῆς ψυχῆς τὸ * διαβούλιον. * ἐν δέκα πειρασμοῖς δόκιμόν με ἀνέδειξε καὶ
TBen. 6 1 ἀναφαίνεται οἷος γέγονεν Ἰωσὴφ ὁ ἀδελφός μου. τὸ * διαβούλιον * τοῦ ἀγαθοῦ ἀνδρὸς οὐκ ἔστιν ἐν χειρὶ πλάνης
TBen. 6 4 ὀφθαλμῶν κύριος γάρ ἐστι μερὶς αὐτοῦ. τὸ ἀγαθὸν * διαβούλιον * οὐκ ἐπιδέχεται δόξης καὶ ἀτιμίας ἀνθρώπων καὶ

διαγιγνώσκω 3
HArt. 9 27 22 τὸν δὲ θαρρήσαντα δύναμιν πολεμίαν ἐπάγειν * διαγνῶναι * τοῖς Αἰγυπτίοις πρῶτον δὲ πρὸς Ἀάρωνα τὸν
LThe. 9 22 8 περιτέμνεσθαι ἕνα τῶν Ἰακὼβ υἱῶν τὸ ὄνομα Συμεῶνα * διαγνῶναι * τόν τε Ἐμμὼρ καὶ τὸν Συχὲμ ἀνελεῖν τὴν ὕβριν
LThe. 9 22 8 ἀδελφῆς μὴ βουληθέντα πολιτικῶς ἐνεγκεῖν ταῦτα δὲ * διαγνόντα * Λευὶν τῷ ἀδελφῷ κοινώσασθαι λαβόντα δ' αὐτὸν

διαγλυφή 1
Aris. 64 3 (ἡ) κατεσκεύαστο καὶ τὰ λοιπὰ τῆς ῥαβδώσεως καὶ * διαγλυφῆς * ⟨διὰ τὸ⟩ (καὶ) κατ' ἀμφότερα τὰ μέρη τὴν

διαγογγύζω 1
Job 14 4 τοῦ θεοῦ ἵνα δοξάσωσιν τὸν κύριον. καὶ εἴ ποτε * διεγόγγυζον * αἱ θεράπαιναί μου ἀνελάμβανον τὸ ψαλτήριον

διαγορεύω 2
Aris. 163 3 ἐστὶ καὶ γαλῆς καὶ μυῶν καὶ τῶν τούτοις ὁμοίων ὅσα * διηγόρευται. * πάντα γὰρ λυμαίνονται καὶ κακοποιοῦσι μύες
FrAn. 1 218 8 καὶ πιστεύων κυρίῳ καὶ ἐν τῇ θείᾳ γραφῇ πάντα * διηγορευμένα. * ε⟩τερος τ⟨ο⟩υ ετερου⟨ - - ⟩ων αναβλεψας τ⟨

διαγράφω 2
Hen. 100 12 ὑμῖν καὶ δρόσῳ κα⟨ὶ νεφέλῃ⟩ καὶ ὁμίχλῃ χρυσίον * διαγράψα⟨τε * ἵνα κα⟩ταβῶσιν ὅτι ἐὰν ἐπιρρίψῃ ἐφ' ὑμ⟨ᾶς
Prop. 1 7 νότον. Σολομὼν γὰρ ἐποίησε τοὺς τάφους τοῦ Δαυὶδ * διαγράψαντος * κατ' ἀνατολὰς τῆς Σιὼν ἥτις ἔχει εἴσοδον

διάγω 5
Abr.1 10 13 τὴν οἰκουμένην εἰ γὰρ ἴδῃ πάντας τοὺς ἐν ἁμαρτίᾳ * διάγοντας * καὶ ἀπολέσει πᾶν τὸ ἀνάστημα ἰδοὺ γὰρ ὁ
Abr.1 12 2 μίαν ψυχὴν κρατῶν ὁ ἄγγελος ἐν τῇ χειρὶ αὐτοῦ καὶ * διήγαγον * πάσας τὰς ψυχὰς εἰς τὴν πλατεῖαν πύλην εἰς τὴν
TJos. 3 4 ἐκείνοις καὶ ἐφαινόμην τῷ Αἰγυπτίῳ ὡς ἐν τρυφῇ * διάγων * ὅτι οἱ διὰ τὸν θεὸν νηστεύοντες τοῦ προσώπου τὴν
TJos. 9 3 τρυφῶντα μετὰ ἀκολασίας. ὁ δὲ ἐν σωφροσύνῃ * διάγων * θέλει καὶ δόξαν καὶ εἰ οἶδεν ὁ ὕψιστος ὅτι
Aris. 283 3 τισὶ δεῖ πράγμασι τοὺς βασιλεῖς τὸν πλείω χρόνον * διάγειν; * ὁ δὲ εἶπεν ἐν ταῖς ἀναγνώσεσι καὶ ἐν ταῖς τῶν

διαγωγή 2
Aris. 216 2 πλεῖον γὰρ ἐν οἷς ἕκαστος πράγμασιν ἐγρηγορὼς τὴν * διαγωγὴν * ποιεῖται καὶ καθ' ὕπνον ἐν τοῖς αὐτοῖς ἡ
Aris. 284 2 προσειπὼν ἕτερον ἠρώτα τίνας δεῖ ποιεῖσθαι τὰς * διαγωγὰς * ἐν ταῖς ἀνέσεσι καὶ ῥαθυμίαις; ὁ δὲ ἔφη θεωρεῖν

διαγωνιάω 1
Aris. 124 2 εὖ φροντίσειν περὶ τούτων ἔφη καὶ λίαν * διαγωνιᾶν * εἰδέναι γὰρ ὅτι φιλάγαθος ὢν ὁ βασιλεὺς πάντων

διαδέχομαι 1
TAser 5 2 καὶ ἓν ὑπὸ τοῦ ἑνὸς κέκρυπται τὴν ζωὴν ὁ θάνατος * διαδέχεται * τὴν δόξαν ἡ ἀτιμία τὴν ἡμέραν ἡ νὺξ καὶ τὸ

διαδηλέομαι 2
Sib. 3 328 εἰς ⟨τὸν⟩ ὄλεθρον ἀνθ' ὧν ἀθανάτοιο μέγαν * διεδηλήσασθε * οἶκον ὀδοῦσι σιδηρείοις τ' ἐμασήσατε
Sib. 3 522 ἀνδρῶν ὀλέσειε κάρηνα πολλὰ δὲ πίονα μῆλα βροτῶν * διαδηλήσονται * ἵππων θ' ἡμιόνων τε βοῶν τ' ἀγέλας

διάδημα 13
TLevi 8 10 ἕκτος στέφανόν μοι τῇ κεφαλῇ περιέθηκεν. ὁ ἕβδομος * διάδημά * μοι περιέθηκεν ἱερατείας. καὶ ἐπλήρωσαν τὰς
TJud. 12 4 καὶ ἔδωκα αὐτῇ τὴν ῥάβδον μου καὶ τὴν ζώνην καὶ τὸ * διάδημα * τῆς βασιλείας καὶ συνελθὼν αὐτῇ συνείληφεν.
TJud. 15 3 καὶ τὴν ζώνην μου τουτέστι τὴν δύναμιν καὶ τὸ * διάδημα * τουτέστι τὴν δόξαν τῆς βασιλείας μου. καίγε
Asen. 3 6 αὐτοῖς. καὶ ἔθηκε τιάραν ἐπὶ τῆς κεφαλῆς αὐτῆς καὶ * διάδημα * ἔσφιγξε περὶ τοὺς κροτάφους αὐτῆς καὶ θερίστρῳ
Asen. 10 10 ἀπέθετο τὴν κίδαριν ἐκ τῆς κεφαλῆς αὐτῆς καὶ τὸ * διάδημα * καὶ τὰ ψέλια ἀπὸ τῶν χειρῶν καὶ τῶν ποδῶν αὐτῆς
Asen. 10 11 καὶ τὴν ζώνην τὴν χρυσῆν καὶ τὴν κίδαριν καὶ τὸ * διάδημα * ἔρριψεν πάντα διὰ τῆς θυρίδος τῆς βλεπούσης
Asen. 13 5 σχοινίον καὶ σάκκον. ἰδοὺ τὴν τιάραν μου καὶ τὸ * διάδημά * μου ἔρριψα ἀπὸ τῆς κεφαλῆς μου καὶ κατεπέπασμαι
Asen. 16 18 καὶ ὡς κόκκος καὶ ὡς βύσσινα ἱμάτια χρυσοϋφῆ καὶ * διαδήματα * χρυσᾶ ἐπὶ τὰς κεφαλὰς αὐτῶν καὶ κέντρα ἦσαν
Asen. 29 8 ἀπέθανε Φαραὼ ἐτῶν ἑκατὸν ἐννέα καὶ κατέλιπε τὸ * διάδημα * αὐτοῦ τῷ Ἰωσήφ. καὶ ἐβασίλευσεν Ἰωσὴφ ἐν
Asen. 29 9 ὀκτὼ καὶ μετὰ ταῦτα ἀπέδωκεν Ἰωσὴφ τὸ * διάδημα * τῷ ἐκγόνῳ Φαραὼ τῷ νεωτέρῳ ὃς ἦν ἐπὶ μασθῷ ὅτε
FSop. 5 77 2 καὶ ἐθεώρουν ἀγγέλους καλουμένους κυρίους καὶ τὸ * διάδημα * αὐτῶν ἐπικείμενον ἐν πνεύματι ἁγίῳ καὶ ἦν
LEze. 9 29 5 04 οὐρανοῦ πτυχὸς ἐν τῷ καθῆσθαι φῶτα γενναῖόν τινα * διάδημ' * ἔχοντα καὶ μέγα σκῆπτρον χερὶ εὐωνύμῳ μάλιστα.
LEze. 9 29 5 09 θρόνον μέγαν εἶπεν καθῆσθαι βασιλικὸν δ' ἔδωκέ μοι * διάδημα * καὶ αὐτὸς ἐκ θρόνων χωρίζεται. ἐγὼ δ' ἐσεῖδον

διαδίδωμι 5
TBen. 11 1 ἅρπαξ διὰ τὰς ἁρπαγὰς ὑμῶν ἀλλ' ἐργάτης κυρίου * διαδίδων * τροφὴν τοῖς ἐργαζομένοις τὸ ἀγαθόν. καὶ
Sal. 1 4 με καὶ πολλὴν γενέσθαι ἐν τέκνοις. ὁ πλοῦτος αὐτῶν * διεδόθη * εἰς πᾶσαν τὴν γῆν καὶ ἡ δόξα αὐτῶν ἕως ἐσχάτου
Jer. 7 32 τὰς κακώσεις τοῦ λαοῦ. Ἱερεμίας δὲ ἄρας τὰ σῦκα * διέδωκε * τοῖς νοσοῦσι τοῦ λαοῦ καὶ ἔμεινε διδάσκων αὐτοὺς
Job 17 3 πάντα τὰ ἀγαθὰ τῆς γῆς καὶ μηδὲν καταλιπών, ὁ * διαδεδωκὼς * τοῖς ἐπιδεομένοις καὶ τυφλοῖς καὶ χωλοῖς, καὶ
Job 30 5 ὑπ' αὐτοῦ εἰς τὰς κώμας καὶ εἰς τὰς κύκλῳ πόλεις * διαδίδοσθαι * τοῖς πτωχοῖς, παρεκτὸς τῶν ἐν τῇ οἰκίᾳ αὐτοῦ

διαδοχεύω * 1
FMos. 2 17 18 Μελχί. λόγῳ μόνῳ ἀνελεῖν τὸν Αἰγύπτιον. καὶ * διαδοχεύσει * ⟨ἐπ'⟩ αὐτὸν ὁ θεὸς σοφίαν καὶ δικαιοσύνην

διαδοχή 2
Abr.1 2 6 πόλεως ἔρχομαι παρὰ τοῦ μεγάλου βασιλέως ἀπεστάλην * διαδοχὴν * φίλου αὐτοῦ γνησίου ἀποκομίζομαι ὅτι καὶ αὐτὸν
TLevi 18 8 υἱοῖς αὐτοῦ ἐν ἀληθείᾳ εἰς τὸν αἰῶνα καὶ οὐκ ἔσται * διαδοχὴ * αὐτῷ εἰς γενεὰς καὶ γενεὰς ἕως τοῦ αἰῶνος. καὶ

διάδοχος 1
FAch. 103 τοῦτον υἱὸν ἐποιήσατο καὶ τῷ βασιλεῖ παρέστησεν ὡς * διάδοχον * αὐτοῦ τῆς σοφίας. πᾶσαν δὲ αὐτοῦ ἐποιήσατο

διαδρομή 3
Hen. 14 8 ἐν τῇ ὁράσει ἐκάλουν καὶ ὁμίχλαι με ἐφώνουν καὶ * διαδρομαὶ * τῶν ἀστέρων καὶ διαστραπαί με κατεσπούδαζον
Hen. 14 11 ἦσαν ἐκ χιόνος καὶ ἐδάφη χιονικὰ καὶ αἱ στέγαι ὡς * διαδρομαὶ * ἀστέρων καὶ ἀστραπαὶ καὶ μεταξὺ αὐτῶν χερουβὶν
Hen. 14 17 ἦν πυρὸς τὸ δὲ ἀνώτερον αὐτοῦ ἦσαν ἀστραπαὶ καὶ * διαδρομαὶ * ἀστέρων καὶ ἡ στέγη αὐτοῦ ἦν πῦρ φλέγον.

διάθεσις 18
TBen. 6 5 ἀλλὰ μίαν ἔχει περὶ πάντας εἰλικρινῆ καὶ καθαρὰν * διάθεσιν. * οὐκ ἔχει ὅρασιν οὐδὲ ἀκοὴν διπλῆν πᾶν γὰρ ὃ
Aris. 1 6 σαφῶς ἐκθέσθαι σοι κατειληφὼς ἣν ἔχεις φιλομαθῆ * διάθεσιν * ὅπερ μέγιστόν ἐστιν ἀνθρώπῳ προσμανθάνειν ἀεὶ
Aris. 2 4 πεπειραμένῳ. οὕτω γὰρ κατασκευάζεται ψυχῆς καθαρὰ * διάθεσις * ἀναλαβοῦσα τὰ κάλλιστα καὶ πρὸς τὸ πάντων
Aris. 5 3 πρόσκλισιν πρὸς τὴν σεμνότητα καὶ τὴν τῶν ἀνθρώπων * διάθεσιν * τῶν κατὰ τὴν σεμνὴν νομοθεσίαν διεξαγόντων περὶ
Aris. 59 2 ἕκαστον μέρος ἡ διατύπωσις τῆς ἐνεργείας τὴν αὐτὴν * διάθεσιν * εἶχεν ὥστε καθ' ὃ ἂν μέρος στρέφοιτο τὴν
Aris. 60 5 ὃ ἂν μέρος στρέφοιτο. λίθων τε πολυτελῶν ἐν αὐτῷ * διαθέσεις * ὑπῆρχον ἀνὰ μέσον τῶν σχοινίδων ἕτερος παρὰ
Aris. 64 2 κατασκευὴν κατὰ κρόταφον. μετὰ δὲ τὴν τοῦ στεφάνου * διάθεσιν * ὁμοίως ⟨κάτω τὰ⟩ κατὰ τὴν τῆς φωθεσίας
Aris. 67 1 ἐν ὡραιότητι. μετὰ δὲ τὴν τοῦ μαιάνδρου * διάθεσιν * ἐπέκειτο σχιστὴ πλοκὴ θαυμασίως ἔχουσα ῥομβωτὴν
Aris. 70 4 οἱ λιθουργεῖς ἦσαν μέχρι τῆς κεφαλῆς. ἡ δ' αὐτὴ * διάθεσις * ἦν τῶν τεσσάρων ποδῶν πάντα ἐνεργῶς πεποιημένα
Aris. 70 9 τὴν τῶν φύλλων θέσιν πρὸς τὴν τῆς ἀληθείας * διάθεσιν * τετυπωμένων ἁπάντων. ἐποίησαν δὲ τριμερὲς τὸ
Aris. 77 6 χρυσοῦ παντελῶς ἀνεξήγητος ἐγένετο τῆς προσόψεως ἡ * διάθεσις * καὶ τῶν πρὸς τὴν θεωρίαν προσιόντων οὐ
Aris. 92 2 ἐστὶ τῇ ῥώμῃ καὶ τῇ τῆς εὐκοσμίας καὶ σιγῆς * διαθέσει. * πάντες γὰρ αὐτοκελεύστως διαπονοῦσι πολλῆς
Aris. 127 4 οὖν ταῦτα καὶ τὰ τούτοις παραπλήσια φανερὸς ἦν τὴν * διάθεσιν * οἷος ἦν πρὸς αὐτούς. ἄξιον δὲ ἐπιμνησθῆναι
Aris. 141 1 ἄνθρωποι βρωτῶν καὶ ποτῶν καὶ σκέπης ἡ γὰρ πᾶσα * διάθεσις * αὐτῶν ἐπὶ ταῦτα καταφεύγει. τοῖς δὲ παρ' ἡμῶν
Aris. 149 2 καθῆκε τῶν προειρημένων διὰ τὴν περὶ ἕκαστα * διάθεσιν * πῶς οὐ φυλακτέον παντάπασι τοὺς τρόπους εἰς
Aris. 196 3 ἅπαντα τοῖς ἐγγόνοις τὴν αὐτὴν παραδιδοῖ * διάθεσιν * ἐπὶ τέλει; ὁ δὲ εἶπεν εὐχόμενος ἀεὶ πρὸς τὸν
Aris. 228 6 γονέων τιμῆς. ἐπομένως δὲ τὴν τῶν φίλων ἐγκρίνει * διάθεσιν * προσονομάσας ἴσον τῇ ψυχῇ τὸν φίλον. σὺ δὲ
LAri. 8 10 3 ποιούμενος λέγω δὲ τῶν κατὰ τὴν ἐπιφάνειαν φυσικὰς * διαθέσεις * ἀπαγγέλλει καὶ μεγάλων πραγμάτων κατασκευάς.

| | | | | | |
|---|---|---|---|---|---|
| διαθήκη | | | 31 | | |
| Adam | 8 | 2 | αὐτήν; καὶ λέγει ἐπειδὴ ἐγκατέλιπας τὴν | * διαθήκην * | μου ὑπήνεγκα τῷ σώματί σου ἑβδομήκοντα πληγάς. |
| Hen. | 99 | 2 | τοὺς ἀληθινοὺς καὶ διαστρέφοντες τὴν αἰωνίαν | * διαθήκην * | καὶ λογιζόμενοι ἑαυτοὺς ἀναμαρτήτους ἐν τῇ γῇ |
| Hen. | 106 | 13 | τοῦ πατρός μου παρέβησαν τὸν λόγον κυρίου ἀπὸ τῆς | * διαθήκης * | τοῦ οὐρανοῦ. καὶ ἰδοὺ ἁμαρτάνουσιν καὶ |
| Abr.1 | | 1 | | * διαθήκη * | τοῦ ὁσίου πατρὸς ἡμῶν δικαίου πατριάρχου Ἀβραὰμ |
| Abr.2 | | 1 | ἡμῶν Ἀβραὰμ ὑπὸ Μιχαὴλ τοῦ ἀρχαγγέλου περὶ τῆς | * διαθήκης * | αὐτοῦ. κύριε εὐλόγησον. ἐγένετο ἡνίκα ἤγγισαν |
| TRub. | | | | * διαθηκη * | Ρουβημ. περι εννοιων. ἀντίγραφον διαθήκης |
| TRub. | 1 | 1 | διαθηκη Ρουβημ. περι εννοιων. ἀντίγραφον | * διαθήκης * | Ῥουβὴμ ὅσα ἐνετείλατο τοῖς υἱοῖς αὐτοῦ πρὶν ἢ |
| TSim. | | | | * διαθηκη * | Συμεων. περι φθονου. ἀντίγραφον λόγων Συμεὼν ἃ |
| TLevi | | | | * διαθηκη * | Λευι. περι ιερωσυνης και υπερηφανιας. ἀντίγραφον |
| TJud. | | | | * διαθηκη * | Ιουδα. περι ανδρειας και φιλαργυριας και |
| TIss. | | | | * διαθηκη * | Ισαχαρ. περι απλοτητος. ἀντίγραφον λόγων |
| TZab. | | | | * διαθηκη * | Ζαβουλων. περι ευσπλαγχνιας και ελεους. |
| TDan | | | | * διαθηκη * | Δαν. περι θυμου και ψευδους. ἀντίγραφον λόγων |
| TNep. | | | | * διαθηκη * | Νεφθαλιμ. περι φυσικης αγαθοτητος. ἀντίγραφον |
| TNep. | 1 | 1 | Νεφθαλιμ. περι φυσικης αγαθοτητος. ἀντίγραφον | * διαθήκης * | Νεφθαλὶμ ἧς διέθετο ἐν καιρῷ τέλους αὐτοῦ ἐν |
| TGad | | | | * διαθηκη * | Γαδ. περι μισους. ἀντίγραφον διαθήκης Γὰδ ἃ |
| TGad | 1 | 1 | διαθηκη Γαδ. περι μισους. ἀντίγραφον | * διαθήκης * | Γὰδ ἃ ἐλάλησεν αὐτὸς τοῖς υἱοῖς αὐτοῦ ἐν ἔτει |
| TAser | | | | * διαθηκη * | Ασηρ. περι δυο προσωπων κακιας και αρετης. |
| TAser | 1 | 1 | περι δυο προσωπων κακιας και αρετης. ἀντίγραφον | * διαθήκης * | Ἀσὴρ ἃ ἐλάλησε τοῖς υἱοῖς αὐτοῦ ἑκατοστῷ |
| TJos. | | | | * διαθηκη * | Ιωσηφ. περι σωφροσυνης. ἀντίγραφον διαθήκης |
| TJos. | 1 | 1 | διαθηκη Ιωσηφ. περι σωφροσυνης. ἀντίγραφον | * διαθήκης * | Ἰωσήφ. ἐν τῷ μέλλειν αὐτὸν ἀποθνήσκειν καλέσας |
| TBen. | | | | * διαθηκη * | Βενιαμιν. περι διανοιας καθαρας. ἀντίγραφον |
| TBen. | 3 | 8 | καὶ ἀναμάρτητος ὑπὲρ ἀσεβῶν ἀποθανεῖται ἐν αἵματι | * διαθήκης * | ἐπὶ σωτηρίᾳ ἐθνῶν καὶ Ἰσραὴλ καὶ καταργήσει |
| Sal. | 9 | 10 | σου ἐφ᾽ ἡμᾶς κύριε καὶ οὐκ ἀπώσῃ εἰς τὸν αἰῶνα. ἐν | * διαθήκῃ * | διέθου τοῖς πατράσιν ἡμῶν περὶ ἡμῶν καὶ ἡμεῖς |
| Sal. | 10 | 4 | τῶν δούλων αὐτοῦ ἐν ἐλέει ἡ γὰρ μαρτυρία ἐν νόμῳ | * διαθήκης * | αἰωνίου ἡ μαρτυρία κυρίου ἐπὶ ὁδοὺς ἀνθρώπων ἐν |
| Sal. | 17 | 15 | σθένους αὐτῶν. καὶ ἐπεκρατοῦσαν αὐτῶν οἱ υἱοὶ τῆς | * διαθήκης * | ἐν μέσῳ ἐθνῶν συμμίκτων οὐκ ἦν ἐν αὐτοῖς ὁ |
| Jer. | 6 | 18 | ὁ κύριος ἐπὶ τῶν δακρύων ἡμῶν καὶ ἐμνήσθη τῆς | * διαθήκης * | ἧς ἔστησε μετὰ τῶν πατέρων ἡμῶν Ἀβραὰμ Ἰσαὰκ |
| Esdr. | 2 | 4 | εἰς κρίσιν. καὶ εἶπεν ὁ θεὸς ἰδοὺ δίδωμί σοι τὴν | * διαθήκην * | μου ἐμοῦ τε καὶ σοῦ ἵνα παραδέξητε. καὶ εἶπεν |
| Esdr. | 5 | 17 | τῷ κηρύγματι οὐ μὴ ἐλεήσω τοὺς παρερχομένους τὴν | * διαθήκην * | μου. καὶ εἶπεν ὁ προφήτης κύριε ποῦ ἐστιν ἡ |
| Job | | 1 | | * διαθηκη * | ιωβ. βίβλος λόγων Ιωβ τοῦ καλουμένου Ιωβαβ. ἐν ἧ |
| FMos. 2 | 17 | 17 | με ὁ θεὸς πρὸ καταβολῆς κόσμου εἶναι με τῆς | * διαθήκης * | αὐτοῦ μεσίτην. ἀπὸ γὰρ πνεύματος ἁγίου αὐτοῦ |
| διαθρέω | | | 1 | | |
| FMos. 6 | 132 | 3 | ἐπικατελθὼν ὕστερον τὴν δόξαν διηγεῖτο ἣν ἐθεᾶτο | * διαθρῆσαι * | δυνηθεὶς μᾶλλον θατέρου ἅτε καὶ καθαρώτερος |
| διαίρεσις | | | 1 | | |
| TJud. | 22 | 1 | πάντας δικαίους διώξονται. ἐπάξει δὲ αὐτοῖς κύριος | * διαιρέσεις * | κατ᾽ ἀλλήλων καὶ πόλεμοι συνεχεῖς ἔσονται ἐν |
| διαιρέω | | | 12 | | |
| TLevi | 4 | 2 | εἰσήκουσεν οὖν ὁ ὕψιστος τῆς προσευχῆς σου τοῦ | * διελεῖν * | σε ἀπὸ τῆς ἀδικίας καὶ γενέσθαι αὐτῷ υἱὸν καὶ |
| TLevi | 8 | 11 | με κυρίῳ. εἶπαν δὲ πρός με Λευὶ εἰς τρεῖς ἀρχὰς | * διαιρεθήσεται * | τὸ σπέρμα σου εἰς σημεῖον δόξης κυρίου |
| TZab. | 9 | 2 | λίθους ξύλα γῆν ἄμμον κατασύρει ἐὰν δὲ εἰς πολλὰ | * διαιρεθῇ * | ἡ γῆ ἀφανίζει αὐτὰ καὶ γίνεται εὐκαταφρόνητα. |
| TZab. | 9 | 3 | αὐτὰ καὶ γίνεται εὐκαταφρόνητα. καὶ ὑμεῖς ἐὰν | * διαιρεθῆτε * | ἔσεσθε οὕτως. μὴ σχισθῆτε εἰς δύο κεφαλὰς ὅτι |
| TZab. | 9 | 5 | ὅτι ἐν ἐσχάταις ἡμέραις ἀποστήσεσθε ἀπὸ κυρίου καὶ | * διαιρεθήσεσθε * | ἐν Ἰσραὴλ καὶ δύο βασιλεῦσιν |
| TJos. | 19 | 2 | ἐνυπνίων. δώδεκα ἔλαφοι ἐνέμοντο καὶ οἱ ἐννέα | * διαιρέθησαν * | καὶ διεσπάρησαν τῇ γῇ ὁμοίως καὶ οἱ τρεῖς. |
| Prop. | 21 | 12 | δείλης δὲ κρέα τῇ μηλωτῇ ἐπάταξε τὸν Ἰορδάνην καὶ | * διῃρέθη * | καὶ διέβησαν ξηρῷ τῷ ποδὶ αὐτός τε καὶ Ἐλισαῖος |
| Prop. | 22 | 5 | καὶ αὐτὸς τὸν Ἰορδάνην τῇ μηλωτῇ τῇ Ἡλίου καὶ | * διῃρέθη * | τὸ ὕδωρ καὶ διέβη καὶ αὐτὸς ξηρῷ τῷ ποδὶ τὰ |
| FJub. | 10 | 24 | παρορμῶντος αὐτοὺς εἰς ἀποστασίαν συνεχύθησαν | * διαιρεθέντες * | εἰς πολυγλωσσίαν ὑπὸ τοῦ θεοῦ. ἐκεῖνος δὲ |
| HArt. 9 | 23 | 2 | κρεισσόνων ἀδικουμένων τοῦτον πρῶτον τήν τε γῆν | * διελεῖν * | καὶ ὅροις διασημήνασθαι καὶ πολλὴν χερσευομένην |
| HArt. 9 | 27 | 4 | ἐξευρεῖν ἔτι δὲ τὴν πόλιν εἰς λ ς᾽ νομοὺς | * διελεῖν * | καὶ ἑκάστῳ τῶν νομῶν ἀποτάξαι τὸν θεὸν |
| LAri. 8 | 10 | 6 | προσάψης τὴν ἀλογίαν ἀλλ᾽ ἐμοὶ τῷ μὴ δυναμένῳ | * διαιρεῖσθαι * | τὰ ἐκείνῳ νενοημένα. χεῖρες μὲν οὖν νοοῦνται |
| διαίρω | | | 1 | | |
| Aris. | 214 | 4 | καὶ ἐν πλοίοις ἢ πολεῖν ἢ πέτασθαι φερομένους καὶ | * διαίρειν * | εἰς ἑτέρους τόπους καὶ τοιαῦτα ἕτερα καίτοι |
| δίαιτα | | | 1 | | |
| TJos. | 3 | 5 | οἶνον οὐκ ἔπινον καὶ τριημερίζων ἐλάμβανόν μου τὴν | * δίαιταν * | καὶ ἐδίδουν αὐτὴν πένησι καὶ ἀσθενοῦσιν. καὶ |
| διαιτάω | | | 1 | | |
| HAno. 9 | 18 | 2 | κατοικῆσαι πύργον τε κατασκευάσαντα ἐν αὐτῷ | * διαιτᾶσθαι * | ὃν δὴ ἀπὸ τοῦ κατασκευάσαντος Βήλου Βῆλον |
| διάκειμαι | | | 1 | | |
| HAri. 9 | 25 | 4 | δὲ αὐτοῦ καὶ τὸ σῶμα ἑλκῶσαι. φαύλως δὲ αὐτοῦ | * διακειμένου * | ἐλθεῖν εἰς ἐπίσκεψιν Ἐλίφαν τὸν Θαιμανιτῶν |
| διακομίζω | | | 7 | | |
| Aris. | 22 | 5 | ἐγκρατεῖς ἐγένοντο σωμάτων Ἰουδαϊκῶν καὶ ταῦτα | * διακεκομίκασιν * | εἴς τε τὴν πόλιν καὶ τὴν χώραν ἢ καὶ |
| Aris. | 114 | 5 | καὶ πολύτεχνος ἡ πόλις οὐ σπανίζει δὲ οὐδὲν τῶν | * διακομιζομένων * | διὰ τῆς θαλάσσης. ἔχει γὰρ καὶ λιμένας |
| HArt. 9 | 23 | 1 | τῶν ἀστυγειτόνων Ἀράβων εἰς τὴν Αἴγυπτον αὐτὸν | * διακομίσαι * | τοὺς δὲ τὸ ἐντυγχανόμενον ποιῆσαι εἶναι γὰρ |
| HArt. 9 | 27 | 15 | τὸν Χενεφρῆν τῷ τε Μωΰσῳ καὶ τῷ Χανεθώθῃ τὸ σῶμα | * διακομίσαντας * | εἰς τοὺς ὑπὲρ Αἴγυπτον τόπους θάψαι |
| HArt. 9 | 27 | 35 | ὕπαρξιν τοὺς Ἰουδαίους τῶν Αἰγυπτίων χρησαμένους | * διακομίζειν. * | τῷ δὲ Μωΰσῳ φωνὴν θείαν γενέσθαι πατάξαι |
| LThe. 9 | 22 | 4 | ἰδόντα ἐρασθῆναι αὐτῆς καὶ ἁρπάσαντα ὡς ἑαυτὸν | * διακομίσαι * | καὶ φθεῖραι αὐτήν. αὖθις δὲ σὺν τῷ πατρὶ |
| LThe. 9 | 22 | 11 | μετὰ τῶν αἰχμαλώτων εἰς τὴν πατρῴαν ἔπαυλιν | * διακομίσαι. * | |
| διακονέω | | | 8 | | |
| Abr.1 | 9 | 3 | ἔρχεσθαι παρακαλῶ σε καὶ νῦν ἀρχιστράτηγε τοῦ | * διακονῆσαί * | μοι ἔτι ἅπαξ πρὸς τὸν ὕψιστον καὶ ἐρεῖς αὐτῷ |
| Asen. | 2 | 6 | μία ἑκάστη ἕνα θάλαμον κεκτημένη καὶ αὗται ἦσαν | * διακονοῦσαι * | τῇ Ἀσενὲθ καὶ ἦσαν πᾶσαι ὁμήλικαι ἐν μιᾷ |
| Asen. | 13 | 15 | τὴν κλίνην αὐτοῦ καὶ νίψω τοὺς πόδας αὐτοῦ καὶ | * διακονήσω * | αὐτῷ καὶ ἔσομαι αὐτῷ δούλη καὶ δουλεύσω αὐτῷ |
| Asen. | 15 | 7 | καὶ ἀνακαινιεῖ πάντας τοὺς μετανοήσαντας καὶ αὐτὴ | * διακονήσει * | αὐτοῖς εἰς τὸν αἰῶνα χρόνον. καὶ ἔστιν ἡ |
| Job | 12 | 1 | ἐπικουρῆσαι τοῖς πένησιν βούλομαι μέντοι κἂν | * διακονῆσαι * | τοῖς πτωχοῖς σήμερον ἐν τῇ σῇ τραπέζῃ. καὶ |
| Job | 15 | 4 | οἱ υἱοί μου ἀνέκειντο τοῖς ἀρρενικοῖς δούλοις τοῖς | * διακονοῦσιν * | ἀνιστάμενος οὖν ἐγὼ κατὰ τὸ πρωὶ ἀνέφερον |
| Job | 15 | 8 | ἡμῶν δέ ἐστιν τὰ χρήματα ταῦτα διά τί δὲ καὶ | * διακονοῦμεν; * | διότι βδέλυγμά ἐστιν ἐναντίον τοῦ θεοῦ ἡ |
| FMos. 2 | 629 | 5 | ἔφη. τὸν Μιχαὴλ τὸν ἀρχάγγελον τῇ τοῦ Μωϋσέως ταφῇ | * δεδιηκονηκέναι. * | τοῦ γὰρ διαβόλου τοῦτο μὴ καταδεχομένου |
| διακονία | | | 4 | | |
| Job | 11 | 1 | προθυμίαν, καὶ ἐπεθύμησαν καὶ αὐτοὶ ὑπηρετεῖν τῇ | * διακονίᾳ * | καὶ ἄλλοι τινὲς ἦσάν ποτε ἀποροῦντες καὶ μηδὲν |
| Job | 11 | 2 | δεόμεθά σου, καὶ ἡμεῖς δυνάμεθα ταύτην τὴν | * διακονίαν * | ἐκτελέσαι; οὐδὲν δὲ κεκτήμεθα. ποίησον σὺ μεθ᾽ |
| Job | 11 | 3 | καὶ τοῖς πένησιν δυνηθῶμεν ποιήσασθαι | * διακονίαν, * | καὶ μετὰ τοῦτο ἀποκαταστήσωμέν σοι τὸ ἴδιον. |
| Job | 15 | 1 | γογγυσμοῦ. καὶ τὰ ἐμὰ τέκνα μετὰ τὴν ὑπηρεσίαν τῆς | * διακονίας * | ἦρον καθ᾽ ἡμέραν τὸ δεῖπνον αὐτῶν καὶ |
| διάκονος | | | 1 | | |
| TJud. | 14 | 2 | ὀφθαλμούς. τὸ γὰρ πνεῦμα τῆς πορνείας τὸν οἶνον ὡς | * διάκονον * | πρὸς τὰς ἡδονὰς ἔχει τοῦ νοὸς ὅτι καίγε τὰ δύο |
| διακοπή | | | 1 | | |
| Hen. | 21 | 7 | πῦρ μέγα ἐκεῖ καιόμενον καὶ φλεγόμενον καὶ | * διακοπὴν * | εἶχεν ὁ τόπος ἕως τῆς ἀβύσσου πλήρης στύλων |
| διακόσιοι | | | 9 | | |
| Hen. | 6B | 6 | ὁμοῦ καὶ ἀνεθεμάτισαν ἀλλήλους. ἦσαν δὲ οὗτοι | * διακόσιοι * | οἱ καταβάντες ἐν ταῖς ἡμέραις Ἰάρεδ εἰς τὴν |
| TJud. | 4 | 1 | μου ἐδίωξα χιλίους ἄνδρας καὶ ἀπέκτεινα ἐξ αὐτῶν | * διακοσίους * | ἄνδρας καὶ τέσσαρες βασιλεῖς. καὶ ἀνῆλθον ἐπ᾽ |
| TJud. | 9 | 8 | ὑποφόρους. καὶ ἦσαν διδόντες ἡμῖν πυροῦ κόρους | * διακοσίους * | ἐλαίου βεθ φ᾽ οἴνου μέτρα χίλια πεντακόσια |
| TBen. | 7 | 4 | γὰρ ἑκατὸν ἔτη μίαν πληγὴν ἐπήγαγεν αὐτῷ ὁ κύριος. | * διακοσίων * | ἐτῶν πάσχει καὶ ἐνακοσιοστῷ ἔτει ἐρημοῦται ἐπὶ |
| Job | 53 | 9 | τουτέστιν ρ ο᾽. τὰ δὲ πάντα ἔτη τῆς ζωῆς αὐτοῦ | * σ * | μ η᾽. καὶ ἴδεν υἱοὺς τῶν υἱῶν αὐτοῦ ἕως τετάρτης |
| FJub. | 10 | 21 | ᾽ε υ λ γ᾽ πήχεις καὶ δύω παλαισταί. τὸ πλάτος ἐπὶ | * σ * | γ᾽ πλίνθους. τῆς πλίνθου τὸ ὕψος τρίτον μιᾶς πλίνθου. |
| HDem. 9 | 21 | 16 | τριάκοντα γίνεσθαι τὰ πάντα ἔτη ἐν γῇ Χαναὰν | * σ * | ι ε᾽. καὶ τῷ τρίτῳ ἔτει λιμοῦ οὔσης ἐν Αἰγύπτῳ ἐλθεῖν |
| HDem. 9 | 21 | 18 | ἕως εἰς Αἴγυπτον τοὺς περὶ Ἰακὼβ ἐλθεῖν ἔτη | * σ * | ι ε᾽. Ἰακὼβ δὲ εἰς Χαρρὰν πρὸς Λάβαν ἐλθεῖν ἐτῶν ὄντα |
| HEup. 9 | 34 | 16 | καὶ τὴν ἄλλην κατασκευὴν ἀργυρίου τάλαντα χίλια | * διακόσια * | τριάκοντα δύο χαλκοῦ δὲ εἰς τοὺς κίονας καὶ τὸν |
| διακοσιοστός | | | 1 | | |
| FJub. | 7 | 1 | θεοῦ τῇ πέμπτῃ τοῦ μηνὸς τοῦ πέμπτου. τούτῳ τῷ ᾽β | * σ * | ν α᾽ ἔτει Νῶε ἐφύτευσεν ἀμπελῶνα ἐν ὄρει Λουβὰρ τῆς |
| διακόσμησις | | | 1 | | |
| Aris. | 156 | 2 | μέλος διαστολὴ πολλῷ δὲ μᾶλλον ἡ τῶν αἰσθήσεων | * διακόσμησις * | διανοίας ἐνέργημα καὶ κίνησις ἀόρατος ἥ τε |
| διακρατέω | | | 3 | | |
| Sib. | 4 | 50 | θνητῶν ἄρξουσιν ἁπάντων ἓξ γενεὰς κόσμοιο | * διακρατέοντες * | ἐν ἀρχῇ ἐξ οὗ μηνίσαντος ἐπουρανίοιο θεοῖο |
| HArt. 9 | 27 | 25 | οὓς εἰπεῖν ἀκούσαντα δὲ τὸν βασιλέα πεσεῖν ἄφωνον | * διακρατηθέντα * | δὲ ὑπὸ τοῦ Μωΰσου πάλιν ἀναβιῶσαι γράψαντα |
| LAri. 13 | 12 | 4 | Λόγον αὐτῷ λεγομένων οὕτως ἐκτίθεται περὶ τοῦ | * διακρατεῖσθαι * | θείᾳ δυνάμει τὰ πάντα καὶ γενητὰ ὑπάρχειν |
| διακριβόω | | | 1 | | |
| Aris. | 31 | 2 | τέτευχε. δέον δέ ἐστι καὶ ταῦθ᾽ ὑπάρχειν παρά σοι | * διηκριβωμένα * | διὰ τὸ καὶ φιλοσοφωτέραν εἶναι καὶ ἀκέραιον |

**διακρίνω**                                                              9

| Abr.1 | 4 | 8 | αὐτοῦ καὶ Ἰσαὰκ δὲ ἀναγγελεῖ τὸ ὅραμα σὺ δὲ * διακρινεῖς * καὶ αὐτὸς γνώσεται τὸ τέλος αὐτοῦ. καὶ ὁ |
| Abr.1 | 4 | 11 | καὶ σὺ μετ' αὐτοῦ μόνον δὲ τὰ τοῦ ὁράματος * διακρινεῖς * καλῶς ὅπως ἂν γνώσῃ ὁ Ἀβραὰμ τὴν τοῦ θανάτου |
| TAser | 1 | 5 | ἐν οἷς εἰσι τὰ δύο διαβούλια ἐν στέρνοις ἡμῶν * διακρίνοντα * αὐτάς. ἐὰν οὖν ἡ ψυχὴ θέλῃ ἐν καλῷ πᾶσα |
| Sal. | 17 | 43 | ὑπὲρ χρυσίον τὸ πρῶτον τίμιον ἐν συναγωγαῖς * διακρινεῖ * λαοῦ φυλὰς ἡγιασμένου οἱ λόγοι αὐτοῦ ὡς λόγοι |
| Job | 30 | 4 | ἐστιν. καὶ λοιπὸν ἐκάθισαν ἐν ταῖς ἑπτὰ ἡμέραις * διακρίνοντες * τὰ κατ' ἐμέ, διαλογιζόμενοι τὰ κτήνη καὶ τὰ |
| Aris. | 110 | 4 | διαστολὰς ἔδωκεν ἐὰν ἀναγκαῖον ᾖ κατακαλέσαι * διακρίνειν * ἐν ἡμέραις πέντε. πρὸ πολλοῦ δὲ ποιούμενος |
| FMos. | 9 | 1 | σώματος. ὁ δὲ Μιχαὴλ ὁ ἀρχάγγελος ὅτε τῷ διαβόλῳ * διακρινόμενος * διελέγετο περὶ τοῦ Μωϋσέως σώματος οὐκ |
| FEz. | 186 | 9 | εἰς καταβρῶμα α῾υτοις ἐγενοντο ἀλλα εἰδου εγω * διακρίνω * κριον προς κριον· καὶ μοσχον προς μοσχον και |
| FrAn. | 1 | 217 | 7 λέγει μικροψυχήσας ἀπελεύσομαι εἰς Ἱερουσαλὴμ καὶ * διακρινοῦμαι * τῷ θεῷ μου ὅτι ἐπλάνησέ με διασκορπίσαι τὰ |

**διάκρισις**                                                             4

| TNep. | 2 | 8 | πρὸς δόξαν εἶτα καρδίαν εἰς φρόνησιν κοιλίαν εἰς * διάκρισιν * στομάχου κάλαμον εἰς ὑγίειαν ἧπαρ πρὸς θυμὸν |
| Aris. | 191 | 2 | τὸν ἐχόμενον ἠρώτα πῶς ἂν ἐν τοῖς χρηματισμοῖς καὶ * διακρίσεσιν * εὐφημίας τυγχάνοι καὶ ὑπὸ τῶν |
| Aris. | 291 | 5 | καὶ κομίζεσθαι τὸ δίκαιον ταχέως ἐν ταῖς * διακρίσεσι. * ταῦτα δὲ γίνεται διὰ τὸν ἡγούμενον ὅταν |
| FJub. | 11 | 8 | πάντων ἐπίλυσιν οἰωνῶν τῶν τε ἐν οὐρανῷ σημείων * διακρίσεις * καὶ τῶν ἐπὶ γῆς ἁπάντων καὶ πᾶσαν Χαλδαϊκὴν |

**διακωλύω**

| Asen. | 25 | 1 | τὸν πατέρα αὐτοῦ. καὶ οἱ φύλακες τοῦ πατρὸς αὐτοῦ * διεκώλυον * αὐτὸν τοῦ εἰσελθεῖν πρὸς τὸν πατέρα αὐτοῦ καὶ |
| HArt. | 9 | 27 | 19 στοχαζόμενον τῶν ὁμοφύλων τὸν δὲ Ῥαγουῆλον * διακωλύοντα * στρατεύειν τοῖς Ἄραψι προστάξαι λῃστεύειν |

**διαλαμβάνω**                                                            8

| Aris. | 25 | 1 | περὶ τούτων καταδεικνύντας εὐθὺ καὶ τὰ σώματα. * διειλήφαμεν * γὰρ καὶ ἡμῖν συμφέρειν καὶ τοῖς πράγμασι |
| Aris. | 37 | 3 | καὶ εἴ τι κακῶς ἐπράχθη διὰ τὰς τῶν ὄχλων ὁρμὰς * διειληφότες * εὐσεβῶς τοῦτο πρᾶξαι καὶ τῷ μεγίστῳ θεῷ |
| Aris. | 93 | 1 | σαρκὸς ὁλοκαυτοῦντες ἰσχύι διαφερόντως συγχρώμενοι * διαλαβόντες * γὰρ ἀμφοτέραις τῶν μόσχων τὰ σκέλη πλεῖον |
| Aris. | 189 | 4 | ἅπαντα διατηροῖ (ἑαυτῷ) καλῶς τὰ ἕκαστα πράξει * διαλαμβάνων * ὅτι πᾶν ἐννόημα σαφές ἐστι θεῷ καταρχὴν δὲ |
| Aris. | 210 | 3 | τὸ τῆς εὐσεβείας ἐστὶ κατάστημα; ἐκεῖνος δὲ ἔφη τὸ * διαλαμβάνειν * ὅτι πάντα διὰ παντὸς ὁ θεὸς ἐνεργεῖ καὶ |
| Aris. | 215 | 1 | καθεστάναι. πλὴν ὅσον ἔμοιγε ἐφικτὸν οὕτω * διείληφα * κατὰ πάντα τρόπον σέ βασιλεῦ καὶ τὰ λεγόμενα |
| Aris. | 239 | 2 | ἑξῆς ἠρώτα πῶς ἂν φιλήκοος εἴη; ἐκεῖνος δὲ εἶπε * διαλαμβάνων * ὅτι πάντα συμφέρει γινώσκειν ὅπως ἂν πρὸς τὰ |
| Aris. | 273 | 5 | ἐν τοῖς πολέμοις εἰρηνικῶς ἔχοι; ὁ δὲ ἀπεφήνατο * διαλαμβάνων * ὅτι κακὸν οὐδὲν εἴργασται τῶν ὑποτεταγμένων |

**διαλανθάνω**                                                            1

| Abr.1 | 4 | 9 | τῶν ἐπιγείων φθαρτῶν καὶ νῦν κύριε τί ποιήσω; πῶς * διαλάθω * μετὰ τούτων καθήμενος ἐν μιᾷ τραπέζῃ μετ' αὐτοῦ; |

**διαλέγω**                                                               5

| Aris. | 40 | 3 | καὶ Ἀριστέαν τιμωμένους παρ' ἡμῖν * διαλεξομένους * σοι καὶ κομίζοντας ἀπαρχὰς εἰς τὸ ἱερὸν |
| Sib. | 3 | 87 | καὶ κτίσιν αὐτὴν εἰς ἓν χωνεύσει καὶ εἰς καθαρὸν * διαλέξει. * κοὐκέτι φωστήρων σφαιρώματα καγχαλόωντα οὐ νὺξ |
| FMos. | 2 17 | 17 | Μωσῆς προσκαλεσάμενος Ἰησοῦν υἱὸν Ναυῆ καὶ * διαλεγόμενος * πρὸς αὐτὸν ἔφη καὶ προεθεάσατό με ὁ θεὸς |
| FMos. | 9 | 1 | Μιχαὴλ ὁ ἀρχάγγελος ὅτε τῷ διαβόλῳ διακρινόμενος * διελέγετο * περὶ τοῦ Μωϋσέως σώματος οὐκ ἐτόλμησεν κρίσιν |
| FAch. | 101 | περιελθεῖν τὴν οἰκουμένην καὶ ἐν τοῖς ἀκροατηρίοις * διελέγετο. * τιμήματα δὲ ἀργυρικὰ λαμβάνων πᾶσάν τε χώραν |

**διαλείπω**                                                              3

| Aris. | 94 | 3 | οἱ διαναπαυόμενοι. τούτου δὲ γινομένου τῶν * διαλελοιπότων * ἐγείρονται πρόθυμοι οὐδενὸς ἐπιτάσσοντος |
| Aris. | 224 | 2 | πρὸς τὸν ἐχόμενον εἶπε πῶς ἂν ἐκτὸς εἴη φθόνου; * διαλιπῶν * δὲ ἐκεῖνος ἔφη πρῶτον εἰ νοῆσαι ὅτι ὁ θεὸς πᾶσι |
| Aris. | 241 | τοῦ ζῆν ἀποτρέχωσιν ἐπιμελητήν σε τῶν βίων. οὐ γάρ * διαλείπεις * ἐπανορθῶν ἅπαντας τοῦ θεοῦ σοι καλοφροσύνην |

**διάλεκτος**                                                             6

| Job | 48 | 3 | τὰ τῆς γῆς φρονεῖν, ἀπεφθέγξατο δὲ τῇ ἀγγελικῇ * διαλέκτῳ, * ὕμνον ἀναπέμψασα τῷ θεῷ κατὰ τὴν τῶν ἀγγέλων |
| Job | 49 | 3 | τὰ κοσμικὰ καὶ τὸ μὲν στόμα αὐτῆς ἀνέλαβεν τὴν * διάλεκτον * τῶν ἀρχῶν, ἐδοξολόγησεν δὲ τοῦ ὑψηλοῦ τόπου τὸ |
| Job | 50 | 1 | κέρας καὶ ἔσχεν τὸ στόμα ἀποφθεγγόμενον ἐν τῇ * διαλέκτῳ * τῶν ἐν ὕψει, ἐπεὶ καὶ αὐτῆς ἡ καρδία ἠλλοιοῦτο |
| Job | 50 | 2 | ἀφισταμένη ἀπὸ τῶν κοσμικῶν λελάληκεν γὰρ ἐν τῇ * διαλέκτῳ * τῶν Χερουβὶμ δοξολογοῦσα τὸν δεσπότην τῶν |
| Job | 52 | 7 | καὶ ἠυλόγησαν καὶ ἐδόξασαν ἑκάστη ἐν τῇ ἐξαιρέτῳ * διαλέκτῳ. * καὶ μετὰ ταῦτα ἑξῆλθεν ὁ ἐπικαθήμενος τῷ |
| FAch. | 116 | εὐστοχίαν αὐτοῦ εἰδὼς καὶ τὸ εὔθετον τῆς γλώττης * (διάλεκτον) * ἔφη πρὸς αὐτὸν ἤγαγές μοι τοὺς μέλλοντας |

**διάληψις**                                                              3

| Aris. | 160 | 3 | τὰς τοῦ θεοῦ κατασκευὰς οὐ μόνον λόγῳ ἀλλὰ καὶ * διαλήψει * θεωροῦντας τὴν κίνησιν καὶ ὑπόληψιν ἑαυτῶν ὅταν |
| Aris. | 234 | 4 | οὐ δώροις οὐδὲ θυσίαις ἀλλὰ ψυχῆς καθαρότητι καὶ * διαλήψεως * ὁσίας καθὼς ὑπὸ τοῦ θεοῦ πάντα κατασκευάζεται |
| LAri. | 13 | 12 | 8 τοῖς φιλοσόφοις ὁμολογεῖται διότι δεῖ περὶ θεοῦ * διαλήψεις * ὁσίας ἔχειν ὃ μάλιστα παρακελεύεται καλῶς ἡ |

**διάλιθος**                                                              3

| Aris. | 62 | 3 | τὰ πρὸς τὴν ἄνω πρόσοψιν φοθεσία κατεσκεύαστο * διάλιθος * ἐκτύπωσιν ἔχουσα προοχῆς συνεχέσιν ἀναγλυφαῖς |

**διαλλάσσω**

| Hen. | 24 | 2 | ἑπτὰ ὄρη ἔνδοξα πάντα ἑκάτερα τοῦ ἑκατέρου * διαλλάσσοντα * ὧν οἱ λίθοι ἔντιμοι τῇ καλλονῇ καὶ πάντα |
| Asen. | 11 | 18 | αὐτοῦ καὶ ἐὰν θυμωθῇ ἐν ταῖς ἁμαρτίαις μου πάλιν * διαλλαγήσεταί * μοι καὶ ἀφήσει μοι πᾶσαν ἁμαρτίαν. τολμήσω |
| Aris. | 97 | 3 | λεγόμενον λόγιον ἐν ᾧ συνεσφιγμένοι λίθοι δεκαδύο * διαλλάσσοντες * τοῖς γένεσι χρυσῷ κεκολλημένοι τὰ τῶν |

**διαλογή**                                                               1

| Sal. | 4 | ἡ ζωὴ αὐτῶν ἐν φωτὶ κυρίου καὶ οὐκ ἐκλείψει ἔτι. * διαλογή * τοῦ Σαλωμων τοῖς ἀνθρωπαρέσκοις. ἵνα τί σὺ |

**διαλογίζομαι**                                                          8

| Abr.1 | 7 | 3 | με καὶ ταῦτα οὕτως ἐμοῦ θεωροῦντος καὶ * διαλογιζομένου * εἶδον καὶ τὸν οὐρανὸν ἀνεῳγότα καὶ εἶδον |
| Job | 2 | 3 | καὶ συνεχῶς βλέπων ὁλοκαυτώματα αὐτῷ ἀναφερόμενα * διελογιζόμην * ἐν ἑαυτῷ λέγων ἆρα οὗτός ἐστιν ὁ θεὸς ὁ |
| Job | 30 | 4 | ἐν ταῖς ἑπτὰ ἡμέραις διακρίνοντες τὰ κατ' ἐμέ, * διαλογιζόμενοι * τὰ κτήνη καὶ τὰ ὑπάρχοντά μου λέγοντες μὴ |
| Job | 31 | 1 | κατέπεσεν; ἐγένετο δὲ μετὰ τὰς ἑπτὰ ἡμέρας οὕτως * διαλογιζομένους, * ἀποκριθεὶς Ἐλιους εἶπεν τοῖς |
| Aris. | 212 | 2 | δὲ αὐτὸν ἐπηρώτα τὸν ἕτερον πῶς ἂν τὰ κάλλιστα * διαλογίζοιτο; * ἀπεκρίθη δὲ ἐκεῖνος εἰ τὸ δίκαιον ἐπὶ |
| Aris. | 256 | 2 | εἰπὼν ἄλλον ἠρώτα τί ἐστι φιλοσοφία; τὸ καλῶς * διαλογίζεσθαι * πρὸς ἕκαστον τῶν συμβαινόντων ἀπεφήνατο |
| FIsa. | 1 | 12 | τοῦ σατανᾶ ἐν τῷ Μανασσῇ. ἐν ἐκείνῃ δὲ τῇ ὥρᾳ * διελογίζετο * Ἐζεκίας τοῦ ἀποκτεῖναι τὸν υἱὸν αὐτοῦ |
| FAch. | 121 | ἀποκριθήσομαί σοι. καὶ ἐξελθὼν ἀπὸ τοῦ βασιλέως * διελογίζετο * ἐν ἑαυτῷ ὁ Αἴσωπος ὅ,τι περ ἐὰν εἴπω |

**διαλογισμός**                                                           7

| TLevi | 2 3B005 | κύριε γινώσκεις πάσας τὰς καρδίας καὶ πάντας τοὺς * διαλογισμοὺς * ἐννοιῶν σὺ μόνος ἐπίστασαι. καὶ νῦν τέκνα |
| TLevi | 2 3B007 | μάκρυνον ἀπ' ἐμοῦ κύριε τὸ πνεῦμα τὸ ἄδικον καὶ * διαλογισμὸν * τὸν πονηρὸν καὶ πορνείαν καὶ ὕβριν |
| TJud. | 14 | 3 | τοῦ ἀνθρώπου. ἐὰν γάρ τις πίῃ οἶνον εἰς μέθην ἐν * διαλογισμοῖς * ῥυπαροῖς συνταράσσει τὸν νοῦν εἰς πορνείαν |
| Job | 26 | 6 | διαβόλου ἐπισθέν σου στήκοντα καὶ ταράσσοντα τοὺς * διαλογισμούς * σου, ὅπως καὶ ἐμὲ ἀπατήσῃ; βούλεται γάρ σε |
| Aris. | 216 | 4 | αὐτοῖς ἡ διάνοια τὴν ἀναστροφὴν ἔχει θεὸς δὲ πάντα * διαλογισμοὺς * καὶ πρᾶξιν ἐπὶ τὰ κάλλιστα τρεπομένῃ |
| Aris. | 252 | 3 | εἴη; ὁ δὲ ἔφη σεμνῶς ἅπαντα πράσσων καὶ μετὰ * διαλογισμοῦ * καὶ μὴ πειθόμενος διαβολαῖς ἀλλ' αὐτὸς ὢν |
| Aris. | 255 | 3 | εὐβουλία; τὸ καλῶς ἅπαντα πράσσειν ἀπεφήνατο μετὰ * διαλογισμοῦ * καὶ κατὰ τὴν βουλὴν παρατιθέντα καὶ ⟨τὰ⟩ βλαβερὰ |

**διαλύω**                                                                9

| Hen. | 1 | 6 | τῆς γῆς. καὶ σεισθήσονται καὶ πεσοῦνται καὶ * διαλυθήσονται * ὄρη ὑψηλὰ καὶ ταπεινωθήσονται βουνοὶ |
| Abr.1 | 1 | τοῦ ὁσίου πατρὸς ἡμῶν δικαίου πατριάρχου Ἀβραὰμ * διαλύσας * δὲ καὶ θανάτου πεῖραν τὸ πῶς δὴ ἕκαστος |
| Abr.1 | 8 | 6 | ἄμμον θαλάσσης καὶ ὡς τοὺς ἀστέρας τοῦ οὐρανοῦ ὁ * διαλύσας * μήτραν Σάρρας τῆς στειρώσεως καὶ χαρισάμενός |
| Sal. | 4 | 9 | αὐτῶν ἐπ' οἶκον ἀνδρὸς ἐν εὐσταθείᾳ ὡς ὄφις * διαλῦσαι * σοφίαν ἀλλήλων ἐν λόγοις παρανόμων. οἱ λόγοι |
| FEz. | 185 | 8 | εν τῇ ⟨οργη σου δοκιμαζομαι εως των νεφ⟨ρων μου * διαλελλυμαι * εως της κοιλίας μου δος μοι το ελεος σου |
| FAch. | 102 | φιλοσοφίας δι' ἐπιστολῶν καὶ ὁ μὴ εὑρίσκων * διαλύσασθαι * φόρους ἐτέλει τῷ πέμψαντι. ὁ δὲ Αἴσωπος τὰ |
| FAch. | 105 | τὸν Λυκοῦργον μετὰ ἐπιστολῶν καὶ προβλημάτων ἵνα * διαλύσῃ * εἰδὼς ὅτι μετὰ Αἴσωπον οὐδεὶς εὑρεθήσεται παρὰ |
| FAch. | 105 | οὐδεὶς εὑρεθήσεται παρὰ Βαβυλωνίοις ὁ δυνάμενος * διαλῦσαι. * ἦν δὲ τὸ πρόβλημα τοῦτο Νεκταναβῶ βασιλεὺς |
| FAch. | 119 | θεοῦ λόγους τινὰς πρός σε ἀναγγελεῖ ⟨ὅπως αὐτοὺς * διαλύσῃς⟩. * ὁ δὲ Αἴσωπος λέγει κατηγορεῖτε ἑαυτῶν καὶ τοῦ |

**διαμαρτυρέω**                                                           1

| Hen. | 104 | 11 | τούτων ἀλλὰ πάντα ἐπ' ἀληθείας γράφωσιν ἃ ἐγὼ * διαμαρτυροῦμαι * αὐτοῖς. καὶ πάλιν ἐγὼ γινώσκω μυστήριον |

**διαμαρτυρία**                                                           1

| Hen. | 99 | 3 | τὰς ἐντεύξεις ὑμῶν εἰς μνημόσυνον δίδοτε αὐτὰς ἐν * διαμαρτυρίᾳ * ἐνώπιον τῶν ἀγγέλων ὅπως εἰσαγάγωσιν τὰ |

**διαμαρτύρομαι**                                                         1

| TZab. | 1 | 7 | μαχαίρᾳ. πλὴν ὅτε ἐβούλοντο ἀνελεῖν αὐτὸν πολλὰ * διεμαρτυράμην * αὐτοῖς μετὰ δακρύων τοῦ μὴ ποιῆσαι τὴν |

**διαμένω**                                                               12

| Hen. | 23 | 2 | οὐδὲ ἐλλεῖπον τοῦ δρόμου ἡμέρας καὶ νυκτὸς ἅμα * διαμένον. * καὶ ἠρώτησα λέγων τί ἐστιν τὸ μὴ ἔχον |
| TJud. | 21 | 1 | τὸν κριτήν. καὶ νῦν τέκνα ἀγαπήσατε τὸν Λευὶ ἵνα * διαμείνητε * καὶ μὴ ἐπαίρεσθε ἐπ' αὐτὸν ἵνα μὴ |
| TZab. | 5 | 5 | μου καὶ πολλῶν ἀγχομένων ἐν τῇ θαλάσσῃ ἐγὼ ἀβλαβὴς * διέμεινα. * πρῶτος ἐγὼ ἐποίησα σκάφος ἐν θαλάσσῃ ἐπιπλέειν |
| Asen. | 21 | 4 | εὐλογήσει σε κύριος ὁ θεὸς τοῦ Ἰωσὴφ τέκνον καὶ * διαμένοι * τὸ κάλλος σου τοῦτο εἰς τοὺς αἰῶνας διότι |
| Aris. | 204 | σιγῆς δὲ γενομένης ἐπυνθάνετο πῶς ἂν πλούσιος * διαμένοι; * βραχὺ δὲ ἐπισχὼν ὁ τὴν ἐρώτησιν ἐκδεχόμενος |
| Aris. | 226 | 2 | ἀποκριθῆναι πρὸς αὐτὸν εἰπὼν πῶς ἂν δοξαζόμενος * διαμένοι; * εἶπε δὲ τῇ προθυμίᾳ καὶ ταῖς χάρισι πρὸς τοὺς |
| Aris. | 226 | 5 | ἂν ἀπολίποι δόξης ἵνα δὲ τῶν ἀσπασμῶν αὐτὸν θεὸν * διαμένῃ * πρὸς τοῦτ' εἶπεν εἰ μεγάλα καὶ σεμνὰ ταῖς |
| Aris. | 246 | 4 | τὴν ἀγωγὴν ἐλευθέριον οὖσαν καὶ τὴν εὐταξίαν * διαμένουσαν * ἔν τε τοῖς ἀσπασμοῖς καὶ συμβουλίαις καὶ τῇ |
| Aris. | 258 | 2 | ἄλλον ἠρώτα πῶς ⟨ἃ⟩ ἂν κατασκευάσῃ καὶ μετὰ τοῦτο * διαμένῃ; * πρὸς τοῦτ' εἶπεν εἰ μεγάλα καὶ σεμνὰ ταῖς |
| Aris. | 259 | 5 | τὰ γὰρ ἐκ δικαιοσύνης τελούμενα ταῦτα καὶ * διαμένει. * εὖ δὲ καὶ τοῦτον εἰρηκέναι φήσας τὸν δέκατον |
| Aris. | 310 | 5 | καὶ κατὰ πᾶν ἠκριβωμένος καλῶς ἔχον ἐστὶν ἵνα * διαμείνῃ * ταῦθ' οὕτως ἔχοντα καὶ μὴ γένηται μηδεμία |

FAch. 110 χρήμασι τὰ μὲν γὰρ καιρὸς ἀφείλετο ἡ δὲ ἀπόρθητος * διαμένει. * ἐὰν εὐτυχήσῃς μὴ μνησικακήσῃς τοῖς ἐχθροῖς

διαμερίζω 6
Abr.1 14 11 ἀπώλεσα οὓς ποτε κατέπιεν ἡ γῆ καὶ οὓς * διεμερίσαντο * τὰ θηρία καὶ οὓς ποτε κατέφαγεν τὸ πῦρ διὰ
Job 22 2 ἔχειν αὐτὴν τὴν ἰδίαν τροφὴν καὶ αὐτὴ λαμβάνουσα * διεμέριζεν * αὐτῇ τε καὶ ἐμοί, λέγουσα μετ' ὀδύνης οὐαί
Job 24 5 οὐκέτι γὰρ δὴ μόλις τὴν ἐμὴν τροφὴν λαμβάνω καὶ * διαμερίζω * σοί τε καὶ ἐμοί, ἐννοουμένη ἐν τῇ καρδίᾳ μου
Job 45 4 γυναῖκας ἐκ τῶν ἀλλοτρίων ἰδοὺ οὖν τεκνία μου * διαμερίζω * ὑμῖν πάντα ὅσα μοι ὑπάρχει, πρὸς τὸ δεσπόζειν
Aris. 183 4 δι' αὐτοῦ χειριζόμενα πρὸς τὰς τοιαύτας ὑποδοχὰς * διαμεμερισμένα. * διμερῆ τε ἐποίησε τὰ τῶν κλισιῶν καθὼς
FrAn. 574 3057 καταδείξαντα τὰς ἑκατὸν τεσσαράκοντα γλώσσας καὶ * διαμερίσαντα * τῷ ἰδίῳ προστάγματι. ὁρκίζω σε τὸν τῶν

διαμέρισις 1
FJub. 2 4 δευτέρᾳ τὸ στερέωμα τὸ ἐν μέσῳ τῶν ὑδάτων καὶ τὴν * διαμέρισιν * τῶν ἐπάνω τοῦ στερεώματος ὑδάτων καὶ τῶν

διαμετρέω 1
LAri. 7 32 18 ὄντων δύο τοῦ μὲν ἐαρινοῦ τοῦ δὲ μετοπωρινοῦ καὶ * διαμετρούντων * ἄλληλα δοθείσης τε τῆς τῶν διαβατηρίων

διάμετρος 2
FJub. 3 9 ἐνάτη ἡλίου ὄντος ταύρῳ καὶ σελήνης σκορπίῳ κατὰ * διάμετρον * ἐν τῇ τῶν Πλειάδων ἐπιτολῇ εἰσήγαγεν ὁ θεὸς
LAri. 7 32 18 ἑσπέραν ἐνστήξεται μὲν ἡ σελήνη τὴν ἐναντίαν καὶ * διάμετρον * τῷ ἡλίῳ στάσιν ὥσπερ οὖν ἔξεστιν ἐν ταῖς

διαμονή 1
Aris. 283 6 ἀναγεγραμμέναι τυγχάνουσι πρὸς ἐπανόρθωσιν καὶ * διαμονὴν * ἀνθρώπων. ὃ σὺ πράσσων ἀνέφικτον ἄλλοις δόξαν

Διαναθάν 1
HEup. 9 30 5 καὶ πολλὰ ἔτη πεπολεμηκέναι εἶναι δ' αὐτῷ ὄνομα * Διαναθὰν * προστάξαι τε αὐτῷ τοῦτον ὅπως τῷ υἱῷ ἐπιτρέψῃ

διανακύπτω 1
Aris. 19 1 καὶ τὰς ἐπιβολὰς ὁ κυριεύων ἁπάντων θεὸς ὁ δὲ * διανακύψας * καὶ προσβλέψας ἱλαρῷ τῷ προσώπῳ πόσας

διαναπαύω 1
Aris. 94 2 τόπος αὐτοῖς ἐστιν ἀποτεταγμένος οὗ καθίζουσιν οἱ * διαναπαυόμενοι. * τούτου δὲ γινομένου τῶν διαλελοιπότων

διανέμω 2
TLevi 8 16 ἔδεσθε πᾶν ὡραῖον ὁράσει καὶ τὴν τράπεζαν κυρίου * διανεμήσεται * τὸ σπέρμα σου καὶ ἐξ αὐτῶν ἔσονται
FrAn. 1 217 4 γενόμενος καὶ κατανυγεὶς ἀπελθὼν πέπρακε πάντα καὶ * διένειμε * πτωχοῖς μηδὲν ἑαυτῷ καταλείψας πλὴν νομισμάτων

διανεύω 1
Hen. 18 4 οὐρανοῦ. ἴδον ἀνέμους τῶν οὐρανῶν στρέφοντας καὶ * διανεύοντας * τὸν τροχὸν τοῦ ἡλίου καὶ πάντας τοὺς

διανίστημι 1
Aris. 160 2 περὶ θεοῦ φόβον. κελεύει δὲ καὶ κοιταζομένους καὶ * διανισταμένους * μελετᾶν τὰς τοῦ θεοῦ κατασκευὰς οὐ μόνον

διανοέομαι (-έω) 7
Hen. 1 2 καὶ ἔγνων ἐγὼ θεωρῶν καὶ οὐκ εἰς τὴν νῦν γενεὰν * διενοούμην * ἀλλὰ ἐπὶ πόρρω οὖσαν ἐγὼ λαλῶ. καὶ περὶ τῶν
Hen. 2 2 παραβαίνουσιν τὴν ἰδίαν τάξιν. ἴδετε τὴν γῆν καὶ * διανοήθητε * περὶ τῶν ἔργων τῶν ἐν αὐτῇ γενομένων ἀπ'
Hen. 5 1 δένδρα καὶ πᾶς ὁ καρπὸς αὐτῶν εἰς τιμὴν καὶ δόξαν. * διανοήθητε * καὶ γνῶτε περὶ πάντων τῶν ἔργων αὐτοῦ καὶ
Aris. 56 3 ἐκέλευσεν ὅτι μάλιστα χρήσασθαι σεμνῶς ἅπαντα * διανοούμενος * καὶ φύσιν ἔχων ἀγαθὴν εἰς τὸ συνιδεῖν
Aris. 218 3 τὴν ὑπεροχὴν ἵνα τούτοις ἀκόλουθα καὶ λέγῃς καὶ * διανοῇ * γινώσκων ὅτι πάντες ὧν ἄρχεις περὶ σοῦ καὶ
Aris. 218 4 διανοῇ γινώσκων ὅτι πάντες ὧν ἄρχεις περὶ σοῦ καὶ * διανοοῦνται * καὶ λαλοῦσιν. οὐ γὰρ ἐλάχιστόν σε δεῖ τῶν
Aris. 259 1 ἀμισθὶ συντελεῖν ἀναγκάζοι τὰ πρὸς τὴν χρείαν. * διανοούμενος * γὰρ ὡς θεὸς πολυωρεῖ τὸ τῶν ἀνθρώπων γένος

διάνοια 52
TRub. 3 12 εἰς τὴν ἀνομίαν τὴν μεγάλην. συλλαβοῦσα γὰρ ἡ * διάνοιά * μου τὴν γυναικείαν γύμνωσιν οὐκ εἴασέ με ὑπνῶσαι
TRub. 4 6 εἰδώλοις ὅτι αὕτη ἐστὶ πλανῶσα τὸν νοῦν καὶ τὴν * διάνοιαν * καὶ κατάγει νεανίσκους εἰς ᾅδην οὐκ ἐν καιρῷ
TRub. 5 3 καὶ διὰ τῆς κοσμήσεως πλανῶσιν αὐτῶν πρῶτον τὰς * διανοίας * καὶ διὰ τοῦ βλέμματος τὸν ἰὸν ἐνσπείρουσι καὶ
TRub. 5 6 ἐγένοντο ἐν ἐπιθυμίᾳ ἀλλήλων καὶ συνέλαβον τῇ * διανοίᾳ * τὴν πρᾶξιν καὶ μετεσχηματίζοντο εἰς ἀνθρώπους
TRub. 5 7 αὐτῶν συνεφαίνοντο αὐταῖς κἀκεῖναι ἐπιθυμοῦσαι τῇ * διανοίᾳ * τὰς φαντασίας αὐτῶν ἔτεκον γίγαντας. ἐφαίνοντο
TRub. 6 1 οὖν ἀπὸ τῆς πορνείας καὶ εἰ θέλετε καθαρεύειν τῇ * διανοίᾳ * φυλάσσετε τὰς αἰσθήσεις ἀπὸ πάσης θηλείας.
TRub. 6 2 συνδυάζειν ἀνθρώποις ἵνα καὶ αὐταὶ καθαρεύωσι τῇ * διανοίᾳ. * αἱ γὰρ συνεχεῖς συντυχίαι κἂν μὴ πραχθῇ τὸ
TSim. 3 2 τοῦ φθόνου. καὶ γὰρ ὁ φθόνος κυριεύει πάσης τῆς * διανοίας * τοῦ ἀνθρώπου καὶ οὐκ ἀφίησιν αὐτὸν οὔτε φαγεῖν
TSim. 3 5 τὸ πονηρὸν πνεῦμα ἀπ' αὐτοῦ καὶ γίνεται ἡ * διάνοια * κούφη καὶ λοιπὸν συμπαθεῖ τῷ φθονουμένῳ καὶ οὐ
TSim. 4 8 καὶ εἰς αἵματα παροξύνει καὶ εἰς ἔκστασιν ἄγει τὴν * διάνοιαν * καὶ οὐκ ἐᾷ τὴν σύνεσιν ἐν ἀνθρώποις ἐνεργεῖν
TDan 2 4 ὀφθαλμοὺς αὐτοῦ διὰ τοῦ ψεύδους σκοτοῖ τὴν * διάνοιαν * αὐτοῦ καὶ τὴν ἰδίαν ὅρασιν παρέχει αὐτῷ. ἐν
TGad 6 1 ὑμῶν ἀγαπῶντες ἀλλήλους ἐν ἔργῳ καὶ λόγῳ καὶ * διανοίᾳ * ψυχῆς. ἐγὼ γὰρ κατὰ πρόσωπον τοῦ πατρὸς ἡμῶν
TJos. 10 4 πάντως γὰρ ὁ ἄνθρωπος ἢ ἐν ἔργῳ ἢ ἐν λόγῳ ἢ ἐν * διανοίᾳ * συνέχεται. γινώσκουσιν οἱ ἀδελφοί μου πῶς
TJos. 10 5 καίπερ νήπιος ὢν εἶχον τὸν φόβον τοῦ θεοῦ ἐν τῇ * διανοίᾳ * μου +ᾔδειν γὰρ ὅτι τὰ πάντα παρελεύσεται+ καὶ
TBen. 1 διαθήκη Βενιαμιν. περὶ * διανοίας * καθαρᾶς. ἀντίγραφον λόγων Βενιαμὶν ὧν διέθετο
TBen. 3 2 τὸν ἀγαθὸν καὶ ὅσιον ἄνδρα Ἰωσήφ. καὶ ἔστω ἡ * διάνοια * ὑμῶν εἰς τὸ ἀγαθὸν ὡς κἀμὲ οἴδατε. ὁ ἔχων τὴν
TBen. 3 2 ὑμῶν εἰς τὸ ἀγαθὸν ὡς κἀμὲ οἴδατε. ὁ ἔχων τὴν * διάνοιαν * ἀγαθὴν πάντα βλέπει ὀρθῶς. φοβεῖσθε κύριον καὶ
TBen. 4 1 τοῦ ἀγαθοῦ ἀνδρὸς τὸ τέλος μιμήσασθε οὖν ἐν ἀγαθῇ * διανοίᾳ * τὴν εὐσπλαγχνίαν αὐτοῦ ἵνα καὶ ὑμεῖς στεφάνους
TBen. 5 1 ἀγαπᾷ κατὰ τὴν ψυχὴν αὐτοῦ. ἐὰν ἔχητε ἀγαθὴν * διάνοιαν * τέκνα καὶ οἱ πονηροὶ ἄνθρωποι εἰρηνεύσουσιν
TBen. 5 3 ὑμᾶς. ὅπου γὰρ ἔνι φῶς ἀγαθῶν ἔργων εἰς * διάνοιαν * τὸ σκότος ἀποδιδράσκει αὐτοῦ. ἐὰν γὰρ ὑβρίσῃ
TBen. 6 5 καὶ χαίρει πρὸς πάντας ἐν παντὶ καιρῷ. ἡ ἀγαθὴ * διάνοια * οὐκ ἔχει δύο γλώσσας εὐλογίας καὶ κατάρας ὕβρεως
TBen. 6 7 ὅτι κύριος ἐπισκέπτει ψυχὴν αὐτοῦ καὶ καθαίρει τὴν * διάνοιαν * αὐτοῦ πρὸς τὸ μὴ καταγνωσθῆναι ὑπὸ θεοῦ καὶ
TBen. 7 2 ἑπτὰ κακῶν μήτηρ ἐστί. πρῶτον συλλαμβάνει ἡ * διάνοια * διὰ τοῦ Βελιὰρ ἔστι δὲ πρῶτον ὁ φθόνος δεύτερον
TBen. 8 2 καὶ προσκολλᾶσθε τῇ ἀγαθότητι καὶ τῇ ἀγάπῃ. ὁ ἔχων * διάνοιαν * καθαρὰν ἐν ἀγάπῃ οὐχ ὁρᾷ γυναῖκα εἰς πορνείαν
Asen. 23 8 διότι ἦν Λευὶς ἀνὴρ προφήτης καὶ ἐθεώρει ὀξέως τῇ * διανοίᾳ * αὐτοῦ καὶ τοῖς ὀφθαλμοῖς αὐτοῦ καὶ ἀνεγίνωσκε
Sedr. 16 2 αὐτοῦ ὅτε δὲ πάλιν ἀνὴρ ἐτήρουν αὐτοῦ τὴν * διάνοιαν * ὅταν δὲ πάλιν γηράσῃ καὶ τηρῶ αὐτὸν ὅπως
Job 47 10 τὸν ἐχθρόν, ἀλλ' οὐδὲ τὰς ἐνθυμήσεις αὐτοῦ ἐν τῇ * διανοίᾳ * ὑμῶν διότι φυλακτήριόν ἐστιν τοῦ πατρὸς
Aris. 7 2 γὰρ ἔχοντί σοι περὶ τῶν δυναμένων ὠφελῆσαι * διάνοιαν * δέον ἐστὶ μεταδιδόναι μάλιστα μὲν πᾶσι τοῖς
Aris. 17 2 καὶ ἡμῶν κατὰ ψυχὴν πρὸς τὸν θεὸν εὐχομένων τὴν * διάνοιαν * αὐτοῦ κατασκευάσαι πρὸς τὸ τοὺς ἅπαντας
Aris. 78 4 θαυμασμοῦ συνεχῶς ἐφ' ἕκαστον ἐπιβαλλούσης τῆς * διανοίας * τεχνίτευμα. καὶ πάλιν ὅτε πρὸς τὴν τῶν ἀργυρῶν
Aris. 99 6 ἥξειν καὶ θαυμασμὸν ἀνεκδιήγητον μετατραπέντα τῇ * διανοίᾳ * διὰ τὴν περὶ ἕκαστον ἁγίαν κατασκευήν. πρὸς γὰρ
Aris. 122 6 ἐστιν ἀποτεθειμένοι τὸ τραχὺ καὶ βάρβαρον τῆς * διανοίας * ὁμοίως δὲ καὶ τὸ κατοίεσθαι καὶ νομίζειν
Aris. 156 2 πολλῷ δὲ μᾶλλον ἡ τῶν αἰσθήσεων διακόσμησις * διανοίας * ἐνέργημα καὶ κίνησις ἀόρατος ἥ τε ὀξύτης τοῦ
Aris. 171 3 λόγου καθεστάναι διὸ τὴν σεμνότητα καὶ φυσικὴν * διάνοιαν * τοῦ νόμου προῆγμαι διασαφῆσαί σοι Φιλόκρατες
Aris. 194 7 τὰ τῆς δυναστείας φόβον ἐγκατασκευάζει πάσῃ * διανοίᾳ. * καὶ τοῦτον δὲ ἐπαινέσας εἶπε πρὸς τὸν ἐχόμενον
Aris. 216 3 διαγωγὴν ποιεῖται καὶ καθ' ὕπνον ἐν τοῖς αὐτοῖς ἡ * διάνοια * τὴν ἀναστροφὴν ἔχει θεὸς δὲ πάντα διαλογισμὸν
Aris. 222 3 πᾶσι γὰρ ἀνθρώποις φυσικὸν εἶναι τὸ πρός τι τὴν * διάνοιαν * ῥέπειν τοῖς μὲν οὖν πολλοῖς ἐπὶ τὰ βρωτὰ καὶ
Aris. 227 7 λιτανεύειν ἵνα ταῦτ' ἐπιτελῆται τὰς γὰρ ἁπάντων * διανοίας * κρατεῖ. συνομολογήσας δὲ τούτοις τὸν ἕκτον
Aris. 237 4 δὲ οὐκ ἔστι τυχεῖν ἐὰν μὴ θεὸς κατασκευάσῃ τὴν * διάνοιαν * εἰς τοῦτο. παρακαλέσας δὲ τοῦτον πρὸς τὸν
Aris. 238 4 αὐτοὺς λυπήσας τοῦτο δ' οὐκ ἔστιν εἰ μὴ θεὸς τῆς * διανοίας * ἡγεμὼν γένοιτο πρὸς τὰ κάλλιστα. προσεπινεύσας
Aris. 243 3 πῶς ἀφοβία γίνεται; εἶπε δὲ συνιστοροῦσης τῆς * διανοίας * μηδὲν κακὸν πεπραχέναι θεοῦ κατευθύνοντος εἰς
Aris. 245 5 ὄχλων ἀφηγεῖται καὶ οὐ δεῖ περὶ ἕτερόν τι τὴν * διάνοιαν * εἶναι τῆς δὲ τούτων ἐπιμελείας φροντίζειν θεὸν
Aris. 247 1 καὶ τοῖς λοιποῖς τοῖς κατὰ τὴν ἀγωγήν. θεὸς δὲ τὴν * διάνοιαν * ἄξει σοι βασιλεῦ πρὸς τὰ κάλλιστα. ὁ δὲ
Aris. 287 2 θεοφιλεῖς εἰσι πρὸς τὰ κάλλιστα πεπαιδευκότες τὰς * διανοίας * καθὼς καὶ σὺ τοῦτο πράσσεις ὡς ἂν ὑπὸ θεοῦ σοι
Aris. 292 6 διδόντος ἔχειν ἁγνὴν καὶ ἀμιγῆ παντὸς κακοῦ τὴν * διάνοιαν. * καταλήξαντος δὲ τούτου κατερράγη κρότος μετὰ
Aris. 312 4 καὶ πάντα καὶ λίαν ἐξεθαύμασε τὴν τοῦ νομοθέτου * διάνοιαν. * καὶ πρὸς τὸν Δημήτριον εἶπε πῶς τηλικούτων
Aris. 314 4 ἐκ τοῦ νόμου προσιστορεῖν ταραχὴν λάβοι τῆς * διανοίας * πλεῖον ἡμερῶν τριάκοντα κατὰ δὲ τὴν ἄνεσιν
Aris. 322 4 νένευκας γὰρ πρὸς περιεργίαν τῶν δυναμένων ὠφελεῖν * διάνοιαν * καὶ ἐν τούτοις τὸν πλείονα χρόνον διατελεῖς.
Sib. 3 421 δὲ φάος ἐν ὄπῃσιν ἔῃσιν νοῦν δὲ πολὺν καὶ ἔπος * διανοίαις * ἔμμετρον ἕξει οὐνόμασιν δυσὶ μισγόμενον Χῖον
FAch. 119 τοῦ θεοῦ ὀφείλει γὰρ θεὸς ὑπάρχων τὴν ἑνὸς ἑκάστου * διάνοιαν * εἰδέναι. πλὴν λέγετε ὃ θέλετε. οἱ δὲ εἶπον
HHec. 1 22 191 βασιλέων καὶ σατραπῶν οὐ δυναταί μεταπεισθῆναι τῇ * διανοίᾳ * ἀλλὰ γεγυμνωμένως περὶ τούτων καὶ αἰκίαις καὶ
LAri. 13 12 7 τὸν διὰ τῶν ποιημάτων Δία καὶ Ζῆνα τὸ γὰρ τῆς * διανοίας * αὐτῶν ἐπὶ θεὸν ἀναπέμπεται διόπερ οὕτως ἡμῖν

διανοίγω 1
LEze. 9 29 12 43 θεῷ ὅσ' ἂν τέκωσι παρθένοι πρώτως τέκνα τἄρσενικὰ * διανοίγοντα * μήτρας μητέρων. ἀνδρῶν Ἑβραίων τοῦδε τοῦ

διανυκτερεύω 1
Job 24 3 μετὰ μόχθων σὺ δὲ αὐτὸς κάθῃ ἐν σαπρίᾳ σκωλήκων * διανυκτερεύων * αἴθριος, κἀγὼ πάλιν ἡ παναθλία ἐργαζομένη

διαπαντός 2
Bar. 10 7 κυρίου τὰ δὲ ὄρνεα; καὶ εἶπέν μοι αὐτά εἰσιν ἃ * διαπαντὸς * ἀνυμνοῦσι τὸν κύριον. καὶ εἶπον ἐγὼ Βαρούχ
FMan. 2 22 14 σώσεις με κατὰ τὸ πολὺ ἔλεός σου καὶ αἰνέσω σε * διαπαντὸς * ἐν πάσαις ταῖς ἡμέραις τῆς ζωῆς μου ὅτι σέ

διαπέμπω 4
Aris. 6 1 ὅσα πρὸς ἐπισκευὴν ψυχῆς ὑπάρχει. καὶ πρότερον δὲ * διεπεμψάμην * σοι περὶ ὧν ἐνόμιζον ἀξιομνημονεύτων εἶναι
Sib. 3 139 καὶ ἔπειτα Ῥέη τέκεν ἄρσενα παῖδα τὸν ταχέως * διέπεμψε * λάθρῃ ἰδίῃ τε τρέφεσθαι ἐς Φρυγίην τρεῖς ἄνδρας
Sib. 3 141 Κρῆτας ἑλοῦσα τοὔνεκά τοι Δί' ἐπωνομάσανθ' ὅτι * διεπέμφθη. * ὡς δ' αὔτως διέπεμψε Ποσειδάωνα λαθραίως. τὸ
Sib. 3 142 τοι Δί' ἐπωνομάσανθ' ὅτι διεπέμφθη. ὡς δ' αὔτως * διέπεμψε * Ποσειδάωνα λαθραίως. τὸ τρίτον αὖ Πλούτωνα Ῥέη

```
          διαπεράω        1
Jer.      8      3    καὶ τὰς γυναῖκας τὰς λαβούσας ἐξ αὐτῶν ἄνδρας ✶ διαπεράσωσιν ✶ οἱ ἀκούοντές σου καὶ ἄρον αὐτοὺς εἰς
          διαπίπτω        2
Aris.     29     3    τῆς βιβλιοθήκης βιβλίων ὅπως ἐπισυναχθῇ καὶ τὰ ✶ διαπεπτωκότα ✶ τύχῃ τῆς προσηκούσης ἐπισκευῆς πεποιημένος
Aris.     189    6    θεῷ καταρχὴν δὲ θείου φόβου λαμβάνων ἐν οὐδενὶ ✶ διαπίπτοις. ✶ καὶ τοῦτον δὲ εὖ μάλα παραδεξάμενος ἕτερον
          διαπλάσσω       1
Aris.     137    5    αὐτοὺς προσκυνοῦντες. καὶ νομίζουσιν οἱ ταῦτα ✶ διαπλάσαντες ✶ καὶ μυθοποιήσαντες τῶν Ἑλλήνων οἱ
          διαπλέω         1
HArt.     9  27  17   Ἀραβίαν τὸν δὲ πεισθέντα ἀπὸ Μέμφεως τὸν Νεῖλον ✶ διαπλεύσαντα ✶ ἀπαλλάσσεσθαι εἰς τὴν Ἀραβίαν. τὸν δὲ
          διαπλοκή        1
Aris.     74     4    τῆς τέχνης φιλόπονον. ἐπὶ δὲ τούτου ῥάβδωσις ἐφ' ᾗ ✶ διαπλοκὴ ✶ ῥόμβων δικτυωτὴν ἔχουσα τὴν πρόσοψιν ἕως ἐπὶ τὸ
          διάπλοκος       1
Aris.     75     6    κρίνων τύπωσις σὺν ἀνθεμίσι καὶ βοτρύων σχοινίαι ✶ διάπλοκοι ✶ διετυποῦντο κυκλόθεν. οἱ μὲν οὖν διὰ τοῦ
          διαπονέω        1
Aris.     92     3    καὶ σιγῆς διαθέσει. πάντες γὰρ αὐτοκελεύστως ✶ διαπονοῦσι ✶ πολλῆς γινομένης κακοπαθείας καὶ ἑκάστῳ τὸ
          διαπορεύομαι (-ω)  5
Hen.      100    3    οὗ δῦναι τὸν ἥλιον φονευθήσονται ἐπὶ τὸ αὐτό. καὶ ✶ διαπορεύσεται ✶ ἵππος ἕως τοῦ στήθους αὐτοῦ διὰ τοῦ
TZab.     6      3    ὀθόνην ἐξέτεινα ἐν ὀρθῷ ξύλῳ ἐν μέσῳ καὶ ἐν αὐτῷ ✶ διαπορευόμενος ✶ τοὺς αἰγιαλοὺς ἥλιευον ἰχθύας οἴκῳ τοῦ
Sal.      13     2    ἡμῶν ὁ βραχίων κυρίου ἔσωσεν ἡμᾶς ἀπὸ ῥομφαίας ✶ διαπορευομένης ✶ ἀπὸ λιμοῦ καὶ θανάτου ἁμαρτωλῶν. θηρία
Aris.     322    6    δὲ καὶ τὰ λοιπὰ τῶν ἀξιολόγων ἀναγράφειν ἵνα ✶ διαπορευόμενος ✶ αὐτὰ κομίζῃ τοῦ βουλήματος τὸ κάλλιστον
LAri.     7  32  17   διαβατηρίων ἑορτῇ μὴ μόνον τὸν ἥλιον ἰσημερινὸν ✶ διαπορεύεσθαι ✶ τμῆμα καὶ τὴν σελήνην δέ. τῶν γὰρ
          διαπορέω        2
HDem.     9  21  14   τί διαπράσσονται λέγειν κτηνοτρόφους αὐτοὺς εἶναι. ✶ διαπορεῖσθαι ✶ δὲ διὰ τί ποτε ὁ Ἰωσὴφ Βενιαμὶν ἐπὶ τοῦ
          διάπρασις       2
TGad.     1      8    τῷ Ἰωσὴφ περὶ τοῦ λόγου τούτου ἕως ἡμέρας ✶ διαπράσεως ✶ αὐτοῦ εἰς Αἴγυπτον. καὶ τὸ πνεῦμα τοῦ μίσους
TJos.     16     2    εὐνοῦχον τοῖς Ἰσμαηλίταις αἰτοῦσά με εἰς ✶ διάπρασιν. ✶ καλέσας οὖν ὁ ἀρχιμάγειρος τοὺς Ἰσμαηλίτας
          διαπράσσω       2
Job       38     7    σου οὐκ ἠλλοίωται τί οὖν βούλει ἡμᾶς ἐν σοὶ ✶ διαπράξασθαι; ✶ ἰδοὺ γὰρ (ἐ)πάρωμεν μεθ' ἑαυτῶν τοὺς
HDem.     9  21  13   ἐὰν κληθῶσιν ὑπὸ τοῦ βασιλέως καὶ ἐρωτῶνται τί ✶ διαπράσσονται ✶ λέγειν κτηνοτρόφους αὐτοὺς εἶναι.
          διαπρεπής       4
Aris.     72     6    ἔχοντα καὶ ταῖς τέχναις ἀμίμητα καὶ τῇ καλλονῇ ✶ διαπρεπῆ. ✶ τῶν δὲ κρατήρων δύο μὲν ἦσαν ⟨χρυσοῖ⟩ τῇ
Aris.     97     1    χρόᾳ θαυμασίως ἔχοντες. κατέζωστο δὲ διαφόρῳ ζώνῃ ✶ διαπρεπεῖ ✶ διυφασμένῃ καλλίστοις χρώμασιν. ἐπὶ δὲ τοῦ
Aris.     301    5    εἰς κατεσκευασμένον οἶκον παρὰ τὴν ἠϊόνα ✶ διαπρεπῶς ✶ ἔχοντα καὶ πολλῆς ἡσυχίας ἔφεδρον παρεκάλει
Aris.     320    4    καὶ στολὰς δέκα καὶ πορφύραν καὶ στέφανον ✶ διαπρεπῆ ✶ καὶ βυσσίνων ὀθονίων ἱστοὺς ἑκατὸν καὶ φιάλας
          διαπτύω         1
TIss.     2      1    κυρίου λέγων ὅτι δύο τέκνα Ῥαχὴλ τέξεται ὅτι ✶ διέπτυσε ✶ συνουσίαν ἀνδρὸς καὶ ἐξελέξατο ἐγκράτειαν. καὶ
          διαπυνθάνομαι   1
Aris.     266    2    ὁ θεὸς ἐπιτελεῖ. κατεπαινέσας δὲ αὐτὸν ἑτέρου ✶ διεπυνθάνετο ✶ τί πέρας ἐστὶ λόγου; κἀκεῖνος δὲ ἔφησε τὸ
          διάπυρος        1
FAch.     115         φέρων καὶ λαμπρὸς μὲν εἶ ὡς ὁ ἥλιος οὗτοι δὲ ✶ διάπυροι ✶ ⟨ὡς⟩ αἱ ἀκτῖνες. ὁ δὲ βασιλεὺς θαυμάσας αὐτὸν
          διαπωλέω        1
TBen.     2      5    καὶ ἀνεῖλεν αὐτόν. καὶ οὕτως οἱ μέτοχοι φοβηθέντες ✶ διαπωλοῦσί ✶ με τοῖς ἑταίροις αὐτῶν. καὶ ὑμεῖς οὖν τέκνα
          διαράομαι       1
Aris.     311    2    πάντων δ' ἐπιφωνησάντων τοῖς εἰρημένοις ἐκέλευσαν ✶ διαράσασθαι ✶ καθὼς ἔθος αὐτοῖς ἐστιν εἴ τις διασκευάσει
          διαρκέω         1
TNep.     2      4    ὡς ἱκανὴ οὕτω καὶ ὁ κύριος οἶδε τὸ σῶμα ἕως τίνος ✶ διαρκέσει ✶ ἐν ἀγαθῷ καὶ πότε ἄρχεται ἐν κακῷ. ὅτι οὐκ
          διαρπάζω        2
Asen.     13     11   καταπατεῖσθαι ὑπὸ τῶν ἀνθρώπων καὶ οἱ κλέπται ✶ διήρπασαν ✶ αὐτοὺς οἵτινες ἦσαν ἀργυροῖ καὶ χρυσοῖ. καὶ
Sal.      8      11   συνθήκας μετὰ ὅρκου περὶ τούτων. τὰ ἅγια τοῦ θεοῦ ✶ διηρπάζοσαν ✶ ὡς μὴ ὄντος κληρονόμου λυτρουμένου.
          διαρρέω         1
Hen.      1      6    ὄρη ὑψηλὰ καὶ ταπεινωθήσονται βουνοὶ ὑψηλοὶ τοῦ ✶ διαρυῆναι ✶ ὄρη κᾳὶ τακήσονται ὡς κηρὸς ἀπὸ προσώπου πυρὸς
          διαρρήγνυμι     7
TJos.     5      2    νόμῳ λήψομαί σε εἰς ἄνδρα. ἐγὼ οὖν ὡς ἤκουσα τοῦτο ✶ διέρρηξα ✶ τὴν στολήν μου καὶ εἶπον γύναι αἰδέσθητι τὸν
Jer.      2      1    ταῦτα τῷ Βαροὺχ καὶ ἐλθόντες εἰς τὸν ναὸν τοῦ θεοῦ ✶ διέρρηξεν ✶ ὁ Ἰερεμίας τὰ ἱμάτια αὐτοῦ καὶ ἐπέθηκεν χοῦν
Jer.      2      2    ἐπὶ τὴν κεφαλὴν αὐτοῦ καὶ τὰ ἱμάτια αὐτοῦ ✶ διερρωγότα ✶ ἔκραξε φωνῇ μεγάλῃ λέγων πάτερ Ἰερεμία τί
Jer.      2      8    τὸν λαὸν εἰς Βαβυλῶνα. ἀκούσας δὲ ταῦτα Βαροὺχ ✶ διέρρηξε ✶ καὶ αὐτὸς τὰ ἱμάτια αὐτοῦ καὶ εἶπε πάτερ
Jer.      2      10   οὖν ἀμφότεροι ἐν τῷ θυσιαστηρίῳ κλαίοντες καὶ ἦσαν ✶ διερρωγότα ✶ τὰ ἱμάτια αὐτῶν. ὡς δὲ ἐγένετο ἡ ὥρα τῆς
Jer.      9      9    Ἰερεμίαν ἀνακείμενον χαμαὶ ὥσπερ τεθνηκότα. καὶ ✶ διέρρηξαν ✶ τὰ ἱμάτια αὐτῶν καὶ ἐπέθηκαν χοῦν ἐπὶ τὰς
Job       19     2    τέκνων ἀπώλειαν, ἐταράχθην ἐν μεγάλῃ ταραχῇ καὶ ✶ διέρρηξά ✶ μου τὰ ἱμάτια λέγων τῷ ἀπαγγέλλοντι πῶς οὖν σὺ
          διαρρήδην       1
Aris.     159    2    πρὸς τὸ μνεῖαν εἶναι θεοῦ καὶ ἐπὶ τῶν χειρῶν δὲ ✶ διαρρήδην ✶ τὸ σημεῖον κελεύει περιῆφθαι σαφῶς ἀποδεικνὺς
          διασαφέω        9
Aris.     51     3    ὡς δὲ ἐπηγγειλάμην καὶ τὰ τῶν κατασκευασμάτων ✶ διασαφῆσαι ✶ ποιήσω. πολυτεχνίᾳ γὰρ διαφέροντα συνετελέσθη
Aris.     171    3    σεμνότητα καὶ φυσικὴν διάνοιαν τοῦ νόμου προήγμαι ✶ διασαφῆσαι ✶ σοι Φιλόκρατες δι' ἣν ἔχεις φιλομάθειαν. ὁ δὲ
Aris.     297    4    οὐχ ὅσιον ἐν τούτοις ἀλλ' ὡς γέγονεν οὕτως ✶ διασαφοῦμεν ✶ ἀφοσιούμενοι πᾶν ἁμάρτημα. διόπερ ἐπειράθην
Aris.     306    3    ἀπονιζόμενοι τὰς χεῖρας τὸ τηνικαῦτα εὔχονται; ✶ διασαφῶν ✶ δὲ ὅτι μαρτύριόν ἐστι τοῦ μηδὲν εἰργάσθαι
HEup.     9  32  1    σοι μυριάδας ὀκτὼ ὧν καὶ τὰ πλήθη ἐξ ὧν εἰσι ✶ διασεσάφηκά ✶ σοι ἐκ μὲν τοῦ Σεβριθίτου νομοῦ μυριους ἐκ
LAri.     8  10  5    μόνον προσκειμένοις οὐ φαίνεται μεγαλεῖόν τι ✶ διασαφῶν. ✶ ἄρξομαι δὲ λαμβάνειν καθ' ἕκαστον σημαινόμενον
LAri.     13  12 11   ὑπάρχειν τὸ δὴ σύμφωνόν ἐστι τῷ προειρημένῳ. τὸ δὲ ✶ διασαφούμενον ✶ διὰ τῆς νομοθεσίας ἀποπεπαυκέναι τὸν θεὸν
LAri.     13  12 12   τάξας γὰρ οὕτως αὐτὰ συνέχει καὶ μεταποιεῖ. ✶ διασεσάφηκε ✶ δ' ἡμῖν αὕτη ἔννομον ἕνεκεν σημείου τοῦ
LAri.     13  12 13   προσαγορεύεσθαι διερμηνεύσαι ἀνάπαυσις οὖσα. ✶ διασαφεῖ ✶ δὲ καὶ Ὅμηρος καὶ Ἡσίοδος μετειληφότες ἐκ τῶν
          διασάφησις      1
Aris.     305    4    θεὸν ἐτρέποντο πρὸς τὴν ἀνάγνωσιν καὶ τὴν ἑκάστου ✶ διασάφησιν. ✶ ἐπηρώτησα δὲ καὶ τοῦτο τίνος χάριν
          διασημαίνω      2
Aris.     16     4    Ζῆνα καὶ Δία τοῦτο δ' οὐκ ἀνοικείως οἱ πρῶτοι ✶ διεσήμαναν ✶ δι' ὃν ζωοποιοῦνται τὰ πάντα καὶ γίνεται
HArt.     9  23  2    τοῦτον πρῶτον τήν τε γῆν διελεῖν καὶ ὅροις ✶ διασημήνασθαι ✶ καὶ πολλὴν χερσευομένην γεωργήσιμον
          διασκευάζω      1
Aris.     311    3    διαράσασθαι καθὼς ἔθος αὐτοῖς ἐστιν εἴ τις ✶ διασκευάσει ✶ προστιθεὶς ἢ μεταφέρων τι τὸ σύνολον τῶν
          διασκευή        6
Aris.     64     2    διάθεσιν ὁμοίως ⟨κάτω τὰ⟩ κατὰ τὴν τῆς φωθεσίας ✶ διασκευὴν ✶ (ἣ) κατεσκεύαστο καὶ τὰ λοιπὰ τῆς ῥαβδώσεως
Aris.     71     6    ὅλης τραπέζης ὥστε πολλῶν εἶναι ταλάντων τὴν ὅλην ✶ διασκευήν. ✶ ἐπεὶ γὰρ οὐ προῆρητο τοῖς μεγέθεσιν οὐδὲν
Aris.     73     3    ἔχοντες ἀπὸ τῆς ξάνθας μέχρι τοῦ μέσου τὴν ✶ διασκευὴν ✶ τῇ τορείᾳ καὶ τῶν λίθων ἀνὰ μέσον τῶν
Aris.     76     3    ὑπὲρ δύο μετρητὰς οἱ δ' ἀργυροῖ λείαν εἶχον τὴν ✶ διασκευὴν ✶ ἐνοπτρον δὴ γεγονυῖαν πρὸς αὐτὸ τοῦτο
Aris.     84     4    πλάτος ἀκόλουθον καὶ τὸ μῆκος τῆς κατὰ τὸν οἶκον ✶ διασκευῆς ✶ ὑπῆρχε μεγαλομερείᾳ καὶ χορηγίᾳ κατὰ πάντα
Aris.     310    6    διαμείνῃ ταῦθ' οὕτως ἔχοντα καὶ μὴ γένηται μηδεμία ✶ διασκευή. ✶ πάντων δ' ἐπιφωνησάντων τοῖς εἰρημένοις
          διασκορπίζω     5
TJud.     3      2    τοῦ ἵππου ἀνεῖλον αὐτὸν καὶ οὕτως πάντα τὸν λαὸν ✶ διεσκόρπισα. ✶ τὸν Ἀχὼρ βασιλέα ἄνδρα γιγάντων βάλλοντα
TZab.     8      6    ὅτι τοῦτο σχίζει ἑνότητα καὶ πᾶσαν συγγένειαν ✶ διασκορπίζει ✶ καὶ τὴν ψυχὴν ταράσσει καὶ τὴν ὕπαρξιν
TAser.    7      5    καὶ τὰ ἅγια ὑμῶν καταφθαρήσεται καὶ ὑμεῖς ✶ διασκορπισθήσεσθε ✶ εἰς τὰς τέσσαρας γωνίας τῆς γῆς καὶ
TAser.    7      6    νόμου τοῦ θεοῦ ἀλλ' ἐντολαῖς ἀνθρώπων. διὰ τοῦτο ✶ διασκορπισθήσεσθε ✶ ὡς Γὰδ καὶ ὡς Δὰν οἱ ἀδελφοί μου οἳ
FrAn.     1  217  8   καὶ διακρινοῦμαι τῷ θεῷ μου ὅτι ἐπλάνησέ με ✶ διασκορπίσαι ✶ τὰ ὑπάρχοντά μου. πορευομένου δὲ αὐτοῦ
          διασκορπισμός   1
TLevi     16     5    ἀλλ' ἐν τοῖς ἔθνεσιν ἔσεσθε εἰς κατάραν καὶ εἰς ✶ διασκορπισμὸν ✶ ἕως αὐτὸς πάλιν ἐπισκέψηται καὶ οἰκτιρήσας
          διασπαράσσω     1
Asen.     12     11   αὐτοῦ ἐξελοῦ με μήποτε ἁρπάσῃ με ὡς λέων καὶ ✶ διασπαράξῃ ✶ με καὶ βάλῃ με εἰς τὴν φλόγα τοῦ πυρὸς καὶ τὸ
          διασπασμός      1
TJud.     23     3    καὶ ῥομφαίαν ἐκδικοῦσαν πολιορκίαν καὶ κύνας εἰς ✶ διασπασμὸν ✶ ἐχθρῶν καὶ φίλων ὀνειδισμοὺς ἀπώλειαν καὶ
          διασπάω         2
TJud.     2      4    εἰς κρημνὸν καὶ πᾶν θηρίον εἰ ἐπέστρεφε πρός με ✶ διέσπων ✶ αὐτὸ ὡς κύνα. τῷ χοίρῳ τῷ ἀγρίῳ συνέδραμον καὶ
Sib.      3  133      Ῥέη τίκτῃ παρὰ τηνδ' ἐκάθητο Τιτῆνες καὶ τέκνα ✶ διέσπων ✶ ἄρσενα πάντα θήλεα δὲ ζῶοντ' εἴων παρὰ μητρὶ
          διασπείρω       6
TLevi     10     4    ναοῦ ὥστε μὴ κατακαλύπτειν ἀσχημοσύνην ὑμῶν. καὶ ✶ διασπαρήσεσθε ✶ αἰχμάλωτοι ἐν τοῖς ἔθνεσι καὶ ἔσεσθε εἰς
TIss.     6      2    τοῖς πονηροῖς διαβουλίοις αὐτῶν καὶ ✶ διασπαρήσονται ✶ ἐν τοῖς ἔθνεσι καὶ δουλεύσουσι τοῖς
```

TNep.      4      5  αὐτῶν πάλιν ἐπιλάθωνται κυρίου καὶ ἀσεβήσουσιν καὶ   *  διασπείρει  *  αὐτοὺς κύριος ἐπὶ προσώπου πάσης τῆς γῆς ἄχρι
TNep.      6      7  σανίδων δέκα Λευὶ δὲ καὶ Ἰούδας ἦσαν ἐπὶ τὸ αὐτό.   *  διεσπάρημεν  *  οὖν οἱ πάντες ἕως εἰς τὰ πέρατα. ὁ δὲ Λευὶ
TJos.     19      2  Ἔλαφοι ἐνέμοντο καὶ οἱ ἐννέα διαιρέθησαν καὶ      *  διεσπάρησαν  *  τῇ γῇ ὁμοίως καὶ οἱ τρεῖς. καὶ εἶδον ὅτι ἐκ
HAno.  9  17      3  δὲ τούτου ὑπὸ τῆς τοῦ θεοῦ ἐνεργείας τοὺς γίγαντας  *  διασπαρῆναι  *  καθ' ὅλην τὴν γῆν. δεκάτῃ δὲ γενεᾷ ἐν πόλει

**διασπορά**  3
TAser      7      2  εἰς τὰς τέσσαρας γωνίας τῆς γῆς καὶ ἔσεσθε ἐν   *  διασπορᾷ  *  ἐξουθενώμενοι ὡς ὕδωρ ἄχρηστον ἕως οὗ ὁ ὕψιστος
Sal.       8     28  σου ἐφ' ἡμᾶς καὶ οἰκτίρησον ἡμᾶς συνάγαγε τὴν   *  διασπορὰν  *  Ἰσραηλ μετὰ ἐλέους καὶ χρηστότητος ὅτι ἡ
Sal.       9      2  ἧς ἔδωκεν αὐτοῖς κύριος. ἐν παντὶ ἔθνει ἡ   *  διασπορὰ  *  τοῦ Ἰσραηλ κατὰ τὸ ῥῆμα τοῦ θεοῦ ἵνα δικαιωθῇς

**διασπορίζω**  *  1
Sedr.     10      2  τῶν πνευμόνων σου καὶ τῆς καρδίας σου ⟨καὶ⟩ ἔστι   *  διεσπορισμένη  *  εἰς πάντα τὰ μέλη σου· ἀναφέρυσται διὰ

**διαστέλλω**  7
TRub.      6      8  τοῦ Λευὶ ὅτι αὐτὸς γνώσεται νόμον κυρίου καὶ   *  διαστελεῖ  *  εἰς κρίσιν καὶ θυσίας ὑπὲρ παντὸς Ἰσραηλ
Sal.       2     34  ἐπὶ τοὺς φοβουμένους αὐτὸν μετὰ κρίματος τοῦ   *  διαστελλεῖ  *  ἀνὰ μέσον δικαίου καὶ ἁμαρτωλοῦ ἀποδοῦναι
Aris.    131      1  ἐξ ἀγνοίας ἐπανορθώσεις εἰς τὸν βίον ἔτυχον.   *  διαστειλάμενος  *  οὖν τὰ τῆς εὐσεβείας καὶ δικαιοσύνης
Aris.    150      3  τροπολογῶν ἐκτέθεισται. τὸ γὰρ διχηλεύειν καὶ   *  διαστέλλειν  *  ὁπλῆς ὄνυχος σημεῖόν ἐστι τοῦ διαστέλλειν
Aris.    150      3  καὶ διαστέλλειν ὁπλῆς ὄνυχος σημεῖόν ἐστι τοῦ   *  διαστέλλειν  *  ἕκαστα τῶν πράξεων ἐπὶ τὸ καλῶς ἔχον ἢ γὰρ
Aris.    151      5  διὰ τούτων ἔτι δὲ καὶ διότι παρὰ πάντας ἀνθρώπους  *  διεστάλμεθα.  *  οἱ γὰρ πλείονες τῶν λοιπῶν ἀνθρώπων ἑαυτοὺς
Aris.    152      6  δὲ καὶ θυγατέρας μολύνουσιν. ἡμεῖς δὲ ἀπὸ τούτων  *  διεστάλμεθα.  *  περὶ ὃν δέ ἐστιν ὁ προειρημένος τῆς

**διάστημα**  3
Bar.       2      4  ἐστιν τὸ πάχος τοῦ οὐρανοῦ ἐν ᾧ ὡδεύσαμεν ἢ τί τὸ  *  διάστημα  *  αὐτοῦ ἢ τί τὸ πεδίον; ἵνα κἀγὼ ἀπαγγείλω τοῖς
Aris.    187      1  ὑπὸ τοῦ βασιλέως. ὅτε δὲ καιρὸν ἔλαβεν ἐκ   *  διαστήματος  *  ἠρώτησε τὸν ἔχοντα τὴν πρώτην ἀνάκλισιν ἦσαν
Aris.    255      5  καὶ ⟨τὰ⟩ βλαβερὰ τῶν κατὰ τὸ ἐναντίον τοῦ λόγου   *  διάστημα  *  ἵνα πρὸς ἕκαστον ἐπινοήσαντες ὦμεν εὖ

**διαστολή**  6
Sal.       4      4  οἱ ὀφθαλμοὶ αὐτοῦ ἐπὶ πᾶσαν γυναῖκα ἄνευ   *  διαστολῆς  *  ἡ γλῶσσα αὐτοῦ ψευδὴς ἐν συναλλάγματι μεθ'
Aris.    110      4  καὶ τοῖς ἐπὶ τῶν χρειῶν ὁμοίως δι' ἐγγράπτων   *  διαστολὰς  *  ἔδωκεν ἐὰν ἀναγκαῖον ᾖ κατακαλέσαι διακρίνειν
Aris.    151      3  ἀπέρεισιν ἐπὶ τοὺς ὤμους ἔχει καὶ τὰ σκέλη. μετὰ  *  διαστολῆς  *  οὖν ἅπαντα ἐπιτελεῖν πρὸς δικαιοσύνην
Aris.    153      1  διεστάλμεθα. περὶ ὃν δέ ἐστιν ὁ προειρημένος τῆς  *  διαστολῆς  *  τρόπος περὶ τούτου εἶναι καὶ τὸν τῆς μνήμης
Aris.    155      6  ἡ τῆς τροφῆς διοίκησις καὶ ἡ περὶ ἕκαστον μέλος   *  διαστολὴ  *  πολλῷ δὲ μᾶλλον ἡ τῶν αἰσθήσεων διακόσμησις
Aris.    161      2  δέ σοι καὶ τὸ περισσὸν τῆς εὐλογίας τῆς κατὰ τὴν   *  διαστολὴν  *  καὶ μνείαν ὡς ἐξεθέμεθα τὴν διχηλίαν καὶ τὸν

**διαστραπή**  *  1
Hen.      14      8  ὁμίχλαι με ἐφώνουν καὶ διαδρομαὶ τῶν ἀστέρων καὶ   *  διαστραπαὶ  *  με κατεσπούδαζον καὶ ἐθορύβαζόν με καὶ ἄνεμοι

**διαστρέφω**  7
Hen.      99      2  οἱ ἐξαλλοιοῦντες τοὺς λόγους τοὺς ἀληθινοὺς καὶ   *  διαστρέφοντες  *  τὴν αἰωνίαν διαθήκην καὶ λογιζόμενοι
Abr.1     15      2  παράλαβε αὐτὸν σὺ καὶ προσάγαγε αὐτὸν πρός με.   *  διαστρέψας  *  δὲ ὁ ἀρχιστράτηγος τὴν νεφέλην ἤγαγεν τὸν
TJud.     13      6  ἐν τῷ δείπνῳ ἐν κάλλει γυναικῶν. καὶ ὁ οἶνος   *  διέστρεψέ  *  μου τοὺς ὀφθαλμοὺς καὶ ἡμαύρωσέ μου τὴν
TJud.     14      1  καὶ νῦν τέκνα μου μὴ μεθύσκεσθε οἴνῳ ὅτι ὁ οἶνος  *  διαστρέφει  *  τὸν νοῦν ἀπὸ τῆς ἀληθείας καὶ ἐμβάλλει ὀργὴν
Sal.      10      3  παιδείαν. ὀρθώσει γὰρ ὁδοὺς δικαίων καὶ οὐ   *  διαστρέψει  *  ἐν παιδείᾳ καὶ τὸ ἔλεος κυρίου ἐπὶ τοὺς
Prop.     18     28  διὰ τὰς γυναῖκας ὅτι γυναῖκες ἐκστήσουσι καὶ   *  διαστρέψουσιν  *  αὐτὸν ἀπὸ κυρίου καὶ ἅπαν τὸ γένος αὐτοῦ
Sib.       3    106  τ' ἔπεσεν γλώσσαι τ' ἀνθρώπων παντοδαπαῖς φωναῖσι  *  διέστρεφον  *  αὐτὰρ ἅπασα γαῖα βροτῶν πληροῦτο μεριζομένων

**διαστροφή**  4
TLevi     16      2  ἀφανίσετε καὶ λόγους προφητῶν ἐξουθενώσετε ἐν   *  διαστροφῇ  *  διώξετε ἄνδρας δικαίους καὶ εὐσεβεῖς μισήσετε
TIss.      4      4  οὐ γὰρ εἶδεν ἐπιδέξασθαι κάλλος θηλείας ἵνα μὴ ἐν  *  διαστροφῇ  *  μιάνῃ τὸν νοῦν αὐτοῦ οὐ ζῆλος ἐν διαβουλίοις
Aris.    130      3  οἷον ἐνεργάζονται πρᾶγμα διότι κακοῖς ὁμιλήσαντες  *  διαστροφὰς  *  ἐπιλαμβάνουσιν ἄνθρωποι καὶ ταλαίπωροι δι'
Aris.    142      2  οὖν μηθενὶ συναλισγούμενοι μηδ' ὁμιλοῦντες φαύλοις  *  διαστροφὰς  *  λαμβάνωμεν πάντοθεν ἡμᾶς περιέφραξεν ἁγνείαις

**διασχίζω**  1
Hen.       1      7  ὡς κηρὸς ἀπὸ προσώπου πυρὸς ἐν φλογί. καὶ   *  διασχισθήσεται  *  ἡ γῆ σχίσμα ῥαγάδι καὶ πάντα ὅσα ἐστὶν

**διασῴζω**  9
Hen.     100      6  καὶ γνώσονται ὅτι οὐ δύναται ὁ πλοῦτος αὐτῶν   *  διασῶσαι  *  αὐτοὺς ἐν τῇ πτώσει τῆς ἀδικίας. οὐαὶ ὑμῖν οἱ
TSim.      2     10  καὶ ἐλθὼν Ῥουβὴμ ἐλυπήθη ἤθελε γὰρ αὐτὸν   *  διασῶσαι  *  πρὸς τὸν πατέρα. ἐγὼ δὲ ὠργιόμην πρὸς τὸν
Prop.     12     15  ὑπὸ τοῦ ὄφεως ἐν σκότει ὡς ἐξ ἀρχῆς. ⟨καὶ   *  διασώσει  *  αὐτοὺς κύριος ἐκ σκότους καὶ σκιᾶς θανάτου καὶ
Prop.     22     18  παρὰ τοὺς ἐχθροὺς ἀβλαβεῖς τε αὐτοὺς φυλάξας   *  διέσωσε  *  καὶ ἔθρεψεν τοῦτο μαθὼν ὁ βασιλεὺς Συρίας
Aris.     45      4  ἵνα σοι γένηται καθὼς προαιρῇ διὰ παντὸς καὶ   *  διασῴζῃ  *  σοι τὴν βασιλείαν ἐν εἰρήνῃ μετὰ δόξης ὁ
HArt.  9  27     21  εἰπεῖν στρατεύειν ἐπ' Αἴγυπτον καὶ τοὺς Ἰουδαίους  *  διασώζοντα  *  εἰς τὴν ἀρχαίαν ἀγαγεῖν πατρίδα. τὸν δὲ
HAno.  9  17      2  πόλιν Βαβυλῶνα πρῶτον μὲν κτισθῆναι ὑπὸ τῶν   *  διασωθέντων  *  ἐκ τοῦ κατακλυσμοῦ εἶναι δὲ αὐτοὺς γίγαντας

**διάταξις**  11
Abr.1      4     11  καὶ τὸ τοῦ βίου ἄδηλον πέρας καὶ ἵνα ποιήσῃ   *  διάταξιν  *  περὶ πάντων τῶν ὑπαρχόντων αὐτοῦ ὅτι ηὐλόγησα
Abr.1      8     11  γνώσης τὴν ἐκ τοῦ κόσμου μετάστασιν καὶ ποιήσῃς   *  διάταξιν  *  περὶ τοῦ οἴκου σου καὶ περὶ πάντων τῶν
Abr.1     15      1  τὸ ἄμετρον τῆς ζωῆς αὐτοῦ τελειοῦται καὶ ποιήσει  *  διάταξιν  *  περὶ τοῦ οἴκου αὐτοῦ καὶ πάντα ὅσα βούλεται καὶ
Abr.1     15      7  οἱ παῖδες καὶ παιδίσκαι σου κύκλῳ σου ποίησον   *  διάταξιν  *  περὶ πάντων ὧν ἐὰν βούλῃ ὅτι ἤγγισεν ἡ ἡμέρα ἐν
Aris.     97      5  τὰ τῶν φυλάρχων ὀνόματα κατὰ τὴν ἐξ ἀρχῆς   *  διάταξιν  *  γενηθεῖσαν ἀπαυγάζοντες ἕκαστος ἀνεξήγητον τῆς
Aris.    192      2  κατὰ τῶν ἁμαρτανόντων. τοῦτο δὲ ποιήσεις τὴν   *  διάταξιν  *  βλέπων τὴν ὑπὸ τοῦ θεοῦ τὰ γὰρ ἱκετεύόμενα
Aris.    203      1  ἐλύθη. τῇ δὲ μετὰ ταῦτα πάλιν κατὰ τὴν αὐτὴν   *  διάταξιν  *  τὰ τῆς ἀναπτώσεως καὶ συμποσίας ἐπετελεῖτο
Aris.    220      5  ὡς ἔληξεν ἐπὶ τὴν ἑξῆς ἐτράπησαν τῆς συμποσίας   *  διάταξιν.  *  τῇ δὲ ἐχομένῃ τῆς αὐτῆς διατάξεως γενηθείσης
Aris.    221      1  τῆς συμποσίας διάταξιν. τῇ δὲ ἐχομένῃ τῆς αὐτῆς   *  διατάξεως  *  γενηθείσης ὅτε καιρὸν ὑπελάμβανεν ὁ βασιλεὺς
Aris.    236      1  διὰ τῶν προπόσεων. τῇ δὲ ἐπιούσῃ κατὰ τὰ αὐτὰ τῆς  *  διατάξεως  *  τοῦ συμποσίου γενομένης καθὼς εὔκαιρον ἐγένετο
Aris.    262      1  χαρᾷ πεπληρωμένος. τῇ δ' ἑξῆς καθὼς πρότερον ἡ   *  διάταξις  *  ἦν τῶν κατὰ τὸν πότον ἐπιτελουμένων καιροῦ δὲ

**διαταράσσω**  1
TSim.      4      9  αὐτὸν φαντάζων κατεσθίει καὶ ἐν πνεύμασι πονηροῖς  *  διαταράσσει  *  τὴν ψυχὴν αὐτοῦ καὶ ἐκθροεῖσθαι τὸ σῶμα

**διάτασις**  1
Aris.     86      5  τὴν ὑποδρομὴν κατὰ τὴν κόλπωσιν μέχρι τῆς ἄνω   *  διατάσεως  *  ἠδεῖάν τινα καὶ δυσαπάλλακτον τὴν θεωρίαν

**διατάσσω**  9
Abr.1      1      4  μου Ἀβραὰμ) καὶ εἰπὲ αὐτὸν περὶ τοῦ θανάτου ἵνα   *  διατάξεται  *  περὶ τῶν πραγμάτων αὐτοῦ ὅτι ηὐλόγησα αὐτὸν
Sal.      18     10  ἡμῶν ὁ θεὸς καὶ ἔνδοξος ἐν ὑψίστοις οικατώκω ὁ   *  διατάξας  *  ἐν πορείᾳ φωστῆρας εἰς καιροὺς ὡρῶν ἀφ' ἡμερῶν
Aris.     92      4  πολλῆς γινομένης κακοπαθείας καὶ ἑκάστῳ τὸ   *  διατεταγμένον  *  μέλει. καὶ ἀδιαλείπτως ὑπηρετοῦσιν οἱ μὲν
Aris.    147      2  ὅτι δέον ἐστὶ κατὰ ψυχὴν οἷς ἡ νομοθεσία   *  διατέτακται  *  δικαιοσύνῃ συγχρῆσθαι καὶ μηδένα
Aris.    162      1  πρὸς δ' ἀλήθειαν καὶ σημείωσιν ὀρθοῦ λόγου.   *  διατάξεται  *  γὰρ ἐπὶ βρωτῶν καὶ ποτῶν καὶ τῶν κατὰ τὰς ἀφὰς
Aris.    170      6  ἑαυτοῦ συνιστορῶσι σημειώσει κεχρημένου τοῦ   *  διατάξαντος.  *  τῆς γὰρ ἑαυτοῦ ψυχῆς τοῦ παντὸς τρόπου τὴν
Aris.    182      3  τὴν ἑτοιμασίαν εἰς ἕκαστον ἐπιτελεῖν. ἣν γὰρ οὕτω  *  διατεταγμένον  *  ὑπὸ τοῦ βασιλέως ὃ μόνον ἔτι καὶ νῦν ὁρᾷς
IOrp.           41  μέσσην ἠδὲ τελευτήν ᾧ λόγος ἀρχαίων ὡς ὑδογενής ᾧ  *  διετάξετο  *  ἐν θεόθεν γνώμησι λαβὼν κατὰ δίπλακα θεσμόν.
FrAn.  1 218      5  πλοῦτον ἀνυπέρβλητον. καὶ ὁ μὲν ἀρχιερεὺς τὰ   *  διατεταγμένα  *  πάντα πεποίηκε πρὸς τὸν ἄνθρωπον καὶ

**διατελέω**  4
Job       41      4  ἐγὼ γὰρ οὐκ ἀνέξομαι ἀρχῆθεν γὰρ καὶ κλαυθμὸν   *  διετέλεσα  *  αὐτῷ, ἀναμνησκόμενος τῆς εὐδαιμονίας τῆς
Aris.    187      4  πῶς ἂν τὴν βασιλείαν μέχρι τέλους ἄπταιστον ἔχων   *  διατελοῖ;  *  βραχὺ δὲ ἐπισχὼν εἶπεν οὕτως ἂν μάλιστα
Aris.    234      6  καὶ διοικεῖται κατὰ τὴν αὐτοῦ βούλησιν ἣν καὶ σὺ   *  διατελεῖς  *  ἔχων γνώμην ᾗ πάρεστι σημειοῦσθαι πᾶσιν ἐκ τῶν
Aris.    322      4  ὠφελεῖν διάνοιαν καὶ ἐν τούτοις τὸν πλείονα χρόνον  *  διατελεῖς.  *  πειράσομαι δὲ καὶ τὰ λοιπὰ τῶν ἀξιολόγων

**διατηρέω**  9
Adam       7      2  καὶ ἀποθνήσκομεν. ἤγγισε δὲ ἡ ὥρα τῶν ἀγγέλων τῶν  *  διατηρούντων  *  τὴν μητέρα ὑμῶν τοῦ ἀναβῆναι καὶ
TDan       6      8  ἐν παντὶ τόπῳ Ἰσραὴλ καὶ ἐν τοῖς ἔθνεσιν σωτήρ.   *  διατηρήσατε  *  οὖν ἑαυτοὺς τέκνα μου ἀπὸ παντὸς ἔργου
TAser      6      3  ὡς καλὸν ἀλλ' εἰς τὸ ὄντως καλὸν ἀποβλέπετε καὶ   *  διατηρεῖτε  *  αὐτὸ ἐν πάσαις ἐντολαῖς κυρίου εἰς αὐτὸ
Asen.     13     15  σοι αὐτὸν ὅτι ἐγὼ ἀγαπῶ αὐτὸν ὑπὲρ τὴν ψυχήν μου.  *  διατήρησον  *  αὐτὸν ἐν τῇ σοφίᾳ τῆς χάριτός σου. καὶ σὺ
Aris.     37      6  εἰρήνην καὶ δόξῃ κρατίστῃ παρ' ὅλην τὴν οἰκουμένην  *  διατήρηκεν  *  καὶ ἐγὼ διατάσσω τοὺς ἀκμαιοτάτους ταῖς
Aris.    189      4  ἡ δὲ ἀπεκρίθη ⟨ὅτι⟩ τὸ δίκαιον εἰ πρὸς ἅπαντας   *  διατηροῖ  *  (ἑαυτῷ) καλῶς τὰ ἕκαστα πράξει διαλαμβάνων ὅτι
Aris.    206      2  βασιλεὺς τούτων ἕτερον ἐπηρώτα πῶς ἂν τὴν ἀλήθειαν  *  διατηροῖ;  *  ὁ δὲ πρὸς τοῦτο ἀπεκρίθη γινώσκων ὅτι μεγάλην
Aris.    271      4  αὐτὸν εἰπὼν ἀποκεκρίσθαι ἑτέρῳ εἶπε τί βασιλείαν   *  διατηρεῖ;  *  πρὸς τοῦτ' ἔφη μέριμνα καὶ φροντὶς ὡς οὐδὲν
Aris.    272      4  ἐστὶν ἐπιτέλεια δὲ τὸ κακὸν ἀποτρίβεται καθὼς σὺ   *  διατηρεῖς  *  αὕτη ἡ θεία κακαλοκαγαθίαν παρὰ θεοῦ δῶρον

**διατί**  2
TLevi      2      9  γὰρ ὕψος ἦν ἐν αὐτῷ ἄληπον ἄπειρον. καὶ εἶπον τῷ ἀγγέλῳ  *  διατί  *  οὕτως; καὶ εἶπεν ὁ ἄγγελος πρός με μὴ θαύμαζε ἐπὶ
Job       46      2  πάτερ ἡμῶν, μὴ καὶ ἡμεῖς οὐκ ἐσμὲν τέκνα σου;   *  διατί  *  οὐκ ἔδωκας ἡμῖν ἐκ τῶν ὄντων σοι; εἶπεν δὲ Ιωβ

**διατίθημι**  9
Abr.2      7     18  ἔτη ἐν ᾧ ἐγερθήσεται πᾶσα σάρξ νῦν οὖν Ἀβραὰμ   *  διάθου  *  περὶ τῶν παίδων σου τελειώσας σε ἔχει εἰς τὴν
TLevi      1      1  τῆς ὑπερηφανίας. ἀντίγραφον λόγων Λευὶ ὅσα   *  διέθετο  *  τοῖς υἱοῖς αὐτοῦ πρὸ τῆς τελευτῆς αὐτοῦ κατὰ
TZab.      1      1  εὐσπλαγχνίας καὶ ἐλέους. ἀντίγραφον Ζαβουλὼν ἃ   *  διέθετο  *  τοῖς τέκνοις αὐτοῦ ἑκατοστῷ τετάρτῳ καὶ δεκάτῳ
TNep.      1      1  ἀγαθότητος. ἀντίγραφον διαθήκης Νεφθαλὶμ ἧς   *  διέθετο  *  ἐν καιρῷ τέλους αὐτοῦ ἐν ἔτει ἑκατοστῷ τριακοστῷ

```
TBen.     1     1         διανοιας καθαρας. ἀντίγραφον λόγων Βενιαμὶν ὧν ✶ διέθετο ✶ τοῖς υἱοῖς αὐτοῦ ζήσας ἔτη ἑκατὸν εἰκοσιπέντε.
Sal.      9    10   ἡμᾶς κύριε καὶ οὐκ ἀπώσῃ εἰς τὸν αἰῶνα. ἐν διαθήκῃ ✶ διέθου ✶ τοῖς πατράσιν ἡμῶν περὶ ἡμῶν καὶ ἡμεῖς ἐλπιοῦμεν
Sib.      3   498           πάντες ἀνοίγοντες στόμ' ἄναγνον καὶ δεινοὺς ✶ διέθεντο ✶ λόγους ψευδεῖς τ' ἀδίκους τε κἄστησαν κατέναντι
Sib.      5   234          βασιλεὺς σεμνὸν βίον ὤλεσε ῥιφθείς. πάντα κακῶς ✶ διέθηκας ✶ ὅλον τε κακὸν κατέκλυσσας καὶ διὰ σοῦ κόσμοιο
FAch.   108            δὲ Ἥλιον αὐτῷ παρέσχεν. ὁ δὲ λαβὼν τὸν νεανίσκον ✶ διέθηκεν ✶ διὰ λόγων (ἐνουθέτει) ἀρξάμενος οὕτως.
  διατορεύω
Aris.    79     1       ἐνηργημένων τὴν πολυτεχνίαν. τὰς δὲ χρυσᾶς φιάλας ✶ διετόρευσαν ✶ στεφάνοις ἀμπέλου κατὰ μέσον περὶ δὲ τὰ
                   2
  διατρέφω
TJos.     1     5     ἐβοήθησέ μοι ἐν λιμῷ συνεσχέθην καὶ αὐτός ὁ κύριος ✶ διέθρεψέ ✶ με μόνος ἤμην καὶ ὁ θεὸς παρεκάλεσέ με ἐν
Sedr.    11    11   σωρεύοντες τὰς τρυφὰς καὶ τὰς πόσεις καὶ τὸ σκεῦος ✶ διατρέφοντες. ✶ ὦ πόδες ἀνθύτατοι καὶ καλόδρομοι ἐπὶ
                   3
  διατρέχω
Hen.     23     2    πρὸς δυσμὰς τῶν περάτων τῆς γῆς. καὶ ἐθεασάμην πῦρ ✶ διατρέχον ✶ καὶ οὐκ ἀναπαυόμενον οὐδὲ ἐλλεῖπον τοῦ δρόμου
Hen.     32     4       ὡσεὶ βότρυες ἀμπέλου ἱλαροὶ λίαν ἡ δὲ ὀσμὴ αὐτοῦ ✶ διέτρεχεν ✶ πόρρω ἀπὸ τοῦ δένδρου. τότε εἶπον ὡς καλὸν τὸ
Bar.      8     4     μοι ὁ ἄγγελος ὁ στέφανος τοῦ ἡλίου ὅταν τὴν ἡμέραν ✶ διαδράμῃ ✶ λαμβάνουσι τέσσαρες ἄγγελοι τοῦτον καὶ
  διατριβή
FJub.    48     1        Ἰουδαίοις. καταλιπὼν δὲ Μωϋσῆς τὰς κατ' Αἴγυπτον ✶ διατριβὰς ✶ εἰς τὴν ἔρημον ἐφιλοσόφει διδασκόμενος παρὰ
FJub.    48     1      ἐξ ὕδατος. καταλιπὼν δὲ Μωϋσῆς τὰς κατ' Αἴγυπτον ✶ διατριβὰς ✶ εἰς τὴν ἔρημον ἐφιλοσόφει διδασκόμενος παρὰ
  διατρίβω
Aris.   283     4   ταῖς ἀναγνώσεσι καὶ ἐν ταῖς τῶν πορειῶν ἀπογραφαῖς ✶ διατρίβειν ✶ ὅσαι πρὸς τοὺς βασιλεῖς ἀναγεγραμμέναι
FJub.    11    17        ἀναχθεὶς καλλονῆς θείας ἐλλάμψεως ἠξιώθη ἔτι ✶ διατρίβων ✶ ἐν τῇ πατρίδι. Σαρα θυγάτηρ ἦν τοῦ Αρραν
FAch.   101            πολλοὺς δὲ χρόνους ἐν τῇ Σάμῳ ✶ διατρίψας ✶ ὁ Αἴσωπος καὶ πολλῶν τιμῶν καταξιωθείς
HDem.   9  21     3        ἑπτὰ αὐτὸν δὲ ὄντα ἐτῶν ἑβδομήκοντα ἑπτά. ✶ διατρίψαντα ✶ οὖν αὐτὸν ἐκεῖ ἑπτὰ ἔτη λάβων τοῦ μητρῴου
HArt.   9  27    37       τὸν κίνδυνον τεσσαράκοντα ἔτη ἐν τῇ ἐρήμῳ ✶ διατρῖψαι ✶ βρέχοντος αὐτοῖς τοῦ θεοῦ κρίμνον ὅμοιον ἐλύμῳ
HHec.   1  22   199  φύτευμα παντελῶς οὐδὲν οἶον ἀλσῶδες ἤ τι τοιοῦτον. ✶ διατρίβουσι ✶ δ' ἐν αὐτῷ καὶ τὰς νύκτας καὶ τὰς ἡμέρας
HCal.     28     1     κυρίῳ τῷ θεῷ. ἐγὼ δὲ οὐ λήψομαι ἐξ ὑμῶν οὐδέν. ✶ διατρίψας ✶ οὖν ἐκεῖσε χρόνον τινὰ τὴν πόλιν οἰκοδομεῖν
                   3
  διατροφή
Adam     29     5            τὸν Ἀδὰμ ἵνα λάβῃ εὐωδίας καὶ σπέρματα εἰς ✶ διατροφὴν ✶ αὐτοῦ. καὶ ἀφέντες αὐτόν οἱ ἄγγελοι ἔλαβεν
Adam     29     6      καὶ κάλαμον καὶ κινάμωμον καὶ ἕτερα σπέρματα εἰς ✶ διατροφὴν ✶ αὐτοῦ. καὶ λαβὼν ταῦτα ἐξῆλθεν ἐκ τοῦ
Prop.    22    10       τοῖς δανισταῖς καὶ τὸ περισσεῦον ἔσχεν εἰς ✶ διατροφὴν ✶ τῶν παιδίων. εἰς Σουμὰν ἀπελθὼν ἔμεινε παρὰ
                   1
  διατυπόω
Aris.    75     6        σὺν ἀνθεμίσι καὶ βοτρύων σχοινίαι διάπλοκοι ✶ διετυποῦντο ✶ κυκλόθεν. οἱ μὲν οὖν διὰ τοῦ χρυσοῦ τοιαύτην
  διατύπωσις
Aris.    59     2       μερῶν ἦν γὰρ τρίγωνα. καὶ καθ' ἕκαστον μέρος ἡ ✶ διατύπωσις ✶ τῆς ἐνεργείας τὴν αὐτὴν διάθεσιν εἶχεν ὥστε
Aris.    59     5       τὸ μὲν εἰς αὐτὴν τὴν τράπεζαν ἀπόκλιμα τὴν ✶ διατύπωσιν ✶ ἔχειν τῆς ὡραιότητος τὸ δὲ ἐκτὸς κλίμα πρὸς
Aris.    63     6     ἐργασάμενοι πρὸς τὴν τῶν προειρημένων καρπῶν ✶ διατύπωσιν ✶ ἔχοντας ἑκάστου γένους τὴν χρόαν ἀνέδησαν τῷ
Aris.    86     2     γεγονυῖα ἀφειδὴς δαπάνη. τοῦ τε καταπετάσματος ἡ ✶ διατύπωσις ✶ θυρώσει κατὰ πᾶν ὁμοιοτάτη ὑπῆρχε καὶ μάλιστα
  διαφερόντως
Aris.    92     7   ἀρωμάτων ἕτεροι τὰ τῆς σαρκὸς ὁλοκαυτοῦντες ἰσχύι ✶ διαφερόντως ✶ συγχρώμενοι διαλαβόντες γὰρ ἀμφοτέραις τῶν
                  19
  διαφέρω
Hen.     14    16   καὶ ὅλος οἰκοδομημένος ἐν γλώσσαις πυρὸς καὶ ὅλος ✶ διαφέρων ✶ ἐν δόξῃ καὶ ἐν τιμῇ καὶ ἐν μεγαλωσύνῃ ὥστε μὴ
Abr.2     6     6   τοῦ Μιχαὴλ ἔγνω τὴν διαφορὰν τῆς ὁμιλίας αὐτοῦ ὅτι ✶ διαφέρει ✶ πάντα ἄνθρωπον τῶν κατοικούντων ἐπὶ τῆς γῆς ὅτι
Sal.      2    27   ἐξουδενωμένον ἐπὶ γῆς καὶ θαλάσσης τὸ σῶμα αὐτοῦ ✶ διαφερόμενον ✶ ἐπὶ κυμάτων ἐν ὕβρει πολλῇ καὶ οὐκ ἦν ὁ
Sal.     16     3     θάνατον σύνεγγυς πυλῶν ᾅδου μετὰ ἁμαρτωλοῦ ἐν τῷ ✶ διενεχθῆναι ✶ ψυχήν μου ἀπὸ κυρίου θεοῦ Ισραηλ εἰ μὴ ὁ
Bar.      2     5     ἡ θύρα αὕτη ἣν ὁρᾷς ἐστιν τοῦ οὐρανοῦ καὶ ὅσον ✶ διαφέρει ✶ ἀπὸ τῆς γῆς ἕως τοῦ οὐρανοῦ τοσοῦτόν ἐστιν καὶ
Aris.    14     2       ἐπιλέξας τοὺς ἀρίστους ταῖς ἡλικίαις καὶ ῥώμῃ ✶ διαφέροντας ✶ καθώπλισε τὸ δὲ λοιπὸν χύμα πρεσβυτέρων καὶ
Aris.    28     7      ἑκάστου κατασκευὴν διὰ τὸ μεγαλομερεῖα καὶ τέχνῃ ✶ διαφέρειν ✶ ἕκαστον αὐτῶν. τῆς δὲ εἰσοδεώσεως ἐστιν
Aris.    43     3    καὶ Ἀριστέας ἄνδρες καλοὶ καὶ ἀγαθοὶ καὶ παιδείᾳ ✶ διαφέροντες ✶ καὶ τῆς σῆς ἀγωγῆς καὶ δικαιοσύνης ἄξιοι
Aris.    51     4    κατασκευασμάτων διασαφῆσαι ποιήσω. πολυτεχνίᾳ γὰρ ✶ διαφέροντα ✶ συνετελέσθη τοῦ βασιλέως πολλὴν ἐπίδοσιν
Aris.    66     4       σμαράγδων ἔτι δὲ ὄνυχος καὶ τῶν ἄλλων γενῶν τῶν ✶ διαφερόντων ✶ ἐν ὡραιότητι. μετὰ δὲ τὴν τοῦ μαιάνδρου
Aris.    93     7       οἷς ἐπιμελές ἐστιν ἀμώμητα καὶ τῇ παχύτητι ✶ διαφέροντα ✶ τὸ προειρημένον ἐπιτελεῖται. πρὸς δὲ τὴν
Aris.   121     2       ἐπιλέξας γὰρ τοὺς ἀρίστους ἄνδρας καὶ παιδεία ✶ διαφέροντας ✶ ἅτε δὴ γονέων τετευχότας ἐνδόξων οἵτινες οὐ
Aris.   124     4        καθ' ὃν ἂν τόπον ὀνομασθῇ τις ἄνθρωπος ✶ διαφέρων ✶ ἀγωγῇ καὶ φρονήσει παρ' ἑτέρους. μετείληφα γὰρ
Aris.   145     2   γὰρ πτηνῶν οἷς χρώμεθα πάντα ἥμερα καθέστηκε καὶ ✶ διαφέρει ✶ καθαριότητι πυροῖς καὶ ὀσπρίοις χρώμενα πρὸς
Aris.   200     4   ὁ βασιλεὺς οὐκ ὀλίγου γὰρ παρῆσαν τούτοις οἴομαι ✶ διαφέρειν ✶ τοὺς ἄνδρας ἀρετῇ καὶ συνιέναι πλεῖον οἵτινες
Aris.   281     4   τῶν δυνάμεων ἄρχοντας; ὁ δὲ ἀπεφήνατο τοὺς ἀνδρεία ✶ διαφέροντας ✶ καὶ δικαιοσύνῃ καὶ περὶ πολλοῦ ποιουμένους
FAch.   113         καὶ οἱ περὶ σέ τοῖς ἄστροις ὥσπερ γὰρ ἡ σελήνη ✶ διαφέρει ✶ τῶν λοιπῶν ἄστρων οὕτω καὶ σὺ τῇ κερατοειδεῖ
FAch.   115     ἀληθοῦς) πρόσφερε ἐκεῖνον ὀνομάζων τοσοῦτον ἄρα ✶ διαφέρει ✶ Λυκοῦργος ὡς Ζεὺς τῶν ἐπὶ τὸν κόσμον ποιεῖ γὰρ
HArt.   9  23    1   Ἰακώβου συνείετε δὲ καὶ φρονίμει παρὰ τοὺς ἄλλους ✶ διενεγκόντα ✶ ὑπὸ τῶν ἀδελφῶν ἐπιβουλευθῆναι προϊδόμενον
                   1
  διαφεύγω
HArt.   9  27    37   πλημμυρίδος πάντας διαφθαρῆναι τοὺς δὲ Ἰουδαίους ✶ διαφυγόντας ✶ τὸν κίνδυνον τεσσαράκοντα ἔτη ἐν τῇ ἐρήμῳ
                   7
  διαφθείρω
TJud.    10     5     ἐνιαυτόν. καὶ ὅτε ἠπείλησα αὐτῷ συνῆλθε μὲν αὐτῇ ✶ διέφθειρε ✶ δὲ τὸ σπέρμα ἐπὶ τὴν γῆν κατὰ τὴν ἐντολὴν τῆς
TNep.     3     1   ποιῆσαι ἔργα φωτός. μὴ οὖν σπουδάζετε ἐν πλεονεξίᾳ ✶ διαφθεῖραι ✶ τὰς πράξεις ὑμῶν ἢ ἐν λόγοις κενοῖς ἀπατᾶν
Prop.     1     3    ὅτι ἦν ὁ λαὸς ἐν συγκλεισμῷ ἀλλοφύλων καὶ ἵνα μὴ ✶ διαφθαρῇ ✶ ἡ πόλις ὡς ⟨μὴ⟩ ἔχουσα ὕδωρ. ἥρωτων γάρ οἱ
FEsd.    14    21   τήκει ὅρη καὶ ἡ ἀλήθεια μένει εἰς τὸν αἰῶνα. ✶ διαφθαρεισῶν ✶ τῶν γραφῶν ἐπίπνους πάσας τὰς παλαιὰς αὖθις
HArt.   9  27    28   συναγαγὼν δὲ τὸ ὕδωρ ἐποζέσαι καὶ τὰ ποτάμια ✶ διαφθεῖται ✶ ζῷα τούς τε λαοὺς διὰ τὴν δίψαν φθείρεσθαι.
HArt.   9  27    33   τούς τε τὴν χάλαζαν ἐκκλίνοντας ὑπὸ τῶν σεισμῶν ✶ διαφθείρεσθαι. ✶ συμπεσεῖν δὲ τότε τὰς μὲν οἰκίας πάσας
HArt.   9  27    37        ὑπό τε τοῦ πυρὸς καὶ τῆς πλημμυρίδος πάντας ✶ διαφθαρῆναι ✶ τοὺς δὲ Ἰουδαίους διαφυγόντας τὸν κίνδυνον
  διαφθορά
TGad      8     2   ὑμῶν ἀπ' αὐτῶν καὶ ἐν πάσῃ πονηρίᾳ καὶ κακώσει καὶ ✶ διαφθορᾷ ✶ ἔσονται ἐνώπιον κυρίου. καὶ ὀλίγον ἡσυχάσας
Asen.     7     5     αὐτῇ ἡ γὰρ κοινωνία αὐτῆς ἀπώλειά ἐστι καὶ ✶ διαφθορά. ✶ διὰ τοῦτο εἶπεν Ἰωσὴφ ἀπελθέτω ἡ γυνὴ ἐκείνη
  διαφορά
Abr.1     5     3   τρικλίνῳ τούτῳ ἔγγιστα ὑμῶν ἀγαπῶ γὰρ ἀκούειν τὴν ✶ διαφορὰν ✶ τῆς ὁμιλίας αὐτοῦ τοῦ ἐναρέτου ἀνδρὸς τούτου.
Abr.1     6     1       κινηθέντες ἐκλαύσαμεν. ἀκούσασα δὲ Σάρρα τὴν ✶ διαφορὰν ✶ τῆς ὁμιλίας τοῦ ἀρχιστρατήγου εὐθέως ἐγνώρισεν
Abr.2     6     6   καὶ ὡς ἤκουσεν Σάρρα λαλοῦντος τοῦ Μιχαὴλ ἔγνω τὴν ✶ διαφορὰν ✶ τῆς ὁμιλίας αὐτοῦ ὅτι διαφέρει πάντα ἄνθρωπον
HHec.   1  22   189  ἡμῖν γενόμενος παραλαβών τινας τῶν μεθ' ἑαυτοῦ τὴν ✶ διαφορὰν ✶ ἀνέγνω πᾶσαν αὐτοῖς εἶχε γὰρ τὴν κατοίκησιν
                   6
  διάφορος
TIss.     4     2    οὐ πλεονεκτεῖ βρωμάτων ποικίλων οὐκ ἐφίεται ἐσθῆτα ✶ διάφορον ✶ οὐ θέλει χρόνους μακροὺς οὐχ ὑπογράφει ζῆν ἀλλὰ
TJos.     2     6      ἢ ἀπωθεῖται ἐπὶ πᾶσι δὲ τόποις παρίσταται καὶ ἐν ✶ διαφόροις ✶ τρόποις παρακαλεῖ ἐν βραχεῖ ἀφιστάμενος εἰς τὸ
Aris.     9     2   βιβλιοθήκης Δημήτριος ὁ Φαληρεὺς ἐχρηματίσθη πολλὰ ✶ διάφορα ✶ πρὸς τὸ συναγαγεῖν εἰ δύνατὸν ἅπαντα τὰ κατὰ τὴν
Aris.    26     5   καὶ μεγαλοψυχία χρησάμενος ἐκέλευσέ τε τὴν τῶν ✶ διαφόρων ✶ δόσιν ἀφθραν οὖσαν ἀπομερίσαι τοῖς ὑπηρέταις
Aris.    97     1   ῥοΐσκοι τῇ χρόᾳ θαυμασίως ἔχοντες. κατέζωστο δὲ ✶ διαφόρῳ ✶ ζώνῃ διαπρεπεῖ διυφασμένῃ καλλίστοις χρώμασιν.
Aris.   176     2        δὲ σὺν τοῖς ἀπεσταλμένοις δώροις καὶ ταῖς ✶ διαφόροις ✶ διφθέραις ἐν αἷς ⟨ἦν⟩ ἡ νομοθεσία γεγραμμένη
                  10
  διαφυλάσσω
TZab.     5     4   ἔλεος ἐν σπλάγχνοις αὐτῶν οἱ δὲ ἐμοὶ υἱοὶ ἄνοσοι ✶ διεφυλάχθησαν ✶ ὡς οἴδατε. καὶ ὅτε ἤμην ἐν γῇ Χανάαν εἰς
TDan      2     1   ἐγὼ ἀποθνήσκω καὶ ἐν ἀληθείᾳ λέγω ὑμῖν ὅτι ἐὰν μὴ ✶ διαφυλάξητε ✶ ἑαυτοὺς ἀπὸ τοῦ πνεύματος τοῦ ψεύδους καὶ
TJos.    18     4       ἔδωκέ μοι ὡς ἄνθος ὑπὲρ ὡραίους Ἰσραὴλ καὶ ✶ διεφύλαξέ ✶ με ἕως γήρως ἐν δυνάμει καὶ ἐν κάλλει ὅτι ἐγὼ
Asen.    15     7    πεποιθότες ἐπὶ κυρίῳ τῷ θεῷ καὶ ἐν τῷ τείχει σου ✶ διαφυλαχθήσονται ✶ οἱ προσκείμενοι τῷ θεῷ τῷ ὑψίστῳ ἐν
Asen.    25     5       καὶ κατὰ τοῦ ἀδελφοῦ ἡμῶν Ἰωσήφ; καὶ αὐτὸς ✶ διαφυλάσσει ✶ σε ὡς κόρη ὀφθαλμοῦ. οὐκ ἰδοὺ ἅπαξ
Asen.    26     2    ἀλλὰ πορεύου διότι κύριος μετὰ σοῦ ἐστι καὶ αὐτὸς ✶ διαφυλάξει ✶ σε ὡς κόρην ὀφθαλμου ἀπὸ παντὸς πράγματος
Sal.     16     9     ἐν τόπῳ σου διότι τὰ διαβήματά μου ἐν τῇ μνήμῃ σου ✶ διαφύλαξον. ✶ τὴν γλῶσσάν μου καὶ τὰ χείλη μου ἐν λόγοις
Bar.             2   Ἀβιμέλεχ ἐπὶ Ἀγροίππα τὸ χωρίον τῇ χειρὶ θεοῦ ✶ διαφυλάχθη ✶ καὶ οὕτως ἐκάθητο ἐπὶ τὰς ὡραίας πύλας ὅπου
Aris.   272     2      διδόντος. θαρσύντας δὲ τοῦτον ἕτερον ἐπηρώτα τί ✶ διαφυλάσσει ✶ χάριτα καὶ τιμήν; ὁ δὲ εἶπεν ἀρετή. καλῶν
HArt.   9  27    5   ποιῆσαι χάριν τοῦ τὴν μοναρχίαν βεβαίαν τῷ Χενεφρῆ ✶ διαφυλάξαι. ✶ πρότερον γὰρ ἀδιατάκτους ὄντας τοὺς ὄχλους
                   5
  διαφωνέω
TGad      5     9    καὶ εἰ μὴ αἱ εὐχαὶ Ἰακὼβ τοῦ πατρός μου ὀλίγου ✶ διεφώνησεν ✶ ἀπ' ἐμοῦ τὸ πνεῦμά μου. δι' ὧν γὰρ ἄνθρωπος
Prop.     3    13      φοβηθέντες ἐπαύσαντο. τοῦτο ἔλεγεν αὐτοῖς ὅτι ✶ διαπεφωνήκαμεν ✶ ἀπώλετο ἡ ἐλπὶς ἡμῶν καὶ ἐν τέρατι τῶν
Job      13     1    μισθωτοῦ ἀπομεῖναί περ' ἐμοὶ ἐν τῇ οἰκίᾳ μου. ✶ διαφωνοῦν ✶ δέ οἱ ἀμέλλοντα τῷ βοῦς ῥέοντος τοῦ γάλακτος
Job      27     1   μου ἐξῆλθεν καὶ σταθεὶς ἐκλαυσεν λέγων Ἴδε, Ιωβ, ✶ διαφωνῶ ✶ καὶ ὑπόχρεωσόι σαρκίνῳ ὄντι, ἐγὼ δέ εἰμι πνεῦμα
Job      27     4    ὄντος, καὶ ἐνέγκαντος αὐτοῦ τὴν καρτερίαν καὶ μὴ ✶ διαφωνήσαντος ✶ μέγα ἐφώνησεν ἀκμὴ ὁ ἐπάνω. οὕτω καὶ σύ,
                   1
  Διάφωτος
Adam      1     3    ἐν γαστρὶ εἴληφεν Εὔα καὶ ἐγέννησε δύο υἱοὺς τὸν ✶ Διάφωτον ✶ τὸν καλούμενον Κάϊν καὶ τὸν Ἀμιλαβὲς τὸν
  διαχέω                                                                                4
Job      13     2   τοῦ γάλακτος ἐν τοῖς ὄρεσιν καὶ τὸ βούτυρον ✶ διεχεῖτο ✶ ἐν ταῖς ὁδοῖς μου καὶ τὰ κτήνη μου ἀπὸ τοῦ
```

Aris. 20 1 καὶ μέγιστα ποιήσεις χαριστήρια καθῆκόν ἐστί σοι. * διαχυθεὶς * δὲ εὖ μάλα τοῖς ὀψωνίοις εἶπε προσθεῖναι καὶ
Aris. 253 1 τούτοις ἀναστρέφεσθαι θείας δυνάμεώς ἐστιν ἔργον. * διαχυθεὶς * δὲ τοῖς εἰρημένοις τὸν ἕτερον ἠρώτα πῶς ἂν
Aris. 288 1 ὡς ἂν ὑπὸ θεοῦ σοι κατευθυνομένων ἁπάντων. * διαχυθεὶς * δὲ ἐπὶ τοῖς εἰρημένοις ἐπυνθάνετο τοῦ
διαχλευάζω 1
HArt. 9 27 24 τῷ Μωύσῳ τὸ τοῦ πέμψαντος αὐτὸν θεοῦ εἰπεῖν ὄνομα * διαχλευάσαντα * αὐτὸν τὸν δὲ προσκύψαντα πρὸς τὸ οὖς
διάχυσις 1
Aris. 78 6 ἀπέλαμπε τὰ πάντα κυκλόθεν ὡς ἄν τις ἐστήκῃ καὶ * διάχυσιν * ἐποίει μείζονα τοῖς θεωμένοις ὥστε παντελῶς
διαχωρίζω 3
TJos. 13 6 εὐνούχων ἔχων γυναῖκα καὶ τέκνα καὶ παλλακάς. καὶ * διαχωρίσας * με ἀπ᾽ αὐτοῦ εἶπέ μοι δοῦλος εἶ ἢ ἐλεύθερος;
Bar. 6 13 τριακοσίας ἑξήκοντα πέντε πύλας τοῦ οὐρανοῦ καὶ * διαχωρίζεται * τὸ φῶς ἀπὸ τοῦ σκότους. καὶ ἦλθεν φωνὴ
Job 38 3 τότε ἀφορίζεται ἀπ᾽ ἀλλήλων. τίς οὖν ταῦτα * διαχωρίζει; * εἶπεν δὲ ὁ Βαλδαδ ἀγνοῶ. ἐγὼ πάλιν ὑπολαβὼν
διάψαλμα 2
Sal. 17 29 κρινεῖ λαοὺς καὶ ἔθνη ἐν σοφίᾳ δικαιοσύνης αὐτοῦ. * διάψαλμα. * καὶ ἕξει λαοὺς ἐθνῶν δουλεύειν αὐτῷ ὑπὸ τὸν
Sal. 18 9 κυρίου γενεὰ ἀγαθὴ ἐν φόβῳ θεοῦ ἐν ἡμέραις ἐλέους. * διάψαλμα. * μέγας ἡμῶν ὁ θεὸς καὶ ἔνδοξος ἐν ὑψίστοις
δίγλωσσος 1
Sib. 3 37 αἶ γένος αἱμοχαρὲς δόλιον κακὸν ἀσεβέων τε ψευδῶν * διγλώσσων * ἀνθρώπων καὶ κακοηθῶν λεκτροκλόπων
δίδαγμα 1
Hen. 8 1 μαχαίρας ποιεῖν καὶ ὅπλα καὶ ἀσπίδας καὶ θώρακας * διδάγματα * ἀγγέλων καὶ ὑπέδειξεν αὐτοῖς τὰ μέταλλα καὶ
διδακτός 1
Sal. 17 32 ἐδόξασεν αὐτὴν ὁ θεός. καὶ αὐτὸς βασιλεὺς δίκαιος * διδακτὸς * ὑπὸ θεοῦ ἐπ᾽ αὐτοὺς καὶ οὐκ ἔστιν ἀδικία ἐν
διδασκαλία 3
Hen. 10 8 ἠρημώθη πᾶσα ἡ γῆ ἀφανισθεῖσα ἐν τοῖς ἔργοις τῆς * διδασκαλίας * Ἀζαὴλ καὶ ἐπ᾽ αὐτῷ γράψον τὰς ἁμαρτίας
Hen. 10B 8 ἀνθρώπων καὶ ἠρημώθη πᾶσα ἡ γῆ ἐν τοῖς ἔργοις τῆς * διδασκαλίας * Ἀζαὴλ καὶ ἐπ᾽ αὐτῇ γράψον πάσας τὰς
TRub. 2 5 ἐπιθυμία τρίτον πνεῦμα ἀκοῆς μεθ᾽ ἧς δίδοται * διδασκαλία * τέταρτον πνεῦμα ὀσφρήσεως μεθ᾽ ἧς ἐστὶ γεῦσις
διδάσκαλος 5
Abr.Z 11 3 ἐστιν Ἐνὼχ ὁ πατήρ σου οὗτός ἐστιν ὁ * διδάσκαλος * τοῦ οὐρανοῦ καὶ γραμματεὺς τῆς δικαιοσύνης
FIsa. 1 2 12 ἐν δὲ ταῖς ἡμέραις Ἀχαὰβ βασιλέως τοῦ Ἰσραὴλ ἦν * διδάσκαλος * τῶν τετρακοσίων προφητῶν τοῦ Βαὰλ καὶ αὐτό<ς>
FIsa. 1 2 15 οἱ προφῆται <ο>ἱ μετὰ Ὀχοζείου υἱοῦ Ἀλὰμ καὶ <ὁ> * διδάσκαλος * αὐτῶν Ἰαλλαρίας ἐξ ὄρους + Ἰσαλ+ καὶ αὐτὸς
HArt. 9 27 4 γενέσθαι δὲ τὸν Μώϋσον τοῦτον Ὀρφέως * διδάσκαλον. * ἀνδρωθέντα δ᾽ αὐτὸν πολλὰ τοῖς ἀνθρώποις
FrAn. 1 217 1 πλούσιός τε καὶ ἀνελεήμων ἐλθὼν πρός τινα τῶν * διδασκάλων * καὶ ἀναπτύξας τὴν σοφίαν Σολομῶντος εὗρεν
διδάσκω 57
Adam 1 ὅτε τὰς πλάκας τοῦ νόμου ἐκ χειρὸς αὐτοῦ ἐδέξατο * διδαχθεὶς * παρὰ τοῦ ἀρχαγγέλου Μιχαήλ. κύριε εὐλόγησον.
Adam 43 1 καὶ ἀπέδωκεν τὴν ψυχὴν αὐτῆς. καὶ ἦλθεν Μιχαὴλ καὶ * ἐδίδαξεν * τὸν Σὴθ πῶς κηδεύσῃ τὴν Εὔαν. καὶ ἦλθαν τρεῖς
Hen. 7 1 πρὸς αὐτὰς καὶ μιαίνεσθαι ἐν αὐταῖς καὶ * ἐδίδαξαν * αὐτὰς φαρμακείας καὶ ἐπαοιδὰς καὶ ῥιζοτομίας
Hen. 7B 2 ἦσαν αὐξανόμενοι κατὰ τὴν μεγαλειότητα αὐτῶν καὶ * ἐδίδαξαν * ἑαυτοὺς καὶ τὰς γυναῖκας ἑαυτῶν φαρμακείας καὶ
Hen. 8 1 καὶ τὰς γυναῖκας ἑαυτῶν φαρμακείας καὶ ἐπαοιδίας. * ἐδίδαξεν * τοὺς ἀνθρώπους Ἀζαὴλ μαχαίρας ποιεῖν καὶ ὅπλα
Hen. 8 3 ἠφανίσθησαν ἐν πάσαις ταῖς ὁδοῖς αὐτῶν. Σεμιαζᾶς * ἐδίδαξεν * ἐπα<ο>ιδὰς καὶ ῥιζοτομίας Ἀρμαρὼς ἐπαοιδῶν
Hen. 8B 1 ἀνέβη. πρῶτος Ἀζαὴλ ὁ δέκατος τῶν ἀρχόντων * ἐδίδαξε * ποιεῖν μαχαίρας καὶ θώρακας καὶ πᾶν σκεῦος
Hen. 8B 3 ὁδοὺς αὐτῶν. ἔτι δὲ καὶ ὁ πρώταρχος αὐτῶν Σεμιαζᾶς * ἐδίδαξεν * εἶναι ὀργὰς κατὰ τοῦ νοὸς καὶ ῥίζας βοτανῶν τῆς
Hen. 8B 3 καὶ ῥίζας βοτανῶν τῆς γῆς. ὁ δὲ ἑνδέκατος Φαρμαρὸς * ἐδίδαξε * φαρμακείας ἐπαοιδίας σοφίας καὶ ἐπαοιδῶν
Hen. 8B 3 ἐπαοιδίας σοφίας καὶ ἐπαοιδῶν λυτήρια. ὁ ἔνατος * ἐδίδαξεν * ἀστροσκοπίαν. ὁ δὲ τέταρτος ἐδίδαξεν
Hen. 8B 3 ὁ ἔνατος ἐδίδαξεν ἀστροσκοπίαν. ὁ δὲ τέταρτος * ἐδίδαξεν * ἀστρολογίαν. ὁ δὲ ὄγδοος ἐδίδαξεν ἀεροσκοπίαν.
Hen. 8B 3 ὁ δὲ τέταρτος ἐδίδαξεν ἀστρολογίαν. ὁ δὲ ὄγδοος * ἐδίδαξεν * ἀεροσκοπίαν. ὁ δὲ τρίτος ἐδίδαξε τὰ σημεῖα τῆς
Hen. 8B 3 ὁ δὲ ὄγδοος ἐδίδαξεν ἀεροσκοπίαν. ὁ δὲ τρίτος * ἐδίδαξε * τὰ σημεῖα τῆς γῆς. ὁ δὲ ἕβδομος ἐδίδαξε τὰ
Hen. 8B 3 δὲ τρίτος ἐδίδαξε τὰ σημεῖα τῆς γῆς. ὁ δὲ ἕβδομος * ἐδίδαξε * τὰ σημεῖα τοῦ ἡλίου ὁ δὲ εἰκοστὸς ἐδίδαξε τὰ
Hen. 8B 3 ἕβδομος ἐδίδαξε τὰ σημεῖα τοῦ ἡλίου ὁ δὲ εἰκοστὸς * ἐδίδαξε * τὰ σημεῖα τῆς σελήνης. πάντες οὗτοι ἤρξαντο
Hen. 9 6 ἀκάλυπτα. καὶ πάντα σὺ ὁρᾷς ἃ ἐποίησεν Ἀζαὴλ ὃς * ἐδίδαξεν * πάσας τὰς ἀδικίας ἐπὶ τῆς γῆς καὶ ἐδήλωσεν τὰ
Hen. 9B 6 ὁρᾷς ὅσα ἐποίησεν Ἀζαὴλ καὶ ὅσα εἰσήνεγκεν ὅσα * ἐδίδαξεν * ἀδικίας καὶ ἁμαρτίας ἐπὶ τῆς γῆς καὶ πάντα
Hen. 9B 6 ἐπὶ τῆς γῆς καὶ πάντα δόλον ἐπὶ τῆς ξηρᾶς. * ἐδίδαξε * γὰρ τὰ μυστήρια καὶ ἀπεκάλυψε τῷ αἰῶνι τὰ ἐν
Hen. 9B 8 καὶ ἐδήλωσαν αὐταῖς πάσας τὰς ἁμαρτίας καὶ * ἐδίδαξαν * αὐτὰς μίσητρα ποιεῖν. καὶ νῦν ἰδοὺ αἱ θυγατέρες
Hen. 10 3 γῆς καὶ ἀπολέσει πάντα ὅσα ἐστὶν <ἐν> αὐτῇ. καὶ * δίδαξον * αὐτὸν ὅπως ἐκφύγῃ καὶ μενεῖ τὸ σπέρμα αὐτοῦ εἰς
Hen. 10 7 ἐν τῷ μυστηρίῳ ὅλῳ ᾧ ἐπέταξαν οἱ ἐγρήγοροι καὶ * ἐδίδαξαν * τοὺς υἱοὺς αὐτῶν καὶ ἠρημώθη πᾶσα ἡ γῆ
Hen. 10B 3 πάσης τῆς γῆς ἀπολέσαι πάντα ἀπὸ προσώπου τῆς γῆς. * δίδαξον * τὸν δίκαιον τί ποιήσει τὸν υἱὸν Λάμεχ καὶ τὴν
Hen. 10B 7 ἀνθρώπων ἐν τῷ μυστηρίῳ ὃ εἶπον οἱ ἐγρήγοροι καὶ * ἐδίδαξαν * τοὺς υἱοὺς τῶν ἀνθρώπων καὶ ἠρημώθη πᾶσα ἡ γῆ
Abr.1 2 5 σῆς παρουσίας ὅθεν ἔοικεν τὸ νέον τῆς ἡλικίας σου; * δίδαξόν * με τῷ σῷ ἱκέτῃ πόθεν καὶ ἐκ ποίας στρατιᾶς καὶ
Abr.1 2 5 καὶ ἐκ ποίας ὁδοῦ παραγέγονας τὸ σὸν κάλλος * δίδαξόν * με. ὁ δὲ ἀρχιστράτηγος ἔφη ἐγὼ δίκαιε ἄνθρωπε ἐκ
Abr.1 17 9 εἶπεν δὲ Ἀβραὰμ δέομαί σου ἐπάκουσόν μου καὶ * δίδαξόν * μοι τὴν ἀγριότητά σου καὶ πᾶσαν τὴν σαπρίαν.
Abr.1 19 5 καὶ τοῦτο λέγω σοι εἴ περ θέλεις ἀκολουθήσω σοι * δίδαξόν * με πάσας σου τὰς μεταμορφώσεις τὰς ἑπτὰ κεφαλὰς
Abr.1 19 6 τίς ἡ βεβορβορωμένη θάλασσα ἡ ἀγρίως κυματίζουσα * δίδαξόν * με καὶ ὑπὲρ τῆς βροντῆς τῆς ἀνυποφόρου καὶ τῆς
Abr.1 19 6 τί τὰ ποτήρια τὰ δυσώδη φάρμακα καὶ μεμεστωμένα * δίδαξόν * μοι περὶ πάντων. καὶ ὁ θάνατος εἶπεν ἄκουσον
TRub. 3 9 τὴν ἀλήθειαν ἀγαπήσατε καὶ αὕτη φυλάξει ὑμᾶς. * διδάσκω * ὑμᾶς ἀκούσατε Ῥουβὴμ τοῦ πατρὸς ὑμῶν. μὴ
TRub. 5 3 καίγε περὶ αὐτῶν εἶπέ μοι ὁ ἄγγελος τοῦ θεοῦ καὶ * ἐδίδαξέ * με ὅτι αἱ γυναῖκες ἡττῶνται τῷ πνεύματι τῆς
TLevi 9 7 κυρίου καθὼς ἔδειξέ μοι ὁ ἄγγελος τοῦ θεοῦ. καὶ * ἐδίδασκέ * με νόμον ἱερωσύνης θυσιῶν ὁλοκαυτωμάτων ἀπαρχῶν
TLevi 9 12 ἀεὶ ἐχόντων φύλλα ἄναγε κυρίῳ ὡς κάμὲ Ἀβραὰμ * ἐδίδαξεν. * καὶ παντὸς ζῴου καθαροῦ καὶ πετεινοῦ καθαροῦ
TLevi 13 2 πορεύεσθε ἐν ἁπλότητι κατὰ πάντα τὸν νόμον αὐτοῦ. * διδάξατε * δὲ καὶ ὑμεῖς τὰ τέκνα ὑμῶν γράμματα ἵνα ἔχωσι
TLevi 13 9 πατρὶς καὶ ἐν μέσῳ ἐχθρῶν εὑρεθήσεται φίλος. ἐὰν * διδάσκῃ * ταῦτα καὶ πράττῃ σύνθρονος ἔσται βασιλέων ὡς καὶ
TLevi 14 4 ἀνθρώπου τοῦτον θέλοντες ἀνελεῖν ἐναντίας ἐντολὰς * διδάσκοντες * τοῖς τοῦ θεοῦ δικαιώμασι τὰς προσφορὰς
TLevi 14 6 μετὰ πορνῶν ἐν πλεονεξίᾳ τὰς ἐντολὰς κυρίου * διδάξετε * τὰς ὑπάνδρους βεβηλώσετε καὶ παρθένους
TLevi 18 2B013 ἐγὼ ἱεράτευσα τῷ κυρίῳ δεσπότῃ τοῦ οὐρανοῦ ἤρξατο * διδάσκειν * με τὴν κρίσιν ἱερωσύνης καὶ εἶπεν τέκνον Λευι
TLevi 18 2B015 ἀναγγελῶ σοι καὶ οὐ μὴ κρύψω ἀπό σου πᾶν ῥῆμα. * διδάξω * σε πρόσεχε σεαυτῷ ἀπὸ παντὸς συνουσιασμοῦ καὶ ἀπὸ
TBen. 10 4 φυλάξατε. ταῦτα γὰρ ὑμᾶς ἀντὶ πάσης κληρονομίας * διδάσκω. * καὶ ὑμεῖς οὖν δότε αὐτὰ τοῖς τέκνοις ὑμῶν εἰς
Jer. 7 32 τὰ σῦκα διέδωκε τοῖς νοσοῦσι τοῦ λαοῦ καὶ ἔμεινε * διδάσκων * αὐτοὺς τοῦ ἀπέχεσθαι ἐκ τῶν ἀλισγημάτων τῶν
Bar. 6 4 καὶ εἶπον κύριε πῶς ἐστὶν φύλαξ τῆς οἰκουμένης; * δίδαξόν * με. καὶ εἶπέν μοι ὁ ἄγγελος τοῦτο τὸ ὄρνεον
Prop. 17 1 Ναθὰν προφήτης Δαυὶδ ἦν ἐκ Γαβᾶ καὶ αὐτὸς ἦν ὁ * διδάξας * αὐτὸν νόμον κυρίου Ναθὰν ὁ προφήτης τοῦ Δαυὶδ ἐκ
Prop. 17 1B φυλῆς ἱερωσύνης ἦν. ἐγεννήθη δὲ ἐν Γαβαῷ καὶ αὐτὸς * ἐδίδαξε * τὸν Δαυὶδ νόμον κυρίου καὶ εἶδεν ὅτι Δαυὶδ ἐν τῇ
Sedr. 5 5 εἰσέρχεται εἰς τὰς καρδίας τῶν ἀνθρώπων <καὶ> * διδάσκει * αὐτοὺς πᾶσαν ἁμαρτίαν αὐτός σε τὸν ἀθάνατον
Sedr. 14 2 πρόσωπον παρακαλοῦντες τὸν θεὸν καὶ εἶπον κύριε * δίδαξον * ἡμᾶς πῶς δεῖ καὶ ἐν ποίᾳ μετανοίᾳ σωθήσεται ὁ
Aris. 131 3 καὶ δικαιοσύνης πρῶτον ὁ νομοθέτης ἡμῶν καὶ * διδάξας * ἕκαστα περὶ τούτων οὐκ ἀπαγορευτικῶς μόνον ἀλλ᾽
Aris. 236 4 προαποκεκριμένων εἶπε δὲ τῷ πρώτῳ τὸ φρονεῖν εἰ * διδακτόν * ἐστιν; ὁ δ᾽ εἶπε ψυχῆς ἐστι κατασκευὴ διὰ θείας
Sib. 3 231 γυμνάζοντες ἐς οὐδὲν χρήσιμον ἔργον καί ῥα πλάνας * ἐδίδαξαν * ἀεικελίους ἀνθρώπους ἐξ ὧν δὴ κακὰ πολλὰ
FJub. 2 1 κατ᾽ Αἴγυπτον διατριβὰς εἰς τὴν ἔρημον ἐφιλοσόφει * διδασκόμενος * παρὰ τοῦ ἀρχαγγέλου Γαβριὴλ τὰ περὶ τῆς
FJub. 4 18 ἀδικία. οὗτος < Ἐνὼχ> πρῶτος γράμματα μανθάνει καὶ * διδάσκει * καὶ θείων μυστηρίων ἀποκαλύψεως ἀξιοῦται. γυνὴ
FJub. 11 8 θυγάτηρ Νεσθα τοῦ Χαλδαίου. αὐξηθέντα δὲ τὸν Ναχὼρ * ἐδίδαξεν * ὁ πατὴρ πάντων ἐπίλυσιν οἰωνῶν τῶν τε ἐν οὐρανῷ
FJub. 12 26 ὁ λαλῶν τῷ Μωϋσῇ εἶπεν αὐτῷ ὅτι τὸν Ἀβραὰμ ἐγὼ * ἐδίδαξα * τὴν Ἑβραΐδα γλῶσσαν κατὰ τὴν ἀπ᾽ ἀρχῆς κτίσεως
FJub. 48 1 κατ᾽ Αἴγυπτον διατριβὰς εἰς τὴν ἔρημον ἐφιλοσόφει * διδασκόμενος * παρὰ τοῦ ἀρχαγγέλου Γαβριὴλ τὰ περὶ τῆς
HArt. 9 18 1 βασιλέα Φαρεθώθην καὶ τὴν ἀστρολογίαν αὐτὸν * διδάξαι * μείναντα δὲ ἔτη ἐκεῖ εἴκοσι πάλιν εἰς τοὺς κατὰ
HAno. 9 17 4 καὶ τροπὰς ἡλίου καὶ σελήνης καὶ τὰ ἄλλα πάντα * διδάξαντα * τοὺς Φοίνικας εὐαρεστῆσαι τῷ βασιλεῖ αὐτῶν.
HAno. 9 18 2 ἐλθεῖν εἰς Φοινίκην καὶ τοὺς Φοίνικας ἀστρολογίαν * διδάξαι * ὕστερον δὲ εἰς Αἴγυπτον παραγενέσθαι.
διδαχή 3
Aris. 207 2 <ἐπὶ τὸν ἕτερον> ἐπιβλέψας εἶπεν τί ἐστι σοφίας * διδαχή; * ὁ δὲ (ἕτερος) ἀπεφήνατο καθὼς οὐ βούλει σεαυτῷ
Aris. 294 2 ὑμῶν πολλὰ γὰρ ὠφέλημαι καταβεβλημένων ὑμῶν * διδαχὴν * ἐμοὶ πρὸς τὸ βασιλεύειν. ἑκάστῳ δὲ τρία τάλαντα
FPho. 89 εὐθύνει τέχνας δ᾽ ὁμότεχνος. οὐ χωρεῖ μεγάλην * διδαχὴν * ἀδίδακτος ἀκουή οὐ γὰρ δὴ νοέουσ᾽ οἱ μηδέποτ᾽
δίδυμος 2
Sib. 5 208 +τούτους+ τροχὸς Ἄξονος Αἰγοκεράστης Ταῦρός τ᾽ ἐν * Διδύμοις * μέσον οὐρανὸν ἀμφιελίξῃ Παρθένος ἐξαναβᾶσα καὶ
Sib. 5 521 Ὠρίων ἀπενόσφισε μηκέτι μεῖναι Παρθένος ἐν Κριῷ * Διδύμων * ἠλλάξατο μοῖραν Πλειὰς δ᾽ οὐκέτ᾽ ἔφαινε Δράκων
δίδωμι 310
Adam 3 2 τῷ υἱῷ σου ὅτι ὀργῆς υἱός ἐστιν. ἀλλὰ μὴ λυποῦ * δώσω * σοι γὰρ ἀντ᾽ αὐτοῦ ἕτερον υἱὸν οὗτος δηλώσει πάντα
Adam 4 2 ἐγεννήσαμεν υἱὸν ἀντὶ Ἄβελ ὃν ἀπέκτεινεν Κάϊν. * δώσωμεν * δόξαν καὶ θυσίαν τῷ θεῷ. ἐποίησεν δὲ Ἀδὰμ υἱοὺς
Adam 7 1 ἐμέ τε καὶ τὴν μητέρα ὑμῶν δι᾽ ἧς καὶ ἀποθνήσκω * ἔδωκεν * ἡμῖν πᾶν φυτὸν ἐν τῷ παραδείσῳ. περὶ ἑνὸς δὲ
Adam 7 2 ὑμῶν τοῦ ἀναβῆναι καὶ προσκυνῆσαι τὸν κύριον. καὶ * ἔδωκεν * αὐτῇ ὁ ἐχθρὸς καὶ ἔφαγεν ἀπὸ τοῦ ξύλου ἐγνωκὼς
Adam 7 3 ἤμην ἔγγιστα αὐτῆς οὔτε οἱ ἅγιοι ἄγγελοι. ἔπειτα * ἔδωκε * κἀμοὶ φαγεῖν. καὶ ὀργίσθη ἡμῖν ὁ θεός. καὶ ἐλθὼν
Adam 9 2 εἰμί; ἔκλαυσε δὲ ἡ Εὔα λέγουσα κύριέ μου Ἀδὰμ * δός * μοι τὸ ἥμισυ τῆς νόσου σου καὶ ὑπενέγκω αὐτὸ ὅτι δι᾽
Adam 9 3 ἀποστείλῃ τὸν ἄγγελον αὐτοῦ εἰς τὸν παράδεισον καὶ * δώσῃ * μοι ἐκ τοῦ δένδρου ἐν ᾧ ῥέει τὸ ἔλαιον ἐξ αὐτοῦ καὶ

| | | | | | |
|---|---|---|---|---|---|
| Adam | 13 | 1 | τοῦ θεοῦ ὅπως ἀποστείλῃ τὸν ἄγγελον αὐτοῦ καὶ | * δώσει * | αὐτοῖς τὸ ἔλαιον τοῦ ἐλέου. καὶ ἀπέστειλε ὁ θεὸς |
| Adam | 13 | 4 | τῆς μεγάλης ὅσοι ἔσονται λαὸς ἅγιος. τότε αὐτοῖς | * δοθήσεται * | πᾶσα εὐφροσύνη τοῦ παραδείσου. καὶ ἔσται ὁ |
| Adam | 13 | 5 | ὅτι ἀρθήσεται ἀπ' αὐτῶν ἡ καρδία ἡ πονηρὰ καὶ | * δοθήσεται * | αὐτοῖς καρδία συνετιζομένη τὸ ἀγαθὸν καὶ |
| Adam | 15 | 3 | ἐπειδὴ τὰ θηρία ἐμέρισεν ὁ θεός. τὰ ἀρσενικὰ πάντα | * δέδωκε * | τῷ πατρὶ ὑμῶν καὶ τὰ θηλυκὰ πάντα δέδωκεν ἐμοί. |
| Adam | 15 | 3 | πάντα δέδωκε τῷ πατρὶ ὑμῶν καὶ τὰ θηλυκὰ πάντα | * δέδωκεν * | ἐμοί. καὶ ἕκαστος ἡμῶν τὸ ἑαυτοῦ ἐτήρει. καὶ |
| Adam | 18 | 5 | δὲ λαβεῖν ἀπὸ τοῦ καρποῦ καὶ λέγει μοι δεῦρο | * δώσω * | σοι ἀκολούθει μοι. ἤνοιξα δὲ καὶ εἰσῆλθεν ἔσω εἰς |
| Adam | 19 | 1 | ὀλίγον ἐστράφη καὶ λέγει μοι μεταμεληθεὶς οὐ | * δώσω * | σοι φαγεῖν. ταῦτα εἶπε θέλων εἰς τέλος δελεάσαι με. |
| Adam | 19 | 1 | δελεάσαι με. καὶ λέγει μοι ἐὰν μὴ ὀμόσῃς μοι ὅτι | * δίδῃς * | καὶ τῷ ἀνδρί σου. ἐγὼ δὲ εἶπον αὐτῷ ὅτι οὐ γινώσκω |
| Adam | 19 | 2 | δεσπότου καὶ τὰ Χερουβὶμ καὶ τὸ ξύλον τῆς ζωῆς ὅτι | * δώσω * | καὶ τῷ ἀνδρί μου. ὅτε δὲ ἔλαβεν ἀπ' ἐμοῦ τὸν ὅρκον |
| Adam | 19 | 3 | καὶ ἐπέβη ἐπ' αὐτὸν καὶ ἔθετο ἐπὶ τὸν καρπὸν ὃν | * ἔδωκε * | μοι φαγεῖν τὸν ἰὸν τῆς κακίας αὐτοῦ τοῦτ' ἔστι τῆς |
| Adam | 24 | 2 | ἐπικατάρατος ἡ γῆ ἕνεκα σοῦ. ἐργάσει αὐτὴν καὶ οὐ | * δώσει * | τὴν ἰσχὺν αὐτῆς. ἀκάνθας καὶ τριβόλους ἀνατελεῖ |
| Adam | 28 | 2 | τῷ παραδείσῳ. καὶ ἀποκριθεὶς ὁ 'Αδὰμ εἶπεν κύριε | * δός * | μοι ἐκ τοῦ φυτοῦ τῆς ζωῆς ἵνα φάγω πρὶν ἢ ἐκβληθῆναί |
| Adam | 28 | 4 | ἀναστάσεως πάλιν γενομένης ἀναστήσω σε καὶ | * δοθήσεταί * | σοι ἐκ τοῦ ξύλου τῆς ζωῆς καὶ ἀθάνατος ἔσει |
| Adam | 29 | 4 | οἱ ἄγγελοι τῷ κυρίῳ 'Ιαὴλ αἰώνιε βασιλεῦ κέλευσον | * δοθῆναι * | τῷ 'Αδὰμ θυμιάματα εὐωδίας ἐκ τοῦ παραδείσου. |
| Adam | 29 | 9 | τεσσαράκοντα ὅπως σπλαγχνισθῇ ἡμῖν ὁ θεὸς καὶ | * δώσῃ * | ἡμῖν τροφὴν κρείσσονα τῆς τῶν θηρίων. ἐγὼ μὲν |
| Adam | 31 | 4 | ἕως οὗ ἀποδώσω τὸ πνεῦμά μου εἰς τὰς χεῖρας τοῦ | * δεδωκότος * | μοι αὐτὸ διότι οὐκ οἴδαμεν πῶς ἀπαντήσωμεν τοῦ |
| Adam | 43 | 3 | ἀποθνήσκοντα ἕως ἡμέρας τῆς ἀναστάσεως. μετὰ δὲ τὸ | * δοῦναι * | αὐτὸν νόμον εἶπεν παρ' ἓξ ἡμερῶν μὴ πενθήσετε τῇ |
| Hen. | 1 | 8 | ἔλεος καὶ ἔσονται πάντες τοῦ θεοῦ καὶ τὴν εὐδοκίαν | * δώσει * | αὐτοῖς καὶ πάντας εὐλογήσει καὶ πάντων |
| Hen. | 5 | 8 | τὴν γῆν ὑμῖν δὲ τοῖς ἀσεβέσιν ἔσται κατάρα. τότε | * δοθήσεται * | τοῖς ἐκλεκτοῖς φῶς καὶ χάρις καὶ αὐτοὶ |
| Hen. | 5 | 8 | καὶ χάρις καὶ αὐτοὶ κληρονομήσουσιν τὴν γῆν. τότε | * δοθήσεται * | πᾶσιν τοῖς ἐκλεκτοῖς σοφία καὶ πάντες οὗτοι |
| Hen. | 9 | 7 | ⟨καὶ⟩ ἔγνωσαν ἄνθρωποι καὶ Σεμιαζᾶς ᾧ τὴν ἐξουσίαν | * ἔδωκας * | ἄρχειν τῶν σὺν αὐτῷ ἅμα ὄντων. καὶ ἐπορεύθησαν |
| Hen. | 9B | 7 | οἱ υἱοὶ τῶν ἀνθρώπων. τῷ Σεμιαζᾷ τὴν ἐξουσίαν | * ἔδωκας * | ἔχειν τῶν σὺν αὐτῷ ἅμα ὄντων. καὶ ἐπορεύθησαν |
| Hen. | 14 | 2 | γλώσσῃ σαρκίνῃ ἐν τῷ πνεύματι τοῦ στόματός μου ὃ | * ἔδωκεν * | ὁ μέγας τοῖς ἀνθρώποις λαλεῖν ἐν αὐτοῖς καὶ |
| Hen. | 14 | 3 | λαλεῖν ἐν αὐτοῖς καὶ νοήσει καρδίας ὃς ἔκτισεν καὶ | * ἔδωκεν * | ἐλέγξασθαι ἐγρηγόρους τοὺς υἱοὺς τοῦ οὐρανοῦ. ἐγὼ |
| Hen. | 15 | 5 | οἵτινες ἀποθνήσκουσιν καὶ ἀπόλλυνται. διὰ τοῦτο | * ἔδωκα * | αὐτοῖς θηλείας ἵνα σπερματίζουσιν εἰς αὐτὰς καὶ |
| Hen. | 25 | 4 | τελείωσις μέχρις αἰῶνος τότε δικαίοις καὶ ὁσίοις | * δοθήσεται * | ὁ καρπὸς αὐτοῦ τοῖς ἐκλεκτοῖς εἰς ζωὴν εἰς |
| Hen. | 25 | 7 | τὰ τοιαῦτα δικαίοις καὶ αὐτὰ ἔκτισεν καὶ εἶπεν | * δοῦναι * | αὐτοῖς. καὶ ἐκεῖθεν ἐφώδευσα εἰς τὸ μέσον τῆς γῆς |
| Hen. | 98 | 5 | ⟨αὐτήν⟩. καὶ δουλεία (στεῖρα) γυναικὶ οὐκ | * ἐδόθη * | ἀλλὰ διὰ τὰ ἔργα τῶν χειρῶν ὅτι οὐχ ὡρίσθη δούλην |
| Hen. | 98 | 5 | ὅτι οὐχ ὡρίσθη δούλην εἶναι δούλην ἄνωθεν οὐκ | * ἐδόθη * | ἀλλὰ ἐκ καταδυναστείας ἐγένετο. ὁ⟨μοίως⟩ οὐδὲ ἡ |
| Hen. | 98 | 5 | ἐγένετο. ὁ⟨μοίως⟩ οὐδὲ ἡ ἀνομία ἄνωθεν | * ἐδόθη * | ἀλλ' ἐκ παραβάσεως. ὁμοίως οὐδὲ στεῖρα γυνὴ |
| Hen. | 99 | 3 | καὶ προέχεσθε τὰς ἐντεύξεις ὑμῶν εἰς μνημόσυνον | * δίδοτε * | αὐτὰς ἐν διαμαρτυρίᾳ ἐνώπιον τῶν ἀγγέλων ὅπως |
| Hen. | 100 | 12 | καὶ δρόσος καὶ ὄμβρος--- ἐπὶ ταῖς ἁμαρτίαις ὑμῶν. | * δίδοτε * | οὖν ὄμβρῳ δῶρα ἵνα μὴ ⟨κωλυθῇ κα⟩ταβῆναι ὑμῖν καὶ |
| Hen. | 101 | 8 | ἰχθύες--- ⟨--γῆν⟩ καὶ πάντα τὰ ἐν αὐτοῖς; καὶ τίς | * ἔδωκεν * | ἐπιστήμην πᾶσιν τοῖς κινουμένοις ἐν τῇ θαλάσσῃ; |
| Hen. | 102 | 1 | καύσεως ὑμῶν ποῦ ἀποδράντες σωθήσεσθε; καὶ ὅταν | * δῷ * | ἐφ' ὑμᾶς φωνὴν αὐτοῦ ἔσεσθε συνσειόμενοι καὶ |
| Hen. | 104 | 9 | μηδὲ καταψεύδεσθε τῶν ⟨λόγων τοῦ⟩ ἁγίου καὶ μὴ | * δότε * | ἔπαινον ταῖς ⟨εἰκόσιν ὑ⟩μῶν οὐ γὰρ εἰς δικαίωμα |
| Hen. | 104 | 12 | δεύτερον ὅτι δικαίοις καὶ ὁσίοις καὶ φρονίμοις | * δοθήσονται * | αἱ βίβλοι μου εἰς χαρὰν ἀληθείας καὶ αὐτοὶ |
| Abr.1 | 6 | 7 | τίμιοι λίθοι καὶ ἐκβαλὼν ἐκ τοῦ κόλπου αὐτοῦ | * δέδωκεν * | αὐτὰ τῇ Σάρρᾳ λέγων εἰ ἀπιστεῖς μοι θέασον |
| Abr.1 | 8 | 7 | εὐλογήσω σε καὶ πληθύνων πληθυνῶ τὸ σπέρμα σου καὶ | * δώσω * | σοι ὅσα ἂν αἰτήσῃς παρ' ἐμοῦ οὕτως εἰμὶ ἐγὼ κύριος |
| Abr.1 | 9 | 4 | ἔργῳ καὶ λόγῳ ὃ ᾐτησάμην παρά σου ἐποίησας καὶ | * ἔδωκάς * | μοι κατὰ τῆς καρδίας μου καὶ πᾶσαν τὴν βουλήν μου |
| Abr.1 | 13 | 4 | ἄνθρωπος ἐξ ἀνθρώπου κρίνεται τούτου χάριν αὐτῷ | * ἔδωκε * | κρίσιν κρῖναι τὸν κόσμον μέχρι τῆς μεγάλης ἐνδόξου |
| Abr.1 | 18 | 11 | καὶ ἀνεζωοποιήθησαν τότε οὖν ὁ δίκαιος 'Αβραὰμ | * ἔδωκεν * | δόξαν τῷ θεῷ. καὶ ἀνελθὼν ἐν τῇ κλίνῃ αὐτοῦ |
| Abr.2 | 6 | 11 | τῷ πεδίῳ⟩ καὶ ἤνεγκας τὸν μόσχον καὶ ἔθυσας καὶ | * ἔδωκάς * | μοι λέγων ἀναστᾶσα ποίησον ἵνα φάγωμεν μετὰ τῶν |
| Abr.2 | 11 | 5 | 'Ενὼχ βαστάσαι τὸ μέρος τῶν ψυχῶν; ἢ δυνήσεται | * δοῦναι * | πάσης ψυχῆς ἀπόφασιν; καὶ εἶπεν Μιχαὴλ ἐὰν ἡ |
| Abr.2 | 11 | 8 | γράψαι. ἐπειδὴ ηὔξατο 'Ενὼχ τῷ κυρίῳ λέγων οὐ θέλω | * δοῦναι * | ψυχῆς ἀπόφασιν ὅπως μή τινος ἐπίβαρυς γένωμαι. |
| TRub. | 2 | 2 | τῆς πλάνης ἐν τῇ μετανοίᾳ μου. ἑπτὰ πνεύματα | * ἐδόθη * | κατὰ τοῦ ἀνθρώπου ἀπὸ τοῦ Βελιὰρ καὶ αὐτά εἰσι |
| TRub. | 2 | 3 | κεφαλὴ τῶν ἔργων τοῦ νεωτερισμοῦ καὶ ἑπτὰ πνεύματα | * ἐδόθη * | αὐτῷ ἐπὶ τῆς κτίσεως τοῦ εἶναι ἐν αὐτοῖς πᾶν ἔργον |
| TRub. | 2 | 5 | ἧς γίνεται ἐπιθυμία τρίτον πνεῦμα ἀκοῆς μεθ' ἧς | * δίδοται * | διδασκαλία τέταρτον πνεῦμα ὀσφρήσεως μεθ' ἧς |
| TRub. | 2 | 5 | τέταρτον πνεῦμα ὀσφρήσεως μεθ' ἧς ἐστι γεῦσις | * δεδομένη * | εἰς συνολκὴν ἀέρος καὶ πνοῆς πέμπτον πνεῦμα |
| TRub. | 4 | 1 | γράμμασι καὶ ἐν τοῖς ποιμνίοις ὑμῶν ἕως ὁ κύριος | * δώῃ * | ὑμῖν σύζυγον ἣν αὐτὸς θέλει ἵνα μὴ πάθητε ὡς κἀγώ. |
| TRub. | 6 | 7 | αὐτῶν καὶ ἀποθανεῖσθε θανάτῳ πονηρῷ. τῷ γὰρ Λευὶ | * ἔδωκε * | κύριος τὴν ἀρχὴν καὶ τῷ 'Ιούδᾳ μετ' αὐτῶν κἀμοὶ |
| TSim. | 2 | 5 | μου ἀσυμπαθῆ ὅτι καὶ ἡ ἀνδρεία ἀπὸ ὑψίστου | * δέδοται * | τοῖς ἀνθρώποις ἐν ψυχαῖς καὶ ἐν σώμασιν. καὶ ἐν |
| TSim. | 4 | 5 | ἀγαθῇ καρδίᾳ ἐννοοῦντες τὸν πατράδελφον ὑμῶν ἵνα | * δώῃ * | καὶ ὑμῖν ὁ θεὸς χάριν καὶ δόξαν καὶ εὐλογίαν ἐπὶ τὰς |
| TSim. | 6 | 6 | γῆς ὡς ἄνθρωπος καὶ σῴζων ἐν αὐτῷ τὸν 'Αδάμ. τότε | * δοθήσονται * | πάντα τὰ πνεύματα τῆς πλάνης εἰς καταπάτησιν |
| TLevi | 2 | 3B006 | μόνος ἐπίστασαι. καὶ νῦν τέκνα μου μετ' ἐμοῦ. καὶ | * δός * | μοι πάσας ὁδοὺς ἀληθείας μάκρυνον ἀπ' ἐμοῦ κύριε τὸ |
| TLevi | 2 | 3B008 | ἅγιον καὶ βουλὴν καὶ σοφίαν καὶ γνῶσιν καὶ ἰσχὺν | * δός * | μοι ποιῆσαι τὰ ἀρέσκοντά σοι καὶ εὑρεῖν χάριν |
| TLevi | 2 | 3B016 | 'Αβραὰμ πατέρα μου καὶ Σάρραν μητέρα μου καὶ εἶπας | * δοῦναι * | αὐτοῖς σπέρμα δίκαιον εὐλογημένον εἰς τοὺς |
| TLevi | 4 | 4 | καὶ ὡς ὁ ἥλιος ἔσῃ παντὶ σπέρματι 'Ισραήλ. καὶ | * δοθήσεταί * | σοι εὐλογία καὶ παντὶ τῷ σπέρματί σου ἕως |
| TLevi | 4 | 5 | ἐπ' αὐτὸν τοῦ ἀποσκολοπίσαι αὐτόν. καὶ διὰ τοῦτο | * δέδοταί * | σοι βουλὴ καὶ σύνεσις τοῦ συνετίσαι τοὺς υἱούς |
| TLevi | 5 | 2 | θρόνου δόξης τὸν ὕψιστον. καὶ εἶπέ μοι Λευί σοὶ | * δέδωκα * | τὰς εὐλογίας τῆς ἱερατείας ἕως οὗ ἐλθὼν παροικήσω |
| TLevi | 5 | 3 | 'Ισραήλ. τότε ὁ ἄγγελος ἤγαγέ με ἐπὶ τὴν γῆν καὶ | * ἔδωκέ * | μοι ὅπλον καὶ ῥομφαίαν καὶ εἶπε ποίησον ἐκδίκησιν |
| TLevi | 7 | 1 | ὅτι ἐν σοὶ ἐξουδενώσει κύριος τοὺς Χαναναίους καὶ | * δώσει * | τὴν γῆν αὐτῶν σοὶ καὶ τῷ σπέρματί σου μετά σε. |
| TLevi | 8 | 4 | ἕως αἰῶνος. καὶ ὁ πρῶτος ἤλειψέ με ἐλαίῳ ἁγίῳ καὶ | * ἔδωκέ * | μοι ῥάβδον κρίσεως. ὁ δεύτερος ἔλουσέ με ὕδατι |
| TLevi | 8 | 8 | ὁμοίαν πορφύρᾳ. ὁ πέμπτος κλάδον μοι ἐλαίας | * ἔδωκε * | πιότητος. ὁ ἕκτος στέφανόν μοι τῇ κεφαλῇ |
| TLevi | 14 | 4 | ἐπὶ τὸ γένος ἡμῶν ὑπὲρ ὧν τὸ φῶς τοῦ νόμου τὸ | * δοθὲν * | ἐν ὑμῖν εἰς φωτισμὸν παντὸς ἀνθρώπου τοῦτον |
| TLevi | 18 | 8 | ἁγιασμοῦ καταπαύσει ἐπ' αὐτὸν ἐν τῷ ὕδατι. αὐτὸς | * δώσει * | τὴν μεγαλωσύνην κυρίου τοῖς υἱοῖς αὐτοῦ ἐν ἀληθείᾳ |
| TLevi | 18 | 11 | στήσει τὴν ἀπειλοῦσαν ῥομφαίαν κατὰ τοῦ 'Αδὰμ καὶ | * δώσει * | τοῖς ἁγίοις φαγεῖν ἐκ τοῦ ξύλου τῆς ζωῆς καὶ |
| TLevi | 18 | 12 | ἐπ' αὐτοῖς. καὶ ὁ Βελιὰρ δεθήσεται ὑπ' αὐτοῦ καὶ | * δώσει * | ἐξουσίαν τοῖς τέκνοις αὐτοῦ τοῦ πατεῖν ἐπὶ τὰ |
| TJud. | 1 | 3 | με 'Ιουδὰ λέγουσα ἀνθομολογοῦμαι τῷ κυρίῳ ὅτι | * ἔδωκέ * | μοι καὶ τέταρτον υἱόν. ὀξὺς ἤμην καὶ σπουδαῖος ἐν |
| TJud. | 2 | 1 | μοι λέγων βασιλεὺς ἔσῃ κατευοδούμενος ἐν πᾶσι. καὶ | * ἔδωκέ * | μοι κύριος χάριν ἐν πᾶσι τοῖς ἔργοις μου ἔν τε τῷ |
| TJud. | 3 | 3 | ἐφ' ἵππου ἀνελόμενος λίθον λιτρῶν ξ' ἀκοντίσας | * ἔδωκα * | τῷ ἵππῳ καὶ ἀπέκτεινα αὐτόν. καὶ πολεμήσας τὸν |
| TJud. | 6 | 2 | ἀπὸ Σιλὼμ συμμάχους αὐτῶν ἀπεκτείναμεν καὶ οὐκ | * ἐδώκαμεν * | αὐτοῖς διέξοδον τοῦ εἰσελθεῖν πρὸς ἡμᾶς. καὶ οἱ |
| TJud. | 8 | 2 | 'Οδολάμ. καὶ ἐποίησεν ἡμῖν πότον καὶ παρακαλέσας | * δίδωσί * | μοι τὴν θυγατέρα αὐτοῦ Βησσουὲ εἰς γυναῖκα. αὐτὴ |
| TJud. | 9 | 8 | πατρὸς ἡμῶν ἐδεξάμεθα αὐτοὺς ὑποφόρους. καὶ ἦσαν | * διδόντες * | ἡμῖν πυροῦ κόρους διακοσίους ἐλαίου βεθ φ' |
| TJud. | 10 | 6 | οὗτος ἐν πονηρίᾳ ἀπέθανεν. ἤθελον δὲ καὶ τὸν Σηλὼμ | * δοῦναι * | αὐτῇ ἀλλ' ἡ γυνή μου Βησσουὲ οὐκ ἀφῆκεν |
| TJud. | 12 | 4 | αὐτὴν εἶπον εἰσέλθω πρός σε. καὶ εἶπέ μοι τί μοι | * δώσεις; * | καὶ ἔδωκα αὐτῇ τὴν ῥάβδον μου καὶ τὴν ζώνην καὶ |
| TJud. | 12 | 4 | εἰσέλθω πρός σε. καὶ εἶπέ μοι τί μοι δώσεις; καὶ | * ἔδωκα * | αὐτῇ τὴν ῥάβδον μου καὶ τὴν ζώνην καὶ τὸ διάδημα |
| TJud. | 15 | 3 | ἐξέρχεται δουλωθεὶς τῇ πορνείᾳ ὡς κἀγὼ γυμνωθείς. | * ἔδωκα * | γὰρ τὴν ῥάβδον μου τουτέστι τὸ στήριγμα τῆς ἐμῆς |
| TJud. | 17 | 3 | καὶ βασιλείαν 'Ιουδὰ σμικρυνθῆναι ποιήσουσιν ἣν | * ἔδωκέ * | μοι κύριος ἐν ὑπακοῇ πατρός. οὐδέποτε γὰρ ἐλύπησα |
| TJud. | 21 | 2 | ἐπαίρεσθε ἐπ' αὐτὸν ἵνα μὴ ἐξολοθρευθῆτε. ἐμοὶ γὰρ | * ἔδωκε * | κύριος τὴν βασιλείαν κἀκείνῳ τὴν ἱερατείαν καὶ |
| TJud. | 21 | 3 | καὶ ὑπέταξε τὴν βασιλείαν τῇ ἱερωσύνῃ. ἐμοὶ | * ἔδωκε * | τὰ ἐπὶ τῆς γῆς ἐκείνῳ τὰ ἐν οὐρανοῖς. ὡς ὑπερέχει |
| TIss. | 1 | 6 | ἐν ὕψει ὑποκάτω φάραγγος ὑδάτων. εἶπε δὲ 'Ραχὴλ οὐ | * δώσω * | αὐτά σοι ὅτι ἔσονταί μοι ἀντὶ τέκνων. ἦσαν δὲ μῆλα |
| TIss. | 5 | 5 | πάντας τοὺς ἁγίους ἀπὸ "Αβελ ἕως τοῦ νῦν. οὐ γὰρ | * δέδοταί * | σοι ἄλλη μερὶς ἢ τῆς πιότητος τῆς γῆς ἧς ἐν |
| TIss. | 5 | 7 | καὶ γὰρ κύριος ἐκλήρωσεν ἐν αὐτοῖς καὶ τῷ μὲν | * ἔδωκε * | τὴν ἱερατείαν τῷ δὲ τὴν βασιλείαν. αὐτοῖς οὖν |
| TIss. | 5 | 8 | τοῦ πατρὸς ὑμῶν περιπατήσατε ὅτι καὶ τῷ Γὰδ | * ἐδόθη * | ἀπολέσαι τὰ πειρατήρια τὰ ἐπερχόμενα τῷ 'Ισραήλ. |
| TZab. | 4 | 11 | δούλου. τὸν δὲ χιτῶνα εἶχε Συμεὼν καὶ οὐκ ἤθελε | * δοῦναι * | αὐτὸν θέλων τῇ ῥομφαίᾳ αὐτοῦ κατακόψαι αὐτὸν |
| TZab. | 4 | 12 | δὲ κατ' αὐτοῦ πάντες ὁμοῦ εἴπομεν ὅτι ἐὰν μὴ | * δῷς * | ἐροῦμεν ὅτι σὺ μόνος ἐποίησας τὸ πονηρὸν ἐν 'Ισραήλ. |
| TZab. | 4 | 13 | σὺ μόνος ἐποίησας τὸ πονηρὸν ἐν 'Ισραήλ. καὶ οὕτως | * δίδωσιν * | αὐτὸν καὶ ἐποίησαν καθὼς εἶπεν ὁ Δάν. καὶ νῦν |
| TZab. | 6 | 1 | ἐγὼ ἐποίησα σκάφος ἐν θαλάσσῃ ἐπιπλέειν ὅτι κύριος | * ἔδωκέ * | μοι σύνεσιν καὶ σοφίαν ἐν αὐτῷ καὶ καθῆκα ξύλον |
| TZab. | 6 | 4 | τῆς θήρας μου παντὶ ἀνθρώπῳ ξένῳ σπλαγχνιζόμενος | * ἐδίδουν. * | εἰ δὲ ἦν ξένος ἢ νοσῶν ἢ γηράσας ἑψήσας τοὺς |
| TZab. | 7 | 1 | ἐπ' αὐτὸν κλέψας ἱμάτιον ἐκ τοῦ οἴκου μου κρυφαίως | * ἔδωκα * | τῷ θλιβομένῳ. καὶ ὑμεῖς οὖν τέκνα μου ἐξ ὧν |
| TZab. | 7 | 3 | ἐν ἀγαθῇ καρδίᾳ. εἰ δὲ μὴ ἔχετε πρὸς καιρὸν | * δοῦναι * | τῷ χρήζοντι συμπάσχετε ἐν σπλάγχνοις ἐλέους. οἶδα |
| TZab. | 9 | 4 | ὅτι πᾶν ὃ ἐποίησεν ὁ κύριος κεφαλὴν μίαν ἔχει. | * ἔδωκε * | δύο ὤμους χεῖρας πόδας ἀλλὰ πάντα τὰ μέλη τῇ μιᾷ |
| TDan | 2 | 5 | τοὺς ὀφθαλμοὺς αὐτοῦ; ἐν μίσει καρδίας καὶ | * δίδωσιν * | αὐτῷ καρδίαν ἰδίαν κατὰ τοῦ ἀδελφοῦ εἰς φθόνον. |
| TDan | 5 | 10 | τὸν Βελιὰρ πόλεμον καὶ τὴν ἐκδίκησιν τοῦ νίκους | * δώσει * | πατράσιν ἡμῶν. καὶ τὴν αἰχμαλωσίαν λάβῃ ἀπὸ τοῦ |
| TDan | 5 | 11 | καὶ ἐπιστρέψει καρδίας ἀπειθεῖς πρὸς κύριον καὶ | * δώσει * | τοῖς ἐπικαλουμένοις αὐτὸν εἰρήνην αἰώνιον καὶ |
| TNep. | 1 | 6 | ἀπὸ Βάλλας καὶ-ὅτι ἐν πανουργίᾳ ἐποίησε 'Ραχὴλ καὶ | * ἔδωκεν * | ἀνθ' ἑαυτῆς τὴν Βάλλαν τῷ 'Ιακὼβ καὶ ἐπὶ τῶν |
| TNep. | 1 | 11 | εὐγενής. καὶ αἰχμαλωτισθεὶς ἠγοράσθη ὑπὸ Λαβὰν καὶ | * ἔδωκεν * | αὐτῷ Αιναν τὴν παιδίσκην αὐτοῦ εἰς γυναῖκα ἥτις |
| TGad | 6 | 7 | τῇ κακίᾳ καὶ οὕτως ἄφες αὐτῷ ἀπὸ καρδίας καὶ | * δὸς * | τῷ θεῷ τὴν ἐκδίκησιν. ἐάν τις ὑπὲρ ὑμᾶς εὐοδοῦται μὴ |
| TAser | 1 | 3 | τὸ εὐθὲς ἐνώπιον τοῦ θεοῦ ὑποδείξω ὑμῖν. δύο ὁδοὺς | * ἔδωκεν * | ὁ θεὸς τοῖς υἱοῖς τῶν ἀνθρώπων καὶ δύο διαβούλια |
| TJos. | 2 | 3 | καιομένης. ἐφυλακίσθην ἐτυπτήθην ἐμυκτηρίσθην καὶ | * ἔδωκέ * | με κύριος εἰς οἰκτιρμοὺς ἐνώπιον τοῦ δεσμοφύλακος. |
| TJos. | 2 | 7 | μέγα φάρμακόν ἐστιν ἡ μακροθυμία καὶ πολλὰ ἀγαθὰ | * δίδωσιν * | ἡ ὑπομονή. ποσάκις ἡ Αἰγυπτία ἠπείλησέ μοι |
| TJos. | 3 | 5 | καὶ τριημερίζων ἐλάμβανόν μου τὴν δίαιταν καὶ | * ἐδίδουν * | αὐτὴν πένησι καὶ ἀσθενοῦσιν. καὶ ὤρθριζον πρὸς |
| TJos. | 11 | 6 | ἕως ἐπιστρέψωσι φέροντες ἐμπορίαν. καὶ ὁ κύριος | * ἔδωκέ * | μοι χάριν ἐν ὀφθαλμοῖς τοῦ μεταβόλου καὶ ἐπίστευσέ |

| | | | | |
|---|---|---|---|---|
| TJos. | 16 | 5 | χρυσίου μόνον πριάμενος τὸν παῖδα ἄγαγε. καὶ | * δίδει * αὐτοῖς ὀγδοήκοντα χρυσίνους ἀντ' ἐμοῦ ἑκατὸν εἰπὼν |
| TJos. | 16 | 5 | χρυσίνους ἀντ' ἐμοῦ ἑκατὸν εἰπὼν τῇ Αἰγυπτίᾳ | * δεδόσθαι * ἀντ' ἐμοῦ. καὶ ἰδὼν ἐγὼ ἐσιώπησα ἵνα μὴ ἐτασθῇ |
| TJos. | 17 | 6 | πράγματος καίγε πᾶν ὃ ἦν ἐν χειρί μου αὐτοῖς | * ἔδωκα. * οἱ υἱοὶ αὐτῶν υἱοί μου καὶ οἱ υἱοί μου ὡς δοῦλοι |
| TJos. | 18 | 3 | ἔλαβον εἰς γυναῖκα καὶ ἑκατὸν τάλαντά μοι χρυσίου | * δέδοται * σὺν αὐτῇ ὅτι κύριός μοι αὐτοὺς ἐδούλωσεν. καίγε |
| TJos. | 18 | 4 | ὅτι κύριός μοι αὐτοὺς ἐδούλωσεν. καίγε ὡραιότητα | * ἔδωκέ * μοι ὡς ἄνθος ὑπὲρ ὡραίους Ἰσραὴλ καὶ διεφύλαξέ με |
| TBen. | 2 | 3 | οἱ Ἰσμαηλῖται εἷς ἐξ αὐτῶν ἀποδύσας με τὸν χιτῶνα | * ἔδωκέ * μοι περίζωμα καὶ φραγελλώσας με εἶπε τρέχειν. ἐν |
| TBen. | 5 | 1 | ἀποστήσονται τοῦ πάθους ἀλλὰ καὶ τὰ τῆς πλεονεξίας | * δώσουσι * τοῖς θλιβομένοις. ἐὰν ἦτε ἀγαθοποιοῦντες καὶ τὰ |
| TBen. | 7 | 1 | μου φεύγετε τὴν κακίαν τοῦ Βελιὰρ ὅτι μάχαιραν | * δίδωσι * τοῖς πειθομένοις αὐτῇ. ἡ δὲ μάχαιρα ἑπτὰ κακῶν |
| TBen. | 10 | 4 | ὑμᾶς ἀντὶ πάσης κληρονομίας διδάσκω. καὶ ὑμεῖς οὖν | * δότε * αὐτὰ τοῖς τέκνοις ὑμῶν εἰς κατάσχεσιν αἰώνιον τοῦτο |
| TBen. | 11 | 2 | ἐν σωτηρίᾳ καὶ ἁρπάζων ὡς λύκος ἀπ' αὐτῶν καὶ | * διδοὺς * τῇ συναγωγῇ τῶν ἐθνῶν. καὶ ἕως συντελείας τῶν |
| Asen. | 1 | 7 | ὁ πρωτότοκος καὶ ἐξελιπάρει τὸν πατέρα αὐτοῦ τοῦ | * δοῦναι * αὐτὴν αὐτῷ εἰς γυναῖκα. καὶ εἶπε τῷ Φαραὼ ὁ υἱὸς |
| Asen. | 1 | 7 | καὶ εἶπε τῷ Φαραὼ ὁ υἱὸς αὐτοῦ ὁ πρωτότοκος | * δός * μοι πάτερ τὴν Ἀσενὲθ τὴν θυγατέρα Πεντεφρῆ τοῦ |
| Asen. | 4 | 2 | ὅσα ἐνήνοχαν ἐξ ἀγροῦ τῆς κληρονομίας αὐτῶν καὶ | * ἔδωκαν * τῇ θυγατρὶ αὐτῶν. καὶ ἐχάρη ἐπὶ πᾶσι τοῖς ἀγαθοῖς |
| Asen. | 6 | 8 | ἐγὼ κατ' αὐτοῦ ῥήματα πονηρὰ ἐν ἀγνοίᾳ. καὶ νῦν | * δότω * με ὁ πατήρ μου τῷ Ἰωσὴφ εἰς παιδίσκην καὶ εἰς |
| Asen. | 10 | 13 | διὰ τῆς θυρίδος τῆς βλεπούσης πρὸς βορρᾶν καὶ | * ἔδωκε * πάντα τοῖς κυσὶ τοῖς ἀλλοτρίοις. εἶπε γὰρ ἐν ἑαυτῇ |
| Asen. | 11 | 4 | μεμίσηκα τοὺς θεοὺς αὐτῶν καὶ ἀπώλεσα αὐτοὺς καὶ | * ἔδωκα * αὐτοὺς καταπατεῖσθαι ὑπὸ τῶν ἀνθρώπων. καὶ διὰ |
| Asen. | 12 | 1 | θεὸς τῶν αἰώνων ὁ κτίσας τὰ πάντα καὶ ζωοποιήσας ὁ | * δοὺς * πνοὴν ζωῆς πάσῃ τῇ κτίσει σου ὁ ἐξενέγκας τὰ ἀόρατα |
| Asen. | 12 | 15 | γὰρ πάντα τὰ ⟨δόματα⟩ τοῦ πατρός μου Πεντεφρῆ ἃ | * δέδωκέ * μοι εἰς κληρονομίαν πρόσκαιρά εἰσι καὶ ἄφαντα τὰ |
| Asen. | 13 | 8 | κύριε τὸ δεῖπνόν μου τὸ βασιλικὸν καὶ τὰ σιτία | * δέδωκα * τοῖς κυσὶ τοῖς ἀλλοτρίοις. καὶ ἰδοὺ ἐγὼ ἑπτὰ |
| Asen. | 13 | 11 | νῦν ἔγνων ὅτι ἦσαν εἴδωλα κωφὰ καὶ νεκρὰ καὶ | * δέδωκα * αὐτοὺς καταπατεῖσθαι ὑπὸ τῶν ἀνθρώπων καὶ οἱ |
| Asen. | 15 | 6 | ἀφθαρσίας. θάρσει Ἀσενὲθ ἡ παρθένος ἁγνή. ἰδοὺ | * δέδωκά * σε σήμερον νύμφην τῷ Ἰωσὴφ καὶ αὐτὸς ἔσται σοῦ |
| Asen. | 19 | 5 | ἄνθρωπος ἦλθε πρός με ἐκ τοῦ οὐρανοῦ σήμερον καὶ | * ἔδωκέ * μοι ἄρτον ζωῆς καὶ ἔφαγον καὶ ποτήριον εὐλογίας |
| Asen. | 19 | 5 | καὶ ποτήριον εὐλογίας καὶ ἔπιον καὶ εἶπέ μοι | * δέδωκά * σε εἰς νύμφην τῷ Ἰωσὴφ σήμερον καὶ αὐτὸς ἔσται |
| Asen. | 19 | 11 | αὐτῶν. καὶ κατεφίλησεν ὁ Ἰωσὴφ τὴν Ἀσενὲθ καὶ | * ἔδωκεν * αὐτῇ πνεῦμα ζωῆς καὶ κατεφίλησεν αὐτὴν τὸ |
| Asen. | 19 | 11 | πνεῦμα ζωῆς καὶ κατεφίλησεν αὐτὴν τὸ δεύτερον καὶ | * ἔδωκεν * αὐτῇ πνεῦμα σοφίας καὶ κατεφίλησεν αὐτὴν τὸ |
| Asen. | 19 | 11 | πνεῦμα σοφίας καὶ κατεφίλησεν αὐτὴν τὸ τρίτον καὶ | * ἔδωκεν * αὐτῇ πνεῦμα ἀληθείας. καὶ περιεπλάκησαν ἀλλήλοις |
| Asen. | 20 | 7 | ἐθαμβήθησαν ἐπὶ τῷ κάλλει αὐτῆς καὶ ἐχάρησαν καὶ | * ἔδωκαν * δόξαν τῷ θεῷ τῷ ζωοποιοῦντι τοὺς νεκρούς. καὶ |
| Asen. | 20 | 9 | καὶ λαλήσω περὶ Ἀσενὲθ εἰς τὰ ὦτα αὐτοῦ καὶ αὐτὸς | * δώσει * μοι αὐτὴν εἰς γυναῖκα. καὶ εἶπεν αὐτῷ Πεντεφρῆς |
| Asen. | 21 | 2 | τὸ πρωῒ καὶ ἀπῆλθε πρὸς Φαραὼ καὶ εἶπεν αὐτῷ | * δός * μοι τὴν Ἀσενὲθ θυγατέρα Πεντεφρῆ ἱερέως |
| Asen. | 21 | 21 | αἰώνων καὶ τῷ ἄρχοντι τοῦ ⟨οἴκου⟩ τοῦ ὑψίστου καὶ | * ἔδωκέ * μοι φαγεῖν ἄρτον ζωῆς καὶ ⟨πιεῖν⟩ ποτήριον σοφίας |
| Asen. | 23 | 3 | ἐγὼ σήμερον λήψομαι ὑμᾶς ἐμαυτῷ εἰς ἑταίρους καὶ | * δώσω * ὑμῖν χρυσίον καὶ ἀργύριον πολὺν καὶ παῖδας καὶ |
| Asen. | 24 | 15 | κληρονομίας ἡμῶν διότι ὥρα ἐστὶ τοῦ τρυγητοῦ. καὶ | * ἔδωκε * μετ' αὐτῆς ἑξακοσίους ἄνδρας δυνατοὺς εἰς πόλεμον |
| Asen. | 24 | 17 | αὐτῷ πάντας τοὺς ἐν κρυφῇ αὐτῶν λόγους λέγοντες | * δὸς * ἡμῖν ἄνδρας ⟨δυνατοὺς εἰς πόλεμον⟩. καὶ ἔδωκεν ὁ |
| Asen. | 24 | 18 | δὸς ἡμῖν ἄνδρας ⟨δυνατοὺς εἰς πόλεμον⟩. καὶ | * ἔδωκεν * ὁ υἱὸς Φαραὼ τοῖς τέσσαρσιν ἀδελφοῖς ἀνὰ |
| Asen. | 26 | 3 | διότι κἀγὼ πορεύσομαι ἐπὶ τὴν σιτοδοσίαν μου καὶ | * δώσω * ἄρτον πᾶσι τοῖς ἀνθρώποις καὶ οὐ μὴ φθαρήσεται ἀπὸ |
| Asen. | 27 | 4 | ἐπὶ τὴν πέτραν καὶ εἶπε τῷ ἡνιόχῳ τῆς Ἀσενὲθ | * δός * μοι λίθους ἐκ τοῦ χειμάρρου. καὶ ἔδωκεν αὐτῷ λίθους |
| Asen. | 27 | 5 | τῆς Ἀσενὲθ δός μοι λίθους ἐκ τοῦ χειμάρρου. καὶ | * ἔδωκεν * αὐτῷ λίθους πεντήκοντα. καὶ ἠκόντισε Βενιαμὶν |
| Asen. | 28 | 14 | ποιήσεις κακὸν ἀντὶ κακοῦ τῷ πλησίον σου. τῷ κυρίῳ | * δώσεις * ἐκδικήσειν τὴν ὕβριν αὐτῶν. καὶ αὐτοὶ ἀδελφοὶ |
| Sal. | 5 | 3 | καὶ τίς λήψεται ἀπὸ πάντων ὧν ἐποίησας ἐὰν μὴ σὺ | * δῷς; * ὅτι ἄνθρωπος καὶ ἡ μερὶς αὐτοῦ παρὰ σοῦ ἐν σταθμῷ |
| Sal. | 5 | 8 | ἐὰν γὰρ πεινάσω πρός σὲ κεκράξομαι ὁ θεὸς καὶ σὺ | * δώσεις * μοι. τὰ πετεινὰ καὶ τοὺς ἰχθύας σὺ τρέφεις ἐν τῷ |
| Sal. | 5 | 9 | μοι. τὰ πετεινὰ καὶ τοὺς ἰχθύας σὺ τρέφεις ἐν τῷ | * διδόναι * σε ὑετὸν ἐρήμοις εἰς ἀνατολὴν χλόης ἡτοίμασας |
| Sal. | 7 | 3 | σου. σὺ ἐν θελήματί σου παίδευσον ἡμᾶς καὶ μὴ | * δῷς * ἔθνεσιν. ἐὰν γὰρ ἀποστείλῃς θάνατον σὺ ἐντελῇ αὐτῷ |
| Sal. | 9 | 1 | λυτρωσαμένου αὐτοὺς ἀπερρίφησαν ἀπὸ κληρονομίας ἧς | * ἔδωκεν * αὐτοῖς κύριος. ἐν παντὶ ἔθνει ἡ διασπορὰ τοῦ |
| Sal. | 16 | 12 | ἐν τῷ ἐνισχῦσαί σε τὴν ψυχήν μου ἀρκέσει μοι τὸ | * δοθέν. * ὅτι ἐὰν μὴ σὺ ἐνισχύσῃς τίς ὑφέξεται παιδείαν ἐν |
| Jer. | 3 | 15 | διὰ τῆς ὁδοῦ τοῦ ὄρους καὶ ἐνεγκὼν ὀλίγα σῦκα | * δίδου * τοῖς νοσοῦσι τοῦ λαοῦ ὅτι ἐπὶ σὲ ἡ εὐφρασία τοῦ |
| Jer. | 5 | 25 | εἰς τὸ χωρίον τοῦ Ἀγρίππα ἐνέγκαι ὀλίγα σῦκα ἵνα | * δίδωμεν * τοῖς νοσοῦσι τοῦ λαοῦ; καὶ ἀπελθὼν ἤνεγκον αὐτὰ |
| Jer. | 5 | 34 | εἶπε νισσὰν ὅ ἐστιν Ἀβίβ. καὶ ἐπάρας ἐκ τῶν σύκων | * ἔδωκε * τῷ γηραιῷ ἀνθρώπῳ καὶ λέγει αὐτῷ ὁ θεὸς |
| Jer. | 7 | 12 | καὶ βούλωνται πολεμῆσαι μετὰ σοῦ ἀγώνισαι ὁ κύριος | * δῴη * σοι δύναμιν. καὶ μὴ ἐκκλίνῃς εἰς τὰ δεξιὰ μήτε εἰς |
| Jer. | 7 | 14 | Ἱερεμίας παρὰ τοῦ βασιλέως Ναβουχοδονόσορ λέγων | * δός * μοι τόπον ποῦ θάψω τοὺς νεκροὺς τοῦ λαοῦ μου καὶ |
| Jer. | 7 | 15 | μοι τόπον ποῦ θάψω τοὺς νεκροὺς τοῦ λαοῦ μου καὶ | * ἔδωκεν * αὐτῷ ὁ βασιλεύς. ἀπερχομένων δὲ αὐτῶν καὶ |
| Jer. | 7 | 31 | καὶ ἐπετάσθη ὁ ἀετὸς καὶ ἦλθεν εἰς Ἱερουσαλὴμ καὶ | * ἔδωκεν * τὴν ἐπιστολὴν τῷ Βαρούχ καὶ λύσας ἀνέγνω καὶ |
| Jer. | 9 | 15 | τὰ βεβλαστηκότα καὶ μεγαλαυχοῦντα καὶ λέγοντα | * ἐδώκαμεν * τὸ τέλος ἡμῶν τῷ ἀέρι ποιῆσει αὐτὰ ξηρανθῆναι |
| Bar. | 3 | 5 | οὗτοι; καὶ εἶπεν οὗτοί εἰσιν οἱ τὴν συμβουλὴν | * δόντες * τοῦ ποιῆσαι τὸν πύργον. αὐτοὶ γὰρ οὓς ὁρᾷς |
| Bar. | 6 | 14 | ἀπὸ τοῦ σκότους. καὶ ἦλθεν φωνὴ λέγουσα φωτόδοτα | * δὸς * τῷ κόσμῳ τὸ φέγγος. καὶ ἀκούσας τὸν κτύπον τοῦ |
| Bar. | 7 | 2 | εἰσὶν καὶ ἐν τῷ τρίτῳ οὐρανῷ διέρχεται ὁ ἥλιος καὶ | * διδοῖ * τῷ κόσμῳ τὸ φέγγος. ἀλλ' ἔκδεξαι καὶ ὄψει δόξαν |
| Bar. | 12 | 1 | ἦλθον ἄγγελοι φέροντες κανίσκια γέμοντα ἀνθῶν καὶ | * ἔδωκαν * αὐτὰ πρὸς τὸν Μιχαήλ. καὶ ἠρώτησα τὸν ἄγγελον |
| Bar. | 15 | 2 | πλήρη ἐπλήρωσεν αὐτὰ ἐλαίῳ λέγων ἀπενέγκατε | * δότε * ἑκατονταπλασίονα τὸν μισθὸν τοῖς φίλοις ἡμῶν καὶ |
| Prop. | 1 | 5 | ἔχωσι τὴν ἀπόλαυσιν τοῦ ὕδατος διὰ καὶ χρησμὸς | * ἐδόθη * αὐτοῖς περὶ αὐτοῦ. ἔστι δὲ ὁ τάφος ἐχόμενα τοῦ |
| Prop. | 2 | 7 | λέγουσι πᾶν εὐώνυμον. οὗτος ὁ Ἱερεμίας σημεῖον | * δέδωκε * τοῖς ἱερεῦσιν Αἰγύπτου ὅτι δεῖ σεισθῆναι τὰ |
| Prop. | 2 | 15 | παύσηται ἡ δόξα τοῦ θεοῦ ἐκ τοῦ νόμου αὐτοῦ. καὶ | * ἔδωκεν * ὁ θεὸς τῷ Ἱερεμίᾳ χάριν ἵνα τὸ τέλος τοῦ |
| Prop. | 3 | 6 | γῆς ἐν πέτρᾳ κρεμάμενον. οὗτος ὁ προφήτης τέρας | * ἔδωκε * τῷ λαῷ ὥστε προσέχειν τῷ ποταμῷ Χοβὰρ ὅτε ἐκλείποι |
| Prop. | 4 | 21 | ἐν τῷ σπηλαίῳ τῷ βασιλικῷ μόνος ἐνδόξως. καὶ αὐτὸς | * ἔδωκε * τέρας ἐν ὄρεσι τοῖς ὑπεράνω Βαβυλῶνος ὅτι ὅτε |
| Prop. | 5 | 2 | Ἰσάχαρ καὶ ἐτάφη ἐν τῇ γῇ αὐτοῦ ἐν εἰρήνῃ. καὶ | * ἔδωκε * τέρας ἥξειν κύριον ἐπὶ τῆς γῆς ἐὰν ἡ δρῦς ἡ ἐν |
| Prop. | 10 | 8 | ἐτάφη ἐν τῷ σπηλαίῳ τοῦ Κενεζίου τοῦ κριτοῦ. καὶ | * ἔδωκε * τέρας ἐπὶ Ἱερουσαλὴμ καὶ ὅλην τὴν γῆν ὅτε ἴδωσι |
| Prop. | 10 | 8B | γενόμενος εἰς τύπον τῆς τοῦ κυρίου ἀναστάσεως καὶ | * ἔδωκε * τέρας ἐπὶ Ἰσραὴλ λέγων ὅτι ὅτε ἴδωσιν ἐπὶ |
| Prop. | 11 | 2 | Συμεών. οὗτος μετὰ τὸν Ἰωνᾶν τῇ Νινευῒ τέρας | * ἔδωκεν * ὅτι ὑπὸ ὑδάτων γλυκέων καὶ πυρὸς ὑπογείου |
| Prop. | 12 | 7 | τοῖς θερισταῖς. καὶ γενόμενος ἐν Βαβυλῶνι καὶ | * δοὺς * τὸ ἄριστον τῷ Δανιὴλ ἐπέστη τοῖς θερισταῖς ἐσθίουσι |
| Prop. | 12 | 10 | τῆς ἐπιστροφῆς. καὶ ἐτάφη ἐν ἀγρῷ ἰδίῳ μόνος. | * ἔδωκε * δὲ τέρας τοῖς ἐν τῇ Ἰουδαίᾳ ὅτι ὄψονται ἐν τῷ ναῷ |
| Prop. | 15 | 1 | κἀκεῖ πολλὰ τῷ λαῷ προεφήτευσε καὶ τέρατα | * ἔδωκεν * εἰς ἀπόδειξιν. οὗτος εἶπε τῷ Ἰωσεδὲκ ὅτι |
| Prop. | 15 | 4 | καὶ ὄνομα Ζοροβάβελ ἐπέθηκε καὶ ἐπὶ Κύρου τέρας | * ἔδωκεν * εἰς νῖκος καὶ περὶ τῆς λειτουργίας αὐτοῦ |
| Prop. | 21 | 2 | καὶ ὅτι ἐν πυρὶ αὐτὸν ἐσπαργάνουν καὶ φλόγα πυρὸς | * ἐδίδουν * αὐτῷ φαγεῖν καὶ ἐλθὼν ἀνήγγειλεν ἐν Ἱερουσαλὴμ |
| Prop. | 23 | 2 | ἴσχυον οἱ ἱερεῖς ἰδεῖν ὀπτασίαν ἀγγέλων θεοῦ οὔτε | * δοῦναι * χρησμοὺς ἐκ τοῦ Δαβεὶρ οὔτε ἐρωτῆσαι ἐν τῷ Ἐφοὺδ |
| Esdr. | 1 | 2 | οἴκῳ μου καὶ κράξας λέγων πρὸς τὸν ὕψιστον κύριε | * δὸς * τὴν δόξαν ἵνα ἴδω τὰ μυστήριά σου. καὶ νυκτὸς |
| Esdr. | 1 | 4 | εἶπέν μοι. καὶ ἦλθεν Ῥαφαὴλ ὁ ἀρχιστράτηγος καὶ | * ἔδωκέν * μοι ῥάβδον στηράκην. καὶ ἐνήστευσα δὶς ἑξήκοντα |
| Esdr. | 1 | 20 | ὁ θεὸς θέλω ἔχειν σε ὡς καὶ Παῦλον καὶ Ἰωάννην σὺ | * διδούς * μοι ἀδιάφθορον τὸν ἀσύλητον θησαυρὸν τὸ κειμήλιον |
| Esdr. | 2 | 4 | μετ' ἐμοῦ κύριε εἰς κρίσιν. καὶ εἶπεν ὁ θεὸς ἰδοὺ | * δίδωμί * σοι τὴν διαθήκην μου ἐμοῦ τε καὶ σοῦ ἵνα |
| Esdr. | 4 | 7 | ταρτάρου. καὶ εἶπεν ὁ θεὸς κάτελθε καὶ ἴδε. καὶ | * ἔδωκέν * μοι Μιχαὴλ καὶ Γαβριὴλ καὶ ἄλλους τριάκοντα |
| Esdr. | 5 | 3 | εἶπόν μοι οἱ ἄγγελοι αὕτη τὸ γάλα ἐφθόνησεν τοῦ | * δοῦναι * ἀλλὰ καὶ τὰ νήπια ἐν τοῖς ποταμοῖς ἔρριψεν. καὶ |
| Esdr. | 6 | 3 | φωνὴ πρός με δεῦρο τελεύτα Ἔσδρὰμ ἀγαπητέ μου | * δοὺς * τὴν παρακαταθήκην. καὶ εἶπεν ὁ προφήτης καὶ πόθεν |
| Esdr. | 6 | 17 | ὁ κύριος στρατιὰν ἀγγέλων πολλὴν λέγει τῷ προφήτῃ | * δός * μοι τὴν παρακαταθήκην ἣν παρεθέμην σοι ὁ στέφανός |
| Esdr. | 6 | 21 | οὐ μὴ παύσωμαι δικαζόμενός σε. καὶ εἶπεν ὁ θεὸς | * δὸς * τέως τὴν παρακαταθήκην ὁ στέφανός σοι ἡτοίμασται |
| Esdr. | 7 | 7 | εἰς τοὺς οὐρανοὺς ἅρας τὸν προφήτην Ἠλίαν ὁ | * διδοὺς * τροφὴν πάσῃ σαρκὶ ὃν πάντα φρίσσει καὶ τρέμει ἀπὸ |
| Esdr. | 7 | 9 | σου ἐπάκουσόν μου τὸν πολλὰ σοι δικασάμενον καὶ | * δὸς * πᾶσι τοῖς μεταγράφουσιν τὸ βιβλίον τοῦτο καὶ ἔχουσιν |
| Esdr. | 7 | 9 | τοῦ ὀνόματός μου καὶ ἐπιτελοῦσιν τὴν μνήμην μου | * δὸς * αὐτοῖς εὐλογίαν οὐρανόθεν καὶ εὐλόγησον αὐτοῦ πάντα |
| Sedr. | 6 | 8 | πῶς δὲ ἐγὼ ὁ θαυμαστὸς καὶ ζηλωτὴς θεὸς τὰ πάντα | * δέδωκα * αὐτῷ καὶ αὐτὸς λαβὼν ταῦτα ἐγένετο μοιχαλὶς καὶ |
| Sedr. | 9 | 2 | ἐν τῷ παραδείσῳ. λέγει ὁ μονογενὴς υἱὸς τὸν Σεδρὰχ | ⟨δός * μοι τὴν παρακαταθήκην⟩ ἣν παρέθετο ὁ πατὴρ ἡμῶν ἐν |
| Sedr. | 9 | 3 | τῷ ἁγίῳ σου σκηνώματι ἐκ βρέφους. λέγει Σεδρὰχ οὐ | * δίδωμί * σοι τὴν ψυχήν μου. λέγει αὐτὸν ὁ υἱὸς καὶ διὰ τί |
| Sedr. | 9 | 5 | μου μὴ ἀναισχύντως λάβω τὴν ψυχήν σου εἰ ⟨δὲ⟩ μὴ | * δός * μοι τὴν ποθεινοτάτην ψυχήν σου. καὶ εἶπεν Σεδρὰχ τὸν |
| Sedr. | 10 | 6 | τὴν μνήμην ἐξέστη λίαν καὶ εἶπεν Σεδρὰχ τὸν θεὸν | * δός * μοι κύριε ἴασιν ὀλίγην ἵνα κλαύσω ὅτι ἤκουσα πολλὰ |
| Job | 3 | 6 | ὁ τόπος τοῦ Σατανᾶ ἐν ᾧ ἀπατηθήσονται οἱ ἄνθρωποι, | * δός * μοι ἐξουσίαν ἵνα ἀπελθὼν καθαρίσω αὐτοῦ τὸν τόπον, |
| Job | 7 | 2 | καὶ ἐλθὼν λελάληκεν τῇ θυρωρῷ λέγων εἰπὸν τῷ Ἰωβ | * δός * μοι ἄρτον ἐκ τῶν χειρῶν σου ἵνα φάγω. καὶ ἐγὼ ἄρτον |
| Job | 7 | 3 | χειρῶν σου ἵνα φάγω. καὶ ἐγὼ ἄρτον ἐκκεκαυμένον | * δέδωκα * τῇ παιδὶ διδόναι αὐτῷ, καὶ εἶπον αὐτῷ ὅτι μηκέτι |
| Job | 7 | 3 | φάγω. καὶ ἐγὼ ἄρτον ἐκκεκαυμένον δέδωκα τῇ παιδὶ | * διδόναι * αὐτῷ, καὶ εἶπον αὐτῷ ὅτι μηκέτι προσδόκα φαγεῖν |
| Job | 7 | 5 | ὅτι ἀπηλλοτρίωσαί μου. καὶ ἡ θυρωρὸς αἰδεσθεῖσα | * δοῦναι * αὐτῷ τὸν κεκαυμένον καὶ σποδοειδῆν ἄρτον, ἐπεὶ μὴ |
| Job | 7 | 6 | Σαταν᾽ν, ἦρεν ἐκ τῶν ἑαυτῆς ἕνα ἄρτον καλὸν καὶ | * ἔδωκεν * αὐτῷ. ὁ δὲ λαβὼν καὶ γνοὺς τὸ γεγονός, εἶπεν τῇ |
| Job | 7 | 7 | εἶπεν τῇ παιδὶ ἀπελθοῦσα, κακὴ δούλη, φέρε τὸν | * δοθέντα * σοι δοθῆναί μοι ἄρτον. καὶ ἔκλαυσεν μετὰ λύπης |
| Job | 7 | 7 | παιδὶ ἀπελθοῦσα, κακὴ δούλη, φέρε τὸν δοθέντα σοι | * δοθῆναί * μοι ἄρτον. καὶ ἔκλαυσεν μετὰ λύπης μεγάλης ἡ |
| Job | 7 | 11 | μου διότι ἀπηλλοτριώθην σου ἀκμὴν καὶ τοῦτό σοι | * ἔδωκα * ἵνα μὴ ἐγκληθῶ ὅτι τῷ αἰτήσαντι ἐχθρῷ οὐδὲν |
| Job | 9 | 6 | καὶ τὴν ἐξ αὐτῶν γονὴν ἐκέλευον πιπράσκεσθαι καὶ | * διδόναι * τοῖς πένησιν καὶ ἐπιδεομένοις. καὶ ἤρχοντό μοι |
| Job | 11 | 6 | τῶν πτωχῶν καὶ προθύμως δεξάμενος τὸ γραμματεῖον | * ἐδίδουν * αὐτοῖς ὅσον ἤθελον μὴ λαμβάνων παρ' αὐτῶν |
| Job | 11 | 9 | ἐμοῖς. ἐνίοτε δὲ ἐμπορευόμενοι ἐπετύγχανον καὶ | * ἐδίδουν * τοῖς πτωχοῖς ἐνίοτε δὲ πάλιν ἀπεσυλοῦντο καὶ |
| Job | 13 | 5 | πενήτων ὀλιγορούντων κατηρῶντό μοι λέγοντες τίς ἂν | * δῴη * ἡμῖν ἐκ τῶν σαρκῶν αὐτοῦ ἐμπλησθῆναι; λίαν μου |
| Job | 19 | 4 | ἐγὼ συνιδὼν τὸ γενόμενον ἀνεβόησα λέγων ὁ κύριος | * ἔδωκεν, * ὁ κύριος ἀφείλατο ὡς τῷ κυρίῳ ἔδοξεν, οὕτως καὶ |

Job 20 3 τῷ σώματι ὡς ἠβούλετο, τῆς δὲ ψυχῆς μου οὐκ * ἔδωκεν * αὐτῷ τὴν ἐξουσίαν καὶ προσῆλθέν μοι καθημένῳ ἐπὶ
Job 23 10 ψαλίδα ἔκειρεν τὴν τρίχα τῆς κεφαλῆς αὐτῆς καὶ * ἔδωκεν * αὐτῇ τρεῖς ἄρτους πάντων βλεπόντων ἡ δὲ λαβοῦσα
Job 24 8 ἐν τῇ καρδίᾳ μου ὅτι οὐκ ἀρκετὸν πράττειν+ * δὸς * τὸ ἀργύριον καὶ λήψει. καὶ ἐμὲ δὲ δεῖξαι τὴν ἀπορίαν
Job 37 6 πληγὰς ταύτας ἢ ἀφελόμενός σου τὰ ὑπάρχοντα. εἰ * ἐδίδου * καὶ ἀφείλατο, ἐχρῆν αὐτὸν ὅλως μὴ δεδωκέναι τι
Job 37 6 εἰ ἐδίδου καὶ ἀφείλατο, ἐχρῆν αὐτὸν ὅλως μὴ * δεδωκέναι * τι οὐδέποτε βασιλεὺς ἀτιμάσει στρατιώτην ἴδιον
Job 40 9 μετὰ μυκήματος κλαυθμοῦ ἐπ' αὐτήν, καὶ ἡ φωνὴ * ἔδωκεν * διὰ πάσης τῆς πόλεως. καὶ τότε εἰσεπήδησαν γνῶναι
Job 44 4 τῶν πτωχῶν τοῦ πάλιν εὐποιεῖν ᾐτησάμην λέγων * δότε * μοι ἕκαστος ἀμνάδα μίαν εἰς ἔνδυσιν τῶν πτωχῶν τῶν
Job 46 2 ἡμῶν, μὴ καὶ ἡμεῖς οὐκ ἐσμὲν τέκνα σου; διατί οὐκ * ἔδωκας * ἡμῖν ἐκ τῶν ὄντων σοι; εἶπεν δὲ Ἰωβ ταῖς θηλείαις
Job 46 5 καὶ ἔνεγκε τὰ τρία σκευάρια τοῦ χρυσοῦ, ἵνα * δῶ * ὑμῖν τὴν κληρονομίαν. ἡ δὲ ἀπελθοῦσα ἤνεγκεν αὐτὰ καὶ
Job 46 9 σπινθῆρας πυρός, ὡς ἀκτῖνας τοῦ ἡλίου. καὶ * δέδωκεν * χορδὴν μίαν εἰπὼν λάβετε αὐτὰς περὶ τὸ στῆθος
Job 52 3 ψυχὴν αὐτοῦ καὶ εὐθέως ἀναστὰς ἔλαβεν κιθάραν καὶ * ἔδωκεν * τῇ θυγατρὶ αὐτοῦ Ἡμέρᾳ τῇ δὲ Κασίᾳ ἔδωκεν
Job 52 4 καὶ ἔδωκεν τῇ θυγατρὶ αὐτοῦ Ἡμέρᾳ τῇ δὲ Κασίᾳ * ἔδωκεν * θυμιατήριον, τῇ δὲ Ἀμαλθείας κέρας ἔδωκεν
Job 52 4 Κασίᾳ ἔδωκεν θυμιατήριον, τῇ δὲ Ἀμαλθείας κέρας * ἔδωκεν * τύμπανον, ὅπως εὐλογήσωσιν τοὺς ἐλθόντας ἐπὶ τὴν
Aris. 27 5 προσανενεχθέντος εἰ καὶ περὶ τούτων εἰκοσαδραχμία * δοθήσεται * καὶ τοῦτ' ἐκέλευσεν ὁ βασιλεὺς ποιεῖν
Aris. 33 4 καὶ τὴν γενομένην ἀπολύτρωσιν τῶν αἰχμαλώτων. * ἔδωκε * δὲ καὶ εἰς κατασκευὴν κρατήρων τε καὶ φιαλῶν καὶ
Aris. 33 8 τοῖς τεχνίταις ὧν ἂν προαιρῶνται τὴν ἐκλογὴν * διδόναι * καὶ νομίσματος εἰς θυσίας καὶ ἄλλα πρὸς τάλαντα
Aris. 102 3 ἀνδρῶν καὶ τῇ πατρίδι μεγάλας ἀποδείξεις * δεδωκότων * οἵτινες οὐκ εἶχον ἐξουσίαν ἐξιέναι τῆς ἄκρας
Aris. 110 4 τοῖς ἐπὶ τῶν χρειῶν ὁμοίως δι' ἐγγράπτων διαστολὰς * ἔδωκεν * ἐὰν ἀναγκαῖον ᾖ κατακαλέσαι διακρίνειν ἐν ἡμέραις
Aris. 158 3 μὴν καὶ ἐκ τῶν περιβολαίων παράσημον ἡμῖν μνείας * δέδωκεν * ὡσαύτως δὲ καὶ ἐπὶ τῶν πυλῶν καὶ θυρῶν
Aris. 181 3 μεθ' ὑμῶν. τῶν δὲ ἀσμενισάντων ἐκέλευσε καταλύματα * δοθῆναι * τὰ κάλλιστα πλησίον τῆς ἄκρας αὐτοῖς καὶ τὰ κατὰ
Aris. 185 2 τῶν ἀγαθῶν ὧν ἔκτισεν ὁ παντοκράτωρ θεὸς καὶ * δῴη * σοι ταῦτ' ἔχειν καὶ γυναικὶ καὶ τέκνοις καὶ τοῖς
Aris. 194 5 χρόνον πρὸς τὸ συμπέρασμα δρᾶν τι καὶ γὰρ ὁ θεὸς * διδοὺς * ἀνοχὰς καὶ ἐνδεικνύμενος τὰ τῆς δυναστείας φόβον
Aris. 197 6 ὄντα τούτων ἀμιγῆ γενέσθαι ὁ θεὸς δὲ τὴν εὐψυχίαν * δίδωσιν * ὃν ἱκετεύειν ἀναγκαῖον. φιλοφρονηθεὶς δὲ καὶ
Aris. 219 5 δὲ οὐχ ὑπόκρισιν ἔχεις ἀλλ' ἀληθῶς βασιλεύεις θεοῦ * δόντος * σοὶ καταξίως τῶν τρόπων τὴν ἡγεμονίαν. τοῦ δὲ
Aris. 223 4 μέγεθος πλὴν ἐν πᾶσι μετριότης καλόν. ἃ δὲ ὁ θεὸς * δίδωσι * ταῦτα λαμβάνων σύνεχε τῶν δ' ἀνεφίκτων μὴ
Aris. 240 3 πρὸς τοῦτο ἔφησε γινώσκων ὅτι τὰς ἐπινοίας ὁ θεὸς * ἔδωκε * τοῖς νομοθετήσασι πρὸς τὸ σῴζεσθαι τοὺς βίους τῶν
Aris. 249 6 οὖν ἅπαντας καθὼς συνεχῶς τοῦτ' ἐπιτελεῖς θεοῦ * διδόντος * σοὶ πρὸς πάντας χάριν φιλόπατρις φανήσῃ. τούτου
Aris. 267 5 λαμβάνων δικαιοσύνην ὡς καὶ ποιεῖς θεοῦ σοι * διδόντος * εὖ λογίζεσθαι. φιλοφρονηθεὶς δὲ τούτῳ πρὸς τὸν
Aris. 270 8 σὺ δὲ πάντας εὐνόους ἔχεις θεοῦ σοι καλὴν βουλὴν * διδόντος. * σοφῶς δὲ αὐτὸν εἰπὼν ἀποκεκρίσθαι ἑτέρῳ εἶπε
Aris. 271 5 σὺ τοῦτο πράσσεις θεοῦ σοι τὴν σεμνὴν ἐπίνοιαν * διδόντος. * θαρσύνας δὲ τοῦτον ἕτερον ἐπηρώτα τί
Aris. 274 2 ἐπανορθῶν ἅπαντας τοῦ θεοῦ σοι καλοφροσύνην * δεδωκότος. * ἐπισημήνας δὲ κρότῳ πάντας αὐτοὺς ἀπεδέξατο
Aris. 280 6 εἶπε μέγιστε βασιλεῦ θεοῦ σοι στέφανον δικαιοσύνης * δεδωκότος. * ἀποδεξάμενος δὲ αὐτὸν μετὰ φωνῆς ἐπὶ τὸν
Aris. 282 5 καθὼς σὺ τοῦτο ποιῶν ἀξιοθαύμαστος εἶ τοῦ θεοῦ σοι * διδόντος * εἰς ταῦτα τὴν ἐπιμέλειαν. ἐπιφωνήσας δὲ καὶ
Aris. 292 5 τὴν περὶ σεαυτὸν δόξαν κατεσκεύασας τοῦ θεοῦ σοι * διδόντος * ἔχειν ἁγνὴν καὶ ἀμιγῆ παντὸς κακοῦ τὴν
Aris. 294 3 ἑκάστῳ δὲ τρία τάλαντα προσέταξεν ἀργυρίου * δοθῆναι * καὶ τὸν ἀποκαταστήσοντα παῖδα. συνεπιφωνησάντων
Aris. 319 3 τοῖς ἀνδράσι χρησάμενος. ἑκάστῳ γὰρ στολὰς * ἔδωκε * τῶν κρατίστων τρεῖς καὶ χρυσίου τάλαντα δύο καὶ
Sib. 3 257 ἦγεν εἰς τὸ ὄρος Σινᾶ καὶ τὸν νόμον οὐρανόθι πρὸ * δῶκε * θεὸς γράψας πλαξὶν δυσὶ πάντα δίκαια καὶ προσέταξε
Sib. 3 293 καὶ χαλκόν τε πολύκμητόν τε σίδηρον. αὐτὸς γὰρ * δώσει * θεὸς ἔννυχον ἁγνὸν ὄνειρον. καὶ τότε δὴ ναὸς πάλιν
Sib. 3 396 δὴ γενεῆς κείνου γένος ἐξαπολεῖται ῥίζαν ἴαν γε * διδοὺς * ἣν καὶ κόψει βροτολοιγὸς ἐκ δέκα δὴ κεράτων +παρὰ
Sib. 3 412 παμφύλου πολέμοιο δαήμονας ἕξει ἄνακτας Αἰνεάδας * +διδοὺς+ * αὐτόχθονος ἐγγενὲς αἷμα. ἀλλὰ μεταῦτις ἕλωρ ἔσῃ
Sib. 3 511 πορθέοντες +τότε σοι κακὸν ἔσται+ γαίῃ δ' ἀλλοτρίῃ * δώσεις * --- οὐδέ τι λήψῃ. αἰαῖ +σοι Γὼγ καὶ πᾶσιν ἐφεξῆς
Sib. 3 584 χάρμα βροτοῖς πάντεσσι φέροντες. μούνοις γάρ σφιν * δῶκε * θεὸς μέγας εὔφρονα βουλὴν καὶ πίστιν καὶ ἄριστον
Sib. 3 619 πεσεῖται. καὶ τότε δὴ χάρμην μεγάλην θεὸς ἀνδράσι * δώσει * καὶ γὰρ γῆ καὶ δένδρα καὶ ἄσπετα ποίμνια μήλων
Sib. 3 621 καὶ γὰρ γῆ καὶ δένδρα καὶ ἄσπετα ποίμνια μήλων * δώσουσιν * καρπὸν τὸν ἀληθινὸν ἀνθρώποισιν οἴνου καὶ
Sib. 3 704 ἡσυχίως ζήσοντ' εὐφραινόμενοι ἐπὶ τούτοις οἷς * δώσει * κτίστης ὁ δικαιοκρίτης τε μόναρχος. αὐτὸς γὰρ
Sib. 3 744 κρίσις ἠδὲ καὶ ἀρχή. γῆ γὰρ παγγενέτειρα βροτοῖς * δώσει * τὸν ἄριστον καρπὸν ἀπειρέσιον σίτου οἴνου καὶ
Sib. 3 768 αἰῶνας πάντας ἐπ' ἀνθρώπους ἅγιον νόμον ὅς ποτ' * ἔδωκεν * εὐσεβέσιν τοῖς πᾶσιν ὑπέσχετο γαῖαν ἀνοίξειν καὶ
Sib. 3 775 ἐπ' ἀνθρώποισι καὶ ἐσσομένοισι πυθέσθαι ἀλλ' ὃν * ἔδωκε * θεὸς πιστοῖς ἄνδρεσσι γεραίρειν. (υἱὸν γὰρ
Sib. 3 785 ἠδὲ καὶ ἀρχή. εὐφράνθητι κόρη καὶ ἀγάλλεο σοὶ γὰρ * ἔδωκεν * εὐφροσύνην αἰῶνος ὃς οὐρανὸν ἔκτισε καὶ γῆν. ἐν
Sib. 4 46 δὲ μενοῦσιν ἐπὶ ζείδωρον ἄρουραν πνεῦμα θεοῦ * δόντος * ζωὴν θ' ἅμα καὶ χάριν αὐτοῖς. ἀλλὰ τὰ μὲν δεκάτῃ
Sib. 4 168 καὶ εὐλογίαις ἀσέβειαν πικρὰν ἱλάσκεσθε θεὸς * δώσει * μετάνοιαν οὐδ' ὀλέσει παύσει δὲ χόλον πάλιν ἤνπερ
Sib. 4 189 μεγάλοιο θεοῦ καὶ ἀφθιτον ὄλβον πνεῦμα θεοῦ * δόντος * ζωὴν θ' ἅμα καὶ χάριν αὐτοῖς εὐσεβέσιν πάντες δὲ
Sib. 5 90 οὐ λείψει πόλεμός τ' οὐ --- τῆς ὑπερηφανίης * δώσεις * ὅσα πρόσθεν ἔρεξας. σιγήσεις αἰῶνα πολὺν καὶ
Sib. 5 220 γαῖαν ὀλεῖ καὶ κόψει ὡς προτέθειται. τούτῳ γάρ τοι * δῶκε * θεὸς μένος ἐς τὸ ποιῆσαι οἷά τις οὐ πρότερος τῶν
Sib. 5 223 σὺν πληγάδι ῥίζας +στησάμενος+ μεγάλως ἑτέροις * δώσειε * πάσασθαι ὥστε φαγεῖν σάρκας γονέων βασιλῆος
Sib. 5 374 Μακηδονίης στάξει χόλος ἐν πεδίοισιν --- συμμαχίην * +δῶ * δ'+ ἐκ δυσμῶν βασιλῆι δ' ὄλεθρον. καὶ τότε χειμερίη
Sib. 5 446 κρίσιν ἀντιδίκων ἥξεις ὧν εἵνεκα λύτρα πέπομφας+ * δώσεις * δ' ἀντὶ λόγων σκολιῶν πικρὸν λόγον ἐχθροῖς. ἔσται
Sib. 5 503 κεῖς αὐτὸν θυσίας οἴσει λαὸς θεότευκτος κείνοισιν * δώσει * θεὸς ἄφθιτος (ἐμ)βιοτεύειν. ἀλλ' ὅταν
FJub. 1 1 καὶ περὶ τῆς νομοθεσίας τῆς μελλούσης παρ' αὐτοῦ * δίδοσθαι * τῷ Ἰουδαίων ἔθνει καὶ τὰς τῶν ἄστρων θέσεις
FJub. 10 9 μοῖραν ἀπ' αὐτῶν πρὸς πειρασμὸν τῶν ἀνθρώπων καὶ * ἐδόθη * αὐτῷ τὸ δέκατον αὐτῶν κατὰ πρόσταξιν θείαν ὥστε
FJub. 22 4 ἐγέννησεν τὸν Ἰακώβ. κολλυρίδας ποιήσασα Ῥεβέκκα * ἔδωκε * τῷ Ἰακὼβ καὶ εἰσήγαγε μεθ' ἑτέρων δώρων πρὸς
FMan. 2 22 10 καὶ κατασεσιδηρωμένος ὅλος ἐν οἴκῳ φυλακῆς καὶ * ἐδίδοτο * αὐτῷ ἐκ πιτύρων ἄρτος ἐν σταθμῷ βραχὺς καὶ ὕδωρ
FEz. 185 8 των νεφ(ρων μου διαλε)υμαι εως της κοιλ(ιας μου * δος * μοι το) ελεος σου εις εφημ(ερον ως ηλεησας α)βρααμ'
FAch. 110 ἠδίκουν. δυνάμενος ἐλεεῖν μὴ μέλλε ἀλλὰ κοπία * διδοὺς * ἐπιστάμενος τὴν τύχην μὴ οὖσαν παράμονον. ψίθυρον
FAch. 113 ἄστροις. ταῦτα ἀκούσας Νεκτεναβὼ καὶ θαυμάσας * ἔδωκεν * αὐτῷ δῶρα. τῇ δὲ ἐχομένῃ ἡμέρᾳ ἐνδυσάμενος
FAch. 116 ἔξω τῆς πόλεως ἀφίκετο σὺν τῷ Αἰσώπῳ καὶ μέτρα * ἔδωκεν * εἰς τὴν οἰκοδομήν. ὁ δὲ Αἴσωπος στήσας κατὰ
FAch. 116 τὴν οἰκοδομήν. ὁ δὲ Αἴσωπος στήσας κατὰ γωνίας τοῦ * δοθέντος * μέτρου τοὺς ἀετοὺς ἐκέλευσεν (τοὺς παῖδας)
FAch. 121 οὔτε εἴδομεν οὔτε ἠκούσαμέν ποτε. ὁ δὲ Αἴσωπος ἔφη * δός * μοι τριῶν ἡμερῶν καὶ ἀποκριθήσομαί σοι. καὶ ἐξελθὼν
FAch. 123 ἐν τῇ βασιλείᾳ αὐτοῦ τοιαύτην σοφίαν κεκτημένος. * δοὺς * δὲ αὐτῷ φόρους ἐτῶν τριῶν ἔπεμψεν αὐτὸν μετὰ
FPho. 19 ἐπαράσιμος ὅστις ἕληται. μισθὸν μοχθήσαντι * δίδου * μὴ θλῖβε πένητα. γλώσσῃ νοῦν ἐχέμεν κρυπτὸν λόγον
FPho. 22 ἐθέλῃς μήτ' οὖν ἀδικοῦντα ἐάσῃς. πτωχῷ δ' εὐθὺ * δίδου * μὴ δ' αὔριον ἐλθέμεν εἴπῃς πληρώσει σέο χεῖρ'.
FPho. 26 οἴκτιρον ἐπεὶ πλόος ἐστὶν ἄδηλος. χεῖρα πεσόντι * δίδου * σῶσον δ' ἀπερίστατον ἄνδρα. κοινὰ πάθη πάντων ὁ
FPho. 29 πλοῦτον ἔχων σὴν χεῖρα πενητεύουσιν ὄρεξον ὧν σοι * ἔδωκε * θεὸς τούτων χρῄζουσι παράσχου. ἔστω κοινὸς ἅπας ὁ
FPho. 128 κέρα ἔσσεν κέντρα μελίσσαις ἔμφυτον ἄλκαρ * ἔδωκε * λόγον δ' ἔρυμ' ἀνθρώποισιν. (τῆς δὲ θεοπνεύστου
FPho. 176 μὴ μείνῃς ἄγαμος μή πως νώνυμνος ὄληαι * δὸς * τι φύσει καὐτὸς τέκε δ' ἔμπαλιν ὡς ἐλοχεύθης. μὴ
IOrp. 14 ἐστήρικται οὗτος δ' ἐξ ἀγαθοῖο κακὸν θνητοῖσι * δίδωσι * ἀνθρώποις αὐτῷ δὲ χάρις καὶ μῖσος ὀπηδεῖ καὶ
IDip. 5 121 1 ἐγώ. ὃς τοῖς ἁμαρτάνουσι πρὸς μῆκος βίον * δίδωσιν. * εἴ τις δὲ θνητῶν οἴεται τὸ ὑφ' ἡμέραν κακόν τι
IDip. 5 121 3 τὸν χρόνον κερδαίνετω χρόνῳ γὰρ οὗτος ὕστερον * δώσει * δίκην.
HDem. 9 21 14 Βενιαμὶν ἐπὶ τοῦ ἀρίστου πενταπλασίονα μερίδα * ἔδωκε * μὴ δυναμένου αὐτοῦ τοσαῦτα καταναλῶσαι κρέα. τοῦτο
HDem. 9 21 15 υἱοὺς λαβεῖν. ὡσαύτως δὲ καὶ ἐπὶ τοῦ τὰς στολὰς * δοῦναι * ἑκάστῳ διπλᾶς τῷ δὲ Βενιαμὶν πέντε καὶ
HEup. 9 34 17 ἑκάστους εἰς τὴν ἑαυτῶν ἑκάστῳ χρυσοῦ σίκλους * δόντα * δέκα τὸ δὲ τάλαντον εἶναι σίκλον. καὶ τῷ μὲν
HHec. 1 22 192 ἀποτῖσαι μεγάλας ἕως αὐτοῖς συγγνόντα τὸν βασιλέα * δοῦναι * τὴν ἄδειαν. τῶν γε μὴν εἰς τὴν χώραν πρὸς αὐτοὺς
LThe. 9 22 4 τὸν δὲ ὑποδέξασθαι αὐτὸν καὶ μέρος τι τῆς χώρας * δοῦναι. * καὶ αὐτὸν μὲν τὸν Ἰακὼβ γεωμορεῖν τοὺς δὲ υἱοὺς
LThe. 9 22 5 αἰτεῖν αὐτὴν πρὸς γάμου κοινωνίαν τὸν δὲ οὐ φάναι * δώσειν * πρὶν ἂν ἢ πάντας τοὺς οἰκοῦντας τὰ Σίκιμα
LThe. 9 22 8 ἀνελεῖν φάμενον τοῖς Ἀβραὰμ ἀπογόνοις δέκα ἔθνη * δώσειν. * εὖ γὰρ ἐγὼ μῦθόν (γε) πεπυσμένος εἰμὶ θεοῖο
LThe. 9 22 9 εὖ γὰρ ἐγὼ μῦθον (γε) πεπυσμένος εἰμὶ θεοῖο * δώσειν * γὰρ ποτ' ἔφησε δέκ' ἔθνεα παισὶν Ἀβραάμ. τὸν δὲ
LEze. 9 28 4 09 χρή σε Σεπφώρα τάδε. (Σ). ξένῳ πατὴρ με τῷδ' * ἔδωκεν * εὐνέτιν. ἔδοξ' ὄρους κατ' ἄκρα Σιναίου θρόνον
LEze. 9 29 5 08 καὶ εἰς θρόνον μέγαν εἶπε καθῆσθαι βασιλικὸν δ' * ἔδωκέ * μοι διάδημα καὶ αὐτὸς ἐκ θρόνων χωρίζεται. ἐγὼ δ'
LEze. 9 29 12 31 ἐκβαλεῖ πρόπαντ' ὄχλον. ὅταν δὲ μέλλῃτ' ἀποτρέχειν * δώσω * χάριν λαῷ γυνή τε παρὰ γυναικὸς λήψεται σκεύη
LEze. 9 29 13 17 γὰρ τῶνδ' ἀπαλλαγήσεται καὶ τοῦδε μηνὸς ἔξοδον * διδοῖ * θεὸς ἀρχὴ δὲ μηνῶν καὶ χρόνων οὗτος πέλει. ὡς γὰρ
LEze. 9 29 14 15 Θαλάσσης ἧσαν ἠθροισμένοι οἱ μὲν τέκνοισι νηπίοις * δίδουν * βορὰν ὁμοῦ τε καὶ δάμαρσιν ἔμπονοι κόπῳ κτήνη τε
LAri. 13 12 9 ὡς ὁ θεὸς (ὅς) τὸν ὅλον κόσμον κατεσκεύακε καὶ * δέδωκεν * ἀνάπαυσιν ἡμῖν διὰ τὸ κακόπαθον εἶναι πᾶσι τὴν
LAri. 7 32 18 τοῦ δὲ μετοπωρινοῦ καὶ διαμετρούντων ἄλληλα * δοθείσης * τε τῆς τῶν διαβατηρίων ἡμέρας τῇ
FrAn. 1 217 11 καί φησι πρὸς αὐτοὺς ἵνα τί ἀδελφοὶ μάχεσθε; * δότε * μοι αὐτὸν καὶ λάβετε νομίσματα δύο. τῶν δὲ μετὰ
FrAn. 1 217 19 διὰ τὸν περιβόητον λίθον τοῦτον. ἀλλ' ἀπελθὼν * δὸς * αὐτὸν τῷ ἀρχιερεῖ καὶ σφόδρα πλουτήσεις. τοῦ δὲ
FrAn. 1 217 23 διπλοΐδος Ἀαρὼν τοῦ ἀρχιερέως ἔχων. λαβὼν αὐτὸν * δὸς * τῷ ἐνέγκαντι αὐτὸν χρυσίον πολὺ καὶ ἀργύριον ἅμα δὲ
FrAn. 1 227 16 μοι τουτου ο( )μενοι νυν αντερει το( - )δυα * δοτε * κνημ( - Συμεω(ν - - )ενωπιον σου εστιν( - )ρετον

Δίδωρος 1
HCle. 1 15 241 τὴν Ἄφρα θυγατέρα Ἡρακλέα γεννῆσαι υἱὸν ἐξ αὐτῆς * Δίδωρον * τούτου δὲ γενέσθαι Σόφωνα ἀφ' οὗ τοὺς βαρβάρους

διεγείρω 2
TDan 4 2 πικραῖς ταράσσει τὸ διαβούλιον αὐτοῦ καὶ οὕτως * διεγείρει * ἐν θυμῷ μεγάλῳ τὴν ψυχὴν αὐτοῦ. ὅτε οὖν λαλεῖ
Job 14 2 εἶχον δὲ ἓξ ψαλμοὺς καὶ δεκάχορδον κιθάραν καὶ * διεγειρόμην * τὸ καθ' ἡμέραν μετὰ τὸ τρέφεσθαι τὰς χήρας,

δίειμι (εἶμι) 1 (cf.+ διέρχομαι)
Abr.2 2 5 ἀπελθόντες ἐν τῷ οἴκῳ ἡμῶν ταύτην τὴν ὥραν πρός με * διϊέναι * ὅτι πρὸς ἑσπέραν ἐστὶν καὶ ἀναστὰς τῷ πρωΐ

| | | | | | |
|---|---|---|---|---|---|
| διεκδιδράσκω * | | | 1 | | |
| HArt. | 9 | 27 | 19 | καὶ σπασάμενον τὸ ξίφος φονεῦσαι τὸν Χανεθώθην * | διεκδρᾶναι * δὲ εἰς τὴν Ἀραβίαν καὶ Ῥαγουήλῳ τῷ τῶν |
| διεκδρομή | | | 1 | | |
| LEze. | 9 | 29 14 | 07 | ὄχλος. πεζοὶ μὲν ἐν μέσοισι καὶ φαλαγγικοὶ * | διεκδρομὰς * ἔχοντες ἅρμασιν τόπους ἱππεῖς δ᾽ ἔταξε τοὺς |
| διεξάγω | | | 6 | | |
| Aris. | 5 | 3 | | ἀνθρώπων διάθεσιν τῶν κατὰ τὴν σεμνὴν νομοθεσίαν * | διεξαγόντων * περὶ ὧν προαιρούμεθα δηλοῦν ἀσμένως σε |
| Aris. | 182 | 8 | | τοὺς βασιλεῖς ἵνα κατὰ μηθὲν δυσχεραίνοντες ἱλαρῶς * | διεξάγωσιν * ὃ καὶ περὶ τούτους ἐγεγόνει. προσεχέστατος |
| Aris. | 193 | 5 | | διὰ πάντων ἵνα τὰς ἐπιβολὰς αὐτῷ κατευθύνῃ δικαίως * | διεξάγοντι * πάντα. ἀποδεξάμενος δὲ καὶ τοῦτον τὸν ἕτερον |
| Aris. | 198 | 3 | | νῦν ἔχον ἵνα καὶ πρὸς τὸ τέρπεσθαι τραπέντες ἡδέως * | διεξάγωμεν * ἐν δὲ ταῖς μετὰ ταῦτα ἓξ (ἑξῆς) ἡμέραις καὶ |
| Aris. | 260 | 3 | | ἑαυτῷ κακὸν πεπραχότι τὸν δὲ βίον ἐν ἀληθείᾳ * | διεξάγειν. ἐκ τούτων γὰρ κρατίστη χαρὰ καὶ ψυχῆς |
| Aris. | 286 | 2 | | πρὸς τὸν ἔνατον εἶπε πῶς δεῖ διὰ τῶν συμποσίων * | διεξάγειν; ὃ δὲ ἔφησε παραλαμβάνοντα τοὺς φιλομαθεῖς καὶ |
| διέξειμι (εἶμι) | | | 1 | (cf.+ διεξέρχομαι) | |
| LArt. | 7 | 32 | 17 | ἡλιακοῦ ἢ ὥς τινες αὐτῶν ὠνόμασαν ζωοφόρου κύκλου * | διεξιόντος * ἡλίου. ἐξ ἀνάγκης τῇ τῶν διαβατηρίων ἑορτῇ μὴ |
| διεξέρχομαι | | | 2 | (cf.+ διέξειμι (εἶμι)) | |
| Aris. | 168 | 3 | | κακοποιεῖν. καὶ περὶ τούτων οὖν ὅσον ἐπὶ βραχὺ * | διεξελθεῖν * προσυπεδείξαμέν σοι διότι πάντα κεκανόνισται |
| HCal. | 24 | 43 | | μοι θεὸς καὶ ἡ εἰρήνη μου μεθ᾽ ὑμῶν καὶ οὐ μὴ * | διεξέλθω * ὑμᾶς καθὼς καὶ ἐν τοῖς λοιποῖς ἔθνεσιν ὅτι θεῷ |
| διέξοδος | | | 3 | | |
| TJud. | 6 | 2 | | αὐτῶν ἀπεκτείναμεν καὶ οὐκ ἐδώκαμεν αὐτοῖς * | διέξοδον * τοῦ εἰσελθεῖν πρὸς ἡμᾶς. καὶ οἱ ἀπὸ Μαχιρ |
| Aris. | 105 | 5 | | τῶν δ᾽ ἐπάνωθεν εἰθισμένως καὶ τὰς διὰ τούτων * | διεξόδους. * ἀνάκλασιν γὰρ ἔχει τὰ τῶν τόπων ὡς ἂν ἐπ᾽ |
| Aris. | 251 | 2 | βίος ὅταν ὁ κυβερνῶν εἰδῇ πρὸς τίνα σκοπὸν δεῖ τὴν * | διέξοδον * ποιεῖσθαι. θεοῦ δ᾽ ἐπικλήσει καὶ βίος |
| διέπω | | | 1 | | |
| Sib. | 3 | 360 | | δ᾽ ἀβρὴν σεῖο κόμην δέσποινά τε κείρει ἠδὲ δίκην * | διέπουσα * ἀπ᾽ οὐρανόθεν ποτὶ γαῖαν ῥίψει ἐκ δὲ γαίης |
| διερμηνεύω | | | 6 | | |
| Bar. | 11 | 7 | | καὶ σὺ ὁ ἡμέτερος ἀδελφὸς καὶ ὁ τὰς ἀποκαλύψεις * | διερμηνεύων * τοῖς καλῶς τὸν βίον διερχομένοις. καὶ οὕτως |
| Aris. | 15 | 4 | | ἣν ἡμεῖς οὐ μόνον μεταγράψαι ἐπινοοῦμεν ἀλλὰ καὶ * | διερμηνεῦσαι * τίνα λόγον ἕξομεν πρὸς ἀποστολὴν ἐν |
| Aris. | 308 | 4 | | ἑρμηνείας ἐτελέσθη παρανέγνω πᾶσι παρόντων καὶ τῶν * | διερμηνευσάντων * οἵτινες μεγάλης ἀποδοχῆς καὶ παρὰ τοῦ |
| Aris. | 310 | 4 | | ἡγούμενοι τοῦ πλήθους εἶπον ἐπεὶ καλῶς καὶ ὁσίως * | διηρμήνευται * καὶ κατὰ πᾶν ἠκριβωμένως καλῶς ἔχον ἐστὶν |
| LArt. 13 | 12 | | 1 | φανερός ἐστι περιειργασμένος ἕκαστα τῶν ἐν αὐτῇ. * | διηρμήνευται * γὰρ πρὸ Δημητρίου τοῦ Φαληρέως δι᾽ ἑτέρων |
| LArt. 13 | 12 | | 13 | ἁπάντων. τῷ δὲ σάββατον αὐτὴν προσαγορεύεσθαι * | διερμηνεύεται * ἀνάπαυσις οὖσα. διασαφεῖ δὲ καὶ Ὅμηρος |
| διερός (δίεμαι) | | | 1 | | |
| LThe. | 9 | 22 | 1 | ἀτραπιτὸς τέτμηται ἀραιὴ ⟨αὐλῶπις⟩ ἐν δ᾽ ἑτέρωθι ἡ * | διερὴ * Σικίμων καταφαίνεται ἱερὸν ἄστυ νέρθεν ὑπὸ ῥίζῃ |
| διέρχομαι | | | 12 | (cf.+ δίειμι (εἶμι)) | |
| Abr.1 | 10 | 4 | | πάντα τὰ τοῦ κόσμου γινόμενα ἀγαθὰ καὶ πονηρά. * | διερχόμενος * δὲ Ἀβράμ εἶδεν ἄνδρας ξιφηφόρους ἐν ταῖς |
| TJud. | 7 | 7 | | οὖν ἐπ᾽ αὐτοὺς μετὰ θυμοῦ καὶ πάντες ἔφυγον καὶ * | διελθόντες * δι᾽ ἄλλης ὁδοῦ ἐδεήθησαν τοῦ πατρός μου καὶ |
| Jer. | 7 | 13 | | τῆς πόλεως εἰς τόπον ἔρημον. ἐσιώπησε δὲ ἕως οὗ * | διῆλθεν * Ἱερεμίας αὐτὸς γὰρ καὶ ἄλλοι τινὲς τοῦ λαοῦ |
| Bar. | 4 | 2 | | πάντα διὰ τὸν κύριον. καὶ εἶπέν μοι ἄγγελος δεῦρο * | διέλθωμεν. ⟨καὶ διῆλθον πορείας⟩ μετὰ τοῦ ἀγγέλου ἀπὸ |
| Bar. | 4 | 2 | | καὶ εἶπέν μοι ἄγγελος δεῦρο διέλθωμεν. ⟨καὶ * | διῆλθον * πορείας⟩ μετὰ τοῦ ἀγγέλου ἀπὸ τοῦ τόπου ἐκείνου |
| Bar. | 7 | 2 | | καὶ δευτέρῳ οὐρανῷ εἰσιν καὶ ἐν τῷ τρίτῳ οὐρανῷ * | διέρχεται * ὁ ἥλιος καὶ διδοῖ τῷ κόσμῳ τὸ φέγγος. ἀλλ᾽ |
| Bar. | 11 | 7 | | ὁ τὰς ἀποκαλύψεις διερμηνεύων τοῖς καλῶς τὸν βίον * | διερχομένοις. * καὶ οὕτως ἀλλήλους κατασπασάμενοι ἔστησαν. |
| Esdr. | 2 | 18 | | ὃν θέλεις ἀπολεῖς. καὶ εἶπεν ὁ προφήτης δευτέραν * | διελθώμεν * κύριέ μου εἰς κρίσιν. καὶ εἶπεν ὁ θεὸς πῦρ |
| Aris. | 34 | 3 | | τῆς κατασκευῆς ὡς ἂν τὰ τῶν ἐπιστολῶν ἀντίγραφα * | διέλθωμεν. ἢν δὲ ἡ τοῦ βασιλέως ἐπιστολὴ τὸν τύπον |
| Aris. | 301 | 2 | | δὲ τρεῖς ἡμέρας ὁ Δημήτριος παραλαβὼν αὐτοὺς καὶ * | διελθὼν * τὸ τῶν ἑπτὰ σταδίων ἀνάχωμα τῆς θαλάσσης πρὸς |
| Sib. | 3 | 316 | | ἣν οὔπω ποτ᾽ ἐπήλπισας ἐρχομένην σοι. ῥομφαία γὰρ * | +διελεύσεται * διὰ μέσον σεῖο+ σκορπισμὸς δέ τε καὶ |
| HEup. | 9 | 34 | 4 | τοῖς κατὰ τόπον ἐπάρχοις ὅπως χορηγῆται τὰ δέοντα. * | διελθὼν * δὲ Σολομῶν ἔχων τοὺς πατρικοὺς φίλους ἐπὶ τὸ |
| διεστραμμένως | | | 1 | | |
| TIss. | 4 | 6 | | πονηρίας ἀπὸ τῆς πλάνης τοῦ κόσμου ἵνα μὴ ἴδῃ * | διεστραμμένως * τι τῶν ἐντολῶν τοῦ κυρίου. φυλάξατε οὖν |
| διετής | | | 1 | | |
| Esdr. | 4 | 11 | | ἐστὶν ὁ πρὸς καιρὸν γενόμενος βασιλεὺς καὶ ἀπὸ * | διετοῦς * καὶ κατώτερον ἐκέλευσεν ἀνελεῖν τὰ βρέφη. καὶ |
| διευθύνω | | | 1 | | |
| Aris. | 188 | 2 | διατελεῖ; βραχὺ δὲ ἐπισχὼν εἶπεν οὕτως ἂν μάλιστα * | διευθύνοις * μιμούμενος τὸ τοῦ θεοῦ διὰ παντὸς ἐπιεικές. |
| δίζημαι | | | 1 | | |
| FPho. | 201 | ἀλόχῳ λυγρῆς χάριν εἵνεκα φερνῆς. ἵππους εὐγενέας * | διζήμεθα * γειαρότας τε ταύρους ὑψιτένοντας ἀτὰρ σκυλάκων |
| διηγέομαι | | | 5 | | |
| Asen. | 29 | 5 | | αὐτοῦ καὶ ἐκόμισεν αὐτὸν τῷ πατρὶ αὐτοῦ Φαραὼ καὶ * | διηγήσατο * αὐτῷ πάντας τοὺς λόγους τούτους. καὶ ἀνέστη |
| Jer. | 9 | 23 | | οὐ μὴ γὰρ μὲ ἀποκτείνωσιν ἕως οὗ πάντα ὅσα εἶδον * | διηγήσωμαι * ὑμῖν. εἶπε δὲ αὐτοῖς ἐνέγκατέ μοι λίθον ὧδε |
| Jer. | 9 | 25 | | καθ᾽ ὁμοιότητά μου γενέσθαι ἕως οὗ πάντα ὅσα εἶδον * | διηγήσωμαι * τῷ Βαροὺχ καὶ τῷ Ἀβιμέλεχ. τότε ὁ λίθος διὰ |
| FMos. 6 | 132 | 3 | | ἐπαγόμενος ὃ δὲ ἐπικατελθὼν ὕστερον τὴν δόξαν * | διηγεῖτο * ἣν ἐθεᾶτο διαθρῆσαι δυνηθεὶς μᾶλλον θατέρου ἅτε |
| FAch. | 123 | | | εἰρηνικῶν. ὁ δὲ Αἴσωπος παραγενάμενος εἰς Βαβυλῶνα * | διηγήσατο * τῷ Λυκούργῳ πάντα τὰ πραχθέντα ἐν Αἰγύπτῳ καὶ |
| διήγησις | | | 6 | | |
| Adam | 1 | | | | διήγησις * καὶ πολιτεία Ἀδὰμ καὶ Εὔας τῶν πρωτοπλάστων |
| Adam | 1 | 1 | | τοῦ ἀρχαγγέλου Μιχαήλ. κύριε εὐλόγησον. αὕτη ἡ * | διήγησις * Ἀδὰμ καὶ Εὔας. μετὰ τὸ ἐξελθεῖν αὐτοὺς ἐκ τοῦ |
| Bar. | 1 | | | ἀποκαλυψις βαρουχ * | διήγησις * καὶ ἀποκάλυψις Βαροὺχ περὶ ὧν κελεύματι θεοῦ |
| Aris. | 1 | 1 | | ἀριστέας φιλοκράτει ἀξιολόγου * | διηγήσεως * ὦ Φιλόκρατες περὶ τῆς γενηθείσης ἡμῖν ἐντυχίας |
| Aris. | 8 | 5 | | μηκύνοντες ἀδόλεσχόν τι ποιῶμεν ἐπὶ τὸ συνεχὲς τῆς * | διηγήσεως * ἐπανίξομεν. καταστασθεὶς ἐπὶ τῆς τοῦ βασιλέως |
| Aris. | 322 | 1 | | εἰς μάταια. σὺ δὲ καθὼς ἐπηγγειλάμην ἀπέχεις τὴν * | διήγησιν * ὦ Φιλόκρατες. τέρπειν γὰρ οἴομαί σε ταῦτα ἢ τὰ |
| διηλλαγμένως | | | 1 | | |
| Aris. | 79 | 4 | | ἐνέντες λίθους καὶ τὰς λοιπὰς δὲ τορείας * | διηλλαγμένως * ἐπετέλεσαν ἅπαντα φιλοτιμηθέντες εἰς |
| διηνεκής | | | 3 | | |
| Job | 33 | 7 | | οὐδὲ ἀφανισθήσονται, ἀλλ᾽ ἔσονται εἰς τὸ * | διηνεκές. * οὗτοι οἱ βασιλεῖς παρελεύσονται καὶ οἱ |
| FBar. | 12 | 2 | εὐοδοῦσαν ὀλυ παντὸς μεσεμβρια ἀποκαίει οὐδ᾽ε τὸ * | διηνεκές * καὶ ἀκτίνες του ἡλίου λαμπουσιν καὶ συ μη |
| FAch. | 120 | | | αἱ δὲ ἐπὶ τούτου πόλεις δεκαδύο ἐπὶ μῆνες διὰ τὸ * | διηνεκῶς * αὐτοὺς πολιτεύεσθαι οἱ δὲ τριάκοντα δοκοὶ ἢ |
| διθάλασσος | | | 1 | | |
| Sib. | 5 | 334 | | τριτάλαινα τὰ θρηκῶν ἔργα ἰδέσθαι καὶ τεῖχος * | διθάλασσον * ὑπ᾽ Ἄρεος ἐν κονίῃσιν συρόμενον ποταμηδὸν |
| διΐστημι | | | 3 | | |
| Aris. | 106 | 3 | | τὴν ὀδείαν οἱ δ᾽ ὑπ᾽ αὐτὰς ποιοῦνται καὶ μάλιστα * | διεστηκότες * τῆς ὀδείας διὰ τοὺς ἐν ταῖς ἁγνείαις ὄντας |
| HArt. | 9 | 27 | 36 | θείαν γενέσθαι πατάξαι τὴν θάλασσαν τῇ ῥάβδῳ καὶ * | διαστῆναι. * τὸν δὲ Μώϋσον ἀκούσαντα ἐπιθιγεῖν τῇ ῥάβδῳ |
| HArt. | 9 | 27 | 36 | τῇ ῥάβδῳ τοῦ ὕδατος καὶ οὕτως τὸ μὲν νᾶμα * | διαστῆναι * τὴν δὲ δύναμιν διὰ ξηρᾶς ὁδοῦ πορεύεσθαι. |
| δικάζω | | | 23 | | |
| Abr.1 | 10 | 2 | | καὶ κιθαρίζοντας ἐν ἄλλῳ δὲ τόπῳ παλαίοντας καὶ * | δικαζομένους * ἀλλαχοῦ κλαίοντας ἔπειτα καὶ τεθνεῶτας ἐν |
| Esdr. | 1 | 6 | | τοὺς ἀγγέλους αὐτοῦ. καὶ εἶπον πρὸς αὐτοὺς θέλω * | δικάσασθαι * τὸν θεὸν περὶ τὸ γένος τῶν Χριστιανῶν καλὸν |
| Esdr. | 2 | 5 | | ἵνα παραδέξητε. καὶ εἶπεν Ἐσδρὰμ ἐπὶ τὸ οὖς σου * | δικασώμεθα. * καὶ εἶπεν ὁ θεὸς ἐρώτησον Ἀβραὰμ τὸν |
| Esdr. | 2 | 6 | | θεὸς ἐρώτησον Ἀβραὰμ τὸν πατέρα ὑμῶν. ποῖον υἱὸν * | δικάζεσθαι * ἐν πατρὶ καὶ δεῦρο δικάζου μεθ᾽ ἡμῶν. καὶ |
| Esdr. | 2 | 6 | | ὑμῶν. ποῖον υἱὸν δικάζεσθαι ἐν πατρὶ καὶ δεῦρο * | δικάζου * μεθ᾽ ἡμῶν. καὶ εἶπεν Ἐσδρὰμ ζῇ κύριος οὐ μὴ |
| Esdr. | 2 | 7 | | ἡμῶν. καὶ εἶπεν Ἐσδρὰμ ζῇ κύριος οὐ μὴ παύσομαι * | δικαζόμενός * σε ὑπὲρ τὸ γένος τῶν Χριστιανῶν ποῦ εἰσιν τὰ |
| Esdr. | 2 | 31 | | κριτήριον. καὶ εἶπεν ὁ προφήτης οὐ μὴ παύσομαι * | δικαζόμενός * σε ἐὰν μὴ ἴδω τὴν ἡμέραν τῆς συντελείας. |
| Esdr. | 2 | 32 | | δυνήσει ταύτῃ ἐξαριθμῆσαι δύνασαι καὶ μετ᾽ ἐμοῦ * | δικάζεσθαι. * καὶ εἶπεν ὁ προφήτης κύριε οἶδας ὅτι σάρκα |
| Esdr. | 3 | 16 | | πολλὰ τοῖς ἀνθρώποις. τί σε ποιῶ Ἐσδρὰμ καὶ * | δικάζῃ * μετ᾽ ἐμοῦ; καὶ εἶπεν ὁ προφήτης κύριε οὐ μὴ |
| Esdr. | 4 | 1 | | καὶ εἶπεν ὁ προφήτης κύριε οὐ μὴ παύσομαι * | δικάζεσθαί * σε. καὶ εἶπεν ὁ θεὸς ἐξαρίθμησαι τὰ ἄνθη τῆς |
| Esdr. | 4 | 3 | | εἰ ταῦτα δυνήσει ἐξαριθμῆσαι δύνασαι καὶ μετ᾽ ἐμοῦ * | δικάζεσθαι. * καὶ εἶπεν ὁ προφήτης κύριε ἐγὼ οὐ δύναμαι |
| Esdr. | 4 | 4 | | σάρκα ἀνθρωπίνην φορῶ ἀλλ᾽ οὐδὲ παύσομαι * | δικαζόμενός * σε. θέλω δέσποτα ἰδεῖν καὶ τὰ κατώτερα μέρη |
| Esdr. | 6 | 18 | | ἀνθρώπων; καὶ εἶπεν ὁ θεὸς θνητὸς ὢν καὶ ἐκ γῆς μὴ * | δικάζου * μοι. καὶ εἶπεν ὁ προφήτης οὐ μὴ παύσωμαι |
| Esdr. | 6 | 19 | | ἀνθρώπων; καὶ εἶπεν ὁ θεὸς θνητὸς ὢν καὶ ἐκ γῆς μὴ * | δικάζου * μοι. καὶ εἶπεν ὁ προφήτης οὐ μὴ παύσωμαι |
| Esdr. | 6 | 20 | | δικάζου μοι. καὶ εἶπεν ὁ προφήτης οὐ μὴ παύσωμαι * | δικαζόμενός * σε. καὶ εἶπεν ὁ θεὸς δὸς τέως τὴν |
| Esdr. | 6 | 23 | | ὁ προφήτης μετὰ δακρύων ὦ δέσποτά τί ὠφελήσω * | δικασάμενον * κλαύσατέ με πάντες οἱ ἅγιοι καὶ δίκαιοι |
| Esdr. | 6 | 25 | | κλαύσατέ με πάντες οἱ ἅγιοι καὶ δίκαιοι τὸν πολλὰ * | δικασάμενον * κλαύσατέ με πάντες οἱ ἅγιοι καὶ δίκαιοι ὅτι |
| Esdr. | 7 | 8 | | προσώπου δυνάμεώς σου ἐπάκουσόν μου τὸν πολλά σοι * | δικασάμενον * καὶ δὸς πᾶσι τοῖς μεταγράφουσιν τὸ βιβλίον |
| Sib. | 4 | 183 | | ὡς πάρος ἦσαν. καὶ τότε δὴ κρίσις ἔσσετ᾽ ἐφ᾽ ᾗ * | δικάσμενον * ἐθέλει καὶ θεὸς αὐτὸς κρίνων Ἐμπαλι κόσμον ὅσοι δ᾽ ὑπὸ |
| FPho. | 11 | | ῥίψῃς πενίην ἀδίκως μὴ κρῖνε πρόσωπον ἣν σὺ κακῶς * | δικάσῃς * σέ θεὸς μετέπειτα δικάσσει. μαρτυρίην ψευδῆ |
| FPho. | 11 | | πρόσωπον ἣν σὺ κακῶς δικάσῃς σέ θεὸς μετέπειτα * | δικάσει. * μαρτυρίην ψευδῆ φεύγειν τὰ δίκαια βραβεύειν. |
| FPho. | 87 | | κρίνειν ἀδαήμονος ἄνδρας ἐάσῃς. ⟨μηδὲ δίκην * | δικάσῃς⟩ * πρὶν ⟨ἂν⟩ ἄμφω μῦθον ἀκούσῃς.⟩ τὴν σοφίην |
| LThe. 9 | 22 | 9 | | ὅστις κε μόλῃ κακὸς οὐδὲ μὲν ἐσθλὸς οὐδὲ δίκας * | ἐδίκαζον * ἀνὰ πτόλιν κακὸς οὐδὲ θέμιστας λοιγια δ᾽ ὥρωρει |
| δικαιοκρισία | | | 2 | | |
| TLevi | 3 | 2 | | ἕτοιμα εἰς ἡμέραν προστάγματος κυρίου ἐν τῇ * | δικαιοκρισίᾳ * τοῦ θεοῦ ἐν αὐτῇ εἰσι πάντα τὰ πνεύματα τῶν |

TLevi 15 2 λήψεσθε ὀνειδισμὸν καὶ αἰσχύνην αἰώνιον παρὰ τῆς * δικαιοκρισίας * τοῦ θεοῦ καὶ πάντες οἱ θεωροῦντες ὑμᾶς
δικαιοκρίτης 1
Sib. 3 704 εὐφραινόμενοι ἐπὶ τούτοις οἷς δώσει κτίστης ὁ * δικαιοκρίτης * τε μόναρχος. αὐτὸς γὰρ σκεπάσειε μόνος
δικαιοπραγέω 2
Aris. 231 3 χρὴ ταῦτα πράσσειν ἀλλὰ φιλίαν κατακτησομένους * δικαιοπραγεῖν. * θεοῦ δὲ δῶρον ἀγαθῶν ἐργάτην εἶναι καὶ μὴ
Aris. 279 3 τοὺς βασιλεῖς; ὁ δὲ ἔφη τοῖς νόμοις ἵνα * δικαιοπραγοῦντες * ἀνακτῶνται τοὺς βίους τῶν ἀνθρώπων
δικαιοπραγία 1
TDan 1 3 ζωῇ μου ὅτι καλὸν θεῷ καὶ εὐάρεστον ἡ ἀλήθεια μετὰ * δικαιοπραγίας * καὶ ὅτι πονηρὸν τὸ ψεῦδος καὶ ὁ θυμὸς ὅτι
δίκαιος 214
Adam 27 5 ἐπὶ τὴν γῆν προσεκύνησαν τῷ κυρίῳ λέγοντες * δίκαιος * εἶ κύριε καὶ εὐθύτητας κρίνεις. στραφεὶς δὲ πρὸς
Hen. 1 1 λόγος εὐλογίας Ἑνὼχ καθὼς εὐλόγησεν ἐκλεκτοὺς * δικαίους * οἵτινες ἔσονται εἰς ἡμέραν ἀνάγκης ἐξᾶραι
Hen. 1 1 ἀνάγκης ἐξᾶραι πάντας τοὺς ἐχθροὺς καὶ σωθήσονται * δίκαιοι. * καὶ ἀναλαβὼν τὴν παραβολὴν αὐτοῦ εἶπεν Ἑνὼχ
Hen. 1 2 ἀναλαβὼν τὴν παραβολὴν αὐτοῦ εἶπεν Ἑνὼχ ἄνθρωπος * δίκαιός * ἐστιν ⟨ᾧ⟩ ὅρασις ἐκ θεοῦ αὐτῷ ἀνεῳγμένη ἦν ἔχων
Hen. 1 8 καὶ κρίσις ἔσται κατὰ πάντων. καὶ μετὰ τῶν * δικαίων * τὴν εἰρήνην ποιήσει καὶ ἐπὶ τοὺς ἐκλεκτοὺς ἔσται
Hen. 5 6 τὰ ὀνόματα ὑμῶν εἰς κατάραν αἰώνιον πᾶσιν τοῖς * δικαίοις * καὶ ἐν ὑμῖν καταράσονται πάντες οἱ καταρώμενοι
Hen. 10 17 αἰῶνας μετὰ χαρᾶς φυτευθήσεται. καὶ νῦν πάντες οἱ * δίκαιοι * ἐκφεύξονται καὶ ἔσονται ζῶντες ἕως γεννήσωσιν
Hen. 10B 3 ἀπολέσαι πάντα ἀπὸ προσώπου τῆς γῆς. δίδαξον τὸν * δίκαιον * τί ποιήσει τὸν υἱὸν Λάμεχ καὶ τὴν ψυχὴν αὐτοῦ
Hen. 22 9 τῶν νεκρῶν καὶ οὕτως ἐχωρίσθη εἰς τὰ πνεύματα τῶν * δικαίων * οὗ ἡ πηγὴ τοῦ ὕδατος ἐν αὐτῷ φωτινὴ καὶ οὕτως
Hen. 25 4 ἐκδίκησις πάντων καὶ τελείωσις μέχρις αἰῶνος τότε * δικαίοις * καὶ ὁσίοις δοθήσεται ὁ καρπὸς αὐτοῦ τοῖς
Hen. 25 7 τοῦ αἰῶνος ὃς ἡτοίμασεν ἀνθρώποις τὰ τοιαῦτα * δικαίοις * καὶ αὐτὰ ἔκτισεν καὶ εἶπεν δοῦναι αὐτοῖς. καὶ
Hen. 27 3 ταῖς ἡμέραις τῆς κρίσεως τῆς ἀληθινῆς ἐναντίον τῶν * δικαίων * εἰς τὸν ἅπαντα χρόνον ὧδε εὐλογήσουσιν οἱ
Hen. 98 12 ὑμῖ⟩ν; νῦν γνωστὸν ὑμῖν ἔστω ὅτι εἰς ⟨χεῖρας τ⟩ῶν * δικαίων * παραδοθήσεσθε καὶ ἀποκτενοῦσιν ὑμᾶς καὶ οὐ μὴ
Hen. 98 13 ὑμῶν. οὐαὶ ὑμῖν οἱ ἐπιχαίροντες τοῖς κακοῖς τῶν * δικαίων * τάφος ὑμῶν οὐ μὴ ὀρυγῇ. οὐαὶ ὑμῖν οἱ βουλόμενοι
Hen. 98 14 οὐαὶ ὑμῖν οἱ βουλόμενοι ἀκυρῶσαι τοὺς λόγους τῶν * δικαίων * οὐ μὴ γένηται ὑμῖν ἐλπὶς σωτηρίας. οὐαὶ ὑμῖν οἱ
Hen. 99 3 ἐν τῇ γῇ καταποθήσονται. τότε ἑτοιμάζεσθε οἱ * δίκαιοι * καὶ προέχεσθε τὰς ἐντεύξεις ὑμῶν εἰς μνημόσυνον
Hen. 99 16 ὑμῶν ἀπολεῖ πάντας ὑ⟨μᾶς ἐν ῥομ⟩φαίᾳ καὶ πάντες οἱ * δί⟨καιοι * μνημο⟩νήσουσιν τὰς ἀδικίας ⟨ὑμῶν.⟩ καὶ τότε ἐν
Hen. 100 5 κρίσιν μεγάλην καὶ τάξει φυλακὴν ἐπὶ πάντας τοὺς * δικαίους * καὶ ἁγίους τῶν ἁγίων ἀγγέλων καὶ τηρηθήσονται
Hen. 100 7 ἀδικίας. οὐαὶ ὑμῖν οἱ ἄδικοι ὅταν ἐκθλίβητε τοὺς * δικαίους * ἐν ἡμέρᾳ ἀνάγκης στερεᾶς καὶ φυλάξητε αὐτοὺς ἐν
Hen. 102 4 αἰῶνα οὐκ ἔστιν ὑμῖν χαίρειν. θαρσεῖτε ψυχαὶ τῶν * δικαίων * τῶν ἀποθανόντων τῶν δικαίων καὶ τῶν εὐσεβῶν καὶ
Hen. 102 4 θαρσεῖτε ψυχαὶ τῶν δικαίων τῶν ἀποθανόντων τῶν * δικαίων * καὶ τῶν εὐσεβῶν καὶ μὴ λυπεῖσθε ὅτι κατέβησαν αἱ
Hen. 103 9 οὐαὶ ὑμῖν οὐκ ἔστιν ὑμῖν χαίρειν. μὴ γὰρ εἴπητε οἱ * δίκαιοι * ὅσιοι ὄντες ἐν τῇ ζωῇ τῶν ἡμερῶν τῆς θλίψεως
Hen. 104 6 εἰς πάσας τὰς γενεὰς τῶν αἰώνων. μὴ φοβεῖσθε οἱ * δίκαιοι * ὅταν ἴδητε τοὺς ἁμαρτωλοὺς κατισχύοντας καὶ
Hen. 104 12 καὶ πάλιν ἐγὼ γινώσκω μυστήριον δεύτερον ὅτι * δικαίοις * καὶ ὁσίοις καὶ φρονίμοις δοθήσονται αἱ βίβλοι
Hen. 104 13 ἐν αὐταῖς χαρήσονται καὶ ἀγαλλιάσονται πάντες οἱ * δίκαιοι * μαθεῖν ἐξ αὐτῶν πάσας τὰς ὁδοὺς τῆς ἀληθείας.
Hen. 106 18 φθορᾶς. καὶ νῦν λέγε Λάμεχ ὅτι τέκνον σού ἐστιν * δικαίως * καὶ ὁσίως ⟨καὶ⟩ κάλεσον αὐτοῦ τὸ ὄνομα ⟨Νῶε⟩
Hen. 107 2 τὸ παιδίον τοῦτο τὸ γεννηθὲν τέκνον αὐτοῦ ἐστιν * δικαίως * καὶ οὐ ψευδῶς. καὶ ὅτε ἤκουσεν Μαθουσάλεκ τοὺς
Abr.1 1 διαθήκη τοῦ ὁσίου πατρὸς ἡμῶν * δικαίου * πατριάρχου Ἀβραὰμ διαλύων δὲ καὶ θανάτου πεῖραν
Abr.1 1 1 πραότητι καὶ δικαιοσύνῃ πάνυ ὑπῆρχεν φιλόξενος ὁ * δίκαιος. * πήξας δὲ τὴν σκηνὴν αὐτοῦ ἐν τετραόδῳ τῆς δρυὸς
Abr.1 1 2 παροδίτας ἴσον ὑπεδέχετο ὁ ὅσιος καὶ πανίερος καὶ * δίκαιος * καὶ φιλόξενος Ἀβραάμ. ἔφθασε δὲ καὶ ἐπὶ τοῦτον
Abr.1 1 5 πολλῶν καὶ ὑπάρχει πλούσιος πάνυ παρὰ πάντων δὲ * δίκαιος * ἀγαθὸς καὶ φιλόξενος καὶ φιλόχρηστος μέχρι
Abr.1 2 3 ἐπιδεχόμενος. ὁ δὲ ἀρχιστράτηγος προχαιρετίσας τὸν * δίκαιον * Ἀβραὰμ εἶπεν χαίροις τιμιώτατε πάτερ δικαία
Abr.1 2 3 τὸν δίκαιον Ἀβραὰμ εἶπεν χαίροις τιμιώτατε πάτερ * δικαία * ψυχὴ φίλε γνήσιε τοῦ θεοῦ τοῦ ἐπουρανίου. εἶπεν
Abr.1 2 6 σὸν κάλλος δίδαξόν με. ὁ δὲ ἀρχιστράτηγος ἔφη ἐγὼ * δίκαιε * ἄνθρωπε ἐκ τῆς μεγάλης πόλεως ἔρχομαι παρὰ τοῦ
Abr.1 2 12 τοῦ μὴ καθίσαι ἐπὶ ζῴου τετραπόδου ποτέ ἀπέλθωμεν * δικαία * ψυχὴ πεζεύοντες ἕως τοῦ οἴκου σου μετεωριζόμενοι.
Abr.1 4 6 σὸν κράτος ὅτι ἐγὼ τὴν μνήμην τοῦ θανάτου πρὸς τὸν * δίκαιον * ἄνδρα ἐκεῖνον ἀναγγεῖλαι οὐ δύναμαι. ὁ δὲ κύριος
Abr.1 7 8 ἔασεν ἐπ' ἐμέ. εἶπεν δὲ ὁ ἀρχιστράτηγος ἄκουσον * δίκαιε * Ἀβραὰμ ὁ μὲν ἥλιος ὃν ἑώρακεν ὁ παῖς σὺ εἶ ὁ
Abr.1 7 8 ἐστιν ὁ ἐκ τοῦ θεοῦ ἀποσταλεὶς ὁ μέλλων λαβεῖν τὴν * δικαίαν * σου ψυχὴν καὶ νῦν γίνωσκε τιμιώτατε Ἀβραὰμ ὅτι
Abr.1 9 1 ὑψίστου κατῆλθεν πρὸς τὸν Ἀβραὰμ καὶ ἰδὼν αὐτὸν ὁ * δίκαιος * ἔπεσεν ἐπὶ πρόσωπον εἰς τὸ ἔδαφος τῆς γῆς ὡς
Abr.1 9 2 ὅσα ἤκουσεν παρὰ τοῦ ὑψίστου τότε οὖν ὁ ὅσιος καὶ * δίκαιος * Ἀβραὰμ ἀναστὰς μετὰ πολλῶν δακρύων προσέπεσεν
Abr.1 9 8 τῷ ἅρματι τὴν ἐξουσίαν ἔχοντας καὶ κατάλαβε τὸν * δίκαιον * Ἀβραὰμ ἐπὶ τὸ ἅρμα τὸ χερουβικὸν καὶ ὕψωσον
Abr.1 11 10 καὶ ἀγαλλιώμενος ἐν εὐφροσύνῃ ὅτι αὕτη ἡ πύλη ⟨τῶν * δικαίων * ἐστὶν ἡ στενή⟩ ἡ ἀπάγουσα εἰς τὴν ζωὴν καὶ
Abr.1 13 2 εἶπεν δὲ ὁ ἀρχιστράτηγος θεωρεῖς πανόσιε καὶ * δίκαιε * Ἀβραὰμ τὸν ἄνδρα τὸν φοβερὸν τὸν ἐπὶ θρόνου
Abr.1 13 3 κάθηται ὧδε κρῖναι πᾶσαν τὴν κτίσιν καὶ ἐλέγχων * δικαίους * καὶ ἁμαρτωλοὺς διότι εἶπεν ὁ θεὸς ὅτι οὐκ ἐγὼ
Abr.1 13 4 μέχρι τῆς μεγάλης ἐνδόξου αὐτοῦ παρουσίας καὶ τότε * δικαιότατε * Ἀβραὰμ γενήσεται τελεία κρίσις καὶ
Abr.1 13 10 τῇ χειρὶ αὐτοῦ οὗτός ἐστιν ὁ Δοκιὴλ ὁ ἀρχάγγελος ὁ * δίκαιος * ζυγοστάτης καὶ ζυγίζει τὰς ἁμαρτίας καὶ τὰς
Abr.1 13 13 καὶ ἀναφέρει αὐτὸν εἰς τὸ σώζεσθαι ἐν τῷ κλήρῳ τῶν * δικαίων * καὶ οὕτως δίκαιε Ἀβραὰμ τὰ πάντα ἐν πᾶσιν ἐν
Abr.1 13 14 εἰς τὸ σώζεσθαι ἐν τῷ κλήρῳ τῶν δικαίων καὶ οὕτως * δίκαιε * Ἀβραὰμ τὰ πάντα ἐν πᾶσιν ἐν πυρὶ καὶ ζυγῷ
Abr.1 14 2 ἐν τῷ μέσῳ; εἶπεν δὲ ὁ ἀρχιστράτηγος ἄκουσον * δίκαιε * Ἀβραὰμ διότι εὗρεν ὁ κριτὴς τὰς ἁμαρτίας αὐτῆς
Abr.1 14 8 δὲ ὁ ἀρχιστράτηγος σέσωσται διὰ τῆς εὐχῆς σου τῆς * δικαίας * καὶ ἰδοὺ ἔλαβεν αὐτὴν ἄγγελος φωτοφόρος καὶ
Abr.1 15 6 ἅγιον. εἶπεν δὲ ὁ ἀσώματος πρὸς Ἀβραὰμ ἄκουσον * δικαιώτατε * ἰδοὺ ἡ γυνή σου Σάρρα ἰδοὺ καὶ ὁ υἱός σου ὁ
Abr.1 16 7 πῦρ ἀπαυγάζων καὶ ἀπῆλθεν πρὸς τὸν Ἀβραάμ. ὁ δὲ * δίκαιος * Ἀβραὰμ ἰδὼν ἐξῆλθεν ἐκ τοῦ τρικλίνου αὐτοῦ καὶ
Abr.1 16 9 ὁ θάνατος προσεκύνησεν λέγων χαίροις τίμιε Ἀβραὰμ * δικαία * ψυχὴ φίλε τοῦ θεοῦ τοῦ ὑψίστου καὶ τῶν ἀγγέλων
Abr.1 16 11 καὶ τίς εἶ σύ; λέγει αὐτῷ ὁ θάνατος Ἀβραὰμ πάτερ * δικαιότατε * ἰδοὺ λέγω σοι τὴν ἀλήθειαν ἐγώ εἰμι τὸ πικρὸν
Abr.1 16 15 εἰς τί ἐλήλυθας ὧδε; εἶπεν δὲ ὁ θάνατος διὰ τῆς * δικαίας * σου ψυχῆς παραγέγονα. ⟨λέγει αὐτῷ Ἀβραὰμ⟩ οἶδα
Abr.1 17 7 καὶ ἐν ἡσυχίᾳ πολλῇ καὶ κολακείᾳ ἀπέρχομαι τοῖς * δικαίοις * τοῖς δὲ ⟨ἁμαρτωλοῖς⟩ οὕτως ἀπέρχομαι ἐν πολλῇ
Abr.1 17 10 θάνατος οὐ μὴ δυνηθῇς θεάσασθαι τὴν ἐμὴν ἀγριότητα * δικαιότατε. * εἶπεν δὲ Ἀβραὰμ ναὶ δυνήσομαι θεάσασθαί σου
Abr.1 17 19 ἐτελεύτησαν παῖδες καὶ παιδίσκαι ἑπτὰ καὶ ὁ * δίκαιος * Ἀβραὰμ ἦλθεν εἰς ὀλιγωρίαν θανάτου ὥστε
Abr.1 18 8 καὶ σὺ τοῦ βίου τούτου ἀπαλλάξαι εἶχες. καὶ ὁ * δίκαιος * εἶπεν νῦν ἔγνων κἀγὼ ὅτι εἰς ὀλιγωρίαν θανάτου
Abr.1 18 11 τοὺς τελευτήσαντας καὶ ἀνεζωοποιήθησαν τότε οὖν ὁ * δίκαιος * Ἀβραὰμ ἔδωκεν δόξαν τῷ θεῷ. καὶ ἀνελθὼν ἐν τῇ
Abr.1 19 7 μοι περὶ πάντων. καὶ ὁ θάνατος εἶπεν ἄκουσον * δίκαιε * τοὺς ἑπτὰ αἰῶνας ἐγὼ λυμαίνω τὸν κόσμον καὶ
Abr.1 19 14 καὶ ἁπλῶς εἰπεῖν παντὸς θηρίου πρόσωπον ἔδειξά σοι * δικαιότατε * διότι πολλοὶ τῶν ἀνθρώπων ὑπὸ θηρίων
Abr.1 20 2 δύο εἰσὶν θάνατοι καὶ εἷς μὲν θάνατος ὑπάρχει ὁ * δίκαιος * ὁ ἔχων ὅρον καὶ πολλοὶ τῶν ἀνθρώπων παρὰ μίαν
Abr.1 20 3 γὰρ ἀνήγγειλά σοι πάντα ὅσα ἂν ἠτήσω ἄρτι λέγω σοι * δικαιότατε * τί γὰρ οὖν; πᾶσαν βουλὴν κατάλιπε καὶ
Abr.1 20 11 θεοπνεύστοις καὶ ἀρώμασιν ἐκήδευσαν δὲ τὸ σῶμα τοῦ * δικαίου * ἕως τρίτης ἡμέρας τῆς τελειώσεως αὐτοῦ καὶ
Abr.1 20 14 εἰς τὸν παράδεισον ἔνθα εἰσὶν αἱ σκηναὶ τῶν * δικαίων * μου καὶ μοναὶ τῶν ἁγίων μου Ἰσαὰκ καὶ Ἰακὼβ ἐν
Abr.2 4 10 αὐτῷ ἐκφάναι λόγον ὅτι φίλος σού ἐστιν καὶ * δίκαιος * ἄνθρωπος ξένους ὑποδεχόμενος παρακαλῶ οὖν κύριε
Abr.2 6 6 ἡμᾶς⟩; ἀπεκρίθη Μιχαὴλ καὶ εἶπεν οὐχὶ Σάρρα ἡ τοῖς * δικαίοις * ὑπηρετοῦσα οὐκ ἤνεγκα φάσιν περὶ Λὼτ καὶ ὡς
Abr.2 13 19 αὐτη; ἢ μετὰ πάντων ποιῶ; οὐχὶ ἀλλ' ἐὰν οὖν τις * δίκαιος * πρὸς αὐτὸν λαμβάνουσιν ὅλην τὴν δικαιοσύνην καὶ
TSim. 4 3 εἰς Αἴγυπτον καὶ ἔδησέ με ὡς κατάσκοπον ἔγνων ὅτι * δικαίως * πάσχω καὶ οὐκ ἐλυπούμην. Ἰωσὴφ δὲ ἦν ἀνὴρ
TLevi 2 3B016 Σάρραν μητέρα μου καὶ εἶπας δοῦναι αὐτοῖς σπέρμα * δίκαιον * εὐλογημένον εἰς τοὺς αἰῶνας. εἰσάκουσον δὲ καὶ
TLevi 3 5 πρὸς κύριον ἐπὶ πάσαις ταῖς ἀγνοίαις τῶν * δικαίων. * προσφέρουσι δὲ κυρίῳ ὀσμὴν εὐωδίας λογικὴν καὶ
TLevi 5 7 παραιτούμενον τὸ γένος τοῦ Ἰσραὴλ καὶ πάντων τῶν * δικαίων. * καὶ ὡς ἠρχόμην πρὸς τὸν πατέρα μου εὗρον ἀσπίδα
TLevi 10 5 κληθήσεται καθὼς περιέχει βίβλος Ἑνὼχ τοῦ * δικαίου. * ὅτε οὖν ἔλαβον γυναῖκα ἤμην ἐτῶν εἰκοσιοκτὼ ἢ
TLevi 16 2 προφητῶν ἐξουθενώσετε ἐν διαστροφῇ διώξετε ἄνδρας * δικαίους * καὶ εὐσεβεῖς μισήσετε ἀληθινῶν λόγους
TLevi 18 9 ἁμαρτία καὶ οἱ ἄνομοι καταπαύσουσιν εἰς κακά οἱ δὲ * δίκαιοι * καταπαύσουσιν ἐν αὐτῷ. καίγε αὐτὸς ἀνοίξει τὰς
TJud. 18 1 βασίλειον. ὅτι καίγε ἀνέγνων ἐν βίβλοις Ἑνὼχ τοῦ * δικαίου * ὅσα κακὰ ποιήσετε ἐν ἐσχάταις ἡμέραις. φυλάξασθε
TJud. 21 6 καὶ ἔσῃ αὐτοῖς ὡς θάλασσα. ὥσπερ γὰρ ἐν αὐτῇ * δίκαιοι * καὶ ἄδικοι χειμάζονται οἱ μὲν αἰχμαλωτιζόμενοι
TJud. 21 9 καὶ ἔσονται ὡς καταιγίδες ψευδοπροφῆται καὶ πάντας * δικαίους * διώξονται. ἐπάξει δὲ αὐτοῖς κύριος διαιρέσεις
TDan 2 3 οὐκ οἶδεν ἐὰν προφήτης κυρίου παρακούει ἐὰν * δίκαιος * οὐ βλέπει φίλον οὐ γνωρίζει. περιβάλλει γὰρ
TDan 4 4 νοῦν νοῆσαι τὸ ἐρεθισθὲν καὶ τότε θυμωθεὶς νομίζει * δικαίως * ὀργίζεσθαι. ἐὰν ζημίᾳ ἐὰν ἀπωλείᾳ τινὶ
TDan 5 6 τῆς πλάνης. ἀνέγνων γὰρ ἐν βίβλῳ Ἑνὼχ τοῦ * δικαίου * ὅτι ὁ ἄρχων ὑμῶν ἐστιν ὁ σατανᾶς καὶ ὅτι πάντα
TDan 5 12 ἅγιοι καὶ ἐπὶ τῆς νέας Ἰερουσαλὴμ εὐφρανθήσονται * δίκαιοι * ἥτις ἔσται εἰς δόξασμα θεοῦ ἕως τοῦ αἰῶνος. καὶ
TNep. 8 3 ἐπὶ τῆς γῆς σῶσαι τὸ γένος Ἰσραὴλ καὶ ἐπισυνάξει * δικαίους * ἐκ τῶν ἐθνῶν. ἐὰν ἐργάσησθε τὸ καλὸν τέκνα μου
TGad 3 2 τοῦτον οὐκ ἐπαινεῖ ἐὰν φοβῆται κύριον καὶ θέλῃ * δίκαια * τοῦτον οὐκ ἀγαπᾷ τὴν ἀλήθειαν ψέγει τῷ
TGad 5 3 τὸ μῖσος ἡ ταπείνωσις ἀναιρεῖ τὸ μῖσος. ὁ γὰρ * δίκαιος * καὶ ταπεινὸς αἰδεῖται ποιῆσαι ἄδικον οὐχ ὑπὸ
TAser 1 7 ἐστιν ἐν δικαιοσύνῃ κἂν ἁμάρτῃ εὐθὺς μετανοεῖ. * δίκαια * γὰρ λογιζόμενος καὶ ἀπορρίπτων τὴν πονηρίαν
TAser 4 1 κἂν νομισθῶσι παρὰ τῶν διπροσώπων ἁμαρτάνειν * δίκαιοί * εἰσι παρὰ τῷ θεῷ. πολλοὶ γὰρ ἀναιροῦντες τοὺς
TAser 5 2 σκότος τὰ δὲ πάντα ὑπὸ ἡμέραν εἰσὶ καὶ ὑπὸ ζωὴν τὰ * δίκαια * διὸ καὶ τὸν θάνατον ἡ αἰώνιος ζωὴ ἀναμένει. καὶ
TAser 5 3 καὶ οὐκ ἔστιν εἰπεῖν τὴν ἀλήθειαν ψεῦδος οὐδὲ τὸ * δίκαιον * ἄδικον ὅτι πᾶσα ἀλήθεια ὑπὸ τοῦ φωτός ἐστι καθὼς
TBen. 4 3 νικᾷ τὸ κακὸν σκεπαζόμενος ὑπὸ τοῦ ἀγαθοῦ τοὺς δὲ * δικαίους * ἀγαπᾷ ὡς τὴν ψυχὴν αὐτοῦ. ἐάν τις δοξάζηται οὐ
TBen. 5 5 γὰρ ὁ ὅσιος τὸν λοίδορον καὶ σιωπᾷ. κἂν τις ψυχὴν * δικαίαν * προδοίη καὶ ὁ δίκαιος προσευχόμενος πρὸς ὀλίγον
TBen. 5 5 καὶ σιωπᾷ. κἂν τις ψυχὴν δικαίαν προδοίη καὶ ὁ * δίκαιος * προσευχόμενος πρὸς ὀλίγον ταπεινωθῇ μετ' οὐ πολὺ
TBen. 7 4 ἔτει ἐρημοῦται ἐπὶ τοῦ κατακλυσμοῦ διὰ Ἄβελ τὸν * δίκαιον * ἀδελφὸν αὐτοῦ. ἐν τοῖς ἑπτὰ κακοῖς ὁ Κάιν

TBen. 9 1 ἐν ὑμῖν οὐ καλὰς ἔσεσθαι ἀπὸ λόγων Ἐνὼχ τοῦ * δικαίου. * πορνεύσετε γὰρ πορνείαν Σοδόμων καὶ ἀπολεῖσθε
Asen. 21 4 διαμείνῃ τὸ κάλλος σου τοῦτο εἰς τοὺς αἰῶνας διότι * ⟨δικαίως⟩ * κύριος ὁ θεὸς τοῦ Ἰωσὴφ ἐξελέξατό σε εἰς
Sal. 2 10 καὶ γνώσεται ἡ γῆ τὰ κρίματά σου πάντα τὰ * δίκαια * ὁ θεός. ἔστησαν τοὺς υἱοὺς Ιερουσαλημ εἰς
Sal. 2 18 τὸ μνημόσυνον αὐτῶν ἀπὸ τῆς γῆς. ὁ θεὸς κριτὴς * δίκαιος * καὶ οὐ θαυμάσει πρόσωπον ὠνείδισαν γὰρ ἔθνη
Sal. 2 32 τῆς γῆς τὸ κρίμα τοῦ κυρίου ὅτι μέγας βασιλεὺς καὶ * δίκαιος * κρίνων τὴν ὑπ' οὐρανόν. εὐλογεῖτε τὸν θεόν οἱ
Sal. 2 34 αὐτὸν μετὰ κρίματος τοῦ διαστεῖλαι ἀνὰ μέσον * δικαίου * καὶ ἁμαρτωλοῦ ἀποδοῦναι ἁμαρτωλοῖς εἰς τὸν αἰῶνα
Sal. 2 35 εἰς τὸν αἰῶνα κατὰ τὰ ἔργα αὐτῶν καὶ ἐλεῆσαι * δίκαιον * ἀπὸ ταπεινώσεως ἁμαρτωλοῦ καὶ ἀποδοῦναι ἁμαρτωλῷ
Sal. 2 35 ἁμαρτωλοῦ καὶ ἀποδοῦναι ἁμαρτωλῷ ἀνθ' ὧν ἐποίησεν * δικαίῳ. * ὅτι χρηστὸς ὁ κύριος τοῖς ἐπικαλουμένοις αὐτὸν
Sal. 3 αἰῶνα ἐνώπιον δούλων αὐτοῦ. ψαλμὸς τῷ Σαλωμων περὶ * δικαίων. * ἵνα τί ὑπνοῖς ψυχὴ καὶ οὐκ εὐλογεῖς τὸν κύριον;
Sal. 3 3 αὐτοῦ ὅτι ἀγαθὸς ψαλμὸς τῷ θεῷ ἐξ ἀγαθῆς καρδίας. * δίκαιοι * μνημονεύουσιν διὰ παντὸς τοῦ κυρίου ἐν
Sal. 3 4 καὶ δικαιώσει τὰ κρίματα κυρίου. οὐκ ὀλιγωρήσει * δίκαιος * παιδευόμενος ὑπὸ κυρίου ἡ εὐδοκία αὐτοῦ διὰ
Sal. 3 5 αὐτοῦ διὰ παντὸς ἔναντι κυρίου. προσέκοψεν ὁ * δίκαιος * καὶ ἐδικαίωσεν τὸν κύριον ἔπεσεν καὶ ἀποβλέπει
Sal. 3 6 ἀποσκοπεύει ὅθεν ἥξει σωτηρία αὐτοῦ. ἀλήθεια τῶν * δικαίων * παρὰ θεοῦ σωτῆρος αὐτῶν οὐκ αὐλίζεται ἐν οἴκῳ
Sal. 3 6 παρὰ θεοῦ σωτῆρος αὐτῶν οὐκ αὐλίζεται ἐν οἴκῳ * δικαίου * ἁμαρτία ἐφ' ἁμαρτίαν ἐπισκέπτεται διὰ παντὸς τὸν
Sal. 3 7 ἁμαρτίαν ἐπισκέπτεται διὰ παντὸς τὸν οἶκον αὐτοῦ ὁ * δίκαιος * τοῦ ἐξᾶραι ἀδικίαν ἐν παραπτώματι αὐτοῦ.
Sal. 3 11 εἰς τὸν αἰῶνα καὶ οὐ μνησθήσεται ὅταν ἐπισκέπτηται * δικαίους. * αὕτη ἡ μερὶς τῶν ἁμαρτωλῶν εἰς τὸν αἰῶνα οἱ δὲ
Sal. 4 8 αὐτῶν ἐν τῷ ἐξαίρεσθαι ἁμαρτωλοὺς ἀπὸ προσώπου * δικαίου * ἀνθρωπάρεσκον λαλοῦντα νόμον μετὰ δόλου. καὶ οἱ
Sal. 5 1 ἀγαλλιάσει ἐν μέσῳ ἐπισταμένων τὰ κρίματά σου τὰ * δίκαια * ὅτι σὺ χρηστὸς καὶ ἐλεήμων ἡ καταφυγὴ τοῦ πτωχοῦ
Sal. 8 8 τοῦ ἡλίου ἔγνω πᾶσα ἡ γῆ τὰ κρίματα τοῦ θεοῦ τὰ * δίκαια. * ἐν καταγαίοις κρυφίοις αἱ παρανομίαι αὐτῶν ἐν
Sal. 9 2 δικαιοσύνη σου ἐν ταῖς ἀνομίαις ἡμῶν ὅτι σὺ κριτὴς * δίκαιος * ἐπὶ πάντας τοὺς λαοὺς τῆς γῆς. οὐ γὰρ κρυβήσεται
Sal. 9 7 καὶ τίνι ἀφήσεις ἁμαρτίας εἰ μὴ τοῖς ἡμαρτηκόσιν; * δικαίους * εὐλογήσεις καὶ οὐκ εὐθυνεῖς περὶ ὧν ἡμάρτοσαν
Sal. 10 3 τοῖς ὑπομένουσιν παιδείαν. ὀρθώσει γὰρ ὁδοὺς * δικαίων * καὶ οὐ διαστρέψει ἐν παιδείᾳ καὶ τὸ ἔλεος κυρίου
Sal. 10 5 ἡ μαρτυρία κυρίου ἐπὶ ὁδοὺς ἀνθρώπων ἐν ἐπισκοπῇ. * δίκαιος * καὶ ὅσιος ὁ κύριος ἡμῶν ἐν κρίμασιν αὐτοῦ εἰς
Sal. 13 κυρίου. τῷ Σαλωμων ψαλμὸς παράκλησις τῶν * δικαίων. * δεξιὰ κυρίου ἐσκέπασέν με δεξιὰ κυρίου ἐφείσατο
Sal. 13 6 δεινὴ ἡ καταστροφὴ τοῦ ἁμαρτωλοῦ καὶ οὐχ ἅψεται * δικαίου * οὐδὲν ἐκ πάντων τούτων. ὅτι οὐχ ὁμοία ἡ παιδεία
Sal. 13 7 ἐκ πάντων τούτων. ὅτι οὐχ ὁμοία ἡ παιδεία τῶν * δικαίων * ἐν ἀγνοίᾳ καὶ ἡ καταστροφὴ τῶν ἁμαρτωλῶν. ἐν
Sal. 13 8 καταστροφὴ τῶν ἁμαρτωλῶν. ἐν περιστολῇ παιδεύεται * δίκαιος * ἵνα μὴ ἐπιχαρῇ ὁ ἁμαρτωλὸς τῷ δικαίῳ ὅτι
Sal. 13 8 παιδεύεται δίκαιος ἵνα μὴ ἐπιχαρῇ ὁ ἁμαρτωλὸς τῷ * δικαίῳ * ὅτι νουθετήσει δίκαιον ὡς υἱὸν ἀγαπήσεως καὶ ἡ
Sal. 13 9 μὴ ἐπιχαρῇ ὁ ἁμαρτωλὸς τῷ δικαίῳ ὅτι νουθετήσει * δίκαιον * ὡς υἱὸν ἀγαπήσεως καὶ ἡ παιδεία αὐτοῦ ὡς
Sal. 13 11 αὐτῶν ἐξαλείψει ἐν παιδείᾳ. ἡ γὰρ ζωὴ τῶν * δικαίων * εἰς τὸν αἰῶνα ἁμαρτωλοὶ δὲ ἀρθήσονται εἰς
Sal. 14 9 καὶ ἀπώλεια καὶ οὐχ εὑρεθήσονται ἐν ἡμέρᾳ ἐλέους * δικαίων * οἱ δὲ ὅσιοι κυρίου κληρονομήσουσιν ζωὴν ἐν
Sal. 15 3 γλώσσης ἀπαρχὴν χειλέων ἀπὸ καρδίας ὁσίας καὶ * δικαίας * ὁ ποιῶν ταῦτα οὐ σαλευθήσεται εἰς τὸν αἰῶνα ἀπὸ
Sal. 15 6 ὑπόστασιν ἁμαρτωλῶν ὅτι τὸ σημεῖον τοῦ θεοῦ ἐπὶ * δικαίους * εἰς σωτηρίαν. λιμὸς καὶ ῥομφαία καὶ θάνατος ἀπὸ
Sal. 15 7 εἰς σωτηρίαν. λιμὸς καὶ ῥομφαία καὶ θάνατος ἀπὸ * δικαίων * μακρὰν φεύξονται γὰρ ὡς διωκόμενοι πολέμου ἀπὸ
Sal. 16 15 σαρκὶ αὐτοῦ καὶ ἐν θλίψει πενίας ἐν τῷ ὑπομεῖναι * δίκαιον * ἐν τούτοις ἐλεηθήσεται ὑπὸ κυρίου. ψαλμὸς τῷ
Sal. 17 32 ἣν ἐδόξασεν αὐτήν ὁ θεός. καὶ αὐτὸς βασιλεὺς * δίκαιος * διδακτὸς ὑπὸ θεοῦ ἐπ' αὐτοὺς καὶ οὐκ ἔστιν
Jer. 5 30 ἰδὼν δὲ αὐτὰ ὁ γηραιὸς ἄνθρωπος εἶπεν ὦ υἱέ μου * δίκαιος * ἄνθρωπος εἶ σὺ καὶ οὐκ ἠθέλησεν ὁ θεὸς ἰδεῖν σε
Jer. 5 32 τοῦ οὐρανοῦ καὶ τῆς γῆς ἡ ἀνάπαυσις τῶν ψυχῶν τῶν * δικαίων * ἐν παντὶ τόπῳ. εἶτα λέγει τῷ γηραιῷ ἀνθρώπῳ
Jer. 7 10 τῇ περιστερᾷ ἥτις ἐκ τρίτου φάσιν ἤνεγκε τῷ * δικαίῳ. * οὕτως καὶ σὺ ἆρον τὴν καλὴν φάσιν ταύτην τῷ
Jer. 7 23 ἐκ τῶν προσταγμάτων τοῦ ἀνόμου βασιλέως τούτου. * δίκαιος * γὰρ εὑρέθης ἐναντίον τοῦ θεοῦ καὶ οὐκ ἐασέν σε
Jer. 9 5 τῆς δικαιοσύνης ὁ ἀνοίγων τὰς πύλας τοῖς * δικαίοις * ἕως ἂν εἰσενέγκη τοὺς δικαίους. παρακαλῶ σε
Jer. 9 5 τὰς πύλας τοῖς δικαίοις ἕως ἂν εἰσενέγκη τοὺς * δικαίους. * παρακαλῶ σε κύριε παντοκράτωρ πάσης κτίσεως ὁ
Bar. 10 5 ἀλλὰ θαυμαστὰ ἐν αὐτῷ οὗπερ ἔρχονται αἱ ψυχαὶ τῶν * δικαίων * ὅταν ὁμιλῶσι συνδιάγοντες χοροὶ χοροί. τὸ δὲ
Bar. 11 9 μοι τοῦτό ἐστιν ἔνθα προσέρχονται αἱ ἀρεταὶ τῶν * δικαίων * καὶ ὅσα ἐργάζονται ἀγαθὰ ἅτινα δι' αὐτοῦ
Bar. 12 5 μοι ὁ ἄγγελος ταῦτα τὰ ἄνωθέν εἰσιν αἱ ἀρεταὶ τῶν * δικαίων. * καὶ εἶδον ἑτέρους ἀγγέλους φέροντας κανίσκια
Prop. 8 1 λιμοῦ καὶ ἐκθλίψεως θυσιῶν καὶ πάθους προφήτου * δικαίου * καὶ δι' αὐτοῦ ἀνακαινισθήσεσθαι τὴν κτίσιν εἰς
Esdr. 1 9 λέγειν οὐαὶ τοὺς ἁμαρτωλοὺς ὅταν ἴδωσιν τὸν * δίκαιον * ὑπὲρ ἀγγέλων καὶ αὐτοὶ εἰσιν εἰς τὴν γέενναν τοῦ
Esdr. 1 12 εἰς ἀπώλειαν ἀπάγειν. καὶ εἶπεν ὁ θεὸς ἐγὼ τοὺς * δικαίους * ἀναπαύσωμαι ἐν τῷ παραδείσῳ καὶ ἐλεήμων
Esdr. 1 13 ἐλεήμων καθέστηκα. καὶ εἶπεν Ἔσδρας κύριε τοὺς * δικαίους * τί χαρίζεις; ὥσπερ γὰρ μίσθιος ἐξυπηρετησάμενος
Esdr. 1 14 δουλεύσει τοῖς κυρίοις αὐτοῦ ἐπιτυχεῖν οὕτως καὶ ὁ * δίκαιος * ἀπέλαβεν τὸν μισθὸν αὐτοῦ ἐν οὐρανοῖς. ἀλλὰ τοὺς
Esdr. 2 9 ὁ θεὸς ὡς ἐποίησα νύκτα καὶ ἡμέραν ἐποίησα τὸν * δίκαιον * καὶ τὸν ἁμαρτωλὸν καὶ ἔπρεπεν ὡς ὁ δίκαιος
Esdr. 2 9 τὸν δίκαιον καὶ τὸν ἁμαρτωλὸν καὶ ἔπρεπεν ὡς ὁ * δίκαιος * πολιτεύεσθαι. καὶ εἶπεν ὁ προφήτης τὸν
Esdr. 5 22 καὶ Παῦλον καὶ Λουκᾶν καὶ Ματθεῖαν καὶ ὅλους τοὺς * δικαίους * καὶ τοὺς πατριάρχας. καὶ ἴδον ἐκεῖ τοῦ ἀέρος
Esdr. 6 25 ἀναλίσκεσθαι. κλαύσατέ με πάντες οἱ ἅγιοι καὶ * δίκαιοι * τὸν πολλὰ δικασάμενον κλαύσατέ με πάντες οἱ
Esdr. 6 26 πολλὰ δικασάμενον κλαύσατέ με πάντες οἱ ἅγιοι καὶ * δίκαιοι * ὅτι εἰς τὸ τρυβλίον τοῦ ᾅδου εἰσῆλθον. καὶ εἶπεν
Sedr. 8 2 εἰς τὸ θέλημα αὐτοῦ ὅτι ἠγάπησα αὐτὸν διότι τοὺς * δικαίους * μου ἀγγέλους ἀπέστειλα τοῦ φυλάσσειν αὐτὸν ἐν
Sedr. 14 6 πρὸς τὸ ἐμὸν βάπτισμα καὶ δέχομαι αὐτοὺς μετὰ τῶν * δικαίων * μου ἐν κόλποις Ἀβραὰμ καὶ εἰσὶν τινες οἱ
Sedr. 15 2 καὶ οἰκτιρμῶν ἀλλ' ἡ σὴ θεότης εἶπεν οὐκ ἦλθον * δικαίους * καλέσαι ἀλλὰ ἁμαρτωλοὺς εἰς μετάνοιαν. καὶ
Sedr. 16 5 σου οὐ μὴ ἴδῃ κολαστήριον ἀλλὰ ἔσται μετὰ τῶν * δικαίων * ἐν τόπῳ ἀναψύξεως καὶ ἀναπαύσεως καὶ εἴ τις
Job 4 11 καὶ ἐκδεχόμενος τὸν στέφανον. τότε γνώσει ὅτι * δίκαιος * καὶ ἀληθινὸς καὶ ἰσχυρὸς ὁ κύριος, ἐνισχύων τοὺς
Job 41 3 ἐποιήσατε ἀνεχόμενοι τοῦ Ιωβ καυχωμένου εἶναι * δίκαιον * ἐγὼ γὰρ οὐκ ἀνέξομαι ἀρχῆθεν γὰρ καὶ κλαυθμὸν
Job 43 13 σώματι αὐτοῦ ἰὸν ἀσπίδων ἔσχεν ἐν τῇ γλώσσῃ αὐτοῦ. * δίκαιός * ἐστιν κύριος, ἀληθινὰ αὐτοῦ τὰ κρίματα παρ' ᾧ
Aris. 24 2 τῶν ἀνθρώπων καταδυναστεία. πᾶσιν οὖν ἀνθρώποις τὸ * δίκαιον * ἀπονέμειν ὁμολογούμενοι πολλῷ δὲ μᾶλλον τοῖς
Aris. 24 4 καὶ κατὰ πᾶν ἐκζητοῦντες τὸ καλῶς ἔχον πρός τε τὸ * δίκαιον * καὶ τὴν κατὰ πάντων εὐσέβειαν προστετάχαμεν ὅσα
Aris. 46 4 ἔχοντας τὸν νόμον. καλῶς οὖν ποιήσεις βασιλεῦ * δίκαιε * προστάξας ὡς ἂν ἡ μεταγραφὴ γένηται τῶν βιβλίων
Aris. 125 2 γὰρ καλῶς αὐτὸν λέγειν ὅτι περὶ ἑαυτὸν ἔχων ἄνδρας * δικαίους * καὶ σώφρονας τὴν μεγίστην ἂν φυλακὴν τῆς
Aris. 147 5 τῇ καθ' ἑαυτοὺς μηδὲν ἀφαιρεῖσθαι μηδὲν ἀλλ' ἐκ * δικαίου * τὰ τοῦ βίου κυβερνᾶν ὡς τὰ τῶν προειρημένων
Aris. 148 2 ὁ νομοθέτης σημειοῦσθαι τοῖς συνετοῖς εἶναι * δικαίους * τε καὶ μηδὲν ἐπιτελεῖν βίᾳ μηδὲ τῇ περὶ ἑαυτοὺς
Aris. 169 4 δικαιοσύνην καὶ τὴν τῶν ἀνθρώπων συναναστροφὴν * δικαίαν. * ἐμοὶ μὲν οὖν καλῶς ἐνόμιζε περὶ ἑκάστων
Aris. 179 3 τὰ τεύχη τὸ τηνικαῦτα ἀσπασάμενος τοὺς ἄνδρας εἶπε * δίκαιον * ἦν θεοσεβεῖς ἄνδρες ὧν χάριν ὑμᾶς μετεπεμψάμην
Aris. 189 3 πῶς ἂν ἕκαστα πράττοι; ὁ δὲ ἀπεκρίθη ⟨ὅτι⟩ τὸ * δίκαιον * εἰ πρὸς ἅπαντας διατηροῖ ⟨ἑαυτῷ⟩ καλῶς τὰ ἕκαστα
Aris. 193 5 διὰ πάντων ἵνα τὰς ἐπιβολὰς αὐτῷ κατευθύνῃ * δικαίως * διεξάγοντι πάντα. ἀποδεξάμενος δὲ καὶ τοῦτον τὸν
Aris. 212 3 κάλλιστα διαλογίζοιτο; ἀπεκρίθη δὲ ἐκεῖνος εἰ τὸ * δίκαιον * ἐπὶ παντὸς προβάλλοι συνεχῶς καὶ νομίζοι τὴν
Aris. 212 5 ζῆν στέρησιν εἶναι καὶ γὰρ ὁ θεὸς διὰ παντὸς τοῖς * δικαίοις * ἀγαθὰ προσημαίνει μέγιστα. τοῦτον δὲ ἐπαινέσας
Aris. 215 5 προαιρῇ παρὰ λόγον οὐδὲ ἐξουσίᾳ χρώμενος τὸ * δίκαιον * αἱρεῖς. ἐπὶ πλεῖον γὰρ ἐν οἷς ἕκαστος πράγμασιν
Aris. 280 4 πρὸς τὸ διὰ παντὸς εὐδοξίαν ἔχειν αὐτοὺς τὰ * δίκαια * πράσσουσι καθὼς σὺ τοῦτο ἐπιτελεῖς εἶπε μέγιστε
Aris. 291 4 καθεστάναι τοὺς ὑποτεταγμένους καὶ κομίζεσθαι τὸ * δίκαιον * ταχέως ἐν ταῖς διακρίσεσι. ταῦτα δὲ γίνεται διὰ
Aris. 292 4 καθὼς καὶ σὺ μέγιστον κακὸν ἥγησαι τὴν ἀδικίαν * δικαίως * δὲ πάντα κυβερνῶν ἀέναον τὴν περὶ σεαυτὸν δόξαν
Aris. 318 3 πρὸς αὐτὸν ἐὰν ἀποκατασταθῶσιν εἰς τὴν Ἰουδαίαν * δίκαιον * γὰρ εἶπε τὴν ἐκπομπὴν αὐτῶν γενέσθαι
Sib. 3 116 ἐμάχοντο ὅρκοι γὰρ τ' ἐγένοντο πατρὸς μερίδες τε * δίκαιαι. * τηνίκα δὴ πατρὸς τέλεος χρόνος ἵκετο γήρως καὶ
Sib. 3 214 οἳ περὶ ναὸν οἰκεῦσι μέγαν Σολομώνιον οἵ τε * δικαίων * ἀνδρῶν ἔκγονοί εἰσιν ὅμως καὶ τῶνδε βοήσω φῦλον
Sib. 3 219 --- κατὰ χθονὸς Οὖρ Χαλδαίων ἐξ ἧς δὴ γένος ἐστὶ * δικαιοτάτων * ἀνθρώπων οἷσιν ἀεὶ βουλή τ' ἀγαθὴ καλά τ'
Sib. 3 233 γαῖαν τοῦ πεπλανῆσθαι ὁδοὺς τ' ἀγαθὰς καὶ ἔργα * δίκαια. * οἱ δὲ μεριμνῶσίν τε δικαιοσύνην τ' ἀρετήν τε κοὐ
Sib. 3 237 πόλεμον καὶ λιμὸν ἄπειρον. τοῖσι δὲ μέτρα * δίκαια * πέλει κατ' ἀγρούς τε πόλεις τε οὐδὲ κατ' ἀλλήλων
Sib. 3 257 οὐρανόθι πρὸ δῶκε θεὸς γράψας πλαξὶν δυσὶ πάντα * δίκαια * καὶ προσέταξε ποιεῖν καὶ ἦν ἄρα τις παρακούσῃ ἠὲ
Sib. 3 312 ὡς πάρος αὐτὴ ἐξέχεας ἀνδρῶν τ' ἀγαθῶν ἀνδρῶν τε * δικαίων * ὧν ἔτι καὶ νῦν αἷμα βοᾷ εἰς αἰθέρα μακρόν. ἥξει
Sib. 3 720 καὶ νόμον ὑψίστοιο θεοῦ φραζώμεθα πάντες ὅστε * δικαιότατος * πέλεται πάντων κατὰ γαῖαν. ἡμεῖς δ'
Sib. 3 782 προφῆται αὐτοὶ γὰρ κριταί εἰσι βροτῶν βασιλεῖς τε * δίκαιοι. * ἔσται δὴ καὶ πλοῦτος ἐν ἀνθρώποισι δίκαιος αὕτη
Sib. 3 783 τε δίκαιοι. ἔσται δὴ καὶ πλοῦτος ἐν ἀνθρώποισι * δίκαιος * αὕτη γὰρ μεγάλοιο θεοῦ κρίσις ἠδὲ καὶ ἀρχή.
Sib. 4 153 εὐσεβίης μὲν ἀπ' ἀνθρώπων ἀπόληται πίστις καὶ τὸ * δίκαιον * ἀποκρυφθῇ ἐνὶ κόσμῳ --- παλίμβολοι --- ἐπ' οὐχ
Sib. 5 151 καὶ ἔφλεξε πολίτας λαοὺς εἰσανιόντας ὅσους ὕμνησα * δικαίους * τούτου γὰρ +φανέντος+ ⟨ὅλη⟩ κτίσις ἐξετινάχθη
Sib. 5 154 μένεν ἀρχὴ ἐξόλεσαν μεγάλην τε πόλιν λαόν τε * δίκαιον. * ἀλλ' ὅταν ἐκ τετράτου ἔτεος λάμψῃ μέγας ἀστήρ
Sib. 5 182 ἀναιδῆ. +Πυθών+ ἡ τὸ πάλαι δίπολις κληθεῖσα * δικαίως * αἰῶσιν σίγησον ὅπως παύσῃ κακότητος. ὕβρι κακῶν
Sib. 5 226 δείματα κεῖται εἵνεκα τῆς μεγάλης πόλεως λαοῦ τε * δικαίου * σῳζομένου διὰ παντὸς ὃν ἔξοχον εἶχε Πρόνοια.
Sib. 5 270 ὑπέμειναν πλείονα καὶ χαρίεντα +καλὸν ἄρξουσι+ * δίκαιοι * οἱ δὲ κακοὶ στείλαντες ἐπ' αἰθέρα γλῶσσαν
Sib. 5 283 ἠδ' ἀπὸ πηγῆς καὶ γλάγος ἀμβρόσιον ῥεύσει πάντεσσι * δικαίοις * εἰς ἕνα γὰρ γενετῆρα θεὸν μόνον ἔξοχον ὄντα
Sib. 5 357 λιθίνοισι θεοῖσιν. ἡγείσθω δὲ θέμις σοφίη καὶ δόξα * δικαίων * μή ποτε θυμωθεὶς θεὸς ἄφθιτος ἐξαπολέσσῃ πᾶν
Sib. 5 426 πᾶσιν ὁρατὸν ὥστε βλέπειν πάντας πιστοὺς πάντας τε * δικαίους * ἀιδίοιο θεοῦ δόξαν πεποθημένον εἶδος ἀντολίαι
Sib. 5 431 ἄθεσμος οὐ φόνος οὐδὲ κυδοιμὸς ἔρις δ' ἐν πᾶσι * δικαίη. * ὕστατος ἔσθ' ἁγίων καιρὸς ὅτε ταῦτα περαίνει
FJub. 4 1 ὁ Κάϊν. τῷ ἑβδομηκοστῷ ἑβδόμῳ ἔτει γεγενῆσθαι τὸν * δίκαιον * Ἄβελ. τῷ ὀγδοηκοστῷ πέμπτῳ ἔτει ἐγέννηθη αὐτοῖς
FJub. 47 5 Αἰγυπτίων ἀσκηθεὶς παίδευσιν ὡς βασιλίδος υἱὸς * δικαίως * ἂν κληθείη κατὰ κόσμον βασιλεὺς ἐξ ὕδατος.
FIsa. 1 2 5 καὶ οἱ κληδονισμοὶ καὶ ἡ πορνεία καὶ ὁ διωγμὸς τῶν * δικαίων * ἐν χερσὶ Μανασσῆ καὶ ἐν χερσὶν τοῦ Τουβὶ τοῦ
FMan. 2 22 12 καὶ Ἰσαὰκ καὶ Ἰακὼβ καὶ τοῦ σπέρματος αὐτῶν τοῦ * δικαίου * ὁ ποιήσας τὸν οὐρανὸν καὶ τὴν γῆν σὺν παντὶ τῷ

FMan. 2 22 13 ἁμαρτωλοῖς εἰς σωτηρίαν. σὺ οὖν κύριε ὁ θεὸς τῶν * δικαίων * οὐκ ἔθου μετάνοιαν δικαίοις τῷ Ἀβραὰμ καὶ
FMan. 2 22 13 σὺ οὖν κύριε ὁ θεὸς τῶν δικαίων οὐκ ἔθου μετάνοιαν * δικαίοις * τῷ Ἀβραὰμ καὶ Ἰσαὰκ καὶ Ἰακὼβ τοῖς οὐχ
FEz. 64 70 15 καὶ λοιπὸν ἡ κρίσις ἀργεῖ. τί οὖν ποιεῖ ὁ κριτὴς ὁ * δίκαιος; * ἀγνοοὺς ποίῳ τρόπῳ ἀμφότεροι ἐζεύχθησαν
FEsd. 7 103 συγγενεῖς ὑπὲρ συγγενῶν οὔτε φίλοι ὑπὲρ φίλων οὔτε * δίκαιοι * ὑπὲρ ἀδίκων ἀλλ' ἕκαστος ὑπὲρ τοῦ οἰκείου ἔργου
FAch. 109 τέκνον Αἶνε δι' ὧν καὶ πρότερον παιδευθεὶς οὐ * δικαίας * μοι χάριτας ἀποδέδωκας. καὶ νῦν οὖν φύλαξον
FPho. 9 πρῶτα θεὸν τιμᾶν μετέπειτα δὲ σεῖο γονῆας. πάντα * δίκαια * νέμειν μὴ δὲ κρίσιν ἐς χάριν ἕλκειν. μὴ ῥίψῃς
FPho. 12 μετέπειτα δικάσσει. μαρτυρίην ψευδῆ φεύγειν τὰ * δίκαια * βραβεύειν. παρθεσίην τηρεῖν πίστιν δ' ἐν πᾶσι
FPho. 14 πίστιν δ' ἐν πᾶσι φυλάσσειν. μέτρα νέμειν τὰ * δίκαια * καλὸν δ' ἐπίμετρον ἁπάντων. σταθμὸν μὴ κρούειν
FPho. 33 ἐς ἄμυναν. εἴθε δὲ μὴ χρήζοις μήτ' ἔκνομα μήτε * δικαίως * ἢν γὰρ ἀποκτείνῃς ἐχθρὸν σέο χεῖρα μιαίνεις.
ISop. 5 122 1 καὶ γὰρ καθ' ᾅδην δύο τρίβους νομίζομεν μίαν * δικαίων * χατέραν τῶν ἀδίκων. κἄπειτα σώσει πάντα ἃ
IOrp. 2 οἷς θέμις ἐστὶ θύρας δ' ἐπίθεσθε βέβηλοι φεύγοντες * δικαίων * θεσμοὺς θείοιο τιθέντος πάντες ὁμῶς σὺ δ' ἄκουε
IDip. 5 121 1 καὶ γὰρ καθ' Ἅιδην δύο τρίβους νομίζομεν μίαν * δικαίων * ἑτέραν δὲ ἀσεβῶν εἶναι ὁδόν. εἰ τοὺς δύω καλύψει
IDip. 5 121 1 εἰ τοὺς δύω καλύψει ἡ γῆ τῷ παντὶ χρόνῳ εἰ γὰρ * δίκαιος * κἀσεβὴς ἕξουσιν ἓν ἅρπαζε ἀπελθὼν κλέπτε
IMen. 5 120 2 ὦ φίλτατε ἐπιθυμήσῃς ποτὲ ἀλλοτρίας ὁ γὰρ θεὸς * δικαίοις * ἔργοις ἥδεται καὶ οὐκ ἀδίκοις πονοῦντα δὲ ἐᾷ
IMen. 5 120 2 νύκτα καὶ τὴν ἡμέραν. θεῷ δὲ θῦε διὰ τέλους * δίκαιος * ὢν μὴ λαμπρὸς ὢν ταῖς χλαμύσιν ὡς τῇ καρδίᾳ.
HAri. 9 25 2 τῆς Ἰδουμαίας καὶ Ἀραβίας. γενέσθαι δ' αὐτὸν * δίκαιον * καὶ πολύκτηνον κτήσασθαι γὰρ αὐτὸν πρόβατα μὲν
FrAn. 1 227 27 >μοι ελαβε< - >ας ενωπιον αυτω< - - >αυτοις< - >ως * δικαιως * ταυτα< - - >ο θς Ιωσηφ μνησ<θεις - - >υμων βοησω

δικαιοσύνη 97

Adam 20 1 οἱ ὀφθαλμοί μου καὶ ἔγνων ὅτι γυμνὴ ἤμην τῆς * δικαιοσύνης * ἧς ἤμην ἐνδεδυμένη. καὶ ἔκλαυσα λέγουσα τί
Hen. 10 16 πονηρίας ἐκλειπέτω καὶ ἀναφανήτω τὸ φυτὸν τῆς * δικαιοσύνης * καὶ τῆς ἀληθείας εἰς τοὺς αἰῶνας μετὰ χαρᾶς
Hen. 10 18 πληρώσουσιν. τότε ἐργασθήσεται πᾶσα ἡ γῆ ἐν * δικαιοσύνῃ * καὶ καταφυτευθήσεται δένδρον ἐν αὐτῇ καὶ
Hen. 12 4 τοῦ μεγάλου ἐκάλουν με Ἐνὼχ ὁ γραμματεὺς τῆς * δικαιοσύνης * πορεύου καὶ εἰπὲ τοῖς ἐγρηγόροις τοῦ οὐρανοῦ
Hen. 13 10 τοὺς ὕπνους καὶ ἠρξάμην λαλεῖν τοὺς λόγους τῆς * δικαιοσύνης * ἐλέγχων τοὺς ἐγρηγόρους τοῦ οὐρανοῦ. βίβλος
Hen. 14 1 ἐλέγχων τοὺς ἐγρηγόρους τοῦ οὐρανοῦ. βίβλος λόγων * δικαιοσύνης * καὶ ἐλέγξεως ἐγρηγόρων τῶν ἀπὸ τοῦ αἰῶνος
Hen. 22 14 κύριον τῆς δόξης καὶ εἶπα εὐλογητὸς εἶ κύριε ὁ τῆς * δικαιοσύνης * κυριεύων τοῦ αἰῶνος. κἀκεῖθεν ἐφώδευσα εἰς
Hen. 32 3 τοῦ Ζωτιήλ. καὶ ἦλθον πρὸς τὸν παράδεισον τῆς * δικαιοσύνης * καὶ ἴδον μακρόθεν τῶν δένδρων τούτων δένδρα
Hen. 97 8 οὐαὶ ὑμῖν οἱ κτώμενοι χρυσίον καὶ ἀργύριον οὐκ ἀπὸ * δικαιοσύνης * καὶ ἐρεῖτε πλούτῳ πεπλουτήκαμεν καὶ τὰ
Hen. 99 10 τὰς ἐντολὰς τοῦ ὑψίστου καὶ πορεύσονται ἐν ὁδοῖς * δικαιοσύνης * αὐτοῦ καὶ οὐ μὴ πλανήσουσιν μετὰ τῶν
Hen. 102 10 ὁποία ἐγένετο αὐτῶν ἡ καταστροφὴ ὅτι πᾶσα * δικαιοσύνη * οὐχ εὑρέθη ἐν αὐτοῖς ἕως ἀπέθανον καὶ
Hen. 106 1 καὶ ἐκάλεσεν τὸ ὄνομα αὐτοῦ Λάμεχ. ἐταπεινώθη ἡ * δικαιοσύνη * μέχρι τῆς ἡμέρας ἐκείνης. καὶ ὅτε εἰς ἡλικίαν
Hen. 107 1 καὶ εἶδον τόδε μέχρις τοῦ ἀνασ⟨τῆναι⟩ γενεὰν * δικαιοσύνης * καὶ ἡ κακία ἀπολεῖται καὶ ἡ ἁμαρτία ἀλλάξει
Abr.1 1 1 τῆς ζωῆς αὐτοῦ ζήσας ἐν ἡσυχίᾳ καὶ πραότητι καὶ * δικαιοσύνῃ * πάνυ ὑπῆρχεν φιλόξενος ὁ δίκαιος. πήξας δὲ
Abr.1 12 12 ⟨ἀπεγράφοντο⟩ καὶ ὁ δεξιὸς ἀπεγράφετο τὰς * δικαιοσύνας * καὶ ὁ ἐξ ἀριστερῶν ἀπεγράφετο τὰς ἁμαρτίας
Abr.1 12 18 βίβλον εὗρεν αὐτῆς ζυγάδας τὰς ἁμαρτίας καὶ τὰς * δικαιοσύνας * ἐξ ἴσου οὔτε ταῖς βασανισταῖς ἐξέδωκεν αὐτὴν
Abr.1 13 9 ἐρχόμενοι ἀπογράφονται τὰς ἁμαρτίας καὶ τὰς * δικαιοσύνας * ὁ μὲν ἐκ δεξιῶν ἄγγελος ἀπογράφεται ⟨τὰς
Abr.1 13 9 ὁ μὲν ἐκ δεξιῶν ἄγγελος ἀπογράφεται ⟨τὰς * δικαιοσύνας * ὁ δὲ ἐξ ἀριστερῶν⟩ τοὺς ἁμαρτωλοὺς ὁ δὲ
Abr.1 13 10 ζυγοστάτης καὶ ζυγίζει τὰς ἁμαρτίας καὶ τὰς * δικαιοσύνας * ἐν δικαιοσύνῃ θεοῦ ὁ δὲ πύρινος ἄγγελος καὶ
Abr.1 13 10 καὶ ζυγίζει τὰς ἁμαρτίας καὶ τὰς δικαιοσύνας ἐν * δικαιοσύνῃ * θεοῦ ὁ δὲ πύρινος ἄγγελος καὶ ἀπότομος ὁ
Abr.1 13 13 αὐτοῦ οὗτος δικαιοῦται καὶ λαμβάνει αὐτὸν ὁ τῆς * δικαιοσύνης * ἄγγελος καὶ ἀναφέρει αὐτὸν εἰς τὸ σώζεσθαι
Abr.1 14 2 διότι εὗρεν ὁ κριτὴς τὰς ἁμαρτίας αὐτῆς ⟨καὶ τὰς * δικαιοσύνας⟩ * ζυγάδας καὶ οὔτε εἰς κρίσιν ἐξέδοτο αὐτὴν
Abr.1 14 4 ἡ ψυχὴ εἰς τὸ σώζεσθαι; ⟨εἶπεν δὲ ὁ ἀσώματος⟩ μίαν * δικαιοσύνην * ἐὰν κέκτητο ὑπεράνω τῶν ἁμαρτιῶν ἔρχεται εἰς
Abr.1 17 7 τοιαύτη; ὁ θάνατος εἶπεν οὐχὶ κύριέ μου αἱ γὰρ * δικαιοσύναι * σου καὶ τὸ ἄμετρον τῆς φιλοξενίας σου καὶ τὸ
Abr.2 11 3 ἐστιν ὁ διδάσκαλος τοῦ οὐρανοῦ καὶ γραμματεὺς τῆς * δικαιοσύνης * καὶ ἀπέστειλεν δὲ αὐτὸν ὁ κύριος ἐνταῦθα
Abr.2 11 4 ἐνταῦθα ὅπως ἀναγράφεται τὰς ἁμαρτίας καὶ τὰς * δικαιοσύνας * ἑκάστου. καὶ εἶπεν Ἀβραὰμ τῷ Μιχαὴλ δύναται
Abr.2 13 19 οὖν τις δίκαιος πρὸς αὐτὸν λαμβάνουσιν ὅλην τὴν * δικαιοσύνην * καὶ γίνεται στέφανος ἐπὶ τὴν κεφαλήν μου καὶ
Abr.2 13 19 μου καὶ ἀπέρχομαι πρὸς αὐτὸν ἐν πιθανότητι καὶ * δικαιοσύνῃ * αὐτοῦ ἐὰν δὲ ἁμαρτωλὸς ᾖ ἀπέρχομαι πρὸς αὐτὸν
Abr.2 14 2 μοι καὶ τὴν σαπρότητά σου. καὶ ἦρεν ὁ θάνατος τὴν * δικαιοσύνην * ἀφ' ἑαυτοῦ καὶ ἐφανέρωσεν αὐτῷ τὴν σαπρότητα
TLevi 8 2 τὴν στολὴν τῆς ἱερατείας καὶ τὸν στέφανον τῆς * δικαιοσύνης * καὶ τὸ λόγιον τῆς συνέσεως καὶ τὸν ποδήρη
TLevi 13 5 καὶ ἀκοῦσαι νόμον ἐκ τοῦ στόματος αὐτοῦ. ποιήσατε * δικαιοσύνην * τέκνα μου ἐπὶ τῆς γῆς ἵνα εὕρητε ἐν τοῖς
TJud. 22 2 τὸ σωτήριον Ἰσραὴλ ἕως παρουσίας τοῦ θεοῦ τῆς * δικαιοσύνης * τοῦ ἡσυχάσαι τὸν Ἰακὼβ ἐν εἰρήνῃ καὶ πάντα
TJud. 24 1 ἄνθρωπος ἐκ τοῦ σπέρματός μου ὡς ὁ ἥλιος τῆς * δικαιοσύνης * συμπορευόμενος τοῖς υἱοῖς τῶν ἀνθρώπων ἐν
TJud. 24 1 τοῖς υἱοῖς τῶν ἀνθρώπων ἐν πραότητι καὶ * δικαιοσύνῃ * καὶ πᾶσα ἁμαρτία οὐχ εὑρηθήσεται ἐν αὐτῷ. καὶ
TJud. 24 6 γενήσεται πυθμήν. καὶ ἐν αὐτῷ ἀναβήσεται ῥάβδος * δικαιοσύνης * τοῖς ἔθνεσι κρῖναι καὶ σῶσαι πάντας τοὺς
TZab. 9 8 καὶ μετὰ ταῦτα ἀνατελεῖ ὑμῖν αὐτὸς ὁ κύριος φῶς * δικαιοσύνης * καὶ ἴασις καὶ εὐσπλαγχνία ἐπὶ ταῖς πτέρυξιν
TDan 6 10 ἀπόστητε οὖν ἀπὸ πάσης ἀδικίας καὶ κολλήθητε τῇ * δικαιοσύνῃ * τοῦ νόμου κυρίου καὶ ἔσται τὸ γένος μου εἰς
TNep. 4 5 ἄχρι τοῦ ἐλθεῖν τὸ σπλάγχνον κυρίου ἄνθρωπος ποιῶν * δικαιοσύνην * καὶ ποιῶν ἔλεος εἰς πάντας τοὺς μακρὰν καὶ
TGad 3 1 νῦν ἀκούσατε τέκνα μου λόγους ἀληθείας τοῦ ποιεῖν * δικαιοσύνην * καὶ πάντα νόμον ὑψίστου καὶ μὴ πλανᾶσθαι τῷ
TGad 5 3 τὸ μῖσος καὶ κολλήθητε τῇ ἀγάπῃ τοῦ κυρίου. ἡ * δικαιοσύνη * ἐκβάλλει τὸ μῖσος ἡ ταπείνωσις ἀναιρεῖ τὸ
TAser 1 6 οὖν ἡ ψυχὴ θέλῃ ἐν καλῷ πᾶσα πρᾶξις αὐτῆς ἐστιν ἐν * δικαιοσύνῃ * κἂν ἁμάρτῃ εὐθὺς μετανοεῖ. δίκαια γὰρ
TAser 6 4 ὅτι τὰ τέλη τῶν ἀνθρώπων δεικνύσι τὴν * δικαιοσύνην * αὐτῶν γνωρίζοντες τοὺς ἀγγέλους κυρίου καὶ
TBen. 10 3 τέκνα μου ὅτι ἀποθνήσκω. ποιήσατε οὖν ἀλήθειαν καὶ * δικαιοσύνην * ἕκαστος μετὰ τοῦ πλησίον αὐτοῦ καὶ κρίμα εἰς
Sal. 1 2 ἐνώπιόν μου ⟨εἶπα⟩ ἐπακούσεταί μου ὅτι ἐπλήσθην * δικαιοσύνης. * ἐλογισάμην ἐν καρδίᾳ μου ὅτι ἐπλήσθην
Sal. 1 3 δικαιοσύνης. ἐλογισάμην ἐν καρδίᾳ μου ὅτι ἐπλήσθην * δικαιοσύνῃ * ἐν τῷ εὐθηνῆσαί με καὶ πολλὴν γενέσθαι ἐν
Sal. 2 15 ἐν εὐθύτητι καρδίας ὅτι ἐν τοῖς κρίμασίν σου ἡ * δικαιοσύνη * σου ὁ θεός. ὅτι ἀπέδωκας τοῖς ἁμαρτωλοῖς κατὰ
Sal. 4 24 κριτὴς μέγας καὶ κραταιὸς κύριος ὁ θεὸς ἡμῶν ἐν * δικαιοσύνῃ. * γένοιτο κύριε τὸ ἔλεός σου ἐπὶ πάντας τοὺς
Sal. 5 17 ὁ ἄνθρωπος ἐξαμαρτάνει. ἱκανὸν τὸ μέτριον ἐν * δικαιοσύνῃ * καὶ ἐν τούτῳ ἡ εὐλογία κυρίου εἰς πλησμονὴν
Sal. 5 17 καὶ ἐν τούτῳ ἡ εὐλογία κυρίου εἰς πλησμονὴν ἐν * δικαιοσύνῃ. * εὐφρανθείησαν οἱ φοβούμενοι κύριον ἐν
Sal. 8 6 μου ὡς λίνον. εἶπα κατευθυνοῦσιν ὁδοὺς αὐτῶν ἐν * δικαιοσύνῃ. * ἀνελογισάμην τὰ κρίματα τοῦ θεοῦ ἀπὸ κτίσεως
Sal. 8 24 αὐτῶν. αἰνετὸς κύριος ὁ κρίνων πᾶσαν τὴν γῆν ἐν * δικαιοσύνῃ * αὐτοῦ. ἰδοὺ δὴ ὁ θεὸς ἔδειξας ἡμῖν τὸ κρίμα
Sal. 8 25 ἰδοὺ δὴ ὁ θεὸς ἔδειξας ἡμῖν τὸ κρίμα σου ἐν τῇ * δικαιοσύνῃ * σου εἴδοσαν οἱ ὀφθαλμοὶ ἡμῶν τὰ κρίματά σου ὁ
Sal. 8 26 ὄνομά σου τὸ ἔντιμον εἰς αἰῶνας ὅτι σὺ ὁ θεὸς τῆς * δικαιοσύνης * κρίνων τὸν Ισραηλ ἐν παιδείᾳ. ἐπίστρεψον ὁ
Sal. 9 2 κατὰ τὸ ῥῆμα τοῦ θεοῦ ἵνα δικαιωθῇς ὁ θεὸς ἐν τῇ * δικαιοσύνῃ * σου ἐν ταῖς ἀνομίαις ἡμῶν ὅτι σὺ κριτὴς
Sal. 9 3 ἀπὸ τῆς γνώσεώς σου πᾶς ποιῶν ἄδικα καὶ αἱ * δικαιοσύναι * τῶν ὁσίων σου ἐνώπιόν σου κύριε καὶ ποῦ
Sal. 9 4 ἐν ἐκλογῇ καὶ ἐξουσίᾳ τῆς ψυχῆς ἡμῶν τοῦ ποιῆσαι * δικαιοσύνην * καὶ ἀδικίαν ἐν ἔργοις χειρῶν ἡμῶν καὶ ἐν τῇ
Sal. 9 4 καὶ ἀδικίαν ἐν ἔργοις χειρῶν ἡμῶν καὶ ἐν τῇ * δικαιοσύνῃ * σου ἐπισκέπτῃ υἱοὺς ἀνθρώπων. ὁ ποιῶν
Sal. 9 5 δικαιοσύνη σου ἐπισκέπτῃ υἱοὺς ἀνθρώπων. ὁ ποιῶν * δικαιοσύνην * θησαυρίζει ζωὴν αὐτῷ παρὰ κυρίῳ καὶ ὁ ποιῶν
Sal. 9 5 τῆς ψυχῆς ἐν ἀπωλείᾳ τὰ γὰρ κρίματα κυρίου ἐν * δικαιοσύνῃ * κατ' ἄνδρα καὶ οἶκον. τίνι χρηστεύσῃ ὁ θεὸς
Sal. 14 2 ὑπομένουσιν παιδείαν αὐτοῦ τοῖς πορευομένοις ἐν * δικαιοσύνῃ * προσταγμάτων αὐτοῦ ἐν νόμῳ ᾧ ἐνετείλατο ἡμῖν
Sal. 17 19 ἀπὸ ὀρέων ὑψηλῶν ὅτι οὐκ ἦν ἐν αὐτοῖς ποιῶν * δικαιοσύνην * καὶ κρίμα. ἀπὸ ἄρχοντος αὐτῶν καὶ λαοῦ
Sal. 17 23 ἀπὸ ἐθνῶν καταπατούντων ἐν ἀπωλείᾳ ἐν σοφίᾳ * δικαιοσύνης * ἐξῶσαι ἁμαρτωλοὺς ἀπὸ κληρονομίας ἐκτρῖψαι
Sal. 17 26 αὐτῶν. καὶ συνάξει λαὸν ἅγιον οὗ ἀφηγήσεται ἐν * δικαιοσύνῃ * καὶ κρινεῖ φυλὰς λαοῦ ἡγιασμένου ὑπὸ κυρίου
Sal. 17 29 αὐτοῖς ἔτι κρινεῖ λαοὺς καὶ ἔθνη ἐν σοφίᾳ * δικαιοσύνης * αὐτοῦ. διάψαλμα. καὶ ἕξει λαοὺς ἐθνῶν
Sal. 17 37 ἁγίῳ καὶ σοφὸν ἐν βουλῇ συνέσεως μετὰ ἰσχύος καὶ * δικαιοσύνης. * καὶ εὐλογία κυρίου μετ' αὐτοῦ ἐν ἰσχύι καὶ
Sal. 17 40 θεοῦ ποιμαίνων τὸ ποίμνιον κυρίου ἐν πίστει καὶ * δικαιοσύνῃ * καὶ οὐκ ἀφήσει ἀσθενῆσαι ἐν αὐτοῖς ἐν τῇ νομῇ
Sal. 18 7 κυρίου ἐν φόβῳ θεοῦ αὐτοῦ ἐν σοφίᾳ πνεύματος καὶ * δικαιοσύνης * καὶ ἰσχύος κατευθῦναι ἄνδρα ἐν ἔργοις
Sal. 18 8 δικαιοσύνης καὶ ἰσχύος κατευθῦναι ἄνδρα ἐν ἔργοις * δικαιοσύνης * φόβῳ θεοῦ καταστῆσαι πάντας αὐτοὺς ἐνώπιον
Jer. 6 6 ποιήσῃς τὰ προσταχθέντα σου ὑπὸ τοῦ ἀγγέλου τῆς * δικαιοσύνης. * ὁ φυλάξας τὸν κόφινον τῶν σύκων αὐτὸς πάλιν
Jer. 8 9 λέγων μετανοήσατε ἔρχεται γὰρ ἄγγελος τῆς * δικαιοσύνης * καὶ εἰσάξει ὑμᾶς εἰς τὸν τόπον ὑμῶν τὸν
Jer. 9 5 καὶ ἡ μελέτη μου Μιχαὴλ ὁ ἀρχάγγελος τῆς * δικαιοσύνης * ὁ ἀνοίγων τὰς πύλας τοῖς δικαίοις ἕως ἂν
Esdr. 3 6 μοι καὶ τὰ ἔτη. καὶ ⟨εἶπεν ὁ θεός⟩ ἐὰν ἴδω τὴν * δικαιοσύνην * τοῦ κόσμου ὅτι ἐπλεόνασεν μακροθυμήσω ἐπ'
Sedr. 12 5 ὀγδοήκοντα μετανοήσας τρία ἔτη καὶ ποιήσῃ καρπὸν * δικαιοσύνης * καὶ φθάσῃ ὁ θάνατος οὐ μὴ μνησθῶ πάσας τὰς
Aris. 18 3 ὁ θεὸς ποιήσει τῶν ἀξιουμένων ὃ γὰρ πρὸς * δικαιοσύνην * καὶ καλῶν ἔργων ἐπιμέλειαν ἐν ὁσιότητι
Aris. 43 4 καὶ παιδείᾳ διαφέροντες καὶ τῆς σῆς ἀγωγῆς καὶ * δικαιοσύνης * ἄξιοι κατὰ πάντα οἳ καὶ μετέδωκαν ἡμῖν τὰ
Aris. 131 2 ἔτυχον. διαστειλάμενος οὖν τὰ τῆς εὐσεβείας καὶ * δικαιοσύνης * πρῶτον ὁ νομοθέτης ἡμῶν καὶ διδάξας ἕκαστα
Aris. 144 5 ἀλλὰ πρὸς ἁγνὴν ἐπίσκεψιν καὶ τρόπων ἐξαρτισμὸν * δικαιοσύνης * ἕνεκεν σεμνῶς πάντα ἀνατέτακται. τῶν γὰρ
Aris. 147 3 δέον ἐστὶ κατὰ ψυχὴν οἷς ἡ νομοθεσία διατέτακται * δικαιοσύνῃ * συγχρῆσθαι καὶ μηδένα καταδυναστεύειν
Aris. 151 4 τὰ σκέλη. μετὰ διαστολῆς οὖν ἅπαντα ἐπιτελεῖν πρὸς * δικαιοσύνην * ἀναγκάζει τῷ σημειοῦσθαι διὰ τούτων ἔτι δὲ
Aris. 159 3 σαφῶς ἀποδεικνὺς ὅτι πᾶσαν ἐνέργειαν μετὰ * δικαιοσύνης * ἐπιτελεῖν δεῖ μνήμην ἔχοντας τῆς ἑαυτῶν
Aris. 168 4 προσυπεδειξάμεν σοι διότι πάντα κεκανόνισται πρὸς * δικαιοσύνην * καὶ οὐδὲν εἰκῇ κατατέτακται διὰ τῆς γραφῆς
Aris. 168 6 ἵνα δι' ὅλου τοῦ ζῆν καὶ ἐν ταῖς πράξεσιν ἀσκῶμεν * δικαιοσύνην * πρὸς πάντας ἀνθρώπους μεμνημένοι τοῦ
Aris. 169 3 ἑρπετῶν καὶ κνωδάλων καὶ πᾶς λόγος ἀνατείνει πρὸς * δικαιοσύνην * καὶ τὴν τῶν ἀνθρώπων συναναστροφὴν δικαίαν.
Aris. 209 5 καὶ νήφειν τὸ πλεῖον μέρος τοῦ βίου καὶ * δικαιοσύνην * προτιμᾶν καὶ τοὺς τοιούτους φιλοποιεῖσθαι
Aris. 232 3 ὁ δὲ ἔφησεν εἰ μηδένα βλάπτοι πάντας δὲ ὠφελοῖ τῇ * δικαιοσύνῃ * κατακολουθῶν τοὺς γὰρ ἀπ' αὐτῆς καρποὺς

Aris. 259 5 κακοπαθειῶν ἀποδιδοὺς τὴν ἀντάμειψιν. τὰ γὰρ ἐκ * δικαιοσύνης * τελούμενα ταῦτα καὶ διαμένει. εὖ δὲ καὶ
Aris. 267 4 ἑκάστῳ συνυποκρινόμενος εἶπε καθηγεμόνα λαμβάνων * δικαιοσύνην * ὡς καὶ ποιεῖς θεοῦ σοι διδόντος εὖ
Aris. 278 3 ἐπὶ τὴν ἡδονοκρασίαν ἐγκράτειαν δὲ κελεύει καὶ * δικαιοσύνην * προτιμᾶν. ὁ δὲ θεὸς πάντων ἡγεῖται τούτων.
Aris. 280 6 ἐπιτελεῖς εἶπε μέγιστε βασιλεῦ θεοῦ σοι στέφανον * δικαιοσύνης * δεδωκότος. ἀποδεξάμενος δὲ αὐτὸν μετὰ φωνῆς
Aris. 281 4 ὁ δὲ ἀπεφήνατο τοὺς ἀνδρείᾳ διαφέροντας καὶ * δικαιοσύνῃ * καὶ περὶ πολλοῦ ποιουμένους τὸ σῴζειν τοὺς
Aris. 306 5 γίνεται καλῶς καὶ ὁσίως μεταφέροντες ἐπὶ τὴν * δικαιοσύνην * καὶ τὴν ἀλήθειαν πάντα. καθὼς δὲ
Sib. 3 234 τ' ἀγαθὰς καὶ ἔργα δίκαια. οἳ δὲ μεριμνῶσίν τε * δικαιοσύνην * τ' ἀρετήν τε κοὐ φιλοχρημοσύνην ἥτις κακὰ
Sib. 3 580 μῆλα βωμῷ ἐπὶ μεγάλῳ ἁγίως ὁλοκαρπεύοντες. ἐν δὲ * δικαιοσύνῃ * νόμου Ὑψίστοιο λαχόντες ὄλβιοι οἰκήσουσι
Sib. 3 630 γὰρ μόνος ἐστὶ θεὸς κοὐκ ἔστιν ἔτ' ἄλλος. τὴν δὲ * δικαιοσύνην * τίμα καὶ μηδένα θλῖβε. ταῦτα γὰρ ἀθάνατος
FMos. 2 17 18 καὶ διαδοχεύσει ⟨ἐπ'⟩ αὐτὸν ὁ θεὸς σοφίαν καὶ * δικαιοσύνην * καὶ ἐπιστήμην πλήρη αὐτὸς οἰκοδομήσει τὸν
FPho. 229 ἁγνείη ψυχῆς οὐ σώματός εἰσι καθαρμοί. ταῦτα * δικαιοσύνης * μυστήρια τοῖα βιεῦντες ζωὴν ἐκτελέοιτ'
LAri. 13 12 8 πᾶσα τοῦ καθ' ἡμᾶς περὶ εὐσεβείας τέτακται καὶ * δικαιοσύνης * καὶ ἐγκρατείας καὶ τῶν λοιπῶν ἀγαθῶν τῶν

δικαιόω 12
Hen. 102 10 ἐγκτᾶσθαι καὶ ⟨ἰδεῖν⟩ ἡμέρας ἀγαθάς. ἴδετε οὖν οἱ * δικαιοῦντες * ⟨ἑαυτ⟩οὺς ὁποία ἐγένετο αὐτῶν ἡ καταστροφὴ
Abr.1 13 13 ἔργον τὸ πῦρ δοκιμάσει καὶ μὴ ἅψεται αὐτοῦ οὗτος * δικαιοῦται * καὶ λαμβάνει αὐτὸν ὁ τῆς δικαιοσύνης ἄγγελος
TSim. 6 1 ἐν εὐλογίαις. ἰδοὺ προείρηκα ὑμῖν πάντα ὅπως * δικαιωθῶ * ἀπὸ τῆς ἁμαρτίας τῶν ψυχῶν ὑμῶν. ἐὰν δὲ ἀφέλητε
TDan 3 3 ἵνα ποιήσῃ πᾶσαν ἀνομίαν καὶ ὅταν πράξῃ ἡ ψυχὴ * δικαιοῖ * τὸ πραχθὲν ἐπειδὴ οὐ βλέπει. διὰ τοῦτο ὁ
Sal. 2 15 μου καὶ τὰ σπλάγχνα μου πονῶ ἐπὶ τούτοις ἐγὼ * δικαιώσω * σε ὁ θεὸς ἐν εὐθύτητι καρδίας ὅτι ἐν τοῖς
Sal. 3 5 διὰ παντὸς ἔναντι κυρίου. προσέκοψεν ὁ δίκαιος καὶ * ἐδικαίωσεν * τὸν κύριον ἔπεσεν καὶ ἀποβλέπει τί ποιήσει
Sal. 4 8 ἐν καταγέλωτι καὶ μυκτηρισμῷ τὰ ἔργα αὐτοῦ. καὶ * δικαιώσαισαν * ὅσιοι τὸ κρίμα τοῦ θεοῦ αὐτῶν ἐν τῷ
Sal. 8 7 τὰ κρίματα τοῦ θεοῦ ἀπὸ κτίσεως οὐρανοῦ καὶ γῆς * ἐδικαίωσα * τὸν θεὸν ἐν τοῖς κρίμασιν αὐτοῦ τοῖς ἀπ'
Sal. 8 23 Ιερουσαλημ καὶ τὰ ἡγιασμένα τῷ ὀνόματι τοῦ θεοῦ. * ἐδικαιώθη * ὁ θεὸς ἐν τοῖς κρίμασιν αὐτοῦ ἐν τοῖς ἔθνεσιν
Sal. 8 26 εἴδοσαν οἱ ὀφθαλμοὶ ἡμῶν τὰ κρίματά σου ὁ θεός. * ἐδικαιώσαμεν * τὸ ὄνομά σου τὸ ἔντιμον εἰς αἰῶνας ὅτι σὺ ὁ
Sal. 9 2 ἡ διασπορὰ τοῦ Ισραηλ κατὰ τὸ ῥῆμα τοῦ θεοῦ ἵνα * δικαιωθῇς * ὁ θεὸς ἐν τῇ δικαιοσύνῃ σου ἐν ταῖς ἀνομίαις
Sedr. 14 8 ἡ θεότης καὶ οὐκ ἤκουσαν τὸν σοφὸν ἐρωτῶντα λέγων * δικαιοῦμεν * οὐδαμῶς ἁμαρτωλόν. παντελῶς οὐκ οἶδας ὅτι

δικαίωμα 4
Hen. 104 9 καὶ μὴ δότε ἔπαινον ταῖς ⟨εἰκόσιν ὑ⟩μῶν οὐ γὰρ εἰς * δικαίωμα * εἰσάγ⟨ουσιν πάντα τὰ ψεύδ⟩η καὶ πᾶσα ⟨ἡ
TLevi 14 4 ἀνελεῖν ἐναντίας ἐντολὰς διδάσκοντες τοῖς τοῦ θεοῦ * δικαιώμασι * τὰς προσφορὰς κυρίου ληστεύσετε καὶ ἀπὸ τῶν
TJud. 13 1 καὶ φυλάξατε πάντας τοὺς λόγους μου τοῦ ποιεῖν τὰ * δικαιώματα * κυρίου καὶ ὑπακούειν ἐντολῆς κυρίου θεοῦ. καὶ
Jer. 6 21 ἐκ τῆς μεγάλης καμίνου ὅτι οὐκ ἐφυλάξατε τὰ * δικαιώματά * μου ἀλλὰ ὑψώθη ἡ καρδία ὑμῶν καὶ

δικαίωσις 1
Sal. 3 3 διὰ παντὸς τοῦ κυρίου ἐν ἐξομολογήσει καὶ * δικαιώσει * τὰ κρίματα κυρίου. οὐκ ὀλιγωρήσει δίκαιος

δίκελλα 1
FPho. 158 ἀνυβρίστως. εἰ δέ τις οὐ δεδάηκε τέχνης σκάπτοιτο * δικέλλῃ. * ἔστι βίῳ πᾶν ἔργον ἐπὴν μοχθεῖν ἐθέλησθα.

δίκερως 1
Sib. 5 517 ἔσχε μάχην ἐπιβὰς ἐς νῶτα Λέοντος ἠδὲ Σεληναίης * δίκερως * ἠλλάξατο ῥοῖζος Αἰγόκερως δ' ἔπληξε νέου Ταύροιο

δίκη 16
Abr.1 2 2 τὸν ἀρχιστράτηγον Μιχαὴλ ἀπὸ μηκόθεν ἐρχόμενον * δίκην * στρατιώτου εὐπρεπεστάτου ἀναστὰς τοίνυν ὁ
Abr.1 20 5 ἰσχύς μου ἐκλείπει πάντα δὲ τὰ μέλη τῆς σαρκός μου * δίκην * μολύβδου βάρος μοι φαίνονται καὶ τὸ πνεῦμά μου ἐν
Sedr. 3 1 αὐτὸν ὁ κύριος καλῶς ἦλθες ἀγαπητέ μου Σεδράχ τί * δίκην * ἔχεις πρὸς τὸν θεὸν τὸν πλάσαντά σε ὅτι εἶπας
Sedr. 3 2 στόματος θεοῦ; λέγει αὐτῷ Σεδρὰχ ναὶ ἔχει ὁ υἱὸς * δίκην * μέ τὸν πατέρα κύριέ μου διά τί ἐποίησας τὴν γῆν;
Sib. 3 200 θεὸς κακὸν ἐγγυαλίξει υἱοῖς γὰρ κρατεροῖο * δίκας * τίσουσι Κρόνοιο οὕνεκά τοι δῆσάν τε Κρόνον καὶ
Sib. 3 259 ποιεῖν καὶ ἤν ἄρα τις παρακούσῃ ἠὲ νόμῳ τίσειε * δίκην * ἢ χερσὶ βροτείαις ἠὲ λαθὼν θνητοὺς πάσῃ δίκῃ
Sib. 3 260 δίκην ἢ χερσὶ βροτείαις ἠὲ λαθὼν θνητοὺς πάσῃ * δίκῃ * ἐξαπολεῖται. πᾶσι γὰρ Οὐράνιος κοινὴν ἐτελέσσατο
Sib. 3 360 πολλάκι δ' ἁβρὴν σεῖο κόμην δέσποινά τε κείρει ἠδὲ * δίκην * διέπουσα ἀπ' οὐρανόθεν ποτὶ γαῖαν ῥίψει ἐκ δὲ
Sib. 3 634 πάντεσσι βροτοῖς λοιμοῖο τελευτὴ ἔλθῃ καὶ φοβεροῖο * δίκης * ⟨τε⟩τύχωσι δαμέντες καὶ βασιλεὺς βασιλῆα λάβῃ
FPho. 1 Φωκυλίδου γνωμαι. ταῦτα * δίκῃσι' * ὁσίῃσι θεοῦ βουλεύματα φαίνει Φωκυλίδης ἀνδρῶν
FPho. 77 αἰσχρῶν δ' ἔργων ἀπέχεσθαι. μὴ μιμοῦ κακότητα * Δίκῃ * δ' ἀπόλειψον ἄμυναν. Πειθὼ μὲν γὰρ ὄνειαρ Ἔρις δ'
FPho. 87 μηδέποτε κρίνειν ἀδαήμονας ἄνδρας ἐάσῃς. ⟨μηδὲ * δίκην * δικάσῃς πρὶν ⟨ἂν⟩ ἄμφω μῦθον ἀκούσῃς.⟩ τὴν
IDip. 5 121 1 εἰς χρόνον πεφευγέναι τὸ θεῖον ὡς λεληθότας; ἔστιν * Δίκης * ὀφθαλμὸς ὃς τὰ πάντα ὁρᾷ. καὶ γὰρ καθ' Ἅιδην δύο
IDip. 5 121 2 καὶ δοκῶν ἁλίσκεται ὅταν σχολὴν ἄγουσα τυγχάνῃ * Δίκη. * ὁρᾶτε ὅσοι δοκεῖτε οὐκ εἶναι θεόν. δὶς
IDip. 5 121 3 χρόνον κερδαινέτω χρόνῳ γὰρ οὗτος ὕστερον δώσει * δίκην. *
LThe. 9 22 9 αὐτοὺς ὅστις κε μόλῃ κακὸς οὐδὲ μὲν ἐσθλὸς οὐδὲ * δίκας * ἐδίκαζον ἀνὰ πτόλιν οὐδὲ θέμιστας λοίγια δ' ὠρώρει

δίκτυον 2
Abr.1 8 10 δρεπάνῃ συναντῆσαί σοι οὐ παρεχώρησα τὰ τοῦ ᾅδου * δίκτυα * συμπλέξαι σοι οὐκ ἠθέλησά τινι κακῷ συναντῆσαι
TDan 2 4 περιβάλλει γὰρ αὐτὸν τὸ πνεῦμα τοῦ θυμοῦ τὰ * δίκτυα * τῆς πλάνης καὶ τυφλοῖ τοὺς φυσικοὺς ὀφθαλμοὺς

δίκτυς 2
HEup. 9 34 11 ἐπάνω παντὸς τοῦ ἱεροῦ καὶ προσκρεμάσαι ἑκάστῃ * δικτυϊ * κώδωνας χαλκοῦς ταλαντιαίους τετρακοσίους καὶ
HEup. 9 34 11 ταλαντιαίους τετρακοσίους καὶ ποιῆσαι ὅλας τὰς * δίκτυας * πρὸς τὸ ψοφεῖν τοὺς κώδωνας καὶ ἀποσοβεῖν τὰ

δικτυωτός 1
Aris. 74 5 ἐπὶ δὲ τούτου ῥάβδωσις ἐφ' ᾗ διαπλοκὴ ῥόμβων * δικτυωτὴν * ἔχουσα τὴν πρόσοψιν ἕως ἐπὶ τὸ στόμα. τὸ δ'

δίκυμος 1
Sib. 5 32 ἐλάων κτείνων καὶ μυρία τολμῶν καὶ τμήξει τὸ * δίκυμον * ὄρος λύθρῳ τε παλάξει ἀλλ' ἔσται καὶ ἄιστος

διμερής 1
Aris. 183 4 πρὸς τὰς τοιαύτας ὑποδοχὰς διαμεμερισμένα. * διμερῆ * τε ἐποίησε τὰ τῶν κλισιῶν καθὼς προσέταξεν ὁ

δίμοιρος 1
TLevi 18 2B038 μέρη ἀπὸ τῶν ἓξ μερῶν τοῦ σάτου καὶ τοῦ μόσχου τὸ * δίμοιρον * τοῦ σάτου καὶ τῷ κριῷ τὸ ἥμισυ τοῦ σάτου καὶ τῷ

Δίνα 14
TLevi 2 2 ἐποίησα μετὰ Συμεὼν τὴν ἐκδίκησιν τῆς ἀδελφῆς ἡμῶν * Δίνας * ἀπὸ τοῦ Ἐμμώρ. ὡς δὲ ἐποιμαίνομεν ἐν Ἀβελμαοὺλ
TLevi 5 3 ῥομφαίαν καὶ εἶπε ποίησον ἐκδίκησιν ἐν Συχὲμ ὑπὲρ * Δίνας * κἀγὼ ἔσομαι μετά σου ὅτι κύριος ἀπέσταλκέ με. καὶ
TLevi 6 8 διότι ἤθελον τὴν Σάρραν ποιῆσαι ὃν τρόπον ἐποίησαν * Δίναν * τὴν ἀδελφὴν ἡμῶν καὶ κύριος ἐκώλυσεν αὐτούς. καὶ
Asen. 23 14 ἣν ὕβρισαν τοὺς υἱοὺς Ἰσραὴλ διὰ τὴν ἀδελφὴν ἡμῶν * Δίναν * ἣν ἐμίανε Συχὲμ ὁ υἱὸς Ἐμμώρ. καὶ εἶδεν ὁ υἱὸς
Job 1 6 τῶν υἱῶν Ησαυ ἀδελφοῦ Ιακωβ, οὗ ἡ μήτηρ ὑμῶν ἐστιν * Δινα, * ἐξ ἧς ἐγέννησα ὑμᾶς ἡ γὰρ προτέρα μου γυνὴ
FJub. 4 15 γυνὴ Καϊνὰν Μαωλίθ ἀδελφὴ αὐτοῦ. γυνὴ Μαλελεὴλ * Δινα * θυγάτηρ Βαραχιὴλ πατραδέλφου αὐτοῦ. ἐντεῦθεν ἤρξατο
HDem. 9 21 5 γαστρὶ τῷ αὐτῷ χρόνῳ ᾧ καὶ Λείαν τεκεῖν θυγατέρα * Δείναν * καὶ τεκεῖν τῷ τεσσαρεσκαιδεκάτῳ ἔτει μηνὶ ὀγδόῳ
HDem. 9 21 8 Ἰσσάχαρ ἐτῶν ὀκτὼ Ζαβουλὼν ἐτῶν ἑπτὰ μηνῶν δυοῖν * Δείναν * ἐτῶν ἓξ μηνῶν τεσσάρων Ἰωσὴφ ἐτῶν ἓξ μηνῶν
HDem. 9 21 9 Ἐμμὼρ ἔτη δέκα καὶ φθαρῆναι τὴν Ἰσραὴλ θυγατέρα * Δείναν * ὑπὸ Συχὲμ τοῦ Ἐμμὼρ υἱοῦ ἐτῶν οὖσαν δεκαὲξ μηνῶν
HDem. 9 21 9 τὸν υἱὸν αὐτοῦ καὶ πάντας τοὺς ἄρσενας διὰ τὴν * Δείνας * φθορὰν Ἰακὼβ δὲ τότε εἶναι ἐτῶν ἑκατὸν ἑπτά.
HDem. 9 21 17 μηνῶν γ' Ἀσὴρ ἐτῶν μ' μηνῶν ὀκτὼ Ζαβουλὼν ἐτῶν μ' * Δείναν * ἐτῶν λ θ' Βενιαμὶν ἐτῶν κ η'. τὸν δὲ Ἰωσὴφ
LThe. 9 22 3 ἐγένοντο νόῳ πεπνυμένοι αἰνῶς ἕνδεκα καὶ κούρη * Δείνα * περικαλλὲς ἔχουσα εἶδος ἐπίστρεπτον δὲ δέμας καὶ
LThe. 9 22 4 τὸν ἀριθμὸν ὄντας ποιμαίνειν τὴν δὲ θυγατέρα * Δείναν * καὶ τὰς γυναῖκας ἐριουργεῖν. καὶ τὴν Δείναν
LThe. 9 22 4 Δείναν καὶ τὰς γυναῖκας ἐριουργεῖν. καὶ τὴν * Δείναν * παρθένον οὖσαν εἰς τὰ Σίκιμα ἐλθεῖν πανηγύρεως

δινεύω 1
LPhi. 9 24 1 ὀνείρων θεσπιστὴς σκηπτοῦχος ἐν Αἰγύπτοιο θρόνοισι * δινεύσας * λαθραῖα χρόνου πλημμυρίδι μοίρης. κρήνην εἶναι

διό 31 διό

διοδεύω 5
Adam 19 1 ἤνοιξα δὲ καὶ εἰσῆλθεν ἔσω εἰς τὸν παράδεισον. καὶ * διώδευσεν * ἔμπροσθέν μου. καὶ περιπατήσας ὀλίγον ἐστράφη
Adam 29 7 εἰ οὕτως εἰσακούσῃ ἡμῶν ὁ θεός. καὶ ἀνέστημεν καὶ * διωδεύσαμεν * πᾶσαν τὴν γῆν ἐκείνην καὶ οὐχ εὕρομεν. καὶ
Asen. 11 1 τὰ ὄρνεα ἐλάλουν ἤδη καὶ οἱ κύνες ὕλαττον ἐπὶ τοὺς * διοδεύοντας * καὶ ἀνένευσε μικρὸν τὴν κεφαλὴν αὐτῆς
Sib. 3 250 θεοπέμπτοις ἐν στύλῳ πυρόεντι τὸ νυκτερινὸν * διοδεύων * καὶ στύλῳ νεφέλης +πᾶν ἠὼς ἦμαρ ὁδεύσει+ τούτῳ
FJub. 8 2 Λουβὰρ τῆς Ἀρμενίας. τῷ ͵β φ π ε' ἔτει Καϊνᾶν * διοδεύων * ἐν τῷ πεδίῳ εὗρε τὴν γραφὴν τῶν γιγάντων καὶ

διοδοιπορέω 1
LEze. 9 29 12 38 ὅπως ἀφ' ἧσπερ ἡοῦς ἐφύγετ' Αἰγύπτου δ' ἄπο ἑπτὰ * διοδοιποροῦντες * ἡμέρας ὁδὸν πάντες τοσαύτας ἡμέρας ἔτος

δίοδος 2
Aris. 105 4 δὲ τὴν τῶν πύργων θέσιν θεατροειδῆ καὶ φαινομένων * διόδων * τῶν ὑποκειμένων τῶν δ' ἐπάνωθεν εἰθισμένως καὶ
Aris. 106 1 ᾠκοδομημένης. εἰσὶ δὲ καὶ διαβάθραι πρὸς τὰς * διόδους. * οἱ μὲν γὰρ μετέωροι τὴν ὁδείαν οἱ δ' ὑπ' αὐτὰς

διοικέω 7
Abr.2 1 3 τοῦ βίου τούτου ὅτι ἤγγισάν σου αἱ ἡμέραι ὅπως * διοικήσεις * τὸν οἶκόν σου πρὸ τοῦ μεταχθῆναί σε ἀπὸ τοῦ
Aris. 2 6 νενευκυῖα τὴν εὐσέβειαν ἀπλανεῖ κεχρημένη κανόνι * διοικεῖ. * τὴν προαίρεσιν ἔχοντες ἡμεῖς πρὸς τὸ περιέργως
Aris. 28 4 καὶ μεγάλης ἀσφαλείας τοῖς βασιλεῦσι τούτοις * διῳκεῖτο * καὶ οὐδὲν ἀπερριμμένως οὐδ' εἰκῇ. διόπερ καὶ τὸ
Aris. 201 2 φιλόσοφος εἶπε ναὶ βασιλεῦ προνοίᾳ γὰρ τῶν ὅλων * διοικουμένων * καὶ ὑπειληφότων ὀρθῶς τοῦτο ὅτι θεόκτιστόν
Aris. 234 5 ὁσίας καθὼς ὑπὸ τοῦ θεοῦ πάντα κατασκευάζεται καὶ * διοικεῖται * κατὰ τὴν αὐτοῦ βούλησιν ἣν καὶ σὺ διατελεῖς
Aris. 254 3 γινώσκειν δὲ δεῖ διότι θεὸς τὸν πάντα κόσμον * διοικεῖ * μετ' εὐμενείας καὶ χωρὶς ὀργῆς ἁπάσης τούτῳ δὲ

```
HHec.  1  22   188 τὴν δεκάτην τῶν γινομένων λαμβάνοντες καὶ τὰ κοινὰ * διοικοῦντες * περὶ χιλίους μάλιστα καὶ πεντακοσίους εἰσίν.
  διοίκησις                      4
Aris.     155     5 πρῶτον μὲν ἡ σύμπηξις τοῦ σώματος καὶ ἡ τῆς τροφῆς * διοίκησις * καὶ ἡ περὶ ἕκαστον μέλος διαστολὴ πολλῷ δὲ
FAch.     101       τὸν νοῦν αὐτὸν ἔχειν καὶ ἐποίησεν αὐτὸν ἐπὶ τῆς * διοικήσεως. * ἐπ' ἐκείνοις δὲ τοῖς καιροῖς ἔθος εἶχον οἱ
FAch.     104       τεθανάτωκα τὸν Αἴσωπον. ὁ δὲ Ἥλιος παρέλαβεν τὴν * διοίκησιν * τοῦ Αἰσώπου. μετὰ δὲ χρόνον ἀκούσας Νεκταναβὼν
FAch.     108       εἰς Αἴγυπτον. καὶ τῷ Αἰσώπῳ τὴν ἐξ ἀρχῆς * διοίκησιν * τῶν πραγμάτων ἐχαρίσατο τὸν δὲ Ἥλιον αὐτῷ
  διοικητής                      1
HArt.  9  23     2 αὐτὸν εἰς τὴν Αἴγυπτον καὶ συσταθέντα τῷ βασιλεῖ * διοικητὴν * τῆς ὅλης γενέσθαι χώρας. καὶ πρότερον ἀτάκτως
  διοικοδομέω                    1
Aris.      84     5 μεγαλομερείᾳ καὶ χορηγίᾳ κατὰ πάντα ὑπερβαλλούσῃ * διῳκοδομημένων * ἁπάντων. καὶ τοῦ θυρώματος δὲ καὶ τῶν
  διοικοδομή                     1
Aris.      87     3 τόπον καὶ τὰ θύματα διὰ τοῦ πυρὸς ἐξαναλούμενα τὴν * διοικοδομὴν * εἶχε τῆς δ' ἀναβάσεως τῆς πρὸς αὐτὸ πρὸς τὴν
  διόλλυμι                       1
Sib.      5  254       ἦχον οὐδ' ἔτι μαινομέναις παλάμαις ἐχθραῖς * διολοῦνται * +ἀλλ' ἐπι+στήσει τε κακῶν αἰῶνι τρόπαια. εἰς
LEze.  9  29 14 50 καὶ συνεκλύσθη πόρος Ἐρυθρᾶς Θαλάσσης καὶ στρατὸν * διώλεσε. * κράτιστε Μωσῆ πρόσχες οἷον εὔρομεν τόπον πρὸς
  Διόνυσος                       1
IOrp.     47 ἔνθεο φήμην. (εἷς Ζεὺς εἷς Ἀίδης εἷς Ἥλιος εἷς * Διόνυσος) * (εἷς θεὸς ἐν πάντεσσι. τί σοι δίχα ταῦτ'
  διόπερ                         5
Aris.      28     4 τούτοις διωκεῖτο καὶ οὐδὲν ἀπερριμμένως οὐδ' εἰκῇ. * διόπερ * καὶ τὸ τῆς εἰσοδόσεως καὶ τὰ τῶν ἐπιστολῶν
Aris.      55     4 μέτροις. ἔτι γὰρ ἐπιταγῆς οὔσης οὔθὲν ἂν ἐσπάνιζε * διόπερ * οὐ παραβατέον οὐδὲ ὑπερθετέον τὰ καλῶς ἔχοντα. τῇ
Aris.     297     4    οὕτως διασαφοῦμεν ἀφοσιούμενοι πᾶν ἁμάρτημα. * διόπερ * ἐπειράθην ἀποδεξάμενος αὐτῶν τὴν τοῦ λόγου
LAri.  8  10     9 ἀνθρώπων καὶ τὰς ἐνεργείας ἐν ταῖς χερσὶν εἶναι. * διόπερ * καλῶς ὁ νομοθέτης ἐπὶ τὸ μεγαλεῖον μετενήνοχε
LAri. 13  12     7 τὸ γὰρ τῆς διανοίας αὐτῶν ἐπὶ θεὸν ἀναπέμπεται. * διόπερ * οὕτως ἡμῖν εἴρηται. οὐκ ἀπεικότως οὖν τοῖς
  διορθόω                        1
Aris.      37     2    τοῖς κρατοῦσι τὴν κατ' ἀξίαν ἀργυρικὴν τιμὴν * διορθούμενοι * καὶ εἴ τι κακῶς ἐπράχθη διὰ τὰς τῶν ὄχλων
  διόρθωσις                      1
Aris.     299     3    παραναγινώσκεται καὶ εἴ τι μὴ δεόντως γέγονε * διορθώσεως * τυγχάνει τὸ πεπραγμένον. πάντ' οὖν ἀκριβῶς
  διορίζω                        1
Hen.       22     4    τῆς κρίσεως αὐτῶν καὶ μέχρι τοῦ διορισμοῦ καὶ * διορισμένου * χρόνου ἐν ᾧ ἡ κρίσις ἡ μεγάλη ἔσται ἐν
  διορισμός                      1
Hen.       22     4 μέχρι τῆς ἡμέρας τῆς κρίσεως αὐτῶν καὶ μέχρι τοῦ * διορισμοῦ * καὶ διορισμένου χρόνου ἐν ᾧ ἡ κρίσις ἡ μεγάλη
  διορύσσω                       1
Abr.1     10    10   αὐτούς.) καὶ εἶδεν εἰς ἕτερον τόπον ἀνθρώπους * διορύττοντας * οἴκους καὶ ἁρπάζοντας τὰ ἀλλότρια πράγματα
  δῖος                           7
Sib.       3    78 βασιλεύσῃ καὶ ῥίψῃ χρυσόν τε καὶ ἄργυρον εἰς ἅλα * δῖαν * +καὶ χαλκόν τε+ σίδηρον ἐφημερίων ἀνθρώπων εἰς
Sib.       3    83 καὶ πέσεται πολύμορφος ὅλος πόλος ἐν χθονὶ * δίῃ * καὶ πελάγει ῥεύσει δὲ πυρὸς μαλεροῦ καταράκτης
Sib.       3   143 λαθραίως. τὸ τρίτον αὖ Πλούτωνα Ῥέη τέκε * δῖα * γυναικῶν Δωδώνη παριοῦσα ὅθεν ῥέεν ὑγρὰ κέλευθα
Sib.       3   180    ἐκ πόλεων πολλῶν πάλι δ' ἔσσεται ἐν χθονὶ * δίῃ * χρυσίον αὐτὰρ ἔπειτα καὶ ἄργυρος ἠδέ τε κόσμος. καὶ
Sib.       5   158 Ποσειδῶνι+ ἥξει δ' οὐρανόθεν ἀστὴρ μέγας εἰς ἅλα * δῖαν * καὶ φλέξει πόντον βαθὺν αὐτήν τε Βαβυλῶνα Ἰταλίης
Sib.       5   294 χάσμασι καὶ σεισμοῖσί ποθ' ἵξεται εἰς ἅλα * δῖαν * πρηγῆς ἤύτε νῆας ἐπικλύζουσιν ἄελλαι. +ὕπτια δ'
LThe.  9  22     7    εἶναι ὁμοίης. ὅς ποτ' ἐπεὶ πάτρης ἐξήγαγε * δῖον * Ἀβραὰμ αὐτὸς ἀπ' οὐρανόθεν κάλεσ' ἀνέρα παντὶ σὺν
  διότι                        136 διότι
  δίπλαξ                         1
IOrp.     42 ὡς ὑδογενὴς διέταξεν ἐκ θεόθεν γνώμῃσι λαβὼν κατὰ * δίπλακα * θεσμόν. ἄλλως οὐ θεμιτὸν δὲ λέγειν τρομέω δέ γε
  διπλασιάζω                     1
TIss.      3     7 ἔπειτα τῷ πατρί μου καὶ τότε ἐγώ. καὶ κύριος * ἐδιπλασίαζε * τὰ ἀγαθὰ ἐν χερσί μου. ἤδει δὲ καὶ Ἰακὼβ
  διπλάσιος                      2
Job        4     7    σε ἐπὶ τὰ ὑπάρχοντά σου, καὶ ἀποδοθήσεταί σοι * διπλάσιον, * ἵνα γνῷς ὅτι ἀπροσωπόληπτός ἐστιν, ἀποδιδοὺς
FAch.     109 χρὴ διὰ τὴν φύσιν τῷ δὲ ἐκ προαιρέσεως στέρξαντι * διπλασίους * δεῖ ἀποδιδόναι χάριτας. τὴν καθημερινὴν
  διπλοῦς                        1
FrAn.  1   217    22 πρός σε τὸν ἀπολεσθέντα πολυθρύλλητον λίθον ἐκ τῆς * διπλοΐδος * Ἀαρὼν τοῦ ἀρχιερέως ἔχων. λαβὼν αὐτὸν δὸς τῷ
  διπλόος                       18
TRub.      7     2    ἐξ Αἰγύπτου ἔθαψαν ἐν Χεβρὼν ἐν τῷ σπηλαίῳ τῷ * διπλῷ * ὅπου οἱ πατέρες αὐτοῦ.
TDan       3     5    δρῶν τὸ κακόν. ἐὰν δὲ ἀσθενὴς ᾖ ὁ θυμούμενος * διπλῆν * ἔχει τὴν δύναμιν παρὰ τὴν τῆς φύσεως βοηθεῖ γὰρ
TNep.      8     7 κύριος μισήσει αὐτόν. καὶ γὰρ αἱ ἐντολαὶ τοῦ νόμου * διπλαῖ * εἰσι καὶ μετὰ τέχνης πληροῦνται. καιρὸς γὰρ
TBen.      6     6 καὶ καθαρὰν διάθεσιν. οὐκ ἔχει ὅρασιν οὐδὲ ἀκοὴν * διπλῆν * πᾶν γὰρ ὃ ποιεῖ ἢ λαλεῖ ἢ ὁρᾷ οἶδεν ὅτι κύριος
TBen.      6     7 ὑπὸ θεοῦ καὶ ἀνθρώπων. καὶ τοῦ Βελιὰρ δὲ πᾶν ἔργον * διπλοῦν * ἐστι καὶ οὐκ ἔχει ἀπλότητα. διὰ τοῦτο τέκνα μου
Asen.     14    12 καὶ ζῶσαι τὴν ὀσφύν σου τὴν ζώνην τὴν καινὴν τὴν * διπλῆν * τῆς παρθενίας σου. καὶ ἐλθὲ πρός με καὶ λαλήσω
Asen.     14    14    τὴν ἄθικτον καὶ ἐζώσατο τὴν ζώνην αὐτῆς τὴν * διπλῆν * παρθενίας αὐτῆς μίαν ζώνην περὶ τὴν ὀσφὺν αὐτῆς
Prop.      3     4    πατέρων Ἀβραὰμ καὶ ἔστιν ὁ τάφος σπήλαιον * διπλοῦν * ὅτι καὶ Ἀβραὰμ ἐν Χεβρὼν πρὸς τὴν ὁμοιότητα
Prop.      3     5 πρὸς τὴν ὁμοιότητα αὐτοῦ ἐποίησε τὸν τάφον Σάρρας. * διπλοῦν * δὲ λέγεται ὅτι εἱλικτὸν ἐστι καὶ ἀπόκρυφον ἐξ
Prop.     15     5 τοῦ ναοῦ καὶ ἁργίας προφητὰς καὶ ἱερέως καὶ περὶ * διπλῆς * κρίσεως ἐξέθετο καὶ ἀπέθανεν ἐν γήρει μακρῷ καὶ
Job       39     6    τότε κλαύσαντες κλαυθμὸν μέγαν, γενόμενοι ἐν * διπλῇ * ἀκηδίᾳ ἐσιώπησα, ὡς τὸν Ἐλιφαν ἄραντα τὴν
Job       44     5 ὅσα μοι ὑπῆρχεν, καὶ πεποίηκέ με εἶναι ἐν τῷ * διπλῷ. * καὶ νῦν τέκνα μου ἴδε ἐγὼ τελευτῶ μόνον μὴ
Job       53     2 κλαίουσιν καὶ λέγουσιν οὐαὶ ἡμῖν σήμερον, * διπλῶς * τὸ οὐαὶ, ὅτι σήμερον ἦρται ἡ δύναμις τῶν
Job       53     9 τῆς πληγῆς ἔτη π ε' μετὰ δὲ τὴν πληγὴν λαβὼν πάντα * διπλᾶ * ἔλαβε καὶ τὰ ἔτη διπλᾶ τουτέστιν ρ ο'. τὰ δὲ πάντα
Job       53     9 δὲ τὴν πληγὴν λαβὼν πάντα διπλᾶ ἔλαβε καὶ τὰ ἔτη * διπλᾶ * τουτέστιν ρ ο'. τὰ δὲ πάντα ἔτη τῆς ζωῆς αὐτοῦ ο μ
HDem.  9  21    15   ὡσαύτως δὲ καὶ ἐπὶ τοῦ τὰς στολὰς δοῦναι ἑκάστῳ * διπλᾶς * τῷ δὲ Βενιαμὶν πέντε καὶ τριακοσίους χρυσοῦς καὶ
HHec.  1  22   198 μῆκος ὡς πεντάπλεθρος εὖρος δὲ πηχῶν ἑκατὸν ἔχων * διπλᾶς * πύλας. ἐν ᾧ βωμός ἐστι τετράγωνος οὐκ ἐκ τμητῶν
LEze.  9  29 16 14 ζῷον ξένον θαυμαστὸν οἷον οὐδέπω ὥρακέ τις. * διπλοῦν * γὰρ ἦν τὸ μῆκος ἀετοῦ σχεδὸν πτεροῖσι
  δίπολις                        1
Sib.       5   182       φωνὴν φθέγξονται ἀναιδῆ. +Πυθῶν+ ἥ τὸ πάλαι * δίπολις * κληθεῖσα δικαίως αἰῶσιν σίγησον ὅπως παύσῃ
  διπρόσωπος                    12
TDan       4     7 ἀπὸ γὰρ λύπης ἐγείρει θυμὸν μετὰ ψεύδους. ἔστι δὲ * διπρόσωπον * κακὸν θυμὸς μετὰ ψεύδους καὶ συναίρονται
TAser      2     2    οἰκτίρει λειτουργοῦντα αὐτῷ ἐν κακῷ καίγε τοῦτο * διπρόσωπον * ἀλλὰ τὸ ὅλον πονηρόν ἐστιν. καὶ ἔστιν
TAser      2     3    ἐν κακῷ δι' αὐτὸν καὶ περὶ τούτου φανερόν ὅτι * διπρόσωπον * ἐστι τὸ δὲ πᾶν κακὴ πρᾶξις. καίγε ἀγάπη οὖσα
TAser      2     5 ἀδικεῖ ἁρπάζει πλεονεκτεῖ καὶ ἐλεεῖ τοὺς πτωχούς * διπρόσωπον * μὲν καὶ τοῦτο ὅλον δὲ πονηρόν ἐστιν.
TAser      2     7 πολλοὺς ἀναιρεῖ καὶ ὀλίγους ἐλεεῖ καὶ τοῦτο μὲν * διπρόσωπον * ἐστιν ὅλον δὲ πονηρόν ἐστιν. ἄλλος μοιχεύει
TAser      2     8 τῆς ὑπερόγκου κακίας ποιεῖ ἐντολὰς καὶ τοῦτο * διπρόσωπον * ἐστιν ὅλον δὲ κακόν ἐστιν. οἱ τοιοῦτοι ὡς ὕες
TAser      3     1 εἶπεν. ὑμεῖς οὖν τέκνα μου μὴ γίνεσθε κατ' αὐτοὺς * διπρόσωποι * ἀγαθότητος καὶ κακίας ἀλλὰ τῇ ἀγαθότητι μόνῃ
TAser      3     2 τὸν διάβολον ἐν ταῖς ἀγαθαῖς ὑμῶν πράξεσιν ὅτι οἱ * διπρόσωποι * οὐ θεῷ ἀλλὰ ταῖς ἐπιθυμίαις αὑτῶν δουλεύουσιν
TAser      4     1 ἄνδρες καὶ μονοπρόσωποι κἂν νομισθῶσι παρὰ τοῖς * διπρόσωποι * ἁμαρτάνει δικαίως εἰ παρὰ τῷ θεῷ. πολλοὶ
TAser      4     3 καὶ ἄδικον τὸν μοιχὸν καὶ νηστεύοντα καὶ αὐτό ἐστι * διπρόσωπον * ἀλλὰ τὸ πᾶν ἔργον ἀγαθόν ἐστιν ὅτι μιμεῖται
TAser      4     4 μὴ χράνῃ τὸ στόμα καὶ μολύνῃ τὴν ψυχὴν καίγε τοῦτο * διπρόσωπον * ὅλον δὲ καλόν ἐστιν ὅτι οἱ τοιοῦτοι ὅρκοις
TAser      6     2    μονοπροσώπως ἀκολουθοῦντες τῇ ἀληθείᾳ ὅτι οἱ * διπρόσωποι * δισσῶς κολάζονται. τὰ πνεύματα τῆς πλάνης
  δίς                            6
Asen.     28    13 Ἰσραὴλ καὶ κατὰ τοῦ ἀδελφοῦ ἡμῶν Ἰωσὴφ ἤδη τοῦτο * δὶς * καὶ κατὰ δύο δέσποινα ἡμῶν σήμερον.
Esdr.      1     5    καὶ ἔδωκέν μοι ῥάβδον σιδηράν. καὶ ἐνήστευσα * δὶς * ἑξήκοντα ἑβδομάδας. καὶ ἰδον τὰ μυστήρια τοῦ θεοῦ
Sib.       4   147 αὐτὴ συλήσασα πολυκτέανον κατὰ δῶμα θήκατο καὶ * δὶς * ἔπειτα τοσαῦτα καὶ ἄλλ' ἀποδώσει εἰς Ἀσίην τότε δ'
Sib.       5    12 τέκνα μηλοφάγοιο ἔσσετ' ἄναξ πρώτιστος ὃ τις δέκα * δὶς * κορυφώσει γράμματος ἀρχομένοιο πολέμων δ' ἐπὶ πουλὺ
Sib.       5    25 ἕπτα τρίων ἀριθμῶν κεραλὴν ὅστις δέκα * δὶς * δέκα δ' ὅς(τις) ἔπειτ' ἄρξει κεραίην ἐπὶ πρώτην ἕξει
IDip.  5  121     3 τυγχάνῃ Δίκη. ὁρᾶτε ὅσοι δοκεῖτε οὐκ εἶναι θεόν. * δὶς * ἑξαμαρτάνειν οὐκ εὐγνωμόνως ἐστὶ(ν) γὰρ ἔστιν εἰ
  δισμύριοι                      1
HEup.  9  32     1    νομοῦ μυρίους ἐκ δὲ τοῦ Μενδησίου καὶ Σεβεννύτου * δισμυρίους * Βουσιρίτου Λεοντοπολίτου καὶ Ἀθριβίτου ἀνὰ
  δισσός                         4
TGad       6     4 ἀρνεῖται μὴ φιλονεικεῖ αὐτῷ μήποτε ὁμόσαντος αὐτοῦ * δισσῶς * ἁμαρτήσῃς. μὴ ἀκούσῃ ἐν μάχῃ ἀλλότριος μυστήριον
TAser      6     2 ἀκολουθοῦντες τῇ ἀληθείᾳ ὅτι οἱ διπρόσωποι * δισσῶς * κολάζονται. τὰ πνεύματα τῆς πλάνης μισήσατε τὰ
Jer.       7    26 ὁ θεὸς Ζάρ. ἀκούων ταῦτα ἐλυπούμην καὶ ἔκλαιον * δισσὸν * κλαυθμὸν οὐ μόνον ὅτι ἐκρέματο ἀλλ' ὅτι
FMos.  6  132     2 θεοῦ. εἰκότως ἄρα καὶ τὸν Μωυσέα ἀναλαμβανόμενον * διττὸν * εἶδεν Ἰησοῦς ὁ τοῦ Ναυῆ καὶ τὸν μὲν μετ' ἀγγέλων
  διστάζω                        3
Aris.      53     4 εἶπε βούλεσθαι καὶ πενταπλῆν τοῖς μεγέθεσι ποιῆσαι * διστάζειν * δὲ μήποτε ἄχρηστος γένηται πρὸς τὰς
FrAn.  2   11     2    ταλαίπωροι εἰσιν οἱ δίψυχοι οἱ * διστάζοντες * τῇ καρδίᾳ οἱ λέγοντες ταῦτα πάλαι ἡκούσαμεν
FrAn.  1   217    25 ἀργύριον ἅμα δὲ καὶ ῥαπίσας αὐτὸν μετρίως εἰπέ. μὴ * δίσταζε * ἐν τῇ καρδίᾳ σου μηδὲ ἀπίστει τῷ θεῷ διὰ τῆς
```

δίστομος

δίστομος
1
Bar.      6    16  ἔστι τὸ ἐξυπνίζον τοὺς ἐπὶ γῆς ἀλέκτορας ὡς γὰρ τὰ * δίστομα * οὕτως καὶ ὁ ἀλέκτωρ μηνύει τοῖς ἐν τῷ κόσμῳ κατὰ
δισχίλιοι
3
Asen.    27     6  ἄφνω καὶ κατέκοψαν αὐτοὺς πάντας καὶ ἀπέκτειναν * δισχιλίους * οἱ ἓξ ἄνδρες. καὶ ἔφυγον ἀπὸ προσώπου αὐτῶν
HEup.     9  34  16  προσαγαγεῖν δὲ τῷ θεῷ θυσίαν μυρίαν πρόβατα * δισχίλια * μόσχους τρισχιλίους πεντακοσίους. τὸ δὲ σύμπαν
HEup.     1 141   5  ἐπὶ τὴν προειρημένην προθεσμίαν συνάγεσθαι ἔτη * ⟨δισ⟩χίλια * πεντακόσια ὀγδοήκοντα.
δισχιλιοστός
3
FJub.     7     1  τοῦ θεοῦ τῇ πέμπτῃ τοῦ μηνὸς τοῦ πέμπτου. τούτῳ τῷ * ᾿β * σ ν α᾿ ἔτει Νῶε ἐφύτευσεν ἀμπελῶνα ἐν ὄρει Λουβὰρ τῆς
FJub.     8     2  ἀμπελῶνα ἐν ὄρει Λουβὰρ τῆς ᾿Αρμενίας. τῷ * ᾿β * φ π ε᾿ ἔτει Καϊνᾶν διοδεύων ἐν τῷ πεδίῳ εὗρε τὴν
FJub.    10     1  Ἀζουρὰ θυγάτηρ Νεβρῶδ. μετὰ τὸν κατακλυσμὸν τῷ * ᾿β * φ π β᾿ ἔτει τοῦ κόσμου φθόνῳ κινούμενοι ⟨οἱ
διυπνίζω
1
Abr.1     5     7  ᾿Ισαὰκ ὡς ἐν ὀνείροις περὶ ὥραν τρίτην τῆς νυκτός. * διϋπνισθεὶς * δὲ ᾿Ισαὰκ ἀνέστη ἐπὶ τῆς κλίνης αὐτοῦ καὶ
Abr.2     6     1  αὐτοῦ. ἐγένετο δὲ ὡς ὥρα ἑβδόμη τῆς νυκτὸς καὶ * διυπνισθεὶς * ᾿Ισαὰκ ἦλθεν πρὸς τὴν θύραν τοῦ πατρὸς αὐτοῦ
TSim.     4     9  αὐτοῦ καὶ ἐκθροεῖσθαι τὸ σῶμα ποιεῖ καὶ ἐν ταραχῇ * διυπνίζεσθαι * τὸν νοῦν καὶ ὡς πνεῦμα πονηρὸν καὶ ἰοβόλον
διυφαίνω
1
Aris.    97     1  ἔχοντες. κατέζωστο δὲ διαφόρῳ ζώνῃ διαπρεπεῖ * διυφασμένη * καλλίστοις χρώμασιν. ἐπὶ δὲ τοῦ στήθους φορεῖ
διυφή
1
Aris.    86     4  ὑποδρομὴν ἀδιάλειπτον κίνησιν λαμβανούσης τῆς * διυφῆς * διὰ τὸ ἀπ᾿ ἐδάφους γίνεσθαι τὴν ὑποδρομὴν κατὰ
διφθέρα
2
Aris.     3     7  τοῦ θείου νόμου διὰ τὸ γεγράφθαι παρ᾿ αὐτοῖς ἐν * διφθέραις * ἑβραϊκοῖς γράμμασιν. ἣν δὴ καὶ ἐποιησάμεθα
Aris.   176    3  σὺν τοῖς ἀπεσταλμένοις δώροις καὶ ταῖς διαφόροις * διφθέραις * ἐν αἷς ⟨ἦν⟩ ἡ νομοθεσία γεγραμμένη χρυσογραφίᾳ
δίφρος
3
Abr.1     4     2  ἐπιξενισθέντος ἡμῖν σήμερον ἑτοίμασον δὲ ἡμῖν ἐκεῖ * δίφρον * καὶ λυχνίαν καὶ τράπεζαν ἐν ἀφθονίᾳ παντὸς ἀγαθοῦ
FIsa.     1     5  ᾿Ιασοὺμ τὸν υἱὸν αὐτοῦ. ⟨ἐκέλευσεν⟩ τεθῆναι αὐτῷ * δίφρον * οὐκ ἐκάθισεν δὲ ἐπὶ τὸν δίφρον ἀλλ᾿ ἐπὶ τὴν
FIsa.     1     5  τεθῆναι αὐτῷ δίφρον οὐκ ἐκάθισεν δὲ ἐπὶ τὸν * δίφρον * ἀλλ᾿ ἐπὶ τὴν κλίνην τοῦ βασιλέως. ἐπιθήσῃ τὰς
δίχα
IOrp.    48  ῞Ηλιος εἷς Διόνυσος) (εἷς θεὸς ἐν πάντεσσι. τί σοι * δίχα * ταῦτ᾿ ἀγορεύω;) (οὐρανὸν ὁρκίζω σε θεοῦ μεγάλου
FrAn.   1 227   4  - - τ⟩ον αριθμον των δεκα Χ⟨αναναιων τ⟩ου ενος * δειχα * επυνθ⟨αν - ⟩ι δε φησιν ακουσον⟨ - ⟩υν καθ ημων καὶ
διχάζω
Abr.1    10     9  ὅπως χάνῃ ἡ γῆ καὶ καταπίῃ αὐτοὺς ⟨καὶ εὐθὺς * ἐδιχάσθη * ἡ γῆ καὶ κατέπιεν αὐτούς.⟩ καὶ εἶδεν εἰς ἕτερον
διχῇ
FIsa.     1     3    19  ἐν ἐμοὶ ⟨ ᾿Ιερουσαλὴμ⟩ ἐρημωθήσεται. ἔπρισαν αὐτὸν * διχῇ. *
διχηλεύω
1
Aris.   150    2  καὶ τῶν κτηνῶν τροπολογῶν ἐκτέθειται. τὸ γὰρ * διχηλεύειν * καὶ διαστέλλειν ὁπλῆς ὄνυχας σημεῖόν ἐστι τοῦ
διχηλέω
Aris.   153    3  καὶ τὸν τῆς μνήμης κεχαρακτήρικεν. πάντα γὰρ ὅσα * διχηλεῖ * καὶ μηρυκισμὸν ἀνάγει σαφῶς τοῖς νοοῦσιν
διχηλία
Aris.   161    2  τῆς κατὰ τὴν διαστολὴν καὶ μνείαν ὡς ἐξεθέμεθα τὴν * διχηλίαν * καὶ τὸν μηρυκισμόν. οὐ γὰρ εἰκῇ καὶ κατὰ τὸ
διχομηνία
1
LEze.    9   29 12 26  ᾿Εβραίων γένους. λέξεις δὲ λαῷ παντὶ μηνὸς οὗ λέγω * διχομηνίᾳ * τὸ πάσχα θύσαντας θεῷ τῇ πρόσθε νυκτὶ αἵματι
διχοστασία
Sib.      4   68  ἄνδρες ἀπεύξωνται κακὰ ἔργα φυλόπιδές τε φόνοι τε * διχοστασίαι * τε φυγαί τε πύργων τε πρηνισμοὶ ἀναστασίαι
FPho.          151  νηπιάχοις ἀταλοῖς μὴ ἅψῃ χεῖρα βιαίως. φεῦγε * διχοστασίην * καὶ ἔριν πολέμου προσιόντος. μὴ κακὸν εὖ
διχοτομέω
Bar.     16     3  καὶ ἀκρίδα χάλαζαν μετ᾿ ἀστραπῶν καὶ ὀργῆς. καὶ * διχοτομήσατε * αὐτοὺς ἐν μαχαίρᾳ καὶ ἐν θανάτῳ καὶ τὰ
δίψα
HArt.     9   27  28  τὰ ποτάμια διαφθεῖραι ζῷα τούς τε λαοὺς διὰ τὴν * δίψαν * φθείρεσθαι. τὸν δὲ βασιλέα τούτων γενομένων τῶν
διψάω
2
Hen.     15    11  ποιοῦντα καὶ μηδὲν ἐσθίοντα ἀλλ᾿ ἀσιτοῦντα καὶ * διψῶντα * καὶ προσκόπτοντα πνεύματα. καὶ ἐξαναστήσει ταῦτα
Hen.     15B   11  ἀσιτοῦντα καὶ ῥιπτοῦντα καὶ φάσματα ποιοῦντα καὶ * διψῶντα * καὶ προσκόπτοντα. καὶ ἐξαναστήσονται τὰ πνεύματα
δίψυχος
1
FrAn.    2   11    2  ταλαίπωροί εἰσιν οἱ * δίψυχοι * οἱ διστάζοντες τῇ καρδίᾳ οἱ λέγοντες ταῦτα πάλαι
διωγμός
1
FIsa.     1     2     5  ἡ μαντεία καὶ οἱ κληδονισμοὶ καὶ ἡ πορνεία καὶ ὁ * διωγμὸς * τῶν δικαίων ἐν χερσὶ Μανασσῇ καὶ ἐν χερσὶν τοῦ
διώκω
16
Hen.     99    14  κληρονομίαν τῶν πατέρων αὐτῶν τὴν ἀπ᾿ αἰῶνος ⟨ὅτι⟩ * διώξεται * ὑμᾶς πνεῦμα πλανήσεως οὐκ ἔστιν ὑμῖν ἀναπαῦσαι.
TLevi     6     9  ἀδελφὴν ἡμῶν καὶ κύριος ἐκώλυσεν αὐτούς. καὶ οὕτως * ἐδίωξαν * ᾿Αβραὰμ τὸν πατέρα ἡμῶν ξένον ὄντα καὶ
TLevi    16     2  καὶ λόγους προφητῶν ἐξουθενώσετε ἐν διαστροφῇ * διώξετε * ἄνδρας δικαίους καὶ εὐσεβεῖς μισήσετε ἀληθινῶν
TJud.     4     1  ἐν Σικίμοις καὶ παραταξάμενος μετὰ τῶν ἀδελφῶν μου * ἐδίωξα * χιλίους ἄνδρας καὶ ἀπέκτεινα ἐξ αὐτῶν διακοσίους
TJud.     9     4  καὶ πορευόμενος ἐπάνω Εἱρραμὰ ἀπέθανεν. ἡμεῖς δὲ * ἐδιώξαμεν * ἐπὶ τοὺς υἱοὺς ᾿Ησαῦ. ἣν δὲ τούτοις πόλις καὶ
TJud.    21     9  ὡς καταιγίδες ψευδοπροφῆται καὶ πάντας δικαίους * διώξονται. * ἐπάξει δὲ αὐτοῖς κύριος διαιρέσεις κατ᾿
Asen.    11    13  μου διότι αὐτός ἐστιν ὁ πατὴρ τῶν ὀρφανῶν καὶ τῶν * δεδιωγμένων * ὑπερασπιστὴς καὶ τῶν τεθλιμμένων βοηθός.
Asen.    12    13  σου κύριε διότι σὺ εἶ ὁ πατὴρ τῶν ὀρφανῶν καὶ τῶν * δεδιωγμένων * ὑπερασπιστὴς καὶ τῶν τεθλιμμένων βοηθός.
Sal.     15     7  καὶ θάνατος ἀπὸ δικαίων μακρὰν φεύξονται γὰρ ὡς * διωκόμενοι * πολέμου ἀπὸ ὁσίων καταδιώξεται δὲ ἁμαρτωλοὺς
Sal.     15    10  ἁμαρτωλῶν ἀπώλεια καὶ σκότος καὶ αἱ ἀνομίαι αὐτῶν * διώξονται * αὐτοὺς ἕως ᾅδου κάτω. ἡ κληρονομία αὐτῶν οὐχ
Prop.     3    17  φυλὴν Δὰν καὶ τοῦ Γὰδ ὅτι ἠσέβουν εἰς τὸν κύριον * διώκοντες * τοὺς τὸν νόμον φυλάσσοντας καὶ ἐποίησεν αὐτοῖς
Prop.    12    14  γνωσθήσεται ἐπὶ τέλει κύριος ὅτι φωτίσουσι τοὺς * διωκομένους * ὑπὸ τοῦ ὄφεως ἐν σκότει ὡς ἐξ ἀρχῆς. ⟨καὶ
Job      18     2  ἰδόντων ὅτι ἀληθῶς γέγονεν τὰ εἰρημένα, ἐπελθόντες * ἐδίωξάν * με καὶ πάντα τὰ ἐν τῇ οἰκίᾳ μου ἥρπαζον. οἱ ἐμοὶ
Sib.      3   325  δυσμῶν ὡς ἥξετε πικρὸν ἐς ἦμαρ. ἥξετε καὶ χαλεποῖο * διωκόμεναι * ὑπ᾿ ἀγῶνος δεινοῦ καὶ χαλεποῦ δεινὴ κρίσις
FPho.          168  ἄχθος ἔχουσιν ἣ κριθῶν αἰεὶ δὲ φέρων φορέοντα * διώκει * ἐκ θέρεος ποτὶ χεῖμα βορὴν σφετέρην ἐπάγοντες
HArt.   -9   27  37  ὁδοῦ πορεύεσθαι. συνεμβάντων δὲ τῶν Αἰγυπτίων καὶ * διωκόντων * πῦρ αὐτοῖς ἐκ τῶν ἔμπροσθεν ἐκλάμψαι τὴν δὲ
Διώνη
Sib.      3   123  τ᾿ ᾿Αφροδίτη Δημήτηρ ῾Εστίη τε εὐπλόκαμός τε * Διώνη * ἤγαγον ἐς φιλίην συναγείρασα βασιλῆας πάντας
διῶρυξ
2
FJub.    46    14  πάσης γῆς ᾿Εγύπτου ἄρχων. τόν τε γὰρ ποταμὸν εἰς * διώρυχας * πλείστας κατατεμεῖν αὐτοῖς ἐπέταξαν καὶ
HEup.     9   39    3  καὶ σκάψειν τὰς τοῦ Τίγριδος καὶ Εὐφράτου * διώρυχας * αἰχμαλωτισθέντας. τὸν δὲ τῶν Βαβυλωνίων βασιλέα
δνοφερός
2
Sib.      4   13  ἅμα πάντας ὑπ᾿ οὐδενὸς αὐτὸς ὁρᾶται οὗ νύξ τε * δνοφερή * τε καὶ ἡμέρη ἠέλιός τε ἄστρα σεληναίη τε καὶ
Sib.      5   292  ὀλλύμεναί τε καὶ εἰς κόνιν ἀλλαχθεῖσαι. ᾿Ασίδι τῇ * δνοφερῇ * (Λυδῶν τε--- πολυχρύσων) --- ᾿Αρτέμιδος σηκὸς
δόγμα
Sib.      3   656  τάδε πάντα ποιήσει ἀλλὰ θεοῦ μεγάλοιο πιθήσας * δόγμασιν * ἐσθλοῖς. --- ναὸς δ᾿ αὖ μεγάλοιο θεοῦ
δογματοποιία
LAri.  13   12     1  πολλὰ τῶν παρ᾿ ἡμῖν μετενέγκας εἰς τὴν ἑαυτοῦ * δογματοποιίαν * κατεχώρισεν. ἡ δ᾿ ὅλη ἑρμηνεία τῶν διὰ τοῦ
δοκέω
23
Hen.     90     5  μὴ ἔσονται πλείω τῶν ἑκατὸν εἴκοσιν ἐτῶν. καὶ μὴ * δόξητε * ἔτι ζῆσαι ἐπὶ πλείονα ἔτη οὐ γάρ ἐστιν ἐπ᾿ αὐτοῖς
Abr.1     5    14  οὕτως ὃ σὺ λέγεις ἀλλ᾿ ὁ υἱός σου ᾿Ισαὰκ ὡς ἐμοὶ * δοκεῖ * ὄνειρον ἐθεάσατο καὶ ἦλθεν πρὸς ἡμᾶς κλαίων καὶ
TAser     4     3  ἐστιν ὅτι μιμεῖται κύριον μὴ προσδεχόμενος τὸ * δοκοῦν * καλὸν μετὰ τοῦ ἀληθινοῦ κακοῦ. ἕτερος οὐ θέλει
TAser     4     5  δόρκοις καὶ ἐλάφοις ὅμοιοί εἰσιν ὅτι ἐν θήρᾳ ἄγριοι * δοκοῦσιν * ἀκάθαρτοι εἶναι τὸ δὲ πᾶν καθαροί εἰσιν ὅτι ἐν
TJos.    11     5  ἐμάχοντο τίς προσδώσω χρυσίον λάβῃ με. διὸ πᾶσιν * ἔδοξεν * εἶναί με εἰς Αἴγυπτον πρὸς μετάβολον ἐμπορίας
Prop.     4     2  δὲ ἐν Βεθώρῳ τῇ ἀνωτέρᾳ καὶ ἦν ἀνὴρ σώφρων ὥστε * δοκεῖν * τοὺς ᾿Ιουδαίους εἶναι αὐτὸν σπάδοντα. πολλὰ
Job      19     4  ὁ κύριος ἔδωκεν, ὁ κύριος ἀφείλατο ὡς τῷ κυρίῳ * ἔδοξεν, * οὕτως καὶ ἐγένετο ἐπὶ τὸ ὄνομα κυρίου
Aris.    27     1  τῶν ταγμάτων καὶ βασιλικοῖς τραπεζίταις. οὕτω * δοχθὲν * ἐκεκύρωτο ἐν ἡμέραις ἑπτὰ πλεῖον δὲ ταλάντων
Aris.    27     6  ἐκέλευσεν ὁ βασιλεὺς ποιεῖν ὁλοσχερῶς περὶ τοῦ * δόξαντος * ἅπαντ᾿ ἐπιτελῶν. ὡς δὲ κατεπράχθη ταῦτα τὸν
Aris.   312    1  μεγάλως ἐχάρη τὴν γὰρ πρόθεσιν ἣν εἶχεν ἀσφαλῶς * ἔδοξε * τετελειῶσθαι. παραγενηώσθη δὲ αὐτῷ καὶ πάντα καὶ
Sib.      5   331  ταύτην γὰρ πρώτην ἔγνως θεὸς ἐν χαρίτεσσιν ἐς τὸ * δοκεῖν * προχάρισμα τεὸν πάντεσσι βροτοῖσιν εἶναι καὶ
Sib.      5   413  κοὐκέτι σῆμα τοιοῦτον ἐπ᾿ ἀνθρώποισι τέτυκτο ὥστε * δοκεῖν * ἑτέρους μεγάλην πόλιν ἐξαλαπάξαι. ἦλθε γὰρ
FAch.   111  δὲ ταῖς ἐτῶν ἔτιλεν τὰ ἔσχατα πτερὰ ἐς * δοκοῦσιν * ἵπτασθαι. οὕτως τε αὐτοὺς ἐκέλευσεν τρέφεσθαι
FAch.   121  ὁ δὲ βασιλεὺς ἀκούσας περιχαρὴς ἐγένετο * δόξας * εὑρηκέναι νίκας. καὶ παραγενομένου τοῦ Αἰσώπου ἔφη
FAch.   122  ποτε. ὁ δὲ Αἴσωπος ἔφη εἰ ταῦτα ὑμῖν οὕτως * δοκεῖ * λέλυται τὸ πρόβλημα. ὁ δὲ Νεκταναβῶν ἔφη μακάριος
IEsc.   5 131   2  χωρὶς θνητῶν δοκέω. σύτε πρὸς αὐτοὺς κελεύσατε σκληρ... καθεστάναι. οὐκ οἶσθα δ᾿
IDip.   5 121   2  ὑφ᾿ ἡμέραν κακόν τι πράσσων τοὺς θεοὺς λεληθέναι * δοκεῖ * πονηρὰ καὶ δοκῶν ἁλίσκεται ὅταν σχολὴν ἄγουσα
IDip.   5 121   2  τι πράσσων τοὺς θεοὺς λεληθέναι δοκεῖ πονηρὰ καὶ * δοκῶν * ἁλίσκεται ὅταν σχολὴν ἄγουσα τυγχάνῃ Δίκη. ὁρᾶτε
IDip.   5 121   3  ὅταν σχολὴν ἄγουσα τυγχάνῃ Δίκη. ὁρᾶτε ὅσοι * δοκεῖτε * οὐκ εἶναι θεόν. δὶς ἐξαμαρτάνοντες οὐκ

HDem. 9 21 1 ἔχθραν Ἡσαῦ διὰ τὸ εὐλογῆσαι αὐτὸν τὸν πατέρα * δοκοῦντα * εἶναι τὸν Ἡσαῦ καὶ ὅπως λάβῃ ἐκεῖθεν γυναῖκα.
HCal. 24 28 ἡμεῖς ἅπερ ἐθεασάμεθα εἴπομεν ὑμῖν. γενέσθω δὲ τὸ * δοκοῦν * ἡμῖν πρὸ τοῦ Ἀλέξανδρον καταλαβεῖν καὶ πᾶσα
LEze. 9 29 5 01 τάδε. (Σ). ξένῳ πατήρ με τῷδ' ἔδωκεν εὐνέτιν. * ἔδοξ' * ὄρους κατ' ἄκρα Σιναίου θρόνον μέγαν τιν' εἶναι
LAri. 13 12 4 φησιν ἐφ' ἑκάστου καὶ εἶπεν ὁ θεὸς καὶ ἐγένετο. * δοκοῦσι * δέ μοι περιειργασμένοι πάντα κατηκολουθηκέναι
Δοκιήλ 1
Abr.1 13 10 τὸν ζυγὸν κατέχων ἐν τῇ χειρὶ αὐτοῦ οὗτός ἐστιν ὁ * Δοκιὴλ * ὁ ἀρχάγγελος ὁ δίκαιος ζυγοστάτης καὶ ζυγίζει τὰς
δοκιμάζω 11
Abr.1 12 14 τὰς ψυχὰς καὶ ὁ πύρινος ἄγγελος ὁ τὸ πῦρ κατέχων * ἐδοκίμαζε * διὰ πυρὸς τὰς ψυχὰς τῶν ἀνθρώπων. ἠρώτησεν δὲ
Abr.1 13 1 ζυγὸν κατέχων; καὶ τίς ὁ πύρινος ἄγγελος ὁ τὸ πῦρ * δοκιμάζων; * εἶπεν δὲ ὁ ἀρχιστράτηγος θεωρεῖς πανόσιε καὶ
Abr.1 13 11 ὁ <ἀρχ>άγγελος ὁ ἐπὶ τὸ πῦρ ἔχων τὴν ἐξουσίαν καὶ * δοκιμάζει * τὰ τῶν ἀνθρώπων ἔργα διὰ πυρὸς καὶ εἴ τινος τὸ
Abr.1 13 13 πικρότατον ποτήριον εἴ τινος δὲ τὸ ἔργον τὸ πῦρ * δοκιμάσει * καὶ μὴ ἅψεται αὐτοῦ οὗτος δικαιοῦται καὶ
Abr.1 13 14 δίκαιε Ἀβραὰμ τὰ πάντα ἐν πᾶσιν ἐν πυρὶ καὶ ζυγῷ * δοκιμάζονται. * εἶπεν δὲ Ἀβραὰμ πρὸς τὸν ἄγγελον κύριέ
TAser 5 4 ἐστι καθὼς τὰ πάντα ὑπὸ τὸν θεόν. ταῦτα πάντα * ἐδοκίμασα * ἐν τῇ ζωῇ μου καὶ οὐκ ἐπλανήθην ἀπὸ τῆς
TJos. 2 6 τρόποις παρακαλεῖ ἐν βραχεῖ ἀφιστάμενος εἰς τὸ * δοκιμάσαι * τῆς ψυχῆς τὸ διαβούλιον. ἐν δέκα πειρασμοῖς
Jer. 6 23 ξένος γενήσεται τῆς Ἱερουσαλὴμ καὶ τῆς Βαβυλῶνος. * δοκιμάσεις * δὲ αὐτοὺς ἐκ τοῦ ὕδατος τοῦ Ἰορδάνου ὁ μὴ
Aris. 276 2 ἐρωτήσεως πῶς ἂν ἀπαραλόγιστος εἴη; ἐκεῖνος δὲ ἔφη * δοκιμάζων * καὶ τὸν λέγοντα καὶ τὸ λεγόμενον καὶ περὶ
FEz. 185 6 τ<ω θυμω σου μη δε π>εδευσης με εν τη <οργη σου * δοκιμαζο>μαι * εως των νεφ<ρων μου διαλελ>υμαι εως της
HEup. 9 32 1 σε τὴν βασιλείαν παρὰ χρηστοῦ ἀνδρὸς καὶ * δεδοκιμασμένου * ὑπὸ τηλικούτου θεοῦ. περὶ δὲ ὧν γράφεις
δοκιμασία 2
Sal. 16 14 ἐν τῷ ἐλέγχεσθαι ψυχὴν ἐν χειρὶ σαπρίας αὐτοῦ ἡ * δοκιμασία * σου ἐν σαρκὶ αὐτοῦ καὶ ἐν θλίψει πενίας ἐν τῷ
FrAn. 1 217 6 δύο. καὶ πτωχεύσας πάνυ καὶ ὑπὸ μηδενὸς ἐκ θείας * δοκιμασίας * ἐλεούμενος ὕστερον ἐν ἑαυτῷ λέγει
δοκιμαστήριον 1
Abr.1 12 10 κατέχων σάλπιγγα ἔνδοθεν αὐτῆς ἔχων πῦρ παμφάγον * δοκιμαστήριον * τῶν ἁμαρτωλῶν καὶ ὁ μὲν ἀνὴρ ὁ θαυμάσιος ὁ
δοκιμαστής 1
Aris. 252 4 καὶ μὴ πειθόμενος διαβολαῖς ἀλλ' αὐτὸς ὢν * δοκιμαστὴς * τῶν λεγομένων καὶ κρίσει κατευθύνων τὰ τῶν
δοκιμή 1
FJub. 10 9 πρόσταξιν θείαν ὥστε πειράζειν τοὺς ἀνθρώπους πρὸς * δοκιμὴν * τῆς ἑκάστου πρὸς θεὸν προαιρέσεως τὰ δὲ λοιπὰ
δόκιμος 3
TJos. 2 7 τῆς ψυχῆς τὸ διαβούλιον. ἐν δέκα πειρασμοῖς * δόκιμόν * με ἀνέδειξε καὶ ἐν πᾶσιν αὐτοῖς ἐμακροθύμησα ὅτι
Aris. 57 3 τὸ δὲ ὕψος πήχεος καὶ ἡμίσους συνετέλουν χρυσίου * δοκίμου * στερεὰν πάντοθεν τὴν ποίησιν ἐργασάμενοι λέγω δὲ
FrAn. 574 3007 του< - - >εστιν κα< πρὸς δαιμονιαζομένους Πιβήχεως * δόκιμον * λαβὼν ἔλαιον ὀμφακίζοντα μετὰ βοτάνης μαστιγίας
δοκός 2
FAch. 120 στύλου πόλεις δεκαδύο καὶ τούτων ἑκάστη τριάκοντα * δοκοῖς * ἐστεγασμένη καὶ <περὶ> μίαν ἑκάστην αὐτῶν
FAch. 120 τὸ διηνεκῶς αὐτοὺς πολιτεύεσθαι οἱ δὲ τριάκοντα * δοκοὶ * ἡ τριανταήμερος στεγάζουσα τὸν χρόνον <αἱ δὲ>
δολιεύομαι 2
TRub. 5 1 ὅτι μὴ ἔχουσαι ἐξουσίαν ἢ δύναμιν ἐπὶ τὸν ἄνθρωπον * δολιεύονται * ἐν σχήμασι πῶς αὐτὸν πρὸς αὐτὰς ἐπισπάσονται
TRub. 5 5 τὰς κεφαλὰς καὶ τὰς ὄψεις αὐτῶν ὅτι πᾶσα γυνὴ * δολιευομένη * ἐν τούτοις εἰς κόλασιν τοῦ αἰῶνος τετήρηται.
δόλιος 5
Sal. 4 23 ἀκακίᾳ αὐτῶν ὁ κύριος ῥύσεται αὐτοὺς ἀπὸ ἀνθρώπων * δολίων * καὶ ἁμαρτωλῶν καὶ ῥύσεται ἡμᾶς ἀπὸ παντὸς
Sal. 12 1 παρανόμου καὶ ψιθύρου καὶ λαλούσης ψευδῆ καὶ * δόλια. * ἐν ποικιλίᾳ στροφῆς οἱ λόγοι τῆς γλώσσης ἀνδρὸς
Sib. 3 36 ὃς οὐρανὸν ἔκτισε καὶ γῆν. αἶ γένος αἱμοχαρὲς * δόλιον * κακὸν ἀσεβέων τε ψευδῶν διγλώσσων ἀνθρώπων καὶ
Sib. 3 38 ἀνθρώπων καὶ κακοηθῶν λεκτροκλόπων εἰδωλολατρῶν * δόλια * φρονεόντων οἷς κακὸν ἐν στέρνοισιν ἔνι μεμανημένος
FPho. 82 ξεινίζειν ταχέως λιταῖσι τραπέζαις ἢ πλείσταις * δολίαισι * βραδυνούσαις παρὰ καιρόν. μηδέποτε χρήστης
δολιότης 2
TJud. 12 7 αὐτὴν ὅτι παρὰ κυρίου ἦν. ἔλεγον δὲ μήποτε ἐν * δολιότητι * ἐποίησε παρὰ ἄλλης λαβοῦσα τὸν ἀρραβῶνα. ἀλλ'
Sib. 5 362 τέρμα σελήνης κοσμομανὴς πόλεμος καὶ ἐπίκλοπος ἐν * δολότητι. * ἥξει δ' ἐκ περάτων γαίης μητροκτόνος ἀνὴρ
δολιχός 1
LThe. 9 22 1 τε καὶ αἰγινόμος καὶ ὑδρηλὴ οὐδὲ μὲν ἔσκεν ὁδὸς * δολιχὴ * πόλιν εἰσαφικέσθαι ἀγρόθεν οὐδέ ποτε δρία
δολόεις 1
Sib. 5 326 πρηστήρ ποτ' ἄνωθεν ἀνθ' ὧν εἵλετο τὴν Φοίβου * δολόεσσαν * ἀοιδὴν +τήν τε σοφὴν ἀνδρῶν μελέτην καὶ
δόλος 19
Hen. 9B 6 ἀδικίας καὶ ἁμαρτίας ἐπὶ τῆς γῆς καὶ πάντα * δόλον * ἐπὶ τῆς ξηρᾶς. ἐδίδαξε γὰρ τὰ μυστήρια καὶ
TIss. 1 11 ἔτη δεκατέσσαρα. τί σοι ποιήσω ὅτι ἐπλήθυνεν ὁ * δόλος * καὶ ἡ πανουργία τῶν ἀνθρώπων καὶ ὁ δόλος προχωρεῖ
TIss. 1 11 ὁ δόλος καὶ ἡ πανουργία τῶν ἀνθρώπων καὶ ὁ * δόλος * προχωρεῖ ἐπὶ τῆς γῆς. εἰ δὲ μὴ οὐκ ἂν ἦς σὺ ὁρῶσα
TIss. 1 12 πρόσωπον Ἰακὼβ οὐ γὰρ γυνὴ αὐτοῦ σὺ εἶ ἀλλ' ἐν * δόλῳ * ἀντ' ἐμοῦ εἰσήχθης. καὶ ἐπλάνησέ με ὁ πατήρ μου καὶ
TIss. 7 4 οὐκ ἔπιον πᾶν ἐπιθύμημα τοῦ πλησίον οὐκ ἐπόθησα * δόλος * οὐκ ἐγένετο ἐν καρδίᾳ μου ψεῦδος οὐκ ἀνῆλθε διὰ
TGad 6 3 τὸν ἰὸν τοῦ μίσους καὶ ἐν ψυχῇ σου μὴ κρατήσῃς * δόλον * καὶ ἐὰν ὁμολογήσας μετανοήσῃ ἄφες αὐτῷ ἐάν τε
TJos. 3 9 ἐπένθησα περὶ αὐτῆς ἡμέρας πολλὰς ὅτι ἔγνων τὸν * δόλον * αὐτῆς καὶ τὴν πλάνην. καὶ ἔλεγον αὐτῇ ῥήματα
TJos. 4 1 ποσάκις ὡς ἁγίῳ ἀνδρὶ ἐν λόγοις ἐκολάκευσέ με μετὰ * δόλου * διὰ ῥημάτων ἐπαινοῦσα τὴν σωφροσύνην μου ἐνώπιον
TBen. 6 4 ἐπιδέχεται δόξης καὶ ἀτιμίας ἀνθρώπων καὶ πάντα * δόλον * ἢ ψεῦδος μάχην καὶ λοιδορίαν οὐκ οἶδεν κύριος γὰρ
Sal. 4 8 προσώπου δικαίου ἀνθρωπάρεσκον λαλοῦντα νόμον μετὰ * δόλου. * καὶ οἱ ὀφθαλμοὶ αὐτῶν ἐπ' οἶκον ἀνδρὸς ἐν
Prop. 18 3 ἅπαν τὸ γένος αὐτοῦ καὶ ἤλεγξε τὸν Ἱεροβοὰμ ὅτι * δόλῳ * πορεύσεται μετὰ κυρίου εἶδε ζεῦγος βοῶν πατοῦν τὸν
Prop. 18 3B ἱερέων ἐπιτρέχον καὶ περὶ τοῦ Ἱεροβοὰμ εἶπεν ὅτι * δόλῳ * πορεύσεται μετὰ κυρίου καὶ μετὰ Ἰσραὴλ εἶδε ζεῦγος
Aris. 246 2 τοῦτον τὸν δέκατον ἠρώτα πῶς <ἂν> ἐπιγινώσκοι τοὺς * δόλῳ * τινὶ πρὸς αὐτὸν πράσσοντας; ὁ δὲ ἀπεφήνατο πρὸς
Sib. 3 191 Μακηδονίῃ δὲ μάλιστα. μῖσος δ' ἐξεγερεῖ καὶ πᾶς * δόλος * ἔσσεται αὐτοῖς. (ἄχρι πρὸς ἑβδομάτην βασιληίδα ἧς
Sib. 5 216 μίτοις Μοῖραι τριάδελφοι κλωσάμεναι φεύγοντα * δόλῳ * ἰσθμοῖο παρ' ὄχθην ἄξουσιν μετέωρον ἕως ἐσίδωσίν ἑ
FPho. 4 μήτε γαμοκλοπέειν μήτ' ἄρσενα Κύπριν ὀρίνειν μήτε * δόλους * ῥάπτειν μήθ' αἵματι χεῖρα μιαίνειν. μὴ πλουτεῖν
FPho. 43 ἡ φιλοχρημοσύνη μήτηρ κακότητος ἁπάσης. χρυσὸς ἀεὶ * δόλος * ἐστὶ καὶ ἄργυρος ἀνθρώποισιν. χρυσὲ κακῶν ἀρχηγὲ
LThe. 9 22 3 ὁπλοτάτης οὐ μὴν τελέθειν ἐπεμαίετο πάμπαν ἀλλὰ * δόλον * τολύπευσε καὶ εἰς λέχος ἀνέρι πέμπε Λείαν ἢ οἱ ἔην
LEze. 9 28 2 08 χερός. ἰδὼν γὰρ ἡμῶν γένναν ἅλις ηὐξημένην * δόλον * καθ' ἡμῶν πολὺν ἐμηχανήσατο βασιλεὺς Φαραὼ τοὺς
δολόφρων 1
Sib. 3 217 δῆμον ἁπάντων πάντα περιφραδέως βροτὲ ποικιλόμητι * δολόφρον. * ἔστι πόλις --- κατὰ χθονὸς Οὖρ Χαλδαίων ἐξ ἧς
δολοφωνέω * 1
TGad 6 5 μεγάλην ἁμαρτίαν ἐργάσηται κατά σου ὅτι πολλάκις * δολοφωνεῖ * σε ἢ περιεργάζεταί σε ἐν κακῷ λαβὼν ἀπὸ σοῦ
δόμα (δίδωμι) 6
Asen. 12 15 ταῖς ἁμαρτίαις ἡμῶν ὡς σὺ κύριε; ἰδοὺ γὰρ πάντα τὰ * <δόματα> * τοῦ πατρός μου Πεντεφρῆ ἃ δέδωκέ μοι εἰς
Asen. 12 15 εἰς κληρονομίαν πρόσκαιρά εἰσι καὶ ἄφαντα τὰ δὲ * <δόματα> * τῆς κληρονομίας σου κύριε ἄφθαρτά εἰσι καὶ
Sal. 5 14 ἄνευ γογγυσμοῦ καὶ τοῦτο θαυμάσειας. τὸ δὲ * δόμα * σου πολὺ μετὰ χρηστότητος καὶ πλούσιον καὶ οὗ ἐστιν
Sal. 5 14 καὶ οὗ ἐστιν ἡ ἐλπὶς ἐπὶ σέ οὐ φείσεται ἐν * δόματι. * ἐπὶ πᾶσαν τὴν γῆν τὸ ἔλεός σου κύριε ἐν
Sal. 18 1 τῶν χειρῶν σου εἰς τὸν αἰῶνα ἡ χρηστότης σου μετὰ * δόματος * πλουσίου ἐπὶ Ισραηλ οἱ ὀφθαλμοί σου ἐπιβλέποντες
Aris. 224 6 ταύτης τῆς δόξης ἀλλ' οὐ δύνανται θεοῦ γάρ ἐστι * δόμα. * ἐπαινέσας δὲ τὸν ἄνδρα διὰ πλειόνων ἐπηρώτα τὸν
δόμα (δῶμα) 1 (cf.+ δῶμα)
Prop. 21 1 Ἀράβων φυλῆς Ἀαρὼν οἰκῶν ἐν Γαλαὰδ ὅτι ἡ Θέσβις * δόμα * ἦν τοῖς ἱερεῦσιν. ὅτε εἶχε τεχθῆναι εἶδε Σοβαχὰ ὁ
δομάω 1
Sib. 3 384 νόθων δούλων τε γενέθλης. κείνη καὶ Βαβυλῶνα πόλιν * δεδομήσετ' * ἐρυμνὴν καὶ πάσης ὁπόσην ἐπιδέρκεται ἠέλιος
δόμονδε 1
LThe. 9 22 3 δριμεῖαν ἐνιπὴν αὐτοκασιγνήτοιο πρόφρων ὑπέδεκτο * δόμονδε * Λάβαν ὅς οἱ ἔην μὲν ἀνεψιὸς ἀλλὰ τότ' οἶος
δόμος 7
Sib. 3 353 ὕβριν ἐς αὐτήν. ὅσσοι δ' ἐξ Ἀσίης Ἰταλῶν * δόμον * ἀμφεπόλευσαν εἰκοσάκις τοσσοῦτοι ἐν Ἀσίδι
FPho. 112 ἶσον νέκυες ψυχῶν δὲ θεὸς βασιλεύει. κοινὰ μέλαθρα * δόμων * αἰώνια καὶ πατρὶς Ἅιδης ξυνὸς χῶρος ἅπασι πένησί
FPho. 216 πολυκλείστοις θαλάμοισιν μὴ δέ μιν ἄχρι γάμων πρὸ * δόμων * ὀφθῆμεν ἐάσῃς. κάλλος δυστήρητον ἔφυ παίδων
HEup. 9 34 5 Νάθαν τὸν προφήτην τοῦ θεοῦ. οἰκοδομεῖν δὲ ἐναλλὰξ * δόμον * λίθινον καὶ ἔνδεσμον κυπαρίσσινον πελεκίνοις
HEup. 9 34 5 χαλκοῖς ταλαντιαίοις καταλαμβάνοντα<ς> τοὺς δύο * δόμους. * οὕτω δ' αὐτὸν οἰκοδομήσαντα ξυλῶσαι ἔσωθεν
LEze. 9 29 14 01 χρόνων οὗτος πέλει. ὡς γὰρ σὺν ὄχλῳ τῷδ' ἀφώρμησεν * δόμων * βασιλεὺς Φαραὼ μυρίων ὅπλων μέτα ἵππου τε πάσης
LEze. 9 29 14 17 τε καὶ δάμαρσιν ἔμπονοι κόπῳ κτήνη τε πολλὰ καὶ * δόμων * ἀποσκευὴ αὐτοὶ δ' ἄνοπλοι πάντες εἰς μάχην χέρας
δόναξ 1
FPho. 172 τε μέλισσα ἠὲ πέτρης κοίλης κατὰ χηραμὸν ἢ * δονάκεσσιν * ἢ δρυὸς ὠγυγίης κατὰ κοιλάδος ἔνδοθι σίμβλων
δονέω 1
FrAn. 1 217 18 εὗρες; ἰδοὺ γὰρ ἔτη τρία σήμερον Ἱερουσαλὴμ * δονεῖται * καὶ ἀκαταστατεῖ διὰ τὸν περιβόητον λίθον
δόξα 157
Adam 4 2 υἱὸν ἀντὶ Ἄβελ ὃν ἀπέκτεινεν Κάϊν. δώσωμεν * δόξαν * καὶ θυσίαν τῷ θεῷ. ἐποίησεν δὲ Ἀδὰμ υἱοὺς
Adam 18 5 φάγεσθαι ἐξ αὐτοῦ. σὺ δὲ πρόσχες τῷ φυτῷ καὶ ὄψει * δόξαν * μεγάλην. ἐγὼ δὲ προσέσχον τῷ φυτῷ καὶ ἴδον δόξαν
Adam 18 5 δόξαν μεγάλην. ἐγὼ δὲ προσέσχον τῷ φυτῷ καὶ ἴδον * δόξαν * μεγάλην περὶ αὐτοῦ. εἶπον δὲ αὐτῷ ὅτι ὡραῖον τοῖς

| | | | | |
|---|---|---|---|---|
| Adam | 20 | 2 | λέγουσα τί τοῦτο ἐποίησας ὅτι ἀπηλλοτριώθην ἐκ τῆς | * δόξης * μου ἧς ἤμην ἐνδεδυμένη. ἔκλαιον δὲ καὶ περὶ τοῦ |
| Adam | 21 | 2 | παρανομίας οἵτινες κατήγαγον ἡμᾶς ἀπὸ μεγάλης | * δόξης. * ἅμα γὰρ ἦλθεν ἤνοιξα τὸ στόμα καὶ ὁ διάβολος |
| Adam | 21 | 6 | τί κατειργάσω ἐν ἡμῖν; ἀπηλλοτρίωσάς με ἐκ τῆς | * δόξης * τοῦ θεοῦ. καὶ αὐτῇ τῇ ὥρᾳ ἠκούσαμεν τοῦ ἀρχαγγέλου |
| Adam | 33 | 2 | οὐκ ἦν δυνατὸν γεννηθῆναι ἀπὸ κοιλίας ἢ εἰπεῖν τὴν | * δόξαν * αὐτῶν ἢ ἰδεῖν τὸ πρόσωπον αὐτῶν καὶ ἀγγέλους |
| Adam | 37 | 2 | καὶ ἐβόησαν φωνὴν φοβερὰν λέγοντες εὐλογημένη ἡ | * δόξα * κυρίου ἀπὸ ποιημάτων αὐτοῦ ὅτι ἠλέησεν τὸ πλάσμα |
| Adam | 43 | 4 | καὶ λέγων ἀλληλούϊα. ἅγιος ἅγιος ἅγιος κύριος εἰς | * δόξαν * θεοῦ πατρός. ἀμήν. |
| Hen. | 5 | 1 | τὰ δένδρα καὶ πᾶς ὁ καρπὸς αὐτῶν εἰς τιμὴν καὶ | * δόξαν. * διανοήθητε καὶ γνῶτε περὶ πάντων τῶν ἔργων αὐτοῦ |
| Hen. | 9 | 4 | θεὸς τῶν θεῶν καὶ βασιλεὺς τῶν αἰώνων ὁ θρόνος τῆς | * δόξης * σου εἰς πάσας τὰς γενεὰς τοῦ αἰῶνος καὶ τὸ ὄνομά |
| Hen. | 9B | 3 | πρὸς τὸν ὕψιστον καὶ τὴν ἀπώλειαν ἡμῶν ἐνώπιον τῆς | * δόξης * τῆς μεγαλωσύνης ἐνώπιον τοῦ κυρίου τῶν κυρίων |
| Hen. | 9B | 4 | βασιλευόντων καὶ θεὸς τῶν αἰώνων καὶ ὁ θρόνος τῆς | * δόξης * σου εἰς πάσας τὰς γενεὰς τῶν αἰώνων καὶ τὸ ὄνομά |
| Hen. | 14 | 16 | ἐν γλώσσαις πυρὸς καὶ ὅλος διαφέρων ἐν | * δόξῃ * καὶ ἐν τιμῇ καὶ ἐν μεγαλωσύνῃ ὥστε μὴ δύνασθαί με |
| Hen. | 14 | 16 | ὥστε μὴ δύνασθαί με ἐξειπεῖν ὑμῖν περὶ τῆς | * δόξης * καὶ περὶ τῆς μεγαλωσύνης αὐτοῦ. τὸ ἔδαφος αὐτοῦ ἦν |
| Hen. | 14 | 20 | πυρὸς φλεγόμενοι καὶ οὐκ ἐδυνάσθην ἰδεῖν. καὶ ἡ | * δόξα * ἡ μεγάλη ἐκάθητο ἐπ᾽ αὐτῷ τὸ περιβόλαιον αὐτοῦ ὡς |
| Hen. | 22 | 14 | ἐντεῦθεν. τότε ηὐλόγησα τὸν κύριον τῆς | * δόξης * καὶ εἶπα εὐλογητὸς εἶ κύριε ὁ τῆς δικαιοσύνης |
| Hen. | 25 | 3 | ἐστίν οὗ καθίζει ὁ μέγας κύριος ὁ ἅγιος τῆς | * δόξης * ὁ βασιλεὺς τοῦ αἰῶνος ὅταν καταβῇ ἐπισκέψασθαι τὴν |
| Hen. | 25 | 7 | οὐχ ἅψονται αὐτῶν. τότε ηὐλόγησα τὸν θεὸν τῆς | * δόξης * τὸν βασιλέα τοῦ αἰῶνος ὃς ἡτοίμασεν ἀνθρώποις τὰ |
| Hen. | 27 | 2 | αὐτῶν κατὰ κυρίου φωνὴν ἀπρεπῆ καὶ περὶ τῆς | * δόξης * αὐτοῦ σκληρὰ λαλήσουσιν. ὧδε ἐπισυναχθήσονται καὶ |
| Hen. | 27 | 3 | χρόνον ὧδε εὐλογήσουσιν οἱ ἀσεβεῖς τὸν κύριον τῆς | * δόξης * τὸν βασιλέα τοῦ αἰῶνος ἐν ταῖς ἡμέραις τῆς κρίσεως |
| Hen. | 27 | 5 | ὡς ἐμέρισεν αὐτοῖς. τότε ηὐλόγησα τὸν κύριον τῆς | * δόξης * καὶ τὴν δόξαν αὐτοῦ ἐδήλωσα καὶ ὕμνησα |
| Hen. | 27 | 5 | αὐτοῖς. τότε ηὐλόγησα τὸν κύριον τῆς δόξης καὶ τὴν | * δόξαν * αὐτοῦ ἐδήλωσα καὶ ὕμνησα μεγαλοπρεπῶς. καὶ ἐκεῖθεν |
| Hen. | 98 | 3 | μετὰ πάντων ⟨τῶν⟩ ὑπαρχόντων ὑμῶν ⟨καὶ τῆς⟩ πάσης | * δόξης * καὶ τῆς τιμῆς ⟨ὑμῶν καὶ⟩ εἰς ἀτιμίαν καὶ ἐρήμωσιν |
| Hen. | 99 | 1 | τοῖς ἔργοις τοῖς ψευδέσιν λαμβάνοντες τιμὴν καὶ | * δόξαν * ἀπολώλατε οὐκ ἔστιν ὑμῖν σωτηρία εἰς ἀγαθόν. οὐαὶ |
| Hen. | 99 | 16 | τῆς κρίσεως τῆς ⟨μεγάλης⟩ ὅτι τότε ἐκτρίψει τὴν | * δόξ⟨αν * ὑμῶν⟩ καὶ ἐπεγερεῖ τὸν θυμὸν ⟨αὐτοῦ καθ᾽⟩ ὑμῶν |
| Hen. | 104 | 1 | ἀναμιμνήσκουσιν ⟨ὑμῶν⟩ εἰς ἀγαθὸν ἐνώπιον τῆς | * δόξης * τοῦ μεγάλου. θαρσεῖτε δὴ ὅτι ἐπαλαιώθητε ἐν τοῖς |
| Abr.1 | 6 | 6 | εἶπεν δὲ Ἀβραὰμ ὦ Σάρρα τοῦτο ἀληθὲς εἴρηκας | * δόξα * καὶ εἰρήνη παρὰ θεοῦ καὶ πατρὸς καὶ γὰρ ἐγὼ τῇ ὀψὲ |
| Abr.1 | 6 | 8 | ἡ Σάρρα προσεκύνησεν καὶ ἠσπάζετο ταῦτα ⟨καὶ εἶπε⟩ | * δόξα * τῷ θεῷ τῷ δεικνύοντι ἡμῖν θαυμάσια καὶ νῦν γίνωσκε |
| Abr.1 | 7 | 6 | ἐκεῖνον καὶ εἶπον μὴ κύριε μὴ ἄρῃς ἀπ᾽ ἐμοῦ τὴν | * δόξαν * μου ἐλέησόν με καὶ εἰσάκουσόν μου ⟨ἐὰν⟩ τὸν ἥλιον |
| Abr.1 | 8 | 3 | ἀρτίως δέσποτα παντοκράτορ ὅτι κελεύει ἡ σὴ | * δόξα * καὶ βασιλεία ἡ ἀθάνατος. εἶπεν δὲ ὁ θεὸς τὸν Μιχαὴλ |
| Abr.1 | 11 | 8 | τίς ἐστιν οὗτος ὁ ἀνὴρ πανθαύμαστος ὁ ἐν τοιαύτῃ | * δόξῃ * κοσμούμενος ποτέ μὲν κλαίει καὶ ὀδύρεται ποτέ δὲ |
| Abr.1 | 11 | 9 | ὁ πρωτόπλαστος Ἀδὰμ καὶ κάθηται ὧδε ἐν τῇ αὐτοῦ | * δόξῃ * καὶ βλέπει τὸν κόσμον καθότι πάντες ἐξ αὐτοῦ |
| Abr.1 | 16 | 8 | εἶδεν τὸν θάνατον ἐρχόμενον πρὸς αὐτὸν ἐν πολλῇ | * δόξῃ * καὶ ὡραιότητι καὶ ἀναστὰς ὑπήντησεν αὐτὸν νομίζων |
| Abr.1 | 16 | 12 | οὐχὶ ἀλλὰ σὺ ⟨εἶ⟩ ἡ εὐπρέπεια τοῦ κόσμου σὺ εἶ ἡ | * δόξα * καὶ τὸ κάλλος τῶν ἀγγέλων καὶ τῶν ἀνθρώπων σὺ εἶ |
| Abr.1 | 17 | 6 | μοι καὶ πρὸς πάντας οὕτως ἀπέρχει ἐν εὐμορφίᾳ καὶ | * δόξῃ * καὶ ὡραιότητι τοιαύτῃ; ὁ θάνατος εἶπεν οὐχὶ κύριέ |
| Abr.1 | 17 | 12 | πᾶσαν τὴν ὡραιότητα καὶ τὰ κάλλη καὶ πᾶσαν τὴν | * δόξαν * καὶ τὴν ἡλιόμορφον μορφὴν ἣν περιεκέκτητο καὶ |
| Abr.1 | 18 | 11 | ἀνεζωοποιήθησαν τότε οὖν ὁ δίκαιος Ἀβραὰμ ἔδωκεν | * δόξαν * τῷ θεῷ. καὶ ἀνελθὼν ἐν τῇ κλίνῃ αὐτοῦ ἀνέπεσεν |
| Abr.2 | 4 | 7 | κύριε κέλευσόν ⟨με ἐρωτῆσαι ἐνώπιον⟩ τῆς μεγάλης | * δόξης * σου. καὶ εἶπεν ὁ κύριος λέγε Μιχαήλ. καὶ εἶπεν |
| Abr.2 | 7 | 8 | δὲ ἐγὼ καὶ εἶπον παρακαλῶ σε κύριε μὴ ἐπάρῃς τὴν | * δόξαν * τῆς κεφαλῆς μου καὶ τὸ φῶς τοῦ οἴκου μου καὶ πᾶσαν |
| Abr.2 | 7 | 8 | κεφαλῆς μου καὶ τὸ φῶς τοῦ οἴκου μου καὶ πᾶσαν τὴν | * δόξαν * τὴν ἐμὴν ἐπένθησεν δὲ καὶ ὁ ἥλιος καὶ ἡ σελήνη καὶ |
| Abr.2 | 7 | 9 | καὶ ἡ σελήνη καὶ οἱ ἀστέρες λέγοντες μὴ ἐπάρῃς τὴν | * δόξαν * τῆς δυνάμεως ἡμῶν καὶ ἀπεκρίθη ὁ φωτεινὸς ἀνὴρ καὶ |
| Abr.2 | 8 | 5 | ἀνὰ μέσον δὲ τῶν πυλῶν ἐκαθέζετο ἀνὴρ ⟨ἐπὶ θρόνου | * δόξης * μεγάλης καὶ πλῆθος ἀγγέλων κύκλῳ αὐτοῦ⟩ καὶ |
| Abr.2 | 8 | 7 | ἀνὰ μέσον τῶν δύο πυλώνων τούτων ἐν τηλικαύτῃ | * δόξῃ * καὶ πλῆθος ἀγγέλων κυκλόθεν αὐτῷ παραστῆκον οὗτος |
| Abr.2 | 8 | 11 | αὗταί εἰσιν αἱ δύο πύλαι αἱ ἀπάγουσαι εἰς τὴν | * δόξαν * καὶ εἰς τὸν θάνατον ἡ μὲν μία πύλη αὕτη ἐστίν ἡ |
| Abr.2 | 13 | 7 | εἰμι καὶ αἷμα διὰ τοῦτο οὐ δύναμαι βαστάσαι τὴν | * δόξαν * σου θεωρῶ γὰρ τὴν ὡραιότητά σου ὅτι οὐκ ἔστιν ἐκ |
| Abr.2 | 14 | 7 | τῆς μητρὸς αὐτοῦ δοξάζων τὸν ὕψιστον θεὸν ᾧ ἡ | * δόξα * εἰς τοὺς αἰῶνας τῶν αἰώνων. ἀμήν. |
| TSIm. | 4 | 5 | πατράδελφον ὑμῶν ἵνα δώῃ καὶ ὑμῖν ὁ θεὸς χάριν καὶ | * δόξαν * καὶ εὐλογίαν ἐπὶ τὰς κεφαλὰς ὑμῶν καθὼς εἴδετε ἐν |
| TLevi | 3 | 4 | εἰσιν ὅτι ἐν τῷ ἀνωτέρῳ πάντων καταλύει ἡ μεγάλη | * δόξα * ἐν ἁγίῳ ἁγίων ὑπεράνω πάσης ἁγιότητος. ἐν τῷ μετ᾽ |
| TLevi | 5 | 1 | καὶ εἶδον τὸν ναὸν τὸν ἅγιον καὶ ἐπὶ θρόνου | * δόξης * τὸν ὕψιστον. καὶ εἶπέ μοι Λευί σοὶ δέδωκα τὰς |
| TLevi | 8 | 11 | ἀρχὰς διαιρεθήσεται τὸ σπέρμα σου εἰς σημεῖον | * δόξης * κυρίου ἐπερχομένου καὶ ὁ πιστεύσας πρῶτος ἔσται |
| TLevi | 18 | 5 | ἐπὶ τῆς γῆς ὡς ὕδωρ θαλασσῶν καὶ οἱ ἄγγελοι τῆς | * δόξης * τοῦ προσώπου κυρίου χαρήσονται ἐν αὐτῷ. οἱ οὐρανοὶ |
| TLevi | 18 | 6 | αὐτῷ. οἱ οὐρανοὶ ἀνοιγήσονται καὶ ἐκ τοῦ ναοῦ τῆς | * δόξης * ἥξει ἐπ᾽ αὐτὸν ἁγίασμα μετὰ φωνῆς πατρικῆς ὡς ἀπὸ |
| TLevi | 18 | 7 | φωνῆς πατρικῆς ὡς ἀπὸ Ἀβραὰμ πατρὸς Ἰσαάκ. καὶ | * δόξα * ὑψίστου ἐπ᾽ αὐτὸν ῥηθήσεται καὶ πνεῦμα συνέσεως καὶ |
| TJud. | 15 | 3 | τουτέστι τὴν δύναμιν καὶ τὸ διάδημα τουτέστι τὴν | * δόξαν * τῆς βασιλείας μου. καίγε μετανοήσας ἐπὶ τούτοις |
| TJud. | 15 | 6 | κατακυριεύουσιν καὶ τοῦ μὲν βασιλέως αἴρουσι τὴν | * δόξαν * τοῦ δὲ ἀνδρείου τὴν δύναμιν καὶ τοῦ πτωχοῦ τὸ τῆς |
| TJud. | 25 | 2 | Λευὶ ὁ ἄγγελος τοῦ προσώπου ἐμὲ αἱ δυνάμεις τῆς | * δόξης * τὸν Συμεὼν ὁ οὐρανὸς τὸν Ῥουβὴμ τὸν Ἰσαχὰρ ἡ γῆ |
| TNep. | 2 | 8 | τὸν τράχηλον συνάπτει τῇ κεφαλῇ καὶ τρίχας πρὸς | * δόξαν * εἶτα καρδίαν εἰς φρόνησιν κοιλίαν εἰς διάκρισιν |
| TAser | 5 | 2 | ἑνὸς κέκρυπται τὴν ζωὴν ὁ θάνατος διαδέχεται τὴν | * δόξαν * ἡ ἀτιμία τὴν ἡμέραν ἡ νὺξ καὶ τὸ φῶς τὸ σκότος τὰ |
| TJos. | 9 | 3 | μετὰ ἀκολασίας. ὁ δὲ ἐν σωφροσύνῃ διάγων θέλει καὶ | * δόξαν * καὶ εἰ οἶδεν ὁ ὕψιστος ὅτι συμφέρει παρέχει αὐτῷ |
| TJos. | 12 | 1 | παρήει ἡ Μεμφία ἐν λαμπήνῃ ἡ γυνὴ τοῦ Πετεφρῆ μετὰ | * δόξης * πολλῆς καὶ ἐπέβαλεν ἐπ᾽ ἐμὲ τοὺς ὀφθαλμοὺς αὐτῆς |
| TJos. | 17 | 8 | ἐμαυτὸν ἐν αὐτοῖς ἐν ἀλαζονείᾳ διὰ τὴν κοσμικὴν | * δόξαν * μου ἀλλ᾽ ἤμην ἐν αὐτοῖς ὡς εἷς τῶν ἐλαχίστων. ἐὰν |
| TBen. | 4 | 1 | τὴν εὐσπλαγχνίαν αὐτοῦ ἵνα καὶ ὑμεῖς στεφάνους | * δόξης * φορέσητε. ὁ ἀγαθὸς ἄνθρωπος οὐκ ἔχει σκοτεινὸν |
| TBen. | 6 | 4 | μερὶς αὐτοῦ. τὸ ἀγαθὸν διαβούλιον οὐκ ἐπιδέχεται | * δόξης * καὶ ἀτιμίας ἀνθρώπων καὶ πάντα δόλον ἢ ψεῦδος |
| TBen. | 10 | 8 | αὐτῷ. τότε καὶ πάντες ἀναστήσονται οἱ μὲν εἰς | * δόξαν * οἱ δὲ εἰς ἀτιμίαν. καὶ κρινεῖ κύριος ἐν πρώτοις |
| Asen. | 20 | 7 | ἐπὶ τῷ κάλλει αὐτῆς καὶ ἐχάρησαν καὶ ἔδωκαν | * δόξαν * τῷ θεῷ τῷ ζωοποιοῦντι τοὺς νεκρούς. καὶ μετὰ ταῦτα |
| Asen. | 21 | 16 | πολλὰ ἥμαρτον ἐπεποίθειν γὰρ ἐπὶ τῷ πλούτῳ τῆς | * δόξης * μου καὶ ἐπὶ τῷ κάλλει μου καὶ ἤμην ἀλαζὼν καὶ |
| Sal. | 1 | 4 | ὁ πλοῦτος αὐτῶν διεδόθη εἰς πᾶσαν τὴν γῆν καὶ ἡ | * δόξα * αὐτῶν ἕως ἐσχάτου τῆς γῆς. ὑψώθησαν ἕως τῶν ἄστρων |
| Sal. | 2 | 5 | ἀπ᾽ ἐμοῦ οὐκ εὐδοκῶ ἐν αὐτοῖς. τὸ κάλλος τῆς | * δόξης * αὐτῆς ἐξουθενώθη ἐνώπιον τοῦ θεοῦ ἠτιμώθη ἕως εἰς |
| Sal. | 2 | 19 | καταπατήσει κατεσπάσθη τὸ κάλλος αὐτῆς ἀπὸ θρόνου | * δόξης. * περιεζώσατο σάκκον ἀντὶ ἐνδύματος εὐπρεπείας |
| Sal. | 2 | 21 | τὴν κεφαλὴν αὐτῆς ἀντὶ στεφάνου. περιείλατο μίτραν | * δόξης * ἣν περιέθηκεν αὐτῇ ὁ θεὸς ἐν ἀτιμίᾳ τὸ κάλλος |
| Sal. | 2 | 31 | καὶ κρίνων βασιλεῖς καὶ ἀρχὰς ὁ ἀνιστῶν ἐμὲ εἰς | * δόξαν * καὶ κοιμίζων ὑπερηφάνους εἰς ἀπώλειαν αἰῶνος ἐν |
| Sal. | 5 | 19 | σου ἐπὶ Ισραηλ ἐν τῇ βασιλείᾳ σου. εὐλογημένη ἡ | * δόξα * κυρίου ὅτι αὐτὸς βασιλεὺς ἡμῶν. ἐν ἐλπίδι τῷ |
| Sal. | 11 | 6 | αὐτοῖς ὁ θεὸς ἵνα παρέλθῃ Ισραηλ ἐν ἐπισκοπῇ | * δόξης * θεοῦ αὐτῶν. ἔνδυσαι Ιερουσαλημ τὰ ἱμάτια τῆς δόξης |
| Sal. | 11 | 7 | δόξης θεοῦ αὐτῶν. ἔνδυσαι Ιερουσαλημ τὰ ἱμάτια τῆς | * δόξης * σου ἑτοίμασον τὴν στολὴν τοῦ ἁγιάσματός σου ὅτι ὁ |
| Sal. | 11 | 8 | Ιερουσαλημ ἀναστῆσαι κύριος τὸν Ισραηλ ἐν ὀνόματι | * δόξης * αὐτοῦ τοῦ κυρίου τὸ ἔλεος ἐπὶ τὸν Ισραηλ εἰς τὸν |
| Sal. | 17 | 6 | καὶ οὐκ ἐδόξασαν τὸ ὄνομά σου τὸ ἔντιμον. ἐν | * δόξῃ * ἔθεντο βασίλειον ἀντὶ ὕψους αὐτῶν ἠρήμωσαν τὸν |
| Sal. | 17 | 31 | ἀρχῆς ἔρχεσθαι ἔθνη ἀπ᾽ ἄκρου τῆς γῆς ἰδεῖν τὴν | * δόξαν * αὐτοῦ φέροντες δῶρα τοὺς ἐξησθενηκότας υἱοὺς αὐτῆς |
| Sal. | 17 | 31 | δῶρα τοὺς ἐξησθενηκότας υἱοὺς αὐτῆς καὶ ἰδεῖν τὴν | * δόξαν * κυρίου ἣν ἐδόξασεν αὐτὴν ὁ θεός. καὶ αὐτὸς |
| Jer. | 3 | 15 | σέ ἡ εὐφρασία τοῦ κυρίου καὶ ἐπὶ τὴν κεφαλήν σου ἡ | * δόξα. * καὶ ταῦτα εἰπὼν Ἱερεμίας ἀπέλυσεν αὐτὸν Ἀβιμέλεχ |
| Jer. | 7 | 12 | ὀρθῶς ἄπελθε ἐν τῇ δυνάμει τοῦ θεοῦ καὶ ἔσται ἡ | * δόξα * κυρίου μετὰ σοῦ ἐν πάσῃ τῇ ὁδῷ ᾗ πορεύσῃ. τότε ὁ |
| Bar. | 4 | 16 | δι᾽ αὐτοῦ τοῦ ξύλου τὴν καταδίκην ἔλαβεν καὶ τῆς | * δόξης * θεοῦ ἐγυμνώθη οὕτως καὶ οἱ νῦν ἄνθρωποι τὸν ἐξ |
| Bar. | 4 | 16 | Ἀδὰμ τὴν παράβασιν ἀπεργάζονται καὶ τῆς τοῦ θεοῦ | * δόξης * μακρὰν γίνονται καὶ τῷ αἰωνίῳ πυρὶ ἑαυτοὺς |
| Bar. | 6 | 12 | χρῶνται βασιλεῖς καὶ ἄρχοντες. μεῖνον δὲ καὶ ὄψει | * δόξαν * θεοῦ. καὶ ἐν τῷ ὁμιλεῖν αὐτὸν ἐγένετο βροντὴ ὡς |
| Bar. | 7 | 2 | διδοῖ τῷ κόσμῳ τὸ φέγγος. ἀλλ᾽ ἔκδεξαι καὶ ὄψει | * δόξαν * θεοῦ. καὶ ἐν τῷ ὁμιλεῖν με αὐτῷ ὁρῶ τὸ ὄρνεον καὶ |
| Bar. | 7 | 5 | τὰς αὐτοῦ πτέρυγας. ἐγὼ δὲ ἰδὼν τὴν τοιαύτην | * δόξαν * ἐταπεινώθην φόβῳ μεγάλῳ καὶ ἐξέφυγον καὶ ὑπεκρύβην |
| Bar. | 11 | 2 | βασιλείας τῶν οὐρανῶν. ἀλλ᾽ ἀνάμεινον καὶ ὄψει τὴν | * δόξαν * τοῦ θεοῦ. καὶ ἐγένετο φωνὴ μεγάλη ὡς βροντή. καὶ |
| Bar. | 17 | 3 | με εἰς τὸ ἀπ᾽ ἀρχῆς. καὶ εἰς ἑαυτὸν ἐλθὼν | * δόξαν * ἔφερον τῷ θεῷ τῷ ἀξιώσαντί με τοιούτου ἀξιώματος. |
| Prop. | 2 | 14 | κατὰ τὸν τύπον τὸν ἀρχαῖον ὅτι οὐ μὴ παύσηται ἡ | * δόξα * τοῦ θεοῦ ἐκ τοῦ νόμου αὐτοῦ. καὶ ἔδωκεν ὁ θεὸς τῷ |
| Prop. | 12 | 10 | ὅτι ὄψονται ἐν τῷ ναῷ φῶς καὶ οὕτως ἴδωσι τὴν | * δόξαν * τοῦ ναοῦ. καὶ περὶ συντελείας τοῦ ναοῦ προεῖπεν |
| Esdr. | 1 | 2 | καὶ κράξας λέγων πρὸς τὸν ὕψιστον κύριε δὸς τὴν | * δόξαν * ἵνα ἴδω τὰ μυστήριά σου. καὶ νυκτὸς γεναμένης |
| Esdr. | 6 | 8 | καὶ εἶπεν ὁ προφήτης αἱ ῥῖνές μου ὠσφράνθησαν τὴν | * δόξαν * τοῦ θεοῦ. καὶ εἶπον οἱ ἄγγελοι διὰ τῶν ὀφθαλμῶν |
| Esdr. | 7 | 16 | ἀεννάως τοῖς προστρέχουσιν αὐτῷ ἐκ πόθου. ᾧ πρέπει | * δόξα * κράτος τιμὴ καὶ προσκύνησις τῷ πατρὶ καὶ τῷ υἱῷ καὶ |
| Sedr. | 6 | 7 | τὴν οὐσίαν αὐτοῦ καὶ ἐξορίζει αὐτὸν ἐκ τῆς | * δόξης * αὐτοῦ διότι ἐγκατέλιπεν τὸν πατέρα αὐτοῦ πῶς δὲ |
| Sedr. | 16 | 10 | αὐτὸν ἐν τῷ παραδείσῳ μετὰ τῶν ἁγίων ἁπάντων. ᾧ ἡ | * δόξα * καὶ τὸ κράτος εἰς τοὺς αἰῶνας τῶν αἰώνων. ἀμήν. |
| Job | 18 | 6 | ἰδεῖν τὸν αὐτῆς πλοῦτον καὶ κληρονομεῖν μέρος τῆς | * δόξης * αὐτῆς, καὶ ὡς φορτίον ἐμβαλλόμενος ἐν θαλασσίῳ |
| Job | 31 | 5 | ὁ συμβασιλεὺς ἡμῶν; σὺ εἶ ὁ τότε ἔχων τὴν μεγάλην | * δόξαν; * σὺ εἶ ὁ ὡς ὁ ἥλιος τῆς ἡμέρας ἐν πάσῃ τῇ γῇ; |
| Job | 32 | 2 | εἰς τὴν τῶν πτωχῶν ἔνδυσιν ποῦ οὖν τυγχάνει ἡ | * δόξα * τοῦ θρόνου σου; σὺ εἶ ὁ τὰς τρισχιλίας καμήλους |
| Job | 32 | 2 | τῶν ἀγαθῶν τοῖς πένησιν ποῦ οὖν τυγχάνει ἡ | * δόξα * τοῦ θρόνου σου; σὺ εἶ ὁ τὰς χιλίας βοῦς ἐκτάξας |
| Job | 32 | 3 | τοῖς πένησιν εἰς ἀροτρίαν ποῦ οὖν τυγχάνει ἡ | * δόξα * τοῦ θρόνου σου; σὺ εἶ ὁ τοὺς χρυσέους κραββάτους |
| Job | 32 | 4 | νυνὶ δὲ καθήμενος ἐπὶ κοπρίας ποῦ νῦν τυγχάνει ἡ | * δόξα * τοῦ θρόνου σου; σὺ εἶ ὁ τὸν θρόνον ἐκ λίθων |
| Job | 32 | 5 | νυνὶ δὲ ἐν σποδῷ καθήμενος ποῦ νῦν τυγχάνει ἡ | * δόξα * τοῦ θρόνου σου; τίς γὰρ κατά σε ἐν μέσῳ τῶν τέκνων |
| Job | 32 | 6 | φυτὸν ἧς εὐώδους μήλου συνανθῶν ποῦ νῦν τυγχάνει ἡ | * δόξα * τοῦ θρόνου σου; σὺ εἶ ὁ τὰς ἱδρυμένας ἑξήκοντα |
| Job | 32 | 7 | τραπέζας τοῖς πτωχοῖς στηρίξας ποῦ νῦν τυγχάνει ἡ | * δόξα * τοῦ θρόνου σου; σὺ εἶ ὁ τὰ θυμιατήρια τῆς εὐώδους |
| Job | 32 | 9 | τὴν φαῦσιν τῆς σελήνης ποῦ οὖν τυγχάνει ἡ | * δόξα * τοῦ θρόνου σου; σὺ εἶ ὁ τὸ ἄλειμμα ἔχων ἐκ τοῦ |
| Job | 32 | 10 | λιβάνου, νυνὶ δὲ ἐν ἀπορίᾳ ὢν ποῦ οὖν τυγχάνει ἡ | * δόξα * τοῦ θρόνου σου; σὺ εἶ ὁ καταγελάσας τῶν ἀδικούντων |

| | | | | | |
|---|---|---|---|---|---|
| Job | 32 | 11 | νυνὶ δὲ ἐγένου εἰς χλεύην ποῦ νῦν τυγχάνει ἡ | * δόξα * | τοῦ θρόνου σου; σὺ εἶ Ἰωβ ὁ τὴν μεγάλην δόξαν ἔχων |
| Job | 32 | 12 | ἡ δόξα τοῦ θρόνου σου; σὺ εἶ Ἰωβ ὁ τὴν μεγάλην | * δόξαν * | ἔχων ποῦ νῦν τυγχάνει ἡ δόξα τοῦ θρόνου σου; τοῦ |
| Job | 32 | 12 | εἶ Ἰωβ ὁ τὴν μεγάλην δόξαν ἔχων ποῦ νῦν τυγχάνει ἡ | * δόξα * | τοῦ θρόνου σου; τοῦ δὲ Ελιου μακρύναντος τὸν |
| Job | 33 | 2 | σιωπήσατε νῦν ὑποδείξω ὑμῖν τὸν θρόνον μου καὶ τὴν | * δόξαν * | καὶ τὴν εὐπρέπειαν τὴν οὖσαν ἐν τοῖς ἁγίοις. ἐμοῦ |
| Job | 33 | 3 | ἐμοῦ ὁ θρόνος ἐν τῷ ὑπερκοσμίῳ ἐστίν, καὶ ἡ τούτου | * δόξα * | καὶ ἡ εὐπρέπεια ἐκ δεξιῶν τοῦ πατρός ἐστιν. ὁ |
| Job | 33 | 4 | τοῦ πατρός ἐστιν. ὁ κόσμος ὅλος παρελεύσεται καὶ ἡ | * δόξα * | αὐτοῦ φθαρήσεται καὶ οἱ προσέχοντες αὐτῷ ἔσονται ἐν |
| Job | 33 | 5 | ἐμοὶ δὲ ὁ θρόνος ὑπάρχει ἐν τῇ ἁγίᾳ γῇ καὶ ἡ | * δόξα * | αὐτοῦ ἐν τῷ αἰῶνί ἐστιν τοῦ ἀπαραλλάκτου. οἱ μὲν |
| Job | 33 | 8 | παρελεύσονται καὶ οἱ ἡγεμόνες παρέρχονται, ἡ δὲ | * δόξα * | καὶ τὸ καύχημα αὐτῶν ἔσονται ὡς ἔσοπτρον ἐμοὶ δὲ ἡ |
| Job | 33 | 9 | ἐμοὶ δὲ ἡ βασιλεία εἰς αἰῶνας αἰώνων, καὶ ἡ | * δόξα * | καὶ ἡ εὐπρέπεια αὐτῆς ἐν τοῖς ἅρμασιν τοῦ πατρὸς |
| Job | 40 | 3 | καὶ ἴδετε τὰ τέκνα μου ἐστεφανωμένα παρὰ τῇ | * δόξῃ * | τοῦ ἐπουρανίου. ἰδοῦσα δὲ τότε Σῖτιδος ἡ γυνή μου |
| Job | 40 | 13 | ἡ Σίτιδός ἐστιν αὕτη, ἡ τοῦ καυχήματος καὶ τῆς | * δόξης * | γυνή, ὅτι οὐ κατηξιώθη ταφῆς ἀναγκαίας. τὸν μὲν |
| Job | 43 | 6 | ἠφάνισεν τὸ φέγγος αὐτοῦ, ἡ δὲ τῆς λαμπάδος αὐτοῦ | * δόξα * | ἀποβήσεται αὐτῷ εἰς κρίμα ὅτι οὗτός ἐστιν ὁ τοῦ |
| Job | 43 | 6 | δὲ θυρωροὶ τῆς σκοτίας κληρονομήσουσιν αὐτοῦ τὴν | * δόξαν * | καὶ τὴν εὐπρέπειαν ἡ βασιλεία αὐτοῦ παρῆλθεν, |
| Job | 43 | 16 | ἅγιοι, ἀγαλλιάσθωσαν ἐν καρδίᾳ, ὅτι ἀπείληφαν τὴν | * δόξαν * | ἣν προσεδόκησαν. ἦρται ἡ ἁμαρτία ἡμῶν, |
| Job | 50 | 2 | τὸν δεσπότην τῶν ἀρετῶν ἐνδειξαμένη τὴν | * δόξαν * | αὐτῶν καὶ ὁ βουλόμενος λοιπὸν ἴχνος ἡμέρας |
| Job | 50 | 3 | λοιπὸν ἴχνος ἡμέρας καταλαβεῖν τῆς πατρικῆς | * δόξης * | εὑρήσει ἀναγεγραμμένα ἐν ταῖς εὐχαῖς τῆς |
| Job | 53 | 10 | αὐτὸν μεθ' ὧν ὁ κς ἀνέστησε. τῷ δὲ θῷ εἴη | * δόξα. * | |
| Aris. | 3 | 3 | τὸν προειρημένον ἄνδρα πρεσβείαν καλοκἀγαθίᾳ καὶ | * δόξῃ * | προτετιμημένον ὑπό τε τῶν πολιτῶν καὶ τῶν ἄλλων καὶ |
| Aris. | 37 | 5 | ἀνατιθέντες ὃς ἡμῖν τὴν βασιλείαν ἐν εἰρήνῃ καὶ | * δόξῃ * | κρατίστῃ παρ' ὅλην τὴν οἰκουμένην διατετήρηκεν εἰς |
| Aris. | 39 | 6 | γὰρ ἐπιτελεσθέντος τούτου μεγάλην ἀποίσεσθαι | * δόξαν. * | ἀπεστάλκαμεν δὲ περὶ τούτων Ἀνδρέαν τῶν |
| Aris. | 45 | 5 | καὶ διασώζῃ σοι τὴν βασιλείαν ἐν εἰρήνῃ μετὰ | * δόξης * | ὁ κυριεύων ἁπάντων θεὸς καὶ ὅπως γένηταί σοι |
| Aris. | 79 | 5 | ἐπετέλεσαν ἅπαντα φιλοτιμηθέντες εἰς ὑπεροχὴν | * δόξης * | τοῦ βασιλέως ποιῆσαι. καθόλου γὰρ οὔτ' ἐν τοῖς |
| Aris. | 96 | 3 | ἐν τῇ λειτουργίᾳ τά τε τοῦ στολισμοῦ καὶ τῆς | * δόξης * | ἣ συνίσταται διὰ τὴν ἔνδυσιν οὗ φορεῖ χιτῶνος καὶ |
| Aris. | 98 | 4 | ἁγίοις τὸ ὄνομα τοῦ θεοῦ κατὰ μέσον τῶν ὀφρύων | * δόξῃ * | πεπληρωμένον ὁ κριθεὶς ἄξιος τούτων ἐν ταῖς |
| Aris. | 139 | 6 | κατὰ σῶμα καὶ κατὰ ψυχὴν ἀπολελυμένοι ματαίων | * δοξῶν * | τὸν μόνον θεὸν καὶ δυνατὸν σεβόμενοι παρ' ὅλην τὴν |
| Aris. | 196 | 6 | τοῖς ἐγγόνοις παρακελευόμενος μὴ ἐκπλήττεσθαι τῇ | * δόξῃ * | μηδὲ τῷ πλούτῳ θεὸν γὰρ εἶναι τὸν χαριζόμενον ταῦτα |
| Aris. | 211 | 3 | ἔφη τὸ καλῶς ἄρχειν ἑαυτοῦ καὶ μὴ τῷ πλούτῳ καὶ τῇ | * δόξῃ * | φερόμενον ὑπερήφανον καὶ ἄσχημόν τι ἐπιθυμῆσαι εἰ |
| Aris. | 218 | 2 | ὁ δὲ εἶπεν ἐπίβλεπε διὰ παντὸς εἰς τὴν σεαυτοῦ | * δόξαν * | καὶ τὴν ὑπεροχὴν ἵνα τούτοις ἀκόλουθα καὶ λέγῃς |
| Aris. | 223 | 3 | δὲ βασιλεῦσιν ἐπὶ χώρας κατάκτησιν κατὰ τὸ τῆς | * δόξης * | μέγεθος πλὴν ἐν πᾶσι μετριότης καλόν. ἃ δὲ ὁ θεὸς |
| Aris. | 224 | 4 | ἔφη πρῶτον εἰ νοήσαι ὅτι ὁ θεὸς πᾶσι μερίζει | * δόξαν * | τε καὶ πλούτου μέγεθος τοῖς βασιλεῦσι καὶ οὐδεὶς |
| Aris. | 224 | 6 | ἐστι πάντες γὰρ θέλουσι μετασχεῖν ταύτης τῆς | * δόξης * | ἀλλ' οὐ δύνανται θεοῦ γάρ ἐστι δόμα. ἐπαινέσας δὲ |
| Aris. | 226 | 4 | ὢν καὶ μεγαλομερὴς οὐδέποτ' ἂν ἀπολίποι | * δόξης * | ἵνα δὲ τὰ προειρημένα σοι διαμένῃ τὸν θεὸν |
| Aris. | 230 | 3 | τὸν ἕτερον πῶς ἂν πταίσας πάλιν τῆς αὐτῆς κρατήσαι | * δόξης; * | ὁ δὲ ἔφη σὲ μὲν οὐ δυνατόν ἐστι πταῖσαι πᾶσι γὰρ |
| Aris. | 234 | 2 | ἐπαινέσας τὸν δέκατον ἠρώτα τί μέγιστόν ἐστι | * δόξης; * | ὁ δὲ εἶπε τὸ τιμᾶν τὸν θεὸν τοῦτο δ' ἐστὶν οὐ |
| Aris. | 242 | 1 | συγγενὲς ὅσον ἰσχῦόν ἐστι τελουμένων δὲ τούτων καὶ | * δόξα * | καὶ προκοπὴ παρὰ τοῖς τοιούτοις ὑπάρξει τὸ γὰρ |
| Aris. | 269 | 4 | καὶ θράσος ἄληκτον ἀτιμασμὸς ἐπιφύεται καὶ | * δόξης * | ἀναίρεσις. θεὸς δὲ δόξης πάσης κυριεύει ῥέπων οὗ |
| Aris. | 269 | 5 | ἀτιμασμὸς ἐπιφύεται καὶ δόξης ἀναίρεσις. θεὸς δὲ | * δόξης * | πάσης κυριεύει ῥέπων οὗ βούλεται. καὶ τούτῳ δ' |
| Aris. | 282 | 3 | ἄξιόν ἐστιν ἄνθρωπον; ὁ δὲ ἔφη τὸν κεχορηγημένον | * δόξῃ * | καὶ πλούτῳ καὶ δυνάμει καὶ ψυχὴν ἴσον πᾶσιν ὄντα |
| Aris. | 283 | 7 | διαμονὴν ἀνθρώπων. ὃ σὺ πράσσων ἀνέφικτον ἄλλοις | * δόξαν * | κέκτησαι θεοῦ σοι τὰ βουλήματα συντελοῦντος. |
| Aris. | 290 | 3 | καθὼς σὺ βασιλεὺς μέγας ὑπάρχεις οὐ τοσοῦτον τῇ | * δόξῃ * | τῆς ἀρχῆς καὶ πλούτῳ προσχὼν ὅσον ἐπιεικείᾳ καὶ |
| Aris. | 292 | 5 | δικαίως δὲ πάντα κυβερνῶν ἀέναον τὴν περὶ σεαυτὸν | * δόξαν * | κατεσκεύασας τοῦ θεοῦ σοι διδόντος ἔχειν ἁγνὴν καὶ |
| Sib. | 3 | 282 | καὶ θαύματα σηκοῦ. ἀλλὰ μένει σ' ἀγαθοῖο τέλος καὶ | * δόξα * | μεγίστη ὡς ἐπέκρανε θεός σοι ἄμβροτος. ἀλλὰ σὺ |
| Sib. | 5 | 59 | ἐπαρδεῦσαί τε ῥόοισιν σιγήσει δὲ χάρις γαίης καὶ | * δόξα * | προσώπου. Μέμφι σὺ μὲν κλαύσῃ ὑπὲρ Αἰγύπτου τὰ |
| Sib. | 5 | 357 | τοῖς λιθίνοισι θεοῖσιν. ἡγείσθω δὲ θέμις σοφίη καὶ | * δόξα * | δικαίων μή ποτε θυμωθεὶς θεὸς ἄφθιτος ἐξαπολέσσῃ |
| Sib. | 5 | 427 | πάντας πιστοὺς πάντας τε δικαίους ἀιδίοιο θεοῦ | * δόξαν * | πεποθημένον εἶδος ἀντολίαι δύσιές τε θεοῦ κλέος |
| FMos. 6 | 132 | 3 | τὸ βρῖθον ἐπαγόμενος ὃ δὲ ἐπικατελθὼν ὕστερον τὴν | * δόξαν * | διηγεῖτο ἣν ἐθεᾶτο διαθρῆσαι δυνηθεὶς μᾶλλον |
| FJub. | 2 | 2 | ἐστι τάδε ἄγγελοι πρὸ προσώπου καὶ ἄγγελοι τῆς | * δόξης * | καὶ ἄγγελοι πνευμάτων πνεόντων ἄγγελοι νεφελῶν καὶ |
| FEll. 10 | 94 | 4 | ἀνέβη ὅσα ἡτοίμασεν ὁ θεὸς τοῖς ἀγαπῶσιν αὐτόν. | * δόξαν * | ἣν ὀφθαλμὸς οὐκ εἶδεν οὐδὲ οὖς ἤκουσεν οὐδὲ ἐπὶ |
| FMan. 2 | 22 | 12 | δυνάμεώς σου ὅτι ἄστεκτος ἡ μεγαλοπρέπεια τῆς | * δόξης * | σου καὶ ἀνυπόστατος ἡ ὀργὴ τῆς ἐπὶ ἁμαρτωλοὺς |
| FMan. 2 | 22 | 14 | ὑμνεῖ πᾶσα ἡ δύναμις τῶν οὐρανῶν καὶ σοῦ ἐστιν ἡ | * δόξα * | εἰς τοὺς αἰῶνας ἀμήν. καὶ ἐπήκουσεν τῆς φωνῆς αὐτοῦ |
| IEsc. 5 | 131 | 3 | ἐπιβλέψῃ γοργὸν ὄμμα δεσπότου. πάντα δυνατὴ γὰρ | * δόξα * | ὑψίστου <θεοῦ>. |
| δοξάζω | | | 37 | | |
| Adam | 43 | 4 | γῆς. ταῦτα εἰπὼν ὁ ἄγγελος ἀνῆλθεν εἰς τὸν οὐρανὸν | * δοξάζων * | καὶ λέγων ἀλληλούϊα. ἅγιος ἅγιος ἅγιος κύριος |
| Abr.1 | 14 | 9 | ἀνήνεγκεν αὐτὴν ἐν τῷ παραδείσῳ. εἶπεν δὲ Ἀβραὰμ | * δοξάζω * | τὸ ὄνομα τοῦ θεοῦ τοῦ ὑψίστου καὶ τὸ ἔλεος αὐτοῦ |
| Abr.1 | 15 | 5 | αἱ δουλίδες αὐτοῦ περιεπλάκησαν κύκλῳ τοῦ Ἀβραὰμ | * δοξάζοντες * | τὸν θεὸν τὸν ἅγιον. εἶπεν δὲ ὁ ἀσώματος πρὸς |
| Abr.1 | 20 | 15 | κτησώμεθα πολιτείαν ἵνα ἀξιωθῶμεν τῆς αἰωνίου ζωῆς | * δοξάζοντες * | τῷ πατρὶ καὶ τῷ υἱῷ καὶ τῷ ἁγίῳ πνεύματι νῦν |
| Abr.2 | 14 | 7 | τὸν πατέρα αὐτοῦ Ἀβραὰμ πλησίον τῆς μητρὸς αὐτοῦ | * δοξάζων * | τὸν ὕψιστον θεὸν ᾧ ἡ δόξα εἰς τοὺς αἰῶνας τῶν |
| TSim. | 4 | 6 | ἡμᾶς ὡς τὴν ψυχὴν αὐτοῦ καὶ ὑπὲρ τοὺς υἱοὺς αὐτοῦ | * ἐδόξασεν * | ἡμᾶς καὶ πλοῦτον καὶ κτήνη καὶ καρποὺς πᾶσιν |
| TLevi | 17 | 3 | καὶ ἔσται ἡ ἱερωσύνη αὐτοῦ τιμία καὶ παρὰ πᾶσι | * δοξασθήσεται. * | ὁ δὲ τρίτος ἱερεὺς ἐν λύπῃ παραληφθήσεται. |
| TJud. | 25 | 5 | καὶ οἱ ἁμαρτωλοὶ κλαύσονται καὶ πάντες οἱ λαοὶ | * δοξάσουσι * | κύριον εἰς αἰῶνας. φυλάξατε οὖν τέκνα μου |
| TIss. | 1 | 9 | υἱοῦ σου. εἶπε δὲ Λεία πρὸς αὐτὴν μὴ καυχῶ καὶ μὴ | * δοξάζου * | ἐμὸς γάρ ἐστιν ὁ Ἰακὼβ κἀγὼ γυνὴ νεότητος |
| TIss. | 5 | 7 | καρπῶν εὐλόγησέ με. καὶ ὁ Λευὶ καὶ ὁ Ἰουδὰς | * ἐδοξάσθη * | παρὰ κυρίου ἐν υἱοῖς Ἰακὼβ καὶ γὰρ κύριος |
| TNep. | 8 | 4 | ὑμᾶς καὶ οἱ ἄνθρωποι καὶ οἱ ἄγγελοι καὶ θεὸς | * δοξασθήσεται * | δι' ὑμῶν ἐν τοῖς ἔθνεσι καὶ ὁ διάβολος |
| TJos. | 4 | 2 | ἀνδρὸς αὐτῆς βουλομένη καταμόνας ὑποσκελίσαι με. | * ἐδόξαζέ * | με ὡς σώφρονα φανερῶς καὶ ἐν κρυφῇ ἔλεγέ μοι μὴ |
| TJos. | 8 | 5 | κύριον ὢν ἐν οἴκῳ σκότους καὶ ἐν ἱλαρᾷ φωνῇ χαίρων | * ἐδόξαζον * | τὸν θεόν μου μόνον ὅτι διὰ προφάσεως ἀπηλλάγην |
| TJos. | 10 | 3 | οὐ μόνον ἐκ τῶν κακῶν ῥύεται ἀλλὰ καὶ ὑψοῖ καὶ | * δοξάζει * | αὐτὸν ὡς κἀμέ. πάντως γὰρ ὁ ἄνθρωπος ἢ ἐν ἔργῳ ἢ |
| TBen. | 4 | 4 | τοὺς δὲ δικαίους ἀγαπᾷ ὡς τὴν ψυχὴν αὐτοῦ. ἐάν τις | * δοξάζηται * | οὐ φθονεῖ ἐάν τις πλουτῇ οὐ ζηλοῖ ἐάν τις |
| Asen. | 15 | 12B | τὸ ὄνομά σου κύριε ἀνάγγειλόν μοι ἵνα ὑμνήσω καὶ | * δοξάσω * | σε εἰς τὸν αἰῶνα χρόνον καὶ εἶπεν αὐτῇ ὁ ἄνθρωπος |
| Asen. | 21 | 6 | θεὸς ὁ ὕψιστος καὶ πληθυνεῖ ὑμᾶς καὶ μεγαλυνεῖ καὶ | * δοξάσει * | ὑμᾶς εἰς τοὺς αἰῶνας. καὶ περιέστρεψεν αὐτοὺς |
| Sal. | 10 | 7 | ἐλεήμων ὁ θεὸς εἰς τὸν αἰῶνα καὶ συναγωγαὶ Ισραηλ | * δοξάσουσιν * | τὸ ὄνομα κυρίου. τοῦ κυρίου ἡ σωτηρία ἐπὶ |
| Sal. | 17 | 5 | ἡμᾶς οἷς οὐκ ἐπηγγείλω μετὰ βίας ἀφείλαντο καὶ οὐκ | * ἐδόξασαν * | τὸ ὄνομά σου τὸ ἔντιμον. ἐν δόξῃ ἔθεντο |
| Sal. | 17 | 30 | δουλεύειν αὐτῷ ὑπὸ τὸν ζυγὸν αὐτοῦ καὶ τὸν κύριον | * δοξάσει * | ἐν ἐπισήμῳ πάσης τῆς γῆς καὶ καθαριεῖ Ιερουσαλημ |
| Sal. | 17 | 31 | υἱοὺς αὐτῆς καὶ ἰδεῖν τὴν δόξαν κυρίου ἣν | * ἐδόξασεν * | αὐτὴν ὁ θεός. καὶ αὐτὸς βασιλεὺς δίκαιος |
| Jer. | 7 | 16 | Βαροὺχ καὶ τοῦ Ἀβιμέλεχ. ἀκούσας δὲ ὁ Ἰερεμίας | * ἐδόξασε * | τὸν θεὸν καὶ ἀπελθὼν συνῆξε τὸν λαὸν σὺν γυναιξὶ |
| Jer. | 9 | 13 | καὶ ἐπῆρε τὴν φωνὴν αὐτοῦ ἐν μέσῳ πάντων καὶ εἶπε | * δοξάσατε * | τὸν θεὸν ἐν μιᾷ φωνῇ πάντες δοξάσατε τὸν θεὸν |
| Jer. | 9 | 13 | καὶ εἶπε δοξάσατε τὸν θεὸν ἐν μιᾷ φωνῇ πάντες | * δοξάσατε * | τὸν θεὸν καὶ τὸν υἱὸν τοῦ θεοῦ τὸν ἐξυπνίζοντα |
| Bar. | 17 | 4 | ὑμεῖς ἀδελφοὶ οἱ τυχόντες τῆς τοιαύτης ἀποκαλύψεως | * δοξάσατε * | καὶ αὐτοὶ τὸν θεὸν ὅπως καὶ αὐτὸς δοξάσῃ ἡμᾶς |
| Bar. | 17 | 4 | δοξάσατε καὶ αὐτοὶ τὸν θεὸν ὅπως καὶ αὐτὸς | * δοξάσῃ * | ἡμᾶς νῦν καὶ ἀεὶ καὶ εἰς τοὺς αἰῶνας τῶν αἰώνων. |
| Prop. | 2 | 2 | δὲ ἐν τῷ τόπῳ τῆς οἰκήσεως Φαραὼ ὅτι οἱ Αἰγύπτιοι | * ἐδόξασαν * | αὐτὸν εὐεργετηθέντες δι' αὐτοῦ. ηὔξατο γὰρ καὶ |
| Esdr. | 3 | 7 | οὐκέτι ᾖ κόσμος. καὶ εἶπεν ὁ προφήτης καὶ πῶς ἔχει | * δοξάζεσθαι * | ἡ δεξιά σου; καὶ εἶπεν ὁ θεὸς ἐγὼ δοξάζομαι |
| Esdr. | 3 | 8 | ἔχει δοξάζεσθαι ἡ δεξιά σου; καὶ εἶπεν ὁ θεὸς ἐγὼ | * δοξάζομαι * | ὑπὸ τῶν ἀγγέλων μου. καὶ εἶπεν ὁ προφήτης |
| Job | 14 | 3 | ἐκ τοῦ ψαλτηρίου ἀνεμίμνησκον αὐτὰς τοῦ θεοῦ ἵνα | * δοξάσωσιν * | τὸν κύριον. καὶ εἴ ποτε διεγόγγυζον αἱ |
| Job | 16 | 7 | ὑπαρχόντων μοι ἀνήγγειλάν μοι τὴν ἀπώλειαν, καὶ | * ἐδόξασα * | τὸν θεὸν καὶ οὐκ ἐβλασφήμησα. τότε ὁ διάβολος |
| Job | 52 | 7 | τὰ ἐλθόντα ἐπὶ τὴν ψυχὴν αὐτοῦ, καὶ ηὐλόγησαν καὶ | * ἐδόξασαν * | ἑκάστη ἐν τῇ ἐξαιρέτῳ διαλέκτῳ. καὶ μετὰ ταῦτα |
| Aris. | 19 | 8 | γὰρ τετιμημένος ὑπὸ τοῦ κρατοῦντος τὰ πάντα καὶ | * δεδοξασμένος * | ὑπὲρ τοὺς προγόνους εἰ καὶ μέγιστα ποιήσεις |
| Aris. | 226 | 2 | ἑξῆς ἐκέλευσεν ἀποκριθῆναι πρὸς αὐτὸν εἰπὼν πῶς ἂν | * δοξαζόμενος * | διαμένοι; εἶπε δὲ τῇ προθυμίᾳ καὶ ταῖς |
| Aris. | 244 | 4 | ὅτι ὁ θεὸς ἀφαιρεῖται τὰς εὐημερίας ἑτέρους δὲ | * δοξάζων * | εἰς τὸ τιμᾶσθαι προάγει. καλῶς δὲ καὶ τοῦτον |
| HCal. | 28 | 15 | ἐπὶ τῶν> Σεραφὶμ ἐποχούμενον καὶ τρισαγίῳ φωνῇ | * δοξαζόμενον. * | ἐν τούτοις στὰς Ἀλέξανδρος ηὔξατο καὶ ὦ |
| FrAn. | 2 | 10 | καρδία συντετριμμένη ὀσμὴ εὐωδίας τῷ κυρίῳ καρδία | * δοξάζουσα * | τὸν πεπλακότα αὐτήν. οὐ τὰ νῦν σάββατα ἐμοὶ |
| δόξασμα | | | 1 | | |
| TDan | 5 | 12 | Ἱερουσαλὴμ εὐφρανθήσονται δίκαιοι ἥτις ἔσται εἰς | * δόξασμα * | θεοῦ ἕως τοῦ αἰῶνος. καὶ οὐκέτι ὑπομένει |
| δοξολογέω | | | 2 | | |
| Job | 49 | 2 | μὲν στόμα αὐτῆς ἀνέλαβεν τὴν διάλεκτον τῶν ἀρχῶν, | * ἐδοξολόγησεν * | δὲ τοῦ ὑψηλοῦ τόπου τὸ ποίημα. διότι εἴ τις |
| Job | 50 | 2 | κοσμικῶν λελάληκεν γὰρ ἐν τῇ διαλέκτῳ τῶν Χερουβιμ | * δοξολογοῦσα * | τὸν δεσπότην τῶν ἀρετῶν ἐνδειξαμένη τὴν |
| δοξολογία | | | 1 | | |
| Abr.1 | 20 | 13 | τοῦ θεοῦ καὶ πατρὸς καὶ δὴ πολλῆς ἀνυμνήσεως καὶ | * δοξολογίας * | γενομένης ἦλθεν ἡ ἄχραντος φωνὴ τοῦ θεοῦ καὶ |
| δορκάς | | | 1 | | |
| TJud. | 2 | 3 | καὶ πιάσας αὐτὴν ἐποίησα βρῶμα τῷ πατρί μου. τὰς | * δορκάδας * | ἐκράτουν διὰ τοῦ δρόμου καὶ πᾶν ὃ ἦν ἐν τοῖς |
| δόρκος | | | 1 | | |
| TAser | 4 | 5 | διπρόσωπον ὅλον δὲ καλόν ἐστιν ὅτι οἱ τοιοῦτοι | * δόρκοις * | καὶ ἐλάφοις ὅμοιοί εἰσιν ὅτι ἐν ἤθει ἀγρίῳ |
| δόρυ | | | 4 | | |
| Asen. | 26 | 6 | ἔθηκαν ἐπὶ τοὺς βραχίονας αὐτῶν καὶ <ἔλαβον> τὰ | * δόρατα * | αὐτῶν ἐν ταῖς δεξιαῖς χερσὶν αὐτῶν καὶ κατεδίωξαν |
| Sib. | 4 | 63 | τε φύλοπις αἰνὴ στήσεται ἐν πολέμῳ Περσῶν δ' ὑπὸ | * δούρασι * | Μῆδοι πίπτοντες φεύξονται ὑπὲρ μέγα Τίγριδος |

Sib. 4 141 οὔποτ᾽ ἐροῦσιν ἡνίκ᾽ ἂν ἀφροσύνῃσι τεαῖς ὑπὸ * δούρασι * πίπτῃς. καὶ Κύρρον τότε λοιμὸς ὀλεῖ καὶ φύλοπις
Sib. 5 23 οὔνομα ὅς τ᾽ ἐπὶ Πέρσας ἄρξει καὶ Βαβυλῶνα βαλεῖ * δορὶ * δὴ τότε Μήδους. εἶτα τριῶν ἀριθμῶν κεραίην ὅστις

Δορύλαιον 1

Sib. 3 406 ἐννοσιγαίου ἦν ποτε φημίξουσιν ἐπωνυμίην * Δορύλαιον * ἀρχαίης Φρυγίης πολυδακρύτοιο κελαινῆς. ἔστ᾽

δορυφορέω 1

Job 37 6 βασιλεὺς ἀτιμάσει στρατιώτην ἴδιον καλῶς αὐτῷ * δορυφοροῦντα * ἤ τίς ποτε καταλήψεται τὰ βάθη τοῦ κυρίου

δορυφόρος 1

HCal. 28 9 ἔχειν καὶ ἰατρικὸν καὶ στρατιωτικὸν Ἀντίοχον δὲ * δορυφόρον * ἐμφέρεσθαι. τῶν πασῶν τοίνυν τελεσθεισῶν καὶ

Δοσίθεος 1

Aris. 50 3 Σαμούηλος Ἰώσηφος Ἰούδας Ἰωνάθης Χαλεβ * Δοσίθεος. * δωδεκάτης Ἰσάηλος Ἰωάννης Θεοδόσιος Ἄρσαμος

δόσις 7

TZab. 1 3 προσέχετε ῥήμασι πατρὸς ὑμῶν. ἐγώ εἰμι Ζαβουλὼν * δόσις * ἀγαθὴ τοῖς γονεῦσί μου. ἐν γὰρ τῷ γεννηθῆναί με
Aris. 20 9 εἰς τὴν βασιλείαν. ὑπὲρ τὰ τετρακόσια τάλαντα τὴν * δόσιν * ἀπέφαινον εἶναι. καὶ τοῦ προστάγματος δὲ τὸ
Aris. 22 10 δραχμὰς εἴκοσι τοὺς μὲν στρατιώτας τῇ τῶν ὀψωνίων * δόσει * τοὺς δὲ λοιποὺς ἀπὸ τῆς βασιλικῆς τραπέζης.
Aris. 26 5 χρησάμενος ἐκέλευσέ τε τὴν τῶν διαφόρων * δόσιν * ἀθρόαν οὖσαν ἀπομερίσαι τοῖς ὑπηρέταις τῶν
Aris. 27 3 ἑπτὰ πλεῖον δὲ ταλάντων ἑξακοσίων ἑξήκοντα ἡ * δόσις * ἐγεγόνει. πολλὰ γὰρ καὶ τῶν ἐπιμαστιδίων τέκνων
Aris. 82 5 τοῦ χρυσοῦ τιμιωτέραν εἶναι τὴν τῶν λίθων * δόσιν * καὶ τὴν τῶν τεχνῶν ἐνέργειαν. ὑπολαμβάνων οὖν καὶ
Aris. 229 4 τὸ δὲ δυνατὸν αὐτῆς ἐστιν ἀγάπη αὕτη γὰρ θεοῦ * δόσις * ἐστίν ἣν καὶ σὺ κέκτησαι πάντα περιέχων ἐν αὐτῇ τὰ

Δουδαήλ 1

Hen. 10B 4 καὶ ἄνοιξον τὴν ἔρημον τὴν οὖσαν ἐν τῇ ἐρήμῳ * Δουδαὴλ * καὶ ἐκεῖ πορευθεὶς βάλε αὐτόν. καὶ ὑπόθες αὐτῷ

δουλεία 7

Hen. 98 5 μεγάλην ἀφίξονται οἱ ποιοῦντες ⟨αὐτήν⟩. καὶ * δουλεία * (στεῖρα) γυναικὶ οὐκ ἐδόθη ἀλλὰ διὰ τὰ ἔργα τῶν
TJud. 23 3 ναοῦ θεοῦ ἐμπυρισμὸν γῆς ἐρήμωσιν ὑμῶν αὐτῶν * δουλείαν * ἐν ἔθνεσιν καὶ ἐκτεμοῦσιν ἐξ ὑμῶν εἰς εὐνούχους
TJos. 10 3 δὲ κατοικεῖ ὁ ὕψιστος κἄν τις περιπέσῃ φθόνῳ ἢ * δουλείᾳ * ἢ συκοφαντίᾳ ἢ σκοτίᾳ κύριος ὁ ἐν αὐτῷ κατοικῶν
Prop. 1 9 τόπου πατέρων αὐτοῦ διὰ τοῦτο ὁ θεὸς ἐπηράσατο εἰς * δουλείαν * ἔσεσθαι τὸ σπέρμα αὐτοῦ τοῖς ἐχθροῖς αὐτοῦ καὶ
Job 39 2 ῥακκώδοις, ἀποδράσασα ἐκ τῆς τοῦ οἰκοδεσπότου * δουλείας * ᾧ ἐδούλευεν, ἐπεὶ ἐκωλύετο ἐξελθεῖν ἵνα μὴ
Job 40 4 ὀλίγον καὶ ἀνακτήσομαι πρὸ τῆς ὑπουργείας τῆς * δουλείας * μου. καὶ ἀπελθοῦσα εἰς τὴν πόλιν εἰσῆλθεν εἰς
FJub. 48 5 γενέσεως τοῦ κόσμου. ἐν ρ μ δ᾽ ἔτει τῆς ἐν Αἰγύπτῳ * δουλείας * ἤρξαντο Αἰγύπτιοι δέχεσθαι τὴν δεκάπληγον. ἐν

δούλειος 3

Sib. 3 537 κυδοιμῷ οἴσουσιν ἐχθροῖσι χαρὰν Ἕλλησι δὲ πένθος. * δούλειος * δ᾽ ἄρα --- ζυγὸς ἔσσεται Ἑλλάδι πάσῃ πᾶσι δ᾽
Sib. 4 104 ἀνθήσει πόλεμος μέγας ᾧ ὕπο κόσμος λατρεύσει * δούλειον * ἔχων ζυγὸν Ἰταλίδῃσιν. καὶ σὺ τάλαινα Κόρινθε
Sib. 4 114 πετάσει μέλαν ὕδωρ+. Ἀρμενίη καὶ σοὶ δὲ μένει * δούλειος * ἀνάγκη ἥξει καὶ Σολύμοισι κακὴ πολέμοιο θύελλα

δουλεύω 20

TLevi 13 4 κτήσεται καὶ ἐπιθυμήσουσι πολλοὶ τῶν ἀνθρώπων * δουλεῦσαι * αὐτῷ καὶ ἀκοῦσαι νόμον ἐκ τοῦ στόματος αὐτοῦ.
TJud. 18 6 δύο γὰρ πάθη ἐναντία τῶν ἐντολῶν τοῦ θεοῦ * δουλεύων * θεῷ ὑπακούειν οὐ δύναται ὅτι ἐτύφλωσαν τὴν
TIss. 1 10 εἶπεν τί οὖν; ὅτι ἐμοὶ πρῶτον ἥρμοσται καὶ δι᾽ ἐμὲ * ἐδούλευσε * τῷ πατρὶ ἡμῶν ἔτη δεκατέσσαρα. τί σοι ποιήσω
TIss. 6 2 αὐτῶν καὶ διασπαρήσονται ἐν τοῖς ἔθνεσι καὶ * δουλεύσουσι * τοῖς ἐχθροῖς αὐτῶν. καὶ ὑμεῖς οὖν εἴπατε
TNep. 4 2 Σοδόμων. καὶ ἐπάξει ὑμῖν κύριος αἰχμαλωσίαν καὶ * δουλεύσετε * ἐκεῖ τοῖς ἐχθροῖς ὑμῶν καὶ πάσῃ κακώσει καὶ
TAser 3 2 οἱ διπρόσωποι οὐ θεῷ ἀλλὰ ταῖς ἐπιθυμίαις αὐτῶν * δουλεύουσιν * ἵνα τῷ Βελιὰρ ἀρέσωσι καὶ τοῖς ὁμοίοις αὐτῶν
TAser 6 5 βασανίζεται ὑπὸ τοῦ πονηροῦ πνεύματος οὗ καὶ * ἐδούλευσεν * ἐν ἐπιθυμίαις καὶ ἔργοις πονηροῖς ἐὰν δὲ
Asen. 6 8 μου τῷ Ἰωσὴφ εἰς παιδίσκην καὶ εἰς δούλην καὶ * δουλεύσω * αὐτῷ εἰς τὸν αἰῶνα χρόνον. καὶ εἰσῆλθεν Ἰωσὴφ
Asen. 13 15 αὐτοῦ καὶ διακονήσω αὐτῷ καὶ ἔσομαι αὐτῷ δούλη καὶ * δουλεύσω * αὐτῷ εἰς τὸν αἰῶνα χρόνον. καὶ ὡς ἐπαύσατο
Sal. 17 30 δικαιοσύνης αὐτοῦ. διάψαλμα. καὶ ἕξει λαοὺς ἐθνῶν * δουλεύειν * αὐτῷ ὑπὸ τὸν ζυγὸν αὐτοῦ καὶ τὸν κύριον
Esdr. 1 14 τὸν χρόνον αὐτοῦ καὶ πορεύεται καὶ πάλιν δοῦλος * δουλεύσει * τοῖς κυρίοις αὐτοῦ ἐπιτυχεῖν οὕτως καὶ ὁ
Sedr. 6 5 τὸν πατέρα ἀπῆλθεν καὶ ἐγένετο ἀλλότριος καὶ * δουλεύει * ἀλλοτρίῳ; καὶ ἰδὼν ὁ πατὴρ ὅτι ἐγκατέλιπεν
Job 39 2 ἀποδράσασα ἐκ τῆς τοῦ οἰκοδεσπότου δουλείας ᾧ * ἐδούλευεν, * ἐπεὶ ἐκωλύετο ἐξελθεῖν ἵνα μὴ ἰδόντες οἱ
Job 40 5 βοῶν αὐτῆς τῶν ἁρπασθέντων ὑπὸ τῶν ἀρχόντων οἷς * ἐδούλευεν * καὶ περί τινα φάτνην ἐκοιμήθη καὶ τετελεύτηκεν
Sib. 3 269 ἀχθήσῃ δὲ πρὸς Ἀσσυρίους καὶ νήπια τέκνα ὄψει * δουλεύοντα * παρ᾽ ἀνδράσι δυσμενέεσσιν ἠδ᾽ ἀλόχους καὶ πᾶς
Sib. 3 740 θυμὸν ὑπερφίαλον στείλας πρὸς ἀγῶνα κραταιόν. καὶ * δούλευε * θεῷ μεγάλῳ ἵνα τῶνδε μετάσχῃς. ὁππότε δὴ καὶ
FEz. 187 3 και ειπ⟨α ⟩ε⟨ ⟩ως ο κ⟨ ⟩ιν π⟨ ⟩ληθην⟨ ε⟩στιν τω * δεδουλευ⟨μενω * ⟩καρδια καθαρα κα⟨ι ⟩ται επι κν τον θν⟨
HCal. 24 38 εὐταξίαν εἶδον ἱερέων. ὁ δέ φησιν θεὸν ἡμεῖς ἕνα * δουλεύομεν * ὃς ἐποίησεν οὐρανὸν καὶ γῆν καὶ πάντα τὰ
HCal. 24 44 καὶ ἐν τοῖς λοιποῖς ἔθνεσιν ὅτι θεῷ ζῶντι ὑμεῖς * δεδουλεύκατε. * λαβόντες δὲ χρημάτων πλήθη ἔν τε χρυσῷ καὶ
FrAn. 1 227 30 θς Ιωσηφ μνησ⟨θεις - - ⟩υμων βοησω ο Ρουβη⟨ν - - * δο⟩υλευων * υμιν μη⟨ - - ⟩μη οργιζεσθαι σαρξ⟨ - - ⟩ως

δούλη 8

Hen. 98 5 ἐδόθη ἀλλὰ διὰ τὰ ἔργα τῶν χειρῶν ὅτι οὐχ ὡρίσθη * δούλην * εἶναι δούλην ἄνωθεν οὐκ ἐδόθη ἀλλὰ ἐκ
Hen. 98 5 διὰ τὰ ἔργα τῶν χειρῶν ὅτι οὐχ ὡρίσθη δούλην εἶναι * δούλην * ἄνωθεν οὐκ ἐδόθη ἀλλὰ ἐκ καταδυναστείας ἐγένετο.
Asen. 6 8 με ὁ πατήρ μου τῷ Ἰωσὴφ εἰς παιδίσκην καὶ εἰς * δούλην * καὶ δουλεύσω αὐτῷ εἰς τὸν αἰῶνα χρόνον. καὶ
Asen. 13 15 καὶ σὺ κύριε παράθου με αὐτῷ εἰς παιδίσκην καὶ * δούλην. * κἀγὼ στρώσω τὴν κλίνην αὐτοῦ καὶ νίψω τοὺς πόδας
Asen. 13 15 πόδας αὐτοῦ καὶ διακονήσω αὐτῷ καὶ ἔσομαι αὐτῷ * δούλη * καὶ δουλεύσω αὐτῷ εἰς τὸν αἰῶνα χρόνον. καὶ ὡς
Asen. 17 10 τόπον αὐτοῦ. καὶ εἶπεν ἐν ἑαυτῇ ἵλεως ἔσο κύριε τῇ * δούλῃ * σου καὶ φεῖσαι τῆς παιδίσκης σου διότι ἐγὼ
Job 7 7 γνοὺς τὸ γεγονός, εἶπεν τῇ παιδὶ ἀπελθοῦσα, κακὴ * δούλη, * φέρε τὸν δοθέντα σοι δοθῆναί μοι ἄρτον. καὶ
Job 7 8 παῖς λέγουσα ἀληθῶς καλῶς σὺ λέγεις εἶναί με κακὴν * δούλην * εἰ γὰρ μὴ ἤμην, ἐποίησα ἂν καθὼς προσετάχθη μοι

δούλιος 2

Sib. 3 508 λείψει πῦρ ἀλλὰ καήσῃ. αἰαῖ σοι Θρῄκη ζυγὸν ὡς εἰς * δούλιον * ἥξεις ἡνίκα σύμμικτοι Γαλάται τοῖς Δαρδανίδαισιν
Sib. 4 87 γενεὴν μερόπων γένος ἔλθῃ καὶ τότε Πέρσῃσιν ζυγὰ * δούλια * καὶ φόβος ἔσται. αὐτὰρ ἐπεὶ σκήπτροισι Μακηδόνες

δουλίς 2

Abr. 1 15 5 αὐτοῦ ὁμοίως καὶ πάντες οἱ δοῦλοι αὐτοῦ καὶ αἱ * δουλίδες * αὐτοῦ περιεπλάκησαν κύκλῳ τοῦ Ἀβραὰμ
Job 21 3 τῆς πόλεως ταύτης πῶς χρῶνται τῇ γαμετῇ μου ὡς * δουλίδι. * καὶ μετὰ ταῦτα ἀνελάμβανον λογισμὸν μακρόθυμον.

δοῦλος 41

Abr. 1 15 5 ἐπὶ τὸν τράχηλον αὐτοῦ ὁμοίως καὶ πάντες οἱ * δοῦλοι * αὐτοῦ καὶ αἱ δουλίδες αὐτοῦ περιεπλάκησαν κύκλῳ
Abr. 1 19 7 κατάγω βασιλεῖς καὶ ἄρχοντας πλουσίους καὶ πένητας * δούλους * καὶ ἐλευθέρους καὶ διὰ τοῦτό σοι ἔδειξα τὰς ἑπτὰ
Abr. 1 20 7 τοῦ Ἀβραὰμ ὀδυρομένη πικρῶς. ἦλθοσαν δὲ πάντες οἱ * δοῦλοι * καὶ ἔκλαιον πικρῶς ὀδυρόμενοι καὶ Ἀβραὰμ ἦλθεν
TLevi 2 3B011 σου. καὶ ἐλέησόν με καὶ προσάγαγέ με εἶναί σου * δοῦλος * καὶ λατρεῦσαί σοι καλῶς. τεῖχος εἰρήνης σου
TZab. 4 10 αὐτὸν καὶ ἐνέδυσαν αὐτὸν ἱμάτιον παλαιὸν * δούλου. * τὸν δὲ χιτῶνα εἶχε Συμεὼν καὶ οὐκ ἤθελε δοῦναι
TGad 4 4 κριθῇ περὶ αὐτῆς καὶ κολασθεὶς ἀποθάνῃ. ἐὰν δὲ ἢ * δοῦλος * συμβάλλει αὐτὸν πρὸς τὸν κύριον αὐτοῦ καὶ ἐν πάσῃ
TJos. 1 5 με ἐχάλασαν καὶ ὁ ὕψιστος ἀνήγαγέ με ἐπράθην εἰς * δοῦλον * καὶ ὁ κύριος ἐλευθέρωσέ με εἰς αἰχμαλωσίαν
TJos. 11 2 μετὰ τῶν Ἰσμαηλιτῶν ἠρώτων με κἀγὼ εἶπον ὅτι * δοῦλος * αὐτῶν εἰμι ἐξ οἴκου ἵνα μὴ αἰσχύνω τοὺς ἀδελφούς
TJos. 11 3 ἀδελφούς μου. λέγει δέ μοι ὁ μείζων αὐτῶν οὐκ εἶ * δοῦλος * σὺ ὅτι καὶ ἡ ὄψις σου δηλοῖ περὶ σοῦ καὶ ἠπείλει
TJos. 11 3 σου καὶ ἠπείλει μοι ἕως θανάτου. ἐγὼ δὲ ἔλεγον ὅτι * δοῦλος * αὐτῶν εἰμι. ὡς δὲ ἤλθομεν εἰς Αἴγυπτον περὶ ἐμοῦ
TJos. 13 6 καὶ παλλακάς. καὶ διαχωρίσας με ἀπ᾽ αὐτοῦ εἶπέ μοι * δοῦλος * εἶ ἢ ἐλεύθερος; καὶ εἶπον δοῦλος. καὶ λέγει πρός
TJos. 13 6 αὐτοῦ εἶπέ μοι δοῦλος εἶ ἢ ἐλεύθερος; καὶ εἶπον * δοῦλος. * καὶ λέγει πρός με τίνος εἶ δοῦλος; καὶ λέγω αὐτῷ
TJos. 13 7 καὶ εἶπον δοῦλος. καὶ λέγει πρός με τίνος εἶ * δοῦλος; * καὶ λέγω αὐτῷ τῶν Ἰσμαηλιτῶν. καὶ πάλιν λέγει
TJos. 13 8 Ἰσμαηλιτῶν. καὶ πάλιν λέγει μοι πῶς αὐτῶν ἐγένου * δοῦλος; * καὶ εἶπον ὅτι ἐκ γῆς Χαναὰν ἐπρίαντό με. ὁ δὲ
TJos. 15 2 περὶ ἐμοῦ εἶπον πρός με τί ὅτι εἶπας σεαυτὸν * δοῦλον * εἶναι; καὶ ἰδοὺ ἔγνωμεν ὅτι υἱὸς εἶ ἀνδρὸς
TJos. 15 3 αἰσχύνω τοὺς ἀδελφούς μου. καὶ εἶπα ἐγὼ οὐκ οἶδα * δοῦλός * εἰμι. τότε βουλεύονται πωλῆσαί με ἵνα μὴ εὑρεθῶ
TJos. 17 7 ἔδωκα. οἱ υἱοὶ αὐτῶν υἱοί μου καὶ οἱ υἱοί μου ὡς * δοῦλοι * αὐτῶν ἡ ψυχή αὐτῶν ψυχή μου καὶ πᾶν ἄλγημα αὐτῶν
Asen. 28 2 τῇ Ἀσενὲθ καὶ εἶπον ἐλέησον ἡμᾶς τοὺς * δούλους * σου διότι δέσποινα ἡμῶν σὺ εἶ καὶ βασίλισσα. καὶ
Asen. 28 4 κατὰ τὰ ἔργα ἡμῶν. καὶ νῦν δεόμεθά σου ἡμεῖς οἱ * δοῦλοί * σου ἐλέησον ἡμᾶς καὶ ῥῦσαι ἡμᾶς ἐκ τῶν χειρῶν τῶν
Asen. 28 6 ἀντὶ κακοῦ τινι ἀνθρώπῳ. λοιπὸν γενοῦ ἵλεως τοῖς * δούλοις * σου δέσποινα ἐνώπιον αὐτῶν. καὶ εἶπεν αὐτοῖς
Sal. 2 37 ἐν ἰσχύι. εὐλογητὸς κύριος εἰς τὸν αἰῶνα ἐνώπιον * δούλων * αὐτοῦ. ψαλμὸς τῷ Σαλωμων περὶ δικαίων. ἵνα τί
Sal. 10 4 αὐτὸν ἐν ἀληθείᾳ. καὶ μνησθήσεται κύριος τῶν * δούλων * αὐτοῦ ἐν ἐλέει ἡ γὰρ μαρτυρία ἐν νόμῳ διαθήκης
Sal. 18 12 αὐτῶν εἰ μὴ ὁ θεὸς ἐνετείλατο αὐτοῖς ἐν ἐπιταγῇ * δούλων * αὐτοῦ.
Jer. 1 4 Ἱερεμίας λέγων παρακαλῶ σε κύριε ἐπίτρεψόν μοι τῷ * δούλῳ * σου λαλῆσαι ἐνώπιόν σου. εἶπεν δὲ αὐτῷ ὁ κύριος
Jer. 3 9 τῷ Αἰθίοπι ὅτι πολλὰς εὐεργεσίας ἐποίησε τῷ * δούλῳ * σου Ἱερεμίᾳ. ὅτι αὐτὸς ἀνέσπασέ με ἐκ τοῦ λάκκου
Jer. 6 10 ὁ οὐδεὶς δύναται γνῶναι ἄκουσον τῆς φωνῆς τῶν * δούλων * σου καὶ γενοῦ γνῶσις ἐν τῇ καρδίᾳ ἡμῶν. τί
Jer. 6 17 καὶ ἔγραψεν ἐπιστολὴν περιέχουσαν οὕτως Βαροὺχ ὁ * δοῦλος * τοῦ θεοῦ γράφει τῷ Ἱερεμίᾳ ἐν τῇ αἰχμαλωσίᾳ τῆς
Esdr. 1 14 τὸν χρόνον αὐτοῦ καὶ πορεύεται καὶ πάλιν * δοῦλος * δουλεύσει τοῖς κυρίοις αὐτοῦ ἐπιτυχεῖν οὕτως καὶ
Esdr. 3 14 ἀνὴρ γυναῖκα οὐ τέκνα γονεῖς οὐ φίλοι φίλους οὐ * δοῦλος * τὸν κύριον αὐτὸς ἀναβήσεται ὑπὸ ὁ ἐπικείμενος
Sedr. 16 7 Σεδρὰχ κύριε καὶ εἴ τις ποιήσει φωταγωγίαν τοῦ * δούλου * σου ῥῦσαι αὐτὸν κύριε ἀπὸ παντὸς κακοῦ. καὶ λέγει
Sedr. 16 8 ῥῦσαι αὐτὸν κύριε ἀπὸ παντὸς κακοῦ. καὶ λέγει ὁ * δοῦλος * τοῦ θεοῦ Σεδρὰχ ἄρτι λαβὲ τὴν ψυχήν μου δέσποτα.
Job 13 4 πεπηγμένον βούτυρον γίγνεσθαι, ἀπέκαμνον δὲ καὶ οἱ * δοῦλοι * μου οἱ τὰ τῶν χηρῶν ἐδέσματα ἑψοῦντες, καὶ τῶν
Job 15 4 γὰρ καὶ οἱ υἱοί μου ἀνέκειντο τοῖς ἀρρενικοῖς * δούλοις * τοῖς διακονοῦσιν ἀνιστάμενος οὖν ἐγὼ κατὰ τὸ
Sib. 3 383 ἀνασταχυώσεται ἄλγος ἐκ γενεῆς Κρονίδαο νόθων * δούλων * τε γενέθλης. κείνη καὶ Βαβυλῶνα πόλιν δεδομήσετ᾽

Sib. 3 525 τ' εὔποίητα πυρὶ φλέξουσιν ἀθέσμως πολλὰ δὲ σώματα * δοῦλα * πρὸς ἄλλην γαῖαν ἀνάγκη ἄξουσιν καὶ τέκνα
Sib. 3 567 πολέμοιο δυσηχέος ἠδὲ φόβοιο καὶ λοιμοῦ καὶ * δοῦλον * ὑπεκφεύξῃ ζυγὸν αὖτις. ἀλλὰ μέχρις γε τοσοῦδ'
FJub. 46 3 Ἰωσὴφ ιζ' ἐτῶν ἐπράθη καὶ τριὰ ἔτη ἐποίησεν * δοῦλος * καὶ γ' ἔτη ἐν τῇ φυλακῇ καὶ π' πάσης γῆς Ἐγύπτου
FAch. 109 τῆς εὐπραξίας ὁ γὰρ φθονῶν ἀγνοῶν ἑαυτὸν βλάπτει. * δούλων * σου ἐπιμελοῦ μεταδιδοὺς αὐτοῖς ἀφ' ὧν ἔχεις ἵνα
FPho. 224 γαστρὸς ὀφειλόμενον δασμὸν παρέχειν θεράποντι. * δούλωι * τακτὰ νέμοις ἵνα τοι καταθύμιος εἴη. στίγματα μὴ
FPho. 226 εἴη. στίγματα μὴ γράψῃς ἐπονειδίζων θεράποντα. * δοῦλον * μὴ βλάψῃς τι κακηγορέων παρ' ἄνακτι. λάμβανε καὶ
LEze. 9 29 8 13 σῶσαι λαὸν Ἑβραίων ἐμὸν ἰδὼν κάκωσιν καὶ πόνον * δούλων * ἐμῶν. ἀλλ' ἕρπε καὶ σήμαινε τοῖς ἐμοῖς λόγοις

δουλόω 3
TJud. 15 2 πορνεύων γυμνούμενος τῆς βασιλείας ἐξέρχεται * δουλωθεὶς * τῇ πορνείᾳ ὡς κἀγὼ γυμνωθεὶς. ἔδωκα γὰρ τὴν
TJos. 7 8 γάρ τις πάθει ὑποπέσῃ ἐπιθυμίας πονηρᾶς καὶ τούτῳ * δουλωθῇ * ὡς κἀκείνη κἂν ἀγαθόν τι ἀκούσῃ εἰς τὸ πάθος ὃ
TJos. 18 3 μοι χρυσίου δέδοται σὺν αὐτῇ ὅτι κύριός μοι αὐτοὺς * ἐδούλωσεν. * καίγε ὡραιότητα ἔδωκέ μοι ὡς ἄνθος ὑπὲρ

δράκων 18
Hen. 20 7 εἷς τῶν ἁγίων ἀγγέλων ὁ ἐπὶ τοῦ παραδείσου καὶ τῶν * δρακόντων * καὶ χερουβειν. ἀρχαγγέλων ὀνόματα ἑπτά. ὁ εἷς
Hen. 20B 7 εἷς τῶν ἁγίων ἀγγέλων ὁ ἐπὶ τοῦ παραδείσου καὶ τῶν * δρακόντων * καὶ χερουβίν. Ῥεμειὴλ ὁ εἷς τῶν ἁγίων ἀγγέλων
Abr.1 17 14 ἀκαθαρσιωτέραν καὶ ὑπέδειξε <τῷ Ἀβραάμ> κεφαλὰς * δρακόντων * πυρίνους ἑπτὰ καὶ πρόσωπα δεκατέσσαρα καὶ
Abr.1 17 16 κυματιζούσης καὶ ποταμὸν ἄγριον κοχλάζοντα καὶ * δράκοντα * τρικέφαλον φοβερὸν καὶ ποτήρια μεμεστωμένα
Abr.1 19 5 πάσας σου τὰς μεταμορφώσεις τὰς ἑπτὰ κεφαλὰς τῶν * δρακόντων * τὰς πονηρὰς καὶ τί τὸ πρόσωπον τοῦ κρημνοῦ καὶ
Abr.1 19 7 καὶ διὰ τοῦτό σοι ἔδειξα τὰς ἑπτὰ κεφαλὰς τῶν * δρακόντων * τὸ δὲ πρόσωπον τοῦ πυρὸς ἔδειξά σοι ὅτι πολλοὶ
Abr.1 19 13 ἔδειξά σοι διότι πολλοὶ τῶν ἀνθρώπων ἐν ὥρᾳ θυμοῦ * δρακόντων * καὶ ἀσπίδων καὶ κεράστων καὶ βασιλίσκων <καὶ
Abr.2 14 3 κεφαλάς τινὲς μὲν τῶν κεφαλῶν αὐτοῦ εἶχον πρόσωπα * δρακόντων * διὰ τοῦτό τινες ὑπὸ ἀσπίδων τελευτῶσιν <ἄλλαι
TAser 7 3 καὶ πίνων καὶ ἐν ἡσυχίᾳ συντρίβων τὴν κεφαλὴν τοῦ * δράκοντος * δι' ὕδατος οὕτως σώσει τὸν Ἰσραὴλ καὶ πάντα
Sal. 2 25 αὐτοῖς εἰς κεφαλὰς τοῦ εἰπεῖν τὴν ὑπερηφανίαν τοῦ * δράκοντος * ἐν ἀτιμίᾳ. καὶ οὐκ ἐχρόνισα ἕως ἔδειξέν μοι ὁ
Bar. 4 4 αὐτοῦ ζοφώδης καὶ βέβηλος. καὶ εἶπον τίς ἐστιν ὁ * δράκων * οὗτος; καὶ τίς ὁ περὶ αὐτὸν ἀπηνής; καὶ εἶπεν ὁ
Bar. 4 5 τίς ὁ περὶ αὐτὸν ἀπηνής; καὶ εἶπεν ὁ ἄγγελος ὁ μὲν * δράκων * ἐστὶν ὁ τὰ σώματα τῶν κακῶς τὸν βίον μετερχομένων
Bar. 5 2 σε ἕνα λόγον κύριε ἐπειδὴ εἶπές μοι ὅτι πίνει ὁ * δράκων * ἐκ τῆς θαλάσσης πῆχυν μίαν εἰπέ μοι καὶ πόση
Job 43 8 ἠγάπησεν τὸ τοῦ ὄφεως κάλλος, καὶ τὰς λεπίδας τοῦ * δράκοντος * ἡ δὲ χολὴ αὐτοῦ καὶ ὁ ἰὸς αὐτοῦ ἔσται εἰς
Sib. 3 794 πηρὸν γὰρ ἐπὶ χθονὶ θῆρα ποιήσει. σὺν βρέφεσίν τε * δράκοντες * ἅμ' ἀσπίσι κοιμήσονται κοὐκ ἀδικήσουσιν χεὶρ
Sib. 5 522 Διδύμων ἠλλάξατο μοῖραν Πλειὰς δ' οὐκέτ' ἔφαινε * Δράκων * δ' ἠρνήσατο ζώνην Ἰχθύες εἰσεδύοντο κατὰ ζωστῆρα
HArt. 9 27 30 τι. τοὺς δὲ τότε διά τινων μαγγάνων καὶ ἐπαοιδῶν * δράκοντα * ποιῆσαι καὶ τὸν ποταμὸν μεταχρῶσαι. τὸν δὲ
LEze. 9 29 11 04 (Θ). ῥῖψον πρὸς οὖδας καὶ ἀποχώρησον ταχύ. * δράκων * γὰρ ἔσται φοβερὸς ὥστε θαυμάσαι. (Μ). ἰδοὺ

δρᾶμα 1
Aris. 316 4 τι τῶν ἀναγεγραμμένων ἐν τῇ βίβλῳ πρός τι * δρᾶμα * τὰς ὄψεις ἀπεγλαυκώθη καὶ λαβὼν ὑπόνοιαν ὅτι διὰ

δράξ 1
Esdr. 7 5 τὸν οὐρανὸν μετρήσας σπιθαμὴν καὶ τὴν γῆν κατέχων * δρακὶ * ὁ ἡνιοχῶν τὰ Χερουβὶμ ὁ ἅρματι πυρίνῳ εἰς τοὺς

δρᾶσις 1
TSim. 2 12 καίγε συνεπόδισέ με ὁ θεὸς καὶ ἐκώλυσεν ἀπ' ἐμοῦ * δρᾶσιν * χειρῶν ὅτι ἡ χεὶρ μου ἡ δεξιὰ ἡμίξηρος ἦν ἐπὶ

δράσσομαι 1
Esdr. 3 6 ἐκτενῶ τὴν χεῖρά μου καὶ ἀπὸ τῶν τεσσάρων περάτων * δράξομαι * τὴν οἰκουμένην καὶ συνάξω πάντας εἰς τὴν

δράστης 1
Sib. 4 119 νηοῦ καὶ τότ' ἀπ' Ἰταλίης βασιλεὺς μέγας οἷά τε * δράστης * φεύξετ' ἄφαντος ἄπυστος ὑπὲρ πόρον Εὐφρήταο

δραστικός 1
Aris. 250 3 ὅτι μὲν θρασύ ἐστιν ἔφη τὸ θῆλυ γένος καὶ * δραστικὸν * ἐφ' ὃ βούλεται πρᾶγμα καὶ μεταπῖπτον εὐκόπως

δραχμή 2
Aris. 20 2 εἶπε προσθεῖναι καὶ σώματος ἑκάστου κομίζεσθαι * δραχμὰς * εἴκοσι καὶ περὶ τούτων ἐκθεῖναι πρόσταγμα τὰς δὲ
Aris. 22 9 τοὺς ἔχοντας κομιζομένους αὐτίκα ἑκάστου σώματος * δραχμὰς * εἴκοσι τοὺς μὲν στρατιώτας τῇ τῶν ὀψωνίων δόσει

δράω 3
TDan 3 4 τρίτην τὴν φυσικὴν ἔχων τοῦ σώματος καὶ δι' ἑαυτοῦ * δρῶν * τὸ κακόν. ἐὰν δὲ ἀσθενὴς ᾖ ὁ θυμούμενος διπλῆν ἔχει
Bar. 4 16 ἄνθρωποι τὸν ἐξ αὐτοῦ γεννώμενον οἶνον ἀπλήστως * δρῶντες * χεῖρον τοῦ Ἀδὰμ τὴν παράβασιν ἀπεργάζονται καὶ
Aris. 194 5 ὄντα κενὰ ἐπὶ πλείονα χρόνον πρὸς τὸ συμπέρασμα * δρᾶν * τι καὶ γὰρ ὁ θεὸς διδοὺς ἀνοχὰς καὶ ἐνδεικνύμενος

δρεπάνη 3
Abr.1 4 11 καλῶς ὅπως ἂν γνώσῃ ὁ Ἀβραὰμ τὴν τοῦ θανάτου * δρεπάνην * καὶ τὸ τοῦ βίου ἄδηλον πέρας καὶ ἵνα ποιήσῃ
Abr.1 8 9 ἐν τῷ ᾅδῃ καθεῖλοντο καὶ πάντες τῇ τοῦ θανάτου * δρεπάνῃ * συλλέγονται ἐπὶ σε δὲ οὐκ ἀπεστάλη θάνατος οὐκ
Abr.1 8 10 θανατηφόρον ἀπελθεῖν οὐ συνεχώρησα τῇ τοῦ θανάτου * δρεπάνῃ * συναντῆσαί σοι οὐ παρεχώρησα τὰ τοῦ ᾅδου δίκτυα

δρέπανον 4
Prop. 3 7 τῷ ποταμῷ Χοβὰρ ὅτε ἐκλείποι ἐπελπίζειν τὸ * δρέπανον * τῆς ἐρημώσεως εἰς πέρας τῆς γῆς καὶ ὅτε
Prop. 22 14 κοπτόντων ξύλα παρὰ τὸν Ἰορδάνην ἐξέπεσε τὸ * δρέπανον * καὶ κατεποντίσθη ὁ δὲ Ἐλισαῖος εὐχόμενος
Prop. 22 14 ὁ δὲ Ἐλισαῖος εὐχόμενος πεποίηκεν ἐπιπολάσαι τὸ * δρέπανον. * Ναιμᾶν ὁ Σύρος δι' αὐτοῦ ἐκαθερίσθη ἀπὸ τῆς
Esdr. 4 31 οἱ ὀδόντες αὐτοῦ σπιθαμιαῖοι οἱ δάκτυλοι αὐτοῦ ὡς * δρέπανα * τὸ ἴχνος τῶν ποδῶν αὐτοῦ σπιθαμῶν δύο καὶ εἰς τὸ

δριμύς 1
LThe. 9 22 3 λίπεν ποταμοῦ κελάδοντος. ἤλυθε γὰρ κἀκεῖθι λιπὼν * δριμεῖαν * ἐνιπὴν αὐτοκασιγνήτοιο πρόφρων ὑπέδεκτο δόμονδε

δρῖος 1
LThe. 9 22 1 ὁδὸς δολιχὴ πόλιν εἰσαφικέσθαι ἀγρόθεν οὐδέ ποτε * δρία * λαχνήεντα πονεῦσιν. ἐξ αὐτῆς δὲ μάλ' ἄγχι δύ' οὔρεα

δρομαῖος 2
Abr.1 5 7 δὲ Ἰσαὰκ ἀνέστη ἐπὶ τῆς κλίνης αὐτοῦ καὶ ἦλθε * δρομαίως * ἐν τῷ τρικλίνῳ ἔνθα ὁ πατὴρ αὐτοῦ ἦν κοιμώμενος
Abr.1 5 11 τῇ σκηνῇ αὐτῆς ἤκουσε τοῦ κλαυθμοῦ αὐτοῦ καὶ ἦλθε * δρομαῖα * ἐπ' αὐτοὺς καὶ εὗρεν αὐτοὺς περιπλακομένους καὶ

δρόμος 7
Hen. 15 11 ἐπὶ τῆς γῆς πνεύματα σκληρὰ γιγάντων καὶ * δρόμους * ποιοῦντα καὶ μηδὲν ἐσθίοντα ἀλλ' ἀσιτοῦντα καὶ
Hen. 15B 11 καὶ συμπαλαίοντα καὶ ῥιπτοῦντα ἐπὶ τῆς γῆς καὶ * δρόμους * ποιοῦντα καὶ μηδὲν ἐσθίοντα ἀλλ' ἀσιτοῦντα καὶ
Hen. 23 2 διατρέχον καὶ οὐκ ἀναπαυόμενον οὐδὲ ἐλλεῖπον τοῦ * δρόμου * ἡμέρας καὶ νυκτὸς ἅμα διαμένον. καὶ ἠρώτησα λέγων
Hen. 23 4 ὁ εἷς τῶν ἁγίων ἀγγέλων ὃς μετ' ἐμοῦ ἦν οὗτος ὁ * δρόμος * τοῦ πυρὸς τὸ πρὸς δυσμὰς πῦρ τὸ ἐκδιῶκόν ἐστιν
TJud. 2 3 βρῶμα τῷ πατρί μου. τὰς δορκάδας ἐκράτουν διὰ τοῦ * δρόμου * καὶ πᾶν ὃ ἦν ἐν τοῖς πεδίοις κατελάμβανον. φοράδα
Asen. 26 6 χερσὶν αὐτῶν καὶ κατεδίωξαν ὀπίσω τῆς Ἀσενὲθ * δρόμῳ * ταχεῖ. καὶ ἔφυγεν Ἀσενὲθ ἔμπροσθεν καὶ ἰδοὺ ὁ
Sib. 3 221 καλά τ' ἔργα μέμηλεν. οὔτε γὰρ ἠελίου κύκλιον * δρόμον * οὔτε σελήνης οὔτε πελώρια ἔργα μεριμνῶσιν κατὰ

δρόσος 10
Hen. 28 3 ὡς πρὸς βορρᾶν ἐπὶ δυσμῶν πάντοθεν ἀνάγει ὕδωρ καὶ * δρόσον. * ἔτι ἐκεῖθεν ἐπορεύθην εἰς ἄλλον τόπον ἐν τῷ
Hen. 90 1 μὴ ἀποστῇ ἀπ' αὐτοῦ ψῦχος καὶ χιὼν καὶ πάχνη καὶ * δρόσος * οὐ μὴ καταβῇ εἰς αὐτὸ εἰ μὴ εἰς κατάραν
Hen. 100 11 -->φλεγομ<---> πᾶσα νεφέλη καὶ ὁμίχλη καὶ * δρόσος * καὶ ὄμβρος--- ἐπὶ ταῖς ἁμαρτίαις ὑμῶν. δίδοτε οὖν
Hen. 100 12 οὖν ὄμβρῳ δῶρα ἵνα μὴ <κωλυθῇ κα>ταβῆναι ὑμῖν καὶ * δρόσῳ * κα<ὶ νεφέλη> καὶ ὁμίχλη χρυσίον διαγράψα<τε ἵνα
Hen. 101 2 ἀποκλείσῃ τὰς θυρίδας τοῦ οὐρανοῦ καὶ κωλύσῃ τὴν * δρόσον * καὶ τὸν ὄμβρον καταβῆναι εἵνεκα ὑμῶν τί ποιήσετε;
Asen. 16 8 χιὼν καὶ πλήρης μέλιτος. καὶ ἦν τὸ μέλι ἐκεῖνο ὡς * δρόσος * τοῦ οὐρανοῦ καὶ ἡ πνοὴ αὐτοῦ ὡς πνοὴ ζωῆς. καὶ
Asen. 16 14 αἱ μέλισσαι τοῦ παραδείσου τῆς τρυφῆς ἐκ τῆς * δρόσου * τῶν ῥόδων τῆς ζωῆς τῶν ὄντων ἐν τῷ παραδείσῳ τοῦ
Bar. 6 11 ἐσθίει; καὶ εἶπέν μοι τὸ μάννα τοῦ οὐρανοῦ καὶ τὴν * δρόσον * τῆς γῆς. καὶ εἶπον ἀφοδεύει τὸ ὄρνεον; καὶ εἶπέν
Bar. 10 10 ἴσθι οὖν τοῦ λοιποῦ ὅτι ἐκ τούτου ἐστὶν ὃ λέγεται * δρόσος * τοῦ οὐρανοῦ. καὶ ἀπὸ τούτου λαβών με ὁ ἄγγελος
FJub. 2 2 χιὼν καὶ κρύσταλλος καὶ χάλαζα καὶ παγετοὶ καὶ * δρόσος * τὰ πνεύματα τὰ λειτουργοῦντα ἐνώπιον αὐτοῦ ἅτινά

δρυμός 6
Abr.1 10 6 φωνῆς μου καὶ κέλευσον ἵνα ἐξέλθωσιν θηρία ἐκ τοῦ * δρυμοῦ * καὶ καταφάγωσιν αὐτούς. καὶ ἅμα τῷ λόγῳ αὐτοῦ
Abr.1 10 7 αὐτούς. καὶ ἅμα τῷ λόγῳ αὐτοῦ ἐξῆλθον θηρία ἐκ τοῦ * δρυμοῦ * καὶ κατέφαγον αὐτούς. καὶ εἶδεν εἰς ἕτερον τόπον
Sal. 11 5 αὐτοῖς οἱ βουνοὶ ἐφύγοσαν ἀπὸ εἰσόδου αὐτῶν οἱ * δρυμοὶ * ἐσκίασαν αὐτοῖς ἐν τῇ παρόδῳ αὐτῶν πᾶν ξύλον
Sib. 3 651 καὶ θυρεοὺς γαισοὺς παμποίκιλά θ' ὅπλα οὐδὲ μὲν ἐκ * δρυμοῦ * ξύλα κόψεται εἰς πυρὸς αὐγήν. καὶ τότ' ἀπ'
Sib. 3 731 τε καὶ τόξων πληθὺν βελέων ἀδίκων τε οὐδὲ γὰρ ἐκ * δρυμοῦ * ξύλα κόψεται εἰς πυρὸς αὐγήν.) ἀλλὰ τάλαιν'
FJub. 2 7 βλαστήματα τὰ ξύλα τὰ κάρπιμά τε καὶ ἄκαρπα τοὺς * δρυμοὺς * καὶ πάντα τὰ φυτὰ κατὰ γένος. ταῦτα τὰ τέσσαρα

δρῦς 11
Abr.1 1 2 δίκαιος. πήξας δὲ τὴν σκηνὴν αὐτοῦ ἐν τετραόδῳ τῆς * δρυὸς * τῆς Μαβρῆς τοὺς πάντας ἐδέχετο πλουσίους καὶ
Abr.1 2 1 κυρίου θεοῦ κατῆλθε πρὸς τὸν Ἀβραὰμ εἰς τὴν * δρῦν * τὴν Μαβρὴν καὶ εὗρε τὸν Ἀβραὰμ ἐν τῇ χώρᾳ ἔγγιστα
Abr.1 6 4 τοὺς ἐπιξενισθέντας ἐν τῇ σκηνῇ ἡμῶν παρὰ τὴν * δρῦν * τὴν Μαβρὴν καὶ θυσάντες ἡμεῖς τὸν μόσχον παρέθηκας
Abr.1 20 11 καὶ ἔθαψαν αὐτὸν ἐν τῇ γῇ τῆς ἐπαγγελίας ἐν τῇ * δρυΐ * τῇ Μαβρῇ τὴν δὲ τιμίαν αὐτοῦ ψυχὴν ὀψικεύοντες
Asen. 12 2 καὶ οἱ λίθοι οὐ βυθισθήσονται ἀλλ' εἰσὶν ὡς φύλλα * δρυὸς * ἐπάνω τῶν ὑδάτων καί εἰσι λίθοι ζῶντες καὶ τῆς
Prop. 1 1 ὑπὸ Μανασσῆ πρισθεὶς εἰς δύο καὶ ἐτέθη ὑποκάτω * δρυὸς * Ῥωγὴλ ἐχόμενα τῆς διαβάσεως τῶν ὑδάτων ὧν
Prop. 5 2 καὶ ἔδωκε τέρας ἥξειν κύριον ἐπὶ τῆς γῆς ἐὰν ἡ * δρῦς * ἡ ἐν Σηλὼμ μερισθῇ ἀφ' ἑαυτῆς καὶ γένωνται δρύες
Prop. 5 2 ἡ δρῦς ἡ ἐν Σηλὼμ μερισθῇ ἀφ' ἑαυτῆς καὶ γένωνται * δρύες * δώδεκα. Μιχαίας ὁ Μωραθὶ ἦν ἐκ φυλῆς Ἐφραΐμ.
Prop. 18 5 ἱερατεῦσαι. καὶ ἀπέθανε καὶ ἐτάφη σύνεγγυς τῆς * δρυὸς * Σηλώμ. καὶ οὗτος ὁ προφήτης αὐτὸς ἀπέθανεν ἐν
FJub. 16 10 ρ' ἐγέννησεν τὸν Ἰσαάκ. μετὰ ταῦτα τῆς κατὰ Μαβρῇ * δρυὸς * ἀπαναστὰς ὁ Ἀβραὰμ ἐπὶ τὸ φρέαρ κατασκηνοῖ τοῦ
FPho. 173 ἠὲ πέτρης κοίλης κατὰ χηραμὸν ἢ δονάκεσσιν ἢ * δρυὸς * ὠγυγίης κατὰ κοιλάδος ἔνδοθι σίμβλων σμήνεσι

| | | | | | |
|---|---|---|---|---|---|
| Δύμνα | | | | 1 | |
| FJub. | 10 | 18 | ἐννέα μέρη ἐβλήθη εἰς τὴν ἄβυσσον. γυνὴ Φαλεχ | * Δυμνα * | θυγάτηρ Σεννααρ. ἐπὶ μ γʹ ἔτη ἔμειναν |
| δύναμαι | | | | 126 | |
| Adam | 8 | 1 | ποῦ εἶ καὶ ἵνα τί κρύβῃ σε ἀπὸ προσώπου μου; μὴ | * δυνήσηται * | κρυβῆναι οἰκία τῷ οἰκοδομήσαντι αὐτήν; καὶ |
| Adam | 11 | 2 | τοῦτο καὶ ἡμῶν αἱ φύσεις μετηλλάγησαν. νῦν οὖν οὐ | * δυνήσει * | ὑπενεγκεῖν ἐὰν ἀπάρξομαι ἐλέγχειν σε. λέγει ὁ |
| Adam | 36 | 3 | καὶ λέγει αὐτῇ Σὴθ οὐκ ἀπέστη τὸ φῶς αὐτῶν ἀλλʹ οὐ | * δύνανται * | φαίνειν ἐνώπιον τοῦ φωτὸς τῶν ὅλων τοῦ πατρὸς |
| Adam | 40 | 4 | καὶ πολλὰ ἐθέλησεν κρύψαι αὐτὸν ὁ Κάϊν ἀλλʹ οὐκ | * ἐδυνήθη * | ὅτι ἀνεπήδα τὸ σῶμα αὐτοῦ ἀπὸ τῆς γῆς. καὶ |
| Hen. | 7 | 3 | κατησθίοσαν τοὺς κόπους τῶν ἀνθρώπων. ὡς δὲ οὐκ | * ἐδυνήθησαν * | αὐτοῖς οἱ ἄνθρωποι ἐπιχορηγεῖν οἱ γίγαντες |
| Hen. | 9 | 10 | τοῦ οὐρανοῦ καὶ ἀνέβη ὁ στεναγμὸς αὐτῶν καὶ οὐ | * δύναται * | ἐξελθεῖν ἀπὸ προσώπου τῶν ἐπὶ τῆς γῆς γινομένων |
| Hen. | 9B | 5 | καὶ πάντα ὁρᾷς καὶ οὐκ ἔστιν ὃ κρυβῆναί σε | * δύναται. * | ὁρᾷς ὅσα ἐποίησεν Ἀζαὴλ καὶ ὅσα εἰσήνεγκεν ὅσα |
| Hen. | 9B | 10 | πυλῶν τοῦ οὐρανοῦ ἀνέβη ὁ στεναγμὸς αὐτῶν καὶ οὐ | * δύναται * | ἐξελθεῖν ἀπὸ προσώπου τῶν ἐπὶ τῆς γῆς γινομένων |
| Hen. | 13 | 5 | ἐνώπιον κυρίου τοῦ οὐρανοῦ ὅτι αὐτοὶ οὐκ ἔτι | * δύνανται * | λαλῆσαι οὐδὲ ἐπᾶραι αὐτῶν τοὺς ὀφθαλμοὺς εἰς |
| Hen. | 14 | 16 | ἐν δόξῃ καὶ ἐν τιμῇ καὶ ἐν μεγαλωσύνῃ ὥστε μὴ | * δύνασθαί * | με ἐξειπεῖν ὑμῖν περὶ τῆς δόξης καὶ περὶ τῆς |
| Hen. | 14 | 19 | ἐξεπορεύοντο ποταμοὶ πυρὸς φλεγόμενοι καὶ οὐκ | * ἐδυνάσθην * | ἰδεῖν. καὶ ἡ δόξα ἡ μεγάλη ἐκάθητο ἐπʹ αὐτῷ τὸ |
| Hen. | 14 | 21 | λαμπρότερον καὶ λευκότερον πάσης χιόνος. καὶ οὐκ | * ἐδύνατο * | πᾶς ἄγγελος παρελθεῖν εἰς τὸν οἶκον τοῦτον καὶ |
| Hen. | 14 | 21 | πρόσωπον αὐτοῦ διὰ τὸ ἔντιμον καὶ ἔνδοξον καὶ οὐκ | * ἐδύνατο * | πᾶσα σάρξ ἰδεῖν αὐτοῦ τὸ πῦρ φλεγόμενον κύκλῳ |
| Hen. | 21 | 7 | μεγάλου καταφερομένων οὔτε μέτρον οὔτε πλάτος | * ἠδυνήθην * | ἰδεῖν οὐδὲ εἰκάσαι. τότε εἶπον ὡς φοβερὸς ὁ |
| Hen. | 100 | 6 | τούτους τῆς ἐπιστολῆς ταύτης καὶ γνώσονται ὅτι οὐ | * δύναται * | ὁ πλοῦτος αὐτῶν διασῶσαι αὐτοὺς ἐν τῇ πτώσει τῆς |
| Hen. | 100 | 13 | καὶ ὁ παγετὸς αὐτῶν καὶ πᾶσαι αἱ μάστιγες αὐτῶν οὐ | * δύνασθε * | ὑποστῆναι ἔμπροσθεν ψύχους καὶ τῶν μαστίγων |
| Abr.1 | 4 | 6 | πρὸς τὸν δίκαιον ἄνδρα ἐκεῖνον ἀναγγεῖλαι οὐ | * δύναμαι. * | ὁ δὲ κύριος εἶπεν ἄπελθε Μιχαὴλ ἀρχιστράτηγε |
| Abr.1 | 13 | 4 | ἀνταπόδοσις αἰωνία καὶ ἀμετάθετος ἣν ἄλλος οὐδεὶς | * δυνήσεται * | ἀνακρῖναι πᾶς ἄνθρωπος ἐκ τοῦ πρωτοπλάστου |
| Abr.1 | 17 | 10 | καὶ πᾶσαν τὴν σαπρίαν. εἶπεν δὲ ὁ θάνατος οὐ μὴ | * δυνηθῇς * | θεάσασθαι τὴν ἐμὴν ἀγριότητα δικαιότατε. εἶπεν |
| Abr.1 | 17 | 11 | ἐμὴν ἀγριότητα δικαιότατε. εἶπεν δὲ Ἀβραὰμ ναὶ | * δυνήσομαι * | θεάσασθαί σου πᾶσαν τὴν ἀγριότητα ἕνεκεν τοῦ |
| Abr.2 | 9 | 1 | καὶ εἶπεν Ἀβραὰμ τῷ Μιχαὴλ ὥστε οὖν τὸν μὴ | * δυνάμενον * | εἰσελθεῖν εἰς τὴν στενὴν πύλην οὐ δύναται |
| Abr.2 | 9 | 1 | τὸν μὴ δυνάμενον εἰσελθεῖν εἰς τὴν στενὴν πύλην οὐ | * δύναται * | εἰσελθεῖν εἰς τὴν ζωήν; λέγει αὐτῷ Μιχαὴλ ναί. |
| Abr.2 | 9 | 3 | γάρ εἰμι ἄνθρωπος εὐρὺς τῷ σώματι τυγχάνων; καὶ οὐ | * δυνήσομαι * | εἰσελθεῖν εἰς τὴν στενὴν πύλην ὅτι οὐδεὶς |
| Abr.2 | 9 | 3 | εἰσελθεῖν εἰς τὴν στενὴν πύλην ὅτι οὐδεὶς | * δύναται * | εἰσελθεῖν ἐν αὐτῇ εἰ μὴ παιδία ὡς δέκα ἐτῶν. καὶ |
| Abr.2 | 11 | 5 | δικαιοσύνας ἑκάστου. καὶ εἶπεν Ἀβραὰμ τῷ Μιχαὴλ | * δύναται * | Ἐνὼχ βαστάσαι τὸ μέρος τῶν ψυχῶν; ἢ δυνήσεται |
| Abr.2 | 11 | 5 | δύναται Ἐνὼχ βαστάσαι τὸ μέρος τῶν ψυχῶν; ἢ | * δυνήσεται * | δοῦναι πάσης ψυχῆς ἀπόφασιν; καὶ εἶπεν Μιχαὴλ |
| Abr.2 | 13 | 7 | πνεῦμα εἶ ἐγὼ δὲ σάρξ εἰμι καὶ αἷμα διὰ τοῦτο οὐ | * δύναμαι * | βαστάσαι τὴν δόξαν σου θεωρῶ γὰρ τὴν ὡραιότητά |
| Abr.2 | 13 | 17 | ἐκ τοῦ σώματος. καὶ λέγει Ἀβραὰμ σὺ εἶ ὁ θάνατος; | * δύνασαι * | προτρέψασθαι πάντας ἐκβληθῆναι ἐκ τοῦ σώματος; |
| TRub. | 5 | 4 | καὶ τότε τῷ ἔργῳ αἰχμαλωτίζουσιν οὐ γὰρ | * δύναται * | γυνὴ ἄνθρωπον βιάσασθαι. φεύγετε οὖν τὴν |
| TRub. | 6 | 5 | Λευὶ καὶ ζητήσετε ὑψωθῆναι ὑπὲρ αὐτοὺς ἀλλʹ οὐ | * δυνήσεσθε. * | ὁ γὰρ θεὸς ποιήσει τὴν ἐκδίκησιν αὐτῶν καὶ |
| TSim. | 5 | 5 | καὶ ἐν Λευὶ ἀδικήσουσιν ἐν ῥομφαίᾳ. ἀλλʹ οὐ | * δυνήσονται * | πρὸς Λευὶ ὅτι πόλεμον κυρίου πολεμήσει καὶ |
| TLevi | 13 | 7 | πᾶσα κτῆσις ἀπολεῖται τοῦ σοφοῦ τὴν σοφίαν οὐδεὶς | * δύναται * | ἀφελέσθαι εἰ μὴ τύφλωσις ἀσεβείας καὶ πήρωσις |
| TLevi | 17 | 8 | καὶ ὁ ἕβδομος. ἐν δὲ τῷ ἑβδόμῳ ἔσται μιασμὸς ὃν οὐ | * δύναμαι * | εἰπεῖν ἐνώπιον κυρίου καὶ ἀνθρώπων ὅτι αὐτοὶ |
| TJud. | 9 | 4 | πόλις καὶ τεῖχος σιδηροῦν καὶ πύλαι χαλκαῖ καὶ οὐκ | * ἠδυνήθημεν * | εἰσελθεῖν ἐν αὐτῇ καὶ περικαθίσαντες |
| TJud. | 12 | 6 | καθεύδων σὺν αὐτῇ ἐν τῇ μέθῃ μου ἐλάλησα καὶ οὐκ | * ἠδυνήθην * | ἀνελεῖν αὐτὴν ὅτι παρὰ κυρίου ἦν. ἔλεγον δὲ |
| TJud. | 18 | 6 | τῶν ἐντολῶν τοῦ θεοῦ δουλεύων θεῷ ὑπακούειν οὐ | * δύναται * | ὅτι ἐτύφλωσαν τὴν ψυχὴν αὐτοῦ καὶ ἐν ἡμέρᾳ ὡς ἐν |
| TJud. | 20 | 4 | αὐτῶν γνωρίζει κύριος. καὶ οὐκ ἔστι καιρὸς ἐν ᾧ | * δυνήσεται * | λαθεῖν ἀνθρώπων ἔργα ὅτι ἐν στήθει ὀστέων |
| TJud. | 20 | 5 | ἐκ τῆς ἰδίας καρδίας καὶ ἆραι πρόσωπον οὐ | * δύναται * | πρὸς τὸν κριτήν. καὶ νῦν τέκνα ἀγαπήσατε τὸν |
| TZab. | 2 | 5 | μου καὶ οἱ ἁρμοὶ τοῦ σώματός μου ἐξέστησαν καὶ οὐκ | * ἠδυνάμην * | τοῦ στῆναι. καὶ ἰδών με συγκλαίοντα αὐτῷ |
| TDan | 5 | 4 | τῷ Λευὶ καὶ πρὸς Ἰουδὰν ἀντιτάξεσθε ἀλλʹ οὐ | * δυνήσεσθε * | πρὸς αὐτούς. ἄγγελος γὰρ κυρίου ὁδηγεῖ |
| TNep. | 2 | 10 | καιροῦ αὐτοῦ. ὅτι ἐὰν εἴπῃς τῷ ὀφθαλμῷ ἀκοῦσαι οὐ | * δύναται * | οὕτως οὐδὲ ἐν σκότει δυνήσεσθε ποιῆσαι ἔργα |
| TNep. | 2 | 10 | τῷ ὀφθαλμῷ ἀκοῦσαι οὐ δύναται οὕτως οὐδὲ ἐν σκότει | * δυνήσεσθε * | ποιῆσαι ἔργα φωτός. μὴ οὖν σπουδάζετε ἐν |
| TNep. | 5 | 6 | ἐπὶ τοῦ νώτου αὐτοῦ καὶ θέλοντες πιάσαι αὐτὸν οὐκ | * ἠδυνήθημεν. * | φθάσας γὰρ Ἰωσὴφ ἔλαβεν αὐτὸν καὶ |
| TGad | 1 | 7 | καὶ τὸν ἀρνὸν ἔθυσα περὶ οὗ ἐλυπούμην ὅτι οὐκ | * ἠδύνατο * | ζῆν καὶ ἐφάγομεν αὐτὸν καὶ εἶπε τῷ πατρὶ ἡμῶν. |
| TBen. | 3 | 4 | αὐτοῦ ὑπὸ τοῦ ἀερίου πνεύματος τοῦ Βελιὰρ οὐ | * δύναται * | πληγῆναι σκεπαζόμενος ὑπὸ τοῦ φόβου τοῦ θεοῦ καὶ |
| TBen. | 3 | 5 | τοῦ θεοῦ καὶ ὑπὸ ἐπιβουλῆς ἀνθρώπων ἢ θηρίων οὐ | * δύναται * | κυριευθῆναι βοηθούμενος ὑπὸ τῆς τοῦ κυρίου |
| Sal. | 17 | 39 | οὐκ ἀσθενήσει. ἡ ἐλπὶς αὐτοῦ ἐπὶ κύριον καὶ τίς | * δύναται * | πρὸς αὐτόν; ἰσχυρὸς ἐν ἔργοις αὐτοῦ καὶ κραταιὸς |
| Jer. | 1 | 8 | ἐν αὐτῇ. οὔτε γὰρ ὁ βασιλεὺς οὔτε ἡ δύναμις αὐτοῦ | * δυνήσεται * | εἰσελθεῖν εἰς αὐτὴν εἰ μὴ ἐγὼ πρῶτος ἀνοίξω |
| Jer. | 1 | 10 | ὑμῖν ὅτι ἐὰν μή τι ἐγὼ πρῶτος ἀφανίσω τὴν πόλιν οὐ | * δύνανται * | εἰσελθεῖν εἰς αὐτήν. ταῦτα εἰπὼν ὁ κύριος |
| Jer. | 6 | 8 | καὶ εὐξώμεθα ἵνα γνωρίσῃ ἡμῖν ὁ κύριος πῶς | * δυνησώμεθα * | ἀποστεῖλαι τὴν φάσιν τῷ Ἱερεμίᾳ εἰς Βαβυλῶνα |
| Jer. | 6 | 9 | δεόμεθά σου τῆς ἀγαθότητος τὸ μέγα ὄνομα ὃ οὐδεὶς | * δύναται * | γνῶναι ἄκουσον τῆς φωνῆς τῶν δούλων σου καὶ |
| Jer. | 7 | 6 | ἀποστείλῃς διʹ ἐμοῦ. καὶ εἶπεν αὐτῷ Βαροὺχ εἰ | * δύνασαι * | σὺ ἐπᾶραι τὴν φάσιν ταύτην τῷ Ἱερεμίᾳ εἰς |
| Bar. | 2 | 1 | ἐστήρικται ὁ οὐρανὸς καὶ ὅπου ἦν ποταμὸς ὃν οὐδεὶς | * δύναται * | περᾶσαι αὐτὸν οὐδὲ ξένη πνοὴ ἐκ πασῶν ὧν ἔθετο ὁ |
| Bar. | 7 | 4 | καὶ στέφανον ἐπὶ τὴν κεφαλὴν αὐτοῦ οὗ τὴν θέαν οὐκ | * ἠδυνήθημεν * | ἀντοφθαλμῆσαι καὶ ἰδεῖν. καὶ ἅμα τῷ λάμψαι |
| Bar. | 9 | 8 | εἶπεν ὁ ἄγγελος ἄκουσον ὥσπερ ἐνώπιον βασιλέως οὐ | * δύνανται * | οἰκέται παρρησιασθῆναι οὕτως οὐδὲ ἐνώπιον τοῦ |
| Bar. | 9 | 8 | παρρησιασθῆναι οὕτως οὐδὲ ἐνώπιον τοῦ ἡλίου | * δύνανται * | ἡ σελήνη καὶ ἀστέρες αὐγάσαι. ἀεὶ γάρ οἱ |
| Bar. | 11 | 2 | οὗτος ὅπως εἰσέλθωμεν; καὶ εἶπέν μοι ὁ ἄγγελος οὐ | * δυνάμεθα * | εἰσελθεῖν ἕως ἔλθῃ Μιχαὴλ ὁ κλειδοῦχος τῆς |
| Bar. | 13 | 2 | θέλομεν ὑποχωρῆσαι ὑπʹ αὐτῶν. καὶ εἶπεν Μιχαὴλ οὐ | * δύνασθε * | ὑποχωρεῖν ὑπʹ αὐτῶν ἵνα μὴ εἰς τέλος κυριεύσῃ ὁ |
| Bar. | 13 | 3 | ὁ ἀρχιστράτηγος ἡμῶν μετάθες ἡμᾶς ἀπʹ αὐτῶν ὅτι οὐ | * δυνάμεθα * | ἀνθρώποις πονηροῖς καὶ ἄφροσι προσμένειν ὅτι |
| Prop. | 2 | 13 | καὶ οὐδεὶς νοεῖ τὸν τόπον οὔτε ἀναγνῶναι αὐτὸν | * ⟨δύναται⟩ * | ἕως σήμερον καὶ ἕως συντελείας. καὶ ἔστιν ἡ |
| Prop. | 10 | 4 | ἐλθὼν εὗρε τὴν χήραν μετὰ τοῦ υἱοῦ αὐτῆς οὐ γὰρ | * ἠδύνατο * | μένειν μετὰ ἀπεριτμήτων καὶ εὐλόγησεν αὐτήν. ἦν |
| Prop. | 10 | 4B | σίτῳ καὶ ἐλαίῳ καὶ ἔμεινεν μετʹ αὐτοῦ. οὐ γὰρ | * ἠδύνατο * | μένειν μετὰ ἀπεριτμήτων καὶ θανόντα τὸν υἱὸν |
| Prop. | 10 | 5 | θεὸς διὰ τοῦ Ἠλία ἠθέλησε γὰρ δεῖξαι αὐτῷ ὅτι οὐ | * δύναται * | ἀποδρᾶσαι θεόν. καὶ θανόντα τὸν υἱὸν αὐτῆς |
| Prop. | 10 | 6B | Ἀσσυρίων ἠθέλησε γὰρ ὁ θεὸς δεῖξαι αὐτῷ ὅτι οὐ | * δύναται * | ἀποδρᾶσαι θεόν. καὶ κατοικήσας ἐν γῇ Σαραὰρ |
| Prop. | 22 | 9 | καὶ ἐνετείλατο αὐτῇ συναγαγεῖν ἀγγεῖα καινὰ ὅσα | * δύναται * | καὶ τὸ ἔχον ὀλίγιστον ἔλαιον ἐκκενοῦν εἰς αὐτὰ |
| Esdr. | 2 | 32 | τοὺς ἀστέρας καὶ τὴν ἄμμον τῆς θαλάσσης καὶ εἰ | * δυνήσει * | ταύτην ἐξαριθμῆσαι δύνασαι καὶ μετʹ ἐμοῦ |
| Esdr. | 2 | 32 | τῆς θαλάσσης καὶ εἰ δυνήσει ταύτην ἐξαριθμῆσαι | * δύνασαι * | καὶ μετʹ ἐμοῦ δικάζεσθαι. καὶ εἶπεν ὁ προφήτης |
| Esdr. | 3 | 2 | κύριε οἶδας ὅτι σάρκα φορῶ ἀνθρωπίνην καὶ πῶς | * δύναμαι * | ἀριθμῆσαι τοὺς ἀστέρας τοῦ οὐρανοῦ καὶ τὴν ἄμμον |
| Esdr. | 4 | 3 | εἶπεν ὁ θεὸς ἐξαρίθμησαι τὰ ἄνθη τῆς γῆς εἰ ταῦτα | * δυνήσει * | ἐξαριθμῆσαι δύνασαι καὶ μετʹ ἐμοῦ δικάζεσθαι. |
| Esdr. | 4 | 3 | τὰ ἄνθη τῆς γῆς εἰ ταῦτα δυνήσει ἐξαριθμῆσαι | * δύνασαι * | καὶ μετʹ ἐμοῦ δικάζεσθαι. καὶ εἶπεν ὁ προφήτης |
| Esdr. | 4 | 4 | ἐμοῦ δικάζεσθαι. καὶ εἶπεν ὁ προφήτης κύριε ἐγὼ οὐ | * δύναμαι * | ἐξαριθμῆσαι σάρκα ἀνθρωπίνην φορῶ ἀλλʹ οὐδὲ |
| Esdr. | 4 | 15 | καὶ κατήγαγόν με κατώτερον βαθμοὺς πολλοὺς οὓς οὐκ | * ἠδυνήθην * | μετρῆσαι. καὶ ἴδον ἐκεῖ ἀνθρώπους γεραιοὺς καὶ |
| Esdr. | 6 | 15 | καὶ ἀπῆλθον οἱ ἄγγελοι ἄπρακτοι λέγοντες κύριε οὐ | * δυνάμεθα * | παραλαβεῖν τὴν ψυχὴν αὐτοῦ. τότε λέγει πρὸς τὸν |
| Sedr. | 5 | 5 | διά τί οὐκ ἐφόνευσας τὸν τεχνίτην τῆς ἀδικίας; τίς | * δύναται * | πολεμεῖν ἀθεώρητον πνεῦμα; αὐτὸς δὲ ὡς καπνὸς |
| Sedr. | 10 | 6 | μοι κύριε ἴασιν ὀλίγην ἵνα κλαύσω ὅτι ἤκουσα πολλὰ | * δύνανται * | τὰ δάκρυα καὶ ἴαμα πολὺ γίνεται τοῦ ταπεινοῦ |
| Job | 4 | 1 | εἶπεν τὸ φῶς ὅτι μὲν καθαρίσαι τοῦτον τὸν τόπον | * δυνήσῃ, * | ἀλλὰ ὑποδείκνυμί σοι πάντα ἅπερ ἐνετείλατό μοι |
| Job | 4 | 4 | μετὰ ὀργῆς εἰς πόλεμον. μόνον ὅτι θάνατόν σοι οὐ | * δυνήσεται * | ἐπενεγκεῖν ἐπιφέρει δέ σοι πληγὰς πολλὰς |
| Job | 9 | 8 | ἀλλʹ ὅταν ἴδωσίν με πρὸς μίαν θύραν καθήμενον, | * δυνηθῶσιν * | διὰ τῆς ἄλλης ἐπανελθεῖν καὶ λάβωσιν ὅσον |
| Job | 10 | 5 | ζεύγη πεντακόσια καὶ ἔστησα εἰς τὸν ἀροτριασμὸν ὃν | * δύνανται * | ποιεῖν ἐν παντὶ ἀγρῷ τῶν προσλαμβανόντων αὐτά, |
| Job | 11 | 2 | καὶ ἄλλοι τινὲς ἦσάν ποτε ἀποροῦντες καὶ μηδὲν | * δυνάμενοι * | ἀναλῶσαι ἤρχοντο παρακαλοῦντες καὶ λέγοντες |
| Job | 11 | 2 | παρακαλοῦντες καὶ λέγοντες δεόμεθά σου, καὶ ἡμεῖς | * δυνάμεθα * | ταύτην τὴν διακονίαν ἐκτελέσαι; οὐδὲν δὲ |
| Job | 11 | 3 | τὰς μακρὰς πόλεις ἐμπορευόμενοι καὶ τοῖς πένησιν | * δυνηθῶμεν * | ποιήσασθαι διακονίαν, καὶ μετὰ τοῦτο |
| Job | 11 | 10 | μακροθύμησον ἐφʹ ἡμᾶς ἴδωμεν πῶς ἀποκαταστῆσαί σοι | * δυνάμεθα. * | κἀγὼ ἀνυπερθέτως προέφερον αὐτοῖς τὸ |
| Job | 18 | 4 | καὶ κραββάτων ἄνδρας εὐτελεῖς καὶ ἀτίμους καὶ οὐκ | * ἠδυνάμην * | φθέγξασθαι ἡττονημένος γὰρ ἤμην ὡς γυνὴ |
| Job | 20 | 1 | μοι πάντων ἀπολομένων ἔμαθεν ὁ Σατανᾶς ὅτι οὐδὲν | * δύναταί * | με εἰς ὀλιγωρίαν τρέψαι καὶ ἀπελθὼν ᾐτήσατο τὸ |
| Job | 20 | 5 | καὶ ἐποίησεν τρεῖς ὥρας ἐπὶ τὸν θρόνον μου μὴ | * δυνηθεὶς * | ἐξελθεῖν καὶ ἐπάταξέν με πληγὴν σκληρὰν ἀπὸ |
| Job | 23 | 7 | τρίχα τῆς κεφαλῆς σου καὶ λάβε τρεῖς ἄρτους ἴσως | * δυνήσεσθε * | ζῆσαι ἐν τρισὶν ἡμέραις. τότε λέγει ἐν ἑαυτῇ |
| Job | 31 | 3 | αὐτῶν καὶ θυμίαμα βαλλόντων μοι κυκλόθεν, ἵνα | * δυνηθῶσιν * | προσεγγίσαι μοι καὶ ἐποίησαν τρεῖς ἡμέρας |
| Job | 46 | 7 | καὶ ἀνήνεγκεν τὰς τρεῖς χορδὰς τὰς ποικίλας ὡς μὴ | * δύνασθαί * | τινα ἄνθρωπον λαλῆσαι περὶ τῆς εἰδέας αὐτῶν, |
| Job | 47 | 11 | οὖν περιζώσασθε αὐτὰς πρὶν τελευτήσω, ἵνα | * δυνηθῆτε * | θεάσασθαι τοὺς ἐρχομένους ἐπὶ τὴν ἐμὴν ψυχήν, |
| Job | 49 | 3 | εἴ τις βούλεται γνῶναι τὸ ποίημα τῶν οὐρανῶν, | * δυνήσεται * | εὑρεῖν ἐν τοῖς ὕμνοις Κασίας. καὶ τότε |
| Aris. | 7 | 2 | τῶν Ἰουδαίων. φιλομαθῶς γὰρ ἔχοντί σοι περὶ τῶν | * δυναμένων * | ὠφελῆσαι διάνοιαν δέον ἐστὶ μεταδιδόναι |
| Aris. | 37 | 8 | τοὺς ἀκμαιοτάτους ταῖς ἡλικίαις τετάχαμεν τοὺς δὲ | * δυναμένους * | καὶ περὶ ἡμᾶς εἶναι τῆς περὶ τὴν αὐλὴν |
| Aris. | 51 | 6 | ἐπιθεωροῦντος τοὺς τεχνίτας. διὸ παριδεῖν οὐδὲν | * ἠδύναντο * | οὐδὲ εἰκῇ συντελέσαι. πρῶτον δέ σοι τὰ περὶ τῆς |
| Aris. | 77 | 7 | ἡ διάθεσις καὶ τῶν πρὸς τὴν θεωρίαν προσιόντων οὐ | * δυναμένων * | ἀφίστασθαι διὰ τὴν περιαύγειαν καὶ τὸ τῆς |
| Aris. | 101 | 3 | τις ἢ νεωτερισμὸς ἢ πολεμίων ἔφοδος γένηται μηθεὶς | * δύνηται * | ὁδὸν εἰς τοὺς περιβόλους ποιήσασθαι τοὺς περὶ |
| Aris. | 123 | 5 | ποιῆσαι συναντιλαμβάνεσθαι παρακαλῶν καθʹ ὃ ἂν | * δυνώμεθα. * | καὶ ἡμῶν ἐπαγγελλομένων εὖ φροντίσειν περὶ |
| Aris. | 213 | 3 | δυσαπολόγητον ἠρώτηκας πρᾶγμα. συναναφέρειν γὰρ οὐ | * δυνάμεθα * | ἐν τούτοις τοῖς κατὰ τὸν ὕπνον ἑαυτοὺς ἀλλὰ |
| Aris. | 224 | 6 | γὰρ θέλουσι μετασχεῖν ταύτης τῆς δόξης ἀλλʹ οὐ | * δύνανται * | θεοῦ γάρ ἐστι δόμα. ἐπαινέσας δὲ τὸν ἄνδρα διὰ |
| Aris. | 276 | 4 | ἑτέρων τρόπων ἐπερωτῶν. τὸ δὲ νοῦν ἔχειν ὀξὺν καὶ | * δύνασθαι * | κρίνειν ἕκαστα θεοῦ δώρημα καλόν ἐστιν ὡς σὺ |

Aris. 286 4 ὁ δὲ ἔφησε παραλαμβάνοντα τοὺς φιλομαθεῖς καὶ * δυναμένους * ὑπομιμνήσκειν τὰ χρήσιμα τῇ βασιλείᾳ καὶ τοῖς
Aris. 322 3 μυθολόγων βιβλία. νένευκας γὰρ πρὸς περιεργίαν τῶν * δυναμένων * ὠφελεῖν διάνοιαν καὶ ἐν τούτοις τὸν πλείονα
Sib. 3 17 πάλι καὶ μετέπειτα. τίς γὰρ θνητὸς ἐὼν κατιδεῖν * δύναται * θεὸν ὅσσοις; ἢ τίς χωρήσει κἂν τοὔνομα μοῦνον
Sib. 5 172 ἦτορ ἔχεις ἀσεβῆ δέ τε θυμόν. οὐκ ἔγνως τί θεὸς * δύναται * τί δὲ μηχανάαται; ἀλλ' ἔλεγες μόνη εἰμὶ καὶ
FMos. 6 132 3 ὕστερον τὴν δόξαν διηγεῖτο ἣν ἐθεᾶτο διαθρῆσαι * δυνηθεὶς * μᾶλλον θατέρου ἅτε καὶ καθαρώτερος γενόμενος.
FEz. 64 70 9 ἐκεῖ τὰ τοῦ παραδείσου. ὁ δὲ εἶπεν καὶ πῶς * δύναμαι * χωλὸς ὢν καὶ μὴ δυνάμενος ἐπισαίνειν; ὁ δὲ
FEz. 64 70 9 ὁ δὲ εἶπεν καὶ πῶς δύναμαι χωλὸς ὢν καὶ μὴ * δυνάμενος * ἐπισαίνειν; ὁ δὲ τυφλὸς ἔφη αὐτὸς ἐγὼ δύναμαί
FEz. 64 70 9 μὴ δυνάμενος ἐπισαίνειν; ὁ δὲ τυφλὸς ἔφη αὐτὸς ἐγὼ * δύναμαί * τι πράττειν μὴ ὁρῶν ποῦ ἀπέρχομαι; ἀλλὰ
FEz. 64 70 15 τῷ πηρῷ καὶ τοὺς ἀμφοτέρους ἐτάζει μάστιξι καὶ οὐ * δύνανται * ἀρνήσασθαι. ἑκάτεροι ἀλλήλους ἐλέγχουσιν ὁ μὲν
FAch. 105 μετὰ Αἴσωπον οὐδεὶς εὑρεθήσεται παρὰ Βαβυλωνίοις ὁ * δυνάμενος * διαλῦσαι. ἦν δὲ τὸ πρόβλημα τοῦτο Νεκταναβῶν
FAch. 106 φίλους ἀνελθεῖν ἐν οἷς καὶ Ἕρμιππον ἔφη τε αὐτοῖς * δύνασθε * λῦσαι τὸ τοῦ πύργου ζήτημα ἢ πάντας
FAch. 107 ἐγένετο καὶ ἔφη πρὸς τὸν Ἕρμιππον ὄφελον * ἠδυνάμην * ἣν λέγεις σεαυτοῦ ἐσχάτην ἡμέραν αἰῶνα ποιῆσαι
FAch. 109 τὴν καθημερινὴν τροφὴν χρησίμην λάμβανε καθόσον * δύνῃ * ἵνα καὶ εἰς αὔριον ἐργατικώτερος ἧς καὶ οὕτως
FAch. 110 ἵνα μεταμέλωνται γνωρίζοντες οἷον ἄνδρα ἠδίκουν. * δυνάμενος * ἐλεεῖν μὴ μέλλε ἀλλὰ κοπία διδοὺς ἐπιστάμενος
FAch. 118 τῷ Αἰσώπῳ οὐκ αἰσχύνει φανερῶς ψευδόμενος; πῶς γὰρ * ἠδύνατο * παραγενέσθαι ἐν μιᾷ νυκτὶ αἴλουρος ἀπὸ Αἰγύπτου
FAch. 118 παρ' ἐμὲ χρεμετιζόντων ἵππων ἀκοῦσαι ⟨αἱ⟩ ἐνθάδε * ⟨δύνανται⟩ * τῶν ἵππων καὶ ἐκτιτρώσκειν; ὁ δὲ βασιλεὺς
FPho. 56 παροιχομένοισι κακοῖς τρύχου τεὸν ἦπαρ οὐκέτι γὰρ * δύναται * τὸ τετυγμένον εἶναι ἄτυκτον. μὴ προπετὴς ἐς
IOrp. 38 πολιῆς τε βάθος χαροποῖο θαλάσσης οὐδὲ φέρειν * δύναται * κρατερὸν μένος. ἔστι δὲ πάντη αὐτὸς ἐπουράνιος
HDem. 9 21 14 ἐπὶ τοῦ ἀρίστου πενταπλασίονα μερίδα ἔδωκε μὴ * δυνάμενον * αὐτοῦ τοσαῦτα καταναλῶσαι κρέα. τοῦτο οὖν
HArt. 9 27 31 πάντας τε ἐξελκωθῆναι τὰ σώματα. τῶν δὲ ἰατρῶν μὴ * δυναμένων * ἰᾶσθαι τοὺς κάμνοντας οὕτως πάλιν ἀνέσεως
HAno. 9 17 7 Αἰγυπτίων γῆμαι φάντος αὐτοῦ ἀδελφὴν εἶναι. οὐκ * ἠδύνατο * αὐτῇ συγγενέσθαι καὶ συνέβη φθείρεσθαι αὐτοῦ τὸν
HHec. 1 22 191 πολλάκις ὑπὸ τῶν Περσικῶν βασιλέων καὶ σατραπῶν οὐ * δύνανται * μεταπεισθῆναι τῇ διανοίᾳ ἀλλὰ γεγυμνωμένως περὶ
HHec. 1 22 204 πορείας ἡμῖν ἄν τι ὑγιὲς ἀπήγγελλεν; εἰ γὰρ * ἠδύνατο * προγιγνώσκειν τὸ μέλλον εἰς τὸν τόπον τοῦτον οὐκ
HCal. 24 26 ἐὰν δὲ καὶ κέρδος ἐλπίσουσι οὐκ ἄν τις ἀντιστῆναι * δυνήσεται. * λοιπὸν γὰρ ἡμεῖς ἅπερ ἐθεασάμεθα εἴπομεν
HCal. 24 40 τε καὶ ἀόρατα. οὐδεὶς δὲ αὐτὸν ἑρμηνεῦσαι ἀνθρώπων * δεδύνηται. * ἐπὶ τούτοις Ἀλέξανδρος ἔφη ⟨ὡς ἀληθινοῦ θεοῦ
LAri. 8 10 6 τῷ νομοθέτῃ προσάψῃς τὴν ἀλογίαν ἀλλ' ἐμοὶ τῷ μὴ * δυναμένῳ * διαιρεῖσθαι τὰ ἐκείνῳ νενοημένα. χεῖρες μὲν οὖν

δυναμικός 2

Aris. 134 3 ἡμᾶς ἄνθρωποι πολλοὺς θεοὺς εἶναι νομίζουσιν αὐτοὶ * δυναμικώτεροι * πολλῷ καθεστῶτες ὧν σέβονται ματαίως
LAri. 8 10 15 μηδὲν δ' ἐξαναλίσκουσαν εἰ μὴ τὸ παρὰ τοῦ θεοῦ * δυναμικὸν * αὐτῇ προσείη. τῶν γὰρ φυομένων κατὰ τὸ ὄρος

δύναμις 81

Hen. 1 4 ἐκ τῆς παρεμβολῆς αὐτοῦ καὶ φανήσεται ἐν τῇ * δυνάμει * τῆς ἰσχύος αὐτοῦ ἀπὸ τοῦ οὐρανοῦ τῶν οὐρανῶν.
Hen. 18 14 δεσμωτήριον τοῦτο ἐγένετο τοῖς ἄστροις καὶ ταῖς * δυνάμεσιν * τοῦ οὐρανοῦ. καὶ οἱ ἀστέρες οἱ κυλιόμενοι ἐν
Hen. 20 1 ὡς ἐγὼ ἴδον. ---ἀνθρώπων ὡς ἐγὼ εἶδον. ἄγγελοι τῶν * δυνάμεων. * Οὐριὴλ ὁ εἷς τῶν ἁγίων ἀγγέλων ὁ ἐπὶ τοῦ
Abr.1 9 3 αὐτὸν λέγων δέομαί σου ἀρχιστράτηγε τῶν ἄνω * δυνάμεων * ἐπειδὴ οὐκ ἀπηξίωσας αὐτὸν ὅλως πρὸς ἐμὲ τὸν
Abr.1 9 5 ὑπείκεται καὶ φρίττει καὶ τρέμει ἀπὸ προσώπου * δυνάμεώς * σου κἀγὼ δέδοικα ἀλλὰ μίαν αἴτησιν αἰτοῦμαι
Abr.1 14 12 ἐνώπιον τοῦ θεοῦ δεῦρο Μιχαὴλ ἀρχιστράτηγε τῶν ἄνω * δυνάμεων * δεῦρο παρακαλέσωμεν τὸν θεὸν μετὰ σπουδῆς καὶ
Abr.1 17 11 ἕνεκεν τοῦ ὀνόματος τοῦ θεοῦ τοῦ ζῶντος ὅτι ἡ * δύναμις * τοῦ θεοῦ μου τοῦ ἐπουρανίου μετ' ἐμοῦ ἐστίν.
Abr.1 20 8 μου χεῖραν καὶ ἐλθεῖν σοι ἱλαρότης καὶ ζωὴ καὶ * δύναμις. * πεπλάνηκεν γὰρ τὸν Ἀβραὰμ ὁ θάνατος καὶ
Abr.2 7 9 καὶ οἱ ἀστέρες λέγοντες μὴ ἐπάρῃς τὴν δόξαν τῆς * δυνάμεως * ἡμῶν καὶ ἀπεκρίθη ὁ φωτεινὸς ἀνὴρ καὶ εἶπέν μοι
TRub. 5 1 αἱ γυναῖκες τέκνα μου ὅτι μὴ ἔχουσαι ἐξουσίαν ἢ * δύναμιν * ἐπὶ τὸν ἄνθρωπον δολιεύονται ἐν σχήμασι πῶς
TRub. 5 2 πῶς αὐτὸν πρὸς αὐτὰς ἐπισπάσονται καὶ ὃν διὰ * δυνάμεως * οὐκ ἰσχύει καταγωνίσασθαι τοῦτον δι' ἀπάτης
TLevi 3 3 εἰς ἐκδίκησιν τῶν ἀνόμων. ἐν τῷ τρίτῳ εἰσὶν αἱ * δυνάμεις * τῶν παρεμβολῶν οἱ ταχθέντες εἰς ἡμέραν κρίσεως
TLevi 16 3 βδελύξεσθε καὶ ἄνδρα ἀνακαινοποιοῦντα νόμον ἐν * δυνάμει * ὑψίστου πλάνον προσαγορεύσετε καὶ τέλος ὡς
TJud. 3 10 μου. εἶδε γὰρ ἐν ὁράματι περὶ ἐμοῦ ὅτι ἄγγελος * δυνάμεως * ἕπεται μοι ἐν πᾶσι τοῦ μὴ ἡττᾶσθαι. καὶ κατὰ
TJud. 14 2 ἔχει τοῦ νοὸς ὅτι καίγε τὰ δύο ταῦτα ἀφιστῶσι τὴν * δύναμιν * τοῦ ἀνθρώπου. ἐὰν γάρ τις πίῃ οἶνον εἰς μέθην ἐν
TJud. 15 3 τῆς ἐμῆς φυλῆς καὶ τὴν ζώνην μου τουτέστι τὴν * δύναμιν * καὶ τὸ διάδημα τουτέστι τὴν δόξαν τῆς βασιλείας
TJud. 15 6 μὲν βασιλέως αἴρουσι τὴν δόξαν τοῦ δὲ ἀνδρείου τὴν * δύναμιν * καὶ τοῦ πτωχοῦ τὸ τῆς πτωχείας ἐλάχιστον
TJud. 25 2 εὐλογήσει τὸν Λευὶ ὁ ἄγγελος τοῦ προσώπου ἐμὲ αἱ * δυνάμεις * τῆς δόξης τὸν Συμεὼν ὁ οὐρανὸς τὸν Ῥουβὴμ τὸν
TDan 3 2 τῆς δὲ ψυχῆς κατακυριεύει καὶ παρέχει τῷ σώματι * δύναμιν * ἰδίαν ἵνα ποιήσῃ πᾶσαν ἀνομίαν καὶ ὅταν πράξῃ ἡ
TDan 3 4 ὁ θυμούμενος ἐὰν μὲν ᾖ δυνατὸς τριπλῆν ἔχει τὴν * δύναμιν * ἐν τῷ θυμῷ μίαν μὲν διὰ τῆς δυνάμεως καὶ τῆς
TDan 3 4 ἔχει τὴν δύναμιν ἐν τῷ θυμῷ μίαν μὲν διὰ τῆς * δυνάμεως * καὶ τῆς βοηθείας τῶν ὑπουργούντων δεύτερον δὲ
TDan 3 5 ἐὰν δὲ ἀσθενὴς ᾖ ὁ θυμούμενος διπλῆν ἔχει τὴν * δύναμιν * παρὰ τὴν τῆς φύσεως βοηθεῖ γὰρ αὐτοῖς ὁ θυμὸς
TDan 4 1 γίνωνται αἱ πράξεις αὐτοῦ. οὐκοῦν σύνετε τὴν * δύναμιν * τοῦ θυμοῦ ὅτι ματαία ἐστίν. ἐν γὰρ λόγῳ
TNep. 2 2 ὁμοίωσιν τοῦ πνεύματος ποιεῖ τὸ σῶμα καὶ πρὸς τὴν * δύναμιν * τοῦ σώματος τὸ πνεῦμα ἐντίθησι καὶ οὐκ ἔστι
TNep. 2 8 εἰς γέλωτα σπλῆνα νεφροὺς εἰς πανουργίαν ψύας εἰς * δύναμιν * πλευρὰς εἰς θήκην ὀσφὺν εἰς ἰσχὺν καὶ τὰ ἑξῆς.
TNep. 5 2 λέγει ἡμῖν προσδραμόντες κρατήσατε ἕκαστος κατὰ * δύναμιν * καὶ τοῦ πιάσαντος ἔσται ὁ ἥλιος καὶ ἡ σελήνη.
TJos. 18 4 ὑπὲρ ὡραίους Ἰσραὴλ καὶ διεφύλαξέ με ἕως γήρους ἐν * δυνάμει * καὶ ἐν κάλλει ὅτι ἐγὼ ὅμοιος ἐν πᾶσι τῷ Ἰακώβ.
Asen. 11 1C καὶ ἔκαμεν Ἀσενὲθ καὶ ὠλιγοψύχησε καὶ ἐξέλιπε τῇ * δυνάμει * αὐτῆς. καὶ ἀπεστράφη ἄνω πρὸς τὸν τοῖχον καὶ
Asen. 13 14 τοιοῦτον κάλλος καὶ τοσαύτην σοφίαν καὶ ἀρετὴν καὶ * δύναμιν * ὡς ὁ πάγκαλος Ἰωσήφ; κύριε παρατίθημί σοι αὐτὸν
Asen. 16 16 αἱ κέδροι τοῦ παραδείσου τῆς τρυφῆς τοῦ θεοῦ καὶ * δυνάμεις * ἀκάματοι περισχήσουσί σε καὶ ἡ νεότης σου γῆρας
Asen. 21 21 αὐτοῦ ὡς δελεάσματι ζωῆς ⟨ἐδελέασέ με⟩ καὶ τῇ * δυνάμει * αὐτοῦ ἐστήριξέ ⟨με⟩ καὶ ἤγαγέ με τῷ θεῷ τῶν
Jer. 1 3 αὐτήν. νῦν οὖν ἀναστάντες ἐξέλθατε πρὸ τοῦ ἡ * δύναμις * τῶν Χαλδαίων κυκλώσει αὐτήν. καὶ ἀπεκρίθη
Jer. 1 8 κατοικούντων ἐν αὐτῇ. οὔτε γὰρ ὁ βασιλεὺς οὔτε ἡ * δύναμις * αὐτοῦ δυνήσεται εἰσελθεῖν εἰς αὐτὴν εἰ μὴ ἐγὼ
Jer. 4 1 καθὰ εἶπεν αὐτῷ. πρωΐας δὲ γενομένης ἰδοὺ ἡ * δύναμις * τῶν Χαλδαίων ἐκύκλωσε τὴν πόλιν. ἐσάλπισεν δὲ ὁ
Jer. 4 1 δὲ ὁ μέγας ἄγγελος λέγων εἰσέλθατε εἰς τὴν πόλιν ἡ * δύναμις * τῶν Χαλδαίων ἰδοὺ γὰρ ἠνεῴχθη ὑμῖν ἡ πύλη.
Jer. 4 7 ὅτι ἰσχύσαμεν λαβεῖν τὴν πόλιν τοῦ θεοῦ ἐν τῇ * δυνάμει * ἡμῶν ἀλλὰ διὰ τὰς ἁμαρτίας ἡμῶν παρεδόθη ὑμῖν. ὁ
Jer. 6 7 τὸν κόφινον τῶν σύκων αὐτὸς πάλιν φυλάξει σε ἐν τῇ * δυνάμει * αὐτοῦ. ταῦτα εἰπὼν ὁ Βαροὺχ λέγει τῷ Ἀβιμέλεχ
Jer. 6 9 γενομένην σοι ἐν τῇ ὁδῷ. καὶ ἤξατο Βαροὺχ λέγων ἡ * δύναμις * ἡμῶν ὁ θεὸς κύριε τὸ ἐκλεκτὸν φῶς τὸ ἐξελθὸν ἐκ
Jer. 7 12 πολεμῆσαι μετὰ σοῦ ἀγῶνισαι ὁ κύριος δώῃ σοι * δύναμιν. * καὶ μὴ ἐκκλίνῃς εἰς τὰ δεξιὰ μήτε εἰς τὰ
Jer. 7 12 ἀριστερὰ ἀλλ' ὡς βέλος ὕπαγον ὀρθῶς ἄπελθε ἐν τῇ * δυνάμει * τοῦ θεοῦ καὶ ἔσται ἡ δόξα κυρίου μετὰ σοῦ ἐν
Bar. 1 8 ἐὰν λαλήσω τοῦ λοιποῦ. καὶ εἶπέν μοι ὁ ἄγγελος τῶν * δυνάμεων * δεῦρο καὶ ὑποδείξω σοι τὰ μυστήρια τοῦ θεοῦ.
Bar. 2 6 μῆκος οὗ εἶδας. καὶ πάλιν λέγει μοι ὁ ἄγγελος τῶν * δυνάμεων * δεῦρο καὶ ὑποδείξω σοι μείζονα μυστήρια. εἶπον
Prop. 2 10 κύριος ἐκ Σιὼν εἰς οὐρανὸν καὶ πάλιν ἐλεύσεται ἐν * δυνάμει. * καὶ σημεῖον ὑμῖν ἔσται τῆς παρουσίας αὐτοῦ ὅτε
Prop. 22 18 τοῦ ἐχθροῦ τοῦτο μαθὼν ὁ βασιλεὺς Συρίας πέμπει * δύναμιν * ἀγαγεῖν τὸν προφήτην ὁ δὲ εὐξάμενος πεποίηκεν
Esdr. 7 7 σαρκὶ ὃν πάντα φρίσσει καὶ τρέμει ἀπὸ προσώπου * δυνάμεώς * σου ἐπάκουσόν μου τὸν πολλὰ σοι δικασάμενον καὶ
Job 3 3 καὶ σπένδουσιν οὐκ ἔστιν θεός, ἀλλὰ αὕτη ἐστὶν ἡ * δύναμις * τοῦ διαβόλου, ἐν ᾧ ἀπατηθήσεται ἡ ἀνθρωπίνη
Job 47 9 ὀδυνῶν λήθην ἔσχον ὁ δὲ κύριος ἐλάλησέν μοι ἐν * δυνάμει, * ὑποδείξας μοι τὰ γενόμενα καὶ τὰ μέλλοντα. νῦν
Job 53 2 ἡμῖν σήμερον, διπλῶς τὸ οὐαί, ὅτι σήμερον ἦρται ἡ * δύναμις * τῶν ἀδυνάτων, ἦρται τὸ φῶς τῶν τυφλῶν, ἦρται ὁ
Aris. 132 2 πρῶτον ὅτι μόνος ὁ θεός ἐστι καὶ διὰ πάντων ἡ * δύναμις * αὐτοῦ φανερὰ γίνεται πεπληρωμένου παντὸς τόπου
Aris. 143 2 πρὸς τὸν φυσικὸν λόγον ὅμοια καθέστηκεν ὑπὸ μιᾶς * δυνάμεως * οἰκονομούμενα καὶ καθ' ἓν ἕκαστον ἔχει λόγον
Aris. 146 3 καὶ σαρκοφάγα καὶ καταδυναστεύοντα τῇ περὶ ἑαυτὰ * δυνάμει * τὰ λοιπὰ καὶ τὴν τροφὴν ἔχοντα δαπάνησιν τῶν
Aris. 157 3 μνείαν ἔχειν ὡς συντηρεῖται τὰ προειρημένα θείᾳ * δυνάμει * σὺν κατασκευῇ. πάντα γὰρ χρόνον καὶ τόπον ὥρικε
Aris. 193 3 εἶπεν εἰ μὴ πεποιθὼς ὑπάρχοι τοῖς ὄχλοις μηδὲ ταῖς * δυνάμεσιν * ἀλλὰ τὸν θεὸν ἐπικαλοῖτο διὰ πάντων ἵνα τὰς
Aris. 194 3 εἴη τοῖς ἐχθροῖς; ὁ δὲ εἶπεν εἰ τῇ τῶν ὅπλων καὶ * δυνάμεων * παρασκευῇ πολλῇ χρώμενος εἰδείη ταῦτα ὄντα κενὰ
Aris. 236 5 ἐστιν; ὁ δ' εἶπε ψυχῆς ἐστι κατασκευὴ διὰ θείας * δυνάμεως * ἐπιδέχεσθαι πᾶν τὸ καλὸν ἀποστρέφεσθαι δὲ
Aris. 248 6 τὸ δὲ ἐπιδεῖσθαι παιδία σωφροσύνης μετασχεῖν θεοῦ * δυνάμει * τοῦτο γίνεται. φήσας δὲ εὐλογεῖν ἄλλον ἠρώτα πῶς
Aris. 252 7 ἐπινοεῖν ταῦτα καὶ ἐν τούτοις ἀναστρέφεσθαι θείας * δυνάμεώς * ἐστιν ἔργον. διαχυθεὶς δὲ τοῖς εἰρημένοις τὸν
Aris. 268 8 πάντες ἄνθρωποι. τὸ δ' ἐκφυγεῖν πᾶν κακὸν θεοῦ * δυνάμει * γίνεται. ὡς ἔδει δὲ φήσας αὐτὸν ἀποκρίνεσθαι
Aris. 281 3 ἐπιβλέψας εἶπε τίνας δεῖ καθιστάνειν ἐπὶ τῶν * δυνάμεων * ἄρχοντας; ὁ δὲ ἀπεφήνατο τοὺς ἀνδρεία
Aris. 282 3 ὁ δὲ ἔφη τὸν κεχορηγημένον δόξῃ καὶ πλούτῳ καὶ * δυνάμει * καὶ ψυχὴν ἴσον πᾶσιν ὄντα καθὼς σὺ τοῦτο ποιῶν
Aris. 297 5 διόπερ ἐπειράθην ἀποδεξάμενος αὐτῶν τὴν τοῦ λόγου * δύναμιν * παρὰ τῶν ἀναγραφομένων ἕκαστα τῶν γινομένων ἔν
Sib. 3 72 ἀλλ' ὁπόταν μεγάλοιο θεοῦ πελάσωσιν ἀπειλαὶ καὶ * δύναμις * φλογέουσα δι' οἴδματος εἰς γαῖαν ἥξῃ καὶ Βελίαρ
FJos. 190 οὐχὶ σὺ Οὐριὴλ ὄγδοος ἐμοῦ κἀγὼ Ἰσραὴλ ἀρχάγγελος * δυνάμεως * κυρίου καὶ ἀρχιχιλίαρχός εἰμι ἐν υἱοῖς θεοῦ;
FIsa. 3 2 τῷ σατανᾷ καὶ τοῖς ἀγγέλοις αὐτοῦ καὶ ταῖς * δυνάμεσιν * αὐτοῦ. καὶ ἐξέκλινε τὸν οἶκον τοῦ πατρὸς αὐτοῦ
FMan. 2 22 12 σου ὃν πάντα φρίσσει καὶ τρέμει ἀπὸ προσώπου * δυνάμεώς * σου ὅτι ἄστεκτος ἡ μεγαλοπρέπεια τῆς δόξης σου
FMan. 2 22 14 ταῖς ἡμέραις τῆς ζωῆς μου ὅτι σὲ ὑμνεῖ πᾶσα ἡ * δύναμις * τῶν οὐρανῶν καὶ σοῦ ἐστιν ἡ δόξα εἰς τοὺς αἰῶνας
HEup. 9 32 1 ἐχάρην καὶ λαμπρὰν ἡμέραν ἤγαγον ἐγώ τε καὶ ἡ * δύναμίς * μου πᾶσα ἐπὶ τῷ παρειληφέναι σε τὴν βασιλείαν
HArt. 9 27 7 πέμψαι τὸν Μώϋσον ἐπ' αὐτοὺς στρατηγὸν μετὰ * δυνάμεως * τὸ δὲ τῶν γεωργῶν αὐτῷ συστῆσαι πλῆθος
HArt. 9 27 22 εἰς τὴν ἀρχαίαν ἀγαγεῖν πατρίδα. τὸν δὲ θαρρήσαντα * δύναμιν * πολεμίαν ἐπάγειν διαγνῶναι τοῖς Αἰγυπτίοις
HArt. 9 27 35 δὲ λέγειν ἐπικαταδραμεῖν τὸν βασιλέα μετὰ πολλῆς * δυνάμεως * ⟨ἅμα⟩ καὶ τοῖς καθιερωμένοις ζῴοις διὰ τὸ τὴν
HArt. 9 27 36 τοῦ ὕδατος καὶ οὕτως τὸ μὲν νᾶμα διαστῆναι τὴν δὲ * δύναμιν * διὰ ξηρᾶς ὁδοῦ πορεύεσθαι. συνεμβάντων δὲ τῶν
LAri. 8 10 1 καὶ πρόσωπον καὶ πόδες καὶ περίπατος ἐπὶ τῆς θείας * δυνάμεως * ἃ τεύξεται λόγου καθήκοντος καὶ οὐκ ἀντιδοξήσει
LAri. 8 10 5 καθὸ καὶ θαυμάζοντι. τοῖς δὲ μὴ μετέχουσι * δυνάμεως * καὶ συνέσεως ἀλλὰ τῷ γραπτῷ μόνον προσκειμένοις

LAri. 8 10 7 προδήλως καὶ ἐφ' ἡμῶν κοινότερον. ὅταν γὰρ * δυνάμεις * ἐξαποστέλλῃς σὺ βασιλεὺς ὢν βουλόμενός τι
LAri. 8 10 7 ἔχει ὁ βασιλεὺς φερομένων τῶν ἀκουόντων ἐπὶ τὴν * δύναμιν * ἣν ἔχεις. ἐπισημαίνεται δὲ τοῦτο καὶ διὰ τῆς
LAri. 8 10 8 θάνατος μέγας ὥστε δηλοῦσθαι τὰς χεῖρας ἐπὶ * δυνάμεως * εἶναι θεοῦ καὶ γὰρ ἔστι μεταφέροντας νοῆσαι τὴν
LAri. 8 10 15 εἶναι πάντη γὰρ ὁ θεός ἐστιν. ἀλλὰ τὴν τοῦ πυρὸς * δύναμιν * παρὰ πάντα θαυμάσιον ὑπάρχουσαν διὰ τὸ πάντ'
LAri. 13 12 4 οὕτως ἐκτίθεται περὶ τοῦ διακρατεῖσθαι θείᾳ * δυνάμει * τὰ πάντα καὶ γενητὰ ὑπάρχειν καὶ ἐπὶ πάντων
LAri. 13 12 7 σαφῶς οἴομαι δεδεῖχθαι διότι διὰ πάντων ἐστὶν ἡ * δύναμις * τοῦ θεοῦ. καθὼς δὲ δεῖ σεσημάγκαμεν
FrAn. 15 πράγματα ὅταν ἀνδριᾶσι πιστεύσωσιν. συνάξει πᾶσαν * δύναμιν * αὐτοῦ ἀπὸ ἡλίου ἀνατολῶν μέχρις ἡλίου δυσμῶν.
FrAn. 574 3051 τοὺς καρποὺς αὐτῆς ὃν εὐλογεῖ πᾶσα ἐνουράνιος * δύναμις * ἡ ἀγγέλων ἀρχαγγέλων. ὁρκίζω σε μέγαν θεὸν

δυναμόω 1
TDan 4 2 ἐστιν. ἐν γὰρ λόγῳ παροξύνει πρῶτον εἶτα ἐν ἔργοις * δυναμοῖ * τὸν ἐρεθιζόμενον καὶ ἐν ζημίαις πικραῖς ταράσσει

δυναστεία 15
Abr.1 15 12 τὰς αἰτήσεις αὐτοῦ ἐπλήρωσα καὶ ἔδειξα αὐτῷ τὴν * δυναστείαν * σου καὶ πᾶσαν τὴν ὑπ' οὐρανὸν γῆν τε καὶ
TLevi 2 3B012 εἰρήνης σου γενέσθαι κύκλῳ μου καὶ σκέπη σου τῆς * δυναστείας * σκεπασάτω με ἀπὸ παντὸς κακοῦ. παραδοὺς διὸ
TLevi 6 10 καίγε οὕτως ἐποίουν πάντας τοὺς ξένους ἐν * δυναστείᾳ * ἁρπάζοντες τὰς γυναῖκας αὐτῶν καὶ
TAser 2 8 ἀπέχεται ἐδεσμάτων καὶ νηστεύων κακοποιεῖ καὶ τῇ * δυναστείᾳ * καὶ τῷ πλούτῳ πολλοὺς παρασύρει καὶ ἐκ τῆς
Asen. 21 21 ὁ δυνατὸς τοῦ θεοῦ. αὐτός με καθεῖλεν ἀπὸ τῆς * δυναστείας * μου καὶ ἐταπείνωσέ με ἀπὸ τῆς ὑπερηφανίας μου
Aris. 120 3 χώραν καταφθείρεσθαι καὶ σχεδὸν διὰ τὴν ἐκείνων * δυναστείαν * ἀλλοτριωθῆναι παρεύρεσιν λαβόντων εἰς τοὺς
Aris. 132 3 αὐτοῦ φανερὰ γίνεται πεπληρωμένου παντὸς τόπου τῆς * δυναστείας * καὶ οὐθὲν αὐτὸν λανθάνει τῶν ἐπὶ γῆς
Aris. 141 3 ἐν οὐδενὶ ταῦτα λελόγισται περὶ δὲ τῆς τοῦ θεοῦ * δυναστείας * δι' ὅλου τοῦ ζῆν ἡ σκέψις αὐτοῖς ἐστιν. ὅπως
Aris. 162 3 εἰκῇ μήτε πράσσειν μήτε ἀκούειν μήτε τῇ τοῦ λόγου * δυναστείᾳ * συγχρωμένους ἐπὶ τὴν ἀδικίαν τρέπεσθαι. καὶ
Aris. 194 6 γὰρ ὁ θεὸς διδοὺς ἀνοχὰς καὶ ἐνδεικνύμενος τὰ τῆς * δυναστείας * φόβον ἐγκατασκευάζει πάσῃ διανοίᾳ. καὶ τοῦτον
Aris. 201 4 ὅτι θεόκτιστόν ἐστιν ἄνθρωπος ἀκολουθεῖ πᾶσαν * δυναστείαν * καὶ λόγου καλλονὴν ἀπὸ θεοῦ κατάρχεσθαι. τοῦ
Aris. 255 7 προτεθὲν ἡμῖν ἐπιτελῆται. τὸ δ' αὖ κράτιστον θεοῦ * δυναστείᾳ * πᾶν βούλευμα τελείωσιν ἕξει σοι τὴν εὐσέβειαν
HArt. 9 27 1 ὁμοίως δὲ καὶ τοῦ βασιλέως τῶν Αἰγυπτίων τὴν * δυναστείαν * παραλαβεῖν τὸν υἱὸν αὐτοῦ Παλμανώθην. τοῦτον
HArt. 9 27 19 Αἰγυπτίους κατάγειν βουλόμενον τὸν Μώϋσον καὶ τὴν * δυναστείαν * τῇ τε θυγατρὶ καὶ τῷ γαμβρῷ κατασκευάσαι τὸν
LEze. 9 28 2 06 τούτων τῶν χρόνων κακούμενον κακῶν ὑπ' ἀνδρῶν καὶ * δυναστείας * χερός. ἰδὼν γὰρ ἡμῶν γένναν ἅλις ηὐξημένην

δυναστεύω 4
Aris. 168 7 δικαιοσύνην πρὸς πάντας ἀνθρώπους μεμνημένοι τοῦ * δυναστεύοντος * θεοῦ. περὶ βρωτῶν οὖν καὶ τῶν ἀκαθάρτων
Aris. 195 3 τὸ ζῆν ἂν εἴη; κἀκεῖνος ἔφη τὸ γινώσκειν ὅτι θεὸς * δυναστεύει * τῶν ἁπάντων καὶ ἐπὶ τῶν καλλίστων πράξεων οὐκ
Aris. 195 5 θεὸς δὲ τελειοῖ τὰ πάντων καὶ καθηγεῖται * δυναστεύων. * ἐπιφωνήσας δὲ καὶ τούτῳ καλῶς λέγειν τὸν
HEup. 9 30 3 δὲ ἔτη κ α' τελευτῆσαι. εἶτα Δαβὶδ τὸν τούτου υἱὸν * δυναστεῦσαι * ὃν καταστρέψασθαι Σύρους τοὺς παρὰ τὸν

δυνάστης 5
Asen. 21 19 τολμηρὰ ἐν ματαιότητι καὶ εἶπον ὅτι οὐκ ἔστιν ἀνὴρ * δυνάστης * ἐπὶ τῆς γῆς ὃς ἂν λύσῃ τὴν ζώνην τῆς παρθενίας
Prop. 4 7 ὑπὸ ζυγὸν γίνονται τοῦ Βελίαρ. ταῦτα ἔχουσιν οἱ * δυνάσται * ἐν νεότητι ἐπὶ τέλει δὲ θῆρες γίνονται
Sib. 3 636 χώραν τ' ἀφέληται ἔθνη δ' ἔθνεα πορθήσῃ καὶ φῦλα * δυνάσται * ἡγεμόνες δὲ φύγωσιν ἐς ἄλλην γαῖαν ἅπαντες
Sib. 3 718 ἀέναόν τε. πέμπωμεν πρὸς ναὸν ἐπεὶ μόνος ἐστὶ * δυνάστης * καὶ νόμον ὑψίστοιο θεοῦ φραζώμεθα πάντες ὅστε
Sib. 5 463 ἐν κονίῃσιν ὃν παύσει Ῥώμης βασιλεὺς δυσμῶν τε * δυνάσται. * χειμερίη ὁπόταν ῥιπὴ στάξῃ χιονώδης πηγνυμένου

δυνατός 40
Adam 33 2 ἐρχόμενον ὑπὸ τεσσάρων ἀετῶν λαμπρῶν ὃ οὐκ ἦν * δυνατὸν * γεννηθῆναι ἀπὸ κοιλίας ἢ εἰπεῖν τὴν δόξαν αὐτῶν
TSim. 2 3 με Συμεῶνα ὅτι ἤκουσε κύριος τῆς δεήσεως αὐτῆς. * δυνατὸς * ἐγενόμην σφόδρα οὐκ ἐδειλίασα πρᾶξιν οὐδὲ
TJud. 6 3 ἐν καρτερᾷ μάχῃ περιεγενόμεθα ὅτι ἦσαν πλῆθος * δυνατῶν * ἐν αὐτοῖς καὶ ἀπεκτείναμεν αὐτοὺς πρὸ τοῦ
TJud. 9 5 ταλάντων τριῶν καὶ ἀνελθὼν ἀνεῖλον τέσσαρες τοὺς * δυνατοὺς * ἐξ αὐτῶν. καὶ τῇ ἑξῆς ἐμβάντες Ῥουβὴμ καὶ Γὰδ
TDan 3 4 ἐπειδὴ οὐ βλέπει. διὰ τοῦτο ὁ θυμούμενος ἐὰν μὲν ᾖ * δυνατὸς * τριπλῆν ἔχει τὴν δύναμιν ἐν τῷ θυμῷ μίαν μὲν διὰ
TJos. 10 6 γένος μου ὅτι υἱός εἰμι Ἰακὼβ ἀνδρὸς μεγάλου καὶ * δυνατοῦ. * καὶ ὑμεῖς οὖν ἔχετε ἐν πάσῃ πράξει ὑμῶν πρὸ
Asen. 1 6 υἱοὶ πάντων τῶν βασιλέων καὶ νεανίσκοι πάντες καὶ * δυνατοὶ * καὶ ἦν ἔρις πολλὴ ἐν αὐτοῖς περὶ Ἀσενὲθ καὶ
Asen. 2 11 καὶ ταύτας ἐφύλαττον ἀνὰ δεκαοκτὼ ἄνδρες * δυνατοὶ * νεανίσκοι ἔνοπλοι. καὶ ἦσαν πεφυτευμένα ἐντὸς
Asen. 3 4 μου καὶ δεῖπνον μέγα ἑτοίμασον διότι Ἰωσὴφ ὁ * δυνατὸς * τοῦ θεοῦ ἔρχεται πρὸς ἡμᾶς σήμερον. καὶ ἤκουσεν
Asen. 4 7 καὶ εἶπεν αὐτῇ Πεντεφρῆς ὁ πατὴρ αὐτῆς Ἰωσὴφ ὁ * δυνατὸς * τοῦ θεοῦ ἔρχεται πρὸς ἡμᾶς σήμερον. καὶ αὐτός
Asen. 4 7 καὶ παρθένος ὡς σὺ σήμερον καὶ ἔστιν Ἰωσὴφ ἀνὴρ * δυνατὸς * ἐν σοφίᾳ καὶ ἐπιστήμῃ καὶ πνεῦμα θεοῦ ἐστιν ἐπ'
Asen. 8 9 κύριε ὁ θεὸς τοῦ πατρός μου Ἰσραὴλ ὁ ὕψιστος ὁ * δυνατὸς * τοῦ Ἰακὼβ ὁ ζωοποιήσας τὰ πάντα καὶ καλέσας ἀπὸ
Asen. 11 7 τῇ θλίψει μου ταύτῃ. καὶ κύριος ὁ θεὸς τοῦ * δυνατοῦ * Ἰωσὴφ ὁ ὕψιστος μισεῖ πάντας τοὺς σεβομένους τὰ
Asen. 11 9 τὸν θεὸν τοῦ οὐρανοῦ τὸν ὕψιστον τὸν κραταιὸν τοῦ * δυνατοῦ * Ἰωσὴφ διότι ἐμιάνθη τὸ στόμα μου ἀπὸ τῶν θυσιῶν
Asen. 18 1 ἐκ τῆς θεραπείας Πεντεφρῆ καὶ λέγει ἰδοὺ Ἰωσὴφ ὁ * δυνατὸς * τοῦ θεοῦ ἔρχεται πρὸς ⟨ἡμᾶς⟩ σήμερον. ὁ γὰρ
Asen. 18 2 οἰκίαν καὶ ἑτοίμασον δεῖπνον καλὸν ὅτι Ἰωσὴφ ὁ * δυνατὸς * τοῦ θεοῦ ἔρχεται πρὸς ἡμᾶς σήμερον. καὶ εἶδεν
Asen. 21 21 ἐνώπιόν σου πολλὰ ἥμαρτον⟩ ἕως οὗ ἦλθεν Ἰωσὴφ ὁ * δυνατὸς * τοῦ θεοῦ. αὐτός με καθεῖλεν ἀπὸ τῆς δυναστείας
Asen. 23 2 γινώσκω ἐγὼ σήμερον ὅτι ὑμεῖς ἐστε ἄνδρες * δυνατοὶ * ὑπὲρ πάντας ἀνθρώπους ἐπὶ τῆς γῆς καὶ ἐν ταῖς
Asen. 24 3 ῥῆμά μοί ἐστι πρὸς ὑμᾶς διότι ὑμεῖς ἐστε ἄνδρες * δυνατοί. * καὶ εἶπον αὐτῷ Δὰν καὶ Γὰδ οἱ πρεσβύτεροι
Asen. 24 7 καὶ μὴ τὸν θάνατον διότι ὑμεῖς ἐστε ἄνδρες * δυνατοὶ * καὶ οὐκ ἀποθανεῖσθε ὡς γυναῖκες ἀλλ' ἀνδρίζεσθε
Asen. 24 10 καλῶς εἴρηκας τέκνον. λοιπὸν λαβὲ παρ' ἐμοῦ ἄνδρας * δυνατοὺς * εἰς πόλεμον καὶ ὑπέξελθε αὐτοῖς καθά σοι
Asen. 24 15 τρυγητοῦ. καὶ ἔδωκε μετ' αὐτῆς ἑξακοσίους ἄνδρας * δυνατοὺς * εἰς πόλεμον καὶ πεντήκοντα προδρόμους. καὶ νῦν
Asen. 24 17 ἐν κρυφῇ αὐτῶν λόγους λέγοντες δὸς ἡμῖν ἄνδρας * ⟨δυνατοὺς * εἰς πόλεμον⟩. καὶ ἔδωκεν ὁ υἱὸς Φαραὼ τοῖς
Sal. 5 3 ἀπ' ἐμοῦ. οὐ γὰρ λήψεταί ⟨τις⟩ σκῦλα παρὰ ἀνδρὸς * δυνατοῦ * καὶ τίς λήψεται ἀπὸ πάντων ὧν ἐποίησας ἐὰν μὴ σύ
Sal. 15 2 θεὸς εἰ μὴ ἐξομολογήσασθαί σοι ἐν ἀληθείᾳ; καὶ τί * δυνατὸς * ἄνθρωπος εἰ μὴ ἐξομολογήσασθαι τῷ ὀνόματί σου;
Sal. 17 34 πολέμου. κύριος αὐτὸς βασιλεὺς αὐτοῦ ἐλπὶς τοῦ * δυνατοῦ * ἐλπίδι θεοῦ καὶ ἐλεήσει πάντα τὰ ἔθνη ἐνώπιον
Sal. 17 37 αὐτοῦ ἐπὶ θεῷ αὐτοῦ ὅτι ὁ θεὸς κατειργάσατο αὐτὸν * δυνατὸν * ἐν πνεύματι ἁγίῳ καὶ σοφὸν ἐν βουλῇ συνέσεως
Sedr. 14 1 πρὸς τὸν ἀρχάγγελον Μιχαὴλ ἐπάκουσόν μου πρόστατα * δυνατὲ * καὶ βοήθει μοι καὶ πρεσβεῦσαι ἵνα ἐλεήσῃ ὁ θεὸς
Aris. 9 3 ἐχρηματίσθη πολλὰ διάφορα πρὸς τὸ συναγαγεῖν εἰ * δυνατὸν * ἅπαντα τὰ κατὰ τὴν οἰκουμένην βιβλία καὶ
Aris. 39 3 πρεσβυτέρους ἐμπειρίαν ἔχοντας τοῦ νόμου καὶ * δυνατοὺς * ἑρμηνεῦσαι ἀφ' ἑκάστης φυλῆς ἓξ ὅπως ἐκ τῶν
Aris. 105 3 σταδίων ὄντος τοῦ περιβόλου καθόσον εἰκάσαι * δυνατόν. * ἔχει δὲ τὴν τῶν πύργων θέσιν θεατροειδῆ καὶ
Aris. 133 4 καὶ πράξας διὰ πάσης τῆς νομοθεσίας τὸ τοῦ θεοῦ * δυνατὸν * ἐνδεικνύμενος. ποιησάμενος οὖν τὴν καταρχὴν
Aris. 139 6 ἀπολελυμένοι ματαίων δοξῶν τὸν μόνον θεὸν καὶ * δυνατὸν * σεβόμενοι παρ' ὅλην τὴν πᾶσαν κτίσιν. ὅθεν οἱ
Aris. 229 3 καὶ γὰρ αὕτη καλλονή τίς ἐστι πρωτεύουσα. τὸ δὲ * δυνατὸν * αὐτῆς ἐστιν ἀγάπη αὕτη γὰρ θεοῦ δόσις ἐστίν ἣν
Aris. 230 3 πάλιν τῆς αὐτῆς κρατῆσαι δόξης; ὁ δὲ ἔφη σὲ μὲν οὐ * δυνατόν * ἐστι πταῖσαι πᾶσι γὰρ χάριτας ἔσπαρκας αἳ
Aris. 290 2 ὡς προεῖπον ἦθος χρηστὸν καὶ παιδείας κεκοινωνηκὸς * δυνατὸν * ἄρχειν ἐστὶ καθὼς σὺ βασιλεὺς μέγας ὑπάρχεις οὐ
FPho. 54 μήτ' ἀλκῆι μήτ' ἐνὶ πλούτωι εἷς θεός ἐστι σοφὸς * δυνατός * θ' ἅμα καὶ πολύολβος. μὴ δὲ παροιχομένοισι
IEsc. 5 131 3 μέγα ἐπὰν ἐπιβλέψῃ γοργὸν ὄμμα δεσπότου. πάντα * δυνατὴ * γὰρ δόξα ὑψίστου ⟨θεοῦ⟩.
HHec. 1 22 187 μέγας καὶ τὴν ψυχὴν οὐκ ἀνόητος ἔτι δὲ καὶ λέγειν * δυνατὸς * καὶ τῶν πραγμάτων εἴπερ τις ἄλλος ἔμπειρος
LAri. 8 10 6 λαμβάνειν καθ' ἕκαστον σημαινόμενον καθ' ὅσον ἂν ᾦ * δυνατός. * εἰ δὲ μὴ τεύξομαι τοῦ πράγματος μηδὲ πείσω μὴ

δύο 147
Adam 1 2 καὶ ἔμεινεν ἐκεῖ ἔτη δέκα καὶ ὀκτὼ καὶ μῆνας * δύο. * καὶ ἐν γαστρὶ εἴληφεν Εὔα καὶ ἐγέννησε δύο υἱοὺς
Adam 1 3 μῆνας δύο. καὶ ἐν γαστρὶ εἴληφεν Εὔα καὶ ἐγέννησε * δύο * υἱοὺς τὸν Διάφωτον τὸν καλούμενον Κάϊν καὶ τὸν
Adam 34 1 τῶν χειρῶν σου τῶν ἁγίων. καὶ αὖθις ἴδον ἐγὼ Εὔα * δύο * μεγάλα καὶ φοβερὰ μυστήρια ἐνώπιον τοῦ θεοῦ καὶ
Adam 35 4 ἀοράτου θεοῦ ἡμῶν; τίνες δέ εἰσιν υἱέ μου Σὴθ οἱ * δύο * αἰθίοπες οἱ παριστάμενοι ἐπὶ τὴν προσευχὴν τοῦ
Adam 40 6 καὶ ἔπλασεν τὸν Ἀδάμ. καὶ ἐποίησεν ὀρυγῆναι τῶν * δύο * τὸν τόπον. καὶ ἀπέστειλεν ὁ θεὸς ἑπτὰ ἀγγέλους εἰς
Adam 40 7 ἔθεντο αὐτὰς ἐν τῇ γῇ. καὶ μετὰ ταῦτα ἔλαβον τὰ * δύο * σώματα καὶ ἔθαψαν αὐτὰ εἰς τὸν τόπον εἰς ὃν ὤρυξαν
Hen. 32 3 τῶν δένδρων τούτων δένδρα πλείονα καὶ μεγάλα * δύο * μὲν ἐκεῖ μεγάλα σφόδρα καλὰ καὶ ἔνδοξα καὶ
Abr.1 2 9 ἀπέλθατε εἰς τὴν ἀγέλην τῶν ἵππων καὶ ἐνέγκατε * δύο * ἵππους εὐμενεῖς δὲ καὶ ἡμέρους δεδαμασμένους ὅπως ἂν
Abr.1 4 1 τρικλίνου καὶ καλλώπισον αὐτὸ καὶ στρῶσαι μοι ἐκεῖ * δύο * κλινάρια ἕνα ἐμοὶ καὶ ἕνα τοῦ ἀνθρώπου τούτου τοῦ
Abr.1 11 2 τοῦ οὐρανοῦ τῇ πρώτῃ καὶ εἶδεν ἐκεῖ ὁ Ἀβραὰμ⟩ * δύο * ὁδοὺς ⟨ἡ⟩ μία ὁδὸς ⟨στενὴ καὶ τεθλιμμένη ἡ δὲ ἑτέρα⟩
Abr.1 11 3 ἡ δὲ ἑτέρα⟩ πλατεῖα καὶ εὐρύχωρος. ⟨καὶ εἶδεν ἐκεῖ * δύο * πύλας μία πύλη πλατεῖα⟩ ἡ κατὰ τῆς πλατείας ὁδοῦ καὶ
Abr.1 11 4 στενῆς ὁδοῦ. ἔξωθεν δὲ τῶν πυλῶν τῶν ἐκεῖσε τῶν * δύο * εἶδον ἄνδρα καθήμενον ἐπὶ τοῦ θρόνου κεχρυσωμένου
Abr.1 12 1 καὶ ἀμόλυντος. ἔτι δὲ ἡμῖν ταῦτα λαλοῦντος ἰδοὺ * δύο * ἄγγελοι πύρινοι τῇ ὄψει καὶ ἀνηλεεῖς τῇ γνώμῃ καὶ
Abr.1 12 4 τῆς πύλης ἐκείνης τῆς πλατείας καὶ ἐν μέσῳ τῶν * δύο * πυλῶν ἵσταται θρόνος φοβερὸς ἐν εἴδει κρυστάλλου
Abr.1 12 8 ἔξ⟩ ἐκ δεξιῶν δὲ αὐτοῦ καὶ ἐξ ἀριστερῶν ἵσταντο * δύο * ἄγγελοι κρατοῦντες χάρτην καὶ μέλαν καὶ κάλαμον πρὸ
Abr.1 12 12 καθήμενος ἔκρινεν καὶ ἀπεφήνατο τὰς ψυχάς οἱ δὲ * δύο * ἄγγελοι οἱ ⟨ἐκ δεξιῶν καὶ⟩ ἐξ ἀριστερῶν
Abr.1 13 8 καὶ ἀνταπόδοσις καὶ διὰ τοῦτο καὶ νῦν ἐπὶ ἑνὸς ἢ * δύο * μαρτύρων οὐκ ἀσφαλίζεται λόγος ἀλλ' ἐπὶ τριῶν
Abr.1 13 9 ἀλλ' ἐπὶ τριῶν μαρτύρων σταθήσεται πᾶν ῥῆμα οἱ δὲ * δύο * ἄγγελοι οἱ ⟨ἐκ δεξιῶν καὶ⟩ ἐξ ἀριστερῶν ἐρχόμενοι
Abr.1 20 2 λέγω σοι ἐν ἀληθείᾳ θεοῦ λόγου ὅτι ἑβδομήκοντα * δύο * εἰσίν θάνατοι καὶ εἷς μὲν θάνατος ὑπάρχει ὁ δίκαιος
Abr.2 3 2 καὶ ἤγγισαν ἔγγιστα τῆς πόλεως ὡς ἀπὸ σταδίων * δύο * καὶ ηὗρον δένδρον μέγαν ἐν τῇ ὁδῷ παμμεγέθει ἔχοντα
Abr.2 8 4 τὸν Ὠκεανὸν ποταμόν. καὶ ἀτενίσας Ἀβραὰμ εἶδεν * δύο * πύλας μίαν μὲν μικρὰν τὴν δὲ ἑτέραν μεγάλην ἀνὰ
Abr.2 8 7 οὗτος ὁ καθήμενος ἐπὶ τὸν θρόνον ἀνὰ μέσον τῶν * δύο * πυλώνων τούτων ἐν τηλικαύτῃ δόξῃ καὶ πλῆθος ἀγγέλων
Abr.2 8 10 Ἀβραὰμ οὐχὶ κύριε. καὶ εἶπεν Μιχαὴλ θεωρεῖς τὰς * δύο * πύλας ταύτας τὴν μικρὰν καὶ τὴν μεγάλην; αὗταί εἰσιν
Abr.2 8 11 ταύτας τὴν μικρὰν καὶ τὴν μεγάλην; αὗταί εἰσιν αἱ * δύο * πύλαι αἱ ἀπάγουσαι εἰς τὴν δόξαν καὶ εἰς τὸν θάνατον

| | | | | | | |
|---|---|---|---|---|---|---|
| Abr.Z | | 10 | 8 | γράφοντα καὶ ἰδοὺ Χερουβὶμ βαστάζοντα βιβλία | * δύο * | καὶ ἦν μετ᾽ αὐτῶν ἀνὴρ παμμεγέθης σφόδρα εἶχεν δὲ |
| Abr.Z | | 10 | 11 | ταύτης. καὶ ἀνοίξας ὁ ἀνὴρ τὴν μίαν βίβλον ἐκ τῶν | * δύο * | τῶν οὐσῶν ἐκ τῶν Χερουβὶμ καὶ ἀνεζήτησεν τῆς ψυχῆς |
| Abr.Z | | 14 | 2 | τὴν σαπρότητα οὕτως δὲ ἐφανέρωσεν ἑαυτὸν εἶχεν | * δύο * | κεφαλάς τινὲς μὲν τῶν κεφαλῶν αὐτοῦ εἶχον πρόσωπα |
| TRub. | | 1 | 2 | εἰκοστῷ πέμπτῳ ἔτει τῆς ζωῆς αὐτοῦ. μετὰ ἔτη | * δύο * | τῆς τελευτῆς Ἰωσὴφ ἀρρωστοῦντι συνήχθησαν |
| TSim. | | 3 | 4 | φθονούμενος πάντοτε ἀνθεῖ ὁ δὲ φθονῶν μαραίνεται. | * δύο * | ἔτη ἡμερῶν ἐν φόβῳ κυρίου ἐκάκωσα ἐν νηστείᾳ τὴν |
| TSim. | | 7 | 1 | ἐν Ἰούδᾳ λυτρωθήσεσθε καὶ μὴ ἐπαίρεσθε ἐπὶ τὰς | * δύο * | φυλὰς ταύτας ὅτι ἐξ αὐτῶν ἀνατελεῖ ὑμῖν τὸ σωτήριον |
| TLevi | | 2 | 8 | πολὺ φωτεινότερον καὶ φαιδρότερον παρὰ τοὺς | * δύο * | καὶ γὰρ ὕψος ἦν ἐν αὐτῷ ἄπειρον. καὶ εἶπον τῷ ἀγγέλῳ |
| TLevi | | 9 | 1 | αὐτὸ παντὶ ἀνθρώπῳ ἐπὶ τῆς γῆς. καὶ μεθ᾽ ἡμέρας | * δύο * | ἀνέβημεν ἐγὼ καὶ Ἰούδας πρὸς Ἰσαὰκ μετὰ τοῦ πατρὸς |
| TLevi | | 18 | 2B035 | προβάτων ἢ ἔριφον ἐξ αἰγῶν κ᾽ μναῖ καὶ τῷ στέατι | * β᾽ * | μναῖ καὶ εἰ ἀμνὸς τέλειος ἐνιαύσιος ἢ ἔριφος ἐξ αἰγῶν |
| TLevi | | 18 | 2B042 | σάτον σεμίδαλιν καὶ τῷ κριῷ καὶ τῷ τράγῳ τὰ | * δύο * | μέρη τοῦ σάτου καὶ τῷ ἀρνίῳ καὶ τῷ ἐρίφῳ ἐξ αἰγῶν τὸ |
| TLevi | | 18 | 2B046 | προσχωθήσεται ἐπ᾽ αὐτὴν λιβάνου ὁλκὴ σίκλων | * δύο * | καὶ τὸ τρίτον τοῦ σάτου τὸ τρίτον τοῦ ὑφή ἐστιν καὶ |
| TLevi | | 18 | 2B047 | τὸ τρίτον τοῦ σάτου τὸ τρίτον τοῦ ὑφή ἐστιν καὶ τὰ | * δύο * | μέρη τοῦ βάτου καὶ ὁλκῆς τῆς μνᾶς ν᾽ σίκλων ἐστίν |
| TJud. | | 3 | 1 | καὶ σκοτίσας ῥίψας ἀνεῖλον αὐτόν. καὶ ὅτε ἦλθον οἱ | * δύο * | βασιλεῖς τῶν Χαναναίων τεθωρακισμένοι ἐπὶ τὰ ποίμνια |
| TJud. | | 3 | 4 | ἀπέκτεινα αὐτόν. καὶ πολεμήσας τὸν Ἀχὼρ ἐπὶ ὤρας | * δύο * | ἀπέκτεινα αὐτὸν καὶ εἰς δύο μερίδας ποιήσας τὴν |
| TJud. | | 3 | 4 | τὸν Ἀχὼρ ἐπὶ ὤρας δύο ἀπέκτεινα αὐτὸν καὶ εἰς | * δύο * | μερίδας ποιήσας τὴν ἀσπίδα αὐτοῦ συνέκοψα τοὺς πόδας |
| TJud. | | 4 | 2 | καὶ ἀνῆλθον ἐπ᾽ αὐτοὺς ἐπὶ τοῦ τείχους καὶ ἄλλους | * δύο * | βασιλεῖς ἀνεῖλον καὶ οὕτως ἐλευθερώσαμεν τὴν Χεβρὼν |
| TJud. | | 8 | 3 | αὐτὴ ἔτεκέ μοι τὸν Ἤρ καὶ Αὐνὰν καὶ Σηλὼμ ὧν τοὺς | * δύο * | ἀτέκνους ἀνεῖλε κύριος ὁ γὰρ Σηλὼμ ἔζησε καὶ τὰ |
| TJud. | | 12 | 1 | δὲ τοὺς λόγους τούτους χηρευούσης τῆς Θαμὰρ μετὰ | * δύο * | ἔτη ἀκούσασα ὅτι ἀνέρχομαι κεῖραι τὰ πρόβατα |
| TJud. | | 14 | 2 | πρὸς τὰς ἡδονὰς ἔχει τοῦ νοὸς ὅτι καίγε τὰ | * δύο * | ταῦτα ἀφιστῶσι τὴν δύναμιν τοῦ ἀνθρώπου. ἐὰν γάρ τις |
| TJud. | | 17 | 2 | εἰς Βησσουὲ τὴν Χαναναίαν. ὅτι οἶδα ἐγὼ ὅτι διὰ τὰ | * δύο * | ταῦτα ἔσεσθε τὸ γένος μου ἐν πονηρίᾳ ὅτι καίγε |
| TJud. | | 18 | 6 | οὐχ ὑπακούει καὶ λόγῳ εὐσεβείας προσοχθίζει. | * δύο * | γὰρ πάθη ἐναντία τῶν ἐντολῶν τοῦ θεοῦ δουλεύων θεῷ |
| TJud. | | 20 | 1 | ἀκαταμάχητος εἶναι. ἐπίγνωτε οὖν τέκνα μου ὅτι | * δύο * | πνεύματα σχολάζουσι τῷ ἀνθρώπῳ τὸ τῆς ἀληθείας καὶ |
| TIss. | | 1 | 7 | αὐτά σοι ὅτι ἔσονταί μοι ἀντὶ τέκνων. ἦσαν δὲ μῆλα | * δύο. * | καὶ εἶπε Λεία ἱκανούσθω σοι ὅτι ἔλαβες τὸν ἄνδρα |
| TIss. | | 2 | 1 | τότε ὤφθη τῷ Ἰακὼβ ἄγγελος κυρίου λέγων ὅτι | * δύο * | τέκνα Ῥαχὴλ τέξεται ὅτι διέπτυσε συνουσίαν ἀνδρὸς |
| TIss. | | 2 | 2 | καὶ εἰ μὴ Λεία ἡ μήτηρ μου ἀντὶ συνουσίας ἀπέδω τὰ | * δύο * | μῆλα ὀκτὼ υἱοὺς εἶχε τεκεῖν διὰ τοῦτο ἓξ ἔτεκε τοὺς |
| TIss. | | 2 | 2 | ὀκτὼ υἱοὺς εἶχε τεκεῖν διὰ τοῦτο ἓξ ἔτεκε τοὺς δὲ | * δύο * | Ῥαχὴλ ὅτι ἐν τοῖς μανδραγόροις ἐπεσκέψατο αὐτὴν |
| TZab. | | 1 | 1 | τετάρτῳ καὶ δεκάτῳ ἔτει τῆς ζωῆς αὐτοῦ μετὰ | * δύο * | ἔτη τοῦ θανάτου Ἰωσήφ. καὶ εἶπεν αὐτοῖς ἀκούσατέ |
| TZab. | | 4 | 2 | Ἰωσήφ. μετὰ ταῦτα ἔλαβον ἐσθίειν ἐκεῖνοι. ἐγὼ γὰρ | * δύο * | ἡμέρας καὶ δύο νύκτας οὐκ ἐγευσάμην σπλαγχνιζόμενος |
| TZab. | | 4 | 2 | ἔλαβον ἐσθίειν ἐκεῖνοι. ἐγὼ γὰρ δύο ἡμέρας καὶ | * δύο * | νύκτας οὐκ ἐγευσάμην σπλαγχνιζόμενος ἐπὶ Ἰωσήφ. καὶ |
| TZab. | | 9 | 4 | ὑμεῖς ἐὰν διαιρεθῆτε ἔσεσθε οὕτως. μὴ σχισθῆτε εἰς | * δύο * | κεφαλὰς ὅτι πᾶν ὃ ἐποίησεν ὁ κύριος κεφαλὴν μίαν |
| TZab. | | 9 | 4 | πᾶν ὃ ἐποίησεν ὁ κύριος κεφαλὴν μίαν ἔχει. ἔδωκε | * δύο * | ὤμους χεῖρας πόδας ἀλλὰ πάντα τὰ μέλη τῇ μιᾷ κεφαλῇ |
| TZab. | | 9 | 5 | ἀπὸ κυρίου καὶ διαιρεθήσεσθε ἐν Ἰσραὴλ καὶ | * δύο * | βασιλεῦσιν ἐξακολουθήσετε καὶ πᾶν βδέλυγμα ποιήσετε |
| TDan | | 1 | 9 | οὐδὲ ἔασέ με τὸ ἀνόμημα τοῦτο ποιῆσαι ἵνα λυθῶσι | * δύο * | σκῆπτρα ἐν Ἰσραήλ. καὶ νῦν τέκνα μου ἐγὼ ἀποθνήσκω |
| TNep. | | 5 | 6 | ἑαυτούς. καὶ ἰδοὺ ταῦρος ἐπὶ τῆς γῆς ἔχων | * δύο * | κέρατα μεγάλα καὶ πτέρυγες ἀετοῦ ἐπὶ τοῦ νώτου αὐτοῦ |
| TNep. | | 7 | 1 | Ἰακὼβ ὁ πατὴρ ἡμῶν καὶ ὁμοθυμαδὸν ἠγαλλιώμεθα. τὰ | * δύο * | ἐνύπνια εἶπον τῷ πατρί μου καὶ εἶπέ μοι δεῖ ταῦτα |
| TNep. | | 8 | 9 | καὶ καιρὸς ἐγκρατείας εἰς προσευχὴν αὐτοῦ. καὶ | * δύο * | ἐντολαί εἰσιν καὶ εἰ μὴ γένωνται ἐν τάξει αὐτῶν |
| TGad | | 1 | 3 | μου καὶ γυρεύων ἐσκότουν καὶ ἠκόντιζον αὐτὸ ἐπὶ | * δύο * | σταδίους καὶ οὕτως ἀνήρουν. ὁ οὖν Ἰωσὴφ ἐποίμαινε |
| TAser | | | 1 | διαθηκη Ασηρ. περι | * δυο * | προσωπων κακιας και αρετης. ἀντίγραφον διαθήκης |
| TAser | | 1 | 3 | καὶ πᾶν τὸ εὐθὲς ἐνώπιον τοῦ θεοῦ ὑποδείξω ὑμῖν. | * δύο * | ὁδοὺς ἔδωκεν ὁ θεὸς τοῖς υἱοῖς τῶν ἀνθρώπων καὶ δύο |
| TAser | | 1 | 3 | ὁδοὺς ἔδωκεν ὁ θεὸς τοῖς υἱοῖς τῶν ἀνθρώπων καὶ | * δύο * | διαβούλια καὶ δύο πράξεις καὶ δύο τρόπους καὶ δύο |
| TAser | | 1 | 3 | θεὸς τοῖς υἱοῖς τῶν ἀνθρώπων καὶ δύο διαβούλια καὶ | * δύο * | πράξεις καὶ δύο τρόπους καὶ δύο τέλη. διὰ τοῦτο |
| TAser | | 1 | 3 | τῶν ἀνθρώπων καὶ δύο διαβούλια καὶ δύο πράξεις καὶ | * δύο * | τρόπους καὶ δύο τέλη. διὰ τοῦτο πάντα δύο εἰσὶν ἓν |
| TAser | | 1 | 3 | δύο διαβούλια καὶ δύο πράξεις καὶ δύο τρόπους καὶ | * δύο * | τέλη. διὰ τοῦτο πάντα δύο εἰσὶν ἓν κατέναντι τοῦ |
| TAser | | 1 | 4 | καὶ δύο τρόπους καὶ δύο τέλη. διὰ τοῦτο πάντα | * δύο * | εἰσὶν ἓν κατέναντι τοῦ ἑνός. ὁδοὶ δύο καλοῦ καὶ |
| TAser | | 1 | 5 | τοῦτο πάντα δύο εἰσὶν ἓν κατέναντι τοῦ ἑνός. ὁδοὶ | * δύο * | καλοῦ καὶ κακοῦ ἐν οἷς εἰσι τὰ δύο διαβούλια ἐν |
| TAser | | 1 | 5 | τοῦ ἑνός. ὁδοὶ δύο καλοῦ καὶ κακοῦ ἐν οἷς εἰσι τὰ | * δύο * | διαβούλια ἐν στέρνοις ἡμῶν διακρίνοντα αὐτάς. ἐὰν |
| TAser | | 4 | 2 | παρὰ τῷ θεῷ. πολλοὶ γὰρ ἀναιροῦντες τοὺς πονηροὺς | * δύο * | ποιοῦσιν ἔργα καλὸν διὰ κακοῦ ὅλον ἐστὶ δὲ καλὸν ὅτι |
| TAser | | 5 | 1 | ἀπείργων τὸ κακὸν τοῦ ἀγαθοῦ. ὁρᾶτε οὖν τέκνα πῶς | * δύο * | εἰσὶν ἐν πᾶσιν ἓν κατέναντι τοῦ ἑνὸς καὶ ἓν ὑπὸ τοῦ |
| TJos. | | 16 | 4 | ἡ δὲ ἀπέστειλεν ἕτερον εὐνοῦχον λέγουσα ἐὰν καὶ | * δύο * | μνᾶς χρυσίου ζητοῦσι πρόσεχε μὴ φείσασθαι χρυσίου |
| TBen. | | 1 | 5 | γὰρ ὁ πατὴρ ἡμῶν ἠγάπα τὴν Ῥαχὴλ καὶ ηὔχετο | * δύο * | υἱοὺς ἰδεῖν ἀπ᾽ αὐτῆς. διὰ τοῦτο ἐκλήθην υἱὸς ἡμερῶν |
| TBen. | | 3 | 7 | Ἰακὼβ τοῦ πατρός σου. καὶ περιλαβὼν αὐτὸν ἐπὶ | * δύο * | ὤρας κατεφίλει λέγων πληρωθήσεται ἐν σοὶ προφητεία |
| TBen. | | 6 | 5 | πάντας ἐν παντὶ καιρῷ. ἡ ἀγαθὴ διάνοια οὐκ ἔχει | * δύο * | γλώσσας εὐλογίας καὶ κατάρας ὕβρεως καὶ τιμῆς λύπης |
| Asen. | | 8 | 5 | δεξιὰν καὶ ἔθηκε πρὸς τὸ στῆθος αὐτῆς ἀνάμεσον τῶν | * δύο * | μασθῶν αὐτῆς καὶ ἦσαν οἱ μασθοὶ αὐτῆς ἤδη ἑστῶτες |
| Asen. | | 10 | 15 | ἔστρωσε τὴν τέφραν εἰς τὸ ἔδαφος καὶ ἐπάτασσε ταῖς | * δυσὶ * | χερσὶ τὸ στῆθος αὐτῆς πυκνῶς καὶ ἔκλαυσε πικρῶς καὶ |
| Asen. | | 23 | 2 | κατέστραπται ἡ πόλις τῶν Σικημιτῶν καὶ ἐν ταῖς | * δυσὶ * | ταύταις ῥομφαίαις ὑμῶν κατεκόπησαν τριάκοντα |
| Asen. | | 23 | 14 | ἰδοὺ ἑώρακας τὰς ῥομφαίας ταύτας; ἐν ταύταις ταῖς | * δυσὶ * | ῥομφαίαις ἐξεδίκησε κύριος ὁ θεὸς τὴν ὕβριν τῶν |
| Asen. | | 24 | 19 | τὰ ῥήματα ταῦτα. καὶ ἐξαπέστειλεν αὐτοὺς καὶ | * δύο * | χιλιάδας ἀνδρῶν πολεμιστῶν σὺν αὐτοῖς. καὶ ἦλθον εἰς |
| Jer. | | 3 | 14 | καὶ εὐθέως κατέπιεν αὐτὰ ἡ γῆ. ἐκάθισαν δέ οἱ | * δύο * | καὶ ἔκλαυσαν. πρωΐας δὲ γενομένης ἀπέστειλεν |
| Jer. | | 9 | 3 | σου παρακαλῶ περὶ τῆς φωνῆς τῆς γλυκείας τῶν | * δύο * | Σεραφὶμ παρακαλῶ περὶ ἄλλης εὐωδίας θυμιάματος. καὶ |
| Prop. | | 1 | 1 | ἀπὸ Ἱερουσαλὴμ θνήσκει ὑπὸ Μανασσῆ πρισθεὶς εἰς | * δύο * | καὶ ἐτέθη ὑποκάτω δρυὸς Ῥωγὴλ ἐχόμενα τῆς διαβάσεως |
| Prop. | | 2 | 14 | τῇ ἐρήμῳ ὅπου πρώτως ἡ κιβωτὸς γέγονε μεταξὺ τῶν | * δύο * | ὀρέων ἐν οἷς κεῖνται Μωϋσῆς καὶ Ἀαρών. καὶ ἐν νυκτὶ |
| Prop. | | 12 | 8 | τάχιον ἐπιστρέψει ὁ λαὸς ὑπὸ Βαβυλῶνος. καὶ πρὸ | * δύο * | ἐτῶν ἀποθνήσκει τῆς ἐπιστροφῆς. καὶ ἐτάφη ἐν ἀγρῷ |
| Prop. | | 12 | 12 | τοῦ Δαβὴρ εἰς μικρὰ ῥαγήσεται καὶ τὰ ἐπίκρανα τῶν | * δύο * | στύλων ἀφαιρεθήσονται καὶ οὐδεὶς γνώσεται ποῦ |
| Prop. | | 12 | 17 | ἐλεύσεως τοῦ Χριστοῦ πολλὰ προεφήτευσε. καὶ πρὸ | * δύο * | ἐτῶν τῆς ἐπιστροφῆς τοῦ λαοῦ τῆς ἀπὸ Βαβυλῶνος |
| Prop. | | 21 | 10 | παρὰ εἰδώλων προεφήτευσε θάνατον καὶ ἀπέθανεν. | * δύο * | πεντηκοντάρχων ἀποσταλέντων ἐπ᾽ αὐτὸν παρὰ Ὀχοζίου |
| Prop. | | 22 | 7 | κατ᾽ αὐτοῦ κατηράσατο ἐν αὐτοῖς καὶ ἐξέλθουσαι | * δύο * | ἄρκοι ἐνέρρηξαν ἐξ αὐτῶν μ β᾽. γυνὴ προφήτου |
| Prop. | | 22 | 7 | καὶ ἐξέλθουσαι δύο ἄρκοι ἐνέρρηξαν ἐξ αὐτῶν μ | * β᾽. * | γυνὴ προφήτου τελευτήσαντος ὀχλουμένη ὑπὸ δανιστῶν |
| Esdr. | | 4 | 31 | αὐτοῦ ὡς δρέπανα τὸ ἴχνος τῶν ποδῶν αὐτοῦ σπιθαμῶν | * δύο * | καὶ εἰς τὸ μέτωπον αὐτοῦ γραφὴ ἀντίχριστος. ἕως τοῦ |
| Job | | 35 | 3 | ὅλως, Ελιφα, ἀμνημονεῖς πῶς ἐγένου νοσήσας ἐν ταῖς | * δυσὶν * | ἡμέραις; νῦν οὖν μακροθυμήσωμεν ἵνα γνῶμεν ἐν τίνι |
| Job | | 38 | 3 | καὶ πέμπεται ἐν τῇ αὐτῇ φάρυγγι ὅταν δὲ καταβῇ τὰ | * δύο * | εἰς τὸν ἀφεδρῶνα, τότε ἀφορίζεται ἀπ᾽ ἀλλήλων. τίς |
| Job | | 39 | 4 | καὶ κλαίουσα ἔλεγεν μνήσθητί μου ὁ Ελιφας καὶ οἱ | * δύο * | φίλοι σου, ὅτι ὁποία τις ἤμην μεθ᾽ ὑμῶν, καὶ πῶς |
| Job | | 42 | 5 | εἶπεν πρὸς Ελιφαν τί ἤ, Ελιφα, ἥμαρτες σὺ καὶ οἱ | * δύο * | σου φίλοι; οὐ γὰρ λελαλήκατε ἀληθῶς κατὰ τοῦ |
| Aris. | | 50 | 5 | Ἄρσαμος Ἀβιήτης Ἐζεκῆλος. οἱ πάντες ἑβδομήκοντα | * δύο. * | καὶ τὰ μὲν πρὸς τὴν τοῦ βασιλέως ἐπιστολὴν τοιαύτης |
| Aris. | | 57 | 1 | ὅσα δὲ διὰ γραπτῶν μέτρα αὐτοῖς κατακολουθῆσαι. | * δύο * | γὰρ πήχεων τὸ μῆκος ⟨πήχεος δὲ τὸ εὖρος⟩ τὸ δὲ ὕψος |
| Aris. | | 60 | 2 | εἶναι θεωρίαν. διὸ τὴν ὑπεροχὴν ὀξεῖαν εἶναι τῶν | * δύο * | κλιμάτων συνέβαινε μετέωρον ἐπικειμένην ὡς |
| Aris. | | 73 | 1 | ἀμίμητα καὶ τῇ καλλονῇ διαπρεπῆ. τῶν δὲ κρατήρων | * δύο * | μὲν ἦσαν ⟨χρυσοῖ⟩ τῇ κατασκευῇ φολιδωτὴν ἔχοντες ἀπὸ |
| Aris. | | 76 | 2 | τοιαύτην εἶχον τὴν κατασκευὴν χωροῦντες ὑπὲρ | * δύο * | μετρητάς οἱ δ᾽ ἀργυροῖ λείαν εἶχον τὴν διασκευὴν |
| Aris. | | 93 | 2 | τῶν μόσχων τὰ σκέλη πλεῖον ὄντα ταλάντων | * δύο * | σχεδὸν ἑκάστου ἀναρρίπτουσιν ἑκατέραις θαυμασίως |
| Aris. | | 103 | 4 | καθ᾽ ἡμᾶς ἐγεγόνει. μόλις γὰρ ἀνόπλους ὄντας ἡμᾶς | * δύο * | παρεδέξαντο πρὸς τὸ κατανοῆσαι τὰ τῶν θυσιῶν. ἔλεγον |
| Aris. | | 273 | 3 | τοῦτον ἀποδεξάμενος τὸν ἑνδέκατον ἐπηρώτα διὰ τὸ | * δύο * | πλεονάζειν τῶν ἑβδομήκοντα πῶς ἂν κατὰ ψυχὴν καὶ ἐν |
| Aris. | | 307 | 4 | συνέτυχε δὲ οὕτως ὥστε ἐν ἡμέραις ἑβδομήκοντα | * δυσὶ * | τελειωθῆναι τὰ τῆς μεταγραφῆς οἱονεὶ κατὰ πρόθεσίν |
| Aris. | | 319 | 4 | ἔδωκε τῶν κρατίστων τρεῖς καὶ χρυσίου τάλαντα | * δύο * | καὶ κυλίκιον ταλάντου καὶ τρικλίνου πᾶσαν |
| Aris. | | 320 | 6 | ἑκατὸν καὶ φιάλας καὶ τρύβλια καὶ κρατῆρας χρυσοῦς | * δύο * | πρὸς ἀνάθεσιν. ἔγραψε δὲ καὶ παρακαλῶν ἵνα ἐάν τινες |
| Sib. | | 3 | 257 | καὶ τὸν νόμον οὐρανόθι πρὸ δῶκε θεὸς γράψας πλαξὶν | * δυσὶ * | πάντα δίκαια καὶ προσέταξε ποιεῖν καὶ ἤν ἄρα τις |
| Sib. | | 3 | 422 | πολὺν καὶ ἔπος διανοίαις ἔμμετρον ἕξει οὐνόμασιν | * δυσὶ * | μισγόμενον Χῖον δὲ καλέσσει αὐτὸν καὶ γράψει τὰ |
| Sib. | | 4 | 55 | Μῆδοι καθελόντες ἐπαυχήσουσι θρόνοισιν οἷς γενεαὶ | * δύο * | μοῦναι ἐφ᾽ ὧν τάδε ἔσσεται ἔργα νὺξ ἔσται σκοτόεσσα |
| FJub. | | 4 | 10 | υἱοὶ ἐννέα μετὰ τοὺς τρεῖς τούτους ὡς εἶναι αὐτῷ | * δύο * | μὲν θυγατέρας ἄρρενας δὲ δώδεκα ἕνα μὲν ἀποκτανθέντα |
| FJub. | | 10 | 21 | οἰκοδομοῦντες. τὸ ὕψος ʼε υ λ γ᾽ πήχεις καὶ | * δύω * | παλαισταί. τὸ πλάτος ἐπὶ σ γ᾽ πλίνθους. τῆς πλίνθου |
| FEll. | | 4 | 228 | κέκραται αἵματος. ὁ δὲ εὐώνυμος χαροπὸς ἔχων | * δύο * | κόρας τὰ δὲ βλέ⟨φαρα⟩ αὐτοῦ λευκὰ τὸ δὲ χεῖλος αὐτοῦ |
| FIsa. | | 1 | 9 | Μανασσῆ πρισθήσομαι ὑπ᾽ αὐτοῦ πρίωνι ξυλίνῳ εἰς | * δύο * | καὶ πολλοὺς ἐξ Ἱερουσαλὴμ καὶ ἐξ Ἰούδα ἀποστήσει. |
| FIsa. | 1 | 2 | 11 | ἐπε⟨ὶ⟩ ἦσαν ἐν τ⟨ο⟩ῖς ὄρεσιν καὶ ἐν τοῖς βουνοῖς | * ⟨δ⟩ύ⟨ο * | ἔ⟩τη ἡμερῶν. ⟨ἐπὶ⟩ τοῦ ε⟨ἶ⟩ναι αὐτοὺς ⟨ἐν⟩ τοῖς |
| FEz. | 64 | 70 | 6 | ἐστρατευμένους παγανὸν δὲ οὐκ εἶχεν ἀλλ᾽ ἢ μόνον | * δύο * | ἕνα χωλὸν καὶ ἕνα τυφλὸν καὶ ἕκαστος ⟨αὐτῶν⟩ κατ᾽ |
| FEz. | 64 | 70 | 7 | τοὺς ἐν τῇ αὐτοῦ βασιλείᾳ περιεφρόνησε δὲ τῶν | * δύο * | παγανῶν τοῦ τε χωλοῦ καὶ τοῦ τυφλοῦ οἱ δὲ |
| FAch. | | 120 | | καὶ ⟨περὶ⟩ μίαν ἑκάστην αὐτῶν τρέχουσι γυναῖκες | * δύο. * | ὁ δὲ Αἴσωπος ἔφη τοῦτο τὸ πρόβλημα παρ᾽ ἡμῖν παῖδες |
| FAch. | | 120 | | στεγάζουσα τὸν χρόνον ⟨αἱ δὲ⟩ περιερχόμεναι | * δύο * | γυναῖκες νὺξ καὶ ἡμέρα ἄλλη μὲν παρ᾽ ἄλλην |
| ISop. | 5 | 122 | 1 | πτερωτὰ φῦλα βαστάσει πυρουμένη καὶ γὰρ καθ᾽ ᾅδην | * δύο * | τρίβους νομίζομεν μίαν δικαίων χἀτέραν τῶν ἀδίκων. |
| IDip. | 5 | 121 | 1 | ὀφθαλμὸς ὃς τὰ πάντα ὁρᾷ. καὶ γὰρ καθ᾽ Ἅιδην | * δύο * | τρίβους νομίζομεν μίαν δικαίων ἑτέραν δὲ ἀσεβῶν |
| IDip. | 5 | 121 | 1 | μίαν δικαίων ἑτέραν δὲ ἀσεβῶν εἶναι ὁδόν. εἰ τοὺς | * δύω * | καλύψει ἡ γῆ τῷ παντὶ χρόνῳ εἰ γὰρ δίκαιος κἀσεβὴς |
| HDem. | 9 | 21 | 3 | οὖν αὐτὸν ἐκεῖ ἑπτὰ ἔτη Λάβαν τοῦ μητρῴου | * δύο * | θυγατέρας γῆμαι Λείαν καὶ Ῥαχὴλ ὄντα ἐτῶν |
| HDem. | 9 | 21 | 8 | Σικίμων ἔχοντα παιδία Ῥουβὶμ ἐτῶν δώδεκα μηνῶν | * δυοῖν * | Συμεῶνα ἐτῶν ἕνδεκα μηνῶν τεσσάρων Λευὶν ἐτῶν δέκα |
| HDem. | 9 | 21 | 8 | ὀκτὼ Ἰσσάχαρ ἐτῶν ὀκτὼ Ζαβουλὼν ἐτῶν ἑπτὰ μηνῶν | * δυοῖν * | Δείναν ἐτῶν ἓξ μηνῶν τεσσάρων Ἰωσὴφ ἐτῶν ἓξ μηνῶν |
| HDem. | 9 | 21 | 12 | Μανασσῆν καὶ Ἐφραΐμ καὶ τοῦ λιμοῦ ἐπιγενέσθαι ἔτη | * δύο. * | τὸν δὲ Ἰωσὴφ ἔτη ἐννέα εὐτυχήσαντα πρὸς τὸν πατέρα |
| HDem. | 9 | 21 | 14 | γεγονέναι υἱοὺς ἑπτὰ ἐκ δὲ Ῥαχὴλ τῆς μητρὸς αὐτοῦ | * δύο * | διὰ τοῦτο τῷ Βενιαμὶν πέντε μερίδας παραθεῖναι καὶ |

```
HDem.  9  21   14  Βενιαμὶν πέντε μερίδας παραθεῖναι καὶ αὐτὸν λαβεῖν    ⋇ δύο ⋇   γενέσθαι οὖν ἑπτὰ ὅσας καὶ τοὺς ἐκ τῆς Λείας υἱοὺς
HDem.  9  21   17  Συμεῶνα ἐτῶν μ δ΄ Λευὶν ἐτῶν μ γ΄ Ἰούδαν ἐτῶν μ       ⋇ β΄ ⋇    μηνῶν δύο Νεφθαλεὶμ ἐτῶν μ α΄ μηνῶν ζ΄ Γὰδ ἐτῶν μ α΄
HDem.  9  21   17  ἐτῶν μ δ΄ Λευὶν ἐτῶν μ γ΄ Ἰούδαν ἐτῶν μ β΄ μηνῶν       ⋇ δύο ⋇   Νεφθαλεὶμ ἐτῶν μ α΄ μηνῶν ζ΄ Γὰδ ἐτῶν μ α΄ μηνῶν γ΄
HDem.  9  29    2  τὸν δὲ Ἰσαὰκ ὄντα ἐτῶν ἑκατὸν γεννῆσαι. ὥστε μ        ⋇ β΄ ⋇    ἐτῶν ὕστερον γεγονέναι τὸν Ἰσαὰρ ἀφ᾽ οὗ τὴν Σεπφώραν
HEup.  9  34    5  χαλκοῖς ταλαντιαίοις καταλαμβάνοντα(ς) τοὺς            ⋇ δύο ⋇   δόμους. οὕτω δ᾽ αὐτὸν οἰκοδομῆσαντα ξυλῶσαι ἔσωθεν
HEup.  9  34    6  χωνεύσαντα καὶ τοῦτον καταχέαντα. ποιῆσαι δὲ           ⋇ δύο ⋇   στύλους χαλκοῦς καὶ καταχρυσῶσαι αὐτοὺς χρυσίῳ ἀδόλῳ
HEup.  9  34   10  ποιῆσαι δὲ καὶ βάσιν χαλκῆν τῷ ὕψει πηχῶν              ⋇ δυοῖν ⋇ κατὰ τὸν λουτῆρα ἵν᾽ ἐφεστήκῃ ἐπ᾽ αὐτῆς ὁ βασιλεὺς
HEup.  9  34   11  τὸ δὲ ὕψος πηχῶν δώδεκα. ποιῆσαι δὲ καὶ δακτυλίους      ⋇ δύο ⋇   χαλκοῦς ἀλυσιδωτοὺς καὶ στῆσαι αὐτοὺς ἐπὶ
HEup.  9  34   16  πεντακοσίους. τὸ δὲ σύμπαν χρυσίον τὸ εἰς τοὺς         ⋇ δύο ⋇   στύλους καὶ τὸν ναὸν καταχρησθὲν εἶναι τάλαντα
HEup.  9  34   16  ἀργυρίου τάλαντα χίλια διακόσια τριάκοντα              ⋇ δύο ⋇   χαλκοῦ δὲ εἰς τοὺς κίονας καὶ τὸν λουτῆρα καὶ τὴν
HEup.  9  34   20  εἶναι χρυσᾶς. βιῶσαι δὲ αὐτὸν ἔτη πεντήκοντα           ⋇ δύο ⋇   ὧν ἐν εἰρήνῃ βασιλεῦσαι ἔτη μ΄. εἶτα Ἰωαχεὶμ ἐπὶ
HCle.  1  15  241  ἀπὸ Σουρεὶμ μὲν τὴν Ἀσσυρίαν κεκλῆσθαι ἀπὸ δὲ τῶν      ⋇ δύο ⋇   Ἀφέρα τε καὶ Ἰάφρα πόλιν τε Ἄφραν καὶ τὴν χώραν
HHec.  1  22  198  μέγα οὗ βωμός ἐστι καὶ λυχνίον ἀμφότερα χρυσᾶ          ⋇ δύο ⋇   τάλαντα τὴν ὁλκήν. ἐπὶ δὲ τούτων φῶς ἐστιν
LThe.  1  22    1  ὅρια λαχνήεντα πονεῦσιν. ἐξ αὑτῆς δὲ μάλ᾽ ἄγχι         ⋇ δύ᾽ ⋇   οὔρεα φαίνετ᾽ ἐρυμνὰ ποίης τε πλήθοντα καὶ ὕλης τῶν
LEze.  9  28  3 17 φόνον. τῇ ᾽παύριον δὲ πάλιν ἰδὼν ἄνδρας                ⋇ δύο ⋇   μάλιστα δ᾽ αὐτοὺς συγγενεῖς πατουμένους λέγω τί
LEze.  9  29 13 12 ὑσσώπου κόμης εἰς αἷμα βάψαι καὶ θιγεῖν σταθμῶν         ⋇ δυοῖν ⋇ ὅπως παρέλθῃ θάνατος Ἑβραίων ἄπο. ταύτην δ᾽
LAri.  7  32   18  τὴν σελήνην δέ. τῶν γὰρ ἰσημερινῶν τμημάτων ὄντων       ⋇ δύο ⋇   τοῦ μὲν ἐαρινοῦ τοῦ δὲ μετοπωρινοῦ καὶ διαμετρούντων
FrAn.  1 217    5  πτωχοῖς μηδὲν ἑαυτῷ καταλείψας πλὴν νομισμάτων          ⋇ δύο. ⋇  καὶ πτωχεύσας πάνυ καὶ ὑπὸ μηδενὸς ἐκ θείας
FrAn.  1 217    9  ὑπάρχοντά μου. πορευομένου δὲ αὐτοῦ εἶδεν ἄνδρας        ⋇ δύο ⋇   μαχομένους πρὸς ἀλλήλους εὑρόντας λίθον τίμιον καὶ
FrAn.  1 217   12  μάχεσθε; δότε μοι αὐτὸν καὶ λάβετε νομίσματα            ⋇ δύο. ⋇  τῶν δὲ μετὰ χαρᾶς τοῦτον παρασχόντων οὐ γὰρ ᾔδεσαν
```

δυσαπάλλακτος
```
Aris.     86    6  κόλπωσιν μέχρι τῆς ἄνω διατάσεως ἠδεῖάν τινα καὶ   ⋇ δυσαπάλλακτον ⋇  τὴν θεωρίαν ἔχοντος τοῦ πράγματος. ἥ τε
```
δυσαπολόγητος
```
Aris.    213    2  ἑξῆς πῶς ἂν ἐν τοῖς ὕπνοις ἀτάραχος εἴη; ὁ δὲ ἔφη ⋇ δυσαπολόγητον ⋇  ἠρώτηκας πρᾶγμα. συναναφέρειν γὰρ οὐ
```
δυσαπόσπαστος
```
Aris.    123    2  ἀρετῆς. νοῆσαι δ᾽ ἦν ὡς ἠγάπησαν τὸν Ἐλεάζαρον    ⋇ δυσαποσπάστως ⋇  ἔχοντες καὶ ἐκεῖνος αὐτοὺς χωρὶς καὶ τοῦ
```
δυσείσβολος
```
Aris.    118    2  Ἀζωτίων χώραν. περιέχεται δὲ ἀσφαλείαις αὐτοφυέσι ⋇ δυσείσβολος ⋇  οὖσα καὶ πλήθεσιν ἀπραγμάτευτος διὰ τὸ
                                                          1
```
δυσηχής
```
Sib.   3  566  ναὸν μεγάλοιο θεοῦ ὁλοκαρπώσασα ἐκφεύξῃ πολέμοιο ⋇ δυσηχέος ⋇  ἠδὲ φόβοιο καὶ λοιμοῦ καὶ δοῦλον ὑπεκφεύξῃ
Sib.   5  246  καὶ σῳζομένης πάλι Μοίραις κλῦθι πικρᾶς φήμης     ⋇ δυσηχέος ⋇  ἀνδράσι πῆμα. ἀλλ᾽ ὁπόταν Περσὶς γαῖ᾽ ἀπόσχηται
                                                          2
```
δύσις
```
Adam  15    2  θεοῦ. ἐγὼ δὲ ἐφύλαττον ἐν τῷ κλήρῳ μου νότον καὶ  ⋇ δύσιν. ⋇  ἐπορεύθη δὲ ὁ διάβολος εἰς τὸν κλῆρον τοῦ Ἀδὰμ
Hen.  13    7  Δὰν ἐν γῇ Δὰν ἥτις ἐστὶν ἐκ δεξιῶν Ἑρμωνειεὶμ     ⋇ δύσεως ⋇  ἀνεγίγνωσκον τὸ ὑπόμνημα τῶν δεήσεων αὐτῶν. ὡς
Hen.  17    4  ἀπήγαγόν με μέχρι ὑδάτων ζώντων καὶ μέχρι πυρὸς    ⋇ δύσεως ⋇  ὅ ἐστιν καὶ παρέχων πάσας τὰς δύσεις τοῦ ἡλίου.
Hen.  17    4  μέχρι πυρὸς δύσεως ὅ ἐστιν καὶ παρέχον πάσας τὰς   ⋇ δύσεις ⋇  τοῦ ἡλίου. καὶ ἤλθομεν μέχρι ποταμοῦ πυρὸς ἐν ᾧ
Hen.  17    5  τὸ πῦρ ὡς ὕδωρ καὶ ῥέει εἰς τὴν θάλασσαν μεγάλην   ⋇ δύσεως. ⋇ ἴδον τοὺς μεγάλους ποταμοὺς καὶ μέχρι τοῦ
Hen.  26    2  ἅγιον ὑποκάτω τοῦ ὄρους ὕδωρ ἐξ ἀνατολῶν καὶ τὴν   ⋇ δύσιν ⋇  εἶχεν πρὸς νότον. καὶ ἴδον πρὸς ἀνατολὰς ἄλλο ὄρος
Bar.   7    6  μὴ φοβοῦ Βαροὺχ ἀλλ᾽ ἔκδεξαι καὶ ὄψει καὶ τὴν     ⋇ δύσιν ⋇  αὐτῶν. καὶ λαβών με ἤγαγέν με ἐπὶ δυσμάς. καὶ ὅταν
Job   37    8  ὁρῶμεν ἀνατέλλοντα ἐν ἀνατολαῖς, δύναντα δὲ ἐν τῇ  ⋇ δύσει, ⋇  καὶ πάλιν ἀνιστάμενοι κατὰ πρωὶ εὑρίσκομεν τὸν
Sib.   3   26  πρώτων πλασθέντα καὶ οὔνομα πληρώσαντα ἀντολίην τε ⋇ δύσιν ⋇  τε μεσημβρίην τε καὶ ἄρκτον αὐτὸς δ᾽ ἐστήριξε
Sib.   3  334  ⟨δ᾽⟩ ἔρημος ἅπασα σέθεν καὶ ἔρημα πόληες. ἐν δὲ    ⋇ δύσει ⋇  ἀστὴρ λάμψει ὃν ἐροῦσι κομήτην ῥομφαίας λιμοῦ
Sib.   4  137  εὐσεβέων ὅτι φῦλον ἀναίτιον ἐξολέσουσιν. ἐς δὲ     ⋇ δύσιν ⋇  τότε νεῖκος ἐγειρομένου πολέμοιο ἥξει καὶ Ῥώμης ὁ
Sib.   5  428  ἀίδιοιο θεοῦ δόξαν πεποθημένον εἶδος ἀντολίαι       ⋇ δύσιές ⋇ τε θεοῦ κλέος ἐξύμνησαν. οὐκέτι γὰρ πέλεται
                                                          19
```
δυσμαί
```
Hen.  22    1  ἐφώδευσα εἰς ἄλλον τόπον καὶ ἔδειξέν μοι πρὸς      ⋇ δυσμάς ⋇  ἄλλο ὄρος μέγα καὶ ὑψηλὸν πέτρας στερεάς. καὶ
Hen.  23    1  τοῦ αἰῶνος. κἀκεῖθεν ἐφώδευσα εἰς ἄλλον τόπον πρὸς ⋇ δυσμάς ⋇  τῶν περάτων τῆς γῆς. καὶ ἐθεασάμην πῦρ διατρέχον
Hen.  23    4  ὃς μετ᾽ ἐμοῦ ἦν οὗτος ὁ δρόμος τοῦ πυρὸς τὸ πρὸς   ⋇ δυσμάς ⋇  πῦρ τὸ ἐκδιῶκόν ἐστιν πάντας τοὺς φωστῆρας τοῦ
Hen.  26    4  αὐτῆς ὕδωρ πορεύεται ὑποκάτω ὑπὸ τὸ ὄρος. καὶ πρὸς ⋇ δυσμάς ⋇  τούτου ἄλλο ὄρος ταπεινότερον αὐτοῦ καὶ οὐκ ἔχον
Hen.  28    3  φερόμενον ὡς ὑδραγωγὸς δαμιλὴς ὡς πρὸς βορρᾶν ἐπὶ  ⋇ δυσμὰς ⋇  πάντοθεν ἀνάγει ὕδωρ καὶ δρόσον. ἔτι ἐκεῖθεν
TLevi 18 2B065 ἐν τῇ ζωῇ μου καὶ ἐν τῷ ι΄ μηνὶ ἐγεννήθη ἐπὶ      ⋇ δυσμὰς ⋇  ἡλίου. καὶ πάλιν συλλαβοῦσα ἔτεκεν ἐξ ἐμοῦ κατὰ
TJud.  5    2  ἀπ᾽ ἀνατολῶν τῆς πόλεως Ῥουβὴμ δὲ καὶ Λευὶ ἀπὸ    ⋇ δυσμῶν ⋇  καὶ νότου. καὶ νομίσαντες οἱ ἐπὶ τοῦ τείχους ὅτι
Asen. 16   17  ἀνατολὰς ⟨καὶ εἵλκυσεν ἐπὶ τὸ ἄκρον τὸ βλέπον κατὰ ⋇ δυσμὰς ⋇  καὶ ἡ ὁδὸς τοῦ δακτύλου αὐτοῦ ἐγένετο ὡς αἷμα⟩.
Sal.  11    2  ἐφ᾽ ὑψηλοῦ καὶ ἴδε τὰ τέκνα σου ἀπὸ ἀνατολῶν καὶ   ⋇ δυσμῶν ⋇  συνηγμένα εἰς ἅπαξ ὑπὸ κυρίου. ἀπὸ βορρᾶ ἔρχονται
Sal.  17   12  ἐν ὀργῇ κάλλους αὐτοῦ ἐξαπέστειλεν αὐτὰ ἕως ἐπὶ    ⋇ δυσμῶν ⋇  καὶ τοὺς ἄρχοντας τῆς γῆς εἰς ἐμπαιγμὸν καὶ οὐκ
Bar.   8    1  καὶ τὴν δύσιν αὐτῶν. καὶ λαβών με ἤγαγε με ἐπὶ     ⋇ δυσμάς. ⋇ καὶ ὅταν ἦλθεν ὁ καιρὸς τοῦ δῦσαι ὁρῶ πάλιν
Sib.   3  324  αἰαῖ σοι Λιβύη αἰαῖ δὲ θάλασσά τε καὶ γῆ θυγατέρες ⋇ δυσμῶν ⋇  ὡς ἥξετε πικρὸν ἐς ἦμαρ. ἥξετε καὶ χαλεποῖο
Sib.   4  102  μέγιστον. οὐδὲ Μακηδονίης ἔσται κράτος ἀλλ᾽ ἀπὸ   ⋇ δυσμῶν ⋇  Ἰταλὸς ἀνθήσει πόλεμος μέγας ᾧ ὕπο κόσμος
Sib.   5  104  μοῖραν τριτάτην δειλοῖσι βροτοῖσιν. αὐτὸς δ᾽ ἐκ    ⋇ δυσμῶν ⋇  εἰσπήτασεται ἅλματι κούφῳ σύμπασαν γαῖαν πολιορκῶν
Sib.   5  371  δ᾽ αὖ πεπτηῶτας ἀνορθώσει διὰ ζῆλον. ἔσται δ᾽ ἐκ  ⋇ δυσμῶν ⋇  πόλεμος πολὺς ἀνθρώποισιν ῥεύσει δ᾽ αἷμαθ᾽ ἕως
Sib.   5  374  στάξει χόλος ἐν πεδίοισιν --- συμμαχίην +δῶ δ᾽ + ἐκ ⋇ δυσμῶν ⋇ βασιλῆι δ᾽ ὄλεθρον. τοῖα κατὰ χειμερίη πνοιὴ
Sib.   5  463  πολυαίματος ἐν κονίησιν ὃν παύσει Ῥώμης βασιλεὺς  ⋇ δυσμῶν ⋇  τε δυνάται. χειμερίη ὁπόταν ῥιπὴ στάξῃ χιονώδης
LEze. 9 29 14 25 τις κλήζεται πόλις βροτοῖς). ἐπεὶ δὲ Τιτὰν ἥλιος ⋇ δυσμαῖς ⋇ προσῆν ἐπέσχομεν θέλοντες ὄρθριον μάχην
FrAn. 15       δύναμιν αὐτοῦ ἀπὸ ἡλίου ἀνατολῶν μέχρις ἡλίου      ⋇ δυσμῶν. ⋇ οὓς κεκλήκει καὶ οὓς οὐ κεκλήκει πορεύσονται
                                                          1
```
δυσμάχητος
```
HCal. 28    8  γνωρίζεσθαι πεποίηκε διά τε τὸ ἀνδρεῖον καὶ        ⋇ δυσμάχητον ⋇  Φιλίππου δὲ σχῆμα ἔχειν καὶ ἰατρικὸν καὶ
                                                          4
```
δυσμενής
```
Sib.   3  269  καὶ νήπια τέκνα ὄψει δουλεύοντα παρ᾽ ἀνδράσι       ⋇ δυσμενέεσσιν ⋇  ἠδ᾽ ἀλόχους καὶ πᾶς βίοτος καὶ πλοῦτος
Sib.   3  686  τείχεα δ᾽ εὐποίητα χαμαὶ πεσέονται ἅπαντα ἀνδρῶν   ⋇ δυσμενέων ⋇    ὅτι τὸν νόμον οὐκ ἔγνωσαν οὐδὲ κρίσιν μεγάλοιο
Sib.   5  304  τε στεροπαῖς τε κεραυνοῖς τε φλεγέθουσιν ἀνδράσι   ⋇ δυσμενέεσσι ⋇   καὶ ὡς ἀσεβὲς ὀλοθρεύσει ὥστε μένειν νέκυας
Sib.   5  353  αὐτὸν ἄνακτα θεὸν πανεπίσκοπον οὐρανόθι πρό. αὐτὸς ⋇ δυσμενέας ⋇     ἄνδρας τότε δ᾽ οὐκ ἐλεήσει ἀρνῶν ἠδ᾽ οἵων
                                                          3
```
δύσμορος
```
Sib.   5  167  παίδων μῖξις ἄθεσμος θηλυγενὴς ἄδικός τε κακὴ πόλι ⋇ δύσμορε ⋇  πασῶν. αἰαῖ πάντ᾽ ἀκάθαρτε πόλι Λατινίδος αἴης
Sib.   5  392  ἐῷ συζεύξατο νύμφη ἐν σοὶ καὶ βασιλεῖς στόμα       ⋇ δύσμορον ⋇ ἐξεμήναν ἐν σοὶ καὶ κτηνῶν εὗρον κοίτην κακοὶ
LEze. 9 28 2 11 αἰκίζων βροτοὺς πόλεις τ᾽ ἐπύργου σφῶν ἕκατι     ⋇ δυσμόρων. ⋇ ἔπειτα κηρύσσει μὲν Ἑβραίων γένει †ἀρσενικὰ
                                                          1
```
δύσνοια
```
Aris.    270    6  τὸ κερδαίνειν. τὸ μὲν γὰρ ἀγαπήσεως σημεῖον τὸ δὲ ⋇ δυσνοίας ⋇  καὶ καιροτηρήσεως ὃς γὰρ ἐπὶ τὸ πλεονεκτεῖν
                                                          1
```
δυσνομία
```
Sib.   3  377  καὶ στοργὴ πίστις φιλίη ξείνων ἄπο καύτων +ἠδέ τε  ⋇ δυσνομίη ⋇  μῶμος φθόνος ὀργὴ ἄνοια φεύξετ᾽ ἀπ᾽ ἀνθρώπων
                                                          1
```
δύσπιστος
```
Sib.   4   40  ὅσσ᾽ αὐτοὶ ῥέξουσιν ἀτάσθαλα καὶ κακὰ ἔργα.        ⋇ δύσπιστον ⋇ γὰρ ἅπαν μερόπων γένος. ἀλλ᾽ ὅταν ἤδη κόσμου
                                                          2
```
δυσσέβεια
```
Sib.   4  112  χθόνα οἷα μέτοικος ἡνίκα δὴ Πατάρων +ὁμαδόν ποτε   ⋇ δυσσεβίησιν ⋇ βρονταῖς καὶ σεισμοῖσιν ἁλὸς πετάσει μέλαν
Sib.   4  184  θεὸς αὐτὸς κρίνων ἔμπαλι κόσμον ὅσοι δ᾽ ὑπὸ        ⋇ δυσσεβίησιν ⋇ ἥμαρτον τοὺς δ᾽ αὖτε χυτῇ κατὰ γαῖα καλύψει
```
δυσσεβής
```
Sib.   4   43  ποιήσει κρίνων ἀσεβεῖς θ᾽ ἅμα εὐσεβέας τε καὶ τότε ⋇ δυσσεβέας ⋇ μὲν ὑπὸ ζόφον ἐν πυρὶ πέμψει (καὶ τότ᾽
```
δύστηνος
```
Sib.   5  191  ἐξολέσει λαὸν σὺ δὲ εἵματα φαιὰ λαβοῦσα θρηνήσεις  ⋇ δύστηνε ⋇  μόνη καὶ πάντ᾽ ἀποτίσεις ὅσσα τὸ πρόσθεν ἔρεξας
```
δυστήρητος
```
FPho.    217       δέ μιν ἄχρι γάμων πρὸ δόμων ὀφθῆμεν ἐάσῃς. κάλλος ⋇ δυστήρητον ⋇ ἔφυ παίδων τοκέεσσιν. ⟨στέργε φίλους ἄχρις
```
δυστοκέω
```
TLevi 11    7  τὸν Μεραρὶ τεσσαρακοστῷ ἔτει ζωῆς μου. καὶ ἐπειδὴ  ⋇ ἐδυστόκησεν ⋇ ἡ μήτηρ αὐτοῦ ἐκάλεσεν αὐτὸν Μεραρὶ ὅ ἐστι
```
δυστυχέω
```
HAno. 9 17  5  χρήματα λαβὼν ἀπολυτρώση ταῦτα μὴ προελέσθαι τοῖς  ⋇ δυστυχοῦσιν ⋇ ἐπεμβαίνειν ἀλλὰ τὰς τροφὰς λαβόντα τῶν
FrAn. 10 98 1  ὀγδόης ποιήσω ὅ ἐστιν ἄλλου κόσμου ἀρχήν. τότε γὰρ ⋇ δυστυχήσειν ⋇ τὰ τῇδε πράγματα ὅταν ἀνδριᾶσι πιστεύσωσιν.
```
δυσφορέω
```
Asen. 23    1  πρωτότοκος. καὶ εἶδεν τὴν Ἀσενὲθ καὶ κατενύγη καὶ  ⋇ ἐδυσφόρει ⋇  βαρέως καὶ κακῶς εἶχε διὰ τὸ κάλλος αὐτῆς καὶ
                                                          1
```
δύσφραστος
```
LEze. 9 29 9 02 χθονός. οὐκ εὔλογος πέφυκα γλῶσσα δ᾽ ἐστί μοι     ⋇ δύσφραστος ⋇ ἰσχνόφωνος ὥστε μὴ λόγους ἐμοὺς γενέσθαι
```
δυσχεραίνω
```
Aris.    182    8  παραγένοιντο πρὸς τοὺς βασιλεῖς ἵνα κατὰ μηθὲν   ⋇ δυσχεραίνοντες ⋇ ἱλαρῶς διεξάγωσιν ὃ καὶ περὶ τούτους
                                                          1
```
δυσώδης
```
Abr. 1  19    6  καὶ τῆς φοβερᾶς ἀστραπῆς καὶ τί τὰ ποτήρια τὰ     ⋇ δυσώδη ⋇  φάρμακα καὶ μεμεστωμένα δίδαξόν μοι περὶ πάντων.
```

δυσωδία 5
TBen. 8 3 ἀλλὰ μᾶλλον ἀμφότερα ψύγει καὶ ἀπελαύνει τὴν * δυσωδίαν * οὕτω καὶ ὁ καθαρὸς νοῦς ἐν τοῖς μιασμοῖς τῆς
Job 31 2 ού. οἱ δὲ μακρά μου ὄντες ὡς ἥμισυ σταδίου διὰ τὴν * δυσωδίαν * τοῦ σώματός μου ἀναστάντες προσήγγισάν μοι
Job 32 8 τὰ θυμιατήρια τῆς εὐώδους ἐκκλησίας ἔχων, νυνὶ ἐν * δυσωδίᾳ * ὑπάρχεις σὺ εἶ ὁ τοὺς χρυσέους λύχνους ἐπὶ τὰς
Job 34 4 χώρας αὐτὸς ἐν ταλαιπωρίᾳ σκωλήκων κάθηται καὶ * δυσωδίαις, * καὶ ἀκμὴν ἐπαίρεται καθ' ἡμῶν Βασιλεῖαι
Job 35 2 ὑγιαίνοντες οὐκ ἰσχύσαμεν προσεγγίσαι αὐτῷ διὰ τὴν * δυσωδίαν * εἰ μὴ διὰ πλείονος εὐωδίας σὺ ὅλως, Ελιφα,
δυτικός 1
Prop. 12 11 περὶ συντελείας τοῦ ναοῦ προεῖπεν ὅτι ὑπὸ ἔθνους * δυτικοῦ * γενήσεται. τότε ἄπλωμά φησι τοῦ Δαβὴρ εἰς μικρὰ
δύω (δύνω) 15
Hen. 2 1 τοὺς ἐν τῷ οὐρανῷ ὡς τὰ πάντα ἀνατέλλει καὶ * δύνει * τεταγμένος ἕκαστος ἐν τῷ τεταγμένῳ καιρῷ καὶ ταῖς
Hen. 100 2 οὔτε ἀπὸ τοῦ ἀδελφοῦ αὐτοῦ ἐξ ὄρθρων μέχρις οὗ * δῦναι * τὸν ἥλιον φονευθήσονται ἐπὶ τὸ αὐτό. καὶ
Abr.2 4 4 ἤμελλεν ἑτοιμάζειν τὸ ἄριστον. ἤγγισεν δὲ ὁ ἥλιος * δύνειν * καὶ ἐξῆλθεν Μιχαὴλ καὶ ἀνελήφθη εἰς τοὺς οὐρανοὺς
Abr.2 4 5 προσκυνῆσαι ἐνώπιον τοῦ θεοῦ τοῦ γὰρ ἡλίου * δύνοντος * προσκυνοῦσιν πάντες οἱ ἄγγελοι τὸν θεὸν πρῶτος
Asen. 10 1 τῶν ἑπτὰ παρθένων καὶ ἐβαρυθύμει καὶ ἔκλαιεν ἕως * ἔδυ * ὁ ἥλιος. καὶ ἄρτον οὐκ ἔφαγε καὶ ὕδωρ οὐκ ἔπιεν καὶ
Asen. 10 16 πρόσωπον ἐπὶ τῆς τέφρας ἕως δείλης καὶ μέχρι τοῦ * δῦναι * τὸν ἥλιον. καὶ οὕτως ἐποίησεν Ἀσενὲθ τὰς ἑπτὰ
Asen. 27 5 ἄνδρας τοὺς ὄντας μετὰ τοῦ υἱοῦ τοῦ Φαραώ. καὶ * ἔδυσαν * πάντας οἱ λίθοι διὰ τῶν κροτάφων αὐτῶν. καὶ οἱ
Bar. 8 1 ἤγαγέν με ἐπὶ δυσμάς. καὶ ὅταν ἦλθεν ὁ καιρὸς τοῦ * δῦσαι * ὁρῶ πάλιν ἔμπροσθεν τὸ ὄρνεον ἐρχόμενον καὶ τὸν
Job 37 8 διά τί ἥλιον μὲν ὁρῶμεν ἀνατέλλοντα ἐν ἀνατολαῖς, * δύνοντα * δὲ ἐν τῇ δύσει, καὶ πάλιν ἀνιστάμενοι κατὰ πρωὶ
Sib. 3 94 χέρσου ἁπάσης ἠελίου ἀνιόντος ὅς οὐ δὴ καὶ πάλι * δύνει * πάνθ' ὑπακούσονται κόσμον πάλιν εἰσανιόντι τοὔνεκ'
Sib. 3 420 πρέσβυς βροτὸς ἔσσεται αὖτις ψευδόπατρις * δύσει * δὲ φάος ἐν ὀπῇσιν ἑῇσιν νοῦν δὲ πολὺν καὶ ἔπος
Sib. 3 479 ἀέλλαις καὶ πληγαῖς ἁγίοιο θεοῦ κατὰ βένθεα πόντου * δύσονται * κατὰ κῦμα θαλασσείοις τεκέεσσιν. αἰαῖ
Sib. 5 121 πανέρημος ἐν ἀνθρώποισι φανεῖται. Λέσβος ὅλη * δύσει * βαθὺν εἰς βυθὸν ὥστ' ἀπολέσθαι. Σμύρνα κατὰ
Sib. 5 477 μυρία δ' οἰμώξει δειλὴ γενεὴ κατὰ τέρμα ἠελίου * δύνοντος * ἵν' ἔμπαλι μηκέτ' ἀνέλθῃ ὠκεανοῦ μείνας ἵν' ἐφ'
LThe. 9 22 11 Συχὲμ ἄσπετα μαργήναντα. ἧλασε δὲ κληῖδα μέσην * δῦ * δὲ ξίφος ὀξὺ σπλάγχνα διὰ στέρνων λίπε δὲ ψυχὴ δέμας
δώδεκα 33
Abr.1 2 1 τοὺς υἱοὺς Μασὲκ καὶ ἑτέροις παισὶν τὸν ἀριθμὸν * δώδεκα. * καὶ ἰδοὺ ὁ ἀρχιστράτηγος ἤρχετο πρὸς αὐτόν. ἰδὼν
Abr.1 13 6 καὶ ἐν τῇ δευτέρᾳ παρουσίᾳ ⟨κριθήσονται⟩ ὑπὸ τῶν * δώδεκα * φυλῶν τοῦ Ἰσραὴλ καὶ πᾶσα πνοὴ καὶ πᾶσα κτίσις
Abr.2 7 13 λάμπουσί μοι αἱ ἀκτῖνες πᾶσαι εἰ μὴ πληρωθῶσιν αἱ * δώδεκα * ὧραι τῆς ἡμέρας ἵνα ὅλας τὰς ἀκτῖνας λάβωσιν ἄνω
TLevi 9 12 νίπτου καὶ ἀπαρτίζων πάλιν τὴν θυσίαν νίπτου. * δώδεκα * δένδρων ἀεὶ ἐχόντων φύλλα ἄναγε κυρίῳ ὡς κάμὲ
TLevi 18 2B023 ἐπισκοπῶν αὐτὰ πρῶτον ἀπὸ παντὸς μολυσμοῦ * ιβ' * ξύλα εἴρηκέν μοι ἐπὶ τὸν βωμὸν προσφέρε⟨ιν⟩ ὧν ἐστιν
TJud. 3 7 βασιλέα πάντων τῶν βασιλέων γίγαντα τῇ ἰσχύι πηχῶν * ιβ'. * καὶ ἐπέπεσεν ἐπ' αὐτοὺς τρόμος καὶ ἐπαύσαντο
TNep. 5 4 ὡς ἡλίου νεανίας τις ἐπιδίδωσιν αὐτῷ βάϊα φοινίκων * δώδεκα * καὶ Ἰούδας ἦν λαμπρὸς ὡς ἡ σελήνη καὶ ὑπὸ τοὺς
TNep. 5 4 λαμπρὸς ὡς ἡ σελήνη καὶ ὑπὸ τοὺς πόδας αὐτοῦ ἦσαν * δώδεκα * ἀκτῖνες. καὶ προσδραμόντες ἀλλήλοις ὁ Λευὶ καὶ
TNep. 5 8 Χαλδαῖοι Σύροι κληρονομήσουσιν ἐν αἰχμαλωσίᾳ τὰ * δώδεκα * σκῆπτρα τοῦ Ἰσραήλ. καὶ πάλιν μετὰ μῆνας ἑπτὰ
TJos. 19 2 Ἰακώβ. ἀκούσατε τέκνα μου καὶ ὧν εἶδον ἐνυπνίων. * δώδεκα * ἔλαφοι ἐνέμοντο καὶ οἱ ἐννέα διαιρέθησαν καὶ
TBen. 1 4 ἐθήλασα. ἡ γὰρ Ῥαχὴλ μετὰ τὸ τεκεῖν τὸν Ἰωσὴφ * δώδεκα * ἔτη ἐστείρευσεν καὶ προσηύξατο κυρίῳ μετὰ
TBen. 1 4 ἔτη ἐστείρευσεν καὶ προσηύξατο κυρίῳ μετὰ νηστείας * δώδεκα * ἡμέρας καὶ συλλαβοῦσα ἔτεκέ με. σφόδρα γὰρ ὁ
TBen. 9 2 καὶ ἔνδοξος ἔσται ὁ ἔσχατος ὑπὲρ τὸν πρῶτον. καὶ * δώδεκα * φυλαὶ ἐκεῖ συναχθήσονται καὶ πάντα τὰ ἔθνη ἕως οὗ
Asen. 3 2 τῇ πόλει ἐκείνῃ Ἰωσὴφ ἀπέστειλεν ἔμπροσθεν αὐτοῦ * δώδεκα * ἄνδρας πρὸς Πεντεφρῆ τὸν ἱερέα λέγων πρός σε
Asen. 5 5 ἐπὶ τῆς κεφαλῆς αὐτοῦ καὶ κύκλῳ τοῦ στεφάνου ἦσαν * δώδεκα * λίθοι ἐκλεκτοὶ καὶ ἐπάνω τῶν δώδεκα λίθων ἦσαν
Asen. 5 5 στεφάνου ἦσαν δώδεκα λίθοι ἐκλεκτοὶ καὶ ἐπάνω τῶν * δώδεκα * λίθων ἦσαν δώδεκα ἀκτῖνες χρυσαῖ. καὶ ῥάβδος
Asen. 5 5 λίθοι ἐκλεκτοὶ καὶ ἐπάνω τῶν δώδεκα λίθων ἦσαν * δώδεκα * ἀκτῖνες χρυσαῖ. καὶ ῥάβδος βασιλικὴ ἐν τῇ χειρὶ
Jer. 9 18 γὰρ ἐλεύσεται καὶ ἐξελεύσεται καὶ ἐπιλέξεται ἑαυτῷ * δώδεκα * ἀποστόλους ἵνα εὐαγγελίζωνται ἐν τοῖς ἔθνεσιν ὃν
Prop. 5 2 ἡ ἐν Σηλὼμ μερισθῇ ἀφ' ἑαυτῆς καὶ γένωνται δρύες * δώδεκα. * Μιχαίας ὁ Μωραθὶ ἦν ἐκ φυλῆς Ἐφραΐμ. πολλὰ
Job 10 2 τοῖς ξένοις μόνοις εἶχον δὲ καὶ τῶν χηρῶν ἄλλας * δώδεκα * τραπέζας κειμένας καὶ εἴ τις ξένος προήρχετο
FJub. 4 10 τούτους ὡς εἶναι αὐτῷ δύο μὲν θυγατέρας ἄρρενας δὲ * δώδεκα * ἕνα μὲν ἀποκτανθέντα ἕνδεκα δὲ περιλειφθέντας τῷ
HDem. 9 21 3 καὶ γενέσθαι ἐν ἑπτὰ ἔτεσιν ἄλλοις αὐτῷ παιδία * ιβ' * ὀγδόῳ μὲν ἔτει μηνὶ δεκάτῳ Ῥουβὶν καὶ τῷ ἔτει δὲ τῷ
HDem. 9 21 5 ὥστε γεγονέναι ἐν τοῖς ἑπτὰ ἔτεσι τοῖς παρὰ Λάβαν * δώδεκα * παιδία. θέλοντα δὲ τὸν Ἰακὼβ πρὸς τὸν πατέρα εἰς
HDem. 9 21 8 ἑτέραν πόλιν Σικίμων ἔχοντα παιδία Ῥουβὶμ ἐτῶν * δώδεκα * μηνῶν δυοῖν Συμεῶνα ἐτῶν ἕνδεκα μηνῶν τεσσάρων
HDem. 9 29 15 ὕδωρ. ἐκεῖθεν δὲ εἰς Ἐλεὶμ ἐλθεῖν καὶ εὑρεῖν ἐκεῖ * δώδεκα * μὲν πηγὰς ὑδάτων ἑβδομήκοντα δὲ στελέχη φοινίκων.
HEup. 9 30 8 μ' Σολομῶνι τῷ υἱῷ τὴν ἀρχὴν παραδοῦναι ὄντι ἐτῶν * ιβ' * ἐνώπιον Ἠλεὶ τοῦ ἀρχιερέως καὶ τῶν δώδεκα φυλάρχων
HEup. 9 30 8 ὄντι ἐτῶν ιβ' ἐνώπιον Ἠλεὶ τοῦ ἀρχιερέως καὶ τῶν * δώδεκα * φυλάρχων καὶ παραδοῦναι αὐτῷ τόν τε χρυσὸν καὶ
HEup. 9 34 4 ἐργάζεσθαι δὲ τὰ ἔθνη τὰ προειρημένα καὶ φυλὰς * δώδεκα * τῶν Ἰουδαίων καὶ παρέχειν ταῖς ἑκκαίδεκα μυριάσι
HEup. 9 34 9 δὲ καὶ τὰς βάσεις τοῦ λουτῆρος τορευτὰς χωνευτὰς * δώδεκα * καὶ τῷ ὕψει ἀνδρομήκεις καὶ στῆσαι ἐξ ὑστέρου
HEup. 9 34 10 πηχῶν κ ε' ἐπὶ πήχεις κ' τὸ δὲ ὕψος πηχῶν * δώδεκα. * ποιῆσαι δὲ καὶ δακτυλίους δύο χαλκοῦς
HEup. 9 39 5 πεζῶν μὲν ὀκτωκαίδεκα ἱππέων δὲ μυριάδας * δώδεκα * καὶ πεζῶν ἅρματα μυρία πρῶτον μὲν τὴν Σαμαρεῖτιν
HHec. 1 22 197 τὴν περίμετρον ἣν οἰκοῦσι μὲν ἀνθρώπων περὶ * δώδεκα * μυριάδες καλοῦσι δ' αὐτὴν Ἱεροσόλυμα. ἐνταῦθα δ'
LEze. 9 29 16 08 ὑγράς τε λιβάδας δαψιλῆς χῶρος βαθὺς πηγὰς ἀφύσσων * δώδεκ' * ἐκ μιᾶς πέτρας στελέχη δ' ἐρυμνὰ πολλὰ φοινίκων
δωδεκάπληγον 1
Esdr. 4 21 με εἰς τὸ ἔδαφος τῆς ἀπωλείας καὶ ἴδον ἐκεῖ τὸ * δωδεκάπληγον * τῆς ἀβύσσου. καὶ ἀπήγαγόν με ἐπὶ τὴν
δωδέκατος 7
Hen. 6B 7 η' Ζακιὴλ θ' Βαλκιὴλ ι' Ἀζαλζὴλ ια' Φαρμαρὸς * ιβ' * Ἀμαριὴλ ιγ' Ἀναγημὰς ιδ' Θαυσαὴλ ιε' Σαμιὴλ ις'
Aris. 50 4 Ἰώσηφος Ἰούδας Ἰωνάθης Χαλεβ Δοσίθεος. * δωδεκάτης * Ἰσάηλος Ἰωάννης Θεοδόσιος Ἄρσαμος Ἀβιήτης
HDem. 9 21 3 τῷ ἑνδεκάτῳ ἔτει μηνὶ πέμπτῳ καὶ τεκεῖν τῷ * δωδεκάτῳ * ἔτει μηνὶ δευτέρῳ υἱὸν ὃν ὑπὸ Λείας Γάδ
HDem. 9 21 3 καὶ ἐκ τῆς αὐτῆς τοῦ αὐτοῦ ἔτους καὶ μηνὸς * δωδεκάτου * ἕτερον τεκεῖν ὃν καὶ αὐτὸν προσαγορευθῆναι ὑπὸ
HDem. 9 21 4 καὶ τὴν παιδίσκην Ζελφὰν τῷ αὐτῷ χρόνῳ τῷ * δωδεκάτῳ * ἔτει μηνὶ τρίτῳ καὶ τεκεῖν τοῦ αὐτοῦ ἔτους
HDem. 9 21 4 ἔτει μηνὶ τρίτῳ καὶ τεκεῖν τοῦ αὐτοῦ ἔτους μηνὸς * δωδεκάτου * υἱὸν καὶ ὄνομα αὐτῷ θέσθαι Ἰσσάχαρ. καὶ πάλιν
HEup. 1 141 4 πέμπτου ἔτους Δημητρίου βασιλείας Πτολεμαίου τὸ * δωδέκατον * βασιλεύοντος Αἰγύπτου συνάγεσθαι ἔτη 'ε ρ μ
δωδεκάφυλος 1
Sib. 3 249 δ' Αἴγυπτον λείψει καὶ ἀταρπὸν ὁδεύσει λαὸς ὁ * δωδεκάφυλος * ἐν ἡγεμόσιν θεοπέμπτοις ἐν στύλῳ πυρόεντι τὸ
Δωδώνη 1
Sib. 3 144 τὸ τρίτον αὖ Πλούτωνα Ῥέη τέκε δῖα γυναικῶν * Δωδώνην * παριοῦσα ὅθεν ῥέεν ὑγρὰ κέλευθα Εὐρώπου ποταμοῖο
Δωθάϊμ 1
TSim. 2 9 ἐνέγκαι ἄλειμμα τοῖς ποιμνίοις καὶ Ῥουβὴμ εἰς * Δωθάϊμ * ὅπου τὰ ἐγχρήζοντα ἡμῖν καὶ πᾶσα ἡ ἀπόθεσις
δῶμα 7 (cf.+ δόμα (δῶμα))
Sib. 3 463 ὀσμὴ δέ τε θείου. καὶ Σάμος ἐν καιρῷ βασιλήια * δώματα * τεύξει. Ἰταλίη σοὶ δ' οὔτις Ἄρης ἀλλότριος ἥξει
Sib. 3 524 ἵππων θ' ἡμιόνων τε βοῶν τ' ἀγέλας ἐριμύκων * δώματά * τ' εὐποίητα πυρὶ φλέξουσιν ἀθέσμως πολλὰ δὲ
Sib. 4 146 μέγας ὅν ποτε Ῥώμη αὐτὴ συλήσασα πολυκτέανον κατὰ * δῶμα * θήκατο καὶ δὶς ἔπειτα τοσαῦτα καὶ ἄλλ' ἀποδώσει εἰς
IMen. 5 119 2 βλέποντα κἀπιθυμοῦντα ἤτοι γυναικὸς πολυτελοῦς ἢ * δώματος * ἢ κτήσεως παιδός τε παιδίσκης θ' ἁπλῶς ἵππων
HEup. 9 34 6 τό τε ὀρόφωμα ποιῆσαι ἐκ φατνωμάτων χρυσῶν τὸ δὲ * δῶμα * ποιῆσαι χαλκοῦν ἀπὸ κεραμίδων χαλκῶν χαλκὸν
LThe. 9 22 6 γαμβροὺς ἄλλοθεν εἴς γε νυούς τ' ἀγέμεν ποτὶ * δῶμα * ἀλλ' ὅστις γενεῆς ἐξεύχεται εἶναι ὁμοίης. ὅς ποτ'
LEze. 9 28 3 02 νηπίων παρῆλθέ μοι ἤγαγέ με μήτηρ βασιλίδος πρὸς * δώματα * ἅπαντα μυθεύσασα καὶ λέξασά μοι γένος πατρῷον καὶ
δωρεά 1
Sal. 7 1 ἡμῶν ὁ θεὸς ἵνα μὴ ἐπιθῶνται ἡμῖν οἵ ἐμίσησαν ἡμᾶς * δωρεάν. * ὅτι ἀπώσω αὐτοὺς ὁ θεὸς μὴ πατησάτω ὁ πούς αὐτῶν
δωρέω 3
Abr.1 6 5 Ἀβραὰμ ὅτι καὶ καρπὸν κοιλίας ἐξ ἐπαγγελίας ἡμῖν * ἐδωρήσατο * τὸν Ἰσαάκ; ἐκ γὰρ τῶν τριῶν ἀνδρῶν οὗτός
Esdr. 2 16 καὶ πρόσεχε τὰ ὑπ' ἐμοῦ λεγόμενα. ἀλλ' ἐὰν μὴ σὺ * ἐδωρήσω * αὐτῷ τὴν Εὔαν οὐ μὴ ἠπάτησεν αὐτὸν ὁ ὄφις σὺ δὲ
Aris. 290 5 πάντας ἀνθρώπους ὑπερῆρκας τοῦ θεοῦ σοι * δεδωρημένου * ταῦτα. ἐπὶ πλείονα χρόνον καὶ τοῦτον
δώρημα 3
Aris. 276 5 νοῦν ἔχειν ὀξὺν καὶ δύνασθαι κρίνειν ἕκαστα θεοῦ * δώρημα * καλόν ἐστιν ὡς σὺ τοῦτο κέκτησαι βασιλεῦ. κρότῳ
LEze. 9 28 3 04 μυθεύσασα καὶ λέξασά μοι γένος πατρῷον καὶ θεοῦ * δωρήματα. * ἕως μὲν οὖν τὸν παιδὸς εἴχομεν χρόνον τροφαῖσι
LEze. 9 29 8 11 Ἰακώβου τρίτου. μνησθεὶς δ' ἐκείνων καὶ ἔτ' ἐμῶν * δωρημάτων * πάρειμι σῶσαι λαὸν Ἑβραίων ἐμὸν ἰδὼν κάκωσιν
Δωρόθεος 5
Aris. 182 1 τὸ συμπόσιον ἑτοιμάζειν. ὁ δὲ ἀρχεδέατρος Νικάνωρ * Δωρόθεον * προσκαλεσάμενος ὃς ἦν ἐπὶ τούτων ἀποτεταγμένος
Aris. 183 2 τούτους ἐγεγόνει. προσεχέστατος γὰρ ὢν ἄνθρωπος ὁ * Δωρόθεος * εἶχε τὴν τῶν τοιούτων προστασίαν. συνέστρωσε δὲ
Aris. 184 2 τιμᾶν τοὺς ἄνδρας. ὡς δὲ κατεκλίθησαν ἐκέλευσε τῷ * Δωροθέῳ * τοῖς ἐθισμοῖς οἷς χρῶνται πάντες οἱ
Aris. 186 5 ἐτράπησαν τῶν λειτουργιῶν ἁπασῶν διὰ τῆς τοῦ * Δωροθέου * συντάξεως ἐπιτελουμένων ἐν οἷς καὶ βασιλικοὶ
Aris. 304 2 ἡμέραν ὅσα βασιλεῖ παρεσκευάζετο καὶ τούτοις ὁ * Δωρόθεος * ἐπετέλει προστεταγμένον γὰρ ἦν αὐτῷ διὰ τοῦ
δωροληψία 1
TRub. 3 6 γὰρ ἀδικία συνεργεῖ τοῖς λοιποῖς πνεύμασι διὰ τῆς * δωροληψίας. * ἐπὶ πᾶσι τούτοις τὸ πνεῦμα τοῦ ὕπνου τὸ
δῶρον 22
Hen. 100 12 ἐπὶ ταῖς ἁμαρτίαις ὑμῶν. δίδοτε οὖν ὄμβρῳ * δῶρα * ἵνα μὴ ⟨κωλυθῇ κα⟩ταβῆναι ὑμῖν καὶ δρόσῳ κα⟨ὶ
TIss. 5 3 καὶ ἐργάζεσθε ἐν ἔργοις γῆς καθ' ἑκάστην γεωργίαν * δῶρα * μετ' εὐχαριστίας κυρίῳ προσφέροντες ὅτι ἐν

TJos. 5 4 τὴν κακίαν αὐτῆς. καὶ ἀνεχώρησε θάλπουσά με * δώροις * καὶ πέμπουσα πᾶσαν ἀπόλαυσιν υἱῶν ἀνθρώπων. καὶ
Asen. 7 4 αὐτὸν αἱ γυναῖκες μετὰ χρυσίου καὶ ἀργυρίου καὶ * δώρων * πολυτίμων ἀπέπεμπεν Ἰωσὴφ μετὰ ἀπειλῆς καὶ ὕβρεως
Sal. 2 3 Ιερουσαλημ ἐμίαναν τὰ ἅγια κυρίου ἐβεβηλοῦσαν τὰ * δῶρα * τοῦ θεοῦ ἐν ἀνομίαις. ἕνεκεν τούτων εἶπεν
Sal. 17 31 ἀπ' ἄκρου τῆς γῆς ἰδεῖν τὴν δόξαν αὐτοῦ φέροντες * δῶρα * τοὺς ἐξησθενηκότας υἱοὺς αὐτῆς καὶ ἰδεῖν τὴν δόξαν
Aris. 172 2 θυσίαν καὶ τοὺς ἄνδρας ἐπιλέξας καὶ πολλὰ * δῶρα * τῷ βασιλεῖ κατασκευάσας προέπεμψεν ἡμᾶς μετὰ
Aris. 176 2 ἀσπάσηται. παρελθόντων δὲ σὺν τοῖς ἀπεσταλμένοις * δώροις * καὶ ταῖς διαφόροις διφθέραις ἐν αἷς ⟨ἦν⟩ ἡ
Aris. 225 6 τὸ δὲ κεχαριτῶσθαι πρὸς πάντας ἀνθρώπους καὶ καλὸν * δῶρον * εἰληφέναι παρὰ θεοῦ τοῦτ' ἔστι κράτιστον.
Aris. 231 3 ἀλλὰ φιλίαν κατακτησομένους δικαιοπραγεῖν. θεοῦ δὲ * δῶρον * ἀγαθῶν ἐργάτην εἶναι καὶ μὴ τῶν ἐναντίων.
Aris. 234 3 ὁ δὲ εἶπε τὸ τιμᾶν τὸν θεὸν τοῦτο δ' ἐστὶν οὐ * δώροις * οὐδὲ θυσίαις ἀλλὰ ψυχῆς καθαρότητι καὶ διαλήψεως
Aris. 272 5 διατηρεῖς τὴν πρὸς ἅπαντας καλοκἀγαθίαν παρὰ θεοῦ * δῶρον * τοῦτ' ἔχων. κεχαρισμένως δὲ καὶ τοῦτον
Sib. 3 547 οἷς οὐκ ἔστι φυγεῖν θανάτοιο τελευτήν; πρός τι τε * δῶρα * μάταια καταφθιμένοισι πορίζεις θύεις τ' εἰδώλοις;
Sib. 3 772 εὐφροσύνην τε. πάσης δ' ἐκ γαίης λίβανον καὶ * δῶρα * πρὸς οἴκους οἴσουσιν μεγάλοιο θεοῦ κοὐκ ἔσσεται
Sib. 5 99 πολύολβος πολλὰ καμοῦσα. κλαύσεται Ἀσὶς ὅλη * δώρων * χάριν ὧν ἀπὸ σεῖο στεψαμένη κεφαλὴν ἐχάρη πίπτουσ'
FJub. 4 1 τὴν Κάϊν καρποφορίαν θυσίαν τὰ δὲ τοῦ Ἄβελ * δῶρα. * τῷ αὐτῷ ἐνενηκοστῷ ἐνάτῳ ἔτει ἀνεῖλεν ὁ Κάϊν τὸν
FJub. 22 4 Ῥεβέκκα ἔδωκε τῷ Ἰακὼβ καὶ εἰσήγαγε μεθ' ἑτέρων * δώρων * πρὸς Ἰσαάκ. καὶ εὐλόγησεν αὐτὸν Ἰσαὰκ καὶ
FAch. 113 ταῦτα ἀκούσας Νεκτεναβῶ καὶ θαυμάσας ἔδωκεν αὐτῷ * δῶρα. * τῇ δὲ ἐχομένῃ ἡμέρᾳ ἐνδυσάμενος Νεκτεναβῶ πορφύραν
FAch. 114 ὁ δὲ βασιλεὺς θαυμάσας αὐτοῦ τὸ νοερὸν * δῶρα * ἐπέδωκε. καὶ τῇ ἑξῆς ἡμέρᾳ ἐνδυσάμενος στολὴν
FPho. 2 φαίνει Φωκυλίδης ἀνδρῶν ὁ σοφώτατος ὄλβια * δῶρα. * μήτε γαμοκλοπέειν μήτ' ἄρσενα Κύπριν ὀρίνειν μήτε
HAno. 9 17 6 ἱερέως ὄντος τοῦ θεοῦ καὶ βασιλεύοντος λαβεῖν * δῶρα. * λιμοῦ δὲ γενομένου τὸν Ἀβραὰμ ἀπαλλαγῆναι εἰς
HCal. 24 47 οὐκ ἠθέλησε λαβεῖν εἶπεν αὐτοῖς. ἔστωσαν ταῦτα τὰ * δῶρα * καὶ ἐμοὶ ἀφωρισμένος φόρος κυρίῳ τῷ θεῷ. ἐγὼ δὲ οὐ

ἔα 1
LEze. 9 29 7 01 θεοῦ ὄψει τά τ' ὄντα τά τε προτοῦ τά θ' ὕστερον. * ἔα * τί μοι σημεῖον ἐκ βάτου τόδε τεράστιόν τε καὶ βροτοῖς

ἐάν 194 ἐάν κἄν ἤν εαν

Εανι 1
FJub. 4 20 θυγάτηρ Ἀσουὴλ πατραδέλφου αὐτοῦ. γυνὴ Ἐνὼχ * Εανι * θυγάτηρ Δανιὴλ πατραδέλφου αὐτοῦ. ⟨Ἐνὼχ⟩ εἰς τὸν

ἐάνπερ 1
Sib. 4 169 δώσει μετάνοιαν οὐδ' ὀλέσει παύσει δὲ χόλον πάλιν * ἤνπερ * ἅπαντες εὐσεβίην περίτιμον ἐνὶ φρεσὶν ἀσκήσητε. εἰ

ἔαρ 2
Sib. 3 90 οὐ νὺξ οὐκ ἠὼς οὐκ ἤματα πολλὰ μεριμνᾶς οὐκ * ἔαρ * οὐχὶ θέρος οὐ χειμῶν' οὐ μετόπωρον. καὶ τότε δὴ
FJub. 2 2 ἀστραπῶν ψύχους καύματος χειμῶνος φθινοπώρου * ἔαρος * καὶ θέρους καὶ πάντων τῶν πνευμάτων τῶν κτισμάτων

ἐαρινός 4
FAch. 114 καὶ τοὺς περὶ ἐμέ; ὁ δὲ ἔφη σὲ μὲν ἡλίῳ τῷ τῆς * ἐαρινῆς * ὥρας τοὺς δὲ περὶ σὲ τοῖς ἐκ τῆς γῆς καρποῖς ὡς
LAri. 7 32 17 διαβατήρια θύειν ἐπ' ἴσης ἅπαντας μετὰ ἰσημερίαν * ἐαρινὴν * μεσοῦντος τοῦ πρώτου μηνός τοῦτο δὲ εὑρίσκεσθαι
LAri. 7 32 18 δέ. τῶν γὰρ ἰσημερινῶν τμημάτων ὄντων δύο τοῦ μὲν * ἐαρινοῦ * τοῦ δὲ μετοπωρινοῦ καὶ διαμετρούντων ἄλληλα
LAri. 7 32 18 ἐν ταῖς πανσελήνοις ὁρᾶν ἔσονται δὲ ὃ μὲν κατὰ τὸ * ἐαρινὸν * ἰσημερινὸν ὁ ἥλιος τμῆμα ἢ δὲ ἐξ ἀνάγκης κατὰ τὸ

ἑαυτοῦ 174 ἑαυτοῦ ἑαυτόν ἑαυτούς ἑαυτοῖς ἑαυτῶν αὑτόν ἑαυτῷ ἑαυτῇ ἑαυτῆς ἑαυτήν αὑτάς αὑτοῖς αὑτῷ
αὑτῇ αὑτοῦ ἑαυτά εαυτον

ἐάω 33
Adam 27 2 παρεκάλεσεν ὁ πατὴρ ὑμῶν Ἀδὰμ τοὺς ἀγγέλους λέγων * ἐάσατέ * με μικρὸν ὅπως παρακαλέσω τὸν θεὸν καὶ
Adam 29 5 εὐώδιας ἐκ τοῦ παραδείσου. καὶ ἐκέλευσεν ὁ θεὸς * ἐαθῆναι * τὸν Ἀδὰμ ἵνα λάβῃ εὐώδιας καὶ σπέρματα εἰς
Hen. 9 11 οἶδας πρὸ τοῦ αὐτὰ γενέσθαι καὶ σὺ ὁρᾷς ταῦτα καὶ * ἐᾷς * αὐτοὺς καὶ οὐδὲ ἡμῖν λέγεις τί δεῖ ποιεῖν αὐτοὺς
Hen. 9B 11 οἶδας πρὸ τῶν αὐτὰ γενέσθαι καὶ ὁρᾷς αὐτοὺς καὶ * ἐᾷς * αὐτοὺς καὶ οὐδὲν λέγεις. τί δεῖ ποιῆσαι αὐτοὺς περὶ
Abr.1 7 6 μου ⟨ἐάν⟩ τὸν ἥλιον ἦρας κἄν τὴν σελήνην * ἔασον * ἐπ' ἐμέ. αὐτὸς δὲ εἶπεν ἄφες ἀρτίως ἀναληφθῆναι
Abr.1 7 7 καὶ ἦρεν αὐτοὺς⟩ ἀπ' ἐμοῦ τὰς δὲ ἀκτῖνας αὐτῶν * ἔασεν * ἐπ' ἐμέ. εἶπεν δὲ ὁ ἀρχιστράτηγος ἄκουσον δίκαιε
Abr.1 8 10 συλλέγονται ἐπὶ σε δὲ οὐκ ἀπεστάλη θάνατος οὐκ * εἴασα * ὡς θανατηφόρον ἀπελθεῖν οὐ συνεχώρησα τῇ τοῦ
Abr.1 8 12 ἵνα τί τοῦτο εἴρηκας; ⟨ἢ οὐκ οἶδας⟩ ὅτι ἐὰν * ἐάσω * τὸν θάνατον ἀπελθεῖν σοι τότε ἂν εἶχον ἰδεῖν κἄν
Abr.2 7 7 φωτὸς καὶ ἔλαβεν τὸν ἥλιον ἐκ τῆς κεφαλῆς μου καὶ * ἔασεν * τὰς ἀκτῖνας ἐν μέσῳ μου ἔκλαυσα δὲ ἐγὼ καὶ εἶπον
Abr.2 9 8 ἰσοζυγούσας μετὰ τῶν ἀγαθῶν ἔργων αὐτῆς καὶ οὐκ * εἴασεν * αὐτὴν ἐν μόχθῳ οὐδὲ ἐν ἀναπαύσει ἀλλ' ἐν τόπῳ
Abr.2 12 12 μετάστρεψον τὸν Ἀβραὰμ κάτω εἰς τὴν γῆν καὶ μὴ * ἐάσῃς * αὐτὸν κυκλῶσαι πᾶσαν τὴν κτίσιν εἰ δὲ μή γε
TRub. 3 12 γὰρ ἡ διάνοιά μου τὴν γυναικείαν γύμνωσιν οὐκ * εἴασέ * με ὑπνῶσαι ἕως οὗ ἔπραξα τὸ βδέλυγμα. ἀπόντος γὰρ
TSim. 4 8 καὶ εἰς ἔκστασιν ἄγει τὴν διάνοιαν καὶ οὐκ * ἐᾷ * τὴν σύνεσιν ἐν ἀνθρώποις ἐνεργεῖν ἀλλὰ καὶ τὸν ὕπνον
TIss. 1 13 ὁ πατήρ μου καὶ μεταστήσας με τῇ νυκτὶ ἐκείνῃ οὐκ * εἴασέ * με ἰδεῖν ὅτι εἰ ἦμην ἐκεῖ οὐκ ἐγίνετο τοῦτο. καὶ
TDan 1 9 αὐτὸν εἰς τὰς χεῖράς μου ἵνα εὕρω αὐτὸν μόνον οὐδὲ * ἔασέ * με τὸ ἀνόμημα τοῦτο ποιῆσαι ἵνα λυθῶσι δύο σκῆπτρα
Asen. 10 7 ὑμῶν εἰς τὸν θάλαμον ὑμῶν καὶ ἀναπαύεσθε καὶ ἐμὲ * ἐάσατε * ἠρεμεῖν. καὶ ἀπῆλθον αἱ παρθένοι ἑκάστη εἰς τὸν
Jer. 7 23 δίκαιος γὰρ εὑρέθης ἐναντίον τοῦ θεοῦ καὶ οὐκ * ἔασέν * σε εἰσελθεῖν ἐνταῦθα ὅπως μὴ ἴδῃς τὴν κάκωσιν τὴν
Jer. 7 24 ἀπὸ τῆς λύπης. οὕτως γάρ σε ἐλέησεν ὁ θεὸς καὶ οὐκ * ἔασέν * σε ἐλθεῖν εἰς Βαβυλῶνα ἵνα μὴ ἴδῃς τὴν κάκωσιν τοῦ
Bar. 16 1 λέγει κύριος μὴ ἔστε σκυθρωποὶ καὶ μὴ κλαίετε μηδὲ * ἐάσατε * τοὺς υἱοὺς τῶν ἀνθρώπων. ἀλλ' ἐπειδὴ παρώργισάν
Prop. 2 3 δι' αὐτοῦ. ηὔξατο γὰρ καὶ αἱ ἀσπίδες αὐτοὺς * ἔασαν * καὶ τῶν ὑδάτων οἱ θῆρες οὓς καλοῦσιν οἱ Αἰγύπτιοι
Job 12 4 σου τὸν μισθὸν ἀνάγκην ἔχεις λαβεῖν. καὶ οὐκ * ἐῶν * μισθὸν μισθωτοῦ ἀπομεῖναι παρ' ἐμοὶ ἐν τῇ οἰκίᾳ μου.
Job 35 6 οὐκ ἂν ἐκπλαγείη καὶ μανῇ ὑπάρχων ἐν πληγαῖς; ἀλλ' * ἔασόν * με προσεγγίσαι αὐτῷ καὶ γνώσομαι ἐν τίνι ἐστίν.
Job 48 3 ἀγγέλων ὑμνολογίαν καὶ τοὺς ὕμνους οὓς ἀπεφθέγξατο * εἴασεν * τὸ πνεῦμα ἐν στολῇ τῇ ἑαυτῆς ἐγκεχαραγμένους. καὶ
Aris. 14 4 χύμα πρεσβυτέρων καὶ νεωτέρων ἔτι δὲ γυναικῶν * εἴασεν * εἰς τὴν οἰκετίαν οὐχ οὕτως τῇ προαιρέσει κατὰ
Aris. 102 5 ταῖς ἑορταῖς καὶ τοῦτο ἐκ μέρους οὐδὲ εἰσοδεύειν * εἰῶν * οὐδένα. μετὰ ἀκριβείας δὲ πολλῆς εἶχον εἰ καί τις
Sib. 3 134 καὶ τέκνα διέσπων ἄρσενα πάντα θήλεα δὲ ζώοντ' * εἴων * παρὰ μητρὶ τρέφεσθαι. ἀλλ' ὅτε τὴν τριτάτην γενεὴν
FJub. 11 16 καὶ τοῖς κτίσμασι τὸν νοῦν ἑαυτοῦ μὴ καταδεξάμενος * ἐᾶσαι * ἐνδιατρίβειν ἀλλ' ἐπὶ τὸν γενεσιουργὸν ἐκ τῆς τῶν
FPho. 21 ἴσχειν. μήτ' ἀδικεῖν ἐθέλῃς μήτ' οὖν ἀδικοῦντα * ἐάσῃς. * πτωχῷ δ' εὐθὺ δίδου μὴ δ' αὔριον ἐλθέμεν εἴπῃς
FPho. 86 τῆσδε νεοσσούς. μηδέποτε κρίνειν ἀδαήμονας ἄνδρας * ἐάσῃς. * ⟨μηδὲ δίκην δικάσῃς πρὶν ⟨ἂν⟩ ἄμφω μῦθον
FPho. 216 θαλάμοισιν μὴ δέ μιν ἄχρι γάμων πρὸ δόμων ὀφθῆμεν * ἐάσῃς. * κάλλος δυστήρητον ἔφυ παίδων τοκέεσσιν. ⟨στέργε
IMen. 5 120 2 δικαίοις ἔργοις ἥδεται καὶ οὐκ ἀδίκοις πονοῦντα δὲ * ἐᾷ * τὸν ἴδιον ὑψῶσαι βίον τὴν γῆν ἀροῦντα νύκτα καὶ τὴν
LAri. 13 12 6 φησιν οὕτως ἐκ θεοῦ ἀρχώμεσθα τὸν οὐδέποτ' ἄνδρες * ἐῶσιν * ἄρρητον μεσταὶ δὲ θεοῦ πᾶσαι μὲν ἀγυιαὶ πᾶσαι δ'
FrAn. 1 218 7 ὁ δὲ ἀκούσας καὶ ἔντρομος γενόμενος πάντα * ἐάσας * ἐν τῷ ναῷ ἐξῆλθεν εὐχαριστῶν καὶ πιστεύων κυρίῳ

ἑβδομαδικός 1
FJub. 4 2 Κάϊν τὸν Ἄβελ καὶ ἐπένθησαν αὐτὸν οἱ πρωτόπλαστοι * ἑβδομαδικοὺς * τέσσαρας ἤγουν ἔτη εἴκοσι ὀκτώ. τῷ ἑκατοστῷ

ἑβδομάς 16
TLevi 16 1 γῆς. καὶ νῦν ἔγνων ἐν βιβλίῳ Ἐνὼχ ὅτι ἑβδομήκοντα * ἑβδομάδας * πλανηθήσεσθε καὶ τὴν ἱερωσύνην βεβηλώσετε καὶ
TLevi 17 1 καὶ ὕδατι. καὶ ὅτι ἠκούσατε περὶ τῶν ἑβδομήκοντα * ἑβδομάδων * ἀκούσατε καὶ περὶ τῆς ἱερωσύνης. καθ' ἕκαστον
TLevi 17 10 καὶ ἡ ὕπαρξις αὐτῶν ἀφανισθήσεται. καὶ ἐν πέμπτῃ * ἑβδομάδι * ἐπιστρέψουσιν εἰς γῆν ἐρημώσεως αὐτῶν καὶ
TLevi 18 2B062 τὰς γενεὰς τῶν αἰώνων. καὶ ὅτε ἀνεπληρώθησάν μοι * ἑβδομάδες * τέσσαρες ἐν τοῖς ἔτεσιν τῆς ζωῆς μου ἐν ἔτει
Esdr. 1 3 καὶ λέγει μοι ἄρτι τὸν προφήτην Ἔσδρὰμ ἄφησον * ⟨ἑβδομάδας⟩ * ἑβδομήκοντα. καὶ ἐνήστευσα καθὼς εἶπέν μοι.
Esdr. 1 5 μοι ῥάβδον στηράκην. καὶ ἐνήστευσα δὶς ἑξήκοντα * ἑβδομάδας. * καὶ ἴδον τὰ μυστήρια τοῦ θεοῦ καὶ τοὺς
FJub. 3 1 καὶ τῆς τῶν ἁμαρτωλῶν συντελείας. τῇ πρώτῃ ἡμέρᾳ * ἑβδομάδος * ἥτις ἦν τρίτη μὲν ἡμέρα τῆς πλάσεως τοῦ Ἀδὰμ
FJub. 3 1 θείῳ τινὶ χαρίσματι. τῇ δευτέρᾳ ἡμέρᾳ τῆς δευτέρας * ἑβδομάδος * ὠνόμασε τὰ κτήνη. τῇ τρίτῃ ἡμέρᾳ τῆς δευτέρας
FJub. 3 1 ὠνόμασε τὰ κτήνη. τῇ τρίτῃ ἡμέρᾳ τῆς δευτέρας * ἑβδομάδος * ὠνόμασε τὰ πετεινά. τῇ τετάρτῃ ἡμέρᾳ τῆς
FJub. 3 1 ὠνόμασε τὰ πετεινά. τῇ τετάρτῃ ἡμέρᾳ τῆς δευτέρας * ἑβδομάδος * ὠνόμασε τὰ ἑρπετά. τῇ πέμπτῃ ἡμέρᾳ τῆς
FJub. 3 1 ὠνόμασε τὰ ἑρπετά. τῇ πέμπτῃ ἡμέρᾳ τῆς δευτέρας * ἑβδομάδος * ὠνόμασε τὰ νηκτά. τῇ ἕκτῃ ἡμέρᾳ τῆς δευτέρας
FJub. 3 5 ὠνόμασε τὰ νηκτά. τῇ ἕκτῃ ἡμέρᾳ τῆς δευτέρας * ἑβδομάδος * ἥτις ἦν κατὰ μὲν Ῥωμαίους Ἀπριλλίου ἕκτη
FJub. 3 9 ἡμέρᾳ τῆς κοσμοποιίας τετάρτῃ ἡμέρᾳ τῆς ἑβδόμης * ἑβδομάδος * Παχὼν τεσσαρεσκαιδεκάτῃ Μαΐου ἐνάτῃ ἡλίου
FJub. 3 9 κτίσεως τῇ δευτέρᾳ ἡμέρᾳ τῆς τεσσαρεσκαιδεκάτης * ἑβδομάδος * κατὰ τὴν θερινὴν τροπὴν ἡλίου ὄντος καὶ
FJub. 3 32 τῶν Πλειάδων. ἐποίησε δὲ ὁ Ἀδὰμ ἐν τῷ παραδείσῳ * ἑβδομάδα * ἡμερῶν τριακοσίων ἑξήκοντα πέντε. καὶ ἐξεβλήθη
LAri. 13 12 13 γνῶσιν ἔχομεν ἀνθρωπίνων καὶ θείων πραγμάτων. δι' * ἑβδομάδων * δὲ καὶ πᾶς ὁ κόσμος κυκλεῖται τῶν

ἑβδοματικός 1
TLevi 17 11 ἀνακαινοποιήσουσιν οἶκον κυρίου. ἐν δὲ τῷ ἑβδόμῳ * ἑβδοματικῷ * ἥξουσιν οἱ ἱερεῖς εἰδωλολατροῦντες μάχιμοι

ἕβδοματος 8
Sib. 3 192 ἐξεγερεῖ καὶ πᾶς δόλος ἔσσεται αὐτοῖς. ⟨ἄχρι πρὸς * ἑβδομάτην * βασιληίδα ἧς βασιλεύσει Αἰγύπτου βασιλεὺς ὃς
Sib. 3 318 σκορπισμὸς δέ τε καὶ θάνατος καὶ λιμὸς ἐφέξει * ἑβδομάτῃ * γενεῇ βασιλήων καὶ τότε παύσῃ. αἰαῖ σοι χώρα
IHom. 5 107 3 * ἑβδομάτῃ * δὴ ἔπειτα κατήλυθεν ἱερὸν ἦμαρ. ἑβδόμη ἦν ἱερή.
IHom. 5 107 4 δὴ ἔπειτα κατήλυθεν ἱερὸν ἦμαρ. ἑβδόμη ἦν ἱερή. * ἑβδομάτῃ * δ' ἠοῖ καὶ οἱ τετύκοντο ἅπαντα. ἑπτὰ δὲ πάντα
LAri. 13 12 13 τετρὰς τε καὶ ἑβδόμη ἱερὸν ἦμαρ καὶ πάλιν λέγει * ἑβδομάτῃ * δ' αὖτις λαμπρὸν φάος ἠελίοιο. Ὅμηρος δὲ οὕτω
LAri. 13 12 14 αὖτις λαμπρὸν φάος ἠελίοιο. Ὅμηρος δὲ οὕτω λέγει * ἑβδομάτη * δὴ ἔπειτα κατήλυθεν ἱερὸν ἦμαρ. καὶ πάλιν
LAri. 13 12 14 πάλιν ἑβδόμη ἦμαρ ἔην καὶ τῷ τετέλεστο ἅπαντα καὶ * ἑβδομάτῃ * δ' ἠοῖ λίπομεν ῥόον ἐξ Ἀχέροντος. τοῦτο δὴ
LAri. 13 12 16 λαμβάνομεν καθὼς προείρηται. Λίνος δέ φησιν οὕτως * ἑβδομάτῃ * δ' ἠοῖ τετελεσμένα πάντα τέτυκται καὶ πάλιν

ἑβδομήκοντα 24
Adam 8 2 τὴν διαθήκην μου ὑπήνεγκα τῷ σώματί σου * ἑβδομήκοντα * πληγάς. πρῶτον νόσος πληγῆς ὁ βιασμὸς τῶν

Hen. 10 12 ἴδωσιν τὴν ἀπώλειαν τῶν ἀγαπητῶν καὶ δῆσον αὐτοὺς * ἑβδομήκοντα * γενεὰς εἰς τὰς νάπας τῆς γῆς μέχρι ἡμέρας
Hen. 10B 12 τὴν ἀπώλειαν τῶν ἀγαπητῶν αὐτῶν δῆσον αὐτοὺς ἐπὶ * ἑβδομήκοντα * γενεὰς εἰς τὰς νάπας τῆς γῆς μέχρι ἡμέρας
Abr.1 20 2 ἀμὴν ἀμὴν λέγω σοι ἐν ἀληθείᾳ θεοῦ λόγου ὅτι * ἑβδομήκοντα * δύο εἰσὶν θάνατοι καὶ εἷς μὲν θάνατος
TLevi 8 1 πρᾶγμα ὥσπερ τὸ πρότερον μετὰ τὸ ποιῆσαι ἡμέρας * ἑβδομήκοντα. * καὶ εἶδον ἑπτὰ ἀνθρώπους ἐν ἐσθῆτι λευκῇ
TLevi 16 1 ἐπὶ τῆς γῆς. καὶ νῦν ἔγνων ἐν βιβλίῳ Ἐνὼχ ὅτι * ἑβδομήκοντα * ἑβδομάδας πλανηθήσεσθε καὶ τὴν ἱερωσύνην
TLevi 17 1 ἐν πίστει καὶ ὕδατι. καὶ ὅτι ἠκούσατε περὶ τῶν * ἑβδομήκοντα * ἑβδομάδων ἀκούσατε καὶ περὶ τῆς ἱερωσύνης.
TJud. 12 12 διὰ τὸν λιμόν. τεσσαράκοντα ἓξ ἐτῶν ἤμην καὶ * ἑβδομήκοντα * τρία ἔτη ἔζησα ἐκεῖ. καὶ νῦν ὅσα ἐγὼ ὑμῖν
Esdr. 1 3 μοι ἄρτι τὸν προφήτην Ἐσδρὰμ ἄφησον <ἑβδομάδας> * ἑβδομήκοντα. * καὶ ἐνήστευσα καθὼς εἶπέν μοι. καὶ ἦλθεν
Job 53 9 πάντα διπλὰ ἔλαβε καὶ τὰ ἔτη διπλὰ τουτέστιν ρ * ο΄. * τὰ δὲ πάντα ἔτη τῆς ζωῆς αὐτοῦ σ μ η΄. καὶ ἴδεν
Aris. 33 6 μὲν ὁλκῆς τάλαντα πεντήκοντα καὶ ἀργυρίου τάλαντα * ἑβδομήκοντα * καὶ λίθων ἱκανόν τι πλῆθος ἐκέλευσε δὲ τοὺς
Aris. 50 5 Θεοδόσιος Ἄρσαμος Ἀβιήτης Ἐζεκῆλος. οἱ πάντες * ἑβδομήκοντα * δύο. καὶ τὰ μὲν πρὸς τὴν τοῦ βασιλέως
Aris. 84 2 τὸ ἱερὸν ἐκπρεπῶς ἔχον καὶ οἱ περίβολοι τρεῖς ὑπὲρ * ἑβδομήκοντα * δὲ πήχεις τῷ μεγέθει καὶ τὸ πλάτος ἀκόλουθον
Aris. 273 3 τὸν ἑνδέκατον ἐπηρώτα διὰ τὸ δύο πλεονάζειν τῶν * ἑβδομήκοντα * πῶς ἂν κατὰ ψυχὴν καὶ ἐν τοῖς πολέμοις
Aris. 307 4 ἐπετέλουν. συνέτυχε δὲ οὕτως ὥστε ἐν ἡμέραις * ἑβδομήκοντα * δυσὶ τελειωθῆναι τὰ τῆς μεταγραφῆς οἱονεὶ
FJub. 11 14 καὶ πᾶσαν Χαλδαϊκὴν μαντείαν. Ναχὼρ δὲ γενόμενος * ο * θ΄ ἐτῶν ἐγέννησε τὸν Θάρρα. Νίνου δὲ τοῦ πρώτου
FJub. 11 14 γεννᾶται Ἀβραάμ. Θάρρα δὲ γενόμενος ἐτῶν * ο΄ * ἐγέννησεν ἐκ γυναικὸς Ἔδνας θυγατρὸς Ἀβραὰμ
HDem. 9 21 1 του πολυιστορος γραφης. τὸν Ἰακὼβ γενόμενον ἐτῶν * ἑβδομήκοντα * πέντε φυγεῖν εἰς Χαρρὰν τῆς Μεσοποταμίας
HDem. 9 21 2 ἐτῶν ἑκατὸν τριάκοντα ἑπτὰ αὐτὸν δὲ ὄντα ἐτῶν * ἑβδομήκοντα * ἑπτά. διατρίψαντα οὖν αὐτὸν ἐκεῖ ἑπτὰ ἔτη
HDem. 9 21 19 τὴν τοῦ θείου θυγατέρα Ἰωχαβὲτ καὶ ὄντα ἐνιαυτῶν * ο * ε΄ γεννῆσαι Ἀαρὼν <καὶ Μωσῆν> γεννῆσαι δὲ Μωσῆν τὸν
HDem. 9 21 19 Μωσῆν> γεννῆσαι δὲ Μωσῆν τὸν Ἀμβρὰμ ὄντα ἐτῶν * ο * η΄ καὶ γενόμενον Ἀμβρὰμ ἐτῶν ρ λ ς΄ τελευτῆσαι.
HDem. 9 29 15 ἐλθεῖν καὶ εὑρεῖν ἐκεῖ δώδεκα μὲν πηγὰς ὑδάτων * ἑβδομήκοντα * δὲ στελέχη φοινίκων. ἐπιζητεῖν δέ τινα πῶς
HDem. 1 141 2 γεγόνασιν ἕως Πτολεμαίου τετάρτου ἔτη πεντακόσια * ἑβδομήκοντα * τρία μῆνας ἐννέα ἀφ΄ οὗ δὲ ἐξ Ἱεροσολύμων
HEup. 9 34 8 ἐξ εὐωνύμων. ποιῆσαι δ΄ αὐτὸν καὶ λύχνους χρυσοῦς * ο΄ * ὥστε καίεσθαι ἐφ΄ ἑκάστης λυχνίας ἑπτά. οἰκοδομῆσαι

ἑβδομηκονταεπτά 1
Jer. 9 14 δὲ μετὰ τοὺς καιροὺς τούτους ἄλλα ἔτη τετρακόσια * ἑβδομηκονταεπτὰ * καὶ ἔρχεται εἰς τὴν γῆν. καὶ τὸ δένδρον

ἑβδομηκοντάκις 1
TBen. 7 4 ἑπτὰ κακοῖς ὁ Κάιν ἐκρίνετο ὁ δὲ Λάμεχ ἐν τοῖς * ἑβδομηκοντάκις * ἑπτὰ ὅτι ἕως τοῦ αἰῶνος οἱ ὁμοιούμενοι τῷ

ἑβδομηκοστός 4
Hen. 7B 1 οὗτοι καὶ οἱ λοιποὶ πάντες ἐν τῷ χιλιοστῷ ἑκατοστῷ * ἑβδομηκοστῷ * ἔτει τοῦ κόσμου ἔλαβον ἑαυτοῖς γυναῖκας καὶ
FJub. 4 1 ὀγδόῳ ἔτει ἔγνω ὁ Ἀδὰμ Εὔαν τὴν γυναῖκα αὐτοῦ. τῷ * ἑβδομηκοστῷ * ἔτει ἐγεννήθη αὐτοῖς πρωτότοκος υἱὸς ὁ Κάϊν.
FJub. 4 1 ἔτει ἐγεννήθη αὐτοῖς πρωτότοκος υἱὸς ὁ Κάϊν. τῷ * ἑβδομηκοστῷ * ἑβδόμῳ ἔτει γεγενῆσθαι τὸν δίκαιον Ἄβελ. τῷ
FJub. 12 12 τοῦ Αρραν ἀδελφὴ τῆς Μελχας καὶ τοῦ Λωτ. τῷ ΄γ τ * ο * γ΄ ἔτει τοῦ κόσμου Ἀβραὰμ δὲ ξ α΄ ἐνεπύρισεν Ἀβραὰμ

ἕβδομος 41
Adam 43 3 νόμον εἶπεν παρ΄ ἓξ ἡμερῶν μὴ πενθήσετε τῇ δὲ * ἑβδόμῃ * ἡμέρᾳ κατάπαυσον καὶ εὐφράνθητι ἐν αὐτῇ ὅτι ἐν
Hen. 6B 7 γ΄ Ἀρακιὴλ δ΄ Χωβαβιὴλ ε΄ Ὀραμμαμὴ ς΄ Ῥαμιὴλ * ζ΄ * Σαμψὶχ η΄ Ζακιὴλ θ΄ Βαλκιὴλ ι΄ Ἀζαλζὴλ ια΄ Φαρμαρὸς
Hen. 8B 3 ὁ δὲ τρίτος ἐδίδαξε τὰ σημεῖα τῆς γῆς. ὁ δὲ * ἕβδομος * ἐδίδαξε τὰ σημεῖα τοῦ ἡλίου ὁ δὲ εἰκοστὸς
Hen. 24 3 καὶ τραχεῖαι μία τῇ μιᾷ οὐκ ἐγγίζουσαι καὶ τῷ ὄρει * ἕβδομον * ὄρος ἀνὰ μέσον τούτων καὶ ὑπερεῖχεν τῷ ὕψει
Abr.2 6 1 τῆς ἐντολῆς τοῦ πατρὸς αὐτοῦ. ἐγένετο δὲ ὡς ὥρα * ἑβδόμη * τῆς νυκτὸς καὶ διυπνισθεὶς Ἰσαὰκ ἦλθεν πρὸς τὴν
TRub. 2 8 ὅτι ἐν βρώμασίν ἐστιν ἡ ὑπόστασις τῆς ἰσχύος * ἕβδομον * πνεῦμα σπορᾶς καὶ συνουσίας μεθ΄ ἧς
TRub. 3 6 καὶ κρύπτειν λόγους αὐτοῦ ἀπὸ γένους καὶ οἰκείων * ἕβδομον * πνεῦμα ἀδικίας μεθ΄ ἧς κλοπὴ καὶ γριπίσματα ἵνα
TLevi 8 10 ὁ ἕκτος στέφανόν μοι τῇ κεφαλῇ περιέθηκεν. ὁ * ἕβδομος * διάδημά μοι περιέθηκεν ἱερατείας. καὶ ἐπλήρωσαν
TLevi 17 7 ἐν σκότει παραληφθήσεται ὡσαύτως καὶ ὁ ἕκτος καὶ ὁ * ἕβδομος. * ἐν δὲ τῷ ἑβδόμῳ ἔσται μιασμὸς ὃν οὐ δύναμαι
TLevi 17 8 ὡσαύτως καὶ ὁ ἕκτος καὶ ὁ ἕβδομος. ἐν δὲ τῷ * ἑβδόμῳ * ἔσται μιασμὸς ὃν οὐ δύναμαι εἰπεῖν ἐνώπιον κυρίου
TLevi 17 11 καὶ ἀνακαινοποιήσουσιν οἶκον κυρίου. ἐν δὲ τῷ * ἑβδόμῳ * ἑβδοματικῷ ἥξουσιν οἱ ἱερεῖς εἰδωλολατροῦντες
TNep. 1 2 τῆς ζωῆς αὐτοῦ. συνελθόντων τῶν υἱῶν αὐτοῦ ἐν * ἑβδόμῳ * μηνὶ τετάρτῃ τοῦ μηνὸς ὑγιαίνοντος αὐτοῦ ἐποίησε
TGad 1 1 αὐτὸς τοῖς υἱοῖς αὐτοῦ ἐν ἔτει ἑκατοστῷ εἰκοστῷ * ἑβδόμῳ * ζωῆς αὐτοῦ λέγων ἔνατος υἱὸς ἐγενόμην τῷ Ἰακὼβ
TBen. 7 2 τέταρτον αἰχμαλωσία πέμπτον ἔνδεια ἕκτον ταραχὴ * ἕβδομον * ἐρήμωσις. διὰ τοῦτο καὶ ὁ Κάιν ἑπτὰ ἐκδικίαις
Asen. 22 13 καὶ τὰ θεμέλια αὐτῆς τεθεμελιωμένα ὑπὲρ πέτρας τοῦ * ἑβδόμου * οὐρανοῦ.> καὶ ἐγένετο ἐν τῷ παριέναι τὸν Ἰωσὴφ
Esdr. 5 13 μὲν ἕτοιμον γίνεται καὶ λαμβάνει τὴν ψυχὴν τὸ * ἕβδομον * παρασκευάζεται τὸ ἔννατον μὲν ἀνοίγεται τὰ
Aris. 49 1 Ἰούδας Ἰώσηφος Σίμων Ζαχαρίας Σομόηλος Σελεμίας. * ἑβδόμης * Σαββαταῖος Σεδεκίας Ἰάκωβος Ἴσαχος Ἰησίας
Aris. 275 1 τοῖς ἀνδράσι συνὼν καὶ χαρᾶς πλείονος. τῇ * ἑβδόμῃ * δὲ τῶν ἡμερῶν πλείονος παρασκευῆς γενομένης
SIb. 3 608 δι΄ ὄνειδος ὁππόταν Αἰγύπτου βασιλεὺς νέος * ἕβδομος * ἄρχῃ τῆς ἰδίης γαίης ἀριθμούμενος ἐξ Ἑλλήνων
FJub. 2 17 ἀνεπαύσατο ὁ θεὸς ἐκ πάντων τῶν ἔργων αὐτοῦ ἐν τῇ * ἑβδόμῃ * ἡμέρᾳ καὶ ηὐλόγησεν αὐτὴν καὶ ἡγίασεν αὐτὴν καὶ
FJub. 2 24 ὡς καταπαύσιμος προσηγορεύθη καὶ ὡς τύπος τῆς * ἑβδόμης * χιλιοετηρίδος καὶ τῆς τῶν ἁμαρτωλῶν συντελείας.
FJub. 3 9 ἕκτῃ ἡμέρᾳ τῆς κοσμοποιίας τετάρτῃ ἡμέρᾳ τῆς * ἑβδόμης * ἑβδομάδος Παχὼν τεσσαρεσκαιδεκάτῃ Μαΐου ἐνάτῃ
FJub. 3 32 διότι ὁ ὄφις ἀνθρωπίνῃ φωνῇ ἐλάλησε τῇ Εὔᾳ. τῷ * ἑβδόμῳ * ἔτει παρέβη καὶ τῷ ὀγδόῳ ἐξερρίφησαν τοῦ
FJub. 4 1 αὐτοῖς πρωτότοκος υἱὸς ὁ Κάϊν. τῷ ἑβδομηκοστῷ * ἑβδόμῳ * ἔτει γεγενῆσθαι τὸν δίκαιον Ἄβελ. τῷ ὀγδοηκοστῷ
FJub. 4 1 θυγάτηρ καὶ ὠνόμασαν αὐτὴν Ἀσουάμ. τῷ ἐνενηκοστῷ * ἑβδόμῳ * ἔτει προσήνεγκε Κάϊν. τῷ ἐνενηκοστῷ ἐνάτῳ ἔτει
FJub. 4 1 δεύτερον ἔτος ἄγων κατὰ τὴν πανσέληνον τοῦ * ἑβδόμου * μηνὸς παρ΄ Ἑβραίοις ἥγουν ἐν τῇ σκηνοπηγίᾳ. τὴν
FJub. 4 7 ἥγουν ἔτη εἴκοσι ὀκτώ. τῷ ἑκατοστῷ εἰκοστῷ * ἑβδόμῳ * ἔτει ὁ Ἀδὰμ καὶ ἡ Εὔα ἀπέθεντο τὸ πένθος. τῷ
FIsa. 1 2 τὴν κατάβασιν καὶ ἐξέλευσιν τοῦ ἀγαπητοῦ ἐκ τοῦ * ἑβδόμου * οὐρανοῦ εἰς τὸν ᾅδην καὶ τὴν μεταμόρφωσιν ἣν
IHom. 5 107 3 ἑβδομάτη δήπειτα κατήλυθεν ἱερὸν ἦμαρ. * ἑβδόμη * ἦν ἱερή. ἑβδομάτη δ΄ ἠοῖ καὶ οἱ τετύκοντο ἅπαντα.
HDem. 9 29 2 δὲ συμφωνεῖν τὸν γὰρ Μωσῆν εἶναι ἀπὸ Ἀβραὰμ * ἕβδομον * τὴν δὲ Σεπφώραν ἕκτην. συνοικοῦντος γὰρ ἤδη τοῦ
LAri. 13 12 9 ἡμῖν διὰ τὸ κακόπαθον εἶναι πᾶσι τὴν βιοτὴν * ἑβδόμην * ἡμέραν ἣ δὴ καὶ πρώτη φυσικῶς ἂν λέγοιτο φωτὸς
LAri. 13 12 12 δ΄ ἡμῖν αὐτὴν ἔννομον ἕνεκεν σημείου τοῦ περὶ ἡμᾶς * ἑβδόμου * λόγου καθεστῶτος ἐν ᾧ γνῶσιν ἔχομεν ἀνθρωπίνων
LAri. 13 12 13 εἶναι. Ἡσίοδος μὲν οὕτως πρῶτον ἕνη τετράς τε καὶ * ἑβδόμη * ἱερὸν ἦμαρ καὶ πάλιν λέγει ἑβδομάτη δ΄ αὖτις
LAri. 13 12 14 ἑβδομάτη δήπειτα κατήλυθεν. ἱερὸν ἦμαρ. καὶ πάλιν * ἕβδομον * ἦμαρ ἔην καὶ τῷ τετέλεστο ἅπαντα καὶ ἑβδομάτη δ΄
LAri. 13 12 15 κατὰ ψυχὴν λήθης καὶ κακίας ἐν τῷ κατὰ ἀλήθειαν * ἑβδόμῳ * λόγῳ καταλιμπάνεται τὰ προειρημένα καὶ γνῶσιν
LAri. 13 12 16 δ΄ ἠοῖ τετελεσμένα πάντα τέτυκται καὶ πάλιν * ἑβδόμη * εἰν ἀγαθοῖς καὶ ἑβδόμη ἐστὶ γενέθλη. καὶ ἑβδόμη
LAri. 13 12 16 πάντα τέτυκται καὶ πάλιν ἑβδόμη εἰν ἀγαθοῖς καὶ * ἑβδόμη * ἐστὶ γενέθλη. καὶ ἑβδόμη ἐν πρώτοισι καὶ ἑβδόμη
LAri. 13 12 16 ἑβδόμη εἰν ἀγαθοῖς καὶ ἑβδόμη ἐστὶ γενέθλη. καὶ * ἑβδόμη * ἐν πρώτοισι καὶ ἑβδόμη ἐστὶ τελείη καὶ ἑπτὰ δὲ
LAri. 13 12 16 ἑβδόμη ἐστὶ γενέθλη. καὶ ἑβδόμη ἐν πρώτοισι καὶ * ἑβδόμη * ἐστὶ τελείη καὶ ἑπτὰ δὲ πάντα τέτυκται ἐν οὐρανῷ
FrAn. 9 17 5 εἰς μακρὰν περὶ τὸν οἶκον ἐχρήσατο χαλεπῇ συμφορᾷ. * ἑβδόμη * γὰρ ἡμέρα τῆς ἀναιρέσεως τοῦ προφήτου ἐξαπίνης
FrAn. 17 2069 31 - και εν τ< - >ολου του< - - >ημερα τ<- - * ε>βδομον * ου<ρανον - - >ερυθραν θ<αλασσαν - - >εις την μ<

Ἐβελσατά 1
Hen. 13 9 καὶ πάντες συνηγμένοι ἐκάθηντο πενθοῦντες ἐν * Ἐβελσατὰ * ἥτις ἐστὶν ἀνὰ μέσον τοῦ Λιβάνου καὶ Σενισὴλ

Ἔβερ 1
FJub. 8 7 Σαλα Μωαχα θυγάτηρ Χεεδαμ πατραδέλφου αὐτοῦ. γυνὴ * Εβερ * Αζουρα θυγάτηρ Νεβρωδ. μετὰ τὸν κατακλυσμὸν τῷ ΄β φ

Ἐβουσαῖος 1
FrAn. 574 3044 ἀέριον εἴτε ἐπίγειον εἴτε ὑπόγειον ἢ καταχθόνιον ἢ * Ἐβουσαῖον * ἢ Χερσαῖον ἢ Φαρισαῖον. λάλησον ὁποῖον ἐὰν ἧς

Ἑβραϊκός 4
Aris. 3 7 νόμου διὰ τὸ γεγράφθαι παρ΄ αὐτοῖς ἐν διφθέραις * ἑβραϊκοῖς * γράμμασιν. ἣν δὴ καὶ ἐποιησάμεθα ἡμεῖς σπουδῇ
Aris. 30 3 σὺν ἑτέροις ὀλίγοις τισὶν ἀπολείπει τυγχάνει γὰρ * Ἑβραϊκοῖς * γράμμασι καὶ φωνῇ λεγόμενα ἀμελέστερον δὲ καὶ
Aris. 38 5 γράμμασιν Ἑλληνικοῖς ἐκ τῶν παρ΄ ὑμῶν λεγομένων * Ἑβραϊκῶν * γραμμάτων ἵν΄ ὑπάρχῃ καὶ ταῦτα παρ΄ ἡμῖν ἐν
FrAn. 574 3085 ἐκκριθήσεται. φύλασσε καθαρός. ὁ γὰρ λόγος ἐστὶν * ἑβραϊκὸς * καὶ φυλασσόμενος παρὰ καθαροῖς ἀνδράσιν.

Ἑβραῖος 28
TJos. 12 2 τοῦ μεταβόλου ὅτι ἐπλούτησεν ἐν χειρὶ νέου τινὸς * Ἑβραίου * λέγουσι δὲ ὅτι καὶ κλοπῇ ἔκλεψαν αὐτὸν ἐκ γῆς
TJos. 12 3 εἰς οἰκονόμον σου καὶ εὐλογήσει σε ὁ θεὸς τῶν * Ἑβραίων * ὅτι χάρις ἐκ τοῦ οὐρανοῦ ἐστιν ἐπ΄ αὐτῷ. ὁ δὲ
TJos. 13 1 αὐτῷ τί ταῦτα ἀκούω ὅτι κλέπτεις τὰς ψυχὰς ἐκ γῆς * Ἑβραίων * εἰς παῖδας μετεμπολῶν; πεσὼν οὖν ἐπὶ πρόσωπον
TJos. 13 3 οἶδα ὃ λέγεις. ὁ δὲ ἔφη πόθεν οὖν σοι ὁ παῖς ὁ * Ἑβραῖος; * καὶ εἶπεν οἱ Ἰσμαηλῖται παρέθεντό μοι αὐτὸν
Asen. 1 5 ἀλλὰ ἦν κατὰ πάντα ὁμοία ταῖς θυγατράσι τῶν * Ἑβραίων * καὶ ἦν μεγάλη ὡς Σάρρα καὶ ὡραία ὡς Ῥεβέκκα
Asen. 11 10 ἀλλ΄ ἀκήκοα πολλῶν λεγόντων ὅτι ὁ θεὸς τῶν * Ἑβραίων * θεὸς ἀληθινός ἐστι καὶ θεὸς ζῶν καὶ θεὸς
SIb. 3 69 πολλούς τε πλανήσει πιστούς τ΄ ἐκλεκτούς θ΄ * Ἑβραίους * ἀνόμους τε καὶ ἄλλους ἀνέρας οἵτινες +οὔπω
SIb. 5 161 Βαβυλῶνα Ἰταλίης γαῖάν θ΄ ἧς εἵνεκα πολλοὶ ὄλοντο * Ἑβραίων * ἅγιοι πιστοὶ καὶ λαὸς ἀληθής. ἔσσεαι ἐν
SIb. 5 258 ἀνὴρ ὃς παλάμας ἥπλωσεν ἐπὶ ξύλου πολυκάρπου * Ἑβραίων * ὁ ἄριστος ὃς ἠέλιόν ποτε στήσει φωνήσας ῥήσει
FJub. 4 1 ἄγων κατὰ ʒὴν πανσέληνον τοῦ ἑβδόμου μηνὸς παρ΄ * Ἑβραίοις * ἥγουν ἐν τῇ σκηνοπηγίᾳ. τὴν Κάϊν καρποφορίαν
FJub. 46 14 ἀνείργοιτο καὶ ἀνιστᾶν πυραμίδας καὶ τούτοις τοὺς * Ἑβραίους * ἐξέτρυχον. μόνους δέκα μῆνας ῥιφῆναι τὰ βρέφη
FJub. 48 14 ἐν τῇ θαλάσσῃ κατεστράφησαν ὃν τρόπον τὰ βρέφη τῶν * Ἑβραίων * ἐν τῷ ποταμῷ ἀπέπνιγον χιλίων ἀνδρῶν
HArt. 9 18 1 τὴν Ἑλληνίδα φωνὴν Ἰουδαῖοι καλεῖσθαι δὲ αὐτοὺς * Ἑβραίους * ἀπὸ Ἀβραάμου. τοῦτον δὲ πανοικίᾳ ἐλθεῖν εἰς
LThe. 9 22 6 φάναι πείσειν αὐτούς. οὐ γὰρ δὴ θεμιτόν γε τόδ΄ * Ἑβραίοισι * τέτυκται γαμβροὺς ἄλλοθεν εἰς γε νυούς τ΄
LEze. 9 28 2 12 ἐπύργου σφῶν ἕκατι δυσμόρων. ἔπειτα κηρύσσει μὲν * Ἑβραίων * γένει τἄρσενικὰ ῥίπτειν ποταμὸν ἐς βαθύρροον.
LEze. 9 28 2 22 νέον ἰδοῦσα δ΄ εὐθὺς καὶ λαβοῦσ΄ ἀνείλετο ἔγνω δ΄ * Ἑβραῖον * ὄντα καὶ λέγει τάδε Μαριὰμ ἀδελφὴ προσδραμοῦσα
LEze. 9 28 2 25 θέλεις τροφόν σοι παιδὶ τῷδ΄ εὕρω ταχὺ ἐκ τῶν * Ἑβραίων; * ἡ δ΄ ἐπέσπευσεν κόρην. μολοῦσα δ΄ εἶπε μητρὶ

LEze. 9 28 3 12 ὁρῶ δὲ πρῶτον ἄνδρας ἐν χειρῶν νόμῳ τὸν μὲν γ' * Ἑβραῖον * τὸν δὲ γένος Αἰγύπτιον. ἰδὼν δ' ἐρήμους καὶ
LEze. 9 29 8 12 ἐκείνων καὶ ἔτ' ἐμῶν δωρημάτων πάρειμι σῶσαι λαὸν * Ἑβραίων * ἐμὸν ἰδὼν κάκωσιν καὶ πόνον δούλων ἐμῶν. ἀλλ'
LEze. 9 29 8 15 σήμαινε τοῖς ἐμοῖς λόγοις πρῶτον μὲν αὐτοῖς πᾶσιν * Ἑβραίοις * ὁμοῦ ἔπειτα βασιλεῖ τὰ ὑπ' ἐμοῦ τεταγμένα ὅπως
LEze. 9 29 12 21 λαὸν ἐκπέμψει ταχὺ πρὸς τοῖσδε λέξεις πᾶσιν * Ἑβραίοις * ὁμοῦ ὁ μεὶς ὅδ' ὑμῖν πρῶτος ἐνιαυτῶν πέλει ἐν
LEze. 9 29 12 24 ἀπάξω λαὸν εἰς ἄλλην χθόνα εἰς ἣν ὑπέστην πατράσιν * Ἑβραίων * γένους. λέξεις δὲ λαῷ παντὶ μηνὸς οὗ λέγω
LEze. 9 29 13 01 τέκνα τἄρσενικὰ διανοίγοντα μήτρας μητέρων. ἀνδρῶν * Ἑβραίων * τοῦδε τοῦ μηνὸς λαβὼν κατὰ συγγενείας πρόβατα
LEze. 9 29 13 13 καὶ θιγεῖν σταθμῶν δυοῖν ὅπως παρέλθῃ θάνατος * Ἑβραίων * ἄπο. ταύτην δ' ἑορτὴν δεσπότῃ τηρήσετε ἔφθ'
LEze. 9 29 14 12 μυριάδες ⟨ἦσαν⟩ ἑκατὸν εὐάνδρου λεώ⟨ς⟩. ἐπεὶ δ' * Ἑβραίων * οὑμὸς ἤντησε στρατός οἱ μὲν παρ' ἀκτὴν πλησίον
LEze. 9 29 14 31 ἐστάθη πρὸ γῆς μέγας παρεμβολῆς ἡμῶν τε καὶ * Ἑβραίων * μέσος. κἄπειθ' ὁ κείνων ἡγεμὼν Μωσῆς λαβὼν
LAri. 13 12 1 τά τε κατὰ τὴν ἐξαγωγὴν τὴν ἐξ Αἰγύπτου τῶν * Ἑβραίων * ἡμετέρων δὲ πολιτῶν καὶ ἡ τῶν γεγονότων ἁπάντων
FrAn. 574 3019 δὲ ὁ ὁρκισμὸς οὗτος ὁρκίζω σε κατὰ τοῦ θεοῦ τῶν * Ἑβραίων * Ἰησοῦ ιαβα ιαη ἀβραωθ Αια θωθ ελε ελω αηω εου

Ἑβραΐς 1
FJub. 12 26 Μωϋσῇ εἶπεν αὐτῷ ὅτι τὸν Ἀβραὰμ ἐγὼ ἐδίδαξα τὴν * Ἑβραΐδα * γλῶσσαν κατὰ τὴν ἀπ' ἀρχῆς κτίσεως λαλεῖν τὰ

ἐγγαστρίμυθος 2
TJud. 23 1 καὶ εἰδωλολατρείας ἃς ποιήσετε εἰς τὸ βασίλειον * ἐγγαστριμύθοις * ἐξακολουθοῦντες κληδόσι καὶ δαίμοσι
Sib. 3 226 φαρμακοὺς οὐ μὴν ἐπαοιδοὺς οὐ μύθων μωρῶν ἀπάτας * ἐγγαστεριμύθων * οὐδέ τε Χαλδαίων τὰ προμάντια

ἐγγενής 1
Sib. 3 412 δαήμονας ἕξει ἄνακτας Αἰνεάδας +διδοὺς+ αὐτόχθονος * ἐγγενὲς * αἷμα. ἀλλὰ μεταῦτις ἕλωρ ἔσῃ ἀνθρώποισιν

ἐγγίζω 27
Adam 7 2 ἡμῖν μὴ ἐσθίειν ἐξ αὐτοῦ δι' οὗ καὶ ἀποθνήσκομεν. * ἤγγισε * δὲ ἡ ὥρα τῶν ἀγγέλων τῶν διατηρούντων τὴν μητέρα
Hen. 14 9 εἰσήνεγκάν με εἰς τὸν οὐρανὸν καὶ εἰσῆλθον μέχρις * ἤγγισα * τείχους οἰκοδομῆς ἐν λίθοις χαλάζης καὶ γλώσσης
Hen. 14 10 με. καὶ εἰσῆλθον εἰς τὰς γλώσσας τοῦ πυρὸς καὶ * ἤγγισα * εἰς οἶκον μέγαν οἰκοδομημένον ἐν λίθοις χαλάζης
Hen. 14 22 κύκλῳ καὶ πῦρ μέγα παρειστήκει αὐτῷ καὶ οὐδεὶς * ἐγγίζει * αὐτῷ. κύκλῳ μυρίαι μυριάδες ἑστήκασιν ἐνώπιον
Hen. 14 23 πᾶς λόγος αὐτοῦ ἔργον. καὶ οἱ ἅγιοι τῶν ἀγγέλων οἱ * ἐγγίζοντες * αὐτῷ οὐκ ἀποχωροῦσιν νυκτὸς οὔτε ἀφίστανται
Hen. 24 2 καὶ φάραγγες βαθεῖαι καὶ τραχεῖαι μία τῇ μιᾷ οὐκ * ἐγγίζουσαι * καὶ τῷ ὄρει ἕβδομον ὄρος ἀνὰ μέσον τούτων καὶ
Abr.1 15 1 ⟨τὸν Ἀβραὰμ⟩ εἰς τὸν οἶκον αὐτοῦ ὅτι ἰδοὺ * ἤγγικεν * τὸ τέλος αὐτοῦ καὶ τὸ ἄμετρον τῆς ζωῆς αὐτοῦ
Abr.1 15 7 σου ποίησον διάταξιν περὶ πάντων ὧν ἐὰν βούλῃ ὅτι * ἤγγισεν * ἡ ἡμέρα ἐν ᾗ μέλλεις ἐκδημεῖν ἐκ τοῦ σώματος ἔτι
Abr.2 1 1 τῆς διαθήκης αὐτοῦ. κύριε εὐλόγησον. ἐγένετο ἡνίκα * ἤγγισαν * αἱ ἡμέραι Ἀβραὰμ παραστῆναι ἐλάλησεν κύριος
Abr.2 1 3 αὐτὸν ἐξερχόμενος ἐξελεύσει τοῦ βίου τούτου ὅτι * ἤγγισάν * σου αἱ ἡμέραι ὅπως διοικήσεις τὸν οἶκόν σου πρὸ
Abr.2 3 2 εἰς τὸν οἶκόν σου. ἐπορεύθησαν δέ οἱ ἀμφότεροι καὶ * ἤγγισαν * ἔγγιστα τῆς πόλεως ὡς ἀπὸ σταδίων δύο καὶ ηὗρον
Abr.2 4 4 δὲ Σάρρα ὡς ἤμελλεν ἑτοιμάζειν τὸ ἄριστον. * ἤγγισεν * δὲ ὁ ἥλιος δύνειν καὶ ἐξῆλθεν Μιχαὴλ καὶ
Abr.2 13 1 ἡνίκα ἀπέθανεν Σάρρα ἔθαψεν αὐτὴν Ἀβραάμ. ὅτε δὲ * ἤγγισαν * αἱ ἡμέραι τοῦ θανάτου Ἀβραὰμ οὐκ ἐτόλμησεν ὁ
Abr.2 13 1 ἡμέραι τοῦ θανάτου Ἀβραὰμ οὐκ ἐτόλμησεν ὁ θάνατος * ἐγγίσαι * αὐτῷ τοῦ ἐξενέγκαι τὴν ψυχὴν αὐτοῦ ἐκ τοῦ
TRub. 6 10 ἕκαστος πρὸς τὸν ἀδελφὸν αὐτοῦ καὶ πρὸς τὸν Λευὶ * ἐγγίσατε * ἐν ταπεινώσει καρδίας ἵνα δέξησθε εὐλογίαν ἐκ
TLevi 18 2B020 πάλιν τὰς χεῖράς σου καὶ τοὺς πόδας σου πρὸ τοῦ * ἐγγίσαι * πρὸς τὸν βωμὸν προσενέγκαι ὁλοκάρπωσιν καὶ ὅταν
TJud. 12 8 ἐποίησε παρὰ ἄλλης λαβοῦσα τὸν ἀρραβῶνα. ἀλλ' οὐδὲ * ἤγγισα * αὐτῇ ἔτι ἕως θανάτου μου ὅτι βδέλυγμα ἐποίησα
TJud. 21 5 βασιλείας. καὶ γὰρ αὐτὸν ὑπέρ σε ἐξελέξατο κύριος * ἐγγίζειν * αὐτῷ καὶ ἐσθίειν τράπεζαν αὐτοῦ καὶ ἀπαρχὰς
TDan 5 7 αὐτοὺς ἐξαμαρτάνειν ἐνώπιον κυρίου. καὶ υἱοί μου * ἐγγίζοντές * εἰσι τῷ Λευὶ καὶ συνεξαμαρτάνοντες αὐτοῖς ἐν
TDan 6 2 ἑαυτοῖς ἀπὸ τοῦ σατανᾶ καὶ τῶν πνευμάτων αὐτοῦ. * ἐγγίζετε * δὲ τῷ θεῷ καὶ τῷ ἀγγέλῳ τῷ παραιτουμένῳ ὑμᾶς
TJos. 6 5 ὅτι ἐπλήρωσας αὐτὸ θανάτου καὶ πῶς εἶπας ὅτι οὐκ * ἐγγίζω * εἰδώλοις ἀλλὰ κυρίῳ μόνῳ; νῦν οὖν γνῶθι ὅτι ὁ
Asen. 3 2 τὸν σῖτον τῆς εὐθηνίας τῆς χώρας ἐκείνης. καὶ ὡς * ἤγγισεν * τῇ πόλει ἐκείνῃ Ἰωσὴφ ἀπέστειλεν ἔμπροσθεν
Asen. 25 3 καὶ νῦν ἡσυχάζει μικρόν. καὶ εἶπεν ἡμῖν μηδεὶς * ἐγγισάτω * μου μηδὲ ὁ υἱός μου ὁ πρωτότοκος. καὶ ὡς ἤκουσε
Bar. 12 6 γέμοντα. καὶ ἤρχοντο λυπούμενοι καὶ οὐκ ἐτόλμησαν * ἐγγίσαι * διότι οὐκ εἶχον τέλεια τὰ βραβεῖα. καὶ ἐβόησε
Prop. 10 8 καὶ ὅλην τὴν γῆν ὅτε ἴδωσι λίθον βοῶντα οἰκτρῶς * ἐγγίζειν * τὸ τέλος. καὶ ὅτε ἴδωσιν ἐν Ἰερουσαλὴμ πάντα
Job 24 1 καὶ ἐπλαγίαζεν αὐτῆς τὴν καρδίαν. ἅμα τε * ἤγγισεν * ἡ γυνή μου ἀνακράξασα μετὰ κλαυθμοῦ λέγει μοι
Job 28 3 ὅπως ἐπισκεψάμενοι παραμυθήσονταί με ἡνίκα δὲ * ἤγγισαν * μακρόθεν, οὐκ ἐπεγίνωσκόν με κράξαντες δὲ

ἔγγονος 3
Aris. 196 2 ἕτερον ἠρώτα πῶς ἂν ἀκέραια συντηρήσας ἅπαντα τοῖς * ἐγγόνοις * τὴν αὐτὴν παραδιδοῖ διάθεσιν ἐπὶ τέλει; ὁ δὲ
Aris. 196 5 λαμβάνειν πρὸς τὰ μέλλοντα πράσσεσθαι καὶ τοῖς * ἐγγόνοις * παρακελευόμενος μὴ ἐκπλήττεσθαι τῇ δόξῃ μηδὲ τῷ
Aris. 248 5 πρὸς τὸν θεὸν οὐχ οὕτως περὶ ἑαυτῶν ὡς περὶ τῶν * ἐγγόνων * ἵνα παρῇ πάντα αὐτοῖς τὰ ἀγαθά. τὸ δὲ ἐπιδεῖσθαι

ἔγγραπτος 1
Aris. 110 3 παρεπιδημεῖν καὶ τοῖς ἐπὶ τῶν χρειῶν ὁμοίως δι' * ἐγγράπτων * διαστολὰς ἔδωκεν ἐὰν ἀναγκαῖον ᾖ κατακαλέσαι

ἔγγραφος 1
Job 11 7 ἤθελον μὴ λαμβάνων παρ' αὐτῶν ἐνέχυρα εἰ μὴ μόνον * ἔγγραφον. * καὶ οὕτως ἐνεπορεύοντο ἐν τοῖς ἐμοῖς. ἐνίοτε

ἐγγράφω 3
Hen. 103 3 ὅτι ἀγαθὰ καὶ ἡ χαρὰ καὶ ἡ τ⟨ιμὴ⟩ ἡτοίμασται καὶ * ἐγγέγραπται * ταῖς ψ⟨υχαῖς⟩ τῶν ἀποθανόντων εὐσεβῶν καὶ
Hen. 107 1 πλαξὶν τοῦ οὐρανοῦ ἀνέγνων αὐτά. τότε τεθέαμαι τὰ * ἐγγεγραμμένα * ἐπ' αὐτῶν ὅτι γενεὰ γενεᾶς κακ⟨ίων ἔσται⟩
TJud. 20 4 λαθεῖν ἀνθρώπων ἔργα ὅτι ἐν στήθει ὀστέων αὐτοῦ * ἐγγέγραπται * ἐνώπιον κυρίου. καὶ τὸ πνεῦμα τῆς ἀληθείας

ἐγγυαλίζω 7
Sib. 3 156 πολέμοιο καταρχή). καὶ τότε Τιτάνεσσι θεὸς κακὸν * ἐγγυάλιξεν. * καὶ πᾶσαι γενεαὶ Τιτάνων ἠδὲ Κρόνοιο
Sib. 3 165 ἐν φρεσὶ θεῖναι. καὶ μοι τοῦτο θεὸς πρῶτον νόῳ * ἐγγυάλιξεν * ὅσσαι ἀνθρώπων βασιληΐδες ἠγερέθονται. οἶκος
Sib. 3 199 δ' ἀρχὴ τούτων ἔσται; πρῶτον Τιτάνεσσι θεὸς κακὸν * ἐγγυαλίξει * υἱοῖς γὰρ κρατεροῖο δίκας τίσουσι Κρόνοιο
Sib. 5 286 πίστιν ἔχοντες. ἀλλά τί δή μοι ταῦτα νόος σοφὸς * ἐγγυαλίζει; * ἄρτι δέ σε τλήμων Ἀσίη κατοδύρομαι οἰκτρῶς
Sib. 5 332 πάντεσσι βροτοῖσιν εἶναι καὶ προσέχειν οἷον θεὸς * ἐγγυάλιξεν. * ἵμειρω τριτάλαινα τὰ Θρῃκῶν ἔργα ἰδέσθαι καὶ
Sib. 5 415 ἀνὴρ μακαρίτης σκῆπτρον ἔχων ἐν χερσὶν ὅ οἱ θεὸς * ἐγγυάλιξεν * καὶ πάντων ἐκράτησε καλῶς πᾶσίν τ' ἀπέδωκεν
Sib. 5 511 ἐν χθονὶ κείνῃ ἀνθ' ὧν οὐκ ἐφύλαξαν ὅ μιν θεὸς * ἐγγυάλιξεν. * Ἠελίου φαέθοντος ἐν ἀστράσιν εἶδον ἀπειλὴν

ἐγγύς 27
Adam 7 2 καὶ ἔφαγεν ἀπὸ τοῦ ξύλου ἐγνωκὼς ὅτι οὐκ ἤμην * ἔγγιστα * αὐτῆς οὔτε οἱ ἅγιοι ἄγγελοι. ἔπειτα ἔδωκε κἀμοὶ
Abr.1 2 1 δρῦν τὴν Μαβρὴν καὶ εὗρε τὸν Ἀβραὰμ ἐν τῇ χώρᾳ * ἔγγιστα * ζεύγη βοῶν ἀροτριασμοῦ προεδρεύοντα μετὰ τοὺς
Abr.1 5 3 κἀγὼ ἀναπεσεῖν μεθ' ὑμῶν ἐν τῷ τρικλίνῳ τούτῳ * ἔγγιστα * ὑμῶν ἀγαπῶ γὰρ ἀκούειν τὴν διαφορὰν τῆς ὁμιλίας
Abr.1 13 7 καὶ τότε λοιπὸν τῆς κρίσεως ἐκείνης τὸ τέλος * ἐγγὺς * καὶ φοβερὰ ἡ ἀπόφασις καὶ ὁ λύων οὐδεὶς καὶ λοιπὸν
Abr.2 2 1 ἦλθεν πρὸς Ἀβραὰμ συνήντησεν δὲ αὐτοῦ καθεζομένου * ἔγγιστα * τῶν βοῶν εἰς ἀροτριασμὸν ἦν δὲ γηραλέος τῇ
Abr.2 2 5 φιλάνθρωπος ⟨εἶ σύ⟩. λέγει αὐτῷ Ἀβραὰμ ἐλθὲ * ἔγγιστά * μου καὶ καθέζου ὀλίγην ὥραν καὶ ποιήσω ἐνεχθῆναι
Abr.2 3 2 οἶκόν σου. ἐπορεύθησαν δέ οἱ ἀμφότεροι καὶ ἤγγισαν * ἔγγιστα * τῆς πόλεως ὡς ἀπὸ σταδίων δύο καὶ ηὗρον δένδρον
Abr.2 5 4 τῷ πατρὶ αὐτοῦ πάτερ εἰπὲ κἀμοὶ ὅπως εἰσέλθω κἀγὼ * ἔγγιστα * ὑμῶν κοιμηθῆναι. ἀπεκρίθη Ἀβραὰμ καὶ εἶπεν μὴ
Abr.2 13 4 πρὸς Ἀβραάμ. ἰδὼν δὲ Ἀβραὰμ τὸν θάνατον * ἔγγιστα * αὐτοῦ καθήμενον ἐφοβήθη φόβον μέγαν. καὶ
Abr.2 13 6 τίς εἶ ἀπόστηθι ἀπ' ἐμοῦ ἀφ' οὗ γάρ σε ἐθεασάμην * ἔγγιστά * μου καθήμενον ἐταράχθη ἡ ψυχή μου ἐν ἐμοὶ πάντως
TLevi 2 3B017 δὲ καὶ τῆς φωνῆς τοῦ παιδός σου Λευὶ γενέσθαι σοι * ἐγγὺς * καὶ μέτοχον ποίησον τοῖς λόγοις σου ποιεῖν κρίσιν
TLevi 2 10 καὶ ἀσυγκρίτους ὅτε ἀνέλθῃς ἐκεῖ ὅτι σὺ * ἐγγὺς * κυρίου στήσῃ καὶ λειτουργὸς αὐτοῦ ἔσῃ καὶ μυστήρια
TLevi 6 1 χαλκῆν διὸ καὶ τὸ ὄνομα τοῦ ὄρους Ἀσπὶς ὅ ἐστιν * ἐγγὺς * Γεβὰλ ἐκ δεξιῶν Ἀβιλὰ καὶ συνετήρουν τοὺς λόγους
TLevi 18 2B018 ἐστὶν ἱερεὺς ἅγιος κληθήσεται τῷ σπέρματι Ἀβραάμ. * ἐγγὺς * εἶ κυρίου καὶ σὺ ἐγγὺς τῶν ἁγίων αὐτοῦ. γίνου
TLevi 18 2B018 τῷ σπέρματι Ἀβραάμ. ἐγγὺς εἶ κυρίου καὶ σὺ * ἐγγὺς * τῶν ἁγίων αὐτοῦ. γίνου καθαρὸς ἐν τῷ σώματί σου
TDan 6 11 μου εἰς σωτηρίαν ἕως τοῦ αἰῶνος. καὶ θάψατέ με * ἐγγὺς * τῶν πατέρων μου. καὶ ταῦτα εἰπὼν κατεφίλησεν
TNep. 4 5 καὶ ποιῶν ἔλεος εἰς πάντας τοὺς μακρὰν καὶ τοὺς * ἐγγύς. * ἐν γὰρ ἔτει τεσσαρακοστῷ ζωῆς μου εἶδον ἐν ὄρεσιν
TJos. 20 3 καὶ Ζέλφαν τὴν μητέρα ὑμῶν ἀναγάγετε καὶ * ἐγγὺς * Βάλλας παρὰ τὸν ἱππόδρομον πλησίον Ῥαχὴλ θέτε
TBen. 12 1 τὰ ὀστᾶ μου ἐξ Αἰγύπτου καὶ θάψατέ με εἰς Χεβρὼν * ἐγγὺς * τῶν πατέρων μου. καὶ ἀπέθανε Βενιαμὶν ἑκατὸν
Asen. 14 2 ἡμέρας ἀνέτειλεν. καὶ ἔτι ἑώρα Ἀσενὲθ καὶ ἰδοὺ * ἐγγὺς * τοῦ ἑωσφόρου ἐσχίσθη ὁ οὐρανὸς καὶ ἐφάνη φῶς μέγα
Asen. 16 4 Ἀσενὲθ πέμψω δὴ παιδάριον εἰς τὸ προάστειον διότι * ἐγγύς * ἐστιν ὁ ἀγρὸς τῆς κληρονομίας ἡμῶν καὶ οἴσει σοι
Asen. 28 16 αὐτῶν τοῦ μὴ ἀποκτεῖναι αὐτούς. καὶ αὐτοὶ ἦσαν * ἐγγὺς * ἐν τῇ ὕλῃ τοῦ καλάμου. καὶ ἔγνω Λευὶς ὁ ἀδελφὸς
Esdr. 3 13 πρὸς ἔθνος ἐπαναστῇ ἐν πολέμῳ τότε γνώσεσθε ὅτι * ἐγγύς * ἐστιν τὸ τέλος τότε οὖν οὔτε ἀδελφὸς ἀδελφὸν ἐλεεῖ
Job 2 2 ὁ κύριος Ἰωβ. ὅτε Ἰωβαβ ἐκαλούμην, ᾤκουν τὸ πρὶν * ἔγγιστα * εἰδωλίου θρησκευομένου καὶ συνεχῶς βλέπων
Sib. 3 348 +Μυκήνη πάνθεια+. ἴσθι τότ' Αἰγύπτου ὀλοὸν γένος * ἐγγὺς * ὀλέθρου καὶ τότ' Ἀλεξανδρεῦσιν ἔτος τὸ παρελθὸν
FEld. 7 3 * ἐγγὺς * κύριος τοῖς ἐπιστρεφομένοις.
FEz. 186 15 το αγιον ⟨μου και εσομαι αυ⟩τοις πυμην κ⟨αι εσομαι * εγγυς * αυτων ως ο χ⟩ιτων του χρ⟨ωτος αυτων και

ἐγείρω 32
Adam 29 7 βρώματα ἵνα φάγωμεν καὶ ζήσωμεν ἵνα μὴ ἀποθάνωμεν. * ἐγερθῶμεν * καὶ κυκλώσωμεν τὴν γῆν εἰ οὕτως εἰσακούσῃ ἡμῶν
Hen. 14 25 λόγον μου ἄκουσον. καὶ προσελθών μοι εἷς τῶν ἁγίων * ἤγειρέν * με καὶ ἔστησέν με καὶ προσήγαγέν με μέχρι τῆς
Hen. 89 42 καί οἱ ὕες καί οἱ ἀλώπεκες κατήσθιον αὐτὰ μέχρι οὗ * ἤγειρεν * ὁ κύριος τῶν προβάτων κριὸν ἕνα ἐκ τῶν προβάτων.
Hen. 89 46 πρὸς αὐτὸν καὶ ἐλάλησεν αὐτῷ σιγῇ κατὰ μόνας καὶ * ἤγειρεν * αὐτὸν εἰς κριὸν καὶ εἰς ἄρχοντα καὶ εἰς
Hen. 100 4 καὶ συστραφήσονται εἰς ἕνα τόπον καὶ ὁ ὕψιστος * ἐγερθήσεται * ἐν ἡμέρᾳ κρίσεως ποιῆσαι ἐκ πάντων κρίσιν
Abr.1 4 5 αὐτῶν ⟨ὑπῆρχε⟩ τράπεζα ἐν ἀφθονίᾳ παντὸς ἀγαθοῦ. * ἐγερθεὶς * οὖν ὁ ἀρχιστράτηγος ἐξῆλθεν ἔξω ὡς δῆθεν
Abr.2 7 17 ἐπὶ τῆς γῆς ἕως πληρωθῶσιν ἑξακισχίλια ἔτη ἐν ᾧ * ἐγερθήσεται * πᾶσα σάρξ νῦν οὖν Ἀβραὰμ διάθου περὶ τῶν
TLevi 18 2 αὐτῶν παρὰ κυρίου ἐκλείψει ἡ ἱερατεία. τότε * ἐγερεῖ * κύριος ἱερέα καινὸν ᾧ πάντες οἱ λόγοι κυρίου

TDan 4 6 ἐὰν ζημιωθῆτε ἑκουσίως μὴ λυπεῖσθε ἀπὸ γὰρ λύπης × ἐγείρει × θυμὸν μετὰ ψεύδους. ἔστι δὲ διπρόσωπον κακὸν
Asen. 10 4 τὰς παρθένους τὸν στεναγμὸν αὐτῆς καὶ ἔσπευσε καὶ × ἤγειρε × τὰς ἄλλας ἐξ παρθένους. καὶ ἦλθον πρὸς τὴν θύραν
Jer. 5 2 οὐκ ἐξυπνίσθη ἐκ τοῦ ὕπνου αὐτοῦ. καὶ μετὰ ταῦτα × ἐγερθεὶς × ἀπὸ τοῦ ὕπνου αὐτοῦ εἶπεν ὅτι ἡδέως ἐκοιμήθην
Jer. 5 7 τῷ καύματι οὐ γὰρ καῦμα οὐ κόπος ἐστὶ καθ᾽ ἡμέραν; × ἐγερθεὶς × οὖν ἦρε τὸν κόφινον τῶν σύκων καὶ ἐπέθηκεν ἐπὶ
Jer. 5 7 τὴν ὁδὸν ὅτι διὰ τῆς ὁδοῦ τοῦ ὄρους ἦλθον × ἐγερθεὶς × ἀπὸ τοῦ ὕπνου μου καὶ βαρείας οὔσης τῆς κεφαλῆς
Prop. 10 5 μετὰ ἀπεριτμήτων καὶ θανόντα τὸν υἱὸν αὐτῆς πάλιν × ἤγειρεν × ἐκ νεκρῶν ὁ θεὸς διὰ τοῦ Ἠλία ἠθέλησε γὰρ
Prop. 10 5B θεόν. καὶ θανόντα τὸν υἱὸν αὐτῆς Ἰωνᾶν πάλιν × ἤγειρεν × αὐτὸν ὁ θεὸς ἐκ νεκρῶν διὰ τοῦ Ἠλία. καὶ
Prop. 21 5 ἐλαίου μὴ ἐλαττωθῆναι τὸν υἱὸν αὐτῆς ἀποθανόντα × ἤγειρεν × ὁ θεὸς ἐκ νεκρῶν εὐξαμένου αὐτοῦ. προβλήματος
Prop. 22 12 τεκεῖν εἶτα ἀποθανόντα τὸν παῖδα εὐξάμενος πάλιν × ἤγειρεν × ἐκ νεκρῶν. εἰς Γάλγαλα ἐλθὼν κατήχθη παρὰ τοῖς
Sedr. 8 9 μοι Σεδράχ ἀφ᾽ οὗ ἐποίησα τὴν θάλασσαν πόσα κύματα × ἤγειραν × καὶ πόσα ὑποδιέβησαν καὶ πόσα μέλλουν ἐγεῖραι
Sedr. 8 9 ἤγειραν καὶ πόσα ὑποδιέβησαν καὶ πόσα μέλλουν × ἐγεῖραι × καὶ πόσοι ἄνεμοι πνέουσιν παρὰ τὸ χεῖλος τῆς
Job 4 9 ἐστιν, ἀποδιδοὺς ἑκάστῳ τῷ ὑπακούοντι ἀγαθὰ καὶ × ἐγερθήσῃ × ἐν τῇ ἀναστάσει ἔσῃ γὰρ ὡς ἀθλητὴς πυκτεύων καὶ
Job 36 1 προσεγγίσαι αὐτῷ, καὶ γνώσομαι ἐν τίνι ἐστίν. τότε × ἐγερθεὶς × ὁ Βαλδαδ προσήγγισέν μοι λέγων σὺ εἶ Ἰωβ; καὶ
Job 40 1 ἡμῖν τὸ ἀληθές. ἐγὼ δὲ ὑπολαβὼν εἶπον αὐτοῖς × ἐγείρατέ × με ἵνα σταθῶ. οἱ δὲ ἤγειράν με ἑκατέρωθεν τοὺς
Job 40 1 ὑπολαβὼν εἶπον αὐτοῖς ἐγείρατέ με ἵνα σταθῶ. οἱ δὲ × ἤγειράν × με ἑκατέρωθεν τοὺς βραχίονάς μου ὑποστηρίζοντες
Job 47 11 τῇ διανοίᾳ ὑμῶν διότι φυλακτήριόν ἐστιν τοῦ πατρὸς × ἐγερθεῖσαι × οὖν περιζώσασθε αὐτὰς πρὶν τελευτήσω, ἵνα
Aris. 94 3 τούτου δὲ γινομένου τῶν διαλελοιπότων × ἐγείρονται × πρόθυμον οὐδενὸς ἐπιτάσσοντος τὰ τῆς
Aris. 216 2 αἴρεις. ἐπὶ πλεῖον γὰρ ἐν οἷς ἕκαστος πράγμασιν × ἐγρηγορὼς × τὴν διαγωγὴν ποιεῖται καὶ καθ᾽ ὕπνον ἐν τοῖς
Aris. 216 5 πρᾶξιν ἐπὶ τὰ κάλλιστα τρεπομένην κατευθύνει καὶ × ἐγρηγορότος × καὶ ἐν ὕπνῳ. διὸ καὶ περὶ σέ διὰ παντὸς
Sib. 3 159 Ἔπειτα χρόνου περιτελλομένοιο Αἰγύπτου βασίλειον × ἐγείρατο × εἶτα τὸ Περσῶν Μήδων Αἰθιόπων τε καὶ Ἀσσυρίης
Sib. 3 290 ἄρξει καὶ καινὸν σηκὸν θεοῦ ἄρξετ᾽ × ἐγείρειν. × καὶ πάντες Περσῶν βασιλεῖς ἐπικουρήσουσιν
Sib. 3 390 λώπην ἐπιειμένος ὤμοις ἄγριος ἀλλοδίκης φλογόεις × ἤγειρε × γὰρ αὐτοῦ πρόσθε κεραυνὸς φῶτα κακὸν δ᾽ Ἀσίη
Sib. 4 137 ἀναίτιον ἐξολέσουσιν. ἐς δὲ δύσιν τότε νεῖκος × ἐγειρομένου × πολέμοιο ἥξει καὶ Ῥώμης ὁ ψυχάς μέγα ἔγχος
LAri. 13 12 6 ἤπιος ἀνθρώποισι δεξιὰ σημαίνει λαοὺς δ᾽ ἐπὶ ἔργον × ἐγείρει × μιμνήσκων βιότοιο λέγει δ᾽ ὅτε βῶλος ἀρίστη

ἔγερσις  [1]
Aris. 160 4 ὑπόληψιν ἑαυτῶν ὅταν εἰς ὕπνον ἔρχωνται καὶ τὴν × ἔγερσιν × ὡς θεία τίς ἐστι καὶ ἀκατάληπτος τούτων ἡ

ἐγκαλέω  [1]
Job 7 11 ἀπηλλοτριώθην σου ἀκμὴν καὶ τοῦτό σοι ἔδωκα ἵνα μὴ × ἐγκληθῶ × ὅτι τῷ αἰτήσαντι ἐχθρῷ οὐδὲν παρέσχον. ταῦτα

ἔγκαρπος  [1]
LEze. 9 29 16 10 μιᾶς πέτρας στελέχη δ᾽ ἐρυμνὰ πολλὰ φοινίκων πέλει × ἔγκαρπα × δεκάκις ἑπτὰ καὶ ἐπίρρυτος χλόη πέφυκε θρέμμασιν

ἐγκατάκλειστος  [1]
TJos. 14 6 εἶπε περὶ τοῦ μεταβόλου καὶ περὶ ἐμοῦ ὅτι ὤφειλα × ἐγκατάκλειστος × εἶναι. μετὰ δὲ εἰκοσιτέσσαρας ἡμέρας

ἐγκατάλειμμα  [1]
TSim. 6 3 μακρὰν ἔσονται. τότε ἀπολεῖται σπέρμα Χαναὰν καὶ × ἐγκατάλειμμα × οὐκ ἔσται τῷ Ἀμαλὴκ καὶ ἀπολοῦνται πάντες

ἐγκαταλείπω  [13]
Adam 8 2 οἰκία τῷ οἰκοδομήσαντι αὐτήν; καὶ λέγει ἐπειδὴ × ἐγκατέλιπας × τὴν διαθήκην μου ὑπήνεγκα τῷ σώματί σου
Adam 23 3 ὁ θεὸς τίς σοι ὑπέδειξεν ὅτι γυμνὸς εἶ εἰ μὴ ὅτι × ἐγκατέλιπας × τὴν ἐντολήν μου ἣν παρέδωκά σοι τοῦ φυλάξαι
Adam 30 1 ἐν ᾧ ἠπατήθημεν. ὑμεῖς δὲ φυλάξατε ἑαυτοὺς μὴ × ἐγκαταλιπεῖν × τὸ ἀγαθόν. ταῦτα δὲ εἰποῦσα ἐν μέσῳ τῶν
Hen. 99 5 ἐκείνῳ αἱ τίκτουσαι ἐκβαλοῦσιν καὶ ἐκσπάσουσιν καὶ × ἐγκαταλείψουσιν × ⟨τὸ νήπιο⟩ν βρέφος καὶ αἱ ἐν γαστρὶ
Abr.1 8 5 καὶ εἶπε αὐτὸν οὕτως τάδε λέγει ὁ θεός σου τί σε × ἐγκατάλιπες × ἐπὶ τῆς γῆς; ἐγώ εἰμι ὁ θεὸς σου ὁ ἀναγαγών
TJos. 2 4 εἰς οἰκτιρμοὺς ἐνώπιον τοῦ δεσμοφύλακος. οὐ μὴ γὰρ × ἐγκαταλίπῃ × τοὺς φοβουμένους αὐτὸν οὔκ ἐν σκότει ἢ
Asen. 11 3 τί λαλήσω ἐγὼ ἡ παρθένος καὶ ὀρφανὴ καὶ ἔρημος καὶ × ἐγκαταλελειμμένη × καὶ μεμισημένη; πάντες γὰρ μεμισήκασί
Asen. 12 5 ἄνθρωπος νυνὶ δὲ ὑπάρχω ὀρφανὴ καὶ ἔρημος καὶ × ἐγκαταλελειμμένη × ἀπὸ πάντων ἀνθρώπων. σοὶ προσφεύγω
Asen. 12 14 με κύριε καὶ φύλαξόν με ⟨τὴν⟩ παρθένον ἁγνὴν τὴν × ἐγκαταλελειμμένην × καὶ ὀρφανὴν διότι σὺ εἶ κύριε πατὴρ
Sal. 2 7 κατὰ τὰς ἁμαρτίας αὐτῶν ἐποίησεν αὐτοῖς ὅτι × ἐγκατέλιπεν × αὐτοὺς εἰς χεῖρας κατισχυόντων. ἀπέστρεψεν
Sedr. 6 6 καὶ δουλεύει ἀλλότριᾳ; καὶ ἰδὼν ὁ πατὴρ ὅτι × ἐγκατέλιπεν × αὐτὸν ὁ υἱὸς καπνίζεται ἡ καρδία αὐτοῦ. καὶ
Sedr. 6 7 αὐτοῦ καὶ ἐξορίζει αὐτὸν ἐκ τῆς δόξης αὐτοῦ διότι × ἐγκατέλιπεν × τὸν πατέρα αὐτοῦ πῶς δὲ ἐγὼ ὁ θαυμαστὸς καὶ
Job 43 10 παρώργισεν ἐπελάθετο αὐτοῦ ὁ κύριος, καὶ οἱ ἅγιοι × ἐγκατέλειψαν × αὐτὸν ἢ δὲ ὀργὴ καὶ ὁ θυμὸς ἔσται αὐτῷ εἰς

ἐγκατασκευάζω  [2]
Aris. 194 6 ἀνόχας καὶ ἐνδεικνύμενος τὰ τῆς δυναστείας φόβον × ἐγκατασκευάζει × πάσῃ διανοίᾳ. καὶ τοῦτον εἰ ἐπαινέσας

ἐγκατατίθημι
Sib. 3 821 +θεός+ κατέλεξε τῶν μετέπειτα δὲ πάντα θεὸς νόῳ × ἐγκατέθηκεν × ὥστε προφητεύειν με τά τ᾽ ἐσσόμενα πρό τ᾽
Sib. 5 148 πρὸς βασιλῆας πρώτους οὓς ἐπόθησε καὶ οἷς κλέος × ἐγκατέθηκεν × φωλεύων μετὰ τῶνδε κακῶν εἰς ἔθνος ἀληθὲς ὃς

ἐγκαυχάομαι  [1]
TJud. 14 8 καὶ παρανομεῖν καὶ μὴ αἰσχύνεσθαι ἀλλὰ καὶ × ἐγκαυχᾶσθαι × τῇ ἀτιμίᾳ νομίζοντα εἶναι καλόν. ὁ πορνεύων

ἔγκειμαι
TRub. 3 3 τὸ τῆς πορνείας ἐν τῇ φύσει καὶ ταῖς αἰσθήσεσιν × ἔγκειται × δεύτερον πνεῦμα ἀπληστίας ἐν τῇ γαστρὶ τρίτον
TGad 5 11 παρανομεῖ δι᾽ ἐκείνων καὶ κολάζεται. ἐπεὶ οὖν × ἐνέκειτο × τὰ ἥπατά μου ἀνηλεῶς κατὰ τοῦ Ἰωσὴφ τῷ ἥπατι
TJos. 7 1 ἔτι τὴν ἀσέβειαν ταύτην. ὅτι δὲ ἡ καρδία αὐτῆς × ἐνέκειτο × εἰς ἐμὲ πρὸς ἀκολασίαν στενάζουσα προσέπιπτεν.

ἐγκεντρίζω  [1]
Hen. 103 12 ἐφ᾽ ἡμᾶς τὸν ζυγόν. οἱ κυριεύουσιν οἱ ἐχθροὶ ἡμῶν × ἐγκεντρίζουσιν × ἡμᾶς καὶ περικλείουσιν ἡμᾶς ἐζητήσαμεν

ἐγκέφαλος  [1]
Sedr. 11 3 σου ἐκ βροντῆς ἢ γλῶσσά σου ἐκ σάλπιγγος καὶ ὁ × ἐγκέφαλός × σου ἐστιν μικρὸν κτίσμα κεφαλὴ ὅλου τοῦ

ἔγκλημα  [1]
FMos. 2 629 5 διαβόλου τοῦτο μὴ καταδεχομένου ἀλλ᾽ ἐπιφέροντος × ἔγκλημα × διὰ τὸν τοῦ Αἰγυπτίου φόνον ὡς αὐτοῦ ὄντος τοῦ

ἔγκληρος
Aris. 116 5 ἐπέβησαν αὐτῆς ἑξήκοντα μυριάδες ἀνδρῶν × ἔγκληροι × καθειστήκεισαν ἑκατοντάρουροι. πληρούμενος δὲ ὁ  [2]

ἐγκολάπτω
Hen. 103 2 ἀναγκαῖαν ἔγνων τὰ γ⟨εγραμμέ⟩να ἐν αὐταῖς καὶ × ἐγκεκολαμμέν⟨α × περὶ⟩ ὑμῶν ὅτι ἀγαθὰ καὶ ἡ χαρὰ καὶ ἡ
Asen. 3 6 καὶ ἦσαν τὰ ὀνόματα τῶν θεῶν τῶν Αἰγυπτίων × ἐγκεκολαμμένα × πανταχοῦ ἐπί τε τοῖς ψελίοις καὶ τοῖς

ἐγκοτέω  [4]
TGad 1 8 ζῆν καὶ ἐφάγομεν αὐτὸν καὶ εἶπε τῷ πατρὶ ἡμῶν. καὶ × ἐνεκότουν × τῷ Ἰωσὴφ περὶ τοῦ λόγου τούτου ἕως ἡμέρας

ἐγκράτεια  [4]
TIss. 2 1 ὅτι διέπτυσε συνουσίαν ἀνδρὸς καὶ ἐξελέξατο × ἐγκράτειαν. × καὶ εἰ μὴ Λεία ἡ μήτηρ μου ἀντὶ συνουσίας
TNep. 8 8 καιρὸς γὰρ συνουσίας γυναικὸς αὐτοῦ καὶ καιρὸς × ἐγκρατείας × εἰς προσευχὴν αὐτοῦ. καὶ δύο ἐντολαὶ εἰσιν
Aris. 278 2 κωλύει τοὺς ἐπιφερομένους ἐπὶ τὴν ἡδονοκρασίαν × ἐγκράτειαν × δὲ κελεύει καὶ δικαιοσύνην προτιμᾶν. ὁ δὲ
LAri. 13 12 8 ἡμᾶς περὶ εὐσεβείας τέτακται καὶ δικαιοσύνης καὶ × ἐγκρατείας × καὶ τῶν λοιπῶν ἀγαθῶν τῶν κατὰ ἀλήθειαν. ὁ

ἐγκρατής
Aris. 22 4 Φοινίκην τόπους ἐπελθόντες τὴν τῶν Ἰουδαίων χώραν × ἐγκρατεῖς × ἐγένοντο σωμάτων Ἰουδαϊκῶν καὶ ταῦτα
FPho. 145 ⟨ἐξ ὀλίγου σπινθῆρος ἀθέσφατος αἴθεται ὕλη. × ἐγκρατὲς × ἦτορ ἔχειν καὶ ληπτῶν δ᾽ ἀπέχεσθαι. φεῦγε
HAno. 9 17 4 αὐτοῦ τὸν Ἀβραὰμ μετὰ οἰκετῶν βοηθήσαντα × ἐγκρατῆ × γενέσθαι τῶν αἰχμαλωτισμένων καὶ τῶν πολεμίων
HHec. 1 22 186 μάχην ὁ Πτολεμαῖος ἐγένετο τῶν περὶ Συρίαν τόπων × ἐγκρατής × καὶ πολλοὶ τῶν ἀνθρώπων πυνθανόμενοι τὴν

ἐγκρίνω  [1]
Aris. 228 5 τῆς τῶν γονέων τιμῆς. ἑπομένως δὲ τὴν τῶν φίλων × ἐγκρίνει × διάθεσιν προσονομάσας ἴσον τῇ ψυχῇ τὸν φίλον.

ἐγκτάομαι  [1]
Hen. 102 9 ἁρπάσαι καὶ ἁμαρτάνειν καὶ λωποδυτεῖν καὶ × ἐγκτᾶσθαι × καὶ ⟨ἰδεῖν⟩ ἡμέρας ἀγαθάς. ἴδετε οὖν οἱ

ἔγκυκλος
LEze. 9 29 5 10 ἐκ θρόνων χωρίζεται. ἐγὼ δ᾽ ἐσεῖδον γῆν ἅπασαν × ἔγκυκλον × καὶ ἔνερθε γαίας καὶ ἐξύπερθεν οὐρανοῦ καὶ μοι

ἐγκυλίω
Aris. 166 4 ταῦτα τῷ λόγῳ σωματοποιήσαντες κακοῖς ἑτέρους × ἐνεκύλισαν × ἀκαθαρσίαν οὐ τὴν τυχοῦσαν ἐπετέλεσαν

ἐγκύμων
FPho. 186 κυσὶν ῥίψῃ καὶ γυψὶν ἕλωρα. μηδ᾽ ἐπὶ σῇ ἀλόχῳ × ἐγκύμονι × χεῖρα βάλῃαι. μηδ᾽ αὖ παιδογόνον τέμνειν φύσιν

ἐγκύπτω  [2]
Aris. 140 2 πᾶσαν κτίσιν. ὅθεν οἱ Αἰγυπτίων καθηγεμόνες ἱερεῖς × ἐγκεκυφότες × εἰς πολλὰ καὶ μετεσχηκότες πραγμάτων

ἐγκώμιον  [22]
Job 18 5 ὑπὸ τοῦ κυρίου διὰ τοῦ ἀγγέλου αὐτοῦ καὶ τῶν × ἐγκωμίων × τῶν λαληθέντων μοι καὶ ἐγενόμην ὡς θέλων
Job 43 14 ἅγιοι ἡτοιμάσθησαν, προηγουμένων τῶν στεφάνων μετ᾽ × ἐγκωμίων. × χαιρέτωσαν οἱ ἅγιοι, ἀγαλλιάσθωσαν ἐν καρδίᾳ,

ἐγρήγορος
Hen. 1 5 καὶ φοβηθήσονται πάντες καὶ πιστεύσουσιν οἱ × ἐγρήγοροι × ⟨καὶ⟩ ἄσουσιν ἀπόκρυφα ἐν πᾶσιν τοῖς ἄκροις τῆς
Hen. 6B ⟨ἐπὶ⟩ δέκα. ἐκ τοῦ πρώτου βιβλίου Ἐνὼχ περὶ τῶν × ἐγρηγόρων. × ἐγρήγορος ὅτε ἐπληθύνθησαν οἱ υἱοὶ τῶν
Hen. 6B 7 αὐτοῖς θυγατέρες ὡραῖαι. καὶ ἐπεθύμησαν αὐτὰς οἱ × ἐγρήγοροι × καὶ ἀπεπλανήθησαν ὀπίσω αὐτῶν καὶ εἶπον πρὸς
Hen. 10 7 υἱοὶ τῶν ἀνθρώπων ἐν τῷ μυστηρίῳ ὅλῳ ᾧ ἐπέταξαν οἱ × ἐγρήγοροι × καὶ ἐδίδαξαν τοὺς υἱοὺς αὐτῶν καὶ ἡρημώθη πᾶσα
Hen. 10 9 υἱοὺς τῆς πορνείας καὶ ἀπόλεσον τοὺς υἱοὺς τῶν × ἐγρηγόρων × ἀπὸ τῶν ἀνθρώπων πέμψον αὐτοὺς ἐν πολέμῳ

Hen.     10    15   πάντα τὰ πνεύματα τῶν κιβδήλων καὶ τοὺς υἱοὺς τῶν * ἐγρηγόρων * διὰ τὸ ἀδικῆσαι τοὺς ἀνθρώπους. καὶ ἀπόλεσον
Hen.     10Β    7          τοῦ πυρός. καὶ ἴασαι τὴν γῆν ἣν ἠφάνισαν οἱ * ἐγρήγοροι * καὶ τὴν ἴασιν τῆς πληγῆς δήλωσον ἵνα ἰάσωνται
Hen.     10Β    7   οἱ υἱοὶ τῶν ἀνθρώπων ἐν τῷ μυστηρίῳ ὃ εἶπον οἱ * ἐγρήγοροι * καὶ ἐδίδαξαν τοὺς υἱοὺς τῶν ἀνθρώπων καὶ
Hen.     10Β    9   υἱοὺς τῆς πορνείας καὶ ἀπόλεσον τοὺς υἱοὺς τῶν * ἐγρηγόρων * ἀπὸ τῶν υἱῶν τῶν ἀνθρώπων πέμψον αὐτοὺς εἰς
Hen.     12     2   καὶ τί ἐγένετο αὐτῷ. καὶ τὰ ἔργα αὐτοῦ μετὰ τῶν * ἐγρηγόρων * καὶ μετὰ τῶν ἁγίων αἱ ἡμέραι αὐτοῦ. καὶ ἑστὼς
Hen.     12     3   τῆς μεγαλωσύνης τῷ βασιλεῖ τῶν αἰώνων. καὶ ἰδού οἱ * ἐγρήγοροι * τοῦ ἁγίου τοῦ μεγάλου ἐκάλουν με Ἐνὼχ ὁ
Hen.     12     4   ὁ γραμματεὺς τῆς δικαιοσύνης πορεύου καὶ εἰπὲ τοῖς * ἐγρηγόροις * τοῦ οὐρανοῦ οἵτινες ἀπολιπόντες τὸν οὐρανὸν
Hen.     13    10   λαλεῖν τοὺς λόγους τῆς δικαιοσύνης ἐλέγχων τοὺς * ἐγρηγόρους * τοῦ οὐρανοῦ. βίβλος λόγων δικαιοσύνης καὶ
Hen.     14     1   τοῦ οὐρανοῦ. βίβλος λόγων δικαιοσύνης καὶ ἐλέγξεως * ἐγρηγόρων * τῶν ἀπὸ τοῦ αἰῶνος κατὰ τὴν ἐντολὴν τοῦ ἁγίου
Hen.     14     3   νοήσει καρδίας ὃς ἔκτισεν καὶ ἔδωκεν ἐλέγξασθαι * ἐγρηγόρους * τοὺς υἱοὺς τοῦ οὐρανοῦ. ἐγὼ τὴν ἐρώτησιν ὑμῶν
Hen.     15     9   διότι ἀπὸ τῶν ἀνωτέρων ἐγένοντο καὶ ἐκ τῶν ἁγίων * ἐγρηγόρων * ἡ ἀρχὴ τῆς κτίσεως αὐτῶν καὶ ἀρχὴ θεμελίου
Hen.     15Β    9   ἀπὸ τῶν ἀνθρώπων ἐγένοντο καὶ ἐκ τῶν ἁγίων τῶν * ἐγρηγόρων * ἡ ἀρχὴ τῆς κτίσεως αὐτῶν καὶ ἀρχὴ θεμελίου
Hen.     16     2   μεγάλης ἐν ᾗ ὁ αἰὼν ὁ μέγας τελεσθήσεται. καὶ νῦν * ἐγρηγόροις * τοῖς πέμψασίν σε ἐρωτῆσαι περὶ αὐτῶν οἵτινες
TRub.     5     6          τοῦ αἰῶνος τετήρηται. οὕτως γὰρ ἔθελξαν τοὺς * ἐγρηγόρους * πρὸ τοῦ κατακλυσμοῦ κἀκεῖνοι συνεχῶς ὁρῶντες
TRub.     5     7   αὐτῶν ἔτεκον γίγαντας. ἐφαίνοντο γὰρ αὐταῖς οἱ * ἐγρήγοροι * ἕως τοῦ οὐρανοῦ φθάνοντες. φυλάσσεσθε οὖν ἀπὸ
TNep.     3     5   ἥτις ἐνήλλαξε τάξιν φύσεως αὐτῆς. ὁμοίως δὲ καὶ οἱ * ἐγρήγοροι * ἐνήλλαξαν τάξιν φύσεως αὐτῶν οὓς καὶ
FJub.    10     1   τῷ 'β φ π β' ἔτει τοῦ κόσμου φθόνῳ κινούμενοι ⟨οἱ * ἐγρήγοροι⟩ * μετὰ θάνατον ἐπλάνησαν τοὺς υἱοὺς Νῶε καὶ
                     cf. Αἴγυπτος

**Ἔγυπτος**
**ἐγχαράσσω**
Job      48     3   ἀπεφθέγξατο εἴασεν τὸ πνεῦμα ἐν στολῇ τῇ ἑαυτῆς * ἐγκεχαραγμένους. * καὶ τότε ἡ Κασία περιεζώσατο καὶ ἔσχεν
                     1
**ἐγχείρημα**
TJos.     9     5   πρὸς ἀπάτησίν μου. καὶ ὁ κύριος ἐφύλαξέ με ἀπὸ τῶν * ἐγχειρημάτων * αὐτῆς. ὁρᾶτε οὖν τέκνα μου πόσα
                     1
**ἐγχειρίζω**
HCal.    28     2          οὖν ἐκεῖσε χρόνον τινὰ τὴν πόλιν οἰκοδομεῖν * ἐγχειρίζεται * κίοσί τε πλείστοις αὐτὴν κατακοσμήσας καὶ
                     1
**ἐγχέω**
Asen.    18     9   καὶ ἤνεγκεν αὐτῇ ὕδωρ καθαρὸν ἀπὸ τῆς πηγῆς καὶ * ἐνέχεεν * αὐτὸ ἐν τῇ λεκάνῃ. καὶ ἔκυψεν Ἀσενὲθ νίψασθαι
                     2
**ἔγχος**
Sib.      4    76          μέλαν ὕδωρ. ἥξει δ' ἐξ Ἀσίης βασιλεὺς μέγα * ἔγχος * ἀείρας νηυσὶν ἀμετρήτοισιν τὰ μὲν βυθοῦ ὑγρὰ
Sib.      4   138   ἐγειρομένου πολέμοιο ἥξει καὶ Ῥώμης ὁ φυγὰς μέγα * ἔγχος * ἀείρας Εὐφρήτην διαβὰς πολλαῖς ἅμα μυριάδεσσιν.
                     1
**ἐγχρήζω**
TSim.     2     9   τοῖς ποιμνίοις καὶ Ῥουβὴμ εἰς Δωθάϊμ ὅπου τὰ * ἐγχρήζοντα * ἡμῖν καὶ πᾶσα ἡ ἀπόθεσις Ἰούδας ὁ ἀδελφὸς
                     1
**ἐγχωρέω**
Asen.    15   12Β   ἀνθρώπῳ οὔτε εἰπεῖν οὔτε ἀκοῦσαι ἐν τῷ κόσμῳ τούτῳ * ἐγκεχώρηται * ὅτι μεγάλα ἐστὶ τὰ ὀνόματα ἐκεῖνα καὶ
                     1
**ἐγχώριος**
HArt. 9  27    16          τιμᾶσθαι δὲ τὴν Μέρριν ταύτην ὑπὸ τῶν * ἐγχωρίων * οὐκ ἐλαχίστως ἢ τὴν Ἶσιν. Ἄαρωνα δὲ τὸν τοῦ
**ἐγώ**                                             2311   μου ἐγώ με μοι ἐμέ κἀμοὶ ἐμοὶ κἀγώ ἐμοῦ κἀμέ μοι μού μ' εγω εμου κἀμοῦ εμε καμε εμοι
**ἔγωγε**
Aris.   215     1   καίτοι ταῦθ' ὑπολαμβάνομεν καθεστάναι. πλὴν ὅσον * ἔμοιγε * ἐφικτὸν οὕτω διείληφα κατὰ πάντα τρόπον σέ
**ἔδαφος**                                            24
Hen.     14    10   οἴκου ὡς λιθόπλακες καὶ πᾶσαι ἦσαν ἐκ χιόνος καὶ * ἐδάφη * χιονικὰ καὶ αἱ στέγαι ὡς διαδρομαὶ ἀστέρων καὶ
Hen.     14    17   περὶ τῆς δόξης καὶ περὶ τῆς μεγαλωσύνης αὐτοῦ. τὸ * ἔδαφος * αὐτοῦ ἦν πυρὸς τὸ δὲ ἀνώτερον αὐτοῦ ἦσαν ἀστραπαὶ
Abr.1     9     1   ἰδὼν αὐτὸν ὁ δίκαιος ἔπεσεν ἐπὶ πρόσωπον εἰς τὸ * ἔδαφος * τῆς γῆς ὡς νεκρός. ὁ δὲ ἀρχιστράτηγος εἶπεν αὐτῷ
TLevi    16     4          δι' αὐτὸν ἔσται τὰ ἅγια ὑμῶν ἔρημα ἕως * ἐδάφους * μεμιασμένα καὶ οὐκ ἔσται τόπος ὑμῶν καθαρὸς ἀλλ'
Asen.    10     2   ἀνήνεγκεν εἰς τὸ ὑπερῷον καὶ ἀπέθηκεν αὐτὴν εἰς τὸ * ἔδαφος. * καὶ ἔκλεισε τὴν θύραν ἀσφαλῶς καὶ τὸν μοχλὸν τὸν
Asen.    10    10   χειρῶν καὶ τῶν ποδῶν αὐτῆς καὶ ἔθηκε πάντα εἰς τὸ * ἔδαφος. * καὶ ἔλαβε τὴν στολὴν αὐτῆς τὴν ἐκλεκτὴν καὶ τὴν
Asen.    10    14   τὴν δέρριν τῆς τέφρας καὶ κατέχεεν αὐτὴν ἐπὶ τὸ * ἔδαφος. * καὶ ἔλαβε τὴν δέρριν τοῦ σάκκου καὶ περιεζώσατο
Asen.    10    15   τῆς κεφαλῆς αὐτῆς. καὶ ἔστρωσε τὴν τέφραν εἰς τὸ * ἔδαφος * καὶ ἐπάτασσε ταῖς δυσὶ χερσὶ τὸ στῆθος αὐτῆς
Asen.    10    16   ἐκ τῶν δακρύων αὐτῆς καὶ ἐκ τῆς τέφρας εἰς τὸ * ἔδαφος. * καὶ ἔπεσε πάλιν Ἀσενὲθ ἐπὶ πρόσωπον ἐπὶ τῆς
Asen.    11     1   ἀνένευσε μικρὸν τὴν κεφαλὴν αὐτῆς Ἀσενὲθ ἐκ τοῦ * ἐδάφους * καὶ τῆς τέφρας οὗ ἦν ἐπικειμένη ὅτι ἦν κεκμηκυῖα
Asen.    11    1Β   τὰ γόνατα αὐτῆς καὶ ἔθηκε τὴν χεῖρα αὐτῆς ἐπὶ τὸ * ἔδαφος * καὶ ἀνένευσε μικρὸν ἀπὸ τῆς γῆς καὶ τῇ κεφαλῇ
Asen.    13     6   τῆς κεφαλῆς μου καὶ καταπέπασμαι τέφραν. ἰδοὺ τὸ * ἔδαφος * τοῦ θαλάμου μου τὸ κατεστρωμένον λίθοις ποικίλοις
Prop.    10     8          ἐν Ἱερουσαλὴμ πάντα τὰ ἔθνη ὅτι ἡ πόλις ἕως * ἐδάφους * ἠφάνισται ὅλη. οὗτός ἐστιν Ἰωνᾶς ὁ γενόμενος
Prop.    10    8Β   ἴδωσιν ἐπὶ Ἱερουσαλὴμ πολλὰ ἔθνη ὅτι ἡ πόλις ἕως * ἐδάφους * ἀφανισθήσεται. Ναοὺμ ἀπὸ Ἐλκεσὶ πέραν τοῦ
Esdr.     4    21   κατακαίον τοὺς ἁμαρτωλούς. καὶ κατήγαγόν με εἰς τὸ * ἔδαφος * τῆς ἀπωλείας καὶ ἴδον ἐκεῖ τὸ δωδεκάπληγον τῆς
Job       5     2   ναὸν τοῦ εἰδωλίου ἀπελθὼν κατήνεγκα αὐτὸ εἰς τὸ * ἔδαφος, * καὶ οὕτως ἀνεχώρησα εἰς τὸν οἶκόν μου κελεύσας
Job      25     6   χρυσοῦ καὶ ἀργύρου, νυνὶ δὲ ποσὶν βαδίζει ἐπὶ * ἐδάφους, * ἀλλὰ καὶ τὴν τρίχα ἀντικαταλλάσσει ἀντὶ ἄρτων.
Aris.    69     1   προσόψεως ὀρθὴν ἔχοντα τὴν πετάλωσιν. ἡ δὲ ἐπ' * ἐδάφους * ἔρεισις τοῦ ποδὸς ἄνθρακος λίθου πάντοθεν
Aris.    86     4   κίνησιν λαμβανούσης τῆς διυφῆς διὰ τὸ ἀπ' * ἐδάφους * γίνεσθαι τὴν ὑποδρομὴν κατὰ τὴν κόλπωσιν μέχρι
Aris.    88     2   πρὸς ἕω τὰ δ' ὀπίσθια αὐτοῦ πρὸς ἑσπέραν τὸ δὲ πᾶν * ἔδαφος * λιθόστρωτον καθέστηκε καὶ κλίματα πρὸς τοὺς
Aris.    90     1   τῶν ῥευμάτων. καὶ πάντα ταῦτα μεμολιβῶσθαι κατ' * ἐδάφους * καὶ τῶν τοίχων ἐπὶ δὲ τούτων κεχύσθαι πολύ τι
Sib.      3   503   γαῖαν καὶ πικρὴν μοίρην πέμψει θεὸς αὐτοῖς ἐξ * ἐδάφους * φλέξας πόλιας καὶ πολλὰ θέμεθλα. αἰαῖ σοι Κρήτη
Sib.      5   165   ἀλλὰ μενεῖ εἰς αἰῶνας πανέρημος) σὸν στυγέουσ' * ἔδαφος * ὅτι φαρμακίην ἐπόθησας μοιχεῖαι παρά σοι καὶ
HEup. 9  34     6          δὲ τὸν ἀριθμόν. οὕτω δ' αὐτὸν χρυσῶσαι ἀπὸ * ἐδάφους * ἕως τῆς ὀροφῆς τό τε ὀρόφωμα ποιῆσαι ἐκ
**Ἔδεμ**
TDan      5    12   αὐτὸν εἰρήνην αἰώνιον καὶ ἀναπαύσονται ἐν * Ἔδεμ * ἅγιοι καὶ ἐπὶ τῆς νέας Ἱερουσαλὴμ εὐφρανθήσονται
**ἔδεσμα**                                            5
TAser     2     8   ἐστιν. ἄλλος μοιχεύει καὶ πορνεύει καὶ ἀπέχεται * ἐδεσμάτων * καὶ νηστεύων κακοποιεῖ καὶ τῇ δυναστείᾳ καὶ τῷ
TJos.     6     3   αὐτοῦ ἐκ λαβών μήτε ἐκεῖνο μήτε ἄλλο τι τῶν * ἐδεσμάτων * αὐτῆς γευσάμενος. μετὰ οὖν μίαν ἡμέραν ἐλθοῦσα
Prop.    12     6   θερισταῖς τοῦ ἀγροῦ αὐτοῦ. ὡς δὲ ἔλαβε τὸ * ἔδεσμα * προεφήτευσε τοῖς ἰδίοις εἰπὼν πορεύομαι εἰς γῆν
Job      13     4   ἀπέκαμνον δὲ καὶ οἱ δοῦλοί μου οἱ ἐκ τῶν χηρῶν * ἐδέσματα * ἐψούντες, καὶ τῶν πενήτων ὀλιγωρούντων
Sib.      5   469   μέροπες κατέδουσι γονῆας λιμῷ τειρόμενοι καὶ * ἐδέσματα * λαιφάσσονται. πάντων δ' ἐκ μελάθρων θῆρες
**Ἐδνά**                                             2
FJub.     4    27   εἰς τὸν παράδεισον ἡρπάσθαι. γυνὴ Μαθουσάλα * Ἐδνά * θυγάτηρ Ἐζριὴλ πατραδέλφου αὐτοῦ. γυνὴ Λάμεχ
FJub.    11    14   Θάρρα δὲ γενόμενος ἐτῶν ο' ἐγέννησεν ἐκ γυναικὸς * Ἔδνας * θυγατρὸς Ἀβραὰμ πατραδέλφου αὐτοῦ τὸν Ἀβραὰμ
**ἔδος**                                             1
LPhi. 9  24     1   ὁ μὲν ἐν χείρεσσι κερασφόρος ὤπασε κριόν. τοῖσιν * ἔδος * μακαριστὸν ὅλης μέγας ἔκτισεν ἄκτωρ Ὑψίστου καὶ
**ἕδρα**
FPho.         221   αἰδεῖσθαι πολιοκροτάφους εἴκειν δὲ γέρουσιν * ἕδρης * καὶ γεράων πάντων γενεῆι δ' ἀτάλαντον πρέσβυν
**ἑδραῖος**                                           1
Jer.      1     2          ἐν αὐτῇ. αἱ γὰρ προσευχαὶ ὑμῶν ὡς στύλος * ἑδραῖός * ἐστιν ἐν μέσῳ αὐτῆς καὶ ὡς τεῖχος ἀδαμάντινον
**ἔδρανον**                                           1
ISop. 5  122    1   τὸ πᾶν φροῦδος μὲν ἔσται κυμάτων ἅπας βυθὸς γῇ δὲ * ἐδράνων * ἔρημος οὐδ' ἀὴρ ἔτι πτερωτὰ φῦλα βαστάσει
**ἔδω**                                               6 (cf.+ ἐσθίω, ἔσθω, φαγεῖν, πατέομαι (ἐσθίω))
TLevi     8    16   ἐν Ἰσραήλ σοι ἔσται καὶ τῷ σπέρματί σου καὶ * ἔδεσθε * πᾶν ὡραῖον ὁράσει καὶ τὴν τράπεζαν κυρίου
Sib.      3   788   φῶς ἠδὲ λύκοι τε καὶ ἄρνες ἐν οὔρεσιν ἄμμιγ' * ἔδονται * χόρτον παρδάλιές τ' ἐρίφοις ἅμα βοσκήσονται
FPho.          69   ἡδὺς ἄγαν ἄφρων κικλήσεται ἐν πολιήταις. μέτρων * ἔδειν * μέτρου δὲ πιεῖν καὶ μυθολογεύειν. πάντων μέτρον
FPho.         148   ἀγρύπνων δὲ λείψανα λεῖπε κυσὶν θηρῶν ἄπο θῆρες * ἔδονται. * φάρμακα μὴ τεύχειν μαγικῶν βίβλων ἀπέχεσθαι.
FPho.         156   ἀεργὸν δ' ἵψατο λιμός.⟩ μὴ δ' ἄλλου παρὰ δαιτὸς * ἔδοις * σκυβάλισμα τραπέζης ἀλλ' ἀπὸ τῶν ἰδίων μισθῶν
LEze. 9  29 12 40  ἡμέρας ὁδὸν πάντες τοσαύτας ἡμέρας ἔτος κατὰ ἄζυμα * ἔδεσθε * καὶ θεῷ λατρεύσετε τὰ πρωτότευκτα ζῷα θύοντες θεῷ
**Ἐδώμ**
HAri. 9  25     1          τὸν Ἡσαῦ γήμαντα Βασσάραν υἱὸν ἐν * Ἐδώμ * γεννῆσαι Ἰὼβ κατοικεῖν δὲ τοῦτον ἐν τῇ Αὐσίτιδι
**Ἐξέκηλος**
Aris.    50     5   Ἰσάηλος Ἰωάννης Θεοδόσιος Ἄρσαμος Ἀβιήτης * Ἐξέκηλος. * οἱ πάντες ἐβδομήκοντα δύο. καὶ τὰ μὲν πρὸς
**Ἐξεκίας**                                           15
Prop.     1     1   ἐχόμενα τῆς διαβάσεως τῶν ὑδάτων ὧν ἀπώλεσεν * Ἐξεκίας * χώσας αὐτά. καὶ ὁ θεὸς τὸ σημεῖον τοῦ Σιλωὰμ
Prop.     1     3   Σιλωὰμ ὃ ἑρμηνεύεται ἀπεσταλμένος. καὶ ἐπὶ τοῦ * Ἐξεκία * πρὸ τοῦ ποιῆσαι τοὺς λάκκους καὶ τὰς κολυμβήθρας
Prop.     1     9   τὸ ἐξ Αἰθιοπίας ἡνίκα καὶ ἐπειδὴ ὁ * Ἐξεκίας * ἔδειξε τοῖς ἔθνεσι τὸ μυστήριον Δαυὶδ καὶ
Aris.    47     1   οἱ ἄνδρες. ἔρρωσο. εἰσὶ δὲ πρώτης φυλῆς Ἰώσηφος * Ἐξεκίας * Ζαχαρίας Ἰωάννης Ἐξεκίας Ἐλισσαῖος. δευτέρας
Aris.    47     2   πρώτης φυλῆς Ἰώσηφος Ἐξεκίας Ζαχαρίας Ἰωάννης * Ἐξεκίας * Ἐλισσαῖος. δευτέρας Ἰούδας Σίμων Σομόηλος
FIsa.     1     1   ἐγένετο ἐν τῷ πέμπτῳ καὶ εἰκοστῷ ἔτει βασιλεύοντος * Ἐξεκίου * καλέσαι Μανασσὴν τὸν υἱὸν αὐτοῦ ὄντα ἐτῶν
FIsa.     1    10          καὶ ἐξ Ἰούδα ἀποστήσει. ἀκούσας δὲ ταῦτα * Ἐξεκίας * ἔσχισεν τὰ ἱμάτια αὐτοῦ καὶ ἔκλαυσεν πικρῶς καὶ
FIsa.     1    12   ἐν τῷ Μανασσῇ. ἐν ἐκείνῃ δὲ τῇ ὥρᾳ διελογίζετο * Ἐξεκίας * τοῦ ἀποκτεῖναι τὸν υἱὸν αὐτοῦ Μανασσῆν. καὶ
FIsa.     1    13   τὸν υἱὸν αὐτοῦ Μανασσήν. καὶ εἶπεν Ἡσαΐας πρὸς * Ἐξεκίαν * κατήργησεν ὁ ἀγαπητὸς τὴν βουλήν σου οὐ μὴ γὰρ

FIsa. 3 1 ἐν ταῖς χερσὶ Μανασσῆ ἐξελθεῖν. ἐτελεύτησεν δὲ * Ἐζεκίας * καὶ Μανασσῆς παρέλαβεν τὴν βασιλείαν αὐτοῦ. οὐκ
FIsa. 1 3 3 καὶ ἔφυγεν καὶ ἦλθεν εἰς Ἰε<ρου>σαλὴμ ἡμ<έρ>αις * < Ἐζε>κίου * βασ<ιλέως Ἰ>ούδα. κα<ὶ οὐκ ἐ>πάτει +εἰς
FIsa. 1 3 3 +εἰς Σαμαρίαν ἐν ὁδῷ+ τοῦ πατρὸς αὐτοῦ ὅτι τὸν * Ἐζεκίαν * ἐφοβεῖτο. καὶ εὑρέθη ἐν τῷ χρόνῳ Ἐζεκίου λαλῶν
FIsa. 1 3 4 ὅτι τὸν Ἐζεκίαν ἐφοβεῖτο. καὶ εὑρέθη ἐν τῷ χρόνῳ * Ἐζεκίου * λαλῶν λόγους ἀνομίας ἐν Ἰερουσαλὴμ καὶ
FIsa. 1 3 5 ἐν Ἰερουσαλὴμ καὶ κατηγορήθη ὑπὸ τῶν παίδων * Ἐζεκίου * καὶ ἔφυγεν εἰς τὴν χώραν Βηθλεέμ. καὶ ἔπεισαν
HHec. 1 22 187 καὶ κοινωνεῖν τῶν πραγμάτων ἠβουλήθησαν. ὧν εἷς ἦν * Ἐζεκίας * ὁ ἀρχιερεὺς τῶν Ἰουδαίων ἄνθρωπος τὴν μὲν

Ἐζεκιήλ 1
Hen. 6 7 Σαμμανὴ Δανειὴλ Ἀρεαρὼς Σεμιὴλ Ἰωμειὴλ Χωχαριὴλ * Ἐζεκιὴλ * Βατριὴλ Σαθιὴλ Ἀτριὴλ Ταμιὴλ Βαρακιὴλ Ἀνανθνὰ

Ἐζριήλ 1
FJub. 4 27 παράδεισον ἡρπᾶσθαι. γυνὴ Μαθουσάλα Ἐδνὰ θυγάτηρ * Ἐζριὴλ * πατραδέλφου αὐτοῦ. γυνὴ Λάμεχ Βεθενως θυγάτηρ

ἐθέλω 127
Adam 18 1 ὅτι λυποῦμαι περὶ ὑμῶν ὅτι ὡς κτήνη ἐστέ. οὐ γὰρ * θέλω * ὑμᾶς ἀγνοεῖν. δεῦρο οὖν καὶ φάγε καὶ νόησον τὴν
Adam 19 1 μοι μεταμεληθεὶς οὐ δώσω σοι φαγεῖν. ταῦτα εἶπε * θέλων * εἰς τέλος δελεάσαι με. καὶ λέγει μοι ἐὰν μὴ ὀμόσῃς
Adam 23 4 τότε Ἀδὰμ ἐμνήσθη τοῦ λόγου οὗ ἐλάλησα αὐτῷ ὅτε * ἤθελον * ἀπατῆσαι αὐτὸν ὅτι ἀκίνδυνόν σε ποιήσω παρὰ τοῦ
Adam 29 2 τοῦ παραδείσου καὶ λέγουσιν οἱ ἄγγελοι αὐτῷ τί * θέλεις * ποιήσωμέν σοι Ἀδάμ; ἀποκριθεὶς δὲ ὁ πατὴρ ὑμῶν
Adam 31 3 σου ἀνάγγειλόν μοι; τότε λέγει ὁ Ἀδὰμ τῇ Εὔᾳ μὴ * θέλε * φροντίζειν περὶ πραγμάτων οὐ γὰρ βραδυνεῖς ἀπ᾿ ἐμοῦ
Adam 40 4 ἐφόνευσεν αὐτὸν Κάϊν ὁ ἀδελφὸς αὐτοῦ. καὶ πολλὰ * ἐθέλησεν * κρύψαι αὐτὸν ὁ Κάϊν ἀλλ᾿ οὐκ ἐδυνήθη ὅτι
Hen. 6 3 πρὸς αὐτοὺς ὃς ἦν ἄρχων αὐτῶν φοβοῦμαι μὴ οὐ * θελήσετε * ποιῆσαι τὸ πρᾶγμα τοῦτο καὶ ἔσομαι ἐγὼ μόνος
Hen. 6B 3 Σεμιαζᾶς ὁ ἄρχων αὐτῶν πρὸς αὐτοὺς φοβοῦμαι μὴ οὐ * θελήσητε * ποιῆσαι τὸ πρᾶγμα τοῦτο καὶ ἔσομαι ἐγὼ μόνος
Hen. 17 1 ἐν ᾧ οἱ ὄντες ἐκεῖ γίνονται ὡς πῦρ φλέγον καὶ ὅταν * θέλωσιν * φαίνονται ὡσεὶ ἄνθρωποι. καὶ ἀπήγαγόν με εἰς
Hen. 25 1 καὶ τί ἐθαύμασας ἐν τῇ ὀσμῇ τοῦ δένδρου καὶ διά τί * θέλεις * τὴν ἀλήθειαν μαθεῖν; τότε ἀπεκρίθην αὐτῷ περὶ
Hen. 25 2 μαθεῖν; τότε ἀπεκρίθην αὐτῷ περὶ πάντων εἰδέναι * θέλω * μάλιστα δὲ περὶ τοῦ δένδρου τούτου σφόδρα. καὶ
Hen. 97 9 τὰ ὑπάρχοντα ἐσχήκαμεν καὶ κεκτήμεθα καὶ πᾶν ὃ ἐὰν * θελήσωμεν * ποιήσωμεν ὅτι ἀργύριον τεθησαυρίκαμεν ἐν τοῖς
Abr.1 5 3 αὐτοῦ. εἶπε δὲ Ἰσαὰκ πρὸς τὸν πατέρα αὐτοῦ πάτερ * ἤθελα * κἀγὼ ἀναπεσεῖν μεθ᾿ ὑμῶν ἐν τῷ τρικλίνῳ τούτῳ
Abr.1 7 7 ἀναληφθῆναι αὐτοὺς <εἰς τὴν ἄνω βασιλείαν ὅτι * θέλει * αὐτοὺς ἐκεῖ καὶ ἦρεν αὐτοὺς> ἀπ᾿ ἐμοῦ τὰς δὲ
Abr.1 8 10 οὐ παρεχώρησα τὰ τοῦ ᾅδου δίκτυα συμπλέξαι σοι οὐκ * ἠθέλησά * τινι κακῷ συναντῆσαί σοι ἀλλὰ πρὸς παράκλησιν
Abr.1 8 11 ἠγαπημένον σου < Ἰσαάκ> καὶ νῦν γνώρισον ὅτι οὐ μὴ * θέλω * λυπῆσαί σε ταῦτα πεποίηκα ἵνα τί σὺ εἶπας τὸν
Abr.1 9 6 τῆς δεήσεώς μου ἔτι ἐν τούτῳ <τῷ σώματι ὢν> * θέλω * ἰδεῖν πᾶσαν τὴν οἰκουμένην καὶ τὰ ποιήματα <πάντα>
Abr.1 9 7 πάντα λέγων τάδε λέγει ὁ φίλος σου Ἀβραὰμ ὅτι * ἤθελον * θεάσασθαι πᾶσαν τὴν οἰκουμένην ἐν τῇ ζωῇ μου πρὸ
Abr.1 10 14 οὐκ ἐλεᾷ ἐγὼ δὲ ἐποίησα τὸν κόσμον καὶ οὐ * θέλω * ἀπολέσαι ἐξ αὐτῶν οὐδένα ἀναμένω δὲ τὸν θάνατον τῶν
Abr.1 17 2 εἶπεν οὖν Ἀβραὰμ ἄπελθε ἄπελθε ἀπ᾿ ἐμοῦ ὅτι * θέλω * ἀναπαύεσθαι ἐν τῇ κλίνῃ μου. ὁ δὲ θάνατος λέγει οὐκ
Abr.1 19 2 εἶπεν δὲ Ἀβραὰμ πρὸς αὐτὸν ἔξελθε ἀπ᾿ ἐμοῦ ὅτι * θέλω * ἀναπαύεσθαι ὅτι ἐν ὀλιγωρίᾳ περίκειται τὸ πνεῦμά
Abr.1 19 5 ἀπέλθω μετ᾿ αὐτοῦ ἀλλὰ καὶ τοῦτο λέγω σοι εἴ περ * θέλεις * ἀκολουθήσω σοι δίδαξόν με πάσας σου τὰς
Abr.2 7 19 παρακαλῶ σε κύριε εἰ ἐξέρχομαι ἐκ τοῦ σώματος * ἐθέλω * ἀναληφθῆναι ἵνα θεάσωμαι ὅτι κτῆμα ὅλον ἔκτισεν ὁ
Abr.2 10 1 ἵνα ὁ κριτὴς κρίνῃ αὐτούς. λέγει Ἀβραὰμ τῷ Μιχαὴλ * θέλω * ἵνα ἀπάξῃς με εἰς τὸν τόπον τοῦ κριτηρίου ὅπως κἀγὼ
Abr.2 11 8 τὸ γράψαι. ἐπειδὴ ηὔξατο Ἐνὼχ τῷ κυρίῳ λέγων οὐ * θέλω * δοῦναι ψυχῆς ἀπόφασιν ὅπως μή τινος ἐπίβαρυς
TRub. 1 7 ὁ πατὴρ ἡμῶν προσηύξατο περὶ ἐμοῦ πρὸς κύριον ὅτι * ἤθελε * κύριος ἀνελεῖν με. ἤμην γὰρ ἐτῶν τριάκοντα ὅτε
TRub. 4 1 ὑμῶν ἕως ὁ κύριος δώῃ ὑμῖν σύζυγον ἣν αὐτὸς * θέλει * ἵνα μὴ πάθητε ὡς κἀγώ. ἄχρι τελευτῆς τοῦ πατρὸς
TRub. 6 1 φθάνοντες. φυλάσσεσθε οὖν ἀπὸ τῆς πορνείας καὶ εἰ * θέλετε * καθαρεύειν τῇ διανοίᾳ φυλάσσετε τὰς αἰσθήσεις ἀπὸ
TSim. 2 10 αὐτὸν τοῖς Ἰσμαηλίταις. καὶ ἐλθὼν Ῥουβὴμ ἐλυπήθη * ἤθελε * γὰρ αὐτὸν διασῶσαι πρὸς τὸν πατέρα. ἐγὼ δὲ
TLevi 6 8 ὅτι ἀπόφασις θεοῦ ἦν εἰς κακὰ ἐπὶ Σίκιμα διότι * ἤθελον * τὴν Σάρραν ποιῆσαι ὃν τρόπον ἐποίησαν Δίναν τὴν
TLevi 9 2 τοὺς λόγους τῶν ὁράσεών μου ὧν εἶδον καὶ οὐκ * ἠθέλησε * πορευθῆναι μεθ᾿ ἡμῶν εἰς Βεθήλ. ὡς δὲ ἤλθομεν
TLevi 14 4 δοθὲν ἐν ὑμῖν εἰς φωτισμὸν παντὸς ἀνθρώπου τοῦτον * θέλοντες * ἀνελεῖν ἐναντίας ἐντολὰς διδάσκοντες τοῖς τοῦ
TJud. 10 3 ἔγνω αὐτὴν κατὰ πανουργίαν τῆς μητρὸς αὐτοῦ οὐ γὰρ * ἤθελεν * ἔχειν τέκνα ἀπ᾿ αὐτῆς. ἐν ταῖς ἡμέραις τοῦ
TJud. 10 6 τῆς μητρὸς αὐτοῦ καίγε οὗτος ἐν πονηρίᾳ ἀπέθανεν. * ἤθελον * δὲ καὶ τὸν Σηλὼμ δοῦναι αὐτῇ ἀλλ᾿ ἡ γυνή μου
TJud. 12 5 καὶ συνελθὼν αὐτῇ συνείληφεν. ἀγνοῶν δὲ ὃ ἐποίησεν * ἤθελον * ἀνελεῖν αὐτὴν πέμψασα δὲ ἐν κρυπτῷ τοὺς ἀρραβῶνας
TJud. 20 2 καὶ μέσον ἐστὶ τὸ τῆς συνέσεως τοῦ νοὸς οὗ ἐὰν * θέλῃ * κλῖναι. καίγε τὰ τῆς ἀληθείας καὶ τὰ τῆς πλάνης
TIss. 2 3 ἐπεσκέψατο αὐτὴν κύριος. εἶδε γὰρ ὅτι διὰ τέκνα * ἤθελε * συνεῖναι τῷ Ἰακὼβ καὶ οὐ διὰ φιληδονίαν.
TIss. 4 2 βρωμάτων ποικίλων οὐκ ἐφίεται ἐσθῆτα διάφορον οὐ * θέλει * χρόνους μακροὺς οὐχ ὑπογράφει ζῆν ἀλλὰ μόνον
TZab. 3 4 διὰ τοῦτο ἐν γραφῇ νόμου Ἐνὼχ γέγραπται τὸν μὴ * θέλοντα * ἀναστῆσαι σπέρμα τῷ ἀδελφῷ αὐτοῦ ὑπολυθήσεσθαι
TZab. 3 5 εἰς τὸ πρόσωπον. καὶ οἱ ἀδελφοὶ Ἰωσὴφ οὐκ * ἠθέλησαν * εἰς ζωὴν ἀδελφοῦ αὐτῶν καὶ κύριος ὑπέλυσεν
TZab. 4 11 παλαιὸν δούλου. τὸν δὲ χιτῶνα εἶχε Συμεὼν καὶ οὐκ * ἤθελε * δοῦναι αὐτὸν θέλων τῇ ῥομφαίᾳ αὐτοῦ κατακόψαι
TZab. 4 11 δὲ χιτῶνα εἶχε Συμεὼν καὶ οὐκ ἤθελε δοῦναι αὐτὸν * θέλων * τῇ ῥομφαίᾳ αὐτοῦ κατακόψαι αὐτὸν ὀργιζόμενος ὅτι
TNep. 5 6 μεγάλα καὶ πτέρυγες ἀετοῦ ἐπὶ τοῦ νώτου αὐτοῦ καὶ * θέλοντες * πιάσαι αὐτὸν οὐκ ἠδυνήθημεν. φθάσας γὰρ Ἰωσὴφ
TGad 1 9 καὶ τὸ πνεῦμα τοῦ μίσους ἦν ἐν ἐμοὶ καὶ οὐκ * ἤθελον * οὔτε δι᾿ ὀφθαλμῶν οὔτε δι᾿ ἀκοῆς ἰδεῖν τὸν
TGad 2 1 ὁμολογῶ νῦν τὴν ἁμαρτίαν μου τέκνα ὅτι πλειστάκις * ἤθελον * ἀνελεῖν αὐτὸν ὅτι ἕως ψυχῆς ἐμίσουν αὐτὸν καὶ
TGad 2 2 αὐτόν. καίγε διὰ τὰ ἐνύπνια προσεθέμην μῖσος καὶ * ἤθελον * αὐτὸν ἐκλεῖξαι ἐκ γῆς ζώντων ὃν τρόπον ἐκλείχει ὁ
TGad 3 2 κυρίου τοῦτον οὐκ ἐπαινεῖ ἐὰν φοβῆται κύριον καὶ * θέλῃ * δίκαια τοῦτον οὐκ ἀγαπᾷ τὴν ἀλήθειαν ψέγει τῷ
TGad 4 2 ὅτι εἰς αὐτὸν τὸν κύριον ἀνομίαν ποιεῖ. οὐ γὰρ * θέλει * ἀκούειν λόγων ἐντολῶν αὐτοῦ περὶ ἀγάπης τοῦ
TGad 4 3 τὸν θεὸν ἁμαρτάνει. ἐὰν γὰρ πταίσῃ ὁ ἀδελφὸς εὐθὺς * θέλει * ἀναγγεῖλαι πᾶσι καὶ σπεύδει ἵνα κριθῇ περὶ αὐτῆς
TGad 4 6 ἀσθενεῖ. ὥσπερ γὰρ ἡ ἀγάπη καὶ τοὺς νεκροὺς * θέλει * ζωοποιῆσαι καὶ τοὺς ἐν ἀποφάσει θανάτου θελήσει
TGad 4 6 θέλει ζωοποιῆσαι καὶ τοὺς ἐν ἀποφάσει θανάτου * θελήσει * ἀνακαλέσασθαι οὕτως τὸ μῖσος τοὺς ζῶντας θέλει
TGad 4 6 θελήσει ἀνακαλέσασθαι οὕτως τὸ μῖσος τοὺς ζῶντας * θέλει * ἀποκτεῖναι καὶ τοὺς ἐν ὀλίγῳ ἁμαρτήσαντας οὐ θέλει
TGad 4 6 θέλει ἀποκτεῖναι καὶ τοὺς ἐν ὀλίγῳ ἁμαρτήσαντας οὐ * θέλει * ζῆν. τὸ γὰρ πνεῦμα τοῦ μίσους διὰ τῆς ὀλιγοψυχίας
TGad 5 5 τὸ μῖσος. φοβούμενος γὰρ μὴ προσκρούσῃ κυρίῳ οὐ * θέλει * τὸ καθόλου οὐδὲ ἕως ἐννοιῶν ἀδικῆσαι ἄνθρωπον.
TAser 1 6 ἐν στέρνοις ἡμῶν διακρίνοντα αὐτάς. ἐὰν οὖν ἡ ψυχὴ * θέλῃ * ἐν καλῷ πᾶσα πρᾶξις αὐτῆς ἐστιν ἐν δικαιοσύνῃ κἂν
TAser 4 4 τὸ δοκοῦν καλὸν μετὰ τοῦ ἀληθινοῦ κακοῦ. ἕτερος οὐ * θέλει * ἡμέραν ἀγαθὴν ἰδεῖν μετὰ ἀσώτων ἵνα μὴ χράνῃ τὸ
TJos. 1 4 οὗτοι ἐμίσησάν με καὶ ὁ κύριος ἠγάπησέ με αὐτοὶ * ἤθελόν * με ἀνελεῖν καὶ ὁ θεὸς τῶν πατέρων μου ἐφύλαξέ με
TJos. 3 1 παραδοῦσα ἀνεκαλέσατό με καὶ ἠπείλησέ μοι μὴ * θέλοντι * συνελθεῖν αὐτῇ ἔλεγε δέ μοι κυριεύσεις μου καὶ
TJos. 4 5 πρός με μαθεῖν λόγον κυρίου. καὶ ἔλεγέ μοι εἰ * θέλεις * ἵνα καταλίπω τὰ εἴδωλα συμπείσθητί μοι καὶ τὸν
TJos. 4 6 πορευόμενοι. λέγω δὲ πρὸς αὐτὴν οὐκ ἐν ἀκαθαρσίᾳ * θέλει * κύριος τοὺς σεβομένους αὐτὸν οὐδὲ ἐν τοῖς
TJos. 5 1 πάλιν δὲ ἐν ἑτέρῳ χρόνῳ λέγει μοι εἰ μοιχεῦσαι οὐ * θέλεις * ἐγὼ ἀναιρῶ τὸν Αἰγύπτιον καὶ οὕτως νόμῳ λήψομαί
TJos. 9 3 τρυφῶντα μετὰ ἀκολασίας. ὁ δὲ ἐν σωφροσύνῃ διάγων * θέλει * καὶ δόξαν καὶ εἰ οἶδεν ὁ ὕψιστος ὅτι συμφέρει
TJos. 14 4 ὃν ἔδει εἶναι μᾶλλον ἄνετον καὶ ὑπηρετεῖν σοι; * ἤθελε * γάρ με ὁρᾶν ἐν πόθῳ ἁμαρτίας καὶ ἠγνόουν ἐπὶ πᾶσι
TJos. 15 3 Χανάαν καὶ πενθεῖ ὁ πατήρ σου ἐν σάκκῳ. καὶ πάλιν * ἤθελον * δακρῦσαι καὶ ἐπέσχον ἐμαυτὸν ἵνα μὴ αἰσχύνω τοὺς
TJos. 16 3 τοὺς Ἰσμαηλίτας ᾐτεῖτό με εἰς πρᾶσιν καὶ μὴ * θελήσας * ποιῆσαι μετ᾿ αὐτῶν ἀνεχώρησεν. ὁ δὲ εὐνοῦχος
TJos. 18 2 καὶ εὐλογήσει ἐν ἀγαθοῖς εἰς αἰῶνας. καὶ ἐὰν * θέλῃ * τις κακοποιῆσαι ὑμᾶς ὑμεῖς τῇ ἀγαθοποιΐᾳ εὔχεσθε
TBen. 3 4 ὡς οὐδὲ Ἰωσὴφ τοῦ ἀδελφοῦ μου. πόσοι τῶν ἀνθρώπων * ἠθέλησαν * ἀνελεῖν αὐτὸν καὶ ὁ θεὸς ἐσκέπασεν αὐτὸν ὁ γὰρ
Asen. 28 15 τὴν χεῖρα αὐτῆς τὴν δεξιὰν καὶ ἔγνω ὅτι σῶσαι * ἤθελε * τοὺς ἄνδρας ἐκ τῆς ὀργῆς τῶν ἀδελφῶν αὐτῶν τοῦ μὴ
Jer. 3 7 αὐτῆς καὶ ἀπαροῦσι τὸν λαὸν εἰς Βαβυλῶνα. τί * θέλεις * ποιήσω τὰ ἅγια σκεύη τῆς λειτουργίας; καὶ εἶπεν
Jer. 3 9 ἀνέσπασέ με ἐκ τοῦ λάκκου τοῦ βορβόρου καὶ οὐ * θέλω * αὐτὸν ἵνα ἴδῃ τὸν ἀφανισμὸν τῆς πόλεως ταύτης καὶ
Jer. 5 4 τῶν σύκων εὗρεν αὐτὰ στάζοντα γάλα. καὶ εἶπεν * ἤθελον * κοιμηθῆναι ἔτι ὀλίγον ὅτι βεβαρημένη ἐστὶν ἡ
Jer. 5 30 εἶπεν ὦ υἱέ μου δίκαιος ἄνθρωπος εἶ σὺ καὶ οὐκ * ἠθέλησεν * ὁ θεὸς ἰδεῖν σε τὴν ἐρήμωσιν τῆς πόλεως ἤνεγκε
Jer. 7 5 αὐτῷ ὁ ἀετὸς ἀπεστάλην ὧδε ὅπως πᾶσαν φάσιν ἣν * θέλεις * ἀποστείλῃς δι᾿ ἐμοῦ. καὶ εἶπεν αὐτῷ Βαροὺχ εἰ
Jer. 8 2 καὶ δεῦτε ἐπὶ τὸν Ἰορδάνην καὶ ἐρεῖς τῷ λαῷ ὁ * θέλων * τὸν κύριον καταλειψάτω τὰ ἔργα τῆς Βαβυλῶνος. καὶ
Jer. 8 4 πρὸς αὐτὸν τὸ ἥμισυ τῶν γαμησάντων ἐξ αὐτῶν οὐκ * ἠθέλησαν * ἀκοῦσαι τοῦ Ἱερεμίου ἀλλ᾿ εἶπον πρὸς αὐτὸν οὐ
Jer. 9 22 ἐλυπήθησαν οὖν σφόδρα Βαροὺχ καὶ Ἀβιμέλεχ ὅτι * ἤθελον * ἀκοῦσαι πλήρης τὰ μυστήρια ἃ εἶδε. λέγει δὲ
Bar. 13 1 κύριε ὅτι πονηροῖς ἀνθρώποις παρεδόθημεν καὶ * θέλομεν * ὑποχωρῆσαι ὑπ᾿ αὐτῶν. καὶ εἶπεν Μιχαὴλ οὐ
Prop. 2 12 κύριον καὶ τὸν ἐχθρὸν φεύγοντες ἀνελεῖν αὐτοὺς * θέλοντα. * ἐν τῇ πέτρᾳ ἐσφράγισε τῷ δακτύλῳ τὸ ὄνομα τοῦ
Prop. 4 12 ἐκ τῆς πόλεως ἑώρων αὐτόν. ὁ Δανιὴλ μόνος οὐκ * ἠθέλησεν * αὐτὸν ἰδεῖν ὅτι πάντα τὸν χρόνον τῆς ἀλλοιώσεως
Prop. 4 17 κύριον. διὰ τοῦτο ἐκάλεσεν αὐτὸν Βαλτάσαρ ὅτι * ἠθέλησεν * αὐτὸν συγκληρονόμον καταστῆσαι τῶν τέκνων
Prop. 10 5 αὐτῆς πάλιν ἤγειρεν ἐκ νεκρῶν ὁ θεὸς διὰ τοῦ Ἠλία * ἠθέλησε * γὰρ δεῖξαι αὐτῷ ὅτι οὐ δύναται ἀποδρᾶσαι θεόν.
Prop. 10 6B κατὰ Νινευῒ τῆς μεγάλης πόλεως Ἀσσυρίων * ἠθέλησε * γὰρ ὁ θεὸς δεῖξαι αὐτῷ ὅτι οὐ δύναται ἀποδρᾶσαι
Prop. 17 3B ὑπέστρεψε πενθῶν καὶ περιβαλὼν αὐτῷ ἐπέμεινεν ἐκεῖ * θέλων * θάψαι τὸν νεκρὸν καὶ μὴ φθάσας ἐλθεῖν πρὸς Δαυίδ
Esdr. 1 6 καὶ τοὺς ἀγγέλους αὐτοῦ. καὶ εἶπον πρὸς αὐτοὺς * θέλω * δικάσασθαι τὸν θεὸν περὶ τὸ γένος τῶν Χριστιανῶν
Esdr. 1 19 ὁ θεὸς ὅτι τῶν τοιούτων ταῦτα. καὶ εἶπεν ὁ θεὸς * θέλω * ἔχειν σε ὡς καὶ Παῦλον καὶ Ἰωάννην σὺ διδούς μοι
Esdr. 2 17 αὐτῷ τὴν Εὔαν οὐ μὴ ἠπάτησεν αὐτὸν ὁ ὄφις σὺ δὲ ὃν * θέλεις * σῴζεις καὶ ὃν θέλεις ἀπολεῖς. καὶ εἶπεν ὁ
Esdr. 2 17 αὐτὸν ὁ ὄφις σὺ δὲ ὃν θέλεις σῴζεις καὶ ὃν * θέλεις * ἀπολεῖς. καὶ εἶπεν ὁ προφήτης δευτέραν διέλθωμεν
Esdr. 4 5 ἀνθρωπίνην φορῶ ἀλλ᾿ οὐδὲ παύσομαι δικαζόμενός σε. * θέλω * δέσποτα ἰδεῖν καὶ τὰ κατώτερα μέρη τοῦ ταρτάρου.
Sedr. 2 3 σε ἵνα ἀναβάσω σε ὧδε εἰς τὸν οὐρανόν. ὁ δὲ εἶπεν * ἤθελον * λαλῆσαι στόμα ὑπὸ στόματος θεοῦ οὐκ εἰμὶ ἱκανὸς
Sedr. 3 1 ἔχεις πρὸς τὸν θεὸν τὸν πλάσαντά σε ὅτι εἶπας * ἤθελον * λαλῆσαι στόμα πρὸ στόματος θεοῦ; λέγει αὐτῷ
Sedr. 4 3 σοῦ χεῖρας καὶ ἔπλασας τὸν ἄνθρωπον ἐπεὶ οὐκ * ἤθελες * ἐλεῆσαι αὐτόν; λέγει αὐτὸν ὁ θεὸς ἐγὼ ἐποίησα τὸν
Sedr. 7 8 ψεύδεται καὶ διά τί ἀποδίδως τὸν ἄνθρωπον; ἢ οὐ * θέλεις * κακὸν ἀντὶ κακοῦ; ἐγὼ οἶδα ὅτι ἄλογόν ἐστιν

Sedr. 7 10 ἀλλὰ τῆς μετὰ χαλιναρίου κόπτομεν αὐτὸ ὅπου ἡμεῖς * θέλομεν * σὺ δὲ ἔχεις ἀγγέλους ἀπόστειλον τοῦ φυλάξαι
Sedr. 7 11 αὐτοῦ τὸν ἕνα κρατῆσαι καὶ οὐ μὴ πορεύεται ὅπου δὲ * θέλει. * λέγει αὐτῷ ὁ θεὸς ἐὰν κρατήσω αὐτοῦ τὸν πόδα
Sedr. 8 7 ἄνθρωποι ἐγεννήθησαν καὶ πόσοι ἀπέθανον καὶ πόσοι * θέλουν * ἀποθανεῖν καὶ πόσας τρίχας ἔχουσιν; εἰπέ μοι
Sedr. 8 8 ἐγένοντο εἰς τὸν κόσμον καὶ πόσα ἔπεσον καὶ πόσα * θέλουν * πεσεῖν καὶ πόσα θέλουν γενηθῆναι καὶ πόσα φύλλα
Sedr. 8 8 καὶ πόσα ἔπεσον καὶ πόσα θέλουν πεσεῖν καὶ πόσα * θέλουν * γενηθῆναι καὶ πόσα φύλλα ἔχουσιν; εἰπέ μοι Σεδρὰχ
Job 3 2 καὶ ὑποδείξω σοι τίς ἐστιν οὗτος ὃν γνῶναι * θέλεις * οὗτος οὗ τὰ ὁλοκαυτώματα προσφέρουσιν καὶ
Job 11 6 δεξάμενος τὸ γραμματεῖον ἐδίδουν αὐτοῖς ὅσον * ἤθελον * μὴ λαμβάνων παρ᾽ αὐτῶν ἐνέχυρα εἰ μὴ μόνον
Job 18 6 τῶν ἐγκωμίων τῶν λαληθέντων μοι καὶ ἐγενόμην ὡς * θέλων * εἰσβαλεῖν εἰς πόλιν τινὰ ἰδεῖν τὸν αὐτῆς πλοῦτον
Job 18 7 τῶν ἀνέμων ἔρριψεν εἰς θάλασσαν τὸ φορτίον λέγων * θέλω * ἀπολέσθαι τὰ πάντα, μόνον εἰσελθεῖν εἰς τὴν πόλιν
Job 23 3 Σατανᾶς ἔλεγεν αὐτῇ παράσχου τὸ τίμημα καὶ λάβε ὃ * θέλεις. * ἀποκριθεῖσα δὲ αὐτῷ λέγει πόθεν μοι ἀργύριον;
Aris. 78 5 ὅτε πρὸς τὴν τῶν ἀργυρῶν προσβλέψαι τις θέσιν * ἤθελεν * ἀπέλαμπε τὰ πάντα κυκλόθεν ὡς ἄν τις ἑστήκῃ καὶ
Aris. 224 5 καὶ οὐδεὶς παρ᾽ ἑαυτοῦ βασιλεύς ἐστι πάντες γὰρ * θέλουσι * μετασχεῖν ταύτης τῆς δόξης ἀλλ᾽ οὐ δύνανται θεοῦ
Sib. 3 279 ἀθάνατον γενετῆρα θεῶν πάντων τ᾽ ἀνθρώπων οὐκ * ἔθελες * τιμᾶν θνητῶν εἴδωλα δ᾽ ἐτίμας. ἀνθ᾽ ὧν ἑπτὰ
Sib. 3 394 ἄπαντ᾽ Ἀίδης θεραπεύσει ὧν δή περ γενεὴν αὐτὸς * θέλει * ἐξαπολέσσαι ἐκ τῶν δὴ γενεῆς κείνου γένος
Sib. 3 605 οὕνεκεν ἀθάνατον γενέτην πάντων ἀνθρώπων οὐκ * ἔθελον * τιμᾶν ὁσίως εἴδωλα δ᾽ ἐτίμων χειροποίητα σέβοντες
Sib. 5 107 ἔχῃ κρατερὸν καὶ θάρσος +ἀηδὲς+ ἥξει καὶ μακάρων * ἐθέλων * πόλιν ἐξαλαπάξαι. καὶ κέν τις θεόθεν βασιλεὺς
Sib. 5 324 ἄρδην ἐξολέσει σε θεοῖό ποθ᾽ ἥδε πρόνοια. μή μ᾽ * ἐθέλουσαν * ἑλεῖν Φοίβου τὴν γείτονα χώραν Μίλητον
FJub. 12 14 τοῦ πατρὸς αὐτοῦ καὶ συγκατεκαύθη αὐτοῖς Ἀρρὰν * θέλων * σβέσαι τὸ πῦρ ἐν νυκτί. καὶ ἐξῆλθε Θαρὰ σὺν
FAch. 105 βασιλεὺς Αἰγύπτου Λυκούργῳ Βαβυλωνίῳ χαίρειν. * θέλω * οἰκοδομῆσαι πύργον μήτε γῆς μήτε οὐρανοῦ ἁπτόμενον
FAch. 106 τις δειλὸς λέγει ἀποκρινόμενος κύριε βασιλεῦ ἡμεῖς * θέλομεν * πάντα τὰ ὑπὸ σοῦ κελευόμενα ποιεῖν. ἀδυνάτως καὶ
FAch. 107 ὁ στρατοφύλαξ τὰς ἀναγκαίας χρείας τοῦ βασιλέως * ἠθέλησεν * τὸ ἑαυτοῦ ἁμάρτημα εὔκαιρον ⟨δεῖξαι⟩ καὶ φησιν
FAch. 108 τὴν ἀλήθειαν μεθ᾽ ὅρκου παρεστήσατο. τοῦ βασιλέως * θέλοντος * ἀνελεῖν τὸν Ἥλιον ὡς εἰς πατέρα ἀθετήσαντα
FAch. 109 σου χρηστὰ ὁμιλεῖ ὅπως ἀνδρὸς ἄλλου πεῖραν μὴ * θέλῃ * λαβεῖν κοῦφον γὰρ τὸ γένος τοῦτό ἐστιν καὶ
FAch. 115 τὴν σελήνην φαίνειν καὶ τὰς ὥρας εὐσταθεῖν. ἐὰν * θέλῃ * ὀργίζεσθαι τὸ ἴδιον ἱερὸν τρέμειν ποιεῖ καὶ φοβερὰ
FAch. 116 φησιν ἀλλὰ Λυκοῦργος ἔχει πτηνοὺς ἀνθρώπους. σὺ δὲ * θέλεις * ἄνθρωπος ὑπάρχων ἰσοθέῳ βασιλεῖ ἐρίζειν; ὁ δὲ
FAch. 119 τὴν ἑνὸς ἑκάστου διάνοιαν εἰδέναι. πλὴν λέγετε ὃ * θέλετε. * οἱ δὲ εἶπον ἔστιν ναός τις καὶ στῦλος εἷς καὶ
FPho. 21 κρυπτὸν λόγον ἐν φρεσὶν ἴσχειν. μήτ᾽ ἀδικεῖν * ἐθέλῃς * μήτ᾽ οὖν ἀδικοῦντα ἐάσῃς. πτωχῷ δ᾽ εὐθὺ δίδου
FPho. 159 δικέλλῃ. ἔστι βίῳ πᾶν ἔργον ἐπὴν μοχθεῖν * ἐθέλησθα. * ναυτίλος εἰ πλώειν ἐθέλεις εὐρεῖα θάλασσα εἰ
FPho. 160 ἔργον ἐπὴν μοχθεῖν ἐθέλησθα. ναυτίλος εἰ πλώειν * ἐθέλεις * εὐρεῖα θάλασσα εἰ δὲ γεηπονίην μεθέπειν μακραὶ
HDem. 9 21 6 ἐν τοῖς ἑπτὰ ἔτεσι τοῖς παρὰ Λάβαν δώδεκα παιδία. * θέλοντα * δὲ τὸν Ἰακὼβ πρὸς τὸν πατέρα εἰς Χαναὰν ἀπιέναι
HArt. 9 27 12 Μωύσου κελεύειν ἐκεῖ φέροντας θάπτειν κατακρύπτειν * θέλοντα * τὰ τοῦ Μωύσου ἐπινοήματα. ἀποξενωσάντων δὲ αὐτὸν
HCal. 24 46 καὶ ἀργύρῳ ἤγαγον πρὸς τὸν Ἀλέξανδρον. ὁ δὲ οὐκ * ἠθέλησε * λαβεῖν εἶπεν αὐτοῖς. ἔστωσαν ταῦτα τὰ δῶρα καὶ
LEze. 9 28 2 24 καὶ λέγει τάδε Μαριὰμ ἀδελφὴ προσδραμοῦσα βασιλίδι * θέλεις * τροφόν σοι παιδὶ τῷδ᾽ εὕρω ταχὺ ἐκ τῶν Ἑβραίων;
LEze. 9 29 14 26 ἐπεὶ δὲ Τιτὰν ἥλιος δυσμαῖς προσῆν ἐπέσχομεν * θέλοντες * ὄρθριον μάχην πεποιθότες λαοῖσι καὶ φρικτοῖς
FrAn. 1 226 9 του Ιακωβ⟨ - ⟩ες της γης και εκτος σου⟨ - ⟩λης * ηθελησα * ο Φαραω⟨ - ⟩ου καμε σωσον μη φ⟨ ⟩λως-- ει

ἔθιμος 1

Sib. 3 272 πᾶσα θάλασσα πᾶς δὲ προσοχθίζων ἔσται τοῖς σοῖς * ἐθίμοισιν. * γαῖα δ᾽ ἔρημος ἅπασα σέθεν καὶ βωμὸς ἐρυμνὸς

ἐθισμός 2

Aris. 182 6 τοσοῦτοι καὶ προεστῶτες ἦσαν καὶ κατὰ τοὺς * ἐθισμοὺς * οὕτως ἐσκευάζετο ὅταν παραγένοιντο πρὸς τοὺς
Aris. 184 2 ὡς δὲ κατεκλίθησαν ἐκέλευσε τῷ Δωροθέῳ τοῖς * ἐθισμοῖς * οἷς χρῶνται πάντες οἱ παραγινόμενοι πρὸς αὐτὸν

ἔθνος 113

TSim. 7 2 ὡς βασιλέα θεὸν καὶ ἄνθρωπον. οὗτος σώσει πάντα τὰ * ἔθνη * καὶ τὸ γένος τοῦ Ἰσραήλ. διὰ τοῦτο πάντα ταῦτα
TLevi 4 4 τῷ σπέρματί σου ἕως ἐπισκέψηται κύριος πάντα τὰ * ἔθνη * ἐν σπλάγχνοις υἱοῦ αὐτοῦ ἕως αἰῶνος. πλήν οἱ υἱοί
TLevi 8 14 καὶ ποιήσει ἱερατείαν νέαν κατὰ τὸν τύπον τῶν * ἐθνῶν * εἰς πάντα τὰ ἔθνη. ἡ δὲ παρουσία αὐτοῦ ἄφραστος ὡς
TLevi 8 14 νέαν κατὰ τὸν τύπον τῶν ἐθνῶν εἰς πάντα τὰ * ἔθνη. * ἡ δὲ παρουσία αὐτοῦ ἄφραστος ὡς προφήτου ὑψηλοῦ ἐκ
TLevi 9 10 μῶμον μηδὲ βεβηλωμένην μηδὲ ἀπὸ γένους ἀλλοφύλων ἢ * ἐθνῶν. * καὶ πρὸ τοῦ εἰσελθεῖν εἰς τὰ ἅγια λούου καὶ ἐν τῷ
TLevi 10 4 ὑμῶν. καὶ διασπαρήσεσθε αἰχμάλωτοι ἐν τοῖς * ἔθνεσι * καὶ ἔσεσθε εἰς ὀνειδισμὸν καὶ εἰς κατάραν καὶ εἰς
TLevi 14 1 ἐφ᾽ ὑμῖν οἱ ἀδελφοὶ ὑμῶν καὶ πᾶσι τοῖς * ἔθνεσι * γενήσεσθε χλευασμός. καὶ γὰρ ὁ πατὴρ ἡμῶν Ἰσραὴλ
TLevi 14 4 ὡς ὁ ἥλιος καὶ ἡ σελήνη. τί ποιήσουσι πάντα τὰ * ἔθνη * ἐὰν ὑμεῖς σκοτισθῆτε ἐν ἀσεβείᾳ καὶ ἐπάξητε κατάραν
TLevi 14 6 καὶ πόρναις καὶ μοιχαλίσι συναφθήσεσθε θυγατέρας * ἐθνῶν * λήψεσθε εἰς γυναῖκας καθαρίζοντες αὐτὰς καθαρισμῷ
TLevi 15 1 ἀκαθαρσίᾳ καὶ ὑμεῖς αἰχμάλωτοι ἔσεσθε εἰς πάντα τὰ * ἔθνη * καὶ ἔσεσθε βδέλυγμα ἐν αὐτοῖς καὶ λήψεσθε
TLevi 16 5 καὶ οὐκ ἔσται τόπος ὑμῶν καθαρὸς ἀλλ᾽ ἐν τοῖς * ἔθνεσιν * ἔσεσθε εἰς κατάραν καὶ εἰς διασκορπισμὸν ἕως
TLevi 18 9 ἕως τοῦ αἰῶνος. καὶ ἐπὶ τῆς ἱερωσύνης αὐτοῦ τὰ * ἔθνη * πληθυνθήσονται ἐν γνώσει ἐπὶ τῆς γῆς καὶ
TJud. 22 2 τοῦ ἡσυχάσαι τὸν Ἰακὼβ ἐν εἰρήνῃ καὶ πάντα τὰ * ἔθνη. * καὶ αὐτὸς φυλάξει κράτος βασιλείας μου ἕως τοῦ
TJud. 23 2 δημοσίας ποιήσετε καὶ ἐπιμιγήσεσθε ἐν βδελύγμασιν * ἐθνῶν * ἀνθ᾽ ὧν ἄξει κύριος ἐφ᾽ ὑμᾶς λιμὸν καὶ λοιμὸν
TJud. 23 3 ἐμπυρισμὸν γῆς ἐρήμωσιν ὑμῶν αὐτῶν δουλείαν ἐν * ἔθνεσιν * καὶ ἐκτεμοῦσιν ἐξ ὑμῶν εἰς εὐνούχους ταῖς
TJud. 24 6 καὶ ἐν αὐτῷ ἀναβήσεται ῥάβδος δικαιοσύνης τοῖς * ἔθνεσι * κρῖναι καὶ σῶσαι πάντας τοὺς ἐπικαλουμένους
TIss. 6 2 διαβουλίοις αὐτῶν καὶ διασπαρήσονται ἐν τοῖς * ἔθνεσι * καὶ δουλεύσουσι τοῖς ἐχθροῖς αὐτῶν. καὶ ὑμεῖς οὖν
TZab. 9 6 ὑμᾶς οἱ ἐχθροὶ ὑμῶν καὶ κακωθήσεσθε ἐν τοῖς * ἔθνεσιν * ἐν πάσαις ἀσθενείαις καὶ θλίψεσι καὶ ὀδύναις
TZab. 9 8 πνεῦμα πλάνης πατηθήσεται καὶ ἐπιστρέψει πάντα τὰ * ἔθνη * εἰς παραζήλωσιν αὐτοῦ καὶ ὄψεσθε θεὸν ἐν σχήματι
TDan 5 5 ἐν πάσῃ κακίᾳ πορεύεσθε ποιοῦντες βδελύγματα * ἐθνῶν * ἐκπορνεύοντες ἐν γυναιξὶν ἀνόμων καὶ ἐν πάσῃ
TDan 5 8 πάσας τὰς πληγὰς Αἰγύπτου καὶ πάσας πονηρίας τῶν * ἐθνῶν * καὶ οὕτως ἐπιστρέψαντες πρὸς κύριον ἐλεηθήσεσθε
TDan 6 6 ἀφιστάμενος ἀπ᾽ αὐτῶν κύριος καὶ μετελεύσεται ἐπὶ * ἔθνη * ποιοῦντα τὸ θέλημα αὐτοῦ ὅτι οὐδεὶς τῶν ἀγγέλων
TDan 6 7 αὐτοῦ ἔσται ἐν παντὶ τόπῳ Ἰσραὴλ καὶ ἐν τοῖς * ἔθνεσι * σωτήρ. διατηρήσατε οὖν ἑαυτοὺς τέκνα μου ἀπὸ
TDan 6 9 τοῖς τέκνοις ὑμῶν ἵνα δέξηται ὑμᾶς ὁ σωτὴρ τῶν * ἐθνῶν * ἔστι γὰρ ἀληθὴς καὶ μακρόθυμος πρᾷος καὶ ταπεινὸς
TNep. 3 3 μὴ ἀλλοιώσητε νόμον θεοῦ ἐν ἀταξίᾳ πράξεων ὑμῶν. * ἔθνη * πλανηθέντα καὶ ἀφέντα τὸν κύριον ἠλλοίωσαν τάξιν
TNep. 4 1 ἀπὸ κυρίου πορευόμενοι κατὰ πᾶσαν πονηρίαν * ἐθνῶν * καὶ ποιήσετε κατὰ πᾶσαν ἀνομίαν Σοδόμων. καὶ
TNep. 8 3 τὸ γένος Ἰσραὴλ καὶ ἐπισυνάξει δικαίους ἐκ τῶν * ἐθνῶν. * ἐὰν ἐργάσησθε τὸ καλὸν τέκνα μου εὐλογήσουσιν
TNep. 8 4 οἱ ἄγγελοι καὶ θεὸς δοξασθήσεται δι᾽ ὑμῶν ἐν τοῖς * ἔθνεσι * καὶ ὁ διάβολος φεύξεται ἀφ᾽ ὑμῶν καὶ τὰ θηρία
TNep. 8 6 καὶ οἱ ἄγγελοι καὶ ὁ θεὸς ἀδοξήσει ἐν τοῖς * ἔθνεσι * δι᾽ αὐτοῦ καὶ ὁ διάβολος οἰκειοῦται αὐτὸν ὡς
TAser 7 3 δι᾽ ὕδατος οὕτως σώσει τὸν Ἰσραὴλ καὶ πάντα τὰ * ἔθνη * θεὸς εἰς ἄνδρα ὑποκρινόμενος. εἴπατε οὖν ταῦτα τοῖς
TJos. 19 6 ὑμῖν ὁ ἀμνὸς τοῦ θεοῦ χάριτι σῴζων πάντα τὰ * ἔθνη * καὶ τὸν Ἰσραήλ. ἡ γὰρ βασιλεία αὐτοῦ βασιλεία
TBen. 3 8 ἀσεβῶν ἀποθανεῖται ἐν αἵματι διαθήκης ἐπὶ σωτηρίᾳ * ἐθνῶν * καὶ Ἰσραὴλ καὶ καταργήσει Βελιὰρ καὶ τοὺς
TBen. 9 2 καὶ δώδεκα φυλαὶ ἐκεῖ συναχθήσονται καὶ πάντα τὰ * ἔθνη * ἕως οὗ ὁ ὕψιστος ἀποστείλῃ τὸ σωτήριον αὐτοῦ ἐν
TBen. 9 4 καὶ μεταβήσεται τὸ πνεῦμα τοῦ θεοῦ ἐπὶ τὰ * ἔθνη * ὡς πῦρ ἐκχυνόμενον. καὶ ἀνελθὼν ἐκ τοῦ ᾅδου ἔσται
TBen. 10 5 ὅτε ὁ κύριος ἀποκαλύψῃ τὸ σωτήριον αὐτοῦ πᾶσι τοῖς * ἔθνεσιν. * τότε ὄψεσθε Ἑνὼχ Νῶε καὶ Σὴμ καὶ Ἀβραὰμ καὶ
TBen. 10 9 οὐκ ἐπίστευσαν. καὶ τότε κρινεῖ πάντα τὰ * ἔθνη * ὅσα οὐκ ἐπίστευσαν αὐτῷ ἐπὶ γῆς φανέντι καὶ ἐλέγξει
TBen. 10 10 ἐπὶ γῆς φανέντι καὶ ἐλέγξει ἐν τοῖς ἐκλεκτοῖς τῶν * ἐθνῶν * τὸν Ἰσραὴλ ὥσπερ ἤλεγξε τὸν Ἠσαῦ ἐν τοῖς
TBen. 11 2 θελήματος αὐτοῦ γνῶσιν καινὴν φωτίζων πάντα τὰ * ἔθνη * φῶς γνώσεως ἐπεμβαίνων τῷ Ἰσραὴλ ἐν σωτηρίᾳ καὶ
TBen. 11 2 ὡς λύκος ἀπ᾽ αὐτῶν καὶ διδοὺς τῇ συναγωγῇ τῶν * ἐθνῶν. * καὶ ἕως συντελείας τῶν αἰώνων ἔσται ἐν συναγωγαῖς
TBen. 11 3 καὶ ἕως συντελείας τῶν αἰώνων ἔσται ἐν συναγωγαῖς * ἐθνῶν * καὶ ἐν τοῖς ἄρχουσιν αὐτῶν ὡς μουσικὸν μέλος ἐν
Asen. 15 7 σου πόλις καταφυγῆς διότι ἐν σοὶ καταφεύξονται * ἔθνη * πολλὰ ἐπὶ κύριον τὸν θεὸν τὸν ὕψιστον καὶ ὑπὸ τὰς
Asen. 19 5 σου πόλις καταφυγῆς καὶ κύριος ὁ θεὸς βασιλεύσει * ἐθνῶν * πολλῶν εἰς τοὺς αἰῶνας διότι ἐν σοὶ καταφεύξονται
Asen. 19 5 πολλῶν εἰς τοὺς αἰῶνας διότι ἐν σοὶ καταφεύξονται * ἔθνη * πολλὰ ἐπὶ κύριον τὸν θεὸν τὸν ὕψιστον. καὶ εἶπέ μοι
Asen. 21 8 τῆς γῆς Αἰγύπτου καὶ πάντας τοὺς βασιλεῖς τῶν * ἐθνῶν * καὶ ἐκήρυξε πάσῃ τῇ γῇ Αἰγύπτου λέγων πᾶς ἄνθρωπος
Sal. 1 8 ἐγὼ οὐκ ᾔδειν αἱ ἀνομίαι αὐτῶν ὑπὲρ τὰ πρὸ αὐτῶν * ἔθνη * ἐβεβήλωσαν τὰ ἅγια κυρίου ἐν βεβηλώσει. ψαλμὸς τῷ
Sal. 2 2 καὶ οὐκ ἐκώλυσας. ἀνέβησαν ἐπὶ τὸ θυσιαστήριόν σου * ἔθνη * ἀλλότρια κατεπατοῦσαν ἐν ὑποδήμασιν αὐτῶν ἐν
Sal. 2 6 ἐν σφραγῖδι ὁ τράχηλος αὐτῶν ἐν ἐπισήμῳ ἐν τοῖς * ἔθνεσιν. * κατὰ τὰς ἁμαρτίας αὐτῶν ἐποίησεν αὐτοῖς ὅτι
Sal. 2 19 δίκαιος καὶ οὐ θαυμάσει πρόσωπον ὠνείδισαν γὰρ * ἔθνη * Ιερουσαλημ ἐν καταπατήσει κατεσπάσθη τὸ κάλλος
Sal. 2 22 τοῦ βαρύνεσθαι χεῖρά σου ἐπὶ Ιερουσαλημ ἐν ἐπαγωγῇ * ἐθνῶν * ὅτι ἐνέπαιξαν καὶ οὐκ ἐφείσαντο ἐν ὀργῇ καὶ θυμῷ
Sal. 7 3 σου. σὺ ἐν θελήματί σου παίδευσον ἡμᾶς καὶ μὴ δῷς * ἔθνεσιν. * ἐὰν γὰρ ἀποστείλῃς θάνατον σὺ ἐντελῇ αὐτῷ περὶ
Sal. 7 6 μέσῳ ἡμῶν ἐλεηθησόμεθα καὶ οὐκ ἰσχύσει πρὸς ἡμᾶς * ἔθνος. * ὅτι σὺ ὑπερασπιστὴς ἡμῶν καὶ ἡμεῖς ἐπικαλεσόμεθά
Sal. 8 13 οὐ παρέλιπον ἁμαρτίαν ἣν οὐκ ἐποίησαν ὑπὲρ τὰ * ἔθνη. * διὰ τοῦτο ἐκέρασεν αὐτοῖς ὁ θεὸς πνεῦμα πλανήσεως
Sal. 8 23 ἐδικαιώθη ὁ θεὸς ἐν τοῖς κρίμασιν αὐτοῦ ἐν τοῖς * ἔθνεσιν * τῆς γῆς καὶ οἱ ὅσιοι τοῦ θεοῦ ὡς ἀρνία ἐν ἀκακίᾳ
Sal. 8 30 ὑπερίδῃς ἡμᾶς ὁ θεὸς ἡμῶν ἵνα μὴ καταπίωσιν ἡμᾶς * ἔθνη * ὡς μὴ ὄντος λυτρουμένου. καὶ σὺ ὁ θεὸς ἡμῶν ἀπ᾽
Sal. 9 2 ἀπὸ κληρονομίας ἧς ἔδωκεν αὐτοῖς κύριος. ἐν παντὶ * ἔθνει * ἡ διασπορὰ τοῦ Ισραηλ κατὰ τὸ ῥῆμα τοῦ θεοῦ ἵνα
Sal. 9 9 ὅτι σὺ ᾑρετίσω τὸ σπέρμα Αβρααμ παρὰ πάντα τὰ * ἔθνη * καὶ ἔθου τὸ ὄνομά σου ἐφ᾽ ἡμᾶς κύριε καὶ οὐκ ἀπώσῃ
Sal. 17 3 καὶ ἡ βασιλεία τοῦ θεοῦ ἡμῶν εἰς τὸν αἰῶνα ἐπὶ τὰ * ἔθνη * ἐν κρίσει. σὺ κύριε ᾑρετίσω τὸν Δαυιδ βασιλέα ἐπὶ
Sal. 17 14 καὶ πάντα ὅσα ἐποίησεν ἐν Ιερουσαλημ καθὼς καὶ τὰ * ἔθνη * ἐν ταῖς πόλεσι τοῦ σθένους αὐτῶν. καὶ ἐπεκρατοῦσαν
Sal. 17 15 ἐπεκρατοῦσαν αὐτῶν οἱ υἱοὶ τῆς διαθήκης ἐν μέσῳ * ἐθνῶν * συμμίκτων οὐκ ἦν ἐν αὐτοῖς ὁ ποιῶν ἐν Ιερουσαλημ
Sal. 17 22 θραῦσαι ἄρχοντας ἀδίκους καθαρίσαι Ιερουσαλημ ἀπὸ * ἐθνῶν * καταπατούντων ἐν ἀπωλείᾳ ἐν σοφίᾳ δικαιοσύνης
Sal. 17 24 σιδηρᾷ συντρῖψαι πᾶσαν ὑπόστασιν αὐτῶν ὀλεθρεῦσαι * ἔθνη * παράνομα ἐν λόγῳ στόματος αὐτοῦ ἐν ἀπειλῇ αὐτοῦ
Sal. 17 25 ἐν λόγῳ στόματος αὐτοῦ ἐν ἀπειλῇ αὐτοῦ φυγεῖν * ἔθνη * ἀπὸ προσώπου αὐτοῦ καὶ ἐλέγξαι ἁμαρτωλοὺς ἐν λόγῳ

| | | | | | |
|---|---|---|---|---|---|
| Sal. | 17 | 29 | οὐ παροικήσει αὐτοῖς ἔτι κρινεῖ λαοὺς καὶ | * ἔθνη * | ἐν σοφίᾳ δικαιοσύνης αὐτοῦ. διάψαλμα. καὶ ἕξει |
| Sal. | 17 | 30 | σοφίᾳ δικαιοσύνης αὐτοῦ. διάψαλμα. καὶ ἕξει λαοὺς | * ἐθνῶν * | δουλεύειν αὐτῷ ὑπὸ τὸν ζυγὸν αὐτοῦ καὶ τὸν κύριον |
| Sal. | 17 | 31 | Ιερουσαλημ ἐν ἁγιασμῷ ὡς καὶ τὸ ἀπ' ἀρχῆς ἔρχεσθαι | * ἔθνη * | ἀπ' ἄκρου τῆς γῆς ἰδεῖν τὴν δόξαν αὐτοῦ φέροντες |
| Sal. | 17 | 34 | ἐλπὶς τοῦ δυνατοῦ ἐλπίδι θεοῦ καὶ ἐλεήσει πάντα τὰ | * ἔθνη * | ἐνώπιον αὐτοῦ ἐν φόβῳ. πατάξει γὰρ γῆν τῷ λόγῳ τοῦ |
| Jer. | 6 | 16 | Βαρούχ. ὁ δὲ Βαροὺχ ἀπέστειλεν εἰς τὴν ἀγορὰν τῶν | * ἐθνῶν * | καὶ ἤνεγκε χάρτην καὶ μέλανα καὶ ἔγραψεν ἐπιστολὴν |
| Jer. | 7 | 32 | αὐτοὺς τοῦ ἀπέχεσθαι ἐκ τῶν ἀλισγημάτων τῶν | * ἐθνῶν * | τῆς Βαβυλῶνος. ἐγένετο δὲ ἡ ἡμέρα ἐν ᾗ ἐξέφερε |
| Jer. | 9 | 18 | ἑαυτῷ δώδεκα ἀποστόλους ἵνα εὐαγγελίζωνται ἐν τοῖς | * ἔθνεσιν * | ὃν ἐγὼ ἑώρακα κεκοσμημένον ὑπὸ τοῦ πατρὸς αὐτοῦ |
| Bar. | 1 | 2 | ἡμᾶς ἐν ἄλλῃ παιδείᾳ ἀλλὰ παρέδωκας ἡμᾶς εἰς | * ἔθνη * | τοιαῦτα ὅπως ὀνειδίζοντες λέγουσιν ποῦ ἐστιν ὁ θεὸς |
| Bar. | 16 | 2 | αὐτοὺς καὶ παροργίσατε καὶ παραπικράνατε ἐπ' οὐκ | * ἔθνει * | ἐπὶ ἔθνει ἀσυνέτῳ. ἔτι σὺν τούτοις ἐξαποστείλατε |
| Bar. | 16 | 2 | παροργίσατε καὶ παραπικράνατε ἐπ' οὐκ ἔθνει ἐπὶ | * ἔθνει * | ἀσυνέτῳ. ἔτι σὺν τούτοις ἐξαποστείλατε κάμπην καὶ |
| Prop. | 1 | 9 | καὶ τὰ ἀρώματα. καὶ ἐπειδὴ ὁ Ἐζεκίας ἔδειξε τοῖς | * ἔθνεσι * | τὸ μυστήριον Δαυὶδ καὶ Σολομῶντος καὶ ἐμίανεν |
| Prop. | 2 | 10 | ὑμῖν ἔσται τῆς παρουσίας αὐτοῦ ὅτε ξύλον πάντα τὰ | * ἔθνη * | προσκυνοῦσιν. εἶπε δὲ ὅτι τὴν κιβωτὸν ταύτην οὐδεὶς |
| Prop. | 4 | 21B | Βελίαρ⟩. εὐθέως δὲ χαρὰ ἐκχυθήσεται εἰς πάντα τὰ | * ἔθνη * | ὅτε δὲ κατὰ νότον ἐν πυρὶ καίεται τὸ τέλος ἔσται |
| Prop. | 10 | 2 | τὴν μητέρα αὐτοῦ παρῴκησε τὴν Σοὺρ χώραν ἀλλοφύλων | * ἐθνῶν * | ἔλεγε γὰρ ὅτι οὕτως ἀφελῶ ὄνειδός μου ὅτι |
| Prop. | 10 | 8 | τὸ τέλος. καὶ ὅτε ἴδωσιν ἐν Ἱερουσαλὴμ πάντα τὰ | * ἔθνη * | ὅτι ἡ πόλις ἕως ἐδάφους ἠφάνισται ὅλη. οὗτός ἐστιν |
| Prop. | 10 | 8B | Ἰσραὴλ λέγων ὅτι ὅτε ἴδωσιν ἐπὶ Ἱερουσαλὴμ πολλὰ | * ἔθνη * | ὅτι ἡ πόλις ἕως ἐδάφους ἀφανισθήσεται. Ναοὺμ ἀπὸ |
| Prop. | 12 | 11 | καὶ περὶ συντελείας τοῦ ναοῦ προεῖπεν ὅτι ὑπὸ | * ἔθνους * | δυτικοῦ γενήσεται. τότε ἄπλωμά φησι τοῦ Δαβὴρ εἰς |
| Prop. | 13 | 2 | προεφήτευσε περὶ τῆς πόλεως καὶ περὶ τέλους | * ἐθνῶν * | καὶ αἰσχύνης ἀσεβῶν καὶ θανὼν ἐτάφη ἐν ἀγρῷ αὐτοῦ. |
| Prop. | 15 | 5 | προφητείας εἶδεν ἐν Ἱερουσαλὴμ καὶ περὶ τέλους | * ἐθνῶν * | καὶ Ἰσραὴλ καὶ τοῦ ναοῦ καὶ ἀργίας προφητῶν καὶ |
| Esdr. | 3 | 13 | καὶ γυνὴ τὸν ἄνδρα τὸν ἴδιον καταλιμπάνει καὶ ὅταν | * ἔθνος * | πρὸς ἔθνος ἐπαναστῇ ἐν πολέμῳ τότε γνώσεσθε ὅτι |
| Esdr. | 3 | 13 | ἄνδρα τὸν ἴδιον καταλιμπάνει καὶ ὅταν ἔθνος πρὸς | * ἔθνος * | ἐπαναστῇ ἐν πολέμῳ τότε γνώσεσθε ὅτι ἐγγύς ἐστιν |
| Sedr. | 14 | 5 | ὅτι ἐσώθησαν ἐν μιᾷ ῥοπῇ; οἶδας Σεδρὰχ ὅτι εἰσὶν | * ἔθνη * | τὰ μὴ νόμον ἔχοντα ⟨καὶ τὰ⟩ τοῦ νόμου ποιοῦσιν ὅτι |
| Sedr. | 15 | 6 | μου καὶ εἶπας ὅτι τὸ θεῖόν μου πνεῦμα ἐνέβη εἰς τὰ | * ἔθνη * | τὰ μὴ νόμον ἔχοντα ⟨καὶ τὰ⟩ τοῦ νόμου ποιοῦσιν ὁμῶς |
| Aris. | 36 | 4 | κτίσας ἀπέδωκεν αὐτοῖς ὅπως τὸ τῶν Αἰγυπτίων | * ἔθνος * | φόβον (μὴ) ἔχῃ διὰ τούτων καὶ ἡμεῖς δὲ |
| Aris. | 139 | 4 | χάραξι καὶ σιδηροῖς τείχεσιν ὅπως μηθενὶ τῶν ἄλλων | * ἐθνῶν * | ἐπιμισγώμεθα κατὰ μηδὲν ἁγνοὶ καθεστῶτες κατὰ σῶμα |
| Sib. | 3 | 172 | Ἕλληνες ὑπερφίαλοι καὶ ἄναγνοι +ἄλλο+ Μακηδονίης | * ἔθνος * | μέγα ποικίλον ἄρξει οἳ φοβερὸν πολέμοιο νέφος |
| Sib. | 3 | 194 | βασιλεὺς ὃς ἀφ' Ἑλλήνων γένος ἔσται.) καὶ τότ' | * ἔθνος * | μεγάλοιο θεοῦ πάλι καρτερὸν ἔσται οἳ πάντεσσι |
| Sib. | 3 | 515 | Λυκίων υἱοῖς Μυσῶν τε Φρυγῶν τε. πολλὰ δὲ Παμφύλων | * ἔθνη * | Λυδῶν τε πεσεῖται Μαύρων τ' Αἰθιόπων τε καὶ ἐθνῶν |
| Sib. | 3 | 516 | ἔθνη Λυδῶν τε πεσεῖται Μαύρων τ' Αἰθιόπων τε καὶ | * ἐθνῶν * | βαρβαροφώνων Καππαδοκῶν τ' Ἀράβων τε τί δὴ κατὰ |
| Sib. | 3 | 519 | ὅσοι χθόνα ναιετάουσιν Ὕψιστος δεινὴν ἐπιπέμψει | * ἔθνεσι * | πληγήν. Ἕλλησιν δ' ὁπόταν πολὺ βάρβαρον ἔθνος |
| Sib. | 3 | 520 | ἔθνεσι πληγήν. Ἕλλησιν δ' ὁπόταν πολὺ βάρβαρον | * ἔθνος * | ἐπέλθῃ πολλὰ μὲν ἐκλεκτῶν ἀνδρῶν ὀλέσειε κάρηνα |
| Sib. | 3 | 598 | ἠδὲ Λατῖνοι Ἑλλάς τ' εὐρύχορος καὶ ἄλλων | * ἔθνεα * | πολλὰ Περσῶν καὶ Γαλατῶν πάσης τ' Ἀσίης |
| Sib. | 3 | 636 | καὶ βασιλεὺς βασιλῆα λάβῃ χώραν τ' ἀφέληται | * ἔθνη * | δ' ἔθνεα πορθήσῃ καὶ φῦλα δυνάσται ἡγεμόνες δὲ |
| Sib. | 3 | 636 | βασιλεὺς βασιλῆα λάβῃ χώραν τ' ἀφέληται ἔθνη δ' | * ἔθνεα * | πορθήσῃ καὶ φῦλα δυνάσται ἡγεμόνες δὲ φύγωσιν ἐς |
| Sib. | 3 | 663 | πέλεται δειλοῖσι βροτοῖσιν. ἀλλὰ πάλιν βασιλῆες | * ἐθνῶν * | ἐπὶ τήνδε γε γαῖαν ἀθρόοι ὁρμήσονται ἑαυτοῖς κῆρα |
| Sib. | 5 | 132 | πόντος ὀλεῖ Ταύρων γενεὴν καὶ βάρβαρον | * ἔθνος * | +καὶ Λαπίθας δάπεδον κατὰ γῆν ἐναρίξει. Θεσσαλίην |
| Sib. | 5 | 149 | οἷς κλέος ἐγκατέθηκεν φωλεύων μετὰ τῶνδε κακῶν εἰς | * ἔθνος * | ἀληθὲς ὃς ναὸν θεότευκτον ἕλεν καὶ ἔφλεξε πολίτας |
| FJub. | 1 | 1 | τῆς μελλούσης παρ' αὐτοῦ δίδοσθαι τῷ Ἰουδαίων | * ἔθνει * | καὶ τὰς τῶν ἄστρων θέσεις καὶ τὰ στοιχεῖα καὶ |
| FJub. | 2 | 20 | τοῦ σπέρματος αὐτοῦ λαὸν περιούσιον ἀπὸ πάντων τῶν | * ἐθνῶν. * | ηὐλογήθη καὶ αὕτη ὑπὸ τοῦ θεοῦ καὶ ἡγιάσθη καὶ |
| FJub. | 37 | 9 | Ἰσαὰκ κινηθεὶς ὑπὸ τῶν υἱῶν ὁ Ἡσαῦ καὶ ἀθροίσας | * ἔθνη * | ἦλθε κατὰ τοῦ Ἰακὼβ καὶ τῶν υἱῶν αὐτοῦ εἰς |
| FBar. | 13 | 11 | και ακουε⟩ τον λογον ἰσχυ⟨ρου θεου⟩ ⟩οπη⟨-- ⟩τα | * εθνη * | κα⟨-- καταπα⟩τησαντες την ⟨γην και καταχρησαμενοι⟩ |
| FBar. | 14 | 1 | κ⟨αι το μελλον εσ⟩εσθαι και ειπ⟨ε⟩ς μ⟨ο⟩ι ⟨οτι υπ | * εθνων⟩ * | υπενεχθησε⟨ται η υπο σου λεχθεισα⟩ πραξις και νυν |
| FBar. | 14 | 2 | και επορευθη⟨σαν εκ κοσμου⟩ ολιγα δε περι⟨εσται | * εθνη * | εν εκεινοις⟩ τοις καιροις οι⟨ς--- ους ειπες⟩ λογους |
| FAch. | 102 | | βασιλεία προέβαινεν. ὥστε οὐ μόνον τὰ βάρβαρα τῶν | * ἐθνῶν * | κατειληφέναι ἀλλὰ καὶ τὰ πλείονα μέρη ἕως Ἑλλάδος |
| HDem. 9 | 21 | 16 | ἐν γῇ Χαναὰν ἀφ' οὗ ἐκλεγῆναι Ἀβραὰμ ἐκ τῶν | * ἐθνῶν * | καὶ μετελθεῖν εἰς Χαναὰν Ἀβραὰμ ἐτῶν εἴκοσι πέντε |
| HDem. 9 | 21 | 18 | ἔτη α τ ξ' ἀφ' οὗ δὲ ἐκλεγῆναι Ἀβραὰμ ἐκ τῶν | * ἐθνῶν * | καὶ ἐλθεῖν ἐκ Χαρρὰν εἰς Χαναὰν ἕως εἰς Αἴγυπτον |
| HEup. 9 | 34 | 4 | τοῦ θεοῦ ὄντα ἐτῶν τρισκαίδεκα ἐργάζεσθαι δὲ τὰ | * ἔθνη * | τὰ προειρημένα καὶ φυλὰς δώδεκα τῶν Ἰουδαίων καὶ |
| HCal. | 24 | 9 | βουλομένους εἶπεν ὁρᾶτε οἱ τοῦ Ἰουδαϊκοῦ | * ἔθνους * | πρέσβεις πῶς ἀντ' οὐδενὸς τῷ στρατῷ Μακεδόνων ὁ |
| HCal. | 24 | 44 | καὶ οὐ μὴ διεξέλθω ὑμᾶς καθὼς καὶ ἐν τοῖς λοιποῖς | * ἔθνεσιν * | ὅτι θεῷ ζῶντι ὑμεῖς δεδουλεύκατε. λαβόντες δὲ |
| LThe. 9 | 22 | 8 | θεὸν ἀνελεῖν φάμενον τοῖς Ἀβραὰμ ἀπογόνοις δέκα | * ἔθνη * | δώσειν. εὖ γὰρ ἐγὼ μῦθόν ⟨γε⟩ πεπυσμένος εἰμὶ θεοῖο |
| LThe. 9 | 22 | 9 | πεπυσμένος εἰμὶ θεοῖο δώσειν γάρ ποτ' ἔφησε δέκ' | * ἔθνεα * | παισὶν Ἀβραάμ. τὸν δὲ θεὸν αὐτοῖς τοῦτον τὸν νοῦν |
| ἔθος | | | 10 | | |
| Hen. | 106 | 14 | καὶ ἰδοὺ ἁμαρτάνουσιν καὶ παραβαίνουσιν τὸ | * ἔθος * | καὶ μετὰ γυναικῶν συγγίνονται καὶ μετ' αὐτῶν |
| Abr.1 | 2 | 2 | τοίνυν ὁ ἱερώτατος Ἀβραὰμ ὑπηντήθη αὐτῷ καθότι | * ἔθος * | εἶχεν τοῖς ἐπιξένοις προσυπαντᾶν καὶ ἐπιδεχόμενος. |
| Abr.1 | 5 | 2 | δὲ τοῦ δείπνου ἐποίησεν Ἀβραὰμ κατὰ τὸ | * ἔθος * | εὐχὴν καὶ Μιχαὴλ μετ' αὐτοῦ καὶ ἀνεπαύσαντο ἕκαστος |
| Aris. | 175 | 2 | ἀνθρώπους. οὐ πᾶσι παραδόξου φανέντος διὰ τὸ κατὰ | * ἔθος * | εἶναι πεμπταίους εἰς πρόσωπον ἔρχεσθαι βασιλεῖ τοὺς |
| Aris. | 182 | 5 | βασιλέως ὃ μένον ἔτι καὶ νῦν ὁρᾷς ὅσαι γὰρ πόλεις | * ἔθεσιν * | ἰδίοις συγχρῶνται πρὸς τὰ ποτὰ καὶ βρωτὰ καὶ |
| Aris. | 184 | 5 | διὸ τοὺς ἱεροκήρυκας καὶ θύτας καὶ τοὺς ἄλλους οἷς | * ἔθος * | ἦν τὰς κατευχὰς ποιεῖσθαι παρῃτήσατο τῶν δὲ |
| Aris. | 298 | 1 | τοῦ βασιλέως καὶ ταῖς συμποσίαις μεταλαβεῖν. | * ἔθος * | γάρ ἐστι καθὼς καὶ σὺ γινώσκεις ἀφ' ἧς ἂν (ἡμέρας) |
| Aris. | 305 | 2 | βασιλέως ἀπελύοντο πρὸς τὸν ἑαυτῶν τόπον. ὡς δὲ | * ἔθος * | ἐστὶ πᾶσι τοῖς Ἰουδαίοις ἀπονιψάμενοι τῇ θαλάσσῃ |
| Aris. | 311 | 2 | τοῖς εἰρημένοις ἐκέλευσαν διαράσασθαι καθὼς | * ἔθος * | αὐτοῖς ἐστιν εἴ τις διασκευάσει προστιθεὶς ἢ |
| FAch. | 102 | | ἐπὶ τῆς διοικήσεως. ἐπ' ἐκείνοις δὲ τοῖς καιροῖς | * ἔθος * | εἶχον οἱ βασιλεῖς παρ' ἀλλήλων φόρους λαμβάνειν διὰ |
| ει | | | 187 ει εἴ ει | | |
| ειδέα | | | 2 (cf.+ ἰδέα) | | |
| Bar. | 4 | 3 | πέτρας. καὶ ἔδειξέν μοι τὸν Ἅιδην καὶ ἦν ἡ | * ειδέα * | αὐτοῦ ζοφώδης καὶ βέβηλος. καὶ εἶπον τίς ἐστιν ὁ |
| Job | 46 | 7 | ὡς μὴ δύνασθαί τινα ἄνθρωπον λαλῆσαι περὶ τῆς | * ειδέας * | αὐτῶν, ἐπεὶ μὴ εἶναι αὐτὰς ἐκ τῆς γῆς, ἀλλ' ἐκ |
| εἶδον | | | 360 (cf.+ ὁράω) | | |
| Adam | 2 | 2 | δὲ αὐτῶν εἶπεν Εὔα τῷ κυρίῳ αὐτῆς Ἀδὰμ κύριέ μου | * ἴδον * | ἐγὼ κατ' ὄναρ τῇ νυκτὶ ταύτῃ τὸ αἷμα τοῦ υἱοῦ μου |
| Adam | 2 | 4 | αὐτοῦ. εἶπε δὲ Ἀδὰμ ἀναστάντες πορευθῶμεν καὶ | * ἴδωμεν * | τί ἐστι τὸ γεγονὸς αὐτοῖς μήποτε ὁ ἐχθρὸς πολεμῇ |
| Adam | 10 | 1 | εἰς τὰ μέρη τοῦ παραδείσου καὶ πορευομένων αὐτῶν | * εἶδεν * | ἡ Εὔα τὸν υἱὸν αὐτῆς καὶ θηρίον πολεμοῦντα αὐτόν. |
| Adam | 17 | 2 | οἱ ἄγγελοι. καὶ παρέκυψεν ἐκ τοῦ τείχους καὶ | * ἴδον * | αὐτὸν ὅμοιον ἀγγέλου. καὶ λέγει μοι σὺ εἶ ἡ Εὔα; |
| Adam | 18 | 5 | ὄψει δόξαν μεγάλην. ἐγὼ δὲ προσέσχον τῷ φυτῷ καὶ | * ἴδον * | δόξαν μεγάλην περὶ αὐτοῦ. εἶπον δὲ αὐτῷ ὅτι ὡραῖον |
| Adam | 32 | 4 | ἀνήρ σου ἐξῆλθεν ἀπὸ τοῦ σώματος αὐτοῦ. ἀνάστα καὶ | * ἴδε * | τὸ πνεῦμα αὐτοῦ ἀναφερόμενον εἰς τὸν ποιήσαντα αὐτὸν |
| Adam | 33 | 2 | ἀπὸ τῶν γηΐνων. καὶ ἀτενίσασα εἰς τὸν οὐρανὸν | * ἴδεν * | ἅρμα φωτὸς ἐρχόμενον ὑπὸ τεσσάρων ἀετῶν λαμπρῶν ὃ |
| Adam | 33 | 2 | γεννηθῆναι ἀπὸ κοιλίας ἢ εἰπεῖν τὴν δόξαν αὐτῶν ἢ | * ἰδεῖν * | τὸ πρόσωπον αὐτῶν καὶ ἀγγέλους προάγοντας τὸ ἅρμα. |
| Adam | 33 | 4 | τὰ Σεραφὶμ ἀνὰ μέσον τοῦ πατρὸς καὶ τοῦ ἅρματος. | * ἴδον * | δὲ ἐγὼ θυμιατήρια χρυσᾶ καὶ τρεῖς φιάλας. καὶ ἰδοὺ |
| Adam | 34 | 1 | καὶ ποίημα τῶν χειρῶν σου τῶν ἁγίων. καὶ αὖθις | * ἴδον * | ἐγὼ Εὔα δύο μεγάλα καὶ φοβερὰ μυστήρια ἐνώπιον τοῦ |
| Adam | 34 | 2 | ἐκ τοῦ σώματος τοῦ πατρός σου καὶ ἐλθὲ πρός με καὶ | * ἴδε * | ἃ οὐκ εἶδεν ὀφθαλμός ποτε τινὸς καὶ πῶς δέονται ὑπὲρ |
| Adam | 34 | 2 | τοῦ πατρός σου καὶ ἐλθὲ πρός με καὶ ἴδε ἃ οὐκ | * εἶδεν * | ὀφθαλμός ποτε τινὸς καὶ πῶς δέονται ὑπὲρ τοῦ |
| Adam | 35 | 2 | καὶ λέγει αὐτῷ ἀνάβλεψον τοῖς ὀφθαλμοῖς σου καὶ | * ἴδε * | τὰ ἑπτὰ στερεώματα ἀνεῳγμένα καὶ πῶς κεῖται τὸ σῶμα |
| Adam | 39 | 3 | ὑπερηφανίᾳ εἰσβληθήσεται εἰς τὸν τόπον τοῦτον ἵνα | * ἴδῃ * | σε καθήμενον ἐπάνω αὐτοῦ. τότε κατακριθήσεται αὐτὸς |
| Hen. | 2 | 2 | φαίνονται καὶ οὐ παραβαίνουσιν τὴν ἰδίαν τάξιν. | * ἴδετε * | τὴν γῆν καὶ διανοήθητε περὶ τῶν ἔργων τῶν ἐν αὐτῇ |
| Hen. | 2 | 3 | τῶν ἐπὶ γῆς ἀλλὰ πάντα ἔργα θεοῦ ὑμῖν φαίνεται. | * ἴδετε * | τὴν θερείαν καὶ τὸν χειμῶνα--- καταμάθετε καὶ |
| Hen. | 2 | 3 | τὴν θερείαν καὶ τὸν χειμῶνα--- καταμάθετε καὶ | * ἴδετε * | πάντα τὰ δένδρα--- πῶς τὰ φύλλα χλωρὰ ἐν αὐτοῖς |
| Hen. | 5 | 3 | ἔργα ἀλλ' ὡσπερεὶ κατὰ ἐπιταγὴν τὰ πάντα γίνεται. | * ἴδετε * | πῶς ἡ θάλασσα καὶ οἱ ποταμοὶ ὡς ὁμοίως ἀποτελοῦσιν |
| Hen. | 10 | 12 | αὐτῶν καὶ ὅταν κατασφαγῶσιν οἱ υἱοὶ αὐτῶν καὶ | * ἴδωσιν * | τὴν ἀπώλειαν τῶν ἀγαπητῶν καὶ δῆσον αὐτοὺς |
| Hen. | 10B | 12 | αὐτῶν. καὶ ὅταν κατασφαγῶσιν οἱ υἱοὶ αὐτῶν καὶ | * ἴδωσι * | τὴν ἀπώλειαν τῶν ἀγαπητῶν αὐτῶν δῆσον αὐτοὺς ἐπὶ |
| Hen. | 13 | 8 | ἐπ' ἐμὲ ἦλθον καὶ ὁράσεις ἐπ' ἐμὲ ἐπέπιπτον καὶ | * ἴδον * | ὁράσεις ὀργῆς καὶ ἦλθεν φωνὴ λέγουσα εἶπον τοῖς |
| Hen. | 13 | 10 | αὐτῶν καὶ ἀνήγγειλα αὐτοῖς πάσας τὰς ὁράσεις ἃς | * εἶδον * | κατὰ τοὺς ὕπνους καὶ ἠρξάμην λαλεῖν τοὺς λόγους |
| Hen. | 14 | 2 | τοῦ ἁγίου τοῦ μεγάλου ἐν ταύτῃ τῇ ὁράσει. ἐγὼ | * εἶδον * | κατὰ τοὺς ὕπνους μου ὃ νῦν λέγω ἐν γλώσσῃ σαρκίνῃ |
| Hen. | 14 | 6 | πάσας τὰς γενεὰς τοῦ αἰῶνος καὶ ἵνα περὶ τούτων | * ἴδητε * | τὴν ἀπώλειαν τῶν υἱῶν ὑμῶν τῶν ἀγαπητῶν καὶ ὅτι |
| Hen. | 14 | 18 | καὶ ἡ στέγη αὐτοῦ ἦν πῦρ φλέγον. ἐθεώρουν δὲ καὶ | * εἶδον * | θρόνον ὑψηλὸν καὶ τὸ εἶδος αὐτοῦ ὡσεὶ κρυστάλλινον |
| Hen. | 14 | 19 | ποταμοὶ πυρὸς φλεγόμενοι καὶ οὐκ ἐδυνάσθην | * ἰδεῖν. * | καὶ ἡ δόξα ἡ μεγάλη ἐκάθητο ἐπ' αὐτῷ τὸ |
| Hen. | 14 | 21 | πᾶς ἄγγελος παρελθεῖν εἰς τὸν οἶκον τοῦτον καὶ | * ἰδεῖν * | τὸ πρόσωπον αὐτοῦ διὰ τὸ ἔντιμον καὶ ἔνδοξον καὶ |
| Hen. | 14 | 21 | τὸ ἔντιμον καὶ ἔνδοξον καὶ οὐκ ἐδύνατο πᾶσα σάρξ | * ἰδεῖν * | αὐτοῦ τὸ πῦρ φλεγόμενον κύκλῳ καὶ πῦρ μέγα |
| Hen. | 17 | 3 | ὄρος οὗ ἡ κεφαλὴ ἀφικνεῖτο εἰς τὸν οὐρανόν. καὶ | * εἶδον * | τόπον τῶν φωστήρων καὶ τοὺς θησαυροὺς τῶν ἀστέρων |
| Hen. | 17 | 6 | πῦρ ὡς ὕδωρ καὶ ῥέει εἰς θάλασσαν μεγάλην δύσεως. | * ἴδον * | τοὺς μεγάλους ποταμοὺς καὶ μέχρι τοῦ μεγάλου |
| Hen. | 17 | 7 | κατήντησα καὶ ἀπῆλθον ὅπου πᾶσα σὰρξ οὐ περιπατεῖ. | * ἴδον * | τοὺς ἀνέμους τῶν γνόφων τοὺς χειμερινοὺς καὶ τὴν |
| Hen. | 17 | 8 | καὶ τὴν ἔκχυσιν τῆς ἀβύσσου πάντων ὑδάτων. | * ἴδον * | τὸ στόμα τῆς γῆς πάντων τῶν ποταμῶν καὶ τὸ στόμα |
| Hen. | 18 | 1 | γῆς πάντων τῶν ποταμῶν καὶ τὸ στόμα τῆς ἀβύσσου. | * ἴδον * | τοὺς θησαυροὺς τῶν ἀνέμων πάντων ἴδον ὅτι ἐν αὐτοῖς |
| Hen. | 18 | 1 | τῆς ἀβύσσου. ἴδον τοὺς θησαυροὺς τῶν ἀνέμων πάντων | * ἴδον * | ὅτι ἐν αὐτοῖς ἐκόσμησεν πάσας τὰς κτίσεις καὶ τὸν |
| Hen. | 18 | 1 | τὰς κτίσεις καὶ τὸν θεμέλιον τῆς γῆς καὶ τὸν λίθον | * ἴδον * | τῆς γωνίας τῆς γῆς. ἴδον τοὺς τέσσαρας ἀνέμους τὴν |
| Hen. | 18 | 2 | τῆς γῆς καὶ τὸν λίθον ἴδον τῆς γωνίας τῆς γῆς. | * ἴδον * | τοὺς τέσσαρας ἀνέμους τὴν γῆν βαστάζοντας καὶ τὸ |

| | | | | | |
|---|---|---|---|---|---|
| Hen. | 18 | 4 | οὐρανοῦ καὶ αὐτοὶ ἱστᾶσιν μεταξὺ γῆς καὶ οὐρανοῦ. | * ἴδον * | ἀνέμους τῶν οὐρανῶν στρέφοντας καὶ διανεύοντας τὸν |
| Hen. | 18 | 5 | τὸν τροχὸν τοῦ ἡλίου καὶ πάντας τοὺς ἀστέρας. | * ἴδον * | τοὺς ἐπὶ τῆς γῆς ἀνέμους βαστάζοντας ἐν νεφέλῃ. |
| Hen. | 18 | 5 | τοὺς ἐπὶ τῆς γῆς ἀνέμους βαστάζοντας ἐν νεφέλῃ. | * ἴδον * | πέρατα τῆς γῆς τὸ στήριγμα τοῦ οὐρανοῦ ἐπάνω. |
| Hen. | 18 | 6 | γῆς τὸ στήριγμα τοῦ οὐρανοῦ ἐπάνω. παρῆλθον καὶ | * ἴδον * | τόπον καιόμενον νυκτὸς καὶ ἡμέρας ὅπου τὰ ἑπτὰ ὄρη |
| Hen. | 18 | 9 | τοῦ θρόνου ἀπὸ λίθου σαφφείρου καὶ πῦρ καιόμενον | * ἴδον. * | κἀπέκεινα τῶν ὀρέων τούτων τόπος ἐστὶν πέρας τῆς |
| Hen. | 18 | 11 | μεγάλης γῆς ἐκεῖ συντελεσθήσονται οἱ οὐρανοί. καὶ | * ἴδον * | χάσμα μέγα εἰς τοὺς στύλους τοῦ πυρὸς καταβαίνοντας |
| Hen. | 18 | 12 | οὔτε εἰς ὕψος. καὶ ἐπέκεινα τοῦ χάσματος τούτου | * ἴδον * | τόπον ὅπου οὐδὲ στερέωμα οὐρανοῦ ἐπάνω οὔτε γῆ ἦ |
| Hen. | 18 | 13 | πετεινὸν ἀλλὰ τόπος ἦν ἔρημος καὶ φοβερός. ἐκεῖ | * ἴδον * | ἑπτὰ ἀστέρας ὡς ὄρη μεγάλα καιόμενα περὶ ὧν |
| Hen. | 19 | 3 | ἀγγέλων εἰς σειρῆνας γενήσονται. κἀγὼ Ἐνὼχ | * ἴδον * | τὰ θεωρήματα μόνος τὰ πέρατα πάντων καὶ οὐ μὴ ἴδῃ |
| Hen. | 19 | 3 | ἴδον τὰ θεωρήματα μόνος τὰ πέρατα πάντων καὶ οὐ μὴ | * ἴδῃ * | οὐδὲ εἷς ἀνθρώπων ὡς ἐγὼ ἴδον. ---ἀνθρώπων ὡς ἐγὼ |
| Hen. | 19 | 3 | πάντων καὶ οὐ μὴ ἴδῃ οὐδὲ εἷς ἀνθρώπων ὡς ἐγὼ | * ἴδον. * | ---ἀνθρώπων ὡς ἐγὼ εἶδον. ἄγγελοι τῶν δυνάμεων. |
| Hen. | 19B | 3 | οὐδὲ εἷς ἀνθρώπων ὡς ἐγὼ ἴδον. ---ἀνθρώπων ὡς ἐγὼ | * εἶδον. * | ἄγγελοι τῶν δυνάμεων. Οὐριὴλ ὁ εἷς τῶν ἁγίων |
| Hen. | 21 | 7 | καταφερομένων οὔτε μέτρον οὔτε πλάτος ἠδυνήθην | * ἰδεῖν * | οὐδὲ εἰκάσαι. τότε εἶπον ὡς φοβερὸς ὁ τόπος καὶ ὡς |
| Hen. | 26 | 1 | καὶ ἐκεῖθεν ἐφώδευσα εἰς τὸ μέσον τῆς γῆς καὶ | * ἴδον * | τόπον ηὐλογημένον ἐν ᾧ δένδρα ἔχοντα παραφυάδας |
| Hen. | 26 | 3 | ἐξ ἀνατολῶν καὶ τὴν δύσιν εἶχεν πρὸς νότον. καὶ | * ἴδον * | πρὸς ἀνατολὰς ἄλλο ὄρος ὑψηλότερον τούτου καὶ ἀνὰ |
| Hen. | 28 | 1 | καὶ ἐκεῖθεν ἐπορεύθην εἰς τὸ μέσον Μανδοβαρὰ καὶ | * ἴδον * | αὐτὸ ἔρημον καὶ αὐτὸ μόνον πλήρης δένδρων καὶ ἀπὸ |
| Hen. | 29 | 2 | καὶ πρὸς ἀνατολὰς τοῦ ὄρους τούτου ᾠχόμην καὶ | * ἴδον * | κρίσεως δένδρα πνέοντα ἀρωμάτων λιβάνων καὶ ζμύρνας |
| Hen. | 30 | 1 | ἐπέκεινα τούτων ᾠχόμην πρὸς ἀνατολὰς μακρὰν καὶ | * ἴδον * | τόπον ἄλλον μέγαν φάραγγα ὕδατος ἐν ᾧ καὶ δένδρον |
| Hen. | 30 | 3 | σχίνῳ καὶ τὰ παρὰ τὰ χείλη τῶν φαράγγων τούτων | * ἴδον * | κιννάμωμον ἀρωμάτων καὶ ἐπέκεινα τούτων ᾠχόμην πρὸς |
| Hen. | 31 | 1 | καὶ ἐπέκεινα τούτων ᾠχόμην πρὸς ἀνατολάς. καὶ | * ἴδον * | ἄλλα ὄρη καὶ ἐν αὐτοῖς ἄλση δένδρων καὶ |
| Hen. | 31 | 2 | σαρρὰν καὶ χαλβάνη. καὶ ἐπέκεινα τῶν ὀρέων τούτων | * ἴδον * | ἄλλο ὄρος πρὸς ἀνατολὰς τῶν περάτων τῆς γῆς καὶ |
| Hen. | 32 | 3 | καὶ ἦλθον πρὸς τὸν παράδεισον τῆς δικαιοσύνης καὶ | * ἴδον * | μακρόθεν τῶν δένδρων τούτων δένδρα πλείονα καὶ |
| Hen. | 102 | 7 | ἔργοις αὐτῶν; καὶ αὐτοὶ ὁμοίως ἡμῖν ἀπεθάνοσαν. | * ἴδετε * | οὖν ὡς ἀποθνήσκουσιν μετὰ λύπης καὶ σκότους καὶ τί |
| Hen. | 102 | 9 | καὶ ἁμαρτάνειν καὶ λωποδυτεῖν καὶ ἐγκτᾶσθαι καὶ | * ‹ἰδεῖν› * | ἡμέρας ἀγαθάς. ἴδετε οὖν οἱ δικαιοῦντες |
| Hen. | 102 | 10 | καὶ ἐγκτᾶσθαι καὶ ‹ἰδεῖν› ἡμέρας ἀγαθάς. | * ἴδετε * | οὖν οἱ δικαιοῦντες ‹ἑαυτ›οὺς ὁποία ἐγένετο αὐτῶν ἡ |
| Hen. | 103 | 2 | τοῦτο ἀν‹έγνων› γὰρ τὰς πλάκας τοῦ οὐρανοῦ καὶ | * εἶδον * | τὴν γραφὴν ἀναγκαίαν ἔγνων τὰ γ‹εγραμμέ›να ἐν |
| Hen. | 103 | 5 | μακάριοι ἁμαρτωλοὶ πάσας τὰς ἡμέρας αὐτῶν ὅσας | * εἴδοσαν * | ἐν τῇ ζωῇ αὐτῶν καὶ ἐνδόξως ἀπεθάνοσαν καὶ |
| Hen. | 104 | 6 | τὰς γενεὰς τῶν αἰώνων. μὴ φοβεῖσθε οἱ δίκαιοι ὅταν | * ἴδητε * | τοὺς ἁμαρτωλοὺς κατισχύοντας καὶ εὐοδουμένους καὶ |
| Hen. | 106 | 8 | ‹ἦλθ›εν πρὸς ἐμὲ εἰς τὰ τέρματα τῆς γῆς οὗ | * ‹εἶδ›εν * | τότε εἶναί με καὶ εἶπέν μοι πάτερ ‹μου› |
| Hen. | 107 | 1 | ἐπ᾽ αὐτῶν ὅτι γενεὰ γενεᾶς κακ‹ίων ἔσται› καὶ | * εἶδον * | τόδε μέχρις τοῦ ἀνασ‹τῆναι› γενεὰν δικαιοσύνης καὶ |
| Abr.1 | 2 | 2 | καὶ ἰδοὺ ὁ ἀρχιστράτηγος ἤρχετο πρὸς αὐτόν. | * ἰδὼν * | δὲ Ἀβραὰμ τὸν ἀρχιστράτηγον Μιχαὴλ ἀπὸ μηκόθεν |
| Abr.1 | 3 | 5 | δὲ πλησίον ‹τοῦ οἴκου ἐν τῇ αὐλῇ› ἐκαθέσθησαν καὶ | * ἰδὼν * | Ἰσαὰκ τὴν πρόσοψιν τοῦ ἀγγέλου εἶπεν πρὸς Σάρραν |
| Abr.1 | 3 | 10 | τοῦ Ἀβραὰμ καὶ ἐδάκρυσεν ἐπὶ τὸν ξένον. καὶ | * ἰδὼν * | αὐτὸν Ἰσαὰκ κλαίοντα ἔκλαυσεν καὶ αὐτὸς ἰδὼν δὲ ὁ |
| Abr.1 | 3 | 10 | καὶ ἰδὼν αὐτὸν Ἰσαὰκ κλαίοντα ἔκλαυσεν καὶ αὐτὸς | * ἰδὼν * | δὲ ὁ ἀρχιστράτηγος κλαίοντας συνεδάκρυσεν καὶ αὐτὸς |
| Abr.1 | 3 | 12 | ἐπὶ τῆς λεκάνης καὶ ἐγένοντο λίθοι τίμιοι. | * ἰδὼν * | δὲ Ἀβραὰμ τὸ γεγονὸς καὶ ἐκπλαγεὶς ἔλαβεν τοὺς |
| Abr.1 | 5 | 10 | σπλάγχνα ὁ Ἀβραὰμ ἔκλαυσεν οὖν καὶ αὐτὸς μεγάλως | * ἰδὼν * | δὲ ὁ ἀρχιστράτηγος αὐτοὺς κλαίοντας ἔκλαυσε καὶ |
| Abr.1 | 5 | 14 | καὶ ἦλθεν πρὸς ἡμᾶς κλαίων καὶ ἡμεῖς τοῦτον | * ἰδόντες * | τὰ σπλάγχνα κινηθέντες ἐκλαύσαμεν. ἀκούσασα δὲ |
| Abr.1 | 6 | 4 | ἀνήρ; εἶπεν δὲ Ἀβραὰμ οὐ γινώσκω. εἶπεν δὲ Σάρρα | * εἶδες * | κύριέ μου τοὺς τρεῖς ἄνδρας τοὺς ἐπουρανίους τοὺς |
| Abr.1 | 7 | 2 | δὲ Ἰσαὰκ ἤρξατο λέγειν ἰδοὺ ἐγὼ κύριέ μου | * ‹εἶδον› * | τῇ νυκτὶ ταύτῃ τὸν ἥλιον καὶ τὴν σελήνην ὑπεράνω |
| Abr.1 | 7 | 3 | καὶ ταῦτα οὕτως ἐμοῦ θεωροῦντος καὶ διαλογιζομένου | * εἶδον * | καὶ τὸν οὐρανὸν ἀνεῳγότα καὶ εἶδον ἄνδρα φωτοφόρον |
| Abr.1 | 7 | 3 | διαλογιζομένου εἶδον καὶ τὸν οὐρανὸν ἀνεῳγότα καὶ | * εἶδον * | ἄνδρα φωτοφόρον ἐκ τοῦ οὐρανοῦ κατελθόντα ὑπὲρ |
| Abr.1 | 7 | 5 | μετ᾽ ὀλίγον ὡς ἔτι μου λυπουμένου καὶ ἀδημονοῦντος | * εἶδον * | τὸν ἄνδρα ἐκεῖνον τὸν φωτοφόρον ἐκ δευτέρου ἐκ τοῦ |
| Abr.1 | 8 | 1 | ἔστη ἐνώπιον τοῦ θεοῦ καὶ ἀνήγγειλεν πάντα ἅπερ | * εἶδεν * | ἐν τῷ οἴκῳ τοῦ Ἀβραάμ. εἶπεν δὲ καὶ τοῦτο ὁ |
| Abr.1 | 8 | 12 | ἐὰν ἐάσω τὸν θάνατον ἀπελθεῖν σοι τότε ἂν εἶχον | * ἰδεῖν * | κἂν ἔρχῃ κἂν οὐκ ἔρχῃ; λαβὼν δὲ ὁ ἀρχιστράτηγος |
| Abr.1 | 9 | 1 | τοῦ ὑψίστου κατῆλθεν πρὸς τὸν Ἀβραὰμ καὶ | * ἰδὼν * | αὐτὸν ὁ δίκαιος ἔπεσεν ἐπὶ πρόσωπον εἰς τὸ ἔδαφος |
| Abr.1 | 9 | 6 | τῆς δεήσεώς μου ἔτι ἐν τούτῳ ‹τῷ σώματι ὢν› θέλω | * ἰδεῖν * | πᾶσαν τὴν οἰκουμένην καὶ τὰ ποιήματα ‹πάντα› ὅσα |
| Abr.1 | 9 | 6 | ὅσα διὰ λόγου ἑνὸς συνεστήσω δέσποτα καὶ ὅτε | * ἴδω * | ταῦτα τότε καὶ νῦν ἐὰν μετέλθω τοῦ βίου ἄλυπός εἰμι. |
| Abr.1 | 9 | 8 | καὶ ὕψωσον αὐτὸν εἰς τὸν αἰθέρα τοῦ οὐρανοῦ ‹ὅπως | * ἴδῃ * | πᾶσαν τὴν οἰκουμένην. καὶ κατελθὼν ὁ ἀρχάγγελος |
| Abr.1 | 10 | 2 | τὸν κόσμον καθὼς ἦγεν ἡ ἡμέρα ἐκείνη ἄλλους μὲν | * εἶδεν * | ἀροτριῶντας ἑτέρους ἁμαξηγοῦντας ἐν ἄλλῳ δὲ τόπῳ |
| Abr.1 | 10 | 3 | ἔπειτα καὶ τεθνεῶτας ἐν μνήματι ἀγομένους | * εἶδεν * | δὲ καὶ νεονύμφους ὀψικευομένους καὶ ἁπλῶς εἰπεῖν |
| Abr.1 | 10 | 3 | δὲ καὶ νεονύμφους ὀψικευομένους καὶ ἁπλῶς εἰπεῖν | * εἶδεν * | πάντα τὰ τοῦ κόσμου γινόμενα ἀγαθὰ καὶ πονηρά. |
| Abr.1 | 10 | 4 | γινόμενα ἀγαθὰ καὶ πονηρά. διερχόμενος δὲ Ἀβραὰμ | * εἶδεν * | ἄνδρας ξιφηφόρους ἐν ταῖς χερσὶν αὐτοῦ κρατοῦντας |
| Abr.1 | 10 | 8 | θηρία ἐκ τοῦ δρυμοῦ καὶ κατέφαγον αὐτούς. καὶ | * εἶδεν * | εἰς ἕτερον τόπον ἄνδρα μετὰ γυναικὸς εἰς ἀλλήλους |
| Abr.1 | 10 | 10 | ‹καὶ εὐθὺς ἐδιχάσθη ἡ γῆ καὶ κατέπιεν αὐτούς.› καὶ | * εἶδεν * | εἰς ἕτερον τόπον ἀνθρώπους διορύττοντας οἴκους καὶ |
| Abr.1 | 10 | 12 | στῆναι τὸ ἅρμα καὶ ἀπόστρεψον τὸν Ἀβραὰμ ἵνα μὴ | * ἴδῃ * | πᾶσαν τὴν οἰκουμένην εἰ γὰρ ἴδῃ πάντας τοὺς ἐν |
| Abr.1 | 10 | 13 | τὸν Ἀβραὰμ ἵνα μὴ ἴδῃ πᾶσαν τὴν οἰκουμένην εἰ γὰρ | * ἴδῃ * | πάντας τοὺς ἐν ἁμαρτίᾳ διάγοντας καὶ ἀπολέσει πᾶν τὸ |
| Abr.1 | 11 | 2 | τὴν ἀνατολὴν ἐν τῇ πύλῃ τοῦ οὐρανοῦ τῇ πρώτῃ καὶ | * εἶδεν * | ἐκεῖ ὁ Ἀβραὰμ› δύο ὁδοὺς ‹ἡ› μία ὁδὸς ‹στενὴ καὶ |
| Abr.1 | 11 | 3 | τεθλιμμένη ἡ δὲ ἑτέρα› πλατεῖα καὶ εὐρύχωρος. ‹καὶ | * εἶδεν * | ἐκεῖ δύο πύλας μία πύλη πλατεῖα› ἡ κατὰ τῆς |
| Abr.1 | 11 | 4 | ὁδοῦ. ἔξωθεν δὲ τῶν πυλῶν τῶν ἐκεῖσε τῶν δύο | * εἶδον * | ἄνδρα καθήμενον ἐπὶ τοῦ θρόνου κεχρυσωμένου καὶ ἦν |
| Abr.1 | 11 | 5 | τοῦ ἀνδρὸς ἐκείνου φοβερὰ ὁμοία τοῦ δεσπότου καὶ | * εἶδον * | ψυχὰς πολλὰς ἐλαυνομένας ὑπὸ ἀγγέλων διὰ τῆς |
| Abr.1 | 11 | 5 | ἀγγέλων διὰ τῆς πλατείας ὁδοῦ καὶ εἰσαγομένας καὶ | * εἶδον * | ἄλλας ψυχὰς ὀλίγας καὶ ἐφέροντο ὑπὸ ἀγγέλων διὰ |
| Abr.1 | 11 | 10 | τὸν κόσμον καθότι πάντες ἐξ αὐτοῦ ἐγένοντο καὶ ὅτε | * ἴδῃ * | πολλὰς ψυχὰς εἰσερχομένας διὰ τῆς στενῆς πύλης τότε |
| Abr.1 | 11 | 11 | Ἀδὰμ διότι θεωρεῖ τὰς ψυχὰς σῳζομένας ὅτε δὲ | * ἴδῃ * | πολλὰς ψυχὰς εἰσερχομένας διὰ τῆς πλατείας πύλης |
| Abr.1 | 14 | 5 | ἀρχιστράτηγε ποιήσωμεν εὐχὴν ὑπὲρ τῆς ψυχῆς καὶ | * ἴδωμεν * | εἰ ἐπακούσεται ἡμῖν ὁ θεὸς καὶ ὁ ἀρχιστράτηγος |
| Abr.1 | 14 | 6 | αὐτῶν καὶ ἀναστάντες ἐκ τῆς προσευχῆς οὐκ | * εἶδον * | τὴν ψυχὴν› ἱσταμένην ἐκεῖσε. καὶ εἶπεν Ἀβραὰμ |
| Abr.1 | 16 | 7 | καὶ ἀπῆλθεν πρὸς τὸν Ἀβραάμ. ὁ δὲ δίκαιος Ἀβραὰμ | * ἰδὼν * | ἐξῆλθεν ἐκ τοῦ τρικλίνου αὐτοῦ καὶ ἐκαθέσθη ὑποκάτω |
| Abr.1 | 16 | 8 | καὶ φωτὸς ἀπαύγασμα περιστραφεὶς δὲ Ἀβραὰμ | * εἶδεν * | τὸν θάνατον ἐρχόμενον πρὸς αὐτὸν ἐν πολλῇ δόξῃ καὶ |
| Abr.1 | 16 | 9 | αὐτὸν νομίζων τὸν ἀρχιστράτηγον εἶναι. καὶ | * ἰδὼν * | αὐτὸν ὁ θάνατος προσεκύνησεν λέγων χαίροις τίμιε |
| Abr.1 | 18 | 1 | ὥστε ἐκλείπειν τὸ πνεῦμα αὐτοῦ. καὶ ταῦτα οὕτως | * ἰδὼν * | ὁ πανίερος Ἀβραὰμ εἶπεν πρὸς τὸν θάνατον δέομαί |
| Abr.2 | 3 | 10 | πόδας ἀνθρώπου ξενιζομένου ἐν τῷ οἴκῳ ἡμῶν; καὶ | * ἰδὼν * | Ἀβραὰμ τὸν Ἰσαὰκ κλαίοντα ἔκλαυσεν καὶ αὐτὸς |
| Abr.2 | 3 | 10 | τὸν Ἰσαὰκ κλαίοντα ἔκλαυσεν καὶ αὐτὸς σφοδρῶς | * ἰδὼν * | δὲ Μιχαὴλ κλαίοντας αὐτοὺς συνέκλαυσεν αὐτοῖς καὶ |
| Abr.2 | 4 | 15 | ἀνάστηθι καὶ πορεύου πρὸς Ἀβραὰμ καὶ εἴ τι ἂν | * ἴδῃς * | αὐτὸν ἐσθίοντα φάγε καὶ σὺ ἐξ αὐτῶν καὶ ὅπου δ᾽ ἄν. |
| Abr.2 | 6 | 3 | αὐτὸν ἔκλαυσεν δὲ Ἀβραὰμ σὺν τῷ υἱῷ αὐτοῦ | * εἶδεν * | δὲ αὐτοὺς Μιχαὴλ καὶ συνέκλαυσεν αὐτοῖς ἤκουσεν δὲ |
| Abr.2 | 7 | 5 | τί οἶδας κατ᾽ ὄναρ. ἀπεκρίθη Ἰσαὰκ τῷ πατρὶ αὐτοῦ | * εἶδον * | κατ᾽ ὄναρ ἐμαυτὸν ὡς τὸν ἥλιον καὶ τὴν σελήνην καὶ |
| Abr.2 | 7 | 14 | ἄνω καὶ ὡς ἦν ταῦτα λέγων ὁ φωτεινὸς ἄνθρωπος | * εἶδον * | καὶ τὸν ἥλιον τοῦ οἴκου μου ἀναβαίνοντα εἰς τοὺς |
| Abr.2 | 7 | 15 | τοῦ οἴκου μου ἀναβαίνοντα εἰς τοὺς οὐρανοὺς καὶ | * εἶδον * | τὸν ἥλιον γενόμενον ‹ὅμοιον› τοῦ πατρός μου. καὶ |
| Abr.2 | 8 | 4 | ἐπὶ τὸν Ὠκεανὸν ποταμόν. καὶ ἀτενίσας Ἀβραὰμ | * εἶδεν * | δύο πύλας μίαν μὲν μικρὰν τὴν δὲ ἑτέραν μεγάλην |
| Abr.2 | 8 | 15 | ἐθεάσατο ψυχὰς ἀπαγομένας εἰς τὴν ἀπώλειαν καὶ ἐὰν | * ἴδῃς * | αὐτὸν γελῶντα ἐθεάσατο ψυχὰς ὀλίγας ἀπαγομένας εἰς |
| Abr.2 | 12 | 2 | τῷ στερεώματι καὶ κατανοήσας Ἀβραὰμ ἐπὶ τὴν γῆν | * εἶδεν * | ἄνθρωπον μοιχεύοντα γυναῖκα ὕπανδρον. καὶ εἶπεν |
| Abr.2 | 12 | 6 | ἤγαγεν αὐτὸν ἡ νεφέλη καὶ ἀτενίσας πάλιν Ἀβραὰμ | * εἶδεν * | ἀνθρώπους ἐπὶ τῆς γῆς καταλαλοῦντας καὶ εἶπεν |
| Abr.2 | 12 | 9 | ζῶντας ἡ γῆ. καὶ πάλιν ἤγαγεν αὐτοὺς ἡ νεφέλη καὶ | * εἶδεν * | Ἀβραάμ τινας ἐρχομένους εἰς ἔρημον τόπον τοῦ |
| Abr.2 | 13 | 4 | ἐν πολλῇ ὡραιότητι καὶ ἀπέστειλε πρὸς Ἀβραάμ. | * ἰδὼν * | δὲ Ἀβραὰμ τὸν θάνατον ἔγγιστα αὐτοῦ καθήμενον |
| TRub. | 1 | 4 | ἐγὼ ἀποθνήσκω καὶ πορεύομαι ὁδὸν πατέρων μου. καὶ | * ἰδὼν * | ἐκεῖ Ἰούδαν καὶ Γὰδ καὶ Ἀσὴρ τοὺς ἀδελφοὺς αὐτοῦ |
| TRub. | 2 | 1 | ἐν τῷ Ἰσραὴλ οὕτως. καὶ νῦν ἀκούσατέ μου τέκνα ἃ | * εἶδον * | περὶ τῶν ἑπτὰ πνευμάτων τῆς πλάνης ἐν τῇ μετανοίᾳ |
| TRub. | 3 | 11 | μηδὲ περιεργάζεσθε πρᾶξιν γυναικῶν. εἰ μὴ γὰρ | * εἶδον * | ἐγὼ Βάλλαν λουομένην ἐν σκεπεινῷ τόπῳ οὐκ |
| TRub. | 3 | 14 | ἀκάλυφος κατέκειτο ἐν τῷ κοιτῶνι κἀγὼ εἰσελθὼν καὶ | * ἰδὼν * | τὴν γύμνωσιν αὐτῆς ἔπραξα τὴν ἀσέβειαν καὶ |
| TSim. | 4 | 5 | καὶ δόξαν καὶ εὐλογίαν ἐπὶ τὰς κεφαλὰς ὑμῶν καθὼς | * εἴδετε * | ἐν αὐτῷ. πάσας τὰς ἡμέρας οὐκ ὠνείδισεν ἡμᾶς περὶ |
| TLevi | 2 | 7 | ἐκ τοῦ πρώτου οὐρανοῦ εἰς τὸν δεύτερον καὶ | * εἶδον * | ἐκεῖ ὕδωρ κρεμάμενον ἀνάμεσον τούτου κἀκείνου. καὶ |
| TLevi | 2 | 8 | ἐκεῖ ὕδωρ κρεμάμενον ἀνάμεσον τούτου κἀκείνου. καὶ | * εἶδον * | τρίτον οὐρανὸν πολὺ φωτεινότερον καὶ φαιδρότερον |
| TLevi | 5 | 1 | καὶ ἤνοιξέ μοι ὁ ἄγγελος τὰς πύλας τοῦ οὐρανοῦ καὶ | * εἶδον * | τὸν ναὸν τὸν ἅγιον καὶ ἐπὶ θρόνου δόξης τὸν |
| TLevi | 6 | 8 | καίγε ἐμαλακίσθη ἐν τῇ ἡμέρᾳ ἐκείνῃ. ἀλλ᾽ ἐγὼ | * εἶδον * | ὅτι ἀπόφασις θεοῦ ἦν εἰς κακὰ ἐπὶ Σίκιμα διότι |
| TLevi | 8 | 1 | ἡμῶν ἀπάραντες ἤλθομεν εἰς Βεθήλ. κἀκεῖ πάλιν | * εἶδον * | πρᾶγμα ὥσπερ τὸ πρότερον μετὰ τὸ ποιῆσαι ἡμέρας |
| TLevi | 8 | 2 | πρότερον μετὰ τὸ ποιῆσαι ἡμέρας ἑβδομήκοντα. καὶ | * εἶδον * | ἑπτὰ ἀνθρώπους ἐν ἐσθῆτι λευκῇ λέγοντάς μοι |
| TLevi | 9 | 2 | μου κατὰ πάντας τοὺς λόγους τῶν ὁράσεών μου ὧν | * εἶδον * | καὶ οὐκ ἠθέλησε πορευθῆναι μεθ᾽ ἡμῶν εἰς Βεθήλ. ὡς |
| TLevi | 9 | 3 | μεθ᾽ ἡμῶν εἰς Βεθήλ. ὡς δὲ ἤλθομεν εἰς Βεθὴλ | * εἶδεν * | ὁ πατήρ μου Ἰακὼβ ἐν ὁράματι περὶ ἐμοῦ ὅτι ἔσομαι |
| TLevi | 11 | 3 | ἡμῶν πάροικοι ἦμεν Γηρσὰμ γὰρ παροικία γράφεται. | * εἶδον * | δὲ περὶ αὐτοῦ ὅτι οὐκ ἔσται ἐν πρώτῃ τάξει. καὶ ὁ |
| TLevi | 11 | 5 | τριακοστῷ πέμπτῳ ἔτει πρὸς ἀνατολὰς ἡλίου. | * εἶδον * | δὲ ἐν ὁράματι ὅτι μέσος ἐν ὑψηλοῖς ἵστατο πάσης |
| TLevi | 18 | 2B012 | τοῦ πατρὸς ἡμῶν παρὰ Ἰσαὰκ τὸν πατέρα ἡμῶν. καὶ | * εἶδεν * | Ἰσαὰκ ὁ πατὴρ ἡμῶν πάντας ἡμᾶς καὶ ηὐλόγησεν ἡμᾶς |
| TLevi | 18 | 2B064 | ἐν τῇ γῇ ἡμετέρᾳ νομιζομένῃ. καὶ ἐπὶ τοῦ παιδαρίου | * εἶδον * | ἐγὼ ἐν τῷ ὁράματί μου ὅτι ἐκβεβλημένος ἔσται αὐτὸς |
| TJud. | 2 | 2 | τοῖς ἔργοις μου ἔν τε τῷ ἀγρῷ καὶ ἐν τῷ οἴκῳ ὡς | * εἶδον * | ὅτε συνέδραμον τῇ ἐλάφῳ καὶ πιάσας αὐτὴν ἐποίησα |
| TJud. | 3 | 10 | τοῖς πολέμοις ὅτι ἐγὼ ἤμην ἐν τοῖς ἀδελφοῖς μου. | * εἶδε * | γὰρ ἐν ὁράματι περὶ ἐμοῦ ὅτι ἄγγελος δυνάμεως |
| TJud. | 8 | 2 | ἀρχιποίμενα Ἵραν τὸν Ὀδολαμίτην πρὸς ὃν ἐλθὼν | * εἶδον * | Βάρσαν βασιλέα Ὀδολάμ. καὶ ἐποίησεν ἡμῖν πότον |
| TJud. | 11 | 2 | τῆς νεότητος ἐτύφλωσε τὴν καρδίαν μου. καὶ | * ἰδὼν * | αὐτὴν οἰνοχοοῦσαν ἐν μέθῃ οἴνου ἠπατήθην καὶ |

| | | | | |
|---|---|---|---|---|
| TJud. | 15 | 4 | οὐκ ἔλαβον ἕως γήρως καὶ πᾶσαν εὐφροσύνην οὐκ | * εἶδον. * καὶ ἔδειξέ μοι ὁ ἄγγελος τοῦ θεοῦ ὅτι ἕως τοῦ |
| TIss. | 1 | 13 | μου καὶ μεταστήσας με τῇ νυκτὶ ἐκείνῃ οὐκ εἴασέ με | * ἰδεῖν * ὅτι εἰ ἤμην ἐκεῖ οὐκ ἐγίνετο τοῦτο. καὶ εἶπε |
| TIss. | 2 | 3 | ὅτι ἐν τοῖς μανδραγόροις ἐπεσκέψατο αὐτὴν κύριος. | * εἶδε * γὰρ ὅτι διὰ τέκνα ἤθελε συνεῖναι τῷ Ἰακὼβ καὶ οὐ |
| TIss. | 4 | 1 | μου τέκνα καὶ πορεύεσθε ἐν ἁπλότητι καρδίας ὅτι | * εἶδον * ἐν αὐτῇ πᾶσαν εὐαρέστησιν κυρίου. ὁ ἁπλοῦς χρυσίον |
| TIss. | 4 | 4 | τῆς πλάνης οὐδὲν ἰσχύουσι πρὸς αὐτόν. οὐ γὰρ | * εἶδεν * ἐπιδέξασθαι κάλλος θηλείας ἵνα μὴ ἐν διαστροφῇ |
| TIss. | 4 | 6 | πονηρίας ἀπὸ τῆς πλάνης τοῦ κόσμου ἵνα μὴ | * ἴδῃ * διεστραμμένως τι τῶν ἐντολῶν τοῦ κυρίου. φυλάξατε |
| TZab. | 2 | 6 | μου ἐξέστησαν καὶ οὐκ ἠδυνάμην τοῦ στῆναι. καὶ | * ἰδὼν * με συγκλαίοντα αὐτῷ κἀκείνους ἐπερχομένους ἀνελεῖν |
| TZab. | 3 | 3 | αὐτὴν ἀνθ᾽ ὧν εἶπε βασιλεύειν ἐφ᾽ ἡμᾶς καὶ | * ἴδωμεν * τί ἔσται τὰ ἐνύπνια αὐτοῦ. διὰ τοῦτο ἐν γραφῇ |
| TZab. | 7 | 1 | μετὰ τῶν ἀδελφῶν μου. νῦν ἀναγγελῶ ὑμῖν ἃ ἐποίησα. | * εἶδον * θλιβόμενον ἐν γυμνότητι χειμῶνος καὶ σπλαγχνισθεὶς |
| TZab. | 8 | 4 | Αἴγυπτον Ἰωσὴφ οὐκ ἐμνησικάκησεν εἰς ἡμᾶς ἐμὲ δὲ | * ἰδὼν * ἐσπλαγχνίσθη. εἰς ὃν ἐμβλέποντες καὶ ὑμεῖς |
| TNep. | 1 | 7 | καὶ εἶδει ἁπαλὸν ὄντα κατεφίλει με λέγουσα | * ἴδοιμι * ἀδελφόν σου ἐκ τῆς κοιλίας μου κατά σέ. ὅθεν καὶ |
| TNep. | 5 | 1 | καὶ τοὺς ἐγγύς. ἐν γὰρ ἔτει τεσσαρακοστῷ ζωῆς μου | * εἶδον * ἐν ὄρεσιν ἐλαίου κατὰ ἀνατολὰς Ἱερουσαλὴμ ὅτι ὁ |
| TNep. | 5 | 8 | ἔλαβεν αὐτὸν καὶ συνανῆλθεν αὐτῷ εἰς ὕψος. καὶ | * εἶδον * ὅτι ἤμην ἐν κήποις καὶ ἰδοὺ γραφὴ ἁγία ὤφθη ἡμῖν |
| TNep. | 6 | 1 | σκῆπτρα τοῦ Ἰσραήλ. καὶ πάλιν μετὰ μῆνας ἑπτὰ | * εἶδον * τὸν πατέρα ἡμῶν Ἰακὼβ ἑστηκότα ἐν τῇ θαλάσσῃ |
| TGad | 1 | 7 | κατεσθίουσιν αὐτὰ παρὰ γνώμην Ἰουδὰ καὶ Ῥουβήμ. | * εἶδε * γὰρ ὅτι ἀρνὸν ἐξειλόμην ἐκ τοῦ στόματος τῆς ἄρκου |
| TGad | 1 | 9 | καὶ οὐκ ἤθελον οὔτε δι᾽ ὀφθαλμῶν οὔτε δι᾽ ἀκοῆς | * ἰδεῖν * τὸν Ἰωσήφ. καὶ κατὰ πρόσωπον ἡμῶν ἤλεγξεν ἡμᾶς |
| TAser | 4 | 4 | τοῦ ἀληθινοῦ κακοῦ. ἕτερος οὐ θέλει ἡμέραν ἀγαθὴν | * ἰδεῖν * μετὰ ἀσώτων ἵνα μὴ χράνῃ τὸ στόμα καὶ μολύνῃ τὴν |
| TJos. | 1 | 3 | ὑπὸ Ἰσραὴλ ἐνωτίσασθε υἱοὶ τοῦ πατρὸς ὑμῶν. ἐγὼ | * εἶδον * ἐν τῇ ζωῇ μου τὸν φθόνον καὶ τὸν θάνατον καὶ οὐκ |
| TJos. | 6 | 2 | ὡς ἦλθεν ὁ εὐνοῦχος ὁ κομίζων αὐτὸ ἀνέβλεψα καὶ | * εἶδον * ἄνδρα φοβερὸν ἐπιδιδόντα μοι μετὰ τοῦ τρυβλίου |
| TJos. | 6 | 6 | κακίαν σου καὶ ἐτήρησα αὐτὸ εἰς ἔλεγχόν σου εἰ ἄρα | * ἰδοῦσα * αὐτὸ μετανοήσεις. ἵνα δὲ μάθῃς ὅτι τῶν ἐν |
| TJos. | 7 | 2 | εἰς ἐμὲ πρὸς ἀκολασίαν στενάζουσα προσέπιπτεν. | * ἰδὼν * δὲ αὐτὴν ὁ Αἰγύπτιος λέγει πρὸς αὐτήν τί συνέπεσε |
| TJos. | 7 | 6 | τὸ μνημόσυνόν σου ἀπὸ τῆς γῆς. καὶ λέγει πρός με | * ἴδε * οὖν ἀγαπᾷς με ἀρκεῖ μοι μόνον ὅτι ἀντιποιῇ τῆς ζωῆς |
| TJos. | 8 | 3 | μετὰ βίας ἐφελκομένη με εἰς συνουσίαν. ὡς οὖν | * εἶδον * ὅτι μαινομένη βίᾳ κρατεῖ τὰ ἱμάτιά μου γυμνὸς |
| TJos. | 16 | 6 | ἑκατὸν εἰπὼν τῇ Αἰγυπτίᾳ δεδόσθαι ἀντ᾽ ἐμοῦ. καὶ | * ἰδὼν * ἐγὼ ἐσιώπησα ἵνα μὴ ἐτασθῇ ὁ εὐνοῦχος. ὁρᾶτε τέκνα |
| TJos. | 19 | 1 | ἐν πᾶσι τῷ Ἰακώβ. ἀκούσατε τέκνα μου καὶ ὧν | * εἶδον * ἐνυπνίων. δώδεκα ἔλαφοι ἐνέμοντο καὶ οἱ ἐννέα |
| TJos. | 19 | 3 | καὶ διεσπάρησαν τῇ γῇ ὁμοίως καὶ οἱ τρεῖς. καὶ | * εἶδον * ὅτι ἐκ τοῦ Ἰουδὰ ἐγεννήθη παρθένος ἔχουσα στολὴν |
| TBen. | 1 | 5 | ὁ πατὴρ ἡμῶν ἠγάπα τὴν Ῥαχὴλ καὶ ηὔχετο δύο υἱοὺς | * ἰδεῖν * ἀπ᾽ αὐτῆς. διὰ τοῦτο ἐκλήθην υἱὸς ἡμερῶν ὅ ἐστι |
| TBen. | 4 | 1 | καὶ καταργήσει Βελιὰρ καὶ τοὺς ὑπηρετοῦντας αὐτῷ. | * ἴδετε * τέκνα τοῦ ἀγαθοῦ ἀνδρὸς τὸ τέλος μιμήσασθε οὖν ἐν |
| TBen. | 10 | 1 | ἐν οὐρανῷ. ὅτε δὲ Ἰωσὴφ ἦν ἐν Αἰγύπτῳ ἐπεθύμουν | * ἰδεῖν * τὴν ἰδέαν αὐτοῦ καὶ τὴν μορφὴν τῆς ὄψεως αὐτοῦ καὶ |
| TBen. | 10 | 1 | ὄψεως αὐτοῦ καὶ δι᾽ εὐχῶν Ἰακὼβ τοῦ πατρός μου | * εἶδον * αὐτὸν ἐν ἡμέρᾳ γρηγορῶν καθ᾽ ὅ ἦν πᾶσα ἡ ἰδέα |
| Asen. | 5 | 2 | θυρίδα τὴν μεγάλην τὴν βλέπουσαν κατὰ ἀνατολὰς τοῦ | * ἰδεῖν * τὸν Ἰωσὴφ εἰσερχόμενον εἰς τὴν οἰκίαν τοῦ πατρὸς |
| Asen. | 6 | 1 | αὐτοῦ καὶ ἐδεξιώσατο αὐτοὺς ἐν τῇ δεξιᾷ αὐτοῦ. καὶ | * εἶδεν * Ἀσενὲθ τὸν Ἰωσὴφ ἐπὶ τοῦ ἅρματος καὶ κατενύγη |
| Asen. | 7 | 2 | τοῦτο. καὶ ἀναβλέψας Ἰωσὴφ τοῖς ὀφθαλμοῖς αὐτοῦ | * εἶδε * παρακύπτουσαν τὴν Ἀσενέθ. καὶ εἶπεν Ἰωσὴφ τῷ |
| Asen. | 8 | 8 | καὶ ἐπλήσθησαν δακρύων οἱ ὀφθαλμοὶ αὐτῆς. καὶ | * εἶδεν * αὐτὴν Ἰωσὴφ καὶ ἠλέησεν αὐτὴν σφόδρα καὶ κατενύγη |
| Asen. | 10 | 16 | ἕως πρωΐ. καὶ ἀνέστη Ἀσενὲθ τὸ πρωΐ καὶ | * εἶδε * καὶ ἰδοὺ πηλὸς πολὺς ἐκ τῶν δακρύων αὐτῆς καὶ ἐκ |
| Asen. | 14 | 1 | ἀστὴρ ἀνέτειλεν ἐκ τοῦ οὐρανοῦ κατὰ ἀνατολάς. καὶ | * εἶδεν * αὐτὸν Ἀσενὲθ καὶ ἐχάρη καὶ εἶπεν ἄρα ἐπήκουσε |
| Asen. | 14 | 3 | ὁ οὐρανὸς καὶ ἐφάνη φῶς μέγα καὶ ἀνεκλάλητον. καὶ | * εἶδεν * Ἀσενὲθ καὶ ἔπεσεν ἐπὶ πρόσωπον ἐπὶ τὴν τέφραν. |
| Asen. | 14 | 9 | μου. καὶ ἐπῆρε τὴν κεφαλὴν αὐτῆς Ἀσενὲθ καὶ | * εἶδε * καὶ ἰδοὺ ἀνὴρ κατὰ πάντα ὅμοιος τῷ Ἰωσὴφ τῇ στολῇ |
| Asen. | 14 | 10 | ἀπό τε τῶν χειρῶν καὶ τῶν ποδῶν αὐτοῦ. καὶ | * εἶδεν * Ἀσενὲθ καὶ ἔπεσεν ἐπὶ πρόσωπον αὐτῆς ἐπὶ τοὺς |
| Asen. | 16 | 14 | ὀφθαλμοῖς αὐτῆς εἰς τὴν χεῖρα τοῦ ἀνθρώπου. καὶ | * εἶδεν * ὁ ἄνθρωπος καὶ ἐμειδίασε καὶ εἶπεν μακαρία εἶ σὺ |
| Asen. | 17 | 8 | εὐθέως ἀπῆλθεν ἐξ ὀφθαλμῶν αὐτῆς ὁ ἄνθρωπος. καὶ | * εἶδεν * Ἀσενὲθ ὡς ἅρμα τεσσάρων ἵππων πορευόμενον εἰς τὸν |
| Asen. | 18 | 3 | ὁ δυνατὸς τοῦ θεοῦ ἔρχεται πρὸς ἡμᾶς σήμερον. καὶ | * εἶδεν * αὐτὴν ὁ τροφεὺς αὐτῆς καὶ ἰδοὺ ἦν τὸ πρόσωπον |
| Asen. | 18 | 10 | αὐτῆς ὡς τὰ ὄρη τοῦ θεοῦ τοῦ ὑψίστου〉. καὶ ὡς | * εἶδεν * Ἀσενὲθ ἑαυτὴν ἐν τῷ ὕδατι ἐθαμβήθη ἐπὶ τῇ ὁράσει |
| Asen. | 18 | 11 | αὐτῇ ὅτι πάντα ἡτοίμασται ὡς προσέταξας. καὶ ὡς | * εἶδεν * αὐτὴν ἐπτοήθη καὶ ἔστη ἄφωνος ἐπιπολὺ καὶ ἐφοβήθη |
| Asen. | 19 | 4 | ἐκ τοῦ +προδρόμου+ εἰς συνάντησιν τῷ Ἰωσὴφ καὶ | * εἶδεν * αὐτὴν Ἰωσὴφ καὶ ἐθαμβήθη ἐπὶ τῷ κάλλει αὐτῆς καὶ |
| Asen. | 20 | 6 | αὐτῆς ἐκ τοῦ ἀγροῦ τῆς κληρονομίας αὐτῶν. καὶ | * εἶδον * τὴν Ἀσενὲθ ὡς εἶδος φωτὸς καὶ ἦν τὸ κάλλος αὐτῆς |
| Asen. | 20 | 6 | καὶ ἦν τὸ κάλλος αὐτῆς ὡς κάλλος οὐράνιον. καὶ | * εἶδον * αὐτὴν καθημένην μετὰ τοῦ Ἰωσὴφ καὶ ἐνδεδυμένην |
| Asen. | 21 | 4 | τὴν Ἀσενὲθ καὶ ἔστησεν αὐτὴν ἐνώπιον Φαραώ. καὶ | * εἶδεν * αὐτὴν Φαραὼ καὶ ἐθαμβήθη ἐπὶ τῷ κάλλει αὐτῆς καὶ |
| Asen. | 22 | 7 | αὐτοῦ καὶ αὐτὸς ἦν πρεσβύτης ἐν γήρει λιπαρῷ. καὶ | * εἶδεν * αὐτὸν Ἀσενὲθ καὶ ἐθαμβήθη ἐπὶ τῷ κάλλει αὐτοῦ |
| Asen. | 22 | 8 | ἦν Ἰακὼβ ὡς ἄνθρωπος ὃς ἐπάλαισε μετὰ θεοῦ.〉 καὶ | * εἶδεν * αὐτὸν Ἀσενὲθ καὶ ἐθαμβήθη καὶ προσεκύνησεν αὐτῷ |
| Asen. | 23 | 1 | ἐγένετο ἐν τῷ παριέναι τὸν Ἰωσὴφ καὶ τὴν Ἀσενὲθ | * εἶδεν * αὐτοὺς ἀπὸ τοῦ τείχους ὁ υἱὸς Φαραὼ ὁ πρωτότοκος. |
| Asen. | 23 | 1 | ἀπὸ τοῦ τείχους ὁ υἱὸς Φαραὼ ὁ πρωτότοκος. καὶ | * εἶδεν * τὴν Ἀσενὲθ καὶ κατενύγη καὶ ἐδυσφόρει βαρέως καὶ |
| Asen. | 23 | 8 | τὸν υἱὸν Φαραὼ διότι σκληρὰ ἐλάλησεν αὐτοῖς. καὶ | * εἶδε * Λευὶς τὴν ἐνθύμησιν τῆς καρδίας αὐτοῦ διότι ἦν |
| Asen. | 23 | 15 | ἡμῶν Δίναν ἣν ἐμίανε Συχὲμ ὁ υἱὸς Ἐμμώρ. καὶ | * εἶδεν * ὁ υἱὸς Φαραὼ τὰς ῥομφαίας αὐτῶν ἐσπασμένας καὶ |
| Asen. | 26 | 8 | αὐτῇ καὶ πεντήκοντα ἄνδρες ἱππεῖς μετ᾽ αὐτοῦ. καὶ | * εἶδεν * αὐτὸν Ἀσενὲθ καὶ ἐφοβήθη καὶ ἐταράχθη σφόδρα καὶ |
| Asen. | 27 | 10 | ἔχοντες τὰς ῥομφαίας αὐτῶν αἵματος πλήρεις. καὶ | * εἶδεν * αὐτοὺς Ἀσενὲθ καὶ ἐφοβήθη σφόδρα καὶ εἶπεν κύριε |
| Asen. | 28 | 1 | τῶν χειρῶν αὐτῶν ἐπὶ τὴν γῆν καὶ ἐτεφρώθησαν. καὶ | * εἶδον * οἱ υἱοὶ Βάλλας καὶ Ζέλφας τὸ ῥῆμα τὸ μέγα τοῦτο |
| Sal. | 2 | 22 | τὸ κάλλος αὐτῆς ἀπερρίφη ἐπὶ τὴν γῆν. καὶ ἐγὼ | * εἶδον * καὶ ἐδεήθην τοῦ προσώπου κυρίου καὶ εἶπον ἱκάνωσον |
| Sal. | 2 | 32 | αἰῶνος ἐν ἀτιμίᾳ ὅτι οὐκ ἔγνωσαν αὐτόν. καὶ νῦν | * ἴδετε * οἱ μεγιστᾶνες τῆς γῆς τὸ κρίμα τοῦ κυρίου ὅτι |
| Sal. | 8 | 25 | ἔδειξας ἡμῖν τὸ κρίμα σου ἐν τῇ δικαιοσύνῃ σου | * εἴδοσαν * οἱ ὀφθαλμοὶ ἡμῶν τὰ κρίματά σου ὁ θεός. |
| Sal. | 9 | 8 | καὶ νῦν σὺ ὁ θεὸς καὶ ἡμεῖς λαὸς ὃν ἠγάπησας | * ἰδὲ * καὶ οἰκτίρησον ὁ θεὸς Ισραηλ ὅτι σοί ἐσμεν καὶ μὴ |
| Sal. | 11 | 2 | τῇ ἐπισκοπῇ αὐτῶν. στῆθι Ιερουσαλημ ἐφ᾽ ὑψηλοῦ καὶ | * ἰδὲ * τὰ τέκνα σου ἀπὸ ἀνατολῶν καὶ δυσμῶν συνηγμένα εἰς |
| Sal. | 17 | 21 | καὶ ὁ κριτὴς ἐν ἀπειθείᾳ καὶ ὁ λαὸς ἐν ἁμαρτίᾳ. | * ἰδὲ * κύριε καὶ ἀνάστησον αὐτοῖς τὸν βασιλέα αὐτῶν υἱὸν |
| Sal. | 17 | 31 | καὶ τὸ ἀπ᾽ ἀρχῆς ἔρχεσθαι ἔθνη ἀπ᾽ ἄκρου τῆς γῆς | * ἰδεῖν * τὴν δόξαν αὐτοῦ φέροντες δῶρα τοὺς ἐξησθενηκότας |
| Sal. | 17 | 31 | φέροντες δῶρα τοὺς ἐξησθενηκότας υἱοὺς αὐτῆς καὶ | * ἰδεῖν * τὴν δόξαν κυρίου ἣν ἐδόξασεν αὐτὴν ὁ θεός. καὶ |
| Sal. | 17 | 44 | μακάριοι οἱ γενόμενοι ἐν ταῖς ἡμέραις ἐκείναις | * ἰδεῖν * τὰ ἀγαθὰ Ισραηλ ἐν συναγωγῇ φυλῶν ἃ ποιήσει ὁ |
| Sal. | 18 | 6 | μακάριοι οἱ γενόμενοι ἐν ταῖς ἡμέραις ἐκείναις | * ἰδεῖν * τὰ ἀγαθὰ κυρίου ἃ ποιήσει γενεᾷ τῇ ἐρχομένῃ ὑπὸ |
| Jer. | 2 | 2 | αὐτοῦ καὶ εἰσῆλθεν εἰς τὸ ἁγιαστήριον τοῦ θεοῦ. | * ἰδὼν * δὲ αὐτὸν ὁ Βαροὺχ χοῦν πεπασμένον ἐπὶ τὴν κεφαλὴν |
| Jer. | 3 | 3 | χερσὶν αὐτῶν καὶ ἔστησαν ἐπὶ τὰ τείχη τῆς πόλεως. | * ἰδόντες * δὲ αὐτοὺς Ἱερεμίας καὶ Βαροὺχ ἔκλαυσαν λέγοντες |
| Jer. | 3 | 9 | ἐκ τοῦ λάκκου τοῦ βορβόρου καὶ οὐ θέλω αὐτὸν ἵνα | * ἴδῃ * τὸν ἀφανισμὸν τῆς πόλεως ταύτης καὶ τὴν ἐρήμωσιν |
| Jer. | 4 | 9 | Ἰακὼβ ὅτι ἐξῆλθον ἐκ τοῦ κόσμου τούτου καὶ οὐκ | * εἶδον * τὸν ἀφανισμὸν τῆς πόλεως ταύτης. ταῦτα εἰπὼν |
| Jer. | 5 | 12 | τὴν ὁδόν. ἐξῆλθε δὲ ἀπὸ τῆς πόλεως καὶ κατανοήσας | * εἶδε * τὰ σημεῖα τῆς πόλεως καὶ εἶπεν αὕτη μὲν ἔστιν ἡ |
| Jer. | 5 | 17 | τὴν ἔκστασιν ταύτην ἀπ᾽ ἐμοῦ. καθημένου δὲ αὐτοῦ | * εἶδέ * τινα γηραιὸν ἐρχόμενον ἐξ ἀγροῦ καὶ λέγει αὐτῷ |
| Jer. | 5 | 27 | ᾐχμαλωτεύθη ὁ λαὸς εἰς Βαβυλῶνα. ἵνα δὲ γνῷς λάβε | * ἴδε * τὰ σῦκα. καὶ ἀνεκάλυψε τὸν κόφινον τῶν σύκων τῷ |
| Jer. | 5 | 29 | καὶ ἀνεκάλυψε τὸν κόφινον τῶν σύκων τῷ γέροντι καὶ | * εἶδεν * αὐτὰ στάζοντα γάλα. ἰδὼν δὲ αὐτὰ ὁ γηραιὸς |
| Jer. | 5 | 30 | τῶν σύκων τῷ γέροντι καὶ εἶδεν αὐτὰ στάζοντα γάλα. | * ἰδὼν * δὲ αὐτὰ ὁ γηραιὸς ἄνθρωπος εἶπεν ὦ υἱέ μου δίκαιος |
| Jer. | 5 | 30 | μου δίκαιος ἄνθρωπος εἶ σὺ καὶ οὐκ ἠθέλησεν ὁ θεὸς | * ἰδεῖν * σε τὴν ἐρήμωσιν τῆς πόλεως ἤνεγκε γὰρ ταύτην τὴν |
| Jer. | 5 | 31 | ἐστιν ἅπερ λέγω σοι ἀνάβλεψον εἰς τὸν ἀγρὸν καὶ | * ἴδε * ὅτι οὐκ ἐφάνη ἡ αὔξησις τῶν γενημάτων. ἴδε καὶ τὰ |
| Jer. | 5 | 31 | καὶ ἴδε ὅτι οὐκ ἐφάνη ἡ αὔξησις τῶν γενημάτων. | * ἴδε * καὶ τὰ σῦκα ὅτι καιρὸς αὐτῶν οὐκ ἔστι καὶ γνῶθι. |
| Jer. | 6 | 2 | ἀλλήλους. ἀναβλέψας δὲ Βαροὺχ τοῖς ὀφθαλμοῖς αὐτοῦ | * εἶδε * τὰ σῦκα ἐσκεπασμένα ἐν τῷ κοφίνῳ τοῦ Ἀβιμέλεχ. καὶ |
| Jer. | 7 | 23 | θεοῦ καὶ οὐκ ἔασέν σε εἰσελθεῖν ἐνταῦθα ὅπως μὴ | * ἴδῃς * τὴν κάκωσιν τὴν γενομένην τῷ λαῷ ὑπὸ τῶν |
| Jer. | 7 | 24 | ἔχων τούτου δὲ παραδοθέντος εἰς τιμωρίαν οἱ | * ἰδόντες * τὸν πατέρα αὐτοῦ καὶ παραμυθούμενοι αὐτὸν |
| Jer. | 7 | 24 | αὐτὸν σκέπουσιν τὸ πρόσωπον αὐτοῦ ἵνα μὴ | * ἴδῃ * πῶς τιμωρεῖται αὐτὸς ὁ υἱὸς καὶ πλείονα φθαρῇ ἀπὸ |
| Jer. | 7 | 24 | ὁ θεὸς καὶ οὐκ ἔασέν σε ἐλθεῖν εἰς Βαβυλῶνα ἵνα μὴ | * ἴδῃς * τὴν κάκωσιν τοῦ λαοῦ. ἀφ᾽ ἧς γὰρ εἰσήλθομεν ἐνταῦθα |
| Jer. | 9 | 9 | κλαυθμοῦ αὐτῶν καὶ ἔδραμον ἐπ᾽ αὐτοὺς πάντες καὶ | * εἶδον * Ἱερεμίαν ἀνακείμενον χαμαὶ ὥσπερ τεθνηκότα. καὶ |
| Jer. | 9 | 20 | ὑπὸ Ἡσαΐου τοῦ υἱοῦ Ἀμὼς εἰρημένα λέγοντος ὅτι | * εἶδον * τὸν θεὸν καὶ τὸν υἱὸν τοῦ θεοῦ. δεῦτε οὖν καὶ μὴ |
| Jer. | 9 | 22 | Ἀβιμέλεχ ὅτι ἤθελον ἀκοῦσαι πλήρης τὰ μυστήρια ἃ | * εἶδε. * λέγει δὲ αὐτοῖς Ἱερεμίας σιωπήσατε καὶ μὴ κλαίετε |
| Jer. | 9 | 23 | κλαίετε οὐ μὴ γάρ με ἀποκτείνωσιν ἕως οὗ πάντα ὅσα | * εἶδον * διηγήσωμαι ὑμῖν. εἶπε δὲ αὐτοῖς ἐνέγκατέ μοι λίθον |
| Jer. | 9 | 25 | καθ᾽ ὁμοιότητά μου γενέσθαι ἕως οὗ πάντα ὅσα | * εἶδον * διηγήσωμαι τῷ Βαροὺχ καὶ τῷ Ἀβιμέλεχ. τότε ὁ |
| Jer. | 9 | 28 | ἐστίν. ὁ δὲ Ἱερεμίας πάντα παρέδωκε τὰ μυστήρια ἃ | * εἶδε * τῷ Βαροὺχ καὶ τῷ Ἀβιμέλεχ καὶ εἶθ᾽ οὕτως ἔστη ἐν |
| Jer. | 9 | 31 | ἰδοὺ Ἱερεμίας ἐν μέσῳ ὑμῶν ἵσταται. ὡς δὲ | * εἶδον * αὐτὸν εὐθέως ἔδραμον πρὸς αὐτὸν μετὰ πολλῶν λίθων |
| Bar. | | 1 | ἀποκάλυψις Βαροὺχ περὶ ὧν κελεύματι θεοῦ ἀρρήτων | * εἶδεν. * εὐλόγησον δέσποτα. ἀποκάλυψις Βαροὺχ ὅς ἐστιν ἐπὶ |
| Bar. | 2 | 5 | καὶ ὅσον πάλιν ἐστὶ καὶ τὸ τοῦ πεδίου μῆκος οὗ | * εἶδας. * καὶ πάλιν λέγει μοι ὁ ἄγγελος τῶν δυνάμεων δεῦρο |
| Bar. | 3 | 7 | τρύπανον ἔσπευδον τρυπῆσαι τὸν οὐρανὸν λέγοντες | * ἴδωμεν * ὀστράκινός ἐστιν ὁ οὐρανὸς ἢ χαλκοῦς ἢ σιδηροῦς. |
| Bar. | 3 | 8 | ἐστιν ὁ οὐρανὸς ἢ χαλκοῦς ἢ σιδηροῦς. ταῦτα | * ἰδὼν * ὁ θεὸς οὐ συνεχώρησεν αὐτοὺς ἀλλ᾽ ἐπάταξεν αὐτοὺς |
| Bar. | 6 | 7 | τοῦτο τὸ ὄρνεον. καὶ ἥπλωσε τὰς πτέρυγας αὐτοῦ καὶ | * εἶδον * εἰς τὸ δεξιὸν πτερὸν αὐτοῦ γράμματα παμμεγέθη ὡς |
| Bar. | 7 | 4 | αὐτοῦ οὗ τὴν θέαν οὐκ ἠδυνήθημεν ἀντοφθαλμῆσαι καὶ | * ἰδεῖν. * καὶ ἅμα τῷ λάμψαι τὸν ἥλιον ἐξέτεινε καὶ ὁ φοῖνιξ |
| Bar. | 7 | 5 | ἐξέτεινε καὶ ὁ φοῖνιξ τὰς αὐτοῦ πτέρυγας. ἐγὼ δὲ | * ἰδὼν * τὴν τοιαύτην δόξαν ἐταπεινώθην φόβῳ μεγάλῳ καὶ |
| Bar. | 8 | 3 | καὶ συστέλλον τὰς πτέρυγας αὐτοῦ. καὶ ταῦτα | * ἰδὼν * ἐγὼ εἶπον κύριε διά τί ἦραν τὸν στέφανον ἀπὸ τῆς |
| Bar. | 10 | 2 | ἀρχαγγέλου λαβὼν ἤγαγέν με εἰς τρίτον οὐρανόν. καὶ | * εἶδον * πεδίον ἁπλοῦν καὶ ἐν μέσῳ αὐτοῦ λίμνην ὑδάτων. καὶ |
| Bar. | 10 | 3 | ἐκ πασῶν γενεῶν ἀλλ᾽ οὐχ ὅμοια τῶν ἐνταῦθα. ἀλλ᾽ | * ἴδον * τὸν γέρανον ὡς βόας μεγάλους. καὶ πάντα μεγάλα |
| Bar. | 11 | 8 | καὶ οὕτως ἀλλήλους κατασπασάμενοι ἔστησαν. καὶ | * ἴδον * τὸν ἀρχιστράτηγον Μιχαὴλ κρατοῦντα φιάλην μεγάλην |
| Bar. | 12 | 6 | ταῦτα τὰ ἄνωθέν εἰσιν αἱ ἀρεταὶ τῶν δικαίων. καὶ | * εἶδον * ἑτέρους ἀγγέλους φέροντας κανίσκια κενὰ οὐ |

| | | | | | | |
|---|---|---|---|---|---|---|
| Bar. | | 13 | 1 | κλαίοντες καὶ ὀδυρόμενοι καὶ μετὰ φόβου λέγοντες | * ἴδε * | ἡμᾶς μεμελανωμένους κύριε ὅτι πονηροῖς ἀνθρώποις |
| Bar. | | 13 | 4 | ἀγαθὸν ἀλλὰ πᾶσα ἀδικία καὶ πλεονεξία. οὐ γὰρ | * εἴδομεν * | αὐτοὺς εἰσελθεῖν ἐν ἐκκλησίᾳ ποτέ οὐδὲ εἰς |
| Prop. | | 3 | 16 | εἰς ἔλεγχον τῶν ἀπίστων. οὗτος κατὰ τὸν Μωϋσῆν | * εἶδε * | τὸν τύπον οὗ τὸ τεῖχος καὶ περίτειχος πλατὺ καθὼς |
| Prop. | | 4 | 12 | ἑώρων αὐτόν. ὁ Δανιὴλ μόνος οὐκ ἠθέλησεν αὐτὸν | * ἰδεῖν * | ὅτι πάντα τὸν χρόνον τῆς ἀλλοιώσεως αὐτοῦ ἐν |
| Prop. | | 10 | 8 | ἔδωκε τέρας ἐπὶ Ἱερουσαλὴμ καὶ ὅλην τὴν γῆν ὅτε | * ἴδωσι * | λίθον βοῶντα οἰκτρῶς ἐγγίζειν τὸ τέλος. καὶ ὅτε |
| Prop. | | 10 | 8 | λίθον βοῶντα οἰκτρῶς ἐγγίζειν τὸ τέλος. καὶ ὅτε | * ἴδωσιν * | ἐν Ἱερουσαλὴμ πάντα τὰ ἔθνη ὅτι ἡ πόλις ἕως |
| Prop. | | 10 | 8B | καὶ ἔδωκε τέρας ἐπὶ Ἰσραὴλ λέγων ὅτι ὅτε | * ἴδωσιν * | ἐπὶ Ἱερουσαλὴμ πολλὰ ἔθνη ὅτι ἡ πόλις ἕως |
| Prop. | | 12 | 2 | ἐκ φυλῆς ἦν Συμεὼν ἐξ ἀγροῦ Βηθζουχάρ. οὗτος | * εἶδε * | πρὸ τῆς αἰχμαλωσίας περὶ τῆς ἁλώσεως Ἱερουσαλὴμ |
| Prop. | | 12 | 10 | ἐν τῇ Ἰουδαίᾳ ὅτι ὄψονται ἐν τῷ ναῷ φῶς καὶ οὕτως | * ἴδωσι * | τὴν δόξαν τοῦ ναοῦ. καὶ περὶ συντελείας τοῦ ναοῦ |
| Prop. | | 14 | 1 | περὶ τῆς ἐπιστροφῆς τοῦ λαοῦ προεφήτευσε καὶ | * εἶδεν * | ἐκ μέρους τὴν οἰκοδομὴν τοῦ ναοῦ. καὶ θανὼν ἐτάφη |
| Prop. | | 15 | 5 | καὶ εὐλόγησεν αὐτὸν σφόδρα. τὰ δὲ τῆς προφητείας | * εἶδεν * | ἐν Ἱερουσαλὴμ καὶ περὶ τέλους ἐθνῶν καὶ Ἰσραὴλ |
| Prop. | | 16 | 2 | αὐτὸν Μαλαχὶ ὃ ἑρμηνεύεται ἄγγελος ἦν γὰρ καὶ τῷ | * ἰδεῖν * | εὐπρεπής. ἀλλὰ καὶ ὅσα εἶπεν αὐτὸς ἐν προφητείᾳ |
| Prop. | | 17 | 2 | Γαβαῷ καὶ αὐτὸς ἐδίδαξε τὸν Δαυὶδ νόμον κυρίου καὶ | * εἶδεν * | ὅτι Δαυὶδ ἐν τῇ Βηρσαβεὲ παραβήσεται καὶ σπεύδοντα |
| Prop. | | 18 | 3 | τὸν Ἱεροβοὰμ ὅτι δόλῳ πορεύσεται μετὰ κυρίου | * εἶδε * | ζεῦγος βοῶν πατοῦν τὸν λαὸν καὶ κατὰ τῶν ἱερέων |
| Prop. | | 18 | 3B | ὅτι δόλῳ πορεύσεται μετὰ κυρίου καὶ μετὰ Ἰσραὴλ | * εἶδε * | ζεῦγος βοῶν θηλειῶν καταπατοῦν τὸν λαὸν καὶ κατὰ |
| Prop. | | 21 | 2 | ἡ Θέσβις δόμα ἦν τοῖς ἱερεῦσιν. ὅτε εἶχε τεχθῆναι | * εἶδε * | Σοβαχὰ ὁ πατὴρ αὐτοῦ ὅτι ἄνδρες λευκοφανεῖς αὐτὸν |
| Prop. | | 23 | 2 | ἐν τῷ ναῷ φαντασίας καὶ οὐκ ἴσχυον οἱ ἱερεῖς | * ἰδεῖν * | ὀπτασίαν ἀγγέλων θεοῦ οὔτε δοῦναι χρησμοὺς ἐκ τοῦ |
| Esdr. | | 1 | 2 | λέγων πρὸς τὸν ὕψιστον κύριε δὸς τὴν δόξαν ἵνα | * ἴδω * | τὰ μυστήριά σου. καὶ νυκτὸς γεναμένης ἦλθεν ἄγγελος |
| Esdr. | | 1 | 5 | καὶ ἐνήστευσα δὶς ἑξήκοντα ἑβδομάδας. καὶ | * ἴδον * | τὰ μυστήρια τοῦ θεοῦ καὶ τοὺς ἀγγέλους αὐτοῦ. καὶ |
| Esdr. | | 1 | 7 | ἐν τῷ κόσμῳ. ἀνελήφθην οὖν εἰς τὸν οὐρανὸν καὶ | * ἴδον * | ἐν τῷ πρώτῳ οὐρανῷ στρατηγίαν ἀγγέλων μεγάλην καὶ |
| Esdr. | | 1 | 9 | τότε ἠρξάμην λέγειν οὐαὶ τοὺς ἁμαρτωλοὺς ὅταν | * ἴδωσιν * | τὸν δίκαιον ὑπὲρ ἀγγέλων καὶ αὐτοί εἰσιν εἰς τὴν |
| Esdr. | | 2 | 31 | ὁ προφήτης οὐ μὴ παύσομαι δικαζόμενός σε ἐὰν μὴ | * ἴδω * | τὴν ἡμέραν τῆς συντελείας. ⟨καὶ εἶπεν ὁ θεὸς⟩ |
| Esdr. | | 3 | 6 | κύριε εἰπέ μοι καὶ τὰ ἔτη. καὶ ⟨εἶπεν ὁ θεὸς⟩ ἐὰν | * ἴδω * | τὴν δικαιοσύνην τοῦ κόσμου ὅτι ἐπλεόνασεν |
| Esdr. | | 3 | 12 | σεισμοὺς πτῶσιν τετραπόδων καὶ ἀνθρώπων καὶ ὅταν | * ἴδητε * | ὅτι ἀδελφὸς ἀδελφὸν παραδίδει εἰς θάνατον καὶ |
| Esdr. | | 4 | 5 | ἀλλ' οὐδὲ παύσομαι δικαζόμενός σε. θέλω δέσποτα | * ἰδεῖν * | καὶ τὰ κατώτερα μέρη τοῦ ταρτάρου. καὶ εἶπεν ὁ |
| Esdr. | | 4 | 6 | μέρη τοῦ ταρτάρου. καὶ εἶπεν ὁ θεὸς κάτελθε καὶ | * ἴδε. * | καὶ ἔδωκέν μοι Μιχαὴλ καὶ Γαβριὴλ καὶ ἄλλους |
| Esdr. | | 4 | 9 | καὶ κατήγαγόν με κάτω βαθμοὺς πεντακοσίους καὶ | * ἴδον * | πύρινον θρόνον καὶ ἐπ' αὐτὸν καθεζόμενον γέροντα |
| Esdr. | | 4 | 13 | καὶ πάλιν κατήγαγόν με βαθμοὺς τριάκοντα καὶ | * ἴδον * | ἐκεῖ βράσματα πυρὸς καὶ ἐν αὐτοῖς πλῆθος ἁμαρτωλῶν |
| Esdr. | | 4 | 16 | βαθμοὺς πολλοὺς οὓς οὐκ ἠδυνήθην μετρῆσαι. καὶ | * ἴδον * | ἐκεῖ ἀνθρώπους γεραιοὺς καὶ στρόφιγγες πυρώμενοι |
| Esdr. | | 4 | 20 | κατήγαγόν με πάλιν ἄλλους πεντακοσίους βαθμοὺς καὶ | * ἴδον * | ἐκεῖ τὸν σκώληκα τὸν ἀκοίμητον καὶ πῦρ κατακαῖον |
| Esdr. | | 4 | 21 | καὶ κατήγαγόν με εἰς τὸ ἔδαφος τῆς ἀπωλείας καὶ | * ἴδον * | ἐκεῖ τὸ δωδεκάπληγον τῆς ἀβύσσου. καὶ ἀπήγαγόν με |
| Esdr. | | 4 | 22 | ἀβύσσου. καὶ ἀπήγαγόν με ἐπὶ τὴν μεσημβρίαν καὶ | * ἴδον * | ἐκεῖ ἄνθρωπον κρεμάμενον ἐκ τῶν βλεφάρων καὶ οἱ |
| Esdr. | | 4 | 25 | οὗτος κρεμασθῆναι. καὶ ἀπήγαγόν με ἐπὶ βορρᾶν καὶ | * ἴδον * | ἐκεῖ ἄνθρωπον σιδηροῖς μοχλοῖς κατεχόμενον. καὶ |
| Esdr. | | 5 | 2 | ἐλέησον δέσποτα τὸ γένος τῶν Χριστιανῶν. καὶ | * ἴδον * | γυναῖκα κρεμαμένην καὶ τέσσαρα θηρία θηλάζοντα τοὺς |
| Esdr. | | 5 | 4 | ἀλλὰ καὶ τὰ νήπια ἐν τοῖς ποταμοῖς ἔρριψεν. καὶ | * ἴδον * | σκότος δεινὸν καὶ νύκταν οὐκ ἔχουσαν ἄστρα οὐδὲ |
| Esdr. | | 5 | 8 | με καὶ ἀπήνεγκέν με πάλιν εἰς τοὺς οὐρανούς. καὶ | * ἴδον * | ἐκεῖ πολλὰς κρίσεις καὶ ἔκλαυσα πικρῶς καὶ εἶπον |
| Esdr. | | 5 | 21 | καὶ ἀπήγαγόν με οἱ ἄγγελοι κατὰ ἀνατολὰς καὶ | * ἴδον * | τὸ φυτὸν τῆς ζωῆς. καὶ ἴδον ἐκεῖ τὸν Ἐνὼχ καὶ |
| Esdr. | | 5 | 22 | κατὰ ἀνατολὰς καὶ ἴδον τὸ φυτὸν τῆς ζωῆς. καὶ | * ἴδον * | ἐκεῖ τὸν Ἐνὼχ καὶ Ἠλίαν καὶ Μωυσῆ καὶ Πέτρον καὶ |
| Esdr. | | 5 | 23 | καὶ ὅλους τοὺς δικαίους καὶ τοὺς πατριάρχας. καὶ | * ἴδον * | ἐκεῖ τοῦ ἀέρος τὴν κόλασιν καὶ τὴν πνοὴν τῶν ἀνέμων |
| Esdr. | | 5 | 24 | τῶν κρυστάλλων καὶ τὰς αἰωνίους κρίσεις. καὶ | * εἶδον * | ἐκεῖ ἄνθρωπον κρεμάμενον ἐκ τοῦ κρανίου καὶ εἶπον |
| Esdr. | | 5 | 26 | οὗτος; καὶ εἶπόν μοι οὗτος ὅρους μετέθηκεν. καὶ | * εἶδον * | ἐκεῖ μεγάλα κριτήρια καὶ εἶπον πρὸς τὸν δεσπότην ὦ |
| Esdr. | | 5 | 27 | καὶ κατήγαγόν με κατώτερον ἐν ταρτάροις καὶ | * ἴδον * | πάντας θρηνοῦντας καὶ κλαίοντας καὶ κακὸν πένθος |
| Esdr. | | 6 | 10 | ἐξενέγκαι. καὶ εἶπεν ὁ προφήτης οἱ ὀφθαλμοί μου | * ἴδον * | τὰ ὀπίσθια τοῦ θεοῦ. καὶ εἶπον οἱ ἄγγελοι διὰ τὴν |
| Sedr. | | 6 | 6 | καὶ ἐγένετο ἀλλότριος καὶ δουλεύει ἀλλοτρίῳ; καὶ | * ἰδὼν * | ὁ πατὴρ ὅτι ἐγκατέλιπεν αὐτὸν ὁ υἱὸς καπνίζεται ἡ |
| Sedr. | | 7 | 4 | Ἀδὰμ καὶ τὴν γυναῖκα αὐτοῦ καὶ τὸν ἥλιον καὶ εἶπα | * ἴδετε * | ἀλλήλους ποῖός ἐστιν φωτοειδὴς ὁ δὲ ἥλιος καὶ |
| Sedr. | | 14 | 9 | οὐκ οἶδας ὅτι γέγραπται καὶ οἱ μετανοήσαντες οὐ μὴ | * ἴδουν * | τὴν κόλασιν; καὶ ⟨οὐκ ἤκουσαν⟩ ἀποστόλων οὔτε ἐμοῦ |
| Sedr. | | 16 | 5 | ἕως εἴκοσι καὶ ὅστις μνησθῇ τοῦ ὀνόματός σου οὐ μὴ | * ἴδῃ * | κολαστήριον ἀλλὰ ἔσται μετὰ τῶν δικαίων ἐν τόπῳ |
| Job | | 9 | 8 | μὴ ἄρα ἔλθωσίν τινες αἰτοῦντες ἐλεημοσύνην καὶ | * ἴδωσίν * | με παρακαθεζόμενον τῇ θύρᾳ, καὶ αἰδεσθέντες |
| Job | | 9 | 8 | αἰδεσθέντες ἀποστραφῶσιν μηδὲν λαβόντες ἀλλ' ὅταν | * ἴδωσίν * | με πρὸς μίαν θύραν καθήμενον, δυνηθῶσιν διὰ τῆς |
| Job | | 11 | 1 | τῆς τῶν πτωχῶν τραπέζης. ἦσαν δὲ καὶ ξένοι τινὲς | * ἰδόντες * | τὴν ἐμὴν προθυμίαν, καὶ ἐπεθύμησαν καὶ αὐτοὶ |
| Job | | 11 | 10 | με λέγοντες δεόμεθά σου, μακροθύμησον ἐφ' ἡμᾶς | * ἴδωμεν * | πῶς ἀποκαταστῆσαί σοι δυνάμεθα. κἀγὼ ἀνυπερθέτως |
| Job | | 18 | 2 | τὰ τέκνα μου καὶ ἀνεῖλεν αὐτὰ καὶ οἱ συμπολῖται | * ἰδόντες * | ὅτι ἀληθῶς γέγονεν τὰ εἰρημένα, ἐπελθόντες |
| Job | | 18 | 6 | μοι καὶ ἐγενόμην ὡς θέλων εἰσβαλεῖν εἰς πόλιν τινὰ | * ἰδεῖν * | τὸν αὐτῆς πλοῦτον καὶ κληρονομεῖν μέρος τῆς δόξης |
| Job | | 18 | 7 | ἐμβαλλόμενος ἐν θαλασσίῳ πλοίῳ καὶ μεσοπελαγίσας | * ἰδὼν * | τὴν τρικυμίαν καὶ τὴν ἐναντίωσιν τῶν ἀνέμων ἔρριψεν |
| Job | | 21 | 1 | ἐν τῇ κοπρίᾳ ἐκτὸς τῆς πόλεως ἐν ταῖς πληγαῖς ὥστε | * ἰδεῖν, * | τέκνα μου τοῖς ἐμοῖς ὀφθαλμοῖς τὴν πρώτην μου |
| Job | | 25 | 5 | ὅτι νῦν ἀντιδίδωσιν τὴν τρίχα αὐτῆς ἀντὶ ἄρτων. | * ἴδε * | ἡ ἔχουσα ἑπτὰ τραπέζας ἀκινήτους ἐπὶ τῆς οἰκίας, εἰς |
| Job | | 25 | 7 | ἀλλὰ καὶ τὴν τρίχα ἀντικαταλλάσσει ἀντὶ ἄρτων. | * ἴδε * | ὅτι αὐτή ἐστιν ἥτις εἶχεν τὴν ἔνδυσιν ἐκ βύσσου |
| Job | | 27 | 2 | γυναικός μου ἐξῆλθεν καὶ σταθεὶς ἔκλαυσεν λέγων | * ἴδε, * | Ιωβ, διαφωνῶ καὶ ὑποχωρῶ σοι σαρκίνῳ ὄντι, ἐγὼ δέ |
| Job | | 30 | 1 | μου καὶ κινήσας αὐτὴν ἐδήλωσα αὐτοῖς ὅτι ἐγώ εἰμι. | * ἰδόντες * | δέ με κινοῦντα τὴν κεφαλήν μου κατέπεσαν εἰς τὴν |
| Job | | 39 | 2 | ᾧ ἐδούλευεν, ἐπεὶ ἐκωλύετο ἐξελθεῖν ἵνα μὴ | * ἰδόντες * | οἱ συμβασιλεῖς ἁρπάσωσιν αὐτὴν ὅτε οὖν ἦλθεν, |
| Job | | 40 | 3 | αὐτοῖς ἀναβλέψατε τοῖς ὀφθαλμοῖς πρὸς ἀνατολὴν καὶ | * ἴδετε * | τὰ τέκνα μου ἐστεφανωμένα παρὰ τῇ δόξῃ τοῦ |
| Job | | 40 | 4 | μου ἐστεφανωμένα παρὰ τῇ δόξῃ τοῦ ἐπουρανίου. | * ἰδοῦσα * | δὲ τότε Σίτιδος ἡ γυνή μου κατέπεσεν ἐπὶ τὴν γῆν |
| Job | | 40 | 9 | καὶ εὗρεν αὐτὴν νεκρὰν ἡπλωμένην καὶ ἅπαντες | * ἰδόντες * | ἀνέκραξαν μετὰ μυκήματος κλαυθμοῦ ἐπ' αὐτήν, καὶ |
| Job | | 40 | 13 | μέγαν ἐποίησαν οἱ πτωχοὶ τῆς πόλεώς λέγοντες | * ἴδετε, * | ἡ Σίτιδός ἐστιν αὕτη, ἡ τοῦ καυχήματος καὶ τῆς |
| Job | | 45 | 1 | πεποίηκέν με εἶναι ἐν τῷ διπλῷ. καὶ νῦν τέκνα μου | * ἴδε * | ἐγὼ τελευτῶ μόνον μὴ ἐπιλάθεσθε τοῦ κυρίου |
| Job | | 52 | 2 | περιζώσεως ἧς περιεζώσατο καὶ μετὰ τρεῖς ἡμέρας | * εἶδεν * | τοὺς ἐλθόντας ἐπὶ τὴν ψυχὴν αὐτοῦ καὶ εὐθέως |
| Job | | 52 | 6 | τοὺς ἐλθόντας ἐπὶ τὴν ψυχὴν αὐτοῦ αἱ δὲ λαβοῦσαι | * εἶδον * | τὰ φωτεινὰ ἅρματα τὰ ἐλθόντα ἐπὶ τὴν ψυχὴν αὐτοῦ, |
| Job | | 53 | 9 | ο'. τὰ δὲ πάντα ἔτη τῆς ζωῆς αὐτοῦ σ μ η'. καὶ | * ἴδεν * | υἱοὺς τῶν υἱῶν αὐτοῦ ἕως τετάρτης γενεᾶς. γέγραπται |
| Aris. | | 176 | 6 | ἄλληλα συμβολῆς ἀνεπαισθήτου κατεσκευασμένης ὡς | * εἶδεν * | ὁ βασιλεὺς τοὺς ἄνδρας ἐπηρώτα περὶ τῶν βιβλίων. |
| Sib. | | 3 | 136 | τέκε πότνια Ῥείη τίχθ' Ἥρην πρώτην καὶ ἐπεὶ | * ἴδον * | ὀφθαλμοῖσιν θῆλυ γένος ᾤχοντο πρὸς αὐτοὺς ἄγριοι |
| Sib. | | 3 | 603 | καὶ πήματά τε στοναχάς τε καὶ πόλεμον καὶ λοιμὸν | * ἴδ' * | ἄλγεα δακρυόεντα οὕνεκεν ἀθάνατον γενέτην πάντων |
| Sib. | | 4 | 10 | κωφότατον νωδόν τε βροτῶν πολυαλγέα λώβην ἀλλ' ὃν | * ἰδεῖν * | οὐκ ἔστιν ἀπὸ χθονὸς οὐδὲ μετρῆσαι ὄμμασιν ἐν |
| Sib. | | 4 | 27 | εὐσεβίῃσιν οἳ νηοὺς μὲν ἅπαντας ἀπαρνήσονται | * ἰδόντες * | καὶ βωμοὺς εἰκαῖα λίθων ἀφιδρύματα κωφῶν καὶ |
| Sib. | | 4 | 71 | ἐπὶ πλατὺν Ἑλλήσποντον πλεύσει Φρυξὶ βαρεῖαν | * ἴδ' * | Ἀσίδι κῆρα φέρουσα. αὐτὰρ ἐς Αἴγυπτον πολυαύλακα |
| Sib. | | 4 | 93 | ἄδηλα δὲ πάντα τὰ Δήλου. καὶ Βαβυλὼν μεγάλη μὲν | * ἰδεῖν * | μικρὴ δὲ μάχεσθαι στήσεται ἀχρήστοισιν ἐπ' ἐλπίσι |
| Sib. | | 5 | 333 | θεὸς ἐγγυάλιξεν. ἱμείρω τριτάλαινα τὰ Θρῃκῶν ἔργα | * ἰδέσθαι * | καὶ τεῖχος διθάλασσον ὑπ' Ἄρεος ἐν κονίῃσιν |
| Sib. | | 5 | 398 | παρὰ σεῖο πάλαι πεποθημένος οἶκος ἡνίκα δεύτερον | * εἶδον * | ἐγὼ ῥιπτούμενον οἶκον πρηνηδὸν πυρὶ τεγγόμενον διὰ |
| Sib. | | 5 | 479 | μείνας ἵν' ἐφ' ὕδασι βαπτισθείη πολλῶν γὰρ μερόπων | * εἶδεν * | κακότητας ἀνάγνους. ἔσται δὲ σκοτόμαινα περὶ μέγαν |
| Sib. | | 5 | 512 | μιν θεὸς ἐγγυάλιξεν. Ἠελίου φαέθοντος ἐν ἀστράσιν | * εἶδον * | ἀπειλὴν ἠδὲ Σεληναίης δεινὸν χόλον ἐν στεροπῇσιν |
| FMos. | 6 | 132 | 2 | εἰκότως ἄρα καὶ τὸν Μωυσέα ἀναλαμβανόμενον διττὸν | * εἶδεν * | Ἰησοῦς ὁ τοῦ Ναυῆ καὶ τὸν μὲν μετ' ἀγγέλων τὸν δὲ |
| FMos. | 6 | 132 | 3 | ἐπὶ τὰ ὄρη περὶ τὰς φάραγγας κηδείας ἀξιούμενον. | * εἶδεν * | δὲ Ἰησοῦς τὴν θέαν ταύτην κάτω πνεύματι ἐπαρθεὶς |
| FJub. | | 31 | 9 | αὐτὸν ἀπὸ Μεσοποταμίας. καὶ ἀναβλέψας Ἰσαὰκ καὶ | * ἰδὼν * | τοὺς υἱοὺς Ἰακὼβ ηὐλόγησε τὸν Λευὶ ὡς ἀρχιερέα καὶ |
| FEli. | 1 | 34 | 8 | ἃ ὀφθαλμὸς οὐκ | * εἶδεν * | καὶ οὖς οὐκ ἤκουσεν καὶ ἐπὶ καρδίαν ἀνθρώπου οὐκ |
| FEli. | 10 | 94 | 4 | ὁ θεὸς τοῖς ἀγαπῶσιν αὐτόν. δόξαν ἣν ὀφθαλμὸς οὐκ | * εἶδεν * | οὐδὲ οὖς ἤκουσεν οὐδὲ ἐπὶ καρδίαν ἀνθρώπου ἀνέβη |
| FIsa. | | 1 | 2 | υἱοῦ αὐτοῦ. παρέδωκεν αὐτῷ τοὺς λόγους οὓς αὐτὸς | * εἶδεν * | καὶ τὴν κατάβασιν καὶ ἐξέλευσιν τοῦ ἀγαπητοῦ ἐκ |
| FIsa. | | 1 | 2 | μετεμορφώθη καὶ τοὺς λόγους οὓς αὐτὸς ὁ βασιλεὺς | * εἶδεν * | ἐν τῇ ἀρρωστίᾳ αὐτοῦ. ⟨ἤκουσεν⟩ Σωμνὰς ὁ |
| FIsa. | 1 | 3 | 1 | ἐφό⟨ν⟩ευσαν τὸν Μιχαί⟨α⟩ν. καὶ Βεχειρὰ ἔγνω ⟨κ⟩αὶ | * εἶδεν * | τὸν τό⟨π⟩ον τοῦ Ἠσαίου ⟨καὶ τῶ⟩ν προφη⟨τῶν τῶν⟩ |
| FIsa. | 1 | 3 | 9 | ἄνθρωπος τὸν θεὸν καὶ ζήσετα⟨ι⟩ Ἠσαίας δὲ εἶπεν | * εἶδον * | τὸν ⟨θεὸν⟩ κ⟨α⟩ὶ ἰδοὺ ζῶ. βασι⟨λ⟩εῦ ⟨γί⟩νω⟨σ⟩κε |
| FMan. | 2 | 22 | 13 | αἱ ἀνομίαι μου καὶ οὐκέτι εἰμὶ ἄξιος ἀτενίσαι καὶ | * ἰδεῖν * | τὸ ὕψος τοῦ οὐρανοῦ ἀπὸ πλήθους τῶν ἀδικιῶν μου |
| FEsd. | | 5 | 35 | οὐκ ἐγένετο ἡ μήτρα τῆς μητρός μου τάφος ἵνα μὴ | * ἴδω * | τὸν μόχθον τοῦ Ἰακὼβ καὶ τὸν κόπον τοῦ γένους |
| FAch. | | 103 | | ἐπιχαρὴς ἐγένετο προσπαίζων. ὁ δὲ Αἴσωπος | * ἰδὼν * | καὶ ἀγανακτήσας πυκνὸν αὐτῷ ἠπείλησεν εἰπὼν |
| FAch. | | 104 | | ἐπέδωκεν τῷ Λυκούργῳ λέγων ὁ πιστὸς φίλος σου | * ἴδε * | πῶς κατὰ τῆς βασιλείας σου βουλεύεται. ὁ δὲ βασιλεὺς |
| FAch. | | 117 | | δὲ θεὰ ἱερασίου βασιλέως]--- οἱ δὲ Αἰγύπτιοι | * ἰδόντες * | συνέδραμον εἰς τὴν οἰκίαν τοῦ Αἰσώπου καὶ |
| FAch. | | 118 | | τῶν ἵππων καὶ ἐκτιτρώσκειν; ὁ δὲ βασιλεὺς | * ἰδὼν * | αὐτοῦ τὸν νοῦν ἐφοβήθη μὴ νικηθεὶς μέλλῃ φόρους |
| FAch. | | 121 | | ἐρωτήσωμεν αὐτὸν πρόβλημα εἰπόντες τί ἐστιν ὃ οὔτε | * εἴδομεν * | οὔτε ἠκούσαμεν; ⟨καὶ⟩ ὅ,τι λοιπὸν ἐὰν σοφίσηται |
| FAch. | | 121 | | κἀγὼ παράσχω φόρους Λυκούργῳ λέξον ἡμῖν ὃ οὔτε | * εἴδομεν * | οὔτε ἠκούσαμέν ποτε. ὁ δὲ Αἴσωπος ἔφη δός μοι |
| FAch. | | 122 | | περὶ τῶν ἐγὼ οὐκ ἐποφείλω; οἱ δὲ εἶπον οὔτε | * εἴδομεν * | οὔτε ἠκούσαμέν ποτε. ὁ δὲ Αἴσωπος ἔφη εἰ ταῦτα |
| IOrp. | | | 18 | τις ἔσθ' ἕτερος χωρὶς μεγάλου βασιλῆος. αἴ κεν | * ἴδῃς * | αὐτὸν πρὶν δή ποτε δεῦρ' ἐπὶ γαῖαν τέκνον ἐμὸν |
| IOrp. | | | 24 | ἐπεὶ σάρκες τε καὶ ὀστέα ἐμπεφύασιν ἀσθενέες δ' | * ἰδέειν * | Δία τὸν πάντων μεδέοντα. λοιπὸν ἐμοὶ 'στᾶσιν δὲ |
| IOrp. | | | 26 | 'στᾶσιν δὲ δεκάπτυχον ἀνθρώποισιν. οὐ γάρ κέν τις | * ἴδοι * | θνητῶν μερόπων κραίνοντα εἰ μὴ μουνογενής τις |
| HArt. | 9 | 27 | 18 | τοῦ Μώυσου τὴν φυγὴν ἐνεδρεύειν ὡς ἀναιρήσοντα | * ἰδόντα * | δὲ ἐρχόμενον σπάσασθαι τὴν μάχαιραν ἐπ' αὐτὸν τὸν |
| HCal. | | 24 | 32 | σὺν παντὶ τῷ πλήθει αὐτῶν. τούτους δὲ Ἀλέξανδρος | * ἰδὼν * | ἐδεδίει τοῦ σχήματος καὶ τούτους μηκέτι προσεγγίσαι |
| HCal. | | 24 | 37 | οὐ γὰρ ἐν τοῖς παρ' ἡμῖν θεοῖς τοιαύτην εὐταξίαν | * εἶδον * | ἱερέων. ὁ δέ φησιν θεὸν ἡμεῖς ἕνα δουλεύομεν ὃς |

LThe.  9  22    4    θεάσασθαι τὴν πόλιν Συχὲμ δὲ τὸν τοῦ Ἑμμὼρ υἱὸν * ἰδόντα * ἐρασθῆναι αὐτῆς καὶ ἁρπάσαντα ὡς ἑαυτὸν
LEze.  9  28  2 07   κακούμενον κακῶν ὑπ' ἀνδρῶν καὶ δυναστείας χερός. * ἰδὼν * γὰρ ἡμῶν γένναν ἄλις ηὐξημένην δόλον καθ' ἡμῶν
LEze.  9  28  2 21   ἄβραις ὁμοῦ κατῆλθε λουτροῖς χρῶτα φαιδρῦναι νέον * ἰδοῦσα * δ' εὐθὺς καὶ λαβοῦσ' ἀνείλετο ἔγνω δ' Ἑβραῖον
LEze.  9  28  3 13   νόμῳ τὸν μέν γ' Ἑβραῖον τὸν δὲ γένος Αἰγύπτιον. * ἰδὼν * δ' ἐρήμους καὶ παρόντα μηδένα ἐρρυσάμην ὃν
LEze.  9  28  3 17   τιν' ἡμᾶς κἀπογυμνῶσαι φόνον. τῇ 'παύριον δὲ πάλιν * ἰδὼν * ἄνδρας δύο μάλιστα δ' αὐτοὺς συγγενεῖς πατουμένους
LEze.  9  29  8 06   λόγος. θάρσησον ὦ παῖ καὶ λόγων ἄκου' ἐμῶν * ἰδεῖν * γὰρ ὄψιν τὴν ἐμὴν ἀμήχανον θνητὸν γεγῶτα τῶν λόγων
LEze.  9  29  8 13   ἐμῶν δωρημάτων πάρειμι σῶσαι λαῶν Ἑβραίων ἐμῶν * ἰδὼν * κάκωσιν καὶ πόνον δούλων ἐμῶν. ἀλλ' ἕρπε καὶ
LEze.  9  29 11 07   ὡς φοβερὸς ὡς πέλωρος οἴκτειρον σύ με πέφρικ' * ἰδὼν * μέλη δὲ σώματος τρέμει. (Θ). μηδὲν φοβηθῇς χεῖρα δ'
LEze.  9  29 14 19   ἀποσκευὴ αὐτοὶ δ' ἄνοπλοι πάντες εἰς μάχην χέρας * ἰδόντες * ἡμᾶς ἠλάλαξαν ἔνδακρυν φωνὴν πρὸς αἰθέρα τ'
LEze.  9  29 14 29   ὅπλοις. ἔπειτα θεῖον ἄρχεται τεραστίων θαυμάστ' * ἰδέσθαι. * καὶ τις ἐξαίφνης μέγας στῦλος νεφώδης ἐστάθη
LEze.  9  29 14 46   δ' ἐρροίβδει μέγα σύνεγγυς ἡμῶν. καὶ τις ἠλάλαξ' * ἰδὼν * φεύγωμεν οἴκοι πρόσθεν Ὑψίστου χέρας οἷς μὲν γὰρ
LEze.  9  29 16 12   πέφυκε θρέμμασιν χορτάσματα. ἕτερον δὲ πρὸς τοῖσδ' * εἴδομεν * ζῷον ξένον θαυμαστὸν οἷον οὐδέπω ὥρακέ τις.
FrAn.  1  217    9    τὰ ὑπάρχοντά μου. πορευομένου δὲ αὐτοῦ * εἶδεν * ἄνδρας δύο μαχομένους πρὸς ἀλλήλους εὑρόντας λίθον
FrAn.  1  217   15   δείξας αὐτὸν χρυσοχόῳ παραχρῆμα τὸν λίθον ἐκεῖνος * ἰδὼν * ἀναστὰς προσεκύνησε καὶ ἔκθαμβος γενόμενος
FrAn. 17 Z069   4    ε)τερος τ(ο)υ ετερουϲ( - - )ων αναβλεψας τϲ - )υπνω * ειδον * τον( - - )και εθεωρουν( - - )εκ του ουρανου( - -
εἶδος
              15
Adam     17     1         τοῦ θεοῦ προσκυνῆσαι τότε ὁ Σατανᾶς ἐγένετο ἐν * εἴδει * ἀγγέλου καὶ ὑμνεῖ τὸν θεὸν καθάπερ οἱ ἄγγελοι. καὶ
Hen.     14    18   φλέγον. ἐθεώρουν δὲ καὶ εἶδον θρόνον ὑψηλὸν καὶ τὸ * εἶδος * αὐτοῦ ὡσεὶ κρυστάλλινον καὶ τροχὸς ὡς ἡλίου
Hen.     14    20   ἡ μεγάλη ἐκάθητο ἐπ' αὐτῷ τὸ περιβόλαιον αὐτοῦ ὡς * εἶδος * ἡλίου λαμπρότερον καὶ λευκότερον πάσης χιόνος. καὶ
Abr.1    12     4   ἐν μέσῳ τῶν δύο πυλῶν ἵσταται θρόνος φοβερὸς ἐν * εἴδει * κρυστάλλου ἐξαστράπτων ὡς πῦρ καὶ ἐπ' αὐτῷ ἐκάθητο
Abr.1    20     5   μεταστῆθι ἐν ὀλίγοις οὐχ ὑποφέρω γὰρ θεωρῶν σου τὸ * εἶδος * ⟨κατῆλθε γὰρ ὁ ἱδρὼς ἐκ τῆς ὄψεως αὐτοῦ⟩ ὡσεὶ
TSIm.     5     1         τοῖς ἀνθρώποις. διὰ τοῦτο Ἰωσὴφ ἦν ὡραῖος τῷ * εἴδει * καὶ καλὸς τῇ ὄψει ὅτι οὐκ ἐνοίκησεν ἐν αὐτῷ οὐδὲν
TNep.     1     7   μὲ Ῥαχὴλ ὅτι ἐπὶ τῶν μηρῶν αὐτῆς ἐγεννήθην καὶ * εἴδει * ἁπαλὸν ὄντα κατεφίλει με λέγουσα ἴδοιμι ἀδελφόν
Asen.     1     4        ἐτῶν ὀκτωκαίδεκα μεγάλη καὶ ὡραία καὶ καλὴ τῷ * εἴδει * σφόδρα ὑπὲρ πάσας τὰς παρθένους ἐπὶ τῆς γῆς. καὶ
Asen.    18     5   στολὴν αὐτῆς τὴν πρώτην τοῦ γάμου ὡς ἀστραπὴν τῷ * εἴδει * καὶ ἐνεδύσατο αὐτήν. καὶ περιέζωσε ζώνην χρυσῆν
Asen.    20     6         τῆς κληρονομίας αὐτῶν. καὶ εἶδον τὴν Ἀσενὲθ ὡς * εἶδος * φωτὸς καὶ ἦν τὸ κάλλος αὐτῆς ὡς κάλλος οὐράνιον.
Asen.    22     7           ἐπὶ τῷ κάλλει αὐτοῦ διότι ἦν Ἰακὼβ καλὸς τῷ * εἴδει * σφόδρα καὶ τὸ γῆρας αὐτοῦ ὥσπερ νεότης ἀνδρὸς
Esdr.     4    29   ἀνθρώπου ἵνα μὴ πιστεύσωσιν αὐτῷ. καὶ εἶπέν μοι τὸ * εἶδος * τοῦ προσώπου αὐτοῦ ὡσεὶ ἀγροῦ ὁ ὀφθαλμός αὐτοῦ ὁ
SIb.      3   128   πάντων βασιλεύσιν οὕνεκά τοι πρέσβιστος ἔην καὶ * εἶδος * ἄριστος. ὅρκους δ' αὖτε Κρόνῳ μεγάλους Τιτᾶ-
SIb.      5   427   πάντας τε δικαίους ἀΐδίοιο θεοῦ δόξαν πεποθημένον * εἶδος * ἀντολίαι δύσιές τε θεοῦ κλέος ἐξύμνησαν. οὐκέτι
LThe.  9  22     3   αἰνῶς ἕνδεκα καὶ κούρη Δεῖνα περικαλλὲς ἔχουσα * εἶδος * ἐπίστρεπτον δὲ δέμας καὶ ἀμύμονα θυμόν. ἀπὸ δὲ τοῦ
εἰδώλιον
               2
Job       2     2   Ἰωβ. ὅτε Ἰωβαβ ἐκαλούμην, ᾤκουν τὸ πρὶν ἔγγιστα * εἰδωλίου * θρησκευομένου καὶ συνεχῶς βλέπων ὁλοκαυτώματα
Job       5     2   ἑαυτοῦ πεντήκοντα παῖδας, καὶ εἰς τὸν ναὸν τοῦ * εἰδωλίου * ἀπελθὼν κατήνεγκα αὐτὸ εἰς τὸ ἔδαφος, καὶ οὕτως
εἰδωλόθυτον
               1
FPho.          31   ὁ βίος καὶ ὁμόφρονα πάντα. ⟨αἷμα δὲ μὴ φαγεῖν * εἰδωλοθύτων * ἀπέχεσθαι.⟩ τὸ ξίφος ἀμφιβαλοῦ μὴ πρὸς φόνον
εἰδωλολατρεία
               3
TJud.    23     1   ἐστὶ τέκνα μου διὰ τὰς ἀσελγείας καὶ γοητείας καὶ * εἰδωλολατρείας * ἃς ποιήσετε εἰς τὸ βασίλειον
TBen.    10    10   ἀδελφοὺς αὐτῶν γενέσθαι διὰ τῆς πορνείας καὶ τῆς * εἰδωλολατρείας * καὶ ἀπηλλοτριώθησαν θεοῦ γενόμενοι οὐ
Bar.      8     5   ἀνθρώπων ἤγουν πορνείας μοιχείας κλοπὰς ἁρπαγὰς * εἰδωλολατρείας * μέθας φόνους ἔρεις ζῆλη καταλαλιάς
εἰδωλολατρέω
TLevi    17    11       ἐν δὲ τῷ ἑβδόμῳ ἑβδοματικῷ ἥξουσιν οἱ ἱερεῖς * εἰδωλολατροῦντες * μάχιμοι φιλάργυροι ὑπερήφανοι ἄνομοι
εἰδωλολάτρης
SIb.      3    38   διγλώσσων ἀνθρώπων καὶ κακοηθῶν λεκτροκλόπων * εἰδωλολατρῶν * δόλια φρονεόντων οἷς κακὸν ἐν στέρνοισιν
εἰδωλολατρισμός
Bar.     13     4   φθόνοι μέθαι ἔρεις ζῆλος γογγυσμὸς ψιθυρισμὸς * εἰδωλολατρισμός * μαντεία καὶ τὰ τούτοις ὅμοια ἐκεῖ εἰσιν
εἰδωλομανέω
FJub.    12    14   εἰς γῆν Χαναὰν καὶ μεταγνοὺς ᾤκησεν ἐν Χαρρὰν * εἰδωλομανῶν * ἕως θανάτου αὐτοῦ. ὁ ἄγγελος ὁ λαλῶν τῷ
εἰδωλομανής
Asen.    12     9   τῶν Αἰγυπτίων καὶ τὰ τέκνα αὐτοῦ εἰσιν οἱ θεοὶ τῶν * εἰδωλομανῶν. * κἀγὼ μεμίσηκα αὐτοὺς ὅτι τέκνα τοῦ λέοντός
εἴδωλον
              36
TRub.     4     6   ἡ πορνεία χωρίζουσα θεοῦ καὶ προσεγγίζουσα τοῖς * εἰδώλοις * ὅτι αὕτη ἐστὶ πλανῶσα τὸν νοῦν καὶ τὴν διάνοιαν
TJud.    19     1   ὡς ἐν νυκτὶ πορεύεται. τέκνα μου ἡ φιλαργυρία πρὸς * εἴδωλα * ὁδηγεῖ ὅτι ἐν πλάνῃ δι' ἀργυρίου τοὺς μὴ ὄντας
TZab.     9     5   ἐξακολουθήσετε καὶ πᾶν βδέλυγμα ποιήσετε καίγε πᾶν * εἴδωλον * προσκυνήσετε καὶ αἰχμαλωτεύσουσιν ὑμᾶς οἱ ἐχθροὶ
TJos.     4     5   κυρίου. καὶ ἔλεγέ μοι εἰ θέλεις ἵνα καταλίπω τὰ * εἴδωλα * συμπείσθητί μοι καὶ τὸν Αἰγύπτιον πεῖσω ἀποστῆναι
TJos.     4     5   μοι καὶ τὸν Αἰγύπτιον πεῖσω ἀποστῆναι τῶν * εἰδώλων * ἐν νόμῳ κυρίου σου πορευόμενοι. λέγω δὲ πρὸς
TJos.     6     5   αὐτὸ θανάτου καὶ πῶς εἶπας ὅτι οὐκ ἐγγίζω * εἰδώλοις * ἀλλὰ κυρίῳ μόνῳ; νῦν οὖν γνῶθι ὅτι ὁ θεὸς τοῦ
Asen.     3     6   τε τοῖς ψελίοις καὶ τοῖς λίθοις καὶ τὰ πρόσωπα τῶν * εἰδώλων * πάντων ἦσαν ἐκτετυπωμένα ἐν αὐτοῖς. καὶ ἔθηκε
Asen.     8     5   γυναῖκα ἀλλοτρίαν ἥτις εὐλογεῖ τῷ στόματι αὐτῆς * εἴδωλα * νεκρὰ καὶ κωφὰ καὶ ἐσθίει ἐκ τῆς τραπέζης αὐτῶν
Asen.     9     2   ἀπὸ τῶν θεῶν αὐτῆς ὧν ἐσέβετο καὶ προσώχθισε τοῖς * εἰδώλοις * πᾶσι καὶ περιέμενε τοῦ γενέσθαι ἑσπέρα⟨ν⟩. καὶ
Asen.    10    12   συνέτριψεν αὐτοὺς εἰς λεπτὰ καὶ ἔρριψε πάντα τὰ * εἴδωλα * τῶν Αἰγυπτίων διὰ τῆς θυρίδος τῆς βλεπούσης πρὸς
Asen.    10    13   κύνες μου ἐκ τοῦ δείπνου μου καὶ ἐκ τῆς θυσίας τῶν * εἰδώλων * ἀλλὰ φαγέτωσαν αὐτὰ οἱ κύνες οἱ ἀλλότριοι. καὶ
Asen.    11     7   Ἰωσὴφ ὁ Ὑψίστου μισεῖ πάντας τοὺς σεβομένους τὰ * εἴδωλα * διότι θεὸς ζηλωτής ἐστι καὶ φοβερὸς ἐπὶ πάντας
Asen.    11     8   διὰ τοῦτο κἀμὲ μεμίσηκε διότι κἀγὼ ἐσεβάσθην * εἴδωλα * νεκρὰ καὶ κωφὰ καὶ εὐλόγησα αὐτὰ καὶ ἔφαγον ἐκ
Asen.    11     9   διότι ἐμιάνθη τὸ στόμα μου ἀπὸ τῶν θυσιῶν τῶν * εἰδώλων. * ἀλλ' ἀκήκοα πολλῶν λεγόντων ὅτι ὁ θεὸς τῶν
Asen.    11    16   ἔρημος τὸ στόμα μου μεμίαται ἀπὸ τῶν θυσιῶν τῶν * εἰδώλων * καὶ ἀπὸ τῶν εὐλογιῶν τῶν θεῶν τῶν Αἰγυπτίων. καὶ
Asen.    12     5   σου. μεμίαται τὸ στόμα μου ἀπὸ τῶν θυσιῶν τῶν * εἰδώλων * καὶ ἀπὸ τῆς τραπέζης τῶν θεῶν τῶν Αἰγυπτίων.
Asen.    12     5   ἐνώπιόν σου πολλὰ ἥμαρτον ἐν ἀγνοίᾳ καὶ ἐσεβάσθην * εἴδωλα * νεκρὰ καὶ κωφά. καὶ νῦν οὐκ εἰμὶ ἀξία ἀνοῖξαι τὸ
Asen.    13    11   ἐσεβόμην τὸ πρότερον ἀγνοοῦσα νῦν ἔγνων ὅτι ἦσαν * εἴδωλα * κωφὰ καὶ νεκρὰ καὶ δέδωκα αὐτοὺς καταπατεῖσθαι
Asen.    19     5   εἶπεν αὐτῷ ἐγὼ εἰμι ἡ παιδίσκη σου Ἀσενὲθ καὶ τὰ * εἴδωλα * πάντα ἀπέρριψα ἀπ' ἐμοῦ καὶ ἀπώλοντο. καὶ
Asen.    27    10   μου ὁ ἀναζωοποιήσας με καὶ ῥυσάμενός με ἐκ τῶν * εἰδώλων * καὶ τῆς φθορᾶς τοῦ θανάτου ὁ εἰπών μοι ὅτι εἰς
Prop.     2     7   δέδωκε τοῖς ἱερεῦσιν Αἰγύπτου ὅτι δεῖ σεισθῆναι τὰ * εἴδωλα * αὐτῶν καὶ συμπεσεῖν ἰδίᾳ σωτηρος ἐκ παρθένου
Prop.     3     2   τοῦ λαοῦ Ἰσραὴλ ἐκεῖ ἐλεγχόμενος ὑπ' αὐτοῦ ἐπὶ * εἰδώλων * σεβάσμασι. καὶ ἔθαψαν αὐτὸν ἐν ἀγρῷ Μαοὺρ ἐν
Prop.    21     9   τῷ βασιλεῖ Ὀζίᾳ ἀποστείλαντι μαντεύσασθαι παρὰ * εἰδώλων * προεφήτευσε θάνατον καὶ ἀπέθανεν. δύο
SIb.      3    31   προσκυνέοντες ὄφεις τε καὶ αἰλούροισι θύοντες * εἰδώλοις * τ' ἀλάλοις λιθίνοις θ' ἱδρύμασι φωτῶν καὶ ναοῖς
SIb.      3   277   ἐπίθησας ἀθανάτοιο θεοῦ ἀγνῷ νόμῳ ἀλλὰ πλανηθεὶς * εἰδώλοις * δ' ἐτίμας. ἀνθ' ὧν ἑπτὰ χρόνων δεκάδας γῆ
SIb.      3   279   θεῶν πάντων τ' ἀνθρώπων οὐκ ἔθελες τιμᾶν θνητῶν * εἴδωλα * καμόντων πήλινα μιλτόχριστα ζωγραφίας τυποειδεῖς
SIb.      3   548   τί τε δῶρα μάταια καταφθιμένοισι πορίζεις θύεις τ' * εἰδώλοις; * τίς τοι πλάνον ἐν φρεσὶ θῆκεν ταῦτα τελεῖν
SIb.      3   554   οἳ πρῶτα βροτοῖς κακὰ ἡγεμόνευσαν πολλὰ θεῶν τε * εἴδωλα * καὶ καταμίμνετ'+θανεόντων+ ἕκεν τὰ μάταια
SIb.      3   588   ἀργύρου ἠδ' ἐλέφαντος καὶ ξυλίνων λιθίνων τε θεῶν * εἴδωλα * καμόντων πήλινα μιλτόχριστα ζωγραφίας τυποειδεῖς
SIb.      3   605   γενέτην πάντων ἀνθρώπων οὐκ ἔθελον τιμᾶν ὁσίως * εἴδωλα * δ' ἐτίμων χειροποίητα σέβοντες ἃ ῥίψουσιν βροτοί
SIb.      3   723   ἡμεν ἔργα δὲ χειροποίητα σεβάσμεθα ἄφρονι θυμῷ * εἴδωλα * ξόανά τε καταφθιμένων ἀνθρώπων. ταῦτα βοήσουσιν
SIb.      4     7   ἀλλὰ θεοῦ μεγάλοιο τὸν οὐ χέρες ἔπλασαν ἀνδρῶν * εἰδώλοις * ἀλάλοισι λιθοξέστοισιν ὅμοιον. οὐδὲ γὰρ οἶκον
SIb.      5    80   οὐ νοῦς οὐκ ἀκοὴ ἅτε μοι θέμις οὐδ' ἀγορεύειν * εἰδώλων * τὰ ἕκαστα βροτῶν παλάμαις γεγαῶτα ἐξ ἰδίων δὲ
FJub.    12    12   τοῦ κόσμου Ἀβραὰμ δὲ ξ α' ἐνεπύρισεν Ἀβραὰμ τὰ * εἴδωλα * τοῦ πατρὸς αὐτοῦ καὶ συγκατεκαύθη αὐτοῖς Ἀρρὰν
FAch.   117         αὐτῷ κακῶς ἔπραξας θεᾶς Ἱεραῖον Βουβάστεως ἐστιν * εἰδώλῳ * ὃ σέβονται οἱ Αἰγύπτιοι; ὁ δὲ Ἀΐσωπος ἔφη ἀλλὰ
HEup.  9  39     2   ἀποσταλέντα καταλαβεῖν τοὺς Ἰουδαίους θυσιάζοντας * εἰδώλῳ * χρυσῷ ᾧ εἶναι ὄνομα Βάαλ. τοῦτον δὲ αὐτοῖς τὴν
εἴθε
               2
FPho.          33   τὸ ξίφος ἀμφιβαλοῦ μὴ πρὸς φόνον ἀλλ' ἐς ἄμυναν. * εἴθε * δὲ μὴ χρήζοις μήτ' ἔκνομα μήτε δικαίως ἦν γὰρ
FPho.          45   χρυσὲ κακῶν ἀρχηγὲ βιοφθόρε πάντα χαλέπτων * εἴθε * σε μὴ θνητοῖσι γενέσθαι πῆμα ποθεινὸν σεῦ γὰρ ἕκητι
εἰθισμένως
               1
Aris.   105     5   φαινομένων διόδων τῶν ὑποκειμένων τῶν δ' ἐπάνωθεν * εἰθισμένως * καὶ τὰς διὰ τούτων διεξόδους. ἀνάκλασιν γὰρ
εἰκάζω
               3
Hen.     21     7   οὔτε μέτρον οὔτε πλάτος ἠδυνήθην ἰδεῖν οὐδὲ * εἰκάσαι. * τότε εἶπον ὡς φοβερὸς ὁ τόπος καὶ ὡς δεινὸς τῇ
Aris.   105     2   τεσσαράκοντα σταδίων ὄντος τοῦ περιβόλου καθόσον * εἰκάσαι * δυνατόν. ἔχει δὲ τὴν τῶν πύργων θέσιν θεατροειδῆ
LEze.  9  29 14 43   δὲ φέγγος ὡς πυρὸς μέγα ὤφθη τι ἡμῖν ὡς μὲν * εἰκάζειν * παρῆν αὐτοῖς ἀρωγὸς ὁ θεός. ὡς δ' ἤδη πέραν
εἰκαῖος
               1
SIb.      4    28   νηοὺς μὲν ἅπαντας ἀπαρνήσονται ἰδόντες καὶ βωμοὺς * εἰκαῖα * λίθων ἀφιδρύματα κωφῶν καὶ λίθινα ξόανα καὶ
εἰκάς
Asen.    22     2   δευτέρῳ ἔτει τοῦ λιμοῦ ἐν τῷ δευτέρῳ μηνὶ μιᾷ καὶ * εἰκάδι * τοῦ μηνὸς καὶ κατῴκησεν ἐν γῇ Γεσέμ. καὶ εἶπεν
Esdr.     1     2   πάτερ. ἐγένετο ἐν τῷ τριακοστῷ ἔτει δευτέρᾳ καὶ * εἰκάδι * τοῦ μηνὸς ἤμην ἐν τῷ οἴκῳ μου καὶ κράξας λέγων
εἰκῆ
               6
Job      39    11   εἰς τὸ σκάπτειν, ἐγὼ δὲ ἐκώλυσα λέγων μὴ κάμητε * εἰκῇ, * οὐ γὰρ εὑρήσετε τὰ παιδία μου ἐπειδὴ ἀνελήφθησαν

Aris. 28 4 τούτοις διῳκεῖτο καὶ οὐδὲν ἀπερριμμένως οὐδ' * εἰκῇ. * διόπερ καὶ τὸ τῆς εἰσδόσεως καὶ τὰ τῶν ἐπιστολῶν
Aris. 51 7 τοὺς τεχνίτας. διὸ παριδεῖν οὐδὲν ἠδύναντο οὐδὲ * εἰκῇ * συντελέσαι. πρῶτον δέ σοι τὰ περὶ τῆς τραπέζης
Aris. 161 3 ἐξεθέμεθα τὴν διχηλίαν καὶ τὸν μηρυκισμόν. οὐ γὰρ * εἰκῇ * καὶ κατὰ τὸ ἐμπεσὸν εἰς ψυχὴν νενομοθέτηται πρὸς δ'
Aris. 162 2 ποτῶν καὶ τῶν κατὰ τὰς ἀφὰς ἕκαστα κελεύει μηθὲν * εἰκῇ * μήτε πράσσειν μήτε ἀκούειν μήτε τῇ τοῦ λόγου
Aris. 168 4 πάντα κεκανόνισται πρὸς δικαιοσύνην καὶ οὐδὲν * εἰκῇ * κατατέτακται διὰ τῆς γραφῆς οὐδὲ μυθωδῶς ἀλλ' ἵνα
εἰκός 1
Aris. 223 2 οὖν πολλοῖς ἐπὶ τὰ βρωτὰ καὶ ποτὰ καὶ τὰς ἡδονὰς * εἰκός * ἐστι κεκλίσθαι τοῖς δὲ βασιλεῦσιν ἐπὶ χώρας
εἰκοσαδραχμία * 1
Aris. 27 5 ἐλευθεροῦντο. προσανενεχθέντος εἰ καὶ περὶ τούτων * εἰκοσαδραχμία * δοθήσεται καὶ τοῦτ' ἐκέλευσεν ὁ βασιλεὺς
εἰκοσάκις 1
Sib. 3 354 ὅσσοι δ' ἐξ Ἀσίης Ἰταλῶν δόμον ἀμφεπόλευσαν * εἰκοσάκις * τοσσοῦτοι ἐν Ἀσίδι θητεύσουσιν Ἰταλοὶ ἐν
εἴκοσι 37
Hen. 90 4 αὐτῶν ἀπὸ τοῦ νῦν οὐ μὴ ἔσονται πλείω τῶν ἑκατὸν * εἴκοσιν * ἐτῶν. καὶ μὴ δόξητε ἔτι ζῆσαι ἐπὶ πλείονα ἔτη οὐ
TSim. 8 1 αὐτοῦ καὶ ἐκοιμήθη μετὰ τῶν πατέρων αὐτοῦ ἑκατὸν * εἴκοσιν * ἐτῶν. καὶ ἔθηκαν αὐτὸν ἐν θήκῃ ξύλων ἀσήπτων τοῦ
TLevi 2 2 τῷ πατρὶ εἰς Σίκιμα. ἤμην δὲ νεώτερος ὡσεὶ ἐτῶν * εἴκοσιν * ὅτε ἐποίησα μετὰ Συμεὼν τὴν ἐκδίκησιν τῆς
TLevi 18 2B035 μναῖ καὶ εἰ ἄρνα ἐκ προβάτων ἢ ἔριφον ἐξ αἰγῶν * κ' * μναῖ καὶ τῷ στέατι β' μναῖ καὶ εἰ ἀμνὸς τέλειος
TJud. 7 10 ἐγὼ τὴν Θάμνα καὶ ὁ πατήρ μου τὴν Ραμβαηλ. * εἴκοσιν * ἐτῶν ἤμην ὅτε ἐγένετο ὁ πόλεμος οὗτος καὶ ἦσαν
TJud. 9 5 αὐτούς. καὶ ὡς οὐκ ἤνοιγον μετὰ ἡμέρας * εἴκοσιν * ὁρώντων αὐτῶν προσάγω κλίμακα καὶ τὴν ἀσπίδα ἐπὶ
TGad 2 3 τριάκοντα χρυσῶν καὶ τὰ δέκα ἀποκρύψαντες τὰ * εἴκοσι * ἐδείξαμεν τοῖς ἀδελφοῖς ἡμῶν. καὶ οὕτως τῇ
Prop. 1 7 εἴσοδον ἀπὸ Γαβαὼν μήκοθεν τῆς πόλεως σταδίους * εἴκοσι. * καὶ ἐποίησε σκολιὰν σύνθεσιν ἀνυπονόητον καὶ
Prop. 25 1 ὡς πάντας ὑπερθαυμάσαι καὶ τὸν ὑπατικὸν πῶς ρ * κ' * ἐτῶν τυγχάνων ὑπέμεινε τὰς αἰκίας καὶ ἐκέλευσεν αὐτὸν
Sedr. 16 4 συμπαθῆσαι καὶ κάτωθεν τῶν τεσσαράκοντα ἡμερῶν ἕως * εἴκοσι * καὶ ὅστις μνησθῇ τοῦ ὀνόματός σου οὐ μὴ ἴδῃ
Job 28 1 ἐστὶν παντὸς ἡ μακροθυμία. καὶ ὅτε ἐπλήρωσα * εἴκοσι * ἔτη τυγχάνων ἐν τῇ πληγῇ, καὶ ἤκουσαν οἱ βασιλεῖς
Job 28 8 κάθηται ἐπὶ τῆς κοπρίας ἔξω τῆς πόλεως ἔχει γὰρ * εἴκοσι * ἔτη μὴ ἀνελθὼν ἐν τῇ πόλει. πάλιν ἠρώτησαν περὶ
Job 41 2 καὶ μεγαλορημονοῦντες κατ' ἐμοῦ, ὡς μετὰ * εἴκοσι * ἑπτὰ ἡμέρας ἀναστῆναι αὐτοὺς καὶ πορευθῆναι εἰς
Aris. 10 3 τινὲς μυριάδες τυγχάνουσι βιβλίων; εἶπεν ὑπὲρ τὰς * εἴκοσι * βασιλεῦ σπουδάσω δ' ἐν ὀλίγῳ χρόνῳ πρὸς τὸ
Aris. 20 3 προσθεῖναι καὶ σώματος ἑκάστου κομίζεσθαι δραχμὰς * εἴκοσι * καὶ περὶ τούτων ἐκθεῖναι πρόσταγμα τὰς δὲ
Aris. 22 9 κομιζομένους αὐτίκα ἑκάστου σώματος δραχμὰς * εἴκοσι * τοὺς μὲν στρατιώτας τῇ τῶν ὀψωνίων δόσει τοὺς δὲ
Aris. 42 5 ἐπεδείξαμεν δὲ καὶ τὰς φιάλας ἃς ἀπέστειλας χρυσᾶς * εἴκοσι * καὶ ἀργυρᾶς τριάκοντα κρατῆρας πέντε καὶ τράπεζαν
Aris. 110 2 ὁ βασιλεὺς ἵνα μὴ καταμένωσι προσέταξε μὴ πλέον * εἴκοσιν * ἡμερῶν παρεπιδημεῖν καὶ τοῖς ἐπὶ τῶν χρειῶν
Sib. 4 74 τε λιμὸς ἀκαρπίη τε περιπλομένων ἐνιαυτῶν * εἴκοσι * φοιτήσει σταχυητρόφος ἡνίκα Νεῖλος ἄλλοθί που ὑπὸ
FJub. 4 2 οἱ πρωτόπλαστοι ἑβδομαδικοὺς τέσσαρας ἦγουν ἔτη * εἴκοσι * ὀκτώ. τῷ ἑκατοστῷ εἰκοστῷ ἑβδόμῳ ἔτει ὁ Ἀδὰμ καὶ
FJub. 17 15 κλάδοις φοινίκων καὶ ἐλαιῶν. τὸν Ἰσαὰκ ἐτῶν * κ * ε' εἶναι ὅτε πρὸς θυσίαν ἀνήχθη. Μαστιφὰμ ὁ ἄρχων τῶν
HDem. 9 21 6 τὰ πάντα αὐτὸν μεῖναι ἐν Χαρρὰν παρὰ Λάβαν ἔτη * εἴκοσι. * πορευομένῳ δ' αὐτῷ εἰς Χαναὰν ἄγγελον τοῦ θεοῦ
HDem. 9 21 9 ὄντα ἐτῶν εἰκοσιενὸς μηνῶν τεσσάρων Λευιν δὲ ἐτῶν * εἴκοσι * μηνῶν ἓξ ἀποκτεῖναι τόν τε Ἐμμὼρ καὶ Συχὲμ τὸν
HDem. 9 21 10 τὸν Βενιαμιν συμβιῶσαι δ' αὐτῇ τὸν Ἰακὼβ ἔτη * εἴκοσι * τρία. αὐτόθεν δὲ ἐλθεῖν τὸν Ἰακὼβ εἰς Μαμβρὶ τῆς
HDem. 9 21 11 εἶναι αὐτὸν ἐτῶν τριάκοντα Ἰακὼβ δὲ ἐτῶν ἑκατὸν * εἴκοσιν * ἐν ᾧ καὶ τελευτῆσαι τὸν Ἰσαὰκ ἔτει ἑνὶ
HDem. 9 21 16 ἐκ τῶν ἐθνῶν καὶ μετελθεῖν εἰς Χαναὰν Ἀβραὰμ ἐτῶν * εἴκοσι * πέντε Ἰσαὰκ ἐτῶν ἑξήκοντα Ἰακὼβ ἐτῶν ἑκατὸν
HDem. 9 21 17 Ζαβουλὼν ἐτῶν μ' Δειναν ἐτῶν λ θ' Βενιαμιν ἐτῶν * κ * η'. τὸν δὲ Ἰωσὴφ γενέσθαι ἐν Αἰγύπτῳ ἔτη λ θ'. εἶναι
HDem. 9 21 18 εἰς Αἴγυπτον τοὺς τοῦ Ἰωσὴφ συγγενεῖς ἔτη γ χ * κ * δ'. ἀπὸ δὲ τοῦ κατακλυσμοῦ ἕως τῆς Ἰακὼβ παρουσίας
HDem. 1 141 1 Ναβουχοδονόσορ ἐξ Ἱεροσολύμων ἔτη ἑκατὸν * εἴκοσι * ὀκτὼ μῆνας ἕξ. ἀφ' οὗ δὲ αἱ φυλαὶ αἱ δέκα ἐκ
HEup. 9 30 2 Σαμουὴλ Σαοῦλον βασιλέα αἱρεθῆναι ἄρξαντα δὲ ἔτη * κ * α' τελευτῆσαι. εἶτα Δαβὶδ τὸν τούτου υἱὸν δυναστεῦσαι
HEup. 9 34 9 η' κατασκευάσαι δὲ καὶ λουτῆρα χαλκοῦν μῆκος πηχῶν * κ' * καὶ πλάτος πηχῶν κ' τὸ δὲ ὕψος πηχῶν ε' ποιῆσαι δὲ
HEup. 9 34 9 λουτῆρα χαλκοῦν μῆκος πηχῶν κ' καὶ πλάτος πηχῶν * κ' * τὸ δὲ ὕψος πηχῶν ε' ποιῆσαι δὲ ἐπ' αὐτῷ στεφάνην πρὸς
HEup. 9 34 10 οἰκοδομῆσαι δὲ καὶ τὸ θυσιαστήριον πηχῶν * κ * ε' ἐπὶ πήχεις κ' τὸ δὲ ὕψος πηχῶν δώδεκα. ποιῆσαι δὲ
HEup. 9 34 10 δὲ καὶ τὸ θυσιαστήριον πηχῶν κ ε' ἐπὶ πήχεις * κ' * τὸ δὲ ὕψος πηχῶν δώδεκα. ποιῆσαι δὲ καὶ δακτυλίους
HEup. 9 34 11 μηχανημάτων ὑπερεχόντων τῷ ὕψει τὸν ναὸν πήχεις * κ' * καὶ σκιάζειν ἐπάνω παντὸς τοῦ ἱεροῦ καὶ προσκρεμάσαι
HArt. 9 18 1 τὴν ἀστρολογίαν αὐτὸν διδάξαι μείναντα δὲ ἔτη ἐκεῖ * εἴκοσι * πάλιν εἰς τοὺς κατὰ Συρίαν ἀπαλλαγῆναι τόπους τῶν
HHec. 1 22 198 ἀργῶν λίθων οὕτω συγκείμενος πλευρὰν μὲν ἑκάστην * εἴκοσι * πήχεων ὕψος δὲ δεκάπηχυ. καὶ παρ' αὐτὸν οἴκημα
εἰκοσιδύο 3
TIss. 7 1 αὐτοὺς τοῦ ἐπιστρέψαι εἰς τὴν γῆν αὐτῶν. ἑκατὸν * εἰκοσιδύο * ἐτῶν εἰμι ἐγὼ καὶ οὐκ ἔγνων ἐπ' ἐμὲ ἁμαρτίαν
FJub. 2 15 τὰ ἐν ταῖς ἓξ ἡμέραις παρὰ τοῦ θεοῦ ποιηθέντα ἔργα * κβ'. * καὶ συνετέλεσεν ὁ θεὸς πάντα ἐν τῇ ἕκτῃ ἡμέρᾳ ὅσα
FJub. 2 23 αὐτὴν καὶ ἐδήλωσε δι' ἀγγέλου τῷ Μωυσῇ ὅτι καὶ * εἰκοσιδύο * κεφάλαια ἀπὸ Ἀδὰμ ἄχρι τοῦ Ἰακώβ. καὶ
εἰκοσιεἷς 1
HDem. 9 21 9 δὲ τοὺς Ἰσραὴλ υἱοὺς Συμεῶνα μὲν ὄντα ἐτῶν * εἰκοσιενὸς * μηνῶν τεσσάρων Λευιν δὲ ἐτῶν εἴκοσι μηνῶν ἓξ
εἰκοσιοκτώ 2
TLevi 11 1 τοῦ δικαίου. ὅτε οὖν ἔλαβον γυναῖκα ἤμην ἐτῶν * εἰκοσιοκτὼ * ᾗ ὄνομα Μελχά. καὶ συλλαβοῦσα ἔτεκε καὶ
TLevi 12 5 τὸν Συχὲμ καὶ ἐννεακαίδεκα ἐτῶν ἱεράτευσα καὶ * εἰκοσιοκτὼ * ἐτῶν ἔλαβον γυναῖκα καὶ τεσσαράκοντα ἐτῶν
εἰκοσιπέντε 2
TBen. 1 1 ὧν διέθετο τοῖς υἱοῖς αὐτοῦ ζήσας ἔτη ἑκατὸν * εἰκοσιπέντε. * καὶ φιλήσας αὐτοὺς εἶπεν ὡς Ἰσαὰκ ἑκατοστῷ
TBen. 12 2 ἐγγὺς τῶν πατέρων μου. καὶ ἀπέθανε Βενιαμιν ἑκατὸν * εἰκοσιπέντε * ἐτῶν ἐν γήρει καλῷ καὶ ἔθηκαν αὐτὸν ἐν
εἰκοσιτέσσαρες 1
TJos. 15 1 περὶ ἐμοῦ ὅτι ὤφειλα ἐγκατάκλειστος εἶναι. μετὰ δὲ * εἰκοσιτέσσαρας * ἡμέρας ἦλθον οἱ Ἰσμαηλῖται καὶ
εἰκοστός 12
Hen. 6B 7 ις' Σαρινᾶς ιζ' Εὐμιὴλ ιη' Τυριὴλ ιθ' Ἰουμιὴλ * κ' * Σαριήλ. καὶ ἔλαβον ἑαυτοῖς γυναῖκας ἕκαστος αὐτῶν
Hen. 8B 3 γῆς. ὁ δὲ ἔβδομος ἐδίδαξε τὰ σημεῖα τοῦ ἡλίου ὁ δὲ * εἰκοστὸς * ἐδίδαξε τὰ σημεῖα τῆς σελήνης. πάντες οὗτοι
TRub. 1 1 υἱοῖς αὐτοῦ πρὶν ἢ ἀποθανεῖν αὐτὸν ἐν ἑκατοστῷ * εἰκοστῷ * πέμπτῳ ἔτει τῆς ζωῆς αὐτοῦ. μετὰ ἔτη δύο τῆς
TSim. 1 1 τοῖς υἱοῖς αὐτοῦ πρὸ τοῦ θανεῖν αὐτὸν ἑκατοστῷ * εἰκοστῷ * ἔτει τῆς ζωῆς αὐτοῦ ἐν ᾧ ἔτει ἀπέθανεν Ἰωσήφ.
TLevi 18 2B062 ἐν τοῖς ἔτεσιν τῆς ζωῆς μου ἐν ἔτει ὀγδόῳ καὶ * εἰκοστῷ * ἔλαβον γυναῖκα ἐμαυτῷ ἐκ τῆς συγγενείας Ἀβραὰμ
TDan 1 1 υἱοῖς αὐτοῦ ἐπ' ἐσχάτων τῶν ἡμερῶν αὐτοῦ ἑκατοστῷ * εἰκοστῷ * πέμπτῳ ἔτει τῆς ζωῆς αὐτοῦ. καλέσας τὴν πατριὰν
TGad 1 1 ἃ ἐλάλησεν αὐτὸς τοῖς υἱοῖς αὐτοῦ ἐν ἔτει ἑκατοστῷ * εἰκοστῷ * ἑβδόμῳ ζωῆς αὐτοῦ λέγων ἔνατος υἱὸς ἐγενόμην τῷ
TAser 1 1 διαθήκης Ἀσὴρ ἃ ἐλάλησε τοῖς υἱοῖς αὐτοῦ ἑκατοστῷ * εἰκοστῷ * ἕκτῳ ἔτει ζωῆς αὐτοῦ. ἔτι ὑγιαίνων εἶπε πρὸς
FJub. 3 9 θερινὴν τροπὴν ἡλίου ὄντος καὶ σελήνης καρκίνῳ τῇ * εἰκοστῇ * πέμπτῃ τοῦ Ἰουνίου μηνὸς Ἐπιφὶ πρώτῃ εἰσήχθη
FJub. 4 1 ἐνενηκοστῷ ἐνάτῳ ἔτει Ἄβελ ἀνήνεγκε θυσίαν τῷ θεῷ * εἰκοστὸν * δεύτερον ἔτος ἄγων κατὰ τὴν πανσέληνον τοῦ
FJub. 4 7 τέσσαρας ἦγουν ἔτη εἴκοσι ὀκτώ. τῷ ἑκατοστῷ * εἰκοστῷ * ἑβδόμῳ ἔτει ὁ Ἀδὰμ καὶ ἡ Εὔα ἀπέθεντο τὸ
FIsa. 1 1 ἐγένετο ἐν τῷ πέμπτῳ καὶ * εἰκοστῷ * ἔτει βασιλεύοντος Ἐζεκίου καλέσαι Μανασσῆν τὸν
εἰκότως 1
FMos. 6 132 2 πλήρη αὐτὸς οἰκοδομήσει τὸν οἶκον τοῦ θεοῦ. * εἰκότως * ἄρα καὶ τὸν Μωυσέα ἀναλαμβανόμενον διττὸν εἶδεν
εἴκω 1 (cf.+ ἔοικα)
FPho. 220 νέμοις ὁσίην θ' ὁμόνοιαν. αἰδεῖσθαι πολιοκροτάφους * εἴκειν * δὲ γέρουσιν ἕδρης καὶ γεράων πάντων γενεῇ δ'
εἰκών 17
Adam 10 3 πρὸς τὸ θηρίον ὦ θηρίον πονηρὸν οὐ φοβήσει τὴν * εἰκόνα * τοῦ θεοῦ πολεμῆσαι αὐτήν; πῶς ἠνοίγη τὸ στόμα
Adam 10 3 ἐμνήσθης τῆς ὑποταγῆς σου ὅτι πρότερον ὑπετάγης τῇ * εἰκόνι * τοῦ θεοῦ; τότε τὸ θηρίον ἐβόησε λέγων ὦ Εὔα οὐ
Adam 12 1 κλεῖσαί σου τὸ στόμα καὶ σίγα καὶ ἀπόστηθι ἀπὸ τῆς * εἰκόνος * τοῦ θεοῦ ἕως ἡμέρας τῆς κρίσεως. τότε λέγει τὸ
Adam 12 2 τότε λέγει τὸ θηρίον τῷ Σὴθ ἰδοὺ ἀφίσταμαι ἀπὸ τῆς * εἰκόνος * τοῦ θεοῦ. τότε ἔφυγε τὸ θηρίον καὶ ἀφῆκεν αὐτὸν
Adam 29 9 θάνατον τῇ ἐμῇ πλευρᾷ; ἢ πῶς ἐπενέγκω χεῖρα τῇ * εἰκόνι * τοῦ θεοῦ ἣν ἔπλασεν; ἀλλὰ μετανοήσωμεν ἡμέρας
Adam 33 5 θεῷ βοῶντες καὶ λέγοντες Ἰαὴλ ἅγιε συγχώρησον ὅτι * εἰκών * σού ἐστιν καὶ ποίημα τῶν χειρῶν σου τῶν ἁγίων. καὶ
Adam 35 2 καὶ λέγοντες συγχώρησον αὐτῷ ὁ πατὴρ τῶν ὅλων ὅτι * εἰκών * σού ἐστιν. ἄρα δὲ τέκνον μου Σὴθ τί ἐστίν μοι;
Hen. 99 7 θηλά⟩ζοντα οὐδὲ μὴ φείσονται--- ⟨καὶ⟩ οἱ γλύφοντες * εἰκόνα⟨ς * ἀργυ⟩ρᾶς καὶ χρυσᾶς ξυλίνας τε ⟨καὶ λιθίνας⟩
Hen. 104 9 τῶν ⟨λόγων τοῦ⟩ ἁγίου καὶ μὴ δότε ἔπαινον ταῖς * ⟨εἰκόσιν * ὑ⟩μῶν οὐ γὰρ εἰς δικαίωμα εἰσάγ⟨ουσιν πάντα τὰ
Hen. 106 10 τέκνον Λάμεχ τῷ υἱῷ μου καὶ ὁ τύπος αὐτοῦ καὶ ἡ * εἰκὼν * αὐτοῦ (οὐχ ὅμοιος ἀνθρώποις καὶ τὸ χρῶμα αὐτοῦ)
TRub. 3 1 τοῦ ὕπνου ἐστὶ μεθ' οὗ ἐκτίσθη ἔκστασις φύσεως καὶ * εἰκὼν * τοῦ θανάτου. τούτοις τοῖς πνεύμασι συμμίγνυται τὸ
TNep. 2 5 ἣν οὐκ ἔγνω κύριος πάντα γὰρ ἄνθρωπον ἔκτισε κατ' * εἰκόνα * ἑαυτοῦ. ὡς ἡ ἰσχὺς αὐτοῦ οὕτω καὶ τὸ ἔργον αὐτοῦ
Sedr. 13 2 οὐ πληρώσῃ τὴν μετάνοιαν αὐτοῦ ἐλέησον κύριε τὴν * εἰκόνα * σου καὶ σπλαγχνίσθητι ὅτι πολλά εἰσιν τὰ τρία
Aris. 135 2 ματαίως ἀγάλματα γὰρ ποιήσαντες ἐκ λίθων καὶ ξύλων * εἰκόνας * φασὶν εἶναι τῶν ἐξευρόντων τι πρὸς τὸ ζῆν αὐτοῖς
Sib. 3 8 ἀνθρώποισιν. ἄνθρωποι θεόπλαστον ἔχοντες ἐν * εἰκόνι * μορφὴν τίπτε μάτην πλάζεσθε καὶ οὐκ εὐθεῖαν
FPho. 106 πνεῦμα γάρ ἐστι θεοῦ χρῆσις θνητοῖσι καὶ * εἰκὼν * σῶμα γὰρ ἐκ γαίης ἔχομεν κἄπειτα πρὸς αὖ γῆν
HThe. 9 34 19 τὸν Σολομῶνα τῷ Τυρίων βασιλεῖ πέμψαι τὸν δὲ * εἰκόνα * τῆς θυγατρὸς ζῷον ὁλοσώματον κατασκευάσαι καὶ
εἰλέω 1
Sib. 3 82 θεὸς αἰθέρι ναίων οὐρανὸν εἰλίξῃ καθ' ἅπερ βιβλίον * εἰλεῖται * καὶ πέσεται πολύμορφος ὅλος πόλος ἐν χθονὶ δίῃ
εἰλικρινής 1
TBen. 6 5 πενίας καὶ πλούτου ἀλλὰ μίαν ἔχει περὶ πάντας * εἰλικρινῆ * καὶ καθαρὰν διάθεσιν. οὐκ ἔχει ὅρασιν οὐδὲ
εἰλικτός 1
Prop. 3 5 ἐποίησε τὸν τάφον Σάρρας. διπλοῦν δὲ λέγεται ὅτι * εἰλικτόν * ἐστι καὶ ἀπόκρυφον ἐξ ἐπιπέδου ὑπερῷον καὶ ἔστι

εἶμα 1
SIb. 5 190 τὸ μέγα σθένος; ἄγριος ἀνὴρ ἐξολέσει λαὸν σὺ δὲ * εἵματα * φαιὰ λαβοῦσα θρηνήσεις δύστηνε μόνη καὶ πάντ'
εἱμαρμένη 1
Hen. 102 6 τότε ἐροῦσιν οἱ ἁμαρτωλοὶ ὅτι εὐσεβεῖς κατὰ τὴν * εἱμαρμένην * ἀπεθάνοσαν καὶ τί αὐτοῖς περιεγένετο ἐπὶ τοῖς
εἰμί 2000 ἐστι ἐστιν ἦν ἐστίν ἤμην εἶ εἰμί ἔσονται ἔσται ἐστί εἰμι ἐστέ ἔσεσθε ἔστι ἔσει εἶναι ἔση
ἔσμεν οὔσης εἰσιν εἰσίν οὖσαν ἔστιν ἔσομαι ἦσαν ὄντων ὄντα ἦτε ὄντες ἦ ὤν ἔστω εἶναί οὖσα
οὖσα οὐσῶν εἰσι ἦμεν ἐστε ηεεσθαι ουσης ἐσμεν ἐσμέν ὄντας ἐσόμεθα ἔσονταί ἧς ὄντι ὄντος
εἰσί ὦσιν ἔσεσθαι ὄν ἔσο ἔσεσθέ εἴσιν ἔσομαί ἧς εισι εἴη ἦσάν εἴης ὦμεν ἐόντα ἐών ἐσθ'
ἔσεται ἔσσετ' ἔσσεται ἔσαν ἔην ἐόντας ἐστ' ἐσσόμεν' ἔσσονται ἦεν ἦσθα ἐσεῖται ἐσσομένοισιν
ἐσσομένοισιν ἔσση ἔσετ' ἔσσοντ' ἐσσομένοισι ἐσσόμενα ἐσσομένοις ἔσσεαι εἴην ἔσθ' οὔση
εσεσθαι εισιν εσονται εσομαι εστιν ἔστωσαν ἴσθι ἐοῦσα ἔσκεν ἐστ' ἔσσεθ' ὦ οντος εστε
εἶμι 2 (cf.+ ἔρχομαι)
ISop. 5 111 6 ὃ δ' οὔτε δαιτὸς οὔτε χέρνιβος θιγὼν πρὸς λέκτρον * ἥει * καρδίαν ὠδαγμένος ὅλην δ' ἐκείνην εὐφρόνην ἐθόρνυτο.
LEze. 9 29 14 14 παρ' ἀκτὴν πλησίον βεβλημένοι Ἐρυθρᾶς Θαλάσσης * ἤεσαν * ἠθροϊσμένοι οἱ μὲν τέκνοισι νηπίοις δίδουν βορὰν
εἴπερ 2
Job 3 6 ὁ ἐπὶ τῇ σωτηρίᾳ τῆς ἐμῆς ψυχῆς ἐλθών, δέομαί σου, * εἴπερ * οὗτός ἐστιν ὁ τόπος τοῦ Σατανᾶ ἐν ᾧ ἀπατηθήσονται
HHec. 1 22 187 ἔτι δὲ καὶ λέγειν δυνατὸς καὶ τῶν πραγμάτων * εἴπερ * τις ἄλλος ἔμπειρος καίτοι οἱ πάντες ἱερεῖς τῶν
εἶπον 986 (cf.+ ἔρω, λέγω)
Adam 2 1 μετ' ἀλλήλων Ἀδὰμ καὶ Εὔα. κοιμωμένων δὲ αὐτῶν * εἶπεν * Εὔα τῷ κυρίῳ αὐτῆς Ἀδὰμ κύριέ μου ἴδον ἐγὼ κατ'
Adam 2 4 κοιλίαν αὐτοῦ ἀλλ' ἐξῆλθεν ἔξω τοῦ στόματος αὐτοῦ. * εἶπε * δὲ Ἀδὰμ ἀναστάντες πορευθῶμεν καὶ ἴδωμεν τί ἐστι
Adam 3 2 αὐτοῦ. καὶ λέγει ὁ θεὸς Μιχαὴλ τῷ ἀρχαγγέλῳ * εἰπὲ * τῷ Ἀδὰμ ὅτι τὸ μυστήριον ὃ οἶδας μὴ ἀναγγείλῃς
Adam 3 2 υἱὸν οὗτος δηλώσει πάντα ὅσα ποιήσῃς. σὺ δὲ μὴ * εἴπῃς * αὐτῷ μηδέν. ταῦτα εἶπεν ὁ θεὸς τῷ ἀρχαγγέλῳ αὐτοῦ.
Adam 3 3 ὅσα ποιήσῃς. σὺ δὲ μὴ εἴπῃς αὐτῷ μηδέν. ταῦτα * εἶπεν * ὁ θεὸς τῷ ἀρχαγγέλῳ αὐτοῦ. Ἀδὰμ δὲ ἐφύλαξεν τὸ
Adam 5 4 θύραν τοῦ οἴκου ἐν ᾧ εἰσήρχετο εὔξασθαι τῷ θεῷ. * εἶπε * δὲ αὐτῷ Σὴθ ὁ υἱὸς αὐτοῦ πάτερ Ἀδὰμ τί σοί ἐστιν
Adam 7 1 πόνους ἔχω. λέγει αὐτῷ Σὴθ καὶ πῶς σοι ἐγένοντο; * εἶπε * δὲ αὐτῷ ὁ Ἀδὰμ ὅτε ἐποίησεν ἡμᾶς ὁ θεὸς ἐμέ τε καὶ
Adam 9 1 λέγων ὁ Ἀδὰμ τοῖς υἱοῖς αὐτοῦ ἀνεστέναξε μέγα καὶ * εἶπεν * τί ποιήσω ὅτι ἐν μεγάλῃ λύπῃ εἰμί; ἔκλαυσε δὲ ἡ
Adam 9 3 τοῦτό σοι γέγονεν δι' ἐμὲ ἐν καμάτοις τυγχάνεις. * εἶπε * δὲ Ἀδὰμ τῇ Εὔα ἀνάστα καὶ πορεύου μετὰ τοῦ υἱοῦ
Adam 10 3 ὅτι οὐκ ἐφύλαξεν ἡ Εὔα τὴν ἐντολὴν τοῦ θεοῦ. καὶ * εἶπε * πρὸς τὸ θηρίον ὦ θηρίον πονηρὸν οὐ φοβήσει τὴν
Adam 13 2 καὶ ἀπέστειλε ὁ θεὸς Μιχαὴλ τὸν ἀρχάγγελον. καὶ * εἶπεν * αὐτῷ Σὴθ ἄνθρωπε τοῦ θεοῦ μὴ κάμῃς εὐχόμενος ἐπὶ
Adam 14 1 αὐτοῦ μέλλεις θεάσασθαι τὴν ἄνοδον αὐτῆς φοβεράν. * εἰπὼν * δὲ ταῦτα ὁ ἄγγελος ἀπῆλθεν ἀπ' αὐτῶν. ἦλθε δὲ Σὴθ
Adam 16 1 τῷ ὄφει ὁ διάβολος λέγων ἀνάστα ἐλθὲ πρός με καὶ * εἴπω * σοι ῥῆμα ἐν ᾧ ὠφεληθῇς. καὶ ἀναστὰς ἦλθε πρὸς αὐτὸν
Adam 17 2 ὅμοιον ἀγγέλου. καὶ λέγει μοι σὺ εἶ ἡ Εὔα; καὶ * εἶπον * αὐτῷ ἐγὼ εἰμι. καὶ λέγει μοι τί ποιεῖς ἐν τῷ
Adam 17 3 εἰμι. καὶ λέγει μοι τί ποιεῖς ἐν τῷ παραδείσῳ; καὶ * εἶπον * αὐτῷ ὁ θεὸς ἔθετο ἡμᾶς ὥστε φυλάσσειν καὶ ἐσθίειν
Adam 17 5 ποιεῖτε ἀλλ' οὐκ ἐσθίετε ἀπὸ παντὸς φυτοῦ. κἀγὼ * εἶπον * ναὶ ἀπὸ πάντων ἐσθίομεν παρὲξ ἑνὸς μόνου ὅ ἐστι
Adam 18 2 καὶ φάγε καὶ νόησον τὴν τιμὴν τοῦ ξύλου. ἐγὼ δὲ * εἶπον * αὐτῷ φοβοῦμαι μήποτε ὀργισθῇ μοι ὁ θεὸς καθὼς
Adam 18 2 αὐτῷ φοβοῦμαι μήποτε ὀργισθῇ μοι ὁ θεὸς καθὼς * εἶπεν * ἡμῖν. καὶ λέγει μοι μὴ φοβοῦ. ἅμα γὰρ φάγῃς
Adam 18 4 ὁ θεὸς ὅτι ἔσεσθε ὅμοιοι αὐτοῦ ἐφθόνησεν ὑμῖν καὶ * εἶπεν * οὐ φάγεσθαι ἐξ αὐτοῦ. σὺ δὲ πρόσχες τῷ φυτῷ καὶ
Adam 18 5 τῷ φυτῷ καὶ ἴδον δόξαν μεγάλην περὶ αὐτοῦ. * εἶπον * δὲ αὐτῷ ὅτι ὡραῖον τοῖς ὀφθαλμοῖς. ἐφοβήθην δὲ
Adam 19 1 λέγει μοι μεταμεληθεὶς οὐ δώσω σοι φαγεῖν. ταῦτα * εἶπε * θέλων εἰς τέλος δελεάσαι με. καὶ λέγει μοι ἐὰν μὴ
Adam 19 2 μὴ ὀμόσῃς μοι ὅτι δίδῃς καὶ τῷ ἀνδρί σου. ἐγὼ δὲ * εἶπον * αὐτῷ ὅτι οὐ γινώσκω ποίῳ ὅρκῳ ὀμόσω σοι. πλὴν ὃ
Adam 21 2 σοι μέγα μυστήριον. ὅτε δὲ ἦλθεν ὁ πατὴρ ὑμῶν * εἶπον * αὐτῷ λόγους παρανομίας οἵτινες κατήγαγον ἡμᾶς ἀπὸ
Adam 21 3 μου καὶ φάγε ἀπὸ τοῦ καρποῦ τοῦ δένδρου οὗ * εἶπεν * ἡμῖν ὁ θεὸς τοῦ μὴ φαγεῖν ἀπ' αὐτοῦ καὶ ἔσει ὡς
Adam 21 4 καὶ ἔσει ὡς θεός. καὶ ἀποκριθεὶς ὁ πατὴρ ὑμῶν * εἶπεν * φοβοῦμαι μήποτε ὀργισθῇ μοι ὁ θεός. ἐγὼ δὲ εἶπον
Adam 21 4 εἶπεν φοβοῦμαι μήποτε ὀργισθῇ μοι ὁ θεός. ἐγὼ δὲ * εἶπον * μὴ φοβοῦ ἅμα γὰρ φάγῃς ἔσει γινώσκων καλὸν καὶ
Adam 22 2 Ἀδάμ. καὶ ὡς ἠκούσαμεν τοῦ ἀρχαγγέλου σαλπίζοντος * εἴπομεν * ἰδοὺ ὁ θεὸς εἰς τὸν παράδεισον ἔρχεται κρῖναι
Adam 23 2 οἰκοδομήσαντι αὐτόν; τότε ἀποκριθεὶς ὁ πατὴρ ὑμῶν * εἶπεν * οὐχὶ κύριέ μου οὐ κρυβόμεθά σε ὡς νομίζοντες ὅτι
Adam 23 5 σε ποιήσω παρὰ τοῦ θεοῦ. καὶ στραφεὶς πρός με * εἶπεν * τί τοῦτο ἐποίησας; κἀγὼ εἶπον ὅτι ὁ ὄφις ἠπάτησέ
Adam 23 5 καὶ στραφεὶς πρός με εἶπεν τί τοῦτο ἐποίησας; κἀγὼ * εἶπον * ὅτι ὁ ὄφις ἠπάτησέ με. καὶ λέγει ὁ θεὸς τῷ Ἀδὰμ
Adam 25 3 τῆς μεγάλης καὶ τῶν ὀδυνῶν. ἐξομολογήσει δὲ καὶ * εἴπεις * κύριε κύριε σῶσόν με καὶ οὐ μὴ ἐπιστρέψω εἰς τὴν
Adam 26 1 τὸν ἄνδρα σου καὶ αὐτός σου κυριεύσει. μετὰ δὲ τὸ * εἰπεῖν * μοι ταῦτα εἶπεν τῷ ὄφει ἐν ὀργῇ μεγάλῃ λέγων
Adam 26 1 αὐτός σου κυριεύσει. μετὰ δὲ τὸ εἰπεῖν μοι ταῦτα * εἶπεν * τῷ ὄφει ἐν ὀργῇ μεγάλῃ λέγων ἐπειδὴ ἐποίησας τοῦτο
Adam 27 1 ἐκείνου πτέρναν ἕως τῆς ἡμέρας τῆς κρίσεως. ταῦτα * εἰπὼν * κελεύει τοῖς ἀγγέλοις αὐτοῦ ἐκβληθῆναι ἡμᾶς ἐκ τοῦ
Adam 28 1 καὶ εὐθύτητας κρίνεις. στραφεὶς δὲ πρὸς τὸν Ἀδὰμ * εἶπεν * οὐκ ἀφήσω σε ἀπὸ τοῦ νῦν εἶναι ἐν τῷ παραδείσῳ.
Adam 28 2 νῦν εἶναι ἐν τῷ παραδείσῳ. καὶ ἀποκριθεὶς ὁ Ἀδὰμ * εἶπεν * κύριε δός μοι ἐκ τοῦ φυτοῦ τῆς ζωῆς ἵνα φάγω πρὶν
Adam 29 1 τῆς ζωῆς καὶ ἀθάνατος ἔσει εἰς τὸν αἰῶνα. ταῦτα * εἰπὼν * ὁ κύριος ἐκέλευσεν τοῖς ἀγγέλοις αὐτοῦ ἐκβληθῆναι
Adam 29 3 ποιήσωμέν σοι Ἀδάμ; ἀποκριθεὶς δὲ ὁ πατὴρ ὑμῶν * εἶπεν * τοῖς ἀγγέλοις ἰδοὺ ἐκβάλλετέ με δέομαι ὑμῶν ἄφετέ
Adam 29 4 θεῷ ὅπως εἰσακούσεταί μου ὁ θεός. καὶ προσελθόντες * εἶπον * οἱ ἄγγελοι τῷ κυρίῳ Ἰαὴλ αἰώνιε βασιλεῦ κέλευσον
Adam 29 7 ἡμέρας ἑπτά. καὶ μετὰ ἑπτὰ ἡμέρας ἐπεινάσαμεν. καὶ * εἶπον * τῷ Ἀδὰμ ἀνάστα καὶ φρόντισον ἡμῖν βρώματα ἵνα
Adam 29 8 τὴν γῆν ἐκείνην καὶ οὐχ εὕρομεν. καὶ ἀποκριθεῖσα * εἶπον * τῷ Ἀδὰμ ἀνάστα κύριε καὶ ἀνάλωσόν με ἵνα
Adam 29 9 ὀργίζεσθαί σοι δι' ἐμοῦ. τότε ἀποκριθεὶς ὁ Ἀδὰμ * εἶπεν * μοι τί ἐμνήσθης τῆς κακίας ταύτης ἵνα φόνον ποιήσω
Adam 29 13 αὐτοῦ παρεκαλέσαμεν τὸν θεὸν ὑπὲρ ὑμῶν. καὶ ταῦτα * εἰπὼν * δεύτερον ἠπάτησέν με ὁ ἐχθρός. καὶ ἐξέβην ἀπὸ τοῦ
Adam 31 1 ἑαυτοὺς μὴ ἐγκαταλιπεῖν τὸ ἀγαθόν. ταῦτα δὲ * εἰποῦσα * ἐν μέσῳ τῶν υἱῶν αὐτῆς κοιμωμένου τοῦ Ἀδὰμ ἐν
Adam 33 2 λαμπρῶν ὃ οὐκ ἦν δυνατὸν γεννηθῆναι ἀπὸ κοιλίας ἢ * εἰπεῖν * τὴν δόξαν αὐτῶν ἢ ἰδεῖν τὸ πρόσωπον αὐτῶν καὶ
Adam 37 3 ἠλέησεν τὸ πλάσμα τῶν χειρῶν αὐτοῦ Ἀδάμ. ὅτε δὲ * εἶπον * τὰς φωνὰς ταύτας οἱ ἄγγελοι ἰδοὺ ἦλθεν ἓν τῶν
Adam 37 6 τότε ὁ Μιχαὴλ ἦρεν τὸν Ἀδὰμ καὶ ἀφῆκεν αὐτὸν ὅπου * εἶπεν * αὐτῷ ὁ θεός. καὶ πάντες οἱ ἄγγελοι ὕμνουν ὕμνον
Adam 40 1 ὁρῶν σε καθήμενον ἐπὶ τοῦ θρόνου αὐτοῦ. μετὰ ταῦτα * εἶπεν * ὁ θεὸς τῷ ἀρχαγγέλῳ Μιχαὴλ ἄπελθε εἰς τὸν
Adam 40 2 ἔνεγκε τρεῖς σινδόνας βυσσίνας καὶ συρικάς. καὶ * εἶπεν * ὁ θεὸς τῷ Μιχαὴλ καὶ τῷ Γαβριὴλ καὶ τῷ Οὐριὴλ
Adam 40 3 ἄγγελοι. ὅτε δὲ ἐτέλεσαν κηδεύοντες τὸν Ἀδὰμ * εἶπεν * ὁ θεὸς ἐνεχθῆναι καὶ τὸ σῶμα τοῦ Ἄβελ. καὶ
Adam 41 1 ᾠκοδόμησαν αὐτοί. ἐκάλεσεν δὲ ὁ θεὸς τὸν Ἀδὰμ καὶ * εἶπεν * Ἀδὰμ Ἀδάμ. ἀπεκρίθη τὸ σῶμα ἐκ τῆς γῆς καὶ εἶπεν
Adam 41 1 εἶπεν Ἀδὰμ Ἀδάμ. ἀπεκρίθη τὸ σῶμα ἐκ τῆς γῆς καὶ * εἶπεν * ἰδοὺ ἐγὼ κύριε. καὶ εἶπεν αὐτῷ ὁ θεὸς ὅτι εἶπόν
Adam 41 2 τὸ σῶμα ἐκ τῆς γῆς καὶ εἶπεν ἰδοὺ ἐγὼ κύριε. καὶ * εἶπεν * αὐτῷ ὁ θεὸς ὅτι εἶπόν σοι ὅτι γῆ εἶ καὶ εἰς γῆν
Adam 41 2 εἶπεν ἰδοὺ ἐγὼ κύριε. καὶ εἶπεν αὐτῷ ὁ θεὸς ὅτι * εἶπόν * σοι ὅτι γῆ εἶ καὶ εἰς γῆν ἀπελεύσει. πάλιν τὴν
Adam 43 3 τῆς ἀναστάσεως. μετὰ δὲ τὸ δοῦναι αὐτὸν νόμον * εἶπεν * παρ' ἓξ ἡμερῶν μὴ πενθήσετε τῇ δὲ ἑβδόμῃ ἡμέρᾳ
Adam 43 4 μετὰ τῆς ψυχῆς τῆς μεταστάσης ἀπὸ τῆς γῆς. ταῦτα * εἰπὼν * ὁ ἄγγελος ἀνῆλθεν εἰς τὸν οὐρανὸν δοξάζων καὶ
Hen. 1 2 δίκαιοι. καὶ ἀναλαβὼν τὴν παραβολὴν αὐτοῦ * εἶπεν * Ἐνὼχ ἄνθρωπος δίκαιός ἐστιν ⟨ᾧ⟩ ὅρασις ἐκ θεοῦ
Hen. 6 2 οἱ ἄγγελοι υἱοὶ οὐρανοῦ καὶ ἐπεθύμησαν αὐτὰς καὶ * εἶπαν * πρὸς ἀλλήλους δεῦτε ἐκλεξώμεθα ἑαυτοῖς γυναῖκας
Hen. 6 3 ἀπὸ τῶν ἀνθρώπων καὶ γεννήσομεν ἑαυτοῖς τέκνα. καὶ * εἶπεν * Σεμιαζᾶς πρὸς αὐτοὺς ὃς ἦν ἄρχων αὐτῶν φοβοῦμαι
Hen. 6B 2 οἱ ἐγρήγοροι καὶ ἀπεπλανήθησαν ὀπίσω αὐτῶν καὶ * εἶπον * πρὸς ἀλλήλους ἐκλεξώμεθα ἑαυτοῖς γυναῖκας ἀπὸ τῶν
Hen. 6B 3 ἀπὸ τῶν θυγατέρων τῶν ἀνθρώπων τῆς γῆς. καὶ * εἶπε * Σεμιαζᾶς ὁ ἄρχων αὐτῶν πρὸς αὐτοὺς φοβοῦμαι μὴ οὐ
Hen. 6B 4 ἁμαρτίας μεγάλης. καὶ ἀπεκρίθησαν αὐτῷ πάντες καὶ * εἶπον, * ὀμόσωμεν ἅπαντες ὅρκῳ καὶ ἀναθεματίσωμεν ἀλλήλους
Hen. 9 2 αἷμα πολὺ ἐκχυννόμεν⟨ον⟩ ἐπὶ τῆς γῆς καὶ * εἶπαν * πρό⟨ς⟩ ἀλλήλους φωνὴ βοώντω⟨ν⟩ ἐπὶ τῆς γῆς μέχρι
Hen. 9 4 εἰσαγάγετε τὴν κρίσιν ἡμῶν πρὸς τὸν ὕψιστ⟨ον⟩. καὶ * εἶπα⟨ν⟩ * τῷ κυρίῳ σὺ εἶ κύριος τῶν κυρίων καὶ ὁ θεὸς τῶν
Hen. 9B 3 καὶ ἀνομίαν γενομένην ἐπ' αὐτῆς εἰσελθόντες * εἶπον * πρὸς ἀλλήλους ὅτι τὰ πνεύματα καὶ αἱ ψυχαὶ τῶν
Hen. 9B 4 τοῦ κυρίου τῶν κυρίων πάντων τῇ μεγαλωσύνῃ. καὶ * εἶπον * τῷ κυρίῳ τῶν αἰώνων σὺ εἶ ὁ θεὸς τῶν θεῶν καὶ
Hen. 10 1 τί δεῖ ποιῆσαι αὐτοὺς περὶ τούτου; τότε Ὕψιστος * εἶπεν * περὶ τούτων ὁ μέγας Ἅγιος καὶ ἐλάλησεν καὶ εἶπεν
Hen. 10 1 εἶπεν περὶ τούτων ὁ μέγας Ἅγιος καὶ ἐλάλησεν καὶ * εἶπεν * καὶ ἔπεμψεν Ἰστραὴλ πρὸς τὸν υἱὸν Λέμεχ εἶπον
Hen. 10 2 καὶ εἶπεν καὶ ἔπεμψεν Ἰστραὴλ πρὸς τὸν υἱὸν Λέμεχ * εἶπον * αὐτῷ ἐπὶ τῷ ἐμῷ ὀνόματι κρύψον σεαυτὸν καὶ δήλωσον
Hen. 10 4 εἰς πάσας τὰς γενεὰς τοῦ αἰῶνος. καὶ τῷ Ῥαφαὴλ * εἶπεν * δῆσον τὸν Ἀζαὴλ ποσὶν καὶ χερσὶν καὶ βάλε αὐτὸν
Hen. 10 9 ἐπ' αὐτῷ γράψον τὰς ἁμαρτίας πάσας. καὶ τῷ Γαβριὴλ * εἶπεν * ὁ κύριος πορεύου ἐπὶ τοὺς μαζηρέους ἐπὶ τοὺς
Hen. 10 11 καὶ ὅτι ζήσεται ἕκαστος αὐτῶν ἔτη πεντακόσια. καὶ * εἶπεν * Μιχαὴλ πορεύου καὶ δήλωσον Σεμιαζᾷ καὶ τοῖς
Hen. 10B 1 εἰς πάσας τὰς γενεὰς τοῦ αἰῶνος. τότε ὁ ὕψιστος * εἶπε * καὶ ὁ ἅγιος ὁ μέγας ἐλάλησε καὶ ἔπεμψε τὸν Οὐριὴλ
Hen. 10B 2 πρὸς τὸν υἱὸν Λάμεχ λέγων πορεύου πρὸς τὸν Νῶε καὶ * εἶπον * αὐτῷ τῷ ἐμῷ ὀνόματι κρύψον σεαυτὸν καὶ δήλωσον
Hen. 10B 2 αὐτῷ τέλος ἐπερχόμενον ὅτι ἡ γῆ ἀπόλλυται πᾶσα καὶ * εἶπον * αὐτῷ ὅτι κατακλυσμὸς μέλλει γίνεσθαι πάσης τῆς γῆς
Hen. 10B 4 πάσας τὰς γενεὰς τοῦ αἰῶνος. καὶ τῷ Ῥαφαὴλ * εἶπε * πορεύου Ῥαφαὴλ καὶ δῆσον τὸν Ἀζαὴλ χερσὶ καὶ ποσὶ
Hen. 10B 7 πάντες οἱ υἱοὶ τῶν ἀνθρώπων ἐν τῷ μυστηρίῳ ὃ * εἶπον * οἱ ἐγρήγοροι καὶ ἐδίδαξαν τοὺς υἱοὺς τῶν ἀνθρώπων
Hen. 10B 9 ἐπ' αὐτῇ γράψον πάσας τὰς ἁμαρτίας. καὶ τῷ Γαβριὴλ * εἶπε * πορεύου Γαβριὴλ ἐπὶ τοὺς γίγαντας ἐπὶ τοὺς
Hen. 10B 11 ἕκαστος αὐτῶν ἔτη πεντακόσια. καὶ τῷ Μιχαὴλ * εἶπε * πορεύου Μιχαὴλ δῆσον Σεμιαζᾶν καὶ τοὺς ἄλλους σὺν
Hen. 12 4 με Ἐνὼχ ὁ γραμματεὺς τῆς δικαιοσύνης πορεύου καὶ * εἶπε * τοῖς ἐγρηγόροις τοῦ οὐρανοῦ οἵτινες ἀπολιπόντες τὸν
Hen. 13 1 αὐτοῖς εἰς ἔλεον καὶ εἰρήνην. ὁ δὲ Ἐνὼχ τῷ Ἀζαὴλ * εἶπεν * πορεύου οὐκ ἔσται σοι εἰρήνη. κρίμα μέγα ἐξῆλθεν
Hen. 13 8 καὶ ἴδον ὁράσεις ὀργῆς καὶ ἦλθεν φωνὴ λέγουσα * εἶπον * τοῖς υἱοῖς τοῦ οὐρανοῦ τοῦ ἐλέγξαι αὐτούς. καὶ
Hen. 14 24 καὶ ὁ κύριος τῷ στόματι αὐτοῦ ἐκάλεσέν με καὶ * εἶπέν * μοι πρόσελθε ὧδε Ἐνὼχ καὶ τὸν λόγον μου ἄκουσον.
Hen. 15 1 ἐγὼ δὲ τὸ πρόσωπόν μου κάτω ἔκυφον. καὶ ἀποκριθεὶς * εἶπέν * μοι ὁ ἄνθρωπος ὁ ἀληθινὸς ἄνθρωπος τῆς ἀληθείας ὁ
Hen. 15 2 ὧδε καὶ τῆς φωνῆς μου ἄκουσον. πορεύθητι καὶ * εἶπε * τοῖς πέμψασίν σε ἐρωτῆσαι ὑμᾶς ἔδει περὶ τῶν

| | | | | | |
|---|---|---|---|---|---|
| Hen. | 16 | 4 | αἱ θήλειαι καὶ οἱ ἄνθρωποι τὰ κακὰ ἐπὶ τῆς γῆς. | * εἶπον * | οὖν αὐτοῖς οὐκ ἔστιν εἰρήνη. καὶ ἀπὸ ἡμέρας καιροῦ |
| Hen. | 18 | 14 | ὡς ὄρη μεγάλα καιόμενα περὶ ὧν πυνθανομένῳ μοι | * εἶπεν * | ὁ ἄγγελος οὗτός ἐστιν ὁ τόπος τὸ τέλος τοῦ οὐρανοῦ |
| Hen. | 19 | 1 | αὐτῶν ἁμαρτίας (αὐτῶν) ἐνιαυτῶν μυρίων. καὶ | * εἶπέν * | μοι Οὐριὴλ ἐνθάδε οἱ μιγέντες ἄγγελοι ταῖς |
| Hen. | 21 | 4 | ὄρεσιν μεγάλοις καὶ ἐν πυρὶ καιομένους. τότε | * εἶπον * | διὰ ποίαν αἰτίαν ἐπεδέθησαν καὶ διά τί ὧδε |
| Hen. | 21 | 5 | αἰτίαν ἐπεδέθησαν καὶ διά τί ὧδε ἐρίφησαν; τότε | * εἶπέν * | μοι Οὐριὴλ ὁ εἷς τῶν ἁγίων ἀγγέλων ὃς μετ' ἐμοῦ ἦν |
| Hen. | 21 | 5 | ἀγγέλων ὃς μετ' ἐμοῦ ἦν καὶ αὐτὸς ἡγεῖτο αὐτῶν καὶ | * εἶπέν * | μοι Ἐνὼχ περὶ τίνος ἐρωτᾷς ἢ περὶ τίνος τὴν |
| Hen. | 21 | 8 | οὔτε πλάτος ἠδυνήθην ἰδεῖν οὐδὲ εἰκάσαι. τότε | * εἶπον * | ὡς φοβερὸς ὁ τόπος καὶ ὡς δεινὸς τῇ ὁράσει. τότε |
| Hen. | 21 | 9 | μοι ὁ εἷς τῶν ἁγίων ἀγγέλων ὃς μετ' ἐμοῦ ἦν καὶ | * εἶπέν * | μοι Ἐνὼχ διά τί ἐφοβήθης; οὕτως καὶ ἐπτοήθης; καὶ |
| Hen. | 21 | 10 | τοῦ φοβεροῦ καὶ περὶ τῆς προσόψεως τῆς δεινῆς. καὶ | * εἶπεν * | οὗτος ὁ τόπος δεσμωτήριον ἀγγέλων ὧδε |
| Hen. | 21B | 4 | ὁμοίους ὁράσει μεγάλῃ καὶ ἐν πυρὶ καιομένους. τότε | * εἶπον * | διὰ ποίαν αἰτίαν ἐπεδέθησαν καὶ διὰ ποίαν αἰτίαν |
| Hen. | 21B | 5 | ἐπεδέθησαν καὶ διὰ ποίαν αἰτίαν ἐρίφησαν ὧδε; καὶ | * εἶπέν * | μοι Οὐριὴλ ὁ εἷς τῶν ἁγίων ἀγγέλων ὁ μετ' ἐμοῦ ὢν |
| Hen. | 21B | 5 | ἀγγέλων ὁ μετ' ἐμοῦ ὢν καὶ αὐτὸς αὐτῶν ἡγεῖτο καὶ | * εἶπέν * | μοι Ἐνὼχ περὶ τίνος ἐρωτᾷς ἢ περὶ τίνος τὴν |
| Hen. | 22 | 2 | εἷς φωτινὸς καὶ πηγὴ ὕδατος ἀνὰ μέσον αὐτοῦ. καὶ | * εἶπον * | πῶς λεῖα τὰ κοιλώματα ταῦτα καὶ ὁλοβαθῆ καὶ |
| Hen. | 22 | 3 | ὁ εἷς τῶν ἁγίων ἀγγέλων ὃς μετ' ἐμοῦ ἦν καὶ | * εἶπέν * | μοι οὗτοι οἱ τόποι οἱ κοῖλοι ἵνα ἐπισυνάγωνται εἰς |
| Hen. | 22 | 6 | ἠρώτησα Ῥαφαὴλ τὸν ἄγγελον ὃς μετ' ἐμοῦ ἦν καὶ | * εἶπα * | αὐτῷ τοῦτο τὸ πνεῦμα τὸ ἐντυγχάνον τίνος ἐστίν δι' |
| Hen. | 22 | 14 | ἐντεῦθεν. τότε ηὐλόγησα τὸν κύριον τῆς δόξης καὶ | * εἶπα * | εὐλογητὸς εἶ κύριε ὁ τῆς δικαιοσύνης κυριεύων τοῦ |
| Hen. | 24 | 5 | οἱ δὲ περὶ τὸν καρπὸν ὡσεὶ βότρυες φοινίκων. τότε | * εἶπον * | ὡς καλὸν τὸ δένδρον τοῦτό ἐστιν καὶ εὐῶδες καὶ |
| Hen. | 25 | 1 | ἀγγέλων ὃς μετ' ἐμοῦ ἦν καὶ αὐτὸς αὐτῶν ἡγεῖτο καὶ | * εἶπέν * | μοι Ἐνὼχ τί ἐρωτᾷς καὶ τί ἐθαύμασας ἐν τῇ ὀσμῇ |
| Hen. | 25 | 7 | ἀνθρώποις τὰ τοιαῦτα δικαίοις καὶ αὐτὰ ἔκτισεν καὶ | * εἶπεν * | δοῦναι αὐτοῖς. καὶ ἐκεῖθεν ἐφώδευσα εἰς τὸ μέσον |
| Hen. | 27 | 1 | ἐθαύμασα περὶ τῆς φάραγγος καὶ λίαν ἐθαύμασα. καὶ | * εἶπον * | διά τί ἡ γῆ αὕτη ἡ εὐλογημένη καὶ πᾶσα πλήρης |
| Hen. | 32 | 5 | ὀσμὴ αὐτοῦ διέτρεχεν πόρρω ἀπὸ τοῦ δένδρου. τότε | * εἶπον * | ὡς καλὸν τὸ δένδρον καὶ ὡς ἐπίχαρι τῇ ὁράσει. τότε |
| Hen. | 103 | 9 | αἰῶνος. οὐαὶ ὑμῖν οὐκ ἔστιν ὑμῖν χαίρειν. μὴ γὰρ | * εἴπητε * | οἱ δίκαιοι ὅσιοι ὄντες ἐν τῇ ζωῇ τῶν ἡμερῶν τῆς |
| Hen. | 104 | 7 | ἀπέχεσθε ἀπὸ πάντων τῶν ἀδικημάτων αὐτῶν. μὴ γὰρ | * εἴπητε * | οἱ ἁμαρτωλοὶ ⟨ὅτι⟩ οὐ μὴ ἐκζητηθῶσιν αἱ ἁμαρτίαι |
| Hen. | 106 | 4 | καὶ ἦλθεν πρὸς Μαθουσάλεκ τὸν πατέρα αὐτοῦ καὶ | * εἶπεν * | αὐτῷ τέκνον ἐγεννήθη μου ἀλλοῖον οὐχ ὅμοιον τοῖς |
| Hen. | 106 | 8 | τὰ τέρματα τῆς γῆς οὗ ⟨εἶδ⟩εν τότε εἶναί με καὶ | * εἶπέν * | μοι πάτερ ⟨μου⟩ ἐπάκουσον τῆς φωνῆς μου καὶ ἧκε |
| Hen. | 106 | 8 | ἤκουσα τὴν φωνὴν αὐτοῦ καὶ ἦλθον πρὸς αὐτὸν καὶ | * εἶπα * | ἰδοὺ πάρειμι τέκνον διά τί ἐλήλυθας πρὸς ἐμὲ |
| Abr.1 | 1 | 4 | ὁ δεσπότης θεὸς τὸν ἀρχάγγελον Μιχαὴλ αὐτοῦ καὶ | * εἶπεν * | πρὸς αὐτὸν κάτελθε Μιχαὴλ ἀρχιστράτηγε ⟨πρὸς τὸν |
| Abr.1 | 1 | 4 | ἀρχιστράτηγε ⟨πρὸς τὸν φίλον μου Ἀβραὰμ⟩ καὶ | * εἰπὲ * | αὐτὸν περὶ τοῦ θανάτου ἵνα διατάξεται περὶ τῶν |
| Abr.1 | 2 | 3 | δὲ ἀρχιστράτηγος προχαιρετίσας τὸν δίκαιον Ἀβραὰμ | * εἶπεν * | χαίροις τιμιώτατε πάτερ δικαία ψυχὴ φίλε γνήσιε |
| Abr.1 | 2 | 4 | δικαία ψυχὴ φίλε γνήσιε τοῦ θεοῦ τοῦ ἐπουρανίου. | * εἶπεν * | δὲ Ἀβραὰμ πρὸς τὸν ἀρχιστράτηγον χαίροις |
| Abr.1 | 2 | 7 | ὁ βασιλεὺς πρὸς αὐτὸν προσκαλεῖται. καὶ ὁ Ἀβραὰμ | * εἶπεν * | δεῦρο κύριέ μου πορεύθητι μετ' ἐμοῦ εἰς τὴν χώραν. |
| Abr.1 | 2 | 9 | τῇ χώρᾳ⟩ τοῦ ἀροτριασμοῦ ἐκαθέσθησαν πρὸς ὁμιλίαν. | * εἶπεν * | δὲ Ἀβραὰμ τοῖς παισὶν αὐτοῦ τοῖς υἱοῖς Μασὲκ |
| Abr.1 | 2 | 10 | καθεσθῶμεν ἐγώ τε καὶ ὁ ἄνθρωπος οὗτος ὁ ἐπίξενος. | * εἶπεν * | δὲ ὁ ἀρχιστράτηγος μὴ κύριέ μου Ἀβραὰμ μὴ |
| Abr.1 | 2 | 12 | πεζεύοντες ἕως τοῦ οἴκου σου μετεωριζόμενοι. καὶ | * εἶπεν * | Ἀβραὰμ ἀμὴν γένοιτο κύριε. ἀπέρχονται ἀπὸ τοῦ |
| Abr.1 | 3 | 3 | θεοῦ τὸ δένδρον ἐβόησεν φωνὴν ἀνθρωπίνην καὶ | * εἶπεν * | ἅγιος ἅγιος ἅγιος κύριος ὁ προσκαλούμενος ἑαυτὸν |
| Abr.1 | 3 | 5 | καὶ ἰδὼν Ἰσαὰκ τὴν πρόσοψιν τοῦ ἀγγέλου | * εἶπεν * | πρὸς Σάρραν τὴν μητέρα αὐτοῦ κυρία μου μήτηρ ἰδοὺ |
| Abr.1 | 3 | 6 | καὶ ὁ ἀρχιστράτηγος ηὐλόγησεν τὸν Ἰσαὰκ καὶ | * εἶπε * | χαρίσεταί σοι κύριος ὁ θεὸς τὴν ἐπαγγελίαν αὐτοῦ ἣν |
| Abr.1 | 3 | 7 | τιμίαν εὐχὴν τοῦ πατρός σου καὶ τῆς μητρός σου. | * εἶπεν * | δὲ Ἀβραὰμ πρὸς Ἰσαὰκ τὸν υἱὸν αὐτοῦ τέκνον |
| Abr.1 | 4 | 1 | πᾶσι τὸ μυστήριον μόνον ἔχων ἐν τῇ καρδίᾳ αὐτοῦ. | * ⟨εἶπεν * | δὲ Ἀβραὰμ πρὸς Ἰσαὰκ τὸν υἱὸν αὐτοῦ⟩ ἄπελθε υἱέ |
| Abr.1 | 4 | 5 | ἐν ῥιπῇ ὀφθαλμοῦ καὶ ἔστη ἐνώπιον τοῦ θεοῦ καὶ | * εἶπεν * | πρὸς τὸν δεσπότην. κύριε κύριε ἵνα γινώσκῃ τὸ σὸν |
| Abr.1 | 4 | 7 | ἄνδρα ἐκεῖνον ἀναγγεῖλαι οὐ δύναμαι. ὁ δὲ κύριος | * εἶπεν * | ἄπελθε Μιχαὴλ ἀρχιστράτηγε πρὸς τὸν φίλον μου τὸν |
| Abr.1 | 4 | 9 | αὐτὸς γνώσεται τὸ τέλος αὐτοῦ. καὶ ὁ ἀρχιστράτηγος | * εἶπεν * | κύριε πάντα γὰρ τὰ ἐπουράνια πνεύματα ὑπάρχουσιν |
| Abr.1 | 4 | 10 | καθήμενος ἐν μιᾷ τραπέζῃ μετ' αὐτοῦ; ὁ δὲ κύριος | * εἶπε * | ⟨κάτελθε⟩ πρὸς αὐτὸν καὶ περὶ τούτου μὴ σὺ μελετῶ |
| Abr.1 | 5 | 3 | αὐτοῦ καὶ ἀνεπαύσαντο ἕκαστος ἐν τῇ κλίνῃ αὐτοῦ. | * εἶπε * | δὲ Ἰσαὰκ πρὸς τὸν πατέρα αὐτοῦ πάτερ ἤθελα κἀγὼ |
| Abr.1 | 5 | 4 | τῆς ὁμιλίας αὐτοῦ τοῦ ἐναρέτου ἀνδρὸς τούτου. | * εἶπε * | δὲ Ἀβραὰμ οὐχὶ τέκνον Ἰσαὰκ ἀλλὰ ἄπελθε ἐν τῷ σῷ |
| Abr.1 | 5 | 12 | καὶ εὗρεν αὐτοὺς περιπλακομένους καὶ κλαίοντας. | * εἶπε * | δὲ μετὰ κλαυθμοῦ κύριέ μου Ἀβραάμ τί ἐστι τοῦτο |
| Abr.1 | 5 | 14 | οὕτως πενθεῖται; προλαβὼν δὲ ὁ ἀρχιστράτηγος | * εἶπε * | πρὸς Σάρρα ἀδελφὴ Σάρρα οὐκ ἔστιν οὕτως ὃ σὺ λέγεις |
| Abr.1 | 6 | 3 | μου Ἀβραὰμ οὐ γινώσκεις τίς ἔστιν οὗτος ὁ ἀνήρ; | * εἶπεν * | δὲ Ἀβραὰμ οὐ γινώσκω. εἶπεν δὲ Σάρρα εἶδες κύριέ |
| Abr.1 | 6 | 4 | ἔστιν οὗτος ὁ ἀνήρ; εἶπεν δὲ Ἀβραὰμ οὐ γινώσκω. | * εἶπεν * | δὲ Σάρρα εἶδες κύριέ μου τοὺς τρεῖς ἄνδρας τοὺς |
| Abr.1 | 6 | 6 | γὰρ τῶν τριῶν ἀνδρῶν οὗτός ἐστιν ὁ εἷς ἐξ αὐτῶν. | * εἶπεν * | δὲ Ἀβραὰμ ὦ Σάρρα τοῦτο ἀληθὲς εἴρηκας δόξα καὶ |
| Abr.1 | 6 | 6 | ἔνιπτον τοὺς πόδας αὐτοῦ ἐν τῇ λεκάνῃ τοῦ νιπτῆρος | * εἶπον * | ἐν τῇ καρδίᾳ μου οὗτοι οἱ πόδες ἐκ τῶν τριῶν |
| Abr.1 | 6 | 8 | αὐτὰ ἡ Σάρρα προσεκύνησεν καὶ ἠσπάζετο ταῦτα ⟨καὶ | * εἶπε⟩ * | δόξα τῷ θεῷ τῷ δεικνύοντι ἡμῖν θαυμάσια καὶ νῦν |
| Abr.1 | 7 | 1 | δὲ Ἀβραὰμ τὴν Σάρραν εἰσῆλθεν ἐν τῷ τρικλίνῳ καὶ | * εἶπε * | πρὸς Ἰσαὰκ δεῦρο υἱέ μου ἀγαπητὲ ἀνάγγειλόν μοι |
| Abr.1 | 7 | 6 | δὲ μεγάλως καὶ παρεκάλεσα τὸν ἄνδρα ἐκεῖνον καὶ | * εἶπον * | μὴ κύριε μὴ ἄρῃς ἀπ' ἐμοῦ τὴν δόξαν μου ἐλέησόν με |
| Abr.1 | 7 | 7 | ἥλιον ἦρας κἂν τὴν σελήνην ἔασον ἐπ' ἐμέ. αὐτὸς δὲ | * εἶπεν * | ἄφες ἀρτίως ἀναληφθῆναι αὐτοὺς ⟨εἰς τὴν ἄνω |
| Abr.1 | 7 | 8 | ἀπ' ἐμοῦ τὰς δὲ ἀκτῖνας αὐτῶν ἔασεν ἐπ' ἐμέ. | * εἶπεν * | δὲ ὁ ἀρχιστράτηγος ἄκουσον δίκαιε Ἀβραὰμ ὁ μὲν |
| Abr.1 | 7 | 10 | τὸν κοσμικὸν βίον καὶ πρὸς τὸν θεὸν ἀποδημεῖν. | * εἶπε * | δὲ Ἀβραὰμ πρὸς τὸν ἀρχιστράτηγον ὦ θαῦμα θαυμάτων |
| Abr.1 | 7 | 12 | οὕτως ἀπελεύσομαι πρὸς αὐτὸν καθὼς ἐκέλευσέ μοι. | * εἶπε * | δὲ Ἀβραὰμ νῦν ἔγνωκα κἀγὼ ὅτι σὺ εἶ ἄγγελος κυρίου |
| Abr.1 | 8 | 2 | πάντα ἅπερ εἶδεν ἐν τῷ οἴκῳ τοῦ Ἀβραάμ. | * εἶπεν * | δὲ καὶ τοῦτο ὁ ἀρχιστράτηγος πρὸς τὸν δεσπότην ὅτι |
| Abr.1 | 8 | 4 | ὅτι κελεύει ἡ σὴ δόξα καὶ βασιλεία ἡ ἀθάνατος. | * εἶπεν * | δὲ ὁ θεὸς τὸν Μιχαὴλ ἄπελθε πρὸς τὸν φίλον μου τὸν |
| Abr.1 | 8 | 4 | πρὸς τὸν φίλον μου τὸν Ἀβραὰμ ⟨ἔτι ἅπαξ⟩ καὶ | * εἶπε * | αὐτὸν οὕτως τάδε λέγει ὁ θεός σου τί σε ἐγκατέλειπα |
| Abr.1 | 8 | 12 | ὅτι οὐ μὴ θέλω λυπῆσαί σε ταῦτα πεποίηκα ἵνα τί σὺ | * εἶπας * | τὸν ἀρχιστράτηγόν μου ὅτι οὐ μή σε ἀκολουθήσω; ἵνα |
| Abr.1 | 9 | 2 | τὸ ἔδαφος τῆς γῆς ὡς νεκρός. ὁ δὲ ἀρχιστράτηγος | * εἶπεν * | αὐτῷ πάντα ὅσα ἤκουσεν παρὰ τοῦ ὑψίστου τότε οὖν ὁ |
| Abr.1 | 10 | 3 | εἶδεν δὲ καὶ νεονύμφους ὀψικευομένους καὶ ἁπλῶς | * εἰπεῖν * | εἶδεν πάντα τὰ τοῦ κόσμου γινόμενα ἀγαθὰ καὶ |
| Abr.1 | 10 | 5 | ⟨ Ἀβραὰμ τὸν ἀρχιστράτηγον⟩ τίνες εἰσίν οὗτοι; καὶ | * εἶπεν * | ὁ ἀρχιστράτηγος οὗτοί εἰσιν οἱ κλέπται οἱ |
| Abr.1 | 10 | 6 | ἐργάσασθαι καὶ κλέψαι καὶ θῦσαι καὶ ἀπολέσαι. | * εἶπεν * | δὲ Ἀβραὰμ κύριε εἰσάκουσον τῆς φωνῆς μου καὶ |
| Abr.1 | 10 | 9 | ἄνδρα μετὰ γυναικὸς εἰς ἀλλήλους πορνεύοντας καὶ | * εἶπεν * | ⟨κύριε⟩ κέλευσον ὅπως χάνῃ ἡ γῆ καὶ καταπίῃ αὐτοὺς |
| Abr.1 | 10 | 11 | οἴκους καὶ ἁρπάζοντας τὰ ἀλλότρια πράγματα καὶ | * εἶπεν * | Ἀβραὰμ κύριε κέλευσον ἵνα κατέλθῃ πῦρ ἐκ τοῦ |
| Abr.1 | 11 | 9 | ποτὲ δὲ χαίρεται καὶ ἀγάλλεται ἐν εὐφροσύνῃ; | * εἶπεν * | δὲ ὁ ἀρχιστράτηγος οὗτός ἐστιν ὁ πρωτόπλαστος |
| Abr.1 | 12 | 15 | καὶ λέγει τί ἐστι ταῦτα ἃ θεωροῦμεν; καὶ | * εἶπεν * | ὁ ἀρχιστράτηγος ταῦτα ἅπερ βλέπεις ὅσιε Ἀβραὰμ |
| Abr.1 | 12 | 17 | αὐτοῦ καὶ ἤνεγκεν αὐτὴν ἔμπροσθεν τοῦ κριτοῦ καὶ | * εἶπεν * | ὁ κριτὴς ἕνα τῶν ἀγγέλων τῶν καθυπουργούντων αὐτῷ |
| Abr.1 | 13 | 1 | σωζομένοις ἀλλ' ἔστησεν αὐτὴν εἰς τὸ μέσον. καὶ | * εἶπεν * | Ἀβραὰμ κύριέ μου ἀρχιστράτηγε τίς ἐστιν ὁ κριτὴς |
| Abr.1 | 13 | 2 | καὶ τίς ὁ πύρινος ἄγγελος ὁ τὸ πῦρ δοκιμάζων; | * εἶπεν * | δὲ ὁ ἀρχιστράτηγος θεωρεῖς πανόσιε καὶ δίκαιε |
| Abr.1 | 13 | 3 | κτίσιν καὶ ἐλέγχων δικαίους καὶ ἁμαρτωλοὺς διότι | * εἶπεν * | ὁ θεὸς ὅτι οὐκ ἐγὼ κρίνω τὸν κόσμον ἀλλὰ πᾶς |
| Abr.1 | 14 | 1 | τὰ πάντα ἐν πᾶσιν ἐν πυρὶ καὶ ζυγῷ δοκιμάζονται. | * εἶπεν * | δὲ Ἀβραὰμ πρὸς τὸν ἄγγελον κύριέ μου ἀρχιστράτηγε |
| Abr.1 | 14 | 2 | ἐν τῇ χειρὶ αὐτοῦ πῶς κατεδικάσθη ἐν τῷ μέσῳ; | * εἶπεν * | δὲ ὁ ἀρχιστράτηγος ἄκουσον δίκαιε Ἀβραὰμ διότι |
| Abr.1 | 14 | 3 | ἕως οὗ ἔλθῃ ὁ κριτὴς καὶ θεὸς τῶν ἁπάντων. | * εἶπεν * | δὲ Ἀβραὰμ καὶ τί ἔτι λείπεται ἡ ψυχὴ εἰς τὸ |
| Abr.1 | 14 | 4 | καὶ τί ἔτι λείπεται ἡ ψυχὴ εἰς τὸ σώζεσθαι; | * ⟨εἶπεν * | δὲ ὁ ἀσώματος⟩ μίαν δικαιοσύνην ἐὰν κέκτητο |
| Abr.1 | 14 | 5 | ὑπεράνω τῶν ἁμαρτιῶν ἔρχεται εἰς τὸ σώζεσθαι. | * ⟨εἶπεν * | δὲ Ἀβραὰμ πρὸς τὸν ἀρχιστράτηγον⟩ δεῦρο Μιχαὴλ |
| Abr.1 | 14 | 5 | εἰ ἐπακούσεται ἡμῖν ὁ θεὸς καὶ ὁ ἀρχιστράτηγος | * εἶπεν * | ἀμὴν γένοιτο. καὶ ἐποίησαν δέησιν καὶ εὐχὴν πρὸς |
| Abr.1 | 14 | 7 | οὐκ εἶδον τὴν ψυχὴν⟩ ἱσταμένην ἐκεῖσε. καὶ | * εἶπεν * | Ἀβραὰμ ⟨πρὸς τὸν ἄγγελον⟩ ποῦ ἐστίν ἡ ψυχή; εἶπεν |
| Abr.1 | 14 | 8 | εἶπεν Ἀβραὰμ ⟨πρὸς τὸν ἄγγελον⟩ ποῦ ἐστίν ἡ ψυχή; | * εἶπεν * | δὲ ὁ ἀρχιστράτηγος σέσωσται διὰ τῆς εὐχῆς σου τῆς |
| Abr.1 | 14 | 9 | φωτοφόρος καὶ ἀνήνεγκεν αὐτὴν ἐν τῷ παραδείσῳ. | * εἶπεν * | δὲ Ἀβραὰμ δοξάζω τὸ ὄνομα τοῦ θεοῦ τοῦ ὑψίστου |
| Abr.1 | 14 | 10 | θεοῦ τοῦ ὑψίστου καὶ τὸ ἔλεος αὐτοῦ τὸ ἀμέτρητον. | * εἶπεν * | δὲ Ἀβραὰμ πρὸς τὸν ἀρχιστράτηγον δέομαί σου |
| Abr.1 | 15 | 1 | ἐπὶ τῆς γῆς ζῶντας ἐν τῷ θανάτῳ οὐκ ἀπαιτήσομαι. | * εἶπεν * | δὲ καὶ τὸν ἀρχιστράτηγον ἡ φωνὴ τοῦ κυρίου Μιχαὴλ |
| Abr.1 | 15 | 6 | κύκλῳ τοῦ Ἀβραὰμ δοξάζοντες τὸν θεὸν τὸν ἅγιον. | * εἶπεν * | δὲ ὁ ἀσώματος πρὸς Ἀβραὰμ ἄκουσον δικαιώτατε ἰδοὺ |
| Abr.1 | 15 | 8 | ἐκ τοῦ σώματος ἔτι ἅπαξ πρὸς τὸν κύριον ἔρχεσθαι. | * εἶπεν * | δὲ Ἀβραὰμ ὁ κύριος εἶπεν ἢ ἀφ' ἑαυτοῦ σὺ τοῦτο |
| Abr.1 | 15 | 8 | τὸν κύριον ἔρχεσθαι. εἶπεν δὲ Ἀβραὰμ ὁ κύριος | * εἶπεν * | ἢ ἀφ' ἑαυτοῦ σὺ τοῦτο λέγεις; ὁ δὲ ἀρχιστράτηγος |
| Abr.1 | 15 | 9 | ἢ ἀφ' ἑαυτοῦ σὺ τοῦτο λέγεις; ὁ δὲ ἀρχιστράτηγος | * εἶπεν * | ἅπερ ὁ δεσπότης ἐκέλευσεν κἀγώ σοι λέγω. εἶπεν δὲ |
| Abr.1 | 15 | 10 | εἶπεν ἅπερ ὁ δεσπότης ἐκέλευσεν κἀγώ σοι λέγω. | * εἶπεν * | δὲ Ἀβραὰμ οὐ μή σε ἀκολουθήσω. ἀκούσας δὲ ὁ |
| Abr.1 | 15 | 12 | οὐρανοὺς καὶ ἔστη ἐνώπιον τοῦ θεοῦ τοῦ ὑψίστου καὶ | * εἶπεν * | κύριε παντοκράτωρ ἰδοὺ εἰσήκουσα τοῦ φίλου σου |
| Abr.1 | 15 | 12 | ἰδοὺ εἰσήκουσα τοῦ φίλου σου Ἀβραὰμ πάντα ὅσα | * εἶπεν * | πρός σε καὶ τὰς αἰτήσεις αὐτοῦ ἐπλήρωσα καὶ ἔδειξα |
| Abr.1 | 15 | 14 | Ἀβραὰμ ὅτι οὐκ ἀκολουθῶ σε; καὶ ⟨ὁ ἀρχάγγελος⟩ | * εἶπεν * | ἐκ προσώπου κυρίου τοῦ θεοῦ ἡμῶν ⟨οὕτως λέγει ὁ |
| Abr.1 | 16 | 1 | βασιλεῦ τί ῥῆμα καὶ γενήσεται. τότε ὁ ὕψιστος | * εἶπεν * | κάλεσόν μοι ὧδε τὸν θάνατον τὸν κεκλημένον τὸ |
| Abr.1 | 16 | 2 | πρόσωπον καὶ ἀνέλεον βλέμμα. καὶ ἀπελθὼν Μιχαὴλ | * εἶπεν * | τὸν θάνατον δεῦρο καλεῖ σε ὁ δεσπότης τῆς κτίσεως |
| Abr.1 | 16 | 10 | τοῦ θεοῦ τοῦ ὑψίστου καὶ τῶν ἀγγέλων ὁμόσκηνε. | * εἶπεν * | δὲ ὁ Ἀβραὰμ πρὸς τὸν θάνατον χαίροις ἡλιόρατε |
| Abr.1 | 16 | 13 | ⟨μᾶλλον⟩ ὅτι ἐγὼ εἰμι παντὸς ἀγαθοῦ εὐμορφότερος. | * εἶπεν * | δὲ ὁ θάνατος ἐγὼ πάτερ λέγω σοι τὴν ἀλήθειαν |
| Abr.1 | 16 | 14 | ὄνομα ὠνόμασέν με ὁ θεὸς ἐκεῖνο καὶ λέγω σοι. | * εἶπεν * | δὲ Ἀβραὰμ εἰς τί ἐλήλυθας ὧδε; εἶπεν δὲ ὁ θάνατος |
| Abr.1 | 16 | 15 | λέγω σοι. εἶπεν δὲ Ἀβραὰμ εἰς τί ἐλήλυθας ὧδε; | * εἶπεν * | δὲ ὁ θάνατος διὰ τῆς δικαίας σου ψυχῆς παραγέγονα. |
| Abr.1 | 17 | 2 | οὖν καὶ ὁ θάνατος καὶ ἔστη παρὰ τοὺς πόδας αὐτοῦ. | * εἶπεν * | οὖν Ἀβραὰμ ἄπελθε ἄπελθε ἀπ' ἐμοῦ ὅτι θέλω |
| Abr.1 | 17 | 4 | αὐτῷ Ἀβραὰμ κατὰ τοῦ θεοῦ τοῦ ἀθανάτου σοι λέγω | * εἰπὲ * | ἡμῖν τὸ ἀληθὲς σὺ εἶ ὁ θάνατος; λέγει αὐτῷ ὁ |
| Abr.1 | 17 | 6 | αὐτῷ ὁ θάνατος ἐγώ εἰμι ὁ τὸν κόσμον λυμαίνων. | * εἶπεν * | δὲ Ἀβραὰμ δέομαί σου ἐπειδὴ σὺ εἶ ὁ θάνατος |
| Abr.1 | 17 | 7 | εὐμορφίᾳ καὶ δόξῃ καὶ ὡραιότητι τοιαύτῃ; ὁ θάνατος | * εἶπεν * | οὐχὶ κύριέ μου αἱ γὰρ δικαιοσύναι σου καὶ τὸ |

| | | | | | |
|---|---|---|---|---|---|
| Abr.1 | 17 | 9 | ἀπέρχομαι τοῖς ἁμαρτωλοῖς τοῖς μὴ πράξασιν ἔλεον. | * εἶπεν * | δὲ Ἀβραὰμ δέομαί σου ἐπάκουσόν μου καὶ δίδαξόν |
| Abr.1 | 17 | 10 | μοι τὴν ἀγριότητά σου καὶ πᾶσαν τὴν σαπρίαν. | * εἶπεν * | δὲ ὁ θάνατος οὐ μὴ δυνηθῇς θεάσασθαι τὴν ἐμὴν |
| Abr.1 | 17 | 11 | δυνηθῇς θεάσασθαι τὴν ἐμὴν ἀγριότητα δικαιότατε. | * εἶπεν * | δὲ Ἀβραὰμ ναὶ δυνήσομαι θεάσασθαί σου πᾶσαν τὴν |
| Abr.1 | 17 | 17 | φοβερὸν καὶ ποτήρια μεμεστωμένα φαρμάκων καὶ ἁπλῶς | * εἰπεῖν * | ἔδειξεν αὐτὸν πολλὴν ἀγριότητα καὶ πικρίαν |
| Abr.1 | 18 | 1 | αὐτοῦ. καὶ ταῦτα οὕτως ἰδὼν ὁ πανίερος Ἀβραὰμ | * εἶπεν * | πρὸς τὸν θάνατον δέομαί σου πανώλεθρε θάνατε |
| Abr.1 | 18 | 3 | τὴν ὡραιότητα αὐτοῦ ἣν εἶχεν τὸ πρότερον. | * εἶπεν * | δὲ Ἀβραὰμ πρὸς τὸν θάνατον τί τοῦτο ἐποίησας ὅτι |
| Abr.1 | 18 | 4 | ἢ ὁ θεὸς ἐν τούτῳ σε ἀπέστειλεν; καὶ ὁ θάνατος | * εἶπεν * | οὐχὶ κύριέ μου οὐκ ἔστιν οὕτως ὡς σὺ λέγεις ἐγὼ δὲ |
| Abr.1 | 18 | 5 | ὡς σὺ λέγεις ἐγὼ δὲ διά σέ ἀπεστάλην ἕως ὧδε. | * εἶπεν * | δὲ Ἀβραὰμ πρὸς τὸν θάνατον καὶ πῶς οὗτοι |
| Abr.1 | 18 | 5 | θάνατον καὶ πῶς οὗτοι τεθνήκασιν οὐ κἂν ὁ κύριος | * εἶπεν; * | καὶ ὁ θάνατος εἶπεν τὸν Ἀβραὰμ πίστευσόν μοι ὅτι |
| Abr.1 | 18 | 6 | τεθνήκασιν οὐ κἂν ὁ κύριος εἶπεν; καὶ ὁ θάνατος | * εἶπεν * | τὸν Ἀβραὰμ πίστευσόν μοι ὅτι καὶ τοῦτο θαυμαστόν |
| Abr.1 | 18 | 8 | σὺ τοῦ βίου τούτου ἀπαλλάξαι εἶχες. καὶ ὁ δίκαιος | * εἶπεν * | νῦν ἔγνων κἀγὼ ὅτι εἰς ὀλιγωρίαν θανάτου ἦλθον |
| Abr.1 | 18 | 10 | ἐξαώρους τεθνήξαντας διὰ τῆς σῆς ἀγριότητος. καὶ | * εἶπεν * | ὁ θάνατος ἀμὴν γένοιτο ἀναστὰς οὖν Ἀβραὰμ ἔπεσεν |
| Abr.1 | 19 | 2 | ἀνέπεσεν ἐλθὼν καὶ ὁ θάνατος ἔστη ἔμπροσθεν αὐτοῦ. | * εἶπεν * | δὲ Ἀβραὰμ πρὸς αὐτὸν ἔξελθε ἀπ᾿ ἐμοῦ ὅτι θέλω |
| Abr.1 | 19 | 3 | ὀλιγωρίᾳ περίκειται τὸ πνεῦμά μου. καὶ ὁ θάνατος | * εἶπεν * | οὐκ ἀναχωρῶ ἀπὸ σοῦ ἕως οὗ λάβω τὴν ψυχήν σου. καὶ |
| Abr.1 | 19 | 4 | ὁ Ἀβραὰμ στερρῷ τῷ βλέμματι καὶ ὀργίλῳ τῷ προσώπῳ | * εἶπεν * | πρὸς τὸν θάνατον τίς ὁ προστάξας σοι τοῦτο λέγειν; |
| Abr.1 | 19 | 7 | μεμεστωμένα δίδαξόν μοι περὶ πάντων. καὶ ὁ θάνατος | * εἶπεν * | ἄκουσον δίκαιε τοὺς ἑπτὰ αἰῶνας ἐγὼ λυμαίνω τὸν |
| Abr.1 | 19 | 14 | καὶ σκύμνους καὶ ἄρκους καὶ ἔχιδνας καὶ ἁπλῶς | * εἰπεῖν * | παντὸς θηρίου πρόσωπον ἔδειξά σοι δικαιότατε |
| Abr.1 | 20 | 1 | ποτισθέντες παρευθὺς ἀπαλλάσσονται παραλόγως. | * εἶπεν * | δὲ Ἀβραὰμ δέομαί σου ἔστιν καὶ παράλογος θάνατος; |
| Abr.1 | 20 | 4 | μοι καθότι ὁ θεὸς τῶν ἁπάντων προσέταξέν μοι. | * εἶπεν * | δὲ Ἀβραὰμ πρὸς τὸν θάνατον ἄπελθε ἀπ᾿ ἐμοῦ ἔτι |
| Abr.1 | 20 | 8 | καὶ Ἀβραὰμ ἦλθεν εἰς ὀλιγωρίαν ⟨θανάτου⟩. | * εἶπεν * | δὲ ὁ θάνατος ⟨πρὸς⟩ τὸν Ἀβραὰμ δεῦρο ἄσπασαι τὴν |
| Abr.2 | 2 | 3 | δὲ Ἀβραὰμ τὸν Μιχαὴλ μὴ γινώσκων τίς ἐστιν καὶ | * εἶπεν * | πόθεν εἶ σὺ ἄνθρωπε ὁ πορευόμενος τὴν ὁδόν; καὶ |
| Abr.2 | 2 | 9 | δεῖξω. ἤκουσα δὲ αὐτοῦ καὶ ἦλθον εἰς τὴν γῆν ἣν | * εἶπέν * | μοι κύριος καὶ ἤλλαξεν τὸ ὄνομά μου λέγων οὐκέτι |
| Abr.2 | 2 | 10 | ἔσται τὸ ὄνομά σου Ἀβραάμ. ἀπεκρίθη Μιχαὴλ καὶ | * εἶπεν * | αὐτῷ κύριε ἄφες μοι ὅτι ἐπιξενοῦμαι πατὴρ ἀνθρώπων |
| Abr.2 | 2 | 13 | ὁ ξένος ὅτι ἔκαμεν ἐν τῇ ὁδῷ. ἀπεκρίθη Μιχαὴλ καὶ | * εἶπεν * | μὴ σκύλου τὸ παιδάριον ἀλλὰ περιπατήσωμεν |
| Abr.2 | 3 | 9 | ἤνεγκεν τὴν λεκάνην λέγων ὦ πάτερ τί ἐστιν τοῦτο ὃ | * εἶπας * | ὅτι ἔσχατόν μοι ἐγένετο τοῦτο τοῦ νίψαι πόδας |
| Abr.2 | 4 | 1 | κλαυθμοὺς αὐτῶν οὖσα ἐν τῇ σκηνῇ καὶ ἐξελθοῦσα | * εἶπεν * | τῷ Ἀβραάμ τί ἐστιν ὅτι οὕτως κλαίετε; καὶ |
| Abr.2 | 4 | 7 | αὐτῶν. ἀποκριθεὶς δὲ Μιχαὴλ ἐνώπιον τοῦ θεοῦ | * εἶπεν * | κύριε κέλευσόν ⟨με ἐρωτῆσαι ἐνώπιον⟩ τῆς μεγάλης |
| Abr.2 | 4 | 8 | ⟨με ἐρωτῆσαι ἐνώπιον⟩ τῆς μεγάλης δόξης σου. καὶ | * εἶπεν * | ὁ κύριος λέγε Μιχαήλ. καὶ εἶπεν κύριε σύ με |
| Abr.2 | 4 | 9 | δόξης σου. καὶ εἶπεν ὁ κύριος λέγε Μιχαήλ. καὶ | * εἶπεν * | κύριε σύ με ἀπέστειλας πρὸς Ἀβραὰμ τὸν παῖδά σου |
| Abr.2 | 4 | 9 | κύριε σύ με ἀπέστειλας πρὸς Ἀβραὰμ τὸν παῖδά σου | * εἰπεῖν * | αὐτῷ ἀποχωρισθῆναι ἀπὸ τοῦ κόσμου καὶ ἐξελθεῖν |
| Abr.2 | 4 | 12 | αὐτοῦ ἵνα εἰδῇ Ἀβραὰμ ἑαυτῷ καὶ μὴ ἐγὼ αὐτῷ | * εἴπω * | μεγάλη γὰρ συντομή ἐστιν οὗτος ὁ λόγος ὅτι οὐκ |
| Abr.2 | 5 | 3 | αὐτῷ ὁ πατὴρ αὐτοῦ καὶ ἀποκριθεὶς Ἀβραὰμ | * εἶπεν * | τῷ υἱῷ αὐτοῦ ἐποίησας καθὼς εἶπόν σοι; ἀπεκρίθη |
| Abr.2 | 5 | 3 | Ἀβραὰμ εἶπεν τῷ υἱῷ αὐτοῦ ἐποίησας καθὼς | * εἶπόν * | σοι; ἀπεκρίθη Ἰσαὰκ καὶ εἶπεν τῷ πατρὶ αὐτοῦ |
| Abr.2 | 5 | 4 | ἐποίησας καθὼς εἶπόν σοι; ἀπεκρίθη Ἰσαὰκ καὶ | * εἶπεν * | τῷ πατρὶ αὐτοῦ πάτερ εἰπὲ κἀμοὶ ὅπως εἰσέλθω κἀγὼ |
| Abr.2 | 5 | 4 | ἀπεκρίθη Ἰσαὰκ καὶ εἶπεν τῷ πατρὶ αὐτοῦ πάτερ | * εἰπὲ * | κἀμοὶ ὅπως εἰσέλθω κἀγὼ ἔγγιστα ὑμῶν κοιμηθῆναι. |
| Abr.2 | 5 | 5 | κἀγὼ ἔγγιστα ὑμῶν κοιμηθῆναι. ἀπεκρίθη Ἀβραὰμ καὶ | * εἶπεν * | μὴ ἐπιβαρεῖς γενώμεθα τῷ ξένῳ ἀνθρώπῳ τῷ ἐλθόντι |
| Abr.2 | 6 | 6 | ἢ ἄλλο τι συνέβη ἐφ᾿ ἡμᾶς⟩; ἀπεκρίθη Μιχαὴλ καὶ | * εἶπεν * | οὐχὶ Σάρρα ἡ τοῖς δικαίοις ὑπηρετοῦσα οὐκ ἤνεγκα |
| Abr.2 | 6 | 7 | ἐπὶ τῆς γῆς ὅτι ἔνδοξος ἦν ἡ φωνὴ αὐτοῦ καὶ | * εἶπεν * | Σάρρα τῷ Ἀβραὰμ πῶς ἐτόλμησας κλαῦσαι εἰσελθόντος |
| Abr.2 | 6 | 10 | ἄνθρωπος οὗτος τοῦ θεοῦ ἐστιν; ἀπεκρίθη Σάρρα καὶ | * εἶπεν * | ἦ ἄρα ὅτι παραφρενοῦσα λέγω ὅτι εἷς ἐστιν τῶν |
| Abr.2 | 7 | 1 | τότε ἐγνώρισάν μοι τὸ μυστήριον. τότε Ἀβραὰμ | * εἶπεν * | τῷ Μιχαὴλ δήλωσόν μοι τίς εἶ σύ. ἀπεκρίθη Μιχαὴλ |
| Abr.2 | 7 | 2 | Μιχαὴλ δήλωσόν μοι τίς εἶ σύ. ἀπεκρίθη Μιχαὴλ καὶ | * εἶπεν * | ἐγώ εἰμι Μιχαήλ. καὶ εἶπεν αὐτῷ Ἀβραὰμ φράσον τί |
| Abr.2 | 7 | 2 | σύ. ἀπεκρίθη Μιχαὴλ καὶ εἶπεν ἐγώ εἰμι Μιχαήλ. καὶ | * εἶπεν * | αὐτῷ Ἀβραὰμ φράσον τί ἦλθες. εἶπεν δὲ αὐτῷ Μιχαὴλ |
| Abr.2 | 7 | 3 | Μιχαήλ. καὶ εἶπεν αὐτῷ Ἀβραὰμ φράσον τί ἦλθες. | * εἶπεν * | δὲ αὐτῷ Μιχαὴλ ὁ υἱός σου Ἰσαὰκ δηλώσει σοι. |
| Abr.2 | 7 | 4 | λέγει Ἀβραὰμ Ἰσαὰκ τῷ υἱῷ αὐτοῦ υἱέ μου ἀγαπητὲ | * εἰπέ * | μοι τί οἶδας κατ᾿ ὄναρ. ἀπεκρίθη Ἰσαὰκ τῷ πατρὶ |
| Abr.2 | 7 | 8 | ἔασεν τὰς ἀκτῖνας ἐν μέσῳ μου ἔκλαυσα δὲ ἐγὼ καὶ | * εἶπον * | παρακαλῶ σε κύριε μὴ ἐπάρῃς τὴν δόξαν τῆς κεφαλῆς |
| Abr.2 | 7 | 10 | τῆς δυνάμεως ἡμῶν καὶ ἀπεκρίθη ὁ φωτεινὸς ἀνὴρ καὶ | * εἶπέν * | μοι μὴ κλαύσῃς ὅτι ἔλαβον τὸ φῶς τοῦ οἴκου σου |
| Abr.2 | 7 | 12 | αὐτὸν ἀπὸ τοῦ σκότους εἰς τὸ φῶς καὶ ἀποκριθεὶς | * εἶπον * | αὐτῷ παρακαλῶ σε κύριε λαβὲ τὰς ἀκτῖνας μετ᾿ αὐτοῦ |
| Abr.2 | 7 | 13 | παρακαλῶ σε κύριε λαβὲ τὰς ἀκτῖνας μετ᾿ αὐτοῦ ὁ δὲ | * εἶπέν * | μοι οὐκ ἐν τῇ ὥρᾳ ταύτῃ λάμπουσί μοι αἱ ἀκτῖνες |
| Abr.2 | 7 | 16 | ⟨ὅμοιον⟩ τοῦ πατρός μου. καὶ ἀπεκρίθη Μιχαὴλ καὶ | * εἶπεν * | ἐν ἀληθείᾳ ἀληθῶς ἐγένετο ὁ ἥλιος Ἰσαὰκ ὁ πατήρ |
| Abr.2 | 7 | 19 | εἰς τὴν οἰκονομίαν σου. καὶ ἀποκριθεὶς Ἀβραὰμ | * εἶπεν * | τῷ Μιχαὴλ παρακαλῶ σε κύριε εἰ ἐξέρχομαι ἐκ τοῦ |
| Abr.2 | 7 | 20 | πρὸ τοῦ μετενεχθῆναί με. καὶ ἀπεκρίθη Μιχαὴλ καὶ | * εἶπεν * | τοῦτο οὐκ ἔστιν ἐμὸν ποιῆσαι ἀλλὰ ἀπελθὼν ἀναγγελῶ |
| Abr.2 | 8 | 2 | τοῦ θεοῦ περὶ τοῦ Ἀβραάμ. καὶ ἀποκριθεὶς ὁ κύριος | * εἶπεν * | τῷ Μιχαὴλ ἄπελθε καὶ ἀνάλαβε σωματικῶς τὸν Ἀβραὰμ |
| Abr.2 | 8 | 2 | Ἀβραὰμ καὶ ὑπόδειξον αὐτῷ πάντα καὶ εἴ τι δ᾿ ἂν | * εἴπῃ * | σοι ποίησον αὐτῷ ὅτι φίλος μού ἐστιν. ἦλθεν οὖν |
| Abr.2 | 8 | 7 | ἐγέλα ὥστε τὸν κλαυθμὸν ὑπερβῆναι τὸν γέλωτα. καὶ | * εἶπεν * | Ἀβραὰμ τῷ Μιχαὴλ τί ἐστιν κύριε οὗτος ὁ καθήμενος |
| Abr.2 | 8 | 8 | τὸν κλαυθμὸν ὑπερβῆναι τῷ γέλωτι ἑπταπλασίως; καὶ | * εἶπεν * | Μιχαὴλ τῷ Ἀβραὰμ οὐκ ἐπέγνως αὐτόν; καὶ εἶπεν |
| Abr.2 | 8 | 9 | καὶ εἶπεν Μιχαὴλ τῷ Ἀβραὰμ οὐκ ἐπέγνως αὐτόν; καὶ | * εἶπεν * | Ἀβραὰμ οὐχὶ κύριε. καὶ εἶπεν Μιχαὴλ θεωρεῖς τὰς |
| Abr.2 | 8 | 10 | ἐπέγνως αὐτόν; καὶ εἶπεν Ἀβραὰμ οὐχὶ κύριε. καὶ | * εἶπεν * | Μιχαὴλ θεωρεῖς τὰς δύο πύλας ταύτας τὴν μικρὰν καὶ |
| Abr.2 | 9 | 1 | ὑπερβαίνει ὁ κλαυθμὸς τὸν γέλωτα ἑπταπλασίως. καὶ | * εἶπεν * | Ἀβραὰμ τῷ Μιχαὴλ ὥστε οὖν τὸν μὴ δυνάμενον |
| Abr.2 | 9 | 4 | εἰσελθεῖν ἐν αὐτῇ εἰ μὴ παιδία ὡς δέκα ἐτῶν. καὶ | * εἶπεν * | Μιχαὴλ σὺ ὅλως εἰσέρχει ἐν αὐτῇ καὶ πάντες ὅσοι |
| Abr.2 | 9 | 7 | ἀπέρχονται εἰς τὴν ἀπώλειαν; καὶ ἀποκριθεὶς Μιχαὴλ | * εἶπεν * | τῷ Ἀβραὰμ ἀπελθόντες ἀναζητήσωμεν ἐν ταῖς ψυχαῖς |
| Abr.2 | 9 | 10 | ἐκείνας μὲν τὰς ψυχὰς ἧρεν εἰς ἀπώλειαν. καὶ | * εἶπεν * | Ἀβραὰμ τῷ Μιχαὴλ εἰπέ μοι κύριε τὰς ἓξ μυριάδας |
| Abr.2 | 9 | 10 | ἧρεν εἰς ἀπώλειαν. καὶ εἶπεν Ἀβραὰμ τῷ Μιχαὴλ | * εἰπέ * | μοι κύριε τὰς ἓξ μυριάδας τῶν ψυχῶν ἃς ἐλαύνει ὁ |
| Abr.2 | 9 | 11 | αὐτὰς ἀπὸ τοῦ σώματος ἢ οὔ; ἀπεκρίθη Μιχαὴλ καὶ | * εἶπεν * | ὁ θάνατος ἄγει αὐτοὺς εἰς τὸν τόπον τοῦ κριτηρίου |
| Abr.2 | 10 | 6 | σου καὶ ἀπέκτεινας αὐτήν. καὶ ἀπεκρίθη ἡ ψυχὴ καὶ | * εἶπεν * | φόνος οὐ γέγονεν δι᾿ ἐμοῦ ἀλλ᾿ αὐτὴ κατεψεύσατό |
| Abr.2 | 10 | 12 | τῆς ψυχῆς τὴν ἁμαρτίαν. καὶ ἀποκριθεὶς ὁ ἀνὴρ | * εἶπεν * | ὦ ταλαίπωρε ψυχὴ πῶς λέγεις ὅτι φόνος οὐ γέγονεν |
| Abr.2 | 11 | 1 | ὀργῆς καὶ ἐβασάνισαν αὐτήν. καὶ ἀποκριθεὶς Ἀβραὰμ | * εἶπεν * | τῷ Μιχαὴλ κύριε τίς ἐστιν οὗτος ὁ κρίνων ὅτι σὺ |
| Abr.2 | 11 | 5 | τὰς ἁμαρτίας καὶ τὰς δικαιοσύνας ἑκάστου. καὶ | * εἶπεν * | Ἀβραὰμ τῷ Μιχαὴλ δύναται Ἐνὼχ βαστάσαι τὸ μέρος |
| Abr.2 | 11 | 6 | ἢ δυνήσεται δοῦναι πάσης ψυχῆς ἀπόφασιν; καὶ | * εἶπεν * | Μιχαὴλ ἐὰν ἡ ἀπόφασις παρὰ τύπον οὐ συγχωρεῖται |
| Abr.2 | 12 | 3 | εἶδεν ἄνθρωπον μοιχεύοντα γυναῖκα ὕπανδρον. καὶ | * εἶπεν * | Ἀβραὰμ τῷ Μιχαὴλ θεωρεῖς τὴν ἀνομίαν ταύτην; εἰπὲ |
| Abr.2 | 12 | 3 | Ἀβραὰμ τῷ Μιχαὴλ θεωρεῖς τὴν ἀνομίαν ταύτην; | * εἰπὲ * | κατελθεῖν πῦρ ἐκ τοῦ οὐρανοῦ καὶ καταφάγῃ αὐτούς. |
| Abr.2 | 12 | 5 | πῦρ ἐκ τοῦ οὐρανοῦ καὶ κατέφαγεν αὐτούς. ἐπειδὴ | * εἶπεν * | ὁ κύριος τῷ Μιχαὴλ εἴ τι δ᾿ ἂν εἴπῃ Ἀβραὰμ |
| Abr.2 | 12 | 5 | ἐπειδὴ εἶπεν ὁ κύριος τῷ Μιχαὴλ εἴ τι δ᾿ ἂν | * εἴπῃ * | Ἀβραὰμ ἄκουσον αὐτοῦ ὅτι φίλος μού ἐστιν. καὶ |
| Abr.2 | 12 | 7 | εἶδεν ἀνθρώπους ἐπὶ τῆς γῆς καταλαλοῦντας καὶ | * εἶπεν * | Ἀβραὰμ ἄνοιξον τὴν γῆν καταπίῃ αὐτοὺς ζῶντας καὶ |
| Abr.2 | 12 | 10 | ἐρχομένους εἰς ἔρημον τόπον τοῦ ποιῆσαι φόνον. καὶ | * εἶπεν * | Ἀβραὰμ πρὸς Μιχαὴλ θεωρεῖς τὴν ἀνομίαν αὐτῶν; καὶ |
| Abr.2 | 12 | 10 | Ἀβραὰμ πρὸς Μιχαὴλ θεωρεῖς τὴν ἀνομίαν αὐτῶν; καὶ | * εἶπεν * | ἐλθέτωσαν θηρία καὶ καταφαγέτωσαν αὐτοὺς ⟨καὶ-ἐν |
| Abr.2 | 13 | 1 | αὐτῷ τοῦ ἐξενέγκαι τὴν ψυχὴν αὐτοῦ ἐκ τοῦ σώματος | * εἶπεν * | δὲ κύριος πρὸς Μιχαὴλ ἀπελθὼν κόσμησον τὸν θάνατον |
| Abr.2 | 13 | 5 | ἐφοβήθη φόβον μέγαν. καὶ ἀποκριθεὶς Ἀβραὰμ | * εἶπεν * | παρακαλῶ σε δήλωσόν μοι τίς εἶ ἀπόστηθι ἀπ᾿ ἐμοῦ |
| Abr.2 | 13 | 9 | σου ὅτι οὐκ ἔστιν ἐκ τοῦ κόσμου τούτου. καὶ | * εἶπεν * | ὁ θάνατος τῷ Ἀβραὰμ λέγω σοι ἐν ὅλῳ τῷ κτίσματι ὃ |
| Abr.2 | 13 | 11 | ἕως τοῦ οὐρανοῦ καὶ οὐχ εὑρέθη ὅμοιός σου. καὶ | * εἶπεν * | τῷ θανάτῳ Ἀβραὰμ ἐτόλμησας ψεύσασθαι ὁρῶ τὴν |
| Abr.2 | 13 | 12 | σου ὅτι οὐκ ἔστιν ἐκ τοῦ κόσμου τούτου. καὶ | * εἶπεν * | ὁ θάνατος τῷ Ἀβραὰμ νομίζεις ὅτι ἡ ὡραιότης αὕτη |
| Abr.2 | 13 | 13 | τὴν ὡραιότητα ταύτην μετὰ παντὸς ἀνθρώπου; καὶ | * εἶπεν * | Ἀβραὰμ τίνος οὖν ἐστιν ἡ ὡραιότης αὕτη; εἶπεν δὲ |
| Abr.2 | 13 | 14 | καὶ εἶπεν Ἀβραὰμ τίνος οὖν ἐστιν ἡ ὡραιότης αὕτη; | * εἶπεν * | δὲ ὁ θάνατος τῷ Ἀβραὰμ οὐδείς ἐστιν σαπρότερός |
| Abr.2 | 13 | 15 | μου. λέγει αὐτῷ Ἀβραὰμ δεῖξόν μοι τίς εἶ. | * εἶπεν * | δὲ ὁ θάνατος ἐγώ εἰμι τὸ πικρότερον ὄνομα ἐγώ εἰμι |
| Abr.2 | 13 | 18 | προτρέψασθαι πάντας ἐκβληθῆναι ἐκ τοῦ σώματος; | * εἶπεν * | δὲ ὁ θάνατος τῷ Ἀβραὰμ νομίζεις ὅτι ἐμή ἐστιν ἡ |
| Abr.2 | 14 | 1 | μου ἐν μεγάλῳ φόβῳ καὶ ταράσσω αὐτὸν σφόδρα. καὶ | * εἶπεν * | αὐτῷ Ἀβραὰμ δεῖξόν μοι καὶ τὴν σαπρότητά σου. καὶ |
| TRub. | 1 | 3 | αὐτόν οἱ υἱοὶ καὶ υἱοὶ τῶν υἱῶν αὐτοῦ. καὶ | * εἶπεν * | αὐτοῖς τεκνία μου ἐγὼ ἀποθνῄσκω καὶ πορεύομαι ὁδὸν |
| TRub. | 1 | 4 | ἐκεῖ Ἰούδαν καὶ Γὰδ καὶ Ἀσὴρ τοὺς ἀδελφοὺς αὐτοῦ | * εἶπεν * | αὐτοῖς ἀναστήσατέ με ἀδελφοὶ ὅπως εἴπω τοῖς |
| TRub. | 1 | 4 | αὐτοῦ εἶπεν αὐτοῖς ἀναστήσατέ με ἀδελφοὶ ὅπως | * εἴπω * | τοῖς ἀδελφοῖς μου καὶ τοῖς τέκνοις μου ὅσα ἔχω ἐν |
| TRub. | 1 | 5 | νῦν. καὶ ἀναστὰς κατεφίλησεν αὐτοὺς καὶ κλαύσας | * εἶπεν * | ἀκούσατε ἀδελφοί μου ἐνωτίσασθε Ῥουβὴμ τοῦ πατρὸς |
| TRub. | 5 | 3 | δι᾿ ἀπάτης καταγωνίζεται. ὅτι καίγε περὶ αὐτῶν | * εἶπέ * | μοι ὁ ἄγγελος τοῦ θεοῦ καὶ ἐδίδαξέ με ὅτι αἱ |
| TRub. | 6 | 8 | μέχρι τελειώσεως χρόνων ἀρχιερέως χριστοῦ ὃν | * εἶπε * | κύριος. ὁρκῶ ὑμᾶς τὸν θεὸν τοῦ οὐρανοῦ ποιῆσαι |
| TSim. | 1 | 2 | καὶ ἐνισχύσας ἐκάθισε καὶ κατεφίλησεν αὐτοὺς καὶ | * εἶπεν * | αὐτοῖς ἀκούσατε τέκνα ἀκούσατε Συμεὼν τοῦ πατρὸς |
| TLevi | 1 | 2 | αὐτῷ ὅτι μέλλει ἀποθνῄσκειν. καὶ ὅτε συνήχθησαν | * εἶπε * | πρὸς αὐτοὺς ἐγὼ Λευὶ ἐν Χαρρὰν συνελήφθην καὶ |
| TLevi | 2 | 3B004 | εἰς ἀλήθειαν κατέναντι τῶν ἁγίων. καὶ ηὐξάμην καὶ | * εἶπα * | κύριε γινώσκεις πάσας τὰς καρδίας καὶ πάντας τοὺς |
| TLevi | 2 | 3B016 | τὸν Ἀβραὰμ πατέρα μου καὶ Σάρραν μητέρα μου καὶ | * εἶπας * | δοῦναι αὐτοῖς σπέρμα δίκαιον εὐλογημένον εἰς τοὺς |
| TLevi | 2 | 6 | καὶ ἰδοὺ ἠνεῴχθησαν οἱ οὐρανοὶ καὶ ἄγγελος θεοῦ | * εἶπε * | πρός με Λευὶ εἴσελθε. καὶ εἰσῆλθον ἐκ τοῦ πρώτου |
| TLevi | 2 | 9 | παρὰ τοὺς δύο καὶ γὰρ ὕψος ἦν ἐν αὐτῷ ἄπειρον. καὶ | * εἶπον * | τῷ ἀγγέλῳ διατί οὕτως; καὶ εἶπεν ὁ ἄγγελος πρός με |
| TLevi | 2 | 9 | αὐτῷ ἄπειρον. καὶ εἶπον τῷ ἀγγέλῳ διατί οὕτως; καὶ | * εἶπεν * | ὁ ἄγγελος πρός με μὴ θαύμαζε ἐπὶ τούτοις ἄλλους |
| TLevi | 5 | 2 | τὸν ἅγιον καὶ ἐπὶ θρόνου δόξης τὸν ὕψιστον. καὶ | * εἶπέ * | μοι Λευί σοὶ δέδωκα τὰς εὐλογίας τῆς ἱερατείας ἕως |
| TLevi | 5 | 3 | ἐπὶ τὴν γῆν καὶ ἔδωκέ μοι ὅπλον καὶ ῥομφαίαν καὶ | * εἶπε * | ποίησον ἐκδίκησιν ἐν Συχὲμ ὑπὲρ Δίνας κἀγὼ ἔσομαι |
| TLevi | 5 | 5 | Ἐμμὼρ καθὼς γέγραπται ἐν ταῖς πλαξὶ τῶν οὐρανῶν. | * εἶπον * | δὲ αὐτῷ δέομαι κύριε εἰπέ μοι τὸ ὄνομά σου ἵνα |
| TLevi | 5 | 5 | ταῖς πλαξὶ τῶν οὐρανῶν. εἶπον δὲ αὐτῷ δέομαι κύριε | * εἰπέ * | μοι τὸ ὄνομά σου ἵνα ἐπικαλέσωμαί σε ἐν ἡμέρᾳ |
| TLevi | 5 | 6 | σου ἵνα ἐπικαλέσωμαί σε ἐν ἡμέρᾳ θλίψεως. καὶ | * εἶπεν * | ἐγώ εἰμι ὁ ἄγγελος ὁ παραιτούμενος τὸ γένος |

| | | | | | |
|---|---|---|---|---|---|
| TLevi | 6 | 3 | τῷ πατρί μου καὶ Ῥουβὴμ τῷ ἀδελφῷ μου ἵνα | * εἴπη * | τοῖς υἱοῖς Ἐμμὼρ τοῦ περιτμηθῆναι αὐτοὺς ὅτι |
| TLevi | 7 | 1 | ἔφθασε δὲ ἡ ὀργὴ κυρίου ἐπ' αὐτοὺς εἰς τέλος. καὶ | * εἶπον * | τῷ πατρὶ μὴ ὀργίζου κύριε ὅτι ἐν σοὶ ἐξουδενώσει |
| TLevi | 8 | 3 | ἕκαστος αὐτῶν ἕκαστον βαστάζοντες ἐπέθηκάν μοι καὶ | * εἶπαν * | ἀπὸ τοῦ νῦν γίνου εἰς ἱερέα κυρίου σὺ καὶ τὸ |
| TLevi | 8 | 11 | χεῖράς μου θυμιάματος ὥστε ἱερατεύειν με κυρίῳ. | * εἶπαν * | δὲ πρός με Λευὶ εἰς τρεῖς ἀρχὰς διαιρεθήσεται τὸ |
| TLevi | 17 | 8 | ἐν δὲ τῷ ἑβδόμῳ ἔσται μιασμὸς ὃν οὐ δύναμαι | * εἰπεῖν * | ἐνώπιον κυρίου καὶ ἀνθρώπων ὅτι αὐτοὶ γνώσονται |
| TLevi | 18 | 2B013 | ἤρξατο διδάσκειν με τὴν κρίσιν ἱερωσύνης καὶ | * εἶπεν * | τέκνον Λευΐ πρόσεχε σεαυτῷ ἀπὸ πάσης ἀκαθαρσίας ἡ |
| TLevi | 18 | 2B063 | υἱὸν πρῶτον καὶ ἐκάλεσα τὸ ὄνομα αὐτοῦ Γηρσὰμ | * εἶπα * | γὰρ ὅτι πάροικον ἔσται τὸ σπέρμα μου ἐν γῇ ᾗ |
| TLevi | 19 | 3 | κυρίου πορευσόμεθα κατὰ τὸν νόμον αὐτοῦ. καὶ | * εἶπεν * | ὁ πατὴρ ἡμῶν μάρτυς κύριος καὶ μάρτυρες οἱ ἄγγελοι |
| TLevi | 19 | 3 | ὑμεῖς περὶ τοῦ λόγου τοῦ στόματος ὑμῶν. καὶ | * εἴπομεν * | μάρτυρες. καὶ οὕτως ἐπαύσατο Λευὶ ἐντελλόμενος |
| TJud. | 1 | 2 | ἀποθανεῖν αὐτόν. συναχθέντες ἦλθον πρὸς αὐτὸν καὶ | * εἶπεν * | αὐτοῖς τέταρτος υἱὸς ἐγενόμην τῷ πατρί μου καὶ ἡ |
| TJud. | 12 | 4 | σχήματος τῆς κοσμήσεως. καὶ ἐκκλίνας πρὸς αὐτὴν | * εἶπον * | εἰσέλθω πρός σε. καὶ εἶπέ μοι τί μοι δώσεις; καὶ |
| TJud. | 12 | 4 | καὶ ἐκκλίνας πρὸς αὐτὴν εἶπον εἰσέλθω πρός σε. καὶ | * εἶπέ * | μοι τί μοι δώσεις; καὶ ἔδωκα αὐτῇ τὴν ῥάβδον μου |
| TJud. | 16 | 4 | τοῦ πατρός μου ἀπεκάλυψα τῇ Χαναντίιδι Βησσουὲ οἷς | * εἶπεν * | ὁ θεὸς μὴ ἀποκαλύψαι. καὶ πολέμου δὲ καὶ ταραχῆς |
| TJud. | 17 | 4 | ἐλύπησα λόγον Ἰακὼβ τοῦ πατρός μου ὅτι πάντα ὅσα | * εἶπεν * | ἐποίουν. καὶ Ἀβραὰμ ὁ πατὴρ τοῦ πατρός μου |
| TJud. | 26 | 2 | ἐλπὶς πᾶσι τοῖς κατευθύνουσι τὰς ὁδοὺς αὐτῶν. καὶ | * εἶπε * | πρὸς αὐτοὺς ἑκατὸν δεκαεννέα ἐτῶν ἐγὼ ἀποθνήσκω |
| TJud. | 26 | 4 | καὶ ἀναγάγετέ με εἰς Χεβρὼν μεθ' ὑμῶν. καὶ ταῦτα | * εἰπὼν * | ἐκοιμήθη Ἰούδας καὶ ἐποίησαν οἱ υἱοὶ αὐτοῦ κατὰ |
| TIss. | 1 | 1 | ἀντίγραφον λόγων Ἰσαχάρ. καλέσας τοὺς υἱοὺς αὐτοῦ | * εἶπεν * | αὐτοῖς ἀκούσατε τέκνα Ἰσαχὰρ τοῦ πατρὸς ὑμῶν |
| TIss. | 1 | 6 | ἐποίει ἡ γῆ Ἀρὰμ ἐν ὕψει ὑποκάτω φάραγγος ὑδάτων. | * εἶπε * | δὲ Ῥαχὴλ οὐ δώσω αὐτά σοι ὅτι ἔσονταί μοι ἀντὶ |
| TIss. | 1 | 7 | ὅτι ἔσονταί μοι ἀντὶ τέκνων. ἦσαν δὲ μῆλα δύο. καὶ | * εἶπε * | Λεία ἱκανούσθω σοι ὅτι ἔλαβες τὸν ἄνδρα παρθενίας |
| TIss. | 1 | 8 | τὸν ἄνδρα παρθενίας μου μὴ καὶ ταῦτα λήψῃ; ἡ δὲ | * εἶπεν * | ἰδοὺ ἔστω σοι Ἰακὼβ τὴν νύκτα ταύτην ἀντὶ τῶν |
| TIss. | 1 | 9 | νύκτα ταύτην ἀντὶ τῶν μανδραγόρων τοῦ υἱοῦ σου. | * εἶπε * | δὲ Λεία πρὸς αὐτὴν μὴ καυχῶ καὶ μὴ δοξάζου ἐμὸς γάρ |
| TIss. | 1 | 10 | ὁ Ἰακὼβ κἀγὼ γυνὴ νεότητος αὐτοῦ. ἡ δὲ Ῥαχὴλ | * εἶπεν * | τί οὖν; ὅτι ἐμοὶ πρῶτον ἥρμοσται καὶ δι' ἐμὲ |
| TIss. | 1 | 14 | με ἰδεῖν ὅτι εἰ ἤμην ἐκεῖ οὐκ ἐγίνετο τοῦτο. καὶ | * εἶπε * | Ῥαχὴλ λάβε ἕνα μανδραγόραν καὶ ἀντὶ τοῦ ἑνὸς |
| TIss. | 6 | 3 | καὶ δουλεύσουσι τοῖς ἐχθροῖς αὐτῶν. καὶ ὑμεῖς οὖν | * εἴπατε * | ταῦτα τοῖς τέκνοις ὑμῶν ὅπως ἐὰν ἁμαρτήσωσι |
| TZab. | 1 | 2 | ζωῆς αὐτοῦ μετὰ δύο ἔτη τοῦ θανάτου Ἰωσήφ. καὶ | * εἶπεν * | αὐτοῖς ἀκούσατέ μου υἱοὶ Ζαβουλὼν προσέχετε ῥήμασι |
| TZab. | 1 | 5 | τοῦ Ἰωσὴφ ὅτι ἐσκέπασα ἐπὶ τοῖς ἀδελφοῖς μου μὴ | * εἰπεῖν * | τῷ πατρί μου τὸ γενόμενον. καὶ ἔκλαιον πολλὰ ἐν |
| TZab. | 2 | 7 | ὀπίσω μου δεόμενος αὐτῶν. ἀναστὰς δὲ Ῥουβὴμ | * εἶπεν * | ἀδελφοὶ μὴ ἀποκτείνωμεν αὐτὸν ἀλλὰ ῥίψωμεν αὐτὸν |
| TZab. | 3 | 2 | καὶ ταῖς γυναιξὶν αὐτῶν καὶ τοῖς τέκνοις αὐτῶν | * εἰπόντες * | οὐ φαγόμεθα αὐτὴν ὅτι τιμὴ αἵματος τοῦ ἀδελφοῦ |
| TZab. | 3 | 3 | αὕτη ἀλλὰ καταπατήσει καταπατήσωμεν αὐτὴν ἀνθ' ὧν | * εἶπε * | βασιλεύειν ἐφ' ἡμᾶς καὶ ἴδωμεν τί ἔσται τὰ ἐνύπνια |
| TZab. | 4 | 7 | ἄρτον ἐν τῇ ἡμέρᾳ ἐκείνῃ. προσελθὼν οὖν Δὰν | * εἶπεν * | αὐτῷ μὴ κλαῖε μηδὲ πένθει εὗρον γάρ τι εἴπωμεν τῷ |
| TZab. | 4 | 8 | Δὰν εἶπεν αὐτῷ μὴ κλαῖε μηδὲ πένθει εὗρον γάρ τι | * εἴπωμεν * | τῷ πατρὶ ἡμῶν Ἰακώβ. θύσωμεν χίμαρον αἰγῶν καὶ |
| TZab. | 4 | 12 | αὐτόν. ἀναστάντες δὲ κατ' αὐτοῦ πάντες ὁμοῦ | * εἴπομεν * | ὅτι ἐὰν μὴ δῷς ἐροῦμεν ὅτι σὺ μόνος ἐποίησας τὸ |
| TZab. | 4 | 13 | καὶ οὕτως δίδωσιν αὐτὸν καὶ ἐποίησαν καθὼς | * εἶπεν * | ὁ Δάν. καὶ νῦν τέκνα μου ἀναγγελῶ ὑμῖν τοῦ |
| TZab. | 10 | 6 | ἰσχύι πάσας τὰς ἡμέρας τῆς ζωῆς ὑμῶν. καὶ ταῦτα | * εἰπὼν * | ἐκοιμήθη ὕπνῳ καλῷ καὶ ἔθηκαν αὐτὸν οἱ υἱοὶ αὐτοῦ |
| TDan | 1 | 1 | περι θυμου και ψευδους. ἀντίγραφον λόγων Δὰν ὧν | * εἶπε * | τοῖς υἱοῖς αὐτοῦ ἐπ' ἐσχάτων τῶν ἡμερῶν αὐτοῦ |
| TDan | 1 | 2 | ἔτει τῆς ζωῆς αὐτοῦ. καλέσας τὴν πατριὰν αὐτοῦ | * εἶπεν * | ἀκούσατε υἱοὶ Δὰν λόγων μου προσέχετε ῥήμασι |
| TDan | 7 | 1 | καὶ θάψατέ με ἐγγὺς τῶν πατέρων μου. καὶ ταῦτα | * εἰπὼν * | κατεφίλησεν αὐτοὺς καὶ ὕπνωσεν ὕπνον αἰώνιον. καὶ |
| TNep. | 1 | 3 | καὶ κώθωνα. καὶ μετὰ τὸ ἐξυπνισθῆναι αὐτὸν τὸ πρωὶ | * εἶπεν * | αὐτοῖς ὅτι ἀποθνήσκω καὶ οὐκ ἐπίστευον αὐτῷ. καὶ |
| TNep. | 2 | 7 | καὶ ἀνάμεσον γυναικὸς καὶ γυναικὸς καὶ οὐκ ἔστιν | * εἰπεῖν * | ὅτι ἓν τῷ ἑνὶ τοῖς προσώποις ἢ τῷ νοΐ ὅμοιον. |
| TNep. | 2 | 10 | ἐν καταφρονήσει μηδὲ ἔξω καιροῦ αὐτοῦ. ὅτι ἐὰν | * εἴπῃς * | τῷ ὀφθαλμῷ ἀκοῦσαι οὐ δύναται οὕτως οὐδὲ ἐν σκότει |
| TNep. | 7 | 1 | ἡμῶν καὶ ὁμοθυμαδὸν ἠγαλλιώμεθα. τὰ δύο ἐνύπνια | * εἶπον * | τῷ πατρί μου καὶ εἶπέ μοι δεῖ ταῦτα πληρωθῆναι |
| TNep. | 7 | 1 | ἠγαλλιώμεθα. τὰ δύο ἐνύπνια εἶπον τῷ πατρί μου καὶ | * εἶπέ * | μοι δεῖ ταῦτα πληρωθῆναι κατὰ καιρὸν αὐτῶν πολλὰ |
| TGad | 1 | 6 | ἀνέκλινεν αὐτὸν πλησίον αὐτοῦ ὅτι ἠγάπα αὐτόν. καὶ | * εἶπεν * | Ἰωσὴφ τῷ πατρὶ ἡμῶν ὅτι υἱοὶ Ζέλφας καὶ Βάλλας |
| TGad | 1 | 7 | ὅτι οὐκ ἠδύνατο ζῆν καὶ ἐφάγομεν αὐτὸν καὶ | * εἶπε * | τῷ πατρὶ ἡμῶν. καὶ ἐνεκότουν τῷ Ἰωσὴφ περὶ τοῦ |
| TGad | 6 | 3 | οὖν ἀλλήλους ἀπὸ καρδίας καὶ ἐὰν ἁμάρτῃ εἰς σε | * εἰπὲ * | αὐτῷ ἐν εἰρήνῃ ἐξορίσας τὸν ἰὸν τοῦ μίσους καὶ ἐν |
| TGad | 8 | 1 | ὑμῶν καὶ ἀγαπᾶτε ἀλλήλους ἐν εὐθύτητι καρδίας. | * εἴπατε * | δὲ καὶ ὑμεῖς ταῦτα τοῖς τέκνοις ὑμῶν ὅπως |
| TGad | 8 | 3 | ἔσονται ἐνώπιον κυρίου. καὶ ὀλίγον ἡσυχάσας πάλιν | * εἶπεν * | αὐτοῖς τέκνα μου ὑπακούσατε τοῦ πατρὸς ὑμῶν καὶ |
| TAser | 1 | 2 | εἰκοστῷ ἕκτῳ ἔτει ζωῆς αὐτοῦ. ἔτι ὑγιαίνων | * εἶπε * | πρὸς αὐτοὺς ἀκούσατε τέκνα Ἀσὴρ τοῦ πατρὸς ὑμῶν |
| TAser | 2 | 10 | καὶ γὰρ ὁ θεὸς ἐν ταῖς πλαξὶ τῶν οὐρανῶν οὕτως | * εἶπεν. * | ὑμεῖς οὖν τέκνα μου μὴ γίνεσθε κατ' αὐτοὺς |
| TAser | 5 | 3 | τὸν θάνατον ἡ αἰώνιος ζωὴ ἀναμένει. καὶ οὐκ ἔστιν | * εἰπεῖν * | τὴν ἀλήθειαν ψεῦδος οὐδὲ τὸ δίκαιον ἄδικον ὅτι |
| TAser | 7 | 4 | καὶ πάντα τὰ ἔθνη θεὸς εἰς ἄνδρα ὑποκρινόμενος. | * εἴπατε * | οὖν ταῦτα τοῖς τέκνοις ὑμῶν μὴ ἀπειθεῖν αὐτῷ. |
| TAser | 8 | 1 | αὐτοῦ διὰ Ἀβραὰμ καὶ Ἰσαὰκ καὶ Ἰακώβ. καὶ | * εἰπὼν * | αὐτοῖς ταῦτα ἐνετείλατο αὐτοῖς λέγων θάψατέ με εἰς |
| TJos. | 1 | 1 | καλέσας τοὺς υἱοὺς αὐτοῦ καὶ τοὺς ἀδελφοὺς αὐτοῦ | * εἶπεν * | αὐτοῖς τέκνα μου καὶ ἀδελφοὶ ἀκούσατε Ἰωσὴφ τοῦ |
| TJos. | 4 | 2 | καὶ γὰρ πέπεισται περὶ τῆς σωφροσύνης σου ὅτι κἂν | * εἴπῃ * | τις αὐτῷ περὶ ἡμῶν οὐ μὴ πιστεύσῃ. ἐν τούτοις πᾶσιν |
| TJos. | 5 | 2 | οὖν ὡς ἤκουσα τοῦτο διέρρηξα τὴν στολήν μου καὶ | * εἶπον * | γύναι αἰδέσθητι τὸν κύριον καὶ μὴ ποιήσῃς τὴν |
| TJos. | 6 | 5 | με τί τοῦτο ὅτι οὐκ ἔφαγες ἀπὸ τοῦ βρώματος; καὶ | * εἶπον * | πρὸς αὐτὴν ὅτι ἐπλήρωσας αὐτὸ θανάτου καὶ πῶς |
| TJos. | 6 | 5 | πρὸς αὐτὴν ὅτι ἐπλήρωσας αὐτὸ θανάτου καὶ πῶς | * εἶπας * | ὅτι οὐκ ἐγγίζω εἰδώλοις ἀλλὰ κυρίῳ μόνῳ; νῦν οὖν |
| TJos. | 6 | 7 | ἀσεβούντων λαβὼν ἐνώπιον αὐτῆς ἐξαυτῆς ἔφαγον | * εἰπὼν * | ὁ θεὸς τῶν πατέρων μου καὶ ὁ ἄγγελος Ἀβραὰμ ἔσται |
| TJos. | 7 | 2 | λέγει πρὸς αὐτὴν τί συνέπεσε τὸ πρόσωπόν σου; ἡ δὲ | * εἶπε * | πόνον καρδίας ἐγὼ ἀλγῶ καὶ οἱ στεναγμοὶ τοῦ |
| TJos. | 7 | 4 | τοῦ Βελιὰρ αὐτὴν ἐνοχλεῖ προσευξάμενος κυρίῳ | * εἶπον * | αὐτῇ ἵνα τί ταράσσῃ καὶ θορυβῇ ἐν ἁμαρτίαις |
| TJos. | 7 | 7 | ἐπιθυμίας μου. καὶ οὐκ ἔγνω ὅτι διὰ τὸν θεόν μου | * εἶπον * | οὕτως καὶ οὐ δι' αὐτήν. ἐὰν γάρ τις πάθει ὑποπέσῃ |
| TJos. | 10 | 6 | καὶ διὰ τὸν φόβον αὐτῶν ἐσιώπων πιπρασκόμενος μὴ | * εἰπεῖν * | τοῖς Ἰσμαηλίταις τὸ γένος μου ὅτι υἱός εἰμι |
| TJos. | 11 | 2 | Ἰνδοκολπίτας μετὰ τῶν Ἰσμαηλιτῶν ἠρώτων με κἀγὼ | * εἶπον * | ὅτι δοῦλος αὐτῶν εἰμι ἐξ οἴκου ἵνα μὴ αἰσχύνω τοὺς |
| TJos. | 12 | 1 | καὶ ἐπέβαλεν ἐπ' ἐμὲ τοὺς ὀφθαλμοὺς αὐτῆς ὅτι | * εἶπον * | αὐτῇ οἱ εὐνοῦχοι περὶ ἐμοῦ. καὶ λέγει τῷ ἀνδρὶ |
| TJos. | 13 | 3 | ὁ δὲ ἔφη πόθεν οὖν σοι ὁ παῖς ὁ Ἑβραῖος; καὶ | * εἶπεν * | οἱ Ἰσμαηλῖται παρέθεντό μοι αὐτὸν ἕως οὗ |
| TJos. | 13 | 6 | τέκνα καὶ παλλακάς. καὶ διαχωρίσας με ἀπ' αὐτοῦ | * εἶπέ * | μοι δοῦλος εἶ ἢ ἐλεύθερος; καὶ εἶπον δοῦλος. καὶ |
| TJos. | 13 | 6 | με ἀπ' αὐτοῦ εἶπέ μοι δοῦλος εἶ ἢ ἐλεύθερος; καὶ | * εἶπον * | δοῦλος. καὶ λέγει πρός με τίνος εἶ δοῦλος; καὶ |
| TJos. | 13 | 8 | καὶ πάλιν λέγει μοι πῶς αὐτῶν ἐγένου δοῦλος; καὶ | * εἶπον * | ὅτι ἐκ γῆς Χανάαν ἐπριαντό με. ὁ δὲ ἠπίστησε λέγων |
| TJos. | 14 | 5 | πόθῳ ἁμαρτίας καὶ ἠγνόουν ἐπὶ πᾶσι τούτοις. ὁ δὲ | * εἶπε * | πρὸς τὴν Μέμφιν οὐκ ἔστι παρ' Αἰγυπτίοις πρὸ |
| TJos. | 14 | 6 | πρὸ ἀποδείξεως ἀφαιρεῖσθαι τὰ ἀλλότρια. ταῦτα | * εἶπε * | περὶ τοῦ μεταβόλου καὶ περὶ ἐμοῦ ὅτι ὤφειλα |
| TJos. | 15 | 1 | ἀκούσαντες ὅτι Ἰακὼβ ὁ πατήρ μου πενθεῖ περὶ ἐμοῦ | * εἶπον * | πρός με τί ὅτι εἶπας σεαυτὸν δοῦλον εἶναι; καὶ |
| TJos. | 15 | 2 | ὁ πατήρ μου πενθεῖ περὶ ἐμοῦ εἶπον πρός με τί ὅτι | * εἶπας * | σεαυτὸν δοῦλον εἶναι; καὶ ἰδοὺ ἔγνωμεν ὅτι υἱὸς εἶ |
| TJos. | 15 | 3 | ἐμαυτὸν ἵνα μὴ αἰσχύνω τοὺς ἀδελφούς μου. καὶ | * εἶπα * | ἐγὼ οὐκ οἶδα δοῦλός εἰμι. τότε βουλεύονται πωλῆσαί |
| TJos. | 16 | 5 | δίδει αὐτοῖς ὀγδοήκοντα χρυσίνους ἀντ' ἐμοῦ ἑκατὸν | * εἰπὼν * | τῇ Αἰγυπτίᾳ δεδόσθαι ἀντ' ἐμοῦ. καὶ ἰδὼν ἐγὼ |
| TJos. | 20 | 4 | ἱππόδρομον πλησίον Ῥαχὴλ θέτε αὐτήν. καὶ ταῦτα | * εἰπὼν * | ἐκτείνας τοὺς πόδας αὐτοῦ ἐκοιμήθη ὕπνον αἰώνιον. |
| TBen. | 1 | 2 | ζήσας ἔτη ἑκατὸν εἰκοσιπέντε. καὶ φιλήσας αὐτοὺς | * εἶπεν * | ὡς Ἰσαὰκ ἑκατοστῷ ἔτει ἐτέχθη τῷ Ἀβραὰμ οὕτως |
| TBen. | 2 | 1 | ἀνεγνώρισέ με Ἰωσὴφ ὁ ἀδελφός μου λέγει μοι τί | * εἶπον * | τῷ πατρί μου ὅτε ἐπώλησάν με; καὶ εἶπον αὐτῷ ὅτι |
| TBen. | 2 | 2 | μοι τί εἶπον τῷ πατρί μου ὅτε ἐπώλησάν με; καὶ | * εἶπον * | αὐτῷ ὅτι ἔφυραν τὸν χιτῶνά σου αἵματι καὶ |
| TBen. | 2 | 2 | ὅτι ἔφυραν τὸν χιτῶνά σου αἵματι καὶ πέμψαντες | * εἶπον * | ἐπίγνωθι εἰ ὁ χιτὼν τοῦ υἱοῦ σου οὗτος. καὶ λέγει |
| TBen. | 2 | 3 | τὸν χιτῶνα ἔδωκέ μοι περίζωμα καὶ φραγελλώσας με | * εἶπε * | τρέχειν. ἐν δὲ τῷ ὑπάγειν αὐτὸν κρύψαι τὸ ἱμάτιόν |
| TBen. | 10 | 5 | καὶ Ἰακώβ. πάντα ταῦτα ἡμᾶς κατεκληρονόμησαν | * εἰπόντες * | φυλάξατε τὰς ἐντολὰς τοῦ θεοῦ ἕως ὅτε ὁ κύριος |
| TBen. | 12 | 1 | τῆς φυλῆς σου. καὶ ὡς ἐπλήρωσε τοὺς λόγους αὐτοῦ | * εἶπεν * | ἐντέλλομαι ὑμῖν τέκνα μου ἀνενέγκατε τὰ ὀστᾶ μου |
| Asen. | 1 | 7 | αὐτοῦ τοῦ δοῦναι αὐτὴν αὐτῷ εἰς γυναῖκα. καὶ | * εἶπε * | τῷ Φαραὼ ὁ υἱὸς αὐτοῦ ὁ πρωτότοκος δός μοι πάτερ |
| Asen. | 1 | 8 | Πεντεφρῆ τοῦ ἱερέως Ἡλιουπόλεως εἰς γυναῖκα. καὶ | * εἶπεν * | αὐτῷ Φαραὼ ὁ πατὴρ αὐτοῦ ἵνα τί σὺ ζητεῖς γυναῖκα |
| Asen. | 3 | 3 | ταῦτα Πεντεφρῆς καὶ ἐχάρη χαρὰν μεγάλην σφόδρα καὶ | * εἶπεν * | εὐλογητὸς κύριος ὁ θεὸς τοῦ Ἰωσὴφ ὅτι ἄξιόν με |
| Asen. | 3 | 4 | ἐκάλεσε Πεντεφρῆς τὸν ἐπάνω τῆς οἰκίας αὐτοῦ καὶ | * εἶπεν * | αὐτῷ σπεῦσον καὶ εὐτρέπισον τὴν οἰκίαν μου καὶ |
| Asen. | 3 | 5 | αὐτῶν ὁ πατὴρ καὶ ἡ μήτηρ αὐτῆς καὶ ἐχάρη καὶ | * εἶπεν * | πορεύσομαι καὶ ὄψομαι τὸν πατέρα μου καὶ τὴν |
| Asen. | 4 | 3 | διότι ἦσαν πάντα ὡραῖα καὶ καλὰ τῇ γεύσει. καὶ | * εἶπε * | Πεντεφρῆς τῇ θυγατρὶ αὐτοῦ Ἀσενὲθ τέκνον μου. ἡ δὲ |
| Asen. | 4 | 3 | τῇ θυγατρὶ αὐτοῦ Ἀσενὲθ τέκνον μου. ἡ δὲ | * εἶπεν * | ἰδοὺ ἐγὼ κύριε. καὶ εἶπεν αὐτῇ κάθισον δὴ ἀνάμεσον |
| Asen. | 4 | 4 | Ἀσενὲθ τέκνον μου. ἡ δὲ εἶπεν ἰδοὺ ἐγὼ κύριε. καὶ | * εἶπεν * | αὐτῇ κάθισον δὴ ἀνάμεσον ἡμῶν καὶ λαλήσω πρός σε |
| Asen. | 4 | 5 | τῆς θυγατρὸς αὐτοῦ καὶ κατεφίλησεν αὐτὴν καὶ | * εἶπεν * | αὐτῇ τέκνον μου Ἀσενέθ. καὶ αὕτη εἶπεν ἰδοὺ ἐγὼ |
| Asen. | 4 | 6 | αὐτὴν καὶ εἶπεν αὐτῇ τέκνον μου Ἀσενέθ. καὶ αὕτη | * εἶπεν * | ἰδοὺ ἐγὼ κύριε. λαλησάτω δὴ ὁ κύριός μου καὶ πατήρ |
| Asen. | 4 | 7 | κύριε. λαλησάτω δὴ ὁ κύριός μου καὶ πατήρ μου. καὶ | * εἶπεν * | αὐτῇ Πεντεφρῆς ὁ πατὴρ αὐτῆς Ἰωσὴφ ὁ δυνατὸς τοῦ |
| Asen. | 4 | 9 | τῷ πατρὶ αὐτῆς πλαγίως τοῖς ὀφθαλμοῖς αὐτῆς καὶ | * εἶπεν * | ἵνα τί λαλεῖ ὁ κύριός μου καὶ πατήρ μου κατὰ τὰ |
| Asen. | 6 | 1 | αὐτῆς καὶ ἐφοβήθη φόβον μέγαν. καὶ ἀνεστέναξε καὶ | * εἶπεν * | ἐν τῇ καρδίᾳ αὐτῆς τί νῦν ἐγὼ ποιήσω ἡ ταλαίπωρος; |
| Asen. | 7 | 2 | αὐτοῦ εἶδε παρακύπτουσαν τὴν Ἀσενέθ. καὶ | * εἶπεν * | Ἰωσὴφ τῷ Πεντεφρῇ καὶ πάσῃ τῇ συγγενείᾳ αὐτοῦ |
| Asen. | 7 | 6 | αὐτῆς ἀπώλειά ἐστι καὶ διαφθορά. διὰ τοῦτο | * εἶπεν * | Ἰωσὴφ ἀπελθέτω ἡ γυνὴ ἐκείνη ἐκ τῆς οἰκίας |
| Asen. | 7 | 7 | ἀπελθέτω ἡ γυνὴ ἐκείνη ἐκ τῆς οἰκίας ταύτης. καὶ | * εἶπεν * | αὐτῷ Πεντεφρῆς κύριε ἐκείνη ἣν ἑώρακας ἑστῶσαν ἐν |
| Asen. | 7 | 8 | ἐστιν. καὶ ἐχάρη Ἰωσὴφ χαρὰν μεγάλην σφόδρα διότι | * εἶπε * | Πεντεφρῆς ὅτι παρθένος ἐστὶ μισοῦσα πάντα ἄνδρα. |
| Asen. | 7 | 8 | ὅτι παρθένος ἐστὶ μισοῦσα πάντα ἄνδρα. καὶ | * εἶπεν * | Ἰωσὴφ ἐν ἑαυτῷ εἰ παρθένος ἐστὶ μισοῦσα πάντα |
| Asen. | 7 | 8 | μισοῦσα πάντα ἄνδρα οὐ μὴ ἐνοχλήσῃ μοι αὕτη. καὶ | * εἶπεν * | Ἰωσὴφ τῷ Πεντεφρῇ καὶ πάσῃ τῇ συγγενείᾳ αὐτοῦ εἰ |
| Asen. | 8 | 1 | αὐτὴν καὶ ἔστησεν αὐτὴν ἐνώπιον τοῦ Ἰωσήφ. καὶ | * εἶπε * | Πεντεφρῆς τῇ θυγατρὶ αὐτοῦ Ἀσενὲθ ἄσπασαι τὸν |
| Asen. | 8 | 2 | ἀλλοτρίαν ὡς καὶ σὺ πάντα ἄνδρα ἀλλότριον. καὶ | * εἶπεν * | Ἀσενὲθ τῷ Ἰωσὴφ χαίροις κύριέ μου εὐλογημένε τῷ |

| | | | | | |
|---|---|---|---|---|---|
| Asen. | 8 | 3 | χαίροις κύριέ μου εὐλογημένε τῷ θεῷ τῷ ὑψίστῳ. καὶ | * εἶπεν * | Ἰωσὴφ τῇ Ἀσενὲθ εὐλογήσει σε κύριος ὁ θεὸς ὁ |
| Asen. | 8 | 4 | σε κύριος ὁ θεὸς ὁ ζωοποιήσας τὰ πάντα. καὶ | * εἶπε * | Πεντεφρῆς τῇ θυγατρὶ αὐτοῦ Ἀσενὲθ πρόσελθε καὶ |
| Asen. | 8 | 5 | οἱ μασθοὶ αὐτῆς ἤδη ἑστῶτες ὥσπερ μῆλα ὡραῖα. καὶ | * εἶπεν * | Ἰωσὴφ οὐκ ἔστι προσῆκον ἀνδρὶ θεοσεβεῖ ὃς εὐλογεῖ |
| Asen. | 8 | 9 | τὴν δεξιὰν καὶ ἔθηκεν ἐπάνω τῆς κεφαλῆς αὐτῆς καὶ | * εἶπεν * | κύριε ὁ θεὸς τοῦ πατρός μου Ἰσραὴλ ὁ ὕψιστος ὁ |
| Asen. | 9 | 3 | γενέσθαι ἑσπέρα⟨ν⟩. καὶ Ἰωσὴφ ἔφαγε καὶ ἔπιε καὶ | * εἶπε * | τοῖς παισὶν αὐτοῦ ζεύξατε τοὺς ἵππους εἰς τὰ ἅρματα |
| Asen. | 9 | 3 | παισὶν αὐτοῦ ζεύξατε τοὺς ἵππους εἰς τὰ ἅρματα | * εἶπε * | γὰρ ἀπελεύσομαι καὶ κυκλεύσω πᾶσαν τὴν γῆν. καὶ |
| Asen. | 9 | 4 | γὰρ ἀπελεύσομαι καὶ κυκλεύσω πᾶσαν τὴν γῆν. καὶ | * εἶπε * | Πεντεφρῆς πρὸς Ἰωσὴφ αὐλισθήτω δὴ ἐνταῦθα ὁ κύριός |
| Asen. | 9 | 5 | μου σήμερον καὶ τὸ πρωῒ ἀπελεύσῃ τὴν ὁδόν σου. καὶ | * εἶπεν * | Ἰωσὴφ οὐχὶ ἀλλ' ἀπελεύσομαι σήμερον διότι αὕτη ἡ |
| Asen. | 10 | 5 | τοῦ στεναγμοῦ καὶ τοῦ κλαυθμοῦ τῆς Ἀσενὲθ καὶ | * εἶπον * | αὐτῇ τί σοί ἐστι δέσποινα καὶ διά τί σὺ |
| Asen. | 10 | 6 | σοί ἐστιν. καὶ οὐκ ἤνοιξεν Ἀσενὲθ τὴν θύραν ἀλλ' | * εἶπεν * | αὐταῖς ἔσωθεν τῆς κεφαλῆς μού ἐστι πόνος βαρὺς καὶ |
| Asen. | 10 | 13 | βορρᾶν καὶ ἔδωκε πάντα τοῖς κυσὶ τοῖς ἀλλοτρίοις. | * εἶπε * | γὰρ ἐν ἑαυτῇ Ἀσενὲθ οὐ μὴ φάγωσιν οἱ κύνες μου ἐκ |
| Asen. | 11 | 3 | καὶ ἐν ταῖς ἑπτὰ νυξὶ τῆς ταπεινώσεως αὐτῆς. καὶ | * εἶπεν * | ἐν τῇ καρδίᾳ αὐτῆς τὸ στόμα μὴ ἀνοίξασα τί ποιήσω |
| Asen. | 11 | 5 | μου καὶ ἡ μήτηρ μου καὶ πᾶσα ἡ συγγένειά μου καὶ | * εἶπον * | οὐκ ἔστι θυγάτηρ ἡμῶν Ἀσενὲθ διότι τοὺς θεοὺς |
| Asen. | 11 | 15 | τὴν κεφαλὴν αὐτῆς καὶ τὸ στῆθος αὐτῆς πολλάκις καὶ | * εἶπεν * | ἐν τῇ καρδίᾳ αὐτῆς οὐκ ἀνοίξασα τὸ στόμα αὐτῆς |
| Asen. | 11 | 19 | καὶ ἤνοιξε τὸ στόμα αὐτῆς πρὸς τὸν θεὸν καὶ | * εἶπεν * | κύριε ὁ θεὸς τῶν αἰώνων ὁ κτίσας τὰ πάντα καὶ |
| Asen. | 12 | 12 | διότι ὁ πατήρ μου καὶ ἡ μήτηρ μου ἠρνήσαντό με καὶ | * εἶπον * | οὐκ ἔστιν ἡμῶν θυγάτηρ Ἀσενὲθ διότι ἀπώλεσα καὶ |
| Asen. | 13 | 13 | οὐκ ᾔδειν ἐγὼ ἡ ἀθλία ὅτι υἱὸς σοῦ ἐστιν ἐπειδὴ | * εἶπόν * | μοι οἱ ἄνθρωποι ὅτι Ἰωσὴφ υἱὸς τοῦ ποιμένος ἐστίν |
| Asen. | 14 | 1 | ἀνατολάς. καὶ εἶδεν αὐτὸν Ἀσενὲθ καὶ ἐχάρη καὶ | * εἶπεν * | ἄρα ἐπήκουσε κύριος ὁ θεὸς τῆς προσευχῆς μου διότι |
| Asen. | 14 | 4 | ἔστη ὑπὲρ κεφαλῆς Ἀσενέθ. καὶ ἐκάλεσεν αὐτὴν καὶ | * εἶπεν * | Ἀσενὲθ Ἀσενέθ. καὶ εἶπεν τίς ἐστιν ὁ καλῶν με |
| Asen. | 14 | 5 | καὶ ἐκάλεσεν αὐτὴν καὶ εἶπεν Ἀσενὲθ Ἀσενέθ. καὶ | * εἶπεν * | τίς ἐστιν ὁ καλῶν με διότι ἡ θύρα τοῦ θαλάμου μου |
| Asen. | 14 | 6 | μου; καὶ ἐκάλεσεν αὐτὴν ὁ ἄνθρωπος ἐκ δευτέρου καὶ | * εἶπεν * | Ἀσενὲθ Ἀσενέθ. καὶ εἶπεν ἰδοὺ ἐγὼ κύριε. τίς εἶ |
| Asen. | 14 | 7 | ἐκ δευτέρου καὶ εἶπεν Ἀσενὲθ Ἀσενέθ. καὶ | * εἶπεν * | ἰδοὺ ἐγὼ κύριε. τίς εἶ σὺ ἀνάγγειλόν μοι. καὶ |
| Asen. | 14 | 8 | ἰδοὺ ἐγὼ κύριε. τίς εἶ σὺ ἀνάγγειλόν μοι. καὶ | * εἶπεν * | ὁ ἄνθρωπος ἐγώ εἰμι ὁ ἄρχων τοῦ οἴκου κυρίου καὶ |
| Asen. | 14 | 11 | φόβον μέγαν καὶ ἐτρόμαξε πάντα τὰ μέλη αὐτῆς. καὶ | * εἶπεν * | αὐτῇ ὁ ἄνθρωπος θάρσει Ἀσενὲθ καὶ μὴ φοβηθῇς ἀλλ' |
| Asen. | 14 | 12 | ἀνέστη Ἀσενὲθ καὶ ἔστη ἐπὶ τοὺς πόδας αὐτῆς. καὶ | * εἶπεν * | αὐτῇ ὁ ἄνθρωπος βάδιζε ἀκωλύτως ἐν τῷ δευτέρῳ σου |
| Asen. | 15 | 1 | αὐτῆς τὸν πρῶτον καὶ ἔστη ἐνώπιον αὐτοῦ. καὶ | * εἶπεν * | αὐτῇ ὁ ἄνθρωπος ἀπόστειλον δὴ τὸ θέριστρον ἀπὸ τῆς |
| Asen. | 15 | 2 | Ἀσενὲθ τὸ θέριστρον ἀπὸ τῆς κεφαλῆς αὐτῆς. καὶ | * εἶπεν * | αὐτῇ ὁ ἄνθρωπος θάρσει Ἀσενὲθ ἡ παρθένος ἁγνή. |
| Asen. | 15 | 11 | καὶ προσεκύνησεν αὐτῷ ἐπὶ πρόσωπον εἰς τὴν γῆν καὶ | * εἶπεν * | αὐτῷ εὐλογημένος κύριος ὁ θεός σου ὁ ὕψιστος ὃς |
| Asen. | 15 | 12B | ἵνα ὑμνήσω καὶ δοξάσω σε εἰς τὸν αἰῶνα χρόνον καὶ | * εἶπεν * | αὐτῇ ὁ ἄνθρωπος ἵνα τί τοῦτο ζητεῖς τὸ ὄνομά μου |
| Asen. | 15 | 12B | τῇ βίβλῳ τοῦ ὑψίστου ἄρρητά ἐστι καὶ ἀνθρώπῳ οὔτε | * εἰπεῖν * | οὔτε ἀκοῦσαι ἐν τῷ κόσμῳ τούτῳ ἐγκεχώρηται ὅτι |
| Asen. | 15 | 13 | ἐκεῖνα καὶ θαυμαστὰ καὶ ἐπαινετὰ σφόδρα. καὶ | * εἶπεν * | Ἀσενὲθ εἰ εὗρον χάριν ἐνώπιόν σου κύριε καὶ |
| Asen. | 15 | 13 | καὶ γνώσομαι ὅτι ποιήσεις πάντα τὰ ῥήματά σου ὅσα | * εἶπας * | πρός με λαλησάτω δὴ ἡ παιδίσκη σου ἐνώπιόν σου. |
| Asen. | 15 | 14 | με λαλησάτω δὴ ἡ παιδίσκη σου ἐνώπιόν σου. καὶ | * εἶπεν * | αὐτῇ ὁ ἄνθρωπος λάλησον. καὶ ἐξέτεινεν Ἀσενὲθ τὴν |
| Asen. | 15 | 14 | τὴν δεξιὰν καὶ τέθηκεν ἐπὶ τῶν γονάτων αὐτοῦ καὶ | * εἶπεν * | αὐτῷ δέομαί σου κύριε κάθισον δὴ μικρὸν ἐπὶ τῆς |
| Asen. | 15 | 15 | αὐτοῦ. καὶ μετὰ ταῦτα ἀπελεύσῃ τὴν ὁδόν σου. καὶ | * εἶπεν * | αὐτῇ ὁ ἄνθρωπος σπεῦσον καὶ φέρε συντόμως. καὶ |
| Asen. | 16 | 1 | καινὴν καὶ ἐπορεύετο κόμισαι αὐτῷ ἄρτον. καὶ | * εἶπεν * | αὐτῇ ὁ ἄνθρωπος φέρε δή μοι καὶ κηρίον μελίσσης. |
| Asen. | 16 | 3 | οὐκ εἶχε κηρίον μελίσσης ἐν τῷ ταμιείῳ αὐτῆς. καὶ | * εἶπεν * | αὐτῇ ὁ ἄνθρωπος τίνος χάριν ἵστασαι; καὶ εἶπεν |
| Asen. | 16 | 4 | καὶ εἶπεν αὐτῇ ὁ ἄνθρωπος τίνος χάριν ἵστασαι; καὶ | * εἶπεν * | Ἀσενὲθ πέμψω δὴ παιδάριον εἰς τὸ προάστειον διότι |
| Asen. | 16 | 5 | ταχέως κηρίον μελίσσης καὶ παραθήσω σοι κύριε. καὶ | * εἶπεν * | αὐτῇ ὁ ἄνθρωπος βάδιζε καὶ εἴσελθε εἰς τὸ ταμιεῖόν |
| Asen. | 16 | 6 | τραπέζης κείμενον. ἆρον αὐτὸ καὶ κόμισον ὧδε. καὶ | * εἶπεν * | Ἀσενὲθ κύριε κηρίον μελίσσης ἐν τῷ ταμιείῳ μου |
| Asen. | 16 | 7 | κηρίον μελίσσης ἐν τῷ ταμιείῳ μου οὐκ ἔστιν. καὶ | * εἶπεν * | ὁ ἄνθρωπος βάδιζε καὶ εὑρήσεις. καὶ εἰσῆλθεν |
| Asen. | 16 | 9 | πνοὴ αὐτοῦ ὡς πνοὴ ζωῆς. καὶ ἐθαύμασεν Ἀσενὲθ καὶ | * εἶπεν * | ἐν ἑαυτῇ ἄρα γε τὸ κηρίον τοῦτο ἐκ τοῦ στόματος |
| Asen. | 16 | 10 | ἐπὶ τῆς τραπέζης ἣν ἡτοίμασεν ἐνώπιον αὐτοῦ. καὶ | * εἶπεν * | αὐτῇ ὁ ἄνθρωπος τί ὅτι εἶπας ὅτι οὐκ ἔστι κηρίον |
| Asen. | 16 | 10 | ἐνώπιον αὐτοῦ. καὶ εἶπεν αὐτῇ ὁ ἄνθρωπος τί ὅτι | * εἶπας * | ὅτι οὐκ ἔστι κηρίον μελίσσης ἐν τῷ ταμιείῳ μου; |
| Asen. | 16 | 11 | κηρίον μελίσσης θαυμαστόν. καὶ ἐφοβήθη Ἀσενὲθ καὶ | * εἶπεν * | κύριε ἐγὼ οὐκ εἶχον κηρίον μέλιτος ἐν τῷ ταμιείῳ |
| Asen. | 16 | 14 | ἀνθρώπου. καὶ εἶδεν ὁ ἄνθρωπος καὶ ἐμειδίασε καὶ | * εἶπεν * | μακαρία εἶ σὺ Ἀσενὲθ διότι ἀπεκαλύφθη σοι τὰ |
| Asen. | 16 | 15 | ἐνέβαλε τῇ χειρὶ αὐτοῦ εἰς τὸ στόμα Ἀσενὲθ καὶ | * εἶπεν * | αὐτῇ φάγε. καὶ ἔφαγεν. καὶ εἶπεν ὁ ἄνθρωπος τῇ |
| Asen. | 16 | 16 | στόμα Ἀσενὲθ καὶ εἶπεν αὐτῇ φάγε. καὶ ἔφαγεν. καὶ | * εἶπεν * | ὁ ἄνθρωπος τῇ Ἀσενὲθ ἰδοὺ δὴ ἔφαγες ἄρτον ζωῆς |
| Asen. | 16 | 17B | αὐτοῦ καὶ ἔβλεπε πάντα ὅσα ἐποίει ὁ ἄνθρωπος. καὶ | * εἶπεν * | ὁ ἄνθρωπος τῷ κηρίῳ δεῦρο. καὶ ἀνέστησαν μέλισσαι |
| Asen. | 16 | 20 | τοῦ κηρίου τοῦ ὄντος ἐπὶ τῷ στόματι Ἀσενέθ. καὶ | * εἶπεν * | ὁ ἄνθρωπος ταῖς μελίσσαις ὑπάγετε δὴ εἰς τὸν τόπον |
| Asen. | 16 | 22 | τὴν ῥάβδον αὐτοῦ ἐπὶ τὰς μελίσσας τὰς νεκρὰς καὶ | * εἶπεν * | αὐταῖς ἀνάστητε καὶ ὑμεῖς καὶ ἀπέλθετε εἰς τὸν |
| Asen. | 17 | 1 | ἐσκήνωσαν ἐπὶ τοῖς δένδροις τοῖς καρποφόροις. καὶ | * εἶπεν * | ὁ ἄνθρωπος τῇ Ἀσενὲθ ἑώρακας τὸ ῥῆμα τοῦτο; καὶ |
| Asen. | 17 | 1 | τῇ Ἀσενὲθ ἑώρακας τὸ ῥῆμα τοῦτο; καὶ αὐτὴ | * εἶπεν * | ναὶ κύριε ἑώρακα ταῦτα πάντα. καὶ εἶπεν αὐτῇ ὁ |
| Asen. | 17 | 2 | καὶ αὐτὴ εἶπεν ναὶ κύριε ἑώρακα ταῦτα πάντα. καὶ | * εἶπεν * | αὐτῇ ὁ ἄνθρωπος οὕτως ἔσται πάντα τὰ ῥήματά μου ἃ |
| Asen. | 17 | 4 | κηρίου εὐωδία πολλὴ καὶ ἔπλησε τὸν θάλαμον. καὶ | * εἶπεν * | Ἀσενὲθ πρὸς τὸν ἄνθρωπον κύριέ εἰσι σὺν ἐμοὶ ἑπτὰ |
| Asen. | 17 | 5 | αὐτὰς καὶ εὐλογήσεις αὐτὰς ὡς κἀμὲ εὐλόγησας καὶ | * εἶπεν * | ὁ ἄνθρωπος κάλεσον αὐτάς. καὶ ἐκάλεσεν Ἀσενὲθ τὰς |
| Asen. | 17 | 6 | τοῦ ἀνθρώπου. καὶ εὐλόγησεν αὐτὰς ὁ ἄνθρωπος καὶ | * εἶπεν * | εὐλογήσει ὑμᾶς κύριος ὁ θεὸς ὁ ὕψιστος. καὶ ἔσεσθε |
| Asen. | 17 | 7 | ἐφ' ὑμᾶς ἀναπαύσονται εἰς τὸν αἰῶνα χρόνον. καὶ | * εἶπεν * | ὁ ἄνθρωπος τῇ Ἀσενὲθ μετάθες τὴν τράπεζαν ταύτην. |
| Asen. | 17 | 9 | ὁ ἄνθρωπος εἱστήκει ἐπάνω τοῦ ἅρματος ἐκείνου. καὶ | * εἶπεν * | Ἀσενὲθ ἄφρων ἐγὼ καὶ τολμηρὰ διότι λελάληκα |
| Asen. | 17 | 9 | ἄφρων ἐγὼ καὶ τολμηρὰ διότι λελάληκα παρρησίᾳ καὶ | * εἶπον * | ὅτι ἄνθρωπος ἦλθεν εἰς τὸν θάλαμόν μου ἐκ τοῦ |
| Asen. | 17 | 10 | πάλιν εἰς τὸν οὐρανὸν εἰς τὸν τόπον αὐτοῦ. καὶ | * εἶπεν * | ἐν ἑαυτῇ ἵλεως ἔσο κύριε τῇ δούλῃ σου καὶ φεῖσαι |
| Asen. | 18 | 2 | τὸν τροφέα αὐτῆς τὸν ἐπάνω τῆς οἰκίας αὐτῆς καὶ | * εἶπεν * | αὐτῷ σπεῦσον καὶ εὐτρέπισον τὴν οἰκίαν καὶ |
| Asen. | 18 | 3 | χεῖρα αὐτῆς τὴν δεξιὰν καὶ κατεφίλησεν αὐτὴν καὶ | * εἶπεν * | τί σοί ἐστι τέκνον μου ὅτι οὕτως συμπέπτωκε τὸ |
| Asen. | 18 | 4 | μου ὅτι οὕτως συμπέπτωκε τὸ πρόσωπόν σου; καὶ | * εἶπεν * | αὐτῷ Ἀσενὲθ τῆς κεφαλῆς μου πόνος γέγονε βαρὺς |
| Asen. | 18 | 7 | Ἀσενὲθ τῶν ῥημάτων τοῦ τροφέως αὐτῆς διότι | * εἶπεν * | αὐτῇ ὅτι συμπέπτωκε τὸ πρόσωπόν σου. καὶ |
| Asen. | 18 | 7 | σου. καὶ ἀνεστέναξε καὶ ἐλυπήθη σφόδρα καὶ | * εἶπεν * | οἴμοι τῇ ταπεινῇ ⟨ὅτι⟩ τὸ πρόσωπόν μου |
| Asen. | 18 | 8 | ὄψεταί με Ἰωσὴφ καὶ ἐξουδενώσει με. καὶ | * εἶπε * | τῇ συντρόφῳ αὐτῆς ἐξένεγκέ μοι ὕδωρ καθαρὸν ἀπὸ τῆς |
| Asen. | 18 | 10 | χαρὰν μεγάλην καὶ οὐκ ἔνιψε τὸ πρόσωπον αὐτῆς | * εἶπε * | γὰρ μήποτε ἀποπλύνω τὸ κάλλος τὸ μέγα τοῦτο. καὶ |
| Asen. | 18 | 11 | τὸ μέγα τοῦτο. καὶ ἦλθεν ὁ τροφεὺς αὐτῆς τοῦ | * εἰπεῖν * | αὐτῇ ὅτι πάντα ἡτοίμασται ὡς προσέταξας. καὶ ὡς |
| Asen. | 18 | 11 | φόβον μέγαν καὶ ἔπεσεν ἐπὶ τοὺς πόδας αὐτῆς καὶ | * εἶπεν * | τί ἐστι τοῦτο δέσποινά μου καὶ τίς ἐστιν ἡ καλλονὴ |
| Asen. | 19 | 1 | καὶ ἔτι λαλούντων αὐτῶν ταῦτα ἦλθε παιδάριον καὶ | * εἶπε * | πρὸς Ἀσενὲθ ἰδοὺ Ἰωσὴφ πρὸς τὰς θύρας τῆς αὐλῆς |
| Asen. | 19 | 4 | αὐτὴν Ἰωσὴφ καὶ ἐθαμβήθη ἐπὶ τῷ κάλλει αὐτῆς καὶ | * εἶπε * | πρὸς αὐτὴν τίς εἶ σὺ ταχέως ἀνάγγειλόν μοι. καὶ |
| Asen. | 19 | 5 | πρὸς αὐτὴν τίς εἶ σὺ ταχέως ἀνάγγειλόν μοι. καὶ | * εἶπεν * | αὐτῷ ἐγώ εἰμι ἡ παιδίσκη σου Ἀσενὲθ καὶ τὰ εἴδωλα |
| Asen. | 19 | 5 | καὶ ἔφαγον καὶ ποτήριον εὐλογίας καὶ ἔπιον καὶ | * εἶπέ * | μοι δέδωκά σε εἰς νύμφην τῷ Ἰωσὴφ σήμερον καὶ |
| Asen. | 19 | 5 | αὐτὸς ἔσται σου νυμφίος εἰς τὸν αἰῶνα χρόνον. καὶ | * εἶπέ * | μοι οὐ κληθήσεται ἔτι τὸ ὄνομά σου Ἀσενὲθ ἀλλὰ |
| Asen. | 19 | 6 | ἔθνη πολλὰ ἐπὶ κύριον τὸν θεὸν τὸν ὕψιστον. καὶ | * εἶπέ * | μοι ὁ ἄνθρωπος πορεύσομαι καὶ πρὸς Ἰωσὴφ καὶ |
| Asen. | 19 | 8 | ὁ ἄνθρωπος ἐκεῖνος καὶ λελάληκέ σοι περὶ ἐμοῦ. καὶ | * εἶπεν * | Ἰωσὴφ πρὸς Ἀσενὲθ εὐλογημένη εἶ σὺ τῷ θεῷ τῷ |
| Asen. | 19 | 9 | διότι ὁ ἄνθρωπος ἐκεῖνος ἦλθε πρός με σήμερον καὶ | * εἶπέ * | μοι κατὰ τὰ ῥήματα ταῦτα περί σου. καὶ νῦν δεῦρο |
| Asen. | 20 | 1 | καὶ ἔσφιγξαν τὰ δεσμὰ τῶν χειρῶν αὐτῶν. καὶ | * εἶπεν * | Ἀσενὲθ τῷ Ἰωσὴφ δεῦρο κύριέ μου καὶ εἴσελθε εἰς |
| Asen. | 20 | 3 | καὶ ἤνεγκεν ὕδωρ τοῦ νίψαι τοὺς πόδας αὐτοῦ. καὶ | * εἶπεν * | Ἰωσὴφ ἐλθάτω δὴ μία τῶν παρθένων καὶ νιψάτω τοὺς |
| Asen. | 20 | 4 | δὴ μία τῶν παρθένων καὶ νιψάτω τοὺς πόδας μου. καὶ | * εἶπε * | πρὸς αὐτὸν Ἀσενὲθ οὐχὶ κύριέ μου ὅτι σύ μου εἶ |
| Asen. | 20 | 8 | μετὰ ταῦτα ἔφαγον καὶ ἔπιον καὶ εὐφράνθησαν. καὶ | * εἶπε * | Πεντεφρῆς τῷ Ἰωσὴφ αὔριον ἐγὼ καλέσω πάντας τοὺς |
| Asen. | 20 | 9 | καὶ λήψῃ τὴν θυγατέρα μου Ἀσενὲθ εἰς γυναῖκα. καὶ | * εἶπεν * | Ἰωσὴφ ἐγὼ πορεύσομαι αὔριον πρὸς Φαραὼ τὸν |
| Asen. | 20 | 10 | αὐτοῦ καὶ αὐτὸς δώσει μοι αὐτὴν εἰς γυναῖκα. καὶ | * εἶπεν * | αὐτῷ Πεντεφρῆς πορεύου μετ' εἰρήνης. καὶ ἔμεινεν |
| Asen. | 21 | 1 | Πεντεφρῇ καὶ οὐκ ἐκοιμήθη μετὰ τῆς Ἀσενὲθ διότι | * εἶπεν * | Ἰωσὴφ οὐ προσήκει ἀνδρὶ θεοσεβεῖ πρὸ τῶν γάμων |
| Asen. | 21 | 2 | ἀνέστη Ἰωσὴφ τὸ πρωῒ καὶ ἀπῆλθε πρὸς Φαραὼ καὶ | * εἶπεν * | αὐτῷ δός μοι τὴν Ἀσενὲθ θυγατέρα Πεντεφρῆ ἱερέως |
| Asen. | 21 | 3 | εἰς γυναῖκα. καὶ ἐχάρη Φαραὼ χαρὰν μεγάλην καὶ | * εἶπε * | τῷ Ἰωσὴφ οὐκ ἰδοὺ αὕτη κατεγγύηταί σοι ἀπὸ τοῦ |
| Asen. | 21 | 4 | αὐτὴν Φαραὼ καὶ ἐθαμβήθη ἐπὶ τῷ κάλλει αὐτῆς καὶ | * εἶπεν * | εὐλογήσει σε κύριος ὁ θεὸς τοῦ Ἰωσὴφ τέκνον καὶ |
| Asen. | 21 | 6 | ἡ δεξιὰ χεὶρ αὐτοῦ ἦν ἐπὶ τῆς κεφαλῆς Ἀσενὲθ καὶ | * εἶπε * | Φαραὼ εὐλογήσει ὑμᾶς κύριος ὁ θεὸς ὁ ὕψιστος καὶ |
| Asen. | 21 | 19 | ἥμαρτον καὶ λελάληκα τολμηρὰ ἐν ματαιότητι καὶ | * εἶπον * | ὅτι οὐκ ἔστιν ἀνὴρ δυνάστης ἐπὶ τῆς γῆς ὃς ἂν λύσῃ |
| Asen. | 22 | 3 | εἰκάδι τοῦ μηνὸς καὶ κατῴκησεν ἐν γῇ Γεσέμ. καὶ | * εἶπεν * | Ἀσενὲθ τῷ Ἰωσὴφ πορεύσομαι καὶ ὄψομαι τὸν πατέρα |
| Asen. | 22 | 4 | πατήρ σου Ἰσραὴλ ὡς πατήρ μοί ἐστι καὶ θεός. καὶ | * εἶπεν * | αὐτῇ Ἰωσὴφ πορεύσῃ σὺν ἐμοὶ καὶ ὄψῃ τὸν πατέρα |
| Asen. | 22 | 8 | προσεκύνησεν αὐτῷ ἐπὶ πρόσωπον ἐπὶ τὴν γῆν. καὶ | * εἶπεν * | Ἰακὼβ πρὸς Ἰωσὴφ αὕτη ἐστὶν ἡ νύμφη μου ἢ γυνή |
| Asen. | 23 | 1 | βαρέως καὶ κακῶς εἶχε διὰ τὸ κάλλος αὐτῆς καὶ | * εἶπεν * | οὐχὶ οὕτως ἔσται. καὶ ἀπέστειλεν ἀγγέλους ὁ υἱὸς |
| Asen. | 23 | 2 | αὐτόν οἱ ἄνδρες καὶ ἔστησαν ἐνώπιον αὐτοῦ. καὶ | * εἶπεν * | αὐτοῖς ὁ υἱὸς Φαραὼ ὁ πρωτότοκος γινώσκω ἐγὼ |
| Asen. | 23 | 9 | αὐτῷ τοῦ παύσασθαι ἀπὸ τῆς ὀργῆς αὐτοῦ. καὶ | * εἶπε * | Λευὶς τῷ Συμεὼν ἡσύχως ἵνα τί σὺ ὀργῇ θυμοῦσαι πρὸς |
| Asen. | 23 | 10 | οὐ προσήκει ἡμῖν ἀποδοῦναι κακὸν ἀντὶ κακοῦ. καὶ | * εἶπε * | Λευὶς τῷ υἱῷ Φαραὼ μετὰ παρρησίας ἱλαρῷ προσώπῳ |
| Asen. | 23 | 10 | ἦν ἐν αὐτῷ οὐδὲ ἐλαχίστη ἀλλ' ⟩ ἐν πραότητι καρδίας | * ⟨εἶπε * | πρὸς αὐτὸν⟩ ἵνα τί λαλεῖ ὁ κύριος ἡμῶν κατὰ τὰ |
| Asen. | 23 | 14 | αὐτῶν Συμεὼν καὶ Λευὶς ἐκ τῶν κολεῶν αὐτῶν καὶ | * εἶπον * | ἰδοὺ ἑώρακας τὰς ῥομφαίας ταύτας; ἐν ταύταις ταῖς |
| Asen. | 23 | 16 | τὴν χεῖρα αὐτοῦ τὴν δεξιὰν καὶ ἐκράτησεν αὐτὸν καὶ | * εἶπεν * | αὐτῷ ἀνάστηθι καὶ μὴ φοβηθῇς πλὴν φύλαξαι ἔτι τοῦ |
| Asen. | 24 | 2 | Ἀσενὲθ καὶ ἐλυπεῖτο λύπην μεγάλην ὑπερμεγέθη. καὶ | * εἶπον * | αὐτῷ οἱ παῖδες αὐτοῦ εἰς τὸ οὖς λέγοντες ἰδού οἱ |
| Asen. | 24 | 3 | πρώτῃ τῆς νυκτὸς καὶ ἔστησαν ἐνώπιον αὐτοῦ. καὶ | * εἶπεν * | αὐτοῖς ὁ υἱὸς Φαραὼ ῥῆμά μοί ἐστι πρὸς ὑμᾶς διότι |
| Asen. | 24 | 4 | πρὸς ὑμᾶς διότι ὑμεῖς ἐστὲ ἄνδρες δυνατοί. καὶ | * εἶπον * | αὐτῷ Δὰν καὶ Γὰδ οἱ πρεσβύτεροι ἀδελφοὶ λαλησάτω |

| | | | | | |
|---|---|---|---|---|---|
| Asen. | 24 | 5 | καὶ ἐχάρη ὁ υἱὸς Φαραὼ χαρὰν μεγάλην σφόδρα καὶ | * εἶπε * | τοῖς παισὶν αὐτοῦ ἀπόστητε δὴ μικρὸν ἀπ᾽ ἐμοῦ διότι |
| Asen. | 24 | 7 | πάντες. καὶ ἐψεύσατο αὐτοῖς ὁ υἱὸς Φαραὼ καὶ | * εἶπεν * | ἰδοὺ εὐλογία καὶ θάνατος πρὸ προσώπου ὑμῶν. λάβετε |
| Asen. | 24 | 10 | μου. καὶ ἐπῄνεσεν αὐτὸν Φαραὼ ὁ πατήρ μου καὶ | * εἶπεν * | αὐτῷ καλῶς εἴρηκας τέκνον. λοιπὸν λαβὲ παρ᾽ ἐμοῦ |
| Asen. | 24 | 11 | υἱοῦ Φαραὼ ἐταράχθησαν σφόδρα καὶ ἐλυπήθησαν καὶ | * εἶπον * | πρὸς τὸν υἱὸν Φαραὼ δεόμεθά σου κύριε βοήθησον |
| Asen. | 24 | 12 | υἱὸν Φαραὼ δεόμεθά σου κύριε βοήθησον ἡμῖν. καὶ | * εἶπεν * | αὐτοῖς ὁ υἱὸς Φαραὼ ἐγὼ ἔσομαι ὑμῖν βοηθὸς ἐὰν |
| Asen. | 24 | 13 | ὑμῖν βοηθὸς ἐὰν ἀκούσητε τῶν ῥημάτων μου. καὶ | * εἶπον * | οἱ ἄνδρες ἰδοὺ ἡμεῖς ἐσμέν παῖδές σου ἐνώπιόν σου. |
| Asen. | 24 | 14 | ἡμῖν καὶ ποιήσομεν κατὰ τὸ θέλημά σου. καὶ | * εἶπεν * | αὐτοῖς ὁ υἱὸς Φαραὼ ἐγὼ ἀποκτενῶ τὸν πατέρα μου |
| Asen. | 24 | 14 | Φαραὼ ὁ πατήρ μου ὡς πατήρ ἐστι του Ἰωσὴφ καὶ | * εἶπεν * | αὐτῷ τοῦ βοηθῆσαι αὐτῷ κατέναντι ὑμῶν. καὶ ὑμεῖς |
| Asen. | 24 | 15 | τῶν ἐμῶν πάντων. πλὴν τὸ ῥῆμα τοῦτο ποιήσατε. καὶ | * εἶπον * | αὐτῷ Δὰν καὶ Γὰδ ἡμεῖς ἐσμέν παῖδές σου σήμερον |
| Asen. | 24 | 19 | αὐτοὺς κατέστησεν ἄρχοντας αὐτῶν καὶ ἡγεμόνας. καὶ | * εἶπον * | αὐτῷ Δὰν καὶ Γὰδ ἡμεῖς ἐσμέν παῖδές σου σήμερον |
| Asen. | 25 | 1 | αὐτὸν τοῦ εἰσελθεῖν πρὸς τὸν πατέρα αὐτοῦ καὶ | * εἶπον * | αὐτῷ τί προστάσσεις κύριε; καὶ εἶπεν αὐτοῖς ὁ υἱὸς |
| Asen. | 25 | 2 | αὐτοῦ καὶ εἶπον αὐτῷ τί προστάσσεις κύριε; καὶ | * εἶπεν * | αὐτοῖς ὁ υἱὸς Φαραὼ ὄψεσθαι βούλομαι τὸν πατέρα |
| Asen. | 25 | 3 | τρυγῆσαι τὴν ἄμπελόν μου τὴν νεόφυτον. καὶ | * εἶπον * | αὐτῷ οἱ φύλακες κεφαλῆς πόνον πονεῖ ὁ πατήρ σου |
| Asen. | 25 | 3 | ὅλην τὴν νύκτα καὶ νῦν ἡσυχάζει μικρόν. καὶ | * εἶπεν * | ἡμῖν μηδεὶς ἐγγισάτω μου μηδὲ ὁ υἱός μου ὁ |
| Asen. | 25 | 7 | οἱ ἀδελφοὶ αὐτῶν οἱ πρεσβύτεροι Δὰν καὶ Γὰδ καὶ | * εἶπον * | ἀλλ᾽ ὡς γυναῖκες ἀποθανούμεθα; μὴ γένοιτο. καὶ |
| Asen. | 26 | 1 | καὶ τῇ Ἀσενέθ. καὶ ἀνέστη τὸ πρωῒ Ἀσενὲθ καὶ | * εἶπε * | τῷ Ἰωσὴφ πορεύσομαι καθὰ εἴρηκας εἰς τὸν ἀγρὸν τῆς |
| Asen. | 26 | 2 | δέδοικεν ἡ ψυχή μου ὅτι σὺ χωρίζῃ ἀπ᾽ ἐμοῦ. καὶ | * εἶπεν * | αὐτῇ Ἰωσὴφ θάρσει καὶ μὴ φοβοῦ ἀλλὰ πορεύου διότι |
| Asen. | 27 | 4 | καὶ ἐπήδησε Βενιαμὶν καὶ ἀνέβη ἐπὶ τὴν πέτραν καὶ | * εἶπε * | τῷ ἡνιόχῳ τῆς Ἀσενὲθ δός μοι λίθους ἐκ τοῦ |
| Asen. | 27 | 7 | οἱ ἀδελφοὶ αὐτῶν οἱ υἱοὶ Βάλλας καὶ Ζέλφας καὶ | * εἶπον * | ἀπολώλαμεν ἀπὸ τῶν ἀδελφῶν ἡμῶν καὶ τέθνηκεν ὁ |
| Asen. | 27 | 10 | καὶ εἶδεν αὐτοὺς Ἀσενὲθ καὶ ἐφοβήθη σφόδρα καὶ | * εἶπεν * | κύριε ὁ θεός μου ὁ ἀναζωοποιήσας με καὶ ῥυσάμενός |
| Asen. | 27 | 10 | με ἐκ τῶν εἰδώλων καὶ τῆς φθορᾶς τοῦ θανάτου ὁ | * εἰπών * | μοι ὅτι εἰς τὸν αἰῶνα ζήσεται ἡ ψυχή σου ῥῦσαί με |
| Asen. | 28 | 1 | τὸ ῥῆμα τὸ μέγα τοῦτο καὶ ἐφοβήθησαν σφόδρα καὶ | * εἶπον * | κύριος πολεμεῖ καθ᾽ ἡμῶν ὑπὲρ Ἀσενέθ. καὶ ἔπεσον |
| Asen. | 28 | 2 | ἐπὶ τὴν γῆν καὶ προσεκύνησαν τῇ Ἀσενὲθ καὶ | * εἶπον * | ἐλέησον ἡμᾶς τοὺς δούλους σου διότι δέσποινα ἡμῶν |
| Asen. | 28 | 7 | ἵλεως τοῖς δούλοις σου δέσποινα ἐνώπιον αὐτῶν. καὶ | * εἶπεν * | αὐτοῖς Ἀσενὲθ θαρσεῖτε καὶ μὴ φοβεῖσθε ἀπὸ τῶν |
| Asen. | 28 | 10 | παιδισκῶν τοῦ πατρὸς αὐτῶν τοῦ ἀνελεῖν αὐτούς. καὶ | * εἶπε * | πρὸς αὐτοὺς Ἀσενὲθ δέομαι ὑμῶν φείσασθε τῶν |
| Asen. | 28 | 12 | ὑμῶν εἰσι καὶ αἷμα τοῦ πατρὸς ὑμῶν Ἰσραήλ. καὶ | * εἶπεν * | αὐτῇ Συμεὼν ἵνα τί ἡ δέσποινα ἡμῶν λαλεῖ ἀγαθὰ |
| Asen. | 28 | 14 | τῆς γενειάδος τοῦ Συμεὼν καὶ κατεφίλησεν αὐτὸν καὶ | * εἶπεν * | μηδαμῶς ἄδελφε ποιήσεις κακὸν ἀντὶ κακοῦ τῷ |
| Asen. | 29 | 3 | ἐπ᾽ αὐτὸν Λευὶς καὶ ἐκράτησε τῆς χειρὸς αὐτοῦ καὶ | * εἶπεν * | μηδαμῶς ἄδελφε ποιήσεις τὸ πρᾶγμα τοῦτο διότι |
| Sal. | 1 | 2 | ἐξάπινα ἠκούσθη κραυγὴ πολέμου ἐνώπιόν μου | * ⟨εἶπα⟩ * | ἐπακούσεταί μου ὅτι ἐπλήσθην δικαιοσύνης. |
| Sal. | 1 | 5 | αὐτῶν ἕως ἐσχάτου τῆς γῆς. ὑψώθησαν ἕως τῶν ἄστρων | * εἶπαν * | οὐ μὴ πέσωσιν καὶ ἐξύβρισαν ἐν τοῖς ἀγαθοῖς αὐτῶν |
| Sal. | 2 | 4 | τὰ δῶρα τοῦ θεοῦ ἐν ἀνομίαις. ἕνεκεν τούτων | * εἶπεν * | ἀπορρίψατε αὐτὰ μακρὰν ἀπ᾽ ἐμοῦ οὐκ εὐδοκῶ ἐν |
| Sal. | 2 | 22 | καὶ ἐγὼ εἶδον καὶ ἐδεήθην τοῦ προσώπου κυρίου καὶ | * εἶπον * | ἱκάνωσον κύριε τοῦ βαρύνεσθαι χεῖρά σου ἐπὶ |
| Sal. | 2 | 25 | ὁ θεὸς τοῦ ἀποδοῦναι αὐτοῖς εἰς κεφαλὰς τοῦ | * εἰπεῖν * | τὴν ὑπερηφανίαν τοῦ δράκοντος ἐν ἀτιμίᾳ. καὶ οὐκ |
| Sal. | 2 | 29 | ὅτι ἄνθρωπός ἐστιν καὶ τὸ ὕστερον οὐκ ἐλογίσατο | * εἶπεν * | ἐγὼ κύριος γῆς καὶ θαλάσσης ἔσομαι καὶ οὐκ ἐπέγνω |
| Sal. | 8 | 3 | ὡς καταιγὶς πυρὸς πολλοῦ φερομένου δι᾽ ἐρήμου. καὶ | * εἶπα * | ⟨ἐν⟩ τῇ καρδίᾳ μου ποῦ ἄρα κρινεῖ αὐτὸν ὁ θεός; |
| Sal. | 8 | 6 | ἡ καρδία μου ἐταράχθη τὰ ὀστᾶ μου ὡς λίνον. | * εἶπα * | κατευθυνοῦσιν ὁδοὺς αὐτῶν ἐν δικαιοσύνῃ. |
| Sal. | 8 | 16 | ἀπήντησαν αὐτῷ οἱ ἄρχοντες τῆς γῆς μετὰ χαρᾶς | * εἶπαν * | αὐτῷ ἐπευκτὴ ἡ ὁδός σου δεῦτε εἰσέλθατε μετ᾽ |
| Jer. | 1 | 4 | ἐπίτρεψόν μοι τῷ δούλῳ σου λαλῆσαι ἐνώπιόν σου. | * εἶπεν * | δὲ αὐτῷ ὁ κύριος λάλει ὁ ἐκλεκτός μου Ἱερεμίας. |
| Jer. | 1 | 5 | ὁ βασιλεὺς μετὰ τοῦ πλήθους τοῦ λαοῦ αὐτοῦ καὶ | * εἴπῃ * | ὅτι ἴσχυσα ἐπὶ τὴν ἱερὰν πόλιν τοῦ θεοῦ; μὴ κύριέ |
| Jer. | 1 | 7 | θέλημά σού ἐστιν ἐκ τῶν χειρῶν σου ἀφανισθήτω. καὶ | * εἶπε * | κύριος τῷ Ἱερεμίᾳ ἐπειδὴ σὺ ἐκλεκτός μου εἶ ἀνάστα |
| Jer. | 1 | 11 | τὴν πόλιν οὐ δύνανται εἰσελθεῖν εἰς αὐτήν. ταῦτα | * εἰπὼν * | ὁ κύριος ἀπῆλθεν ἀπὸ τοῦ Ἱερεμίου. δραμὼν δὲ |
| Jer. | 2 | 5 | δὲ αὐτὸν ὁ Βαροὺχ λέγων πάτερ τί ἔστι τοῦτο; | * εἶπε * | δὲ αὐτῷ Ἱερεμίας φύλαξαι τοῦ σχίσαι τὰ ἱμάτιά σου |
| Jer. | 2 | 6 | ὅτι οὐ μὴ ἐλεήσῃ κύριος τὸν λαὸν τοῦτον. καὶ | * εἶπε * | Βαροὺχ πάτερ Ἱερεμία τί γέγονε; καὶ εἶπεν |
| Jer. | 2 | 7 | καὶ εἶπε Βαροὺχ πάτερ Ἱερεμία τί γέγονε; καὶ | * εἶπεν * | Ἱερεμίας ὅτι ὁ θεὸς παραδίδωσι τὴν πόλιν εἰς |
| Jer. | 2 | 8 | Βαροὺχ διέρρηξε καὶ αὐτὸς τὰ ἱμάτια αὐτοῦ καὶ | * εἶπε * | πάτερ Ἱερεμία τίς σοι ἐδήλωσε τοῦτο; καὶ εἶπεν |
| Jer. | 2 | 9 | καὶ εἶπε πάτερ Ἱερεμία τίς σοι ἐδήλωσε τοῦτο; καὶ | * εἶπεν * | αὐτῷ Ἱερεμίας ἔκδεξαι μικρὸν μετ᾽ ἐμοῦ ἕως ὥρας |
| Jer. | 3 | 1 | ἱμάτια αὐτῶν. ὡς δὲ ἐγένετο ἡ ὥρα τῆς νυκτὸς καθὼς | * εἶπεν * | ὁ κύριος τῷ Ἱερεμίᾳ ἦλθον ὁμοῦ ἐπὶ τὰ τείχη τῆς |
| Jer. | 3 | 5 | δέομαι κύριε κέλευσόν με λαλῆσαι ἐνώπιόν σου. καὶ | * εἶπε * | κύριος λάλει ὁ ἐκλεκτός μου Ἱερεμίας. καὶ εἶπεν |
| Jer. | 3 | 6 | εἶπε κύριος λάλει ὁ ἐκλεκτός μου Ἱερεμίας. καὶ | * εἶπεν * | Ἱερεμίας ἰδοὺ νῦν κύριε ἐγνώκαμεν ὅτι παραδίδως |
| Jer. | 3 | 8 | θέλεις ποιήσω τὰ ἅγια σκεύη τῆς λειτουργίας; καὶ | * εἶπεν * | αὐτῷ ὁ κύριος ἆρον αὐτὰ καὶ παράδος αὐτὰ τῇ γῇ |
| Jer. | 3 | 10 | ἐρήμωσιν ἀλλ᾽ ἵνα ἐλεήσῃς αὐτὸν καὶ μὴ λυπηθῇ. καὶ | * εἶπε * | κύριος τῷ Ἱερεμίᾳ ἀπόστειλον αὐτὸν εἰς τὸν |
| Jer. | 3 | 13 | δὲ τὸν Βαροὺχ ὧδε ἕως οὗ λαλήσω αὐτῷ. ταῦτα | * εἰπὼν * | ὁ κύριος ἀνέβη ἀπὸ Ἱερεμίου εἰς τὸν οὐρανόν. |
| Jer. | 3 | 16 | κυρίου καὶ ἐπὶ τὴν κεφαλήν σου ἡ δόξα. καὶ ταῦτα | * εἰπὼν * | Ἱερεμίας ἀπέλυσεν αὐτὸν Ἀβιμέλεχ δὲ ἐπορεύθη |
| Jer. | 3 | 16 | ἀπέλυσεν αὐτὸν Ἀβιμέλεχ δὲ ἐπορεύθη καθὰ | * εἶπεν * | αὐτῷ. πρωΐας δὲ γενομένης ἰδοὺ ἡ δύναμις τῶν |
| Jer. | 4 | 7 | καὶ τοῦ λαοῦ. ἀλλὰ μὴ καυχάσθωσαν οἱ παράνομοι καὶ | * εἴπωσιν * | ὅτι ἰσχύσαμεν λαβεῖν τὴν πόλιν τοῦ θεοῦ ἐν τῇ |
| Jer. | 4 | 10 | οὐκ εἶδον τὸν ἀφανισμὸν τῆς πόλεως ταύτης. ταῦτα | * εἰπὼν * | Βαροὺχ ἐξῆλθεν ἔξω τῆς πόλεως κλαίων καὶ λέγων ὅτι |
| Jer. | 5 | 2 | αὐτοῦ. καὶ μετὰ ταῦτα ἐγερθεὶς ἀπὸ τοῦ ὕπνου αὐτοῦ | * εἶπεν * | ὅτι ἡδέως ἐκοιμήθην ὀλίγον ἀλλὰ βεβαρημένη ἐστίν ἡ |
| Jer. | 5 | 4 | κόφινον τῶν σύκων εὗρεν αὐτὰ στάζοντα γάλα. καὶ | * εἶπεν * | ἤθελον κοιμηθῆναι ἔτι ὀλίγον ὅτι βεβαρημένη ἐστίν |
| Jer. | 5 | 8 | τὸ γένος ἑαυτοῦ οὔτε τινὰ τῶν γνωρίμων εὗρεν. καὶ | * εἶπεν * | εὐλογητὸς κύριος ὅτι μεγάλη ἔκστασις ἐπέπεσεν ἐπ᾽ |
| Jer. | 5 | 11 | με τοῦ ὕπνου πεπλάνημαι τὴν ὁδόν. θαυμαστὸν | * εἰπεῖν * | τοῦτο ἐναντίον Ἱερεμίου ὅτι πεπλάνημαι τὴν ὁδόν. |
| Jer. | 5 | 12 | καὶ κατανοήσας εἶδε τὰ σημεῖα τῆς πόλεως καὶ | * εἶπεν * | αὕτη μὲν ἔστιν ἡ πόλις πεπλάνημαι δὲ τὴν ὁδόν. καὶ |
| Jer. | 5 | 14 | πόλιν καὶ ἐζήτησε καὶ οὐδένα εὗρε τῶν ἰδίων καὶ | * εἶπεν * | εὐλογητὸς κύριος ὅτι μεγάλη ἔκστασις ἐπέπεσεν ἐπ᾽ |
| Jer. | 5 | 18 | σοὶ λέγω πρεσβῦτα ποία ἐστὶν ἡ πόλις αὕτη; καὶ | * εἶπεν * | αὐτῷ Ἱερουσαλὴμ ἐστι. καὶ λέγει αὐτῷ Ἀβιμέλεχ |
| Jer. | 5 | 19 | ὁ λαὸς τῆς πόλεως ταύτης ὅτι οὐχ εὗρον αὐτούς; καὶ | * εἶπεν * | αὐτῷ ὁ πρεσβύτης οὐκ εἶ σὺ ἐκ τῆς πόλεως ταύτης |
| Jer. | 5 | 22 | δὲ ἀκούσας Ἀβιμέλεχ παρὰ τοῦ γηραιοῦ ἀνθρώπου | * εἶπεν * | εἰ μὴ ἦς πρεσβύτης καὶ ὅτι οὐκ ἐξὸν ἀνθρώπῳ |
| Jer. | 5 | 23 | αὐτοῦ ἐπικατεγέλων ἄν σοι καὶ ἔλεγον ὅτι μαίνῃ ὅτι | * εἶπας * | ᾐχμαλωτεύθη ὁ λαὸς εἰς Βαβυλῶνα. εἰ ἦσαν οἱ |
| Jer. | 5 | 30 | στάζοντα γάλα. ἰδὼν δὲ αὐτὰ ὁ γηραιὸς ἄνθρωπος | * εἶπεν * | ὦ υἱέ μου δίκαιος ἄνθρωπος εἶ σὺ καὶ οὐκ ἠθέλησεν |
| Jer. | 5 | 33 | τῷ γηραιῷ ἀνθρώπῳ ποῖός ἐστιν ὁ μὴν οὗτος; ὁ δὲ | * εἶπε * | νισσὰν ὅ ἐστιν Ἀβίβ. καὶ ἐπάρας ἐκ τῶν σύκων ἔδωκε |
| Jer. | 6 | 8 | αὐτὸς πάλιν φυλάξει σε ἐν τῇ δυνάμει αὐτοῦ. ταῦτα | * εἰπὼν * | ὁ Βαροὺχ λέγει τῷ Ἀβιμέλεχ ἀνάστηθι καὶ εὐξώμεθα |
| Jer. | 6 | 15 | αὖθις ὑπὸ τῶν Βαβυλωνιτῶν λέγει κύριος. καὶ ταῦτα | * εἰπὼν * | ὁ ἄγγελος ἀπῆλθεν ἀπὸ τοῦ Βαρούχ. ὁ δὲ Βαροὺχ |
| Jer. | 6 | 19 | καὶ ἀπέστειλε πρός με τὸν ἄγγελον αὐτοῦ καὶ | * εἶπέ * | μοι τοὺς λόγους τούτους οὓς ἀπέστειλα πρός σε. |
| Jer. | 6 | 20 | ἀπέστειλα πρός σε. οὗτοι οὖν εἰσίν οἱ λόγοι οὓς | * εἶπε * | κύριος ὁ θεὸς Ἰσραὴλ ὁ ἐξαγαγὼν ἡμᾶς ἐκ γῆς |
| Jer. | 7 | 2 | ἐκτὸς τοῦ μνημείου. καὶ ἀποκριθεὶς ἀνθρωπίνῃ φωνῇ | * εἶπεν * | αὐτῷ ὁ ἀετὸς χαῖρε Βαροὺχ ὁ οἰκονόμος τῆς πίστεως. |
| Jer. | 7 | 3 | ὁ ἀετὸς χαῖρε Βαροὺχ ὁ οἰκονόμος τῆς πίστεως. καὶ | * εἶπεν * | αὐτῷ Βαροὺχ ὅτι ἐκλεκτὸς εἶ σὺ ὁ λαλῶν ἐκ πάντων |
| Jer. | 7 | 5 | δῆλόν ἐστι δεῖξόν μοι οὖν τί ποιεῖς ἐνταῦθα; καὶ | * εἶπεν * | αὐτῷ ὁ ἀετὸς ἀπεστάλην ὧδε ὅπως πᾶσαν φάσιν ἣν |
| Jer. | 7 | 6 | πᾶσαν φάσιν ἣν θέλεις ἀποστείλῃς δι᾽ ἐμοῦ. καὶ | * εἶπεν * | αὐτῷ Βαροὺχ εἰ δύνασαι σὺ ἐπᾶραι τὴν φάσιν ταύτην |
| Jer. | 7 | 7 | τὴν φάσιν ταύτην τῷ Ἱερεμίᾳ εἰς Βαβυλῶνα; καὶ | * εἶπεν * | αὐτῷ ὁ ἀετὸς εἰς τοῦτο γὰρ καὶ ἀπεστάλην. καὶ ἆρας |
| Jer. | 7 | 8 | ἔδησεν αὐτὰ εἰς τὸν τράχηλον τοῦ ἀετοῦ καὶ | * εἶπεν * | αὐτῷ σοὶ λέγω βασιλεῦ τῶν πετεινῶν ἄπελθε ἐν |
| Jer. | 7 | 19 | καὶ νῦν ἐφάνη ἡμῖν διὰ τοῦ ἀετοῦ τούτου; καὶ | * εἶπεν * | ὁ ἀετός σοὶ λέγω Ἱερεμία δεῦρο λῦσον τὴν |
| Jer. | 7 | 22 | πάλιν εἰς τὴν πόλιν ἡμῶν. ἀποκριθεὶς δὲ Ἱερεμίας | * εἶπεν * | αὐτοῖς πάντα ὅσα ἐκ τῆς ἐπιστολῆς ἠκούσατε |
| Jer. | 7 | 29 | ὃν ἐποιήσαμεν ἐνταῦθα κατέχουσιν ἡμᾶς λέγοντες ὅτι | * εἴπατε * | ἡμῖν ᾠδὴν ἐκ τῶν ᾠδῶν Σιὼν τὴν ᾠδὴν τοῦ θεοῦ |
| Jer. | 8 | 2 | ἐν ᾗ ἐξέφερε κύριος τὸν λαὸν ἐκ Βαβυλῶνος. καὶ | * εἶπεν * | ὁ κύριος πρὸς Ἱερεμίαν ἀνάστηθι σὺ καὶ ὁ λαὸς καὶ |
| Jer. | 8 | 4 | τοῦ περᾶσαι. καὶ λέγων αὐτοῖς τὰ ῥήματα ἃ | * εἶπε * | κύριος πρὸς αὐτὸν τὸ ἥμισυ τῶν γαμησάντων ἐξ αὐτῶν |
| Jer. | 8 | 4 | ἐξ αὐτῶν οὐκ ἠθέλησαν ἀκοῦσαι τοῦ Ἱερεμίου ἀλλ᾽ | * εἶπον * | πρὸς αὐτὸν οὐ μὴ καταλείψωμεν τὰς γυναῖκας ἡμῶν |
| Jer. | 8 | 6 | οὐ μὴ εἰσέλθῃ εἰς τὴν πόλιν ταύτην. καὶ | * εἶπον * | πρὸς ἑαυτοὺς ἀναστάντες ὑποστρέψωμεν εἰς Βαβυλῶνα |
| Jer. | 9 | 13 | αὐτοῦ καὶ ἐπῆρε τὴν φωνὴν αὐτοῦ ἐν μέσῳ πάντων καὶ | * εἶπε * | δοξάσατε τὸν θεὸν ἐν μιᾷ φωνῇ πάντες δοξάσατε τὸν |
| Jer. | 9 | 19 | θεοῦ ὅτι ἔρχεται εἰς τὸν κόσμον ὠργίσθη ὁ λαὸς καὶ | * εἶπε * | ταῦτα πάλιν ἐστὶ τὰ ῥήματα τὰ ὑπὸ Ἠσαΐου τοῦ υἱοῦ |
| Jer. | 9 | 24 | ἕως οὗ πάντα ὅσα εἶδον διηγήσωμαι ὑμῖν. | * εἶπε * | δὲ αὐτοῖς ἐνέγκατέ μοι λίθον ὧδε καὶ ἔστησεν αὐτὸν |
| Jer. | 9 | 25 | ἐνέγκατέ μοι λίθον ὧδε καὶ ἔστησεν αὐτὸν καὶ | * εἶπεν * | τὸ φῶς τῶν αἰώνων ποίησον τὸν λίθον τοῦτον καθ᾽ |
| Bar. | 1 | 6 | καὶ εἰσῆλθεν εἰς τὰ ὦτα κυρίου τοῦ θεοῦ. καὶ ταῦτα | * εἰπών * | μοι ἡσύχασα. καὶ λέγει μοι ὁ ἄγγελος παῦσον τὸν |
| Bar. | 1 | 7 | καὶ ὑποδείξω σοι ἄλλα μυστήρια τούτων μείζονα. καὶ | * εἶπον * | ἐγὼ Βαροὺχ ζῇ κύριος ὁ θεὸς ὅτι ἐὰν ὑποδείξῃς μοι |
| Bar. | 1 | 8 | τῆς κρίσεως κρίσιν ἐμοὶ ἐὰν λαλήσω τοῦ λοιποῦ. καὶ | * εἶπέν * | μοι ὁ ἄγγελος τῶν δυνάμεων δεῦρο καὶ ὑποδείξω σοι |
| Bar. | 2 | 2 | πρῶτον οὐρανὸν καὶ ἔδειξέ μοι θύραν παμμεγέθη. καὶ | * εἶπέν * | μοι εἰσέλθωμεν δι᾽ αὐτῆς. καὶ εἰσήλθομεν ὡς ἐν |
| Bar. | 2 | 5 | ἵνα κἀγὼ ἀπαγγείλω τοῖς υἱοῖς τῶν ἀνθρώπων. καὶ | * εἶπέν * | μοι ὁ ἄγγελος οὗ τὸ ὄνομα αὐτοῦ Φαμαὴλ ἡ θύρα αὕτη |
| Bar. | 2 | 7 | δυνάμεων δεῦρο καὶ ὑποδείξω σοι μείζονα μυστήρια. | * εἶπον * | δὲ ἐγὼ δέομαί σου δεῖξόν μοι τί εἰσιν οἱ ἄνθρωποι |
| Bar. | 2 | 7 | σου δεῖξόν μοι τί εἰσιν οἱ ἄνθρωποι οὗτοι; καὶ | * εἶπέν * | μοι οὗτοί εἰσιν οἱ τὸν πύργον τῆς θεομαχίας |
| Bar. | 3 | 1 | μοι (ἐν) κἀκεῖ θύραν ὁμοίαν τῆς πρώτης. καὶ | * εἶπεν * | εἰσέλθωμεν δι᾽ αὐτῆς. καὶ εἰσήλθομεν ἀναπτερωμένοι |
| Bar. | 3 | 4 | ἐλάφων. καὶ ἠρώτησα τὸν ἄγγελον δέομαί σου κύριε | * εἰπέ * | μοι τίνες εἰσίν οὗτοι; καὶ εἶπεν οὗτοί εἰσιν οἱ τὴν |
| Bar. | 3 | 5 | δέομαί σου κύριε εἰπέ μοι τίνες εἰσίν οὗτοι; καὶ | * εἶπεν * | οὗτοί εἰσιν οἱ τὴν συμβούλην δόντες τοῦ ποιῆσαι |
| Bar. | 4 | 1 | ἐν γλωσσαλλαγῇ καὶ κατέστησεν αὐτοὺς ὡς ὁρᾷς. καὶ | * εἶπον * | ἐγὼ Βαροὺχ ἰδοὺ κύριε μεγάλα καὶ θαυμαστὰ ἔδειξάς |
| Bar. | 4 | 2 | μοι καὶ νῦν δεῖξόν μοι πάντα διὰ τὸν κύριον. καὶ | * εἶπέν * | μοι ἄγγελος δεῦρο διέλθωμεν. ⟨καὶ διῆλθον πορείας⟩ |
| Bar. | 4 | 4 | καὶ ἦν ἡ εἰδέα αὐτοῦ ζοφώδης καὶ βέβηλος. καὶ | * εἶπον * | τίς ἐστιν ὁ δράκων οὗτος; καὶ τίς ὁ περὶ αὐτὸν |
| Bar. | 4 | 5 | ὁ δράκων οὗτος; καὶ τίς ὁ περὶ αὐτὸν ἀπηνής; καὶ | * εἶπεν * | ὁ ἄγγελος ὁ μὲν δράκων ἐστίν ὁ τὰ σώματα τῶν κακῶς |

| | | | | | |
|---|---|---|---|---|---|
| Bar. | 4 | 7 | πῆχυν μίαν καὶ οὐκ ἐκλείπει ἀπ᾽ αὐτῆς τι. ὁ Βαροὺχ | * εἶπεν * | καὶ πῶς; καὶ εἶπεν ὁ ἄγγελος ἄκουσον κύριος ὁ θεὸς |
| Bar. | 4 | 7 | ἐκλείπει ἀπ᾽ αὐτῆς τι. ὁ Βαροὺχ εἶπεν καὶ πῶς; καὶ | * εἶπεν * | ὁ ἄγγελος ἄκουσον κύριος ὁ θεὸς ἐποίησεν |
| Bar. | 4 | 8 | Γηρικὸς καὶ ἀπὸ τούτων οὐκ ἐκλείπει ἡ θάλασσα. καὶ | * εἶπον * | ἐγὼ δέομαί σου δεῖξόν μοι τί τὸ ξύλον τὸ πλανῆσαν |
| Bar. | 4 | 8 | δεῖξόν μοι τί τὸ ξύλον τὸ πλανῆσαν τὸν Ἀδάμ; καὶ | * εἶπεν * | ὁ ἄγγελος ἡ ἄμπελός ἐστιν ἣν ἐφύτευσεν ὁ ἄγγελος |
| Bar. | 4 | 9 | διάβολος ἠπάτησεν αὐτὸν διὰ τῆς ἀμπέλου αὐτοῦ. καὶ | * εἶπον * | ἐγὼ Βαροὺχ καὶ ἐπεὶ τοσούτου κακοῦ αἰτία γέγονεν ἡ |
| Bar. | 4 | 10 | ἀναίρεσις πῶς ἄρτι εἰς τοσαύτην χρείαν ἐστίν; καὶ | * εἶπεν * | ὁ ἄγγελος ὀρθῶς ἐρωτᾷς ὅτε ἐποίησεν ὁ θεὸς τὸν |
| Bar. | 4 | 12 | ἐλογίζετο ἐν ἑαυτῷ τί ἄρα ἐστίν. καὶ ἐλθὼν ἐγὼ | * εἶπον * | αὐτῷ τὰ περὶ ἐκείνου. καὶ εἶπεν ἄρα φυτεύσω αὐτὸ ἤ |
| Bar. | 4 | 13 | καὶ ἐλθὼν ἐγὼ εἶπον αὐτῷ τὰ περὶ ἐκείνου. καὶ | * εἶπεν * | ἄρα φυτεύσω αὐτὸ ἤ τί; ἐπεὶ Ἀδὰμ δι᾽ αὐτοῦ |
| Bar. | 4 | 14 | εὐχὴν ἐκτελέσαντος καὶ πολλὰ δεηθεὶς καὶ κλαύσας | * εἶπεν * | κύριε παρακαλῶ ὅπως ἀποκαλύψῃς μοι τί ποιήσω περὶ |
| Bar. | 4 | 15 | δὲ ὁ θεὸς τὸν ἄγγελον αὐτοῦ τὸν Σαρασαὴλ καὶ | * εἶπεν * | αὐτῷ ἀναστὰς Νῶε φύτευσον τὸ κλῆμα ὅτι τάδε λέγει |
| Bar. | 5 | 1 | ὅμοια. καὶ οὐδὲν ἀγαθὸν δι᾽ αὐτοῦ κατορθοῦται. καὶ | * εἶπον * | ἐγὼ Βαροὺχ πρὸς τὸν ἄγγελον ἐπερωτῶ σε ἕνα λόγον |
| Bar. | 5 | 2 | πρὸς τὸν ἄγγελον ἐπερωτῶ σε ἕνα λόγον κύριε ἐπειδὴ | * εἰπές * | μοι ὅτι πίνει ὁ δράκων ἐκ τῆς θαλάσσης πῆχυν μίαν |
| Bar. | 5 | 2 | μοι ὅτι πίνει ὁ δράκων ἐκ τῆς θαλάσσης πῆχυν μίαν | * εἰπέ * | μοι καὶ πόση ἐστὶν ἡ κοιλία αὐτοῦ; καὶ εἶπεν ὁ |
| Bar. | 5 | 3 | μίαν εἰπέ μοι καὶ πόση ἐστὶν ἡ κοιλία αὐτοῦ; καὶ | * εἶπεν * | ὁ ἄγγελος ἡ κοιλία τούτου ὁ Ἅιδης ἐστίν. καὶ ὅσον |
| Bar. | 6 | 3 | περιτρέχον ἔμπροσθεν τοῦ ἡλίου ὡς ὄρη ἐννέα. καὶ | * εἶπον * | τὸν ἄγγελον τί ἐστι τὸ ὄρνεον τοῦτο; καὶ λέγει μοι |
| Bar. | 6 | 4 | λέγει μοι τοῦτό ἐστιν ὁ φύλαξ τῆς οἰκουμένης. καὶ | * εἶπον * | κύριε πῶς ἐστὶν φύλαξ τῆς οἰκουμένης; δίδαξόν με. |
| Bar. | 6 | 5 | πῶς ἐστὶν φύλαξ τῆς οἰκουμένης; δίδαξόν με. καὶ | * εἶπέν * | μοι ὁ ἄγγελος τοῦτο τὸ ὄρνεον παρατρέχει τῷ ἡλίῳ |
| Bar. | 6 | 8 | μοδίων τετρακισχιλίων καὶ ἦσαν γράμματα χρυσᾶ. καὶ | * εἶπέν * | μοι ὁ ἄγγελος ἀνάγνωθι ταῦτα. καὶ ἀνέγνων. καὶ |
| Bar. | 6 | 9 | οὔτε οὐρανὸς ἀλλὰ τίκτουσί με πτέρυγες πυρός. καὶ | * εἶπον * | κύριε τί ἐστι τὸ ὄρνεον τοῦτο καὶ τί τὸ ὄνομα |
| Bar. | 6 | 10 | τί ἐστι τὸ ὄρνεον τοῦτο καὶ τί τὸ ὄνομα αὐτοῦ; καὶ | * εἶπέν * | μοι ὁ ἄγγελος φοῖνιξ καλεῖται τὸ ὄνομα αὐτοῦ. καὶ |
| Bar. | 6 | 11 | φοῖνιξ καλεῖται τὸ ὄνομα αὐτοῦ. καὶ τί ἐσθίει; καὶ | * εἶπέν * | μοι τὸ μάννα τοῦ οὐρανοῦ καὶ τὴν δρόσον τῆς γῆς. |
| Bar. | 6 | 12 | τὸ μάννα τοῦ οὐρανοῦ καὶ τὴν δρόσον τῆς γῆς. καὶ | * εἶπον * | ἀφοδεύει τὸ ὄρνεον; καὶ εἶπέν μοι ἀφοδεύει σκώληκα |
| Bar. | 6 | 12 | δρόσον τῆς γῆς. καὶ εἶπον ἀφοδεύει τὸ ὄρνεον; καὶ | * εἶπέν * | μοι ἀφοδεύει σκώληκα καὶ τὸ τοῦ σκώληκος ἀφόδευμα |
| Bar. | 6 | 13 | τὸν ἄγγελον κύριέ μου τί ἐστιν ἡ φωνὴ αὕτη; καὶ | * εἶπέν * | μοι ὁ ἄγγελος ἄρτι ἀνοίγουσιν οἱ ἄγγελοι τὰς |
| Bar. | 6 | 15 | κόσμῳ τὸ φέγγος. καὶ ἀκούσας τὸν κτύπον τοῦ ὀρνέου | * εἶπον * | κύριε τί ἐστιν ὁ κτύπος οὗτος; καὶ εἶπεν τοῦτό |
| Bar. | 6 | 16 | ὀρνέου εἶπον κύριε τί ἐστιν ὁ κτύπος οὗτος; καὶ | * εἶπεν * | τοῦτό ἐστι τὸ ἐξυπνίζον τοὺς ἐπὶ γῆς ἀλέκτορας ὡς |
| Bar. | 7 | 1 | ὑπὸ τῶν ἀγγέλων καὶ φωνεῖ ὁ ἀλέκτωρ. καὶ | * εἶπον * | ἐγὼ καὶ ποῦ ἀποσχολεῖται ὁ ἥλιος ἀφ᾽ οὗ ὁ ἀλέκτωρ |
| Bar. | 7 | 2 | ἀποσχολεῖται ὁ ἥλιος ἀφ᾽ οὗ ὁ ἀλέκτωρ φωνεῖ; καὶ | * εἶπέν * | μοι ὁ ἄγγελος ἄκουσον Βαροὺχ πάντα ὅσα ἔδειξά σοι |
| Bar. | 7 | 6 | καὶ ὑπεκρύβην ἐν ταῖς πτέρυξι τοῦ ἀγγέλου. καὶ | * εἶπέν * | μοι ὁ ἄγγελος μὴ φοβοῦ Βαροὺχ ἀλλ᾽ ἔκδεξαι καὶ |
| Bar. | 8 | 3 | συστέλλον τὰς πτέρυγας αὐτοῦ. καὶ ταῦτα ἰδὼν ἐγὼ | * εἶπον * | κύριε διά τί ἦραν τὸν στέφανον ἀπὸ τῆς κεφαλῆς τοῦ |
| Bar. | 8 | 4 | διά τί ἐστι τὸ ὄρνεον τοσοῦτον τεταπεινωμένον; καὶ | * εἶπέν * | μοι ὁ ἄγγελος ὁ στέφανος τοῦ ἡλίου ὅταν τὴν ἡμέραν |
| Bar. | 8 | 5 | καθ᾽ ἑκάστην ἡμέραν οὕτως ἀνακαινίζεται. καὶ | * εἶπον * | ἐγὼ Βαροὺχ κύριε καὶ διά τί μολύνονται αἱ ἀκτῖνες |
| Bar. | 8 | 5 | τί μολύνονται αἱ ἀκτῖνες αὐτοῦ ἐπὶ τῆς γῆς; καὶ | * εἶπέν * | μοι ὁ ἄγγελος θεωρῶν τὰς ἀνομίας καὶ τὰς ἀδικίας |
| Bar. | 9 | 2 | μετὰ καὶ τῆς σελήνης καὶ μετὰ τῶν ἀστέρων. καὶ | * εἶπον * | ἐγὼ Βαροὺχ κύριε δεῖξόν μοι καὶ ταύτην παρακαλῶ |
| Bar. | 9 | 3 | ποῦ ἀπέρχεται; καὶ ἐν ποίῳ σχήματι περιπατεῖ; καὶ | * εἶπεν * | ὁ ἄγγελος ἀνάμεινον καὶ ὄψει καὶ ταύτην ὡς μετ᾽ |
| Bar. | 9 | 4 | ἀμνοὶ ἐν τῷ ἅρματι καὶ πλῆθος ἀγγέλων ὁμοίως. καὶ | * εἶπον * | κύριε τί εἰσιν οἱ βόες καὶ οἱ ἀμνοί; καὶ εἶπέν μοι |
| Bar. | 9 | 4 | καὶ εἶπον κύριε τί εἰσιν οἱ βόες καὶ οἱ ἀμνοί; καὶ | * εἶπέν * | μοι ἄγγελοι εἰσι καὶ αὐτοί. καὶ πάλιν ἠρώτησα καὶ |
| Bar. | 9 | 8 | ἔθλιψεν αὐτὴν καὶ ἐκολόβωσεν τὰς ἡμέρας αὐτῆς. καὶ | * εἶπον * | καὶ πῶς οὐ λάμπει καὶ ἐν παντὶ ἀλλ᾽ ἐν τῇ νυκτὶ |
| Bar. | 9 | 8 | οὐ λάμπει καὶ ἐν παντὶ ἀλλ᾽ ἐν τῇ νυκτὶ μόνον; καὶ | * εἶπεν * | ὁ ἄγγελος ἄκουσον ὥσπερ ἐνώπιον βασιλέως οὐ |
| Bar. | 10 | 5 | λίμνη καὶ τί τὸ περὶ αὐτὴν πλῆθος τῶν ὀρνέων; καὶ | * εἶπεν * | ὁ ἄγγελος ἄκουσον Βαροὺχ τὸ μὲν πεδίον ἐστὶ τὸ |
| Bar. | 10 | 7 | ἐπὶ τῆς γῆς καὶ αὐξάνουσιν οἱ καρποί. καὶ | * εἶπον * | πάλιν τὸν ἄγγελον κυρίου τὰ δὲ ὄρνεα; καὶ εἶπέν |
| Bar. | 10 | 7 | εἶπον πάλιν τὸν ἄγγελον κυρίου τὰ δὲ ὄρνεα; καὶ | * εἶπέν * | μοι αὐτά εἰσιν ἃ διαπαντὸς ἀνυμνοῦσι τὸν κύριον. |
| Bar. | 10 | 8 | αὐτά εἰσιν ἃ διαπαντὸς ἀνυμνοῦσι τὸν κύριον. καὶ | * εἶπον * | ἐγὼ Βαροὺχ κύριε καὶ πῶς λέγουσιν οἱ ἄνθρωποι ὅτι |
| Bar. | 10 | 9 | ὅτι ἀπὸ τῆς θαλάσσης ἐστὶ τὸ ὕδωρ ὅπερ βρέχει; καὶ | * εἶπεν * | ὁ ἄγγελος τὸ μὲν βρέχον ἀπὸ τῆς θαλάσσης καὶ τῶν |
| Bar. | 11 | 2 | πέμπτον οὐρανόν. καὶ ἦν ἡ πύλη κεκλεισμένη. καὶ | * εἶπον * | κύριε οὐκ ἀνοίγεται ὁ πυλὼν οὗτος ὅπως εἰσέλθωμεν; |
| Bar. | 11 | 2 | οὐκ ἀνοίγεται ὁ πυλὼν οὗτος ὅπως εἰσέλθωμεν; καὶ | * εἶπέν * | μοι ὁ ἄγγελος οὐ δυνάμεθα εἰσελθεῖν ἕως ἔλθῃ |
| Bar. | 11 | 3 | τοῦ θεοῦ. καὶ ἐγένετο φωνὴ μεγάλη ὡς βροντή. καὶ | * εἶπον * | κύριε τί ἐστιν ἡ φωνὴ αὕτη; καὶ εἶπέν μοι ἄρτι |
| Bar. | 11 | 4 | βροντή. καὶ εἶπον κύριε τί ἐστιν ἡ φωνὴ αὕτη; καὶ | * εἶπέν * | μοι ἄρτι κατέρχεται ὁ ἀρχιστράτηγος Μιχαὴλ ἵνα |
| Bar. | 11 | 6 | ἄγγελος ὁ ὢν μετ᾽ ἐμοῦ καὶ προσεκύνησεν αὐτὸν καὶ | * εἶπεν * | χαίροις ὁ ἐμὸς ἀρχιστράτηγος καὶ παντὸς τοῦ |
| Bar. | 11 | 7 | καὶ παντὸς τοῦ ἡμετέρου τάγματος. καὶ | * εἶπεν * | ὁ ἀρχιστράτηγος Μιχαὴλ χαίροις καὶ σὺ ὁ ἡμέτερος |
| Bar. | 11 | 8 | γῆς καὶ τὸ πλάτος ὅσον ἀπὸ βορρᾶ ἕως νότου. καὶ | * εἶπον * | κύριε τί ἐστιν ὃ κρατεῖ Μιχαὴλ ὁ ἀρχάγγελος; καὶ |
| Bar. | 11 | 9 | κύριε τί ἐστιν ὃ κρατεῖ Μιχαὴλ ὁ ἀρχάγγελος; καὶ | * εἶπέν * | μοι τοῦτό ἐστιν ἔνθα προσέρχονται αἱ ἀρεταὶ τῶν |
| Bar. | 12 | 3 | οὗτοι καὶ τί τὰ προσκομιζόμενα παρ᾽ αὐτῶν; καὶ | * εἶπέν * | μοι οὗτοί εἰσιν ἄγγελοι ἐπὶ τῶν ἐξουσιῶν. καὶ |
| Bar. | 13 | 2 | παρεδόθημεν καὶ θέλομεν ὑποχωρῆσαι ὑπ᾽ αὐτῶν. καὶ | * εἶπεν * | Μιχαὴλ οὐ δύνασθε ὑποχωρεῖν ὑπ᾽ αὐτῶν ἵνα μὴ εἰς |
| Bar. | 13 | 2 | ὑπ᾽ αὐτῶν ἵνα μὴ εἰς τέλος κυριεύσῃ ὁ Ἐχθρὸς ἀλλ᾽ | * εἴπατέ * | μοι τί αἰτεῖσθε. καὶ εἶπον δεόμεθά σου Μιχαὴλ ὁ |
| Bar. | 13 | 3 | ὁ Ἐχθρὸς ἀλλ᾽ εἴπατέ μοι τί αἰτεῖσθε. καὶ | * εἶπον * | δεόμεθά σου Μιχαὴλ ὁ ἀρχιστράτηγος ἡμῶν μετάθες |
| Bar. | 13 | 5 | χειρόνων. διὸ δεόμεθα ἐξελθεῖν ἡμᾶς ἀπ᾽ αὐτῶν. καὶ | * εἶπεν * | Μιχαὴλ τοὺς ἀγγέλους ἐκδέξασθε ἕως οὗ μάθω παρὰ |
| Bar. | 14 | 2 | καὶ ἠρώτησα τὸν ἄγγελον τί ἐστιν ἡ φωνή; καὶ | * εἶπέν * | μοι ἄρτι προσφέρει Μιχαὴλ τὰς τῶν ἀνθρώπων ἀρετὰς |
| Bar. | 15 | 4 | πορευθέντες εὐλογήσατε τοὺς φίλους ἡμῶν καὶ | * εἴπατε * | αὐτοῖς ὅτι τάδε λέγει κύριος ἐπὶ ὀλίγῃ ἐστέ |
| Prop. | 2 | 9 | ἐν αὐτῷ καὶ ἐποίησεν αὐτὰ καταποθῆναι ἐν πέτρᾳ καὶ | * εἶπε * | τοῖς παρεστῶσιν ἀπεδήμησε κύριος ἐκ Σιὼν εἰς |
| Prop. | 2 | 11 | αὐτοῦ ὅτε ξύλον πάντα τὰ ἔθνη προσκυνοῦσιν. | * εἶπε * | δὲ ὅτι τὴν κιβωτὸν ταύτην οὐδεὶς ἐκβάλλει εἰ μὴ |
| Prop. | 3 | 16 | τὸν τύπον οὗ τὸ τεῖχος καὶ περίτειχος πλατὺ καθὼς | * εἶπε * | καὶ ὁ Δανιὴλ ὅτι κτισθήσεται. οὗτος ἔκρινεν ἐν |
| Prop. | 4 | 14 | καὶ ἠπίστουν αὐτῷ. ὁ Δανιὴλ τὰ ἑπτὰ ἔτη ἃ | * εἶπεν * | ἑπτὰ καιροὺς ἐποίησε γενέσθαι ἑπτὰ μῆνας τὸ |
| Prop. | 4 | 18 | καταστῆσαι τῶν τέκνων αὐτοῦ. ἀλλ᾽ ὁ ὅσιος | * εἶπεν * | ἵλεώς μοι ἀφεῖναι κληρονομίαν πατέρων μου καὶ |
| Prop. | 12 | 6 | ὡς δὲ ἔλαβε τὸ ἔδεσμα προεφήτευσε τοῖς ἰδίοις | * εἰπὼν * | πορεύομαι εἰς γῆν μακρὰν καὶ ταχέως ἐλεύσομαι. εἰ |
| Prop. | 12 | 7 | Δανιὴλ ἐπέστη τοῖς θερισταῖς ἐσθίουσι καὶ οὐδενὶ | * εἶπε * | τὸ γενόμενον συνῆκε δὲ ὅτι τάχιον ἐπιστρέψει ὁ λαὸς |
| Prop. | 15 | 2 | προεφήτευσε καὶ τέρατα ἔδωκεν εἰς ἀπόδειξιν. οὗτος | * εἶπε * | τῷ Ἰωσεδὲκ ὅτι γεννήσει υἱὸν καὶ ἐν Ἱερουσαλὴμ |
| Prop. | 15 | 7 | Ἀγγαίου. ⟨ἀλληλούϊα Ἀγγαίου καὶ Ζαχαρίου | * εἶπεν * | ὁ πνευματικὸς προφήτης Δαυὶδ ἐν τοῖς τελευταίοις |
| Prop. | 16 | 3 | ἄγγελος ἦν γὰρ καὶ τῷ ἰδεῖν εὐπρεπής. ἀλλὰ καὶ ὅσα | * εἶπεν * | αὐτὸς ἐν προφητείᾳ αὐτῇ τῇ ἡμέρᾳ ὀφθεὶς ἄγγελος |
| Prop. | 17 | 4B | καὶ προσέσχεν ὁ κύριος ἐπὶ τὸν στεναγμὸν αὐτοῦ καὶ | * εἶπε * | πρὸς αὐτὸν ἐπειδὴ διὰ σοῦ νομίζεις γεγενῆσθαι τὸ |
| Prop. | 18 | 2 | ἡ σκηνὴ τὸ πάλαι. Σηλὼμ δὲ ἐκαλεῖτο ὁ Ἡλεὶ οὗτος | * εἶπε * | περὶ Σολομῶν ὅτι προσκρούσει κυρίῳ ἐν ἀρχῇ τῆς |
| Prop. | 18 | 3B | κατὰ τῶν ἱερέων ἐπιτρέχον καὶ περὶ τοῦ Ἱεροβοὰμ | * εἶπεν * | ὅτι δόλῳ πορεύσεται μετὰ κυρίου καὶ μετὰ Ἰσραὴλ |
| Prop. | 21 | 3 | φαγεῖν καὶ ἐλθὼν ἀνήγγειλεν ἐν Ἱερουσαλὴμ καὶ | * εἶπεν * | αὐτῷ ὁ χρησμὸς μὴ δειλιάσῃς ἔσται γὰρ ἡ οἴκησις |
| Prop. | 22 | 3 | ὀξὺν ἐβόησεν ὥστε ἀκουσθῆναι εἰς Ἱερουσαλὴμ καὶ | * εἶπεν * | ὁ ἱερεὺς διὰ τῶν δήλων ὅτι προφήτης ἐτέχθη Ἰσραὴλ |
| Prop. | 22 | 6 | παρὰ τῶν τῆς πόλεως ἐπεκαλέσατο τὸν θεὸν καὶ | * εἶπεν * | ἴαμαι τὰ ὕδατα ταῦτα καὶ οὐκ ἔσται ἔτι ἐκεῖθεν |
| Esdr. | 1 | 3 | ⟨ἑβδομάδας⟩ ἑβδομήκοντα. καὶ ἐνήστευσα καθὼς | * εἶπέν * | μοι. καὶ ἦλθεν Ῥαφαὴλ ὁ ἀρχιστράτηγος καὶ ἔδωκέν |
| Esdr. | 1 | 6 | τὰ μυστήρια τοῦ θεοῦ καὶ τοὺς ἀγγέλους αὐτοῦ. καὶ | * εἶπον * | πρὸς αὐτοὺς θέλω δικάσασθαι τὸν θεὸν περὶ τὸ γένος |
| Esdr. | 1 | 10 | καὶ αὐτοί εἰσιν εἰς τὴν γέενναν τοῦ πυρός. καὶ | * εἶπεν * | Ἐσδρὰμ ἐλέησον τὰ ἔργα τῶν χειρῶν σου εὔσπλαγχνε |
| Esdr. | 1 | 12 | καὶ μὴ ὅλον τὸν κόσμον εἰς ἀπώλειαν ἀπάγειν. καὶ | * εἶπεν * | ὁ θεὸς ἐγὼ τοὺς δικαίους ἀναπαύσωμαι ἐν τῷ |
| Esdr. | 1 | 13 | ἐν τῷ παραδείσῳ καὶ ἐλεήμων καθέστηκα. καὶ | * εἶπεν * | Ἐσδρὰμ κύριε τοὺς δικαίους τί χαρίζεις; ὥσπερ γὰρ |
| Esdr. | 1 | 16 | ἁμαρτωλοὺς ἐλέησον οἴδαμεν γὰρ ὅτι ἐλεήμων εἶ. καὶ | * εἶπεν * | ὁ θεὸς οὐκ ἔχω πῶς αὐτοὺς ἐλεήσω. καὶ εἶπεν |
| Esdr. | 1 | 17 | καὶ εἶπεν ὁ θεὸς οὐκ ἔχω πῶς αὐτοὺς ἐλεήσω. καὶ | * εἶπεν * | Ἐσδρὰμ ὅτι τὴν ὀργήν σου οὐχ ὑποφέρουσιν καὶ |
| Esdr. | 1 | 18 | Ἐσδρὰμ ὅτι τὴν ὀργήν σου οὐχ ὑποφέρουσιν καὶ | * εἶπεν * | ὁ θεὸς ὅτι τῶν τοιούτων ταῦτα. καὶ εἶπεν ὁ θεὸς |
| Esdr. | 1 | 19 | καὶ εἶπεν ὁ θεὸς ὅτι τῶν τοιούτων ταῦτα. καὶ | * εἶπεν * | ὁ θεὸς θέλω ἔχειν σε ὡς καὶ Παῦλον καὶ Ἰωάννην σὺ |
| Esdr. | 1 | 21 | κειμήλιον τῆς παρθένου τὸ τεῖχος τῶν ἀνθρώπων. καὶ | * εἶπεν * | Ἐσδρὰμ καλὸν τὸ μὴ γεννηθῆναι τὸν ἄνθρωπον καλὸν |
| Esdr. | 2 | 1 | Μιχαὴλ καὶ Γαβριὴλ καὶ οἱ ἀπόστολοι πάντες καὶ | * εἶπον * | χαῖρε πιστὲ τοῦ θεοῦ ἄνθρωπε. ⟨καὶ εἶπεν Ἐσδρὰμ⟩ |
| Esdr. | 2 | 3 | καὶ εἶπον χαῖρε πιστὲ τοῦ θεοῦ ἄνθρωπε. ⟨καὶ | * εἶπεν * | Ἐσδρὰμ⟩ ἀνάστα καὶ δεῦρο μετ᾽ ἐμοῦ κύριε εἰς |
| Esdr. | 2 | 4 | ἀνάστα καὶ δεῦρο μετ᾽ ἐμοῦ κύριε εἰς κρίσιν. καὶ | * εἶπεν * | ὁ θεὸς ἰδοὺ δίδωμί σοι τὴν διαθήκην μου ἐμοῦ τε |
| Esdr. | 2 | 5 | διαθήκην μου ἐμοῦ τε καὶ σοῦ ἵνα παραδέξητε. καὶ | * εἶπεν * | Ἐσδρὰμ ἐπὶ τὸ οὖς σου δικασώμεθα. καὶ εἶπεν ὁ |
| Esdr. | 2 | 6 | καὶ εἶπεν Ἐσδρὰμ ἐπὶ τὸ οὖς σου δικασώμεθα. καὶ | * εἶπεν * | ὁ θεὸς ἐρώτησον Ἀβραὰμ τὸν πατέραν ὑμῶν. ποῖον |
| Esdr. | 2 | 7 | ἐν πατρὶ καὶ δεῦρο δικάζου μεθ᾽ ἡμῶν. καὶ | * εἶπεν * | Ἐσδρὰμ ζῇ κύριος οὐ μὴ παύσομαι δικαζόμενός σε |
| Esdr. | 2 | 9 | σου τὰ ἀρχαῖα κύριε; ποῦ σου ἡ μακροθυμία; καὶ | * εἶπεν * | ὁ θεὸς ὡς ἐποίησα νύκτα καὶ ἡμέραν ἐποίησα τὸν |
| Esdr. | 2 | 10 | καὶ ἔπρεπεν ὡς ὁ δίκαιος πολιτεύεσθαι. καὶ | * εἶπεν * | ὁ προφήτης τὸν πρωτόπλαστον Ἀδὰμ τὸν πρῶτον τίς |
| Esdr. | 2 | 11 | πρωτόπλαστον Ἀδὰμ τὸν πρῶτον τίς ἐποίησεν; καὶ | * εἶπεν * | ὁ θεὸς αἱ χεῖρές μου αἱ ἄχρανται. καὶ ἐθέμην αὐτὸν |
| Esdr. | 2 | 13 | κτησάμενος τοῦτο ἐν παραβάσει πεποίηκεν. καὶ | * εἶπεν * | ὁ προφήτης οὐχὶ ὑπὸ ἀγγέλου ἐφρουρεῖτο; καὶ ὑπὸ |
| Esdr. | 2 | 18 | σὺ δὲ ὃν θέλεις σῴζεις καὶ ὃν θέλεις ἀπολεῖς. καὶ | * εἶπεν * | ὁ προφήτης δευτέραν διέλθωμεν κύριέ μου εἰς |
| Esdr. | 2 | 19 | δευτέραν διέλθωμεν κύριέ μου εἰς κρίσιν. καὶ | * εἶπεν * | ὁ θεὸς πῦρ βάλλω ἐπὶ Σόδομα καὶ Γόμορρα. καὶ εἶπεν |
| Esdr. | 2 | 20 | εἶπεν ὁ θεὸς πῦρ βάλλω ἐπὶ Σόδομα καὶ Γόμορρα. καὶ | * εἶπεν * | ὁ προφήτης κύριε ἀξίως ἐπάγεις ἐφ᾽ ἡμᾶς. καὶ εἶπεν |
| Esdr. | 2 | 21 | εἶπεν ὁ προφήτης κύριε ἀξίως ἐπάγεις ἐφ᾽ ἡμᾶς. καὶ | * εἶπεν * | ὁ θεὸς αἱ ἁμαρτίαι ὑμῶν ὑπεράγουσιν τὴν |
| Esdr. | 2 | 22 | ἁμαρτίαι ὑμῶν ὑπεράγουσιν τὴν χρηστότητάν μου. καὶ | * εἶπεν * | ὁ προφήτης ὑπόμνησον τῶν γραφῶν ὁ πατήρ μου |
| Esdr. | 2 | 26 | με ἐπότισαν καὶ ὡς οὐδὲ τοῦτοι ἐμετενόησαν. καὶ | * εἶπεν * | ὁ προφήτης ἀποκάλυψόν σου τὰ Χερουβὶμ καὶ ἔλθωμεν |
| Esdr. | 2 | 28 | δεῖξόν μοι τὴν ἡμέραν τῆς κρίσεως ποία ἐστίν. καὶ | * εἶπεν * | ὁ θεὸς ἐπλανήθης Ἐσδρὰμ τοιαύτη γάρ ἐστιν ἡ ἡμέρα |
| Esdr. | 2 | 31 | κατὰ τὴν ἑσπέραν ἐκείνην ἐλεεινὸν κριτήριον. καὶ | * εἶπεν * | ὁ προφήτης οὐ μὴ παύσομαι δικαζόμενός σε ἐὰν μὴ |

| | | | | | |
|---|---|---|---|---|---|
| Esdr. | 2 | 32 | σε ἐὰν μὴ ἴδω τὴν ἡμέραν τῆς συντελείας. 〈καὶ | * εἶπεν * | ὁ θεὸς〉 ἐξαρίθμησον τοὺς ἀστέρας καὶ τὴν ἄμμον τῆς |
| Esdr. | 3 | 1 | ἐξαριθμῆσαι δύνασαι καὶ μετ' ἐμοῦ δικάζεσθαι. καὶ | * εἶπεν * | ὁ προφήτης κύριε οἶδας ὅτι σάρκα φορῶ ἀνθρωπίνην |
| Esdr. | 3 | 3 | τοῦ οὐρανοῦ καὶ τὴν ἄμμον τῆς θαλάσσης; καὶ | * εἶπεν * | ὁ θεὸς προφῆτά μου ἐκλεκτὲ οὐδεὶς ἄνθρωπος |
| Esdr. | 3 | 4 | κατέχουσαν κρῖναι τὸν κόσμον διά σέ προφῆτά μου | * εἶπόν * | σοι τὴν ἡμέραν τὴν δὲ ὥραν οὐκ εἶπόν σοι. καὶ |
| Esdr. | 3 | 4 | προφῆτά μου εἶπόν σοι τὴν ἡμέραν τὴν δὲ ὥραν οὐκ | * εἶπόν * | σοι. καὶ εἶπεν ὁ προφήτης κύριε εἰπέ μοι καὶ τὰ |
| Esdr. | 3 | 5 | σοι τὴν ἡμέραν τὴν δὲ ὥραν οὐκ εἶπόν σοι. καὶ | * εἶπεν * | ὁ προφήτης κύριε εἰπέ μοι καὶ τὰ ἔτη. καὶ 〈εἶπεν ὁ |
| Esdr. | 3 | 5 | δὲ ὥραν οὐκ εἶπόν σοι. καὶ εἶπεν ὁ προφήτης κύριε | * εἰπέ * | μοι καὶ τὰ ἔτη. καὶ 〈εἶπεν ὁ θεὸς〉 ἐὰν ἴδω τὴν |
| Esdr. | 3 | 6 | εἶπεν ὁ προφήτης κύριε εἰπέ μοι καὶ τὰ ἔτη. καὶ | * 〈εἶπεν * | ὁ θεὸς〉 ἐὰν ἴδω τὴν δικαιοσύνην τοῦ κόσμου ὅτι |
| Esdr. | 3 | 7 | τὸ γένος τῶν ἀνθρώπων καὶ οὐκέτι ᾖ κόσμος. καὶ | * εἶπεν * | ὁ προφήτης καὶ πῶς ἔχει δοξάζεσθαι ἡ δεξιά σου; |
| Esdr. | 3 | 8 | προφήτης καὶ πῶς ἔχει δοξάζεσθαι ἡ δεξιά σου; καὶ | * εἶπεν * | ὁ θεὸς ἐγὼ δοξάζομαι ὑπὸ τῶν ἀγγέλων μου. καὶ |
| Esdr. | 3 | 9 | ὁ θεὸς ἐγὼ δοξάζομαι ὑπὸ τῶν ἀγγέλων μου. καὶ | * εἶπεν * | ὁ προφήτης κύριε εἰ ἐλογίζου ταῦτα διά τί ἔπλασας |
| Esdr. | 3 | 10 | εἰ ἐλογίζου ταῦτα διά τί ἔπλασας τὸν ἄνθρωπον; σὺ | * εἶπας * | πρὸς Ἀβραὰμ τὸν πατέραν ἡμῶν πληθύνων πληθυνῶ τὸ |
| Esdr. | 3 | 11 | τῆς θαλάσσης καὶ ποῦ ἐστίν ἡ ἐπαγγελία σου; καὶ | * εἶπεν * | ὁ θεὸς πρῶτον ποιήσω σεισμοὺς πτῶσιν τετραπόδων |
| Esdr. | 4 | 1 | τί σε ποιῶ Ἐσδρὰμ καὶ δικάζῃ μετ' ἐμοῦ; καὶ | * εἶπεν * | ὁ προφήτης κύριε οὐ μὴ παύσομαι τοῦ δικάζεσθαί σε. |
| Esdr. | 4 | 2 | κύριε οὐ μὴ παύσομαι τοῦ δικάζεσθαί σε. καὶ | * εἶπεν * | ὁ θεὸς ἐξαρίθμησαι τὰ ἄνθη τῆς γῆς εἰ ταῦτα |
| Esdr. | 4 | 4 | ἐξαριθμῆσαι δύνασαι καὶ μετ' ἐμοῦ δικάζεσθαι. καὶ | * εἶπεν * | ὁ προφήτης κύριε ἐγὼ οὐ δύναμαι ἐξαριθμῆσαι σάρκα |
| Esdr. | 4 | 6 | ἰδεῖν καὶ τὰ κατώτερα μέρη τοῦ ταρτάρου. καὶ | * εἶπεν * | ὁ θεὸς κάτελθε καὶ ἴδε. καὶ ἔδωκέν μοι Μιχαὴλ καὶ |
| Esdr. | 4 | 10 | γέροντα καὶ ἀνίλεως αὐτοῦ ἡ κρίσις. καὶ | * εἶπον * | πρὸς τοὺς ἀγγέλους τίς ἐστιν οὗτος καὶ τί τὸ |
| Esdr. | 4 | 11 | τίς ἐστιν οὗτος καὶ τί τὸ ἁμάρτημα αὐτοῦ; καὶ | * εἶπόν * | μοι οὗτος ὁ Ἡρώδης ἐστίν ὁ πρὸς καιρὸν γενόμενος |
| Esdr. | 4 | 12 | καὶ κατώτερον ἐκέλευσεν ἀνελεῖν τὰ βρέφη. καὶ | * εἶπον * | ἐγὼ οὐαὶ τὴν ψυχὴν αὐτοῦ. καὶ πάλιν κατήγαγόν με |
| Esdr. | 4 | 17 | πυρώμενοι εἰς τὰ ὦτα αὐτῶν στρεφόμενοι. καὶ | * εἶπον * | τίνες οὗτοι καὶ τί τὸ ἁμάρτημα αὐτῶν; καὶ εἶπόν |
| Esdr. | 4 | 18 | εἶπον τίνες οὗτοι καὶ τί τὸ ἁμάρτημα αὐτῶν; καὶ | * εἶπόν * | μοι οὗτοί εἰσιν οἱ παρακροαταί. καὶ κατήγαγόν με |
| Esdr. | 4 | 24 | τίς ἐστιν οὗτος καὶ τί τὸ ἁμάρτημα αὐτου; καὶ | * εἶπέν * | μοι Μιχαὴλ ὁ ἀρχιστράτηγος οὗτος μητροκοίτης ἐστίν |
| Esdr. | 4 | 26 | κατεχόμενον. καὶ ἐπηρώτησα τίς ἐστιν οὗτος; καὶ | * εἶπέν * | μοι οὗτός ἐστιν ὁ λέγων ἐγώ εἰμι ὁ υἱὸς τοῦ θεοῦ |
| Esdr. | 4 | 28 | τοὺς λίθους ἄρτους ποιήσας καὶ τὸ ὕδωρ οἶνον. καὶ | * εἶπεν * | ὁ προφήτης κύριε γνώρισόν μοι ποῖον σχῆμά ἐστιν |
| Esdr. | 4 | 29 | τὸ γένος τῶν ἀνθρώπων ἵνα μὴ πιστεύσωσιν αὐτῷ. καὶ | * εἶπέν * | μοι τὸ εἶδος τοῦ προσώπου αὐτοῦ ὡσεὶ ἀγροῦ ὁ |
| Esdr. | 4 | 34 | ποτέ μὲν γενήσεται παιδίον ποτέ δὲ γέρων. καὶ | * εἶπεν * | ὁ προφήτης κύριε καὶ πῶς σὺ ἀφεὶς καὶ πλανᾶται τὸ |
| Esdr. | 4 | 35 | σὺ ἀφεὶς καὶ πλανᾶται τὸ γένος τῶν ἀνθρώπων; καὶ | * εἶπεν * | ὁ θεὸς ἄκουσον προφῆτά μου καὶ παιδίον γίνεται καὶ |
| Esdr. | 4 | 40 | πήχας ὀγδοήκοντα καὶ τὴν γῆν πήχας ὀκτακοσίας. καὶ | * εἶπεν * | ὁ προφήτης καὶ ὁ οὐρανός τί ἥμαρτεν; καὶ εἶπεν ὁ |
| Esdr. | 4 | 41 | καὶ εἶπεν ὁ προφήτης καὶ ὁ οὐρανός τί ἥμαρτεν; καὶ | * εἶπεν * | ὁ θεὸς ἐπειδή--- ἐστίν τὸ κακόν. καὶ εἶπεν ὁ |
| Esdr. | 4 | 42 | καὶ εἶπεν ὁ θεὸς ἐπειδή--- ἐστίν τὸ κακόν. καὶ | * εἶπεν * | ὁ προφήτης κύριε καὶ ἡ γῆ τί ἥμαρτεν; καὶ εἶπεν ὁ |
| Esdr. | 4 | 43 | εἶπεν ὁ προφήτης κύριε καὶ ἡ γῆ τί ἥμαρτεν; καὶ | * εἶπεν * | ὁ θεὸς ἐπειδὴ ἀκούσας μου ὁ ἀντικείμενος τῆς |
| Esdr. | 5 | 1 | σὺν αὐτῇ τὸν ἀντάρτην τοῦ γένους τῶν ἀνθρώπων. καὶ | * εἶπεν * | ὁ προφήτης ἐλέησον δέσποτα τὸ γένος τῶν |
| Esdr. | 5 | 3 | τέσσαρα θηρία θηλάζοντα τοὺς μαστοὺς αὐτῆς. καὶ | * εἶπόν * | μοι οἱ ἄγγελοι αὕτη τὸ γάλα ἐφθόνησεν τοῦ δοῦναι |
| Esdr. | 5 | 6 | μετὰ τέκνου οὐ γυνὴ μετὰ ἀνδρός. καὶ ἔκλαυσα καὶ | * εἶπον * | ὦ δέσποτα κύριε ἐλέησον τοὺς ἁμαρτωλούς. καὶ ἐν τῷ |
| Esdr. | 5 | 8 | ἴδον ἐκεῖ πολλὰς κρίσεις καὶ ἔκλαυσα πικρῶς καὶ | * εἶπον * | καλὸν τοῦ μὴ ἐξελθεῖν τὸν ἄνθρωπον ἐκ κοιλίας |
| Esdr. | 5 | 11 | ἦλθες ὧδε ἅγιε τοῦ θεοῦ εὕραμεν ὀλίγην ἄνεσιν. καὶ | * εἶπεν * | ὁ προφήτης μακάριοι οἱ κλαίοντες τὰς ἑαυτῶν |
| Esdr. | 5 | 12 | μακάριοι οἱ κλαίοντες τὰς ἑαυτῶν ἁμαρτίας. καὶ | * εἶπεν * | ὁ θεὸς ἄκουσον Ἐσδρὰμ ἀγαπητὲ ὥσπερ γεωργὸς |
| Esdr. | 5 | 14 | τῆς γυναικὸς καὶ γεννᾶται ὑγιὴς εἰς τὴν γῆν. καὶ | * εἶπεν * | ὁ προφήτης κύριε εἰ καλὸν τοῦ μὴ γεννηθῆναι τὸν |
| Esdr. | 5 | 16 | τὸ〉 ἀνθρώπινον τότε ὅταν εἰς κρίσιν ἔλθῃς. καὶ | * εἶπον * | πρὸς τὸν δεσπότην κύριε τί ἔπλασας τὸν ἄνθρωπον |
| Esdr. | 5 | 17 | ἔπλασας τὸν ἄνθρωπον καὶ εἰς κρίσιν παρέδωκας; καὶ | * εἶπεν * | ὁ θεὸς ὑψηλῷ τῷ κηρύγματι οὐ μὴ ἐλεήσω τοὺς |
| Esdr. | 5 | 18 | μὴ ἐλεήσω τοὺς παρερχομένους τὴν διαθήκην μου. καὶ | * εἶπεν * | ὁ προφήτης κύριε ποῦ ἐστιν ἡ ἀγαθότης σου; καὶ |
| Esdr. | 5 | 19 | ὁ προφήτης κύριε ποῦ ἐστιν ἡ ἀγαθότης σου; καὶ | * εἶπεν * | ὁ θεὸς ἐγὼ πάντα κατεσκεύασα διὰ τὸν ἄνθρωπον καὶ |
| Esdr. | 5 | 20 | καὶ ὁ ἄνθρωπος τὰς ἐντολάς μου οὐ φυλάττει. καὶ | * εἶπεν * | ὁ προφήτης κύριε ἀποκάλυψόν μοι τὰς κρίσεις καὶ |
| Esdr. | 5 | 24 | εἶδον ἐκεῖ ἄνθρωπον κρεμάμενον ἐκ τοῦ κρανίου καὶ | * εἶπον * | τίς ἐστιν οὗτος; καὶ εἶπόν μοι οὗτος ὅρους |
| Esdr. | 5 | 25 | ἐκ τοῦ κρανίου καὶ εἶπον τίς ἐστιν οὗτος; καὶ | * εἶπόν * | μοι οὗτος ὅρους μετέθηκεν. καὶ εἶδον ἐκεῖ μεγάλα |
| Esdr. | 5 | 26 | μετέθηκεν. καὶ εἶδον ἐκεῖ μεγάλα κριτήρια καὶ | * εἶπον * | πρὸς τὸν δεσπότην ὦ δέσποτα κύριε καὶ τίς ἄρα |
| Esdr. | 6 | 4 | Ἐσδρὰμ ἀγαπητέ μου δοὺς τὴν παρακαταθήκην. καὶ | * εἶπεν * | ὁ προφήτης καὶ πόθεν τὴν ψυχήν μου ἔχετε |
| Esdr. | 6 | 5 | καὶ πόθεν τὴν ψυχήν μου ἔχετε ἐξενεγκεῖν; καὶ | * εἶπον * | οἱ ἄγγελοι διὰ τοῦ στόματος ἔχομεν ἐκβαλεῖν αὐτήν. |
| Esdr. | 6 | 6 | διὰ τοῦ στόματος ἔχομεν ἐκβαλεῖν αὐτήν. καὶ | * εἶπεν * | ὁ προφήτης στόμα πρὸς στόμα ἐλάλουν τοῦ θεοῦ καὶ |
| Esdr. | 6 | 7 | ἐλάλουν τοῦ θεοῦ καὶ οὐκ ἐξέρχεται ἔνθεν. καὶ | * εἶπον * | οἱ ἄγγελοι διὰ τῶν ῥινῶν σου ἐξενέγκωμεν αὐτήν. |
| Esdr. | 6 | 8 | ἄγγελοι διὰ τῶν ῥινῶν σου ἐξενέγκωμεν αὐτήν. καὶ | * εἶπεν * | ὁ προφήτης αἱ ῥῖνές μου ὠσφράνθησαν τὴν δόξαν τοῦ |
| Esdr. | 6 | 9 | αἱ ῥῖνές μου ὠσφράνθησαν τὴν δόξαν τοῦ θεοῦ. καὶ | * εἶπον * | οἱ ἄγγελοι διὰ τῶν ὀφθαλμῶν σου ἔχομεν αὐτήν |
| Esdr. | 6 | 10 | διὰ τῶν ὀφθαλμῶν σου ἔχομεν αὐτὴν ἐξενέγκαι. καὶ | * εἶπεν * | ὁ προφήτης οἱ ὀφθαλμοί μου ἴδον τὰ ὀπίσθια τοῦ |
| Esdr. | 6 | 11 | οἱ ὀφθαλμοί μου ἴδον τὰ ὀπίσθια τοῦ θεοῦ. καὶ | * εἶπον * | οἱ ἄγγελοι διὰ τὴν κορυφήν σου ἔχομεν αὐτήν |
| Esdr. | 6 | 12 | διὰ τὴν κορυφήν σου ἔχομεν αὐτὴν ἐξενέγκαι. καὶ | * εἶπεν * | ὁ προφήτης μετὰ Μωσῆ καὶ ἐν τῷ ὄρει ἐπεριπάτησα |
| Esdr. | 6 | 13 | τῷ ὄρει ἐπεριπάτησα καὶ οὐκ ἐξέρχεται ἔνθεν. καὶ | * εἶπον * | οἱ ἄγγελοι διὰ τῶν ἀκρονύχων σου ἔχομεν αὐτήν |
| Esdr. | 6 | 14 | διὰ τῶν ἀκρονύχων σου ἔχομεν αὐτὴν ἐκβαλεῖν. καὶ | * εἶπεν * | ὁ προφήτης καί οἱ πόδες μου ἐν τῷ θυσιαστηρίῳ |
| Esdr. | 6 | 18 | ἣν παρεθέμην σοι ὁ στέφανός σοι ἡτοίμασται. καὶ | * εἶπεν * | ὁ προφήτης κύριε ἐὰν ἄρῃς τὴν ψυχήν μου ἀπ' ἐμοῦ |
| Esdr. | 6 | 19 | δικάζεσθαι ὑπὲρ τοῦ γένους τῶν ἀνθρώπων; καὶ | * εἶπεν * | ὁ θεὸς θνητὸς ὢν καὶ ἐκ γῆς μὴ δικάζου μοι. καὶ |
| Esdr. | 6 | 20 | ὁ θεὸς θνητὸς ὢν καὶ ἐκ γῆς μὴ δικάζου μοι. καὶ | * εἶπεν * | ὁ προφήτης οὐ μὴ παύσωμαι δικαζόμενός σε. καὶ |
| Esdr. | 6 | 21 | ὁ προφήτης οὐ μὴ παύσωμαι δικαζόμενός σε. καὶ | * εἶπεν * | ὁ θεὸς δὸς τέως τὴν παρακαταθήκην ὁ στέφανός σοι |
| Esdr. | 7 | 1 | δίκαιοι ὅτι εἰς τὸ τρυβλίον τοῦ ᾅδου εἰσῆλθον. καὶ | * εἶπεν * | αὐτῷ ὁ θεὸς ἄκουσον Ἐσδρὰμ ἀγαπητέ μου ἐγὼ |
| Esdr. | 7 | 4 | τὸ σῶμα ἀπέρχεται εἰς τὴν γῆν ἐξ ἧς ἐλήφθη. καὶ | * εἶπεν * | ὁ προφήτης οἴμμοι οἴμμοι τί ποιήσω; τί πράξω; οὐκ |
| Sedr. | 2 | 2 | αὐτοῦ ἵνα ἀποκαλύψῃ αὐτῷ ἅπερ βούλῃ ἐρωτᾶν. καὶ | * εἶπεν * | Σεδράχ τί κύριέ μου; καὶ εἶπεν αὐτῷ ἡ φωνὴ ἐγὼ |
| Sedr. | 2 | 2 | βούλῃ ἐρωτᾶν. καὶ εἶπεν Σεδράχ τί κύριέ μου; καὶ | * εἶπεν * | αὐτῷ ἡ φωνὴ ἐγὼ ἀπεστάλην πρός σε ἵνα ἀναβάσω σε |
| Sedr. | 2 | 3 | πρός σε ἵνα ἀναβάσω σε ὧδε εἰς τὸν οὐρανόν. ὁ δὲ | * εἶπεν * | ἤθελον λαλῆσαι στόμα ὑπὸ στόματος θεοῦ οὐκ εἰμί |
| Sedr. | 3 | 1 | τί δίκην ἔχεις πρὸς τὸν θεὸν τὸν πλάσαντά σε ὅτι | * εἶπας * | ἤθελον λαλῆσαι στόμα πρὸ στόματος θεοῦ; λέγει αὐτῷ |
| Sedr. | 3 | 7 | Σεδρὰχ εἰ ταῦτα ἐποίησας διά τί ἀπώλεσας αὐτόν; | * εἶπεν * | δὲ ὁ κύριος ὁ ἄνθρωπος ἔργον μου ἐστίν καὶ πλάσμα |
| Sedr. | 4 | 4 | ἐν τῷ παραδείσῳ ἐν μέσῳ τοῦ φυτοῦ τῆς ζωῆς καὶ | * εἶπα * | αὐτῷ ἀπὸ πάντων τῶν καρπῶν φάγε μόνον τὸ ξύλον τῆς |
| Sedr. | 6 | 5 | μοιχαλὶς καὶ ἁμαρτωλός. ποῖος πατὴρ προικίσας | * εἰπέ * | μοι τῷ υἱῷ αὐτοῦ καὶ λαβὼν τὴν οὐσίαν καταλιπὼν τὸν |
| Sedr. | 7 | 4 | τὸν Ἀδὰμ καὶ τὴν γυναῖκα αὐτοῦ καὶ τὸν ἥλιον καὶ | * εἶπα * | ἴδετε ἀλλήλους ποῖός ἐστιν φωτοειδὴς ὁ δὲ ἥλιος καὶ |
| Sedr. | 7 | 7 | τί ὠφελοῦν τὰ κάλλη ἐὰν εἰς γῆν μαραίνωνται; πῶς | * εἶπας * | κύριε κακὸν ἀντὶ κακοῦ μὴ ἀποδώσῃς; πῶς ἐστιν |
| Sedr. | 8 | 5 | θεὸς τὸν Σεδρὰχ ἐρωτῶ σε ἕνα λόγον Σεδρὰχ ἐάν μοι | * εἴπῃς * | καλῶς με συμαχᾶ σε εἰ καί τινος ἐπείραζες τὸν |
| Sedr. | 8 | 6 | καί τινος ἐπείραζες τὸν πλάσαντά σε. λέγει Σεδρὰχ | * εἰπὲ * | κύριε ὁ θεός. 〈λέγει αὐτῷ κύριος ὁ θεὸς〉 ἀφ' ἧς |
| Sedr. | 8 | 8 | πόσοι θέλουν ἀποθανεῖν καὶ πόσας τρίχας ἔχουσιν; | * εἰπέ * | μοι Σεδρὰχ ἀφ' οὗ ἐκτίσθη ὁ οὐρανὸς καὶ ἡ γῆ πόσα |
| Sedr. | 8 | 9 | καὶ πόσα θέλουν γενηθῆναι καὶ πόσα φύλλα ἔχουσιν; | * εἰπέ * | μοι Σεδρὰχ ἀφ' οὗ ἐποίησα τὴν θάλασσαν πόσα κύματα |
| Sedr. | 8 | 10 | πόσοι ἄνεμοι πνέουσιν παρὰ τὸ χεῖλος τῆς θαλάσσης; | * εἰπέ * | μοι Σεδρὰχ ἀπὸ κτίσεως κόσμου τῶν αἰώνων βρέχοντος |
| Sedr. | 8 | 11 | ἔπεσον εἰς τὸν κόσμον καὶ πόσα μέλλουν πεσεῖν; καὶ | * εἶπεν * | Σεδρὰχ μόνος σὺ γινώσκεις ταῦτα πάντα κύριε μόνος |
| Sedr. | 9 | 1 | κόλασιν καὶ οὐ χωρίζομαι ἀπὸ τὸ γένος ἡμῶν. καὶ | * εἶπεν * | ὁ θεὸς τὸν υἱὸν αὐτοῦ τὸν μονογενῆ ὕπαγε λαβὲ τὴν |
| Sedr. | 10 | 1 | εἰ 〈δὲ〉 μὴ δός μοι τὴν ποθεινοτάτην ψυχήν σου. καὶ | * εἶπεν * | Σεδρὰχ τὸν θεὸν καὶ πόθεν μέλλεις λαβεῖν τὴν ψυχήν |
| Sedr. | 10 | 6 | ἐνθυμηθεὶς τοῦ θανάτου τὴν μνήμην ἐξέστη λίαν καὶ | * εἶπεν * | Σεδρὰχ τὸν θεὸν δός μοι κύριε ἴασιν ὀλίγην ἵνα |
| Sedr. | 14 | 2 | πεσόντες ἐπὶ πρόσωπον παρακαλοῦντες τὸν θεὸν καὶ | * εἶπον * | κύριε δίδαξον ἡμᾶς πῶς δεῖ καὶ ἐν ποίᾳ μετανοίᾳ |
| Sedr. | 15 | 2 | ὁ ἁμαρτωλοὺς ἐλεῶν καὶ οἰκτείρων ἀλλ' ἡ σὴ θεότης | * εἶπεν * | οὐκ ἦλθον δικαίους καλέσαι ἀλλὰ ἁμαρτωλοὺς εἰς |
| Sedr. | 15 | 3 | καλέσαι ἀλλὰ ἁμαρτωλοὺς εἰς μετάνοιαν. καὶ | * εἶπεν * | ὁ κύριος τὸν Σεδρὰχ οὐκ οἶδας Σεδρὰχ τὸν λῃστὴν |
| Sedr. | 15 | 6 | μετὰ τοῦ ἀντιχρίστου. λέγει Σεδρὰχ κύριέ μου καὶ | * εἶπας * | ὅτι τὸ θεῖόν μου πνεῦμα ἐνέβη εἰς τὰ ἔθνη τὰ μὴ |
| Job | 1 | 4 | Κασία Ἀμαλθείας κέρας καλέσας δὲ αὐτοῦ τὰ τέκνα | * εἶπεν * | περικυκλώσαντες, τέκνα μου περικυκλώσατέ με ἵνα |
| Job | 3 | 2 | φωνὴ ἐν μείζονι φωτὶ λέγουσα Ιωβαβ Ιωβαβ. καὶ | * εἶπον * | ἰδοὺ ἐγώ. καὶ εἶπεν ἀνάστηθι καὶ ὑποδείξω σοι τίς |
| Job | 3 | 2 | φωτὶ λέγουσα Ιωβαβ Ιωβαβ. καὶ εἶπον ἰδοὺ ἐγώ. καὶ | * εἶπεν * | ἀνάστηθι καὶ ὑποδείξω σοι τίς ἐστιν οὗτος ὅν |
| Job | 4 | 1 | βασιλεύοντα ταύτης τῆς χώρας; καὶ ἀποκριθεὶς ἐμοὶ | * εἶπεν * | τὸ φῶς ὅτι μὲν καθαρίσαι τοῦτον τὸν τόπον δυνήσῃ, |
| Job | 4 | 2 | ἅπερ ἐνετείλατό μοι κύριος μεταδιδόναι σοι. κἀγὼ | * εἶπον * | ὅτι πάντα ὅσα ἐνετείλατό μοι τῷ θεράποντι αὐτοῦ |
| Job | 4 | 3 | τῷ θεράποντι αὐτοῦ ἀκούσομαι καὶ πράξω. καὶ πάλιν | * εἶπεν * | τάδε λέγει κύριος ἐὰν ἐπιχειρήσεις καθαρίσαι τὸν |
| Job | 6 | 3 | ὅτι εἴ τις σήμερον ζητήσῃ με, μὴ σημανθήτω, ἀλλ' | * εἴπατε * | ὅτι οὐ σχολάζει περὶ γὰρ πράγματος ἀναγκαίου |
| Job | 7 | 2 | ἀσσάλιον, καὶ ἐλθὼν λελάληκεν τῇ θυρωρῷ λέγων | * εἰπὸν * | τῷ Ιωβ δός μοι ἄρτον ἐκ τῶν χειρῶν σου ἵνα φάγω. |
| Job | 7 | 3 | ἐκκεκαυμένον δέδωκα τῇ παιδὶ διδόναι αὐτῷ, καὶ | * εἶπον * | αὐτῷ ὅτι μηκέτι προσδόκα φαγεῖν ἐκ τῶν ἐμῶν ἄρτων, |
| Job | 7 | 7 | καὶ ἔδωκεν αὐτῷ. ὁ δὲ λαβὼν καὶ γνοὺς τὸ γεγονός, | * εἶπεν * | τῇ παιδὶ ἀπελθοῦσα, κακὴ δούλη, φέρε τὸν δοθέντα |
| Job | 17 | 5 | καὶ ὅσα ἔχει ἐπὶ τῆς γῆς. καὶ αὐτοὶ ἀποκριθέντες | * εἶπον * | αὐτῷ ἔχει ἑπτὰ υἱοὺς καὶ θυγατέρας τρεῖς μὴ ἄρα |
| Job | 17 | 6 | καὶ λοιπὸν ἐπαναστάντες ἀποκτείνωσιν ἡμᾶς. καὶ | * εἶπεν * | αὐτοῖς μὴ φοβηθῆτε ὅλως τὰ πλείονα τῶν κτημάτων |
| Job | 23 | 9 | ἄνδρα μου; καὶ οὕτω καταφρονήσασα τῆς τριχὸς | * εἶπεν * | αὐτῷ ἀνάστα, ἆρον αὐτήν. τότε λαβὼν ψαλίδα ἔκειρεν |
| Job | 24 | 10 | ἴσως ζήσεσθε ἐν τρισὶν ἡμέραις. κἀγὼ ἐκκακήσασα | * εἶπον * | αὐτῷ ἀναστὰς κεῖρόν με. καὶ οὕτως ἀναστὰς μετὰ |
| Job | 25 | 10 | ἀνάστηθι σύ, λαβὼν τοὺς ἄρτους χορτάσθητι, καὶ | * εἰπόν * | τι ῥῆμα πρὸς κύριον καὶ τελεύτα καὶ ἐγὼ δὲ |
| Job | 26 | 2 | ἡ ψυχή μου διὰ τοὺς πόνους ὅσον διὰ τὸ ῥῆμα ὃ | * εἶπας * | ὅτι εἰπόν τι ῥῆμα πρὸς κύριον καὶ τελεύτα. ὅλως |
| Job | 26 | 2 | μου διὰ τοὺς πόνους ὅσον διὰ τὸ ῥῆμα ὃ εἶπας ὅτι | * εἰπόν * | τι ῥῆμα πρὸς κύριον καὶ τελεύτα. ὅλως καὶ ταῦτα |

| | | | | | |
|---|---|---|---|---|---|
| Job | 27 | 1 | ἀπλότητα. ἐγὼ δὲ πάλιν στραφεὶς πρὸς τὸν Σατανᾶν | * εἶπον, * | ὄπισθεν ὄντα τῆς γυναικός μου ἐλθὲ ἐπὶ τὰ |
| Job | 29 | 3 | στραφεὶς πρός με Ελιφας ὁ τῶν Θεμανῶν βασιλεὺς | * εἶπεν * | σὺ εἶ Ιωβαβ ὁ συμβασιλεὺς ἡμῶν; ἐγὼ δὲ κλαύσας |
| Job | 31 | 1 | ἡμέρας οὕτως διαλογιζομένους, ἀποκριθεὶς Ελιους | * εἶπεν * | τοῖς συμβασιλεῦσιν προσεγγιοῦμεν αὐτῷ καὶ |
| Job | 31 | 5 | καὶ ὅτε πλησίον μου ἐγένοντο, ἀποκριθεὶς Ελιους | * εἶπέν * | μοι σὺ εἶ Ιωβαβ ὁ συμβασιλεὺς ἡμῶν; σὺ εἶ ὁ τότε |
| Job | 31 | 6 | καὶ οἱ ἀστέρες οἱ ἐν τῷ μεσονυκτίῳ φαίνοντες; καὶ | * εἶπον * | αὐτῷ ἐγώ εἰμι. καὶ οὕτως κλαύσας κλαυθμὸν μέγαν |
| Job | 33 | 2 | μεγάλην ταραχήν, καὶ καταπαυσάσης τῆς κραυγῆς | * εἶπεν * | αὐτοῖς Ιωβ σιωπήσατε νῦν ὑποδείξω ὑμῖν τὸν θρόνον |
| Job | 34 | 2 | πρὸς αὐτοὺς ἵνα σιωπήσωσιν, ὀργισθεὶς Ελιφας | * εἶπεν * | τοῖς ἄλλοις φίλοις τί χρήσιμον ὅτι οὕτω |
| Job | 36 | 1 | ὁ Βαλδαδ προσήγγισέν μοι λέγων σὺ εἶ Ιωβ; καὶ | * εἶπον * | αὐτῷ ναί. καὶ εἶπεν ἆρα ἐν τῷ καθεστηκότι ἡ καρδία |
| Job | 36 | 2 | μοι λέγων σὺ εἶ Ιωβ; καὶ εἶπον αὐτῷ ναί. καὶ | * εἶπεν * | ἆρα ἐν τῷ καθεστηκότι ἡ καρδία σου; κἀγὼ εἶπον ὅτι |
| Job | 36 | 3 | καὶ εἶπεν ἆρα ἐν τῷ καθεστηκότι ἡ καρδία σου; κἀγὼ | * εἶπον * | ὅτι ἐν μὲν τοῖς γηίνοις οὐ συνέστηκεν, ἐπεὶ |
| Job | 37 | 1 | ὅτι ἡ καρδία σου οὐκ ἐξίσταται. καὶ πάλιν | * εἶπεν * | ἐπὶ τίνος σὺ ἐλπίζεις; καὶ ἐγὼ εἶπον ἐπὶ τῷ θεῷ τῷ |
| Job | 37 | 2 | καὶ πάλιν εἶπεν ἐπὶ τίνος σὺ ἐλπίζεις; καὶ ἐγὼ | * εἶπον * | ἐπὶ τῷ θεῷ τῷ ζῶντι. καὶ πάλιν εἶπέν μοι τίς |
| Job | 37 | 3 | καὶ ἐγὼ εἶπον ἐπὶ τῷ θεῷ τῷ ζῶντι. καὶ πάλιν | * εἶπέν * | μοι τίς ἀφείλατο τὰ ὑπάρχοντά σου ἢ ἐπήνεγκέν σοι |
| Job | 37 | 4 | σου ἢ ἐπήνεγκέν σοι τὰς πληγὰς ταύτας; καὶ ἐγὼ | * εἶπον * | ὅτι ὁ θεός. καὶ πάλιν ὑπολαβὼν εἶπεν πρός με ἐπὶ |
| Job | 37 | 5 | καὶ ἐγὼ εἶπον ὅτι ὁ θεός. καὶ πάλιν ὑπολαβὼν | * εἶπεν * | πρός με ἐπὶ τῷ θεῷ ἐλπίζεις; πῶς οὖν, ἀδικῆσαι |
| Job | 38 | 1 | εἰ σὺ εἶ ὁ θεράπων τοῦ θεοῦ. καὶ ἐγὼ πρὸς ταῦτα | * εἶπον * | ἔστιν μὲν φρόνησις ἐν ἐμοί, καὶ συνέστηκεν ἡ |
| Job | 38 | 4 | ἀφορίζεται ἀπ᾽ ἀλλήλων. τίς οὖν ταῦτα διαχωρίζει; | * εἶπεν * | δὲ ὁ Βαλδαδ ἀγνοῶ. ἐγὼ πάλιν ὑπολαβὼν εἶπον αὐτῷ |
| Job | 38 | 5 | εἶπεν δὲ ὁ Βαλδαδ ἀγνοῶ. ἐγὼ πάλιν ὑπολαβὼν | * εἶπον * | αὐτῷ εἰ οὖν τὴν τοῦ σώματος πορείαν οὐ |
| Job | 38 | 6 | πῶς τὰ ἐπουράνια καταλήψει; ὑπολαβὼν δὲ καὶ Σοφαρ | * εἶπεν * | οὐχὶ τὰ ὑπὲρ ἡμᾶς ἐρευνῶμεν, ἀλλὰ βουλόμεθα γνῶναι |
| Job | 38 | 8 | ὑπ᾽ αὐτῶν; ἴσως ἀναπαύσει. ἀποκριθεὶς δὲ | * εἶπον * | ἡ ἐμὴ ἴασις καὶ ἡ ἐμὴ θεραπεία παρὰ κυρίου ἐστίν, |
| Job | 39 | 13 | αὐτῶν τοῦ βασιλέως. τότε πάλιν ἀποκριθέντες | * εἶπάν * | μοι τίς πάλιν οὐκ ἐρεῖ ὅτι ἐξεστήκεις καὶ μαίνει, |
| Job | 39 | 13 | μοι τίς πάλιν οὐκ ἐρεῖ ὅτι ἐξεστήκεις καὶ μαίνει, | * εἶπας * | ὅτι ἀνελήφθη τὰ τέκνα μου εἰς τὸν οὐρανόν; διὸ |
| Job | 40 | 1 | διὸ ἔκφανον ἡμῖν τὸ ἀληθές. ἐγὼ δὲ ὑπολαβὼν | * εἶπον * | αὐτοῖς ἐγείρατέ με ἵνα σταθῶ. οἱ δὲ ἤγειράν με |
| Job | 40 | 3 | ἐξωμολογησάμην πρὸς τὸν πατέρα. καὶ μετὰ τὴν εὐχὴν | * εἶπον * | αὐτοῖς ἀναβλέψατε τοῖς ὀφθαλμοῖς πρὸς ἀνατολὴν καὶ |
| Job | 40 | 4 | ἡ γυνή μου κατέπεσεν ἐπὶ τὴν γῆν προσκυνοῦσα καὶ | * εἶπεν * | νῦν ἔγνων ὅτι ὑπάρχει μοι μνημόσυνον παρὰ κυρίου |
| Job | 42 | 1 | ἀναφανεὶς μοι ὁ κύριος διὰ λαίλαπος καὶ νεφῶν | * εἶπεν, * | καὶ τὸν μὲν Ελιους ἐμέμψατο, ὑποδείξας μοι τὸν ἐν |
| Job | 42 | 4 | καὶ μετὰ τὸ παύσασθαι τὸν κύριον λαλοῦντά μοι | * εἶπεν * | πρὸς Ελιφαν τί ἦ, Ελιφα, ἥμαρτες σὺ καὶ οἱ δύο σου |
| Job | 43 | 2 | δὲ Ελιους οὐ κατηξίωσεν, ἀναλαβὼν Ελιφας πνεῦμα | * εἶπεν * | ὕμνον, ἐπιφωνούντων αὐτῷ τῶν ἄλλων φίλων καὶ τῶν |
| Job | 46 | 2 | οὐ παρέσχετο ταῖς θηλείαις αἱ δὲ λυπηθεῖσαι | * εἶπον * | τῷ πατρὶ κύριε πάτερ ἡμῶν, μὴ καὶ ἡμεῖς οὐκ ἐσμέν |
| Job | 46 | 3 | τέκνα σου; διατὶ οὐκ ἔδωκας ἡμῖν ἐκ τῶν ὄντων σοι; | * εἶπεν * | δὲ Ιωβ ταῖς θηλείαις μὴ ταραχθῆτε, θυγατέρες μου |
| Job | 46 | 9 | ὡς ἀκτῖνας τοῦ ἡλίου. καὶ δέδωκεν χορδὴν μίαν | * εἰπὼν * | λάβετε αὐτὰς περὶ τὸ στῆθος ὑμῶν ἵνα εὖ ὑμῖν |
| Job | 47 | 1 | εὖ ὑμῖν γένηται πάσας τὰς ἡμέρας τῆς ζωῆς ὑμῶν. | * εἶπεν * | δὲ αὐτῷ ἡ ἄλλη θυγάτηρ ἡ λεγομένη Κασία πάτερ, |
| Job | 47 | 2 | τούτων χορδῶν; μὴ ἐκ τούτων ἕξομεν τοῦ ζῆν; καὶ | * εἶπεν * | αὐταῖς ὁ πατὴρ οὐ μόνον ἐκ τούτων ἕξετε τοῦ ζῆν, |
| Job | 48 | 1 | Ἡμέρα περιείληξεν τὴν ἑαυτῆς σπάρτην καθὼς | * εἶπεν * | ὁ πατὴρ καὶ ἀνέλαβεν ἄλλην καρδίαν, μηκέτι τὰ τῆς |
| Aris. | 10 | 3 | ἐρωτηθεὶς πόσαι τινὲς μυριάδες τυγχάνουσι βιβλίων; | * εἶπεν * | ὑπὲρ τὰς εἴκοσι βασιλεῦ σπουδάσω δ᾽ ἐν ὀλίγῳ χρόνῳ |
| Aris. | 11 | 2 | τῆς παρά σοι βιβλιοθήκης εἶναι. τί τὸ κωλῦον οὖν | * εἶπεν * | ἐστί σε τοῦτο ποιῆσαι; πάντα γὰρ ὑποτέτακταί σοι |
| Aris. | 11 | 3 | ὑποτέτακταί σοι τὰ πρὸς τὴν χρείαν. ὁ δὲ Δημήτριος | * εἶπεν * | ἑρμηνείας προσδεῖται χαρακτῆρσι γὰρ ἰδίοις κατὰ |
| Aris. | 11 | 8 | ἀλλ᾽ ἕτερος τρόπος. μεταλαβὼν δὲ ἕκαστα ὁ βασιλεὺς | * εἶπε * | γραφῆναι πρὸς τὸν ἀρχιερέα τῶν Ἰουδαίων ὅπως τὰ |
| Aris. | 19 | 4 | βραχεῖ πλεῖον μυριάδων δέκα. ὃ δὲ μικρόν γε | * εἶπεν * | Ἀριστέας ἡμᾶς ἀξιοῖ πρᾶγμα. Σωσίβιος δὲ καὶ τῶν |
| Aris. | 19 | 5 | πρᾶγμα. Σωσίβιος δὲ καὶ τῶν παρόντων τινὲς τοῦτ᾽ | * εἶπον * | καὶ γὰρ ἄξιόν ἐστι τῆς σῆς μεγαλοψυχίας ὅπως |
| Aris. | 20 | 2 | ἐστί σοι. διαχυθεὶς δὲ εὖ μάλα τοῖς ὀψωνίοις | * εἶπε * | προσθεῖναι καὶ σώματος ἑκάστου κομίζεσθαι δραχμὰς |
| Aris. | 53 | 4 | ἱερέων καὶ τῶν ἄλλων ἔλεγον μηδὲν ἐπικωλύειν. ὁ δὲ | * εἶπε * | βούλεσθαι καὶ πενταπλῆν τοῖς μεγέθεσι ποιῆσαι |
| Aris. | 55 | 3 | καθέστηκεν ἀλλὰ φαίνεται πρός τινα λόγον | * εἶπεν * | οὕτως συνεστηκέναι τοῖς μέτροις. ἔτι γὰρ ἐπιταγῆς |
| Aris. | 167 | 1 | τοιούτους ἀναιρεῖ καθὼς μεταλαμβάνομεν. ἐγὼ δ᾽ | * εἶπα * | τοὺς ἐμφανιστὰς οἴομαί σε λέγειν καὶ γὰρ αἰκίαις |
| Aris. | 177 | 3 | ἐπιστὰς χρόνον καὶ προσκυνήσας σχεδὸν ἑπτάκις | * εἶπεν * | εὐχαριστῶ μὲν ἄνδρες ὑμῖν τῷ δ᾽ ἀποστείλαντι |
| Aris. | 178 | 2 | οὗτινός ἐστι τὰ λόγια ταῦτα. ὁμοθυμαδὸν δὲ πάντων | * εἰπόντων * | ὑπὸ μίαν φωνὴν τῶν τε παραγεγονότων καὶ τῶν |
| Aris. | 179 | 3 | τὰ τεύχη τὸ τηνικαῦτα ἀσπασάμενος τοὺς ἄνδρας | * εἶπε * | δίκαιον ἦν θεοσεβεῖς ἄνδρες ὧν χάριν ὑμᾶς |
| Aris. | 181 | 1 | σήμερον μεθ᾽ ὑμῶν βουλήσομαι. πάντα δ᾽ ὑμῖν | * εἶπε * | παρέσται καθηκόντως οἷς συγχρήσησθε κἀμοὶ μεθ᾽ |
| Aris. | 184 | 8 | παρεκάλεσε ποιήσασθαι κατευχὴν ὃς ἀξιολόγως στὰς | * εἶπε * | πληρῶσαί σε βασιλεῦ πάντων τῶν ἀγαθῶν ὧν ἔκτισεν ὁ |
| Aris. | 186 | 1 | ὁμονοοῦσι πάντα ἀνέκλειπτα τὸν τῆς ζωῆς χρόνον. | * εἰπόντος * | δὲ ταῦτα τούτου κατερράγη κρότος μετὰ κραυγῆς |
| Aris. | 188 | 2 | τέλους ἄπταιστον ἔχων διατελοῖ; βραχὺ δὲ ἐπισχὼν | * εἶπεν * | οὕτως ἂν μάλιστα διευθύνοις μιμούμενος τὸ τοῦ θεοῦ |
| Aris. | 190 | 3 | πῶς ἂν εὐνόους ἑαυτῷ ἔχοι τοὺς φίλους; κἀκεῖνος | * εἶπεν * | εἰ θεωροίησαν πολλήν σε πρόνοιαν ποιούμενον ὧν |
| Aris. | 191 | 3 | εὐφημίας τυγχάνοι καὶ ὑπὸ τῶν ἀποτυγχανόντων; ὁ δὲ | * εἶπεν * | εἰ πᾶσιν ἴσος γένοιο τῷ λόγῳ καὶ μηδὲν ὑπερηφάνως |
| Aris. | 193 | 2 | ἂν ἐν ταῖς πολεμικαῖς χρείαις ἀήττητος εἴη; ὁ δὲ | * εἶπεν * | εἰ μὴ πεποιθὼς ὑπάρχοι τοῖς ὄχλοις μηδὲ ταῖς |
| Aris. | 194 | 3 | ἕτερον ἠρώτα πῶς ἂν φοβερὸς εἴη τοῖς ἐχθροῖς; ὁ δὲ | * εἶπεν * | εἰ τῇ τῶν ὅπλων καὶ δυνάμεων παρασκευῇ πολλῇ |
| Aris. | 195 | 1 | πάσῃ διανοίᾳ. καὶ τοῦτον δὲ ἐπαινέσας | * εἶπε * | πρὸς τὸν ἐχόμενον τί κάλλιστον αὐτῷ πρὸς τὸ ζῆν ἂν |
| Aris. | 196 | 3 | τὴν αὐτὴν παραδιδοῖ διάθεσιν ἐπὶ τέλει; ὁ δὲ | * εἶπεν * | εὐχόμενος ἀεὶ πρὸς τὸν θεὸν ἀγαθὰς ἐπινοίας |
| Aris. | 198 | 1 | ἀναγκαῖον. φιλοφρονηθεὶς δὲ καὶ τοῦτον καλῶς | * εἶπεν * | ἅπαντας ἀποφαίνεσθαι ἐπερωτήσας δὲ ἔτι ἕνα |
| Aris. | 199 | 2 | ἐπηρώτα τὸν ἄνδρα τί πέρας ἀνδρείας ἐστίν; ὁ δὲ | * εἶπεν * | εἰ τὸ βουλευθὲν ὀρθῶς ἐν ταῖς τῶν κινδύνων |
| Aris. | 200 | 2 | πάντων καὶ κρότῳ σημηναμένων πρὸς τοὺς φιλοσόφους | * εἶπεν * | ὁ βασιλεὺς οὐκ ὀλίγοι γὰρ παρῆσαν τούτοις οἴομαι |
| Aris. | 201 | 2 | ποιούμενοι. Μενέδημος δὲ ὁ Ἐρετριεὺς φιλόσοφος | * εἶπε * | ναὶ βασιλεῦ προνοίᾳ γὰρ τῶν ὅλων διοικουμένων καὶ |
| Aris. | 205 | 1 | βραχὺ δὲ ἐπισχὼν ὁ τὴν ἐρώτησιν ἐκδεχόμενος | * εἶπεν * | εἰ μηδὲν ἀνάξιον τῆς ἀρχῆς μηδὲ ἀσελγὲς πράσσοι |
| Aris. | 207 | 2 | δὲ εὖ μάλα καὶ τοῦτον ⟨ἐπὶ τὸν ἕτερον⟩ ἐπιβλέψας | * εἶπεν * | τί ἐστι σοφίας διδαχή; ὁ δὲ (ἕτερος) ἀπεφήνατο |
| Aris. | 208 | 1 | ἐπιεικείᾳ ἄγει. ἐπαινέσας αὐτὸν τῷ μετ᾽ αὐτὸν | * εἶπε * | πῶς ἂν φιλάνθρωπος εἴη; κἀκεῖνος ἔφη θεωρῶν ὡς ἐν |
| Aris. | 209 | 3 | τίς ἀναγκαιότατος τρόπος βασιλείας; τὸ συντηρεῖν | * εἶπεν * | αὑτὸν ἀδωροδόκητον καὶ νήφειν τὸ πλεῖον μέρος τοῦ |
| Aris. | 210 | 2 | ἐστιν. ἐπισημήνας καὶ τοῦτον πρὸς τὸν ἕτερον | * εἶπε * | τί τὸ τῆς εὐσεβείας ἐστὶ κατάστημα; ἐκεῖνος δὲ ἔφη |
| Aris. | 211 | 1 | ἂν εἴης. ἐπιφωνήσας δὲ τούτῳ πρὸς τὸν ἕτερον | * εἶπε * | τίς ὅρος τοῦ βασιλεύειν ἐστίν; ὁ δὲ ἔφη τὸ καλῶς |
| Aris. | 213 | 1 | ἀγαθὰ προσημαίνει μέγιστα. τοῦτον δὲ ἐπαινέσας | * εἶπε * | πρὸς τὸν ἑξῆς πῶς ἂν ἐν τοῖς ὕπνοις ἀτάραχος εἴη; ὁ |
| Aris. | 217 | 2 | παντός ἐστιν εὐστάθεια. κατευφημήσας δὲ καὶ τοῦτον | * εἶπε * | πρὸς ἕτερον ἐπεὶ σὺ δέκατος τὴν ἀπόκρισιν ἔχεις ὡς |
| Aris. | 218 | 1 | δὲ πῶς ἂν μηδὲν ἀνάξιον ἑαυτῶν πράσσοιμεν; ὁ δὲ | * εἶπεν * | ἐπίβλεπε διὰ παντὸς εἰς τὴν σεαυτοῦ δόξαν καὶ τὴν |
| Aris. | 224 | 2 | τοῖς δὲ ῥηθεῖσιν ἀρεσθεὶς πρὸς τὸν ἐχόμενον | * εἶπε * | πῶς ἂν ἐκτὸς εἴη φθόνου; διαλιπὼν δὲ ἐκεῖνος ἔφη |
| Aris. | 225 | 3 | τὸν ἕτερον πῶς ἂν καταφρονοίη τῶν ἐχθρῶν; ὁ δὲ | * εἶπεν * | ἠσκηκὼς πρὸς πάντας ἀνθρώπους εὔνοιαν καὶ |
| Aris. | 226 | 2 | τούτοις τὸν ἑξῆς ἐκέλευσεν ἀποκριθῆναι πρὸς αὐτὸν | * εἰπὼν * | πῶς ἂν δοξαζόμενος διαμένοι; εἶπε δὲ τῇ προθυμίᾳ |
| Aris. | 226 | 2 | πρὸς αὐτὸν εἰπὼν πῶς ἂν δοξαζόμενος διαμένοι; | * εἶπε * | δὲ τῇ προθυμίᾳ καὶ ταῖς χάρισι πρὸς τοὺς ἄλλους |
| Aris. | 229 | 2 | καὶ τοῦ μετέπειτα τί καλλονῆς ἄξιόν ἐστιν; ὁ δὲ | * εἶπεν * | εὐσέβεια. καὶ γὰρ αὕτη καλλονή τίς ἐστι |
| Aris. | 230 | 2 | ἐν αὐτῇ τὰ ἀγαθά. λίαν δὲ φιλοφρόνως ἐπικροτήσας | * εἶπε * | πρὸς τὸν ἕτερον πῶς ἂν πταίσας πάλιν τῆς αὐτῆς |
| Aris. | 232 | 2 | ἐναντίων. συναρεσθεὶς δὲ τούτοις πρὸς τὸν ἕτερον | * εἶπε * | πῶς ἂν ἐκτὸς γένοιτο λύπης; ὁ δὲ ἔφησεν εἰ μηδένα |
| Aris. | 234 | 3 | τὸν δέκατον ἠρώτα τί μέγιστόν ἐστι δόξης; ὁ δὲ | * εἶπε * | τὸ τιμᾶν τὸν θεὸν τοῦτο δ᾽ ἐστὶν οὐ δώροις οὐδὲ |
| Aris. | 236 | 3 | τῷ βασιλεῖ τοὺς ἑξῆς ἠρώτα τῶν προαποκεκριμένων | * εἶπε * | δὲ τῷ πρώτῳ τὸ φρονεῖν εἰ διδακτόν ἐστιν; ὁ δ᾽ εἶπε |
| Aris. | 236 | 4 | δὲ τῷ πρώτῳ τὸ φρονεῖν εἰ διδακτόν ἐστιν; ὁ δ᾽ | * εἶπε * | ψυχῆς ἐστι κατασκευὴ διὰ θείας δυνάμεως ἐπιδέχεσθαι |
| Aris. | 238 | 3 | ἔφη πῶς ἂν γονεῦσι τὰς ἀξίας ἀποδῴη χάριτας; ὃς δὲ | * εἶπε * | μηδὲν αὐτοὺς λυπήσας τοῦτο δ᾽ οὐκ ἔστιν εἰ μὴ θεὸς |
| Aris. | 239 | 2 | τὸν ἑξῆς ἠρώτα πῶς ἂν φιλήκοος εἴη; ἐκεῖνος δὲ | * εἶπε * | διαλαμβάνων ὅτι πάντα συμφέρει γινώσκειν ὅπως ἂν |
| Aris. | 240 | 2 | ὑπ᾽ αὐτοῦ. τοῦτον δὲ ἐπαινέσας πρὸς τὸν ἕτερον | * εἶπε * | πῶς ἂν μηθὲν παράνομον πράσσοι; πρὸς τοῦτο ἔφησε |
| Aris. | 241 | 2 | εἴης ἂν αὐτοῖς. ἀποδεξάμενος δὲ αὐτὸν πρὸς ἕτερον | * εἶπε * | τίς ὠφέλεια συγγενείας ἐστίν; ὁ δὲ ἀπεφήνατο ἐὰν |
| Aris. | 243 | 2 | ἀποδεξάμενος αὐτὸν ἄλλον ἠρώτα πῶς ἀφοβία γίνεται; | * εἶπε * | δὲ συνιστορούσης τῆς διανοίας μηδὲν κακὸν |
| Aris. | 244 | 1 | ἅπαντα βουλεύεσθαι. τούτῳ δὲ ἐπιφωνήσας πρὸς ἄλλον | * εἶπε * | πῶς ἂν προχείρως ἔχοι τὸν ὀρθὸν λόγον; ὁ δὲ εἶπεν |
| Aris. | 244 | 2 | εἶπε πῶς ἂν προχείρως ἔχοι τὸν ὀρθὸν λόγον; ὁ δὲ | * εἶπεν * | εἰ τὰ τῶν ἀνθρώπων ἀτυχήματα διὰ παντὸς ἐπιβλέποι |
| Aris. | 245 | 3 | μηδὲ ἐπὶ τὰς ἡδονὰς τρέποιτο; ὁ δὲ προχείρως ἔχων | * εἶπεν * | ὅτι μεγάλης βασιλείας κατάρχει καὶ πολλῶν ὄχλων |
| Aris. | 249 | 2 | ἄλλον ἠρώτα πῶς ἂν φιλόπατρις εἴη; προτιθέμενος | * εἶπεν * | ὅτι καλὸν ἐν ἰδίᾳ καὶ ζῆν καὶ τελευτᾶν. ἡ δὲ ξενία |
| Aris. | 253 | 3 | ἠρώτα πῶς ἂν ἐκτὸς θυμοῦ γένοιτο; πρὸς τοῦτ᾽ | * εἶπε * | γινώσκων ὅτι πάντων ἐξουσίαν ἔχει καὶ εἰ χρήσαιτο |
| Aris. | 256 | 2 | τὴν εὐσέβειαν ἀσκοῦντι. κατωρθωκέναι δὲ καὶ τοῦτον | * εἰπὼν * | ἄλλον ἠρώτα τί ἐστι φιλοσοφία; τὸ καλῶς |
| Aris. | 258 | 2 | ἂν κατασκευάσῃ καὶ μετὰ τοῦτο διαμένῃ; πρὸς τοῦτ᾽ | * εἶπεν * | εἰ μεγάλα καὶ σεμνὰ ταῖς ποιήσεσιν ἐπιτελοῖ πρὸς |
| Aris. | 260 | 2 | τὸν δέκατον ἠρώτα τί ἐστι σοφίας καρπός; ὁ δὲ | * εἶπε * | τὸ μὴ συνιστορεῖν ἑαυτῷ κακὸν πεπραχότι τὸν δὲ βίον |
| Aris. | 267 | 4 | τούτοις ἁρμόσαι; τὸ πρέπον ἑκάστῳ συνυποκρινόμενος | * εἶπε * | καθηγεμόνα λαμβάνων δικαιοσύνην ὡς καὶ ποιεῖς θεοῦ |
| Aris. | 268 | 2 | λογίζεσθαι. φιλοφρονηθεὶς δὲ τούτῳ πρὸς τὸν ἕτερον | * εἶπεν * | ἐπὶ τίσι δεῖ λυπεῖσθαι; πρὸς ταῦτα ἀπεκρίθη τὰ |
| Aris. | 269 | 2 | ὡς ἔδει δὲ φήσας αὐτὸν ἀποκρίνεσθαι πρὸς ἕτερον | * εἶπε * | πῶς ἀδοξία γίνεται; ἐκεῖνος δὲ ἔφησεν ὅταν |
| Aris. | 270 | 3 | τίσι δεῖ πιστεύειν ἑαυτόν; τοῖς διὰ τὴν εὔνοιαν | * εἶπε * | συνοῦσί σοι καὶ μὴ διὰ τὸν φόβον μηδὲ διὰ πολυωρίαν |
| Aris. | 271 | 1 | θεοῦ σοι καλὴν βουλὴν διδόντος. σοφῶς δὲ αὐτὸν | * εἰπὼν * | ἀποκεκρίσθαι ἑτέρῳ εἶπε τί βασιλείαν διατηρεῖ; |
| Aris. | 271 | 2 | διδόντος. σοφῶς δὲ αὐτὸν εἰπὼν ἀποκεκρίσθαι ἑτέρῳ | * εἶπε * | τί βασιλείαν διατηρεῖ; πρὸς τοῦτ᾽ ἔφη μέριμνα καὶ |
| Aris. | 272 | 3 | ἐπηρώτα τί διαφυλάσσει χάριτα καὶ τιμήν; ὁ δὲ | * εἶπεν * | ἀρετή. καλῶν γὰρ ἔργων ἐστὶν ἐπιτέλεια τὸ δὲ κακὸν |
| Aris. | 277 | 3 | τῶν ἀνθρώπων οἱ πλείονες; ὅτι φυσικῶς ἅπαντες | * εἶπεν * | ἀκρατεῖς καὶ ἐπὶ τὰς ἡδονὰς τρεπόμενοι γεγόνασιν |
| Aris. | 279 | 1 | πάντων ἡγεῖται τούτων. εὖ δὲ ἀποκεκρίσθαι τοῦτον | * εἰπὼν * | ὁ βασιλεὺς τὸν μετ᾽ αὐτὸν ἠρώτα τίσι δεῖ |
| Aris. | 280 | 1 | σεαυτοῦ θείῳ προστάγματι κατακολουθῶν. | * εἰπὼν * | δὲ καὶ τοῦτον καλῶς λέγειν τὸν ἐχόμενον ἠρώτα |

| | | | | | | |
|---|---|---|---|---|---|---|
| Aris. | | 280 | 2 | ἠρώτα τίνας δεῖ καθιστάνειν στρατηγούς; ὃς δὲ | * εἶπεν * | ὅσοι μισοπονηρίαν ἔχουσι καὶ τὴν ἀγωγὴν αὐτοῦ |
| Aris. | | 280 | 5 | τὰ δίκαια πράσσουσι καθὼς σὺ τοῦτο ἐπιτελεῖς | * εἶπε * | μέγιστε βασιλεῦ θεοῦ σοι στέφανον δικαιοσύνης |
| Aris. | | 281 | 2 | δὲ αὐτὸν μετὰ φωνῆς ἐπὶ τὸν ἐχόμενον ἐπιβλέψας | * εἶπε * | τίνας δεῖ καθιστάνειν ἐπὶ τῶν δυνάμεων ἄρχοντας; ὁ |
| Aris. | | 283 | 2 | ἐπιφωνήσας δὲ καὶ τούτῳ πρὸς τὸν ἕτερον | * εἶπεν * | ἐν τίσι δεῖ πράγμασι τοὺς βασιλεῖς τὸν πλείω |
| Aris. | | 283 | 3 | τοὺς βασιλεῖς τὸν πλείω χρόνον διάγειν; ὁ δὲ | * εἶπεν * | ἐν ταῖς ἀναγνώσεσι καὶ ἐν ταῖς τῶν πορειῶν |
| Aris. | | 286 | 2 | εὐαρεστήσας δὲ τοῖς προειρημένοις πρὸς τὸν ἔνατον | * εἶπε * | πῶς δεῖ διὰ τῶν συμποσίων διεξάγειν; ὁ δὲ ἔφησε |
| Aris. | | 291 | 3 | πᾶσιν ἠρώτα τί μέγιστόν ἐστι βασιλείας; πρὸς τοῦτο | * εἶπε * | τὸ διὰ παντὸς ἐν εἰρήνῃ καθεστάναι τοὺς |
| Aris. | | 293 | 4 | ἁπάντων καὶ τῶν εἰρημένων λόγων. ἐπὶ πᾶσι δὲ | * εἶπε * | τὰ μέγιστά μοι γέγονεν ἀγαθὰ παραγενηθέντων ὑμῶν |
| Aris. | | 310 | 3 | ἀπὸ τοῦ πολιτεύματος οἵ τε ἡγούμενοι τοῦ πλήθους | * εἶπον * | ἐπεὶ καλῶς καὶ ὁσίως διηρμήνευται καὶ κατὰ πᾶν |
| Aris. | | 312 | 5 | τὴν τοῦ νομοθέτου διάνοιαν. καὶ πρὸς τὸν Δημήτριον | * εἶπε * | πῶς τηλικούτων συντετελεσμένων οὐδεὶς ἐπεβάλετο τῶν |
| Aris. | | 318 | 3 | ἐὰν ἀποκατασταθῶσιν εἰς τὴν Ἰουδαίαν δίκαιον γὰρ | * εἶπε * | τὴν ἐκπομπὴν αὐτῶν γενέσθαι παραγενηθέντας δὲ ὡς |
| Sib. | | 3 | 699 | σαρκῶν. αὐτός μοι τάδε πάντα θεὸς μέγας ἀέναός τε | * εἶπε * | προφητεῦσαι τάδε δ' ἔσσεται οὐκ ἀτέλεστα οὐδ' |
| Sib. | | 4 | 5 | Φοίβου χρησμηγόρος ὄντε μάταιοι ἄνθρωποι θεὸν | * εἶπον * | ἐπεψεύσαντο δὲ μάντιν ἀλλὰ θεοῦ μεγάλοιο τὸν οὐ |
| FJos. | | 190 | | τῆς Συρίας ἐξῆλθεν Οὐριὴλ ὁ ἄγγελος τοῦ θεοῦ καὶ | * εἶπεν * | ὅτι κατέβην ἐπὶ τὴν γῆν καὶ κατεσκήνωσα ἐν |
| FJos. | | 190 | | μου τὸ ὄνομα αὐτοῦ καὶ τοῦ πρὸ παντὸς ἀγγέλου. καὶ | * εἶπα * | αὐτῷ τὸ ὄνομα αὐτοῦ καὶ πόσος ἐστὶν ἐν υἱοῖς θεοῦ |
| FMos. | | 9 | 1 | οὐκ ἐτόλμησεν κρίσιν ἐπενεγκεῖν βλασφημίας ἀλλὰ | * εἶπεν * | ἐπιτιμήσαι σοι κύριος. τελευτήσαντος ἐν τῷ ὄρει |
| FJub. | | 12 | 26 | ἕως θανάτου αὐτοῦ. ὁ ἄγγελος ὁ λαλῶν τῷ Μωϋσῇ | * εἶπεν * | αὐτῷ ὅτι τὸν Ἀβραὰμ ἐγὼ ἐδίδαξα τὴν Ἑβραΐδα |
| FJub. | | 17 | 16 | Μαστιφὰμ ὁ ἄρχων τῶν δαιμονίων προσελθὼν τῷ θεῷ | * εἶπεν * | εἰ ἀγαπᾷ σε Ἀβραὰμ θυσάτω σοι τὸν υἱὸν αὐτοῦ. εἰς |
| FIsa. | | 1 | 11 | κεφαλὴν αὐτοῦ καὶ ἔπεσεν ἐπὶ πρόσωπον αὐτοῦ. καὶ | * εἶπεν * | Ἠσαΐας οὐκ ὠφελήσεις σεαυτὸν οὐδὲν ⟨δεῖ⟩ |
| FIsa. | | 1 | 13 | τοῦ ἀποκτεῖναι τὸν υἱὸν αὐτοῦ Μανασσήν. καὶ | * εἶπεν * | Ἠσαΐας πρὸς Ἐζεκίαν κατήργησεν ὁ ἀγαπητὸς τὴν |
| FIsa. | 1 | 3 | 8 | ἐπὶ τὸν Ἰούδαν καὶ τὸν Ἰσραήλ. καὶ αὐτὸς Ἠσαίας | * εἶπεν * | (αὐτοῖς) βλέπω πλέον Μωυσῆ τοῦ προφήτου. εἶπεν γὰρ |
| FIsa. | 1 | 3 | 9 | εἶπεν (αὐτοῖς) βλέπω πλέον Μωυσῆ τοῦ προφήτου. | * εἶπεν * | γὰρ Μωυσῆς ὅτι οὐκ ὄψεται ἄνθρωπος τὸν θεὸν καὶ |
| FIsa. | 1 | 3 | 9 | ὄψεται ἄνθρωπος τὸν θεὸν καὶ ζήσετα⟨ι⟩ Ἠσαίας δὲ | * εἶπεν * | εἶδον τὸν ⟨θεὸν⟩ κ⟨α⟩ὶ ἰδοὺ ζῶ. βασι⟨λ⟩εῦ |
| FIsa. | 1 | 3 | 18 | αὐτοῦ ἔστη Μελχίας κατὰ πρόσωπον αὐτοῦ λέγων. καὶ | * εἶπεν * | Ἠσαίας κατάθεμά σοι ζῇ ὁ θεὸς καὶ ζῇ τὸ πνεῦμα τὸ |
| FMan. | 2 | 23 | 3 | παρελογίσατο Ἀμὼς λογισμὸν παραβάσεως κακὸν καὶ | * εἶπεν * | ὁ πατήρ μου ἐκ νεότητος πολλὰ παρηνόμησεν καὶ ἐν |
| FBar. | | 12 | 5 | νυν υπο τ⟩ης μακροθυμ⟨ιας ως χαλινω κατεχεται και⟩ | * ειπων * | ταυτα ενηστευσα ημε⟩ρας ζ' και εγενετο με⟨τα ταυτα |
| FBar. | | 13 | 1 | το ⟨ορος Σιων και ιδου φων⟩η εξηλθεν εξ ὕ⟨ψους και | * ειπε * | μοι ανα⟩στα επι τους πο⟨δας σου Βαρουχ και ακουε⟩ |
| FBar. | | 14 | 1 | αει ηχα⟨ριστειτε αει⟩ και απεκριθην και | * ειπο⟨ν * | ιδου απεδει⟩ξας μοι καιρων ταξεις κ⟨αι το μελλον |
| FBar. | | 14 | 1 | μοι καιρων ταξεις κ⟨αι το μελλον εσ⟩εσθαι και | * ειπ⟨ε⟩ς * | μ⟨ο⟩ι ⟨οτι υπ εθνων⟩ υπενεχθησε⟨ται η υπο σου |
| FBar. | | 14 | 2 | εθνη εν εκεινοις⟩ τοις καιροις οι⟨ς--- ους | * ειπες⟩ * | λογους και τι π⟨λεον εν τουτω η τινα χει⟩ρονα |
| FEz. | 64 | 70 | 9 | αὐτόν. ὁ δὲ ἕτερος ἠρώτα ποίῳ τρόπῳ; ὁ δὲ | * εἶπεν * | ἀπέλθωμεν εἰς τὸν παράδεισον αὐτοῦ καὶ ἀφανίσωμεν |
| FEz. | 64 | 70 | 9 | αὐτοῦ καὶ ἀφανίσωμεν ἐκεῖ τὰ τοῦ παραδείσου. ὁ δὲ | * εἶπεν * | καὶ πῶς δύναμαι χωλὸς ὢν καὶ μὴ δυνάμενος |
| FEz. | 64 | 70 | 10 | πλησίον καὶ πλέξας σχοινίον ἠκόντισε τῷ τυφλῷ καὶ | * εἶπεν * | κράτει καὶ δεῦρο πρὸς τὸ σχοινίον πρός με. ὡς δὲ |
| FEz. | 64 | 70 | 14 | κατῆλθες εἰς τὸν παράδεισόν μου; ὁ δὲ ἀποκριθεὶς | * εἶπεν * | ὦ κύριε πικρᾶναί μου τὴν ψυχὴν ἐν τῷ μέρει τῆς |
| FEz. | 1 | 8 | 3 | μετανοήσατε οἶκος Ἰσραὴλ ἀπὸ τῆς ἀνομίας ὑμῶν. | * εἶπον * | τοῖς υἱοῖς τοῦ λαοῦ μου ἐὰν ὦσιν αἱ ἁμαρτίαι ὑμῶν |
| FEz. | 1 | 8 | 3 | καὶ ἐπιστραφῆτε πρός με ἐξ ὅλης τῆς καρδίας καὶ | * εἴπητε * | πάτερ ἐπακούσομαι ὑμῶν ὡς λαοῦ ἁγίου. ἐφ' οἷς γὰρ |
| FEz. | | 185 | 4 | και εσοντ⟨αι μετα εμου⟩ ⟨επι γ⟩ης ζωης ω ιημ | * ε⟨ιπον * | προς τον κν κε μ⟩η με ελλεγξης τ⟨ω θυμω σου μη δε |
| FEz. | | 186 | 31 | δε κ⟨ ⟩ου κρεμαμενου⟨ ⟩ανου καθιπταμ⟨ ⟩υτον και | * ειπ⟨α * | ⟩ε⟨ ⟩ως ο κ⟨ ⟩ιν π⟨ ⟩ληθην⟨ ε⟩στιν τω |
| FAch. | | 103 | | Αἴσωπος ἰδὼν καὶ ἀγανακτήσας πυκνὸν αὐτῷ ἠπείλησεν | * εἰπὼν * | βασιλικῆς ὁ παρὰ νόμον ἁπτόμενος θάνατον |
| FAch. | | 106 | | πύργου ζήτημα ἢ πάντας τραχηλοκοπήσω; οἱ δὲ φίλοι | * εἶπον * | οὐκ οἴδαμεν πῶς πύργος οἰκοδομεῖται μήτε οὐρανοῦ |
| FAch. | | 107 | | ποιήσας ἐπ' ἐμαυτὸν θησαυρίζω κακά. ὁ δὲ βασιλεὺς | * εἶπεν * | τί σεαυτῷ σύνοιδας; ὁ δὲ εἶπεν Αἴσωπος ζῇ. ἐξ |
| FAch. | | 107 | | κακά. ὁ δὲ βασιλεὺς εἶπεν τί σεαυτῷ σύνοιδας; ὁ δὲ | * εἶπεν * | Αἴσωπος ζῇ. ἐξ ἀνελπίστου δὲ ἀκούσας ὁ Λυκοῦργος |
| FAch. | | 108 | | ὡς εἰς πατέρα ἀθετήσαντα παρῃτήσατο ὁ Αἴσωπος | * εἰπὼν * | τεθνεῶτα μὲν ἔχειν παρακάλυμμα τοῦ βίου τῆς |
| FAch. | | 110 | | κτήσει μὴ χαῖρε μηδὲ ἐπὶ μικρᾷ λυποῦ. ταῦτα δὴ | * εἰπὼν * | ὁ Αἴσωπος πρὸς τὸν νεανίσκον ἀπεχωρίσθη. ὁ δὲ |
| FAch. | | 112 | | προσεκάλεσα τὸν Λυκοῦργον δι' ἐπιστολῶν. ταῦτα | * εἰπὼν * | ἐκέλευσεν τὸν Αἴσωπον ἀποβῆναι τῆς νηός. καὶ τῇ |
| FAch. | | 117 | | ὁ δὲ Αἴσωπος λέγει λέγε εἴ τι βούλει. Νεκταναβὼν | * εἶπεν * | μετεπεμψάμην (τοὺς) ἀπὸ τῆς Ἑλλάδος ἵππους |
| FAch. | | 117 | | ὁ δὲ βασιλεὺς ἐκάλεσεν τὸν Αἴσωπον καὶ ἐλθόντος | * εἶπεν * | αὐτῷ κακῶς ἔπραξας θεᾶς ἱερασίου Βουβάστεώς ἐστιν |
| FAch. | | 120 | | διάνοιαν εἰδέναι. πλὴν λέγετε ὃ θέλετε. οἱ δὲ | * εἶπον * | ἔστιν ναός τις καὶ στῦλος εἷς καὶ ἐπάνω τοῦ στύλου |
| FAch. | | 121 | | τῷ βασιλεῖ Λυκούργῳ. εἷς δέ τις τῶν φίλων αὐτοῦ | * εἶπεν * | ἐρωτήσωμεν αὐτὸν πρόβλημα εἰπόντες τί ἐστιν ὃ οὔτε |
| FAch. | | 121 | | τῶν φίλων αὐτοῦ εἶπεν ἐρωτήσωμεν αὐτὸν πρόβλημα | * εἰπόντες * | τί ἐστιν ὃ οὔτε εἴδομεν οὔτε ἠκούσαμεν; ⟨καὶ⟩ |
| FAch. | | 121 | | διελογίζετο ἐν ἑαυτῷ ὁ Αἴσωπος ὅ,τι περ ἐὰν | * εἴπω * | φήσουσιν εἰδέναι αὐτό. πανοῦργος δὲ ὢν ὁ Αἴσωπος |
| FAch. | | 122 | | πόθεν μαρτυρεῖτε περὶ τῶν ἐγὼ οὐκ ἐποφείλω; οἱ δὲ | * εἶπον * | οὔτε εἴδομεν οὔτε ἠκούσαμέν ποτε. ὁ δὲ Αἴσωπος ἔφη |
| FPho. | | | 22 | ἐάσῃς. πτωχῷ δ' εὐθὺ δίδου μὴ δ' αὔριον ἐλθέμεν | * εἴπῃς * | πληρώσει σέο χεῖρ'. ἔλεον χρήιζοντι παράσχου. |
| IEur. | 6 | 68 | 3 | θεὸν δὲ ποῖον | * εἰπέ * | μοι νοητέον; τὸν πάνθ' ὁρῶντα καὐτὸν οὐχ ὁρώμενον. |
| IPyt. | | 134 | | πάρεξ ἑνὸς οὗτος ὀφείλει κόσμον ἴσον τούτῳ στήσας | * εἰπεῖν * | ἐμὸς οὗτος κοὐχὶ μόνον στήσας εἰπεῖν ἐμὸς ἀλλὰ |
| IPyt. | | 134 | | τούτῳ στήσας εἰπεῖν ἐμὸς οὗτος κοὐχὶ μόνον στήσας | * εἰπεῖν * | ἐμὸς ἀλλὰ κατοικεῖν αὐτὸς ἐν ᾧ πεποίηκε πεποίηται |
| HDem. | 9 | 29 | 15 | μὴ ἔχοντα δὲ ὕδωρ ἐκεῖ γλυκὺ ἀλλὰ πικρὸν τοῦ θεοῦ | * εἰπόντος * | ξύλον τι ἐμβαλεῖν εἰς τὴν πηγὴν καὶ γενέσθαι |
| HArt. | 9 | 27 | 21 | δείσαντα τὸ γεγονὸς φεύγειν φωνὴν δ' αὐτῷ θείαν | * εἰπεῖν * | στρατεύειν ἐπ' Αἴγυπτον καὶ τοὺς Ἰουδαίους |
| HArt. | 9 | 27 | 24 | κελεῦσαι τῷ Μωΰσῳ τὸ τοῦ πέμψαντος αὐτὸν θεοῦ | * εἰπεῖν * | ὄνομα διαχλευάσαντα αὐτὸν τὸν δὲ προσκύψαντα πρὸς |
| HArt. | 9 | 27 | 25 | διαχλευάσαντα αὐτὸν τὸν δὲ προσκύψαντα πρὸς τὸ οὖς | * εἰπεῖν * | ἀκούσαντα δὲ τὸν βασιλέα πεσεῖν ἄφωνον |
| HArt. | 9 | 27 | 27 | τὰ γεγραμμένα μετὰ σπασμοῦ τὸν βίον ἐκλιμπάνειν | * εἰπεῖν * | τε τὸν βασιλέα σημεῖόν τι αὐτῷ ποιῆσαι τὸν δὲ |
| HCal. | | 24 | 9 | καὶ στραφεὶς πρὸς τοὺς κατασκοπεῦσαι βουλομένους | * εἶπεν * | ὁρᾶτε οἱ τοῦ Ἰουδαϊκοῦ ἔθνους πρέσβεις πῶς ἀντ' |
| HCal. | | 24 | 14 | δεκτὸν πράξω. οἱ δὲ ἀπελθόντες τοῖς ἄρχουσιν αὐτῶν | * εἶπον. * | ὑπείκειν Ἀλέξανδρον καὶ σῴζεσθαι χρεὼν οὐ γὰρ |
| HCal. | | 24 | 19 | δὲ τούτοις ἐριστικῶς ἔχειν τὸ θανεῖν ὡς ἄν τις | * εἴποι * | πρὸς ἀναγκαῖόν τι χρῆμα τούτοις ἀπέρχεσθαι. |
| HCal. | | 24 | 27 | δυνήσεται. λοιπὸν γὰρ ἡμεῖς ἅπερ ἐθεασάμεθα | * εἴπομεν * | ὑμῖν. γενέσθω δὲ τὸ δοκοῦν ἡμῖν πρὸ τοῦ |
| HCal. | | 24 | 46 | πρὸς τὸν Ἀλέξανδρον. ὁ δὲ οὐκ ἠθέλησε λαβεῖν | * εἶπεν * | αὐτοῖς. ἔστωσαν ταῦτα τὰ δῶρα καὶ ἐμοὶ ἀφωρισμένος |
| HCal. | | 28 | 16 | ἐν τούτοις στὰς Ἀλέξανδρος ηὔξατο καὶ ὦ θεὲ θεῶν | * εἶπε * | καὶ δημιουργὲ ὁρατῶν καὶ ἀοράτων συνεργός μοι |
| LThe. | 9 | 22 | 7 | ῥ' ἐτέλεσσεν ἀστεμφὲς δὲ τέτυκται ἐπεὶ θεὸς αὐτὸς | * ἔειπε. * | πορευθέντος οὖν εἰς τὴν πόλιν τοῦ Ἐμμὼρ καὶ τοὺς |
| LEze. | 9 | 28 | 2 26 | ἐκ τῶν Ἑβραίων; ἡ δ' ἐπέσπευσεν κόρην. μολοῦσα δ' | * εἶπε * | μητρὶ καὶ παρῆν ταχὺ αὐτή τε μήτηρ καὶ ἔλαβέν μ' ἐς |
| LEze. | 9 | 28 | 2 28 | παρῆν ταχὺ αὐτή τε μήτηρ καὶ ἔλαβέν μ' ἐς ἀγκάλας. | * εἶπεν * | δὲ θυγάτηρ βασιλέως τοῦτον γύναι τρόφευε κἀγὼ |
| LEze. | 9 | 28 | 3 20 | λέγω τί τύπτεις ἀσθενέστερον σέθεν; ὁ δ' | * εἶπεν * | ἡμῖν τίς σ' ἀπέστειλε κριτὴν ἢ 'πιστάτην ἐνταῦθα; |
| LEze. | 9 | 29 | 5 08 | σκῆπτρον δέ μοι παρέδωκε καὶ εἰς θρόνον μέγαν | * εἶπεν * | καθῆσθαι βασιλικὸν δ' ἔδωκέ μοι διάδημα καὶ αὐτὸς |
| LAri. | 13 | 12 | 3 | εἴρηκεν ὁ Μωσῆς. συνεχῶς γάρ φησιν ἐφ' ἑκάστου καὶ | * εἶπεν * | ὁ θεὸς καὶ ἐγένετο. δοκοῦσι δέ μοι περιειργασμένοι |
| LAri. | 13 | 12 | 11 | δὲ καὶ κάλλιον τῶν ἡμετέρων προγόνων τις | * εἶπε * | Σολομῶν αὐτὴν πρὸ οὐρανοῦ καὶ γῆς ὑπάρχειν τὸ δὴ |
| FrAn. | 1 | 217 | 21 | πλουτήσεις. τοῦ δὲ ἀπερχομένου ἄγγελος κυρίου | * εἶπε * | πρὸς τὸν ἀρχιερέα νῦν ἐλεύσεται ἄνθρωπος πρός σε |
| FrAn. | 1 | 217 | 25 | πολὺ καὶ ἀργύριον ἅμα δὲ καὶ ῥαπίσας αὐτὸν μετρίως | * εἰπέ. * | μὴ δίσταζε ἐν τῇ καρδίᾳ σου μηδὲ ἀπίστει τῷ θεῷ |
| FrAn. | 1 | 226 | 18 | του λαου κα⟨ - ⟩ευθυς σιτου οντος πο⟨λλου - | * ειπε⟩ν * | συναγαγετε μοι τιχι οθε⟨ν - - ⟩λιμος δε αυτην |
| εἴποτε | | | | 1 | | |
| Job | | 20 | 9 | σώματος σκώληκες πολλοὶ ἦσαν ἐν τῷ σώματί μου καὶ | * εἴποτε * | ἀφήλατο σκώληξ, ἦρον καὶ κατήγγιζον εἰς τὸν αὐτὸν |
| εἰρηνεύω | | | | 3 | | |
| TGad | | 6 | 6 | εἷς σε ἀλλὰ καὶ τιμήσει σε καὶ φοβηθήσεται καὶ | * εἰρηνεύσει. * | ἐὰν δὲ ἀναιδὴς ἐστι καὶ ἐνίσταται τῇ κακίᾳ |
| TBen. | | 5 | 1 | ἀγαθὴν διάνοιαν τέκνα καὶ οἱ πονηροὶ ἄνθρωποι | * εἰρηνεύσουσιν * | ὑμῖν καὶ οἱ ἄσωτοι αἰδεσθέντες ὑμᾶς |
| Job | | 36 | 4 | κατὰ καιρὸν ἀλλοιοῦται ἐνίοτε εὐθύνεται, ἐνίοτε δὲ | * εἰρηνεύει, * | ἔσθ' ὅτε καὶ πολεμεῖται περὶ δὲ τοῦ οὐρανοῦ |
| εἰρήνη | | | | 57 | | |
| Hen. | | 1 | 8 | κρίσις ἔσται κατὰ πάντων. καὶ μετὰ τῶν δικαίων τὴν | * εἰρήνην * | ποιήσει καὶ ἐπὶ τοὺς ἐκλεκτοὺς ἔσται συντήρησις |
| Hen. | | 1 | 8 | καὶ ἐπὶ τοὺς ἐκλεκτοὺς ἔσται συντήρησις καὶ | * εἰρήνη * | καὶ ἐπ' αὐτοὺς γενήσεται ἔλεος καὶ ἔσονται πάντες |
| Hen. | | 1 | 8 | καὶ φανήσεται αὐτοῖς φῶς καὶ ποιήσει ἐπ' αὐτοὺς | * εἰρήνην. * | ὅτι ἔρχεται σὺν ταῖς μυριάσιν αὐτοῦ καὶ τοῖς |
| Hen. | | 5 | 4 | ἐν τοῖς ψεύμασιν ὑμῶν σκληροκάρδιοι οὐκ ἔστιν | * εἰρήνη * | ὑμῖν. τοιγὰρ τὰς ἡμέρας ὑμῶν ὑμεῖς καταράσεσθε |
| Hen. | | 5 | 5 | ἐν κατάρᾳ αἰώνων καὶ οὐκ ἔσται ὑμῖν ἔλεος καὶ | * εἰρήνη. * | τότε ἔσται τὰ ὀνόματα ὑμῶν εἰς κατάραν αἰώνιον |
| Hen. | | 5 | 6 | καὶ ἔσται αὐτοῖς λύσις ἁμαρτιῶν καὶ πᾶν ἔλεος καὶ | * εἰρήνη * | καὶ ἐπιείκεια ἔσται αὐτοῖς σωτηρία φῶς ἀγαθὸν καὶ |
| Hen. | | 5 | 7 | κατάρα. καὶ τοῖς ἐκλεκτοῖς ἔσται φῶς καὶ χάρις καὶ | * εἰρήνη * | καὶ αὐτοὶ κληρονομήσουσιν τὴν γῆν ὑμῖν δὲ τοῖς |
| Hen. | | 5 | 9 | ἡμερῶν πληρώσουσιν καὶ ἡ ζωὴ αὐτῶν αὐξηθήσεται ἐν | * εἰρήνῃ * | καὶ τὰ ἔτη τῆς χαρᾶς αὐτῶν πληθυνθήσεται ἐν |
| Hen. | | 5 | 9 | τῆς χαρᾶς αὐτῶν πληθυνθήσεται ἐν ἀγαλλιάσει καὶ | * εἰρήνῃ * | αἰῶνος ἐν πάσαις ταῖς ἡμέραις τῆς ζωῆς αὐτῶν. καὶ |
| Hen. | | 10 | 17 | αἱ ἡμέραι νεότητος αὐτῶν καὶ τὰ σάββατα αὐτῶν μετὰ | * εἰρήνης * | πληρώσουσιν. τότε ἐργασθήσεται πᾶσα ἡ γῆ ἐν |
| Hen. | | 11 | 2 | κόπον τῶν υἱῶν τῶν ἀνθρώπων. καὶ τότε ἀλήθεια καὶ | * εἰρήνη * | κοινωνήσουσιν ὁμοῦ εἰς πάσας τὰς ἡμέρας τοῦ |
| Hen. | | 12 | 5 | μέγαν ἠφανίσατε τὴν γῆν καὶ οὐκ ἔσται ὑμῖν | * εἰρήνη * | οὔτε ἄφεσις. καὶ περὶ ὧν χαίρουσιν τῶν υἱῶν αὐτῶν |
| Hen. | | 12 | 6 | εἰς τὸν αἰῶνα καὶ οὐκ ἔσται αὐτοῖς εἰς ἔλεον καὶ | * εἰρήνην. * | ὁ δὲ Ἐνὼχ τῷ Ἀζαὴλ εἶπεν πορεύου οὐκ ἔσται |
| Hen. | | 13 | 1 | ὁ δὲ Ἐνὼχ τῷ Ἀζαὴλ εἶπεν πορεύου οὐκ ἔσται σοι | * εἰρήνη. * | κρίμα μέγα ἐξῆλθεν κατὰ σοῦ δῆσαί σε καὶ ἀνοχὴ |
| Hen. | | 16 | 4 | τὰ κακὰ ἐπὶ τῆς γῆς. εἶπον οὖν αὐτοῖς οὐκ ἔστιν | * εἰρήνη. * | καὶ ἀπὸ ἡμέρας καιροῦ σφαγῆς καὶ ἀπωλείας καὶ |
| Abr.1 | | 6 | 6 | δὲ Ἀβραὰμ ὦ Σάρρα τοῦτο ἀληθὲς εἴρηκας δόξα καὶ | * εἰρήνη * | παρὰ θεοῦ καὶ πατρὸς καὶ γὰρ ἐγὼ τῇ ὀψὲ βραδείᾳ |
| Abr.1 | | 20 | 14 | ἔνθα οὐκ ἔστιν πόνος οὐ λύπη οὐ στεναγμὸς ἀλλ' | * εἰρήνη * | καὶ ἀγαλλίασις καὶ ζωὴ ἀτελεύτητος. μεθ' οὗ καὶ |
| TLevi | | 2 | 3B012 | εἶναί σου δοῦλος καὶ λατρεῦσαί σοι καλῶς. τεῖχος | * εἰρήνης * | σου γενέσθαι κύκλῳ μου καὶ σκέπη σου τῆς |
| TLevi | | 18 | 4 | καὶ ἐξαρεῖ πᾶν σκότος ἐκ τῆς ὑπ' οὐρανὸν καὶ ἔσται | * εἰρήνη * | ἐν πάσῃ τῇ γῇ. οἱ οὐρανοὶ ἀγαλλιάσονται ἐν ταῖς |

TJud. 7 7 ἄλλης ὁδοῦ ἐδεήθησαν τοῦ πατρός μου καὶ ἐποίησεν * εἰρήνην * μετ' αὐτῶν καὶ οὐκ ἐποιήσαμεν αὐτοῖς οὐθὲν κακὸν
TJud. 9 1 τὰ τέκνα αὐτοῦ ὑμεῖς ἐστε. δεκαοκτὼ ἔτη ἐποιήσαμεν * εἰρήνην * ὁ πατὴρ ἡμῶν καὶ ἡμεῖς μετὰ τοῦ ἀδελφοῦ αὐτοῦ
TJud. 9 7 ἑτέρους ἑξήκοντα. τότε αἰτοῦσιν ἡμᾶς τὰ πρὸς * εἰρήνην * καὶ γενόμενοι βουλῆς τοῦ πατρὸς ἡμῶν ἐδεξάμεθα
TJud. 22 2 θεοῦ τῆς δικαιοσύνης τοῦ ἡσυχάσαι τὸν Ἰακὼβ ἐν * εἰρήνῃ * καὶ πάντα τὰ ἔθνη. καὶ αὐτὸς φυλάξει κράτος
TJud. 24 1 καὶ μετὰ ταῦτα ἀνατελεῖ ὑμῖν ἄστρον ἐξ Ἰακὼβ ἐν * εἰρήνῃ * καὶ ἀναστήσεται ἄνθρωπος ἐκ τοῦ σπέρματός μου ὡς
TDan 5 2 μὴ ἐμπέσητε εἰς ἡδονὴν καὶ ταραχὰς ἀλλ' ἔσεσθε ἐν * εἰρήνῃ * ἔχοντες τὸν θεὸν τῆς εἰρήνης καὶ οὐ μὴ κατισχύσῃ
TDan 5 2 ταραχὰς ἀλλ' ἔσεσθε ἐν εἰρήνῃ ἔχοντες τὸν θεὸν τῆς * εἰρήνης * καὶ οὐ μὴ κατισχύσῃ ὑμῶν πόλεμος. ἀγαπᾶτε τὸν
TDan 5 9 καὶ ἄξει ὑμᾶς εἰς τὸ ἁγίασμα αὐτοῦ βοῶν ὑμῖν * εἰρήνην. * καὶ ἀνατελεῖ ὑμῖν ἐκ τῆς φυλῆς Ἰουδὰ καὶ Λευὶ
TDan 5 11 πρὸς κύριον καὶ δώσει τοῖς ἐπικαλουμένοις αὐτὸν * εἰρήνην * αἰώνιον καὶ ἀναπαύσονται ἐν Ἔδεμ ἅγιοι καὶ ἐπὶ
TDan 6 2 ὅτι οὗτός ἐστι μεσίτης θεοῦ καὶ ἀνθρώπων ἐπὶ τῆς * εἰρήνης * Ἰσραὴλ καὶ κατέναντι τῆς βασιλείας τοῦ ἐχθροῦ
TDan 6 5 ἡ βασιλεία τοῦ ἐχθροῦ. αὐτὸς ὁ ἄγγελος τῆς * εἰρήνης * ἐνισχύσει τὸν Ἰσραὴλ μὴ ἐμπεσεῖν αὐτὸν εἰς
TNep. 6 9 ὁ χειμὼν τὸ σκάφος ἔφθασεν ἐπὶ τὴν γῆν ὥσπερ ἐν * εἰρήνῃ. * καὶ ἰδοὺ ἦλθεν Ἰακὼβ ὁ πατὴρ ἡμῶν καὶ
TGad 6 3 ἀπὸ καρδίας καὶ ἐὰν ἁμάρτῃ εἰς σε εἰπὲ αὐτῷ ἐν * εἰρήνῃ * ἐξορίσας τὸν ἰὸν τοῦ μίσους καὶ ἐν ψυχῇ σου μὴ
TGad 8 4 μου. καὶ ἐξάρας τοὺς πόδας αὐτοῦ ἐκοιμήθη ἐν * εἰρήνῃ. * καὶ μετὰ πέντε ἔτη ἀνήγαγον αὐτὸν καὶ ἔθαψαν
TAser 6 6 ἐὰν δὲ ἡσύχως ἐν χαρᾷ ἐγνώρισε τὸν ἄγγελον τῆς * εἰρήνης * ⟨ὃς⟩ παρακαλέσει αὐτὸν ἐν ζωῇ. μὴ γίνεσθε τέκνα
TBen. 6 1 ἐν χειρὶ πλάνης πνεύματος Βελιὰρ ὁ γὰρ ἄγγελος τῆς * εἰρήνης * ὁδηγεῖ τὴν ψυχὴν αὐτοῦ. οὐχ ὁρᾷ ἐμπαθῶς τοῖς
Asen. 20 10 εἰς γυναῖκα. καὶ εἶπεν αὐτῷ Πεντεφρῆς πορεύου μετ' * εἰρήνης. * καὶ ἔμεινεν Ἰωσὴφ τὴν ἡμέραν ἐκείνην παρὰ τῷ
Sal. 8 16 εἶπαν αὐτῷ ἐπευκτὴ ἡ ὁδός σου δεῦτε εἰσέλθατε μετ' * εἰρήνης. * ὡμάλισαν ὁδοὺς τραχείας ἀπὸ εἰσόδου αὐτοῦ
Sal. 8 18 αὐτῆς. εἰσῆλθεν ὡς πατὴρ εἰς οἶκον υἱῶν αὐτοῦ μετ' * εἰρήνης * ἔστησεν τοὺς πόδας αὐτοῦ μετὰ ἀσφαλείας πολλῆς.
Sal. 12 5 ἀδίκους καὶ κατευθύναι κύριος ἄνδρα ποιοῦντα * εἰρήνην * ἐν οἴκῳ. τοῦ κυρίου ἡ σωτηρία ἐπὶ Ισραηλ παῖδα
Jer. 7 9 εἶπεν αὐτῷ σοὶ λέγω βασιλεῦ τῶν πετεινῶν ἄπελθε ἐν * εἰρήνῃ * μεθ' ὑγείας καὶ τὴν φάσιν ἔνεγκόν μοι. μὴ
Jer. 7 30 τὸν τράχηλον τοῦ ἀετοῦ Ἰερεμίας λέγων ἄπελθε ἐν * εἰρήνῃ * καὶ ἐπισκέψηται ἡμᾶς ἀμφοτέρους ὁ κύριος. καὶ
Prop. 4 23 ἔσται τοῦ Βελιαρ ἐν πάσῃ τῇ γῇ. καὶ ἐκοιμήθη ἐν * εἰρήνῃ * ὁ ὅσιος. Ὠσηέ. οὗτος ἦν ἐκ Βελεμὼθ τῆς φυλῆς
Prop. 5 1 τῆς φυλῆς Ἰσάχαρ καὶ ἐτάφη ἐν τῇ γῇ αὐτοῦ ἐν * εἰρήνῃ. * καὶ ἔδωκε τέρας ἥξειν κύριον ἐπὶ τῆς γῆς ἐὰν ἡ
Prop. 8 2 ἀνακαινισθήσεσθαι τὴν κτίσιν εἰς σωτηρίαν⟩. ἐν * εἰρήνῃ * ἀπέθανε καὶ ἐτάφη ἐκεῖ. Ἀβδιοῦ ἦν ἐκ γῆς Συχὲμ
Prop. 11 4 τὸ ὑψηλότερον αὐτῆς μέρος ἐνέπρησεν. ἀπέθανε δὲ ἐν * εἰρήνῃ * καὶ ἐτάφη ἐν τῇ γῇ αὐτοῦ. Ἀμβακοὺμ ἐκ φυλῆς ἦν
Prop. 17 5B βαθὺ γῆρας ἐλάσας καὶ ἐν πολλῇ ἀγαθῇ ἐκοιμήθη ἐν * εἰρήνῃ. * Ἀχία ἀπὸ Σηλὼμ ὅπου ἦν ἡ σκηνὴ τὸ παλαιὸν ἐκ
Job 43 11 εἰς σκήνωμα οὐκ ἔχει ἔλεος ἐν καρδίᾳ αὐτοῦ οὐδὲ * εἰρήνην * ἐν τῷ σώματι αὐτοῦ ἰὸν ἀσπίδων ἔσχεν ἐν τῇ
Aris. 37 5 χαριστικὸν ἀνατιθέντες ὃς ἡμῖν τὴν βασιλείαν ἐν * εἰρήνῃ * καὶ δόξῃ κρατίστῃ παρ' ὅλην τὴν οἰκουμένην
Aris. 45 5 διὰ παντὸς καὶ διασώζῃ σοι τὴν βασιλείαν ἐν * εἰρήνῃ * μετὰ δόξης ὁ κυριεύων ἁπάντων θεὸς καὶ ὅπως
Aris. 291 3 ἐστι βασιλείας; πρὸς τοῦτο εἶπε τὸ διὰ παντὸς ἐν * εἰρήνῃ * καθεστάναι τοὺς ὑποτεταγμένους καὶ κομίζεσθαι τὸ
Sib. 3 367 ἀλλὰ κακαῖς βουλῇσι καὶ ἡγεμόνων κακότητι --- * εἰρήνη * δὲ γαληνὸς ἐς Ἀσίδα γαῖαν ὁδεύσει Εὐρώπη δὲ
Sib. 3 755 οὐ λιμὸς καρπῶν τε κακορρέκτειρα χάλαζα ἀλλὰ μὲν * εἰρήνη * μεγάλη κατὰ γαῖαν ἅπασαν καὶ βασιλεὺς βασιλῆι
Sib. 3 780 καὶ εὔπλωτα γενήσεται ἤμασι κείνοις πᾶσα γὰρ * εἰρήνη * ἀγαθῶν ἐπὶ γαῖαν ἱκνεῖται ῥομφαίαν δ' ἀφελοῦσι
Sib. 5 384 οὐδ' αὐτοῖς βελέεσσιν ἃ μὴ θέμις ἔσσεται αὖτις. * εἰρήνην * δ' ἕξει λαὸς σοφὸς ὅσπερ ἐλείφθη πειραθεὶς
HEup. 9 34 20 χρυσῶν. βιῶσαι δὲ αὐτὸν ἔτη πεντήκοντα δύο ὧν ἐν * εἰρήνῃ * βασιλεῦσαι ἔτη μ'. εἶτα Ἰωναχειμ ἐπὶ τούτου
HCal. 24 42 ἔφη ⟨ὡς ἀληθινοῦ θεοῦ ἄξιοι θεραπευταὶ ἄπιτε ἐν * εἰρήνῃ⟩ * ἄπιτε. ὁ γὰρ θεὸς ὑμῶν ἔσται μοι θεὸς καὶ ἡ
HCal. 24 43 ἄπιτε. ὁ γὰρ θεὸς ὑμῶν ἔσται μοι θεὸς καὶ ἡ * εἰρήνη * μου μεθ' ὑμῶν καὶ οὐ μὴ διεξέλθω ὑμᾶς καθὼς καὶ

εἰρηνικός 3

TGad 6 2 ψυχῆς. ἐγὼ γὰρ κατὰ πρόσωπον τοῦ πατρὸς ἡμῶν * εἰρηνικὰ * ἐλάλουν τῷ Ἰωσὴφ καὶ ἐξελθόντος μου τὸ πνεῦμα
Aris. 273 4 ἑβδομήκοντα πῶς ἂν κατὰ ψυχὴν καὶ ἐν τοῖς πολέμοις * εἰρηνικῶς * ἔχοι; ὁ δὲ ἀπεφήνατο διαλαμβάνων ὅτι κακὸν
FAch. 123 φόρους ἐτῶν τριῶν ἔπεμψεν αὐτὸν μετὰ ἐπιστολῶν * εἰρηνικῶν. * ὁ δὲ Αἴσωπος παραγενάμενος εἰς Βαβυλῶνα

εἱρκτή 1

TJos. 8 4 καὶ τῇ ἑξῆς μαστίξας με ἔπεμψέ με εἰς τὴν * εἱρκτὴν * τοῦ Φαραώ. ὡς οὖν ἤμην ἐν πέδαις ἡ Αἰγυπτία

Ειρραμνα 1

TJud. 9 3 καὶ ἤρθη νεκρὸς ἐν ὄρει Σηιρ καὶ πορευόμενος ἐπάνω * Ειρραμνα * ἀπέθανεν. ἡμεῖς δὲ ἐδιώξαμεν ἐπὶ τοὺς υἱοὺς

εἰς 1312 εἰς εἴς ἐς κεἰς εις

εἷς 199

Adam 7 1 ἔδωκεν ἡμῖν πᾶν φυτὸν ἐν τῷ παραδείσῳ. περὶ * ἑνὸς * δὲ ἐνετείλατο ἡμῖν μὴ ἐσθίειν ἐξ αὐτοῦ δι' οὗ καὶ
Adam 17 5 φυτοῦ. κἀγὼ εἶπον ναὶ ἀπὸ πάντων ἐσθίομεν παρὲξ * ἑνὸς * μόνου ὅ ἐστι μέσον τοῦ παραδείσου περὶ οὗ
Adam 25 2 ἀφορήτοις. τέξει τέκνα ἐν πολλοῖς τρόποις καὶ ἐν * μιᾷ * ὥρᾳ ἔλθεις τοῦ τεκεῖν καὶ ἀπολέσεις τὴν ζωήν σου ἐκ
Adam 26 3 σου. οὐκ ἀφεθήσεταί σοι ὠτίον οὔτε πτέρυξ οὔτε * ἓν * μέλος τούτων ὧν σὺ ἐδελέασας ἐν τῇ κακίᾳ σου καὶ
Adam 31 1 τοῦ Ἀδὰμ ἐν τῇ νόσῳ αὐτοῦ ἄλλην δὲ εἶχεν * μίαν * ἡμέραν ἐξελθεῖν ἐκ τοῦ σώματος αὐτοῦ. καὶ λέγει τῷ
Adam 37 3 δὲ εἶπον τὰς φωνὰς ταύτας οἱ ἄγγελοι ἰδοὺ ἦλθεν * ἓν * τῶν Σεραφὶμ ἑξαπτερύγων καὶ ἥρπασεν τὸν Ἀδὰμ καὶ
Hen. 14 25 Ἐνὼχ καὶ τὸν λόγον μου ἄκουσον. καὶ προσελθών μοι * εἷς * τῶν ἁγίων ἤγειρέν με καὶ ἔστησέν με καὶ προσήγαγέν
Hen. 19 3 μόνος τὰ πέρατα πάντων καὶ οὐ μὴ ἴδῃ οὐδὲ * εἷς * ἀνθρώπων ὡς ἐγὼ ἴδον. ---ἀνθρώπων ὡς ἐγὼ εἶδον.
Hen. 20 2 ὡς ἐγὼ εἶδον. ἄγγελοι τῶν δυνάμεων. Οὐριὴλ ὁ * εἷς * τῶν ἁγίων ἀγγέλων ὁ ἐπὶ τοῦ κόσμου καὶ τοῦ ταρτάρου.
Hen. 20 3 ὁ ἐπὶ τοῦ κόσμου καὶ τοῦ ταρτάρου. Ῥαφαὴλ ὁ * εἷς * τῶν ἁγίων ἀγγέλων ὁ ἐπὶ τῶν πνευμάτων τῶν ἀνθρώπων
Hen. 20 4 ὁ ἐπὶ τῶν πνευμάτων τῶν ἀνθρώπων Ῥαγουὴλ ὁ * εἷς * τῶν ἁγίων ἀγγέλων ὁ ἐκδικῶν τὸν κόσμον τῶν φωστήρων.
Hen. 20 5 ὁ ἐκδικῶν τὸν κόσμον τῶν φωστήρων. Μιχαὴλ ὁ * εἷς * τῶν ἁγίων ἀγγέλων ὁ ἐπὶ τῶν τοῦ λαοῦ ἀγαθῶν
Hen. 20 6 λαοῦ ἀγαθῶν τεταγμένος καὶ ἐπὶ τῷ χάῳ. Σαριὴλ ὁ * εἷς * τῶν ἁγίων ἀγγέλων ὁ ἐπὶ τῶν πνευμάτων οἵτινες ἐπὶ τῷ
Hen. 20 7 οἵτινες ἐπὶ τῷ πνεύματι ἁμαρτάνουσιν. Γαβριὴλ ὁ * εἷς * τῶν ἁγίων ἀγγέλων ὁ ἐπὶ τοῦ παραδείσου καὶ τῶν
Hen. 20B 2 καὶ χερουβεὶν. ἀρχαγγέλων ὀνόματα ἑπτά. ὁ * εἷς * τῶν ἁγίων ἀγγέλων ὁ ἐπὶ τοῦ κόσμου καὶ τοῦ ταρτάρου.
Hen. 20B 3 ὁ ἐπὶ τοῦ κόσμου καὶ τοῦ ταρτάρου. Ῥαφαὴλ ὁ * εἷς * τῶν ἁγίων ἀγγέλων ὁ ἐπὶ τῶν πνευμάτων τῶν ἀνθρώπων.
Hen. 20B 4 ὁ ἐπὶ τῶν πνευμάτων τῶν ἀνθρώπων. Ῥαγουὴλ ὁ * εἷς * τῶν ἁγίων ἀγγέλων ὁ ἐκδικῶν τὸν κόσμον τῶν φωστήρων.
Hen. 20B 5 ὁ ἐκδικῶν τὸν κόσμον τῶν φωστήρων. Μιχαὴλ ὁ * εἷς * τῶν ἁγίων ἀγγέλων ὃς ἐπὶ τῶν τοῦ λαοῦ ἀγαθῶν
Hen. 20B 6 τοῦ λαοῦ ἀγαθῶν τέτακται καὶ ἐπὶ τῷ λαῷ. Σαριὴλ ὁ * εἷς * τῶν ἁγίων ἀγγέλων ὁ ἐπὶ τῶν πνευμάτων οἵτινες ἐπὶ τῷ
Hen. 20B 7 οἵτινες ἐπὶ τῷ πνεύματι ἁμαρτάνουσιν. Γαβριὴλ ὁ * εἷς * τῶν ἁγίων ἀγγέλων ὁ ἐπὶ τοῦ παραδείσου καὶ τῶν
Hen. 20B 7 καὶ τῶν δρακόντων καὶ χερουβὶν. Ῥεμειὴλ ὁ * εἷς * τῶν ἁγίων ἀγγέλων ὃν ἔταξεν ὁ θεὸς ἐπὶ τῶν
Hen. 21 5 καὶ διά τί ὧδε ἐρίφησαν; τότε εἶπέν μοι Οὐριὴλ ὁ * εἷς * τῶν ἁγίων ἀγγέλων ὃς μετ' ἐμοῦ ἦν καὶ αὐτὸς ἡγεῖτο
Hen. 21 9 τόπος καὶ ὡς δεινὸς τῇ ὁράσει. τότε ἀπεκρίθη μοι ὁ * εἷς * τῶν ἁγίων ἀγγέλων ὃς μετ' ἐμοῦ ἦν καὶ εἶπέν μοι
Hen. 21B 5 ποίαν αἰτίαν ἐρίφησαν ὧδε; καὶ εἶπέν μοι Οὐριὴλ ὁ * εἷς * τῶν ἁγίων ἀγγέλων ὁ μετ' ἐμοῦ ὢν καὶ αὐτὸς αὐτῶν
Hen. 22 2 ἔχοντες καὶ λίαν λεῖοι τρεῖς αὐτῶν σκοτινοὶ καὶ * εἷς * φωτινὸς καὶ πηγὴ ὕδατος ἀνὰ μέσον αὐτοῦ. καὶ εἶπον
Hen. 22 3 καὶ σκοτινὰ τῇ ὁράσει; τότε ἀπεκρίθη Ῥαφαὴλ ὁ * εἷς * τῶν ἁγίων ἀγγέλων ὃς μετ' ἐμοῦ ἦν καὶ εἶπέν μοι.
Hen. 22 8 περὶ τῶν κυκλωμάτων πάντων διά τί ἐχωρίσθησαν * ἓν * ἀπὸ τοῦ ἑνός; καὶ ἀπεκρίθη μοι λέγων οὗτοι οἱ τρεῖς
Hen. 22 8 κυκλωμάτων πάντων διά τί ἐχωρίσθησαν ἓν ἀπὸ τοῦ * ἑνός; * καὶ ἀπεκρίθη μοι λέγων οὗτοι οἱ τρεῖς ἐποιήθησαν
Hen. 23 4 τὸ μὴ ἔχον ἀνάπαυσιν; τότε ἀπεκρίθη μοι Ῥαγουὴλ ὁ * εἷς * τῶν ἁγίων ἀγγέλων ὃς μετ' ἐμοῦ ἦν οὗτος ὁ δρόμος τοῦ
Hen. 24 2 καὶ εὐειδῆ τρία ἐπ' ἀνατολὰς ἐστηριγμένα ἐν τῷ * ἑνὶ * καὶ τρία ἐπὶ νότον ἐν τῷ ἑνὶ καὶ φάραγγες βαθεῖαι
Hen. 24 2 ἐστηριγμένα ἐν τῷ ἑνὶ καὶ τρία ἐπὶ νότον ἐν τῷ * ἑνὶ * καὶ φάραγγες βαθεῖαι καὶ τραχεῖαι μία τῇ μιᾷ οὐκ
Hen. 24 2 νότον ἐν τῷ ἑνὶ καὶ φάραγγες βαθεῖαι καὶ τραχεῖαι * μία * τῇ μιᾷ οὐκ ἐγγίζουσαι καὶ τῷ ὄρει ἕβδομον ὄρος ἀνὰ
Hen. 24 2 ἐν τῷ ἑνὶ καὶ φάραγγες βαθεῖαι καὶ τραχεῖαι μία τῇ * μιᾷ * οὐκ ἐγγίζουσαι καὶ τῷ ὄρει ἕβδομον ὄρος ἀνὰ μέσον
Hen. 24 6 αὐτοῦ ὡραῖα τῇ ὁράσει. τότε ἀπεκρίθη μοι Μιχαὴλ * εἷς * τῶν ἁγίων ἀγγέλων ὃς μετ' ἐμοῦ ἦν καὶ αὐτὸς αὐτῶν
Hen. 89 42 αὐτὰ μέχρι οὗ ἤγειρεν ὁ κύριος τῶν προβάτων κριὸν * ἕνα * ἐκ τῶν προβάτων. καὶ ὁ κριὸς οὗτος ἤρξατο κερατίζειν
Hen. 99 9 τὰ ψευδῆ ἃ ἐποιήσατε καὶ ἐλαεργ⟨ήσατε⟩ καὶ ἐπὶ * μιᾶς * ἀπολεῖσθε. καὶ τότε μακάριοι πάντες οἱ ἀκούσαντες
Hen. 100 1 μνημο⟩νήσουσιν τὰς ἀδικίας ⟨ὑμῶν.⟩ καὶ τότε ἐν * ἑνὶ * τόπῳ--- ⟨ῥέῃ τὰ α⟩ἷμα⟨τα αὐτῶν. καὶ ἄνθρωπο⟩ς οὐκ
Hen. 100 4 οἵτινες ἐβοήθουν τῇ ἀδικίᾳ καὶ συστραφήσονται εἰς * ἕνα * τόπον καὶ ὁ ὕψιστος ἐγερθήσεται ἐν ἡμέρᾳ κρίσεως
Hen. 106 15 κατακλυσμὸς καὶ ἔσται ἀπώλεια μεγάλη ἐπὶ ἐνιαυτὸν * ἕνα * καὶ τόδε τὸ παιδίον τὸ γεννηθὲν καταλειφθήσεται καὶ
Abr.1 4 1 καλλώπισον αὐτὸ καὶ στρῶσαί μοι ἐκεῖ δύο κλινάρια * ἕνα * ἐμοὶ καὶ ἕνα τοῦ ἀνθρώπου τούτου τοῦ ἐπιξενισθέντος
Abr.1 4 1 καὶ στρῶσαί μοι ἐκεῖ δύο κλινάρια ἕνα ἐμοὶ καὶ * ἕνα * τοῦ ἀνθρώπου τούτου τοῦ ἐπιξενισθέντος ἡμῖν σήμερον
Abr.1 4 9 τί ποιήσω; πῶς διαλάθω μετὰ τούτων καθήμενος ἐν * μιᾷ * τραπέζῃ μετ' αὐτοῦ; ὁ δὲ κύριος εἶπε ⟨κάτελθε⟩ πρὸς
Abr.1 6 5 τὸν Ἰσαάκ; ἐκ γὰρ τῶν τριῶν ἀνδρῶν οὗτός ἐστιν ὁ * εἷς * ἐξ αὐτῶν. εἶπεν δὲ Ἀβραὰμ ὦ Σάρρα τοῦτο ἀληθὲς
Abr.1 9 5 τρέμει ἀπὸ προσώπου δυνάμεώς σου κἀγὼ δέδοικα ἀλλὰ * μίαν * αἴτησιν αἰτοῦμαι παρά σου καὶ νῦν δέσποτα κύριε
Abr.1 9 6 οἰκουμένην καὶ τὰ ποιήματα ⟨πάντα⟩ ὅσα διὰ λόγου * ἑνὸς * συνεστήσω δέσποτα καὶ ὅτε ἴδω ταῦτα τότε καὶ νῦν
Abr.1 11 2 τῇ πρώτῃ καὶ εἶδεν ἐκεῖ ὁ Ἀβραὰμ⟩ δύο ὁδοὺς ⟨ἡ⟩ * μία * ὁδὸς ⟨στενὴ καὶ τεθλιμμένη ἡ δὲ ἑτέρα⟩ πλατεῖα καὶ
Abr.1 11 3 πλατεῖα καὶ εὐρύχωρος. ⟨καὶ εἶδεν ἐκεῖ δύο πύλας * μία * πύλη πλατεῖα⟩ ἡ κατὰ τῆς πλατείας ὁδοῦ καὶ μία πύλη
Abr.1 11 3 μία πύλη πλατεῖα⟩ ἡ κατὰ τῆς πλατείας ὁδοῦ καὶ * μία * πύλη στενὴ ἡ κατὰ τῆς στενῆς ὁδοῦ. ἔξωθεν δὲ τῶν
Abr.1 11 12 εἰς γὰρ τὰς ἑπτακισχιλίας ψυχὰς μόλις εὑρίσκεται * μία * ψυχὴ σωζομένη καὶ ἀμόλυντος. ἔτι δὲ ἡμῖν ταῦτα
Abr.1 12 2 ψυχὰς ἀνηλεῶς τύπτοντες ἐν πυρίναις χαρζαναῖς καὶ * μίαν * ψυχὴν κρατῶν ὁ ἄγγελος ἐν τῇ χειρὶ αὐτοῦ καὶ
Abr.1 12 17 αὐτὴν ἔμπροσθεν τοῦ κριτοῦ καὶ εἶπεν ὁ κριτὴς * ἕνα * τῶν ἀγγέλων τῶν καθυπουργούντων αὐτῷ ἄνοιξόν μοι τὴν
Abr.1 13 8 κόσμου καὶ ἀνταπόδοσις καὶ διὰ τοῦτο καὶ νῦν ἐπὶ * ἑνὸς * ἢ δύο μαρτύρων οὐκ ἀσφαλίζεται λόγος ἀλλ' ἐπὶ τριῶν
Abr.1 14 4 ἡ ψυχὴ εἰς τὸ σώζεσθαι; ⟨εἶπεν δὲ ὁ ἀσώματος⟩ * μίαν * δικαιοσύνην ἐὰν κέκτητο ὑπεράνω τῶν ἁμαρτιῶν
Abr.1 20 2 θεοῦ λόγου ὅτι ἑβδομήκοντα δύο εἰσὶν θάνατοι καὶ * εἷς * μὲν θάνατος ὑπάρχει ὁ δίκαιος ὁ ἔχων ὅρον καὶ πολλοὶ
Abr.1 20 2 ὁ δίκαιος ὁ ἔχων ὅρον καὶ πολλοὶ τῶν ἀνθρώπων παρὰ * μίαν * ὥραν εἰς θάνατον ἔρχονται παραδιδόμενοι τῷ τάφῳ

| | | | |
|---|---|---|---|
| Abr.Z | 2 | 12 | ἐκάλεσεν Ἀβραὰμ Δαμασκὸν Ἐλεέζερ τὸν υἱὸν * ἕνα * τῶν οἰκοτρόφων αὐτοῦ λέγων ἄπαγε κτῆνος ἵνα καθίσῃ |
| Abr.Z | 6 | 10 | Σάρρα καὶ εἶπεν ἦ ἄρα ὅτι παραφρενοῦσα λέγω ὅτι * εἷς * ἐστιν τῶν τριῶν τῶν ὑπὸ τῶν δένδρων Μαμβρὴ τῶν |
| Abr.Z | 8 | 4 | ποταμόν. καὶ ἀτενίσας Ἀβραὰμ εἶδεν δύο πύλας * μίαν * μὲν μικρὰν τὴν δὲ ἑτέραν μεγάλην ἀνὰ μέσον δὲ τῶν |
| Abr.Z | 8 | 11 | ἀπάγουσαι εἰς τὴν δόξαν καὶ εἰς τὸν θάνατον ἡ μὲν * μία * πύλη αὕτη ἐστὶν ἡ ἀπάγουσα εἰς τὴν ζωὴν ἡ δὲ ἑτέρα |
| Abr.Z | 9 | 5 | καὶ ἰδοὺ ἄγγελος ἐλαύνων ψυχὰς ὡς μυριάδας ἓξ * μίαν * δὲ ψυχὴν κρατῶν ἐν τῇ χειρὶ αὐτοῦ καὶ ἀπῆξεν τὰς |
| Abr.Z | 10 | 9 | δὲ τρεῖς στεφάνους ἐπὶ τῆς κεφαλῆς αὐτοῦ καὶ ὁ * εἷς * ὑψηλότερος τοῦ ἑτέρου στεφάνου οὗτοι δέ οἱ |
| Abr.Z | 10 | 11 | ἁμαρτίαν τῆς ψυχῆς ταύτης. καὶ ἀνοίξας ὁ ἀνὴρ τὴν * μίαν * βίβλον ἐκ τῶν δύο τῶν οὐσῶν ἐκ τῶν Χερουβὶμ καὶ |
| TLevi | 8 | 3 | τοῦ σημείου καὶ τὸ ἐφοὺδ τῆς προφητείας. καὶ * εἷς * ἕκαστος αὐτῶν ἕκαστον βαστάζοντες ἐπέθηκάν μοι καὶ |
| TLevi | 12 | 4 | τὴν Ἰωχάβεδ θυγατέρα μου αὐτῷ εἰς γυναῖκα ὅτι ἐν * μιᾷ * ἡμέρᾳ ἐγεννήθησαν αὐτὸς καὶ ἡ θυγάτηρ μου. ὀκτὼ ἐτῶν |
| TLevi | 15 | 4 | Ἀβραὰμ καὶ Ἰσαὰκ καὶ Ἰακὼβ τοὺς πατέρας ἡμῶν * εἷς * ἐκ τοῦ σπέρματός μου οὐ μὴ καταλειφθῇ ἐπὶ τῆς γῆς. |
| TLevi | 18 | 2B036 | ἐνιαύσιος ἢ ἔριφος ἐξ αἰγῶν ιε' μναῖ καὶ τῷ στέατι * μίαν * ἥμισυ μνᾶν. καὶ ἅλας +ἀποδεδεικτω+ τῷ ταύρῳ τῷ |
| TLevi | 18 | 2B047 | ἐστὶν γίνεται ὁ σίκλος ὡσεὶ ις' θερμοὶ καὶ ὁλκῆς * μιᾶς. * καὶ νῦν τέκνον μου ἄκουσον τοὺς λόγους μου καὶ |
| TLevi | 18 | 2B068 | τῷ τετάρτῳ καὶ λ' ἔτει ἐγεννήθη ἐν τῷ πρώτῳ μηνὶ * μιᾷ * τοῦ μηνὸς ἐπ' ἀνατολῆς ἡλίου. καὶ πάλιν συνεγενόμην |
| TJud. | 20 | 3 | πλάνης γέγραπται ἐπὶ τὸ στῆθος τοῦ ἀνθρώπου καὶ * ἓν * ἕκαστον αὐτῶν γνωρίζει κύριος. καὶ οὐκ ἔστι καιρὸς ἐν |
| TJud. | 25 | 3 | Νεφθαλὶμ ὁ ἥλιος τὸν Γὰδ ἐλαία τὸν Ἀσὴρ καὶ ἔσται * εἷς * λαὸς κυρίου καὶ γλῶσσα μία καὶ οὐκ ἔσται ἔτι πνεῦμα |
| TJud. | 25 | 3 | τὸν Ἀσὴρ καὶ ἔσται εἷς λαὸς κυρίου καὶ γλῶσσα * μία * καὶ οὐκ ἔσται ἔτι πνεῦμα πλάνης τοῦ Βελιὰρ ὅτι |
| TIss. | 1 | 14 | ἥμην ἐκεῖ οὐκ ἐγίνετο τοῦτο. καὶ εἶπε Ῥαχὴλ λάβε * ἕνα * μανδραγόραν καὶ ἀντὶ τοῦ ἑνὸς ἐκμισθῶ σοι αὐτὸν ἐν |
| TIss. | 1 | 14 | καὶ εἶπε Ῥαχὴλ λάβε ἕνα μανδραγόραν καὶ ἀντὶ τοῦ * ἑνὸς * ἐκμισθῶ σοι αὐτὸν ἐν μιᾷ νυκτί. καὶ ἔγνω Ἰακὼβ τὴν |
| TIss. | 1 | 14 | μανδραγόραν καὶ ἀντὶ τοῦ ἑνὸς ἐκμισθῶ σοι αὐτὸν ἐν * μιᾷ * νυκτί. καὶ ἔγνω Ἰακὼβ τὴν Λειαν καὶ συλλαβοῦσά με |
| TZab. | 2 | 7 | μὴ ἀποκτείνωμεν αὐτὸν ἀλλὰ ῥίψωμεν αὐτὸν εἰς * ἕνα * τῶν λάκκων τῶν ξηρῶν τούτων ὧν ὤρυξαν οἱ πατέρες |
| TZab. | 9 | 4 | δύο κεφαλὰς ὅτι πᾶν ὃ ἐποίησεν ὁ κύριος κεφαλὴν * μίαν * ἔχει. ἔδωκε δύο ὤμους χεῖρας πόδας ἀλλὰ πάντα τὰ |
| TZab. | 9 | 4 | ἔδωκε δύο ὤμους χεῖρας πόδας ἀλλὰ πάντα τὰ μέλη τῇ * μιᾷ * κεφαλῇ ὑπακούει. ἔγνων ἐν γραφῇ πατέρων μου ὅτι ἐν |
| TDan | 1 | 7 | τῆς ἀλαζονείας ἔλεγέ μοι καίγε σὺ υἱὸς αὐτοῦ. καὶ * ἓν * τῶν πνευμάτων τοῦ Βελιὰρ συνήργει μοι λέγων λάβε τὸ |
| TDan | 3 | 4 | μὲν ᾖ δυνατὸς τριπλῆν ἔχει τὴν δύναμιν ἐν τῷ θυμῷ * μίαν * μὲν διὰ τῆς δυνάμεως καὶ τῆς βοηθείας τῶν |
| TNep. | 1 | 9 | ἀδελφοῦ Δεβόρρας τῆς τροφοῦ Ῥεβέκκας ἥτις ἐν * μιᾷ * ἡμέρᾳ ἐτέχθη ἐν ᾗ καὶ ἡ Ῥαχὴλ ὁ δὲ Ῥώθεος ἐκ τοῦ |
| TNep. | 2 | 3 | τοῦ σώματος τὸ πνεῦμα ἐντίθησι καὶ οὐκ ἔστι λεῖπον * ἓν * ἐκ τοῦ ἑνὸς τρίτον τριχὸς σταθμῷ γὰρ καὶ μέτρῳ καὶ |
| TNep. | 2 | 3 | τὸ πνεῦμα ἐντίθησι καὶ οὐκ ἔστι λεῖπον ἓν ἐκ τοῦ * ἑνὸς * τρίτον τριχὸς σταθμῷ γὰρ καὶ μέτρῳ καὶ κανόνι πᾶσα |
| TNep. | 2 | 4 | πᾶσα κτίσις ὑψίστου. καὶ καθάπερ οἶδεν ὁ κεραμεὺς * ἑνὸς * ἑκάστου τὴν χρῆσιν ὡς ἱκανὴ οὕτω καὶ ὁ κύριος οἶδε |
| TNep. | 2 | 7 | γυναικὸς καὶ γυναικὸς καὶ οὐκ ἔστιν εἰπεῖν ὅτι * ἓν * τῷ ἑνὶ τοῖς προσώποις ἢ τῷ νοΐ ὅμοιον. πάντα γὰρ ἐν |
| TNep. | 2 | 7 | καὶ γυναικὸς καὶ οὐκ ἔστιν εἰπεῖν ὅτι ἓν τῷ * ἑνὶ * τοῖς προσώποις ἢ τῷ νοΐ ὅμοιον. πάντα γὰρ ἐν τάξει |
| TAser | 1 | 4 | τρόπους καὶ δύο τέλη. διὰ τοῦτο πάντα δύο εἰσίν * ἓν * κατέναντι τοῦ ἑνός. ὁδοὶ δύο καλοῦ καὶ κακοῦ ἐν οἷς |
| TAser | 1 | 4 | τέλη. διὰ τοῦτο πάντα δύο εἰσίν ἓν κατέναντι τοῦ * ἑνός. * ὁδοὶ δύο καλοῦ καὶ κακοῦ ἐν οἷς εἰσι τὰ δύο |
| TAser | 5 | 1 | τοῦ ἀγαθοῦ. ὁρᾶτε οὖν τέκνα πῶς δύο εἰσίν ἐν πᾶσιν * ἓν * κατέναντι τοῦ ἑνὸς καὶ ἓν ὑπὸ τοῦ ἑνὸς κέκρυπται τὴν |
| TAser | 5 | 1 | οὖν τέκνα πῶς δύο εἰσίν ἐν πᾶσιν ἓν κατέναντι τοῦ * ἑνὸς * καὶ ἓν ὑπὸ τοῦ ἑνὸς κέκρυπται τὴν ζωὴν ὁ θάνατος |
| TAser | 5 | 1 | πῶς δύο εἰσίν ἐν πᾶσιν ἓν κατέναντι τοῦ ἑνὸς καὶ * ἓν * ὑπὸ τοῦ ἑνὸς κέκρυπται τὴν ζωὴν ὁ θάνατος διαδέχεται |
| TAser | 5 | 1 | ἐν πᾶσιν ἓν κατέναντι τοῦ ἑνὸς καὶ ἓν ὑπὸ τοῦ * ἑνὸς * κέκρυπται τὴν ζωὴν ὁ θάνατος διαδέχεται τὴν δόξαν ἡ |
| TJos. | 6 | 4 | ἄλλο τι τῶν ἐδεσμάτων αὐτῆς γευσάμενος. μετὰ οὖν * μίαν * ἡμέραν ἐλθοῦσα πρός με ἐπέγνω τὸ βρῶμα καὶ λέγει |
| TJos. | 17 | 8 | διὰ τὴν κοσμικὴν δόξαν μου ἀλλ' ἥμην ἐν αὐτοῖς ὡς * εἷς * τῶν ἐλαχίστων. ἐὰν οὖν καὶ ὑμεῖς πορευθῆτε ἐν ταῖς |
| TBen. | 2 | 3 | ναὶ ἀδελφὲ καὶ γὰρ ὅτε ἔλαβόν με οἱ Ἰσμαηλῖται * εἷς * ἐξ αὐτῶν ἀποδύσας με τὸν χιτῶνα ἔδωκέ μοι περίζωμα |
| TBen. | 6 | 5 | ὑποκρίσεως καὶ ἀληθείας πενίας καὶ πλούτου ἀλλὰ * μίαν * ἔχει περὶ πάντας εἰλικρινῆ καὶ καθαρὰν διάθεσιν. |
| TBen. | 7 | 3 | παραδίδοται ὑπὸ τοῦ θεοῦ κατὰ γὰρ ἑκατὸν ἔτη * μίαν * πληγὴν ἐπήγαγεν αὐτῷ ὁ κύριος. διακοσίων ἐτῶν |
| Asen. | 2 | 6 | καὶ τοὺς λοιποὺς ἑπτὰ θαλάμους εἶχον ἑπτὰ παρθένοι * μία * ἑκάστη ἕνα θάλαμον κεκτημένη καὶ αὗται ἦσαν |
| Asen. | 2 | 6 | ἑπτὰ θαλάμους εἶχον ἑπτὰ παρθένοι μία ἑκάστη * ἕνα * θάλαμον κεκτημένη καὶ αὗται ἦσαν διακονοῦσαι τῇ |
| Asen. | 2 | 6 | διακονοῦσαι τῇ Ἀσενὲθ καὶ ἦσαν πᾶσαι ὁμήλικαι ἐν * μιᾷ * νυκτὶ τεχθεῖσαι σὺν τῇ Ἀσενὲθ καὶ ἠγάπα αὐτὰς πάνυ. |
| Asen. | 2 | 7 | Ἀσενὲθ ὅπου ἡ παρθενία αὐτῆς ἐτρέφετο. καὶ ἦν ἡ * μία * θυρὶς ἡ πρώτη μεγάλη σφόδρα ἀποβλέπουσα ἐπὶ τὴν |
| Asen. | 14 | 14 | ἐζώσατο τὴν ζώνην αὐτῆς τὴν διπλῆν παρθενίας αὐτῆς * μίαν * ζώνην περὶ τὴν ὀσφὺν αὐτῆς καὶ ἑτέραν ζώνην ἐπὶ τῷ |
| Asen. | 17 | 4 | μοι ἐκ νεότητός μου τεχθεῖσαι σὺν ἐμοὶ ἐν * μιᾷ * νυκτὶ κἀγὼ ἀγαπῶ αὐτὰς ὡς ἀδελφάς μου. καλέσω δὴ |
| Asen. | 20 | 3 | νίψαι τοὺς πόδας αὐτοῦ. καὶ εἶπεν Ἰωσὴφ ἐλθάτω δὴ * μία * τῶν παρθένων καὶ νιψάτω τοὺς πόδας μου. καὶ εἶπε |
| Asen. | 22 | 2 | ἐν τῷ δευτέρῳ ἔτει τοῦ λιμοῦ ἐν τῷ δευτέρῳ μηνὶ * μιᾷ * καὶ εἰκάδι τοῦ μηνὸς καὶ κατῴκησεν ἐν γῇ Γεσέμ. καὶ |
| Asen. | 27 | 7 | καὶ πάντες οἱ μετ' αὐτοῦ ἀπολώλασιν ἐν χειρὶ * μιᾷ * τοῦ παιδαρίου Βενιαμίν. καὶ νῦν δεῦτε ἀποκτείνωμεν |
| Sal. | 17 | 9 | ἐξηρεύνησεν τὸ σπέρμα αὐτῶν καὶ οὐκ ἀφῆκεν αὐτῶν * ἕνα. * πιστὸς ὁ κύριος ἐν πᾶσι τοῖς κρίμασιν αὐτοῦ οἷς |
| Jer. | 9 | 7 | θυσιαστηρίῳ μετὰ Βαροὺχ καὶ Ἀβιμέλεχ ἐγένετο ὡς * εἷς * τῶν παραδιδόντων τὴν ψυχὴν αὐτοῦ. καὶ ἔμειναν Βαροὺχ |
| Jer. | 9 | 13 | αὐτοῦ ἐν μέσῳ πάντων καὶ εἶπε δοξάσατε τὸν θεὸν ἐν * μιᾷ * φωνῇ πάντες δοξάσατε τὸν θεὸν καὶ τὸν υἱὸν τοῦ θεοῦ |
| Bar. | 3 | 5 | ἀνδρῶν τε καὶ γυναικῶν εἰς τὸ πλινθεύειν. ἐν οἷς * μία * γυνὴ πλινθεύουσα ἐν τῇ ὥρᾳ τοῦ τεκεῖν αὐτὴν οὐ |
| Bar. | 4 | 6 | αὐτοῦ ἐν ᾧ καὶ πίνει ἀπὸ τῆς θαλάσσης ὡσεὶ πῆχυν * μίαν * καὶ οὐκ ἐκλείπει ἀπ' αὐτῆς τι. ὁ Βαροὺχ εἶπεν καὶ |
| Bar. | 5 | 1 | καὶ εἶπον ἐγὼ Βαροὺχ πρὸς τὸν ἄγγελον ἐπερωτῶ σε * ἕνα * λόγον κύριε ἐπειδὴ εἶπές μοι ὅτι πίνει ὁ δράκων ἐκ |
| Bar. | 5 | 2 | εἶπές μοι ὅτι πίνει ὁ δράκων ἐκ τῆς θαλάσσης πῆχυν * μίαν * εἰπέ μοι καὶ πόση ἐστὶν ἡ κοιλία αὐτοῦ; καὶ εἶπεν ὁ |
| Bar. | 13 | 4 | ποτέ οὐδὲ εἰς πνευματικοὺς πατέρας οὐδὲ εἰς ἀγαθὸν * ἕν. * ἀλλ' ὅπου φόνος καὶ αὐτοὶ ἐν μέσῳ ἐκεῖ καὶ ὅπου |
| Prop. | 10 | 7 | καὶ ἐτάφη ἐν σπηλαίῳ Κενεζέου κριτοῦ γενομένου * μιᾶς * φυλῆς ἐν ἡμέραις τῆς ἀναρχίας. καὶ κατοικήσας ἐν γῇ |
| Esdr. | 1 | 11 | κρῖνον ὑπὲρ τῶν ψυχῶν τῶν ἁμαρτωλῶν συμφέρει γὰρ * μίαν * ψυχὴν κολάσασθαι καὶ μὴ ὅλον τὸν κόσμον εἰς |
| Esdr. | 4 | 30 | καὶ ὁ ἕτερος ἀσάλευτος τὸ στόμα αὐτοῦ πῆχυς * μία * οἱ ὀδόντες αὐτοῦ σπιθαμιαῖοι οἱ δάκτυλοι αὐτοῦ ὡς |
| Esdr. | 7 | 13 | Ἐσδρὰμ ἀγαπητέ μου πάντα ὅσα ᾐτήσω ἀποδώσω * ἑνὶ * ἑκάστῳ. καὶ εὐθέως παρέδωκεν τὴν τιμίαν αὐτοῦ ψυχὴν |
| Sedr. | 7 | 4 | ποῖός ἐστιν φωτοειδὴς ὁ δὲ ἥλιος καὶ Ἀδὰμ * μίαν * χαρακτῆρα ἦσαν ἡ δὲ γυνὴ τοῦ Ἀδὰμ φωτεινοτέρα |
| Sedr. | 7 | 11 | ὁ ἄνθρωπος πρὸς τὴν ἁμαρτίαν τὸν πόδα αὐτοῦ τὸν * ἕνα * κρατῆσαι καὶ οὐ μὴ πορεύεται ὅπου δὲ θέλει. λέγει |
| Sedr. | 8 | 5 | δέσποτά μου. λέγει ὁ θεὸς τὸν Σεδρὰχ ἐρωτῶ σε * ἕνα * λόγον Σεδρὰχ ἐάν μοι εἴπῃς καλῶς με συμαχᾷ σε εἰ καί |
| Sedr. | 13 | 6 | αὐτὸν συντόμως. λέγει αὐτὸν ὁ σωτὴρ ἐρωτῶ σε * ἕνα * λόγον Σεδρὰχ ἀγαπητέ μου εἶτα ἀναιτήσεις με ἐὰν |
| Sedr. | 14 | 4 | ἐκ δακρύων καὶ οἱ λοιποὶ οἶδας ὅτι ἐσώθησαν ἐν * μιᾷ * ῥοπῇ; οἶδας Σεδρὰχ ὅτι εἰσὶν ἔθνη τὰ μὴ νόμον ἔχοντα |
| Sedr. | 15 | 3 | ὁ κύριος τὸν Σεδρὰχ οὐκ οἶδας Σεδρὰχ τὸν λῃστὴν * μιᾷ * ῥοπῇ ἐσώθη μεταγνῶναι; οὐκ οἶδας ὅτι ἀπόστολοί μου |
| Sedr. | 15 | 4 | ὅτι ἀπόστολοί μου καὶ εὐαγγελιστὴς καὶ αὐτὸς ἐν * μιᾷ * ῥοπῇ ἐσώθη; ⟨οἱ δὲ ἁμαρτωλοὶ οὐ σωθήσονται⟩ ὅτι |
| Job | 7 | 6 | εἶναι αὐτὸν τὸν Σαταναν, ἦρεν ἐκ τῶν ἑαυτῆς * ἕνα * ἄρτον καλὸν καὶ ἔδωκεν αὐτῷ. ὁ δὲ λαβὼν καὶ γνοὺς τὸ |
| Job | 7 | 12 | οὕτως ποιήσω καὶ τὸ σῶμά σου τοιοῦτον ἐν γὰρ * μιᾷ * ὥρᾳ ἀπέρχομαι καὶ ἐρημώσω σε. καὶ ἀνταπεκρίθην αὐτῷ |
| Job | 9 | 8 | μηδὲν λαβόντες ἀλλ' ὅταν ἴδωσίν με πρὸς * μίαν * θύραν καθήμενον, δυνηθῶσιν διὰ τῆς ἄλλης ἐπανελθεῖν |
| Job | 26 | 6 | ὅπως καὶ ἐμὲ ἀπατήσῃ; βούλεται γάρ σε δεῖξαι ὥσπερ * μίαν * τῶν ἀφρόνων γυναικῶν τῶν πλανησάντων τῶν ἑαυτῶν |
| Job | 27 | 3 | ἐγένου γὰρ ὃν τρόπον ἀθλητὴς μετὰ ἀθλητοῦ, καὶ * εἷς * τὸν ἕνα κατέρραξαν καὶ ὁ μὲν ἐπάνω τὸν ὑποκάτω |
| Job | 27 | 3 | γὰρ ὃν τρόπον ἀθλητὴς μετὰ ἀθλητοῦ, καὶ εἷς τὸν * ἕνα * κατέρραξαν καὶ ὁ μὲν ἐπάνω τὸν ὑποκάτω ἐφίμωσεν |
| Job | 28 | 5 | τῶν τριῶν βασιλέων τὰ χρήματα, ἐὰν συναχθῇ εἰς * ἓν * ἐπὶ τὸ αὐτό, οὐ μὴ ἀναλογήσῃ τοὺς λίθους τοὺς |
| Job | 44 | 4 | εὐποιεῖν ᾐτησάμην λέγων δότε μοι ἕκαστος ἀμνάδα * μίαν * εἰς ἔνδυσιν τῶν πτωχῶν τῶν ἐν γυμνώσει. καὶ τότε |
| Job | 44 | 5 | καὶ τότε ἕκαστος προσήνεγκέν μοι ἀνὰ ἀμνάδα * μίαν * καὶ τετράδραχμον χρυσίου καὶ ηὐλόγησεν κύριος πάντα |
| Job | 46 | 9 | πυρός, ὡς ἀκτῖνας τοῦ ἡλίου. καὶ δέδωκεν χορδὴν * μίαν * εἰπὼν λάβετε αὐτὰς περὶ τὸ στῆθος ὑμῶν ἵνα εὖ ὑμῖν |
| Job | 48 | 1 | θαυμάσητε τὰ τοῦ θεοῦ κτίσματα. οὕτως ἀναστᾶσα ἡ * μία * ἡ καλουμένη Ἡμέρα περιείληξεν τὴν ἑαυτῆς σπάρτην |
| Job | 51 | 3 | τοῦ Ιωβ ἐπὶ τῆς κλίνης μου ἤκουσα ἐγὼ τὰ μεγαλεῖα * μιᾶς * ὑποσημειουμένης τῇ μιᾷ καὶ ἀνεγραψάμην τὸ βιβλίον |
| Job | 51 | 3 | μου ἤκουσα ἐγὼ τὰ μεγαλεῖα μιᾶς ὑποσημειουμένης τῇ * μιᾷ * καὶ ἀνεγραψάμην τὸ βιβλίον ὅλον πλείστων σημειώσεων |
| Aris. | 95 | 2 | ἥ τε πᾶσα σιγὴ καθέστηκεν ὥσθ' ὑπολαμβάνειν μηθ' * ἕνα * ἄνθρωπον ἐν τῷ τόπῳ παρεῖναι πρὸς τοὺς ἑπτακοσίους |
| Aris. | 129 | 1 | εἶναι κνωδάλων. πυνθανομένων γὰρ ἡμῶν διά τί * μιᾶς * καταβολῆς οὔσης τὰ μὲν ἀκάθαρτα νομίζεται πρὸς |
| Aris. | 143 | 2 | πάντα πρὸς τὸν φυσικὸν λόγον ὅμοια καθέστηκεν ὑπὸ * μιᾶς * δυνάμεως οἰκονομούμενα καὶ καθ' ἓν ἕκαστον ἔχει |
| Aris. | 143 | 3 | ὑπὸ μιᾶς δυνάμεως οἰκονομούμενα καὶ καθ' * ἓν * ἕκαστον ἔχει λόγον βαθὺν ἀφ' ὧν ἀπεχόμεθα κατὰ τὴν |
| Aris. | 143 | 5 | χρῆσιν καὶ οἷς συγχρώμεθα. χάριν δὲ ὑποδείγματος * ἓν * ἢ δεύτερον ἐπιδραμών σοι σημανῶ. μὴ γὰρ εἰς τὸν |
| Aris. | 178 | 2 | τὰ λόγια ταῦτα. ὁμοθυμαδὸν δὲ πάντων εἰπόντων ὑπὸ * μίαν * φωνὴν τῶν τε παραγεγονότων καὶ τῶν συμπαρόντων εὖ |
| Aris. | 198 | 2 | καλῶς εἶπεν ἅπαντας ἀποφαίνεσθαι ἐπερωτήσας δὲ ἔτι * ἕνα * καταλήξω τὸ νῦν ἔχον ἵνα καὶ πρὸς τὸ τέρπεσθαι |
| Sib. | 3 | 11 | ἀταρπὸν βαίνετε ἀθανάτου κτίστου μεμνημένοι αἰεί; * εἷς * θεός ἐστι μόναρχος ἀθέσφατος αἰθέρι ναίων αὐτοφυὴς |
| Sib. | 3 | 87 | καὶ πόλον οὐράνιον καὶ ἤματα καὶ κτίσιν αὐτὴν εἰς * ἓν * χωνεύσει καὶ εἰς καθαρὸν διαλέξει. κοὐκέτι φωστήρων |
| Sib. | 3 | 210 | +μετακινηθῆναι+ καὶ πάντεσσι βροτοῖσι. τί δὴ καθ' * ἓν * ἐξαγορεύω; ἀλλ' ὁπόταν τὰ πρῶτα τέλος λάβῃ αὐτίκα δ' |
| Sib. | 3 | 264 | τοῖσι μόνοις καρπὸν τελέθει ζείδωρος ἄρουρα ἐξ * ἑνὸς * εἰς ἑκατὸν τελέθοντό τε μέτρα θεοῖο. ἀλλ' ἄρα καὶ |
| Sib. | 3 | 396 | ἐκ τῶν δὴ γενεῆς κείνου γένος ἐξαπολεῖται ῥίζαν * ἴαν * γε διδοὺς ἣν καὶ κόψει βροτολοιγὸς ἐκ δέκα δὴ |
| Sib. | 3 | 404 | ῥίζησιν ἀδιψήτοισι τεθηλὸς αὐτόπρεμνον ἄιστον * ἰῇ * ἐν νυκτὶ γένηται ἐν πόλει αὐτάνδρῳ σεισίχθονος |
| Sib. | 3 | 533 | τρόμος δ' ὑπὸ γούνασιν ἔσται. φεύξονται δ' ἑκατὸν * εἷς * δ' αὐτοὺς πάντας ὀλέσσει πέντε δὲ κινήσουσι βαρὺν |
| Sib. | 4 | 30 | μεμιασμένα καὶ θυσίῃσιν τετραπόδων λεύσουσι δ' * ἑνὸς * θεοῦ εἰς μέγα κῦδος οὔτε φόνον ῥέξαντες ἀτάσθαλον |
| Sib. | 4 | 66 | δὲ κράτος ἔσται ὅλου κόσμοιο μέγιστον οἷς γενεὴ * μία * κεῖται ἀνακτορίης πολυόλβου. ἔσται δ' ὅσσα κεν |
| Sib. | 5 | 256 | +ἀλλ' ἐπι+στήσει τε κακῶν αἰῶνι τρόπαια. * εἷς * δέ τις ἔσσεται αὖτις ἀπ' αἰθέρος ἔξοχος ἀνὴρ ὃς |
| Sib. | 5 | 284 | καὶ γλάγος ἀμβρόσιον ῥεύσει πάντεσσι δικαίοις εἰς * ἕνα * γὰρ γενετῆρα θεὸν μόνον ἔξοχον ὄντα ἤλπισαν εὐσεβίην |
| FJub. | 4 | 10 | ὡς εἶναι αὐτῷ δύο μὲν θυγατέρας ἄρρενας δὲ δώδεκα * ἕνα * μὲν ἀποκτανθέντα ἕνδεκα δὲ περιλειφθέντας τῷ βίῳ. |
| FJub. | 10 | 21 | ἐπὶ σ γ' πλίνθους. τῆς πλίνθου τὸ ὕψος τρίτον * μιᾶς * πλίνθου. ⟨τὸ ἔκταμα τοῦ ἑνὸς τοίχου⟩ στάδιοι ιγ' |
| FJub. | 10 | 21 | τὸ ὕψος τρίτον μιᾶς πλίνθου. ⟨τὸ ἔκταμα τοῦ * ἑνὸς * τοίχου⟩ στάδιοι ιγ' ⟨καὶ τοῦ ἄλλου⟩ λ'. ἐπὶ γὰρ ἔτη |

FJub. 12 12 Λωτ. τῷ ' γ τ ο γ' ἔτει τοῦ κόσμου 'Αβραὰμ δὲ ξ * α' * ἐνεπύρισεν 'Αβραὰμ τὰ εἴδωλα τοῦ πατρὸς αὐτοῦ καὶ
FJub. 48 14 χιλίων ἀνδρῶν ἀποπνιγέντων ἰσχυρῶν Αἰγυπτίων ἀνθ' * ἑνὸς * βρέφους 'Ισραηλιτικοῦ.
FEz. 64 70 6 παγανὸν δὲ οὐκ εἶχεν ἀλλ' ἢ μόνον δύο * ἕνα * χωλὸν καὶ ἕνα τυφλὸν καὶ ἕκαστος ⟨αὐτῶν⟩ κατ' ἰδίαν
FEz. 64 70 6 δὲ οὐκ εἶχεν ἀλλ' ἢ μόνον δύο ἕνα χωλὸν καὶ * ἕνα * τυφλὸν καὶ ἕκαστος ⟨αὐτῶν⟩ κατ' ἰδίαν ἐκαθέζετο καὶ
FAch. 118 ψευδόμενος; πῶς γὰρ ἠδύνατο παραγενέσθαι ἐν * μιᾷ * νυκτὶ αἴλουρος ἀπὸ Αἰγύπτου εἰς Βαβυλῶνα; ὁ δὲ
FAch. 119 ἑαυτῶν καὶ τοῦ θεοῦ ὀφείλει γὰρ θεὸς ὑπάρχων τὴν * ἑνὸς * ἑκάστου διάνοιαν εἰδέναι. πλὴν λέγετε ὃ θέλετε. οἱ
FAch. 120 ὃ θέλετε. οἱ δὲ εἶπον ἔστιν ναός τις καὶ στῦλος * εἷς * καὶ ἐπάνω τοῦ στύλου πόλεις δεκαδύο καὶ τούτων
FAch. 120 ἑκάστη τριάκοντα δοκοῖς ἐστεγασμένη καὶ ⟨περὶ⟩ * μίαν * ἑκάστην αὐτῶν τρέχουσι γυναῖκες δύο. ὁ δὲ Αἴσωπος
FAch. 121 μέ⟨λλω⟩ φόρους στέλλειν τῷ βασιλεῖ Λυκούργῳ. * εἷς * δέ τις τῶν φίλων αὐτοῦ εἶπεν ἐρωτήσωμεν αὐτὸν
FAch. 121 τοῦ Αἰσώπου ἔφη αὐτῷ ὁ βασιλεὺς Νεκταναβὼν ἔτι * ἓν * ἡμῖν ἐπίλυσον κἀγὼ παράσχω φόρους Λυκούργῳ λέξον ἡμῖν
FPho. 54 μὴ γαυροῦ σοφίῃ μήτ' ἀλκῇ μήτ' ἐνὶ πλούτωι * εἷς * θεός ἐστι σοφὸς δυνατός θ' ἅμα καὶ πολύολβος. μὴ δὲ
ISop. 5 113 2 * εἷς * ταῖς ἀληθείαισιν εἷς ἐστι⟨ν⟩ θεὸς ὃς οὐρανόν τε
ISop. 5 113 2 εἷς ταῖς ἀληθείαισιν * εἷς * ἐστι⟨ν⟩ θεὸς ὃς οὐρανόν τε ἔτευξε καὶ γαῖαν μακρὴν
ISop. 5 122 1 πυρουμένη καὶ γὰρ καθ' ᾅδην δύο τρίβους νομίζομεν * μίαν * δικαίων χἀτέραν τῶν ἀδίκων. κἄπειτα σώσει πάντα ἃ
IOrp. 10 ἀθάνατον. παλαιὸς δὲ λόγος περὶ τοῦδε φαείνει * εἷς * ἔστ' αὐτογενὴς ἑνὸς ἔκγονα πάντα τέτυκται ἐν δ'
IOrp. 10 δὲ λόγος περὶ τοῦδε φαείνει εἷς ἔστ' αὐτογενὴς * ἑνὸς * ἔκγονα πάντα τέτυκται ἐν δ' αὐτοῖς αὐτὸς
IOrp. 47 εὖ μάλ' ἐπικρατέων στέρνοισι δὲ ἔνθεο φήμην. * (εἷς * Ζεὺς εἷς 'Αΐδης εἷς "Ηλιος εἷς Διόνυσος) (εἷς θεὸς
IOrp. 47 ἐπικρατέων στέρνοισι δὲ ἔνθεο φήμην. (εἷς Ζεὺς * εἷς * 'Αΐδης εἷς "Ηλιος εἷς Διόνυσος) (εἷς θεὸς ἐν
IOrp. 47 στέρνοισι δὲ ἔνθεο φήμην. (εἷς Ζεὺς εἷς 'Αΐδης * εἷς * "Ηλιος εἷς Διόνυσος) (εἷς θεὸς ἐν πάντεσσι. τί σοι
IOrp. 47 δὲ ἔνθεο φήμην. (εἷς Ζεὺς εἷς 'Αΐδης εἷς "Ηλιος * εἷς * Διόνυσος) (εἷς θεὸς ἐν πάντεσσι. τί σοι δίχα ταῦτ'
IOrp. 48 (εἷς Ζεὺς εἷς 'Αΐδης εἷς "Ηλιος εἷς Διόνυσος) * (εἷς * θεὸς ἐν πάντεσσι. τί σοι δίχα ταῦτ' ἀγορεύω;)
IPyt. 134 εἴ τις ἐρεῖ θεός εἰμι πάρεξ * ἑνὸς * οὗτος ὀφείλει κόσμον ἴσον τούτῳ στήσας εἰπεῖν ἐμὸς
IDip. 5 121 1 ὁρᾷ. καὶ γὰρ καθ' "Αιδην δύο τρίβους νομίζομεν * μίαν * δικαίων ἑτέραν δὲ ἀσεβῶν εἶναι ὁδόν. εἰ τοὺς δύω
IDip. 5 121 1 ἡ γῆ τῷ παντὶ χρόνῳ εἰ γὰρ δίκαιος κἀσεβὴς ἕξουσιν * ἓν * ἅρπαζε ἀπελθὼν κλέπτε ἀποστέρει κύκα μηδὲν πλανηθῇς
HDem. 9 21 11 ἑκατὸν εἴκοσιν ἐν ᾧ καὶ τελευτῆσαι τὸν 'Ισαὰκ ἔτει * ἑνὶ * ἔμπροσθεν ἐτῶν ὄντα ἑκατὸν ὀγδοήκοντα. κρίναντα δὲ
HDem. 9 21 17 μ γ' 'Ιούδαν ἐτῶν μ β' μηνῶν δύο Νεφθαλειμ ἐτῶν μ * α' * μηνῶν ζ' Γὰδ ἐτῶν μ α' μηνῶν γ' 'Ασὴρ ἐτῶν μ' μηνῶν
HDem. 9 21 17 μηνῶν δύο Νεφθαλειμ ἐτῶν μ α' μηνῶν ζ' Γὰδ ἐτῶν μ * α' * μηνῶν γ' 'Ασὴρ ἐτῶν μ' μηνῶν ὀκτὼ Ζαβουλὼν ἐτῶν μ'
HDem. 9 29 3 χρόνους. κατοικεῖν δὲ αὐτοὺς Μαδιὰμ πόλιν ἣν ἀπὸ * ἑνὸς * τῶν 'Αβραὰμ παίδων ὀνομασθῆναι. τὸν 'Αβραὰμ τοὺς
HEup. 9 30 2 Σαμουὴλ Σαοῦλον βασιλέα αἱρεθῆναι ἄρξαντα δὲ ἔτη κ * α' * τελευτῆσαι. εἶτα Δαβὶδ τὸν τούτου υἱὸν δυναστεῦσαι ὃν
HEup. 9 34 4 ἑκκαίδεκα μυριάσι τὰ δέοντα πάντα κατὰ μῆνα φυλὴν * μίαν. * θεμελιῶσαί τε τὸν ναὸν τοῦ θεοῦ μῆκος πηχῶν ξ'
HEup. 9 34 9 αὐτῷ στεφάνην πρὸς τὴν βάσιν ἔξω ὑπερέχουσαν πῆχυν * ἕνα * πρὸς τὸ τοὺς ἱερεῖς τούς τε πόδας προσκλύζεσθαι καὶ
HAno. 9 18 2 διὰ τὴν ἀσέβειαν ὑπὸ τῶν θεῶν ἀναιρεθῆναι ὧν * ἕνα * Βῆλον ἐκφεύγοντα τὸν θάνατον ἐν Βαβυλῶνι κατοικῆσαι
HHec. 1 22 187 αὐτῷ καὶ κοινωνεῖν τῶν πραγμάτων ἠβουλήθησαν. ὧν * εἷς * ἦν 'Εζεκίας ὁ ἀρχιερεὺς τῶν 'Ιουδαίων ἄνθρωπος τὴν
HHec. 1 22 197 τὰ μὲν πολλὰ ὀχυρώματα κατὰ τὴν χώραν καὶ κῶμαι * μία * δὲ πόλις ὀχυρὰ πεντήκοντα μάλιστα σταδίων τὴν
HCal. 24 35 ἀλλ' ἐν τῇ πόλει ἀναστρέφεσθαι. προσκαλεσάμενος δὲ * ἕνα * τῶν ἱερέων λέγει αὐτῷ. ὡς θεοειδὲς ὑμῶν τὸ σχῆμα.
HCal. 24 38 εὐταξίαν εἶδον ἱερέων. ὁ δέ φησιν θεὸν ἡμεῖς * ἕνα * δουλεύομεν ὃς ἐποίησεν οὐρανὸν καὶ γῆν καὶ πάντα τὰ
HCal. 28 4 ἐν δὲ τῇ κατὰ ἀνατολὴν πύλῃ μεταρσιώτατον πάντων * ἕνα * πύργον οἰκοδομήσας ἐν αὐτῷ τὴν ἑαυτοῦ στήλην ποιήσας
LThe. 9 22 8 τοὺς ὑποτασσομένους παρακαλοῦντος περιτέμνεσθαι * ἕνα * τῶν 'Ιακὼβ υἱῶν τὸ ὄνομα Συμεῶνα διαγνῶναι τόν τε
LEze. 9 28 4 05 γενῶν Αἰθίοπες ἄνδρες μέλανες ἄρχων δ' ἐστὶ γῆς * εἷς * καὶ τύραννος καὶ στρατηλάτης μόνος. ἄρχει δὲ πόλεως
LEze. 9 29 16 08 δαψιλὴς χῶρος βαθὺς πηγὰς ἀφύσσων δώδεκ' ἐκ * μιᾶς * πέτρας στελέχη δ' ἐρυμνὰ πολλὰ φοινίκων πέλει
FrAn. 1 227 4 βλεμμ⟨α - - τ⟩ον αριθμον των δεκα Χ⟨αναναιων τ⟩ου * ενος * δειχα επυνθ⟨αν - ⟩ι δε φησιν ακουσον⟨ - ⟩υν καθ

εἰσάγω 23

Hen. 9 3 ἐντυγχάνουσιν αἱ ψυχαὶ τῶν ἀνθρώπων λεγόντων * εἰσαγάγετε * τὴν κρίσιν ἡμῶν πρὸς τὸν ὕψιστ⟨ον⟩. καὶ
Hen. 9B 3 ἀνθρώπων στενάζουσιν ἐντυγχάνοντα καὶ λέγοντα ὅτι * εἰσαγάγετε * τὴν κρίσιν ἡμῶν πρὸς τὸν ὕψιστον καὶ τὴν
Hen. 99 3 αὐτὰς ἐν διαμαρτυρίᾳ ἐνώπιον τῶν ἀγγέλων ὅπως * εἰσαγάγωσιν * τὰ ἁμαρτήματα τῶν ἀδίκων ἐνώπιον τοῦ ὑψίστου
Hen. 104 9 ἔπαινον ταῖς ⟨εἰκόσιν ὑ⟩μῶν οὐ γὰρ εἰς δικαίωμα * εἰσάγ⟨ουσιν * πάντα τὰ ψεύδ⟩η, καὶ πᾶσα ⟨ἡ πλάνη⟩--- ---τῆς
Abr.1 11 5 ἐλαυνομένας ὑπὸ ἀγγέλων διὰ τῆς πλατείας ὁδοῦ καὶ * εἰσαγομένας * καὶ εἶδον ἄλλας ψυχὰς ὀλίγας καὶ ἐφέροντο
Abr.2 9 4 καὶ πάντες ὅσοι ὅμοιοί σου εἰσίν ἀλλά οἱ πλείονες * εἰσάγονται * τοῦ κόσμου διὰ τῆς πύλης τῆς αἱρούσης εἰς τὴν
TIss. 1 12 οὐ γὰρ γυνὴ αὐτοῦ σὺ εἶ ἀλλ' ἐν δόλῳ ἀντ' ἐμοῦ * εἰσήχθης. * καὶ ἐπλάνησέ με ὁ πατήρ μου καὶ μεταστήσας με
TJos. 13 5 λόγοις λέγει ὁ Πετεφρῆς ἀχθήτω ὁ νεανίσκος. καὶ * εἰσαχθεὶς * προσεκύνησα τῷ ἀρχιευνούχῳ τρίτος γὰρ ἦν ἐν
TJos. 20 1 ὑμᾶς ἀλλ' ὁ θεὸς ποιήσει τὴν ἐκδίκησιν ὑμῶν καὶ * εἰσάξει * ὑμᾶς εἰς γῆν ἐπαγγελίας τῶν πατέρων ὑμῶν. ἀλλὰ
Asen. 20 2 καὶ ἐκράτησε τὴν χεῖρα αὐτοῦ τὴν δεξιὰν καὶ * εἰσήγαγεν * αὐτὸν εἰς τὴν οἰκίαν αὐτῆς καὶ ἐκάθισεν αὐτὸν
Jer. 6 13 ἀφορισθήτω καὶ ποιήσωσι ιε' ἡμέρας καὶ μετὰ ταῦτα * εἰσάξω * ὑμᾶς εἰς τὴν πόλιν ὑμῶν λέγει κύριος. ὁ μὴ
Jer. 7 22 πάντα ὅσα ἐκ τῆς ἐπιστολῆς ἠκούσατε φυλάξατε καὶ * εἰσάξει * ἡμᾶς κύριος εἰς τὴν πόλιν ἡμῶν. ἔγραψε δὲ καὶ
Jer. 8 3 αὐτοὺς εἰς 'Ιερουσαλὴμ τοὺς δὲ μὴ ἀκούοντάς σου μὴ * εἰσαγάγῃς * αὐτοὺς ἐκεῖ. 'Ιερεμίας δὲ ἐλάλησεν πρὸς τὸν
Jer. 8 9 ἔρχεται γὰρ ἄγγελος τῆς δικαιοσύνης καὶ * εἰσάξει * ὑμᾶς εἰς τὸν τόπον ὑμῶν τὸν ὑψηλόν. ἔμειναν δέ
Job 25 2 καὶ θύραν ἔνδοθεν θυρῶν ἕως ἂν ὅλως καταξιωθῇ τις * εἰσαχθῆναι * πρὸς αὐτήν; νυνὶ καταλλάσσει τὴν τρίχα αὐτῆς
Job 47 3 ἐκ τούτων ἕξετε τοῦ ζῆν, ἀλλ' αὗται αἱ χορδαὶ * εἰσάξουσιν * ὑμᾶς εἰς τὸν μείζονα αἰῶνα, ζῆσαι ἐν τοῖς
Job 53 6 πᾶσαι αἱ χῆραι καὶ ὀρφανοὶ κωλύοντες μὴ * εἰσαχθῆναι * αὐτὸν ἐν τῷ τάφῳ καὶ μετὰ τρεῖς ἡμέρας
Aris. 22 7 δὲ καὶ εἴ τινες προῆσαν ἢ καὶ μετὰ ταῦτά εἰσιν * εἰσηγμένοι * τῶν τοιούτων ἀπολύειν παραχρῆμα τοὺς ἔχοντας
Aris. 26 3 τοῦ καὶ εἴ τινες προῆσαν ἢ καὶ μετὰ ταῦτά εἰσιν * εἰσηγμένοι * τῶν τοιούτων αὐτὸς τοῦτο ὁ βασιλεὺς προσέθηκε
FJub. 3 9 σκορπίῳ κατὰ διάμετρον ἐν τῇ τῶν Πλειάδων ἐπιτολῇ * εἰσήγαγεν * ὁ θεὸς τὸν 'Αδὰμ ἐν τῷ παραδείσῳ κατὰ τὴν
FJub. 3 9 τῇ εἰκοστῇ πέμπτῃ τοῦ 'Ιουνίου μηνὸς 'Επιφὶ πρώτῃ * εἰσήχθη * ὑπὸ τοῦ θεοῦ ἐν τῷ παραδείσῳ ἡ τοῦ 'Αδὰμ βοηθὸς
FJub. 3 11 π'. ἐπειδὴ καὶ 'Αδὰμ τῇ μ' ἡμέρᾳ τῆς πλάσεως αὐτοῦ * εἰσήχθη * ἐν τῷ παραδείσῳ οὗ χάριν καὶ τὰ γεννώμενα τῇ
FJub. 22 4 κολλυρίδας ποιήσασα 'Ρεβέκκα ἔδωκε τῷ 'Ιακὼβ καὶ * εἰσήγαγε * μεθ' ἑτέρων δώρων πρὸς 'Ισαάκ. καὶ εὐλόγησεν

εἰσακούω 19

Adam 6 2 τὴν κεφαλήν μου καὶ κλαύσομαι καὶ προσεύξομαι καὶ * εἰσακούσεταί * μου κύριος καὶ ἀποστελεῖ τὸν ἄγγελον αὐτοῦ
Adam 29 3 μετὰ τὸ ἐξελθεῖν με ἀνενέγκω θυσίαν τῷ θεῷ ὅπως * εἰσακούσεταί * μου ὁ θεός. καὶ προσελθόντες εἶπον οἱ
Adam 29 7 ἐγερθῶμεν καὶ κυκλώσωμεν τὴν γῆν εἰ οὕτως * εἰσακούσῃ * ἡμῶν ὁ θεός. καὶ ἀνέστημεν καὶ διωδεύσαμεν
Adam 29 11 καὶ προσευχόμενοι τῷ θεῷ ὑπὲρ τοῦ 'Αδὰμ ὅπως * εἰσακούσηται * αὐτοῦ ὁ θεός. ὁ δὲ διάβολος μὴ εὑρὼν τόπον
Abr.1 7 6 μὴ ἄρῃς ἀπ' ἐμοῦ τὴν δόξαν μου ἐλέησόν με καὶ * εἰσάκουσόν * μου ⟨ἐὰν⟩ τὸν ἥλιον ἦρας κἂν τὴν σελήνην
Abr.1 9 6 αἴτησιν αἰτοῦμαι παρά σου καὶ νῦν δέσποτα κύριε * εἰσάκουσον * τῆς δεήσεώς μου ἔτι ἐν τούτῳ ⟨τῷ σώματι ὢν⟩
Abr.1 10 6 καὶ θῦσαι καὶ ἀπολέσαι. εἶπεν δὲ 'Αβραὰμ κύριε * εἰσάκουσον * τῆς φωνῆς μου καὶ κέλευσον ἵνα ἐξέλθωσιν
Abr.1 14 6 δέησιν καὶ εὐχὴν πρὸς τὸν θεὸν ὑπὲρ τῆς ψυχῆς ⟨καὶ * εἰσήκουσεν * ὁ θεὸς τὴν προσευχὴν αὐτῶν καὶ ἀναστάντες ἐκ
Abr.1 14 10 πρὸς τὸν ἀρχιστράτηγον δέομαί σου ἀρχάγγελε * εἰσάκουσον * τῆς δεήσεώς μου καὶ παρακαλέσωμεν ἔτι τὸν
Abr.1 14 13 μοι τὸ ἁμάρτημα καὶ αὐτοὺς συγχωρήσει. καὶ εὐθέως * εἰσήκουσεν * αὐτοῦ ὁ ἀρχιστράτηγος καὶ ἐποίησαν δέησιν
Abr.1 14 14 ἦλθεν φωνὴ λέγουσα ἐκ τοῦ οὐρανοῦ 'Αβραὰμ 'Αβραὰμ * εἰσήκουσε * κύριος τῆς δεήσεώς σου καὶ ἀφίεταί σοι ἡ
Abr.1 15 12 θεοῦ τοῦ ὑψίστου καὶ εἶπεν κύριε παντοκράτωρ ἰδοὺ * εἰσήκουσα * τοῦ φίλου σου 'Αβραὰμ πάντα ὅσα εἶπεν πρός σε
Abr.1 18 9 τεθνήκασιν δεῦρο δεηθῶμεν κυρίῳ τῷ θεῷ ἡμῶν ὅπως * εἰσακούσῃ * ἡμῖν ὁ θεὸς καὶ ἀναστήσῃ τοὺς ἐξαώρους
TLevi 2 3B017 αὐτοῖς σπέρμα δίκαιον εὐλογημένον εἰς τοὺς αἰῶνας. * εἰσάκουσον * δὲ καὶ τῆς φωνῆς τοῦ παιδός σου Λευὶ γενέσθαι
TLevi 4 2 ἐν ταῖς ἀδικίαις διὰ τοῦτο ἐν κολάσει κριθήσονται. * εἰσήκουσεν * οὖν ὁ ὕψιστος τῆς προσευχῆς σου τοῦ διελεῖν
Sal. 6 5 κυρίου περὶ παντὸς τοῦ οἴκου αὐτοῦ καὶ κύριος * εἰσήκουσεν * προσευχὴν παντὸς ἐν φόβῳ θεοῦ. καὶ πᾶν αἴτημα
Jer. 7 28 ὅπου εἶ σὺ καὶ 'Αβιμέλεχ ὑπὲρ τοῦ λαοῦ τούτου ὅπως * εἰσακούσωσιν * τῆς φωνῆς μου καὶ τῶν κριμάτων τοῦ στόματός
Bar. 16 4 θανάτῳ καὶ τὰ τέκνα αὐτῶν ἐν δαιμονίοις. ὅτι οὐκ * εἰσήκουσαν * τῆς φωνῆς μου οὐδὲ ἐσυνετήρησαν τῶν ἐντολῶν
Sib. 3 70 τε καὶ ἄλλους ἀνέρας οἵτινες +οὔπω θεοῦ λόγον+ * εἰσήκουσαν. * ἀλλ' ὁπόταν μεγάλοιο θεοῦ πελάσωσιν ἀπειλαὶ

εἰσάνειμι (εἶμι) 2

Sib. 3 95 δὴ καὶ πάλι δύνει πάνθ' ὑπακούσονται κόσμον πάλιν * εἰσανιόντι * τοὔνεκ' ἄρ' αὐτὸς πρῶτος ἐπέγνω καὶ κράτος
Sib. 5 151 ὃς ναὸν θεότευκτον ἕλεν καὶ ἔφλεξε πολίτας λαοὺς * εἰσανιόντας * ὅσους ὕμνησα δικαίως τούτου γὰρ +φανέντος+

εἰσαῦθις 1

Sib. 5 163 κακὰ μοχθήσασα ἀλλὰ μενεῖς πανέρημος ὅλους αἰῶνας * ἐσαῦτις * (ἔσσεται ἀλλὰ μενεῖ εἰς αἰῶνας πανέρημος) σὸν

εἰσαφικνέομαι 2

HHec. 1 22 191 καὶ κακῶς ἀκούοντες ὑπὸ τῶν ἀστυγειτόνων καὶ τῶν * εἰσαφικνουμένων * πάντων καὶ προπηλακιζόμενοι πολλάκις ὑπὸ
LThe. 9 22 1 καὶ ὑδρηλὴ οὐδὲ μὲν ἔσκεν ὁδὸς δολιχὴ πόλιν * εἰσαφικέσθαι * ἀγρόθεν οὐδέ ποτε δρία λαχνήεντα πονεῦσιν.

εἰσβάλλω 2

Adam 39 3 ἐπ' αὐτῷ πρὶν γένεσθαι αὐτὸν ἐν ὑπερηφανίᾳ * εἰσβληθήσεται * εἰς τὸν τόπον τοῦτον ἵνα ἴδῃ σε καθήμενον
Job 18 6 ἐγκωμίων τῶν λαληθέντων μοι καὶ ἐγενόμην ὡς θέλων * εἰσβαλεῖν * εἰς πόλιν τινὰ ἰδεῖν τὸν αὐτῆς πλοῦτον καὶ

εἰσδέχομαι 1

Aris. 103 3 γένοιτο διὰ τοῦ προκαθηγουμένου πρὸς θεωρίαν * εἰσδέξασθαί * τινας οἷον καὶ καθ' ἡμᾶς ἐγεγόνει. μόλις γὰρ

εἰσδίδωμι 2

Aris. 26 1 τῶν τοιούτων εἰς τὸ βασιλικὸν ἀναληφθήσεται. * εἰσδοθέντος * τοῦ προστάγματος ὅπως ἐπαναγνωσθῇ τῷ βασιλεῖ
Aris. 28 2 ὡς δὲ κατεπράχθη ταῦτα τὸν Δημήτριον ἐκέλευσεν * εἰσδοῦναι * περὶ τῆς τῶν 'Ιουδαϊκῶν βιβλίων ἀντιγραφῆς.

εἴσδοσις 3

Aris. 28 5 οὐδὲν ἀπερριμμένως οὐδ' εἰκῇ. διόπερ καὶ τὸ τῆς * εἰσδόσεως * καὶ τὰ τῶν ἐπιστολῶν ἀντίγραφα κατακεχώρικα

312 εἴσδοσις

Aris. 28 8 καὶ τέχνη διαφέρειν ἕκαστον αὐτῶν. τῆς δὲ * εἰσδόσεώς * ἐστιν ἀντίγραφον τόδε βασιλεῖ μεγάλῳ παρὰ
Aris. 33 1 θῶμεν εὐσήμως. εὐτύχει διὰ παντός. τῆς δὲ * εἰσδόσεως * ταύτης γενομένης ἐκέλευσεν ὁ βασιλεὺς γραφῆναι
εἰσδύομαι (-δύνω) 1
Sib. 5 523 δ' οὐκέτ' ἔφαινε Δράκων δ' ἠρνήσατο ζώνην Ἰχθύες * εἰσεδύοντο * κατὰ ζωστῆρα Λέοντος Καρκίνος οὐκ ἐνέμεινεν
εἰσεῖδον 3 (cf.+ εἰσοράω)
Sib. 5 217 δόλῳ ἰσθμοῖο παρ' ὄχθην ἄξουσιν μετέωρον ἕως * ἐσίδωσίν * ἑ πάντες τὸν πάλαι ἐκκόψαντα πέτρην πολυήλατι
LEze. 9 28 3 15 ὃν δ' ἔκτειν' ἐγὼ ἔκρυψα δ' ἄμμῳ τοῦτον ὥστε μὴ * εἰσιδεῖν * ἕτερὸν τιν' ἡμᾶς κἀπογυμνῶσαι φόνον. τῇ
LEze. 9 29 5 10 μοι διάδημα καὶ αὐτὸς ἐκ θρόνων χωρίζεται. ἐγὼ δ' * ἐσεῖδον * γῆν ἅπασαν ἔγκυκλον καὶ ἔνερθε γαίας καὶ
εἴσειμι (εἶμι) 1 (cf.+ εἰσέρχομαι)
TJos. 3 6 ὅτι σφόδρα ἀδιαλείπτως ἐνόχλει μοι καὶ ἐν νυκτὶ * εἰσῄει * λόγῳ ἐπισκέψεως πρός με. καὶ τὰ μὲν πρῶτα ὅτι
εἰσέρχομαι 114 (cf.+ εἴσειμι (εἶμι))
Adam 5 3 καὶ ἦλθον πάντες ἐπὶ τὴν θύραν τοῦ οἴκου ἐν ᾧ * εἰσήρχετο * εὔξασθαι τῷ θεῷ. εἶπε δὲ αὐτῷ Σὴθ ὁ υἱὸς αὐτοῦ
Adam 19 1 μοι δεῦρο δώσω σοι ἀκολούθει μοι. ἤνοιξα δὲ καὶ * εἰσῆλθεν * ἔσω εἰς τὸν παράδεισον. καὶ διώδευσεν ἔμπροσθέν
Adam 42 6 αὐτοῦ. ἀλλὰ ἀξίωσον κἀμὲ τὴν ἀναξίαν καὶ ἁμαρτωλὴν * εἰσελθεῖν * μετὰ τοῦ σκηνώματος αὐτοῦ. ὥσπερ ἤμην μετ'
Hen. 9B 3 καὶ πᾶσαν ἀσέβειαν καὶ ἀνομίαν γενομένην ἐπ' αὐτῆς * εἰσελθόντες * εἶπον πρὸς ἀλλήλους ὅτι τὰ πνεύματα καὶ αἱ
Hen. 14 9 με ἄνω καὶ εἰσήνεγκάν με εἰς τὸν οὐρανὸν καὶ * εἰσῆλθον * μέχρις ἤγγισα τείχους οἰκοδομῆς ἐν λίθοις
Hen. 14 10 πυρὸς κύκλῳ αὐτῶν καὶ ἤρξαντο ἐκφοβεῖν με. καὶ * εἰσῆλθον * εἰς τὰς γλώσσας τοῦ πυρὸς καὶ ἤγγισα εἰς οἶκον
Hen. 14 13 κύκλῳ τῶν τειχῶν καὶ θύραι πυρὶ καιόμεναι. * εἰσῆλθον * εἰς τὸν οἶκον ἐκεῖνον θερμὸν ὡς πῦρ καὶ ψυχρὸν
Hen. 25 6 εὐφραινόμενοι καὶ χαρήσονται καὶ εἰς τὸ ἅγιον * εἰσελεύσονται * αἱ ὀσμαὶ αὐτοῦ ἐν τοῖς ὀστέοις αὐτῶν καὶ
Hen. 103 8 καὶ ἐν φλογὶ καιομένῃ καὶ εἰς κρίσιν μεγάλην * εἰσελεύσονται * αἱ ψυχαὶ ὑμῶν ἐν πάσαις ταῖς γενεαῖς τοῦ
Abr.1 5 8 πάτερ πάτερ ἀνάστα οὖν ἄνοιξόν μοι ταχέως ὅπως * εἰσέλθω * καὶ κρεμασθῶ ἐπὶ τοῦ τραχήλου σου καὶ ἀσπάσωμαί
Abr.1 5 9 ἀροῦσιν ἀπ' ἐμοῦ. ἀναστὰς οὖν Ἀβραὰμ ἤνοιξεν αὐτῷ * εἰσελθὼν * δὲ Ἰσαὰκ ἐκρεμάσθη ἐπὶ τὸν τράχηλον αὐτοῦ καὶ
Abr.1 6 5 αὐτοῖς τράπεζαν δαπανηθέντων δὲ τῶν κρεάτων * εἰσῆλθεν * πάλιν ὁ μόσχος καὶ ἐθήλαξεν τῇ μητρὶ αὐτοῦ ἐν
Abr.1 7 1 κἄν τε πονηρόν. καταλιπὼν δὲ Ἀβραὰμ τὴν Σάρραν * εἰσῆλθεν * ἐν τῷ τρικλίνῳ καὶ εἶπε πρὸς Ἰσαὰκ δεῦρο υἱέ
Abr.1 7 1 τί τὰ ὁραθέντα σοι καὶ τί πέπονθας ὅτι οὕτως * εἰσῆλθες * πρὸς ἡμᾶς κλαίων οὕτως ἐν ὀλιγωρίᾳ πολλῇ;
Abr.1 11 7 καὶ ὀδυρόμενος. καὶ ὅτε ἐθεώρει πολλὰς ψυχὰς * εἰσερχομένας * διὰ τῆς στενῆς πύλης τότε ἀνίστατο ἀπὸ τῆς
Abr.1 11 10 πάντες ἐξ αὐτοῦ ἐγένοντο καὶ ὅτε ἴδῃ πολλὰς ψυχὰς * εἰσερχομένας * διὰ τῆς στενῆς πύλης τότε ἀνίσταται καὶ
Abr.1 11 10 δικαίων ἐστίν ἡ στενὴ⟩ ἡ ἀπάγουσα εἰς τὴν ζωὴν καὶ * εἰσερχόμενοι * δι' αὐτῆς εἰς τὸν παράδεισον ⟨ἀπέρχονται⟩
Abr.1 11 11 θεωρεῖ τὰς ψυχὰς σωζομένας ὅτε δὲ ἴδῃ πολλὰς ψυχὰς * εἰσερχομένας * διὰ τῆς πλατείας πύλης τότε ἁρπάζει τὰς
Abr.2 2 7 Ἀβραὰμ λέγων λέγε μοι τί ἐστιν τὸ ὄνομά σου πρὶν * εἰσελθεῖν * με εἰς τὸν οἶκόν σου καὶ ἐπιβαρής σοι
Abr.2 4 2 καὶ ἀπεκρίθη αὐτῇ Ἀβραὰμ οὐδὲν κακόν ἐστιν * εἴσελθε * εἰς τὴν σκηνήν σου καὶ τὰ ἴδιά σου ἐργάζου μὴ
Abr.2 5 4 καὶ εἶπεν τῷ πατρὶ αὐτοῦ πάτερ εἰπὲ κἀμοὶ ὅπως * εἰσέλθω * κἀγὼ ἔγγιστα ὑμῶν κοιμηθῆναι. ἀπεκρίθη Ἀβραὰμ
Abr.2 5 6 σου καὶ ἀναπαύου. καὶ ἀπελθὼν Ἰσαὰκ ἐν τῷ ταμείῳ * εἰσῆλθεν * καὶ ἐκοιμήθη καὶ οὐ παρήκουσεν τῆς φωνῆς οὐδὲ
Abr.2 6 2 ἀπ' ἐμοῦ. ἀνέστη δὲ Ἀβραὰμ καὶ ἤνοιξεν καὶ * εἰσῆλθεν * Ἰσαὰκ καὶ ἐκρέμασεν ἑαυτὸν εἰς τὸν τράχηλον
Abr.2 6 7 καὶ εἶπεν Σάρρα τῷ Ἀβραὰμ πῶς ἐτόλμησας κλαῦσαι * εἰσελθόντος * τοῦ ἀνθρώπου πρὸς ἡμᾶς εἰς τὸν οἶκον ἡμῶν; ἢ
Abr.2 9 1 εἶπεν Ἀβραὰμ τῷ Μιχαὴλ ὥστε οὖν τὸν μὴ δυνάμενον * εἰσελθεῖν * εἰς τὴν στενὴν πύλην οὐ δύναται εἰσελθεῖν εἰς
Abr.2 9 1 εἰσελθεῖν εἰς τὴν στενὴν πύλην οὐ δύναται * εἰσελθεῖν * εἰς τὴν ζωήν; λέγει αὐτῷ Μιχαὴλ ναί. ἔκλαυσεν
Abr.2 9 3 εὐρὺς τῷ σώματι τυγχάνων; καὶ οὐ δυνήσομαι * εἰσελθεῖν * εἰς τὴν στενὴν πύλην ὅτι οὐδεὶς δύναται
Abr.2 9 3 εἰσελθεῖν εἰς τὴν στενὴν πύλην ὅτι οὐδεὶς δύναται * εἰσελθεῖν * ἐν αὐτῇ εἰ μὴ παιδία ὡς δέκα ἐτῶν. καὶ εἶπεν
Abr.2 9 4 μὴ παιδία ὡς δέκα ἐτῶν. καὶ εἶπεν Μιχαὴλ σὺ ὅλως * εἰσέρχει * ἐν αὐτῇ καὶ πάντες ὅσοι ὅμοιοί σου εἰσὶν ἀλλά
Abr.2 11 10 εὑρήσεις τὰς ἁμαρτίας αὐτῆς ἐξηλειμμένας καὶ * εἰσελεύσεται * εἰς τὴν ζωὴν ἐὰν δὲ ἡ ψυχὴ μὴ ἐλεηθῇ
TRub. 1 10 κυρίου οἶνον καὶ σίκερα οὐκ ἔπιον καὶ κρέας οὐκ * εἰσῆλθεν * εἰς τὸ στόμα μου καὶ πᾶν ἄρτον ἐπιθυμίας οὐκ
TRub. 3 14 κοιμωμένη ἀκάλυφος κατέκειτο ἐν τῷ κοιτῶνι κἀγὼ * εἰσελθὼν * καὶ ἰδὼν τὴν γύμνωσιν αὐτῆς ἔπραξα τὴν ἀσέβειαν
TLevi 2 6 οἱ οὐρανοὶ καὶ ἄγγελος θεοῦ εἶπε πρός με Λευὶ * εἴσελθε. * καὶ εἰσῆλθον ἐκ τοῦ πρώτου οὐρανοῦ εἰς τὸν
TLevi 2 7 καὶ ἄγγελος θεοῦ εἶπε πρός με Λευὶ εἴσελθε. καὶ * εἰσῆλθον * ἐκ τοῦ πρώτου οὐρανοῦ εἰς τὸν δεύτερον καὶ
TLevi 9 11 μηδὲ ἀπὸ γένους ἀλλοφύλων ἢ ἐθνῶν. καὶ πρὸ τοῦ * εἰσελθεῖν * εἰς τὰ ἅγια λούου καὶ ἐν τῷ θύειν νίπτου καὶ
TLevi 12 5 αὐτὸς καὶ ἡ θυγάτηρ μου. ὀκτὼ ἐτῶν ἤμην ὅτε * εἰσῆλθον * εἰς γῆν Χανάαν καὶ ὀκτωκαίδεκα ἐτῶν ὅτε
TLevi 12 5 ἐτῶν ἔλαβον γυναῖκα καὶ τεσσαράκοντα ἐτῶν * εἰσῆλθον * εἰς Αἴγυπτον. καὶ ἰδού ἔστε τέκνα μου τρίτη
TJud. 5 4 ἐξ ἑκατέρων πασσάλοις ἐπανέβησαν τῷ τείχει καὶ * εἰσῆλθον * εἰς τὴν πόλιν ἀγνοούντων αὐτῶν. καὶ ἐλάβομεν
TJud. 6 2 ἀπεκτείναμεν καὶ οὐκ ἐδώκαμεν αὐτοῖς διέξοδον τοῦ * εἰσελθεῖν * πρὸς ἡμᾶς. καὶ οἱ ἀπὸ Μαχὶρ ἐπῆλθον ἡμῖν τῇ
TJud. 9 4 σιδηροῦν καὶ πύλαι χαλκαῖ καὶ οὐκ ἠδυνήθημεν * εἰσελθεῖν * ἐν αὐτῇ καὶ περικαθίσαντες ἐπολιορκοῦμεν
TJud. 12 4 τῆς κοσμήσεως. καὶ ἐκκλίνας πρὸς αὐτὴν εἶπον * εἰσέλθω * πρός σε. καὶ εἶπέ μοι τί μοι δώσεις; καὶ ἔδωκα
TJud. 12 10 ἐκάθισεν ἐν πύλῃ καὶ ἐνόμιζον ὅτι οὐδεὶς ἔγνω ὅτι * εἰσῆλθον * πρὸς αὐτήν. καὶ μετὰ ταῦτα ἤλθομεν εἰς Αἴγυπτον
TNep. 6 4 ὁ πατὴρ ἡμῶν ἐμβῶμεν εἰς τὸ πλοῖον ἡμῶν. ὡς δὲ * εἰσήλθομεν * γίνεται χειμὼν σφοδρὸς καὶ λαῖλαψ ἀνέμου
TJos. 3 3 ἐγὼ οὖν ἐμνησκόμην λόγους πατρός μου Ἰακὼβ καὶ * εἰσερχόμενος * εἰς τὸ ταμιεῖον προσηυχόμην κυρίῳ καὶ
TBen. 2 1 τοῦτο ἐκλήθην υἱὸς ἡμερῶν ὅ ἐστι Βενιαμίν. ὅτε οὖν * εἰσῆλθον * εἰς Αἴγυπτον καὶ ἀνεγνώρισέ με Ἰωσὴφ ὁ ἀδελφός
TBen. 9 3 αὐτοῦ ἐν ἐπισκοπῇ μονογενοῦς προφήτου. καὶ * εἰσελεύσεται * εἰς τὸν πρῶτον ναὸν καὶ ἐκεῖ κύριος
Asen. 5 2 περὶ Ἰωσὴφ καὶ ἀνέβη εἰς τὸ ὑπερῷον καὶ * εἰσῆλθεν * εἰς τὸν θάλαμον αὐτῆς καὶ ἔστη ἐπὶ τὴν θυρίδα
Asen. 5 2 τὴν βλέπουσαν κατὰ ἀνατολὰς τοῦ ἰδεῖν τὸν Ἰωσὴφ * εἰσερχόμενον * εἰς τὴν οἰκίαν τοῦ πατρὸς αὐτῆς. καὶ
Asen. 5 4 αἱ πύλαι τῆς αὐλῆς αἱ βλέπουσαι κατὰ ἀνατολὰς καὶ * εἰσῆλθεν * Ἰωσὴφ ἑστὼς ἐπὶ τῷ ἅρματι τῷ δευτέρῳ τοῦ Φαραὼ
Asen. 5 6 αὐτῷ καὶ ἐν τῷ καρπῷ ἦν πιότης ἐλαίου πολλοῦ. καὶ * εἰσῆλθεν * Ἰωσὴφ εἰς τὴν αὐλὴν καὶ ἐκλείσθησαν αἱ πύλαι
Asen. 6 2 τοῦ οὐρανοῦ ἥκει πρὸς ἡμᾶς ἐν τῷ ἅρματι αὐτοῦ καὶ * εἰσῆλθεν * εἰς τὴν οἰκίαν ἡμῶν σήμερον καὶ λάμπει εἰς
Asen. 7 1 δούλην καὶ δουλεύσω αὐτῷ εἰς τὸν αἰῶνα χρόνον. καὶ * εἰσῆλθεν * Ἰωσὴφ εἰς τὴν οἰκίαν Πεντεφρῆ καὶ ἐκάθισεν ἐπὶ
Asen. 8 9 τῷ λαῷ σου ὃν ἐξελέξω πρὶν γενέσθαι τὰ πάντα καὶ * εἰσελθέτω * εἰς τὴν κατάπαυσίν σου ἣν ἡτοίμασας τοῖς
Asen. 14 5 κέκλεισται καὶ ὁ πύργος ὑψηλός ἐστι καὶ πῶς ἄρα * εἰσῆλθεν * εἰς τὸν θάλαμόν μου; καὶ ἐκάλεσεν αὐτὴν ὁ
Asen. 14 14 λαλήσω σοι τὰ ῥήματά μου. καὶ ἔσπευσεν Ἀσενὲθ καὶ * εἰσῆλθεν * εἰς τὸν θάλαμον αὐτῆς τὸν δεύτερον ὅπου ἦσαν αἱ
Asen. 16 5 σοι κύριε. καὶ εἶπεν αὐτῇ ὁ ἄνθρωπος βάδιζε καὶ * εἴσελθε * εἰς τὸ ταμιεῖόν σου καὶ εὑρήσεις κηρίον μελίσσης
Asen. 16 8 καὶ εἶπεν ὁ ἄνθρωπος βάδιζε καὶ εὑρήσεις. καὶ * εἰσῆλθεν * Ἀσενὲθ εἰς τὸ ταμιεῖον αὐτῆς καὶ εὗρε κηρίον
Asen. 18 5 τοῦ ἀνθρώπου καὶ τῶν ἐντολῶν αὐτοῦ καὶ ἔσπευσε καὶ * εἰσῆλθεν * εἰς τὸν θάλαμον αὐτῆς τὸν δεύτερον ὅπου ἦσαν αἱ
Asen. 19 3 Ἰωσὴφ καὶ ἔστη ἐν τῷ +προδρόμῳ+ τῆς οἰκίας. καὶ * εἰσῆλθεν * Ἰωσὴφ εἰς τὴν αὐλὴν καὶ ἐκλείσθησαν αἱ πύλαι
Asen. 20 1 καὶ εἶπεν Ἀσενὲθ τῷ Ἰωσὴφ δεῦρο κύριέ μου καὶ * εἴσελθε * εἰς τὴν οἰκίαν ἡμῶν διότι ἐγὼ ἡτοίμασα τὴν
Asen. 21 9 Ἀσενὲθ θανάτῳ ἀποθανεῖται. καὶ ἐγένετο μετὰ ταῦτα * εἰσῆλθεν * Ἰωσὴφ πρὸς Ἀσενὲθ καὶ συνέλαβεν Ἀσενὲθ ἐκ
Asen. 22 6 προσεκύνησαν αὐτοῖς ἐπὶ πρόσωπον ἐπὶ τὴν γῆν. καὶ * εἰσῆλθον * πρὸς Ἰακώβ. καὶ ἦν Ἰσραὴλ καθήμενος ἐπὶ τῆς
Asen. 25 1 οἱ φύλακες τοῦ πατρὸς αὐτοῦ διεκώλυον αὐτὸν τοῦ * εἰσελθεῖν * πρὸς τὸν πατέρα αὐτοῦ καὶ εἶπον αὐτῷ τί
Sal. 4 17 ἔργου χειρῶν αὐτοῦ ἐν ἀτιμίᾳ. κενὸς χερσὶν αὐτοῦ * εἰσέλθοι * εἰς τὸν οἶκον αὐτοῦ καὶ ἐλλιπὴς ὁ οἶκος αὐτοῦ
Sal. 8 16 γῆς μετὰ χαρᾶς εἶπαν αὐτῷ ἐπευκτὴ ἡ ὁδός σου δεῦτε * εἰσέλθατε * μετ' εἰρήνης. ὡμάλισαν ὁδοὺς τραχείας ἀπὸ
Sal. 8 18 πύλας ἐπὶ Ιερουσαλημ ἐστεφάνωσαν τείχη αὐτῆς. * εἰσῆλθεν * ὡς πατὴρ εἰς οἶκον υἱῶν αὐτοῦ μετ' εἰρήνης
Jer. 1 8 οὔτε γὰρ ὁ βασιλεὺς οὔτε ἡ δύναμις αὐτοῦ δυνήσεται * εἰσελθεῖν * εἰς αὐτὴν εἰ μὴ ἐγὼ πρῶτος ἀνοίξω τὰς πύλας
Jer. 1 10 ἐὰν μή τι ἐγὼ πρῶτος ἀφανίσω τὴν πόλιν οὐ δύνανται * εἰσελθεῖν * εἰς αὐτήν. ταῦτα εἰπὼν ὁ κύριος ἀπῆλθεν ἀπὸ
Jer. 2 1 αὐτοῦ καὶ ἐπέθηκεν χοῦν ἐπὶ τὴν κεφαλὴν αὐτοῦ καὶ * εἰσῆλθεν * εἰς τὸ ἁγιαστήριον τοῦ θεοῦ. ἰδὼν δὲ αὐτὸν ὁ
Jer. 3 14 Ἱερεμίου εἰς τὸν οὐρανόν. Ἱερεμίας δὲ καὶ Βαροὺχ * εἰσῆλθον * εἰς τὸ ἁγιαστήριον καὶ ἐπάραντες τὰ σκεύη τῆς
Jer. 4 1 τὴν πόλιν. ἐσάλπισεν δὲ ὁ μέγας ἄγγελος λέγων * εἰσέλθατε * εἰς τὴν πόλιν ἡ δύναμις τῶν Χαλδαίων ἰδοὺ γὰρ
Jer. 4 2 δύναμις τῶν Χαλδαίων ἰδοὺ γὰρ ἠνεῴχθη ὑμῖν ἡ πύλη. * εἰσελθέτω * οὖν ὁ βασιλεὺς μετὰ τοῦ πλήθους αὐτοῦ καὶ
Jer. 5 7 τῶν σύκων καὶ ἐπέθηκεν ἐπὶ τῶν ὤμων αὐτοῦ καὶ * εἰσῆλθεν * εἰς Ἱερουσαλὴμ καὶ οὐκ ἐπέγνω αὐτὴν οὔτε τὴν
Jer. 6 14 κύριος. ὁ μὴ ἀφοριζόμενος ἐκ τῆς Βαβυλῶνος οὐ μὴ * εἰσέλθῃ * εἰς τὴν πόλιν καὶ ἐπιτιμῶ αὐτοῖς τοῦ μὴ
Jer. 7 21 σῶσον ἡμᾶς καὶ ἀπάγγειλον ἡμῖν τί ποιήσωμεν ἵνα * εἰσέλθωμεν * πάλιν εἰς τὴν πόλιν ἡμῶν. ἀποκριθεὶς δὲ
Jer. 7 23 γὰρ εὑρέθης ἐναντίον τοῦ θεοῦ καὶ οὐκ ἔασέν σε * εἰσελθεῖν * ἐνταῦθα ὅπως μὴ ἴδῃς τὴν κάκωσιν τὴν γενομένην
Jer. 7 24 ἵνα μὴ ἴδῃς τὴν κάκωσιν τοῦ λαοῦ. ἀφ' ἧς γὰρ * εἰσήλθομεν * ἐνταῦθα οὐκ ἐπαύσατο ἡ λύπη ἀφ' ἡμῶν ἑξήκοντα
Jer. 8 5 ὅτι πᾶς ἄνθρωπος κοινωνῶν Βαβυλωνίταις οὐ μὴ * εἰσέλθῃ * εἰς τὴν πόλιν ταύτην. καὶ εἶπον πρὸς ἑαυτοὺς
Jer. 8 7 οἱ Βαβυλωνῖται εἰς συνάντησιν αὐτῶν λέγοντες οὐ μὴ * εἰσέλθητε * εἰς τὴν πόλιν ἡμῶν ὅτι ἐμισήσατε ἡμᾶς καὶ
Jer. 8 7 ἡμᾶς καὶ κρυφῇ ἐξήλθετε ἀφ' ἡμῶν διὰ τοῦτο οὐκ * εἰσελεύσεσθε * πρὸς ἡμᾶς. ὅρκῳ γὰρ ὡρκίσαμεν ἀλλήλους κατὰ
Jer. 9 11 λέγουσα μὴ κηδεύετε τὸν ἔτι ζῶντα ὅτι ἡ ψυχὴ αὐτοῦ * εἰσέρχεται * εἰς τὸ σῶμα αὐτοῦ πάλιν. καὶ ἀκούσαντες τῆς
Jer. 9 13 ποίᾳ ὥρᾳ μέλλει ἀναστῆναι; μετὰ δὲ τρεῖς ἡμέρας * εἰσῆλθεν * ἡ ψυχὴ αὐτοῦ εἰς τὸ σῶμα αὐτοῦ καὶ ἐπῆρε τὴν
Bar. 1 5 θεοῦ. ἡ γὰρ δέησίς σου ἠκούσθη ἐνώπιον αὐτοῦ καὶ * εἰσῆλθεν * εἰς τὰ ὦτα κυρίου τοῦ θεοῦ. καὶ ταῦτα εἰπών μοι
Bar. 2 2 καὶ ἔδειξέ μοι θύραν πανμεγέθη. καὶ εἶπέν μοι * εἰσέλθωμεν * δι' αὐτῆς. καὶ εἰσήλθομεν ὡς ἐν πτέρυξιν ὡσεὶ
Bar. 2 2 πανμεγέθη. καὶ εἶπέν μοι εἰσέλθωμεν δι' αὐτῆς. καὶ * εἰσήλθομεν * ὡς ἐν πτέρυξιν ὡσεὶ πορείας ὁδοῦ ἡμερῶν
Bar. 3 1 μοι (ἐν) κἀκεῖ θύραν ὁμοίαν τῆς πρώτης. καὶ εἶπεν * εἰσέλθωμεν * δι' αὐτῆς. καὶ εἰσήλθομεν ἀναπτερωμένοι ὡσεὶ
Bar. 3 2 τῆς πρώτης. καὶ εἶπεν εἰσέλθωμεν δι' αὐτῆς. καὶ * εἰσήλθομεν * ἀναπτερωμένοι ὡσεὶ πορείας ὁδοῦ ἡμερῶν
Bar. 4 10 τὸ ὕδωρ ἐπάνω τῶν ὑψηλῶν ἐπὶ πήχεις δεκαπέντε * εἰσῆλθε * τὸ ὕδωρ εἰς τὸν παράδεισον καὶ ἦρεν πᾶν ἄνθος τὸ
Bar. 11 2 καὶ εἶπον κύριε οὐκ ἀνοίγεται ὁ πυλὼν οὗτος ὅπως * εἰσέλθωμεν; * καὶ εἶπέν μοι ὁ ἄγγελος οὐ δυνάμεθα
Bar. 11 2 εἰσέλθωμεν; καὶ εἶπέν μοι ὁ ἄγγελος οὐ δυνάμεθα * εἰσελθεῖν * ἕως ἔλθῃ Μιχαὴλ ὁ κλειδοῦχος τῆς βασιλείας τῶν
Bar. 13 4 πᾶσα ἀδικία καὶ πλεονεξία. οὐ γὰρ εἴδομεν αὐτοὺς * εἰσελθεῖν * ἐν ἐκκλησίᾳ ποτέ οὐδὲ εἰς πνευματικοὺς πατέρας
Bar. 15 4 ἐπὶ ὀλίγῃ ἐστέ πιστοὶ ἐπὶ πολλῶν ὑμᾶς καταστήσει * εἰσέλθατε * εἰς τὴν χαρὰν τοῦ κυρίου ὑμῶν. καὶ στραφεὶς

```
Esdr.    1     6   τῶν Χριστιανῶν καλὸν μὴ γεννηθῆναι τὸν ἄνθρωπον ἢ * εἰσελθεῖν * ἐν τῷ κόσμῳ. ἀνελήφθην οὖν εἰς τὸν οὐρανὸν καὶ
Esdr.    6    26   οἱ ἅγιοι καὶ δίκαιοι ὅτι εἰς τὸ τρυβλίον τοῦ ᾅδου * εἰσῆλθον. * καὶ εἶπεν αὐτῷ ὁ θεὸς ἄκουσον Ἐσδρὰμ ἀγαπητέ
Sedr.    5     5   πολεμεῖν ἀθεώρητον πνεῦμα; αὐτὸς δὲ ὡς καπνὸς * εἰσέρχεται * εἰς τὰς καρδίας τῶν ἀνθρώπων ⟨καὶ⟩ διδάσκει
Job      6     2   θύρας. ἀκούσατέ μου τεκνία καὶ θαυμάσατε ἅμα γὰρ * εἰσῆλθον * εἰς τὸν οἶκόν μου καὶ τὰς θύρας μου
Job      6     6   λέγουσα ὅτι βούλομαι συντυχεῖν σοι. καὶ ἡ θυρωρὸς * εἰσελθοῦσα * λέγει μοι ταῦτα, καὶ ἤκουσεν παρ' ἐμοῦ
Job     15     2   διακονίας ἦρον καθ' ἡμέραν τὸ δεῖπνον αὐτῶν καὶ * εἰσήρχοντο * παρὰ τῷ ἀδελφῷ τῷ πρεσβυτέρῳ δειπνῆσαι μετ'
Job     18     7   τὸ φορτίον λέγων θέλω ἀπολέσθαι τὰ πάντα, μόνον * εἰσελθεῖν * εἰς τὴν πόλιν ταύτην ἵνα κληρονομήσω τὰ
Job     38     3   μου ἀκούσατε ὃ ἐπερωτῶ ὑμᾶς. διὰ στόματος ἡ τροφὴ * εἰσέρχεται, * καὶ πάλιν τὸ ὕδωρ διὰ τοῦ αὐτοῦ στόματος
Job     40     4   μοι μνημόσυνον παρὰ κυρίου ἀναστήσομαι δὴ καὶ * εἰσελεύσομαι * εἰς τὴν πόλιν καὶ καμμύσω ὀλίγον καὶ
Job     40     5   τῆς δουλείας μου. καὶ ἀπελθοῦσα εἰς τὴν πόλιν * εἰσῆλθεν * εἰς τὴν ἔπαυλιν τῶν βοῶν αὐτῆς τῶν ἁρπασθέντων
Job     40     8   αὐτῆς ἄρχων ἐπιζητήσας αὐτὴν καὶ μὴ εὑρὼν * εἰσῆλθεν * ἑσπέρας οὔσης εἰς τὴν ἔπαυλιν τῶν κτηνῶν, καὶ
Job     44     1   πάντων καὶ κυκλούντων τὸ θυσιαστήριον, ἀναστάντες * εἰσήλθομεν * εἰς τὴν πόλιν εἰς ἣν νῦν οἰκοῦμεν οἰκίαν, καὶ
Aris.   13     3   ἐν τοῖς φρουρίοις ἤδη μὲν καὶ πρότερον ἱκανῶν * εἰσεληλυθότων * σὺν τῷ Πέρσῃ καὶ πρὸ τούτων ἑτέρων
FJub.    3    13   θήλεος πρὸς τὸ ἄρσεν. ἄφεδρος γὰρ πάλιν οὖσα οὐκ * εἰσέρχεται * ἕως ἑπτὰ ἡμέρας ἐν τῷ ἱερῷ κατὰ τὸν θεῖον
FJub.    3    23   δὲ ταῦτα διὰ τὸ τολμηρῶς εἰς τὸν παράδεισον * εἰσελθεῖν * καὶ διὰ τὸ πρῶτος ἀπὸ τοῦ ξύλου λαβεῖν καὶ
FJub.    5    22   Νῶε Ἐμζαρα θυγάτηρ Βαραχιὴλ πατραδέλφου αὐτοῦ. * εἰσῆλθεν * πρὸς ἡμᾶς ἡ κιβωτὸς τοῦ θεοῦ τῇ πέμπτῃ τοῦ
FAch.  112         κέρατα ἔχων. καθίσας δὲ ἐπὶ θρόνου ἐκέλευσεν * εἰσελθεῖν * τὸν Ἀτσωπον. ὁ δὲ θεασάμενος τὴν παρασκευὴν
FAch.  114         αὐτὸν ἔχων ἄνθεα πολλὰ καὶ ἐκέλευσε τὸν Ἀτσωπον * εἰσελθεῖν. * εἰσελθόντος δὲ ἐπηρώτησε λέγων τίνι ἴκελόν με
FAch.  114         ἄνθεα πολλὰ καὶ ἐκέλευσε τὸν Ἀτσωπον εἰσελθεῖν. * εἰσελθόντος * δὲ ἐπηρώτησε λέγων τίνι ἴκελόν με βλέπεις
HDem.   9    21  18  Αἰγύπτῳ ἔτη λ θ'. εἶναι δὲ ἀπὸ τοῦ Ἀδὰμ ἕως τοῦ * εἰσελθεῖν * εἰς Αἴγυπτον τοὺς τοῦ Ἰωσὴφ συγγενεῖς ἔτη γ χ
HArt.   9    27  24  τὰ βασίλεια ἐλθεῖν εὑρόντα δὲ ἀνεῳγμένας τὰς θύρας * εἰσελθεῖν * καὶ ἔνθαδε τῶν φυλάκων παρειμένων τὸν βασιλέα
LEze.   9    29 12 36  μισθὸν ἀποδῶσι βροτοῖς. ὅταν δ' ἐς ἴδιον χῶρον * εἰσέλθῃ * ὅπως ἀφ' ᾗσπερ ἠοῦς ἔφυγετ' Αἰγύπτου δ' ἄπο
εἰσέτι                                                                          1
Sib.     3    47              αὐτὰρ ἐπεὶ Ῥώμη καὶ Αἰγύπτου βασιλεύσει * εἰσέτι * δηθύνουσα +τότε δὴ+ βασιλεία μεγίστη ἀθανάτου
εἰσηγέομαι                                                                      1
HAno.   9    17   8   καὶ τὴν ἀστρολογίαν καὶ τὰ λοιπὰ τοῦτον αὐτοῖς * εἰσηγήσασθαι * φάμενον Βαβυλωνίους ταῦτα καὶ αὐτὸν
εἰσθεάομαι                                                                      1
LEze.   9    29  6 05   καὶ αὐτὸς βραβεύσεις καὶ καθηγήσῃ βροτῶν; τὸ δ' * εἰσθεᾶσθαι * γῆν ὅλην τ' οἰκουμένην καὶ τὰ ὑπένερθε καὶ
εἰσκύρω                                                                         1
LEze.   9    29 14 39   αὐτῆς ᾠχόμεθα συντόμως κατ' ἴχνος αὐτῶν νυκτὸς * εἰσεκύρσαμεν * βοηδρομοῦντες ἁρμάτων δ' ἄφνω τροχοὶ οὐκ
εἰσοδεύω                                                                        1
Aris.  102    5   ἄκρας εἰ μὴ ταῖς ἑορταῖς καὶ τοῦτο ἐκ μέρους οὐδὲ * εἰσοδεύειν * εἴων οὐδένα. μετὰ ἀκριβείας δὲ πολλῆς εἶχον
εἴσοδος                                                                        10
TBen.   12    3   αὐτὸν ἐν παραθήκῃ. καὶ ἐνενηκοστῷ πρώτῳ ἔτει τῆς * εἰσόδου * τῶν υἱῶν Ἰσραὴλ εἰς Αἴγυπτον αὐτοὶ καὶ οἱ
Sal.     4    5   αὐτοῦ λαλεῖ πάσῃ γυναικὶ ἐν συνταγῇ κακίας ταχὺς * εἰσόδῳ * εἰς πᾶσαν οἰκίαν ἐν ἱλαρότητι ὡς ἄκακος. ἐξᾶραι ὁ
Sal.     4   14   ἐνώπιόν σου ἡ ἔξοδος αὐτοῦ ἐν στεναγμοῖς καὶ ἡ * εἰσοδος * αὐτοῦ ἐν ἀρᾷ ἐν ὀδύναις καὶ πενίᾳ καὶ ἀπορίᾳ ἡ
Sal.     8   17   μετ' εἰρήνης. ὡμάλισαν ὁδοὺς τραχείας ἀπὸ * εἰσόδου * αὐτοῦ ἤνοιξαν πύλας ἐπὶ Ἱερουσαλημ ἐστεφάνωσαν
Sal.    11    4   εἰς ὁμαλισμὸν αὐτοῖς οἱ βουνοὶ ἔφυγον ἀπὸ * εἰσόδου * αὐτῶν οἱ δρυμοὶ ἐσκίασαν αὐτοῖς ἐν τῇ παρόδῳ
Bar.     4   15   τὴν ἀνάκλησιν προσλαβεῖν καὶ τὴν εἰς παράδεισον * εἰσόδου. * γινωσκε τοιγαροῦν ὦ Βαροὺχ ὅτι ὥσπερ ὁ Ἀδὰμ
Prop.    1    7   διαγράψαντος κατ' ἀνατολὰς τῆς Σιὼν ἥτις ἔχει * εἰσοδον * ἀπὸ Γαβαῶν μήκοθεν τῆς πόλεως σταδίους εἴκοσι.
Aris.  120    4   ἀλλοτριωθῆναι παρεύρεσιν λαβόντων εἰς τοὺς τόπους * εἰσόδου * διὰ τοῦτο τὴν διαβολὴν γεγονέναι ταύτην. ὅσον
FJub.    3    9   μετὰ τρεῖς ἡμέρας τῆς ἐν τῷ παραδείσῳ αὐτοῦ * εἰσόδου * ἡλίου ὄντος ταύρῳ καὶ σελήνης αἰγοκέρωτι
FJub.    3   11   ἡμέρας ὀγδοήκοντα διά τε τὴν ἐν τῷ παραδείσῳ αὐτῆς * εἰσόδου * τῇ ὀγδοηκοστῇ ἡμέρᾳ καὶ διὰ τὸ ἀκάθαρτον τοῦ
εἰσοράω                                                                    4 (cf.+ εἰσεῖδον)
Sib.     4   190   θ' ἅμα καὶ χάριν αὐτοῖς εὐσεβέσιν πάντες δὲ τότ' * εἰσόψονται * ἑαυτοὺς νήδυμον ἠελίου τερπνὸν φάος
Sib.     4   191   εἰσόψονται ἑαυτοὺς νήδυμον ἠελίου τερπνὸν φάος * εἰσορόωντες. * ὦ μακαριστὸς ἐκεῖνον ὃς ἐς χρόνον ἔσσεται
IOrp.         8   νοερὸν κύτος εὖ δ' ἐπίβαινε ἀτραπιτοῦ μοῦνον δ' * ἐσόρα * κόσμοιο ἄνακτα ἀθάνατον. παλαιὸς δὲ λόγος περὶ
IOrp.        12   ἐν δ' αὐτοῖς αὐτὸς περινίσσεται οὐδέ τις αὐτὸν * εἰσορᾷ * θνητῶν αὐτὸς δέ γε πάντας ὁρᾶται. αὐτὸν δ' οὐχ
εἰσπέτομαι                                                                      1
Sib.     5   104   τριτάτην δειλοῖσι βροτοῖσιν. αὐτὸς δ' ἐκ δυσμῶν * εἰσπτήσεται * ἅλματι κούφῳ σύμπασαν γαῖαν πολιορκῶν πᾶσαν
εἰσπηδάω                                                                        4
TJos.    7    3   με. καὶ ἐθεράπευεν αὐτὴν μὴ ἀσθενοῦσαν. τότε * εἰσεπήδησε * πρός με ἔτι ὄντος ἔξω τοῦ ἀνδρὸς αὐτῆς καὶ
Asen.    5    1   καὶ μετὰ ἀλαζονείας καὶ ὀργῆς ἀπεκρίθη αὐτῷ. καὶ * εἰσεπήδησε * νεανίσκος ἐκ τῆς θεραπείας Πεντεφρῆ καὶ λέγει
Asen.   18    1   μου. καὶ ὡς ἔτι λαλεῖ Ἀσενὲθ ταῦτα ἐν ἑαυτῇ ἰδοὺ * εἰσεπήδησε * νεανίσκος ἐκ τῆς θεραπείας Πεντεφρῆ καὶ λέγει
Job     40   10   καὶ ἡ φωνὴ ἔδωκεν διὰ πάσης τῆς πόλεως. καὶ τότε * εἰσεπήδησαν * γνῶναι τὸ γεγονός, καὶ εὗρον αὐτὴν νεκράν,
εἰσποιέω                                                                        1
FJub.   47    5   Φαραῷ θερμούθιδι τῇ καὶ Φαρίῃ βασιλίδι οὔσῃ * εἰσποιηθεὶς * καὶ πᾶσαν Αἰγυπτίων ἀσκηθεὶς παίδευσιν ὡς
εἰσπορεύω                                                                       3
Hen.     7    1   αὐτῶν ἐξελέξαντο ἑαυτοῖς γυναῖκας καὶ ἤρξαντο * εἰσπορεύεσθαι * πρὸς αὐτὰς καὶ μιαίνεσθαι ἐν αὐταῖς καὶ
TLevi   18 2B019  σου ἀπὸ πάσης ἀκαθαρσίας παντὸς ἀνθρώπου. καὶ ὅταν * εἰσπορεύῃ * ἐν τοῖς ἁγίοις λούου ὕδατι πρῶτον καὶ τότε
Sal.     2   11   ἀντὶ πορνῶν ἐν αὐτῇ πᾶς ὁ παραπορευόμενος * εἰσεπορεύετο * κατέναντι τοῦ ἡλίου. ἐνέπαιζον ταῖς
εἰσφέρω                                                                         7
Hen.    9B    6   σε δύναται. ὁρᾷς ὅσα ἐποίησεν Ἀζαὴλ καὶ ὅσα * εἰσήνεγκεν * ὅσα ἐδίδαξεν ἀδικίας καὶ ἁμαρτίας ἐπὶ τῆς γῆς
Hen.    14    9   τῇ ὁράσει μου ἐξεπέτασάν με καὶ ἐπῆράν με ἄνω καὶ * εἰσήνεγκάν * με εἰς τὸν οὐρανὸν καὶ εἰσῆλθον μέχρις ἤγγισα
Abr.Z   14    6   εἰς τοὺς οὐρανοὺς εὐλογοῦντες τὸν φίλον κυρίου * εἰσήνεγκαν * δὲ αὐτὸν εἰς τὴν ἀνάπαυσιν. ἔθαψεν δὲ Ἰσαὰκ
Asen.   15   14   ἐπ' αὐτὴν πώποτε. καὶ παραθῶσαι σοι τράπεζαν καὶ * εἰσοίσω * σοι ἄρτον καὶ φάγεσαι καὶ οἴσω σοι ἐκ τοῦ
Jer.     9    5   ὁ ἀνοίγων τὰς πύλας τοῖς δικαίοις ἕως ἂν * εἰσενέγκῃ * τοὺς δικαίους. παρακαλῶ σε κύριε παντοκράτωρ
FJub.    3   11   οὗ χάριν καὶ τὰ γεννώμενα τῇ τεσσαρακοστῇ ἡμέρᾳ * εἰσφέρουσιν * ἐν τῷ ἱερῷ κατὰ τὸν νόμον. ἐπὶ δὲ θήλεος
HDem.   9    21   4  πάλιν ἀντὶ τῶν μήλων τῶν μανδραγόρου ἃ Ῥουβὴλ * εἰσενεγκεῖν * παρὰ Ῥαχὴλ συλλαβεῖν καὶ τὴν παιδίσκην
εἴσω                                                                           2
Adam    13    6   σου ἐπειδὴ ἐπληρώθη τὸ μέτρον τῆς ζωῆς αὐτοῦ * εἴσω * τριῶν ἡμερῶν. ἐξερχομένης δὲ τῆς ψυχῆς αὐτοῦ
Sib.     4   18   ἠδέ τ' ἐλαίην. οὕτος μοι μάστιγα διὰ φρενὸς ἤλασεν * εἴσω * ἀνθρώποις ὅσα νῦν τε καὶ ὁππόσα ἔσσεται αὖτις ἐκ
εἶτα                                                                          40
εἶτε                                                                           5
Aris.  136    1   προσκυνοῦσι παρὰ πόδας ἔχοντες τὴν ἀναισθησίαν. * εἶτε * γὰρ κατ' ἐκεῖνό τις θεοῖ κατὰ τὴν ἐξεύρεσιν
FEz.   64   70   11  κατέβησαν εἰς τὸν παράδεισον. εἶτα λοιπὸν * εἶτε * ἠδίκησαν εἶτε καὶ οὐκ ἠδίκησαν ὅμως τὰ ἴχνη πέφηνεν
FEz.   64   70   11  εἰς τὸν παράδεισον. εἶτα λοιπὸν εἶτε ἠδίκησαν * εἶτε * καὶ οὐκ ἠδίκησαν ὅμως τὰ ἴχνη πέφηνεν ἐν τῷ
FrAn.  574  3043  καὶ σὺ λάλησον ὁποῖον ἐὰν ᾖς ἐπουράνιον ἢ ἀέριον * εἶτε * ἐπίγειον εἴτε ὑπόγειον ἢ καταχθόνιον ἢ Ἐβουσαῖον ἢ
FrAn.  574  3043  ὁποῖον εἶτε ᾖς ἐπουράνιον ἢ ἀέριον εἶτε ἐπίγειον * εἶτε * ὑπόγειον ἢ καταχθόνιον ἢ Ἐβουσαῖον ἢ Χερσαῖον ἢ
ἐκ                                                                           718  ἐκ ἐξ Ἐκ ἐξ ἐκ τάξ
ἕκαστος                                                                        124  Ἕκαστος Ἕκαστον ἑκάστην ἑκάστη ἑκάστῳ Ἕκαστα ἑκάστης Ἕκαστόν ἑκάστων ἕκαστ'
                                                                                    ἑκάστωι ἑκάστη ἑκάστους
Ἑκαταῖος                                                                        2
Aris.   31    8   καὶ σεμνὴν εἶναι τὴν ἐν αὐτοῖς θεωρίαν ὥς φησιν * Ἑκαταῖος * ὁ Ἀβδηρίτης. ἐὰν οὖν φαίνηται βασιλεῦ
HHec.    1   22  201  καὶ τὸ παράπαν οἶνον οὐ πίνοντες ἐν τῷ ἱερῷ. ἐμοῦ * ⟨Ἑκαταίου⟩ * γοῦν ἐπὶ τὴν Ἐρυθρὰν θάλασσαν βαδίζοντος
ἑκάτερος                                                                        8
Hen.    24    2   ἐπορεύθην καὶ ἐθεασάμην ἑπτὰ ὄρη ἔνδοξα πάντα * ἑκάτερα * τοῦ ἑκατέρου διαλλάσσοντα ὧν οἱ λίθοι ἔντιμοι τῇ
Hen.    24    2   καὶ ἐθεασάμην ἑπτὰ ὄρη ἔνδοξα πάντα ἑκάτερα τοῦ * ἑκατέρου * διαλλάσσοντα ὧν οἱ λίθοι ἔντιμοι τῇ καλλονῇ καὶ
TJud.    5    4   ἐφ' ἡμᾶς καὶ οὕτως λάθρα οἱ ἀδελφοὶ ἐξ * ἑκατέρων * πασσάλοις ἐπανέβησαν τῷ τείχει καὶ εἰσῆλθον εἰς
TDan     5    4   δυνήσεσθε παρὰ τούτου. ἄγγελος γὰρ κυρίου ὁδηγεῖ * ἑκατέρων * ὅτι ἐν αὐτοῖς στήσεται Ἰσραήλ. καὶ ὡς ἂν
Aris.   93    3   ὄντα ταλάντων δύο σχεδὸν ἑκάστου ἀναρριπτοῦσιν * ἑκάτεραις * θαυμασίως ὕψος ἱκανὸν καὶ οὐχ ἁμαρτάνουσι τῆς
Aris.   96    5   εἰσὶν αὐτοῦ μέλους ἦχον ἀνιέντες ἰδιάζοντα παρ' * ἑκάτερον * δὲ τούτων ἄνθεσι πεποικιλμένοι ῥοΐσκοι τῇ χρόᾳ
FEz.   64   70   16  πέλει μάστιξ καὶ ἀλλήλους ἐλέγχουσιν ὁ μὲν χωλὸς λέγων τῷ τυφλῷ * ἑκάτερος * ἀλλήλους ἐλέγχουσιν ὁ μὲν χωλὸς λέγων τῷ τυφλῷ
HEup.    9   34   8   ἐν τῇ σκηνῇ τοῦ μαρτυρίου τεθεῖσαν στῆσαι δ' ἐξ * ἑκατέρου * μέρους τοῦ σηκοῦ τὰς μὲν ἐκ δεξιῶν τὰς δὲ ἐξ
ἑκατέρωθεν                                                                      1
Job     40    1   αὐτοῖς ἐγείρατέ με ἵνα σταθῶ. οἱ δὲ ἤγειράν με * ἑκατέρωθεν * τοὺς βραχίονάς μου ὑποστηρίζοντες καὶ τότε
ἕκατι                                                                          3
FPho.         46  εἴθε σε μὴ θνητοῖσι γενέσθαι πῆμα ποθεινὸν σεῦ γὰρ * ἕκητι * μάχαι τε λεηλασίαι τε φόνοι τε ἐχθρὰ δὲ τέκνα
LEze.    9   28  2 11  τε βαρεσιν αἰκίζων βροτοὺς πόλεις τ' ἐπύργου σφῶν * ἕκατι * δυσμόρων. ἔπειτα κηρύσσαι ἐν Ἑβραίων γένει
LEze.    9   29  8 08  γεγῶτα τῶν λόγων δ' ἔξεστί σοι ἐμῶν ἀκούειν τῶν * ἕκατ' * ἐλήλυθα. ἐγὼ θεὸς σῶν ὧν λέγεις γεννητόρων Ἀβραάμ
ἑκατόμβη                                                                       2
Sib.     3   576  περικυδανέουσιν λοιβῇ τε κνίσσῃ τ' ἠδ' αὖθ' ἱεραῖς * ἑκατόμβαις * ταύρων ζατρεφέων θυσίαις κριῶν τε τελείων
Sib.     5   407  πάντων θεοπνεύστων ἐν θυσίαις ἁγίαις ἐγέραιρον καὶ * ἑκατόμβαις. * νῦν δέ τις ἐξαναβὰς ἀφανὴς βασιλεὺς καὶ
```

**ἑκατόν**   48

```
Hen.    90    4  τῆς ζωῆς αὐτῶν ἀπὸ τοῦ νῦν οὐ μὴ ἔσονται πλείω τῶν * ἑκατόν * εἴκοσιν ἐτῶν. καὶ μὴ δόξητε ἔτι ζῆσαι ἐπὶ πλείονα
TSim.    8    1  υἱοῖς αὐτοῦ καὶ ἐκοιμήθη μετὰ τῶν πατέρων αὐτοῦ * ἑκατόν * εἴκοσιν ἐτῶν. καὶ ἔθηκαν αὐτὸν ἐν θήκῃ ξύλων
TLevi   19    4  αὐτοῦ καὶ προσετέθη πρὸς τοὺς πατέρας αὐτοῦ ζήσας * ἑκατόν * τριάκοντα ἑπτὰ ἔτη. καὶ ἔθηκαν αὐτὸν ἐν σορῷ καὶ
TJud.   26    2  κατευθύνουσι τὰς ὁδοὺς αὐτῶν. καὶ εἶπε πρὸς αὐτούς * ἑκατόν * δεκαεννέα ἐτῶν ἐγὼ ἀποθνήσκω σήμερον ἐν ὀφθαλμοῖς
TIss.    7    1  ἐξελεῖται αὐτοὺς τοῦ ἐπιστρέψαι εἰς τὴν γῆν αὐτῶν. * ἑκατόν * εἰκοσιδύο ἐτῶν εἰμι ἐγὼ καὶ οὐκ ἔγνων ἐπ' ἐμὲ
TJos.   16    5  καὶ δίδει αὐτοῖς ὀγδοήκοντα χρυσίνους ἀντ' ἐμοῦ * ἑκατόν * εἰπὼν τῇ Αἰγυπτίᾳ δεδόσθαι ἀντ' ἐμοῦ. καὶ ἰδὼν
TJos.   18    3  καὶ θυγατέρα κυρίου μου ἔλαβον εἰς γυναῖκα καὶ * ἑκατόν * τάλαντά μοι χρυσίου δέδοται σὺν αὐτῇ ὅτι κύριός
TBen.    1    1  Βενιαμὶν ὃν διέθετο τοῖς υἱοῖς αὐτοῦ ζήσας ἔτη * ἑκατόν * εἰκοσιπέντε. καὶ φιλήσας αὐτοὺς εἶπεν ὡς Ἰσαὰκ
TBen.    7    3  ἑπτὰ ἐκδικίαις παραδίδοται ὑπὸ τοῦ θεοῦ κατὰ γὰρ * ἑκατόν * ἔτη μίαν πληγὴν ἐπήγαγεν αὐτῷ ὁ κύριος. διακοσίων
TBen.   12    2  Χεβρὼν ἐγγὺς τῶν πατέρων μου. καὶ ἀπέθανε Βενιαμὶν * ἑκατόν * εἰκοσιπέντε ἐτῶν ἐν γήρει καλῷ καὶ ἔθηκαν αὐτὸν
Asen.   29    8  ἐκ τοῦ πένθους ἐμαλακίσθη καὶ ἀπέθανε Φαραὼ ἐτῶν * ἑκατόν * ἐννέα καὶ κατέλιπε τὸ διάδημα αὐτοῦ τῷ Ἰωσήφ.
Bar.     4    2  ἀγγέλου ἀπὸ τοῦ τόπου ἐκείνου ὡσεὶ πορείας ἡμερῶν * ἑκατόν * ὀγδοήκοντα πέντε. καὶ ἐδειξέν μοι πεδίον καὶ ὄψιν
Prop.   25    1  ὡς πάντας ὑπερθαυμάσαι καὶ τὸν ὑπατικὸν πῶς * ρ * κ' ἐτῶν τυγχάνων ὑπέμεινε τὰς αἰκίας καὶ ἐκέλευσεν
Sedr.   12    4  ἔτη ὀγδοήκοντα ⟨ἢ⟩ ἐνενήκοντα ἐὰν ζήσῃ ἄνθρωπος ἢ * ἑκατόν * καὶ ζήσῃ αὐτοὺς ἐν ἁμαρτίαις καὶ πάλιν ἐπιστρέψῃ
Sedr.   12    5  ἁμαρτίας· λέγει αὐτὸν ὁ θεὸς ἐὰν ἐπιστρέψας ζῶν τὰ * ἑκατόν * ⟨ἢ⟩ ὀγδοήκοντα μετανοήσας τρία ἔτη καὶ ποιήσῃ
Sedr.   13    3  εἰσιν τὰ τρία ἔτη. λέγει αὐτὸν ὁ θεὸς ἐὰν μετὰ * ἑκατόν * ἔτη ζήσῃ ἄνθρωπος καὶ μνησθῇ τὸν θάνατον αὐτοῦ
Job      9    2  τὰ συμβεβηκότα μοι καὶ τὰ ἀρθέντα μοι. εἶχον γὰρ * ἑκατόν * τριάκοντα χιλιάδας προβάτων καὶ ἀφώρισα ἀπ' αὐτῶν
Job      9    6  τοῖς ὑστερουμένοις καὶ ταῖς χήραις πάσαις εἶχον δὲ * ἑκατόν * τεσσαράκοντα χιλιάδας ὄνων νομάδων, καὶ ἀφώρισα
Job     53    9  λαβὼν πάντα διπλᾶ ἔλαβε καὶ τὰ ἔτη διπλᾶ τουτέστιν * ρ * ο'. τὰ δὲ πάντα ἔτη τῆς ζωῆς αὐτοῦ σ μ η'. καὶ
Aris.   33    9  καὶ νομίσματος εἰς θυσίας καὶ ἄλλα πρὸς τάλαντα * ἑκατόν * δηλώσομεν δέ σοι περὶ τῆς κατασκευῆς ὡς ἂν τὰ
Aris.   40    5  καὶ εἰς θυσίας καὶ τὰ ἄλλα ἀργυρίου τάλαντα * ἑκατόν * γράφων δὲ καὶ σὺ πρὸς ἡμᾶς περὶ ὧν ἐὰν βούλῃ
Aris.   42    8  ἐπισκευὰς ὧν ἂν δέηται τὸ ἱερὸν ἀργυρίου τάλαντα * ἑκατόν * ἅπερ ἐκόμισε Ἀνδρέας τῶν τετιμημένων παρά σοι
Aris.  320    5  καὶ στέφανον διαπρεπῆ καὶ βυσσίνων ὀθονίων ἱστοὺς * ἑκατόν * καὶ φιάλας καὶ τρύβλια καὶ κρατῆρας χρυσοῦς δύο
Sib.     3  264  μόνοις καρπὸν τελέθει ζείδωρος ἄρουρα ἐξ ἑνὸς εἰς * ἑκατόν * τελεθόντι τε μέτρα θεοῖο. ἀλλ' ἄρα καὶ πίνουσι
Sib.     3  533  τρόμος δ' ὑπὸ γούνασιν ἔσται. φεύξονται δ' * ἑκατόν * εἰς δ' αὐτοὺς πάντας ὀλέσουσι πέντε δὲ κινήσουσι
FJub.   11    1  Ραγαυ Ρρα θυγάτηρ Οὖρ υἱοῦ Χεζα. Ραγαβ γενόμενος * ἑκατόν * τριακονταδύο ἐτῶν ἐγέννησε τὸν Σερούχ. ἐπὶ τούτου
FJub.   15   17  ἐκ παρανόμου μίξεως. οὗτος ὁ Ἀβραὰμ ἐτῶν * ρ' * ἐγέννησεν τὸν Ἰσαάκ. μετὰ ταῦτα τῆς κατὰ Μαμβρῆ δρυὸς
HDem. 9 21    2  τὸν μὲν πατέρα καταλιπόντα Ἰσαὰκ ἐτῶν * ἑκατόν * τριάκοντα ἑπτὰ αὐτὸν δὲ ὄντα ἐτῶν ἑβδομήκοντα
HDem. 9 21    9  διὰ τὴν Δείνας φθορὰν Ἰακὼβ δὲ τότε εἶναι ἐτῶν * ἑκατόν * ἑπτά. ἐλθόντα τε οὖν αὐτὸν εἰς Λουζᾶ τῆς Βαιθὴλ
HDem. 9 21   11  ὥστ' εἶναι αὐτὸν ἐτῶν τριάκοντα Ἰακὼβ δὲ ἐτῶν * ἑκατόν * εἴκοσιν ἐν ᾧ καὶ τελευτῆσαι τὸν Ἰσαὰκ ἔτει ἑνὶ
HDem. 9 21   11  τελευτῆσαι τὸν Ἰσαὰκ ἔτει ἑνὶ ἐμπροσθεν ἐτῶν ὄντα * ἑκατόν * ὀγδοήκοντα. κρίναντα δὲ τῷ βασιλεῖ τὸν Ἰωσὴφ τὰ
HDem. 9 21   16  ἐτῶν εἴκοσι πέντε Ἰσαὰκ ἐτῶν ἑξήκοντα Ἰακὼβ ἐτῶν * ἑκατόν * τριάκοντα γίνεσθαι τὰ πάντα ἔτη ἐν γῇ Χαναὰν σι
HDem. 9 21   17  Αἰγύπτῳ ἐλθεῖν εἰς Αἴγυπτον τὸν Ἰακὼβ ὄντα ἐτῶν * ἑκατόν * τριάκοντα Ῥουβὶν ἐτῶν μ ε' Συμεῶνα ἐτῶν μ δ'
HDem. 9 21   19  ἐν Αἰγύπτῳ εὐλογήσαντα τοὺς Ἰωσὴφ υἱοὺς ὄντα ἐτῶν * ρ * κ μ ζ' καταλιπόντα Ἰωσὴφ ὄντα ἐτῶν ν ς'. Λευὶν δὲ
HDem. 9 21   19  Ἰωσὴφ ὄντα ἐτῶν ν ς'. Λευὶν δὲ γενόμενον ἐτῶν * ρ * λ ζ' τελευτῆσαι Κλὰθ δὲ ὄντα ἐτῶν μ' γεννῆσαι Ἀμβράμ
HDem. 9 21   19  εἶναι ι δ' ἐν ᾧ τελευτῆσαι Ἰωσὴφ ἐν Αἰγύπτῳ ὄντα * ρ * ι' ἐτῶν Κλὰθ δὲ γενόμενον ἐτῶν ἑκατὸν λ γ' τελευτῆσαι.
HDem. 9 21   19  ἐν Αἰγύπτῳ ὄντα ρ ι' καὶ τὸν Κλὰθ δὲ γενόμενον ἐτῶν * ἑκατόν * λ γ' τελευτῆσαι. Ἀμβρὰμ δὲ λαβεῖν γυναῖκα τὴν
HDem. 9 21   19  Ἀμβρὰμ ὄντα ἐτῶν ο η' καὶ γενόμενον Ἀμβρὰμ ἐτῶν * ρ * λ ς' τελευτῆσαι. φυγεῖν μέντοι γε τὸν Μωσῆν εἰς Μαδιὰμ
HDem. 9 29    2  Μωσῆν εἶναι γῆμαι Ἀβραὰμ τὴν Χεττούραν ὄντα ἐτῶν * ρ * μ' καὶ γεννῆσαι Ἰσαὰρ ἐξ αὐτῆς δεύτερον τὸν δὲ Ἰσαὰκ
HDem. 9 29    2  Ἰσαὰρ ἐξ αὐτῆς δεύτερον τὸν δὲ Ἰσαὰκ ὄντα ἐτῶν * ἑκατόν * γεννῆσαι. ὥστε μ β' ἐτῶν ὕστερον γεγονέναι τὸν
HDem. 1 141   1  ἣν ἐποιήσατο Ναβουχοδονόσορ ἐξ Ἱεροσολύμων ἔτη * ἑκατόν * εἴκοσι ὀκτὼ μῆνας ἕξ. ἀφ' οὗ δὲ αἱ φυλαὶ αἱ δέκα
HEup. 9 30    1  τὸν τοῦ Ναυῆ υἱὸν ἔτη λ' βιῶσαι δ' αὐτὸν ἔτη * ρ * ι' πῆξαί τε τὴν ἱερὰν σκηνὴν ἐν Σιλοῖ. μετὰ δὲ ταῦτα
HEup. 9 34   17  φοινικοβαλάνων ἀρτάβας χιλίας μέλιτος δὲ ἀγγεῖνα * ἑκατόν * καὶ ἀρώματα πέμψαι τῷ δὲ Σούρωνι εἰς Τύρον πέμψαι
HEup. 1 141   4  δωδέκατον βασιλεύοντος Αἰγύπτου συνάγεσθαι ἔτη 'ε * ρ * μ θ'. ἀφ' οὗ δὲ χρόνου ἐξήγαγε Μωυσῆς τοὺς Ἰουδαίους
HHec. 1 22  198  λίθινος μῆκος ὡς πεντάπλεθρος εὖρος δὲ πηχῶν * ἑκατόν * ἔχων διπλᾶς πύλας. ἐν ᾧ βωμός ἐστι τετράγωνος οὐκ
LEze. 9 29 14 11 αὐτῶν ἀριθμὸν ἡρόμην ἐγὼ ⟨στρατοῦ⟩ μυριάδες ⟨ἦσαν⟩ * ἑκατόν * εὐάνδρους λεώ⟨ς⟩. ἐπεὶ δ' Ἑβραίων οὐμὸς ᾔτησε
LAri.  8 10  14  εἶναι. τοῦ γὰρ παντὸς πλήθους μυριάδες οὐκ ἔλαττον * ἑκατόν * χωρὶς τῶν ἀφηλίκων ἐκκλησιαζομένων κυκλόθεν τοῦ
FrAn. 574 3056  ἔστη ἀνόδευτος ὅτι ὀρκίζω σε τὸν καταδείξαντα τὰς * ἑκατόν * τεσσαράκοντα γλώσσας καὶ διαμερίσαντα τῷ ἰδίῳ
```

**ἑκατονταπλασίων**   1

```
Bar.    15    2  πλήρη ἐπλήρωσεν αὐτὰ ἐλαίῳ λέγων ἀπενέγκατε δότε * ἑκατονταπλασίονα * τὸν μισθὸν τοῖς φίλοις ἡμῶν καὶ τοῖς
```

**ἑκατοντάρουρος**   1

```
Aris.  116    5  ἑξήκοντα μυριάδες ἀνδρῶν ἔγκληροι καθεστήκεισαν * ἑκατοντάρουροι. * πληρούμενος δὲ ὁ ποταμὸς καθὼς ὁ Νεῖλος
```

**ἑκατοντάς**   2

```
Sib.     3  551  δ' ἔχε μηδὲ λάθῃ σε. χίλια δ' ἔστ' ἔτεα καὶ πένθ' * ἑκατοντάδες * ἄλλαι ἐξ οὗ δὴ βασίλευσαν ὑπερφίαλοι
Sib.     3  626  στρέψας θεὸν ἱλάσκοιο. θῦε θεῷ ταύρων * ἑκατοντάδας * ἠδὲ καὶ ἀρνῶν πρωτοτόκων αἰγῶν τε
```

**ἑκατοστός**   14

```
Hen.    7B    1  ἀνόμων. οὗτοι καὶ οἱ λοιποὶ πάντες ἐν τῷ χιλιοστῷ * ἑκατοστῷ * ἑβδομηκοστῷ ἔτει τοῦ κόσμου ἔλαβον ἑαυτοῖς
TRub.    1    1  τοῖς υἱοῖς αὐτοῦ πρὶν ἢ ἀποθανεῖν αὐτὸν ἐν * ἑκατοστῷ * εἰκοστῷ πέμπτῳ ἔτει τῆς ζωῆς αὐτοῦ. μετὰ ἔτη
TSim.    1    1  ἃ ἐλάλησε τοῖς υἱοῖς αὐτοῦ πρὸ τοῦ θανεῖν αὐτὸν * ἑκατοστῷ * εἰκοστῷ ἔτει τῆς ζωῆς αὐτοῦ ἐν ᾧ ἔτει ἀπέθανεν
TLevi   12    7  καὶ ἰδού ἐστε τέκνα μου τρίτη γενεά. Ἰωσὴφ * ἑκατοστῷ * ὀκτωκαιδεκάτῳ ἔτει ἀπέθανεν. καὶ νῦν τέκνα μου
TZab.    1    1  ἀντίγραφον Ζαβουλῶν ἃ διέθετο τοῖς τέκνοις αὐτοῦ * ἑκατοστῷ * τετάρτῳ καὶ δεκάτῳ ἔτει τῆς ζωῆς αὐτοῦ μετὰ δύο
TDan.    1    1  εἶπε τοῖς υἱοῖς αὐτοῦ ἐπ' ἐσχάτων τῶν ἡμερῶν αὐτοῦ * ἑκατοστῷ * πέμπτῳ ἔτει τῆς ζωῆς αὐτοῦ. καλέσας τὴν
TNep.    1    1  Νεφθαλὶμ ἧς διέθετο ἐν καιρῷ τέλους αὐτοῦ ἐν ἔτει * ἑκατοστῷ * τριακοστῷ δευτέρῳ τῆς ζωῆς αὐτοῦ. συνελθόντων
TGad     1    1  Γὰδ ἃ ἐλάλησεν αὐτὸς τοῖς υἱοῖς αὐτοῦ ἐν ἔτει * ἑκατοστῷ * εἰκοστῷ ἑβδόμῳ ζωῆς αὐτοῦ λέγων ἔνατος υἱός
TAser    1    1  διαθήκης Ἀσὴρ ἃ ἐλάλησε τοῖς υἱοῖς αὐτοῦ * ἑκατοστῷ * εἰκοστῷ ἕκτῳ ἔτει ζωῆς αὐτοῦ. ἔτι ὑγιαίνων εἶπε
TBen.    1    2  καὶ φιλήσας αὐτοὺς εἶπεν ὡς Ἰσαὰκ * ἑκατοστῷ * ἔτει ἐτέχθη τῷ Ἀβραὰμ οὕτως κἀγὼ τῷ Ἰακώβ.
FJub.    4    7  ἑβδομαδικοὺς τέσσαρας ἥγουν ἔτη εἴκοσι ὀκτώ. τῷ * ἑκατοστῷ * εἰκοστῷ ἑβδόμῳ καὶ ὁ Ἀδὰμ καὶ ἡ Εὕα ἐθέμεντο
FJub.    4    9  ἔτει ὁ Ἀδὰμ καὶ ἡ Εὕα ἀπέθεντο τὸ πένθος. τῷ * ἑκατοστῷ * τριακοστῷ πέμπτῳ ἔτει ἔλαβεν ὁ Κάιν τὴν ἰδίαν
FJub.   29   12  ἐκλύσῃς τοῦ ζυγόν αὐτοῦ ἀπὸ τοῦ τραχήλου σου. τῷ * ρ * μ γ' ἔτει τοῦ Ἰσαὰκ ἐπανῆλθεν Ἰακὼβ πρὸς αὐτὸν ἀπὸ
FJub.   48    9  Γαβριὴλ τὰ περὶ τῆς γενεσίου τοῦ κόσμου. ἐν * ρ * μ δ' ἔτει τῆς ἐν Αἰγύπτῳ δουλείας ἤρξαντο Αἰγύπτιοι
```

**ἐκβαίνω**   3

```
Adam   29   13  καὶ ταῦτα εἰπὼν δεύτερον ἠπάτησέν με ὁ ἐχθρός. καὶ * ἐξέβην * ἀπὸ τοῦ ὕδατος. νῦν οὖν τεκνία μου ἐδήλωσα ὑμῖν
Aris. 256    5  ἀλλὰ τὰς βλάβας καταμελετᾶν τὰς ἐκ τῶν ἐπιθυμιῶν * ἐκβαινούσας * καὶ τὰ πρὸς τὸν καιρὸν πράσσειν δεόντως
Aris. 289    5  ἄρξαντες ὄχλων χαλεπώτεροι τῶν ἀνοσίων τυράννων * ἐξέβησαν. * ἀλλὰ ὡς προεῖπον ἦθος χρηστὸν καὶ παιδείας
```

**ἐκβάλλω**   29

```
Adam   16    3  οὐχὶ ἐκ τοῦ παραδείσου; ἀνάστα καὶ ποιήσωμεν αὐτὸν * ἐκβληθῆναι * ἐκ τοῦ παραδείσου ὡς καὶ ἡμεῖς ἐξεβλήθημεν
Adam   16    3  αὐτὸν ἐκβληθῆναι ἐκ τοῦ παραδείσου ὡς καὶ ἡμεῖς * ἐξεβλήθημεν * δι' αὐτοῦ. λέγει αὐτῷ ὁ ὄφις φοβοῦμαι μήποτε
Adam   26    3  σὺ ἐδελέασας ἐν τῇ κακίᾳ σου καὶ ἐποίησας αὐτοὺς * ἐκβληθῆναι * καὶ θῆσω ἔχθραν ἀνὰ μέσον
Adam   27    1  κρίσεως. ταῦτα εἰπὼν κελεύει τοῖς ἀγγέλοις αὐτοῦ * ἐκβληθῆναι * ἡμᾶς ἐκ τοῦ παραδείσου. ἐλαυνομένων δὲ ἡμῶν
Adam   27    4  λέγει ὁ κύριος τοῖς ἀγγέλοις αὐτοῦ τί ἐπαύσασθε * ἐκβάλλοντες * τὸν Ἀδὰμ ἐκ τοῦ παραδείσου; μὴ ἐμόν ἐστι τὸ
Adam   28    2  δός μοι ἐκ τοῦ φυτοῦ τῆς ζωῆς ἵνα φάγω πρὶν ἢ * ἐκβληθῆναί * με. τότε ὁ κύριος ἐλάλησεν πρὸς τὸν Ἀδὰμ οὐ
Adam   29    1  ταῦτα εἰπὼν ὁ κύριος ἐκέλευσεν τοῖς ἀγγέλοις ἰδοὺ * ἐκβληθῆναι * ἡμᾶς ἐκ τοῦ παραδείσου. ἔκλαυσε δὲ ὁ πατὴρ
Adam   29    3  δὲ ὁ πατὴρ ὑμῶν εἶπεν τοῖς ἀγγέλοις ἰδοὺ * ἐκβάλλετέ * με δέομαι ὑμῶν ἄφετέ με ἄραι εὐωδίας ἐκ τοῦ
Hen.   99    5  ἀδικίας. καὶ αὐτῷ ⟨τῷ καιρῷ⟩ ἐκείνῳ αἱ τίκτουσαι * ἐκβαλοῦσιν * καὶ ἐκσπάσουσιν καὶ ἀπορρίψουσιν ⟨τὸ
Hen.  101    5  ἔξω δὲ τὰ ⟨ἀγαθὰ πάντα⟩ καὶ τὰ ὑπάρχοντα αὐτῶν * ἐκβαλοῦσιν * ω εἰς τὴν θάλασσαν καὶ ὑποπτεύουσιν ἐν τῇ
Hen.  102    1  οἱ ναύκληροι τὴν θάλασσαν φοβοῦνται. καὶ ὅταν * ἐκβάλῃ * ἐφ' ὑμᾶς τὸν κλύδωνα τοῦ πυρὸς τῆς καύσεως ὑμῶν
Abr.1   6    7  ἐν τῷ νιπτῆρι πίπτοντα ἐγένοντο λίθοι καὶ λίθοι καὶ * ἐκβληθῆναι * ἐκ τοῦ κόλπου αὐτοῦ ἔδωκεν αὐτὰ τῇ Σάρρᾳ διὰ
Abr.2  13   17  σὺ εἶ ὁ θάνατος; δύνασαι προτρέψασθαι πάντας * ἐκβληθῆναι * ἐκ τοῦ σώματος; εἶπεν δὲ ὁ θάνατος τῷ Ἀβραὰμ
TLevi  18 2B064  ἐπὶ τοῦ παιδαρίου εἶδον ἐγὼ ἐν τῷ ὁράματί μου ὅτι * ἐκβεβλημένος * ἔσται αὐτὸς καὶ τὸ σπέρμα αὐτοῦ ἀπὸ τῆς
TGad    5    3  καὶ κολληθῆτε τῇ ἀγαθῇ τοῦ κυρίου. ἡ δικαιοσύνη * ἐκβάλλει * τὸ μῖσος ἡ ταπείνωσις ἀναιρεῖ τὸν φθόνον. ὁ γὰρ
Asen.  12   11  καὶ ἡ καταιγὶς περιειλίσσεταί με ἐν σκότει καὶ * ἐκβάλει * με εἰς τὸν βυθὸν τῆς θαλάσσης καὶ καταπίεταί με
Bar.    3    5  δόντες τοῦ ποιῆσαι τὸν πύργον. αὐτοὶ γὰρ οὓς ὁρᾷς * ἐξέβαλλον * πλήθη ἀνδρῶν τε καὶ γυναικῶν εἰς τὸ
Bar.    4   10  δὲ κλῆμα τῆς ἀμπέλου εἰς τὸ παντελὲς καὶ * ἐξέβαλε * ἔξω. καὶ ὅταν ἐφάνη ἐν τῇ γῇ ἀπὸ τοῦ ὕδατος καὶ
Prop.   2   11  εἶπε δὲ ὅτι τὴν κιβωτὸν ταύτην οὐδεὶς * ἐκβάλλει * εἰ μὴ Ἀαρὼν καὶ τὰς ἐν αὐτῷ πλάκας οὐδεὶς
Esdr.   6    5  καὶ εἶπον οἱ ἄγγελοι διὰ τοῦ στόματος ἔχομεν * ἐκβαλεῖν * αὐτήν. καὶ εἶπεν ὁ προφήτης στόμα πρὸς στόμα
Esdr.   6   13  οἱ ἄγγελοι διὰ τῶν ἀκρονύχων σου ἔχομεν * ἐκβαλεῖν * αὐτὸν μὴ γὰρ ἐγὼ μόνος γεμίζω τὰ ἐπουράνια; εἰ
Sedr.   7    2  καὶ προφασίζεις τὸν ἄνθρωπον εἰς τὴν κόλασιν ἀλλ' * ἐκβαλὼν * τὸ χειρόγραφον ⟨ψευδῆ⟩ ἔφη ἀνάγνωτε τὸν κοινὸν
FJub.   3   32  ἑβδομάδα ἡμερῶν τριακοσίων ἑξήκοντα πέντε. καὶ * ἐξεβλήθη * σὺν τῇ γυναικὶ Εὕα διὰ τὴν παράβασιν τῇ δεκάτῃ
FAch. 110        εἰ μὴ ἀδελφός σού ἐστι γενεσάμενον πρὸς καιρὸν * ἐκβαλὼν * τὸ ἄχ ἕνεκα τὸ πτῶμα αὐτοῦ ἀνθρῶπου ἀλλ' ὡς τὰ
FAch. 122        φίλων προσδεχόμενον πρὸς τὸ ἀπορῆσαι. ὁ δὲ Αἴσωπος * ἐκβαλῶν * τὸ χειρόγραφον ⟨ψευδῆ⟩ ἔφη ἀνάγνωτε τὸν κοινὸν
HArt. 9 27   5  γὰρ ἀδιατάκτους ὄντας τοὺς ὄχλους ποτὲ μὲν * ἐκβάλλειν * ποτὲ δὲ καθιστάνειν βασιλεῖς καὶ πολλάκις μὲν
HArt. 9 27  27  τι αὐτῷ ποιῆσαι τὸν δὲ Μωϋσον ἣν εἶχε ῥάβδον * ἐκβαλόντα * ὄφιν ποιῆσαι πτοηθέντων δὲ πάντων ἐπιλαβόμενον
```

LEze. 9 29 12 30 δὲ νυκτὸς ὀπτὰ δαίσεσθε κρέα. σπουδῇ δὲ βασιλεὺς * ἐκβαλεῖ * πρόπαντ' ὄχλον. ὅταν δὲ μέλλητ' ἀποτρέχειν δώσω
LEze. 9 29 13 09 ἔχοντες. ἐν σπουδῇ τε γὰρ βασιλεὺς κελεύσει πάντας * ἐκβαλεῖν * χθονὸς κεκλήσεται δὲ πᾶς. καὶ ὅταν θύσητε δὲ
ἐκβράσσω 2
Prop. 10 2 πλησίον πόλεως Ἑλλήνων Ἀζώτου κατὰ θάλασσαν. καὶ * ἐκβρασθεὶς * ἐκ τοῦ κήτους καὶ ἀπελθὼν ἐν Νινευῇ ἀνακάμψας
Prop. 10 6B ἀποδρᾶσαι κυρίου καὶ κατεπόθη ὑπὸ τοῦ κήτους καὶ * ἐκβρασθεὶς * ἐκήρυξε τὴν ἀπώλειαν Νινευὶ καὶ μετενόησαν οἱ
ἔκγονος 6
Asen. 29 9 ὀκτὼ καὶ μετὰ ταῦτα ἀπέδωκεν Ἰωσὴφ τὸ διάδημα τῷ * ἐκγόνῳ * Φαραὼ τῷ νεωτέρῳ ὃς ἦν ἐπὶ μασθῷ ὅτε ἀπέθανε
SIb. 3 215 οἰκείουσι μέγαν Σολομώνιον οἵ τε δικαίων ἀνδρῶν * ἔκγονοί * εἰσιν ὁμῶς καὶ τῶνδε βοήσω φῦλον καὶ γενεὴν
SIb. 3 356 μυρία δ' ὀφλήσουσιν. ὦ χλιδανὴ ζάχρυσε Λατινίδος * ἔκγονε * Ῥώμη παρθένε πολλάκι σοῖσι πολυμνήστοισι
IOrp. 3 θείοιο τιθέντος πάντες ὁμῶς σὺ δ' ἄκουε φαεσφόρου * ἔκγονε * Μήνης Μουσαῖ'. ἐξερέω γὰρ ἀληθέα μηδέ σε τὰ πρὶν
IOrp. 10 λόγος περὶ τοῦδε φαείνει εἷς ἔστ' αὐτογενὴς ἑνὸς * ἔκγονα * πάντα τέτυκται ἐν δ' αὐτοῖς αὐτὸς περινίσσεται
LPhI. 9 20 1 ἴσχων ἀθάνατον ποίησεν ἑὴν φάτιν ἐξότε κείνου * ἔκγονος * αἰνογόνοιο πολύμνιον ἔλλαχε κῦδος. ἀρτίχερος
ἐκδαπανάω 1
Bar. 9 8 καὶ ἡ σελήνη σῴα οὖσα ὑπὸ τῆς τοῦ ἡλίου θέρμης * ἐκδαπανᾶται. * καὶ ταῦτα πάντα μαθὼν παρὰ τοῦ ἀρχαγγέλου
ἐκδέχομαι 12
Abr.1 16 7 μαβρινῶν τὴν σιαγόνα αὐτοῦ τῇ χειρὶ κατέχων καὶ * ἐκδεχόμενος * τὴν κέλευσιν τοῦ ἀρχιστρατήγου. καὶ ἰδοὺ
TIss. 4 3 θέλει χρόνους μακροὺς οὐχ ὑπογράφει ζῆν ἀλλὰ μόνον * ἐκδέχεται * τὸ θέλημα τοῦ θεοῦ. καίγε τὰ πνεύματα τῆς
TGad 7 4 ὁ πατράδελφός μου μὴ ζηλώσητε ὅρον γὰρ κυρίου * ἐκδέξασθε. * ἢ γὰρ ἀφαιρεῖται αὐτὰ ἐν κακοῖς ἢ μετανοοῦσιν
Jer. 2 9 τίς σοι ἐδήλωσε τοῦτο; καὶ εἶπεν αὐτῷ Ἱερεμίας * ἔκδεξαι * μικρὸν μετ' ἐμοῦ ἕως ὥρας ἕκτης τῆς νυκτὸς ἵνα
Bar. 7 2 ὁ ἥλιος καὶ διδοῖ τῷ κόσμῳ τὸ φέγγος. ἀλλ' * ἔκδεξαι * καὶ ὄψει δόξαν θεοῦ. καὶ ἐν τῷ ὁμιλεῖν με αὐτῷ
Bar. 7 6 καὶ εἶπέν μοι ὁ ἄγγελος μὴ φοβοῦ Βαροὺχ ἀλλ' * ἔκδεξαι * καὶ ὄψει καὶ τὴν δύσιν αὐτῶν. καὶ λαβών με
Bar. 13 5 ἡμᾶς ἀπ' αὐτῶν. καὶ εἶπεν Μιχαὴλ τοὺς ἀγγέλους * ἐκδέξασθε * ἕως οὗ μάθω παρὰ κυρίου τό τί γένηται. καὶ
Prop. 2 8 ὁσίου προφήτου τοῖς πατράσιν ἡμῶν παραδοθὲν καὶ * ἐκδεχόμεθα * τὸ πέρας φησὶν τοῦ μυστηρίου αὐτοῦ. οὗτος ὁ
Prop. 2 12 καὶ πάντες οἱ ἅγιοι πρὸς αὐτὸν συναχθήσονται ἐκεῖ * ἐκδεχόμενοι * κύριον καὶ τὸν ἐχθρὸν φεύγοντες ἀνελεῖν
Job 4 10 γὰρ ὡς ἀθλητὴς πυκτεύων καὶ καρτερῶν πόνους καὶ * ἐκδεχόμενος * τὸν στέφανον. τότε γνώσει ὅτι δίκαιος καὶ
Job 24 1 ἔξωθεν τῆς πόλεως λογιζόμενος ἔτι μικρὸν καὶ * ἐκδεχόμενος * τὴν ἐλπίδα τῆς σωτηρίας σου; καὶ ἐγὼ
Aris. 205 1 πλούσιος διαμένοι; βραχὺ δὲ ἐπισχὼν ὁ τὴν ἐρώτησιν * ἐκδεχόμενος * εἶπεν εἰ μηδὲν ἀνάξιον τῆς ἀρχῆς μηδὲ
ἔκδηλος 1
Aris. 85 3 κατὰ τὰς φλιὰς καὶ τῆς τῶν ὑπερθύρων ἀσφαλείας * ἔκδηλος * ἦν ἡ τῶν χρημάτων γεγονυῖα ἀφειδὴς δαπάνη. τοῦ
ἐκδημέω 2
Abr.1 1 7 τούτῳ ἐκ τοῦ ματαίου κόσμου τούτου καὶ μέλλει * ἐκδημεῖν * ἐκ τοῦ σώματος καὶ πρὸς τὸν ἴδιον δεσπότην
Abr.1 15 7 ὧν ἐὰν βούλῃ ὅτι ἤγγισεν ἡ ἡμέρα ἐν ᾗ μέλλεις * ἐκδημεῖν * ἐκ τοῦ σώματος ἔτι ἅπαξ πρὸς τὸν κύριον
ἐκδιδάσκω 4
TJud. 18 3 καὶ τυφλοῖ τὸ διαβούλιον τῆς ψυχῆς καὶ ὑπερηφανίαν * ἐκδιδάσκει * καὶ οὐκ ἀφίει ἄνδρα ἐλεῆσαι τὸν πλησίον αὐτοῦ
TDan 1 3 τὸ ψεῦδος καὶ ὁ θυμὸς ὅτι πᾶσαν κακίαν ἄνθρωπον * ἐκδιδάσκει. * ὁμολογῶ σήμερον ὑμῖν τέκνα μου ὅτι ἐν καρδίᾳ
TDan 6 9 γὰρ ἀληθὴς καὶ μακρόθυμος πρᾶος καὶ ταπεινὸς καὶ * ἐκδιδάσκων * διὰ τῶν ἔργων νόμον θεοῦ. ἀπόστητε οὖν ἀπὸ
TGad 5 1 φῶς προσέχει τὸ γλυκὺ πικρὸν λέγει καὶ συκοφαντίαν * ἐκδιδάσκει * καὶ ὀργὴν καὶ πόλεμον καὶ ὕβριν καὶ πᾶσαν
ἐκδίδωμι 2
Abr.1 12 18 καὶ τὰς δικαιοσύνας ἐξ ἴσου οὔτε ταῖς βασανισταῖς * ἐξέδωκεν * αὐτὴν οὔτε τοῖς σῳζομένοις ἀλλ' ἔστησεν αὐτὴν
Abr.1 14 2 ⟨καὶ τὰς δικαιοσύνας⟩ ζυγάδας καὶ οὔτε εἰς κρίσιν * ἐξέδοτο * αὐτὴν οὔτε εἰς τὸ σῴζεσθαι ἕως οὗ ἔλθῃ ὁ κριτής
ἐκδιηγέομαι 1
Jer. 4 11 καθεζόμενος τῶν ἀγγέλων ἐρχομένων πρὸς αὐτὸν καὶ * ἐκδιηγουμένων * αὐτῷ περὶ πάντων ὧν ὁ κύριος ἐμήνυεν αὐτῷ
ἐκδικέω 5
Hen. 20 4 τῶν ἀνθρώπων Ῥαγουὴλ ὁ εἷς τῶν ἁγίων ἀγγέλων ὁ * ἐκδικῶν * τὸν κόσμον τῶν φωστήρων. Μιχαὴλ ὁ εἷς τῶν ἁγίων
Hen. 20B 4 τῶν ἀνθρώπων. Ῥαγουὴλ ὁ εἷς τῶν ἁγίων ἀγγέλων ὁ * ἐκδικῶν * τὸν κόσμον τῶν φωστήρων. Μιχαὴλ ὁ εἷς τῶν ἁγίων
TJud. 23 3 ἐφ' ὑμᾶς λιμὸν καὶ λοιμὸν θάνατον καὶ ῥομφαίαν * ἐκδικοῦσαν * πολιορκίαν καὶ κύνας εἰς διασπασμὸν ἐχθρῶν
Asen. 23 14 ῥομφαίας ταύτας; ἐν ταύταις ταῖς δυσὶ ῥομφαίαις * ἐξεδίκησε * κύριος ὁ θεὸς τὴν ὕβριν τῶν Σικημιτῶν ἣν
Asen. 28 14 κακὸν ἀντὶ κακοῦ τῷ πλησίον σου. τῷ κυρίῳ δώσεις * ἐκδικήσειν * τὴν ὕβριν αὐτῶν. καὶ αὐτοὶ ἀδελφοὶ ὑμῶν εἰσι
ἐκδίκησις 11
Hen. 25 4 ἔχει ἅψασθαι αὐτοῦ μέχρι τῆς μεγάλης κρίσεως ἐν ᾗ * ἐκδίκησις * πάντων καὶ τελείωσις μέχρις αἰῶνος τότε
TRub. 6 6 αὐτοὺς ἀλλ' οὐ δυνήσεσθε. ὁ γὰρ θεὸς ποιήσει τὴν * ἐκδίκησιν * αὐτῶν καὶ ἀποθανεῖσθε θανάτῳ πονηρῷ. τῷ γὰρ
TLevi 2 2 ὡσεὶ ἐτῶν εἴκοσιν ὅτε ἐποίησα μετὰ Συμεὼν τὴν * ἐκδίκησιν * τῆς ἀδελφῆς ἡμῶν Δίνας ἀπὸ τοῦ Ἐμμώρ. ὡς δὲ
TLevi 3 2 ἐν αὐτῷ εἰσι πάντα τὰ πνεύματα τῶν ἐπαγωγῶν εἰς * ἐκδίκησιν * τῶν ἀνόμων. ἐν τῷ τρίτῳ εἰσὶν αἱ δυνάμεις τῶν
TLevi 3 3 παρεμβολῶν οἱ ταχθέντες εἰς ἡμέραν κρίσεως ποιῆσαι * ἐκδίκησιν * ἐν τοῖς πνεύμασι τῆς πλάνης καὶ τοῦ Βελιάρ. οἱ
TLevi 5 3 καὶ ἔδωκέ μοι ὅπλον καὶ ῥομφαίαν καὶ εἶπε ποίησον * ἐκδίκησιν * ἐν Συχὲμ ὑπὲρ Δίνας κἀγὼ ἔσομαι μετά σου ὅτι
TLevi 18 1 καὶ κτηνοφθόροι. καὶ μετὰ τὸ γενέσθαι τὴν * ἐκδίκησιν * αὐτῶν παρὰ κυρίου ἐκλείψει ἡ ἱερατεία. τότε
TDan 5 10 καὶ αὐτὸς ποιήσει πρὸς τὸν Βελιὰρ πόλεμον καὶ τὴν * ἐκδίκησιν * τοῦ νίκους δώσει πατράσιν ἡμῶν. καὶ τὴν
TGad 6 7 καὶ οὕτως ἄφες αὐτῷ ἀπὸ καρδίας καὶ δὸς τῷ θεῷ τὴν * ἐκδίκησιν. * ἐάν τις ὑπὲρ ὑμᾶς εὐοδοῦται μὴ λυπεῖσθε ἀλλὰ
TJos. 15 5 ἐφοβοῦντο γὰρ τὸν Ἰακὼβ ἵνα μὴ ποιήσῃ ἐν αὐτοῖς * ἐκδίκησιν * κινδύνου ἠκούσθη γὰρ ὅτι μέγας ἐστὶ παρὰ κυρίῳ
TJos. 20 1 Αἰγύπτιοι θλίψουσιν ὑμᾶς ἀλλ' ὁ θεὸς ποιήσει τὴν * ἐκδίκησιν * ὑμῶν καὶ εἰσάξει ὑμᾶς εἰς γῆν ἐπαγγελίας τῶν
ἐκδικία 1
TBen. 7 3 ταραχὴ ἕβδομον ἐρήμωσις. διὰ τοῦτο καὶ ὁ Κάιν ἑπτὰ * ἐκδικίαις * παραδίδοται ὑπὸ τοῦ θεοῦ κατὰ γὰρ ἑκατὸν ἔτη
ἔκδικος 2
Asen. 28 4 ἡμᾶς ἐκ τῶν χειρῶν τῶν ἀδελφῶν ἡμῶν διότι αὐτοὶ * ἔκδικοι * τῆς ὕβρεώς σου παρεγένοντο πρός σε καὶ αἱ
SIb. 3 365 πάντα τελεῖται. Σμύρνης δ' ὀλλυμένης οὐδεὶς λόγος. * ἔκδικος * ἔσται ἀλλὰ κακαῖς βουλῇσι καὶ ἡγεμόνων κακότητι
ἐκδιώκω 1
Hen. 23 4 ἦν οὗτος ὁ δρόμος τοῦ πυρὸς τὸ πρὸς δυσμὰς πῦρ τὸ * ἐκδιῶκόν * ἐστιν πάντας τοὺς φωστῆρας τοῦ οὐρανοῦ. καὶ
ἐκδοχή 1
LArI. 8 10 2 δέ σε βούλομαι πρὸς τὸ φυσικῶς λαμβάνειν τὰς * ἐκδοχὰς * καὶ τὴν ἁρμόζουσαν ἔννοιαν περὶ θεοῦ κρατεῖν καὶ
ἐκδύω (-δύνω) 2
TJud. 3 5 ἀσπίδα αὐτοῦ συνέκοψα τοὺς πόδας αὐτοῦ. ἐν δὲ τῷ * ἐκδύειν * με αὐτοῦ τὸν θώρακα ἰδοὺ ὀκτὼ ἄνδρες ἑταῖροι
TZab. 4 10 καὶ ἐποίησαν οὕτως. τὸν γὰρ χιτῶνα τοῦ πατρὸς ἡμῶν * ἐξέδυσαν * τὸν Ἰωσὴφ ἐν τῷ μέλλειν πιπράσκειν αὐτὸν καὶ
ἐκεῖ 80 ἐκεῖ κἀκεῖ
ἐκεῖθεν 20
Hen. 21 7 μύρια ἔτη τὸν χρόνον τῶν ἁμαρτημάτων αὐτῶν. * κἀκεῖθεν * ἐφώδευσα εἰς ἄλλον τόπον τούτου φοβερώτερον καὶ
Hen. 22 1 ἐρωτᾷς ἢ περὶ τίνος τὴν ἀλήθειαν φιλοσπευδεῖς; * κἀκεῖθεν * ἐφώδευσα εἰς ἄλλον τόπον καὶ ἔδειξέν μοι πρὸς
Hen. 23 1 εἶ κύριε ὁ τῆς δικαιοσύνης κυριεύων τοῦ αἰῶνος. * κἀκεῖθεν * ἐφώδευσα εἰς ἄλλον τόπον πρὸς δυσμὰς τῶν
Hen. 26 1 καὶ αὐτὰ ἔκτισεν καὶ εἶπεν δοῦναι αὐτοῖς. καὶ * ἐκεῖθεν * ἐφώδευσα εἰς τὸ μέσον τῆς γῆς καὶ ἴδον τόπον
Hen. 28 1 δόξαν αὐτοῦ ἐδήλωσα καὶ ὕμνησα μεγαλοπρεπῶς. καὶ * ἐκεῖθεν * ἐπορεύθην εἰς τὸ μέσον Μανδοβαρὰ καὶ ἴδον αὐτὸ
Hen. 29 1 ἐπὶ δυσμῶν πάντοθεν ἀνάγει ὕδωρ καὶ δρόσον. ἔτι * ἐκεῖθεν * ἐπορεύθην εἰς ἄλλον τόπον ἐν τῷ Βαβδηρὰ καὶ πρὸς
Hen. 32 2 καὶ σχίνου καὶ κινναμώμου καὶ πιπέρεως. καὶ * ἐκεῖθεν * ἐφώδευσα ἐπὶ τὰς ἀρχὰς πάντων τῶν ὀρέων τούτων
TLevi 7 4 ἐν Ἰσραὴλ μιᾶναι τὴν ἀδελφὴν ἡμῶν. καὶ λαβόντες * ἐκεῖθεν * τὴν ἀδελφὴν ἡμῶν ἀπάραντες ἤλθομεν εἰς Βεθήλ.
Asen. 16 4 ἐστιν ὁ ἀγρὸς τῆς κληρονομίας ἡμῶν καὶ οἴσει σοι * ἐκεῖθεν * ταχέως κηρίον μελίσσης καὶ παραθήσω σοι κύριε.
Asen. 24 20 ⟨καὶ⟩ γεγόνασιν εἰς τέσσαρας ἀρχάς. καὶ ἐκάθισαν * ἐκεῖθεν * τοῦ χειμάρρου ὡς πρὸς τὸ μέρος τὸ ἔμπροσθεν
Asen. 24 20 τοῦ χειμάρρου ὡς πρὸς τὸ μέρος τὸ ἔμπροσθεν ἔνθεν * κἀκεῖθεν * τῆς ὁδοῦ ἀνὰ πεντακόσιοι ἄνδρες καὶ ἐντεῦθεν
Asen. 24 20 καὶ ἐκάθισαν καὶ αὐτοὶ ἐν τῇ ὕλῃ τοῦ καλάμου ἔνθεν * κἀκεῖθεν * τῆς ὁδοῦ ἀνὰ πεντακόσιοι ἄνδρες. καὶ ἦν
Prop. 3 15 Ἱερουσαλὴμ καὶ ἐν τῷ ναῷ γινόμενα. οὗτος ἡρπάγη * ἐκεῖθεν * καὶ ἦλθεν εἰς Ἱερουσαλὴμ εἰς ἔλεγχον τῶν
Prop. 22 6 καὶ εἶπεν ἴαμαι τὰ ὕδατα ταῦτα καὶ οὐκ ἔσται ἔτι * ἐκεῖθεν * θάνατος καὶ ἀτεκνουμένη καὶ ἰάθησαν τὰ ὕδατα ἕως
HDem. 9 21 1 τὸν πατέρα δοκοῦντα εἶναι τὸν Ἡσαῦ καὶ ὅπως λάβῃ * ἐκεῖθεν * γυναῖκα. ἀφορμῆσαι οὖν τὸν Ἰακὼβ εἰς Χαρρὰν τῆς
HDem. 9 21 10 τὸν θεὸν μηκέτι Ἰακὼβ ἀλλ' Ἰσραὴλ ὀνομάζεσθαι. * ἐκεῖθεν * δὲ ἐλθεῖν εἰς Χαφραθὰ ἔνθεν παραγενέσθαι εἰς
HDem. 9 29 15 Μαριὰμ ἐν Ἀσηρὼθ Μωσῆν Αἰθιοπίδα γῆμαι γυναῖκα. * ἐκεῖθεν * ἦλθον ἡμέρας τρεῖς. μὴ ἔχοντα δὲ ὕδωρ ἐκεῖ γλυκὺ
HDem. 9 29 15 ἐμβαλεῖν εἰς τὴν πηγὴν καὶ γενέσθαι γλυκὺ τὸ ὕδωρ. * ἐκεῖθεν * δὲ εἰς Ἐλεὶμ ἐλθεῖν καὶ εὑρεῖν ἐκεῖ δώδεκα μὲν
HEup. 9 30 7 Θαλάσσῃ μέταλλα χρυσικὰ ἔχουσαν καὶ τὸ χρυσίον * ἐκεῖθεν * μετακομίσαι τοὺς μεταλλευτὰς εἰς τὴν Ἰουδαίαν.
HEup. 9 34 4 ὑπὸ τοῦ πατρὸς αὐτοῦ διὰ τῆς θαλάσσης εἰς Ἰόππην * ἐκεῖθεν * δὲ πεζῇ εἰς Ἱεροσόλυμα. καὶ ἄρξασθαι οἰκοδομεῖν
ἐκεῖθι 1
LThe. 9 22 3 Εὐφρήταο λίπεν ποταμοῦ κελάδοντος. ἤλυθε γὰρ * κἀκεῖθι * λιπὼν δριμεῖαν ἐνιπὴν αὐτοκασιγνήτοιο πρόφρων
ἐκεῖνος 179 ἐκείνης ἐκεῖνος ἐκείνου ἐκείνην ἐκείνῳ ἐκείναις ἐκεῖνον ἐκεῖνο ἐκείνη ἐκείνη ἐκείνας
κἀκεῖνοι κἀκεῖναι κἀκείναις κἀκείνου κἀκείνους κἀκείνῳ ἐκεῖνοι κἀκείνην ἐκείνων ἐκείνοις
κἀκείνη κἀκεῖνος ἐκείνους ἐκεῖνα ἐκεῖναι κἀκείνων ἐκεῖνό κείνοις κείνῳ κείνη κείνου κεῖνοι
κεῖνοι κεῖνος κείνη κείνοισιν εκεινοις κείνων κακεινος
ἐκεῖσε 3
Abr.1 11 4 ἡ κατὰ τῆς στενῆς ὁδοῦ. ἔξωθεν δὲ τῶν πυλῶν τῶν * ἐκεῖσε * τῶν δύο εἶδον ἄνδρα καθήμενον ἐπὶ τοῦ θρόνου
Abr.1 14 6 ἐκ τῆς προσευχῆς οὐκ εἶδον τὴν ψυχήν⟩ ἱσταμένην * ἐκεῖσε. * καὶ εἶπεν Ἀβραὰμ ⟨πρὸς τὸν ἄγγελον⟩ ποῦ ἐστιν ἡ

```
HCal.      28      1       ἐγὼ δὲ οὐ λήψομαι ἐξ ὑμῶν οὐδέν. διατρίψας οὖν  ✳ ἐκεῖσε ✳ χρόνον τινὰ τὴν πόλιν οἰκοδομεῖν ἐγχειρίζεται
   ἐκζητέω                                                                       3
Hen.      104      7       αὐτῶν. μὴ γὰρ εἴπητε οἱ ἁμαρτωλοὶ ⟨ὅτι⟩ οὐ μὴ  ✳ ἐκζητηθῶσιν ✳ αἱ ἁμαρτίαι ὑμῶν ⟨ἐξ⟩ ἡμερῶν. καὶ νῦν
TAser      5      4       τῆς ἀληθείας κυρίου καὶ τὰς ἐντολὰς τοῦ ὑψίστου  ✳ ἐξεζήτησα ✳ κατὰ πᾶσαν ἰσχύν μου πορευόμενος μονοπροσώπως
Aris.      24      3       τοῖς ἀλόγως καταδυναστευομένοις καὶ κατὰ πᾶν  ✳ ἐκζητοῦντες ✳ τὸ καλῶς ἔχον πρός τε τὸ δίκαιον καὶ τὴν
   ἔκθαμβος
FrAn.   1 217     16       τὸν λίθον ἐκεῖνος ἰδὼν ἀναστὰς προσεκύνησε καὶ  ✳ ἔκθαμβος ✳ γενόμενος ἐπυνθάνετο. ποῦ τὸν πολύτιμον καὶ
   ἐκθαυμάζω
Aris.     312      3             παρανεγνώσθη δὲ αὐτῷ καὶ πάντα καὶ λίαν  ✳ ἐξεθαύμασε ✳ τὴν τοῦ νομοθέτου διάνοιαν. καὶ πρὸς τὸν
   ἐκθερμαίνω
TJud.      14      3       ῥυπαροῖς συνταράσσει τὸν νοῦν εἰς πορνείαν καὶ  ✳ ἐκθερμαίνει ✳ τὸ σῶμα πρὸς μεῖξιν καὶ εἰ πάρεστι τὸ τῆς
   ἐκθλίβω                                                                       2
Hen.      100      7 ἐν τῇ πτώσει τῆς ἀδικίας. οὐαὶ ὑμῖν οἱ ἄδικοι ὅταν  ✳ ἐκθλίβητε ✳ τοὺς δικαίους ἐν ἡμέρᾳ ἀνάγκης στερεᾶς καὶ
Asen.      29      3       κακὸν ἀντὶ κακοῦ οὐδὲ πεπτωκότα καταπατῆσαι οὐδὲ  ✳ ἐκθλῖψαι ✳ τὸν ἐχθρὸν αὐτοῦ ἕως θανάτου. καὶ νῦν
   ἔκθλιψις                                                                      1
Prop.       8      1       ἐν ἀγρῷ Βεθωμόρων ⟨προφητεύσας περὶ λιμοῦ καὶ  ✳ ἐκθλίψεως ✳ θυσιῶν καὶ πάθους προφήτου δικαίου καὶ δι'
   ἐκθροέω
TSim.       4      9       πνεύμασι πονηροῖς διαταράσσει τὴν ψυχὴν αὐτοῦ καὶ  ✳ ἐκθροεῖσθαι ✳ τὸ σῶμα ποιεῖ καὶ ἐν ταραχῇ διυπνίζεσθαι τὸν
   ἐκθυσιάζω ✳                                                                   1
Sib.        5    355       ἐλεήσει ἀρνῶν ἠδ' ὅλων ταύρων τ' ἀγέλας ἐριμύκων  ✳ ἐκθυσιάζοντας ✳ μόσχων μεγάλων κεροχρύσων ἀψύχοις θ'
   ἑκκαίδεκα                                                                     1
HEup.    9 34      4       καὶ φυλὰς δώδεκα τῶν Ἰουδαίων καὶ παρέχειν ταῖς  ✳ ἑκκαίδεκα ✳ μυριάσι τὰ δέοντα πάντα κατὰ μῆνα φυλὴν μίαν.
   ἑκκαιδέκατος                                                                  1
Hen.       6B      7  ιβ' Ἀμαριὴλ ιγ' Ἀναγημὰς ιδ' Θαυσαὴλ ιε' Σαμιὴλ  ✳ ις' ✳ Σαρινᾶς ιζ' Εὐμιὴλ ιη' Τυριὴλ ιθ' Ἰουμιὴλ κ'
   ἐκκαίω                                                                        4
TLevi    18 2B025        ἐπὶ τοῦ θυσιαστηρίου. καὶ τὸ πῦρ τότε ἄρξῃ  ✳ ἐκκαίειν ✳ ἐν αὐτοῖς τότε ἄρξῃ κατασπένδειν τὸ αἷμα ἐπὶ
Bar.        1      2       θεοῦ πορθῆσαι τὴν πόλιν αὐτοῦ λέγων κύριε ἵνα τί  ✳ ἐξέκαυσας ✳ τὸν ἀμπελῶνά σου καὶ ἠρήμωσας αὐτόν; τί
Job         7      3       ἄρτον ἐκ τῶν χειρῶν σου ἵνα φάγω. καὶ ἐγὼ ἄρτον  ✳ ἐκκεκαυμένον ✳ δέδωκα τῇ παιδὶ διδόναι αὐτῇ, καὶ εἶπον
Sib.        4    178       καὶ πάσας πόλις ποταμοὺς θ' ἅμα ἠδὲ θάλασσαν  ✳ ἐκκαύσει ✳ δέ τε πάντα κόνις δ' ἔσετ' αἰθαλόεσσα. ἀλλ'
   ἐκκακέω                                                                       1
Job        24     10       τρεῖς ἄρτους ἴσως ζήσεσθε ἐν τρισὶν ἡμέραις. κἀγὼ  ✳ ἐκκακήσασα ✳ εἶπον αὐτῷ ἀναστὰς κεῖρόν με. καὶ οὕτως
   ἔκκαυμα
LPhi.    9 20      1       θέλγητρα. λιπόντι γὰρ ἀγλαὸν ἕρκος αἰνοφύτων  ✳ ἔκκαυμα ✳ βριήπυος αἰνετὸς ἴσχων ἀθάνατον ποίησεν ἑὴν
   ἔκκειμαι                                                                      1
Aris.      24      9       τὰς δ' ἀπογραφὰς ἐν ἡμέραις τρισὶν ἀφ' ἧς ἡμέρας  ✳ ἔκκειται ✳ τὸ πρόσταγμα ποιεῖσθαι πρὸς τοὺς καθεσταμένους
   ἐκκενόω                                                                       1
Prop.      22      9       καινὰ ὅσα δύναται καὶ τὸ ἔχον ὀλίγιστον ἔλαιον  ✳ ἐκκενοῦν ✳ εἰς αὐτὰ ἕως ἀποσχῇ τὰ ἀγγεῖα καὶ τοῦτο
   ἐκκεντέω                                                                      1
Sal.        2     26       ἐχρόνισα ἕως ἔδειξέν μοι ὁ θεὸς τὴν ὕβριν αὐτοῦ  ✳ ἐκκεκεντημένον ✳ ἐπὶ τῶν ὀρέων Αἰγύπτου ὑπὲρ ἐλάχιστον
   ἐκκλείω                                                                       1
Asen.       5      6       τῶν πυλῶν ἐπεσπάσαντο καὶ ἔκλεισαν τὰς θύρας καὶ  ✳ ἐξεκλείσθησαν ✳ πάντες οἱ ἀλλότριοι. καὶ ἦλθον Πεντεφρῆς
   ἐκκλησία                                                                      5
Sal.       10      6       κυρίου ἐν εὐφροσύνῃ. καὶ ὅσιοι ἐξομολογήσονται ἐν  ✳ ἐκκλησίᾳ ✳ λαοῦ καὶ πτωχοὺς ἐλεήσει ὁ θεὸς ἐν εὐφροσύνῃ
Bar.       13      4       καὶ πλεονεξία. οὐ γὰρ εἴδομεν αὐτοὺς εἰσελθεῖν ἐν  ✳ ἐκκλησίᾳ ✳ ποτέ οὐδὲ εἰς πνευματικοὺς πατέρας οὐδὲ εἰς
Bar.       16      4       ἀλλ' ἐγένοντο καταφρονηταὶ τῶν ἐντολῶν μου καὶ τῶν  ✳ ἐκκλησιῶν ✳ μου καὶ ὑβρισταὶ τῶν ἱερέων τῶν τοὺς λόγους
Sedr.      14     11       ἀγγελόν μου καὶ οὐχ ἵστανται ἐν ταῖς ἁγίαις μου  ✳ ἐκκλησίαις ✳ ἀλλ' ἵστανται καὶ οὐ προσκυνοῦσιν ἐν φόβῳ καὶ
Job        32      8       τοῦ θρόνου σου· σὺ εἶ ὁ τὰ θυμιατήρια τῆς εὐώδους  ✳ ἐκκλησίας ✳ ἔχων, νυνὶ ἐν δυσωδίᾳ ὑπάρχεις σὺ εἶ ὁ τοὺς
   ἐκκλησιάζω                                                                    1
LAri.    8 10     14       μυριάδων οὐκ ἔλαττον ἑκατὸν χωρὶς τῶν ἀφηλίκων  ✳ ἐκκλησιαζομένων ✳ κυκλόθεν τοῦ ὄρους οὐκ ἔλασσον ἡμερῶν
   ἐκκλίνω
TJud.      12      4       κάλλος αὐτῆς διὰ τοῦ σχήματος τῆς κοσμήσεως. καὶ  ✳ ἐκκλίνας ✳ πρὸς αὐτὴν εἶπον εἰσέλθω πρός σε. καὶ εἶπέ μοι
TJud.      14      5       πλῆθος ἐν τῇ πόλει ὅτι ἐν ὀφθαλμοῖς πάντων  ✳ ἐξέκλινα ✳ πρὸς τὴν Θαμὰρ καὶ ἐποίησα ἁμαρτίαν μεγάλην καὶ
Jer.        7     12 μετὰ σοῦ ἀγώνισαι ὁ κύριος δώῃ σοι δύναμιν. καὶ μὴ  ✳ ἐκκλίνῃς ✳ εἰς τὰ δεξιὰ μήτε εἰς τὰ ἀριστερὰ ἀλλ' ὡς βέλος
FIsa.       3      3       τοῖς ἀγγέλοις αὐτοῦ καὶ ταῖς δυνάμεσιν αὐτοῦ. καὶ  ✳ ἐξέκλινε ✳ τὸν οἶκον τοῦ πατρὸς αὐτοῦ ἀπὸ τῆς τοῦ θεοῦ
HArt.    9 27     33       ἀπὸ τῆς χαλάζης ἀναιρεῖσθαι τούς τε τὴν χάλαζαν  ✳ ἐκκλίνοντας ✳ ὑπὸ τῶν σεισμῶν διαφθείρεσθαι. συμπεσεῖν δὲ
   ἐκκόπτω                                                                       4
Hen.       26      1       παραφυάδας μενούσας καὶ βλαστούσας τοῦ δένδρου  ✳ ἐκκοπέντος. ✳ κἀκεῖ τεθέαμαι ὄρος ἅγιον ὑποκάτω τοῦ ὄρους
Sal.        4     20 παρανόμων κατέναντι τοῦ ἡλίου ἐν ἀτιμίᾳ. ὀφθαλμοὺς  ✳ ἐκκόψαισαν ✳ κόρακες ὑποκρινομένων ὅτι ἠρήμωσαν οἴκους
Sal.       12      3       ἡ παροικία αὐτοῦ ἐμπρῆσαι οἴκους ἐν γλώσσῃ ψευδεῖ  ✳ ἐκκόψαι ✳ δένδρα εὐφροσύνης φλογιζούσης παρανόμους συγχέαι
Sib.        5    218       ἄξουσιν μετέωρον ἕως ἐσίδωσιν ἑ πάντες τὸν πάλαι  ✳ ἐκκόψαντα ✳ πέτρην πολυήλατι χαλκῷ καὶ σὴν γαῖαν ὀλεῖ καὶ
   ἐκκρίνω                                                                       2
FrAn.     574   3025       τάννητις καταβάτω σου ὁ ἄγγελος ὁ ἀπαραίτητος καὶ  ✳ ἐκκρινέτω ✳ τὸν περιπτάμενον δαίμονα τοῦ πλάσματος τούτου
FrAn.     574   3083       τῶν ποδῶν ἀπαίρων τὸ φύσημα ἕως τοῦ προσώπου καὶ  ✳ ἐκκριθήσεται. ✳ φύλασσε καθαρός. ὁ γὰρ λόγος ἐστὶν
   ἐκλαμβάνω
TJos.       7      8       κἂν ἀγαθόν τι ἀκούσῃ εἰς τὸ πάθος ὃ ἡττᾶται  ✳ ἐκλαμβάνει ✳ αὐτὸ πρὸς ἐπιθυμίαν πονηράν. λέγω ὑμῖν τέκνα
   ἐκλάμπω                                                                       3
HArt.    9 27     37       καὶ διωκόντων πῦρ αὐτοῖς ἐκ τῶν ἔμπροσθεν  ✳ ἐκλάμψαι ✳ τὴν δὲ θάλασσαν πάλιν τὴν ὁδὸν ἐπικλύσαι τοὺς
LEze.    9 29   8 04       ἧς σὺ γῆς ἐφέστηκας πέλει ὁ δ' ἐκ βάτου σοι θεῖος  ✳ ἐκλάμπει ✳ λόγος. θάρσησον ὦ παῖ καὶ λόγων ἄκου' ἐμῶν
LEze.    9 29  16 04       ὥς που καὶ σὺ τυγχάνεις ὁρῶν ἐκεῖ τόθεν δὲ φέγγος  ✳ ἐξέλαμψέ ✳ νυν κατ' εὐφρόνης σημεῖον ὡς στύλος πυρός.
   ἐκλανθάνω
Sib.        3     34 ὃς πάντα φυλάσσει τερπόμενοι κακότητι λίθων κρίσιν  ✳ ἐκλαθέοντες ✳ ἀθανάτου σωτῆρος ὃς οὐρανὸν ἔκτισε καὶ γῆν.
   ἐκλέγω                                                                       21  (cf. + ἐκτεῖπον)
Hen.        6      2 καὶ ἐπεθύμησαν αὐτὰς καὶ εἶπαν πρὸς ἀλλήλους δεῦτε  ✳ ἐκλεξώμεθα ✳ ἑαυτοῖς γυναῖκας ἀπὸ τῶν ἀνθρώπων καὶ
Hen.       6B      2       ἀπεπλανήθησαν ὀπίσω αὐτῶν καὶ εἶπον πρὸς ἀλλήλους  ✳ ἐκλεξώμεθα ✳ ἑαυτοῖς γυναῖκας ἀπὸ τῶν θυγατέρων τῶν
Hen.        7      1       Σαριήλ. καὶ ἔλαβον ἑαυτοῖς γυναῖκας ἕκαστος αὐτῶν  ✳ ἐξελέξατο ✳ κύριος βασιλεῦσαι πάντων τῶν λαῶν. καὶ
TRub.       6     11       εὐλογήσει τὸν Ἰσραὴλ καὶ τὸν Ἰούδαν ὅτι ἐν αὐτῷ  ✳ ἐξελέξατο ✳ κύριος βασιλεῦσαι πάντων τῶν λαῶν. καὶ
TLevi      10      5       εἰς κατάραν καὶ εἰς καταπάτημα. ὁ γὰρ οἶκος ὃν ἂν  ✳ ἐκλέξηται ✳ κύριος Ἱερουσαλὴμ κληθήσεται καθὼς περιέχει
TLevi      15      1       καταφρονήσει γελοιάζοντες. διὰ ταῦτα ὁ ναὸς ὃν ἂν  ✳ ἐξελέξατο ✳ κύριος ἔρημος ἔσται ἐν ἀκαθαρσίᾳ καὶ ὑμεῖς
TLevi      18 2B051             τοῖς υἱοῖς μου. καὶ νῦν τέκνον χαίρω ὅτι  ✳ ἐξελέχθης ✳ εἰς ἱερωσύνην ἁγίαν καὶ προσενεγκεῖν θυσίαν
TJud.      21      5       ὑπὸ τῆς ἐπιγείου βασιλείας. καὶ γὰρ αὐτὸν ὑπέρ σε  ✳ ἐξελέξατο ✳ κύριος ἐγγίζειν αὐτῷ καὶ ἐσθίειν τράπεζαν
TIss.       2      1       Ῥαχὴλ τέξεται ὅτι διέπτυσε συνουσίαν ἀνδρός καὶ  ✳ ἐξελέξατο ✳ ἐγκράτειαν. καὶ εἰ μὴ Λεία ἡ μήτηρ μου ἀντὶ
TZab.       9      8 καὶ ὄψεσθε θεὸν ἐν σχήματι ἀνθρώπου ⟨ἐν ναῷ⟩ ὃν ἂν  ✳ ἐκλέξηται ✳ κύριος Ἱερουσαλὴμ ὄνομα αὐτῷ. καὶ πάλιν ἐν
Asen.       8      9       σου καὶ συγκαταρίθμησον αὐτὴν τῷ λαῷ σου ὃν  ✳ ἐξελέξω ✳ πρὶν γενέσθαι τὰ πάντα καὶ εἰσελθέτω εἰς τὴν
Asen.      18     11       καὶ θαυμαστή· μήτιγε κύριος ὁ θεὸς τοῦ οὐρανοῦ  ✳ ἐξελέξατό ✳ σε εἰς νύμφην τῷ υἱῷ αὐτοῦ τῷ πρωτοτόκῳ
Asen.      21      4       αἰῶνας διότι ⟨δικαίως⟩ κύριος ὁ θεὸς τοῦ Ἰωσὴφ  ✳ ἐξελέξατό ✳ σε εἰς νύμφην τῷ Ἰωσὴφ ὅτι αὐτός ἐστιν ὁ υἱὸς
Job         9      4       εἶχον δὲ καμήλους ἐννακισχιλίους, καὶ ἐξ αὐτῶν  ✳ ἐξελεξάμην ✳ τρισχιλίας ἐργάζεσθαι πᾶσαν πόλιν, καὶ
Job        10      5       εἶχον. δὲ τρισχίλια καὶ πεντακόσια ζεύγη βοῶν. καὶ  ✳ ἐξελεξάμην ✳ ἐξ αὐτῶν ζεύγη πεντακόσια καὶ ἔστησα εἰς τὸν
Aris.      93      6       βάρεσι καὶ πιμελῇ θαυμασίως ἔχει. κατὰ πᾶν γὰρ  ✳ ἐκλεγόμενος ✳ οἷς ἐπιμελές ἐστιν ἀμώμητα καὶ τῇ παχύτητι
Aris.     239      3       συμφέρει γινώσκειν ὅπως ἂν πρὸς τὰ συμβαίνοντα  ✳ ἐκλεγόμενός ✳ τι τῶν ἠκροαμένων ἀνθυποτιθεὶς πρὸς τὰ τῶν
FJub.       2     20 εἰσοδίδου κεφαλαίων ἀπὸ Ἀδὰμ ἄχρι τοῦ Ἰακώβ. καὶ  ✳ ἐκλέξασαι ✳ ἑαυτῷ ἐκ τοῦ σπέρματος αὐτοῦ λαὸν περιούσιον
HDem.    9 21      5       εἶναι ἴσον. οἰκῆσαι δὲ αὐτοὺς ἐν γῇ Χαναὰν ἀφ' οὗ  ✳ ἐκλεγῆναι ✳ Ἀβραὰμ ἐκ τῶν ἐθνῶν καὶ μετελθεῖν εἰς Χαναὰν
HDem.    9 21     18 Ἰακὼβ παρουσίας εἰς Αἴγυπτον ἔτη α τ ξ' ἀφ' οὗ δὲ  ✳ ἐκλεγῆναι ✳ Ἀβραὰμ ἐκ τῶν ἐθνῶν καὶ ἐλθεῖν ἐκ Χαρρᾶν εἰς
HEup.    9 39      5       δὲ χρυσὸν τὸν ἐν τῷ ἱερῷ καὶ ἄργυρον καὶ χαλκὸν  ✳ ἐκλέξαντα ✳ εἰς Βαβυλῶνα ἀποστεῖλαι χωρὶς τῆς κιβωτοῦ καὶ
   ἐκλείπω                                                                      28
Hen.       10     16       ἀδικίαν πᾶσαν ἀπὸ τῆς γῆς καὶ πᾶν ἔργον πονηρίας  ✳ ἐκλειπέτω ✳ καὶ ἀναφανήτω τὸ φυτὸν τῆς δικαιοσύνης καὶ τῆς
Hen.       15      5       αὐτὰς καὶ τεκνώσουσιν ἐν αὐταῖς τέκνα οὕτως ἵνα μὴ  ✳ ἐκλίπῃ ✳ αὐτοῖς πᾶν ἔργον ἐπὶ τῆς γῆς. ὑμεῖς δὲ ὑπήρχετε
Hen.      100      5       ἀγγέλων καὶ τηρηθήσονται ὡς κόριον ὀφθαλμοῦ ἕως οὗ  ✳ ἐκλίπῃ ✳ τὸ κακὰ ἠδ' ἁμαρτία. καὶ ἀπ' ἐκείνου ὑπνώσουσιν ὁ
Abr.1      17     19 ὁ δίκαιος Ἀβραὰμ ἦλθεν εἰς ὀλιγωρίαν θανάτου ὥστε  ✳ ἐκλείπειν ✳ τὸ πνεῦμα αὐτοῦ. καὶ ταῦτα οὕτως ἰδὼν ὁ
Abr.1      18      8       ἔγνων κἀγὼ ὅτι εἰς ὀλιγωρίαν θανάτου ἦλθον ὥστε  ✳ ἐκλείπειν ✳ τὸ πνεῦμά μου ἀλλὰ δέομαι σου πανόλεθρε θάνατε
Abr.1      19     15       ἀπαλλάσσονται ἕτεροι δὲ ὑπὸ ἐχίδνης ἀποφυσσούμενοι  ✳ ἐκλείπουσιν ✳ ἄλλοι δὲ ὑπὸ ὄφεων ἰοβόλων καὶ ἐχίδνης
Abr.1      19     15       δὲ ὑπὸ ὄφεων ἰοβόλων καὶ ἐχίδνης ἀποφυσσούμενοι  ✳ ἐκλείπουσιν ✳ ἔδειξά σοι δὲ καὶ ποτήρια δηλητήρια φάρμακα
Abr.1      20      5       ἐθεασάμην σε τοῖς ὀφθαλμοῖς μου καὶ ἡ ἰσχύς μου  ✳ ἐκλείπει ✳ πάντα δὲ τὰ μέλη τῆς σαρκός μου δίκην μολύβδου
TRub.       1      4       τοῖς τέκνοις μου ὅσα ἔχω ἐν τῇ καρδίᾳ μου κρυπτὰ  ✳ ἐκλιπὼν ✳ γὰρ ἐγώ εἰμι ἀπὸ τοῦ νῦν. καὶ ἀναστὰς
```

TSlm. 6 4 καὶ πάντες οἱ Χετταῖοι ἐξολοθρευθήσονται. τότε * ἐκλείψει * ἡ γῆ Χὰμ καὶ πᾶς ὁ λαὸς ἀπολεῖται. τότε
TLevi 18 1 μετὰ τὸ γενέσθαι τὴν ἐκδίκησιν αὐτῶν παρὰ κυρίου * ἐκλείψει * ἡ ἱερατεία. τότε ἐγερεῖ κύριος ἱερέα καινὸν ᾧ
TLevi 18 9 σκοτισθήσεται ἐν πένθει ἐπὶ τῆς ἱερωσύνης αὐτοῦ * ἐκλείψει * πᾶσα ἁμαρτία καὶ οἱ ἄνομοι καταπαύσουσιν εἰς
TJud. 22 3 μου ἕως τοῦ αἰῶνος. ὅρκῳ γὰρ ὤμοσέ μοι κύριος μὴ * ἐκλεῖψαι * τὸ βασίλειόν μου ἐκ τοῦ σπέρματός μου πάσας τὰς
Asen. 11 1C αὐτῆς. καὶ ἔκαμεν Ἀσενὲθ καὶ ὠλιγοψύχησε καὶ * ἐξέλιπε * τῇ δυνάμει αὐτῆς. καὶ ἀπεστράφη ἄνω πρὸς τὸν
Asen. 13 9 ἐκ τῶν δακρύων μου τῶν πολλῶν καὶ ἡ ἰσχύς μου πᾶσα * ἐκλέλοιπεν. * ἰδοὺ οὖν τοὺς θεοὺς πάντας οὓς ἐσεβόμην τὸ
Asen. 16 16 οὐκ ὄψεται καὶ τὸ κάλλος σου εἰς τὸν αἰῶνα οὐκ * ἐκλείψει. * καὶ ἔσῃ ὡς μητρόπολις τετειχισμένη πάντων τῶν
Sal. 3 12 αἰώνιον καὶ ἡ ζωὴ αὐτῶν ἐν φωτὶ κυρίου καὶ οὐκ * ἐκλείψει * ἔτι. διαλογὴ τοῦ Σαλωμων τοῖς ἀνθρωπαρέσκοις.
Sal. 17 4 αὐτῷ περὶ τοῦ σπέρματος αὐτοῦ εἰς τὸν αἰῶνα τοῦ μὴ * ἐκλείπειν * ἀπέναντί σου βασίλειον αὐτοῦ. καὶ ἐν ταῖς
Bar. 4 6 καὶ πίνει ἀπὸ τῆς θαλάσσης ὡσεὶ πῆχυν μίαν καὶ οὐκ * ἐκλείπει * ἀπ' αὐτῆς τι. ὁ Βαροὺχ εἶπεν καὶ πῶς; καὶ εἶπεν
Bar. 4 7 καὶ Ἄβυρος καὶ ὁ Γηρικὸς καὶ ἀπὸ τούτων οὐκ * ἐκλείπει * ἡ θάλασσα. καὶ εἶπον ἐγὼ δέομαί σου δεῖξόν μοι
Prop. 3 7 ἔδωκε τῷ λαῷ ὥστε προσέχειν τῷ ποταμῷ Χοβὰρ ὅτε * ἐκλείποι * ἐπελπίζειν τὸ δρέπανον τῆς ἐρημώσεως εἰς πέρας
Prop. 3 11 αὐτοῖς δαψιλῆ τροφὴν ἰχθύων παρέσχετο καὶ πολλοῖς * ἐκλείπουσι * ζωὴν ἐλθεῖν ἐκ θεοῦ παρεκάλεσεν. οὗτος
Prop. 15 6 κρίσεως ἐξέθετο καὶ ἀπέθανεν ἐν γήρει μακρῷ καὶ * ἐκλειπὼν * ἐτάφη σύνεγγυς Ἀγγαίου. <ἀλληλούϊα Ἀγγαίου
Prop. 21 5 ἐποίησε διὰ ῥήματος κυρίου τὴν ὑδρίαν τῆς χήρας μὴ * ἐκλεῖψαι * καὶ τὴν καψάκην τοῦ ἐλαίου μὴ ἐλαττωθῆναι τὸν
Prop. 21 7 ἐπέπεσε πῦρ καὶ ἀνήλωσε τὴν θυσίαν καὶ τὸ ὕδωρ * ἐξέλειπεν * καὶ πάντες τὸν μὲν θεὸν εὐλόγησαν τοὺς δὲ τοῦ
Aris. 119 3 μέταλλα χαλκοῦ καὶ σιδήρου συνίστασθαι πρότερον. * ἐκλέλειπται * δὲ ταῦτα καθ' ὃν ἐπεκράτησαν Πέρσαι χρόνον
Sib. 3 802 προφέρηται πρὸς γαῖαν +ἅπαν καὶ οἱ+ σέλας ἠελίοιο * ἐκλείψει * κατὰ μέσσον ἀπ' οὐρανοῦ ἠδὲ σελήνης ἀκτῖνες
ISop. 5 122 1 τἀπίγεια καὶ μετάρσια φλέξει μανεῖσα. ἐπὰν δὲ * ἐκλίπῃ * τὸ πᾶν φροῦδος μὲν ἔσται κυμάτων ἅπας βυθὸς γῆ δὲ

ἐκλείχω 2
TGad 2 2 διὰ τὰ ἐνύπνια προσεθέμην μῖσος καὶ ἤθελον αὐτὸν * ἐκλεῖξαι * ἐκ γῆς ζώντων ὃν τρόπον ἐκλείχει ὁ μόσχος τὰ
TGad 2 2 καὶ ἤθελον αὐτὸν ἐκλεῖξαι ἐκ γῆς ζώντων ὃν τρόπον * ἐκλείχει * ὁ μόσχος τὰ χλωρὰ ἀπὸ τῆς γῆς. διὸ ἐγὼ καὶ

ἐκλεκτός 39
Adam 32 2 ὁ πατὴρ τῶν ἁπάντων ἥμαρτον σοι ἥμαρτον εἰς τοὺς * ἐκλεκτούς * σου ἀγγέλους ἥμαρτον εἰς τὰ Χερουβιμ ἥμαρτον
Hen. 1 1 λόγος εὐλογίας Ἑνὼχ καθὼς εὐλόγησεν * ἐκλεκτοὺς * δικαίους οἵτινες ἔσονται εἰς ἡμέραν ἀνάγκης
Hen. 1 3 ἀλλὰ ἐπὶ πόρρω οὖσαν ἐγὼ λαλῶ. καὶ περὶ τῶν * ἐκλεκτῶν * νῦν λέγω καὶ περὶ αὐτῶν ἀνέλαβον τὴν παραβολήν
Hen. 1 8 μετὰ τῶν δικαίων τὴν εἰρήνην ποιήσει καὶ ἐπὶ τοὺς * ἐκλεκτοὺς * ἔσται συντήρησις καὶ εἰρήνη καὶ ἐπ' αὐτοὺς
Hen. 5 7 ἀλλὰ ἐπὶ πάντας ὑμᾶς κατάλυσις κατάρα. καὶ τοῖς * ἐκλεκτοῖς * ἔσται φῶς καὶ χάρις καὶ εἰρήνη καὶ αὐτοὶ
Hen. 5 8 δὲ τοῖς ἀσεβέσιν ἔσται κατάρα. τότε δοθήσεται τοῖς * ἐκλεκτοῖς * φῶς καὶ χάρις καὶ αὐτοὶ κληρονομήσουσιν τὴν
Hen. 5 8 κληρονομήσουσιν τὴν γῆν. τότε δοθήσεται πᾶσιν τοῖς * ἐκλεκτοῖς * σοφία καὶ πάντες οὗτοι ζήσονται καὶ οὐ μὴ
Hen. 8 1 στίβεις καὶ τὸ καλλιβλέφαρον καὶ παντοίους λίθους * ἐκλεκτοὺς * καὶ τὰ βαφικά. καὶ ἐγένετο ἀσέβεια πολλὴ καὶ
Hen. 8B 1 αὐτοῖς καὶ τὸ στίλβειν καὶ τὸ καλλωπίζειν καὶ τοὺς * ἐκλεκτοὺς * λίθους καὶ τὰ βαφικά. καὶ ἐποίησαν ἑαυτοῖς οἱ
Hen. 25 5 δικαίοις καὶ ὁσίοις δοθήσεται ὁ καρπὸς αὐτοῦ τοῖς * ἐκλεκτοῖς * εἰς ζωὴν εἰς βορρᾶν καὶ μεταφυτευθήσεται ἐν
TLevi 14 5 κλέψετε καὶ πρὸ τοῦ θυσιάσαι κυρίῳ λήψεσθε τὰ * ἐκλεκτὰ * ἐν καταφρονήσει ἐσθίοντες μετὰ πορνῶν ἐν
TBen. 10 10 αὐτῷ ἐπὶ γῆς φανέντι καὶ ἐλέγξει ἐν τοῖς * ἐκλεκτοῖς * τῶν ἐθνῶν τὸν Ἰσραὴλ ὥσπερ ἤλεγξε τὸν Ἠσαῦ
TBen. 11 4 καὶ τὸ ἔργον καὶ ὁ λόγος αὐτοῦ καὶ ἔσται * ἐκλεκτὸς * θεοῦ ἕως τοῦ αἰῶνος. καὶ δι' αὐτὸν συνέτισέ με
Asen. 2 4 αὐτῷ καὶ ἄργυρος καὶ ἱματισμὸς χρυσοϋφὴς καὶ λίθοι * ἐκλεκτοὶ * καὶ πολυτελεῖς καὶ ὀθόναι ἐπίσημοι καὶ πᾶς ὁ
Asen. 5 5 αὐτοῦ καὶ κύκλῳ τοῦ στεφάνου ἦσαν δώδεκα λίθοι * ἐκλεκτοὶ * καὶ ἐπάνω τῶν δώδεκα λίθων ἦσαν δώδεκα ἀκτῖνες
Asen. 8 9 εἰσελθέτω εἰς τὴν κατάπαυσίν σου ἣν ἡτοίμασας τοῖς * ἐκλεκτοῖς * σου καὶ ζησάτω ἐν τῇ αἰωνίῳ ζωῇ σου εἰς τὸν
Asen. 10 11 εἰς τὸ ἔδαφος. καὶ ἔλαβε τὴν στολὴν αὐτῆς τὴν * ἐκλεκτὴν * καὶ τὴν ζώνην τὴν χρυσῆν καὶ τὴν κίδαριν καὶ τὸ
Asen. 16 14 ἄγγελοι τοῦ θεοῦ ἐξ αὐτοῦ ἐσθίουσι καὶ πάντες οἱ * ἐκλεκτοὶ * τοῦ θεοῦ καὶ πάντες οἱ υἱοὶ τοῦ ὑψίστου ὅτι
Asen. 16 19 ἕως κεφαλῆς. καὶ ἄλλαι μέλισσαι ἦσαν μεγάλαι καὶ * ἐκλεκταὶ * ὡς βασίλισσαι αὐτῶν καὶ ἐξανέστησαν ἀπὸ τῆς
Asen. 17 6 τῆς πόλεως τῆς καταφυγῆς καὶ πᾶσαι αἱ σύνοικοι τῶν * ἐκλεκτῶν * τῆς πόλεως ἐκείνης ἐφ' ὑμᾶς ἀναπαύσονται εἰς
Jer. 1 1 ἐλάλησεν ὁ θεὸς πρὸς Ἰερεμίαν λέγων Ἰερεμία ὁ * ἐκλεκτός * μου ἀνάστα καὶ ἔξελθε ἐκ τῆς πόλεως ταύτης σὺ
Jer. 1 4 ἐνώπιόν σου. εἶπεν δὲ αὐτῷ ὁ κύριος λάλει ὁ * ἐκλεκτός * μου Ἰερεμίας. καὶ ἐλάλησεν Ἰερεμίας λέγων
Jer. 1 5 λέγων κύριε παντοκράτωρ παραδίδως τὴν πόλιν τὴν * ἐκλεκτὴν * εἰς χεῖρας τῶν Χαλδαίων ἵνα καυχήσηται ὁ
Jer. 1 7 ἀφανισθήτω. καὶ εἶπε κύριος τῷ Ἰερεμίᾳ ἐπειδὴ σὺ * ἐκλεκτός * μου εἶ ἀνάστα καὶ ἔξελθε ἐκ τῆς πόλεως ταύτης
Jer. 3 4 μὴ ἀπολέσητε τὴν πόλιν ἕως ἂν λαλήσω πρὸς τὸν * ἐκλεκτόν * μου Ἰερεμίαν. τότε Ἰερεμίας ἐλάλησεν λέγων
Jer. 3 5 με λαλῆσαι ἐνώπιόν σου. καὶ εἶπε κύριος λάλει ὁ * ἐκλεκτός * μου Ἰερεμίας. καὶ εἶπεν Ἰερεμίας ἰδοὺ νῦν
Jer. 6 9 ηὔξατο Βαροὺχ λέγων ἡ δύναμις ἡμῶν ὁ θεὸς κύριε τὸ * ἐκλεκτὸν * φῶς τὸ ἐξελθὸν ἐκ στόματός σου. παρακαλοῦμεν
Jer. 7 3 ὁ οἰκονόμος τῆς πίστεως. καὶ εἶπεν αὐτῷ Βαροὺχ ὅτι * ἐκλεκτὸς * εἶ σὺ ὁ λαλῶν ἐκ πάντων τῶν πετεινῶν τοῦ
Jer. 7 11 σοι γένηται ἆρον τὸν χάρτην τοῦτον τῷ λαῷ καὶ τῷ * ἐκλεκτῷ * τοῦ θεοῦ. ἐὰν κυκλώσωσί σε πάντα τὰ πετεινὰ τοῦ
Jer. 7 15 ὁ ἀετὸς μεγάλῃ φωνῇ λέγων σοί λέγω Ἰερεμία ὁ * ἐκλεκτὸς * τοῦ θεοῦ ἄπελθε σύναξον τὸν λαὸν καὶ ἐλθὲ
Prop. 2 11 ἀναπτύξει οὐκέτι ἱερέων ἢ προφητῶν εἰ μὴ Μωϋσῆς ὁ * ἐκλεκτὸς * τοῦ θεοῦ καὶ ἐν τῇ ἀναστάσει πρώτη ἡ κιβωτὸς
Esdr. 1 8 καὶ ἤκουσα φωνῆς λεγούσης μοι ἐλέησον ἡμᾶς * ἐκλεκτὲ * τοῦ θεοῦ Ἐσδράμ. τότε ἠρξάμην λέγειν οὐαὶ τοὺς
Esdr. 3 3 ἄμμον τῆς θαλάσσης; καὶ εἶπεν ὁ θεὸς προφῆτά μου * ἐκλεκτὲ * οὐδεὶς ἄνθρωπος γνώσεται τὴν ἡμέραν ἐκείνην τὴν
Esdr. 7 2 καὶ χολὴν ἐγευσάμην ἐν τάφῳ κατετέθην καὶ τοὺς * ἐκλεκτούς * μου ἀνέστησα τὸν Ἀδὰμ ἐκ τοῦ ᾅδου
Job 1 5 ὑμῶν Ιωβ ἐν πάσῃ ὑπομονῇ γενόμενος, ὑμεῖς δὲ γένος * ἐκλεκτὸν * ἔντιμον ἐκ σπέρματος Ιακωβ τοῦ πατρὸς τῆς
Job 4 11 καὶ ἀληθινὸς καὶ ἰσχυρὸς ὁ κύριος, ἐνισχύων τοὺς * ἐκλεκτοὺς * αὐτοῦ. καὶ ἐγὼ τεκνία μου ἀνταπεκρίθην αὐτῷ
Aris. 13 2 ἀφ' ὧν ὡσεὶ τρεῖς μυριάδας καθοπλίσας ἀνδρῶν * ἐκλεκτῶν * εἰς τὴν χώραν κατῴκισεν ἐν τοῖς φρουρίοις ἤδη
Sib. 3 69 καὶ δὴ μέροπας πολλούς τε πλανήσει πιστούς τ' * ἐκλεκτούς * θ' Ἑβραίους ἀνόμους τε καὶ ἄλλους ἀνέρας
Sib. 3 521 δ' ὁπόταν πολὺ βάρβαρον ἔθνος ἐπέλθῃ πολλὰ μὲν * ἐκλεκτῶν * ἀνδρῶν ὀλέσειε κάρηνα πολλὰ δὲ πίονα μῆλα

ἐκλιμπάνω 1
HArt. 9 27 26 ἐν τῇ πινακίδι τὰ γεγραμμένα μετὰ σπασμοῦ τὸν βίον * ἐκλιμπάνειν * εἰπεῖν τε τὸν βασιλέα σημεῖόν τι αὐτῷ

ἐκλιπαρέω 2
Asen. 1 7 ἤκουσε περὶ αὐτῆς ὁ υἱὸς Φαραὼ ὁ πρωτότοκος καὶ * ἐξελιπάρει * τὸν πατέρα αὐτοῦ τοῦ δοῦναι αὐτὴν αὐτῷ εἰς
Asen. 15 7 θυγάτηρ ὑψίστου καλὴ καὶ ἀγαθὴ σφόδρα. καὶ αὕτη * ἐκλιπάρει * τὸν θεὸν τὸν ὕψιστον ὑπὲρ σοῦ πᾶσαν ὥραν καὶ

ἐκλογή 3
Sal. 9 4 ἀπὸ τῆς γνώσεώς σου ὁ θεός; τὰ ἔργα ἡμῶν ἐν * ἐκλογῇ * καὶ ἐξουσίᾳ τῆς ψυχῆς ἡμῶν τοῦ ποιῆσαι
Sal. 18 5 Ισραηλ εἰς ἡμέραν ἐλέους ἐν εὐλογίᾳ εἰς ἡμέραν * ἐκλογῆς * ἐν ἀνάξει χριστοῦ αὐτοῦ. μακάριοι οἱ γενόμενοι
Aris. 33 8 ῥισκοφύλακας τοῖς τεχνίταις ὧν ἂν προαιρῶνται τὴν * ἐκλογὴν * διδόναι καὶ νομίσματος εἰς θυσίας καὶ ἄλλα πρὸς

ἐκλύω 2
Job 30 1 με κινοῦντα τὴν κεφαλήν μου κατέπεσαν εἰς τὴν γῆν * ἐκλυθέντες * καὶ ταραχθέντων τῶν στρατευμάτων αὐτῶν
FJub. 26 34 εὐλογίαις ὁ Ἰσαὰκ ἔσται δὲ ἡνίκα ἂν καθέλῃς καὶ * ἐκλύσῃς * τὸν ζυγὸν αὐτοῦ ἀπὸ τοῦ τραχήλου σου. τῷ ρ ν γ'

ἐκμαίνω 1
Sib. 5 68 σοι λῆμα κραταιὸν ἐν ἀνθρώποισι τέτυκται; ἀνθ' ὧν * ἐξεμάνης * ἐς ἐμοὺς παῖδας θεοχρίστους καί τε κάκην

ἐκμάσσω 1
Asen. 13 6 ὃ ἦν τὸ πρότερον καταρραινόμενον μύροις καὶ * ἐξεμάσσετο * ὀθονίοις λαμπροῖς νυνὶ καταρραίνεται τοῖς

ἐκμετρέω 1
Esdr. 2 22 εἶπεν ὁ προφήτης ὑπόμνησον τῶν γραφῶν ὁ πατήρ μου * ἐκμετρήσας * τὴν Ἰερουσαλὴμ καὶ ἀνορθώσας αὐτὴν ἐλέησον

ἐκμήδομαι * 1
LEze. 9 29 14 34 θεοῦ τῇ δὴ πρὶν Αἰγύπτῳ κακὰ σημεῖα καὶ τεράατ' * ἐξεμήσατο * ἔτυψ' Ἐρυθρᾶς νῶτα καὶ ἔσχισεν μέσον βάθος

ἐκμιαίνω 2
Sib. 5 392 συζεύξατο νύμφη ἐν σοὶ καὶ βασιλεῖς στόμα δύσμορον * ἐξεμίηναν * ἐν σοὶ καὶ κτηνῶν εὗρον κοίτην κακοὶ ἄνδρες.
FEz. 186 22 ολισθησουσιν λεγει κς> εκο< >ανις< >πυρος β< >ει * εκ'μειαινοντ<ες * >ετι προσεβαινον τη< πρεσ>βυτας

ἐκμισθόω 1
TIss. 1 14 εἶπε Ῥαχὴλ λάβε ἕνα μανδραγόραν καὶ ἀντὶ τοῦ ἑνὸς * ἐκμισθῶ * σοι αὐτὸν ἐν μιᾷ νυκτί. καὶ ἔγνω Ἰακὼβ τὴν

ἐκμυζάω 2
TDan 1 8 τὸ πνεῦμα τοῦ θυμοῦ τὸ πεῖθόν με ἵνα ὡς πάρδαλις * ἐκμυζᾷ * ἔριφον οὕτως ἐκμυζήσω τὸν Ἰωσήφ. ἀλλ' ὁ θεὸς
TDan 1 8 τὸ πεῖθόν με ἵνα ὡς πάρδαλις ἐκμυζᾷ ἔριφον οὕτως * ἐκμυζήσω * τὸν Ἰωσήφ. ἀλλ' ὁ θεὸς Ἰακὼβ τοῦ πατρὸς ἡμῶν

ἔκνομος 1
FPho. 33 φόνον ἀλλ' ἐς ἄμυναν. εἴθε δὲ μὴ χρήιζοις μήτ' * ἔκνομα * μήτε δικαίως ἢν γὰρ ἀποκτείνῃς ἐχθρὸν σέο χεῖρα

ἑκούσιος 2
TLevi 9 7 με νόμον ἱερωσύνης θυσιῶν ὁλοκαυτωμάτων ἀπαρχῶν * ἑκουσίων * σωτηρίων. καὶ ἦν καθ' ἑκάστην ἡμέραν συνετίζων
TDan 4 6 ἀπολομένου ἵνα θυμωθῇ διὰ τοῦ πόθου. ἐὰν ζημιωθῆτε * ἑκουσίως * μὴ λυπεῖσθε ἀπὸ γὰρ λύπης ἐγείρει θυμὸν μετὰ

ἔκπαγλος 3
Sib. 3 205 καὶ οὐκέτι θνητοῖς ἄμπαυσις πολέμοιο. Φρύγες δ' * ἔκπαγλοι * ὀλοῦνται πάντες καὶ Τροίῃ κακὸν ἔσσεται ἤματι
Sib. 3 501 κἤνοιξαν ψευδῶς μυσαρὸν στόμα. τοὔνεκ' ἄρ' αὐτοὺς * ἐκπάγλως * πληγαῖσι δαμάσσειεν παρὰ πᾶσαν γαῖαν καὶ πικρὴν
Sib. 5 95 ἀνθρώπους κακοτέχνους αἵματι καὶ νεκύεσσι +παρ' * ἐκπάγλοισί * τε βωμοῖς+ βαρβαρόφρων σθεναρὸς πολυαίματος

ἐκπέμπω 3
FAch. 102 φόρους ἐτέλει τῷ πέμψαντι. ὁ δὲ Αἴσωπος τὰ * ἐκπεμπόμενα * τῷ Λυκούργῳ λύων προβλήματα εὐδοκεῖν
HCal. 24 2 τὴν Ἰουδαίαν γῆν οἵτινες ἀντιστῆναι βουληθέντες * ἐκπέμπουσιν * κατασκόπους ὡς δῆθεν πρέσβεις εἶναι τούτους.
LEze. 9 29 12 20 πρωτόγονον ἕξει νεκρὸν καὶ τότε φοβηθεὶς λαὸν * ἐκπέμψει * ταχὺ πρὸς τοῖσδε λέξεις πᾶσιν Ἑβραίοις ὁμοῦ ὁ

ἐκπετάννυμι 4
Hen. 14 8 καὶ ἐθορύβαζόν με καὶ ἄνεμοι ἐν τῇ ὁράσει μου * ἐξεπέτασάν * με καὶ ἐπῆράν με ἄνω καὶ εἰσήνεγκάν με εἰς
Asen. 11 15 πρὸς ἀνατολὰς καὶ ἀνορθώθη ἐπὶ τὰ γόνατα αὐτῆς καὶ * ἐξεπέτασε * τὰς χεῖρας αὐτῆς εἰς τὸν οὐρανόν. καὶ ἐφοβήθη
Asen. 11 19 οὗ ἐκάθητο καὶ ἀνορθώθη ἐπὶ τὰ γόνατα αὐτῆς καὶ * ἐξεπέτασε * τὰς χεῖρας αὐτῆς εἰς ἀνατολὰς καὶ ἀνέβλεψε
Sal. 17 16 ἀπ' αὐτῶν οἱ ἀγαπῶντες συναγωγὰς ὁσίων ὡς στρουθία * ἐξεπετάσθησαν * ἀπὸ κοίτης αὐτῶν. ἐπλανῶντο ἐν ἐρήμοις
ἐκπηδάω 1
Asen. 26 5 καὶ οἱ ἑξακόσιοι ἄνδρες μετ' αὐτῆς. καὶ ἐξαίφνης * ἐξεπήδησαν * ἐκ τῶν ἐνεδρῶν αὐτῶν οἱ ἐνεδρευταὶ καὶ
ἐκπίπτω 3
Prop. 22 14 τῶν προφητῶν κοπτόντων ξύλα παρὰ τὸν Ἰορδάνην * ἐξέπεσε * τὸ δρέπανον καὶ κατεποντίσθη ὁ δὲ Ἐλισαῖος
Aris. 249 4 ἐργάζεται τοῖς δὲ πλουσίοις ὄνειδος ὡς διὰ κακίαν * ἐκπεπτωκόσιν. * εὐεργετῶν οὖν ἅπαντας καθὼς συνεχῶς τοῦτ'
LAri. 8 10 2 τὴν ἁρμόζουσαν ἔννοιαν περὶ θεοῦ κρατεῖν καὶ μὴ * ἐκπίπτειν * εἰς τὸ μυθῶδες καὶ ἀνθρώπινον κατάστημα.
ἔκπληξις 2
Aris. 96 1 μεγάλης θειότητος ἅπαντ' ἐπιτελεῖται. μεγάλην δὲ * ἔκπληξιν * ἡμῖν παρέσχεν ὡς ἐθεασάμεθα τὸν Ἐλεάζαρον ἐν
Aris. 99 5 προσελθόντα τῇ θεωρίᾳ τῶν προειρημένων εἰς * ἔκπληξιν * ἥξειν καὶ θαυμασμὸν ἀνεκδιήγητον μετατραπέντα
ἐκπληρόω 1
FrAn. 1 218 2 πτωχὸν θεῷ δανείζει. ἰδοὺ γὰρ ἐν τῷ νῦν αἰῶνι * ἐξεπλήρωσά * σοι πολυπλασίονα ὑπὲρ ὧν ἐδάνεισάς μοι. καὶ
ἐκπλήσσω 6
Abr.1 3 12 λίθοι τίμιοι. ἰδὼν δὲ Ἀβραὰμ τὸ γεγονὸς καὶ * ἐκπλαγεὶς * ἔλαβεν τοὺς λίθους κρυφαίως καὶ ἔκρυψεν τοῖς
Job 25 1 τῇ ἀγορᾷ παρεστῶτος ὄχλου καὶ θαυμάζοντος. τίς οὐκ * ἐξεπλάγη * ὅτι αὕτη ἐστὶν Σίτιδος ἡ γυνὴ τοῦ Ἰωβ, ἥτις
Job 35 5 τῆς προτέρας, καὶ ἐμάνη κατὰ ψυχήν; τίς γὰρ οὐκ ἂν * ἐκπλαγείη * καὶ μανῇ ὑπάρχων ἐν πληγαῖς; ἀλλ' ἔασόν με
Aris. 196 6 πράσσεσθαι καὶ τοῖς ἐγγόνοις παρακελευόμενος μὴ * ἐκπλήττεσθαι * τῇ δόξῃ μηδὲ τῷ πλούτῳ θεὸν γὰρ εἶναι τὸν
FEz. 64 70 12 οἱ εὐφρανθέντες καταβάντες εἰς τὸν παράδεισον * ἐξεπλάγησαν * τὰ ἴχνη εὑρόντες ἐν τῷ παραδείσῳ καὶ ταῦτα
HArt. 9 27 24 φυλάκων παρειμένων τὸν βασιλέα ἐξεγεῖραι. τὸν δὲ * ἐκπλαγέντα * ἐπὶ τῷ γεγονότι κελεῦσαι τῷ Μωΰσῳ τὸ τοῦ
ἐκποδών 1
LEze. 9 28 3 26 δὲ Φαραὼ τὴν ἐμὴν ψυχὴν λαβεῖν ἐγὼ δ' ἀκούσας * ἐκποδὼν * μεθίσταμαι καὶ νῦν πλανῶμαι γῆν ἐπ' ἀλλοτέρμονα.
ἐκπομπή 3
Aris. 318 3 εἰς τὴν Ἰουδαίαν δίκαιον γὰρ εἶπε τὴν * ἐκπομπὴν * αὐτῶν γενέσθαι παραγενηθέντας δὲ ὡς θέμις ἕξειν
Aris. 319 2 τῆς μεγίστης τεύξεσθαι παρ' αὐτοῦ. τὰ δὲ πρὸς τὴν * ἐκπομπὴν * αὐτῶν ἐκέλευσεν ἑτοιμάζειν μεγαλομερῶς τοῖς
Aris. 320 2 κατάστρωσιν. ἔπεμψε δὲ καὶ τῷ Ἐλεαζάρῳ μετὰ τῆς * ἐκπομπῆς * αὐτῶν ἀργυρόποδας κλίνας δέκα καὶ τὰ ἀκόλουθα
ἐκπορεύω 6
Hen. 14 19 καὶ ὄρος χερουβίν. καὶ ὑποκάτω τοῦ θρόνου * ἐξεπορεύοντο * ποταμοὶ πυρὸς φλεγόμενοι καὶ οὐκ ἐδυνάσθην
Hen. 16 1 σφαγῆς καὶ ἀπωλείας καὶ θανάτου ἀφ' ὧν τὰ πνεύματα * ἐκπορευόμενα * ἐκ τῆς ψυχῆς τῆς σαρκὸς αὐτῶν ἔσται
Hen. 16B 1 τῆς γῆς οἱ μεγάλοι ὀνομαστοὶ τὰ πνεύματα τὰ * ἐκπορευόμενα * ἀπὸ τῆς ψυχῆς αὐτῶν ὡς ἐκ τῆς σαρκὸς
Hen. 31 1 καὶ ἴδον ἄλλα ὄρη καὶ ἐν αὐτοῖς ἄλση δένδρων καὶ * ἐκπορευόμενον * ἐξ αὐτῶν νέκταρ τὸ καλούμενον σαρρὰν καὶ
TLevi 18 2B053 πόδας ὅταν πορεύῃ πρὸς τὸ θυσιαστήριον καὶ ὅταν * ἐκπορεύῃς * ἐκ τῶν ἁγίων πᾶν αἷμα μὴ ἁπτέσθω τῆς στολῆς
Bar. 6 1 τούτων ἔργα. καὶ λαβών με ἤγαγέν με ὅπου ὁ ἥλιος * ἐκπορεύεται. * καὶ ἔδειξέ μοι ἅρμα τετραέλαστον ὃ ἦν
ἐκπορθέω 1
LThe. 9 22 11 τὴν πρᾶξιν αὐτῶν ἐπιβοηθῆσαι καὶ τὴν πόλιν * ἐκπορθῆσαι * καὶ τὴν ἀδελφὴν ἀναρρυσαμένους μετὰ τῶν
ἐκπορνεύω 1
TDan 5 5 ἐν πάσῃ κακίᾳ πορεύεσθε ποιοῦντες βδελύγματα ἐθνῶν * ἐκπορνεύοντες * ἐν γυναιξὶν ἀνόμων καὶ ἐν πάσῃ πονηρίᾳ
ἐκπρεπής 2
Aris. 84 1 ἀνάτασιν. ἐπὶ δὲ τῆς κορυφῆς κατεσκεύαστο τὸ ἱερὸν * ἐκπρεπῶς * ἔχον καὶ οἱ περίβολοι τρεῖς ὑπὲρ ἑβδομήκοντα δὲ
LEze. 9 29 16 22 κόρη δὲ κόκκος ὣς ἐφαίνετο. φωνὴν δὲ πάντων εἶχεν * ἐκπρεπεστάτην. * βασιλεὺς δὲ πάντων ὀρνέων ἐφαίνετο ὡς ἦν
ἐκπρολείπω 2
SIb. 5 504 δώσει θεὸς ἄφθιτος ⟨ἐμ⟩βιοτεύειν. ἀλλ' ὅταν * ἐκπρολιπόντες * ἀναιδέα φῦλα Τριβαλλῶν Αἰθίοπες μέλλωσ'
FPho. 85 τις ὄρνιθας καλιῆς ἅμα πάντας ἑλέσθω μητέρα δ' * ἐκπρολίποις * ἵν' ἔχῃς πάλι τῆσδε νεοσσούς. μηδέποτε
ἐκπτύω 1
LPhI. 9 37 3 δείκνυσιν ὑπέρτατα θάμβεα λαῶν. αἰπὺ δ' ἄρ' * ἐκπτύουσι * διὰ χθονὸς ὑδροχόοισι σωλῆνες.
ἔκπωμα 1
HArt. 9 27 34 τοὺς δὲ χρησαμένους παρὰ τῶν Αἰγυπτίων πολλὰ μὲν * ἐκπώματα * οὐκ ὀλίγον δὲ ἱματισμὸν ἄλλην τε παμπληθῆ γάζαν
ἐκριζόω 2
TAser 1 7 τὴν πονηρίαν ἀνατρέπει εὐθὺς τὸ κακὸν καὶ * ἐκριζοῖ * τὴν ἁμαρτίαν. ἐὰν δὲ ἐν πονηρῷ κλίνῃ τὸ
TAser 4 2 καλὸν διὰ κακοῦ ὅλον ἐστὶ δὲ καλὸν ὅτι τὸ κακὸν * ἐκριζώσας * ἀπώλεσεν. ἔστι τις μισῶν τὸν ἐλεήμονα καὶ
ἐκρίπτω 1
FJub. 3 32 ἐλάλησε τῇ Εὔᾳ. τῷ ἑβδόμῳ ἔτει παρέβη καὶ τῷ ὀγδόῳ * ἐξερρίφησαν * τοῦ παραδείσου μετὰ τεσσαράκοντα πέντε
ἐκσπάω 1
Hen. 99 5 αὐτῷ ⟨τῷ καὶ⟩ρῷ ἐκείνῳ αἱ τίκτουσαι ἐκβαλοῦσιν καὶ * ἐκσπάσουσιν * καὶ ἐγκαταλείψουσιν ⟨τὸ νήπιο⟩ν βρέφος καὶ
ἔκστασις 7
TRub. 3 1 ὄγδοον πνεῦμα τοῦ ὕπνου ἐστὶ μεθ' οὗ ἐκτίσθη * ἔκστασις * φύσεως καὶ εἰκὼν τοῦ θανάτου. τούτοις τοῖς
TSIm. 4 8 τῷ διαβουλίῳ καὶ εἰς αἵματα παροξύνει καὶ εἰς * ἔκστασιν * ἄγει τὴν διάνοιαν καὶ οὐκ ἐᾷ τὴν σύνεσιν ἐν
TJud. 19 1 θεοὺς ὀνομάζουσι καὶ ποιεῖ τὸν ἔχοντα αὐτὴν εἰς * ἔκστασιν * ἐμπεσεῖν. διὰ ἀργύριον ἐγὼ ἀπώλεσα τὰ τέκνα μου
Jer. 5 8 εὗρεν. καὶ εἶπεν εὐλογητὸς κύριος ὅτι μεγάλη * ἔκστασις * ἐπέπεσεν ἐπ' ἐμὲ σήμερον. οὐκ ἔστιν αὕτη ἡ
Jer. 5 14 τῶν ἰδίων καὶ εἶπεν εὐλογητὸς κύριος ὅτι μεγάλη * ἔκστασις * ἐπέπεσεν ἐπ' ἐμέ. καὶ πάλιν ἐξῆλθεν ἔξω τῆς
Jer. 5 16 κόφινον λέγων καθέζομαι ὧδε ἕως ὁ κύριος ἄρῃ τὴν * ἔκστασιν * ταύτην ἀπ' ἐμοῦ. καθημένου δὲ αὐτοῦ εἶδέ τινα
Jer. 5 30 σε τὴν ἐρήμωσιν τῆς πόλεως ἤνεγκε γὰρ ταύτην τὴν * ἔκστασιν * ἐπὶ σέ. ἰδοὺ γὰρ ἑξήκοντα καὶ ἓξ ἔτη σήμερόν
ἔκταμα 1
FJub. 10 21 τῆς πλίνθου τὸ ὕψος τρίτον μιᾶς πλίνθου. ⟨τὸ * ἔκταμα * τοῦ ἑνὸς τοίχου⟩ στάδιοι ιγ' ⟨καὶ τοῦ ἄλλου⟩ λ'.
ἐκτανύω 1
SIb. 4 166 ποταμοῖς λούσασθε ὅλον δέμας ἀενάοισιν χεῖράς τ' * ἐκτανύσαντες * ἐς αἰθέρα τῶν πάρος ἔργων συγγνώμην
ἐκτάσσω 4
Job 32 2 πλοῦτον τοῦ Ἰωβ. σὺ εἶ ὁ τὰ ἑπτακισχίλια πρόβατα * ἐκτάξας * εἰς τὴν τῶν πτωχῶν ἔνδυσιν ποῦ οὖν τυγχάνει ἡ
Job 32 2 τοῦ θρόνου σου; σὺ εἶ ὁ τὰς τρισχιλίας καμήλους * ἐκτάξας * εἰς μεταφορὰν τῶν ἀγαθῶν τοῖς πένησιν ποῦ οὖν
Job 32 3 ἡ δόξα τοῦ θρόνου σου; σὺ εἶ ὁ τὰς χιλίας βοῦς * ἐκτάξας * τοῖς πένησιν εἰς ἀροτρίαν ποῦ οὖν τυγχάνει ἡ
LEze. 9 29 14 05 προστάταισι καὶ παραστάταις ὁμοῦ ἦν φρικτὸς ἀνδρῶν * ἐκτεταγμένων * ὄχλος. πεζοὶ μὲν ἐν μέσοισι καὶ φαλαγγικοὶ
ἐκτείνω 28
Adam 37 4 ἐποίησεν δὲ τρεῖς ὥρας κείμενος. καὶ μετὰ ταῦτα * ἐξέτεινεν * τὴν χεῖρα αὐτοῦ ὁ πατὴρ τῶν ὅλων καθήμενος ἐπὶ
TLevi 19 4 ἐπαύσατο Λευὶ ἐντελλόμενος τοῖς υἱοῖς αὐτοῦ καὶ * ἐξέτεινε * τοὺς πόδας αὐτοῦ καὶ προσετέθη πρὸς τοὺς
TIss. 7 9 θάψωσιν ἐν τῷ σπηλαίῳ μετὰ τῶν πατέρων αὐτοῦ. καὶ * ἐξέτεινε * τοὺς πόδας αὐτοῦ καὶ ἀπέθανε πέμπτος ἐν γήρει
TZab. 6 2 ἐν αὐτῷ καὶ καθῆκα ξύλον ὄπισθεν αὐτοῦ καὶ ὀθόνην * ἐξέτεινα * ἐν ὀρθῷ ξύλῳ ἐν μέσῳ καὶ ἐν αὐτῷ διαπορευόμενος
TJos. 20 4 πλησίον Ῥαχὴλ θέτε αὐτήν. καὶ ταῦτα εἰπὼν * ἐκτείνας * τοὺς πόδας αὐτοῦ ἐκοιμήθη ὕπνον αἰώνιον. καὶ
Asen. 5 5 τῇ ἀριστερᾷ καὶ ἐν τῇ χειρὶ αὐτοῦ τῇ δεξιᾷ εἶχεν * ἐκτεταμένον * κλάδον ἐλαίας καὶ ἦν πλῆθος καρποῦ ἐν αὐτῷ
Asen. 8 5 σου. καὶ ὡς προσῆλθεν Ἀσενὲθ φιλῆσαι τὸν Ἰωσὴφ * ἐξέτεινεν * Ἰωσὴφ τὴν χεῖρα αὐτοῦ τὴν δεξιὰν καὶ ἔθηκε
Asen. 12 8 φεύγει πρὸς τὸν πατέρα αὐτοῦ καὶ ὁ πατὴρ * ἐκτείνας * τὰς χεῖρας αὐτοῦ ἁρπάζει αὐτὸ ἐκ τῆς γῆς καὶ
Asen. 12 8 τῇ ταραχῇ τῆς νηπιότητος αὐτοῦ οὕτως καὶ σὺ κύριε * ἔκτεινον * τὰς χεῖράς σου ἐπ' ἐμὲ ὡς πατὴρ φιλότεκνος καὶ
Asen. 15 14 σου. καὶ εἶπεν αὐτῇ ὁ ἄνθρωπος λάλησον. καὶ * ἐξέτεινεν * Ἀσενὲθ τὴν χεῖρα αὐτῆς τὴν δεξιὰν καὶ τέθηκεν
Asen. 16 13 συνέσει Ἀσενὲθ καὶ ἐκάλεσεν αὐτὴν πρὸς ἑαυτὸν καὶ * ἐξέτεινε * τὴν χεῖρα αὐτοῦ τὴν δεξιὰν καὶ ἐκράτησε τὴν
Asen. 16 15 ἐξ αὐτοῦ οὐκ ἀποθανεῖται εἰς τὸν αἰῶνα χρόνον. καὶ * ἐξέτεινεν * ὁ ἄνθρωπος τὴν χεῖρα αὐτοῦ τὴν δεξιὰν καὶ
Asen. 16 16B κυρίου τοῦ θεοῦ ⟨τοῦ βασιλέως τῶν αἰώνων⟩. καὶ * ἐξέτεινε * τὴν χεῖρα αὐτοῦ τὴν δεξιὰν ὁ ἄνθρωπος καὶ ἥψατο
Asen. 16 17 ὁλόκληρον ὡς ἦν ἐν ἀρχῇ. καὶ πάλιν ὁ ἄνθρωπος * ἐξέτεινε * τὴν χεῖρα αὐτοῦ τὴν δεξιὰν καὶ ἐπέθηκε τὸν
Asen. 16 17 ἡ ὁδὸς τοῦ δακτύλου αὐτοῦ ἐγένετο ὡς αἷμα⟩. καὶ * ἐξέτεινε * τὸ δεύτερον τὴν χεῖρα αὐτοῦ καὶ ἔθηκε τὸν
Asen. 16 22 τὴν Ἀσενὲθ ἔπεσον ἐπὶ τὴν γῆν καὶ ἀπέθανον. καὶ * ἐξέτεινεν * ὁ ἄνθρωπος τὴν ῥάβδον αὐτοῦ ἐπὶ τὰς μελίσσας
Asen. 17 3 τὰ ῥήματά μου ἃ λελάληκα πρός σε σήμερον. καὶ * ἐξέτεινε * τρίτον τὴν δεξιὰν χεῖρα αὐτοῦ ὁ ἄνθρωπος καὶ
Asen. 19 10 ἁγνὴ καὶ ἵνα τί σὺ ἕστηκας ἀπὸ μακρόθεν μου; καὶ * ἐξέτεινε * τὰς χεῖρας αὐτοῦ Ἰωσὴφ καὶ ἐκάλεσε τὴν Ἀσενὲθ
Asen. 19 10 τὴν Ἀσενὲθ ⟨ἐν νεύματι τῶν ὀφθαλμῶν αὐτοῦ⟩. καὶ * ἐξέτεινε * καὶ Ἀσενὲθ τὰς χεῖρας αὐτῆς καὶ ἔδραμε πρὸς
Asen. 22 9 καὶ εὐλόγησεν αὐτὴν καὶ κατεφίλησεν αὐτήν. καὶ * ἐξέτεινεν * Ἀσενὲθ τὰς χεῖρας αὐτῆς καὶ ἐκράτησε τοῦ
Asen. 23 16 αὐτοῦ ἐπὶ τὴν γῆν ὑποκάτω τῶν ποδῶν αὐτῶν. καὶ * ἐξέτεινε * Λευὶς τὴν χεῖρα αὐτοῦ τὴν δεξιὰν καὶ ἐκράτησεν
Asen. 28 14 κατά σου δέσποινα καὶ βασίλισσα ἡμῶν σήμερον. καὶ * ἐξέτεινεν * Ἀσενὲθ τὴν δεξιὰν αὐτῆς χεῖρα καὶ ἥψατο τῆς
Bar. 7 5 καὶ ἰδεῖν. καὶ ἅμα τῷ λάμψαι τὸν ἥλιον * ἐξέτεινε * καὶ ὁ φοῖνιξ τὰς αὐτοῦ πτέρυγας. ἐγὼ δὲ ἰδὼν
Prop. 24 3 Ἱεροβοὰμ ἔθυε τῷ Βαάλ. καὶ προφητεύοντος αὐτοῦ * ἐξέτεινεν * ὁ βασιλεὺς τὴν χεῖρα αὐτοῦ συλλαβεῖν αὐτὸν καὶ
Esdr. 3 6 ὅτι ἐπλεόνασεν μακροθυμήσω ἐπ' αὐτοὺς εἰ δὲ μὴ * ἐκτενῶ * τὴν χεῖρά μου καὶ ἀπὸ τῶν τεσσάρων περάτων
Sedr. 2 4 ἱκανὸς κύριε τοῦ ἀνελθεῖν εἰς τοὺς οὐρανούς. καὶ * ἐκτείνας * ταῖς πτέρυξιν αὐτοῦ ὁ ἄγγελος ἔλαβεν αὐτὸν καὶ
IOrp. 36 χεῖρά τε δεξιτερὴν ἐπὶ τέρματος ὠκεανοῖο πάντοθεν * ἐκτέτακεν * περὶ γὰρ τρέμει οὔρεα μακρὰ καὶ ποταμοὶ πολιῆς
LEze. 9 29 11 08 δὲ σώματος τρέμει. (Θ). μηδὲν φοβηθῇς χεῖρα δ' * ἐκτείνας * λαβὲ οὐρὰν πάλιν δὲ ῥάβδος ἔσσεθ' ὥσπερ ἦν.

```
ἐκτελέω                              7
TJos.      4      7  τοῖς μοιχεύουσιν εὐδοκεῖ. κἀκείνη ἐσιώπησε ποθοῦσα ✳ ἐκτελέσαι ✳ τὴν ἐπιθυμίαν αὐτῆς. κἀγὼ προσετίθουν νηστείαν
Jer.       9     29  τῷ Ἀβιμέλεχ καὶ εἴθ' οὕτως ἔστη ἐν μέσῳ τοῦ λαοῦ ✳ ἐκτελέσαι ✳ βουλόμενος τὴν οἰκονομίαν αὐτοῦ. τότε ἔβόησε ὁ
Bar.       4     14  τί ποιήσει. καὶ τεσσαράκοντα ἡμέρας τὴν εὐχὴν ✳ ἐκτελέσαντος ✳ καὶ πολλὰ δεηθεὶς καὶ κλαύσας εἶπεν κύριε
Job        1      2  Ιωβ τοῦ καλουμένου Ιωβαβ. ἐν ᾗ γὰρ ἡμέρᾳ νοσήσας ✳ ἐξετέλει ✳ αὐτοῦ τὴν οἰκονομίαν, ἐκάλεσεν τοὺς ἑπτὰ υἱούς
Job       11      2  σου, καὶ ἡμεῖς δυνάμεθα ταύτην τὴν διακονίαν ✳ ἐκτελέσαι; ✳ οὐδὲν δὲ κεκτήμεθα. ποίησον σὺ μεθ' ἡμῶν
FPho.     58         δ' ἄγριον ὀργὴν πολλάκι γὰρ πλήξας ἀέκων φόνον ✳ ἐξετέλεσσεν ✳ ἔστω κοινὰ πάθη μηδὲν μέγα μηδ' ὑπέροπλον.
FPho.    230         ταῦτα δικαιοσύνης μυστήρια τοῖα βιεῦντες ζωὴν ✳ ἐκτελέοιτ' ✳ ἀγαθὴν μέχρι γήραος οὐδοῦ.
                                     1
ἐκτέμνω
TJud.     23      4  γῆς ἐρήμωσιν ὑμῶν αὐτῶν δουλείαν ἐν ἔθνεσιν καὶ ✳ ἐκτεμοῦσιν ✳ ἐξ ὑμῶν εἰς εὐνούχους ταῖς γυναιξὶν αὐτῶν.
                                     1
ἐκτήκω
TIss.      4      5  ζῆλος ἐν διαβουλίοις αὐτοῦ ἐπελεύσεται οὐ βασκανία ✳ ἐκτήκει ✳ ψυχὴν αὐτοῦ οὐδὲ πορισμὸν ἐν ἀπληστίᾳ ἐννοεῖ
ἐκτίθημι                             7
Prop.     15      5  ἀργίας προφητῶν καὶ ἱερέων καὶ περὶ διπλῆς κρίσεως ✳ ἐξέθετο ✳ καὶ ἀπέθανεν ἐν γήρει μακρῷ καὶ ἐκλείπων ἐτάφη
Aris.      1      5  περὶ ὧν ἀπεστάλημεν καὶ διὰ τί πεπείραμαι σαφῶς ✳ ἐκθέσθαι ✳ σοι κατειληφὼς ἣν ἔχεις φιλομαθῆ διάθεσιν ὅπερ
Aris.     20      3  ἑκάστου κομίζεσθαι δραχμὰς εἴκοσι καὶ περὶ τούτων ✳ ἐκθεῖναι ✳ πρόσταγμα τὰς δὲ ἀπογραφὰς ποιεῖσθαι παρ' αὐτὰ
Aris.    150      2  ἡμῖν ἐπὶ τούτων καὶ τῶν κτηνῶν τροπολογῶν ✳ ἐκτέθειται. ✳ τὸ γὰρ διχηλεύειν καὶ διαστέλλειν ὁπλῆς
Aris.    153      4  διχηλεῖ καὶ μηρυκισμὸν ἀνάγει σαφῶς τοῖς νοοῦσιν ✳ ἐκτίθεται ✳ τὸ τῆς μνήμης. ἡ γὰρ ἀναμηρύκησις οὐθὲν ἕτερον
Aris.    161      2  τῆς εὐλογίας τῆς κατὰ τὴν διαστολὴν καὶ μνείαν ὡς ✳ ἐξεθέμεθα ✳ τὴν διχηλίαν καὶ τὸν μηρυκισμόν. οὐ γὰρ εἰκῆ
LAri. 13  12      4  τῶν κατὰ τὸν Ἱερὸν Λόγον αὐτῷ λεγομένων οὕτως ✳ ἐκτίθεται ✳ περὶ τοῦ διακρατεῖσθαι θείᾳ δυνάμει τὰ πάντα
ἐκτίλλω                              1
Sal.      14      4  αὐτοῦ. ἡ φυτεία αὐτῶν ἐρριζωμένη εἰς τὸν αἰῶνα οὐκ ✳ ἐκτιλήσονται ✳ πάσας τὰς ἡμέρας τοῦ οὐρανοῦ ὅτι ἡ μερὶς
ἐκτινάσσω                            1
Sib.       5    152  ὕμνησα δικαίως τούτου γὰρ +φανέντος+ <ὅλ>η κτίσις ✳ ἐξετινάχθη ✳ καὶ βασιλεῖς ὤλοντο καὶ ἐν τοῖσιν μένεν ἀρχή
ἐκτίνω                               1
HHec.  1  22    193  κατέσκαπτον καὶ τῶν μὲν ζημίαν τοῖς σατράπαις ✳ ἐξέτινον ✳ περὶ τινων δὲ καὶ συγγνώμης μετελάμβανον.
ἐκτιτρώσκω                           1
Hen.      99      5  <τὸ νήπιο>ν βρέφος καὶ αἱ ἐν γαστρὶ ἔχου<σαι ✳ ἐκτρώσο>υσιν ✳ καὶ αἱ θηλάζουσαι ῥίψουσιν τὰ τέκ>να αὐτῶν
FAch.    117         ἐὰν ἀκούσωσι τῶν ἐν Βαβυλῶνι ἵππων χρεμετιζόντων ✳ ἐκτιτρώσκουσιν. ✳ ὁ δὲ Αἴσωπος αὔριον περὶ τούτου
FAch.    118         ἵππων ἀκοῦσαι <αἱ> ἐνθάδε <δύνανται> τῶν ἵππων καὶ ✳ ἐκτιτρώσκειν; ✳ ὁ δὲ βασιλεὺς ἰδὼν αὐτοῦ τὸν νοῦν ἐφοβήθη
ἐκτοπίζω                             1
Bar.       2      7  οἱ τὸν πύργον τῆς θεομαχίας οἰκοδομήσαντες καὶ ✳ ἐξετόπησεν ✳ αὐτοὺς ὁ κύριος. καὶ λαβών με ὁ ἄγγελος
ἐκτός                               10
TNep.      6      2  καὶ ἰδοὺ πλοῖον ἤρχετο ἀρμενίζον μεστὸν ταρίχων ✳ ἐκτὸς ✳ ναυτῶν καὶ κυβερνήτου ἐπεγέγραπτο δὲ τὸ πλοῖον
Jer.       7      1  ἐκ τοῦ μνημείου καὶ εὗρεν τὸν ἀετὸν καθεζόμενον ✳ ἐκτὸς ✳ τοῦ μνημείου. καὶ ἀποκριθεὶς ἀνθρωπίνη φωνῇ εἶπεν
Job       21      1  σε. καὶ ἐποίησα ἔτη τεσσαράκοντα ὀκτὼ ἐν τῇ κοπρίᾳ ✳ ἐκτὸς ✳ τῆς πόλεως ἐν ταῖς πληγαῖς ὥστε ἰδεῖν, τέκνα μου
Aris.     59      6  ἀπόκλιμα τὴν διατύπωσιν ἔχειν τῆς ὡραιότητος τὸ δὲ ✳ ἐκτὸς ✳ κλίμα πρὸς τὴν τοῦ προσάγοντος εἶναι θεωρίαν. διὸ
Aris.     99      3  καὶ ταραχὴν ὥστε νομίζειν εἰς ἕτερον ἐληλυθέναι ✳ ἐκτὸς ✳ τοῦ κόσμου καὶ διαβεβαιοῦμαι πάντα ἄνθρωπον
Aris.    224      2  δὲ ῥηθεῖσιν ἀρεσθεὶς πρὸς τὸν ἐχόμενον εἶπε πῶς ἂν ✳ ἐκτὸς ✳ εἴη φθόνου; διαλιπὼν δὲ ἐκείνως ἔφη πρῶτον εἰ
Aris.    232      2  συναρεσθεὶς δὲ τούτοις πρὸς τὸν ἕτερον εἶπε πῶς ἂν ✳ ἐκτὸς ✳ γένοιτο λύπης; ὁ δὲ ἔφησεν εἰ μηδένα βλάπτοι
Aris.    253      2  δὲ τοῖς εἰρημένοις τὸν ἕτερον ἠρώτα πῶς ἂν ✳ ἐκτὸς ✳ θυμοῦ γένοιτο; πρὸς τοῦτ' εἶπε γινώσκων ὅτι πάντων
Aris.    304      1  χορηγουμένων αὐτοῖς δαψιλῶς ὧν προηροῦντο πάντων. ✳ ἐκτὸς ✳ δὲ καὶ καθ' ἡμέραν ὅσα βασιλεῖ παρεσκευάζετο καὶ
FrAn.  1 226      8  τῆ<ς - - μνηθ>εις του Ιακωβ< - >ες της γης και ✳ εκτος ✳ σου< - >λης ηθελησα ο Φαραω< - >ου καμε σωσον μη
ἕκτος                               25
Adam      29     10  τριάκοντα τέσσαρας ὅτι σὺ οὐκ ἐπλάσθης τῇ ἡμέρᾳ τῇ ✳ ἕκτη ✳ ἐν ᾗ ἐτέλεσεν ὁ θεὸς τὴν κτίσιν αὐτοῦ. ἀλλ' ἀνάστα
Hen.      6B      7  β' Ἀταρκούφ γ' Ἀρακιήλ δ' Χωβαβιήλ ε' Ὁραμμαμή ✳ ς' ✳ Ῥαμιήλ ζ' Σαμψὶχ η' Ζακιήλ θ' Βαλκιήλ ι' Ἀζαλζήλ
TRub.      2      7  πνοῆς πέμπτον πνεῦμα λαλίας μεθ' ἧς γίνεται γνῶσις ✳ ἕκτον ✳ πνεῦμα γεύσεως μεθ' ἧς γίνεται βρῶσις βρωτῶν καὶ
TRub.      3      5  πνεῦμα ὑπερηφανίας ἵνα καυχᾶται καὶ μεγαλοφρονῇ ✳ ἕκτον ✳ πνεῦμα ψεύδους ἐν ἀπωλείᾳ καὶ ζήλῳ τοῦ πλάττειν
TLevi      8      9  ὁ πέμπτος κλάδον μοι ἐλαίας ἔδωκε πιότητος. ὁ ✳ ἕκτος ✳ στέφανόν μοι τῇ κεφαλῇ περιέθηκεν. ὁ ἕβδομος
TLevi     17      7  ὁ πέμπτος ἐν σκότει παραληφθήσεται ὡσαύτως καὶ ὁ ✳ ἕκτος ✳ καὶ ὁ ἕβδομος. ἐν δὲ τῷ ἑβδόμῳ ἔσται μιασμὸς ὃν οὐ
TLevi     18 ZB044  ἐν τῇ σεμιδάλει ταύτῃ καὶ τῷ κριῷ τὸ ✳ ἕκτον ✳ τοῦ σάτου καὶ τῷ ἀρνίῳ τὸ ὄγδοον τοῦ σάτου καὶ
TJud.     25      1  ἐγὼ τρίτος Ἰωσὴφ τέταρτος Βενιαμὶν πέμπτος Συμεὼν ✳ ἕκτος ✳ Ἰσαχὰρ καὶ οὕτως καθεξῆς πάντες. καὶ κύριος
TAser      1      1  Ἀσὴρ ἃ ἐλάλησε τοῖς υἱοῖς αὐτοῦ ἑκατοστῷ εἰκοστῷ ✳ ἕκτῳ ✳ ἔτει ζωῆς αὐτοῦ. ἔτι ὑγιαίνων εἶπε πρὸς αὐτούς
TJos.      8      1  ἐπιθυμίαν πονηράν. λέγω ὑμῖν τέκνα ὅτι ὥρα ἦν ὡσεὶ ✳ ἕκτη ✳ ὅτε ἐξῆλθεν ἀπ' ἐμοῦ κἀγὼ γόνυ κλίνας πρὸς κύριον
TBen.      7      2  τρίτον θλῖψις τέταρτον αἰχμαλωσία πέμπτον ἔνδεια ✳ ἕκτον ✳ ταραχὴ ἕβδομον ἐρήμωσις. διὰ τοῦτο καὶ ὁ Κάϊν ἑπτὰ
Jer.       1     10  ἀπάγγειλον αὐτῷ τὰ ῥήματα ταῦτα. καὶ ἀναστάντες ✳ ἕκτην ✳ ὥραν τῆς νυκτὸς ἔλθετε ἐπὶ τὰ τείχη τῆς πόλεως καὶ
Jer.       2      9  αὐτῷ Ἱερεμίας ἔκδεξαι μικρὸν μετ' ἐμοῦ ἕως ὥρας ✳ ἕκτης ✳ τῆς νυκτός ἵνα γνῷς ὅτι ἀληθές ἐστι τὸ ῥῆμα τοῦτο.
Esdr.      5     13  μὲν ὀνυχοῦται τὸ πέμπτον μὲν ἀπογαλακτοῦται καὶ τὸ ✳ ἕκτον ✳ μὲν ἕτοιμον γίνεται καὶ λαμβάνει τὴν ψυχὴν τὸ
Aris.     48      3  Ἴσακος Ἰάκωβος Ἰησοῦς Σαββαταῖος Σίμων Λευίς. ✳ ἕκτης ✳ Ἰούδας Ἰώσηφος Σίμων Ζαχαρίας Σομόηλος Σελεμίας.
Aris.    228      2  διανοίας κρατεῖ. συνομολογήσας δὲ τούτοις τὸν ✳ ἕκτον ✳ ἐκέλευσεν ἀποφήνασθαι πυνθανόμενος τίσι δεῖ
FJub.      2     13  μεγάλα ἐποίησεν ὁ θεὸς ἐν τῇ πέμπτῃ ἡμέρᾳ. τῇ δὲ ✳ ἕκτῃ ✳ ἡμέρᾳ τὰ θηρία τὰ κτήνη τὰ ἑρπετὰ τῆς γῆς τὸν
FJub.      2     14  ταῦτα τὰ τέσσαρα μεγάλα ἔργα ἐποίησεν ὁ θεὸς ἐν τῇ ✳ ἕκτῃ ✳ ἡμέρᾳ καὶ ἐγένετο πάντα τὰ ἐν ταῖς ἓξ ἡμέραις παρὰ
FJub.      2     16  ἔργα κβ'. καὶ συνετέλεσεν ὁ θεὸς πάντα ἐν τῇ ✳ ἕκτῃ ✳ ἡμέρᾳ ὅσα ἐν ταῖς τοῦ οὐρανοῦ καὶ ἐν τῇ γῆ καὶ ταῖς
FJub.      3      1  μηνὸς Νισὰν πρώτη δὲ τοῦ Ἀπριλλίου μηνὸς καὶ ✳ ἕκτη ✳ τοῦ παρ' Αἰγυπτίοις Φαρμουθὶ ὠνόμασεν Ἀδὰμ τὰ
FJub.      3      5  ἡμέρᾳ τῆς δευτέρας ἐβδομάδος ὠνόμασε τὰ νηκτά. τῇ ✳ ἕκτῃ ✳ ἡμέρᾳ τῆς δευτέρας ἐβδομάδος ἥτις ἦν κατὰ μὲν
FJub.      3      5  ἐβδομάδος ἥτις ἦν κατὰ μὲν Ῥωμαίους Ἀπριλλίου ✳ ἕκτη ✳ κατὰ δὲ Αἰγυπτίοις Φαρμουθὶ ἐνδεκάτη λαβὼν ὁ θεὸς
FJub.      3      9  τοῦ Ἀδὰμ ἔπλασε τὴν γυναῖκα. τῇ τεσσαρακοστῇ ✳ ἕκτῃ ✳ ἡμέρᾳ τῆς κοσμοποιίας τετάρτῃ ἡμέρᾳ τῆς ἑβδόμης
HDem.  9  21      3  μηνὶ ὀγδόῳ Συμεὼν καὶ τῷ ἔτει δὲ τῷ δεκάτῳ μηνὶ ✳ ἕκτῳ ✳ Λευὶν τῷ δὲ ἑνδεκάτῳ ἔτει μηνὶ τετάρτῳ Ἰούδαν.
HDem.  9  29      2  Μωσῆν εἶναι ἀπὸ Ἀβραὰμ ἕβδομον τὴν δὲ Σεπφώραν ✳ ἕκτην. ✳ συνοικοῦντος γὰρ ἤδη τοῦ Ἰσαὰκ ἀφ' οὗ Μωσῆν
ἕκτοτε                               1
Prop.     23      2  αὐτόν οἱ ἱερεῖς ἔθαψαν αὐτὸν μετὰ τοῦ πατρὸς αὐτοῦ ✳ ἕκτοτε ✳ ἐγένοντο τέρατα ἐν τῷ ναῷ φαντασίας καὶ οὐκ
ἐκτρέφω                              3
TNep.      8      5  οἱ ἄγγελοι ἀνθέξονται ὑμῶν. ὡς ἄν τις γὰρ τέκνον ✳ ἐκθρέψη ✳ καλῶς μνείαν ἔχει ἀγαθὴν οὕτως καὶ ἐπὶ τοῦ καλοῦ
ἐκτρίβω                              3
Hen.      99     16  ἕως τῆς) ἡμέρας τῆς κρίσεως τῆς <μεγάλης> ὅτι τότε ✳ ἐκτρίψει ✳ τὴν δόξ<αν ὑμῶν> καὶ ἐπεγερεῖ τὸν θυμὸν <αὐτοῦ
Asen.     24      8  μου καὶ ἀναμενῶ τὸν θάνατον τοῦ πατρός μου καὶ ✳ ἐκτρίψω ✳ αὐτοὺς ἐκ γῆς καὶ πᾶσαν τὴν γενεὰν αὐτῶν μήποτε
Sal.      17     23  δικαιοσύνης ἐξῶσαι ἁμαρτωλοὺς ἀπὸ κληρονομίας ✳ ἐκτρῖψαι ✳ ὑπερηφανίαν ἁμαρτωλοῦ ὡς σκεύη κεραμέως ἐν
ἔκτρομος                             1
FrAn.    574   3076  πνεῦμα δαιμόνιον τὸν ἐφορῶντα ἐπὶ γῆς καὶ ποιοῦντα ✳ ἔκτρομα ✳ τὰ θεμέλια αὐτῆς καὶ ποιήσαντα τὰ πάντα ἐκ τῶν
ἐκτρύχω                              1
FJub.     46     14  καὶ ἀνιστᾶν πυραμίδας καὶ τούτοις τοὺς Ἑβραίους ✳ ἐξέτρυχον. ✳ μόνους δέκα μῆνας ῥιφῆναι τὰ βρέφη τῶν
ἔκτυπος                              3
Aris.     58      3  δὲ κυμάτια στρεπτὰ τὴν ἀνάγλυφην ἔχοντα σχοινίδων ✳ ἔκτυπον ✳ τῇ τορείᾳ θαυμαστῶς ἔχουσαν ἐκ τῶν τριῶν μερῶν
Aris.     66      2  οὔσης. ἐπ' αὐτῆς δὲ τῆς τραπέζης μαιάνδρων ✳ ἔκτυπον ✳ ἐποίησαν ἐν ὑπεροχῇ λίθους ἔχοντα κατὰ μέσον
Aris.     79      3  τε καὶ μυρσίνης ἔτι δ' ἐλαίας ἀνέπλεξαν στέφανον ✳ ἔκτυπον ✳ πολυτελεῖς ἐνέντες λίθους καὶ τὰς λοιπὰς δὲ
ἐκτυπόω                              2
Asen.      3      6  τοῖς λίθοις καὶ τὰ πρόσωπα τῶν εἰδώλων πάντων ἦσαν ✳ ἐκτετυπωμένα ✳ ἐν αὐτοῖς. καὶ ἔθηκε τιάραν ἐπὶ τῆς κεφαλῆς
Aris.     98      3  τὴν ἀμίμητον μίτραν τὸ καθηγιασμένον βασίλειον ✳ ἐκτετυποῦν ✳ ἐπὶ πετάλῳ χρυσῷ γράμμασιν ἁγίοις τὸ ὄνομα τοῦ
ἐκτύπωσις                            3
Aris.     62      3  τὴν ἄνω πρόσοψιν φοθεσία κατεσκεύαστο διάλιθος ✳ ἐκτύπωσιν ✳ ἔχουσα προοχῆς συνεχέσιν ἀναγλυφαῖς ῥαβδωταῖς
Aris.     63      1  ἄλληλα θέσιν περὶ ὅλην τὴν τράπεζαν. ὑπὸ δὲ τὴν ✳ ἐκτύπωσιν ✳ τῶν λίθων τῆς φοθεσίας στέφανον ἐποίησαν οἱ
Aris.     74      2  εἶτα μαίανδρος ἐπέκειτο πηχυαῖος ὕψει τὴν δ' ✳ ἐκτύπωσιν ✳ ἐνυπῆρχε διὰ λιθώσεως ποικίλης ἐμφαίνων σὺν
Ἕκτωρ                                2
Sib.       3    427  αὐτὸς δ' αὖ μάλα κοσμήσει πολέμοιο κορυστάς ✳ Ἕκτορα ✳ Πριαμίδην καὶ Ἀχιλλέα Πηλείωνα τούς τ' ἄλλους
ἐκφαίνω                              2
Job       39     13  ὅτι ἀνελήφθη τὰ τέκνα μου εἰς τὸν οὐρανόν; διὸ ✳ ἔκφανον ✳ ἡμῖν τὸ ἀληθές. ἐγὼ δὲ ὑπολαβὼν εἶπον αὐτοῖς
IOrp.             32  δ' ἡνιοχεῖ περὶ τ' ἠέρα καὶ περὶ χεῦμα νάματος ✳ ἐκφαίνει ✳ δὲ πυρὸς σέλας ἰφιγενήτου. οὗτος γὰρ χάλκειον
ἔκφανσις                             1
LAri.  8  10     16  συνηκούοντο σὺν τῇ τοῦ πυρὸς ἀστραπηδὸν ✳ ἐκφάνσει ✳ μὴ προκειμένων ὀργάνων τοιούτων μηδὲ τοῦ
ἐκφαντικός                           1
LAri.  8  10     17  τὴν θείαν γεγονέναι διὰ τὸ τοὺς συνορῶντας ✳ ἐκφαντικῶς ✳ ἕκαστα καταλαμβάνειν μήτε τὸ πῦρ κεκαυκὸς ὡς
ἐκφέρω                              17
Abr. 2    13      1  Ἀβραὰμ οὐκ ἐτόλμησεν ὁ θάνατος ἐγγίσαι αὐτῷ τοῦ ✳ ἐξενέγκαι ✳ τὴν ψυχὴν αὐτοῦ ἐκ τοῦ σώματος εἶπεν δὲ κύριος
```

Abr.2 13 16 εἶ σύ; καὶ λέγει ὁ θάνατος ἐγώ εἰμι ὁ θάνατος ὁ * ἐκφέρων * τὰς ψυχὰς ἐκ τοῦ σώματος. καὶ λέγει Ἀβραὰμ σὺ
Abr.2 14 6 ἀνέστησεν αὐτούς. ἐγένετο δὲ ὡς ἐπέστρεψεν Ἀβραὰμ * ἐξήνεγκεν * ὁ θάνατος τὴν ψυχὴν αὐτοῦ ὡς ἐν ὀνείροις ἦλθον
Asen. 4 2 διότι ἑώρων αὐτὴν κεκοσμημένην ὡς νύμφην θεοῦ. καὶ * ἐξήνεγκαν * πάντα τὰ ἀγαθὰ ὅσα ἐνήνοχαν ἐξ ἀγροῦ τῆς
Asen. 10 8 τοῦ κόσμου αὐτῆς καὶ ἤνοιξε τὸ κιβώτιον αὐτῆς καὶ * ἐξήνεγκε * χιτῶνα μελανὸν καὶ ζοφώδη. καὶ οὗτος ἦν ὁ χιτὼν
Asen. 12 1 ζωοποιήσας ὁ δοὺς πνοὴν ζωῆς πάσῃ τῇ κτίσει σου ὁ * ἐξενέγκας * τὰ ἀόρατα εἰς τὸ φῶς ὁ ποιήσας τὰ ὄντα καὶ τὰ
Asen. 18 5 αὐτῆς καὶ ἤνοιξε τὴν κιβωτὸν αὐτῆς τὴν μεγάλην καὶ * ἐξήνεγκε * τὴν στολὴν αὐτῆς τὴν πρώτην τοῦ γάμου ὡς
Asen. 18 8 καὶ ἐξουδενώσει με. καὶ εἶπε τῇ συντρόφῳ αὐτῆς * ἐξένεγκέ * μοι ὕδωρ καθαρὸν ἀπὸ τῆς πηγῆς καὶ νίψομαι τὸ
Jer. 4 5 ἐγενήθημεν. ἔτι κλαίοντος Ἱερεμίου τὸν λαὸν * ἐξήνεγκαν * αὐτὸν μετὰ τοῦ λαοῦ ἕλκοντες εἰς Βαβυλῶνα. ὁ
Jer. 8 1 τῶν ἐθνῶν τῆς Βαβυλῶνος. ἐγένετο δὲ ἡ ἡμέρα ἐν ᾗ * ἐξέφερε * κύριος τὸν λαὸν ἐκ Βαβυλῶνος. καὶ εἶπεν ὁ κύριος
Esdr. 6 4 καὶ εἶπεν ὁ προφήτης καὶ πόθεν τὴν ψυχήν μου ἔχετε * ἐξενεγκεῖν; * καὶ εἶπον οἱ ἄγγελοι διὰ τοῦ στόματος ἔχομεν
Esdr. 6 7 ἔνθεν. καὶ εἶπον οἱ ἄγγελοι διὰ τῶν ῥινῶν σου * ἐξενέγκωμεν * αὐτήν. καὶ εἶπεν ὁ προφήτης αἱ ῥῖνές μου
Esdr. 6 9 εἶπον οἱ ἄγγελοι διὰ τῶν ὀφθαλμῶν σου ἔχομεν αὐτὴν * ἐξενέγκαι. * καὶ εἶπεν ὁ προφήτης οἱ ὀφθαλμοί μου ἴδον τὰ
Esdr. 6 11 εἶπον οἱ ἄγγελοι διὰ τὴν κορυφήν σου ἔχομεν αὐτὴν * ἐξενέγκαι. * καὶ εἶπεν ὁ προφήτης μετὰ Μωσῆ καὶ ἐν τῷ ὄρει
Aris. 256 4 πρὸς ἕκαστον τῶν συμβαινόντων ἀπεφήνατο καὶ μὴ * ἐκφέρεσθαι * ταῖς ὁρμαῖς ἀλλὰ τὰς βλάβας καταμελετᾶν τὰς
Aris. 315 2 βούλεται περιεργασάμενος εἰς κοινοὺς ἀνθρώπους * ἐκφέρειν * ἀποσχόμενον δὲ οὕτως ἀποκατασταθῆναι. καὶ παρὰ
LEze. 9 29 11 10 ῥάβδος ἔσσεθ' ὥσπερ ἦν. ἔνθες δὲ χεῖρ' εἰς κόλπον * ἐξένεγκέ * τε. (Μ). ἰδοὺ τὸ ταχθὲν γέγονεν ὡσπερεὶ χιών.

ἐκφεύγω 10

Hen. 10 3 πάντα ὅσα ἐστὶν ⟨ἐν⟩ αὐτῇ. καὶ δίδαξον αὐτὸν ὅπως * ἐκφύγῃ * καὶ μενεῖ τὸ σπέρμα αὐτοῦ εἰς πάσας τὰς γενεὰς
Hen. 10 17 μετὰ χαρᾶς φυτευθήσεται. καὶ νῦν πάντες οἱ δίκαιοι * ἐκφεύξονται * καὶ ἔσονται ζῶντες ἕως γεννήσωσιν χιλιάδας
Hen. 10B 3 Λάμεχ καὶ τὴν ψυχὴν αὐτοῦ εἰς ζωὴν συντηρήσει καὶ * ἐκφεύξεται * δι' αἰῶνος καὶ ἐξ αὐτοῦ φυτευθήσεται φύτευμα
Hen. 90 5 ὑμῖν ὁ βασιλεὺς πάντων τῶν αἰώνων μὴ νομίσητε ὅτι * ἐκφεύξεσθε * ταῦτα. ⟨καὶ ἀναγνωσθήσο⟩νται ⟨πάντες⟩ οἱ
Sal. 15 8 δὲ ἁμαρτωλοὺς καὶ καταλήμψονται καὶ οὐκ * ἐκφεύξονται * οἱ ποιοῦντες ἀνομίαν τὸ κρίμα κυρίου ὡς ὑπὸ
Bar. 7 5 τὴν τοιαύτην δόξαν ἐταπεινώθην φόβῳ μεγάλῳ καὶ * ἐξέφυγον * καὶ ὑπεκρύβην ἐν ταῖς πτέρυξι τοῦ ἀγγέλου. καὶ
Prop. 3 10 εἰς ἀναίρεσιν. καὶ ἐποίησε στῆναι τὸ ὕδωρ ἵνα * ἐκφύγωσιν * εἰς τὸ πέραν γενόμενοι. καὶ οἱ τολμήσαντες τῶν
Aris. 268 7 ἑαυτοὺς συμφέρον λυποῦνται πάντες ἄνθρωποι. τὸ δ' * ἐκφυγεῖν * πᾶν κακὸν θεοῦ δυνάμει γίνεται. ὡς ἔδει δὲ
Sib. 3 566 τ' ἐριμύκων πρὸς ναὸν μεγάλοιο θεοῦ ὁλοκαρπώσασα * ἐκφεύξῃ * πολέμοιο δυσηχέος ἠδὲ φόβοιο καὶ λοιμοῦ καὶ
HAno. 9 18 2 τὴν ἀσέβειαν ὑπὸ τῶν θεῶν ἀναιρεθῆναι ὧν ἕνα Βῆλον * ἐκφεύγοντα * τὸν θάνατον ἐν Βαβυλῶνι κατοικῆσαι πύργον τε

ἔκφευξις 1

Hen. 90 5 ἐπὶ πλείονα ἔτη οὐ γάρ ἐστιν ἐπ' αὐτοῖς πᾶσα ὁδὸς * ἐκφεύξεως * ἀπὸ τοῦ νῦν διὰ τὴν ὀργὴν ἣν ὠργίσθη ὑμῖν ὁ

ἔκφημι 1

Abr.2 4 10 ἀπὸ τοῦ σώματος αὐτοῦ κἀγὼ κύριε οὐκ ἐτόλμησα αὐτῷ * ἐκφάναι * λόγον ὅτι φίλος σού ἐστιν καὶ δίκαιος ἄνθρωπος

ἐκφοβέω 3

Hen. 14 9 χαλάζης καὶ γλώσσης πυρὸς κύκλῳ αὐτῶν καὶ ἤρξαντο * ἐκφοβεῖν * με. καὶ εἰσῆλθον εἰς τὰς γλώσσας τοῦ πυρὸς καὶ
Hen. 100 5 εὐσεβεῖς ὕπνον ἡδὺν καὶ οὐκ ἔσται οὐκέτι ὁ * ἐκφοβῶν * αὐτούς. τότε ὄψονται οἱ φρόνιμοι τῶν ἀνθρώπων
Abr.1 16 5 καὶ ἄγαγε αὐτὸν πρός με ἀλλὰ καὶ νῦν λέγω σοι μὴ * ἐκφοβήσῃς * τὴν ψυχὴν αὐτοῦ καὶ ἔλθῃς ἐνθάδε ἀλλὰ μετὰ

ἐκφύγω 1

Abr.1 8 9 ὑπῆρχον ἀθάνατοι οὐδεὶς ⟨ἐκ τῶν⟩ προπατόρων * ἐξέφυγεν * τὸ τοῦ θανάτου κειμήλιον πάντες ἀπέθανον πάντες

ἐκφύω 1

Aris. 70 1 ἐπίκειται τὸ πᾶν ἔλασμα τοῦ ποδός. κατεσκεύασαν δὲ * ἐκφύοντα * κισσὸν ἀκάνθῳ πλεκόμενον ἐκ τοῦ λίθου σὺν

ἐκχέω 17

Adam 40 2 καὶ ἐνεγκόντες ἔλαιον ἐκ τοῦ ἐλαίου τῆς εὐωδίας * ἐκχέατε * ἐπ' αὐτόν. καὶ ἐκήδευσαν αὐτὸν οἱ τρεῖς μεγάλοι
Hen. 9B 2 ἐκ τῶν ἁγίων τοῦ οὐρανοῦ. καὶ θεασάμενοι αἷμα πολὺ * ἐκκεχυμένον * ἐπὶ τῆς γῆς καὶ πᾶσαν ἀσέβειαν καὶ ἀνομίαν
Hen. 9B 9 υἱοὺς γίγαντας κίβδηλα ἐπὶ τῆς γῆς τῶν ἀνθρώπων * ἐκκέχυται * καὶ ὅλη ἡ γῆ ἐπλήσθη ἀδικίας. καὶ νῦν ἰδοὺ τὰ
Hen. 97 10 καὶ ἀγαθὰ πολλὰ ἐν ταῖς οἰκίαις ἡμῶν. καὶ ὡς ὕδωρ * ἐκχυθήσεται. * πεπλάνησθε ὅτι οὐ μὴ παραμείνῃ ὁ πλοῦτος
Hen. 98 2 εἰς βρώματα καὶ ἐν ταῖς οἰκίαις αὐτῶν ὡς ὕδωρ * ἐκχυθήσονται * ⟨διὰ τὸ μ⟩ὴ ἐπιστήμην αὐτοὺς μηδὲ φρόνησιν
TRub. 1 6 μὴ πορευθῆναι ἐν ἀγνοίᾳ νεότητος καὶ πορνείᾳ ἐν ᾗ * ἐξεχύθην * ἐγὼ καὶ ἐμίανα τὴν κοίτην τοῦ πατρός μου
TJud. 24 2 ἐν αὐτῷ. καὶ ἀνοιγήσονται ἐπ' αὐτὸν οἱ οὐρανοὶ * ἐκχέαι * πνεύματος εὐλογίαν πατρὸς ἁγίου καὶ αὐτὸς ἐκχεεῖ
TJud. 24 2 ἐκχέαι πνεύματος εὐλογίαν πατρὸς ἁγίου καὶ αὐτὸς * ἐκχεεῖ * πνεῦμα χάριτος ἐφ' ὑμᾶς καὶ ἔσεσθε αὐτῷ εἰς υἱοὺς
TZab. 2 2 ἡμῶν. μὴ ἐπαγάγετε ἐπ' ἐμὲ τὰς χεῖρας ὑμῶν τοῦ * ἐκχέαι * αἷμα ἀθῷον ὅτι οὐχ ἥμαρτον εἰς ὑμᾶς. εἰ δὲ καὶ
TZab. 2 4 ἦλθον ἐγὼ καὶ ἠρξάμην κλαίειν καὶ τὰ ἥπατά μου * ἐξεχύθησαν * ἐπ' ἐμὲ καὶ πᾶσα ἡ ὑπόστασις τῶν σπλάγχνων
Asen. 11 11 καὶ ἐξομολογήσομαι αὐτῷ πάσας τὰς ἁμαρτίας μου καὶ * ἐκχέω * τὴν δέησίν μου ἐνώπιον αὐτοῦ. τίς οἶδεν εἰ ὄψεται
Sal. 2 24 ὅτι οὐκ ἐν ζήλει ἐποίησαν ἀλλ' ἐν ἐπιθυμίᾳ ψυχῆς * ἐκχέαι * τὴν ὀργὴν αὐτῶν εἰς ἡμᾶς ἐν ἁρπάγματι. μὴ
Sal. 8 20 ἀπώλεσεν ἄρχοντας αὐτῶν καὶ πᾶν σοφὸν ἐν βουλῇ * ἐξέχεεν * τὸ αἷμα τῶν οἰκούντων Ιερουσαλημ ὡς ὕδωρ
Sal. 16 2 ἐν καταφορᾷ ὑπνούντων μακρὰν ἀπὸ θεοῦ παρ' ὀλίγον * ἐξεχύθη * ἡ ψυχή μου εἰς θάνατον σύνεγγυς πυλῶν ᾅδου μετὰ
Prop. 4 21B τότε φόνος ἔσται τοῦ Βελιαρ). εὐθέως δὲ χαρὰ * ἐκχυθήσεται * εἰς πάντα τὰ ἔθνη ὅτε δὲ κατὰ νότον ἐν πυρὶ
Prop. 23 1 ὁ βασιλεὺς Ἰούδα ἐχόμενα τοῦ θυσιαστηρίου καὶ * ἐξέχεεν * τὸ αἷμα αὐτοῦ ὁ οἶκος Δαυὶδ ἀνὰ μέσον ἐπὶ τοῦ
Sib. 3 312 καὶ τότε πλησθήσῃ ἀπὸ αἵματος ὡς πάρος αὐτὴ * ἐξέχεας * ἀνδρῶν τ' ἀγαθῶν ἀνδρῶν τε δικαίων ὧν ἔτι καὶ

ἔκχυμα * 1

Sib. 3 320 Μαγὼγ μέσον οὖσα Αἰθιόπων ποταμῶν πόσον αἵματος * ἔκχυμα * δέξῃ καὶ κρίσεως οἴκησις ἐν ἀνθρώποισι κεκλήσῃ

ἐκχύνω 2

Hen. 9 1 οὗτοι ἐκ τοῦ οὐρανοῦ ἐθεάσ⟨αν⟩το αἷμα πολὺ * ἐκχυννόμεν⟨ον⟩ * ἐπὶ τῆς γῆς καὶ εἶπαν πρό⟨ς⟩ ἀλλήλους
TBen. 9 4 μεταβήσεται τὸ πνεῦμα τοῦ θεοῦ ἐπὶ τὰ ἔθνη ὡς πῦρ * ἐκχυνόμενον. * καὶ ἀνελθὼν ἐκ τοῦ ᾅδου ἔσται ἀναβαίνων ἀπὸ

ἔκχυσις 1

Hen. 17 7 τοὺς ἀνέμους τῶν γνόφων τοὺς χειμερινοὺς καὶ τὴν * ἔκχυσιν * τῆς ἀβύσσου πάντων ὑδάτων. ἴδον τὸ στόμα τῆς γῆς

ἑκών 2

FPho. 16 ἴσον ἕλκειν. μὴ δ' ἐπιορκήσῃς μήτ' ἀγνὼς μήτε * ἑκοντί * ψεύδορκον στυγέει θεὸς ἄμβροτος ὅστις ὀμόσσηι.
FPho. 51 πᾶσιν δ' ἁπλόος ἴσθι τὰ δ' ἐκ ψυχῆς ἀγόρευε. ὅστις * ἑκὼν * ἀδικεῖ κακὸς ἀνήρ ἢν δ' ὑπ' ἀνάγκης οὐκ ἐρέω τὸ

ἐλαία 10

Hen. 10 19 καὶ ὑπ' ὀροῦ (σπόρου) ποιήσει καθ' ἕκαστον μέτρον * ἐλαίας * ποιήσει ἀνὰ βάτους δέκα. καὶ σὺ καθάρισον τὴν γῆν
TLevi 8 8 περιέθηκεν ὁμοίαν πορφύρᾳ. ὁ πέμπτος κλάδον μοι * ἐλαίας * ἔδωκε πιότητος. ὁ ἕκτος στέφανόν μοι τῇ κεφαλῇ
TJud. 25 2 τὸν Δὰν ἡ τρυφὴ τὸν Νεφθαλιμ ὁ ἥλιος τὸν Γὰδ * ἐλαία * τὸν Ἀσὴρ καὶ ἔσται εἷς λαὸς κυρίου καὶ γλῶσσα μία
Asen. 5 5 τῇ χειρὶ αὐτοῦ τῇ δεξιᾷ εἶχεν ἐκτεταμένον κλάδον * ἐλαίας * καὶ ἦν πλῆθος καρποῦ ἐν αὐτῷ καὶ ἐν τῷ καρπῷ ἦν
Jer. 9 18 αὐτοῦ καὶ ἐρχόμενον εἰς τὸν κόσμον ἐπὶ τὸ ὄρος τῶν * ἐλαιῶν * καὶ ἐμπλήσει τὰς πεινώσας ψυχάς. ταῦτα λέγοντος
Sedr. 8 3 εἰς τὰ τετράποδα τὸ πρόβατον εἰς τὰ ξύλα τὴν * ἐλαίαν * εἰς τοὺς καρποὺς τὸ κλῆμα εἰς τὰ πετόμενα τὸ
Aris. 63 4 βοτρύων καὶ σταχύων ἔτι δὲ φοινίκων καὶ μήλων * ἐλαίας * τε καὶ ῥοῶν καὶ τῶν παραπλησίων. τοὺς δὲ λίθους
Aris. 79 3 περὶ δὲ τὰ χείλη κισσοῦ τε καὶ μυρσίνης ἔτι δ' * ἐλαίας * ἀνέπλεξαν στέφανον ἔκτυπον πολυτελεῖς ἐνέντες
Sib. 4 17 ἀρούρης τίκτοντες καὶ δένδρα καὶ ἄμπελον ἠδέ τ' * ἐλαίην. * οὗτός μοι μάστιγα διὰ φρενὸς ἤλασεν εἴσω
FJub. 16 31 ἐκύκλου τὸ θυσιαστήριον κλάδοις φοινίκων καὶ * ἐλαιῶν. * τὸν Ἰσαὰκ ἐτῶν κ ε' εἶναι ὅτε πρὸς θυσίαν

ἐλαϊκός 1

Aris. 112 3 γάρ ἐστιν ἡ τῶν γεωργουμένων φιλοπονία. καὶ γὰρ * ἐλαϊκοῖς * πλήθεσι σύνδενδρός ἐστι καὶ σιτικοῖς καρποῖς

ἔλαιον 24

Adam 9 3 καὶ δώσῃ μοι ἐκ τοῦ δένδρου ἐν ᾧ ῥέει τὸ * ἔλαιον * ἐξ αὐτοῦ καὶ ἐνέγκῃς μοι καὶ ἀλείψομαι καὶ
Adam 13 1 ἀποστείλῃ τὸν ἄγγελον αὐτοῦ καὶ δώσει αὐτοῖς τὸ * ἔλαιον * τοῦ ἐλέου. καὶ ἀπέστειλε ὁ θεὸς Μιχαὴλ τὸν
Adam 13 2 ἐπὶ τῇ ἱκεσίᾳ ταύτῃ περὶ τοῦ ξύλου ἐν ᾧ ῥέει τὸ * ἔλαιον * ἀλεῖψαι τὸν πατέρα σου Ἀδάμ. οὐ γενήσεταί σοι
Adam 40 2 καὶ σκεπάσατε τὸ σῶμα τοῦ Ἀδὰμ καὶ ἐνεγκόντες * ἔλαιον * ἐκ τοῦ ἐλαίου τῆς εὐωδίας ἐκχέατε ἐπ' αὐτόν. καὶ
Adam 40 2 τὸ σῶμα τοῦ Ἀδὰμ καὶ ἐνεγκόντες ἔλαιον ἐκ τοῦ * ἐλαίου * τῆς εὐωδίας ἐκχέατε ἐπ' αὐτόν. καὶ ἐκήδευσαν
Abr.1 4 3 πλήρωσον τὸν οἶκον ἄναψον δὲ λύχνους ἐπὶ δὲ * ἐλαίου * ὅπως εὐφρανθῶμεν ὅτι ὁ ἄνθρωπος οὗτος ὁ
TLevi 8 4 τὸ σπέρμα σου ἕως αἰῶνος. καὶ ὁ πρῶτος ἤλειψέ με * ἐλαίῳ * ἁγίῳ καὶ ἔδωκέ μοι ῥάβδον κρίσεως. ὁ δεύτερος
TLevi 18 2B030 καὶ μετὰ ταῦτα σεμίδαλιν ἀναπεποιημένον ἐν * ἐλαίῳ * καὶ μετὰ ταῦτα οἶνον σπεῖσον καὶ θυμίασον ἐπάνω
TLevi 18 2B042 καὶ τῷ ἐρίφῳ ἐξ αἰγῶν τὸ τρίτον τοῦ σάτου καὶ τὸ * ἔλαιον * καὶ τὸ τέταρτον τοῦ σάτου τῷ ταύρῳ ἀναπεποιημένον
TLevi 18 2B044 τοῦ σάτου καὶ ἄμνοῦ καὶ οἶνον κατὰ τὸ μέτρον τοῦ * ἐλαίου * τῷ ταύρῳ καὶ τῷ κριῷ καὶ τῷ ἐρίφῳ κατασπεῖσαι
TJud. 9 8 καὶ ἦσαν διδόντες ἡμῖν πυροῦ κόρους διακοσίους * ἐλαίου * βεθ φ' οἴνου μέτρα χίλια πεντακόσια ἕως ὅτε
TNep. 5 1 ἐν γὰρ ἔτει τεσσαρακοστῷ ζωῆς μου ἐξῆν ἐν ὄρεσιν * ἐλαίου * κατὰ ἀνατολὰς Ἱερουσαλὴμ ὅτι ὁ ἥλιος καὶ ἡ
Asen. 5 5 ἦν πλῆθος καρποῦ ἐν αὐτῷ καὶ ἐν τῷ καρπῷ ἦν πιότης * ἐλαίου * πολλοῦ. καὶ εἰσῆλθεν Ἰωσὴφ εἰς τὴν αὐλὴν καὶ
Bar. 15 1 κατῆλθεν ὁ Μιχαὴλ καὶ ἠνοίγη ἡ πύλη καὶ ἤνεγκεν * ἔλαιον. * καὶ τοὺς ἀγγέλους τοὺς ἐνεγκόντας τὰ κανίσκια
Bar. 15 2 τοὺς ἐνεγκόντας τὰ κανίσκια πλήρη ἐπλήρωσεν αὐτὰ * ἐλαίου * λέγων ἀπενέγκατε δότε ἑκατονταπλασίονα τὸν μισθὸν
Prop. 10 4B τοῦ υἱοῦ αὐτῆς Ἰωνᾶν καὶ εὐλόγησεν αὐτὴν σίτῳ καὶ * ἐλαίῳ * καὶ ἔμεινεν μετ' αὐτοῦ. οὐ γὰρ ἠδύνατο μένειν μετὰ
Prop. 21 5 ὑδρίαν τῆς χήρας μὴ ἐκλεῖψαι καὶ τὴν καψάκην τοῦ * ἐλαίου * μὴ ἐλαττωθῆναι τὸν υἱὸν αὐτῆς ἀποθανόντα ἤγειρεν
Prop. 22 9 ἀγγεῖα καινὰ ὅσα δύναται καὶ τὸ ἔχον ὀλίγιστον * ἔλαιον * ἐκκενοῦν εἰς αὐτὰ ἕως ἀποσχῇ τὰ ἀγγεῖα καὶ τοῦτο
Aris. 92 5 ἀδιαλείπτως ὑπηρετοῦσιν οἱ μὲν τὴν ξυλείαν οἱ δὲ * ἔλαιον * οἱ δὲ σεμίδαλιν οἱ δὲ τῶν ἀρωμάτων ἕτεροι τὰ
Sib. 3 243 δ' αὐτε+ βοηθεῖ αἰεὶ ἐπαρκείων σίτῳ οἴνῳ καὶ * ἐλαίῳ * αἰεὶ δ' ὄλβιος ἐν δήμῳ τοῖς μηδὲν ἔχουσιν ἀλλὰ
Sib. 3 745 τὸν ἄριστον καρπὸν ἀπειρέσιον σίτου οἴνου καὶ * ἐλαίου * (αὐτὰρ ἀπ' οὐρανόθεν μέλιτος γλυκεροῦ ποτὸν ἡδὺ
HEup. 9 33 1 ὁ δὲ κόρος τοῦ οἴνου ἐστὶ μέτρα δέκα. τὸ δὲ * ἔλαιον * καὶ τὰ ἄλλα χορηγηθήσεσθαι αὐτοῖς ἐκ τῆς Ἰουδαίας

HEup. 9 34 17 εἶναι σίκλον. καὶ τῷ μὲν Αἰγύπτου βασιλεῖ Οὐαφρῇ * ἐλαίου * μετρητὰς μυρίους φοινικοβαλάνων ἀρτάβας χιλίας
FrAn. 574 3008 κα( πρὸς δαιμονιαζομένους Πιβήχεως δόκιμον λαβὼν * ἔλαιον * ὀμφακίζοντα μετὰ βοτάνης μαστιγίας καὶ λωτομήτρας

Ἔλανα 1
HEup. 9 30 7 ἀκούσαντα δὲ τὸν Δαβὶδ πλοῖα ναυπηγήσασθαι ἐν * Ἐλάνοις * πόλει τῆς Ἀραβίας καὶ πέμψαι μεταλλευτὰς εἰς

ἔλασμα 2
Aris. 65 1 τὴν τῆς στεφάνης εἶναι κατὰ τὸ τῶν ποδῶν μέρος. * ἔλασμα * γὰρ ἐποίησαν καθ' ὅλου τοῦ πλάτους τῆς τραπέζης
Aris. 69 4 δακτύλων τὸ πλάτος ἔχουσα ἐφ' ὃν ἐπίκειται τὸ πᾶν * ἔλασμα * τοῦ ποδός. κατεσκεύασαν δὲ ἐκφύοντα κισσὸν ἀκάνθῳ

ἐλασμός 1
Aris. 57 4 δὲ οὐ περί τι περιεπτυγμένου τοῦ χρυσοῦ τὸν δὲ * ἐλασμὸν * αὐτὸν ἐπιδεδέσθαι. στεφάνην δὲ ἐποίησαν

ἐλασσόω 5
Hen. 8B 4 τὰς σάρκας τῶν ἀνθρώπων καὶ ἤρξαντο οἱ ἄνθρωποι * ἐλαττοῦσθαι * ἐπὶ τῆς γῆς. τότε παρ(α)κύψαντες Μιχαὴλ καὶ
TLevi 18 9 καὶ φωτισθήσονται διὰ χάριτος κυρίου ὁ δὲ Ἰσραὴλ * ἐλαττωθήσεται * ἐν ἀγνωσίᾳ καὶ σκοτισθήσεται ἐν πένθει ἐπὶ
Prop. 21 5 ` χήρας μὴ ἐκλεῖψαι καὶ τὴν καψάκην τοῦ ἐλαίου μὴ * ἐλαττωθῆναι * τὸν υἱὸν αὐτῆς ἀποθανόντα ἤγειρεν ὁ θεὸς ἐκ
Aris. 111 4 λαμβάνοντες οἱ γεωργοὶ καὶ προστάται τῆς πόλεως * ἐλαττῶσι * τὰ ταμιεῖα λέγω δὲ τὰ τῆς γεωργίας πρόσφορα.
Aris. 241 4 ἐὰν τοῖς συμβαίνουσι νομίζωμεν ἀτυχοῦσι μὲν * ἐλαττοῦσθαι * καὶ κακοπαθῶμεν ὡς αὐτοὶ φαίνεται τὸ

ἐλάσσωμα 1
TJos. 17 2 ἀλλήλους καὶ ἐν μακροθυμίᾳ συγκρύπτετε ἀλλήλων τὰ * ἐλαττώματα. * τέρπεται γὰρ ὁ θεὸς ἐπὶ ὁμονοίᾳ ἀδελφῶν καὶ

ἐλάττωσις 1
Aris. 109 4 αὐτὴν ἐπιξενούμενοι καταμένοντες ἐφ' ἱκανὸν εἰς * ἐλάττωσιν * ἦγον τὰ τῆς ἐργασίας. ὅθεν ὁ βασιλεὺς ἵνα μὴ

ἐλαύνω 10
Adam 27 2 ἀγγέλοις αὐτοῦ ἐκβληθῆναι ἡμᾶς ἐκ τοῦ παραδείσου. * ἐλαυνομένων * δὲ ἡμῶν καὶ ὀδυρομένων παρεκάλεσεν ὁ πατὴρ
Adam 27 3 με ὅτι ἐγὼ μόνος ἥμαρτον. αὐτοὶ δὲ ἐπαύσαντο τοῦ * ἐλαύνειν * αὐτόν. ἐβόησεν δὲ Ἀδὰμ μετὰ κλαυθμοῦ λέγων
Abr.1 11 5 φοβερὰ ὅμοια τοῦ δεσπότου καὶ εἶδον ψυχὰς πολλὰς * ἐλαυνομένας * ὑπὸ ἀγγέλων διὰ τῆς πλατείας ὁδοῦ καὶ
Abr.1 12 1 καὶ ἀνηλεεῖς τῇ γνώμῃ καὶ ἀπότομοι τῷ βλέμματι καὶ * ἤλαυνον * μυριάδαν ψυχὰς ἀνηλεῶς τύπτοντες ἐν πυρίναις
Abr.2 9 5 καὶ θαυμάζοντος ἐν τῇ ὥρᾳ ἐκείνῃ καὶ ἰδοὺ ἄγγελος * ἐλαύνων * ψυχὰς ὡς μυριάδας ἓξ μίαν δὲ ψυχὴν κρατῶν ἐν τῇ
Abr.2 9 10 Μιχαὴλ εἰπέ μοι κύριε τὰς ἓξ μυριάδας τῶν ψυχῶν ἃς * ἐλαύνει * ὁ ἄγγελος αὐτός ἐστιν ὁ φέρων αὐτὰς ἀπὸ τοῦ
Bar. 6 2 ἅρματος ἄνθρωπος καθήμενος φορῶν στέφανον πυρὸς * ἐλαυνόμενον * τὸ ἅρμα ὑπ' ἀγγέλων τεσσαράκοντα. καὶ ἰδοὺ
Prop. 17 5B ἐτάφη εἰς τὴν γῆν αὐτοῦ. οὗτος οὖν εἰς βαθὺ γῆρας * ἐλάσας * καὶ ἐν πολλῇ ἀγαθῇ ἐκοιμήθη ἐν εἰρήνῃ. Ἀχία ἀπὸ
Sib. 4 18 ἠδέ τ' ἐλαίην. οὗτός μοι μάστιγα διὰ φρενὸς * ἤλασεν * εἴσω ἀνθρώποις εἰπεῖν ὅσα νῦν τε καὶ ὁππόσα ἔσσεται
LThe. 9 22 11 χαίτης γούνων ἀπτόμενον Συχὲμ ἄσπετα μαργήναντα. * ἤλασε * δὲ κληῖδα μέσην δῦ δὲ ξίφος ὀξὺ σπλάγχνα διὰ

ἔλαφος 9
TJud. 2 2 τῷ ἀγρῷ καὶ ἐν τῷ οἴκῳ ὡς εἶδον ὅτε συνέδραμον τῇ * ἐλάφῳ * καὶ πιάσας αὐτὴν ἐποίησα βρῶμα τῷ πατρί μου. τὰς
TJud. 25 5 κύριον ἀποθανόντες ἐξυπνισθήσονται ἐν ζωῇ. καὶ οἱ * ἔλαφοι * Ἰακὼβ δραμοῦνται ἐν ἀγαλλιάσει καὶ οἱ ἀετοὶ
TNep. 2 1 θηλάζειν. καὶ ἐπειδὴ κοῦφος ἤμην τοῖς ποσί μου ὡς * ἔλαφος * ἔταξέ με ὁ πατήρ μου Ἰακὼβ εἰς πᾶσαν ἀποστολὴν
TNep. 2 1 Ἰακὼβ εἰς πᾶσαν ἀποστολὴν καὶ ἀγγελίαν καίγε ὡς * ἔλαφόν * με εὐλόγησεν. καθὼς γὰρ ὁ κεραμεὺς οἶδε τὸ σκεῦος
TAser 4 5 ὅλον δὲ καλόν ἐστιν ὅτι οἱ τοιοῦτοι δόρκοις καὶ * ἐλάφοις * ὅμοιοί εἰσιν ὅτι ἐν ἤθει ἀγρίῳ δοκοῦσιν
TJos. 19 2 ἀκούσατε τέκνα μου καὶ ὧν εἶδον ἐνυπνίων. δώδεκα * ἔλαφοι * ἐνέμοντο καὶ οἱ ἐννέα διαιρέθησαν καὶ διεσπάρησαν
Asen. 28 8 αὐτῶν. καὶ ἰδοὺ οἱ υἱοὶ Λίας ἦλθον τρέχοντες ὡς * ἔλαφοι * τριέτεις κατ' αὐτῶν. καὶ κατέβη Ἀσενὲθ ἐκ τοῦ
Bar. 2 3 ἐν αὐτῷ ὧν τὰ πρόσωπα βοῶν τὰ δὲ κέρατα * ἐλάφων * οἱ δὲ πόδες αἰγῶν αἱ δὲ ὀσφύες ἀρνῶν. καὶ ἠρώτησα
Bar. 3 3 ἀνθρώπων ἡ δὲ θεωρία αὐτῶν ὅμοια κυνῶν οἱ δὲ πόδες * ἐλάφων. * καὶ ἠρώτησα τὸν ἄγγελον δέομαί σου κύριε εἰπέ

ἐλαχύς 19 (cf.+ μικρός, ὀλίγος)
Adam 16 2 τῶν θηρίων. καὶ ὁμιλῶ σοι. ὅμως προσκυνεῖς τὸν * ἐλαχιστότερον. * διά τί ἐσθίεις ἐκ τῶν ζιζανίων τοῦ Ἀδὰμ
Hen. 22 13 μέτοχοι. τὰ δὲ πνεύματα ὅτι οἱ ἐνθάδε θλιβέντες * ἔλαττον * κολάζονται αὐτῶν οὐ τιμωρηθήσονται ἐν ἡμέρᾳ τῆς
TJud. 15 6 τὴν δύναμιν καὶ τοῦ πτωχοῦ τὸ τῆς πτωχείας * ἐλάχιστον * στήριγμα. φυλάσσεσθε οὖν τέκνα μου ὅρον οἴνου.
TJos. 17 8 κοσμικὴν δόξαν μου ἀλλ' ἤμην ἐν αὐτοῖς ὡς εἷς τῶν * ἐλαχίστων. * ἐὰν οὖν καὶ ὑμεῖς πορευθῆτε ἐν ταῖς ἐντολαῖς
Asen. 23 10 ἱλαρῷ προσώπῳ (καὶ ὀργὴ οὐκ ἦν ἐν αὐτῷ οὐδὲ * ἐλαχίστη * ἀλλ') ἐν πραότητι καρδίας (εἶπε πρὸς αὐτόν) ἵνα
Sal. 2 26 αὐτοῦ ἐκκεκεντημένον ἐπὶ τῶν ὀρέων Αἰγύπτου ὑπὲρ * ἐλάχιστον * ἐξουδενωμένον ἐπὶ γῆς καὶ θαλάσσης τὸ σῶμα
Sal. 17 20 δικαιοσύνην καὶ κρίμα. ἀπὸ ἄρχοντος αὐτῶν καὶ λαοῦ * ἐλαχίστου * ἐν πάσῃ ἁμαρτίᾳ ὁ βασιλεὺς ἐν παρανομίᾳ καὶ ὁ
Aris. 71 5 ἁρμῶν κατασκευάσαντες συμβολήν. ἡμιπηχίου δὲ οὐκ * ἐλάσσονος * ἦν τὸ πάχος τῆς ὅλης τραπέζης ὥστε πολλῶν
Aris. 75 3 τοῖς γένεσι παραλλαγὴν ἐχόντων τετραδακτύλων οὐκ * ἔλαττον * ἀνεπλήρουν τὸ τῆς καλλονῆς ἐναργές. ἐπὶ δὲ τῆς
Aris. 82 3 πλῆθος ἄφθονον καὶ μεγάλοι τοῖς μεγέθεσιν οὐκ * ἔλαττον * πεντακισχιλίων καὶ ταῖς τέχναις κρατιστεύοντα
Aris. 116 2 Ἰορδάνης ποταμὸς ἀείρρους. (τῆς δὲ χώρας) οὐκ * ἔλαττον * ἑξακισχιλίων μυριάδων ἀρουρῶν κατὰ τὸ ἀρχαῖον
Aris. 219 1 περὶ σοῦ καὶ διανοοῦνται καὶ λαλοῦσιν. οὐ γὰρ * ἐλάχιστόν * σε δεῖ τῶν ὑποκριτῶν φαίνεσθαι τὸ γὰρ πρόσωπον
Aris. 285 2 ἐν τούτοις ἐπισκευή τις. πολλάκις γὰρ καὶ ἐκ τῶν * ἐλαχίστων * αἱρετόν τι δείκνυται. σὺ δὲ πᾶσαν ἤσκηκώς
Sib. 3 241 τοῦ γείτονος αἴρει οὐδὲ πολὺ πλουτῶν τις ἀνὴρ τὸν * ἐλάττονα * λυπεῖ +οὐδὲ γε χήρας θλίβει μᾶλλον δ' αὖτε+
FAch. 109 κοῦφον γὰρ τὸ γένος τοῦτό ἐστιν καὶ κολακευόμενον * ἐλάττονα * φρονεῖ ἁμαρτάνειν. ἐν οἴνῳ μὴ φιλολόγει
HArt. 9 23 2 διὰ τὸ τὴν χώραν ἀδιαίρετον εἶναι καὶ τῶν * ἐλασσόνων * ὑπὸ τῶν κρεισσόνων ἀδικουμένων τοῦτον πρῶτον
HArt. 9 27 16 τιμᾶσθαι δὲ τὴν Μέρριν ταύτην ὑπὸ τῶν ἐγχωρίων οὐκ * ἐλαχίστως * ἢ τὴν Ἶσιν. Ἀάρωνα δὲ τὸν τοῦ Μωΰσου ἀδελφὸν
LAri. 8 10 14 εἶναι. τοῦ γὰρ παντὸς πλήθους μυριάδων οὐκ * ἔλαττον * ἑκατὸν χωρὶς τῶν ἀφηλίκων ἐκκλησιαζομένων
LAri. 8 10 14 ἀφηλίκων ἐκκλησιαζομένων κυκλόθεν τοῦ ὄρους οὐκ * ἔλασσον * ἡμερῶν πέντε οὔσης τῆς περιόδου περὶ αὐτὸ κατὰ

ἐλάω 2
Sib. 3 239 κατ' ἀλλήλων νυκτοκλοπίας τελέουσιν οὐδ' ἀγέλας * ἐλάουσι * βοῶν οἰῶν τε καὶ αἰγῶν οὐδὲ ὅρους γαίης γείτων
Sib. 5 31 ἧς γενεῆς τανύσας ὀλέσει καὶ πάντα ταράξει ἀθλεύων * ἐλάων * κτείνων καὶ μυρία τολμῶν καὶ τμήξει τὸ δίκυμον

ελε * 1
FrAn. 574 3020 θεοῦ τῶν Ἐβραίων Ἰησοῦ ιαβα ιαη ἀβρααθ Αια θωθ * ελε * ελω αηω εου ιιιβαεχ αβαρμας ϊαβαραου αβελβελ λωνα

Ἐλεάζαρος 14
Aris. 1 2 Φιλόκρατες περὶ τῆς γενηθείσης ἡμῖν ἐντυχίας πρὸς * Ἐλεάζαρον * τὸν τῶν Ἰουδαίων ἀρχιερέα συνεσταμένης διὰ
Aris. 33 2 γενομένης ἐκέλευσεν ὁ βασιλεὺς γραφῆναι πρὸς τὸν * Ἐλεάζαρον * περὶ τούτων σημάναντας καὶ τὴν γενομένην
Aris. 35 1 τὸν τύπον ἔχουσα τοῦτον βασιλεὺς Πτολεμαῖος * Ἐλεαζάρῳ * ἀρχιερεῖ χαίρειν καὶ ἐρρῶσθαι. ἐπεὶ συμβαίνει
Aris. 41 2 πρὸς ταύτην τὴν ἐπιστολὴν ἀντέγραψεν ἐνδεχομένως ὁ * Ἐλεάζαρος * ταῦτα Ἐλεάζαρος ἀρχιερεὺς βασιλεῖ Πτολεμαίῳ
Aris. 41 3 ἀντέγραψεν ἐνδεχομένως ὁ Ἐλεάζαρος ταῦτα * Ἐλεάζαρος * ἀρχιερεὺς βασιλεῖ Πτολεμαίῳ φίλῳ γνησίῳ
Aris. 50 1 Ἰάσων Ἐνδεμίας Δανιῆλος. δεκάτης Ἰερεμίας * Ἐλεάζαρος * Ζαχαρίας Βανέας Ἐλισσαῖος Δαθαῖος. ἐνδεκάτης
Aris. 51 2 τοιαύτης ἐτύγχανεν ἀντιγραφῆς ὑπὸ τῶν περὶ τὸν * Ἐλεάζαρον. * ὡς δὲ ἐπηγγειλάμην καὶ τὰ τῶν
Aris. 83 3 δεδήλωκά σοι. τὰ δ' ἑξῆς περιέχει τὴν πρὸς τὸν * Ἐλεάζαρον * ὁδὸν ἡμῖν γενομένην τὴν δὲ θέσιν τῆς ὅλης
Aris. 96 2 δὲ ἔκπληξιν ἡμῖν παρέσχεν ὡς ἐθεασάμεθα τὸν * Ἐλεάζαρον * ἐν τῇ λειτουργίᾳ τά τε τοῦ στολισμοῦ καὶ τῆς
Aris. 112 1 παρεξέβημεν δὲ ταῦτα διὰ τὸ καλῶς ἡμῖν τὸν * Ἐλεάζαρον * ὑποδεδειχέναι τὰ προειρημένα. μεγάλη γὰρ
Aris. 123 2 περὶ αὐτὸν ἀρετῆς. νοῆσαι δ' ἦν ὡς ἠγάπησαν τὸν * Ἐλεάζαρον * δυσαποσπάστως ἔχοντες καὶ ἐκεῖνος αὐτούς
Aris. 172 1 σοι Φιλόκρατες δι' ἣν ἔχεις φιλομάθειαν. ὁ δὲ * Ἐλεάζαρος * ποιησάμενος θυσίαν καὶ τοὺς ἄνδρας ἐπιλέξας
Aris. 173 5 καὶ τὰς ἐπιστολὰς ἀποδεδώκαμεν τὰς παρὰ τοῦ * Ἐλεαζάρου. * περὶ πολλοῦ δὲ ποιούμενος τοῖς ἀπεσταλμένοις
Aris. 320 2 καὶ τρικλίνου πᾶσαν κατάστρωσιν. ἔπεμψε δὲ καὶ τῷ * Ἐλεαζάρῳ * μετὰ τῆς ἐκπομπῆς αὐτῶν ἀργυρόποδας κλίνας

ἐλεάω 6
Abr.1 10 13 γὰρ ὁ Ἀβραὰμ οὐχ ἥμαρτεν καὶ τοὺς ἁμαρτωλοὺς οὐκ * ἐλεᾷ * ἐγὼ δὲ ἐποίησα τὸν κόσμον καὶ οὐ θέλω ἀπολέσαι ἐξ
Abr.2 4 13 ἐν σώματι μάλιστα σὺ κύριε ἐξ ἀρχῆς ἐποίησας τοῦ * ἐλεᾶν * τὰς ψυχὰς ἡμῶν. τότε λέγει ὁ κύριος τῷ Μιχαὴλ
TIss. 5 2 ἀγαπᾶτε κύριον καὶ τὸν πλησίον πένητα καὶ ἀσθενῆ * ἐλεᾶτε. * ὑπόθετε τὸν νῶτον ὑμῶν εἰς τὸ γεωργεῖν καὶ
TZab. 7 2 ὑμῖν ὁ θεὸς ἀδιακρίτως πάντας σπλαγχνιζόμενοι * ἐλεᾶτε * καὶ παρέχετε παντὶ ἀνθρώπῳ ἐν ἀγαθῇ καρδίᾳ. εἰ δὲ
TAser 2 6 τὸν θεὸν καὶ τὸν ὕψιστον ἐπιορκεῖ καὶ τὸν πτωχὸν * ἐλεᾷ * τὸν ἐντολέα τοῦ νόμου κύριον ἀθετεῖ καὶ παροξύνει
TBen. 4 2 ὁ ἀγαθὸς ἄνθρωπος οὐκ ἔχει σκοτεινὸν ὀφθαλμὸν * ἐλεᾷ * γὰρ πάντας κἂν ὦσιν ἁμαρτωλοὶ κἂν βουλεύωνται περὶ

ἐλεγμός 1
Sal. 10 1 τῷ Σαλωμων. μακάριος ἀνὴρ οὗ ὁ κύριος ἐμνήσθη ἐν * ἐλεγμῷ * καὶ ἐκυκλώθη ἀπὸ ὁδοῦ πονηρᾶς ἐν μάστιγι

ἔλεγξις 1
Hen. 14 1 τοῦ οὐρανοῦ. βίβλος λόγων δικαιοσύνης καὶ * ἐλέγξεως * ἐγρηγόρων τῶν ἀπὸ τοῦ αἰῶνος κατὰ τὴν ἐντολὴν

ἔλεγχος (ὁ) 3
TJos. 6 6 ἀπεκάλυψέ μοι τὴν κακίαν σου καὶ ἐτήρησα αὐτὸ εἰς * ἔλεγχόν * σου εἰ ἄρα ἰδοῦσα αὐτὸ μετανοήσεις. ἵνα δὲ μάθῃς
Sal. 9 Ισραηλ ὑπὸ κυρίου εἰς τὸν αἰῶνα. τῷ Σαλωμων εἰς * ἔλεγχον. * ἐν τῷ ἀπαχθῆναι Ισραηλ ἐν ἀποικεσίᾳ εἰς γῆν
Prop. 3 15 οὗτος ἡρπάγη ἐκεῖθεν καὶ ἦλθεν εἰς Ἱερουσαλὴμ εἰς * ἔλεγχον * τῶν ἀπίστων. οὗτος κατὰ τὸν Μωϋσῆν εἶδε τὸν

ἐλέγχω 32
Adam 11 2 νῦν οὖν οὐ δυνήσει ὑπενεγκεῖν ἐὰν ἀπάρξωμαι * ἐλέγχειν * σε. λέγει ὁ Σὴθ πρὸς τὸ θηρίον κλεῖσαί σου τὸ
Hen. 1 9 κατὰ πάντων καὶ ἀπολέσει πάντας τοὺς ἀσεβεῖς καὶ * ἐλέγξει * πᾶσαν σάρκα περὶ πάντων ἔργων τῆς ἀσεβείας αὐτῶν
Hen. 13 8 φωνὴ λέγουσα εἶπον τοῖς υἱοῖς τοῦ οὐρανοῦ τοῦ * ἐλέγξαι * αὐτούς. καὶ ἔξυπνος γενόμενος ἦλθον πρὸς αὐτούς
Hen. 13 10 καὶ ἠρξάμην λαλεῖν τοὺς λόγους τῆς δικαιοσύνης * ἐλέγχων * τοὺς ἐγρηγόρους τοῦ οὐρανοῦ. βίβλος λόγων
Hen. 14 3 ἐν αὐτοῖς καὶ νοήσει καρδίας ὃς ἔκτισεν καὶ ἔδωκεν * ἐλέγξασθαι * ἐγρηγόρους τοὺς υἱοὺς τοῦ οὐρανοῦ. ἐγὼ τὴν
Abr.1 13 3 καὶ κάθηται ὧδε κρῖναι πᾶσαν τὴν κτίσιν καὶ * ἐλέγχων * δικαίους καὶ ἁμαρτωλούς διότι εἶπεν ὁ θεὸς ὅτι
TGad 1 9 δι' ἀκοῆς ἰδεῖν τὸν Ἰωσήφ. καὶ κατὰ πρόσωπον ἡμῶν * ἤλεγξεν * ἡμᾶς ὅτι ἄνευ Ἰουδὰ ἠσθίομεν τὰ θρέμματα καὶ

TGad 6 6 | ἀπὸ σοῦ τὸν ἰόν. ἐὰν οὖν ἀρνεῖται καὶ αἰδεσθῇ ✶ ἐλεγχόμενος ✶ ἡσύχασον μὴ ἐξάξῃς αὐτόν. ὁ γὰρ ἀρνούμενος
TBen. 10 10 | ἔθνη ὅσα οὐκ ἐπίστευσαν αὐτῷ ἐπὶ γῆς φανέντι καὶ ✶ ἐλέγξει ✶ ἐν τοῖς ἐκλεκτοῖς τῶν ἐθνῶν τὸν Ἰσραὴλ ὥσπερ
TBen. 10 10 | ἐν τοῖς ἐκλεκτοῖς τῶν ἐθνῶν τὸν Ἰσραὴλ ὥσπερ ✶ ἤλεγξε ✶ τὸν Ἡσαῦ ἐν τοῖς Μαδιναίοις τοῖς ἀπειθήσασιν
Asen. 11 10 | μὴ λογιζόμενος ἁμαρτίαν ἀνθρώπου ταπεινοῦ καὶ μὴ ✶ ἐλέγχων ✶ ἀνομίας ἀνθρώπου τεθλιμμένου ἐν καιρῷ θλίψεως
Sal. 16 14 | σὺ ἐνισχύσῃς τίς ὑφέξεται παιδείαν ἐν πενίᾳ; ἐν τῷ ✶ ἐλέγχεσθαι ✶ ψυχὴν ἐν χειρὶ σαπρίας αὐτοῦ ἡ δοκιμασία σου
Sal. 17 25 | ἐν ἀπειλῇ αὐτοῦ φυγεῖν ἔθνη ἀπὸ προσώπου αὐτοῦ καὶ ✶ ἐλέγξαι ✶ ἁμαρτωλοὺς ἐν λόγῳ καρδίας αὐτῶν. καὶ συνάξει
Sal. 17 36 | αὐτὸς καθαρὸς ἀπὸ ἁμαρτίας τοῦ ἄρχειν λαοῦ μεγάλου ✶ ἐλέγξαι ✶ ἄρχοντας καὶ ἐξᾶραι ἁμαρτωλοὺς ἐν ἰσχύι λόγου.
Prop. 3 2 | δὲ αὐτὸν ὁ ἡγούμενος τοῦ λαοῦ Ἰσραὴλ ἐκεῖ ✶ ἐλεγχόμενος ✶ ὑπ' αὐτοῦ ἐπὶ εἰδώλων σεβάσμασι. καὶ ἔθαψαν
Prop. 6 1 | ὑπὸ Ἰωρὰμ τοῦ υἱοῦ αὐτοῦ ἀνῃρέθη κρημνῷ ὅτι ✶ ἤλεγχεν ✶ αὐτὸν ἐπὶ ταῖς ἀσεβείαις τῶν πατέρων αὐτοῦ. καὶ
Prop. 10 4 | κατὰ Νινευῆ τῆς μεγάλης πόλεως. ἦν τότε Ἠλίας ✶ ἤλεγχεν ✶ τὸν οἶκον Ἀχαὰβ καὶ καλέσας λιμὸν ἐπὶ τὴν γῆν
Prop. 10 4B | καὶ εὐλόγησεν αὐτήν. ἦν τότε Ἠλίας ὁ προφήτης ✶ ἐλέγχων ✶ τὸν Ἀχαὰβ βασιλέα Σαμαρείας καὶ ἐκάλεσε λιμὸν
Prop. 17 4 | καὶ ὡς ἀνεῖλε τὸν ἄνδρα αὐτῆς ἔπεμψε κύριος ✶ ἐλέγξαι ✶ αὐτὸν καὶ γνοὺς τῷ πνεύματι ὁ ὅσιος ὑπέστρεψε
Prop. 17 4B | ὅτε ἀνεῖλε τὸν ἄνδρα αὐτῆς ἀπέστειλεν αὐτὸν ὁ θεὸς ✶ ἐλέγξαι ✶ τὸν Δαυὶδ ἐπειδὴ γὰρ ἔβλεπεν ὁ θεὸς πενθοῦντα
Prop. 17 4B | διὰ σοῦ καὶ ἡ θεραπεία γενήσεται. ἀπελθὼν οὖν ✶ ἤλεγξεν ✶ αὐτὸν ἐπὶ κεκρυμμένοις καὶ ἐποίησεν αὐτὸς καθὼς
Prop. 18 3 | αὐτὸν ἀπὸ κυρίου καὶ ἅπαν τὸ γένος αὐτοῦ καὶ ✶ ἤλεγξε ✶ τὸν Ἰεροβοὰμ ὅτι δόλῳ πορεύσεται μετὰ κυρίου
Prop. 19 1 | οὗτός ἐστιν ὃν ἐπάταξεν ὁ λέων καὶ ἀπέθανεν ὅτε ✶ ἤλεγξε ✶ τὸν Ἰεροβοὰμ ἐπὶ ταῖς δαμάλεσι καὶ ἐτάφη ἐν
Prop. 22 16 | αἰτήσαντα ἀργύριον ὕστερον ἐλθόντα καὶ ἀρνούμενον ✶ ἤλεγξε ✶ καὶ κατηράσατο αὐτὸν καὶ γέγονε λεπρός. βασιλέως
Aris. 15 1 | ἐχρησάμεθα λόγοις πρὸς τὸν βασιλέα μήποτε ἄλογον ᾖ ✶ ἐλέγχεσθαι ✶ ὑπ' αὐτῶν τῶν πραγμάτων ὦ βασιλεῦ. τῆς γὰρ
Sib. 4 21 | ἀφικέσθαι ἀτρεκέως καταλέξαι ἅπαντα γὰρ αὐτὸς ✶ ἐλέγξει ✶ ἐξανύων. σὺ δὲ πάντα λεὼς ἐπάκουε Σιβύλλης ἐξ
Sib. 5 6 | ἀντολίη βεβόλητο καὶ ἑσπερίη πολύολβος ὃν Βαβυλὼν ✶ ἤλεγξε ✶ νέκυν δ' ὤρεξε Φιλίππῳ οὗ Διὸς οὐκ Ἄμμωνος
Sib. 5 34 | καὶ ἄιστος ὀλοιὸς εἶτ' ἀνακάμψει ἰσάζων θεῷ αὐτὸν ✶ ἐλέγξει ✶ δ' οὔ μιν ἐόντα. τρεῖς δὲ μετ' αὐτὸν ἄνακτες ὑπ'
Sib. 5 38 | πρόδηλον. τοῦ δὲ τριηκοσίης κεραίης ὅ,τι πρῶτον ✶ ἐλέγχων ✶ πᾶς κράτος ἐξαφελεῖ μετὰ δ' αὐτὸν κοίρανος
FEz. 64 70 16 | καὶ οὐ δύνανται ἀρνήσασθαι. ἑκάτερος ἀλλήλους ✶ ἐλέγχουσιν ✶ ὁ μὲν χωλὸς λέγων τῷ τυφλῷ οὐ σύ με ἐβάστασας
FEz. 185 5 | ⟨ἐπὶ γῆς ζωῆς ω ιημ εἶπον προς τον κν κε μη με ✶ ελλεγξης ✶ τῳ θυμῳ σου μη δε πλεδευσης με εν τη ⟨οργη σου
FPho. 141 | πλαζόμενον δὲ βροτῶν καὶ ἀλίτροπον οὔποτ' ✶ ἐλέγξεις. ✶ βέλτερον ἀντ' ἐχθροῦ τεύχειν φίλον εὐμενέοντα.

Ἐλεέζερ
1
Abr.Z 2 12 | καὶ πορευομένων ἐκάλεσεν Ἀβραὰμ Δαμασκὸν ✶ Ἐλεέζερ ✶ τὸν υἱὸν ἕνα τῶν οἰκοτρόφων αὐτοῦ λέγων ἄπαγε

ἐλεεινός
4
Esdr. 2 30 | γῆς οὐ γίνεται ἐστίν γὰρ κατὰ τὴν ἑσπέραν ἐκείνην ✶ ἐλεεινὸν ✶ κριτήριον. καὶ εἶπεν ὁ προφήτης οὐ μὴ παύσομαι
Sedr. 5 6 | ἁμαρτίαν αὐτός σε τὸν ἀθάνατον θεὸν πολεμεῖ ὁ δὲ ✶ ἐλεεινὸς ✶ ἄνθρωπος τί ἄρα ἔχει ποιῆσαι αὐτῷ; ἀλλὰ ἐλέησον
Sedr. 7 3 | ἄνθρωπον σῶσον κύριε σοῦ θελήματος ἡμαρτεν κύριε ✶ ἐλεεινὸς ✶ ἄνθρωπος. ⟨λέγει αὐτῷ ὁ θεός⟩ τί ἀπέβαλες
Sib. 5 198 | τίς ἐξηγήσεται ἄτας; τίς δέ σε Κυρήνη μερόπων ✶ ἐλεεινὰ ✶ δακρύσει; οὐ παύσῃ θρήνου στυγεροῦ πρὸς καιρὸν

ἐλεέω
68
Adam 27 2 | ὅπως παρακαλέσω τὸν θεὸν καὶ σπλαγχνισθῇ καὶ ✶ ἐλεήσῃ ✶ με ὅτι ἐγὼ μόνος ἥμαρτον. αὐτοὶ δὲ ἐπαύσαντο τοῦ
Adam 31 4 | τοῦ ποιήσαντος ἡμᾶς ἢ ὀργισθῇ ἡμῖν ἢ ἐπιστρέψῃ τοῦ ✶ ἐλεῆσαι ✶ ἡμᾶς. τότε ἀνέστη ἡ Εὔα καὶ ἐξῆλθεν ἔξω. καὶ
Adam 37 2 | εὐλογημένη ἡ δόξα κυρίου ἀπὸ ποιημάτων αὐτοῦ ὅτι ✶ ἠλέησεν ✶ τὸ πλάσμα τῶν χειρῶν αὐτοῦ Ἀδάμ. ὅτε δὲ εἶπον
Abr.1 7 6 | καὶ εἶπον μὴ κύριε μὴ ἄρῃς ἀπ' ἐμοῦ τὴν δόξαν μου ✶ ἐλέησόν ✶ με καὶ εἰσάκουσόν μου ⟨ἐὰν⟩ τὸν ἥλιον ἥρας καὶ
Abr.Z 10 4 | αὐτοῦ εἰς τὸν κριτήν). καὶ ἤκουσεν ψυχῆς κραζούσης ✶ ἐλέησόν ✶ με κύριε. λέγει αὐτῷ ὁ κριτὴς πῶς σε ἐλεήσω ὡς
Abr.Z 10 5 | ἐλέησόν με κύριε. λέγει αὐτῷ ὁ κριτὴς πῶς σε ✶ ἐλεήσω ✶ ὡς σὺ αὐτὴν οὐκ ἐλέησας τὴν θυγατέραν; ἀλλὰ
Abr.Z 10 5 | λέγει αὐτῷ ὁ κριτὴς πῶς σε ἐλεήσω ὡς σὺ αὐτὴν οὐκ ✶ ἐλέησας ✶ τὴν θυγατέραν; ἀλλὰ ἀνέστησε ἐπὶ τὸν καρπὸν τῆς
Abr.Z 11 10 | ἁμαρτίας ψυχῆς ἐπὶ τοῦ βιβλίου καὶ ἐὰν ἡ ψυχὴ ✶ ἐλεηθῇ ✶ εὑρήσεις τὰς ἁμαρτίας αὐτῆς ἐξηλειμμένας καὶ
Abr.Z 11 11 | καὶ εἰσελεύσεται εἰς τὴν ζωὴν ἐὰν δὲ ἡ ψυχὴ μὴ ✶ ἐλεηθῇ ✶ εὑρήσεις τὰς ἁμαρτίας αὐτῆς γεγραμμένας καὶ
TLevi 2 3B011 | με πᾶς σατανᾶς πλανήσαι με ἀπὸ τῆς ὁδοῦ σου. καὶ ✶ ἐλεήσαι ✶ με καὶ προσάγαγέ με εἶναί σοι δοῦλος καὶ
TJud. 18 3 | καὶ ὑπερηφανίαν ἐκδιδάσκει καὶ οὐκ ἀφίει ἄνδρα ✶ ἐλεῆσαι ✶ τὸν πλησίον αὐτοῦ στερίσκει τὴν ψυχὴν αὐτοῦ ἀπὸ
TZab. 2 2 | αὐτὸν καὶ πεσὼν ἐπὶ πρόσωπον Ἰωσὴφ ἔλεγεν αὐτοῖς ✶ ἐλεήσατέ ✶ με ἀδελφοί μου οἰκτιρήσατε τὰ σπλάγχνα Ἰακὼβ
TZab. 8 1 | ἐν ἐλέει ἵνα καὶ ὁ κύριος εἰς ὑμᾶς σπλαγχνισθεὶς ✶ ἐλεήσῃ ✶ ὑμᾶς ὅτι καίγε ἐπ' ἐσχάτων ἡμερῶν ὁ θεὸς
TDan 5 9 | τῶν ἐθνῶν καὶ οὕτως ἐπιστρέψαντες πρὸς κύριον ✶ ἐλεηθήσεσθε ✶ καὶ ἄξει ὑμᾶς εἰς τὸ ἁγίασμα αὐτοῦ βοῶν ὑμῖν
TAser 2 5 | κακῶν. ἄλλος κλέπτει ἀδικεῖ ἁρπάζει πλεονεκτεῖ καὶ ✶ ἐλεεῖ ✶ τοὺς πτωχοὺς διπρόσωπον μὲν καὶ τοῦτο ὅλον δὲ
TAser 2 7 | καὶ τὸ σῶμα λαμπρύνει πολλοὺς ἀναιρεῖ καὶ ὀλίγους ✶ ἐλεεῖ ✶ καὶ τοῦτο μὲν διπρόσωπόν ἐστιν ὅλον δὲ πονηρόν
TBen. 4 4 | ἐπαινεῖ τὸν σώφρονα πιστεύων ὑμνεῖ τὸν πένητα ✶ ἐλεεῖ ✶ τῷ ἀσθενεῖ συμπαθεῖ τὸν θεὸν ἀνυμνεῖ τὸν ἔχοντα
TBen. 5 4 | αὐτοῦ. ἐὰν γὰρ ὑβρίσῃ τις ἄνδρα ὅσιον μετανοεῖ ✶ ἐλεεῖ ✶ γὰρ ὁ ὅσιος τὸν λοίδορον καὶ σιωπᾷ. κἂν τις ψυχὴν
Asen. 8 8 | οἱ ὀφθαλμοὶ αὐτῆς. καὶ εἶδεν αὐτὴν Ἰωσὴφ καὶ ✶ ἠλέησεν ✶ αὐτὴν σφόδρα καὶ κατενύγη καὶ εἶπεν διότι ἦν
Asen. 11 12 | αὐτοῦ. τίς οἶδεν εἰ ὄψεται τὴν ταπείνωσίν μου καὶ ✶ ἐλεήσει ✶ με; τυχὸν ὄψεται τὴν ἐρήμωσίν μου ταύτην καὶ
Asen. 12 14 | ὑπερασπιστὴς καὶ τῶν τεθλιμμένων βοηθός. ✶ ἐλέησόν ✶ με κύριε καὶ φύλαξόν με ⟨τὴν⟩ παρθένον ἀγνήν τὴν
Asen. 13 1 | καὶ αἰώνια. ἐπίσκεψαι κύριε τὴν ταπείνωσίν μου καὶ ✶ ἐλέησόν ✶ με. ἐπίβλεψον ἐπὶ τὴν ὀρφανίαν μου καὶ οἰκτειρόν
Asen. 28 2 | ἐπὶ τὴν γῆν καὶ προσεκύνησαν τῇ Ἀσενὲθ καὶ εἶπον ✶ ἐλέησον ✶ ἡμᾶς τοὺς δούλους σου διότι δέσποινα ἡμῶν σὺ εἶ
Asen. 28 4 | ἔργα ἡμῶν. καὶ νῦν δεόμεθά σου ἡμεῖς οἱ δοῦλοί σου ✶ ἐλέησον ✶ ἡμᾶς καὶ ῥῦσαι ἡμᾶς ἐκ τῶν χειρῶν τῶν ἀδελφῶν
Sal. 2 35 | ἁμαρτωλοῖς εἰς τὸν αἰῶνα κατὰ τὰ ἔργα αὐτῶν ✶ ἐλεήσαι ✶ δίκαιον ἀπὸ ταπεινώσεως ἁμαρτωλοῦ καὶ ἀποδοῦναι
Sal. 7 35 | ἡμᾶς. ἐν τῷ κατασκηνοῦν τὸ ὄνομά σου ἐν μέσῳ ἡμῶν ✶ ἐλεηθησόμεθα ✶ καὶ οὐκ ἰσχύσει πρὸς ἡμᾶς ἔθνος. ὅτι σὺ
Sal. 7 10 | σου. κατευθυνεῖς ἡμᾶς ἐν καιρῷ ἀντιλήψεώς σου τοῦ ✶ ἐλεῆσαι ✶ τὸν οἶκον Ἰακὼβ εἰς ἡμέραν ἐν ᾗ ἐπηγγείλω
Sal. 10 6 | ὅσιοι ἐξομολογήσονται ἐν ἐκκλησίᾳ λαοῦ καὶ πτωχοὺς ✶ ἐλεήσει ✶ ὁ θεὸς ἐν εὐφροσύνῃ Ἰσραὴλ ὅτι χρηστὸς καὶ
Sal. 11 1 | κηρύξατε ἐν Ἱερουσαλημ φωνὴν εὐαγγελιζομένου ὅτι ✶ ἠλέησεν ✶ ὁ θεὸς Ἰσραὴλ ἐν τῇ ἐπισκοπῇ αὐτῶν. στῆθι
Sal. 15 13 | γῆν ἐν κρίματι αὐτοῦ οἱ δὲ φοβούμενοι τὸν κύριον ✶ ἐλεηθήσονται ✶ ἐν αὐτῇ καὶ ζήσονται ἐν τῇ ἐλεημοσύνῃ τοῦ
Sal. 16 15 | θλίψει πενίας ἐν τῷ ὑπομεῖναι δίκαιον ἐν τούτοις ✶ ἐλεηθήσεται ✶ ὑπὸ κυρίου. ψαλμὸς τῷ Σαλωμων μετὰ ᾠδῆς τῷ
Sal. 17 9 | ὁ θεὸς εὑρεθῆναι αὐτοῖς κατὰ τὰ ἔργα αὐτῶν. οὐκ ✶ ἠλέησεν ✶ αὐτοὺς ὁ θεὸς ἐξηρεύνησεν τὸ σπέρμα αὐτῶν καὶ
Sal. 17 34 | βασιλεὺς αὐτοῦ ἐλπὶς τοῦ δυνατοῦ ἐλπίδι θεοῦ καὶ ✶ ἐλεήσει ✶ πάντα τὰ ἔθνη ἐνώπιον αὐτοῦ ἐν φόβῳ. πατάξει γὰρ
Jer. 2 5 | κλαύσωμεν καὶ γεμίσωμεν αὐτὰς δακρύων ὅτι οὐ μὴ ✶ ἐλεήσῃ ✶ κύριος τὸν λαὸν τοῦτον. καὶ εἶπε Βαροὺχ πάτερ
Jer. 3 9 | τῆς πόλεως ταύτης καὶ τὴν ἐρήμωσιν ἀλλ' ἵνα ✶ ἐλεήσῃς ✶ αὐτὸν καὶ μὴ λυπηθῇ. καὶ εἶπε κύριος τῷ Ἱερεμίᾳ
Jer. 7 24 | υἱὸς ἢ πλείονα φθαρῇ ἀπὸ τῆς λύπης. οὕτως γάρ σε ✶ ἠλέησεν ✶ ὁ θεὸς καὶ οὐκ ἔασέν σε ἐλθεῖν εἰς Βαβυλῶνα ἵνα
Jer. 7 25 | ὑπὸ Ναβουχοδονόσορ βασιλέως κλαίοντας καὶ λέγοντας ✶ ἐλέησον ✶ ἡμᾶς ὁ θεὸς Ζάρ. ἀκούων ταῦτα ἐλυπούμην καὶ
Jer. 7 26 | ἀλλ' ὅτι ἐπεκαλοῦντο θεὸν ἀλλότριον λέγοντες ✶ ἐλέησον ✶ ἡμᾶς. ἐμνημόνευον δὲ ἡμέρας ἑορτῆς ἃς ἐποιοῦμεν
Bar. 4 17 | οἱ υἱοὶ εἰς κόρον πίνοντες οὔτε ἀδελφὸς ἀδελφὸν ✶ ἐλεεῖ ✶ οὔτε πατὴρ υἱὸν οὔτε⟨ι⟩ τέκνα γονεῖς ἀλλὰ διὰ τῆς
Prop. 10 6B | Νινευῒ καὶ μετενόησαν οἱ ἄνδρες οἱ Νινευῖται καὶ ✶ ἠλεήθησαν. ✶ καὶ ἐλυπήθη Ἰωνᾶς καὶ ἀνακάμψας οὐκ ἔμεινεν
Esdr. 1 8 | με εἰς τὰς κρίσεις. καὶ ἤκουσα φωνῆς λεγούσης μοι ✶ ἐλέησον ✶ ἡμᾶς ἐκλεκτὲ τοῦ θεοῦ Ἐσδρα. τότε ἠρξάμην
Esdr. 1 10 | εἰσιν εἰς τὴν τοῦ πυρός. καὶ εἶπεν Ἐσδρὰμ ✶ ἐλέησον ✶ τὰ ἔργα τῶν χειρῶν σου εὔσπλαγχνε καὶ πολυέλεος
Esdr. 1 15 | τὸν μισθὸν αὐτοῦ ἐν οὐρανοῖς. ἀλλὰ τοὺς ἁμαρτωλοὺς ✶ ἐλέησω. ✶ οἴδαμεν γὰρ ὅτι ἐλεήμων εἶ. καὶ εἶπεν ὁ θεὸς οὐκ
Esdr. 1 16 | ἐλεήμων εἶ. καὶ εἶπεν ὁ θεὸς οὐκ ἔχω πῶς αὐτοὺς ✶ ἐλεήσω. ✶ καὶ εἶπεν Ἐσδρὰμ ὅτι τὴν ὀργήν σου οὐχ
Esdr. 2 23 | μου ἐκμετρήσας τὴν Ἱερουσαλημ καὶ ἀνορθώσας αὐτὴν ✶ ἐλέησον ✶ δέσποτα τοὺς ἁμαρτωλοὺς ἐλέησον τὴν σὴν πλάσιν
Esdr. 2 23 | ἀνορθώσας αὐτὴν ἐλέησον δέσποτα τοὺς ἁμαρτωλοὺς ✶ ἐλέησον ✶ τὴν σὴν πλάσιν οἰκτείρησον τὰ ἔργα σου. τότε
Esdr. 2 24 | αὐτοῦ καὶ λέγει ⟨πρὸς⟩ τὸν προφήτην πῶς ἔχω αὐτοὺς ✶ ἐλεήσω; ✶ ὄξος καὶ χολήν με ἐπότισαν καὶ ὡς οὐδὲ τοῦτοί
Esdr. 3 14 | ἐγγύς ἐστιν τὸ τέλος οὔτε οὔτε ἀδελφὸς ἀδελφὸν ✶ ἐλεεῖ ✶ οὔτε ἀνὴρ γυναῖκα οὐ τέκνα γονεῖς οὐ φίλοι φίλος
Esdr. 5 1 | τοῦ γένους τῶν ἀνθρώπων. καὶ εἶπεν ὁ προφήτης ✶ ἐλέησον ✶ δέσποτα τὸ γένος τῶν Χριστιανῶν. καὶ ἰδὼν
Esdr. 5 6 | μετὰ ἄνδρός. καὶ ἔκλαυσα καὶ εἶπον ὦ δέσποτα κύριε ✶ ἐλέησον ✶ τοὺς ἁμαρτωλούς. καὶ ἐν τῷ λέγειν μου ταῦτα
Esdr. 5 17 | καὶ εἶπεν ὁ θεὸς ὑψηλῷ τῷ κηρύγματι οὐ μὴ ✶ ἐλεήσω ✶ τοὺς παρερχομένους τὴν διαθήκην μου. καὶ εἶπεν ὁ
Sedr. 4 3 | χεῖρας καὶ ἔπλασα τὸν ἄνθρωπον ἐπεὶ οὐκ ἤθελες ✶ ἐλεῆσαι ✶ αὐτόν; λέγει αὐτῷ ὁ θεός ἐγὼ ἐποίησα τὴν
Sedr. 5 7 | ἐλεεινὸς ἄνθρωπος τί ἄρα ἔχει ποιῆσαι αὐτῷ; ἀλλὰ ✶ ἐλέησον ✶ δέσποτα καὶ κατάλυσον τὰς κολάσεις εἰ δὲ μὴ
Sedr. 5 8 | καὶ ἐμὲ μέ τοὺς ἁμαρτωλοὺς εἰ τοὺς ἁμαρτωλοὺς οὐκ ✶ ἐλεήσῃς ✶ ποῦ εἰσιν τὰ ἐλέη σου; ποῦ ἡ εὐσπλαγχνία σου
Sedr. 13 2 | ὁ θάνατος αὐτοῦ καὶ οὐ πληροῖ τὴν μετάνοιαν αὐτοῦ ✶ ἐλεήσῃ ✶ ὁ θεὸς τὸν κόσμον. καὶ πεσόντες ἐπὶ πρόσωπον
Sedr. 14 1 | πρόστατα δυνατὲ καὶ βοήθει μοι καὶ πρεσβεῦσαι ἵνα ✶ ἐλεήσῃ ✶ ὁ θεὸς τὸν κόσμον. καὶ πεσόντες ἐπὶ πρόσωπον
Sedr. 15 1 | εἶ ἀναμάρτητος καὶ πολὺ εὔσπλαγχνος ὁ ἁμαρτωλῶν ✶ ἐλεεῖς ✶ καὶ οἰκτείρων ἀλλ' ἡ σὴ θεότης εἶπεν οὐκ ἦλθον
Job 23 | ἀγνοεῖς τὰ συμβεβηκότα ἡμῖν πονηρά; εἰ μὲν ✶ ἐλεεῖς ✶ εἰ δὲ μή σὺ ὄψει. καὶ ἀπεκρίθη αὐτῇ λέγων εἰ μὴ
Job 23 5 | ἀγνοεῖς τὰ συμβεβηκότα ἡμῖν πονηρά; εἰ μὲν ἐλεεῖς ✶ ἐλέησον, ✶ εἰ δὲ μή σὺ ὄψει. καὶ ἀπεκρίθη αὐτῇ λέγων εἰ μὴ
Job 26 5 | ἀλλὰ μακροθυμῶμεν ἕως ἂν ὁ κύριος σπλαγχνισθεὶς ✶ ἐλεήσῃ ✶ ἡμᾶς. ἆρα σὺ οὐχ ὁρᾷς τὸν διάβολον ὄπισθέν σου
Job 47 4 | μου κατηξίωσεν ὁ κύριος ἐν ἡμέρᾳ ᾗ ἠβουλήθη ✶ ἐλεεῖ ✶ μου περιγραφῆναι ἐκ τοῦ σώματος τὰς πληγὰς καὶ
Sib. 3 628 | ἐν ὥραις. ἀλλὰ μιν ἱλάσκου θεὸν ἄμβροτον αἴ κ' ✶ ἐλεήσῃ ✶ αὐτὸς γὰρ μόνος ἐστὶ θεὸς κοὐκ ἔστιν ἔτ' ἄλλος.
Sib. 5 353 | οὐρανόθι πρό. αὐτὸς ὁ δυσμενέας ἄνδρας τ' ✶ ἐλεήσῃ ✶ ἀρνῶν ἠδ' οἴων ταύρων τ' ἀγέλας ἐριμύκων
FEz. 185 9 | μου δός μοι το⟩ ἔλεος σου εἰς ἐφημέριον ως ✶ ηλεησα ✶ ⟨αβρααμ⟩ τον παντερημον και ισακ' και ιακωβ
FAch. 110 | γνωρίζοντες οἷον ἄνδρα ἠδίκουν. δυνάμενος ✶ ἐλεεῖν ✶ μὴ μέλλε ἀλλὰ κοπία διδοὺς ἐπιστάμενος τὴν τύχην
FrAn. 1 217 | καὶ ἀναπτύξας τὴν σοφίαν Σολομῶνος εὗρεν εὐθὺς ὁ ✶ ἐλεῶν ✶ πτωχὸν θεῷ δανείζει. καὶ εἰς ἑαυτὸν γενόμενος καὶ
FrAn. 1 217 6 | πτωχεύσας πάνυ καὶ εἰ ποῦ μηδενὸς ἐκ θείας δοκιμασίας ✶ ἐλεούμενος ✶ ὕστερον ἐν ἑαυτῷ λέγει ἐπιβλέπων
FrAn. 1 218 1 | σου μηδὲ ἄπιστει τῷ θεῷ διὰ τῆς γραφῆς λέγοντι ὁ ✶ ἐλεῶν ✶ πτωχὸν θεῷ δανείζει. ἰδοὺ γὰρ ἐν τῷ νῦν αἰῶνι

ἐλεημοσύνη
4
Sal. 9 11 | ἐπὶ σέ ἐν ἐπιστροφῇ ψυχῆς ἡμῶν. τοῦ κυρίου ἡ ✶ ἐλεημοσύνη ✶ ἐπὶ οἶκον Ισραηλ εἰς τὸν αἰῶνα καὶ ἔτι. ἐν

Sal. 15 13 τὸν κύριον ἐλεηθήσονται ἐν αὐτῇ καὶ ζήσονται ἐν τῇ * ἐλεημοσύνῃ * τοῦ θεοῦ αὐτῶν καὶ ἁμαρτωλοὶ ἀπολοῦνται εἰς
Job 9 8 τὸν σκοπὸν ἔχων, μὴ ἄρα ἔλθωσίν τινες αἰτοῦντες * ἐλεημοσύνην * καὶ ἴδωσίν με παρακαθεζόμενον τῇ θύρᾳ, καὶ
Job 10 3 κειμένας καὶ εἴ τις ξένος προήρχετο αἰτῆσαι * ἐλεημοσύνην, * ἀνάγκην εἶχεν τρέφεσθαι ἐν τῇ τραπέζῃ πρὶν

ἐλεήμων 13
TSim. 4 4 καὶ ἔχων πνεῦμα θεοῦ ἐν ἑαυτῷ εὔσπλαγχνος καὶ * ἐλεήμων * οὐκ ἐμνησικάκησέ μοι ἀλλὰ καὶ ἠγάπησέ με ὡς τοὺς
TJud. 19 3 ἀλλ' ὁ θεὸς τῶν πατέρων μου ὁ οἰκτίρμων καὶ * ἐλεήμων * συνέγνω ὅτι ἐν ἀγνοίᾳ ἐποίησα. ἐτύφλωσε γάρ με ὁ
TIss. 6 4 ἐὰν ἁμαρτήσωσι τάχιον ἐπιστρέψουσι πρὸς κύριον ὅτι * ἐλεήμων * ἐστὶ καὶ ἐξελεῖται αὐτοὺς τοῦ ἐπιστρέψαι εἰς τὴν
TZab. 9 7 κυρίου καὶ μετανοήσετε καὶ ἐπιστρέψει ὑμᾶς ὅτι * ἐλεήμων * ἐστὶ καὶ εὔσπλαγχνος μὴ λογιζόμενος κακίαν τοῖς
TAser 4 3 τὸ κακὸν ἐκριζώσας ἀπώλεσεν. ἔστι τις μισῶν τὸν * ἐλεήμονα * καὶ ἄδικον τὸν μοιχὸν καὶ νηστεύοντα καὶ αὐτό
Asen. 8 8 καὶ κατενύγη καὶ αὐτὸς διότι ἦν Ἰωσὴφ πραΰς καὶ * ἐλεήμων * καὶ φοβούμενος τὸν θεόν. καὶ ἐπῆρε τὴν χεῖρα
Asen. 11 10 Ἑβραίων θεὸς ἀληθινός ἐστι καὶ θεὸς ζῶν καὶ θεὸς * ἐλεήμων * καὶ οἰκτίρμων καὶ μακρόθυμος καὶ πολυέλεος καὶ
Sal. 5 2 τὰ κρίματά σου τὰ δίκαια ὅτι σὺ χρηστὸς καὶ * ἐλεήμων * ἡ καταφυγὴ τοῦ πτωχοῦ ἐν τῷ κεκραγέναι με πρός
Sal. 7 5 ἀποστείλῃς θάνατον σὺ ἐντελῇ αὐτῷ περὶ ἡμῶν ὅτι σὺ * ἐλεήμων * καὶ οὐκ ὀργισθήσῃ τοῦ συντελέσαι ἡμᾶς. ἐν τῷ
Sal. 10 7 ἐλεήσει ὁ θεὸς ἐν εὐφροσύνῃ Ισραηλ ὅτι χρηστὸς καὶ * ἐλεήμων * ὁ θεὸς εἰς τὸν αἰῶνα καὶ συναγωγαὶ Ισραηλ
Esdr. 1 12 ἐγὼ τοὺς δικαίους ἀναπαύσωμαι ἐν τῷ παραδείσῳ καὶ * ἐλεήμων * καθέστηκα. καὶ εἶπεν Ἐσδρὰμ κύριε τοὺς δικαίους
Esdr. 1 15 ἀλλὰ τοὺς ἁμαρτωλοὺς ἐλέησον οἴδαμεν γὰρ ὅτι * ἐλεήμων * εἶ. καὶ εἶπεν ὁ θεὸς οὐκ ἔχω πῶς αὐτοὺς ἐλεήσω.
Aris. 208 7 οὖν ἕκαστα πρὸς τὸν ἔλεον τραπήσῃ καὶ γὰρ ὁ θεὸς * ἐλεήμων * ἐστίν. ἀποδεξάμενος δὲ τοῦτον ἐπυνθάνετο τοῦ

Ἐλειμ 1
HDem. 9 29 15 πηγὴν καὶ γενέσθαι γλυκὺ τὸ ὕδωρ. ἐκεῖθεν δὲ εἰς * Ἐλειμ * ἐλθεῖν καὶ εὑρεῖν ἐκεῖ δώδεκα μὲν πηγὰς ὑδάτων

ἔλεος (ὁ) 5
Adam 13 1 τὸν ἄγγελον αὐτοῦ καὶ δώσει αὐτοῖς τὸ ἔλαιον τοῦ * ἐλέου. * καὶ ἀπέστειλε ὁ θεὸς Μιχαὴλ τὸν ἀρχάγγελον. καὶ
Hen. 12 6 δεηθήσονται εἰς τὸν αἰῶνα καὶ οὐκ ἔσται αὐτοῖς εἰς * ἔλεον * καὶ εἰρήνην. ὁ δὲ Ἐνὼχ τῷ Ἀζαὴλ εἶπεν πορεύου
Abr.1 17 8 ἀνίλεως ἀπέρχομαι τοῖς ἁμαρτωλοῖς τοῖς μὴ πράξασιν * ἔλεον. * εἶπεν δὲ Ἀβραὰμ δέομαί σου ἐπάκουσόν μου καὶ
Aris. 208 7 τιμωρίαις καθέστηκεν. ἐπινοῶν οὖν ἕκαστα πρὸς τὸν * ἔλεον * τραπήσῃ καὶ γὰρ ὁ θεὸς ἐλεήμων ἐστίν. ἀποδεξάμενος
FPho. 23 μὴ δ' αὔριον ἐλθέμεν εἴπῃς πληρώσει σέο χεὶρ'. * ἔλεον * χρῄζοντι παράσχου. ἄστεγον εἰς οἶκον δέξαι καὶ

ἔλεος (τὸ) 56
Hen. 1 8 συντήρησις καὶ εἰρήνη καὶ ἐπ' αὐτοὺς γενήσεται * ἔλεος * καὶ ἔσονται πάντες τοῦ θεοῦ καὶ τὴν εὐδοκίαν δώσει
Hen. 5 5 πληθυνθήσεται ἐν κατάρᾳ αἰώνων καὶ οὐκ ἔσται ὑμῖν * ἔλεος * καὶ εἰρήνη. τότε ἔσται τὰ ὀνόματα ὑμῶν εἰς κατάραν
Hen. 5 6 χαρήσονται καὶ ἔσται αὐτοῖς λύσις ἁμαρτιῶν καὶ πᾶν * ἔλεος * καὶ εἰρήνη καὶ ἐπιείκεια ἔσται αὐτοῖς σωτηρία φῶς
Hen. 27 4 ἐν ταῖς ἡμέραις τῆς κρίσεως αὐτῶν εὐλογήσουσιν ἐν * ἐλέει * ὡς ἐμέρισεν αὐτοῖς. τότε ηὐλόγησα τὸν κύριον τῆς
Abr.1 14 9 δοξάζω τὸ ὄνομα τοῦ θεοῦ τοῦ ὑψίστου καὶ τὸ * ἔλεος * αὐτοῦ τὸ ἀμέτρητον. εἶπεν δὲ Ἀβραὰμ πρὸς τὸν
Abr.1 14 11 τοῖς οἰκτιρμοῖς αὐτοῦ καὶ δεηθῶμεν αὐτοῦ τὸ * ἔλεος * ὑπὲρ τῶν ψυχῶν τῶν ἁμαρτωλῶν οὓς ἐγώ ποτε
TJud. 23 5 ἐντολαῖς τοῦ θεοῦ καὶ ἐπισκέψηται ὑμᾶς κύριος ἐν * ἐλέει * καὶ ἀναγάγῃ ἀπὸ τῆς αἰχμαλωσίας τῶν ἐχθρῶν ὑμῶν.
TZab. 1 διαθηκη Ζαβουλων. περι ευσπλαγχνιας και * ελεους. * ἀντίγραφον Ζαβουλὼν ὃ διέθετο τοῖς τέκνοις αὐτοῦ
TZab. 5 1 ὑμῖν τοῦ φυλάσσειν τὰς ἐντολὰς κυρίου καὶ ποιεῖν * ἔλεος * ἐπὶ τὸν πλησίον καὶ εὐσπλαγχνίαν πρὸς πάντας ἔχειν
TZab. 5 3 οἶδε γὰρ κύριος ἑκάστου τὴν προαίρεσιν. ἔχετε οὖν * ἔλεος * ἐν σπλάγχνοις ὑμῶν τέκνα μου ὅτι ὡς ἄν τις ποιήσῃ
TZab. 5 4 ἠσθένουν ἀπέθνῃσκον διὰ Ἰωσὴφ ὅτι οὐκ ἐποίησαν * ἔλεος * ἐν σπλάγχνοις αὐτῶν οἱ δὲ ἐμοὶ υἱοὶ ἄνοσοι
TZab. 7 3 καιρὸν δοῦναι τῷ χρῄζοντι συμπάσχετε ἐν σπλάγχνοις * ἐλέους. * οἶδα ὅτι ἡ χεὶρ μου οὐχ εὗρε πρὸς τὸ παρὸν
TZab. 8 1 μου ἔχετε εὐσπλαγχνίαν κατὰ παντὸς ἀνθρώπου ἐν * ἐλέει * ἵνα καὶ ὁ κύριος εἰς ὑμᾶς σπλαγχνισθεὶς ἐλεήσῃ
TZab. 8 2 σπλάγχνον αὐτοῦ ἐπὶ τῆς γῆς καὶ ὅπου εὕρῃ σπλάγχνα * ἐλέους * ἐν αὐτῷ κατοικεῖ. ὅσον γὰρ ἄνθρωπος σπλαγχνίζεται
TZab. 8 6 τὴν ὕπαρξιν ἀφανίζει. ὁ γὰρ μνησίκακος σπλάγχνα * ἐλέους * οὐκ ἔχει. προσέχετε τὰ ὕδατα ὅτι ὅτε ἐπὶ τὸ αὐτὸ
TNep. 4 3 ὑμᾶς εἰς τὴν γῆν ὑμῶν κατὰ τὸ πολὺ αὐτοῦ * ἔλεος. * καὶ ἔσται ὅταν ἥξουσιν ἐν γῇ πατέρων αὐτῶν πάλιν
TNep. 4 5 κυρίου ἄνθρωπος ποιῶν δικαιοσύνην καὶ ποιῶν * ἔλεος * εἰς πάντας τοὺς μακρὰν καὶ τοὺς ἐγγύς. ἐν γὰρ ἔτει
TGad 2 1 ψυχῆς ἐμίσουν αὐτὸν καὶ ὅλως οὐκ ἦν ἐν ἐμοὶ ἤπατα * ἐλέους * εἰς αὐτόν. καίγε διὰ τὰ ἐνύπνια προσεθέμην μῖσος
Asen. 11 18 αὐτοῦ αὐτὸς ἐπιβλέψει ἐπ' ἐμοὶ πάλιν ἐν τῷ * ἐλέει * αὐτοῦ καὶ ἐὰν θυμωθῇ ἐν ταῖς ἁμαρτίαις μου πάλιν
Asen. 12 13 εἰ μὴ ἐπὶ σοὶ κύριε οὐδὲ ἑτέρα καταφυγὴ πλὴν τοῦ * ἐλέους * σου κύριε διότι σὺ εἶ ὁ πατὴρ τῶν ὀρφανῶν καὶ τῶν
Asen. 12 15 γλυκύς ἐστιν ὡς σὺ κύριε καὶ τίς οὕτω ταχὺς ἐν * ἐλέει * ὡς σὺ κύριε καὶ τίς μακρόθυμος ἐπὶ ταῖς ἁμαρτίαις
Asen. 23 3 πλὴν τὸ ῥῆμα τοῦτο ποιήσατε καὶ ποιήσατε μετ' ἐμοῦ * ἔλεος * διότι ὑβρίσθην ἐγὼ πάνυ παρὰ τοῦ ἀδελφοῦ ὑμῶν
Sal. 2 8 κατισχυόντων. ἀπέστρεψεν γὰρ τὸ πρόσωπον αὐτοῦ ἀπὸ * ἐλέους * αὐτῶν νέον καὶ πρεσβύτην καὶ τέκνα αὐτῶν εἰς ἅπαξ
Sal. 2 33 θεόν οἱ φοβούμενοι τὸν κύριον ἐν ἐπιστήμῃ ὅτι τὸ * ἔλεος * κυρίου ἐπὶ τοὺς φοβουμένους αὐτὸν μετὰ κρίματος
Sal. 2 36 ἐπικαλουμένοις αὐτὸν ἐν ὑπομονῇ ποιῆσαι κατὰ τὸ * ἔλεος * αὐτοῦ τοῖς ὁσίοις αὐτοῦ παρεστάναι διὰ παντὸς
Sal. 4 25 κύριος ὁ θεὸς ἡμῶν ἐν δικαιοσύνῃ. γένοιτο κύριε τὸ * ἔλεός * σου ἐπὶ πάντας τοὺς ἀγαπῶντάς σε. ψαλμὸς τῷ
Sal. 5 12 εὐφρᾶναι ψυχὴν ταπεινοῦ ἐν τῷ ἀνοῖξαι χεῖρά σου ἐν * ἐλέει; * ἡ χρηστότης ἀνθρώπου ἐν φειδοῖ καὶ ἡ αὔριον καὶ
Sal. 5 15 ἐπὶ σέ οὐ φείσεται ἐν δόματι. ἐπὶ πᾶσαν τὴν γῆν τὸ * ἔλεός * σου κύριε ἐν χρηστότητι. μακάριος οὗ μνημονεύει ὁ
Sal. 6 6 αὐτὸν ἐπιτελεῖ ὁ κύριος εὐλογητὸς κύριος ὁ ποιῶν * ἔλεος * τοῖς ἀγαπῶσιν αὐτὸν ἐν ἀληθείᾳ. τῷ Σαλωμων
Sal. 8 27 κρίνων τὸν Ισραηλ ἐν παιδείᾳ. ἐπίστρεψον ὁ θεὸς τὸ * ἔλεός * σου ἐφ' ἡμᾶς καὶ οἰκτίρησον ἡμᾶς συνάγαγε τὴν
Sal. 8 28 οἰκτίρησον ἡμᾶς συνάγαγε τὴν διασπορὰν Ισραηλ μετὰ * ἐλέους * καὶ χρηστότητος ὅτι ἡ πίστις σου μεθ' ἡμῶν. καὶ
Sal. 9 8 ὁ θεὸς Ισραηλ ὅτι σοί ἐσμεν καὶ μὴ ἀποστήσῃς * ἔλεός * σου ἀφ' ἡμῶν ἵνα μὴ ἐπιθῶνται ἡμῖν. ὅτι σὺ ᾑρετίσω
Sal. 10 3 ὁδοὺς δικαίων καὶ οὐ διαστρέψει ἐν παιδείᾳ καὶ τὸ * ἔλεος * κυρίου ἐπὶ τοὺς ἀγαπῶντας αὐτὸν ἐν ἀληθείᾳ. καὶ
Sal. 10 4 καὶ μνησθήσεται κύριος τῶν δούλων αὐτοῦ ἐν * ἐλέει * ἡ γὰρ μαρτυρία ἐν νόμῳ διαθήκης αἰωνίου ἡ μαρτυρία
Sal. 11 9 τὸν Ισραηλ ἐν ὀνόματι δόξης αὐτοῦ τοῦ κυρίου τὸ * ἔλεος * ἐπὶ τὸν Ισραηλ εἰς τὸν αἰῶνα καὶ ἔτι. τῷ Σαλωμων
Sal. 13 12 μνημόσυνον αὐτῶν ἔτι ἐπὶ δὲ τοὺς ὁσίους τὸ * ἔλεος * κυρίου καὶ ἐπὶ τοὺς φοβουμένους αὐτὸν τὸ ἔλεος
Sal. 13 12 τὸ ἔλεος κυρίου καὶ ἐπὶ τοὺς φοβουμένους αὐτὸν τὸ * ἔλεος * αὐτοῦ. ὕμνος τῷ Σαλωμων. πιστὸς κύριος τοῖς
Sal. 14 9 σκότος καὶ ἀπώλεια καὶ οὐχ εὑρεθήσονται ἐν ἡμέρᾳ * ἐλέους * δικαίων οἱ δὲ ὅσιοι κυρίου κληρονομήσουσιν ζωὴν
Sal. 16 3 θεοῦ Ισραηλ εἰ μὴ ὁ κύριος ἀντελάβετό μου τῷ * ἐλέει * αὐτοῦ εἰς τὸν αἰῶνα. ἔνυξέν με ὡς κέντρον ἵππου
Sal. 16 6 μετὰ τῶν ἁμαρτωλῶν εἰς ἀπώλειαν. μὴ ἀποστήσῃς τὸ * ἔλεός * σου ἀπ' ἐμοῦ ὁ θεὸς μηδὲ τὴν μνήμην σου ἀπὸ
Sal. 17 3 ὅτι τὸ κράτος τοῦ θεοῦ ἡμῶν εἰς τὸν αἰῶνα μετ' * ἐλέους * καὶ ἡ βασιλεία τοῦ θεοῦ ἡμῶν εἰς τὸν αἰῶνα ἐπὶ τὰ
Sal. 17 15 συμμίκτων οὐκ ἦν ἐν αὐτοῖς ὁ ποιῶν ἐν Ιερουσαλημ * ἔλεος * καὶ ἀλήθειαν. ἐφύγοσαν ἀπ' αὐτῶν οἱ ἀγαπῶντες
Sal. 17 45 ἃ ποιήσει ὁ θεός. ταχύναι ὁ θεὸς ἐπὶ Ισραηλ τὸ * ἔλεος * αὐτοῦ ῥύσαιτο ἡμᾶς ἀπὸ ἀκαθαρσίας ἐχθρῶν βεβήλων.
Sal. 18 1 ψαλμὸς τῷ Σαλωμων ἔτι τοῦ χριστοῦ κυρίου. κύριε τὸ * ἔλεός * σου ἐπὶ τὰ ἔργα τῶν χειρῶν σου εἰς τὸν αἰῶνα ἡ
Sal. 18 3 ἐν ἐλπίδι. τὰ κρίματά σου ἐπὶ πᾶσαν τὴν γῆν μετὰ * ἐλέους * καὶ ἡ ἀγάπη σου ἐπὶ σπέρμα Αβρααμ υἱοὺς Ισραηλ. ἡ
Sal. 18 5 ἐν ἀγνοίᾳ. καθαρίσαι ὁ θεὸς Ισραηλ εἰς ἡμέραν * ἐλέους * ἐν εὐλογίᾳ εἰς ἡμέραν ἐκλογῆς ἐν ἀνάξει χριστοῦ
Sal. 18 9 ἐνώπιον κυρίου γενεὰ ἀγαθὴ ἐν φόβῳ θεοῦ ἐν ἡμέραις * ἐλέους. * διάψαλμα. μέγας ἡμῶν ὁ θεὸς καὶ ἔνδοξος ἐν
Jer. 9 3 τὸ φωτίζον με ἕως οὗ ἀναληφθῶ πρός σέ περὶ τοῦ * ἐλέους * σου παρακαλῶ περὶ τῆς φωνῆς τῆς γλυκείας τῶν δύο
Esdr. 2 8 σε ὑπὲρ τὸ γένος τῶν Χριστιανῶν ποῦ εἰσιν τὰ * ἐλέη * σου τὰ ἀρχαῖα κύριε; ποῦ σου ἡ μακροθυμία; καὶ
Sedr. 5 8 ἐὰν τοὺς ἁμαρτωλοὺς οὐκ ἐλεήσῃς ποῦ εἰσιν τὰ * ἐλέη * σου; ποῦ ἡ εὐσπλαγχνία σου κύριε; λέγει αὐτὸν ὁ
Sedr. 14 8 ἀναμένω αὐτοὺς μετὰ πολλῆς εὐσπλαγχνίας καὶ πολλοῦ * ἐλέους * καὶ πλούτους ἵνα μετανοήσωσιν ἀλλὰ ποιοῦσιν ἃ
Job 11 3 οὐδὲν δὲ κεκτήμεθα. ποίησον σὺ μεθ' ἡμῶν * ἔλεος * καὶ πρόχρησον ἡμῖν χρυσίον ἵνα ἀπέλθωμεν εἰς τὰς
Job 43 11 ὀργὴ καὶ ὁ θυμὸς ἔσται αὐτῷ εἰς σκήνωμα οὐκ ἔχει * ἔλεος * ἐν καρδίᾳ αὐτοῦ οὐδὲ εἰρήνην ἐν τῷ σώματι αὐτοῦ
FMan. 2 22 12 ἀπειλῆς σου ἀμέτρητόν τε καὶ ἀνεξιχνίαστον τὸ * ἔλεος * τῆς ἐπαγγελίας σου. ὅτι σὺ εἶ κύριος μακρόθυμος
FMan. 2 22 14 σου ὅτι ἀνάξιον ὄντα σώσεις με κατὰ τὸ πολὺ * ἔλεός * σου καὶ αἰνέσω σε διαπαντὸς ἐν πάσαις ταῖς ἡμέραις
FEz. 185 9 μου διαλελ>υμαι εως της κοιλ<ιας μου δος μοι το> * ελεος * σου εις εφημ<ερον ως ηλεησας α>βρααμ' τον πατερα

ἐλευθέριος 1
Aris. 246 4 δὲ ἀπεφήνατο πρὸς τοῦτο εἰ παρατηροῖτο τὴν ἀγωγὴν * ἐλευθέριον * οὖσαν καὶ τὴν εὐταξίαν διαμένουσαν ἐν τοῖς

ἐλεύθερος 5
Abr.1 19 7 καὶ ἄρχοντας πλουσίους καὶ πένητας δούλους καὶ * ἐλευθέρους * καὶ διὰ τοῦτό σοι ἔδειξα τὰς ἑπτὰ κεφαλὰς τῶν
TJud. 21 7 ἀνθρώπους ὡς ἰχθύας θυγατέρας καὶ υἱοὺς * ἐλευθέρους * καταδουλώσουσιν οἴκους ἀγροὺς ποίμνια χρήματα
TNep. 1 10 Ῥώθεος ἐκ τοῦ γένους ἦν Ἀβραὰμ Χαλδαῖος θεοσεβὴς * ἐλεύθερος * καὶ εὐγενής. καὶ αἰχμαλωτισθεὶς ἠγοράσθη ὑπὸ
TJos. 13 6 καὶ διαχωρίσας με ἀπ' αὐτοῦ εἶπέ μοι δοῦλος εἶ ἢ * ἐλεύθερος; * καὶ εἶπον δοῦλος. καὶ λέγει πρός με τίνος εἶ
TJos. 14 1 ἄδικός ἐστιν ἡ κρίσις σου ὅτι καὶ τὸν κλαπέντα * ἐλεύθερον * τιμωρεῖς ὡς ἀδικήσαντα. ὡς δὲ οὐκ ἤλλαξα λόγον

ἐλευθερόω 5
TJud. 4 3 τείχους καὶ ἄλλους δύο βασιλεῖς ἀνεῖλον καὶ οὕτως * ἐλευθερώσαμεν * τὴν Χεβρὼν καὶ ἐλάβομεν πᾶσαν τὴν
TJos. 1 5 ὕψιστος ἀνήγαγέ με ἐπράθην εἰς δοῦλον καὶ ὁ κύριος * ἐλευθέρωσέ * με εἰς αἰχμαλωσίαν ἐλήφθην καὶ ἡ κραταιὰ
Sedr. 8 12 μόνος σὺ ἐπίστασαι ταῦτα πάντα μόνον δέομαί σου * ἐλευθέρωσον * τὸν ἄνθρωπον ἐκ τὴν κόλασιν εἰ δὲ μήγε
Aris. 27 4 γὰρ καὶ τῶν ἐπιμαστιδίων τέκνων σὺν ταῖς μητράσιν * ἐλευθεροῦντο. * προσανενεχθέντος εἰ καὶ περὶ τούτων
Aris. 37 1 τοῖς σοῖς πολίταις ὑπὲρ δέκα μυριάδας αἰχμαλώτων * ἠλευθερώκαμεν * ἀποδόντες τοῖς κρατοῦσι τὴν κατ' ἀξίαν

ἐλευθερωτής 1
TBen. 10 8 εἰς αὐτὸν ἀδικίας ὅτι παραγενάμενον θεὸν ἐν σαρκὶ * ἐλευθερωτὴν * οὐκ ἐπίστευσαν. καὶ τότε κρινεῖ πάντα τὰ

ἔλευσις 1
Prop. 12 16 ἔσονται ἐν σκηνῇ ἁγίᾳ. οὗτος ὁ προφήτης περὶ τῆς * ἐλεύσεως * τοῦ Χριστοῦ πολλὰ προεφήτευσε. καὶ πρὸ δύο ἐτῶν

ἐλεφαντιάω 1
HArt. 9 27 20 χρόνον καὶ τὸν Χενεφρῆν πρῶτον ἁπάντων ἀνθρώπων * ἐλεφαντιάσαντα * μεταλλάξαι τούτῳ δὲ τῷ πάθει περιπεσεῖν

ἐλεφάντινος 1
ISop. 5 113 2 θεῶν ἀγάλματα ἐκ λίθων ἢ χαλκέων ἢ χρυσοτεύκτων ἢ * ἐλεφαντίνων * τύπους θυσίας τε τούτοις καὶ κακὰς

ἐλέφας 3

| Sib. | 3 | 14 | οὐδ' ἀπὸ χρυσοῦ τέχνησ' ἀνθρώπου φαίνει τύπος οὐδ' | * | ἐλέφαντος | * | ἀλλ' αὐτὸς ἀνέδειξεν αἰώνιος αὐτὸς ἑαυτὸν ὄντα |
| Sib. | 3 | 587 | ἔργ' ἀνθρώπων χρύσεα καὶ χάλκεια καὶ ἀργύρου ἠδ' | * | ἐλέφαντος | * | καὶ ξυλίνων λιθίνων τε θεῶν εἴδωλα καμόντων |
| IMen. | 5  119 | 2 | χρυσᾶς ποιήσας χλαμύδας ἤτοι πορφυρᾶς ἢ δι' | * | ἐλέφαντος | * | ἢ σμαράγδου ζῴδια εὔνουν νομίζει τὸν θεὸν |

Ἐλιούδ 1

| Hen. | 7B | 2 | ἐτέκνωσαν Ναφηλειμ καὶ τοῖς Ναφηλειμ ἐγεννήθησαν | * | Ἐλιούδ. | * | καὶ ἦσαν αὐξανόμενοι κατὰ τὴν μεγαλειότητα |

Ἐλιούς 12

| Job | 31 | 1 | τὰς ἑπτὰ ἡμέρας οὕτως διαλογιζομένους, ἀποκριθεὶς | * | Ἐλιους | * | εἶπεν τοῖς συμβασιλεῦσιν προσεγγιοῦμεν αὐτῷ καὶ |
| Job | 31 | 5 | θυμιάματα καὶ ὅτε πλησίον μου ἐγένοντο, ἀποκριθεὶς | * | Ἐλιους | * | εἶπέν μοι σὺ εἶ Ιωβαβ ὁ συμβασιλεὺς ἡμῶν; σὺ εἶ ὁ |
| Job | 32 | 1 | στρατευμάτων αὐτῶν. ἀκούσατε οὖν τοῦ κλαυθμοῦ τοῦ | * | Ἐλιου | * | ὑποδεικνύοντος τοῖς παισὶν τὸν πλοῦτον τοῦ Ιωβ. σὺ |
| Job | 33 | 1 | ποῦ νῦν τυγχάνει ἡ δόξα τοῦ θρόνου σου; τοῦ δὲ | * | Ἐλιου | * | μακρύναντος τὸν κλαυθμὸν ὑποφωνούντων αὐτῷ τῶν |
| Job | 41 | 3 | εἰς τὴν ἑαυτῶν χώραν, καὶ ὀρκωθῆναι αὐτοὺς ὑπὸ | * | Ἐλιου | * | λέγοντος μείνατέ με, ἕως καὶ τὸ περὶ τούτου δείξω |
| Job | 41 | 5 | γνωρίσω ὑμῖν τὴν μερίδα αὐτοῦ οὐχ ὑπάρχουσαν. τότε | * | Ἐλιους | * | ἐμπνευσθεὶς ἐν τῷ Σατανᾷ ἐξεῖπέν μοι λόγους |
| Job | 42 | 2 | ὁ κύριος διὰ λαίλαπος καὶ νεφῶν εἶπεν, καὶ τὸν μὲν | * | Ἐλιους | * | ἐμέμματο, ὑποδείξας μοι τὸν ἐν αὐτῷ λαλήσαντα μὴ |
| Job | 43 | 1 | αὐτοῖς ὁ κύριος τὴν ἁμαρτίαν αὐτῶν, τὸν δὲ | * | Ἐλιους | * | οὐ κατηξίωσεν, ἀναλαβὼν Ελιφας πνεῦμα εἶπεν |
| Job | 43 | 5 | ἡμῶν αἱ ἁμαρτίαι, καὶ τέθαπται ἡμῶν ἡ ἀνομία | * | Ἐλιους, | * | Ελιους ὁ μόνος πονηρὸς μνημόσυνον οὐχ ἕξει ἐν |
| Job | 43 | 5 | αἱ ἁμαρτίαι, καὶ τέθαπται ἡμῶν ἡ ἀνομία Ελιους, | * | Ἐλιους | * | ὁ μόνος πονηρὸς μνημόσυνον οὐχ ἕξει ἐν τοῖς |
| Job | 43 | 17 | ἡμῶν, κεκαθάρισται ἡμῶν ἡ ἀνομία ὁ δὲ πονηρὸς | * | Ἐλιους | * | μνημόσυνον ἐν τοῖς ζῶσιν οὐκ ἔσχεν. μετὰ δὲ τὸ |
| HArl. | 9  25 | 4 | καὶ Σωφὰρ τὸν Μινναίων βασιλέα ἐλθεῖν δὲ καὶ | * | Ἐλιοῦν | * | τὸν Βαραχιὴλ τὸν Ζωβίτην παρακαλούμενον δὲ φάναι |

Ἐλισαῖος 7

| Prop. | 21 | 12 | καὶ διηρέθη καὶ διέβησαν ξηρῷ τῷ ποδὶ αὐτός τε καὶ | * | Ἐλισαῖος | * | τὸ τελευταῖον ἀνελήφθη ἅρματι πυρός. Ἐλισαῖος |
| Prop. | 22 | 1 | καὶ Ἐλισαῖος τὸ τελευταῖον ἀνελήφθη ἅρματι πυρός. | * | Ἐλισαῖος | * | ἦν ἐξ Ἀβελμαοὺλ γῆς τοῦ Ῥουβὴν καὶ ἐπὶ |
| Prop. | 22 | 8 | ὑπὸ δανιστῶν καὶ μὴ ἔχουσα ἀποδοῦναι προσῆλθε τῷ | * | Ἐλισαίῳ | * | καὶ ἐνετείλατο αὐτῇ συναγαγεῖν ἀγγεῖα καινὰ ὅσα |
| Prop. | 22 | 14 | ἐξέπεσε τὸ δρέπανον καὶ κατεποντίσθη ὁ δὲ | * | Ἐλισαῖος | * | εὐχόμενος πεποίηκεν ἐπιπολάσαι τὸ δρέπανον. |
| Prop. | 22 | 16 | αὐτοῦ ἐκαθερίσθη αὐτὸν ἐκ τῆς λέπρας. τὸν παῖδα αὐτοῦ | * | Ἐλισαῖος | * | λεγόμενον Γιεζεὶ ἀπελθόντα κρύφα παρὰ γνώμην |
| Prop. | 22 | 20 | Συρίας ἐπαύσατο τοῦ πολεμεῖν. μετὰ θάνατον | * | Ἐλισαίου | * | ἀποθανών τις καὶ θαπτόμενος ἐρρίφη ἐπὶ τὰ ὀστᾶ |
| Prop. | 22 | 20 | τὰ ὀστᾶ αὐτοῦ καὶ μόνον ὡς ἥψατο τῶν ὀστέων τοῦ | * | Ἐλισαίου | * | ὁ νεκρὸς εὐθὺς ἀνέζησεν. Ζαχαρίας ἐξ |

Ἐλισαῖος 4

| Aris. | 47 | 2 | φυλῆς Ἰώσηφος Ἐζεκίας Ζαχαρίας Ἰωάννης Ἐζεκίας | * | Ἐλισαῖος. | * | δευτέρας Ἰούδας Σίμων Σομόνλος Ἀδαῖος |
| Aris. | 48 | 2 | Βασέας Ὀρνίας Δάκις. τετάρτης Ἰωνάθας Ἀβρατος | * | Ἐλισαῖος | * | Ἀνανίας Χαβρίας---. πέμπτης Ἴσακος Ἰάκωβος |
| Aris. | 50 | 2 | δεκάτης Ἱερεμίας Ἐλεάζαρος Ζαχαρίας Βανέας | * | Ἐλισαῖος | * | Δαθαῖος. ἑνδεκάτης Σαμούηλος Ἰώσηφος Ἰούδας |
| Aris. | 184 | 6 | ποιεῖσθαι παρῃτήσατο τῶν δὲ παραγεγονότων σὺν ἡμῖν | * | Ἐλισαῖον | * | ὄντα τῶν ἱερέων πρεσβύτερον παρεκάλεσε |

ἑλίσσω 2

| Sib. | 3 | 82 | χηρεύσει κόσμου ὁπόταν θεὸς αἰθέρι ναίων οὐρανὸν | * | εἱλίξῃ | * | καθ' ἅπερ βιβλίον εἱλεῖται καὶ πέσεται πολύμορφος |
| Sib. | 5 | 122 | εἰς βυθὸν ὥστ' ἀπολέσθαι. Σμύρνα κατὰ κρημνῶν | * | εἱλισσομένη | * | ποτέ κλαύσει ἢ τὸ πάλαι σεμνὴ καὶ ἐπώνυμος |

Ἐλιφάς 15

| Job | 29 | 3 | ἀπαξαπλῶς ἔτι ἀμφιβαλλόντων, στραφεὶς πρός με | * | Ελιφας | * | ὁ τῶν Θεμανῶν βασιλεὺς εἶπεν σὺ εἶ Ιωβαβ ὁ |
| Job | 34 | 2 | λέγοντος πρὸς αὐτοὺς ἵνα σιωπήσωσιν, ὀργισθεὶς | * | Ελιφας | * | εἶπεν τοῖς ἄλλοις φίλοις τί χρήσιμον ὅτι οὕτω |
| Job | 34 | 5 | ἔσται ἕως αἰῶνος. ἀναστὰς δὲ ἐν μεγάλῃ ταραχῇ | * | Ελιφας | * | ἔκλινεν ἀπ' αὐτῶν ἐν μεγάλῃ λύπῃ λέγων ἐγὼ |
| Job | 35 | 3 | τὴν δυσωδίαν εἰ μὴ διὰ πλείονος εὐωδίας σὺ ὅλως, | * | Ελιφα, | * | ἀμνημονεῖς πῶς ἐγένου νοήσαις ἐν ταῖς δυσὶν |
| Job | 39 | 4 | πόδας αὐτῶν, καὶ κλαίουσα ἔλεγεν μνήσθητί μου ὁ | * | Ελιφας | * | καὶ οἱ δύο φίλοι σου, ὅτι ὁποία τις ἤμην μεθ' |
| Job | 39 | 7 | μέγαν, γενόμενοι ἐν διπλῇ ἀκηδίᾳ ἐσιώπησαν, ὡς τὸν | * | Ελιφαν | * | ἄραντα τὴν πορφυρίδα αὐτοῦ περιρῆξαι καὶ |
| Job | 41 | 1 | αὐτῇ ἡμεῖσαν εὑρήσετε ἐν τοῖς παραλειπομένοις. | * | Ελιφας | * | δὲ καὶ οἱ λοιποὶ μετὰ ταῦτα παρεκάθισαν μοι |
| Job | 41 | 6 | ἀναγεγραμμένοι εἰσὶν ἐν τοῖς παραλειπομένοις τοῦ | * | Ελιφα. | * | μετὰ δὲ τὸ παύσασθαι αὐτῶν τῆς μεγαλορημοσύνης |
| Job | 42 | 4 | τὸ παύσασθαι τὸν κύριον λαλοῦντά μοι εἶπεν πρὸς | * | Ελιφαν | * | τί ἦ, Ελιφα, ἥμαρτες σὺ καὶ οἱ δύο σου φίλοι; οὐ |
| Job | 42 | 5 | τὸν κύριον λαλοῦντά μοι εἶπεν πρὸς Ελιφαν τί ἦ, | * | Ελιφα, | * | ἥμαρτες σὺ καὶ οἱ δύο σου φίλοι; οὐ γὰρ |
| Job | 43 | 1 | προσδεξάμενος ἀφῆκεν αὐτοῖς τὴν ἁμαρτίαν. τότε | * | Ελιφας | * | καὶ Βαλδαδ καὶ Σοφαρ γνόντες ὅτι ἐχαρίσατο αὐτοῖς |
| Job | 43 | 2 | αὐτῶν, τὸν δὲ Ελιους οὐ κατηξίωσεν, ἀναλαβὼν | * | Ελιφας | * | πνεῦμα εἶπεν ὕμνον, ἐπιφωνούντων αὐτῷ τῶν ἄλλων |
| Job | 43 | 4 | στρατευμάτων πλησίον τοῦ θυσιαστηρίου ἔλεγεν οὕτως | * | Ελιφαν | * | περιήρηνται ἡμῶν αἱ ἁμαρτίαι, καὶ τέθαπται ἡμῶν ἡ |
| Job | 44 | 1 | ἐν τοῖς ζῶσιν οὐκ ἔσχεν. μετὰ δὲ τὸ παύσασθαι | * | Ελιφαν | * | τοῦ ὕμνου, ὑποφωνούντων αὐτῷ πάντων καὶ |
| HArl. | 9  25 | 4 | φαύλως δὲ αὐτοῦ διακειμένου ἐλθεῖν εἰς ἐπίσκεψιν | * | Ἐλιφαν | * | τὸν Θαιμανιτῶν βασιλέα καὶ Βαλδὰδ τὸν Σαυχαίων |

Ἐλκεσὶ 1

| Prop. | 11 | 1 | ὅτι ἡ πόλις ἕως ἐδάφους ἀφανισθήσεται. Ναοὺμ ἀπὸ | * | Ἐλκεσὶ | * | πέραν τοῦ Ἰσβηγαβαρὶν φυλῆς Συμεών. οὗτος μετὰ |

ἕλκος 4

| FJan. | 9 | 2 | Μωσῆς τοὺς περὶ Ἰαννὴν καὶ Ἰαμβρὴν ἐν | * | ἕλκεσι | * | κολασάμενος καὶ τὴν θατέρου τούτων μητέρα τῷ |
| FJub. | 48 | 5 | Ὀκτωβρίῳ κτηνῶν πτῶσις Νοεμβρίῳ φλυκτίδες καὶ | * | ἕλκη | * | Δεκεμβρίῳ χάλαζα Ἰανουαρίῳ ἀκρὶς Φεβρουαρίῳ σκότος |
| FPho. | 143 | | φίλον εὐμενέοντα. ἀρχόμενον τὸ κακὸν κόπτειν | * | ἕλκος | * | τ' ἀκέσασθαι. ⟨ἐξ ὀλίγου σπινθῆρος ἀθέσφατος |
| LEze. | 9  29 12 06 | τέφραν οἷς καμιναίαν πάσω ἀναβρυήσει δ' ἐν βροτοῖς | * | ἕλκη | * | πικρά. κυνόμυια δ' ἥξει καὶ βροτοὺς Αἰγυπτίων |

ἑλκόω 1

| HArl. | 9  25 | 3 | πεσούσης τῆς οἰκίας αὐθήμερον δὲ αὐτοῦ καὶ τὸ σῶμα | * | ἑλκῶσαι. | * | φαύλως δὲ αὐτοῦ διακειμένου ἐλθεῖν εἰς |

ἑλκύω 7

| Asen. | 11 | 1B | μετὰ στεναγμοῦ μεγάλου καὶ τὰς τρίχας αὐτῆς | * | εἵλκυσεν | * | ἀπὸ τῆς κεφαλῆς αὐτῆς καὶ κατέπασε τέφραν ἐπάνω |
| Asen. | 16 | 17 | τὸ ἄκρον τοῦ κηρίου τὸ βλέπον κατὰ ἀνατολὰς ⟨καὶ | * | εἵλκυσεν | * | ἐπὶ τὸ ἄκρον τὸ βλέπον κατὰ δυσμὰς καὶ ἡ ὁδὸς |
| Asen. | 16 | 17 | ἐπὶ τὸ ἄκρον τοῦ κηρίου τὸ βλέπον πρὸς βορρᾶν ⟨καὶ | * | εἵλκυσεν | * | ἐπὶ τὸ ἄκρον τὸ βλέπον πρὸς μεσημβρίαν καὶ ἡ |
| Asen. | 23 | 7 | χεῖρα αὐτοῦ ἐπὶ τὴν κώπην τῆς ῥομφαίας αὐτοῦ καὶ | * | εἵλκυσε | * | αὐτὴν ἐκ τοῦ κολεοῦ αὐτῆς καὶ πατάξαι τὸν υἱὸν |
| Asen. | 23 | 14 | ἐσπασμέναι ἐν ταῖς δεξιαῖς ἡμῶν ἐνώπιόν σου. καὶ | * | εἵλκυσεν | * | τὰς ῥομφαίας αὐτῶν Συμεὼν καὶ Λευὶς ἐκ τῶν |
| Asen. | 29 | 2 | αὐτὸν Βενιαμιν καὶ ἔλαβε τὴν ῥομφαίαν αὐτοῦ καὶ | * | εἵλκυσεν | * | αὐτὴν ἐκ τοῦ κολεοῦ αὐτῆς διότι Βενιαμιν |
| Sib. | 4 | 8 | ὅμοιον. οὐδὲ γὰρ οἶκον ἔχει ναῷ λίθον | * | ἑλκυσθέντα | * | κωφότατον νωδόν τε βροτῶν πολυαλγέα λώβην |

ἕλκω 5

| Adam | 38 | 3 | καὶ ἰδοὺ κύριος στρατιῶν ἐπέβη καὶ τέσσαρες ἄνεμοι | * | εἷλκον | * | αὐτὸν καὶ τὰ Χερουβιμ ἐπέχοντα τοῖς ἀνέμοις καὶ |
| Jer. | 4 | 5 | Ἱερεμίου τὸν λαὸν ἐξήγαγκεν αὐτὸν μετὰ τοῦ λαοῦ | * | ἕλκοντες | * | εἰς Βαβυλῶνα. ὁ δὲ Βαρούχ ἐπέθηκε χοῦν ἐπὶ τὴν |
| FPho. | 9 | | γονῆας. πάντα δίκαια νέμειν μὴ δὲ κρίσιν ἐς χάριν | * | ἕλκειν. | * | μὴ ῥίψῃς πενίην ἀδίκως μὴ κρῖνε πρόσωπον ἢν σὺ |
| FPho. | 15 | | ἀπάντων. σταθμὸν μὴ κρούειν ἑτερόζυγον ἀλλ' ἴσον | * | ἕλκειν. | * | μὴ δ' ἐπιορκήσῃς μήτ' ἄγνως μήτε ἑκοντὶ |
| FPho. | 61 | | θνητοῖσιν ὄνειαρ ἡ πολλὴ δὲ τρυφὴ πρὸς ἀμέτρους | * | ἕλκετ' | * | Ἔρωτας ὑψαυχεῖ δ' ὁ πολὺς πλοῦτος καὶ ἐς ὕβριν |

ἐλλαμψις 1

| FJub. | 11 | 17 | ἐκ τῆς τῶν κτισμάτων ἀναχθεὶς καλλονῆς θείας | * | ἐλλάμψεως | * | ἠξιώθη ἔτι διατρίβων ἐν τῇ πατρίδι. Σαρα |

Ἑλλάς 15

| Sib. | 3 | 510 | ἥξεις ἡνίκα σύμμικτοι Γαλάται τοῖς Δαρδανίδαισιν | * | Ἑλλάδ' | * | ἐπεσσυμένως πορθέοντες +τότε σοι κακὸν ἔσται+ |
| Sib. | 3 | 537 | δὲ πένθος. δούλειος δ' ἄρα --- ζυγὸς ἔσσεται | * | Ἑλλάδι | * | πάσῃ πᾶσι δ' ὁμοῦ πόλεμός τε βροτοῖς καὶ λοιμὸς |
| Sib. | 3 | 545 | πάντων δ' ἀνθρώπων τὸ τρίτον μέρος ἔσσεται αὖτις. | * | Ἑλλάδι | * | δή τί πέποιθας ἐπ' ἀνδράσιν ἡγεμόνεσσιν θνητοῖς |
| Sib. | 3 | 564 | περιπλομένων ἐνιαυτῶν κήδεα ἔσται. --- +καὶ τοὺς | * | Ἑλλάς | * | ἔρεξε+ βίον ταύμων τ' ἐριμύκων πρὸς ναὸν μεγάλοιο |
| Sib. | 3 | 598 | ἀνάγνως ὅσσα τε Φοίνικες Αἰγύπτιοι ἠδὲ Λατῖνοι | * | Ἑλλάς | * | τ' εὐρύχορος καὶ ἄλλων ἔθνεα πολλὰ Περσῶν καὶ |
| Sib. | 3 | 639 | +ἀλλαχθῇ δέ τε γαῖα βροτῶν καὶ βάρβαρος ἀρχὴ | * | Ἑλλάδα | * | πορθήσῃ πᾶσαν καὶ πίονα γαῖαν ἐξαρύσῃ πλούτοιο |
| Sib. | 3 | 732 | δρυμοῦ ξύλα κόψεται εἰς πυρὸς αὐγήν.⟩ ἀλλὰ τάλαιν' | * | Ἑλλάς | * | ὑπερήφανα παῦε φρονοῦσα λίσσεο δ' ἀθάνατον |
| Sib. | 3 | 810 | Βαβυλῶνία τείχεα μακρὰ οἰστρομανῆς προλιποῦσα ἐς | * | Ἑλλάδα | * | πεμπόμενον πῦρ πᾶσι προφητεύουσα θεοῦ μηνίματα |
| Sib. | 3 | 813 | αἰνίγματα θεῖα. καὶ καλέσουσι βροτοί με καθ' | * | Ἑλλάδα | * | πατρίδος ἄλλης ἐξ Ἐρυθῆς γεγαυῖαν ἀναιδέα οἱ |
| Sib. | 4 | 70 | φυγαὶ τε πύργων τε πρηνισμοὶ ἀναστασίαι τε πολήων | * | Ἑλλάς | * | ὅταν μεγάλαυχος ἐπὶ πλατὺν Ἑλλήσποντον πλεύσει |
| Sib. | 4 | 83 | πέσεται μεγάλη πόλις εἰς βαθὺ χεῦμα. ἔσται δ' | * | Ἑλλάδι | * | νεῖκος ἐν ἀλλήλοις δὲ μανέντες πολλὰς πρηνίξουσι |
| Sib. | 4 | 96 | οἱ δ' ὑπὸ Βάκτρων καὶ Σούσων φεύξονται ἐς | * | Ἑλλάδα | * | γαῖαν ἅπαντες. ἔσσεται ἐσσομένοις ὅτε Πύραμος |
| Sib. | 5 | 137 | γαίης Ἠιδανὸς φάσκων θηρῶν μορφάς ποτε γεννᾶν+. | * | Ἑλλάδα | * | τὴν τριτάλαιναν ἀναιδέξουσι ποιητ αὶ ἡνίκ' ἀπ' |
| FAch. | 102 | | ἐθνῶν κατειληφέναι ἀλλὰ καὶ τὰ πλείονα μέρη ἕως | * | Ἑλλάδος | * | ὑποτέτακται. ὁ δὲ Αἴσωπος ἐπιγνούς τινα εὐγενῆ |
| FAch. | 117 | | Νεκταναβὼν εἶπεν μετεπεμψάμην ⟨τοὺς⟩ ἀπὸ τῆς | * | Ἑλλάδος | * | ἵππου ἐπιτοκίους ἐὰν ἀκούσωσι τῶν ἐν Βαβυλῶνι |

ἐλλείπω 3

| Hen. | 23 | 2 | ἐθεασάμην πῦρ διατρέχον καὶ οὐκ ἀναπαυόμενον οὐδὲ | * | ἐλλεῖπον | * | τοῦ δρόμου ἡμέρας καὶ νυκτὸς ἅμα διαμένον. καὶ |
| Aris. | 183 | 7 | τοὺς δὲ λοιποὺς μετὰ τὴν ἑαυτοῦ κλισίαν οὐδὲν | * | ἐλλιπὼν | * | εἰς τὸ τιμᾶν τοὺς ἄνδρας. ὡς δὲ κατεκλίθησαν |
| Aris. | 245 | 6 | ἐπιμελείας φροντίζειν θεὸν δὲ ἀξιοῦν ὅπως μηθὲν | * | ἐλλίπῃ | * | τῶν καθηκόντων. ἐπαινέσας δὲ καὶ τοῦτον τὸν |

Ἕλλην 17

| Prop. | 2 | 3 | οἱ θῆρες οὓς καλοῦσιν οἱ Αἰγύπτιοι μὲν νεφωθ | * | Ἕλληνες | * | δὲ κροκοδείλους. καὶ ὅσοι εἰσὶ πιστοὶ θεοῦ ἕως |
| Prop. | 10 | 1 | αὐτοῦ. Ἰωνᾶς ἦν ἐκ γῆς Καριαθμοὺς πλησίον πόλεως | * | Ἕλληνες | * | Ἀζώτου κατὰ θάλασσαν. καὶ ἐκβρασθεὶς ἐκ τοῦ |
| Aris. | 137 | 5 | οἱ ταῦτα διαπλάσαντες καὶ μυθοποιήσαντες τῶν | * | Ἑλλήνων | * | οἱ σοφώτατοι καθεστάναι. τῶν γὰρ ἄλλων |
| Sib. | 3 | 171 | καὶ Μυσῶν Λυδῶν τε γένος πολυχρύσων. αὐτὰρ ἔπειθ' | * | Ἕλληνες | * | ὑπερφίαλοι καὶ ἄναγνοι +ἄλλο+ Μακηδονίης ἔθνος |
| Sib. | 3 | 193 | βασιληΐδα ἧς βασιλεύσει Αἰγύπτου βασιλεὺς ὃς ἀφ' | * | Ἑλλήνων | * | γένος ἔσται.⟩ καὶ τότ' ἔθνος μεγάλοιο θεοῦ πάλι |
| Sib. | 3 | 202 | δῆσάν τε Κρόνον καὶ μητέρα κεδνήν. δεύτερον αὖθ' | * | Ἕλλησι | * | τυραννίδες ἠδ' ἀγέρωχοι ἔσσονται βασιλῆες |

Sib. 3 520 Ὕψιστος δεινὴν ἐπιπέμψει ἔθνεσι πληγήν. * Ἕλλησιν * δ' ὁπόταν πολὺ βάρβαρον ἔθνος ἐπέλθῃ πολλὰ μὲν
Sib. 3 536 πολέμῳ δεινῷ τε κυδοιμῷ οἴσουσιν ἐχθροῖσι χαρὰν * Ἕλλησι * δὲ πένθος. δούλειος δ' ἄρα --- ζυγὸς ἔσσεται
Sib. 3 553 ἄλλαι ἐξ οὗ δὴ βασίλευσαν ὑπερφίαλοι βασιλῆες * Ἑλλήνων * οἳ πρῶτα βροτοῖς κακὰ ἡγεμόνευσαν πολλὰ θεῶν
Sib. 3 609 νέος ἕβδομος ἄρχῃ τῆς ἰδίης γαίης ἀριθμούμενος ἐξ * Ἑλλήνων * ἀρχῆς ἧς ἄρξουσι Μακηδόνες ἄσπετοι ἄνδρες ἔλθῃ
Sib. 5 265 οὐκέτι βακχεύσει περὶ σὴν χθόνα ποὺς ἀκάθαρτος * Ἑλλήνων * ὁμόθεσμον ἐνὶ στήθεσσιν ἔχων νοῦν ἀλλὰ σε
HEup. 9 26 1 πρῶτον παρὰ δὲ Ἰουδαίων Φοίνικας παραλαβεῖν * Ἕλληνας * δὲ παρὰ Φοινίκων νόμους τε πρῶτον γράψαι Μωσῆν
HEup. 9 34 13 ἀπὸ τοῦ ἱεροῦ Ἱερουσαλὴμ ὀνομασθῆναι ὑπὸ δὲ τῶν * Ἑλλήνων * φερωνύμως Ἱεροσόλυμα λέγεσθαι. συντελέσαντα δὲ
HArt. 9 27 3 παιδίον τοῦτο δὲ Μώϋσον ὀνομάσαι ὑπὸ δὲ τῶν * Ἑλλήνων * αὐτὸν ἀνδρωθέντα Μουσαῖον προσαγορευθῆναι.
HAno. 9 17 9 Φοινίκων τούτου δὲ Χοὺμ υἱὸν γενέσθαι ὃν ὑπὸ τῶν * Ἑλλήνων * λέγεσθαι Ἄσβολον πατέρα δὲ Αἰθιόπων ἀδελφὸν δὲ
HAno. 9 17 9 Αἰθιόπων ἀδελφὸν δὲ τοῦ Μεστραεὶμ πατρὸς Αἰγυπτίων * Ἕλληνας * δὲ λέγειν τὸν Ἄτλαντα εὑρηκέναι ἀστρολογίαν
HHec. 1 22 201 καὶ τοξότης ὑπὸ δὴ πάντων ὁμολογούμενος καὶ τῶν * Ἑλλήνων * καὶ τῶν βαρβάρων ἄριστος. οὗτος οὖν ὁ ἄνθρωπος

Ἑλληνικός 2
Aris. 38 4 τὸν νόμον ὑμῶν μεθερμηνευθῆναι γράμμασιν * Ἑλληνικοῖς * ἐκ τῶν παρ' ὑμῶν λεγομένων Ἑβραϊκῶν
Aris. 121 4 ἕξιν περιεποίησαν αὐτοῖς ἀλλὰ καὶ τῆς τῶν * Ἑλληνικῶν * ἐφρόντισαν οὐ παρέργως κατασκευῆς διὸ καὶ

Ἑλληνίς 1
HArt. 9 18 1 Ἑρμιοὺθ ὃ εἶναι μεθερμηνευθὲν κατὰ τὴν * Ἑλληνίδα * φωνὴν Ἰουδαίοι καλεῖσθαι δὲ αὐτοὺς Ἑβραίους

Ἑλλήσποντος 2
Sib. 4 70 τε πολήων Ἑλλὰς ὅταν μεγάλαυχος ἐπὶ πλατὺν * Ἑλλήσποντον * πλεύσει Φρυξὶ βαρεῖαν ἰδ' Ἀσίδι κῆρα
Sib. 5 336 συρόμενον ποταμηδὸν ἐπ' ἰχθυόεντι κολύμβῳ. * Ἑλλήσποντε * τάλαν ζεύξει ποτέ σ' Ἀσσυρίων παῖς +εἰς σέ

ἐλλιπής 1
Sal. 4 17 χερσὶν αὐτοῦ εἰσέλθοι εἰς τὸν οἶκον αὐτοῦ καὶ * ἐλλιπὴς * ὁ οἶκος αὐτοῦ ἀπὸ παντὸς οὗ ἐμπλήσει ψυχὴν αὐτοῦ

ἕλος 2
Sib. 3 253 δ' ἡγητῆρα καταστήσει μέγαν ἄνδρα Μωσῆν ὃν παρ' * ἕλους * βασιλὶς εὑροῦσ' ἐκόμιζεν θρεψαμένη δ' υἱὸν
LEze. 9 28 2 17 κόσμον ἀμφιθεῖσά μοι παρ' ἄκρα ποταμοῦ λάσιον εἰς * ἕλος * δασὺ Μαριὰμ δ' ἀδελφή μου κατώπτευεν πέλας. κἄπειτα

ἐλπίζω 15
Hen. 10 10 ⟨οὐκ⟩ ἔσται τοῖς πατράσιν αὐτῶν καὶ περὶ αὐτῶν ὅτι * ἐλπίζουσιν * ζῆσαι ζωὴν αἰώνιον καὶ ὅτι ζήσεται ἕκαστος
Hen. 10B 10 καὶ πᾶσα ἐρώτησις οὐκ ἔστι τοῖς πατράσιν αὐτῶν ὅτι * ἐλπίζουσι * ζῆσαι ζωὴν αἰώνιον καὶ ὅτι ζήσεται ἕκαστος
Hen. 98 10 ὅτ⟨ι ἡτοίμασται⟩ ὑμῖν εἰς ἡμέραν ἀπωλείας. ⟨μὴ * ἐλπίζε⟩τε * σωθῆναι ἁμαρτωλοὶ ἀπ⟨ελθόντες⟩ ἀποθάνετε
Hen. 103 11 καὶ μηκέτι εἰδέναι σωτηρίαν ἡμέραν ἐξ ἡμέρας. * ἠλπίσαμεν * γενέσθαι κεφαλὴ ἐγενήθημεν κέρ⟨κος
Sal. 6 6 παντὸς ἐν φόβῳ θεοῦ. καὶ πᾶν αἴτημα ψυχῆς * ἐλπιζούσης * πρὸς αὐτὸν ἐπιτελεῖ ὁ κύριος εὐλογητὸς κύριος
Sal. 9 10 διέθου τοῖς πατράσιν ἡμῶν περὶ ἡμῶν καὶ ἡμεῖς * ἐλπιοῦμεν * ἐπὶ σὲ ἐν ἐπιστροφῇ ψυχῆς ἡμῶν. τοῦ κυρίου ἡ
Sal. 15 1 με ἐπεκαλεσάμην τὸ ὄνομα κυρίου εἰς βοήθειαν * ἤλπισα * τοῦ θεοῦ Ιακωβ καὶ ἐσώθην ὅτι ἐλπὶς καὶ καταφυγὴ
Sal. 17 3 χρόνον αὐτοῦ καὶ ἡ ἐλπὶς αὐτοῦ ἐπ' αὐτόν. ἡμεῖς δὲ * ἐλπιοῦμεν * ἐπὶ τὸν θεὸν σωτῆρα ἡμῶν ὅτι τὸ κράτος τοῦ
Sal. 17 33 ἅγιοι καὶ βασιλεὺς αὐτῶν χριστὸς κυρίου. οὐ γὰρ * ἐλπιεῖ * ἐπὶ ἵππον καὶ ἀναβάτην καὶ τόξον οὐδὲ πληθυνεῖ
Job 37 1 σου οὐκ ἐξίσταται. καὶ πάλιν εἶπεν ἐπὶ τίνος σὺ * ἐλπίζεις; * καὶ ἐγὼ εἶπον ἐπὶ τῷ θεῷ τῷ ζῶντι. καὶ πάλιν
Job 37 5 θεός. καὶ πάλιν ὑπολαβὼν εἶπεν πρός με ἐπὶ τῷ θεῷ * ἐλπίζεις; * πῶς οὖν, ἀδικῆσαι κρίνων; ἐπενεγκών σοι τὰς
Sib. 5 285 εἰς ἕνα γὰρ γενετῆρα θεὸν μόνον ἔξοχον ὄντα * ἤλπισαν * εὐσεβίην μεγάλην καὶ πίστιν ἔχοντες. ἀλλὰ τί δὴ
Sib. 5 402 ἐξ ἁγίων γεγαῶτα καὶ ἄφθιτον αἰὲν ἐόντα ἐκ ψυχῆς * ἐλπιζόμενον * καὶ σώματος +αὐτοῦ+ οὐ γὰρ ἀκηδέστως +αἰνεῖ+
FPho. 103 ἁρμονίην ἀναλυέμεν ἀνθρώποιο καὶ τάχα δ' ἐκ γαίης * ἐλπίζομεν * ἐς φάος ἐλθεῖν λείψαν' ἀποιχομένων ὀπίσω δὲ
HCal. 24 26 πρὸς τὸ θανεῖν ηὐτομόλησαν. ἐὰν δὲ καὶ κέρδος * ἐλπίσουσι * οὐκ ἄν τις ἀντιστῆναι δυνήσεται. λοιπὸν γὰρ

ἐλπίς 24
Hen. 98 12 ἀγαθὰ ἵνα φάγητε---) ---⟨ἔργα τῆ⟩ς ἀδικίας διότι * ἐλπίδας * κα⟨λὰς ἔχετε ὑμῖ⟩ν; νῦν γνωστὸν ὑμῖν ἔστω ὅτι
Hen. 98 14 τοὺς λόγους τῶν δικαίων οὐ μὴ γένηται ὑμῖν * ἐλπὶς * σωτηρίας. οὐαὶ ὑμῖν οἱ γράφοντες λόγους ψευδεῖς
TJud. 26 1 οὖν τέκνα μου πάντα νόμον κυρίου ὅτι ἐστὶν * ἐλπὶς * πᾶσι τοῖς κατευθύνουσι τὰς ὁδοὺς αὐτῶν. καὶ εἶπε
TAser 7 7 αὐτῶν. ἀλλ' ἐπισυνάξει ὑμᾶς κύριος ἐν πίστει δι' * ἐλπίδα * εὐσπλαγχνίας αὐτοῦ διὰ Ἀβραὰμ καὶ Ἰσαὰκ καὶ
TBen. 10 11 ἁγιασμῷ κατὰ πρόσωπον κυρίου πάλιν κατοικήσετε ἐπ' * ἐλπίδι * ἐν ἐμοὶ καὶ συναχθήσεται πᾶς Ἰσραὴλ πρὸς κύριον.
Asen. 12 13 αὐτούς. καὶ εἰμὶ νῦν ὀρφανὴ καὶ ἔρημος καὶ ἄλλη * ἐλπὶς * οὐκ ἔστι μοι εἰ μὴ ἐπὶ σοὶ κύριε οὐδὲ ἑτέρα
Sal. 5 11 λαοὺς σὺ τρέφεις ὁ θεὸς καὶ πτωχοῦ καὶ πένητος ἡ * ἐλπὶς * τίς ἐστιν εἰ μὴ σὺ κύριε; καὶ σὺ ἐπακούσῃ ὅτι τίς
Sal. 5 14 πολὺ μετὰ χρηστότητος καὶ πλούσιον καὶ οὐ ἐστιν ἡ * ἐλπὶς * ἐπὶ σέ οὐ φείσεται ἐν δόματι. ἐπὶ πᾶσαν τὴν γῆν τὸ
Sal. 6 ἡ δόξα κυρίου ὅτι αὐτὸς βασιλεὺς ἡμῶν. ἐν * ἐλπίδι * τῷ Σαλωμων. μακάριος ἀνὴρ οὗ ἡ καρδία αὐτοῦ
Sal. 8 31 καὶ σὺ ὁ θεὸς ἡμῶν ἀπ' ἀρχῆς καὶ ἐπὶ σὲ ἡ * ἐλπὶς * ἡμῶν κύριε καὶ ἡμεῖς οὐκ ἀφεξόμεθά σου ὅτι χρηστὰ
Sal. 15 1 εἰς βοήθειαν ἤλπισα τοῦ θεοῦ Ιακωβ καὶ ἐσώθην ὅτι * ἐλπὶς * καὶ καταφυγὴ τῶν πτωχῶν σὺ ὁ θεός. τίς γὰρ ἰσχύει
Sal. 17 2 ἀνθρώπου ἐπὶ τῆς γῆς; κατὰ τὸν χρόνον αὐτοῦ καὶ ἡ * ἐλπὶς * αὐτοῦ ἐπ' αὐτόν. ἡμεῖς δὲ ἐλπιοῦμεν ἐπὶ τὸν θεὸν
Sal. 17 33 εἰς πόλεμον καὶ πολλοῖς ⟨λαοῖς⟩ οὐ συνάξει * ἐλπίδας * εἰς ἡμέραν πολέμου. κύριος αὐτὸς βασιλεὺς αὐτοῦ
Sal. 17 34 εἰς ἡμέραν πολέμου. κύριος αὐτὸς βασιλεὺς αὐτοῦ * ἐλπὶς * τοῦ δυνατοῦ ἐλπίδι θεοῦ καὶ ἐλεήσει πάντα τὰ ἔθνη
Sal. 17 34 κύριος αὐτὸς βασιλεὺς αὐτοῦ ἐλπὶς τοῦ δυνατοῦ * ἐλπίδι * θεοῦ καὶ ἐλεήσει πάντα τὰ ἔθνη ἐνώπιον αὐτοῦ ἐν
Sal. 17 39 κύριος μετ' αὐτοῦ ἐν ἰσχύι καὶ οὐκ ἀσθενήσει. ἡ * ἐλπὶς * αὐτοῦ ἐπὶ κύριον καὶ τίς δύναται πρὸς αὐτόν;
Sal. 18 2 ἐξ αὐτῶν τὰ ὦτά σου ἐπακούει εἰς δέησιν πτωχοῦ ἐν * ἐλπίδι. * τὰ κρίματά σου ἐπὶ πᾶσαν τὴν γῆν μετὰ ἐλέους καὶ
Prop. 3 13 τοῦτο ἔλεγεν αὐτοῖς ὅτι διαπεφωνήκαμεν ἀπώλετο ἡ * ἐλπὶς * ἡμῶν καὶ ἐν τέρατι τῶν ὀστέων τῶν νεκρῶν αὐτοὺς
Prop. 3 13 τῶν ὀστέων τῶν νεκρῶν αὐτοὺς ἔπεισεν ὅτι ἔσται * ἐλπὶς * τῷ Ἰσραὴλ καὶ ὧδε καὶ ἐπὶ τοῦ μέλλοντος. οὗτος
Job 24 1 πόλεως λογιζόμενος ἔτι μικρὸν καὶ ἐκδεχόμενος τὴν * ἐλπίδα * τῆς σωτηρίας σου; καὶ ἐγὼ πλανῆτις καὶ λάτρις
Aris. 18 1 καθὼς ἠξίουν ἐπιτελέσαι μεγάλην γὰρ εἶχον * ἐλπίδα * περὶ σωτηρίας ἀνθρώπων προτιθέμενος λόγον ὅτι τὴν
Aris. 261 3 ψυχῆς εὐστάθειά σοι γίνεται μέγιστε βασιλεῦ καὶ * ἐλπίδες * ἐπὶ θεῷ καλαὶ κρατοῦντί σοι τῆς ἀρχῆς εὐσεβῶς.
Sib. 4 94 ἰδεῖν μικρὴ δὲ μάχεσθαι στήσεται ἀχρήστοισιν ἐπ' * ἐλπίσι * τειχισθεῖσα. Βάκτρα κατοικήσουσι Μακηδόνες οἳ δ'
HCal. 24 15 Ἀλέξανδρον καὶ σῴζεσθαι χρεὼν οὐ γὰρ ἐστιν ἡμῖν * ἐλπὶς * σωτηρίας. ἔξω γὰρ φύσεως ἀνθρώπων ὁ Μακεδόνων

Ἐλυμαῖος 1
TNep. 5 8 ἅγια ὤφθη ἡμῖν λέγουσα Ἀσσύριοι Μῆδοι Πέρσαι * Ἐλυμαῖοι * Γελαχαῖοι Χαλδαῖοι Σύροι κληρονομήσουσιν ἐν

ἔλυμος 1
HArt. 9 27 37 διατρῖψαι βρέχοντος αὐτοῖς τοῦ θεοῦ κρίμνον ὅμοιον * ἐλύμῳ * χιόνι παραπλήσιον τὴν χρόαν. γεγονέναι δὲ τὸν

ἔλυτρον 1
HThe. 9 34 19 τῆς θυγατρὸς ζῷον ὁλοσώματον κατασκευάσαι καὶ * ἔλυτρον * τῷ ἀνδριάντι τὸν χρυσοῦν κίονα περιθεῖναι.

ελω * 1
FrAn. 574 3021 τῶν Ἑβραίων Ἰησοῦ ιαβα ιαη ἀβρααθ Αια θωθ ελε * ελω * αηω εου ιιιβαεχ αβαρμας ϊαβαραου αβελβελ λωνα αβρα

ἕλωρ 3
Sib. 3 413 +διδοὺς+ αὐτόχθονος ἐγγενὲς αἷμα. ἀλλὰ μεταῦτις * ἕλωρ * ἔσῃ ἀνθρώποισιν ἐρασταῖς. Ἴλιον οἰκτείρω σε κατὰ
Sib. 3 447 πόντῳ δ' ἕξεις κράτος ἔξοχον ἄλλων. ἀλλὰ μεταῦτις * ἕλωρ * ἔσῃ ἀνθρώποισιν ἐρασταῖς κάλλεσιν ἠδ' ὄλβῳ δεινὸν
FPho. 185 ἔνδοθι γαστρὸς μηδὲ τεκοῦσα κυσὶν ῥίψῃ καὶ γυψὶν * ἕλωρα. * μηδ' ἐπὶ σῇ ἀλόχῳ ἐγκύμονι χεῖρα βάλῃαι. μηδ'

ἐμαυτοῦ 14
Adam 20 5 σύκου μόνου. λαβοῦσα δὲ φύλλα ἀπ' αὐτοῦ ἐποίησα * ἐμαυτῇ * περιζώματα καὶ ἔστι παρὰ τὸ φυτὸν ἐξ οὗ ἔφαγον.
Abr.Z 7 5 ἀπεκρίθη Ἰσαὰκ τῷ πατρὶ αὐτοῦ εἶδον κατ' ὄναρ * ἐμαυτὸν * ὡς τὸν ἥλιον καὶ τὴν σελήνην καὶ στέφανος ἐπὶ
TLevi 18 2B062 ζωῆς μου ἐν ἔτει ὀγδόῳ καὶ εἰκοστῷ ἔλαβον γυναῖκα * ἐμαυτῷ * ἐκ τῆς συγγενείας Ἀβραὰμ τοῦ πατρός μου Μελχὰ
TJud. 19 4 καὶ ὡς σὰρξ ἐν ἁμαρτίαις φθαρεὶς καὶ ἐπέγνων τὴν * ἐμαυτοῦ * ἀσθένειαν νομίζων ἀκαταμάχητος εἶναι. ἐπίγνωτε
TIss. 3 5 ἁπλότητι ὀφθαλμῶν. διὰ τοῦτο τριάκοντα ἐτῶν ἔλαβον * ἐμαυτῷ * γυναῖκα ὅτι ὁ κάματος κατήσθιε τὴν ἰσχύν μου καὶ
TJos. 3 9 ἕως θανάτου καὶ ἐξελθούσης αὐτῆς ἦλθον εἰς * ἐμαυτὸν * καὶ ἐπένθησα περὶ αὐτῆς ἡμέρας πολλὰς ὅτι ἔγνων
TJos. 7 3 λέγει μοι ἄγχομαι ἢ εἰς φρέαρ ἢ εἰς κρημνὸν ῥίπτω * ἐμαυτήν * ἐὰν μή μοι συμπεισθῇς. καὶ νοήσας ὅτι τὸ πνεῦμα
TJos. 10 6 +ᾔδειν γὰρ ὅτι τὰ πάντα παρελεύσεται+ καὶ ἐμέτρουν * ἐμαυτὸν * καὶ ἐτίμων τοὺς ἀδελφούς μου καὶ διὰ τὸν φόβον
TJos. 15 3 ἐν σάκκῳ. καὶ πάλιν ἤθελον δακρῦσαι καὶ ἐπέσχον * ἐμαυτὸν * ἵνα μὴ αἰσχύνω τοὺς ἀδελφούς μου. καὶ εἶπα ἐγὼ
TJos. 17 8 γῆ αὐτῶν ἡ βουλὴ αὐτῶν βουλή μου. καὶ οὐχ ὕψωσα * ἐμαυτὸν * ἐν αὐτοῖς ἐν ἀλαζονείᾳ διὰ τὴν κοσμικὴν δόξαν
Asen. 23 3 πολεμιστῶν. καὶ ἰδοὺ ἐγὼ σήμερον λήψομαι ὑμᾶς * ἐμαυτῷ * εἰς ἑταίρους καὶ δώσω ὑμῖν χρυσίον καὶ ἀργύριον
Asen. 24 14 ὑμῶν. καὶ ὑμεῖς ἀποκτείνατε τὸν Ἰωσὴφ καὶ λήψομαι * ἐμαυτῷ * τὴν Ἀσενὲθ εἰς γυναῖκα καὶ ὑμεῖς ἔσεσθέ μοι
FJub. 2 20 κεφάλαια ἀπὸ Ἀδὰμ ἄχρι τοῦ Ἰακὼβ καὶ ἐκλέξομαι * ἐμαυτῷ * ἐκ τοῦ σπέρματος αὐτοῦ λαὸν περιούσιον ἀπὸ πάντων
FAch. 107 τί φῄς; ὁ δὲ ἐπιταγὴν βασιλέως μὴ ποιήσας ἐπ' * ἐμαυτὸν * θησαυρίζω κακά. ὁ δὲ βασιλεὺς εἶπεν τί σεαυτῷ

ἐμβαίνω 4
TJud. 9 6 τέσσαρες τοὺς δυνατοὺς ἐξ αὐτῶν. καὶ τῇ ἑξῆς * ἐμβάντες * Ῥουβὴμ καὶ Γὰδ ἀνεῖλον ἑτέρους ἑξήκοντα. τότε
TNep. 6 3 πλοῖον πλοῖον Ἰακώβ. καὶ λέγει ἡμῖν ὁ πατὴρ ἡμῶν * ἐμβῶμεν * εἰς τὸ πλοῖον ἡμῶν. ὡς δὲ εἰσήλθομεν γίνεται
Sedr. 14 6 τοῦ νόμου ποιοῦσιν ὅτι ⟨εἴ⟩ εἰσιν ἀβάπτιστοι καὶ * ἐνέβη * τὸ θεῖόν μου πνεῦμα εἰς αὐτοὺς καὶ ἐπιστρέφονται
Sedr. 15 6 Σεδρὰχ κύριέ μου καὶ εἶπας ὅτι τὸ θεῖόν μου πνεῦμα * ἐνέβη * εἰς τὰ ἔθνη τὰ μὴ νόμον ἔχοντα ⟨καὶ τὰ⟩ τοῦ νόμου

ἐμβάλλω 18
Hen. 10B 4 τὸν Ἀζαὴλ χερσὶ καὶ ποσὶ συμπόδισον αὐτὸν καὶ * ἔμβαλε * αὐτὸν εἰς τὸ σκότος καὶ ἄνοιξον τὴν ἔρημον τὴν
Hen. 98 3 τ⟨ὰ πνεύματα ὑμῶν εἰς τὴν κάμινον τοῦ πυρὸς * ἐμβληθήσεται.⟩ * ---ἐπὶ τὴν ⟨γῆν οὐκ ἀπεστάλη ἀλλ' αὐτὴν
TJud. 14 1 ὁ οἶνος διαστρέφει τὸν νοῦν ἀπὸ τῆς ἀληθείας καὶ * ἐμβάλλει * ὀργὴν ἐπιθυμίας καὶ ὁδηγεῖ εἰς πλάνην τοὺς
TJud. 14 8 ὅτε ἔχει αἰδῶ πίνῃ ἐὰν δὲ παρέλθῃ τὸν ὅρον τοῦτον * ἐμβάλλει * εἰς τὸν νοῦν τὸ πνεῦμα τῆς πλάνης καὶ ποιεῖ τὸν
TJud. 25 3 μία καὶ οὐκ ἔσται ἔτι πνεῦμα πλάνης τοῦ Βελιὰρ ὅτι * ἐμβληθήσεται * ἐν τῷ πυρὶ εἰς τὸν αἰῶνα καὶ ἐπέκεινα. καὶ

TDan 1 9 τὸν Ἰωσήφ. ἀλλ' ὁ θεὸς Ἰακὼβ τοῦ πατρὸς ἡμῶν οὐκ * ἐνέβαλεν * αὐτὸν εἰς τὰς χεῖράς μου ἵνα εὕρω αὐτὸν μόνον
TJos. 8 4 μου γυμνὸς ἔφυγον. κἀκείνη ἐσυκοφάντησέ με καὶ * ἐνέβαλέ * με εἰς φυλακὴν ἐν οἴκῳ αὐτοῦ ὁ Αἰγύπτιος καὶ τῇ
Asen. 4 10 μετὰ τῆς κυρίας αὐτοῦ καὶ ὁ κύριος αὐτοῦ * ἐνέβαλεν * αὐτὸν εἰς τὴν φυλακὴν τοῦ σκότους καὶ Φαραὼ
Asen. 11 2 τῆς βλεπούσης κατὰ ἀνατολάς. καὶ τὴν κεφαλὴν αὐτῆς * ἐνέβαλεν * εἰς τὸν κόλπον αὐτῆς πλέξασα τοὺς δακτύλους
Asen. 12 11 με καὶ βάλῃ με εἰς τὴν φλόγα τοῦ πυρὸς καὶ τὸ πῦρ * ἐμβάλει * με εἰς τὴν καταιγίδα καὶ ἡ καταιγὶς
Asen. 16 15 μέρος μικρὸν καὶ ἔφαγεν αὐτὸς καὶ τὸ κατάλοιπον * ἐνέβαλε * τῇ χειρὶ αὐτοῦ εἰς τὸ στόμα Ἀσενὲθ καὶ εἶπεν
Prop. 2 6 ἐκ τοῦ ποταμοῦ ὡσαύτως τοὺς κροκοδείλους καὶ οὕτως * ἐνέβαλε * τοὺς ὄφεις τοὺς λεγομένους ἀργόλας ὅ ἐστιν
Sedr. 11 15 καὶ πόδες ἕως ἄρτι σῴζω σε. ὦ ψυχή τί γάρ σε * ἐνέβαλεν * εἰς τὸ ταπεινὸν καὶ ταλαίπωρον σῶμα; καὶ ἄρτι
Job 18 7 κληρονομεῖν μέρος τῆς δόξης αὐτῆς, καὶ ὡς φορτίον * ἐμβαλλόμενος * ἐν θαλασσίῳ πλοίῳ καὶ μεσοπελαγίσας ἰδὼν
Aris. 117 2 πολλὴν ἀρδεύει τῆς γῆς ὃς εἰς ἕτερον ποταμὸν * ἐμβάλλει * τὸ ῥεῦμα κατὰ τὴν Πτολεμαιέων χώραν οὗτος δὲ
HDem. 9 29 15 ἐκεῖ γλυκὺ ἀλλὰ πικρὸν τοῦ θεοῦ εἰπόντος ξύλον τι * ἐμβαλεῖν * εἰς τὴν πηγὴν καὶ γενέσθαι γλυκὺ τὸ ὕδωρ.
LThe. 9 22 9 παισὶν Ἀβραάμ. τὸν δὲ θεὸν αὐτοῖς τοῦτον τὸν νοῦν * ἐμβαλεῖν * διὰ τὸ τοὺς ἐν Σικίμοις ἀσεβεῖς εἶναι. βλάπτε
LEze. 9 29 12 04 ὑδάτων συστήματα βατράχων τε πλῆθος καὶ σκνίπας * ἐμβαλῶ * χθονί. ἔπειτα τέφραν οἷς καμιναίαν πάσω
ἐμβάπτω 1
TZab. 4 9 τῷ πατρὶ ἡμῶν Ἰακώβ. θύσωμεν χίμαρον αἰγῶν καὶ * ἐμβάψωμεν * τὸν χιτῶνα Ἰωσὴφ καὶ ἐροῦμεν ἐπίγνωθι εἰ
ἔμβασις 1
Abr.1 19 11 τοῦ κοχλάζοντος ἔδειξά σοι διότι πολλοὶ ὑπὸ * ἐμβάσεως * ὑδάτων πολλῶν ἁρπαζόμενοι καὶ ὑπὸ μεγίστων
ἐμβιοτεύω 1
Sib. 5 503 οἴσει λαὸς θεότευκτος κείνοισιν δώσει θεὸς ἄφθιτος * ⟨ἐμ⟩βιοτεύειν. * ἀλλ' ὅταν ἐκπρολιπόντες ἀναιδέα φῦλα
ἐμβλέπω 3
TJud. 17 1 οὖν ὑμῖν τέκνα μου μὴ ἀγαπᾶν ἀργύριον μηδὲ * ἐμβλέπειν * εἰς κάλλος γυναικῶν ὅτι καίγε δι' ἀργύριον καὶ
TZab. 8 5 εἰς ἡμᾶς ἐμὲ δὲ ἰδὼν ἐσπλαγχνίσθη. εἰς ὃν * ἐμβλέποντες * καὶ ὑμεῖς ἀμνησίκακοι γίνεσθε τέκνα μου καὶ
Asen. 4 9 τοῦ προσώπου αὐτῆς καὶ ἐθυμώθη ἐν ὀργῇ μεγάλῃ καὶ * ἐνέβλεψε * τῷ πατρὶ αὐτῆς πλαγίως τοῖς ὀφθαλμοῖς αὐτῆς καὶ
ἐμβρίμησις 1
Hen. 101 7 αὐτ⟨ὴν καὶ περι⟩έφραξεν αὐτὴν ἄμμῳ; ⟨καὶ ἀπὸ τῆς⟩ * ἐμβριμήσεως * αὐτοῦ ⟨φοβοῦνται καὶ ξη⟩ραίνονται καὶ οἱ
ἔμβρυος (βρύω) 1
FPho. 184 ἐπὶ δέμνια βαίνειν. μηδὲ γυνὴ φθείρῃ βρέφος * ἔμβρυον * ἔνδοθι γαστρὸς μηδὲ τεκοῦσα κυσὶν ῥίψῃ καὶ
Ἐμζαρά 1
FJub. 4 33 ὄντος τοῦ Κάϊν ὃς καὶ ἀνῃρέθη ἀκουσίως. γυνὴ Νῶε * Ἐμζαρα * θυγάτηρ Βαραχιὴλ πατραδέλφου αὐτοῦ. εἰσῆλθεν
Ἐμμανουήλ 1
Bar. 4 15 τὸ γένος τῶν ἀνθρώπων πάλιν διὰ Ἰησοῦ Χριστοῦ τοῦ * Ἐμμανουὴλ * ἐν αὐτῷ μέλλουσιν τὴν ἀνάκλησιν προσλαβεῖν
ἐμμελής 1
Aris. 286 5 χρήσιμα τῇ βασιλείᾳ καὶ τοῖς τῶν ἀρχομένων βίοις * ἐμμελέστερον * ἢ μουσικώτερον οὐκ ἂν εὕροις τι τούτων
ἐμμένω 4
Hen. 5 4 αὐτῶν τὰ ἔργα ἀπὸ τῶν λόγων αὐτοῦ. ὑμεῖς δὲ οὐκ * ἐνεμείνατε * οὐδὲ ἐποιήσατε κατὰ τὰς ἐντολὰς αὐτοῦ ἀλλὰ
Sib. 5 524 εἰσεδύοντο κατὰ ζωστῆρα Λέοντος Καρκίνος οὐκ * ἐνέμεινεν * ἔδεισε γὰρ Ὠρίωνα Σκορπίος +οὐρὰν ἐπῆλθε+ διὰ
HAri. 9 25 3 Ἰωβὰβ ὀνομάζεσθαι. πειράζοντα δ' αὐτὸν τὸν θεὸν * ἐμμεῖναι * μεγάλαις δὲ περιβαλεῖν αὐτὸν ἀτυχίαις. πρῶτον
HAri. 9 25 4 παρακαλούμενον δὲ φάναι καὶ χωρὶς παρακλήσεως * ἐμμενεῖν * αὐτὸν ἔν τε τῇ εὐσεβείᾳ καὶ τοῖς δεινοῖς. τὸν
ἔμμετρος 1
Sib. 3 421 ἐν ὀπῇσιν ἐῇσιν νοῦν δὲ πολὺν καὶ ἔπος διανοίαις * ἔμμετρον * ἕξει οὐνόμασιν δυσὶ μισγόμενον Χῖον δὲ καλέσσει
Ἐμμώρ 16
TLevi 2 2 τὴν ἐκδίκησιν τῆς ἀδελφῆς ἡμῶν Δίνας ἀπὸ τοῦ * Ἐμμώρ. * ὡς δὲ ἐποιμαίνομεν ἐν Ἀβελμαοὺλ πνεῦμα συνέσεως
TLevi 5 4 με. καὶ συνετέλεσα τῷ καιρῷ ἐκείνῳ τοὺς υἱοὺς * Ἐμμὼρ * καθὼς γέγραπται ἐν ταῖς πλαξὶ τῶν οὐρανῶν. εἶπον
TLevi 6 3 μου καὶ Ῥουβὴμ τῷ ἀδελφῷ μου ἵνα εἴπῃ τοῖς υἱοῖς * Ἐμμὼρ * τοῦ περιτμηθῆναι αὐτοὺς ὅτι ἐζήλωσα διὰ τὸ
TLevi 6 4 κἀγὼ ἀνεῖλον τὸν Συχὲμ ἐν πρώτοις καὶ Συμεὼν τὸν * Ἐμμώρ. * καὶ μετὰ ταῦτα ἐλθόντες οἱ ἀδελφοὶ ἐπάταξαν τὴν
Asen. 23 14 διὰ τὴν ἀδελφὴν ἡμῶν Δίναν ἣν ἐμίανε Συχὲμ ὁ υἱὸς * Ἐμμώρ. * καὶ εἶδεν ὁ υἱὸς Φαραὼ τὰς ῥομφαίας αὐτῶν
HDem. 9 21 9 ἐτῶν ἓξ μηνῶν τεσσάρων. παροικῆσαι δὲ Ἰσραὴλ παρὰ * Ἐμμὼρ * ἔτη δέκα καὶ φθαρῆναι τὴν Ἰσραὴλ θυγατέρα Δεῖναν
HDem. 9 21 9 φθαρῆναι τὴν Ἰσραὴλ θυγατέρα Δεῖναν ὑπὸ Συχὲμ τοῦ * Ἐμμὼρ * υἱοῦ ἐτῶν οὖσαν δεκαὲξ μηνῶν τεσσάρων.
HDem. 9 21 9 Λευὶν δὲ ἐτῶν εἴκοσι μηνῶν ἓξ ἀποκτεῖναι τόν τε * Ἐμμὼρ * καὶ Συχὲμ τὸν υἱὸν αὐτοῦ καὶ πάντας τοὺς ἄρσενας
LThe. 9 22 2 εὑρεῖαν Σικίμων ἐπὶ δ' ἀνδράσι τοῖσιν ἔτησιν ἀρχὸς * Ἐμὼρ * σὺν παιδὶ Συχὲμ μάλ' ἀτειρέε φῶτε. Ἰακὼβ Συρίην
LThe. 9 22 4 τοῦ Εὐφράτου τὸν Ἰακὼβ ἐλθεῖν εἰς τὰ Σίκιμα πρὸς * Ἐμμὼρ * τὸν δὲ ὑποδέξασθαι αὐτὸν καὶ μέρος τι τῆς χώρας
LThe. 9 22 4 βουλομένην θεάσασθαι τὴν πόλιν Συχὲμ δὲ τὸν τοῦ * Ἐμμὼρ * υἱὸν ἰδόντα ἐρασθῆναι αὐτῆς καὶ ἁρπάσαντα ὡς
LThe. 9 22 5 τὰ Σίκιμα περιτεμνομένους Ἰουδαΐσαι τὸν δὲ * Ἐμμὼρ * φάναι πείσειν αὐτούς. οὐ γὰρ δὴ θεμιτόν γε τόδ'
LThe. 9 22 8 αὐτὸς ἔειπε. πορευθέντος οὖν εἰς τὴν πόλιν τοῦ * Ἐμμὼρ * καὶ τοὺς ὑποτασσομένους παρακαλοῦντος
LThe. 9 22 8 τῶν Ἰακὼβ υἱῶν τὸ ὄνομα Συμεῶνα διαγνῶναι τόν τε * Ἐμμὼρ * καὶ τὸν Συχὲμ ἀνελεῖν τὴν ὕβριν τῆς ἀδελφῆς μὴ
LThe. 9 22 10 μὲν τοὺς ἐντυγχάνοντας ἀναιρεῖν ἔπειτα δὲ καὶ τὸν * Ἐμμὼρ * καὶ τὸν Συχὲμ φονεῦσαι. ὡς τότε δὴ Συμεὼν μὲν
LThe. 9 22 11 καὶ τὸν Συχὲμ φονεῦσαι. ὡς τότε δὴ Συμεὼν μὲν * Ἐμὼρ * ὤρουσεν ἐπ' αὐτὸν πλῆξέ τέ οἱ κεφαλὴν δειρὴν δ'
ἐμός 69 ἐμοῦ ἐμά ἐμόν ἐμῇ ἐμῷ ἐμός ἐμούς ἐμῆς ἐμήν ἐμή ἐμοί ἐμῶν ἐμοῖς ἐμάς ἐμοῖσιν εμην οὑμός
ἐμπαθής 1
TBen. 6 2 τῆς εἰρήνης ὁδηγεῖ τὴν ψυχὴν αὐτοῦ. οὐχ ὁρᾷ * ἐμπαθῶς * τοῖς φθαρτοῖς οὐδὲ συνάγει πλοῦτον εἰς
ἐμπαιγμός 2
Sal. 2 11 δίκαια ὁ θεός. ἔστησαν τοὺς υἱοὺς Ιερουσαλημ εἰς * ἐμπαιγμὸν * ἀντὶ πορνῶν ἐν αὐτῇ πᾶς ὁ παραπορευόμενος
Sal. 17 12 αὐτὰ ἕως ἐπὶ δυσμῶν καὶ τοὺς ἄρχοντας τῆς γῆς εἰς * ἐμπαιγμὸν * καὶ οὐκ ἐφείσατο. ἐν ἀλλοτριότητι ὁ ἐχθρὸς
ἐμπαίζω 2
Sal. 2 12 παραπορευόμενος εἰσεπορεύετο κατέναντι τοῦ ἡλίου. * ἐνέπαιζον * ταῖς ἀνομίαις αὐτῶν καθὰ ἐποίουν αὐτοὶ
Sal. 2 23 χεῖρά σου ἐπὶ Ιερουσαλημ ἐν ἐπαγωγῇ ἐθνῶν ὅτι * ἐνέπαιξαν * καὶ οὐκ ἐφείσαντο ἐν ὀργῇ καὶ θυμῷ μετὰ
ἔμπαλιν 5
Sib. 3 351 ὑπεδέξατο Ῥώμη χρήματα κεν τρὶς τόσσα δεδέξεται * ἔμπαλιν * Ἀσὶς ἐκ Ῥώμης ὀλοὴν δ' ἀποτίσεται ὕβριν ἐς
Sib. 4 181 ἄσπετον ὥσπερ ἀνῆψεν ὀστέα καὶ σποδιὴν αὐτὸς θεὸς * ἔμπαλιν * ἀνδρῶν μορφώσει στήσει δὲ βροτοὺς πάλιν ὡς πάρος
Sib. 4 184 δὴ κρίσις ἔσσετ' ἐφ' ᾗ δικάσει θεὸς αὐτὸς κρίνων * ἔμπαλι * κόσμον ὅσοι δ' ὑπὸ δυσσεβίῃσιν ἥμαρτον τοὺς δ'
Sib. 5 477 οἰμώξει δειλὴ γενεὴ κατὰ τέρμα ἠελίου δύνοντος ἵν' * ἔμπαλι * μηκέτ' ἀνέλθῃ ὠκεανοῦ μείνας ἵν' ἐφ' ὕδασι
FPho. 176 μή πως νώνυμνος ὄλῃαι δός τι φύσει καὐτὸς τέκε δ' * ἔμπαλιν * ὡς ἐλοχεύθης. μὴ προαγωγεύσῃς ἄλοχον σέο τέκνα
ἔμπας 1
LThe. 9 22 3 ἀνέρι πέμπε Λεῖαν ἤ οἱ ἔην προγενεστέρη. οὐδέ μιν * ἔμπης * ἔλλαθεν ἀλλ' ἐνόησε κακορραφίην καὶ ἔδεκτο παῖδ'
ἐμπειρία 2
Aris. 39 2 ἐπιλεξάμενος ἄνδρας καλῶς βεβιωκότας πρεσβυτέρους * ἐμπειρίαν * ἔχοντας τοῦ νόμου καὶ δυνατοὺς ἑρμηνεῦσαι ἀφ'
Aris. 70 6 ποδῶν πάντα ἐνεργῶς πεποιημένα καὶ προσηγμένα τῆς * ἐμπειρίας * καὶ τέχνης τὰς ὑπεροχὰς ἀπαραλλάκτως ἔχοντα
ἔμπειρος 4
Sal. 15 9 ποιοῦντες ἀνομίαν τὸ κρίμα κυρίου ὡς ὑπὸ πολεμίων * ἐμπείρων * καταλημφθήσονται τὸ γὰρ σημεῖον τῆς ἀπωλείας
Aris. 32 4 καλῶς βεβιωκότας καὶ πρεσβυτέρους ὄντας ἄνδρας * ἐμπείρους * τῶν κατὰ τὸν νόμον τὸν ἑαυτῶν ἀφ' ἑκάστης
HArt. 9 27 35 τριταίους ἐλθεῖν Θάλασσαν. Μεμφίτας μὲν οὖν λέγειν * ἔμπειρον * ὄντα τὸν Μώϋσον τῆς χώρας τὴν ἄμπωτιν τηρήσαντα
HHec. 1 22 187 λέγειν δυνατὸς καὶ τῶν πραγμάτων εἴπερ τις ἄλλος * ἔμπειρος * καίτοι οἱ πάντες ἱερεῖς τῶν Ἰουδαίων οἱ τὴν
ἐμπίμπλημι 7
TBen. 6 3 οὐ τέρπεται ἡδονῇ οὐ λυπεῖ τὸν πλησίον οὐκ * ἐμπίπλαται * τρυφῆς οὐ πλανᾶται μετεωρισμοῖς ὀφθαλμῶν
Sal. 4 13 ἕτερον ὀλεθρεῦσαι ἐν λόγοις ἀναπτερώσεως. οὐκ * ἐμπίπλαται * ἡ ψυχὴ αὐτοῦ ὡς ᾅδης ἐν πᾶσι τούτοις. γένοιτο
Sal. 4 17 αὐτοῦ καὶ ἐλλιπὴς ὁ οἶκος αὐτοῦ ἀπὸ παντὸς οὗ * ἐμπλήσει * ψυχὴν αὐτοῦ ἐν μονώσει ἀτεκνίας τὸ γῆρας αὐτοῦ
Jer. 9 18 εἰς τὸν κόσμον ἐπὶ τὸ ὄρος τῶν ἐλαιῶν καὶ * ἐμπλήσει * τὰς πεινώσας ψυχάς. ταῦτα λέγοντος τοῦ
Job 13 5 μοι λέγοντες τίς ἂν δῴη ἡμῖν ἐκ τῶν σαρκῶν αὐτοῦ * ἐμπλησθῆναι; * λίαν μου χρηστοῦ ὄντος. εἶχον δὲ ἓξ ψαλμοὺς
Sib. 3 826 ἐπιπλώσας ὑδάτεσσιν σὺν θηρσὶν πτηνοῖσί θ' ἵν' * ἐμπλησθῇ * πάλι κόσμος τοῦ μὲν ἐγὼ νύμφη καὶ ἀφ' αἵματος
LPhi. 9 37 1 δέρκηθρον συναοιδὰ μεγιστούχοιο λοετροῖς ῥεύματος * ἐμπίπλησι * βαθὺν ῥόον ἐξανιείσης. ῥεῦμα γὰρ ὑψιφάεννον ἐν
ἐμπίμπρημι 5
TJud. 5 5 στόματι μαχαίρας καὶ τοὺς ἐν τῷ πύργῳ καταφυγόντας * ἐμπρήσαντες * τὸν πύργον σὺν αὐτοῖς ἐλάβομεν. καὶ ἐν τῷ
TJud. 5 7 ἕως Θαφφοὺ κἀκείνους ἀπεκτείναμεν καὶ τὴν πόλιν * ἐνεπρήσαμεν * πάντα τὰ ἐν αὐτῇ σκυλεύσαντες. καὶ ὡς ἤμην
Sal. 12 3 λαῷ πῦρ ἀνάπτον καλλονὴν αὐτοῦ. ἡ παροικία αὐτοῦ * ἐμπρῆσαι * οἴκους ἐν γλώσσῃ ψευδεῖ ἐκκόψαι δένδρα
Prop. 11 3 ἐκ τῆς ἐρήμου ἐπελθὸν τὸ ὑψηλότερον αὐτῆς μέρος * ἐνέπρησεν. * ἀπέθανε δὲ ἐν εἰρήνῃ καὶ ἐτάφη ἐν τῇ γῇ
Sib. 5 369 ἐξολέσει πολλοὺς μεγάλους τε τυράννους πάντας τ' * ἐμπρήσει * ὡς οὐδέποτ' ἄλλος ἐποίει τοὺς δ' αὖ πεπτηῶτας
ἐμπίπτω 11
Hen. 15 11 τῶν γιγάντων νεφέλας ἀδικοῦντα ἀφανίζοντα καὶ * ἐνπίπτοντα * καὶ συνπαλαίοντα καὶ συνρίπτοντα ἐπὶ τῆς γῆς
Hen. 15B 11 τῶν γιγάντων νεμόμενα ἀδικοῦντα ἀφανίζοντα * ἐμπίπτοντα * καὶ συμπαλαίοντα καὶ ῥιπτοῦντα ἐπὶ τῆς γῆς
TRub. 3 11 εἶδον ἐγὼ Βάλλαν λουομένην ἐν σκεπεινῷ τόπῳ οὐκ * ἐνέπιπτον * εἰς τὴν ἀνομίαν τὴν μεγάλην. συλλαβοῦσα γὰρ ἡ
TJud. 19 1 ὀνομάζουσι καὶ ποιεῖ τὸν ἔχοντα αὐτὴν εἰς ἔκστασιν * ἐμπεσεῖν. * διὰ ἀργύριον ἐγὼ ἀπώλεσα τὰ τέκνα μου καὶ εἰ
TDan 5 2 φθέγγεσθε ἕκαστος πρὸς τὸν πλησίον αὐτοῦ καὶ οὐ μὴ * ἐμπέσητε * εἰς ἡδονὴν καὶ ταραχὰς ἀλλ' ἔσεσθε ἐν εἰρήνῃ
TDan 6 5 ὁ ἄγγελος τῆς εἰρήνης ἐνισχύσει τὸν Ἰσραὴλ μὴ * ἐμπεσεῖν * αὐτὸν εἰς τέλος κακῶν. ἔσται δὲ ἐν καιρῷ

```
Asen.    24   19      ⟨ἡμῶν⟩ ἀπὸ μακρόθεν. καὶ ἐλεύσεται Ἀσενὲθ καὶ  ✗ ἐμπεσεῖται ✗ εἰς τὰς χεῖρας ἡμῶν. καὶ ἡμεῖς κατακόψωμεν
Asen.    24   19      Ἀσενὲθ ἔμπροσθεν μετὰ τοῦ ὀχήματος αὐτῆς καὶ  ✗ ἐμπεσεῖται ✗ εἰς τὰς χεῖράς σου καὶ ποιήσεις αὐτῇ καθὰ
Aris.   161    3      καὶ τὸν μηρυκισμόν. οὐ γὰρ εἰκῆ καὶ κατὰ τὸ  ✗ ἐμπεσὸν ✗ εἰς ψυχὴν νενομοθέτηται πρὸς δ' ἀλήθειαν καὶ
FJub.     4   31      αὐτοῦ. τῷ αὐτῷ Σ λ' ἔτει καὶ Κάϊν ἀπέθανεν  ✗ ἐμπεσόντος ✗ ἐπ' αὐτὸν τοῦ οἴκου. λίθοις γὰρ καὶ αὐτὸ τὸν
FPho.   197           φρονέηι φίλα γήραος ἄχρις καὶ πόσις ᾗι ἀλόχωι μηδ'  ✗ ἐμπέσηι ✗ ἄνδιχα νεῖκος; μὴ δέ τις ἀμνήστευτα βίηι
  ἐμπλήσκομαι ✗                                                                  1
Job      24    6      ὅτι οὐκ ἀρκετὸν εἶναί σε ἐν πόνοις, ἀλλὰ καὶ μὴ  ✗ ἐμπλήσκεσθαί ✗ σε τοῦ ἄρτου ὥστε τολμῆσαί με ἀναισχύντως
  ἐμπλήσσω
TRub.     1    7      κοίτην τοῦ πατρός μου Ἰακώβ. λέγω γὰρ ὑμῖν ὅτι  ✗ ἐνέπληξέ ✗ με πληγὴν μεγάλην ἐν ταῖς λαγῶσί μου ἐπὶ μῆνας
  ἐμπλόκιον                                                                      1
Asen.    10   14      καὶ περιεζώσατο περὶ τὴν ὀσφὺν αὐτῆς. καὶ ἔλυσε τὸ  ✗ ἐμπλόκιον ✗ τοῦ τριχώματος τῆς κεφαλῆς αὐτῆς καὶ κατέπασε
  ἐμπνέω                                                                         2
Prop.     7    2      αὐτοῦ ἐν ῥοπάλῳ πλήξας αὐτοῦ τὸν κρόταφον καὶ ἔτι  ✗ ἐμπνέων ✗ ἦλθεν εἰς τὴν γῆν αὐτοῦ καὶ μεθ' ἡμέρας ἀπέθανε
Job      41    5      ὑμῖν τὴν μερίδα αὐτοῦ οὐχ ὑπάρχουσαν. τότε Ἐλιους  ✗ ἐμπνευσθεὶς ✗ ἐν τῷ Σατανᾷ ἐξεῖπέν μοι λόγους θρασεῖς,
  ἐμποδίζω                                                                       3
TJud.    18    5      αὐτοῦ καὶ καταδαπανᾷ σάρκας αὐτοῦ καὶ θυσίας θεοῦ  ✗ ἐμποδίζει ✗ καὶ εὐλογίας οὐ μέμνηται καὶ προφήτῃ λαλοῦντι
Prop.    17    2      παραβήσεται καὶ σπεύδοντα ἐλθεῖν ἀγγεῖλαι αὐτῷ  ✗ ἐνεπόδισεν ✗ ὁ Βελίαρ ὅτι κατὰ τὴν ὁδὸν εὗρε νεκρὸν
Prop.    17   2B      αὐτῷ ὥστε φυλάξασθαι ἀπὸ τῆς ἀνομίας. καὶ  ✗ ἐνεπόδισεν ✗ αὐτὸν ὁ Βελίαρ. ἐρχόμενος γὰρ εἰς Ἰερουσαλὴμ
  ἐμποιέω
Aris.    99    2      τούτων ἐν ταῖς λειτουργίαις. ἡ δὲ συμφάνεια τούτων  ✗ ἐμποιεῖ ✗ φόβον καὶ ταραχὴν ὥστε νομίζειν εἰς ἕτερον
Sib.      3   74      καὶ ὑπερφιάλους ἀνθρώπους πάντας ὅσοι τούτῳ πίστιν  ✗ ἐνιποιήσαντο ✗ καὶ τότε δὴ κόσμος ὑπὸ ταῖς παλάμῃσι
  ἐμπόνως
Bar.     15    2      τὸν μισθὸν τοῖς φίλοις ἡμῶν καὶ τοῖς  ✗ ἐμπόνως ✗ ἐργασαμένοις τὰ καλὰ ἔργα. οἱ γὰρ καλῶς
LEze.  9  29  14  16  τέκνοισι νηπίοις δίδουν βορὰν ὁμοῦ τε καὶ δάμαρσιν  ✗ ἔμπονοι ✗ κόπῳ κτήνη τε πολλὰ καὶ δόμων ἀποσκευὴ αὐτοὶ δ'
  ἐμπορεύομαι
Job      11    3      ἡμῖν χρυσίον ἵνα ἀπέλθωμεν εἰς τὰς μακρὰς πόλεις  ✗ ἐμπορευόμενοι ✗ καὶ τοῖς πένησιν δυνηθῶμεν ποιήσασθαι
Job      11    8      παρ' αὐτῶν ἐνέχυρα εἰ μὴ μόνον ἔγγραφον. καὶ οὕτως  ✗ ἐνεπορεύοντο ✗ ἐν τοῖς ἐμοῖς. ἐνίοτε δὲ ἐμπορευόμενοι
Job      11    9      καὶ οὕτως ἐνεπορεύοντο ἐν τοῖς ἐμοῖς. ἐνίοτε δὲ  ✗ ἐμπορευόμενοι ✗ ἐπετύγχανον καὶ ἐδίδουν τοῖς πτωχοῖς
  ἐμπορία                                                                        5
Abr.1     1    5      ἄμμον τὴν παρὰ τὸ χεῖλος τῆς θαλάσσης καὶ ἔστιν ἐν  ✗ ἐμπορίᾳ ✗ βίου πραγμάτων πολλῶν καὶ ὑπάρχει πλούσιος πάνυ
Abr.1     2   11      μὴ γὰρ καὶ ὁ ἐμὸς βασιλεὺς οὐκ ἦν πλούσιος ἐν  ✗ ἐμπορίᾳ ✗ πολλῇ ἔχων ἐξουσίαν καὶ ἀνθρώποις καὶ κτήνεσιν
TJos.    11    5      πᾶσιν ἔδοξεν εἶναί με εἰς Αἴγυπτον πρὸς μετάβολον  ✗ ἐμπορίας ✗ αὐτῶν ἕως ἐπιστρέψωσι φέροντες ἐμπορίαν. καὶ ὁ
TJos.    11    5      μετάβολον ἐμπορίας αὐτῶν ἕως ἐπιστρέψωσι φέροντες  ✗ ἐμπορίαν. ✗ καὶ ὁ κύριος ἔδωκέ μοι χάριν ἐν ὀφθαλμοῖς τοῦ
Aris.   114    3      Ἀράβων εἰς τὸν τόπον. ἐργάσιμος γὰρ καὶ πρὸς τὴν  ✗ ἐμπορίαν ✗ ἐστὶ κατεσκευασμένη ἡ χώρα καὶ πολύτεχνος ἡ
  ἔμπορος
TZab.     4    6      πατρός μου; καὶ λαβὼν τὸ ἀργύριον κατέδραμε τοῖς  ✗ ἐμπόροις ✗ καὶ οὐδένα εὗρεν ἀφέντες γὰρ τὴν ὁδὸν τὴν
  ἐμπρησμός
Sib.      4  161      καὶ ἐξολέκοντα γενέθλην ἀνθρώπων ἅμα πᾶσαν ὑπ'  ✗ ἐμπρησμοῦ ✗ μεγάλοιο. ἃ μέλεοι μετάθεσθε βροτοὶ τάδε μηδὲ
Sib.      5  211      πηξάμενος ζώνην +περινάμπολον+ ἡγεμονεύσῃ ἔσσεται  ✗ ἐμπρησμὸς ✗ μέγας αἰθέριος κατὰ γαῖαν +ἄστρων δ' ἐν
  ἔμπροσθεν
  ἐμπρόσθιος                                                31    Ἔμπροσθέν Ἔμπροσθεν Ἔμπροσθε τοὔμπροσθεν
Prop.     4    5      ἐγένετο θηρίον καὶ κτῆνος ἵνα μὴ ἀπόληται. ἣν τὰ  ✗ ἐμπρόσθια ✗ ὡς βοῦς σὺν τῇ κεφαλῇ καὶ οἱ πόδες σὺν τοῖς
  ἐμπτύω                                                                         2
TZab.     3    4      τῷ ἀδελφῷ αὐτοῦ ὑπολυθήσεσθαι τὸ ὑπόδημα καὶ  ✗ ἐμπτύεσθαι ✗ εἰς τὸ πρόσωπον. καὶ οἱ ἀδελφοὶ Ἰωσὴφ οὐκ
TZab.     3    7      τοῦ Φαραώ. οὐ μόνον δὲ προσεκύνησαν αὐτῷ ἀλλὰ καὶ  ✗ ἐνεπτύσθησαν ✗ παραχρῆμα πεσόντες Ἔμπροσθεν αὐτοῦ καὶ
  ἐμπυρίζω
TJud.    20    5      ἀληθείας μαρτυρεῖ πάντα καὶ κατηγορεῖ πάντων καὶ  ✗ ἐμπεπύρισται ✗ ὁ ἁμαρτήσας ἐκ τῆς ἰδίας καρδίας καὶ ἄραι
FJub.    12   12      τῷ 'γ τ ο γ' ἔτει τοῦ κόσμου Ἀβραὰμ δὲ ξ α'  ✗ ἐνεπύρισεν ✗ Ἀβραὰμ τὰ εἴδωλα τοῦ πατρὸς αὐτοῦ καὶ
  ἐμπυρισμός                                                                     3
Hen.     10    6      ἡμέρᾳ τῆς μεγάλης τῆς κρίσεως ἀπαχθήσεται εἰς τὸν  ✗ ἐμπυρισμόν. ✗ καὶ ἰαθήσεται ἡ γῆ ἣν ἠφάνισαν οἱ ἄγγελοι
Hen.    10B    6      καὶ ἐν τῇ ἡμέρᾳ τῆς κρίσεως ἀπαχθήσεται εἰς τὸν  ✗ ἐμπυρισμὸν ✗ τοῦ πυρός. καὶ ἰᾶσαι τὴν γῆν ἣν ἠφάνισαν οἱ
TJud.    23    3      καὶ συμβίων ἀφαίρεσιν ὑπαρχόντων ἁρπαγὴν ναοῦ θεοῦ  ✗ ἐμπυρισμὸν ✗ γῆς ἐρήμωσιν ὑμῶν αὐτῶν δουλείαν ἐν ἔθνεσιν
  ἐμφαίνω
Aris.    74    3      τὴν δ' ἐκτύπωσιν ἐνυπῆρχε διὰ λιθώσεως ποικίλης  ✗ ἐμφαίνων ✗ σὺν ὡραιότητι τὸ τῆς τέχνης φιλόπονον. ἐπὶ δὲ
  ἐμφανής
FAch.   114           τῇ δὲ ἐχομένῃ ἡμέρᾳ ἐνδυσάμενος Νεκτεναβὼ πορφύραν  ✗ ἐμφανῆ ✗ ἔστη σὺν τοῖς περὶ αὐτὸν ἔχων ἄνθεα πολλὰ καὶ
  ἐμφανίζω                                                                       1
Hen.     22   12      ἐχωρίσθη τοῖς πνεύμασιν τῶν ἐντυγχανόντων οἵτινες  ✗ ἐνφανίζουσιν ✗ περὶ τῆς ἀπωλείας ὅταν φονευθῶσιν ἐν ταῖς
  ἐμφανιστής                                                                     1
Aris.   167    1      ἀναιρεῖ καθὼς μεταλαμβάνομεν. ἐγὼ δ' εἶπα τοὺς  ✗ ἐμφανιστὰς ✗ οἴομαί σε λέγειν καὶ γὰρ αἰκίαις καὶ θανάτοις
  ἔμφασις
Aris.    56    4      καὶ φύσιν ἔχων ἀγαθὴν εἰς τὸ συνιδεῖν πραγμάτων  ✗ ἔμφασιν. ✗ ὅσα δ' ἂν ᾖ ἄγραφα πρὸς καλλονὴν ἐκέλευσε
Aris.    77    2      τὰ προσυντελεσθέντα πρὸς τὴν τῆς ἀληθείας  ✗ ἔμφασιν. ✗ ὡς γὰρ ἐπετελέσθη τεθέντων τῶν κατασκευασμάτων
  ἐμφέρω
Prop.    26    1      καὶ ἄλλοι προφῆται ἐγένοντο κρυπτοὶ ὧν τὰ ὀνόματα  ✗ ἐμφέρονται ✗ ἐν ταῖς γενεαλογίαις αὐτῶν ἐπὶ βίβλων
HCal.    28   10      ἰατρικὸν καὶ στρατιωτικὸν Ἀντίοχον δὲ δορυφόρον  ✗ ἐμφέρεσθαι. ✗ τῶν πασῶν τοίνυν τελεσθεισῶν καὶ τῆς πόλεως
LEze.  9  29  5  15   κἀμοῦ παρῆγεν ὡς παρεμβολὴ βροτῶν. εἶτ'  ✗ ἐμφοβηθεὶς ✗ ἐξανίσταμ' ἐξ ὕπνου. ὦ ξένε καλόν σοι τοῦτ'
  ἐμφοβέω
Sib.      3  465      Ἰταλίη σοὶ δ' οὕτις Ἄρης ἀλλότριος ἥξει ἀλλ'  ✗ ἐμφύλιον ✗ αἷμα πολύστονον οὐκ ἀλαπαδνὸν πουλυθρύλλητόν τε
  ἐμφύλιος
Adam     33    4      θυμιατήρια ἦλθον ἐν σπουδῇ ἐπὶ τὸ θυσιαστήριον καὶ  ✗ ἐνεφύσων ✗ αὐτά. καὶ ἡ ἀτμὶς τοῦ θυμιάματος ἐκάλυψεν τὰ
  ἐμφυσάω
FPho.   128           ταύρους δ' αὐτοχύτως κέρα ἔσσεν κέντρα μελίσσαις  ✗ ἔμφυτον ✗ ἄλκαρ ἔδωκε λόγον δ' ἔρυμ' ἀνθρώποισιν. ⟨τῆς δὲ
  ἔμφυτος
IOrp.    23           εἰσὶν ἐν ὅσσοις μικραὶ ἐπεὶ σάρκες τε καὶ ὀστέα  ✗ ἐμπεφύασιν ✗ ἀσθενέες δ' ἰδέειν Δία τὸν πάντων μεδέοντα.
  ἔμφυω                                                                          1
Sib.      4   29      καὶ λίθινα ξόανα καὶ ἀγάλματα χειροποίητα. αἵμασιν  ✗ ἐμψύχων ✗ μεμιασμένα καὶ θυσίῃσιν τετραπόδων λεύσουσι δ'
  ἔμψυχος (ψυχή)                                                                 1
FrAn.  574  3011      μετὰ σαμψούχου ἀχρωτίστου λέγων ἴωηλ ωσσαρθωμι  ✗ εμωρι ✗ θεωχιψοϊθ σιθεμεωχ σωθη ιωη μιμιψωθιωωφ φερσωθι
  εμωρι ✗                                                                        2340    εν ἐν ἐνί εν εἰνι ειν
  εν
  ἐναγκαλίζομαι                                                                  3
Asen.    12    8      τὰς χεῖρας αὐτοῦ ἀρπάζει αὐτὸ ἐκ τῆς γῆς καὶ  ✗ ἐναγκαλίζεται ✗ αὐτὸ πρὸς τὸ στῆθος αὐτοῦ καὶ τὸ παιδίον
Asen.    19   10      πρὸς Ἰωσὴφ καὶ ἔπεσεν ἐπὶ τὸ στῆθος αὐτοῦ. καὶ  ✗ ἐνηγκαλίσατο ✗ αὐτὴν ὁ Ἰωσὴφ καὶ ἡ Ἀσενὲθ τὸν Ἰωσὴφ καὶ
Job      52   10      τινων μὴ βλεπόντων λαβὼν δὲ τὴν ψυχὴν ἀνεπετάσθη  ✗ ἐναγκαλισάμενος ✗ αὐτὴν καὶ ἀνεβίβασε ἐπὶ τὸ ἅρμα καὶ
  Ἐνακείμ                                                                        1
Prop.     6    2      ἐτάφη ἐν τῇ γῇ αὐτοῦ μόνος σύνεγγυς πολυανδρίου  ✗ Ἐνακείμ. ✗ Ἀμὼς ἦν ἐκ Θεκουέ. καὶ Ἀμασίας πυκνῶς αὐτὸν
  ἐνακμάζω
FAch.   103           εἰπὼν βασιλικῆς ὁ παρὰ νόμον ἁπτόμενος θάνατον  ✗ ἐνακμᾶται. ✗ ὁ δὲ νεανίσκος βαρέως φέρων τοὺς λόγους τοῦ
  ἐνακόσιοι
Adam      5    1      καὶ θυγατέρας τριάκοντα. ἔζησεν δὲ Ἀδὰμ ἔτη  ✗ ἐνακόσια ✗ τριάκοντα. καὶ περιπεσὼν εἰς νόσον ἐβόησεν φωνῇ
  ἐνακοσιοστός                                                                   2
TBen.     7    4      ἐπήγαγεν αὐτῷ ὁ κύριος. διακοσίων ἐτῶν πάσχει καὶ  ✗ ἐνακοσιοστῷ ✗ ἔτει ἐρημοῦται ἐπὶ τοῦ κατακλυσμοῦ διὰ "Αβελ
FJub.     4   31      θυγάτηρ Βαραχιὴλ πατραδέλφου αὐτοῦ. τῷ αὐτῷ  ✗ Σ ✗ λ' ἔτει καὶ Κάϊν ἀπέθανεν ἐμπεσόντος ἐπ' αὐτοῦ τοῦ
  ἐνάλιος                                                                        1
Sib.      5  157      καθελεῖ μόνος εἵνεκα τιμῆς +αὐτοὶ πρῶτον ἔθηκάν τ'  ✗ εἰναλίῳ ✗ Ποσειδῶνι+ ἥξει δ' οὐρανόθεν ἀστὴρ μέγας εἰς ἅλα
  ἐναλλάξ
HEup.  9  34    5     Νάθαν τὸν προφήτην τοῦ θεοῦ. οἰκοδομεῖν δὲ  ✗ ἐναλλὰξ ✗ δόμον λίθινον καὶ ἔνδεσμον κυπαρίσσινον
  ἐναλλάσσω                                                                      3
TNep.     3    4      ταῦτα πάντα ἵνα μὴ γένησθε ὡς Σόδομα ἥτις  ✗ ἐνήλλαξε ✗ τάξιν φύσεως αὐτῆς. ὁμοίως δὲ καὶ οἱ ἐγρήγοροι
TNep.     3    5      τάξιν φύσεως αὐτῆς. ὁμοίως δὲ καὶ οἱ ἐγρήγοροι  ✗ ἐνήλλαξαν ✗ τάξιν φύσεως αὐτῶν οὓς καὶ κατηράσατο κύριος
Bar.      3    6      καὶ ἐπλίνθευεν. καὶ ὀφθεὶς αὐτοῖς ὁ κύριος  ✗ ἐνήλλαξεν ✗ αὐτῶν τὰς γλώσσας ἀφ' οὗ τὸν πύργον (ὡς)
  ἔναμμα
IMen.   5  119   2    βοῶν τὸ σύνολον ἢ κτηνῶν. τί δή; μηδὲ βελόνης  ✗ ἔναμμα ✗ ἐπιθυμήσῃς ⟨Πάμ⟩φιλε ὁ γὰρ θεὸς βλέπει σε πλησίον
```

Ἐνάν                                                          1
TJud.      12      1      τὰ πρόβατα κοσμηθεῖσα κόσμῳ νυμφικῷ ἐκάθισεν ἐν ✳ Ἐνάν ✳ τῇ πόλει πρὸς τὴν πύλην. νόμος γὰρ Ἀμορραίων τὴν
ἔναντι                                                        3
TLevi    18  2B030    πᾶσα προσφορά σου εἰς εὐδόκησιν καὶ ὀσμὴν εὐωδίας ✳ ἔναντι ✳ κυρίου ὑψίστου. καὶ ὅσα ἂν ποιῇς ἐν τάξει ποίει ἃ
TLevi    18  2B052    τοῦτο ποιεῖν. ὅταν παραλαμβάνῃς θυσίαν ποιεῖν ✳ ἔναντι ✳ κυρίου ἀπὸ πάσης σαρκὸς κατὰ τὸν λογισμὸν τῶν
Sal.      3      4      παιδευόμενος ὑπὸ κυρίου ἢ εὐδοκία αὐτοῦ διὰ παντὸς ✳ ἔναντι ✳ κυρίου. προσέκοψεν ὁ δίκαιος καὶ ἐδικαίωσεν τὸν
ἐναντιόομαι                                                   1
Aris.    254      2      κύριον εἶναι. πάντων δ᾿ ὑπηκόων ὄντων καὶ μηδενὸς ✳ ἐναντιουμένου ✳ τίνος χάριν θυμωθήσεται; γινώσκειν δὲ δεῖ
ἐναντίος                                                     16
Adam      32      2      σου θρόνον ἥμαρτον κύριε ἥμαρτον πολλὰ ἥμαρτον ✳ ἐναντίον ✳ σου καὶ πᾶσα ἁμαρτία δι᾿ ἐμὲ γέγονεν ἐν τῇ
Hen.      27      3      αἰῶσιν ἐν ταῖς ἡμέραις τῆς κρίσεως τῆς ἀληθινῆς ✳ ἐναντίον ✳ τῶν δικαίων εἰς τὸν ἅπαντα χρόνον ὧδε
Hen.     101      1      τοῦ ὑψίστου καὶ φοβήθητε τοῦ ποιῆσαι τὸ πονηρὸν ✳ ἐναντίον ✳ αὐτοῦ. ἐὰν ἀποκλείσῃ τὰς θυρίδας τοῦ οὐρανοῦ
TLevi     14      4      φωτισμὸν παντὸς ἀνθρώπου τοῦτον θέλοντες ἀνελεῖν ✳ ἐναντίας ✳ ἐντολὰς διδάσκοντες τοῖς τοῦ θεοῦ δικαιώμασι
TJud.     18      6      καὶ λόγῳ εὐσεβείας προσοχθίζει. δύο γὰρ πάθη ✳ ἐναντία ✳ τῶν ἐντολῶν τοῦ θεοῦ δουλεύων θεῷ ὑπακούειν οὐ
Sal.       8      8      ἀπ᾿ αἰῶνος. ἀνεκάλυψεν ὁ θεὸς τὰς ἁμαρτίας αὐτῶν ✳ ἐναντίον ✳ τοῦ ἡλίου ἔγνω πᾶσα ἡ γῆ τὰ κρίματα τοῦ θεοῦ τὰ
Jer.       5     11      ὕπνου πεπλάνημαι τὴν ὁδόν. θαυμαστὸν εἰπεῖν τοῦτο ✳ ἐναντίον ✳ Ἰερεμίου ὅτι πεπλάνημαι τὴν ὁδόν. ἐξῆλθε δὲ
Jer.       7     23      τοῦ ἀνόμου βασιλέως τούτου. δίκαιος γὰρ εὑρέθης ✳ ἐναντίον ✳ τοῦ θεοῦ καὶ οὐκ ἔασέν σε εἰσελθεῖν ἐνταῦθα
Job       15      8      διὰ τί δὲ καὶ διακονοῦμεν; διότι βδέλυγμά ἐστιν ✳ ἐναντίον ✳ τοῦ θεοῦ ἡ ὑπερηφανία. καὶ πάλιν ἐξαίρετον
Aris.    231      4      θεοῦ δὲ δῶρον ἀγαθῶν ἐργάτην εἶναι καὶ μὴ τῶν ✳ ἐναντίων. ✳ συναρεσθεὶς δὲ τούτοις πρὸς τὸν ἕτερον εἶπε
Aris.    236      6      δυνάμεως ἐπιδέχεσθαι πᾶν τὸ καλὸν ἀποστρέφεσθαι δὲ ✳ τἀναντία. ✳ συνομολογήσας δὲ τὸν ἐχόμενον ἠρώτα τί πρὸς
Aris.    255      4      βουλὴν παρατιθέντα καὶ ⟨τὰ⟩ βλαβερὰ τῶν κατὰ τὸ ✳ ἐναντίον ✳ τοῦ λόγου διάστημα ἵνα πρὸς ἕκαστον
Sib.       5    272      ἐπ᾿ αἰθέρα γλῶσσαν ἄθεσμον παύσονται λαλέοντες ✳ ἐναντίον ✳ ἀλλήλοισιν αὐτοὺς δὲ κρύψουσιν ἕως +κόσμος
LEze.   9  29  9 03    ἰσχόφωνος ὥστε μὴ λόγους ἐμοὺς γενέσθαι βασιλέως ✳ ἐναντίον. ✳ Ἀάρωνα πέμψω σὸν κασίγνητον ταχὺ ᾧ πάντα
LEze.   9  29 10 03    τἀξ ἐμοῦ λελεγμένα καὶ αὐτὸς λαλήσει βασιλέως ✳ ἐναντίον ✳ σὺ μὲν πρὸς ἡμᾶς ὁ δὲ λαβὼν σέθεν πάρα. (Θ). τί
LAri.      7     32      τοῦ μηνὸς μεθ᾿ ἑσπέραν ἐνστήξεται μὲν ἡ σελήνη τὴν ✳ ἐναντίαν ✳ καὶ διάμετρον τῷ ἡλίῳ στάσιν ὥσπερ οὖν ἔξεστιν
ἐναντίωσις                                                    1
Job       18      7      πλοίῳ καὶ μεσοπελαγίσας ἰδὼν τὴν τρικυμίαν καὶ τὴν ✳ ἐναντίωσιν ✳ τῶν ἀνέμων ἔρριψεν εἰς θάλασσαν τὸ φορτίον
ἐναποθνήσκω                                                   1
FAch.    109             ὑγιαίνῃς. ἐν βασιλικῇ αὐλῇ ἐάν τι ἀκούσῃς τοῦτο ✳ ἐναποθανέτω ✳ σοι μὴ σὺ ἐν τάχει ἀποθάνῃς. τῇ γυναικί σου
ἐναργής                                                       1
Aris.     75      4             οὐκ ἔλαττον ἀνεπλήρουν τὸ τῆς καλλονῆς ✳ ἐναργές. ✳ ἐπὶ δὲ τῆς στεφάνης τοῦ στόματος κρίνων τύπωσις
ἐνάρετος                                                      3
Abr.1      5      3      γὰρ ἀκούειν τὴν διαφορὰν τῆς ὁμιλίας αὐτοῦ τοῦ ✳ ἐναρέτου ✳ ἀνδρὸς τούτου. εἶπε δὲ Ἀβραὰμ οὐχὶ τέκνον
Abr.1     20     15      Ἀβραὰμ τὴν φιλοξενίαν ζηλώσωμεν καὶ τὴν ✳ ἐνάρετον ✳ αὐτοῦ κτησώμεθα πολιτείαν ἵνα ἀξιωθῶμεν τῆς
FAch.    102             οἱ βασιλεῖς παρ᾿ ἀλλήλων φόρους λαμβάνειν διὰ τῆς ✳ ἐναρέτου ✳ μάχης οὔτε γὰρ ἐν πολέμοις συνίσταντο οὔτε
ἐναρίζω                                                       2
Sib.       3    468      παρὰ σποδιῇσι ταθεῖσα ἀπροϊδῇ στήθεσσιν ἑοῖς ✳ ἐναρίξεαι ✳ αὐτήν. ἔσσῃ δ᾿ οὐκ ἀγαθῶν μήτηρ θηρῶν δὲ
Sib.       5    133      καὶ βάρβαρον ἔθνος +καὶ Λαπίθας δάπεδον κατὰ γῆν ✳ ἐναρίξει. ✳ Θεσσαλίην χώρην ἀπολεῖ ποταμὸς βαθυδίνης
ἐνάρχομαι                                                     3
TAser      1      9      ἀγαθὸν πράξῃ ἐν πονηρίᾳ αὐτὸ μεταστρέφει. ὅταν γὰρ ✳ ἐνάρξηται ✳ ὡς ἀγαθὸν ποιῶν τὸ τέλος τῆς πράξεως αὐτοῦ εἰς
Aris.    129      5      ἐν δὲ τούτοις πάλιν δεισιδαιμόνως πρὸς ταῦτα οὕτως ✳ ἐνήρξατο ✳ θεωρεῖς ἔφη τὰς ἀναστροφὰς καὶ τὰς ὁμιλίας οἶον
FJub.     11      2      πολεμικὰ κατασκευάσαντες ὄργανα πολεμεῖν ἀλλήλοις ✳ ἐνήρξαντο. ✳ γυνὴ Σερουχ Μελχα θυγάτηρ Χαβερ πατραδέλφου
ἔνατος                                                       12
Hen.       6B     7      ε᾿ Ὀραμμαμη ς᾿ Ῥαμιηλ ζ᾿ Σαμψιχ η᾿ Ζακιηλ ✳ θ᾿ ✳ Βαλκιηλ ι᾿ Ἀζαλζηλ ια᾿ Φαρμαρὸς ιβ᾿ Ἀμαριηλ ιγ᾿
Hen.       8B     3      ἐπαοιδίας σοφίας καὶ ἐπαοιδῶν λυτήρια. ὁ ✳ ἔνατος ✳ ἐδίδαξεν ἀστροσκοπίαν. ὁ δὲ τέταρτος ἐδίδαξεν
TGad       1      2      ἐν ἔτει ἑκατοστῷ εἰκοστῷ ἑβδόμῳ ζωῆς αὐτοῦ λέγων ✳ ἔνατος ✳ υἱὸς ἐγενόμην τῷ Ἰακὼβ καὶ ἤμην ἀνδρεῖος ἐπὶ τῶν
Prop.     21      7      μὲν οὖν τοῦ Βάαλ ηὔχοντο καὶ κατετέμνοντο ἕως ὥρας ✳ ἐνάτης ✳ καὶ οὐδεὶς αὐτοῖς ἐπήκουεν ὁ δὲ Ἡλίας καὶ ὕδατος
Esdr.      5     13      λαμβάνει τὴν ψυχὴν τὸ ἑβδομον παρασκευάζεται τὸ ✳ ἔννατον ✳ μὲν ἀνοίγεται τὰ κλεῖθρα τοῦ πυλῶνος τῆς
Aris.     49      3      Ἰάσων Ἰησοῦς Θεόδοτος Ἰωάννης Ἰωνάθας. ✳ ἐνάτης ✳ Θεόφιλος Ἄβραμος Ἄρσαμος Ἰάσων Ἐνδεμίας
Aris.    286      2      εὐαρεστήσας δὲ τοῖς προειρημένοις πρὸς τὸν ✳ ἔνατον ✳ εἶπε πῶς δεῖ διὰ τῶν συμποσίων διεξάγειν; ὁ δὲ
Aris.    303      2      ἐτύγχανε παρὰ τοῦ Δημητρίου. καὶ μετ᾿ ὀλίγας ✳ ἐνάτη ✳ τὰ τῆς συνεδρείας ἐγίνετο μετὰ δὲ ταῦτα περὶ τὴν
FJub.      3      9      ἑβδόμης ἑβδομάδος Παχων τεσσαρεσκαιδεκάτη Μαΐου ✳ ἐνάτη ✳ ἡλίου ὄντος ταύρῳ καὶ σελήνης σκορπίῳ κατὰ
FJub.      4      1      ἑβδόμῳ ἔτει προσήνεγκε Κάϊν. τῷ ἐνενηκοστῷ ✳ ἐνάτῳ ✳ ἔτει Ἄβελ ἀνήνεγκε θυσίαν τῷ θεῷ εἰκοστὸν
FJub.      4      2      θυσίαν τὰ δὲ τοῦ Ἄβελ δῶρα. τῷ αὐτῷ ἐνενηκοστῷ ✳ ἐνάτῳ ✳ ἔτει ἀνεῖλεν ὁ Κάϊν τὸν Ἄβελ καὶ ἐπένθησαν αὐτόν
HDem.   9     21      3      μὲν ἔτει μηνὶ δεκάτῳ Ῥουβὶν τῷ ἔτει δὲ τῷ ✳ ἐνάτῳ ✳ μηνὶ ὀγδόῳ Συμεὼν καὶ τῷ ἔτει δὲ τῷ δεκάτῳ μηνὶ
ἔνδακρυς                                                      1
LEze.   9  29 14 19    πάντες εἰς μάχην χέρας ἰδόντες ἡμᾶς ἠλάλαξαν ✳ ἔνδακρυν ✳ φωνὴν πρὸς αἰθέρα τ᾿ ἐτάθησαν ἀθρόοι θεὸν
ἔνδεια                                                        4
TBen.      7      2      ἀπώλεια τρίτον θλῖψις τέταρτον αἰχμαλωσία πέμπτον ✳ ἔνδεια ✳ ἕκτον ταραχὴ ἕβδομον ἐρήμωσις. διὰ τοῦτο καὶ ὁ
Asen.     11      1      κεκμηκυῖα σφόδρα καὶ παρειμένη τοῖς μέλεσι διὰ τὴν ✳ ἔνδειαν ✳ τῶν ἑπτὰ ἡμερῶν. καὶ ἀνέστη ἐπὶ τὰ γόνατα αὐτῆς
Asen.     15      3      τὴν ταπείνωσιν καὶ τὴν θλῖψιν τῶν ἑπτὰ ἡμερῶν τῆς ✳ ἐνδείας ✳ σου. ἰδοὺ ἐκ τῶν δακρύων σου καὶ τῆς τέφρας
Asen.     18      3      ἐκ τῆς θλίψεως καὶ τοῦ κλαυθμοῦ καὶ τῆς ✳ ἐνδείας ✳ τῶν ἑπτὰ ἡμερῶν καὶ ἐλυπήθη καὶ ἔκλαυσε καὶ
ἐνδείκνυμι                                                    4
Esdr.      3     15      ὁ ἐπικείμενος τοῖς ἀνθρώποις ἀπὸ τῶν ταρτάρων καὶ ✳ ἐνδείξεται ✳ πολλὰ τοῖς ἀνθρώποις. τί σε ποιῶ Ἐσδράμ καὶ
Job       50      2      τῶν Χερουβιμ δοξολογοῦσα τὸν δεσπότην τῶν ἀρετῶν ✳ ἐνδειξαμένη ✳ τὴν δόξαν αὐτῶν καὶ ὁ βουλόμενος λοιπὸν
Aris.    133      4      διὰ πάσης τῆς νομοθεσίας τὸ τοῦ θεοῦ δύνατον ✳ ἐνδεικνύμενος. ✳ ποιησάμενος οὖν τὴν κατάρχην ταύτην καὶ
Aris.    194      5      δρᾶν τι καὶ γὰρ ὁ θεὸς διδοὺς ἀνοχας καὶ ✳ ἐνδεικνύμενος ✳ τὰ τῆς δυναστείας φόβον ἐγκατασκευάζει
ἐνδεικτικός                                                   1
Aris.    131      4      ἕκαστα περὶ τούτων οὐκ ἀπαγορευτικῶς μόνον ἀλλ᾿ ✳ ἐνδεικτικῶς ✳ καὶ τὰς βλάβας προδηλώσας καὶ τὰς ὑπὸ τοῦ
ἔνδεκα                                                        7
TGad       5     11      Ἰωσὴφ τῷ ἥπατι πάσχων ἀνηλεῶς ἐκρινόμην ἐπὶ μῆνας ✳ ἔνδεκα ✳ καθ᾿ ὅσον χρόνον ἐνεῖχον τῷ Ἰωσὴφ ἕως ἵνα πραθῇ
Job       22      1      ταῦτα ἀνελάμβανον λογισμῷ μακροθύμων. καὶ μετὰ ✳ ἔνδεκα ✳ ἔτη καὶ αὐτὸν τὸν ἄρτον ἀφειλάμην μὴ
FJub.      4     10      θυγατέρας ἄρρενας δὲ δώδεκα ἕνα μὲν ἀποκτανθέντα ✳ ἔνδεκα ✳ δὲ περιλειφθέντας τῷ βίῳ. γυνὴ Ἐνὼς Νωα ἡ ἀδελφὴ
FIsa.      1      1      Ἐξεκίου καλέσαι Μανασσὴν τὸν υἱὸν αὐτοῦ ὄντα ἐτῶν ✳ ἔνδεκα ✳ ἔμπροσθεν Ἡσαΐου τοῦ προφήτου καὶ Ἰασοὺμ τοῦ
HDem.   9     21      8      Ῥουβὶμ ἐτῶν δώδεκα μηνῶν δυοῖν Συμεὼν ✳ ἔνδεκα ✳ μηνῶν τεσσάρων Λευὶ ἐτῶν δέκα μηνῶν ἓξ Ἰούδαν
LThe.   9     22      3      ᾖσι. τῷ δ᾿ υἱεῖς ἐγένοντο νόῳ πεπνυμένοι αἰνῶς ✳ ἔνδεκα ✳ καὶ κούρη Δείνα περικαλλὲς ἔχουσα εἶδος
LThe.   9     22      4      αὐτὸν μὲν τὸν Ἰακὼβ γεωμορεῖν τοὺς δὲ υἱοὺς αὐτοῦ ✳ ἔνδεκα ✳ τὸν ἀριθμὸν ὄντας ποιμαίνειν τὴν δὲ θυγατέρα
ἐνδέκατος                                                     8
Hen.       6B     7      Ῥαμιηλ ζ᾿ Σαμψιχ η᾿ Ζακιηλ θ᾿ Βαλκιηλ ι᾿ Ἀζαλζηλ ✳ ια᾿ ✳ Φαρμαρὸς ιβ᾿ Ἀμαριηλ ιγ᾿ Ἀναγιμὰς ιδ᾿ Θαυσαὴλ ιε᾿
Hen.       8B     3      κατὰ τοῦ νοὸς καὶ ῥίζας βοτανῶν τῆς γῆς. ὁ δὲ ✳ ἐνδέκατος ✳ Φαρμαρὸς ἐδίδαξε φαρμακείας ἐπαοιδίας σοφίας
Aris.     50      2      Ἐλεάζαρος Ζαχαρίας Βανέας Ἐλισσαῖος Δαθαῖος. ✳ ἐνδεκάτης ✳ Σαμουήλος Ἰώσηπος Ἰούδας Ἰωνάθης Χαλεβ
Aris.    204      1      ἑξῆς τῶν ἀποκεκριμένων τῇ προτέρᾳ ἡμέρᾳ. πρὸς τὸν ✳ ἑνδέκατον ✳ δὲ ἤρξατο τὴν κοινολογίαν ποιεῖσθαι. δέκα γὰρ
Aris.    273      2      ἔχων. κεχαρισμένως δὲ καὶ τοῦτον ἀποδεξάμενος τὸν ✳ ἐνδέκατον ✳ ἐπηρώτα διὰ τὸ δύο πλεονάζειν τῶν ἑβδομήκοντα
FJub.      3      5      Ἀπριλλίου ἕκτη κατὰ δὲ Αἰγυπτίους Φαρμουθὶ ✳ ἐνδεκάτῃ ✳ λαβὼν ὁ θεὸς μέρος τι τῆς πλευρᾶς τοῦ Ἀδὰμ
HDem.   9     21      3      καὶ τῷ ἔτει δὲ τῷ δεκάτῳ μηνὶ ἕκτῳ Λευὶ τῷ δὲ ✳ ἐνδεκάτῳ ✳ ἔτει μηνὶ τετάρτῳ Ἰούδαν. Ῥαχήλ τε μὴ
HDem.   9     21      3      αὐτῷ χρόνῳ ᾧ καὶ Βάλλαν συλλαβεῖν τὸν Νεφθαλειμ τῷ ✳ ἐνδεκάτῳ ✳ ἔτει μηνὶ πέμπτῳ καὶ τεκεῖν τῷ δωδεκάτῳ ἔτει
ἐνδελεχέω                                                     1
TGad       5      1      τοῦ θεοῦ εἰς σωτηρίαν ἀνθρώπων. κακὸν τὸ μῖσος ὅτι ✳ ἐνδελεχεῖ ✳ συνεχῶς τῷ ψεύδει λαλῶν κατὰ τῆς ἀληθείας καὶ
ἐνδελεχίζω                                                    1
TLevi      9             τέκνον ἀπὸ τοῦ πνεύματος τῆς πορνείας τοῦτο γὰρ ✳ ἐνδελεχιεῖ ✳ καὶ μέλλει διὰ τοῦ σπέρματός σου μιαίνειν τὰ
Ἐνδεμίας                                                      1
Aris.     49      4      Ἰωνάθας. ἐνάτης Θεόφιλος Ἄβραμος Ἄρσαμος Ἰάσων ✳ Ἐνδεμίας ✳ Δανίηλος. δεκάτης Ἰερεμίας Ἐλεάζαρος
ἔνδεσμος                                                      1
HEup.   9     34      5      τοῦ θεοῦ. οἰκοδομεῖν δὲ ἐναλλὰξ δόμον λίθινον καὶ ✳ ἔνδεσμον ✳ κυπαρίσσινον πελεκίνοις χαλκοῖς ταλαντιαίοις
ἐνδεχομένως                                                   1
Aris.     41      1      αἰρῇ. ἔρρωσο. πρὸς ταύτην τὴν ἐπιστολὴν ἀντέγραψεν ✳ ἐνδεχομένως ✳ ὁ Ἐλεάζαρος ταῦτα Ἐλεάζαρος ἀρχιερεὺς
ἐνδιατρίβω                                                    1
FJub.     11     16      κτίσμασι τὸν νοῦν ἑαυτοῦ μὴ καταδεξάμενος ἐάσαι ✳ ἐνδιατρίβειν ✳ ἀλλ᾿ ἐπὶ τὸν γενεσιουργὸν ἐκ τῆς τῶν
ἐνδιδύσκω                                                     2
TLevi    18  2B019           ἐν τοῖς ἁγίοις λούου ὕδατι πρῶτον καὶ τότε ✳ ἐνδιδύσκου ✳ τὴν στολὴν τῆς ἱερωσύνης καὶ ὅταν ἐνδιδύσκῃ
TLevi    18  2B020    τότε ἐνδιδύσκου τὴν στολὴν τῆς ἱερωσύνης καὶ ὅταν ✳ ἐνδιδύσκῃ ✳ νίπτου πάλιν τὰς χεῖράς σου καὶ τοὺς πόδας σου
ἔνδοθεν                                                       6
Abr.1     12     10      καὶ ἀπότομος ἐν τῇ χειρὶ αὐτοῦ κατέχων σάλπιγγα ✳ ἔνδοθεν ✳ αὐτῆς ἔχων πῦρ παμφάγον δοκιμαστήριον τῶν

Job 25 2 αὐτῆς τὸ καθεστήριον βῆλα δεκατέσσαρα, καὶ θύραν * ἔνδοθεν * θυρῶν ἕως ἂν ὅλως καταξιωθῇ τις εἰσαχθῆναι πρὸς
Sib. 3 3 παναληθέα φημίξασαν παῦσον βαιόν με κέκμηκε γὰρ * ἔνδοθεν * ἦτορ. ἀλλὰ τί μοι κραδίη πάλι πάλλεται ἠδέ γε
Sib. 3 5 πάλλεται ἠδέ γε θυμὸς τυπτόμενος μάστιγι βιάζεται * ἔνδοθεν * αὐδὴν ἀγγέλλειν πᾶσιν; αὐτὰρ πάλι πάντ' ἀγορεύσω
Sib. 5 232 καὶ ἀνθρώποις μέγα πῆμα τίς σε βροτῶν ἐπόθησε τίς * ἔνδοθεν * οὐ χαλέπηνεν ἐν σοί τις βασιλεὺς σεμνὸν βίον
LEze. 9 29 13 05 καὶ πρὸς ἑσπέραν θύσαντες ὀπτὰ πάντα σὺν τοῖς * ἔνδοθεν * οὕτως φάγεσθε ταῦτα περιεζωσμένοι καὶ κοῖλα

ἔνδοθι 2
FPho. 173 χηραμὸν ἢ δονάκεσσιν ἢ δρυὸς ὠγυγίης κατὰ κοιλάδος * ἔνδοθι * σίμβλων σμήνεσι μυριότρητα κατ' ἄγγεα
FPho. 184 δέμνια βαίνειν. μηδὲ γυνὴ φθείρηι βρέφος ἔμβρυον * ἔνδοθι * γαστρὸς μηδὲ τεκοῦσα κυσὶν ῥίψηι καὶ γυψὶν ἕλωρα.

ἔνδον 3
Bar. 2 3 πορείας ὁδοῦ ἡμερῶν τριάκοντα. καὶ ὑπέδειξέν μοι * ἔνδον * τοῦ οὐρανοῦ πεδίον. καὶ ἦσαν ἄνθρωποι κατοικοῦντες
Job 6 3 ὅτι οὐ σχολάζει περὶ γὰρ πράγματος ἀναγκαίου * ἔνδον * ἐστίν. καὶ ἐμοῦ ἔνδον ὄντος, ὁ Σατανᾶς
Job 6 4 περὶ γὰρ πράγματος ἀναγκαίου ἔνδον ἐστίν. καὶ ἐμοῦ * ἔνδον * ὄντος, ὁ Σατανᾶς μετασχηματισθεὶς εἰς ἐπαίτην

ἐνδοξάζω 1
TSim. 6 5 καὶ πᾶσα ἡ ὑπ' οὐρανὸν ἀπὸ πολέμου. τότε Σημ * ἐνδοξασθήσεται * ὅτι κύριος ὁ θεὸς μέγας τοῦ Ἰσραὴλ

ἔνδοξος 25
Hen. 14 21 καὶ ἰδεῖν τὸ πρόσωπον αὐτοῦ διὰ τὸ ἔντιμον καὶ * ἔνδοξον * καὶ οὐκ ἐδύνατο πᾶσα σάρξ ἰδεῖν αὐτοῦ τὸ πῦρ
Hen. 24 2 ἐπέκεινα αὐτῶν ἐπορεύθην καὶ ἐθεασάμην ἑπτὰ ὄρη * ἔνδοξα * πάντα ἑκάτερα τοῦ ἑκατέρου διαλλάσσοντα ὧν οἱ
Hen. 24 2 οἱ λίθοι ἔντιμοι τῇ καλλονῇ καὶ πάντα ἔντιμα καὶ * ἔνδοξα * καὶ εὐειδῆ τρία ἐπ' ἀνατολὰς ἐστηριγμένα ἐν τῷ
Hen. 32 3 καὶ μεγάλα δύο μὲν ἐκεῖ μεγάλα σφόδρα καλὰ καὶ * ἔνδοξα * καὶ μεγαλοπρεπῆ καὶ τὸ δένδρον τῆς φρονήσεως οὗ
Hen. 103 6 τὰς ἡμέρας αὐτῶν ὅσας εἴδοσαν ἐν τῇ ζωῇ αὐτῶν καὶ * ἐνδόξως * ἀπεθάνοσαν καὶ κρίσις οὐκ ἐγενήθη ἐν τῇ ζωῇ
Hen. 106 2 τρίχωμα πᾶν λευκὸν καὶ ὡς ἔρια λευκὰ καὶ οὖλον καὶ * ἔνδοξον. * καὶ ὅτε ἀνέῳξεν τοὺς ὀφθαλμοὺς ἔλαμψεν ἡ οἰκία
Hen. 106 5 ἡμῖν τὰ ὄμματά ἐστιν ὡς ἀκτῖνες τοῦ ἡλίου καὶ * ἔνδοξον * τὸ πρόσωπον καὶ ὑπολαμβάνω ὅτι οὐκ ἔστιν ἐξ ἐμοῦ
Abr.1 4 3 ὅτι ὁ ἄνθρωπος οὗτος ὁ ἐπιξενισθεὶς ἡμῖν σήμερον * ἐνδοξότερος * ὑπάρχει βασιλέων καὶ ἀρχόντων ὅτι καὶ ἡ
Abr.1 13 4 ἔδωκε κρίσιν κρῖναι τὸν κόσμον μέχρι τῆς μεγάλης * ἐνδόξου * αὐτοῦ παρουσίας καὶ τότε δικαιότατε Ἀβραὰμ
Abr.1 16 10 πρὸς τὸν θάνατον χαίροις ἡλιόρατε θεσμοσυλλήπτωρ * ἐνδοξότατε * ὑπερένδοξε φωτοφόρε ἀνὴρ θαυμάσιε πόθεν ἧκεν
Abr.2 6 6 πάντα ἄνθρωπον τῶν κατοικούντων ἐπὶ τῆς γῆς ὅτι * ἔνδοξος * ἦν ἡ φωνὴ αὐτοῦ καὶ εἶπεν Σάρρα τῷ Ἀβραὰμ πῶς
TLevi 8 5 ἅγια ἁγίων καὶ περιέθηκέ μοι στολὴν ἁγίαν καὶ * ἔνδοξον. * ὁ τρίτος βυσσίνην με περιέβαλεν ὁμοίαν ἐφούδ. ὁ
TLevi 11 8 Ἰωχάβεδ ἐξηκοστῷ τετάρτῳ ἔτει ἐτέχθη ἐν Αἰγύπτῳ * ἔνδοξος * γὰρ ἤμην τότε ἐν μέσῳ τῶν ἀδελφῶν μου. καὶ ἔλαβε
TBen. 9 2 αὐτήν. πλὴν ἐν μερίδι ὑμῶν γενήσεται ναὸς θεοῦ καὶ * ἔνδοξος * ἔσται ὁ ἔσχατος ὑπὲρ τὸν πρῶτον. καὶ δώδεκα
TBen. 9 5 ἔγνων δὲ οἷος ἔσται ταπεινὸς ἐπὶ γῆς καὶ οἷος * ἔνδοξος * ἐν οὐρανῷ. ὅτε δὲ Ἰωσὴφ ἦν ἐν Αἰγύπτῳ ἐπεθύμουν
Sal. 18 10 ἐν ἡμέραις ἐλέους. διάψαλμα. μέγας ἡμῶν ὁ θεὸς καὶ * ἔνδοξος * ἐν ὑψίστοις κατοικῶν ὁ διατάξας ἐν πορείᾳ
Prop. 1 5 χάριν καὶ ὁ λαὸς πλησίον αὐτὸν ἐπιμελῶς ἔθαψε καὶ * ἐνδόξως * ἵνα δι' εὐχῶν αὐτοῦ καὶ μετὰ θάνατον αὐτοῦ
Prop. 2 5 μετέστησεν αὐτοῦ τὰ λείψανα περιθεὶς αὐτὰ * ἐνδόξως * κύκλῳ καὶ ἐκωλύθη ἐκ τῆς γῆς τὸ γένος τῶν
Prop. 4 20 ἀπέθανε καὶ ἐτάφη ἐν τῷ σπηλαίῳ τῷ βασιλικῷ μόνος * ἐνδόξως. * καὶ αὐτὸς ἔδωκε τέρας ἐν ὄρεσι τοῖς ὑπεράνω
Prop. 12 17 ἐτελεύτησε καὶ ἐτάφη ἐν τῷ ἰδίῳ ἀγρῷ μονώτατος * ἐνδόξως.) * Σοφονίας ἐκ φυλῆς ἦν Συμεὼν ἀγροῦ Σαβαραθά
Prop. 14 2 ναοῦ. καὶ θανὼν ἐτάφη πλησίον τοῦ τάφου τῶν ἱερέων * ἐνδόξως * ὡς αὐτοί. Ζαχαρίας ἦλθεν ἀπὸ Χαλδαίων ἤδη
Job 28 5 ἓν ἐπὶ τὸ αὐτό, οὐ μὴ ἀναλογήσῃ τοὺς λίθους τοὺς * ἐνδόξους * τῆς βασιλείας σου. εὐγενέστερος γὰρ ἤμην τῶν
Aris. 121 2 καὶ παιδείᾳ διαφέροντας ἅτε δὴ γονέων τετευχότας * ἐνδόξων * οἵτινες οὐ μόνον τὴν τῶν Ἰουδαϊκῶν γραμμάτων
Aris. 155 4 καὶ θαυμαστά. κατανοούμενα γὰρ καὶ μεγάλα καὶ * ἔνδοξα * φαίνεται πρῶτον μὲν ἡ σύμπηξις τοῦ σώματος καὶ ἡ
FMan. 2 22 12 τὴν ἄβυσσον καὶ σφραγισάμενος αὐτὴν τῷ φοβερῷ καὶ * ἐνδόξῳ * ὀνόματί σου ὃν πάντα φρίσσει καὶ τρέμει ἀπὸ

ἐνδοξότης * 2
Abr.1 16 4 περιβαλοῦ δὲ τὴν ὡραιότητά σου καὶ ὅλην τὴν * ἐνδοξότητα * καὶ κάτελθε πρὸς τὸν φίλον μου τὸν Ἀβραὰμ
Abr.1 16 10 ὑπερένδοξε φωτοφόρε ἀνὴρ θαυμάσιε πόθεν ἧκεν ἡ σὴ * ἐνδοξότης * πρὸς ἡμᾶς καὶ τίς εἶ σύ; λέγει αὐτῷ ὁ θάνατος

ἐνδόσθια 1
TLevi 18 2B028 καὶ μετὰ ταῦτα τοὺς πόδας πεπλυμένους σὺν τοῖς * ἐνδοσθίοις * καὶ πάντα ἡλισμένα ἐν ἅλατι ὡς καθήκει αὐτοῖς

ἔνδυμα 4
TLevi 10 3 ἀπὸ προσώπου πονηρίας ὑμῶν ἀλλὰ σχίσαι τὸ * ἔνδυμα * τοῦ ναοῦ ὥστε μὴ κατακαλύπτειν ἀσχημοσύνην ὑμῶν.
Asen. 20 6 αὐτὴν καθημένην μετὰ τοῦ Ἰωσὴφ καὶ ἐνδεδυμένην * ἔνδυμα * γάμου. καὶ ἐθαμβήθησαν ἐπὶ τῷ κάλλει αὐτῆς καὶ
Sal. 2 20 αὐτῆς ἀπὸ θρόνου δόξης. περιεζώσατο σάκκον ἀντὶ * ἐνδύματος * εὐπρεπείας σχοινίον περὶ τὴν κεφαλὴν αὐτῆς
Bar. 9 7 πρώτου Ἀδὰμ παρῆψε τῷ Σαμαὴλ ὅτε τὸν ὄφιν ἔλαβεν * ἔνδυμα * οὐκ ἀπεκρύβη ἀλλὰ παρηύξησε. καὶ ὠργίσθη αὐτῇ ὁ

ἔνδυσις 7
Job 9 3 καὶ ἀφώρισα ἀπ' αὐτῶν χιλιάδας ἑπτὰ καρῆναι εἰς * ἔνδυσιν * ὀρφανῶν καὶ χηρῶν καὶ πενήτων καὶ ἀδυνάτων ἦν δέ
Job 16 3 τὰς ἑπτὰ χιλιάδας τῶν προβάτων τὰ ταγέντα εἰς * ἔνδυσιν * τῶν χηρῶν, καὶ τὰς τρισχιλίας καμήλους καὶ τὰς
Job 25 7 ἀντὶ ἄρτων. ἴδε ὅτι αὐτή ἐστιν ἥτις εἶχεν τὴν * ἔνδυσιν * ἐκ βύσσου ὑφασμένην σὺν χρυσῷ, νῦν δὲ φορεῖ
Job 32 2 τὰ ἑπτακισχίλια πρόβατα ἐκτάξας εἰς τὴν τῶν πτωχῶν * ἔνδυσιν * ποῦ οὖν τυγχάνει ἡ δόξα τοῦ θρόνου σου; σὺ εἶ ὁ
Job 44 4 ᾐτησάμην λέγων δότε μοι ἕκαστος ἀμνάδα μίαν εἰς * ἔνδυσιν * τῶν πτωχῶν τῶν ἐν γυμνώσει. καὶ τότε ἕκαστος
Job 53 3 τῶν ὀρφανῶν, ἦρται ὁ τῶν ξένων ξενοδόχος, ἦρται ἡ * ἔνδυσις * τῶν χηρῶν. τίς λοιπὸν οὐ κλαύσει ἐπὶ τὸν
Aris. 96 3 τοῦ στολισμοῦ καὶ τῆς δόξης ἣ συνίσταται διὰ τὴν * ἔνδυσιν * οὗ φορεῖ χιτῶνος καὶ τῶν περὶ αὐτὸν λίθων χρυσοῖ

ἐνδύω (-δύνω) 21
Adam 20 1 καὶ ἔγνων ὅτι γυμνὴ ἤμην τῆς δικαιοσύνης ἧς ἤμην * ἐνδεδυμένη. * καὶ ἔκλαυσα λέγουσα τί τοῦτο ἐποίησας ὅτι
Adam 20 2 ὅτι ἀπηλλοτριώθην ἐκ τῆς δόξης μου ἧς ἤμην * ἐνδεδυμένη. * ἔκλαιον δὲ καὶ περὶ τοῦ ὅρκου. ἐκεῖνος δὲ
Adam 29 10 λάβε λίθον καὶ θὲς ὑπὸ τοὺς πόδας σου καὶ στῆθι * ἐνδεδυμένη * ἐν τῷ ὕδατι ἕως τοῦ τραχήλου. καὶ μὴ ἐξέλθῃ
TLevi 8 2 ἀνθρώπους ἐν ἐσθῆτι λευκῇ λέγοντάς μοι ἀνάστα * ἔνδυσαι * τὴν στολὴν τῆς ἱερατείας καὶ τὸν στέφανον τῆς
TLevi 18 14 καὶ Ἰακὼβ κἀγὼ χαρήσομαι καὶ πάντες οἱ ἅγιοι * ἐνδύσονται * εὐφροσύνην. καὶ νῦν τέκνα μου πάντα ἠκούσατε
TZab. 4 10 τὸν Ἰωσὴφ ἐν τῷ μέλλειν πιπράσκειν αὐτὸν καὶ * ἐνέδυσαν * αὐτὸν ἱμάτιον παλαιὸν δούλου. τὸν δὲ χιτῶνα
Asen. 3 6 τὸν θάλαμον αὐτῆς ὅπου ἔκειντο αἱ στολαὶ αὐτῆς καὶ * ἐνεδύσατο * στολὴν βυσσίνην ἐξ ὑακίνθου χρυσοϋφῆ καὶ
Asen. 5 5 ὅλον ἐκ χρυσίου καθαροῦ. καὶ ἦν Ἰωσὴφ * ἐνδεδυμένος * χιτῶνα λευκὸν καὶ ἔξαλλον καὶ ἡ στολὴ τῆς
Asen. 10 8 ὅτε ἀπέθανεν ὁ ἀδελφὸς αὐτῆς ὁ νεώτερος. τοῦτον * ἐνεδύσατο * Ἀσενὲθ καὶ ἐπένθησε τὸν ἀδελφὸν αὐτῆς. καὶ
Asen. 10 10 αὐτῆς τὴν βασιλικὴν τὴν βυσσίνην καὶ χρυσοϋφῆ καὶ * ἐνεδύσατο * τὸν χιτῶνα μελανὸν πένθους καὶ ἔλυσε τὴν ζώνην
Asen. 13 3 στολὴν τὴν βυσσίνην ἐξ ὑακίνθου χρυσοϋφῆ καὶ * ἐνεδυσάμην * χιτῶνα μελανὸν καὶ πενθήρη. ἰδοὺ λέλυκα τὴν
Asen. 14 12 τὸ πρόσωπόν σου καὶ τὰς χεῖράς σου ὕδατι ζῶντι καὶ * ἔνδυσαι * στολὴν λινῆν καινὴν ἄθικτον καὶ ἐπίσημον καὶ
Asen. 14 14 καὶ ἀπέθετο τὸν σάκκον ἀπὸ τῆς ὀσφύος αὐτῆς καὶ * ἐνεδύσατο * τὴν στολὴν αὐτῆς τὴν λινῆν τὴν ἐπίσημον τὴν
Asen. 15 10 καὶ νῦν ἄκουσόν μου Ἀσενὲθ ἡ παρθένος ἁγνὴ καὶ * ἔνδυσαι * τὴν στολὴν τοῦ γάμου σου τὴν στολὴν τὴν ἀρχαίαν
Asen. 18 5 τὴν πρώτην τοῦ γάμου ὡς ἀστραπὴν τῷ εἴδει καὶ * ἐνεδύσατο * αὐτήν. καὶ περιεζώσατο ζώνην χρυσῆν καὶ
Asen. 20 6 καὶ εἶδον αὐτὴν καθημένην μετὰ τοῦ Ἰωσὴφ καὶ * ἐνδεδυμένην * ἔνδυμα γάμου. καὶ ἐθαμβήθησαν ἐπὶ τῷ κάλλει
Sal. 11 7 ἵνα παρέλθῃ Ισραηλ ἐν ἐπισκοπῇ δόξης θεοῦ αὐτῶν. * ἔνδυσαι * Ιερουσαλημ τὰ ἱμάτια τῆς δόξης σου ἑτοίμασον τὴν
Job 39 5 ἐστολιζόμην. νυνὶ δὲ ὁρᾶτε τὴν προέλευσίν μου ἢ τί * ἐνδύομαι. * τότε κλαύσαντες κλαυθμὸν μέγαν, γενόμενοι ἐν
FAch. 114 καὶ θαυμάσας ἔδωκεν αὐτῷ δῶρα. τῇ δὲ ἐχομένῃ ἡμέρᾳ * ἐνδυσάμενος * Νεκτεναβὼ πορφύραν ἐμφανὴ ἔστη σὺν τοῖς περὶ
FAch. 115 αὐτοῦ τὸ νοερὸν δῶρα ἐπέδωκε. καὶ τῇ ἑξῆς ἡμέρᾳ * ἐνδυσάμενος * στολὴν λευκὴν ὅ τε Νεκταναβὼν καὶ τοῖς
HCal. 24 31 ἱερατικαῖς οὖν στολαῖς ἑαυτοὺς οἱ τούτων ἱερεῖς * ἐνδυσάμενοι * καθυπαντῶσιν Ἀλεξάνδρῳ σὺν παντὶ τῷ πλήθει

ἐνέδρα 3
Asen. 8 5 ἀγχόνης καὶ πίνει ἐκ τῆς σπονδῆς αὐτῶν ποτήριον * ἐνέδρας * καὶ χρίεται χρίσματι ἀπωλείας. ἀλλ' ἀνὴρ
Asen. 21 14 πολλὰ ἥμαρτον ἄρτον ἀγχόνης ἔφαγον καὶ ποτήριον * ἐνέδρας * ἔπιον ἀπὸ τῆς τραπέζης τοῦ θανάτου.) (ἥμαρτον
Asen. 26 5 ἄνδρες μετ' αὐτῆς. καὶ ἐξαίφνης ἐξεπήδησαν ἐκ τῶν * ἐνεδρῶν * αὐτῶν οἱ ἐνεδρευταὶ καὶ συνέμιξαν πόλεμον μετὰ

ἐνεδρευτής 1
Asen. 26 5 καὶ ἐξαίφνης ἐξεπήδησαν ἐκ τῶν ἐνεδρῶν αὐτῶν οἱ * ἐνεδρευταὶ * καὶ συνέμιξαν πόλεμον μετὰ τῶν ἀνδρῶν τῆς

ἐνεδρεύω 4
Asen. 24 19 ἃ προστέταχας ἡμῖν. ἡμεῖς πορευσόμεθα νυκτὸς καὶ * ἐνεδρεύσομεν * εἰς τὸν χείμαρρον καὶ κρυβησόμεθα εἰς τὴν
Asen. 27 6 καὶ Ζαβουλὼν κατεδίωξαν ὀπίσω τῶν ἀνδρῶν τῶν * ἐνεδρευόντων * τῇ Ἀσενὲθ καὶ ἐπέπεσαν αὐτοῖς ἄφνω καὶ
FAch. 112 ἀκούσας μετεκαλέσατο τοὺς φίλους καί φησιν ἄνδρες * ἐνεδρεύειν * ἀκούσας Αἴσωπον τεθνάναι προσεκάλεσα τὸν
HArt. 9 27 18 τὸν δὲ Χανεθώθην πυθόμενον τοῦ Μωΰσου τὴν φυγὴν * ἐνεδρεύειν * ὡς ἀναιρήσοντα ἰδόντα δὲ ἐρχόμενον σπάσασθαι

ἐνειλέω 1
TJud. 3 6 ἄνδρες ἑταῖροι αὐτοῦ ἤρξαντο πολεμεῖν πρός με. * ἐνειλήσας * οὖν τὴν στολήν μου ἐν τῇ χειρί μου λίθοις

ἔνειμι (εἰμί) 5
TBen. 5 3 ὑμῶν καὶ αὐτὰ τὰ θηρία φοβηθήσονται ὑμᾶς. ὅπου γὰρ * ἔνι * φῶς ἀγαθῶν ἔργων εἰς διάνοιαν τὸ σκότος ἀποδιδράσκει
Aris. 284 5 καὶ καταστολῆς γινόμενα βίῳ συμφέρον καὶ καθῆκον * ἔνεστι * γὰρ καὶ ἐν τούτοις ἐπισκευή τις. πολλάκις γὰρ καὶ
Sib. 3 39 δόλια φρονεόντων οἷς κακὸν ἐν στέρνοισιν * ἔνι * μεμανημένος οἶστρος αὐτοῖς ἁρπάζοντες ἀναιδέα θυμὸν
FPho. 110 πλουτῶν μὴ φείδου μέμνησ' ὅτι θνητὸς ὑπάρχεις οὐκ * ἔνι * εἰς Ἄιδην ὄλβον καὶ χρήματ' ἄγεσθαι. πάντες ἴσον
LEze. 9 29 12 09 μετὰ δὲ ταῦτ' ἔσται πάλιν λοιμὸς θανοῦνται δ' οἷς * ἔνεστι * καρδία σκληρά. πικράνω δ' οὐρανὸν χάλαζα νῦν σὺν

ἕνεκα 33 ἕνεκα εἵνεκα ἕνεκεν τοὔνεκ' τοὔνεκά οὕνεκά τοὔνεκα οὕνεκεν εἵνεκεν

ἐνενήκοντα 2
Abr.1 1 1 Ἀβραὰμ τὸ μέτρον τῆς ζωῆς αὐτοῦ ἔτη ἐννακόσια * ἐνενήκοντα * ἐννέα πάντα δὲ τὰ τέλη τῆς ζωῆς αὐτοῦ ζήσας
Sedr. 12 4 λέγε ὦ Σεδράχ. (λέγει ὁ Σεδρὰχ) ἔτη ὀγδοήκοντα (ἢ) * ἐνενήκοντα * ἐὰν ζήσῃ ἄνθρωπος ἢ ἑκατὸν καὶ ζήσῃ αὐτοὺς ἐν

```
      ἐνενηκοστός                        6
TLevi      12      4      Ὀζιήλ. καὶ υἱοὶ Μεραρὶ Μοολὶ καὶ  Ὁμουσί. καὶ * ἐνενηκοστῷ * τετάρτῳ ἔτει μου ἔλαβεν ὁ  Ἀμβρὰμ τὴν
TBen.      12      3      ἐν γήρει καλῷ καὶ ἔθηκαν αὐτὸν ἐν παραθήκῃ. καὶ * ἐνενηκοστῷ * πρώτῳ ἔτει τῆς εἰσόδου τῶν υἱῶν  Ἰσραὴλ εἰς
FJub.       3      9      ἀπέχεσθαι τῆς βρώσεως τοῦ ξύλου τῆς γνώσεως. τῇ * ἐνενηκοστῇ * τρίτῃ ἡμέρᾳ τῆς κτίσεως τῇ δευτέρᾳ ἡμέρᾳ τῆς
FJub.       4      1      αὐτοῖς θυγάτηρ καὶ ὠνόμασαν αὐτὴν  Ἀσουάμ. τῷ * ἐνενηκοστῷ * ἑβδόμῳ ἔτει προσήνεγκε Κάϊν. τῷ ἐνενηκοστῷ
FJub.       4      1      τῷ ἐνενηκοστῷ ἑβδόμῳ ἔτει προσήνεγκε Κάϊν. τῷ * ἐνενηκοστῷ * ἐνάτῳ ἔτει  Ἄβελ ἀνήνεγκε θυσίαν τῷ θεῷ
FJub.       4      2      καρποφορίαν θυσίαν τὰ δὲ τοῦ  Ἄβελ δῶρα. τῷ αὐτῷ * ἐνενηκοστῷ * ἐνάτῳ ἔτει ἀνεῖλεν ὁ Κάϊν τὸν  Ἄβελ καὶ
      ἐνεργάζομαι                        1
Aris.     130      2      θεωρεῖς ἔφη τὰς ἀναστροφὰς καὶ τὰς ὁμιλίας οἷον * ἐνεργάζονται * πρᾶγμα διότι κακῶς ὁμιλήσαντες διαστροφὰς
      ἐνέργεια                          12
Aris.      59      2      τρίγωνα. καὶ καθ' ἕκαστον μέρος ἡ διατύπωσις τῆς * ἐνεργείας * τὴν αὐτὴν διάθεσιν εἶχεν ὥστε καθ' ὃ ἂν μέρος
Aris.      78      2      τῆς ὄψεως τερπνόν. ποικίλη γὰρ ἦν ἡ τῆς ἐπιφανείας * ἐνέργεια. * προσορώντων γὰρ πρὸς αὐτὴν τὴν τοῦ χρυσίου
Aris.      82      5      εἶναι τὴν τῶν λίθων δόσιν καὶ τὴν τῶν τεχνῶν * ἐνέργειαν. * ὑπολαμβάνων οὖν καὶ τούτων τὴν ἀναγραφὴν
Aris.     151      2      τὸ καλῶς ἔχον ἡ γὰρ ἰσχὺς τῶν ὅλων σωμάτων μετ' * ἐνεργείας * ἀπέρεισιν ἐπὶ τοὺς ὤμους ἔχει καὶ τὰ σκέλη.
Aris.     159      3      κελεύει περιῆφθαι σαφῶς ἀποδεικνὺς ὅτι πᾶσαν * ἐνέργειαν * μετὰ δικαιοσύνης ἐπιτελεῖν δεῖ μνήμην ἔχοντας
Aris.     266      6      συγχρώμενος δὲ ἐπαίνῳ πρὸς τὸ πεῖσαι. θεοῦ δὲ * ἐνεργείᾳ * κατευθύνεται πειθώ. εὖ δὲ λέγεις φήσας αὐτὸν
Aris.     285      3      δείκνυται. σὺ δὲ πᾶσαν ἠσκηκὼς καταστολὴν διὰ τῶν * ἐνεργειῶν * φιλοσοφεῖς διὰ καλοκἀγαθῶν ὑπὸ θεοῦ
Aris.     306      4      μαρτύριόν ἐστι τοῦ μηδὲν εἰργάσθαι κακὸν πᾶσα γὰρ * ἐνέργεια * διὰ τῶν χειρῶν γίνεται καλῶς καὶ ὁσίως
HAno.   9  17      3      πύργον. πεσόντος δὲ τούτου ὑπὸ τῆς τοῦ θεοῦ * ἐνεργείας * τοὺς γίγαντας διασπαρῆναι καθ' ὅλην τὴν γῆν.
LAri.   8  10      8      νοῆσαι τὴν πᾶσαν ἰσχὺν τῶν ἀνθρώπων καὶ τὰς * ἐνεργείας * ἐν ταῖς χερσὶν εἶναι. διόπερ καλῶς ὁ νομοθέτης
LAri.   8  10     12      καθ' ὃν ἐνομοθέτει καιρὸν ἵνα πάντες θεωρήσωσι τὴν * ἐνέργειαν * τοῦ θεοῦ. κατάβασις γὰρ αὕτη σαφής ἐστι καὶ
LAri.   8  10     17      μηδὲν μήτε τὰς τῶν σαλπίγγων φωνὰς δι' ἀνθρωπίνης * ἐνεργείας * ἢ κατασκευῆς ὀργάνων γίνεσθαι τὸν δὲ θεὸν ἄνευ
      ἐνεργέω                            6
TSim.       4      8      τὴν διάνοιαν καὶ οὐκ ἐᾷ τὴν σύνεσιν ἐν ἀνθρώποις * ἐνεργεῖν * ἀλλὰ καὶ τὸν ὕπνον ἀφαιρεῖ καὶ κλόνον παρέχει
TDan        5      5      ἐν γυναιξὶν ἀνόμων καὶ ἐν πάσῃ πονηρίᾳ * ἐνεργούντων * ἐν ὑμῖν τῶν πνευμάτων τῆς πλάνης. ἀνέγνων
TGad        4      5      κατ' αὐτοῦ εἴ πως θανατώσει αὐτόν. τὸ γὰρ μῖσος * ἐνεργεῖ * τῷ φθόνῳ καὶ κατὰ τῶν εὐπραγούντων τὴν προκοπὴν
Bar.       10      9      γῆς ὑδάτων καὶ τοῦτό ἐστιν τὸ δὲ τὸ τοὺς καρποὺς * ἐνεργοῦν * ἐκ τούτου ἐστίν. ἴσθι οὖν τοῦ λοιποῦ ὅτι ἐκ
Aris.      78      8      τοῖς θεωμένοις ὥστε παντελῶς ἀνεξήγητον εἶναι τῶν * ἐνηργημένων * τὴν πολυτεχνίαν. τὰς δὲ χρυσᾶς φιάλας
Aris.     210      4      δὲ ἔφη τὸ διαλαμβάνειν ὅτι πάντα διὰ παντὸς ὁ θεὸς * ἐνεργεῖ * καὶ γινώσκει καὶ οὔθεν ἂν λάθοι ἄδικα ποιήσας ἢ
      ἐνέργημα                           1
Aris.     156      2      δὲ μᾶλλον ἢ τῶν αἰσθήσεων διακόσμησις διανοίας * ἐνέργημα * καὶ κίνησις ἀόρατος ἥ τε ὀξύτης τοῦ πρὸς
      ἐνεργής                            3
Aris.      70      5      ἡ δ' αὐτὴ διάθεσις ἦν τῶν τεσσάρων ποδῶν πάντα * ἐνεργῶς * πεποιημένα καὶ προσηγμένα τῆς ἐμπειρίας καὶ
Aris.      90      3      ἐπὶ δὲ τούτων κεχύσθαι πολύ τι πλῆθος κονιάσεως * ἐνεργῶς * γεγενημένων ἁπάντων εἶναι δὲ πυκνὰ τὰ στόματα
Aris.     284      1      δόξαν κέκτησαι θεοῦ σοι τὰ βουλήματα συντελοῦντος. * ἐνεργῶς * δὲ καὶ τούτων προσειπὼν ἕτερον ἠρώτα τίνας δεῖ
      ἔνερθε                             3
FPho.             73      κρείσσοσιν ἡλίου αὐγαῖς οὐ χθὼν οὐρανίοισ' ὑψώμασι * νέρθεν * ἐοῦσα οὐ ποταμοὶ πελάγεσσιν. ἀεὶ δ' ὁμόνοιαν
LThe.   9  22      1      δ' ἑτέρωθι ἡ διερὴ Σικίμων καταφαίνεται ἱερὸν ἄστυ * νέρθεν * ὑπὸ ῥίζῃ δεδμημένον ἀμφὶ δὲ τεῖχος λισσὸν
LEze.   9  29   5 11      χωρίζεται. ἐγὼ δ' ἐσεῖδον γῆν ἅπασαν ἔγκυκλον καὶ * ἔνερθε * γαίας καὶ ἐξύπερθεν οὐρανοῦ καὶ μοί τι πλῆθος
      ἐνέχυρον                           1
Job        11      7      ἐδίδουν αὐτοῖς ὅσον ἤθελον μὴ λαμβάνων παρ' αὐτῶν * ἐνέχυρα * εἰ μὴ μόνον ἔγγραφον. καὶ οὕτως ἐνεπορεύοντο ἐν
      ἐνέχω                              3
TGad        5     11      ἐκρινόμην ἐπὶ μῆνας ἕνδεκα καθ' ὅσον χρόνον * ἐνεῖχον * τῷ  Ἰωσὴφ ἕως ἵνα πραθῇ. καὶ νῦν τέκνα μου
Aris.      16      7      τῇ λαμπρότητι τῆς ψυχῆς ἀπόλυσιν ποιῆσαι τῶν * ἐνεχομένων * ταῖς οἰκετίαις. οὐδὲ πολὺν χρόνον ἐπισχὼν καὶ
Sib.        3    362      εἰς ἀνεγείρει ὅττι βροτοὶ φαύλου ζωῆς ἀδίκου τ' * ἐνέχοντο. * ἔσται καὶ Σάμος ἄμμος ἐσεῖται Δῆλος ἄδηλος καὶ
      ἔνθα                              12
Abr.1       5      7      τῆς κλίνης αὐτοῦ καὶ ἦλθε δρομαίως ἐν τῷ τρικλίνῳ * ἔνθα * ὁ πατὴρ αὐτοῦ ἦν κοιμώμενος μετὰ τοῦ ἀρχαγγέλου.
Abr.1      20     14      οὖν τὸν φίλον μου τὸν  Ἀβραὰμ εἰς τὸν παράδεισον * ἔνθα * εἰσὶν αἱ σκηναὶ τῶν δικαίων μου καὶ μοναὶ τῶν ἁγίων
Abr.1      20     14      τῶν ἁγίων μου  Ἰσαὰκ καὶ  Ἰακὼβ ἐν τῷ κόλπῳ αὐτοῦ * ἔνθα * οὐκ ἔστιν πόνος οὐ λύπη οὐ στεναγμὸς ἀλλ' εἰρήνη
Asen.       2     12      ληνὸς μεγάλη δεχομένη τὸ ὕδωρ τῆς πηγῆς ἐκείνης. * ἔνθα * ἐπορεύετο ποταμὸς διὰ μέσης τῆς αὐλῆς καὶ ἐπότιζε
Bar.       11      9      Μιχαὴλ ὁ ἀρχάγγελος· καὶ εἶπέν μοι τοῦτό ἐστιν * ἔνθα * προσέρχονται αἱ θυσίαι τῶν δικαίων καὶ ὅσα
Prop.      18     1Β      σκηνὴ τὸ παλαιὸν ἐκ πόλεως  Ἠλί. Σηλὼμ ὃ καὶ  Ἠλεὶ * ἔνθα * ἦν ἡ σκηνὴ τὸ πάλαι. Σηλὼμ δὲ ἐκαλεῖτο ὁ  Ἠλεὶ
Prop.      21      7      ὁ δὲ  Ἠλίας καὶ ὕδατος πολλοῦ πληρώσας τὸν τόπον * ἔνθα * ἦν ἡ θυσία ηὔξατο καὶ εὐθὺς ἐπέπεσε πῦρ καὶ ἀνήλωσε
Prop.      24      2      ἱερέων τοῦ Βαὰλ κατακαύσει ἐπὶ τοῦ θυσιαστηρίου * ἔνθα * Ἱεροβοὰμ ἔθυε τῷ Βαάλ. καὶ προφητεύοντος αὐτοῦ
Sedr.      11     16      σῶμα· καὶ ἄρτι χωριζομένη ἀπ' αὐτοῦ καὶ ἀνέρχεσαι * ἔνθα * καλεῖ ⟨σε⟩ ὁ κύριος καὶ τὸ σῶμά τὸ ταλαίπωρον
Sib.        3     77      ἔσσεται ἀρχόμενος καὶ πειθόμενος περὶ παντός. * ἔνθ' * ὁπόταν κόσμου παντὸς χήρη βασιλεύσῃ καὶ ῥίψῃ χρυσόν
FJub.      18     13      εἰς ἐκεῖνον εἰς τὸν τόπον τὸν  Ἀβραὰμ ὁ θυσιαστήριον * ἔνθα * Δαβὶδ ὕστερον ἱδρύσατο τὸ ἱερόν.  ἐγέννησεν πάλιν
HEup.   9  30      5      τὸν θεὸν τόπον αὐτῷ δεῖξαι τοῦ θυσιαστηρίου. * ἔνθα * δὴ ἄγγελον αὐτῷ ὀφθῆναι ἑστῶτα ἐπάνω τοῦ τόπου οὗ
      ἐνθάδε                             7
Hen.       19      1      (αὐτῶν) ἐνιαυτῶν μυρίων. καὶ εἶπέν μοι Οὐριὴλ * ἐνθάδε * οἱ μιγέντες ἄγγελοι ταῖς γυναιξὶν στήσονται καὶ
Hen.       22     13      τῶν ἀνόμων ἔσονται μέτοχοι. τὰ δὲ πνεύματα ὅτι οἱ * ἐνθάδε * θλιβέντες ἔλαττον κολάζονται αὐτῶν οὐ
Abr.1      16      5      λέγω σοι μὴ ἐκφοβήσῃς τὴν ψυχὴν αὐτοῦ καὶ ἔλθῃς * ἐνθάδε * ἀλλὰ μετὰ κολακείας τοῦτον παράλαβε ὅτι φίλος
Asen.       9      5      αὕτη ἐπαναστρέψω κἀγὼ πρὸς ὑμᾶς καὶ αὐλισθήσομαι * ἐνθάδε. * καὶ ἀπῆλθεν  Ἰωσὴφ τὴν ὁδὸν αὐτοῦ καὶ Πεντεφρῆς
FAch.     118             τῶν παρ' ἐμὲ χρεμετιζόντων ἵππων ἀκοῦσαι ⟨α⟩ * ἐνθάδε * ⟨δύναται⟩ τῶν ἵππων καὶ ἐκπιτρώσκειν; ἐπεὶ
HArt.   9  27     24      εὑρόντα δὲ ἀνεῳγμένας τὰς θύρας εἰσελθεῖν καὶ * ἐνθάδε * τῶν φυλάκων παρειμένων τὸν βασιλέα ἐξεγείραι. τὸν
      ἔνθεν                              7
Asen.      11     1Β      πρὸς δάκτυλον καὶ ἔσεισε τὴν κεφαλὴν αὐτῆς * ἔνθεν * καὶ ἔνθεν καὶ ἐπάτασσε συνεχῶς τὸ στῆθος ταῖς
Asen.      11     1Β      δάκτυλον καὶ ἔσεισε τὴν κεφαλὴν αὐτῆς ἔνθεν καὶ * ἔνθεν * καὶ ἐπάτασσε συνεχῶς τὸ στῆθος ταῖς χερσὶν αὐτῆς
Asen.      24     20      τοῦ χειμάρρου ὡς πρὸς τὸ μέρος τὸ ἔμπροσθεν * ἔνθεν * κάκεῖθεν τῆς ὁδοῦ ἀνὰ πεντακόσιοι ἄνδρες καὶ
Asen.      24     20      καὶ ἐκάθισαν καὶ αὐτοὶ ἐν τῇ ὕλῃ τοῦ καλάμου * ἔνθεν * κάκεῖθεν τῆς ὁδοῦ ἀνὰ πεντακόσιοι ἄνδρες. καὶ ἦν
Esdr.       6      6      πρὸς στόμα ἐλάλουν τοῦ θεοῦ καὶ οὐκ ἐξέρχεται * ἔνθεν. * καὶ εἶπον οἱ ἄγγελοι διὰ τῶν ῥινῶν σου
Esdr.       6     12      Μωσῆ καὶ ἐν τῷ ὄρει ἐπεριπάτησα καὶ οὐκ ἐξέρχεται * ἔνθεν. * καὶ εἶπον οἱ ἄγγελοι διὰ τῶν ἀκρονύχων σου ἔχομεν
HDem.   9  21     10      Ἰσραὴλ ὀνομάζεσθαι. ἐκεῖθεν δὲ ἐλθεῖν εἰς Χαφραθὰ * ἔνθεν * παραγενέσθαι εἰς  Ἐφραθὰ ἣν εἶναι Βηθλεὲμ καὶ
      ἐνθένδε                            1
LThe.   9  22      2      τεῖχος λισσὸν ὑπώρειαν ὑποδέδρομεν αἰπύθεν ἕρκος. * ἐνθένδε * ξένε ποιμενόφι πτόλιν ἤλυθ'  Ἰακὼβ εὕρεταν
      ἔνθεος                             5
Sib.        3    295      ἔσσεται ὡς πάρος ἦεν. ἡνίκα δή μοι θυμὸς ἐπαύσατο * ἔνθεον * ὕμνον καὶ λιτόμην γενετῆρα μέγαν παύσασθαι
Sib.        3    489      δὲ βοήσεται αὐλός. ἡνίκα δή μοι θυμὸς ἐπαύσατο * ἔνθεον * ὕμνον καὶ πάλι μοι μεγάλοιο θεοῦ φάτις ἐν
Sib.        5     53      ἐν φρεσὶ θέσθαι +Ἴσιδος ἡ γνωστή+ καὶ χρησμῶν * ἔνθεον * ὕμνον. πρῶτον μὲν περὶ σεῖο βάσιν ναοῦ
Sib.        5    263      +πεποθημένον ἄγνος+  Ἰουδαίη χαρίεσσα καλὴ πόλις * ἔνθεος. * ὕμνον. οὐκέτι βακχεύσει περὶ σὴν χθόνα πούς
Sib.        5    396      τὴν τῆς+ φιλορρέμμονος ὕλης παρθενικὰ κούραι πῦρ * ἔνθεον * ὡρήσουσιν. ἐσβέσεται παρὰ σεῖο πάλαι πεποθημένος
      ἐνθυμέομαι                         6
TSim.       2     14      ἀπὸ πάσης ἀφροσύνης. ἔγνων γὰρ ὅτι πονηρὸν πρᾶγμα * ἐνεθυμήθην * ἐνώπιον κυρίου καὶ  Ἰακὼβ τοῦ πατρός μου διὰ
TBen.       3      6      τῶν υἱῶν ἵνα μὴ λογίσηται αὐτοῖς ὁ κύριος εἴ τι * ἐνεθυμήθησαν * πονηρὸν περὶ αὐτοῦ. καὶ οὕτως ἐβόα  Ἰακὼβ δ
Asen.      10      1      οἱ ἐν τῇ οἰκίᾳ καὶ ἦν αὕτη γρηγοροῦσα μόνη καὶ * ἐνεθυμεῖτο * καὶ ἔκλαιε καὶ ἐπάτασσε τῇ χειρὶ τὸ στῆθος
Asen.      23      7      Φαραώ. τῶν υἱῶν Συμεὼν ἀνὴρ θρασὺς καὶ τολμηρὸς καὶ * ἐνεθυμήθη * βαλεῖν τὴν χεῖρα αὐτοῦ ἐπὶ τὴν κεφαλὴν τῆς
Sedr.      10      5      τῇ καρδίᾳ. ταῦτα πάντα ἀκούσας ὁ Σεδρὰχ καὶ * ἐνεθυμηθεὶς * τοῦ θανάτου τὴν μνήμην ἐξέστη λίαν καὶ εἶπεν
Job        49      1      καὶ ἔσχεν τὴν καρδίαν ἀλλοιωθεῖσαν ὡς μηκέτι * ἐνθυμεῖσθαι * τὰ κοσμικὰ καὶ τὸ μὲν στόμα αὐτῆς ἀνέλαβεν
      ἐνθύμησις                          3
TJud.      13      2      καὶ μὴ πορεύεσθε ὀπίσω τῶν ἐπιθυμιῶν ὑμῶν μηδὲ ἐν * ἐνθυμήσεσι * διαβουλίων ὑμῶν ἐν ὑπερηφανίᾳ καρδίας ὑμῶν
Asen.      23      8      διότι σκληρὰ ἐλάλησεν αὐτοῖς. καὶ εἶδε Λευὶς τὴν * ἐνθύμησιν * τῆς καρδίας αὐτοῦ διότι ἦν Λευὶς ἀνὴρ προφήτης
Job        47     10      ὅλως ἀντιτασσόμενον τὸν ἐχθρόν, ἀλλ' οὐδὲ τὰς * ἐνθυμήσεις * αὐτοῦ ἐν τῇ διανοίᾳ ὑμῶν διότι φυλακτήριόν
      ἐνιάκις                            1
HArt.   9  27      5      καθιστάνειν βασιλεῖς καὶ πολλάκις μὲν τοὺς αὐτοὺς * ἐνιάκις * δὲ ἄλλους. διὰ ταῦτα οὖν τὸν Μώϋσον ὑπὸ τῶν
      ἐνιαύσιος                          1
TLevi      18  2Β036      κ' μναῖ καὶ τῷ στέατι β' μναῖ καὶ εἰ ἀμνὸς τέλειος * ἐνιαύσιος * ἢ ἔριφος ἐξ αἰγῶν ιε' μναῖ καὶ τῷ στέατι μίαν
      ἐνιαυτός                          16
Hen.        5      7      ἔργα αὐτοῦ πάντα ὅσα ἐποίησεν εἰς τοὺς αἰῶνας ἀπὸ * ἐνιαυτοῦ * εἰς ἐνιαυτὸν γινόμενα πάντα οὕτως καὶ πάντα ὅσα
Hen.        5      2      ὅσα ἐποίησεν εἰς τοὺς αἰῶνας ἀπὸ ἐνιαυτοῦ εἰς * ἐνιαυτὸν * γινόμενα πάντα οὕτως καὶ πάντα ὅσα ἀποτελοῦσιν
Hen.       18     16      μέχρι καιροῦ τελειώσεως αὐτῶν ἁμαρτίας (αὐτῶν) * ἐνιαυτῶν * μυρίων. καὶ εἶπέν μοι Οὐριὴλ ἐνθάδε οἱ μιγέντες
Hen.      106     15      γῆς κατακλυσμὸς καὶ ἔσται ἀπώλεια μεγάλη ἐπὶ * ἐνιαυτόν. * ἓν καὶ τόδε τὸ παιδίον τὸ γεννηθὲν
TJud.      10      4      οὗτος ἐν πονηρίᾳ οὐκ ἔγνω αὐτὴ ποιήσας σὺν αὐτῇ * ἐνιαυτόν. * καὶ ὅτε ἠπείλησα αὐτῷ συνῆλθε μὲν αὐτῇ
Aris.     180      2      τὴν ἡμέραν ταύτην ἐν ᾗ παραγεγόνατε καὶ κατ' * ἐνιαυτὸν * ἐπίσημος ἔσται πάντα τὸν τῆς ζωῆς ἡμῶν χρόνον
```

Slb. 3 563 τοῦτο καὶ ἐν φρεσὶ κάτθεο σῇσιν ὅσσα περιπλομένων * ἐνιαυτῶν * κήδεα ἔσται. --- +καὶ τοὺς ἐλλὰς ἔρεξε+ βοῶν
Slb. 3 649 ἀνθρώπων --- πολλὰ χρόνων μήκη περιτελλομένων * ἐνιαυτῶν * πέλτας καὶ θυρεοὺς γαισοὺς παμποικιλά θ' ὅπλα
Slb. 3 728 κατὰ γαῖαν ἅπασαν ἑπτὰ χρόνων μήκη περιτελλομένων * ἐνιαυτῶν * πέλτας καὶ θυρεοὺς κόρυθας παμποικιλά θ' ὅπλα
Slb. 4 73 πυροφόρον τε λιμὸς ἀκαρπίη τε περιπλομένων * ἐνιαυτῶν * εἴκοσι φοιτήσει σταχυητρόφος ἡνίκα Νεῖλος
FJub. 4 31 γὰρ καὶ αὐτὸς τὸν Ἄβελ ἀνεῖλε. πληρωθέντος οὖν * ἐνιαυτοῦ * μετὰ θάνατον τοῦ Ἀδὰμ τέθνηκεν. ὑπὸ τοῦ Λάμεχ
FAch. 120 ἡ οἰκουμένη διὰ τὸ περιέχειν ἅπαντα ὁ δὲ στῦλος ὁ * ἐνιαυτὸς * διὰ τὸ ἀσφαλῶς αὐτὸν βεβηκέναι αἱ δὲ ἐπὶ τούτου
IHom. 5 107 4 ἀστερόεντι ἐν κύκλοισι φανέντα ἐπιτελλομένοις * ἐνιαυτοῖς. *
HDem. 9 21 19 γυναῖκα τὴν τοῦ θείου θυγατέρα Ἰωχαβὲτ καὶ ὄντα * ἐνιαυτῶν * ο ε' γεννῆσαι Ἀαρὼν ⟨καὶ Μωσῆν⟩ γεννῆσαι δὲ
LEze. 9 29 12 22 λέξεις πᾶσιν Ἑβραίοις ὁμοῦ ὁ μεὶς ὅδ' ὑμῖν πρῶτος * ἐνιαυτῶν * πέλει ἐν τῷδ' ἀπάξω λαὸν εἰς ἄλλην χθόνα εἰς ἣν
LAri. 13 12 16 ἀστερόεντι ἐν κύκλοισι φανέντ' ἐπιτελλομένοις * ἐνιαυτοῖς. * δεῖν τὰ διαβατήρια θύειν ἐπ' ἴσης ἅπαντας
ἐνίημι 3
Aris. 65 3 τραπέζης στερεὸν δακτύλων τεσσάρων ὥστε τοὺς πόδας * ἐνίεσθαι * εἰς τοῦτο περόνας ⟨σὺν⟩ κατακλεῖσιν ἔχοντας
Aris. 79 3 δ' ἐλαίας ἀνέπλεξαν στέφανον ἔκτυπον πολυτελεῖς * ἐνέντες * λίθους καὶ τὰς λοιπὰς δὲ τορείας διηλλαγμένας
FAch. 122 παρὰ Λυκούργου χίλια τάλαντα χρυσίου χρόνον * ἐνείς * τὸν παρελθόντα ⟨μετὰ τὸ⟩ παρεσχηκέναι. μετὰ δὲ τὰς
ἐνίοτε 4
Job 11 9 ἔγγραφον. καὶ οὕτως ἐνεπορεύοντο ἐν τοῖς ἐμοῖς. * ἐνίοτε * δὲ ἐμπορευόμενοι ἐπετύγχανον καὶ ἐδίδουν τοῖς
Job 11 10 ἐμπορευόμενοι ἐπετύγχανον καὶ ἐδίδουν τοῖς πτωχοῖς * ἐνίοτε * δὲ πάλιν ἀπεσυλοῦντο καὶ ἤρχοντο καὶ παρεκάλουν
Job 36 4 ἀκατάστατον οὖσαν, ἐπεὶ γὰρ κατὰ καιρὸν ἀλλοιοῦται * ἐνίοτε * εὐθύνεται, ἐνίοτε δὲ εἰρηνεύει, ἔσθ' ὅτε καὶ
Job 36 4 ἐπεὶ γὰρ κατὰ καιρὸν ἀλλοιοῦται ἐνίοτε εὐθύνεται, * ἐνίοτε * δὲ εἰρηνεύει, ἔσθ' ὅτε καὶ πολεμεῖται περὶ δὲ τοῦ
ἐνιπή 1
LThe. 9 22 3 κελάδοντος. ἤλυθε γὰρ κἀκεῖθι λιπὼν δριμεῖαν * ἐνιπὴν * αὐτοκασιγνήτοιο πρόφρων ὑπέδεκτο δόμονδε Λάβαν ὅς
ἐνίστημι 1 (cf.+ ἐνστήκω)
TGad 6 7 καὶ εἰρηνεύσει. ἐὰν δὲ ἀναιδὴς ἐστι καὶ * ἐνίσταται * τῇ κακίᾳ καὶ οὕτως ἄφες αὐτῷ ἀπὸ καρδίας καὶ
ἐνισχύω 7
Adam 10 3 θεοῦ πολεμῆσαι αὐτήν; πῶς ἠνοίγη τὸ στόμα σου; πῶς * ἐνίσχυσαν * οἱ ὀδόντες σου; πῶς οὐκ ἐμνήσθης τῆς ὑποταγῆς
TSim. 1 2 ἦλθον γὰρ ἐπισκέψασθαι αὐτὸν ἀρρωστοῦντα καὶ * ἐνισχύσας * ἐκάθισε καὶ κατεφίλησεν αὐτοὺς καὶ εἶπεν
TDan 6 5 ἡ βασιλεία τοῦ ἐχθροῦ. αὐτὸς ὁ ἄγγελος τῆς εἰρήνης * ἐνισχύσει * τὸν Ἰσραὴλ μὴ ἐμπεσεῖν αὐτὸν εἰς τέλος κακῶν.
Sal. 16 12 δὲ μετὰ ἱλαρότητος στήρισον τὴν ψυχήν μου ἐν τῷ * ἐνισχῦσαί * σε τὴν ψυχήν μου ἀρκέσει μοι τὸ δοθέν. ὅτι ἐὰν
Sal. 16 13 τὴν ψυχήν μου ἀρκέσει μοι τὸ δοθέν. ὅτι ἐὰν μὴ σὺ * ἐνισχύσῃς * τίς ὑφέξεται παιδείαν ἐν πενίᾳ; ἐν τῷ
Job 4 11 ὅτι δίκαιος καὶ ἀληθινὸς καὶ ἰσχυρὸς ὁ κύριος, * ἐνισχύων * τοὺς ἐκλεκτοὺς αὐτοῦ. καὶ ἐγὼ τεκνία μου
Job 47 7 μου ὁμοίως καὶ αἱ πληγαὶ καὶ λοιπὸν τὸ σῶμά μου * ἐνίσχυσεν * διὰ κυρίου ὡς οὐδὲν ὅλως πεπονθὼς ἀλλὰ καὶ τῶν
ἐννακισχίλιοι 1
Job 9 4 φυλάσσοντές μου τὸν οἶκον εἶχον δὲ καμήλους * ἐννακισχιλίους, * καὶ ἐξ αὐτῶν ἐξελεξάμην τρισχιλίας
ἐννακόσιοι 1
Abr.1 1 1 ἔζησεν Ἀβραὰμ τὸ μέτρον τῆς ζωῆς αὐτοῦ ἔτη * ἐννακόσια * ἐνενήκοντα ἐννέα πάντα δὲ τὰ τέλη τῆς ζωῆς
ἐννέα 17
Abr.1 1 1 τὸ μέτρον τῆς ζωῆς αὐτοῦ ἔτη ἐννακόσια ἐνενήκοντα * ἐννέα * πάντα δὲ τὰ τέλη τῆς ζωῆς αὐτοῦ ζήσας ἐν ἡσυχίᾳ
TJos. 19 2 ὧν εἶδον ἐνυπνίων. δώδεκα ἔλαφοι ἐνέμοντο καὶ οἱ * ἐννέα * διαιρέθησαν καὶ διεσπάρησαν τῇ γῇ ὁμοίως καὶ οἱ
Asen. 29 8 πένθους ἐμαλακίσθη καὶ ἀπέθανε Φαραὼ ἐτῶν ἑκατὸν * ἐννέα * καὶ κατέλιπε τὸ διάδημα αὐτοῦ τῷ Ἰωσήφ. καὶ
Jer. 9 1 χαίροντες καὶ ἀναφέροντες θυσίας ὑπὲρ τοῦ λαοῦ * ἐννέα * ἡμέρας. τῇ δὲ δεκάτῃ ἀνήνεγκεν Ἱερεμίας μόνος
Bar. 4 10 γῆς καὶ ἀπώλεσε πᾶσαν σάρκα καὶ τὰς τετρακοσίας * ἐννέα * χιλιάδας τῶν γιγάντων καὶ ἀνῆλθεν τὸ ὕδωρ ἐπάνω
Bar. 6 2 ἰδοὺ ὄρνεον περιτρέχον ἔμπροσθεν τοῦ ἡλίου ὡς ὄρη * ἐννέα. * καὶ εἶπον τὸν ἄγγελον τί ἐστι τὸ ὄρνεον τοῦτο;
FJub. 4 10 Ἀζουρᾶ. γεγόνασι δὲ τῷ Ἀδὰμ καὶ ἄλλοι υἱοὶ * ἐννέα * μέρη τοὺς τρεῖς τούτους ὡς εἶναι αὐτῷ δύο μὲν
FJub. 10 9 τῆς ἑκάστου πρὸς θεὸν προαιρέσεως τὰ δὲ λοιπὰ * ἐννέα * μέρη ἐβλήθη εἰς τὴν ἄβυσσον. γυνὴ Φαλεκ Δυμνα
FJub. 11 14 καὶ πᾶσαν Χαλδαϊκὴν μαντείαν. Ναχὼρ δὲ γενόμενος ο * θ' * ἐτῶν ἐγέννησε τὸν Θάρρα. Νίνου δὲ τοῦ πρώτου βασιλέως
FIsa. 1 3 2 καὶ αἰχμαλωτίσαι τὴν Σαμαρίαν καὶ λαβεῖν τὰς * ἐν⟨νέ⟩α * ἥμισυ φυλὰς ἐν αἰχμαλωσίᾳ καὶ ἀπενέγκαι αὐτοὺς
HDem. 9 21 8 τεσσάρων Λευὶν ἐτῶν δέκα μηνῶν ἓξ Ἰούδαν ἐτῶν * ἐννέα * μηνῶν ὀκτὼ Νεφθαλεὶμ ἐτῶν ὀκτὼ μηνῶν δέκα Γὰδ ἐτῶν
HDem. 9 21 13 τοῦ λιμοῦ ἐπιγενέσθαι ἔτη δύο. τὸν δὲ Ἰωσὴφ ἔτη * ἐννέα * εὐτυχήσαντα πρὸς τὸν πατέρα μὴ πέμψαι διὰ τὸ
HDem. 9 21 17 ἐτῶν μ' μηνῶν ὀκτὼ Ζαβουλὼν ἐτῶν μ' Δεῖναν ἐτῶν λ * θ' * Βενιαμὶν ἐτῶν κ η'. τὸν δὲ Ἰωσὴφ γενέσθαι ἐν Αἰγύπτῳ
HDem. 9 21 18 ἐτῶν κ η'. τὸν δὲ Ἰωσὴφ γενέσθαι ἐν Αἰγύπτῳ ἔτη λ * θ'. * εἶναι δὲ ἀπὸ τοῦ Ἀδὰμ ἕως τοῦ εἰσελθεῖν εἰς
HDem. 1 141 2 τετάρτου ἔτη πεντακόσια ἑβδομήκοντα τρία μῆνας * ἐννέα * ἀφ' οὗ δὲ ἐξ Ἱεροσολύμων ἔτη τριακόσια τριάκοντα
HEup. 1 141 4 βασιλεύοντος Αἰγύπτου συνάγεσθαι ἔτη ͵ε ρ μ * θ'. * ἀφ' οὗ δὲ χρόνου ἐξήγαγε Μωυσῆς τοὺς Ἰουδαίους ἐξ
HArt. 9 27 37 ταῦτα δὲ πρᾶξαι περὶ ἔτη ὄντα ὀγδοήκοντα * ἐννέα. *
ἐννεακαίδεκα 1
TLevi 12 5 καὶ ὀκτωκαίδεκα ἐτῶν ὅτε ἀπέκτεινα τὸν Συχὲμ καὶ * ἐννεακαίδεκα * ἐτῶν ἱεράτευσα καὶ εἰκοσιοκτὼ ἐτῶν ἔλαβον
ἐννεακαιδέκατος 1
Hen. 6B 7 ιε' Σαμιὴλ ις' Σαρινᾶς ιζ' Εὐμιὴλ ιη' Τυριὴλ * ιθ' * Ἰουμιὴλ κ' Σαριὴλ. καὶ ἔλαβον ἑαυτοῖς γυναῖκας
ἐννέπω 1
Slb. 5 73 ἐς οὐρανὸν οὐκ ἀναβήσῃ. ταῦτα μὲν Αἰγύπτῳ θεὸς * ἔννεπεν * ἐξαυδῆσαι ὑστατίῳ καιρῷ ὅτε πάγκακοι ἄνδρες
ἐννοέω 8
TRub. 4 1 αὐτῆς. μὴ οὖν προσέχετε κάλλος γυναικῶν μηδὲ * ἐννοεῖσθε * τὰς πράξεις αὐτῶν ἀλλὰ πορεύεσθε ἐν ἁπλότητι
TSim. 4 5 πορεύεσθε ἐν ἁπλότητι ψυχῆς καὶ ἐν ἀγαθῇ καρδίᾳ * ἐννοοῦντες * τὸν πατράδελφον ὑμῶν ἵνα δῴη καὶ ὑμῖν ὁ θεὸς
TIss. 3 5 ὅτι ὁ κάματος κατήσθιε τὴν ἰσχύν μου καὶ οὐκ * ἐνενόουν * ἡδονὴν γυναικὸς ἀλλὰ διὰ τοῦ κόπου ὁ ὕπνος μου
TIss. 4 5 ἐκτήκει ψυχὴν αὐτοῦ οὐδὲ πορισμὸν ἐν ἀπληστίᾳ * ἐννοεῖ * πορεύεται γὰρ ἐν εὐθύτητι ζωῆς καὶ πάντα ὁρᾷ ἐν
Job 15 9 ἐπὶ τὸ θυσιαστήριον τοῦ θεοῦ, μήπως οἱ υἱοί μου * ἐνενοήσαντο * κακὰ ἐν τῇ καρδίᾳ αὐτῶν πρὸς τὸν θεόν. ἐμοῦ
Job 24 6 ἐμὴν τροφὴν λαμβάνω καὶ διαμερίζω σοί τε καὶ ἐμοί, * ἐννοουμένη * ἐν τῇ καρδίᾳ μου ὅτι οὐκ ἀρκετόν ἐστί σε ἐν
Aris. 133 2 ἀκριβῶς καὶ πρόδηλα θεὶς ἔδειξεν ὅτι κἂν * ἐννοηθῇ * τις κακίαν ἐπιτελεῖν οὐκ ἂν λάθοι μὴ ὅτι καὶ
Aris. 211 6 ἐστὶ καὶ ἐπιεικής. καὶ σὺ καθόσον ἄνθρωπος * ἐννόει * καὶ μὴ πολλῶν ὀρέγου τῶν δὲ ἱκανῶν πρὸς τὸ
ἐννόημα 1
Aris. 189 4 (ἑαυτῷ) καλῶς τὰ ἕκαστα πράξει διαλαμβάνων ὅτι πᾶν * ἐννόημα * σαφές ἐστι θεῷ καταρχὴν δὲ θείου φόβου λαμβάνων
ἔννοια 9
TRub. 1 διαθηκη Ρουβημ. περι * εννοιων. * ἀντίγραφον διαθήκης Ῥουβὴμ ὅσα ἐνετείλατο τοῖς
TRub. 4 8 ἐφύλαξεν ἑαυτὸν Ἰωσὴφ ἀπὸ πάσης γυναικὸς καὶ τὰς * ἐννοίας * ἐκαθάρισεν ἀπὸ πάσης πορνείας εὗρε χάριν ἐνώπιον
TRub. 4 11 θανάτου. ἐὰν γὰρ μὴ κατισχύσῃ ἡ πορνεία τὴν * ἔννοιαν * οὐδὲ Βελιὰρ κατισχύσει ὑμῶν. πονηραὶ εἰσιν αἱ
TLevi 2 3B005 πάσας τὰς καρδίας καὶ πάντας τοὺς διαλογισμοὺς * ἐννοιῶν * σὺ μόνος ἐπίστασαι. καὶ νῦν τέκνα μου μετ' ἐμοῦ.
TZab. 1 4 τέκνα μου ὅτι ἥμαρτον ἐν ταῖς ἡμέραις μου παρεκτὸς * ἐννοίας. * οὐδὲ μιμνήσκομαι ὅτι παρανομίαν ἐποίησα πλὴν
TNep. 2 5 ἄρχεται ἐν κακῷ. ὅτι οὐκ ἔστι πᾶν πλάσμα καὶ πᾶσα * ἔννοια * ἣν οὐκ ἔγνω κύριος πάντα γὰρ ἄνθρωπον ἔκτισε κατ'
TGad 5 5 μὴ προσκρούσῃ κυρίῳ οὐ θέλει τὸ καθόλου οὐδὲ ἕως * ἐννοιῶν * ἀδικῆσαι ἄνθρωπον. ταῦτα ἐγὼ ἔσχατον ἔγνων μετὰ
TJos. 9 2 δεσμῶν καὶ ἀπαλλάξω σε τοῦ σκότους. καὶ οὐδὲ ἕως * ἐννοιῶν * ποτὲ ἔκλινα πρὸς αὐτήν. ἀγαπᾷ γὰρ ὁ θεὸς μᾶλλον
LAri. 8 10 2 φυσικῶς λαμβάνειν τὰς ἐκδοχὰς καὶ τὴν ἁρμόζουσαν * ἔννοιαν * περὶ θεοῦ κρατεῖν καὶ μὴ ἐκπίπτειν εἰς τὸ
ἔννομος (νόμος) 2
Slb. 3 246 ἀπόμοιραν ἰάλλει πληροῦντες μεγάλοιο θεοῦ φάτιν * ἔννομον * ὕμνον πᾶσι γὰρ Οὐράνιος κοινὴν ἐτελέσσατο γαῖαν.
LAri. 13 12 12 συνέχει καὶ μεταποιεῖ. διασεσάφηκε δ' ἡμῖν αὐτὴν * ἔννομον * ἕνεκεν σημείου τοῦ περὶ ἡμᾶς ἑβδόμου λόγου
ἐννοσίγαιος 1
Slb. 3 405 ἰῇ ἐν νυκτὶ γένηται ἐν πόλει αὐτάνδρῳ σεισίχθονος * ἐννοσιγαίου * ἥν ποτε φημίξουσιν ἐπωνυμίην Δορύλαιον
ἕννυμι 1
FPho. 127 ἀλκὴν τε λέουσιν ταύρους δ' αὐτοχύτως κέρα * ἔσσεν * κέντρα μελίσσαις ἔμφυτον ἄλκαρ ἔδωκε λόγον δ'
ἐννύχιος 1
Slb. 3 799 γένηται. ὁππότε κεν ῥομφαῖαι ἐν οὐρανῷ ἀστερόεντι * ἐννύχιαι * ὀφθῶσι πρὸς ἕσπερον ἠδὲ πρὸς ἠῶ αὐτίκα καὶ
ἔννυχος 1
Slb. 3 293 τε πολύκμητόν τε σίδηρον. αὐτὸς γὰρ δώσει θεὸς * ἔννυχον * ἁγνὸν ὄνειρον. καὶ τότε δὴ ναὸς πάλιν ἔσσεται ὡς
ἐνοικέω 4
TSim. 5 1 ἦν ὡραῖος τῷ εἴδει καὶ καλὸς τῇ ὄψει ὅτι οὐκ * ἐνοίκησεν * ἐν αὐτῷ οὐδὲν πονηρὸν ἐκ γὰρ ταραχῆς τοῦ
Asen. 19 8 ⟨τείχη ζωῆς⟩ διότι οἱ υἱοὶ τοῦ ζῶντος θεοῦ * ἐνοικήσουσιν * ἐν τῇ πόλει τῆς καταφυγῆς σου καὶ κύριος ὁ
Sal. 17 11 ἐπὶ τὴν γῆν. ἠρήμωσεν ὁ ἄνομος τὴν γῆν ἡμῶν ἀπὸ * ἐνοικούντων * αὐτὴν ἠφάνισαν νέον καὶ πρεσβύτην καὶ τέκνα
Job 36 3 οὐ συνέστηκεν, ἐπεὶ ἀκατάστατος ἡ γῆ καὶ οἱ * ἐνοικοῦντες * ἐν αὐτῇ ἐν δὲ τοῖς ἐπουρανίοις συνέστηκεν ἡ
ἔνοπλος 1
Asen. 2 11 ἐφύλαττον ἀνὰ δεκαοκτὼ ἄνδρες δυνατοὶ νεανίσκοι * ἔνοπλοι. * καὶ ἦσαν πεφυτευμένα ἐντὸς τῆς αὐλῆς παρὰ τὸ
ἔνοπτρον 1
Aris. 76 3 μετρητὰς οἱ δ' ἀργυροῖ λείαν εἶχον τὴν διασκευὴν * ἔνοπτρον * δὴ γεγονυῖαν πρὸς αὐτὸ τοῦτο θαυμασίως ἔχουσαν
ἔνορκος 1
Slb. 3 140 λάθρη ἰδίῃ τε τρέφεσθαι ἐς Φρυγίην τρεῖς ἄνδρας * ἐνόρκους * Κρῆτας ἑλοῦσα τοὔνεκά τοι Δί' ἐπωνομάσανθ' ὅτι ἡ
ἕνος 1
LAri. 13 12 13 βιβλίων ἱερὰν εἶναι. Ἡσίοδος μὲν οὕτως πρῶτον * ἕνη * τετρὰς τε καὶ ἑβδόμη ἱερὸν ἦμαρ καὶ πάλιν λέγει

ἐνοσίχθων 1
Sib. 3 408 κελαινῆς. ἔστ' ἄρα καιρὸς ἐκεῖνος ἐπωνυμίην * ἐνοσίχθων * κευθμῶνας γαίης σκεδάσει καὶ τείχεα λύσει.
ἐνότης 1
TZab. 8 6 τὴν κακίαν τοῦ ἀδελφοῦ αὐτοῦ ὅτι τοῦτο χωρίζει * ἑνότητα * καὶ πᾶσαν συγγένειαν διασκορπίζει καὶ τὴν ψυχὴν
ἐνουράνιος 1
FrAn. 574 3051 καὶ εὐλογοῦντα τοὺς καρποὺς αὐτῆς ὃν εὐλογεῖ πᾶσα * ἐνουράνιος * δύναμις ἢ ἀγγέλων ἀρχαγγέλων. ὁρκίζω σε μέγαν
ἐνοχλέω 8
TJos. 3 6 περὶ Μεμφίας τῆς Αἰγυπτίας ὅτι σφόδρα ἀδιαλείπτως * ἐνόχλει * μοι καὶ ἐν νυκτὶ εἰσῄει λόγῳ ἐπισκέψεως πρός με.
TJos. 7 4 καὶ νοήσας ὅτι τὸ πνεῦμα τοῦ Βελιὰρ αὐτὴν * ἐνοχλεῖ * προσευξάμενος κυρίῳ εἶπον αὐτῇ ἵνα τί ταράσσῃ
Asen. 7 2 διότι ἐφοβεῖτο Ἰωσὴφ λέγων μήποτε καὶ αὕτη * ἐνοχλήσῃ * με. ὅτι ἠνόχλουν αὐτὸν πᾶσαι αἱ γυναῖκες καὶ αἱ
Asen. 7 3 Ἰωσὴφ λέγων μήποτε καὶ αὕτη ἐνοχλήσῃ με. ὅτι * ἠνόχλουν * αὐτὸν πᾶσαι αἱ γυναῖκες καὶ αἱ θυγατέρες τῶν
Asen. 7 8 ἑαυτῷ εἰ παρθένος ἐστὶ μισοῦσα πάντα ἄνδρα οὐ μὴ * ἐνοχλήσῃ * μοι αὕτη. καὶ εἶπεν Ἰωσὴφ τῷ Πεντεφρῇ καὶ πάσῃ
Asen. 10 5 δέσποινα καὶ διὰ τί σὺ σκυθρωπάζεις καὶ τί ἐστι τὸ * ἐνοχλοῦν * σοι; ἄνοιξον ἡμῖν καὶ ὀψόμεθα τί σοί ἐστιν. καὶ
FEz. 186 2 ‹το πλανωμενο›ν ουκ επ‹εσ›τρεψατε και ‹το * ενοχλουμενο›ν * ουκ εθ‹ε›ραπευσατε ‹και ποιειτε τον› λαον
FEz. 186 11 μοσχον προς μοσχ‹ον και το χωλο›ν κατεδησω και το * ενο‹χλουμενον * ια›σομαι και το πλανομε‹νον επιστρεψω κ›αι
ἔνοχος 2
Sal. 4 3 αὐτοῦ ἐν πρώτοις ἐπ' αὐτὸν ὡς ἐν ζήλει καὶ αὐτὸς * ἔνοχος * ἐν ποικιλίᾳ ἁμαρτιῶν καὶ ἐν ἀκρασίαις. οἱ
Aris. 25 4 περὶ τῶν ἀπειθησάντων ἐφ' ᾧ τοῦ φανέντος * ἐνόχου * τὴν κυρίαν ἕξειν τὰ δὲ ὑπάρχοντα τῶν τοιούτων εἰς
ἑνόω 1
TNep. 8 2 καὶ ὑμεῖς οὖν ἐντείλασθε τοῖς τέκνοις ὑμῶν ἵνα * ἑνοῦνται * τῷ Λευὶ καὶ τῷ Ἰούδᾳ. διὰ γὰρ τοῦ Ἰουδὰ
ἐνρήγνυμι 1
Prop. 22 7 κατηράσατο ἐν αὐτοῖς καὶ ἐξέλθουσαι δύο ἄρκοι * ἐνέρρηξαν * ἐξ αὐτῶν μ β'. γυνὴ προφήτου τελευτήσαντος
ἔνσαρκος 1
Sib. 5 423 σελήνης καὶ κόσμου κατέθηχ' ἅγιόν τ' --- ἐποίησεν * ἔνσαρκον * καλὸν περικαλλέα ἠδὲ ἔπλασσεν πολλοῖς ἐν
ἐνσπείρω 1
TRub. 5 3 πρῶτον τὰς διανοίας καὶ διὰ τοῦ βλέμματος τὸν ἰὸν * ἐνσπείρουσι * καὶ τότε τῷ ἔργῳ αἰχμαλωτίζουσιν οὐ γὰρ
ἐνστήκω 1 (cf.+ ἐνίστημι)
LAri. 7 32 18 ἡμέρας τῇ τεσσαρεσκαιδεκάτῃ τοῦ μηνὸς μεθ' ἑσπέραν * ἐνστήξεται * μὲν ἡ σελήνη τὴν ἐναντίαν καὶ διάμετρον τῷ
ἔντασις 1
Aris. 178 4 δακρῦσαι τῇ χαρᾷ πεπληρωμένος. ἡ γὰρ τῆς ψυχῆς * ἔντασις * καὶ τὸ τῆς τιμῆς ὑπερτεῖνον δακρύειν ἀναγκάζει
ἐνταῦθα 15
Abr.1 13 5 ἐκ τοῦ πρωτοπλάστου γεγένηται καὶ διὰ τοῦτο * ἐνταῦθα * πρῶτον ἐκ τοῦ τοιούτου ἀνθρώπου κρίνεται καὶ ἐν
Abr.2 10 15 ἁμαρτίας ἃς ἐποίησα ἐν τῷ κόσμῳ οὖσα ἐληθάργησα * ἐνταῦθα * δὲ οὐκ ἐληθαργήθησαν. ἦραν οὖν αὐτὴν οἱ ὑπηρέται
Abr.2 11 4 τῆς δικαιοσύνης καὶ ἀπέστειλεν δὲ αὐτὸν ὁ κύριος * ἐνταῦθα * ὅπως ἀναγράφεται τὰς ἁμαρτίας καὶ τὰς
TJos. 18 1 ἐν ταῖς ἐντολαῖς κυρίου τέκνα μου ὑψώσει ὑμᾶς * ἐνταῦθα * καὶ εὐλογήσει ἐν ἀγαθοῖς εἰς αἰῶνας. καὶ ἐὰν
Asen. 9 4 γῆν. καὶ εἶπε Πεντεφρῆς πρὸς Ἰωσὴφ αὐλισθήτω δὴ * ἐνταῦθα * ὁ κύριός μου σήμερον καὶ τὸ πρωῒ ἀπελεύσῃ τὴν
Jer. 7 4 ὀφθαλμῶν σου δῆλόν ἐστι δεῖξόν μοι οὖν τί ποιεῖς * ἐνταῦθα; * καὶ εἶπεν αὐτῷ ὁ ἀετὸς ἀπεστάλην ὧδε ὅπως πᾶσαν
Jer. 7 15 ἐκλεκτὸς τοῦ θεοῦ ἄπελθε σύναξον τὸν λαὸν καὶ ἐλθὲ * ἐνταῦθα * ἵνα ἀκούσωσι ἐπιστολῆς ἧς ἤνεγκά σοι ἀπὸ τοῦ
Jer. 7 23 ἐναντίον τοῦ θεοῦ καὶ οὐκ ἔασέν σε εἰσελθεῖν * ἐνταῦθα * ὅπως μὴ ἴδῃς τὴν κάκωσιν τὴν γενομένην τῷ λαῷ
Jer. 7 24 ἴδῃς τὴν κάκωσιν τοῦ λαοῦ. ἀφ' ἧς γὰρ εἰσήλθομεν * ἐνταῦθα * οὐκ ἐπαύσατο ἡ λύπη ἀφ' ἡμῶν ἐξήκοντα καὶ ἓξ ἔτη
Jer. 7 29 λέγω γάρ σοι ὅτι ὅλον τὸν χρόνον ὃν ἐποιήσαμεν * ἐνταῦθα * κατέχουσιν ἡμᾶς λέγοντες ὅτι εἴπατε ἡμῖν ᾠδὴν ἐκ
Bar. 10 3 πλήθη ὀρνέων ἐκ πασῶν γενεῶν ἀλλ' οὐχ ὅμοια τῶν * ἐνταῦθα. * ἀλλ' ἴδον τὸν γέρανον ὡς βόας μεγάλους. καὶ
HHec. 1 22 198 περὶ δώδεκα μυριάδες καλοῦσι δ' αὐτὴν Ἱεροσόλυμα. * ἐνταῦθα * δ' ἔστι κατὰ μέσον μάλιστα τῆς πόλεως περίβολος
LEze. 9 28 2 14 γένει τάρσενικὰ ῥίπτειν ποταμὸν ἐς βαθύρροον. * ἐνταῦθα * μήτηρ ἡ τεκοῦσ' ἔκρυπτέ με τρεῖς μῆνας ὡς
LEze. 9 28 3 21 δ' εἶπεν ἡμῖν τίς σ' ἀπέστειλε κριτὴν ἢ ' πιστάτην * ἐνταῦθα; * μὴ κτενεῖς σύ με ὥσπερ τὸν ἐχθὲς ἄνδρα; καὶ
LEze. 9 29 16 06 νυν κατ' εὐφρόνης σημεῖον ὡς στῦλος πυρός. * ἐνταῦθα * λειμῶν' εὕρομεν κατάσκιον ὑγράς τε λιβάδας
ἐνταφιάζω 2
TJud. 26 3 ἐγὼ ἀποθνήσκω σήμερον ἐν ὀφθαλμοῖς ὑμῶν. μηδεὶς με * ἐνταφιάσει * πολυτελεῖ ἐσθῆτι ἢ τὴν κοιλίαν μου ἀναρρήξει
FMos. 9 4 13 μᾶλλον θατέρου ἅτε καὶ καθαρώτερος γενόμενος. * ἐνεταφίασαν * οἱ ἄγγελοι τὸ σῶμα Μωυσέως τοῦ ἁγίου καὶ οὐκ
ἐντείνω 1
FJub. 38 2 καὶ ὀνειδίζοντος βιασθεὶς Ἰακὼβ ὑπὸ τοῦ Ἰούδα * ἐνέτεινε * τόξον καὶ πλήξας κατὰ τοῦ δεξιοῦ μαζοῦ τὸν
ἐντέλλω 44
Adam 7 1 ἡμῖν πᾶν φυτὸν ἐν τῷ παραδείσῳ. περὶ ἑνὸς δὲ * ἐνετείλατο * ἡμῖν μὴ ἐσθίειν ἐξ αὐτοῦ δι' οὗ καὶ
Adam 11 2 ἠνοίγη τὸ στόμα σου φαγεῖν ἀπὸ τοῦ ξύλου περὶ οὗ * ἐνετείλατό * σοι ὁ θεὸς μὴ φαγεῖν ἐξ αὐτοῦ; διὰ τοῦτο καὶ
Adam 17 5 ἑνὸς μόνου ὅ ἐστι μέσον τοῦ παραδείσου περὶ οὗ * ἐνετείλατο * ἡμῖν ὁ θεὸς μὴ ἐσθίειν ἐξ αὐτοῦ ἐπεὶ θανάτῳ
Abr.2 5 3 λύχνον ἐπὶ τῆς οἰκίας. καὶ ἐποίησεν Ἰσαὰκ καθὼς * ἐνετείλατο * αὐτῷ ὁ πατὴρ αὐτοῦ καὶ ἀποκριθεὶς Ἀβραὰμ
TRub. 1 1 περι εννοιων. ἀντίγραφον διαθήκης Ῥουβὴμ ὅσα * ἐνετείλατο * τοῖς υἱοῖς αὐτοῦ πρὶν ἢ ἀποθανεῖν αὐτὸν ἐν
TRub. 1 5 ἀδελφοί μου ἐνωτίσασθε Ῥουβὴμ τοῦ πατρὸς ὑμῶν ὅσα * ἐντέλλομαι * ὑμῖν. καὶ ἰδοὺ ἐπιμαρτύρομαι ὑμῖν τὸν θεὸν
TRub. 4 5 ἥμαρτον. διὰ τοῦτο τέκνα μου φυλάξασθε πάντα ὅσα * ἐντέλλομαι * ὑμῖν καὶ οὐ μὴ ἁμαρτήσητε. ὄλεθρος γὰρ ψυχῆς
TRub. 6 2 τὰς αἰσθήσεις ἀπὸ πάσης θηλείας. κἀκείναις δὲ * ἐντείλασθε * μὴ συνδυάζειν ἀνθρώποις ἵνα καὶ αὗται
TRub. 6 8 Δὰν καὶ Ἰωσὴφ τοῦ εἶναι εἰς ἄρχοντας. διὰ τοῦτο * ἐντέλλομαι * ὑμῖν ἀκούειν τοῦ Λευὶ ὅτι αὐτὸς γνώσεται
TRub. 7 1 ἔσται ἐν ὑμῖν βασιλεὺς αἰώνων. καὶ ἀπέθανε Ῥουβὴμ * ἐντειλάμενος * τοῖς υἱοῖς αὐτοῦ. καὶ ἔθεντο αὐτὸν ἐν σορῷ
TSim. 7 3 καὶ τὸ γένος τοῦ Ἰσραήλ. διὰ τοῦτο πάντα ταῦτα * ἐντέλλομαι * ὑμῖν ἵνα καὶ ὑμεῖς ἐντείλησθε τοῖς τέκνοις
TSim. 7 3 τοῦτο πάντα ταῦτα ἐντέλλομαι ὑμῖν ἵνα καὶ ὑμεῖς * ἐντείλησθε * τοῖς τέκνοις ὑμῶν ὅπως φυλάξωσιν αὐτὰ εἰς τὰς
TSim. 8 1 αὐτὰ εἰς τὰς γενεὰς αὐτῶν. καὶ συνετέλεσε Συμεὼν * ἐντελλόμενος * τοῖς υἱοῖς αὐτοῦ καὶ ἐκοιμήθη μετὰ τῶν
TLevi 10 1 πᾶσαν θυσίαν ἅλατι ἁλιεῖς. νῦν οὖν φυλάξασθε ὅσα * ἐντέλλομαι * ὑμῖν τέκνα ὅτι ὅσα ἤκουσα παρὰ τῶν πατέρων
TLevi 13 1 ὀκτωκαιδεκάτῳ ἔτει ἀπέθανεν. καὶ νῦν τέκνα μου * ἐντέλλομαι * ὑμῖν ἵνα φοβεῖσθε τὸν κύριον ἡμῶν ἐξ ὅλης
TLevi 18 2B049 ἔσονται πᾶν τὸ σπέρμα σου καὶ τοῖς υἱοῖς σου οὕτως * ἔντειλον * ἵνα ποιήσουσιν κατὰ τὴν κρίσιν ταύτην ὡς σοὶ
TLevi 18 2B050 τὴν κρίσιν ταύτην ὡς σοὶ ὑπέδειξα. οὕτως γάρ μοι * ἐνετείλατο * ὁ πατὴρ Ἀβραὰμ ποιεῖν καὶ ἐντέλλεσθαι τοῖς
TLevi 18 2B050 γάρ μοι ἐνετείλατο ὁ πατὴρ Ἀβραὰμ ποιεῖν καὶ * ἐντέλλεσθαι * τοῖς υἱοῖς μου. καὶ νῦν τέκνον χαίρω ὅτι
TLevi 18 2B052 κατὰ τὸν λογισμὸν τῶν ξύλων ἐπιδέχου οὕτως ὡς σοὶ * ἐντέλλομαι * καὶ τὸ ἅλας καὶ τὴν σεμίδαλιν καὶ τὸν οἶνον
TLevi 18 2B057 οὐκέτι ἔσῃ ἐσθίων ἐπὶ τοῦ αἵματος. οὕτως γάρ μοι * ἐνετείλατο * ὁ πατήρ μου Ἀβραὰμ ὅτι οὕτως εὗρεν ἐν τῇ
TLevi 19 4 καὶ εἴπομεν μάρτυρες. καὶ οὕτως ἐπαύσατο Λευὶ * ἐντελλόμενος * τοῖς υἱοῖς αὐτοῦ καὶ ἐξέτεινε τοὺς πόδας
TJud. 13 1 τρία ἔτη ἔζησα ἐκεῖ. καὶ νῦν ὅσα ἐγὼ ὑμῖν * ἐντέλλομαι * ἀκούσατε τέκνα τοῦ πατρὸς ὑμῶν καὶ φυλάξατε
TJud. 17 1 καὶ πολέμου δὲ καὶ ταραχῆς αἴτιος γίνεται ὁ οἶνος. * ἐντέλλομαι * οὖν ὑμῖν τέκνα μου μὴ ἀγαπᾶν ἀργύριον μηδὲ
TJud. 26 4 Ἰούδας καὶ ἐποίησαν οἱ υἱοὶ αὐτοῦ κατὰ πάντα ὅσα * ἐνετείλατο * αὐτοῖς καὶ ἔθαψαν αὐτὸν ἐν Χεβρὼν μετὰ τῶν
TIss. 7 8 τοῖς ἀνθρώποις ἐν ἁπλότητι καρδίας. καὶ * ἐνετείλατο * αὐτοῖς ὅπως ἀναγάγωσιν αὐτὸν ἐν Χεβρὼν κἀκεῖ
TNep. 8 2 ὅτι πάντα γενήσεται ἐν Ἰσραήλ. καὶ ὑμεῖς οὖν * ἐντείλασθε * τοῖς τέκνοις ὑμῶν ἵνα ἑνοῦνται τῷ Λευὶ καὶ τῷ
TNep. 9 1 ὅπως ὁ κύριος ἀγαπήσει ὑμᾶς. καὶ πολλὰ τοιαῦτα * ἐντειλάμενος * αὐτοῖς παρεκάλεσεν ἵνα μετακομίσωσι τὰ ὀστᾶ
TNep. 9 3 καὶ ἐποίησαν οἱ υἱοὶ αὐτοῦ κατὰ πάντα ὅσα * ἐνετείλατο * αὐτοῖς Νεφθαλὶμ ὁ πατὴρ αὐτῶν.
TAser 8 1 καὶ Ἰσαὰκ καὶ Ἰακώβ. καὶ εἰπὼν αὐτοῖς ταῦτα * ἐνετείλατο * αὐτοῖς λέγων θάψατέ με εἰς Χεβρών. καὶ
TAser 8 2 καὶ μετὰ ταῦτα ἐποίησαν οἱ υἱοὶ αὐτοῦ ὡς * ἐνετείλατο * αὐτοῖς καὶ ἀναγαγόντες αὐτὸν ἔθαψαν μετὰ τῶν
TBen. 12 1 φυλῆς σου. καὶ ὡς ἐπλήρωσε τοὺς λόγους αὐτοῦ εἶπεν * ἐντέλλομαι * ὑμῖν τέκνα μου ἀνενέγκατε τὰ ὀστᾶ μου ἐξ
Asen. 12 2 ἀκούουσι κύριε καὶ φυλάσσουσι τὰς ἐντολάς σου ἃς * ἐνετείλω * αὐτοῖς καὶ τὰ προστάγματά σου οὐ μὴ
Sal. 7 4 καὶ μὴ δῷς ἔθνεσιν. ἐὰν γὰρ ἀποστείλῃς θάνατον σὺ * ἐντελῇ * αὐτῷ περὶ ἡμῶν ὅτι σὺ ἐλεήμων καὶ οὐκ ὀργισθήσῃ
Sal. 14 2 ἐν δικαιοσύνῃ προσταγμάτων αὐτοῦ ἐν νόμῳ ᾧ * ἐνετείλατο * ἡμῖν εἰς ζωὴν ἡμῶν. ὅσιοι κυρίου ζήσονται ἐν
Sal. 18 10 ἀφ' ἡμερῶν εἰς ἡμέρας καὶ οὐ παρέβησαν ἀπὸ ὁδοῦ ἧς * ἐνετείλω * αὐτοῖς ἐν φόβῳ θεοῦ ἡ ὁδὸς αὐτῶν καθ' ἑκάστην
Sal. 18 12 ἀρχαίων οὐκ ἀπέστησαν ὁδῶν αὐτῶν εἰ μὴ ὁ θεὸς * ἐνετείλατο * αὐτοῖς ἐν ἐπιταγῇ δούλων αὐτοῦ.
Prop. 17 4B αὐτὸν ἐπὶ κεκρυμμένοις καὶ ἐποίησεν αὐτὸς καθὼς * ἐνετείλατο * αὐτῷ ὁ κύριος. καὶ αὐτὸς πάνυ γηράσας ἀπέθανε
Prop. 22 9 καὶ μὴ ἔχουσα ἀποδοῦναι προσῆλθε τῷ Ἐλισαίῳ καὶ * ἐνετείλατο * αὐτῇ συναγαγεῖν ἀγγεῖα καινὰ ὅσα δύναται καὶ
Job 4 1 τὸν τόπον δυνήσῃ, ἀλλὰ ὑποδείκνυμί σοι πάντα ἅπερ * ἐνετείλατό * μοι κύριος μεταδιδόναι σοι. κἀγὼ εἶπον ὅτι
Job 4 2 κύριος μεταδιδόναι σοι. κἀγὼ εἶπον ὅτι πάντα ὅσα * ἐνετείλατό * μοι τῷ θεράποντι αὐτοῦ ἀκούσομαι καὶ πράξω.
Job 6 2 εἰς τὸν οἶκόν μου καὶ τὰς θύρας μου ἀσφαλισάμενος * ἐνετειλάμην * τοῖς προθύροις μου ὅτι εἴ τις σήμερον ζητήσῃ
Job 9 5 ἀγαθῶν ἀπέστειλα εἰς τὰς πόλεις καὶ εἰς τὰς κώμας, * ἐντειλάμενος * ἀπελθεῖν καὶ ἐπιδιδόναι τοῖς ἀδυνάτοις καὶ
Job 20 9 παράμεινον ἐν τῷ αὐτῷ τόπῳ ἐν ᾧ ἐτέθης ἄχρις οὗ * ένταλθῇ * ὑπὸ τοῦ κελεύσαντός σε. καὶ ἐποίησα ἔτη
FJub. 3 9 εἰσόδου ἡλίου ὄντος ταύρῳ καὶ σελήνης αἰγοκέρωτι * ἐνετείλατο * ὁ θεὸς τῷ Ἀδὰμ ἀπέχεσθαι τῆς βρώσεως τοῦ
ἐντεῦθεν 4
Hen. 22 13 ἐν ἡμέρᾳ τῆς κρίσεως οὐδὲ μὴ μετεγερθῶσιν * ἐντεῦθεν. * τότε ηὐλόγησα τὸν κύριον τῆς δόξης καὶ εἶπα
Asen. 24 20 ἔνθεν κἀκεῖθεν τῆς ὁδοῦ ἀνὰ πεντακόσιοι ἄνδρες καὶ * ἐντεῦθεν * τοῦ χειμάρρου ἐπανέμειναν οἱ λοιποὶ καὶ
Jer. 7 28 καὶ τῶν κριμάτων τοῦ στόματός μου καὶ ἐξέλθωμεν * ἐντεῦθεν. * λέγω γάρ σοι ὅτι ὅλον τὸν χρόνον ὃν ἐποιήσαμεν
FJub. 4 15 Μαλελεὴλ Δινα θυγάτηρ Βαραχιὴλ πατραδέλφου αὐτοῦ. * ἐντεῦθεν * ἤρξατο ἡ κακομηχανία ἐν κόσμῳ γίνεσθαι καὶ ἀπ'
ἔντευξις 3
Hen. 99 3 τότε ἑτοιμάζεσθε οἱ δίκαιοι καὶ προέχεσθε τὰς * ἐντεύξεις * ὑμῶν εἰς μνημόσυνον δίδοτε αὐτὰς ἐν

Hen. 103 14 τοὺς καταβάλλοντας καὶ βιαζομένους ἡμᾶς καὶ τὰς * ἐντεύξεις * ἡμῶν οὐκ ἀπεδέξαντο οὐδὲ ἐβούλοντο ἐπακοῦσαι
Aris. 252 5 τῶν λεγομένων καὶ κρίσει κατευθύνων τὰ τῶν * ἐντεύξεων * καὶ διὰ κρίσεως ἐπιτελῶν ταῦτα ἀναμάρτητος

ἐντίθημι 7
TNep. 2 2 τὸ σῶμα καὶ πρὸς τὴν δύναμιν τοῦ σώματος τὸ πνεῦμα * ἐντίθησι * καὶ οὐκ ἔστι λεῖπον ἓν ἐκ τοῦ ἑνὸς τρίτον
Job 53 7 εἰσαχθῆναι αὐτὸν ἐν τῷ τάφῳ καὶ μετὰ τρεῖς ἡμέρας * ἐνέθεντο * αὐτὸν εἰς τὸν τάφον ἐν καλῷ ὕπνῳ, λαβόντα ὄνομα
Sib. 3 196 καθοδηγοὶ ἔσονται. ἀλλά τί μοι καὶ τοῦτο θεὸς νόῳ * ἔνθετο * λέξαι τί πρῶτον τί δ' ἔπειτα τί δ' ὑστάτιον κακὸν
Sib. 3 300 ἐν φρεσὶ θεῖναι. καί μοι τοῦτο θεὸς πρῶτον νόῳ * ἔνθετο * λέξαι ὅσσα γέ τοι Βαβυλῶνι ἐμήσατο ἄλγεα λυγρὰ
IOrp. 46 πελάζευ γλώσσης εὖ μάλ' ἐπικρατέων στέρνοισι δὲ * ἔνθεο * φήμην. εἷς Ζεὺς εἷς Ἀΐδης εἷς Ἥλιος εἷς
LEze. 9 29 11 10 λαβὲ οὐρὰν πάλιν δὲ ῥάβδος ἔσσεθ' ὥσπερ ἦν. * ἔνθες * δὲ χεῖρ' εἰς κόλπον ἐξένεγκέ τε. (Μ). ἰδοὺ τὸ
LEze. 9 29 11 12 τε. (Μ). ἰδοὺ τὸ ταχθὲν γέγονεν ὡσπερεὶ χιών. (Θ). * ἔνθες * πάλιν δ' εἰς κόλπον ἔσται δ' ὥσπερ ἦν. ἐν τῇδε

ἔντιμος 10
Hen. 14 21 οἶκον τοῦτον καὶ ἰδεῖν τὸ πρόσωπον αὐτοῦ διὰ τὸ * ἔντιμον * καὶ ἔνδοξον καὶ οὐκ ἐδύνατο πᾶσα σάρξ ἰδεῖν
Hen. 24 2 ἑκάτερα τοῦ ἑκατέρου διαλλάσσοντα ὧν οἱ λίθοι * ἔντιμοι * τῇ καλλονῇ καὶ πάντα ἔντιμα καὶ ἔνδοξα καὶ
Hen. 24 2 ὧν οἱ λίθοι ἔντιμοι τῇ καλλονῇ καὶ πάντα * ἔντιμα * καὶ ἔνδοξα καὶ εὐειδῆ τρία ἐπ' ἀνατολὰς
Hen. 90 4 ἀπολοῦνται οἱ ἀγαπητοὶ ὑμῶν καὶ ἀποθανοῦνται οἱ * ἔντιμοι * ὑμῶν ἀπὸ πάσης τῆς γῆς ὅτι πᾶσαι αἱ ἡμέραι τῆς
Hen. 100 2 αὐτοῦ ἀποκτεῖναι αὐτὸν καὶ ὁ ἁμαρτωλὸς ἀπὸ τοῦ * ἐντίμου * οὔτε ἀπὸ τοῦ ἀδελφοῦ αὐτοῦ ἐξ ὄρθρων μέχρις οὗ
Sal. 8 26 κριματά σου ὁ θεός. ἐδικαιώσαμεν τὸ ὄνομά σου τὸ * ἔντιμον * εἰς αἰῶνας ὅτι σὺ ὁ θεὸς τῆς δικαιοσύνης κρίνων
Sal. 17 5 βίας ἀφείλαντο καὶ οὐκ ἐδόξασαν τὸ ὄνομά σου τὸ * ἔντιμον. * ἐν δόξῃ ἔθεντο βασίλειον ἀντὶ ὕψους αὐτῶν
Job 1 5 ἐν πάσῃ ὑπομονῇ γενόμενος, ὑμεῖς δὲ γένος ἐκλεκτὸν * ἔντιμον * ἐκ σπέρματος Ιακωβ τοῦ πατρὸς τῆς μητρὸς ὑμῶν
Job 43 9 ἑαυτῷ τὸν κύριον οὐδὲ ἐφοβήθη αὐτόν, ἀλλὰ καὶ τοὺς * ἐντίμους * αὐτοῦ παρώργισεν ἐπελάθετο αὐτοῦ ὁ κύριος, καὶ
FMos. 2 629 5 καὶ διὰ τοῦτο μὴ συγχωρεῖσθαι αὐτῷ τυχεῖν τῆς * ἐντίμου * ταφῆς.

ἐντινάσσω 1
Hen. 89 43 κερατίζειν καὶ ἐπιδιώκειν ἐν τοῖς κέρασιν καὶ * ἐνετίνασσεν * εἰς τοὺς ἀλώπεκας καὶ μετ' αὐτοὺς εἰς τοὺς

ἐντολεύς 1
TAser 2 6 καὶ τὸν ὕψιστον ἐπιορκεῖ καὶ τὸν πτωχὸν ἐλεᾷ τὸν * ἐντολέα * τοῦ νόμου κύριον ἀθετεῖ καὶ παροξύνει καὶ τὸν

ἐντολή 57
Adam 10 2 με λέγοντες ὅτι οὐκ ἐφύλαξεν ἡ Εὔα τὴν * ἐντολὴν * τοῦ θεοῦ. καὶ εἶπε πρὸς τὸ θηρίον ὦ θηρίον
Adam 23 3 ὑπέδειξεν ὅτι γυμνὸς εἶ εἰ μὴ ὅτι ἐγκατέλιπας τὴν * ἐντολήν * μου ἣν παρέδωκά σοι τοῦ φυλάξαι αὐτήν; τότε
Adam 24 1 καὶ λέγει ὁ θεὸς τῷ Ἀδὰμ ἐπειδὴ παρήκουσας τὴν * ἐντολήν * μου καὶ ἤκουσας τῆς γυναικός σου ἐπικατάρατος ἡ
Adam 24 3 θηρίων ἐπαναστήσονταί σοι ἐν ἀκαταστασίᾳ ὅτι τὴν * ἐντολήν * μου οὐκ ἐφύλαξας. στραφεὶς δὲ πρός με ὁ κύριος
Adam 25 1 ἐπειδὴ ἐπήκουσας τοῦ ὄφεως καὶ παρήκουσας τὴν * ἐντολήν * μου ἔσει ἐν καμάτοις καὶ ἐν πόνοις ἀφορήτοις.
Adam 39 1 ὁ θεὸς Ἀδὰμ τί τοῦτο ἐποίησας; εἰ ἐφύλαξας τὴν * ἐντολήν * μου οὐκ ἂν ἐχαίροντο οἱ κατάγοντές σε εἰς τὸν
Adam 42 7 ὥσπερ ἐν τῇ παραβάσει πλανηθέντες παρέβημεν τὴν * ἐντολήν * σου μὴ χωρισθέντες οὕτως καὶ νῦν κύριε μὴ
Hen. 5 4 ὑμεῖς δὲ οὐκ ἐνεμείνατε οὐδὲ ἐποιήσατε κατὰ τὰς * ἐντολὰς * αὐτοῦ ἀλλὰ ἀπέστητε καὶ κατελαλήσατε μεγάλους
Hen. 14 1 καὶ ἐλέγξεως ἐγρηγόρων τῶν ἀπὸ τοῦ αἰῶνος κατὰ τὴν * ἐντολὴν * τοῦ ἁγίου τοῦ μεγάλου ἐν ταύτῃ τῇ ὁράσει. ἐγὼ
Hen. 99 10 φρονίμων λόγους καὶ μαθήσονται αὐτοὺς ποιῆσαι τὰς * ἐντολὰς * τοῦ ὑψίστου καὶ πορεύσονται ἐν ὁδοῖς δικαιοσύνης
Abr.Z 5 6 καὶ ἐκοιμήθη καὶ οὐ παρήκουσεν τῆς φωνῆς οὐδὲ τῆς * ἐντολῆς * τοῦ πατρὸς αὐτοῦ. ἐγένετο δὲ ὡς ὥρα ἑβδόμη τῆς
TLevi 14 4 παντὸς ἀνθρώπου τοῦτον θέλοντες ἀνελεῖν ἐναντίας * ἐντολὰς * διδάσκοντες τοῖς τοῦ θεοῦ δικαιώμασι τὰς
TLevi 14 6 ἐσθίοντες μετὰ πορνῶν ἐν πλεονεξίᾳ τὰς * ἐντολὰς * κυρίου διδάξετε τὰς ὑπάνδρους βεβηλώσετε καὶ
TLevi 14 7 ἀνθρώπων ἐπαιρόμενοι οὐ μόνον δὲ ἀλλὰ καὶ κατὰ τῶν * ἐντολῶν * τοῦ θεοῦ φυσιούμενοι καταπαίξετε τὰ ἅγια ἐν
TLevi 18 2B048 μου ἄκουσον τοὺς λόγους μου καὶ ἐνωτίσαι τὰς * ἐντολάς * μου καὶ μὴ ἀποστήτωσαν οἱ λόγοι μου οὗτοι ἀπὸ
TJud. 10 5 αὐτῇ διέφθειρε δὲ τὸ σπέρμα ἐπὶ τὴν γῆν κατὰ τὴν * ἐντολὴν * τῆς μητρὸς αὐτοῦ καίγε οὗτος ἐν πονηρίᾳ
TJud. 13 1 μου τοῦ ποιεῖν τὰ δικαιώματα κυρίου καὶ ὑπακούειν * ἐντολῆς * κυρίου θεοῦ. καὶ μὴ πορεύεσθε ὀπίσω τῶν
TJud. 13 7 ἡ ἡδονή. καὶ ἐρασθεὶς αὐτῆς συνέπεσα καὶ παρέβην * ἐντολὴν * κυρίου καὶ ἐντολὴν πατέρων μου καὶ ἔλαβον αὐτὴν
TJud. 13 7 αὐτῆς συνέπεσα καὶ παρέβην ἐντολὴν κυρίου καὶ * ἐντολὴν * πατέρων μου καὶ ἔλαβον αὐτὴν εἰς γυναῖκα. καὶ
TJud. 14 6 ἀκαθαρσίας υἱῶν μου. πιὼν οἶνον οὐκ αἰσχύνθην * ἐντολὴν * θεοῦ καὶ ἔλαβον γυναῖκα Χαναναίαν. διὸ συνέσεως
TJud. 16 3 ὕβρεως καὶ μάχης καὶ συκοφαντίας καὶ παραβάσεως * ἐντολῶν * θεοῦ καὶ ἀπολεῖσθε οὐκ ἐν καιρῷ ὑμῶν. καίγε
TJud. 16 4 ἀνθρώπων ἀλλοτρίοις ἀποκαλύπτει ὁ οἶνος ὡς κἀγὼ * ἐντολὰς * θεοῦ καὶ μυστήρια Ἰακὼβ τοῦ πατρός μου
TJud. 18 6 εὐσεβείας προσοχθίζει. δύο γὰρ πάθη ἐναντία τῶν * ἐντολῶν * τοῦ θεοῦ δουλεύων θεῷ ὑπακούειν οὐ δύναται ὅτι
TJud. 23 5 μεταμελούμενοι καὶ πορευόμενοι ἐν πάσαις ταῖς * ἐντολαῖς * τοῦ θεοῦ καὶ ἐπισκέψηται ὑμᾶς κύριος ἐν ἐλέει
TIss. 4 6 πλάνης τοῦ κόσμου ἵνα μὴ ἴδῃ διεστραμμένως τι τῶν * ἐντολῶν * τοῦ κυρίου. φυλάξατε οὖν νόμον θεοῦ τέκνα μου
TIss. 5 1 καὶ ἐν ἀκακίᾳ πορεύεσθε μὴ περιεργαζόμενοι * ἐντολὰς * κυρίου καὶ τοῦ πλησίον τὰς πράξεις ἀλλ' ἀγαπᾶτε
TIss. 6 1 προσπελάσουσι τῇ κακουργίᾳ καὶ καταλιπόντες τὰς * ἐντολὰς * κυρίου κολληθήσονται τῷ Βελιὰρ καὶ ἀφέντες τὸ
TZab. 5 1 καὶ νῦν τέκνα μου ἀναγγελῶ ὑμῖν τοῦ φυλάσσειν τὰς * ἐντολὰς * κυρίου καὶ ποιεῖν ἔλεος ἐπὶ τὸν πλησίον καὶ
TZab. 10 2 μέσῳ τῆς φυλῆς μου ὅσοι ἐφύλαξαν νόμον κυρίου καὶ * ἐντολὰς * Ζαβουλὼν πατρὸς αὐτῶν. ἐπὶ δὲ τοὺς ἀσεβεῖς
TDan 5 1 αὐτῆς ὁ Βελιάρ. φυλάξατε οὖν τέκνα μου τὰς * ἐντολὰς * τοῦ κυρίου καὶ τὸν νόμον αὐτοῦ τηρήσατε ἀπόστητε
TNep. 8 7 αὐτοῦ καὶ ὁ κύριος μισήσει αὐτόν. καὶ γὰρ αἱ * ἐντολαὶ * τοῦ νόμου διπλαῖ εἰσι καὶ μετὰ τέχνης
TNep. 8 9 καὶ καιρὸς ἐγκρατείας εἰς προσευχὴν αὐτοῦ. καὶ δύο * ἐντολαί * εἰσιν καὶ εἰ μὴ γένωνται ἐν τάξει αὐτῶν ἁμαρτίαν
TNep. 8 9 ἁμαρτίαν παρέχουσιν. οὕτως ἐστὶ καὶ ἐπὶ τῶν λοιπῶν * ἐντολῶν. * γίνεσθε οὖν σοφοὶ ἐν θεῷ καὶ φρόνιμοι εἰδότες
TNep. 8 10 οὖν σοφοὶ ἐν θεῷ καὶ φρόνιμοι εἰδότες τάξιν * ἐντολῶν * αὐτοῦ καὶ θεσμοὺς παντὸς πράγματος ὅπως ὁ κύριος
TGad 4 2 κύριον ἀνομίαν ποιεῖ. οὐ γὰρ θέλει ἀκούειν λόγων * ἐντολῶν * αὐτοῦ περὶ ἀγάπης τοῦ πλησίον καὶ εἰς τὸν θεὸν
TAser 2 8 παρασύρει καὶ ἐκ τῆς ὑπερόγκου κακίας ποιεῖ * ἐντολὰς * καὶ τοῦτο διπρόσωπόν ἐστιν ὅλον δὲ κακόν ἐστιν.
TAser 4 5 θεοῦ πορεύονται ἀπεχόμενοι ὧν καὶ ὁ θεὸς διὰ τῶν * ἐντολῶν * μισῶν ἀπαγορεύει ἀπείργων τὸ κακὸν τοῦ ἀγαθοῦ.
TAser 5 4 καὶ οὐκ ἐπλανήθην ἀπὸ τῆς ἀληθείας κυρίου καὶ τὰς * ἐντολὰς * τοῦ ὑψίστου ἐξεζήτησα κατὰ πᾶσαν ἰσχύν μου
TAser 6 1 εἰς τὸ ἀγαθόν. προσέχετε οὖν τέκνα καὶ ὑμεῖς τὰς * ἐντολὰς * τοῦ κυρίου μονοπροσώπως ἀκολουθοῦντες τῇ ἀληθείᾳ
TAser 6 3 καλὸν ἀποβλέπετε καὶ διατηρεῖτε αὐτὸ ἐν πάσαις * ἐντολαῖς * κυρίου εἰς αὐτὸ ἀναστρεφόμενοι καὶ ἐν αὐτῷ
TAser 7 5 εἰς αὐτὸν μὴ προσέχοντες τὸν νόμον τοῦ θεοῦ ἀλλ' * ἐντολαῖς * ἀνθρώπων. διὰ τοῦτο διασκορπισθήσεσθε ὡς Γὰδ
TJos. 18 1 τῶν ἐλαχίστων. ἐὰν οὖν καὶ ὑμεῖς πορευθῆτε ἐν ταῖς * ἐντολαῖς * κυρίου τέκνα μου ὑψώσει ὑμᾶς ἐνταῦθα καὶ
TJos. 19 6 ἐσχάταις ἡμέραις. ὑμεῖς οὖν τέκνα μου φυλάξατε τὰς * ἐντολὰς * κυρίου καὶ τιμᾶτε τὸν Ἰούδαν καὶ τὸν Λευὶ ὅτι
TBen. 3 1 ἀγαπήσατε κύριον τὸν θεὸν τοῦ οὐρανοῦ καὶ φυλάξατε * ἐντολὰς * αὐτοῦ μιμούμενοι τὸν ἀγαθὸν καὶ ὅσιον ἄνδρα
TBen. 10 3 εἰς πιστοποίησιν καὶ τὸν νόμον κυρίου καὶ τὰς * ἐντολὰς * αὐτοῦ φυλάξατε. ταῦτα γὰρ ὑμᾶς ἀντὶ πάσης
TBen. 10 5 ταῦτα ἡμᾶς κατεκληρονόμησαν εἰπόντες φυλάξατε τὰς * ἐντολὰς * τοῦ θεοῦ ἕως ὅτε ὁ κύριος ἀποκαλύψῃ τὸ σωτήριον
Asen. 7 5 αὐτοῦ εἶχεν Ἰωσὴφ πάντοτε καὶ ἐμέμνητο τῶν * ἐντολῶν * τοῦ πατρὸς αὐτοῦ. διότι ἔλεγεν Ἰακὼβ τῷ υἱῷ
Asen. 12 2 τῆς φωνῆς σου ἀκούουσι κύριε καὶ φυλάσσουσι τὰς * ἐντολάς * σου ἃς ἐνετείλω αὐτοῖς καὶ τὰ προστάγματά σου οὐ
Asen. 18 5 δεῖπνον. καὶ ἐμνήσθη Ἀσενὲθ τοῦ ἀνθρώπου καὶ τῶν * ἐντολῶν * αὐτοῦ καὶ ἔσπευσε καὶ εἰσῆλθεν εἰς τὸν θάλαμον
Bar. 16 4 οὐκ εἰσήκουσαν τῆς φωνῆς μου οὐδὲ ἐσυνετήρησαν τῶν * ἐντολῶν * μου οὐδὲ ἐποίησαν ἀλλ' ἐγένοντο καταφρονηταὶ τῶν
Bar. 16 4 μου οὐδὲ ἐποίησαν ἀλλ' ἐγένοντο καταφρονηταὶ τῶν * ἐντολῶν * μου καὶ τῶν ἐκκλησιῶν μου καὶ ὑβρισταὶ τῶν
Esdr. 5 19 κατεσκεύασα διὰ τὸν ἄνθρωπον καὶ ὁ ἄνθρωπος τὰς * ἐντολάς * μου οὐ φυλάττει. καὶ εἶπεν ὁ προφήτης κύριε
Sedr. 4 6 αὐτοῦ θανάτῳ ἀποθανεῖ. αὐτὸς δὲ παρήκουσέ μου τὴν * ἐντολὴν * καὶ ὑπὸ τοῦ διαβόλου ἀπατηθεὶς ἔφαγεν ἀπὸ τοῦ
Aris. 228 4 γονεῦσι διὰ παντὸς καὶ γὰρ ὁ θεὸς πεποίηται * ἐντολὴν * μεγίστην περὶ τῆς τῶν γονέων τιμῆς. ἑπομένως δὲ
FJub. 37 17 βάρεως παρεκάλει τὸν Ἡσαῦ μνησθῆναι τῶν γονικῶν * ἐντολῶν. * τοῦ δὲ μὴ ἀνεχομένου ἀλλ' ὑβρίζοντος καὶ
FIsa. 3 2 παρέλαβεν τὴν βασιλείαν αὐτοῦ. οὐκ ἐμνήσθη τῶν * ἐντολῶν * τοῦ πατρὸς αὐτοῦ ἀλλ' ἐπελάθετο καὶ ἀφῆκεν τὴν
FEz. 186 6 ακανθας αντι χ<ορτου και ουκ ετηρη>σατε την εμην * εν<τολην * αλλα πας πυμη>ν εξ υμων ανεω<ξε το στομα και

ἐντός 3
Asen. 2 3 καὶ ἦν ἡ ὀροφὴ τοῦ θαλάμου ἐκείνου χρυσῆ. καὶ ἦσαν * ἐντὸς * τοῦ θαλάμου ἐκείνου εἰς τοὺς τοίχους πεπηγμένοι οἱ
Asen. 2 11 δυνατοὶ νεανίσκοι ἔνοπλοι. καὶ ἦσαν πεφυτευμένα * ἐντὸς * τῆς αὐλῆς παρὰ τὸ τεῖχος δένδρα ὡραῖα παντοδαπὰ
Aris. 68 3 κρίνων ὑπὸ τὴν τράπεζαν λαμβανόντων τὰ δὲ τῆς * ἐντὸς * προσόψεως ὀρθὴν ἔχοντα τὴν πετάλωσιν. ἡ δὲ ἐπ'

ἐντρέπω 1
FAch. 109 αὐτοῖς ἀφ' ὧν ἔχεις ἵνα μὴ ὡς κύριον μόνον * ἐντρέπωνται * σε ἀλλὰ καὶ ὡς εὐεργέτην τιμῶσιν. θυμοῦ

ἔντρομος 1
FrAn. 1 218 6 πρὸς τὸν ἄνθρωπον καὶ λελάληκεν ὁ δὲ ἀκούσας καὶ * ἔντρομος * γενόμενος πάντα ἐάσας ἐν τῷ ναῷ ἐξῆλθεν

ἐντρύφημα 1
TJud. 21 5 αὐτῷ καὶ ἐσθίειν τράπεζαν αὐτοῦ καὶ ἀπαρχὰς * ἐντρυφήματα * υἱῶν Ἰσραήλ. σὺ δὲ ἔσῃ βασιλεὺς ἐν Ἰακὼβ

ἐντυγχάνω 15
Hen. 7 6 σάρκας κατεσθίειν καὶ τὸ αἷμα ἔπινον. τότε ἡ γῆ * ἐνέτυχεν * κατὰ τῶν ἀνόμων. οὗτοι καὶ οἱ λοιποὶ πάντες ἐν
Hen. 9 3 βοώντω<ν> ἐπὶ τῆς γῆς μέχρι πυλῶν τοῦ οὐρανοῦ. * ἐντυγχάνουσιν * αἱ ψυχαὶ τῶν ἀνθρώπων λεγόντων εἰσαγάγετε
Hen. 9 10 νῦν ἰδοὺ βοῶσιν αἱ ψυχαὶ τῶν τετελευτηκότων καὶ * ἐντυγχάνουσιν * μέχρι τῶν πυλῶν τοῦ οὐρανοῦ καὶ ἀνέβη ὁ
Hen. 9B 3 τὰ πνεύματα καὶ αἱ ψυχαὶ τῶν ἀνθρώπων στενάζουσιν * ἐντυγχάνοντα * καὶ λέγοντα ὅτι εἰσαγάγετε τὴν κρίσιν ἡμῶν
Hen. 9B 10 τὰ πνεύματα τῶν ψυχῶν τῶν ἀποθανόντων ἀνθρώπων * ἐντυγχάνουσιν * καὶ μέχρι τῶν πυλῶν τοῦ οὐρανοῦ ἀνέβη ὁ
Hen. 22 5 μεγάλη ἔσται ἐν αὐτοῖς. τεθέαμαι ἀνθρώπους νεκροὺς * ἐντυγχάνοντας * καὶ ἡ φωνὴ αὐτοῦ μέχρι τοῦ οὐρανοῦ
Hen. 22 5 καὶ ἡ φωνὴ αὐτοῦ μέχρι τοῦ οὐρανοῦ προέβαινεν καὶ * ἐνετύγχανεν. * καὶ ἠρώτησα Ῥαφαὴλ τὸν ἄγγελον ὃς μετ'
Hen. 22 6 ὃς μετ' ἐμοῦ ἦν καὶ εἶπα αὐτῷ τοῦτο τὸ πνεῦμα τὸ * ἐντυγχάνον * τίνος ἐστὶν δι' ὃ οὕτως ἡ φωνὴ αὐτοῦ
Hen. 22 6 τίνος ἐστὶν δι' ὃ οὕτως ἡ φωνὴ αὐτοῦ προβαίνει καὶ * ἐντυγχάνει * ἕως τοῦ οὐρανοῦ; καὶ ἀπεκρίθη μοι λέγων τοῦτο

Hen. 22 7 ἀπὸ Ἅβελ ὃν ἐφόνευσε Κάιν ὁ ἀδελφὸς καὶ Ἅβελ * ἐντυγχάνει * περὶ αὐτοῦ μέχρι τοῦ ἀπολέσαι τὸ σπέρμα αὐτοῦ
Hen. 22 12 αἰῶνος. καὶ οὕτως ἐχωρίσθη τοῖς πνεύμασιν τῶν * ἐντυγχανόντων * οἵτινες ἐνφανίζουσιν περὶ τῆς ἀπωλείας
Job 17 5 τρεῖς μὴ ἄρα καταφύγωσιν εἰς ἑτέρας χώρας καὶ * ἐντύχωσιν * καθ' ἡμῶν ὡς τυραννούντων, καὶ λοιπὸν
Aris. 174 2 πολλοῦ δὲ ποιούμενος τοῖς ἀπεσταλμένοις ἀνδράσιν * ἐντυχεῖν * ἐκέλευσε τοὺς λοιποὺς πάντας ἀπολῦσαι τοὺς ἐπὶ
HArt. 9 23 1 εἰς τὴν Αἴγυπτον αὐτὸν διακομίσαι τοὺς δὲ τὸ * ἐντυγχανόμενον * ποιῆσαι εἶναι γὰρ τοὺς τῶν Ἀράβων
LThe. 9 22 10 τὴν πόλιν καθωπλισμένους ἐλθεῖν καὶ πρῶτα μὲν τοὺς * ἐντυγχάνοντας * ἀναιρεῖν ἔπειτα δὲ καὶ τὸν Ἐμμὼρ καὶ τὸν
ἐντύνω 1
LPhI. 9 20 1 ἔλλαχε κῦδος. ἀρτίχερος θηκτοῖο ξιφηφόρον * ἐντύνοντος * λήματι καὶ σφαράγοιο παρακλιδὸν ἀθροισθέντος
ἔντυπος 1
Sib. 5 42 αὐτὰρ ἐπ' αὐτῷ ὅστε τριηκοσίης κεραίης λάχεν * ἔντυπον * ἀρχὴν Κελτὸς ὀρειοβάτης σπεύδων δ' ἐπὶ δῆριν
ἐντυπόω 1
Aris. 67 4 ἐφ' ᾗ κρυστάλλου λίθος καὶ τὸ λεγόμενον ἤλεκτρον * ἐντετύπωτο * ἀμίμητον θεωρίαν ἀποτελοῦν τοῖς θεωροῦσι.
ἐντυχία 1
Aris. 1 2 διηγήσεως ὦ Φιλόκρατες περὶ τῆς γενηθείσης ἡμῖν * ἐντυχίας * πρὸς Ἐλεάζαρον τὸν τῶν Ἰουδαίων ἀρχιερέα
ἐνυπάρχω 1
Aris. 74 2 μαίανδρος ἐπέκειτο πηχυαῖος ὕψει τὴν δ' ἐκτύπωσιν * ἐνυπῆρχε * διὰ λιθώσεως ποικίλης ἐμφαίνων σὺν ὡραιότητι τὸ
ἐνύπνιον 8
Hen. 99 8 ἐν ἀφροσύνῃ τῆς καρδίας αὐτῶν καὶ τὰ ὁράματα τῶν * ἐνυπνίων * καταπλανήσουσιν ὑμᾶς ὑμεῖς καὶ τὰ ἔργα ὑμῶν τὰ
TZab. 3 3 ὧν εἶπε βασιλεύειν ἐφ' ἡμᾶς καὶ ἴδωμεν τί ἔσται τὰ * ἐνύπνια * αὐτοῦ. διὰ τοῦτο ἐν γραφῇ νόμου Ἐνὼχ γέγραπται
TNep. 7 1 ὁ πατὴρ ἡμῶν καὶ ὁμοθυμαδὸν ἠγαλλιώμεθα. τὰ δύο * ἐνύπνια * εἶπον τῷ πατρί μου καὶ εἶπέ μοι δεῖ ταῦτα
TGad 2 2 ἦν ἐν ἐμοὶ ἥπατα ἐλέους εἰς αὐτόν. καίγε διὰ τὰ * ἐνύπνια * προσεθέμην μῖσος καὶ ἤθελον αὐτὸν ἐκλεῖξαι ἐκ
TJos. 19 1 ἐν πᾶσι τῷ Ἰακώβ. ἀκούσατε τέκνα μου καὶ ὧν εἶδον * ἐνυπνίων. * δώδεκα ἔλαφοι ἐνέμοντο καὶ οἱ ἐννέα
Asen. 4 10 ἐξήγαγεν αὐτὸν ἐκ τῆς φυλακῆς καθότι συνέκρινε τὸ * ἐνύπνιον * αὐτοῦ καθὰ συγκρίνουσι καὶ αἱ γυναῖκες αἱ
Sal. 6 3 αὐτοῦ ὑπὸ κυρίου θεοῦ αὐτοῦ. ἀπὸ ὁράσεως πονηρῶν * ἐνυπνίων * αὐτοῦ οὐ ταραχθήσεται ἡ ψυχὴ αὐτοῦ ἐν διαβάσει
HDem. 9 21 12 ὀγδοήκοντα. κρίναντα δὲ τῷ βασιλεῖ τὸν Ἰωσὴφ τὰ * ἐνύπνια * ἄρξαι Αἰγύπτου ἔτη ἑπτὰ ἐν οἷς καὶ συνοικῆσαι
ἐνώπιον 106 ἐνώπιον ἐνώπιόν ενωπιον
Ἐνώς 1
FJub. 4 13 ἀποκτανθέντα ἕνδεκα δὲ περιλειφθέντας τῷ βίῳ. γυνὴ * Ἐνὼς * Νωα ἡ ἀδελφὴ αὐτοῦ. γυνὴ Καϊνὰν Μαωλιθ ἀδελφὴ
ἐνωτίζομαι 4
TRub. 1 5 αὐτοὺς καὶ κλαύσας εἶπεν ἀκούσατε ἀδελφοί μου * ἐνωτίσασθε * Ῥουβὴμ τοῦ πατρὸς ὑμῶν ὅσα ἐντέλλομαι ὑμῖν.
TLevI 18 2B048 καὶ νῦν τέκνον μου ἄκουσον τοὺς λόγους μου καὶ * ἐνωτίσαι * τὰς ἐντολάς μου καὶ μὴ ἀποστήτωσαν οἱ λόγοι μου
TIss. 1 1 αὐτοῖς ἀκούσατε τέκνα Ἰσαχὰρ τοῦ πατρὸς ὑμῶν * ἐνωτίσασθε * ῥήματα ἠγαπημένοι ὑπὸ κυρίου. ἐγὼ ἐτέχθην
TJos. 1 2 ἀδελφοὶ ἀκούσατε Ἰωσὴφ τοῦ ἠγαπημένου ὑπὸ Ἰσραὴλ * ἐνωτίσασθε * υἱοὶ τοῦ πατρὸς ὑμῶν. ἐγὼ εἶδον ἐν τῇ ζωῇ μου
Ἐνώχ 41
Hen. 1 1 λόγος εὐλογίας * Ἐνὼχ * καθὼς εὐλόγησεν ἐκλεκτοὺς δικαίους οἵτινες ἔσονται
Hen. 1 2 δίκαιοι. καὶ ἀναλαβὼν τὴν παραβολὴν αὐτοῦ εἶπεν * Ἐνὼχ * ἄνθρωπος δίκαιός ἐστιν ⟨ᾧ⟩ ὅρασις ἐκ θεοῦ αὐτῷ
Hen. 6B ἀρχαὶ αὐτῶν οἱ ⟨ἐπὶ⟩ δέκα. ἐκ τοῦ πρώτου βιβλίου * Ἐνὼχ * περὶ τῶν ἐγρηγόρων. καὶ ἐγένετο ὅτε ἐπληθύνθησαν
Hen. 9B 4 ἕως τῆς κρίσεως καὶ τὰ ἑξῆς. καὶ ταῦτα μὲν ὁ * Ἐνὼχ * μαρτυρεῖ.) σὺ γὰρ εἶ ὁ ποιήσας τὰ πάντα καὶ πάντων
Hen. 12 1 γενεὰς τῶν ἀνθρώπων. πρὸ τούτων τῶν λόγων ἐλήμφθη * Ἐνὼχ * καὶ οὐδεὶς τῶν ἀνθρώπων ἔγνω ποῦ ἐλήμφθη καὶ ποῦ
Hen. 12 3 καὶ μετὰ τῶν ἁγίων αἱ ἡμέραι αὐτοῦ. καὶ ἑστὼς ἤμην * Ἐνὼχ * εὐλογῶν τῷ κυρίῳ τῆς μεγαλωσύνης τῷ βασιλεῖ τῶν
Hen. 12 4 ἰδοὺ οἱ ἐγρήγοροι τοῦ ἁγίου τοῦ μεγάλου ἐκάλουν με * Ἐνὼχ * ὁ γραμματεὺς τῆς δικαιοσύνης πορεύου καὶ εἰπὲ τοῖς
Hen. 13 1 καὶ οὐκ ἔσται αὐτοῖς εἰς ἔλεον καὶ εἰρήνην. ὁ δὲ * Ἐνὼχ * τῷ Ἀζαὴλ εἶπεν πορεύου οὐκ ἔσται σοι εἰρήνη.
Hen. 14 24 αὐτοῦ ἐκάλεσέν με καὶ εἶπέν μοι πρόσελθε ὧδε * Ἐνὼχ * καὶ τὸν λόγον μου ἄκουσον. καὶ προσελθών μοι εἷς
Hen. 15 1 ὁ γραμματεὺς καὶ τῆς φωνῆς αὐτοῦ ἤκουσα μὴ φοβηθῇς * Ἐνὼχ * ἄνθρωπος ἀληθινὸς καὶ γραμματεὺς τῆς ἀληθείας
Hen. 19 3 παραβάντων ἀγγέλων εἰς σειρῆνας γενήσονται. κἀγὼ * Ἐνὼχ * ἴδον τὰ θεωρήματα μόνος τὰ πέρατα πάντων καὶ οὐ μὴ
Hen. 21 5 μετ' ἐμοῦ ἦν καὶ αὐτὸς ἡγεῖτο αὐτῶν καὶ εἶπέν μοι * Ἐνὼχ * περὶ τίνος ἐρωτᾷς ἢ περὶ τίνος τὴν ἀλήθειαν
Hen. 21 9 τῶν ἁγίων ἀγγέλων ὃς μετ' ἐμοῦ ἦν καὶ εἶπέν μοι * Ἐνὼχ * διά τί ἐφοβήθης; οὕτως καὶ ἐπτοήθης; καὶ ἀπεκρίθην
Hen. 21B 5 μετ' ἐμοῦ ὢν καὶ αὐτὸς αὐτῶν ἡγεῖτο καὶ εἶπέν μοι * Ἐνὼχ * περὶ τίνος ἐρωτᾷς ἢ περὶ τίνος τὴν ἀλήθειαν
Hen. 25 1 μετ' ἐμοῦ ἦν καὶ αὐτὸς αὐτῶν ἡγεῖτο καὶ εἶπέν μοι * Ἐνὼχ * τί ἐρωτᾷς καὶ τί ἐθαύμασας ἐν τῇ ὀσμῇ τοῦ δένδρου
Hen. 106 7 καὶ παραιτοῦμαι π⟨άτερ καὶ⟩ δέομαι βάδισον πρὸς * Ἐνώ⟨χ * τὸν πατέρα ἡμῶν καὶ ἐρώτησον⟩--- ⟨ἦλθ⟩εν πρὸς ἐμὲ
Hen. 107 3 οὐ ψευδῶς. καὶ ὅτε ἤκουσεν Μαθουσάλεκ τοὺς λόγους * Ἐνὼχ * τοῦ πατρὸς αὐτοῦ μυστηριακῶς γὰρ ἐδήλωσεν αὐτῷ
Hen. 107 3 Νῶε εὐφραίνων τὴν γῆν ἀπὸ τῆς ἀπωλείας. ΕΠΙΣΤΟΛΗ * ΕΝΩΧ. *
Abr.2 11 3 τοῦτον ἵνα κρίνῃ οὗτος δὲ ὁ ἀποφαινόμενός ἐστιν * Ἐνὼχ * ὁ πατήρ σου οὗτός ἐστιν ὁ διδάσκαλος τοῦ οὐρανοῦ
Abr.2 11 5 ἑκάστου. καὶ εἶπεν Ἀβραὰμ τῷ Μιχαὴλ δύναται * Ἐνὼχ * βαστάσαι τὸ μέρος τῶν ψυχῶν; ἢ δυνήσεται δοῦναι
Abr.2 11 6 παρὰ τύπον οὐ συγχωρεῖται ἀλλ' οὐδὲ ἀφ' ἑαυτοῦ * Ἐνὼχ * ἀποφαίνεται ἀλλ' ὁ κύριός ἐστιν ὁ ἀποφαινόμενος
Abr.2 11 7 ἀλλ' ὁ κύριός ἐστιν ὁ ἀποφαινόμενος καὶ τοῦ δὲ * Ἐνὼχ * ἐστιν τὸ γράψαι. ἐπειδὴ ηὔξατο Ἐνὼχ τῷ κυρίῳ
Abr.2 11 8 καὶ τοῦ δὲ Ἐνὼχ ἐστιν τὸ γράψαι. ἐπειδὴ ηὔξατο * Ἐνὼχ * τῷ κυρίῳ λέγων οὐ θέλω δοῦναι ψυχῆς ἀπόφασιν ὅπως
Abr.2 11 9 μή τινος ἐπιβαρυς γένωμαι. καὶ λέγει ὁ κύριος τῷ * Ἐνὼχ * τίθημι σημεῖον πρός σε ἵνα γράψῃς ἁμαρτίας ψυχῆς
TSIm. 5 4 τῷ Βελιάρ. ἑώρακα γὰρ ἐν χαρακτῆρι γραφῆς * Ἐνὼχ * ὅτι υἱοὶ ὑμῶν μεθ' ὑμῶν ἐν πορνείᾳ φθαρήσονται καὶ
TLevI 10 5 Ἰερουσαλὴμ κληθήσεται καθὼς περιέχει βίβλος * Ἐνὼχ * τοῦ δικαίου. ὅτε οὖν ἔλαβον γυναῖκα ἤμην ἐτῶν
TLevI 14 1 ὁ ἀδελφὸς ἡμῶν. καὶ νῦν τέκνα ἔγνων ἀπὸ γραφῆς * Ἐνὼχ * ὅτι ἐπὶ τέλει ἀσεβήσετε ἐπὶ κύριον χεῖρας
TLevI 16 1 μὴ καταλειφθῇ ἐπὶ τῆς γῆς. καὶ νῦν ἔγνων ἐν βιβλίῳ * Ἐνὼχ * ὅτι ἑβδομήκοντα ἑβδομάδας πλανηθήσεσθε καὶ τὴν
TJud. 18 1 τὸ βασίλειον. ὅτι καίγε ἀνέγνων ἐν βίβλοις * Ἐνὼχ * τοῦ δικαίου ὅσα κακὰ ποιήσετε ἐν ἐσχάταις ἡμέραις.
TZab. 3 4 ἔσται τὰ ἐνύπνια αὐτοῦ. διὰ τοῦτο ἐν γραφῇ νόμου * Ἐνὼχ * γέγραπται τὸν μὴ θέλοντα ἀναστῆσαι σπέρμα τῷ
TDan 5 6 τῶν πνευμάτων τῆς πλάνης. ἀνέγνων γὰρ ἐν βίβλῳ * Ἐνὼχ * τοῦ δικαίου ὅτι ὁ ἄρχων ὑμῶν ἐστιν ὁ σατανᾶς καὶ
TNep. 4 1 ταῦτα λέγω τέκνα μου ὅτι ἀνέγνων ἐν γραφῇ ἁγίᾳ * Ἐνὼχ * ὅτι καίγε καὶ ὑμεῖς ἀποστήσεσθε ἀπὸ κυρίου
TBen. 9 1 δὲ καὶ πράξεις ἐν ὑμῖν οὐ καλὰς ἔσεσθαι ἀπὸ λόγων * Ἐνὼχ * τοῦ δικαίου. πορνεύσετε γὰρ πορνείαν Σοδόμων καὶ
TBen. 10 6 τὸ σωτήριον αὐτοῦ πᾶσι τοῖς ἔθνεσιν. τότε ὄψεσθε * Ἐνὼχ * Νῶε καὶ Σὴμ καὶ Ἀβραὰμ καὶ Ἰσαὰκ καὶ Ἰακὼβ
Esdr. 5 22 καὶ ἴδον τὸ φυτὸν τῆς ζωῆς. καὶ ἴδον ἐκεῖ τὸν * Ἐνὼχ * καὶ Ἠλίαν καὶ Μωυσῆ καὶ Πέτρον καὶ Παῦλον καὶ
FJub. 4 18 καὶ μαγεία ἀσέλγεια μοιχεία τε καὶ ἀδικία. οὗτος * ⟨Ἐνὼχ⟩ * πρῶτος γράμματα μανθάνει καὶ διδάσκει καὶ θείων
FJub. 4 20 Βαραχα θυγάτηρ Ἀσουὴλ πατραδέλφου αὐτοῦ. γυνὴ * Ἐνὼχ * Εανι θυγάτηρ Δανιὴλ πατραδέλφου αὐτοῦ. ⟨Ἐνὼχ⟩ εἰς
FJub. 4 23 γυνὴ Ἐνὼχ Εανι θυγάτηρ Δανιὴλ πατραδέλφου αὐτοῦ. * ⟨Ἐνὼχ⟩ * εἰς τὸν παράδεισον ἡρπᾶσθαι. γυνὴ Μαθουσάλα
HAno. 9 17 8 ταῦτα καὶ αὐτὸν εὑρηκέναι τὴν δὲ εὕρεσιν αὐτῶν εἰς * Ἐνὼχ * ἀναπέμπειν καὶ τοῦτον εὑρηκέναι πρῶτον τὴν
HAno. 9 17 9 ἀστρολογίαν εἶναι δὲ τὸν Ἄτλαντα τὸν αὐτὸν καὶ * Ἐνὼχ * τοῦ δὲ Ἐνὼχ γενέσθαι υἱὸν Μαθουσάλαν ὃν πάντα δι'
HAno. 9 17 9 εἶναι δὲ τὸν Ἄτλαντα τὸν αὐτὸν καὶ Ἐνὼχ τοῦ δὲ * Ἐνὼχ * γενέσθαι υἱὸν Μαθουσάλαν ὃν πάντα δι' ἀγγέλων θεοῦ
ἕξ 39
Adam 42 1 τὸ μνημεῖον ἵνα μηδεὶς τι ποιήσῃ αὐτῷ ἐν ταῖς * ἓξ * ἡμέραις ἕως οὗ ἀποστραφῇ ἡ πλευρὰ αὐτοῦ πρὸς αὐτόν.
Adam 42 3 τὸν τόπον αὐτῶν. Εὔα δὲ καὶ αὐτὴ πληρωθέντων τῶν * ἓξ * ἡμερῶν ἐκοιμήθη. ἔτι δὲ ζώσης αὐτῆς ἔκλαυσεν περὶ τῆς
Adam 43 3 μετὰ δὲ τὸ δοῦναι αὐτὸν νόμον εἶπεν παρ' * ἓξ * ἡμερῶν μὴ πενθήσετε τῇ δὲ ἑβδόμῃ ἡμέρᾳ κατάπαυσον καὶ
Abr.1 12 7 αὐτοῦ πήχεων τριῶν ⟨καὶ τὸ πλάτος αὐτοῦ πήχεων * ἕξ⟩ * ἐκ δεξιῶν δὲ αὐτοῦ καὶ ἐξ ἀριστερῶν ἵσταντο δύο
Abr.2 9 5 ἐκείνη καὶ ἰδοὺ ἄγγελος ἐλαύνων ψυχὰς ὡς μυριάδας * ἕξ * μίαν δὲ ψυχὴν κρατῶν ἐν τῇ χειρὶ αὐτοῦ καὶ ἀπῆξεν τὰς
Abr.2 9 10 καὶ εἶπεν Ἀβραὰμ τῷ Μιχαὴλ εἰπέ μοι κύριε τὰς * ἓξ * μυριάδας τῶν ψυχῶν ἃς ἐλαύνει ὁ ἄγγελος αὐτός ἐστιν ὁ
TLevI 18 2B032 αὐτῷ ἐν σταθμῷ καὶ εἰς τὸ στέαρ μόνον ἀναφέρεσθαι * ἓξ * μνᾶς καὶ τῷ ταύρῳ τῷ δευτέρῳ πεντήκοντα μνᾶς καὶ εἰς
TLevI 18 2B038 καὶ τῷ ταύρῳ τῷ δευτέρῳ τὰ πέντε μέρη ἀπὸ τῶν * ἓξ * μερῶν τοῦ σάτου καὶ τοῦ μόσχου τὸ δίμοιρον τοῦ σάτου
TLevI 18 2B045 καὶ τῷ ἐρίφῳ κατασπεῖσαι σπονδήν. λιβανωτοῦ σίκλοι * ἓξ * τῷ ταύρῳ καὶ τὸ ἥμισυ αὐτοῦ τῷ κριῷ καὶ τὸ τρίτον
TJud. 12 12 Αἴγυπτον πρὸς Ἰωσὴφ διὰ τὸν λιμόν. τεσσαράκοντα * ἓξ * ἐτῶν ἤμην καὶ ἑβδομήκοντα τρία ἔτη ἔζησα ἐκεῖ. καὶ
TIss. 2 2 ἀπέδω τὰ δύο μῆλα ὀκτὼ υἱοὺς εἶχε τεκεῖν διὰ τοῦτο * ἓξ * ἔτεκε τοὺς δὲ δύο Ῥαχὴλ ὅτι ἐν τοῖς μανδραγόροις
TZab. 3 2 οὐκ ἐκοινώνησα ἀλλὰ Συμεὼν καὶ Γὰδ καὶ οἱ ἄλλοι * ἓξ * ἀδελφοὶ ἡμῶν λαβόντες τὴν τιμὴν τοῦ Ἰωσὴφ ἐπριάσαντο
Asen. 10 4 στεναγμὸν αὐτῆς καὶ ἔσπευσε καὶ ἤγειρε τὰς ἄλλας * ἓξ * παρθένους. καὶ ἦλθον πρὸς τὴν θύραν τῆς Ἀσενὲθ καὶ
Asen. 18 6 μέγας καὶ κύκλῳ τοῦ λίθου τοῦ μεγάλου ἦσαν * ἓξ * λίθοι πολυτελεῖς. καὶ θερίστρῳ κατεκάλυψε τὴν κεφαλὴν
Asen. 27 6 αὐτοὺς πάντας καὶ ἀπέκτειναν δισχιλίους οἱ * ἓξ * ἄνδρες. καὶ ἔφυγον ἀπὸ προσώπου αὐτῶν οἱ ἀδελφοὶ
Jer. 5 30 ταύτην τὴν ἔκστασιν ἐπὶ σέ. ἰδοὺ γὰρ ἑξήκοντα καὶ * ἓξ * ἔτη σήμερόν εἰσιν ἀφ' οὗ ᾐχμαλωτεύθη ὁ λαὸς εἰς
Jer. 7 24 ἐνταῦθα οὐκ ἐπαύσατο ἡ λύπη ἀφ' ἡμῶν ἑξήκοντα καὶ * ἓξ * ἔτη σήμερον. πολλάκις γὰρ ἐξερχόμενος ηὕρισκον ἐκ τοῦ
Prop. 4 15 ἐτελέσθη ἐπ' αὐτὸν ὅτι ἀποκατέστησεν ἑπτὰ μησὶ τὰ * ἓξ * ἔτη καὶ ἓξ μῆνας ὑπέπιπτε κυρίῳ καὶ ὡμολόγει τὴν
Prop. 4 15 αὐτὸν ὅτι ἀποκατέστησεν ἑπτὰ μησὶ τὰ ἓξ ἔτη καὶ * ἓξ * μῆνας ὑπέπιπτε κυρίῳ καὶ ὡμολόγει τὴν ἀσέβειαν αὐτοῦ
Job 14 1 ἐμπλησθῆναι; λίαν μου χρηστοῦ ὄντος. εἶχον δὲ * ἓξ * ψαλμοὺς καὶ δεκάχορδον κιθάραν καὶ διεγειρόμην τὸ
Aris. 32 5 τῶν κατὰ τὸν νόμον τὸν ἑαυτῶν ἀφ' ἑκάστης φυλῆς * ἓξ * ὅπως τὸ σύμφωνον ἐκ τῶν πλειόνων ἐξετάσαντες καὶ
Aris. 39 4 νόμου καὶ δυνατοὺς ἑρμηνεῦσαι ἀφ' ἑκάστης φυλῆς * ἓξ * ὅπως ἐκ τῶν πλειόνων τὸ σύμφωνον εὑρεθῇ διὰ τὸ περὶ
Aris. 46 3 καλοὺς καὶ ἀγαθοὺς πρεσβυτέρους ἀφ' ἑκάστης φυλῆς * ἓξ * οὓς καὶ ἀπεστείλαμεν ἔχοντας τὸν νόμον. καλῶς οὖν
Aris. 198 4 τραπέντες ἡδέως διεξάγωμεν ἐν δὲ ταῖς μετὰ ταῦτα * ἓξ * (ἑξῆς) ἡμέραις καὶ παρὰ τῶν λοιπῶν ἑξῆς μαθήσομαί τι
Sib. 4 50 λέξω. πρῶτα μὲν Ἀσσύριοι θνητῶν ἄρξουσιν ἁπάντων * ἓξ * γενεὰς κόσμοιο διακρατέοντες ἐν ἀρχῇ ἐξ οὗ μηνίσαντος
Sib. 5 57 ὁδεύσῃ γαῖαν ὅλην Αἴγυπτον ἕως πηχῶν δέκα καὶ * ἓξ * ὥστε κλύσαι γῆν πᾶσαν ἐπαρδεῦσαί τε ῥόεισι σιγήσει
FJub. 2 15 θεὸς ἐν τῇ ἕκτῃ ἡμέρᾳ καὶ ἐγένετο πάντα τὰ ἐν ταῖς * ἓξ * ἡμέραις παρὰ τοῦ θεοῦ ποιηθέντα ἔργα κβʹ. καὶ

HDem. 9 21 6 εἰς Χαναὰν ἀπιέναι ἀξιωθέντα ὑπὸ Λάβαν ἄλλα ἔτη * ἕξ * μεῖναι ὥστε τὰ πάντα αὐτὸν μεῖναι ἐν Χαρρὰν παρὰ
HDem. 9 21 8 ἐτῶν ἕνδεκα μηνῶν τεσσάρων Λευὶν ἐτῶν δέκα μηνῶν * ἕξ * Ἰούδαν ἐτῶν ἐννέα μηνῶν ὀκτὼ Νεφθαλεὶμ ἐτῶν ὀκτὼ
HDem. 9 21 8 ὀκτὼ Ζαβουλὼν ἐτῶν ἑπτὰ μηνῶν δυοῖν Δεῖναν ἐτῶν * ἕξ * μηνῶν τεσσάρων Ἰωσὴφ ἐτῶν ἕξ μηνῶν τεσσάρων.
HDem. 9 21 8 δυοῖν Δεῖναν ἐτῶν ἕξ μηνῶν τεσσάρων Ἰωσὴφ ἐτῶν * ἕξ * μηνῶν τεσσάρων. παροικῆσαι δὲ Ἰσραὴλ παρὰ Ἐμμὼρ ἔτη
HDem. 9 21 9 μηνῶν τεσσάρων Λευὶν δὲ ἐτῶν εἴκοσι μηνῶν * ἕξ * ἀποκτεῖναι τόν τε Ἐμμὼρ καὶ Συχὲμ τὸν υἱὸν αὐτοῦ καὶ
HDem. 9 21 19 ὄντα ἐτῶν ρ μ ζ' καταλιπόντα Ἰωσὴφ ὄντα ἐτῶν ν * ς'. * Λευὶν δὲ γενόμενον ἐτῶν ρ λ ζ' τελευτῆσαι Κλὰθ δὲ
HDem. 9 21 19 ὄντα ἐτῶν ο η' καὶ γενόμενον Ἀμβρὰμ ἐτῶν ρ λ * ς' * τελευτῆσαι. φυγεῖν μέντοι γε τὸν Μωσῆν εἰς Μαδιὰμ καὶ
HDem. 1 141 1 ἐξ Ἱεροσολύμων ἔτη ἑκατὸν εἴκοσι ὀκτὼ μῆνας * ἕξ. * ἀφ' οὗ δὲ αἱ φυλαὶ αἱ δέκα ἐκ Σαμαρείας αἰχμάλωτοι
HEup. 9 33 1 μῆνα κόρους σίτου μυρίους ὁ δὲ κόρος ἐστὶν ἀρταβῶν * ἕξ * καὶ οἴνου κόρους μυρίους ὁ δὲ κόρος τοῦ οἴνου ἐστὶ
HArt. 9 27 4 καὶ τὴν φιλοσοφίαν ἐξευρεῖν ἔτι δὲ τὴν πόλιν εἰς λ * ς' * νομοὺς διελεῖν καὶ ἑκάστῳ τῶν νομῶν ἀποτάξαι τὸν θεὸν
HHec. 1 22 187 τῶν Ἰουδαίων ἄνθρωπος τὴν μὲν ἡλικίαν ὡς ἑξήκοντα * ἕξ * ἐτῶν τῷ δ' ἀξιώματι τῷ παρὰ τοῖς ὁμοέθνοις μέγας καὶ
LArl. 13 12 12 εἰς πάντα τὸν χρόνον τεταχέναι. σημαίνει γὰρ ὡς ἐν * ἕξ * ἡμέραις ἐποίησε τόν τε οὐρανὸν καὶ τὴν γῆν καὶ πάντα

ἐξαγγέλλω 5
TLevi 2 10 στήσῃ καὶ λειτουργὸς αὐτοῦ ἔσῃ καὶ μυστήρια αὐτοῦ * ἐξαγγελεῖς * τοῖς ἀνθρώποις καὶ περὶ τοῦ μέλλοντος
TJos. 5 2 πονηρὰν ταύτην ἵνα μὴ ἐξολοθρεύθῃς ὅτι καίγε ἐγὼ * ἐξαγγελῶ * τὴν ἐπίνοιαν τῆς ἀσεβείας σου πᾶσιν. φοβηθεῖσα
TJos. 5 3 σου πᾶσιν. φοβηθεῖσα οὖν ἐκείνη ἠξίου ἵνα μηδενὶ * ἐξαγγείλω * τὴν κακίαν αὐτῆς. καὶ ἀνεχώρησε θάλπουσά με
HArt. 9 27 13 δὲ αὐτὸν τῶν Αἰγυπτίων ὁρκωμοτῆσαι τοὺς φίλους μὴ * ἐξαγγεῖλαι * τῷ Μωύσῳ τὴν ἐπισυνισταμένην αὐτῷ ἐπιβουλὴν
HArt. 9 27 16 δὲ αὐτῶν τὴν ἐπιβουλὴν τῷ Μωύσῳ τῶν συνειδότων * ἐξαγγεῖλαί * τινα τὸν δὲ φυλάσσοντα αὐτὸν τὴν μὲν Μέρριν

ἐξαγορεύω 1
SIb. 3 210 καὶ πάντεσσι βροτοῖσι. τί δὴ καθ' ἓν * ἐξαγορεύω; * ἀλλ' ὁπόταν τὰ πρῶτα τέλος λάβῃ αὐτίκα δ'

ἐξαγορία 1
Sal. 9 6 καθαριεῖς ἐν ἁμαρτίαις ψυχὴν ἐν ἐξομολογήσει ἐν * ἐξαγορίαις * ὅτι αἰσχύνη ἡμῖν καὶ τοῖς προσώποις ἡμῶν περὶ

ἐξάγω 8
TGad 6 6 οὖν ἀρνεῖται καὶ αἰδεσθῇ ἐλεγχόμενος ἡσύχασον μὴ * ἐξάξῃς * αὐτόν. ὁ γὰρ ἀρνούμενος μετανοεῖ τοῦ μηκέτι
Asen. 4 10 αὐτὸν εἰς τὴν φυλακὴν τοῦ σκότους καὶ Φαραὼ * ἐξήγαγεν * αὐτὸν ἐκ τῆς φυλακῆς καθότι συνέκρινε τὸ
Jer. 6 20 εἰσὶν οἱ λόγοι οὓς εἶπε κύριος ὁ θεὸς Ἰσραὴλ ὁ * ἐξαγαγὼν * ἡμᾶς ἐκ γῆς Αἰγύπτου ἐκ τῆς μεγάλης καμίνου ὅτι
HEup. 1 141 5 συνάγεσθαι ἔτη ͵ε ρ μ θ'. ἀφ' οὗ δὲ χρόνου * ἐξήγαγε * Μωυσῆς τοὺς Ἰουδαίους ἐξ Αἰγύπτου ἐπὶ τὴν
LThe. 9 22 7 γενεῆς ἐξεύχεται εἶναι ὁμοίης. ὅς ποτ' ἐπεὶ πάτρης * ἐξήγαγε * δῖον Ἀβραὰμ αὐτὸς ἀπ' οὐρανόθεν κάλεσ' ἀνέρα
LEze. 9 29 8 17 τὰ ὑπ' ἐμοῦ τεταγμένα ὅπως σὺ λαὸν τὸν ἐμὸν * ἐξάγοις * χθονός. οὐκ εὔλογος πέφυκα γλῶσσα δ' ἐστί μοι
LArl. 8 10 8 ἡμῶν λέγων ὁ Μωσῆς οὕτως ἐν χειρὶ κραταιᾷ * ἐξήγαγεν * ὁ θεός σε ἐξ Αἰγύπτου. καὶ πάλιν εἰρηκέναι αὐτῷ
FrAn. 574 3048 τὸν χουοπλάστην τοῦ γένους τῶν ἀνθρώπων τὸν * ἐξαγαγόντα * ἐξ ἀδήλων καὶ πυκνοῦντα τὰ νέφη καὶ ὑετίζοντα

ἐξαγωγή 1
LArl. 13 12 1 Ἀλεξάνδρου καὶ Περσῶν ἐπικρατήσεως τά τε κατὰ τὴν * ἐξαγωγὴν * τὴν ἐξ Αἰγύπτου τῶν Ἑβραίων ἡμετέρων δὲ

ἐξαίρετος 3
Job 15 9 ἐστιν ἐναντίον τοῦ θεοῦ ἡ ὑπερηφανία. καὶ πάλιν * ἐξαίρετον * μόσχον ἀνέφερον ἐπὶ τὸ θυσιαστήριον τοῦ θεοῦ,
Job 52 7 αὐτοῦ, καὶ ηὐλόγησαν καὶ ἐδόξασαν ἑκάστη ἐν τῇ * ἐξαιρέτῳ * διαλέκτῳ. καὶ μετὰ ταῦτα ἐξῆλθεν ὁ ἐπικαθήμενος
HArt. 9 27 4 καὶ κύνας καὶ ἴβεις ἀπονεῖμαι δὲ καὶ τοῖς ἱερεῦσιν * ἐξαίρετον * χώραν. ταῦτα δὲ πάντα ποιῆσαι χάριν τοῦ τὴν

ἐξαιρέω 3
TIss. 6 4 ἐπιστρέψουσι πρὸς κύριον ὅτι ἐλεήμων ἐστὶ καὶ * ἐξελεῖται * αὐτοὺς τοῦ ἐπιστρέψαι εἰς τὴν γῆν αὐτῶν.
TGad 1 7 παρὰ γνώμην Ἰουδὰ καὶ Ῥουβήμ. εἶδε γὰρ ὅτι ἀρνὸν * ἐξειλόμην * ἐκ τοῦ στόματος τῆς ἄρκου κἀκεῖνην ἐθανάτωσα
Asen. 12 11 με ἐκ τῶν χειρῶν αὐτοῦ καὶ ἐκ τοῦ στόματος αὐτοῦ * ἐξελοῦ * με μήποτε ἁρπάσῃ με ὡς λέων καὶ διασπαράξῃ με καὶ

ἐξαίρω 11
Hen. 1 1 δικαίους οἵτινες ἔσονται εἰς ἡμέραν ἀνάγκης * ἐξᾶραι * πάντας τοὺς ἐχθροὺς καὶ σωθήσονται δίκαιοι. καὶ
TLevi 18 4 αὐτοῦ. οὗτος ἀναλάμψει ὡς ὁ ἥλιος ἐν τῇ γῇ καὶ * ἐξαρεῖ * πᾶν σκότος ἐκ τῆς ὑπ' οὐρανὸν καὶ ἔσται εἰρήνη ἐν
TGad 6 1 τέκνα μου ἀγαπήσατε ἕκαστος τὸν ἀδελφὸν αὐτοῦ καὶ * ἐξάρατε * τὸ μῖσος ἀπὸ τῶν καρδιῶν ὑμῶν ἀγαπῶντες ἀλλήλους
TGad 7 7 ὅτι οὐκ ἔχει τὸν πονηρὸν περισπασμὸν τῶν ἀνθρώπων. * ἐξάρατε * οὖν τὸ μῖσος ἀπὸ τῶν ψυχῶν ὑμῶν καὶ ἀγαπᾶτε
TGad 8 4 ὑμῶν καὶ θάψατέ με σύνεγγυς τῶν πατέρων μου. καὶ * ἐξάρας * τοὺς πόδας αὐτοῦ ἐκοιμήθη ἐν εἰρήνῃ. καὶ μετὰ
Sal. 3 7 διὰ παντὸς τὸν οἶκον αὐτοῦ ὁ δίκαιος τοῦ * ἐξᾶραι * ἀδικίαν ἐν παραπτώματι αὐτοῦ. ἐξιλάσατο περὶ
Sal. 4 6 εἰσόδῳ εἰς πᾶσαν οἰκίαν ἐν ἱλαρότητι ὡς ἄκακος. * ἐξάραι * ὁ θεὸς τοὺς ἐν ὑποκρίσει ζῶντας μετὰ ὁσίων ἐν
Sal. 4 8 δικαιώσαισαν ὅσιοι τὸ κρίμα τοῦ θεοῦ αὐτῶν ἐν τῷ * ἐξαίρεσθαι * ἁμαρτωλοὺς ἀπὸ προσώπου δικαίου ἀνθρωπάρεσκον
Sal. 4 22 τούτοις καὶ παρώργισαν τὸν θεὸν καὶ παρώξυναν. * ἐξάραι * αὐτοὺς ἀπὸ τῆς γῆς ὅτι ψυχὰς ἀκάκων παραλογισμῷ
Sal. 4 24 καὶ ῥύσεται ἡμᾶς ἀπὸ παντὸς σκανδάλου παρανόμου. * ἐξάραι * ὁ θεὸς τοὺς ποιοῦντας ἐν ὑπερηφανίᾳ πᾶσαν ἀδικίαν
Sal. 17 36 τοῦ ἄρχειν λαοῦ μεγάλου ἐλέγξαι ἄρχοντας καὶ * ἐξᾶραι * ἁμαρτωλοὺς ἐν ἰσχύι λόγου. καὶ οὐκ ἀσθενήσει ἐν

ἐξαιτέω 1
TBen. 3 3 τὰ πνεύματα τοῦ Βελιὰρ εἰς πᾶσαν πονηρίαν θλίψεως * ἐξαιτήσωνται * ὑμᾶς οὐ μὴ κατακυριεύσῃ ὑμῶν πᾶσα πονηρία

ἐξαίφνης 2
Asen. 26 5 χειμάρρου καὶ οἱ ἑξακόσιοι ἄνδρες μετ' αὐτῆς. καὶ * ἐξαίφνης * ἐξεπήδησαν ἐκ τῶν ἐνεδρῶν αὐτῶν οἱ ἐνεδρευταὶ
LEze. 9 29 14 29 θείων ἄρχεται τεραστίων θαυμάστ' ἰδέσθαι. καί τις * ἐξαίφνης * μέγας στῦλος νεφώδης ἐστάθη πρὸ γῆς μέγας

ἑξακισχίλιοι 2
Abr.Z 7 17 τὸ δὲ σῶμα αὐτοῦ μένει ἐπὶ τῆς γῆς ἕως πληρωθῶσιν * ἑξακισχίλια * ἔτη ἐν ᾧ ἐγερθήσεται πᾶσα σάρξ νῦν οὖν
Arls. 116 3 ποταμὸς ἀείρρους. ‹τῆς δὲ χώρας› οὐκ ἔλαττον * ἑξακισχιλίων * μυριάδων ἀρουρῶν κατὰ τὸ ἀρχαῖον οὔσης

ἐξακολουθέω 4
TJud. 23 1 ἃς ποιήσετε εἰς τὸ βασίλειον ἐγγαστριμύθοις * ἐξακολουθοῦντες * κληδόσι καὶ δαίμοσι πλάνης. τὰς
TIss. 6 2 κολληθήσονται τῷ Βελιὰρ καὶ ἀφέντες τὸ γεώργιον * ἐξακολουθήσουσι * τοῖς πονηροῖς διαβουλίοις αὐτῶν καὶ
TZab. 9 5 καὶ διαιρεθήσεσθε ἐν Ἰσραὴλ καὶ δύο βασιλεῦσιν * ἐξακολουθήσετε * καὶ πᾶν βδέλυγμα ποιήσετε καίγε πᾶν
TNep. 3 3 τάξιν αὐτῶν καὶ ἐπηκολούθησαν λίθοις καὶ ξύλοις * ἐξακολουθήσαντες * πνεύμασι πλάνης. ὑμεῖς δὲ μὴ οὕτως

ἑξακόσιοι 4
Asen. 24 15 διότι ὥρα ἐστὶ τοῦ τρυγητοῦ. καὶ ἔδωκε μετ' αὐτῆς * ἑξακοσίους * ἄνδρας δυνατοὺς εἰς πόλεμον καὶ πεντήκοντα
Asen. 26 5 ἦλθεν Ἀσενὲθ ἐπὶ τὸν τόπον τοῦ χειμάρρου καὶ οἱ * ἑξακόσιοι * ἄνδρες μετ' αὐτῆς. καὶ ἐξαίφνης ἐξεπήδησαν ἐκ
Arls. 27 2 ἐκεκύρωτο ἐν ἡμέραις ἑπτὰ πλεῖον δὲ ταλάντων * ἑξακοσίων * ἑξήκοντα ἡ δόσις ἐγεγόνει. πολλὰ γὰρ καὶ τῶν
HDem. 9 21 18 εἰς Αἴγυπτον τοὺς τοῦ Ἰωσὴφ συγγενεῖς ἔτη γ * χ * κ δ'. ἀπὸ δὲ τοῦ κατακλυσμοῦ ἕως τῆς Ἰακὼβ παρουσίας

ἐξαλαπάζω 10
SIb. 3 174 ἥξουσι βροτοῖσιν. ἀλλὰ μιν οὐράνιος θεὸς ἐκ βυθοῦ * ἐξαλαπάξει. * αὐτὰρ ἔπειτ' ἄλλης βασιληίδος ἔσσεται ἀρχὴ
SIb. 3 179 ποιήσει πολλὸν δ' αὖ χρυσόν τε καὶ ἄργυρον * ἐξαλαπάξει * ἐκ πόλεων πολλῶν πάλι δ' ἔσσεται ἐν χθονὶ δίῃ
SIb. 3 302 ἐμήσατο ἄλγεα λυγρὰ ἀθάνατος ὅτι οἱ ναὸν μέγαν * ἐξαλάπαξεν. * αἰαῖ σοι Βαβυλὼν ἠδ' Ἀσσυρίων γένος ἀνδρῶν
SIb. 3 505 πολυώδυνε εἰς σέ περ ἥξει πληγὴ καὶ φοβερὰ αἰώνιος * +ἐξαλαπάξει+ * καὶ σε καπνιζομένην πᾶσα χθὼν ὄψεται αὖτις
SIb. 4 116 κακὴ πολέμοιο θύελλα Ἰταλόθεν ἠνὸν δὲ θεοῦ μέγαν * ἐξαλαπάξει * ἡνίκ' ἂν ἀφροσύνῃσι πεποιθότες εὐσεβίην μὲν
SIb. 5 102 πτολεμίξει κτείνας τ' ἄνδρα ἕκαστον ὅλον βίον * ἐξαλαπάξει * ὥστε μένειν μοῖραν τριτάτην δειλοῖσι
SIb. 5 107 καὶ θάρσος +ἀηδὲς+ ἥξει καὶ μακάρων ἐθέλων πόλιν * ἐξαλαπάξαι. * καί κέν τις θεόθεν βασιλεὺς πεμφθεὶς ἐπὶ
SIb. 5 173 δὲ μηχανάαται; ἀλλ' ἔλεγες μόνη εἰμὶ καὶ οὐδείς μ' * ἐξαλαπάξει. * νῦν δέ σέ καὶ σοὺς πάντας ὀλεῖ θεὸς αἰὲν
SIb. 5 337 παῖς +εἰς σέ μάχην+ Θρηκῶν κρατερὸν σθένος * ἐξαλαπάξει. * τήν τε Μακηδονίην βασιλεὺς Αἰγύπτιος αἱρεῖ
SIb. 5 413 τέτυκτο ὥστε δοκεῖν ἑτέρους μεγάλην πόλιν * ἐξαλαπάξαι. * ἦλθε γὰρ οὐρανίων νώτων ἀνὴρ μακαρίτης

ἐξαλείφω 8
Hen. 10 20 καὶ πάσας τὰς ἀκαθαρσίας τὰς γινομένας ἐπὶ τῆς γῆς * ἐξάλειψον. * καὶ ἔσονται πάντες λατρεύοντες οἱ λαοὶ καὶ
Abr.Z 11 10 καὶ ἐὰν ἡ ψυχὴ ἐλεηθῇ εὑρήσεις τὰς ἁμαρτίας αὐτῆς * ἐξηλειμμένας * καὶ εἰσελεύσεται εἰς τὴν ζωὴν ἐὰν δὲ ἡ ψυχὴ
TLevi 2 3B013 ἀπὸ παντὸς κακοῦ. παραδοὺς διὸ δὴ καὶ τὴν ἀνομίαν * ἐξάλειψον * ὑποκάτωθεν τοῦ οὐρανοῦ καὶ συντελέσαι τὴν
TLevi 18 2B060 ἐνεχθήσεται ἐν βιβλίῳ μνημοσύνου ζωῆς καὶ οὐκ * ἐξαλειφθήσεται * τὸ ὄνομά σου καὶ τὸ ὄνομα τοῦ σπέρματος
Asen. 15 4 πάντων ἐγράφη τὸ ὄνομά σου τῷ δακτύλῳ μου καὶ οὐκ * ἐξαλειφθήσεται * εἰς τὸν αἰῶνα. ἰδοὺ δὴ ἀπὸ τῆς σήμερον
Sal. 2 17 τὰς ἁμαρτίας αὐτῶν ἵνα φανῇ τὸ κρίμα σου * ἐξήλειψας * τὸ μνημόσυνον αὐτῶν ἀπὸ τῆς γῆς. ὁ θεὸς κριτὴς
Sal. 13 10 κύριος τῶν ὁσίων αὐτοῦ καὶ τὰ παραπτώματα αὐτῶν * ἐξαλείψει * ἐν παιδείᾳ. ἡ γὰρ ζωὴ τῶν δικαίων εἰς τὸν
Esdr. 3 6 καὶ συνάξω πάντας εἰς τὴν κοιλάδα τοῦ Ἰωσαφὰτ καὶ * ἐξαλείψω * τὸ γένος τῶν ἀνθρώπων καὶ οὐκέτι ᾖ κόσμος. καὶ

ἐξαλλοιόω 3
Hen. 99 2 οὐκ ἔστιν ὑμῖν σωτηρία εἰς ἀγαθόν. οὐαὶ ὑμῖν οἱ * ἐξαλλοιοῦντες * τοὺς λόγους τοὺς ἀληθινοὺς καὶ
Hen. 104 9 μὴ πλανᾶσθε τῇ καρδίᾳ ὑμῶν μηδὲ ψεύδεσθε μηδὲ * ἐξαλλοιώσητε * τοὺς λόγους τῆς ἀληθείας μηδὲ καταψεύδεσθε
Hen. 104 10 τὰ ψεύδ‹η καὶ πᾶσα ‹ἡ πλάνη›--- ---τῆς ἀληθείας * ἐξαλλοιοῦσιν * καὶ ἀντιγράφουσιν οἱ ἁμαρτωλοὶ καὶ

ἐξάλλομαι 1
HDem. 9 21 9 τοῦ Ἐμμὼρ υἱοῦ ἐτῶν οὖσαν δεκαὲξ μηνῶν τεσσάρων. * ἐξαλλομένους * δὲ τοὺς Ἰσραὴλ υἱοὺς Συμεῶνα μὲν ὄντα ἐτῶν

ἔξαλλος 1
Asen. 5 5 καὶ ἦν Ἰωσὴφ ἐνδεδυμένος χιτῶνα λευκὸν καὶ * ἔξαλλον * καὶ ἡ στολὴ τῆς περιβολῆς αὐτοῦ ἦν πορφυρᾶ ἐκ

ἐξαμαρτάνω 4
Adam 13 5 καὶ ἔσται ὁ θεὸς ἐν μέσῳ αὐτῶν καὶ οὐκ ἔσονται ἔτι * ἐξαμαρτάνοντες * ἐνώπιον αὐτοῦ ὅτι ἀρθήσεται ἀπ' αὐτῶν ἡ
TDan 5 6 τοῦ παρεδρεύειν τοῖς υἱοῖς Λευὶ τοῦ ποιεῖν αὐτοὺς * ἐξαμαρτάνειν * ἐνώπιον κυρίου. καὶ υἱοί μου ἐγγίζοντες
Sal. 5 16 συμμετρίᾳ αὐταρκείας ἐὰν ὑπερπλεονάσῃ ὁ ἄνθρωπος * ἐξαμαρτάνει. * ἱκανὸν τὸ μέτριον ἐν δικαιοσύνῃ καὶ ἐν

IDIp. 5 121 3 Δικη. ὁρᾶτε ὅσοι δοκεῖτε οὐκ εἶναι θεόν. δὶς * ἐξαμαρτάνοντες * οὐκ εὐγνωμόνως ἔστι(ν) γὰρ ἔστιν εἰ δέ
ἐξαναβαίνω 2
SIb. 5 209 τ' ἐν Διδύμοις μέσον οὐρανὸν ἀμφιελίξη Παρθένος * ἐξαναβᾶσα * καὶ Ἥλιος ἀμφὶ μετώπῳ πηξάμενος ζώνην
SIb. 5 408 ἁγίαις ἐγέραιρον καὶ ἑκατόμβαις. νῦν δέ τις * ἐξαναβὰς * ἀφανὴς βασιλεὺς καὶ ἄναγνος ταύτην ἔρριψεν καὶ
ἐξαναλίσκω 2
LArI. 8 10 15 ἀναλίσκειν ἔδειξε φλεγομένην ἀνυποστάτως μηδὲν δ' * ἐξαναλίσκουσαν * εἰ μὴ τὸ παρὰ τοῦ θεοῦ δυναμικὸν αὐτῇ
LArI. 8 10 16 κατὰ τὸ ὄρος τόπων φλεγομένων σφοδρῶς οὐδὲν * ἐξανάλωσεν * ἀλλ' ἔμεινε τῶν ἁπάντων ἡ χλόη πυρὸς ἄθικτος
ἐξαναλόω 1
ArIs. 87 3 ἔχουσαν πρὸς τὸν τόπον καὶ τὰ θύματα διὰ τοῦ πυρὸς * ἐξαναλούμενα * τὴν διοικοδομὴν εἶχε τῆς δ' ἀναβάσεως τῆς
ἐξανθέω 1
Adam 22 3 αὐτόν. ἐν ᾧ δὲ ἦλθεν ὁ θεὸς εἰς τὸν παράδεισον * ἐξήνθησαν * τὰ φυτὰ τοῦ κλήρου τοῦ Ἀδὰμ καὶ τὰ ἐμὰ πάντα
ἐξανίημι 1
LPhI. 9 37 1 λοετροῖς ῥεύματος ἐμπίπλησι βαθὺν ῥόον * ἐξανιείσης. * ῥεῦμα γὰρ ὑψιφάεννον ἐν ὑετίοις νιφετοῖσιν
ἐξανίστημι 6
Hen. 15 12 καὶ διψῶντα καὶ προσκόπτοντα πνεύματα. καὶ * ἐξαναστήσει * ταῦτα εἰς τοὺς υἱοὺς τῶν ἀνθρώπων καὶ τῶν
Hen. 15B 12 φάσματα ποιοῦντα καὶ διψῶντα καὶ προσκόπτοντα. καὶ * ἐξαναστήσονται * τὰ πνεύματα ἐπὶ τοὺς υἱοὺς τῶν ἀνθρώπων
Asen. 16 19 ἦσαν μεγάλαι καὶ ἐκλεκταὶ ὡς βασίλισσαι αὐτῶν καὶ * ἐξανέστησαν * ἀπὸ τῆς (πληγῆς) τοῦ κηρίου καὶ
Sal. 6 4 διαβάσει ποταμῶν καὶ σάλῳ θαλασσῶν οὐ πτοηθήσεται. * ἐξανέστη * ἐξ ὕπνου αὐτοῦ καὶ ηὐλόγησεν τῷ ὀνόματι κυρίου
LEze. 9 29 5 15 κάμοῦ παρῆγεν ὡς παρεμβολὴ βροτῶν. εἶτ' ἐμφοβηθεὶς * ἐξανίσταμ' * ἐξ ὕπνου. ὦ ξένε καλόν σοι τοῦτ' ἐσήμηνεν
LEze. 9 29 6 03 ὅταν σοι ταῦτα συμβαί(ν)ῃ ποτέ. ἆρά γε μέγαν τιν' * ἐξαναστήσεις * θρόνον καὶ αὐτὸς βραβεύσεις καὶ καθηγήσῃ
ἐξανύω 1
SIb. 4 22 ἀτρεκέως καταλέξαι ἅπαντα γὰρ αὐτὸς ἐλέγξει * ἐξανύων. * σὺ δὲ πάντα λεὼς ἐπάκουε Σιβύλλης ἐξ ὁσίου
ἐξαπατάω 1
Adam 16 5 σκεῦος κἀγὼ λαλήσω διὰ στόματός σου ῥήματα πρὸς τὸ * ἐξαπατῆσαι * αὐτούς. καὶ εὐθέως ἐκρεμάσθη ἐκ τῶν τειχέων
ἐξάπινα 1
Sal. 1 2 εἰς τέλος πρὸς τὸν θεὸν ἐν τῷ ἐπιθέσθαι ἁμαρτωλοὺς * ἐξάπινα * ἠκούσθη κραυγὴ πολέμου ἐνώπιόν μου (εἶπα)
ἐξαπίνης 2
FAch. 106 ὁ Λυκοῦργος τὴν ἐπιστολὴν περίλυπος ἐγένετο ἐπὶ τῷ * ἐξαπίνης * πτώματι. ἐκάλεσεν τοὺς φίλους ἀνελθεῖν ἐν οἷς
FrAn. 9 17 5 ἑβδόμῃ γὰρ ἡμέρᾳ τῆς ἀναιρέσεως τοῦ προφήτου * ἐξαπίνης * αὐτῷ μάλα κεχαρισμένος ὁ παῖς ἀπολώλει.
ἐξαπόλλυμι 7
SIb. 3 260 δίκην ἢ χερσὶ βροτείαις ἠὲ λαθὼν θνητοὺς πάσῃ δίκῃ * ἐξαπολεῖται. * πᾶσι γὰρ Οὐράνιος κοινὴν ἐτελέσσατο γαῖαν
SIb. 3 394 Ἀίδης θεραπεύσει ὧν δή περ γενεὴν αὐτὸς θέλει * ἐξαπολέσσαι * ἐκ τῶν δὴ γενεῆς κείνου γένος ἐξαπολεῖται
SIb. 3 395 θέλει ἐξαπολέσσαι ἐκ τῶν δὴ γενεῆς κείνου γένος * ἐξαπολεῖται * ῥίζαν ἴαν γε διδοὺς ἣν καὶ κόψει βροτολοιγὸς
SIb. 5 123 ποτὲ κλαύσει ἢ τὸ πάλαι σεμνὴ καὶ ἐπώνυμος * ἐξαπολεῖται. * Βιθυνοὶ κλαύσουσιν ἑὴν χθόνα τεφρωθεῖσαν
SIb. 5 316 χθόνα τεφρωθεῖσαν Λέσβος ὑπ' Ἠριδανοῦ αἰώνιον * ἐξαπολεῖται. * αἰαῖ σοι +Κέρκυρα+ καλὴ πόλι παύεο κώμου.
SIb. 5 343 πανέρημος ἄκλαυστος ἐν γαίῃ θαλερῇ ὀλοὸν δάκος * ἐξαπολέσθαι. * ἔσται δ' +αἰθέρος+ οὐρανὸς εὐρὺς ὕπερθεν
SIb. 5 358 καὶ δόξα δικαίων μή ποτε θυμωθεὶς θεὸς ἄφθιτος * ἐξαπολέσσῃ * πᾶν γένος ἀνθρώπων +βίοτον+ καὶ φῦλον ἀναιδὲς
ἐξαποστέλλω 9
Asen. 1 1 εὐθηνίας ἐν τῷ μηνὶ τῷ δευτέρῳ πέμπτῃ τοῦ μηνὸς * ἐξαπέστειλε * Φαραὼ τὸν Ἰωσὴφ κυκλεῦσαι πᾶσαν τὴν γῆν
Asen. 15 12 αὐτῷ εὐλογημένος κύριος ὁ θεός σου ὁ ὕψιστος ὃς * ἐξαπέστειλέ * σε τοῦ ῥύσασθαί με ἐκ τοῦ σκότους καὶ
Asen. 24 19 ἐχάρη ὁ υἱὸς Φαραὼ ὡς ἤκουσε τὰ ῥήματα ταῦτα. καὶ * ἐξαπέστειλεν * αὐτοὺς καὶ δύο χιλιάδας ἀνδρῶν πολεμιστῶν
Sal. 17 12 καὶ τέκνα αὐτῶν ἅμα ἐν ὀργῇ κάλλους αὐτοῦ * ἐξαπέστειλεν * αὐτὰ ἕως ἐπὶ δυσμῶν καὶ τοὺς ἄρχοντας τῆς
Jer. 7 10 τὴν φάσιν ἔνεγκόν μοι. μὴ ὁμοιωθῇς τῷ κόρακι ὃν * ἐξαπέστειλε * Νῶε καὶ οὐκ ἀπεστράφη ἔτι πρὸς αὐτὸν εἰς τὴν
Bar. 16 3 ἐπ' οὐκ ἔθνει ἐπὶ ἔθνει ἀσυνέτῳ. ἔτι σὺν τούτοις * ἐξαποστείλατε * κάμπην καὶ βροῦχον ἐρυσίβην καὶ ἀκρίδα
ArIs. 13 4 σὺν τῷ Πέρσῃ καὶ πρὸ τούτων ἑτέρων συμμαχιῶν * ἐξαπεσταλμένων * πρὸς τὸν τῶν Αἰθιόπων βασιλέα μάχεσθαι
ArIs. 126 4 πρὸς δὲ τὴν κοινὴν πᾶσι τοῖς πολίταις ἐπανόρθωσιν * ἐξαποστέλλειν * αὐτούς. τὸ γὰρ καλῶς ζῆν ἐν τῷ τὰ νόμιμα
LArI. 8 10 7 καὶ ἐφ' ἡμῶν κοινότερον. ὅταν γὰρ δυνάμεις * ἐξαποστέλλῃς * σὺ βασιλεὺς ὢν βουλόμενός τι κατεργάσασθαι
ἐξαπτέρυγος 1
Adam 37 3 φωνὰς ταύτας οἱ ἄγγελοι ἰδοὺ ἦλθεν ἓν τῶν Σεραφὶμ * ἐξαπτερύγων * καὶ ἥρπασεν τὸν Ἀδὰμ καὶ ἀπήγαγεν αὐτὸν εἰς
ἐξαριθμέω 5
Esdr. 2 32 ἴδω τὴν ἡμέραν τῆς συντελείας. (καὶ εἶπεν ὁ θεός) * ἐξαρίθμησον * τοὺς ἀστέρας καὶ τὴν ἄμμον τῆς θαλάσσης καὶ
Esdr. 2 32 καὶ τὴν ἄμμον τῆς θαλάσσης καὶ εἰ δυνήσει ταύτην * ἐξαριθμῆσαι * δύνασαι καὶ μετ' ἐμοῦ δικάζεσθαι. καὶ εἶπεν
Esdr. 4 2 οὐ μὴ παύσομαι τοῦ δικάζεσθαί σε. καὶ εἶπεν ὁ θεὸς * ἐξαρίθμησαι * τὰ ἄνθη τῆς γῆς εἰ ταῦτα δυνήσει ἐξαριθμῆσαι
Esdr. 4 3 θεὸς ἐξαρίθμησαι τὰ ἄνθη τῆς γῆς εἰ ταῦτα δυνήσει * ἐξαριθμῆσαι * δύνασαι καὶ μετ' ἐμοῦ δικάζεσθαι. καὶ εἶπεν
Esdr. 4 4 καὶ εἶπεν ὁ προφήτης κύριε ἐγὼ οὐ δύναμαι * ἐξαριθμῆσαι * σάρκα ἀνθρωπίνην φορῶ ἀλλ' οὐδὲ παύσομαι
ἐξαρκέω 1
TZab. 6 7 μεταδιδοὺς καὶ παντὶ τῷ οἴκῳ τοῦ πατρός μου * ἐξαρκῶν. * τὸ θέρος ἡλίευον καὶ ἐν χειμῶνι ἐποίμαινον μετὰ
ἐξαρτισμός 1
ArIs. 144 4 ταῦτα Μωϋσῆς ἀλλὰ πρὸς ἁγνὴν ἐπίσκεψιν καὶ τρόπων * ἐξαρτισμὸν * δικαιοσύνης ἕνεκεν σεμνῶς πάντα ἀνατέτακται.
ἐξαρύω 1
SIb. 3 640 ἀρχῇ Ἑλλάδα πορθήσῃ πᾶσαν καὶ πίονα γαῖαν * ἐξαρύσῃ * πλούτοιο καὶ ἄντίον εἰς ἔριν αὐτῶν ἔλθωσιν
ἔξαρχος 2
Hen. 9B 4 ἐκέλευσε τοῖς ἁγίοις ἀρχαγγέλοις καὶ ἔδησαν τοὺς * ἐξάρχους * αὐτῶν καὶ ἔβαλον αὐτοὺς εἰς τὴν ἄβυσσον ἕως τῆς
TJud. 25 1 καὶ Ἰακὼβ εἰς ζωὴν καὶ ἐγὼ καὶ οἱ ἀδελφοί μου * ἔξαρχοι * σκήπτρων ἡμῶν ἐν Ἰσραὴλ ἐσόμεθα Λευὶ πρῶτος
ἐξασθενέω 1
Sal. 17 31 τῆς γῆς ἰδεῖν τὴν δόξαν αὐτοῦ φέροντες δῶρα τοὺς * ἐξησθενηκότας * υἱοὺς αὐτῆς καὶ ἰδεῖν τὴν δόξαν κυρίου ἣν
ἐξαστράπτω 5
Abr.1 12 4 πυλῶν ἵσταται θρόνος φοβερὸς ἐν εἴδει κρυστάλλου * ἐξαστράπτων * ὡς πῦρ καὶ ἐπ' αὐτῷ ἐκάθητο ἀνὴρ θαυμαστὸς
Abr.1 17 15 πρόσωπον ξιφηφόρον καὶ πρόσωπον ἀστραπῆς φοβερῶς * ἐξαστράπτον * καὶ ἦχον βροντῆς φοβερᾶς ἔδειξεν δὲ καὶ
Asen. 22 7 στήθους αὐτοῦ καὶ οἱ ὀφθαλμοὶ αὐτοῦ χαροποιοὶ καὶ * ἐξαστράπτοντες * (καὶ ἦσαν) οἱ τένοντες αὐτοῦ καὶ οἱ ὦμοι
Bar. 7 4 καὶ ἀνεπληροῦτο. καὶ ὄπισθεν τούτου τὸν ἥλιον * ἐξαστράπτοντα * καὶ τοὺς ἀγγέλους μετ' αὐτοῦ φέροντας καὶ
Job 46 8 εἶναι αὐτὰς ἐκ τῆς γῆς, ἀλλ' ἐκ τοῦ οὐρανοῦ εἰσιν, * ἐξαστράπτουσαι * σπινθῆρας πυρός, ὡς ἀκτῖνας τοῦ ἡλίου.
ἐξασφαλίζω 1
ArIs. 100 3 ἐθεωροῦμεν ἣ κεῖται μὲν ἐν ὑψηλοτάτῳ τόπῳ πύργοις * ἐξησφαλισμένη * πλείοσι μέχρι κορυφῆς εὐμήκεσι λίθοις
ἐξαυδάω 2
SIb. 3 518 Καππαδοκῶν τ' Ἀράβων τε τί δὴ κατὰ μοῖραν ἕκαστον * ἐξαυδῶ; * πᾶσιν γὰρ ὅσοι χθόνα ναιετάουσιν Ὕψιστος δεινὴν
SIb. 5 73 οὐκ ἀναβήσῃ. ταῦτα μὲν Αἰγύπτῳ θεὸς ἔννεπεν * ἐξαυδῆσαι * ὑστατίῳ καιρῷ ὅτε πάγκακοι ἄνδρες ἔσονται.
ἐξαυτῆς 2
Hen. 31 2 τῶν περάτων τῆς γῆς καὶ πάντα τὰ δένδρα πλήρη * ἐξαυτῆς * ἐν ὁμοιώματι ἀμυγδάλων ὅταν τριβῶσιν διὸ
TJos. 6 7 οὐ κατισχύει κακία ἀσεβούντων λαβὼν ἐνώπιον αὐτῆς * ἐξαυτῆς * ἔφαγον εἰπὼν ὁ θεὸς τῶν πατέρων μου καὶ ὁ
ἐξαφαιρέω 1
SIb. 5 39 τριηκοσίης κεραίης ὅ,τι πρῶτον ἐλέγχων παῖς κράτος * ἐξαφελεῖ * μετὰ δ' αὐτὸν κοίρανος ἔσται τετράδος ἐκ
ἐξάωρος 1
Abr.1 18 9 ἡμῶν ὅπως εἰσακούσῃ ἡμῖν ὁ θεὸς καὶ ἀναστήσῃ τοὺς * ἐξαώρους * τεθνήξαντας διὰ τῆς σῆς ἀγριότητος. καὶ εἶπεν ὁ
ἐξεγείρω 3
SIb. 3 191 ἐν πολλαῖς χώρῃσι Μακηδονίῃ δὲ μάλιστα. μῖσος δ' * ἐξεγερεῖ * καὶ πᾶς δόλος ἔσσεται αὐτοῖς. (ἄχρι πρὸς
SIb. 3 767 ἀθάνατος κεχολώσεται ὅς κεν ἁμάρτῃ. καὶ τότε δὴ * ἐξεγερεῖ * βασιλήιον εἰς αἰῶνας πάντας ἐπ' ἀνθρώπους ἅγιον
HArt. 9 27 24 καὶ ἐνθάδε τῶν φυλάκων παρειμένων τὸν βασιλέα * ἐξεγεῖραι. * τὸν δὲ ἐκπλαγέντα ἐπὶ τῷ γεγονότι κελεῦσαι τῷ
ἐξέγερσις 1
Sal. 4 15 ἡ ζωὴ αὐτοῦ κύριε ὁ ὕπνος αὐτοῦ ἐν λύπαις καὶ ἡ * ἐξέγερσις * αὐτοῦ ἐν ἀπορίαις. ἀφαιρεθείη ὕπνος ἀπὸ
ἔξειμι (εἰμί) 3
Jer. 5 23 ἀνθρώπου εἶπεν εἰ μὴ ἧς πρεσβύτης καὶ ὅτι οὐκ * ἐξὸν * ἀνθρώπῳ ὑβρίσαι τὸν μείζονα αὐτοῦ ἐπικατεγέλων ἄν
LEze. 9 29 8 07 ὄψιν τὴν ἐμὴν ἀμήχανον θνητὸν γεγῶτα τῶν λόγων δ' * ἔξεστι * σοι ἐμῶν ἀκούειν τῶν ἕκατ' ἐλήλυθα. ἐγὼ θεὸς σῶν
LArI. 7 32 18 ἐναντίαν καὶ διάμετρον τῷ ἡλίῳ στάσιν ὥσπερ οὖν * ἔξεστιν * ἐν ταῖς πανσελήνοις ὁρᾶν ἔσονται δὲ ὃ μὲν κατὰ
ἔξειμι (εἶμι) 3 (cf.+ ἐξέρχομαι)
Prop. 4 12 αὐτοῦ ἦσαν ὡς κρέας ἐκ τοῦ κλαίειν. πολλοὶ γὰρ * ἐξιόντες * ἐκ τῆς πόλεως ἑώρων αὐτόν. ὁ Δανιὴλ μόνος οὐκ
ArIs. 102 4 ἀποδείξεις δεδωκότων οἵτινες οὐκ εἶχον ἐξουσίαν * ἐξιέναι * τῆς ἄκρας εἰ μὴ ταῖς ἑορταῖς καὶ τοῦτο ἐκ μέρους
ArIs. 117 3 τὸ ῥεῦμα κατὰ τὴν Πτολεμαιέων χώραν οὗτος δὲ * ἔξεισιν * εἰς θάλασσαν. ἄλλοι δὲ χειμάρροι λεγόμενοι
ἐξεῖπον 3 (cf.+ ἐκλέγω)
Hen. 14 16 καὶ ἐν τιμῇ καὶ ἐν μεγαλωσύνῃ ὥστε μὴ δύνασθαί με * ἐξειπεῖν * ὑμῖν περὶ τῆς δόξης καὶ περὶ τῆς μεγαλωσύνης
TZab. 1 6 τοὺς ἀδελφούς μου ὅτι συνέθεντο πάντες ὁμοῦ εἴ τις * ἐξείποι * τὸ μυστήριον ἀναιρεθῆναι αὐτὸν μαχαίρᾳ. πλὴν ὅτε
Job 41 5 ὑπάρχουσαν. τότε Ελιους ἐμπνευσθεὶς ἐν τῷ Σατανᾷ * ἐξεῖπέν * μοι λόγους θρασεῖς, οἵτινες ἀναγεγραμμένοι εἰσὶν
ἐξέλευσις 1
FIsa. 1 2 τοὺς λόγους οὓς αὐτὸς εἶδεν καὶ τὴν κατάβασιν καὶ * ἐξέλευσιν * τοῦ ἀγαπητοῦ ἐκ τοῦ ἑβδόμου οὐρανοῦ εἰς τὸν

ἐξελκόω 1
HArt. 9 27 31 ἀνεῖναι λυμαίνεσθαι τοὺς Αἰγυπτίους πάντας τε * ἐξελκωθῆναι * τὰ σώματα. τῶν δὲ ἰατρῶν μὴ δυναμένων ἰᾶσθαι
ἐξεναρίζω 2
SIb. 3 435 πόντοιο λαχοῦσα καὶ σε μολὼν ποτε παῖς Αἰτώλιος * ἐξεναρίξει. * Κύζικε καὶ σοὶ πόντος ἀπορρήξει βαρὺν ὄλβον.
SIb. 3 449 αὐχένι θήσῃ. Λύδιος αὖ σεισμὸς δὲ τὰ Περσίδος * ἐξεναρίξει * Εὐρώπης Ἀσίης τελέων ῥίγιστά περ ἄλγη.
ἐξεργάζομαι 1
Aris. 133 1 καθέστηκε καὶ τὰ μέλλοντα γίνεσθαι ταῦτ' οὖν * ἐξεργαζόμενος * ἀκριβῶς καὶ πρόδηλα θεὶς ἔδειξεν ὅτι κἂν
ἐξερευνάω 1
Sal. 17 9 κατὰ τὰ ἔργα αὐτῶν. οὐκ ἠλέησεν αὐτοὺς ὁ θεὸς * ἐξηρεύνησεν * τὸ σπέρμα αὐτῶν καὶ οὐκ ἀφῆκεν αὐτῶν ἕνα.
ἐξερέω 1
IOrp. 4 δμῶς σὺ δ' ἄκουε φαεσφόρου ἔκγονε Μήνης Μουσαῖ'. * ἐξερέω * γὰρ ἀληθέα μηδέ σε τὰ πρὶν ἐν στήθεσσι φανέντα
ἐξερημόω 1
Sal. 15 11 οὐχ εὑρεθήσεται τοῖς τέκνοις αὐτῶν αἱ γὰρ ἁμαρτίαι * ἐξερημώσουσιν * οἴκους ἁμαρτωλῶν καὶ ἀπολοῦνται ἁμαρτωλοὶ
ἐξέρχομαι 117 (cf.+ ἔξειμι (εἶμι))
Adam 1 1 εὐλόγησον. αὕτη ἡ διήγησις Ἀδὰμ καὶ Εὔας. μετὰ τὸ * ἐξελθεῖν * αὐτοὺς ἐκ τοῦ παραδείσου ἔλαβεν Ἀδὰμ Εὔαν καὶ
Adam 2 3 αὐτό. καὶ οὐκ ἔμεινεν ἐπὶ τὴν κοιλίαν αὐτοῦ ἀλλ' * ἐξῆλθεν * ἔξω τοῦ στόματος αὐτοῦ. εἶπε δὲ Ἀδὰμ ἀναστάντες
Adam 13 6 τὸ μέτρον τῆς ζωῆς αὐτοῦ εἴσω τριῶν ἡμερῶν. * ἐξερχομένης * δὲ τῆς ψυχῆς αὐτοῦ μέλλεις θεάσασθαι τὴν
Adam 28 4 δὲ τὸν πόλεμον ὃν ἔθετο ὁ ἐχθρὸς ἐν σοί. ἀλλ' * ἐξερχομένου * σου ἐκ τοῦ παραδείσου ἐὰν φυλάξεις ἑαυτὸν
Adam 29 3 με ἆραι εὐωδίας ἐκ τοῦ παραδείσου ἵνα μετὰ τὸ * ἐξελθεῖν * με ἀνενέγκω θυσίαν τῷ θεῷ ὅπως εἰσακούσεταί μου
Adam 29 6 σπέρματα εἰς διατροφὴν αὐτοῦ. καὶ λαβὼν ταῦτα * ἐξῆλθεν * ἐκ τοῦ παραδείσου καὶ ἐγενόμεθα ἐπὶ τῆς γῆς.
Adam 29 10 ἐνδεδυμένη ἐν τῷ ὕδατι ἕως τοῦ τραχήλου. καὶ μὴ * ἐξέλθῃ * λόγος ἐκ τοῦ στόματός σου ἀνάξιοι γὰρ ἐσμεν καὶ
Adam 29 12 τὰ δάκρυα αὐτοῦ ἔρρεεν ἐπὶ τὴν γῆν. καὶ λέγει μοι * ἔξελθε * ἐκ τοῦ ὕδατος καὶ παῦσαι τοῦ κλαυθμοῦ. ἤκουσε γὰρ
Adam 31 1 Ἀδὰμ ἐν τῇ νόσῳ αὐτοῦ ἄλλην δὲ εἶχεν μίαν ἡμέραν * ἐξελθεῖν * ἐκ τοῦ σώματος αὐτοῦ. καὶ λέγει τῷ Ἀδὰμ ἡ Εὔα
Adam 32 1 ἐπιστρέψῃ τοῦ ἐλεῆσαι ἡμᾶς. τότε ἀνέστη ἡ Εὔα καὶ * ἐξῆλθεν * ἔξω. καὶ πεσοῦσα ἐπὶ τὴν γῆν ἔλεγεν ἥμαρτον ὁ
Adam 32 4 ἐκ τῆς μετανοίας σου. ἰδοὺ γὰρ ὁ Ἀδὰμ ὁ ἀνήρ σου * ἐξῆλθεν * ἀπὸ τοῦ σώματος αὐτοῦ. ἀνάστα καὶ ἴδε τὸ πνεῦμα
Adam 40 4 ἐδυνήθη ὅτι ἀνεπήδα τὸ σῶμα αὐτοῦ ἀπὸ τῆς γῆς. καὶ * ἐξήρχετο * φωνὴ ἀπὸ τῆς γῆς λέγουσα οὐ κρυβήσεται εἰς τὴν
Hen. 1 3 καὶ περὶ αὐτῶν ἀνέλαβον τὴν παραβολήν μου. καὶ * ἐξελεύσεται * ὁ ἅγιός μου ὁ μέγας ἐκ τῆς κατοικήσεως αὐτοῦ
Hen. 9 10 οὐρανοῦ καὶ ἀνέβη ὁ στεναγμὸς αὐτῶν καὶ οὐ δύναται * ἐξελθεῖν * ἀπὸ προσώπου τῶν ἐπὶ τῆς γῆς γινομένων
Hen. 9B 10 τοῦ οὐρανοῦ ἀνέβη ὁ στεναγμὸς αὐτῶν καὶ οὐ δύναται * ἐξελθεῖν * ἀπὸ προσώπου τῶν ἐπὶ τῆς γῆς γινομένων
Hen. 13 1 εἶπεν πορεύου οὐκ ἔσται σοι εἰρήνη. κρίμα μέγα * ἐξῆλθεν * κατὰ σοῦ δῆσαί σε καὶ ἀνοχὴ καὶ ἐρώτησίς σοι οὐκ
Hen. 15 9 ἐν τῇ γῇ ἡ κατοίκησις αὐτῶν ἔσται. πνεύματα πονηρὰ * ἐξῆλθεν * ἀπὸ τοῦ σώματος αὐτῶν διότι ἀπὸ τῶν ἀνωτέρων
Hen. 15 12 εἰς τοὺς υἱοὺς τῶν ἀνθρώπων καὶ τῶν γυναικῶν ὅτι * ἐξεληλύθασιν * ἀπ' αὐτῶν καὶ νῦν οἱ γίγαντες οἱ
Hen. 15B 9 ἐπὶ τῆς γῆς. πνεύματα πονηρὰ ἔσονται τὰ πνεύματα * ἐξεληλυθότα * ἀπὸ τοῦ σώματος τῆς σαρκὸς αὐτῶν διότι ἀπὸ
Hen. 15B 12 υἱοὺς τῶν ἀνθρώπων καὶ τῶν γυναικῶν ὅτι ἐξ αὐτῶν * ἐξεληλύθασι. * ἀπὸ ἡμέρας σφαγῆς καὶ ἀπωλείας καὶ θανάτου
Hen. 18 15 ὅτι τόπος ἔξω τοῦ οὐρανοῦ κενός ἐστιν ὅτι οὐκ * ἐξῆλθαν * ἐν τοῖς καιροῖς αὐτῶν. καὶ ὀργίσθη αὐτοῖς καὶ
Hen. 22 7 καὶ ἀπεκρίθη μοι λέγων τοῦτο τὸ πνεῦμά ἐστιν τὸ * ἐξελθὸν * ἀπὸ Ἄβελ ὃν ἐφόνευσε Κάϊν ὁ ἀδελφὸς καὶ Ἄβελ
Abr.1 2 1 καὶ πρὸς τὸν ἴδιον δεσπότην ἀπελεύσει ἐν ἀγαθοῖς. * ἐξελθὼν * δὲ ὁ ἀρχιστράτηγος ἐκ προσώπου κυρίου θεοῦ
Abr.1 4 5 παντὸς ἀγαθοῦ. ἐγερθεὶς οὖν ὁ ἀρχιστράτηγος * ἐξῆλθεν * ἔξω ὡς δῆθεν γαστρὸς χρείᾳ ὕδατος χύσιν ποιήσας
Abr.1 7 4 ⟨μου⟩ καὶ ἀνῆλθεν εἰς τοὺς οὐρανοὺς ὅθεν καὶ * ἐξῆλθεν * καὶ ἐλυπήθην μεγάλως ὅτι ἔλαβεν τὸν ἥλιον ἀπ'
Abr.1 7 5 ἐκεῖνον τὸν φωτοφόρον ἐκ δευτέρου ἐκ τοῦ οὐρανοῦ * ἐξελθόντα * καὶ ἔλαβεν ἀπ' ἐμοῦ καὶ τὴν σελήνην ἐκ τῆς
Abr.1 10 6 κύριε εἰσάκουσον τῆς φωνῆς μου καὶ κέλευσον ἵνα * ἐξέλθωσιν * θηρία ἐκ τοῦ δρυμοῦ καὶ καταφάγωσιν αὐτούς.
Abr.1 10 7 καὶ καταφάγωσιν αὐτούς. καὶ ἅμα τῷ λόγῳ αὐτοῦ * ἐξῆλθον * θηρία ἐκ τοῦ δρυμοῦ καὶ κατέφαγον αὐτούς. καὶ
Abr.1 15 11 δὲ ὁ ἀρχιστράτηγος τοὺς λόγους τούτους εὐθέως * ἐξῆλθεν * ἐκ προσώπου τοῦ Ἀβραὰμ καὶ ἀνῆλθε εἰς τοὺς
Abr.1 16 6 ὅτι φίλος γνήσιός ἐστιν. ταῦτα ἀκούσας ὁ θάνατος * ἐξῆλθεν * ἀπὸ προσώπου τοῦ ὑψίστου καὶ περιεβάλετο στολὴν
Abr.1 16 7 πρὸς τὸν Ἀβραάμ. ὁ δὲ δίκαιος Ἀβραὰμ ἰδὼν * ἐξῆλθεν * ἐκ τοῦ τρικλίνου αὐτοῦ καὶ ἐκαθέσθη ὑποκάτω τῶν
Abr.1 19 2 ἔστη ἔμπροσθεν αὐτοῦ. εἶπεν δὲ Ἀβραὰμ πρὸς αὐτὸν * ἔξελθε * ἀπ' ἐμοῦ ὅτι θέλω ἀναπαύεσθαι ὅτι ἐν ὀλιγωρίᾳ
Abr.2 1 2 ἀναστὰς πορεύου πρὸς Ἀβραὰμ λέγων πρὸς αὐτὸν * ἐξερχόμενος * ἐξελεύσει τοῦ βίου τούτου ὅτι ἤγγισάν σου αἱ
Abr.2 1 2 πορεύου πρὸς Ἀβραὰμ λέγων πρὸς αὐτὸν ἐξερχόμενος * ἐξελεύσει * τοῦ βίου τούτου ὅτι ἤγγισάν σου αἱ ἡμέραι ὅπως
Abr.2 3 5 τῷ οἴκῳ λέγει Ἀβραὰμ τοῖς παισὶν αὐτοῦ ἀναστάντες * ἐξέλθατε * εἰς τὰ ποίμνια καὶ ἐνέγκατε θρέμματα θύσατε
Abr.2 4 1 δὲ Σάρρα τοὺς κλαυθμοὺς αὐτῶν οὖσα ἐν τῇ σκηνῇ καὶ * ἐξελθοῦσα * εἶπεν τῷ Ἀβραὰμ τί ἐστιν ὅτι οὕτως κλαίετε;
Abr.2 4 4 τὸ ἄριστον. ἤγγισεν δὲ ὁ ἥλιος δύνειν καὶ * ἐξῆλθεν * Μιχαὴλ καὶ ἀνελήφθη εἰς τοὺς οὐρανοὺς
Abr.2 4 9 σου εἰπεῖν αὐτῷ ἀποχωρισθῆναι ἀπὸ τοῦ κόσμου καὶ * ἐξελθεῖν * ἀπὸ τοῦ σώματος αὐτοῦ κἀγὼ κύριε οὐκ ἐτόλμησα
Abr.2 4 12 μεγάλη γὰρ συντομή ἐστιν οὗτος ὁ λόγος ὅτι οὐκ * ἐξέρχῃ * ἐν σώματι μάλιστα σὺ κύριε ἐξ ἀρχῆς ἐποίησας τοῦ
Abr.2 7 19 Ἀβραὰμ εἶπεν τῷ Μιχαὴλ παρακαλῶ σε κύριε εἰ * ἐξέρχομαι * ἐκ τοῦ σώματος ἐθέλω ἀναληφθῆναι ἵνα θεάσωμαι
Abr.2 8 13 εἰς τὸν τόπον τοῦτον ὥστε θεωρῆσαι πᾶσαν ψυχὴν * ἐξερχομένην * ἐκ τοῦ σώματος ἐπειδὴ ἐξ αὐτοῦ ἦσαν πάντες
TRub. 3 14 ἔπραξα τὴν ἀσέβειαν καὶ καταλιπὼν αὐτὴν κοιμωμένην * ἐξῆλθον. * καὶ εὐθέως ἄγγελος τοῦ θεοῦ ἀπεκάλυψε τῷ πατρί
TJud. 15 2 τὶς βασιλεύσῃ πορνεύων γυμνούμενος τῆς βασιλείας * ἐξέρχεται * δουλωθεὶς τῇ πορνείᾳ ὡς κἀγὼ γυμνωθεὶς. ἔδωκα
TIss. 1 4 αὐτούς. ἔκλαιε δὲ Ῥουβὴμ καὶ ἐπὶ τῇ φωνῇ αὐτοῦ * ἐξῆλθε * Λεία ἡ μήτηρ μου. ταῦτα δὲ ἦσαν μῆλα εὐώδημα ἃ
TGad 6 2 τοῦ πατρὸς ἡμῶν εἰρηνικὰ ἐλάλουν τῷ Ἰωσὴφ καὶ * ἐξελθόντος * μου τὸ πνεῦμα τοῦ μίσους ἐσκότιζέ μου τὸν
TJos. 3 9 με ἐφελκύσατο. καὶ νοήσας ἐλυπήθη ἕως θανάτου καὶ * ἐξελθούσης * αὐτῆς ἦλθον εἰς ἐμαυτὸν καὶ ἐπένθησα περὶ
TJos. 6 3 ἡ περιεργία αὐτῆς εἰς ἀποπλάνησιν ψυχῆς ἐστίν. καὶ * ἐξελθόντος * αὐτοῦ ἔκλαιον μήτε ἐκεῖνο μήτε ἄλλο τι τῶν
TJos. 8 1 πονηράν. λέγω ὑμῖν τέκνα ὅτι ὥρα ἦν ὡσεὶ ἕκτη ὅτε * ἐξῆλθεν * ἀπ' ἐμοῦ κἀγὼ γόνυ κλίνας πρὸς κύριον ὅλην τὴν
Asen. 5 3 εἰσερχόμενον εἰς τὴν οἰκίαν τοῦ πατρὸς αὐτῆς. καὶ * ἐξῆλθεν * εἰς συνάντησιν τοῦ Ἰωσὴφ Πεντεφρῆς καὶ ἡ γυνὴ
Asen. 16 9 κηρίον τοῦτο ἐκ τοῦ στόματος τοῦ ἀνθρώπου τούτου * ἐξῆλθε * διότι ἡ πνοὴ αὐτοῦ ὡς πνοὴ τοῦ στόματος τοῦ
Asen. 16 11 καὶ γέγονε. μήτιγε τοῦτο ἐκ τοῦ στόματός σου * ἐξῆλθε * διότι ἡ πνοὴ αὐτοῦ ὡς πνοὴ τοῦ στόματός σού
Asen. 17 4 τὸ κηρίον καὶ τὴν τράπεζαν οὐκ ἠδίκησεν. καὶ * ἐξῆλθεν * ἐκ τῆς καύσεως τοῦ κηρίου εὐωδία πολλὴ καὶ
Asen. 18 9 υἱοῦ ἀνθρώπου καὶ τὰ χείλη αὐτῆς ὡς ῥόδον ζωῆς * ⟨ἐξερχόμενον * ἐκ τῆς κάλυκος αὐτοῦ καὶ οἱ ὀδόντες αὐτῆς
Asen. 19 4 αἱ πύλαι καὶ ἀπέμειναν ἔξω πάντες ἀλλότριοι. καὶ * ἐξῆλθεν * Ἀσενὲθ ἐκ τοῦ +προδρόμου+ εἰς συνάντησιν τῷ
Asen. 23 17 περὶ τοῦ ἀδελφοῦ ἡμῶν Ἰωσὴφ ῥῆμα πονηρόν. καὶ * ἐξῆλθον * ἀπὸ προσώπου τοῦ υἱοῦ Φαραὼ Συμεὼν καὶ Λευίς.
Asen. 25 8 ἀλλ' ὡς γυναῖκες ἀποθανούμεθα; μὴ γένοιτο. καὶ * ἐξῆλθον * εἰς συνάντησιν τῷ Ἰωσὴφ καὶ τῇ Ἀσενέθ. καὶ
Sal. 15 5 φλὸξ πυρὸς καὶ ὀργὴ ἀδίκων οὐχ ἅψεται αὐτοῦ ὅταν * ἐξέλθῃ * ἐπὶ ἁμαρτωλοὺς ἀπὸ προσώπου κυρίου ὀλεθρεῦσαι
Jer. 1 1 Ἱερεμίαν λέγων Ἱερεμία ὁ ἐκλεκτός μου ἀνάστα καὶ * ἔξελθε * ἐκ τῆς πόλεως ταύτης σὺ καὶ Βαρούχ ἐπειδὴ ἀπολῶ
Jer. 1 3 ἀδαμάντινον περικυκλοῦν αὐτήν. νῦν οὖν ἀναστάντες * ἐξέλθατε * πρὸ τοῦ ἡ δύναμις τῶν Χαλδαίων κυκλώσει αὐτήν.
Jer. 1 7 τῷ Ἱερεμίᾳ ἐπειδὴ σὺ ἐκλεκτός μου εἶ ἀνάστα καὶ * ἔξελθε * ἐκ τῆς πόλεως ταύτης σὺ καὶ Βαρούχ ἐπειδὴ ἀπολῶ
Jer. 3 2 καὶ Βαρούχ. καὶ ἰδοὺ ἐγένετο φωνὴ σαλπίγγων καὶ * ἐξῆλθον * ἄγγελοι ἐκ τοῦ οὐρανοῦ κατέχοντες λαμπάδας ἐν
Jer. 4 3 τὸν λαόν. Ἱερεμίας δὲ ἄρας τὰς κλεῖδας τοῦ ναοῦ * ἐξῆλθεν * ἔξω τῆς πόλεως καὶ ἔρριψεν αὐτὰς ἐνώπιον τοῦ
Jer. 4 9 οἱ πατέρες ἡμῶν Ἀβραὰμ Ἰσαὰκ καὶ Ἰακὼβ ὅτι * ἐξῆλθον * ἐκ τοῦ κόσμου τούτου καὶ οὐκ εἶδον τὸν ἀφανισμὸν
Jer. 4 10 ἀφανισμὸν τῆς πόλεως ταύτης. ταῦτα εἰπὼν Βαρούχ * ἐξῆλθεν * ἔξω τῆς πόλεως κλαίων καὶ λέγων ὅτι λυπούμενος
Jer. 4 10 κλαίων καὶ λέγων ὅτι λυπούμενος διά σέ Ἱερουσαλὴμ * ἐξῆλθον * ἀπὸ σοῦ. καὶ ἔμεινεν ἐν μνημείῳ καθεζόμενος τῶν
Jer. 5 12 τοῦτο ἐναντίον Ἱερεμίου ὅτι πεπλάνημαι τὴν ὁδόν. * ἐξῆλθε * δὲ ἀπὸ τῆς πόλεως καὶ κατανοήσας εἶδε τὰ σημεῖα
Jer. 5 15 ὅτι μεγάλη ἔκστασις ἐπέπεσεν ἐπ' ἐμέ. καὶ πάλιν * ἐξῆλθεν * ἔξω τῆς πόλεως καὶ ἔμεινε λυπούμενος μὴ εἰδὼς
Jer. 6 1 σε εἰς τὴν ἄνω πόλιν Ἱερουσαλήμ. μετὰ ταῦτα * ἐξῆλθεν * Ἀβιμέλεχ ἔξω τῆς πόλεως καὶ προσηύξατο πρὸς
Jer. 6 9 ἡ δύναμις ἡμῶν ὁ θεὸς κύριε τὸ ἐκλεκτὸν φῶς τὸ * ἐξελθὸν * ἐκ στόματός σου. παρακαλοῦμεν καὶ δεόμεθά σου
Jer. 6 17 χαῖρε καὶ ἀγαλλιῶ ὅτι ὁ θεὸς οὐκ ἀφῆκεν ἡμᾶς * ἐξελθεῖν * ἐκ τοῦ σώματος τούτου λυπουμένους διὰ τὴν πόλιν
Jer. 7 1 ἐστι τῆς μεγάλης σφραγῖδος. καὶ ἀνέστη Βαρούχ καὶ * ἐξῆλθεν * ἐκ τοῦ μνημείου καὶ εὗρεν τὸν ἀετὸν καθεζόμενον
Jer. 7 14 Ἱερεμίας αὐτὸς γὰρ καὶ ἄλλοι τινὲς τοῦ λαοῦ * ἐξήρχοντο * θάψαι νεκρὸν ἔξω τῆς πόλεως. ᾐτήσατο γὰρ
Jer. 7 23 ὑπὲρ ἡμῶν ὅπως κατευοδώσῃ τὴν ὁδὸν ἡμῶν ἄχρις ἂν * ἐξέλθωμεν * ἐκ τῶν προσταγμάτων τοῦ ἀνόμου βασιλέως
Jer. 7 25 ἀφ' ἡμῶν ἑξήκοντα καὶ ἓξ ἔτη σήμερον. πολλάκις γὰρ * ἐξερχόμενος * ηὕρισκον ἐκ τοῦ λαοῦ κρεμαμένους ὑπὸ
Jer. 7 28 φωνῆς μου καὶ τῶν κριμάτων τοῦ στόματός μου καὶ * ἐξέλθωμεν * ἐντεῦθεν. λέγω γάρ σοι ὅτι ὅλον τὸν χρόνον ὃν
Jer. 8 7 καὶ ἐπορεύθησαν. ἐλθόντων δὲ αὐτῶν εἰς Βαβυλῶνα * ἐξῆλθον * οἱ Βαβυλωνῖται εἰς συνάντησιν αὐτῶν λέγοντες οὐ
Jer. 8 7 εἰς τὴν πόλιν ἡμῶν ὅτι ἐμισήσατε ἡμᾶς καὶ κρυφῇ * ἐξήλθετε * ἀφ' ἡμῶν διὰ τοῦτο οὐκ εἰσελεύσεσθε πρὸς ἡμᾶς.
Jer. 8 7 μήτε ὑμᾶς μήτε τέκνα ὑμῶν δέξασθαι ἐπειδὴ κρυφῇ * ἐξήλθετε * ἀφ' ἡμῶν. καὶ ἐπιγνόντες ὑπέστρεψαν καὶ ἦλθον
Jer. 9 18 τοῦ χριστοῦ αὐτοῦ. αὐτὸς γὰρ ἐλεύσεται καὶ * ἐξελεύσεται * καὶ ἐπιλέξεται ἑαυτῷ δώδεκα ἀποστόλους ἵνα
Bar. 4 11 ἔξω. καὶ ὅταν ἐφάνη ἡ γῆ ἀπὸ τοῦ ὕδατος καὶ * ἐξῆλθε * Νῶε τῆς κιβωτοῦ ἤρξατο φυτεύειν ἐκ τῶν
Bar. 9 2 Βαρούχ κύριε δεῖξόν μοι καὶ ταύτην παρακαλῶ πῶς * ἐξέρχεται; * καὶ ποῦ ἀπέρχεται; καὶ ἐν ποίῳ σχήματι
Bar. 13 4 τῶν τοιούτων καὶ ἑτέρων χειρόνων. διὸ δεόμεθα * ἐξελθεῖν * ἡμᾶς ἀπ' αὐτῶν. καὶ εἶπεν Μιχαὴλ τοὺς ἀγγέλους
Prop. 1 3 τὰς κολυμβήθρας ἐπὶ εὐχῇ τοῦ Ἡσαΐου μικρὸν ὕδωρ * ἐξελήλυθεν * ὅτι ἦν ὁ λαὸς ἐν συγκλεισμῷ ἀλλοφύλων καὶ ἵνα
Prop. 1 4 τῷ Σιλωάμ. ἐὰν οὖν οἱ Ἰουδαῖοι ἤρχοντο * ἐξήρχετο * ὕδωρ ἐὰν δὲ ἀλλόφυλοι οὔ. διὸ ἕως σήμερον
Prop. 1 4 ἐὰν δὲ ἀλλόφυλοι οὔ. διὸ ἕως σήμερον αἰφνιδίως * ἐξέρχεται * ἵνα δειχθῇ τὸ μυστήριον. καὶ ἐπειδὴ διὰ τοῦ
Prop. 2 12 ἐν τῇ ἀναστάσει πρώτη ἡ κιβωτὸς ἀναστήσεται καὶ * ἐξελεύσεται * ἐκ τῆς πέτρας καὶ τεθήσεται ἐν ὄρει Σινᾶ καὶ
Prop. 4 21B πάσης τῆς γῆς. ὅτε δὲ κατ' ἀνατολὰς ὕδωρ καθαρὸν * ἐξελεύσεται * τότε ἐπὶ γῆς ὁ θεὸς φανεὶς ὡς ἄνθρωπος καὶ
Prop. 22 7 ἀτακτούντων κατ' αὐτοῦ κατηράσατο ἐν αὐτοῖς καὶ * ἐξελθοῦσαι * δύο ἄρκοι ἐνέρρηξαν ἐξ αὐτῶν μ β'. γυνὴ
Esdr. 5 9 κρίσεις καὶ ἔκλαυσα πικρῶς καὶ εἶπον καλὸν τοῦ μὴ * ἐξελθεῖν * τὸν ἄνθρωπον ἐκ κοιλίας μητρὸς αὐτοῦ. οἱ δὲ

Esdr. 6 6 προφήτης στόμα πρὸς στόμα ἐλάλουν τοῦ θεοῦ καὶ οὐκ * ἐξέρχεται * ἔνθεν. καὶ εἶπον οἱ ἄγγελοι διὰ τῶν ῥινῶν σου
Esdr. 6 12 μετὰ Μωσῆ καὶ ἐν τῷ ὄρει ἐπεριπάτησα καὶ οὐκ * ἐξέρχεται * ἔνθεν. καὶ εἶπον οἱ ἄγγελοι διὰ τῶν ἀκρονύχων
Sedr. 10 3 καὶ λάρυγγος καὶ τοῦ στόματος καὶ οἷαν ὥραν μέλλει * ἐξέρχεσθαι * ἀρχὴν σπάρναται καὶ συνάζεται ἀπὸ τῶν
Job 10 4 πρὶν ἢ λαβεῖν τὴν χρείαν καὶ οὐδὲ ἐπέτρεπον * ἐξελθεῖν * τὴν θύραν μου κόλπῳ κενῷ εἶχον δὲ τρισχίλια καὶ
Job 12 2 ὑπηρέτει καὶ ἔτρωγεν καὶ ἑσπέρας γινομένης * ἐξερχόμενος * ἀπελθεῖν εἰς τὸν οἶκον αὐτοῦ λαμβάνειν
Job 20 5 ἐποίησεν τρεῖς ὥρας ἐπὶ τὸν θρόνον μου μὴ δυνηθεὶς * ἐξελθεῖν * καὶ ἐπάταξέν με πληγὴν σκληρὰν ἀπὸ ποδῶν ἕως
Job 20 7 ἕως κεφαλῆς καὶ ἐν μεγάλῃ ταραχῇ καὶ ἀδημονίᾳ * ἐξῆλθον * τὴν πόλιν, καὶ καθεσθεὶς ἐπὶ τῆς κοπρίας
Job 22 3 μοι, τάχα οὔτε ἄρτου χορτάζεται. καὶ οὐκ ἐφείδετο * ἐξελθεῖν * ἐν τῇ ἀγορᾷ προσαιτῆσαι ἄρτον παρὰ τῶν
Job 24 7 σε τοῦ ἄρτου ὥστε τολμῆσαί με ἀναισχύντως * ἐξελθεῖν * εἰς τὴν ἀγοράν, +εἰ κατανύγομαι ἐν τῇ καρδίᾳ
Job 27 1 μὴ τὸ πετεινὸν ἀνίπταται τυγχάνων ἐν τῷ καρτάλῳ; * ἐξελθὼν * πολέμησόν με. τότε ἐξόπισθεν τῆς γυναικός μου
Job 27 2 πολέμησόν με. τότε ἐξόπισθεν τῆς γυναικός μου * ἐξῆλθεν * καὶ σταθεὶς ἔκλαυσεν λέγων ἴδε, Ιωβ, διαφωνῶ καὶ
Job 29 1 ἐδηλώθη αὐτοῖς τὰ συμβεβηκότα μοι. καὶ ἀκούσαντες * ἐξῆλθον * τὴν πόλιν ἅμα τοῖς πολίταις καὶ οἱ μὲν πολῖται
Job 39 2 οἰκοδεσπότου δουλείας ᾧ ἐδούλευεν, ἐπεὶ ἐκωλύετο * ἐξελθεῖν * ἵνα μὴ ἰδόντες οἱ συμβασιλεῖς ἁρπάσωσιν αὐτὴν
Job 52 8 ἑκάστη ἐν τῇ ἐξαιρέτῳ διαλέκτῳ. καὶ μετὰ ταῦτα * ἐξῆλθεν * ὁ ἐπικαθήμενος τῷ μεγάλῳ ἅρματι, καὶ ἠσπάσατο
FJos. 190 ἐγὼ δὲ ὅτε ἠρχόμην ἀπὸ Μεσοποταμίας τῆς Συρίας * ἐξῆλθεν * Οὐριὴλ ὁ ἄγγελος τοῦ θεοῦ καὶ εἶπεν ὅτι κατέβην
FMos. 2 21 7 αὐτοῦ πάντες ἐκτίσθημεν ἀπὸ προσώπου τοῦ θεοῦ * ἐξῆλθε * τὸ πνεῦμα αὐτοῦ καὶ ὁ κόσμος ἐγένετο. ἔσχεν δὲ
FJub. 12 14 αὐτοῖς Ἀρρὰν θέλων σβέσαι τὸ πῦρ ἐν νυκτί. καὶ * ἐξῆλθε * Θαρὰ σὺν Ἀβραὰμ τοῦ ἐλθεῖν εἰς γῆν Χαναὰν καὶ
FJub. 48 5 ιδ' τούτου τοῦ μηνὸς σκυλεύσαντες τοὺς Αἰγυπτίους * ἐξῆλθον * προστάξει θεοῦ τοῦτο πεποιηκότες. ἐν τῇ θαλάσσῃ
FIsa. 1 13 σου οὐ μὴ γὰρ ἔσται δεῖ ⟨με⟩ ἐν ταῖς χερσὶ Μανασσῆ * ἐξελθεῖν. * ἐτελεύτησεν δὲ Ἐζεκίας καὶ Μανασσῆς παρέλαβεν
FBar. 13 1 Βαρουχ ϊστηκειν επι το ⟨ορος Σιων και ιδου φων⟩η * εξηλθεν * εξ ϋ⟨ψους και ειπε μοι ανα⟩στα επι τους πο⟨δας
FAch. 121 δός μοι τριῶν ἡμερῶν καὶ ἀποκριθήσομαί σοι. καὶ * ἐξελθὼν * ἀπὸ τοῦ βασιλέως διελογίζετο ἐν ἑαυτῷ ὁ Αἴσωπος
HDem. 9 29 16 δέ τινα πῶς οἱ Ἰσραηλῖται ὅπλα ἔσχον ἄνοπλοι * ἐξελθόντες * ἔφασαν γὰρ τριῶν ἡμερῶν ὁδὸν ἐξελθόντες καὶ
HDem. 9 29 16 ἄνοπλοι ἐξελθόντες ἔφασαν γὰρ τριῶν ἡμερῶν ὁδὸν * ἐξελθόντες * καὶ θυσιάσαντες πάλιν ἀνακάμψειν. φαίνεται
HArt. 9 27 24 δὲ ὑπὸ τοῦ ὕπνου παρεθῆναι τά τε ὅπλα κατεαγῆναι. * ἐξελθόντα * δὲ τὸν Μώϋσον ἐπὶ τὰ βασίλεια ἐλθεῖν εὑρόντα
LEze. 9 28 3 09 σπλάγχνων ἐῶν ἐπεὶ δὲ πλήρης κόλπος ἡμερῶν παρῆν * ἐξῆλθον * οἴκων βασιλικῶν πρὸς ἔργα γὰρ θυμός μ' ἄνωγε καὶ
FrAn. 1 218 7 καὶ ἔντρομος γενόμενος πάντα ἐάσας ἐν τῷ ναῷ * ἐξῆλθεν * εὐχαριστῶν καὶ πιστεύων κυρίῳ καὶ ἐν τῇ θείᾳ
FrAn. 1 226 35 Ιακωβ⟩ – αν⟩τιστας δε τη πρεσβεια τ⟨ – ⟩την ευχην * εξελ⟨ * εκαλ⟩υπτον οι δεκα α⟨δ⟩ελ⟨φοι – – Ιωσ⟩ηφ τοτε
FrAn. 574 3013 σωθη ιωη μιμιψωθιωωφ φερσωθι αεηιουω ιωη εωχαριφθα * ἔξελθε * ἀπὸ τοῦ δεῖνα κοινὰ τὸ δὲ φυλακτήριον ἐπὶ λαμνίῳ

ἐξετάζω 4
TGad 7 3 παρέχοντι τὰ καλὰ καὶ συμφέροντα πᾶσιν ἀνθρώποις. * ἐξέτασον * κρίματα κυρίου καὶ οὗτος οὐ καταλείψει καὶ
Jer. 4 4 ναοῦ τοῦ θεοῦ καὶ φύλαξον αὐτὰς ἕως ἡμέρας ἐν ᾗ * ἐξετάσει * σε κύριος περὶ αὐτῶν. διότι ἡμεῖς οὐχ εὑρέθημεν
Job 31 1 εἶπεν τοῖς συμβασιλεῦσιν προσεγγιοῦμεν αὐτῷ καὶ * ἐξετάσωμεν * αὐτὸν ἀκριβῶς εἰ ὅλως αὐτός ἐστιν ἢ οὔ. οἱ δὲ
Aris. 32 5 ἑκάστης φυλῆς ἓξ ὅπως τὸ σύμφωνον ἐκ τῶν πλειόνων * ἐξετάσαντες * καὶ λαβόντες τὸ κατὰ τὴν ἑρμηνείαν ἀκριβὲς

ἐξεύρεσις 1
Aris. 136 2 εἴτε γὰρ κατ' ἐκεῖνό τις θεοὶ κατὰ τὴν * ἐξεύρεσιν * παντελῶς ἀνόητον τῶν γὰρ ἐν τῇ κτίσει λαβόντες

ἐξευρίσκω 2
Aris. 135 2 ἐκ λίθων καὶ ξύλων εἰκόνας φασὶν εἶναι τῶν * ἐξευρόντων * τι πρὸς τὸ ζῆν αὐτοῖς χρήσιμον οἷς
HArt. 9 27 4 τὰ ὑδρευτικὰ καὶ πολεμικὰ καὶ τὴν φιλοσοφίαν * ἐξευρεῖν * ἔτι δὲ τὴν πόλιν εἰς λ ς' νομοὺς διελεῖν καὶ

ἐξεύχομαι 1
LThe. 9 22 6 εἴς γε νυούς τ' ἀγέμεν ποτὶ δῶμα ἀλλ' ὅστις γενεῆς * ἐξεύχεται * εἶναι ὁμοίης. ὅς ποτ' ἐπεὶ πάτρης ἐξήγαγε δῖον

ἐξέχω 1
Prop. 4 1 Δανιήλ. οὗτος μὲν ἦν ἐκ φυλῆς Ἰούδα γένους τῶν * ἐξεχόντων * τῆς βασιλικῆς ὑπηρεσίας ἀλλ' ἔτι νήπιος ἤχθη

ἐξηγέομαι 4
Aris. 51 8 συντελέσαι. πρῶτον δέ σοι τὰ περὶ τῆς τραπέζης * ἐξηγήσομαι. * προεθυμεῖτο μὲν οὖν ὁ βασιλεὺς ὑπέροπλόν τι
Aris. 77 1 μᾶλλον ἢ ἐν τοῖς κατόπτροις. οὐκ ἐφικτὸν δ' ἐστὶν * ἐξηγήσασθαι * τὰ προσυντελεσθέντα πρὸς τὴν τῆς ἀληθείας
SIb. 5 197 ὀλεῖ μεγαλόσθενος ἀνήρ. σὰς Λιβύη πάγκλαυστε τίς * ἐξηγήσεται * ἄτας; τίς δέ σε Κυρήνη μερόπων ἐλεεινὰ
LAri. 8 10 12 αὕτη σαφής ἐστι καὶ περὶ τούτων οὖν οὕτως ἄν τις * ἐξηγήσαιτο * βουλόμενος συντηρεῖν τὸν περὶ θεοῦ λόγον.

ἑξήκοντα 25
Abr.1 10 1 τοῦ οὐρανοῦ⟩ καὶ ἤγαγεν αὐτὸν ἐπὶ τῆς νεφέλης καὶ * ἑξήκοντα * ἀγγέλους καὶ ἀνήρχετο ὁ Ἀβραὰμ ἐπὶ ὀχήματος
TJud. 3 3 καὶ ὄπισθεν ἐφ' ἵππου ἀνελόμενος λίθον λιτρῶν * ξ' * ἀκοντίσας ἔδωκα τῷ ἵππῳ καὶ ἀπέκτεινα αὐτόν. καὶ
TJud. 9 6 τῇ ἑξῆς ἐμβάντες Ῥουβὴμ καὶ Γὰδ ἀνεῖλον ἑτέρους * ἑξήκοντα. * τότε αἰτοῦσιν ἡμᾶς τὰ πρὸς εἰρήνην καὶ
Jer. 5 30 ἤνεγκε γὰρ ταύτην τὴν ἔκστασιν ἐπὶ σέ. ἰδοὺ γὰρ * ἑξήκοντα * καὶ ἓξ ἔτη σήμερόν εἰσιν ἀφ' οὗ ᾐχμαλωτεύθη ὁ
Jer. 7 24 εἰσήλθομεν ἐνταῦθα οὐκ ἐπαύσατο ἡ λύπη ἀφ' ἡμῶν * ἑξήκοντα * καὶ ἓξ ἔτη σήμερον. πολλάκις γὰρ ἐξερχόμενος
Bar. 3 2 εἰσήλθομεν ἀναπτερωμένοι ὡσεὶ πορείας ὁδοῦ ἡμερῶν * ἑξήκοντα. * καὶ ἔδειξέν μοι κἀκεῖ πεδίον καὶ ἦν πλῆρες
Bar. 3 6 τὸν πύργον (ὡς) ᾠκοδόμησαν ἐπὶ πήχεις τετρακοσίας * ἑξήκοντα * τρεῖς. καὶ λαβόντες τρύπανον ἔσπευδον τρυπῆσαι
Bar. 4 7 ἄγγελος ἄκουσον κύριος ὁ θεὸς ἐποίησεν τριακοσίους * ἑξήκοντα * ποταμοὺς ὧν οἱ πρῶτοι πάντων Ἀλφίας καὶ
Bar. 6 13 ἄγγελος ἄρτι ἀνοίγουσιν οἱ ἄγγελοι τὰς τριακοσίας * ἑξήκοντα * πέντε πύλας τοῦ οὐρανοῦ καὶ διαχωρίζεται τὸ φῶς
Esdr. 1 5 καὶ ἔδωκέν μοι ῥάβδον στηράκην. καὶ ἐνήστευσα δὶς * ἑξήκοντα * ἑβδομάδας. καὶ ἴδον τὰ μυστήρια τοῦ θεοῦ καὶ
Job 32 7 ἡ δόξα τοῦ θρόνου σου; σὺ εἶ ὁ τὰς ἱδρυμένας * ἑξήκοντα * τραπέζας τοῖς πτωχοῖς στηρίξας ποῦ νῦν τυγχάνει
Aris. 27 2 ἐν ἡμέραις ἑπτὰ πλεῖον δὲ ταλάντων ἑξακοσίων * ἑξήκοντα * ἡ δόσις ἐγεγόνει. πολλὰ γὰρ καὶ τῶν
Aris. 116 4 οὔσης μετέπειτα δέ οἱ γειτνιῶντες ἐπέβησαν αὐτῆς * ἑξήκοντα * μυριάδες ἀνδρῶν ἔγκληροι καθειστήκεισαν
SIb. 3 149 λάθριον οὓς ἔσπειρε Κρόνος Ῥείη τε σύνευνος * ἑξήκοντα * δέ τοι παῖδας συναγείρατο Τιτὰν καὶ ῥ' εἶχ' ἐν
FJub. 3 32 ὁ Ἀδὰμ ἐν τῷ παραδείσῳ ἑβδομάδα ἡμερῶν τριακοσίων * ἑξήκοντα * πέντε. καὶ ἐξεβλήθη σὺν τῇ γυναικὶ Εὔᾳ διὰ τὴν
FJub. 4 9 ἀδελφὴν Ἀσαυνᾶν οὖσαν ἐτῶν ν'. αὐτὸς δὲ ἦν ἐτῶν * ἑξήκοντα * πέντε. ὁ μὲν Κάϊν τῇ ἀδελφῇ τῇ μείζονι Σαυὴ
FJub. 12 12 τοῦ Λωτ. τῷ 'γ τ ο γ' ἔτει τοῦ κόσμου Ἀβραὰμ δὲ * ξ * α' ἐνεπύρισεν Ἀβραὰμ τὰ εἴδωλα τοῦ πατρὸς αὐτοῦ καὶ
FJub. 19 13 αὐτοῦ γυναικὸς Χετούρας υἱοὺς πέντε. ἐτῶν δὲ * ξ' * ὃν ὁ Ἰσαὰκ ἐγέννησεν τὸν Ἰακώβ. κολλυρίδας ποιήσασα
HDem. 9 21 16 εἰς Χαναὰν Ἀβραὰμ ἐτῶν εἴκοσι πέντε Ἰσαὰκ ἐτῶν * ἑξήκοντα * Ἰακὼβ ἐτῶν ἑκατὸν τριάκοντα γίνεσθαι τὰ πάντα
HDem. 9 21 18 ἕως τῆς Ἰακὼβ παρουσίας εἰς Αἴγυπτον ἔτη α τ * ξ' * ἀφ' οὗ δὲ ἐκλεγῆναι Ἀβραὰμ ἐκ τῶν ἐθνῶν καὶ ἐλθεῖν
HDem. 9 21 19 αὐτὸν ἐλθεῖν εἰς Αἴγυπτον ὥστε εἶναι αὐτὸν ἐτῶν * ξ' * καὶ γεννῆσαι Κλὰθ τῷ αὐτῷ δὲ ἔτει ᾧ γενέσθαι Κλὰθ
HEup. 9 34 4 μίαν. θεμελιῶσαί τε τὸν ναὸν τοῦ θεοῦ μῆκος πηχῶν * ξ' * πλάτος πηχῶν ξ' τὸ δὲ πλάτος τῆς οἰκοδομῆς καὶ τῶν
HEup. 9 34 4 τε τὸν ναὸν τοῦ θεοῦ μῆκος πηχῶν ξ' πλάτος πηχῶν * ξ' * τὸ δὲ πλάτος τῆς οἰκοδομῆς καὶ τῶν θεμελίων πηχῶν ι'
HEup. 9 34 16 καὶ τὸν ναὸν καταχρησθὲν εἶναι τάλαντα μυριάδων υ * ξ'. * εἰς δὲ τοὺς ἥλους καὶ τὴν ἄλλην κατασκευὴν ἀργυρίου
HHec. 1 22 187 τῶν Ἰουδαίων ἄνθρωπος τὴν μὲν ἡλικίαν ὡς * ἑξήκοντα * ἓξ ἐτῶν τῷ δ' ἀξιώματι τῷ παρὰ τοῖς ὁμοέθνοις

ἑξηκονταέξ 2
Jer. 5 2 ἐπὶ τὸν κόφινον τῶν σύκων ὕπνωσεν κοιμώμενος ἔτη * ἑξηκονταὲξ * καὶ οὐκ ἐξυπνίσθη ἐκ τοῦ ὕπνου αὐτοῦ. καὶ
Jer. 6 5 ἐπὶ τὸν κόφινον τοῦτον τῶν σύκων ἰδοὺ γὰρ * ἑξηκονταὲξ * ἔτη ἐποίησαν καὶ οὐκ ἐμαράνθησαν οὐδὲ ὤζεσαν

ἑξηκοστός 1
TLevi 11 8 πικρία μου ὅτι καίγε αὐτὸς ἀπέθανεν. ἡ δὲ Ἰωχάβεδ * ἑξηκοστῷ * τετάρτῳ ἔτει ἐτέχθη ἐν Αἰγύπτῳ ἔνδοξος γὰρ ἤμην

ἑξῆς 30
Hen. 9B 4 καὶ εὐλογημένον εἰς πάντας τοὺς αἰῶνας καὶ τὰ * ἑξῆς. * (τότε ὁ ὕψιστος ἐκέλευσε τοῖς ἁγίοις ἀρχαγγέλοις
Hen. 9B 4 αὐτοὺς εἰς τὴν ἄβυσσον ἕως τῆς κρίσεως καὶ τὰ * ἑξῆς. * καὶ ταῦτα μὲν ὁ Ἐνὼχ μαρτυρεῖ.) σὺ γὰρ εἶ ὁ
TJud. 5 1 ἐλάβομεν πᾶσαν τὴν αἰχμαλωσίαν τῶν βασιλέων. τῇ * ἑξῆς * ἀπήλθομεν εἰς Ἀρετὰν πόλιν κραταιὰν καὶ τειχήρη
TJud. 7 1 τῶν ὑψηλῶν καὶ ὅλην τὴν πόλιν ὀλοθρεύσαμεν. καὶ τῇ * ἑξῆς * ἐρρέθη πρὸς ἡμᾶς ὅτι Γαὰς πόλις βασιλέων ἐν ὄχλῳ
TJud. 9 6 ἀνεῖλον τέσσαρες τοὺς δυνατοὺς ἐξ αὐτῶν. καὶ τῇ * ἑξῆς * ἐμβάντες Ῥουβὴμ καὶ Γὰδ ἀνεῖλον ἑτέρους ἑξήκοντα.
TNep. 1 12 Ζέλφαν ἐπ' ὀνόματι τῆς κώμης ἐν ᾗ ᾐχμαλωτεύθη * ἑξῆς * ἔτεκε τὴν Βάλλαν λέγουσα καινόσπουδός μου ἡ θυγάτηρ
TNep. 2 8 δύναμιν πλευρὰς εἰς θήκην ὀσφὺν εἰς ἰσχὺν καὶ τὰ * ἑξῆς. * οὕτως οὖν τέκνα μου ἐν τάξει ἐστέ εἰς ἀγαθὰ ἐν
TJos. 8 4 με εἰς φυλακὴν ἐν οἴκῳ αὐτοῦ ὁ Αἰγύπτιος καὶ τῇ * ἑξῆς * μαστίξας με ἔπεμψέ με εἰς τὴν εἱρκτὴν τοῦ Φαραώ. ὡς
Job 5 2 ἀπ' ἐμοῦ, τότε ἐγὼ τεκνία μου ἀναστὰς ἐν τῇ * ἑξῆς * νυκτί, παραλαβὼν μεθ' ἑαυτοῦ πεντήκοντα παῖδας, καὶ
Aris. 83 2 τὴν ἀναγραφὴν ἀναγκαίαν εἶναι δεδήλωκά σοι. τὰ δ' * ἑξῆς * περιέχει τὴν πρὸς τὸν Ἐλεάζαρον ὁδὸν ἡμῖν
Aris. 193 1 τοῦ θεοῦ. εὖ δὲ καὶ τοῦτον κατεπαινέσας ἠρώτα τὸν * ἑξῆς * πῶς ἂν ἐν ταῖς πολεμικαῖς χρείαις ἀήττητος εἴη; ὁ
Aris. 198 4 ἡδέως διεξάγωμεν ἐν δὲ ταῖς μετὰ ταῦτα ἓξ * (ἑξῆς) * ἡμέραις καὶ παρὰ τῶν λοιπῶν ἑξῆς μαθήσομαί τι
Aris. 198 5 μετὰ ταῦτα ἓξ (ἑξῆς) ἡμέραις καὶ παρὰ τῶν λοιπῶν * ἑξῆς * μαθήσομαί τι πλέον. εἶτ' ἐπηρώτα τὸν ἄνδρα τί πέρας
Aris. 203 4 πρὸς τὸ πυνθάνεσθαί τι τῶν ἀνδρῶν ἐπηρώτα τοὺς * ἑξῆς * τῶν ἀποκεκριμένων τῇ προτέρᾳ ἡμέρᾳ. πρὸς τὸν
Aris. 209 2 ἀποδεξάμενος δὲ τοῦτον ἐπυνθάνετο τοῦ κατὰ τὸ * ἑξῆς * τίς ἀναγκαιότατος τρόπος βασιλείας; τὸ συντηρεῖν
Aris. 213 1 μέγιστα. τοῦτον δὲ ἐπαινέσας εἶπε πρὸς τὸν * ἑξῆς * πῶς ἂν ἐν τοῖς ὕπνοις ἀτάραχος εἴη; ὁ δὲ ἔφη
Aris. 220 4 καὶ τὰ μὲν πρὸς τούτους ὡς ἔληξεν ἐπὶ τὴν * ἑξῆς * ἐτράπησαν τῆς συμποσίας διάταξιν. τῇ δὲ ἐχομένῃ τῆς
Aris. 221 3 ἀνδρῶν ἠρώτα τὸν πρῶτον τῶν ἀπολιπόντων πρὸς τὴν * ἑξῆς * ἐρώτησιν τίς ἐστιν ἀρχὴ κρατίστη; ἐκεῖνος δὲ ἔφη τὸ
Aris. 226 1 τοῦτ' ἔστι κράτιστον. συναινέσας δὲ τούτοις τὸν * ἑξῆς * ἐκέλευσεν ἀποκριθῆναι πρὸς αὐτὸν εἰπὼν πῶς ἂν
Aris. 236 3 γενομένης καθὼς εὔκαιρον ἐγένετο τῷ βασιλεῖ τοὺς * ἑξῆς * ἠρώτα τῶν προαποκεκριμένων εἶπε δὲ τῷ πρώτῳ τὸ
Aris. 239 1 πρὸς τὰ κάλλιστα. προσεπινεύσας δὲ τούτῳ τὸν * ἑξῆς * ἠρώτα πῶς ἂν φιλήκοος εἴη; ἐκεῖνος δὲ εἶπε
Aris. 245 2 προάγει. καλῶς δὲ καὶ τοῦτον ἀποδεξάμενος τὸν * ἑξῆς * ἀποκριθῆναι παρεκάλει πῶς ἂν μὴ εἰς ῥᾳθυμίαν μηδὲ
Aris. 248 1 τῇ δὲ ἐχομένῃ τὸν καιρὸν λαβὼν ἐπηρώτα τὸν * ἑξῆς * τίς ἐστιν ἀμέλεια μεγίστη; πρὸς τοῦτ' ἔφη εἰ τέκνων
Aris. 250 1 φιλόπατρις φανήσῃ. τούτου δὲ ἀκούσας τοῦ κατὰ τὸ * ἑξῆς * ἐπυνθάνετο πῶς ⟨ἂν⟩ ἁρμόσαι γυναικί; ⟨γινώσκων⟩ ὅτι

Aris. 252 1 κατὰ πάντα. συνανθομολογησάμενος δὲ τούτῳ τὸν * ἐξῆς * ἠρώτα πῶς ⟨ἂν⟩ ἀναμάρτητος εἴη; ὁ δὲ ἔφη σεμνῶς
Aris. 262 1 (λαμβάνειν) ἐτράπη χαρᾷ πεπληρωμένος. τῇ δ' * ἐξῆς * καθὼς πρότερον ἡ διάταξις ἦν τῶν κατὰ τὸν πότον
Aris. 264 1 καὶ ταπεινοὺς ὑψοῖ. παρακαλέσας δὲ αὐτὸν τὸν * ἐξῆς * ἐπηρώτα τίσι δεῖ συμβούλοις χρῆσθαι; τοῖς διὰ
Aris. 270 2 καὶ τούτῳ δ' ἐπικυρώσας τὰ τῆς ἀποκρίσεως τὸν * ἐξῆς * ἠρώτα τίσι δεῖ πιστεύειν ἑαυτόν; τοῖς διὰ τὴν
FAch. 115 θαυμάσας αὐτοῦ τὸ νοερὸν δῶρα ἐπέδωκε. καὶ τῇ * ἐξῆς * ἡμέρᾳ ἐνδυσάμενος στολὴν λευκὴν ὅ τε Νεκταναβὼν καὶ
FAch. 121 πορεύεται. μετὰ τοῦτο ἀνέστησαν τοῦ δείπνου. τῇ δὲ * ἐξῆς * ἡμέρᾳ ὁ βασιλεὺς Νεκταναβὼν συμβούλιον ποιησάμενος

ἐξιλάσκομαι 4
TLevi 3 5 εἰσι τοῦ προσώπου κυρίου οἱ λειτουργοῦντες καὶ * ἐξιλασκόμενοι * πρὸς κύριον ἐπὶ πάσαις ταῖς ἀγνοίαις τῶν
Sal. 3 8 ὁ δίκαιος τοῦ ἐξᾶραι ἀδικίαν ἐν παραπτώματι αὐτοῦ. * ἐξιλάσατο * περὶ ἀγνοίας ἐν νηστείᾳ καὶ ταπεινώσει ψυχῆς
Aris. 314 4 πλεῖον ἡμερῶν τριάκοντα κατὰ δὲ τὴν ἄνεσιν * ἐξιλάσκεσθαι * τὸν θεὸν σαφὲς αὐτῷ γενέσθαι τίνος χάριν τὸ
Aris. 316 5 ὑπόνοιαν ὅτι διὰ τοῦτ' αὐτῷ τὸ σύμπτωμα γέγονεν * ἐξιλασάμενος * τὸν θεὸν ἐν πολλαῖς ἡμέραις ἀποκατέστη.

ἐξιλεόω 2
Asen. 28 7 πορεύθητε δὲ εἰς τὴν ὕλην τοῦ καλάμου τούτου ἕως * ἐξιλεώσομαι * αὐτοὺς περὶ ὑμῶν καὶ καταπαύσω τὴν ὀργὴν
Prop. 4 16 αὐτῷ προσέταξεν ἐν ὀσπρίοις βρεκτοῖς καὶ χλόαις * ἐξιλεοῦσθαι * κύριον. διὰ τοῦτο ἐκάλεσεν αὐτὸν Βαλτάσαρ

ἕξις 1
Aris. 121 3 οἵτινες οὐ μόνον τὴν τῶν Ἰουδαϊκῶν γραμμάτων * ἕξιν * περιεποίησαν αὑτοῖς ἀλλὰ καὶ τῆς τῶν Ἑλληνικῶν

ἐξίστημι 8
TZab. 2 5 ἐβόμβει ἡ καρδία μου καὶ οἱ ἁρμοὶ τοῦ σώματός μου * ἐξέστησαν * καὶ οὐκ ἠδυνάμην τοῦ στῆναι. καὶ ἰδὼν με
Prop. 18 2B ὅτι προσκρούσει διὰ τὰς γυναῖκας ὅτι γυναῖκες * ἐκστήσουσι * καὶ διαστρέψουσιν αὐτὸν ἀπὸ κυρίου καὶ ἅπαν
Prop. 18 4 προεῖπε καὶ τῷ Σολομῶντι ὅτι αἱ γυναῖκες αὐτὸν * ἐκστήσουσι * καὶ πᾶν τὸ γένος αὐτοῦ καὶ ὅτι παραβήσεται
Sedr. 10 6 ὁ Σεδρὰχ καὶ ἐνθυμηθεὶς τοῦ θανάτου τὴν μνήμην * ἐξέστη * λίαν καὶ εἶπεν Σεδρὰχ τὸν θεὸν δός μοι κύριε
Job 35 4 μακροθυμήσωμεν ἵνα γνῶμεν ἐν τίνι ἐστὶν μήτι ἄρα * ἐξέστη * αὐτοῦ ἡ καρδία, μήτι ἄρα μνήσκεται αὐτοῦ τῆς
Job 36 6 εὐσταθῶς, δῆλον ὅτι γνωσόμεθα ὅτι ἡ καρδία σου οὐκ * ἐξίσταται. * καὶ πάλιν εἶπεν ἐπὶ τίνος σὺ ἐλπίζεις; καὶ
Job 39 13 ἀποκριθέντες εἶπάν μοι τίς πάλιν οὐκ ἐρεῖ ὅτι * ἐξεστήκεις * καὶ μαίνει, εἶπας ὅτι ἀνελήφθη τὰ τέκνα μου
HCal. 24 20 εἴποι πρὸς ἀναγκαῖόν τι χρῆμα τούτοις ἀπέρχεσθαι. * ἐξέστησαν * γὰρ ἡμᾶς ἐν τῇ φάραγγι τῇ μεγάλῃ ὡς ὑποβρύχιον

ἔξοδος (ἡ) 5
TSim. 8 4 βασιλείων. ἔλεγον γὰρ αὐτοῖς οἱ ἐπαοιδοὶ ὅτι ἐν * ἐξόδῳ * ὀστῶν Ἰωσὴφ ἔσται ἐν πάσῃ γῇ Αἰγύπτῳ σκότος καὶ
TSim. 9 1 νόμον τοῦ πένθους καὶ ἦσαν εἰς Αἴγυπτον ἕως ἡμέρας * ἐξόδου * αὐτῶν ἀπ' Αἰγύπτου ἐν χειρὶ Μωυσῆ.
TBen. 12 4 ἐκ γῆς Χανάαν καὶ ᾤκησαν ἐν Αἰγύπτῳ ἕως ἡμέρας * ἐξόδου * αὐτῶν ἐκ γῆς Αἰγύπτου.
Sal. 4 14 κύριε ἡ μερὶς αὐτοῦ ἐν ἀτιμίᾳ ἐνώπιόν σου ἡ * ἔξοδος * αὐτοῦ ἐν στεναγμοῖς καὶ ἡ εἴσοδος αὐτοῦ ἐν ἀρᾷ ἐν
LEze. 9 29 13 17 κακῶν γὰρ τῶνδ' ἀπαλλαγήσεται καὶ τοῦδε μηνὸς * ἔξοδον * διδοῖ θεὸς ἀρχὴ δὲ μηνῶν καὶ χρόνων οὗτος πέλει.

ἐξόλλυμι 8
Sib. 4 136 ἐπουρανίοιο θεοῖο εὐσεβέων ὅτι φῦλον ἀναίτιον * ἐξολέσουσιν. * ἐς δὲ δύσιν τότε νεῖκος ἐγειρομένου
Sib. 4 157 ἀλλὰ καὶ αὐτοὺς πάντας ὑπ' ἀφροσύνης μέγα νήπιοι * ἐξολέσωσιν * ὕβρεσι χαίροντες καὶ ἐφ' αἵμασι χεῖρας
Sib. 4 160 θεὸν οὐκέτι πρηῢν ἐόντα ἀλλὰ χόλῳ βρύχοντα καὶ * ἐξολέκοντα * γενέθλην ἀνθρώπων ἅμα πᾶσιν ὑπ' ἐμπρησμοῦ
Sib. 5 154 καὶ βασιλεῖς ὤλοντο καὶ ἐν τοῖσιν μένεν ἀρχὴ * ἐξόλεσαν * μεγάλην τε πόλιν λαόν τε δίκαιον. ἀλλ' ὅταν ἐκ
Sib. 5 190 ὦ Θῆβαι ποῦ σοι τὸ μέγα σθένος; ἄγριος ἀνὴρ * ἐξολέσει * λαὸν σὺ δὲ εἵματα φαιὰ λαβοῦσα θρηνήσεις
Sib. 5 302 καὶ τότε δὴ +μετέπειτ'+ ἔσται +ἀνδρεσσι+ βροτοῖσιν * ἐξολέσει * γὰρ πάντας ἀναιδέας ὑψικέραυνος βρονταῖς τε
Sib. 5 323 κύμασι νυκτερινοῖσι ὑπ' ἠόνι κληρωθεῖσα ἄρδην * ἐξολέσει * σε θεοῖό ποθ' ἧδε πρόνοια. μὴ μ' ἐθέλουσαν
Sib. 5 368 ὤλετό τ' αὐτὸς ἑλεῖ ταύτην παραχρῆμα. ἄνδρας τ' * ἐξολέσει * πολλοὺς μεγάλους τε τυράννους πάντας τ'

ἐξολόθρευσις 1
Sib. 3 309 ἐξ ἁγίων σοι) καὶ θυμοῦ τέκνοις αἰώνιος * ἐξολόθρευσις. * καὶ τότ' ἔσῃ ὡς ἦσθα πρὸ τοῦ ὡς μὴ

ἐξολοθρεύω 4
TSim. 6 3 πάντες οἱ Καππάδοκες καὶ πάντες οἱ Χετταῖοι * ἐξολοθρευθήσονται. * τότε ἐκλείψει ἡ γῆ Χὰμ καὶ πᾶς ὁ λαὸς
TJud. 21 1 ἵνα διαμείνητε καὶ μὴ ἐπαίρεσθε ἐπ' αὐτὸν ἵνα μὴ * ἐξολοθρευθῆτε. * ἐμοὶ γὰρ ἔδωκε κύριος τὴν βασιλείαν
TJos. 5 2 μὴ ποιήσῃς τὴν πρᾶξιν ταύτην τὴν πονηρὰν ἵνα μὴ * ἐξολοθρεύθῃς * ὅτι καίγε ἐγὼ ἐξαγγελῶ τὴν ἐπίνοιαν τῆς
Sib. 5 454 ἔσσεται αὖθις. ἀκρὶς δ' οὐκ ὀλίγη χθόνα Κύπριον * ἐξολοθρεύσει. * εἰς Τύρον αἰνόμοροι μέροπες κλαύσεσθε

ἐξομολογέομαι (-έω) 11
Adam 25 3 σου ἐκ τῆς ἀνάγκης σου τῆς μεγάλης καὶ τῶν ὀδυνῶν. * ἐξομολογήσει * δὲ καὶ εἴπεις κύριε κύριε σῶσόν με καὶ οὐ
Asen. 11 11 πρὸς αὐτὸν καὶ καταφεύξομαι ἐπ' αὐτὸν καὶ * ἐξομολογήσομαι * αὐτῷ πάσας τὰς ἁμαρτίας μου καὶ ἐκχέω τὴν
Asen. 12 3 σὲ κεκράξομαι κύριε σοῦ προσχέω τὴν δέησίν μου σοὶ * ἐξομολογήσομαι * τὰς ἁμαρτίας μου καὶ πρὸς σὲ ἀποκαλύψω
Asen. 14 1 αὐτῷ εἰς τὸν αἰῶνα χρόνον. καὶ ὡς ἐπαύσατο Ἀσενὲθ * ἐξομολογουμένη * τῷ κυρίῳ ἰδοὺ ὁ ἑωσφόρος ἀστὴρ ἀνέτειλεν
Asen. 21 10 αὐτοῦ ἐν τῷ οἴκῳ Ἰωσήφ. ⟨καὶ τότε ἤρξατο Ἀσενὲθ * ἐξομολογεῖσθαι * κυρίῳ τῷ θεῷ καὶ ἐχαρίτωσε δεομένη ἐπὶ
Sal. 10 6 αἰνέσει τῷ ὀνόματι κυρίου ἐν εὐφροσύνῃ. καὶ ὅσιοι * ἐξομολογήσονται * ἐν ἐκκλησίᾳ λαοῦ καὶ πτωχοὺς ἐλεήσει ὁ
Sal. 15 2 τῶν πτωχῶν σὺ ὁ θεός. τίς γὰρ ἰσχύει ὁ θεὸς εἰ μὴ * ἐξομολογήσασθαι * σοι ἐν ἀληθείᾳ; καὶ τί δυνατὸς ἄνθρωπος
Sal. 15 2 σοι ἐν ἀληθείᾳ; καὶ τί δυνατὸς ἄνθρωπος εἰ μὴ * ἐξομολογήσασθαι * τῷ ὀνόματί σου; ψαλμὸν καινὸν μετὰ ᾠδῆς
Sal. 16 5 σωτὴρ καὶ ἀντιλήπτωρ μου ἐν παντὶ καιρῷ ἔσωσέν με. * ἐξομολογήσομαι * σοι ὁ θεὸς ὅτι ἀντελάβου μου εἰς σωτηρίαν
Prop. 4 16 οὔτε ἄρτον ἢ κρέα ἔφαγεν οὔτε οἶνον ἔπιεν * ἐξομολογούμενος * ὅτι ὁ Δανιὴλ αὐτῷ προσέταξεν ἐν ὀσπρίοις
Job 40 2 τοὺς βραχίονάς μου ὑποστηρίζοντες καὶ τότε σταθεὶς * ἐξωμολογησάμην * πρὸς τὸν πατέρα. καὶ μετὰ τὴν εὐχὴν εἶπον

ἐξομολόγησις 3
Asen. 15 2 παρθένος ἁγνή. ἰδοὺ ἀκήκοα πάντων τῶν ῥημάτων τῆς * ἐξομολογήσεώς * σου καὶ τῆς προσευχῆς σου. ἰδοὺ ἑώρακα καὶ
Sal. 3 3 δίκαιοι μνημονεύουσιν διὰ παντὸς τοῦ κυρίου ἐν * ἐξομολογήσει * καὶ δικαιώσει τὰ κρίματα κυρίου. οὐκ
Sal. 9 6 τὸν κύριον; καθαριεῖς ἐν ἁμαρτίαις ψυχὴν ἐν * ἐξομολογήσει * ἐν ἐξαγορίαις ὅτι αἰσχύνη ἡμῖν καὶ τοῖς

ἐξόπισθεν 2
TJud. 6 5 ἐν ᾗ ἦν ἡ πόλις. καὶ ὑποκρυβέντες ἐγὼ καὶ Συμεὼν * ἐξόπισθεν * ἐπελαβόμεθα τῶν ὑψηλῶν καὶ ὅλην τὴν πόλιν
Job 27 2 τυγχάνων ἐν τῷ καρτάλῳ; ἐξελθὼν πολέμησόν με. τότε * ἐξόπισθεν * τῆς γυναικός μου ἐξῆλθεν καὶ σταθεὶς ἔκλαυσεν

ἐξορίζω 4
TGad 6 3 καρδίας καὶ ἐὰν ἁμάρτῃ εἰς σε εἰπὲ αὐτῷ ἐν εἰρήνῃ * ἐξορίσας * τὸν ἰὸν τοῦ μίσους καὶ ἐν ψυχῇ σου μὴ κρατήσῃς
Bar. 4 10 καὶ ἦρεν πᾶν ἄνθος τὸ ἐκ κλήμα τῆς ἀμπέλου * ἐξώρισεν * εἰς τὸ παντελὲς καὶ ἐξέβαλεν ἔξω. καὶ ὅταν
Sedr. 5 3 σου τὸ πρόσταγμα καὶ οὐ προσεκύνησεν αὐτὸν καὶ σὺ * ἐξώρισας * αὐτὸν διά τί παρέβη τὸ πρόσταγμά σου καὶ οὐ
Sedr. 6 7 καὶ ἀπελθὼν ὁ πατὴρ λαμβάνει τὴν οὐσίαν αὐτοῦ καὶ * ἐξορίζει * αὐτὸν ἐκ τῆς δόξης αὐτοῦ διότι ἐγκατέλιπεν τὸν

ἐξότε 1
LPhi. 9 20 1 βριήπυος αἰνετὸς ἴσχων ἀθάνατον ποίησεν ἑὴν φάτιν * ἐξότε * κείνου ἔκγονος αἰνογόνοιο πολύμνιον ἔλλαχε κῦδος.

ἐξουδενέω (-όω) 17
Hen. 99 14 ποιεῖτε οἷς οὐκ ἔστιν ὑμῖν χά⟨ρις⟩. οὐαὶ οἱ * ἐξουθενοῦντες * τὴν θεμελίωσιν καὶ τὴν κληρονομίαν τῶν
TLevi 7 1 καὶ εἶπον τῷ πατρὶ μὴ ὀργίζου κύριε ὅτι ἐν σοὶ * ἐξουδενώσει * κύριος τοὺς Χαναναίους καὶ δώσει τὴν γῆν
TLevi 16 2 καὶ τὸν νόμον ἀφανίσετε καὶ λόγους προφητῶν * ἐξουθενώσετε * ἐν διαστροφῇ διώξετε ἄνδρας δικαίους καὶ
TAser 7 2 τὰς τέσσαρας γωνίας τῆς γῆς καὶ ἔσεσθε ἐν διασπορᾷ * ἐξουθενώμενοι * ὡς ὕδωρ ἄχρηστον ἕως οὗ ὁ ὕψιστος
TBen. 9 3 τὸν πρῶτον ναὸν καὶ ἐκεῖ κύριος ὑβρισθήσεται καὶ * ἐξουθενωθήσεται * καὶ ἐπὶ ξύλου ὑψωθήσεται. καὶ ἔσται τὸ
Asen. 2 1 ταύτην λαβὲ σεαυτῷ εἰς γυναῖκα. καὶ ἦν Ἀσενὲθ * ἐξουθενοῦσα * καὶ καταπτύουσα πάντα ἄνδρα καὶ ἦν ἀλαζὼν
Asen. 6 3 αὐτὴν ὡς φῶς ἐπὶ τῆς γῆς. ἐγὼ δὲ ἄφρων καὶ θρασεῖα * ἐξουδένωσα * αὐτὸν καὶ ἐλάλησα ῥήματα πονηρὰ περὶ αὐτοῦ
Asen. 7 4 κακῶς ἔπασχον ἐπὶ τῷ κάλλει αὐτοῦ. ὁ δὲ Ἰωσὴφ * ἐξουθένει * αὐτὰς καὶ τοὺς πρέσβεις οὓς ἔπεμπον πρὸς αὐτὸν
Asen. 13 13 κἀγὼ ἡ ἀθλία πεπίστευκα αὐτοῖς καὶ πεπλάνημαι. καὶ * ἐξουδένωσα * αὐτὸν καὶ λελάληκα περὶ αὐτοῦ πονηρὰ καὶ οὐκ
Asen. 18 7 τὸ πρόσωπόν μου συμπέπτωκεν. ὄψεται με Ἰωσὴφ καὶ * ἐξουδενώσει * με. καὶ εἶπε τῇ συντρόφῳ αὐτῆς ἐξένεγκέ μοι
Asen. 21 17 κύριε ἥμαρτον ἐνώπιόν σου πολλὰ ἥμαρτον⟩ καὶ * ἐξουθένουν * πάντα ἄνδρα ἐπὶ τῆς γῆς καὶ οὐκ ἦν ⟨ἄνθρωπος⟩
Asen. 21 18 ⟨μεμίσηκα⟩ πάντας τοὺς μεμνηστευομένους με ⟨καὶ⟩ * ἐξουθένουν * αὐτοὺς καὶ κατέπτυον αὐτούς. ⟨ἥμαρτον κύριε
Asen. 23 5 εἰ δὲ ὑμεῖς ὀκνήσητε ποιῆσαι τὸ ῥῆμα τοῦτο καὶ * ἐξουθενήσητε * τὴν βουλήν μου ἰδοὺ ἡ ῥομφαία μου
Sal. 2 5 οὐκ εὐδοκῶ ἐν αὐτοῖς. τὸ κάλλος τῆς δόξης αὐτῆς * ἐξουθενώθη * ἐνώπιον τοῦ θεοῦ ἠτιμώθη ἕως εἰς τέλος. οἱ
Sal. 2 26 ἐπὶ τῶν ὀρέων Αἰγύπτου ὑπὲρ ἐλάχιστον * ἐξουδενωμένον * ἐπὶ γῆς καὶ θαλάσσης τὸ σῶμα αὐτοῦ
Sal. 2 27 ἐπὶ κυμάτων ἐν ὕβρει πολλῇ καὶ οὐκ ἦν ὁ θάπτων ὅτι * ἐξουθένωσεν * αὐτὸν ἐν ἀτιμίᾳ. οὐκ ἐλογίσατο ὅτι ἄνθρωπός
HCal. 28 12 ἄνεισιν Ἀλέξανδρος ἐν τῷ πύργῳ καὶ στὰς πάντας * ἐξουθενήσεν * τοὺς θεοὺς τῆς γῆς ⟨καὶ μόνον θεὸν ἀληθινὸν

ἐξουσία 25
Hen. 9 5 αἰῶνας. σὺ γὰρ ἐποίησας τὰ πάντα καὶ πᾶσαν τὴν * ἐξουσίαν * ἔχων καὶ πάντα ἐνώπιόν σου φανερὰ καὶ ἀκάλυπτα.
Hen. 9 7 ⟨καὶ⟩ ἔγνωσαν ἄνθρωποι καὶ Σεμιαζᾶς ᾧ τὴν * ἐξουσίαν * ἔδωκας ἄρχειν τῶν σὺν αὐτῷ ἅμα ὄντων. καὶ
Hen. 9B 5 σὺ γὰρ εἶ ὁ ποιήσας τὰ πάντα καὶ πάντων τὴν * ἐξουσίαν * ἔχων καὶ πάντα ἐνώπιόν σου φανερὰ καὶ ἀκάλυπτα
Hen. 9B 7 τὰ μυστήρια οἱ υἱοὶ τῶν ἀνθρώπων. τῷ Σεμιαζᾷ τὴν * ἐξουσίαν * ἔδωκας ἔχειν τῶν σὺν αὐτῷ ἅμα ὄντων. καὶ
Hen. 25 4 καὶ τοῦτο τὸ δένδρον εὐωδίας καὶ οὐδεμία σὰρξ * ἐξουσίαν * ἔχει ἅψασθαι αὐτοῦ μέχρι τῆς μεγάλης κρίσεως ἐν
Hen. 98 2 ὑπὲρ παρθένους ἐν βασιλείᾳ καὶ μεγαλωσύνῃ καὶ ἐν * ἐξουσίᾳ. * ἔσονται δὲ ἀργύριον καὶ χρυσίον ⟨παρ'⟩ αὐτοῖς
Abr.1 2 11 βασιλεὺς οὐκ ἦν πλούσιος ἐν ἐμπορίᾳ πολλῇ ἔχων * ἐξουσίαν * καὶ ἀνθρωποις καὶ κτήνεσιν παντοίοις; ἀλλ' ἐγὼ
Abr.1 9 8 φωτὸς ⟨καὶ⟩ ἀγγέλους τοὺς ἐπὶ τῷ ἅρματι τὴν * ἐξουσίαν * ἔχοντας καὶ κατάλαβε τὸν δίκαιον Ἀβραὰμ ἐπὶ τὸ
Abr.1 13 11 ἐστιν Πυρουὴλ ὁ ⟨ἀρχ⟩άγγελος ὁ ἐπὶ τὸ πῦρ ἔχων τὴν * ἐξουσίαν * καὶ δοκιμάζει τὰ τῶν ἀνθρώπων ἔργα διὰ πυρὸς
Abr.2 13 10 ἐν τοῖς ἀγγέλοις καὶ ἀρχαγγέλοις καὶ ἀρχαῖς καὶ * ἐξουσίαις * θρόνοις τε καὶ πάσῃ τῇ γῇ καὶ τετράποσιν καὶ
TRub. 5 1 πονηραὶ εἰσιν αἱ γυναῖκες τέκνα μου ὅτι μὴ ἔχουσαι * ἐξουσίαν * ἢ δύναμιν ἐπὶ τὸν ἄνθρωπον δολιεύονται ἐν

TLevi 3 8 προσώπου κυρίου. ἐν δὲ τῷ μετ' αὐτόν εἰσι θρόνοι * ἐξουσίαι * ἐν ᾧ ὕμνοι ἀεὶ τῷ θεῷ προσφέρονται. ὅταν οὖν
TLevi 18 12 αὐτοῖς. καὶ ὁ Βελιὰρ δεθήσεται ὑπ' αὐτοῦ καὶ δώσει * ἐξουσίαν * τοῖς τέκνοις αὐτοῦ τοῦ πατεῖν ἐπὶ τὰ πονηρὰ
Sal. 9 4 τῆς γνώσεώς σου ὁ θεός; τὰ ἔργα ἡμῶν ἐν ἐκλογῇ καὶ * ἐξουσίᾳ * τῆς ψυχῆς ἡμῶν τοῦ ποιῆσαι δικαιοσύνην καὶ
Bar. 12 3 αὐτῶν; καὶ εἶπέν μοι οὗτοί εἰσιν ἄγγελοι ἐπὶ τῶν * ἐξουσιῶν. * καὶ λαβὼν ὁ ἀρχάγγελος τοὺς κανίσκους ἔβαλεν
Job 3 6 τοῦ Σατανᾶ ἐν ᾧ ἀπατηθήσονται οἱ ἄνθρωποι, δός μοι * ἐξουσίαν * ἵνα ἀπελθὼν καθαρίσω αὐτοῦ τὸν τόπον, ἵνα
Job 8 2 ὑπὸ τὸ στερέωμα ὅρκωσεν τὸν κύριον ἵνα λάβῃ * ἐξουσίαν * κατὰ τῶν ὑπαρχόντων μου. καὶ τότε λαβὼν τὴν
Job 8 3 κατὰ τῶν ὑπαρχόντων μου. καὶ τότε λαβὼν τὴν * ἐξουσίαν * ἦλθεν καὶ ἦρέν μου σύμπαντα τὸν πλοῦτον.
Job 16 2 ἄγγελον ὑποδεῖξαί μοι, εἶτα μετὰ τὸ εἰληφέναι τὴν * ἐξουσίαν * τὸν Σατανᾶν, τότε λοιπὸν ἀνηλεῶς κατῆλθεν καὶ
Job 16 4 ταῦτα πάντα ἀνήλισκεν δι' ἑαυτοῦ καθ' ἣν εἴληφεν * ἐξουσίαν * κατ' ἐμοῦ. καὶ τὰ λοιπὰ τῶν κτηνῶν μου
Job 20 3 ὡς ἠβούλετο, τῆς δὲ ψυχῆς μου οὐκ ἔδωκεν αὐτῷ τὴν * ἐξουσίαν * καὶ προσῆλθέν μοι καθημένῳ ἐπὶ τὸν θρόνον καὶ
Aris. 102 3 μεγάλας ἀποδείξεις δεδωκότων οἵτινες οὐκ εἶχον * ἐξουσίαν * ἐξιέναι τῆς ἄκρας εἰ μὴ ταῖς ἑορταῖς καὶ τοῦτο
Aris. 206 4 πᾶσιν ἀνθρώποις πολλῷ δὲ μᾶλλον τοῖς βασιλεῦσιν * ἐξουσίαν * γὰρ ἔχοντες ὃ βούλονται πράσσειν τίνος ἕνεκεν
Aris. 215 5 συντηρῶν οὔτε χαρίζεσθαι προαιρῇ παρὰ λόγον οὐδὲ * ἐξουσίᾳ * χρώμενος τὸ δίκαιον αἴρεις. ἐπὶ πλεῖον γὰρ ἐν
Aris. 253 3 θυμοῦ γένοιτο; πρὸς τοῦτ' εἶπε γινώσκων ὅτι πάντων * ἐξουσίαν * ἔχει καὶ εἰ χρήσαιτο θυμῷ θάνατον ἐπιφέρει ὅπερ

ἔξοχος 5
Sib. 3 446 τοι ὄλβος ὄπισθεν ἔσσεται ἐν πόντῳ δ' ἕξεις κράτος * ἔξοχον * ἄλλων. ἀλλὰ μεταῦτις ἕλωρ ἔσῃ ἀνθρώποισιν
Sib. 3 594 ἀεὶ μεδέοντα ἀθάνατον καὶ ἔπειτα γονεῖς μέγα δ' * ἔξοχα * πάντων ἀνθρώπων ὁσίης εὐνῆς μεμνημένοι εἰσὶν κοὐδὲ
Sib. 5 227 πόλεως λαοῦ τε δικαίου σῳζομένου διὰ παντὸς ὂν * ἔξοχον * εἶχε Πρόνοια. ἄστατε καὶ κακόβουλε κακὰς
Sib. 5 256 τρόπαια. εἷς δέ τις ἔσσεται αὖτις ἀπ' αἰθέρος * ἔξοχος * ἀνὴρ ὃς παλάμας ἥπλωσεν ἐπὶ ξύλου πολυκάρπου
Sib. 5 284 πάντεσσι δικαίοις εἰς ἕνα γὰρ γενετῆρα θεὸν μόνον * ἔξοχον * ὄντα ἤλπισαν εὐσεβίην μεγάλην καὶ πίστιν ἔχοντες.

ἐξυβρίζω 1
Sal. 1 6 ὑψώθησαν ἕως τῶν ἄστρων εἶπαν οὐ μὴ πέσωσιν καὶ * ἐξύβρισαν * ἐν τοῖς ἀγαθοῖς αὐτῶν καὶ οὐκ ἤνεγκαν. αἱ

ἐξυμνέω 5
Sal. 6 4 τῷ ὀνόματι κυρίου ἐπ' εὐσταθείᾳ καρδίας αὐτοῦ * ἐξύμνησεν * τῷ ὀνόματι τοῦ θεοῦ αὐτοῦ καὶ ἐδεήθη τοῦ
Sib. 5 428 πεποθημένον εἶδος ἀντολίαι δύσιές τε θεοῦ κλέος * ἐξύμνησαν. * οὐκέτι γὰρ πέλεται +δειλοῖσι βροτοῖσιν δεινὰ+
Sib. 5 483 φάος ἡγεμονεύσει ἀνδράσι τοῖς ἀγαθοῖσιν ὅσοι θεὸν * ἐξύμνησαν. * Ἶσι θεὰ τριτάλαινα μενεῖς ἐπὶ χεύμασι Νείλου
Sib. 5 491 ἐν φρεσὶ θέντες γνώσονταί σε τὸ μηδὲν ὅσοι θεὸν * ἐξύμνησαν. * καὶ <ποτε> τῶν ἱερέων τις ἐρεῖ λινόστολος
Sib. 5 497 οὐκ ἐνόησαν. στρέψωμεν ψυχὰς θεὸν ἄφθιτον * ἐξυμνοῦντες * αὐτὸν τὸν γενετῆρα τὸν ἀΐδιον γεγαῶτα τὸν

ἐξύπερθεν 1
LEze. 9 29 5 11 ἐσεῖδον γῆν ἅπασαν ἔγκυκλον καὶ ἔνερθε γαίας καὶ * ἐξύπερθεν * οὐρανοῦ καί μοί τι πλῆθος ἀστέρων πρὸς γούνατα

ἐξυπηρετέω 1
Esdr. 1 14 κύριε τοὺς δικαίους τί χαρίζεις; ὥσπερ γὰρ μίσθιος * ἐξυπηρετησάμενος * τὸν χρόνον αὐτοῦ καὶ πορεύεται καὶ

ἐξυπνίζω 9
TLevi 8 18 ὅτι ἐπὶ στόματος αὐτῶν φυλαχθήσεται τὸ ἅγιον. καὶ * ἐξυπνισθεὶς * συνῆκα ὅτι τοῦτο ὅμοιον ἐκείνου ἐστίν. καὶ
TJud. 25 4 ἀσθενείᾳ ἰσχύσουσι καὶ οἱ διὰ κύριον ἀποθανόντες * ἐξυπνισθήσονται * ἐν ζωῇ. καὶ οἱ ἔλαφοι Ἰακὼβ δραμοῦνται
TNep. 1 3 ἐποίησε δεῖπνον αὐτοῖς καὶ κώθωνα. καὶ μετὰ τὸ * ἐξυπνισθῆναι * αὐτὸν τὸ πρωὶ εἶπεν αὐτοῖς ὅτι ἀποθνήσκω
Jer. 5 2 σύκων ὕπνωσεν κοιμώμενος ἔτη ἑξηκονταὲξ καὶ οὐκ * ἐξυπνίσθη * ἐκ τοῦ ὕπνου αὐτοῦ. καὶ μετὰ ταῦτα ἐγερθεὶς
Jer. 5 5 μου ἀλλὰ φοβοῦμαι μήπως κοιμηθῶ καὶ βραδυνῶ τοῦ * ἐξυπνισθῆναι * καὶ ὀλιγωρήσῃ Ἰερεμίας ὁ πατήρ μου εἰ μὴ
Jer. 5 26 τὴν κεφαλήν μου ἐπὶ τὸν κόφινον καὶ ἐκοιμήθην. καὶ * ἐξυπνισθεὶς * ἀπεκάλυψα τὸν κόφινον τῶν σύκων νομίζων ὅτι
Jer. 9 13 πάντες δοξάσατε τὸν θεὸν καὶ τὸν υἱὸν τοῦ θεοῦ τὸν * ἐξυπνίζοντα * ἡμᾶς Ἰησοῦν Χριστὸν τὸ φῶς τῶν αἰώνων
Bar. 6 16 τί ἐστιν ὁ κτύπος οὗτος; καὶ εἶπεν τοῦτό ἐστι τὸ * ἐξυπνίζον * τοὺς ἐπὶ γῆς ἀλέκτορας ὡς γὰρ τὰ δίστομα οὕτως
FBar. 12 4 μηδε επ<ι> πολυ καταδικα<ζε αληθως γαρ εν> καιρω * εξϋπνισθησεται * <προς σε η οργη η νυν υπο τ>ης

ἔξυπνος 2
Hen. 13 9 τοῖς υἱοῖς τοῦ οὐρανοῦ τοῦ ἐλέγξαι αὐτούς. καὶ * ἔξυπνος * γενόμενος ἦλθον πρὸς αὐτοὺς καὶ πάντες
TLevi 5 7 πονηρὸν εἰς αὐτὸν προσβάλλει. καὶ μετὰ ταῦτα ὥσπερ * ἔξυπνος * γενόμενος εὐλόγησα τὸν ὕψιστον καὶ τὸν ἄγγελον

ἔξω 21 ἔξω

ἔξωθεν 2
Abr.1 11 4 ὁδοῦ καὶ μία πύλη στενὴ ἡ κατὰ τῆς στενῆς ὁδοῦ. * ἔξωθεν * δὲ τῶν πυλῶν τῶν ἐκεῖσε τῶν δύο εἶδον ἄνδρα
Job 24 1 μοι Ιωβ Ιωβ, ἄχρι τίνος καθέζῃ ἐπὶ τῆς κοπρίας * ἔξωθεν * τῆς πόλεως λογιζόμενος ἔτι μικρὸν καὶ ἐκδεχόμενος

ἐξωθέω 2
Sal. 17 5 ἡμῶν ἐπανέστησαν ἡμῖν ἁμαρτωλοὶ ἐπέθεντο ἡμῖν καὶ * ἔξωσαν * ἡμᾶς οἷς οὐκ ἐπηγγείλω μετὰ βίας ἀφείλαντο καὶ
Sal. 17 23 καταπατούντων ἐν ἀπωλείᾳ ἐν σοφίᾳ δικαιοσύνης * ἐξῶσαι * ἁμαρτωλοὺς ἀπὸ κληρονομίας ἐκτρῖψαι ὑπερηφανίαν

ἐξώτερος 1
Esdr. 4 37 τῆς φοβερᾶς ἀπειλῆς κρυβήσεται εἰς τὸ σκότος τὸ * ἐξώτερον. * τότε ὁ οὐρανὸς καὶ ἡ γῆ καὶ ἡ θάλασσα

ἔοικα 3
Abr.1 2 4 ὑπὲρ πάντας τοὺς υἱοὺς τῶν ἀνθρώπων καλῶς * ἔοικας * τούτου χάριν αἰτοῦμαι τῆς σῆς παρουσίας ὅθεν
Abr.1 2 5 τούτου χάριν αἰτοῦμαι τῆς σῆς παρουσίας ὅθεν * ἔοικεν * τὸ νέον τῆς ἡλικίας σου; δίδαξόν με τῷ σῷ ἱκέτῃ
FAch. 113 βλέπεις τοὺς περὶ ἐμὲ πάντας; ὁ δὲ ἔφη τῇ σελήνῃ * ἔοικας * καὶ οἱ περὶ σέ τοῖς ἄστροις ὥσπερ γὰρ ἡ σελήνη

ἑορτή 8
Hen. 2 1 τεταγμένος ἕκαστος ἐν τῷ τεταγμένῳ καιρῷ καὶ ταῖς * ἑορταῖς * αὐτῶν φαίνονται καὶ οὐ παραβαίνουσιν τὴν ἰδίαν
Jer. 7 26 λέγοντες ἐλέησον ἡμᾶς. ἐμνημόνευον δὲ ἡμέρας * ἑορτῆς * ἃς ἐποιοῦμεν ἐν Ἱερουσαλὴμ πρὸ τοῦ ἡμᾶς
Aris. 88 6 γὰρ μυριάδες κτηνῶν προσάγονται κατὰ τὰς τῶν * ἑορτῶν * ἡμέρας. ὕδατος δὲ ἀνέκλειπτός ἐστι σύστασις ὡς ἂν
Aris. 102 4 οὐκ εἶχον ἐξουσίαν ἐξιέναι τῆς ἄκρας εἰ μὴ ταῖς * ἑορταῖς * καὶ τοῦτο ἐκ μέρους οὐδὲ εἰσοδεύειν εἴων οὐδένα.
FJub. 16 21 τῆς σκηνοπηγίας ἐπὶ ἑπτὰ ἡμέρας ἐπιτελεῖ τὴν * ἑορτήν. * πρῶτος Ἀβραὰμ ἐκύκλου τὸ θυσιαστήριον κλάδοις
FAch. 123 τῷ Αἰσώπῳ μετὰ καὶ τῶν Μουσῶν καὶ ἐποίησεν * ἑορτὴν * μεγάλην ὁ βασιλεὺς ἐπὶ τῇ τοῦ Αἰσώπου σοφίᾳ.
LEze. 9 29 13 14 δυοῖν ὅπως παρέλθῃ θάνατος Ἑβραίων ἄπο. ταύτην δ' * ἑορτὴν * δεσπότῃ τηρήσετε ἑφθ' ἡμέρας ἄζυμα καὶ οὐ
LAri. 7 32 17 διεξιόντος ἡλίου. ἐξ ἀνάγκης τῇ τῶν διαβατηρίων * ἑορτῇ * μὴ μόνον τὸν ἥλιον ἰσημερινὸν διαπορεύεσθαι τμῆμα

εου * 1
FrAn. 574 3021 Ἰησοῦ ιαβα ιαη ἀβραωθ Αια θωθ ελε ελω αηω * εου * ιιιβαεχ αβαρμας ϊαβαραου αβελβελ λωνα αβρα μαροια

ἐπαγάλλομαι 1
FPho. 118 τὸ δὲ μέλλον ἄδηλον.> μήτε κακοῖσ' ἄχθου μήτ' οὖν * ἐπαγάλλεο * χάρμῃ πολλάκις ἐν βιότωι καὶ θαρσαλέοισιν

ἐπαγγελία 8
Abr.1 3 6 Ἰσαὰκ καὶ εἶπε χαρίσεταί σοι κύριος ὁ θεὸς τὴν * ἐπαγγελίαν * αὐτοῦ ἣν ἐπηγγείλατο τῷ πατρί σου Ἀβραὰμ
Abr.1 6 5 οἶδας κύριέ μου Ἀβραὰμ ὅτι καὶ καρπὸν κοιλίας ἐξ * ἐπαγγελίας * ἡμῖν ἐδωρήσατο τὸν Ἰσαάκ; ἐκ γὰρ τῶν τριῶν
Abr.1 8 5 ἐγώ εἰμι ὁ θεός σου ὁ ἀναγαγών σε εἰς τὴν γῆν τῆς * ἐπαγγελίας * σου ὁ εὐλογήσας σε ὑπὲρ ἄμμον θαλάσσης καὶ ὡς
Abr.1 20 11 τῆς τελειώσεως αὐτοῦ καὶ ἔθαψαν αὐτὸν ἐν τῇ γῇ τῆς * ἐπαγγελίας * ἐν τῇ δρυΐ τῇ Μαβρῇ τὴν δὲ τιμίαν αὐτοῦ ψυχὴν
TJos. 20 1 τὴν ἐκδίκησιν ὑμῶν καὶ εἰσάξει ὑμᾶς εἰς γῆν * ἐπαγγελίας * τῶν πατέρων ὑμῶν. ἀλλὰ συνανοίσετε τὰ ὀστᾶ
Sal. 12 6 κυρίου ἅπαξ καὶ ὅσιοι κυρίου κληρονομήσαισαν * ἐπαγγελίας * κυρίου. τῷ Σαλωμων ψαλμὸς παράκλησις τῶν
Esdr. 3 10 τὴν παρὰ τὸ χεῖλος τῆς θαλάσσης καὶ ποῦ ἐστὶν ἡ * ἐπαγγελία * σου; καὶ εἶπεν ὁ θεὸς πρῶτον ποιήσω σεισμοὺς
FMan. 2 22 12 σου ἀμέτρητόν τε καὶ ἀνεξιχνίαστον τὸ ἔλεος τῆς * ἐπαγγελίας * σου. ὅτι σὺ εἶ κύριος μακρόθυμος εὔσπλαγχνος

ἐπαγγέλλω 8
Adam 41 2 γῆ εἶ καὶ εἰς γῆν ἀπελεύσει. πάλιν τὴν ἀνάστασιν * ἐπαγγέλομαί * σοι ἀναστήσω σε ἐν τῇ ἀναστάσει μετὰ παντὸς
Abr.1 3 6 σοι κύριος ὁ θεὸς τὴν ἐπαγγελίαν αὐτοῦ ἣν * ἐπηγγείλατο * τῷ πατρί σου Ἀβραὰμ χαρίσεταί σοι καὶ τὴν
Sal. 7 10 σου τοῦ ἐλεῆσαι τὸν οἶκον Ιακωβ εἰς ἡμέραν ἐν ᾗ * ἐπηγγείλω * αὐτοῖς. τῷ Σαλωμων εἰς νεῖκος. θλῖψιν καὶ
Sal. 17 5 ἁμαρτωλοὶ ἐπέθεντο ἡμῖν καὶ ἔξωσαν ἡμᾶς οἷς οὐκ * ἐπηγγείλω * μετὰ βίας ἀφείλαντο καὶ οὐκ ἐδόξασαν τὸ ὄνομά
Aris. 51 3 ἀντιγραφῆς ὑπὸ τῶν περὶ τὸν Ἐλεάζαρον. ὡς δὲ * ἐπηγγειλάμην * καὶ τὰ τῶν κατασκευασμάτων διασαφῆσαι
Aris. 124 1 παρακαλῶν καθ' ὃ ἂν δυνώμεθα. καὶ ἡμῶν * ἐπαγγελλομένων * εὖ φροντίσειν περὶ τούτων ἔφη καὶ λίαν
Aris. 322 1 δαψιλῶς καὶ οὐκ εἰς μάταια. σὺ δὲ καθὼς * ἐπηγγειλάμην * ἀπέχεις τὴν διήγησιν ὦ Φιλόκρατες. τέρπειν
FMan. 2 22 12 σὺ ὁ θεὸς κατὰ τὴν χρηστότητα τῆς ἀγαθωσύνης σου * ἐπηγγείλω * μετανοίας ἄφεσιν τοῖς ἡμαρτηκόσιν καὶ τῷ

ἐπαγρύπνησις 1
Aris. 167 3 συνεχῶς. ὁ δὲ τούτους γὰρ καὶ λέγω ἡ γὰρ * ἐπαγρύπνησις * ἀνθρώπων ἀπωλείᾳ ἀνόσιος. ὁ δὲ νόμος ἡμῶν

ἐπάγω 12
TLevi 14 4 πάντα τὰ ἔθνη ἐὰν ὑμεῖς σκοτισθῆτε ἐν ἀσεβείᾳ καὶ * ἐπάξητε * κατάραν ἐπὶ τὸ γένος ἡμῶν ὑπὲρ ὧν τὸ φῶς τοῦ
TJud. 22 1 ψευδοπροφῆται καὶ πάντας δικαίους διώξονται. * ἐπάξει * δὲ αὐτοῖς κύριος διαιρέσεις κατ' ἀλλήλων καὶ
TZab. 2 2 οἰκτιρήσατε τὰ σπλάγχνα Ἰακὼβ τοῦ πατρὸς ἡμῶν. μὴ * ἐπαγάγετε * ἐπ' ἐμὲ τὰς χεῖρας ὑμῶν τοῦ ἐκχέαι αἷμα ἀθῷον
TZab. 10 3 ἐντολὰς Ζαβουλὼν πατρὸς αὐτῶν. ἐπὶ δὲ τοὺς ἀσεβεῖς * ἐπάξει * κύριος πῦρ αἰώνιον καὶ ἀπολέσει αὐτοὺς ἕως
TNep. 4 2 ἐθνῶν καὶ ποιήσετε κατὰ πᾶσαν ἀνομίαν Σοδόμων. καὶ * ἐπάξει * ὑμῖν κύριος αἰχμαλωσίαν καὶ δουλεύσετε ἐκεῖ τοῖς
TGad 5 9 ἃ οὐκ ἔμαθεν ἀπὸ ἀνθρώπων οἶδε διὰ τῆς μετανοίας. * ἐπήγαγε * γάρ μοι ὁ θεὸς νόσον ἥπατος καὶ εἰ μὴ αἱ εὐχαὶ
TBen. 7 3 ὑπὸ τοῦ θεοῦ κατὰ γὰρ ἑκατὸν ἔτη μίαν πληγὴν * ἐπήγαγεν * αὐτῷ ὁ κύριος. διακοσίων ἐτῶν πάσχει καὶ
Esdr. 2 20 καὶ Γόμορρα. καὶ εἶπεν ὁ προφήτης κύριε ἀξίως * ἐπάγεις * ἐφ' ἡμᾶς. καὶ εἶπεν ὁ θεὸς αἱ ἁμαρτίαι ὑμῶν
Job 27 5 καὶ ἐν πληγῇ, ἀλλ' ἐνίκησας τὰ παλαιστρικά μου ἃ * ἐπήγαγόν * σοι. τότε καταισχυνθεὶς ὁ Σατανᾶς ἀνεχώρησεν
FMos. 6 132 3 ἀλλ' ὃ μὲν καὶ θᾶττον κατῆλθεν πολὺ τὸ βρῖθον * ἐπαγόμενος * ὃ δὲ ἐπικατελθὼν ὕστερον τὴν δόξαν διηγεῖτο
FPho. 169 διώκει ἐκ θέρεος ποτὶ χεῖμα βορὴν σφετέρην * ἐπάγοντες * ἄτρυτοι φῦλον δ' ὀλίγον τελέθει πολύμοχθον.

ἐπάγω 341

HArt. 9 27 22 πατρίδα. τὸν δὲ θαρρήσαντα δύναμιν πολεμίαν * ἐπάγειν * διαγνῶναι τοῖς Αἰγυπτίοις πρῶτον δὲ πρὸς Ἀάρωνα

ἐπαγωγή 2

TLevi 3 2 τοῦ θεοῦ ἐν αὐτῷ εἰσι πάντα τὰ πνεύματα τῶν * ἐπαγωγῶν * εἰς ἐκδίκησιν τῶν ἀνόμων. ἐν τῷ τρίτῳ εἰσὶν αἱ

Sal. 2 22 κύριε τοῦ βαρύνεσθαι χεῖρά σου ἐπὶ Ιερουσαλημ ἐν * ἐπαγωγῇ * ἐθνῶν ὅτι ἐνέπαιξαν καὶ οὐκ ἐφείσαντο ἐν ὀργῇ

ἔπαθλον 1

Aris. 322 7 αὐτὰ κομιζῇ τοῦ βουλήματος τὸ κάλλιστον * ἔπαθλον. *

ἐπαινετός 1

Asen. 15 12B ὅτι μεγάλα ἐστὶ τὰ ὀνόματα ἐκεῖνα καὶ θαυμαστὰ καὶ * ἐπαινετὰ * σφόδρα. καὶ εἶπεν Ἀσενὲθ εἰ εὗρον χάριν

ἐπαινέω 17

TDan 4 3 καθ' ὑμῶν ὑμεῖς μὴ κινεῖσθε εἰς θυμὸν καὶ ἐάν τις * ἐπαινῇ * ὑμᾶς ὡς ἀγαθοὺς μὴ ἐπαίρεσθε μηδὲ μεταβάλλεσθε

TGad 3 2 μισῶν βδελύσσεται ἐὰν ποιῇ νόμον κυρίου τοῦτον οὐκ * ἐπαινεῖ * ἐὰν φοβῆται κύριον καὶ θέλῃ δίκαια τοῦτον οὐκ

TJos. 4 1 ἐν λόγοις ἐκολάκευσέ με μετὰ δόλου διὰ ῥημάτων * ἐπαινοῦσα * τὴν σωφροσύνην μου ἐνώπιον τοῦ ἀνδρὸς αὐτῆς

TBen. 4 4 οὐ φθονεῖ ἐάν τις πλουτῇ οὐ ζηλοῖ ἐάν τις ἀνδρεῖος * ἐπαινεῖ * τὸν σώφρονα πιστεύων ὑμνεῖ τὸν πένητα ἐλεεῖ τῷ

Asen. 24 10 κατ' ἐμοῦ. μόνον ἀποθανεῖται ὁ πατήρ μου. καὶ * ἐπῄνεσεν * αὐτὸν Φαραὼ ὁ πατήρ μου καὶ εἶπεν αὐτῷ καλῶς

Aris. 189 1 μετατιθεὶς ἐκ τῆς κακίας καὶ εἰς μετάνοιαν ἄξεις. * ἐπαινέσας * δὲ ὁ βασιλεὺς τὸν ἐχόμενον ἠρώτα πῶς ἂν ἕκαστα

Aris. 195 1 φόβον ἐγκατασκευάζει πάσῃ διανοίᾳ. καὶ τοῦτον δὲ * ἐπαινέσας * εἶπε πρὸς τὸν ἐχόμενον τί κάλλιστον αὐτῷ πρὸς

Aris. 206 1 αἴτιος ἀγαθῶν ἐστιν ᾧ κατακολουθεῖν ἀναγκαῖον. * ἐπαινέσας * δὲ ὁ βασιλεὺς τοῦτον ἕτερον ἐπηρώτα πῶς ἂν τὴν

Aris. 208 1 γὰρ ὁ θεὸς τοὺς ἀνθρώπους ἅπαντας ἐπιεικείᾳ ἄγει. * ἐπαινέσας * αὐτὸν τῷ μετ' αὐτὸν εἶπε πῶς ἂν φιλάνθρωπος

Aris. 213 1 τοῖς δικαίοις ἀγαθὰ προσημαίνει μέγιστα. τοῦτον δὲ * ἐπαινέσας * εἶπε πρὸς τὸν ἑξῆς πῶς ἂν ἐν τοῖς ὕπνοις

Aris. 225 1 τῆς δόξης ἀλλ' οὐ δύνανται θεοῦ γάρ ἐστι δόμα. * ἐπαινέσας * δὲ τὸν ἄνδρα διὰ πλειόνων ἐπηρώτα τὸν ἕτερον

Aris. 234 2 τούτων οὐδὲν ἂν προσέλθοι. καλῶς δὲ καὶ τοῦτον * ἐπαινέσας * τὸν δέκατον ἠρώτα τί μέγιστόν ἐστι δόξης; ὁ δὲ

Aris. 240 1 αἱ τῶν πράξεων τελειώσεις ὑπ' αὐτοῦ. τοῦτον δὲ * ἐπαινέσας * πρὸς τὸν ἕτερον εἶπε πῶς ἂν μηθὲν παράνομον

Aris. 246 1 θεὸν δὲ ἀξιοῦν ὅπως μηθὲν ἐλλίπῃ τῶν καθηκόντων. * ἐπαινέσας * δὲ καὶ τοῦτον τὸν δέκατον ἠρώτα πῶς <ἂν>

Aris. 247 2 τὰ κάλλιστα. ὁ δὲ βασιλεὺς συγκροτήσας πάντας τ' * ἐπαινέσας * κατ' ὄνομα καὶ τῶν παρόντων ταὐτὰ ποιούντων

Aris. 265 1 δὲ ἐπιφάνεια γίνεται πρὸς τὰ τοιαῦτα τοῖς ἀξίοις. * ἐπαινέσας * δὲ αὐτὸν ἄλλον ἠρώτα τίς ἐστι βασιλεῖ κτῆσις

Aris. 291 2 δεδωρημένου ταῦτα. ἐπὶ πλείονα χρόνον καὶ τοῦτον * ἐπαινέσας * τὸν ἐπὶ πᾶσιν ἠρώτα τί μέγιστόν ἐστι

ἔπαινος 2

Hen. 104 9 καταψεύδεσθε τῶν <λόγων τοῦ> ἁγίου καὶ μὴ δότε * ἔπαινον * ταῖς <εἰκόσιν ὑ>μῶν οὐ γὰρ εἰς δικαίωμα

Aris. 266 5 λήψῃ τὸν ἀκροατὴν οὐκ ἀντικείμενος συγχρώμενος δὲ * ἐπαίνῳ * πρὸς τὸ πεῖσαι. θεοῦ δὲ ἐνεργείᾳ κατευθύνεται

ἐπαίρω 17

Hen. 14 9 με καὶ ἄνεμοι ἐν τῇ ὁράσει μου ἐξεπέτασάν με καὶ * ἐπῆράν * με ἄνω καὶ εἰσήνεγκάν με εἰς τὸν οὐρανὸν καὶ

Abr.1 19 11 ὑδάτων πολλῶν ἁρπαζόμενοι καὶ ὑπὸ μεγίστων ποταμῶν * ἐπαιρόμενοι * ἀποπνίγονται καὶ τελευτῶσιν ἀώρως τὸν

Abr.2 7 8 μου ἔκλαυσα δὲ ἐγὼ καὶ εἶπον παρακαλῶ σε κύριε μὴ * ἐπάρῃς * τὴν δόξαν τῆς κεφαλῆς μου καὶ τὸ φῶς τοῦ οἴκου

Abr.2 7 9 ὁ ἥλιος καὶ ἡ σελήνη καὶ οἱ ἀστέρες λέγοντες μὴ * ἐπάρῃς * τὴν δόξαν τῆς δυνάμεως ἡμῶν καὶ ἀπεκρίθη ὁ

TSim. 7 1 ὑπακούετε Λευὶ καὶ ἐν Ἰούδᾳ λυτρωθήσεσθε καὶ μὴ * ἐπαίρεσθε * ἐπὶ τὰς δύο φυλὰς ταύτας ὅτι ἐξ αὐτῶν ἀνατελεῖ

TLevi 14 7 καὶ φυσιωθήσεσθε ἐπὶ τῇ ἱερωσύνῃ κατὰ τῶν ἀνθρώπων * ἐπαιρόμενοι * οὐ μόνον δὲ ἀλλὰ καὶ κατὰ τῶν ἐντολῶν τοῦ

TJud. 21 1 νῦν τέκνα ἀγαπήσατε τὸν Λευὶ ἵνα διαμείνητε καὶ μὴ * ἐπαίρεσθε * ἐπ' αὐτὸν ἵνα μὴ ἐξολοθρευθῆτε. ἐμοὶ γὰρ ἔδωκε

TDan 4 3 εἰς θυμὸν καὶ ἐάν τις ἐπαινῇ ὑμᾶς ὡς ἀγαθοὺς μὴ * ἐπαίρεσθε * μηδὲ μεταβάλλεσθε μήτε εἰς τέρψιν μήτε εἰς

Asen. 8 9 πραΰς καὶ ἐλεήμων καὶ φοβούμενος τὸν θεόν. καὶ * ἐπῆρε * τὴν χεῖρα αὐτοῦ τὴν δεξιὰν καὶ ἔθηκεν ἐπάνω τῆς

Asen. 14 9 πόδας σου καὶ λαλήσω πρός σε τὰ ῥήματά μου. καὶ * ἐπῆρε * τὴν κεφαλὴν αὐτῆς Ἀσενὲθ καὶ εἶδε καὶ ἰδοὺ ἀνὴρ

Jer. 3 14 δὲ καὶ Βαροὺχ εἰσῆλθον εἰς τὸ ἁγιαστήριον καὶ * ἐπάραντες * τὰ σκεύη τῆς λειτουργίας παρέδωκαν αὐτὰ τῇ γῇ

Jer. 5 34 ὁ μὴν οὗτος; ὁ δὲ εἶπε νισσὰν ὅ ἐστιν Ἀβίβ. καὶ * ἐπάρας * ἐκ τῶν σύκων ἔδωκε τῷ γηραιῷ ἀνθρώπῳ καὶ λέγει

Jer. 7 6 δι' ἐμοῦ. καὶ εἶπεν αὐτῷ Βαροὺχ εἰ δύνασαι σὺ * ἐπᾶραι * τὴν φάσιν ταύτην τῷ Ἱερεμίᾳ εἰς Βαβυλῶνα; καὶ

Jer. 9 13 ἡμέρας εἰσῆλθεν ἡ ψυχὴ αὐτοῦ εἰς τὸ σῶμα αὐτοῦ καὶ * ἐπῆρε * τὴν φωνὴν αὐτοῦ ἐν μέσῳ πάντων καὶ εἶπε δοξάσατε

Job 34 4 σκωλήκων κάθηται καὶ δυσωδίαις, καὶ ἀκμὴν * ἐπαίρεται * καθ' ἡμῶν Βασιλεῖαι παρέρχονται καὶ αἱ

Job 38 7 τί οὖν βούλει ἡμᾶς ἐν σοὶ διαπράξασθαι; ἰδοὺ γὰρ * (ἐ)πάρωμεν * μεθ' ἑαυτῶν τοὺς ἰατροὺς τῶν τριῶν βασιλειῶν

FMos. 6 132 3 εἶδεν δὲ Ἰησοῦς τὴν θέαν ταύτην κάτω πνεύματι * ἐπαρθεὶς * σὺν καὶ τῷ Χαλὲβ ἀλλ' οὐχ ὁμοίως ἄμφω θεῶνται

ἐπαισχύνομαι 1

TJos. 2 5 ἢ δεσμοῖς ἢ θλίψεσιν ἢ ἀνάγκαις οὐ γὰρ ὡς ἄνθρωπος * ἐπαισχύνεται * ὁ θεὸς οὐδὲ ὡς υἱὸς ἀνθρώπου δειλιᾷ οὐδὲ ὡς

ἐπαίτης 1

Job 6 4 ἐμοῦ ἔνδον ὄντος, ὁ Σατανᾶς μετασχηματισθεὶς εἰς * ἐπαίτην * ἔκρουσεν τὴν θύραν καὶ λέγει τῇ θυρωρῷ σήμανον

ἐπακολουθέω 1

TNep. 3 3 καὶ ἀφέντα τὸν κύριον ἠλλοίωσαν τάξιν αὐτῶν καὶ * ἐπηκολούθησαν * λίθοις καὶ ξύλοις ἐξακολουθήσαντες

ἐπακούω 23

Adam 21 3 νουθετεῖν αὐτὸν λέγουσα δεῦρο κύριέ μου Ἀδὰμ * ἐπάκουσόν * μου καὶ φάγε ἀπὸ τοῦ καρποῦ τοῦ δένδρου οὗ

Adam 25 1 στραφεὶς δὲ πρός με ὁ κύριος λέγει ἐπειδὴ * ἐπήκουσας * τοῦ ὄφεως καὶ παρήκουσας τὴν ἐντολήν μου ἔσει

Hen. 103 14 τὰς ἐντεύξεις ἡμῶν οὐκ ἀπεδέξαντο οὐδὲ ἐβούλοντο * ἐπακοῦσαι * τῆς φωνῆς ἡμῶν. καὶ οὐκ ἀντελαμβάνοντο ἡμῶν

Hen. 106 8 οὗ <εἶδ>εν τότε εἶναί με καὶ εἶπέν μοι πάτερ <μου> * ἐπάκουσον * τῆς φωνῆς μου καὶ ἧκε <πρός> ἐμέ. καὶ ἤκουσα

Abr.1 14 5 ποιήσωμεν εὐχὴν ὑπὲρ τῆς ψυχῆς καὶ ἴδωμεν εἰ * ἐπακούσεται * ἡμῖν ὁ θεὸς καὶ ὁ ἀρχιστράτηγος εἶπεν ἀμὴν

Abr.1 17 9 μὴ πράξασιν ἔλεον. εἶπεν δὲ Ἀβραὰμ δέομαί σου * ἐπάκουσόν * μου καὶ δίδαξόν μοι τὴν ἀγριότητά σου καὶ

TIss. 2 4 ἄλλον μανδραγόραν. διὰ τοῦτο ἐν τοῖς μανδραγόροις * ἐπήκουσε * κύριος τῆς Ῥαχὴλ ὅτι καίγε ποθήσασα αὐτοὺς οὐκ

Asen. 14 1 καὶ εἶδεν αὐτὸν Ἀσενὲθ καὶ ἐχάρη καὶ εἶπεν ἄρα * ἐπήκουσε * κύριος ὁ θεὸς τῆς προσευχῆς μου διότι ὁ ἀστὴρ

Sal. 1 2 ἐξάπινα ἠκούσθη κραυγὴ πολέμου ἐνώπιόν μου <εἶπα> * ἐπακούσεταί * μου ὅτι ἐπλήσθην δικαιοσύνης. ἐλογισάμην ἐν

Sal. 5 12 πένητος ἡ ἐλπὶς τίς ἐστιν εἰ μὴ σὺ κύριε; καὶ σὺ * ἐπακούσῃ * ὅτι τίς χρηστὸς καὶ ἐπιεικὴς ἀλλ' ἢ σὺ εὐφρᾶναι

Sal. 7 7 ἡμῶν καὶ ἡμεῖς ἐπικαλεσόμεθά σε καὶ σὺ * ἐπακούσῃ * ἡμῶν. ὅτι σὺ οἰκτιρήσεις τὸ γένος Ισραηλ εἰς

Sal. 18 2 ἐπ' αὐτὰ καὶ οὐχ ὑστερήσει ἐξ αὐτῶν τὰ ὦτά σου * ἐπακούει * εἰς δέησιν πτωχοῦ ἐν ἐλπίδι. τὰ κρίματά σου ἐπὶ

Prop. 21 6 καὶ μὴ ὑποθεῖναι πῦρ ἀλλ' ἕκαστον εὔξασθαι καὶ τὸν * ἐπακούοντα * αὐτὸν εἶναι θεόν. οἱ μὲν οὖν τοῦ Βάαλ ηὔχοντο

Prop. 21 7 καὶ κατετέμνοντο ἕως ὥρας ἐνάτης καὶ οὐδεὶς αὐτοῖς * ἐπήκουεν * ὁ δὲ Ἠλίας καὶ ὕδατος πολλοῦ πληρώσας τὸν

Esdr. 7 8 πάντα φρίσσει καὶ τρέμει ἀπὸ προσώπου δυνάμεώς σου * ἐπάκουσόν * μου τὸν πολλὰ σοὶ δικασάμενον καὶ δὸς πᾶσι

Sedr. 14 1 καὶ λέγει Σεδρὰχ πρὸς τὸν ἀρχάγγελον Μιχαὴλ * ἐπάκουσόν * μου πρόστατα δυνατὲ καὶ βοήθει μοι καὶ

Sib. 4 22 ἅπαντα γὰρ αὐτὸς ἐλέγξει ἐξανύων. σὺ δὲ πάντα λεὼς * ἐπάκουε * Σιβύλλης ἐξ ὁσίου στόματος φωνὴν προχέοντος

Sib. 5 345 εὐρὺς ὕπερθεν βροντηδὸν κελάδημα θεοῦ φωνὴν * +ἐπακοῦσαι+ * ἠελίου δ' αὐτοῦ φλόγες ἄφθιτοι οὐκέτ'

FMan. 2 22 15 καὶ σοῦ ἐστιν ἡ δόξα εἰς τοὺς αἰῶνας ἀμήν. καὶ * ἐπήκουσεν * τῆς φωνῆς αὐτοῦ κύριος καὶ ᾠκτείρησεν αὐτὸν

FEz. 1 8 3 πρός με ἐξ ὅλης τῆς καρδίας καὶ εἴπητε πάτερ * ἐπακούσομαι * ὑμῶν ὡς λαοῦ ἁγίου. ἐφ' οἷς γὰρ ἂν εὕρω ὑμᾶς

FAch. 109 διέθηκεν διὰ λόγων (ἐνουθέτει) ἀρξάμενος οὕτως. * ἐπάκουσον * τῶν ἐμῶν λόγων τέκνον Λῖνε δι' ὧν καὶ πρότερον

FrAn. 574 3064 ἐξ ἄμμου καὶ ἐπιτάξαντα αὐτῇ μὴ ὑπερβῆναι καὶ * ἐπήκουσεν * ἡ ἄβυσσος. καὶ σὺ ἐπάκουσον πᾶν πνεῦμα

FrAn. 574 3064 αὐτῇ μὴ ὑπερβῆναι καὶ ἐπήκουσεν ἡ ἄβυσσος. καὶ σὺ * ἐπάκουσον * πᾶν πνεῦμα δαιμόνιον ὅτι ὁρκίζω σε τὸν

ἐπακροάομαι 1

TJos. 8 5 ἐν πέδαις ἡ Αἰγυπτία ἠσθένει ἀπὸ τῆς λύπης καὶ * ἐπηκροᾶτό * μου πῶς ὕμνουν κύριον ὢν ἐν οἴκῳ σκότους καὶ

ἐπαλγής 1

Aris. 167 2 οἴομαί σε λέγειν καὶ γὰρ αἰκίαις καὶ θανάτοις * ἐπαλγέσιν * αὐτοὺς περιβάλλει συνεχῶς. ὁ δὲ τούτους γὰρ

ἐπαμύντωρ 1

Sib. 3 560 ἀνασχόμεναι χέρας αὐτῶν ἄρξονται βασιλῆα μέγαν * ἐπαμύντορα * κλήζειν καὶ ζητεῖν ῥυστῆρα χόλου μεγάλοιο τίς

ἐπαμύνω 1

Sib. 3 661 πλήθουσα. καὶ ἄρξονται βασιλῆες ἀλλήλοις +κοτέειν * ἐπαμύνοντες * κακὰ θυμῷ+ ὁ φθόνος οὐκ ἀγαθὸν πέλεται

ἐπαμφιέννυμι 1

ISop. 5 111 4 γάρ τοι Ζεὺς ἔγημε μητέρα οὐ χρυσόμορφος οὐδ' * ἐπημφιεσμένος * πτίλον κύκνειον ὡς κόρην Πλευρωνίαν

ἐπάν 7

Sib. 3 645 γῦπές τε καὶ ἄγρια θηρία γαίης σάρκας δηλήσονται * ἐπὰν * δὴ ταῦτα τελεσθῇ λείψανα γαῖα πέλωρος ἀναλώσειε

Sib. 3 816 πατρὸς φήσουσι Σίβυλλαν μαινομένην ψεύστειραν * ἐπὴν * δὲ γένηται ἅπαντα τηνίκα μου μνήμην ποιήσετε

FAch. 116 οἰκοδομεῖν τὸν πύργον; ὁ δὲ λέγει ἕτοιμοι εἰσιν * ἐπὰν * σὺ τὸν τόπον δείξῃς. ὁ δὲ βασιλεὺς θαυμάσας ἔξω τῆς

FPho. 93 πόσιος καὶ βρώσιός εἰσιν ἑταῖροι καιρὸν θωπεύοντες * ἐπὴν * κορέσασθαι ἔχωσιν ἀχθόμενοι δ' ὀλίγοις καὶ πολλοῖς

FPho. 159 τέχνης σκάπτοιτο δικέλλῃ. ἔστι βίῳ πᾶν ἔργον * ἐπὴν * μοχθεῖν ἐθέλησθα. ναυτίλος εἰ πλώειν ἐθέλεις εὐρεῖα

IEsc. 5 131 3 καὶ πελώριος βυθὸς θαλάσσης καὶ ὀρέων ὕψος μέγα * ἐπὰν * ἐπιβλέψῃ γοργὸν ὄμμα δεσπότου. πάντα δυνατὴ γὰρ

ISop. 5 122 1 φλὸξ ἅπαντα τἀπίγεια καὶ μετάρσια φλέξει μανεῖσα. * ἐπὰν * δὲ ἐκλίπῃ τὸ πᾶν φροῦδος μὲν ἔσται κυμάτων ἅπας

ἐπαναβαίνω 1

TJud. 5 4 καὶ οὕτως λάθρᾳ οἱ ἀδελφοὶ ἐξ ἑκατέρων πασσάλοις * ἐπανέβησαν * τῷ τείχει καὶ εἰσῆλθον εἰς τὴν πόλιν

ἐπαναγιγνώσκω 1

Aris. 26 1 ἀναληφθήσεται. εἰσδοθέντος τοῦ προστάγματος ὅπως * ἐπαναγνωσθῇ * τῷ βασιλεῖ τὰ ἄλλα πάντ' ἔχοντος πλὴν τοῦ

ἐπανάγω 2

Aris. 215 3 καὶ τὰ λεγόμενα καὶ τὰ πραττόμενα πρὸς εὐσέβειαν * ἐπανάγειν * ὅπως ἑαυτῷ συνιστορῇς ὅτι τὸ κατ' ἀρετὴν

Aris. 270 4 σοὶ καὶ μὴ διὰ τὸν φόβον μηδὲ διὰ πολυωρίαν * ἐπανάγουσι * πάντα πρὸς τὸ κερδαίνειν. τὸ μὲν γὰρ

ἐπαναίρεσις 1

Aris. 147 7 ἐπὶ γῆς δαπανᾷ καὶ οὐ καταδυναστεύει πρὸς τὴν * ἐπαναίρεσιν * τῶν συγγενικῶν. διὰ τῶν τοιούτων οὖν

ἐπαναμένω
                                                                                           1
Asen.      24      20   ἀνὰ πεντακόσιοι ἄνδρες καὶ ἐντεῦθεν τοῦ χειμάρρου  *  ἐπανέμειναν  *  οἱ λοιποὶ καὶ ἐκάθισαν καὶ αὐτοὶ ἐν τῇ ὕλῃ
ἐπαναστρέφω
                                                                                           2
Asen.       9       5   πάντα τὰ κτίσματα αὐτοῦ καὶ τῇ ἡμέρᾳ τῇ ὀγδόῃ ὅταν  *  ἐπαναστράφῃ  *  ἡ ἡμέρα αὕτη ἐπαναστρέφω κἀγὼ πρὸς ὑμᾶς καὶ
Asen.       9       5   τῇ ἡμέρᾳ τῇ ὀγδόῃ ὅταν ἐπαναστράφῃ ἡ ἡμέρα αὕτη  *  ἐπαναστρέφω  *  κἀγὼ πρὸς ὑμᾶς καὶ αὐλισθήσομαι ἐνθάδε. καὶ
ἐπανέρχομαι
                                                                                           3
Asen.      22       9   ἐπὶ τὸν τράχηλον τοῦ πατρὸς αὐτοῦ ὅταν ἐκ πολέμου  *  ἐπανέλθῃ  *  εἰς τὸν οἶκον αὐτοῦ) καὶ κατεφίλησεν αὐτόν. καὶ
Job         9       8   πρὸς μίαν θύραν καθήμενον, δυνηθῶσιν διὰ τῆς ἄλλης  *  ἐπανελθεῖν  *  καὶ λάβωσιν ὅσον χρῄζουσιν. ἦσαν δέ μοι καὶ
FJub.      29      12   ἀπὸ τοῦ τραχήλου σου. τῷ ρ ν γ' ἔτει τοῦ Ἰσαὰκ  *  ἐπανῆλθεν  *  Ἰακὼβ πρὸς αὐτὸν ἀπὸ Μεσοποταμίας. καὶ
ἐπανήκω
                                                                                           1
Aris.       8       5   ἀδόλεσχόν τι ποιῶμεν ἐπὶ τὸ συνεχὲς τῆς διηγήσεως  *  ἐπανήξομεν.  *  κατασταθεὶς ἐπὶ τῆς τοῦ βασιλέως βιβλιοθήκης
ἐπανίστημι
                                                                                           8
Adam       24       3   καὶ εἰς τέλος μὴ ὑπάρξεις. καὶ ὧν ἐκυρίευες θηρίων  *  ἐπαναστήσονται  *  σοι ἐν ἀκαταστασίᾳ ὅτι τὴν ἐντολήν μου
Sal.       17       5   σου βασίλειον αὐτοῦ. καὶ ἐν ταῖς ἀμαρτίαις ἡμῶν  *  ἐπανέστησαν  *  ἡμῖν ἁμαρτωλοὶ ἐπέθεντο ἡμῖν καὶ ἔξωσαν ἡμᾶς
Sal.       17       7   αὐτοὺς καὶ ἀρεῖς τὸ σπέρμα αὐτῶν ἀπὸ τῆς γῆς ἐν τῷ  *  ἐπαναστῆναι  *  αὐτοῖς ἄνθρωπον ἀλλότριον γένους ἡμῶν. κατὰ
Esdr.       3      13   τὸν ἴδιον καταλιμπάνει καὶ ὅταν ἔθνος πρὸς ἔθνος  *  ἐπαναστῇ  *  ἐν πολέμῳ τότε γνώσεσθε ὅτι ἐγγύς ἐστιν τὸ
Job         4       4   ἐὰν ἐπιχειρήσεις καθαρίσαι τὸν τόπον τοῦ Σατανᾶ,  *  ἐπαναστήσεται  *  σοι μετὰ ὀργῆς εἰς πόλεμον. μόνον ὅτι
Job        16       6   μου τῶν καὶ παρ' ἐμοῦ εὐεργετηθέντων, νυνὶ δὲ  *  ἐπανισταμένων  *  μοι καὶ ἀφαιρουμένων τὰ ὑπόλοιπα τῶν
Job        17       5   ἐντύχωσιν καθ' ἡμῶν ὡς τυραννούντων, καὶ λοιπὸν  *  ἐπανιστάντες  *  ἀποκτείνωσιν ἡμᾶς. καὶ εἶπεν αὐτοῖς μὴ
FJub.      36       9   ἀλλήλους. καὶ παραινέσας αὐτοῖς προεῖπεν ὅτι ἐὰν  *  ἐπαναστῇ  *  τῷ Ἰακὼβ ὁ Ἡσαῦ εἰς χεῖρας αὐτοῦ πεσεῖται
ἐπάνοδος
                                                                                           2
Prop.       3       7   τῆς γῆς καὶ ὅτε πλημμυρήσῃ τὴν εἰς Ἰερουσαλὴμ  *  ἐπάνοδον.  *  καὶ γὰρ ἐκεῖ κατῴκει ὁ ὅσιος καὶ πολλοὶ πρὸς
Prop.      15       7   αἰνεῖτε τὸν θεὸν ἐν ψαλμοῖς καὶ χοροῖς περὶ τῆς  *  ἐπανόδου  *  ἀπὸ Βαβυλῶνος.) Μαλαχίας. οὗτος μετὰ τὴν
ἐπανορθόω
                                                                                           1
Aris.     274       1           ἐπιμελητήν σε τῶν βίων. οὐ γὰρ διαλείπεις  *  ἐπανορθῶν  *  ἅπαντας τοῦ θεοῦ σοι καλοφροσύνην δεδωκότος.
ἐπανόρθωσις
                                                                                           3
Aris.     126       3   κατεπείγοι πρὸς δὲ τὴν κοινὴν πᾶσι τοῖς πολίταις  *  ἐπανόρθωσιν  *  ἐξαποστέλλειν αὐτούς. τὸ γὰρ καλῶς ζῆν ἐν τῷ
Aris.     130       5   ἐὰν δὲ σοφοῖς καὶ φρονίμοις συζῶσιν ἐξ ἀγνοίας  *  ἐπανορθώσεως  *  εἰς τὸν βίον ἔτυχον. διαστειλάμενος οὖν τὰ
Aris.     283       6   πρὸς τοὺς βασιλεῖς ἀναγεγραμμέναι τυγχάνουσι πρὸς  *  ἐπανόρθωσιν  *  καὶ διαμονὴν ἀνθρώπων. ὃ σὺ πράσσων
ἐπάνω
                                                                       29   ἐπάνω
ἐπάνωθεν
Aris.     105       4        καὶ φαινομένων διόδων τῶν ὑποκειμένων τῶν δ'  *  ἐπάνωθεν  *  εἰθισμένως καὶ τὰς διὰ τούτων διεξόδους.
ἐπαοιδή
                                                                                           5
Hen.        7       1           ἐν αὐταῖς καὶ ἐδίδαξαν αὐτὰς φαρμακείας καὶ  *  ἐπαοιδὰς  *  καὶ ῥιζοτομίας καὶ τὰς βοτάνας ἐδήλωσαν αὐταῖς.
Hen.        8       3           ἐν πάσαις ταῖς ὁδοῖς αὐτῶν. Σεμιαζᾶς ἐδίδαξεν  *  ἐπα⟨ο⟩ιδὰς  *  καὶ ῥιζοτομίας Ἀρμαρὸς ἐπαοιδῶν λυτήριον
Hen.        8       3           ἐδίδαξεν ἐπα⟨ο⟩ιδὰς καὶ ῥιζοτομίας Ἀρμαρὸς  *  ἐπαοιδῶν  *  λυτήριον Βαρακιὴλ ἀστρολογίας Χωχιὴλ τὰ
Hen.        8B      3   Φαρμαρὸς ἐδίδαξε φαρμακείας ἐπαοιδίας σοφίας καὶ  *  ἐπαοιδῶν  *  λυτήρια. ὁ ἔνατος ἐδίδαξεν ἀστροσκοπίαν. ὁ δὲ
HArt.   9  27      30   τι. τοὺς δὲ τότε διά τινων μαγγάνων καὶ  *  ἐπαοιδῶν  *  δράκοντα ποιῆσαι καὶ τὸν ποταμὸν μεταχρῶσαι.
ἐπαοιδία
                                                                                           2
Hen.        7B      2   ἑαυτοὺς καὶ τὰς γυναῖκας ἑαυτῶν φαρμακείας καὶ  *  ἐπαοιδίας.  *  ἐδίδαξεν τοὺς ἀνθρώπους Ἀζαὴλ μαχαίρας
Hen.        8B      3   γῆς. ὁ δὲ ἑνδέκατος Φαρμαρὸς ἐδίδαξε φαρμακείας  *  ἐπαοιδίας  *  σοφίας καὶ ἐπαοιδῶν λυτήρια. ὁ ἔνατος ἐδίδαξεν
ἐπαοιδός
                                                                                           2
TSim.       8       4   τοῖς ταμιείοις τῶν βασιλείων. ἔλεγον γὰρ αὐτοῖς οἱ  *  ἐπαοιδοὶ  *  ὅτι ἐν ἐξόδῳ ὀστῶν Ἰωσὴφ ἔσται ἐν πάσῃ γῇ
Sib.        3     225   τε πετεινὰ οὐ μάντεις οὐ φαρμακοὺς οὐ μὴν  *  ἐπαοιδοὺς  *  οὐ μύθων μωρῶν ἀπάτας ἐγγαστεριμύθων οὐδέ τε
ἐπαπειλέω
                                                                                           1
Sib.        3      98   ὁπόταν μεγάλοιο θεοῦ τελέωνται ἀπειλαὶ ἅς ποτ'  *  ἐπηπείλησε  *  βροτοῖς ὅτε πύργον ἔτευξαν χώρῃ ἐν Ἀσσυρίῃ
ἐπαράομαι
                                                                                           1
Prop.       1       9   ἐμίανεν ὀστᾶ τόπου πατέρων αὐτοῦ διὰ τοῦτο ὁ θεὸς  *  ἐπηράσατο  *  εἰς δουλείαν ἔσεσθαι τὸ σπέρμα αὐτοῦ τοῖς
ἐπαράσιμος
FPho.      18   θεὸς ἄμβροτος ὅστις ὀμόσσῃ. σπέρματα μὴ κλέπτειν  *  ἐπαράσιμος  *  ὅστις ἕληται. μισθὸν μοχθήσαντι δίδου μὴ
ἐπαρδεύω
Sib.        5      58   ἕως πηχῶν δέκα καὶ ἓξ ὥστε κλύσαι γῆν πᾶσαν  *  ἐπαρδεῦσαί  *  τε ῥόοισιν σιγήσει δὲ χάρις γαίης καὶ δόξα
ἐπαρκέω
                                                                                           2
Sib.        3     243   +οὐδέ γε χήρας θλίβει μᾶλλον δ' αὗτε+ βοηθεῖ αἰεὶ  *  ἐπαρκείων  *  σίτῳ οἴνῳ καὶ ἐλαίῳ αἰεὶ δ' ὄλβιος ἐν δήμῳ
Sib.        3     530   ὕβριν δεινὴν πάσχοντας κοὐκ ἔσετ' αὐτοῖς μικρὸν  *  ἐπαρκέσσων  *  πόλεμον ζωῆς τ' ἐπαρωγός. ὀψωνταί τ' ἰδίας
ἔπαρχος
HEup.   9  34       3   παίδων καλῶς ποιήσεις ἐπιστείλας τοῖς κατὰ τόπον  *  ἐπάρχοις  *  ὅπως χορηγῆται τὰ δέοντα. διελθὼν δὲ Σολομῶν
ἐπαρωγός
Sib.        3     530   ἔσετ' αὐτοῖς μικρὸν ἐπαρκέσσων πόλεμον ζωῆς τ'  *  ἐπαρωγός.  *  ὀψωνταί τ' ἰδίας κτήσεις καὶ πλοῦτον ἅπαντα
ἔπαυλη *
                                                                                           2
Job        40       5   μου. καὶ ἀπελθοῦσα εἰς τὴν πόλιν εἰσῆλθεν εἰς τὴν  *  ἔπαυλην  *  τῶν βοῶν αὐτῆς τῶν ἁρπασθέντων ὑπὸ τῶν ἀρχόντων
Job        40       8   αὐτὴν καὶ μὴ εὑρὼν εἰσῆλθεν ἑσπέρας οὔσης εἰς τὴν  *  ἔπαυλην  *  τῶν κτηνῶν, καὶ εὗρεν αὐτὴν νεκρὰν ἡπλωμένην καὶ
ἔπαυλις
                                                                                           1
LThe.   9  22      11   ἀναρρυσαμένους μετὰ τῶν αἰχμαλώτων εἰς τὴν πατρῴαν  *  ἔπαυλιν  *  διακομίσαι.
ἐπαύριον
                                                                                           4
TIss.       2       4   Ἰακὼβ καὶ οὐ διὰ φιληδονίαν. προσθεῖσα γὰρ καὶ τῇ  *  ἐπαύριον  *  ἀπέδοτο τὸν Ἰακὼβ ἵνα λάβῃ καὶ τὸν ἄλλον
Bar.        9       3           καὶ ἔδειξέ μοι ταύτην ὡς μετ' ὀλίγον. τῇ  *  ἐπαύριον  *  ὁρῶ καὶ ταύτην ἐν σχήματι γυναικὸς καὶ
FAch.     112   ἐκέλευσεν τὸν Αἴσωπον ἀποβῆναι τῆς νηός. καὶ τῇ  *  ἐπαύριον  *  ἐλθὼν ὁ Αἴσωπος ἠσπάσατο τὸν βασιλέα. ὁ δὲ
LEze.   9  28  3  17   εἰσιδεῖν ἕτερόν τιν' ἡμᾶς κἀπογυμνῶσαι φόνον. τῇ  *  'παύριον  *  δὲ πάλιν ἰδὼν ἄνδρας δύο μάλιστα δ' αὐτοὺς
ἐπαυχέω
Sib.        4      54           κατακλυσμοῖο ῥαγέντος. οὓς Μῆδοι καθελόντες  *  ἐπαυχήσουσι  *  θρόνοισιν οἷς γενεαὶ δύο μοῦναι ἐφ' ὧν τάδε
ἐπεγείρω
                                                                                           3
Hen.       99      16   (μεγάλης) ὅτι τότε ἐκτρίψει τὴν δόξ(αν ὑμῶν) καὶ  *  ἐπεγερεῖ  *  τὸν θυμὸν ⟨αὐτοῦ καθ'⟩ ὑμῶν ἀπολεῖ πάντας ὑ⟨μᾶς
TLevi      10       2   τοῦ κόσμου ἀσεβοῦντες πλανῶντες τὸν Ἰσραὴλ καὶ  *  ἐπεγείροντες  *  αὐτῷ κακὰ μεγάλα παρὰ κυρίου. καὶ ἀνομήσετε
Sib.        3     153   +δή μιν+ ἄκουσαν υἱοὶ κρατεροῖο Κρόνοιο καὶ οἳ  *  ἐπήγειραν  *  πόλεμον μέγαν ἠδὲ κυδοιμόν. αὕτη δ' ἔστ' ἀρχὴ
ἐπεί
                                                                       36   ἐπεί
ἐπείγω
                                                                                           2
TJos.       2       2   οἶκον αὐτοῦ. καὶ ἠγωνισάμην πρὸς γυναῖκα ἀναιδῆ  *  ἐπείγουσάν  *  με παρανομεῖν μετ' αὐτῆς ἀλλ' ὁ θεὸς Ἰσραὴλ
Sib.        3      50   ἄναξ πάσης γῆς σκῆπτρα κρατήσων εἰς αἰῶνας ἅπαντας  *  ἐπειγομένοιο  *  χρόνοιο. καὶ τότε Λατίνων ἀπαραίτητος χόλος
ἐπειδή
ἐπεῖδον
                                                                       48   ἐπειδή
Sib.        5     329   χθονὶ τῇ πολυκάρπῳ Ἰουδαίᾳ μεγάλη ἵνα σὰς γνώμας  *  ἐπίδωμεν.  *  ταύτην γὰρ πρώτην ἔγνως θεὸς ἐν χαρίτεσσιν ἐς
ἔπειμι (εἰμί)
                                                                                           2
Sib.        3     538   πάσῃ πᾶσι δ' ὁμοῦ πόλεμός τε βροτοῖς καὶ λοιμὸς  *  ἐπέσται  *  χάλκειόν τε μέγαν τεύξει θεὸς οὐρανὸν ὑψοῦ
LAri.   8  10       8   τῷ βασιλεῖ τῶν Αἰγυπτίων λέγων ἰδοὺ χεὶρ κυρίου  *  ἐπέσται  *  ἐν τοῖς κτήνεσί σου καὶ ἐν πᾶσι τοῖς ἐν τοῖς
ἔπειμι (εἶμι)
                                                                       2   (cf.+ ἐπέρχομαι)
Aris.     236       1   τὸ φιλοφρονεῖσθαι προῆλθε διὰ τῶν προπόσεων. τῇ δὲ  *  ἐπιούσῃ  *  κατὰ τὰ αὐτὰ τῆς διατάξεως τοῦ συμποσίου
Aris.     299       1   πρασσόμενα καλῶς γινόμενα καὶ συμφερόντως. τῇ γὰρ  *  ἐπιούσῃ  *  τὰ τῇ προτέρῳ πεπραγμένα καὶ λελαλημένα πρὸ τοῦ
ἔπειτα
                                                    30   ἔπειτα  ἔπειτ'  ἔπειθ'  κἄπειτα  δῆπειτα  κἄπειθ'
ἐπέκεινα
Hen.       18       9   θρόνου ἀπὸ λίθου σαπφείρου καὶ πῦρ καιόμενον ἶδον.  *  κἀπέκεινα  *  τῶν ὀρέων τούτων τόπος ἐστὶν πέρας τῆς μεγάλης
Hen.       18      12   οὐκ ἦν μέτρον οὔτε εἰς βάθος οὔτε εἰς ὕψος. καὶ  *  ἐπέκεινα  *  τοῦ χάσματος τούτου ἶδον τόπον ὅπου οὐδὲ
Hen.       24       1   καὶ ἔδειξέν μοι ὄρη πυρὸς καιόμενα νυκτός. καὶ  *  ἐπέκεινα  *  αὐτῶν ἐπορεύθη καὶ ἐθεασάμην ἑπτὰ ὄρη ἔνδοξα
Hen.       30       1   καὶ ζμύρναν καὶ τὰ δένδρα αὐτῶν ὅμοια καρύας. καὶ  *  ἐπέκεινα  *  τούτων ᾠχόμην πρὸς ἀνατολὰς μακρὰν καὶ ἶδον
Hen.       30       3   τῶν φαράγγων τούτων ἶδον κιννάμωμον ἀρωμάτων. καὶ  *  ἐπέκεινα  *  τούτων ᾠχόμην πρὸς ἀνατολάς. καὶ ἶδον ἄλλα ὄρη
Hen.       31       3   αὐτῶν νέκταρ καὶ τὰ καλούμενον σαρρὰν καὶ χαλβάνη. καὶ  *  ἐπέκεινα  *  τούτων ᾠχόμην πρὸς ἀνατολὰς ἶδον ἄλλο ὄρος ὄρος πρὸς ἀνατολὰς
TJud.      25       3   ὅτι ἐμβληθήσεται ἐν τῷ πυρὶ εἰς τὸν αἰῶνα καὶ  *  ἐπέκεινα.  *  καὶ οἱ ἐν λύπῃ τελευτήσαντες ἀναστήσονται ἐν
FJub.       4      15   ἀδελφοκτονίας νῦν δὲ ἐν χρόνοις τοῦ Ἰάρεδ καὶ  *  ἐπέκεινα  *  φαρμακεία καὶ μαγεία ἀσέλγεια μοιχεία τε καὶ
ἐπελπίζω
Prop.       3       7   τῷ λαῷ ὥστε προσέχειν τῷ ποταμῷ Χοβὰρ ὅτε ἐκλείποι  *  ἐπελπίζειν  *  τὸ δρέπανον τῆς ἐρημώσεως εἰς πέρας τῆς γῆς
Sib.        3     315   μεγάλη Αἴγυπτε πρὸς οἴκους δεινὴ ἣν οὔπω ποτ'  *  ἐπήλπισας  *  ἐρχομένην σοι. ῥομφαία γὰρ +διελεύσεται διὰ
ἐπεμβαίνω
                                                                                           2
TBen.      11       2   γνῶσιν καινὴν φωτίζων πάντα τὰ ἔθνη φῶς γνώσεως  *  ἐπεμβαίνων  *  τῷ Ἰσραὴλ ἐν σωτηρίᾳ καὶ ἁρπάζων ὡς λύκος

HAno. 9 17 5 ἀπολυτρώσῃ ταῦτα μὴ προελέσθαι τοῖς δυστυχοῦσιν * ἐπεμβαίνειν * ἀλλὰ τὰς τροφὰς λαβόντα τῶν νεανίσκων
ἐπεξήγησις 1
LAri. 13 12 1 καὶ κράτησις τῆς χώρας καὶ τῆς ὅλης νομοθεσίας * ἐπεξήγησις * ὡς εὔδηλον εἶναι τὸν προειρημένον φιλόσοφον
ἐπέοικα 1
FPho. 212 πλέξεις μήθ' ἅμματα λοξὰ κορύμβων. ἄρσεσιν οὐκ * ἐπέοικε * κομᾶν χλιδαναῖς δὲ γυναιξίν. παιδὸς δ' εὐμόρφου
ἐπέρχομαι 20 (cf.+ ἔπειμι (εἶμι))
Hen. 10 2 ἐμῷ ὀνόματι κρύψον σεαυτὸν καὶ δήλωσον αὐτῷ τέλος * ἐπερχόμενον * ὅτι ἡ γῆ ἀπόλλυται πᾶσα καὶ κατακλυσμὸς
Hen. 10B 2 ἐμῷ ὀνόματι κρύψον σεαυτὸν καὶ δήλωσον αὐτῷ τέλος * ἐπερχόμενον * ὅτι ἡ γῆ ἀπόλλυται πᾶσα καὶ εἶπον αὐτῷ ὅτι
Hen. 106 1 μέχρι τῆς ἡμέρας ἐκείνης. καὶ ὅτε εἰς ἡλικίαν * ἐπῆλθεν * ἔλαβεν αὐτῷ γυναῖκα καὶ ἔτεκεν αὐτῷ παιδίον καὶ
TLevi 8 11 τὸ σπέρμα σου εἰς σημεῖον δόξης κυρίου * ἐπερχομένου * καὶ ὁ πιστεύσας πρῶτος ἔσται κλῆρος μέγας
TJud. 6 3 διέξοδον τοῦ εἰσελθεῖν πρὸς ἡμᾶς. καὶ οἱ ἀπὸ Μαχὶρ * ἐπῆλθον * ἡμῖν τῇ πέμπτῃ ἡμέρᾳ λαβεῖν τὴν αἰχμαλωσίαν καὶ
TJud. 7 7 Δὰν ὁ ἀδελφός μου συνεμάχησέ μοι εἶχόν με ἀνελεῖν. * ἐπήλθομεν * οὖν ἐπ' αὐτοὺς μετὰ θυμοῦ καὶ πάντες ἔφυγον
TJud. 9 2 τῶν δεκαοκτὼ ἐτῶν ἐν τεσσαρακοστῷ ἔτει ζωῆς μου * ἐπῆλθεν * ἡμῖν Ἡσαὺ ὁ ἀδελφὸς τοῦ πατρός μου ἐν λαῷ βαρεῖ
TIss. 4 5 μιάνῃ τὸν νοῦν αὐτοῦ οὐ ζῆλος ἐν διαβουλίοις αὐτοῦ * ἐπελεύσεται * οὐ βασκανία ἐκτήκει ψυχὴν αὐτοῦ οὐδὲ
TIss. 5 8 ὅτι καὶ τῷ Γὰδ ἐδόθη ἀπολέσαι τὰ πειρατήρια τὰ * ἐπερχόμενα * τῷ Ἰσραήλ. οἶδα τέκνα μου ὅτι ἐν ἐσχάτοις
TZab. 2 6 τοῦ στῆναι. καὶ ἰδών με συγκλαίοντα αὐτῷ κἀκείνους * ἐπερχομένους * ἀνελεῖν αὐτὸν κατέφυγεν ὀπίσω μου δεόμενος
Asen. 4 7 καὶ σιτοδοτεῖ πᾶσαν τὴν γῆν καὶ σῴζει αὐτὴν ἐκ τοῦ * ἐπερχομένου * λιμοῦ. καὶ ἔστιν Ἰωσὴφ ἀνὴρ θεοσεβὴς καὶ
Asen. 10 1 ἥλιος. καὶ ἄρτον οὐκ ἔφαγε καὶ ὕδωρ οὐκ ἔπιεν καὶ * ἐπῆλθεν * ἡ νὺξ καὶ ἐκάθευδον πάντες οἱ ἐν τῇ οἰκίᾳ καὶ ἦν
Prop. 3 9 συνόντος αὐτῷ ἔδεισαν οἱ Χαλδαῖοι μὴ ἀντάρωσι καὶ * ἐπῆλθον * αὐτοῖς εἰς ἀναίρεσιν. καὶ ἐποίησε στῆναι τὸ ὕδωρ
Prop. 11 3 κατέκλυσεν αὐτὴν ἐν σεισμῷ καὶ πῦρ ἐκ τῆς ἐρήμου * ἐπελθὸν * τὸ ὑψηλότερον αὐτῆς μέρος ἐνέπρησεν. ἀπέθανε δὲ
Job 18 2 συμπολῖται ἰδόντες ὅτι ἀληθῶς γέγονεν τὰ εἰρημένα, * ἐπελθόντες * ἐδίωξάν με καὶ πάντα τὰ ἐν τῇ οἰκίᾳ μου
Aris. 12 5 Ἰουδαίας ὑπὸ τοῦ πατρὸς τοῦ βασιλέως ἐκεῖνος γὰρ * ἐπελθὼν * τὰ κατὰ κοίλην Συρίαν καὶ Φοινίκην ἅπαντα
Aris. 22 4 ἡμῶν εἰς τοὺς κατὰ Συρίαν καὶ Φοινίκην τόπους * ἐπελθόντες * τὴν τῶν Ἰουδαίων χώραν ἐγκρατεῖς ἐγένοντο
Sib. 3 520 πληγήν. Ἕλλησιν δ' ὁπόταν πολὺ βάρβαρον ἔθνος * ἐπέλθῃ * πολλὰ μὲν ἐκλεκτῶν ἀνδρῶν ὀλέσειε κάρηνα πολλὰ δὲ
Sib. 5 525 οὐκ ἐνέμεινεν ἔδεισε γὰρ Ὠρίωνα Σκορπίος +οὐρὰν * ἐπῆλθε+ * διὰ δεινοῖο Λέοντος ἠδὲ Κύων ὤλισθεν ἀπὸ φλογὸς
HCal. 24 12 τὸ συμφέρον ὑμῖν πραγματεύεσθε. ἐγὼ δὲ τὴν αὔριον * ἐπελεύσομαι * πρὸς ὑμᾶς καὶ ὡς τῇ προνοίᾳ δεκτὸν πράξω. οἱ
ἐπερωτάω 24
Jer. 5 20 πόλεως ταύτης σήμερον μνησθεὶς τοῦ Ἰερεμίου ὅτι * ἐπερωτᾷς * περὶ αὐτοῦ μετὰ τοσοῦτον χρόνον; Ἰερεμίας γὰρ
Bar. 5 1 κατορθοῦται. καὶ εἶπον ἐγὼ Βαροὺχ πρὸς τὸν ἄγγελον * ἐπερωτῶ * σε ἕνα λόγον κύριε ἐπειδὴ εἶπές μοι ὅτι πίνει ὁ
Esdr. 4 23 τῶν βλεφάρων καὶ οἱ ἄγγελοι ἐμάστιζον αὐτόν. καὶ * ἐπηρώτησα * τίς ἐστιν οὗτος καὶ τί τὸ ἁμάρτημα αὐτοῦ; καὶ
Esdr. 4 26 ἐκεῖ ἄνθρωπον σιδηροῖς μοχλοῖς κατεχόμενον. καὶ * ἐπηρώτησα * τίς ἐστιν οὗτος; καὶ εἶπέν μοι οὗτός ἐστιν ὁ
Job 38 3 οὖν γνῶτε ὅτι συνέστηκεν ἡ καρδία μου ἀκούσατε ὃ * ἐπερωτῶ * ὑμᾶς. διὰ στόματος ἡ τροφὴ εἰσέρχεται, καὶ πάλιν
Aris. 176 6 κατεσκευασμένης ὡς εἶδεν ὁ βασιλεὺς τοὺς ἄνδρας * ἐπηρώτα * περὶ τῶν βιβλίων. ὡς δὲ ἀπεκάλυψαν αὐτὰ τῶν
Aris. 190 2 καὶ τοῦτον δὲ εὖ μάλα παραδεξάμενος ἕτερον * ἐπηρώτα * πῶς ἂν εὐνόους ἑαυτῷ ἔχοι τοὺς φίλους; κἀκεῖνος
Aris. 198 2 δὲ καὶ τοῦτον καλῶς εἶπεν ἅπαντας ἀποφαίνεσθαι * ἐπερωτήσας * δὲ ἔτι ἕνα καταλήξω τὸ νῦν ἔχον ἵνα καὶ πρὸς
Aris. 199 1 καὶ παρὰ τῶν λοιπῶν ἑξῆς μαθήσομαί τι πλέον. εἶτ' * ἐπηρώτα * τὸν ἄνδρα τί πέρας ἀνδρείας ἐστίν; ὁ δὲ εἶπεν εἰ
Aris. 203 4 εὔκαιρον εἶναι πρὸς τὸ πυνθάνεσθαί τι τῶν ἀνδρῶν * ἐπηρώτα * τοὺς ἑξῆς τῶν ἀποκεκριμένων τῇ προτέρᾳ ἡμέρᾳ.
Aris. 206 1 ἀναγκαῖον. ἐπαινέσας δὲ ὁ βασιλεὺς τοῦτον ἕτερον * ἐπηρώτα * πῶς ἂν τὴν ἀλήθειαν διατηροῖ; ὁ δὲ πρὸς τοῦτο
Aris. 212 2 ἱκανῶν πρὸς τὸ βασιλεύειν. κατεπαινέσας δὲ αὐτὸν * ἐπηρώτα * τὸν ἕτερον πῶς ἂν τὰ κάλλιστα διαλογίζοιτο;
Aris. 225 2 γάρ ἐστι δόμα. ἐπαινέσας δὲ τὸν ἄνδρα διὰ πλειόνων * ἐπηρώτα * τὸν ἕτερον πῶς ἂν καταφρονοίη τῶν ἐχθρῶν; ὁ δὲ
Aris. 248 1 μέλπειν ἐτράπησαν. τῇ δὲ ἐχομένῃ τὸν καιρὸν λαβὼν * ἐπηρώτα * τὸν ἑξῆς τίς ἐστιν ἀμέλεια μεγίστη; πρὸς τοῦτ'
Aris. 262 3 καιροῦ δὲ γενομένου τοὺς ἀπολιπόντας ὁ βασιλεὺς * ἐπηρώτα. * πρὸς τὸν πρῶτον δὲ ἔφη πῶς ἂν μὴ τραπείη (τις)
Aris. 264 1 καὶ ταπεινοὺς ὑψοῖ. παρακαλέσας δὲ αὐτὸν τὸν ἑξῆς * ἐπηρώτα * τίσι δεῖ συμβούλοις χρῆσθαι; τοῖς διὰ πολλῶν ἔφη
Aris. 272 2 ἐπίνοιαν διδόντος. θαρσύνας δὲ τοῦτον ἕτερον * ἐπηρώτα * τί διαφυλάσσει χάριτα καὶ τιμήν; ὁ δὲ εἶπεν
Aris. 273 2 δὲ καὶ τοῦτον ἀποδεξάμενος τὸν ἑνδέκατον * ἐπηρώτα * διὰ τὸ δύο πλεονάζειν τῶν ἑβδομήκοντα πῶς ἂν
Aris. 275 3 ἑτέρων ἀπὸ τῶν πόλεων ἦσαν γὰρ ἱκανοὶ πρέσβεις * ἐπηρώτησεν * ὁ βασιλεὺς καιροῦ γενομένου τὸν πρωτεύοντα
Aris. 276 3 καὶ ἐν πλείονι χρόνῳ τὰ αὐτὰ δι' ἑτέρων τρόπων * ἐπερωτῶν. * τὸ δὲ νοῦν ἔχειν ὀξὺν καὶ δύνασθαι κρίνειν
Aris. 277 1 βασιλεῦ. κρότῳ δὲ ἐπισημηνάμενος ὁ βασιλεὺς ἕτερον * ἐπηρώτα * διά τί τὴν ἀρετὴν οὐ παραδέχονται τῶν ἀνθρώπων
Aris. 306 1 πρὸς τὴν ἀνάγνωσιν καὶ τὴν ἑκάστου διασάφησιν. * ἐπηρώτησα * δὲ καὶ τοῦτο τίνος χάριν ἀπονιζόμενοι τὰς
FAch. 114 καὶ ἐκέλευσε τὸν Αἴσωπον εἰσελθεῖν. εἰσελθόντος δὲ * ἐπηρώτησε * λέγων τίνι ἴκελόν με βλέπεις καὶ τοὺς περὶ
FAch. 116 ἐρίζειν; ὁ δὲ Νεκταναβὼν ἔφη Αἴσωπε ἥττημαι. τὸ δὲ * ἐπερωτώμενον * ἀποκρίνου μοι. ὁ δὲ Αἴσωπος λέγει λέγε εἴ
ἐπερώτησις 1
Aris. 122 3 ἐπετέλουν ὅτε δέοι καὶ πρὸς τὰς ὁμιλίας καὶ τὰς * ἐπερωτήσεις * τὰς διὰ τοῦ νόμου μεγάλην εὐφυίαν εἶχον τὸ
ἐπεσσυμένως 1
Sib. 3 510 ἡνίκα σύμμικτοι Γαλάται τοῖς Δαρδανίδαισιν Ἑλλάδ' * ἐπεσσυμένως * πορθέοντες +τότε σοι κακὸν ἔσται+ γαίῃ δ'
ἐπευκτός 1
Sal. 8 16 αὐτῷ οἱ ἄρχοντες τῆς γῆς μετὰ χαρᾶς εἶπαν αὐτῷ * ἐπευκτὴ * ἡ ὁδός σου δεῦτε εἰσέλθατε μετ' εἰρήνης.
ἐπευλογέω 1
TJud. 17 5 μου εὐλόγησέ με βασιλεύειν ἐν Ἰσραὴλ καὶ Ἰσαὰκ * ἐπευλόγησέ * με ὁμοίως οὕτως. καὶ ἐγὼ οἶδα ὅτι ἐξ ἐμοῦ
ἐπεύχομαι 1
FrAn. 574 3028 ὃ ἔπλασεν ὁ θεὸς ἐν τῷ ἁγίῳ ἑαυτοῦ παραδείσῳ ὅτι * ἐπεύχομαι * ἅγιον θεὸν ἐπὶ αμμωνιψεντανχω. λόγος ὁρκίζω σε
ἐπέχω 10
Adam 38 3 καὶ τέσσαρες ἄνεμοι εἷλκον αὐτὸν καὶ τὰ Χερουβὶμ * ἐπέχοντα * τοῖς ἀνέμοις καὶ οἱ ἄγγελοι ἐκ τοῦ οὐρανοῦ
TJos. 15 3 πατήρ σου ἐν σάκκῳ. καὶ πάλιν ἤθελον δακρῦσαι καὶ * ἐπέσχον * ἐμαυτὸν ἵνα μὴ αἰσχύνω τοὺς ἀδελφούς μου. καὶ
Aris. 17 1 τῶν ἐνεχομένων ταῖς οἰκετίαις. οὐδὲ πολὺν χρόνον * ἐπισχὼν * καὶ ἡμῶν κατὰ ψυχὴν πρὸς τὸν θεὸν εὐχομένων τὴν
Aris. 188 1 μέχρι τέλους ἄπταιστον ἔχων διατελοῖ; βραχὺ δὲ * ἐπισχὼν * εἶπεν οὕτως ἂν μάλιστα διευθύνοις μιμούμενος τὸ
Aris. 205 1 ἐπυνθάνετο πῶς ἂν πλούσιος διαμένοι; βραχὺ δὲ * ἐπισχὼν * ὁ τὴν ἐρώτησιν ἐκδεχόμενος εἶπεν εἰ μηδὲν
Sib. 3 317 μέσον σεῖο+ σκορπισμὸς δέ τε καὶ θάνατος καὶ λιμὸς * ἐφέξει * ἑβδομάτῃ γενεῇ βασιλήων καὶ τότε παύσῃ. αἰαῖ σοι
Sib. 3 340 ὁλκὸς καρποφόρου τὸ δὲ ῥεῦμα τὸ μυρίον αὐχέν' * ἐφέξει. * χάσματα ἠδὲ βάραθρ' ἀχανῆ πολλαὶ δὲ πόληες
HHec. 1 22 202 ὁδὸν καὶ μάντεώς τινος ὀρνιθευομένου καὶ πάντας * ἐπισχεῖν * ἀξιοῦντος ἠρώτησε διά τί προσμένουσι. δείξαντος
LEze. 9 29 8 01 τεράστιον μέγιστον οὐ γὰρ πίστιν ἀνθρώποις φέρει. * ἐπίσχες * ὦ φέριστε μὴ προσεγγίσῃς Μωσῆ πρὶν ἢ τῶν σῶν
LEze. 9 29 14 26 πόλις βροτοῖς). ἐπεὶ δὲ Τιτὰν ἥλιος δυσμαῖς προσῆν * ἐπέσχομεν * θέλοντες ὄρθριον μάχην πεποιθότες λαοῖσι καὶ
ἔπηλυς 1
FPho. 39 καρπὸν λωβήσῃ ἀρούρης. ἔστωσαν δ' ὁμότιμοι * ἐπήλυδες * ἐν πολιήταις πάντες γὰρ πενίης πειρώμεθα τῆς
ἐπί 1067 ἐπὶ ἐπ' ἐφ' επι ἔπι
ἐπιβαίνω 9
Adam 19 3 ὅτε δὲ ἔλαβεν ἀπ' ἐμοῦ τὸν ὅρκον τότε ἦλθε καὶ * ἐπέβη * ἐπ' αὐτὸν καὶ ἔθετο ἐπὶ τὸν καρπὸν ὃν ἔδωκε μοι
Adam 22 3 καὶ ἐκρύβημεν. καὶ ἦλθεν ὁ θεὸς εἰς τὸν παράδεισον * ἐπιβεβηκὼς * ἐπὶ ἅρματος Χερουβὶμ καί οἱ ἄγγελοι ὑμνοῦντες
Adam 38 3 καὶ φιάλας καὶ σάλπιγγας. καὶ ἰδοὺ κύριος στρατιῶν * ἐπέβη * καὶ τέσσαρες ἄνεμοι εἷλκον αὐτὸν καὶ τὰ Χερουβὶμ
Aris. 116 4 κατὰ τὸ ἀρχαῖον οὔσης μετέπειτα δέ οἱ γειτνιῶντες * ἐπέβησαν * αὐτῆς ἑξήκοντα μυριάδες ἀνδρῶν ἔγκληροι
Sib. 5 127 Λυκίη ὅσα σοι κακὰ μηχανάαται πόντος ἀπ' αὐτομάτου * ἐπιβὰς * χώρης ἀλεγεινῆς ὥστε κλύσαι σεισμῷ τε κακῷ καὶ
Sib. 5 411 κυδαλίμοισιν. αὐτὸς δ' ὤλετο +χέρσον ἀπ' ἀθανάτην * ἐπιβὰς * γῆν+ κοὐκέτι σῆμα τοιοῦτον ἐπ' ἀνθρώποισι τέτυκτο
Sib. 5 516 μακραὶ φλόγες ἐστασίαζον Φωσφόρος ἔσχε μάχην * ἐπιβὰς * ἐς νῶτα Λέοντος ἠδὲ Σεληναίης δίκερως ἠλλάξατο
IOrp. 7 τούτῳ προσέδρευε ἰθύνων κραδίης νοερὸν κύτος εὖ δ' * ἐπίβαινε * ἀτραπιτοῦ μοῦνον δ' ἐσόρα κόσμοιο ἄνακτα
HEup. 9 34 9 τε πόδας προσκλύζεσθαι καὶ τὰς χεῖρας νίπτεσθαι * ἐπιβαίνοντας * ποιῆσαι δὲ καὶ τὰς βάσεις τοῦ λουτῆρος
ἐπιβάλλω 12
Adam 33 1 αὐτὸν τοῦ ἀπαντῆσαι αὐτῷ. ἀναστᾶσα δὲ Εὕα * ἐπέβαλεν * τὴν χεῖρα αὐτῆς ἐπὶ τὸ πρόσωπον αὐτοῦ. καὶ
Abr.1 4 8 καὶ ὅτι ἂν ἐσθίῃ συνέσθιε καὶ σὺ μετ' αὐτοῦ ἐγὼ δὲ * ἐπιβαλῶ * τῷ πνεύματι τῷ ἁγίῳ ἐπὶ τὸν υἱὸν αὐτοῦ τὸν
TLevi 4 4 σπλάγχνοις υἱοῦ αὐτοῦ ἕως αἰῶνος. πλὴν οἱ υἱοί σου * ἐπιβαλοῦσι * χεῖρας ἐπ' αὐτὸν τοῦ ἀποσκολοπίσαι αὐτόν. καὶ
TLevi 14 1 Ἐνὼχ ὅτι ἐπὶ τέλει ἀσεβήσετε ἐπὶ κύριον χεῖρας * ἐπιβάλλοντες * ἐν πάσῃ κακίᾳ καὶ αἰσχυνθήσονται ἐφ' ὑμῖν
TLevi 14 2 ἔσται ἀπὸ τῆς ἀσεβείας τῶν ἀρχιερέων οἵτινες * ἐπιβαλοῦσι * τὰς χεῖρας αὐτῶν ἐπὶ τὸν σωτῆρα τοῦ κόσμου.
TJud. 5 6 ἐλάβομεν. καὶ ἐν τῷ ἀπιέναι ἡμᾶς ἄνδρες Θαφφοὺ * ἐπέβαλον * τῇ αἰχμαλωσίᾳ ἡμῶν καὶ παραδόντες αὐτὴν τοῖς
TJos. 12 1 λαμπήνῃ ἡ γυνὴ τοῦ Πετεφρῆ μετὰ δόξης πολλῆς καὶ * ἐπέβαλεν * ἐπ' ἐμὲ τοὺς ὀφθαλμοὺς αὐτῆς ὅτι εἶπον αὐτῇ οἱ
Aris. 78 4 τις ἦν μετὰ θαυμασμοῦ συνεχῶς ἐφ' ἕκαστον * ἐπιβαλλούσης * τῆς διανοίας τεχνίτευμα. καὶ πάλιν ὅτε πρὸς
Aris. 164 3 ἄχρηστον γίνεσθαι ἀνθρώπῳ ὅ,τι ἂν δή ποτ' οὖν * ἐπιβάληται * κακοποιεῖν. τό τε τῆς γαλῆς γένος ἰδιάζον
Aris. 312 5 εἶπε πῶς τηλικούτων συντετελεσμένων οὐδεὶς * ἐπεβάλετο * τῶν ἱστορικῶν ἢ ποιητῶν ἐπιμνησθῆναι; ἐκεῖνος
Aris. 313 3 τὴν νομοθεσίαν καὶ διὰ θεοῦ γεγονέναι καὶ τῶν * ἐπιβαλλομένων * τινὲς ὑπὸ τοῦ θεοῦ πληγέντες τῆς ἐπιβολῆς
HEup. 9 39 3 ἀτυχίαν δηλῶσαι. τὸν δὲ Ἰωναχεὶμ ζῶντα αὐτὸν * ἐπιβαλέσθαι * κατακαῦσαι τὸν δὲ φάναι τοῖς ξύλοις τούτοις
ἐπιβαρής 4
Abr.1 5 4 ἐν τῷ σῷ τρικλίνῳ καὶ ἀνάπαυσαι καὶ μὴ γενώμεθα * ἐπιβαρεῖς * τοῦ ἀνθρώπου τούτου. τότε Ἰσαὰκ λαβὼν τὴν
Abr.2 2 7 ὄνομά σου πρὶν εἰσελθεῖν με εἰς τὸν οἶκόν σου καὶ * ἐπιβαρής * σοι γενήσωμαι. ἀπεκρίθη Ἀβραὰμ λέγων αὐτῷ οἱ
Abr.2 4 2 εἰς τὴν σκηνήν σου καὶ τὰ ἴδιά σου ἐργάζου μὴ * ἐπιβαρὴς * γένῃ τῷ ξένῳ τούτῳ ἀνθρώπῳ. ἀνεχώρησεν δὲ Σάρρα
Abr.2 5 5 ὑμῶν κοιμηθῆναι. ἀπεκρίθη Ἀβραὰμ καὶ εἶπεν μὴ * ἐπιβαρεῖς * γενώμεθα τῷ ξένῳ ἀνθρώπῳ τῷ ἐλθόντι πρὸς ἡμᾶς

```
        ἐπίβαρυς                         1
Abr.2      11        8  λέγων οὐ θέλω δοῦναι ψυχῆς ἀπόφασιν ὅπως μή τινος  ✶ ἐπίβαρυς ✶ γένωμαι. καὶ λέγει ὁ κύριος τῷ  Ἑνὼχ τίθημι
        ἐπιβήτωρ                         1
Sib.        3      168  γὰρ πρώτιστος Σολομώνιος ἄρξει Φοινίκες τ'  Ἀσίης  ✶ ἐπιβήτορες ✶ ἠδὲ καὶ ἄλλων νήσων Παμφύλων τε γένος Περσῶν
        ἐπιβλέπω                        12
TLevi       3        9          ἐν ᾧ ὕμνοι ἀεὶ τῷ θεῷ προσφέρονται. ὅταν οὖν  ✶ ἐπιβλέψῃ ✶ κύριος ἐφ' ἡμᾶς πάντες ἡμεῖς σαλευόμεθα καὶ οἱ
Asen.      11       18  καὶ ἐὰν παιδεύσῃ με ἐν ταῖς μάστιξιν αὐτοῦ αὐτὸς  ✶ ἐπιβλέψει ✶ ἐπ' ἐμοὶ πάλιν ἐν τῷ ἐλέει αὐτοῦ καὶ ἐὰν
Asen.      13        1  ἐπίσκεψαι κύριε τὴν ταπείνωσίν μου καὶ ἐλέησόν με.  ✶ ἐπίβλεψον ✶ ἐπὶ τὴν ὀρφανίαν μου καὶ οἴκτειρόν με τὴν
Asen.      16       13  τῆς χειρὸς αὐτοῦ ὡς ἀπὸ σιδήρου κοχλάζοντος. καὶ  ✶ ἐπέβλεψεν ✶ Ἀσενὲθ ἀτενίζουσα τοῖς ὀφθαλμοῖς αὐτῆς εἰς
Sal.       18        2  μετὰ δόρατος πλουσίου ἐπὶ Ἰσραὴλ οἱ ὀφθαλμοί σου  ✶ ἐπιβλέποντες ✶ ἐπ' αὐτὰ καὶ οὐχ ὑστερήσει ἐξ αὐτῶν τὰ ὦτα
Jer.        6        5  τῇ παρθενικῇ σου πίστει καὶ πίστευσον ὅτι ζήσεις.  ✶ ἐπίβλεψον ✶ ἐπὶ τὸν κόφινον τοῦτον τῶν σύκων ἰδοὺ γὰρ
Aris.     190        4       ποιούμενον ὧν ἄρχεις ὄχλων σὺ δὲ τοῦτο πράξεις  ✶ ἐπιβλέπων ✶ ὡς ὁ θεὸς εὐεργετεῖ τὸ τῶν ἀνθρώπων γένος εἰς
Aris.     207        2      δὲ εὖ μάλα καὶ τοῦτον ⟨ἐπὶ τὸν ἕτερον⟩  ✶ ἐπιβλέψας ✶ εἶπεν τί ἐστι σοφίας διδαχή; ὁ δὲ (ἕτερος)
Aris.     218        1  πῶς ἂν μηδὲν ἀνάξιον ἑαυτῶν πράσσοιμεν; ὁ δὲ εἶπεν  ✶ ἐπίβλεπε ✶ διὰ παντὸς εἰς τὴν σεαυτοῦ δόξαν καὶ τὴν
Aris.     244        3  ὁ δὲ εἶπεν εἰ τὰ τῶν ἀνθρώπων ἀτυχήματα διὰ παντὸς  ✶ ἐπιβλέποι ✶ γινώσκων ὅτι ὁ θεὸς ἀφαιρεῖται τὰς εὐημερίας
Aris.     281        2  ἀποδεξάμενος δὲ αὐτὸν μετὰ φωνῆς ἐπὶ τὸν ἐχόμενον  ✶ ἐπιβλέψας ✶ εἶπε τίνας δεῖ καθιστάνειν ἐπὶ τῶν δυνάμεων
IEsc.   5  131       3  πελώριος βυθὸς θαλάσσης καὶ ὀρέων ὕψος μέγα ἐπὰν  ✶ ἐπιβλέψῃ ✶ γοργὸν ὄμμα δεσπότου. πάντα δυνατὴ γὰρ δόξα
        ἐπιβοηθέω                        2
Hen.       99       15          οὐαὶ ὑμῖν οἱ ποιοῦντες τὴν ἀ⟨νομίαν⟩ καὶ  ✶ ἐπιβοηθοῦντες ✶ τῇ ἀδικίᾳ φονεύ⟩οντες τὸν πλησίον αὐτῶ⟨ν
LThe.   9  22       11  δὲ καὶ τοὺς ἑτέρους ἀδελφοὺς τὴν πρᾶξιν αὐτῶν  ✶ ἐπιβοηθῆσαι ✶ καὶ τὴν πόλιν ἐκπορθῆσαι καὶ τὴν ἀδελφὴν
        ἐπιβολή                          3
Aris.      18        5     ἄνθρωποι ποιεῖν κατευθύνει τὰς πράξεις καὶ τὰς  ✶ ἐπιβολὰς ✶ ὁ κυριεύων ἁπάντων θεὸς ὁ δὲ διανακύψας καὶ
Aris.     193        4          ἀλλὰ τὸν θεὸν ἐπικαλοῖτο διὰ πάντων ἵνα τὰς  ✶ ἐπιβολὰς ✶ αὐτῷ κατευθύνῃ δικαίως διεξάγοντι πάντα.
Aris.     313        4  τῶν ἐπιβαλλομένων τινὲς ὑπὸ τοῦ θεοῦ πληγέντες τῆς  ✶ ἐπιβολῆς ✶ ἀπέστησαν. καὶ γὰρ ἔφησεν ἀκηκοέναι θεοπόμπου
        ἐπιβουλεύω                       2
HArt.   9  23        1        παρὰ τοὺς ἄλλους διενεγκόντα ὑπὸ τῶν ἀδελφῶν  ✶ ἐπιβουλευθῆναι ✶ προϊδόμενον δὲ τὴν ἐπισύστασιν δεηθῆναι
HArt.   9  27       11  τοῦ πολέμου λόγῳ μὲν αὐτὸν ἀποδέξασθαι ἔργῳ δὲ  ✶ ἐπιβουλεύειν. ✶ παρελθόντα γοῦν αὐτὸν τοὺς ὄχλους τοὺς
        ἐπιβουλή                         5
TBen.       3        5  σκεπαζόμενος ὑπὸ τοῦ φόβου τοῦ θεοῦ καὶ ὑπὸ  ✶ ἐπιβουλῆς ✶ ἀνθρώπων ἢ θηρίων οὐ δύναται κυριευθῆναι
FEz.   64  70        7  καὶ τοῦ τυφλοῦ οἱ δὲ ἠγανάκτησαν ἐν ἑαυτοῖς καὶ  ✶ ἐπιβουλὴν ✶ ἐργάσασθαι τῷ βασιλεῖ ἐπενόουν. παράδεισον δὲ
HArt.   9  27       13  μὴ ἐξαγγεῖλαι τῷ Μωϋσῷ τὴν ἐπισυνισταμένην αὐτῷ  ✶ ἐπιβουλὴν ✶ καὶ προβαλέσθαι τοὺς ἀναιρήσοντας αὐτόν.
HArt.   9  27       16  Χανεθόθου ἀναιρεθήσεσθαι. πορευομένων δὲ αὐτῶν τὴν  ✶ ἐπιβουλὴν ✶ τῷ Μωϋσῷ τῶν συνειδότων ἐξαγγεῖλαί τινα τὸν δὲ
HArt.   9  27       17  Ἀαρῶνα δὲ τὸν τοῦ Μωϋσου ἀδελφὸν τὰ περὶ τὴν  ✶ ἐπιβουλὴν ✶ ἐπιγνόντα συμβουλεῦσαι τῷ ἀδελφῷ φυγεῖν εἰς
        ἐπιγαμβρεύω                      1
TJud.      10        4  ἔχειν τέκνα ἀπ' αὐτῆς. ἐν ταῖς ἡμέραις τοῦ θαλάμου  ✶ ἐπεγάμβρευσα ✶ αὐτῇ τὸν Αὐνὰν καίγε οὗτος ἐν πονηρίᾳ οὐκ
        ἐπίγειος                         4
Abr.1       4        9  οὗτος τράπεζάν μοι παρέθετο ἐν ἀφθονίᾳ ἀγαθῶν τῶν  ✶ ἐπιγείων ✶ φθαρτῶν καὶ νῦν κύριε τί ποιήσω; πῶς διαλάθω
TJud.      21        4  δι' ἁμαρτίας ἀπονέσῃ κυρίου καὶ κυριευθῇ ὑπὸ τῆς  ✶ ἐπιγείου ✶ βασιλείας. καὶ γὰρ αὐτὸν ὑπὲρ σε ἐξελέξατο
ISop.   5  121       4  σχάσιν χρυσαπὸς αἰθὴρ ἡ δὲ βοσκηθεῖσα φλὸξ ἅπαντα  ✶ τἀπίγεια ✶ καὶ μετάρσια φλέξει μανεῖσα. ἐπὰν δὲ ἐκλίπῃ τὸ
FrAn.     574     3043  σὺ λάλησον ὁποῖον ἐὰν ᾖς ἐπουράνιον ἢ ἀέριον εἴτε  ✶ ἐπίγειον ✶ εἴτε ὑπόγειον ἢ καταχθόνιον ἢ  Ἐβουσαῖον ἢ
        ἐπιγεννάω                        1
LEze.   9  28   2 03  ἔχων Αἴγυπτον ἐπτάκις δέκα ψυχὰς σὺν αὐτῷ καὶ  ✶ ἐπεγέννησεν ✶ πολὺν λαὸν κακῶς πράσσοντα καὶ τεθλιμμένον
        ἐπιγίγνομαι                      4
Prop.       4       10  ἡμέραν καὶ νύκτα τεσσαρακοντάκις δεόμενος. Βηνμὼθ  ✶ ἐπεγίνετο ✶ αὐτῷ καὶ ἐλάνθανεν ὅτι γέγονεν ἄνθρωπος ᾕρέθη ἢ
HDem.   9  21       12  καὶ γεννῆσαι Μανασσῆν καὶ Ἐφραὶμ καὶ τοῦ λιμοῦ  ✶ ἐπιενέσθαι ✶ ἔτη δύο. τὸν δὲ Ἰωσὴφ ἔτη ἐννέα εὐτυχήσαντα
HDem.   9  21       19  ὄντα π' καὶ γεννῆσαι Λευὶν Λευὶν δὲ ἐν Αἰγύπτῳ  ✶ ἐπιγενέσθαι ✶ ἔτη ιζ' ἀφ' οὗ ἐκ Χαναὰν αὐτὸν ἐλθεῖν εἰς
HArt.   9  27       23  δὲ πυθόμενον εἰς φυλακὴν αὐτὸν καθεῖρξαι νυκτὸς δὲ  ✶ ἐπιγενομένης ✶ τάς τε θύρας πάσας αὐτομάτως ἀνοιχθῆναι τοῦ
        ἐπιγιγνώσκω                      24
Hen.       98        8          αὐτὰ ἐνώπιον τοῦ ὑψίστου. ἀπὸ τοῦ ⟨νῦν⟩  ✶ ἐπίγνωτε ✶ ὅτι πάντα τὰ ἀδικήματα ὑμῶν ἀπογράφονται ἡμέραν
Abr.2       8        8  ἑπταπλασίως; καὶ εἶπεν Μιχαὴλ τῷ  Ἀβραὰμ οὐκ  ✶ ἐπέγνως ✶ αὐτόν; καὶ εἶπεν Ἀβραὰμ οὐχὶ κύριε. καὶ εἶπεν
TSim.       8        4  μεγάλη σφόδρα τοῖς Αἰγυπτίοις ὥστε μετὰ λύχνου μὴ  ✶ ἐπιγινώσκειν ✶ ἕκαστος τὸν ἀδελφὸν αὐτοῦ. καὶ ἔκλαυσαν
TJud.      12        3  τὴν πύλην. μεθυσθεὶς οὖν ἐγὼ ἐν ὕδασι Χοζηβὰ οὐκ  ✶ ἐπέγνων ✶ αὐτὴν ἀπὸ τοῦ οἴνου καὶ ἠπάτησέ με τὸ κάλλος
TJud.      19        4  ὡς ἄνθρωπος καὶ ὡς σάρξ ἐν ἁμαρτίαις φθαρείς καὶ  ✶ ἐπέγνων ✶ τὴν ἐμαυτοῦ ἀσθένειαν νομίζων ἀκαταμάχητος
TJud.      20        1  τὴν ἐμαυτοῦ ἀσθένειαν νομίζων ἀκαταμάχητος εἶναι.  ✶ ἐπίγνωτε ✶ οὖν τέκνα μου ὅτι δύο πνεύματα σχολάζουσι τῷ
TZab.       4        9  αἰγῶν καὶ ἐμβάψωμεν τὸν χιτῶνα Ἰωσὴφ καὶ ἐροῦμεν  ✶ ἐπίγνωθι ✶ εἰ χιτὼν τοῦ υἱοῦ σού ἐστιν οὗτος καὶ ἐποίησαν
TNep.       4        3  ὀλιγωθῆναι ὑμᾶς καὶ σμικρυνθῆναι ἐπιστρέψετε καὶ  ✶ ἐπιγνώσεσθε ✶ κύριον τὸν θεὸν ὑμῶν καὶ ἐπιστρέψει ὑμᾶς εἰς
TJos.       6        4  γευσάμενος. μετὰ οὖν μίαν ἡμέραν ἐλθοῦσα πρός με  ✶ ἐπέγνω ✶ τὸ βρῶμα καὶ λέγει πρός με τί τοῦτο ὅτι οὐκ
TBen.       2        2  ἔφυραν τὸν χιτῶνά σου αἵματι καὶ πέμψαντες εἶπον  ✶ ἐπίγνωθι ✶ εἰ ὁ χιτὼν τοῦ υἱοῦ σου οὗτος. καὶ λέγει μοι
Sal.        2       29  εἶπεν ἐγὼ κύριος γῆς καὶ θαλάσσης Ἐσσμαι καὶ οὐκ  ✶ ἐπέγνω ✶ ὅτι ὁ θεὸς μέγας κραταιὸς ἐν ἰσχύϊ αὐτοῦ τῇ
Jer.        5        7  ᾤμων αὐτοῦ καὶ εἰσῆλθεν εἰς Ἰερουσαλὴμ καὶ οὐκ  ✶ ἐπέγνω ✶ αὐτὴν οὔτε τὴν οἰκίαν οὔτε τὸν τόπον ἑαυτοῦ οὔτε
Jer.        8        8  ὑμῶν δέξασθαι ἐπειδὴ κρυφῇ ἐξήλθετε ἀφ' ἡμῶν. καὶ  ✶ ἐπιγνόντες ✶ ὑπέστρεψαν καὶ ἦλθον εἰς τόπον ἔρημον
Prop.       2        5  ὁ Μακεδὼν ἐπιστὰς τῷ τόπῳ τοῦ προφήτου καὶ  ✶ ἐπιγνοὺς ✶ αὐτοῦ μυστήρια εἰς Ἀλεξάνδρειαν μετέστησεν
Job        28        3  παραμυθήσονταί με ἡνίκα δὲ ἤγγισαν μακρόθεν, οὐκ  ✶ ἐπεγίνωσκόν ✶ με κράξας δὲ ἔκλαυσαν, ῥήξαντες τὴν
Aris.     246        2  ἐπαινέσας δὲ καὶ τοῦτον τὸν δέκατον ἤρωτα πῶς ⟨ἂν⟩  ✶ ἐπιγινώσκοι ✶ τοὺς δόλῳ τινὶ πρὸς αὐτὸν πράσσοντας; ὁ δὲ
Sib.        3       96  κόσμον πάλιν εἰσανιόντι τοὐνὲκ' ἄρ' αὐτὸς πάντας  ✶ ἐπιγνώσεσθε ✶ θεοῦ κράτος αὐτοῦ. ἀλλ' ὁπόταν ἀνηλέου τὴν
Sib.        3      557  ὁπόταν μεγάλοιο θεοῦ χόλος ἔσσεται ὑμῖν δὴ τότ'  ✶ ἐπιγνώσεσθε ✶ θεοῦ μεγάλοιο πρόσωπον. πᾶσαι δ' ἀνθρώπων
Sib.        4       44  δυσσεβέας μὲν ὑπὸ ζόφον ἐν πυρὶ πέμψει ⟨καὶ τότ'  ✶ ἐπιγνώσονται ✶ ὅσην ἀσέβειαν ἔρεξαν) εὐσεβέες δὲ μενοῦσιν
FAch.     103           μέρη ἕως  Ἑλλάδος ὑποτέτακται. ὁ δὲ Αἴσωπος  ✶ ἐπιγνοὺς ✶ τινα εὐγενῆ ἐν Βαβυλῶνι ἄτεγκος ὑπάρχων τούτων
FAch.     107           ἀβουλίαν. καὶ οὔτε βρωτοῦ οὔτε ποτοῦ μετέλαβεν.  ✶ ἐπιγνοὺς ✶ οὖν ὁ στρατοφύλαξ τὰς ἀναγκαίας χρείας τοῦ
HArt.   9  27       17  δὲ τὸν τοῦ Μωϋσου ἀδελφὸν τὰ περὶ τὴν ἐπιβουλὴν  ✶ ἐπιγνόντα ✶ συμβουλεῦσαι τῷ ἀδελφῷ φυγεῖν εἰς τὴν  Ἀραβίαν
HAno.   9  17        7  τὴν γυναῖκα τὸν δὲ βασιλέα τῶν Αἰγυπτίων οὕτως  ✶ ἐπιγνῶναι ✶ ὅτι γυνὴ ἦν τοῦ  Ἀβραὰμ καὶ ἀποδοῦναι αὐτὴν τῷ
HAno.   9  17        9  ὃν πάντα δι' ἀγγέλων θεοῦ γνῶναι ἡμᾶς οὕτως  ✶ ἐπιγνῶναι. ✶ τὸν  Ἀβραὰμ ἀναφέροντα εἰς τοὺς γίγαντας
        ἐπίγνωσις                        2
Aris.     100        1  τὴν περὶ ἕκαστον ἁγίαν κατασκευήν. πρὸς γὰρ τὴν  ✶ ἐπίγνωσιν ✶ ἁπάντων ἐπὶ τὴν παρακειμένην ἄκραν τῆς πόλεως
Aris.     139        2  σοφὸς ὢν ὁ νομοθέτης ὑπὸ θεοῦ κατεσκευασμένος εἰς  ✶ ἐπίγνωσιν ✶ τῶν ἁπάντων περιέφραξεν ἡμᾶς ἀδιακόποις χάραξι
        ἐπιγράφω                         2
TNep.       6        2        μεστὸν ταρίχων ἐκτὸς ναυτῶν καὶ κυβερνήτου  ✶ ἐπεγέγραπτο ✶ δὲ τὸ πλοῖον πλοῖον Ἰακώβ. καὶ λέγει ἡμῖν ὁ
Jer.        9       32  καὶ λαβόντες τὸν λίθον ἔθηκαν ἐπὶ τὸ μνῆμα αὐτοῦ  ✶ ἐπιγράψαντες ✶ ἐν αὐτῷ οὕτως οὗτός ἐστιν ὁ λίθος ὁ βοηθὸς
        ἐπιδείκνυμι                      4
Aris.      42        4  ἵνα εἰδῶσιν ἣν ἔχεις πρὸς τὸν θεὸν ἡμῶν εὐσέβειαν.  ✶ ἐπεδείξαμεν ✶ δὲ καὶ τὰς φιάλας ἃς ἀπέστειλας χρυσᾶς
Aris.     266        4       διὰ τῆς ὑποτεταγμένης τάξεως τὰς βλάβας  ✶ ἐπιδεικνύντα. ✶ οὕτω γὰρ λήψῃ τὸν ἀκροατὴν οὐκ
FAch.     101           (δὲ) ἐν Βαβυλῶνι ἐν ᾗ ἐβασίλευεν Λυκοῦργος.  ✶ ἐπιδειξάμενος ✶ δὲ αὐτοῦ τὴν φιλοσοφίαν μέγας παρὰ τοῖς
FAch.     109           ἐλάττονα φρονεῖ ἁμαρτάνει. ἐν οἴνῳ μὴ φιλολόγει  ✶ ἐπιδεικνύμενος ✶ παιδείαν ἀκαίρως γὰρ κατασοφιζόμενος
        ἐπιδέρκομαι                      1
Sib.        3      385  Βαβυλῶνα πόλιν δεδομήσετ' ἐρυμνὴν καὶ πάσης ὁπόσην  ✶ ἐπιδέρκεται ✶ ἤέλιος γῆν δεσπότις αὐδηθεῖσα κακαῖς ἄτησιν
        ἐπιδευτερόω                      1
Prop.      16        3  ἐν προφητείᾳ αὐτῇ τῇ ἡμέρᾳ ὀφθεὶς ἄγγελος θεοῦ  ✶ ἐπεδευτέρωσεν ✶ ὡς ἐγένετο ἐν ἡμέραις ἀναρχίας ὡς
        ἐπιδεύω                          1
FPho.             138  ἐν πᾶσιν ἄριστον. ἀρχόμενος φειδοῦ πάντων μὴ τέρμ'  ✶ ἐπιδεύῃς. ✶ μὴ κτήνους θνητοῖο βορὴν κατὰ μέτρον ἔλαιαι.
        ἐπιδέχομαι                       8
Abr.1       2        2  καθότι ἔθος εἶχεν τοῖς ἐπιξένοις προσυπαντᾶν καὶ  ✶ ἐπιδεχόμενος. ✶ ὁ δὲ ἀρχιστράτηγος προχαιρετίσας τὸν
TLevi      18   2B052    ἀπὸ πάσης σαρκὸς κατὰ τὸν λογισμὸν τῶν ξύλων  ✶ ἐπιδέχου ✶ οὕτως ὡς σοὶ ἐντέλλομαι καὶ τὸ ἅλας καὶ τὴν
TLevi      18   2B052    καὶ τὴν σεμίδαλιν καὶ τὸν οἶνον καὶ τὸν λίβανον  ✶ ἐπιδέχου ✶ ἐκ τῶν χειρῶν αὐτῶν ἐπὶ πάντα κτήνη. καὶ ἐπὶ
TIss.       4        4  τῆς πλάνης εἴδωλον ἰσχύουσι πρὸς αὐτόν. οὐ γὰρ εἶδεν  ✶ ἐπιδέξασθαι ✶ κάλλος θηλείας ἵνα μὴ ἐν διαστροφῇ μιάνῃ τὸν
TIss.       4        6  γὰρ ἐν εὐθύτητι ζωῆς καὶ πάντα ὁρᾷ ἐν ἁπλότητι μὴ  ✶ ἐπιδεχόμενος ✶ ὀφθαλμοῖς πονηρίας ἀπὸ τῆς πλάνης τοῦ
TBen.       6        4  γὰρ ἐστι μερὶς αὐτοῦ. τὸ ἀγαθὸν διαβούλιον οὐκ  ✶ ἐπιδέχεται ✶ δόξης καὶ ἀτιμίας ἀνθρώπων καὶ πάντα δόλον ἢ
Aris.      70        8  καὶ ῥιπίζοντος τοῦ κατὰ τὸν ἀέρα θείας δυνάμεως  ✶ ἐπιδέχεσθαι ✶ τὴν τῶν φύλλων θέσιν πρὸς τὴν τῆς ἀληθείας
Aris.     236        5  ὁ δ' εἶπε ψυχῆς ἐστι κατασκευὴ διὰ θείας δυνάμεως  ✶ ἐπιδέχεσθαι ✶ πᾶν τὸ καλὸν ἀποστρέφεσθαι δὲ τἀναντία.
        ἐπιδέω (-δεήσω)                  4
Job         9        6  ἐκέλευον πιπράσκεσθαι καὶ διδόναι τοῖς πένησιν καὶ  ✶ ἐπιδεομένοις. ✶ καὶ ἤρχοντό μοι εἰς ἀπάντησιν ἀπὸ πασῶν
Job        17           τῆς γῆς καὶ μηδὲν καταλιπών, ὁ διαδεδωκὼς τοῖς  ✶ ἐπιδεομένοις ✶ καὶ τυφλοῖς καὶ χωλοῖς, καὶ τὸν μὲν ναὸν
Aris.     248        6  τῶν ἐγγόνων ἵνα παρῇ πάντα αὐτοῖς τὰ ἀγαθά. τὸ δὲ  ✶ ἐπιδεῖσθαι ✶ παιδία σωφροσύνης μετασχεῖν θεοῦ δυνάμει
FAch.     110           βέλτιον γὰρ ἐχθροῖς καταλιπεῖν ἢ ζῶντα τῶν φίλων  ✶ ἐπιδέεσθαι. ✶ εὐπροσήγορος καὶ κοινὸς γίνου τοῖς συναντῶσι
```

```
    ἐπιδέω (-δήσω)              3
Hen.    21    4   ἐν πυρὶ καιομένους. τότε εἶπον διὰ ποίαν αἰτίαν * ἐπεδέθησαν * καὶ διὰ τί ὧδε ἐρίφησαν; τότε εἶπέν μοι
Hen.    21Β   4   ἐν πυρὶ καιομένους. τότε εἶπον διὰ ποίαν αἰτίαν * ἐπεδέθησαν * καὶ διὰ ποίαν αἰτίαν ἐρίφησαν ὧδε; καὶ εἶπέν
Arls.   57    5   τι περιεπτυγμένου τοῦ χρυσοῦ τὸν δὲ ἐλασμὸν αὐτὸν * ἐπιδεδέσθαι. * στεφάνην δὲ ἐποίησαν παλαιστιαίαν κυκλόθεν
    ἐπιδίδωμι                    9
TZab.    7    4   ἐλέους. οἶδα ὅτι ἡ χείρ μου οὐχ εὗρε πρὸς τὸ παρὸν * ἐπιδοῦναι * τῷ χρῄζοντι καὶ ἐπὶ ἑπτὰ σταδίους
TNep.    5    4   αὐτοῖς. καὶ ὄντος τοῦ Λευὶ ὡς ἡλίου νεανίας τις * ἐπιδίδωσιν * αὐτῷ βάϊα φοινίκων δώδεκα καὶ Ἰούδας ἦν
TJos.    3    2   δέ μοι κυριεύσεις μου καὶ πάντων τῶν ἐμῶν ἐὰν * ἐπιδῷς * σεαυτὸν εἰς ἐμὲ καὶ ἔσῃ ὡς δεσπότης ἡμῶν. ἐγὼ οὖν
TJos.    6    2   ὁ κομίζων αὐτὸ ἀνέβλεψα καὶ εἶδον ἄνδρα φοβερὸν * ἐπιδιδόντα * μοι μετὰ τοῦ τρυβλίου μάχαιραν. καὶ συνῆκα
Job      9    5   καὶ εἰς τὰς κώμας, ἐντειλάμενος ἀπελθεῖν καὶ * ἐπιδιδόναι * τοῖς ἀδυνάτοις καὶ τοῖς ὑστερουμένοις καὶ
Arls.    3    2   ἡμεῖς πρὸς τὸ περιέργως τὰ θεῖα κατανοεῖν ἑαυτοὺς * ἐπεδώκαμεν * εἰς ⟨τὴν πρὸς⟩ τὸν προειρημένον ἄνδρα
FAch.  104        βοηθεῖν καὶ σφραγίσας τῷ τοῦ Αἰσώπου δακτυλίῳ * ἐπέδωκεν * τῷ Λυκούργῳ λέγων ὁ πιστός φίλος σου ἴδε πῶς
FAch.  114        ὁ δὲ βασιλεὺς θαυμάσας αὐτοῦ τὸ νοερὸν δῶρα * ἐπέδωκε. * καὶ τῇ ἑξῆς ἡμέρα ἐνδυσάμενος στολὴν λευκὴν ὁ
FAch.  116        εἰς ἀέρα ἵπτασθαι. καὶ εἰς ὕψος γενάμενοι ἐφώνουν * ἐπίδοτε * πηλὸν καὶ πλίνθους καὶ ξύλα καὶ ὅσα πρὸς τὴν
    ἐπιδιώκω                   43
Hen.    89   43   προβάτων. καὶ ὁ κριὸς οὗτος ἤρξατο κερατίζειν καὶ * ἐπιδιώκειν * ἐν τοῖς κέρασιν καὶ ἐνετίνασσεν εἰς τοὺς
Hen.    89   47   ⟨καὶ⟩ ὁ κριὸς ὁ πρῶτος τὸν κριὸν τὸν δεύτερον * ἐπεδίωκεν * καὶ ἔφυγεν ἀπὸ προσώπου αὐτοῦ εἶτ' ἐθεώρουν
Prop.    3   10   τὸ πέραν γενόμενοι. καὶ οἱ τολμήσαντες τῶν ἐχθρῶν * ἐπιδιῶξαι * κατεποντίσθησαν. οὗτος διὰ προσευχῆς αὐτόματος
    ἐπίδοσις                    1
Arls.   51    5   γὰρ διαφέροντα συνετελέσθη τοῦ βασιλέως πολλὴν * ἐπίδοσιν * ποιουμένου καὶ παρ' ἕκαστον ἐπιθεωροῦντος τοὺς
    ἐπιείκεια                   5
Hen.     5    6   αὐτοῖς λύσις ἁμαρτιῶν καὶ πᾶν ἔλεος καὶ εἰρήνη καὶ * ἐπιείκεια * ἔσται αὐτοῖς σωτηρία φῶς ἀγαθὸν καὶ αὐτοὶ
Arls.  192    6   τὴν μεγαλωσύνην τῆς ἰσχύος τύπτοντος αὐτοὺς ἀλλ' * ἐπιεικείᾳ * χρωμένου τοῦ θεοῦ. εὖ δὲ καὶ τοῦτον
Arls.  207    7   νουθετοῖς καὶ γὰρ ὁ θεὸς τοὺς ἀνθρώπους ἅπαντας * ἐπιεικείᾳ * ἄγει. ἐπαινέσας αὐτὸν τῷ μετ' αὐτὸν εἶπε πῶς
Arls.  290    3   τοσοῦτον τῇ δόξῃ τῆς ἀρχῆς καὶ πλούτῳ προσῆκον ὅσον * ἐπιεικείᾳ * καὶ φιλανθρωπίᾳ πάντας ἀνθρώπους ὑπερῆρκας τοῦ
HHec.  2  4   43   αὐτὸν ἀποκτείνῃ Μοσόλλαμος ὁ Ἰουδαῖος. διὰ τὴν * ἐπιείκειαν * καὶ πίστιν ἣν αὐτῷ παρέσχον Ἰουδαῖοι τὴν
    ἐπιεικής                   10
Asen.    1    3   ἦν ὁ ἀνὴρ οὗτος πλούσιος σφόδρα καὶ φρόνιμος καὶ * ἐπιεικὴς * καὶ ἦν σύμβουλος τοῦ Φαραὼ ὅτι ἦν ὑπὲρ πάντας
Asen.   11   10   καὶ οἰκτίρμων καὶ μακρόθυμος καὶ πολυέλεος καὶ * ἐπιεικὴς * καὶ μὴ λογιζόμενος ἁμαρτίαν ἀνθρώπου ταπεινοῦ
Asen.   12   14   διότι σὺ εἶ κύριε πατὴρ γλυκὺς καὶ ἀγαθὸς καὶ * ἐπιεικής. * τίς πατὴρ οὕτω γλυκύς ἐστιν ὡς σὺ κύριε καὶ
Asen.   15    8   παρθένος καθαρὰ καὶ γελῶσα πάντοτε καὶ ἔστιν * ἐπιεικής * καὶ διὰ τοῦτο ὁ πατὴρ ὁ ὕψιστος
Sal.     5   12   μὴ σὺ κύριε; καὶ σὺ ἐπακούῃ ὅτι τίς χρηστός καὶ * ἐπιεικής * ἀλλ' ἢ σὺ εὐφρᾶναι ψυχὴν ταπεινοῦ ἐν τῷ ἀνοῖξαι
Arls.  188    3   διευθύνοις μιμούμενος τὸ τοῦ θεοῦ διὰ παντὸς * ἐπιεικές. * μακροθυμίᾳ γὰρ χρώμενος καὶ κολάζων τοὺς
Arls.  188    4   μακροθυμίᾳ γὰρ χρώμενος καὶ κολάζων τοὺς αἰτίους * ἐπιεικέστερον * ⟨ἢ⟩ καθώς εἰσιν ἄξιοι μεταιθεὶς ἐκ τῆς
Arls.  207    6   εἰ τοὺς καλοὺς καὶ ἀγαθοὺς τῶν ἀνθρώπων * ἐπιεικέστερον * νουθετοῖς καὶ γὰρ ὁ θεὸς τοὺς ἀνθρώπους
Arls.  211    5   πάρεστιν ὅσα δέον. ὁ θεὸς δὲ ἀπροσδεής ἐστι καὶ * ἐπιεικής. * καὶ σὺ καθόσον ἄνθρωπος ἐννόει καὶ μὴ πολλῶν
Arls.  263    4   καὶ ὁ θεὸς τοὺς ὑπερηφάνους καθαιρεῖ τοὺς δὲ * ἐπιεικεῖς * καὶ ταπεινοὺς ὑψοῖ. παρακαλέσας δὲ αὐτὸν τὸν
    ἐπιέννυμι                   1
Sib.     3  389   ἐς Ἀσίδος ὄλβιον οὖδας ἀνὴρ πορφυρέην λώπην * ἐπιειμένος * ὤμοις ἄγριος ἀλλοδίκης φλογόεις ἤγειρε γὰρ
    ἐπιζητέω                    5
Job     40    7   εὐθυμήσασα. καὶ ὁ μὲν δεσποτικὸς αὐτῆς ἄρχων * ἐπιζητήσας * αὐτὴν καὶ μὴ εὑρὼν εἰσῆλθεν ἑσπέρας οὔσης εἰς
Job     44    2   μεγάλας εὐωχίας ἐν τῇ τερπνότητι τοῦ κυρίου. πάλιν * ἐπεζήτησα * εὐεργεσίᾳ ποιεῖν τοῖς πτωχοῖς, καὶ
Arls.  128    2   τῶν ὑποδειχθέντων ὑπ' αὐτοῦ πρὸς τὰ δι' ἡμῶν * ἐπιζητηθέντα. * νομίζω γὰρ τοὺς πολλοὺς περιεργίαν ἔχειν
HDem.  9   29   16   μὲν πηγᾶς ὑδάτων ἑβδομήκοντα δὲ στελέχη φοινίκων. * ἐπιζητεῖν * δέ τινα πῶς οἱ Ἰσραηλῖται ὅπλα ἔσχον ἄνοπλοι
LArl. 13   12    7   διόπερ οὕτως ἡμῖν εἴρηται. οὐκ ἀπεικότως οὖν τοῖς * ἐπεζητημένοις * προενηνέγμεθα ταῦτα. πᾶσι γὰρ τοῖς
    ἐπίθεσις                    3
Arls.   93    4   θαυμασίως ὕψος ἱκανὸν καὶ οὐχ ἁμαρτάνουσι τῆς * ἐπιθέσεως. * ὁμοίως δὲ καὶ τὰ τῶν προβάτων ἔτι δ' αἰγῶν
Arls.  101    2   πρὸς φυλακὴν τῶν περὶ τὸ ἱερὸν τόπων ἵνα ἐὰν * ἐπίθεσίς * τις ἢ νεωτερισμὸς ἢ πολεμίων ἔφοδος γένηται
HArt.  9   27   14   ὑπ' αὐτοῦ τὸν δὲ ὀνειδισθέντα ὑποσχέσθαι τὴν * ἐπίθεσιν * λαβόντα καιρόν. ὑπὸ δὲ τούτου τὸν καιρὸν τῆς
    ἐπιθεωρέω                   1
Arls.   51    5   πολλὴν ἐπίδοσιν ποιουμένου καὶ παρ' ἕκαστον * ἐπιθεωροῦντος * τοὺς τεχνίτας. διὸ παριδεῖν οὐδὲν ἠδύναντο
    ἐπιθιγγάνω                  1
HArt.  9   27   36   τῇ ῥάβδῳ καὶ διαστῆσαι. τὸν δὲ Μωϋσον ἀκούσαντα * ἐπιθιγεῖν * τῇ ῥάβδῳ τοῦ ὕδατος καὶ οὕτως τὸ μὲν νᾶμα
    ἐπιθυμέω                   19
Adam     6    1   πάτερ τοῦ παραδείσου ἐξ ὧν ἤσθιες καὶ ἐλυπήθης * ἐπιθύμησας * αὐτῶν; ἐὰν οὕτως ἐστὶν ἀνάγγειλόν μοι καὶ ἐγὼ
Hen.     6    2   καὶ ἐθεάσαντο αὐτάς οἱ ἄγγελοι υἱοὶ οὐρανοῦ καὶ * ἐπεθύμησαν * αὐτάς καὶ εἶπαν πρὸς ἀλλήλους δεῦτε
Hen.    6Β   2   ἀνθρώπων, ἐγεννήθησαν αὐτοῖς θυγατέρες ὡραῖαι. καὶ * ἐπεθύμησαν * αὐτάς οἱ ἐγρήγοροι καὶ ἀπεπλανήθησαν ὀπίσω
Hen.    15    4   ἐν αἵματι σαρκὸς ἐγεννήσατε καὶ ἐν αἵματι ἀνθρώπων * ἐπεθυμήσατε. * καθὼς καὶ αὐτοὶ ποιοῦσιν σάρκα καὶ αἷμα
TRub.    5    7   τῶν ἀνδρῶν αὐτῶν συνεφαίνοντο αὐταῖς κἀκεῖναι * ἐπιθυμοῦσαι * τῇ διανοίᾳ τὰς φαντασίας αὐτῶν ἔτεκον
TLevi   13    4   καίγε πολλοὺς φίλους ὑπὲρ γονεῖς κτήσεται καὶ * ἐπιθυμοῦσι * πολλοὶ τῶν ἀνθρώπων δουλεῦσαι αὐτῷ καὶ
TIss.    4    2   πᾶσαν εὐαρέστησιν κυρίου. ὁ ἁπλοῦς χρυσίον οὐκ * ἐπιθυμεῖ * τὸν πλησίον οὐ πλεονεκτεῖ βρωμάτων ποικίλων οὐκ
TDan.    4    5   τέκνα μου μὴ θροεῖσθε ὅτι αὐτὸ τὸ πνεῦμα * ἐπιθυμῆσαι * ποιεῖ τοῦ ἀπολομένου ἵνα θυμωθῇ διὰ τοῦ
TBen.   10    1   ἔνδοξος ἐν οὐράνῳ. ὅτε δὲ Ἰωσὴφ ἦν ἐν Αἰγύπτῳ * ἐπεθύμουν * ἰδεῖν τὴν ἰδέαν αὐτοῦ καὶ τὴν μορφὴν τῆς ὄψεως
Asen.   24   19   εἰς τὰς χεῖράς σου καὶ ποιήσεις αὐτῇ καθὰ * ἐπιθυμεῖ * ἡ ψυχή σου. καὶ μετὰ ταῦτα ἀποκτενοῦμεν τὸν
Prop.   22   11   παρά τινι γυναικὶ καὶ μὴ ποιοῦσαν αὐτὴν παιδίον * ἐπιθυμοῦσαν * δὲ σχεῖν εὐξάμενος πεποίηκε συλλαβεῖν καὶ
Sedr.    2    1   ἐν ταῖς ἀκοαῖς αὐτοῦ ὅδε Σεδρὰχ ὅτι βούλῃ καὶ * ἐπιθυμεῖς * ὁμιλῆσαι σὺν θεῷ καὶ αἰτῆσαι παρ' αὐτοῦ ἵνα
Job     11    1   δὲ καὶ ξένοι τινες ἰδόντες τὴν ἐμὴν προθυμίαν, καὶ * ἐπεθύμουν * καὶ αὐτοὶ ὑπηρετεῖν τῇ διακονίᾳ καὶ ἄλλοι
Arls.  211    4   καὶ τῇ δόξῃ φερόμενον ὑπερήφανον καὶ ἄσχημόν τι * ἐπιθυμῆσαι * εἰ καλῶς λογίζοιο πάντα γάρ σοι πάρεστιν ὅσα
Arls.  223    5   δίδως ταῦτα λαμβάνων αὐτῶν τίνων δ' ἀνεφίκτων μὴ * ἐπιθύμει. * τοῖς δὲ ῥηθεῖσιν ἀρεσθεὶς πρὸς τὸν ἐχόμενον
FMan.  2   23    3   καὶ ἐν γήρᾳ μετέγνω καὶ νῦν ἐγὼ πορεύομαι καθὰ * ἐπιθυμεῖ * ἡ ψυχή μου καὶ ὕστερον ἐπιστρέψω πρὸς κύριον.
IMen.  5 119   2   καὶ σφάττοντα χρημάτων χάριν τἀλλότρια βλέποντα * κἀπιθυμοῦντα * ἤτοι γυναικὸς πολυτελοῦς ἢ δώματος ἢ
IMen.  5 119   2   τὸ σύνολον ἢ κτηνῶν. τί δή; μηδὲ βελόνης θιγεῖν * ἐπιθυμήσῃς * ⟨ἵνα⟩φιλε ὁ γὰρ θεὸς βλέπει σε πλησίον παρών.
IMen.  5 120   1   βλέπε σε πλησίον παρών. μηδὲ βελόνης ὦ φίλτατε * ἐπιθυμήσῃς * ποτέ ἀλλοτρίας ὁ γὰρ θεὸς δικαίοις ἔργοις
    ἐπιθύμημα                   1
TIss.    7    3   ὀφθαλμῶν μου οἶνον εἰς ἀποπλάνησιν οὐκ ἔπιον πᾶν * ἐπιθύμημα * τοῦ πλησίον οὐκ ἐπόθησα δόλος οὐκ ἐγένετο ἐν
    ἐπιθυμητός                  2
TLevi    8   16   ὑψηλοῦ ἐκ σπέρματος Ἀβραὰμ πατρὸς ἡμῶν. πᾶν * ἐπιθυμητὸν * ἐν Ἰσραὴλ σοὶ ἔσται καὶ τῷ σπέρματί σου καὶ
Prop.    4    3   πόλιν καὶ ἐν νηστείαις ἤσκησεν ἀπὸ πάσης τροφῆς * ἐπιθυμητῆς * καὶ ἦν ἀνὴρ ξηρὸς τὴν ἰδέαν ἀλλὰ ὡραῖος ἐν
    ἐπιθυμία                   26
Adam    19    3   μοι φαγεῖν τὸν ἰὸν τῆς κακίας αὐτοῦ τοῦτ' ἔστι τῆς * ἐπιθυμίας. * ἐπιθυμία γάρ ἐστι κεφαλὴ πάσης ἁμαρτίας. καὶ
Adam    19    3   τὸν ἰὸν τῆς κακίας αὐτοῦ τοῦτ' ἔστι τῆς ἐπιθυμίας. * ἐπιθυμία * γάρ ἐστι κεφαλὴ πάσης ἁμαρτίας. καὶ κλίνας τὸν
TRub.    1   10   κρέας οὐκ εἰσῆλθεν εἰς τὸ στόμα μου καὶ πᾶν ἄρτον * ἐπιθυμίᾳ * οὐκ ἐγευσάμην πενθῶν ἐπὶ τῇ ἁμαρτίᾳ μου μεγάλῃ
TRub.    2    4   κτίζεται δεύτερον πνεῦμα ὁράσεως μεθ' ἧς γίνεται * ἐπιθυμία * τρίτον πνεῦμα ἀκοῆς μεθ' ἧς δίδοται διδασκαλία
TRub.    4    9   καὶ οὐκ ἐδέξατο τὸ διαβούλιον τῆς ψυχῆς αὐτοῦ * ἐπιθυμίαν * πονηράν. διὰ τοῦτο θεὸς τῶν πατέρων μου
TRub.    5    6   κἀκεῖνοι συνεχῶς ὁρῶντες αὐτάς ἐγένοντο ἐν * ἐπιθυμίᾳ * ἀλλήλων καὶ συνέλαβον τῇ διανοίᾳ τὴν πρᾶξιν καὶ
TRub.    6    4   ἔχει ἐν ἑαυτῇ καὶ πᾶς ζῆλος κατοικεῖ ἐν τῇ * ἐπιθυμίᾳ * αὐτῆς. διὰ τοῦτο ζηλώσετε τοὺς υἱοὺς Λευὶ καὶ
TJud.   13    1   ἐντολῆς κυρίου θεοῦ. μὴ πορεύεσθε ὀπίσω τῶν * ἐπιθυμῶν * ὑμῶν μηδὲ ἐν ἐνθυμήσεσι διαβουλίων ὑμῶν ἐν
TJud.   14    1   τὸν νοῦν ἀπὸ τῆς ἀληθείας καὶ ἐμβάλλει ὀργὴν * ἐπιθυμία * καὶ ὁδηγεῖ εἰς πλάνην τοὺς ὀφθαλμούς. τὸ γὰρ
TJud.   14    3   τὸ σῶμα πρὸς μεῖξιν καὶ εἰ πάρεστι τὸ τῆς * ἐπιθυμίας * αἴτιον πράσσει τὴν ἁμαρτίαν καὶ οὐκ
TJud.   16    1   οἴνου. ἔστι γὰρ ἐν αὐτῷ τέσσαρα πνεύματα πονηρά * ἐπιθυμίας * πυρώσεως ἀκολασίας αἰσχροκερδείας. ἐὰν πίνητε
TAser    3    2   ὑμῶν πράξεσιν ὅτι οἱ διπρόσωποι οὐ θεῷ ἀλλὰ ταῖς * ἐπιθυμίαις * αὐτῶν δουλεύουσιν ἵνα τῷ Βελίαρ ἀρέσωσι καὶ
TAser    6    5   ὑπὸ τοῦ πονηροῦ πνεύματος οὗ καὶ ἐδούλευσεν ἐν * ἐπιθυμίαις * καὶ ἔργοις πονηροῖς ἐὰν δὲ ἡσύχως ἐν χαρᾷ
TJos.    3   10   ῥήματα ὑψίστου εἰ ἐᾶ ἀποστρέψαι με τὴν * ἐπιθυμίαν * τῆς πονηρᾶς. ποσάκις με ἁγίῳ ἀνδρὶ ἐν
TJos.    4    7   εὐδοκεῖ. κἀκεῖνα ἐσιώπησε ποθοῦσα ἐκτελέσαι τὴν * ἐπιθυμίαν * αὐτῆς. κἀγὼ προσετίθουν νηστείαν καὶ προσευχῇ
TJos.    7    6   καὶ τῶν τέκνων μου ἔχω προσδοκίαν ἀπολαῦσαι τῆς * ἐπιθυμίας * μου. καὶ οὐκ ἔγνω ὅτι διὰ τὸν θεόν μου εἶπον
TJos.    7    8   οὕτως καὶ ἐπ' αὐτήν. ὅτι γὰρ τις πάθει ὑποπέσῃ * ἐπιθυμίᾳ * πονηρᾷ καὶ τούτῳ δουλωθῇ ὡς κἀκείνη κἂν
TJos.    7    8   ἀκούσῃ εἰς τὸ πάθος ὃ ἡττᾶται ἐκλαμβάνει αὐτὸ πρὸς * ἐπιθυμίαν * πονηράν. λέγω ὑμῖν τέκνα ὅτι ὥρα ἦν ὡσεὶ ἕκτη
TJos.    9    1   ἔπεμψε πρός με λέγουσα εὐδόκησον πληρῶσαι τὴν * ἐπιθυμίαν * μου καὶ λυτρώσω σε τῶν δεσμῶν καὶ ἀπαλλάξω σε
Sal.     2   24   ἐν ὀργῇ θυμοῦ αὐτῶν ὅτι ἐν ζήλει ἐπολίασαν ἀλλ' ἐν * ἐπιθυμίᾳ * ψυχῆς ἐκχεαὶ τὴν ὀργὴν αὐτῶν εἰς ἡμᾶς ἐν
Sal.     4   10   παρανόμων. οἱ λόγοι αὐτοῦ παραλογισμοὶ εἰς πρᾶξιν * ἐπιθυμίας * ἀδίκου οὐκ ἀπέστη ἕως ἐνίκησεν σκορπίσαι ὡς ἐν
Sal.     4   11   σκορπίσαι ὡς ἐν ὀρφανίᾳ καὶ ἠρήμωσεν οἶκον ἕνεκεν * ἐπιθυμίας * παρανόμου παρελογίσατο ἐν λόγοις ὅτι οὐκ ἔστιν
Sal.     4   20   πολλοὺς ἀνθρώπων ἐν ἀτιμίᾳ καὶ ἐσκόρπισαν ἐν * ἐπιθυμίᾳ * καὶ οὐκ ἐμνήσθησαν θεοῦ καὶ οὐκ ἐφοβήθησαν τὸν
Sal.    14    7   ἐν μετοχῇ ἁμαρτίας αὐτῶν ἐν μικρότητι σαπρίας ἢ * ἐπιθυμίᾳ * αὐτῶν καὶ οὐκ ἐμνήσθησαν τοῦ θεοῦ. ὅτι ὁδοὶ
```

Bar. 1 3 ἐλθόντα καὶ λέγοντά μοι σύνες ὦ ἄνθρωπε ἄνερ * ἐπιθυμιῶν * καὶ μὴ τοσοῦτόν σε μέλῃ περὶ τῆς σωτηρίας
Aris. 256 5 ταῖς ὁρμαῖς ἀλλὰ τὰς βλάβας καταμελετᾶν τὰς ἐκ τῶν * ἐπιθυμιῶν * ἐκβαινούσας καὶ τὰ πρὸς τὸν καιρὸν πράσσειν
ἐπιθύω 1
Hen. 19 1 λυμαίνεται τοὺς ἀνθρώπους καὶ πλανήσει αὐτοὺς * ἐπιθύειν * τοῖς δαιμονίοις μέχρι τῆς μεγάλης κρίσεως ἐν ᾗ
ἐπικάθημαι 1
Job 52 8 ἐν τῇ ἐξαιρέτῳ διαλέκτῳ. καὶ μετὰ ταῦτα ἐξῆλθεν ὁ * ἐπικαθήμενος * τῷ μεγάλῳ ἅρματι, καὶ ἠσπάσατο τὸν Ιωβ,
ἐπίκαιρος 1
FPho. 114 βασιλεῦσιν. οὐ πολὺν ἄνθρωποι ζῶμεν χρόνον ἀλλ' * ἐπίκαιρον * ψυχὴ δ' ἀθάνατος καὶ ἀγήρως ζῇ διὰ παντός.
ἐπικαλέω 25
TLevi 5 5 δὲ αὐτῷ δέομαι κύριε εἰπέ μοι τὸ ὄνομά σου ἵνα * ἐπικαλέσωμαί * σε ἐν ἡμέρᾳ θλίψεως. καὶ εἶπεν ἐγώ εἰμι ὁ
TLevi 8 14 γενήσεται. ὁ δεύτερος ἔσται ἐν ἱερωσύνῃ. ὁ τρίτος * ἐπικληθήσεται * αὐτῷ ὄνομα καινὸν ὅτι βασιλεὺς ἐκ τοῦ
TJud. 24 6 τοῖς ἔθνεσι κρῖναι καὶ σῶσαι πάντας τοὺς * ἐπικαλουμένους * κύριον. καὶ μετὰ ταῦτα ἀναστήσεται
TDan 5 11 καρδίας ἀπειθεῖς πρὸς κύριον καὶ δώσει τοῖς * ἐπικαλουμένοις * αὐτὸν εἰρήνην αἰώνιον καὶ ἀναπαύσονται ἐν
TDan 6 3 τοῦτο σπουδάζει ὁ ἐχθρὸς ὑποσκελίζειν πάντας τοὺς * ἐπικαλουμένους * τὸν κύριον. οἶδε γὰρ ὅτι ἐν ᾗ ἡμέρᾳ
Asen. 11 9 ἐκ τῆς τραπέζης αὐτῶν καὶ οὐκ ἔστι μοι τόλμη * ἐπικαλέσασθαι * κύριον τὸν θεὸν τοῦ οὐρανοῦ τὸν ὕψιστον
Asen. 11 17 ὀργισθῇ μοι κύριος διότι ἐν ταῖς ἀνομίαις μου ἐγὼ * ἐπεκαλεσάμην * τὸ ὄνομα τὸ ἅγιον αὐτοῦ; τί νῦν ποιήσω ἡ
Asen. 11 18 μᾶλλον καὶ ἀνοίξω τὸ στόμα μου πρὸς αὐτὸν καὶ * <ἐπικαλέσω> * τὸ ὄνομα αὐτοῦ. καὶ εἰ θυμῷ κύριος πατάξει
Asen. 26 8 σφόδρα καὶ ἐτρόμαξεν ὅλον τὸ σῶμα αὐτῆς. καὶ * ἐπεκαλέσατο * τὸ ὄνομα κυρίου τοῦ θεοῦ αὐτῆς. καὶ Βενιαμιν
Sal. 2 36 ἀνθ' ὧν ἐποίησεν δικαίῳ. ὅτι χρηστὸς ὁ κύριος τοῖς * ἐπικαλουμένοις * αὐτὸν ἐν ὑπομονῇ ποιῆσαι κατὰ τὸ ἔλεος
Sal. 5 5 παρὰ τὸ κρίμα σου ὁ θεός. ἐν τῷ θλίβεσθαι ἡμᾶς * ἐπικαλεσόμεθά * σε εἰς βοήθειαν καὶ σὺ οὐκ ἀποστρέψῃ τὴν
Sal. 6 1 τῷ Σαλωμων. μακάριος ἀνὴρ οὗ ἡ καρδία αὐτοῦ ἑτοίμη * ἐπικαλέσασθαι * τὸ ὄνομα κυρίου ἐν τῷ μνημονεύειν αὐτὸν τὸ
Sal. 7 7 ἡμᾶς ἔθνος. ὅτι σὺ ὑπερασπιστὴς ἡμῶν καὶ ἡμεῖς * ἐπικαλεσόμεθά * σε καὶ σὺ ἐπακούσῃ ἡμῶν. ὅτι σὺ
Sal. 9 6 ἄνδρα καὶ οἶκον. τίνι χρηστεύσῃ ὁ θεὸς εἰ μὴ τοῖς * ἐπικαλουμένοις * τὸν κύριον; καθαριεῖς ἐν ἁμαρτίαις ψυχὴν
Sal. 15 1 ψαλμὸς τῷ Σαλωμων μετὰ ᾠδῆς. ἐν τῷ θλίβεσθαί με * ἐπεκαλεσάμην * τὸ ὄνομα κυρίου εἰς βοήθειαν ἤλπισα τοῦ
Jer. 7 26 δισσὸν κλαυθμὸν οὐ μόνον ὅτι ἐκρέμαντο ἀλλ' ὅτι * ἐπεκαλοῦντο * θεὸν ἀλλότριον λέγοντες ἐλέησον ἡμᾶς.
Prop. 21 10 ἐπ' αὐτὸν παρὰ Ὀχοζίου τοῦ βασιλέως Ἰσραὴλ * ἐπεκαλέσατο * τὸν κύριον καὶ πῦρ ἀπ' οὐρανοῦ κατέβη
Prop. 22 6 ἦν καὶ ἄγονα καὶ ἀκούσας παρὰ τῶν τῆς πόλεως * ἐπεκαλέσατο * τὸν θεὸν καὶ εἶπεν ἴαμαι τὰ ὕδατα ταῦτα καὶ
Aris. 17 5 τρέπεται πάλιν ὑπ' αὐτοῦ διὸ πολλαχῶς καὶ ποικίλως * ἐπεκαλούμην * τὸν κυριεύοντα κατὰ καρδίαν ἵνα συναναγκασθῇ
Aris. 193 4 τοῖς ὄχλοις μηδὲ ταῖς δυνάμεσιν ἀλλὰ τὸν θεὸν * ἐπικαλοῖτο * διὰ πάντων ἵνα τὰς ἐπιβολὰς αὐτῷ κατευθύνῃ
Aris. 226 5 δόξης ἵνα δὲ τὰ προειρημένα σοι διαμένῃ τὸν θεὸν * ἐπικαλοῦ * διὰ παντός. εὐφημήσας δὲ τοῦτον ἕτερον ἠρώτα
FJos. 190 Ἰσραὴλ ὁ ἐν προσώπῳ θεοῦ λειτουργὸς πρῶτος καὶ * ἐπεκαλεσάμην * ἐν ὀνόματι ἀσβέστῳ τὸν θεόν μου; ἀνέγνων
FEz. 186 17 εγγυς αυτων ως ο χ>ιτων του χρ<ωτος αυτων και * επικαλεσ>ονται * με <και ερω ιδου παρειμι εαν διαβαι>νωσιν
FAch. 107 σωτηρίαν. πλὴν ἄμοιρόν σε οὐκ ἀφήσω σωτῆρα δὲ ἡμῶν * ἐπικαλέσομαι. * καὶ ἐκέλευσεν αὐτὸν ἀχθῆναι. παραγεναμένου
HHec. 1 22 185 ἐνίκα κατὰ Γάζαν μάχῃ Δημήτριον τὸν Ἀντιγόνου τὸν * ἐπικληθέντα * Πολιορκητήν. μετὰ τὴν ἐν Γάζῃ μάχην ὁ
ἐπικαλύπτω 2
Hen. 10 5 αὐτὸν καὶ ὑπόθες αὐτῷ λίθους τραχεῖς καὶ ὀξεῖς καὶ * ἐπικάλυψον * αὐτῷ τὸ σκότος. καὶ οἰκησάτω ἐκεῖ εἰς τοὺς
Hen. 10B 5 ὑπόθες αὐτῷ λίθους ὀξεῖς καὶ λίθους τραχεῖς καὶ * ἐπικάλυψον * αὐτῷ σκότος καὶ οἰκησάτω ἐκεῖ εἰς τὸν αἰῶνα
ἐπικαταγελάω 1
Jer. 5 23 καὶ ὅτι οὐκ ἐξὸν ἀνθρώπῳ ὑβρίσαι τὸν μείζονα αὐτοῦ * ἐπικατεγέλων * ἄν σοι καὶ ἔλεγον ὅτι μαίνῃ ὅτι εἶπας
ἐπικατάρατος 3
Adam 24 1 τὴν ἐντολήν μου καὶ ἤκουσας τῆς γυναικός σου * ἐπικατάρατος * ἡ γῆ ἕνεκα σοῦ. ἐργάσει αὐτὴν καὶ οὐ δώσει
Adam 26 1 ἕως ἂν πλανήσῃς τοὺς παρειμένους τῇ καρδίᾳ * ἐπικατάρατος * σὺ ἐκ πάντων τῶν κτηνῶν. στερηθήσει τῆς
Hen. 102 3 ἅπαντες οἱ υἱοὶ τῆς γῆς καὶ ὑμεῖς ἁμαρτωλοὶ * ἐπικατάρατοι * εἰς τὸν αἰῶνα οὐκ ἔστιν ὑμῖν χαίρειν.
ἐπικατατρέχω 1
HArt. 9 27 35 τὸ πλῆθος περαιῶσαι. Ἡλιουπολίτας δὲ λέγειν * ἐπικαταδραμεῖν * τὸν βασιλέα μετὰ πολλῆς δυνάμεως <ἅμα>
ἐπικατέρχομαι 1
FMos. 6 132 3 καὶ θᾶττον κατῆλθεν πολὺ τὸ βρῖθον ἐπαγόμενος ὃ δὲ * ἐπικατελθὼν * ὕστερον τὴν δόξαν διηγεῖτο ἣν ἐθεᾶτο
ἐπίκειμαι 13
Asen. 11 1 αὐτῆς Ἀσενὲθ ἐκ τοῦ ἐδάφους καὶ τῆς τέφρας οὗ ἦν * ἐπικειμένη * ὅτι ἦν κεκμηκυῖα σφόδρα καὶ παρειμένη τοῖς
Esdr. 3 15 φίλους οὐ δοῦλος τὸν κύριον αὐτὸς ἀναβήσεται γὰρ ὁ * ἐπικείμενος * τοῖς ἀνθρώποις ἀπὸ τῶν ταρτάρων καὶ
Job 15 3 καὶ τὰς τρεῖς ἀδελφὰς μεθ' ἑαυτῶν τὰ δὲ * ἐπικείμενα * ταῖς θεραπαινίσιν, ἐπειδὴ γὰρ καὶ οἱ υἱοί μου
Job 51 2 μετὰ δὲ τὸ παύσασθαι τὰς τρεῖς ὑμνολογούσας, * ἐπικειμένου * τοῦ κυρίου καὶ ἐμοῦ Νηρείου ἀδελφοῦ ὄντος
Job 51 2 τοῦ κυρίου καὶ ἐμοῦ Νηρείου ἀδελφοῦ ὄντος τοῦ Ιωβ, * ἐπικειμένου * δὲ καὶ τοῦ ἁγίου πνεύματος, ἐκαθεζόμην
Aris. 60 3 ὀξεῖαν εἶναι τῶν δύο κλιμάτων συνέβαινε μετέωρον * ἐπικειμένην * ὡς προειρήκαμεν τριγώνου κατεσκευασμένου
Aris. 67 1 ἐν ὡραιότητι. μετὰ δὲ τὴν τοῦ μαιάνδρου διάθεσιν * ἐπέκειτο * σχιστὴ πλοκὴ θαυμασίως ἔχουσα ῥομβωτὴν
Aris. 69 3 πρόσοψιν ὀκτὼ δὲ δακτύλων τὸ πλάτος ἔχουσα ἐφ' ὃν * ἐπίκειται * τὸ πᾶν ἔλασμα τοῦ ποδός. κατεσκεύασαν δὲ
Aris. 74 1 σύνδεσιν πολυτέχνως ἔχοντες. εἶτα μαίανδρος * ἐπέκειτο * πηχυαῖος ὕψει τὴν δ' ἐκτύπωσιν ἐνυπῆρχε διὰ
Aris. 101 4 εἰς τοὺς περιβόλους ποιήσασθαι τοὺς περὶ τὸν οἶκον * ἐπικειμένων * καὶ ὀξυβελῶν ἐπὶ τῶν πύργων τῆς ἄκρας καὶ
Sib. 3 572 οὐκ ἀτέλεστα. πάντα τελεσθῆναι κρατερὴ δ' * ἐπικείσετ' * ἀνάγκη. εὐσεβέων ἀνδρῶν ἱερὸν γένος ἔσσεται
Sib. 5 487 κατὰ γαῖαν ἅπασαν. καὶ σὺ Σάραπι λίθους ἀργοὺς * ἐπικείμενε * πολλοὺς κείσῃ πτῶμα μέγιστον ἐν Αἰγύπτῳ
FSop. 5 77 2 ἀγγέλους καλουμένους κυρίους καὶ τὸ διάδημα αὐτῶν * ἐπικείμενον * ἐν πνεύματι ἁγίῳ καὶ ἦν ἑκάστου αὐτῶν ὁ
ἐπίκλησις 1
Aris. 251 3 τίνα σκοπὸν δεῖ τὴν διέξοδον ποιεῖσθαι. θεοῦ δ' * ἐπικλήσει * καὶ βίος κυβερνᾶται κατὰ πάντα.
ἐπίκλοπος 1
Sib. 5 362 καιρῷ περὶ τέρμα σελήνης κοσμομανὴς πόλεμος καὶ * ἐπίκλοπος * ἐν δολότητι. ἥξει δ' ἐκ περάτων γαίης
ἐπικλύζω 2
Sib. 5 295 ποθ' ἵξεται εἰς ἅλα δῖαν πρηνὴς ἠύτε νῆας * ἐπικλύζουσιν * ἄελλαι. +ὕπτια δ' οἰμώξει+ Ἔφεσος κλαίουσα
HArt. 9 27 37 ἔμπροσθεν ἐκλάμψαι τὴν δὲ θάλασσαν πάλιν τὴν ὁδὸν * ἐπικλύσαι * τοὺς δὲ Αἰγυπτίους ὑπό τε τοῦ πυρὸς καὶ τῆς
ἐπικουρέω 2
Job 12 1 ἀνὴρ ἱλαρὸς τὴν καρδίαν λέγων οὔτε ἐγὼ εὐπορῶ * ἐπικουρῆσαι * τοῖς πένησιν βούλομαι μέντοι κἂν διακονῆσαι
Sib. 3 291 θεοῦ ἄρξετ' ἐγείρειν. καὶ πάντες Περσῶν βασιλεῖς * ἐπικουρήσουσιν * χρυσὸν καὶ χαλκόν τε πολύκμητόν τε
ἐπικραίνω 1
Sib. 3 283 ἀλλὰ μένει σ' ἀγαθοῖο τέλος καὶ δόξα μεγίστη ὡς * ἐπέκρανε * θεός σοι ἄμβροτος. ἀλλὰ σὺ μίμνε πιστεύων
ἐπίκρανον 1
Prop. 12 12 ἅπλωμά φησι τοῦ Δαβὴρ εἰς μικρὰ ῥαγήσεται καὶ τὰ * ἐπίκρανα * τῶν δύο στύλων ἀφαιρεθήσονται καὶ οὐδεὶς
ἐπικρατέω 5
Sal. 16 7 μηδὲ τὴν μνήμην σου ἀπὸ καρδίας μου ἕως θανάτου. * ἐπικράτησόν * μου ὁ θεὸς ἀπὸ ἁμαρτίας πονηρᾶς καὶ ἀπὸ
Sal. 17 15 καὶ τὰ ἔθνη ἐν ταῖς πόλεσι τοῦ σθένους αὐτῶν. καὶ * ἐπεκρατοῦσαν * αὐτῶν οἱ υἱοὶ τῆς διαθήκης ἐν μέσῳ ἐθνῶν
Aris. 35 4 ἀνασπάστους ἐκ τῶν Ἱεροσολύμων ὑπὸ Περσῶν καθ' ὃν * ἐπεκράτουν * χρόνον ἔτι δὲ καὶ συνεληλυθέναι τῷ πατρὶ ἡμῶν
Aris. 119 3 συνίστασθαι πρότερον. ἐκλέλειπται δὲ ταῦτα καθ' ὃν * ἐπεκράτησαν * Πέρσαι χρόνον τῶν τότε προστατούντων
IOrp. 46 τέκνον σὺ δὲ τοῖσι νόοισι πελάζευ γλώσσης εὖ μάλ' * ἐπικρατέων * στέρνοισι δὲ ἔνθεο φήμην. (εἷς Ζεὺς εἷς
ἐπικράτησις 1
LAri. 13 12 1 Φαληρέως δι' ἑτέρων πρὸ τῆς Ἀλεξάνδρου καὶ Περσῶν * ἐπικρατήσεως * τά τε κατὰ τὴν ἐξαγωγὴν τὴν ἐξ Αἰγύπτου τῶν
ἐπικροτέω 1
Aris. 230 2 περιέχων ἐν αὐτῇ τὰ ἀγαθά. λίαν δὲ φιλοφρόνως * ἐπικροτήσας * εἶπε πρὸς τὸν ἕτερον πῶς ἂν πταίσας πάλιν
ἐπικυρόω 1
Aris. 270 2 πάσης κυριεύει ῥέπων οὗ βούλεται. καὶ τούτῳ δ' * ἐπικυρώσας * τὰ τῆς ἀποκρίσεως τὸν ἑξῆς ἠρώτα τίσι δεῖ
ἐπικωλύω 1
Aris. 53 3 μὲν οὖν καὶ τῶν ἱερέων καὶ τῶν ἄλλων ἔλεγον μηδὲν * ἐπικωλύειν. * ὁ δὲ εἶπε βούλεσθαι καὶ πενταπλῆν τοῖς
ἐπιλαμβάνω 6
TJud. 6 5 ἡ πόλις. καὶ ὑποκρυβέντες ἐγὼ καὶ Συμεὼν ἐξόπισθεν * ἐπελαβόμεθα * τῶν ὑψηλῶν καὶ ὅλην τὴν πόλιν ὀλοθρεύσαμεν.
TJos. 8 2 καὶ αἰτῶν λύτρωσιν ἀπὸ τῆς Αἰγυπτίας. τέλος οὖν * ἐπιλαμβάνεταί * μου τῶν ἱματίων μετὰ βίας ἐφελκομένη με
Aris. 130 3 πρᾶγμα διότι κακοῖς ὁμιλήσαντες διαστροφὰς * ἐπιλαμβάνουσιν * ἄνθρωποι καὶ ταλαίπωροι δι' ὅλου τοῦ ζῆν
Aris. 202 2 περὶ τούτων ἔληξεν ἐτράπησαν δὲ πρὸς εὐφροσύνην. * ἐπιλαβούσης * δὲ τῆς ἑσπέρας τὸ συμπόσιον ἐλύθη. τῇ δὲ
FAch. 106 ἐκέλευσεν τῷ φύλακι τοῦ ζῆν πάντας μεταστῆναι. * ἐπελάβετο * δὲ τὴν ὄψιν ἑαυτοῦ τύπτων καὶ <ἤρξατο>
HArt. 9 27 27 ῥάβδον ἐκβαλόντα ὄφιν ποιῆσαι πτοηθέντων δὲ πάντων * ἐπιλαβόμενον * τῆς οὐρᾶς ἀνελέσθαι καὶ πάλιν ῥάβδον
ἐπιλάμπω 1
LEze. 9 29 13 04 βοῶν ἄμωμα δεκάτῃ καὶ φυλαχθήτω μέχρι τετρὰς * ἐπιλάμψει * δεκάδι καὶ πρὸς ἑσπέραν θύσαντες ὀπτὰ πάντα
ἐπιλανθάνομαι 7
Adam 31 4 ἄψηται ἕως οὗ ἄγγελος λαλήσει τι περὶ ἐμοῦ. οὐ γὰρ * ἐπιλήσεταί * μου ὁ θεὸς ἀλλὰ ζητήσει τὸ ἴδιον σκεῦος ὃ
TDan 7 3 καὶ Ἰακώβ. πλὴν ὡς ἐπροφήτευσεν αὐτοῖς Δὰν ὅτι * ἐπιλάθωνται * νόμον θεοῦ αὐτῶν καὶ ἀλλοτριωθήσονται γῆς
TNep. 4 4 καὶ ἔσται ὅταν ἥξουσιν ἐν γῇ πατέρων αὐτῶν πάλιν * ἐπιλάθωνται * κυρίου καὶ ἀσεβήσουσιν καὶ διασπείρει αὐτοὺς
Job 43 10 αὐτόν, ἀλλὰ καὶ τοὺς ἐντίμους αὐτοῦ παρώργισεν * ἐπελάθετο * αὐτοῦ ὁ κύριος, καὶ οἱ ἅγιοι ἐγκατέλειψαν

Job 45 1 διπλῷ. καὶ νῦν τέκνα μου ἴδε ἐγὼ τελευτῶ μόνον μὴ * ἐπιλάθεσθε * τοῦ κυρίου εὐποιήσατε τοῖς πτωχοῖς, μὴ
Job 46 3 θηλείαις μὴ ταραχθῆτε, θυγατέρες μου οὐ γὰρ ὑμῶν * ἐπελαθόμην * ἤδη ὑμῖν ἔπεμψα κληρονομίαν κρείττονα τῶν
FIsa. 3 2 οὐκ ἐμνήσθη τῶν ἐντολῶν τοῦ πατρὸς αὐτοῦ ἀλλ' * ἐπελάθετο * καὶ ἀφῆκεν τὴν λατρείαν τοῦ θεοῦ καὶ

ἐπιλέγω 8
Adam 2 2 τῇ νυκτὶ ταύτῃ τὸ αἷμα τοῦ υἱοῦ μου Ἀμιλαβὲς τοῦ * ἐπιλεγομένου * Ἄβελ βαλλόμενον εἰς τὸ στόμα Κάϊν τοῦ
Abr.1 13 2 καθήμενον; οὗτός ἐστιν υἱὸς τοῦ πρωτοπλάστου ὁ * ἐπιλεγόμενος * Ἄβελ ὃν ἀπέκτεινεν Κάιν ὁ πονηρότατος καὶ
Jer. 9 18 αὐτοῦ. αὐτὸς γὰρ ἐλεύσεται καὶ ἐξελεύσεται καὶ * ἐπιλέξεται * ἑαυτῷ δώδεκα ἀποστόλους ἵνα εὐαγγελίζωνται ἐν
Aris. 14 1 ὁ τοῦ Λάγου μετήγαγε καθὼς δὲ προείπομεν * ἐπιλέξας * τοὺς ἀρίστους ταῖς ἡλικίαις καὶ ῥώμῃ
Aris. 39 2 καλῶς οὖν ποιήσεις καὶ τῆς ἡμετέρας σπουδῆς ἀξίως * ἐπιλεξάμενος * ἄνδρας καλῶς βεβιωκότας πρεσβυτέρους
Aris. 46 1 ἡ τοῦ ἁγίου νόμου μεταγραφή. παρόντων δὲ πάντων * ἐπελεξάμεθα * ἄνδρας καλοὺς καὶ ἀγαθοὺς πρεσβυτέρους ἀφ'
Aris. 121 1 ἄδελφε τὰ δὲ τῆς ἑρμηνείας ἑπομένως δηλώσομεν. * ἐπιλέξας * γὰρ τοὺς ἀρίστους ἄνδρας καὶ παιδείᾳ
Aris. 172 2 ὁ δὲ Ἐλεάζαρος ποιησάμενος θυσίαν καὶ τοὺς ἄνδρας * ἐπιλέξας * καὶ πολλὰ δῶρα τῷ βασιλεῖ κατασκευάσας

ἐπίλυσις 1
FJub. 11 8 αὐξηθέντα δὲ τὸν Ναχὼρ ἐδίδαξεν ὁ πατὴρ πάντων * ἐπίλυσιν * οἰωνῶν τῶν τε ἐν οὐρανῷ σημείων διακρίσεις καὶ

ἐπιλύω 1
FAch. 121 Αἰσώπου ἔφη αὐτῷ ὁ βασιλεὺς Νεκταναβὼν ἔτι ἓν ἡμῖν * ἐπίλυσον * κἀγὼ παράσχω φόρους Λυκούργῳ λέξον ἡμῖν ὃ οὔτε

ἐπιμαίομαι 1
LThe. 9 22 3 ὑπέσχετο καὶ κατένευσεν ὁπλοτάτης οὐ μὴν τελέθειν * ἐπεμαίετο * πάμπαν ἀλλὰ δόλον τολύπευσε καὶ εἰς λέχος

ἐπιμαρτυρέω 2
Aris. 197 1 καὶ οὐ δι' ἑαυτοὺς ἔχειν τὴν ὑπεροχὴν ἁπάντων. * ἐπιμαρτυρήσας * δὲ τούτοις τοῦ μετὰ ταῦτα ἐπυνθάνετο πῶς
Aris. 258 1 ἀνθρώπων γένος τοὺς ὑποτασσομένους φιλανθρωπεῖ. * ἐπιμαρτυρήσας * δὲ τούτοις ἄλλον ἠρώτα πῶς ⟨ἂ⟩ ἄν

ἐπιμαρτύρομαι 1
TRub. 1 6 τοῦ πατρὸς ὑμῶν ὅσα ἐντέλλομαι ὑμῖν. καὶ ἰδοὺ * ἐπιμαρτύρομαι * ὑμῖν τὸν θεὸν τοῦ οὐρανοῦ σήμερον τοῦ μὴ

ἐπιμαστίδιος 1
Aris. 27 3 ἑξήκοντα ἡ δόσις ἐγεγόνει. πολλὰ γὰρ καὶ τῶν * ἐπιμαστιδίων * τέκνων σὺν ταῖς μητράσιν ἐλευθεροῦντο.

ἐπιμέλεια 8
Aris. 18 4 ἀξιουμένων ὃ γὰρ πρὸς δικαιοσύνην καὶ καλῶν ἔργων * ἐπιμέλειαν * ἐν ὁσιότητι νομίζουσιν ἄνθρωποι ποιεῖν
Aris. 29 5 ἐπισκευῆς πεποιημένος οὐ παρέργως τὴν ἐν τούτοις * ἐπιμέλειαν * προσαναφέρω σοι τάδε. τοῦ νόμου τῶν Ἰουδαίων
Aris. 107 6 μέσην τὴν χώραν χρὴ⟩ πρὸς τὴν γεωργίαν καὶ τὴν * ἐπιμέλειαν * τῆς γῆς γίνεσθαι συνεχῶς ἵνα καὶ διὰ τοῦτο
Aris. 245 5 περὶ ἕτερόν τι τὴν διάνοιαν εἶναι τῆς δὲ τούτων * ἐπιμελείας * φροντίζειν θεὸν δὲ ἀξιοῦν ὅπως μηθὲν ἐλλίπῃ
Aris. 282 5 εἶ τοῦ θεοῦ σοι διδόντος εἰς ταῦτα τὴν * ἐπιμέλειαν. * ἐπιφωνήσας δὲ καὶ τούτῳ πρὸς τὸν ἕτερον
Aris. 317 3 τὰ παρὰ τοῦ Δημητρίου προσκυνήσας ἐκέλευσε μεγάλην * ἐπιμέλειαν * ποιεῖσθαι τῶν βιβλίων καὶ συντηρεῖν ἁγνῶς.
FAch. 103 αὐτοῦ τῆς σοφίας. πᾶσαν δὲ αὐτοῦ ἐποιήσατο * ἐπιμέλειαν * τῆς παιδείας. ὁ δὲ νεανίσκος μέγα ποιήσας ἅμα
FAch. 107 βασιλεὺς ἔκλαυσεν. καὶ ἐκέλευσεν αὐτὸν ὁ βασιλεὺς * ἐπιμελείας * τυχεῖν καὶ ἀμφιασθέντα ἀσπάσασθαι. ὁ δὲ

ἐπιμελέομαι 1
FAch. 109 ὁ γὰρ φθονῶν ἀγνοῶν ἑαυτὸν βλάπτει. δούλων σου * ἐπιμελοῦ * μεταδιδοὺς αὐτοῖς ἀφ' ὧν ἔχεις ἵνα μὴ ὡς κύριον

ἐπιμελής 3
Prop. 1 5 τοῦτο γέγονε μνήμης χάριν καὶ ὁ λαὸς πλησίον αὐτὸν * ἐπιμελῶς * ἔθαψε καὶ ἐνδόξως ἵνα δι' εὐχῶν αὐτοῦ καὶ μετὰ
Aris. 81 3 χρηματισμὸν παρίει τοῖς δὲ τεχνίταις παρήδρευεν * ἐπιμελῶς * ἵνα καθηκόντως τῷ τόπῳ συντελέσωσιν εἰς ὃν
Aris. 93 6 θαυμασίως ἔχει. κατὰ πᾶν γὰρ ἐκλεγομένων οἷς * ἐπιμελές * ἐστιν ἀμώμητα καὶ τῇ παχύτητι διαφέροντα τὸ

ἐπιμελητής 1
Aris. 273 7 εὐεργετημάτων εἰδότες κἂν ἐκ τοῦ ζῆν ἀποτρέχωσιν * ἐπιμελητήν * σε τῶν βίων. οὐ γὰρ διαλείπεις ἐπανορθῶν

ἐπιμένω 5
TLevi 4 1 ἐπὶ τῷ πάθει τοῦ ὑψίστου οἱ ἄνθρωποι ἀπιστοῦντες * ἐπιμενοῦσιν * ἐν ταῖς ἀδικίαις διὰ τοῦτο ἐν κολάσει
TJos. 13 4 αὐτῷ ἀλλ' ἐκέλευσε γυμνὸν τύπτεσθαι αὐτόν. * ἐπιμένοντος * δὲ αὐτοῦ τοῖς λόγοις λέγει ὁ Πετεφρῆς ἀχθήτω
Asen. 23 13 ἀδελφοῦ ἡμῶν Ἰωσὴφ κατὰ τὰ ῥήματα ταῦτα. εἰ δὲ σὺ * ἐπιμένεις * τῇ βουλῇ σου ταύτῃ τῇ πονηρᾷ ἰδοὺ αἱ ῥομφαῖαι
Prop. 17 3 γυμνὸν καὶ ἀποδυσάμενος τὴν στολὴν καὶ * ἐπέμεινεν * ἐκεῖ καὶ τῇ νυκτὶ ἐκείνῃ ἔγνω ὅτι ἐποίησε τὴν
Prop. 17 3B ἁμαρτίαν. καὶ ὑπέστρεψε πενθῶν καὶ περιβαλὼν αὐτῷ * ἐπέμεινεν * ἐκεῖ θέλων θάψαι τὸν νεκρὸν καὶ μὴ φθάσας

ἐπιμερίζω 1
TSim. 5 6 πᾶσαν παρεμβολὴν ὑμῶν καὶ ἔσονται ὀλιγοστοὶ * ἐπιμεριζόμενοι * ἐν τῷ Λευὶ καὶ Ἰούδᾳ καὶ οὐκ ἔσται ἐξ

ἐπίμετρον 1
FPho. 14 ἐν πᾶσι φυλάσσειν. μέτρα νέμειν τὰ δίκαια καλὸν δ' * ἐπίμετρον * ἁπάντων. σταθμὸν μὴ κρούειν ἑτερόζυγον ἀλλ'

ἐπιμίγνυμι 1
TJud. 23 2 θυγατέρας ὑμῶν μουσικὰς καὶ δημοσίας ποιήσετε καὶ * ἐπιμιγήσεσθε * ἐν βδελύγμασιν ἐθνῶν ἀνθ' ὧν ἄξει κύριος

ἐπιμιμνήσκομαι 2
Aris. 128 1 ἣν τὴν διάθεσιν οἷος ἦν πρὸς αὐτούς. ἄξιον δὲ * ἐπιμνησθῆναι * ⟨διὰ⟩ βραχέων τῶν ὑποδειχθέντων ὑπ' αὐτοῦ
Aris. 312 6 οὐδεὶς ἐπεβάλετο τῶν ἱστορικῶν ἢ ποιητῶν * ἐπιμνησθῆναι; * ἐκεῖνος δὲ ἔφη διὰ τὸ σεμνὴν εἶναι τὴν

ἐπιμίσγω 2
Aris. 139 4 καὶ σιδηροῖς τείχεσιν ὅπως μηθενὶ τῶν ἄλλων ἐθνῶν * ἐπιμισγώμεθα * κατὰ μηδὲν ἁγνοὶ καθεστῶτες κατὰ σῶμα καὶ
Aris. 152 2 πλείονες τῶν λοιπῶν ἀνθρώπων ἑαυτοὺς μολύνουσιν * ἐπιμισγόμενοι * συντελοῦντες μεγάλην ἀδικίαν καὶ χῶραι καὶ

ἐπίμνησις 2
Aris. 31 5 καὶ ποιηταὶ καὶ τὸ τῶν ἱστορικῶν πλῆθος τῆς * ἐπιμνήσεως * τῶν προειρημένων βιβλίων καὶ τῶν κατ' αὐτὰ
Aris. 154 2 οὐθὲν ἕτερον ἀλλὰ τῆς ζωῆς καὶ συστάσεως * ἐπίμνησις. * τὸ γὰρ ζῆν διὰ τῆς τροφῆς συνεστάναι νομίζει.

ἐπιμοιράομαι 1
FPho. 99 τεῦχ' ἔθ' ἑοῖσι τὸ γὰρ μέτρον ἐστὶν ἄριστον. γαῖαν * ἐπιμοιρᾶσθαι * ἀταρχύτοις νεκύεσσιν. μὴ τύμβον φθιμένων

ἐπινεύω 1
Aris. 202 1 καλλονὴν ἀπὸ θεοῦ κατάρχεσθαι. τοῦ δὲ βασιλέως * ἐπινεύσαντος * τὰ περὶ τούτων ἔληξεν ἐτράπησαν δὲ πρὸς

ἐπινοέω 6
Aris. 15 3 πᾶσι τοῖς Ἰουδαίοις ἣν ἡμεῖς οὐ μόνον μεταγράψαι * ἐπινοοῦμεν * ἀλλὰ καὶ διερμηνεῦσαι τίνα λόγον ἕξομεν πρὸς
Aris. 107 2 καθηκούσῃ κατεσκεύασαν οἱ πρῶτοι σοφῶς δὲ * ἐπινοήσαντες. * τῆς γὰρ χώρας πολλῆς οὔσης καὶ καλῆς καὶ
Aris. 208 6 ζῆν ἐν ὀδύναις τε καὶ τιμωρίαις καθέστηκεν. * ἐπινοῶν * οὖν ἕκαστα πρὸς τὸν ἔλεον τραπήσῃ καὶ γὰρ ὁ θεὸς
Aris. 252 6 ταῦτα ἀναμάρτητος ἔφησεν ἂν εἴης ὦ βασιλεῦ. τὸ δ' * ἐπινοεῖν * ταῦτα καὶ ἐν τούτοις ἀναστρέφεσθαι θείας
Aris. 255 5 τὸ ἐναντίον τοῦ λόγου διάστημα ἵνα πρὸς ἕκαστον * ἐπινοήσαντες * ὦμεν εὖ βεβουλευμένοι καὶ τὸ προτεθὲν ἡμῖν
FEz. 64 70 7 ἐν ἑαυτοῖς καὶ ἐπιβουλὴν ἐργάσασθαι τῷ βασιλεῖ * ἐπενόουν. * παράδεισον δὲ εἶχεν ὁ βασιλεὺς καὶ ἀπὸ μήκοθεν

ἐπινόημα 1
HArt. 9 27 12 θάπτειν κατακρύπτειν θέλοντα τὰ τοῦ Μωύσου * ἐπινοήματα. * ἀποξενωσάντων δὲ αὐτὸν τῶν Αἰγυπτίων

ἐπίνοια 5
TJos. 5 2 ἵνα μὴ ἐξολοθρεύθῃς ὅτι καίγε ἐγὼ ἐξαγγελῶ τὴν * ἐπίνοιαν * τῆς ἀσεβείας σου πᾶσιν. φοβηθεῖσα οὖν ἐκείνη
Aris. 196 4 ὁ δὲ εἶπεν εὐχόμενος ἀεὶ πρὸς τὸν θεὸν ἀγαθὰς * ἐπινοίας * λαμβάνειν πρὸς τὰ μέλλοντα πράσσεσθαι καὶ τοῖς
Aris. 240 3 πράσσοι; πρὸς τοῦτο ἔφησε γινώσκων ὅτι τὰς * ἐπινοίας * ὁ θεὸς ἔδωκε τοῖς νομοθετήσασι πρὸς τὸ σῴζεσθαι
Aris. 271 5 καθὼς σὺ τοῦτο πράσσεις θεοῦ σοι τὴν σεμνὴν * ἐπίνοιαν * διδόντος. θαρσύνας δὲ τοῦτον ἕτερον ἐπηρώτα τί
Sib. 5 81 παλάμαις γεγαῶτα ἐξ ἰδίων δὲ κόπων καὶ ἀτασθαλιῶν * ἐπινοιῶν * ἄνθρωποι δέξαντο θεοὺς ξυλίνους λιθίνους τε

ἐπιξενίζω 4
Abr.1 4 1 κλινάρια ἕνα ἐμοὶ καὶ ἕνα τοῦ ἀνθρώπου τούτου τοῦ * ἐπιξενισθέντος * ἡμῖν σήμερον ἑτοίμασον δὲ ἡμῖν ἐκεῖ
Abr.1 4 3 διὰ ἐλαίου ὅπως εὐφρανθῶμεν ὅτι ὁ ἄνθρωπος οὗτος ὁ * ἐπιξενισθεὶς * ἡμῖν σήμερον ἐνδοξότερος ὑπάρχει βασιλέων
Abr.1 5 13 ἀνάγγειλόν μοι κύριέ μου μὴ οὗτος ὁ ἀδελφὸς ὁ * ἐπιξενισθεὶς * ἡμῖν σήμερον μήτι φάσιν λόγου ἤνεγκε περὶ
Abr.1 6 4 κύριέ μου τοὺς τρεῖς ἄνδρας τοὺς ἐπουρανίους τοὺς * ἐπιξενισθέντας * ἐν τῇ σκηνῇ ἡμῶν παρὰ τὴν δρῦν τὴν Μαβρὴν

ἐπιξενόομαι 4
Abr.2 2 10 ἀπεκρίθη Μιχαὴλ καὶ εἶπεν αὐτῷ κύριε ἄφες μοι ὅτι * ἐπιξενοῦμαι * πατὴρ ἀνθρώπων μεμελημένων ἤκουσα δὲ ὅτι
Abr.2 3 6 καὶ φέρε ἵνα νίψωμεν τοὺς πόδας τοῦ ξένου τοῦ * ἐπιξενωθέντος * εἰς ἡμᾶς λέγω γὰρ ἐν τῇ ψυχῇ μου ὅτι τοῦτο
Abr.2 6 10 εἷς ἐστιν τῶν τριῶν τῶν ὑπὸ τῶν δένδρων Μαμβρὴ τῶν * ἐπιξενωθέντων * ἡμῖν ὅτε συναπῆλθες ⟨ἐν τῷ πεδίῳ⟩ καὶ
Aris. 109 3 τὰς πόλεις. οἱ γὰρ ἀπὸ τῆς χώρας εἰς αὐτὴν * ἐπιξενούμενοι * καταμένοντες ἐφ' ἱκανὸν εἰς ἐλάττωσιν ἦγον

ἐπίξενος 3
Abr.1 2 2 Ἀβραὰμ ὑπηντήθη αὐτῷ καθότι ἔθος εἶχεν τοῖς * ἐπιξένοις * προσυπαντᾶν καὶ ἐπιδεχόμενος. ὁ δὲ
Abr.1 2 9 ὅπως ἂν καθεσθῶμεν ἐγώ τε καὶ ὁ ἄνθρωπος οὗτος ὁ * ἐπίξενος. * εἶπεν δὲ ὁ ἀρχιστράτηγος μὴ κύριέ μου Ἀβραὰμ
Abr.1 3 7 τῆς λεκάνης ἵνα νίψωμεν τοῦ ἀνθρώπου τούτου τοῦ * ἐπιξένου * τοὺς πόδας ὅτι ἀπὸ μακρᾶς ὁδοῦ πρὸς ἡμᾶς

ἐπιορκέω 2
TAser 2 6 τὸν πλησίον παροργίζει τὸν θεὸν καὶ τὸν ὕψιστον * ἐπιορκεῖ * καὶ τὸν πτωχὸν ἐλεᾷ τὸν ἐντολέα τοῦ νόμου
FPho. 16 μὴ κρούειν ἑτερόζυγον ἀλλ' ἴσον ἕλκειν. μὴ δ' * ἐπιορκήσῃς * μήτ' ἀγνὼς μήτε ἑκοντὶ ψεύδορκον στυγέει

ἐπιορκία 2
Bar. 4 17 οἴνου πάντα γίνονται οἷον φόνοι μοιχεῖαι πορνεῖαι * ἐπιορκεῖαι * κλοπαὶ καὶ τὰ τούτων ὅμοια. καὶ οὐδὲν ἀγαθὸν
Bar. 13 4 ἐκεῖ καὶ ὅπου πορνεῖαι μοιχεῖαι κλεψίαι καταλαλιαὶ * ἐπιορκίαι * φθόνοι μέθαι ἔρεις ζῆλος γογγυσμὸς ψιθυρισμὸς

ἐπίπεδος 1
Prop. 3 5 δὲ λέγεται ὅτι εἱλικτόν ἐστι καὶ ἀπόκρυφον ἐξ * ἐπιπέδου * ὑπερῷον καὶ ἔστι ἐπὶ γῆς ἐν πέτρᾳ κρεμάμενον.

```
                                                               1
ἐπιπέμπω
Sib.        3    519    πᾶσιν γὰρ ὅσοι χθόνα ναιετάουσιν Ὕψιστος δεινὴν  *  ἐπιπέμψει  *  ἔθνεσι πληγήν. Ἕλλησιν δ' ὁπόταν πολὺ
                                                               8
ἐπιπίπτω
Hen.       13     8  καὶ ἰδοὺ ὄνειροι ἐπ' ἐμὲ ἦλθον καὶ ὁράσεις ἐπ' ἐμὲ  *  ἐπέπιπτον  *  καὶ ἴδον ὁράσεις ὀργῆς καὶ ἦλθεν φωνὴ λέγουσα
TLevi       2     5      τῶν ἀνθρώπων καὶ ηὐξάμην κυρίῳ ὅπως σωθῶ. τότε  *  ἐπέπεσεν  *  ἐπ' ἐμὲ ὕπνος καὶ ἐθεασάμην ὄρος ὑψηλὸν τοῦτο
TJud.       3     8        τῶν βασιλέων γίγαντα τῇ ἰσχύϊ πηχῶν ιβ'. καὶ  *  ἐπέπεσεν  *  ἐπ' αὐτοὺς τρόμος καὶ ἐπαύσαντο πολεμοῦντες ἀφ'
Asen.      27     6  ὀπίσω τῶν ἀνδρῶν τῶν ἐνεδρευόντων τῇ Ἀσενέθ καὶ  *  ἐπέπεσαν  *  αὐτοῖς ἄφνω καὶ κατέκοψαν αὐτοὺς πάντας καὶ
Jer.        5     8    καὶ εἶπεν εὐλογητὸς κύριος ὅτι μεγάλη ἔκστασις  *  ἐπέπεσεν  *  ἐπ' ἐμὲ σήμερον. οὐκ ἔστιν αὕτη ἡ πόλις
Jer.        5    14    καὶ εἶπεν εὐλογητὸς κύριος ὅτι μεγάλη ἔκστασις  *  ἐπέπεσεν  *  ἐπ' ἐμέ. καὶ πάλιν ἐξῆλθεν ἔξω τῆς πόλεως καὶ
Prop.      21     7        τὸν τόπον ἔνθα ἦν ἡ θυσία ηὔξατο καὶ εὐθὺς  *  ἐπέπεσε  *  πῦρ καὶ ἀνήλωσε τὴν θυσίαν καὶ τὸ ὕδωρ ἐξέλειπεν
Job        39     8        ὑμῶν ἵνα σκάψωσιν τὴν πτῶσιν τῆς οἰκίας τῆς  *  ἐπιπεσούσης  *  τοῖς τέκνοις μου ἵνα καὶ τὰ ὀστᾶ αὐτῶν
                                                               2
ἐπιπλέω
Abr.Z       3     7  ἐν τῇ ψυχῇ μου ὅτι τοῦτο ὕστερόν μοι γενήσεται τὸ  *  ἐπιπλῆσαι  *  ὕδωρ εἰς νιπτῆρα καὶ πλῦναι πόδας ἀνθρώπου
TZab.       6     1      διέμεινα. πρῶτος ἐγὼ ἐποίησα σκάφος ἐν θαλάσσῃ  *  ἐπιπλέειν  *  ὅτι κύριος ἔδωκέ μοι σύνεσιν καὶ σοφίαν ἐν
ἐπιπλόω
Sib.        3   825  ἀνὴρ μόνος εὐδοκίμητος ἐλείφθη ὑλοτόμῳ ἐνὶ οἴκῳ  *  ἐπιπλώσας  *  ὑδάτεσσιν σὺν θηρσὶν πτηνοῖσί θ' ἵν' ἐμπλησθῇ
                                                               1
ἐπίπνοος
FEsd.      14    22      μένει εἰς τὸν αἰῶνα. διαφθαρεισῶν τῶν γραφῶν  *  ἐπίπνους  *  πάσας τὰς παλαιὰς αὖθις ἀνανεούμενος
ἐπιπολάζω
Prop.      22    14    κατεποντίσθη ὁ δὲ Ἐλισαῖος εὐχόμενος πεποίηκεν  *  ἐπιπολάσαι  *  τὸ δρέπανον. Ναιμὰν ὁ Σύρος δι' αὐτοῦ
                                                               3
ἐπιπολύ
Asen.      18    11        καὶ ὡς εἶδεν αὐτὴν ἐπτοήθη καὶ ἔστη ἄφωνος  *  ἐπιπολὺ  *  καὶ ἐφοβήθη φόβον μέγαν καὶ ἔπεσεν ἐπὶ τοὺς
Asen.      19    10        καὶ ἡ Ἀσενὲθ τὸν Ἰωσὴφ καὶ ἠσπάσαντο ἀλλήλους  *  ἐπιπολὺ  *  καὶ ἀνέζησαν ἀμφότεροι τῷ πνεύματι αὐτῶν. καὶ
Asen.      20     1  αὐτῇ πνεῦμα ἀληθείας. καὶ περιεπλάκησαν ἀλλήλοις  *  ἐπιπολὺ  *  καὶ ἔσφιγξαν τὰ δεσμὰ τῶν χειρῶν αὐτῶν. καὶ
ἐπιπομπή
Aris.     131     5  βλάβας προδηλώσας καὶ τὰς ὑπὸ τοῦ θεοῦ γινομένας  *  ἐπιπομπὰς  *  τοῖς αἰτίοις προϋπέδειξε γὰρ πάντων πρῶτον ὅτι
ἐπιρρέω
Aris.      89     2 σύστασις ὡς ἂν καὶ πηγῆς ἔσωθεν πολυρρύτου φυσικῶς  *  ἐπιρρεούσης  *  ἔτι δὲ θαυμασίων καὶ ἀδιηγήτων ὑποδοχείων
                                                               1
ἐπιρρίπτω
Hen.      100    13  ὁμίχλῃ χρυσίον διαγράψατε ἵνα καταβῶσιν ὅτι ἐὰν  *  ἐπιρρίψῃ  *  ἐφ' ὑμᾶς χιὼν καὶ πάχνη καὶ ψῦχος αὐτῆς καὶ
ἐπίρρυτος
LEze. 9  29 16 10      πολλὰ φοινίκων πέλει ἔγκαρπα δεκάκις ἑπτὰ καὶ  *  ἐπίρρυτος  *  χλόη πέφυκε θρέμμασιν χορτάσματα. ἕτερον δὲ
ἐπισαίνω *
FEz. 64   70     9 δὲ εἶπεν καὶ πῶς δύναμαι χωλὸς ὢν καὶ μὴ δυνάμενος  *  ἐπισαίνειν;  *  ὁ δὲ τυφλὸς ἔφη αὐτὸς ἐγὼ δύναμαί τι
                                                               1
ἐπισείω
Asen.      16    13    τὴν δεξιὰν καὶ ἐκράτησε τὴν κεφαλὴν αὐτῆς καὶ  *  ἐπέσεισε  *  τῇ χειρὶ αὐτοῦ τῇ δεξιᾷ τὴν κεφαλὴν αὐτῆς. καὶ
ἐπισεύω
LEze. 9  29 16 25  πάντα γὰρ τὰ πτήν' ὁμοῦ ὄπισθεν αὐτοῦ δειλιῶντ'  *  ἐπέσσυτο  *  αὐτὸς δὲ πρόσθεν ταῦρος ὣς γαυρούμενος ἔβαινε
                                                               5
ἐπισημαίνω
Aris.     210     1      φιλοποιεῖσθαι καὶ γὰρ ὁ θεὸς φιλοδίκαιός ἐστιν.  *  ἐπισημήνας  *  καὶ τοῦτον πρὸς τὸν ἕτερον εἶπε τί τὸ τῆς
Aris.     257     1          τούτων λαμβάνωμεν θεραπεύειν δεῖ τὸν θεόν.  *  ἐπισημήνας  *  δὲ καὶ τοῦτον ἕτερον ἠρώτα πῶς ἂν ἀποδοχῆς ἐν
Aris.     274     2        ἅπαντας τοῦ θεοῦ σοι καλοφροσύνην δεδωκότος.  *  ἐπισημήνας  *  δὲ κρότῳ πάντας αὐτοὺς ἀπεδέξατο
Aris.     277     1 καλόν ἐστιν ὡς σὺ τοῦτο κέκτησαι βασιλεῦ. κρότῳ δὲ  *  ἐπισημηνάμενος  *  ὁ βασιλεὺς ἕτερον ἐπηρώτα διὰ τί τὴν
LAri.  8   10     8  φερομένων τῶν ἀκουόντων ἐπὶ τὴν δύναμιν ἣν ἔχεις.  *  ἐπισημαίνεται  *  δὲ τοῦτο καὶ διὰ τῆς νομοθεσίας ἡμῶν λέγων
                                                              10
ἐπίσημος
Asen.       2     4      καὶ λίθοι ἐκλεκτοὶ καὶ πολυτελεῖς καὶ ὀθόναι  *  ἐπίσημοι  *  καὶ πᾶς ὁ κόσμος τῆς παρθενίας αὐτῆς. καὶ ἦν ὁ
Asen.      14    12 ζῶντι καὶ ἔνδυσαι στολὴν λινῆν καινὴν ἄθικτον καὶ  *  ἐπίσημον  *  καὶ ζῶσαι τὴν ὀσφύν σου τὴν ζώνην τὴν καινὴν
Asen.      14    14    τὸ κιβώτιον αὐτῆς καὶ ἔλαβε στολὴν λινῆν καινὴν  *  ἐπίσημον  *  ἄθικτον καὶ ἀπεδύσατο τὸν χιτῶνα τὸν μελανὸν
Asen.      14    14  αὐτῆς καὶ ἐνεδύσατο τὴν στολὴν αὐτῆς τὴν λινῆν τὴν  *  ἐπίσημον  *  τὴν ἄθικτον καὶ ἐζώσατο τὴν ζώνην αὐτῆς τὴν
Asen.      14    15      ζῶντι. καὶ ἔλαβε θέριστρον λινοῦν ἄθικτον καὶ  *  ἐπίσημον  *  καὶ κατεκάλυψε τὴν κεφαλὴν αὐτῆς. καὶ ἦλθε πρὸς
Sal.        2     6  αἰχμαλωσία πονηρᾷ ἐν σφραγῖδι ὁ τράχηλος αὐτῶν ἐν  *  ἐπισήμῳ  *  ἐν τοῖς ἔθνεσιν. κατὰ τὰς ἁμαρτίας αὐτῶν
Sal.       17    30  αὐτῷ ὑπὸ τὸν ζυγὸν αὐτοῦ καὶ τὸν κύριον δοξάσει ἐν  *  ἐπισήμῳ  *  πάσης τῆς γῆς καὶ καθαριεῖ Ἱερουσαλημ ἐν ἁγιασμῷ
Aris.     180     2  ἡμέραν ταύτην ἐν ᾗ παραγεγόνατε καὶ κατ' ἐνιαυτὸν  *  ἐπίσημος  *  ἔσται πάντα τὸν τῆς ζωῆς ἡμῶν χρόνον συντέτυχε
Sib.        3   336  βροτοῖσιν ἡγεμόνων τε +φθοράν+ ἀνδρῶν μεγάλων τ'  *  ἐπισήμων.  *  σήματα δ' ἔσσεται αὕτις ἐν ἀλλήφοισι μέγιστα
HArt. 9   27    20      ἐρεᾶν δὲ ἐσθῆτα μὴ ἀμφέχεσθαι ὅπως ὄντες  *  ἐπίσημοι  *  κολάζωνται ὑπ' αὐτοῦ. τὸν δὲ Μώϋσον εὔχεσθαι τῷ
ἐπισκάζω
HDem. 9   21     7 τοῦ πλάτους τοῦ μηροῦ τοῦ Ἰακὼβ τὸν δὲ ναρκήσαντα  *  ἐπισκάζειν  *  ὅθεν οὐκ ἐσθίεσθαι τῶν κτηνῶν τὸ ἐν τοῖς
ἐπισκέπτομαι                                                  19
Hen.       25     3  ἅγιος τῆς δόξης ὁ βασιλεὺς τοῦ αἰῶνος ὅταν καταβῇ  *  ἐπισκέψασθαι  *  τὴν γῆν ἐπ' ἀγαθῷ. καὶ τοῦτο τὸ δένδρον
TRub.       1     2 ἔτη δύο τῆς τελευτῆς Ἰωσὴφ ἀρρωστοῦντι συνήχθησαν  *  ἐπισκέψασθαι  *  αὐτόν οἱ υἱοὶ καὶ υἱοὶ τῶν υἱῶν αὐτοῦ. καὶ
TSim.       1     2      ζωῆς αὐτοῦ ἐν ᾧ ἔτει ἀπέθανεν Ἰωσήφ. ἦλθον γὰρ  *  ἐπισκέψασθαι  *  αὐτὸν ἀρρωστοῦντα καὶ ἐνισχύσας ἐκάθισε καὶ
TLevi       4     4        σοὶ εὐλογία καὶ παντὶ τῷ σπέρματί σου ἕως  *  ἐπισκέψηται  *  κύριος πάντα τὰ ἔθνη ἐν σπλάγχνοις υἱοῦ
TLevi      16     5  εἰς κατάραν καὶ εἰς διασκορπισμὸν ἕως αὐτὸς πάλιν  *  ἐπισκέψηται  *  καὶ οἰκτιρήσας προσδέξηται ὑμᾶς ἐν πίστει
TJud.      23     5  πορευόμενοι ἐν πάσαις ταῖς ἐντολαῖς τοῦ θεοῦ καὶ  *  ἐπισκέψηται  *  ὑμᾶς κύριος ἐν ἐλέει καὶ ἀναγάγῃ ἀπὸ τῆς
TIss.       2     2      ἔτεκε τοὺς δὲ δύο Ῥαχὴλ ὅτι ἐν τοῖς μανδραγόραις  *  ἐπισκέψατο  *  αὐτὴν κύριος. εἶδε γὰρ ὅτι διὰ τέκνα ἤθελε
TGad        5     3        ἀλλ' ὑπὸ τῆς ἰδίας καρδίας ὅτι κύριος  *  ἐπισκέπτει  *  τὸ διαβούλιον αὐτοῦ. οὐ καταλαλεῖ ἀνδρὸς
TAser       7     2      ἐξουθενώμενοι ὡς ὕδωρ ἄχρηστον ἕως οὗ ὁ ὕψιστος  *  ἐπισκέψηται  *  τὴν γῆν. καὶ αὐτὸς ἐλθὼν ὡς ἄνθρωπος μετὰ
TJos.       1     6  θεὸς παρεκάλεσέ με ἐν ἀσθενείᾳ ἤμην καὶ ὁ ὕψιστος  *  ἐπισκέψατό  *  με ἐν φυλακῇ ἤμην καὶ ὁ σωτὴρ ἐχαρίτωσέ με ἐν
TBen.       6     6      πᾶν γὰρ ὃ ποιεῖ ἢ λαλεῖ ἢ ὁρᾷ οἶδεν ὅτι κύριος  *  ἐπισκέπτει  *  ψυχὴν αὐτοῦ καὶ καθαίρει τὴν διάνοιαν αὐτοῦ
Asen.      13     1 τῆς κληρονομίας σου κύριε ἄφθαρτά εἰσι καὶ αἰώνια.  *  ἐπίσκεψαι  *  κύριε τὴν ταπείνωσίν μου καὶ ἐλέησόν με.
Sal.        3     7  οὐκ αὐλίζεται ἐν οἴκῳ δικαίου ἁμαρτία ἐφ' ἁμαρτίαν  *  ἐπισκέπτεται  *  διὰ παντὸς τὸν οἶκον αὐτοῦ ὁ δίκαιος τοῦ
Sal.        3    11    ἁμαρτωλοῦ εἰς τὸν αἰῶνα καὶ οὐ μνησθήσεται ὅταν  *  ἐπισκέπτηται  *  δικαίους. αὕτη ἡ μερὶς τῶν ἁμαρτωλῶν εἰς
Sal.        9     4      ἐν ἔργοις χειρῶν ἡμῶν καὶ ἐν τῇ δικαιοσύνῃ σου  *  ἐπισκέπτῃ  *  υἱοὺς ἀνθρώπων. ὁ ποιῶν δικαιοσύνην θησαυρίζει
Sal.       15    12        ἐν ἡμέρᾳ κρίσεως κυρίου εἰς τὸν αἰῶνα ὅταν  *  ἐπισκέπτηται  *  ὁ θεὸς τὴν γῆν ἐν κρίματι αὐτοῦ οἱ δὲ
Jer.        6    12      γὰρ πρός σε ὥρᾳ τοῦ φωτὸς αὔριον ἀετός καὶ σὺ  *  ἐπισκέψῃ  *  πρὸς Ἱερεμίαν. γράφων οὖν ἐν τῇ ἐπιστολῇ ὅτι
Jer.        7    30  τοῦ ἀετοῦ Ἱερεμίας λέγων ἄπελθε ἐν εἰρήνῃ καὶ  *  ἐπισκέψηται  *  ἡμᾶς ἀμφοτέρους ὁ κύριος. καὶ ἐπετάσθη ὁ
Job        28     2      ἦλθον πρός με ἕκαστος ἐκ τῆς ἰδίας χώρας ὅπως  *  ἐπισκεψάμενοι  *  παραμυθήσονταί με ἡνίκα δὲ ἤγγισαν
ἐπισκευή
Aris.       5     6 νήσου πρὸς ἡμᾶς καὶ βουλόμενον συνακούειν ὅσα πρὸς  *  ἐπισκευὴν  *  ψυχῆς ὑπάρχει. καὶ πρότερον δὲ διεπεμψάμην σοι
Aris.      29     4      τὰ διαπεπτωκότα τύχῃ τῆς προσηκούσης  *  ἐπισκευῆς  *  πεποιημένος οὐ παρέργως τὴν ἐν τούτοις
Aris.      42     7  εἰς ἀνάθεσιν καὶ εἰς προσαγωγὴν θυσιῶν καὶ εἰς  *  ἐπισκευὰς  *  ὧν ἂν δέηται τὸ ἱερὸν ἀργυρίου τάλαντα ἑκατὸν
Aris.     284     6 βίῳ συμφέρον καὶ καθῆκον ἔνεστι γὰρ καὶ ἐν τούτοις  *  ἐπισκευή  *  τις. πολλάκις γὰρ καὶ ἐκ τῶν ἐλαχίστων αἱρετόν
                                                               3
ἐπίσκεψις
TJos.       3     6  ἀδιαλείπτως ἐνόχλει μοι καὶ ἐν νυκτὶ εἰσῄει λόγῳ  *  ἐπισκέψεως  *  πρός με. καὶ τὰ μὲν πρῶτα ὅτι τέκνον
Aris.     144     4 ποιούμενος ἐνομοθέτει ταῦτα Μωϋσῆς ἀλλὰ πρὸς ἁγνὴν  *  ἐπίσκεψιν  *  καὶ τρόπων ἐξαρτισμὸν δικαιοσύνης ἕνεκεν
HAri. 9   25     4  ἑλκῶσαι. φαύλως δὲ αὐτοῦ διακειμένου ἐλθεῖν εἰς  *  ἐπίσκεψιν  *  Ἐλιφὰν τὸν Θαιμανιτῶν βασιλέα καὶ Βαλδὰδ τὸν
ἐπισκοπέω
TLevi      18 2B022  πόδας σου. καὶ ἀνάφερε τὰ ξύλα πρῶτον ⟨ἐ⟩σχισμένα  *  ἐπισκοπῶν  *  αὐτὰ πρῶτον ἀπὸ παντὸς μολυσμοῦ ιβ' ξύλα
ἐπισκοπή                                                       4
TBen.       9     2  ἕως οὗ ὁ ὕψιστος ἀποστείλῃ τὸ σωτήριον αὐτοῦ ἐν  *  ἐπισκοπῇ  *  μονογενοῦς προφήτου. καὶ εἰσελεύσεται εἰς τὸν
Sal.       10     4  αἰωνίου ἡ μαρτυρία κυρίου ἐπὶ ὁδοὺς ἀνθρώπων ἐν  *  ἐπισκοπῇ.  *  δίκαιος καὶ ὅσιος ὁ κύριος ἡμῶν ἐν κρίμασιν
Sal.       11     1  εὐαγγελιζομένου ὅτι ἠλέησεν ὁ θεὸς Ισραηλ ἐν τῇ  *  ἐπισκοπῇ  *  αὐτῶν. στῆθι Ἱερουσαλημ ἐφ' ὑψηλοῦ καὶ ἴδε τὰ
Sal.       11     6  ἀνέτειλεν αὐτοῖς ὁ θεὸς ἵνα παρέλθῃ Ισραηλ ἐν  *  ἐπισκοπῇ  *  δόξης θεοῦ αὐτῶν. ἔνδυσαι Ιερουσαλημ τὰ ἱμάτια
ἐπίσκοπος                                                      2
Asen.      15     7  ἐπειδὴ πατήρ ἐστι τῆς μετανοίας. καὶ αὕτη ἐστὶν  *  ἐπίσκοπος  *  πάντων τῶν παρθένων καὶ φιλεῖ ὑμᾶς σφόδρα καὶ
Asen.      21    11 ⟨θυγάτηρ Πεντεφρῆ ἱερέως Ἡλιουπόλεως ὅς ἐστιν  *  ἐπίσκοπος  *  πάντων⟩. ⟨ἥμαρτον κύριε⟩ ἥμαρτον ἐνώπιόν σου
ἐπισπάω                                                        2
TRub.       5     1        δολιεύονται ἐν σχήμασι πῶς αὐτὸν πρὸς αὐτάς  *  ἐπισπάσονται  *  καὶ ὃν διὰ δυνάμεως οὐκ ἰσχύει
Asen.       5     6 ἔμειναν ἔξω τῆς αὐλῆς διότι οἱ φύλακες τῶν πυλῶν  *  ἐπεσπάσαντο  *  καὶ ἔκλεισαν τὰς θύρας καὶ ἐξεκλείσθησαν
                                                               1
ἐπισπεύδω
LEze. 9   28  2 25  σοι παιδὶ τῷδ' εὕρω ταχὺ ἐκ τῶν Ἑβραίων; ἡ δ'  *  ἐπέσπευσεν  *  κόρην. μολοῦσα δ' εἶπε μητρὶ καὶ παρῆν ταχὺ
ἐπίσταμαι                                                     11
Hen.       32     3 φρονήσεως οὗ ἐσθίουσιν ἅγιοι τοῦ καρποῦ αὐτοῦ καὶ  *  ἐπίστανται  *  φρόνησιν μεγάλην. ὅμοιον τὸ δένδρον ἐκεῖνο
```

Hen. 103 2 αὐτῶν μετ' ὀδύνης εἰς ᾅδου--- ἐγὼ ὀμνύω ὑμῖν--- * ἐπίσταμαι * τὸ μυστήριον τοῦτο ἀν(έγνων) γὰρ τὰς πλάκας
TLevi 2 3B005 καὶ πάντας τοὺς διαλογισμοὺς ἐννοιῶν σὺ μόνος * ἐπίστασαι. * καὶ νῦν τέκνα μου μετ' ἐμοῦ. καὶ δός μοι
Sal. 5 1 ὁ θεὸς αἰνέσω τῷ ὀνόματί σου ἐν ἀγαλλιάσει ἐν μέσῳ * ἐπισταμένων * τὰ κρίματά σου τὰ δίκαια ὅτι σὺ χρηστὸς καὶ
Sal. 14 8 ἐνώπιον αὐτοῦ διὰ παντὸς καὶ ταμιεῖα καρδίας * ἐπίσταται * πρὸ τοῦ γενέσθαι. διὰ τοῦτο ἡ κληρονομία αὐτῶν
Sedr. 8 11 μόνος σὺ γινώσκεις ταῦτα πάντα κύριε μόνος σὺ * ἐπίστασαι * ταῦτα πάντα μόνον δέομαί σου ἐλευθέρωσον τὸν
Sedr. 16 3 λέγει Σεδρὰχ κύριε σὺ ταῦτα πάντα οἶδας καὶ * ἐπίστασαι * μόνον συμπαθῆσαι τοὺς ἁμαρτωλούς. λέγει αὐτὸν
Job 12 3 αὐτοῦ λαμβάνειν ἠναγκάζετο παρ' ἐμοῦ λέγοντος * ἐπίσταμαι * ὅτι ἐργάτης εἶ ἄνθρωπος προσδοκῶν καὶ ἀναμένων
FAch. 110 δυνάμενος ἐλεεῖν μὴ μέλλε ἀλλὰ κοπία διδοὺς * ἐπιστάμενος * τὴν τύχην μὴ οὖσαν παράμονον. ψίθυρον καὶ
FAch. 119 οὖν τοὺς ἀπὸ Ἡλιουπόλεως μετεπέμψατο προφήτας * ἐπισταμένους * καὶ φυσικὰ ἐρωτήματα. καὶ συλλαλοῦντες αὐτῷ
FrAn. 574 3047 φωσφόρον ἀδάμαστον τὸν τὰ ἐν καρδίᾳ πάσης ζωῆς * ἐπιστάμενον * τὸν χουοπλάστην τοῦ γένους τῶν ἀνθρώπων τὸν

ἐπίστασις 1
Aris. 256 6 πράσσειν δεόντως μετριοπαθῆ καθεστῶτα. ἵνα δ' * ἐπίστασιν * τούτων λαμβάνωμεν θεραπεύειν δεῖ τὸν θεόν.

ἐπιστάτης 2
HArt. 9 27 11 ὅρος λατομήσαντας τάξαι δὲ ἐπὶ τῆς οἰκοδομίας * ἐπιστάτην * Ναχέρωτα. τὸν δὲ ἐλθόντα μετὰ Μωύσου εἰς
LEze. 9 28 3 21 σέθεν; ὁ δ' εἶπεν ἡμῖν τίς σ' ἀπέστειλε κριτὴν ἢ * 'πιστάτην * ἐνταῦθα; μὴ κτενεῖς σύ με ὥσπερ τὸν ἐχθὲς

ἐπιστέλλω 1
HEup. 9 34 3 καὶ ἀποστελλομένων σοι παίδων καλῶς ποιήσεις * ἐπιστείλας * τοῖς κατὰ τόπον ἐπάρχοις ὅπως χορηγῆται τὰ

ἐπιστήμη 7
Hen. 98 3 οἰκίαις αὐτῶν ὡς ὕδωρ ἐκχυθήσονται (διὰ τὸ μ)ὴ * ἐπιστήμην * αὐτοὺς μηδὲ φρόνησιν μηδεμίαν (ἔχειν). οὕτω
Hen. 99 7 πονη(ροῖς καὶ) πάσαις ταῖς πλάναις οὐ κατ' * ἐπι(στήμην) * καὶ πᾶν βοήθημα οὐ μὴ εὕρητε (ἀπ') αὐτῶν.
Hen. 101 8 (--γῆν) καὶ πάντα τὰ ἐν αὐτοῖς; καὶ τίς ἔδωκεν * ἐπιστήμην * πᾶσιν τοῖς κινουμένοις ἐν τῇ θαλάσσῃ; οἱ
Asen. 4 7 σήμερον καὶ ἔστιν Ἰωσὴφ ἀνὴρ δυνατὸς ἐν σοφίᾳ καὶ * ἐπιστήμῃ * καὶ πνεῦμα θεοῦ ἔστιν ἐπ' αὐτῷ καὶ χάρις κυρίου
Sal. 2 33 εὐλογεῖτε τὸν θεὸν οἱ φοβούμενοι τὸν κύριον ἐν * ἐπιστήμῃ * ὅτι τὸ ἔλεος κυρίου ἐπὶ τοὺς φοβουμένους αὐτὸν
FMos. 2 17 18 (ἐπ') αὐτὸν ὁ θεὸς σοφίαν καὶ δικαιοσύνην καὶ * ἐπιστήμην * πλήρη αὐτὸς οἰκοδομήσει τὸν οἶκον τοῦ θεοῦ.
HAno. 9 18 2 ὀνομασθῆναι. τὸν δὲ Ἅβραμον τὴν ἀστρολογικὴν * ἐπιστήμην * παιδευθέντα πρῶτον μὲν ἐλθεῖν εἰς Φοινίκην καὶ

ἐπιστήμων 1
Hen. 5 8 καὶ ἔσται ἐν ἀνθρώπῳ πεφωτισμένῳ φῶς καὶ ἀνθρώπῳ * ἐπιστήμονι * νόημα καὶ οὐ μὴ πλημμελήσουσιν οὐδὲ μὴ

ἐπιστηρίζω 1
HCal. 28 20 ἡγεῖσθαι προστέτακτο Ἀλέξανδρος δὲ Μακεδονίοις * ἐπεστήρικτο * καὶ ψυχαὶ Μακεδόνων Ἀλεξάνδρῳ ἐκρέμαντο.

ἐπιστολή 34
Hen. 100 6 οἱ υἱοὶ τῆς γῆς ἐπὶ τοὺς λόγους τούτους τῆς * ἐπιστολῆς * ταύτης καὶ γνώσονται ὅτι οὐ δύναται ὁ πλοῦτος
Hen. 107 3 αὐτοῦ Νῶε εὐφραίνων τὴν γῆν ἀπὸ τῆς ἀπωλείας. * ΕΠΙΣΤΟΛΗ * ΕΝΩΧ.
Jer. 6 13 καὶ σὺ ἐπισκέψῃ πρὸς Ἱερεμίαν. γράψον οὖν ἐν τῇ * ἐπιστολῇ * ὅτι λάλησον τοῖς υἱοῖς Ἰσραὴλ ὁ γενόμενος ἐν
Jer. 6 16 τῶν ἐθνῶν καὶ ἤνεγκε χάρτην καὶ μέλανα καὶ ἔγραψεν * ἐπιστολὴν * περιέχουσαν οὕτως Βαρούχ ὁ δοῦλος τοῦ θεοῦ
Jer. 7 8 εἰς τοῦτο γὰρ καὶ ἀπεστάλην. καὶ ἄρας Βαροὺχ τὴν * ἐπιστολὴν * καὶ δεκαπέντε σῦκα ἐκ τοῦ κοφίνου τοῦ
Jer. 7 13 τῇ ὁδῷ ᾗ πορεύσῃ. τότε ὁ ἀετὸς ἐπετάσθη ἔχων τὴν * ἐπιστολὴν * ἐν τῷ τραχήλῳ αὐτοῦ καὶ ἀπῆλθεν εἰς Βαβυλῶνα
Jer. 7 15 σύναξον τὸν λαόν καὶ ἐλθὲ ἐνταῦθα ἵνα ἀκούσωσι * ἐπιστολῆς * ἧς ἤνεγκά σοι ἀπὸ τοῦ Βαροὺχ καὶ τοῦ
Jer. 7 19 εἶπεν ὁ ἀετός σοὶ λέγω Ἱερεμία δεῦρο λῦσον τὴν * ἐπιστολὴν * ταύτην καὶ ἀνάγνωθι αὐτὴν τῷ λαῷ λύσας οὖν τὴν
Jer. 7 19 ταύτην καὶ ἀνάγνωθι αὐτὴν τῷ λαῷ λύσας οὖν τὴν * ἐπιστολὴν * ἀνέγνω αὐτὴν τῷ λαῷ. καὶ ἀκούσας ὁ λαὸς
Jer. 7 22 δὲ Ἱερεμίας εἶπεν αὐτοῖς πάντα ὅσα ἐκ τῆς * ἐπιστολῆς * ἠκούσατε φυλάξατε καὶ εἰσάξει ἡμᾶς κύριος εἰς
Jer. 7 23 ἡμᾶς κύριος εἰς τὴν πόλιν ἡμῶν. ἔγραψε δὲ καὶ * ἐπιστολὴν * ὁ Ἱερεμίας τῷ Βαροὺχ λέγων οὕτως υἱέ μου
Jer. 7 30 ἐπὶ γῆς ἀλλοτρίας ὄντες; καὶ μετὰ ταῦτα ἔδησε τὴν * ἐπιστολὴν * εἰς τὸν τράχηλον τοῦ ἀετοῦ Ἱερεμίας λέγων
Jer. 7 31 ὁ ἀετὸς καὶ ἦλθεν εἰς Ἱερουσαλὴμ καὶ ἔδωκε τὴν * ἐπιστολὴν * τῷ Βαροὺχ καὶ λύσας ἀνέγνω καὶ κατεφίλησεν
Aris. 28 5 οὐδ' εἰκῇ. διόπερ καὶ τὸ τῆς εἰσδόσεως καὶ τὰ τῶν * ἐπιστολῶν * ἀντίγραφα κατακεχώρικα καὶ τὸ τῶν ἀπεσταλμένων
Aris. 34 2 δηλώσομεν δέ σοι περὶ τῆς κατασκευῆς ὡς ἂν τὰ τῶν * ἐπιστολῶν * ἀντίγραφα διέλθωμεν. ἦν δὲ ἡ τοῦ βασιλέως
Aris. 34 4 ἀντίγραφα διέλθωμεν. ἦν δὲ ἡ τοῦ βασιλέως * ἐπιστολὴ * τὸν τύπον ἔχουσα τοῦτον βασιλεὺς Πτολεμαῖος
Aris. 41 1 ταχίστην περὶ ὧν ἂν αἱρῇ. ἔρρωσο. πρὸς ταύτην τὴν * ἐπιστολὴν * ἀντέγραψεν ἐνδεχομένως ὁ Ἐλεάζαρος ταῦτα
Aris. 42 1 καὶ αὐτοὶ δὲ ὑγιαίνομεν. λαβόντες τὴν παρὰ σοῦ * ἐπιστολὴν * μεγάλως ἐχάρημεν διὰ τὴν προαίρεσίν σου καὶ
Aris. 51 1 ἑβδομήκοντα δύο. καὶ τὰ μὲν πρὸς τὴν τοῦ βασιλέως * ἐπιστολὴν * τοιαύτης ἐτύγχανεν ἀντιγραφῆς ὑπὸ τῶν περὶ τὸν
Aris. 173 4 καὶ ἐγὼ φιλοφρόνως ἠσπασάμεθα τὸν βασιλέα καὶ τὰς * ἐπιστολὰς * ἀποδεδώκαμεν τὰς παρὰ τοῦ Ἐλεαζάρου. περὶ
FAch. 102 οὔτε μάχαις ἔγραφον γὰρ προβλήματα φιλοσοφίας δι' * ἐπιστολῶν * καὶ ὁ μὴ εὑρίσκων διαλύσασθαι φόρους ἐτέλει τῷ
FAch. 104 τὸν Αἴσωπον πρὸς τὸν βασιλέα γράψας πλαστὴν * ἐπιστολὴν * τῷ αὐτοῦ ὀνόματι πρὸς τοὺς ἀντιδίκους
FAch. 105 πρεσβείαν ἀπέστειλεν πρὸς τὸν Λυκοῦργον μετὰ * ἐπιστολῶν * καὶ προβλημάτων ἵνα διαλύσῃ εἰδὼς ὅτι μετὰ
FAch. 106 ὅλης τῆς χώρας. ἀναγνοὺς δὲ ὁ Λυκοῦργος τὴν * ἐπιστολὴν * περίλυπος ἐγένετο ἐπὶ τῷ ἐξαπίνης πτώματι.
FAch. 108 ὁ βασιλεὺς ἐκεῖνῳ τὸ ζῆν ἔφη τῷ Αἰσώπῳ λαβὼν τὴν * ἐπιστολὴν * τοῦ τῶν Αἰγυπτίων βασιλέως ἀνάγνωθι. ὁ δὲ
FAch. 112 Αἴσωπον τεθνάναι προσεκάλεσα τὸν Λυκοῦργον δι' * ἐπιστολῶν. * ταῦτα εἰπὼν ἐκέλευσεν τὸν Αἴσωπον ἀποβῆναι
FAch. 123 δοὺς δὲ αὐτῷ φόρους ἐτῶν τριῶν ἔπεμψεν αὐτὸν μετὰ * ἐπιστολῶν * εἰρηνικῶν. ὁ δὲ Αἴσωπος παραγενάμενος εἰς
HEup. 9 30 8 Οὐαφρῆ τὸν Αἰγύπτου βασιλέα τὴν ὑπογεγραμμένην * ἐπιστολήν. * επιστολη Σολομωνος. βασιλεὺς Σολομῶν Οὐαφρῆ
HEup. 9 31 1 τὸν Αἰγύπτου βασιλέα τὴν ὑπογεγραμμένην ἐπιστολήν. * επιστολη * Σολομωνος. βασιλεὺς Σολομῶν Οὐαφρῆ βασιλεῖ
HEup. 9 32 1 πάντα κατὰ τὴν χρείαν καθότι ἐπιτέτακται. * επιστολη * Ουαφρη αντιγραφος. βασιλεὺς Οὐαφρῆς Σολομῶνι
HEup. 9 32 1 μεγάλῳ χαίρειν. ἅμα τῷ ἀναγνῶναι τὴν παρὰ σοῦ * ἐπιστολὴν * σφόδρα ἐχάρην καὶ λαμπρὰν ἡμέραν ἤγαγον ἐγώ τε
HEup. 9 33 1 εἰς τὴν ἰδίαν ὡς ἂν ἀπὸ τῆς χρείας γενόμενοι. * επιστολη * Σολομωνος. βασιλεὺς Σολομῶν Σούρωνι τῷ βασιλεῖ
HEup. 9 34 1 ἱερεῖα δὲ εἰς κρεωφαγίαν ἐκ τῆς Ἀραβίας. * επιστολη * Σουρωνος. Σούρων Σολομῶνι βασιλεῖ μεγάλῳ
HEup. 9 34 1 ἐκ χρηστοῦ ἀνδρὸς ἅμα τῷ ἀναγνῶναι τὴν παρὰ σοῦ * ἐπιστολὴν * σφόδρα ἐχάρην καὶ εὐλόγησα τὸν θεὸν ἐπὶ τῷ

ἐπιστρατεύω 3
HEup. 9 30 4 Ἰτουραίους καὶ Ναβαταίους καὶ Ναβδαίους αὖθις δὲ * ἐπιστρατεῦσαι * ἐπὶ Σούρωνα βασιλέα Τύρου καὶ Φοινίκης οὓς
HArt. 9 27 7 αἰτίᾳ τινὶ ἀνελεῖν. καὶ δή ποτε τῶν Αἰθιόπων * ἐπιστρατευσαμένων * τῇ Αἰγύπτῳ τὸν Χενεφρῆν ὑπολαβόντα
HAno. 9 17 4 τῷ βασιλεῖ αὐτῶν. ὕστερον δὲ Ἀρμενίους * ἐπιστρατεῦσαι * τοῖς Φοίνιξι νικησάντων δὲ καὶ

ἐπίστρεπτος 1
LThe. 9 22 3 ἕνδεκα καὶ κούρη Δεῖνα περικαλλὲς ἔχουσα εἶδος * ἐπίστρεπτον * δὲ δέμας καὶ ἀμύμονα θυμόν. ἀπὸ δὲ τοῦ

ἐπιστρέφω 49
Adam 25 3 δὲ καὶ εἶπεις κύριε κύριε σῶσόν με καὶ οὐ μὴ * ἐπιστρέψω * εἰς τὴν ἁμαρτίαν τῆς σαρκὸς ἀλλὰ καὶ πάλιν
Adam 25 3 εἰς τὴν ἁμαρτίαν τῆς σαρκὸς ἀλλὰ καὶ πάλιν * ἐπιστρέψεις. * διὰ τοῦτο ἐκ τῶν λόγων σου κρινῶ σε διὰ τὴν
Adam 31 4 ἀπαντήσωμεν τοῦ ποιήσαντος ἡμᾶς ἢ ὀργισθῇ ἡμῖν ἢ * ἐπιστρέψῃ * τοῦ ἐλεῆσαι ἡμᾶς. τότε ἀνέστη ἡ Εὔα καὶ
Adam 39 2 τόπον τοῦτον. πλὴν λέγω σοι ὅτι τὴν χαρὰν αὐτῶν * ἐπιστρέψω * εἰς λύπην τὴν δὲ λύπην σου ἐπιστρέψω εἰς χαρὰν
Adam 39 2 χαρὰν αὐτῶν ἐπιστρέψω εἰς λύπην τὴν δὲ λύπην σου * ἐπιστρέψω * εἰς χαρὰν καὶ ἐπιστρέψω σε εἰς τὴν ἀρχήν σου
Adam 39 2 εἰς λύπην τὴν δὲ λύπην σου ἐπιστρέψω εἰς χαρὰν καὶ * ἐπιστρέψω * σε εἰς τὴν ἀρχήν σου καὶ καθίσω σε εἰς τὸν
Hen. 99 5 αἱ θηλάζουσαι ῥίψ(ουσιν τὰ τέκ)να αὐτῶν καὶ οὐ μὴ * ἐπι(στρέψου)σιν * ἐπὶ τὰ νήπια αὐτῶν οὐ(δὲ ἐπὶ τὰ
Hen. 107 3 τοῦ πατρὸς αὐτοῦ μυστηριακῶς γὰρ ἐδήλωσεν αὐτῷ * (ἐπέστρεψεν * καὶ ἐδήλωσεν αὐτῷ.) καὶ ἐκλήθη τὸ ὄνομα
Abr.1 10 14 οὐδένα ἀναμένω δὲ τὸν θάνατον τῶν ἁμαρτωλῶν ἕως οὗ * ἐπιστρέψαι * καὶ ζῆσαι ἀνάγαγε (δὲ) τὸν Ἀβραὰμ ἐν τῇ
Abr.2 12 13 αὐτοὺς διὰ τοῦτο σπλαχνίζομαι ἐπ' αὐτοὺς τάχα εἰ * ἐπιστρέψουσιν * καὶ μετανοήσουσιν ἐκ τῶν ἁμαρτιῶν αὐτῶν καὶ
Abr.2 12 14 ἁμαρτιῶν αὐτῶν καὶ σωθήσονται. ἐν ἐκείνῃ τῇ ὥρᾳ * ἐπέστρεψεν * Μιχαὴλ τὸν Ἀβραὰμ ἐπὶ τὴν γῆν. ἐγένετο δὲ
Abr.2 14 6 πρὸς κύριον καὶ ἀνέστησεν αὐτούς. ἐγένετο δὲ ὡς * ἐπέστρεψεν * Ἀβραὰμ ἐξήνεγκεν ὁ θάνατος τὴν ψυχὴν αὐτοῦ
TLevi 17 10 αὐτῶν ἀφανισθήσεται. καὶ ἐν πέμπτῃ ἑβδομάδι * ἐπιστρέψουσιν * εἰς γῆν ἐρημώσεως αὐτῶν καὶ
TJud. 2 4 τοῦ ποδὸς ἀπεκύλισα εἰς κρημνὸν καὶ πᾶν θηρίον εἰ * ἐπέστρεφε * πρός με διέσπων αὐτὸ ὡς κύνα. τῷ χοίρῳ τῷ
TJud. 23 5 ὑμῶν εἰς εὐνούχους ταῖς γυναιξὶν αὐτῶν. καὶ ὡς ἂν * ἐπιστρέψητε * πρὸς κύριον ἐν τελείᾳ καρδίᾳ μεταμελούμενοι
TIss. 6 3 ταῦτα τοῖς τέκνοις ὑμῶν ὅπως ἐὰν ἁμαρτήσωσι τάχιον * ἐπιστρέψουσι * πρὸς κύριον ὅτι ἐλεήμων ἐστὶ καὶ ἐξελεῖται
TIss. 6 4 κύριον ὅτι ἐλεήμων ἐστὶ καὶ ἐξελεῖται αὐτοὺς τοῦ * ἐπιστρέψαι * εἰς τὴν γῆν αὐτῶν. ἑκατὸν εἰκοσιδύο ἐτῶν εἰμι
TZab. 9 7 μετὰ ταῦτα μνησθήσεσθε κυρίου καὶ μετανοήσετε καὶ * ἐπιστρέψει * ὑμᾶς ὅτι ἐλεήμων ἐστὶ καὶ εὔσπλαγχνος μὴ
TZab. 9 8 τοῦ Βελιὰρ καὶ πᾶν πνεῦμα πλάνης πατηθήσεται καὶ * ἐπιστρέψει * πάντα τὰ ἔθνη εἰς παραζήλωσιν αὐτοῦ καὶ
TDan 5 9 Αἰγύπτου καὶ πάσας πονηρίας τῶν ἐθνῶν καὶ οὕτως * ἐπιστρέψαντες * πρὸς κύριον ἐλεηθήσεσθε καὶ ἄξει ὑμᾶς εἰς
TDan 5 11 αἰχμαλωσίαν λάβῃ ἀπὸ τοῦ Βελιὰρ ψυχὰς ἁγίων καὶ * ἐπιστρέψει * καρδίας ἀπειθεῖς πρὸς κύριον καὶ δώσει τοῖς
TNep. 4 3 ὑμᾶς. καὶ μετὰ τὸ ὀλιγωθῆναι ὑμᾶς καὶ σμικρυνθῆναι * ἐπιστρέψετε * καὶ ἐπιγνώσεσθε κύριον τὸν θεὸν ὑμῶν καὶ
TNep. 4 3 καὶ ἐπιγνώσεσθε κύριον τὸν θεὸν ὑμῶν καὶ * ἐπιστρέψει * ὑμᾶς εἰς τὴν γῆν ὑμῶν κατὰ τὸ πολὺ αὐτοῦ
TJos. 11 5 με εἰς Αἴγυπτον πρὸς μετάβολον ἐμπορίας αὐτῶν ἕως * ἐπιστρέψωσι * φέροντες ἐμπορίαν. καὶ ὁ κύριος ἔδωκέ μοι
TJos. 13 3 εἶπεν οἱ Ἰσμαηλῖται παρέθεντό μοι αὐτὸν ἕως οὗ * ἐπιστρέψωσιν. * καὶ οὐκ ἐπίστευσεν αὐτῷ ἀλλ' ἐκέλευσε
TBen. 4 5 θεὸν συνεργεῖ τὸν ἀθετοῦντα τὸν ὕψιστον νουθετῶν * ἐπιστρέφει * καὶ τὸν ἔχοντα χάριν πνεύματος ἀγαθοῦ ἀγαπᾷ
TBen. 5 1 εἰρηνεύσουσιν ὑμῖν καὶ οἱ ἄσωτοι αἰδεσθέντες ὑμᾶς * ἐπιστρέψουσιν * εἰς ἀγαθὸν καὶ οἱ πλεονέκται οὐ μόνον
TBen. 12 4 παρὰ τοὺς πόδας τῶν πατέρων αὐτῶν. καὶ αὐτοὶ * ἐπέστρεψαν * ἐκ γῆς Χαναὰν καὶ ᾤκησαν ἐν Αἰγύπτῳ ἕως
Asen. 11 11 ἐν καιρῷ θλίψεως αὐτοῦ. ὅθεν τολμήσω κἀγὼ καὶ * ἐπιστρέψω * πρὸς αὐτὸν καὶ καταφεύξομαι ἐπ' αὐτὸν καὶ
Asen. 17 8 τῇ Ἀσενὲθ μετάθες τὴν τράπεζαν ταύτην. καὶ * ἐπεστράφη * Ἀσενὲθ τοῦ μεταθῆναι τὴν τράπεζαν καὶ εὐθέως
Sal. 5 7 ἐφ' ἡμᾶς ἵνα μὴ δι' ἀνάγκην ἁμάρτωμεν. καὶ ἐὰν μὴ * ἐπιστρέψῃς * ἡμᾶς οὐκ ἀφεξόμεθα ἀλλ' ἐπὶ σέ ἥξομεν. ἐὰν
Sal. 8 27 θεὸς τῆς δικαιοσύνης κρίνων τὸν Ισραηλ ἐν παιδείᾳ. * ἐπίστρεψον * ὁ θεὸς τὸ ἔλεός σου ἐφ' ἡμᾶς καὶ οἰκτίρησον

Jer. 3 10 καὶ ἐν τῇ σκιᾷ τοῦ ὄρους ἐγὼ σκεπάσω αὐτὸν ἕως οὗ * ἐπιστρέψω * τὸν λαὸν εἰς τὴν πόλιν. σὺ δὲ Ἰερεμίας ἄπελθε

Jer. 3 11 μεῖνον μετ' αὐτῶν εὐαγγελιζόμενος αὐτοῖς ἕως οὗ * ἐπιστρέψω * αὐτοὺς εἰς τὴν πόλιν. κατάλειψον δὲ τὸν Βαροὺχ

Jer. 4 8 παρεδόθη ὑμῖν. ὁ δὲ θεὸς ἡμῶν οἰκειρήσει ἡμᾶς καὶ * ἐπιστρέψει * ἡμᾶς εἰς τὴν πόλιν ἡμῶν ὑμεῖς δὲ ζωὴν οὐχ

Jer. 7 27 ἡμᾶς αἰχμαλωτευθῆναι καὶ μνησκόμενος ἐστέναζον καὶ * ἐπέστρεφον * εἰς τὸν οἶκόν μου ὀδυνώμενος καὶ κλαίων. νῦν

Prop. 3 19 τὰ κτήνη αὐτῶν καὶ προείρηκεν ὅτι δι' αὐτοὺς οὐκ * ἐπιστρέψει * ὁ λαὸς εἰς τὴν γῆν αὐτοῦ ἀλλὰ ἐν Μηδίᾳ

Prop. 4 22 πάσης τῆς γῆς. ἐὰν δὲ τὸ ἐν τῷ νότῳ ῥεύσῃ ὕδατα * ἐπιστρέψει * ὁ λαὸς εἰς γῆν αὐτοῦ καὶ ἐὰν αἷμα ῥεύσῃ φόνος

Prop. 12 4 εἰς Ὀστρακίνην καὶ παρῴκησεν ἐν γῇ Ἰσμαήλ. ὡς δὲ * ἐπέστρεψαν * οἱ Χαλδαῖοι καὶ οἱ κατάλοιποι οἱ ὄντες ἐν

Prop. 12 8 καὶ οὐδενὶ εἶπε τὸ γενόμενον συνῆκε δὲ ὅτι τάχιον * ἐπιστρέψει * ὁ λαὸς ὑπὸ Βαβυλῶνος. καὶ πρὸ δύο ἐτῶν

Prop. 20 1 τοῦ πλανήσαντος αὐτόν. Ἀζαρίας ἐκ γῆς Συβαθᾶ ὃς * ἐπέστρεψεν * ἐξ Ἰσραὴλ τὴν αἰχμαλωσίαν Ἰούδα καὶ θανὼν

Sedr. 12 4 ἢ ἑκατὸν καὶ ζήσῃ αὐτοὺς ἐν ἁμαρτίαις καὶ πάλιν * ἐπιστρέψῃ * καὶ ζήσῃ ἄνθρωπος ἐν μετανοίᾳ πόσας ἡμέρας

Sedr. 12 5 ἀφίεις αὐτοῦ τὰς ἁμαρτίας; λέγει αὐτῷ ὁ θεὸς ἐὰν * ἐπιστρέψας * ζῶν τὰ ἑκατὸν ⟨ἢ⟩ ὀγδοήκοντα μετανοήσας τρία

Sedr. 14 6 καὶ ἐνέβη τὸ θεῖόν μου πνεῦμα εἰς αὐτοὺς καὶ * ἐπιστρέφονται * πρὸς τὸ ἐμὸν βάπτισμα καὶ δέχομαι αὐτοὺς

FEld. 7 3 ἐγγὺς κύριος τοῖς * ἐπιστρεφομένοις. *

FMan. 2 23 3 πορεύσομαι καθὰ ἐπιθυμεῖ ἡ ψυχή μου καὶ ὕστερον * ἐπιστρέψω * πρὸς κύριον.

FEz. 1 8 3 ὦσιν πυρρότεραι κόκκου καὶ μελανώτεραι σάκκου καὶ * ἐπιστραφῆτε * πρός με ἐξ ὅλης τῆς καρδίας καὶ εἴπητε πάτερ

FEz. 186 1 ⟩το ονομα απ⟨ ⟩μενω⟨ ⟩πλατεια⟨ ⟨το πλανωμενο⟩ν ουκ * επ⟨εσ⟩τρεψατε * και ⟨το ενοχλουμενο⟩ν ουκ εθ⟨ε⟩ραπευσατε

FEz. 186 12 και το ενο⟨χλουμενον ια⟩σομαι και το πλανωμε⟨νον * επιστρεψω * κ⟩αι βοσκησω αυτους⟨ εγω και αναπαυσω ε⟩πι το
7

### ἐπιστροφή

Sal. 7 Ἔλεος τοῖς ἀγαπῶσιν αὐτὸν ἐν ἀληθείᾳ. τῷ Σαλωμων * ἐπιστροφῆς. * μὴ ἀποσκηνώσῃς ἀφ' ἡμῶν ὁ θεὸς ἵνα μὴ

Sal. 9 10 ἡμῶν περὶ ἡμῶν καὶ ἡμεῖς ἐλπιοῦμεν ἐπὶ σέ ἐν * ἐπιστροφῇ * ψυχῆς ἡμῶν. τοῦ κυρίου ἡ ἐλεημοσύνη ἐπὶ οἶκον

Sal. 16 11 ἀπ' ἐμοῦ ἐὰν ἁμαρτήσω ἐν τῷ σε παιδεύειν εἰς * ἐπιστροφήν. * εὐδοκίᾳ δὲ μετὰ ἱλαρότητος στήρισον τὴν

Prop. 12 8 ὑπὸ Βαβυλῶνος. καὶ πρὸ δύο ἐτῶν ἡνίκει τῆς * ἐπιστροφῆς. * καὶ ἐτάφη ἐν ἀγρῷ ἰδίῳ μόνος. ἔδωκε δὲ τέρας

Prop. 12 17 Χριστοῦ πολλὰ προεφήτευσε. καὶ πρὸ δύο ἐτῶν τῆς * ἐπιστροφῆς * τοῦ λαοῦ τῆς ἀπὸ Βαβυλῶνος ἐτελεύτησε καὶ

Prop. 14 1 ἐκ Βαβυλῶνος εἰς Ἰερουσαλὴμ καὶ φανερῶς περὶ τῆς * ἐπιστροφῆς * τοῦ λαοῦ προεφήτευσε καὶ εἶδεν ἐκ μέρους τὴν

Prop. 16 1 ἐπανόδου ἀπὸ Βαβυλῶνος.⟩ Μαλαχίας. οὗτος μετὰ τὴν * ἐπιστροφὴν * τίκτεται ἐν Σωφᾷ καὶ ἔτι πάνυ νέος καλὸν βίον
8

### ἐπισυνάγω

Hen. 22 3 ἐμοῦ ἦν καὶ εἶπέν μοι οὗτοι οἱ τόποι οἱ κοῖλοι ἵνα * ἐπισυνάγωνται * εἰς αὐτοὺς τὰ πνεύματα τῶν ψυχῶν τῶν

Hen. 22 3 τῶν ψυχῶν τῶν νεκρῶν. εἰς αὐτὸ τοῦτο ἐκρίθησαν ὧδε * ἐπισυνάγεσθαι * πάσας τὰς ψυχὰς τῶν ἀνθρώπων. καὶ οὗτοι οἱ

Hen. 27 2 τοῖς κεκατηραμένοις ἐστὶν μέχρι αἰῶνος. ὧδε * ἐπισυναχθήσονται * πάντες οἱ κεκατηραμένοι οἵτινες ἐροῦσιν

Hen. 27 2 καὶ περὶ τῆς δόξης αὐτοῦ σκληρὰ λαλήσουσι. ὧδε * ἐπισυναχθήσονται * καὶ ὧδε ἔσται τὸ οἰκητήριον. ἐπ'

TNep. 8 3 ἀνθρώποις ἐπὶ τῆς γῆς σῶσαι τὸ γένος Ἰσραὴλ καὶ * ἐπισυνάξει * δικαίους ἐκ τῶν ἐθνῶν. ἐὰν ἐργάσησθε τὸ καλὸν

TAser. 7 7 αὐτῶν ἀγνοήσουσι καὶ φυλὴν καὶ γλώσσαν αὐτῶν. ἀλλ' * ἐπισυνάξει * ὑμᾶς κύριος ἐν πίστει δι' ἐλπίδα εὐσπλαγχνίας

Bar. 15 2 τὰ καλὰ ἔργα. οἱ γὰρ καλῶς σπείραντες καὶ καλῶς * ἐπισυνάγουσιν. * καὶ λέγει καὶ τοὺς ἀποκένους φέροντας

Aris. 29 3 εἰς τὴν συμπλήρωσιν τῆς βιβλιοθήκης βιβλίων ὅπως * ἐπισυναχθῇ * καὶ τὰ διαπεπτωκότα τύχῃ τῆς προσηκούσης
1

### ἐπισυνίστημι

HArt. 9 27 13 ὀρκωμοτῆσαι τοὺς φίλους μὴ ἐξαγγεῖλαι τῷ Μωύσῳ τὴν * ἐπισυνισταμένην * αὐτῷ ἐπιβουλὴν καὶ προβαλέσθαι τοὺς
1

### ἐπισύστασις

HArt. 9 23 1 ὑπὸ τῶν ἀδελφῶν ἐπιβουλευθῆναι προϊδόμενον δὲ τὴν * ἐπισύστασιν * δεηθῆναι τῶν ἀστυγειτόνων Ἀράβων εἰς τὴν
1

### ἐπισύσχεσις

Hen. 22 4 τὰς ψυχὰς τῶν ἀνθρώπων. καὶ οὗτοι οἱ τόποι εἰς * ἐπισύνσχεσιν * αὐτῶν ἐποίησαν μέχρι τῆς ἡμέρας τῆς κρίσεως
1

### ἐπισφαλής

Aris. 314 2 Θεοπόμπου διότι μέλλων τινὰ τῶν προηρμηνευμένων * ἐπισφαλέστερον * ἐκ τοῦ νόμου προσιστορεῖν ταραχὴν λάβοι
6

### ἐπιταγή

Hen. 5 2 οὐκ ἀλλοιοῦνται αὐτῶν τὰ ἔργα ἀλλ' ὡσπερεὶ κατὰ * ἐπιταγὴν * τὰ πάντα γίνεται. ἴδετε πῶς ἡ θάλασσα καὶ οἱ

Hen. 21 6 εἰσιν τῶν ἀστέρων τοῦ οὐρανοῦ οἱ παραβάντες τὴν * ἐπιταγὴν * τοῦ κυρίου καὶ ἐδέθησαν ὧδε μέχρι τοῦ πληρῶσαι

Sal. 18 12 ὁδῶν αὐτῶν εἰ μὴ ὁ θεὸς ἐνετείλατο αὐτοῖς ἐν * ἐπιταγῇ * δούλων αὐτοῦ.

Aris. 55 4 εἶπεν οὕτως συνεστηκέναι τοῖς μέτροις. ὅτι γὰρ * ἐπιταγῆς * οὔσης οὐθὲν ἂν ἐσπάνιζε διόπερ οὐ παραβατέον

Aris. 103 2 οὐδένα. μετὰ ἀκριβείας δὲ πολλῆς εἶχον εἰ καί τις * ἐπιταγὴ * γένοιτο διὰ τοῦ προκαθηγουμένου πρὸς θεωρίαν

FAch. 107 μοι οἶδα. ὁ δὲ Λυκοῦργος πρὸς αὐτόν τί φῇς; ὁ δὲ * ἐπιταγὴν * βασιλέως μὴ ποιήσας ἐπ' ἐμαυτοῦ θησαυρίζω κακά.
10

### ἐπιτάσσω

Hen. 10 7 πάντες οἱ υἱοὶ τῶν ἀνθρώπων ἐν τῷ μυστηρίῳ ὅλῳ ᾧ * ἐπέταξα * οἱ ἐγρήγοροι καὶ ἐδίδαξαν τοὺς υἱοὺς αὐτῶν καὶ

Sedr. 6 1 ὁ θεὸς γνωστόν ἔστω σοι ὅτι πάντα εὐδιάλακτα * ἐπέταξα * αὐτὸν ἐποίησα αὐτὸν φρόνιμον καὶ κληρονόμον

Aris. 94 3 τῶν διαλελοιπότων ἔγεροντας πρόθυμοι οὐδένος * ἐπιτάσσοντος * τὰ τῆς λειτουργίας. ἥ τε πᾶσα σιγή

Aris. 111 2 καὶ χρηματιστὰς καὶ τοὺς τούτων ὑπηρέτας * ἐπέταξε * κατὰ νομοὺς ὅπως μὴ πορισμὸν λαμβάνοντες οἱ

FJub. 46 14 ποταμῶν εἰς διώρυχας πλείστας κατατεμεῖν αὐτοῖς * ἐπέταξαν * καὶ οἰκοδομῆσαι τείχη ταῖς πόλεσι καὶ χώματα

HEup. 9 31 1 Δαυὶδ τοῦ πατρὸς διὰ τοῦ θεοῦ τοῦ μεγίστου ⟨καὶ⟩ * ἐπιτετάχότος * μοι οἰκοδομῆσαι ἱερὸν τῷ θεῷ ὃς τὸν οὐρανὸν

HEup. 9 31 1 μέχρι τοῦ ἐπιτελέσαι πάντα κατὰ τὴν χρείαν καθότι * ἐπιτέτακται. * ἐπιστολὴ Οὐαφρη ἀντιγραφος. βασιλεὺς

HEup. 9 33 1 παρὰ Δαυὶδ τοῦ πατρὸς διὰ τοῦ θεοῦ τοῦ μεγίστου * ἐπιτετάχότος * μοι οἰκοδομῆσαι ἱερὸν τῷ θεῷ ὃς τὸν οὐρανὸν

HEup. 9 33 1 τοῦ ἐπιτελέσαι τὴν τοῦ θεοῦ χρείαν καθότι μοι * ἐπιτέτακται. * γέγραφα δὲ καὶ εἰς τὴν Γαλιλαίαν καὶ

FrAn. 574 3063 τὸν περιθέντα ὄρη τῇ θαλάσσῃ τεῖχος ἐξ ἄμμου καὶ * ἐπιτάξαντα * αὐτῇ μὴ ὑπερβῆναι καὶ ἐπήκουσεν ἡ ἄβυσσος.
2

### ἐπιτέλεια

Aris. 18 2 περὶ σωτηρίας ἀνθρώπων προτιθέμενος λόγον ὅτι τὴν * ἐπιτέλειαν * ὁ θεὸς ποιήσει τῶν ἀξιουμένων ὃ γὰρ πρὸς

Aris. 272 3 καὶ τιμήν; ὁ δὲ εἶπεν ἀρετή. καλῶν γὰρ ἔργων ἐστὶν * ἐπιτέλεια * τὸ δὲ κακὸν ἀποτρίβεται καθὼς σὺ διατηρεῖς τὴν
43

### ἐπιτελέω

TJos. 19 7 ἥτις οὐ παρασαλεύεται. ἡ δὲ ἐμὴ βασιλεία ἐν ὑμῖν * ἐπιτελεῖται * ὡς ὀπωροφυλάκιον ὅτι μετὰ τὸ θέρος οὐ

Asen. 2 3 Ἀσενὲθ καὶ ἐφοβεῖτο αὐτοὺς καὶ θυσίας αὐτοῖς * ἐπετέλει * καθ' ἡμέραν. καὶ ἦν ὁ δεύτερος θάλαμος ἔχων τὸν

Sal. 6 6 θεοῦ. καὶ πᾶν αἴτημα ψυχῆς ἐλπιζούσης πρὸς αὐτὸν * ἐπιτελεῖ * ὁ κύριος εὐλογητὸς κύριος ὁ ποιῶν ἔλεος τοῖς

Esdr. 7 9 αὐτὸ καὶ μνημονεύουσιν τοῦ ὀνόματός μου καὶ * ἐπιτελοῦσιν * τὴν μνήμην μου δὸς αὐτοῖς εὐλογίαν οὐρανόθεν

Aris. 17 7 κατὰ καρδίαν ἵνα συναναγκασθῇ καθὼς ἠξίουν * ἐπιτελέσαι * μεγάλην γὰρ εἶχον ἐλπίδα περὶ σωτηρίας

Aris. 20 5 χρησάμενος τῇ προθυμίᾳ τοῦ θεοῦ τὴν πᾶσαν * ἐπιτελέσαντος * ἡμῶν προαίρεσιν καὶ συναναγκάσαντος αὐτὸν

Aris. 25 2 γὰρ καὶ ἡμῖν συμφέρειν καὶ τοῖς πράγμασι τοῦτ' * ἐπιτελεσθῆναι. * τὸν δὲ βουλόμενον προσαγγέλλειν περὶ τῶν

Aris. 27 2 βασιλεὺς ποιεῖν ὁλοσχερῶς περὶ τοῦ δόξαντος ἅπαντ' * ἐπιτελεῖν. * ὡς δὲ κατεπράχθη ταῦτα τὸν Δημήτριον ἐκέλευσεν

Aris. 39 6 διὰ τὸ περὶ μειζόνων εἶναι τὴν σκέψιν. οἰόμεθα γὰρ * ἐπιτελεσθέντος * τούτου μεγάλην ἀπολεσθαι δόξαν.

Aris. 40 7 κεχαρισμένος ἔσῃ καὶ φιλίας ἄξιόν τι πράξεις ὡς * ἐπιτελεσθησομένων * τὴν ταχίστην περὶ ὧν ἂν αἱρῇ. ἔρρωσο.

Aris. 72 4 πλείονα καὶ κατὰ τὴν προαίρεσιν αὐτοῦ πάντα * ἐπιτελεῖσθαι * θαυμασίως καὶ ἀξιολόγως ἔχοντα καὶ ταῖς

Aris. 77 4 πρὸς τὴν ἀληθείας ἔμφασιν. ὡς γὰρ * ἐπιτελέσθη * τεθέντων τῶν κατασκευασμάτων ἑτέρου παρ'

Aris. 79 4 λίθους καὶ τὰς λοιπὰς δὲ τορείας διηλλαγμένως * ἐπετέλεσαν * ἅπαντα φιλοτιμηθέντες εἰς ὑπεροχὴν δόξης τοῦ

Aris. 93 7 ἀμώμητα τῇ ταχύτητι διαφέροντα τὸ προειρημένως * ἐπιτελεῖται. * πρὸς δὲ τὴν ἀνάπαυσιν τόπος αὐτοῖς ἐστιν

Aris. 95 5 ἀλλὰ φόβῳ καὶ καταξίως μεγάλης θειότητος ἅπαντ' * ἐπιτελεῖται. * μεγάλην δὲ ἔκπληξιν ἡμῖν παρέσχεν ὡς

Aris. 104 3 τοιοῦτον τοὺς γὰρ πάντας ὁμωμοκέναι κατ' ἀνάγκην * ἐπιτελουμένους * θείως τὸ κατὰ τὸν ὁρκισμὸν πρᾶγμα ὄντας

Aris. 122 2 πρὸς τὰς πρεσβείας εὐθέτως καθεστηκέναι καὶ τοῦτ' * ἐπιτελοῦν * ὥστε δέοι καὶ μὴ πρὸς τὰς φιλίας. καὶ τὰς

Aris. 127 2 καλῶς ζῆν ἐν τῷ τὰ νόμιμα συντηρεῖν εἶναι τοῦτο δὲ * ἐπιτελεῖσθαι * διὰ τῆς ἀκροάσεως πολλῷ μᾶλλον ἢ διὰ τῆς

Aris. 133 2 πρόδηλα θεὶς ἔδειξεν ὅτι κἂν ἐννοηθῇ τις κακίαν * ἐπιτελεῖν * οὐκ ἂν λάθοι μὴ ὅτι καὶ πράξας διὰ πάσης τῆς

Aris. 148 2 τοῖς συνετοῖς εἶναι δικαίους τε καὶ ἀγαθοὺς * ἐπιτελεῖν * βίᾳ μηδὲ τῇ περὶ ἑαυτοῦς ἰσχύι πεποιθότας

Aris. 151 3 ὤμους ἔχει καὶ τὰ σκέλη. μετὰ διαστολῆς οὖν ἅπαντα * ἐπιτελεῖν * πρὸς δικαιοσύνην ἀναγκάζει τῷ σημειοῦσθαι διὰ

Aris. 159 3 ἀποδεικνὺς ὅτι πᾶσαν ἐνέργειαν μετὰ δικαιοσύνης * ἐπιτελεῖν * δεῖ μνήμην ἔχοντας τῆς ἑαυτῶν κατασκευῆς ἐπὶ

Aris. 166 4 ἑτέρους ἐνεκύλισαν ἀκαθαρσίαν οὐ τὴν τυχοῦσαν * ἐπιτελεῖν * μιανθέντες αὐτοὶ παντάπασι τῇ τῆς ἀσεβείας

Aris. 182 4 ἀποτεταγμένος ἐκέλευσε τὴν ἑτοιμασίαν εἰς ἕκαστον * ἐπιτελεῖν. * ἣν γὰρ οὕτω διατεταμένον ὑπὸ τοῦ βασιλέως ὃ

Aris. 184 4 παραγινόμενοι πρὸς αὐτὸν ἀπὸ τῆς Ἰουδαίας οὕτως * ἐπιτελεῖν. * διὰ τοὺς ἱεροκήρυκας καὶ θύτας καὶ τοὺς

Aris. 186 5 λειτουργίαν ἁπασῶν διὰ τοῦ Δωροθέου συντάξεις * ἐπιτελουμένων * ὡς οἷς καὶ βασιλικοὶ παῖδες ἦσαν καὶ τὰς

Aris. 199 3 τὸ βουλευθὲν ὀρθῶς ἐν ταῖς τῶν κινδύνων πράξεσιν * ἐπιτελοῖτο * κατὰ πρόθεσιν. τελειοῦται δὲ ὑπὸ τοῦ θεοῦ

Aris. 203 2 τὴν αὐτὴν διάταξιν τὰ τῆς ἀναπτώσεως καὶ συμπόσιας * ἐπετελεῖτο. * καθὸ δὲ ἐνόμιζεν ὁ βασιλεὺς εὔκαιρον εἶναι

Aris. 227 2 ἑαυτοῖς. δεῖ τὸν τὸν λιτανεύειν ἵνα ταῦτ' * ἐπιτελῇ * ὃ γὰρ ἁπάντων διανοίᾳ κρατεῖ.

Aris. 249 5 εὐεργετῶν οὖν ἅπαντας καθὼς συνεχῶς τοῦτ' * ἐπιτελεῖς * θεοῦ διδόντος σοι πρὸς πάντας χάριν φιλόπατρις

Aris. 252 5 κρίσει κατευθύνων τὰ τῶν ἐντεύξεων καὶ διὰ κρίσεως * ἐπιτελῶν * ταῦτα ἀναμάρτητος ἔφησεν ἂν εἴης ὦ βασιλεῦ. τὸ

Aris. 255 6 ὥμεν εὖ βεβουλευμένοι καὶ τὸ προτεθὲν ἡμῖν * ἐπιτελῆται. * τὸ δ' αὖ κράτιστον θεοῦ δυναστεία πᾶν

Aris. 258 3 τοῦτ' εἶπεν εἰ μεγάλα καὶ σεμνὰ ταῖς ποιήσεσιν * ἐπιτελοῖ * πρὸς τὸ φείσασθαι τοὺς θεωροῦντας διὰ τὴν

Aris. 262 2 καθὼς πρότερον ἡ διάταξις ἦν τῶν κατὰ τὸν πότον * ἐπιτελουμένων * καιροῦ δὲ γενομένου τοὺς ἀπολιπόντας ὁ

Aris. 265 5 τὸ δὲ γίνεσθαι πρὸς θεὸν ἀνενεγκεῖν ταῦτα ὁ βασιλεὺς * ἐπετελεῖ. * κατεπαινέσας δὲ θεὸν διενουθετεῖτο τι

Aris. 280 5 ἔχειν αὐτοὺς τὰ δίκαια πράσσουσι καθὼς σὺ τοῦτο * ἐπιτελεῖς * εἶπε μέγιστε βασιλεῦ θεοῦ σοι στέφανον

Aris. 301 7 ἔφεδρον παρεκάλει τοὺς ἄνδρας τὰ τῆς ἑρμηνείας * ἐπιτελεῖν * παρόντων ὅσα πρὸς τὴν χρείαν ἔδει καλῶς. οἱ δὲ

Aris. 302 2 παρόντων ὅσα πρὸς τὴν χρείαν ἔδει καλῶς. οἱ δὲ * ἐπετέλουν * ἕκαστα σύμφωνα ποιοῦντες πρὸς ἑαυτοὺς ταῖς

Aris. 304 2 ὅσα βασιλεῖ παρεσκευάζετο καὶ τούτοις ὁ Δωρόθεος * ἐπετέλει * προστεταγμένον γὰρ ἦν αὐτῷ διὰ τοῦ βασιλέως.

```
Aris.    307    3  ἡσυχίαν καὶ καταύγειαν συναγόμενοι τὸ προκείμενον *  ἐπετέλουν. * συνέτυχε δὲ οὕτως ὥστε ἐν ἡμέραις ἑβδομήκοντα
FJub.     16   21  πρῶτον Ἀβραὰμ τῆς σκηνοπηγίας ἐπὶ ἑπτὰ ἡμέρας *  ἐπιτελεῖ * τὴν ἑορτήν. πρῶτος Ἀβραὰμ ἐκύκλου τὸ
HEup.  9  31    1  τῶν παρὰ σοῦ λαῶν οἳ παραστήσονταί μοι μέχρι τοῦ *  ἐπιτελέσαι * πάντα κατὰ τὴν χρείαν καθότι ἐπιτέτακται.
HEup.  9  33    1  παρὰ σοῦ λαῶν οἳ συμπαραστήσονται ἡμῖν μέχρι τοῦ *  ἐπιτελέσαι * τὴν τοῦ θεοῦ χρείαν καθότι μοι ἐπιτέτακται.
                                                             2
ἐπιτέλλω
IHom.   5  107    4  τέτυκτο ἐν οὐρανῷ ἀστερόεντι ἐν κύκλοισι φανέντα *  ἐπιτελλομένοις * ἐνιαυτοῖς.
LAri. 13  12   16  τέτυκται ἐν οὐρανῷ ἀστερόεντι ἐν κύκλοισι φανέντ᾽ *  ἐπιτελλομένοις * ἐνιαυτοῖς. δεῖν τὰ διαβατήρια θύειν ἐπ᾽
                                                             1
ἐπιτήδευμα
Hen.      9Β    6  τῷ αἰῶνι τὰ ἐν οὐρανῷ. ἐπιτηδεύουσιν δὲ τὰ *  ἐπιτηδεύματα * αὐτοῦ εἰδέναι τὰ μυστήρια οἱ υἱοὶ τῶν
                                                             2
ἐπιτηδεύω
Hen.      9    6  ἐδήλωσεν τὰ μυστήρια τοῦ αἰῶνος τὰ ἐν τῷ οὐρανῷ ἃ *  ἐπιτηδεύουσιν * ⟨καὶ⟩ ἔγνωσαν ἄνθρωποι καὶ Σεμιαζᾶς ᾧ τὴν
Hen.      9Β    6  τὰ μυστήρια καὶ ἀπεκάλυψε τῷ αἰῶνι τὰ ἐν οὐρανῷ. *  ἐπιτηδεύουσιν * δὲ τὰ ἐπιτηδεύματα αὐτοῦ εἰδέναι τὰ
                                                            25
ἐπιτίθημι
Adam      6    2  καὶ ἔνεγκέ σοι καρπὸν ἀπὸ τοῦ παραδείσου. *  ἐπιθήσω * γὰρ κόπον ἐπὶ τὴν κεφαλήν μου καὶ κλαύσομαι καὶ
Adam      9    3  μετὰ τοῦ υἱοῦ ἡμῶν Σὴθ πλησίον τοῦ παραδείσου καὶ *  ἐπίθετε * γῆν ἐπὶ τὰς κεφαλὰς ὑμῶν καὶ κλαύσατε δεόμενοι
TLevi     8    3  καὶ εἰς ἕκαστος αὐτῶν ἕκαστον βαστάζοντες *  ἐπέθηκάν * μοι καὶ εἶπαν ἀπὸ τοῦ νῦν γίνου εἰς ἱερέα
Asen.    16   17  ὁ ἄνθρωπος ἐξέτεινε τὴν χεῖρα αὐτοῦ τὴν δεξιὰν καὶ *  ἐπέθηκε * τὸν δάκτυλον αὐτοῦ εἰς τὸ ἄκρον τοῦ κηρίου τὸ
Asen.    21    5  καὶ ἔλαβε Φαραὼ τὸν Ἰωσὴφ καὶ τὴν Ἀσενὲθ καὶ *  ἐπέθηκε * στεφάνους χρυσοῦς εἰς τὰς κεφαλὰς αὐτῶν οἵτινες
Asen.    21    6  ἔστησε Φαραὼ τὴν Ἀσενὲθ ἐκ δεξιῶν τοῦ Ἰωσὴφ καὶ *  ἐπέθηκας * τὰς χεῖρας αὐτοῦ ἐπὶ τὰς κεφαλὰς αὐτῶν καὶ ἡ
Asen.    29    5  αὐτοῦ καὶ ἔδησε τελαμῶνα εἰς τὸ τραῦμα αὐτοῦ καὶ *  ἐπέθηκεν * αὐτὸν ἐπὶ τὸν ἵππον αὐτοῦ καὶ ἐκόμισεν αὐτὸν τῷ
Sal.      1    1  ἐν τῷ θλίβεσθαί με εἰς τέλος πρὸς τὸν θεὸν ἐν τῷ *  ἐπιθέσθαι * ἁμαρτωλοὺς ἐξάπινα ἠκούσθη κραυγὴ πολέμου
Sal.      7    1  ἐπιστροφῆς. μὴ ἀποσκηνώσῃς ἀφ᾽ ἡμῶν ὁ θεὸς ἵνα μὴ *  ἐπιθῶνται * ἡμῖν οἳ ἐμίσησαν ἡμᾶς δωρεάν. ὅτι ἀπώσω αὐτοὺς
Sal.      9    8  ἐσμεν καὶ μὴ ἀποστήσῃς ἔλεός σου ἀφ᾽ ἡμῶν ἵνα μὴ *  ἐπιθῶνται * ἡμῖν. ὅτι σὺ ᾑρετίσω τὸ σπέρμα Ἀβραὰμ παρὰ
Sal.     17    5  ἐν ταῖς ἁμαρτίαις ἡμῶν ἐπανέστησαν ἡμῖν ἁμαρτωλοὶ *  ἐπέθεντο * ἡμῖν καὶ ἔξωσαν ἡμᾶς οἷς οὐκ ἐπηγγείλω μετὰ
Jer.      2    1  τοῦ θεοῦ διέρρηξεν ὁ Ἱερεμίας τὰ ἱμάτια αὐτοῦ καὶ *  ἐπέθηκεν * χοῦν ἐπὶ τὴν κεφαλὴν αὐτοῦ καὶ εἰσῆλθεν εἰς τὸ
Jer.      4    1  μετὰ τοῦ λαοῦ ἕλκοντες εἰς Βαβυλῶνα. ὁ δὲ Βαροὺχ *  ἐπέθηκε * χοῦν ἐπὶ τὴν κεφαλὴν αὐτοῦ καὶ ἑκάθισε καὶ
Jer.      5    7  ἡμέραν; ἐγερθεὶς οὖν ᾖρε τὸν κόφινον τῶν σύκων καὶ *  ἐπέθηκεν * ἐπὶ τῶν ὤμων αὐτοῦ καὶ εἰσῆλθεν εἰς Ἰερουσαλὴμ
Jer.      7   20  αὐτὴν τῷ λαῷ. καὶ ἀκούσας ὁ λαὸς ἔκλαυσαν καὶ *  ἐπέθηκαν * χοῦν ἐπὶ τὰς κεφαλὰς αὐτῶν καὶ ἔκλεγον τῷ
Jer.      9    3  ὥσπερ τεθνηκότα. καὶ διέρρηξαν τὰ ἱμάτια αὐτῶν καὶ *  ἐπέθηκαν * χοῦν ἐπὶ τὰς κεφαλὰς αὐτῶν καὶ ἔκλαυσαν
Prop.    15    3  τὸν Σαλαθιὴλ ἐφ᾽ υἱῷ ηὐλόγησε καὶ ὄνομα Ζοροβάβελ *  ἐπέθηκε * καὶ ἐπὶ Κύρου τέρας ἔδωκεν εἰς νῖκος καὶ περὶ
Job       7    1  σχολάζειν με νῦν. ὁ δὲ Σατανᾶς ἀκούσας ἀπῆλθεν καὶ *  ἐπέθετο * τοῖς ὤμοις Ἀσσάλιον, καὶ ἐλάλησεν τῇ
Sib.      3  101  εἰς οὐρανὸν ἀστερόεντα αὐτίκα δ᾽ ἀθάνατος μεγάλην *  ἐπέθηκεν * ἀνάγκην πνεύμασιν αὐτὰρ ἔπειτ᾽ ἄνεμοι μέγαν
Sib.      3  129  εἶδος ἄριστος. ὅρκους δ᾽ αὖτε Κρόνῳ μεγάλους Τιτὰν *  ἐπέθηκεν * μὴ θρέψ᾽ ἀρσενικῶν παίδων γένος ὡς βασιλεύσῃ
Sib.      3  275  τείχεα μακρὰ πάντα χαμαὶ πεσέονται ὅτι φρεσὶν οὐδὲ *  ἐπέθησας * ἀθανάτοιο θεοῦ ἁγνῷ νόμῳ ἀλλὰ πλανηθεὶς
FIsa.     1    6  ἐπὶ τὸν δίφρον ἀλλ᾽ ἐπὶ τὴν κλίνην τοῦ βασιλέως. *  ἐπιθήσῃ * τὰς χεῖρας αὐτοῦ ⟨ἐπ᾽ αὐτὸν τὸν μέλλοντά⟩ με
FEz.  64  70 ,  15  δίκαιος; ἀναγνοὺς ποίῳ τρόπῳ ἀμφότεροι ἐξεύχθησαν *  ἐπιτίθησι * τὸν χωλὸν τῷ πηρῷ καὶ τοὺς ἀμφοτέρους ἐτάζει
IOrp.          1  φθέγξομαι οἷς θέμις ἐστὶ θύρας δ᾽ *  ἐπιθεῖναι * βέβηλοι φεύγοντες δικαίων θεσμοὺς θεοῖο
HDem.  9  19    4  ἀναγαγόντα τὸν παῖδα ἐπὶ τὸ ὄρος πυρὰν νῆσαι καὶ *  ἐπιθεῖναι * τὸν Ἰσαὰκ σφάξειν δὲ μέλλοντα κωλυθῆναι ὑπὸ
                                                             5
ἐπιτιμάω
Hen.     98   ·5  οὐδὲ στεῖρα γυνὴ ἐκτίσθη ἀλλ᾽ ἐξ ἰδίων ἀδικημάτων *  ἐπετιμήθη * ἀτεκνίᾳ ⟨καὶ⟩ ἄτεκνος ἀποθανεῖται. ὀμνύω ὑμῖν
Sal.      2   23  μετὰ μηνίσεως καὶ συντελεσθήσονται ἐὰν μὴ σὺ κύριε *  ἐπιτιμήσῃς * αὐτοῖς ἐν ὀργῇ σου. ὅτι οὐκ ἐν ζήλει ἐποίησαν
Jer.      6   14  ἐκ τῆς Βαβυλῶνος οὐ μὴ εἰσέλθῃ εἰς τὴν πόλιν καὶ *  ἐπιτιμῶ * αὐτοῖς τοῦ μὴ ἀποδεχθῆναι αὐτοὺς αὖθις ὑπὸ τῶν
FMos.     9    1  ἐτόλμησεν κρίσιν ἐπενεγκεῖν βλασφημίας ἀλλὰ εἶπεν *  ἐπιτιμήσαι * σοι κύριος. τελευτήσαντος ἐν τῷ ὄρει Μωϋσέως
FMos.  8 163   20  οὐκ ἐνέγκας τὴν κατ᾽ αὐτοῦ βλασφημίαν ὁ Ἄγγελος *  ἐπιτιμήσαι * σοι ὁ θεὸς πρὸς τὸν διάβολον ἔφη. τὸν Μιχαὴλ
                                                             1
ἐπιτόκιος
FAch.    117          εἶπεν μετεπεμψάμην (τοὺς) ἀπὸ τῆς Ἑλλάδος ἵππους *  ἐπιτοκίους * ἐὰν ἀκούσωσι τῶν ἐν Βαβυλῶνι ἵππων
                                                             2
ἐπιτολή
FJub.     3    9  σελήνης σκορπίῳ κατὰ διάμετρον ἐν τῇ τῶν Πλειάδων *  ἐπιτολῇ * εἰσήγαγεν ὁ θεὸς τὸν Ἀδὰμ ἐν τῷ παραδείσῳ κατὰ
FJub.     3   32  τεσσαράκοντα πέντε ἡμέρας τῆς παραβάσεως ἐν τῇ *  ἐπιτολῇ * τῶν Πλειάδων. ἐποίησε δὲ ὁ Ἀδὰμ ἐν τῷ παραδείσῳ
                                                             5
ἐπιτρέπω
Jer.      1    4  καὶ ἀπεκρίθη Ἱερεμίας λέγων παρακαλῶ σε κύριε *  ἐπίτρεψόν * μοι τῷ δούλῳ σου λαλῆσαι ἐνώπιόν σου. εἶπεν δὲ
Job      10    4  ἐν τῇ τραπέζῃ πρὶν ἢ λαβεῖν τὴν χρείαν καὶ οὐδὲ *  ἐπέτρεπον * ἐξελθεῖν τὴν θύραν μου κόλπῳ κενῷ εἶχον δὲ
Job      22    1  τὸν ἄρτον ἀφείλαντο μὴ προσενεχθῆναί μοι, μόλις *  ἐπιτρέψαντες * ἔχειν αὐτὴν τὴν ἰδίαν τροφὴν καὶ αὐτὴ
Sib.      5  514  χόλον ἐν στεροπῇσιν ἄστρα μάχην ὤδινε θεὸς δ᾽ *  ἐπέτρεψε * μάχεσθαι. ἀντὶ γὰρ Ἡελίου μακραὶ φλόγες
HEup.  9  30    6  Διαναθὰν προστάξαι σε αὐτῷ τούτου ὅπως τῷ υἱῷ *  ἐπιτρέψῃ * τὴν οἰκοδομίαν αὐτὸν δὲ εὐτρεπίζειν τὰ πρὸς τὴν
                                                             5
ἐπιτρέχω
TNep.     5    3  ἔσται ὁ ἥλιος καὶ ἡ σελήνη. καὶ πάντες ὁμοῦ *  ἐπεδράμομεν * καὶ ὁ Λευὶ ἐκράτησε τὸν ἥλιον καὶ ὁ Ἰούδας
Sal.     13    3  ἀπὸ λιμοῦ καὶ θανάτου ἁμαρτωλῶν. θηρία *  ἐπεδράμοσαν * αὐτοῖς πονηρὰ ἐν τοῖς ὁδοῦσιν αὐτῶν
Prop.    18    3  ζεῦγος βοῶν πατοῦν τὸν λαὸν καὶ κατὰ τῶν ἱερέων *  ἐπιτρέχον * καὶ περὶ τοῦ Ἱεροβοὰμ εἶπεν ὅτι δόλῳ
Prop.    18   3Β  θηλείαν κατασπατοῦν τὸν λαὸν καὶ κατὰ τῶν ἱερέων *  ἐπιτρέχον * προεῖπε καὶ τῷ Σολομῶντι ὅτι αἱ γυναῖκες αὐτὸν
Aris.   143    5  συγχρώμεθα. χάριν δὲ ὑποδείγματος ἓν ἢ δεύτερον *  ἐπιδραμὼν * σοι σημανῶ. μὴ γὰρ εἰς τὸν καταπεπτωκότα λόγον
                                                             1
ἐπίτροπος
Jer.      2    4  ἡμεῖς οὐχ εὑρέθημεν ἄξιοι τοῦ φυλάξαι αὐτὰς ὅτι *  ἐπίτροποι * τοῦ ψεύδους ἐγενήθημεν. ἔτι κλαίοντος
                                                             4
ἐπιτυγχάνω
Bar.      4   13  Ἀδὰμ δι᾽ αὐτοῦ ἀπώλετο μὴ καὶ αὐτὸς ὀργῆς θεοῦ *  ἐπιτύχω * δι᾽ αὐτοῦ. καὶ ταῦτα λέγων προσηύξατο ὅπως
Esdr.     1   14  καὶ πάλιν δούλῳ δουλεύσειε τοῖς κυρίοις αὐτοῦ *  ἐπιτυχεῖν * οὕτως καὶ ὁ δίκαιος ἀπέλαβε τὸν μισθὸν αὐτοῦ
Esdr.     6   22  ὁ στέφανός σοι ἡτοίμασται δεῦρο τελευτᾷ ἵνα *  ἐπιτύχῃς * αὐτοῦ. τότε ἤρξατο λέγειν ὁ προφήτης μετὰ
Job      11    9  ἐν τοῖς ἐμοῖς. ἐνίοτε δὲ ἐμπορευόμενοι *  ἐπετύγχανον * καὶ ἐδίδουν τοῖς πτωχοῖς ἐνίοτε δὲ πάλιν
                                                             1
ἐπιτυχία
Aris.   178    5  τῆς τιμῆς ὑπερτείνον δακρύειν ἀναγκάζει κατὰ τὰς *  ἐπιτυχίας. * κελεύσας δὲ εἰς τάξιν ἀποδοῦναι τὰ τεύχη τὸ
                                                             6
ἐπιφάνεια
Esdr.     3    3  γνώσεται τὴν ἡμέραν ἐκείνην τὴν μεγάλην καὶ *  ἐπιφάνειαν * τὴν κατέχουσαν κρῖναι τὸν κόσμον διὰ σέ
Aris.    65    5  ὃ ἂν αἱρῶνται μέρος ἢ χρῆσις ᾖ τὸ αὐτὸ δὲ κατὰ *  ἐπιφάνειαν * θεωρεῖται ἀμφοτεροδεξίου τῆς κατασκευῆς
Aris.    78    1  καὶ τὸ τῆς ὄψεως τερπνόν. ποικίλη γὰρ ἦν ἡ τῆς *  ἐπιφανείας * ἐνέργεια. προσορώντων γὰρ πρὸς αὐτὴν τὴν τοῦ
Aris.   264    4  αὐτῶν καὶ τῶν τρόπων ὅσοι μετέχουσιν αὐτῷ. θεοῦ δὲ *  ἐπιφάνεια * γίνεται. διὸ πρὸς τὰ τοιαῦτα τοῖς ἀξίοις. ἐπαινέσας
LAri.  8  10    3  πραγμάτων λόγους ποιούμενος λέγω δὲ τὴν κατὰ τὴν *  ἐπιφάνειαν * φυσικὰς διαθέσεις ἀπαγγέλλει καὶ μεγάλαι
LAri. 13  12    1  δὲ πολιτῶν καὶ ἡ τῶν γεγονότων ἁπάντων αὐτοῖς *  ἐπιφάνεια * καὶ κράτησις τῆς χώρας καὶ τῆς ὅλης νομοθεσίας
ἐπιφανής
HArt.  9  27    8  τοὺς προκαθεδουμένους τῆς χώρας οὓς δὴ πλεονεκτεῖν *  ἐπιφανῶς * κατὰ τὰς μάχας λέγειν δὲ Ἡλιουπολίτας γενέσθαι
                                                            18
ἐπιφέρω
Adam     14    2  λέγει δὲ Ἀδὰμ τῇ Εὔᾳ ὦ Εὔα τί κατειργάσω ἐν ἡμῖν; *  ἐπήνεγκας * ἐφ᾽ ἡμᾶς ὀργὴν μεγάλην ἥτις ἐστὶ θάνατος
Adam     29    9  ποιήσω καὶ ἐνέγκω θάνατον τῇ ἐμῇ πλευρᾷ; ἢ πῶς *  ἐπενέγκω * χεῖρα τῇ εἰκόνι τοῦ θεοῦ ἣν ἔπλασεν; ἀλλὰ
TZab.     2    3  ἐν παιδείᾳ παιδεύσατέ με τὴν δὲ χεῖρα ὑμῶν μὴ *  ἐπενέγκητε * διὰ Ἰακὼβ τὸν πατέρα ἡμῶν. ὡς δὲ ἔλεγε τὰ
Job       4    4  εἰς πόλεμον, ὅτι θάνατόν σοι οὐ δυνήσεται *  ἐπενεγκεῖν * ἢ ἐπιφέρει δέ σοι πληγὰς πολλὰς ἀφαιρεῖταί σου
Job       4    4  μόνον ὅτι θάνατόν σοι οὐ δυνήσεται ἐπενεγκεῖν *  ἐπιφέρει * δέ σοι πληγὰς πολλὰς ἀφαιρεῖταί σου
Job       7   13  γὰρ βούλει ἀγάγαι μοι, ἕτοιμός εἰμι ὑποστῆναι ἅπερ *  ἐπιφέρεις * μοι. ὅτε δὲ ἀπέστη ἀπ᾽ ἐμοῦ, ἀπελθὼν ὑπὸ τὸ
Job      11   11  αὐτοῖς τὸ χειρόγραφον καὶ ἀνεγίνωσκον αὐτοῖς *  ἐπιφερόμενος * ἀφαιρήσεως λάγχανον ὅσων προφάσεις τῶν πενήτων
Job      20    2  ἀπελθὼν ᾐτήσατο τὸ σῶμά μου παρὰ τοῦ κυρίου ἵνα *  ἐπενέγκῃ * μοι πληγὴν καὶ τότε παρέδωκέν με ὁ κύριος εἰς
Job      37    3  πάλιν εἶπέν μοι τίς ἀφείλατο τὰ ὑπάρχοντά σου ἢ *  ἐπήνεγκέν * σοι τὰς πληγὰς ταύτας; καὶ ἐγὼ εἶπον ὅτι ὁ
Job      37    5  με ἐπὶ τῷ θεῷ λαλήζεις; πῶς οὖν, ἀδικήσαί μοι; *  ἐπήνεγκεν * σοι τὰς πληγὰς ταύτας ἢ ἀφελόμενος σου τὰ
Aris.   206    3  πρὸς τοῦτο ἀπεκρίθη γινώσκων ὅτι μεγάλην αἰσχύνην *  ἐπιφέρει * τὸ ψεῦδος πᾶσιν ἀνθρώποις πολλῷ δὲ μᾶλλον τοῖς
Aris.   253    4  πάντων ἐξουσίαν ἔχει καὶ εἰ χρήσαιτο θυμῷ θάνατον *  ἐπιφέρει * ὅπερ ἀνωφελὲς καὶ ἀλγεινόν ἐστιν εἰ τὸ ζῆν
Aris.   278   12  χύμα. τὸ δὲ τῆς ἀρετῆς κατάστημα κωλύει τοὺς *  ἐπιφερομένους * ἐπὶ τὴν ἡδονοκρασίαν ἐγκράτειαν δὲ κελεύει
Sib.      5  115  ἔσεσθαι. Εὐφρήτου ποταμοῦ ῥεῖθρον κατακλυσμὸν *  ἐποίσει * καὶ Πέρσας ὀλέσει καὶ Ἴβηρας καὶ Βαβυλῶνας
FMos.     9    1  περὶ τοῦ Μωϋσέως σώματος οὐκ ἐτόλμησεν κρίσιν *  ἐπενεγκεῖν * βλασφημίας ἀλλὰ εἶπεν ἐπιτιμήσαι σοι κύριος.
FMos.  2 629    5  τοῦ διαβόλου τοῦτο μὴ καταδεχομένου ὡς αὐτοῦ *  ἐπιφέροντος * ἔγκλημα διὰ τοῦ Αἰγυπτίου φόνου ὡς αὐτοῦ
FrAn.  1 217   14  τὸ ὑπέρτιμον ἀπῆλθεν εἰς Ἱερουσαλὴμ τὸν λίθον *  ἐπιφερόμενος * καὶ δείξας αὐτὸν χρυσοχόῳ παράφρημα τὸν
FrAn.   574 3036  καὶ ῥυσάμενον αὐτοῦ τὸν λαὸν ἔργου Φαραὼ καὶ *  ἐπενέγκαντα * ἐπὶ Φαραὼ τὴν δεκάπληγον διὰ τὸ παρακούειν
Ἐπιφὶ
FJub.     3    9  καρκίνῳ τῇ εἰκοστῇ πέμπτῃ τοῦ Ἰουνίου μηνὸς *  Ἐπιφὶ * πρώτη εἰσήχθη ὑπὸ τοῦ θεοῦ ἐν τῷ παραδείσῳ ἢ τοῦ
                                                             1
ἐπιφλέγω
Sib.      4   80  δειλὴ ὑποδέξεται Ἀσὶς. Σικελίην δὲ τάλαιναν *  ἐπιφλέξει * μάλα πᾶσαν χεῦμα πυρὸς μεγάλοιο ἐρευγομένης
ἐπιφορά
Aris.    88    4  πρὸς τοὺς καθήκοντας τόπους ἔχει τῆς τῶν ὑδάτων *  ἐπιφορᾶς * ἕνεκεν ἢ γίνεται διὰ τὴν σμῆξιν τῶν ἀπὸ τῶν
```

```
        ἐπιφύω                        1
Aris.   269      4   ὑπερηφανία καθηγῆται καὶ θράσος ἄληκτον ἀτιμασμὸς * ἐπιφύεται * καὶ δόξης ἀναίρεσις. θεὸς δὲ δόξης πάσης
        ἐπιφωνέω                      9
Job      43      3   οὐ κατηξίωσεν, ἀναλαβὼν Ελιφας πνεῦμα εἶπεν ὕμνον, * ἐπιφωνούντων * αὐτῷ τῶν ἄλλων φίλων καὶ τῶν στρατευμάτων
Aris.   196      1   δὲ τελειοῖ τὰ πάντων καὶ καθηγεῖται δυναστεύων.  * ἐπιφωνήσας * δὲ καὶ τούτῳ καλῶς λέγειν τὸν ἕτερον ἠρώτα
Aris.   200      1   πάντα σοι καλῶς βουλευομένῳ βασιλεῦ συμφερόντως. * ἐπιφωνησάντων * δὲ πάντων καὶ κρότῳ σημηναμένων πρὸς τοὺς
Aris.   211      1   κόσμον οὕτως καὶ σὺ μιμούμενος ἀπρόσκοπος ἂν εἴης. * ἐπιφωνήσας * δὲ τούτῳ πρὸς τὸν ἕτερον εἶπε τίς ὅρος τοῦ
Aris.   244      1   εἰς τὸ καλῶς ἅπαντα βουλεύεσθαι. τούτῳ δὲ * ἐπιφωνήσας * πρὸς ἄλλον εἶπε πῶς ἂν προχείρως ἔχοι τὸν
Aris.   261      4   σοι τῆς ἀρχῆς εὐσεβῶς. ὡς δὲ συνήκουσαν πάντες * ἐπεφώνησαν * σὺν κρότῳ πλείονι. καὶ μετὰ ταῦτα πρὸς τὸ
Aris.   283      1   εἴ τοῦ θεοῦ σοι διδόντος εἰς ταῦτα τὴν ἐπιμέλειαν. * ἐπιφωνήσας * δὲ καὶ τούτῳ πρὸς τὸν ἕτερον εἶπεν ἐν τίσι
Aris.   311      1   ἔχοντα καὶ μὴ γένηται μηδεμία διασκευή. πάντων δ' * ἐπιφωνησάντων * τοῖς εἰρημένοις ἐκέλευσαν διαράσασθαι
LAri.   8   10   1   πλὴν ἱκανῶς εἰρημένων πρὸς τὰ προκείμενα ζητήματα * ἐπεφώνησας * καὶ σὺ βασιλεῦ διότι σημαίνεται διὰ τοῦ νόμου
        ἐπιχαίρω                     13
Hen.     98     13   ὑμᾶς καὶ οὐ μὴ φείσονται ὑμῶν. οὐαὶ ὑμῖν οἱ * ἐπιχαίροντες * τοῖς κακοῖς τῶν δικαίων τάφος ὑμῶν οὐ μὴ
Asen.    11      6   τῇ ταπεινώσει μου ταύτῃ πάντες μεμισήκασί με καὶ * ἐπιχαίρουσι * τῇ θλίψει μου ταύτῃ. καὶ κύριος ὁ θεὸς τοῦ
Sal.     13      8   ἁμαρτωλῶν. ἐν περιστολῇ παιδεύεται δίκαιος ἵνα μὴ * ἐπιχαρῇ * ὁ ἁμαρτωλὸς τῷ δικαίῳ ὅτι νουθετήσει δίκαιον ὡς
        ἐπιχαρής                      1
FAch.   103          ποιήσας ἅμα τῇ τοῦ βασιλέως παλλακίδι περιπλακεὶς * ἐπιχαρής * ἐγένετο προσπαίζων. ὁ δὲ Αἴσωπος ἰδὼν καὶ
        ἐπίχαρις                      1
Hen.     32      5   τοῦ δένδρου. τότε εἶπον ὡς καλὸν τὸ δένδρον καὶ ὡς * ἐπίχαρι * τῇ ὁράσει. τότε ἀπεκρίθη ῾Ραφαὴλ ὁ ἅγιος ἄγγελος
        ἐπιχειρέω                     2
TGad      4      4   αὐτὸν πρὸς τὸν κύριον αὐτοῦ καὶ ἐν πάσῃ θλίψει * ἐπιχειρεῖ * κατ' αὐτοῦ εἴ πως θανατώσει αὐτόν. τὸ γὰρ
Job       4      4   καὶ πράξω. καὶ πάλιν εἶπεν τάδε λέγει κύριος ἐὰν * ἐπιχειρήσεις * καθαρίσαι τὸν τόπον τοῦ Σατανᾶ,
        ἐπιχέω                        1
Aris.   293      3   χρόνον. ὡς δὲ ἐπαύσατο ὁ βασιλεὺς λαβὼν ποτήριον * ἐπεχέατο * καὶ τῶν παρόντων ἁπάντων καὶ τῶν εἰρημένων
        ἐπιχορηγέω                    1
Hen.      7      3   ἀνθρώπων. ὡς δὲ οὐκ ἐδυνήθησαν αὐτοῖς οἱ ἄνθρωποι * ἐπιχορηγεῖν * οἱ γίγαντες ἐτόλμησαν ἐπ' αὐτοὺς καὶ
        ἐπιψεύδομαι                   2
Sib.      4      5   χρησμηγόρος ὄντε μάταιοι ἄνθρωποι θεὸν εἶπον * ἐπεψεύσαντο * δὲ μάντιν ἀλλὰ θεοῦ μεγάλοιο τὸν οὐ χέρες
Sib.      4     38   χλεύῃ τε γέλωτί τε μυχθίζοντες νήπιοι ἀφροσύνησιν * ἐπιψεύσονται * ἐκείνοις ὅσσ' αὐτοὶ ῥέξουσιν ἀτάσθαλα καὶ
        ἐπόζω                         1
HArt.    9   27   28   τὴν κατάβασιν αὐτοῦ γίνεσθαι συναγαγὸν δὲ τὸ ὕδωρ * ἐποζέσαι * καὶ τὰ ποτάμια διαφθεῖραι ζῷα τούς τε λαοὺς διὰ
        ἕπομαι                        1
TJud.     3     10   εἶδε γὰρ ἐν ὁράματι περὶ ἐμοῦ ὅτι ἄγγελος δυνάμεως * ἕπεταί * μοι ἐν πᾶσι τοῦ μὴ ἡττᾶσθαι. καὶ κατὰ νότον
        ἑπομένως                      2
Aris.   120      7   σοι ὦ Φιλόκρατες ἄδελφε τὰ δὲ τῆς ἑρμηνείας * ἑπομένως * δηλώσομεν. ἐπιλέξας γὰρ τοὺς ἀρίστους ἄνδρας
Aris.   228      5   ἐντολὴν μεγίστην περὶ τῆς τῶν γονέων τιμῆς. * ἑπομένως * δὲ τὴν τῶν φίλων ἐγκρίνει διάθεσίν προσονομάσας
        ἐπονειδίζω                    1
FPho.   225 νέμοις ἵνα τοι καταθύμιος εἴη. στίγματα μὴ γράφῃς * ἐπονειδίζων * θεράποντα. δοῦλον μὴ βλάψῃς τι κακηγορέων
        ἐπονείδιστος                  1
HDem.   9   21   13   διὰ τὸ ποιμένα αὐτόν τε καὶ τοὺς ἀδελφοὺς εἶναι * ἐπονείδιστον * δὲ Αἰγυπτίοις εἶναι τὸ ποιμαίνειν. ὅτι δὲ
        ἐπονομάζω                     2
Jer.      8      8   τῆς ῾Ιερουσαλὴμ καὶ ᾠκοδόμησαν ἑαυτοῖς πόλιν καὶ * ἐπωνόμασαν * τὸ ὄνομα αὐτῆς Σαμάρειαν. ἀπέστειλε δὲ πρὸς
Sib.      3    141   ἄνδρας ἐνόρκους Κρῆτας ἑλοῦσα τοὔνεκά τοι Δι' * ἐπωνομάσανθ' * ὅτιὴ διεπέμφθη. ὡς δ' αὔτως διέπεμψε
        ἐποπτεύω                      1
Hen.    104      8   ἀποδεικνύω ὑμῖν ὅτι φῶς καὶ σκότος ἡμέρα καὶ νὺξ * ἐποπτεύουσιν * τὰς ἁμαρτίας ὑμῶν πάσας. μὴ πλανᾶσθε τῇ
        ἐπόπτης                       1
Aris.    16      2   θεοῦ τὸν νόμον καθὼς περιειργασμαι. τὸν γὰρ πάντων * ἐπόπτην * καὶ κτίστην θεὸν οὗτοι σέβονται ὃν καὶ πάντες
        ἔπος                          2
Sib.      3    421   δύσει δὲ φάος ἐν ὁπήσιν ἐῇσιν νοῦν δὲ πολὺν καὶ * ἔπος * διανοίαις ἔμμετρον ἕξει οὐνόμασιν δυσὶ μισγόμενον
Sib.      3    424   καὶ γράψει τὰ κατ' ᾿Ιλίου οὐ μὲν ἀληθῶς ἀλλὰ σοφῶς * ἐπέων * γὰρ ἐμῶν μέτρων τε κρατήσει πρῶτος γὰρ χείρεσσιν
        ἐπουράνιος                   13
Abr.1     2      3   πάτερ δίκαια ψυχῇ φίλε γνήσιε τοῦ θεοῦ τοῦ * ἐπουρανίου. * εἶπεν δὲ ᾿Αβραὰμ πρὸς τὸν ἀρχιστράτηγον
Abr.1     4      9   καὶ ὁ ἀρχιστράτηγος εἶπεν κύριε πάντα γὰρ τὰ * ἐπουράνια * πνεύματα ὑπάρχουσιν ἀσώματα καὶ οὐκ ἐσθίουσιν
Abr.1     6      4   δὲ Σάρρα ἐπιδεὶς κύριέ μου τοὺς τρεῖς ἄνδρας τοὺς * ἐπουρανίους * τοὺς ἐπιξενισθέντας ἐν τῇ σκηνῇ ἡμῶν παρὰ
Abr.1    17     11   τοῦ θεοῦ τοῦ ζῶντος ὅτι ἡ δύναμις τοῦ θεοῦ μου τοῦ * ἐπουρανίου * μετ' ἐμοῦ ἐστίν. τότε ὁ θάνατος ἀπεκδύσατο
Bar.     11      9   ἀγαθὰ ἅτινα δι' αὐτοῦ ἀποκομίζονται ἔμπροσθεν τοῦ * ἐπουρανίου * θεοῦ. καὶ ἐν τῷ ὁμιλεῖν με αὐτοῖς ἰδοὺ ἦλθον
Sedr.     7      2   ἀλλ' ἔκβαλον αὐτὸν μὴ γὰρ ἐγὼ μόνος γεμίσω τὰ * ἐπουράνια; * εἰ <δὲ μὴ> καὶ τὸν ἄνθρωπον σῶσον κύριε σοῦ
Job      36      3   ἡ γῆ καὶ ἐνοικοῦντες ἐν αὐτῇ ἐν δὲ τοῖς * ἐπουρανίοις * συνέστηκεν ἡ καρδία μου διότι οὐχ ὑπάρχει ἐν
Job      38      5   τὴν τοῦ σώματος πορείαν οὐ καταλαμβάνεις, πῶς τὰ * ἐπουράνια * καταλήψει; ὑπολαβὼν δὲ καὶ Σοφαρ εἶπεν οὐχὶ τὰ
Job      40      3   ἴδετε τὰ τέκνα μου ἐστεφανωμένα παρὰ τῇ δόξῃ τοῦ * ἐπουρανίου. * ἰδοῦσα δὲ τότε Σιτιδος ἡ γυνὴ μου κατέπεσεν
Sib.      4     51   κόσμοιο διακρατέοντες ἐν ἀρχῇ ἐξ οὗ μηνίσαντος * ἐπουρανίοιο * θεοῖο αὐτήσιν πολίεσσι καὶ ἀνθρώποισιν
Sib.      4    135   ἀπ' οὐρανοῦ οἷά τε μίλτος γινώσκειν τότε μῆνιν * ἐπουρανίοιο * θεοῖο εὐσεβέων ὅτι φῦλον ἀναίτιον
IOrp.    39   φέρειν δύναται κρατερόν μένος. ἔστι δὲ πάντῃ δόξης * ἐπουράνιος * καὶ ἐπὶ χθονὶ πάντα τελευτᾷ ἀρχὴν αὐτὸς ἔχων
FrAn.   574 3042   καὶ ἐλάκησεν. καὶ σὺ λάληχον ὁποῖον ἐὰν ᾖς * ἐπουράνιον * ἢ ἀέριον εἴτε ἐπίγειον εἴτε ὑπόγειον ἢ
        ἐποφείλω                      1
FAch.   122          ἀκούσας ἔφη πόθεν μαρτυρεῖτε περὶ τῶν ἐγὼ οὐκ * ἐποφείλω; * οἱ δὲ εἶπον οὔτε εἴδομεν οὔτε ἠκούσαμέν ποτε
        ἐποχέομαι                     2
Sib.      3    615   δ' Αἰγύπτου βασιλήιον ἐκ δέ τε πάντα κτήμαθ' ἑλὼν * ἐποχεῖται * ἐπ' εὐρέα νῶτα θαλάσσης. καὶ τότε δὴ κάμψουσι
HCal.    28     14   ἀθεώρητον ἀνεξιχνίαστον ἐπὶ τῶν) Σεραφιμ * ἐποχούμενον * καὶ τρισαγίῳ φωνῇ δοξαζόμενον. ἐν τούτοις
        ἑπτά                        112
Adam     29      7   ἐπὶ τῆς γῆς. ἐγένετο δὲ ἡμᾶς πενθῆσαι ἡμέρας * ἑπτά. * καὶ μετὰ ἑπτὰ ἡμέρας ἐπεινάσαμεν. καὶ εἶπον τῷ
Adam     29      7   ἐγένετο δὲ ἡμᾶς πενθῆσαι ἡμέρας ἑπτά. καὶ μετὰ * ἑπτὰ * ἡμέρας ἐπεινάσαμεν. καὶ εἶπον τῷ ᾿Αδὰμ ἀνάστα καὶ
Adam     35      2   λέγει αὐτῷ ἀνάβλεψον τοῖς ὀφθαλμοῖς σου καὶ ἴδε τὰ * ἑπτὰ * στερεώματα ἀνεῳγμένα καὶ πῶς κεῖται τὸ σῶμα τοῦ
Adam     40      7   ὀρυγήναι τῶν δύο τὸν τόπον. καὶ ἀπέστειλεν ὁ θεὸς * ἑπτὰ * ἀγγέλους εἰς τὸν παράδεισον καὶ ἤγαγον εὐώδιας
Hen.     18      6   καὶ ἴδον τόπον καιόμενον νυκτὸς καὶ ἡμέρας ὅπου τὰ * ἑπτὰ * ὄρη ἀπὸ λίθων πολυτελῶν <τρία) εἰς ἀνατολὰς καὶ
Hen.     18     13   ἀλλὰ τόπος ἦν ἔρημος καὶ φοβερός. ἐκεῖ ἴδον * ἑπτὰ * ἀστέρας ὡς ὄρη μεγάλα καιόμενα περὶ ὧν πυνθανομένῳ
Hen.     20      7   τῶν δρακόντων καὶ χερουβείν. ἀρχαγγέλων ὀνόματα * ἑπτά. * ὃ εἷς τῶν ἁγίων ἀγγέλων ὁ ἐπὶ τοῦ κόσμου καὶ τοῦ
Hen.     20B     7   ὃν ἔταξεν ὁ θεὸς ἐπὶ τῶν ἀνισταμένων ὀνόματα * ζ' * ἀρχαγγέλων. καὶ ἐφώδευσα ἕως τῆς ἀκατασκευάστου.
Hen.     21      3   ἀκατασκεύαστον καὶ φοβερόν. καὶ ἐκεῖ τεθέαμαι * ἑπτὰ * τῶν ἀστέρων τοῦ οὐρανοῦ δεδεμένους καὶ ἐρριμμένους
Hen.     21B     3   ἀκατασκεύαστον καὶ φοβερόν. καὶ ἐκεῖ τεθέαμαι * ζ' * ἀστέρας τοῦ οὐρανοῦ δεδεμένους καὶ ἐρριμμένους ἐν αὐτῷ
Hen.     24      2   νυκτός. καὶ ἐπέκεινα αὐτῶν ἐπορεύθην καὶ ἐθεασάμην * ἑπτὰ * ὄρη ἔνδοξα πάντα ἑκάτερα τοῦ ἑκατέρου διαλλάσσοντα
Hen.     32      1   τῶν ἀρωμάτων.--- εἰς βορρᾶν πρὸς ἀνατολὰς τεθέαμαι * ἑπτὰ * ὄρη πλήρη νάρδου χρηστοῦ καὶ σχίνου καὶ κινναμώμου
Abr.1     4      3   ἤνεγκα λήψωσον τὸν οἶκον ἄναψον δὲ λύχνους * ἑπτὰ * διὰ ἐλαίου ὅπως εὐφρανθῶμεν ὅτι ὁ ἄνθρωπος οὗτος ὁ
Abr.1     7      3   ἄνδρα φωτοφόρον ἐκ τοῦ οὐρανοῦ κατελθόντα ὑπὲρ * ἑπτὰ * ἡλίους ἀστράπτοντα καὶ ἐλθὼν ἀνὴρ ὁ ἡλιόμορφος
Abr.1    17     14   ὑπέδειξε <τῷ ᾿Αβραὰμ) κεφαλὰς δρακόντων πυρίνους * ἑπτὰ * καὶ πρόσωπα δεκατέσσαρα καὶ πρόσωπον πυρὸς
Abr.1    17     18   καὶ ἀγριότητος ἐτελεύτησαν παῖδες καὶ παιδίσκαι * ἑπτὰ * ὁ δὲ δίκαιος ᾿Αβραὰμ ἦλθεν εἰς ὀλιγωρίαν θανάτου
Abr.1    19      5   σοι διδάξον με πάσας σου τὰς μεταμορφώσεις τὰς * ἑπτὰ * κεφαλὰς τῶν δρακόντων τὰς πονηρὰς καὶ τί τὸ
Abr.1    19      7   πάντων. καὶ ὁ θάνατος εἶπεν ἄκουσον δίκαιε τοὺς * ἑπτὰ * αἰῶνας ἐγὼ λυμαίνω τὸν κόσμον καὶ πάντας εἰς ᾅδην
Abr.1    19      7   καὶ ἐλευθέρους καὶ διὰ τοῦτό σοι δεῖξαι τὰς * ἑπτὰ * κεφαλὰς τῶν δρακόντων τὸ δὲ πρόσωπον τοῦ πυρὸς
Abr.2    14      5   ὡς ἐπὶ τόξου). ἐν ἐκείνῃ τῇ ἡμέρᾳ ἐτελεύτησαν * ἑπτὰ * παῖδες τοῦ ᾿Αβραὰμ διὰ τὸν φόβον τοῦ θανάτου ηὔξατο
TRub.     1      7   με πληγῇ μεγάλῃ ἐν ταῖς λαγῶσί μου ἐπὶ μῆνας * ἑπτὰ * καὶ εἰ μὴ ᾿Ιακὼβ ὁ πατὴρ ἡμῶν προσηύξατο περὶ ἐμοῦ
TRub.     1      8   τριάκοντα ὅτε ἔπραξα τὸ πονηρὸν ἐνώπιον κυρίου καὶ * ἑπτὰ * μῆνας ἐμαλακίσθην ἕως θανάτου. καὶ ἐν προαιρέσει
TRub.     1      9   ἕως θανάτου. καὶ ἐν προαιρέσει ψυχῆς μου * ἑπτὰ * ἔτη μετενόησα ἐνώπιον κυρίου οἶνον καὶ σίκερα οὐκ
TRub.     2      1   οὕτως. καὶ νῦν ἀκούσατέ μου τέκνα ἃ εἶδον περὶ τῶν * ἑπτὰ * πνευμάτων τῆς πλάνης ἐν τῇ μετανοίᾳ μου. ἑπτὰ
TRub.     2      2   τῶν ἑπτὰ πνευμάτων τῆς πλάνης ἐν τῇ μετανοίᾳ μου. * ἑπτὰ * πνεύματα ἐδόθη κατὰ τοῦ ἀνθρώπου ἀπὸ τοῦ Βελίαρ καὶ
TRub.     2      3   καὶ αὐτά εἰσι κεφαλὴ τῶν ἔργων τοῦ νεωτερισμοῦ καὶ * ἑπτὰ * πνεύματα ἐδόθη αὐτῷ ἐπὶ τῆς κτίσεως τοῦ εἶναι ἐκ
TSim.     2     12   ὅτι ἡ χείρ μου ἡ δεξιὰ ἡμίξηρος ἦν ἐπὶ ἡμέρας * ἑπτά. * καὶ ἔγνων τέκνα ὅτι περὶ ᾿Ιωσὴφ τοῦτό μοι συνέβη
TLevi     3      1   καρποὶ χρυσίον ἀργύριον. ἄκουσον οὖν περὶ τῶν * ἑπτὰ * οὐρανῶν. ὁ κατώτερος διὰ τοῦτο στυγνότερός ἐστιν
TLevi     8      2   μετὰ τὸ ποιῆσαι ἡμέρας ἑβδομήκοντα. καὶ εἶδον * ἑπτὰ * ἀνθρώπους ἐν ἐσθῆτι λευκῇ λέγοντάς μοι ἀνάστα
TLevi    19      4   πρὸς τοὺς πατέρας αὐτοῦ ζήσας ἑκατὸν τριάκοντα * ἑπτὰ * ἔτη. καὶ ἔθηκαν αὐτὸν ἐν σορῷ καὶ ὕστερον ἔθαψαν
TJud.    12      2   γὰρ ᾿Αμορραίων τὴν γαμοῦσαν προκαθίσαι ἐν πορνείᾳ * ἑπτὰ * ἡμέρας παρὰ τὴν πύλην. μεθυσθεὶς οὖν ἐγὼ ἐν ὕδασι
TZab.     7      4   εὗρε πρὸς τὸ παρὸν ἐπιδοῦναι τῷ χρῄζοντι καὶ ἐπὶ * ἑπτὰ * σταδίους συμπορευόμενος αὐτῷ ἔκλαιον καὶ τὰ
```

TNep. 6 1 δώδεκα σκῆπτρα τοῦ Ἰσραήλ. καὶ πάλιν μετὰ μῆνας * ἑπτὰ * εἶδον τὸν πατέρα ἡμῶν Ἰακὼβ ἑστηκότα ἐν τῇ θαλάσσῃ
TJos. 3 4 ταμιεῖον προσηυχόμην κυρίῳ καὶ ἐνήστευον ἐν τοῖς * ἑπτὰ * ἔτεσιν ἐκείνοις καὶ ἐφαινόμην τῷ Αἰγυπτίῳ ὡς ἐν
TBen. 7 2 δίδωσι τοῖς πειθομένοις αὐτῇ. ἡ δὲ μάχαιρα * ἑπτὰ * κακῶν μήτηρ ἐστί. πρῶτον συλλαμβάνει ἡ διάνοια διὰ
TBen. 7 3 ταραχὴ ἕβδομον ἐρήμωσις. διὰ τοῦτο καὶ ὁ Κάϊν * ἑπτὰ * ἐκδικίαις παραδίδοται ὑπὸ τοῦ θεοῦ κατὰ γὰρ ἑκατὸν
TBen. 7 4 διὰ Ἄβελ τὸν δίκαιον ἀδελφὸν αὐτοῦ. ἐν τοῖς * ἑπτὰ * κακοῖς ὁ Κάϊν ἐκρίνετο ὁ δὲ Λάμεχ ἐν τοῖς
TBen. 7 4 ὁ Κάϊν ἐκρίνετο ὁ δὲ Λάμεχ ἐν τοῖς ἑβδομηκοντάκις * ἑπτὰ * ὅτι ἕως τοῦ αἰῶνος οἱ ὁμοιούμενοι τῷ Κάϊν ἐν φθόνῳ
Asen. 1 1 καὶ ἐγένετο ἐν τῷ πρώτῳ ἔτει τῶν * ἑπτὰ * ἐτῶν τῆς εὐθηνίας ἐν τῷ μηνὶ τῷ δευτέρῳ πέμπτῃ τοῦ
Asen. 2 6 ἐν αὐτῷ πάντα τὰ ἀγαθὰ τῆς γῆς. καὶ τοὺς λοιποὺς * ἑπτὰ * θαλάμους εἶχον ἑπτὰ παρθένοι μία ἑκάστη ἕνα θάλαμον
Asen. 2 6 τῆς γῆς. καὶ τοὺς λοιποὺς ἑπτὰ θαλάμους εἶχον * ἑπτὰ * παρθένοι μία ἑκάστη ἕνα θάλαμον κεκτημένη καὶ αὗται
Asen. 3 1 αὐλῆς ἐκείνης. καὶ ἐγένετο ἐν τῷ πρώτῳ ἔτει τῶν * ἑπτὰ * ἐτῶν τῆς εὐθηνίας ἐν τῷ τετάρτῳ μηνὶ ὀκτωκαιδεκάτῃ
Asen. 10 1 κλῆρον αὐτῶν. καὶ κατελείφθη Ἀσενὲθ μόνη μετὰ τῶν * ἑπτὰ * παρθένων καὶ ἐβαρυθύμει καὶ ἔκλαιεν ἕως ἔδυ ὁ
Asen. 10 17 δῦναι τὸν ἥλιον. καὶ οὕτως ἐποίησεν Ἀσενὲθ τὰς * ἑπτὰ * ἡμέρας καὶ ἄρτον οὐκ ἔφαγε καὶ ὕδωρ οὐκ ἔπιεν ἐν
Asen. 10 17 οὐκ ἔφαγε καὶ ὕδωρ οὐκ ἔπιεν ἐν ⟨ἐκείναις⟩ ταῖς * ἑπτὰ * ἡμέραις τῆς ταπεινώσεως αὐτῆς. καὶ τῇ ἡμέρᾳ τῇ
Asen. 11 1 καὶ παρειμένη τοῖς μέλεσι διὰ τὴν ἔνδειαν τῶν * ἑπτὰ * ἡμερῶν. καὶ ἀνέστη ἐπὶ τὰ γόνατα αὐτῆς καὶ ἔθηκε
Asen. 11 2 αὐτῆς ἦν κεκλεισμένον καὶ οὐκ ἤνοιξεν αὐτὸ ἐν ταῖς * ἑπτὰ * ἡμέραις καὶ ἐν ταῖς ἑπτὰ νυξὶ τῆς ταπεινώσεως
Asen. 11 2 οὐκ ἤνοιξεν αὐτὸ ἐν ταῖς ἑπτὰ ἡμέραις καὶ ἐν ταῖς * ἑπτὰ * νυξὶ τῆς ταπεινώσεως αὐτῆς. καὶ εἶπεν ἐν τῇ καρδίᾳ
Asen. 13 9 δέδωκα τοῖς κυσὶ τοῖς ἀλλοτρίοις. καὶ ἰδοὺ ἐγὼ * ἑπτὰ * ἡμέρας καὶ ἑπτὰ νύκτας ἤμην νήστης καὶ ἄρτον οὐκ
Asen. 13 9 κυσὶ τοῖς ἀλλοτρίοις. καὶ ἰδοὺ ἐγὼ ἑπτὰ ἡμέρας καὶ * ἑπτὰ * νύκτας ἤμην νήστης καὶ ἄρτον οὐκ ἔφαγον καὶ ὕδωρ
Asen. 15 3 ἰδοὺ ἑώρακα καὶ τὴν ταπείνωσιν καὶ τὴν θλῖψιν τῶν * ἑπτὰ * ἡμερῶν τῆς ἐνδείας σου. ἰδοὺ ἐκ τῶν δακρύων σου καὶ
Asen. 17 4 Ἀσενὲθ πρὸς τὸν ἄνθρωπον κύριέ εἰσι σὺν ἐμοὶ * ἑπτὰ * παρθένοι ὑπηρετοῦσαί μοι συντεθραμμέναι μοι ἐκ
Asen. 17 6 ὁ ἄνθρωπος κάλεσον αὐτάς. καὶ ἐκάλεσεν Ἀσενὲθ τὰς * ἑπτὰ * παρθένους καὶ ἔστησεν αὐτὰς ἐνώπιον τοῦ ἀνθρώπου.
Asen. 17 6 ὑμᾶς κύριος ὁ θεὸς ὁ ὕψιστος. καὶ ἔσεσθε κίονες * ἑπτὰ * τῆς πόλεως τῆς καταφυγῆς καὶ πᾶσαι αἱ σύνοικοι τῶν
Asen. 18 3 τῆς θλίψεως καὶ τοῦ κλαυθμοῦ καὶ τῆς ἐνδείας τῶν * ἑπτὰ * ἡμερῶν καὶ ἐλυπήθη καὶ ἔκλαυσε καὶ ἔλαβε τὴν χεῖρα
Asen. 19 2 καὶ κατέβη τὴν κλίμακα ἐκ τοῦ ὑπερῴου σὺν ταῖς * ἑπτὰ * παρθένοις εἰς συνάντησιν τῷ Ἰωσὴφ καὶ ἔστη ἐν τῷ
Asen. 21 8 Φαραὼ γάμους καὶ δεῖπνον μέγα καὶ πότον πολὺν ἐν * ἑπτὰ * ἡμέραις. καὶ συνεκάλεσε πάντας τοὺς ἄρχοντας τῆς
Asen. 21 8 λέγων πᾶς ἄνθρωπος ὃς ποιήσει ἔργον ἐν ταῖς * ἑπτὰ * ἡμέραις τῶν γάμων Ἰωσὴφ καὶ Ἀσενὲθ θανάτῳ
Asen. 22 1 ⟨τῶν αἰώνων⟩. καὶ ἐγένετο μετὰ ταῦτα παρῆλθον τὰ * ἑπτὰ * ἔτη τῆς εὐθηνίας καὶ ἤρξαντο ἔρχεσθαι τὰ ἑπτὰ ἔτη
Asen. 22 1 τὰ ἑπτὰ ἔτη τῆς εὐθηνίας καὶ ἤρξαντο ἔρχεσθαι τὰ * ἑπτὰ * ἔτη τοῦ λιμοῦ. καὶ ἤκουσεν Ἰακὼβ περὶ Ἰωσὴφ τοῦ
Jer. 3 8 σε ἐν τῇ περιουσίᾳ τῶν ὑδάτων ὁ σφραγίσας σε ἐν * ἑπτὰ * σφραγῖσιν ἐν ἑπτὰ καιροῖς καὶ μετὰ ταῦτα λήψῃ τὴν
Jer. 3 8 τῶν ὑδάτων ὁ σφραγίσας σε ἐν ἑπτὰ σφραγῖσιν ἐν * ἑπτὰ * καιροῖς καὶ μετὰ ταῦτα λήψῃ τὴν ὡραιότητά σου
Prop. 4 14 ἄνθρωπος γενήσεται καὶ ἠπίστουν αὐτῷ. ὁ Δανιὴλ τὰ * ἑπτὰ * ἔτη ἃ εἶπεν ἑπτὰ καιροὺς ἐποίησε γενέσθαι ἑπτὰ
Prop. 4 14 καὶ ἠπίστουν αὐτῷ. ὁ Δανιὴλ τὰ ἑπτὰ ἔτη ἃ εἶπεν * ἑπτὰ * καιροὺς ἐποίησε γενέσθαι ἑπτὰ μῆνας τὸ μυστήριον
Prop. 4 14 τὰ ἑπτὰ ἔτη ἃ εἶπεν ἑπτὰ καιροὺς ἐποίησε γενέσθαι * ἑπτὰ * μῆνας τὸ μυστήριον τῶν ἑπτὰ καιρῶν ἐτελέσθη ἐπ'
Prop. 4 15 ἐποίησε γενέσθαι ἑπτὰ μῆνας τὸ μυστήριον τῶν * ἑπτὰ * καιρῶν ἐτελέσθη ἐπ' αὐτὸν ὅτι ἀποκατέστησεν ἑπτὰ
Prop. 4 15 ἑπτὰ καιρῶν ἐτελέσθη ἐπ' αὐτὸν ὅτι ἀποκατέστησεν * ἑπτὰ * μησὶ τὰ ἓξ ἔτη καὶ ἓξ μῆνας ὑπέπιπτε κυρίῳ καὶ
Job 1 2 ἐξετέλει αὐτοῦ τὴν οἰκονομίαν, ἐκάλεσεν τοὺς * ἑπτὰ * υἱοὺς αὐτοῦ καὶ τὰς τρεῖς θυγατέρας αὐτοῦ ὧν εἰσιν
Job 9 3 χιλιάδας προβάτων καὶ ἀφώρισα ἀπ' αὐτῶν χιλιάδας * ἑπτὰ * καρῆναι εἰς ἔνδυσιν ὀρφανῶν καὶ χηρῶν καὶ πενήτων
Job 16 1 πρὸς τὸν θεόν. ἐμοῦ δὲ τοῦτο ποιοῦντος ἐν τοῖς * ἑπτὰ * ἔτεσιν μετὰ τὸ τὸν ἄγγελον ὑποδεῖξαί μοι, εἶτα μετὰ
Job 16 3 τότε λοιπὸν ἀνηλεῶς κατῆλθεν καὶ ἐφλόγισεν τὰς * ἑπτὰ * χιλιάδας τῶν προβάτων τὰ ταγέντα εἰς ἔνδυσιν τῶν
Job 17 5 τῆς γῆς. καὶ αὐτοὶ ἀποκριθέντες εἶπον αὐτῷ ἔχει * ἑπτὰ * υἱοὺς καὶ θυγατέρας τρεῖς μὴ ἄρα καταφύγωσιν εἰς
Job 25 5 τὴν τρίχα αὐτῆς ἀντὶ ἄρτων. ἴδε ἡ ἔχουσα * ἑπτὰ * τραπέζας ἀκινήτους ἐπὶ τῆς οἰκίας, εἰς ἃς ἤσθιον οἱ
Job 26 1 τοῦ σώματος. καὶ ἐγὼ ἀπεκρίθην αὐτῇ ἰδοὺ ἐγὼ δέκα * ἑπτὰ * ἔτη ἔχω ἐν ταῖς πληγαῖς, ὑφιστάμενος τοὺς σκώληκας
Job 28 4 στολὴν καὶ καταπασάμενοι γῆν παρεκάθισάν μοι * ἑπτὰ * ἡμέρας καὶ ἑπτὰ νύκτας καὶ οὐδεὶς αὐτῶν λελάληκέν
Job 28 4 καταπασάμενοι γῆν παρεκάθισάν μοι ἑπτὰ ἡμέρας καὶ * ἑπτὰ * νύκτας καὶ οὐδεὶς αὐτῶν λελάληκέν μοι, καὶ οὐχὶ
Job 30 4 ὅτι οὗτός ἐστιν. καὶ λοιπὸν ἐκάθισαν ἐν ταῖς * ἑπτὰ * ἡμέραις διακρίνοντες τὰ κατ' ἐμέ, διαλογιζόμενοι τὰ
Job 31 1 τοσαύτην νεκρότητα κατέπεσεν; ἐγένετο δὲ μετὰ τὰς * ἑπτὰ * ἡμέρας οὕτως διαλογιζομένους, ἀποκριθεὶς Ἐλιους
Job 41 2 καὶ μεγαλορημονοῦντες κατ' ἐμοῦ, ὡς μετὰ εἴκοσι * ἑπτὰ * ἡμέρας ἀναστῆναι αὐτοὺς καὶ πορευθῆναι εἰς τὴν
Job 46 1 οἱ δὲ παρήνεγκαν τὰ ὄντα εἰς μερισμὸν αὐτοῖς τοῖς * ἑπτὰ * ἄρρεσιν ἀπὸ γὰρ τῶν χρημάτων οὐ παρέσχετο ταῖς
Job 46 4 ἤδη ὑμῖν ἔπεμψα κληρονομίαν κρείττονα τῶν * ἑπτὰ * ἀδελφῶν ὑμῶν. τότε καλέσας τὴν θυγατέρα αὐτοῦ τὴν
Job 53 1 πατρός. καὶ ἐγὼ Νηρεὺς ὁ ἀδελφὸς αὐτοῦ μετὰ τῶν * ἑπτὰ * τέκνων τῶν ἀρρενικῶν, σὺν τοῖς πένησιν καὶ ὀρφανοῖς
Job 53 9 ταῖς γενεαῖς τοῦ αἰῶνος, ἀμὴν καταλείψας υἱοὺς * ζ' * καὶ θυγατέρας τρεῖς καὶ οὐχ εὑρέθησαν κατὰ τὰς
Aris. 27 2 τραπεζίταις. οὕτω δοχθὲν ἐκεκύρωτο ἐν ἡμέραις * ἑπτὰ * πλεῖον δὲ ταλάντων ἑξακοσίων ἑξήκοντα ἡ δόσις
Aris. 301 2 ὁ Δημήτριος παραλαβὼν αὐτοὺς καὶ διελθὼν τὸ τῶν * ἑπτὰ * σταδίων ἀνάχωμα τῆς θαλάσσης πρὸς τὴν νῆσον καὶ
Sib. 3 280 οὐκ ἔθελες τιμᾶν θνητῶν εἴδωλα δ' ἐτίμας. ἀνθ' ὧν * ἑπτὰ * χρόνων δεκάδας γῆ καρποδότειρα ἔσσετ' ἔρημος ἅπασα
Sib. 3 728 οἴκους ἐχθρῶν ὅπλα πορίζόμενοι κατὰ γαῖαν ἅπασαν * ἑπτὰ * χρόνων μήκη περιτελλομένων ἐνιαυτῶν πέλτας καὶ
FJub. 2 3 καὶ νὺξ τὸ φῶς ἡμέρας τε καὶ ὄρθρου. ταῦτα τὰ * ἑπτὰ * μέγιστα ἔργα ἐποίησεν ὁ θεὸς ἐν τῇ πρώτῃ ἡμέρᾳ. ἐν
FJub. 3 13 ἄρσεν. ἀφεδρος γὰρ πάλιν οὖσα οὐκ εἰσέρχεται ἕως * ἑπτὰ * ἡμέρας ἐν τῷ ἱερῷ κατὰ τὸν θεῖον νόμον. ὁ Ἀδὰμ
FJub. 16 21 σκηνὰς τότε πρῶτον Ἀβραὰμ τῆς σκηνοπηγίας ἐπὶ * ἑπτὰ * ἡμέρας ἐπιτελεῖ τὴν ἑορτήν. πρῶτος Ἀβραὰμ ἐκύκλου
FBar. 12 5 κατεχεται και⟩ ειπων ταυτα ενηστευσα ημε⟩ρας * ζ' * και εγενετο με⟨τα ταυτα οτι εγω⟩ Βαρουχ ἵστηκειν επι
IHom. 5 107 4 ἦν ἱερή. ἑβδομάτη δ' ἠοῖ καὶ οἱ τετύκοντο ἅπαντα. * ἑπτὰ * δὲ πάντα τέτυκτο ἐν οὐρανῷ ἀστερόεντι ἐν κύκλοισι
HDem. 9 21 2 πατέρα καταλιπόντα Ἰσαὰκ ἐτῶν ἑκατὸν τριάκοντα * ἑπτὰ * αὐτὸν δὲ ὄντα ἐτῶν ἑβδομήκοντα ἑπτά. διατρίψαντα
HDem. 9 21 2 τριάκοντα ἑπτὰ αὐτὸν δὲ ὄντα ἐτῶν ἑβδομήκοντα * ἑπτά. * διατρίψαντα οὖν αὐτὸν ἐκεῖ ἑπτὰ ἔτη Λάβαν τοῦ
HDem. 9 21 3 ἐτῶν ἑβδομήκοντα ἑπτά. διατρίψαντα οὖν αὐτὸν ἐκεῖ * ἑπτὰ * ἔτη Λάβαν τοῦ μητρῴου δύο θυγατέρας γῆμαι Λεῖαν καὶ
HDem. 9 21 3 ὄντα ἐτῶν ὀγδοήκοντα τεσσάρων καὶ γενέσθαι ἐν * ἑπτὰ * ἔτεσιν ἄλλοις αὐτῷ παιδία ιβ' ὀγδόῳ μὲν ἔτει μηνὶ
HDem. 9 21 5 υἱὸν ὃν ὀνομασθῆναι Ἰωσὴφ ὥστε γεγονέναι ἐν τοῖς * ἑπτὰ * ἔτεσι τοῖς παρὰ Λάβαν δώδεκα παιδία. θέλοντα δὲ τὸν
HDem. 9 21 8 Ἀσὴρ ἐτῶν ὀκτὼ Ἰσσάχαρ ἐτῶν ὀκτὼ Ζαβουλὼν ἐτῶν * ἑπτὰ * μηνῶν δυοῖν Δεῖναν ἐτῶν ἓξ μηνῶν τεσσάρων Ἰωσὴφ
HDem. 9 21 9 τὴν Δείνας φθορὰν Ἰακὼβ δὲ τότε εἶναι ἐτῶν ἑκατὸν * ἑπτά. * ἐλθόντα τε οὖν αὐτὸν εἰς Λουζὰ τῆς Βαιθὴλ φάναι
HDem. 9 21 12 βασιλεῖ τὸν Ἰωσὴφ τὰ ἐνύπνια ἄρξαι Αἰγύπτου ἔτη * ἑπτὰ * ἐν οἷς καὶ συνοικῆσαι Ἀσενὲθ Πεντεφρῆ τοῦ
HDem. 9 21 14 διὰ τὸ ἐκ τῆς Λείας τῷ πατρὶ αὐτοῦ γεγονέναι υἱοὺς * ἑπτὰ * ἐκ δὲ Ῥαχὴλ τῆς μητρὸς αὐτοῦ δύο διὰ τοῦτο τῷ
HDem. 9 21 14 παραθεῖναι καὶ αὐτὸν λαβεῖν δύο γενέσθαι οὖν * ἑπτὰ * ὅσας καὶ τοὺς ἐκ τῆς Λείας υἱοὺς λαβεῖν. ὡσαύτως δὲ
HDem. 9 21 17 ἐτῶν μ β' μηνῶν δύο Νεφθαλεὶμ ἐτῶν μ α' μηνῶν * ζ' * Γὰδ ἐτῶν μ α' μηνῶν γ' Ἀσὴρ ἐτῶν μ' μηνῶν ὀκτὼ
HDem. 9 21 19 εὐλογήσαντα τοὺς Ἰωσὴφ υἱοὺς ὄντα ἐτῶν ρ μ * ζ' * καταλιπόντα Ἰωσὴφ ὄντα ἐτῶν ν ς'. Λευὶν δὲ γενόμενον
HDem. 9 21 19 Ἰωσὴφ ὄντα ἐτῶν ν ς'. Λευὶν δὲ γενόμενον ἐτῶν ρ λ * ζ' * τελευτῆσαι Κλὰθ δὲ ὄντα ἐτῶν μ' γεννῆσαι Ἀμβρὰμ ὃν
HEup. 9 34 8 χρυσοῦς ο' ὥστε καίεσθαι ἐφ' ἑκάστης λυχνίας * ἑπτά. * οἰκοδομῆσαι δὲ καὶ τὰς πύλας τοῦ ἱεροῦ καὶ
HArt. 9 23 4 τὸν οὖν Ἰωσὴφ κρατοῦντα τῆς Αἰγύπτου τὸν τῶν * ἑπτὰ * ἐτῶν σῖτον γενόμενον κατὰ τὴν φορὰν ἄπλετον
LEze. 9 28 4 01 νῦν πλανῶμαι γῆν ἐπ' ἀλλοτέρμονα. ὁρῶ δὲ ταύτας * ἑπτὰ * παρθένους τινάς. Λιβύη μὲν ἡ γῆ πᾶσα κλῄζεται ξένε
LEze. 9 29 12 38 ὅπως ἀφ' ἧσπερ ἠοῦς ἐφυγετ' Αἰγύπτου δ' ἄπο * ἑπτὰ * διοδοιποροῦντες ἡμέρας ὁδὸν πάντες τοσαύτας ἡμέρας
LEze. 9 29 13 15 Ἑβραίων ἄπο. ταύτην δ' ἑορτὴν δεσπότῃ τηρήσετε * ἑφθ' * ἡμέρας ἄζυμα καὶ οὐ βρωθήσεται ζύμη. κακῶν γὰρ
LEze. 9 29 16 10 δ' ἐρυμνὰ πολλὰ φοινίκων πέλει ἔγκαρπα δεκάκις * ἑπτὰ * καὶ ἐπίρρυτος χλόη πέφυκε θρέμμασιν χορτάσματα.
LAri. 13 12 16 καὶ ἑβδόμη ἐν πρώτοισι καὶ ἑβδόμη ἐστὶ τελείη καὶ * ἑπτὰ * δὲ πάντα τέτυκται ἐν οὐρανῷ ἀστερόεντι ἐν κύκλοισι

ἑπτακαίδεκα 2

FJub. 46 3 οἱ υἱοὶ Ἰακὼβ ἀνεῖλον τοὺς πλείστους. Ἰωσὴφ * ιζ' * ἐτῶν ἐπράθη καὶ τριὰ ἔτη ἐποίησεν δοῦλος καὶ γ' ἔτη
HDem. 9 21 19 γεννῆσαι Λευὶν Λευὶν δὲ ἐν Αἰγύπτῳ ἐπιγενέσθαι ἔτη * ιζ' * ἀφ' οὗ ἐκ Χαναὰν αὐτὸν ἐλθεῖν εἰς Αἴγυπτον ὥστε

ἑπτακαιδέκατος 1

Hen. 6B 7 ιγ' Ἀναγημὰς ιδ' Θαυσαὴλ ιε' Σαμιὴλ ις' Σαρινὰς * ιζ' * Εὐμιὴλ ιη' Τυριὴλ ιθ' Ἰουμιὴλ κ' Σαριὴλ. καὶ ἔλαβον

ἑπτάκις 3

Aris. 177 3 πολὺν ἐπιστὰς χρόνον καὶ προσκυνήσας σχεδὸν * ἑπτάκις * εἶπεν εὐχαριστῶ μὲν ἄνδρες ὑμῖν τῷ δ'
Sib. 5 37 εἶτά τις εὐσεβέων ὀλετὴρ ἥξει μέγας ἀνδρῶν * ἑπτάκις * ὃς δεκάτην κεραίην δεικνυσι πρόδηλον. τοῦ δὲ
LEze. 9 28 2 02 Ἰακὼβ γῆν λιπὼν Χαναναίαν κατῆλθ' ἔχων Αἴγυπτον * ἑπτάκις * δέκα ψυχὰς σὺν αὐτῷ καὶ ἐπεγέννησεν πολὺν λαὸν

ἑπτακισχίλιοι 3

Abr.1 11 12 οἱ ἀπολλύμενοι ὀλίγοι δὲ οἱ σῳζόμενοι εἰς γὰρ τὰς * ἑπτακισχιλίας * ψυχὰς μόλις εὑρίσκεται μία ψυχὴ σῳζομένη
Job 32 2 τοῖς παισὶν τὸν πλοῦτον τοῦ Ἰωβ. σὺ εἶ ὁ τὰ * ἑπτακισχίλια * πρόβατα ἐκτάξας εἰς τὴν τῶν πτωχῶν ἔνδυσιν
HAri. 9 25 2 καὶ πολύκτηνον κτήσασθαι γὰρ αὐτὸν πρόβατα μὲν * ἑπτακισχίλια * καμήλους δὲ τρισχιλίας ζεύγη βοῶν

ἑπτακόσιοι 1

Aris. 95 3 μηθ' ἕνα ἄνθρωπον ἐν τῷ τόπῳ παρεῖναι πρὸς τοὺς * ἑπτακοσίους * παρόντων τῶν λειτουργῶν καὶ τῶν προσαγόντων

ἑπταπλάσιος 2

Abr.2 8 7 καὶ γελῶν ὥστε τὸν κλαυθμὸν ὑπερβῆναι τῷ γέλωτι * ἑπταπλασίως; * καὶ εἶπεν Μιχαὴλ τῷ Ἀβραὰμ οὐκ ἐπέγνως
Abr.2 8 16 διὰ τοῦτο ὑπερβαίνει ὁ κλαυθμὸς τὸν γέλωτα * ἑπταπλασίως. * καὶ εἶπεν Ἀβραὰμ τῷ Μιχαὴλ ὥστε οὖν τὸν μὴ

ἑπταπλασίων 1

FSop. 5 77 2 ἐν πνεύματι ἁγίῳ καὶ ἦν ἑκάστου αὐτῶν ὁ θρόνος * ἑπταπλασίων * φωτὸς ἡλίου ἀνατέλλοντος οἰκοῦντας ἐν ναοῖς

ἐπωνυμία

Sib. 3 406 σεισίχθονος ἐννοσιγαίου ἥν ποτε φημίξουσιν * ἐπωνυμίην * Δορύλαιον ἀρχαίης Φρυγίης πολυδακρύτοιο
Sib. 3 408 πολυδακρύτοιο κελαινῆς. ἔστ' ἄρα καιρὸς ἐκεῖνος * ἐπωνυμίην * ἐνοσίχθων κευθμῶνας γαίης σκεδάσει καὶ τείχεα

ἐπώνυμος
                                                                 1
Sib.      5   123   εἰλισσομένη ποτέ κλαύσει ἢ τὸ πάλαι σεμνὴ καὶ ✶ ἐπώνυμος ✶ ἐξαπολεῖται. Βιθυνοὶ κλαύσουσιν ἐὴν χθόνα

ἔραμαι
                                                                 2
TJud.     13   7   καὶ ἡμαύρωσέ μου τὴν καρδίαν ἡ ἡδονή. καὶ ✶ ἐρασθεὶς ✶ αὐτῆς συνέπεσα καὶ παρέβην ἐντολὴν κυρίου καὶ
LThe.  9  22   4   τὴν πόλιν Συχὲμ δὲ τὸν τοῦ Ἐμμὼρ υἱὸν ἰδόντα ✶ ἐρασθῆναι ✶ αὐτῆς καὶ ἁρπάσαντα ὡς ἑαυτὸν διακομίσαι καὶ

ἐραστής
                                                                 3
Sib.      3   413   ἐγγενὲς αἷμα. ἀλλὰ μεταῦτις Ἕλωρ ἔσῃ ἀνθρώποισιν ✶ ἐρασταῖς. ✶ Ἴλιον οἰκτείρω σε κατὰ Σπάρτην γὰρ Ἐρινὺς
Sib.      3   447   ἔξοχον ἄλλων. ἀλλὰ μεταῦτις Ἕλωρ ἔσῃ ἀνθρώποισιν ✶ ἐρασταῖς ✶ κάλλεσιν ἠδ' ὄλβῳ δεινὸν ζυγὸν αὐχένι θήσῃ.
FAch.   101   τοῖς Βαβυλωνίοις ἀνεδείχθη ὥστε καὶ τὸν βασιλέα ✶ ἐραστὴν ✶ αὐτοῦ γενέσθαι τῶν ἠθῶν διὰ τὸν νοῦν αὐτὸν ἔχειν

ἐργάζομαι
Adam    24   2   τῆς γυναικός σου ἐπικατάρατος ἡ γῆ ἕνεκα σοῦ. ✶ ἐργάσει ✶ αὐτὴν καὶ οὐ δώσει τὴν ἰσχὺν αὐτῆς. ἀκάνθας καὶ
Hen.    8B   1   καὶ τὰ μέταλλα τῆς γῆς καὶ τὸ χρυσίον πῶς ✶ ἐργάσωνται ✶ καὶ ποιήσωσιν αὐτὰ κόσμια ταῖς γυναιξὶ καὶ
Hen.    10   18   τὰ σάββατα αὐτῶν μετὰ εἰρήνης πληρώσουσιν. τότε ✶ ἐργασθήσεται ✶ πᾶσα ἡ γῆ ἐν δικαιοσύνῃ καὶ
Hen.   103   11   γενέσθαι κεφαλὴ ἐγενήθημεν κέρκος ἐκολπιάσαμεν ✶ ἐργαζόμενοι ✶ καὶ τῶν ὀψωνίων οὐ κεκυριεύκαμεν. ἐγενήθημεν
Abr.1   10   5   οὗτοί εἰσιν οἱ κλέπται οἱ βουλόμενοι φόνον ✶ ἐργάσασθαι ✶ καὶ κλέψαι καὶ θῦσαι καὶ ἀπολέσαι. εἶπεν δὲ
Abr.2   4   2   ἔστιν εἴσελθε εἰς τὴν σκηνήν σου καὶ τὰ ἴδιά σου ✶ ἐργάζου ✶ μὴ ἐπιβαρὴς γένῃ τῷ ξένῳ τούτῳ ἀνθρώπῳ.
TIss.   5   3   ἐλᾶτε. ὑπόθετε τὸν νῶτον ὑμῶν εἰς τὸ γεωργεῖν καὶ ✶ ἐργάσεσθε ✶ ἐν ἔργοις γῆς καθ' ἑκάστην γεωργίαν δῶρα μετ'
TNep.   8   4   Ἰσραὴλ καὶ ἐπισυνάξει δικαίους ἐκ τῶν ἐθνῶν. ἐὰν ✶ ἐργάσησθε ✶ τὸ καλὸν τέκνα μου εὐλογήσουσιν ὑμᾶς καὶ οἱ
TGad    6   5   ἵνα μὴ μισήσας σε ἐχθράνῃ καὶ μεγάλην ἁμαρτίαν ✶ ἐργάσηται ✶ κατὰ σου ὅτι πολλάκις δολοφωνεῖ σε ἢ
TBen.   11   1   ὑμῶν ἀλλ' ἐργάτης κυρίου διαδιδὸν τροφὴν τοῖς ✶ ἐργαζομένοις ✶ τὸ ἀγαθόν. καὶ ἀναστήσεται ἐκ τοῦ σπέρματος
Bar.    11   9   ἔνθα προσέρχονται αἱ ἀρεταὶ τῶν δικαίων καὶ ὅσα ✶ ἐργάζονται ✶ ἀγαθὰ ἄτινα δι' αὐτοῦ ἀποκομίζονται ἔμπροσθεν
Bar.    15   2   τὸν μισθὸν τοῖς φίλοις ἡμῶν καὶ τοῖς ἐμπόνως ✶ ἐργασαμένοις ✶ τὰ καλὰ ἔργα. οἱ γὰρ καλῶς σπείραντες καὶ
Job     9   4   ἐννακισχιλίους, καὶ ἐξ αὐτῶν ἐξελεξάμην τρισχιλίας ✶ ἐργάζεσθαι ✶ πᾶσαν πόλιν, καὶ γομώσας ἀγαθῶν ἀπέστειλα εἰς
Job    24   4   διανυκτερεύων αἴθριος, κἀγὼ πάλιν ἡ παναθλία ✶ ἐργαζομένη ✶ ἡμέρας ὀδυνωμένη καὶ ἐν νυκτὶ ἕως ἂν
Aris.   57   3   χρυσίου δοκίμου στερεᾶν πάντοθεν τὴν ποίησιν ✶ ἐργασάμενοι ✶ λέγω δὲ οὗ περὶ τι περιπτυγμένου τοῦ χρυσοῦ
Aris.   63   5   τε καὶ ῥοῶν καὶ τῶν παραπλησίων. τοὺς δὲ λίθους ✶ ἐργασάμενοι ✶ πρὸς τὴν τῶν προειρημένων καρπῶν διατύπωσιν
Aris.  176   4   χρυσογραφίᾳ τοῖς Ἰουδαϊκοῖς γράμμασι θαυμασίως ✶ εἰργασμένου ✶ τοῦ ὑμένος καὶ τῆς πρὸς ἄλληλα συμβολῆς
Aris.  210   5   γινώσκει καὶ οὐθὲν ἂν λάθοι ἄδικον ποιήσας ἢ κακὸν ✶ ἐργαζόμενος ✶ ἄνθρωπος ὡς γὰρ θεὸς εὐεργετεῖ τὸν ὅλον
Aris.  249   3   τελευτᾶν. ἡ δὲ ξενία τοῖς μὲν πένησι καταφρόνησιν ✶ ἐργάζεται ✶ τοῖς δὲ πλουσίοις ὄνειδος ὡς διὰ κακίαν
Aris.  273   5   ἔχοι; ὁ δὲ ἀπεφήνατο διαλαμβάνων ὅτι κακὸν οὐδὲν ✶ εἰργασται ✶ τῶν ὑποτεταγμένων οὐθενὶ πάντες δὲ ἀγωνιοῦνται
Aris.  281   6   τῷ θράσει παραβάλλοντας τὸ ζῆν. ὡς γὰρ ὁ θεὸς εὖ ✶ ἐργάζεται ✶ πᾶσι καὶ σὺ τοῦτον μιμούμενος εὐεργετεῖς τοὺς
Aris.  306   4   διεσάφουν δὲ ὅτι μαρτύριόν ἐστι τοῦ μηδὲν ✶ εἰργάσθαι ✶ κακὸν πᾶσα γὰρ ἐνέργεια διὰ τῶν χειρῶν γίνεται
FEz.  64  70   7   τυφλοῦ οἱ δὲ ἠγανάκτησαν ἐν ἑαυτοῖς καὶ ἐπιβουλὴν ✶ ἐργάσασθαι ✶ τῷ βασιλεῖ ἐπενόουν. παράδεισον δὲ εἶχεν ὁ
FPho.  153   μὴ κακὸν εὖ ἕρξῃς σπείρειν ἴσον ἔστ' ἐνὶ πόντῳ. ✶ ἐργάζευ ✶ μοχθῶν ὡς ἐξ ἰδίων βιοτεύσῃς πᾶς γὰρ ἀεργὸς
HEup.  9  34   4   οἰκοδομεῖν τὸ ἱερὸν τοῦ θεοῦ ὄντα ἐτῶν τρισκαίδεκα ✶ ἐργάζεσθαι ✶ δὲ τὰ ἔθνη τὰ προειρημένα καὶ φυλὰς δώδεκα

ἐργασία
Hen.    8   1   ἀγγέλων καὶ ὑπέδειξεν αὐτοῖς τὰ μέταλλα καὶ τὴν ✶ ἐργασίαν ✶ αὐτῶν καὶ ψέλια καὶ κόσμους καὶ στίβεις καὶ τὸ
Aris.  109   4   καταμένοντες ἐφ' ἱκανὸν εἰς ἐλάττωσιν ἦγον τὰ τῆς ✶ ἐργασίας. ✶ ὅθεν ὁ βασιλεὺς ἵνα μὴ καταμένωσι προσέταξε μὴ

ἐργάσιμος
Aris.  114   3   παρακομίζεται διὰ τῶν Ἀράβων εἰς τὸν τόπον. ✶ ἐργάσιμος ✶ γὰρ καὶ πρὸς τὴν ἐμπορίαν ἐστὶ κατεσκευασμένη

ἐργάτης
                                                                 4
TBen.   11   1   κληθήσομαι λύκος ἅρπαξ διὰ τὰς ἁρπαγὰς ὑμῶν ἀλλ' ✶ ἐργάτης ✶ κυρίου διαδιδῶν τροφὴν τοῖς ἐργαζομένοις τὸ
Bar.    13   4   μαντεία καὶ τὰ τούτοις ὅμοια ἐκεῖ εἰσιν ✶ ἐργάται ✶ τῶν τοιούτων καὶ ἑτέρων χειρόνων. διὸ δεόμεθα
Job     12   3   ἠναγκάζετο παρ' ἐμοῦ λέγοντος ἐπίσταμαι ὅτι ✶ ἐργάτης ✶ εἶ ἄνθρωπος προσδοκῶν καὶ ἀναμένων σου τὸν
Aris.  231   3   δικαιοπραγεῖν. θεοῦ δὲ δῶρον ἀγαθῶν ✶ ἐργάτην ✶ εἶναι καὶ μὴ τῶν ἐναντίων. συναρεσθεὶς δὲ

ἐργατικός
                                                                 1
FAch.  109   χρησίμην λάμβανε καθόσον δύνῃ ἵνα καὶ εἰς αὔριον ✶ ἐργατικώτερος ✶ ᾖς καὶ οὕτως ὑγιαίνης. ἐν βασιλικῇ αὐλῇ

ἔργον
                                                                133
Hen.    1   9   τοὺς ἀσεβεῖς καὶ ἐλέγξει πᾶσαν σάρκα περὶ πάντων ✶ ἔργων ✶ τῆς ἀσεβείας αὐτῶν ὧν ἠσέβησαν καὶ σκληρῶν ὧν
Hen.    2   1   κατ' αὐτοῦ ἁμαρτωλοὶ ἀσεβεῖς. κατανοήσατε πάντα τὰ ✶ ἔργα ✶ ἐν τῷ οὐρανῷ πῶς οὐκ ἠλλοίωσαν τὰς ὁδοὺς αὐτῶν καὶ
Hen.    2   2   ἰδίαν τάξιν. ἴδετε τὴν γῆν καὶ διανοήθητε περὶ τῶν ✶ ἔργων ✶ ἐν αὐτῇ γενομένων ἀπ' ἀρχῆς μέχρι τελειώσεως
Hen.    2   2   ὡς οὐκ ἀλλοιοῦνται οὐδὲν τῶν ἐπὶ γῆς ἀλλὰ πάντα ✶ ἔργα ✶ θεοῦ ὑμῖν φαίνεται. ἴδετε τὴν θερείαν καὶ τὸν
Hen.    5   1   καὶ δόξαν. διανοήθητε καὶ γνῶτε περὶ πάντων τῶν ✶ ἔργων ✶ αὐτοῦ καὶ νοήσατε ὅτι θεὸς ζῶν ἐποίησεν αὐτὰ οὕτως
Hen.    5   2   αὐτὰ οὕτως καὶ ζῇ εἰς πάντας τοὺς αἰῶνας καὶ τὰ ✶ ἔργα ✶ αὐτοῦ πάντα ὅσα ἐποίησεν εἰς τοὺς αἰῶνας ἀπὸ
Hen.    5   2   πάντα οὕτως καὶ πάντα ὅσα ἀποτελοῦσιν αὐτῷ τὰ ✶ ἔργα ✶ καὶ οὐκ ἀλλοιοῦνται αὐτῶν τὰ ἔργα ἀλλ' ὥσπερεὶ κατὰ
Hen.    5   2   αὐτῷ τὰ ἔργα καὶ οὐκ ἀλλοιοῦνται αὐτῶν τὰ ✶ ἔργα ✶ ἀλλ' ὥσπερεὶ κατὰ ἐπιταγὴν τὰ πάντα γίνεται. ἴδετε
Hen.    5   3   ὡς ὁμοίως ἀποτελοῦσιν καὶ οὐκ ἀλλοιοῦσιν αὐτῶν τὰ ✶ ἔργα ✶ ἀπὸ τῶν λόγων αὐτοῦ. ὑμεῖς δὲ οὐκ ἐνεμείνατε οὐδὲ
Hen.    10   8   αὐτῶν καὶ ἠρημώθη πᾶσα ἡ γῆ ἀφανισθεῖσα ἐν τοῖς ✶ ἔργοις ✶ τῆς διδασκαλίας Ἀζαὴλ καὶ ἐπ' αὐτῷ γράφον τὰς
Hen.    10   16   καὶ ἀπόλεσον τὴν ἀδικίαν πᾶσαν ἀπὸ τῆς γῆς καὶ πᾶν ✶ ἔργον ✶ πονηρίας ἐκλειπέτω καὶ ἀναφανήτω τὸ φυτὸν τῆς
Hen.   10B   8   υἱοὺς ἀνθρώπων καὶ ἠρημώθη πᾶσα ἡ γῆ ἐν τοῖς ✶ ἔργοις ✶ τῆς διδασκαλίας Ἀζαὴλ καὶ ἐπ' αὐτῇ γράφον πάσας
Hen.    11   1   τὰ ὄντα ἐν τῷ οὐρανῷ καὶ κατενεγκεῖν αὐτὰ ἐπὶ τὰ ✶ ἔργα ✶ ἐπὶ τὸν κόπον τῶν υἱῶν τῶν ἀνθρώπων. καὶ τότε
Hen.    12   2   ἐλήμφθη καὶ ποῦ ἐστιν καὶ τί ἐγένετο αὐτῷ. καὶ τὰ ✶ ἔργα ✶ αὐτοῦ μετὰ τῶν ἐγρηγόρων καὶ μετὰ τῶν ἁγίων αἱ
Hen.    13   2   περὶ ἐδείξας ἀδικημάτων καὶ περὶ πάντων τῶν ✶ ἔργων ✶ τῶν ἀσεβείων καὶ τῆς ἀδικίας καὶ τῆς ἁμαρτίας ὅσα
Hen.    14   22   ἑστήκασιν ἐνώπιον αὐτοῦ καὶ πᾶς λόγος αὐτοῦ ✶ ἔργον. ✶ καὶ οἱ ἅγιοι τῶν ἀγγέλων οἱ ἐγγίζοντες αὐτῷ οὐκ
Hen.    15   5   ἐν αὐταῖς τέκνα οὕτως ἵνα μὴ ἐκλείπῃ αὐτοῖς πᾶν ✶ ἔργον ✶ ἐπὶ τῆς γῆς. ὑμεῖς δὲ ὑπήρχετε πνεύματα ζῶντα
Hen.    21   2   ἐφοβήθην ἕως τῆς ἀκατασκευάστου. κἀκεῖ ἐθεασάμην ✶ ἔργον ✶ φοβερὸν ἑώρακα οὔτε οὐρανὸν ἐπάνω οὔτε γῆν
Hen.    21   7   εἰς ἄλλον τόπον τούτου φοβερώτερον καὶ τεθέαμαι ✶ ἔργα ✶ φοβερώτερα πῦρ μέγα ἐκεῖ καιόμενον καὶ φλεγόμενον
Hen.   21B   2   μέχρι τῆς ἀκατασκευάστου. καὶ ἐκεῖ ἐθεασάμην ✶ ἔργον ✶ φοβερόν. ἑώρακα οὔτε οὐρανὸν ἐπάνω οὔτε γῆν
Hen.    90   2   κηρὸς ἀπὸ πυρὸς οὕτως κατακαυθήσεται περὶ πάντων τῶν ✶ ἔργων ✶ αὐτοῦ. καὶ νῦν ἐγὼ λέγω ὑμῖν υἱοῖς ἀνθρώπων ὀργὴ
Hen.    97   6   ἁγίου κατὰ πρόσωπον ὑμῶν εἴ' ἀναφελεῖ τὰ πάντα ✶ ἔργα ✶ τὰ μετασχόντα ἐν τῇ ἀνομίᾳ. οὐαὶ ὑμῖν οἱ ἁμαρτωλοὶ
Hen.    98   5   καὶ δουλεία (στεῖρα) γυναικὶ οὐκ ἐδόθη ἀλλὰ διὰ τὰ ✶ ἔργα ✶ τῶν χειρῶν ὅτι οὐχ ὡρίσθη δούλην εἶναι δούλην
Hen.    98   6   ὑμῖν ἁμαρτωλοὶ καὶ τοῦ ἁγίου τοῦ μεγάλου ὅτι τὰ ✶ ἔργα ✶ ὑμῶν τὰ πονηρὰ ἔσται ἀνακεκαλυμμένα ἐν τῷ οὐρανῷ
Hen.    98   6   ἔσται ἀνακεκαλυμμένα ἐν τῷ οὐρανῷ οὐκ ἔσται ὑμῖν ✶ ἔργον ✶ ἀποκεκρυμμένον ἄδικον. μὴ ὑπολάβητε τῇ ψυχῇ ὑμῶν
Hen.    98   12   αἷμα πόθεν ὑμῖν ἔσονται ἀγαθὰ ἵνα φάγητε---〉 ✶ ---〈ἔργα ✶ τῆς ἀδικίας διότι ἐλπίδα κακλᾶς ἔχετε ὑμῖν〉
Hen.    99   1   οὐαὶ ὑμῖν οἱ ποιοῦντες πλανήματα καὶ τοῖς ✶ ἔργοις ✶ τοῖς ψευδέσιν λαμβάνοντες τιμὴν καὶ δόξαν
Hen.    99   9   τῶν ἐνυπνίων καταπλανήσουσιν ὑμᾶς ὑμεῖς καὶ τὰ ✶ ἔργα ✶ ὑμῶν τὰ ψευδῆ ἃ ἐποιήσατε καὶ ἐλαεργήσατε) καὶ ἐπὶ
Hen.   100   7   καὶ φυλάξητε αὐτοὺς ἐν πυρὶ ὅτι κομεῖσθε κατὰ τὰ ✶ ἔργα ✶ ὑμῶν. οὐαὶ ὑμῖν σκληροκάρδιοι ἀγρυπνοῦντες νοῆσαι
Hen.   100   9   ὑμῶν. οὐαὶ ὑμῖν πᾶσιν τοῖς ἁμαρτωλοῖς ἐπὶ τοῖς ✶ ἔργοις ✶ τοῦ στόματος. οὐαὶ ὑμῖν πᾶσιν τοῖς
Hen.   100   9   ἐπὶ τοῖς λόγοις τοῦ στόματος ὑμῶν καὶ ἐπὶ τοῖς ✶ 〈ἔργοις〉 ✶ τῶν χειρῶν ὑμῶν ὅτι ἀπὸ τῶν ἁγίων ἔργων
Hen.   100   9   τοῖς 〈ἔργοις〉 τῶν χειρῶν ὑμῶν ὅτι ἀπὸ τῶν ἁγίων ✶ ἔργων ✶ ἀπεταννήθητε --〉φλεγομέν〈---〉 πᾶσα νεφέλη καὶ
Hen.   101   1   αὐτῶν. κατανοήσετε τοίνυν υἱοὶ τῶν ἀνθρώπων τὰ ✶ ἔργα ✶ τοῦ ὑψίστου καὶ φοβήθητε τοῦ ποιῆσαι τὸ πονηρὸν
Hen.   101   3   ἀποστείληται τὸν θυμὸν αὐτοῦ ἐφ' ὑμᾶς καὶ ἐπὶ τὰ ✶ ἔργα ✶ ὑμῶν οὐχὶ ἔσεσθε δεόμενοι αὐτοῦ; διὰ τί ὑμεῖς
Hen.   101   6   οὐχὶ πᾶσα ἡ θάλασσα καὶ 〈πάντα τὰ〉 ὕδατα αὐτῆς ✶ ἔργον ✶ τοῦ ὑψίστου ἐστὶ καὶ αὐτὸς συνετίμησατο τὰ
Hen.   102   6   ἔργοις ὅτι αἱ αὐτοῖς περιεγένετο ἐπὶ τοῖς ✶ ἔργοις ✶ αὐτῶν; καὶ αὐτοὶ ὁμοίως ἡμῖν ἀπεθάνοσαν. ἴδετε
Abr.1   6   8   νῦν γίνωσκε κύριέ μου Ἀβραὰμ ὅτι ἀποκάλυψίς τινος ✶ ἔργου ✶ ἡμῖν ἐστιν κἄν τε ἀγαθὸν κἄν τε πονηρόν. καταλιπὼν
Abr.1   9   4   ὅτι τάδε λέγει ὁ Ἀβραὰμ ὅτι κύριε κύριε ἐν παντὶ ✶ ἔργῳ ✶ καὶ λόγῳ ὃ ᾐτησάμην παρά σου ἐποίησας καὶ ἔδωκας
Abr.1   13   11   ἔχων τὴν ἐξουσίαν καὶ δοκιμάζει τὰ τῶν ἀνθρώπων ✶ ἔργα ✶ διὰ πυρός καὶ εἴ τινος τὸ ἔργον κατακαύσει τὸ πῦρ
Abr.1   13   12   τὰ τῶν ἀνθρώπων ἔργα διὰ πυρός καὶ εἴ τινος τὸ ✶ ἔργον ✶ κατακαύσει τὸ πῦρ εὐθέως λαμβάνει αὐτὸν ὁ ἄγγελος
Abr.1   13   13   τῶν ἁμαρτωλῶν πικρότατον ποτήριον εἴ τινος δὲ τὸ ✶ ἔργον ✶ τὸ πῦρ δοκιμάσει καὶ μὴ ἅψεται αὐτοῦ οὕτως
Abr.2   9   8   εὗρε γὰρ τὰς ἁμαρτίας ἰσοζυγούσας μετὰ τῶν ἀγαθῶν ✶ ἔργων ✶ αὐτῆς καὶ οὐκ εἴασεν αὐτὴν ἐν μόχθῳ οὐδὲ ἐν
TRub.   2   2   ἀνθρώπου ἀπὸ τοῦ Βελιὰρ καὶ αὐτά εἰσι κεφαλὴ τῶν ✶ ἔργων ✶ τοῦ νεωτερισμοῦ καὶ ἑπτὰ πνεύματα ἐδόθη αὐτῷ ἐπὶ
TRub.   2   2   ἐδόθη αὐτῷ ἐπὶ τῆς κτίσεως τοῦ εἶναι ἐν ἀγνοίᾳ πᾶν ✶ ἔργον ✶ ἀνθρώπου. πρῶτον πνεῦμα ζωῆς μεθ' ἧς ἡ σύστασις
TRub.   4   1   ἁπλότητι καρδίας ἐν φόβῳ κυρίου καὶ μοχθοῦντες ἐν ✶ ἔργοις ✶ καὶ ἀποπλανώμενοι ἐν γράμμασι καὶ ἐν νοῦς
TRub.   5   3   διὰ τοῦ βλέμματος τὸν ἰὸν ἐνσπείρουσι καὶ τότε τῷ ✶ ἔργῳ ✶ αἰχμαλωτίζουσιν οὐ γὰρ δύναται γυνὴ ἄνθρωπον
TLevi   18   2B030   σπεῖσον καὶ θυμίασον ἐπάνω λίβανον +τὸ ἥεσσθαι+ καὶ ✶ ἔργα ✶ σου ἐν τάξει καὶ πᾶσα προσφορὰ σου εἰς εὐδόκησιν
TLevi   19   1   οὖν ἑαυτοῖς τὸ σκότος ἢ τὸ φῶς ἢ νόμον κυρίου ἢ ✶ ἔργα ✶ Βελιάρ. καὶ ἀπεκρίθημεν ἡμεῖς τῷ πατρὶ λέγοντες
TJud.   2   1   ἐν πᾶσι. καὶ ἔδωκέ μοι κύριος χάριν ἐν πᾶσι τοῖς ✶ ἔργοις ✶ μου ἔν τε τῷ ἀγρῷ καὶ ἐν τῷ οἴκῳ ὡς εἶδον ὅτε
TJud.   13   2   ὑμῶν ἐν ὑπερηφανίᾳ καρδίας ὑμῶν καὶ μὴ καυχᾶσθε ἐν ✶ ἔργοις ✶ ἰσχύος νεότητος ὑμῶν ὅτι καὶ γε τοῦτο πονηρὸν ἐν
TJud.   20   2   καὶ ἴσον καιρὸς ἐν ᾧ δυνήσεται λαθεῖν ἀνθρώπων ✶ ἔργα ✶ ὅτι ἐπὶ στήθει ὀστέων αὐτοῦ ἐγγέγραπται ἐνώπιον
TIss.   5   3   τὸν νῶτον ὑμῶν εἰς τὸ γεωργεῖν καὶ ἐργάσθε ἐν ✶ ἔργοις ✶ γῆς καθ' ἑκάστην γεωργίαν δῶρα μετ' εὐχαριστίας
TDan    4   2   ματαία ἐστίν. ἐν γὰρ λόγῳ παροξύνει πρῶτον εἶτα ἐν ✶ ἔργοις ✶ δυναμοῖ τὸν ἐρεθιζόμενον καὶ ἐν ζημίαις πικραῖς
TDan    6   8   διατηρήσατε οὖν ἑαυτοὺς τέκνα μου ἀπὸ παντὸς ✶ ἔργου ✶ πονηροῦ καὶ ἀπορρίψατε τὸν θυμὸν καὶ πᾶν ψεῦδος
TDan    6   9   πρᾷος καὶ ταπεινὸς καὶ ἐκδιδάσκων διὰ τῶν ✶ ἔργων ✶ νόμον θεοῦ. ἀπόστητε οὖν ἀπὸ πάσης ἀδικίας καὶ

TNep. 2 6 κατ' εἰκόνα ἑαυτοῦ. ὡς ἡ ἰσχὺς αὐτοῦ οὕτω καὶ τὸ * ἔργον * αὐτοῦ καὶ ὡς ὁ νοῦς αὐτοῦ οὕτω καὶ ἡ τέχνη αὐτοῦ
TNep. 2 10 οὐ δύναται οὕτως οὐδὲ ἐν σκότει δυνήσεσθε ποιῆσαι * ἔργα * φωτός. μὴ οὖν σπουδάζετε ἐν πλεονεξίᾳ διαφθεῖραι
TNep. 8 5 καλῶς μνείαν ἔχει ἀγαθὴν οὕτως καὶ ἐπὶ τοῦ καλοῦ * ἔργου * μνήμη παρὰ θεῷ ἀγαθή. τὸν δὲ μὴ ποιοῦντα τὸ καλὸν
TGad 6 1 μῖσος ἀπὸ τῶν καρδιῶν ὑμῶν ἀγαπῶντες ἀλλήλους ἐν * ἔργῳ * καὶ λόγῳ καὶ διανοίᾳ ψυχῆς. ἐγὼ γὰρ κατὰ πρόσωπον
TAser 4 2 πολλοὶ γὰρ ἀναιροῦντες τοὺς πονηροὺς δύο ποιοῦσιν * ἔργα * καλὸν διὰ κακοῦ ὅλον ἐστὶ δὲ καλὸν ὅτι τὸ κακὸν
TAser 4 3 νηστεύοντα καὶ αὐτό ἐστι διπρόσωπον ἀλλὰ τὸ πᾶν * ἔργον * ἀγαθόν ἐστιν ὅτι μιμεῖται κύριον μὴ προσδεχόμενος
TAser 6 5 πνεύματος οὗ καὶ ἐδούλευσεν ἐν ἐπιθυμίαις καὶ * ἔργοις * πονηροῖς ἐὰν δὲ ἡσύχως ἐν χαρᾷ ἐγνώρισε τὸν
TJos. 10 4 δοξάζει αὐτὸν ὡς κἀμέ. πάντως γὰρ ὁ ἄνθρωπος ἢ ἐν * ἔργῳ * ἢ ἐν λόγῳ ἢ ἐν διανοίᾳ συνέχεται. γινώσκουσιν οἱ
TJos. 20 6 ὡς ἰδίοις μέλεσι συνέπασχε καὶ εὐεργέτει παντὶ * ἔργῳ * καὶ βουλῇ καὶ πράγματι παριστάμενος.
TBen. 5 3 θηρία φοβηθήσονται ὑμᾶς. ὅπου γὰρ ἔνι φῶς ἀγαθῶν * ἔργων * εἰς διάνοιαν τὸ σκότος ἀποδιδράσκει αὐτοῦ. ἐὰν γὰρ
TBen. 6 7 ὑπὸ θεοῦ καὶ ἀνθρώπων. καὶ τοῦ Βελιὰρ δὲ πᾶν * ἔργον * διπλοῦν ἐστι καὶ οὐκ ἔχει ἁπλότητα. διὰ τοῦτο
TBen. 11 4 καὶ ἐν βίβλοις ἁγίαις ἔσται ἀναγραφόμενος καὶ τὸ * ἔργον * καὶ ὁ λόγος αὐτοῦ καὶ ἔσται ἐκλεκτὸς θεοῦ ἕως τοῦ
Asen. 21 8 πάσῃ τῇ γῇ Αἰγύπτου λέγων πᾶς ἄνθρωπος ὃς ποιήσει * ἔργον * ἐν ταῖς ἑπτὰ ἡμέραις τῶν γάμων Ἰωσὴφ καὶ Ἀσενὲθ
Asen. 28 3 ἡμῶν Ἰωσὴφ καὶ κύριος ἀνταπέδωκεν ἡμῖν κατὰ τὰ * ἔργα * ἡμῶν. καὶ νῦν δεόμεθά σου ἡμεῖς οἱ δοῦλοί σου
Sal. 2 16 σου ὁ θεός. ὅτι ἀπέδωκας τοῖς ἁμαρτωλοῖς κατὰ τὰ * ἔργα * αὐτῶν καὶ κατὰ τὰς ἁμαρτίας αὐτῶν τὰς πονηρὰς
Sal. 2 34 ἀποδοῦναι ἁμαρτωλοῖς εἰς τὸν αἰῶνα κατὰ τὰ * ἔργα * αὐτῶν καὶ ἐλεῆσαι δίκαιον ἀπὸ ταπεινώσεως ἁμαρτωλοῦ
Sal. 4 7 καὶ πενίᾳ τὴν ζωὴν αὐτοῦ ἀνακαλύψαι ὁ θεὸς τὰ * ἔργα * ἀνθρώπων ἀνθρωπαρέσκων ἐν καταγέλωτι καὶ μυκτηρισμῷ
Sal. 4 7 ἀνθρωπαρέσκων ἐν καταγέλωτι καὶ μυκτηρισμῷ τὰ * ἔργα * αὐτοῦ. καὶ δικαιώσαισαν ὅσιοι τὸ κρίμα τοῦ θεοῦ
Sal. 4 16 ἀπὸ κροτάφων αὐτοῦ ἐν νυκτὶ ἀποπέσοι ἀπὸ παντὸς * ἔργου * χειρῶν αὐτοῦ ἐν ἀτιμίᾳ. κενὸς χερσὶν αὐτοῦ
Sal. 6 2 αὐτοῦ κατευθύνονται ὑπὸ κυρίου καὶ πεφυλαγμένα * ἔργα * χειρῶν αὐτοῦ ὑπὸ κυρίου θεοῦ αὐτοῦ. ἀπὸ ὁράσεως
Sal. 9 4 κρυβήσεται ἄνθρωπος ἀπὸ τῆς γνώσεώς σου ὁ θεός; τὰ * ἔργα * ἡμῶν ἐν ἐκλογῇ καὶ ἐξουσίᾳ τῆς ψυχῆς ἡμῶν τοῦ
Sal. 9 4 ψυχῆς ἡμῶν τοῦ ποιῆσαι δικαιοσύνην καὶ ἀδικίαν ἐν * ἔργοις * χειρῶν ἡμῶν καὶ ἐν τῇ δικαιοσύνῃ σου ἐπισκέπτῃ
Sal. 16 9 καὶ παντὸς ὑποκειμένου ἀπὸ ἁμαρτίας ἀνωφελοῦς. τὰ * ἔργα * τῶν χειρῶν μου κατεύθυνον ἐν τόπῳ σου καὶ τὰ
Sal. 17 8 ἀποδώσεις αὐτοῖς ὁ θεὸς εὑρεθῆναι αὐτοῖς κατὰ τὰ * ἔργα * αὐτῶν. οὐκ ἠλέησεν αὐτοὺς ὁ θεὸς ἐξηρεύνησεν τὸ
Sal. 17 40 ἐπὶ κύριον καὶ τίς δύναται πρὸς αὐτόν; ἰσχυρὸς ἐν * ἔργοις * αὐτοῦ καὶ κραταιὸς ἐν φόβῳ θεοῦ ποιμαίνων τὸ
Sal. 18 1 ἔτι τοῦ χριστοῦ κυρίου. κύριε τὸ ἔλεός σου ἐπὶ τὰ * ἔργα * τῶν χειρῶν σου εἰς τὸν αἰῶνα ἡ χρηστότης σου μετὰ
Sal. 18 8 καὶ δικαιοσύνης καὶ ἰσχύος κατευθῦναι ἄνδρα ἐν * ἔργοις * δικαιοσύνης φόβῳ θεοῦ καταστῆσαι πάντας αὐτοὺς
Jer. 8 2 καὶ ἐρεῖς τῷ λαῷ ὁ θέλων τὸν κύριον καταλειψάτω τὰ * ἔργα * τῆς Βαβυλῶνος. καὶ τοὺς ἄρρενας τοὺς λαβόντας ἐξ
Bar. 5 3 αὐτοῦ. ἐλθὲ οὖν ὅπως δείξω σοι καὶ μείζονα τούτων * ἔργα. * καὶ λαβών με ἤγαγέν με ὅπου ὁ ἥλιος ἐκπορεύεται.
Bar. 15 2 φίλοις ἡμῶν καὶ τοῖς ἐμπόνως ἐργασαμένοις τὰ καλὰ * ἔργα. * οἱ γὰρ καλῶς σπείραντες καὶ καλῶς ἐπισυνάγουσιν.
Bar. 16 2 τῶν ἀνθρώπων. ἀλλ' ἐπειδὴ παρώργισάν με ἐν τοῖς * ἔργοις * αὐτῶν πορευθέντες παραζηλώσατε αὐτοὺς καὶ
Esdr. 1 10 γέενναν τοῦ πυρός. καὶ εἶπεν Ἐσδρὰμ ἐλέησον τὰ * ἔργα * τῶν χειρῶν σου εὔσπλαγχνε καὶ πολυέλεος ἐμὲ κρῖνον
Esdr. 2 23 ἁμαρτωλοὺς ἐλέησον τὴν σὴν πλάσιν οἰκτείρησον τὰ * ἔργα * σου. τότε ἐμνήσθη ὁ θεὸς τῶν ποιημάτων αὐτοῦ καὶ
Sedr. 3 7 τί ἀπώλεσας αὐτόν; εἶπεν δὲ ὁ κύριος ὁ ἄνθρωπος * ἔργον * μου ἐστίν καὶ πλάσμα τῶν χειρῶν μου καὶ παιδεύω
Aris. 18 4 τῶν ἀξιουμένων ὃ γὰρ πρὸς δικαιοσύνην καὶ καλῶν * ἔργων * ἐπιμέλειαν ἐν ὁσιότητι νομίζουσιν ἄνθρωποι ποιεῖν
Aris. 81 4 τῷ τόπῳ συντελέσωσιν εἰς ὃν ἀπεστέλλετο τὰ τῶν * ἔργων. * διὸ πάντα σεμνῶς ἐγεγόνει καὶ καταξίως τοῦ τε
Aris. 168 2 ἀνόσιος. ὁ δὲ νόμος ἡμῶν κελεύει μήτε λόγῳ μήτε * ἔργῳ * μηδένα κακοποιεῖν. καὶ περὶ τούτων οὖν ὅσον ἐπὶ
Aris. 252 7 καὶ ἐν τούτοις ἀναστρέφεσθαι θείας δυνάμεώς ἐστιν * ἔργον. * διαχυθεὶς δὲ τοῖς εἰρημένοις τὸν ἕτερον ἠρώτα πῶς
Aris. 272 3 χάριτα καὶ τιμήν; ὁ δὲ εἶπεν ἀρετή. καλῶν γὰρ * ἔργων * ἐστὶν ἐπιτέλεια τὸ δὲ κακὸν ἀποτρίβεται καθὼς σὺ
Sib. 3 220 ἀνθρώπων οἷσιν ἀεὶ βουλή τ' ἀγαθὴ καλά τ' * ἔργα * μέμηλεν. οὔτε γὰρ ἠελίου κύκλιον δρόμον οὔτε
Sib. 3 222 ἠελίου κύκλιον δρόμον οὔτε σελήνης οὔτε πελώρια * ἔργα * μεριμνῶσιν κατὰ γαίης οὔτε βάθος χαροποῖο θαλάσσης
Sib. 3 230 κατ' ἦμαρ ψυχὰς γυμνάζοντες ἐς οὐδὲν χρήσιμον * ἔργον * καί ῥα πλάνας ἐδίδαξαν ἀεικελίους ἀνθρώπους ἐξ ὧν
Sib. 3 233 κατὰ γαῖαν τοῦ πεπλανῆσθαι ὁδούς τ' ἀγαθὰς καὶ * ἔργα * δίκαια. οἳ δὲ μεριμνῶσίν τε δικαιοσύνην τ' ἀρετήν
Sib. 3 428 Ἀχιλλέα Πηλείωνα τούς τ' ἄλλους ὁπόσοις πολεμήια * ἔργα * μέμηλεν. καί γε θεοὺς τούτοισι παρίστασθαί γε
Sib. 3 432 ἔσσεται εὐρὺ Ἰλίῳ ἀλλὰ καὶ αὐτὸς ἀμοιβαῖα δέξεται * ἔργα. * καὶ Λυκίη Λοκροῖο γένος κακὰ πολλὰ φυτεύσει.
Sib. 3 586 ἐνὶ στήθεσσι νόημα οἵτινες οὐκ ἀπάτησι κεναῖς οὐδ' * ἔργ' * ἀνθρώπων χρύσεα καὶ χάλκεια καὶ ἀργύρου ἠδ'
Sib. 3 618 βασιλῆι ἀθανάτῳ γόνυ λευκὸν ἐπὶ χθονὶ πουλυβοτείρῃ * ἔργα * δὲ χειροποίητα πυρὸς φλογὶ πάντα πεσεῖται. καὶ τότε
Sib. 3 722 γαῖαν. ἡμεῖς δ' ἀθανάτοιο τρίβου πεπλανημένοι ἦμεν * ἔργα * δὲ χειροποίητα σεβάσμεθα ἄφρονι θυμῷ εἴδωλα ξοανά
Sib. 4 39 ἐκείνοις ὅσσ' αὐτοὶ ῥέξουσιν ἀτάσθαλα καὶ κακὰ * ἔργα. * δύσπιστον γὰρ ἅπαν μερόπων γένος. ἀλλ' ὅταν ἤδη
Sib. 4 55 οἷς γενεαὶ δύο μοῦναι ἐφ' ὧν τάδε ἔσσεται * ἔργα * νὺξ ἔσται σκοτόεσσα μέσῃ ἐνὶ ἤματος ὥρῃ ἄστρα δ'
Sib. 4 59 τινασσομένη μεγάλοιο πολλὰς πρηνίξει πόλιας καὶ * ἔργ' * ἀνθρώπων ἐκ δὲ βυθοῦ τότε νῆσοι ὑπερκύψουσι
Sib. 4 67 ἔσται δ' ὅσσα κεν ἄνδρες ἀπεύξωνται κακὰ * ἔργα * φυλόπιδές τε φόνοι τε διχοστασίαι τε φυγαί τε
Sib. 4 155 δὲ τόλμαις ζῶντες ὕβριν ῥέξωσιν ἀτάσθαλα καὶ κακὰ * ἔργα * εὐσεβέων δ' οὐδεὶς ποιῇ λόγον ἀλλὰ καὶ αὐτοὺς
Sib. 4 166 χεῖράς τ' ἐκτανύσαντες ἐς αἰθέρα τῶν πάρος * ἔργων * συγγνώμην αἰτεῖσθε καὶ εὐλογίαις ἀσέβειαν πικρὰν
Sib. 5 193 θυμὸν ἔχουσα. +καὶ κοπετὸν ὄψονται ἀθέσμων εἵνεκα * ἔργων.+ * Συήνην δ' ὀλέσειε μέγας φὼς Αἰθιοπήων Τεύχιραν
Sib. 5 333 οἷον θεὸς ἐγγυάλιξεν. ἱμείρω τριτάλαινα τὰ Θρηκῶν * ἔργα * ἰδέσθαι καὶ τεῖχος διθάλασσον ὑπ' Ἄρεος ἐν
FJos. 189 καὶ Ἀβραὰμ καὶ Ἰσαὰκ προεκτίσθησαν πρὸ παντὸς * ἔργου * ἐγὼ δὲ Ἰακὼβ ὁ κληθεὶς ὑπὸ ἀνθρώπων Ἰακὼβ τὸ δὲ
FJub. 2 3 τὸ φῶς ἡμέρας τε καὶ ὄρθρου. ταῦτα τὰ ἑπτὰ μέγιστα * ἔργα * ἐποίησεν ὁ θεὸς ἐν τῇ πρώτῃ ἡμέρᾳ. ἐν δὲ τῇ δευτέρᾳ
FJub. 2 4 ἐπὶ πρόσωπον πάσης τῆς γῆς. τοῦτο μόνον τὸ * ἔργον * ἐποίησεν ὁ θεὸς ἐν τῇ δευτέρᾳ ἡμέρᾳ. τρίτῃ δὲ
FJub. 2 7 καὶ πάντα τὰ φυτὰ κατὰ γένος. ταῦτα τὰ τέσσαρα * ἔργα * τὰ μέγιστα ἐποίησεν ὁ θεὸς ἐν τῇ τρίτῃ ἡμέρᾳ. τῇ δὲ
FJub. 2 10 τὸν ἥλιον τὴν σελήνην τοὺς ἀστέρας ταῦτα τὰ τρία * ἔργα * τὰ μεγάλα ἐποίησεν ὁ θεὸς ἐν τῇ τετάρτῃ ἡμέρᾳ. τῇ
FJub. 2 12 ἐν τοῖς ὕδασι τὰ πετεινὰ τὰ πτερωτά. ταῦτα τὰ τρία * ἔργα * τὰ μεγάλα ἐποίησεν ὁ θεὸς ἐν τῇ πέμπτῃ ἡμέρᾳ. τῇ δὲ
FJub. 2 14 τῆς γῆς τὸν ἄνθρωπον. ταῦτα τὰ τέσσαρα μεγάλα * ἔργα * ἐποίησεν ὁ θεὸς ἐν τῇ ἕκτῃ ἡμέρᾳ καὶ ἐγένετο πάντα
FJub. 2 15 τὰ ἐν ταῖς ἓξ ἡμέραις παρὰ τοῦ θεοῦ ποιηθέντα * ἔργα * κβ'. καὶ συνετέλεσεν ὁ θεὸς πάντα ἐν τῇ ἕκτῃ ἡμέρᾳ
FJub. 2 17 καὶ ἐν πᾶσι. καὶ ἀνεπαύσατο ὁ θεὸς ἐκ πάντων τῶν * ἔργων * αὐτοῦ ἐν τῇ ἑβδόμῃ ἡμέρᾳ καὶ ηὐλόγησεν αὐτὴν καὶ
FEsd. 7 103 δίκαιοι ὑπὲρ ἀδίκων ἀλλ' ἕκαστος ὑπὲρ τοῦ οἰκείου * ἔργου * τὸν λόγον ἀπαιτηθήσεται. οὗ τὸ βλέμμα ξηραίνει
FPho. 76 οὐκ ἂν πόλος ἔστη. σωφροσύνην ἀσκεῖν αἰσχρῶν δ' * ἔργων * ἀπέχεσθαι. μὴ μιμοῦ κακότητα Δίκῃ δ' ἀπόλειψον
FPho. 159 δεδάηκε τέχνης σκάπτοιτο δικέλλῃ. ἔστι βίῳ πᾶν * ἔργον * ἐπὴν μοχθεῖν ἐθέλῃσθα. ναυτίλος εἰ πλώειν ἐθέλεις
FPho. 162 ἄρουραι. οὐδὲν ἄνευ καμάτου πέλει ἀνδράσιν εὐπετὲς * ἔργον * οὐδ' αὐτοῖς μακάρεσσι πόνος δ' ἀρετὴν μέγ'
IOrp. 49 ἀγορεύω;) (οὐρανὸν ὁρκίζω σε θεοῦ μεγάλου σοφὸν * ἔργον) * (αὐδὴν ὁρκίζω σε πατρὸς τὴν φθέγξατο πρῶτον)
IMen. 5 120 2 ἐπιθυμήσῃς ποτὲ ἀλλοτρίας ὁ γὰρ θεὸς δικαίοις * ἔργοις * ἥδεται καὶ οὐκ ἀδίκοις πονοῦντα δὲ ἐᾷ τὸν ἴδιον
HArt. 9 27 11 λυθέντος τοῦ πολέμου λόγῳ μὲν αὐτὸν ἀποδέξασθαι * ἔργῳ * δὲ ἐπιβουλεύειν. παρελόμενον γοῦν αὐτοῦ τοὺς ὄχλους
HCal. 24 23 Μακεδόνων παῖδες. ἅμα γὰρ Ἀλέξανδρος ἐκέλευσεν τὸ * ἔργον * ἐτελέσθη. καὶ οὐ τοσοῦτον ἡμᾶς ἡ τοῦ θανάτου
LThe. 9 22 9 οὐδὲ θέμιστας λοίγια δ' ὠρώρει τοῖσιν μεμελημένα * ἔργα. * τὸν οὖν Λευὶν καὶ τὸν Συμεῶνα εἰς τὴν πόλιν
LEze. 9 28 3 09 κόλπος ἡμερῶν παρῆν ἐξῆλθον οἴκων βασιλικῶν πρὸς * ἔργα * γὰρ θυμός μ' ἄνωγε καὶ τέχνασμα βασιλέως. ὁρῶ δὲ
LAri. 13 12 3 γὰρ λαμβάνειν τὴν θείαν φωνὴν οὐ ῥητὸν λόγον ἀλλ' * ἔργων * κατασκευὰς καθὼς καὶ διὰ τῆς νομοθεσίας ἡμῖν ὅλην
LAri. 13 12 6 ὁ δ' ἤπιος ἀνθρώποισι δεξιὰ σημαίνει λαοὺς δ' ἐπὶ * ἔργον * ἐγείρει μιμνήσκων βιότοιο λέγει δ' ὅτε βῶλος
FrAn. 574 3035 καὶ νεφέλῃ ἡμερινῇ καὶ ῥυσάμενον αὐτοῦ τὸν λαὸν * ἔργου * Φαραὼ καὶ ἐπενέγκαντα ἐπὶ Φαραὼ τὴν δεκάπληγον διὰ

ἔρδω 3
FPho. 80 πίστευε τάχιστα πρὶν ἀτρεκέως πέρας ὄψει. νικᾶν εὖ * ἔρδοντας * ἐπὶ πλεόνεσσι καθήκει. καλὸν ξεινίζειν ταχέως
FPho. 152 καὶ ἔριν πολέμου προσιόντος. μὴ κακὸν εὖ * ἔρξῃς * σπείρειν ἴσον ἔστ' ἐνὶ πόντωι. ἐργάζευ μοχθῶν ὡς
LEze. 9 29 14 49 οἷς μὲν γάρ ἐστ' ἀρωγὸς ἡμῖν δ' ἀθλίοις ὄλεθρον * ἔρδει. * καὶ συνεκλύσθη πόρος Ἐρυθρᾶς Θαλάσσης καὶ

ἐρεβεννός 1
Sib. 5 252 μέγα κυκλώσαντες ὑψόσ' ἀείρονται ἄχρι καὶ νεφέων * ἐρεβεννῶν. * οὐκέτι συρίξει σάλπιγξ πολεμόκλονον ἦχον οὐδ'

ἔρεβος 1
Sib. 3 681 τ' ὀρέων βουνούς τε πελώρων ῥήξει κυάνεόν τ' * ἔρεβος * πάντεσσι φανεῖται. ἠέριαι δὲ φάραγγες ἐν οὔρεσιν

ἐρεθίζω 3
TDan 4 2 λόγῳ παροξύνει πρῶτον εἶτα ἐν ἔργοις δυναμοῖ τὸν * ἐρεθιζόμενον * καὶ ἐν ζημίαις πικραῖς ταράσσει τὸ
TDan 4 4 τὴν ἀκοὴν καὶ οὕτως ὀξύνει τὸν νοῦν νοῆσαι τὸ * ἐρεθισθὲν * καὶ τότε θυμωθεὶς νομίζει δικαίως ὀργίζεσθαι.
Sib. 5 111 ἀνθρώποισιν. αἰαῖ σοὶ κραδίη δειλή τί με ταῦτ' * ἐρεθίζεις * δηλοῦν Αἰγύπτῳ πολυκοιρανίην ἀλεγεινήν; βαῖνε

ἐρείδω 1
Sib. 4 106 ἐπόψει ἅλωσιν. Καρχηδὼν καὶ σεῖο χαμαὶ γόνυ πύργος * ἐρείσει. * τλῆμον Λαοδίκεια σέ δὲ στρώσει ποτέ σεισμὸς

ἐρείκινος 1
Abr.2 3 2 ὀδῷ παμμεγέθει ἔχοντα κλάδους τριακοσίους ὅμοιον * ἐρεικίνου * ἤκουον δὲ φωνὴν ἐκ τῶν κλάδων αὐτῆς λεγούσης

ἐρείπω 1
Sib. 3 471 λυμήτης ἵξεται ἀνὴρ τῆμος Λαοδίκεια καταπρηνὴς * ἐριποῦσα * Καρῶν ἀγλαὸν ἄστυ Λύκου παρὰ θέσκελον ὕδωρ

ἔρεισις 1
Aris. 69 1 ὀρθὴν ἔχοντα τὴν πετάλωσιν. ἡ δὲ ἐπ' ἐδάφους * ἔρεισις * τοῦ ποδὸς ἄνθρακος λίθου πάντοθεν παλαιστιαία

ἐρεοῦς 1
HArt. 9 27 20 τὸ τοὺς Ἰουδαίους προστάξαι σινδόνας ἀμφιέννυσθαι * ἐρεᾶν * δὲ ἐσθῆτα μὴ ἀμπέχεσθαι ὅπως ὄντες ἐπίσημοι

Ἐρετριεύς 1
Aris. 201 1 τοῦ λόγου τὴν καταρχὴν ποιούμενοι. Μενέδημος δὲ ὁ * Ἐρετριεὺς * φιλόσοφος εἶπε ναὶ βασιλεῦ προνοίᾳ γὰρ τῶν

ἐρεύγομαι 1
Sib. 4 81 τάλαιναν ἐπιφλέξει μάλα πᾶσαν χεῦμα πυρὸς μεγάλοιο * ἐρευγομένης * φλογὸς Αἴτνης ἠδὲ Κρότων πέσεται μεγάλη

ἐρευνάω 2
Job 38 6 ὑπολαβὼν δὲ καὶ Σοφαρ εἶπεν οὐχὶ τὰ ὑπὲρ ἡμᾶς * ἐρευνῶμεν, * ἀλλὰ βουλόμεθα γνῶναι εἰ ἐν τῷ καθεστῶτι
Sib. 3 229 τὰ γὰρ πλάνα πάντα πέφυκεν ὅσσα κεν ἄφρονες ἄνδρες * ἐρευνῶσι * κατ' ἦμαρ ψυχὰς γυμνάζοντες ἐς οὐδὲν χρήσιμον
ἔρημος 37
Hen. 10 4 καὶ βάλε αὐτὸν εἰς τὸ σκότος καὶ ἄνοιξον τὴν * ἔρημον * τὴν οὖσαν ἐν τῷ Δαδουὴλ κἀκεῖ βάλε αὐτὸν καὶ
Hen. 10B 4 καὶ ἔμβαλε αὐτὸν εἰς τὸ σκότος καὶ ἄνοιξον τὴν * ἔρημον * τὴν οὖσαν ἐν τῇ ἐρήμῳ Δουδαὴλ καὶ ἐκεῖ πορευθεὶς
Hen. 10B 4 τὸ σκότος καὶ ἄνοιξον τὴν ἔρημον τὴν οὖσαν ἐν τῇ * ἐρήμῳ * Δουδαὴλ καὶ ἐκεῖ πορευθεὶς βάλε αὐτόν. καὶ ὑπόθες
Hen. 18 12 οὔτε ὕδωρ ἦν ὑπὸ αὐτὸ οὔτε πετεινὸν ἀλλὰ τόπος ἦν * ἔρημος * καὶ φοβερός. ἐκεῖ ἴδον ἑπτὰ ἀστέρας ὡς ὄρη μεγάλα
Hen. 28 1 ἐπορεύθην εἰς τὸ μέσον Μανδοβαρὰ καὶ ἴδον αὐτὸ * ἔρημον * καὶ αὐτὸ μόνον πλήρης δένδρων καὶ ἀπὸ τῶν
Abr.Z 12 9 ἡ νεφέλη καὶ εἶδεν Ἀβραάμ τινας ἐρχομένους εἰς * ἔρημον * τόπον τοῦ ποιῆσαι φόνον. καὶ εἶπεν Ἀβραὰμ πρὸς
Abr.Z 12 11 αὐτοὺς ⟨καὶ ἐν ἐκείνῃ τῇ ὥρᾳ ἦλθον θηρία ἐκ τῆς * ἐρήμου * καὶ κατέφαγον αὐτούς⟩. καὶ ἐλάλησεν κύριος πρὸς
TLevi 15 1 διὰ ταῦτα ὁ ναὸς ὃν ἂν ἐκλέξηται κύριος * ἔρημος * ἔσται ἐν ἀκαθαρσίᾳ καὶ ὑμεῖς αἰχμάλωτοι ἔσεσθε
TLevi 16 4 ὑμῶν ἀναδεχόμενοι. δι' αὐτὸν ἔσται τὰ ἅγια ὑμῶν * ἔρημα * ἕως ἐδάφους μεμιαμμένα καὶ οὐκ ἔσται τόπος ὑμῶν
Asen. 11 3 καταφύγω ἢ τί λαλήσω ἐγὼ ἡ παρθένος καὶ ὀρφανὴ καὶ * ἔρημος * καὶ ἐγκαταλελειμμένη καὶ μεμισημένη; πάντες γὰρ
Asen. 11 16 τὸ στόμα αὐτῆς ταλαίπωρος ἐγὼ καὶ ὀρφανὴ καὶ * ἔρημος * τὸ στόμα μου μεμίαται ἀπὸ τῶν θυσιῶν τῶν εἰδώλων
Asen. 12 5 ὑπὲρ πάντας ἀνθρώπους νυνὶ δὲ ὑπάρχω ὀρφανὴ καὶ * ἔρημος * καὶ ἐγκαταλελειμμένη ἀπὸ πάντων ἀνθρώπων. σοὶ
Asen. 12 12 πρὶν ἔλθῃ ἐπ' ἐμὲ ταῦτα πάντα. ῥῦσαί με κύριε τὴν * ἔρημον * καὶ ἀπερίστατον διότι ὁ πατήρ μου καὶ ἡ μήτηρ μου
Asen. 12 13 αὐτῶν καὶ μεμίσηκα αὐτούς. καὶ εἰμὶ νῦν ὀρφανὴ καὶ * ἔρημος * καὶ ἄλλη ἐλπὶς οὐκ ἔστι μοι εἰ μὴ ἐπὶ σοὶ κύριε
Sal. 5 9 καὶ τοὺς ἰχθύας σὺ τρέφεις ἐν τῷ διδόναι σε ὑετὸν * ἐρήμοις * εἰς ἀνατολὴν χλόης ἡτοίμασας χορτάσματα ἐν ἐρήμῳ
Sal. 5 10 ἐρήμοις εἰς ἀνατολὴν χλόης ἡτοίμασας χορτάσματα ἐν * ἐρήμῳ * παντὶ ζῶντι καὶ ἐὰν πεινάσωσιν πρός σὲ ἀροῦσιν
Sal. 8 2 σφόδρα ὡς καταιγὶς πυρὸς πολλοῦ φερομένου δι' * ἐρήμου. * καὶ εἶπα ⟨ἐν⟩ τῇ καρδίᾳ μου ποῦ ἄρα κρινεῖ αὐτὸν
Sal. 17 17 ἐξεπετάσθησαν ἀπὸ κοίτης αὐτῶν. ἐπλανῶντο ἐν * ἐρήμοις * σωθῆναι ψυχὰς αὐτῶν ἀπὸ κακοῦ καὶ τίμιον ἐν
Jer. 7 13 ἀνεπαύσατο ἐπί τι ξύλον ἔξω τῆς πόλεως εἰς τόπον * ἔρημον. * ἐσιώπησε δὲ ἕως οὗ διῆλθεν Ἱερεμίας αὐτὸς γὰρ
Jer. 7 18 μὴ οὗτος ὁ θεὸς ὁ ὀφθεὶς τοῖς πατράσιν ἡμῶν ἐν τῇ * ἐρήμῳ * διὰ Μωϋσέως καὶ νῦν ἐφάνη ἡμῖν διὰ τοῦ ἀετοῦ
Jer. 8 8 καὶ ἐπιγνόντες ὑπέστρεψαν καὶ ἦλθον εἰς τόπον * ἔρημον * μακρόθεν τῆς Ἱερουσαλὴμ καὶ ᾠκοδόμησαν ἑαυτοῖς
Prop. 2 14 καὶ ἕως συντελείας. καὶ ἔστιν ἡ πέτρα ἐν τῇ * ἐρήμῳ * ὅπου πρώτως ἡ κιβωτὸς γέγονε μεταξὺ τῶν δύο ὀρέων
Prop. 10 4B καὶ ἐκάλεσε λιμὸν μέγαν ἐπὶ τῆς γῆς ἔφυγεν ἐν τῇ * ἐρήμῳ * καὶ ἐτρέφετο ἐκ τῶν κοράκων τῆς ἐρήμου καὶ ἔπιεν
Prop. 10 4B ἔφυγεν ἐν τῇ ἐρήμῳ καὶ ἐτρέφετο ἐκ τῶν κοράκων τῆς * ἐρήμου * καὶ ἔπιεν ὕδωρ ἐκ τοῦ χειμάρρου καὶ ὡς ἐξηράνθη ὁ
Prop. 11 3 λίμνη κατέκλυσεν αὐτὴν ἐν σεισμῷ καὶ πῦρ ἐκ τῆς * ἐρήμου * ἐπελθὸν τὸ ὑψηλότερον αὐτῆς μέρος ἐνέπρησεν.
Prop. 12 13 καὶ οὐδεὶς γνώσεται ποῦ ἔσονται αὐτὰ δὲ ἐν τῇ * ἐρήμῳ * ἀπενεχθήσονται ὑπὸ ἀγγέλων ὅπου ἐν ἀρχῇ ἐπάγη ἡ
Sib. 3 273 δὲ προσοχθίζων ἔσται τοῖς σοῖς ἐθίμοισιν. γαῖα δ' * ἔρημος * ἅπασα σέθεν καὶ βωμὸς ἐρυμνὸς καὶ ναὸς μεγάλοιο
Sib. 3 281 ἀνθ' ὧν ἑπτὰ χρόνων δεκάδας γῆ καρποδότειρα ἔσσετ' * ἔρημος * ἅπασα σέθεν καὶ θαύματα σηκοῦ. ἀλλὰ μένει σ'
Sib. 3 333 καὶ λοιμοῦ ὑπό τ' ἐχθρῶν βαρβαροθύμων. γαῖα ⟨δ'⟩ * ἔρημος * ἅπασα σέθεν καὶ ἔρημα πόληες. ἐν δὲ δύσει ἀστὴρ
Sib. 3 333 βαρβαροθύμων. γαῖα ⟨δ'⟩ ἔρημος ἅπασα σέθεν καὶ * ἔρημα * πόληες. ἐν δὲ δύσει ἀστὴρ λάμψει ὃν ἐροῦσι κομήτην
FJub. 48 1 δὲ Μωϋσῆς τὰς κατ' Αἴγυπτον διατριβὰς εἰς τὴν * ἔρημον * ἐφιλοσόφει διδασκόμενος παρὰ τοῦ ἀρχαγγέλου
FJub. 48 1 δὲ Μωϋσῆς τὰς κατ' Αἴγυπτον διατριβὰς εἰς τὴν * ἔρημον * ἐφιλοσόφει διδασκόμενος παρὰ τοῦ ἀρχαγγέλου
FIsa. 1 2 8 ἀπὸ Βηθλεὲμ ἐκά(θι)σεν ἐν τῷ ὄρει ἐν τόπῳ * ἐρήμῳ. * καὶ Μιχάας ὁ προφήτης καὶ Ἀνανίας ὁ γέρων καὶ
FIsa. 1 2 12 ἔ)τη ἡμερῶν. ⟨ἐπὶ⟩ τοῦ ε⟨ἶ⟩ναι αὐτοὺς ⟨ἐν⟩ τοῖς * ἐρήμ⟨ο⟩ις * καὶ----- ἐν Σαμαρίᾳ ᾧ ⟨ὄ⟩νομα ἦν Βελιχειὰρ ἐκ
ISop. 5 122 1 φροῦδος μὲν ἔσται κυμάτων ἅπας βυθὸς γῆ δὲ ἑδράνων * ἔρημος * οὐδ' ἀὴρ ἔτι πτερωτὰ φῦλα βαστάσει πυρουμένη καὶ
HArt. 9 27 37 διαφυγόντας τὸν κίνδυνον τεσσαράκοντα ἔτη ἐν τῇ * ἐρήμῳ * διατρῖψαι βρέχοντος αὐτοῖς τοῦ θεοῦ κρίμνον ὅμοιον
LEze. 9 28 3 13 μέν γ' Ἑβραῖον τὸν δὲ γένος Αἰγύπτιον. ἰδὼν δ' * ἐρήμους * καὶ παρόντα μηδένα ἐρρυσάμην ἀδελφὸν ὃν δ'
ἐρημόω 15
Hen. 10 8 οἱ ἐγρήγοροι καὶ ἐδίδαξαν τοὺς υἱοὺς αὐτῶν καὶ * ἠρημώθη * πᾶσα ἡ γῆ ἀφανισθεῖσα ἐν τοῖς ἔργοις τῆς
Hen. 10B 8 ἐγρήγοροι καὶ ἐδίδαξαν τοὺς υἱοὺς τῶν ἀνθρώπων καὶ * ἠρημώθη * πᾶσα ἡ γῆ ἐν τοῖς ἔργοις τῆς διδασκαλίας Ἀζαὴλ
TAser 7 2 παραδοθήσεσθε εἰς χεῖρας ἐχθρῶν ὑμῶν καὶ ἡ γῆ ὑμῶν * ἐρημωθήσεται * καὶ τὰ ἅγια ὑμῶν καταφθαρήσεται καὶ ὑμεῖς
TBen. 7 4 κύριος. διακοσίων ἑβδομήκοντα ἔτει * ἐρημοῦται * ἐπὶ τοῦ κατακλυσμοῦ διὰ Ἄβελ τὸν δίκαιον
Sal. 4 11 ἀπέστη ἕως ἐνίκησεν σκορπίσαι ὡς ἐν ὀρφανίᾳ καὶ * ἠρήμωσεν * οἶκον ἕνεκεν ἐπιθυμίας παρανόμου παρελογίσατο
Sal. 4 20 ὀφθαλμοὺς ἐκκόψαισαν κόρακες ὑποκρινομένων ὅτι * ἠρήμωσαν * οἴκους πολλοὺς ἀνθρώπων ἐν ἀτιμίᾳ καὶ
Sal. 17 6 ἔντιμον. ἐν δόξῃ ἔθεντο βασίλειον ἀντὶ ὕψους αὐτῶν * ἠρήμωσαν * τὸν θρόνον Δαυιδ ἐν ὑπερηφανίᾳ ἀλλάγματος. καὶ
Sal. 17 11 ἐν πᾶσι τοῖς κρίμασιν αὐτοῦ οἷς ποιεῖ ἐπὶ τὴν γῆν. * ἠρήμωσεν * ὁ ἄνομος τὴν γῆν ἡμῶν ἀπὸ ἐνοικούντων αὐτὴν
Jer. 4 6 ἐκάθισε καὶ ἔκλαυσε τὸν θρῆνον τοῦτον λέγων διά τί * ἠρημώθη * Ἱερουσαλήμ; διὰ τὰς ἁμαρτίας τοῦ ἠγαπημένου
Jer. 6 17 τοῦ σώματος τούτου λυπουμένους διὰ τὴν πόλιν τὴν * ἐρημωθεῖσαν * καὶ ὑβρισθεῖσαν. διὰ τοῦτο ἐσπλαγχνίσθη ὁ
Bar. 1 2 λέγων κύριε ἵνα τί ἐξέκαυσας τὸν ἀμπελῶνά σου καὶ * ἠρήμωσας * αὐτόν; τί ἐποίησας τοῦτο; καὶ ἵνα τί κύριε οὐκ
Job 7 12 τὸ σῶμά σου τοιοῦτον ἐν γὰρ μιᾷ ὥρᾳ ἀπέρχομαι καὶ * ἐρημώσω * σε. καὶ ἀνταπεκρίθη αὐτῷ ὃ ποιεῖς ποίησον εἴ τι
Sib. 5 105 ἅλματι κούφῳ σύμπασαν γαῖαν πολιορκῶν πᾶσαν * ἐρημῶν. * ἀλλ' ὅταν ὕψος ἔχῃ κρατερὸν καὶ θάρσος +ἀηδὲς+
FIsa. 1 3 18 καὶ ζῇ τὸ πνεῦμα τὸ λαλοῦν ἐν ἐμοὶ ⟨Ἱερουσαλὴμ⟩ * ἐρημωθήσεται. * ἔπρισαν αὐτὸν διχῇ.
FEz. 187 9 )οι ὑμας και στησε⟨ται )μετα παντος του⟨ * ε)ρημωμενην * ὑπο⟨ )ησθησεται αυτ⟨ )λις και⟨ ---⟨ )ον⟨ )ι
ἐρήμωσις 9
Hen. 98 3 δόξης καὶ τῆς τιμῆς ⟨ὑμῶν καὶ⟩ εἰς ἀτιμίαν καὶ * ἐρήμωσιν * ⟨καὶ σφαγὴν⟩ μεγάλην τ⟨ὰ πνεύματα ὑμῶν εἰς τὴν
TLevi 17 10 καὶ ἐν πέμπτῃ ἑβδομάδι ἐπιστρέψουσιν εἰς γῆν * ἐρημώσεως * αὐτῶν καὶ ἀνακαινοποιήσουσιν οἶκον κυρίου. ἐν
TJud. 23 3 ὑπαρχόντων ἁρπαγὴν ναοῦ θεοῦ ἐμπυρισμὸν γῆς * ἐρήμωσιν * ὑμῶν αὐτῶν δουλείαν ἐν ἔθνεσιν καὶ ἐκτεμοῦσιν
TDan 5 13 ἕως τοῦ αἰῶνος. καὶ οὐκέτι ὑπομένει Ἱερουσαλὴμ * ἐρήμωσιν * οὐδὲ αἰχμαλωτίζεται Ἰσραὴλ ὅτι κύριος ἔσται ἐν
TBen. 7 2 αἰχμαλωσία πέμπτον ἔνδεια ἕκτον ταραχὴ ἕβδομον * ἐρήμωσις. * διὰ τοῦτο καὶ ὁ Κάιν ἑπτὰ ἐκδικίαις
Asen. 11 12 ταπεινῶσίν μου καὶ ἐλεήσει με; τυχὸν ὄψεται τὴν * ἐρήμωσίν * μου ταύτην καὶ οἰκτειρήσει με ἢ ὄψεται τὴν
Jer. 3 9 ἵνα ἴδῃ τὸν ἀφανισμὸν τῆς πόλεως ταύτης καὶ τὴν * ἐρήμωσιν * ἀλλ' ἵνα ἐλεήσῃ αὐτὸν καὶ μὴ λυπηθῇ. καὶ εἶπε
Jer. 5 30 εἶ σὺ καὶ οὐκ ἠθέλησεν ὁ θεὸς ἰδεῖν σε τὴν * ἐρήμωσιν * τῆς πόλεως ἤνεγκε γὰρ ταύτην τὴν ἔκστασιν ἐπί
Prop. 3 7 Χοβὰρ ὅτε ἐκλείποι ἐπελπίζειν τὸ δρέπανον τῆς * ἐρημώσεως * εἰς πέρας τῆς γῆς καὶ ὅτε πλημμυρήσῃ τὴν εἰς
ἐριδαίνω 1
FPho. 203 ἀτὰρ σκυλάκων πανάριστον γῆμαι δ' οὐκ ἀγαθὴν * ἐριδαίνομεν * ἀφρονέοντες. οὐ δὲ γυνὴ κακὸν ἀνδρ'
ἐρίζω 2
FAch. 116 σὺ δὲ θέλεις ἄνθρωπος ὑπάρχων ἰσοθέῳ βασιλεῖ * ἐρίζειν; * ὁ δὲ Νεκταναβὼν ἔφη Αἴσωπε ἥττημαι. τὸ δὲ
IHes. 5 112 3 βασιλεὺς καὶ κοίρανός ἐστιν ἀθανάτων σέο δ' οὔτις * ἐρήρισται * κράτος ἄλλος.
ἐρίμυκος 3
Sib. 3 523 διαδηλήσονται ἵππων θ' ἡμιόνων τε βοῶν τ' ἀγέλας * ἐριμύκων * δώματά τ' εὐποίητα πυρὶ φλέξουσιν ἀθέσμως πολλὰ
Sib. 3 564 ἔσται. --- +καὶ τοὺς ἐλλὰς ἔρεξε+ βοῶν ταύρων τ' * ἐριμύκων * πρὸς ναὸν μεγάλοιο θεοῦ ὁλοκαρπώσασα ἐκφεύξῃ
Sib. 5 354 δ' οὐκ ἐλεήσει ἀρνῶν ἠδ' οἴων ταύρων τ' ἀγέλας * ἐριμύκων * ἐκθυσιάζοντας μόσχων μεγάλων κεροχρύσων ἀψύχοις
Ἐρινύς 1
Sib. 3 414 ἐρασταῖς. Ἴλιον οἰκτείρω σε κατὰ Σπάρτην γὰρ * Ἐρινὺς * βλαστήσει περικαλλὲς ἀείφατον ἔρνος ἄριστον
ἔριον 3
Hen. 106 2 καὶ πυρρότερον ῥόδου τὸ τρίχωμα πᾶν λευκὸν καὶ ὡς * ἔρια * λευκὰ καὶ οὖλον καὶ ἔνδοξον. καὶ ὅτε ἀνέῳξεν τοὺς
Hen. 106 10 ῥόδου καὶ τὸ τρίχωμα τῆς κεφαλῆς αὐτοῦ λευκότερον * ἐρίων * λευκῶν καὶ τὰ ὄμματα αὐτοῦ ἀφόμοια ταῖς τοῦ ἡλίου
Jer. 9 15 τὸ δένδρον τὸ στηριχθέν. καὶ τὸ κόκκινον ὡς * ἔριον * λευκὸν γενήσεται ἡ χιὼν μελανθήσεται τὰ γλυκέα
ἐριουργέω 1
LThe. 9 22 4 ποιμαίνειν τὴν δὲ θυγατέρα Δειναν καὶ τὰς γυναῖκας * ἐριουργεῖν. * καὶ τὴν Δειναν παρθένον οὖσαν εἰς τὰ Σίκιμα
ἔρις 16
Asen. 1 6 βασιλέων καὶ νεανίσκοι πάντες καὶ δυνατοὶ καὶ ἦν * ἔρις * πολλὴ ἐν αὐτοῖς περὶ Ἀσενὲθ καὶ ἐπειρῶντο πολεμεῖν
Bar. 8 5 κλοπὰς ἁρπαγὰς εἰδωλολατρείας μέθας φόνους * ἔρεις * ζήλη καταλαλιὰς γογγυσμοὺς ψιθυρισμοὺς μαντείας
Bar. 13 4 μοιχεῖαι κλέψιαι καταλαλιαὶ ἐπιορκίαι φθόνοι μέθαι * ἔρεις * ζῆλος γογγυσμὸς ψιθυρισμὸς εἰδωλολατρισμὸς μαντεία
Aris. 250 6 δέον δ' ἐστὶ κατὰ τὸ ὑγιὲς χρῆσθαι καὶ μὴ πρὸς * ἔριν * ἀντιπράσσειν. κατορθοῦται γὰρ βίος ὅταν ὁ κυβερνῶν
Sib. 3 103 ὑψόθι πύργον ῥῖψαν καὶ θνητοῖσιν ἐπ' ἀλλήλους * ἔριν * ὦρσαν τοὔνεκά τοι Βαβυλῶνα βροτοὶ πόλει οὔνομ'
Sib. 3 119 ὑπερβασίην ὅρκοισι δεινὴν ποιήσαντες ἐπ' ἀλλήλους * ἔριν * ὦρσαν ὃς πάντεσσι βροτοῖσιν ἔχων βασιληίδα τιμὴν
Sib. 3 379 πενίη καὶ φεύξετ' ἀνάγκη+ καὶ φόνος οὐλόμεναί τ' * ἔριδες * καὶ νείκεα λυγρὰ καὶ νυκτοκλοπίαι καὶ πᾶν κακὸν
Sib. 3 640 καὶ πίονα γαῖαν ἐξαρύσῃ πλούτοιο καὶ ἀντίον εἰς * ἔριν * αὐτῶν ἔλθωσιν χρυσοῦ τε καὶ ἀργύρου εἵνεκεν ἔσται ἡ
Sib. 5 236 καὶ διὰ σοῦ κόσμοιο καλαὶ πτύχες ἠλλάχθησαν. εἰς * ἔριν * ἡμετέρην τυχὸν ὕστατα ταῦτα προβάλλου πῶς τί
Sib. 5 341 Πάμφυλοι σὺν Πισίδαισι πανδημεὶ κρατέουσι κακὴν * ἔριν * ὁπλισθέντες. Ἰταλίη τριτάλαινα μενεῖς πανέρημος
Sib. 5 431 καὶ παίδων Κύπρις ἄθεσμος οὐ φόνος οὐδὲ κυδοιμὸς * ἔρις * δ' ἐν πᾶσι δικαίη. ὕστατος ἔσθ' ἁγίων καιρὸς ὅτε
FPho. 75 ποταμοὶ πελάγεσσιν. αἰεὶ δ' ὁμόνοιαν ἔχουσιν εἰ γὰρ * ἔρις * μακάρεσσιν ἔην οὐκ ἂν πόλος ἔστη. σωφροσύνην ἀσκεῖν
FPho. 78 Δίκηι δ' ἀπόλειψον ἄμυναν. Πειθὼ μὲν γὰρ ὄνειαρ * Ἔρις * δ' ἔριν ἀντιφυτεύει. μὴ πίστευε τάχιστα πρὶν
FPho. 78 δ' ἀπόλειψον ἄμυναν. Πειθὼ μὲν γὰρ ὄνειαρ Ἔρις δ' * ἔριν * ἀντιφυτεύει. μὴ πίστευε τάχιστα πρὶν ἀτρεκέως πέρας
FPho. 151 μὴ ἄψῃ χεῖρα βιαίως. φεῦγε διχοστασίην καὶ * ἔριν * πολέμου προσιόντος. μὴ κακὸν εὖ ἔρξῃς σπείρειν
FPho. 206 πήματι πῆμα. μηδ' ἀμφὶ κτεάνων συνομαιμοσιν εἰς * ἔριν * ἔλθῃς. παισὶν μὴ χαλέπαινε τεοῖσ' ἀλλ' ἤπιος εἴης.
ἐριστικός 1
HCal. 24 19 ἀλλὰ καὶ λίαν εὐκαταφρόνητος. οἶμαι δὲ τούτοις * ἐριστικῶς * ἔχειν τὸ θανεῖν ὡς ἂν τις εἴποι πρὸς ἀναγκαῖον

```
Ἔριφος                              12
TLevi     18 ZB035  καὶ τῷ στέατι τρεῖς μναῖ καὶ εἰ ἄρνα ἐκ προβάτων ἢ  *  ἔριφον  *  ἐξ αἰγῶν κ' μναῖ καὶ τῷ στέατι β' μναῖ καὶ εἰ
TLevi     18 ZB036  τῷ στέατι β' μναῖ καὶ εἰ ἀμνὸς τέλειος ἐνιαύσιος ἢ  *  ἔριφος  *  ἐξ αἰγῶν ιε' μναῖ καὶ τῷ στέατι μίαν ἥμισυ μνᾶν.
TLevi     18 ZB040  τοῦ σάτου καὶ τῷ τράγῳ τὸ ἴσον τῷ ἀρνίῳ καὶ τῷ  *  ἐρίφῳ  *  τὸ τρίτον τοῦ σάτου καὶ σεμιδάλις καθήκουσα αὐτοῖς
TLevi     18 ZB042  τῷ τράγῳ τὰ δύο μέρη τοῦ σάτου καὶ τῷ ἀρνίῳ καὶ τῷ  *  ἐρίφῳ  *  ἐξ αἰγῶν τὸ τρίτον τοῦ σάτου καὶ τὸ ἔλαιον καὶ τὸ
TLevi     18 ZB044  τὸ μέτρον τοῦ ἐλαίου τῷ ταύρῳ καὶ τῷ κριῷ καὶ τῷ  *  ἐρίφῳ  *  κατασπείσαι σπονδήν. λιβανωτοῦ οἴκλοι ἓξ τῷ ταύρῳ
TLevi     18 ZB045  καὶ τὸ ἥμισυ αὐτοῦ τῷ κριῷ καὶ τὸ τρίτον αὐτοῦ τῷ  *  ἐρίφῳ.  *  καὶ πᾶσα ἡ σεμίδαλις ἀναπεποιημένη ᾗ⟨ν⟩ ἂν
TJud.      2     4  πιάσας ἡμέρωσα καὶ λέοντα ἀπέκτεινα καὶ ἀφελόμην  *  ἔριφον  *  ἐκ τοῦ στόματος αὐτοῦ. ἄρκον λαβὼν ἐκ τοῦ ποδὸς
TDan       1     8  τοῦ θυμοῦ τὸ πεῖθόν με ἵνα ὡς πάρδαλις ἐκμυζᾷ  *  ἔριφον  *  οὕτως ἐκμυζήσω τὸν 'Ιωσήφ. ἀλλ' ὁ θεὸς 'Ιακὼβ τοῦ
Job       15     4  θυσίας κατὰ ἀριθμὸν αὐτῶν, περιστερὰς τριακοσίας,  *  ἐρίφους  *  αἰγῶν πεντήκοντα καὶ πρόβατα δεκαδύο ταῦτα πάντα
Aris.    146     5  ἀδικίας οὐ μόνον δὲ ταῦτα ἀλλὰ καὶ τοὺς ἄρας καὶ  *  ἐρίφους  *  ἀναρπάζουσι καὶ τοὺς ἀνθρώπους δὲ ἀδικοῦσι
Sib.       3   789  ἐν οὔρεσιν ἄμμιγ' ἔδονται χόρτον παρδάλιές τ'  *  ἐρίφοις  *  ἄμα βοσκήσονται ἄρκτοι σὺν μόσχοις νομάδες
IMen.   5 119     2  δὲ θυσίαν προσφέρων ὦ Πάμφιλε ταύρων τι πλῆθος ἢ  *  ἐρίφων  *  ἢ νὴ Δία ἑτέρων τοιούτων ἢ κατασκευάσματα χρυσᾶς
Ἔρκος                              2
LPhi.      9    20     1  λογισμοῖς θειοφιλῆ θέλγητρα. λιπόντι γὰρ ἀγλαὸν  *  ἔρκος  *  αἰνοφύτων ἕκκαυμα βριήπυος αἰνετὸς ἴσχων ἀθάνατον
LThe.      9    22     1  ἀμφὶ δὲ τεῖχος λισσὸν ὑπώρειαν ὑποδέδρομεν αἰπύθεν  *  ἔρκος.  *  ἐνθένδε ξεῖνε ποιμενόφι πτόλιν ἤλυθ' 'Ιακὼβ
ἑρμηνεία                           8
Aris.      3     6  καὶ τοῖς κατὰ τοὺς ἄλλους τόπους πολίταις πρὸς τὴν  *  ἑρμηνείαν  *  τοῦ θείου νόμου διὰ τὸ γεγράφθαι παρ' αὐτοῖς
Aris.     11     4  σοι τὰ πρὸς τὴν χρείαν. ὁ δὲ Δημήτριος εἶπεν  *  ἑρμηνείας  *  προσδεῖται χαρακτῆρσι γὰρ ἰδίοις κατὰ τὴν
Aris.     32     6  τῶν πλειόνων ἐξετάσαντες καὶ λαβόντες τὸ κατὰ τὴν  *  ἑρμηνείαν  *  ἀκριβὲς ἀξίως καὶ τῶν πραγμάτων καὶ τῆς σῆς
Aris.    120     7  σεσήμαγκά σοι ὦ φιλόκρατες ἄδελφε τὰ δὲ τῆς  *  ἑρμηνείας  *  ἑπομένως δηλώσομεν. ἐπιλέξας γὰρ τοὺς ἀρίστους
Aris.    301     6  ἡσυχίας ἔφεδρον παρεκάλει τοὺς ἄνδρας τὰ τῆς  *  ἑρμηνείας  *  ἐπιτελεῖν παρόντων ὅσα πρὸς τὴν χρείαν ἔδει
Aris.    308     3  πλῆθος τῶν 'Ιουδαίων εἰς τὸν τόπον οὗ καὶ τὰ τῆς  *  ἑρμηνείας  *  ἐτελέσθη παρανέγνω πᾶσι παρόντων καὶ τῶν
HArt.      9    27     6  προσαγορευθῆναι 'Ερμῆν διὰ τὴν τῶν ἱερῶν γραμμάτων  *  ἑρμηνείαν.  *  τὸν δὲ Χενεφρῆν ὁρῶντα τὴν ἀρετὴν τοῦ Μωύσου
LAri.   13    12     2  εἰς τὴν ἑαυτοῦ δογματοποιίαν κατεχώρισεν. ἡ δ' ὅλη  *  ἑρμηνεία  *  τῶν διὰ τοῦ νόμου πάντων ἐπὶ τοῦ
ἑρμηνεύς                           2
Aris.    310     2  δὲ ἀνεγνώσθη τὰ τεύχη στάντες οἱ ἱερεῖς καὶ τῶν  *  ἑρμηνέων  *  οἱ πρεσβύτεροι καὶ τῶν ἀπὸ τοῦ πολιτεύματος οἴ
Aris.    318     1  καὶ συντηρεῖν ἁγνῶς. παρακαλέσας δὲ καὶ τοὺς  *  ἑρμηνεῖς  *  ἵνα παραγίνωνται πυκνότερον πρὸς αὐτὸν ἐὰν
ἑρμηνεύω                           5
Prop.      1     2  ἀπεστάλη αὐτῷ ἐξ αὐτοῦ διὰ τοῦτο ἐκλήθη Σιλωὰμ ὃ  *  ἑρμηνεύεται  *  ἀπεσταλμένος. καὶ ἐπὶ τοῦ 'Εζεκία πρὸ τοῦ
Prop.     16     2  αὐτὸν ὡς ὅσιον καὶ πρᾶον ἐκάλεσεν αὐτὸν Μαλαχὶ ὃ  *  ἑρμηνεύεται  *  ἄγγελος ἦν γὰρ καὶ τῷ ἰδεῖν εὐπρεπής. ἀλλὰ
Aris.     39     3  ἐμπειρίαν ἔχοντας τοῦ νόμου καὶ δυνατοὺς  *  ἑρμηνεῦσαι  *  ἀφ' ἑκάστης φυλῆς ἓξ ὅπως ἐκ τῶν πλειόνων τὸ
FJub.      3    33  πλάσεως αὐτῆς. ἣν ὁ 'Αδὰμ λαβὼν ὠνόμασεν Εὔαν ὃ  *  ἑρμηνεύεται  *  ζωὴ διὰ τοῦτο προσέταξεν ὁ θεὸς διὰ Μωύσεως
HCal.     24    40  πάντα τὰ ὁράμενά τε καὶ ἀόρατα. οὐδεὶς δὲ αὐτὸν  *  ἑρμηνεύεται  *  ἀνθρώπων δεδύνηται. ἐπὶ τούτοις 'Αλέξανδρος
'Ερμῆς                             5
Sib.       5    87  κόπτεται βουλῇ+ 'Ηρακλέους τε Διός τε καὶ  *  'Ερμείαο  *  --- καὶ σέ δ' 'Αλεξάνδρεια κλυτὴ θρέπτειρα
Sib.       5   356  ἐκθυσιάζοντας μόσχων μεγάλων κεροχρύσων ἀψύχοις θ'  *  'Ερμᾶς  *  καὶ τοῖς λιθίνοισι θεοῖσιν. ἡγείσθω δὲ θέμις
HArt.      9    27     6  ἱερέων ἰσοθέου τιμῆς καταξιωθέντα προσαγορευθῆναι  *  'Ερμῆν  *  διὰ τὴν τῶν ἱερῶν γραμμάτων ἑρμηνείαν. τὸν δὲ
HArt.      9    27     9  ζῷα τοὺς ἀνθρώπους ἀναιρεῖν προσαγορεῦσαι δὲ αὐτὴν  *  'Ερμοῦ  *  πόλιν. οὕτω δὴ τοὺς Αἰθίοπας καίπερ ὄντας
LThe.      9    22     1  τὰ δὲ Σικιμὰ ἀπὸ Σικιμίου τοῦ  *  'Ερμοῦ  *  λαβεῖν τὴν ὀνομασίαν τούτων γὰρ καὶ κτίσαι τὴν
'Ερμιούθ                           2
HArt.      9    18     1  τοὺς μὲν 'Ιουδαίους ὀνομάζεσθαι  *  'Ερμιοὺθ  *  ὃ εἶναι μεθερμηνευθὲν κατὰ τὴν 'Ελληνίδα φωνὴν
HArt.      9    23     4  καὶ τὸ ἐν 'Ηλιουπόλει ἱερὸν κατασκευάσαι τοὺς  *  'Ερμιοὺθ  *  ὀνομαζομένους. μετὰ δὲ ταῦτα τελευτῆσαι τόν τε
'Ερμιππος                          3
FAch.    104  πεισθεὶς τῇ σφραγῖδι καὶ ὀργισθεὶς προσέταξεν  *  'Ερμίππῳ  *  τινὶ στρατοφύλακι ἀνελεῖν τὸν Αἴσωπον ὡς
FAch.    106  πτώματι. ἐκάλεσεν τοὺς φίλους ἀνελθεῖν ἐν οἷς καὶ  *  'Ερμιππον  *  ἔφη τε αὐτοῖς δύνασθε λῦσαι τὸ τοῦ πύργου
FAch.    107  ὁ Λυκοῦργος περιχαρὴς ἐγένετο καὶ ἔφη πρὸς τὸν  *  'Ερμιππον  *  ὄφελον ἠδυνάμην ἣν λέγεις σεαυτοῦ ἐσχάτην
'Ερμοπολίτης                       1
HArt.      9    27     8  ἀναιρεθήσεσθαι. τὸν δὲ Μώϋσον ἐλθόντα ἐπὶ τὸν  *  'Ερμοπολίτην  *  ὀνομαζόμενον νομὸν ἔχοντα περὶ δέκα
'Ερμών                             1
Hen.      6B     6  κορυφὴν τοῦ 'Ερμονιεὶμ ὄρους καὶ ἐκάλεσαν τὸ ὄρος  *  'Ερμὼμ  *  καθότι ὤμοσαν καὶ ἀνεθεμάτισαν ἀλλήλους ἐν αὐτῷ.
'Ερμωνιεὶμ                         2
Hen.      6B     6  ἐν ταῖς ἡμέραις 'Ιάρεδ εἰς τὴν κορυφὴν τοῦ  *  'Ερμονιεὶμ  *  ὄρους καὶ ἐκάλεσαν τὸ ὄρος 'Ερμὼμ καθότι
Hen.     13     7  ἐπὶ τῶν ὑδάτων Δὰν ἐν γῇ Δὰν ἥτις ἐστὶν ἐκ δεξιῶν  *  'Ερμωνειεὶμ  *  δύσεως ἀνεγίνωσκον τὸ ὑπόμνημα τῶν δεήσεων
Ἔρνος                              1
Sib.       3   415  Σπάρτην γὰρ 'Ερινὺς βλαστήσει περικαλλὲς ἀείφατον  *  ἔρνος  *  ἄριστον 'Ασίδος Εὐρώπης τε πολυσπερὲς οἶδμα
ἔρομαι                             2
Sib.       5   440  ἔχε στόμα φιμῷ ἄναγνε Χαλδαίων γενεὴ μήτ'  *  εἴρεο  *  μηδὲ μερίμνα πῶς Περσῶν ἄρξεις ἢ πῶς Μήδων +τε+
LEze.  9  29 14 10  Αἰγυπτίου στρατοῦ. τὸν πάντα δ' αὐτῶν ἀριθμὸν  *  ἠρόμην  *  ἐγὼ ⟨στρατοῦ⟩ μυριάδες ⟨ἦσαν⟩ ἑκατὸν εὐάνδρου
ἑρπετόν                            12
Adam      29    11  πάντα τὰ θηρία καὶ πάντα τὰ πετεινὰ καὶ πάντα τὰ  *  ἑρπετὰ  *  ἐν τῇ γῇ καὶ θαλάσσῃ. καὶ πάντες οἱ ἄγγελοι καὶ
Hen.       7     5  ἐν τοῖς πετεινοῖς καὶ τοῖς ⟨θ⟩ηρίοις καὶ  *  ἑρπετοῖς  *  καὶ τοῖς ⟨ἰ⟩χθύσιν καὶ ἀλλήλων τὰς σάρκας
Aris.    138     3  τε καὶ τῶν παραπλησίων οἴτινες ἐπὶ θηρία καὶ τῶν  *  ἑρπετῶν  *  τὰ πλεῖστα καὶ κνωδάλων τὴν ἀπέρεισιν πεποίηνται
Aris.    169     2  θεοῦ. περὶ βρωτῶν οὖν καὶ τῶν ἀκαθάρτων  *  ἑρπετῶν  *  καὶ κνωδάλων καὶ πᾶς λόγος ἀνατείνει πρὸς
Sib.       3    28  τύπον μορφῆς μερόπων τε καὶ θῆρας ποίησε καὶ  *  ἑρπετὰ  *  καὶ πετεινά. οὐ σέβετ' οὐδὲ βροτεῖσθε θεὸν ματαίως
Sib.       3   370  ἀχείματος ἠδ' ἀχάλαστος πάντα φέρων καὶ πτηνὰ καὶ  *  ἑρπετὰ  *  θηρία γαίης. ὦ μακαριστὸς ἐκεῖνον ὃς ἐς χρόνον
FJub.      2    11  πέμπτη τὰ κήτη τὰ μεγάλα τοὺς ἰχθύας καὶ τὰ ἄλλα  *  ἑρπετὰ  *  τὰ ἐν τοῖς ὕδασι τὰ πετεινὰ τὰ πτερωτά. ταῦτα τὰ
FJub.      2    13  ἡμέρᾳ. τῇ δὲ ἕκτῃ ἡμέρᾳ τὰ θηρία τὰ κτήνη καὶ  *  ἑρπετὰ  *  τῆς γῆς τὸν ἄνθρωπον. ταῦτα τὰ τέσσαρα μεγάλα
FJub.      3     1  τῇ τετάρτῃ ἡμέρᾳ τῆς δευτέρας ἑβδομάδος ὠνόμασε τὰ  *  ἑρπετά.  *  τῇ πέμπτῃ ἡμέρᾳ τῆς δευτέρας ἑβδομάδος ὠνόμασε
FJub.      3    16  τὸν θεῖον νόμον. ὁ 'Αδὰμ ἀπεσόβει τὰ πετεινὰ καὶ  *  ἑρπετὰ  *  συνῆγε τὸν καρπὸν ἐν παραδείσῳ καὶ σὺν τῇ γυναικὶ
FJub.      3    23  ἦν ἀπό τε μόχθου καὶ πείνης. ὁ ὄφις ἀπὸ κτήνους  *  ἑρπετὸν  *  ἐγένετο χεῖράς τε καὶ πόδας ἐκέκτητο. ἀφῃρέθη δὲ
FJub.      3    28  καὶ φαγεῖν. τὰ θηρία καὶ τὰ τετράποδα καὶ τὰ  *  ἑρπετὰ  *  ὁμόφωνα εἶναι πρὸ τῆς παραβάσεως τοῖς
ἔρπω                               1
LEze.  9  29  8 14  ἐμὸν ἰδὼν κάκωσιν καὶ πόνον δούλων ἐμῶν. ἀλλ'  *  ἕρπε  *  καὶ σήμαινε τοῖς ἐμοῖς λόγοις πρῶτον μὲν αὐτοῖς
ἐρυθρός                            13
Hen.      32     2  ἀπέχων πρὸς ἀνατολὰς τῆς γῆς καὶ διέβην ἐπάνω τῆς  *  ἐρυθρᾶς  *  θαλάσσης καὶ ᾠχόμην ἐπ' ἄκρων καὶ ἀπὸ τούτου
Asen.      4     9  ταῦτα παρὰ τοῦ πατρὸς αὐτῆς περιεχύθη αὐτῇ ἱδρὼς  *  ἐρυθρὸς  *  πολὺς ἐπὶ τοῦ προσώπου αὐτῆς καὶ ἐθυμώθη ἐν ὀργῇ
Asen.     18     9  ὡς ἄρουραι τοῦ ὑψίστου καὶ ἐν ταῖς ⟨παρειαῖς⟩  *  ἐρυθρὸς  *  ὡς αἷμα υἱοῦ ἀνθρώπου καὶ τὰ χείλη αὐτῆς ὡς
Sib.       3   814  καλέσουσι βροτοὶ με καθ' 'Ελλάδα πατρίδος ἄλλης ἐξ  *  'Ερυθρῆς  *  γεγαυῖαν ἀναιδέα οἵ δέ με Κίρκης μητρὸς καὶ
HEup.   9  30     7  μεταλλευτὰς εἰς τὴν Οὔρφη νῆσον κειμένην ἐν τῇ  *  'Ερυθρᾷ  *  θαλάσσῃ μέταλλα χρυσικὰ ἔχουσαν καὶ τὸ χρυσίον
HArt.      9    27    34  ποταμοὺς καὶ διαβατοὺς ἱκανὸν τόπον ἐπὶ τὴν  *  'Ερυθρὰν  *  τριταίους ἐλθεῖν θάλασσαν. Μεμφίτας μὲν οὖν
HHec.   1  22   201  πίνοντες ἐν τῷ ἱερῷ. ἐμοῦ ⟨ 'Εκαταίου⟩ γοῦν ἐπὶ τὴν  *  'Ερυθρὰν  *  θάλασσαν βαδίζοντος συνηκολούθει τις μετὰ τῶν
LEze.  9  29 14 14  στρατός οἱ μὲν παρ' ἀκτὴν πλησίον ἐβληθένοι ἦσαν  *  'Ερυθρᾶς  *  θαλάσσης βαίνειν ἠθροισμένοι οἱ μὲν τέκνοισι
LEze.  9  29 14 35  Αἰγύπτῳ κακὰ σημεῖα καὶ τεράατ' ἐξεμήσατο ἔτυψ'  *  'Ερυθρὰν  *  νῶτα καὶ ἔσχισεν μέσον βάθος θαλάσσης οἱ δὲ
LEze.  9  29 14 50  δ' ἀθλίοις ὄλεθρον ἔρδει. καὶ συνεκλύσθη πόρος  *  'Ερυθρᾶς  *  θαλάσσης καὶ στρατὸν διώλεσε. κράτιστε Μωσῆ
FrAn.  17  2069    32  ⟩ολου του⟨ - - ⟩ημερα τ⟨ - - ε⟩βδομον οὐρανον - -  *  ⟩ερυθραν  *  θ⟨αλασσα - - ⟩εις την μ⟨ ⟩τα πολυ ου -
FrAn.  17  2069    37       - - ⟩εις την μ⟨ ⟩τα πολυ ου - ⟩θαλασσον⟨ - - ⟩τη  *  ερυθρα  *  θ⟨αλασσα - - ⟩πυλη⟨ - - αλ⟩ηθως μετ αυτα⟨ - -
FrAn.   574  3054  ὃν ὁ 'Ιορδάνης ποταμὸς ἀνεχώρησεν εἰς τὰ ὀπίσω καὶ  *  ἐρυθρὰ  *  θάλασσα ἣν ὥδευσεν Εἰσραὴλ καὶ ἔστη ἀνόδευτος ὅτι
ἔρυμα                              1
FPho.    128  κέντρα μελίσσαις ἔμφυτον ἄλκαρ ἔδωκε λόγον δ'  *  ἔρυμ'  *  ἀνθρώποισιν. ⟨τῆς δὲ θεοπνεύστου σοφίης λόγος
ἐρυμνός                            4
Sib.       3   273  ἐθίμοισιν. γαῖα δ' ἔρημος ἅπασα σέθεν καὶ βωμὸς  *  ἐρυμνὸς  *  καὶ ναὸς μεγάλοιο θεοῦ καὶ τείχεα μακρὰ πάντα
Sib.       3   384  τε γενέθλης. κείνη καὶ Βαβυλῶνα πόλιν δεδόμησετ'  *  ἐρυμνὴν  *  καὶ πάσης ὁπόσην ἐπιδέρκεται ἥλιος γῆν δεσπότις
LThe.      9    22     1  πονεύσιν. ἐξ αὐτῆς δὲ μάλ' ἄγχι δύ' οὔρεα φαίνετ'  *  ἐρυμνὰ  *  ποίης τε πλήθοντα καὶ ὕλης τῶν δὲ μεσηγὺ
LEze.  9  29 16 09  πηγὰς ἀφύσσων δώδεκ' ἐκ μιᾶς πέτρας στελέχη δ'  *  ἐρυμνὰ  *  πολλὰ φοινίκων πέλει ἔγκαρπα δεκάκις ἑπτὰ καὶ
ἐρυσίβη                            1
Bar.      16     3  ἔτι σὺν τούτοις ἐξαποστείλατε κάμπην καὶ βροῦχον  *  ἐρυσίβην  *  καὶ ἀκρίδα χάλαζαν μετ' ἀστραπῶν καὶ ὀργῆς. καὶ
ἔρχομαι                          361  (cf. + εἶμι)
Adam       5     2  καὶ περιπεσὼν εἰς νόσον ἐβόησεν φωνῇ μεγάλῃ λέγων  *  ἐλθέτωσαν  *  πρός με οἱ υἱοί μου πάντες ὅπως ὄψομαι αὐτοὺς
Adam       5     3  πάντες. ἣν γὰρ οἰκισθεῖσα ἡ γῆ εἰς τρία μέρη. καὶ  *  ἦλθον  *  πάντες ἐπὶ τὴν θύραν τοῦ οἴκου ἐν ᾧ εἰσήρχετο
Adam       8     1  ἔδωκε κἀμοὶ φαγεῖν. καὶ ὀργισθὴ ἡμῖν ὁ θεός. καὶ  *  ἐλθὼν  *  ἐν τῷ παραδείσῳ ὁ δεσπότης ἔθηκε τὸν θρόνον αὐτοῦ
Adam      10     2  ἐκλαύσαμεν δὲ ἡ Εὔα λέγουσα οἴμμοι οἴμμοι ὅτι ἐὰν  *  ἔλθω  *  εἰς τὴν ἡμέραν τῆς ἀναστάσεως πάντες οἱ
Adam      14     1  εἰπὼν δὲ ταῦτα ὁ ἄγγελος ἀπῆλθεν ἀπ' αὐτῶν.  *  ἦλθε  *  δὲ Σὴθ καὶ ἡ Εὔα εἰς τὴν σκηνὴν ὅπου ἔκειτο ὁ
```

| | | | | | |
|---|---|---|---|---|---|
| Adam | 16 | 1 | καὶ ἐλάλησε τῷ ὄφει ὁ διάβολος λέγων ἀνάστα | * ἐλθὲ * | πρός με καὶ εἴπω σοι ῥῆμα ἐν ᾧ ὠφεληθῇς. καὶ |
| Adam | 16 | 2 | με καὶ εἴπω σοι ῥῆμα ἐν ᾧ ὠφεληθῇς. καὶ ἀναστὰς | * ἦλθε * | πρὸς αὐτὸν καὶ λέγει αὐτῷ ὁ διάβολος ἀκούω ὅτι |
| Adam | 16 | 2 | ὅτι φρονιμώτερος εἶ ὑπὲρ πάντα τὰ θηρία. ἐγὼ δὲ | * ἦλθον * | κατανοῆσαί σε. εὗρον δέ σε μείζονα πάντων τῶν |
| Adam | 19 | 3 | ἀνδρί μου. ὅτε δὲ ἔλαβεν ἀπ' ἐμοῦ τὸν ὅρκον τότε | * ἦλθε * | καὶ ἐπέβη ἐπ' αὐτὸν καὶ ἔθετο ἐπὶ τὸν καρπὸν ὃν |
| Adam | 21 | 1 | αὐτῇ τῇ ὥρᾳ λέγουσα Ἀδὰμ Ἀδὰμ ποῦ εἶ; ἀνάστα | * ἐλθὲ * | πρός με καὶ δείξω σοι μέγα μυστήριον. ὅτε δὲ ἦλθεν |
| Adam | 21 | 2 | ἐλθὲ πρός με καὶ δείξω σοι μέγα μυστήριον. ὅτε δὲ | * ἦλθεν * | ὁ πατὴρ ὑμῶν εἶπον αὐτῷ λόγους παρανομίας οἵτινες |
| Adam | 21 | 3 | οἵτινες κατήγαγον ἡμᾶς ἀπὸ μεγάλης δόξης. ἅμα γὰρ | * ἦλθεν * | ἤνοιξα τὸ στόμα καὶ ὁ διάβολος ἐλάλει καὶ ἠρξάμην |
| Adam | 22 | 2 | τοὺς ἀγγέλους καὶ λέγοντος τάδε λέγει κύριος | * ἔλθατε * | μετ' ἐμοῦ εἰς τὸν παράδεισον καὶ ἀκούσατε τοῦ |
| Adam | 22 | 2 | σαλπίζοντος εἴπομεν ἰδοὺ ὁ θεὸς εἰς τὸν παράδεισον | * ἔρχεται * | κρῖναι ἡμᾶς. ἐφοβήθημεν δὲ καὶ ἐκρύβημεν. καὶ |
| Adam | 22 | 3 | κρῖναι ἡμᾶς. ἐφοβήθημεν δὲ καὶ ἐκρύβημεν. καὶ | * ἦλθεν * | ὁ θεὸς εἰς τὸν παράδεισον ἐπιβεβηκὼς ἐπὶ ἅρματος |
| Adam | 22 | 3 | Χερουβὶμ καὶ οἱ ἄγγελοι ὑμνοῦντες αὐτόν. ἐν ᾧ δὲ | * ἦλθεν * | ὁ θεὸς εἰς τὸν παράδεισον ἐξήνθησαν τὰ φυτὰ τοῦ |
| Adam | 25 | 2 | τέξει τέκνα ἐν πολλοῖς τρόποις καὶ ἐν μιᾷ ὥρᾳ | * ἔλθεις * | τοῦ τεκεῖν καὶ ἀπολέσεις τὴν ζωήν σου ἐκ τῆς |
| Adam | 32 | 3 | εὐχομένης τῆς Εὔας ἐπὶ τὰ γόνατα αὐτῆς οὔσης ἰδοὺ | * ἦλθεν * | πρὸς αὐτὴν ὁ ἄγγελος τῆς ἀνθρωπότητος καὶ |
| Adam | 33 | 2 | καὶ ἀτενίσασα εἰς τὸν οὐρανὸν ἴδεν ἅρμα φωτὸς | * ἐρχόμενον * | ὑπὸ τεσσάρων ἀετῶν λαμπρῶν ὃ οὐκ ἦν δυνατὸν |
| Adam | 33 | 3 | αὐτῶν καὶ ἀγγέλους προάγοντας τὸ ἅρμα. ὅτε δὲ | * ἦλθεν * | ὅπου ἔκειτο ὁ πατὴρ ὑμῶν Ἀδὰμ ἔστη τὸ ἅρμα καὶ τὰ |
| Adam | 33 | 4 | ἰδοὺ πάντες οἱ ἄγγελοι μετὰ λίβανον καὶ θυμιατήρια | * ἦλθον * | ἐν σπουδῇ ἐπὶ τὸ θυσιαστήριον καὶ ἐνεφύσων αὐτά. |
| Adam | 34 | 2 | ἀνάστα Σὴθ ἐκ τοῦ σώματος τοῦ πατρός σου καὶ | * ἐλθὲ * | πρός με καὶ ἴδε ἃ οὐκ εἶδεν ὀφθαλμός ποτε τινὸς καὶ |
| Adam | 35 | 1 | ὑπὲρ τοῦ πατρός σου Ἀδάμ. τότε ἀνέστη Σὴθ καὶ | * ἦλθεν * | πρὸς τὴν μητέρα αὐτοῦ καὶ λέγει αὐτῇ διά τί |
| Adam | 37 | 3 | ὅτε δὲ εἶπον τὰς φωνὰς ταύτας οἱ ἄγγελοι ἰδοὺ | * ἦλθεν * | ἓν τῶν Σεραφὶμ ἑξαπτερύγων καὶ ἥρπασεν τὸν Ἀδὰμ |
| Adam | 38 | 3 | καὶ οἱ ἄγγελοι ἐκ τοῦ οὐρανοῦ προάγοντες αὐτὸν καὶ | * ἐλθόντες * | ἐπὶ τὴν γῆν ὅπου ἦν τὸ σῶμα τοῦ Ἀδάμ. καὶ |
| Adam | 38 | 4 | ἐπὶ τὴν γῆν ὅπου ἦν τὸ σῶμα τοῦ Ἀδάμ. καὶ | * ἦλθον * | εἰς τὸν παράδεισον καὶ ἐκινήθησαν πάντα τὰ φυτὰ |
| Adam | 39 | 1 | τοῦ Σὴθ μόνου ὅτι ἐγένετο καθορῶν τοῦ θεοῦ. καὶ | * ἦλθεν * | πρὸς τὸ σῶμα τοῦ Ἀδὰμ καὶ ἐλυπήθη σφόδρα ἐπ' |
| Adam | 42 | 3 | τοῦ Ἀδάμ. οὐ γὰρ ἐγίνωσκεν ποῦ ἐτέθη ἐπειδὴ ἐν τῷ | * ἐλθεῖν * | τὸν κύριον ἐπὶ τὸν παράδεισον πρὸς τὸ κηδεῦσαι |
| Adam | 43 | 1 | τὸ πνεῦμά μου. καὶ ἀπέδωκεν τὴν ψυχὴν αὐτῆς. καὶ | * ἦλθεν * | Μιχαὴλ καὶ ἐδίδαξεν τὸν Σὴθ πῶς κηδεύσῃ τὴν Εὔαν. |
| Adam | 43 | 1 | καὶ ἐδίδαξεν τὸν Σὴθ πῶς κηδεύσῃ τὴν Εὔαν. καὶ | * ἦλθαν * | τρεῖς ἄγγελοι καὶ ἦραν τὸ σῶμα αὐτῆς καὶ ἔθαψαν |
| Hen. | 1 | 9 | αὐτοῖς φῶς καὶ ποιήσει ἐπ' αὐτοὺς εἰρήνην. ὅτι | * ἔρχεται * | σὺν ταῖς μυριάσιν αὐτοῦ καὶ τοῖς ἁγίοις αὐτοῦ |
| Hen. | 13 | 8 | αὐτῶν. ὡς ἐκοιμήθην καὶ ἰδοὺ ὄνειροι ἐπ' ἐμὲ | * ἦλθον * | καὶ ὁράσεις ἐπ' ἐμὲ ἐπέπιπτον καὶ ἴδον ὁράσεις |
| Hen. | 13 | 8 | ἐπ' ἐμὲ ἐπέπιπτον καὶ ἴδον ὁράσεις ὀργῆς καὶ | * ἦλθεν * | φωνὴ λέγουσα εἶπον τοῖς υἱοῖς τοῦ οὐρανοῦ τοῦ |
| Hen. | 13 | 9 | οὐρανοῦ τοῦ ἐλέγξαι αὐτούς. καὶ ἔξυπνος γενόμενος | * ἦλθον * | πρὸς αὐτοὺς καὶ πάντες συνηγμένοι ἐκάθηντο |
| Hen. | 17 | 5 | ἐστιν καὶ παρέχον πάσας τὰς δύσεις τοῦ ἡλίου. καὶ | * ἤλθομεν * | μέχρι ποταμοῦ πυρὸς ἐν ᾧ κατατρέχει τὸ πῦρ ὡς |
| Hen. | 32 | 3 | ἄκρων καὶ ἀπὸ τούτου διέβην ἐπάνω τοῦ Ζωτιήλ. καὶ | * ἦλθον * | πρὸς τὸν παράδεισον τῆς δικαιοσύνης καὶ ἴδον |
| Hen. | 106 | 4 | κυρίῳ καὶ ἐφοβήθη Λάμεχ ἀπ' αὐτοῦ καὶ ἔφυγεν καὶ | * ἦλθεν * | πρὸς Μαθουσάλεκ τὸν πατέρα αὐτοῦ καὶ εἶπεν αὐτῷ |
| Hen. | 106 | 8 | πρὸς Ἐνώ⟨χ τὸν πατέρα ἡμῶν καὶ ἐρώτησον⟩--- | * ⟨ἦλθ⟩εν * | πρὸς ἐμὲ εἰς τὰ τέρματα τῆς γῆς οὗ ⟨εἶδ⟩εν τότε |
| Hen. | 106 | 8 | καὶ ἧκε ⟨πρὸς⟩ ἐμέ. καὶ ἤκουσα τὴν φωνὴν αὐτοῦ καὶ | * ἦλθον * | πρὸς αὐτὸν καὶ εἶπα ἰδοὺ πάρειμι τέκνον διά τί |
| Hen. | 106 | 8 | πρὸς αὐτὸν καὶ εἶπα ἰδοὺ πάρειμι τέκνον διά τί | * ἐλήλυθας * | πρὸς ἐμὲ τέκνον; καὶ ἀπεκρίθη λέγων δι' ἀνάγκην |
| Hen. | 106 | 9 | ἐμὲ τέκνον; καὶ ἀπεκρίθη λέγων δι' ἀνάγκην μεγάλην | * ἦλθον * | ὧδε πάτερ καὶ νῦν ἐγεννήθη τέκνον Λάμεχ τῷ υἱῷ μου |
| Abr.1 | 1 | 7 | περὶ τοῦ θανάτου καὶ πληροφόρησον αὐτὸν ὅτι μέλλει | * ἔρχεσθαι * | ἐν τῷ καιρῷ τούτῳ ἐκ τοῦ ματαίου κόσμου τούτου |
| Abr.1 | 2 | 1 | τὸν ἀριθμὸν δώδεκα. καὶ ἰδοὺ ὁ ἀρχιστράτηγος | * ἤρχετο * | πρὸς αὐτόν. ἰδὼν δὲ Ἀβραὰμ τὸν ἀρχιστράτηγον |
| Abr.1 | 2 | 2 | δὲ Ἀβραὰμ τὸν ἀρχιστράτηγον Μιχαὴλ ἀπὸ μηκόθεν | * ἐρχόμενον * | δίκην στρατιώτου εὐπρεπεστάτου ἀναστὰς τοίνυν |
| Abr.1 | 2 | 6 | ἔφη ἐγὼ δίκαιε ἄνθρωπε ἐκ τῆς μεγάλης πόλεως | * ἔρχομαι * | παρὰ τοῦ μεγάλου βασιλέως ἀπεστάλην διαδοχὴν |
| Abr.1 | 2 | 7 | ἐμοῦ εἰς τὴν χώραν. ⟨καί φησίν ὁ ἀρχιστράτηγος | * ἔρχομαι. * | ἀπελθόντες δὲ ἐν τῇ χώρᾳ⟩ τοῦ ἀροτριασμοῦ |
| Abr.1 | 3 | 5 | ὁ ἀρχιστράτηγος τὴν φωνὴν τοῦ δένδρου οὐκ ἤκουσεν. | * ἐλθόντες * | δὲ πλησίον ⟨τοῦ οἴκου ἐν τῇ αὐλῇ⟩ ἐκαθέσθησαν |
| Abr.1 | 5 | 7 | δὲ Ἰσαὰκ ἀνέστη ἐπὶ τῆς κλίνης αὐτοῦ καὶ | * ἦλθε * | δρομαίως ἐν τῷ τρικλίνῳ ἔνθα ὁ πατὴρ αὐτοῦ ἦν |
| Abr.1 | 5 | 11 | ἐν τῇ σκηνῇ αὐτῆς ἤκουσε τοῦ κλαυθμοῦ αὐτοῦ καὶ | * ἦλθε * | δρομαῖα ἐπ' αὐτοὺς καὶ εὗρεν αὐτοὺς περιπλακομένους |
| Abr.1 | 5 | 14 | υἱός σου Ἰσαὰκ ὡς ἐμοὶ δοκεῖ ὄνειρον ἐθεάσατο καὶ | * ἦλθεν * | πρὸς ἡμᾶς κλαίων καὶ ἡμεῖς τοῦτον ἰδόντες τὰ |
| Abr.1 | 6 | 2 | οὖν Σάρρα τὸν Ἀβραὰμ τὰ πρὸς τὴν θύραν ἔξω | * ἐλθεῖν * | καὶ λέγει αὐτὸν κύριέ μου Ἀβραὰμ οὐ γινώσκεις |
| Abr.1 | 7 | 4 | κατελθόντα ὑπὲρ ἑπτὰ ἡλίους ἀστράπτοντα καὶ | * ἐλθὼν * | ἀνὴρ ὁ ἡλιόμορφος ἐκεῖνος ἔλαβεν τὸν ἥλιον ἀπὸ τῆς |
| Abr.1 | 8 | 12 | τὸν θάνατον ἀπελθεῖν σοι τότε ἂν εἶχον ἰδεῖν κἂν | * ἔρχῃ * | κἂν οὐκ ἔρχῃ; λαβὼν δὲ ὁ ἀρχιστράτηγος τὰς |
| Abr.1 | 8 | 12 | ἀπελθεῖν σοι τότε ἂν εἶχον ἰδεῖν κἂν ἔρχῃ κἂν οὐκ | * ἔρχῃ; * | λαβὼν δὲ ὁ ἀρχιστράτηγος τὰς παραινέσεις τοῦ |
| Abr.1 | 9 | 3 | τὸν ἁμαρτωλὸν καὶ ἀνάξιον ἱκέτην σου καθεκάστην | * ἔρχεσθαι * | παρακαλῶ σε καὶ νῦν ἀρχιστράτηγε τοῦ διακονῆσαι |
| Abr.1 | 10 | 12 | ἐκ τοῦ οὐρανοῦ καὶ κατέφαγεν αὐτούς. καὶ εὐθέως | * ἦλθεν * | φωνὴ ἐκ τοῦ οὐρανοῦ πρὸς τὸν ἀρχιστράτηγον οὕτως |
| Abr.1 | 12 | 3 | ἀπώλειαν. ἠκολουθήσαμεν δὲ ἡμεῖς τοῖς ἀγγέλοις καὶ | * ἤλθομεν * | ἔσωθεν τῆς πύλης ἐκείνης τῆς πλατείας καὶ ἐν |
| Abr.1 | 13 | 9 | οἱ δὲ δύο ἄγγελοι οἱ ⟨ἐκ δεξιῶν καὶ⟩ ἐξ ἀριστερῶν | * ἐρχόμενοι * | ἀπογράφονται τὰς ἁμαρτίας καὶ τὰς δικαιοσύνας |
| Abr.1 | 14 | 2 | κρίσιν ἐξέδοτο αὐτὴν οὔτε εἰς τὸ σώζεσθαι ἕως οὗ | * ἔλθῃ * | ὁ κριτὴς καὶ θεὸς τῶν ἁπάντων. εἶπεν δὲ Ἀβραὰμ καὶ |
| Abr.1 | 14 | 4 | μίαν δικαιοσύνην ἐὰν κέκτητο ὑπεράνω τῶν ἁμαρτιῶν | * ἔρχεται * | εἰς τὸ σώζεσθαι. ⟨εἶπεν δὲ Ἀβραὰμ πρὸς τὸν |
| Abr.1 | 14 | 13 | τοῦ θεοῦ ἐπὶ πολλὴν δὲ ὥραν παρακαλούντων αὐτῶν | * ἦλθεν * | φωνὴ λέγουσα ἐκ τοῦ οὐρανοῦ Ἀβραὰμ Ἀβραὰμ |
| Abr.1 | 15 | 4 | τῷ τρικλίνῳ αὐτοῦ ἐκάθισεν ⟨ἐπὶ τῆς κλίνης αὐτοῦ⟩. | * ἦλθεν * | δὲ Σάρρα ἡ γυνὴ αὐτοῦ καὶ περιεπλάκη τοῖς ποσὶν |
| Abr.1 | 15 | 5 | ἰδοὺ γὰρ ἐνομίζομεν ἀναληφθέντα αὐτὸν ἀφ' ἡμῶν. | * ἦλθεν * | δὲ Ἰσαὰκ ὁ υἱὸς αὐτοῦ καὶ περιεπλάκη ἐπὶ τὸν |
| Abr.1 | 15 | 7 | ἐκδημεῖν ἐκ τοῦ σώματος ἔτι ἅπαξ πρὸς τὸν κύριον | * ἔρχεσθαι. * | εἶπεν δὲ Ἀβραὰμ ὁ κύριος εἶπεν ἢ ἀφ' ἑαυτοῦ |
| Abr.1 | 16 | 3 | καὶ ἐτρόμαξεν καὶ δειλίᾳ πολὺ συνεχόμενος ⟨καὶ | * ἐλθὼν * | μετὰ φόβου πολλοῦ ἔστη ἔμπροσθεν τοῦ ἀοράτου θεοῦ |
| Abr.1 | 16 | 5 | καὶ νῦν λέγω σοι μὴ ἐκφοβήσῃς τὴν ψυχὴν αὐτοῦ καὶ | * ἔλθῃς * | ἐνθάδε ἀλλὰ μετὰ κολακείας τοῦτον παράλαβε ὅτι |
| Abr.1 | 16 | 8 | κέλευσιν τοῦ ἀρχιστρατήγου. καὶ ἰδοὺ ὀσμὴ εὐωδίας | * ἤρχετο * | πρὸς τὸν Ἀβραὰμ καὶ φωτὸς ἀπαύγασμα περιστραφεὶς |
| Abr.1 | 16 | 8 | περιστραφεὶς δὲ Ἀβραὰμ εἶδεν τὸν θάνατον | * ἐρχόμενον * | πρὸς αὐτὸν ἐν πολλῇ δόξῃ καὶ ὡραιότητι καὶ |
| Abr.1 | 16 | 14 | θεὸς ἐκεῖνο καὶ λέγω σοι. εἶπεν δὲ Ἀβραὰμ εἰς τί | * ἐλήλυθας * | ὧδε; εἶπεν δὲ ὁ θάνατος διὰ τῆς δικαίας σου |
| Abr.1 | 17 | 1 | ἐσιώπα καὶ οὐκ ἀπεκρίθη. ἀνέστη δὲ Ἀβραὰμ καὶ | * ἦλθεν * | εἰς τὸν οἶκον αὐτοῦ ἠκολούθει δὲ καὶ ὁ θάνατος ἕως |
| Abr.1 | 17 | 1 | ὁ θάνατος ἀνέπεσεν δὲ Ἀβραὰμ ἐπὶ τῆς κλίνης αὐτοῦ | * ἦλθεν * | οὖν καὶ ὁ θάνατος καὶ ἔστη παρὰ τοὺς πόδας αὐτοῦ. |
| Abr.1 | 17 | 19 | παῖδες καὶ παιδίσκαι ἑπτὰ καὶ ὁ δίκαιος Ἀβραὰμ | * ἦλθεν * | εἰς ὀλιγωρίαν θανάτου ὥστε ἐκλείπειν τὸ πνεῦμα |
| Abr.1 | 18 | 8 | εἶπεν νῦν ἔγνων κἀγὼ ὅτι εἰς ὀλιγωρίαν θανάτου | * ἦλθον * | ὥστε ἐκλείπειν τὸ πνεῦμά μου ἀλλὰ δέομαί σου |
| Abr.1 | 19 | 1 | τῷ θεῷ. καὶ ἀνελθὼν ἐν τῇ κλίνῃ αὐτοῦ ἀνέπεσεν | * ἐλθὼν * | καὶ ὁ θάνατος ἔστη ἔμπροσθεν αὐτοῦ. εἶπεν δὲ |
| Abr.1 | 19 | 4 | οὐ μή σε ἀκολουθήσω ἕως οὗ ὁ ἀρχιστράτηγος Μιχαὴλ | * ἔλθῃ * | καὶ ἀπέλθω μετ' αὐτοῦ ἀλλὰ καὶ τοῦτο λέγω σοι εἶ |
| Abr.1 | 19 | 13 | τυχόντες βροντῆς ἀνυποφόρου καὶ ἀστραπῆς φοβερᾶς | * ἐλθούσης * | ἀνάρπαστοι γίνονται καὶ οὕτω τὸν θάνατον |
| Abr.1 | 20 | 2 | καὶ πολλοὶ τῶν ἀνθρώπων παρὰ μίαν ὥραν εἰς θάνατον | * ἔρχονται * | παραδιδόμενοι τῷ τάφῳ ἰδοὺ γὰρ ἀνήγγειλά σοι |
| Abr.1 | 20 | 6 | ὁ ἱδρὼς ἐκ τῆς ὄψεως αὐτοῦ⟩ ὡσεὶ θρόμβοι αἵματος. | * ἦλθεν * | δὲ Ἰσαὰκ ὁ υἱὸς αὐτοῦ καὶ ἔπεσεν ἐπὶ τὸ στῆθος |
| Abr.1 | 20 | 6 | υἱὸς αὐτοῦ καὶ ἔπεσεν ἐπὶ τὸ στῆθος αὐτοῦ ⟨κλαίων | * ἦλθε * | δὲ καὶ ἡ Σάρρα ἡ γυνὴ αὐτοῦ καὶ⟩ περιεπλάκη τοῖς |
| Abr.1 | 20 | 7 | τοῖς ποσὶν τοῦ Ἀβραὰμ ὀδυρομένη πικρῶς. | * ἤλθοσαν * | δὲ πάντες οἱ δοῦλοι καὶ ἔκλαιον πικρῶς |
| Abr.1 | 20 | 7 | δοῦλοι καὶ ἔκλαιον πικρῶς ὀδυρόμενοι καὶ Ἀβραὰμ | * ἦλθεν * | εἰς ὀλιγωρίαν ⟨θανάτου⟩. εἶπεν δὲ ὁ θάνατος ⟨πρὸς⟩ |
| Abr.1 | 20 | 8 | Ἀβραὰμ δεῦρο ἄσπασαι τὴν δεξιάν μου χεῖραν καὶ | * ἐλθεῖν * | σοι ἱλαρότης καὶ ζωὴ καὶ δύναμις. πεπλάνηκεν γὰρ |
| Abr.1 | 20 | 13 | καὶ δὴ πολλῆς ἀνυμνήσεως καὶ δοξολογίας γενομένης | * ἦλθεν * | ἡ ἄχραντος φωνὴ τοῦ θεοῦ καὶ πατρὸς λέγουσα οὕτως |
| Abr.2 | 2 | 1 | σε ἀπὸ τοῦ κόσμου. τότε Μιχαὴλ ἐπορεύθη καὶ | * ἦλθεν * | πρὸς Ἀβραὰμ συνήντησεν δὲ αὐτοῦ καθεζομένου |
| Abr.2 | 2 | 5 | Μιχαὴλ φιλάνθρωπος ⟨εἶ σύ⟩. λέγει αὐτῷ Ἀβραὰμ | * ἐλθὲ * | ἔγγιστά μου καὶ καθέζου ὀλίγην ὥραν καὶ ποιήσω |
| Abr.2 | 2 | 8 | σου καὶ τῆς γῆς σου καὶ τῶν συγγενῶν σου καὶ | * ἐλθὲ * | εἰς τὴν γῆν ἣν ἄν σοι δείξω. ἤκουσα δὲ αὐτοῦ καὶ |
| Abr.2 | 2 | 9 | εἰς τὴν γῆν ἣν ἄν σοι δείξω. ἤκουσα δὲ αὐτοῦ καὶ | * ἦλθον * | εἰς τὴν γῆν ἣν εἶπέν μοι κύριος καὶ ἤλλαξεν τὸ |
| Abr.2 | 3 | 5 | λέγων ἄρα τί ἐστιν τὸ μυστήριον τοῦτο; ὅτε δὲ | * ἦλθεν * | ἐν τῷ οἴκῳ λέγει Ἀβραὰμ τοῖς παισὶν αὐτοῦ |
| Abr.2 | 5 | 1 | τοῦ υἱοῦ αὐτοῦ Ἰσαὰκ κατ' ὄναρ. τότε Μιχαὴλ | * ἦλθεν * | εἰς τὸν οἶκον Ἀβραὰμ καὶ εὗρεν αὐτὸν ἑτοιμάσαντα |
| Abr.2 | 5 | 5 | καὶ εἶπεν μὴ ἐπιβαρεῖς γενώμεθα τῷ ξένῳ ἀνθρώπῳ τῷ | * ἐλθόντι * | πρὸς ἡμᾶς ἀλλὰ ἄπελθε ἐν τῷ ταμείῳ σου καὶ |
| Abr.2 | 6 | 1 | δὲ ὡς ὥρα ἑβδόμη τῆς νυκτὸς καὶ διυπνισθεὶς Ἰσαὰκ | * ἦλθεν * | πρὸς τὴν θύραν τοῦ πατρὸς αὐτοῦ λέγων πάτερ |
| Abr.2 | 6 | 4 | δὲ καὶ ἡ Σάρρα ἐν τῇ σκηνῇ αὐτῆς καὶ ἀνέστη καὶ | * ἦλθεν * | πρὸς τὴν θύραν τοῦ ταμείου ὅπου Ἀβραὰμ ἐκάθευδεν |
| Abr.2 | 7 | 2 | ἐγώ εἰμι Μιχαήλ. καὶ εἶπεν αὐτῷ Ἀβραὰμ φράσον τί | * ἦλθες. * | εἶπεν δὲ αὐτῷ Μιχαὴλ ὁ υἱός σου Ἰσαὰκ δηλώσει |
| Abr.2 | 8 | 3 | δ' ἂν εἴπῃ σοι ποίησον αὐτῷ ὅτι φίλος μού ἐστιν. | * ἦλθεν * | οὖν Μιχαὴλ καὶ ἀνέλαβεν τὸν Ἀβραὰμ σώματι ἐπὶ |
| Abr.2 | 10 | 3 | ὅτε οὖν ἔφθασεν εἰς τὸν τόπον ὅπου ἦν ὁ κριτὴς | * ⟨ἐλθόντος * | τοῦ ἀγγέλου ἀπέδωκεν τὴν ψυχὴν ἐκείνην ἣν |
| Abr.2 | 10 | 7 | ἀλλ' αὐτὴ κατεψεύσατό μου. ὁ δὲ κριτὴς ἐκέλευσεν | * ⟨ἐλθεῖν⟩ * | τὸν τὸ ὑπόμνημα γράφοντα καὶ ἰδοὺ Χερουβὶμ |
| Abr.2 | 12 | 9 | ἤγαγεν αὐτοὺς ἡ νεφέλη καὶ εἶδεν Ἀβραάμ τινας | * ἐρχομένους * | εἰς ἔρημον τόπον τοῦ ποιῆσαι φόνον. καὶ εἶπεν |
| Abr.2 | 12 | 10 | πρὸς Μιχαὴλ θεωρεῖς τὴν ἀνομίαν αὐτῶν; καὶ εἶπεν | * ἐλθέτωσαν * | θηρία καὶ καταφαγέτωσαν αὐτοὺς ⟨καὶ ἐν ἐκείνῃ |
| Abr.2 | 12 | 11 | καὶ καταφαγέτωσαν αὐτοὺς ⟨καὶ ἐν ἐκείνῃ τῇ ὥρᾳ | * ἦλθον * | θηρία ἐκ τῆς ἐρήμου καὶ κατέφαγον αὐτούς⟩. καὶ |
| Abr.2 | 14 | 6 | ἐξήνεγκεν ὁ θάνατος τὴν ψυχὴν αὐτοῦ ὡς ἐν ὀνείροις | * ἦλθον * | δὲ ἅρματα κυρίου τοῦ θεοῦ καὶ ἦραν τὴν ψυχὴν αὐτοῦ |
| TRub. | 3 | 15 | τῷ πατρί μου Ἰακὼβ περὶ τῆς ἀσεβείας μου καὶ | * ἐλθὼν * | ἐπένθει ἐπ' ἐμοὶ μηκέτι ἀψάμενος αὐτῆς. μὴ οὖν |
| TSim. | 1 | 2 | ἔτει τῆς ζωῆς αὐτοῦ ἐν ᾧ ἔτει ἀπέθανεν Ἰωσήφ. | * ἦλθον * | γὰρ ἐπισκέψασθαι αὐτὸν ἀρρωστοῦντα καὶ ἐνισχύσας |
| TSim. | 2 | 10 | ἀδελφὸς ἡμῶν ἐπώλησεν αὐτὸν τοῖς Ἰσμαηλίταις. καὶ | * ἐλθὼν * | Ῥουβὴμ ἐλυπήθη ἤθελε γὰρ αὐτὸν διασῶσαι πρὸς τὸν |
| TLevi | 2 | 1 | Χαρρὰν συνελήφθην καὶ ἐτέχθην ἐκεῖ καὶ μετὰ ταῦτα | * ἦλθον * | σὺν τῷ πατρὶ εἰς Σίκιμα. ἤμην δὲ νεώτερος ὡσεὶ |
| TLevi | 2 | 3 | ἐποιμαίνομεν ἐν Ἀβελμαοὺλ πνεῦμα συνέσεως κυρίου | * ἦλθεν * | ἐπ' ἐμὲ καὶ πάντας ἑώρων ἀνθρώπους ἀφανίσαντας τὴν |
| TLevi | 5 | 2 | Λευὶ σοὶ δέδωκα τὰς εὐλογίας τῆς ἱερατείας ἕως οὗ | * ἐλθὼν * | παροικήσω ἐν μέσῳ τοῦ Ἰσραήλ. τότε ὁ ἄγγελος |
| TLevi | 6 | 1 | γένος τοῦ Ἰσραὴλ καὶ πάντων τῶν δικαίων. καὶ ὡς | * ἠρχόμην * | πρὸς τὸν πατέρα μου εὗρον ἀσπίδα χαλκῆν διὸ καὶ |
| TLevi | 6 | 5 | ἐν πρώτοις καὶ Συμεὼν τὸν Ἐμμώρ. καὶ μετὰ ταῦτα | * ἐλθόντες * | οἱ ἀδελφοὶ ἐπάταξαν τὴν πόλιν ἐν στόματι |

| | | | | | |
|---|---|---|---|---|---|
| TLevi | 7 | 4 | καὶ λαβόντες ἐκεῖθεν τὴν ἀδελφὴν ἡμῶν ἀπάραντες | * ἤλθομεν * | εἰς Βεθήλ. κἀκεῖ πάλιν εἶδον πρᾶγμα ὥσπερ τὸ |
| TLevi | 9 | 3 | οὐκ ἠθέλησε πορευθῆναι μεθ' ἡμῶν εἰς Βεθήλ. ὡς δὲ | * ἤλθομεν * | εἰς Βεθὴλ εἶδεν ὁ πατήρ μου Ἰακὼβ ἐν ὁράματι |
| TLevi | 9 | 5 | τὸ πρωὶ ἀπεδεκάτωσε πάντα δι' ἐμοῦ τῷ κυρίῳ. καὶ | * ἤλθομεν * | εἰς Χεβρὼν τοῦ καταλῦσαι καὶ Ἰσαὰκ ἐκάλει με |
| TJud. | 1 | 2 | υἱοῖς αὐτοῦ πρὸ τοῦ ἀποθανεῖν αὐτόν. συναχθέντες | * ἦλθον * | πρὸς αὐτὸν καὶ εἶπεν αὐτοῖς τέταρτος υἱὸς ἐγενόμην |
| TJud. | 3 | 1 | καὶ σκοτίσας ῥίψας ἀνεῖλον αὐτόν. καὶ ὅτε | * ἦλθον * | οἱ δύο βασιλεῖς τῶν Χαναναίων τεθωρακισμένοι ἐπὶ |
| TJud. | 6 | 1 | καὶ ὡς ἤμην ἐν τοῖς ὕδασι Χωζηβά οἱ ἀπὸ Ἰωβὴλ | * ἦλθον * | ἐφ' ἡμᾶς εἰς πόλεμον καὶ συνήψαμεν αὐτοῖς καὶ τοὺς |
| TJud. | 6 | 4 | αὐτοὺς πρὸ τοῦ ἀναβῆναι τὴν ἀνάβασιν. ὡς δὲ | * ἤλθομεν * | ἐν τῇ πόλει αὐτῶν αἱ γυναῖκες αὐτῶν ἐκύλιον ἐφ' |
| TJud. | 7 | 1 | πρὸς ἡμᾶς ὅτι Γαὰς πόλις βασιλέων ἐν ὄχλῳ βαρεῖ | * ἔρχεται * | πρὸς ἡμᾶς. ἐγὼ οὖν καὶ Δὰν προσποιησάμενοι |
| TJud. | 7 | 2 | καὶ Δὰν προσποιησάμενοι Ἀμορραίους ὡς σύμμαχοι | * ἤλθομεν * | εἰς τὴν πόλιν αὐτῶν. νυκτὶ δὲ βαθείᾳ ἐλθοῦσι |
| TJud. | 7 | 3 | ἤλθομεν εἰς τὴν πόλιν αὐτῶν. νυκτὶ δὲ βαθείᾳ | * ἐλθοῦσι * | τοῖς ἀδελφοῖς ἠνοίξαμεν τὰς πύλας καὶ πάντας |
| TJud. | 8 | 2 | εἶχον ἀρχιποίμενα Ἱραν τὸν Ὀδολαμίτην πρὸς ὃν | * ἐλθὼν * | εἶδον Βάρσαν βασιλέα Ὀδολάμ. καὶ ἐποίησεν ἡμῖν |
| TJud. | 9 | 1 | αὐτοῦ Ἠσαὺ καὶ οἱ υἱοὶ αὐτοῦ μεθ' ἡμῶν μετὰ τὸ | * ἐλθεῖν * | ἡμᾶς ἐκ Μεσοποταμίας ἀπὸ Λαβάν. καὶ πληρωθέντων |
| TJud. | 12 | 9 | εἶναι ἐν τῇ πύλῃ τελισκομένην ὅτι ἐξ ἄλλου χωρίου | * ἐλθοῦσα * | πρὸς βραχὺ ἐκάθισεν ἐν πύλῃ καὶ ἐνόμιζον ὅτι |
| TJud. | 12 | 11 | ἔγνω ὅτι εἰσῆλθον πρὸς αὐτήν. καὶ μετὰ ταῦτα | * ἤλθομεν * | εἰς Αἴγυπτον πρὸς Ἰωσὴφ διὰ τὸν λιμόν. |
| TJud. | 22 | 2 | ἀλλοφύλοις συντελεσθήσεται ἡ βασιλεία μου ἕως τοῦ | * ἐλθεῖν * | τὸ σωτήριον Ἰσραὴλ ἕως παρουσίας τοῦ θεοῦ τῆς |
| TZab. | 2 | 1 | μετὰ δακρύων τοῦ μὴ ποιῆσαι τὴν ἀνομίαν ταύτην. | * ἦλθον * | γὰρ Συμεὼν καὶ Γὰδ ἐπὶ τὸν Ἰωσὴφ μετ' ὀργῆς τοῦ |
| TZab. | 2 | 4 | ἡμῶν. ὡς δὲ ἔλεγε τὰ ῥήματα ταῦτα εἰς οἶκτον | * ἦλθον * | ἐγὼ καὶ ἠρξάμην κλαίειν καὶ τὰ ἥπατά μου |
| TZab. | 3 | 6 | κύριος ὑπέλυσεν αὐτοὺς τὸ ὑπόδημα Ἰωσήφ. καὶ γὰρ | * ἐλθόντες * | ἐν Αἰγύπτῳ ὑπελύθησαν ὑπὸ τῶν παίδων Ἰωσὴφ |
| TZab. | 6 | 3 | αἰγιαλοὺς ἡλίευον ἰχθύας οἴκῳ τοῦ πατρός μου ἕως | * ἤλθομεν * | εἰς Αἴγυπτον καὶ ἐκ τῆς θήρας μου παντὶ ἀνθρώπῳ |
| TNep. | 4 | 5 | αὐτοὺς κύριος ἐπὶ προσώπου πάσης τῆς γῆς ἄχρι τοῦ | * ἐλθεῖν * | τὸ σπλάγχνον κυρίου ἄνθρωπος ποιῶν δικαιοσύνην |
| TNep. | 6 | 2 | καὶ ἡμεῖς οἱ υἱοὶ αὐτοῦ σὺν αὐτῷ. καὶ ἰδοὺ πλοῖον | * ἤρχετο * | ἀρμενίζον μεστὸν ταρίχων ἐκτὸς ναυτῶν καὶ |
| TNep. | 6 | 10 | ἔφθασεν ἐπὶ τὴν γῆν ὥσπερ ἐν εἰρήνῃ. καὶ ἰδοὺ | * ἦλθεν * | Ἰακὼβ ὁ πατὴρ ἡμῶν καὶ ὁμοθυμαδὸν ἠγαλλιώμεθα. τὰ |
| TGad | 1 | 3 | ἐγὼ ἐφύλαττον ἐν νυκτὶ τὸ ποίμνιον καὶ ὅταν | * ἤρχετο * | λέων ἢ λύκος ἢ πάρδαλις ἢ ἄρκος ἢ πᾶν θηρίον ἐπὶ |
| TAser | 2 | 4 | ἐστὶ τῷ ὀνόματι ὡς καλὸν τὸ δὲ τέλος τῆς πράξεως | * ἔρχεται * | εἰς κακόν. ἄλλος κλέπτει ἀδικεῖ ἁρπάζει |
| TAser | 7 | 3 | ἕως οὗ ὁ ὕψιστος ἐπισκέψηται τὴν γῆν. καὶ αὐτὸς | * ἐλθὼν * | ὡς ἄνθρωπος μετὰ ἀνθρώπων ἐσθίων καὶ πίνων καὶ ἐν |
| TJos. | 3 | 9 | νοήσας ἐλυπήθην ἕως θανάτου καὶ ἐξελθούσης αὐτῆς | * ἦλθον * | εἰς ἐμαυτὸν καὶ ἐπένθησα περὶ αὐτῆς ἡμέρας πολλὰς |
| TJos. | 4 | 4 | ὡς δὲ οὐδὲν ἴσχυσε πάλιν ἐπὶ λόγῳ κατηχήσεως | * ἤρχετο * | πρός με μαθεῖν λόγον κυρίου. καὶ ἔλεγέ μοι εἰ |
| TJos. | 6 | 2 | μοι βρῶμα ἐν γοητείᾳ πεφυραμένον. καὶ ὡς | * ἦλθεν * | ὁ εὐνοῦχος ὁ κομίζων αὐτὸ ἀνέβλεψα καὶ εἶδον ἄνδρα |
| TJos. | 6 | 4 | ἐδεσμάτων αὐτῆς γευσάμενος. μετὰ οὖν μίαν ἡμέραν | * ἐλθοῦσα * | πρός με ἐπέγνω τὸ βρῶμα καὶ λέγει πρός με τί |
| TJos. | 11 | 2 | γὰρ ὁ ποιῶν νόμον κυρίου ἀγαπηθήσεται ὑπ' αὐτοῦ. | * ἐλθὼν * | δὲ εἰς Ἰνδοκολπίτας μετὰ τῶν Ἰσμαηλιτῶν ἠρώτων |
| TJos. | 11 | 4 | ἐγὼ δὲ ἔλεγον ὅτι δοῦλος αὐτῶν εἰμι. ὡς δὲ | * ἤλθομεν * | εἰς Αἴγυπτον περὶ ἐμοῦ ἐμάχοντο τίς προσδοὺς |
| TJos. | 14 | 2 | λόγον τυπτόμενος ἐκέλευσε φυλακισθῆναί με ἕως οὗ | * ἔλθωσι * | φησὶν οἱ κύριοι τοῦ παιδός. καὶ ἡ γυνὴ αὐτοῦ |
| TJos. | 15 | 1 | εἶναι. μετὰ δὲ εἰκοσιτέσσαρας ἡμέρας | * ἦλθον * | οἱ Ἰσμαηλῖται καὶ ἀκούσαντες ὅτι Ἰακὼβ ὁ πατήρ |
| TJos. | 17 | 4 | καρδίας εὐδοκιμούσης εἰς ἀγάπην. καὶ ὅτε | * ἦλθον * | οἱ ἀδελφοί μου εἰς Αἴγυπτον ὡς ἔγνωσαν ὅτι |
| Asen. | 1 | 2 | τὸν Ἰωσὴφ κυκλεῦσαι πᾶσαν τὴν γῆν Αἰγύπτου. καὶ | * ἦλθεν * | Ἰωσὴφ ἐν τῷ τετάρτῳ μηνὶ τοῦ πρώτου ἔτους |
| Asen. | 3 | 1 | ἐν τῷ τετάρτῳ μηνὶ ὀκτωκαιδεκάτῃ τοῦ μηνὸς | * ἦλθεν * | Ἰωσὴφ εἰς τὰ ὅρια Ἡλιουπόλεως καὶ ἦν συνάγων τὸν |
| Asen. | 3 | 3 | Ἰωσὴφ ὅτι ἄξιόν με ἡγήσατο ὁ κύριός μου Ἰωσὴφ | * ἔρχεσθαι * | πρὸς ἡμᾶς. καὶ ἐκάλεσε Πεντεφρῆς τὸν ἐπάνω τῆς |
| Asen. | 3 | 4 | μέγα ἑτοίμασον διότι Ἰωσὴφ ὁ δυνατὸς τοῦ θεοῦ | * ἔρχεται * | πρὸς ἡμᾶς σήμερον. καὶ ἤκουσεν Ἀσενὲθ ὅτι |
| Asen. | 4 | 1 | ἔσπευσε καὶ κατέβη τὴν κλίμακα ἐκ τοῦ ὑπερῴου καὶ | * ἦλθε * | πρὸς τὸν πατέρα αὐτῆς καὶ τὴν μητέρα καὶ ἠσπάσατο |
| Asen. | 4 | 7 | Πεντεφρῆς ὁ πατὴρ αὐτῆς Ἰωσὴφ ὁ δυνατὸς τοῦ θεοῦ | * ἔρχεται * | πρὸς ἡμᾶς σήμερον. καὶ αὐτός ἐστιν ἄρχων πάσης |
| Asen. | 5 | 7 | θύρας καὶ ἐξεκλείσθησαν πάντες οἱ ἀλλότριοι. καὶ | * ἦλθον * | Πεντεφρῆς καὶ ἡ γυνὴ αὐτοῦ καὶ πᾶσα ἡ συγγένεια |
| Asen. | 6 | 2 | ἡ ταλαίπωρος; οὐχὶ λελάληκα λέγουσα ὅτι Ἰωσὴφ | * ἔρχεται * | ὁ υἱὸς τοῦ ποιμένος ἐκ γῆς Χαναάν; καὶ νῦν ἰδοὺ |
| Asen. | 7 | 7 | αὐτὴν πώποτε εἰ μὴ σὺ μόνος σήμερον. καὶ εἰ βούλῃ | * ἐλεύσεται * | καὶ προσαγορεύσει σε διότι ἡ θυγάτηρ ἡμῶν ὡς |
| Asen. | 10 | 2 | καὶ κατέβη ἡσύχως τὴν κλίμακα ἐκ τοῦ ὑπερῴου καὶ | * ἦλθεν * | εἰς τὸν πυλῶνα καὶ ἡ πυλωρὸς ἐκάθευδε μετὰ τῶν |
| Asen. | 10 | 4 | καὶ ἔσπευσε καὶ ἤγειρε τὰς ἄλλας ἓξ παρθένους. καὶ | * ἦλθον * | πρὸς τὴν θύραν τῆς Ἀσενὲθ καὶ εὗρον τὴν θύραν |
| Asen. | 12 | 12 | εἰς τὸν αἰῶνα χρόνον. ῥῦσαί με κύριε πρὶν | * ἔλθῃ * | ἐπ' ἐμὲ ταῦτα πάντα. ῥῦσαί με κύριε τὴν ἔρημον καὶ |
| Asen. | 14 | 3 | καὶ ἔπεσεν ἐπὶ πρόσωπον ἐπὶ τὴν τέφραν. καὶ | * ἦλθε * | πρὸς αὐτὴν ἄνθρωπος ἐκ τοῦ οὐρανοῦ καὶ ἔστη ὑπὲρ |
| Asen. | 14 | 13 | ζώνην τὴν καινὴν τὴν διπλῆν τῆς παρθενίας σου. καὶ | * ἐλθὲ * | πρός με καὶ λαλήσω σοι τὰ ῥήματά μου. καὶ ἔσπευσεν |
| Asen. | 15 | 1 | καὶ ἐπίσημον καὶ κατεκάλυψε τὴν κεφαλὴν αὐτῆς. καὶ | * ἦλθε * | πρὸς τὸν ἄνθρωπον εἰς τὸν θάλαμον αὐτῆς τὸν πρῶτον |
| Asen. | 15 | 9 | καὶ λαλήσω αὐτῷ περὶ σοῦ πάντα τὰ ῥήματά μου. καὶ | * ἐλεύσεται * | πρός σε Ἰωσὴφ σήμερον καὶ ὄψεταί σε καὶ |
| Asen. | 15 | 14 | μου οἶνον παλαιὸν καὶ καλὸν οὗ ἡ πνοὴ αὐτοῦ | * ἐλεύσεται * | ἕως τοῦ οὐρανοῦ καὶ πίεσαι ἐξ αὐτοῦ. καὶ μετὰ |
| Asen. | 17 | 9 | διότι λελάληκα παρρησίᾳ καὶ εἶπον ὅτι ἄνθρωπος | * ἦλθεν * | εἰς τὸν θάλαμόν μου ἐκ τοῦ οὐρανοῦ καὶ οὐκ ᾔδειν |
| Asen. | 17 | 9 | θάλαμόν μου ἐκ τοῦ οὐρανοῦ καὶ οὐκ ᾔδειν ὅτι θεὸς | * ἦλθε * | πρός με. καὶ ἰδοὺ νῦν πορεύεται πάλιν εἰς τὸν |
| Asen. | 18 | 1 | Πεντεφρῇ καὶ λέγει ἰδοὺ Ἰωσὴφ ὁ δυνατὸς τοῦ θεοῦ | * ἔρχεται * | πρὸς ⟨ἡμᾶς⟩ σήμερον. ὁ γὰρ πρόδρομος αὐτοῦ πρὸς |
| Asen. | 18 | 2 | δεῖπνον καλὸν ὅτι Ἰωσὴφ ὁ δυνατὸς τοῦ θεοῦ | * ἔρχεται * | πρὸς ἡμᾶς σήμερον. καὶ εἶδεν αὐτὴν ὁ τροφεὺς |
| Asen. | 18 | 11 | γὰρ μήποτε ἀποπλύνω τὸ κάλλος τὸ μέγα τοῦτο. καὶ | * ἦλθεν * | ὁ τροφεὺς αὐτῆς τοῦ εἰπεῖν αὐτῇ ὅτι πάντα |
| Asen. | 19 | 1 | τῷ πρωτοτόκῳ Ἰωσήφ; καὶ ἔτι λαλούντων αὐτῶν ταῦτα | * ἦλθε * | παιδάριον καὶ εἶπε πρὸς Ἀσενὲθ ἰδοὺ Ἰωσὴφ πρὸς |
| Asen. | 19 | 5 | πάντα ἀπέρριψα ἀπ' ἐμοῦ καὶ ἀπώλοντο. καὶ ἄνθρωπος | * ἦλθε * | πρός με ἐκ τοῦ οὐρανοῦ σήμερον καὶ ἔδωκέ μοι ἄρτον |
| Asen. | 19 | 7 | τὰ ῥήματά μου. καὶ νῦν σὺ γινώσκεις κύριέ μου εἰ | * ἐλήλυθε * | πρός σε ὁ ἄνθρωπος ἐκεῖνος καὶ λελάληκέ σοι περὶ |
| Asen. | 19 | 9 | τοὺς αἰῶνας τῶν αἰώνων. διότι ὁ ἄνθρωπος ἐκεῖνος | * ἦλθε * | πρός με σήμερον καὶ εἶπέ μοι κατὰ τὰ ῥήματα ταῦτα |
| Asen. | 20 | 3 | ὕδωρ τοῦ νίψαι τοὺς πόδας αὐτοῦ. καὶ εἶπεν Ἰωσὴφ | * ἐλθάτω * | δὴ μία τῶν παρθένων καὶ νιψάτω τοὺς πόδας μου. |
| Asen. | 20 | 6 | κεφαλὴν αὐτοῦ καὶ ἐκάθισεν ἐκ δεξιῶν αὐτοῦ. καὶ | * ἦλθον * | ὁ πατὴρ καὶ ἡ μήτηρ αὐτῆς καὶ πᾶσα ἡ συγγένεια |
| Asen. | 21 | 4 | καὶ ἀπέστειλε Φαραὼ καὶ ἐκάλεσε τὸν Πεντεφρῇ ⟨καὶ | * ἦλθε⟩ * | καὶ ἤγαγε τὴν Ἀσενὲθ καὶ ἔστησεν αὐτὴν ἐνώπιον |
| Asen. | 21 | 21 | κύριε ἥμαρτον ἐνώπιόν σου πολλὰ ἥμαρτον⟩ ἕως οὗ | * ἦλθεν * | Ἰωσὴφ ὁ δυνατὸς τοῦ θεοῦ. αὐτός με καθεῖλεν ἀπὸ |
| Asen. | 22 | 1 | παρῆλθον τὰ ἑπτὰ ἔτη τῆς εὐθηνίας καὶ ἤρξαντο | * ἔρχεσθαι * | τὰ ἑπτὰ ἔτη τοῦ λιμοῦ. καὶ ἤκουσεν Ἰακὼβ περὶ |
| Asen. | 22 | 2 | καὶ ἤκουσεν Ἰακὼβ περὶ Ἰωσὴφ τοῦ υἱοῦ αὐτοῦ καὶ | * ἦλθεν * | Ἰσραὴλ εἰς Αἴγυπτον σὺν πάσῃ τῇ συγγενείᾳ αὐτοῦ |
| Asen. | 22 | 5 | πορεύσῃ σὺν ἐμοὶ καὶ ὄψῃ τὸν πατέρα μου. καὶ | * ἦλθεν * | Ἰωσὴφ καὶ Ἀσενὲθ ἐν γῇ Γεσὲμ πρὸς Ἰακώβ. καὶ |
| Asen. | 23 | 2 | Φαραὼ καὶ ἐκάλεσε πρὸς ἑαυτὸν Συμεὼν καὶ Λευί. καὶ | * ἦλθον * | πρὸς αὐτόν οἱ ἄνδρες καὶ ἔστησαν ἐνώπιον αὐτοῦ. |
| Asen. | 24 | 3 | ἀγγέλους καὶ ἐκάλεσεν αὐτοὺς πρὸς ἑαυτόν. καὶ | * ἦλθον * | πρὸς αὐτὸν ὥρᾳ πρώτῃ τῆς νυκτὸς καὶ ἔστησαν |
| Asen. | 24 | 19 | καὶ πορεύου ἔμπροσθεν ⟨ἡμῶν⟩ ἀπὸ μακρόθεν. καὶ | * ἐλεύσεται * | Ἀσενὲθ καὶ ἐμπεσεῖται εἰς τὰς χεῖρας ἡμῶν. |
| Asen. | 24 | 20 | καὶ δύο χιλιάδας ἀνδρῶν πολεμιστῶν σὺν αὐτοῖς. καὶ | * ἦλθον * | εἰς τὸν χείμαρρον καὶ ἀπεκρύβησαν ἐν τῇ ὕλῃ τοῦ |
| Asen. | 25 | 1 | καὶ ἀνέστη ὁ υἱὸς Φαραὼ ἐν τῇ νυκτὶ ταύτῃ καὶ | * ἦλθεν * | ἐπὶ τὸν θάλαμον τοῦ πατρὸς αὐτοῦ τοῦ ἀποκτεῖναι ἐν |
| Asen. | 26 | 5 | καὶ Ἰωσὴφ ἀπῆλθεν ἐπὶ τὴν σιτοδοσίαν αὐτοῦ. καὶ | * ἦλθεν * | Ἀσενὲθ ἐπὶ τὸν τόπον τοῦ χειμάρρου καὶ οἱ |
| Asen. | 27 | 9 | καὶ φύγωμεν εἰς τὴν ὕλην τοῦ καλάμου τούτου. καὶ | * ἦλθον * | ἐπὶ Ἀσενὲθ ἐσπασμένας ἔχοντες τὰς ῥομφαίας αὐτῶν |
| Asen. | 28 | 8 | Γὰδ καὶ οἱ ἀδελφοὶ αὐτῶν. καὶ ἰδού οἱ υἱοὶ Λίας | * ἦλθον * | τρέχοντες ὡς ἔλαφοι τριέτεις κατ' αὐτῶν. καὶ |
| Asen. | 28 | 15 | ὑμῶν. λοιπὸν συγγνώμην αὐτοῖς ἀπονείματε. καὶ | * ἦλθε * | πρὸς αὐτὴν Λευὶς καὶ κατεφίλησε τὴν χεῖρα αὐτῆς τὴν |
| Sal. | 11 | 3 | δυσμῶν συνηγμένα εἰς ἅπαξ ὑπὸ κυρίου. ἀπὸ βορρᾶ | * ἔρχονται * | τῇ εὐφροσύνῃ τοῦ θεοῦ αὐτῶν ἐκ νήσων μακρόθεν |
| Sal. | 17 | 31 | καθαριεῖ Ἱερουσαλημ ἐν ἁγιασμῷ ὡς καὶ τὸ ἀπ' ἀρχῆς | * ἔρχεσθαι * | ἔθνη ἀπ' ἄκρου τῆς γῆς ἰδεῖν τὴν δόξαν αὐτοῦ |
| Sal. | 18 | 6 | ἐκείναις ἰδεῖν τὰ ἀγαθὰ κυρίου ἃ ποιήσει γενεᾷ τῇ | * ἐρχομένῃ * | ὑπὸ ῥάβδον παιδείας χριστοῦ κυρίου ἐν φόβῳ θεοῦ |
| Jer. | 1 | 10 | ῥήματα ταῦτα. καὶ ἀναστάντες ἕκτην ὥραν τῆς νυκτὸς | * ἔλθετε * | ἐπὶ τὰ τείχη τῆς πόλεως καὶ δείξω ὑμῖν ὅτι ἐὰν μὴ |
| Jer. | 2 | 1 | δραμὼν δὲ Ἱερεμίας ἀνήγγειλε ταῦτα τῷ Βαροὺχ καὶ | * ἔλθοντες * | εἰς τὸν ναὸν τοῦ θεοῦ διέρρηξεν ὁ Ἱερεμίας τὰ |
| Jer. | 3 | 1 | ἡ ὥρα τῆς νυκτὸς καθὼς εἶπεν ὁ κύριος τῷ Ἱερεμίᾳ | * ἦλθον * | ὁμοῦ ἐπὶ τὰ τείχη τῆς πόλεως Ἱερεμίας καὶ Βαρούχ. |
| Jer. | 4 | 11 | καὶ ἔμεινεν ἐν μνημείῳ καθεζόμενος τῶν ἀγγέλων | * ἐρχομένων * | πρὸς αὐτὸν καὶ ἐκδιηγουμένων αὐτῷ περὶ πάντων |
| Jer. | 5 | 9 | πεπλάνημαι τὴν ὁδὸν ὅτι διὰ τῆς ὁδοῦ τοῦ ὄρους | * ἦλθον * | ἐγερθεὶς ἀπὸ τοῦ ὕπνου μου καὶ βαρείας οὔσης τῆς |
| Jer. | 5 | 17 | ἀπ' ἐμοῦ. καθημένου δὲ αὐτοῦ εἶδέ τινα γηραιὸν | * ἐρχόμενον * | ἐξ ἀγροῦ καὶ λέγει αὐτῷ Ἀβιμέλεχ σοὶ λέγω |
| Jer. | 5 | 26 | νοσοῦσι τοῦ λαοῦ; καὶ ἀπελθὼν ἤνεγκον αὐτὰ καὶ | * ἐλθὼν * | ἐπί τι δένδρον τῷ καύματι ἐκάθισα τοῦ ἀναπαῆναι |
| Jer. | 6 | 1 | προσηύξατο πρὸς κύριον. καὶ ἰδοὺ ἄγγελος κυρίου | * ἦλθε * | καὶ κρατήσας αὐτοῦ τῆς δεξιᾶς χειρὸς ἀπεκατέστησεν |
| Jer. | 6 | 3 | οἴκῳ σου τὸ πένθος σου μετεστράφη εἰς χαρὰν | * ἔρχεται * | γὰρ ὁ ἱκανὸς καὶ ἀρεῖ σε ἐν τῷ σκηνώματί σου οὐ |
| Jer. | 6 | 11 | δὲ προσευχομένου τοῦ Βαροὺχ ἰδοὺ ἄγγελος κυρίου | * ἦλθε * | καὶ λέγει τῷ Βαροὺχ ἅπαντας τοὺς λόγους τούτους ὁ |
| Jer. | 6 | 12 | μὴ μεριμνήσῃς τὸ πῶς ἀποστείλῃς πρὸς Ἱερεμίαν | * ἔρχεται * | γὰρ πρός σε ὥρᾳ τοῦ φωτὸς αὔριον ἀετὸς καὶ σὺ |
| Jer. | 7 | 13 | ἐν τῷ τραχήλῳ αὐτοῦ καὶ ἀπῆλθεν εἰς Βαβυλῶνα καὶ | * ἐλθὼν * | ἀνεπαύσατο ἐπί τι ξύλον ἔξω τῆς πόλεως εἰς τόπον |
| Jer. | 7 | 15 | ἀπερχομένων δὲ αὐτῶν καὶ κλαιόντων μετὰ τοῦ νεκροῦ | * ἦλθον * | κατέναντι τοῦ ἀετοῦ. καὶ ἔκραξεν ὁ ἀετὸς μεγάλῃ |
| Jer. | 7 | 15 | ὁ ἐκλεκτὸς τοῦ θεοῦ ἄπελθε σύναξον τὸν λαὸν καὶ | * ἐλθὲ * | ἐνταῦθα ἵνα ἀκούσωσι ἐπιστολῆς ἧς ἤνεγκά σοι ἀπὸ |
| Jer. | 7 | 16 | συνῆξε τὸν λαὸν σὺν γυναιξὶ καὶ τέκνοις καὶ | * ἦλθεν * | ὅπου ἦν ὁ ἀετός. καὶ κατῆλθεν ὁ ἀετὸς ἐπὶ τὸν |
| Jer. | 7 | 24 | οὕτως γάρ σε ἐλέησεν ὁ θεὸς καὶ οὐκ ἔασέν σε | * ἐλθεῖν * | εἰς Βαβυλῶνα ἵνα μὴ ἴδῃς τὴν κάκωσιν τοῦ λαοῦ. |
| Jer. | 7 | 31 | ἡμᾶς ἀμφοτέρους ὁ κύριος. καὶ ἐπετάσθη ὁ ἀετὸς καὶ | * ἦλθεν * | εἰς Ἱερουσαλὴμ καὶ ἔδωκε τὴν ἐπιστολὴν τῷ Βαροὺχ |
| Jer. | 8 | 4 | πρὸς τὸν λαὸν τὰ ῥήματα ταῦτα καὶ ἀναστάντες | * ἦλθον * | ἐπὶ τὸν Ἰορδάνην τοῦ περᾶσαι. καὶ λέγων αὐτοῖς τὰ |
| Jer. | 8 | 4 | εἰς τὴν πόλιν ἡμῶν. ἐπέρασαν οὖν τὸν Ἰορδάνην καὶ | * ἦλθον * | εἰς Ἱερουσαλήμ. καὶ ἔστη Ἱερεμίας καὶ Βαροὺχ καὶ |
| Jer. | 8 | 7 | εἰς Βαβυλῶνα εἰς τὸν τόπον ἡμῶν καὶ ἐπορεύθησαν. | * ἐλθόντων * | δὲ αὐτῶν εἰς Βαβυλῶνα ἐξῆλθον οἱ Βαβυλωνῖται |
| Jer. | 8 | 8 | ἐξήλθετε ἀφ' ἡμῶν. καὶ ἐπιγνόντες ὑπέστρεψαν καὶ | * ἦλθον * | εἰς τόπον ἔρημον μακρόθεν τῆς Ἱερουσαλὴμ καὶ |
| Jer. | 8 | 9 | δὲ πρὸς αὐτοὺς Ἱερεμίας λέγων μετανοήσατε | * ἔρχεται * | γὰρ ἄγγελος τῆς δικαιοσύνης καὶ εἰσάξει ὑμᾶς εἰς |
| Jer. | 9 | 11 | ἑαυτοὺς ἵνα κηδεύσωσιν αὐτόν. καὶ ἰδοὺ φωνὴ | * ἦλθε * | λέγουσα μὴ κηδεύετε τὸν ἔτι ζῶντα ὅτι ἡ ψυχὴ αὐτοῦ |
| Jer. | 9 | 14 | τούτους ἄλλα ἔτη τετρακόσια ἑβδομηκονταεπτὰ καὶ | * ἔρχεται * | εἰς τὴν γῆν. καὶ τὸ δένδρον τῆς ζωῆς τὸ ἐν μέσῳ |

| | | | | | |
|---|---|---|---|---|---|
| Jer. | | 9 | 18 | τῷ λόγῳ τοῦ στόματος τοῦ χριστοῦ αὐτοῦ. αὐτὸς γὰρ | * ἐλεύσεται * καὶ ἐξελεύσεται καὶ ἐπιλέξεται ἑαυτῷ δώδεκα |
| Jer. | | 9 | 18 | ἐγὼ ἑώρακα κεκοσμημένον ὑπὸ τοῦ πατρὸς αὐτοῦ καὶ | * ἐρχόμενον * εἰς τὸν κόσμον ἐπὶ τὸ ὄρος τῶν ἐλαιῶν καὶ |
| Jer. | | 9 | 19 | λέγοντος τοῦ Ἱερεμίου περὶ τοῦ υἱοῦ τοῦ θεοῦ ὅτι | * ἔρχεται * εἰς τὸν κόσμον ὠργίσθη ὁ λαὸς καὶ εἶπε ταῦτα |
| Jer. | | 9 | 32 | πολλῶν λίθων καὶ ἐπληρώθη αὐτοῦ οἰκονομία. καὶ | * ἐλθόντες * Βαροὺχ καὶ Ἀβιμέλεχ ἔθαψαν αὐτὸν καὶ λαβόντες |
| Bar. | | 1 | 3 | κλαίειν με καὶ λέγειν τοιαῦτα ὁρῶ ἄγγελον κυρίου | * ἐλθόντα * καὶ λέγοντά μοι σύνες ὦ ἄνθρωπε ἄνερ ἐπιθυμιῶν |
| Bar. | | 4 | 12 | καὶ λαβὼν ἐλογίζετο ἐν ἑαυτῷ τί ἄρα ἐστίν. καὶ | * ἐλθὼν * ἐγὼ εἶπον αὐτῷ τὰ περὶ ἐκείνου. καὶ εἶπεν ἆρα |
| Bar. | | 5 | 3 | μόλιβδος ἀκοντίζεται τοσαύτη ἐστὶν ἡ κοιλία αὐτοῦ. | * ἐλθὲ * οὖν ὅπως δείξω σοι καὶ μείζονα τούτων ἔργα. καὶ |
| Bar. | | 6 | 14 | καὶ διαχωρίζεται τὸ φῶς ἀπὸ τοῦ σκότους. καὶ | * ἦλθεν * φωνὴ λέγουσα φωτόδοτα δὸς τῷ κόσμῳ τὸ φέγγος. καὶ |
| Bar. | | 8 | 1 | αὐτῶν. καὶ λαβών με ἤγαγέν με ἐπὶ δυσμάς. καὶ ὅταν | * ἦλθεν * ὁ καιρὸς τοῦ δῦσαι ὁρῶ πάλιν ἔμπροσθεν τὸ ὄρνεον |
| Bar. | | 8 | 1 | ὁ καιρὸς τοῦ δῦσαι ὁρῶ πάλιν ἔμπροσθεν τὸ ὄρνεον | * ἐρχόμενον * καὶ τὸν ἥλιον μετὰ τῶν ἀγγέλων ἐρχόμενον. καὶ |
| Bar. | | 8 | 1 | τὸ ὄρνεον ἐρχόμενον καὶ τὸν ἥλιον μετὰ τῶν ἀγγέλων | * ἐρχόμενον. * καὶ ἅμα τῷ ἐλθεῖν αὐτὸν ὁρῶ τοὺς ἀγγέλους καὶ |
| Bar. | | 8 | 1 | τὸν ἥλιον μετὰ τῶν ἀγγέλων ἐρχόμενον. καὶ ἅμα τῷ | * ἐλθεῖν * αὐτὸν ὁρῶ τοὺς ἀγγέλους καὶ ἦραν τὸν στέφανον ἀπὸ |
| Bar. | | 10 | 5 | τὴν λίμνην καὶ ἄλλα θαυμαστὰ ἐν αὐτῷ οὗπερ | * ἔρχονται * αἱ ψυχαὶ τῶν δικαίων ὅταν ὁμιλῶσι συνδιάγοντες |
| Bar. | | 11 | 2 | καὶ εἶπέν μοι ὁ ἄγγελος οὐ δυνάμεθα εἰσελθεῖν ἕως | * ἔλθῃ * Μιχαὴλ ὁ κλειδοῦχος τῆς βασιλείας τῶν οὐρανῶν. ἀλλ᾽ |
| Bar. | | 11 | 5 | ἵνα δέξηται τὰς δεήσεις τῶν ἀνθρώπων. καὶ ἰδοὺ | * ἦλθεν * φωνὴ ἀνοιγήτωσαν αἱ πύλαι. καὶ ἤνοιξαν καὶ ἐγένετο |
| Bar. | | 11 | 6 | καὶ ἤνοιξαν καὶ ἐγένετο τρισμὸς ὡς βροντῆς. καὶ | * ἦλθεν * Μιχαὴλ καὶ συνήντησεν αὐτῷ ὁ ἄγγελος ὁ ὢν μετ᾽ |
| Bar. | | 12 | 1 | ἐπουρανίου θεοῦ. καὶ ἐν τῷ ὁμιλεῖν με αὐτοῖς ἰδοὺ | * ἦλθον * ἄγγελοι φέροντες κανίσκια γέμοντα ἀνθῶν καὶ ἔδωκαν |
| Bar. | | 12 | 6 | ἀγγέλους φέροντας κανίσκια κενὰ οὐ γέμοντα. καὶ | * ἤρχοντο * λυπούμενοι καὶ οὐκ ἐτόλμησαν ἐγγίσαι διότι οὐκ |
| Bar. | | 13 | 1 | διὸ οὐκ ἐγέμισαν τὴν φιάλην. καὶ εἶθ᾽ οὕτως | * ἦλθον * ἕτεροι ἄγγελοι κλαίοντες καὶ ὀδυρόμενοι καὶ μετὰ |
| Bar. | | 17 | 3 | ἀπεκατέστησέν με εἰς τὸ ἀπ᾽ ἀρχῆς. καὶ εἰς ἑαυτὸν | * ἐλθὼν * δόξαν ἔφερον τῷ θεῷ τῷ ἀξιώσαντί με τοιούτου |
| Prop. | | 1 | 4 | παρεκαθέζοντο τῷ Σιλωάμ. ἐὰν οὖν οἱ Ἰουδαῖοι | * ἤρχοντο * ἐξήρχετο ὕδωρ ἐὰν δὲ ἀλλόφυλοι οὔ. διὸ ἕως |
| Prop. | | 2 | 10 | ἀπεδήμησε κύριος ἐκ Σιὼν εἰς οὐρανὸν καὶ πάλιν | * ἐλεύσεται * ἐν δυνάμει. καὶ σημεῖον ὑμῖν ἔσται τῆς |
| Prop. | | 3 | 11 | ἰχθύων παρέσχετο καὶ πολλοῖς ἐκλείπουσι ζωὴν | * ἐλθεῖν * ἐκ θεοῦ παρεκάλεσεν. οὗτος ἀπολλυμένου τοῦ λαοῦ |
| Prop. | | 3 | 15 | καὶ ἐν τῷ ναῷ γινόμενα. οὗτος ἡρπάγη ἐκεῖθεν καὶ | * ἦλθεν * εἰς Ἱερουσαλὴμ εἰς ἔλεγχον τῶν ἀπίστων. οὗτος |
| Prop. | | 7 | 2 | ῥοπάλῳ πλήξας αὐτοῦ τὸν κρόταφον καὶ ἔτι ἐμπνέων | * ἦλθεν * εἰς τὴν γῆν αὐτοῦ καὶ μεθ᾽ ἡμέρας ἀπέθανε καὶ |
| Prop. | | 10 | 4 | Ἀχαὰβ καὶ καλέσας λιμὸν ἐπὶ τὴν γῆν ἔφυγεν. καὶ | * ἐλθὼν * εὗρε τὴν χήραν μετὰ τοῦ υἱοῦ αὐτῆς οὐ γὰρ ἠδύνατο |
| Prop. | | 10 | 4B | ὡς ἐξηράνθη ὁ χειμάρρους ἐπείνασεν ὁ προφήτης καὶ | * ἦλθεν * εἰς Σαρεφθᾶ καὶ εὗρε τὴν χήραν μετὰ τοῦ υἱοῦ αὐτῆς |
| Prop. | | 10 | 6 | τὴν φιλοξενίαν αὐτῆς. καὶ ἀναστὰς μετὰ τὸν λιμὸν | * ἦλθεν * ἐν γῇ Ἰούδα. καὶ ἀποθανοῦσαν τὴν μητέρα αὐτοῦ |
| Prop. | | 12 | 3 | ἁλώσεως Ἱερουσαλὴμ καὶ ἐπένθησε σφόδρα. καὶ ὅτε | * ἦλθε * Ναβουχοδονόσορ ἐν Ἱερουσαλὴμ ἔφυγεν εἰς |
| Prop. | | 12 | 6 | ἰδίοις εἰπὼν πορεύομαι εἰς γῆν μακρὰν καὶ ταχέως | * ἐλεύσομαι. * εἰ δὲ βραδύνω ἀπενέγκατε τοῖς θερισταῖς. καὶ |
| Prop. | | 14 | 1 | ἐν ἀγρῷ αὐτοῦ. Ἀγγαῖος ὁ καὶ ἄγγελος τάχα νέος | * ἦλθεν * ἐκ Βαβυλῶνος εἰς Ἱερουσαλὴμ καὶ φανερῶς περὶ τῆς |
| Prop. | | 15 | 1 | τοῦ τάφου τῶν ἱερέων ἐνδόξως ὡς αὐτοί. Ζαχαρίας | * ἦλθεν * ἀπὸ Χαλδαίων ἤδη προβεβηκὼς κἀκεῖ πολλὰ τῷ λαῷ |
| Prop. | | 17 | 2 | ὅτι Δαυὶδ ἐν τῇ Βηρσαβεὲ παραβήσεται καὶ σπεύδοντα | * ἐλθεῖν * ἀγγεῖλαι αὐτῷ ἐνεπόδισεν ὁ Βελίαρ ὅτι κατὰ τὴν |
| Prop. | | 17 | 2B | ὅτι ἐν Βηρσαβεὲ παραβήσεται ὁ Δαυὶδ ἔσπευσε τοῦ | * ἐλθεῖν * καὶ ἀναγγεῖλαι αὐτῷ ὥστε φυλάξασθαι ἀπὸ τῆς |
| Prop. | | 17 | 2B | ἀπὸ τῆς ἀνομίας. καὶ ἐνεπόδισεν αὐτὸν ὁ Βελίαρ. | * ἐρχόμενος * γὰρ εἰς Ἱερουσαλὴμ εὗρε νεκρὸν ἐσφαγμένον |
| Prop. | | 17 | 3B | ἐκεῖ θέλων θάψαι τὸν νεκρὸν καὶ μὴ φθάσας | * ἐλθεῖν * πρὸς Δαυὶδ τῇ νυκτὶ ἐκείνῃ ἐποίησε τὴν ἀνομίαν. |
| Prop. | | 21 | 3 | καὶ φλόγα πυρὸς ἐδίδουν αὐτῷ φαγεῖν καὶ | * ἐλθὼν * ἀνήγγειλεν ἐν Ἱερουσαλὴμ καὶ εἶπεν αὐτῷ ὁ χρησμὸς |
| Prop. | | 22 | 13 | εὐξάμενος πάλιν ἤγειρεν ἐκ νεκρῶν. εἰς Γάλγαλα | * ἐλθὼν * κατήχθη παρὰ τοῖς υἱοῖς τῶν προφητῶν καὶ ἐψεθέντος |
| Prop. | | 22 | 16 | αὐτοῦ πρὸς Ναιμᾶν καὶ αἰτήσαντα ἀργύριον ὕστερον | * ἐλθόντα * καὶ ἀρνούμενον ἤλεγξε καὶ κατηράσατο αὐτὸν καὶ |
| Prop. | | 24 | 1 | τῷ λαῷ ὡς τὸ πρίν. ⟨(Ἰαδώκ⟩. ἄνθρωπος τοῦ θεοῦ ὁ | * ἐλθὼν * ἐκ γῆς Ἰούδα εἰς Ἱερουσαλὴμ πρὸς Ἱεροβοὰμ |
| Esdr. | | 1 | 3 | ἵνα ἴδω τὰ μυστήριά σου. καὶ νυκτὸς γεναμένης | * ἦλθεν * ἄγγελος Μιχαὴλ ὁ ἀρχάγγελος καὶ λέγει μοι ἄρτι τὸν |
| Esdr. | | 1 | 4 | ἑβδομήκοντα. καὶ ἐνήστευσα καθὼς εἶπέν μοι. καὶ | * ἦλθεν * Ῥαφαὴλ ὁ ἀρχιστράτηγος καὶ ἔδωκέν μοι ῥάβδον |
| Esdr. | | 2 | 1 | καὶ ἡ φλὸξ ἄσβεστος. ταῦτα αὐτοῦ λαλοῦντός μου | * ἦλθεν * Μιχαὴλ καὶ Γαβριὴλ καὶ οἱ ἀπόστολοι πάντες καὶ |
| Esdr. | | 2 | 26 | εἶπεν ὁ προφήτης ἀποκάλυψόν σου τὰ Χερουβὶμ καὶ | * ἔλθωμεν * ὁμοῦ εἰς κρίσιν καὶ δεῖξόν μοι τὴν ἡμέραν τῆς |
| Esdr. | | 5 | 7 | τοὺς ἁμαρτωλούς. καὶ ἐν τῷ λέγειν μου ταῦτα | * ἦλθεν * νεφέλη καὶ ἥρπασέν με καὶ ἀπήνεγκέν με πάλιν εἰς |
| Esdr. | | 5 | 10 | οἱ δὲ ὄντες ἐν τῇ κολάσει ἔκραξαν λέγοντες ἀφ᾽ οὗ | * ἦλθες * ὧδε ἅγιε τοῦ θεοῦ εὕραμεν ὀλίγην ἄνεσιν. καὶ εἶπεν |
| Esdr. | | 5 | 15 | οὐαὶ τὸ ⟨γένος τὸ⟩ ἀνθρώπινον τότε ὅταν εἰς κρίσιν | * ἔλθῃς. * καὶ εἶπον πρὸς τὸν δεσπότην κύριε τί ἔπλασας τὸν |
| Esdr. | | 6 | 3 | Ἀκὴρ Ἀρφουγιτόνος Βεβουρὸς Ζεβουλεῶν. τότε | * ἦλθεν * φωνὴ πρός με δεῦρο τελεύτα Ἐσδρὰμ ἀγαπητέ μου |
| Esdr. | | 7 | 13 | κατακαυθήσονται ὡς τὰ Σόδομα καὶ Γόμορρα. καὶ | * ἦλθεν * αὐτῷ φωνὴ λέγουσα Ἐσδρὰμ ἀγαπητέ μου πάντα ὅσα |
| Sedr. | | 3 | 1 | φλὸξ τῆς θεότητος. καὶ λέγει αὐτὸν ὁ κύριος καλῶς | * ἦλθες * ἀγαπητέ μου Σεδράχ τί δίκην ἔχεις πρὸς τὸν θεὸν |
| Sedr. | | 9 | 4 | λέγει αὐτὸν ὁ υἱὸς καὶ διά τί ἀπεστάλην ἐγὼ καὶ | * ἦλθα * ὧδε σὺ δέ μοι προφασίζεις; ἐγὼ παρηγγέλθην παρὰ τοῦ |
| Sedr. | | 15 | 2 | ἐλεῶν καὶ οἰκτείρων ἀλλ᾽ ἡ σὴ θεότης εἶπεν οὐκ | * ἦλθον * δικαίους καλέσαι ἀλλὰ ἁμαρτωλοὺς εἰς μετάνοιαν. |
| Job | | 3 | 1 | ἄρα πῶς γνώσομαι; καὶ ἐν τῇ νυκτὶ κοιμωμένου μου | * ἦλθέν * μοι μεγάλη φωνὴ ἐν μείζονι φωτὶ λέγουσα Ιωβαβ |
| Job | | 3 | 5 | λέγων κύριέ μου ὁ ἐπὶ τῇ σωτηρίᾳ τῆς ἐμῆς ψυχῆς | * ἐλθών, * δέομαί σου, εἴπερ οὗτός ἐστιν ὁ τόπος τοῦ Σατανᾶ |
| Job | | 7 | 1 | ἀπῆλθεν καὶ ἐπέθετο τοῖς ὤμοις ἀσσάλιον, καὶ | * ἐλθὼν * λελάληκεν τῇ θυρωρῷ λέγων εἰπὸν τῷ Ιωβ δός μοι |
| Job | | 8 | 3 | τῶν ὑπαρχόντων μου. καὶ τότε λαβὼν τὴν ἐξουσίαν | * ἦλθεν * καὶ ἦρέν μου σύμπαντα τὸν πλοῦτον. ἀκούσατε οὖν, |
| Job | | 9 | 7 | καὶ διδόναι τοῖς πένησιν καὶ ἐπιδεομένοις. καὶ | * ἤρχοντό * μοι εἰς ἀπάντησιν ἀπὸ πασῶν τῶν χωρῶν ἅπαντες. |
| Job | | 9 | 8 | εἶναι ἀνεῳγμένας, τοῦτον τὸν σκοπὸν ἔχων, μὴ ἄρα | * ἔλθωσίν * τινες αἰτοῦντες ἐλεημοσύνην καὶ ἴδωσίν με |
| Job | | 11 | 2 | ἦσάν ποτε ἀποροῦντες καὶ μηδὲν δυνάμενοι ἀναλῶσαι | * ἤρχοντο * παρακαλοῦντες καὶ λέγοντες δεόμεθά σου, καὶ |
| Job | | 11 | 10 | τοῖς πτωχοῖς ἐνίοτε δὲ πάλιν ἀπεσυλοῦντο καὶ | * ἤρχοντο * καὶ παρεκάλουν με λέγοντες δεόμεθά σου, |
| Job | | 12 | 1 | τι παρὰ τοῦ ὀφειλέτου μου. καὶ εἴ ποτέ μοι | * ἤρχετο * ἀνὴρ ἱλαρὸς τὴν καρδίαν λέγων οὔτε ἐγὼ εὐπορῶ |
| Job | | 19 | 1 | ἐκείνην τὴν πόλιν περὶ ἧς λελάληκέν μοι ὁ ἄγγελος. | * ἐλθόντος * δὲ τοῦ ἐσχάτου ἀγγέλου καὶ δηλώσαντός μοι τὴν |
| Job | | 23 | 11 | αὐτῇ τρεῖς ἄρτους πάντων βλεπόντων ἡ δὲ λαβοῦσα | * ἦλθεν * καὶ προσφέρει μοι καὶ ὁ Σατανᾶς ἠκολούθει αὐτῇ ἐν |
| Job | | 27 | 1 | τὸν Σατανᾶν εἶπον, ὄπισθεν ὄντα τῆς γυναικός μου | * ἐλθὲ * ἐπὶ τὰ ἔμπροσθεν, παῦσαι κρυπτόμενος μὴ ὁ λέων τὴν |
| Job | | 28 | 2 | ἤκουσαν οἱ βασιλεῖς τὰ συμβεβηκότα μοι, ἀναστάντες | * ἦλθον * πρός με ἕκαστος ἐκ τῆς ἰδίας χώρας ὅπως |
| Job | | 28 | 7 | γὰρ ἤμην τῶν ἀφ᾽ ἡλίου ἀνατολῶν. ὁπηνίκα δὲ | * ἦλθον * εἰς τὴν Αὐσιτίδα ἐρωτήσαντες ἐν τῇ πόλει ποῦ Ιωβαβ |
| Job | | 34 | 6 | ἀπ᾽ αὐτῶν ἐν μεγάλῃ λύπῃ λέγων ἐγὼ πορεύσομαι | * ἐληλύθαμεν * γὰρ ἵνα παραμυθησώμεθα αὐτὸν καὶ ἀκμὴν |
| Job | | 39 | 1 | κτίσαντος. καὶ ἐμοῦ ταῦτα πρὸς αὐτοὺς λέγοντος, | * ἦλθεν * ἡ γυνή μου Σίτιδος ἐν ἱματίοις ῥακκώδοις, |
| Job | | 39 | 3 | μὴ ἰδόντες οἱ συμβασιλεῖς ἁρπάσωσιν αὐτὴν ὅτε οὖν | * ἦλθεν, * ἔρριψεν ἑαυτὴν παρὰ τοὺς πόδας αὐτῶν, καὶ |
| Job | | 47 | 11 | αὐτὰς πρὶν τελευτήσω, ἵνα δυνηθῆτε θεάσασθαι τοὺς | * ἐρχομένους * ἐπὶ τὴν ἐμὴν ψυχήν, ἵνα θαυμάσητε τὰ τοῦ θεοῦ |
| Job | | 52 | 2 | ἧς περιεζώσατο καὶ μετὰ τρεῖς ἡμέρας εἶδεν τοὺς | * ἐλθόντας * ἐπὶ τὴν ψυχὴν αὐτοῦ καὶ εὐθέως ἀναστὰς ἔλαβεν |
| Job | | 52 | 5 | κέρας ἔδωκεν τύμπανον, ὅπως εὐλογήσωσιν τοὺς | * ἐλθόντας * ἐπὶ τὴν ψυχὴν αὐτοῦ αἱ δὲ λαβοῦσαι εἶδον τὰ |
| Job | | 52 | 6 | αὐτοῦ αἱ δὲ λαβοῦσαι εἶδον τὰ φωτεινὰ ἅρματα τὰ | * ἐλθόντα * ἐπὶ τὴν ψυχὴν αὐτοῦ, καὶ ηὐλόγησαν καὶ ἐδόξασαν |
| Aris. | | 99 | 3 | ἐμποιεῖ φόβον καὶ ταραχὴν ὥστε νομίζειν εἰς ἕτερον | * ἐληλυθέναι * ἐκτὸς τοῦ κόσμου καὶ διαβεβαιοῦμαι πάντα |
| Aris. | | 144 | 2 | σοι σημανῶ. μὴ γὰρ εἰς τὸν καταπεπτωκότα λόγον | * ἔλθῃς * ὅτι μυῶν καὶ γαλῆς ἢ τῶν τοιούτων χάριν περιεργίαν |
| Aris. | | 160 | 4 | τὴν κίνησιν καὶ ὑπόληψιν ἑαυτῶν ὅταν εἰς ὕπνον | * ἔρχωνται * καὶ τὴν ἔγερσιν ὡς θεία τίς ἐστι καὶ |
| Aris. | | 175 | 3 | διὰ τὸ κατὰ ἔθος εἶναι πεμπταίους εἰς πρόσωπον | * ἔρχεσθαι * βασιλεῖ τοὺς περὶ χρηματισμὸν ἀφικνουμένους |
| Sib. | | 3 | 55 | πύρινος ῥεύσῃ καταράκτης. οἴμοι δειλαίη πότ᾽ | * ἐλεύσεται * ἦμαρ ἐκεῖνο καὶ κρίσις ἀθανάτοιο θεοῦ μεγάλου |
| Sib. | | 3 | 59 | χρυσοῖς ξοάνοις τε ἀργυρέοις λιθίνοις τε ἵν᾽ | * ἔλθητ᾽ * εἰς πικρὸν ἦμαρ. ἥξει γὰρ ὁπόταν θείου διαβήσεται |
| Sib. | | 3 | 254 | ἐκόμιζεν θρεψαμένη δ᾽ υἱὸν ἐκαλέσσατο. ἡνίκα δ᾽ | * ἦλθεν * λαὸν ὅδ᾽ ἡγεμονῶν ὃν ἀπ᾽ Αἰγύπτου θεὸς ἦγεν εἰς τὸ |
| Sib. | | 3 | 315 | Αἴγυπτε πρὸς οἴκους δεινὴ ἣν οὔπω ποτ᾽ ἐπήλπισας | * ἐρχομένην * σοι. ῥομφαία γὰρ +διελεύσεται διὰ μέσον σεῖο+ |
| Sib. | | 3 | 327 | δεινὴ κρίσις ἔσσεται αὖτις καὶ κατ᾽ ἀνάγκην πάντες | * ἐλεύσεσθ᾽ * εἰς ⟨τὸν⟩ ὄλεθρον ἀνθ᾽ ὧν ἀθανάτοιο μέγαν |
| Sib. | | 3 | 611 | Ἑλλήνων ἀρχῆς ἧς ἄρξουσι Μακηδόνες ἄσπετοι ἄνδρες | * ἔλθῃ * δ᾽ ἐξ Ἀσίης βασιλεὺς μέγας αἰετὸς αἴθων ὃς πᾶσαν |
| Sib. | | 3 | 634 | ὁππότε κεν πάντεσσι βροτοῖς λοιμοῖο τελευτὴ | * ἔλθῃ * καὶ φοβεροῖο δίκης ⟨τε⟩τύχωσι δαμέντες καὶ βασιλεὺς |
| Sib. | | 3 | 641 | γαῖαν ἐξαρύσῃ πλούτοιο καὶ ἀντίον εἰς ἔριν αὐτῶν | * ἔλθωσιν * χρυσοῦ τε καὶ ἀργύρου εἵνεκεν ἔσται ἡ |
| Sib. | | 4 | 41 | μερόπων γένος. ἀλλ᾽ ὅταν ἤδη κόσμου καὶ θνητῶν | * ἔλθῃ * κρίσις ἣν θεὸς αὐτὸς ποιήσει κρίνων ἀσεβεῖς θ᾽ ἅμα |
| Sib. | | 4 | 86 | ἀλλ᾽ ὅταν ἐς δεκάτην γενεὴν μερόπων γένος | * ἔλθῃ * καὶ τότε Πέρσῃσιν ζυγὰ δούλια καὶ φόβος ἔσται. |
| Sib. | | 5 | 131 | Φρυγίῃ δεινὸς χόλος εἵνεκα λύπης ἧς χάριν ἡ Διὸς | * ἦλθε * Ῥέη κἀκεῖ προσέμεινεν. πόντος ὀλεῖ Ταύρων γενεὴν |
| Sib. | | 5 | 243 | κακῶν ἀρχηγὲ μεγίστων καὶ ῥαμφὴ καὶ πένθος | * ἐλεύσεται * ἤματι κείνῳ. ἀρχὴ καὶ καμάτοιο καὶ ἀνθρώποις |
| Sib. | | 5 | 414 | ὥστε δοκεῖν ἑτέρους μεγάλην πόλιν ἐξαλαπάξαι. | * ἦλθε * γὰρ οὐρανίων νώτων ἀνὴρ μακαρίτης σκῆπτρον ἔχων ἐν |
| FJos. | | 190 | | παντὸς ζῴου ζωουμένου ὑπὸ θεοῦ. ἐγὼ δὲ ὅτε | * ἠρχόμην * ἀπὸ Μεσοποταμίας τῆς Συρίας ἐξῆλθεν Οὐριὴλ ὁ |
| FJub. | | 12 | 14 | τὸ πῦρ ἐν νυκτί. καὶ ἐξῆλθε Θαρὰ σὺν Ἀβραὰμ τοῦ | * ἐλθεῖν * εἰς γῆν Χαναὰν καὶ μεταγνοὺς ᾤκησεν ἐν Χαρρὰν |
| FJub. | | 37 | 9 | κινηθεὶς ὑπὸ τῶν υἱῶν ὁ Ἠσαῦ καὶ ἀθροίσας ἔθνη | * ἦλθε * κατὰ τοῦ Ἰακὼβ καὶ τῶν υἱῶν αὐτοῦ εἰς πόλεμον. |
| FIsa. | | 1 | 3 | Σωμνὰς ὁ γραμματεὺς καὶ Ἀσοὺρ ὁ ὑπομνηματογράφος | * ἐρχόμενον * Ἠσαΐαν ἀπὸ Γαλγάλων εἰς Ἱερουσαλὴμ καὶ |
| FIsa. | 1 | 3 | 2 | καὶ αὐτὸς δὲ ἦν ἀπὸ Σαμαρίας. καὶ ἐγένετο ἐν τῷ | * ἐλθεῖν * Ἀλγασὰρ Ἀσσυρίων βασιλέα καὶ αἰχμαλωτίσαι τὴν |
| FIsa. | 1 | 3 | 3 | (καὶ) Γωζάν. οὗτος ἦν νεώτερος καὶ ἔφυγεν καὶ | * ἦλθεν * εἰς Ἱε⟨ρου⟩σαλὴμ ἡμ⟨έρ⟩αις ⟨Ἐζε⟩κίου βασ⟨ιλέως |
| FEz. | 64 | 70 | 14 | τὴν ἀδυναμίαν οἶδας ὅτι ⟨οὐχ⟩ ὁρῶ ποῦ βαδίζω. εἶτα | * ἐλθὼν * ἐπὶ τὸν χωλὸν καὶ αὐτὸν ἠρώτα σὺ κατῆλθες εἰς τὸν |
| FAch. | | 108 | | ἀσπάσασθαι. ὁ δὲ Αἴσωπος εἰς ἑαυτὸν ἀποκατασταθεὶς | * ἐλθὼν * ἠσπάσατο τὸν βασιλέα καὶ ἀπελογεῖτο πῶς ψεῦδος |
| FAch. | | 112 | | τὸν Αἴσωπον ἀποβῆναι τῆς νηός. καὶ τῇ ἐπαύριον | * ἐλθὼν * ὁ Αἴσωπος ἠσπάσατο τὸν βασιλέα. ὁ δὲ Νεκταναβὼ |
| FAch. | | 115 | | κοκκίνας περιβαλὼν στολὰς ἐκάθισεν. τοῦ δὲ Αἰσώπου | * ἐλθόντος * ἐπύθετο τίνι ἴκελός εἰμι; ὁ δὲ ἔφη σὺ τῷ ἡλίῳ |
| FAch. | | 117 | | αὔριον περὶ τούτου ἀποκριθήσομαι. ὁ δὲ Αἴσωπος | * ἐλθὼν * εἰς τὴν οἰκίαν ἐκέλευσεν τοῖς ἰδίοις αἰλουρον |
| FAch. | | 117 | | ὁ δὲ Αἴσωπος ἐκέλευσεν τὴν αἴλουρον ἀφεθῆναι. | * ἦλθον * δέ οἱ Αἰγύπτιοι πρὸς τὸν βασιλέα κράζοντες κατὰ |
| FAch. | | 117 | | Αἰσώπου. ὁ δὲ βασιλεὺς ἐκάλεσεν τὸν Αἴσωπον καὶ | * ἐλθόντος * εἶπεν αὐτῷ κακῶς ἔπραξας θεᾶς ἱερασίου |

FAch. 119 αὐτῷ περὶ τοῦ Αἰσώπου ἐκέλευσεν αὐτοὺς ἐπὶ δεῖπνον * ἐλθεῖν * ἅμα δὲ καὶ τὸν Αἴσωπον. τῇ οὖν τακτῇ ὥρᾳ ἐλθόντες
FAch. 119 ἐλθεῖν ἅμα δὲ καὶ τὸν Αἴσωπον. τῇ οὖν τακτῇ ὥρᾳ * ἐλθόντες * κατεκλίθησαν ἐν τῷ δείπνῳ. καὶ τῶν
FAch. 122 <μετὰ τὸ> παρεσχηκέναι. μετὰ δὲ τὰς τρεῖς ἡμέρας * ἦλθεν * ὁ Αἴσωπος πρὸς τὸν βασιλέα Νεκταναβὼν καὶ εὗρεν
FPho. 22 ἑάσῃς. πτωχῷ δ' εὐθὺ δίδου μὴ δ' αὔριον * ἐλθέμεν * εἴπῃς πληρώσει σέο χεῖρ'. ἔλεον χρῄζοντι
FPho. 103 ἀνθρώποιο καὶ τάχα δ' ἐκ γαίης ἐλπίζομεν ἐς φάος * ἐλθεῖν * λείψαν' ἀποιχομένων ὀπίσω δὲ θεοὶ τελέθονται.
FPho. 120 ἄπιστον πῆμα καὶ ἀχθομένοισι κακοῦ λύσις * ἤλυθεν * ἄφνω. καιρῷ λατρεύειν μὴ δ' ἀντιπνέειν
FPho. 165 μύρμηκες γαίης μυχάτους προλελοιπότες οἴκους * ἔρχονται * βιότου κεχρημένοι ὁππότ' ἄρουραι λήια
FPho. 182 λεχέεσσι μιγείης. μηδὲ κασιγνήτης ἐς ἀπότροπον * ἐλθέμεν * εὐνήν. μηδὲ κασιγνήτων ἀλόχων ἐπὶ δέμνια
FPho. 188 κούρου. μηδ' ἀλόγοις ζώοισι βατήριον ἐς λέχος * ἐλθεῖν. * μηδ' ὕβριζε γυναῖκα ἐπ' αἰσχυντοῖς λεχέεσσιν. μὴ
FPho. 206 πῆμα. μηδ' ἀμφὶ κτεάνων συνομαίμοσιν εἰς ἔριν * ἔλθῃς. * παισὶν μὴ χαλέπαινε τεοῖσ' ἀλλ' ἤπιος εἴης. ἢν
HDem. 9 21 8 μηκέτι Ἰακὼβ ἀλλ' Ἰσραὴλ ὀνομασθήσεσθαι. καὶ * ἐλθεῖν * αὐτὸν τῆς Χαναὰν γῆς εἰς ἑτέραν πόλιν Σικίμων
HDem. 9 21 10 φθορὰν Ἰακὼβ δὲ τότε εἶναι ἐτῶν ἑκατὸν ἑπτά. * ἐλθόντα * τε οὖν αὐτὸν εἰς Λουζὰ τῆς Βαιθὴλ φάναι τὸν θεὸν
HDem. 9 21 10 μηκέτι Ἰακὼβ ἀλλ' Ἰσραὴλ ὀνομάζεσθαι. ἐκεῖθεν δὲ * ἐλθεῖν * εἰς Χαφραθὰ ἔνθεν παραγενέσθαι εἰς Ἐφραθὰ ἣν
HDem. 9 21 11 δ' αὐτῇ τὸν Ἰακὼβ ἔτη εἴκοσι τρία. αὐτόθεν δὲ * ἐλθεῖν * τὸν Ἰακὼβ εἰς Μαμβρὶ τῆς Χεβρὼν πρὸς Ἰσαὰκ τὸν
HDem. 9 21 13 ὅτι δὲ διὰ τοῦτο οὐκ ἔπεμψεν αὐτὸν δεδηλωκέναι * ἐλθόντων * γὰρ αὐτοῦ τῶν συγγενῶν φάναι αὐτοῖς ἐὰν
HDem. 9 21 17 σ ι ε'. καὶ τῷ τρίτῳ ἔτει λιμοῦ οὔσης ἐν Αἰγύπτῳ * ἐλθεῖν * εἰς Αἴγυπτον τὸν Ἰακὼβ ὄντα ἐτῶν ἑκατὸν
HDem. 9 21 18 τ ξ' ἀφ' οὗ δὲ ἐκλεγῆναι Ἀβραὰμ ἐκ τῶν ἐθνῶν καὶ * ἐλθεῖν * ἐκ Χαρρὰν εἰς Χαναὰν ἕως εἰς Αἴγυπτον τοὺς περὶ
HDem. 9 21 18 εἰς Χαναὰν ἕως εἰς Αἴγυπτον τοὺς περὶ Ἰακὼβ * ἐλθεῖν * ἔτη σ ι ε'. Ἰακὼβ δὲ εἰς Χαρρὰν πρὸς Λάβαν
HDem. 9 21 19 ἐλθεῖν ἔτη σ ι ε'. Ἰακὼβ δὲ εἰς Χαρρὰν πρὸς Λάβαν * ἐλθεῖν * ἐτῶν ὄντα π' καὶ γεννῆσαι Λευὶν Λευὶν δὲ ἐν
HDem. 9 21 19 Αἰγύπτῳ ἐπιγενέσθαι ἔτη ιζ' ἀφ' οὗ ἐκ Χαναὰν αὐτὸν * ἐλθεῖν * εἰς Αἴγυπτον ὥστε εἶναι αὐτὸν ἐτῶν ξ' καὶ
HDem. 9 29 15 ἐν Ἀσηρὼθ Μωσῆν Αἰθιοπίδα γῆμαι γυναῖκα. ἐκεῖθεν * ἦλθον * ἡμέρας τρεῖς. μὴ ἔχοντα δὲ ὕδωρ ἐκεῖ γλυκὺ ἀλλὰ
HDem. 9 29 15 καὶ γενέσθαι γλυκὺ τὸ ὕδωρ. ἐκεῖθεν δὲ εἰς Ἐλεὶμ * ἐλθεῖν * καὶ εὑρεῖν ἐκεῖ δώδεκα μὲν πηγὰς ὑδάτων
HEup. 9 34 14 συντελέσαντα δὲ τὸ ἱερὸν καὶ τὴν πόλιν τειχίσαντα * ἐλθεῖν * εἰς Σηλὼμ καὶ θυσίαν τῷ θεῷ εἰς ὁλοκάρπωσιν
HArt. 9 18 1 αὐτοὺς Ἑβραίους ἀπὸ Ἀβραάμου. τοῦτον δὲ πανοικίᾳ * ἐλθεῖν * εἰς Αἴγυπτον πρὸς τὸν τῶν Αἰγυπτίων βασιλέα
HArt. 9 23 2 Ἰσραὴλ υἱοὺς τοῦ Ἀβραὰμ Ἰσαὰκ δὲ ἀδελφούς. * ἐλθόντα * δὲ αὐτὸν εἰς τὴν Αἴγυπτον καὶ συσταθέντα τῷ
HArt. 9 27 8 ὑπὸ τῶν πολεμίων ἀναιρεθήσεσθαι. τὸν δὲ Μώϋσον * ἐλθόντα * ἐπὶ τὸν Ἑρμοπολίτην ὀνομαζόμενον νομὸν ἔχοντα
HArt. 9 27 12 δὲ ἐπὶ τῆς οἰκοδομίας ἐπιστάτην Ναχέρωτα. τὸν δὲ * ἐλθόντα * μετὰ Μωΰσου εἰς Μέμφιν πυθέσθαι παρ' αὐτοῦ εἴ τι
HArt. 9 27 18 τὴν φυγὴν ἐνεδρεύειν ὡς ἀναιρήσοντα ἰδόντα δὲ * ἐρχόμενον * σπάσασθαι τὴν μάχαιραν ἐπ' αὐτὸν τὸν δὲ Μώϋσον
HArt. 9 27 22 τοῖς Αἰγυπτίοις πρῶτον δὲ πρὸς Ἀάρωνα τὸν ἀδελφὸν * ἐλθεῖν. * τὸν δὲ βασιλέα τῶν Αἰγυπτίων πυθόμενον τὴν τοῦ
HArt. 9 27 24 ἐξελθόντα δὲ τὸν Μώϋσον ἐπὶ τὰ βασίλεια * ἐλθεῖν * εὑρόντα δὲ ἀνεῳγμένας τὰς θύρας εἰσελθεῖν καὶ
HArt. 9 27 34 διαβάντας ἱκανὸν τόπον ἐπὶ τὴν Ἐρυθρὰν τριταίους * ἐλθεῖν * Θάλασσαν. Μεμφίτας μὲν οὖν λέγειν ἔμπειρον ὄντα
HAri. 9 25 4 καὶ τὸ σῶμα ἑλκῶσαι. φαύλως δὲ αὐτοῦ διακειμένου * ἐλθεῖν * εἰς ἐπίσκεψιν Ἐλίφαν τὸν Θαιμανιτῶν βασιλέα καὶ
HAri. 9 25 4 Σαυχαίων τύραννον καὶ Σωφὰρ τὸν Μινναίων βασιλέα * ἐλθεῖν * δὲ καὶ Ἐλιοῦν τὸν Βαραχιὴλ τὸν Ζωβίτην
HAno. 9 17 4 τοῦτον δὲ διὰ τὰ προστάγματα τοῦ θεοῦ εἰς Φοινίκην * ἐλθόντα * κατοικῆσαι καὶ τροπὰς ἡλίου καὶ σελήνης καὶ τὰ
HAno. 9 18 2 τὴν ἀστρολογικὴν ἐπιστήμην παιδευθέντα πρῶτον μὲν * ἐλθεῖν * εἰς Φοινίκην καὶ τοὺς Φοίνικας ἀστρολογίαν
HHec. 1 22 204 τὸ μέλλον εἰς τὸν τόπον τοῦτον οὐκ ἂν * ἦλθε * φοβούμενος μὴ τοξεύσας αὐτὸν ἀποκτείνῃ Μοσόλλαμος ὁ
LThe. 9 22 2 αἰπύθεν ἕρκος. ἐνθένδε ξένε ποιμενόφι πτόλιν * ἤλυθ' * Ἰακὼβ εὐρεῖαν Σικίμων ἐπὶ δ' ἀνδράσι τοῖσιν
LThe. 9 22 3 εὐρὺ ῥεῖθρον Εὐφρήταο λίπεν ποταμοῦ κελάδοντος. * ἤλυθε * γὰρ κἀκεῖθι λιπὼν δριμεῖαν ἐνιπὴν αὐτοκασιγνήτοιο
LThe. 9 22 4 καὶ ἀμύμονα θυμόν. ἀπὸ δὲ τοῦ Εὐφράτου τὸν Ἰακὼβ * ἐλθεῖν * εἰς τὰ Σίκιμα πρὸς Ἐμμὼρ τὸν δὲ ὑποδέξασθαι
LThe. 9 22 4 καὶ τὴν Δείναν παρθένον οὖσαν εἰς τὰ Σίκιμα * ἐλθεῖν * πανηγύρεως οὔσης βουλομένην θεάσασθαι τὴν πόλιν
LThe. 9 22 5 καὶ φθεῖραι αὐτήν. αὖθις δὲ σὺν τῷ πατρὶ * ἐλθόντα * πρὸς τὸν Ἰακὼβ αἰτεῖν αὐτὴν πρὸς γάμου
LThe. 9 22 10 Λευὶν καὶ τὸν Συμεῶνα εἰς τὴν πόλιν καθωπλισμένους * ἐλθεῖν * καὶ πρῶτα μὲν τοὺς ἐντυγχάνοντας ἀναιρεῖν ἔπειτα
LEze. 9 29 8 08 τῶν λόγων δ' ἔξεστί σοι ἐμῶν ἀκούειν τῶν ἕκατ' * ἐλήλυθα. * ἐγὼ θεὸς σῶν ὧν λέγεις γεννητόρων Ἀβραάμ τε
FrAn. 1 217 1 τις ἐν τῷ Ἰσραὴλ πλούσιός τε καὶ ἀνελεήμων * ἐλθὼν * πρός τινα τῶν διδασκάλων καὶ ἀναπτύξας τὴν σοφίαν
FrAn. 1 217 21 ἄγγελος κυρίου εἶπε πρὸς τὸν ἀρχιερέα νῦν * ἐλεύσεται * ἄνθρωπος πρός σε τὸν ἀπολεσθέντα πολυθρύλλητον
FrAn. 1 226 48 αυτου κ< - πρια>σασθαι σιτον εζητειτε< - >αι αλλ * ηλθατε * παντες ι< - >ουν εστε δηλωσατε και π< - >εχετε
FrAn. 1 226 55 βραχ<υ - - βα>σιλει Ιωσηφ μη οργιζου β<ασιλευ - - * ηλ>θαμεν * γαρ ουκ ιχν<ευσαι - >ηδες πρεσβυτο<υ - -

ἐρῶ 48 (cf.+ εἶπον, λέγω)

Hen. 13 3 ὅσα ὑπέδειξας τοῖς ἀνθρώποις. τότε πορευθεὶς * εἴρηκα * πᾶσιν αὐτοῖς καὶ αὐτοὶ πάντες ἐφοβήθησαν καὶ
Hen. 14 5 ἐπὶ πάντας τοὺς αἰῶνας καὶ ἐν τοῖς δεσμοῖς τῆς γῆς * ἐρρέθη * δῆσαι ὑμᾶς εἰς πάσας τὰς γενεὰς τοῦ αἰῶνος καὶ
Hen. 27 2 ἐπισυναχθήσονται πάντες οἱ κεκατηραμένοι οἵτινες * ἐροῦσιν * τῷ στόματι αὐτῶν κατὰ κυρίου φωνὴν ἀπρεπῆ καὶ
Hen. 97 8 χρυσίον καὶ ἀργύριον οὐκ ἀπὸ δικαιοσύνης καὶ * ἐρεῖτε * πλούτῳ πεπλουτήκαμεν καὶ τὰ ὑπάρχοντα ἐσχήκαμεν
Hen. 102 6 καὶ καταράτων ἐπὶ τῆς γῆς. ὅταν ἀποθάνητε τότε * ἐροῦσιν * οἱ ἁμαρτωλοὶ ὅτι εὐσεβεῖς κατὰ τὴν εἱμαρμένην
Hen. 103 5 καὶ ὑμεῖς οἱ νεκροὶ τῶν ἁμαρτωλῶν ὅταν ἀποθάνητε * ἐροῦσιν * ἐφ' ὑμῖν μακάριοι ἁμαρτωλοὶ πάσας τὰς ἡμέρας
Abr.1 6 6 ἐξ αὐτῶν. εἶπεν δὲ Ἀβραὰμ ὦ Σάρρα τοῦτο ἀληθὲς * εἴρηκας * δόξα καὶ εἰρήνη παρὰ θεοῦ καὶ πατρὸς καὶ γὰρ ἐγὼ
Abr.1 8 12 μου ὅτι οὐ μή σε ἀκολουθήσω; ἵνα τί τοῦτο * εἴρηκας; * <ἢ οὐκ οἶδας> ὅτι ἐὰν ἐάσω τὸν θάνατον ἀπελθεῖν
Abr.1 9 3 τοῦ διακονῆσαί μοι ἔτι ἅπαξ πρὸς τὸν ὕψιστον καὶ * ἐρεῖς * αὐτῷ ὅτι τάδε λέγει ὁ Ἀβραὰμ ὅτι κύριε κύριε ἐν
TLevi 18 2B023 ἐπισκοπῶν αὐτὰ πρῶτον ἀπὸ παντὸς μολυσμοῦ ιβ' ξύλα * εἴρηκέν * μοι ἐπὶ τὸν βωμὸν προσφέρε<ιν> ὧν ἐστιν ὁ καπνὸς
TLevi 18 2B025 καὶ δάφνην καὶ μυρσίνην καὶ ἀσφάλαθον. ταῦτα * εἴρηκεν * ὅτι ταῦτά ἐστιν ἅ σε ἀναφέρειν ὑποκάτω τῆς
TLevi 18 7 Ἀβραὰμ πατρὸς Ἰσαάκ. καὶ δόξα ὑψίστου ἐπ' αὐτὸν * ῥηθήσεται * καὶ πνεῦμα συνέσεως καὶ ἁγιασμοῦ καταπαύσει
TJud. 7 1 καὶ ὅλην τὴν πόλιν ὀλοθρεύσαμεν. καὶ τῇ ἑξῆς * ἐρρέθη * πρὸς ἡμᾶς ὅτι Γαὰς πόλις βασιλέων ἐν ὄχλῳ βαρεῖ
TZab. 4 9 χίμαρον αἰγῶν καὶ ἐμβάψωμεν τὸν χιτῶνα Ἰωσὴφ καὶ * ἐροῦμεν * ἐπίγνωθι εἰ χιτὼν τοῦ υἱοῦ σού ἐστιν οὗτος καὶ
TZab. 4 12 δὲ κατ' αὐτοῦ πάντες ὁμοῦ εἴπομεν ὅτι ἐὰν μὴ δῷς * ἐροῦμεν * ὅτι σὺ μόνος ἐποίησας τὸ πονηρὸν ἐν Ἰσραήλ. καὶ
Asen. 24 10 αὐτὸν Φαραὼ ὁ πατήρ μου καὶ εἶπεν αὐτῷ καλῶς * εἴρηκας * τέκνον. λοιπὸν λαβὲ παρ' ἐμοῦ ἄνδρας δυνατοὺς
Asen. 26 1 τὸ πρωῒ Ἀσενὲθ καὶ εἶπε τῷ Ἰωσὴφ πορεύσομαι καθὰ * εἴρηκας * εἰς τὸν ἀγρὸν τῆς κληρονομίας ἡμῶν. καὶ δέδοικεν
Jer. 8 2 σὺ καὶ ὁ λαὸς καὶ δεῦτε ἐπὶ τὸν Ἰορδάνην καὶ * ἐρεῖς * τῷ λαῷ ὁ θέλων τὸν κύριον καταλειψάτω τὰ ἔργα τῆς
Jer. 9 20 πάλιν ἐστὶ τὰ ῥήματα τὰ ὑπὸ Ἡσαΐου τοῦ υἱοῦ Ἀμὼς * εἰρημένα * λέγοντος ὅτι εἶδον τὸν θεὸν καὶ τὸν υἱὸν τοῦ
Job 18 2 καὶ οἱ συμπολῖται ἰδόντες ὅτι ἀληθῶς γέγονεν τὰ * εἰρημένα, * ἐπελθόντες ἐδίωξάν με καὶ πάντα τὰ ἐν τῇ οἰκίᾳ
Job 25 9 ἀντὶ ἄρτων. ἀπαξαπλῶς, Ιωβ, Ιωβ, πολλῶν ὄντων τῶν * εἰρημένων, * συντόμως λέγω σοι ἐπὶ ἀσθενείᾳ τῆς καρδίας
Job 30 5 τοῖς πτωχοῖς, παρεκτὸς τῶν ἐν τῇ οἰκίᾳ αὐτοῦ * ἐρρημένων; * πῶς οὖν νῦν εἰς τὴν τοσαύτην νεκρότητα
Job 39 13 τότε πάλιν ἀποκριθέντες εἶπάν μοι τίς πάλιν οὐκ * ἐρεῖ * ὅτι ἐξεστήκεις καὶ μαίνει, εἶπας ὅτι ἀνελήφθη τὰ
Aris. 104 7 καὶ τὸν καταβαλλόμενον αὐτὴν τὴν προφυλακὴν τῶν * εἰρημένων * οὕτως ἠσφαλίσθαι. τῆς δὲ πόλεώς ἐστι τὸ χύμα
Aris. 120 2 καὶ πολυδάπανος ὅπως μὴ διὰ τὴν μεταλλείαν τῶν * εἰρημένων * συμβῇ καὶ τὴν χώραν καταφθείρεσθαι καὶ σχεδὸν
Aris. 224 1 σύνεχε τῶν δ' ἀνεφίκτων μὴ ἐπιθύμει. τοῖς δὲ * ῥηθεῖσιν * ἀρεσθεὶς πρὸς τὸν ἐχόμενον εἶπε πῶς ἂν ἐκτὸς
Aris. 253 2 θείας δυνάμεώς ἐστιν ἔργον. διαχυθεὶς δὲ τοῖς * εἰρημένοις * τὸν ἕτερον ἠρώτα πῶς ἂν ἐκτὸς θυμοῦ γένοιτο;
Aris. 260 1 τελούμενα ταῦτα καὶ διαμένει. εὖ δὲ καὶ τοῦτον * εἰρηκέναι * φήσας τὸν δέκατον ἠρώτα τί ἐστι σοφίας καρπός;
Aris. 288 1 σοὶ κατευθυνομένων ἁπάντων. διαχυθεὶς δὲ ἐπὶ τοῖς * εἰρημένοις * ἐπυνθάνετο τοῦ μετέπειτα τί κάλλιστόν ἐστι
Aris. 293 4 ποτήριον ἐπεχέατο καὶ τῶν παρόντων ἁπάντων καὶ τῶν * εἰρημένων * λόγων. ἐπὶ πᾶσι δὲ εἶπε τὰ μέγιστά μοι γέγονεν
Aris. 311 2 μηδεμία διασκευή. πάντων δ' ἐπιφωνησάντων τοῖς * εἰρημένοις * ἐκέλευσαν διαράσασθαι καθὼς ἔθος αὐτοῖς ἐστιν
Sib. 3 334 καὶ ἔρημα πόληες. ἐν δὲ δύσει ἀστὴρ λάμψει ὃν * ἐροῦσι * κομήτην ῥομφαίας λιμοῦ θανάτοιό τε σῆμα βροτοῖσιν
Sib. 3 710 χεὶρ Ἁγίοιο. καὶ τότε δὴ νῆσοι πᾶσαι πόλιές τ' * ἐρέουσιν * ὁππόσον ἀθάνατος φιλέει τοὺς ἄνδρας ἐκείνους.
Sib. 3 796 χεὶρ γὰρ θεοῦ ἔσσετ' ἐπ' αὐτούς. σῆμα δέ τοι * ἐρέω * μάλ' ἀριφραδὲς ὥστε νοῆσαι ἡνίκα δὴ πάντων τὸ τέλος
Sib. 4 140 μυριάδεσσιν. τλήμων Ἀντιόχεια σὲ δὲ πτόλιν οὔποτ' * ἐροῦσιν * ἡνίκ' ἂν ἀφροσύνῃσι τεαῖς ὑπὸ δούρασι πίπτῃς.
Sib. 5 492 ὅσοι θεὸν ἐξύμνησαν. καὶ <ποτε> τῶν ἱερέων τις * ἐρεῖ * λινόστολος ἀνὴρ δεῦτε θεοῦ τέμενος καλὸν στήσωμεν
FBar. 12 1 <αλλα τ>ουτο οιο<ν οιομαι * ερω * και λαλη>σω προς σε την <γην την ευοδουσαν ο>υ
FEz. 30 30 3 ὀφθαλμοί μου γέγονας; καὶ τέξεται ἡ δάμαλις καὶ * ἐροῦσιν * οὐ τέτοκεν. μετανοήσατε οἶκος Ἰσραὴλ ἀπὸ τῆς
FEz. 185 2 >εγυπτ<ιω>ν αγαλ<λιασομαι δε εγω εν> αυτοις εαν * ερουσ<ιν * πατερ ακουσθη>σεται και εσοντ<αι μετα εμου>
FEz. 186 17 του χρ<ωτος αυτων και επικαλεσ>ονται με <και * ερω * ιδου παρειμι εαν διαβαι>νωσιν ο<υκ ολισθησουσιν
FAch. 121 οὔτε ἠκούσαμεν; <καὶ> ὅ,τι λοιπὸν ἐὰν σοφίσηται * ἐροῦμεν * αὐτῷ ἀκηκοέναι καὶ εἰδέναι καὶ ἐπὶ τούτοις
FPho. 52 ὅστις ἑκὼν ἀδικεῖ κακὸς ἀνήρ ἢν δ' ὑπ' ἀνάγκης οὐκ * ἐρέω * τὸ τέλος. βουλὴ δ' εὐθύνεθ' ἑκάστου. μὴ γαυροῦ
IPyt. 134 εἴ τις * ἐρεῖ * θεός εἰμι πάρεξ ἑνὸς οὗτος ὀφείλει κόσμον ἴσον
LAri. 8 10 1 πλὴν ἱκανῶς * εἰρημένων * πρὸς τὰ προκείμενα ζητήματα ἐπεφώνησας καὶ σὺ
LAri. 8 10 8 κραταιᾷ ἐξήγαγεν ὁ θεός σε ἐξ Αἰγύπτου. καὶ πάλιν * εἰρηκέναι * αὐτῷ φησι τὸν θεὸν ἀποστελῶ τὴν χεῖρά μου καὶ
LAri. 13 12 3 ἡμῖν ὅλην τὴν γένεσιν τοῦ κόσμου θεοῦ λόγους * εἴρηκεν * ὁ Μωσῆς. συνεχῶς γάρ φησιν ἐφ' ἑκάστου καὶ εἶπεν
LAri. 13 12 7 αὐτῶν ἐπὶ θεὸν ἀναπέμπεται διόπερ οὕτως ἡμῖν * εἴρηται. * οὐκ ἀπεοικότως οὖν τοῖς ἐπεζητημένοις
LAri. 13 12 10 σοφίας τὸ γὰρ πᾶν φῶς ἐστιν ἐξ αὐτῆς. καί τινες * εἰρήκασι * τῶν ἐκ τῆς αἱρέσεως ὄντες <τῆς> ἐκ τοῦ

ἔρως 5

FPho. 61 ὄνειαρ ἡ πολλὴ δὲ τρυφὴ πρὸς ἀμέτρους ἕλκετ' * ἔρωτας * ὑψαυχεῖ δ' ὁ πολὺς πλοῦτος καὶ ἐς ὕβριν ἀέξει.
FPho. 67 κακῶν ὀλοὴ μέγ' ὀφέλλει δ' ἐσθλὰ πονεῦντα. σεμνὸς * ἔρως * ἀρετῆς ὁ δὲ Κύπριδος αἶσχος ὀφέλλει. ἡδὺς ἄγαν
FPho. 193 μηδέ τι θηλύτεραι λέχος ἀνδρῶν μιμήσαιντο. μηδ' ἐς * ἔρωτα * γυναικὸς ἅπας ῥεύσῃς ἀκάθεκτον οὐ γὰρ ἔρως θεός
FPho. 194 ἐς ἔρωτα γυναικὸς ἅπας ῥεύσῃς ἀκάθεκτον οὐ γὰρ * ἔρως * θεός ἐστι πάθος δ' ἀΐδηλον ἁπάντων. στέργε τεὴν
FPho. 214 ὥρην πολλοὶ γὰρ λυσσῶσι πρὸς ἄρσενα μεῖξιν * ἔρωτος. * παρθενικὴν δὲ φύλασσε πολυκλείστοις θαλάμοισιν

ἐρωτάω 82

Hen. 13 4 ἐφοβήθησαν καὶ ἔλαβεν αὐτοὺς τρόμος καὶ φόβος. καὶ * ἠρώτησαν * ὅπως γράψω αὐτοῖς ὑπομνήματα ἐρωτήσεως ἵνα

| | | | |
|---|---|---|---|
| Hen. | 15 | 2 | μου ἄκουσον. πορεύθητι καὶ εἶπε τοῖς πέμψασίν σε * ἐρωτῆσαι * ὑμᾶς ἔδει περὶ τῶν ἀνθρώπων καὶ μὴ τοὺς |
| Hen. | 16 | 2 | τελεσθήσεται. καὶ νῦν ἐγρηγόροις τοῖς πέμψασίν σε * ἐρωτῆσαι * περὶ αὐτῶν οἵτινες ἐν οὐρανῷ ἦσαν. ὑμεῖς ἐν τῷ |
| Hen. | 21 | 5 | αὐτὸς ἡγεῖτο αὐτῶν καὶ εἶπέν μοι Ἐνὼχ περὶ τίνος * ἐρωτᾷς * ἢ περὶ τίνος τὴν ἀλήθειαν φιλοσπευδεῖς; οὗτοί |
| Hen. | 21B | 5 | αὐτὸς αὐτῶν ἡγεῖτο καὶ εἶπέν μοι Ἐνὼχ περὶ τίνος * ἐρωτᾷς * ἢ περὶ τίνος τὴν ἀλήθειαν φιλοσπευδεῖς; κἀκεῖθεν |
| Hen. | 22 | 6 | μέχρι τοῦ οὐρανοῦ προέβαινεν καὶ ἐνετύγχανεν. καὶ * ἠρώτησα * Ῥαφαὴλ τὸν ἄγγελον ὃς μετ᾽ ἐμοῦ ἦν καὶ εἶπα |
| Hen. | 22 | 8 | τῶν ἀνθρώπων ἀφανισθῇ τὸ σπέρμα αὐτοῦ. τότε * ἠρώτησα * περὶ τῶν κυκλωμάτων πάντων διά τί ἐχωρίσθησαν ἓν |
| Hen. | 23 | 3 | τοῦ δρόμου ἡμέρας καὶ νυκτὸς ἅμα διαμένον. καὶ * ἠρώτησα * λέγων τί ἐστιν τὸ μὴ ἔχον ἀνάπαυσιν; τότε |
| Hen. | 25 | 1 | ἦν καὶ αὐτὸς αὐτῶν ἡγεῖτο καὶ εἶπέν μοι Ἐνὼχ τί * ἐρωτᾷς * καὶ τί ἐθαύμασας ἐν τῇ ὀσμῇ τοῦ δένδρου καὶ διά |
| Hen. | 106 | 7 | δέομαι βάδισον πρὸς Ἐνώ⟨χ τὸν πατέρα ἡμῶν καὶ * ἐρώτησον⟩--- * ⟨ἦλθ⟩εν πρὸς ἐμὲ εἰς τὰ τέρματα τῆς γῆς οὗ |
| Abr.1 | 10 | 4 | ἐν ταῖς χερσὶν αὐτοῦ κρατοῦντας ξίφη ἠκονημένα καὶ * ἠρώτησεν * ⟨ Ἀβραὰμ τὸν ἀρχιστράτηγον⟩ τίνες εἰσὶν οὗτοι; |
| Abr.1 | 11 | 8 | αὐτοῦ ἐν εὐφροσύνῃ πολλῇ χαίρων καὶ ἀγαλλιώμενος. * ἠρώτησεν * δὲ ὁ Ἀβραὰμ τὸν ἀρχιστράτηγον κύριέ μου |
| Abr.1 | 12 | 15 | ἐδοκίμαζε διὰ πυρὸς τὰς ψυχὰς τῶν ἀνθρώπων. * ἠρώτησεν * δὲ Ἀβραὰμ τὸν ἀρχιστράτηγον καὶ λέγει τί ἐστι |
| Abr.2 | 2 | 7 | μήπως συναντήσῃ σοι θηρίον πονηρὸν καὶ ταραχθῇς. * ἠρώτησεν * δὲ Μιχαὴλ τὸν Ἀβραὰμ λέγων λέγε μοι τί ἐστιν |
| Abr.2 | 4 | 7 | Μιχαὴλ ἐνώπιον τοῦ θεοῦ εἶπεν κύριε κέλευσόν ⟨με * ἐρωτῆσαι * ἐνώπιον⟩ τῆς μεγάλης δόξης σου. καὶ εἶπεν ὁ |
| TSim. | 4 | 1 | αὐτὸν καὶ οὕτως παύεται τοῦ φθόνου. καὶ ἦν * ἐρωτῶν * ὁ πατὴρ περὶ ἐμοῦ ὅτι ἑώρα με σκυθρωπὸν καὶ |
| TJos. | 11 | 2 | ἐλθὼν δὲ εἰς Ἰνδοκολπίτας μετὰ τῶν Ἰσμαηλιτῶν * ἠρώτων * με κἀγὼ εἶπον ὅτι δοῦλος αὐτῶν εἰμι ἐξ οἴκου ἵνα |
| Asen. | 15 | 7 | τῶν παρθένων καὶ φιλεῖ ὑμᾶς σφόδρα καὶ περὶ ὑμῶν * ἐρωτᾷ * πᾶσαν ὥραν τὸν ὕψιστον καὶ πᾶσι τοῖς μετανοοῦσι |
| Jer. | 2 | 4 | ηὔχετο ὑπὲρ τοῦ λαοῦ ἕως ἂν ἀφεθῇ αὐτῷ ἡ ἁμαρτία. * ἠρώτησε * δὲ αὐτὸν ὁ Βαροὺχ λέγων πάτερ τί ἔστι τοῦτο; |
| Bar. | 2 | 4 | ἐλάφων οἱ δὲ πόδες αἰγῶν αἱ δὲ ὀσφύες ἀρνῶν. καὶ * ἠρώτησα * ἐγὼ Βαροὺχ τὸν ἄγγελον ἀνάγγειλόν μοι δέομαί σου |
| Bar. | 3 | 4 | θεωρία αὐτῶν ὁμοία κυνῶν οἱ δὲ πόδες ἐλάφων. καὶ * ἠρώτησα * τὸν ἄγγελον δέομαί σου κύριε εἰπέ μοι τίνες |
| Bar. | 4 | 10 | τοσαύτην χρείαν ἐστίν; καὶ εἶπεν ὁ ἄγγελος ὀρθῶς * ἐρωτᾷς * ὅτε ἐποίησεν ὁ θεὸς τὸν κατακλυσμὸν ἐπὶ τῆς γῆς |
| Bar. | 6 | 13 | βροντῆς καὶ ἐσαλεύθη ὁ τόπος ἐν ᾧ ἱστάμεθα. καὶ * ἠρώτησα * τὸν ἄγγελον κύριέ μου τί ἐστιν ἡ φωνὴ αὕτη; καὶ |
| Bar. | 9 | 5 | καὶ εἶπέν μοι ἄγγελοι εἰσὶ καὶ αὐτοί. καὶ πάλιν * ἠρώτησα * καὶ τί ἐστιν ὅτι ποτὲ μὲν αὔξει ποτὲ δὲ λήγει; |
| Bar. | 10 | 4 | καὶ πάντα μεγάλα ὑπερέχοντα τῶν ἐν κόσμῳ. καὶ * ἠρώτησα * τὸν ἄγγελον. τί ἐστι τὸ πεδίον καὶ τίς ἡ λίμνη |
| Bar. | 12 | 2 | γέμοντα ἀνθῶν καὶ ἔδωκαν αὐτὰ πρὸς τὸν Μιχαήλ. καὶ * ἠρώτησα * τὸν ἄγγελον κύριε τίνες εἰσίν οὗτοι καὶ τί τὰ |
| Bar. | 14 | 2 | αἱ θύραι. καὶ ἐγένετο φωνὴ ὡς βροντή. καὶ * ἠρώτησα * τὸν ἄγγελον τί ἐστιν ἡ φωνή; καὶ εἶπέν μοι ἄρτι |
| Prop. | 1 | 4 | καὶ ἵνα μὴ διαφθαρῇ ἡ πόλις ὡς ⟨μὴ⟩ ἔχουσα ὕδωρ. * ἠρώτων * γάρ οἱ πολέμιοι πόθεν πίνουσιν; καὶ ἔχοντες τὴν |
| Prop. | 23 | 2 | θεοῦ οὔτε δοῦναι χρησμοὺς ἐκ τοῦ Δαβειρ οὔτε * ἐρωτῆσαι * ἐν τῷ Ἐφοὺδ οὔτε διὰ δήλων ἀποκριθῆναι τῷ λαῷ |
| Esdr. | 2 | 6 | ἐπὶ τὸ οὖς σου δικασώμεθα. καὶ εἶπεν ὁ θεὸς * ἐρώτησον * Ἀβραὰμ τὸν πατέραν ὑμῶν. ποῖον υἱὸν δικάζεσθαι |
| Sedr. | 2 | 1 | αἰτῆσαι παρ᾽ αὐτοῦ ἵνα ἀποκαλύψῃ αὐτῷ ἅπερ βούλῃ * ἐρωτᾶν. * καὶ εἶπεν Σεδράχ τί κύριέ μου; καὶ εἶπεν αὐτῷ ἡ |
| Sedr. | 8 | 5 | ὁ ἄνθρωπος δέσποτά μου. λέγει ὁ θεὸς τὸν Σεδρὰχ * ἐρωτῶ * σε ἕνα λόγον Σεδρὰχ ἐάν μοι εἴπῃς καλῶς με συμαχᾶ |
| Sedr. | 13 | 6 | καὶ ἁρπάσῃ αὐτὸν συντόμως. λέγει αὐτὸν ὁ σωτὴρ * ἐρωτῶ * σε ἕνα λόγον Σεδρὰχ ἀγαπητέ μου εἶτα ἀναιτήσεις με |
| Sedr. | 14 | 8 | ἃ μισεῖ μου ἡ θεότης καὶ οὐκ ἤκουσαν τὸν σοφὸν * ἐρωτῶντα * λέγων δικαιοῦμεν οὐδαμῶς ἁμαρτωλόν. παντελῶς |
| Job | 28 | 7 | ἡλίου ἀνατολῶν. ὁπηνίκα δὲ ἦλθον εἰς τὴν Αὐσιτίδα * ἐρωτήσαντες * ἐν τῇ πόλει ποῦ Ἰωβαβ ὁ τῆς Αἰγύπτου ὅλης |
| Job | 28 | 9 | ἔχει γὰρ εἴκοσι ἔτη μὴ ἀνελθὼν ἐν τῇ πόλει. πάλιν * ἠρώτησαν * περὶ τῶν ὑπαρχόντων μου καὶ ἐδηλώθη αὐτοῖς τὰ |
| Job | 36 | 5 | ὅτι εὐσταθεῖ. ἀλλ᾽ εἰ ἀληθῶς ἐν τούτῳ τυγχάνεις, * ἐρωτήσω * σε λόγον, καὶ ἐὰν ἀποκριθῇς μοι πρὸς τὸ πρῶτον |
| Job | 36 | 6 | καὶ ἐὰν ἀποκριθῇς μοι πρὸς τὸ πρῶτον νουνεχῶς, * ἐρωτήσω * σε ἐν τῷ δευτέρῳ καὶ ἐὰν ἀποκριθῇς μοι εὐσταθῶς, |
| Job | 44 | 4 | πάντες οἱ φίλοι μου καὶ ὅσοι ᾔδεισαν εὐποιεῖν, καὶ * ἠρώτησάν * με λέγοντες τί παρ᾽ ἡμῶν νῦν αἰτεῖς; ἐγὼ δὲ |
| Job | 47 | 5 | λέγων μοι ἀνάστα, ζῶσαι ὥσπερ ἀνὴρ τὴν ὀσφῦν σου * ἐρωτήσω * δέ σε, σὺ δέ μοι ἀποκρίνου. ἐγὼ δὲ λαβὼν |
| Aris. | 10 | 2 | ἑαυτῷ τὴν τοῦ βασιλέως πρόθεσιν. παρόντων οὖν ἡμῶν * ἐρωτηθεὶς * πόσαι τινὲς μυριάδες τυγχάνουσι βιβλίων; εἶπεν |
| Aris. | 187 | 1 | τοῦ βασιλέως. ὅτε δὲ καιρὸν ἔλαβεν ἐκ διαστήματος * ἠρώτησε * τὸν ἔχοντα τὴν πρώτην ἀνάκλισιν ἦσαν γὰρ καθ᾽ |
| Aris. | 189 | 2 | ἀξεις. ἐπαινέσας δὲ ὁ βασιλεὺς τὸν ἐχόμενον * ἠρώτα * πῶς ἂν ἕκαστα πράττοι; ὁ δὲ ἀπεκρίθη ⟨ὅτι⟩ τὸ |
| Aris. | 191 | 1 | ἅπαντα. συνεπιμαρτυρήσας δὲ τούτῳ τὸν ἐχόμενον * ἠρώτα * πῶς ἂν ἐν τοῖς χρηματισμοῖς καὶ διακρίσεσιν |
| Aris. | 193 | 1 | χρωμένου τοῦ θεοῦ. εὖ δὲ καὶ τοῦτον κατεπαινέσας * ἠρώτα * τὸν ἑξῆς πῶς ἂν ἐν ταῖς πολεμικαῖς χρείαις |
| Aris. | 194 | 2 | πάντα. ἀποδεξάμενος δὲ καὶ τοῦτον τὸν ἕτερον * ἠρώτα * πῶς ἂν φοβερὸς εἴη τοῖς ἐχθροῖς; ὁ δὲ εἶπεν εἰ τῇ |
| Aris. | 196 | 2 | ἐπιφωνήσας δὲ καὶ τούτῳ καλῶς λέγειν τὸν ἕτερον * ἠρώτα * πῶς ἂν ἀκέραια συντηρήσας ἅπαντα τοῖς ἐγγόνοις τὴν |
| Aris. | 204 | 2 | ἤρξατο τὴν κοινολογίαν ποιεῖσθαι. δέκα γὰρ ἦσαν οἱ * ἠρωτημένοι * τῇ προτέρᾳ. σιγῆς δὲ γενομένης ἐπυνθάνετο πῶς |
| Aris. | 213 | 3 | τοῖς ὕπνοις ἀτάραχος εἴη; ὁ δὲ ἔφη δυσαπολόγητον * ἠρώτηκας * πρᾶγμα. συναναφέρειν γὰρ οὐ δυνάμεθα ἐν τούτοις |
| Aris. | 217 | 4 | ἔχεις ὡς ἂν ἀποφήνῃ πρὸς τὸ δεῖπνον τραπησόμεθα. * ἠρώτα * δὲ πῶς ἂν μηδὲν ἀνάξιον ἑαυτῶν πράσσοιμεν; ὁ δὲ |
| Aris. | 221 | 3 | ὁ βασιλεὺς εἶναι τοῦ πυνθάνεσθαί τι τῶν ἀνδρῶν * ἠρώτα * τὸν πρῶτον τῶν ἀπολιπόντων πρὸς τὴν ἑξῆς ἐρώτησιν |
| Aris. | 227 | 1 | ἐπικαλοῦ διὰ παντός. εὐφημήσας δὲ τοῦτον ἕτερον * ἠρώτα * πρὸς τίνα δεῖ φιλότιμον εἶναι; ἐκεῖνος δὲ ἔφη πρὸς |
| Aris. | 234 | 2 | καλῶς δὲ καὶ τοῦτον ἐπαινέσας τὸν δέκατον * ἠρώτα * τί μέγιστόν ἐστι δόξης; ὁ δὲ εἶπε τὸ τιμᾶν τὸν |
| Aris. | 236 | 3 | καθὼς εὔκαιρον ἐγένετο τῷ βασιλεῖ τοὺς ἑξῆς * ἠρώτα * τῶν προαποκεκριμένων εἶπε δὲ τῷ πρώτῳ τὸ φρονεῖν |
| Aris. | 237 | 1 | δὲ τἀναντία. συνομολογήσας δὲ τὸν ἐχόμενον * ἠρώτα * τί πρὸς ὑγείαν μάλιστα συντείνει; ἐκεῖνος δὲ ἔφη |
| Aris. | 239 | 1 | πρὸς τὰ κάλλιστα. προσεπινεύσας δὲ τούτῳ τὸν ἑξῆς * ἠρώτα * πῶς ἂν φιλήκοος εἴη; ἐκεῖνος δὲ εἶπε διαλαμβάνων |
| Aris. | 243 | 2 | ὡσαύτως δὲ ἐκείνοις ἀποδεξάμενος αὐτὸν ἄλλον * ἠρώτα * πῶς ἀφοβία γίνεται; εἶπε δὲ συνιστορούσης τῆς |
| Aris. | 246 | 2 | καθηκόντων. ἐπαινέσας δὲ καὶ τοῦτον τὸν δέκατον * ἠρώτα * πῶς ⟨ἂν⟩ ἐπιγινώσκοι τοὺς δόλῳ τινὶ πρὸς αὐτὸν |
| Aris. | 249 | 1 | δυνάμει τοῦτο γίνεται. φήσας δὲ εὐλογεῖν ἄλλον * ἠρώτα * πῶς ἂν φιλόπατρις εἴη; προτιθέμενος εἶπεν ὅτι |
| Aris. | 252 | 1 | κατὰ πάντα. συνανθομολογησάμενος δὲ τούτῳ τὸν ἑξῆς * ἠρώτα * πῶς ⟨ἂν⟩ ἀναμάρτητος εἴη; ὁ δὲ ἔφη σεμνῶς ἅπαντα |
| Aris. | 253 | 2 | ἔργον. διαχυθεὶς δὲ τοῖς εἰρημένοις τὸν ἕτερον * ἠρώτα * πῶς ἂν ἐκτὸς θυμοῦ γένοιτο; πρὸς τοῦτ᾽ εἶπε |
| Aris. | 256 | 2 | ἀσκοῦντι. κατωρθωκέναι δὲ καὶ τοῦτον εἰπὼν ἄλλον * ἠρώτα * τί ἐστι φιλοσοφία; τὸ καλῶς διαλογίζεσθαι πρὸς |
| Aris. | 257 | 2 | δεῖ τὸν θεόν. ἐπισημήνας δὲ καὶ τοῦτον ἕτερον * ἠρώτα * πῶς ἂν ἀποδοχῆς ἐν ξενιτείᾳ τυγχάνοι; πᾶσιν ἴσος |
| Aris. | 258 | 1 | φιλανθρωπεῖ. ἐπιμαρτυρήσας δὲ τούτοις ἄλλον * ἠρώτα * πῶς ⟨ἃ⟩ ἂν κατασκευάσῃ καὶ μετὰ τοῦτο διαμένῃ; |
| Aris. | 260 | 1 | εὖ δὲ καὶ τοῦτον εἰρηκέναι φήσας τὸν δέκατον * ἠρώτα * τί ἐστι σοφίας καρπός; ὁ δὲ εἶπε τὸ μὴ συνιστορεῖν |
| Aris. | 265 | 2 | τὰ τοιαῦτα τοῖς ἀξίοις. ἐπαινέσας δὲ αὐτὸν ἄλλον * ἠρώτα * τίς ἐστι βασιλεῖ κτῆσις ἀναγκαιοτάτη; τῶν |
| Aris. | 267 | 2 | πειθώ. εὖ δὲ λέγειν φήσας αὐτὸν ἕτερον * ἠρώτα * πῶς ἂν παμμιγῶν ὄχλων ὄντων ἐν τῇ βασιλείᾳ τούτοις |
| Aris. | 270 | 2 | καὶ τούτῳ δ᾽ ἐπικυρώσας τὰ τῆς ἀποκρίσεως τὸν ἑξῆς * ἠρώτα * τίσι δεῖ πιστεύειν ἑαυτόν; τοῖς διὰ τὴν εὔνοιαν |
| Aris. | 279 | 2 | τοῦτον εἰπὼν ὁ βασιλεὺς τὸν μετ᾽ αὐτὸν * ἠρώτα * τίσι δεῖ κατακολουθεῖν τοὺς βασιλεῖς; ὁ δὲ ἔφη |
| Aris. | 280 | 2 | εἰπὼν δὲ καὶ τοῦτον καλῶς λέγειν τὸν ἐχόμενον * ἠρώτα * τίνας δεῖ καθιστάνειν στρατηγούς; ὃς δὲ εἶπεν ὅσοι |
| Aris. | 282 | 1 | σεαυτόν. ὁ δὲ ἀποκεκρίσθαι φήσας αὐτὸν εὖ ἄλλον * ἠρώτα * τίνα θαυμάζειν ἄξιόν ἐστιν ἄνθρωπον; ὁ δὲ ἔφη τὸν |
| Aris. | 284 | 2 | ἐνεργῶς δὲ καὶ τοῦτον προσειπὼν ἕτερον * ἠρώτα * τίνας δεῖ ποιεῖσθαι τὰς διαγωγὰς ἐν ταῖς ἀνέσεσι |
| Aris. | 291 | 2 | πλείονα χρόνον καὶ τοῦτον ἐπαινέσας τὸν ἐπὶ πᾶσιν * ἠρώτα * τί μέγιστόν ἐστι βασιλείας; πρὸς τοῦτο εἶπε τὸ διὰ |
| Aris. | 296 | 1 | ἐποιοῦντο πολλοῦ χρόνου δεομένας καὶ τοῦ μὲν * ἐρωτῶντος * μεμεριμνηκότος ἕκαστα τῶν δὲ ἀποκρινομένων |
| FEz. | 64 70 | 9 | καθὼς ἐποίησεν ἡμῖν ἀμυνώμεθα αὐτόν. ὁ δὲ ἕτερος * ἠρώτα * ποίῳ τρόπῳ; ὁ δὲ εἶπεν ἀπέλθωμεν εἰς τὸν |
| FEz. | 64 70 | 13 | ὡς μετεστείλατο τὸν χωλὸν καὶ τὸν τυφλὸν καὶ * ἠρώτησε * τὸν τυφλὸν μὴ σὺ κατῆλθες εἰς τὸν παράδεισον; ὁ |
| FEz. | 64 70 | 14 | ὁρῶ ποῦ βαδίζω. εἶτα ἐλθὼν ἐπὶ τὸν χωλὸν καὶ αὐτὸν * ἠρώτα * σὺ κατῆλθες εἰς τὸν παράδεισόν μου; ὁ δὲ |
| FAch. | 105 | | αὐτὸν καὶ ⟨τὸν⟩ ἀποκριθησόμενον ὅ,τι ἂν αὐτὸν * ἐρωτήσω * καὶ λάβε φόρους ἐτῶν δέκα ὑπέρ--- ὅλης τῆς |
| FAch. | 121 | | βασιλεῖ Λυκούργῳ. εἷς δέ τις τῶν φίλων αὐτοῦ εἶπεν * ἐρωτήσωμεν * αὐτὸν πρόβλημα εἰπόντες τί ἐστιν ὃ οὔτε |
| HDem. | 9 21 | 13 | φάναι αὐτοῖς ἐὰν κληθῶσιν ὑπὸ τοῦ βασιλέως καὶ * ἐρωτῶνται * τί διαπράσσονται λέγειν κτηνοτρόφους αὐτοὺς |
| HEup. | 9 34 | 2 | Ἰουδαίας ἐκ τῆς φυλῆς τῆς Δαβίδ. ὑπὲρ ὧν ἂν αὐτὸν * ἐρωτήσῃς * τῶν ὑπὸ τὸν οὐρανὸν πάντων κατ᾽ ἀρχιτεκτονίαν |
| HHec. | 1 22 | 202 | τινος ὀρνιθευομένου καὶ πάντας ἐπισχεῖν ἀξιοῦντος * ἠρώτησε * διά τί προσμένουσι. δείξαντος δὲ τοῦ μάντεως |
| ἐρώτημα | | | 2 |
| FAch. | 108 | | τὸν πύργον καὶ τὸν ἀποκριθησόμενον τὰ * ἐρωτήματα * ἐὰν ὁ χειμὼν παρέλθῃ. γράψας οὕτως ἔπεμψεν διὰ |
| FAch. | 119 | | μετεπέμψατο προφήτας ἐπισταμένους καὶ φυσικὰ * ἐρωτήματα. * καὶ συλλαλοῦντες αὐτῷ περὶ τοῦ Αἰσώπου |
| ἐρώτησις | | | 14 |
| Hen. | 10 | 10 | μακρότης γὰρ ἡμερῶν οὐκ ἔστιν αὐτῶν καὶ πᾶσα * ἐρώτησις * ⟨οὐκ⟩ ἔσται τοῖς πατράσιν αὐτῶν καὶ περὶ αὐτῶν |
| Hen. | 10B | 10 | καὶ μακρότης ἡμερῶν οὐκ ἔσται αὐτοῖς καὶ πᾶσα * ἐρώτησις * οὐκ ἔστι τοῖς πατράσιν αὐτῶν ὅτι ἐλπίζουσι |
| Hen. | 13 | 2 | κρίμα μέγα ἐξῆλθεν κατὰ σοῦ δῆσαί σε καὶ ἀνοχὴ καὶ * ἐρώτησίς * σοι οὐκ ἔσται περὶ ὧν ἔδειξας ἀδικημάτων καὶ |
| Hen. | 13 | 4 | φόβος. καὶ ἠρώτησαν ὅπως γράψω αὐτοῖς ὑπομνήματα * ἐρωτήσεως * ἵνα γένηται αὐτοῖς ἄφεσις καὶ ἵνα ἐγὼ ἀναγνῶ |
| Hen. | 13 | 4 | ἄφεσις καὶ ἵνα ἐγὼ ἀναγνῶ αὐτοῖς τὸ ὑπόμνημα τῆς * ἐρωτήσεως * ἐνώπιον κυρίου τοῦ οὐρανοῦ ὅτι αὐτοὶ οὐκ ἔτι |
| Hen. | 13 | 6 | καὶ κατεκρίθησαν. τότε ἔγραψα τὸ ὑπόμνημα τῆς * ἐρωτήσεως * αὐτῶν καὶ τὰς δεήσεις περὶ τῶν πνευμάτων αὐτῶν |
| Hen. | 14 | 4 | ἐγρηγόρους τοὺς υἱοὺς τοῦ οὐρανοῦ. ἐγὼ τὴν * ἐρώτησιν * ὑμῶν τῶν ἀγγέλων ἔγραψα καὶ ἐν τῇ ὁράσει μου |
| Hen. | 14 | 4 | καὶ ἐν τῇ ὁράσει μου τοῦτο ἐδείχθη καὶ οὔτε ἡ * ἐρώτησις * ὑμῶν παρεδέχθη ἵνα μηκέτι εἰς τὸν οὐρανὸν |
| Hen. | 14 | 7 | ἀλλὰ πεσοῦνται ἐνώπιον ὑμῶν ἐν μαχαίρᾳ. καὶ ἡ * ἐρώτησις * ὑμῶν περὶ αὐτῶν οὐκ ἔσται οὐδὲ περὶ ὑμῶν καὶ |
| Aris. | 200 | 5 | καὶ συνιέναι πλεῖον οἵτινες ἐκ τοῦ καιροῦ τοιαύτας * ἐρωτήσεις * λαμβάνοντες ὡς δέον ἐστὶν ἀποκέκρινται πάντες |
| Aris. | 205 | 1 | πῶς ἂν πλούσιος διαμένοι; βραχὺ δὲ ἐπισχὼν ὁ τὴν * ἐρώτησιν * ἐκδεχόμενος εἶπεν εἰ μηδὲν ἀνάξιον τῆς ἀρχῆς |
| Aris. | 221 | 4 | ἠρώτα τὸν πρῶτον τῶν ἀπολιπόντων πρὸς τὴν ἑξῆς * ἐρώτησιν * τίς ἐστιν ἀρχὴ κρατίστη; ἐκεῖνος δὲ ἔφη τὸ |
| Aris. | 275 | 4 | γενομένου τὸν πρωτεύοντα τῶν ἀπολιπόντων τῆς * ἐρωτήσεως * πῶς ἂν ἀπαραλόγιστος εἴη; ἐκεῖνος δὲ ἔφη |
| Aris. | 296 | 3 | δὲ ἀποκρινομένων καταλλήλως ἐχόντων τὰ πρὸς τὰς * ἐρωτήσεις * ἄξιοι θαυμασμοῦ κατεφαίνοντό μοι καὶ τοῖς |
| Ἐσδράμ | | | 20 |
| Esdr. | | | αποκαλυψις * Εσδραμ. * λόγος καὶ ἀποκάλυψις τοῦ ἁγίου προφήτου Ἐσδρὰμ |
| Esdr. | 1 | 1 | Εσδραμ. λόγος καὶ ἀποκάλυψις τοῦ ἁγίου προφήτου * Ἐσδρὰμ * καὶ ἀγαπητοῦ τοῦ θεοῦ. εὐλόγησον πάτερ. ἐγένετο |
| Esdr. | 1 | 3 | ὁ ἀρχάγγελος καὶ λέγει μοι ἄρτι τὸν προφήτην * Ἐσδρὰμ * ἄφησον ⟨ἑβδομάδας⟩ ἑβδομήκοντα. καὶ ἐνήστευσα |

Esdr. 1 8 φωνῆς λεγούσης μοι ἐλέησον ἡμᾶς ἐκλεκτὲ τοῦ θεοῦ * 'Εσδράμ. * τότε ἠρξάμην λέγειν οὐαὶ τοὺς ἁμαρτωλοὺς ὅταν
Esdr. 1 10 αὐτοὶ εἰσιν εἰς τὴν γέενναν τοῦ πυρός. καὶ εἶπεν * 'Εσδρὰμ * ἐλέησον τὰ ἔργα τῶν χειρῶν σου εὔσπλαγχνε καὶ
Esdr. 1 13 ἐν τῷ παραδείσῳ καὶ ἐλεήμων καθέστηκα. καὶ εἶπεν * 'Εσδρὰμ * κύριε τοὺς δικαίους τί χαρίζεις; ὥσπερ γὰρ
Esdr. 1 17 εἶπεν ὁ θεὸς οὐκ ἔχω πῶς αὐτοὺς ἐλεήσω. καὶ εἶπεν * 'Εσδρὰμ * ὅτι τὴν ὀργήν σου οὐχ ὑποφέρουσιν καὶ εἶπεν ὁ
Esdr. 1 21 τῆς παρθένου τὸ τεῖχος τῶν ἀνθρώπων. καὶ εἶπεν * 'Εσδρὰμ * καλὸν τὸ μὴ γεννηθῆναι τὸν ἄνθρωπον καλὸν τὸ μὴ
Esdr. 2 3 καὶ εἶπον χαῖρε πιστὲ τοῦ θεοῦ ἄνθρωπε. ⟨καὶ εἶπεν * 'Εσδρὰμ⟩ * ἀνάστα καὶ δεῦρο μετ' ἐμοῦ κύριε εἰς κρίσιν.
Esdr. 2 5 μου ἐμοῦ τε καὶ σοῦ ἵνα παραδέξητε. καὶ εἶπεν * 'Εσδρὰμ * ἐπὶ τὸ οὖς σου δικασώμεθα. καὶ εἶπεν ὁ θεὸς
Esdr. 2 7 ἐν πατρὶ καὶ δεῦρο δικάζου μεθ' ἡμῶν. καὶ εἶπεν * 'Εσδρὰμ * ζῇ κύριος οὐ μὴ παύσομαι δικαζόμενός σε ὑπὲρ τὸ
Esdr. 2 28 τῆς κρίσεως ποία ἐστίν. καὶ εἶπεν ὁ θεὸς ἐπλανήθης * 'Εσδρὰμ * τοιαύτη γάρ ἐστιν ἡ ἡμέρα τῆς κρίσεως ἐν ᾗ ὑετὸς
Esdr. 3 16 καὶ ἐνδείξεται πολλὰ τοῖς ἀνθρώποις. τί σε ποιῶ * 'Εσδρὰμ * καὶ δικάζῃ μετ' ἐμοῦ; καὶ εἶπεν ὁ προφήτης κύριε
Esdr. 5 12 τὰς ἑαυτῶν ἁμαρτίας. καὶ εἶπεν ὁ θεὸς ἄκουσον * 'Εσδρὰμ * ἀγαπητὲ ὥσπερ γεωργὸς καταβάλλει τὸν σπόρον τοῦ
Esdr. 6 1 κολαζομένους. τότε λέγει μοι ὁ θεὸς γινώσκεις * 'Εσδρὰμ * τὰ ὀνόματα τῶν ἀγγέλων τῶν ἐπὶ τῆς συντελείας;
Esdr. 6 3 Ζεβουλεῶν. τότε ἦλθεν φωνὴ πρός με δεῦρο τελεύτα * 'Εσδρὰμ * ἀγαπητέ μου δοὺς τὴν παρακαταθήκην. καὶ εἶπεν ὁ
Esdr. 6 16 ἀγγέλων πολλὴν λαβὼν τὴν ψυχὴν τοῦ ἀγαπητοῦ μου * 'Εσδράμ. * λαβὼν γὰρ ὁ κύριος στρατιὰν ἀγγέλων πολλὴν
Esdr. 7 1 τοῦ ᾅδου εἰσῆλθον. καὶ εἶπεν αὐτῷ ὁ θεὸς ἄκουσον * 'Εσδρὰμ * ἀγαπητέ μου ἐγὼ ἀθάνατος ὢν σταυρὸν κατεδεξάμην
Esdr. 7 5 πράξω; οὐκ οἶδα. καὶ τότε ἤρξατο λέγειν ὁ μακάριος * 'Εσδρὰμ * ὁ θεὸς ὁ αἰώνιος ὁ πάσης τῆς κτίσεως δημιουργὸς
Esdr. 7 13 τὰ Σόδομα καὶ Γόμορρα. καὶ ἦλθεν αὐτῷ φωνὴ λέγουσα * 'Εσδρὰμ * ἀγαπητέ μου πάντα ὅσα ᾐτήσω ἀποδώσω ἑνὶ ἑκάστῳ.

ἐσθής 4
TLevi 8 2 ἡμέρας ἑβδομήκοντα. καὶ εἶδον ἑπτὰ ἀνθρώπους ἐν * ἐσθῆτι * λευκῇ λέγοντάς μοι ἀναστὰς ἔνδυσαι τὴν στολὴν τῆς
TJud. 26 3 ἐν ὀφθαλμοῖς ὑμῶν. μηδεὶς με ἐνταφιάσει πολυτελεῖ * ἐσθῆτι * ἢ τὴν κοιλίαν μου ἀναρρήξει ὅτι ταῦτα μέλλουσι
TIss. 4 2 οὐ πλεονεκτεῖ βρωμάτων ποικίλων οὐκ ἐφίεται * ἐσθῆτα * διάφορον οὐ θέλει χρόνους μακροὺς οὐχ ὑπογράφει
HArt. 9 27 20 προστάξαι σινδόνας ἀμφιέννυσθαι ἐρεᾶν δὲ * ἐσθῆτα * μὴ ἀμπέχεσθαι ὅπως ὄντες ἐπίσημοι κολάζωνται ὑπ'

ἐσθίω 34 (cf.+ ἔσθω, φαγεῖν, ἔδω, πατέομαι (ἐσθίω))
Adam 6 1 λέγει αὐτῷ μὴ ἐμνήσθης πάτερ τοῦ παραδείσου ἐξ ὧν * ἤσθιες * καὶ ἐλυπήθης ἐπιθύμησας αὐτῶν; ἐὰν οὕτως ἐστίν
Adam 7 1 ἐν τῷ παραδείσῳ. περὶ ἑνὸς δὲ ἐνετείλατο ἡμῖν μὴ * ἐσθίειν * ἐξ αὐτοῦ δι' οὗ καὶ ἀποθνήσκομεν. ἤγγισε δὲ ἡ
Adam 16 3 σοι. ὅμως προσκυνεῖς τὸν ἐλαχιστότερον. διά τί * ἐσθίεις * ἐκ τῶν ζιζανίων τοῦ 'Αδὰμ καὶ τῆς γυναικὸς αὐτοῦ
Adam 17 3 εἶπον αὐτῷ ὁ θεὸς ἔθετο ἡμᾶς ὥστε φυλάσσειν καὶ * ἐσθίειν * ἐξ αὐτοῦ. ἀπεκρίθη ὁ διάβολος διὰ στόματος τοῦ
Adam 17 4 διὰ στόματος τοῦ ὄφεως καλῶς ποιεῖτε ἀλλ' οὐκ * ἐσθίετε * ἀπὸ παντὸς φυτοῦ. κἀγὼ εἶπον ναὶ ἀπὸ πάντων
Adam 17 5 ἀπὸ παντὸς φυτοῦ. κἀγὼ εἶπον ναὶ ἀπὸ πάντων * ἐσθίομεν * παρὲξ ἑνὸς μόνου ὅ ἐστι μέσον τοῦ παραδείσου
Adam 17 5 τοῦ παραδείσου περὶ οὗ ἐνετείλατο ἡμῖν ὁ θεὸς μὴ * ἐσθίειν * ἐξ αὐτοῦ ἐπεὶ θανάτῳ ἀποθανεῖσθε. τότε λέγει μοι
Adam 26 2 ἐκ πάντων τῶν κτηνῶν. στερηθήσει τῆς τροφῆς σου ἧς * ἤσθιες * καὶ χοῦν φάγει πάσας τὰς ἡμέρας τῆς ζωῆς σου. ἐπὶ
Hen. 15 11 σκληρὰ γιγάντων καὶ δρόμους ποιοῦντα καὶ μηδὲν * ἐσθίοντα * ἀλλ' ἀσιτοῦντα καὶ διψῶντα καὶ προσκόπτοντα
Hen. 15B 11 ἐπὶ τῆς γῆς καὶ δρόμους ποιοῦντα καὶ μηδὲν * ἐσθίοντα * ἀλλ' ἀσιτοῦντα καὶ ῥιπτοῦντα καὶ φάσματα
Hen. 32 3 καὶ μεγαλοπρεπῆ καὶ τὸ δένδρον τῆς φρονήσεως οὗ * ἐσθίουσιν * ἅγιοι τοῦ καρποῦ αὐτοῦ καὶ ἐπίστανται φρόνησιν
Abr.1 4 7 καὶ ὅτι ἂν λέγῃ σοι τοῦτο καὶ ποίει καὶ ὅτι ἂν * ἐσθίῃ * συνέσθιε καὶ σὺ μετ' αὐτοῦ ἐγὼ δὲ ἐπιβαλῶ τῷ
Abr.1 4 9 τὰ ἐπουράνια πνεύματα ὑπάρχουσιν ἀσώματα καὶ οὐκ * ἐσθίουσιν * οὐδὲ πίνουσιν καὶ οὗτος τράπεζάν μοι παρέθετο
Abr.2 4 15 καὶ πορεύου πρὸς 'Αβραὰμ καὶ εἴ τι ἂν ἴδῃς αὐτὸν * ἐσθίοντα * φάγε καὶ σὺ ἐξ αὐτῶν καὶ ὅπου δ' ἂν κοιμηθῇ
TLevi 14 5 θυσιάσαι κυρίῳ λήψεσθε τὰ ἐκλεκτὰ ἐν καταφρονήσει * ἐσθίοντες * μετὰ πορνῶν ἐν πλεονεξίᾳ τὰς ἐντολὰς κυρίου
TLevi 18 2B056 πρὶν ἢ φαγεῖν σε ἀπὸ τῶν κρεῶν καὶ οὐκέτι ἔσῃ * ἐσθίων * ἐπὶ τοῦ αἵματος. οὕτως γάρ μοι ἐνετείλατο ὁ πατήρ
TJud. 21 5 αὐτὸν ὑπέρ σε ἐξελέξατο κύριος ἐγγίζειν αὐτῷ καὶ * ἐσθίειν * τράπεζαν αὐτοῦ καὶ ἀπαρχὰς ἐντρυφήματα υἱῶν
TZab. 4 1 τὰ κακὰ ἃ ἐποιήσαμεν τῷ 'Ιωσήφ. μετὰ ταῦτα ἔλαβον * ἐσθίειν * ἐκεῖνοι. ἐγὼ γὰρ δύο ἡμέρας καὶ δύο νύκτας οὐκ
TZab. 4 3 Συμεὼν καὶ Γὰδ ἀνέλωσιν αὐτόν. καὶ ὁρῶντες κἀμὲ μὴ * ἐσθίοντα * ἔθεντό με τηρεῖν αὐτὸν ἕως οὗ ἐπράθη. ἐποίησε
TGad 1 9 κατὰ πρόσωπον ἡμῶν ἤλεγξεν ἡμᾶς ὅτι ἄνευ 'Ιουδὰ * ἠσθίομεν * τὰ θρέμματα καὶ πάντα ὅσα ἔλεγε τῷ πατρὶ
TAser 7 3 τὴν γῆν. καὶ αὐτὸς ἐλθὼν ὡς ἄνθρωπος μετὰ ἀνθρώπων * ἐσθίων * καὶ πίνων καὶ ἐν ἡσυχίᾳ συντρίβων τὴν κεφαλὴν τοῦ
Asen. 8 5 ὃς εὐλογεῖ τῷ στόματι αὐτοῦ τὸν θεὸν τὸν ζῶντα καὶ * ἐσθίει * ἄρτον εὐλογημένον ζωῆς καὶ πίνει ποτήριον
Asen. 8 5 εὐλογεῖ τῷ στόματι αὐτῆς εἴδωλα νεκρὰ καὶ κωφὰ καὶ * ἐσθίει * ἐκ τῆς τραπέζης αὐτῶν ἄρτον ἀγχόνης καὶ πίνει ἐκ
Asen. 16 14 τοῦ θεοῦ. καὶ πάντες οἱ ἄγγελοι τοῦ θεοῦ ἐξ αὐτοῦ * ἐσθίουσι * καὶ πάντες οἱ ἐκλεκτοὶ τοῦ θεοῦ καὶ πάντες οἱ
Asen. 16 20 τῷ ἀνθρώπῳ. καὶ πᾶσαι αἱ μέλισσαι ἐκεῖναι * ἤσθιον * ἀπὸ τοῦ κηρίου τοῦ ὄντος ἐπὶ τῷ στόματι 'Ασενέθ.
Asen. 21 13 ἐσεβόμην θεοὺς ἀλλοτρίους ὧν οὐκ ⟨ἦν⟩ ἀριθμὸς καὶ * ἤσθιον * ἄρτον ἐκ ⟨τῶν⟩ θυσι⟨ῶν⟩ αὐτῶν. ⟨ἥμαρτον κύριε
Bar. 4 5 ἐστὶν ὁ τὰ σώματα τῶν κακῶς τὸν βίον μετερχομένων * ἐσθίων * καὶ ὑπ' αὐτῶν τρέφεται καὶ οὗτός ἐστιν ὁ "Αιδης
Bar. 6 11 ὁ ἄγγελος φοῖνιξ καλεῖται τὸ ὄνομα αὐτοῦ. καὶ τί * ἐσθίει; * καὶ εἶπέν μοι τὸ μάννα τοῦ οὐρανοῦ καὶ τὴν
Prop. 4 8 καὶ πατάσσοντες. ἔγνω διὰ θεοῦ ὁ ἅγιος ὅτι ὡς βοῦς * ἤσθιε * χόρτον καὶ ἐγένετο ἀνθρωπίνης φύσεως τροφή. διὰ
Prop. 12 7 δοὺς τὸ ἄριστον τῷ Δανιὴλ ἐπέστη τοῖς θερισταῖς * ἐσθίουσι * καὶ οὐδενὶ εἶπε τὸ γενόμενον συνῆκε δὲ ὅτι
Job 25 5 ἑπτὰ τραπέζας ἀκινήτους ἐπὶ τῆς οἰκίας, εἰς ἃς * ἤσθιον * οἱ πτωχοὶ καὶ πᾶς ξένος, ὅτι νῦν καταπιπράσκει
FJub. 3 16 τὸν καρπὸν ἐν παραδείσῳ καὶ σὺν τῇ γυναικὶ αὐτοῦ * ἤσθιεν * αὐτόν. τὸν 'Αδὰμ ἀπροόπτως ἀπὸ τοῦ ξύλου λαβεῖν
FIsa. 1 2 11 μέγα περὶ τῆς πλ⟨ά⟩νης τοῦ 'Ισραήλ. καὶ οὗτοι οὐκ * ἤσθιον * εἰ μὴ βοτάνας τίλλον⟨τε⟩ς ἐκ τῶν ὀρέων καί-----
HDem. 9 21 7 τοῦ 'Ιακὼβ τὸν δὲ ναρκήσαντα ἐπισκάζειν ὅθεν οὐκ * ἐσθίεσθαι * τῶν κτηνῶν τὸ ἐν τοῖς μηροῖς νεῦρον. καὶ φάναι

ἐσθλός 5
SIb. 3 656 πάντα ποιήσει ἀλλὰ θεοῦ μεγάλοιο πιθήσας δόγμασιν * ἐσθλοῖς. * --- ναὸς δ' αὖ μεγάλοιο θεοῦ περικαλλέι πλούτῳ
FPho. 65 ὄρεξις ὑπερβαίνουσα δὲ μῆνις. ζῆλος τῶν ἀγαθῶν * ἐσθλὸς * φαύλων δ' ὑπέρογκος. τόλμα κακῶν ὀλοὴ μέγ'
FPho. 66 δ' ὑπέρογκος. τόλμα κακῶν ὀλοὴ μέγ' ὀφέλλει δ' * ἐσθλὰ * πονεῦντα. σεμνὸς ἔρως ἀρετῆς ὁ δὲ Κύπριδος αἶσχος
FPho. 90 ἀδίδακτος ἀκουὴ οὐ γὰρ δὴ νοέουσ' οἱ μηδέποτ' * ἐσθλὰ * μαθόντες. μὴ δὲ τραπεζοκόρους κόλακας ποιεῖσθαι
LThe. 9 22 9 γὰρ ἔτιον εἰς αὐτοὺς ὅστις κε μόλῃ κακὸς οὐδὲ μὲν * ἐσθλὸς * οὐδὲ δίκας ἐδίκαζον ἀνὰ πτόλιν οὐδὲ θέμιστας

ἔσθω 1 (cf.+ ἐσθίω, φαγεῖν, ἔδω, πατέομαι (ἐσθίω))
Hen. 98 11 σκληροτράχηλοι τῇ καρδίᾳ ποιοῦντες τὸ κα⟨κὸν καὶ * ἔσθοντες * αἷμα πόθ⟩εν ὑμῖν ἔσο⟨νται ἀγαθὰ ἵνα φάγητε---⟩

ἔσοπτρον 1
Job 33 8 ἡ δὲ δόξα καὶ τὸ καύχημα αὐτῶν ἔσονται ὡς * ἔσοπτρον * ἐμοὶ δὲ ἡ βασιλεία εἰς αἰῶνας αἰώνων, καὶ ἡ

ἑσπέρα 10
Abr.2 2 5 οἴκῳ ἡμῶν ταύτην τὴν ὥραν πρός με διϊέναι ὅτι πρὸς * ἑσπέραν * ἐστὶν καὶ ἀναστὰς τῷ πρωῒ πορεύου ὅπου ἂν βούλῃ
Asen. 9 2 τοῖς εἰδώλοις πᾶσι καὶ περιέμενε τοῦ γενέσθαι * ἑσπέρα⟨ν⟩. * καὶ 'Ιωσὴφ ἔφαγε καὶ ἔπιε καὶ εἶπε τοῖς
Esdr. 2 30 ᾗ ὑετὸς ἐπὶ τῆς γῆς οὐ γίνεται ἐστὶν γὰρ κατὰ τὴν * ἑσπέραν * ἐκείνην ἐλεεινὸν κριτήριον. καὶ εἶπεν ὁ προφήτης
Job 12 2 τραπέζῃ. καὶ συγχωρηθεὶς ὑπηρέτει καὶ ἔτρωγεν καὶ * ἑσπέρας * γινομένης ἐξερχόμενος ἀπελθεῖν εἰς τὸν οἶκον
Job 40 8 αὐτῆς ἄρχων ἐπιζητήσας αὐτὴν καὶ μὴ εὑρὼν εἰσῆλθεν * ἑσπέρας * οὔσης εἰς τὴν ἐπαύλην τῶν κτηνῶν, καὶ εὗρεν
Aris. 88 2 ὁ δὲ οἶκος βλέπει πρὸς ἕω τὰ δ' ὀπίσθια αὐτοῦ πρὸς * ἑσπέραν * τὸ δὲ πᾶν ἔδαφος λιθόστρωτον καθέστηκε καὶ
Aris. 202 3 ἐτράπησαν δὲ πρὸς εὐφροσύνην. ἐπιλαβούσης δὲ τῆς * ἑσπέρας * τὸ συμπόσιον ἐλύθη. τῇ δὲ μετὰ ταῦτα πάλιν κατὰ
FJub. 2 2 τήν τε ὑποκάτω τῆς γῆς καὶ τοῦ χάους καὶ σκότος * ἑσπέρα * καὶ νὺξ τὸ φῶς ἡμέρας τε καὶ ὄρθρου. ταῦτα τὰ
LEze. 9 29 13 04 φυλαχθήτω μέχρι τετρὰς ἐπιλάμψει δεκάδι καὶ πρὸς * ἑσπέραν * θύσαντες ὀπτὰ πάντα σὺν τοῖς ἔνδοθεν οὕτως
LAri. 7 32 18 ἡμέρας τῇ τεσσαρεσκαιδεκάτῃ τοῦ μηνὸς μεθ' * ἑσπέραν * ἐνστήξεται μὲν ἡ σελήνη τὴν ἐναντίαν καὶ

ἑσπέριος 2
SIb. 3 176 βασιληΐδος ἔσσεται ἀρχὴ λευκὴ καὶ πολύκρανος ἀφ' * ἑσπερίοιο * θαλάσσης ἣ πολλῆς γαίης ἄρξει πολλοὺς δὲ
SIb. 5 5 Πέλλης πολιήτορα ᾧ ὕπο πᾶσα ἀντολίη βεβόλητο καὶ * ἑσπερίη * πολύολβος ὃν Βαβυλὼν ἤλεγξε νέκυν δ' ὤρεξε

ἕσπερος 1
SIb. 3 799 ῥομφαῖαι ἐν οὐρανῷ ἀστερόεντι ἐννύχιαι ὀφθῶσι πρὸς * ἕσπερον * ἠδὲ πρὸς ἠῶ αὐτίκα καὶ κονιορτὸς ἀπ' οὐρανόθεν

ἔστε 1
Job 36 4 ἀλλοιοῦται ἐνίοτε εὐθύνεται, ἐνίοτε δὲ εἰρηνεύει, * ἔσθ' * ὅτε καὶ πολεμεῖται περὶ δὲ τοῦ οὐρανοῦ ἀκούομεν ὅτι

ἑστία 1
Asen. 10 2 τοῦ καταπετάσματος καὶ ἔπλησεν αὐτὴν τέφρας ἐκ τῆς * ἑστίας * καὶ ἀνήνεγκεν εἰς τὸ ὑπερῷον καὶ ἀπέθηκεν αὐτὴν

'Εστία 1
SIb. 3 123 δὲ 'Ρέη καὶ Γαῖα φιλοστέφανός τ' 'Αφροδίτη Δημήτηρ * 'Εστίη * τε ἐυπλόκαμός τε Διώνη ἤγαγον ἐς φιλίην

ἔσχατος 28
Adam 13 3 πατέρα σου 'Αδάμ. οὐ γενήσεταί σοι νῦν ἀλλ' ἐπ' * ἐσχάτων * τῶν ἡμερῶν. τότε ἀναστήσεται πᾶσα σάρξ ἀπὸ 'Αδὰμ
Hen. 27 3 ἐπισυναχθήσονται καὶ ὧδε ἔσται τὸ οἰκητήριον. ἐπ' * ἐσχάτοις * αἰῶσιν ἐν ταῖς ἡμέραις τῆς κρίσεως τῆς ἀληθινῆς
Abr.2 3 9 λεκάνην λέγων ὦ πάτερ τί ἐστιν τοῦτο ὃ εἶπας ὅτι * ἔσχατόν * μοι ἐγένετο τοῦτο τοῦ νίψαι πόδας ἀνθρώπου
TRub. 2 9 διὰ τῆς φιληδονίας ἡ ἁμαρτία διὰ τοῦτο * ἔσχατόν * ἐστι τῆς κτίσεως καὶ πρῶτον τῆς νεότητος ὅτι
TJud. 18 1 ἐν βίβλοις 'Ενὼχ τοῦ δικαίου ὅσα κακὰ ποιήσετε ἐν * ἐσχάταις * ἡμέραις. φυλάξασθε οὖν τέκνα μου ἀπὸ τῆς
TJud. 24 3 καὶ πορεύσεσθε ἐν προστάγμασιν αὐτοῦ πρώτοις καὶ * ἐσχάτοις. * οὗτος ὁ βλαστὸς θεοῦ ὑψίστου καὶ αὕτη ἡ πηγὴ
TIss. 6 1 τὰ ἐπερχόμενα τῷ 'Ισραήλ. οἶδα τέκνα μου ὅτι ἐν * ἐσχάτοις * καιροῖς καταλείψουσιν οἱ υἱοὶ ὑμῶν τὴν ἁπλότητα
TZab. 8 2 εἰς ὑμᾶς σπλαγχνισθεὶς ἐλεήσῃ ὑμᾶς ὅτι καίγε ἐπ' * ἐσχάτων * ἡμερῶν ὁ θεὸς ἀποστέλλει τὸ σπλάγχνον αὐτοῦ ἐπὶ
TZab. 9 5 κεφαλῇ ὑπακούει. ἔγνων ἐν γραφῇ πατέρων μου ὅτι ἐν * ἐσχάταις * ἡμέραις ἀποστήσεσθε ἀπὸ κυρίου καὶ
TDan 1 1 ἀντίγραφον λόγων Δὰν ὧν εἶπε τοῖς υἱοῖς αὐτοῦ ἐπ' * ἐσχάτων * τῶν ἡμερῶν αὐτοῦ ἑκατοστῷ εἰκοστῷ πέμπτῳ ἔτει
TDan 5 4 καὶ ἀλλήλους ἐν ἀληθινῇ καρδίᾳ. οἶδα γὰρ ὅτι ἐν * ἐσχάταις * ἡμέραις ἀποστήσεσθε τοῦ κυρίου καὶ προσοχθιεῖτε
TNep. 8 1 μου. καὶ ἰδοὺ τέκνα μου ὑπέδειξα ὑμῖν καιροὺς * ἐσχάτους * ὅτι πάντα γενήσεται ἐν 'Ισραήλ. καὶ ὑμεῖς οὖν
TGad 5 6 οὐδὲ ἕως ἐννοιῶν ἀδικῆσαι ἄνθρωπον. ταῦτα ἐγὼ * ἔσχατον * ἔγνων μετὰ τὸ μετανοῆσαί με περὶ τοῦ 'Ιωσήφ. ἡ

TJos. 3 8 οὖν χρόνου ὡς υἱόν με περιεπτύσσετο κἀγὼ ἠγνόουν * ἔσχατον * εἰς πορνείαν με ἐφελκύσατο. καὶ νοήσας ἐλυπήθην
TJos. 19 5 πᾶσα ἡ γῆ. ταῦτα δὲ γενήσεται ἐν καιρῷ αὐτῶν ἐν * ἐσχάταις * ἡμέραις. ὑμεῖς οὖν τέκνα μου φυλάξατε τὰς
TBen. 9 2 ὑμῶν γενήσεται ναὸς θεοῦ καὶ ἔνδοξος ἔσται ὁ * ἔσχατος * ὑπὲρ τὸν πρῶτον. καὶ δώδεκα φυλαὶ ἐκεῖ
Sal. 1 4 διεδόθη εἰς πᾶσαν τὴν γῆν καὶ ἡ δόξα αὐτῶν ἕως * ἐσχάτου * τῆς γῆς. ὑψώθησαν ἕως τῶν ἄστρων εἶπαν οὐ μὴ
Sal. 8 15 ποτήριον οἴνου ἀκράτου εἰς μέθην. ἤγαγεν τὸν ἀπ' * ἐσχάτου * τῆς γῆς τὸν παίοντα κραταιῶς ἔκρινεν τὸν πόλεμον
Esdr. 7 10 οὐρανόθεν καὶ εὐλόγησον αὐτοῦ πάντα ὥσπερ καὶ τὰ * ἔσχατα * τοῦ Ἰωσὴφ καὶ μὴ μνησθῇς ἀνομιῶν ἀρχαίων αὐτοῦ
Sedr. 15 8 τὴν βασιλείαν σου κύριέ μου οὕτως καὶ τοὺς ἐπ' * ἐσχάτων * ἁμαρτήσαντάς σοι συγχώρησον κύριε ὅτι ὁ βίος
Job 19 1 περὶ ἧς λελάληκέν μοι ὁ ἄγγελος. ἐλθόντος δὲ τοῦ * ἐσχάτου * ἀγγέλου καὶ δηλώσαντός μοι τὴν τῶν ἐμῶν τέκνων
Sib. 3 486 πολύστονος ἔσσεται οἶκτος. ἥξει καὶ Τενέδῳ κακὸν * ἔσχατον * ἀλλὰ μέγιστον. καὶ Σικυὼν χάλκειος ὑλάγμασι καὶ
Sib. 3 828 αἵματος αὐτοῦ ἐτύχθην τῷ τὰ πρῶτ' ἐγένοντο τὰ δ' * ἔσχατα * πάντ' ἀπεδείχθη ὥστ' ἀπ' ἐμοῦ στόματος τάδ'
FJub. 19 11 ἱδρύσατο τὸ ἱερόν. ἐγέννησεν πάλιν Ἀβραὰμ ἐκ τῆς * ἐσχάτης * αὐτοῦ γυναικὸς Χετούρας υἱοὺς πέντε. ἐτῶν δὲ ξ'
FAch. 107 ⟨δεῖξαι⟩ καὶ φησιν δέσποτα βασιλεῦ ἡ σήμερον * ἐσχάτη * εἶναί μοι οἶδα. ὁ δὲ Λυκοῦργος πρὸς αὐτόν τί φής;
FAch. 107 τὸν Ἕρμιππον ὄφελον ἠδυνάμην ἣν λέγεις σεαυτοῦ * ἐσχάτην * ἡμέραν αἰῶνα ποιῆσαι ἐὰν ἀληθεύεις ὅτι Αἴσωπος
FAch. 111 ἀετούς. συλληφθέντων δὲ τῶν ἀετῶν ἔτιλεν τὰ * ἔσχατα * πτερὰ ἐν οἷς δοκοῦσιν ἵπτασθαι. οὕτως τε αὐτοὺς
HDem. 1 141 1 ἀλλ' εἶναι ἀπὸ τῆς αἰχμαλωσίας ταύτης εἰς τὴν * ἐσχάτην * ἣν ἐποιήσατο Ναβουχοδονόσορ ἐξ Ἱεροσολύμων ἔτη

Ἐσχλεμίας 1
Aris. 47 3 δευτέρας Ἰούδας Σίμων Σομόηλος Ἀδαῖος Ματταθίας * Ἐσχλεμίας. * τρίτης Νεεμίας Ἰώσηφος Θεοδόσιος Βασέας

ἔσω 1
Adam 19 1 δώσω σοι ἀκολούθει μοι. ἤνοιξα δὲ καὶ εἰσῆλθεν * ἔσω * εἰς τὸν παράδεισον. καὶ διώδευσεν ἔμπροσθέν μου. καὶ

ἔσωθεν 5
Abr.1 12 3 ἠκολουθήσαμεν δὲ ἡμεῖς τοῖς ἀγγέλοις καὶ ἤλθομεν * ἔσωθεν * τῆς πύλης ἐκείνης τῆς πλατείας καὶ ἐν μέσῳ τῶν
Asen. 10 6 οὐκ ἤνοιξεν Ἀσενὲθ τὴν θύραν ἀλλ' εἶπεν αὐταῖς * ἔσωθεν * τῆς κεφαλῆς μού ἐστι πόνος βαρὺς καὶ ἡσυχάζω ἐν
Aris. 89 2 δὲ ἀνέκλειπτός ἐστι σύστασις ὡς ἂν καὶ πηγῆς * ἔσωθεν * πολυρρύτου φυσικῶς ἐπιρρεούσης ἔτι δὲ θαυμασίων
HEup. 9 34 5 δύο δόμους. οὕτω δ' αὐτὸν οἰκοδομήσαντα ξυλῶσαι * ἔσωθεν * κεδρίνοις ξύλοις καὶ κυπαρισσίνοις ὥστε τὴν
HEup. 9 34 5 οἰκοδομὴν μὴ φαίνεσθαι χρυσῶσαί τε τὸν ναὸν * ἔσωθεν * χωννύντα πλινθία χρυσᾶ πενταπήχη καὶ προστιθέναι

ἐτάζω 2
TJos. 16 6 δεδόσθαι ἀντ' ἐμοῦ. καὶ ἰδὼν ἐγὼ ἐσιώπησα ἵνα μὴ * ἐτασθῇ * ὁ εὐνοῦχος. ὁρᾶτε τέκνα πόσα ὑπέμεινα ἵνα μὴ
FEz. 64 70 15 ἐπιτίθησι τὸν χωλὸν τῷ πηρῷ καὶ τοὺς ἀμφοτέρους * ἐτάζει * μάστιξι καὶ οὐ δύνανται ἀρνήσασθαι. ἑκάτεροι

ἑταῖρος 6
TJud. 3 5 δὲ τῷ ἐκδύειν με αὐτοῦ τὸν θώρακα ἰδοὺ ὀκτὼ ἄνδρες * ἑταῖροι * αὐτοῦ ἤρξαντο πολεμεῖν πρός με. ἐνειλήσας οὖν
TBen. 2 5 καὶ οὕτως οἱ μέτοχοι φοβηθέντες διαπωλοῦσί με τοῖς * ἑταίροις * αὐτῶν. καὶ ὑμεῖς οὖν τέκνα μου ἀγαπήσατε κύριον
Asen. 23 3 καὶ ἰδοὺ ἐγὼ σήμερον λήψομαι ὑμᾶς ἐμαυτῷ εἰς * ἑταίρους * καὶ δώσω ὑμῖν χρυσίον καὶ ἀργύριον πολὺν καὶ
FPho. 70 ὑπερβασίαι δ' ἀλεγειναί. μὴ φθονέοις ἀγαθῶν * ἑτάροις * μὴ μῶμον ἀνάψῃς. ἄφθονοι Οὐρανίδαι καὶ ἐν
FPho. 91 μαθόντες. μὴ δὲ τραπεζοκόρους κόλακας ποιεῖσθαι * ἑταίρους * πολλοὶ γὰρ πόσιος καὶ βρώσιός εἰσιν ἑταῖροι
FPho. 92 ἑταίρους πολλοὶ γὰρ πόσιος καὶ βρώσιός εἰσιν * ἑταῖροι * καιρὸν θωπεύοντες ἐπὴν κορέσασθαι ἔχωσιν

ἑτερόζυγος 1
FPho. 15 καλὸν δ' ἐπίμετρον ἀπάντων. σταθμὸν μὴ κρούειν * ἑτερόζυγον * ἀλλ' ἶσον ἕλκειν. μὴ δ' ἐπιορκήσῃς μήτ'

ἕτερος 116 ἕτερον ἕτερα ἕτερος ἑτέροις ἑτέρους ἑτέρα ἕτεροι ἑτέρων ἑτέραν ἑτέρου ἑτέρῳ ἕτερόν ἑτέρας
ἑτέρας ἑτέρην θατέρου χἀτέραν ετερος ετερου ετερον

ἑτέρωθι 1
LThe. 9 22 1 δὲ μεσηγὺ ἀτραπιτὸς τέτμηται ἀραιὴ ⟨αὐλῶπις⟩ ἐν δ' * ἑτέρωθι * ἡ διερὴ Σικιμων καταφαίνεται ἱερὸν ἄστυ νέρθεν

ἑτέρως 1
Aris. 16 3 ὃν καὶ πάντες ἡμεῖς δὲ βασιλεῦ προσονομάζοντες * ἑτέρως * Ζῆνα καὶ Δία τοῦτο δ' οὐκ ἀνοικείως οἱ πρῶτοι

ἔτης 1
LThe. 9 22 2 ἤλυθ' Ἰακὼβ εὗρεῖαν Σικίμων ἐπὶ δ' ἀνδράσι τοῖσιν * ἔτησιν * ἀρχὸς Ἐμὼρ σὺν παιδὶ Συχὲμ μάλ' ἀτειρέε φῶτε.

ἐτήτυμος 1
FPho. 7 καὶ ἀλλοτρίων ἀπέχεσθαι. ψεύδεα μὴ βάζειν τὰ δ' * ἐτήτυμα * πάντ' ἀγορεύειν. πρῶτα θεὸν τιμᾶν μετέπειτα δὲ

ἔτι 95 ἔτι ἔτ' ετι ἔθ'

ἑτοιμάζω 31
Hen. 25 7 τὸν θεὸν τῆς δόξης τὸν βασιλέα τοῦ αἰῶνος ὃς * ἡτοίμασεν * ἀνθρώποις τὰ τοιαῦτα δικαίοις καὶ αὐτὰ ἔκτισεν
Hen. 98 10 τὰ δὲ κακὰ ⟨περιέξει⟩ ὑμᾶς. καὶ νῦν γινώσκετε ὅτ⟨ι * ἡτοίμασται⟩ * ὑμῖν εἰς ἡμέραν ἀπωλείας. ⟨μὴ ἐλπίζε⟩τε
Hen. 98 10 ἁμαρτωλοὶ ἀπ⟨ελθόντες⟩ ἀποθάνετε γινώσκοντε⟨ς ὅτι * ἡτοίμασ⟩ται * εἰς ἡμέραν κρίσεως μ⟨εγάλης καὶ στε⟩νοχωρίας
Hen. 99 3 ἑαυτοὺς ἀναμαρτήτους ἐν τῇ γῇ καταποθήσονται. τότε * ἑτοιμάζεσθε * οἱ δίκαιοι καὶ προέχεσθε τὰς ἐντεύξεις ὑμῶν
Hen. 103 3 περὶ⟩ ὑμῶν ὅτι ἀγαθὰ καὶ ἡ χαρὰ καὶ ἡ τ⟨ιμὴ⟩ * ἡτοίμασται * καὶ ἐγγέγραπται ταῖς ψ⟨υχαῖς⟩ τῶν ἀποθανόντων
Abr.1 4 2 ἀνθρώπου τούτου τοῦ ἐπιξενισθέντος ἡμῖν σήμερον * ἑτοίμασον * δὲ ἡμῖν ἐκεῖ δίφρον καὶ λυχνίαν καὶ τράπεζαν
Abr.1 4 4 πάντας τοὺς υἱοὺς τῶν ἀνθρώπων. ὁ δὲ Ἰσαὰκ * ἡτοίμασεν * πάντα καλῶς παραλαβὼν δὲ Ἀβραὰμ τὸν Μιχαὴλ
Abr.2 4 3 ξένῳ τούτῳ ἀνθρώπῳ. ἀνεχώρησεν δὲ Σάρρα ὡς ἤμελλεν * ἑτοιμάζειν * τὸ ἄριστον. ἤγγισεν δὲ ὁ ἥλιος δύνειν καὶ
Abr.2 5 1 Μιχαὴλ ἦλθεν εἰς τὸν οἶκον Ἀβραὰμ καὶ εὗρεν αὐτὸν * ἑτοιμάσαντα * τὸ δεῖπνον καὶ ἔφαγον καὶ ἔπιον καὶ
Asen. 3 4 καὶ εὐτρέπισον τὴν οἰκίαν μου καὶ δεῖπνον μέγα * ἑτοίμασον * διότι Ἰωσὴφ ὁ δυνατὸς τοῦ θεοῦ ἔρχεται πρὸς
Asen. 8 9 τὰ πάντα καὶ εἰσελθέτω εἰς τὴν κατάπαυσίν σου ἣν * ἡτοίμασας * τοῖς ἐκλεκτοῖς σου καὶ ζησάτω ἐν τῇ αἰωνίῳ ζωῇ
Asen. 15 7 ὕψιστον καὶ πᾶσι τοῖς μετανοοῦσι τόπον ἀναπαύσεως * ἡτοίμασεν * ἐν τοῖς οὐρανοῖς. καὶ ἀνακαινιεῖ πάντας τοὺς
Asen. 16 10 τῷ ἀνθρώπῳ καὶ παρέθηκεν αὐτὸ ἐπὶ τῆς τραπέζης ἣν * ἡτοίμασεν * ἐνώπιον αὐτοῦ. καὶ εἶπεν αὐτῇ ὁ ἄνθρωπος τί
Asen. 18 2 εἶπεν αὐτῷ σπεῦσον καὶ εὐτρέπισον τὴν οἰκίαν καὶ * ἑτοίμασον * δεῖπνον καλὸν ὅτι Ἰωσὴφ ὁ δυνατὸς τοῦ θεοῦ
Asen. 18 5 μου συμπέπτωκεν. καὶ ἀπῆλθεν ὁ τροφεὺς αὐτῆς καὶ * ἡτοίμασε * τὴν οἰκίαν καὶ τὸ δεῖπνον. καὶ ἐμνήσθη Ἀσενὲθ
Asen. 18 11 ἦλθεν ὁ τροφεὺς αὐτῆς τοῦ εἰπεῖν αὐτῇ ὅτι πάντα * ἡτοίμασται * ὡς προσέταξας. καὶ ὡς εἶδεν αὐτὴν ἐπτοήθη καὶ
Asen. 20 1 μου καὶ εἴσελθε εἰς τὴν οἰκίαν ἡμῶν διότι ἐγὼ * ἡτοίμασα * τὴν οἰκίαν ἡμῶν καὶ δεῖπνον μέγα πεποίηκα. καὶ
Asen. 23 5 καὶ ἐξουθενήσητε τὴν βουλήν μου ἰδοὺ ἡ ῥομφαία μου * ἡτοίμασται * πρὸς ὑμᾶς. καὶ ἅμα ταῦτα λέγων ἐγύμνωσε τὴν
Sal. 5 10 ἐν τῷ διδόναι σε ὑετὸν ἐρήμοις εἰς ἀνατολὴν χλόης * ἡτοίμασας * χορτάσματα ἐν ἐρήμῳ παντὶ ζῶντι καὶ ἐὰν
Sal. 10 2 καθαρισθῆναι ἀπὸ ἁμαρτίας τοῦ μὴ πληθῦναι. ὁ * ἑτοιμάζων * νῶτον εἰς μάστιγας καθαρισθήσεται χρηστὸς γὰρ
Sal. 11 7 αὐτῶν. ἔνδυσαι Ιερουσαλημ τὰ ἱμάτια τῆς δόξης σου * ἑτοίμασον * τὴν στολὴν τοῦ ἁγιάσματός σου ὅτι ὁ θεὸς
Jer. 6 3 σὺ ὁ θεὸς ὁ παρέχων μισθαποδοσίαν τοῖς ἀγαπῶσί σε. * ἑτοίμασον * σεαυτὴν ἡ καρδία μου καὶ εὐφραίνου καὶ ἀγάλλου
Jer. 9 10 αὐτῶν καὶ ἔκλαυσαν κλαυθμὸν πικρόν. καὶ μετὰ ταῦτα * ἡτοίμασαν * ἑαυτοὺς ἵνα κηδεύσωσιν αὐτόν. καὶ ἰδοὺ φωνὴ
Bar. 6 16 ἐν τῷ κόσμῳ κατὰ τὴν ἰδίαν λαλιάν. ὁ ἥλιος γὰρ * ἑτοιμάζεται * ὑπὸ τῶν ἀγγέλων καὶ φωνεῖ ὁ ἀλέκτωρ. καὶ
Esdr. 6 17 τὴν παρακαταθήκην ἣν παρεθέμην σοι ὁ στέφανός σοι * ἡτοίμασται. * καὶ εἶπεν ὁ προφήτης κύριε ἐὰν ἄρῃς τὴν
Esdr. 6 21 ὁ θεὸς δὸς τέως τὴν παρακαταθήκην ὁ στέφανός σοι * ἡτοίμασται * δεῦρο τελεύτα ἵνα ἐπιτύχῃς αὐτοῦ. τότε ἤρξατο
Job 43 14 ἰδοὺ ὁ κύριος παρεγένετο, ἰδού οἱ ἅγιοι * ἡτοιμάσθησαν, * προηγουμένων τῶν στεφάνων μετ' ἐγκωμίων.
Aris. 181 4 πλησίον τῆς ἄκρας αὐτοῖς καὶ τὰ κατὰ τὸ συμπόσιον * ἑτοιμάζειν. * ὁ δὲ ἀρχεδέατρος Νικάνωρ Δωρόθεον
Aris. 186 3 χρόνον καὶ τὸ τηνικαῦτα πρὸς τὸ τέρπεσθαι διὰ τῶν * ἡτοιμασμένων * ἐτράπησαν τῶν λειτουργιῶν ἁπασῶν διὰ τῆς
Aris. 319 2 αὐτοῦ. τὰ δὲ πρὸς τὴν ἐκπομπὴν αὐτῶν ἐκέλευσεν * ἑτοιμάζειν * μεγαλομερῶς τοῖς ἀνδράσι χρησάμενος. ἑκάστῳ
FEll. 1 34 8 οὐκ ἤκουσεν καὶ ἐπὶ καρδίαν ἀνθρώπου οὐκ ἀνέβη ὅσα * ἡτοίμασεν * ὁ θεὸς τοῖς ἀγαπῶσιν αὐτόν. δόξαν ἣν ὀφθαλμὸς

ἑτοιμασία 1
Aris. 182 2 ὃς ἦν ἐπὶ τούτων ἀποτεταγμένος ἐκέλευσε τὴν * ἑτοιμασίαν * εἰς ἕκαστον ἐπιτελεῖν. ἦν γὰρ οὕτω

ἕτοιμος 5
TLevi 3 2 ἀνθρώπων. ὁ δεύτερος ἔχει πῦρ χιόνα κρύσταλλον * ἕτοιμα * εἰς ἡμέραν προστάγματος κυρίου ἐν τῇ δικαιοκρισίᾳ
Sal. 6 1 ἐλπίδι τῷ Σαλωμων. μακάριος ἀνὴρ οὗ ἡ καρδία αὐτοῦ * ἑτοίμη * ἐπικαλέσασθαι τὸ ὄνομα κυρίου ἐν τῷ μνημονεύειν
Esdr. 5 13 τὸ πέμπτον μὲν ἀπογαλακτοῦται καὶ τὸ ἕκτον μὲν * ἕτοιμον * γίνεται καὶ λαμβάνει τὴν ψυχὴν τὸ ἕβδομον
Job 7 13 αὐτῷ ὃ ποιεῖς ποίησον εἴ τι γὰρ βούλει ἀγάγαι μοι, * ἕτοιμός * εἰμι ὑποστῆναι ἅπερ ἐπιφέρεις μοι. ὅτε δὲ ἀπέστη
FAch. 116 τοὺς μέλλοντας οἰκοδομεῖν τὸν πύργον; ὁ δὲ λέγει * ἕτοιμοί * εἰσιν ἐπὰν σὺ τὸν τόπον δείξῃς. ὁ δὲ βασιλεὺς

ἔτος 259
Adam 1 2 Εὔαν καὶ ἀνῆλθεν εἰς τὴν ἀνατολὴν καὶ ἔμεινεν ἐκεῖ * ἔτη * δέκα καὶ ὀκτὼ καὶ μῆνας δύο. καὶ ἐν γαστρὶ εἴληφεν
Adam 5 1 τριάκοντα καὶ θυγατέρας τριάκοντα. ἔζησεν δὲ Ἀδὰμ * ἔτη * ἐνακόσια τριάκοντα. καὶ περιπεσὼν εἰς νόσον ἐβόησεν
Hen. 5 5 τοιγὰρ τὰς ἡμέρας ὑμῶν ὑμεῖς καταράσεσθε καὶ τὰ * ἔτη * τῆς ζωῆς ὑμῶν ἀπολεῖται καὶ τὰ ἔτη τῆς ἀπωλείας ὑμῶν
Hen. 5 5 καὶ τὰ ἔτη τῆς ζωῆς ὑμῶν ἀπολεῖται καὶ τὰ * ἔτη * τῆς ἀπωλείας ὑμῶν πληθυνθήσεται ἐν κατάρᾳ αἰώνων καὶ
Hen. 5 9 καὶ ἡ ζωὴ αὐτῶν αὐξηθήσεται ἐν εἰρήνῃ καὶ τὰ * ἔτη * τῆς χαρᾶς αὐτῶν πληθυνθήσεται ἐν ἀγαλλιάσει καὶ
Hen. 7B 1 λοιποὶ πάντες ἐν τῷ χιλιοστῷ ἑκατοστῷ ἑβδομηκοστῷ * ἔτει * τοῦ κόσμου ἔλαβον ἑαυτοῖς γυναῖκας καὶ ἤρξαντο
Hen. 10 10 ζῆσαι ζωὴν αἰώνιον καὶ ὅτι ζήσεται ἕκαστος αὐτῶν * ἔτη * πεντακόσια. καὶ εἶπεν Μιχαὴλ πορεύου καὶ δήλωσον
Hen. 10B 10 ζῆσαι ζωὴν αἰώνιον καὶ ὅτι ζήσεται ἕκαστος αὐτῶν * ἔτη * πεντακόσια. καὶ τῷ Μιχαὴλ εἶπε πορεύου Μιχαὴλ δῆσον
Hen. 21 6 κυρίου καὶ ἐδέθησαν ὧδε μέχρι τοῦ πληρῶσαι μύρια * ἔτη * τὸν χρόνον τῶν ἁμαρτημάτων αὐτῶν. κἀκεῖθεν ἐφώδευσα
Hen. 90 4 ἀπὸ τοῦ νῦν οὐ μὴ ἔσονται πλείω τῶν ἑκατὸν εἴκοσιν * ἐτῶν. * καὶ μὴ δόξητε ἔτι ζῆσαι ἐπὶ πλείονα ἔτη οὐ γάρ
Hen. 90 5 εἴκοσιν ἐτῶν. καὶ μὴ δόξητε ἔτι ζῆσαι ἐπὶ πλείονα * ἔτη * οὐ γάρ ἐστιν ἐπ' αὐτοῖς πᾶσα ὁδὸς ἐκφεύξεως ἀπὸ τοῦ
Abr.1 1 1 εὐλόγησον. ἔζησεν Ἀβραὰμ τὸ μέτρον τῆς ζωῆς αὐτοῦ * ἔτη * ἐννακόσια ἐνενήκοντα ἐννέα πάντα δὲ τὰ τέλη τῆς ζωῆς
Abr.2 7 17 αὐτοῦ μένει ἐπὶ τῆς γῆς ἕως πληρωθῶσιν ἑξακισχίλια * ἔτη * ἐν ᾧ ἐγερθήσεται πᾶσα σάρξ νῦν οὖν Ἀβραὰμ διάθου
Abr.2 9 3 δύναται εἰσελθεῖν ἐν αὐτῇ εἰ μὴ παιδία ὡς δέκα * ἐτῶν. * καὶ εἶπεν Μιχαὴλ σὺ ὅλως εἰσέρχει ἐν αὐτῇ καὶ

| | | | | | |
|---|---|---|---|---|---|
| TRub. | 1 | 1 | πρὶν ἢ ἀποθανεῖν αὐτὸν ἐν ἑκατοστῷ εἰκοστῷ πέμπτῳ | * ἔτει * | τῆς ζωῆς αὐτοῦ. μετὰ ἔτη δύο τῆς τελευτῆς Ἰωσὴφ |
| TRub. | 1 | 2 | ἑκατοστῷ εἰκοστῷ πέμπτῳ ἔτει τῆς ζωῆς αὐτοῦ. μετὰ | * ἔτη * | δύο τῆς τελευτῆς Ἰωσὴφ ἀρρωστοῦντι συνήχθησαν |
| TRub. | 1 | 8 | πρὸς κύριον ὅτι ἤθελε κύριος ἀνελεῖν με. ἤμην γὰρ | * ἐτῶν * | τριάκοντα ὅτε ἔπραξα τὸ πονηρὸν ἐνώπιον κυρίου καὶ |
| TRub. | 1 | 9 | ἕως θανάτου. καὶ ἐν προαιρέσει ψυχῆς μου ἑπτὰ | * ἔτη * | μετενόησα ἐνώπιον κυρίου οἶνον καὶ σίκερα οὐκ ἔπιον |
| TSim. | 1 | 1 | υἱοῖς αὐτοῦ πρὸ τοῦ θανεῖν αὐτὸν ἑκατοστῷ εἰκοστῷ | * ἔτει * | τῆς ζωῆς αὐτοῦ ἐν ᾧ ἔτει ἀπέθανεν Ἰωσήφ. ἦλθον γὰρ |
| TSim. | 1 | 1 | αὐτὸν ἑκατοστῷ εἰκοστῷ ἔτει τῆς ζωῆς αὐτοῦ ἐν ᾧ | * ἔτει * | ἀπέθανεν Ἰωσήφ. ἦλθον γὰρ ἐπισκέψασθαι αὐτὸν |
| TSim. | 3 | 4 | πάντοτε ἀνθεῖ ὁ δὲ φθονῶν μαραίνεται. δύο | * ἔτη * | ἡμερῶν ἐν φόβῳ κυρίου ἐκάκωσα ἐν νηστείᾳ τὴν ψυχήν |
| TSim. | 8 | 1 | καὶ ἐκοιμήθη μετὰ τῶν πατέρων αὐτοῦ ἑκατὸν εἴκοσιν | * ἐτῶν. * | καὶ ἔθηκαν αὐτὸν ἐν θήκῃ ξύλων ἀσήπτων τοῦ |
| TLevi | 2 | 2 | σὺν τῷ πατρὶ εἰς Σίκιμα. ἤμην δὲ νεώτερος ὡσεὶ | * ἐτῶν * | εἴκοσιν ὅτε ἐποίησα μετὰ Συμεὼν τὴν ἐκδίκησιν τῆς |
| TLevi | 11 | 1 | Ἐνὼχ τοῦ δικαίου. ὅτε οὖν ἔλαβον γυναῖκα ἤμην | * ἐτῶν * | εἰκοσιοκτὼ ᾗ ὄνομα Μελχά. καὶ συλλαβοῦσα ἔτεκε καὶ |
| TLevi | 11 | 4 | πρώτῃ τάξει. καὶ ὁ Καὰθ ἐγεννήθη τριακοστῷ πέμπτῳ | * ἔτει * | πρὸς ἀνατολὰς ἡλίου. εἶδον δὲ ἐν ὁράματι ὅτι μέσος |
| TLevi | 11 | 7 | καὶ τρίτον ἔτεκέ μοι τὸν Μεραρὶ τεσσαρακοστῷ | * ἔτει * | ζωῆς μου. καὶ ἐπειδὴ ἐδυστόκησεν ἡ μήτηρ αὐτοῦ |
| TLevi | 11 | 8 | αὐτὸς ἀπέθανεν. ἡ δὲ Ἰωχάβεδ ἑξηκοστῷ τετάρτῳ | * ἔτει * | ἐτέχθη ἐν Αἰγύπτῳ ἔνδοξος γὰρ ἤμην τότε ἐν μέσῳ τῶν |
| TLevi | 12 | 4 | Μεραρὶ Μοολὶ καὶ Ὁμουσί. καὶ ἐνενηκοστῷ τετάρτῳ | * ἔτει * | μου ἔλαβεν ὁ Ἀμβρὰμ τὴν Ἰωχάβεδ θυγατέρα μου αὐτῷ |
| TLevi | 12 | 5 | ἡμέρᾳ ἐγεννήθησαν αὐτὸς καὶ ἡ θυγάτηρ μου. ὀκτὼ | * ἐτῶν * | ἤμην ὅτε εἰσῆλθον εἰς γῆν Χανάαν καὶ ὀκτωκαίδεκα |
| TLevi | 12 | 5 | ἤμην ὅτε εἰσῆλθον εἰς γῆν Χανάαν καὶ ὀκτωκαίδεκα | * ἐτῶν * | ὅτε ἀπέκτεινα τὸν Συχὲμ καὶ ἐννεακαίδεκα ἐτῶν |
| TLevi | 12 | 5 | ἐτῶν ὅτε ἀπέκτεινα τὸν Συχὲμ καὶ ἐννεακαίδεκα | * ἐτῶν * | ἱεράτευσα καὶ εἰκοσιοκτὼ ἐτῶν ἔλαβον γυναῖκα καὶ |
| TLevi | 12 | 5 | καὶ ἐννεακαίδεκα ἐτῶν ἱεράτευσα καὶ εἰκοσιοκτὼ | * ἐτῶν * | ἔλαβον γυναῖκα καὶ τεσσαράκοντα ἐτῶν εἰσῆλθον εἰς |
| TLevi | 12 | 5 | εἰκοσιοκτὼ ἐτῶν ἔλαβον γυναῖκα καὶ τεσσαράκοντα | * ἐτῶν * | εἰσῆλθον εἰς Αἴγυπτον. καὶ ἰδού ἐστε τέκνα μου |
| TLevi | 12 | 7 | μου τρίτη γενεά. Ἰωσὴφ ἑκατοστῷ ὀκτωκαιδεκάτῳ | * ἔτει * | ἀπέθανεν. καὶ νῦν τέκνα μου ἐντέλλομαι ὑμῖν ἵνα |
| TLevi | 18 | 2B062 | ὅτε ἀνεπληρώθησάν μοι ἑβδομάδες τέσσαρες ἐν τοῖς | * ἔτεσιν * | τῆς ζωῆς μου ἐν ἔτει ὀγδόῳ καὶ εἰκοστῷ ἔλαβον |
| TLevi | 18 | 2B062 | ἑβδομάδες τέσσαρες ἐν τοῖς ἔτεσιν τῆς ζωῆς μου ἐν | * ἔτει * | ὀγδόῳ καὶ εἰκοστῷ ἔλαβον γυναῖκα ἐμαυτῷ ἐκ τῆς |
| TLevi | 18 | 2B065 | τῆς ἀρχῆς ἱερωσύνης (ἔσται τὸ σπέρμα αὐτοῦ). λ' | * ἐτῶν * | ἤμην ὅτε ἐγεννήθη ἐν τῇ ζωῇ μου καὶ ἐν τῷ ι' μηνὶ |
| TLevi | 18 | 2B068 | ἱεράτευμα τῷ Ἰσραήλ. ἐν τῷ τετάρτῳ καὶ λ' | * ἔτει * | ἐγεννήθη ἐν τῷ πρώτῳ μηνὶ μιᾷ τοῦ μηνὸς ἐπ' |
| TLevi | 19 | 4 | τοὺς πατέρας αὐτοῦ ζήσας ἑκατὸν τριάκοντα ἑπτὰ | * ἔτη. * | καὶ ἔθηκαν αὐτὸν ἐν σορῷ καὶ ὕστερον ἔθαψαν αὐτὸν |
| TJud. | 7 | 10 | ἐγὼ τὴν Θάμνα καὶ ὁ πατήρ μου τὴν Ραμβαηλ. εἴκοσιν | * ἐτῶν * | ἤμην ὅτε ἐγένετο ὁ πόλεμος οὗτος καὶ ἦσαν οἱ |
| TJud. | 9 | 1 | ἔζησε καὶ τὰ τέκνα αὐτοῦ ὑμεῖς ἐστε. δεκαοκτὼ | * ἔτη * | ἐποιήσαμεν εἰρήνην ὁ πατὴρ ἡμῶν καὶ ἡμεῖς μετὰ τοῦ |
| TJud. | 9 | 2 | ἀπὸ Λαβάν. καὶ πληρωθέντων τῶν δεκαοκτὼ | * ἐτῶν * | ἐν τεσσαρακοστῷ ἔτει ζωῆς μου ἐπῆλθεν ἡμῖν Ἡσαῦ ὁ |
| TJud. | 9 | 2 | καὶ πληρωθέντων τῶν δεκαοκτὼ ἐτῶν ἐν τεσσαρακοστῷ | * ἔτει * | ζωῆς μου ἐπῆλθεν ἡμῖν Ἡσαῦ ὁ ἀδελφὸς τοῦ πατρός |
| TJud. | 12 | 1 | τοὺς λόγους τούτους χηρευούσης τῆς Θαμὰρ μετὰ δύο | * ἔτη * | ἀκούσασα ὅτι ἀνέρχομαι κεῖραι τὰ πρόβατα κοσμηθεῖσα |
| TJud. | 12 | 12 | πρὸς Ἰωσὴφ διὰ τὸν λιμόν. τεσσαράκοντα ἓξ | * ἐτῶν * | ἤμην καὶ ἑβδομήκοντα τρία ἔτη ἔζησα ἐκεῖ. καὶ νῦν |
| TJud. | 12 | 12 | τεσσαράκοντα ἓξ ἐτῶν ἤμην καὶ ἑβδομήκοντα τρία | * ἔτη * | ἔζησα ἐκεῖ. καὶ νῦν ὅσα ἐγὼ ὑμῖν ἐντέλλομαι ἀκούσατε |
| TJud. | 26 | 2 | ὁδοὺς αὐτῶν. καὶ εἶπε πρὸς αὐτοὺς ἑκατὸν δεκαεννέα | * ἐτῶν * | ἐγὼ ἀποθνήσκω σήμερον ἐν ὀφθαλμοῖς ὑμῶν. μηδεὶς με |
| TIss. | 1 | 10 | ἥρμοσται καὶ δι' ἐμὲ ἐδούλευσε τῷ πατρὶ ἡμῶν | * ἔτη * | δεκατέσσαρα. τί σοι ποιήσω ὅτι ἐπλήθυνεν ὁ δόλος καὶ |
| TIss. | 3 | 5 | ἐν ἁπλότητι ὀφθαλμῶν. διὰ τοῦτο τριάκοντα | * ἐτῶν * | ἔλαβον ἐμαυτῷ γυναῖκα ὅτι ὁ κάματος κατήσθιε τὴν |
| TIss. | 7 | 1 | τοῦ ἐπιστρέψαι εἰς τὴν γῆν αὐτῶν. ἑκατὸν εἰκοσιδύο | * ἐτῶν * | εἰμι ἐγὼ καὶ οὐκ ἔγνων ἐπ' ἐμὲ ἁμαρτίαν εἰς |
| TZab. | 1 | 1 | τοῖς τέκνοις αὐτοῦ ἑκατοστῷ τετάρτῳ καὶ δεκάτῳ | * ἔτει * | τῆς ζωῆς αὐτοῦ μετὰ δύο ἔτη τοῦ θανάτου Ἰωσήφ. καὶ |
| TZab. | 1 | 1 | τετάρτῳ καὶ δεκάτῳ ἔτει τῆς ζωῆς αὐτοῦ μετὰ δύο | * ἔτη * | τοῦ θανάτου Ἰωσήφ. καὶ εἶπεν αὐτοῖς ἀκούσατέ μου |
| TZab. | 6 | 7 | πλησίον λαμβάνει πολλαπλασίονα παρὰ κυρίου. πέντε | * ἔτη * | ἡλίευσα παντὶ ἀνθρώπῳ ὃν ἑωράκειν μεταδιδοὺς καὶ |
| TDan | 1 | 1 | ἐσχάτων τῶν ἡμερῶν αὐτοῦ ἑκατοστῷ εἰκοστῷ πέμπτῳ | * ἔτει * | τῆς ζωῆς αὐτοῦ. καλέσας τὴν πατριὰν αὐτοῦ εἶπεν |
| TNep. | 1 | 1 | Νεφθαλιμ ἧς διέθετο ἐν καιρῷ τέλους αὐτοῦ ἐν | * ἔτει * | ἑκατοστῷ τριακοστῷ δευτέρῳ τῆς ζωῆς αὐτοῦ. |
| TNep. | 5 | 1 | εἰς πάντας τοὺς μακρὰν καὶ τοὺς ἐγγύς. ἐν γὰρ | * ἔτει * | τεσσαρακοστῷ ζωῆς μου εἶδον ἐν ὄρεσιν ἐλαίου κατὰ |
| TGad | 1 | 1 | διαθήκης Γὰδ ἃ ἐλάλησεν αὐτὸς τοῖς υἱοῖς αὐτοῦ ἐν | * ἔτει * | ἑκατοστῷ εἰκοστῷ ἑβδόμῳ ζωῆς αὐτοῦ λέγων ἔνατος |
| TGad | 8 | 5 | πόδας αὐτοῦ ἐκοιμήθη ἐν εἰρήνῃ. καὶ μετὰ πέντε | * ἔτη * | ἀνήγαγον αὐτὸν καὶ ἔθαψαν αὐτὸν εἰς Χεβρὼν μετὰ τῶν |
| TAser | 1 | 1 | ἃ ἐλάλησε τοῖς υἱοῖς αὐτοῦ ἑκατοστῷ εἰκοστῷ ἕκτῳ | * ἔτει * | ζωῆς αὐτοῦ. ἔτι ὑγιαίνων εἶπε πρὸς αὐτοὺς ἀκούσατε |
| TJos. | 3 | 4 | προσηυχόμην κυρίῳ καὶ ἐνήστευον ἐν τοῖς ἑπτὰ | * ἔτεσιν * | ἐκείνοις καὶ ἐφαινόμην τῷ Αἰγυπτίῳ ὡς ἐν τρυφῇ |
| TBen. | 1 | 1 | λόγων Βενιαμὶν ὧν διέθετο τοῖς υἱοῖς αὐτοῦ ζήσας | * ἔτη * | ἑκατὸν εἰκοσιπέντε. καὶ φιλήσας αὐτοὺς εἶπεν ὡς |
| TBen. | 1 | 2 | καὶ φιλήσας αὐτοὺς εἶπεν ὡς Ἰσαὰκ ἑκατοστῷ | * ἔτει * | ἐτέχθη τῷ Ἀβραὰμ οὕτως κἀγὼ τῷ Ἰακώβ. ἐπειδὴ οὖν |
| TBen. | 1 | 4 | ἡ γὰρ Ῥαχὴλ μετὰ τὸ τεκεῖν τὸν Ἰωσὴφ δώδεκα | * ἔτη * | ἐστείρευσεν καὶ προσηύξατο κυρίῳ μετὰ νηστείας |
| TBen. | 7 | 3 | ἐκδικίαις παραδίδοται ὑπὸ τοῦ θεοῦ κατὰ γὰρ ἑκατὸν | * ἔτη * | μίαν πληγὴν ἐπήγαγεν αὐτῷ ὁ κύριος. διακοσίων ἐτῶν |
| TBen. | 7 | 4 | ἔτη μίαν πληγὴν ἐπήγαγεν αὐτῷ ὁ κύριος. διακοσίων | * ἐτῶν * | πάσχει καὶ ἐνακοσιοστῷ ἔτει ἐρημοῦται ἐπὶ τοῦ |
| TBen. | 7 | 4 | ὁ κύριος. διακοσίων ἐτῶν πάσχει καὶ ἐνακοσιοστῷ | * ἔτει * | ἐρημοῦται ἐπὶ τοῦ κατακλυσμοῦ διὰ Ἄβελ τὸν δίκαιον |
| TBen. | 12 | 2 | μου. καὶ ἀπέθανε Βενιαμὶν ἑκατὸν εἰκοσιπέντε | * ἐτῶν * | ἐν γήρει καλῷ καὶ ἔθηκαν αὐτὸν ἐν παραθήκῃ. καὶ |
| TBen. | 12 | 3 | καὶ ἔθηκαν αὐτὸν ἐν παραθήκῃ. καὶ ἐνενηκοστῷ πρώτῳ | * ἔτει * | τῆς εἰσόδου τῶν υἱῶν Ἰσραὴλ εἰς Αἴγυπτον αὐτοὶ καὶ |
| Asen. | 1 | 1 | καὶ ἐγένετο ἐν τῷ πρώτῳ | * ἔτει * | τῶν ἑπτὰ ἐτῶν τῆς εὐθηνίας ἐν τῷ μηνὶ τῷ δευτέρῳ |
| Asen. | 1 | 1 | καὶ ἐγένετο ἐν τῷ πρώτῳ ἔτει τῶν ἑπτὰ | * ἐτῶν * | τῆς εὐθηνίας ἐν τῷ μηνὶ τῷ δευτέρῳ πέμπτῃ τοῦ μηνὸς |
| Asen. | 1 | 2 | καὶ ἦλθεν Ἰωσὴφ ἐν τῷ τετάρτῳ μηνὶ τοῦ πρώτου | * ἔτους * | ὀκτωκαιδεκάτῃ τοῦ μηνὸς εἰς τὰ ὅρια Ἡλιουπόλεως |
| Asen. | 1 | 4 | ἱερεὺς Ἡλιουπόλεως. καὶ ἦν θυγάτηρ αὐτῷ παρθένος | * ἐτῶν * | ὀκτωκαίδεκα μεγάλη καὶ ὡραία καὶ καλὴ τῷ εἴδει |
| Asen. | 3 | 1 | δένδρα τῆς αὐλῆς ἐκείνης. καὶ ἐγένετο ἐν τῷ πρώτῳ | * ἔτει * | τῶν ἑπτὰ ἐτῶν τῆς εὐθηνίας ἐν τῷ τετάρτῳ μηνὶ |
| Asen. | 3 | 1 | ἐκείνης. καὶ ἐγένετο ἐν τῷ πρώτῳ ἔτει τῶν ἑπτὰ | * ἐτῶν * | τῆς εὐθηνίας ἐν τῷ τετάρτῳ μηνὶ ὀκτωκαιδεκάτῃ τοῦ |
| Asen. | 22 | 1 | αἰώνων). καὶ ἐγένετο μετὰ ταῦτα παρῆλθον τὰ ἑπτὰ | * ἔτη * | τῆς εὐθηνίας καὶ ἤρξαντο ἔρχεσθαι τὰ ἑπτὰ ἔτη τοῦ |
| Asen. | 22 | 1 | ἑπτὰ ἔτη τῆς εὐθηνίας καὶ ἤρξαντο ἔρχεσθαι τὰ ἑπτὰ | * ἔτη * | τοῦ λιμοῦ. καὶ ἤκουσεν Ἰακὼβ περὶ Ἰωσὴφ τοῦ υἱοῦ |
| Asen. | 22 | 2 | Αἴγυπτον σὺν πάσῃ τῇ συγγενείᾳ αὐτοῦ ἐν τῷ δευτέρῳ | * ἔτει * | τοῦ λιμοῦ ἐν τῷ δευτέρῳ μηνὶ μιᾷ καὶ εἰκάδι τοῦ |
| Asen. | 27 | 1 | αὐτῆς. καὶ ἦν Βενιαμὶν παιδάριον ὀκτωκαίδεκα | * ἐτῶν * | μέγα καὶ ἰσχυρὸν καὶ πρυτανικὸν καὶ ἦν κάλλος ἐν |
| Asen. | 29 | 8 | καὶ ἐκ τοῦ πένθους ἐμαλακίσθη καὶ ἀπέθανε Φαραὼ | * ἐτῶν * | ἑκατὸν ἐννέα καὶ κατέλιπε τὸ διάδημα αὐτοῦ τῷ |
| Asen. | 29 | 9 | αὐτοῦ τῷ Ἰωσήφ. καὶ ἐβασίλευσεν Ἰωσὴφ ἐν Αἰγύπτῳ | * ἔτη * | τεσσαράκοντα ὀκτὼ καὶ μετὰ ταῦτα ἀπέδωκεν Ἰωσὴφ τὸ |
| Jer. | 5 | 2 | αὐτοῦ ἐπὶ τὸν κόφινον τῶν σύκων ὕπνωσεν κοιμώμενος | * ἔτη * | ἑξηκονταὲξ καὶ οὐκ ἐξυπνίσθη ἐκ τοῦ ὕπνου αὐτοῦ. καὶ |
| Jer. | 5 | 30 | τὴν ἔκστασιν ἐπὶ σέ. ἰδοὺ γὰρ ἑξήκοντα καὶ ἓξ | * ἔτη * | σήμερόν εἰσιν ἀφ' οὗ ᾐχμαλωτεύθη ὁ λαὸς εἰς |
| Jer. | 6 | 5 | τὸν κόφινον τοῦτον τῶν σύκων ἰδοὺ γὰρ ἑξηκονταὲξ | * ἔτη * | ἐποίησαν καὶ οὐκ ἐμαράνθησαν οὐδὲ ὦζεσαν ἀλλὰ |
| Jer. | 7 | 24 | οὐκ ἐπαύσατο ἡ λύπη ἀφ' ἡμῶν ἑξήκοντα καὶ ἓξ | * ἔτη * | σήμερον. πολλάκις γὰρ ἐξερχόμενος ηὕρισκον ἐκ τοῦ |
| Jer. | 9 | 14 | πίστεως. γίνεται δὲ μετὰ τοὺς καιροὺς τούτους ἄλλα | * ἔτη * | τετρακόσια ἑβδομηκονταεπτὰ καὶ ἔρχεται εἰς τὴν γῆν. |
| Prop. | 4 | 14 | γενήσεται καὶ ἠπίστουν αὐτῷ. ὁ Δανιὴλ τὰ ἑπτὰ | * ἔτη * | ἃ εἶπεν ἑπτὰ καιροὺς ἐποίησε γενέσθαι ἑπτὰ μῆνας τὸ |
| Prop. | 4 | 15 | ἐπ' αὐτὸν ὅτι ἀποκατέστησεν ἑπτὰ μησὶ τὰ ἓξ | * ἔτη * | καὶ ἓξ μῆνας ὑπέπιπτε κυρίῳ καὶ ὡμολόγει τὴν |
| Prop. | 12 | 8 | ἐπιστρέψει ὁ λαὸς ὑπὸ Βαβυλῶνος. καὶ πρὸ δύο | * ἐτῶν * | ἀποθνήσκει τῆς ἐπιστροφῆς. καὶ ἐτάφη ἐν ἀγρῷ ἰδίῳ |
| Prop. | 12 | 17 | τοῦ Χριστοῦ πολλὰ προεφήτευσε. καὶ πρὸ δύο | * ἐτῶν * | τῆς ἐπιστροφῆς τοῦ λαοῦ τῆς ἀπὸ Βαβυλῶνος |
| Prop. | 21 | 4 | εἰσί ταῦτα ηὔξατο Ἠλίας καὶ οὐκ ἔβρεξεν ἐπὶ | * ἔτη * | τρία καὶ πάλιν ηὔξατο μετὰ τρία ἔτη καὶ γέγονε πολὺς |
| Prop. | 21 | 4 | ἔβρεξεν ἐπὶ ἔτη τρία καὶ πάλιν ηὔξατο μετὰ τρία | * ἔτη * | καὶ γέγονε πολὺς ὑετὸς ἐν Σαρεφθοῖς τῆς Σιδωνίας |
| Prop. | 25 | 1 | ὡς πάντας ὑπερθαυμάσαι καὶ τὸν ὑπατικὸν πῶς ρ κ' | * ἐτῶν * | τυγχάνων ὑπέμεινε τὰς αἰκίας καὶ ἐκέλευσεν αὐτὸν |
| Esdr. | 1 | 2 | τοῦ θεοῦ. εὐλόγησον πάτερ. ἐγένετο ἐν τῷ τριακοστῷ | * ἔτει * | δευτέρᾳ καὶ εἰκάδι τοῦ μηνὸς ἤμην ἐν τῷ οἴκῳ μου |
| Esdr. | 3 | 5 | σοι. καὶ εἶπεν ὁ προφήτης κύριε εἰπέ μοι καὶ τὰ | * ἔτη. * | καὶ (εἶπεν ὁ θεὸς) ἐὰν ἴδω τὴν δικαιοσύνην τοῦ |
| Sedr. | 12 | 4 | αὐτῷ ὁ κύριος λέγε ὦ Σεδράχ. (λέγει ὁ Σεδρὰχ) | * ἔτη * | ὀγδοήκοντα (ἢ) ἐνενήκοντα ἐὰν ζήσῃ ἄνθρωπος ἢ ἑκατὸν |
| Sedr. | 12 | 5 | ζῶν τὰ ἑκατὸν (ἢ) ὀγδοήκοντα μετανοήσας τρία | * ἔτη * | καὶ ποιήσῃ καρπὸν δικαιοσύνης καὶ φθάσῃ ὁ θάνατος οὐ |
| Sedr. | 13 | 1 | αὐτοῦ. λέγει αὐτῷ Σεδρὰχ πολλά εἰσιν τὰ τρία | * ἔτη * | κύριέ μου μὴ φθάσῃ ὁ θάνατος αὐτοῦ καὶ οὐ πληρώσῃ |
| Sedr. | 13 | 2 | σου καὶ σπλαγχνίσθητι ὅτι πολλά εἰσιν τὰ τρία | * ἔτη. * | λέγει αὐτὸν ὁ θεὸς ἐὰν μετὰ ἑκατὸν ἔτη ζήσῃ |
| Sedr. | 13 | 3 | τὰ τρία ἔτη. λέγει αὐτὸν ὁ θεὸς ἐὰν μετὰ ἑκατὸν | * ἔτη * | ζήσῃ ἄνθρωπος καὶ μνησθῇ τὸν θάνατον αὐτοῦ καὶ |
| Job | 16 | 1 | τὸν θεόν. ἐμοῦ δὲ τοῦτο ποιοῦντος ἐν τοῖς ἑπτὰ | * ἔτεσιν * | μετὰ τὸ τὸν ἄγγελον ὑποδεῖξαί μοι, εἶτα μετὰ τὸ |
| Job | 21 | 1 | οὗ ἐνταλθῇ ὑπὸ τοῦ κελεύσαντός σε. καὶ ἐποίησα | * ἔτη * | τεσσαράκοντα ὀκτὼ ἐν τῇ κοπρίᾳ ἐκτὸς τῆς πόλεως ἐν |
| Job | 22 | 1 | ἀνελάμβανον λογισμὸν μακρόθυμον. καὶ μετὰ ἕνδεκα | * ἔτη * | καὶ αὐτὸν τὸν ἄρτον ἀφείλαντο μὴ προσενεχθῆναί μοι, |
| Job | 26 | 1 | σώματος. καὶ ἐγὼ ἀπεκρίθην αὐτῇ ἰδοὺ ἐγὼ δέκα ἑπτὰ | * ἔτη * | ἔχω ἐν ταῖς πληγαῖς, ὑφιστάμενος τοὺς σκώληκας τοὺς |
| Job | 27 | 6 | ὁ Σατανᾶς ἀνεχώρησεν ἀπ' ἐμοῦ ἐν τρισὶν | * ἔτεσιν. * | νῦν οὖν τέκνα μου μακροθυμήσατε καὶ ὑμεῖς ἐν |
| Job | 28 | 1 | ἐστὶν παντὸς ἡ μακροθυμία. καὶ ὅτε ἐπλήρωσα εἴκοσι | * ἔτη * | τυγχάνων ἐν τῇ πληγῇ, καὶ ἤκουσαν οἱ βασιλεῖς τὰ |
| Job | 28 | 8 | ἐπὶ τῆς κοπρίας ἔξω τῆς πόλεως ἔχει γὰρ εἴκοσι | * ἔτη * | μὴ ἀνελθὼν ἐν τῇ πόλει. πάλιν ἠρώτησαν περὶ τῶν |
| Job | 53 | 9 | δὲ παρὰ κυ Ἰωβ. ἔζησε δὲ πρὶν τῆς πληγῆς | * ἔτη * | π ε' μετὰ δὲ τὴν πληγὴν λαβὼν πάντα διπλὰ ἔλαβε καὶ |
| Job | 53 | 9 | μετὰ δὲ τὴν πληγὴν λαβὼν πάντα διπλὰ ἔλαβε καὶ τὰ | * ἔτη * | διπλὰ τουτέστιν ρ ο'. τὰ δὲ πάντα ἔτη τῆς ζωῆς αὐτοῦ |
| Job | 53 | 9 | ἔλαβε καὶ τὰ ἔτη διπλὰ τουτέστιν ρ ο'. τὰ δὲ πάντα | * ἔτη * | τῆς ζωῆς αὐτοῦ σ μ η'. καὶ ἴδεν υἱοὺς τῶν υἱῶν αὐτοῦ |
| Sib. | 3 | 349 | ὀλοὸν γένος ἐγγὺς ὀλέθρου καὶ τότ' Ἀλεξανδρεῦσιν | * ἔτος * | τὸ παρελθὸν ἄμεινον ὁππόσα δασμοφόρου Ἀσίης |
| Sib. | 3 | 551 | σέβας δ' ἔχε μηδὲ λάθῃ σε. χίλια δ' ἔστ' | * ἔτεα * | καὶ πένθ' ἑκατοντάδες ἄλλαι ἐξ οὗ δὴ βασίλευσαν |
| Sib. | 5 | 155 | τε πόλιν λαόν τε δίκαιον. ἀλλ' ὅταν ἐκ τετράτου | * ἔτεος * | λάμψῃ μέγας ἀστὴρ ὃς πᾶσαν γαῖαν καθελεῖ μόνος |
| FJub. | 3 | 32 | ὁ ὄφις ἀνθρωπίνῃ φωνῇ ἐλάλησε τῇ Εὔᾳ. τῷ ἑβδόμῳ | * ἔτει * | παρέβη καὶ τῷ ὀγδόῳ ἐξερρίφησαν τοῦ παραδείσου μετὰ |
| FJub. | 3 | 34 | τὴν παράβασιν τῇ δεκάτῃ τοῦ Μαΐου μηνός. τῷ ὀγδόῳ | * ἔτει * | ἔγνω ὁ Ἀδὰμ Εὔαν τὴν γυναῖκα αὐτοῦ. τῷ ἑβδομηκοστῷ |
| FJub. | 4 | 1 | ὁ Ἀδὰμ Εὔαν τὴν γυναῖκα αὐτοῦ. τῷ ἑβδομηκοστῷ | * ἔτει * | ἐγεννήθη αὐτοῖς πρωτότοκος υἱὸς ὁ Κάϊν. τῷ |
| FJub. | 4 | 1 | πρωτότοκος υἱὸς ὁ Κάϊν. τῷ ἑβδομηκοστῷ ἑβδόμῳ | * ἔτει * | γεγενῆσθαι τὸν δίκαιον Ἄβελ. τῷ ὀγδοηκοστῷ πέμπτῳ |
| FJub. | 4 | 1 | γεγενῆσθαι τὸν δίκαιον Ἄβελ. τῷ ὀγδοηκοστῷ πέμπτῳ | * ἔτει * | ἐγεννήθη αὐτοῖς θυγάτηρ καὶ ὠνόμασαν αὐτὴν Ἀσουάμ. |

| | | | | | | |
|---|---|---|---|---|---|---|
| FJub. | | 4 | 1 | καὶ ὠνόμασαν αὐτὴν Ἀσουάμ. τῷ ἐνενηκοστῷ ἑβδόμῳ | * ἔτει * | προσήνεγκε Κάϊν. τῷ ἐνενηκοστῷ ἐνάτῳ ἔτει Ἄβελ |
| FJub. | | 4 | 1 | ἑβδόμῳ ἔτει προσήνεγκε Κάϊν. τῷ ἐνενηκοστῷ ἐνάτῳ | * ἔτει * | Ἄβελ ἀνήνεγκε θυσίαν τῷ θεῷ εἰκοστὸν δεύτερον ἔτος |
| FJub. | | 4 | 1 | Ἄβελ ἀνήνεγκε θυσίαν τῷ θεῷ εἰκοστὸν δεύτερον | * ἔτος * | ἄγων κατὰ τὴν πανσέληνον τοῦ ἑβδόμου μηνὸς παρ' |
| FJub. | | 4 | 2 | τὰ δὲ τοῦ Ἄβελ δῶρα. τῷ αὐτῷ ἐνενηκοστῷ ἐνάτῳ | * ἔτει * | ἀνεῖλεν ὁ Κάϊν τὸν Ἄβελ καὶ ἐπένθησαν αὐτόν οἱ |
| FJub. | | 4 | 2 | αὐτόν οἱ πρωτόπλαστοι ἑβδομαδικοὺς τέσσαρας ἤγουν | * ἔτη * | εἴκοσι ὀκτώ. τῷ ἑκατοστῷ εἰκοστῷ ἑβδόμῳ ἔτει ὁ Ἀδὰμ |
| FJub. | | 4 | 7 | ἤγουν ἔτη εἴκοσι ὀκτώ. τῷ ἑκατοστῷ εἰκοστῷ ἑβδόμῳ | * ἔτει * | ὁ Ἀδὰμ καὶ ἡ Εὔα ἀπέθεντο τὸ πένθος. τῷ ἑκατοστῷ |
| FJub. | | 4 | 9 | ἀπέθεντο τὸ πένθος. τῷ ἑκατοστῷ τριακοστῷ πέμπτῳ | * ἔτει * | ἔλαβεν ὁ Κάϊν τὴν ἰδίαν ἀδελφὴν Ἀσαυνᾶν οὖσαν ἐτῶν |
| FJub. | | 4 | 9 | ἔλαβεν ὁ Κάϊν τὴν ἰδίαν ἀδελφὴν Ἀσαυνᾶν οὖσαν | * ἐτῶν * | ν'. αὐτὸς δὲ ἦν ἐτῶν ἑξήκοντα πέντε. ὁ μὲν Κάϊν τῇ |
| FJub. | | 4 | 9 | ἰδίαν ἀδελφὴν Ἀσαυνᾶν οὖσαν ἐτῶν ν'. αὐτὸς δὲ ἦν | * ἐτῶν * | ἑξήκοντα πέντε. ὁ μὲν Κάϊν τῇ ἀδελφῇ τῇ μείζονι |
| FJub. | | 4 | 31 | θυγάτηρ Βαραχιὴλ πατραδέλφου αὐτοῦ. τῷ αὐτῷ Σ λ' | * ἔτει * | καὶ Κάϊν ἀπέθανεν ἐμπεσόντος ἐπ' αὐτὸν τοῦ οἴκου. |
| FJub. | | 7 | 1 | πέμπτῃ τοῦ μηνὸς τοῦ πέμπτου. τούτῳ τῷ 'β σ ν α' | * ἔτει * | Νῶε ἐφύτευσεν ἀμπελῶνα ἐν ὄρει Λουβὰρ τῆς |
| FJub. | | 8 | 2 | ἐν ὄρει Λουβὰρ τῆς Ἀρμενίας. τῷ 'β φ π ε' | * ἔτει * | Καϊνᾶν διοδεύων ἐν τῷ πεδίῳ εὗρε τὴν γραφὴν τῶν |
| FJub. | | 10 | 1 | θυγάτηρ Νεβρωδ. μετὰ τὸν κατακλυσμὸν τῷ 'β φ π β' | * ἔτει * | τοῦ κόσμου φθόνῳ κινούμενοι <οἱ ἐγρήγοροι> μετὰ |
| FJub. | | 10 | 21 | γυνὴ Φαλεχ Δυμνα θυγάτηρ Σεννααρ. ἐπὶ μ γ' | * ἔτη * | ἔμειναν οἰκοδομοῦντες. τὸ ὕψος 'ε υ λ γ' πήχεις καὶ |
| FJub. | | 10 | 21 | τοίχου> στάδιοι ιγ' <καὶ τοῦ ἄλλου> λ'. ἐπὶ γὰρ | * ἔτη * | τεσσαράκοντα οἰκοδομήσαντες ἐκείνου <Νεβρὼδ> μάλιστα |
| FJub. | | 11 | 1 | υἱοῦ Χεζα. Ῥαγὰβ γενόμενος ἑκατὸν τριακονταδύο | * ἐτῶν * | ἐγέννησε τὸν Σερούχ. ἐπὶ τούτου οἱ ἄνθρωποι τὸν |
| FJub. | | 11 | 14 | πᾶσαν Χαλδαϊκὴν μαντείαν. Ναχὼρ δὲ γενόμενος ο θ' | * ἐτῶν * | ἐγέννησε τὸν Θάρρα. Νίνου δὲ τοῦ πρώτου βασιλέως |
| FJub. | | 11 | 14 | τῶν Ἀσσυρίων τεσσαρακοστὸν τρίτον ἄγοντος | * ἔτος * | τῆς βασιλείας γεννᾶται Ἀβραάμ. Θάρρα δὲ γενόμενος |
| FJub. | | 11 | 14 | τῆς βασιλείας γεννᾶται Ἀβραάμ. Θάρρα δὲ γενόμενος | * ἐτῶν * | ο' ἐγέννησεν ἐκ γυναικὸς Ἔδνας θυγατρὸς Ἀβραὰμ |
| FJub. | | 12 | 12 | Αρραν ἀδελφὴ τῆς Μελχας καὶ τοῦ Λωτ. τῷ 'γ τ ο γ' | * ἔτει * | τοῦ κόσμου Ἀβραὰμ δὲ ξ α' ἐνεπύρισεν Ἀβραὰμ τὰ |
| FJub. | | 15 | 17 | κατάρατον ἐκ παρανόμου μίξεως. οὗτος ὁ Ἀβραὰμ | * ἐτῶν * | ρ' ἐγέννησεν τὸν Ἰσαάκ. μετὰ ταῦτα τῆς κατὰ Μαβρῆ |
| FJub. | | 17 | 15 | κλάδοις φοινίκων καὶ ἐλαιῶν. τὸν Ἰσαὰκ | * ἐτῶν * | κ ε' εἶναι ὅτε πρὸς θυσίαν ἀνήχθη. Μαστιφὰμ ὁ ἄρχων |
| FJub. | | 19 | 13 | τῆς ἐσχάτης αὐτοῦ γυναικὸς Χετούρας υἱοὺς πέντε. | * ἐτῶν * | δὲ ξ' ὃν ὁ Ἰσαὰκ ἐγέννησεν τὸν Ἰακώβ. κολλυρίδας |
| FJub. | | 22 | 4 | αὐτοῦ ἐτελεύτησεν ἀφυπνώσαντος τοῦ Ἀβραὰμ τῷ ιε' | * ἔτει * | τῆς ζωῆς Ἰακώβ. τῷ Ἡσαῦ ἔφη ἐν ταῖς εὐλογίαις ὁ |
| FJub. | | 29 | 12 | τὸν ζυγὸν αὐτοῦ ἀπὸ τοῦ τραχήλου σου. τῷ ρ ν γ' | * ἔτει * | τοῦ Ἰσαὰκ ἐπανῆλθεν Ἰακὼβ πρὸς αὐτὸν ἀπὸ |
| FJub. | | 46 | 3 | οἱ υἱοὶ Ἰακὼβ ἀνεῖλον τοὺς πλείστους. Ἰωσὴφ ιζ' | * ἐτῶν * | ἐπράθη καὶ τριὰ ἔτη ἐποίησεν δοῦλος καί γ' ἔτη ἐν |
| FJub. | | 46 | 3 | τοὺς πλείστους. Ἰωσὴφ ιζ' ἐτῶν ἐπράθη καὶ τριὰ | * ἔτη * | ἐποίησεν δοῦλος καί γ' ἔτη ἐν τῇ φυλακῇ καὶ π' πάσης |
| FJub. | | 46 | 3 | ἐτῶν ἐπράθη καὶ τριὰ ἔτη ἐποίησεν δοῦλος καί γ' | * ἔτη * | ἐν τῇ φυλακῇ καὶ π' πάσης γῆς Ἐγύπτου ἄρχων. τόν τε |
| FJub. | | 48 | 5 | Γαβριὴλ τὰ περὶ τῆς γενέσεως τοῦ κόσμου. ἐν ρ μ δ' | * ἔτει * | τῆς ἐν Αἰγύπτῳ δουλείας ἤρξαντο Αἰγύπτιοι δέχεσθαι |
| FIsa. | | 1 | 1 | ἐγένετο ἐν τῷ πέμπτῳ καὶ εἰκοστῷ | * ἔτει * | βασιλεύοντος Ἐζεκίου καλέσαι Μανασσὴν τὸν υἱὸν |
| FIsa. | | 1 | 1 | Ἐζεκίου καλέσαι Μανασσὴν τὸν υἱὸν αὐτοῦ ὄντα | * ἐτῶν * | ἕνδεκα ἔμπροσθεν Ἡσαΐου τοῦ προφήτου καὶ Ἰασοὺμ |
| FIsa. | 1 | 2 | 11 | ἦσαν ἐν τ<ο>ῖς ὄρεσιν καὶ ἐν τοῖς βουνοῖς <δ>ύ<ο | * ἔ>τη * | ἡμερῶν. <ἐπὶ> τοῦ ε<ἶ>ναι αὐτοὺς <ἐν> τοῖς |
| FAch. | | 105 | | ὅ,τι ἂν αὐτὸν ἐρωτήσω καὶ λάβε φόρους | * ἐτῶν * | δέκα ὑπέρ--- ὅλης τῆς χώρας. ἀναγνοὺς δὲ ὁ |
| FAch. | | 123 | | τοιαύτην σοφίαν κεκτημένος. δοὺς δὲ αὐτῷ φόρους | * ἐτῶν * | τριῶν ἔπεμψεν αὐτὸν μετὰ ἐπιστολῶν εἰρηνικῶν. ὁ δὲ |
| HDem. | 9 | 21 | 1 | αυτης του πολυιστορος γραφης. τὸν Ἰακὼβ γενόμενον | * ἐτῶν * | ἑβδομήκοντα πέντε φυγεῖν εἰς Χαρρὰν τῆς |
| HDem. | 9 | 21 | 2 | τῆς Μεσοποταμίας τὸν μὲν πατέρα καταλιπόντα Ἰσαὰκ | * ἐτῶν * | ἑκατὸν τριάκοντα ἑπτὰ αὐτὸν δὲ ὄντα ἐτῶν |
| HDem. | 9 | 21 | 2 | Ἰσαὰκ ἐτῶν ἑκατὸν τριάκοντα ἑπτὰ αὐτὸν δὲ ὄντα | * ἐτῶν * | ἑβδομήκοντα ἑπτά. διατρίψαντα οὖν αὐτὸν ἐκεῖ ἑπτὰ |
| HDem. | 9 | 21 | 3 | ἑβδομήκοντα ἑπτά. διατρίψαντα οὖν αὐτὸν ἐκεῖ ἑπτὰ | * ἔτη * | Λάβαν τοῦ μητρῴου δύο θυγατέρας γῆμαι Λείαν καὶ |
| HDem. | 9 | 21 | 3 | μητρῴου δύο θυγατέρας γῆμαι Λείαν καὶ Ῥαχὴλ ὄντα | * ἐτῶν * | ὀγδοήκοντα τεσσάρων καὶ γενέσθαι ἐν ἑπτὰ ἔτεσιν |
| HDem. | 9 | 21 | 3 | ὄντα ἐτῶν ὀγδοήκοντα τεσσάρων καὶ γενέσθαι ἐν ἑπτὰ | * ἔτεσιν * | ἄλλοις αὐτῷ παιδία ιβ' ὀγδόῳ μὲν ἔτει μηνὶ δεκάτῳ |
| HDem. | 9 | 21 | 3 | ἐν ἑπτὰ ἔτεσιν ἄλλοις αὐτῷ παιδία ιβ' ὀγδόῳ μὲν | * ἔτει * | μηνὶ δεκάτῳ Ῥουβὶν καὶ τῷ ἔτει δὲ τῷ ἐνάτῳ μηνὶ |
| HDem. | 9 | 21 | 3 | ιβ' ὀγδόῳ μὲν ἔτει μηνὶ δεκάτῳ Ῥουβὶν καὶ τῷ | * ἔτει * | δὲ τῷ ἐνάτῳ μηνὶ ὀγδόῳ Συμεὼν καὶ τῷ ἔτει δὲ τῷ |
| HDem. | 9 | 21 | 3 | καὶ τῷ ἔτει δὲ τῷ ἐνάτῳ μηνὶ ὀγδόῳ Συμεὼν καὶ τῷ | * ἔτει * | δὲ τῷ δεκάτῳ μηνὶ ἕκτῳ Λευὶν τῷ δὲ ἑνδεκάτῳ ἔτει |
| HDem. | 9 | 21 | 3 | ἔτει δὲ τῷ δεκάτῳ μηνὶ ἕκτῳ Λευὶν τῷ δὲ ἑνδεκάτῳ | * ἔτει * | μηνὶ τετάρτῳ Ἰούδαν. Ῥαχὴλ τε μὴ τίκτουσαν |
| HDem. | 9 | 21 | 3 | ᾧ καὶ Βάλλαν συλλαβεῖν τὸν Νεφθαλειμ τῷ ἑνδεκάτῳ | * ἔτει * | μηνὶ πέμπτῳ καὶ τεκεῖν τῷ δωδεκάτῳ ἔτει μηνὶ |
| HDem. | 9 | 21 | 3 | ἑνδεκάτῳ ἔτει μηνὶ πέμπτῳ καὶ τεκεῖν τῷ δωδεκάτῳ | * ἔτει * | μηνὶ δευτέρῳ υἱὸν ὃν ὑπὸ Λείας Γὰδ ὀνομασθῆναι καὶ |
| HDem. | 9 | 21 | 3 | Λείας Γὰδ ὀνομασθῆναι καὶ ἐκ τῆς αὐτῆς τοῦ αὐτοῦ | * ἔτους * | καὶ μηνὸς δωδεκάτου ἕτερον τεκεῖν ὃν καὶ αὐτὸν |
| HDem. | 9 | 21 | 4 | καὶ τὴν παιδίσκην Ζελφὰν τῷ αὐτῷ χρόνῳ τῷ δωδεκάτῳ | * ἔτει * | μηνὶ τρίτῳ καὶ τεκεῖν τοῦ αὐτοῦ ἔτους μηνὸς |
| HDem. | 9 | 21 | 4 | τῷ δωδεκάτῳ ἔτει μηνὶ τρίτῳ καὶ τεκεῖν τοῦ αὐτοῦ | * ἔτους * | μηνὸς δωδεκάτου υἱὸν καὶ ὄνομα αὐτῷ θέσθαι |
| HDem. | 9 | 21 | 5 | θέσθαι Ἰσσάχαρ. καὶ πάλιν Λείαν τῷ τρισκαιδεκάτῳ | * ἔτει * | μηνὶ δεκάτῳ υἱὸν ἄλλον τεκεῖν ᾧ ὄνομα Ζαβουλὼν καὶ |
| HDem. | 9 | 21 | 5 | ὄνομα Ζαβουλὼν καὶ τὴν αὐτὴν τῷ τεσσαρεσκαιδεκάτῳ | * ἔτει * | μηνὶ ὀγδόῳ τεκεῖν υἱὸν ὄνομα Δάν. ἐν ᾧ καὶ Ῥαχὴλ |
| HDem. | 9 | 21 | 5 | θυγατέρα Δείναν καὶ τεκεῖν τῷ τεσσαρεσκαιδεκάτῳ | * ἔτει * | μηνὶ ὀγδόῳ υἱὸν ὃν ὀνομασθῆναι Ἰωσὴφ ὥστε |
| HDem. | 9 | 21 | 5 | ὃν ὀνομασθῆναι Ἰωσὴφ ὥστε γεγονέναι ἐν τοῖς ἑπτὰ | * ἔτεσι * | τοῖς παρὰ Λάβαν δώδεκα παιδία. θέλοντα δὲ τὸν |
| HDem. | 9 | 21 | 6 | πατέρα εἰς Χαναὰν ἀπιέναι ἀξιωθέντα ὑπὸ Λάβαν ἄλλα | * ἔτη * | ἓξ μεῖναι ὥστε τὰ πάντα αὐτὸν μεῖναι ἐν Χαρρὰν παρὰ |
| HDem. | 9 | 21 | 6 | ὥστε τὰ πάντα αὐτὸν μεῖναι ἐν Χαρρὰν παρὰ Λάβαν | * ἔτη * | εἴκοσι. πορευομένῳ δ' αὐτῷ εἰς Χαναὰν ἄγγελον τοῦ |
| HDem. | 9 | 21 | 8 | γῆς εἰς ἑτέραν πόλιν Σικίμων ἔχοντα παιδία Ῥουβὶμ | * ἐτῶν * | δώδεκα μηνῶν δυοῖν Συμεῶνα ἐτῶν ἕνδεκα μηνῶν |
| HDem. | 9 | 21 | 8 | παιδία Ῥουβὶμ ἐτῶν δώδεκα μηνῶν δυοῖν Συμεῶνα | * ἐτῶν * | ἕνδεκα μηνῶν τεσσάρων Λευὶν ἐτῶν δέκα μηνῶν ἓξ |
| HDem. | 9 | 21 | 8 | δυοῖν Συμεῶνα ἐτῶν ἕνδεκα μηνῶν τεσσάρων Λευὶν | * ἐτῶν * | δέκα μηνῶν ἓξ Ἰούδαν ἐτῶν ἐννέα μηνῶν ὀκτὼ |
| HDem. | 9 | 21 | 8 | μηνῶν τεσσάρων Λευὶν ἐτῶν δέκα μηνῶν ἓξ Ἰούδαν | * ἐτῶν * | ἐννέα μηνῶν ὀκτὼ Νεφθαλειμ ἐτῶν ὀκτὼ μηνῶν δέκα Γὰδ |
| HDem. | 9 | 21 | 8 | μηνῶν ἓξ Ἰούδαν ἐτῶν ἐννέα μηνῶν ὀκτὼ Νεφθαλειμ | * ἐτῶν * | ὀκτὼ μηνῶν δέκα Γὰδ ἐτῶν ὀκτὼ μηνῶν δέκα Ἀσὴρ ἐτῶν |
| HDem. | 9 | 21 | 8 | μηνῶν ὀκτὼ Νεφθαλειμ ἐτῶν ὀκτὼ μηνῶν δέκα Γὰδ | * ἐτῶν * | ὀκτὼ μηνῶν δέκα Ἀσὴρ ἐτῶν ὀκτὼ Ἰσσάχαρ ἐτῶν ὀκτὼ |
| HDem. | 9 | 21 | 8 | ὀκτὼ μηνῶν δέκα Γὰδ ἐτῶν ὀκτὼ μηνῶν δέκα Ἀσὴρ | * ἐτῶν * | ὀκτὼ Ἰσσάχαρ ἐτῶν ὀκτὼ Ζαβουλὼν ἐτῶν ἑπτὰ μηνῶν |
| HDem. | 9 | 21 | 8 | Γὰδ ἐτῶν ὀκτὼ μηνῶν δέκα Ἀσὴρ ἐτῶν ὀκτὼ Ἰσσάχαρ | * ἐτῶν * | ὀκτὼ Ζαβουλὼν ἐτῶν ἑπτὰ μηνῶν δυοῖν Δείναν ἐτῶν ἓξ |
| HDem. | 9 | 21 | 8 | δέκα Ἀσὴρ ἐτῶν ὀκτὼ Ἰσσάχαρ ἐτῶν ὀκτὼ Ζαβουλὼν | * ἐτῶν * | ἑπτὰ μηνῶν δυοῖν Δείναν ἐτῶν ἓξ μηνῶν τεσσάρων |
| HDem. | 9 | 21 | 8 | ἐτῶν ὀκτὼ Ζαβουλὼν ἐτῶν ἑπτὰ μηνῶν δυοῖν Δείναν | * ἐτῶν * | ἓξ μηνῶν τεσσάρων Ἰωσὴφ ἐτῶν ἓξ μηνῶν τεσσάρων. |
| HDem. | 9 | 21 | 8 | μηνῶν δυοῖν Δείναν ἐτῶν ἓξ μηνῶν τεσσάρων Ἰωσὴφ | * ἐτῶν * | ἓξ μηνῶν τεσσάρων. παροικῆσαι δὲ Ἰσραὴλ παρὰ |
| HDem. | 9 | 21 | 9 | μηνῶν τεσσάρων. παροικῆσαι δὲ Ἰσραὴλ παρὰ Ἐμμὼρ | * ἔτη * | δέκα καὶ φθαρῆναι τὴν Ἰσραὴλ θυγατέρα Δείναν ὑπὸ |
| HDem. | 9 | 21 | 9 | Ἰσραὴλ θυγατέρα Δείναν ὑπὸ Συχὲμ τοῦ Ἐμμὼρ υἱοῦ | * ἐτῶν * | οὖσαν δεκαὲξ μηνῶν τεσσάρων. ἐξαλλομένους δὲ τοὺς |
| HDem. | 9 | 21 | 9 | δὲ τοὺς Ἰσραὴλ υἱοὺς Συμεῶνα μὲν ὄντα | * ἐτῶν * | εἰκοσιενὸς μηνῶν τεσσάρων Λευὶν δὲ ἐτῶν εἴκοσι |
| HDem. | 9 | 21 | 9 | μὲν ὄντα ἐτῶν εἰκοσιενὸς μηνῶν τεσσάρων Λευὶν δὲ | * ἐτῶν * | εἴκοσι μηνῶν ἓξ ἀποκτεῖναι τόν τε Ἐμμὼρ καὶ Συχὲμ |
| HDem. | 9 | 21 | 9 | ἄρσενας διὰ τὴν Δείνας φθορὰν Ἰακὼβ δὲ τότε εἶναι | * ἐτῶν * | ἑκατὸν ἑπτά. ἐλθόντα τε οὖν αὐτὸν εἰς Λουζὰ τῆς |
| HDem. | 9 | 21 | 10 | τεκοῦσαν τὸν Βενιαμὶν συμβιῶσαι δ' αὐτῇ τὸν Ἰακὼβ | * ἔτη * | εἴκοσι τρία. αὐτόθεν δὲ ἐλθεῖν τὸν Ἰακὼβ εἰς Μαμβρὶ |
| HDem. | 9 | 21 | 11 | πρὸς Ἰσαὰκ τὸν πατέρα. εἶναι δὲ τότε Ἰωσὴφ | * ἐτῶν * | δεκαεπτὰ καὶ πραθῆναι αὐτὸν εἰς Αἴγυπτον καὶ ἐν τῷ |
| HDem. | 9 | 21 | 11 | αὐτὸν εἰς Αἴγυπτον καὶ ἐν τῷ δεσμωτηρίῳ μεῖναι | * ἔτη * | δεκατρία ὥστ' εἶναι αὐτὸν ἐτῶν τριάκοντα Ἰακὼβ δὲ |
| HDem. | 9 | 21 | 11 | τῷ δεσμωτηρίῳ μεῖναι ἔτη δεκατρία ὥστ' εἶναι αὐτὸν | * ἐτῶν * | τριάκοντα Ἰακὼβ δὲ ἐτῶν ἑκατὸν εἴκοσιν ἐν ᾧ καὶ |
| HDem. | 9 | 21 | 11 | δεκατρία ὥστ' εἶναι αὐτὸν ἐτῶν τριάκοντα Ἰακὼβ δὲ | * ἐτῶν * | ἑκατὸν εἴκοσιν ἐν ᾧ καὶ τελευτῆσαι τὸν Ἰσαὰκ ἔτει |
| HDem. | 9 | 21 | 11 | ἐτῶν ἑκατὸν εἴκοσιν ἐν ᾧ καὶ τελευτῆσαι τὸν Ἰσαὰκ | * ἔτει * | ἐνὶ ἔμπροσθεν ἐτῶν ὄντα ἑκατὸν ὀγδοήκοντα. κρίναντα |
| HDem. | 9 | 21 | 11 | ἐν ᾧ καὶ τελευτῆσαι τὸν Ἰσαὰκ ἔτει ἐνὶ ἔμπροσθεν | * ἐτῶν * | ὄντα ἑκατὸν ὀγδοήκοντα. κρίναντα δὲ τῷ βασιλεῖ τὸν |
| HDem. | 9 | 21 | 12 | δὲ τῷ βασιλεῖ τὸν Ἰωσὴφ τὰ ἐνύπνια ἄρξαι Αἰγύπτου | * ἔτη * | ἑπτὰ ἐν οἷς καὶ συνοικῆσαι Ἀσενὲθ Πεντεφρῆ τοῦ |
| HDem. | 9 | 21 | 12 | Μανασσῆν καὶ Ἐφραΐμ καὶ τοῦ λιμοῦ ἐπιγενέσθαι | * ἔτη * | δύο. τὸν δὲ Ἰωσὴφ ἔτη ἐννέα εὐτυχήσαντα πρὸς τὸν |
| HDem. | 9 | 21 | 13 | καὶ τοῦ λιμοῦ ἐπιγενέσθαι ἔτη δύο. τὸν δὲ Ἰωσὴφ | * ἔτη * | ἐννέα εὐτυχήσαντα πρὸς τὸν πατέρα μὴ πέμψαι διὰ τὸ |
| HDem. | 9 | 21 | 16 | ἐκ τῶν ἐθνῶν καὶ μετελθεῖν εἰς Χαναὰν Ἀβραὰμ | * ἐτῶν * | εἴκοσι πέντε Ἰσαὰκ ἐτῶν ἑξήκοντα Ἰακὼβ ἐτῶν |
| HDem. | 9 | 21 | 16 | εἰς Χαναὰν Ἀβραὰμ ἐτῶν εἴκοσι πέντε Ἰσαὰκ | * ἐτῶν * | ἑξήκοντα Ἰακὼβ ἐτῶν ἑκατὸν τριάκοντα γίνεσθαι τὰ |
| HDem. | 9 | 21 | 16 | ἐτῶν εἴκοσι πέντε Ἰσαὰκ ἐτῶν ἑξήκοντα Ἰακὼβ | * ἐτῶν * | ἑκατὸν τριάκοντα γίνεσθαι τὰ πάντα ἔτη ἐν γῇ Χαναὰν |
| HDem. | 9 | 21 | 16 | Ἰακὼβ ἐτῶν ἑκατὸν τριάκοντα γίνεσθαι τὰ πάντα | * ἔτη * | ἐν γῇ Χαναὰν σ ι ε'. καὶ τῷ τρίτῳ ἔτει λιμοῦ οὔσης |
| HDem. | 9 | 21 | 17 | τὰ πάντα ἔτη ἐν γῇ Χαναὰν σ ι ε'. καὶ τῷ τρίτῳ | * ἔτει * | λιμοῦ οὔσης ἐν Αἰγύπτῳ ἐλθεῖν εἰς Αἴγυπτον τὸν |
| HDem. | 9 | 21 | 17 | ἐν Αἰγύπτῳ ἐλθεῖν εἰς Αἴγυπτον τὸν Ἰακὼβ ὄντα | * ἐτῶν * | ἑκατὸν τριάκοντα Ῥουβὶν ἐτῶν μ ε' Συμεῶνα ἐτῶν μ |
| HDem. | 9 | 21 | 17 | τὸν Ἰακὼβ ὄντα ἐτῶν ἑκατὸν τριάκοντα Ῥουβὶν | * ἐτῶν * | μ ε' Συμεῶνα ἐτῶν μ δ' Λευὶν ἐτῶν μ γ' Ἰούδαν ἐτῶν |
| HDem. | 9 | 21 | 17 | ἐτῶν ἑκατὸν τριάκοντα Ῥουβὶν ἐτῶν μ ε' Συμεῶνα | * ἐτῶν * | μ δ' Λευὶν ἐτῶν μ γ' Ἰούδαν ἐτῶν μ β' μηνῶν δύο |
| HDem. | 9 | 21 | 17 | Ῥουβὶν ἐτῶν μ ε' Συμεῶνα ἐτῶν μ δ' Λευὶν | * ἐτῶν * | μ γ' Ἰούδαν ἐτῶν μ β' μηνῶν δύο Νεφθαλειμ ἐτῶν μ |
| HDem. | 9 | 21 | 17 | μ ε' Συμεῶνα ἐτῶν μ δ' Λευὶν ἐτῶν μ γ' Ἰούδαν | * ἐτῶν * | μ β' μηνῶν δύο Νεφθαλειμ ἐτῶν μ α' μηνῶν ζ' Γὰδ |
| HDem. | 9 | 21 | 17 | ἐτῶν μ γ' Ἰούδαν ἐτῶν μ β' μηνῶν δύο Νεφθαλειμ | * ἐτῶν * | μ α' μηνῶν ζ' Γὰδ ἐτῶν μ α' μηνῶν γ' Ἀσὴρ ἐτῶν |
| HDem. | 9 | 21 | 17 | μ β' μηνῶν δύο Νεφθαλειμ ἐτῶν μ α' μηνῶν ζ' Γὰδ | * ἐτῶν * | μ α' μηνῶν γ' Ἀσὴρ ἐτῶν μ' μηνῶν ὀκτὼ Ζαβουλὼν |
| HDem. | 9 | 21 | 17 | ἐτῶν μ α' μηνῶν ζ' Γὰδ ἐτῶν μ α' μηνῶν γ' Ἀσὴρ | * ἐτῶν * | μ' μηνῶν ὀκτὼ Ζαβουλὼν ἐτῶν μ' Δείναν ἐτῶν λ θ' |
| HDem. | 9 | 21 | 17 | μ α' μηνῶν γ' Ἀσὴρ ἐτῶν μ' μηνῶν ὀκτὼ Ζαβουλὼν | * ἐτῶν * | μ' Δείναν ἐτῶν λ θ' Βενιαμὶν ἐτῶν κ η'. τὸν δὲ |
| HDem. | 9 | 21 | 17 | Ἀσὴρ ἐτῶν μ' μηνῶν ὀκτὼ Ζαβουλὼν ἐτῶν μ' Δείναν | * ἐτῶν * | λ θ' Βενιαμὶν ἐτῶν κ η'. τὸν δὲ Ἰωσὴφ γενέσθαι ἐν |
| HDem. | 9 | 21 | 17 | ὀκτὼ Ζαβουλὼν ἐτῶν μ' Δείναν ἐτῶν λ θ' Βενιαμὶν | * ἐτῶν * | κ η'. τὸν δὲ Ἰωσὴφ γενέσθαι ἐν Αἰγύπτῳ ἔτη λ θ'. |
| HDem. | 9 | 21 | 18 | ἐτῶν κ η'. τὸν δὲ Ἰωσὴφ γενέσθαι ἐν Αἰγύπτῳ | * ἔτη * | λ θ'. εἶναι δὲ ἀπὸ τοῦ Ἀδὰμ ἕως τοῦ εἰσελθεῖν εἰς |
| HDem. | 9 | 21 | 18 | εἰσελθεῖν εἰς Αἴγυπτον τοὺς τοῦ Ἰωσὴφ συγγενεῖς | * ἔτη * | γ χ κ δ'. ἀπὸ δὲ τοῦ κατακλυσμοῦ ἕως τῆς Ἰακὼβ |
| HDem. | 9 | 21 | 18 | κατακλυσμοῦ ἕως τῆς Ἰακὼβ παρουσίας εἰς Αἴγυπτον | * ἔτη * | α τ ξ' ἀφ' οὗ δὲ ἐκλεγῆναι Ἀβραὰμ ἐκ τῶν ἐθνῶν καὶ |
| HDem. | 9 | 21 | 18 | Χαναὰν ἕως εἰς Αἴγυπτον τοὺς περὶ Ἰακὼβ ἐλθεῖν | * ἔτη * | σ ι ε'. Ἰακὼβ δὲ εἰς Χαρρὰν πρὸς Λάβαν ἐλθεῖν ἐτῶν |
| HDem. | 9 | 21 | 19 | ἔτη σ ι ε'. Ἰακὼβ δὲ εἰς Χαρρὰν πρὸς Λάβαν ἐλθεῖν | * ἐτῶν * | ὄντα π' καὶ γεννῆσαι Λευὶν Λευὶν δὲ ἐν Αἰγύπτῳ |
| HDem. | 9 | 21 | 19 | καὶ γεννῆσαι Λευὶν Λευὶν δὲ ἐν Αἰγύπτῳ ἐπιγενέσθαι | * ἔτη * | ιζ' ἀφ' οὗ ἐκ Χαναὰν αὐτὸν ἐλθεῖν εἰς Αἴγυπτον ὥστε |

HDem. 9 21 19 Χαναὰν αὐτὸν ἐλθεῖν εἰς Αἴγυπτον ὥστε εἶναι αὐτὸν * ἐτῶν * ξ' καὶ γεννῆσαι Κλὰθ τῷ αὐτῷ δὲ ἔτει ᾧ γενέσθαι
HDem. 9 21 19 εἶναι αὐτὸν ἐτῶν ξ' καὶ γεννῆσαι Κλὰθ τῷ αὐτῷ δὲ * ἔτει * ᾧ γενέσθαι Κλὰθ τελευτῆσαι Ἰακὼβ ἐν Αἰγύπτῳ
HDem. 9 21 19 ἐν Αἰγύπτῳ εὐλογήσαντα τοὺς Ἰωσὴφ υἱοὺς ὄντα * ἐτῶν * ρ μ ζ' καταλιπόντα Ἰωσὴφ ὄντα ἐτῶν ν ς'. Λευὶν δὲ
HDem. 9 21 19 υἱοὺς ὄντα ἐτῶν ρ μ ζ' καταλιπόντα Ἰωσὴφ ὄντα * ἐτῶν * ν ς'. Λευὶν δὲ γενόμενον ἐτῶν ρ λ ζ' τελευτῆσαι
HDem. 9 21 19 Ἰωσὴφ ὄντα ἐτῶν ν ς'. Λευὶν δὲ γενόμενον * ἐτῶν * ρ λ ζ' τελευτῆσαι Κλὰθ δὲ ὄντα ἐτῶν μ' γεννῆσαι
HDem. 9 21 19 δὲ γενόμενον ἐτῶν ρ λ ζ' τελευτῆσαι Κλὰθ δὲ ὄντα * ἐτῶν * μ' γεννῆσαι Ἀμβρὰμ ὃν ἐτῶν εἶναι ι δ' ἐν ᾧ
HDem. 9 21 19 Κλὰθ δὲ ὄντα ἐτῶν μ' γεννῆσαι Ἀμβρὰμ ὃν * ἐτῶν * εἶναι ι δ' ἐν ᾧ τελευτῆσαι Ἰωσὴφ ἐν Αἰγύπτῳ ὄντα ρ
HDem. 9 21 19 ι δ' ἐν ᾧ τελευτῆσαι Ἰωσὴφ ἐν Αἰγύπτῳ ὄντα ρ ι' * ἐτῶν * Κλὰθ δὲ γενόμενον ἐτῶν ἑκατὸν λ γ' τελευτῆσαι.
HDem. 9 21 19 Ἰωσὴφ ἐν Αἰγύπτῳ ὄντα ρ ι' ἐτῶν Κλὰθ δὲ γενόμενον * ἐτῶν * ἑκατὸν λ γ' τελευτῆσαι. Ἀμβρὰμ δὲ λαβεῖν γυναῖκα
HDem. 9 21 19 ⟨καὶ Μωσῆν⟩ γεννῆσαι δὲ Μωσῆν τὸν Ἀμβρὰμ ὄντα * ἐτῶν * ο η' καὶ γενόμενον Ἀμβρὰμ ἐτῶν ρ λ ς' τελευτῆσαι.
HDem. 9 21 19 τὸν Ἀμβρὰμ ὄντα ἐτῶν ο η' καὶ γενόμενον Ἀμβρὰμ * ἐτῶν * ρ λ ς' τελευτῆσαι. φυγεῖν μέντοι γε τὸν Μωσῆν εἰς
HDem. 9 29 2 οὗ Μωσῆν εἶναι γῆμαι Ἀβραὰμ τὴν Χεττούραν ὄντα * ἐτῶν * ρ μ' καὶ γεννῆσαι Ἰσαὰρ ἐξ αὐτῆς δεύτερον τὸν δὲ
HDem. 9 29 2 Ἰσαὰρ ἐξ αὐτῆς δεύτερον τὸν δὲ Ἰσαὰκ ὄντα * ἐτῶν * ἑκατὸν γεννῆσαι. ὥστε μ β' ἐτῶν ὕστερον γεγονέναι
HDem. 9 29 2 τὸν δὲ Ἰσαὰκ ὄντα ἐτῶν ἑκατὸν γεννῆσαι. ὥστε μ β' * ἐτῶν * ὕστερον γεγονέναι τὸν Ἰσαὰρ ἀφ' οὗ τὴν Σεπφώραν
HDem. 1 141 1 ἣν ἐποιήσατο Ναβουχοδονόσορ ἐξ Ἱεροσολύμων * ἔτη * ἑκατὸν εἴκοσι ὀκτὼ μῆνας ἕξ. ἀφ' οὗ δὲ αἱ φυλαὶ αἱ
HDem. 1 141 2 αἰχμάλωτοι γεγόνασιν ἕως Πτολεμαίου τετάρτου * ἔτη * πεντακόσια ἑβδομήκοντα τρία μῆνας ἐννέα ἀφ' οὗ δὲ ἐξ
HDem. 1 141 2 τρία μῆνας ἐννέα ἀφ' οὗ δὲ ἐξ Ἱεροσολύμων * ἔτη * τριακόσια τριάκοντα ὀκτὼ μῆνας τρεῖς.
HEup. 9 30 1 γράψαι Μωσῆν τοῖς Ἰουδαίοις. Μωσῆν προφητεῦσαι * ἔτη * μ' εἶτα Ἰησοῦν τὸν τοῦ Ναυῆ υἱὸν ἔτη λ' βιῶσαι δ'
HEup. 9 30 1 προφητεῦσαι ἔτη μ' εἶτα Ἰησοῦν τὸν τοῦ Ναυῆ υἱὸν * ἔτη * λ' βιῶσαι δ' αὐτὸν ἔτη ρ ι' πῆξαί τε τὴν ἱερὰν
HEup. 9 30 1 Ἰησοῦν τὸν τοῦ Ναυῆ υἱὸν ἔτη λ' βιῶσαι δ' αὐτὸν * ἔτη * ρ ι' πῆξαί τε τὴν ἱερὰν σκηνὴν ἐν Σιλοῖ. μετὰ δὲ
HEup. 9 30 2 ὑπὸ Σαμουὴλ Σαοῦλον βασιλέα αἱρεθῆναι ἄρξαντα δὲ * ἔτη * κ α' τελευτῆσαι. εἶτα Δαβὶδ τὸν τούτου υἱὸν
HEup. 9 30 5 ἱερὸν διὰ τὸ αἵματι ἀνθρωπίνῳ πεφύρθαι καὶ πολλὰ * ἔτη * πεπολεμηκέναι εἶναι δ' αὐτῷ ὄνομα Διαναθὰν προστάξαι
HEup. 9 30 8 εἰς τὴν Ἰουδαίαν. βασιλεύσαντα δὲ τὸν Δαβὶδ * ἔτη * μ' Σολομῶνι τῷ υἱῷ τὴν ἀρχὴν παραδοῦναι ὄντι ἐτῶν
HEup. 9 30 8 ἔτη μ' Σολομῶνι τῷ υἱῷ τὴν ἀρχὴν παραδοῦναι ὄντι * ἐτῶν * ιβ' ἐνώπιον Ἠλεὶ τοῦ ἀρχιερέως καὶ τῶν δώδεκα
HEup. 9 34 4 καὶ ἄρξασθαι οἰκοδομεῖν τὸ ἱερὸν τοῦ θεοῦ ὄντα * ἐτῶν * τρισκαίδεκα ἐργάζεσθαι δὲ τὰ ἔθνη τὰ προειρημένα
HEup. 9 34 20 ἑκάστην πεντακοσίων εἶναι χρυσῶν. βιῶσαι δὲ αὐτὸν * ἔτη * πεντήκοντα δύο ὧν ἐν εἰρήνῃ βασιλεῦσαι ἔτη μ'. εἶτα
HEup. 9 34 20 αὐτὸν ἔτη πεντήκοντα δύο ὧν ἐν εἰρήνῃ βασιλεῦσαι * ἔτη * μ'. εἶτα Ἰωναχεὶμ ἐπὶ τούτου προφητεῦσαι Ἱερεμίαν
HEup. 1 141 4 πλακῶν ταύτην δὲ τὸν Ἱερεμίαν κατασχεῖν. τὰ πάντα * ἔτη * ἀπὸ Ἀδὰμ ἄχρι τοῦ πέμπτου ἔτους Δημητρίου βασιλείας
HEup. 1 141 4 κατασχεῖν. τὰ πάντα ἔτη ἀπὸ Ἀδὰμ ἄχρι τοῦ πέμπτου * ἔτους * Δημητρίου βασιλείας Πτολεμαίου τὸ δωδέκατον
HEup. 1 141 4 τὸ δωδέκατον βασιλεύοντος Αἰγύπτου συνάγεσθαι * ἔτη * 'ε ρ μ θ'. ἀφ' οὗ δὲ χρόνου ἐξήγαγε Μωυσῆς τοὺς
HEup. 1 141 5 ἐπὶ τὴν προειρημένην προθεσμίαν συνάγεσθαι * ἔτη * ⟨δισ⟩χίλια πεντακόσια ὀγδοήκοντα.
HArt. 9 18 1 καὶ τὴν ἀστρολογίαν αὐτὸν διδάξαι μείναντα δὲ * ἔτη * ἐκεῖ εἴκοσι πάλιν εἰς τοὺς κατὰ Συρίαν ἀπαλλαγῆναι
HArt. 9 23 4 τὸν οὖν Ἰωσὴφ κρατοῦντα τῆς Αἰγύπτου τὸν τῶν ἑπτὰ * ἐτῶν * σῖτον γενόμενον κατὰ τὴν φορὰν ἄπλετον παραθέσθαι
HArt. 9 27 8 δὲ Ἡλιουπολίτας γενέσθαι τὸν πόλεμον τοῦτον * ἔτη * δέκα. τοὺς οὖν περὶ τὸν Μώϋσον διὰ τὸ μέγεθος τῆς
HArt. 9 27 37 Ἰουδαίους διαφυγόντας τὸν κίνδυνον τεσσαράκοντα * ἔτη * ἐν τῇ ἐρήμῳ διατρῖψαι βρέχοντος αὐτοῖς τοῦ θεοῦ
HArt. 9 27 37 πολιὸν κομήτην ἀξιωματικόν. ταῦτα δὲ πρᾶξαι περὶ * ἔτη * ὄντα ὀγδοήκοντα ἐννέα.
HHec. 1 22 187 Ἰουδαίων ἄνθρωπος τὴν μὲν ἡλικίαν ὡς ἑξήκοντα ἓξ * ἐτῶν * τῷ δ' ἀξιώματι τῷ παρὰ τοῖς ὁμοέθνοις μέγας καὶ τὴν
LEze. 9 29 12 39 διοδοιποροῦντες ἡμέρας ὁδὸν πάντες τοσαύτας ἡμέρας * ἔτος * κάτα ἄζυμα ἔδεσθε καὶ θεῷ λατρεύσετε τὰ πρωτότευκτα
FrAn. 1 217 17 πολύτιμον καὶ θεῖον λίθον τοῦτον εὗρες; ἰδοὺ γὰρ * ἔτη * τρία σήμερον Ἱερουσαλὴμ δονεῖται καὶ ἀκαταστατεῖ

εὖ 25 εὖ

Εὔα 43

Adam 1 διήγησις καὶ πολιτεία Ἀδὰμ καὶ * Εὔας * τῶν πρωτοπλάστων ἀποκαλυφθεῖσα παρὰ θεοῦ Μωϋσῇ τῷ
Adam 1 1 Μιχαήλ. κύριε εὐλόγησον. αὕτη ἡ διήγησις Ἀδὰμ καὶ * Εὔας. * μετὰ τὸ ἐξελθεῖν αὐτοὺς ἐκ τοῦ παραδείσου ἔλαβεν
Adam 1 2 τὸ ἐξελθεῖν αὐτοὺς ἐκ τοῦ παραδείσου ἔλαβεν Ἀδὰμ * Εὔαν * καὶ ἀνῆλθεν εἰς τὴν ἀνατολὴν καὶ ἔμεινεν ἐκεῖ ἔτη
Adam 1 3 δέκα καὶ ὀκτὼ καὶ μῆνας δύο. καὶ ἐν γαστρὶ εἴληφεν * Εὔα * καὶ ἐγέννησε δύο υἱοὺς τὸν Διάφωτον τὸν καλούμενον
Adam 2 1 καὶ μετὰ ταῦτα ἐγένοντο μετ' ἀλλήλων Ἀδὰμ καὶ * Εὔα. * κοιμωμένων δὲ αὐτῶν εἶπεν Εὔα τῷ κυρίῳ αὐτῆς Ἀδὰμ
Adam 2 1 ἀλλήλων Ἀδὰμ καὶ Εὔα. κοιμωμένων δὲ αὐτῶν εἶπεν * Εὔα * τῷ κυρίῳ αὐτῆς Ἀδὰμ κύριέ μου ἴδον ἐγὼ κατ' ὄναρ τῇ
Adam 3 3 τὸ ῥῆμα ἐν τῇ καρδίᾳ αὐτοῦ μετ' αὐτοῦ καὶ ἡ * Εὔα * ἔχοντες τὴν λύπην περὶ Ἄβελ τοῦ υἱοῦ αὐτῶν. μετὰ δὲ
Adam 4 2 ἔσχεν καὶ ἐγέννησεν τὸν Σήθ. καὶ λέγει Ἀδὰμ τῇ * Εὔᾳ * ἰδοὺ ἐγεννήσαμεν υἱὸν ἀντὶ Ἄβελ ὃν ἀπέκτεινεν Κάϊν.
Adam 9 2 τί ποιήσω ὅτι ἐν μεγάλῃ λύπῃ εἰμί; ἔκλαυσε δὲ ἡ * Εὔα * λέγουσα κύριέ μου Ἀδὰμ δός μοι τὸ ἥμισυ τῆς νόσου
Adam 9 3 δι' ἐμὲ ἐν καμάτοις τυγχάνεις. εἶπε δὲ Ἀδὰμ τῇ * Εὔᾳ * ἀνάστα καὶ πορεύου μετὰ τοῦ υἱοῦ ἡμῶν Σὴθ πλησίον
Adam 10 1 ἐν ᾧ ἠπατήθημεν τὸ πρότερον. ἐπορεύθη δὲ Σὴθ καὶ ἡ * Εὔα * εἰς τὰ μέρη τοῦ παραδείσου καὶ πορευομένων αὐτῶν
Adam 10 1 μέρη τοῦ παραδείσου καὶ πορευομένων αὐτῶν εἶδεν ἡ * Εὔα * τὸν υἱὸν αὐτῆς καὶ θηρίον πολεμοῦντα αὐτόν. ἔκλαυσε
Adam 10 2 αὐτῆς καὶ θηρίον πολεμοῦντα αὐτόν. ἔκλαυσε δὲ ἡ * Εὔα * λέγουσα οἴμμοι οἴμμοι ὅτι ἐὰν ἔλθω εἰς τὴν ἡμέραν
Adam 10 2 καταρέσονταί με λέγοντες ὅτι οὐκ ἐφύλαξεν ἡ * Εὔα * τὴν ἐντολὴν τοῦ θεοῦ. καὶ εἶπε πρὸς τὸ θηρίον ὦ
Adam 11 1 τῇ εἰκόνι τοῦ θεοῦ; τότε τὸ θηρίον ἐβόησε λέγων ὦ * Εὔα * οὐ πρὸς ἡμᾶς ἡ πλεονεξία σου οὔτε κλαυθμὸς ἀλλὰ πρὸς
Adam 13 1 εἰς τὴν σκηνὴν αὐτοῦ. ἐπορεύθη δὲ Σὴθ μετὰ * Εὔας * πλησίον τοῦ παραδείσου. καὶ ἔκλαυσαν δεόμενοι τοῦ
Adam 14 1 ὁ ἄγγελος ἀπῆλθεν ἀπ' αὐτῶν. ἦλθε δὲ Σὴθ καὶ ἡ * Εὔα * εἰς τὴν σκηνὴν ὅπου ἔκειτο ὁ Ἀδάμ. λέγει δὲ Ἀδὰμ
Adam 14 2 τὴν σκηνὴν ὅπου ἔκειτο ὁ Ἀδάμ. λέγει δὲ Ἀδὰμ τῇ * Εὔᾳ * ὦ Εὔα τί κατειργάσω ἐν ἡμῖν; ἐπήνεγκας ἐφ' ἡμᾶς
Adam 14 2 ὅπου ἔκειτο ὁ Ἀδάμ. λέγει δὲ Ἀδὰμ τῇ Εὔᾳ ὦ * Εὔα * τί κατειργάσω ἐν ἡμῖν; ἐπήνεγκας ἐφ' ἡμᾶς ὀργὴν
Adam 14 3 παντὸς τοῦ γένους ἡμῶν. λέγει Ἀδὰμ τῇ * Εὔᾳ * κάλεσον πάντα τὰ τέκνα ἡμῶν καὶ τὰ τέκνα τῶν τέκνων
Adam 15 1 τὸν τρόπον τῆς παραβάσεως ἡμῶν. τότε λέγει ἡ * Εὔα * πρὸς αὐτοὺς ἀκούσατε πάντα τὰ τέκνα μου καὶ τὰ τέκνα
Adam 17 2 ἴδον αὐτὸν ὅμοιον ἀγγέλου. καὶ λέγει μοι σὺ εἶ ἡ * Εὔα; * καὶ εἶπον αὐτῷ ἐγώ εἰμι. καὶ λέγει μοι τί ποιεῖς ἐν
Adam 31 2 ἐκ τοῦ σώματος αὐτοῦ. καὶ λέγει τῷ Ἀδὰμ ἡ * Εὔα * διά τί ἀποθνήσκεις κἀγὼ ζῶ ἢ πόσον χρόνον ἔχω
Adam 31 3 θάνατόν σου ἀνάγγειλόν μοι; τότε λέγει ὁ Ἀδὰμ τῇ * Εὔᾳ * μὴ θέλε φροντίζειν περὶ πραγμάτων οὐ γὰρ βραδυνεῖς
Adam 32 1 ἡμῖν ἢ ἐπιστρέψῃ τοῦ ἐλεῆσαι ἡμᾶς. τότε ἀνέστη ἡ * Εὔα * καὶ ἐξῆλθεν ἔξω. καὶ πεσοῦσα ἐπὶ τὴν γῆν ἔλεγεν
Adam 32 3 δι' ἐμὲ γέγονεν ἐν τῇ κτίσει. ἔτι εὐχομένης τῆς * Εὔας * ἐπὶ τὰ γόνατα αὐτῆς οὔσης ἰδοὺ ἦλθεν πρὸς αὐτὴν ὁ
Adam 32 4 τῆς ἀνθρωπότητος καὶ ἀνέστησεν αὐτὴν λέγων ἀνάστα * Εὔα * ἐκ τῆς μετανοίας σου. ἰδοὺ γὰρ ὁ Ἀδὰμ ὁ ἀνήρ σου
Adam 33 1 ποιήσαντα αὐτὸν τοῦ ἀπαντῆσαι αὐτῷ. ἀναστᾶσα δὲ * Εὔα * ἐπέβαλεν τὴν χεῖρα αὐτῆς ἐπὶ τὸ πρόσωπον αὐτοῦ. καὶ
Adam 34 1 τῶν χειρῶν σου τῶν ἁγίων. καὶ αὖθις ἴδον ἐγὼ * Εὔα * δύο μεγάλα καὶ φοβερὰ μυστήρια ἐνώπιον τοῦ θεοῦ καὶ
Adam 36 2 εὐχόμενοι ὑπὲρ τοῦ πατρός μου Ἀδάμ. λέγει αὐτῷ ἡ * Εὔα * καὶ ποῦ ἐστιν τὸ φῶς αὐτῶν καὶ διά τί γεγόνασι
Adam 37 1 λέγοντος δὲ τοῦ Σὴθ ταῦτα πρὸς τὴν μητέρα αὐτοῦ * Εὔαν * ἰδοὺ ἐσάλπισεν ὁ ἄγγελος καὶ ἀνέστησαν πάντες οἱ
Adam 42 3 καὶ οἱ ἄγγελοι ἐπορεύθησαν εἰς τὸν τόπον αὐτῶν. * Εὔα * δὲ καὶ αὐτὴ πληρωθέντων τῶν ἓξ ἡμερῶν ἐκοιμήθη. ἔτι
Adam 42 4 τῆς γῆς πλὴν τοῦ υἱοῦ αὐτοῦ Σήθ. καὶ προσηύξατο * Εὔα * κλαίουσα ἵνα ταφῇ εἰς τὸν τόπον ὅπου ἦν Ἀδὰμ ὁ ἀνὴρ
Adam 43 1 ἦλθεν Μιχαὴλ καὶ ἐδίδαξεν τὸν Σὴθ πῶς κηδεύσῃ τὴν * Εὔαν. * καὶ ἦλθαν τρεῖς ἄγγελοι καὶ ἦραν τὸ σῶμα αὐτῆς καὶ
Abr.1 8 9 ἢ οὐκ οἶδας ὅτι πάντες οἱ ἀπὸ τοῦ Ἀδὰμ ⟨καὶ τῆς * Εὔας⟩ * ἀπέθανον; καὶ οὐδέ οἱ βασιλεῖς ὑπῆρχον ἀθάνατοι
Esdr. 2 16 ὑπ' ἐμοῦ λεγόμενα. ἀλλ' ἐὰν μὴ σὺ ἐδωρήσω αὐτῷ τὴν * Εὔαν * οὐ μὴ ἠπάτησεν αὐτὸν ὁ ὄφις σὺ δὲ ὃν θέλεις σῴζεις
FJub. 3 9 ὑπὸ τοῦ θεοῦ ἐν τῷ παραδείσῳ ἡ τοῦ Ἀδὰμ βοηθὸς * Εὔα * ἐν τῇ ὀγδοηκοστῇ ἡμέρᾳ τῆς πλάσεως αὐτῆς. ἣν ὁ Ἀδὰμ
FJub. 3 33 ἡμέρᾳ τῆς πλάσεως αὐτῆς. ἣν ὁ Ἀδὰμ λαβὼν ὠνόμασεν * Εὔαν * ὃ ἑρμηνεύεται ζωὴ διὰ τοῦτο προσέταξεν ὁ θεὸς διὰ
FJub. 3 21 λαβεῖν καὶ φαγεῖν καὶ μὴ προσχεῖν ὅλως τῷ λόγῳ τῆς * Εὔας * ὅτι λειποθυμῶν ἦν ἀπό τε μόχθου καὶ πείνης. ὁ ὄφις
FJub. 3 28 διότι ὁ ὄφις ἀνθρωπίνῃ φωνῇ ἐλάλησε τῇ * Εὔᾳ. * τῷ ἑβδόμῳ ἔτει παρέβη καὶ τῷ ὀγδόῳ ἐξερρίφησαν τοῦ
FJub. 3 32 ἑξήκοντα πέντε. καὶ ἐξεβλήθη σὺν τῇ γυναικὶ * Εὔᾳ * διὰ τὴν παράβασιν τῇ δεκάτῃ τοῦ Μαΐου μηνός. τῷ
FJub. 3 34 δεκάτῃ τοῦ Μαΐου μηνός. τῷ ὀγδόῳ ἔτει ἔγνω ὁ Ἀδὰμ * Εὔαν * τὴν γυναῖκα αὐτοῦ. τῷ ἑβδομηκοστῷ ἔτει ἐγεννήθη
FJub. 4 7 τῷ ἑκατοστῷ εἰκοστῷ ἑβδόμῳ ἔτει ὁ Ἀδὰμ καὶ ἡ * Εὔα * ἀπέθεντο τὸ πένθος. τῷ ἑκατοστῷ τριακοστῷ πέμπτῳ

εὐαγγελίζω 4

Sal. 11 1 σημασίας ἁγίων κηρύξατε ἐν Ιερουσαλημ φωνὴν * εὐαγγελιζομένου * ὅτι ἠλέησεν ὁ θεὸς Ισραηλ ἐν τῇ ἐπισκοπῇ
Jer. 3 11 τοῦ λαοῦ σου εἰς Βαβυλῶνα καὶ μεῖνον μετ' αὐτῶν * εὐαγγελιζόμενος * αὐτοῖς ἕως οὗ ἐπιστρέψω αὐτοὺς εἰς τὴν
Jer. 5 21 τοῦ βασιλέως καὶ μετ' αὐτῶν ἐστιν Ἱερεμίας * εὐαγγελίσασθαι * αὐτοῖς καὶ κατηχῆσαι αὐτοὺς τὸν λόγον.
Jer. 9 18 καὶ ἐπιλέξεται ἑαυτῷ δώδεκα ἀποστόλους ἵνα * εὐαγγελίζωνται * ἐν τοῖς ἔθνεσιν ὃν ἐγὼ ἑώρακα

εὐαγγέλιον 1

Sedr. 14 10 ⟨οὐκ ἤκουσαν⟩ ἀποστόλων οὔτε ἐμοῦ λόγου ἐν τοῖς * εὐαγγελίοις * καὶ λυποῦσιν τοὺς ἀγγέλους μου καὶ ἢ μὴν ἐν

εὐαγγελιστής 2

Sedr. 15 4 ἐσώθη μεταγνῶναι; οὐκ οἶδας ὅτι ἀπόστολοί μου καὶ * εὐαγγελιστὴς * καὶ αὐτὸς ἐν μιᾷ ῥοπῇ ἐσώθη; ⟨οἱ δὲ
Sedr. 15 7 ποιοῦσιν ὁμῶς δὲ καὶ ὁ λῃστὴς καὶ ὁ ἀπόστολος καὶ * εὐαγγελιστὴς * καὶ οἱ λοιποὶ οἱ πταίσαντες τὴν βασιλείαν

εὐαής 1

LEze. 9 29 16 02 Μωσῆ πρόσχες οἷον εὕρομεν τόπον πρὸς αὐτῇ τῇδέ γ' * εὐαεῖ * νάπῃ. ἔστιν γὰρ ὥς που καὶ σὺ τυγχάνεις ὁρῶν ἐκεῖ

εὐαισθησία 1

Aris. 259 3 τῶν ἀνθρώπων γένος χορηγῶν αὐτοῖς καὶ ὑγείαν καὶ * εὐαισθησίαν * καὶ τὰ λοιπὰ καὶ αὐτὸς ἀκόλουθόν τι πράξει

εὐανδρέω 1

Aris. 108 3 καὶ τὴν ἀκόλουθον εὐδαιμονίαν ταύταις συμβέβηκεν * εὐανδρεῖν * ἀμελεῖσθαι δὲ τῆς χώρας πάντων ἐπὶ τὸ κατὰ

εὔανδρος 1

LEze. 9 29 14 11 ἠρόμην ἐγὼ ⟨στρατοῦ⟩ μυριάδες ⟨ἦσαν⟩ ἑκατὸν * εὐάνδρου * λεώ⟨ς⟩. ἐπεὶ δ' Ἑβραίων οὑμὸς ἤντησε στρατός

εὐανθής 1

FAch. 114 ἔχεις τὴν ἀπὸ τῆς ὁράσεως τέρψιν καὶ τοὺς καρποὺς * εὐανθεῖς * ἀναλαμβάνεις. ὁ δὲ βασιλεὺς θαυμάσας αὐτοῦ τὸ

εὐαρεστέω
                                     3
Aris.    286     1       φιλοσοφεῖς διὰ καλοκἀγαθίαν ὑπὸ θεοῦ τιμώμενος. * εὐαρεστήσας * δὲ τοῖς προειρημένοις πρὸς τὸν ἔνατον εἶπε
HAno.  9  17    3      Χαλδαϊκὴν εὑρεῖν ἐπί τε τὴν εὐσέβειαν ὁρμήσαντα * εὐαρεστῆσαι * τῷ θεῷ. τοῦτον δὲ διὰ τὰ προστάγματα τοῦ
HAno.  9  17    4    σελήνης καὶ τὰ ἄλλα πάντα διδάξαντα τοὺς Φοίνικας * εὐαρεστῆσαι * τῷ βασιλεῖ αὐτῶν. ὕστερον δὲ Ἀρμενίους
εὐαρέστησις
                                       1
TIss.      4     1            ἐν ἁπλότητι καρδίας ὅτι εἶδον ἐν αὐτῇ πᾶσαν * εὐαρέστησιν * κυρίου. ὁ ἁπλοῦς χρυσίον οὐκ ἐπιθυμεῖ τὸν
εὐάρεστος
                                       1
TDan.     1     3       μου καὶ ἐν πάσῃ τῇ ζωῇ μου ὅτι καλὸν θεῷ καὶ * εὐάρεστον * ἡ ἀλήθεια μετὰ δικαιοπραγίας καὶ ὅτι πονηρὸν
εὔβατος
                                       1
Sib.     3   779      ὄχθαι οὔρεά θ' ὑψήεντα καὶ ἄγρια κύματα πόντου * εὔβατα * καὶ εὔπλωτα γενήσεται ἤμασι κείνοις πᾶσα γὰρ
εὔβοτος
                                       1
Sib.     3   368      γαῖαν ὁδεύσει Εὐρώπη δὲ μάκαιρα τότ' ἔσσεται * εὔβοτος * αἰθὴρ πουλυετὴς εὔρωστος ἀχείματος ἠδ' ἀχάλαζος
εὐβουλία
                                       1
Aris.    255     2    φήσας τοῦτον ἐπυνθάνετο τοῦ μετέπειτα τί ἐστιν * εὐβουλία; * τὸ καλῶς ἅπαντα πράσσειν ἀπεφήνατο μετὰ
εὐγένεια
                                     1
HAno.  9  17    3    πόλιν ⟨ἣ⟩ ἐν τρισκαιδεκάτῃ γενέσθαι Ἀβραὰμ γενεᾷ * εὐγενείᾳ * καὶ σοφίᾳ πάντας ὑπερβεβηκότα ὃν δὴ καὶ τὴν
εὐγενής
                                     6
TRub.     4     7    πολλοὺς ἀπώλεσεν ἡ πορνεία ὅτι κἂν ᾖ τις γέρων ἢ * εὐγενής * ὄνειδος αὐτὸν ποιεῖ καὶ γέλωτα παρὰ τῷ Βελίαρ
TNep.     1   10    γένους ἦν Ἀβραὰμ Χαλδαῖος θεοσεβὴς ἐλεύθερος καὶ * εὐγενής. * καὶ αἰχμαλωτισθεὶς ἠγοράσθη ὑπὸ Λαβὰν καὶ
TJos.   14     3    πρὸς αὐτὸν διὰ τί συνέχεις τὸν αἰχμάλωτον καὶ * εὐγενῆ * παῖδα ὃν ἔδει εἶναι μᾶλλον ἄνετον καὶ ὑπηρετεῖν
Job     28     6    τοὺς λίθους τοὺς ἐνδόξους τῆς βασιλείας σου. * εὐγενέστερος * γὰρ ἤμην τῶν ἀφ' ἡλίου ἀνατολῶν. ὁπηνίκα δὲ
FAch.   103      Ἑλλάδος ὑποτέτακται. ὁ δὲ Αἴσωπος ἐπιγνούς τινα * εὐγενῆ * ἐν Βαβυλῶνι ἄτεκνος ὑπάρχων τοῦτον υἱὸν ἐποιήσατο
FPho.   201      ἀλόχωι λυγρῆς χάριν εἵνεκα φερνῆς. ἵππους * εὐγενέας * διζήμεθα γειαρότας τε ταύρους ὑψιτένοντας ἀτὰρ
εὐγνώμων
                                     1
IDip.  5 121    3    δοκεῖτε οὐκ εἶναι θεόν. δὶς ἐξαμαρτάνοντες οὐκ * εὐγνωμόνως * ἔστι⟨ν⟩ γὰρ ἔστιν εἰ δέ τις πράττει καλῶς
εὐδαιμονία
                                     5
Job     35     4    αὐτοῦ ἡ καρδία, μήτι ἄρα μνήσκεται αὐτοῦ τῆς * εὐδαιμονίας * τῆς προτέρας, καὶ ἐμάνη κατὰ ψυχήν; τίς γὰρ
Job     41     4    καὶ κλαυθμὸν διετέλεσα αὐτῷ, ἀναμνησκόμενος τῆς * εὐδαιμονίας * τῆς προτέρας, καὶ ἐποίησεν ἑαυτὸν ἀθρόως ἐπὶ
Aris.    108     2    δὲ πόλεως ὅσαι μέγεθος ἔχουσι καὶ τὴν ἀκόλουθον * εὐδαιμονίαν * ταύταις συμβέβηκεν εὐανδρεῖν ἀμελεῖσθαι δὲ
Aris.    109     2    Ἀλεξάνδρειαν ὑπερβάλλουσαν πάσας τῷ μεγέθει καὶ * εὐδαιμονίᾳ * τὰς πόλεις. οἱ γὰρ ἀπὸ τῆς χώρας εἰς αὐτὴν
HArt.  9  18    1    συνελθόντων πολλοὺς ἐν Αἰγύπτῳ καταμεῖναι διὰ τὴν * εὐδαιμονίαν * τῆς χώρας. τῷ Ἀβραὰμ Ἰωσὴφ ἀπόγονον
εὔδηλος
                                     2
Aris.     21     4    πολλῷ γὰρ ἡ μεγαλομέρεια φανερωτέρα καὶ * εὔδηλος * ἔσται τοῦ βασιλέως τοῦ θεοῦ κατισχύοντος αὐτὸν
LAri. 13  12    1    τῆς χώρας καὶ τῆς ὅλης νομοθεσίας ἐπεξήγησις ὡς * εὔδηλον * εἶναι τὸν προειρημένον φιλόσοφον εἰληφέναι πολλὰ
εὐδιάλλακτος
                                     2
Sedr.     6     1    λέγει αὐτὸν ὁ θεὸς γνωστὸν ἔστω σοι ὅτι πάντα * εὐδιάλλακτα * ἐπέταξα αὐτὸν ἐποίησα αὐτὸν φρόνιμον καὶ
Sedr.   11   19    ὀφθαλμοὶ φωταγωγοὶ φωνὴ σάλπιγγος ἦχος γλῶσσα * εὐδιάλλακτε * γένειον καλλωπισμένον τρίχες ἀστερόμορφοι
εὐδικία
                                     1
Sib.     3   374      ἀπ' οὐρανοῦ ἀστερόεντος ἥξει ἐπ' ἀνθρώπους ἠδ' * εὐδικίη * μετὰ δ' αὐτῆς ἡ πάντων προφέρουσα βροτοῖς
εὐδοκέω
                                     5
TLevi 18  13     εὐφρανθήσεται κύριος ἐπὶ τοῖς τέκνοις αὐτοῦ καὶ * εὐδοκήσει * κύριος ἐπὶ τοῖς ἀγαπητοῖς αὐτοῦ ἕως τῶν
TJos.    4     6    τοὺς σεβομένους αὐτὸν οὐδὲ ἐν τοῖς μοιχεύουσιν * εὐδοκεῖ. * κἀκείνη ἐσιώπησε ποθοῦσα ἐκτελέσαι τὴν
TJos.    9     1    τῆς Αἰγυπτίας. πολλάκις ἔπεμψε πρός με λέγουσα * εὐδόκησον * ἢ πληρῶσαί μοι τὴν ἐπιθυμίαν μου καὶ λυτρώσω σε τῶν
Sal.      2     4    τούτων εἶπεν ἀπορρίψατε αὐτὰ μακρὰν ἀπ' ἐμοῦ οὐκ * εὐδοκῶ * ἐν αὐτοῖς. τὸ κάλλος τῆς δόξης αὐτῆς ἐξουθενώθη
FAch.   102      Αἴσωπος τὰ ἐκπεμπόμενα τῷ Λυκούργῳ λύων προβλήματα * εὐδοκεῖν * ἠνάγκαζεν τὸν βασιλέα αὐτὸς δὲ διὰ τοῦ
εὐδόκησις
                                     1
TLevi 18 2B030  τὸ ἔργον σου ἐν τάξει καὶ πᾶσα προσφορά σου εἰς * εὐδόκησιν * καὶ ὀσμὴν εὐωδίας ἔναντι κυρίου ὑψίστου. καὶ
εὐδοκία
                                     5
Hen.         8    ἔλεος καὶ ἔσονται πάντες τοῦ θεοῦ καὶ τὴν * εὐδοκίαν * δώσει αὐτοῖς καὶ πάντας εὐλογήσει καὶ πάντων
TBen.   11     2    κυρίου ἀκούων ἐπὶ γῆς φωνὴν αὐτοῦ καὶ ποιῶν * εὐδοκίαν * θελήματος αὐτοῦ γνῶσιν καινὴν φωτίζων πάντα τὰ
Sal.      3     4    οὐκ ὀλιγωρήσει δίκαιος παιδευόμενος ὑπὸ κυρίου ἡ * εὐδοκία * αὐτοῦ διὰ παντὸς ἔναντι κυρίου. προσέκοψεν ὁ
Sal.      8   33    κριμάτά σου ἐφ' ἡμᾶς. ἡμῖν καὶ τοῖς τέκνοις ἡμῶν ἡ * εὐδοκία * εἰς τὸν αἰῶνα κύριε σωτὴρ ἡμῶν οὐ σαλευθησόμεθα
Sal.    16   12    ἐὰν ἁμαρτήσω ἐν τῷ σε παιδεύειν εἰς ἐπιστροφήν. * εὐδοκίᾳ * δὲ μετὰ ἱλαρότητος στήρισον τὴν ψυχήν μου ἐν τῷ
εὐδοκιμέω
                                     1
TJos.   17     3    ἐπὶ ὁμονοίᾳ ἀδελφῶν καὶ ἐπὶ προαιρέσει καρδίας * εὐδοκιμούσης * εἰς ἀγάπην. καὶ ὅτε ἦλθον οἱ ἀδελφοί μου
εὐδοκίμητος *
                                     1
Sib.     3   824      γὰρ κατεκλύζετο κόσμος ὕδασι καὶ τις ἀνὴρ μόνος * εὐδοκίμητος * ἐλείφθη ὑλοτόμῳ ἐνὶ οἴκῳ ἐπιπλώσας ὑδάτεσσιν
εὐδοξία
Aris.    280     4  καὶ τὴν ἀγωγὴν αὐτοῦ μιμούμενοι πρὸς τὸ διὰ παντὸς * εὐδοξίαν * ἔχειν αὐτοὺς τὰ δίκαια πράσσουσι καθὼς σὺ τοῦτο
εὐειδής
                                     2
Hen.     24     2 Ἔντιμοι τῇ καλλονῇ καὶ πάντα ἔντιμα καὶ ἔνδοξα καὶ * εὐειδῆ * τρία ἐπ' ἀνατολὰς ἐστηριγμένα ἐν τῷ ἑνὶ καὶ τρία
Hen.     24     3    ὅμοιον καθέδρα θρόνου καὶ περιεκύκλου δένδρα αὐτῷ * εὐειδῆ. * καὶ ἦν ἐν αὐτοῖς δένδρον ὃ οὐδέποτε ὠσφράνμαι
εὐέπεια
                                     1
FPho.   123      μὴ μεγαληγορίῃ τρυφῶν φρένα λυσσωθείης. * εὐέπην * ἄσκει ἥτις μάλα πάντας ὀνήσει. ὅπλον τοι λόγος
εὐεργεσία
                                     3
Jer.      3     9  μοι τί ποιήσω Ἀβιμέλεχ τῷ Αἰθίοπι ὅτι πολλὰς * εὐεργεσίας * ἐποίησε τῷ δούλῳ σου Ἰερεμία. ὅτι αὐτὸς
Job     44     2    ἐν τῇ τερπνότητι τοῦ κυρίου. πάλιν ἐπεζήτησα * εὐεργεσίας * ποιεῖν τοῖς πτωχοῖς, καὶ παρεγένοντο πρός με
Aris.    205     4    κενὰ καὶ μάταια συντελοῦσι τοὺς ⟨δὲ⟩ ὑποτεταγμένους * εὐεργεσίᾳ * πρὸς εὔνοιαν ἄγοι τὴν ἑαυτοῦ καὶ γὰρ ὁ θεὸς
εὐεργετέω
                                     9
TJos.   20     6 καὶ τοῖς Αἰγυπτίοις ὡς ἰδίοις μέλεσι συνέπασχε καὶ * εὐεργέτει * παντὶ ἔργῳ καὶ βουλῇ καὶ πράγματι
Prop.     2     2 τῆς οἰκήσεως Φαραὼ ὅτι οἱ Αἰγύπτιοι ἐδόξασαν αὐτὸν * εὐεργετηθέντες * δι' αὐτοῦ. ηὔξατο γὰρ καὶ αἱ ἀσπίδες
Job     16     6    ὑπὸ τῶν συμπολιτῶν μου τῶν καὶ παρ' ἐμοῦ * εὐεργετηθέντων, * νυνὶ δὲ ἐπανίσταμαί μοι καὶ
Aris.     44     4    τοὺς πολίτας ἡμῶν κατὰ πολλοὺς ⟨τρόπους⟩ * εὐηργέτηκας. * εὐθέως οὖν προσηγάγομεν ὑπὲρ σοῦ θυσίας καὶ
Aris.    190     5    ὄχλων σὺ δὲ τοῦτο πράξεις ἐπιβλέπων ὡς ὁ θεὸς * εὐεργετεῖ * τὸ τῶν ἀνθρώπων γένος ὁ ὑγείαν αὐτοῖς καὶ
Aris.    210     5    ποιήσας ἢ κακὸν ἐργασάμενος ἄνθρωπος ὡς γὰρ θεὸς * εὐεργετεῖ * τὸν ὅλον κόσμον οὕτως καὶ σὺ μιμούμενος
Aris.    249     5    δὲ πλουσίοις ὄνειδος ὡς διὰ κακίαν ἐκπεπτωκόσιν. * εὐεργετῶν * οὖν ἅπαντας καθὼς συνεχῶς τοῦτ' ἐπιτελεῖς θεοῦ
Aris.    281     7    ὁ θεὸς εὖ ἐργάζεται πᾶσι καὶ σὺ τοῦτον μιμούμενος * εὐεργετεῖς * τοὺς ὑπὸ σεαυτόν. ὁ δὲ ἀποκεκρίσθαι φήσας
FBar.   13    12    καταχρησαμενοι) τοις εν αυτη κτισμ(ασι) υμεις γαρ * ευερ)γετουμενοι * αει ηχα(ριστειτε αει) και απεκριθη και
εὐεργέτημα
                                     1
Aris.    273     6       οὐθενὶ πάντες δὲ ἀγωνιοῦνται περὶ τῶν * εὐεργετημάτων * εἰδότες κἂν ἐκ τοῦ ζῆν ἀποτρέχωσιν
εὐεργέτης
                                     1
FAch.   109      ἵνα μὴ ὡς κύριον μόνον ἐντρέπωνται σε ἀλλὰ καὶ ὡς * εὐεργέτην * τιμῶσιν. θυμοῦ κράτει. ἐάν τι παρηκμακὼς
εὐήκοος
                                     1
Sal.    18     4   ἡμᾶς ὡς υἱὸν πρωτότοκον μονογενῆ ἀποστρέψαι ψυχὴν * εὐήκοον * ἀπὸ ἀμαθίας ἐν ἀγνοίᾳ. καθαρίσαι ὁ θεὸς Ἰσραηλ
εὐημερία
                                     3
Aris.     12     6 κατὰ κοίλην Συρίαν καὶ Φοινίκην ἅπαντα συγχρώμενος * εὐημερίᾳ * μετὰ ἀνδρείας τοὺς μὲν μετῴκιζεν οὓς δὲ
Aris.    242     4    ὡς ἐξ ἑαυτοῦ ἀδιάλυτον πρὸς ἅπαντα μετὰ δὲ * εὐημερίας * μηδὲν προσδεῖσθαι τῶν ἐκείνων ἀλλὰ θεόν ⟨θεὸν⟩
Aris.    244     4    ἐπιβλέπων γινώσκων ὅτι ὁ θεὸς ἀφαιρεῖται τὰς * εὐημερίας * ἑτέρους δὲ δοξάζων εἰς τὸ τιμᾶσθαι προάγει
εὔθετος
                                     3
Aris.    122     1    οὐ παρέργως κατασκευῆς διὸ καὶ πρὸς τὰς πρεσβείας * εὔθετοι * καθεστήκεισαν καὶ τοῦτ' ἐπετέλουν ὅτε δέοι καὶ
FAch.   116      ὁ δὲ Νεκταναβὼν ⟨τὴν⟩ εὐστοχίαν αὐτοῦ εἰδὼς καὶ τὸ * εὔθετον * τῆς γλώττης (διάλεκτον) ἔφη πρὸς αὐτὸν ἡγαγές
HArt.  9  27    7    Αἰγύπτῳ τὸν Χενεφρὴν ὑπολαβόντα εὑρηκέναι καιρὸν * εὔθετον * πέμψαι τὸν Μωϋσον ἐπ' αὐτοὺς στρατηγὸν μετὰ
εὐθηνέω
                                     3
Asen.   12     5   καὶ βασίλισσα ἥ ποτε σοβαρὰ καὶ ὑπερήφανος καὶ * εὐθηνοῦσα * ἐν τῷ πλούτῳ μου ὑπὲρ πάντας ἀνθρώπους νυνὶ δὲ
Asen.   18     9 κεφαλῆς αὐτῆς ὡς ἄμπελος ἐν τῷ παραδείσῳ τοῦ θεοῦ * εὐθηνοῦσα * ἐν τοῖς καρποῖς αὐτῆς καὶ ὁ τράχηλος αὐτῆς ὡς
Sal.     1     3   ἐν καρδίᾳ μου ὅτι ἐπλήσθην δικαιοσύνης ἐν τῷ * εὐθηνῆσαί * με καὶ πολλὴν γενέσθαι ἐν τέκνοις. ὁ πλοῦτος
εὐθηνία
                                     4
Asen.    1     1   καὶ ἐγένετο ἐν τῷ πρώτῳ ἔτει τῶν ἑπτὰ ἐτῶν τῆς * εὐθηνίας * ἐν τῷ μηνὶ τῷ δευτέρῳ πέμπτῃ τοῦ μηνὸς
Asen.    3     1   καὶ ἐγένετο ἐν τῷ τρίτῳ ἔτει τῶν ἑπτὰ ἐτῶν τῆς * εὐθηνίας * ἐν τῷ τετάρτῳ μηνὶ ὀκτωκαιδεκάτῃ τοῦ μηνὸς
Asen.    3     1   τὰ ὅρια Ἡλιουπόλεως καὶ ἦν συνάγων τὸν σῖτον τῆς * εὐθηνίας * τῆς χώρας ἐκείνης καὶ ὡς ἤγγισεν τῇ πόλει
Asen.   22     1   καὶ ἐγένετο μετὰ ταῦτα παρῆλθον τὰ ἑπτὰ ἔτη τῆς * εὐθηνίας * καὶ ἤρξαντο ἔρχεσθαι τὰ ἑπτὰ ἔτη τοῦ λιμοῦ. καὶ
εὐθής
                                     1
TAser    1     2   ἀκούσατε τέκνα Ἀσὴρ τοῦ πατρὸς ὑμῶν καὶ πᾶν τὸ * εὐθὲς * ἐνώπιον τοῦ θεοῦ ὑποδείξω ὑμῖν. δύο ὁδοὺς ἔδωκεν ὁ

εὐθυμέω
1

| | | | |
|---|---|---|---|
| Job | 40 | 6 | καὶ περί τινα φάτνην ἐκοιμήθη καὶ τετελεύτηκεν ✶ εὐθυμήσασα. ✶ καὶ ὁ μὲν δεσποτικὸς αὐτῆς ἄρχων ἐπιζητήσας |

εὐθυνέω
1

| | | | |
|---|---|---|---|
| Asen. | 21 | 12 | ἥμαρτον ἐνώπιόν σου ⟨πολλά⟩ ἥμαρτον ⟨ἐγὼ ἥμην⟩ ✶ εὐθηνοῦσα ✶ ἐν τῷ οἴκῳ τοῦ πατρός μου καὶ ἥμην παρθένος |

εὐθύνω
5

| | | | |
|---|---|---|---|
| TSim. | 5 | 2 | μου ἀγαθύνατε τὰς καρδίας ὑμῶν ἐνώπιον κυρίου καὶ ✶ εὐθύνατε ✶ τὰς ὁδοὺς ὑμῶν ἐνώπιον τῶν ἀνθρώπων καὶ ἔσεσθε |
| Sal. | 9 | 7 | μὴ τοῖς ἡμαρτηκόσιν; δικαίους εὐλογήσεις καὶ οὐκ ✶ εὐθυνεῖς ✶ περὶ ὧν ἡμάρτοσαν καὶ ἡ χρηστότης σου ἐπὶ |
| Job | 36 | 4 | οὖσαν, ἐπεὶ γὰρ κατὰ καιρὸν ἀλλοιοῦται ἐνίοτε ✶ εὐθύνεται, ✶ ἐνίοτε δὲ εἰρηνεύει, ἔσθ' ὅτε καὶ πολεμεῖται |
| FPho. | | 52 | ἀνὴρ ἦν δ' ὑπ' ἀνάγκης οὐκ ἐρέω τὸ τέλος. βουλὴ δ' ✶ εὐθύνεθ' ✶ ἑκάστου. μὴ γαυροῦ σοφίηι μήτ' ἀλκῆι μήτ' ἐνὶ |
| FPho. | | 88 | πρὶν ⟨ἂν⟩ ἄμμω μῦθον ἀκούσῃς.⟩ τὴν σοφίην σοφὸς ✶ εὐθύνει ✶ τέχνας δ' ὁμότεχνος. οὐ χωρεῖ μεγάλη διδαχὴν |

εὐθύς
46

| | | | |
|---|---|---|---|
| Adam | 17 | 1 | στόματός σου ῥήματα πρὸς τὸ ἐξαπατῆσαι αὐτούς. καὶ ✶ εὐθέως ✶ ἐκρεμάσθη ἐκ τῶν τειχέων τοῦ παραδείσου. καὶ ὅτε |
| Abr.1 | 6 | 1 | Σάρρα τὴν διαφορὰν τῆς ὁμιλίας τοῦ ἀρχιστρατήγου ✶ εὐθέως ✶ ἐγνώρισεν ὅτι ἄγγελος κυρίου ἦν ὁ λαλῶν. συννεύει |
| Abr.1 | 8 | 1 | ποίησον. ὁ δὲ ἀρχιστράτηγος ἀκούσας τὸ ῥῆμα τοῦτο ✶ εὐθὺς ✶ ἐδιχάσθη ἡ γῆ καὶ κατέπιεν αὐτούς.⟩ καὶ εἶδεν εἰς |
| Abr.1 | 10 | 9 | κέλευσον ὅπως χάνῃ ἡ γῆ καὶ καταπίῃ αὐτοὺς ⟨καὶ ✶ εὐθέως ✶ ἦλθεν φωνὴ ἐκ τοῦ οὐρανοῦ πρὸς τὸν ἀρχιστράτηγον |
| Abr.1 | 10 | 12 | πῦρ ἐκ τοῦ οὐρανοῦ καὶ κατέφαγεν αὐτούς. καὶ ✶ εὐθέως⟩ ✶ ὁ ἀνὴρ ὁ ὅσιος ἐκεῖνος ὁ θαυμάσιος ἥρπαξεν τὰς |
| Abr.1 | 11 | 6 | καὶ διὰ τῆς πλατείας πύλης ἀμετρήτους ἀπαγομένας ✶ εὐθέως ✶ λαμβάνει αὐτὸν ὁ ἄγγελος τῆς κρίσεως καὶ ἀναφέρει |
| Abr.1 | 13 | 12 | διὰ πυρὸς καὶ εἴ τινος τὸ ἔργον κατακαύσει τὸ πῦρ ✶ εὐθέως ✶ εἰσήκουσεν αὐτοῦ ὁ ἀρχιστράτηγος καὶ ἐποίησαν |
| Abr.1 | 14 | 13 | ἀφήσει μοι τὸ ἁμάρτημα καὶ αὐτοὺς συγχωρήσει. καὶ ✶ εὐθέως ✶ ἐξῆλθεν ἐκ προσώπου τοῦ Ἀβραὰμ καὶ ἀνῆλθεν εἰς |
| Abr.1 | 15 | 11 | ἀκούσας δὲ ὁ ἀρχιστράτηγος τοὺς λόγους τούτους ✶ εὐθέως ✶ δὲ ὁ θάνατος ἔκρυψεν τὴν ἀγριότητα αὐτοῦ καὶ |
| Abr.1 | 18 | 2 | τὴν ὡραιότητα καὶ μορφὴν ἣν εἶχες τὸ πρότερον. ✶ εὐθέως ✶ ἐκολλᾶτο ἡ ψυχὴ αὐτοῦ ἐν τῇ χειρὶ τοῦ θανάτου. |
| Abr.1 | 20 | 9 | Ἀβραὰμ ὁ θάνατος καὶ ἠσπάσατο τὴν χεῖρα αὐτοῦ καὶ ✶ εὐθέως ✶ ἐκολλᾶτο ἡ ψυχὴ αὐτοῦ ἐν τῇ χειρὶ τοῦ θανάτου. |
| Abr.1 | 20 | 10 | ἐκολλᾶτο ἡ ψυχὴ αὐτοῦ ἐν τῇ χειρὶ τοῦ θανάτου. καὶ ✶ εὐθέως ✶ παρέστη Μιχαὴλ ὁ ἀρχάγγελος μετὰ πλήθους ἀγγέλων |
| Abr.2 | 12 | 8 | Ἀβραὰμ ἄνοιξον τὴν γῆν καταπίῃ αὐτοὺς ζῶντας καὶ ✶ εὐθέως ✶ κατέπιεν αὐτοὺς ζῶντας ἡ γῆ. καὶ πάλιν ἥγαγεν |
| TRub. | 3 | 15 | καὶ καταλιπὼν αὐτὴν κοιμωμένην ἐξῆλθον. καὶ ✶ εὐθέως ✶ ἄγγελος τοῦ θεοῦ ἀπεκάλυψε τῷ πατρί μου Ἰακὼ |
| TLevi | 2 | 3B002 | ἐν ὕδατι ζῶντι καὶ πάσας τὰς ὁδούς μου ἐποίησα ✶ εὐθείας. ✶ τότε τοὺς ὀφθαλμούς μου καὶ τὸ πρόσωπόν μου ἦρα |
| TNep. | 1 | 12 | τὴν Βάλλαν λέγουσα καινόσπουδός μου ἡ θυγάτηρ ✶ εὐθὺς ✶ γὰρ τεχθεῖσα ἔσπευδε θηλάζειν. καὶ ἐπειδὴ κοῦφος |
| TGad | 4 | 3 | εἰς τὸν θεὸν ἁμαρτάνει. ἐὰν γὰρ πταίσῃ ὁ ἀδελφός ✶ εὐθὺς ✶ θέλει ἀναγγεῖλαι πᾶσι καὶ σπεύδει ἵνα κριθῇ περὶ |
| TAser | 1 | 6 | πᾶσα πρᾶξις αὐτῆς ἐστιν ἐν δικαιοσύνῃ κἂν ἁμάρτῃ ✶ εὐθὺς ✶ μετανοεῖ. δίκαια γὰρ λογιζόμενος καὶ ἀπορρίπτων |
| TAser | 1 | 7 | λογιζόμενος καὶ ἀπορρίπτων τὴν πονηρίαν ἀνατρέπει ✶ εὐθὺς ✶ τὸ κακὸν καὶ ἐκριζοῖ τὴν ἁμαρτίαν. ἐὰν δὲ ἐν |
| TBen. | 9 | 1 | καὶ ἡ βασιλεία κυρίου οὐκ ἔσται ἐν ὑμῖν ὅτι ✶ εὐθὺς ✶ αὐτὸς λήψεται αὐτήν. πλὴν ἐν μερίδι ὑμῶν γενήσεται |
| Asen. | 16 | 16B | οὗ ἀπέκλασε καὶ ἀπεκατεστάθη καὶ ἐπληρώθη καὶ ✶ εὐθὺς ✶ ἐγένετο ὁλόκληρον ὡς ἦν ἐν ἀρχῇ. καὶ πάλιν ὁ |
| Asen. | 17 | 8 | ὁ ἄνθρωπος καὶ ἥψατο τῆς ⟨πληγῆς⟩ τοῦ κηρίου καὶ ✶ εὐθέως ✶ ἀνέβη πῦρ ἐκ τῆς τραπέζης καὶ κατέφαγε τὸ κηρίον |
| Asen. | 17 | 8 | ἐπεστράφη Ἀσενὲθ τοῦ μεταθῆναι τὴν τράπεζαν καὶ ✶ εὐθέως ✶ ἀπῆλθεν ἐξ ὀφθαλμῶν αὐτῆς ὁ ἄνθρωπος. καὶ εἶδεν |
| Asen. | 27 | 11 | καὶ ἥκουσε κύριος ὁ θεὸς τῆς φωνῆς Ἀσενὲθ καὶ ✶ εὐθέως ✶ ἔπεσον αἱ ῥομφαῖαι αὐτῶν ἐκ τῶν χειρῶν αὐτῶν ἐπὶ |
| Jer. | 3 | 14 | αὐτὰ τῇ γῇ καθὼς ἐλάλησεν αὐτοῖς ὁ κύριος. καὶ ✶ εὐθέως ✶ κατέπιεν αὐτὰ ἡ γῆ. ἐκάθισαν δέ οἱ δύο καὶ |
| Jer. | 5 | 22 | αὐτοῖς καὶ κατηχῆσαι αὐτοὺς τὸν λόγον. ✶ εὐθὺς ✶ δὲ ἀκούσας Ἀβίμελεχ παρὰ τοῦ γηραιοῦ ἀνθρώπου |
| Jer. | 9 | 31 | Ἱερεμίας ἐν μέσῳ ὑμῶν ἵσταται. ὡς δὲ εἶδον αὐτὸν ✶ εὐθέως ✶ ἔδραμον πρὸς αὐτὸν μετὰ πολλῶν λίθων καὶ ἐπληρώθη |
| Prop. | 1 | 2 | πρὸ τοῦ θανεῖν ὀλιγωρήσας ᾐτήσατο πιεῖν ὕδωρ καὶ ✶ εὐθέως ✶ ἀπεστάλη αὐτῷ ἐξ αὐτοῦ διὰ τοῦτο ἐκλήθη Σιλωὰμ ὃ |
| Prop. | 4 | 11 | ᾑρέθη ἡ γλῶσσα αὐτοῦ τοῦ μὴ λαλεῖν καὶ νοῶν ✶ εὐθέως ✶ ἐδάκρυσεν οἱ ὀφθαλμοί οὐ ἦσαν ὡς κρέας ἐκ τοῦ |
| Prop. | 4 | 21B | τοῦ λαοῦ Ἰσραήλ. τότε φόνος ἔσται τοῦ Βελίαρ⟩. ✶ εὐθέως ✶ δὲ χαρὰ ἐκχυθήσεται εἰς πάντα τὰ ἔθνη ὅτε δὲ κατὰ |
| Prop. | 21 | 7 | πληρώσας τὸν τόπον ἔνθα ἦν ἡ θυσία ηὐξατο καὶ ✶ εὐθὺς ✶ ἐπέπεσε πῦρ καὶ ἀνήλωσε τὴν θυσίαν καὶ τὸ ὕδωρ |
| Prop. | 22 | 20 | μόνον ὡς ἥψατο τῶν ὀστέων τοῦ Ἐλισαίου ὁ νεκρὸς ✶ εὐθὺς ✶ ἀνέζησεν. Ζαχαρίας ἐξ Ἱερουσαλὴμ υἱὸς Ἰωδαὲ τοῦ |
| Esdr. | 7 | 14 | μου πάντα ὅσα ᾐτησω ἀποδώσω ἑνὶ ἑκάστῳ. καὶ ✶ εὐθέως ✶ παρέδωκεν τὴν τιμίαν αὐτοῦ ψυχὴν μετὰ μεγάλης |
| Job | 47 | 6 | σὺ δέ μοι ἀπόκρινου. ἐγὼ δὲ λαβὼν περιεζωσάμην καὶ ✶ εὐθέως ✶ ἀφανεῖς ἐγένοντο ἀπὸ τότε οἱ σκώληκες ἀπὸ τοῦ |
| Job | 52 | 3 | ἡμέρας εἶδεν τοὺς ἐλθόντας ἐπὶ τὴν ψυχήν αὐτοῦ καὶ ✶ εὐθέως ✶ ἀναστὰς ἔλαβεν κιθάραν καὶ ἔδωκεν τῇ θυγατρί |
| Aris. | 24 | 11 | πρὸς τοὺς καθεσταμένους περὶ τούτων καταδεικνύντας ✶ εὐθὺ ✶ καὶ τὰ σώματα. διειλήφαμεν γὰρ καὶ ἡμῖν συμφέρειν |
| Aris. | 45 | 1 | πολίτας ἡμῶν κατὰ πολλοὺς ⟨τρόπους⟩ εὐηργέτηκας. ✶ εὐθέως ✶ οὖν προσηγάγομεν ὑπὲρ σοῦ θυσίας καὶ τῆς ἀδελφῆς |
| Aris. | 158 | 2 | καὶ γὰρ ἐπὶ τῶν βρωτῶν καὶ ποτῶν ἀπαρξαμένους ✶ εὐθέως ✶ τότε συγχρῆσθαι κελεύει. καὶ μὴν καὶ ἐκ τῶν |
| Sib. | 3 | 9 | ἐν εἰκόνι μορφῇ τίπτε μάτην πλάζεσθε καὶ οὐκ ✶ εὐθεῖαν ✶ ἀτάρπον βαίνετε ἀθανάτου κτίστου μεμνημένοι |
| Sib. | 5 | 466 | πηγνυμένου μεγάλου ποταμοῦ λιμνῶν τε μεγίστων ✶ εὐθὺς ✶ βάρβαρος ὄχλος ἐς Ἀσίδα γαῖαν ὁδεύσει καὶ Θρακῶν |
| FPho. | | 22 | ἐθέλῃς μήτ' οὖν ἀδικοῦντα ἐάσῃς. πτωχῷ δ' ✶ εὐθὺ ✶ δίδου μὴ δ' αὔριον ἐλθέμεν ἐάσῃς ἐπήπις πληρώσει σέο |
| LThe. | 9 | 22 | ξίφος ὀξὺ σπλάγχνα διὰ στέρνων λίπε δὲ ψυχὴ δέμας ✶ εὐθύς. ✶ πυθομένους δὲ καὶ τοὺς ἑτέρους ἀδελφοὺς τὴν |
| LEze. | 9 | 28 2 21 | κατῆλθε λουτροῖς χρῶτα φαιδρῦναι νέον ἰδοῦσα δ' ✶ εὐθὺς ✶ καὶ λαβοῦσ' ἀνείλετο ἔγνω δ' Ἑβραῖον ὄντα καὶ |
| FrAn. | 1 217 | 2 | καὶ ἀναντύξας τὴν σοφίαν Σολομῶντος εὖρεν ✶ εὐθὺς ✶ ὁ ἐλεῶν πτωχὸν θεῷ δανείζει. καὶ τὸ ἑαυτοῦ |
| FrAn. | 1 226 | 17 | τ⟨ου Ιακωβ⟩ - ⟩θεις βασιλευς του λαου καὶ - ⟩ευθυς ✶ καὶ - Φα⟩ραω επι του Ιω⟨σηφ - - μ⟩ακαρια⟨ - - Ιωσ⟩ηφ |
| FrAn. | 1 226 | 26 | του Ιακ⟨ωβ - - τη⟩ν γην εκαλυψε⟨ - - το⟩ν λιμον ✶ ευθυν⟨ ✶ - Φα⟩ραω επι του Ιω⟨σηφ - - μ⟩ακαρια⟨ - - Ιωσ⟩ηφ |

εὐθύτης
5

| | | | |
|---|---|---|---|
| Adam | 27 | 5 | τῷ κυρίῳ λέγοντες δίκαιος εἶ κύριε καὶ ✶ εὐθύτητας ✶ κρίνεις. στραφεὶς δὲ πρὸς τὸν Ἀδὰμ εἶπεν οὐκ |
| TIss. | 3 | 1 | ἐκείνῳ. ὅτε οὖν ἡδρύνθην τέκνα μου ἐπορευόμην ἐν ✶ εὐθύτητι ✶ καρδίας καὶ ἐγενόμην γεωργὸς τῶν πατέρων μου |
| TIss. | 4 | 6 | οὐδὲ πορισμὸν ἐν ἀπληστία ἐννοεῖ πορεύεται γὰρ ἐν ✶ εὐθύτητι ✶ ζωῆς καὶ πάντα ὁρᾷ ἐν ἁπλότητι καὶ οὐκ ἐπιδεχόμενος |
| TGad | 7 | 7 | μῖσος ἀπὸ τῶν ψυχῶν ὑμῶν καὶ ἀγαπᾶτε ἀλλήλους ἐν ✶ εὐθύτητι ✶ καρδίας. εἴπατε δὲ καὶ ὑμεῖς ταῦτα τοῖς τέκνοις |
| Sal. | 2 | 15 | μου πονῶ ἐπὶ τούτοις ἐγὼ δικαιῶσω σε ὁ θεὸς ἐν ✶ εὐθύτητι ✶ καρδίας ὅτι ἐν τοῖς κρίμασίν σου ἡ δικαιοσύνη |

εὔκαιρος
4

| | | | |
|---|---|---|---|
| Aris. | 115 | 2 | διὰ τῆς θαλάσσης. ἔχει γὰρ καὶ λιμένας ✶ εὐκαίρους ✶ χορηγοῦντας τόν τε κατὰ τὴν Ἀσκαλῶνα καὶ |
| Aris. | 203 | 3 | συμποσίας ἐπετελεῖτο. καθὸ δὲ ἐνόμιζεν ὁ βασιλεὺς ✶ εὔκαιρον ✶ εἶναι πρὸς τὸ πυνθάνεσθαι τι τῶν ἀνδρῶν ἐπηρώτα |
| Aris. | 236 | 2 | αὐτὰ τῆς διατάξεως τοῦ συμποσίου γενομένης καθὼς ✶ εὔκαιρον ✶ ἐγένετο τῷ βασιλεῖ τοὺς ἑξῆς ἠρώτα τὸν |
| FAch. | 107 | 4 | χρείας τοῦ βασιλέως ἠθέλησεν τὸ ἑαυτοῦ ἁμάρτημα ✶ εὔκαιρον ✶ ⟨δεῖξαι⟩ καὶ φησιν δέσποτα βασιλεῦ ἥ σήμερον |

εὐκαρπία
1

| | | | |
|---|---|---|---|
| Aris. | 107 | 7 | γῆς γίνεσθαι συνεχῶς ἵνα καὶ διὰ τοῦτο οὗτοι τὴν ✶ εὐκαρπίαν ✶ ἔχωσιν. οὗ καὶ γινομένου γεωργεῖται πάντα μετὰ |

εὐκατάφορος
1

| | | | |
|---|---|---|---|
| Aris. | 108 | 5 | καὶ τῇ κατασκευῇ πάντας ἀνθρώπους ἐπὶ τὰς ἡδονὰς ✶ εὐκαταφόρους ✶ εἶναι. τοῦτο δὲ ἐγίνετο περὶ τὴν |

εὐκαταφρόνητος
2

| | | | |
|---|---|---|---|
| TZab. | 9 | 2 | εἰς πολλὰ διαιρεθῇ ἡ γῆ ἀφανίζει αὐτὰ καὶ γίνεται ✶ εὐκαταφρόνητα. ✶ καὶ ὑμεῖς ἐὰν διαιρεθῆτε ἔσεσθε οὕτως. μὴ |
| HCal. | 24 | 18 | ὁ θάνατος τοῖς Μακεδόσι οὐχ οὕτως ἀλλὰ καὶ λίαν ✶ εὐκαταφρόνητος. ✶ οἶμαι δὲ τούτοις ἐριστικῶς ἔχειν τὸ |

εὔκοπος
2

| | | | |
|---|---|---|---|
| Aris. | 208 | 4 | τε καὶ γεννᾶται τὸ τῶν ἀνθρώπων γένος ὅθεν οὔτε ✶ εὐκόπως ✶ δεῖ κολάζειν οὔτε αἰκίαις περιβάλλειν γινόσκων |
| Aris. | 250 | 4 | καὶ δραστικὸν ἐφ' ὃ βούλεται πρᾶγμα καὶ μεταπῖπτον ✶ εὐκόπως ✶ διὰ παραλογισμοῦ καὶ τῇ φύσει κατεσκεύασται |

εὐκοσμία
2

| | | | |
|---|---|---|---|
| Aris. | 87 | 4 | εἶχε τῆς δ' ἀναβάσεως τῆς πρὸς αὐτὸ πρὸς τὴν ✶ εὐκοσμίαν ✶ ἔχοντος τοῦ τόπου καθηκόντως τὸ κλίμα τῶν |
| Aris. | 92 | 4 | κατὰ πᾶν ἀνυπέρβλητός ἐστι τῇ ῥώμῃ καὶ τῇ τῆς ✶ εὐκοσμίας ✶ καὶ σιγῆς διαθέσει. πάντες γὰρ αὐτοκελεύστως |

εὔκρατος
1

| | | | |
|---|---|---|---|
| Sedr. | 11 | 5 | ἄρτι πεσὼν εἰς τὴν γῆν ἄγνωστος γίνεται. ὦ χεῖρες ✶ εὔκρατοι ✶ καλοδίδακτοι καματηροὶ δι' ἃς τὸ σκεῦος |

εὐλαβέομαι
1

| | | | |
|---|---|---|---|
| Hen. | 106 | 6 | ὅτι οὐκ ἔστιν ἐξ ἐμοῦ ἀλλὰ ἐξ ἀγγέλου καὶ ✶ εὐλαβοῦμαι ✶ αὐτὸν μήποτέ τι ἔσται ἐν ταῖς ἡμέραις αὐτοῦ |

εὐλογέω
113

| | | | |
|---|---|---|---|
| Adam | | 1 | διδαχθεὶς παρὰ τοῦ ἀρχαγγέλου Μιχαήλ. κύριε ✶ εὐλόγησον. ✶ αὕτη ἡ διήγησις Ἀδὰμ καὶ Εὕας. μετὰ τὸ |
| Adam | 37 | 2 | ὄψεσιν κείμενοι καὶ ἐβόησαν φωνὴν φοβερὰν λέγοντες ✶ εὐλογημένη ✶ ἡ δόξα κυρίου ἀπὸ ποιημάτων αὐτοῦ ὅτι ἠλέησεν |
| Hen. | 1 | 1 | λόγος εὐλογίας Ἑνὼχ καθὼς ✶ εὐλόγησεν ✶ ἐκλεκτοὺς δικαίους οἵτινες ἔσονται εἰς ἡμέραν |
| Hen. | 1 | 8 | τοῦ θεοῦ καὶ τὴν εὐδοκίαν δώσει αὐτοῖς καὶ πάντας ✶ εὐλογήσει ✶ καὶ πάντων ἀντιλήμψεται καὶ βοηθήσει ἡμῖν καὶ |
| Hen. | 9B | 4 | τὰς γενεὰς τῶν αἰώνων καὶ τὸ ὄνομά σου ἅγιον καὶ ✶ εὐλογήσει ✶ εἰς πάντας τοὺς αἰῶνας καὶ τὰ ἑξῆς. (τότε ὁ |
| Hen. | 10 | 21 | καὶ ἔσονται πάντες λατρεύοντες οἱ λαοὶ καὶ ✶ εὐλογοῦντες ✶ πάντες ἐμοὶ καὶ προσκυνοῦντες. καὶ |
| Hen. | 12 | 3 | τῶν ἁγίων αἱ ἡμέραι αὐτοῦ. καὶ ἑστὼς ἥμην Ἐνὼχ ✶ εὐλογῶν ✶ τῷ κυρίῳ τῆς μεγαλωσύνης τῷ βασιλεῖ τῶν αἰώνων. |
| Hen. | 22 | 14 | τῆς κρίσεως οὐδὲ μὴ μετεγερθῶσιν ἐντεῦθεν. τότε ✶ ηὐλόγησα ✶ τὸν κύριον τῆς δόξης καὶ εἶπα εὐλογητὸς εἶ |
| Hen. | 25 | 7 | καὶ πληγαὶ καὶ μάστιγες οὐχ ἅψονται αὐτῶν. τότε ✶ ηὐλόγησα ✶ τὸν θεὸν τῆς δόξης τὸν βασιλέα τοῦ αἰῶνος ὃς |
| Hen. | 26 | 1 | ἐφώδευσα εἰς τὸ μέσον τῆς γῆς καὶ ἴδον τόπον ✶ εὐλογημένον ✶ ἐν ᾧ δένδρα ἔχοντα παραφυάδας μενούσας καὶ |
| Hen. | 27 | 1 | καὶ λίαν ἐθαύμασα. καὶ εἶπον διὰ τί ἡ γῆ αὕτη ἡ ✶ εὐλογημένη ✶ καὶ πλήρης δένδρων αὕτη δὲ ἡ φάραγξ |
| Hen. | 27 | 3 | ἐναντίον τῶν δικαίων εἰς τὸν ἅπαντα χρόνον ὧδε ✶ εὐλογήσουσιν ✶ οἱ ἀσεβεῖς τὸν κύριον τῆς δόξης τὸν βασιλέα |
| Hen. | 27 | 4 | τοῦ αἰῶνος ἐν ταῖς ἡμέραις τῆς κρίσεως αὐτῶν ✶ εὐλογήσουσιν ✶ ἐν ἐλέει ὡς ἐμέρισεν αὐτοῖς. τότε ηὐλόγησα |
| Hen. | 27 | 4 | εὐλογήσουσιν ἐν ἐλέει ὡς ἐμέρισεν αὐτοῖς. τότε ✶ ηὐλόγησα ✶ τὸν κύριον τῆς δόξης καὶ τὴν δόξαν αὐτοῦ |
| Hen. | 106 | 3 | ἐκ τῶν χειρῶν τῆς μαίας καὶ ἀνέῳξεν τὸ στόμα καὶ ✶ εὐλόγησεν ✶ τῷ κυρίῳ καὶ ἐφοβήθη Λάμεχ ἀπ' αὐτοῦ καὶ |
| Hen. | 106 | 11 | ἀπὸ τῶν τῆς μαίας χειρῶν καὶ ἀνοίξας τὸ στόμα ✶ εὐλόγησεν ✶ τὸν κύριον τοῦ αἰῶνος καὶ ἐφοβήθη ὁ υἱός μου |
| Abr.1 | | 1 | καὶ θανάτου πεῖραν τὸ πῶς δὴ ἕκαστος ἐτελεύτησεν. ✶ εὐλόγησον. ✶ ἔζησεν Ἀβραὰμ τὸ μέτρον τῆς ζωῆς αὐτοῦ ἔτη |

| | | | | | |
|---|---|---|---|---|---|
| Abr.1 | 1 | 5 | ἵνα διατάξεται περὶ τῶν πραγμάτων αὐτοῦ ὅτι | * ηὐλόγησα * | αὐτὸν ὡς τὰ ἄστρα τοῦ οὐρανοῦ καὶ ὡς τὴν ἄμμον |
| Abr.1 | 3 | 6 | τοῖς ποσὶν τοῦ ἀσωμάτου καὶ ὁ ἀρχιστράτηγος | * ηὐλόγησεν * | τὸν Ἰσαὰκ καὶ εἶπε χαρίσεταί σοι κύριος ὁ |
| Abr.1 | 4 | 11 | διάταξιν περὶ πάντων τῶν ὑπαρχόντων αὐτοῦ ὅτι | * ηὐλόγησα * | αὐτὸν ὡς τοὺς ἀστέρας τοῦ οὐρανοῦ καὶ ὡς τὴν |
| Abr.1 | 8 | 5 | σου ὁ ἀναγαγών σε εἰς τὴν γῆν τῆς ἐπαγγελίας σου ὁ | * εὐλογήσας * | σε ὑπὲρ ἄμμον θαλάσσης καὶ ὡς τοὺς ἀστέρας τοῦ |
| Abr.1 | 8 | 7 | κοιλίας ἐν γήρει υἱὸν τὸν Ἰσαὰκ ἀμὴν λέγω σοι | * εὐλογῶν * | εὐλογήσω σε καὶ πληθύνων πληθυνῶ τὸ σπέρμα σου |
| Abr.1 | 8 | 7 | ἐν γήρει υἱὸν τὸν Ἰσαὰκ ἀμὴν λέγω σοι εὐλογῶν | * εὐλογήσω * | σε καὶ πληθύνων πληθυνῶ τὸ σπέρμα σου καὶ δώσω |
| Abr.1 | 8 | 11 | σου καὶ περὶ πάντων τῶν ὑπαρχόντων σοι καὶ ὅπως | * εὐλογήσῃς * | τὸν ἠγαπημένον σου ⟨Ἰσαὰκ⟩ καὶ νῦν γνώρισον |
| Abr.2 | | 1 | τοῦ ἀρχαγγέλου περὶ τῆς διαθήκης αὐτοῦ. κύριε | * εὐλόγησον. * | ἐγένετο ἡνίκα ἤγγισαν αἱ ἡμέραι Ἀβραὰμ |
| Abr.2 | 14 | 6 | θεοῦ καὶ ἦραν τὴν ψυχὴν αὐτοῦ εἰς τοὺς οὐρανοὺς | * εὐλογοῦντες * | τὸν φίλον κυρίου εἰσήνεγκαν δὲ αὐτὸν εἰς τὴν |
| TRub. | 6 | 11 | δέξησθε εὐλογίαν ἐκ τοῦ στόματος αὐτοῦ. αὐτὸς γὰρ | * εὐλογήσει * | τὸν Ἰσραὴλ καὶ τὸν Ἰουδὰν ὅτι ἐν αὐτῷ |
| TSim. | 6 | 7 | πνευμάτων. τότε ἀναστήσομαι ἐν εὐφροσύνῃ καὶ | * εὐλογήσω * | τὸν ὕψιστον ἐν τοῖς θαυμασίοις αὐτοῦ ὅτι θεὸς |
| TLevi | 2 | 3B015 | σου ἀπὸ τοῦ υἱοῦ παιδός σου Ἰακώβ. σὺ κύριε | * εὐλόγησας * | τὸν Ἀβραὰμ πατέρα μου καὶ Σάρραν μητέρα μου |
| TLevi | 2 | 3B016 | μητέρα μου καὶ εἶπας δοῦναι αὐτοῖς σπέρμα δίκαιον | * εὐλογημένον * | εἰς τοὺς αἰῶνας. εἰσάκουσον δὲ καὶ τῆς φωνῆς |
| TLevi | 4 | 6 | τοῦ συνετίσαι τοὺς υἱούς σου περὶ αὐτοῦ ὅτι ὁ | * εὐλογῶν * | αὐτὸν εὐλογημένος ἔσται οἱ δὲ καταρώμενοι αὐτὸν |
| TLevi | 4 | 6 | τοὺς υἱούς σου περὶ αὐτοῦ ὅτι ὁ εὐλογῶν αὐτὸν | * εὐλογημένος * | ἔσται οἱ δὲ καταρώμενοι αὐτὸν ἀπολοῦνται. |
| TLevi | 5 | 7 | προσβάλλει. καὶ μετὰ ταῦτα ὥσπερ ἔξυπνος γενόμενος | * εὐλόγησα * | τὸν ὕψιστον καὶ τὸν ἄγγελον τὸν παραιτούμενον |
| TLevi | 9 | 2 | καὶ Ἰούδας πρὸς Ἰσαὰκ μετὰ τοῦ πατρὸς ἡμῶν. καὶ | * εὐλόγησέ * | με ὁ πατὴρ τοῦ πατρός μου κατὰ πάντας τοὺς |
| TLevi | 18 | 2B012 | καὶ εἶδεν Ἰσαὰκ ὁ πατὴρ ἡμῶν πάντας ἡμᾶς καὶ | * ηὐλόγησεν * | ἡμᾶς καὶ ηὐφράνθη. καὶ ὅτε ἔγνω ὅτι ἐγὼ |
| TLevi | 18 | 2B059 | ἔσῃ ὑπὲρ πάντας τοὺς ἀδελφούς σου. τῷ σπέρματί σου | * εὐλογηθήσεται * | ἐν τῇ γῇ καὶ τὸ σπέρμα σου ἕως πάντων τῶν |
| TLevi | 18 | 2B061 | σπέρματός σου ἕως τῶν αἰώνων. καὶ νῦν τέκνον Λευι | * εὐλογημένον * | ἔσται τὸ σπέρμα σου ἐπὶ τῆς γῆς εἰς πάσας |
| TJud. | 1 | 5 | μου καὶ ὑπήκουον τῷ πατρί μου κατὰ πάντα λόγον καὶ | * εὐλόγουν * | τὴν μητέρα μου καὶ τὴν ἀδελφὴν τῆς μητρός μου. |
| TJud. | 17 | 5 | εἶπεν ἐποίουν. καὶ Ἀβραὰμ ὁ πατὴρ τοῦ πατρός μου | * εὐλόγησέ * | με βασιλεύειν ἐν Ἰσραὴλ καὶ Ἰσαὰκ ἐπευλόγησέ |
| TJud. | 25 | 2 | ἔκτος Ἰσαχὰρ καὶ οὕτως καθεξῆς πάντες. καὶ κύριος | * εὐλόγησει * | τὸν Λευὶ ὁ ἄγγελος τοῦ προσώπου ἐμὲ αἱ |
| TIss. | 3 | 2 | καὶ ἔφερον καρποὺς ἐξ ἀγρῶν κατὰ καιρὸν αὐτῶν καὶ | * εὐλόγησέ * | με ὁ πατήρ μου βλέπων ὅτι ἐν ἁπλότητι |
| TIss. | 5 | 4 | κυρίῳ προσφέροντες ὅτι ἐν πρωτογενήμασι καρπῶν γῆς | * εὐλόγησέ * | σε κύριος καθὼς εὐλόγησε πάντας τοὺς ἁγίους ἀπὸ |
| TIss. | 5 | 4 | πρωτογενήμασι καρπῶν γῆς εὐλόγησέ σε κύριος καθὼς | * εὐλόγησε * | πάντας τοὺς ἁγίους ἀπὸ Ἄβελ ἕως τοῦ νῦν. οὐ |
| TIss. | 5 | 6 | ἡμῶν Ἰακὼβ ἐν εὐλογίαις γῆς καὶ ἀπαρχῶν καρπῶν | * εὐλόγησέ * | με. καὶ ὁ Λευὶ καὶ ὁ Ἰουδὰς ἐδοξάσθη παρὰ |
| TZab. | 5 | 2 | πρὸς ἀνθρώπους ἀλλὰ καὶ εἰς ἄλογα. διὰ γὰρ ταῦτα | * εὐλόγησέ * | με κύριος καὶ πάντων τῶν ἀδελφῶν μου |
| TNep. | 1 | 4 | αὐτοῖς ὅτι ἀποθνήσκω καὶ οὐκ ἐπίστευον αὐτῷ. καὶ | * εὐλογῶν * | κύριον ἐκραταίωσεν ὅτι μετὰ τὸ δεῖπνον τὸ χθὲς |
| TNep. | 2 | 1 | πᾶσαν ἀποστολὴν καὶ ἀγγελίαν καίγε ὡς ἔλαφόν με | * εὐλόγησεν. * | καθὼς γὰρ ὁ κεραμεὺς οἶδε τὸ σκεῦος πόσον |
| TNep. | 8 | 2 | τοῦ Ἰουδὰ ἀνατελεῖ σωτηρία τῷ Ἰσραὴλ καὶ ἐν αὐτῷ | * εὐλογηθήσεται * | Ἰακώβ. διὰ γὰρ τοῦ σκήπτρου αὐτοῦ |
| TNep. | 8 | 4 | ἐκ τῶν ἐθνῶν. ἐὰν ἐργάσησθε τὸ καλὸν τέκνα μου | * εὐλογήσουσιν * | ὑμᾶς καὶ οἱ ἄνθρωποι καὶ οἱ ἄγγελοι καὶ |
| TJos. | 11 | 7 | μεταβόλου καὶ ἐπίστευσέ μοι τὸν οἶκον αὐτοῦ. καὶ | * εὐλόγησεν * | αὐτὸν κύριος ἐν χειρί μου καὶ ἐπλήθυνεν αὐτὸν |
| TJos. | 12 | 3 | καὶ ἀφελοῦ τὸν νεανίαν εἰς οἰκονόμον σου καὶ | * εὐλογήσει * | σε ὁ θεὸς τῶν Ἑβραίων ὅτι χάρις ἐκ τοῦ |
| TJos. | 18 | 1 | ἐντολαῖς κυρίου τέκνα μου ὑψώσει ὑμᾶς ἐνταῦθα καὶ | * εὐλογήσει * | ἐν ἀγαθοῖς εἰς αἰῶνας. καὶ ἐὰν θέλῃ τις |
| Asen. | 8 | 2 | καὶ εἶπεν Ἀσενὲθ τῷ Ἰωσὴφ χαίροις κύριέ μου | * εὐλογημένε * | τῷ θεῷ τῷ ὑψίστῳ. καὶ εἶπεν Ἰωσὴφ τῇ Ἀσενὲθ |
| Asen. | 8 | 3 | τῷ θεῷ τῷ ὑψίστῳ. καὶ εἶπεν Ἰωσὴφ τῇ Ἀσενὲθ | * εὐλογήσει * | σε κύριος ὁ θεὸς ὁ ζωοποιήσας τὰ πάντα. καὶ |
| Asen. | 8 | 5 | εἶπεν Ἰωσὴφ οὐκ ἔστι προσῆκον ἀνδρὶ θεοσεβεῖ ὃς | * εὐλογεῖ * | τῷ στόματι αὐτοῦ τὸν θεὸν τὸν ζῶντα καὶ ἐσθίει |
| Asen. | 8 | 5 | στόματι αὐτοῦ τὸν θεὸν τὸν ζῶντα καὶ ἐσθίει ἄρτον | * εὐλογημένον * | ζωῆς καὶ πίνει ποτήριον εὐλογημένον |
| Asen. | 8 | 5 | ἐσθίει ἄρτον εὐλογημένον ζωῆς καὶ πίνει ποτήριον | * εὐλογημένον * | ἀθανασίας καὶ χρίεται χρίσματι εὐλογημένῳ |
| Asen. | 8 | 5 | εὐλογημένον ἀθανασίας καὶ χρίεται χρίσματι | * εὐλογημένῳ * | ἀφθαρσίας φιλῆσαι γυναῖκα ἀλλοτρίαν ἥτις |
| Asen. | 8 | 5 | ἀφθαρσίας φιλῆσαι γυναῖκα ἀλλοτρίαν ἥτις | * εὐλογεῖ * | τῷ στόματι αὐτῆς εἴδωλα νεκρὰ καὶ κωφὰ καὶ |
| Asen. | 8 | 6 | αὐτοῦ καὶ τὴν γυναῖκα τὴν σύγκοιτον αὐτοῦ αἵτινες | * εὐλογοῦσι * | τῷ στόματι αὐτῶν τὸν θεὸν τὸν ζῶντα. ὁμοίως |
| Asen. | 8 | 9 | ἀλήθειαν καὶ ἀπὸ τοῦ θανάτου εἰς τὴν ζωὴν σὺ κύριε | * εὐλόγησον * | τὴν παρθένον ταύτην καὶ ἀνακαίνισον αὐτὴν τῷ |
| Asen. | 11 | 8 | διότι κἀγὼ ἐσεβάσθην εἴδωλα νεκρὰ καὶ κωφὰ καὶ | * εὐλόγησα * | αὐτὰ καὶ ἔφαγον ἐκ τῆς θυσίας αὐτῶν καὶ τὸ |
| Asen. | 15 | 5 | ἀναπλασθήσῃ καὶ ἀναζωοποιηθήσῃ καὶ φαγεῖς ἄρτον | * εὐλογημένον * | ζωῆς καὶ πιεῖς ποτήριον εὐλογημένον |
| Asen. | 15 | 5 | φαγεῖς ἄρτον εὐλογημένον ζωῆς καὶ πιεῖς ποτήριον | * εὐλογημένον * | ἀθανασίας καὶ χρισθήσῃ χρίσματι εὐλογημένῳ |
| Asen. | 15 | 5 | εὐλογημένον ἀθανασίας καὶ χρισθήσῃ χρίσματι | * εὐλογημένῳ * | τῆς ἀφθαρσίας. θάρσει Ἀσενὲθ ἡ παρθένος |
| Asen. | 15 | 12 | αὐτῷ ἐπὶ πρόσωπον εἰς τὴν γῆν καὶ εἶπεν αὐτῷ | * εὐλογημένος * | κύριος ὁ θεός σου ὁ ὕψιστος ὃς ἐξαπέστειλέ |
| Asen. | 15 | 12 | καὶ ἀναγαγεῖν με ἀπὸ τῶν θεμελίων τῆς ἀβύσσου καὶ | * εὐλογημένον * | τὸ ὄνομά σου εἰς τὸν αἰῶνα. τί ἐστι τὸ ὄνομά |
| Asen. | 17 | 4 | ἀγαπῶ αὐτὰς ὡς ἀδελφάς μου. καλέσω δὴ αὐτὰς καὶ | * εὐλογήσεις * | αὐτὰς ὡς κἀμὲ εὐλόγησας καὶ εἶπεν ὁ ἄνθρωπος |
| Asen. | 17 | 4 | μου. καλέσω δὴ αὐτὰς καὶ εὐλογήσεις αὐτὰς ὡς κἀμὲ | * εὐλόγησας * | καὶ εἶπεν ὁ ἄνθρωπος κάλεσον αὐτάς. καὶ |
| Asen. | 17 | 6 | καὶ ἔστησεν αὐτὰς ἐνώπιον τοῦ ἀνθρώπου. καὶ | * εὐλόγησεν * | αὐτὰς ὁ ἄνθρωπος καὶ εἶπεν εὐλογήσει ὑμᾶς |
| Asen. | 17 | 6 | ἀνθρώπου. καὶ εὐλόγησεν αὐτὰς ὁ ἄνθρωπος καὶ εἶπεν | * εὐλογήσει * | ὑμᾶς κύριος ὁ θεὸς ὁ ὕψιστος. καὶ ἔσεσθε |
| Asen. | 19 | 8 | σοι περὶ ἐμοῦ. καὶ εἶπεν Ἰωσὴφ πρὸς Ἀσενὲθ | * εὐλογημένη * | εἶ σὺ τῷ θεῷ τῷ ὑψίστῳ καὶ εὐλογημένον τὸ |
| Asen. | 19 | 8 | πρὸς Ἀσενὲθ εὐλογημένη εἶ σὺ τῷ θεῷ τῷ ὑψίστῳ καὶ | * εὐλογημένον * | τὸ ὄνομά σου εἰς τοὺς αἰῶνας διότι κύριος ὁ |
| Asen. | 21 | 4 | Φαραὼ καὶ ἐθαμβήθη ἐπὶ τῷ κάλλει αὐτῆς καὶ εἶπεν | * εὐλογήσει * | σε κύριος ὁ θεὸς τοῦ Ἰωσὴφ τέκνον καὶ |
| Asen. | 21 | 6 | αὐτοῦ ἦν ἐπὶ τῆς κεφαλῆς Ἀσενὲθ καὶ εἶπε Φαραὼ | * εὐλογήσει * | ὑμᾶς κύριος ὁ θεὸς ὁ ὕψιστος καὶ πληθυνεῖ ὑμᾶς |
| Asen. | 22 | 8 | πρὸς Ἰωσὴφ αὕτη ἐστὶν ἡ νύμφη μου ἢ γυνή σου; | * εὐλογημένη * | ἔσται τῷ θεῷ τῷ ὑψίστῳ. καὶ ἐκάλεσεν αὐτὴν |
| Asen. | 22 | 9 | ὑψίστῳ. καὶ ἐκάλεσεν αὐτὴν Ἰακὼβ πρὸς ἑαυτὸν καὶ | * εὐλόγησεν * | αὐτὴν καὶ κατεφίλησεν αὐτήν. καὶ ἐξέτεινεν |
| Asen. | 29 | 6 | αὐτοῦ καὶ προσεκύνησε τῷ Λευὶ ἐπὶ τὴν γῆν καὶ | * εὐλόγησεν * | αὐτόν. καὶ ἐν τῇ τρίτῃ ἡμέρᾳ ἀπέθανεν ὁ υἱὸς |
| Sal. | 2 | 33 | μέγας βασιλεὺς καὶ δίκαιος κρίνων τὴν ὑπ' οὐρανόν. | * εὐλογεῖτε * | τὸν θεόν οἱ φοβούμενοι τὸν κύριον ἐν ἐπιστήμῃ |
| Sal. | 3 | 1 | Σαλωμων περὶ δικαίων. ἵνα τί ὑπνοῖς ψυχὴ καὶ οὐκ | * εὐλογεῖς * | τὸν κύριον; ὕμνον καινὸν ψάλατε τῷ θεῷ τῷ |
| Sal. | 5 | 19 | καὶ ἡ χρηστότης σου ἐπὶ Ισραηλ ἐν τῇ βασιλείᾳ σου. | * εὐλογημένη * | ἡ δόξα κυρίου ὅτι αὐτὸς βασιλεὺς ἡμῶν. ἐν |
| Sal. | 6 | 4 | οὐ πτοηθήσεται. ἐξανέστη ἐξ ὕπνου αὐτοῦ καὶ | * ηὐλόγησεν * | τῷ ὀνόματι κυρίου ἐπ' εὐσταθείᾳ καρδίας αὐτοῦ |
| Sal. | 8 | 34 | κύριος ἐν τοῖς κρίμασιν αὐτοῦ ἐν στόματι ὁσίων καὶ | * εὐλογημένος * | Ισραηλ ὑπὸ κυρίου εἰς τὸν αἰῶνα. τῷ Σαλωμων |
| Sal. | 9 | 7 | ἀφήσεις ἁμαρτίας εἰ μὴ τοῖς ἡμαρτηκόσιν; δικαίους | * εὐλογήσεις * | καὶ οὐκ εὐθυνεῖς περὶ ὧν ἡμάρτοσαν καὶ ἡ |
| Sal. | 17 | 35 | γὰρ γῆν τῷ λόγῳ τοῦ στόματος αὐτοῦ εἰς αἰῶνα | * εὐλογήσει * | λαὸν κυρίου ἐν σοφίᾳ μετ' εὐφροσύνης καὶ αὐτὸς |
| Jer. | 5 | 32 | καὶ γνῶθι. τότε ἔκραξε μεγάλῃ φωνῇ Ἀβιμέλεχ λέγων | * εὐλογήσω * | σε ὁ θεὸς τοῦ οὐρανοῦ καὶ τῆς γῆς ἡ ἀνάπαυσις |
| Jer. | 9 | 17 | ἐν τῷ μεγάλῳ φωτὶ τῆς εὐφροσύνης τοῦ θεοῦ. καὶ | * εὐλογήσει * | τὰς νήσους τοῦ ποιῆσαι καρπὸν ἐν τῷ λόγῳ τοῦ |
| Bar. | | 1 | Βαροὺχ περὶ ὧν κελεύματι θεοῦ ἀρρήτων εἶδεν. | * εὐλόγησον * | δέσποτα. ἀποκάλυψις Βαροὺχ ὅς ἐστιν ἐπὶ |
| Bar. | 15 | 4 | γέμοντα ἐνεγκοῦσι καὶ τοῖς τὰ ἀπόκενα πορευθέντες | * εὐλογήσατε * | τοὺς φίλους ἡμῶν καὶ εἴπατε αὐτοῖς ὅτι τάδε |
| Prop. | 10 | 4 | αὐτῆς οὐ γὰρ ἠδύνατο μένειν μετὰ ἀπεριτμήτων καὶ | * εὐλόγησεν * | αὐτήν. ἦν τότε Ἠλίας ὁ προφήτης ἐλέγχων τὸν |
| Prop. | 10 | 4B | καὶ εὗρε τὴν χήραν μετὰ τοῦ υἱοῦ αὐτῆς Ἰωνᾶν καὶ | * εὐλόγησεν * | αὐτὴν σίτῳ καὶ ἐλαίῳ καὶ ἔμεινεν μετ' αὐτοῦ. |
| Prop. | 15 | 3 | ἱερατεύσει. οὗτος καὶ τὸν Σαλαθιὴλ ἐφ' υἱῷ | * ηὐλόγησε * | καὶ ὄνομα Ζοροβάβελ ἐπέθηκε καὶ ἐπὶ Κύρου τέρας |
| Prop. | 15 | 4 | αὐτοῦ προηγόρευσεν ἣν ποιήσει ἐπὶ Ἱερουσαλὴμ καὶ | * εὐλόγησεν * | αὐτὸν σφόδρα. τὰ δὲ τῆς προφητείας εἶδεν ἐν |
| Prop. | 21 | 8 | καὶ τὸ ὕδωρ ἐξέλειπεν καὶ πάντες τὸν μὲν θεὸν | * εὐλόγησαν * | τοὺς δὲ τοῦ Βάαλ ἀνεῖλον ὄντας τετρακοσίους |
| Esdr. | 1 | 1 | τοῦ ἁγίου προφήτου Ἐσδρὰμ καὶ ἀγαπητοῦ τοῦ θεοῦ. | * εὐλόγησον * | πάτερ. ἐγένετο ἐν τῷ τριακοστῷ ἔτει δευτέρᾳ |
| Esdr. | 7 | 10 | τὴν μνήμην μου δὸς αὐτοῖς εὐλογίαν οὐρανόθεν καὶ | * εὐλόγησον * | αὐτοῦ πάντα ὥσπερ καὶ τὰ ἔσχατα τοῦ Ἰωσὴφ καὶ |
| Sedr. | | 1 | παρουσίας τοῦ κυρίου ἡμῶν Ἰησοῦ Χριστοῦ. δέσποτα | * εὐλόγησον. * | καὶ φωνὴν ἀοράτως ἐδέξατο ἐν ταῖς ἀκοαῖς |
| Job | 19 | 4 | ἔδοξεν, οὕτως καὶ ἐγένετο εἴη τὸ ὄνομα κυρίου | * εὐλογημένον. * | τῶν οὖν ὑπαρχόντων μοι πάντων ἀπολομένων |
| Job | 44 | 5 | μοι ἀνὰ ἀμνάδα μίαν καὶ τετράδραχμον χρυσίου καὶ | * ηὐλόγησεν * | κύριος πάντα ὅσα μοι ὑπῆρχεν, καὶ πεποίηκέν με |
| Job | 52 | 5 | τῇ δὲ Ἀμαλθείας κέρας ἔδωκεν τύμπανον, ὅπως | * εὐλογήσωσιν * | τοὺς ἐλθόντας ἐπὶ τὴν ψυχὴν αὐτοῦ αἱ δὲ |
| Job | 52 | 7 | φωτεινὰ ἅρματα τὰ ἐλθόντα ἐπὶ τὴν ψυχὴν αὐτοῦ, καὶ | * ηὐλόγησαν * | καὶ ἐδόξασαν ἑκάστη ἐν τῇ ἐξαιρέτῳ διαλέκτῳ. |
| Aris. | 249 | 1 | μετασχεῖν θεοῦ δυνάμει τοῦτο γίνεται. φήσας δὲ | * εὐλογεῖν * | ἄλλον ἠρώτα πῶς ἂν φιλόπατρις εἴη; προτιθέμενος |
| Sib. | 4 | 25 | κατὰ γαῖαν ἔσονται ὅσσοι δὴ στέρξουσι μέγαν θεὸν | * εὐλογέοντες * | πρὶν πιέειν φαγέειν τε πεποιθότες εὐσεβίῃσιν |
| FJub. | 2 | 19 | ἐκ πάντων τῶν ἔργων αὐτοῦ ἐν τῇ ἑβδόμῃ ἡμέρᾳ καὶ | * ηὐλόγησεν * | αὐτὴν καὶ ἡγίασεν αὐτὴν καὶ ἐδήλωσε δι' |
| FJub. | 2 | 24 | αὐτοῦ λαὸν περιούσιον ἀπὸ πάντων τῶν ἐθνῶν. | * ηὐλογήθη * | καὶ αὕτη ὑπὸ τοῦ θεοῦ καὶ ἡγιάσθη καὶ σάββατον |
| FJub. | 22 | 4 | καὶ εἰσήγαγε μεθ' ἑτέρων δώρων πρὸς Ἰσαάκ. καὶ | * εὐλόγησεν * | αὐτὸν Ἰσαὰκ καὶ εὐλογῶν αὐτὸν πολυτρόπως καὶ |
| FJub. | 22 | 4 | δώρων πρὸς Ἰσαάκ. καὶ εὐλόγησεν αὐτὸν Ἰσαὰκ καὶ | * εὐλογῶν * | αὐτὸν πολυτρόπως καὶ κατέχων αὐτὸν ἐν τοῖς |
| FJub. | 31 | 14 | καὶ ἀναβλέψας Ἰσαὰκ καὶ ἰδὼν τοὺς υἱοὺς Ἰακὼβ | * ηὐλόγησε * | τὸν Λευὶ ὡς ἀρχιερέα καὶ τὸν Ἰούδαν ὡς βασιλέα |
| HDem. 9 | 21 | 1 | τὴν πρὸς τὸν ἀδελφὸν κρυφίαν ἔχθραν Ἡσαῦ διὰ τὸ | * εὐλογῆσαι * | αὐτὸν τὸν πατέρα δοκοῦντα εἶναι τὸν Ἡσαῦ καὶ |
| HDem. 9 | 21 | 19 | ἔτει ᾧ γενέσθαι Κλὰθ τελευτῆσαι Ἰακὼβ ἐν Αἰγύπτῳ | * εὐλογήσαντα * | τοὺς Ἰωσὴφ υἱοὺς ὄντα ἐτῶν ρ μ ζ' |
| HEup. 9 | 34 | 1 | ἀναγνῶναι τὴν παρὰ σοῦ ἐπιστολὴν σφόδρα ἐχάρην καὶ | * εὐλόγησα * | τὸν θεὸν ἐπὶ τῷ παρειληφέναι σέ τὴν βασιλείαν. |
| FrAn. | 574 | 3050 | καὶ πυκνοῦντα τὰ νέφη καὶ ὑετίζοντα τὴν γῆν καὶ | * εὐλογοῦντα * | τοὺς καρποὺς αὐτῆς ὃν εὐλογεῖ πᾶσα ἐνουράνιος |
| FrAn. | 574 | 3050 | τὴν γῆν καὶ εὐλογοῦντα τοὺς καρποὺς αὐτῆς ὃν | * εὐλογεῖ * | πᾶσα ἐνουράνιος δύναμις ἡ ἀγγέλων ἀρχαγγέλων. |
| εὐλογητός | | 8 | | | |
| Hen. | 9 | 4 | τοῦ αἰῶνος καὶ τὸ ὄνομά σου τὸ ἅγιον καὶ μέγα καὶ | * εὐλογητὸν * | εἰς πάντας τοὺς αἰῶνας. σὺ γὰρ ἐποίησας τὰ |
| Hen. | 22 | 14 | τότε ηὐλόγησα τὸν κύριον τῆς δόξης καὶ εἶπα | * εὐλογητὸς * | εἶ κύριε ὁ τῆς δικαιοσύνης κυριεύων τοῦ |
| Asen. | 3 | 3 | Πεντεφρῆς καὶ ἐχάρη χαρὰν μεγάλην σφόδρα καὶ εἶπεν | * εὐλογητὸς * | κύριος ὁ θεὸς τοῦ Ἰωσὴφ ὅτι ἄξιόν με ἡγήσατο |
| Sal. | 2 | 37 | παρεστάναι διὰ παντὸς ἐνώπιον αὐτοῦ ἐν ἰσχύι. | * εὐλογητὸς * | κύριος εἰς τὸν αἰῶνα ἐνώπιον δούλων αὐτοῦ. |
| Sal. | 6 | 6 | ψυχῆς ἐλπιζούσης πρὸς αὐτὸν ἐπιτελεῖ ὁ κύριος | * εὐλογητὸς * | κύριος ὁ ποιῶν ἔλεος τοῖς ἀγαπῶσιν αὐτὸν ἐν |
| Jer. | 5 | 8 | ἑαυτοῦ οὔτε τινὰ τῶν γνωρίμων εὗρεν. καὶ εἶπεν | * εὐλογητὸς * | κύριος ὅτι μεγάλη ἔκστασις ἐπέπεσεν ἐπ' ἐμὲ |

```
Jer.      5   14   καὶ ἐζήτησε καὶ οὐδένα εὗρε τῶν ἰδίων καὶ εἶπεν × εὐλογητὸς × κύριος ὅτι μεγάλη ἔκστασις ἐπέπεσεν ἐπ' ἐμέ.
HEup.  9  34    1   Σουρωνος. Σούρων Σολομῶνι βασιλεῖ μεγάλῳ χαίρειν. × εὐλογητὸς × ὁ θεὸς ὃς τὸν οὐρανὸν καὶ τὴν γῆν ἔκτισεν ὃς
  εὐλογία                    27
Hen.      1    1                                              λόγος × εὐλογίας × Ἐνὼχ καθὼς εὐλόγησεν ἐκλεκτοὺς δικαίους
Hen.     10   18   καταφυτευθήσεται δένδρον ἐν αὐτῇ καὶ πλησθήσεται × εὐλογίας. × καὶ πάντα τὰ δένδρα τῆς γῆς ἀγαλλιάσονται
Hen.     11    1         γενεᾶς αὐτῶν. καὶ τότε ἀνοίξω τὰ ταμεῖα τῆς × εὐλογίας × τὰ ὄντα ἐν τῷ οὐρανῷ καὶ κατενεγκεῖν αὐτὰ ἐπὶ
TRub.     6   10   Λευὶ ἐγγίσατε ἐν ταπεινώσει καρδίας ἵνα δέξησθε × εὐλογίαν × ἐκ τοῦ στόματος αὐτοῦ. αὐτὸς γὰρ εὐλογήσει τὸν
TSim.     4    5   ὑμῶν ἵνα δῷη καὶ ὑμῖν ὁ θεὸς χάριν καὶ δόξαν καὶ × εὐλογίαν × ἐπὶ τὰς κεφαλὰς ὑμῶν καθὼς εἴδετε ἐν αὐτῷ.
TSim.     5    6       καθὼς καὶ ὁ πατήρ μου Ἰακὼβ προεφήτευσεν ἐν × εὐλογίαις. × ἰδοὺ προείρηκα ὑμῖν πάντα ὅπως δικαιωθῆ ἀπὸ
TLevi     4    4       ἔσῃ παντὶ σπέρματι Ἰσραήλ. καὶ δοθήσεταί σοι × εὐλογία × καὶ παντὶ τῷ σπέρματί σου ἕως ἐπισκέψηται κύριος
TLevi     5    2      τὸν ὕψιστον. καὶ εἶπέ μοι Λευὶ σοὶ δέδωκα τὰς × εὐλογίας × τῆς ἱερατείας ἕως οὗ ἐλθὼν παροικήσω ἐν μέσῳ
TLevi     6    6   τὴν περιτομὴν καὶ τοῦτο ἀπέθανον καὶ ἐν ταῖς × εὐλογίαις × ἄλλως ἐποίησαν. ἡμάρτομεν γὰρ ὅτι παρὰ γνώμην
TJud.    18    5         σάρκας αὐτοῦ καὶ θυσίας θεοῦ ἐμποδίζει καὶ × εὐλογίας × οὐ μέμνηται καὶ προφήτη λαλοῦντι οὐχ ὑπακούει
TJud.    24    2   ἀνοιγήσονται ἐπ' αὐτὸν οἱ οὐρανοὶ ἐκχέαι πνεύματος × εὐλογίαν × πατρὸς ἁγίου καὶ αὐτὸς ἐκχεεῖ πνεῦμα χάριτος
TIss.     5    6   ἧς ἐν πόνοις οἱ καρποὶ ὅτι ὁ πατὴρ ἡμῶν Ἰακὼβ ἐν × εὐλογίαις × γῆς καὶ ἀπαρχῶν καρπῶν εὐλόγησέ με. καὶ ὁ Λευὶ
TBen.     6    5   παντὶ καιρῷ. ἡ ἀγαθὴ διάνοια οὐκ ἔχει δύο γλώσσας × εὐλογίας × καὶ κατάρας ὕβρεως καὶ τιμῆς λύπης καὶ χαρᾶς
Asen.     8    9   σου καὶ φαγέτω ἄρτον ζωῆς σου καὶ πιέτω ποτήριον × εὐλογίας × σου καὶ συγκαταρίθμησον αὐτὴν τῷ λαῷ σου ὃν
Asen.     9    1   σου εἰς τὸν αἰῶνα χρόνον. καὶ ἐχάρη Ἀσενὲθ ἐπὶ τῇ × εὐλογίᾳ × τοῦ Ἰωσὴφ χαρὰν μεγάλην σφόδρα καὶ ἔσπευσε καὶ
Asen.    11   16   μεμίαται ἀπὸ τῶν θυσιῶν τῶν εἰδώλων καὶ ἀπὸ τῶν × εὐλογιῶν × τῶν θεῶν τῶν Αἰγυπτίων. καὶ νῦν ἐν τοῖς δάκρυσί
Asen.    19    5   καὶ ἔδωκέ μοι ἄρτον ζωῆς καὶ ἔφαγον καὶ ποτήριον × εὐλογίας × καὶ ἔπιον καὶ εἶπέ μοι δέδωκά σε εἰς νύμφην τῷ
Asen.    24    7   καὶ ἐφείσατο αὐτοῖς ὁ υἱὸς Φαραὼ καὶ εἶπεν ἰδοὺ × εὐλογία × καὶ θάνατος πρὸ προσώπου ὑμῶν. λάβετε οὖν μᾶλλον
Asen.    24    7   πρὸ προσώπου ὑμῶν. λάβετε οὖν μᾶλλον ὑμεῖς τὴν × εὐλογίαν × καὶ μὴ τὸν θάνατον διότι ὑμεῖς ἐστὲ ἄνδρες
Sal.      5   17   ἱκανὸν τὸ μέτριον ἐν δικαιοσύνῃ καὶ ἐν τούτῳ ἡ × εὐλογία × κυρίου εἰς πλησμονὴν ἐν δικαιοσύνῃ.
Sal.     17   38   ἐν βουλῇ συνέσεως μετὰ ἰσχύος καὶ δικαιοσύνης. καὶ × εὐλογία × κυρίου μετ' αὐτοῦ ἐν ἰσχύϊ καὶ οὐκ ἀσθενήσει. ἡ
Sal.     18    5       καθαρίσαι ὁ θεὸς Ισραηλ εἰς ἡμέραν ἐλέους ἐν × εὐλογίᾳ × εἰς ἡμέραν ἐκλογῆς ἐν ἀνάξει χριστοῦ αὐτοῦ.
Bar.      4   15      εἰς γλυκὺ καὶ ἡ κατάρα αὐτοῦ γενήσεται εἰς × εὐλογίαν × καὶ τὸ παρ' αὐτοῦ γεννώμενον γενήσεται αἷμα
Esdr.     7    9   μου καὶ ἐπιτελοῦσιν τὴν μνήμην μου δὸς αὐτοῖς × εὐλογίαν × οὐρανόθεν καὶ εὐλόγησον αὐτοῦ πάντα ὥσπερ καὶ
Aris.   ,161    1   ἡ μετάθεσις. δέδεικταί δέ σοι καὶ τὸ περισσὸν τῆς × εὐλογίας × τῆς κατὰ τὴν διαστολὴν καὶ μνείαν ὡς ἐξεθέμεθα
Sib.      4  167   ἐς αἰθέρα τῶν πάρος ἔργων συγγνώμην αἰτεῖσθε καὶ × εὐλογίαις × ἀσέβειαν πικρὰν ἱλάσκεσθε θεὸς δώσει μετάνοιαν
FJub.    26   34   τῷ ιε' ἔτει τῆς ζωῆς Ἰακώβ. τῷ Ἠσαῦ ἔφη ἐν ταῖς × εὐλογίαις × ὁ Ἰσαὰκ ἔσται δὲ ἡνίκα ἂν καθέλῃς καὶ ἐκλύσῃς
  εὔλογος                    2
HArt.  9  27    7   τοῦ Μωϋσου φθονῆσαι αὐτῷ καὶ ζητεῖν αὐτὸν ἐπ' × εὐλόγῳ × αἰτίᾳ τινὶ ἀνελεῖν. καὶ δή ποτε τῶν Αἰθιόπων
LEze.  9  29  9 01   ὅπως σὺ λαὸν τὸν ἐμὸν ἐξάγοις χθονός. οὐκ × εὔλογος × πέφυκα γλῶσσα δ' ἐστί μοι δύσφραστος ἰσχνόφωνος
  εὐμένεια                    1
Aris.   254    3   δὲ δεῖ διότι θεὸς τὸν πάντα κόσμον διοικεῖ μετ' × εὐμενείας × καὶ χωρὶς ὀργῆς ἁπάσης τούτῳ δὲ κατακολουθεῖν
  εὐμενέω                    1
FPho.   142   ἐλέγξεις. βέλτερον ἀντ' ἐχθροῦ τεύχειν φίλον × εὐμενέοντα. × ἀρχόμενον τὸ κακὸν κόπτειν ἕλκος τ'
  εὐμενής                    2
Abr.1     2    9   εἰς τὴν ἀγέλην τῶν ἵππων καὶ ἐνέγκατε δύο ἵππους × εὐμενεῖς × δὲ καὶ ἡμέρους δεδαμασμένους ὅπως ἂν καθεσθῶμεν
  εὐμήκης                    2
Aris.   100    4   τόπῳ πύργοις ἐξησφαλισμένη πλείοσι μέχρι κορυφῆς × εὐμήκεσι × λίθοις ἀνῳκοδομημένων αὐτῶν ὡς μεταλαμβάνομεν
HCal.    28    3   πλείστοις αὐτὴν κατακοσμήσας καὶ τὰ τείχη πύργοις × εὐμήκεσι × καὶ μεταρσίοις κατοχυρώσας ἐν δὲ τῇ κατὰ
  Εὐμιήλ                    2
Hen.     6B    7   Ἀναγημὰς ιδ' Θαυσαήλ ιε' Σαμιήλ ις' Σαρινᾶς ιζ' × Εὐμιήλ × ιη' Τυριήλ ιθ' Ἰουμιήλ κ' Σαριήλ. καὶ ἔλαβον
  εὐμορφία                    2
Abr.1    17    6   ἀνάγγειλόν μοι καὶ πρὸς πάντας οὕτως ἀπέρχει ἐν × εὐμορφίᾳ × καὶ δόξῃ καὶ ὡραιότητι τοιαύτῃ; ὁ θάνατος εἶπεν
TJud.    17    1     εἰς κάλλος γυναικῶν ὅτι καίγε δι' ἀργύριον καὶ × εὐμορφίαν × ἐπλανήθην εἰς Βησσουὲ τὴν Χαναναίαν. ὅτι οἶδα
  εὔμορφος                    4
Abr.1    16   12   τῶν ἀγγέλων καὶ τῶν ἀνθρώπων σὺ εἶ πάσης ⟨μορφῆς⟩ × εὐμορφότερος × καὶ λέγεις ὅτι ἐγώ εἰμι τὸ πικρὸν τοῦ
Abr.1    16   12   καὶ οὐ λέγεις ⟨μᾶλλον⟩ ὅτι ἐγώ εἰμι παντὸς ἀγαθοῦ × εὐμορφότερος. × εἶπεν δὲ ὁ θάνατος ἐγὼ πάτερ ἐγώ σοι τὴν
TJud.    13    3   ὅτι ἐν πολεμίοις οὐκ ἠπάτησέ με πρόσωπον γυναικὸς × εὐμόρφου × φρουρεῖν νεοτήσιον ὥρην πολλοὶ γὰρ λυσσῶσι πρὸς
  εὐνέτις                    1
LEze.  9  28  4 09   σε Σεπφώρα τάδε. (Σ). ξένῳ πατήρ με τῷδ' ἔδωκεν × εὐνέτιν. × ἔδοξ' ὅρους κατ' ἄκρα Σιναίου θρόνον μέγαν τιν'
  εὐνή                    6
Sib.      3  592   γὰρ ἀείρουσι πρὸς οὐρανὸν ὠλένας ἁγνὰς ὄρθριοι ἐξ × εὐνῆς × αἰεὶ χρόα ἁγνίζοντες ὕδατι καὶ τιμῶσι μόνον τὸν
Sib.      3  595   ἔπειτα γονεῖς μέγα δ' ἔξοχα πάντων ἀνθρώπων ὁσίης × εὐνῆς × μεμνημένοι εἰσὶν κοὐδὲ πρὸς ἀρσενικοὺς παῖδας
Sib.      3  764   λάτρευε μοιχείας πεφύλαξο καὶ ἄρσενος ἄκριτον × εὐνήν × τὴν δ' ἰδίαν γένναν παίδων τρέφε μηδὲ φόνευε ταῦτα
FPho.   182   μιγείης. μηδὲ κασιγνήτης ἐς ἀπότροπον ἐλθεῖν × εὐνήν. × μηδὲ κασιγνήτων ἀλόχων ἐπὶ δέμνια βαίνειν. μηδὲ
FPho.   190   γυναῖκα ἐπ' αἰσχυντοῖς λεχέεσσιν. μὴ παραβῆις × εὐνὰς × φύσεως ἐς Κύπριν ἄθεσμον οὐδ' αὐτοῖς θήρεσσι
FPho.   191   ἄθεσμον οὐδ' αὐτοῖς θήρεσσι συνεύαδον ἄρσενες × εὐναί. × μηδέ τι θηλύτεραι λέχος ἀνδρῶν μιμήσαιντο. μηδ'
  εὐνοέω                    1
FAch.   110   γευσάμενον πρὸς καιρὸν ἔκβαλε οὐ γὰρ ἕνεκα τοῦ × εὐνοεῖν × τοῦτο ποιεῖ ἀλλ' ὡς τὰ ὑπὸ σοῦ λεγόμενα ἢ
  εὔνοια                    6
Aris.   205    4   συντελοῖ τοὺς ⟨δὲ⟩ ὑποτεταγμένους εὐεργεσίᾳ πρὸς × εὔνοιαν × ἄγοι τὴν ἑαυτοῦ καὶ γὰρ ὁ θεὸς πᾶσιν αἴτιος
Aris.   225    4   ἐχθρῶν; ὁ δὲ εἶπεν ἠσκηκὼς πρὸς πάντας ἀνθρώπους × εὔνοιαν × καὶ κατεργασάμενος φιλίας λόγον οὐθενὸς ἂν ἔχοις
Aris.   230    5   πταῖσαι πᾶσι γὰρ χάριτας ἔσπαρκας αἳ βλαστάνουσιν × εὔνοιαν × ἢ τὰ μέγιστα τῶν ὅπλων κατισχύουσα περιλαμβάνει
Aris.   264    3   διὰ πολλῶν ἔφη πεπειραμένος πραγμάτων καὶ τὴν × εὔνοιαν × συντηροῦσιν ἀκέραιον πρὸς αὐτὸν καὶ τῶν τρόπων
Aris.   265    4   καὶ ἀγάπησις ἀπεκρίνατο. διὰ γὰρ τούτων ἄλυτος × εὔνοιας × δεσμὸς γίνεται. τὸ δὲ γίνεσθαι κατὰ προαίρεσιν
Aris.   270    3   ἐξῆς ἠρώτα τίσι δεῖ πιστεύειν ἑαυτόν; τοῖς διὰ τὴν × εὔνοιαν × εἶπε συνοῦσί σοι καὶ μὴ διὰ τὸν φόβον μηδὲ διὰ
  εὐνομία                    4
Sib.      3  373   ἀνὴρ ἠὲ γυνὴ μακάρων +κενεήφατος ὅσσον ἄγραυλος+ × εὐνομίη × γὰρ πᾶσα ἀπ' οὐρανοῦ ἀστερόεντος ἥξει ἐπ'
  εὔνοος                    4
Aris.   190    2   δὲ εὖ μάλα παραδεξάμενος ἕτερον ἐπηρώτα πῶς ἂν × εὐνόους × ἑαυτῷ ἔχοι τοὺς φίλους; κἀκεῖνος εἶπεν εἰ
Aris.   242    2   παρὰ τοῖς τοιούτοις ὑπάρξει τὸ γὰρ συνεργὲς × εὐνόως × γινόμενον ὡς ἐξ ἑαυτοῦ ἀδιάλυτον πρὸς ἅπαντα μετὰ
Aris.   270    7   πλεονεκτεῖν ὁρμᾶται προδότης πέφυκε. σὺ δὲ πάντας × εὐνόους × ἔχεις θεοῦ σοι καλὴν βουλὴν διδόντος. σοφῶς δὲ
IMen.  5  119    2   ἤτοι πορφυρᾶς ἢ δι' ἐλέφαντος ἢ σμαράγδου ζῴδια × εὔνουν × νομίζει τὸν θεὸν καθιστάναι πεπλάνηται ἐκεῖνος
  εὐνοῦχος                    9
TJud.    23    4   δουλείαν ἐν ἔθνεσιν καὶ ἐκτεμοῦσιν ἐξ ὑμῶν εἰς × εὐνούχους × ταῖς γυναιξὶν αὐτῶν. καὶ ὡς ἂν ἐπιστρέψητε
TJos.     6    2   μοι βρῶμα ἐν γοητείᾳ πεφυραμένον. καὶ ὡς ἦλθεν ὁ × εὐνοῦχος × ὁ κομίζων αὐτὸ ἀνέβλεψα καὶ εἶδον ἄνδρα φοβερὸν
TJos.    12    1   ἐπ' ἐμὲ τοὺς ὀφθαλμοὺς αὐτῆς ὅτι εἶπεν αὐτῇ οἱ × εὐνοῦχοι × περὶ ἐμοῦ. καὶ λέγει τῷ ἀνδρὶ αὐτῆς περὶ τοῦ
TJos.    13    5   γὰρ ἦν ἐν ἀξίᾳ παρὰ τῷ Φαραὼ ἄρχων πάντων τῶν × εὐνούχων × ἔχων γυναῖκα καὶ τέκνα καὶ παλλακάς. καὶ
TJos.    16    2   ἀκούω γὰρ φησὶν ὅτι πωλοῦσιν αὐτόν. καὶ ἀπέστειλεν × εὐνοῦχον × τοῖς Ἰσμαηλίταις αἰτοῦσα με εἰς διάπρασιν.
TJos.    16    3   καὶ μὴ θελήσας ποιῆσαι μετ' αὐτῶν ἀνεχώρησεν. ὁ δὲ × εὐνοῦχος × πειρασθεὶς αὐτῶν δηλοῖ τῇ δεσποίνῃ ὅτι πολλὴν
TJos.    16    4   αἰτοῦσι τιμὴν τοῦ παιδός. ἡ δὲ ἀπέστειλεν ἕτερον × εὐνοῦχον × λέγουσα ἐὰν καὶ δύο μνᾶς χρυσίου ζητοῦσι
TJos.    16    6   ἀντ' ἐμοῦ. καὶ ἰδοὺ ἐγὼ ἐσιώπησα ἵνα μὴ ἐτασθῆ ὁ × εὐνοῦχος × ὁρᾶτε τέκνα πόσα ὑπέμεινα ἵνα μὴ καταισχύνω
FIsa.  1   3   11   καρδίᾳ τῶν ἀρχόντων Ἰούδα καὶ Βενιαμὶν καὶ τῶν × εὐνούχων × καὶ τῶν συμβούλων τοῦ βασιλέως καὶ ἤρεσαν αὐτῷ
  εὐοδόω                    4
Hen.    104    6   ὅταν ἴδητε τοὺς ἁμαρτωλοὺς κατισχύοντας καὶ × εὐοδουμένους × καὶ μὴ μέτοχοι αὐτῶν γίνεσθε ἀλλὰ μακρὰν
TGad.     7    1   καὶ δὸς τῷ θεῷ τὴν ἐκδίκησιν. ἐάν τις ὑπὲρ ὑμᾶς × εὐοδοῦται × μὴ λυπεῖσθε ἀλλὰ καὶ εὔχεσθε ὑπὲρ αὐτοῦ ἵνα
TGad.     7    1   λυπεῖσθε ἀλλὰ καὶ εὔχεσθε ὑπὲρ αὐτοῦ ἵνα τελείως × εὐοδοῦται × ἴσως γὰρ ὑμῖν συμφέρει οὕτως. καὶ ἐὰν ἐπὶ
FBar.    12    1   οιοκν οιομαι ερω και λαλησω προς σε την ⟨γην⟩ την × ευοδουσαν × ο)υ παντοτε μεσεμ⟨βρια αποκαιει ουδ⟩ε το
  εὔοσμος                    1
Abr.1     4    2   θυμίασον δὲ παντοῖον καὶ καλὸν θυμίαμα καὶ βοτάνας × εὐόσμους × ἐκ τοῦ παραδείσου ἐνέγκας πλήρωσον τὸν οἶκον
  εὐπετής                    1
FPho.   162   τοι ἄρουραι. οὐδὲν ἄνευ καμάτου πέλει ἀνδράσιν × εὐπετὲς × ἔργον οὐδ' αὐτοῖς μακάρεσσι πόνος δ' ἀρετὴν μέγ'
  εὐπλόκαμος                    1
Sib.      3  123   Γαῖα φιλοστέφανός τ' Ἀφροδίτη Δημήτηρ Ἑστίη τε × εὐπλόκαμός × τε Διώνη ἤγαγον ἐς φιλίην συναγείρασαι
  εὔπλωτος                    1
Sib.      3  779   θ' ὑψήεντα καὶ ἄγρια κύματα πόντου εὔβατα καὶ × εὔπλωτα × γενήσεται ἤμασι κείνοις πᾶσα γὰρ εἰρήνη ἀγαθῶν
  εὐποιέω                    3
Job.     44    3   πρός με πάντες οἱ φίλοι μου καὶ ὅσοι ᾔδεισαν × εὐποιεῖν, × καὶ ἠρώτησάν με λέγοντες τί παρ' ἡμῶν νῦν
Job.     44    4   αἰτεῖς; ἐγὼ δὲ ἀναμνησθεὶς τῶν πτωχῶν τοῦ πάλιν × εὐποιεῖν × ᾐτησάμην λέγων δότε μοι ἕκαστος ἀμνάδα μίαν εἰς
```

Job 45 2 μου ἴδε ἐγὼ τελευτῶ μόνον μὴ ἐπιλάθεσθε τοῦ κυρίου * εὐποιήσατε * τοῖς πτωχοῖς, μὴ παρίδητε τοὺς ἀδυνάτους, μὴ
εὐποίητος 3
Sib. 3 460 δ' ἡ γείτων Ἐφέσου σεισμῷ καταλύσει τείχεά τ' * εὐποίητ' * ἀνδρῶν τε λεὼν βαρυθύμων ὀμβρήσει δέ τε γαῖα
Sib. 3 524 θ' ἡμιόνων τε βοῶν τ' ἀγέλας ἐριμύκων δώματά τ' * εὐποίητα * πυρὶ φλέξουσιν ἀθέσμως πολλὰ δὲ σώματα δοῦλα
Sib. 3 685 αἵματι καὶ πεδίον πληρώσει πᾶσα χαράδρα. τείχεα δ' * εὐποίητα * χαμαὶ πεσέονται ἅπαντα ἀνδρῶν δυσμενέων ὅτι τὸν
Εὐπόλεμος 1
HAno. 9 17 2 * Ευπολεμου * περι Αβρααμ απο της Αλεξανδρου του πολυιστορος
εὐπορέω 2
Job 12 1 μοι ἤρχετο ἀνὴρ ἱλαρὸς τὴν καρδίαν λέγων οὔτε ἐγὼ * εὐπορῶ * ἐπικουρῆσαι τοῖς πένησιν βούλομαι μέντοι κἂν
Job 24 4 ἐργαζομένη ἡμέρας ὀδυνωμένη καὶ ἐν νυκτὶ ἕως ἂν * εὐπορήσασα * ἄρτον προσενέγκω σοι οὐκέτι γὰρ δὴ μόλις τὴν
εὐπραγέω 1
TGad 4 5 αὐτόν. τὸ γὰρ μῖσος ἐνεργεῖ τῷ φθόνῳ καὶ κατὰ τῶν * εὐπραγούντων * τὴν προκοπὴν ἀκούων καὶ ὁρῶν πάντοτε
εὐπραξία 1
FAch. 109 μὴ φθόνει ἀλλὰ σύγχαιρε καὶ μεθέξεις αὐτῶν τῆς * εὐπραξίας * ὁ γὰρ φθονῶν ἀγνοῶν ἑαυτὸν βλάπτει. δούλων σου
εὐπρέπεια 7
Abr.1 16 12 ποτήριον. λέγει οὖν Ἀβραὰμ οὐχὶ ἀλλὰ σὺ ⟨εἶ⟩ ἡ * εὐπρέπεια * τοῦ κόσμου σὺ εἶ ἡ δόξα καὶ τὸ κάλλος τῶν
Sal. 2 20 θρόνου δόξης. περιεζώσατο σάκκον ἀντὶ ἐνδύματος * εὐπρεπείας * σχοινίον περὶ τὴν κεφαλὴν αὐτῆς ἀντὶ
Sal. 17 42 ὑπερηφανία τοῦ καταδυναστευθῆναι ἐν αὐτοῖς. αὕτη ἡ * εὐπρέπεια * τοῦ βασιλέως Ισραηλ ἣν ἔγνω ὁ θεὸς ἀναστῆσαι
Job 33 2 ὑποδείξω ὑμῖν τὸν θρόνον μου καὶ τὴν δόξαν καὶ τὴν * εὐπρέπειαν * τὴν οὖσαν ἐν τοῖς ἁγίοις. ἐμοῦ ὁ θρόνος ἐν τῷ
Job 33 3 ἐν τῷ ὑπερκοσμίῳ ἐστίν, καὶ ἡ τούτου δόξα καὶ ἡ * εὐπρέπεια * ἐκ δεξιῶν τοῦ πατρός ἐστιν. ὁ κόσμος ὅλος
Job 33 9 δὲ ἡ βασιλεία εἰς αἰῶνας αἰώνων, καὶ ἡ δόξα καὶ ἡ * εὐπρέπεια * αὐτῆς ἐν τοῖς ἅρμασιν τοῦ πατρὸς ὑπάρχει. καὶ
Job 43 6 σκοτίας κληρονομήσουσιν αὐτοῦ τὴν δόξαν καὶ τὴν * εὐπρέπειαν * ἡ βασιλεία αὐτοῦ παρῆλθεν, σέσηπται αὐτοῦ ὁ
εὐπρεπής 4
Abr.1 2 2 Μιχαὴλ ἀπὸ μηκόθεν ἐρχόμενον δίκην στρατιώτου * εὐπρεπεστάτου * ἀναστὰς τοίνυν ὁ ἱερώτατος Ἀβραὰμ
Abr.1 16 6 ⟨καὶ ἐποίησεν ὄψιν ἡλιόμορφον⟩ καὶ γέγονεν * εὐπρεπὴς * ὡραῖος ὑπὲρ τοὺς υἱοὺς τῶν ἀνθρώπων ἀρχαγγέλου
Asen. 2 2 θαλάμους δέκα. καὶ ἦν ὁ πρῶτος θάλαμος μέγας καὶ * εὐπρεπὴς * λίθοις πορφυροῖς κατεστρωμένος καὶ οἱ τοῖχοι
Prop. 16 2 Μαλαχὶ ὃ ἑρμηνεύεται ἄγγελος ἦν γὰρ καὶ τῷ ἰδεῖν * εὐπρεπής. * ἀλλὰ καὶ ὅσα εἶπεν αὐτὸς ἐν προφητείᾳ αὐτῇ τῇ
εὐπροσήγορος 1
FAch. 110 ἐχθροῖς καταλιπεῖν ἢ ζῶντα τῶν φίλων ἐπιδέεσθαι. * εὐπροσήγορος * καὶ κοινὸς γίνου τοῖς συναντῶσί σοι εἰδὼς
εὑρεματικός * 1
Aris. 137 2 μάταιον τοὺς ὁμοίους ἀποθεοῦν. καὶ γὰρ ἔτι καὶ νῦν * εὑρεματικώτεροι * καὶ πολυμαθέστεροι τῶν ἀνθρώπων τῶν πρὶν
εὕρεσις 2
Aris. 156 4 τε ὀξύτης τοῦ πρὸς ἕκαστόν τι πράσσειν καὶ τεχνῶν * εὕρεσις * ἀπέραντον περιέχει τρόπον. διὸ παρακελεύεται
HAno. 9 17 8 Βαβυλωνίους ταῦτα καὶ αὐτὸν εὑρηκέναι τὴν δὲ * εὕρεσιν * αὐτῶν εἰς Ἐνὼχ ἀναπέμπειν καὶ τοῦτον εὑρηκέναι
εὑρετής 1
IDip. 5 133 3 τοῦτον διὰ τέλους τιμᾶν μόνον ἀγαθῶν τοσούτων * εὑρετὴν * καὶ κτίστορα. οἴει σὺ τοὺς θανόντας ὦ Νικήρατε
εὑρίσκω 111
Adam 3 1 πολεμῇ τι πρὸς αὐτούς. πορευθέντες δὲ ἀμφότεροι * εὗρον * πεφονευμένον τὸν Ἄβελ ἀπὸ χειρὸς Κάϊν τοῦ ἀδελφοῦ
Adam 16 2 ὑπὲρ πάντα τὰ θηρία. ἐγὼ δὲ ἦλθον κατανοῆσαί σε. * εὗρον * δέ σε μείζονα πάντων τῶν θηρίων. καὶ ὁμιλῶ σοι.
Adam 20 4 μου φύλλα ὅπως καλύψω τὴν αἰσχύνην μου καὶ οὐχ * εὗρον. * ἅπαντα γὰρ τὰ φυτὰ τοῦ ἐμοῦ μέρους κατερρύη τὰ
Adam 23 1 Ἀδὰμ λέγων Ἀδὰμ ποῦ ἐκρύβης; νομίζεις ὅτι οὐχ * εὑρίσκω * σε; μὴ κρυβήσεται οἶκος τῷ οἰκοδομήσαντι αὐτόν;
Adam 23 2 κύριέ μου οὐ κρυβόμεθά σε ὡς νομίζοντες ὅτι οὐχ * εὑρισκόμεθα * ὑπὸ σοῦ ἀλλὰ φοβοῦμαι ὅτι γυμνός εἰμι καὶ
Adam 29 7 καὶ διωδεύσαμεν πᾶσαν τὴν γῆν ἐκείνην καὶ οὐχ * εὕρομεν. * καὶ ἀποκριθεῖσα εἶπον τῷ Ἀδὰμ ἀνάστα κύριε καὶ
Adam 29 12 ὅπως εἰσακούσηται αὐτοῦ ὁ θεός. ὁ δὲ διάβολος μὴ * εὑρὼν * τόπον εἰς τὸν Ἀδὰμ ἐπορεύθη εἰς τὸν Τίγριν
Hen. 99 7 πλάναις οὐ κατ' ἐπι⟨στήμην⟩ καὶ πᾶν βοήθημα οὐ μὴ * εὕρητε * ⟨ἀπ'⟩ αὐτῶν. καὶ πλανηθήσονται ἐν ἀφροσύνῃ τῆς
Hen. 102 10 ἐγένετο αὐτῶν ἡ καταστροφὴ ὅτι πᾶσα δικαιοσύνη οὐχ * εὑρέθη * ἐν αὐτοῖς ἕως ἀπέθανον καὶ ἀπώλοντο καὶ ἐγένοντο
Hen. 103 9 καὶ ὀλίγοι ἐγενήθημεν καὶ ἀντιλήμπτορα οὐχ * εὑρήκαμεν * συντετριμμένοι καὶ ἀπολώλαμεν καὶ ἀπηλπίσμεθα
Hen. 103 15 τῆς φωνῆς ἡμῶν. καὶ οὐκ ἀντελαμβάνοντο ἡμῶν οὐχ * εὑρόντες * κατὰ τῶν βιαζομένων καὶ κατεσθόντων ἡμᾶς ἀλλὰ
Hen. 104 5 κακὰ ἐν τῇ ἡμέρᾳ τῆς κρίσεως τῆς μεγάλης καὶ οὐ μὴ * εὑρεθῆτε * ὡς οἱ ἁμαρτωλοί. ⟨ἀλλ' ὑμεῖς οἱ ἁμαρτωλοί⟩
Abr.1 2 1 πρὸς τὸν Ἀβραὰμ εἰς τὴν δρῦν τὴν Μαβρὴν καὶ * εὗρε * τὸν Ἀβραὰμ ἐν τῇ χώρᾳ ἔγγιστα ζεύγη βοῶν
Abr.1 5 11 τοῦ κλαυθμοῦ αὐτοῦ καὶ ἦλθε δρομαῖα ἐπ' αὐτοὺς καὶ * εὗρεν * αὐτοὺς περιπλακομένους καὶ κλαίοντας. εἶπε δὲ μετὰ
Abr.1 11 12 οἱ σωζόμενοι εἰς γὰρ τὰς ἑπτακισχιλίας ψυχὰς μόλις * εὑρίσκεται * μία ψυχὴ σωζομένη καὶ ἀμόλυντος. ἔτι δὲ ἡμῖν
Abr.1 12 17 αὐτῷ ἄνοιξόν μοι τὴν βίβλον ταύτην καὶ * εὑρέ * μοι τὰς ἁμαρτίας τῆς ψυχῆς ταύτης. καὶ ἀνοίξας τὴν
Abr.1 12 18 ἁμαρτίας τῆς ψυχῆς ταύτης. καὶ ἀνοίξας τὴν βίβλον * εὗρεν * αὐτῆς ζυγάδας τὰς ἁμαρτίας καὶ τὰς δικαιοσύνας ἐξ
Abr.1 14 2 δὲ ὁ ἀρχιστράτηγος ἄκουσον δίκαιε Ἀβραὰμ διότι * εὗρεν * ὁ κριτὴς τὰς ἁμαρτίας αὐτῆς ⟨καὶ τὰς δικαιοσύνας⟩
Abr.2 3 2 ἤγγισαν ἔγγιστα τῆς πόλεως ὡς ἀπὸ σταδίων δύο καὶ * ηὗρον * δένδρον μέγαν ἐν τῇ ὁδῷ παμμεγέθει ἔχοντα κλάδους
Abr.2 5 1 ὄναρ. τότε Μιχαὴλ ἦλθεν εἰς τὸν οἶκον Ἀβραὰμ καὶ * εὗρεν * αὐτὸν ἑτοιμάσαντα τὸ δεῖπνον καὶ ἔφαγον καὶ ἔπιον
Abr.2 9 7 ἀναζητήσωμεν ἐν ταῖς ψυχαῖς ταύταις καὶ ἐὰν * εὕρωμεν * ἀξίαν ἐνεχθῆναι εἰς τὴν ζωὴν ἐνέγκωμεν αὐτήν.
Abr.2 9 8 καὶ ἀπελθόντες Μιχαὴλ καὶ Ἀβραὰμ ἐζήτησαν καὶ οὐκ * εὗρον * ἀξίαν ζωῆς εἰ μὴ μόνον ἐκείνην ἣν κατεῖχεν ὁ
Abr.2 9 8 ἐκείνην ἣν κατεῖχεν ὁ ἄγγελος ἐν τῇ χειρὶ αὐτοῦ * εὗρε * γὰρ τὰς ἁμαρτίας ἰσοζυγούσας μετὰ τῶν ἀγαθῶν ἔργων
Abr.2 11 10 ψυχῆς ἐπὶ τοῦ βιβλίου καὶ ἐὰν ἡ ψυχὴ ἐλεηθῇ * εὑρήσεις * τὰς ἁμαρτίας αὐτῆς ἐξηλειμμένας καὶ
Abr.2 11 11 εἰσελεύσεται εἰς τὴν ζωὴν ἐὰν δὲ ἡ ψυχὴ μὴ ἐλεηθῇ * εὑρήσεις * τὰς ἁμαρτίας αὐτῆς γεγραμμένας καὶ βληθήσεται
Abr.2 13 9 λέγω σοι ἐν ὅλῳ τῷ κτίσματι ὃ ἔκτισεν ὁ θεὸς οὐχ * εὑρέθη * ὅμοιός σου ἐζήτει γὰρ ἐν τοῖς ἀγγέλοις καὶ
Abr.2 13 10 πᾶσιν τοῖς ἐν ὕδασιν μέχρι ἕως τοῦ οὐρανοῦ καὶ οὐχ * εὑρέθη * ὅμοιός σου. καὶ εἶπεν τῷ θανάτῳ Ἀβραὰμ ἐτόλμησας
TRub. 4 8 καὶ τὰς ἐννοίας ἐκαθάρισεν ἀπὸ πάσης πορνείας * εὗρε * χάριν ἐνώπιον κυρίου καὶ ἀνθρώπων. καὶ γὰρ πολλὰ
TSim. 5 2 τὰς ὁδοὺς ὑμῶν ἐνώπιον τῶν ἀνθρώπων καὶ ἔσεσθε * εὑρίσκοντες * χάριν ἐνώπιον θεοῦ καὶ ἀνθρώπων. καὶ
TLevi 2 3B009 καὶ ἰσχὺν δός μοι ποιῆσαι τὰ ἀρέσκοντά σοι καὶ * εὑρεῖν * χάριν ἐνώπιόν σου καὶ αἰνεῖν τοὺς λόγους σου μετ'
TLevi 6 1 τῶν δικαίων. καὶ ὡς ἠρχόμην πρὸς τὸν πατέρα μου * εὗρον * ἀσπίδα χαλκῆν διὸ καὶ τὸ ὄνομα τοῦ ὄρους Ἀσπὶς ὅ
TLevi 13 5 ποιήσατε δικαιοσύνην τέκνα μου ἐπὶ τῆς γῆς ἵνα * εὕρητε * ἐν τοῖς οὐρανοῖς καὶ σπείρετε ἐν ταῖς ψυχαῖς ὑμῶν
TLevi 13 6 καὶ σπείρετε ἐν ταῖς ψυχαῖς ὑμῶν ἀγαθὰ ἵνα * εὕρητε * αὐτὰ ἐν τῇ ζωῇ ὑμῶν. ἐὰν γὰρ σπείρητε κακὰ πᾶσαν
TLevi 13 8 καὶ ἐπὶ γῆς ἀλλοτρίας πατρὶς καὶ ἐν μέσῳ ἐχθρῶν * εὑρεθήσεται * φίλος. ἐὰν διδάσκῃ ταῦτα καὶ πράττῃ
TLevi 18 2B057 γάρ μοι ἐνετείλατο ὁ πατήρ μου Ἀβραὰμ ὅτι οὕτως * εὗρεν * ἐν τῇ γραφῇ τῆς βίβλου τοῦ Νῶε περὶ τοῦ αἵματος.
TJud. 24 1 ἐν πραότητι καὶ δικαιοσύνῃ καὶ πᾶσα ἁμαρτία οὐχ * εὑρηθήσεται * ἐν αὐτῷ. καὶ ἀνοιγήσονται ἐπ' αὐτὸν οἱ
TZab. 2 7 τῶν ξηρῶν τούτων ὧν ὤρυξαν οἱ πατέρες ἡμῶν καὶ οὐχ * εὗρον * ὕδωρ. διὰ γὰρ τοῦτο ἐκώλυσε κύριος τοῦ ἀναβῆναι
TZab. 4 6 τὸ ἀργύριον κατέδραμε τοῖς ἐμπόροις καὶ οὐδένα * εὗρεν * ἀφέντες γὰρ τὴν ὁδὸν τὴν μεγάλην ἐπορεύθησαν διὰ
TZab. 4 8 προσελθὼν οὖν Δὰν εἶπεν αὐτῷ μὴ κλαῖε μηδὲ πένθει * εὗρον * γὰρ τί εἴπωμεν τῷ πατρὶ ἡμῶν Ἰακώβ. θύσωμεν
TZab. 7 4 ἐν σπλάγχνοις ἐλέους. οἶδα ὅτι ἡ χείρ μου οὐχ * εὗρε * πρὸς τὸ παρὸν ἐπιδοῦναι τῷ χρῄζοντι καὶ ἐπὶ ἑπτὰ
TZab. 8 2 ἀποστέλλει τὸ σπλάγχνον αὐτοῦ ἐπὶ τῆς γῆς καὶ ὅπου * εὕρῃ * σπλάγχνα ἐλέους ἐν αὐτῷ κατοικεῖ. ὅσον γὰρ ἄνθρωπος
TDan 1 9 ἡμῶν οὐκ ἐνέβαλεν αὐτὸν εἰς τὰς χεῖράς μου ἵνα * εὕρω * αὐτὸν μόνον οὐδὲ ἔασέ με τὸ ἀνόμημα τοῦτο ποιῆσαι
TJos. 15 4 δοῦλός εἰμι. τότε βουλεύονται πωλῆσαί με ἵνα μὴ * εὑρεθῶ * ἐν χερσὶν αὐτῶν. ἐφοβοῦντο γὰρ τὸν Ἰακὼβ ἵνα μὴ
Asen. 10 4 καὶ ἦλθον πρὸς τὴν θύραν τῆς Ἀσενὲθ καὶ * εὗρον * τὴν θύραν κεκλεισμένην. καὶ ἤκουσαν τοῦ στεναγμοῦ
Asen. 15 13 θαυμαστὰ καὶ ἐπαινετὰ σφόδρα. καὶ εἶπεν Ἀσενὲθ εἰ * εὗρον * χάριν ἐνώπιόν σου κύριε καὶ γνώσομαι ὅτι ποιήσεις
Asen. 16 5 βάδιζε καὶ εἴσελθε εἰς τὸ ταμιεῖόν σου καὶ * εὑρήσεις * κηρίον μελίσσης ἐπὶ τῆς τραπέζης κείμενον. ἆρον
Asen. 16 7 μου οὐκ ἔστιν. καὶ εἶπεν ὁ ἄνθρωπος βάδιζε καὶ * εὑρήσεις. * καὶ εἰσῆλθεν Ἀσενὲθ εἰς τὸ ταμιεῖον αὐτῆς καὶ
Asen. 16 8 καὶ εἰσῆλθεν Ἀσενὲθ εἰς τὸ ταμιεῖον αὐτῆς καὶ * εὗρε * κηρίον μελίσσης κείμενον ἐπὶ τῆς τραπέζης. καὶ ἦν
Sal. 13 11 αἰῶνα ἁμαρτωλοὶ δὲ ἀρθήσονται εἰς ἀπώλειαν καὶ οὐχ * εὑρεθήσεται * μνημόσυνον αὐτῶν ἔτι ἐπὶ δὲ τοὺς ὁσίους τὸ
Sal. 14 9 αὐτῶν ᾅδης καὶ σκότος καὶ ἀπώλεια καὶ οὐχ * εὑρεθήσονται * ἐν ἡμέρᾳ ἐλέους δικαίων οἱ δὲ ὅσιοι κυρίου
Sal. 15 11 αὐτοὺς ἕως ᾅδου κάτω. ἡ κληρονομία αὐτῶν οὐχ * εὑρεθήσεται * τοῖς τέκνοις αὐτῶν αἱ γὰρ ἁμαρτίαι
Sal. 17 8 κατὰ τὰ ἁμαρτήματα αὐτῶν ἀποδώσεις αὐτοῖς ὁ θεὸς * εὑρεθῆναι * αὐτοῖς κατὰ τὰ ἔργα αὐτῶν. οὐκ ἠλέησεν αὐτοὺς
Jer. 4 4 ἢ ἐξετάσει σε κύριος περὶ αὐτῶν. διότι ἡμεῖς οὐχ * εὑρέθημεν * ἄξιοι τοῦ φυλάξαι αὐτὰς ὅτι ἐπίτροποι τοῦ
Jer. 5 3 ὕπνου μου. εἶτα ἀνακαλύψας τὸν κόφινον τῶν σύκων * εὗρεν * αὐτὰ στάζοντα γάλα. καὶ εἶπεν ἤθελον κοιμηθῆναι
Jer. 5 7 ἑαυτοῦ οὔτε τὸ γένος ἑαυτοῦ οὔτε τινὰ τῶν γνωρίμων * εὗρεν. * καὶ εἶπεν εὐλογητὸς κύριος ὅτι μεγάλη ἔκστασις
Jer. 5 13 ὑπέστρεψεν εἰς τὴν πόλιν καὶ ἐζήτησε καὶ οὐδένα * εὗρε * τῶν ἰδίων καὶ εἶπεν εὐλογητὸς κύριος ὅτι μεγάλη
Jer. 5 18 καὶ πᾶς ὁ λαὸς τῆς πόλεως ταύτης ὅτι οὐχ * εὗρον * αὐτούς; καὶ εἶπεν αὐτῷ ὁ πρεσβύτης οὐκ εἶ σὺ ἐκ
Jer. 5 26 τὸν κόφινον τῶν σύκων νομίζων ὅτι ἐβράδυνα καὶ * εὗρον * τὰ σῦκα στάζοντα γάλα καθὼς συνέλεξα αὐτά. σὺ δὲ
Jer. 6 1 αὐτὸν εἰς τὸν τόπον ὅπου ἦν Βαροὺχ καθεζόμενος * εὗρε * δὲ αὐτὸν ἐν μνημείῳ. καὶ ἐν τῷ θεωρῆσαι ἀλλήλους
Jer. 7 1 καὶ ἀνέστη Βαροὺχ καὶ ἐξῆλθεν ἐκ τοῦ μνημείου καὶ * εὗρεν * τὸν ἀετὸν καθεζόμενον ἐκτὸς τοῦ μνημείου. καὶ
Jer. 7 23 τοῦ ἀνόμου βασιλέως τούτου. δίκαιος γὰρ * εὑρέθης * ἐναντίον τοῦ θεοῦ καὶ οὐκ ἔασέν σε εἰσελθεῖν
Jer. 7 25 καὶ ἓξ ἔτη σήμερον. πολλάκις γὰρ ἐξερχόμενος * ηὕρισκον * ἐκ τοῦ λαοῦ κρεμαμένους ὑπὸ Ναβουχοδονόσορ
Bar. 4 11 καὶ ἐξῆλθε Νῶε τῆς κιβωτοῦ ἤρξατο φυτεύειν ἐκ τῶν * εὑρισκομένων * φυτῶν. εὗρε δὲ καὶ τὸ κλῆμα καὶ λαβὼν
Bar. 4 12 κιβωτοῦ ἤρξατο φυτεύειν ἐκ τῶν εὑρισκομένων φυτῶν. * εὗρε * δὲ καὶ τὸ κλῆμα καὶ λαβὼν ἐλογίζετο ἐν ἑαυτῷ τί ἄρα
Prop. 10 4 καὶ καλέσας λιμὸν ἐπὶ τὴν γῆν ἔφυγεν. καὶ ἐλθὼν * εὗρε * τὴν χήραν μετὰ τοῦ υἱοῦ αὐτῆς οὐ γὰρ ἠδύνατο μένειν
Prop. 10 4B ἐπείνασεν ὁ προφήτης καὶ ἦλθεν εἰς Σαρεφθᾶ καὶ * εὗρε * τὴν χήραν μετὰ τοῦ υἱοῦ αὐτῆς Ἰωνᾶν καὶ εὐλόγησεν

Prop. 17 2 αὐτῷ ἐνεπόδισεν ὁ Βελίαρ ὅτι κατὰ τὴν ὁδὸν * εὗρε * νεκρὸν κείμενον γυμνὸν ἐσφαγμένον καὶ γνοὺς ὅτι ἐν
Prop. 17 28 αὐτὸν ὁ Βελίαρ. ἐρχόμενος γὰρ εἰς Ἱερουσαλὴμ * εὗρε * νεκρὸν ἐσφαγμένον παρεσκευασμένον γυμνὸν καὶ
Esdr. 5 10 ἔκραξαν λέγοντες ἀφ' οὗ ἦλθες ὧδε ἅγιε τοῦ θεοῦ * εὕραμεν * ὀλίγην ἄνεσιν. καὶ εἶπεν ὁ προφήτης μακάριοι οἱ
Sedr. 3 7 καὶ πλάσμα τῶν χειρῶν μου καὶ παιδεύω αὐτὸν καθὼς * εὑρίσκω. * λέγει αὐτῷ Σεδρὰχ κόλασις καὶ πῦρ ἐστιν ἡ
Sedr. 13 3 αὐτοῦ καὶ ὁμολογήσῃ ἔμπροσθεν τῶν ἀνθρώπων καὶ * εὕρω * αὐτὸν μετὰ χρόνον ἀφίω πάσας τὰς ἁμαρτίας αὐτοῦ.
Job 37 8 δὲ ἐν τῇ δύσει, καὶ πάλιν ἀνιστάμενοι κατὰ πρωΐ * εὑρίσκομεν * τὸν αὐτὸν ἐν ἀνατολαῖς ἀνατέλλοντα;
Job 39 12 ἐγὼ δὲ ἐκώλυσα λέγων μὴ κάμητε εἰκῇ, οὐ γὰρ * εὑρήσετε * τὰ παιδία μου ἐπειδὴ ἀνελήφθησαν εἰς οὐρανοὺς
Job 40 7 μὲν δεσποτικὸς αὐτῆς ἄρχων ἐπιζητήσας αὐτὴν καὶ μὴ * εὑρὼν * εἰσῆλθεν ἑσπέρας οὔσης εἰς τὴν ἐπαύλην τῶν κτηνῶν,
Job 40 8 ἑσπέρας οὔσης εἰς τὴν ἐπαύλην τῶν κτηνῶν, καὶ * εὗρεν * αὐτὴν νεκρὰν ἡπλωμένην καὶ ἅπαντες ἰδόντες
Job 40 11 καὶ τότε εἰσεπήδησαν γνῶναι τὸ γεγονός, καὶ * εὗρον * αὐτὴν νεκράν, τὰ δὲ περιεστῶτα ζῷα κλαίοντα ἐπ'
Job 40 14 τὸν μὲν οὖν θρῆνον τὸν ἐπ' αὐτῇ γενόμενον * εὑρήσετε * ἐν τοῖς παραλειπομένοις. Ελιφας δὲ καὶ οἱ
Job 49 3 βούλεται γνῶναι τὸ ποίημα τῶν οὐρανῶν, δυνήσεται * εὑρεῖν * ἐν τοῖς ὕμνοις Κασίας. καὶ τότε περιεζώσατο καὶ ἡ
Job 50 3 λοιπὸν ἴχνος ἡμέρας καταλαβεῖν τῆς πατρικῆς δόξης * εὑρήσει * ἀναγεγραμμένα ἐν ταῖς εὐχαῖς τῆς Ἀμαλθείας
Job 53 9 καταλείψας υἱοὺς ζ' καὶ θυγατέρας τρεῖς καὶ οὐχ * εὑρέθησαν * κατὰ τὰς θυγατέρας Ιωβ βελτίους αὐτῶν ἐν τοῖς
Aris. 39 5 ἑκάστης φυλῆς ἓξ ὅπως ἐκ τῶν πλειόνων τὸ σύμφωνον * εὑρεθῇ * διὰ τὸ περὶ μειζόνων εἶναι τὴν σκέψιν. οἰόμεθα
Aris. 146 2 τὰ ἄλλα ὅσα τοιαῦτα. περὶ ὧν δὲ ἀπηγόρευται πτηνῶν * εὑρήσεις * ἄγριά τε καὶ σαρκοφάγα καὶ καταδυναστεύοντα τῇ
Aris. 163 2 τρέπεσθαι. καὶ ἐπὶ τῶν κνωδάλων δὲ ταὐτὸν ἔστιν * εὑρεῖν. * κακοποιητικὸς γὰρ ὁ τρόπος ἐστὶ καὶ γαλῆς καὶ
Aris. 286 6 ἀρχομένων βίοις ἐμμελέστερον ἢ μουσικώτερον οὐκ ἂν * εὕροις * τι τούτων οὗτοι γὰρ θεοφιλεῖς εἰσι πρὸς τὰ
Sib. 3 253 καταστήσει μέγαν ἄνδρα Μωσῆν ὅν παρ' ἕλους βασιλὶς * εὑροῦσ' * ἐκόμιζεν θρεψαμένη δ' υἱὸν ἐκαλέσσατο. ἡνίκα δ'
Sib. 5 176 ἐν χθονὶ κείνῃ ὡς τὸ πάλαι ὅτε σὰς ὁ μέγας θεὸς * εὕρατο * τιμάς. μεῖνον ἄθεσμε μόνη πυρὶ δὲ φλεγέθοντι
Sib. 5 393 στόμα δύσμορον ἐξεμίηναν ἐν σοὶ καὶ κτηνῶν * εὗρον * κοίτην κακοὶ ἄνδρες. σίγησον πανόδυρτε κακὴ πόλι
FJub. 8 3 τῷ ' β φ π ε' ἔτει Καϊνᾶν διοδεύων ἐν τῷ πεδίῳ * εὗρε * τὴν γραφὴν τῶν γιγάντων καὶ ἔκρυψε παρ' ἑαυτῷ. γυνὴ
FIsa. 1 3 4 τοῦ πατρὸς αὐτοῦ ὅτι τὸν Ἐζεκίαν ἐφοβεῖτο. καὶ * εὑρέθη * ἐν τῷ χρόνῳ Ἐζεκίου λαλῶν λόγους ἀνομίας ἐν
FEz. 64 70 12 καταβάντες εἰς τὸν παράδεισον ἐξεπλάγησαν τὰ ἴχνη * εὑρόντες * ἐν τῷ παραδείσῳ καὶ ταῦτα ἀνήγγειλαν τῷ βασιλεῖ
FEz. 40 2 ἐπακούσομαι ὑμῶν ὡς λαοῦ ἁγίου. ἐφ' οἷς γὰρ ἂν * εὕρω * ὑμᾶς ἐπὶ τούτοις καὶ κρινῶ. >εγυπτ<ιω>ν
FAch. 102 γὰρ προβλήματα φιλοσοφίας δι' ἐπιστολῶν καὶ ὁ μὴ * εὑρίσκων * διαλύσασθαι φόρους ἐτέλει τῷ πέμψαντι. ὁ δὲ
FAch. 102 διὰ τοῦ Λυκούργου ἔπεμπεν τοῖς βασιλεῦσιν καὶ μὴ * εὑρίσκοντες * φόρους ἐχορήγουν. καὶ οὕτως ἡ τῶν Βαβυλωνίων
FAch. 105 ἵνα διαλύσῃ εἰδὼς ὅτι μετὰ Αἴσωπον οὐδεὶς * εὑρεθήσεται * παρὰ Βαβυλωνίοις ὁ δυνάμενος διαλῦσαι. ἦν δὲ
FAch. 121 ὁ δὲ βασιλεὺς ἀκούσας περιχαρὴς ἐγένετο δόξας * εὑρηκέναι * νίκας. καὶ παραγεναμένου τοῦ Αἰσώπου ἔφη αὐτῷ
FAch. 122 ἦλθεν ὁ Αἴσωπος πρὸς τὸν βασιλέα Νεκταναβὼν καὶ * εὗρεν * αὐτὸν μετὰ τῶν φίλων προσδεχόμενον πρὸς τὸ
HDem. 9 29 15 γλυκὺ τὸ ὕδωρ. ἐκεῖθεν δὲ εἰς Ἐλεὶμ ἐλθεῖν καὶ * εὑρεῖν * ἐκεῖ δώδεκα μὲν πηγὰς ὑδάτων ἑβδομήκοντα δὲ
HArt. 9 23 3 τοῖς ἱερεῦσιν ἀποκληρῶσαι. τοῦτον δὲ καὶ μέτρα * εὑρεῖν * καὶ μεγάλως αὐτὸν ὑπὸ τῶν Αἰγυπτίων διὰ ταῦτα
HArt. 9 27 7 τῇ Αἰγύπτῳ τὸν Χενεφρῆν ὑπολαβόντα * εὑρηκέναι * καιρὸν εὔθετον πέμψαι τὸν Μώϋσον ἐπ' αὐτοὺς
HArt. 9 27 24 ἐξελθόντα δὲ τὸν Μώϋσον ἐπὶ τὰ βασίλεια ἐλθεῖν * εὑρόντα * δὲ ἀνεῳγμένας τὰς θύρας εἰσελθεῖν καὶ ἐνθάδε τῶν
HAno. 9 17 3 ὃν δὴ καὶ τὴν ἀστρολογίαν καὶ Χαλδαϊκὴν * εὑρεῖν * ἐπί τε τὴν εὐσέβειαν ὁρμήσαντα εὐαρεστῆσαι τῷ
HAno. 9 17 8 εἰσηγήσασθαι φάμενον Βαβυλωνίους ταῦτα καὶ αὐτὸν * εὑρηκέναι * τὴν δὲ εὕρεσιν αὐτῶν εἰς Ἐνὼχ ἀναπέμπειν καὶ
HAno. 9 17 8 δὲ εὕρεσιν αὐτῶν εἰς Ἐνὼχ ἀναπέμπειν καὶ τοῦτον * εὑρηκέναι * πρῶτον τὴν ἀστρολογίαν οὐκ Αἰγυπτίους.
HAno. 9 17 9 πατρὸς Αἰγυπτίων Ἕλληνας δὲ λέγειν τὸν Ἄτλαντα * εὑρηκέναι * ἀστρολογίαν εἶναι δὲ τὸν Ἄτλαντα τὸν αὐτὸν
LEze. 9 28 2 24 προσδραμοῦσα βασιλίδι θέλεις τροφόν σοι παιδὶ τῷδ' * εὕρω * ταχὺ ἐκ τῶν Ἑβραίων; ἡ δ' ἐπέσπευσεν κόρην.
LEze. 9 29 16 01 καὶ στρατὸν διώλεσε. κράτιστε Μωσῆ πρόσχες οἷον * εὕρομεν * τόπον πρὸς αὐτῇ τῇδε γ' εὐαεῖ νάπῃ. ἔστιν γὰρ ὡς
LEze. 9 29 16 06 εὐφρόνης σημεῖον ὡς στῦλος πυρός. ἐνταῦθα λειμῶν' * εὕρομεν * κατάσκιον ὑγράς τε λιβάδας δαψιλὴς χῶρος βαθὺς
LAri. 7 32 17 ἐαρινὴν μεσοῦντος τοῦ πρώτου μηνὸς τοῦτο δὲ * εὑρίσκεσθαι * τὸ πρῶτον τμῆμα τοῦ ἡλιακοῦ ἢ ὥς τινες αὐτῶν
FrAn. 1 217 2 τῶν διδασκάλων καὶ ἀναπτύξας τὴν σοφίαν Σολομῶντος * εὗρεν * εὐθὺς ὁ ἐλεῶν πτωχὸν θεῷ δανείζει. καὶ εἰς ἑαυτὸν
FrAn. 1 217 10 δὲ αὐτοῦ εἶδεν ἄνδρας δύο μαχομένους πρὸς ἀλλήλους * εὑρόντας * λίθον τίμιον καὶ φησὶ πρὸς αὐτοὺς ἵνα τί
FrAn. 1 217 17 ποῦ τὸν πολύτιμον καὶ θεῖον λίθον τοῦτον * εὗρες; * ἰδοὺ γὰρ ἔτη τρία σήμερον Ἱερουσαλὴμ δονεῖται

εὖρος 2
Aris. 57 2 δύο γὰρ πήχεων τὸ μῆκος ⟨πήχεος δὲ τὸ * εὖρος⟩ * τὸ δὲ ὕψος πήχεος καὶ ἡμίσους συνετέλουν χρυσίου
HHec. 1 22 198 τῆς πόλεως περίβολος λίθινος μῆκος ὡς πεντάπλεθρος * εὖρος * δὲ πηχῶν ἑκατὸν ἔχων διπλᾶς πύλας. ἐν ᾧ βωμός ἐστι

εὐρυάγυια 1
Sib. 4 127 δ' ἅμα ἀνδροφονήσας Ἰουδαίων ὀλέσει μεγάλην χθόνα * εὐρυάγυιαν. * καὶ τότε δὴ Σαλαμῖνα Πάφον δ' ἅμα σεισμὸς

εὐρύς 9
Abr.2 9 2 οὐαί μοι τί ποιήσω ἐγὼ ὅτι μὲν γὰρ εἰμὶ ἄνθρωπος * εὐρὺς * τῷ σώματι τυγχάνων; καὶ οὐ δυνήσομαι εἰσελθεῖν εἰς
Sib. 3 431 καὶ θανέειν μᾶλλον τοῖσιν κλέος ἔσσεται * εὐρὺ * Ἰλίῳ ἀλλὰ καὶ αὐτὸς ἀμοιβαῖα δέξεται ἔργα. καὶ
Sib. 3 559 ψυχαὶ μεγάλα στενάχουσαι ἄντα πρὸς οὐρανὸν * εὐρὺν * ἀνασχόμεναι χέρας αὐτῶν ἄρξονται βασιλῆα μέγαν
Sib. 3 615 ἐκ δέ τε πάντα κτήμαθ' ἑλὼν ἐποχεῖται ἐπ' * εὐρέα * νῶτα θαλάσσης. καὶ τότε δὴ κάμψουσι θεῷ μεγάλῳ
Sib. 4 131 Ἰταλίδος γῆς πυρσὸς ἀποστραφθεὶς εἰς οὐρανὸν * εὐρὺν * ἵκηται πολλὰς δὲ φλέξῃ πόλιας καὶ ἄνδρας ὀλέσσῃ
Sib. 5 344 δάκος ἐξαπολέσθαι. ἔσται δ' +αἰθέρος+ οὐρανὸς * εὐρὺς * ὕπερθεν βροντηδὸν κελάδημα θεοῦ φωνὴν +ἐπακοῦσαι+
FPho. 160 ἐπὴν μοχθεῖν ἐθέλησθα. ναυτίλος εἰ πλώειν ἐθέλεις * εὐρεῖα * θάλασσα εἰ δὲ γεηπονίην μεθέπειν μακραί τοι
LThe. 9 22 2 ἕρκος. ἐνθένδε ξένε ποιμενόφι πτόλιν ἦλυθ' Ἰακὼβ * εὐρεῖαν * Σικίμων ἐπὶ δ' ἀνδράσι τοῖσιν ἔτησιν ἀρχὸς Ἑμὼρ
LThe. 9 22 3 ἀτειρέε φῶτε. Ἰακὼβ Συρίην κτηνοτρόφον ἵκτο καὶ * εὐρὺ * ῥέεθρον Εὐφρήταο λίπεν ποταμοῦ κελάδοντος. ἦλυθε

εὐρύχορος 1
Sib. 3 598 ὅσσα τε Φοίνικες Αἰγύπτιοι ἠδὲ Λατῖνοι Ἑλλὰς τ' * εὐρύχορος * καὶ ἄλλων ἔθνεα πολλὰ Περσῶν καὶ Γαλατῶν πάσης

εὐρυχωρία 1
Abr.2 7 11 εἰς ὕψος αἴρουσιν αὐτὸν ἀπὸ στενοχωρίας εἰς * εὐρυχωρίαν * αἴρουσιν αὐτὸν ἀπὸ τοῦ σκότους εἰς τὸ φῶς καὶ

εὐρύχωρος 2
Abr.1 11 2 ὁδὸς ⟨στενὴ καὶ τεθλιμμένη ἡ δὲ ἑτέρα⟩ πλατεῖα καὶ * εὐρύχωρος. * ⟨καὶ εἶδεν ἐκεῖ δύο πύλας μία πύλη πλατεῖα⟩ ἡ
Asen. 24 20 ἄνδρες. καὶ ἦν ἀνάμεσον αὐτῶν ἡ ὁδὸς πλατεῖα καὶ * εὐρύχωρος. * καὶ ἀνέστη ὁ υἱὸς Φαραὼ ἐν τῇ νυκτὶ ταύτῃ καὶ

εὐρώεις 1
Sib. 4 186 τοὺς δ' αὖτε χυτὴ κατὰ γαῖα καλύψει Τάρταρά τ' * εὐρώεντα * μυχοί στύγιοί τε γεέννης. ὅσσοι δ' εὐσεβέουσι

Εὐρώπη 6
Sib. 3 346 +Μάρος+ Γάζα πανολβίστη Ἱεράπολις Ἀστυπάλαια * Εὐρώπης * δὲ +Κύαγρα κλύτος+ βασιλὶς Μερόπεια Ἀντιγόνη
Sib. 3 368 --- εἰρήνη δὲ γαληνὸς ἐς Ἀσίδα γαῖαν ὁδεύσει * Εὐρώπη * δὲ μάκαιρα τότ' ἔσσεται εὔβοτος αἰθὴρ πουλυετὴς
Sib. 3 382 κείνοις. ἀλλὰ Μακηδονίη βαρὺ τέξεται Ἀσίδι πῆμα * Εὐρώπῃ * δὲ μέγιστον ἀνασταχυώσεται ἄλγος ἐκ γενεῆς
Sib. 3 416 περικαλλὲς ἀείφατον ἔρνος ἄριστον Ἀσίδος * Εὐρώπης * τε πολυσπερὲς οἶδμα λιποῦσα σοὶ δὲ μάλιστα γόους
Sib. 3 450 θήσῃ. Λύδιος αὖ σεισμὸς δὲ τὰ Περσίδος ἐξεναρίξει * Εὐρώπης * Ἀσίης τελέων ῥίγιστά περ ἄλγη. Σιδονίων δ'
Sib. 4 1 λόγος τέταρτος. κλῦτε λεὼς Ἀσίης μεγαλαυχέος * Εὐρώπης * τε ὅσσα μελιφθέγκτοιο διὰ στόματος μεγάροιο

Εὔρωπος 1
Sib. 3 145 γυναικῶν Δωδώνην παριοῦσα ὅθεν ῥέεν ὑγρὰ κέλευθα * Εὐρώπου * ποταμοῖο καὶ εἰς ἅλα μύρατο ὕδωρ ἄμμιγα Πηνειῷ

εὔρωστος 2
Sib. 3 369 δὲ μάκαιρα τότ' ἔσσεται εὔβοτος αἰθὴρ πουλυετὴς * εὔρωστος * ἀχείματος ἠδ' ἀχάλαζος πάντα φέρων καὶ πτηνὰ
HHec. 1 22 201 ὄνομα Μοσόλλαμος ἄνθρωπος ἱκανὸς κατὰ ψυχὴν * εὔρωστος * καὶ τοξότης ὑπὸ δὴ πάντων ὁμολογούμενος καὶ τῶν

εὐσέβεια 20
TRub. 6 4 τοῦ Βελιὰρ αἰώνιον ὅτι ἡ πορνεία οὔτε σύνεσιν οὔτε * εὐσέβειαν * ἔχει ἐν ἑαυτῇ καὶ πᾶς ζῆλος κατοικεῖ ἐν τῇ
TJud. 18 5 καὶ προφήτῃ λαλοῦντι οὐχ ὑπακούει καὶ λόγῳ * εὐσεβείας * προσοχθίζει. δύο γὰρ πάθη ἐναντία τῶν ἐντολῶν
TIss. 7 5 τὸν ἄρτον μου. οὐκ ἔφαγον μόνος ὅριον οὐκ ἔλυσα * εὐσέβειαν * ἐποίησα ἐν πάσαις ταῖς ἡμέραις μου καὶ
Aris. 2 6 καὶ πρὸς τὸ πάντων κυριώτατον νενευκυῖα τὴν * εὐσέβειαν * ἀπλανεῖ κεχρημένη κανόνι διοικεῖ. τὴν
Aris. 24 4 καλῶς ἔχον πρός τε τὸ δίκαιον καὶ τὴν πάντων * εὐσέβειαν * προστετάχαμεν ὅσα τῶν Ἰουδαϊκῶν ἐστι σωμάτων
Aris. 42 4 αὐτοῖς ἵνα εἰδῶσιν ἣν ἔχεις πρὸς τὸν θεὸν ἡμῶν * εὐσέβειαν. * ἐπεδείξαμεν δὲ καὶ τὰς φιάλας ἃς ἀπέστειλας
Aris. 131 2 εἰς τὸν βίον ἔτυχον. διαστειλάμενος οὖν τὰ τῆς * εὐσεβείας * καὶ δικαιοσύνης πρῶτον ὁ νομοθέτης ἡμῶν καὶ
Aris. 210 2 καὶ τοῦτον πρὸς τὸν ἕτερον εἶπε τί τὸ τῆς * εὐσεβείας * ἐστὶ κατάστημα; ἐκεῖνος δὲ ἔφη τὸ διαλαμβάνειν
Aris. 215 3 σέ βασιλεῦ καὶ τὰ λεγόμενα καὶ τὰ πραττόμενα πρὸς * εὐσέβειαν * ἐπανάγειν ὅπως ἑαυτῷ συνιστορῇς ὅτι τὸ κατ'
Aris. 229 2 τοῦ μετέπειτα τί καλλονῆς ἄξιόν ἐστιν; ὁ δὲ εἶπεν * εὐσέβεια. * καὶ γάρ αὕτη καλλονή τίς ἐστι πρωτεύουσα. τὸ
Aris. 255 8 θεοῦ δυναστείᾳ πᾶν βούλευμα τελείωσιν ἕξει σοι τὴν * εὐσέβειαν * ἀσκοῦντι. κατωρθωκέναι δὲ καὶ τοῦτον εἰπὼν
Sib. 4 26 θεὸν εὐλογέοντες πρὶν πιέειν φαγέειν τε πεποιθότες * εὐσεβίῃσιν * οἳ νηοὺς μὲν ἅπαντας ἀπαρνήσονται ἰδόντες καὶ
Sib. 4 35 ἄρσενος ὕβριν ἀπεχθέα τε στυγερήν τε). ὧν τρόπον * εὐσεβίην * τε καὶ ἤθεα ἀνέρες ἄλλοι οὔποτε μιμήσονται
Sib. 4 117 μέγαν ἐξαλαπάξει ἡνίκ' ἂν ἀφροσύνῃσι πεποιθότες * εὐσεβίην * μὲν ῥίψωσι στυγεροὺς δὲ φόνους τελέωσι πρὸ
Sib. 4 152 ὅταν Μαίανδρος ἀποκρύψῃ μέλαν ὕδωρ. ἀλλ' ὅταν * εὐσεβίης * μὲν ἀπ' ἀνθρώπων ἀπόληται πίστις καὶ τὸ δίκαιον
Sib. 4 170 οὐδ' ὀλέσει παύσει δὲ χόλον πάλιν ἤνπερ ἅπαντες * εὐσεβίην * περίτιμον ἐνὶ φρεσὶν ἀσκήσητε. εἰ δ' οὐ μοι
Sib. 5 285 ἕνα γὰρ γενετῆρα θεὸν μόνον ἔξοχον ὄντα ἤλπισαν * εὐσεβίην * μεγάλην καὶ πίστιν ἔχοντες. ἀλλὰ τί δή μοι
HAri. 9 25 4 καὶ χωρὶς παρακλήσεως ἐμμενεῖν αὐτὸν ἔν τε τῇ * εὐσεβείᾳ * καὶ τοῖς δεινοῖς. τὸν δὲ θεὸν ἀγασθέντα τὴν
HAno. 9 17 3 τὴν ἀστρολογίαν καὶ Χαλδαϊκὴν εὑρεῖν ἐπί τε τὴν * εὐσέβειαν * ὁρμήσαντα εὐαρεστῆσαι τῷ θεῷ. τοῦτον δὲ διὰ τὰ
LAri. 13 12 8 ἡ δὲ τοῦ νόμου κατασκευὴ πᾶσα τὸ καθ' ἡμᾶς περὶ * εὐσεβείας * τέτακται καὶ δικαιοσύνης καὶ ἐγκρατείας καὶ

εὐσεβέω 2
Sib. 4 187 τ' εὐρώεντα μυχοί στύγιοί τε γεέννης. ὅσσοι δ' * εὐσεβέουσι * πάλιν ζήσοντ' ἐπὶ γαῖαν ἀθανάτου μεγάλοιο

```
ISop.  5  113    2   τε τούτοις καὶ κακὰς πανηγύρεις στέφοντες οὕτως   *  εὐσεβεῖν  *  νομίζομεν. ἔσται γὰρ ἔσται κεῖνος αἰῶνος, χρόνος
εὐσεβής                                                           19
Hen.   100    5   τὰ κακὰ ἠδ' ἁμαρτία. καὶ ἀπ' ἐκείνου ὑπνώσουσιν   *  εὐσεβεῖς  *  ὕπνον ἡδὺν καὶ οὐκ ἔσται οὐκέτι ὁ ἐκφοβῶν
Hen.   102    4   τῶν δικαίων τῶν ἀποθανόντων τῶν δικαίων καὶ τῶν   *  εὐσεβῶν  *  καὶ μὴ λυπεῖσθε ὅτι κατέβησαν αἱ ψυχαὶ ὑμῶν εἰς
Hen.   102    6   γῆς. ὅταν ἀποθάνητε τότε ἐροῦσιν οἱ ἁμαρτωλοὶ ὅτι   *  εὐσεβεῖς  *  κατὰ τὴν εἱμαρμένην ἀπέθανοσαν καὶ τί αὐτοῖς
Hen.   103    3   καὶ ἐγγέγραπται ταῖς ψ⟨υχαῖς⟩ τῶν ἀποθανόντων   *  εὐσεβῶν  *  καὶ χαρήσονται καὶ οὐ μὴ ἀπόλωνται τὰ πνεύματα
TLevi   16    2   ἐν διαστροφῇ διώξετε ἄνδρας δικαίους καὶ   *  εὐσεβεῖς  *  μισήσετε ἀληθινῶν λόγους βδελύξεσθε καὶ ἄνδρα
Sal.    13    5   ἐκ τούτων ἀπάντων ἐρρύσατο ἡμᾶς κύριος. ἐταράχθη ὁ   *  εὐσεβὴς  *  διὰ τὰ παραπτώματα αὐτοῦ μήποτε συμπαραληφθῇ
Aris.   37    4   κακῶς ἐπράχθη διὰ τὰς τῶν ὄχλων ὁρμὰς διειληφότες   *  εὐσεβῶς  *  τοῦτο πρᾶξαι καὶ τῷ μεγίστῳ θεῷ χαριστικὸν
Aris.  233    3   θάνατοί τε καὶ νόσοι καὶ λῦπαι καὶ τὰ τοιαῦτα.   *  εὐσεβεῖ  *  δέ σοι καθεστῶτι τούτων οὐδὲν ἂν προσέλθοι.
Aris.  261    4   καὶ ἐλπίδες ἐπὶ θεῷ καλαὶ κρατοῦντί σοι τῆς ἀρχῆς   *  εὐσεβῶς.  *  ὡς δὲ συνήκουσαν πάντες ἐπεφώνησαν σὺν κρότῳ
Sib.    3  213   ἐπ' ἀνθρώπους. καὶ τοι πρώτιστα βοήσω ἀνδράσιν   *  εὐσεβέσιν  *  ἥξει κακὸν οἳ περὶ ναὸν οἰκείουσι μέγαν
Sib.    3  573   πάντα τελεσθῆναι κρατερῇ δ' ἐπίκεισετ' ἀνάγκῃ.   *  εὐσεβέων  *  ἀνδρῶν ἱερὸν γένος ἔσσεται αὖτις βουλαῖς ἠδὲ
Sib.    3  769   πάντας ἐπ' ἀνθρώπους ἁγίου νόμου ὅς ποτ' ἔδωκεν   *  εὐσεβέσιν  *  τοῖς πᾶσιν ὑπέσχετο γαῖαν ἀνοίξειν καὶ κόσμον
Sib.    4   42  κρίσις ἣν θεὸς αὐτὸς ποιήσει κρίνων ἀσεβεῖς θ' ἅμα   *  εὐσεβέας  *  τε καὶ τότε δυσσεβέας μὲν ὑπὸ ζόφον ἐν πυρὶ
Sib.    4   45   ⟨καὶ τότ'⟩ ἐπιγνώσονται ὅσην ἀσέβειαν ἔρεξαν⟩   *  εὐσεβέες  *  δὲ μενοῦσιν ἐπὶ ζείδωρον ἄρουραν πνεῦμα θεοῦ
Sib.    4  136   τε μίλτος γινώσκειν τότε μηνὶν ἐπουρανίοιο θεοῖο   *  εὐσεβέων  *  ὅτι φῦλον ἀναίτιον ἐξολέσουσιν. ἐς δὲ δύσιν
Sib.    4  156   ζῶντες ὕβριν ῥέξωσιν ἀτάσθαλα καὶ κακὰ ἔργα   *  εὐσεβέων  *  δ' οὐδεὶς ποιῇ λόγου ἀλλὰ καὶ αὐτοὺς πάντας ὑπ'
Sib.    4  190   πνεῦμα θεοῦ δόντος ζωήν θ' ἅμα καὶ χάριν αὐτοῖς   *  εὐσεβέσιν  *  πάντες δὲ τότ' εἰσόψονται ἑαυτοὺς νήδυμον
Sib.    5   36   αὐτὸν ἄνακτες ὑπ' ἀλλήλων ἀπολοῦνται. εἶτά τις   *  εὐσεβέων  *  ὀλετὴρ ἥξει μέγας ἀνδρῶν ἑπτάκις ὃς δεκάτην
Sib.    5  281   σεμνύνειν στομάτεσσι κενοῖς καὶ χείλεσι μωροῖς.   *  εὐσεβέων  *  δὲ μόνων ἁγία χθὼν πάντα τάδ' οἴσει νᾶμα
εὔσημος                                                            1
Aris.   32    7   καὶ τῶν πραγμάτων καὶ τῆς σῆς προαιρέσεως θῶμεν   *  εὐσήμως.  *  εὐτύχει διὰ παντός. τῆς δὲ εἰσδόσεως ταύτης
εὐσπλαγχνία                                                        9
TZab.    .   .              διαθήκη Ζαβουλῶν. περὶ   εὐσπλαγχνίας  *  καὶ ἐλεους. ἀντίγραφον Ζαβουλῶν ὃ διέθετο
TZab.    5    1   κυρίου καὶ ποιεῖν ἔλεος ἐπὶ τὸν πλησίον καὶ   *  εὐσπλαγχνίαν  *  πρὸς πάντας ἔχειν οὐ μόνον πρὸς ἀνθρώπους
TZab.    8    1  αὐτῷ εἰς συμπάθειαν. καὶ ὑμεῖς οὖν τέκνα μου ἔχετε   *  εὐσπλαγχνίαν  *  κατὰ παντὸς ἀνθρώπου ἐν ἐλέει ἵνα καὶ ὁ
TZab.    9    8   ὑμῖν αὐτὸς ὁ κύριος φῶς δικαιοσύνης καὶ ἴασις καὶ   *  εὐσπλαγχνία  *  ἐπὶ ταῖς πτέρυξιν αὐτοῦ. αὐτὸς λυτρώσεται
TAser    7    7   ἀλλ' ἐπισυνάξει ὑμᾶς κύριος ἐν πίστει δι' ἐλπίδα   *  εὐσπλαγχνίας  *  αὐτοῦ διὰ Ἀβραὰμ καὶ Ἰσαὰκ καὶ Ἰακώβ.
TBen.    4    1  ἀνδρὸς τὸ τέλος μιμήσασθε οὖν ἐν ἀγαθῇ διανοίᾳ τὴν   *  εὐσπλαγχνίαν  *  αὐτοῦ ἵνα καὶ ὑμεῖς στεφάνους δόξης
Sedr.    5    7   οὐκ ἐλέησα ποῦ εἰσιν τὰ ἐλέη σου; ποῦ ἡ   *  εὐσπλαγχνία  *  σου κύριε; λέγει αὐτὸν ὁ θεὸς γνωστὸν ἔστω
Sedr.   13    4  τὰς ἁμαρτίας αὐτοῦ. λέγει πάλιν ὁ Σεδρὰχ κύριε τὴν   *  εὐσπλαγχνίαν  *  σου καὶ πάλιν παρακαλῶ τὸ πλάσμα σου πολύς
Sedr.   14    8   μεταγνῶναι καὶ ἀναμένω αὐτοὺς μετὰ πολλῆς   *  εὐσπλαγχνίας  *  καὶ πολλοῦ ἐλέους καὶ πλούτους ἵνα
εὐσπλαγχνος                                                        5
TSim.    4    4   δὲ ἦν ἀνὴρ ἀγαθὸς καὶ ἔχων πνεῦμα θεοῦ ἐν ἑαυτῷ   *  εὐσπλαγχνος  *  καὶ ἐλεήμων οὐκ ἐμνησικάκησέ μοι ἀλλὰ καὶ
TZab.    9    7   καὶ ἐπιστρέφει ὑμᾶς θεὸ ὅτι ἐλεήμων ἐστὶ καὶ   *  εὐσπλαγχνος  *  μὴ λογιζόμενος κακίαν τοῖς υἱοῖς τῶν
Esdr.    1   10  καὶ εἶπεν Ἐσδρὰμ ἐλέησον τὰ ἔργα τῶν χειρῶν σου   *  εὐσπλαγχνε  *  καὶ πολυέλεος ἐμὲ κρῖνον ὑπὲρ τῶν ψυχῶν τῶν
Sedr.   15    1   τὸν θεὸν κύριε σὺ μόνος εἶ ἀναμάρτητος καὶ πολὺ   *  εὐσπλαγχνος  *  ὁ ἁμαρτωλοὺς ἐλεῶν καὶ οἰκτείρων ἀλλ' ἡ σὴ
FMan.  2  22   12  τῆς ἐπαγγελίας σου. ὅτι σὺ εἶ κύριος μακρόθυμος   *  εὐσπλαγχνος  *  πολυέλεος καὶ μετανοῶν ἐπὶ ταῖς κακίαις τῶν
εὐστάθεια                                                          4
Sal.     4    9   δόλου. καὶ οἱ ὀφθαλμοὶ αὐτῶν ἐπ' οἶκον ἀνδρὸς ἐν   *  εὐσταθείᾳ  *  ὡς ὄφις διαλῦσαι σοφίαν ἀλλήλων ἐν λόγοις
Sal.     6    4  ἐξ ὕπνου αὐτοῦ καὶ ηὐλόγησεν τῷ ὀνόματι κυρίου ἐπ'   *  εὐσταθείᾳ  *  καρδίας αὐτοῦ ἐξύμνησεν τῷ ὀνόματι τοῦ θεοῦ
Aris.  216    6   καὶ ἐν ὕπνῳ. διὸ καὶ περὶ σέ διὰ παντός ἐστιν   *  εὐστάθεια.  *  κατευθύνασας δὲ καὶ τούτων εἶπε πρὸς ἕτερον
Aris.  261    2   διεξάγειν. ἐκ τούτων γὰρ κρατίστη χαρὰ καὶ ψυχῆς   *  εὐστάθειά  *  σοι γίνεται μέγιστε βασιλεῦ καὶ ἐλπίδες ἐπὶ
εὐσταθέω                                                           2
Job     36    5   καὶ πολεμεῖται περὶ δὲ τοῦ οὐρανοῦ ἀκούομεν ὅτι   *  εὐσταθεῖ.  *  ἀλλ' εἰ ἀληθῶς ἐν τούτῳ τυγχάνεις, ἐρωτήσω σε
FAch.  115    .   τὸν ἥλιον καὶ τὴν σελήνην φαίνειν καὶ τὰς ὥρας   *  εὐσταθεῖν.  *  ἐὰν θέλῃ ὀργίζεσθαι τὸ ἴδιον ἱερὸν τρέμειν
εὐσταθής                                                           1
Job     36    6   ἐρωτήσω σε ἐν τῷ δευτέρῳ καὶ ἐὰν ἀποκριθῇς μοι   *  εὐσταθῶς,  *  δῆλον ὅτι γνωσόμεθα ὅτι ἡ καρδία σου οὐκ
εὐστοχία                                                          1
FAch.  116    .   γὰρ ἐν ὑπεροχῇ καταπαύει. ὁ δὲ Νεκταναβὼν ⟨τὴν⟩   *  εὐστοχίαν  *  αὐτοῦ εἰδὼς καὶ τὸ εὔθετον τῆς γλώττης
εὔστοχος                                                          1
Sedr.   11    6   καματηροὶ δι' ἃς τὸ σκεῦος τρέφεται ὧ χεῖρες   *  εὔστοχοι  *  ἀπὸ πάντων οἱ σωρεύοντες τοὺς οἴκους
εὐσχημοσύνη                                                       1
Aris.  284    4   καὶ πρὸ ὀφθαλμῶν τιθέναι τὰ τοῦ βίου μετ'   *  εὐσχημοσύνης  *  καὶ καταστολῆς γινόμενα βίῳ συμφέρον καὶ
εὐσχήμων                                                          1
Job     21    2   πρώτην μου γυναῖκα ὑδροφοροῦσαν εἰς οἶκον τινὸς   *  εὐσχήμονος  *  ὡς παιδίσκην ἕως ἂν λάβῃ ἄρτον καὶ προσενέγκῃ
εὐτακτέω                                                          1
HEup.  9   32    1  φρόντισον δὲ καὶ τὰ δέοντα αὐτοῖς καὶ τὰ ἄλλα ὅπως   *  εὐτακτῇ  *  καὶ ἵνα ἀποκατασταθῶσιν εἰς τὴν ἰδίαν ὡς ἂν ἀπὸ
εὐταξία                                                           2
Aris.  246    4  εἰ παρατηροῖτο τὴν ἀγωγὴν ἐλευθέριον οὖσαν καὶ τὴν   *  εὐταξίαν  *  διαμένουσαν ἐν τοῖς ἀσπασμοῖς καὶ συμβουλίαις
HCal.   24   37   θεόν; οὐ γὰρ ἐν τοῖς παρ' ἡμῖν θεοῖς τοιαύτην   *  εὐταξίαν  *  εἶδον ἱερέων. ὁ δέ φησιν θεὸν ἡμεῖς ἕνα
εὖτε                                                              1
Sib.    5  295   καὶ σεισμοῖσι ποθ' ἵξεται εἰς ἄλα δῖαν πρηνής   *  ἤυτε  *  νῆας ἐπικλύζουσιν ἀελλαι. +ὕπτια δ' οἰμώξει+
εὐτεκνος                                                          1
LPhi.  9   24    1   καὶ πρόσθεν ἀφ' Ἀβραάμοιο καὶ Ἰσαὰκ Ἰακὼβ   *  εὐτέκνοιό  *  θ' ὅθεν Ἰωσὴφ ὃς ὀνείρων θεσπιστὴς σκηπτοῦχος
εὐτελής                                                           1
Job     18    3   ἐπάνω τῶν τραπεζῶν μου καὶ κραββάτων ἄνδρας   *  εὐτελεῖς  *  καὶ ἀτίμους καὶ οὐκ ἡδυνάμην φθέγξασθαι
εὐτρεπίζω                                                         5
Asen.    3    4  ἐπάνω τῆς οἰκίας αὐτοῦ καὶ εἶπεν αὐτῷ σπεῦσον καὶ   *  εὐτρέπισον  *  τὴν οἰκίαν μου καὶ δεῖπνον μέγα ἑτοίμασον
Asen.   18    2  ἐπάνω τῆς οἰκίας αὐτῆς καὶ εἶπεν αὐτῷ σπεῦσον καὶ   *  εὐτρέπισον  *  τὴν οἰκίαν καὶ ἑτοίμασον δεῖπνον κάλον ὅτι
Sedr.   11   12   ἐπὶ προσώπου τῆς γῆς ταρασσόμενοι τοὺς οἴκους   *  εὐτρεπίζοντες  *  παντὸς ἀγαθοῦ. ὧ πόδες ὅλον τὸ σῶμα
HEup.  9   30    6   ὅπως τῷ υἱῷ ἐπιτρέψῃ τὴν οἰκοδομίαν αὐτὸν δὲ   *  εὐτρεπίζειν  *  τὰ πρὸς τὴν κατασκευὴν ἀνήκοντα χρυσίον
LEze.  9   29 16 18  μιλτόχρωτα καὶ κατ' αὐχένων κροκωτίνοις μαλλοῖσιν   *  εὐτρεπίζετο.  *  κάρα δὲ κοττοῖς ἡμέροις παρεμφερὲς καὶ
εὐτυχέω                                                           3
Aris.   32    8   πραγμάτων καὶ τῆς σῆς προαιρέσεως θῶμεν εὐσήμως.   *  εὐτύχει  *  διὰ παντός. τῆς δὲ εἰσδόσεως ταύτης γενομένης
FAch.  110    .   γὰρ καιρὸς ἀφείλετο ἡ δὲ ἀπόρθητος διαμένει. ἐὰν   *  εὐτυχήσῃς  *  μὴ μνησικακήσῃς τοῖς ἐχθροῖς μᾶλλον δὲ αὐτοὺς
HDem.  9   21   13  λιμοῦ ἐπιγενέσθαι ἔτη δύο. τὸν δὲ Ἰωσὴφ ἔτη ἐννέα   *  εὐτυχήσαντα  *  πρὸς τὸν πατέρα μὴ πέμψαι διὰ τὸ ποιμένα
εὐφημέω                                                           1
Aris.  227    1   σοι διαμένῃ τὸν θεὸν ἐπικαλοῦ διὰ παντός.   *  εὐφημήσας  *  δὲ τοῦτον ἕτερον ἠρώτα πρὸς τίνα δεῖ φιλότιμον
εὐφημία                                                           1
Aris.  191    2  ἠρώτα πῶς ἂν ἐν τοῖς χρηματισμοῖς καὶ διακρίσεσιν   *  εὐφημίας  *  τυγχάνοι καὶ ὑπὸ τῶν ἀποτυγχανόντων; ὁ δὲ εἶπεν
εὐφραίνω                                                          23
Adam    43    3   μὴ πενθήσετε τῇ δὲ ἑβδόμῃ ἡμέρᾳ κατάπαυσον καὶ   *  εὐφράνθητι  *  ἐν αὐτῇ ὅτι ἐν αὐτῇ ὁ θεὸς καὶ οἱ ἄγγελοι
Adam    43    3   ἐν αὐτῇ ὅτι ἐν αὐτῇ ὁ θεὸς καὶ οἱ ἄγγελοι ἡμεῖς   *  εὐφραινόμεθα  *  μετὰ τῆς ψυχῆς τῆς μεταστάσης ἀπὸ τῆς γῆς.
Hen.    24    4   ὃ οὐδέποτε ὤσφρανμαι καὶ οὐδεὶς ἕτερος αὐτῷ   *  ηὐφράνθη  *  καὶ οὐδεὶς ἕτερον ὅμοιον αὐτῷ ὀσμὴν εἶχεν
Hen.    25    6   παρὰ τὸν οἶκον τοῦ θεοῦ βασιλέως τοῦ αἰῶνος. τότε   *  εὐφρανθήσονται  *  εὐφραινόμενοι καὶ χαρήσονται καὶ εἰς τὸ
Hen.    25    6   τοῦ θεοῦ βασιλέως τοῦ αἰῶνος. τότε εὐφρανθήσονται   *  εὐφραινόμενοι  *  καὶ χαρήσονται καὶ εἰς τὸ ἅγιον
Hen.   107    3   καὶ ἐδήλωσεν αὐτῷ.⟩ καὶ ἐκλήθη τὸ ὄνομα αὐτοῦ Νῶε   *  εὐφραινῶν  *  τὴν γῆν τῆς ἀπωλείας. ΕΠΙΣΤΟΛΗ ΕΝΩΧ.
Abr.1    4    3   τὸν οἶκον ἄναψον δὲ λύχνους ἑπτὰ δὲ ἐλαίου ὅπως   *  εὐφρανθῶμεν  *  ὅτι ὁ ἄνθρωπος οὗτος ἐπιξενισθεὶς ἡμῖν
Abr.2    2   10   ἔθυσας ἀγγέλοις ξενιζόμενος ἐν τῷ οἴκῳ σου ὅπως   *  εὐφρανθῶσιν.  *  καὶ ἀναστάντων καὶ πορευομένων ἐκάλεσεν
Abr.2    5    1   ἑτοιμάσαντες δεῖπνον καὶ ἔφαγον καὶ ἔπιον καὶ   *  εὐφρανθησαν.  *  λέγει δὲ Ἀβραὰμ Ἰσαὰκ τῷ υἱῷ αὐτοῦ
TLevi   18  2B012  ὁ πατὴρ ἡμῶν πάντας ἡμᾶς καὶ ηὐλόγησεν ἡμᾶς καὶ   *  ηὐφράνθη.  *  καὶ ὅτε ἔγνω ὅτι ἐγὼ ἱεράτευσα τῷ κυρίῳ
TLevi   18    5   ἡμέραις αὐτοῦ καὶ ἡ γῆ χαρήσεται καὶ αἱ νεφέλαι   *  εὐφρανθήσονται  *  καὶ ἡ γνῶσις κυρίου χυθήσεται ἐπὶ τῆς γῆς
TLevi   18   13   αὐτοῦ πάτειν ἐπὶ τὰ πονηρὰ πνεύματα.   *  εὐφρανθήσεται  *  κύριος ἐπὶ τοῖς τέκνοις αὐτοῦ καὶ
TJud.   13    8   κύριος κατὰ τὸ διαβούλιον τῆς καρδίας μου ὅτι οὐκ   *  ηὐφράνθην  *  ἐπὶ τοῖς τέκνοις αὐτῆς. καὶ νῦν τέκνα μου μὴ
TZab.   10    2   ἐν μέσῳ ὑμῶν ὡς ἡγούμενος ἐν μέσῳ υἱῶν αὐτοῦ καὶ   *  εὐφρανθήσομαι  *  ἐν μέσῳ τῆς φυλῆς μου ὅσοι ἐφύλαξαν νόμον
TDan     5   12   ἐν Ἐδὲμ ἅγιοι καὶ ἐπὶ τῆς νέας Ἱερουσαλὴμ   *  εὐφρανθήσονται  *  δίκαιοι ἥτις ἔσται εἰς δόξασμα θεοῦ ἕως
Asen.   20    8   τοὺς νεκρούς. καὶ μετὰ ταῦτα ἔφαγον καὶ ἔπιον καὶ   *  εὐφράνθησαν.  *  καὶ εἶπε τῷ Πεντεφρῆ τῷ Ἰωσὴφ αὔριον ἐγὼ
Sal.     5   12  σὺ ἐπακούῃ ὅτι τίς χρηστὸς καὶ ἐπιεικὴς ἀλλ' ἡ σὺ   *  εὐφράναι  *  ψυχὴν ταπεινῶν ἐν τῷ ἀνοῖξαί χεῖρά σου ἐν
Sal.     5   18   ἡ εὐλογία κυρίου εἰς πλησμονὴν ἐν δικαιοσύνῃ.   *  εὐφρανθείησαν  *  οἱ φοβούμενοι κύριον ἐν ἀγαθοῖς καὶ ἡ
Jer.     6    3   ἀγαπῶσί σε. ἑτοίμασον σεαυτὴν ἡ ἡσυχία καρδία μου καὶ   *  εὐφραίνου  *  καὶ ἀγάλλου ἐν τῷ σκηνώματί σου λέγων τῷ
Sib.     3  703  αὖ μεγάλοιο θεοῦ περὶ ναὸν ἅπαντες ἡσυχίως ζήσοντ'   *  εὐφραινόμενοι  *  ἐπὶ τούτοις οἷς δώσει κτίστης ὁ
```

Sib. 3 785 αὕτη γὰρ μεγάλοιο θεοῦ κρίσις ἠδὲ καὶ ἀρχή. ✳ εὐφράνθητι ✳ κόρη καὶ ἀγάλλεο σοὶ γὰρ ἔδωκεν εὐφροσύνην
Sib. 5 385 ὅσπερ ἐλείφθη πειραθεὶς κακότητος ἵν' ὕστερον ✳ εὐφρανθείη. ✳ μητρολέται παύσασθε θράσους τόλμης τε
FEz. 64 70 12 ἐν τῷ παραδείσῳ. καταλύσαντες δὲ ἐκ τῶν γάμων οἱ ✳ εὐφρανθέντες ✳ καταβάντες εἰς τὸν παράδεισον ἐξεπλάγησαν

εὐφρασία
Abr.2 3 5 ταχέως καὶ ὑπηρετήσατε ἵνα φάγωμεν καὶ πίωμεν ὅτι ✳ εὐφρασία ✳ γίνεται σήμερον. καὶ ἤνεγκαν οἱ παῖδες καθὼς
Abr.2 6 8 εἰς τὸν οἶκον ἡμῶν; ἡ γὰρ σήμερον ἡμέρα ✳ εὐφρασία ✳ ἐστίν. λέγει Ἀβραὰμ πόθεν γινώσκεις ὅτι ὁ
Jer. 3 15 σῦκα δίδου τοῖς νοσοῦσι τοῦ λαοῦ ὅτι ἐπί σέ ἡ ✳ εὐφρασία ✳ τοῦ κυρίου καὶ ἐπὶ τὴν κεφαλήν σου ἡ δόξα. καὶ
FEz. 64 70 8 τοῦ ἄρτου μετὰ τῶν ὄχλων τῶν κληθέντων εἰς τὴν ✳ εὐφρασίαν; ✳ δεῦρο τοίνυν καθὼς ἐποίησεν ἡμῖν ἀμυνώμεθα

Εὐφράτης
Sib. 4 61 βυθοῦ τότε νῆσοι ὑπερκύψουσι θαλάσσης. ἀλλ' ὅταν ✳ Εὐφρήτης ✳ μέγας αἵματι πλημμύρηται καὶ τότε δὴ Μήδοις
Sib. 4 120 οἷά τε δράστης φεύξετ' ἄφαντος ἄπιστος ὑπὲρ πόρον ✳ Εὐφρήταο ✳ ὁππότε δὴ μητρῷον ἄγος στυγεροῖο φόνοιο
Sib. 4 139 πολέμοιο ἥξει καὶ Ῥώμης ὁ φυγὰς μέγα ἔγχος ἀείρας ✳ Εὐφρήτην ✳ διαβὰς πολλαῖς ἅμα μυριάδεσσιν. τλήμων
Sib. 5 115 καὶ δήλου τοῖσιν τὸ παρὸν τό τε μέλλον ἔσεσθαι. ✳ Εὐφρήτου ✳ ποταμοῦ ῥεῖθρον κατακλυσμὸν ἐποίησε καὶ Πέρσας
Sib. 5 437 οὐκέτι κείσῃ οὔρεσιν ἐν χρυσέοις καὶ νάμασιν ✳ Εὐφρήταο ✳ στρωθήσῃ σεισμοῖο κλόνῳ Πάρθοι δέ σε δεινοὶ
HEup. 9 30 3 δυναστεῦσαι ὃν καταστρέψασθαι Σύρους τοὺς παρὰ τὸν ✳ Εὐφράτην ✳ οἰκοῦντας ποταμὸν καὶ τὴν Κομμαγηνὴν καὶ τοὺς
HEup. 9 39 3 ὠφοποιήσειν καὶ σκάψειν τὰς τοῦ Τίγριδος καὶ ✳ Εὐφράτου ✳ διώρυχας αἰχμαλωτισθέντας. τὸν δὲ τῶν
LThe. 9 22 3 Ἰακὼβ Συρίην κτηνοτρόφου ἵκτο καὶ εὐρὺ ῥέεθρον ✳ Ἐύφρήταο ✳ λίπεν ποταμοῦ κελάδοντος. ἤλυθε γὰρ κἀκεῖθι
LThe. 9 22 4 ἐπίστρεπτον δὲ δέμας καὶ ἀμύμονα θυμόν. ἀπὸ δὲ τοῦ ✳ Εὐφράτου ✳ τὸν Ἰακὼβ ἐλθεῖν εἰς τὰ Σίκιμα πρὸς Ἐμμὼρ τὸν

εὐφρόνη
ISop. 5 111 6 πρὸς λέκτρον ᾔει καρδίαν ὠδαγμένος ὅλην δ' ἐκείνην ✳ εὐφρόνην ✳ ἐθόρνυτο.
LEze. 9 29 16 05 ὁρῶν ἐκεῖ τόθεν δὲ φέγγος ἐξέλαμψέ νυν κατ' ✳ εὐφρόνης ✳ σημεῖον ὡς στῦλος πυρός. ἐνταῦθα λειμῶν·

εὐφροσύνη
Adam 13 4 ἔσονται λαὸς ἅγιος. τότε αὐτοῖς δοθήσεται πᾶσα ✳ εὐφροσύνη ✳ τοῦ παραδείσου. καὶ ἔσται ὁ θεὸς ἐν μέσῳ αὐτῶν
Abr.1 11 7 ἀπὸ τῆς γῆς καὶ ἐκαθέζετο ἐπὶ τοῦ θρόνου αὐτοῦ ἐν ✳ εὐφροσύνη ✳ πολλῇ χαίρων καὶ ἀγαλλιώμενος. ἠρώτησεν δὲ ὁ
Abr.1 11 8 καὶ ὀδύρεται ποτὲ δὲ χαίρεται καὶ ἀγάλλεται ἐν ✳ εὐφροσύνη; ✳ εἶπεν δὲ ὁ ἀρχιστράτηγος οὗτός ἐστιν ὁ
Abr.1 11 10 ἐπὶ τοῦ θρόνου αὐτοῦ χαίρων καὶ ἀγαλλιώμενος ἐν ✳ εὐφροσύνη ✳ ὅτι αὕτη ἡ πύλη ⟨τῶν δικαίων ἐστὶν ἡ στενὴ⟩ ἡ
TSim. 6 7 τῶν πονηρῶν πνευμάτων. τότε ἀναστήσομαι ἐν ✳ εὐφροσύνη ✳ καὶ εὐλογήσω τὸν ὕψιστον ἐν τοῖς θαυμασίοις
TLevi 18 14 κἀγὼ χαρήσομαι καὶ πάντες οἱ ἅγιοι ἐνδύσονται ✳ εὐφροσύνην. ✳ καὶ νῦν τέκνα μου πάντα ἠκούσατε ἔλεσθε οὖν
TJud. 15 4 οἴνου καὶ κρέας οὐκ ἔλαβον ἕως γήρως καὶ πᾶσαν ✳ εὐφροσύνην ✳ οὐκ εἶδον. καὶ ἔδειξέ μοι ὁ ἄγγελος τοῦ θεοῦ
TJud. 16 2 ἀσωτίας αἰσχροκερδίας. ἐὰν πίνητε οἶνον ἐν ✳ εὐφροσύνη ✳ μετὰ φόβου θεοῦ αἰδούμενοι ἐὰν γὰρ πίνητε μὴ
Sal. 10 5 τὸν αἰῶνα καὶ Ἰσραὴλ αἰνέσει τῷ ὀνόματι κυρίου ἐν ✳ εὐφροσύνη. ✳ καὶ ὅσιοι ἐξομολογήσονται ἐν ἐκκλησίᾳ λαοῦ
Sal. 10 6 ἐν ἐκκλησίᾳ λαοῦ καὶ πτωχοὺς ἐλέησει ὁ θεὸς ἐν ✳ εὐφροσύνη ✳ Ἰσραὴλ ὅτι χρηστὸς καὶ ἐλεήμων ὁ θεὸς εἰς τὸν
Sal. 10 8 κυρίου. τοῦ κυρίου ἡ σωτηρία ἐπὶ οἶκον Ἰσραὴλ εἰς ✳ εὐφροσύνην ✳ αἰώνιον. τῷ Σαλωμων εἰς προσδοκίαν. σαλπίσατε
Sal. 11 3 εἰς ἅπαξ ὑπὸ κυρίου. ἀπὸ βορρᾶ ἔρχονται τῇ ✳ εὐφροσύνη ✳ τοῦ θεοῦ αὐτῶν ἐκ νήσων μακρόθεν συνήγαγεν
Sal. 12 3 ἐμπρῆσαι οἴκους ἐν γλώσσῃ ψευδεῖ ἐκκόψαι δένδρα ✳ εὐφροσύνης ✳ φλογιζούσης παρανόμους συγχέαι οἴκους ἐν
Sal. 14 10 δικαίων οἱ δὲ ὅσιοι κυρίου κληρονομήσουσιν ζωὴν ἐν ✳ εὐφροσύνη. ✳ ψαλμὸς τῷ Σαλωμων μετὰ ᾠδῆς. ἐν τῷ θλίβεσθαί
Sal. 15 3 τῷ ὀνόματί σου· ψαλμὸν καινὸν μετὰ ᾠδῆς ἐν ✳ εὐφροσύνης ✳ καρδίας καρπὸν χειλέων ἐν ὀργάνῳ ἡρμοσμένῳ
Sal. 17 35 εἰς αἰῶνα εὐλογήσει λαὸν κυρίου ἐν σοφίᾳ μετ' ✳ εὐφροσύνης ✳ καὶ αὐτὸς καθαρὸς ἀπὸ ἁμαρτίας τοῦ ἄρχειν
Jer. 9 16 καὶ τὰ ἄλμυρὰ γλυκέα ἐν τῷ μεγάλῳ φωτὶ τῆς ✳ εὐφροσύνης ✳ τοῦ θεοῦ. καὶ εὐλογήσει τὰς νήσους τοῦ
Aris. 202 2 τὰ περὶ τούτων ἔληξεν ἐτράπησαν δὲ πρὸς ✳ εὐφροσύνης. ✳ ἐπιλαβούσης δὲ τῆς ἑσπέρας τὸ συμπόσιον
Aris. 274 4 ἑκάστῳ πλεῖόν τι πρὸς τὸ τερφθῆναι ⟨ἐτράπη⟩ μετ' ✳ εὐφροσύνης ✳ τοῖς ἀνδράσι συνὼν καὶ χαρᾶς πλείονος. τῇ
Aris. 294 6 ἐπληρώθη τὸ συμπόσιον ἀδιαλείπτως τοῦ βασιλέως εἰς ✳ εὐφροσύνην ✳ τραπέντος. ἐγὼ δὲ εἰ πεπλεόνακα τούτοις ὦ
Sib. 3 771 πύλας καὶ χάρματα πάντα καὶ νοῦν ἀθάνατον αἰώνιον ✳ εὐφροσύνην ✳ τε. πάσης δ' ἐκ γαίης λίβανον καὶ δῶρα πρὸς
Sib. 3 786 ἀρχή. εὐφράνθητι κόρη καὶ ἀγάλλεο σοὶ γὰρ ἔδωκεν ✳ εὐφροσύνην ✳ αἰῶνος ὃς οὐρανὸν ἔκτισε καὶ γῆν. ἐν σοὶ δ'

εὐφρόσυνος
Aris. 186 2 τούτου κατερράγη κρότος μετὰ κραυγῆς καὶ χαρᾶς ✳ εὐφροσύνου ✳ πλείονα χρόνον καὶ τὸ τηνικαῦτα πρὸς τὸ

εὔφρων
Sib. 3 584 φέροντες. μούνοις γάρ σφιν δῶκε θεὸς μέγας ✳ εὔφρονα ✳ βουλὴν καὶ πίστιν καὶ ἄριστον ἐνὶ στήθεσσι νόημα

εὐφυΐα
Aris. 122 3 καὶ τὰς ἐπερωτήσεις τὰς διὰ τοῦ νόμου μεγάλην ✳ εὐφυΐαν ✳ εἶχον τὸ μέσον ἐζηλωκότες κατάστημα τοῦτο γὰρ

εὐχαριστέω
Abr.1 15 4 τοῖς ποσὶν τοῦ ἀσωμάτου ἱκετεύουσα καὶ λέγουσα ✳ εὐχαριστῶ ✳ σοι κύριέ μου ὅτι ἀνήγαγες τὸν κύριον τὸν
TGad 7 6 κόλασιν. ὁ γὰρ πένης καὶ ἄφθονος ἐπὶ πᾶσι κυρίῳ ✳ εὐχαριστῶν ✳ αὐτὸς παρὰ πάντας πλουτεῖ ὅτι οὐκ ἔχει τὸν
Aris. 177 3 χρόνον καὶ προσκυνήσας σχεδὸν ἑπτάκις εἶπεν ✳ εὐχαριστῶ ✳ μὲν ἄνδρες ὑμῖν τῷ δ' ἀποστείλαντι μᾶλλον
FrAn. 1 218 7 ἔντρομος γενόμενος πάντα ἑάσας ἐν τῷ ναῷ ἐξῆλθεν ✳ εὐχαριστῶν ✳ καὶ πιστεύων κυρίῳ καὶ ἐν τῇ θείᾳ γραφῇ πάντα

εὐχαριστία
TIss. 5 3 ἐν ἔργοις γῆς καθ' ἑκάστην γεωργίαν δῶρα μετ' ✳ εὐχαριστίας ✳ κυρίῳ προσφέροντες ὅτι ἐν πρωτογενήμασι

εὐχερής
FAch. 115 μηδὲν εἶναι. ὁ Αἴσωπος μειδιάσας λέγει ⟨μὴ⟩ ✳ εὐχερῶς ✳ (μὲν ἀληθοῦς) πρόσφερε ἐκεῖνον ὀνομάζων τοσοῦτον
HCal. 24 25 τόλμη ὅσον τὸ μὴ κερδᾶναί τι προσδοκῶντες. οὕτως ✳ εὐχερῶς ✳ πρὸς τὸ θανεῖν ἠυτομόλησαν. ἐὰν δὲ καὶ κέρδος

εὐχή
Adam 42 4 Ἀδὰμ ὁ ἀνὴρ αὐτῆς. μετὰ δὲ τὸ τελέσαι αὐτῆς τὴν ✳ εὐχὴν ✳ λέγει κύριε δέσποτα θεὲ πάσης ἀρετῆς μὴ
Abr.1 3 6 τῷ πατρί σου Ἀβραὰμ χαρίσεταί μοι καὶ τῇ τιμίᾳ ✳ εὐχῇ ✳ τοῦ πατρός μου καὶ τῆς μητρός μου. εἶπεν δὲ
Abr.1 5 2 δὲ τοῦ δείπνου ἐποίησεν Ἀβραὰμ κατὰ τὸ ἔθος τὴν ✳ εὐχὴν ✳ καὶ Μιχαὴλ μετ' αὐτοῦ καὶ ἀνεπαύσαντο ἕκαστος ἐν
Abr.1 5 5 τοῦ ἀνθρώπου τούτου. τότε Ἰσαὰκ λαβὼν τὴν ✳ εὐχὴν ✳ παρ' αὐτῶν ἀπῆλθεν ἐν τῷ ἰδίῳ τρικλίνῳ καὶ
Abr.1 14 5 ἀρχιστράτηγον· δεῦρο Μιχαὴλ ἀρχιστράτηγε ποιήσωμεν ✳ εὐχὴν ✳ ὑπὲρ τῆς ψυχῆς καὶ ἴδωμεν εἰ ἐπακούσεται ἡμῖν ὁ
Abr.1 14 6 εἶπεν ἀμὴν γένοιτο. καὶ ἐποίησαν δέησιν καὶ ✳ εὐχὴν ✳ πρὸς τὸν θεὸν ὑπὲρ τῆς ψυχῆς ⟨καὶ εἰσήκουσεν ὁ
Abr.1 14 8 ἡ ψυχή; εἶπεν δὲ ὁ ἀρχιστράτηγος σέσωσται διὰ τῆς ✳ εὐχῆς ✳ σου τῆς δικαίας καὶ ἰδοὺ ἔλαβεν αὐτὴν ἄγγελος
TJud. 19 2 σαρκὸς μου καὶ ἡ ταπείνωσις ψυχῆς μου καὶ αἱ ✳ εὐχαὶ ✳ Ἰακὼβ τοῦ πατρός μου ἄτεκνος ἀπέθανεῖν.
TNep. 1 8 ὅθεν καὶ ὅμοιός μοι ἦν ἐν πᾶσιν ὁ Ἰωσὴφ κατὰ τὰς ✳ εὐχὰς ✳ Ῥαχήλ. ἡ δὲ μήτηρ μού ἐστι Βάλλα θυγάτηρ Ῥωθέου
TGad 5 9 ἐπήγαγε γάρ μοι ὁ θεὸς νόσον ἥπατος καὶ εἰ μὴ αἱ ✳ εὐχαὶ ✳ Ἰακὼβ τοῦ πατρός μου ὀλίγου διεφώνησεν ἀπ' ἐμοῦ
TBen. 10 1 ἰδέαν αὐτῆς ἢ μορφὴν τῆς ὄψεως αὐτοῦ καὶ δι' ✳ εὐχαὶ ✳ Ἰακὼβ τοῦ πατρός μου εἶδον αὐτὸν ἐν ἡμέρᾳ
Jer. 9 3 ἀνήνεγκεν Ἱερεμίας μόνος θυσίαν. καὶ ηὔξατο ✳ εὐχὴν ✳ λέγων ἅγιος ἅγιος ἅγιος τὸ θυμίαμα τῶν δένδρων τῶν
Bar. 4 14 περὶ αὐτοῦ τί ποιήσει. καὶ τεσσαράκοντα ἡμέρας τὴν ✳ εὐχὴν ✳ ἐκτελέσαντος καὶ πολλὰ δεηθεὶς καὶ κλαύσας εἶπεν
Prop. 1 3 τοῦ ποιῆσαι τοῖς λάκκοις καὶ τὰς κολυμβήθρας ἐπὶ ✳ εὐχῇ ✳ τοῦ Ἡσαΐου μικρὸν ὕδωρ ἐξελήλυθεν ὅτι ἦν ὁ λαὸς ἐν
Prop. 1 5 πλησίον αὐτὸν ἐπιμελῶς ἔθαψε καὶ ἐνδόξως ἵνα δι' ✳ εὐχῶν ✳ αὐτοῦ καὶ μετὰ θάνατον αὐτοῦ ὠσαύτως ἔχωσι τὴν
Job 40 3 ἐξωμολογησάμην πρὸς τὸν πατέρα. καὶ μετὰ τὴν ✳ εὐχὴν ✳ εἶπον αὐτοῖς ἀναβλέψατε τοῖς ὀφθαλμοῖς πρὸς
Job 50 3 τῆς πατρικῆς δόξης εὑρήσει πανταγεγραμμένα ἐν ταῖς ✳ εὐχαῖς ✳ τῆς Ἀμαλθείας κέρας. μετὰ δὲ τὸ παύσασθαι τὰς
Sib. 5 268 τράπεζαν ἐπιστήσονται παντοίαις θυσίαισι καὶ ✳ εὐχαῖς ✳ ἐν θεοτίμοις ἐκ μικρᾶς στενότητος ὅσοι καμάτους
FrAn. 1 226 35 του Ιακωβ⟩ - αν⟩τιστας δε τη πρεσβεια τ⟨ - ⟩την ✳ ευχην ✳ εξελ⟨ εκαλ⟩υπτον οι δεκα α⟨δ⟩ελ⟨φοι - - Ιωσ⟩ηφ

εὔχομαι
Adam 5 3 πάντες ἐπὶ τὴν θύραν τοῦ οἴκου ἐν ᾧ εἰσήρχετο ✳ εὔξασθαι ✳ τῷ θεῷ. εἶπε δὲ αὐτῷ Σὴθ ὁ υἱὸς αὐτοῦ πάτερ
Adam 13 2 καὶ εἶπεν αὐτῷ Σὴθ ἄνθρωπε τοῦ θεοῦ μὴ κάμῃς ✳ εὐχόμενος ✳ ἐπὶ τῇ ἱκεσίᾳ ταύτῃ περὶ τοῦ ξύλου ἐν ᾧ ῥέει
Adam 29 11 ποταμὸν καὶ ἡ θρὶξ τῆς κεφαλῆς αὐτοῦ ἡλοῦτο ✳ εὐχομένου ✳ αὐτοῦ ἐν τῷ ὕδατι. καὶ ἔκραξε φωνῇ μεγάλῃ
Adam 29 11 λέγων σοι λέγω τῷ ὕδατι τοῦ Ἰορδάνου στῆθι καὶ ✳ εὔχου ✳ ὁμοῦ καὶ πάντα τὰ θηρία καὶ πάντα τὰ πετεινὰ καὶ
Adam 31 4 ζητήσει τὸ ἴδιον σκεῦος ὃ ἔπλασεν. ἀνάστα μᾶλλον ✳ εὖξαι ✳ τῷ θεῷ ἕως οὗ ἀποδώσω τὸ πνεῦμά μου εἰς τὰς χεῖρας
Adam 32 3 καὶ πᾶσα ἁμαρτία δι' ἐμὲ γέγονεν ἐν τῇ κτίσει. ἔτι ✳ εὐχομένης ✳ τῆς Εὔας ἐπὶ τὰ γόνατα αὐτῆς οὔσης ἰδοὺ ἦλθεν
Adam 35 2 σου ἐπὶ πρόσωπον καὶ πάντες οἱ ἄγγελοι μετ' αὐτοῦ ✳ εὐχόμενος ✳ ὑπὲρ αὐτοῦ καὶ λέγοντες συγχώρησον αὐτῷ ὁ
Adam 36 1 ὁ ἥλιος καὶ ἡ σελήνη καὶ αὐτοὶ προσπίπτοντες καὶ ✳ εὐχόμενοι ✳ ὑπὲρ τοῦ πατρός μου Ἀδάμ. λέγει αὐτῷ ἡ Εὔα
Adam 42 8 οὕτως καὶ νῦν κύριε καὶ νῦν εὐρήσῃς ἡμᾶς. μετὰ δὲ τὸ ✳ εὔξασθαι ✳ αὐτὴν ἀναβλέψασα εἰς τὸν οὐρανὸν ἀνεστέναξεν
Abr.2 11 8 καὶ τοῦ δὲ Ἐνὼχ ἔστιν τὸ γράψαι. ἐπειδὴ ηὔξατο ✳ Ἐνὼχ ✳ τῷ κυρίῳ λέγων οὐ θέλω δοῦναί ψυχὴν
Abr.2 14 5 ἑπτὰ παῖδες τοῦ Ἀβραὰμ διὰ τὸν φόβον τοῦ θανάτου ηὔξατο ✳ δὲ Ἀβραὰμ πρὸς κύριον καὶ ἀνέστησεν αὐτούς.
TRub. 4 4 ἁμαρτίας μου. καίγε παρεκάλεσα με ὁ πατήρ μου ὅτι ηὔξατο ✳ περὶ ἐμοῦ πρὸς κύριον ἵνα παρέλθῃ ἀπ' ἐμοῦ ἡ ὀργὴ
TSim. 2 13 Ἰωσὴφ τοῦτό μοι συνέβη καὶ μετανοῶν ἔκλαυσα καὶ ηὐξάμην ✳ κυρίῳ ἵνα ἀποκατασταθῶ καὶ ἀπόσχωμαι ἀπὸ παντὸς
TLevi 2 3B004 ἀνεπέτασα εἰς ἀλήθειαν κατέναντι τῶν ἁγίων. καὶ ηὐξάμην ✳ καὶ εἶπα κύριε γινώσκεις πάσας τὰς καρδίας καὶ
TLevi 2 4 περὶ τοῦ γένους τῶν υἱῶν τῶν ἀνθρώπων καὶ ηὐξάμην ✳ κυρίῳ ὅπως σωθῶ. τότε ἐπέπεσεν ἐπ' ἐμὲ ὕπνος καὶ
TJud. 1 6 καὶ ἐγένετο ὡς ἡνδρώθην καὶ ὁ πατήρ μου Ἰακὼβ ηὔξατό ✳ μοι λέγων βασιλεὺς ἔσῃ κατευοδούμενος ἐν πᾶσι.
TGad 7 1 ἐάν τις ὑπὲρ ὑμᾶς εὐοδοῦται μὴ λυπεῖσθε ἀλλὰ καὶ ✳ εὔχεσθε ✳ ὑπὲρ αὐτοῦ ἵνα τελείως εὐοδοῦται ἴσως γὰρ ὑμῖν
TJos. 3 7 καὶ αὕτη προσεποιεῖτο ἔχειν με καὶ ἔτεκεν ἄρρενι. ἐγὼ δὲ ✳ εὐχόμην ✳ δύο υἱοὺς ἰδεῖν ἀπ' αὐτῆς. διὰ τοῦτο ἐκλήθην υἱὸς
TJos. 18 2 ἐὰν θέλῃ τις κακοποιῆσαι ὑμᾶς ὑμεῖς τῇ ἀγαθοποιίᾳ ✳ εὔχεσθε ✳ ὑπὲρ αὐτοῦ καὶ ἀπὸ παντὸς κακοῦ λυτρωθήσεσθε διὰ
TBen. 1 5 με. σφόδρα γὰρ ὁ πατὴρ ἡμῶν ἠγάπα τὴν Ῥαχήλ καὶ ✳ ηὔχετο ✳ δύο υἱοὺς ἰδεῖν ἀπ' αὐτῆς. διὰ τοῦτο ἐκλήθην υἱὸς
Jer. 2 3 χοῦν ἔπλασσεν ἐπὶ τὴν κεφαλὴν αὐτοῦ ὁ Ἱερεμίας καὶ ✳ ηὔχετο ✳ ὑπὲρ τοῦ λαοῦ ἕως ἂν ἀφεθῇ αὐτῷ ἡ ἁμαρτία.
Jer. 6 8 εἰπὼν ὁ Βαροὺχ λέγει τῷ Ἀβιμέλεχ ἀνάστηθι καὶ ✳ εὐξώμεθα ✳ ἵνα γνωρίσῃ ἡμῖν ὁ κύριος πῶς δυνησώμεθα

Jer. 6 9 διὰ τὴν σκέπην τὴν γενομένην σοι ἐν τῇ ὁδῷ. καὶ * ηὔξατο * Βαροὺχ λέγων ἡ δύναμις ἡμῶν ὁ θεὸς κύριε τὸ
Jer. 9 3 τῇ δὲ δεκάτῃ ἀνήνεγκεν Ἱερεμίας μόνος θυσίαν. καὶ * ηὔξατο * εὐχὴν λέγων ἅγιος ἅγιος ἅγιος τὸ θυμίαμα τῶν
Prop. 1 2 προφήτην ἐποίησεν ὅτι πρὸ τοῦ θανεῖν ὀλιγωρήσας * ηὔξατο * πιεῖν ὕδωρ καὶ εὐθέως ἀπεστάλη αὐτῷ ἐξ αὐτοῦ διὰ
Prop. 2 3 Αἰγύπτιοι ἐδόξασαν αὐτὸν εὐεργετηθέντες δι' αὐτοῦ. * ηὔξατο * γὰρ καὶ αἱ ἀσπίδες αὐτοὺς ἔασαν καὶ τῶν ὑδάτων οἱ
Prop. 2 4 καὶ ὅσοι εἰσὶ πιστοὶ θεοῦ ἕως σήμερον * εὔχονται * ἐν τῷ τόπῳ καὶ λαμβάνοντες τοῦ χοὸς τοῦ τόπου
Prop. 4 4 ἰδέαν ἀλλὰ ὡραῖος ἐν χάριτι ὑψίστου. οὗτος πολλὰ * ηὔξατο * ὑπὲρ τοῦ Ναβουχοδονόσορ παρακαλοῦντος αὐτὸν
Prop. 21 4 τὸν Ἰσραήλ. τὰ δὲ σημεῖα ἃ ἐποίησεν εἰσὶ ταῦτα * ηὔξατο * Ἠλίας καὶ οὐκ ἔβρεξεν ἐπὶ ἔτη τρία καὶ πάλιν
Prop. 21 4 Ἠλίας καὶ οὐκ ἔβρεξεν ἐπὶ ἔτη τρία καὶ πάλιν * ηὔξατο * μετὰ τρία ἔτη καὶ γέγονε πολὺς ὑετὸς ἐν Σαρεφθοῖς
Prop. 21 5 τὸν υἱὸν αὐτῆς ἀποθανόντα ἤγειρεν ὁ θεὸς ἐκ νεκρῶν * εὐξαμένου * αὐτοῦ. προβλήματος γενομένου παρ' αὐτοῦ καὶ
Prop. 21 6 αὐτοῦ κἀκείνων καὶ μὴ ὑποθεῖναι πῦρ ἀλλ' ἕκαστον * εὔξασθαι * καὶ τὸν ἐπακούοντα αὐτὸν εἶναι θεόν. οἱ μὲν οὖν
Prop. 21 7 ἐπακούοντα αὐτὸν εἶναι θεόν. οἱ μὲν οὖν τοῦ Βάαλ * ηὔχοντο * καὶ κατετέμνοντο ἕως ὥρας ἐνάτης καὶ οὐδεὶς
Prop. 21 7 ὕδατος πολλοῦ πληρώσας τὸν τόπον ἔνθα ἦν ἡ θυσία * ηὔξατο * καὶ εὐθὺς ἐπέπεσε πῦρ καὶ ἀνήλωσε τὴν θυσίαν καὶ
Prop. 22 11 καὶ μὴ ποιοῦσαν αὐτὴν παιδίον ἐπιθυμοῦσαν δὲ σχεῖν * εὐξάμενος * πεποίηκε συλλαβεῖν καὶ τεκεῖν εἶτα ἀποθανόντα
Prop. • 22 12 συλλαβεῖν καὶ τεκεῖν εἶτα ἀποθανόντα τὸν παῖδα * εὐξάμενος * πάλιν ἤγειρεν ἐκ νεκρῶν. εἰς Γάλγαλα ἐλθὼν
Prop. 22 14 τὸ δρέπανον καὶ κατεποντίσθη ὁ δὲ Ἐλισαῖος * εὐχόμενος * πεποίηκεν ἐπιπολάσαι τὸ δρέπανον. Ναιμᾶν ὁ
Prop. 22 18 Συρίας πέμπει δύναμιν ἀγαγεῖν τὸν προφήτην ὁ δὲ * εὐξάμενος * πεποίηκεν αὐτοὺς καταχθῆναι ἀορασίᾳ καὶ
Aris. 17 2 χρόνον ἐπισχὼν καὶ ἡμῶν κατὰ ψυχὴν πρὸς τὸν θεὸν * εὐχομένων * τὴν διάνοιαν αὐτοῦ κατασκευάσαι πρὸς τὸ τοὺς
Aris. 45 3 καὶ τῆς ἀδελφῆς καὶ τῶν τέκνων καὶ τῶν φίλων καὶ * ηὔξατο * πᾶν τὸ πλῆθος ἵνα σοι γένηται καθὼς προαιρῇ διὰ
Aris. 196 3 τὴν αὐτὴν παραδιδοῖ διάθεσιν ἐπὶ τέλει; ὁ δὲ εἶπεν * εὐχόμενος * ἀεὶ πρὸς τὸν θεὸν ἀγαθὰς ἐπινοίας λαμβάνειν
Aris. 248 4 τις εἴη καὶ μὴ κατὰ πάντα τρόπον ἀγαγεῖν σπεύδοι * εὐχόμεθα * γὰρ ἀεὶ πρὸς τὸν θεὸν οὐχ οὕτως περὶ ἑαυτῶν ὡς
Aris. 305 3 ἀπονιψάμενοι τῇ θαλάσσῃ τὰς χεῖρας ὡς ἂν * εὔξωνται * πρὸς τὸν θεὸν ἐτρέποντο πρὸς τὴν ἀνάγνωσιν καὶ
Aris. 306 3 τίνος χάριν ἀπονιζόμενοι τὰς χεῖρας τὸ τηνικαῦτα * εὔχονται; * διεσάφουν δὲ ὅτι μαρτύριόν ἐστι τοῦ μηδὲν
Sib. 4 111 πρηνὴς δὲ κάτω πίπτουσ' ἐπὶ γαίης εἰς ἑτέρην * εὔξῃ * προφυγεῖν χθόνα οἷα μέτοικος ἡνίκα δὴ Πατάρων
FJub. 10 2 μετὰ θάνατον ἐπλάνησαν τοὺς υἱοὺς Νῶε καὶ * εὐξαμένου * τοῦ Νῶε ἵνα ἀποστῶσιν ἀπ' αὐτῶν ὁ κύριος
HArt. 9 27 21 ὄντες ἐπίσημοι κολάζωνται ὑπ' αὐτοῦ. τὸν δὲ Μώϋσον * εὔχεσθαι * τῷ θεῷ ἤδη ποτὲ τοὺς λαοὺς παῦσαι τῶν
HCal. 28 16 φωνῇ δοξαζόμενον. ἐν τούτοις στὰς Ἀλέξανδρος * ηὔξατο * καὶ ὦ θεὲ θεῶν εἶπε καὶ δημιουργὲ ὁρατῶν καὶ

εὔχρηστος 3
Aris. 136 3 κτίσει λαβόντες τινὰ συνέθηκαν καὶ προσυπέδειξαν * εὔχρηστα * τὴν κατασκευὴν αὐτῶν οὐ ποιήσαντες αὐτοὶ διὸ
HArt. 9 27 4 ἀνδρωθέντα δ' αὐτὸν πολλὰ τοῖς ἀνθρώποις * εὔχρηστα * παραδοῦναι καὶ γὰρ πλοῖα καὶ μηχανὰς πρὸς τὰς
HArt. 9 27 12 εἰς Μέμφιν πυθέσθαι παρ' αὐτοῦ εἴ τι ἄλλο ἐστὶν * εὔχρηστον * τοῖς ἀνθρώποις τὸν δὲ φάναι γένος τῶν βοῶν διὰ

εὐψυχία 2
Aris. 197 6 ἄνθρωπον ὄντα τούτων ἀμιγῆ γενέσθαι ὁ θεὸς δὲ τὴν * εὐψυχίαν * δίδωσιν ὃν ἱκετεύειν ἀναγκαῖον. φιλοφρονηθεὶς
HAri. 9 25 4 καὶ τοῖς δεινοῖς. τὸν δὲ θεὸν ἀγασθέντα τὴν * εὐψυχίαν * αὐτοῦ τῆς τε νόσου αὐτὸν ἀπολῦσαι καὶ πολλῶν

εὐώδημος 1
TIss. 1 5 αὐτοῦ ἐξῆλθε Λεία ἡ μήτηρ μου. ταῦτα δὲ ἦσαν μῆλα * εὐώδημα * ἃ ἐποίει ἡ γῆ Ἀρὰμ ἐν ὕψει ὑποκάτω φάραγγος

εὐώδης 5
Hen. 24 4 ηὐφράνθη καὶ οὐδὲν ἕτερον ὅμοιον αὐτῷ ὀσμὴν εἶχεν * εὐωδεστέραν * πάντων ἀρωμάτων καὶ τὰ φύλλα αὐτοῦ καὶ τὸ
Hen. 24 5 τότε εἶπον ὡς καλὸν τὸ δένδρον τοῦτό ἐστιν καὶ * εὐῶδες * καὶ ὡραῖα τὰ φύλλα καὶ τὰ ἄνθη αὐτοῦ ὡραῖα τῇ
Hen. 31 3 ἐξαυτῆς ἐν ὁμοιώματι ἀμυγδάλων ὅταν τριβῶσιν διὸ * εὐωδέστερον * ὑπὲρ πάντων τῶν ἀρωμάτων.--- εἰς βορρᾶν πρὸς
Job 32 6 κατά σε ἐν μέσῳ τῶν τέκνων σου; ὡς γὰρ φυτὸν ἧς * εὐώδους * μήλου συνανθῶν ποῦ νῦν τυγχάνει ἡ δόξα τοῦ
Job 32 8 ἡ δόξα τοῦ θρόνου σου; σὺ εἶ ὁ τὰ θυμιατήρια τῆς * εὐώδους * ἐκκλησίας ἔχων, νυνὶ ἐν δυσωδίᾳ ὑπάρχεις σὺ εἶ ὁ

εὐωδία 16
Adam 29 3 ἰδοὺ ἐκβάλλετέ με δέομαι ὑμῶν ἄφετέ με ἆραι * εὐωδίας * ἐκ τοῦ παραδείσου ἵνα μετὰ τὸ ἐξελθεῖν με
Adam 29 4 αἰώνιε βασιλεῦ κέλευσον δοθῆναι τῷ Ἀδὰμ θυμιάματα * εὐωδίας * ἐκ τοῦ παραδείσου. καὶ ἐκέλευσεν ὁ θεὸς ἐαθῆναι
Adam 29 5 καὶ ἐκέλευσεν ὁ θεὸς ἐαθῆναι τὸν Ἀδὰμ ἵνα λάβῃ * εὐωδίας * καὶ σπέρματα εἰς διατροφὴν αὐτοῦ. καὶ ἀφέντες
Adam 38 4 γεγεννημένους ἐκ τοῦ Ἀδὰμ νυστάξαι ἀπὸ τῆς * εὐωδίας * χωρὶς τοῦ Σὴθ μόνου ὅτι ἐγένετο καθορῶν τοῦ
Adam 40 2 τοῦ Ἀδὰμ καὶ ἐνεγκόντες ἔλαιον ἐκ τοῦ ἐλαίου τῆς * εὐωδίας * ἐκχέατε ἐπ' αὐτόν. καὶ ἐκήδευσαν αὐτόν οἱ τρεῖς
Adam 40 7 ὁ θεὸς ἑπτὰ ἀγγέλους εἰς τὸν παράδεισον καὶ ἤγαγον * εὐωδίας * πολλὰς καὶ ἔθεντο αὐτὰς ἐν τῇ γῇ. καὶ μετὰ ταῦτα
Hen. 25 4 τὴν γῆν ἐπ' ἀγαθῷ. καὶ τοῦτο τὸ δένδρον * εὐωδίας * καὶ οὐδεμία σάρξ ἐξουσίαν ἔχει ἅψασθαι αὐτοῦ
Abr.1 16 8 τὴν κέλευσιν τοῦ ἀρχιστρατήγου. καὶ ἰδοὺ ὀσμὴ * εὐωδίας * ἤρχετο πρὸς τὸν Ἀβραὰμ καὶ φωτὸς ἀπαύγασμα
TLevi 3 6 ἀγνοίαις τῶν δικαίων. προσφέρουσι δὲ κυρίῳ ὀσμὴν * εὐωδίας * λογικὴν καὶ ἀναίμακτον προσφοράν. ἐν δὲ τῷ
TLevi 18 2B030 καὶ πᾶσα προσφορά σου εἰς εὐδόκησιν καὶ ὀσμὴν * εὐωδίας * ἔναντι κυρίου ὑψίστου. καὶ ὅσα ἂν ποιῇς ἐν τάξει
Asen. 17 4 ἠδίκησεν. καὶ ἐξῆλθεν ἐκ τῆς καύσεως τοῦ κηρίου * εὐωδία * πολλὴ καὶ ἔπλησε τὸν θάλαμον. καὶ εἶπεν Ἀσενὲθ
Sal. 11 5 ἐσκίασαν αὐτοῖς ἐν τῇ παρόδῳ αὐτῶν πᾶν ξύλον * εὐωδίας * ἀνέτειλεν αὐτοῖς ὁ θεὸς ἵνα παρέλθῃ Ισραηλ ἐν
Jer. 9 4 τῆς γλυκείας τῶν δύο Σεραφὶμ παρακαλῶ περὶ ἄλλης * εὐωδίας * θυμιάματος. καὶ ἡ μελέτη μου Μιχαὴλ ὁ ἀρχάγγελος
Job 31 2 τοῦ σώματός μου ἀναστάντες προσήγγισάν μοι ἔχοντες * εὐωδίας * ἐν ταῖς χερσὶν αὐτῶν, συνόντων αὐτοῖς τῶν
Job 35 2 αὐτῷ διὰ τὴν δυσωδίαν εἰ μὴ διὰ πλείονος * εὐωδίας * σὺ ὅλως, Ελιφα, ἀμνημονεῖς πῶς ἐγένου νοσήσας ἐν
FrAn. 2 10 τὰ ἀγαθά. θυσία τῷ κυρίῳ καρδία συντετριμμένη ὀσμὴ * εὐωδίας * τῷ κυρίῳ καρδία δοξάζουσα τὸν πεπλακότα αὐτήν.

εὐώνυμος 11
Asen. 16 17B αὐτοῦ ἐγένετο ὡς αἷμα). καὶ Ἀσενὲθ εἱστήκει ἐξ * εὐωνύμων * αὐτοῦ καὶ ἔβλεπε πάντα ὅσα ἐποίει ὁ ἄνθρωπος.
Asen. 22 12 καὶ ἦν Λευὶς ἐκ δεξιῶν τῆς Ἀσενὲθ καὶ Ἰωσὴφ ἐξ * εὐωνύμων. * καὶ ἐκράτησεν Ἀσενὲθ τὴν χεῖρα Λευί. καὶ
Asen. 27 1 κυρίου τοῦ θεοῦ αὐτῆς. καὶ Βενιαμὶν ἐκάθητο ἐξ * εὐωνύμων * τῆς Ἀσενὲθ ἐν τῷ ὀχήματι αὐτῆς. καὶ ἦν
Asen. 27 2 τοῦ υἱοῦ Φαραὼ καὶ ἐπάταξε τὸν κρόταφον αὐτοῦ τὸν * εὐώνυμον * καὶ ἐτραυμάτισεν αὐτὸν τραύματι βαρεῖ. καὶ
Prop. 2 6 τοῦτ' ἔστιν Ἄργους δεξιοὶ λαιὰν γὰρ λέγουσι πᾶν * εὐώνυμον. * οὗτος ὁ Ἱερεμίας σημεῖον δέδωκε τοῖς ἱερεῦσιν
FEll. 4 228 ὁ ὀφθαλμὸς αὐτοῦ ὁ δεξιὸς κέκραται αἵματος. ὁ δὲ * εὐώνυμος * χαροπὸς ἔχων δύο κόρας τὰ δὲ βλέ<φαρα> αὐτοῦ
FEz. 64 70 10 γίνομαί σοι ὀφθαλμοὶ ἄνωθεν ὁδηγῶν σε δεξιὰ καὶ * εὐώνυμα. * τοῦτο δὲ ποιήσαντες κατέβησαν εἰς τὸν
HEup. 9 34 7 δὲ αὐτοὺς τοῦ οἴκου ὃν μὲν ἐκ δεξιῶν ὃν δὲ ἐξ * εὐωνύμων. * ποιῆσαι δὲ καὶ λυχνίας χρυσᾶς <δέκα> δέκα
HEup. 9 34 8 μέρους τοῦ σηκοῦ τὰς μὲν ἐκ δεξιῶν τὰς δὲ ἐξ * εὐωνύμων. * ποιῆσαι δ' αὐτὸν καὶ λύχνους χρυσοῦς ο' ὥστε
LEze. 9 29 5 05 τινα διάδημ' ἔχοντα καὶ μέγα σκῆπτρον χερὶ * εὐωνύμῳ * μάλιστα. δεξιᾷ δέ μοι ἔνευσε κἀγὼ πρόσθεν
LEze. 9 29 14 08 ἔχοντες ἅρμασιν τόπους ἱππεῖς δ' ἔταξε τοὺς μὲν ἐξ * εὐωνύμων * ἐκ δεξιῶν δὲ πάντας Αἰγυπτίου στρατοῦ. τὸν

εὐωχία 1
Job 44 2 ἣν νῦν οἰκοῦμεν οἰκίαν, καὶ πεποιήκαμεν μεγάλας * εὐωχίας * ἐν τῇ τερπνότητι τοῦ κυρίου. πάλιν ἐπεζήτησα

ἐφαπλόω 1
Bar. 6 5 τὸ ὄρνεον παρατρέχει τῷ ἡλίῳ καὶ τὰς πτέρυγας * ἐφαπλῶν * δέχεται τὰς πυριμόρφους ἀκτῖνας αὐτοῦ εἰ μὴ γὰρ

ἔφεδρος 1
Aris. 301 6 παρὰ τὴν ἠϊόνα διαπρεπῶς ἔχοντα καὶ πολλῆς ἡσυχίας * ἔφεδρον * παρεκάλει τοὺς ἄνδρας τὰ τῆς ἑρμηνείας ἐπιτελεῖν

ἐφέλκω 3
TJud. 5 3 οἱ ἐπὶ τοῦ τείχους ὅτι ἡμεῖς μόνοι ἐσμὲν * ἐφελκύσθησαν * ἐφ' ἡμᾶς καὶ οὕτως λάθρᾳ οἱ ἀδελφοὶ ἐξ
TJos. 3 8 περιεπτύσσετο κἀγὼ ἠγνόουν ἔσχατον εἰς πορνείαν με * ἐφελκύσατο. * καὶ νοήσας ἐλυπήθην ἕως θανάτου καὶ
TJos. 8 2 τέλος οὖν ἐπιλαμβάνεταί μου τῶν ἱματίων μετὰ βίας * ἐφελκομένη * με εἰς συνουσίαν. ὡς οὖν εἶδον ὅτι μαινομένη

ἐφεξῆς 1
Sib. 3 512 δώσεις --- οὐδέ τι λήψῃ. αἰαῖ +σοὶ Γὼγ καὶ πᾶσιν * ἐφεξῆς * ἅμα Μαγὼγ μαρσῶν ἠδ' ἀγγὼν ὅσα σοι κακὰ μοῖρα

Ἔφεσος 5
Sib. 3 343 ἐν Ἀσιάδι μὲν Ἰασσὸς Κεβρὴν +Πανδονιη+ Κολοφὼν * Ἔφεσος * Νίκαια Ἀντιόχεια Τάναγρα Σινώπη Σμύρνη +Μάρος+
Sib. 3 459 ψυχὰς Ἀΐδης ὁμοθυμαδὸν ἕξει. Τράλλις δ' ἡ γείτων * Ἐφέσου * σεισμῷ καταλύσει τείχεά τ' εὔποιητ' ἀνδρῶν τε
Sib. 5 293 (Λυδῶν τε--- πολυχρύσων) --- Ἀρτέμιδος σηκὸς * Ἐφέσου * πηγνύμενος χάσμασι καὶ σεισμοῖσί ποθ' ἵξεται εἰς
Sib. 5 296 ἠύτε νῆας ἐπικλύζουσιν ἄελλαι. +ὕπτια δ' οἰμώξει+ * Ἔφεσος * κλαίουσα παρ' ὄχθαις καὶ νηὸν ζητοῦσα τὸν οὐκέτι
Sib. 5 307 ἥξει γὰρ καὶ Σμύρνα ἑὸν κλαίουσα +λυκουργὸν+ εἰς * +Ἐφέσοιο+ * πύλας καὶ αὐτὴ μᾶλλον ὀλεῖται. Κύμη δ' ἡ μωρὰ

ἐφημέριος 1
Sib. 3 79 καὶ ἄργυρον εἰς ἅλα δῖαν +καὶ χαλκόν τε+ σίδηρον * ἐφημερίων * ἀνθρώπων εἰς πόντον ῥίψῃ τότε δὴ στοιχεῖα

ἐφήμερος 1
FEz. 185 9 εως της κοιλ<ιας μου δος μοι το> ελεος σου εις * εφημ<ερον * ως ηλεησας α>βρααμ' τον πατερα ημ<ων και ισακ'

ἔφθος 1
Sib. 5 40 δ' αὐτὸν κοίρανος ἔσται τετράδος ἐκ κεραίης +τ' * ἔφθος * μόρος+ αὐτὰρ ἔπειτα πεντήκοντ' ἀριθμῶν γεραρὸς

ἐφίημι 1
TIss. 4 2 τὸν πλησίον οὐ πλεονεκτεῖ βρωμάτων ποικίλων οὐκ * ἐφίεται * ἐσθῆτα διάφορον οὐ θέλει χρόνους μακροὺς οὐχ

ἐφικτός 2
Aris. 77 1 σαφέστερον μᾶλλον ἢ ἐν τοῖς κατόπτροις. οὐκ * ἐφικτὸν * δ' ἐστὶν ἐξηγήσασθαι τὰ προσυντελεσθέντα πρὸς
Aris. 215 1 ταῦθ' ὑπολαμβάνομεν καθεστάναι. πλὴν ὅσον ἔμοιγε * ἐφικτὸν * οὕτω διείληφα κατὰ πάντα τρόπον σέ βασιλεῦ καὶ

ἐφίστημι 9
Prop. 2 5 γερόντων ἀνδρῶν ὅτι Ἀλέξανδρος ὁ Μακεδὼν * ἐπιστὰς * τῷ τόπῳ τοῦ προφήτου καὶ ἐπιγνοὺς αὐτοῦ μυστήρια
Prop. 12 7 ἐν Βαβυλῶνι καὶ δοὺς τὸ ἄριστον τῷ Δανιὴλ * ἐπέστη * τοῖς θερισταῖς ἐσθίουσι καὶ οὐδενὶ εἶπε τὸ
Job 17 2 με καὶ μετασχηματισθεὶς εἰς βασιλέα τῶν Περσῶν * ἐπέστη * τῇ ἐμῇ πόλει, συναγαγὼν πάντας τοὺς ἐν αὐτῇ

Aris. 177 2 τῶν ἀνειλημάτων καὶ τοὺς ὑμένας ἀνείλιξαν πολὺν ⋆ ἐπιστὰς ⋆ χρόνον καὶ προσκυνήσας σχεδὸν ἑπτάκις εἶπεν
Sib. 5 255 ἔτι μαινομέναις παλάμαις ἐχθραῖς διολοῦνται +ἀλλ' ⋆ ἐπι+στήσει ⋆ τε κακῶν αἰῶνι τρόπαια. εἰς δέ τις ἔσσεται
Sib. 5 267 παῖδες περιτμήσουσιν καὶ μούσαις ἀγλαΐαισι τράπεζαν ⋆ ἐπιστήσονται ⋆ παντοίαις θυσίαισι καὶ εὐχαῖς ἐν θεοτίμοις
ISop. 5 111 5 ἀλλ' ὁλοσχερὴς ἀνήρ. ταχὺς δὲ βαθμοῖς νυμφικοῖς ⋆ ἐπεστάθη ⋆ ὁ μοιχός. ὃ δ' οὔτε δαιτὸς οὔτε χέρνιβος θιγὼν
HEup. 9 34 10 χαλκὴν τῷ ὕψει πηχῶν δυοῖν κατὰ τὸν λουτῆρα ἵν' ⋆ ἐφεστήκῃ ⋆ ἐπ' αὐτῆς ὁ βασιλεὺς ὅταν προσεύχηται ὅπως
LEze. 9 29 8 03 ἡ τῶν σῶν ποδῶν λῦσαι δέσιν ἁγία γὰρ ἧς σὺ γῆς ⋆ ἐφέστηκας ⋆ πέλει ὁ δ' ἐκ βάτου σοι θεῖος ἐκλάμπει λόγος.

**ἐφοδεύω** 7

Hen. 21 1 ἐπὶ τῶν ἀνισταμένων. ὀνόματα ζ' ἀρχαγγέλων. καὶ ⋆ ἐφώδευσα ⋆ ἕως τῆς ἀκατασκευάστου. κἀκεῖ ἐθεασάμην ἔργον
Hen. 21 7 ἔτι τὸν χρόνον τῶν ἁμαρτημάτων αὐτῶν. κἀκεῖθεν ⋆ ἐφώδευσα ⋆ εἰς ἄλλον τόπον τούτου φοβερώτερον καὶ τεθέαμαι
Hen. 21B 1 ὧδε συνσχεθήσονται μέχρι αἰῶνος εἰς τὸν αἰῶνα. καὶ ⋆ ἐφώδευσα ⋆ μέχρι τῆς ἀκατασκευάστου. καὶ ἐκεῖ ἐθεασάμην
Hen. 22 1 ἢ περὶ τίνος τὴν ἀλήθειαν φιλοσπευδεῖς; κἀκεῖθεν ⋆ ἐφώδευσα ⋆ εἰς ἄλλον τόπον καὶ ἔδειξέν μοι πρὸς δυσμὰς
Hen. 23 1 ὁ τῆς δικαιοσύνης κυριεύων τοῦ αἰῶνος. κἀκεῖθεν ⋆ ἐφώδευσα ⋆ εἰς ἄλλον τόπον πρὸς δυσμὰς τῶν περάτων τῆς
Hen. 26 1 αὐτὰ ἔκτισεν καὶ εἶπεν δοῦναι αὐτοῖς. καὶ ἐκεῖθεν ⋆ ἐφώδευσα ⋆ εἰς τὸ μέσον τῆς γῆς καὶ ἴδον τόπον ηὐλογημένον
Hen. 32 2 σχίνου καὶ κινναμώμου καὶ πιπέρεως. καὶ ἐκεῖθεν ⋆ ἐφώδευσα ⋆ ἐπὶ τὰς ἀρχὰς πάντων τῶν ὀρέων τούτων μακρὰν

**Ἔφοδος (ἡ)** 1

Aris. 101 2 ἵνα ἐὰν ἐπίθεσίς τις ἢ νεωτερισμὸς ἢ πολεμίων ⋆ Ἔφοδος ⋆ γένηται μηθεὶς δύνηται ὁδὸν εἰς τοὺς περιβόλους

**ἐφοράω** 3

Sib. 3 330 δεινῶς. τοὔνεκα δὴ νεκρῶν πλήρη σὴν γαῖαν ⋆ ἐπόψει ⋆ τοὺς μὲν ὑπὸ πτολέμου καὶ πάσης δαίμονος ὁρμῆς
Sib. 4 105 Ἰταλίδησιν. καὶ σὺ τάλαινα Κόρινθε τεήν ποτ' ⋆ ἐπόψει ⋆ ἅλωσιν. Καρχηδὼν καὶ σεῖο χαμαὶ γόνυ πύργος
FrAn. 574 3075 φοβεῖται. ὁρκίζω σε πᾶν πνεῦμα δαιμόνιον τὸν ⋆ ἐφορῶντα ⋆ ἐπὶ γῆς καὶ ποιοῦντα ἔκτρωμα τὰ θεμέλια αὐτῆς

**ἐφορμάω** 1

Sib. 3 688 οὐδὲ κρίσιν μεγάλοιο θεοῦ ἀλλ' ἄφρονι θυμῷ πάντες ⋆ ἐφορμηθέντες ⋆ ἐφ' Ἱερὸν ἦρατε λόγχας. καὶ κρινεῖ πάντας

**ἐφούδ** 3

TLevi 8 2 τῆς πίστεως καὶ τὴν μίτραν τοῦ σημείου καὶ τὸ ⋆ ἐφούδ ⋆ τῆς προφητείας. καὶ εἰς ἕκαστος αὐτῶν ἕκαστον
TLevi 8 6 ἔνδοξον. ὁ τρίτος βυσσίνην με περιέβαλεν ὁμοίαν ⋆ ἐφούδ. ⋆ ὁ τέταρτος ζώνην μοι περιέθηκεν ὁμοίαν πορφύρᾳ. ὁ
Prop. 23 2 δοῦναι χρησμοὺς ἐκ τοῦ Δαβεὶρ οὔτε ἐρωτῆσαι ἐν τῷ ⋆ Ἐφοὺδ ⋆ οὔτε διὰ δήλων ἀποκριθῆναι τῷ λαῷ ὡς τὸ πρίν.

**Ἐφραθά** 2

TRub. 3 13 τὸν πατέρα αὐτοῦ ὄντων ἡμῶν ἐν Γάδερ πλησίον ⋆ Ἐφραθὰ ⋆ οἴκου Βηθλέεμ Βάλλα ἦν μεθύουσα καὶ κοιμωμένη
HDem. 9 21 10 δὲ ἐλθεῖν εἰς Χαφραθὰ ἔνθεν παραγενέσθαι εἰς ⋆ Ἐφραθὰ ⋆ ἣν εἶναι Βηθλεὲμ καὶ γεννῆσαι αὐτὸν ἐκεῖ

**Ἐφραΐμ**

Asen. 21 9 ἐκ τοῦ Ἰωσὴφ καὶ ἔτεκε τὸν Μανασσῆ καὶ τὸν ⋆ Ἐφραῒμ ⋆ τὸν ἀδελφὸν αὐτοῦ ἐν τῷ οἴκῳ Ἰωσήφ. ⟨καὶ τότε
Prop. 6 1 δρύες δώδεκα. Μιχαίας ὁ Μωραθὶ ἦν ἐκ φυλῆς ⋆ Ἐφραΐμ. ⋆ πολλὰ ποιήσας τῷ Ἀχαὰβ ὑπὸ Ἰωρὰμ τοῦ υἱοῦ
HDem. 9 21 12 ἱερέως θυγατρὶ καὶ γεννῆσαι Μανασσῆν καὶ ⋆ Ἐφραΐμ ⋆ καὶ τοῦ λιμοῦ ἐπιγενέσθαι ἔτη δύο. τὸν δὲ Ἰωσὴφ

**ἐφύπερθε**

LPhi. 9 37 1 ἐν δὲ τῷ θέρει πληροῦσθαι. νηχόμενος δ' ⋆ ἐφύπερθε ⋆ τὸ θαμβήστατον ἄλλο δέρκηθρον συναοιδὰ

**ἐχθές** (cf. + χθές)

LEze. 9 28 3 22 ἢ 'πιστάτην ἐνταῦθα; μὴ κτενεῖς σύ με ὥσπερ τὸν ⋆ ἐχθὲς ⋆ ἄνδρα; καὶ δείσας ἐγὼ ἔλεξα πῶς ἐγένετο συμφανὲς

**ἔχθρα**

Adam 25 4 διὰ τοῦτο ἐκ τῶν λόγων σου κρινῶ σε διὰ τὴν ⋆ ἔχθραν ⋆ ἣν ἔθετο ὁ ἐχθρὸς ἐν σοί. στραφήσει δὲ πάλιν πρὸς
Adam 26 4 αὐτοὺς ἐκβληθῆναι ἐκ τοῦ παραδείσου. καὶ θήσω ⋆ ἔχθραν ⋆ ἀνὰ μέσον σοῦ καὶ ἀνὰ μέσον τοῦ σπέρματος αὐτῶν.
HDem. 9 21 1 ὑπὸ τῶν γονέων διὰ τὴν πρὸς τὸν ἀδελφὸν κρυφίαν ⋆ ἔχθραν ⋆ Ἠσαῦ διὰ τὸ εὐλογῆσαι αὐτὸν τὸν πατέρα δοκοῦντα

**ἐχθραίνω**

TGad 6 5 ἐν μάχη ἀλλότριος μυστήριον ὑμῶν ἵνα μὴ μισήσας σε ⋆ ἐχθράνῃ ⋆ καὶ μεγάλην ἁμαρτίαν ἐργάσηται κατά σου ὅτι
Asen. 22 11 Ῥαχὴλ οὐ συμπροέπεμψαν αὐτοὺς διότι ἐφθόνουν καὶ ⋆ ἤχθραινον ⋆ αὐτοῖς. καὶ ἦν Λευὶς ἐκ δεξιῶν τῆς Ἀσενὲθ καὶ
Asen. 24 2 Ζέλφας παιδισκῶν Λίας καὶ Ῥαχὴλ γυναικῶν Ἰακὼβ ⋆ ἐχθραίνονται ⋆ τῷ Ἰωσὴφ καὶ τῇ Ἀσενὲθ καὶ φθονοῦσιν

**ἐχθρός** 49

Adam 2 4 καὶ ἴδωμεν τί ἐστι τὸ γεγονὸς αὐτοῖς μήποτε ὁ ⋆ ἐχθρὸς ⋆ πολεμῇ τι πρὸς αὐτούς. πορευθέντες δὲ ἀμφότεροι
Adam 7 2 καὶ προσκυνῆσαι τὸν κύριον. καὶ ἔδωκεν αὐτῇ ὁ ⋆ ἐχθρὸς ⋆ καὶ ἔφαγεν ἀπὸ τοῦ ξύλου ἐγνωκὼς ὅτι οὐκ ἤμην
Adam 15 1 τέκνων μου κἀγὼ ἀναγγελῶ ὑμῖν πῶς ἠπάτησεν ἡμᾶς ὁ ⋆ ἐχθρός. ⋆ ἐγένετο ἐν τῷ φυλάσσειν ἡμᾶς τὸν παράδεισον
Adam 25 4 τῶν λόγων σου κρινῶ σε διὰ τὴν ἔχθραν ἣν ἔθετο ὁ ⋆ ἐχθρὸς ⋆ ἐν σοί. στραφήσει δὲ πάλιν πρὸς τὸν ἄνδρα σου καὶ
Adam 28 4 ἔσῃ εἰς τὸν αἰῶνα. ἔχεις δὲ τὸν πόλεμον ὃν ἔθετο ὁ ⋆ ἐχθρὸς ⋆ ἐν σοί. ἀλλ' ἐξερχομένου σου ἐκ τοῦ παραδείσου
Adam 29 13 ὑπὲρ ὑμῶν. καὶ ταῦτα εἰπὼν δεύτερον ἠπάτησέν με ὁ ⋆ ἐχθρός. ⋆ καὶ ἐξέβην ἀπὸ τοῦ ὕδατος. νῦν οὖν τεκνία μου
Hen. 1 1 ἔσονται εἰς ἡμέραν ἀνάγκης ἐξᾶραι πάντας τοὺς ⋆ ἐχθροὺς ⋆ καὶ σωθήσονται δίκαιοι. καὶ ἀναλαβὼν τὴν
Hen. 103 12 ἐβάρυναν ἐφ' ἡμᾶς τὸν ζυγόν. οἳ κυριεύουσιν οἱ ⋆ ἐχθροὶ ⋆ ἡμῶν ἐγκεντρίζουσιν ἡμᾶς καὶ περικλείουσιν ἡμᾶς
TLevi 13 8 λαμπρὰ καὶ ἐπὶ γῆς ἀλλοτρίας πατρὶς καὶ ἐν μέσῳ ⋆ ἐχθρῶν ⋆ εὑρεθήσεται φίλος. ἐὰν διδάσκῃ ταῦτα καὶ πράττῃ
TJud. 23 3 ἐκδικούσαν πολιορκίαν καὶ κύνας εἰς διασπασμὸν ⋆ ἐχθρῶν ⋆ καὶ φίλων ὀνειδισμοὺς ἀπώλειαν καὶ σφακελισμὸν
TJud. 23 5 ἐν ἐλέει καὶ ἀναγάγῃ ἀπὸ τῆς αἰχμαλωσίας τῶν ⋆ ἐχθρῶν ⋆ ὑμῶν. καὶ μετὰ ταῦτα ἀνατελεῖ ὑμῖν ἄστρον ἐξ
TIss. 6 2 διασπαρήσονται ἐν τοῖς ἔθνεσι καὶ δουλεύσουσι τοῖς ⋆ ἐχθροῖς ⋆ αὐτῶν. καὶ ὑμεῖς οὖν εἴπατε ταῦτα τοῖς τέκνοις
TZab. 9 6 εἴδωλα προσκυνήσετε καὶ αἰχμαλωτεύσουσιν ὑμᾶς οἱ ⋆ ἐχθροὶ ⋆ ὑμῶν καὶ κακωθήσεσθε ἐν τοῖς ἔθνεσιν ἐν πάσαις
TDan 6 2 εἰρήνης Ἰσραὴλ καὶ κατέναντι τῆς βασιλείας τοῦ ⋆ ἐχθροῦ ⋆ στήσεται διὰ τοῦτο σπουδάζει ὁ ἐχθρὸς
TDan 6 3 τοῦ ἐχθροῦ στήσεται διὰ τοῦτο σπουδάζει ὁ ⋆ ἐχθρὸς ⋆ ὑποσκελίζειν πάντας τοὺς ἐπικαλουμένους τὸν
TDan 6 4 πιστεύσει Ἰσραὴλ συντελεσθήσεται ἡ βασιλεία τοῦ ⋆ ἐχθροῦ. ⋆ αὐτὸς ὁ ἄγγελος τῆς εἰρήνης ἐνισχύσει τὸν
TNep. 4 2 ὑμῖν κύριος αἰχμαλωσίαν καὶ δουλεύσετε ἐκεῖ τοῖς ⋆ ἐχθροῖς ⋆ ὑμῶν καὶ πάση κακώσει καὶ θλίψει συγκαλυφθήσεσθε
TAser 7 2 γὰρ ὅτι ἁμαρτήσετε καὶ παραδοθήσεσθε εἰς χεῖρας ⋆ ἐχθρῶν ⋆ ὑμῶν καὶ ἡ γῆ ὑμῶν ἐρημωθήσεται καὶ τὰ ἅγια ὑμῶν
Asen. 24 7 ὡς γυναῖκες ἀλλ' ἀνδρίζεσθε καὶ ἀμύνεσθε τοὺς ⋆ ἐχθροὺς ⋆ ὑμῶν. διότι ἥκουσα ἐγὼ Ἰωσὴφ τοῦ ἀδελφοῦ ὑμῶν
Asen. 28 12 Συμεὼν ἵνα τί ἡ δέσποινα ἡμῶν λαλεῖ ἀγαθὰ ὑπὲρ τῶν ⋆ ἐχθρῶν ⋆ αὐτῆς; οὐχὶ ἀλλὰ κατακόψωμεν αὐτοὺς ἐν ταῖς
Asen. 29 3 κακοῦ οὐδὲ πεπτωκότα καταπατῆσαι οὐδὲ ἐκθλίψαι τὸν ⋆ ἐχθρὸν ⋆ αὐτοῦ ἕως θανάτου. καὶ νῦν ἀπόστρεψον τὴν
Sal. 17 13 εἰς ἐμπαιγμὸν καὶ οὐκ ἐκαθαρίσθησαν. ἐν ἀλλοτριότητι ὁ ⋆ ἐχθρὸς ⋆ ἐποίησεν ὑπερηφανίαν καὶ ἡ καρδία αὐτοῦ ἀλλοτρία
Sal. 17 45 Ἰσραὴλ τὸ ἔλεος αὐτοῦ ῥύσαιτο ἡμᾶς ἀπὸ ἀκαθαρσίας ⋆ ἐχθρῶν ⋆ βεβήλων. κύριος αὐτὸς βασιλεὺς ἡμῶν εἰς τὸν αἰῶνα
Jer. 3 6 ἐγνώκαμεν ὅτι παραδίδως τὴν πόλιν εἰς χεῖρας τῶν ⋆ ἐχθρῶν ⋆ αὐτῆς καὶ ἀπαροῦσι τὸν λαὸν εἰς Βαβυλῶνα. τί
Jer. 4 6 ἁμαρτίας τοῦ ἠγαπημένου λαοῦ παρεδόθη ἡ πόλις εἰς ⋆ ἐχθρῶν ⋆ διὰ τὰς ἁμαρτίας ἡμῶν καὶ τοῦ λαοῦ. ἀλλὰ μὴ
Bar. 13 2 ὑποχωρεῖν ὑπ' αὐτῶν ἵνα μὴ εἰς τέλος κυριεύση ὁ ⋆ Ἐχθρός ⋆ ἀλλ' εἴπατέ μοι τί αἰτεῖσθε. καὶ εἶπον δεόμεθά
Prop. 1 9 εἰς δουλείαν ἔσεσθαι τὸ σπέρμα αὐτοῦ τοῖς ⋆ ἐχθροῖς ⋆ αὐτοῦ καὶ ἄκαρπον αὐτὸν ἐποίησεν ὁ θεὸς ἀπὸ τῆς
Prop. 2 12 συναχθήσονται ἐκεῖ ἐκδεχόμενοι κύριον καὶ τὸν ⋆ ἐχθρὸν ⋆ φεύγοντες ἀνελεῖν αὐτοὺς θέλοντα. ἐν τῇ πέτρᾳ
Prop. 3 10 εἰς τὸ πέραν γενόμενοι. καὶ οἱ τολμήσαντες τῶν ⋆ ἐχθρῶν ⋆ ἐπιδιῶξαι κατεποντίσθησαν. οὗτος διὰ προσευχῆς
Prop. 3 12 παρεκάλεσεν. οὗτος ἀπολλυμένου τοῦ λαοῦ ὑπὸ τῶν ⋆ ἐχθρῶν ⋆ προσῆλθε τοῖς ἡγουμένοις καὶ διὰ τεραστίων
Prop. 22 17 βασιλέα Ἰσραὴλ ἀπαγγέλλων αὐτῷ τὰς σκέψεις τοῦ ⋆ ἐχθροῦ ⋆ τοῦτο γὰρ ὁ βασιλεὺς Συρίας πέμπει βασιλέα
Prop. 22 18 ἀορασίᾳ καὶ ἀπήγαγεν εἰς Σαμάρειαν παρὰ τοὺς ⋆ ἐχθροὺς ⋆ ἀβλαβεῖς τε αὐτοὺς φυλάξας διέσωσεν καὶ ἔθρεψεν
Job 7 11 τοῦτό σοι ἔδωκα ἵνα μὴ ἐγκληθῶ ὅτι τῷ αἰτήσαντι ⋆ ἐχθρῷ ⋆ οὐδὲν παρέσχον. ταῦτα ἀκούσας ὁ Σατανᾶς ἀντέπεμψέν
Job 47 10 ἔχουσαι ταύτας οὐχ ἕξετε ὅλως ἀντιτασσόμενον τὸν ⋆ ἐχθρόν, ⋆ ἀλλ' ὡσεὶ τὰς ἐνθυμήσεις αὐτοῦ ἐν τῇ διανοίᾳ
Aris. 194 2 τοῦτον τὸν ἕτερον ἠρώτα πῶς ἂν φοβεροὺς εἴη τοῖς ⋆ ἐχθροῖς; ⋆ ὁ δὲ εἶπεν εἰ τῇ τῶν ὅπλων καὶ δυνάμεων
Aris. 225 3 πλειόνων ἐπηρώτα τὸν ἕτερον πῶς ἂν καταφρονοίη τῶν ⋆ ἐχθρῶν; ⋆ ὁ δὲ εἶπεν ἠσκηκὼς πρὸς πάντας ἀνθρώπους εὔνοιαν
Sib. 3 332 καὶ πάσης δαίμονος ὁρμῆς λιμοῦ καὶ λοιμοῦ ὑπὸ τ' ⋆ ἐχθρῶν ⋆ βαρβαροθύμων. γαῖα ⟨δ'⟩ Ἔρημος ἅπασα σέθεν καὶ
Sib. 3 528 πεσὶ πρόσθε πεσούσας ὄψονται δεσμοῖσιν ὑπ' ⋆ ἐχθρῶν ⋆ βαρβαροφώνων αἴσχεα ὕβριν δεινὴν πάσχοντας κοὐκ
Sib. 3 532 ὄψονταί τ' ἰδίας κτήσεις καὶ πλοῦτον ἅπαντα ⋆ ἐχθρὸν ⋆ καρπίζοντα τρόμος δ' ὑπὸ γούνασιν ἔσται.
Sib. 3 536 αἰσχρῶς φυρόμενοι πολέμῳ δεινῷ τε κυδοιμῷ οἰσσουσιν ⋆ ἐχθροῖσι ⋆ κμηθέντ' Ἕλλησι δὲ πένθος. δούλειος δ' ἄρα ---
Sib. 3 727 τέρψωμεν ὕμνοισι θεὸν γενετῆρα κατ' οἴκους ⋆ ἐχθρῶν ⋆ ὅπλα πορισσάμενοι κατὰ γαῖαν ἅπασαν ἑπτὰ χρόνων
Sib. 5 254 πολεμόκλονον ἦχον οὐδ' ἔτι μαινομέναις παλάμαις ⋆ ἐχθραῖς ⋆ διολοῦνται +ἀλλ' ἐπι+στήσει τε κακῶν αἰῶνι
Sib. 5 446 δώσεις δ' ἀντὶ λόγων ἀσεβῶν πικρὸν λόγων ⋆ ἐχθρός. ⋆ ἔσται δ' ὑστατίῳ καιρῷ πολύτλητος πόντος ποτὲ
FAch. 110 καὶ εἰς αὔριον ἀποθησαυρίζειν βέλτιον γὰρ ⋆ ἐχθροῖς ⋆ καταλιπεῖν ἢ ζῶντα τῶν φίλων ἐπιδέεσθαι.
FAch. 110 διαμένει. ἐὰν εὐτυχήσῃς μὴ μνησικακήσῃς τοῖς ⋆ ἐχθροῖς ⋆ μᾶλλον δὲ αὐτοὺς εὖ ποίει ἵνα μεταμέλωνται
FPho. 34 μήτ' ἔκνομα μήτε δίκαιά ἣν γὰρ ἀποκτείνῃ τ' ⋆ ἐχθρῶν ⋆ σέο χεῖρα μιαίνεις. ἀγροῦ γειτονίαισιν ἀπόσχεο μὴ
FPho. 47 σεῦ γὰρ ἕκητι μάχαι τε ληϊασίαι τε φόνοι τε ⋆ ἐχθρὰ ⋆ δὲ τέκνα γονεῦσιν ἀδελφειοί τε συναίμοις. μὴ δ'
FPho. 140 θνητοῖο βορὴν κατὰ μέτρον ἕλησι. κτῆνος δ' ἣν ⋆ ἐχθροῖο ⋆ πέσῃ καθ' ὁδὸν συνέγειρε. πλαζόμενον δὲ βροτὸν
FPho. 142 καὶ ἄλιτρον οὔποτ' ἐλέγξεις. βέλτερον ἀντ' ⋆ ἐχθροῦ ⋆ τεύχειν φίλον εὐμενέοντα. ἀρχόμενον τὸ κακὸν

**Ἔχιδνα** 4

Abr.1 17 14 καὶ πρόσωπον σκοτῶδους γνοφερώτερον καὶ πρόσωπον ⋆ ἐχίδνης ⋆ ζοφοειδέστατον ⟨καὶ πρόσωπον ἀσπίδος ἀγριώτερον⟩
Abr.1 19 14 παράδεισος καὶ τέλειος καὶ σκύμνους καὶ ἄρκους καὶ ⋆ ἐχίδνης ⋆ καὶ ἁπλῶς εἰπεῖν παντὸς θηρίου πρόσωπον δεξιὰ
Abr.1 19 15 ἄλλοι μὲν ὑπὸ κεράστου ἀπαλλάσσονται ἕτεροι δὲ ὑπὸ ⋆ ἐχίδνης ⋆ ἀποφυσιόμενοι ἐκλείπουσιν ἄλλοι δὲ ὑπὸ ὄφεως
Abr.1 19 15 ἐκλείπουσιν ἄλλοι δὲ ὑπὸ ὄφεων ἰοβόλων καὶ ⋆ ἐχίδνης ⋆ ἀποφυσούμενοι ἐκλείπουσιν ἔδειξά σοι δὲ καὶ

**ἐχιδνοχαρής** 4

Sib. 5 169 αἰαῖ πάντ' ἀκάθαρτε πόλι Λατινίδος αἴης μαινὰς ⋆ ἐχιδνοχαρὴς ⋆ χήρη καθεδοῖτο παρ' ὄχθας καὶ ποταμὸς Τιβερὶς

**ἐχόμενα** 4

Prop. 1 1 πρισθεὶς εἰς δύο καὶ ἐτέθη ὑποκάτω δρυὸς Ῥωγὴλ ⋆ ἐχόμενα ⋆ τῆς διαβάσεως τῶν ὑδάτων ὧν ἀπώλεσεν Ἐζεκίας

Prop. 1 6 χρησμὸς ἐδόθη αὐτοῖς περὶ αὐτοῦ. ἔστι δὲ ὁ τάφος * ἐχόμενα * τοῦ τάφου τῶν βασιλέων ὄπισθεν τοῦ τάφου τῶν
Prop. 10 6 τὴν μητέρα αὐτοῦ κατὰ τὴν ὁδὸν ἔθαψεν αὐτὴν * ἐχόμενα * τῆς βαλάνου Δεββώρας. καὶ γενόμενος υἱὸς Ἰωνᾶς
Prop. 23 1 τοῦ ἱερέως ὃν ἀπέκτεινεν Ἰωὰς ὁ βασιλεὺς Ἰούδα * ἐχόμενα * τοῦ θυσιαστηρίου καὶ ἐξέχεεν τὸ αἷμα αὐτοῦ ὁ

ἐχομένως 1

LAri. 13 12 9 καὶ τῶν λοιπῶν ἀγαθῶν τῶν κατὰ ἀλήθειαν. * ἐχομένως * δ᾽ ἐστὶν ὡς ὁ θεὸς ⟨ὃς⟩ τὸν ὅλον κόσμον

ἔχω 433

Adam 3 3 τὸ ῥῆμα ἐν τῇ καρδίᾳ αὐτοῦ μετ᾽ αὐτοῦ καὶ ἡ Εὔα * ἔχοντες * τὴν λύπην περὶ Ἄβελ τοῦ υἱοῦ αὐτῶν. μετὰ δὲ
Adam 4 1 ταῦτα ἔγνω Ἀδὰμ τὴν γυναῖκα αὐτοῦ καὶ ἐν γαστρὶ * ἔσχεν * καὶ ἐγέννησεν τὸν Σήθ. καὶ λέγει Ἀδὰμ τῇ Εὔᾳ ἰδοὺ
Adam 6 3 ὁ Ἀδὰμ οὐχὶ υἱέ μου Σὴθ ἀλλὰ νόσον καὶ πόνους * ἔχω. * λέγει αὐτῷ Σὴθ καὶ πῶς σοι ἐγένοντο; εἶπε δὲ αὐτῷ ὁ
Adam 28 4 μὴ γεύσῃ ἀπ᾽ αὐτοῦ καὶ ἀθάνατος ἔσῃ εἰς τὸν αἰῶνα. * ἔχεις * δὲ τὸν πόλεμον ὃν ἔθετο ὁ ἐχθρὸς ἐν σοί. ἀλλ᾽
Adam 31 1 κοιμωμένου τοῦ Ἀδὰμ ἐν τῇ νόσῳ αὐτοῦ ἄλλην δὲ * εἶχεν * μίαν ἡμέραν ἐξελθεῖν ἐκ τοῦ σώματος αὐτοῦ. καὶ
Adam 31 2 ἡ Εὔα διά τί ἀποθνήσκεις κἀγὼ ζῶ ἢ πόσον χρόνον * ἔχω * ποιῆσαι μετὰ θάνατόν σου ἀνάγγειλόν μοι; τότε λέγει
Adam 38 2 τοῦ θεοῦ ἕκαστος κατὰ τὴν τάξιν αὐτοῦ τινὲς μὲν * ἔχοντες * θυμιατήρια ἐν χερσὶν αὐτῶν ἄλλοι δὲ κιθάρας καὶ
Hen. 1 2 δίκαιός ἐστιν ⟨ᾧ⟩ ὅρασις ἐκ θεοῦ αὐτῷ ἀνεῳγμένη ἦν * ἔχων * τὴν ὅρασιν τοῦ ἁγίου (καὶ) τοῦ οὐρανοῦ. ἔδειξέν μοι
Hen. 9 5 σὺ γὰρ ἐποίησας τὰ πάντα καὶ πᾶσαν τὴν ἐξουσίαν * ἔχων * καὶ πάντα ἐνώπιόν σου φανερὰ καὶ ἀκάλυπτα. καὶ
Hen. 9B 5 γὰρ εἶ ὁ ποιήσας τὰ πάντα καὶ πάντων τὴν ἐξουσίαν * ἔχων * καὶ πάντα ἐνώπιόν σου φανερὰ καὶ ἀκάλυπτα καὶ πάντα
Hen. 9B 7 υἱοὶ τῶν ἀνθρώπων. τῷ Σεμιαζᾷ τὴν ἐξουσίαν ἔδωκας * ἔχειν * τῶν σὺν αὐτῷ ἅμα ὄντων. καὶ ἐπορεύθησαν πρὸς τὰς
Hen. 21 7 μέγα ἐκεῖ καιόμενον καὶ φλεγόμενον καὶ διακοπὴν * εἶχεν * ὁ τόπος ἕως τῆς ἀβύσσου πλήρης στύλων πυρὸς
Hen. 22 2 στερεάς. καὶ τέσσαρες τόποι ἐν αὐτῷ κοῖλοι βάθος * ἔχοντες * καὶ λίαν λεῖοι τρεῖς αὐτῶν σκοτινοὶ καὶ εἷς
Hen. 23 3 ἅμα διαμένον. καὶ ἠρώτησα λέγων τί ἐστιν τὸ μὴ * ἔχον * ἀνάπαυσιν; τότε ἀπεκρίθη μοι Ῥαγουὴλ ὁ εἷς τῶν
Hen. 24 4 αὐτῷ ηὐφράνθη καὶ οὐδὲν ἕτερον ὅμοιον αὐτῷ ὀσμὴν * εἶχεν * εὐωδεστέραν πάντων ἀρωμάτων καὶ τὰ φύλλα αὐτοῦ καὶ
Hen. 25 4 τοῦτο τὸ δένδρον εὐωδίας καὶ οὐδεμία σὰρξ ἐξουσίαν * ἔχει * ἅψασθαι αὐτοῦ μέχρι τῆς μεγάλης κρίσεως ἐν ᾗ
Hen. 26 1 τῆς γῆς καὶ ἴδον τόπον ηὐλογημένον ἐν ᾧ δένδρα * ἔχοντα * παραφυάδας μενούσας καὶ βλαστούσας τοῦ δένδρου
Hen. 26 2 ὑποκάτω τοῦ ὄρους ὕδωρ ἐξ ἀνατολῶν καὶ τὴν δύσιν * εἶχεν * πρὸς νότον. καὶ ἴδον πρὸς ἀνατολὰς ἄλλο ὄρος
Hen. 26 3 τούτου καὶ ἀνὰ μέσον αὐτοῦ φάραγγα βαθεῖαν οὐκ * ἔχουσαν * πλάτος καὶ δι᾽ αὐτῆς ὕδωρ πορεύεται ὑποκάτω ὑπὸ
Hen. 26 4 δυσμὰς τούτου ἄλλο ὄρος ταπεινότερον αὐτοῦ καὶ οὐκ * ἔχον * ὕψος καὶ φάραγγα βαθεῖαν καὶ ξηρὰν ἀνὰ μέσον αὐτῶν
Hen. 97 8 καὶ ἐρεῖτε πλούτῳ πεπλουτήκαμεν καὶ τὰ ὑπάρχοντα * ἐσχήκαμεν * καὶ κεκτήμεθα καὶ πᾶν ὃ ἐὰν θελήσωμεν
Hen. 98 3 τὸ μ⟩ὴ ἐπιστήμην αὐτοὺς μηδὲ φρόνησιν μηδεμίαν * ⟨ἔχειν⟩. * οὕτω ἀπολεῖσθε κοινῶς μετὰ πάντων ⟨τῶν⟩
Hen. 98 12 ---⟨ἔργα τῆ⟩ς ἀδικίας διότι ἐλπίδας κα⟨λὰς * ἔχετε * ὑμῖ⟩ν; νῦν γνωστὸν ὑμῖν ἔστω ὅτι εἰς ⟨χεῖρας τ⟩ῶν
Hen. 99 5 ⟨τὸ νήπιο⟩ν βρέφος καὶ αἱ ἐν γαστρὶ * ἔχου⟨σαι * ἐκτρώσο⟩υσιν καὶ αἱ θηλάζουσαι ῥίψ⟨ουσιν τὰ
Hen. 106 12 ἐστιν ἀλλὰ ὅτι ἐξ ἀγγέλων--- τὴν ἀκρίβειαν ἣν * +ἔχεις+ * καὶ τὴν ἀλήθειαν. τότε ἀπεκρίθην λέγων
Abr.1 2 2 ὁ ἱερώτατος Ἀβραὰμ ὑπηντήθη αὐτῷ καθότι ἔθος * εἶχεν * τοῖς ἐπιξένοις προσυπαντᾶν καὶ ἐπιδεχόμενος. ὁ δὲ
Abr.1 2 11 ὁ ἐμὸς βασιλεὺς οὐκ ἦν πλούσιος ἐν ἐμπορίᾳ πολλῇ * ἔχων * ἐξουσίαν καὶ ἀνθρώποις καὶ κτήνεσιν παντοίοις; ἀλλ᾽
Abr.1 3 12 κρυφαίως καὶ ἔκρυψεν τοῖς πᾶσι τὸ μυστήριον μόνον * ἔχων * ἐν τῇ καρδίᾳ αὐτοῦ. ⟨εἶπεν δὲ Ἀβραὰμ πρὸς Ἰσαὰκ
Abr.1 8 12 ὅτι ἐὰν ἐάσω τὸν θάνατον ἀπελθεῖν σοι τότε ἂν * εἶχον * ἰδεῖν κἂν ἔρχῃ κἂν οὐκ ἔρχῃ; λαβὼν δὲ ὁ
Abr.1 9 8 ⟨καὶ⟩ ἀγγέλους τοὺς ἐπὶ τῷ ἅρματι τὴν ἐξουσίαν * ἔχοντας * καὶ κατάλαβε τὸν δίκαιον Ἀβραὰμ ἐπὶ τὸ ἅρμα τὸ
Abr.1 12 10 ἐν τῇ χειρὶ αὐτοῦ κατέχων σάλπιγγα ἔνδοθεν αὐτῆς * ἔχων * πῦρ παμφάγον δοκιμαστήριον τῶν ἁμαρτωλῶν καὶ ὁ μὲν
Abr.1 13 11 οὗτός ἐστιν Πυρουὴλ ὁ ⟨ἀρχ⟩άγγελος ὁ ἐπὶ τὸ πῦρ * ἔχων * τὴν ἐξουσίαν καὶ δοκιμάζει τὰ τῶν ἀνθρώπων ἔργα διὰ
Abr.1 18 1 καὶ περιβαλοῦ τὴν ὡραιότητα καὶ μορφὴν ἣν * εἶχες * τὸ πρότερον. εὐθέως δὲ ὁ θάνατος ἔκρυψεν τὴν
Abr.1 18 2 αὐτοῦ καὶ περιεβάλετο τὴν ὡραιότητα αὐτοῦ ἣν * εἶχεν * τὸ πρότερον. εἶπεν δὲ Ἀβραὰμ πρὸς τὸν θάνατον τί
Abr.1 18 7 ἐν τῇ ὥρᾳ ἐκείνῃ καὶ σὺ τοῦ βίου τούτου ἀπαλλάξαι * εἶχες. * καὶ ὁ δίκαιος εἶπεν νῦν ἔγνων κἀγὼ ὅτι εἰς
Abr.1 20 2 θάνατοι καὶ εἷς μὲν θάνατος ὑπάρχει ὁ δίκαιος ὁ * ἔχων * ὅρον καὶ πολλοὶ τῶν ἀνθρώπων παρὰ μίαν ὥραν εἰς
Abr.2 3 2 δύο καὶ ηὗρον δένδρον μέγαν ἐν τῇ ὁδῷ παμμεγέθει * ἔχοντα * κλάδους τριακοσίους ὅμοιον ἐρεικίνου ἤκουον δὲ
Abr.2 6 5 ἐκάθευδεν καὶ ἔκραξεν λέγουσα κύριέ μου Ἀβραὰμ τί * ἔχετε * κλαίοντες ὀψέ; καὶ ἄρτι μή τι φάσιν ἤνεγκας τῷ
Abr.2 7 18 Ἀβραὰμ διάθου περὶ τῶν παίδων σου τελείωσίς σε * ἔχει * εἰς τὴν οἰκονομίαν σου. καὶ ἀποκριθεὶς Ἀβραὰμ
Abr.2 10 3 τοῦ ἀγγέλου ἀπέδωκεν τὴν ψυχὴν ἐκείνην ἣν * εἶχεν * ἐν τῇ χειρὶ αὐτοῦ εἰς τὸν κριτήν⟩. καὶ ἤκουσεν
Abr.2 10 8 δύο καὶ ἦν μετ᾽ αὐτῶν ἀνὴρ παμμεγέθης σφόδρα * εἶχεν * δὲ τρεῖς στεφάνους ἐπὶ τῆς κεφαλῆς αὐτοῦ καὶ ὁ εἷς
Abr.2 10 10 στεφάνου οὗτοι δέ οἱ καλούμενοι μάρτυρες. καὶ * εἶχεν * ὁ ἀνὴρ ἐν τῇ χειρὶ αὐτοῦ κάλαμον χρυσοῦν καὶ λέγει
Abr.2 14 2 αὐτῷ τὴν σαπρότητα οὕτως δὲ ἐφανέρωσεν ἑαυτὸν * εἶχεν * δύο κεφαλάς τινὲς μὲν τῶν κεφαλῶν αὐτοῦ εἶχον
Abr.2 14 3 εἶχεν δύο κεφαλάς τινὲς μὲν τῶν κεφαλῶν αὐτοῦ * εἶχον * πρόσωπα δρακόντων διὰ τοῦτό τινες ὑπὸ ἀσπίδων
TRub. 1 4 εἴπω τοῖς ἀδελφοῖς μου καὶ τοῖς τέκνοις μου ὅσα * ἔχω * ἐν τῇ καρδίᾳ μου κρυπτὰ ἐκλιπὼν γὰρ ἐγώ εἰμι ἀπὸ τοῦ
TRub. 4 2 πάθητε ὡς κἀγώ. ἄχρι τελευτῆς τοῦ πατρὸς ἡμῶν οὐκ * εἶχον * παρρησίαν ἀτενίσαι εἰς πρόσωπον Ἰακὼβ ἢ λαλῆσαι
TRub. 5 1 ὑμῶν. πονηραί εἰσιν αἱ γυναῖκες τέκνα μου ὅτι μὴ * ἔχουσαι * ἐξουσίαν ἢ δύναμιν ἐπὶ τὸν ἄνθρωπον δολιεύονται
TRub. 6 4 αἰώνιον ὅτι ἡ πορνεία οὔτε σύνεσιν οὔτε εὐσέβειαν * ἔχει * ἐν ἑαυτῇ καὶ πᾶς ζῆλος κατοικεῖ ἐν τῇ ἐπιθυμίᾳ
TSim. 2 1 ἀκούσατε τέκνα ἀκούσατε Συμεὼν τοῦ πατρὸς ὑμῶν ὅσα * ἔχω * ἐν τῇ καρδίᾳ μου. ἐγὼ ἐγεννήθην ἐξ Ἰακὼβ τοῦ πατρός
TSim. 4 4 καὶ οὐκ ἐλυπούμην. Ἰωσὴφ δὲ ἦν ἀνὴρ ἀγαθὸς καὶ * ἔχων * πνεῦμα θεοῦ ἐν ἑαυτῷ εὔσπλαγχνος καὶ ἐλεήμων οὐκ
TSim. 4 9 τὸν νοῦν καὶ ὡς πνεῦμα πονηρὸν καὶ ἰοβόλον * ἔχων * οὕτως φαίνεται τοῖς ἀνθρώποις. διὰ τοῦτο Ἰωσὴφ ἦν
TLevi 3 2 οὗτος ὁρᾷ πάσας ἀδικίας ἀνθρώπων. ὁ δεύτερος * ἔχει * πῦρ χιόνα κρύσταλλον ἕτοιμα εἰς ἡμέραν προστάγματος
TLevi 9 10 τὰ ἅγια. λάβε οὖν σεαυτῷ γυναῖκα ἔτι νέος ὢν μὴ * ἔχουσαν * μῶμον μηδὲ βεβηλωμένην μηδὲ ἀπὸ γένους ἀλλοφύλων
TLevi 9 12 πάλιν τὴν θυσίαν νίπτου. δώδεκα δένδρων ἀεὶ * ἐχόντων * φύλλα ἄναγε κυρίῳ ὡς κἀμὲ Ἀβραὰμ ἐδίδαξεν. καὶ
TLevi 13 2 διδάξατε δὲ καὶ ὑμεῖς τὰ τέκνα ὑμῶν γράμματα ἵνα * ἔχωσι * σύνεσιν ἐν πάσῃ τῇ ζωῇ αὐτῶν ἀναγινώσκοντες
TJud. 7 6 τόξοις καὶ εἰ μὴ Δὰν ὁ ἀδελφός μου συνεμάχησέ μοι * εἶχόν * με ἀνελεῖν. ἐπήλθομεν οὖν ἐπ᾽ αὐτοὺς μετὰ θυμοῦ
TJud. 8 1 τοὺς ἀδελφούς μου. ἦν δέ μοι καὶ κτήνη πολλὰ καὶ * εἶχον * ἀρχιποίμενα Ἵραν τὸν Ὀδολαμίτην πρὸς ὃν ἐλθὼν
TJud. 10 3 κατὰ πανουργίαν τῆς μητρὸς αὐτοῦ οὐ γὰρ ἤθελεν * ἔχειν * τέκνα ἀπ᾽ αὐτῆς. ἐν ταῖς ἡμέραις τοῦ θαλάμου
TJud. 14 2 τῆς πορνείας τὸν οἶνον ὡς διάκονον πρὸς τὰς ἡδονὰς * ἔχει * τοῦ νοὸς ὅτι καίγε τὰ δύο ταῦτα ἀφιστῶσι τὴν
TJud. 14 7 αὕτη ἐστὶν ἡ σύνεσις τῆς οἰνοποσίας ἵνα ἕως ὅτε * ἔχει * αἰδῶ πίνῃ ἐὰν δὲ παρέλθῃ τὸν ὅρον τοῦτον ἐμβάλλει
TJud. 19 1 τοὺς μὴ ὄντας θεοὺς ὀνομάζουσι καὶ ποιεῖ τὸν * ἔχοντα * αὐτὴν εἰς ἔκστασιν ἐμπεσεῖν. διὰ ἀργύριον ἐγὼ
TJud. 19 2 μου καὶ αἱ εὐχαὶ Ἰακὼβ τοῦ πατρός μου ἄτεκνος * εἶχον * ἀποθανεῖν. ἀλλ᾽ ὁ θεὸς τῶν πατέρων μου ὁ οἰκτίρμων
TIss. 2 2 μου ἀντὶ συνουσίας ἀπέδω τὰ δύο μῆλα ὀκτὼ υἱοὺς * εἶχε * τεκεῖν διὰ τοῦτο ἓξ ἔτεκε τοὺς δὲ δύο Ῥαχὴλ ὅτι ἐν
TIss. 7 7 ὑμῶν καὶ πάντα ἄγριον θῆρα καταδουλώσεσθε * ἔχοντες * μεθ᾽ ἑαυτῶν τὸν θεὸν τοῦ οὐρανοῦ συμπορευόμενον
TIss. 7 9 αὐτοῦ καὶ ἀπέθανε πέμπτος ἐν γήρει καλῷ πᾶν μέλος * ἔχων * ὑγιὲς καὶ ἰσχύων ὕπνωσεν ὕπνον αἰώνιον.
TZab. 1 3 καὶ τὰ βουκόλια ὅτε ἐν τοῖς ποικίλοις ῥάβδοις * εἶχε * τὸν κλῆρον. οὐκ ἔγνων τέκνα μου ὅτι ἥμαρτον ἐν ταῖς
TZab. 4 11 αὐτὸν ἱμάτιον παλαιὸν δούλου. τὸν δὲ χιτῶνα * εἶχε * Συμεὼν καὶ οὐκ ἤθελε δοῦναι αὐτὸν θέλων τῇ ῥομφαίᾳ
TZab. 5 1 ἔλεος ἐπὶ τὸν πλησίον καὶ εὐσπλαγχνίαν πρὸς πάντας * ἔχειν * οὐ μόνον πρὸς ἀνθρώπους ἀλλὰ καὶ εἰς ἄλογα. διὰ
TZab. 5 3 παρῆλθον οἶδε γὰρ κύριος ἑκάστου τὴν προαίρεσιν. * ἔχετε * οὖν ἔλεος ἐν σπλάγχνοις ὑμῶν τέκνα μου ὅτι ὡς ἂν
TZab. 7 3 παρέχετε παντὶ ἀνθρώπῳ ἐν ἀγαθῇ καρδίᾳ. εἰ δὲ μὴ * ἔχετε * πρὸς καιρὸν δοῦναι τῷ χρῄζοντι συμπάσχετε ἐν
TZab. 8 1 ἐπ᾽ αὐτῷ εἰς συμπάθειαν. καὶ ὑμεῖς οὖν τέκνα μου * ἔχετε * εὐσπλαγχνίαν κατὰ παντὸς ἀνθρώπου ἐν ἐλέει ἵνα καὶ
TZab. 8 6 ἀφανίζει. ὁ γὰρ μνησίκακος σπλάγχνα ἐλέους οὐκ * ἔχει. * προσέχετε τὰ ὕδατα ὅτι ὅτε ἐπὶ τὸ αὐτὸ πορεύεται
TZab. 9 4 κεφαλὰς ὅτι πᾶν ὃ ἐποίησεν ὁ κύριος κεφαλὴν μίαν * ἔχει. * ἔδωκε δύο ὤμους χεῖρας πόδας ἀλλὰ πάντα τὰ μέλη τῇ
TDan 3 4 διὰ τοῦτο ὁ θυμούμενος ἐὰν μὲν ᾖ δυνατὸς τριπλῆν * ἔχει * τὴν δύναμιν ἐν τῷ θυμῷ μίαν μὲν διὰ τῆς δυνάμεως
TDan 3 4 παραπείθων καὶ νικῶν ἐν ἀδίκῳ τρίτην τὴν φυσικὴν * ἔχων * τοῦ σώματος καὶ δι᾽ ἑαυτοῦ δρῶν τὸ κακόν. ἐὰν δὲ
TDan 3 5 τὸ κακόν. ἐὰν δὲ ἀσθενὴς ᾖ ὁ θυμούμενος διπλῆν * ἔχει * τὴν δύναμιν παρὰ τὴν τῆς φύσεως βοηθεῖ γὰρ αὐτοῖς ὁ
TDan 5 2 εἰς ἡδονὴν καὶ ταραχὰς ἀλλ᾽ ἔσεσθε ἐν εἰρήνῃ * ἔχοντες * τὸν θεὸν τῆς εἰρήνης καὶ οὐ μὴ κατισχύσῃ ὑμῶν
TNep. 5 6 ἐκράτησαν ἑαυτούς. καὶ ἰδοὺ ταῦρος ἐπὶ τῆς γῆς * ἔχων * δύο κέρατα μεγάλα καὶ πτέρυγες ἀετοῦ ἐπὶ τοῦ νώτου
TNep. 8 5 ὑμῶν. ὡς ἄν τις γὰρ τέκνον ἐκθρέψῃ καλῶς μνείαν * ἔχει * ἀγαθὴν οὕτως καὶ ἐπὶ τοῦ καλοῦ ἔργου μνήμη παρὰ θεῷ
TGad 7 6 κυρίῳ εὐχαριστῶν αὐτὸς παρὰ πάντας πλουτεῖ ὅτι οὐκ * ἔχει * τὸν πονηρὸν περισπασμὸν τῶν ἀνθρώπων. ἐξάρατε οὖν
TJos. 3 7 ὅτι τέκνον ἀρρενικὸν οὐκ ἦν αὐτῇ προσεποιεῖτο * ἔχειν * με ὡς υἱὸν καὶ ηὐξάμην πρὸς κύριον καὶ ἔτεκεν
TJos. 7 6 μόνον ὅτι ἀντιποιῇ τῆς ζωῆς μου καὶ τῶν τέκνων μου * ἔχω * προσδοκίαν ἀπολαῦσαι τῆς ἐπιθυμίας μου. καὶ οὐκ ἔγνω
TJos. 10 5 καὶ οὐχ ὑψούμην ἐν τῇ καρδίᾳ μου. καίπερ νήπιος ὢν * εἶχον * τὸν φόβον τοῦ θεοῦ ἐν τῇ διανοίᾳ μου +ᾔδειν γὰρ
TJos. 11 1 Ἰακὼβ ἀνδρὸς μεγάλου καὶ δυνατοῦ. καὶ ὑμεῖς οὖν * ἔχετε * ἐν πάσῃ πράξει ὑμῶν πρὸ ὀφθαλμῶν τὸν τοῦ θεοῦ
TJos. 13 5 ἦν ἐν ἀξίᾳ παρὰ τῷ Φαραὼ ἄρχων πάντων τῶν εὐνούχων * ἔχων * γυναῖκα καὶ τέκνα καὶ παλλακάς. καὶ διαχωρίσας με
TJos. 19 3 καὶ εἶδον ὅτι ἐκ τοῦ Ἰουδὰ ἐγεννήθη παρθένος * ἔχουσα * στολὴν βυσσίνην καὶ ἐξ αὐτῆς προῆλθεν ἀμνὸς
TBen. 1 3 ἐπειδὴ οὖν Ῥαχὴλ τέθνηκε γεννῶσά με γάλα οὐκ * ἔσχον. * Βάλλαν οὖν τὴν παιδίσκην αὐτῆς ἐθήλασα. ἡ γὰρ
TBen. 3 2 ἡ διάνοια ὑμῶν εἰς τὸ ἀγαθὸν ὡς κἀμὲ οἴδατε. ὁ * ἔχων * τὴν διάνοιαν ἀγαθὴν πάντα βλέπει ὀρθῶς. φοβεῖσθε
TBen. 3 5 βοηθούμενος ὑπὸ τῆς τοῦ κυρίου ἀγάπης ἣς * ἔχει * πρὸς τὸν πλησίον. καὶ γὰρ ἐδεήθη τοῦ πατρὸς ἡμῶν
TBen. 4 2 στεφάνους δόξης φορέσητε. ὁ ἀγαθὸς ἄνθρωπος οὐκ * ἔχει * σκοτεινὸν ὀφθαλμὸν ἐλεᾷ γὰρ πάντας κἂν ὦσιν
TBen. 4 5 ἐλεεῖ τῷ ἀσθενεῖ συμπαθεῖ τὸν θεὸν ἀνυμνεῖ τὸν * ἔχοντα * φόβον θεοῦ ὑπερασπίζει αὐτοῦ τῷ ἀγαπῶντι τὸν θεὸν
TBen. 4 5 ἀθετοῦντα τὸν ὕψιστον νουθετῶν ἐπιστρέφει καὶ τὸν * ἔχοντα * χάριν πνεύματος ἀγαθοῦ ἀγαπᾷ κατὰ τὴν ψυχὴν
TBen. 5 1 πνεύματος ἀγαθοῦ ἀγαπᾷ κατὰ τὴν ψυχὴν αὐτοῦ. ἐὰν * ἔχητε * ἀγαθὴν διάνοιαν τέκνα καὶ οἱ πονηροὶ ἄνθρωποι
TBen. 6 5 πρὸς πάντας ἐν παντὶ καιρῷ. ἡ ἀγαθὴ διάνοια οὐκ * ἔχει * δύο γλώσσας εὐλογίας καὶ κατάρας ὕβρεως καὶ τιμῆς
TBen. 6 5 καὶ ἀληθείας πενίας καὶ πλούτου ἀλλὰ μίαν * ἔχει * περὶ πάντας εἰλικρινῆ καὶ καθαρὰν διάθεσιν. οὐκ
TBen. 6 6 περὶ πάντας εἰλικρινῆ καὶ καθαρὰν διάθεσιν. οὐκ * ἔχει * ὅρασιν οὐδὲ ἀκοὴν διπλῆν πᾶν γὰρ ὃ ποιεῖ ἢ λαλεῖ ἢ
TBen. 6 7 καὶ τοῦ Βελιὰρ δὲ πᾶν ἔργον διπλοῦν ἐστι καὶ οὐκ * ἔχει * ἁπλότητα. διὰ τοῦτο τέκνα μου φεύγετε τὴν κακίαν

| | | | |
|---|---|---|---|
| TBen. | 8 | 2 | καὶ προσκολλᾶσθε τῇ ἀγαθότητι καὶ τῇ ἀγάπῃ. ὁ * ἔχων * διάνοιαν καθαρὰν ἐν ἀγάπῃ οὐχ ὁρᾷ γυναῖκα εἰς |
| TBen. | 8 | 2 | ἐν ἀγάπῃ οὐχ ὁρᾷ γυναῖκα εἰς πορνείαν οὐ γὰρ * ἔχει * μιασμὸν ἐν καρδίᾳ ὅτι ἀναπαύεται ἐν αὐτῷ τὸ πνεῦμα |
| Asen. | 1 | 5 | πάσας τὰς παρθένους ἐπὶ τῆς γῆς. καὶ αὕτη οὐδὲν * εἶχεν * ὅμοιον τῶν παρθένων τῶν Αἰγυπτίων ἀλλὰ ἦν κατὰ |
| Asen. | 2 | 1 | σφόδρα καὶ ἐπάνω τοῦ πύργου ἐκείνου ἦν ὑπερῷον * ἔχον * θαλάμους δέκα. καὶ ἦν ὁ πρῶτος θάλαμος μέγας καὶ |
| Asen. | 2 | 4 | ἐπετέλει καθ' ἡμέραν. καὶ ἦν ὁ δεύτερος θάλαμος * ἔχων * τὸν κόσμον καὶ τὰς θήκας Ἀσενὲθ καὶ ἦν χρυσὸς |
| Asen. | 2 | 6 | τὰ ἀγαθὰ τῆς γῆς. καὶ τοὺς λοιποὺς ἑπτὰ θαλάμους * εἶχον * ἑπτὰ παρθένοι μία ἑκάστη ἕνα θάλαμον κεκτημένη καὶ |
| Asen. | 5 | 5 | αὐτοῦ τῇ ἀριστερᾷ καὶ ἐν τῇ χειρὶ αὐτοῦ τῇ δεξιᾷ * εἶχεν * ἐκτεταμένον κλάδον ἐλαίας καὶ ἦν πλῆθος καρποῦ ἐν |
| Asen. | 7 | 5 | τοῦ πατρὸς αὐτοῦ Ἰακὼβ πρὸ ὀφθαλμῶν αὐτοῦ * εἶχεν * Ἰωσὴφ πάντοτε καὶ ἐμέμνητο τῶν ἐντολῶν τοῦ πατρὸς |
| Asen. | 16 | 2 | μελίσσης. καὶ ἔστη Ἀσενὲθ καὶ ἐλυπήθη διότι οὐκ * εἶχε * κηρίον μελίσσης ἐν τῷ ταμιείῳ αὐτῆς. καὶ εἶπεν αὐτῇ |
| Asen. | 16 | 11 | καὶ ἐφοβήθη Ἀσενὲθ καὶ εἶπεν κύριε ἐγὼ οὐκ * εἶχον * κηρίον μέλιτος ἐν τῷ ταμιείῳ μου πώποτε ἀλλὰ σὺ |
| Asen. | 23 | 1 | καὶ κατενύγη καὶ ἐδυσφόρει βαρέως καὶ κακῶς * εἶχε * διὰ τὸ κάλλος αὐτῆς καὶ εἶπεν οὐχὶ οὕτως ἔσται. καὶ |
| Asen. | 23 | 4 | ὑμῶν καὶ ἀποκτενῶ αὐτὸν ἐν τῇ ῥομφαίᾳ μου καὶ * ἕξω * τὴν Ἀσενὲθ εἰς γυναῖκα καὶ ὑμεῖς ἔσεσθέ μοι εἰς |
| Asen. | 27 | 9 | καλάμου τούτου. καὶ ἦλθον ἐπὶ Ἀσενὲθ ἐσπασμένας * ἔχοντες * τὰς ῥομφαίας αὐτῶν αἵματος πλήρεις. καὶ εἶδεν |
| Asen. | 29 | 2 | ἐκ τοῦ κολεοῦ αὐτῆς διότι Βενιαμὶν ῥομφαίαν οὐκ * εἶχεν * ἐπὶ τῷ μηρῷ αὐτοῦ καὶ ἤμελλε πατάξαι τὸ στῆθος τοῦ |
| Sal. | 17 | 30 | καὶ ἔθνη ἐν σοφίᾳ δικαιοσύνης αὐτοῦ. διάψαλμα. καὶ * ἕξει * λαοὺς ἐθνῶν δουλεύειν αὐτῷ ὑπὸ τὸν ζυγὸν αὐτοῦ καὶ |
| Jer. | 4 | 8 | ἡμᾶς εἰς τὴν πόλιν ἡμῶν ὑμεῖς δὲ ζωὴν οὐχ * ἕξετε. * μακάριοί εἰσιν οἱ πατέρες ἡμῶν Ἀβραὰμ Ἰσαὰκ καὶ |
| Jer. | 7 | 13 | ἐν πάσῃ τῇ ὁδῷ ᾗ πορεύσῃ. τότε ὁ ἀετὸς ἐπετάσθη * ἔχων * τὴν ἐπιστολὴν ἐν τῷ τραχήλῳ αὐτοῦ καὶ ἀπῆλθεν εἰς |
| Jer. | 7 | 24 | ὑπὸ τῶν Βαβυλωνίων. ὥσπερ γὰρ πατὴρ υἱὸν μονογενῆ * ἔχων * τούτου δὲ παραδοθέντος εἰς τιμωρίαν οἱ ἰδόντες τὸν |
| Bar. | 1 | 1 | οἱ νῦν ἐγὼ Βαροὺχ κλαίων ἐν τῇ συνέσει μου καὶ * ἔχων * περὶ τοῦ λαοῦ καὶ ὅπως συνεχωρήθη Ναβουχοδονόσωρ ὁ |
| Bar. | 6 | 7 | πτερὸν αὐτοῦ γράμματα παμμεγέθη ὡς ἅλωνος τόπον * ἔχων * μέτρον ὡσεὶ μοδίων τετρακισχιλίων καὶ ἦσαν γράμματα |
| Bar. | 12 | 6 | λυπούμενοι καὶ οὐκ ἐτόλμησαν ἐγγίσαι διότι οὐκ * εἶχον * τέλεια τὰ βραβεῖα. καὶ ἐβόησε Μιχαὴλ λέγων δεῦτε |
| Prop. | 1 | 3 | ἀλλοφύλων καὶ ἵνα μὴ διαφθαρῇ ἡ πόλις ὡς ⟨μὴ⟩ * ἔχουσα * ὕδωρ. ἠρώτων γὰρ οἱ πολέμιοι πόθεν πίνουσιν; καὶ |
| Prop. | 1 | 4 | ὕδωρ. ἠρώτων γὰρ οἱ πολέμιοι πόθεν πίνουσιν; καὶ * ἔχοντες * τὴν πόλιν παρεκαθέζοντο τῷ Σιλωάμ. ἐὰν οὖν οἱ |
| Prop. | 1 | 5 | ἵνα δι' εὐχῶν αὐτοῦ καὶ μετὰ θάνατον αὐτοῦ ὡσαύτως * ἔχωσι * τὴν ἀπόλαυσιν τοῦ ὕδατος ὅτι καὶ χρησμὸς ἐδόθη |
| Prop. | 1 | 7 | τοῦ Δαυὶδ διαγράψαντος κατ' ἀνατολὰς τῆς Σιὼν ἥτις * ἔχει * εἴσοδον ἀπὸ Γαβαὼν μήκοθεν τῆς πόλεως σταδίους |
| Prop. | 1 | 8 | τοῖς πολλοῖς ἀγνοουμένη ὅλου δὲ τοῦ λαοῦ. ἐκεῖ * εἶχεν * ὁ βασιλεὺς τὸ χρυσίον τὸ ἐξ Αἰθιοπίας καὶ τὰ |
| Prop. | 4 | 7 | ὅτι ὡς βοῦς ὑπὸ ζυγὸν γίνονται τοῦ Βελίαρ. ταῦτα * ἔχουσιν * οἱ δυνάσται ἐν νεότητι ἐπὶ τέλει δὲ θῆρες |
| Prop. | 16 | 1 | τίκτεται ἐν Σωφᾷ καὶ ἔτι πάνυ νέος καλὸν βίον * ἔσχηκε. * καὶ ἐπειδὴ πᾶς ὁ λαὸς ἐτίμα αὐτὸν ὡς ὅσιον καὶ |
| Prop. | 21 | 2 | ἐν Γαλαὰδ ὅτι ἡ Θέσβις δόμα ἦν τοῖς ἱερεῦσιν. ὅτε * εἶχε * τεχθῆναι εἶδε Σοβαχὰ ὁ πατὴρ αὐτοῦ ὅτι ἄνδρες |
| Prop. | 22 | 8 | τελευτήσαντος ὀχλουμένη ὑπὸ δανιστῶν καὶ μὴ * ἔχουσα * ἀποδοῦναι προσῆλθε τῷ Ἐλισαίῳ καὶ ἐνετείλατο |
| Prop. | 22 | 9 | αὐτῇ συναγαγεῖν ἀγγεῖα καινὰ ὅσα δύναται καὶ τὸ * ἔχον * ὀλίγιστον ἔλαιον ἐκκενοῦν εἰς αὐτὰ ἕως ἀποσχῇ τὰ |
| Prop. | 22 | 10 | καὶ ἀποδέδωκε τοῖς δανισταῖς καὶ τὸ περισσεῦον * ἔσχεν * εἰς διατροφὴν τῶν παιδίων. εἰς Σουμὰν ἀπελθὼν |
| Prop. | 22 | 11 | καὶ μὴ ποιοῦσαν αὐτὴν παιδίον ἐπιθυμοῦσαν δὲ * σχεῖν * εὐξάμενος πεποίηκε συλλαβεῖν καὶ τεκεῖν εἶτα |
| Esdr. | 1 | 16 | οἴδαμεν γὰρ ὅτι ἐλεήμων εἶ. καὶ εἶπεν ὁ θεὸς οὐκ * ἔχω * πῶς αὐτοὺς ἐλεήσω. καὶ εἶπεν Ἔσδρὰμ ὅτι τὴν ὀργήν |
| Esdr. | 1 | 19 | θεὸς ὅτι τῶν τοιούτων ταῦτα. καὶ εἶπεν ὁ θεὸς θέλω * ἔχειν * σε ὡς καὶ Παῦλον καὶ Ἰωάννην σὺ διδούς μοι |
| Esdr. | 1 | 22 | κάλλιόν εἰσιν παρὰ τὸν ἄνθρωπον ὅτι κόλασιν οὐκ * ἔχουσιν * ἡμᾶς δὲ ἔπλασας καὶ εἰς κρίσιν παρέδωκας. οὐαὶ |
| Esdr. | 2 | 24 | ποιημάτων αὐτοῦ καὶ λέγει ⟨πρὸς⟩ τὸν προφήτην πῶς * ἔχω * αὐτοὺς ἐλεήσω; ὄξος καὶ χολήν με ἐπότισαν καὶ ὡς |
| Esdr. | 3 | 7 | καὶ οὐκέτι ἦ κόσμος. καὶ εἶπεν ὁ προφήτης καὶ πῶς * ἔχει * δοξάζεσθαι ἡ δεξιά σου; καὶ εἶπεν ὁ θεὸς ἐγὼ |
| Esdr. | 5 | 4 | ἔρριψεν. καὶ ἴδον σκότος δεινὸν καὶ νύκταν οὐκ * ἔχουσαν * ἄστρα οὐδὲ σελήνην οὐδὲ ἔστιν ἐκεῖ νέος ἢ |
| Esdr. | 6 | 4 | καὶ εἶπεν ὁ προφήτης καὶ πόθεν τὴν ψυχήν μου * ἔχετε * ἐξενεγκεῖν; καὶ εἶπον οἱ ἄγγελοι διὰ τοῦ στόματος |
| Esdr. | 6 | 5 | ἐξενεγκεῖν; καὶ εἶπον οἱ ἄγγελοι διὰ τοῦ στόματος * ἔχομεν * ἐκβαλεῖν αὐτήν. καὶ εἶπεν ὁ προφήτης στόμα πρὸς |
| Esdr. | 6 | 9 | θεοῦ. καὶ εἶπον οἱ ἄγγελοι διὰ τῶν ὀφθαλμῶν σου * ἔχομεν * αὐτὴν ἐξενέγκαι. καὶ εἶπεν ὁ προφήτης οἱ ὀφθαλμοί |
| Esdr. | 6 | 11 | τοῦ θεοῦ. καὶ εἶπον οἱ ἄγγελοι διὰ τὴν κορυφήν σου * ἔχομεν * αὐτὴν ἐξενέγκαι. καὶ εἶπεν ὁ προφήτης μετὰ Μωσῆ |
| Esdr. | 6 | 13 | ἔνθεν. καὶ εἶπον οἱ ἄγγελοι διὰ τῶν ἀκρονύχων σου * ἔχομεν * αὐτὴν ἐκβαλεῖν. καὶ εἶπεν ὁ προφήτης καί οἱ πόδες |
| Esdr. | 7 | 9 | δὸς πᾶσι τοῖς μεταγράφουσιν τὸ βιβλίον τοῦτο καὶ * ἔχουσιν * αὐτὸ καὶ μνημονεύουσιν τοῦ ὀνόματός μου καὶ |
| Sedr. | 3 | 1 | ὁ κύριος καλῶς ἦλθες ἀγαπητέ μου Σεδρὰχ τί δίκην * ἔχεις * πρὸς τὸν θεὸν τὸν πλάσαντά σε ὅτι εἶπας ἤθελον |
| Sedr. | 3 | 2 | στόμα πρὸ στόματος θεοῦ; λέγει αὐτῷ Σεδρὰχ ναὶ * ἔχει * ὁ υἱὸς δίκην μέ τὸν πατέρα κύριέ μου διά τί |
| Sedr. | 5 | 6 | θεὸν πολεμεῖ ὁ δὲ ἐλεεινὸς ἄνθρωπος τί ἄρα * ἔχει * ποιῆσαι αὐτῷ; ἀλλὰ ἐλέησον δέσποτα καὶ κατάλυσον |
| Sedr. | 7 | 11 | χαλιναρίου κόπτομεν αὐτὸ ὅπου ἡμεῖς θέλομεν σὺ δὲ * ἔχεις * ἀγγέλους ἀπόστειλον τοῦ φυλάξαι αὐτοὺς καὶ ὅταν |
| Sedr. | 8 | 7 | καὶ πόσοι θέλουν ἀποθανεῖν καὶ πόσας τρίχας * ἔχουσιν; * εἰπέ μοι Σεδρὰχ ἀφ' οὗ ἐκτίσθη ὁ οὐρανὸς καὶ ἡ |
| Sedr. | 8 | 8 | πεσεῖν καὶ πόσα θέλουν γενηθῆναι καὶ πόσα φύλλα * ἔχουσιν; * εἰπέ μοι Σεδρὰχ ἀφ' οὗ ἐποίησα τὴν θάλασσαν |
| Sedr. | 14 | 5 | μιᾷ ῥοπῇ; οἶδας Σεδρὰχ ὅτι εἰσὶν ἔθνη τὰ μὴ νόμον * ἔχοντα * ⟨καὶ τὰ⟩ τοῦ νόμου ποιοῦσιν ὅτι ⟨εἴ⟩ εἰσιν |
| Sedr. | 15 | 6 | τὸ θεῖόν μου πνεῦμα ἐνέβη εἰς τὰ ἔθνη τὰ μὴ νόμον * ἔχοντα * ⟨καὶ τὰ⟩ τοῦ νόμου ποιοῦσιν ὁμῶς δὲ καὶ ὁ λῃστὴς |
| Job | 9 | 2 | ὑμῖν πάντα τὰ συμβεβηκότα μοι καὶ τὰ ἀρθέντα μοι. * εἶχον * γὰρ ἑκατὸν τριάκοντα χιλιάδας προβάτων καὶ ἀφώρισα |
| Job | 9 | 4 | ἀγέλη κυνῶν ὀκτακόσιοι φυλάσσοντές μου τὸν οἶκον * εἶχον * δὲ καμήλους ἐννακισχιλίους, καὶ ἐξ αὐτῶν |
| Job | 9 | 6 | καὶ τοῖς ὑστερουμένοις καὶ ταῖς χήραις πάσαις * εἶχον * δὲ ἑκατὸν τεσσαράκοντα χιλιάδας ὄνων νομάδων, καὶ |
| Job | 9 | 8 | μου ταύτας εἶναι ἀνεῳγμένας, τοῦτον τὸν σκοπὸν * ἔχων, * μὴ ἄρα ἔλθωσίν τινες αἰτοῦντες ἐλεημοσύνην καὶ |
| Job | 10 | 2 | τῷ οἴκῳ μου ἀκίνητοι πάσας ὥρας τοῖς ξένοις μόνοις * εἶχον * δὲ καὶ τῶν χηρῶν ἄλλας δώδεκα τραπέζας κειμένας |
| Job | 10 | 3 | τις ξένος προήρχετο αἰτῆσαι ἐλεημοσύνην, ἀνάγκην * εἶχεν * τρέφεσθαι ἐν τῇ τραπέζῃ πρὶν ἢ λαβεῖν τὴν χρείαν |
| Job | 10 | 5 | οὐδὲ ἐπέτρεπον ἐξελθεῖν τὴν θύραν μου κόλπῳ κενῷ * εἶχον * δὲ τρισχίλια καὶ πεντακόσια ζεύγη βοῶν, καὶ |
| Job | 10 | 7 | ἀφορίζειν τοῖς πένησιν εἰς τὴν τράπεζαν αὐτῶν * εἶχον * δὲ ἀρτοκόπια πεντήκοντα ἀφ' ὧν ἔταξα εἰς τὴν |
| Job | 12 | 3 | προσδοκῶν καὶ ἀναμένων σου τὸν μισθὸν ἀνάγκην * ἔχεις * λαβεῖν. καὶ οὐκ ἐῶν μισθὸν μισθωτοῦ ἀπομεῖναι παρ' |
| Job | 14 | 1 | σαρκῶν αὐτοῦ ἐμπλησθῆναι; λίαν μου χρηστοῦ ὄντος. * εἶχον * δὲ ἓξ ψαλμοὺς καὶ δεκάχορδον κιθάραν καὶ |
| Job | 17 | 4 | οὖν καὶ σκυλεύσατε ἑαυτοῖς πάντα τὰ ζῷα καὶ ὅσα * ἔχει * ἐπὶ τῆς γῆς. καὶ αὐτοὶ ἀποκριθέντες εἶπον αὐτῷ ἔχει |
| Job | 17 | 5 | ἐπὶ τῆς γῆς. καὶ αὐτοὶ ἀποκριθέντες εἶπον αὐτῷ * ἔχει * ἑπτὰ υἱοὺς καὶ θυγατέρας τρεῖς μὴ ἄρα καταφύγωσιν |
| Job | 20 | 8 | ἐπὶ τῆς κοπρίας σκωληκόβρωτον τὸ σῶμά μου * εἶχον * καὶ συνέβρεχον τὴν γῆν ἐκ τῆς ὑγρασίας καὶ ἰχῶρες |
| Job | 22 | 1 | ἀφείλαντο μὴ προσενεχθῆναί μοι, μόλις ἐπιτρέψαντες * ἔχειν * αὐτὴν τὴν ἰδίαν τροφὴν καὶ αὐτὴ λαμβάνουσα |
| Job | 23 | 7 | ἦτε τῶν κακῶν, οὐκ ἂν ἀπελάβετε αὐτὰ νῦν οὖν εἰ μὴ * ἔχεις * ἐν χερσίν σου ἀργύριον, ὑποθοῦ μοι τὴν τρίχα τῆς |
| Job | 24 | 9 | τὴν ἀπορίαν ἡμῶν αὐτῷ καὶ ἀκοῦσαι παρ' αὐτοῦ εἰ μὴ * ἔχεις, * ὦ γύναι, ἀργύριον, παράσχου τὴν τρίχα τῆς κεφαλῆς |
| Job | 25 | 2 | ὅτι αὕτη ἐστὶν Σίτιδος ἡ γυνὴ τοῦ Ἰωβ, ἥτις * εἶχεν * σκεπάζοντα αὐτῆς τὸ καθεστήριον βῆλα δεκατέσσαρα, |
| Job | 25 | 5 | νῦν ἀντιδίδωσιν τὴν τρίχα αὐτῆς ἀντὶ ἄρτων. ἴδε ἡ * ἔχουσα * ἑπτὰ τραπέζας ἀκινήτους ἐπὶ τῆς οἰκίας, εἰς ἃς |
| Job | 25 | 6 | νῦν καταπιπράσκει τὴν τρίχα ἀντὶ ἄρτων. βλέπε τίς * εἶχεν * τὸν νιπτῆρα τῶν ποδῶν χρυσοῦ καὶ ἀργύρου, νυνὶ δὲ |
| Job | 25 | 7 | ἀντὶ ἄρτων. ἴδε ὅτι αὕτη ἐστὶν ἥτις * εἶχεν * τὴν ἔνδυσιν ἐκ βύσσου ὑφασμένην σὺν χρυσῷ, νῦν δὲ |
| Job | 25 | 8 | βλέπε τὴν τοὺς κραββάτους χρυσοῦς καὶ ἀργυρέους * ἔχουσαν, * νυνὶ δὲ πιπράσκουσαν τὴν τρίχα ἀντὶ ἄρτων. |
| Job | 26 | 1 | καὶ ἐγὼ ἀπεκρίθην αὐτῇ ἰδοὺ ἐγὼ δέκα ἑπτὰ ἔτη * ἔχω * ἐν ταῖς πληγαῖς, ὑφιστάμενος τοὺς σκώληκας τοὺς ἐν |
| Job | 28 | 8 | ἐμοῦ ὅτι κάθηται ἐπὶ τῆς κοπρίας ἔξω τῆς πόλεως * ἔχει * γὰρ εἴκοσι ἔτη μὴ ἀνελθὼν ἐν τῇ πόλει. πάλιν |
| Job | 31 | 2 | τοῦ σώματός μου ἀναστάντες προσήγγισάν μοι * ἔχοντες * εὐωδίας ἐν ταῖς χερσὶν αὐτῶν, συνόντων αὐτοῖς |
| Job | 31 | 5 | μοι σὺ εἶ Ἰωβὰβ ὁ συμβασιλεὺς ἡμῶν; σὺ εἶ ὁ τότε * ἔχων * τὴν μεγάλην δόξαν; σὺ εἶ ὁ ὡς ὁ ἥλιος τῆς ἡμέρας ἐν |
| Job | 32 | 4 | τοῦ θρόνου σου; σὺ εἶ ὁ τοὺς χρυσέους κραββάτους * ἔχων, * νυνὶ δὲ καθήμενος ἐπὶ κοπρίας ποῦ νῦν τυγχάνει ἡ |
| Job | 32 | 5 | θρόνου σου; σὺ εἶ ὁ τὸν θρόνον ἐκ λίθων πολυτελῶν * ἔχων, * νυνὶ δὲ ἐν σποδῷ καθήμενος ποῦ νῦν τυγχάνει ἡ δόξα |
| Job | 32 | 8 | σου; σὺ εἶ ὁ τὰ θυμιατήρια τῆς εὐώδους ἐκκλησίας * ἔχων, * νυνὶ ἐν δυσωδίᾳ ὑπάρχεις σὺ εἶ ὁ τοὺς χρυσέους |
| Job | 32 | 9 | εἶ ὁ τοὺς χρυσέους λύχνους ἐπὶ τὰς ἀργυρᾶς λυχνίας * ἔχων, * νυνὶ δὲ προσδοκᾷς τὴν φαῦσιν τῆς σελήνης ποῦ οὖν |
| Job | 32 | 10 | τυγχάνει ἡ δόξα τοῦ θρόνου σου; σὺ εἶ ὁ τὸ ἄλειμμα * ἔχων * ἐκ τοῦ λιβάνου, νυνὶ δὲ ἐν ἀπορίᾳ ὢν ποῦ οὖν |
| Job | 32 | 12 | δόξα τοῦ θρόνου σου; σὺ εἶ Ἰωβ ὁ τὴν μεγάλην δόξαν * ἔχων * ποῦ νῦν τυγχάνει ἡ δόξα τοῦ θρόνου σου; τοῦ δὲ |
| Job | 38 | 2 | ἐσμὲν πολυπραγμονοῦντες τὰ οὐράνια σάρκινοι ὄντες, * ἔχοντες * τὴν μερίδα ἐν γῇ καὶ σποδῷ; ἵνα οὖν γνῶτε ὅτι |
| Job | 39 | 10 | τὰ ὀστᾶ αὐτῶν. μὴ ἄρα θηρίου ἐγὼ ἢ κτηνώδη γαστέρα * ἔχω, * ὅτι τὰ τέκνα μου δέκα τέθνηκεν, καὶ οὐδένα αὐτῶν |
| Job | 41 | 4 | καὶ ἰδοὺ μεγάλως καὶ ὑπερβαλλόντως λελάληκεν λέγων * ἔχειν * τὸν ἑαυτοῦ θρόνον ἐν οὐρανοῖς. τοίνυν ἐμοῦ |
| Job | 43 | 5 | Ελιους, Ελιους ὁ μόνος πονηρὸς μνημόσυνον οὐχ * ἕξει * ἐν τοῖς ζῶσιν. καὶ ὁ λύχνος αὐτοῦ σβεσθεὶς ἠφάνισεν |
| Job | 43 | 11 | ἡ δὲ ὀργὴ καὶ ὁ θυμὸς ἔσται αὐτῷ εἰς σκήνωμα οὐκ * ἔχει * ἔλεος ἐν καρδίᾳ αὐτοῦ οὐδὲ εἰρήνην ἐν τῷ σώματι |
| Job | 43 | 12 | αὐτοῦ οὐδὲ εἰρήνην ἐν τῷ σώματι αὐτοῦ ἰὸν ἀσπίδων * ἔσχεν * ἐν τῇ γλώσσῃ αὐτοῦ. δίκαιός ἐστιν κύριος, ἀληθινὰ |
| Job | 43 | 17 | ὁ δὲ πονηρὸς Ελιους μνημόσυνον ἐν τοῖς ζῶσιν οὐκ * ἔσχεν. * μετὰ δὲ τὸ παύσασθαι Ελιφαν τοῦ ὕμνου, |
| Job | 47 | 1 | οὖν χρεία τῶν περιττῶν τούτων χορδῶν; μὴ ἐκ τούτων * ἕξομεν * τοῦ ζῆν; καὶ εἶπεν αὐταῖς ὁ πατὴρ οὐ μόνον ἐκ |
| Job | 47 | 2 | ζῆν; καὶ εἶπεν αὐταῖς ὁ πατὴρ οὐ μόνον ἐκ τούτων * ἕξετε * τοῦ ζῆν, ἀλλ' αὗται αἱ χορδαὶ εἰσάξουσιν ὑμᾶς εἰς |
| Job | 47 | 8 | ὅλως πεπονθὼς ἀλλὰ καὶ τῶν ἐν καρδίᾳ ὀδυνῶν λήθην * ἔσχον * ὁ δὲ κύριος ἐλάλησέν μοι ἐν δυνάμει, ὑποδείξας μοι |
| Job | 47 | 10 | τὰ γενόμενα καὶ τὰ μέλλοντα. νῦν οὖν, τεκνία μου * ἔχουσαι * ταύτας οὐχ ἕξετε ὅλως ἀντιτασσόμενον τὸν ἐχθρόν, |
| Job | 47 | 10 | μέλλοντα. νῦν οὖν, τεκνία μου ἔχουσαι ταύτας οὐχ * ἕξετε * ὅλως ἀντιτασσόμενον τὸν ἐχθρόν, ἀλλ' οὐδὲ τὰς |
| Job | 49 | 1 | ἐγκεχαραγμένους. καὶ τότε ἡ Κασία περιεζώσατο καὶ * ἔσχεν * τὴν καρδίαν ἀλλοιωθεῖσαν ὡς μηκέτι ἐνθυμεῖσθαι τὰ |
| Job | 50 | 1 | καὶ ἡ ἄλλη ἡ καλουμένη Ἀμαλθείας κέρας καὶ * ἔσχεν * τὸ στόμα ἀποφθεγγόμενον ἐν τῇ διαλέκτῳ τῶν ἐν |
| Aris. | 1 | 6 | διά τί πεπείραμαι σαφῶς ἐκθέσθαι σοι κατειληφὼς ἣν * ἔχεις * φιλομαθῆ διάθεσιν ὅπερ μέγιστόν ἐστιν ἀνθρώπῳ |
| Aris. | 3 | 1 | ἀπλανεῖ κεχρημένη κανόνι διοικεῖ. τὴν προαίρεσιν * ἔχοντες * ἡμεῖς πρὸς τὸ περιέργως τὰ θεῖα κατανοεῖν |
| Aris. | 5 | 2 | καὶ ταῦτά σοι δηλῶσαι. πέπεισμαι γάρ σε μᾶλλον * ἔχοντα * πρόσκλισιν πρὸς τὴν σεμνότητα καὶ τὴν τῶν |
| Aris. | 7 | 1 | περὶ τοῦ γένους τῶν Ἰουδαίων. φιλομαθῶς γὰρ * ἔχοντί * σοι περὶ τῶν δυναμένων ὠφελῆσαι διάνοιαν δέον |
| Aris. | 7 | 4 | μὲν πᾶσι τοῖς ὁμοίοις πολλῷ δὲ μᾶλλον σοὶ γνησίαν * ἔχοντι * τὴν αἵρεσιν οὐ μόνον κατὰ τὸ συγγενὲς ἀδελφῷ |

| | | | | | |
|---|---|---|---|---|---|
| Aris. | 8 | 2 | τῶν τετιμημένων παρὰ τοῖς κενοδόξοις ὠφέλειαν οὐκ | * ἔχει * | τὴν αὐτὴν ὅσον ἡ παιδείας ἀγωγὴ καὶ ἡ περὶ τούτων |
| Aris. | 11 | 6 | τῇ τῶν γραμμάτων θέσει καθὸ καὶ φωνὴν ἰδίαν | * ἔχουσιν. * | ὑπολαμβάνονται Συριακῇ χρῆσθαι τὸ δ' οὐκ ἔστιν |
| Aris. | 14 | 5 | τὴν οἰκετίαν οὐχ οὕτως τῇ προαιρέσει κατὰ ψυχὴν | * ἔχων * | ὡς κατακρατούμενος ὑπὸ τῶν στρατιωτῶν δι' ἃς |
| Aris. | 15 | 4 | ἐπινοοῦμεν ἀλλὰ καὶ διερμηνεῦσαι τινα λόγον | * ἕξομεν * | πρὸς ἀποστολὴν ἐν οἰκετίαις ὑπαρχόντων ἐν τῇ σῇ |
| Aris. | 18 | 1 | συναναγκασθῇ καθὼς ἠξίουν ἐπιτελέσαι μεγάλην γὰρ | * εἶχον * | ἐλπίδα περὶ σωτηρίας ἀνθρώπων προτιθέμενος λόγον |
| Aris. | 22 | 8 | εἰσηγμένοι τῶν τοιούτων ἀπολύειν παραχρῆμα τοὺς | * ἔχοντας * | κομιζομένους αὐτίκα ἑκάστου σώματος δραχμὰς |
| Aris. | 23 | 2 | τὴν τοῦ πατρὸς ἡμῶν βούλησιν καὶ παρὰ τὸ καλῶς | * ἔχον * | ᾐχμαλωτεῦσθαι τούτους διὰ δὲ τὴν στρατιωτικὴν |
| Aris. | 24 | 4 | καὶ κατὰ πᾶν ἐκζητοῦντες τὸ καλῶς | * ἔχον * | πρός τε τὸ δίκαιον καὶ τὴν κατὰ πάντων εὐσέβειαν |
| Aris. | 24 | 7 | ὀντινοῦν τρόπον ἐν τῇ βασιλείᾳ κομιζομένους τοὺς | * ἔχοντας * | τὸ προκείμενον κεφάλαιον ἀπολύειν καὶ μηδένα |
| Aris. | 25 | 4 | ἀπειθησάντων ἐφ' ᾧ τοῦ φανέντος ἐνόχου τὴν κυρίαν | * ἕξειν * | τὰ δὲ ὑπάρχοντα τῶν τοιούτων εἰς τὸ βασιλικὸν |
| Aris. | 26 | 2 | ὅπως ἐπαναγνωσθῇ τῷ βασιλεῖ τὰ ἄλλα πάντ' | * ἔχοντος * | πλὴν τοῦ καὶ εἴ τινες προῆσαν ἢ καὶ μετὰ ταῦτά |
| Aris. | 34 | 4 | διέλθωμεν. ἦν δὲ ἡ τοῦ βασιλέως ἐπιστολὴ τὸν τύπον | * ἔχουσα * | τοῦτον βασιλεὺς Πτολεμαῖος Ἐλεαζάρῳ ἀρχιερεῖ |
| Aris. | 36 | 4 | αὐτοῖς ὅπως τὸ τῶν Αἰγυπτίων ἔθνος φόβον (μὴ) | * ἔχῃ * | διὰ τούτων καὶ ἡμεῖς δὲ παραλαβόντες τὴν βασιλείαν |
| Aris. | 39 | 3 | ἄνδρας καλῶς βεβιωκότας πρεσβυτέρους ἐμπειρίαν | * ἔχοντας * | τοῦ νόμου καὶ δυνατοὺς ἑρμηνεῦσαι ἀφ' ἑκάστης |
| Aris. | 41 | 5 | βασίλισσα Ἀρσινόη ἡ ἀδελφὴ καὶ τὰ τέκνα καλῶς ἂν | * ἔχοι * | καὶ ὡς βουλόμεθα καὶ αὐτοὶ δὲ ὑγιαίνομεν. λαβόντες |
| Aris. | 42 | 4 | τὸ πᾶν πλῆθος παρενέγνωμεν αὐτοῖς ἵνα εἰδῶσιν ἣν | * ἔχεις * | πρὸς τὸν θεὸν ἡμῶν εὐσέβειαν. ἐπεδείξαμεν δὲ καὶ |
| Aris. | 46 | 3 | ἀφ' ἑκάστης φυλῆς ἓξ οὓς καὶ ἀπεστείλαμεν | * ἔχοντας * | τὸν νόμον. καλῶς οὖν ποιήσεις βασιλεῦ δίκαιε |
| Aris. | 54 | 2 | ἐν τῷ τόπῳ ‹τὰ› παρ' αὐτοῦ πολὺ δὲ μᾶλλον χάριν | * ἕξειν * | ἐὰν τὰς καθηκούσας λειτουργίας ἐπὶ τῶν ὑπ' αὐτοῦ |
| Aris. | 55 | 5 | διόπερ οὐ παραβατέον οὐδὲ ὑπερθετέον τὰ καλῶς | * ἔχοντα. * | τῇ μὲν οὖν ποικιλίᾳ τῶν τεχνῶν ἐκέλευσεν ὅτι |
| Aris. | 56 | 3 | χρήσασθαι σεμνῶς ἅπαντα διανοούμενος καὶ φύσιν | * ἔχων * | ἀγαθὴν εἰς τὸ συνιδεῖν πραγμάτων ἔμφασιν. ὅσα δ' ἂν |
| Aris. | 58 | 2 | κυκλόθεν τὰ δὲ κυμάτια στρεπτὰ τὴν ἀναγλυφὴν | * ἔχοντα * | σχοινίδων ἔκτυπον τῇ τορείᾳ θαυμαστῶς ἔχουσαν ἐκ |
| Aris. | 58 | 3 | ἔχοντα σχοινίδων ἔκτυπον τῇ τορείᾳ θαυμαστῶς | * ἔχουσαν * | ἐκ τῶν τριῶν μερῶν ἦν γὰρ τρίγωνα. καὶ καθ' |
| Aris. | 59 | 2 | ἡ διατύπωσις τῆς ἐνεργείας τὴν αὐτὴν διάθεσιν | * εἶχεν * | ὥστε καθ' ὃ ἂν μέρος στρέφοιτο τὴν πρόσοψιν εἶναι |
| Aris. | 59 | 5 | μὲν εἰς αὐτὴν τὴν τράπεζαν ἀπόκλιμα τὴν διατύπωσιν | * ἔχειν * | τῆς ὡραιότητος τὸ δὲ ἐκτὸς κλίμα πρὸς τὴν τοῦ |
| Aris. | 60 | 6 | ἀνὰ μέσον τῶν σχοινίδων ἕτερος παρὰ ἕτερον πλοκὴν | * εἶχον * | ἀμίμητον τῇ ποιήσει. πάντες δ' ἦσαν διὰ τρημάτων |
| Aris. | 62 | 3 | πρόσοψιν ᾠοθεσία κατεσκεύαστο διάλιθος ἐκτύπωσιν | * ἔχουσα * | προοχῆς συνεχέσιν ἀναγλυφαῖς ῥαβδωταῖς πυκνὴν |
| Aris. | 62 | 4 | προοχῆς συνεχέσιν ἀναγλυφαῖς ῥαβδωταῖς πυκνὴν | * ἐχούσαις * | τὴν πρὸς ἄλληλα θέσιν περὶ ὅλην τὴν τράπεζαν. |
| Aris. | 63 | 3 | ἐποίησαν οἱ τεχνῖται πάγκαρπον ἐν ὑπεροχῇ προδήλως | * ἔχοντα * | βοτρύων καὶ σταχύων ἔτι δὲ φοινίκων καὶ μήλων |
| Aris. | 63 | 6 | πρὸς τὴν τῶν προειρημένων καρπῶν διατύπωσιν | * ἔχοντας * | ἑκάστου γένους τὴν χρόαν ἀνέδησαν τῷ χρυσίῳ |
| Aris. | 65 | 3 | πόδας ἐνίεσθαι εἰς τοῦτο περόνας ‹σὺν› κατακλεῖσιν | * ἔχοντας * | ἐσφίγχθαι κατὰ τὴν στεφάνην ἵνα καθ' ὃ ἂν |
| Aris. | 66 | 2 | μαίανδρον ἔκτυπον ἐποίησαν ἐν ὑπεροχῇ λίθους | * ἔχοντα * | κατὰ μέσον πολυτελεῖς τῶν πολυειδῶν ἀνθράκων τε |
| Aris. | 67 | 2 | μαιάνδρου διάθεσιν ἐπέκειτο σχιστὴ πλοκὴ θαυμασίως | * ἔχουσα * | ῥομβωτὴν ἀποτελοῦσα τὴν ἀνὰ μέσον θεωρίαν ἐφ' ἧ |
| Aris. | 68 | 1 | θεωροῦσι. τοὺς δὲ πόδας ἐποίησαν τὰς κεφαλίδας | * ἔχοντας * | κρινωτὰς ἀνάκλασιν κρίνων ὑπὸ τὴν τράπεζαν |
| Aris. | 68 | 3 | λαμβανόντων τὰ δὲ τῆς ἐντὸς προσόψεως ὀρθὴν | * ἔχοντα * | τὴν πετάλωσιν. ἡ δὲ ἐπ' ἐδάφους ἔρεισις τοῦ ποδὸς |
| Aris. | 69 | 2 | ποδὸς ἄνθρακος λίθου πάντοθεν παλαιστιαία κρηπῖδος | * ἔχουσα * | τάξιν κατὰ τὴν πρόσοψιν ὀκτὼ δὲ δακτύλων τὸ |
| Aris. | 69 | 3 | τάξιν κατὰ τὴν πρόσοψιν ὀκτὼ δὲ δακτύλων τὸ πλάτος | * ἔχουσα * | ἐφ' ὃν ἐπίκειται τὸ πᾶν ἔλασμα τοῦ ποδός. |
| Aris. | 70 | 6 | τῆς ἐμπειρίας καὶ τέχνης τὰς ὑπεροχὰς ἀπαραλλάκτως | * ἔχοντα * | πρὸς τὴν ἀλήθειαν ὥστε καὶ ῥιπίζοντος τοῦ κατὰ |
| Aris. | 72 | 5 | αὐτοῦ πάντα ἐπετελέσθη θαυμασίως καὶ ἀξιολόγως | * ἔχοντα * | καὶ ταῖς τέχναις ἀμίμητα καὶ τῇ καλλονῇ διαπρεπῆ. |
| Aris. | 73 | 2 | δύο μὲν ἦσαν ‹χρυσοῖ› τῇ κατασκευῇ φολιδωτὴν | * ἔχοντες * | ἀπὸ τῆς βάσεως μέχρι τοῦ μέσου τὴν διασκευὴν τῇ |
| Aris. | 73 | 4 | λίθων ἀνὰ μέσον τῶν φολίδων σύνδεσιν πολυτέχνως | * ἔχοντες. * | εἶτα μαίανδρος ἐπέκειτο πηχυαῖος ὕψει τὴν δ' |
| Aris. | 74 | 5 | δὲ τούτου ῥάβδωσις ἐφ' ᾗ διαπλοκὴ ῥόμβων δικτυωτὴν | * ἔχουσα * | τὴν πρόσοψιν ἕως ἐπὶ τὸ στόμα. τὸ δ' ἀνὰ μέσον |
| Aris. | 75 | 3 | λίθων ἑτέρων παρ' ἑτέροις τοῖς γένεσι παραλλαγὴν | * ἐχόντων * | τετραδακτύλων οὐκ ἔλαττον ἀνεπλήρουν τὸ τῆς |
| Aris. | 76 | 2 | κυκλόθεν. οἱ μὲν οὖν διὰ τοῦ χρυσοῦ τοιαύτην | * εἶχον * | τὴν κατασκευὴν χωροῦντες ὑπὲρ δύο μετρητὰς οἱ δ' |
| Aris. | 76 | 3 | χωροῦντες ὑπὲρ δύο μετρητὰς οἱ δ' ἀργυροῖ λείαν | * εἶχον * | τὴν διασκευὴν ἔνοπτρον δὴ γεγονυῖαν πρὸς αὐτὸ |
| Aris. | 76 | 4 | ἔνοπτρον δὴ γεγονυῖαν πρὸς αὐτὸ τοῦτο θαυμασίως | * ἔχουσαν * | ὥστε πᾶν τὸ προσαχθὲν ἀπαυγάζεσθαι σαφέστερον |
| Aris. | 80 | 4 | μικρὰν ἐποιεῖτο ὁ βασιλεὺς φιλοδοξῶν εἰς τὰ καλῶς | * ἔχοντα. * | πολλάκις γὰρ τὸν δημόσιον χρηματισμὸν παρίει |
| Aris. | 83 | 6 | μέσην κειμένην τῆς ὅλης Ἰουδαίας ἐπ' ὄρους ὑψηλὴν | * ἔχοντος * | τὴν ἀνάτασιν. ἐπὶ δὲ τῆς κορυφῆς κατεσκεύαστο τὸ |
| Aris. | 84 | 2 | ἐπὶ δὲ τῆς κορυφῆς κατεσκεύαστο τὸ ἱερὸν ἐκπρεπῶς | * ἔχον * | καὶ οἱ περίβολοι τρεῖς ὑπὲρ ἑβδομήκοντα δὲ πήχεις |
| Aris. | 86 | 6 | ἡδεῖάν τινα καὶ δυσαπάλλακτον τὴν θεωρίαν | * ἔχοντος * | τοῦ πράγματος. ἥ τε τοῦ θυσιαστηρίου κατασκευὴ |
| Aris. | 87 | 2 | ἥ τε τοῦ θυσιαστηρίου κατασκευὴ συμμέτρως | * ἔχουσαν * | πρὸς τὸν τόπον καὶ τὰ θύματα διὰ τοῦ πυρὸς |
| Aris. | 87 | 3 | θύματα διὰ τοῦ πυρὸς ἐξαναλούμενα τὴν διοικοδομὴν | * εἶχε * | τῆς δ' ἀναβάσεως τῆς πρὸς αὐτὸ πρὸς τὴν εὐκοσμίαν |
| Aris. | 87 | 4 | τῆς δ' ἀναβάσεως τῆς πρὸς αὐτὸ πρὸς τὴν εὐκοσμίαν | * ἔχοντος * | τοῦ τόπου καθηκόντως τὸ κλίμα τῶν λειτουργούντων |
| Aris. | 88 | 3 | καθέστηκε καὶ κλίματα πρὸς τοὺς καθήκοντας τόπους | * ἔχει * | τῆς τῶν ὑδάτων ἐπιφορᾶς ἕνεκεν ἣ γίνεται διὰ τὴν |
| Aris. | 90 | 4 | εἶναι δὲ πυκνὰ τὰ στόματα πρὸς τὴν βάσιν ἀοράτως | * ἔχοντα * | τοῖς πᾶσι πλὴν αὐτοῖς οἷς ἐστιν ἡ λειτουργία ὡς |
| Aris. | 93 | 6 | ἔτι δ' αἰγῶν τοῖς βάρεσι καὶ πιμελῇ θαυμασίως | * ἔχει. * | κατὰ πᾶν γὰρ ἐκλεγομένων οἷς ἐπιμελές ἐστιν |
| Aris. | 96 | 7 | ἄνθεσι πεποικιλμένοι ῥοΐσκοι τῇ χρόᾳ θαυμασίως | * ἔχοντες. * | κατέζωστο δὲ διαφόρῳ ζώνῃ διαπρεπεῖ διυφασμένῃ |
| Aris. | 98 | 1 | ἰδιότητος τὴν φυσικὴν χρόαν. ἐπὶ δὲ τῆς κεφαλῆς | * ἔχει * | τὴν λεγομένην κίδαριν ἐπὶ δὲ ταύτης τὴν ἀμίμητον |
| Aris. | 102 | 3 | πατρίδι μεγάλας ἀποδείξεις δεδωκότων οἵτινες οὐκ | * εἶχον * | ἐξουσίαν ἐξιέναι τῆς ἄκρας εἰ μὴ ταῖς ἑορταῖς καὶ |
| Aris. | 103 | 2 | εἰσοδεύειν εἴων οὐδένα. μετὰ ἀκριβείας δὲ πολλῆς | * εἶχον * | εἰ καί τις ἐπιταγὴ γένοιτο διὰ τοῦ προκαθηγουμένου |
| Aris. | 105 | 1 | ἠσφαλίσθαι. τῆς δὲ πόλεώς ἐστι τὸ χύμα συμμέτρως | * ἔχον * | οἷον τεσσαράκοντα σταδίων ὄντος τοῦ περιβόλου |
| Aris. | 105 | 3 | ὄντος τοῦ περιβόλου καθόσον εἰκάσαι δυνατόν. | * ἔχει * | δὲ τὴν τῶν πύργων θέσιν θεατροειδῆ καὶ φαινομένων |
| Aris. | 105 | 6 | καὶ τὰς διὰ τούτων διεξόδους. ἀνάκλασιν γὰρ | * ἔχει * | τὰ τῶν τόπων ὡς ἂν ἐπ' ὄρους τῆς πόλεως |
| Aris. | 107 | 8 | συνεχῶς ἵνα καὶ διὰ τοῦτο οὗτοι τὴν εὐκαρπίαν | * ἔχωσιν. * | οὗ καὶ γινομένου γεωργεῖται πάντα μετὰ δαψιλείας |
| Aris. | 108 | 2 | τῇ προειρημένῃ χώρᾳ. τῶν δὲ πόλεων ὅσαι μέγεθος | * ἔχουσι * | καὶ τὴν ἀκόλουθον εὐδαιμονίαν ταύταις συμβέβηκεν |
| Aris. | 115 | 1 | δὲ οὐδὲν τῶν διακομιζομένων διὰ τῆς θαλάσσης. | * ἔχει * | γὰρ καὶ λιμένας εὐκαίρους χορηγοῦντας τόν τε κατὰ |
| Aris. | 115 | 5 | προειρημένους τόπους οὐκ ἀπέχουσα τούτων πολύ. | * ἔχει * | δὲ πάντα δαψιλῆ κάθυγρος οὖσα πάντοθεν ἡ χώρα καὶ |
| Aris. | 115 | 7 | οὖσα πάντοθεν ἡ χώρα καὶ μεγάλην ἀσφάλειαν | * ἔχουσα. * | περιρρεῖ δ' αὐτὴν ὁ λεγόμενος Ἰορδάνης ποταμὸς |
| Aris. | 122 | 4 | τὰς ἐπερωτήσεις τὰς διὰ τοῦ νόμου μεγάλην εὐφυΐαν | * εἶχον * | τὸ μέσον ἐζηλωκότες κατάστημα τοῦτο γὰρ κάλλιστόν |
| Aris. | 123 | 2 | δ' ἦν ὡς ἠγάπησαν τὸν Ἐλεάζαρον δυσαποσπάστως | * ἔχοντες * | καὶ ἐκεῖνος αὐτοὺς χωρὶς καὶ τοῦ πρὸς τὸν |
| Aris. | 125 | 2 | μετείληφα γὰρ καλῶς αὐτὸν λέγειν ὅτι περὶ ἑαυτὸν | * ἔχων * | ἄνδρας δικαίους καὶ σώφρονας τὴν μεγίστην ἂν |
| Aris. | 125 | 3 | καὶ σώφρονας τὴν μεγίστην ἂν φυλακὴν τῆς βασιλείας | * ἕξειν * | συμβουλευόντων παρρησίᾳ πρὸς τὸ συμφέρον τῶν φίλων |
| Aris. | 128 | 3 | ἐπιζητηθέντα. νομίζω γὰρ τοὺς πολλοὺς περιεργίαν | * ἔχειν * | τινὰ τῶν ἐν τῇ νομοθεσίᾳ περί τε τῶν βρωτῶν καὶ |
| Aris. | 129 | 4 | ἀφῆν δεισιδαιμόνως γὰρ τὰ πλεῖστα τὴν νομοθεσίαν | * ἔχειν * | ἐν δὲ τούτοις πάλιν δεισιδαιμόνως πρὸς ταῦτα οὕτως |
| Aris. | 135 | 3 | τὸ ζῆν αὐτοῖς χρήσιμον οἷς προσκυνοῦσι παρὰ πόδας | * ἔχοντες * | τὴν ἀναισθησίαν. εἴτε γὰρ κατ' ἐκεῖνό τις θεοῖ |
| Aris. | 143 | 3 | μιᾶς δυνάμεως οἰκονομούμενα καὶ καθ' ἓν ἕκαστον | * ἔχει * | λόγον βαθὺν ἀφ' ὧν ἀπεχόμεθα κατὰ τὴν χρῆσιν καὶ |
| Aris. | 146 | 4 | τῇ περὶ ἑαυτὰ δυνάμει τὰ λοιπὰ καὶ τὴν τροφὴν | * ἔχοντα * | δαπάνησιν τῶν προειρημένων ἡμέρων μετὰ ἀδικίας οὐ |
| Aris. | 150 | 4 | τοῦ διαστέλλειν ἕκαστα τῶν πράξεων ἐπὶ τὸ καλῶς | * ἔχον * | ἡ γὰρ ἰσχὺς τῶν ὅλων σωμάτων μετ' ἐνεργείας |
| Aris. | 151 | 2 | σωμάτων μετ' ἐνεργείας ἀπέρεισιν ἐπὶ τοὺς ὤμους | * ἔχει * | καὶ τὰ σκέλη. μετὰ διαστολῆς οὖν ἅπαντα ἐπιτελεῖν |
| Aris. | 157 | 2 | περιέχει τρόπον. διὸ παρακελεύεται μνείαν | * ἔχειν * | ὡς συντηρεῖται τὰ προειρημένα θείᾳ δυνάμει σὺν |
| Aris. | 159 | 4 | ἐνέργειαν μετὰ δικαιοσύνης ἐπιτελεῖν δεῖ μνήμην | * ἔχοντας * | τῆς ἑαυτῶν κατασκευῆς ἐπὶ πᾶσι δὲ τὸν περὶ θεοῦ |
| Aris. | 165 | 2 | γένος ἰδιάζον ἐστὶ χωρὶς γὰρ τοῦ προειρημένου | * ἔχει * | λυμαντικὸν κατάστημα διὰ γὰρ τῶν ὤτων συλλαμβάνει |
| Aris. | 171 | 4 | νόμου προῆγμαι διασαφῆσαί σοι Φιλόκρατες δι' ἣν | * ἔχεις * | φιλομάθειαν. ὁ δὲ Ἐλεάζαρος ποιησάμενος θυσίαν |
| Aris. | 183 | 2 | ἐγεγόνει. προσεχέστατος γὰρ ὢν ἄνθρωπος ὁ Δωρόθεος | * εἶχε * | τὴν τῶν τοιούτων προστασίαν. συνέστρωσε δὲ πάντα τὰ |
| Aris. | 185 | 2 | ὧν ἔκτισεν ὁ παντοκράτωρ θεὸς καὶ δῴη σοι ταῦτ' | * ἔχειν * | καὶ γυναικὶ καὶ τέκνοις καὶ τοῖς ὁμονοοῦσι πάντα |
| Aris. | 187 | 2 | ὅτε δὲ καιρὸν ἔλαβεν ἐκ διαστήματος ἠρώτησε τὸν | * ἔχοντα * | τὴν πρώτην ἀνάκλισιν ἦσαν γὰρ καθ' ἡλικίαν τὴν |
| Aris. | 187 | 4 | πῶς ἂν τὴν βασιλείαν μέχρι τέλους ἄπταιστον | * ἔχων * | διατελοῖ; βραχὺ δὲ ἐπισχὼν εἶπεν οὕτως ἂν μάλιστα |
| Aris. | 189 | 2 | εἰς μετάνοιαν ἄξεις. ἐπαινέσας δὲ ὁ βασιλεὺς τὸν | * ἐχόμενον * | ἠρώτα πῶς ἂν ἕκαστα πράττοι; ὁ δὲ ἀπεκρίθη |
| Aris. | 190 | 2 | παραδεξάμενος ἕτερον ἐπηρώτα πῶς ἂν εὐνόους ἑαυτῷ | * ἔχοι * | τοὺς φίλους; κἀκεῖνος εἶπεν εἰ θεωροίησαν πολλήν σε |
| Aris. | 191 | 1 | παρασκευάζων ἅπαντα. συνεπιμαρτυρήσας δὲ τούτῳ τὸν | * ἐχόμενον * | ἠρώτα πῶς ἂν ἐν τοῖς χρηματισμοῖς καὶ |
| Aris. | 195 | 1 | διανοίᾳ. καὶ τοῦτον δὲ ἐπαινέσας εἶπε πρὸς τὸν | * ἐχόμενον * | τί κάλλιστον αὐτῷ πρὸς τὸ ζῆν ἂν εἴη; κἀκεῖνος |
| Aris. | 196 | 7 | γὰρ εἶναι τὸν χαριζόμενον ταῦτα καὶ οὐ δι' ἑαυτοὺς | * ἔχειν * | τὴν ὑπεροχὴν ἁπάντων. ἐπιμαρτυρήσας δὲ τούτοις τοῦ |
| Aris. | 198 | 3 | ἀποφαίνεσθαι ἐπερωτήσας δὲ ἔτι ἕνα καταλήξω τὸ νῦν | * ἔχον * | ἵνα καὶ πρὸς τὸ τέρπεσθαι τραπέντες ἡδέως |
| Aris. | 206 | 4 | πολλῷ δὲ μᾶλλον τοῖς βασιλεῦσιν ἐξουσίαν γὰρ | * ἔχοντες * | ὃ βούλονται πράσσειν τίνος ἕνεκεν ἂν ψεύσαιντο; |
| Aris. | 216 | 4 | καθ' ὕπνον ἐν τοῖς αὐτοῖς ἡ διάνοια τὴν ἀναστροφὴν | * ἔχει * | θεὸς δὲ πάντα διαλογισμὸν καὶ πρᾶξιν ἐπὶ τὰ |
| Aris. | 217 | 3 | εἶπε πρὸς ἕτερον ἐπεὶ σὺ δέκατος τὴν ἀπόκρισιν | * ἔχεις * | ὡς ἂν ἀποφήνῃ πρὸς τὸ δεῖπνον τραπησόμεθα. ἠρώτα |
| Aris. | 219 | 4 | ἀκόλουθα πάντα πράσσουσι σὺ δὲ οὐχ ὑπόκρισιν | * ἔχεις * | ἀλλ' ἀληθῶς βασιλεύεις θεοῦ δόντος σοι καταξίως |
| Aris. | 221 | 1 | τὴν ἑξῆς ἐτράπησαν τῆς συμποσίας διάταξιν. τῇ δὲ | * ἐχομένῃ * | τῆς αὐτῆς διατάξεως γενηθείσης ὅτε καιρὸν |
| Aris. | 224 | 2 | μὴ ἐπιθύμει. τοῖς δὲ ῥηθεῖσιν ἀρεσθεὶς πρὸς τὸν | * ἐχόμενον * | εἶπε πῶς ἂν ἐκτὸς εἴη φθόνου; διαλιπὼν δὲ |
| Aris. | 225 | 5 | εὔνοιαν καὶ κατεργασάμενος φιλίας λόγον οὐθενὸς ἂν | * ἔχοις * | τὸ δὲ κεχαριτῶσθαι πρὸς πάντας ἀνθρώπους καὶ καλὸν |
| Aris. | 227 | 2 | φιλότιμον εἶναι; ἐκεῖνος δὲ ἔφη πρὸς τοὺς φιλικῶς | * ἔχοντας * | ἡμῖν οἴονται πάντες ὅτι πρὸς τούτους δέον ἐγὼ δ' |
| Aris. | 227 | 5 | πρὸς τοὺς ἀντιδοξοῦντας φιλοτιμίαν δεῖν χαριστικὴν | * ἔχειν * | ἵνα τούτῳ τῷ τρόπῳ μετάγωμεν αὐτοὺς ἐπὶ τὸ καθῆκον |
| Aris. | 234 | 6 | κατὰ τὴν αὐτοῦ βούλησιν ἣν καὶ σὺ διατελεῖς | * ἔχων * | γνώμην ᾗ πάρεστι σημειοῦσθαι πᾶσιν ἐκ τῶν ὑπὸ σοῦ |
| Aris. | 237 | 1 | ἀποστρέφεσθαι δὲ τἀναντία. συνομολογήσας δὲ τὸν | * ἐχόμενον * | ἠρώτα τί πρὸς ὑγείαν μάλιστα συντείνει; ἐκεῖνος |

Aris. 244 2 δὲ ἐπιφωνήσας πρὸς ἄλλον εἶπε πῶς ἂν προχείρως * ἔχοι * τὸν ὀρθὸν λόγον; ὁ δὲ εἶπεν εἰ τὰ τῶν ἀνθρώπων
Aris. 245 3 μηδὲ ἐπὶ τὰς ἡδονὰς τρέποιτο; ὁ δὲ προχείρως * ἔχων * εἶπεν ὅτι μεγάλης βασιλείας κατάρχει καὶ πολλῶν
Aris. 248 1 ταὐτὰ ποιούντων ἐπὶ τὸ μέλπειν ἐτράπησαν. τῇ δὲ * ἐχομένῃ * τὸν καιρὸν λαβὼν ἐπηρώτα τὸν ἑξῆς τίς ἐστιν
Aris. 253 4 πρὸς τοῦτ' εἶπε γινώσκων ὅτι πάντων ἐξουσίαν * ἔχει * καὶ εἰ χρήσαιτο θυμῷ θάνατον ἐπιφέρει ὅπερ ἀνωφελὲς
Aris. 255 7 αὖ κράτιστον θεοῦ δυναστείᾳ πᾶν βούλευμα τελείωσιν * ἕξει * σοι τὴν εὐσέβειαν ἀσκοῦντι. κατωρθωκέναι δὲ καὶ
Aris. 270 7 ὁρμᾶται προδότης πέφυκε. σὺ δὲ πάντας εὐνόους * ἔχεις * θεοῦ σοι καλὴν βουλὴν διδόντος. σοφῶς δὲ αὐτὸν
Aris. 272 5 πρὸς ἅπαντας καλοκἀγαθίαν παρὰ θεοῦ δῶρον τοῦτ' * ἔχων. * κεχαρισμένως δὲ καὶ τοῦτον ἀποδεξάμενος τὸν
Aris. 273 4 πῶς ἂν κατὰ ψυχὴν καὶ ἐν τοῖς πολέμοις εἰρηνικῶς * ἔχοι; * ὁ δὲ ἀπεφήνατο διαλαμβάνων ὅτι κακὸν οὐδὲν
Aris. 276 4 τὰ αὐτὰ δι' ἑτέρων τρόπων ἐπερωτῶν. τὸ δὲ νοῦν * ἔχειν * ὀξὺν καὶ δύνασθαι κρίνειν ἕκαστα θεοῦ δώρημα καλόν
Aris. 280 1 κατακολουθῶν. εἰπὼν δὲ καὶ τοῦτον καλῶς λέγειν τὸν * ἐχόμενον * ἠρώτα τίνας δεῖ καθιστάνειν στρατηγούς; ὃς δὲ
Aris. 280 3 στρατηγούς; ὃς δὲ εἶπεν ὅσοι μισοπονηρίαν * ἔχουσι * καὶ τὴν ἀγωγὴν αὐτοῦ μιμούμενοι πρὸς τὸ διὰ
Aris. 280 4 αὐτοῦ μιμούμενοι πρὸς τὸ διὰ παντὸς εὐδοξίαν * ἔχειν * αὐτοὺς τὰ δίκαια πράσσουσι καθὼς σὺ τοῦτο
Aris. 281 2 ἀποδεξάμενος δὲ αὐτὸν μετὰ φωνῆς ἐπὶ τὸν * ἐχόμενον * ἐπιβλέψας εἶπε τίνας δεῖ καθιστάνειν ἐπὶ τῶν
Aris. 292 5 σεαυτὸν δόξαν κατεσκεύασας τοῦ θεοῦ σοι διδόντος * ἔχειν * ἁγνὴν καὶ ἀμιγῆ παντὸς κακοῦ τὴν διάνοιαν.
Aris. 295 2 δὲ εἰ πεπλεόνακα τούτοις ὦ Φιλόκρατες συγγνώμην * ἔχειν. * τεθαυμακὼς γὰρ τοὺς ἄνδρας ὑπὲρ τὸ δέον ὡς ἐκ τοῦ
Aris. 296 2 ἕκαστα τῶν δὲ ἀποκρινομένων καταλλήλως * ἐχόντων * τὰ πρὸς τὰς ἐρωτήσεις ἄξιοι θαυμασμοῦ
Aris. 300 3 ὡς ἐλέχθη μεταλαβόντες κατακεχωρίκαμεν εἰδότες ἣν * ἔχεις * φιλομάθειαν εἰς τὰ χρήσιμα. μετὰ δὲ τρεῖς ἡμέρας ὁ
Aris. 301 5 εἰς κατεσκευασμένον οἶκον παρὰ τὴν ἠϊόνα διαπρεπῶς * ἔχοντα * καὶ πολλῆς ἡσυχίας ἔφεδρον παρεκάλει τοὺς ἄνδρας
Aris. 307 2 δὲ προειρήκαμεν οὕτως καθ' ἑκάστην εἰς τὸν τόπον * ἔχοντα * τερπνότητα διὰ τὴν ἡσυχίαν καὶ καταύγειαν
Aris. 310 5 ὁσίως διηρμήνευται καὶ κατὰ πᾶν ἠκριβωμένως καλῶς * ἔχον * ἐστὶν ἵνα διαμείνῃ ταῦθ' οὕτως ἔχοντα καὶ μὴ
Aris. 310 5 καλῶς ἔχον ἐστὶν ἵνα διαμείνῃ ταῦθ' οὕτως * ἔχοντα * καὶ μὴ γένηται μηδεμία διασκευή. πάντων δ'
Aris. 312 2 τῷ βασιλεῖ μεγάλως ἐχάρη τὴν γὰρ πρόθεσιν ἣν * εἶχεν * ἀσφαλῶς ἔδοξε τετελειῶσθαι. παραναγνωσθῆ δὲ αὐτῷ
Aris. 318 4 ἐκπομπὴν αὐτῶν γενέσθαι παραγενηθέντας δὲ ὡς θέμις * ἕξειν * αὐτοὺς φίλους καὶ πολυδωρίας τῆς μεγίστης
Sib. 3 1 λόγου περὶ θεοῦ. +ὑψιβρεμέτα μάκαρ οὐράνιε ὃς * ἔχεις * τὰ Χερουβὶμ+ ἱδρυμένος λίτομαι παναληθέα φημίξασαν
Sib. 3 8 μ' ἀγορευέμεν ἀνθρώποισιν. ἄνθρωποι θεόπλαστον * ἔχοντες * ἐν εἰκόνι μορφὴν τίπτε μάτην πλάζεσθε καὶ οὐκ
Sib. 3 40 οἶστρος αὐτοῖς ἁρπάζοντες ἀναιδέα θυμὸν * ἔχοντες * οὐδεὶς γὰρ πλουτῶν καὶ ἔχων ἄλλῳ μεταδώσει ἀλλ'
Sib. 3 41 ἀναιδέα θυμὸν ἔχοντες οὐδεὶς γὰρ πλουτῶν καὶ * ἔχων * ἄλλῳ μεταδώσει ἀλλ' ἔσεται κακίη δεινὴ πάντεσσι
Sib. 3 43 ἔσεται κακίη δεινὴ πάντεσσι βροτοῖσιν πίστιν δ' οὐ * σχήσουσιν * ὅλως χῆραι τε γυναῖκες στέρξουσιν κρυφίως
Sib. 3 115 γαίης κατὰ κλῆρον ἑκάστου καὶ βασίλευσεν ἕκαστος * ἔχων * μέρος οὐδ' ἐμάχοντο ὅρκοι γὰρ τ' ἐγένοντο πατρὸς
Sib. 3 120 ἐπ' ἀλλήλους ἔριν ὦρσαν ὃς πάντεσσι βροτοῖσιν * ἔχων * βασιληίδα τιμὴν ἄρξει καὶ μαχέσαντο Κρόνος Τιτάν τε
Sib. 3 150 ἑξήκοντα δὲ τοι παῖδας συναγείρατο Τιτὰν καὶ ῥ' * εἶχ' * ἐν δεσμοῖσι Κρόνον Ῥείην τε σύνευνον κρύψεν δ' ἐν
Sib. 3 244 οἴνῳ καὶ ἐλαίῳ αἰεὶ δ' ὄλβιος ἐν δήμῳ τοῖς μηδὲν * ἔχουσιν * ἀλλὰ πενιχρομένοισι θέρους ἀπόμοιραν ἰάλλει
Sib. 3 387 ὀλεῖται οὔνομ' ἐν ὀψιγόνοισι πολυπλάγκτοισιν * ἔχουσα. * ἥξει καί ποτ' ἄπιστος ἐς Ἀσίδος ὄλβιον οὖδας
Sib. 3 391 αὐτοῦ πρόσθε κεραυνὸς φῶτα κακὸν δ' Ἀσίη ζυγὸν * ἕξει * πᾶσα πολὺν δὲ χθὼν πίεται φόνον ὀμβρηθεῖσα. ἀλλὰ
Sib. 3 411 κακοῖο δὲ φύσεται ἀρχή. παμφύλου πολέμοιο δαήμονας * ἕξει * ἄνακτας Αἰνεάδας +διδοὺς+ αὐτόχθονος ἐγγενὲς αἷμα.
Sib. 3 421 ἔῇσιν νοῦν δὲ πολὺν καὶ ἔπος διανοίαις ἔμμετρον * ἕξει * οὐνόμασιν δυσὶ μισγόμενον Χῖον δὲ καλέσσει αὐτὸν
Sib. 3 446 πουλὺς δέ τοι ὄλβος ὄπισθεν ἔσσεται ἐν πόντῳ δ' * ἕξει * κράτος ἔξοχον ἄλλων. ἀλλὰ μεταῦτις ἕλωρ ἔσῃ
Sib. 3 458 δὲ φάραγγας καὶ πολλὰς ψυχὰς Ἀίδης ὁμοθυμαδὸν * ἕξει. * Τράλλις δ' ἡ γείτων Ἐφέσου σεισμῷ καταλύσει
Sib. 3 550 θεοῦ μεγάλοιο πρόσωπον; οὔνομα παγγενέταο σέβας δ' * ἔχε * μηδὲ λάθῃ σε. χίλια δ' ἔστ' ἔτεα καὶ πένθ'
Sib. 3 668 πόλεως μιαροὶ βασιλῆες τὸν θρόνον αὐτοῦ ἕκαστος * ἔχων * καὶ λαὸν ἄπειθῆ. καὶ ῥα θεὸς φωνῇ μεγάλῃ πρὸς πάντα
Sib. 3 706 μόνος μεγαλωστὶ παραστὰς κύκλοθεν ὡσεὶ τεῖχος * ἔχων * πυρὸς αἰθομένοιο. ἀπτόλεμοι δ' ἔσσονται ἐν ἄστεσιν
Sib. 4 8 ἀλάλοισι λιθοξέστοισιν ὅμοιον. οὐδὲ γὰρ οἶκον * ἔχει * ναῷ λίθον ἑλκυσθέντα κωφότατον νωδόν τε βροτῶν
Sib. 4 33 τέτυκται οὐδ' ἄρ' ἐπ' ἀλλοτρίη κοίτῃ πόθον αἰσχρὸν * ἔχοντες * (οὐδὲ ἐπ' ἄρσενος ὕβριν ἀπεχθέα τε στυγερήν τε).
Sib. 4 104 πόλεμος μέγας ᾧ ὕπο κόσμος λατρεύσει δούλειον * ἔχων * ζυγὸν Ἰταλίδησιν. καὶ σὺ τάλαινα Κόρινθε τεὴν ποτ'
Sib. 4 158 ἐξολέσωσιν ὕβρεσι χαίροντες καὶ ἐφ' αἵμασι χεῖρας * ἔχοντες * καὶ τότε γινώσκειν θεὸν οὐκέτι πρηΰν ἐόντα ἀλλὰ
Sib. 5 14 γράμματος ἀρχομένου πολέμων δ' ἐπὶ πουλὺ κρατήσει * ἕξει * δ' ἐκ δεκάδος πρῶτον τύπον ὥστε μετ' αὐτὸν ἄρχειν
Sib. 5 22 ἀρχὴν ὅς τε τριηκοσίων ἀριθμῶν κεραίην ἐπὶ πρώτην * ἕξει * καὶ ποταμοῦ φίλον οὔνομα ὅς τ' ἐπὶ Πέρσας ἄρξει καὶ
Sib. 5 26 δέκα δ' ὅς(τις) ἔπειτ' ἄρξει κεραίην ἐπὶ πρώτην * ἕξει * ἄναξ κεῖνος δὲ καθ' ὕστατον Ὠκεανοῖο ἴξεθ' ὕδωρ
Sib. 5 46 ἀλλοτρίη κρύψει νέκυν ἀλλὰ Νεμείης οὔνομ' * ἔχουσα * μετ' αὐτὸν δ' ἄλλος ἀνάξει ἀργυρόκρανος ἀνήρ τῷ
Sib. 5 70 καί τε κόκην ὤτρυνας ἐπ' ἀνδράσι τοῖς ἀγαθοῖσιν * ἕξεις * ἀντὶ τόσων τοίαν τροφὸν εἵνεκα ποινῆς. οὐκέτι σοὶ
Sib. 5 106 γαῖαν πολιορκῶν πᾶσαν ἐρημῶν. ἀλλ' ὅταν ὕψος * ἔχῃ * κρατερὸν καὶ θάρσος +ἀηδὲς+ ἥξει καὶ μακάρων ἐθέλων
Sib. 5 171 σε κλαύσεται ἣν παράκοιτιν ἤτε μιαιφόνον ἦτορ * ἔχει * ἀσεβῆ δέ τε θυμόν. οὐκ ἔγνως τί θεὸς δύναται τί δὲ
Sib. 5 192 ἀποτίσεις ὅσσα τὸ πρόσθεν ἔρεξας ἀναιδέα θυμὸν * ἔχουσα. * +καὶ κοπετὸν ὄψονται ἀθέσμων εἵνεκα ἔργων.+
Sib. 5 227 λαοῦ τε δικαίου σῳζομένου διὰ παντὸς ὃν ἔξοχον * εἶχε * Πρόνοια. ἄστατε καὶ κακόβουλε κακὰς περικείμενε
Sib. 5 265 πούς ἀκάθαρτος Ἑλλήνων ὁμόθεσμον ἐνὶ στήθεσσιν * ἔχων * νοῦν ἀλλὰ σε κυδάλιμοι παῖδες περιτιμήσουσιν καὶ
Sib. 5 285 ἔξοχον ὄντα ἤλπισαν εὐσεβίη μεγάλην καὶ πίστιν * ἔχοντες. * ἀλλὰ τί δή μοι ταῦτα νόος σοφὸς ἐγγυαλίζει;
Sib. 5 313 ὁμοῦ κακότητα μένοντες. εἰδήσει σημεῖον * ἔχων * ἀνθ' ὧν ἐμόγησεν Κυμαίων δῆμος χαλεπὸς καὶ φῦλον
Sib. 5 319 κώμου. καὶ Ἱεράπολι γαῖα μόνη Πλούτω(νι) μιγεῖσα * ἕξεις * ὃν πεπόθηκας ἔχειν χῶρον πολύδακρυν ἐς γῆν
Sib. 5 319 γαῖα μόνη Πλούτω(νι) μιγεῖσα ἕξεις ὃν πεπόθηκας * ἔχειν * χῶρον πολύδακρυν ἐς γῆν χωσαμένη παρὰ χεύμασι
Sib. 5 384 βελέεσσιν ἃ μὴ θέμις ἔσσεται αὖτις. εἰρήνην δ' * ἕξει * λαὸς σοφὸς ὅσπερ ἐλείφθη πειραθεὶς κακότητος ἵν'
Sib. 5 394 κακοὶ ἄνδρες. σίγησον πανόδυρτε κακὴ πόλι κῶμον * ἔχουσα * οὐκέτι γὰρ +παρὰ σοῖο τὴν τῆς+ φιλοθρέμμονος ὕλης
Sib. 5 415 ἦλθε γὰρ οὐρανίων νώτων ἀνὴρ μακαρίτης σκῆπτρον * ἔχων * ἐν χερσὶν ὅ οἱ θεὸς ἐγγυάλιξεν καὶ πάντων ἐκράτησε
Sib. 5 439 κλόνῳ Πάρθοι δέ σε δεινοὶ πάντα κρατεῖν ἐποίησαν. * ἔχε * στόμα φιμῷ ἄναγνε Χαλδαίων γενεὴ μήτ' εἴρεο μηδὲ
Sib. 5 442 Μήδων +τε+ κρατήσεις εἵνεκα γὰρ τῆς σῆς ἀρχῆς ἧς * ἔσχες * ὅμηρα εἰς Ῥώμην πέμψασα καὶ Ἀσίδι θητεύοντας
Sib. 5 450 πάμφορον ἔσσεται ὕδωρ καὶ Κρήτη πεδίον. Κύπρος δ' * ἕξει * μέγα πῆμα καὶ Πάφος αἰάξει δεινὸν μόρον ὥστε νοῆσαι
Sib. 5 516 ἀντὶ γὰρ Ἡλίου μακραὶ φλόγες ἐστασίαζον Φωσφόρος * ἔσχε * μάχην ἐπιβὰς ἐς νῶτα Λέοντος ἤδη Σεληναίης δίκερως
FMos. 1 153 1 θεοῦ ἐξῆλθε τὸ πνεῦμα αὐτοῦ καὶ ὁ κόσμος ἐγένετο. * ἔσχεν * δὲ καὶ τρίτον ὄνομα ἐν οὐρανῷ μετὰ τὴν ἀνάληψιν
FEll. 4 228 ὁ δεξιὸς κέκραται αἵματος. ὁ δὲ εὐώνυμος χαροπὸς * ἔχων * δύο κόρας τὰ δὲ βλέ(φαρα) αὐτοῦ λευκὰ τὸ δὲ χεῖλος
FIsa. 1 2 10 περιβεβλημένοι καὶ πάντες ἦσαν προφῆται οὐδὲν * ἔχοντες * μετ' αὐτῶν ἀλλὰ γυμνοὶ ἦσαν πενθοῦντες πένθος
FEz. 64 70 6 βασιλεύς τις ἐν τῇ αὐτοῦ βασιλείᾳ πάντας * εἶχεν * ἐστρατευμένους παγανὸν δὲ οὐκ εἶχεν ἀλλ' ἢ μόνον
FEz. 64 70 6 πάντας εἶχεν ἐστρατευμένους παγανὸν δὲ οὐκ * εἶχεν * ἀλλ' ἢ μόνον δύο ἕνα χωλὸν καὶ ἕνα τυφλὸν καὶ
FEz. 64 70 8 ἐργάσασθαι τῷ βασιλεῖ ἐπενόουν. παράδεισον δὲ * εἶχεν * ὁ βασιλεὺς καὶ ἀπὸ μήκοθεν ὁ τυφλὸς ἐλάλει τῷ χωλῷ
FEz. 186 26 ε)πι τα υψηλα και π( )δια το οδαγους μη * ε(χειν * )εος εισιν οι της φων(ης )ανεβλεψα δε κ( )ου
FAch. 101 ἐραστὴν αὐτοῦ γενέσθαι τῶν ἠθῶν διὰ τὸν νοῦν αὐτὸν * ἔχειν * καὶ ἐποίησεν αὐτὸν ἐπὶ τῆς διοικήσεως. ἐπ'
FAch. 102 τῆς διοικήσεως. ἐπ' ἐκείνοις δὲ τοῖς καιροῖς ἔθος * εἶχον * οἱ βασιλεῖς παρ' ἀλλήλων φόρους λαμβάνειν διὰ τῆς
FAch. 106 τὰ ὑπὸ σοῦ κελευόμενα ποιεῖν. ἀδυνάτως καὶ ἀπείρως * ἔχομεν * πρὸς τὰ τοιαῦτα. συγγνώμης τοίνυν τυχεῖν
FAch. 108 ἀθετήσαντα παρῃτήσατο ὁ Αἴσωπος εἰπὼν τεθνεῶτα μὲν * ἔχειν * παρακάλυμμα τοῦ βίου τῆς αἰσχύνης (μετὰ) τὸν
FAch. 109 δούλων σου ἐπιμελοῦ μεταδιδοὺς αὐτοῖς ἀφ' ὧν * ἔχεις * ἵνα μὴ ὡς κύριον μόνον ἐντρέπωνταί σε ἀλλὰ καὶ ὡς
FAch. 112 σινδόνα καθαρὰν καὶ ἐπὶ τῆς κεφαλῆς κέρατα * ἔχων. * καθίσας δὲ ἐπὶ θρόνου ἐκέλευσεν εἰσελθεῖν τὸν
FAch. 113 οὕτω καὶ σὺ τῇ κερατοειδεῖ μορφῇ σελήνης τρόπον * ἔχεις * οἱ δὲ ἄρχοντές σου τοῖς περὶ ἐκείνην ἄστροις.
FAch. 114 Νεκτεναβὼ καὶ θαυμάσας ἔδωκεν αὐτῷ δῶρα. τῇ δὲ * ἐχομένῃ * ἡμέρᾳ ἐνδυσάμενος Νεκτεναβὼ πορφύραν ἐμφανὴ ἔστη
FAch. 114 Νεκτεναβὼ πορφύραν ἐμφανὴ ἔστη σὺν τοῖς περὶ αὐτὸν * ἔχων * ἄνθεα πολλὰ καὶ ἐκέλευσε τὸν Αἴσωπον εἰσελθεῖν.
FAch. 114 ἐκ τῆς γῆς καρποῖς ὡς γὰρ βασιλεὺς πορφυρίζουσαν * ἔχεις * τὴν ἀπὸ τῆς ὁράσεως τέρψιν καὶ τοὺς καρποὺς
FAch. 116 ἀνθρώπους; ὁ δὲ Αἴσωπός φησιν ἀλλὰ Λυκοῦργος * ἔχει * πτηνοὺς ἀνθρώπους. σὺ δὲ θέλεις ἀνθρώπους ὑπάρχων
FAch. 118 ἀλλὰ Λυκοῦργος ἠδικήθη ὑπ' αὐτῆς ταύτῃ τῇ νυκτὶ * εἶχεν * γὰρ ἀλεκτρυόνα νέον καὶ μάχιμον ἔτι δὲ καὶ τὰς
FPho. 20 μοχθήσαντι δίδου μὴ θλῖβε πένητα. γλώσσῃ νοῦν * ἐχέμεν * κρυπτὸν λόγον ἐν φρεσὶν ἴσχειν. μήτ' ἀδικεῖν
FPho. 28 πάθη πάντων ὁ βίος τροχὸς ἄστατος ὄλβος. πλοῦτον * ἔχων * σὴν χεῖρα πενητεύουσιν ὄρεξον ὧν σοι ἔδωκε θεὸς
FPho. 41 πειρώμεθα τῆς πολυπλάγκτου χώρης δ' οὔ τι βέβαιον * ἔχει * πέδον ἀνθρώποισιν. ἡ φιλοχρημοσύνη μήτηρ κακότητος
FPho. 74 ἐοῦσα οὐ ποταμοὶ πελάγεσσιν. ἀεὶ δ' ὁμόνοιαν * ἔχουσιν * εἰ γὰρ ἔρις μακάρεσσιν ἔην οὐκ ἂν πόλος ἔστη.
FPho. 85 καλιῆς ἅμα πάντας ἑλέσθω μητέρα δ' ἐκπρολίποις ἵν' * ἔχῃς * πάλι τῆσδε νεοσσούς. μηδέποτε κρίνειν ἀδαήμονας
FPho. 93 εἰσιν ἑταῖροι καιρὸν θωπεύοντες ἐπὴν κορέσασθαι * ἔχωσιν * ἀχθόμενοι δ' ὀλίγοις καὶ πολλοῖς πάντες ἄπληστοι.
FPho. 107 θεοῦ χρῆσις θνητοῖσι καὶ εἰκὼν σῶμα γὰρ ἐκ γαίης * ἔχομεν * κἄπειτα πρὸς αὖ γῆν λυόμενοι κόνις ἐσμὲν ἀὴρ δ'
FPho. 145 σπινθῆρος ἀθέσφατος αἴθεται ὕλη. ἐγκρατὲς ἦτορ * ἔχειν * καὶ λωβητῶν δ' ἀπέχεσθαι. φεῦγε κακὴν φήμην φεῦγ'
FPho. 167 πλήθωσιν ἀλωάς. οἱ δ' αὖτοι πυροῖο νεοτριβὲς ἄχθος * ἔχουσιν * ἢ κριθῶν αἰεὶ δὲ φέρων φορέοντα διώκει ἐκ θέρεος
IOrp. 40 ἐπουράνιος καὶ ἐπὶ χθονὶ πάντα τελευτᾷ ἀρχὴν αὐτὸς * ἔχων * καὶ μέσσην ἠδὲ τελευτήν ὡς λόγος ἀρχαίων ὡς
IDip. 5 121 1 καλύψει ἡ γῆ τῷ παντὶ χρόνῳ εἰ γὰρ δίκαιος κάσεβὴς * ἕξουσιν * ἐν ἅρπαζε ἀπελθὼν κλέπτε ἀποστέρει κύκα μηδὲν
IMen. 5 119 2 καθιστάναι πεπλάνηται ἐκεῖνος καὶ φρένας κούφας * ἔχει. * δεῖ γὰρ τὸν ἄνδρα χρήσιμον πεφυκέναι μὴ παρθένους
HDem. 9 21 8 αὐτὸν τῆς Χαναὰν γῆς εἰς ἑτέραν πόλιν Σικίμων * ἔχοντα * παιδία Ῥουβὶμ ἐτῶν δώδεκα μηνῶν δυοῖν Συμεῶνα
HDem. 9 29 15 γῆμαι γυναῖκα. ἐκεῖθεν ἦλθον ἡμέρας τρεῖς. μὴ * ἔχειν * δὲ ὕδωρ ἐκεῖ γλυκὺ ἀλλὰ πικρὸν τοῦ θεοῦ εἰπόντος
HDem. 9 29 16 ἐπιζητεῖν δέ τινα πῶς οἱ Ἰσραηλῖται ὅπλα * ἔσχον * ἄνοπλοι ἐξελθόντες ἔφασαν γὰρ τριῶν ἡμερῶν ὁδὸν
HEup. 9 30 7 κειμένην ἐν τῇ Ἐρυθρᾷ θαλάσσῃ μέταλλα χρυσικὰ * ἔχουσαν * καὶ τὸ χρυσίον ἐκεῖθεν μετακομίσαι τοὺς
HEup. 9 34 4 ὅπως χορηγῆται τὰ δέοντα. διελθὼν δὲ Σολομῶν * ἔχων * τοὺς πατρικοὺς φίλους ἐπὶ τὸ ὄρος τὸ τοῦ Λιβάνου
HArt. 9 27 8 ἐλθόντα ἐπὶ τὸν Ἑρμοπολίτην ὀνομαζόμενον νομὸν * ἔχοντα * περὶ δέκα μυριάδας γεωργῶν αὐτοῦ

HArt.   9   27    27   βασιλέα σημεῖόν τι αὐτῷ ποιῆσαι τὸν δὲ Μώϋσον ἦν ✳ εἶχε ✳ ῥάβδον ἐκβαλόντα ὄφιν ποιῆσαι πτοηθέντων δὲ πάντων
HArl.   9   25     2   βοῶν πεντακόσια ὄνους θηλείας νομάδας πεντακοσίας ✳ εἶχε ✳ δὲ καὶ γεωργίας ἱκανάς. τοῦτον δὲ τὸν ᾿Ιώβ πρότερον
HHec.   1   22   189   τῶν μεθ᾿ ἑαυτοῦ τὴν διαφορὰν ἀνέγνω πᾶσαν αὐτοῖς ✳ εἶχε ✳ γὰρ τὴν κατοίκησιν αὐτῶν καὶ τὴν πολιτείαν
HHec.   1   22   198   μῆκος ὡς πεντάλεθρος εὖρος δὲ πηχῶν ἑκατόν ✳ ἔχων ✳ διπλᾶς πύλας. ἐν ᾧ βωμός ἐστι τετράγωνος οὔκ ἐκ
HHec.   2    4    43   παρέσχον ᾿Ιουδαῖοι τὴν Σαμαρεῖτιν χώραν προσέθηκεν ✳ ἔχειν ✳ αὐτοῖς ἀφορολόγητον.
HCal.      24    19   λίαν εὐκαταφρόνητος. οἶμαι δὲ τούτοις ἐριστικῶς ✳ ἔχειν ✳ τὸ θανεῖν ὡς ἄν τις εἴποι πρὸς ἀναγκαῖόν τι χρῆμα
HCal.      28     7   καὶ Φιλίππου ἰατροῦ καὶ τὴν μὲν Σελεύκου κέρας ✳ ἔχουσαν ✳ γνωρίζεσθαι πεποίηκε διά τε τὸ ἀνδρεῖον καὶ
HCal.      28     8   τε τὸ ἀνδρεῖον καὶ δυσμάχητον Φιλίππου δὲ σχῆμα ✳ ἔχειν ✳ καὶ ἰατρικὸν καὶ στρατιωτικὸν ᾿Αντίοχον δὲ
LThe.   9   22     3   πεπνυμένοι αἰνῶς ἔνδεκα καὶ κούρη Δεῖνα περικαλλὲς ✳ ἔχουσα ✳ εἶδος ἐπίστρεπτον ἠδὲ δέμας καὶ ἀμύμονα θυμόν. ἀπὸ
LEze.   9   28   2 02   ἀφ᾿ οὗ δ᾿ ᾿Ιακὼβ γῆν λιπὼν Χαναναίαν κατῆλθ᾿ ✳ ἔχων ✳ Αἴγυπτον ἑπτάκις δέκα ψυχὰς σὺν αὐτῷ καὶ
LEze.   9   28   3 05   πατρὸς καὶ θεοῦ δωρήματα. ἕως μὲν οὖν τὸν παιδὸς ✳ εἴχομεν ✳ χρόνον τροφαῖσι βασιλικαῖσι καὶ παιδεύμασιν
LEze.   9   29   5 04   πτυχὸς ἐν τῷ καθῆσθαι φῶτα γενναῖόν τινα διάδημ᾿ ✳ ἔχοντα ✳ καὶ μέγα σκῆπτρον χερὶ εὐωνύμῳ μάλιστα. δεξιᾷ δέ
LEze.   9   29  11 01   λαβὼν σέθεν πάρα. (Θ). τί δ᾿ ἐν χεροῖν σοῖν τοῦτ᾿ ✳ ἔχεις; ✳ λέξον τάχος. (Μ). ῥάβδον τετραπόδων καὶ βροτῶν
LEze.   9   29  12 19   πείσετ᾿ οὐδὲν ὧν λέγω πλὴν τέκνων αὐτοῦ πρωτόγονον ✳ ἕξει ✳ νεκρὸν καὶ τότε φοβηθεὶς λαὸν ἐκπέμψει ταχὺ πρὸς
LEze.   9   29  13 08   καὶ κοῖλα ποσσὶν ὑποδέδεσθε καὶ χερὶ βακτηρίαν ✳ ἔχοντες. ✳ ἐν σπουδῇ τε γὰρ βασιλεὺς κελεύσει πάντας
LEze.   9   29  14 07   πεζοὶ μὲν ἐν μέσοισι καὶ φαλαγγικοὶ διεκδρομὰς ✳ ἔχοντες ✳ ἅρμασιν τόπους ἱππεῖς δ᾿ ἔταξε τοὺς μὲν ἐξ
LEze.   9   29  14 22   ἦν πολὺς δ᾿ ἀνδρῶν ὄχλος. ἡμᾶς δὲ χάρμα πάντας ✳ εἴχεν ✳ ἐν μέρει. ἔπειθ᾿ ὑπ᾿ αὐτοὺς θήκαμεν παρεμβολὴν
LEze.   9   29  16 22   κύκλῳ κόρη δὲ κόκκος ὡς ἐφαίνετο. φωνὴν δὲ πάντων ✳ εἴχεν ✳ ἐκπρεπεστάτην. βασιλεὺς δὲ πάντων ὀρνέων ἐφαίνετο
LArl.   8   10     7   βουλόμενός τι κατεργάσασθαι λέγουσιν μεγάλην χεῖρα ✳ ἔχει ✳ ὁ βασιλεὺς φερόμενων τῶν ἀκουόντων ἐπὶ τὴν δύναμιν
LArl.   8   10     7   φερομένων τῶν ἀκουόντων ἐπὶ τὴν δύναμιν ἦν ✳ ἔχεις, ✳ ἐπισημαίνεται δὲ τοῦτο καὶ διὰ τῆς νομοθεσίας
LArl.  13   12     8   ὁμολογεῖται διότι δεῖ περὶ θεοῦ διαλήψεις ὁσίας ✳ ἔχειν ✳ ὃ μάλιστα παρακελεύεται καλῶς ἢ καθ᾿ ἡμᾶς αἵρεσις.
LArl.  13   12    10   ἐντες (τῆς) ἐκ τοῦ Περιπάτου λαμπρῶς αὐτὴν ✳ ἔχειν ✳ τάξιν ἀκολουθοῦντες γὰρ αὐτῇ συνεχῶς ἀτάραχοι
LArl.  13   12    12   τοῦ περὶ ἡμᾶς ἑβδόμου λόγου καθεστῶτος ἐν ᾧ γνῶσι- ✳ ἔχομεν ✳ ἀνθρωπίνων καὶ θείων πραγμάτων. δι᾿ ἑβδόμων δὲ
FrAn.   2   11     4   οὕτως καὶ ὁ λαός μου ἀκαταστασίας καὶ θλίψεις ✳ ἔσχεν ✳ ἔπειτα ἀπολήψεται τὰ ἀγαθά. θυσία τῷ κυρίῳ καρδία
FrAn.   1  217    23   λίθον ἐκ τῆς διπλοΐδος ᾿Ααρὼν τοῦ ἀρχιερέως ✳ ἔχων. ✳ λαβὼν αὐτὸν δὸς τῷ ἐνέγκαντι αὐτὸν χρυσίου πολὺ
FrAn.   1  226    50   αλλ ηλθατε παντες ι( - )ουνι εστε δηλωσατε και π( - ✳ )εχετε ✳ ετερον συγγονον( - )ημος των υιων Ιακωβ κ( - τ)ον
FrAn.   1  227    13   μη καυτος( - - Ιω)σηφ προσσεθεικατε( - )του ακμην ✳ εχω ✳ το τ( - α)γαγετε μοι τουτου ο( )μενοι νυν αντερει

ἔψω (ἑψέω)                                           4

TZab.       6     5   ἐδίδουν. εἰ δὲ ἦν ξένος ἢ νοσῶν ἢ γηράσας ✳ ἐψήσας ✳ τοὺς ἰχθύας καὶ ποιήσας αὐτὰ ἀγαθῶς κατὰ τὴν
Prop.      22    13   ἐλθὼν κατήχθη παρὰ τοῖς υἱοῖς τῶν προφητῶν καὶ ✳ ἐψεθέντος ✳ προσφαγίου καὶ θανατικῆς βοτάνης συνεψεθείσης
Job        13     4   δὲ καὶ οἱ δοῦλοί μου οἱ τὰ τῶν χηρῶν ἐλάττω ✳ ἐψοῦντες, ✳ καὶ τῶν πενήτων ὀλιγωρούντων κατηρνῶντό μοι
FrAn.     574  3009   ὀμφακίζοντα μετὰ βοτάνης μαστιγίας καὶ λωτομήτρας ✳ ἔψει ✳ μετὰ σαμψούχου ἀχρωτίστου λέγων ἴωηλ ωσσαρθιωμι

ἔψος                                                 1

Slb.        5    43   ἀρχὴν Κελτὸς ὀρειοβάτης σπεύδων δ᾿ ἐπὶ δῆριν ✳ ἐψάν ✳ μοῖραν ἀεικελίην οὐ φεύξεται ἀλλὰ καμεῖται ὃν κόνις

ἕως, ἕω                                           1   (cf.+ ἠώς)

Arls.      88     1   σφυρῶν βυσσίνοις χιτῶσιν. ὁ δὲ οἶκος βλέπει πρὸς ✳ ἕω ✳ τὰ δ᾿ ὀπίσθια αὐτοῦ πρὸς ἑσπέραν τὸ δὲ πᾶν ἔδαφος

ἕως (μέχρι)                                         201   ἕως εως
ἑωσφόρος                                              3

Asen.      14     1   ὡς ἐπαύσατο ᾿Ασενὲθ ἐξομολογουμένη τῷ κυρίῳ ἰδοὺ ὁ ✳ ἑωσφόρος ✳ ἀστὴρ ἀνέτειλεν ἐκ τοῦ οὐρανοῦ κατὰ ἀνατολάς.
Asen.      14     2   ἀνέτειλεν. καὶ ἔτι ἐφώρα ᾿Ασενὲθ καὶ ἰδοὺ ἐγγὺς τοῦ ✳ ἑωσφόρου ✳ ἐσχίσθη ὁ οὐρανὸς καὶ ἐφάνη φῶς μέγα καὶ
Asen.      18     9   ὕδατι καὶ ἦν ὡς ὁ ἥλιος καὶ οἱ ὀφθαλμοὶ αὐτῆς ὡς ✳ ἑωσφόρος ✳ ἀνατέλλων καὶ αἱ παρειαὶ αὐτῆς ὡς ἄρουραι τοῦ

ἐωχαριφθα ✳                                          10

FrAn.     574  3013   σιθεμεωχ σωθη ιωη μιμιψωθιωωφ φερσωθι αεηιουω ιωη ✳ εωχαριφθα ✳ ἔξελθε ἀπὸ τοῦ δεῖνα κοινὰ τὸ δὲ φυλακτήριον

Ζαβουλών

TJud.      25     2   οὐρανὸς τὸν ᾿Ρουβὴμ τὸν ᾿Ισαχὰρ ἢ γῆ ἢ θάλασσα τὸν ✳ Ζαβουλὼν ✳ τὰ ὄρη τὸν ᾿Ιωσὴφ ἡ σκηνή τὸν Βενιαμὶν οἱ
TZab.                 διαθηκη                                            Ζαβουλων. ✳ περι ευσπλαγχνιας και ελεους. ἀντίγραφον
TZab.       1     1   Ζαβουλων. περι ευσπλαγχνιας και ελεους. ἀντίγραφον ✳ Ζαβουλὼν ✳ ὃ διέθετο τοῖς τέκνοις αὐτοῦ ἑκατοστῷ τετάρτῳ
TZab.       1     2   θανάτου ᾿Ιωσήφ. καὶ εἶπεν αὐτοῖς ἀκούσατέ μου υἱοὶ ✳ Ζαβουλὼν ✳ προσέχετε ῥήμασι πατρὸς ὑμῶν. ἐγὼ εἰμι Ζαβουλὼν
TZab.       1     3   Ζαβουλὼν προσέχετε ῥήμασι πατρὸς ὑμῶν. ἐγὼ εἰμι ✳ Ζαβουλὼν ✳ δόσις ἀγαθὴ τοῖς γονεῦσί μου. ἐν γὰρ τῷ
TZab.      10     2   φυλῆς μου ὅσοι ἐφύλαξαν νόμον κυρίου καὶ ἐντολὰς ✳ Ζαβουλὼν ✳ πατρὸς αὐτῶν. ἐπὶ δὲ τοὺς ἀσεβεῖς ἐπάξει κύριος
Asen.      27     6   ᾿Ρουβὴμ καὶ Συμεὼν Λευὶς καὶ ᾿Ιούδας ᾿Ισάχαρ καὶ ✳ Ζαβουλὼν ✳ κατεδίωξαν ὀπίσω τῶν ἀνδρῶν τῶν ἐνεδρευόντων τῇ
HDem.   9   21     5   ἔτει μηνὶ δεκάτῳ υἱὸν ἄλλον τεκεῖν ᾧ ὄνομα ✳ Ζαβουλὼν ✳ καὶ τὴν αὐτὴ τῷ τεσσαρεσκαιδεκάτῳ ἔτει μηνὶ
HDem.   9   21     8   ὀκτὼ μηνῶν δέκα ᾿Ασὴρ ἐτῶν ὀκτὼ ᾿Ισσάχαρ ἐτῶν ὀκτὼ ✳ Ζαβουλὼν ✳ ἐτῶν ἑπτὰ μηνῶν δυοῖν Δειναν ἐτῶν ἓξ μηνῶν
HDem.   9   21    17   ζ᾿ Γὰδ ἐτῶν μ α᾿ μηνῶν γ᾿ ᾿Ασὴρ ἐτῶν μ᾿ μηνῶν ὀκτὼ ✳ Ζαβουλὼν ✳ ἐτῶν μ᾿ Δειναν ἐτῶν λ θ᾿ Βενιαμὶν ἐτῶν κ η᾿.

Ζακιήλ                                               1

Hen.       6Β     7   δ᾿ Χωβαβιὴλ ε᾿ ᾿Οραμμαμὴ ς᾿ ᾿Ραμιὴλ ζ᾿ Σαμψὶχ η᾿ ✳ Ζακιήλ ✳ θ᾿ Βαλκιὴλ ι᾿ ᾿Αζαλζὴλ ια᾿ Φαρμαρος ιβ᾿ ᾿Αμαριὴλ

Ζάρ                                                  1

Jer.        7    25   κλαίοντας καὶ λέγοντας ἐλέησον ἡμᾶς ὁ θεὸς ✳ Ζάρ. ✳ ἀκούων ταῦτα ἐλυπούμην καὶ ἔκλαιον δισσὸν κλαυθμὸν

ζατρεφής                                             1

Slb.        3   577   τε κνίσσῃ τ᾿ ἠδ᾿ αὖθ᾿ ἱεραῖς ἑκατόμβαις ταύρων ✳ ζατρεφέων ✳ θυσίαις κριῶν τε τελείων πρωτοτόκων ὅλων τε

Ζαχαρίας                                             7

Prop.      15     1   πλησίον τοῦ τάφου τῶν ἱερέων ἐνδόξως ὡς αὐτοί. ✳ Ζαχαρίας ✳ ἦλθεν ἀπὸ Χαλδαίων ἤδη προβεβηκὼς κάκεῖ πολλὰ
Prop.      15     7   ἑτάρῳ σύνεγγυς ᾿Αγγαίου. (ἀλληλούϊα ᾿Αγγαίου καὶ ✳ Ζαχαρίου ✳ εἶπεν ὁ πνευματικὸς προφήτης Δαυὶδ ἐν τοῖς
Prop.      23     1   τῶν ὀστέων τοῦ ᾿Ελισαίου ὁ νεκρὸς εὐθὺς ἀνέζησεν. ✳ Ζαχαρίας ✳ ἐξ ᾿Ιερουσαλὴμ υἱὸς ᾿Ιωδαὲ τοῦ ἱερέως ὃν
Arls.      47     1   ἔρρωσο. εἰσὶ δὲ πρώτης φυλῆς ᾿Ιώσηφος ᾿Εζεκίας ✳ Ζαχαρίας ✳ ᾿Ιωάννης ᾿Εζεκίας ᾿Ελισσαῖος. δευτέρας ᾿Ιούδας
Arls.      48     4   Σίμων Λευΐς. ἕκτης ᾿Ιούδας ᾿Ιώσηπος Σίμων ✳ Ζαχαρίας ✳ Σομόηλος Σελεμίας. ἑβδόμης Σαββαταῖος Σεδεκίας
Arls.      50     2   ᾿Ενδεμίας Δανίηλος. δεκάτης ᾿Ιερεμίας ᾿Ελεάζαρος ✳ Ζαχαρίας ✳ Βανέας ᾿Ελισσαῖος Δαθαῖος. ἑνδεκάτης Σαμούηλος
FrAn.   4    1     2   ἃ οὐκ ἔφαγον ἅγιοι ταῦτα φάγονται ᾿Ασσύριοι. ἡνίκα ✳ Ζαχαρίαν ✳ τὸν προφήτην ἀνεῖλεν ὁ ᾿Ιωὰς ὁ τῆς ᾿Ιουδαίας

ζάχρυσος                                             1

Slb.        3   356   ἐν πενίῃ ἀνὰ μυρία δ᾿ ὀφλήσουσιν. ὦ χλιδανή ✳ ζάχρυσε ✳ Λατινίδος ἔκγονε ᾿Ρώμη παρθένε πολλάκι σωθεῖσι

Ζεβουλεῶν                                            1

Esdr.       6     2   ᾿Ραφαὴλ Γαβουθελῶν ᾿Ακὴρ ᾿Αρφουγιτόνος Βεβουρὸς ✳ Ζεβουλεῶν. ✳ τότε ἦλθεν φωνὴ πρός με δεῦρο τελεύτα ᾿Εσδρὰμ

ζείδωρος                                             2

Slb.        3   263   ἐνὶ στήθεσσι νόημα. τοῖσι μόνοις καρπὸν τελέθει ✳ ζείδωρος ✳ ἄρουρα ἐξ ἑνὸς εἰς ἑκατὸν τελέθοντό τε μέτρα
Slb.        4    45   ὅσην ἀσέβειαν ἔρεξαν) εὐσεβέες δὲ μενοῦσιν ἐπὶ ✳ ζείδωρον ✳ ἄρουρα πνεῦμα θεοῦ δόντος ζωῆς θ᾿ ἅμα καὶ

Ζέλφα                                                9

TNep.       1    11   ἥτις ἔτεκε θυγατέρα καὶ ἐκάλεσεν τὸ ὄνομα αὐτῆς ✳ Ζέλφαν ✳ ἐπ᾿ ὀνόματι τῆς κώμης ἐν ᾗ ἠχμαλωτεύθη ἑξῆς ἔτεκε
TGad.       1     6   αὐτόν. καὶ εἶπεν ᾿Ιωσὴφ τῷ πατρὶ ἡμῶν ὅτι υἱοὶ ✳ Ζέλφας ✳ καὶ Βάλλας θύουσι τὰ καλὰ καὶ κατεσθίουσιν αὐτὰ
TJos.      20     3   καὶ Βελιὰρ ἐν σκότει ἔσται μετὰ τῶν Αἰγυπτίων. καὶ ✳ Ζέλφας ✳ τὴν μητέρα ὑμῶν ἀνάγετε καὶ ἐγγὺς Βάλλας παρὰ
Asen.      22    11   οἱ ἀδελφοὶ ᾿Ιωσὴφ οἱ υἱοὶ Λίας μόνον οἱ δὲ υἱοὶ ✳ Ζέλφας ✳ καὶ Βάλλας τῶν παιδισκῶν Λίας καὶ ᾿Ραχὴλ οὐ
Asen.      24     2   ὃς οὓς λέγωνες ἰδοῦ οἱ υἱοὶ Βάλλας καὶ οἱ υἱοὶ ✳ Ζέλφας ✳ παιδισκῶν Λίας καὶ ᾿Ραχὴλ γυναικῶν ᾿Ιακὼβ
Asen.      27     7   προσώπου αὐτῶν οἱ ἀδελφοὶ αὐτῶν οἱ υἱοὶ Βάλλας καὶ ✳ Ζέλφας ✳ καὶ εἶπον ἀπολώλαμεν ἀπὸ τῶν ἀδελφῶν ἡμῶν καὶ
Asen.      28     1   γῆν καὶ ἐτεφρώθησαν. καὶ εἶδον οἱ υἱοὶ Βάλλας καὶ ✳ Ζέλφας ✳ τὸ ῥῆμα τὸ μέγα τοῦτο καὶ ἐφοβήθησαν σφόδρα καὶ
HDem.   9   21     3   καὶ περακοιμίσαι τῷ ᾿Ιακὼβ τὴν ἑαυτῆς παιδίσκην ✳ Ζελφὰν ✳ τῷ αὐτῷ χρόνῳ ᾧ καὶ Βάλλαν συλλαβεῖν καὶ
HDem.   9   21     4   παρὰ ᾿Ραχὴλ συλλαβεῖν τὴν ἑαυτῆς παιδίσκην ✳ Ζελφὰν ✳ τῷ αὐτῷ χρόνῳ τῷ δωδεκάτῳ τῆς μηνὶ τρίτῳ καὶ

ζεστός                                               1

Slb.        3   461   ἀνδρῶν τε λεῶν βαρυθύμων ὀμβρήσει δέ τε γαῖα ὕδωρ ✳ ζεστόν ✳ ποτὶ δ᾿ αὐτῆς γαῖα βαρυνομένη πίεται ὀσμὴ δέ τε

ζεύγνυμι                                             4

Asen.       5     4   ἑστὼς ἐπὶ τῷ ἅρματι τῷ δευτέρῳ τοῦ Φαραῶ καὶ ἦσαν ✳ ἐζευγμένοι ✳ ἵπποι τέσσαρες λευκοὶ ὡσεὶ χιὼν χρυσοχάλινοι
Asen.       9     3   ᾿Ιωσὴφ ἔφαγε καὶ ἔπιε καὶ εἶπε τοῖς παισὶν αὐτοῦ ✳ ζεύξατε ✳ τοὺς ἵππους εἰς τὰ ἅρματα εἶπε γὰρ ἀπελεύσομαι
Slb.        5   336   ποταμηδὸν ἐπ᾿ ἰχθυόεντι κολύμβῳ. ᾿Ελλήσποντε τάλαν ✳ ζεύξει ✳ ποτέ σ᾿ ᾿Ασσυρίων παῖς +εις σέ μάχη+ θρηκῶν
FEz.   64   70    15   ὁ κριτὴς ὁ δίκαιος; ἀναγνοὺς ποίῳ τρόπῳ ἀμφότεροι ✳ ἐζεύχθησαν ✳ ἐπιτίθησιν τὸν χωλὸν τῷ πηρῷ καὶ τοὺς

ζεῦγος                                               14

Abr.1       2     1   τὴν Μαβρὴν καὶ εὗρε τὸν ᾿Αβραάμ ἐν τῇ χώρᾳ ἔγγιστα ✳ ζεύγη ✳ βοῶν ἀροτριασμοῦ προεδρεύοντα μετὰ τοὺς υἱούς
Prop.      18     3   τὸν ᾿Ιεροβοὰμ ὅτι δόλῳ πορεύσεται μετὰ κυρίου εἶδε ✳ ζεῦγος ✳ βοῶν πατοῦν τὸν λαὸν καὶ κατὰ τῶν ἱερέων
Prop.      18    3B   δόλῳ πορεύσεται μετὰ κυρίου καὶ μετὰ ᾿Ισραὴλ εἶδε ✳ ζεῦγος ✳ βοῶν θηλειῶν καταπατοῦν τὸν λαὸν καὶ κατὰ τῶν
Job        10     3   μου κόλπῳ κενῷ εἶχον δὲ τρισχίλια καὶ πεντακόσια ✳ ζεύγη ✳ βοῶν, καὶ ἐξελεξάμην ἐξ αὐτῶν ζεύγη πεντακόσια καὶ
Job        10     5   καὶ πεντακόσια ζεύγη βοῶν, καὶ ἐξελεξάμην ἐξ αὐτῶν ✳ ζεύγη ✳ πεντακόσια καὶ ἔστησα εἰς τὸν ἀροτριασμὸν ὃν
Job        16     3   τὰ δὲ πεντακόσια ὄνους καὶ τὰ πεντακόσια ✳ ζεύγη ✳ τῶν βοῶν. ταῦτα πάντα ἀνήλισκεν ἐφ᾿ ἑαυτοῦ καθ᾿ ἣν
HArl.   9   25     2   πρόβατα μὲν ἑπτακισχίλια καμήλους δὲ τρισχιλίας ✳ ζεύγη ✳ βοῶν πεντακόσια ὄνους θηλείας νομάδας πεντακοσίας

Ζεύς                                                 14

Arls.      16     4   ἡμεῖς δὲ βασιλεῦ προσονομάζοντες ἑτέρως Ζῆνα καὶ ✳ Δία ✳ τοῦτο δ᾿ οὐκ ἀνοικείως οἱ πρῶτοι διεσήμαναν δι᾿ ὃν
Slb.        3   141   τρεῖς ἄνδρας ἐνόρκους Κρήτας ἑλοῦσα τοὔνεκά τοι ✳ Δι᾿ ✳ ἐπωνόμασαν᾿ ὅτιἦ διεπέμφθη. ὡς δ᾿ αὕτως διέπεμψε

SIb.        5     7           ὃν Βαβυλὼν ἤλεγξε νέκυν δ' ὤρεξε Φιλίππῳ οὐ ✴ Διός ✴ οὐκ "Αμμωνος ἀληθέα φημιχθέντα καὶ μετὰ τὸν γενεῆς
SIb.        5    87    καὶ Ξοῦις +θλίβεται κόπτεται βουλή+ 'Ηρακλέους τε ✴ Διός ✴ τε καὶ 'Ερμείαο --- καὶ σέ δ' 'Αλεξάνδρεια κλυτὴ
SIb.        5   131    καὶ Φρυγίη δεινὸς χόλος εἵνεκα λύπης ἧς χάριν ἡ ✴ Διὸς ✴ ἦλθε 'Ρέη κάκεῖ προσέμεινεν. πόντος ὀλεῖ Ταύρων
SIb.        5   140    'Ρώμης βασιλεὺς μέγας ἰσόθεος φὼς ὃν φάσ' αὐτὸς ὁ ✴ Ζεὺς ✴ ἔτεκεν καὶ πότνια "Ηρη ὅστις παμμούφω φθόγγῳ
FAch.      115                 ὀνομάζων τοσοῦτον γὰρ διαφέρει Λυκοῦργος ὡς ✴ Ζεὺς ✴ τῶν ἐπὶ τὸν κόσμον ποιεῖ γὰρ ⟨ἐκεῖνος⟩ τὸν ἥλιον
ISop.   5  111     4           πάντα ἃ πρόσθ⟨εν⟩ ἀπώλεσεν. τὴν τοῦδε γάρ τοι ✴ Ζεὺς ✴ ἔγημε μητέρα οὐ χρυσόμορφος οὐδ' ἐπημφιεσμένος
IOrp.          24    σάρκες τε καὶ ὀστέα ἐμπεφύασιν ἀσθενέες δ' ἰδέειν ✴ Δία ✴ τὸν πάντων μεδέοντα. λοιπὸν ἐμοὶ 'στᾶσιν δὲ
IOrp.          47    εὖ μάλ' ἐπικρατέων στέρνοισι δὲ ἔνθεο φήμην. ⟨εἷς ✴ Ζεὺς ✴ εἷς 'Αΐδης εἷς "Ηλιος εἷς Διόνυσος⟩ ⟨εἷς θεὸς ἐν
IMen.    5   119     2    προσφέρων ὦ Πάμφιλε ταύρων τι πλῆθος ἢ ἐρίφων ἢ νῆ ✴ Δία ✴ ἑτέρων τοιούτων ἢ κατασκευάσματα χρυσᾶς ποιήσας
HEup.    9    34    18           κίονα τὸν ἐν Τύρῳ ἀνακείμενον ἐν τῷ ἱερῷ τοῦ ✴ Διός. ✴ ποιῆσαι δὲ τὸν Σολομῶνα καὶ ἀσπίδας χρυσᾶς χιλίας
HArt.    9    27    11    πέμψαι προφυλακῆς χάριν τοῖς δὲ προστάξαι τὸν ἐν ✴ Διὸς ✴ πόλει ναὸν ἐξ ὀπτῆς πλίνθου κατεσκευασμένου
LArl. 13    12     7    σεσημάγκαμεν περιαιροῦντες τὸν διὰ τῶν ποιημάτων ✴ Δία ✴ καὶ Ζῆνα τὸ γὰρ τῆς διανοίας αὐτῶν ἐπὶ θεὸν
ζῆλος (ὁ)                                          12
TRub.       3     5        μεγαλοφροσύνῃ ἕκτον πνεῦμα ψεύδους ἐν ἀπωλείᾳ καὶ ✴ ζήλῳ ✴ τοῦ πλάττειν λόγους καὶ κρύπτειν λόγους αὐτοῦ ἀπὸ
TRub.       6     4    οὔτε σύνεσιν οὔτε εὐσέβειαν ἔχει ἐν ἑαυτῇ καὶ πᾶς ✴ ζῆλος ✴ κατοικεῖ ἐν τῇ ἐπιθυμίᾳ αὐτῆς. διὰ τοῦτο ζηλώσετε
TSim.       2     7           ὅτι ὁ ἄρχων τῆς πλάνης ἀποστείλας τὸ πνεῦμα τοῦ ✴ ζήλου ✴ ἐτύφλωσέ μου τὸν νοῦν μὴ προσέχειν αὐτῷ ὡς ἀδελφῷ
TSim.       4     5           ἀδελφούς. φυλάξασθε οὖν τέκνα μου ἀπὸ παντὸς ✴ ζήλου ✴ καὶ φθόνου καὶ πορεύεσθε ἐν ἁπλότητι ψυχῆς καὶ ἐν
TSim.       4     9    τῇ ψυχῇ καὶ τρόμον τῷ σώματι ὅτι καίγε ἐν ὕπνῳ τις ✴ ζήλου ✴ κακίας αὐτὸν φαντάζει κατεσθίει καὶ ἐν πνεύμασι
TJud.     13     3    μου περὶ Βάλλας γυναικὸς πατρός μου τὸ πνεῦμα τοῦ ✴ ζήλου ✴ καὶ τῆς πορνείας παρετάξατο ἐν ἐμοὶ ἕως συνέπεσα
TIss.       4     5           ἵνα μὴ ἐν διαστροφῇ μιάνῃ τὸν νοῦν αὐτοῦ οὐ ✴ ζῆλος ✴ ἐν διαβουλίοις αὐτοῦ ἐπελεύσεται οὐ βασκανία
TDan.       1     6    ὑπὲρ ἡμᾶς ὁ πατὴρ αὐτὸν ἠγάπα. τὸ γὰρ πνεῦμα τοῦ ✴ ζήλου ✴ καὶ τῆς ἀλαζονείας ἔλεγέ μοι καίγε σὺ υἱὸς αὐτοῦ.
TAser       4     5        ἀκάθαρτοι εἶναι τὸ δὲ πᾶν καθαροὶ εἰσιν ὅτι ἐν ✴ ζήλῳ ✴ θεοῦ πορεύονται ἀπεχόμενοι ὧν καὶ ὁ θεὸς διὰ τῶν
Bar.       13     4    κλεψίαι καταλαλιαὶ ἐπιορκίαι φθόνοι μέθαι ἔρεις ✴ ζῆλος ✴ γογγυσμὸς ψιθυρισμὸς εἰδωλολατρισμὸς μαντεία καὶ
SIb.        5   370    ἄλλος ἐποίει τοὺς δ' αὖ πεπτηῶτας ἀνορθώσει διὰ ✴ ζῆλον. ✴ ἔσται δ' ἐκ δυσμῶν πόλεμος πολὺς ἀνθρώποισιν
FPho.    65           ὀργή δ' ἐστὶν ὄρεξις ὑπερβαίνουσα δὲ μῆνις. ✴ ζῆλος ✴ τῶν ἀγαθῶν ἐσθλὸς φαύλων δ' ὑπέρουκος. τόλμα κακῶν
ζῆλος (τὸ)                                          3
Sal.        2    24    σὺ κύριε ἐπιτιμήσῃς αὐτοῖς ἐν ὀργῇ σου. ὅτι οὐκ ἐν ✴ ζήλει ✴ ἐποίησαν ἀλλ' ἐν ἐπιθυμίᾳ ψυχῆς ἐκχέαι τὴν ὀργὴν
Sal.        4     3    κρίσει καὶ ἡ χεὶρ αὐτοῦ ἐν πρῶτοις ἐπ' αὐτὸν ὡς ἐν ✴ ζήλει ✴ καὶ αὐτὸς ἔνοχος ἐν ποικιλίᾳ ἁμαρτιῶν καὶ ἐν
Bar.        8     5       κλοπὰς ἁρπαγὰς εἰδωλολατρείας μέθας φόνους ἔρεις ✴ ζήλη ✴ καταλαλιὰς γογγυσμοὺς ψιθυρισμοὺς μαντείας καὶ τὰ
ζηλόω                                          9
Abr.1      20    15    μου ἀγαπητοὶ τοῦ πατριάρχου 'Αβραὰμ τὴν φιλοξενίαν ✴ ζηλώσωμεν ✴ καὶ τὴν ἐνάρετον αὐτοῦ κτησώμεθα πολιτείαν ἵνα
TRub.       6     5    πᾶς ζῆλος κατοικεῖ ἐν τῇ ἐπιθυμίᾳ αὐτῆς. διὰ τοῦτο ✴ ζηλώσετε ✴ τοὺς υἱοὺς Λευὶ καὶ ζητήσετε ὑψωθῆναι ὑπὲρ
TSim.       2     6       ἐν ψυχαῖς καὶ ἐν σώμασιν. καὶ ἐν τῷ καιρῷ ἐκείνῳ ✴ ἐζήλωσα ✴ τὸν 'Ιωσήφ ὅτι ἠγάπα αὐτὸν ὁ πατὴρ ἡμῶν καὶ
TLevi       6     3    εἴπῃ τοῖς υἱοῖς 'Εμμὼρ τοῦ περιτμηθῆναι αὐτοὺς ὅτι ✴ ἐζήλωσα ✴ διὰ τὸ βδέλυγμα ὃ ἐποίησαν ἐν 'Ισραήλ. κἀγὼ
TGad        7     4    κακῶν τῆς πλουτίας ὡς 'Ησαῦ ὁ πατράδελφός μου μὴ ✴ ζηλώσητε ✴ ὅρον γὰρ κυρίου ἐκδέξασθε. ἡ γὰρ φαίρεῖται
TBen.       4     4       ἐάν τις δοξάζηται οὐ φθονεῖ ἐάν τις πλουτῇ οὐ ✴ ζηλοῖ ✴ ἐάν τις ἀνδρεῖος ἐπαινεῖ τὸν σώφρονα πιστεύων
Aris.    122     4    τὰς διὰ τοῦ νόμου μεγάλην εὐφυίαν εἶχον τὸ μέσον ✴ ἐζηλωκότες ✴ κατάστημα τοῦτο γὰρ κάλλιστόν ἐστιν
FJos.    190          ἐν ἀνθρώποις καὶ ὅτι ἐκλήθην ὄνόματι 'Ιακώβ ✴ ἐζήλωσεν ✴ καὶ ἐμαχέσατό μοι καὶ ἐπάλαιε πρός με λέγων
HDem.   9    21     3    ἔτει μηνὶ τετάρτῳ 'Ιούδαν. 'Ραχὴλ τε μὴ τίκτουσα ✴ ζηλῶσαι ✴ τὴν ἀδελφήν καὶ παρακαλέσαι τῷ 'Ιακὼβ τὴν
ζηλωτής                                          2
Asen.      11     7    μισεῖ πάντας τοὺς σεβομένους τὰ εἴδωλα διότι θεὸς ✴ ζηλωτής ✴ ἐστι καὶ φοβερὸς ἐπὶ πάντας τοὺς σεβομένους
Sedr.       6     8       τὸν πατέρα αὐτοῦ πῶς δὲ ἐγὼ ὁ θαυμαστὸς καὶ ✴ ζηλωτής ✴ θεὸς τὰ πάντα δέδωκα αὐτῷ καὶ αὐτὸς λαβὼν ταῦτα
ζημία                                          4
TDan.       4     2        εἶτα ἐν ἔργοις δυναμοῖ τὸν ἐρεθιζόμενον καὶ ἐν ✴ ζημίαις ✴ πικραῖς ταράσσει τὸ διαβούλιον αὐτοῦ καὶ οὕτως
TDan.       4     5    καὶ τότε θυμωθεὶς νομίζει δικαίως ὀργίζεσθαι. ἐὰν ✴ ζημίᾳ ✴ ἐὰν ἀπωλείᾳ τινὶ περιπέσητε τέκνα μου μὴ θροεῖσθε
HHec.   1   22   192    οὐ προσσχεῖν ἀλλὰ καὶ πολλὰς ὑπομεῖναι πληγὰς καὶ ✴ ζημίας ✴ ἀποτῖσαι μεγάλας ἕως σύτοῖς συγγνόντα τὸν βασιλέα
HHec.   1   22   193           ἅπαντα ταῦτα κατέσκαπτον καὶ τῶν μὲν ✴ ζημίαν ✴ τοῖς σατράπαις ἐξέτινον περί τινων δὲ καὶ
ζημιόω                                          2
TJud.     15     1        τῇ ἀτιμίᾳ νομίζοντα εἶναι καλόν. ὁ πορνεύων ✴ ζημιούμενος ✴ οὐκ αἰσθάνεται καὶ ἀδοξῶν οὐκ αἰσχύνεται κἂν
TDan.       4     6    ποιεῖ τοῦ ἀπολομένου ἵνα θυμωθῇ διὰ τοῦ πόθου. ἐὰν ✴ ζημιωθῆτε ✴ ἑκουσίως μὴ λυπεῖσθε ἀπὸ γὰρ λύπης ἐγείρει
Ζῆν                                          2
Aris.      16     3    καὶ πάντες ἡμεῖς δὲ βασιλεῦ προσονομάζοντες ἑτέρως ✴ Ζῆνα ✴ καὶ Δία τοῦτο δ' οὐκ ἀνοικείως οἱ πρῶτοι διεσήμαναν
LArl. 13    12     7           περιαιροῦντες τὸν διὰ τῶν ποιημάτων Δία καὶ ✴ Ζῆνα ✴ τὸ γὰρ τῆς διανοίας αὐτῶν ἐπὶ θεὸν ἀναπέμπεται
ζητέω                                          21
Adam       20     4    κατῆλθεν ἀπὸ τοῦ φυτοῦ καὶ ἄφαντος ἐγένετο. ἐγὼ δὲ ✴ ἐζήτουν ✴ ἐν τῷ μέρει μου φύλλα ὅπως καλύψω τὴν αἰσχύνην
Adam       31     4    τι περὶ ἐμοῦ. οὐ γὰρ ἐπιλήσεταί μου ὁ θεὸς ἀλλὰ ✴ ζητήσει ✴ τὸ ἴδιον σκεῦος ὃ ἔπλασεν. ἀνάστα μᾶλλον εὔξαι
Hen.      103    12    ἡμῶν ἐγκεντρίζουσιν ἡμᾶς καὶ περικλείουσιν ἡμᾶς ✴ ἐζήτησαμεν ✴ πο⟨ῦ φύγωμεν⟩ ἀπ' αὐτῶν ὅπως ἀναψύχ⟨ωμεν.⟩---
Abr.2       9     8    ἐνέγκωμεν αὐτήν. καὶ ἀπελθόντες Μιχαὴλ καὶ 'Αβραὰμ ✴ ἐζήτησαν ✴ καὶ οὐκ εὗρον ἀξίαν ζωῆς εἰ μὴ μόνον ἐκείνην ἣν
Abr.2      13    10    τῷ κτίσματι ὃ ἔκτισεν ὁ θεὸς οὐχ εὑρέθη ὅμοιός σου ✴ ἐζήτει ✴ γὰρ ἐν τοῖς ἀγγέλοις καὶ ἀρχαγγέλοις καὶ ἀρχαῖς
TRub.       6     5    αὐτῆς. διὰ τοῦτο ζηλώσετε τοὺς υἱοὺς Λευὶ καὶ ✴ ζητήσετε ✴ ὑψωθῆναι ὑπὲρ αὐτοὺς ἀλλ' οὐ δυνήσεσθε. ὁ γὰρ
TJos.      16     4    ἕτερον εὐνοῦχον λέγουσα ἐὰν καὶ δύο μνᾶς χρυσίου ✴ ζητοῦσι ✴ πρόσεχε μὴ φείσασθαι χρυσίου μόνον πριάμενος τὸν
Asen.       1     8       καὶ εἶπεν αὐτῇ Φαραὼ ὁ πατὴρ αὐτοῦ ἵνα τί σὺ ✴ ζητεῖς ✴ γυναῖκα ἥττον σου καὶ σὺ βασιλεὺς εἶ πάσης τῆς
Asen.      15    12B    χρόνον καὶ εἶπεν αὐτῇ ὁ ἄνθρωπος ἵνα τί τοῦτο ✴ ζητεῖς ✴ τὸ ὄνομά μου 'Ασενέθ; τὸ ἐμὸν ὄνομα ἐν τοῖς
Asen.      28     9    ἐπὶ τὴν γῆν καὶ ἔκλαυσαν μετὰ φωνῆς μεγάλης καὶ ✴ ἐζήτουν ✴ τοὺς ἀδελφοὺς αὐτῶν τοὺς υἱοὺς τῶν παιδισκῶν τοῦ
Jer.        5    13    τὴν ὁδόν. καὶ πάλιν ὑπέστρεψεν εἰς τὴν πόλιν καὶ ✴ ἐζήτησεν ✴ καὶ οὐδένα εὗρε τῶν ἰδίων καὶ εἶπεν εὐλογητὸς
Prop.      10    6B    ὑπὸ κυρίου εἰς Νινευῆ τὴν πόλιν 'Ασσυρίων. καὶ ✴ ἐζήτησεν ✴ 'Ιωνᾶς ἀποδρᾶσαι κυρίου καὶ κατεπόθη ὑπὸ τοῦ
Job         6     3    ἐνετειλάμην τοῖς προθύροις μου ὅτι εἴ τις σήμερον ✴ ζητήσῃ ✴ με, μὴ σημανθήτω, ἀλλ' εἴπατε ὅτι οὐ σχολάζει
SIb.        3   561    ἄρξονται βασιλῆα μέγαν ἐπαμύνειρα κλήξειν καὶ ✴ ζητεῖν ✴ ῥυστῆρα χόλου μεγάλοιο τίς δέσσαι. ἀλλ' ἄγε καὶ
SIb.        5   297    δ' οἰμώξειι+ 'Εφεσος κλαίουσα παρ' ὄχθαις καὶ νηὸν ✴ ζητοῦσα ✴ τὸν οὐκέτι ναιετάοντα. καὶ τότε θυμωθεὶς θεὸς
FMan.   2   22    11    καὶ ὀδυνώμενος σφόδρα. καὶ ὡς βιαίως ἐθλίβη ✴ ἐζήτησεν ✴ τὸ πρόσωπον κυρίου τοῦ θεοῦ αὐτοῦ καὶ
FAch.     110          πῶς σου κυριεύσει. τὸν καθημερινὸν σου βίον ✴ ζήτει ✴ πρὸς τὸ λαμβανόμενον καὶ εἰς αὔριον ἀποθησαυρίζειν
HArt.   9    27     7    ὁρῶντα τὴν ἀρετὴν τοῦ Μωϋσου φθονήσαι αὐτῷ καὶ ✴ ζητεῖν ✴ αὐτὸν ἐπ' εὐλόγῳ αἰτίᾳ τινὶ ἀνελεῖν. καὶ δή ποτε
LEze.   9    28   3 25    τόδε; καὶ πάντα βασιλεῖ ταῦτ' ἀπήγγειλαν ταχὺ ✴ ζητεῖ ✴ δὲ Φαραὼ τὴν ἐμὴν ψυχὴν λαβεῖν ἐγὼ δ' ἀκούσας
FrAn.   1   226    47    - ⟩ς τοῖς συγγνοῦς αυτου κ⟨ - πριⲁ⟩ωσαται σιτον ✴ εζητειτε⟨ - ⟩αι αι ἡλθατε παντες ι⟨ - ⟩ουν εστε
FrAn.   1   227    10    αμαρ⟩τιαις ταις σαις ο θς Ιⲁ⟨κωβ - - ⟩και οπερ ου ✴ ζητω ✴ απεκρ⟨ - Συ⟩μεων που μη καυτος⟨ - - Ιω⟩σηφ
ζήτημα                                          3
FAch.     106          ἔφη τε αὐτοῖς δύνασθε λῦσαι τὸ τοῦ πύργου ✴ ζήτημα ✴ ἢ πάντας τραχηλοκοπήσω; οἱ δὲ φίλοι εἶπον οὐκ
FAch.     108    τοῦ τῶν Αἰγυπτίων βασιλέως ἀνάγνωθι. ὁ δὲ γνοὺς τὸ ✴ ζήτημα ✴ καὶ μειδιάσας φησὶν ἀντίγραψον αὐτῷ οὕτως πέμψω
LArl.  8    10     1    πλὴν ἱκανῶς εἰρημένων πρὸς τὰ προκείμενα ✴ ζητήματα ✴ ἐπεφώνησας καὶ σὺ βασιλεῦ διότι σημαίνεται διὰ
ζιζάνιον                                          1
Adam       16     3           τὸν ἐλαχιστότερον. διὰ τί ἐσθίεις ἐκ τῶν ✴ ζιζανίων ✴ τοῦ 'Αδὰμ καὶ τῆς γυναικὸς αὐτοῦ καὶ οὐχὶ ἐκ
Ζοροβάβελ                                          1
Prop.      15     3    οὗτος καὶ τὸν Σαλαθιὴλ ἐφ' υἱῷ ηὐλόγησε καὶ ὄνομα ✴ Ζοροβάβελ ✴ ἐπέθηκε καὶ ἐπὶ Κύρου τέρας ἔδωκεν εἰς νῖκος
ζοφερός                                          1
Abr.1      17    13    περιεβάλετο στολὴν τυραννικὴν καὶ ἐποίησεν ὄψιν ✴ ζοφερὰν ✴ παντὸς θηρίου ἀγριωτέραν καὶ πάσης ἀκαθαρσίας
ζοφοειδής                                          1
Abr.1      17    14    σκοτώδους γνοφερώτερον καὶ πρόσωπον ἐχίδνης ✴ ζοφοειδέστατον ✴ ⟨καὶ πρόσωπον ἀσπίδος ἀγριώτερον⟩ καὶ
ζόφος (ὁ)                                          2
SIb.        4    43    θ' ἅμα εὐσεβέας τε καὶ τότε δυσσεβέας μὲν ὑπὸ ✴ ζόφον ✴ ἐν πυρὶ πέμψει ⟨καὶ τότ'⟩ ἐπιγνώσονται ὅσην
ζοφώδης                                          3
Hen.       17     2    φαίνονται ὡσεὶ ἄνθρωποι. καὶ ἀπήγαγόν με εἰς ✴ ζοφώδη ✴ τόπον καὶ εἰς ὄρος οὗ ἡ κεφαλὴ ἀφικνεῖτο εἰς τὸν
Asen.      10     8    τὸ κιβώτιον αὐτῆς καὶ ἀφέληκε χιτῶνα μέλανα καὶ ✴ ζοφώδη. ✴ καὶ οὗτος ἦν ὁ χιτὼν τοῦ πένθους αὐτῆς ὅτε
Bar.        4     8           καὶ ἔδειξέν μοι τὸν "Αἰδην καὶ ἦν ἡ ἰδέα αὐτοῦ ✴ ζοφώδης ✴ καὶ βέβηλος. καὶ εἶπον τίς ἐστιν ὁ δράκων οὗτος;
ζυγάς                                          2
Abr.1      12    18    ψυχῆς ταύτης. καὶ ἀνοίξας τὴν βίβλον εὗρεν αὐτῆς ✴ ζυγάδας ✴ τὰς ἁμαρτίας καὶ τὰς δικαιοσύνας ἐξ ἴσου οὔτε
Abr.1      14     2    ὁ κριτὴς τὰς ἁμαρτίας αὐτῆς ⟨καὶ τὰς δικαιοσύνας⟩ ✴ ζυγάδας ✴ καὶ οὔτε εἰς κρίσιν ἐξέδοτο αὐτὴν οὔτε εἰς τὸ
ζυγίζω                                          2
Abr.1      12    13    μὲν πρὸ προσώπου τῆς τραπέζης ὁ τὸν ζυγὸν κατέχων ✴ ἐζύγιζεν ✴ τὰς ψυχὰς καὶ ὁ πύρινος ἄγγελος ὁ τὸ πῦρ
Abr.1      13    10    ὁ Δοκιὴλ ὁ ἀρχάγγελος ὁ δίκαιος ζυγοστάτης καὶ ✴ ζυγίζει ✴ τὰς ἁμαρτίας καὶ τὰς δικαιοσύνας ἐν δικαιοσύνῃ
ζυγόν                                          1
SIb.        4    87           γενεὴν μερόπων γένος ἔλθῃ καὶ τότε Πέρσῃσιν ✴ ζυγὰ ✴ δούλια καὶ φόβος ἔσται. αὐτὰρ ἐπεὶ σκήπτροισι
ζυγός                                          17
Hen.      103    11    ἁμαρτωλῶν ⟨οἱ ἄνο⟩μοι ἐβάρυναν ἐφ' ἡμᾶς τὸν ✴ ζυγόν. ✴ οἳ κυριεύουσιν οἱ ἐχθροὶ ἡμῶν ἐγκεντρίζουσιν ἡμᾶς

384 ζυγός

| | | | | | |
|---|---|---|---|---|---|
| Abr.1 | 12 | 9 | ἐκάθητο ἄγγελος φωτοφόρος κρατῶν ἐν τῇ χειρὶ αὐτοῦ | * ζυγὸν * | ἀριστερῶν δὲ αὐτοῦ ἐκάθητο ἄγγελος πύρινος ἀνηλεὴς |
| Abr.1 | 12 | 13 | ἁμαρτίας καὶ ὁ μὲν πρὸ προσώπου τῆς τραπέζης ὁ τὸν | * ζυγὸν * | κατέχων ἐζύγιζεν τὰς ψυχὰς καὶ ὁ πύρινος ἄγγελος ὁ |
| Abr.1 | 13 | 1 | καὶ τίς ὁ ἄγγελος ὁ ἡλιόμορφος ὁ τὸν | * ζυγὸν * | κατέχων; καὶ τίς ὁ πύρινος ἄγγελος ὁ τὸ πῦρ |
| Abr.1 | 13 | 10 | τοὺς ἁμαρτωλοὺς ὁ δὲ ἡλιόμορφος ἄγγελος ὁ τὸν | * ζυγὸν * | κατέχων ἐν τῇ χειρὶ αὐτοῦ οὗτός ἐστιν ὁ Δοκιὴλ ὁ |
| Abr.1 | 13 | 14 | οὕτως δίκαιε Ἀβραὰμ τὰ πάντα ἐν πᾶσιν ἐν πυρὶ καὶ | * ζυγῷ * | δοκιμάζονται. εἶπεν δὲ Ἀβραὰμ πρὸς τὸν ἄγγελον |
| Sal. | 7 | 9 | Ισραηλ εἰς τὸν αἰῶνα καὶ οὐκ ἀπώσῃ. καὶ ἡμεῖς ὑπὸ | * ζυγόν * | σου τὸν αἰῶνα καὶ μάστιγα παιδείας σου. |
| Sal. | 17 | 30 | καὶ ἕξει λαοὺς ἐθνῶν δουλεύειν αὐτῷ ὑπὸ τὸν | * ζυγὸν * | αὐτοῦ καὶ τὸν κύριον δοξάσει ἐν ἐπισήμῳ πάσης τῆς |
| Prop. | 4 | 6 | καὶ τὸ σκληροτράχηλον καὶ ὅτι ὡς βοῦς ὑπὸ | * ζυγὸν * | γίνονται τοῦ Βελιαρ. ταῦτα ἔχουσιν οἱ δυνάσται ἐν |
| Sib. | 3 | 391 | γὰρ αὐτοῦ πρόσθε κεραυνὸς φῶτα κακὸν δ' Ἀσίῃ | * ζυγὸν * | ἕξει πᾶσα πολὺν δὲ χθὼν πίεται φόνον ὀμβρηθεῖσα. |
| Sib. | 3 | 448 | ἔσῃ ἀνθρώποισιν ἐρασταῖς κάλλεσιν ἠδ' ὄλβῳ δεινὸν | * ζυγὸν * | αὐχένι θήσῃ. Λύδιος αὖ σεισμὸς δὲ τὰ Περσίδος |
| Sib. | 3 | 508 | δι' αἰῶνος λείψει πῦρ ἀλλὰ καήσῃ. αἰαῖ σοι Θρήκη | * ζυγὸν * | ὡς εἰς δούλιον ἥξεις ἡνίκα σύμμικτοι Γαλάται τοῖς |
| Sib. | 3 | 537 | χαρὰν Ἕλλησι δὲ πένθος. δούλειος δ' ἄρα --- | * ζυγὸς * | ἔσσεται Ἑλλάδι πάσῃ πᾶσι δ' ὁμοῦ πόλεμός τε |
| Sib. | 3 | 567 | ἠδὲ φόβοιο καὶ λοιμοῦ καὶ δοῦλον ὑπεκφεύξῃ | * ζυγὸν * | αὖτις. ἀλλὰ μέχρις γε τοσοῦδ' ἀσεβῶν γένος ἔσσεται |
| Sib. | 4 | 104 | πόλεμος μέγας ᾧ ὕπο κόσμος λατρεύσει δούλειον ἔχων | * ζυγὸν * | Ἰταλίδῃσιν. καὶ σὺ τάλαινα Κόρινθε τεήν ποτ' |
| Sib. | 5 | 520 | Ταῦρος δ' Αἰγοκέρωτος ἀφήρπασε νόστιμον ἦμαρ. καὶ | * Ζυγὸν * | Ὠρίων ἀπενόσφισε μηκέτι μεῖναι Παρθένος ἐν Κριῷ |
| FJub. | 26 | 34 | ὁ Ἰσαὰκ ἔσται δὲ ἡνίκα ἂν καθέλῃς καὶ ἐκλύσῃς τὸν | * ζυγὸν * | αὐτοῦ ἀπὸ τοῦ τραχήλου σου. τῷ ρ ν γ' ἔτει τοῦ |
| ζυγοστάτης | | 1 | | | |
| Abr.1 | 13 | 10 | αὐτοῦ οὗτός ἐστιν ὁ Δοκιὴλ ὁ ἀρχάγγελος ὁ δίκαιος | * ζυγοστάτης * | καὶ ζυγίζει τὰς ἁμαρτίας καὶ τὰς δικαιοσύνας |
| ζύμη | | 1 | | | |
| LEze. 9 | 29 13 | 16 | τηρήσετε ἑφθ' ἡμέρας ἄζυμα καὶ οὐ βρωθήσεται | * ζύμη. * | κακῶν γὰρ τῶνδ' ἀπαλλαγήσεται καὶ τοῦδε μηνὸς |
| ζῶ | | 117 | | | |
| Adam | 5 | 1 | δὲ Ἀδὰμ υἱοὺς τριάκοντα καὶ θυγατέρας τριάκοντα. | * ἔζησεν * | δὲ Ἀδὰμ ἔτη ἐνακόσια τριάκοντα. καὶ περιπεσὼν |
| Adam | 18 | 1 | ἐπεὶ θανάτῳ ἀποθανεῖσθε. τότε λέγει μοι ὁ ὄφις | * ζῇ * | ὁ θεὸς ὅτι λυποῦμαι περὶ ὑμῶν ὅτι ὡς κτήνη ἐστέ. οὐ |
| Adam | 29 | 7 | ἀνάστα καὶ φρόντισον ἡμῖν βρώματα ἵνα φάγωμεν καὶ | * ζήσωμεν * | ἵνα μὴ ἀποθάνωμεν. ἐγερθῶμεν καὶ κυκλώσωμεν τὴν |
| Adam | 31 | 2 | καὶ λέγει τῷ Ἀδὰμ ἡ Εὕα διά τί ἀποθνήσκεις κἀγὼ | * ζῶ * | ἢ πόσον χρόνον ἔχω ποιῆσαι μετὰ θάνατόν σου |
| Adam | 42 | 3 | αὐτὴ πληρωθέντων τῶν ἓξ ἡμερῶν ἐκοιμήθη. ἔτι δὲ | * ζώσης * | αὐτῆς ἔκλαυσεν περὶ τῆς κοιμήσεως τοῦ Ἀδάμ. οὐ |
| Hen. | 5 | 1 | περὶ πάντων τῶν ἔργων αὐτοῦ καὶ νοήσατε ὅτι θεὸς | * ζῶν * | ἐποίησεν αὐτὰ οὕτως καὶ ζῇ εἰς πάντας τοὺς αἰῶνας |
| Hen. | 5 | 1 | καὶ νοήσατε ὅτι θεὸς ζῶν ἐποίησεν αὐτὰ οὕτως καὶ | * ζῇ * | εἰς πάντας τοὺς αἰῶνας καὶ τὰ ἔργα αὐτοῦ πάντα ὅσα |
| Hen. | 5 | 8 | πᾶσιν τοῖς ἐκλεκτοῖς σοφία καὶ πάντες οὗτοι | * ζήσονται * | καὶ οὐ μὴ ἁμαρτήσονται ἔτι οὐ κατ' ἀλήθειαν |
| Hen. | 10 | 10 | τοῖς πατράσιν αὐτῶν καὶ περὶ αὐτῶν ὅτι ἐλπίζουσιν | * ζῆσαι * | ζωὴν αἰώνιον καὶ ὅτι ζήσεται ἕκαστος αὐτῶν ἔτη |
| Hen. | 10 | 10 | αὐτῶν ὅτι ἐλπίζουσιν ζῆσαι ζωὴν αἰώνιον καὶ ὅτι | * ζήσεται * | ἕκαστος αὐτῶν ἔτη πεντακόσια. καὶ εἶπεν Μιχαὴλ |
| Hen. | 10 | 17 | καὶ νῦν πάντες οἱ δίκαιοι ἐκφεύξονται καὶ ἔσονται | * ζῶντες * | ἕως γεννήσωσιν χιλιάδας καὶ πᾶσαι αἱ ἡμέραι |
| Hen. | 10B | 10 | οὐκ ἔστι τοῖς πατράσιν αὐτῶν ὅτι ἐλπίζουσι | * ζῆσαι * | ζωὴν αἰώνιον καὶ ὅτι ζήσεται ἕκαστος αὐτῶν ἔτη |
| Hen. | 10B | 10 | αὐτῶν ὅτι ἐλπίζουσι ζῆσαι ζωὴν αἰώνιον καὶ ὅτι | * ζήσεται * | ἕκαστος αὐτῶν ἔτη πεντακόσια. καὶ τῷ Μιχαὴλ εἶπε |
| Hen. | 15 | 4 | υἱοὺς γίγαντας. καὶ ὑμεῖς ἦτε ἅγιοι καὶ πνεύματα | * ζῶντα * | αἰώνια ἐν τῷ αἵματι τῶν γυναικῶν ἐμιάνθητε καὶ ἐν |
| Hen. | 15 | 6 | πᾶν ἔργον ἐπὶ τῆς γῆς. ὑμεῖς δὲ ὑπήρχετε πνεύματα | * ζῶντα * | αἰώνια καὶ οὐκ ἀποθνήσκοντα εἰς πάσας τὰς γενεὰς |
| Hen. | 17 | 4 | τὰς ἀστραπὰς πάσας. καὶ ἀπήγαγόν με μέχρι ὑδάτων | * ζώντων * | καὶ μέχρι πυρὸς δύσεως ὅ ἐστιν καὶ παρέχον πάσας |
| Hen. | 25 | 6 | ὀσμαὶ αὐτοῦ ἐν τοῖς ὀστέοις αὐτῶν καὶ ζωὴν πλείονα | * ζήσονται * | ἐπὶ γῆς ἣν ἔζησαν οἱ πατέρες σου καὶ ἐν ταῖς |
| Hen. | 25 | 6 | ὀστέοις αὐτῶν καὶ ζωὴν πλείονα ζήσονται ἐπὶ γῆς ἣν | * ἔζησαν * | οἱ πατέρες σου καὶ ἐν ταῖς ἡμέραις αὐτῶν καὶ |
| Hen. | 90 | 5 | πλείω τῶν ἑκατὸν εἴκοσιν ἐτῶν. καὶ μὴ δόξητε ἔτι | * ζῆσαι * | ἐπὶ πλείονα ἔτη οὐ γάρ ἐστιν ἐπ' αὐτοῖς πᾶσα ὁδὸς |
| Abr.1 | 1 | 1 | πεῖραν τὸ πῶς δὴ ἕκαστος ἐτελεύτησεν. εὐλόγησον. | * ἔζησεν * | Ἀβραὰμ τὸ μέτρον τῆς ζωῆς αὐτοῦ ἔτη ἐννακόσια |
| Abr.1 | 1 | 1 | ἐνενήκοντα ἐννέα πάντα δὲ τὰ τέλη τῆς ζωῆς αὐτοῦ | * ζήσας * | ἐν ἡσυχίᾳ καὶ πραότητι καὶ δικαιοσύνῃ πάνυ ὑπῆρχεν |
| Abr.1 | 10 | 14 | δὲ τὸν θάνατον τῶν ἁμαρτωλῶν ἕως οὗ ἐπιστρέψαι καὶ | * ζῆσαι * | ἀνάγαγε ⟨δὲ⟩ τὸν Ἀβραὰμ ἐν τῇ πρώτῃ πύλῃ τοῦ |
| Abr.1 | 14 | 15 | ἀνταπέδωκας⟩ ἐγὼ δὲ οὔσπερ ἀποδώσω ἐπὶ τῆς γῆς | * ζῶντας * | ἐν τῷ θανάτῳ οὐκ ἀπαιτήσομαι. εἶπεν δὲ καὶ τὸν |
| Abr.1 | 17 | 11 | τὴν ἀγριότητα ἕνεκεν τοῦ ὀνόματος τοῦ θεοῦ τοῦ | * ζῶντος * | ὅτι ἡ δύναμις τοῦ θεοῦ μου τοῦ ἐπουρανίου μετ' |
| Abr.2 | 12 | 7 | καὶ εἶπεν Ἀβραὰμ ἄνοιξον τὴν γῆν καταπίῃ αὐτοὺς | * ζῶντας * | καὶ εὐθέως κατέπιεν αὐτοὺς ζῶντας ἡ γῆ. καὶ πάλιν |
| Abr.2 | 12 | 8 | καταπίῃ αὐτοὺς ζῶντας καὶ εὐθέως κατέπιεν αὐτοὺς | * ζῶντας * | ἡ γῆ. καὶ πάλιν ἤγαγεν αὐτοὺς ἡ νεφέλη καὶ εἶδεν |
| TSim. | 2 | 11 | τὸν πατέρα. ἐγὼ δὲ ὠργίσθην πρὸς τὸν Ἰούδαν ὅτι | * ζῶντα * | αὐτὸν ἀπέλυσε καὶ ἐποίησα μῆνας πέντε ὀργιζόμενος |
| TLevi | 2 | 3B002 | αὐτὰ ἐν ὕδατι καθαρῷ καὶ ὅλος ἐλουσάμην ἐν ὕδατι | * ζῶντι * | καὶ πάσας τὰς ὁδούς μου ἐποίησα εὐθείας. τότε τοὺς |
| TLevi | 19 | 4 | πόδας αὐτοῦ καὶ προσετέθη πρὸς τοὺς πατέρας αὐτοῦ | * ζήσας * | ἑκατὸν τριάκοντα ἑπτὰ ἔτη. καὶ ἔθηκαν αὐτὸν ἐν |
| TJud. | 8 | 3 | ὧν τοὺς δύο ἀτέκνους ἀνεῖλε κύριος ὁ γὰρ Σηλὼμ | * ἔζησε * | καὶ τὰ τέκνα αὐτοῦ ὑμεῖς ἐστε. δεκαοκτὼ ἔτη |
| TJud. | 12 | 12 | τεσσαράκοντα ἓξ ἐτῶν ἤμην καὶ ἑβδομήκοντα τρία ἔτη | * ἔζησα * | ἐκεῖ. καὶ νῦν ὅσα ἐγὼ ὑμῖν ἐντέλλομαι ἀκούσατε |
| TIss. | 4 | 3 | διάφορον οὐ θέλει χρόνους μακροὺς οὐχ ὑπογράφει | * ζῆν * | ἀλλὰ μόνον ἐκδέχεται τὸ θέλημα τοῦ θεοῦ. καίγε τὰ |
| TZab. | 4 | 11 | τῇ ῥομφαίᾳ αὐτοῦ κατακόψαι αὐτὸν ὀργιζόμενος ὅτι | * ἔζησε * | καὶ οὐκ ἀνεῖλεν αὐτόν. ἀναστάντες δὲ κατ' αὐτοῦ |
| TNep. | 7 | 2 | τότε λέγει μοι ὁ πατήρ μου πιστεύω ὅτι | * ζῇ * | Ἰωσὴφ ὁρῶ γὰρ πάντοτε ὅτι κύριος συγκαταριθμεῖ αὐτὸν |
| TNep. | 7 | 3 | συγκαταριθμεῖ αὐτὸν μεθ' ὑμῶν. καὶ κλαίων ἔλεγε | * ζῇς * | Ἰωσὴφ τέκνον μου καὶ οὐ βλέπω σέ καὶ σὺ οὐχ ὁρᾷς |
| TGad | 1 | 7 | τὸν ἀρνὸν ἔθυσα περὶ οὗ ἐλυπούμην ὅτι οὐκ ἠδύνατο | * ζῆν * | καὶ ἐφάγομεν αὐτὸν καὶ εἶπε τῷ πατρὶ ἡμῶν. καὶ |
| TGad | 2 | 2 | προσεθέμην μῖσος καὶ ἤθελον αὐτὸν ἐκλεῖξαι ἐκ γῆς | * ζώντων * | ὃν τρόπον ἐκλείχει ὁ μόσχος τὰ χλωρὰ ἀπὸ τῆς γῆς. |
| TGad | 4 | 6 | θανάτου θελήσει ἀνακαλέσασθαι οὕτως τὸ μῖσος τοὺς | * ζῶντας * | θέλει ἀποκτεῖναι καὶ τοὺς ἐν ὀλίγῳ ἁμαρτήσαντας |
| TGad | 4 | 6 | ἀποκτεῖναι καὶ τοὺς ἐν ὀλίγῳ ἁμαρτήσαντας οὐ θέλει | * ζῆν. * | τὸ γὰρ πνεῦμα τοῦ μίσους διὰ τῆς ὀλιγοψυχίας |
| TBen. | 1 | 1 | λόγων Βενιαμιν ὧν διέθετο τοῖς υἱοῖς αὐτοῦ | * ζήσας * | ἔτη ἑκατὸν εἰκοσιπέντε. καὶ φιλήσας αὐτοὺς εἶπεν |
| Asen. | 2 | 12 | καὶ ἦν ἐν τῇ αὐλῇ ἐκ δεξιῶν πηγὴ ὕδατος πλουσίου | * ζῶντος * | καὶ ὑποκάτωθεν τῆς πηγῆς ἦν ληνὸς μεγάλη δεχομένη |
| Asen. | 8 | 5 | θεοσεβεῖ ὃς εὐλογεῖ τῷ στόματι αὐτοῦ τὸν θεὸν τὸν | * ζῶντα * | καὶ ἐσθίει ἄρτον εὐλογημένον ζωῆς καὶ πίνει |
| Asen. | 8 | 6 | αἵτινες εὐλογοῦσι τῷ στόματι αὐτῶν τὸν θεὸν τὸν | * ζῶντα. * | ὁμοίως καὶ γυναικὶ θεοσεβεῖ οὐκ ἔστι προσῆκον |
| Asen. | 8 | 9 | κατάπαυσίν σου ἣν ἡτοίμασας τοῖς ἐκλεκτοῖς σου καὶ | * ζησάτω * | ἐν τῇ αἰωνίῳ ζωῇ σου εἰς τὸν αἰῶνα χρόνον. καὶ |
| Asen. | 11 | 10 | ὁ θεὸς τῶν Ἑβραίων θεὸς ἀληθινός ἐστι καὶ θεὸς | * ζῶν * | καὶ θεὸς ἐλεήμων καὶ οἰκτίρμων καὶ μακρόθυμος καὶ |
| Asen. | 12 | 2 | ὡς φύλλα δρυὸς ἐπάνω τῶν ὑδάτων καὶ εἰσι λίθοι | * ζῶντες * | καὶ τῆς φωνῆς σου ἀκούουσι κύριε καὶ φυλάσσουσι |
| Asen. | 14 | 12 | καὶ νίψαι τὸ πρόσωπόν σου καὶ τὰς χεῖράς σου ὕδατι | * ζῶντι * | καὶ ἔνδυσαι στολὴν λινῆν καινὴν ἄθικτον καὶ |
| Asen. | 14 | 15 | τὰς χεῖρας αὐτῆς καὶ τὸ πρόσωπον αὐτῆς ὕδατι | * ζῶντι. * | καὶ ἔλαβε θέριστρον λινοῦν ἄθικτον καὶ ἐπίσημον |
| Asen. | 15 | 4 | ἁγνή. ἰδοὺ γὰρ ἐγράφη τὸ ὄνομά σου ἐν τῇ βίβλῳ τῶν | * ζώντων * | ἐν τῷ οὐρανῷ ἐν ἀρχῇ τῆς βίβλου πρῶτον πάντων |
| Asen. | 19 | 8 | σου ἀδαμάντινα ⟨τείχη ζωῆς⟩ διότι οἱ υἱοὶ τοῦ | * ζῶντος * | θεοῦ ἐνοικήσουσιν ἐν τῇ πόλει τῆς καταφυγῆς σου |
| Asen. | 27 | 10 | φθορᾶς τοῦ θανάτου ὁ εἰπών μοι ὅτι εἰς τὸν αἰῶνα | * ζήσεται * | ἡ ψυχή σου ῥῦσαί με ἐκ τῶν χειρῶν τῶν ἀνδρῶν τῶν |
| Asen. | 29 | 4 | θεραπεύσομεν αὐτὸν ἀπὸ τοῦ τραύματος αὐτοῦ καὶ ἐὰν | * ζήσῃ * | ἔσται ἡμῶν φίλος μετὰ ταῦτα καὶ ὁ πατὴρ αὐτοῦ Φαραὼ |
| Sal. | 4 | 6 | ὡς ἄκακος. ἐξᾶραι ὁ θεὸς τοὺς ἐν ὑποκρίσει | * ζῶντας * | μετὰ ὁσίων ἐν φθορᾷ σαρκὸς αὐτοῦ καὶ πενίᾳ τὴν |
| Sal. | 5 | 10 | ἀνατολὴν χλόης ἡτοίμασας χορτάσματα ἐν ἐρήμῳ παντὶ | * ζῶντι * | καὶ ἐὰν πεινάσωσιν πρός σὲ ἀροῦσιν πρόσωπον αὐτῶν. |
| Sal. | 14 | 3 | νόμῳ ᾧ ἐνετείλατο ἡμῖν εἰς ζωὴν ἡμῶν. ὅσιοι κυρίου | * ζήσονται * | ἐν αὐτῷ εἰς τὸν αἰῶνα ὁ παράδεισος τοῦ κυρίου |
| Sal. | 15 | 13 | δὲ φοβούμενοι τὸν κύριον ἐλεηθήσονται ἐν αὐτῇ καὶ | * ζήσονται * | ἐν τῇ ἐλεημοσύνῃ τοῦ θεοῦ αὐτῶν καὶ ἁμαρτωλοὶ |
| Jer. | 6 | 4 | σου ἐν τῇ παρθενικῇ σου πίστει καὶ πίστευσον ὅτι | * ζήσεις. * | ἐπίβλεψον ἐπὶ τὸν κόφινον τοῦτον τῶν σύκων ἰδοὺ |
| Jer. | 9 | 3 | λέγων ἅγιος ἅγιος ἅγιος τὸ θυμίαμα τῶν δένδρων τῶν | * ζώντων * | τὸ φῶς τὸ ἀληθινὸν τὸ φωτίζον με ἕως οὗ ἀναληφθῶ |
| Jer. | 9 | 11 | καὶ ἰδοὺ φωνὴ ἦλθε λέγουσα μὴ κηδεύετε τὸν ἔτι | * ζῶντα * | ὅτι ἡ ψυχὴ αὐτοῦ εἰσέρχεται εἰς τὸ σῶμα αὐτοῦ |
| Bar. | 1 | 7 | ἄλλα μυστήρια τούτων μείζονα. καὶ εἶπον ἐγὼ Βαροὺχ | * ζῇ * | κύριος ὁ θεὸς ὅτι ἐὰν ὑποδείξῃς μοι καὶ ἀκούσω παρά |
| Esdr. | 2 | 7 | καὶ δεῦρο δικάζου μεθ' ἡμῶν. καὶ εἶπεν Ἐσδρὰμ | * ζῇ * | κύριος οὐ μὴ παύσομαι δικαζόμενός σε ὑπὲρ τὸ γένος |
| Sedr. | 12 | 1 | στενάζεις; ὁ παράδεισός σοι ἠνοίγη καὶ ἀποθανὼν | * ζήσεις. * | λέγει αὐτῷ Σεδρὰχ ἔτι ἅπαξ λαλήσω σοι κύριε ἕως |
| Sedr. | 12 | 2 | αὐτῷ Σεδρὰχ ἔτι ἅπαξ λαλήσω σοι κύριε ἕως πότε | * ζῶ * | πρὶν ἀποθανεῖν με; καὶ μὴ παρακούσῃς τῆς αἰτήσεώς |
| Sedr. | 12 | 4 | ⟨λέγει ὁ Σεδρὰχ⟩ ἔτη ὀγδοήκοντα ⟨ἢ⟩ ἐνενήκοντα ἐὰν | * ζήσῃ * | ἄνθρωπος ἢ ἑκατὸν καὶ ζήσῃ αὐτοὺς ἐν ἁμαρτίαις καὶ |
| Sedr. | 12 | 4 | ⟨ἢ⟩ ἐνενήκοντα ἐὰν ζήσῃ ἄνθρωπος ἢ ἑκατὸν καὶ | * ζήσῃ * | αὐτοὺς ἐν ἁμαρτίαις καὶ πάλιν ἐπιστρέψῃ καὶ ζήσῃ |
| Sedr. | 12 | 4 | ζήσῃ αὐτοὺς ἐν ἁμαρτίαις καὶ πάλιν ἐπιστρέψῃ καὶ | * ζήσῃ * | ἄνθρωπος ἐν μετανοίᾳ πόσας ἡμέρας μετανοήσας ἀφίεις |
| Sedr. | 12 | 5 | τὰς ἁμαρτίας; λέγει αὐτὸν ὁ θεὸς ἐὰν ἐπιστρέψας | * ζῶν * | τὰ ἑκατὸν ⟨ἢ⟩ ὀγδοήκοντα μετανοήσας τρία ἔτη καὶ |
| Sedr. | 13 | 3 | τρία ἔτη. λέγει αὐτὸν ὁ θεὸς ἐὰν μετὰ ἑκατὸν ἔτη | * ζήσῃ * | ἄνθρωπος καὶ μνησθῇ τὸν θάνατον αὐτοῦ καὶ ὁμολογήσῃ |
| Job | 23 | 7 | κεφαλῆς σου καὶ λάβε τρεῖς ἄρτους ἴσως δυνήσεσθε | * ζῆσαι * | ἐν τρισὶν ἡμέραις. τότε λέγει ἐν ἑαυτῇ τί γάρ μοι |
| Job | 24 | 9 | τῆς κεφαλῆς σου καὶ λάμβανε τρεῖς ἄρτους ἴσως | * ζήσεσθε * | ἐν τρισὶν ἡμέραις. κἀγὼ ἐκκακήσασα εἶπον αὐτῷ |
| Job | 37 | 2 | ἐπὶ τίνος σὺ ἐλπίζεις; καὶ ἐγὼ εἶπον ἐπὶ τῷ θεῷ τῷ | * ζῶντι. * | καὶ πάλιν εἶπέν μοι τίς ἀφείλατο τὰ ὑπάρχοντά σου |
| Job | 43 | 5 | Ελιους ὁ μόνος πονηρὸς μνημόσυνον οὐχ ἕξει ἐν τοῖς | * ζῶσιν. * | καὶ ὁ λύχνος αὐτοῦ σβεσθεὶς ἠφάνισεν τὸ φέγγος |
| Job | 43 | 17 | ἡ ἀνομία ὁ δὲ πονηρὸς Ελιους μνημόσυνον ἐν τοῖς | * ζῶσιν * | οὐκ ἔσχεν. μετὰ δὲ τὸ παύσασθαι Ελιφαν τοῦ ὕμνου, |
| Job | 47 | 1 | περιττῶν τούτων χορδῶν; μὴ ἐκ τούτων ἕξομεν τοῦ | * ζῆν; * | καὶ εἶπεν αὐταῖς ὁ πατὴρ οὐ μόνον ἐκ τούτων ἕξετε |
| Job | 47 | 2 | εἶπεν αὐταῖς ὁ πατὴρ οὐ μόνον ἐκ τούτων ἕξετε τοῦ | * ζῆν, * | ἀλλ' αὗται αἱ χορδαὶ εἰσάξουσιν ὑμᾶς εἰς τὸν |
| Job | 47 | 3 | αἱ χορδαὶ εἰσάξουσιν ὑμᾶς εἰς τὸν μείζονα αἰῶνα, | * ζῆσαι * | ἐν τοῖς οὐρανοῖς ἀγνοεῖτε οὖν ὑμεῖς, τέκνα, τὴν |
| Job | 53 | 9 | ὄνομα τῷ Ιωβ Ιωβαβ, μετονομάσθη δὲ παρὰ κυ Ιωβ. | * ἔζησε * | δὲ πρὶν τῆς πληγῆς ἔτη π ε' μετὰ δὲ τὴν πληγὴν |
| Aris. | 127 | 1 | ἐπανόρθωσιν ἐξαποστέλλειν αὐτούς. τὸ γὰρ καλῶς | * ζῆν * | ἐν τῷ τὰ νόμιμα συντηρεῖν εἶναι τοῦτο δὲ |
| Aris. | 130 | 4 | ἄνθρωποι καὶ ταλαίπωροι δι' ὅλου τοῦ | * ζῆν * | εἰσιν ἐὰν δὲ σοφοῖς καὶ φρονίμοις συζῶσιν ἐξ ἀγνοίας |
| Aris. | 135 | 2 | εἰκόνας φασὶν εἶναι τῶν ἐξευρόντων τι πρὸς τὸ | * ζῆν * | αὐτοῖς χρήσιμον οἷς προσκυνοῦσι παρὰ πόδας ἔχοντες |
| Aris. | 138 | 5 | καὶ ταῦτα προσκυνοῦσι καὶ θύουσι τούτοις καὶ | * ζῶσι * | καὶ τελευτήσασι; συνθεωρήσας οὖν ἕκαστα σοφὸς ὢν ὁ |
| Aris. | 141 | 3 | περὶ δὲ τῆς τοῦ θεοῦ δυναστείας δι' ὅλου τοῦ | * ζῆν * | ἡ σκέψις αὐτοῖς ἐστιν. ὅπως οὖν μηθενὶ |

| | | |
|---|---|---|
| Aris. 146 6 | καὶ τοὺς ἀνθρώπους δὲ ἀδικοῦσι νεκρούς τε καὶ | * ζῶντας. * παράσημον οὖν ἔθετο διὰ τούτων ἀκάθαρτα |
| Aris. 154 3 | ἀλλὰ τῆς ζωῆς καὶ συστάσεως ἐπίμνησις. τὸ γὰρ | * ζῆν * διὰ τῆς τροφῆς συνεστάναι νομίζει. διὸ παρακελεύεται |
| Aris. 168 6 | διὰ τῆς γραφῆς οὐδὲ μυθωδῶς ἀλλ' ἵνα δι' ὅλου τοῦ | * ζῆν * καὶ ἐν ταῖς πράξεσιν ἀσκῶμεν δικαιοσύνην πρὸς πάντας |
| Aris. 195 2 | εἶπε πρὸς τὸν ἐχόμενον τί κάλλιστον αὐτῷ πρὸς τὸ | * ζῆν * ἂν εἴη; κἀκεῖνος ἔφη τὸ γινώσκειν ὅτι θεὸς |
| Aris. 208 5 | αἰκίαις περιβάλλειν γινώσκων ὅτι τὸ τῶν ἀνθρώπων | * ζῆν * ἐν ὀδύναις τε καὶ τιμωρίαις καθέστηκεν. ἐπινοῶν οὖν |
| Aris. 212 4 | προβάλλοι συνεχῶς καὶ νομίζοι τὴν ἀδικίαν τοῦ | * ζῆν * στέρησιν εἶναι καὶ γὰρ ὁ θεὸς διὰ παντὸς τοῖς |
| Aris. 249 2 | εἴη; προτιθέμενος εἶπεν ὅτι καλὸν ἐν ἰδίᾳ καὶ | * ζῆν * καὶ τελευτᾶν. ἡ δὲ ξενία τοῖς μὲν πένησι |
| Aris. 253 5 | ἐπιφέρει ὅπερ ἀνωφελὲς καὶ ἀλγεινόν ἐστιν εἰ τὸ | * ζῆν * ἀφελεῖται πολλῶν διὰ τὸ κύριον εἶναι. πάντων δ' |
| Aris. 273 7 | περὶ τῶν εὐεργετημάτων εἰδότες κἂν ἐκ τοῦ | * ζῆν * ἀποτρέχωσιν ἐπιμελητήν σε τῶν βίων. οὐ γὰρ |
| Aris. 281 6 | τοὺς ἄνδρας ἢ τὸ νικᾶν τῷ θράσει παραβάλλοντας τὸ | * ζῆν. * ὡς γὰρ ὁ θεὸς εὖ ἐργάζεται πᾶσι καὶ σὺ τοῦτον |
| Sib. 3 134 | Τιτῆνες καὶ τέκνα διέσπων ἄρσενα πάντα θήλεα δὲ | * ζώοντ' * εἴων παρὰ μητρὶ τρέφεσθαι. ἀλλ' ὅτε τὴν τριτάτην |
| Sib. 3 703 | υἱοὶ δ' αὖ μεγάλοιο θεοῦ περὶ ναὸν ἅπαντες ἡσυχίως | * ζήσοντ' * εὐφραινόμενοι ἐπὶ τούτοις οἷς δώσει κτίστης ὁ |
| Sib. 3 763 | φρένας ἐν στήθεσσιν φεύγετε λατρείας ἀνόμους τῷ | * ζῶντι * λάτρευε μοιχείας πεφύλαξο καὶ ἄρσενος ἄκριτον |
| Sib. 4 155 | --- παλίμβολοι --- ἐπ' οὐχ ὁσίοισι δὲ τόλμαις | * ζῶντες * ὕβριν ῥέξωσιν ἀτάσθαλα καὶ κακὰ ἔργα εὐσεβέων δ' |
| Sib. 4 187 | στύγιοί τε γεέννης. ὅσσοι δ' εὐσεβέουσι πάλιν | * ζήσοντ' * ἐπὶ γαῖαν ἀθανάτου μεγάλοιο θεοῦ καὶ ἄφθιτον |
| FIsa. 1 8 | ⟨ἐπ' αὐτὸν τὸν μέλλοντά⟩ με τιμωρεῖν βασάνοις. | * ζῇ * κύριος καὶ ὁ ἀγαπητὸς καὶ τὸ πνεῦμα τὸ λαλοῦν ἐν ἐμοὶ |
| FIsa. 1 3 9 | γὰρ Μωυσῆς ὅτι οὐκ ὄψεται ἄνθρωπος τὸν θεὸν καὶ | * ζήσετα⟨ι⟩ * Ἠσαίας δὲ εἶπεν εἶδον τὸν ⟨θεὸν⟩ κ⟨α⟩ὶ ἰδοὺ |
| FIsa. 1 3 9 | Ἠσαίας δὲ εἶπεν εἶδον τὸν ⟨θεὸν⟩ κ⟨α⟩ὶ ἰδοὺ | * ζῶ. * βασι⟨λ⟩εῦ ⟨γί⟩νω⟨σ⟩κε ὅτι ψευδή⟨ς⟩ ἐστιν. καὶ τὴν |
| FIsa. 1 3 18 | αὐτοῦ λέγων. καὶ εἶπεν Ἠσαίας κατάθεμά σοι | * ζῇ * ὁ θεὸς καὶ ζῇ τὸ πνεῦμα τὸ λαλοῦν ἐν ἐμοὶ |
| FIsa. 1 3 18 | καὶ εἶπεν Ἠσαίας κατάθεμά σοι ζῇ ὁ θεὸς καὶ | * ζῇ * τὸ πνεῦμα τὸ λαλοῦν ἐν ἐμοὶ ⟨ Ἰερουσαλὴμ⟩ |
| FMan. 2 22 10 | βραχὺς καὶ ὕδωρ σὺν ὄξει ὀλίγον ἐν μέτρῳ ὥστε | * ζῆν * αὐτὸν καὶ ἦν συνεχόμενος καὶ ὀδυνώμενος σφόδρα. καὶ |
| FBar. 14 2 | οτι πολλοι---⟩ εισιν οι αμαρτυρησαν⟨τες και---⟩ | * εζησαν * και επορευθη⟨σαν εκ κοσμου⟩ ολιγα δε περι⟨εσται |
| FAch. 106 | ὁ δὲ βασιλεὺς ὀργισθεὶς ἐκέλευσεν τῷ φύλακι τοῦ | * ζῆν * πάντας μεταστῆναι. ἐπελάβετο δὲ τὴν ὄψιν ἑαυτοῦ |
| FAch. 107 | εἶπεν τί σεαυτῷ σύνοιδας; ὁ δὲ εἶπεν Αἴσωπος | * ζῇ. * ἐξ ἀνελπίστου δὲ ἀκούσας ὁ Λυκοῦργος περιχαρὴς |
| FAch. 107 | ἡμέραν αἰῶνα ποιῆσαι ἐὰν ἀληθεύεις ὅτι Αἴσωπος | * ζῇ. * ἐκεῖνον γὰρ τηρήσας ἐφύλαξας εἰς ἐμὴν σωτηρίαν. πλὴν |
| FAch. 108 | τοῦ βίου τῆς αἰσχύνης (μετὰ) τὸν θάνατον | * ζῶντα * δὲ τρόπαιον εἶναι τῆς ἰδίας συνειδήσεως. |
| FAch. 108 | συνειδήσεως. συγχωρήσας δὲ ὁ βασιλεὺς ἐκείνῳ τὸ | * ζῆν * ἔφη τῷ Αἰσώπῳ λαβὼν τὴν ἐπιστολὴν τοῦ τῶν Αἰγυπτίων |
| FAch. 110 | ἀποθησαυρίζειν βέλτιον γὰρ ἐχθροῖς καταλιπεῖν ἢ | * ζῶντα * τῶν φίλων ἐπιδέεσθαι. εὐπροσήγορος καὶ κοινὸς |
| FAch. 117 | ἐκέλευσεν τοῖς ἰδίοις αἴλουρον συλλαμβάνεσθαι | * ζῶντα. * (ἔστιν δὲ θεὰ ἱερασίου βασιλέως)--- οἱ δὲ |
| FPho. 114 | ἅπασι πένησί τε καὶ βασιλεῦσιν. οὐ πολὺν ἄνθρωποι | * ζῶμεν * χρόνον ἀλλ' ἐπίκαιρον ψυχὴ δ' ἀθάνατος καὶ ἀγήρως |
| FPho. 115 | χρόνον ἀλλ' ἐπίκαιρον ψυχὴ δ' ἀθάνατος καὶ ἀγήρως | * ζῇ * διὰ παντός. ⟨οὐδεὶς γιγνώσκει τί μετ' αὔριον ἢ τί |
| FPho. 154 | μοχθῶν ὡς ἐξ ἰδίων βιοτεύσηις πᾶς γὰρ ἀεργὸς ἀνὴρ | * ζώει * κλοπίμων ἀπὸ χειρῶν. ⟨τέχνη ⟨γὰρ⟩ τρέφει ἄνδρα |
| HEup. 9 39 3 | τὴν μέλλουσαν ἀτυχίαν δηλῶσαι. τὸν δὲ Ἰωναχειμ | * ζῶντα * αὐτὸν ἐπιβαλέσθαι κατακαῦσαι τὸν δὲ φάναι τοῖς |
| HCal. 24 44 | ὑμᾶς καθὼς καὶ ἐν τοῖς λοιποῖς ἔθνεσιν ὅτι θεῷ | * ζῶντι * ὑμεῖς δεδουλεύκατε. λαβόντες δὲ χρημάτων πλήθη ἐν |
| LEze. 9 29 6 02 | ἐξ ὕπνου. ὦ ξένε καλόν σοι τοῦτ' ἐσήμηνεν θεὸς | * ζῴην * δ' ὅταν σοι ταῦτα συμβαί⟨ν⟩ῃ ποτέ. ἆρά γε μέγαν |
| Ζωβίτης | 1 | |
| HAri. 9 25 4 | βασιλέα ἐλθεῖν δὲ καὶ Ἐλιοῦν τὸν Βαραχιὴλ τὸν | * Ζωβίτην * παρακαλούμενον δὲ φάναι καὶ χωρὶς παρακλήσεως |
| ζωγρέω | 1 | |
| HEup. 9 39 5 | παραλαβεῖν καὶ τὸν Ἰουδαίων βασιλέα Ἰωναχειμ | * ζωγρῆσαι * τὸν δὲ χρυσὸν τὸν ἐν τῷ ἱερῷ καὶ ἄργυρον καὶ |
| ζῴδιον | 1 | |
| IMen. 5 119 2 | χλαμύδας ἤτοι πορφυρᾶς ἢ δι' ἐλέφαντος ἢ σμαράγδου | * ζῴδια * εὔνουν νομίζει τὸν θεὸν καθιστάναι πεπλάνηται |
| ζωή | 136 | |
| Adam 13 6 | πρὸς τὸν πατέρα σου ἐπειδὴ ἐπληρώθη τὸ μέτρον τῆς | * ζωῆς * αὐτοῦ εἴσω τριῶν ἡμερῶν. ἐξερχομένης δὲ τῆς ψυχῆς |
| Adam 19 2 | τοῦ δεσπότου καὶ τὰ Χερουβὶμ καὶ τὸ ξύλον τῆς | * ζωῆς * ὅτι δώσω καὶ τῷ ἀνδρί μου. ὅτε δὲ ἔλαβεν ἀπ' ἐμοῦ |
| Adam 22 4 | ὁ θρόνος τοῦ θεοῦ ἐστηρίζετο ὅπου ἦν τὸ ξύλον τῆς | * ζωῆς. * καὶ ἐκάλεσεν ὁ θεὸς τὸν Ἀδὰμ λέγων Ἀδὰμ ποῦ |
| Adam 25 2 | καὶ ἐν μιᾷ ὥρᾳ ἔλθεις τοῦ τεκεῖν καὶ ἀπολέσεις τὴν | * ζωήν * σου ἐκ τῆς ἀνάγκης σου τῆς μεγάλης καὶ τῶν ὀδυνῶν. |
| Adam 26 2 | σου ἧς ἤσθιες καὶ χοῦν φάγει πάσας τὰς ἡμέρας τῆς | * ζωῆς * σου. ἐπὶ τῷ στήθει καὶ τῇ κοιλίᾳ πορεύσει |
| Adam 28 2 | ὁ Ἀδὰμ εἶπεν κύριε δός μοι ἐκ τοῦ φυτοῦ τῆς | * ζωῆς * ἵνα φάγω πρὶν ἢ ἐκβληθῆναί με. τότε ὁ κύριος |
| Adam 28 4 | ἀναστήσω σε καὶ δοθήσεταί σοι ἐκ τοῦ ξύλου τῆς | * ζωῆς * καὶ ἀθάνατος ἔσει εἰς τὸν αἰῶνα. ταῦτα εἰπὼν ὁ |
| Hen. 5 5 | τὰς ἡμέρας ὑμῶν ὑμεῖς καταράσεσθε καὶ τὰ ἔτη τῆς | * ζωῆς * ὑμῶν ἀπολεῖται καὶ τὰ ἔτη τῆς ἀπωλείας ὑμῶν |
| Hen. 5 9 | οὐδὲ μὴ ἁμάρτωσιν πάσας τὰς ἡμέρας τῆς | * ζωῆς * αὐτῶν καὶ οὐ μὴ ἀποθάνωσιν ἐν ὀργῇ θυμοῦ ἀλλὰ τὸν |
| Hen. 5 9 | μὴ ἀποθάνωσιν ἐν ὀργῇ θυμοῦ ἀλλὰ τὸν ἀριθμὸν αὐτῶν | * ζωῆς * ἡμερῶν πληρώσουσιν καὶ ἡ ζωὴ αὐτῶν αὐξηθήσεται ἐν |
| Hen. 5 9 | τὸν ἀριθμὸν αὐτῶν ζωῆς ἡμερῶν πληρώσουσιν καὶ ἡ | * ζωὴ * αὐτῶν αὐξηθήσεται ἐν εἰρήνῃ καὶ τὰ ἔτη τῆς χαρᾶς |
| Hen. 5 9 | καὶ εἰρήνη αἰῶνος ἐν πάσαις ταῖς ἡμέραις τῆς | * ζωῆς * αὐτῶν. καὶ ἐγένετο οὗ ἂν ἐπληθύνθησαν οἱ υἱοὶ τῶν |
| Hen. 10 10 | πατράσιν αὐτῶν καὶ περὶ αὐτῶν ὅτι ἐλπίζουσιν ζῆσαι | * ζωὴν * αἰώνιον καὶ ὅτι ζήσεται ἕκαστος αὐτῶν ἔτη |
| Hen. 10B 3 | τί ποιήσει τὸν υἱὸν Λάμεχ καὶ τὴν ψυχὴν αὐτοῦ εἰς | * ζωὴν * συντηρήσει καὶ ἐκφεύξεται δι' αἰῶνος καὶ ἐξ αὐτοῦ |
| Hen. 10B 10 | οὐκ ἔστι τοῖς πατράσιν αὐτῶν ὅτι ἐλπίζουσι ζῆσαι | * ζωὴν * αἰώνιον καὶ ὅτι ζήσεται ἕκαστος αὐτῶν ἔτη |
| Hen. 14 13 | θερμὸν ὡς πῦρ καὶ ψυχρὸν ὡς χιὼν καὶ πᾶσα τροφὴ | * ζωῆς * οὐκ ἦν ἐν αὐτῷ φόβος με ἐκάλυψεν καὶ τρόμος με |
| Hen. 22 10 | εἰς τὴν γῆν καὶ κρίσις οὐκ ἐγενήθη ἐπ' αὐτῶν ἐν τῇ | * ζωῇ * αὐτῶν. ὧδε χωρίζεται τὰ πνεύματα αὐτῶν εἰς τὴν |
| Hen. 25 5 | ὁσίοις δοθήσεται ὁ καρπὸς αὐτοῦ τοῖς ἐκλεκτοῖς εἰς | * ζωὴν * εἰς βορρᾶν καὶ μεταφυτευθήσεται ἐν τόπῳ ἁγίῳ παρὰ |
| Hen. 25 6 | αἱ ὀσμαὶ αὐτοῦ ἐν τοῖς ὀστέοις αὐτῶν καὶ | * ζωὴν * πλείονα ζήσονται ἐπὶ γῆς ἣν ἔζησαν οἱ πατέρες σου |
| Hen. 90 4 | ὑμῶν ἀπὸ πάσης τῆς γῆς ὅτι πᾶσαι αἱ ἡμέραι τῆς | * ζωῆς * αὐτῶν ἀπὸ τοῦ νῦν οὐ μὴ ἔσονται πλείω τῶν ἑκατὸν |
| Hen. 102 5 | καὶ οὐκ ἀπηντήθη τῷ σώματι τῆς σαρκὸς ὑμῶν ἐν τῇ | * ζωῇ * ὑμῶν κατὰ τὴν ὁσιότητα ὑμῶν ἐπεὶ αἱ ἡμέραι ἃς ἦτε |
| Hen. 103 5 | πάσας τὰς ἡμέρας αὐτῶν ὅσας εἴδοσαν ἐν τῇ | * ζωῇ * αὐτῶν καὶ ἐνδόξως ἀπεθάνοσαν καὶ κρίσις οὐκ ἐγενήθη |
| Hen. 103 6 | ἐνδόξως ἀπεθάνοσαν καὶ κρίσις οὐκ ἐγενήθη ἐν τῇ | * ζωῇ * αὐτῶν. αὐτοὶ ὑμεῖς γινώσκετε ὅτι εἰς ᾅδου κατάξουσιν |
| Hen. 103 9 | μὴ γὰρ εἴπητε οἱ δίκαιοι ὅσιοι ὄντες ἐν τῇ | * ζωῇ * τῶν ἡμερῶν τῆς θλίψεως κόπους ἐκοπιάσαμεν καὶ |
| Abr.1 1 1 | εὐλόγησον. ἔζησεν Ἀβραὰμ τὸ μέτρον τῆς | * ζωῆς * αὐτοῦ ἔτη ἐννακόσια ἐνενήκοντα ἐννέα πάντα δὲ τὰ |
| Abr.1 1 1 | ἐννακόσια ἐνενήκοντα ἐννέα πάντα δὲ τὰ τέλη τῆς | * ζωῆς * αὐτοῦ ζήσας ἐν ἡσυχίᾳ καὶ πραότητι καὶ δικαιοσύνῃ |
| Abr.1 9 7 | ὅτι ἤθελον θεάσασθαι πᾶσαν τὴν οἰκουμένην ἐν τῇ | * ζωῇ * μου πρὸ τοῦ ἀποθανεῖν με. ἀκούσας δὲ ταῦτα ὁ ὕψιστος |
| Abr.1 11 10 | ⟨τῶν δικαίων ἐστὶν ἡ στενὴ⟩ ἡ ἀπάγουσα εἰς τὴν | * ζωὴν * καὶ εἰσερχόμενοι δι' αὐτῆς εἰς τὸν παράδεισον |
| Abr.1 14 14 | ὅτι ἀπώλεσας ἐγὼ αὐτοὺς ἀνεκαλεσάμην καὶ εἰς | * ζωὴν * αἰώνιον αὐτοὺς ἤγαγον δι' ἄκραν ἀγαθότηταν ⟨διότι |
| Abr.1 15 1 | ὅτι ἰδοὺ ἤγγικεν τὸ τέλος αὐτοῦ καὶ τὸ ἄμετρον τῆς | * ζωῆς * αὐτοῦ τελειοῦται καὶ ποιήσει διάταξιν περὶ τοῦ |
| Abr.1 18 11 | ὁ θάνατος σὺν αὐτῷ καὶ ἀπέστειλεν ὁ θεὸς πνεῦμα | * ζωῆς * ἐπὶ τοὺς τελευτήσαντας καὶ ἀνεζωοποιήθησαν τότε οὖν |
| Abr.1 20 8 | τὴν δεξιάν μου χεῖραν καὶ ἐλθεῖν σοι ἱλαρότης καὶ | * ζωὴ * καὶ δύναμις. πεπλάνηκεν γὰρ τὸν Ἀβραὰμ ὁ θάνατος |
| Abr.1 20 14 | λύπη οὐ στεναγμὸς ἀλλ' εἰρήνη καὶ ἀγαλλίασις καὶ | * ζωὴ * ἀτελεύτητος. μεθ' οὗ καὶ ἡμεῖς ἀδελφοί μου ἀγαπητοὶ |
| Abr.1 20 15 | κτησώμεθα πολιτείαν ἵνα ἀξιωθῶμεν τῆς αἰωνίου | * ζωῆς * δοξάζοντες τῷ πατρὶ καὶ τῷ υἱῷ καὶ τῷ ἁγίῳ πνεύματι |
| Abr.2 8 11 | ἡ μὲν μία πύλη αὕτη ἐστὶν ἡ ἀπάγουσα εἰς τὴν | * ζωὴν * ἡ δὲ ἑτέρα πύλη ἡ ἀπλουμένη αὕτη ἐστὶν ἡ ἀπάγουσα |
| Abr.2 8 15 | γελῶντα ἐθεάσατο ψυχὰς ὀλίγας ἀπαγομένας εἰς τὴν | * ζωὴν * θεώρησον οὖν αὐτὸν πῶς ὑπερβαίνει ὁ κλαυθμὸς τὸν |
| Abr.2 9 1 | εἰς τὴν στενὴν πύλην οὐ δύναται εἰσελθεῖν εἰς τὴν | * ζωήν; * λέγει αὐτῷ Μιχαὴλ ναί. ἔκλαυσεν δὲ Ἀβραὰμ λέγων |
| Abr.2 9 7 | ταύταις καὶ ἐὰν εὕρωμεν ἀξίαν ἐνεχθῆναι εἰς τὴν | * ζωὴν * ἐνέγκωμεν αὐτήν. καὶ ἀπελθόντες Μιχαὴλ καὶ Ἀβραὰμ |
| Abr.2 9 8 | Μιχαὴλ καὶ Ἀβραὰμ ἐζήτησαν καὶ οὐκ εὗρον ἀξίαν | * ζωῆς * εἰ μὴ μόνον ἐκείνην ἣν κατεῖχεν ὁ ἄγγελος ἐν τῇ |
| Abr.2 11 10 | αὐτῆς ἐξηλειμμένας καὶ εἰσελεύσεται εἰς τὴν | * ζωὴν * ἐὰν δὲ ἡ ψυχὴ μὴ ἐλεηθῇ εὑρήσεις τὰς ἁμαρτίας αὐτῆς |
| TRub. 1 1 | αὐτὸν ἐν ἑκατοστῷ εἰκοστῷ πέμπτῳ ἔτει τῆς | * ζωῆς * αὐτοῦ. μετὰ ἔτη δύο τῆς τελευτῆς Ἰωσὴφ ἀρρωστοῦντι |
| TRub. 2 4 | εἶναι ἐν αὐτοῖς πᾶν ἔργον ἀνθρώπου. πρῶτον πνεῦμα | * ζωῆς * μεθ' ἧς ἡ σύστασις κτίζεται δεύτερον πνεῦμα ὁράσεως |
| TSim. 1 1 | πρὸ τοῦ θανεῖν αὐτὸν ἑκατοστῷ εἰκοστῷ ἔτει τῆς | * ζωῆς * αὐτοῦ ἐν ᾧ ἔτει ἀπέθανεν Ἰωσήφ. ἦλθον γὰρ |
| TLevi 2 12 | αὐτοῖς πᾶν γένος ἀνθρώπων καὶ ἐκ μερίδος κυρίου ἡ | * ζωή * σου καὶ αὐτὸς ἔσται σου ἀγρὸς ἀμπελὼν καρποὶ χρυσίον |
| TLevi 11 7 | καὶ τρίτον ἔτεκέ μοι τὸν Μεραρὶ τεσσαρακοστῷ ἔτει | * ζωῆς * μου. καὶ ἐπειδὴ ἐδυστόκησεν ἡ μήτηρ αὐτοῦ ἐκάλεσεν |
| TLevi 13 2 | τέκνα ὑμῶν γράμματα ἵνα ἔχωσι σύνεσιν ἐν πάσῃ τῇ | * ζωῇ * αὐτῶν ἀναγινώσκοντες ἀδιαλείπτως τὸν νόμον τοῦ θεοῦ |
| TLevi 13 6 | ἐν ταῖς ψυχαῖς ὑμῶν ἀγαθὰ ἵνα εὕρητε αὐτὰ ἐν τῇ | * ζωῇ * ὑμῶν. ἐὰν γὰρ σπείρητε κακὰ πᾶσαν ταραχὴν καὶ θλῖψιν |
| TLevi 18 2B059 | πάντων τῶν αἰώνων ἐνεχθήσεται ἐν βιβλίῳ μνημοσύνου | * ζωῆς * καὶ οὐκ ἐξαλειφθήσεται τὸ ὄνομά σου καὶ τὸ ὄνομα |
| TLevi 18 2B062 | μοι ἑβδομάδες τέσσαρες ἐν τοῖς ἔτεσιν τῆς | * ζωῆς * μου ἐν ἔτει ὀγδόῳ καὶ εἰκοστῷ ἔλαβον γυναῖκα ἐμαυτῷ |
| TLevi 18 2B065 | τὸ σπέρμα αὐτοῦ). λ' ἐτῶν ἤμην ὅτε ἐγεννήθη ἐν τῇ | * ζωῇ * μου καὶ ἐν τῷ ι' μηνὶ ἐγεννήθη ἐπὶ δυσμὰς ἡλίου. καὶ |
| TLevi 18 11 | καὶ δώσει τοῖς ἁγίοις φαγεῖν ἐκ τοῦ ξύλου τῆς | * ζωῆς * καὶ πνεῦμα ἁγιωσύνης ἔσται ἐπ' αὐτοῖς. καὶ ὁ Βελιὰρ |
| TJud. 9 2 | πληρωθέντων τῶν δεκαοκτὼ ἐτῶν ἐν τεσσαρακοστῷ ἔτει | * ζωῆς * μου ἐπῆλθεν ἡμῖν Ἠσαὺ ὁ ἀδελφὸς τοῦ πατρός μου ἐν |
| TJud. 24 4 | οὗτος ὁ βλαστὸς θεοῦ ὑψίστου καὶ αὕτη ἡ πηγὴ εἰς | * ζωὴν * πάσης σαρκός. τότε ἀναλάμψει σκῆπτρον βασιλείας μου |
| TJud. 25 1 | ἀναστήσεται Ἀβραὰμ καὶ Ἰσαὰκ καὶ Ἰακὼβ εἰς | * ζωὴν * καὶ ἐγὼ καὶ οἱ ἀδελφοί μου ἔξαρχοι σκήπτρων ἡμῶν ἐν |
| TJud. 25 4 | καὶ οἱ διὰ κύριον ἀποθανόντες ἐξυπνισθήσονται ἐν | * ζωῇ. * καὶ οἱ ἔλαφοι Ἰακὼβ δραμοῦνται ἐν ἀγαλλιάσει καὶ |
| TIss. 4 6 | ἐν ἀπληστίᾳ ἐννοεῖ πορεύεται γὰρ ἐν εὐθύτητι | * ζωῆς * καὶ πάντα ὁρᾷ ἐν ἁπλότητι μὴ ἐπιδεχόμενος ὀφθαλμοῖς |
| TZab. 1 1 | τέκνοις αὐτοῦ ἑκατοστῷ τετάρτῳ καὶ δεκάτῳ ἔτει τῆς | * ζωῆς * αὐτοῦ μετὰ δύο ἔτη τοῦ θανάτου Ἰωσήφ. καὶ εἶπεν |
| TZab. 3 5 | πρόσωπον. καὶ οἱ ἀδελφοὶ Ἰωσὴφ οὐκ ἠθέλησαν εἰς | * ζωὴν * ἀδελφοῦ αὐτῶν καὶ κύριος ὑπέλυσεν αὐτοὺς τὸ ὑπόδημα |
| TZab. 10 5 | τὸν θεὸν ὑμῶν ἐν πάσῃ ἰσχύι πάσας τὰς ἡμέρας τῆς | * ζωῆς * ὑμῶν. καὶ ταῦτα εἰπὼν ἐκοιμήθη ὕπνῳ καλῷ καὶ ἔθηκαν |
| TDan 1 1 | τῶν ἡμερῶν αὐτοῦ ἑκατοστῷ εἰκοστῷ πέμπτῳ ἔτει τῆς | * ζωῆς * αὐτοῦ. καλέσας τὴν πατριὰν αὐτοῦ εἶπεν ἀκούσατε |
| TDan 1 3 | πατρὸς ὑμῶν. ἐπείρασα ἐν καρδίᾳ μου καὶ ἐν πάσῃ τῇ | * ζωῇ * μου ὅτι καλὸν θεῷ καὶ εὐάρεστον ἡ ἀλήθεια μετὰ |

| | | | |
|---|---|---|---|
| TDan | 5 | 3 | ὑμῶν πόλεμος. ἀγαπᾶτε τὸν κύριον ἐν πάσῃ τῇ * ζωῇ * ὑμῶν καὶ ἀλλήλους ἐν ἀληθινῇ καρδίᾳ. οἶδα γὰρ ὅτι ἐν |
| TNep. | 1 | 1 | αὐτοῦ ἐν ἔτει ἑκατοστῷ τριακοστῷ δευτέρῳ τῆς * ζωῆς * αὐτοῦ. συνελθόντων τῶν υἱῶν αὐτοῦ ἐν ἑβδόμῳ μηνὶ |
| TNep. | 5 | 1 | μακρὰν καὶ τοὺς ἐγγύς. ἐν γὰρ ἔτει τεσσαρακοστῷ * ζωῆς * μου εἶδον ἐν ὄρεσιν ἐλαίου κατὰ ἀνατολὰς |
| TGad | 1 | 1 | τοῖς υἱοῖς αὐτοῦ ἐν ἔτει ἑκατοστῷ εἰκοστῷ ἑβδόμῳ * ζωῆς * αὐτοῦ λέγων ἔνατος υἱὸς ἐγενόμην τῷ Ἰακὼβ καὶ ἤμην |
| TAser | 1 | 1 | τοῖς υἱοῖς αὐτοῦ ἑκατοστῷ εἰκοστῷ ἕκτῳ ἔτει * ζωῆς * αὐτοῦ. ἔτι ὑγιαίνων εἶπε πρὸς αὐτοὺς ἀκούσατε τέκνα |
| TAser | 5 | 2 | τοῦ ἑνὸς καὶ ἓν ὑπὸ τοῦ ἑνὸς κέκρυπται τὴν * ζωὴν * ὁ θάνατος διαδέχεται τὴν δόξαν ἡ ἀτιμία τὴν ἡμέραν |
| TAser | 5 | 2 | φῶς τὸ σκότος τὰ δὲ πάντα ὑπὸ ἡμέραν εἰσὶ καὶ ὑπὸ * ζωὴν * τὰ δίκαια διὸ καὶ τὸν θάνατον ἡ αἰώνιος ζωὴ |
| TAser | 5 | 2 | ὑπὸ ζωὴν τὰ δίκαια διὸ καὶ τὸν θάνατον ἡ αἰώνιος * ζωὴ * ἀναμένει. καὶ οὐκ ἔστιν εἰπεῖν τὴν ἀλήθειαν ψεῦδος |
| TAser | 5 | 4 | τὰ πάντα ὑπὸ τὸν θεόν. ταῦτα πάντα ἐδοκίμασα ἐν τῇ * ζωῇ * μου καὶ οὐκ ἐπλανήθην ἀπὸ τῆς ἀληθείας κυρίου καὶ |
| TAser | 6 | 6 | τὸν ἄγγελον τῆς εἰρήνης ⟨ὃς⟩ παρακαλέσει αὐτὸν ἐν * ζωῇ. * μὴ γίνεσθε τέκνα ὡς Σόδομα ἥτις ἠγνόησε τοὺς |
| TJos. | 1 | 3 | ἐνωτίσασθε υἱοὶ τοῦ πατρὸς ὑμῶν. ἐγὼ εἶδον ἐν τῇ * ζωῇ * μου τὸν φθόνον καὶ τὸν θάνατον καὶ οὐκ ἐπλανήθην ἐν |
| TJos. | 7 | 6 | ἴδε οὖν ἀγαπᾷς με ἀρκεῖ μοι μόνον ὅτι ἀντιποιῇ τῆς * ζωῆς * μου καὶ τῶν τέκνων μου ἔχω προσδοκίαν ἀπολαῦσαι τῆς |
| Asen. | 8 | 5 | τὸν θεὸν τὸν ζῶντα καὶ ἐσθίει ἄρτον εὐλογημένον * ζωῆς * καὶ πίνει ποτήριον εὐλογημένον ἀθανασίας καὶ |
| Asen. | 8 | 9 | εἰς τὴν ἀλήθειαν καὶ ἀπὸ τοῦ θανάτου εἰς τὴν * ζωὴν * σὺ κύριε εὐλόγησον τὴν παρθένον ταύτην καὶ |
| Asen. | 8 | 9 | χειρί σου τῇ ⟨κρυφαίᾳ⟩ καὶ ἀναζωοποίησον αὐτὴν τῇ * ζωῇ * σου καὶ φαγέτω ἄρτον ζωῆς σου καὶ πιέτω ποτήριον |
| Asen. | 8 | 9 | ἀναζωοποίησον αὐτὴν τῇ ζωῇ σου καὶ φαγέτω ἄρτον * ζωῆς * σου καὶ πιέτω ποτήριον εὐλογίας σου καὶ |
| Asen. | 8 | 9 | τοῖς ἐκλεκτοῖς σου καὶ ζησάτω ἐν τῇ αἰωνίῳ * ζωῇ * σου εἰς τὸν αἰῶνα χρόνον. καὶ ἐχάρη Ἀσενὲθ ἐπὶ τῇ |
| Asen. | 12 | 1 | ὁ κτίσας τὰ πάντα καὶ ζωοποιήσας ὁ δοὺς πνοὴν * ζωῆς * πάσῃ τῇ κτίσει σου ὁ ἐξενέγκας τὰ ἀόρατα εἰς τὸ φῶς |
| Asen. | 12 | 2 | ἐλάλησας καὶ ἐζωογονήθησαν ὅτι ὁ λόγος σου κύριε * ζωή * ἐστι πάντων τῶν κτισμάτων σου. πρός σέ καταφεύγω |
| Asen. | 15 | 5 | καὶ ἀναζωοποιηθήσῃ καὶ φαγεῖς ἄρτον εὐλογημένον * ζωῆς * καὶ πιεῖς ποτήριον εὐλογημένον ἀθανασίας καὶ |
| Asen. | 16 | 8 | ὡς δρόσος τοῦ οὐρανοῦ καὶ ἡ πνοὴ αὐτοῦ ὡς πνοὴ * ζωῆς. * καὶ ἐθαύμασεν Ἀσενὲθ καὶ εἶπεν ἐν ἑαυτῇ ἄρα γε τὸ |
| Asen. | 16 | 14 | κηρίου φάγονται. διότι τοῦτο τὸ κηρίον ἐστὶ πνεῦμα * ζωῆς. * καὶ τοῦτο πεποιήκασιν αἱ μέλισσαι τοῦ παραδείσου |
| Asen. | 16 | 14 | παραδείσου τῆς τρυφῆς ἐκ τῆς δρόσου τῶν ῥόδων τῆς * ζωῆς * τῶν ὄντων ἐν τῷ παραδείσῳ τοῦ θεοῦ. καὶ πάντες οἱ |
| Asen. | 16 | 14 | τοῦ θεοῦ καὶ πάντες οἱ υἱοὶ τοῦ ὑψίστου ὅτι κηρίον * ζωῆς * ἐστι τοῦτο καὶ πᾶς ὃς ἂν φάγῃ ἐξ αὐτοῦ οὐκ |
| Asen. | 16 | 16 | εἶπεν ὁ ἄνθρωπος τῇ Ἀσενὲθ ἰδοὺ δὴ ἔφαγες ἄρτον * ζωῆς * καὶ ἔπιες ποτήριον ἀθανασίας καὶ κέχρισαι χρίσματι |
| Asen. | 16 | 16 | δὴ ἀπὸ τῆς σήμερον αἱ σάρκες σου βρύουσιν ὡς ἄνθη * ζωῆς * ἀπὸ τῆς γῆς τοῦ ὑψίστου καὶ τὰ ὀστᾶ σου |
| Asen. | 18 | 9 | ὡς αἷμα υἱοῦ ἀνθρώπου καὶ τὰ χείλη αὐτῆς ὡς ῥόδον * ζωῆς * ⟨ἐξερχόμενον ἐκ τῆς κάλυκος αὐτοῦ καὶ οἱ ὀδόντες |
| Asen. | 19 | 5 | πρός με ἐκ τοῦ οὐρανοῦ σήμερον καὶ ἔδωκέ μοι ἄρτον * ζωῆς * καὶ ἔφαγον καὶ ποτήριον εὐλογίας καὶ ἔπιον καὶ εἶπέ |
| Asen. | 19 | 8 | τοῖς ὑψίστοις καὶ⟩ τὰ τείχη σου ἀδαμάντινα ⟨τείχη * ζωῆς⟩ * διότι οἱ υἱοὶ τοῦ ζῶντος θεοῦ ἐνοικήσουσιν ἐν τῇ |
| Asen. | 19 | 11 | ὁ Ἰωσὴφ τὴν Ἀσενὲθ καὶ ἔδωκεν αὐτῇ πνεῦμα * ζωῆς * καὶ κατεφίλησεν αὐτὴν τὸ δεύτερον καὶ ἔδωκεν αὐτῇ |
| Asen. | 20 | 5 | ἐθεώρει Ἰωσὴφ τὰς χεῖρας αὐτῆς καὶ ἦσαν ὡς χεῖρες * ζωῆς * ⟨καὶ οἱ δάκτυλοι αὐτῆς λεπτοὶ ὡς δάκτυλοι γραφέως |
| Asen. | 21 | 15 | οὐρανοῦ οὐδὲ ἐπεποίθειν ἐπὶ τῷ θεῷ τῷ ὑψίστῳ τῆς * ζωῆς. * ἥμαρτον κύριε ⟨ἥμαρτον ἐνώπιόν σου⟩ πολλὰ ἥμαρτον |
| Asen. | 21 | 21 | ἐπ' ἀγκίστρῳ καὶ τῷ πνεύματι αὐτοῦ ὡς δελεάσματι * ζωῆς * ⟨ἐδελέασέ με⟩ καὶ τῇ δυνάμει αὐτοῦ ἐστήριξέ ⟨με⟩ |
| Asen. | 21 | 21 | τοῦ ⟨οἴκου⟩ τοῦ ὑψίστου καὶ ἔδωκέ μοι φαγεῖν ἄρτον * ζωῆς * καὶ ⟨πιεῖν⟩ ποτήριον σοφίας καὶ ἐγενόμην αὐτοῦ |
| Asen. | 29 | 9 | τοῦ νεωτέρου ἐν γῇ Αἰγύπτου ⟨πάσας τὰς ἡμέρας τῆς * ζωῆς * αὐτοῦ⟩. |
| Sal. | 3 | 9 | οἶκον αὐτοῦ. προσέκοψεν ἁμαρτωλὸς καὶ καταρᾶται * ζωὴν * αὐτοῦ τὴν ἡμέραν γενέσεως αὐτοῦ καὶ ὠδῖνας μητρός. |
| Sal. | 3 | 10 | ὠδῖνας μητρός. προσέθηκεν ἁμαρτίας ἐφ' ἁμαρτίας τῇ * ζωῇ * αὐτοῦ ἔπεσεν ὅτι πονηρὸν τὸ πτῶμα αὐτοῦ καὶ οὐκ |
| Sal. | 3 | 12 | αἰῶνα οἱ δὲ φοβούμενοι τὸν κύριον ἀναστήσονται εἰς * ζωὴν * αἰώνιον καὶ ἡ ζωὴ αὐτῶν ἐν φωτὶ κυρίου καὶ οὐκ |
| Sal. | 3 | 12 | τὸν κύριον ἀναστήσονται εἰς ζωὴν αἰώνιον καὶ ἡ * ζωὴ * αὐτῶν ἐν φωτὶ κυρίου καὶ οὐκ ἐκλείψει ἔτι. διαλογὴ |
| Sal. | 4 | 6 | μετὰ ὁσίων ἐν φθορᾷ σαρκὸς αὐτοῦ καὶ πενίᾳ τὴν * ζωὴν * αὐτοῦ ἀνακαλύψαι ὁ θεὸς τὰ ἔργα ἀνθρώπων |
| Sal. | 4 | 15 | αὐτοῦ ἐν ἀρᾷ ἐν ὀδύναις καὶ πενίᾳ καὶ ἀπορίᾳ ἡ * ζωὴ * αὐτοῦ κύριε ὁ ὕπνος αὐτοῦ ἐν λύπαις καὶ ἡ ἐξέγερσις |
| Sal. | 9 | 5 | υἱοὺς ἀνθρώπων. ὁ ποιῶν δικαιοσύνην θησαυρίζει * ζωὴν * αὐτῷ παρὰ κυρίῳ καὶ ὁ ποιῶν ἀδικίαν αὐτὸς αἴτιος |
| Sal. | 13 | 11 | τὰ παραπτώματα αὐτῶν ἐξαλείψει ἐν παιδείᾳ. ἡ γὰρ * ζωὴ * τῶν δικαίων εἰς τὸν αἰῶνα ἁμαρτωλοὶ δὲ ἀρθήσονται |
| Sal. | 14 | 2 | προσταγμάτων αὐτοῦ ἐν νόμῳ ᾧ ἐνετείλατο ἡμῖν εἰς * ζωὴν * ἡμῶν. ὅσιοι κυρίου ζήσονται ἐν αὐτῷ εἰς τὸν αἰῶνα ὁ |
| Sal. | 14 | 3 | εἰς τὸν αἰῶνα ὁ παράδεισος τοῦ κυρίου τὰ ξύλα τῆς * ζωῆς * ὅσιοι αὐτοῦ. ἡ φυτεία αὐτῶν ἐρριζωμένη εἰς τὸν |
| Sal. | 14 | 10 | ἐλέους δικαίων οἱ δὲ ὅσιοι κυρίου κληρονομήσουσιν * ζωὴν * ἐν εὐφροσύνῃ. ψαλμὸς τῷ Σαλωμων μετὰ ᾠδῆς. ἐν τῷ |
| Sal. | 17 | 2 | ὁ θεὸς καυχήσεται ἡ ψυχὴ ἡμῶν. καὶ τίς ὁ χρόνος * ζωῆς * ἀνθρώπου ἐπὶ τῆς γῆς; κατὰ τὸν χρόνον αὐτοῦ καὶ ἡ |
| Jer. | 4 | 8 | καὶ ἐπιστρέψει ἡμᾶς εἰς τὴν πόλιν ἡμῶν ὑμεῖς δὲ * ζωὴν * οὐχ ἕξετε. μακάριοί εἰσιν οἱ πατέρες ἡμῶν Ἀβραὰμ |
| Jer. | 9 | 13 | τὸ φῶς τῶν αἰώνων πάντων ὁ ἄσβεστος λύχνος ἡ * ζωὴ * τῆς πίστεως. γίνεται δὲ μετὰ τοὺς καιροὺς τούτους |
| Jer. | 9 | 14 | καὶ ἔρχεται εἰς τὴν γῆν. καὶ τὸ δένδρον τῆς * ζωῆς * τὸ ἐν μέσῳ τοῦ παραδείσου φυτευθὲν ποιήσει πάντα τὰ |
| Prop. | 3 | 11 | τροφὴν ἰχθύων παρέσχετο καὶ πολλοῖς ἐκλείπουσι * ζωὴν * ἐλθεῖν ἐκ θεοῦ παρεκάλεσεν. οὗτος ἀπολλυμένου τοῦ |
| Prop. | 3 | 20 | αὐτόν. ἀντέκειντο γὰρ αὐτῷ πάσας τὰς ἡμέρας τῆς * ζωῆς * αὐτοῦ. Δανιήλ. οὗτος μὲν ἦν ἐκ φυλῆς Ἰούδα γένους |
| Esdr. | 2 | 11 | ἐν τῷ παραδείσῳ φυλάττειν τὴν νομὴν τοῦ ξύλου τῆς * ζωῆς * ἐπειδὴ οὖν παρακοὴν κτησάμενος τοῦτο ἐν παραβάσει |
| Esdr. | 2 | 14 | οὐχὶ ὑπὸ ἀγγέλου ἐφρουρεῖτο; καὶ ὑπὸ τῶν Χερουβὶμ * ζωῇ * ἐφυλάττετο εἰς τὸν ἀτελεύτητον αἰῶνα καὶ πῶς ὑπατίθη |
| Esdr. | 5 | 21 | με οἱ ἄγγελοι κατὰ ἀνατολὰς καὶ ἴδον τὸ φυτὸν τῆς * ζωῆς. * καὶ ἴδον ἐκεῖ τὸν Ἐνὼχ καὶ Ἠλίαν καὶ Μωυσῆ καὶ |
| Sedr. | 4 | 4 | ἔθηκα αὐτὸν ἐν τῷ παραδείσῳ ἐν μέσῳ τοῦ φυτοῦ τῆς * ζωῆς * καὶ εἶπα αὐτῷ ἀπὸ πάντων τῶν καρπῶν φάγε μόνον τὸ |
| Sedr. | 4 | 5 | αὐτῷ ἀπὸ πάντων τῶν καρπῶν φάγε μόνον τὸ ξύλον τῆς * ζωῆς * φύλαξον ἐὰν γὰρ φάγῃς ἀπ' αὐτοῦ θανάτῳ ἀποθανεῖ. |
| Sedr. | 7 | 5 | φωτεινοτέρα ἐστὶν ἐν τῷ κάλλει τῆς σελήνης καὶ τὴν * ζωὴν * ἐχαρίσατο αὐτῆς. λέγει Σεδρὰχ καὶ τί ὠφελοῦν τὰ |
| Job | 46 | 9 | ὑμῶν ἵνα εὖ ὑμῖν γένηται πάσας τὰς ἡμέρας τῆς * ζωῆς * ὑμῶν. εἶπεν δὲ αὐτῷ ἡ ἄλλη θυγάτηρ ἡ λεγομένη Κασία |
| Job | 53 | 9 | τὰ ἔτη διπλὰ τουτέστιν ρ ο'. τὰ δὲ πάντα ἔτη τῆς * ζωῆς * αὐτοῦ σ μ η'. καὶ ἴδεν υἱοὺς τῶν υἱῶν αὐτοῦ ἕως |
| Aris. | 154 | 2 | μνήμης. ἡ γὰρ ἀναμηρύκησις οὐθὲν ἕτερον ἀλλὰ τῆς * ζωῆς * καὶ συστάσεως ἐπίμνησις. τὸ γὰρ ζῆν διὰ τῆς τροφῆς |
| Aris. | 180 | 3 | καὶ κατ' ἐνιαυτὸν ἐπίσημος ἔσται πάντα τὸν τῆς * ζωῆς * ἡμῶν χρόνον συντέτυχε γὰρ καὶ τὰ κατὰ τὴν νίκην |
| Aris. | 185 | 4 | καὶ τοῖς ὁμονοοῦσι πάντα ἀνέκλειπτα τὸν τῆς * ζωῆς * χρόνον. εἰπόντος δὲ ταῦτα τούτου κατερράγη κρότος |
| Sib. | 3 | 362 | πάλιν οὐρανὸν εἰς ἀνεγείρει ὅττι βροτοὶ φαύλου * ζωῆς * ἀδίκου τ' ἐνέχοντο. ἔσται καὶ Σάμος ἄμμος ἐσεῖται |
| Sib. | 3 | 495 | φάος ἠελίοιο παρέσσεται ἐν φαΐ κοινῷ οὐδ' ἔτι τῆς * ζωῆς * ἀριθμὸς καὶ φῦλον ἔτ' ἔσται ἀντ' ἀδίκου γλώττης |
| Sib. | 3 | 530 | κοὐκ ἔσετ' αὐτοῖς μικρὸν ἐπαρκέσσων πόλεμον * ζωῆς * τ' ἐπαρωγός. ὄψονται τ' ἰδίας κτήσεις καὶ πλοῦτον |
| Sib. | 4 | 16 | ποταμοί τε καὶ ἀενάων στόμα πηγῶν κτίσματα πρὸς * ζωὴν * ὄμβροι θ' ἅμα καρπὸν ἀρούρης τίκτοντες καὶ δένδρα |
| Sib. | 4 | 46 | μενοῦσιν ἐπὶ ζείδωρον ἄρουραν πνεῦμα θεοῦ δόντος * ζωήν * θ' ἅμα καὶ χάριν αὐτοῖς. ἀλλὰ τὰ μὲν δεκάτῃ γενεῇ |
| Sib. | 4 | 189 | μεγάλοιο θεοῦ καὶ ἄφθιτον ὄλβον πνεῦμα θεοῦ δόντος * ζωήν * θ' ἅμα καὶ χάριν αὐτοῖς εὐσεβέσιν πάντες δὲ τότ' |
| FJub. | 3 | 33 | ἣν ὁ Ἀδὰμ λαβὼν ὠνόμασεν Εὔαν ὃ ἑρμηνεύεται * ζωὴ * διὰ τοῦτο προσέταξεν ὁ θεὸς διὰ Μωϋσέως ἐν τῷ |
| FJub. | 22 | 4 | ἀφυπνώσαντος τοῦ Ἀβραὰμ τῷ ιε' ἔτει τῆς * ζωῆς * Ἰακώβ. τῷ Ἠσαῦ ἔφη ἐν ταῖς εὐλογίαις ὁ Ἰσαὰκ |
| FMan. 2 | 22 | 14 | καὶ αἰνέσω σε διαπαντὸς ἐν πάσαις ταῖς ἡμέραις τῆς * ζωῆς * μου ὅτι σέ ὑμνεῖ πᾶσα ἡ δύναμις τῶν οὐρανῶν καὶ σοῦ |
| FEz. | 185 | 4 | ακουσθη⟩σεται και εσοντ⟨αι μετα εμου⟩ ⟨επι γ⟩ης * ζωης * ω ιημ ε⟨ιπον προς τον κν κε μ⟩η με ελλεγξης τ⟨ω |
| FPho. | | 230 | καθαρμοί. ταῦτα δικαιοσύνης μυστήρια τοῖα βιεῦντες * ζωὴν * ἐκτελέοιτ' ἀγαθὴν μέχρι γήραος οὐδοῦ. |
| FrAn. | 574 | 3046 | σε θεὸν φωσφόρον ἀδάμαστον τὸν τὰ ἐν καρδίᾳ πάσης * ζωῆς * ἐπιστάμενον τὸν χουοπλάστην τοῦ γένους τῶν ἀνθρώπων |
| ζώνη | | | 16 |
| TLevi | 8 | 7 | βυσσίνην με περιέβαλεν ὁμοίαν ἐφούδ. ὁ τέταρτος * ζώνην * μοι περιέθηκεν ὁμοίαν πορφύρᾳ. ὁ πέμπτος κλάδον |
| TJud. | 12 | 4 | μοι δώσεις; καὶ ἔδωκα αὐτῇ τὴν ῥάβδον μου καὶ τὴν * ζώνην * καὶ τὸ διάδημα τῆς βασιλείας καὶ συνελθὼν αὐτῇ |
| TJud. | 15 | 3 | μου τουτέστι τὸ στήριγμα τῆς ἐμῆς φυλῆς καὶ τὴν * ζώνην * μου τουτέστι τὴν δύναμιν καὶ τὸ διάδημα τουτέστι |
| Asen. | 3 | 6 | στολὴν βυσσίνην ἐξ ὑακίνθου χρυσοϋφῆ καὶ ἐζώσατο * ζώνην * χρυσῆν καὶ ψέλια εἰς τὰς χεῖρας καὶ τοὺς πόδας |
| Asen. | 10 | 10 | ἐνεδύσατο τὸν χιτῶνα μελανὸν πένθους καὶ ἔλυσε τὴν * ζώνην * αὐτῆς τὴν χρυσῆν καὶ περιεζώσατο σχοινίον καὶ |
| Asen. | 10 | 11 | καὶ ἔλαβε τὴν στολὴν αὐτῆς τὴν ἐκλεκτὴν καὶ τὴν * ζώνην * τὴν χρυσῆν καὶ τὴν κίδαριν καὶ τὸ διάδημα καὶ |
| Asen. | 13 | 4 | χιτῶνα μελανὸν καὶ πενθήρη. ἰδοὺ λέλυκα τὴν * ζώνην * μου τὴν χρυσῆν καὶ ἔρριψα αὐτὴν ἀπ' ἐμοῦ καὶ |
| Asen. | 14 | 12 | ἄθικτον καὶ ἐπίσημον καὶ ζῶσαι τὴν ὀσφύν σου τὴν * ζώνην * τὴν καινὴν τὴν διπλῆν τῆς παρθενίας σου. καὶ ἐλθὲ |
| Asen. | 14 | 14 | τὴν λινῆν τὴν ἐπίσημον τὴν ἄθικτον καὶ ἐζώσατο τὴν * ζώνην * αὐτῆς τὴν διπλῆν παρθενίας αὐτῆς μίαν ζώνην περὶ |
| Asen. | 14 | 14 | τὴν ζώνην αὐτῆς τὴν διπλῆν παρθενίας αὐτῆς μίαν * ζώνην * περὶ τὴν ὀσφὺν αὐτῆς καὶ ἑτέραν ζώνην ἐπὶ τῷ στήθει |
| Asen. | 14 | 14 | αὐτῆς μίαν ζώνην περὶ τὴν ὀσφὺν αὐτῆς καὶ ἑτέραν * ζώνην * ἐπὶ τῷ στήθει αὐτῆς. καὶ ἀπεσείσατο τὴν τέφραν ἐκ |
| Asen. | 18 | 6 | τῷ εἴδει καὶ ἐνεδύσατο αὐτήν. καὶ περιεζώσατο * ζώνην * χρυσῆν καὶ βασιλικὴν ἥτις ἦν διὰ λίθων τιμίων. καὶ |
| Asen. | 21 | 19 | οὐκ ἔστιν ἀνὴρ δυνάστης ἐπὶ τῆς γῆς ὃς ἂν λύσῃ τὴν * ζώνην * τῆς παρθενίας μου. ἥμαρτον κύριε ἥμαρτον ἐνώπιόν |
| Aris. | 97 | 1 | τῇ χρόᾳ θαυμασίως ἔχοντες. κατέζωστο δὲ διαφόρῳ * ζώνῃ * διαπρεπεῖ διυφασμένῃ καλλίστοις χρώμασιν. ἐπὶ δὲ |
| Sib. | 5 | 210 | ἐξαναβᾶσα καὶ Ἥλιος ἀμφὶ μετώπῳ πηξάμενος * ζώνην * +περιπάμπολον+ ἡγεμονεύσῃ ἔσσεται ἐμπρησμὸς μέγας |
| Sib. | 5 | 522 | μοῖραν Πλειὰς δ' οὐκέτ' ἔφαινε Δράκων δ' ἠρνήσατο * ζώνην * Ἰχθύες εἰσεδύοντο κατὰ ζωστῆρα Λέοντος Καρκίνος |
| ζώννυμι | | | 4 |
| Asen. | 3 | 6 | ἐνεδύσατο στολὴν βυσσίνην ἐξ ὑακίνθου χρυσοϋφῆ καὶ * ἐζώσατο * ζώνην χρυσῆν καὶ ψέλια εἰς τὰς χεῖρας καὶ τοὺς |
| Asen. | 14 | 12 | στολὴν λινῆν καινὴν ἄθικτον καὶ ἐπίσημον καὶ * ζῶσαι * τὴν ὀσφύν σου τὴν ζώνην τὴν καινὴν τὴν διπλῆν τῆς |
| Asen. | 14 | 14 | αὐτῆς τὴν λινῆν τὴν ἐπίσημον τὴν ἄθικτον καὶ * ἐζώσατο * τὴν ζώνην αὐτῆς τὴν διπλῆν παρθενίας αὐτῆς μίαν |
| Job | 47 | 5 | μοι ταύτας τὰς τρεῖς χορδὰς λέγων μοι ἀνάστα, * ζῶσαι * ὥσπερ ἀνὴρ τὴν ὀσφῦν σου ἐρωτήσω δέ σε, σὺ δέ μοι |
| ζωογονέω | | | 2 |
| Asen. | 12 | 2 | ποιοῦντες τὸ θέλημά σου. ὅτι σὺ κύριε ἐλάλησας καὶ * ἐζωογονήθησαν * ὅτι ὁ λόγος σου κύριε ζωή ἐστι πάντων τῶν |
| LAri. 13 | 12 | 13 | δι' ἑβδομάδων δὲ καὶ πᾶς ὁ κόσμος κυκλεῖται τῶν * ζωογονουμένων * καὶ τῶν φυομένων ἁπάντων. τῷ δὲ σάββατον |
| ζωογραφία | | | 1 |
| Sib. | 3 | 589 | λιθίνων τε θεῶν εἴδωλα καμόντων πήλινα μιλτόχριστα * ζωογραφίας * τυποειδεῖς τιμῶσιν ὅσα πέρ τε βροτοὶ |
| ζῷον | | | 20 |
| Abr.1 | 2 | 10 | ἵππους ὅτι ἀνέχομαι τούτου τοῦ μὴ καθίσαι ἐπὶ * ζῴου * τετραπόδου μὴ γὰρ καὶ ὁ ἐμὸς βασιλεὺς οὐκ ἦν |

| | | | | | |
|---|---|---|---|---|---|
| Abr.1 | 2 | 11 | ἀλλ' ἐγὼ ἀπέχομαι τοῦτο τοῦ μὴ καθίσαι ἐπὶ ⋇ | ζῴου ⋇ | τετραπόδου ποτέ ἀπέλθωμεν δικαία ψυχὴ πεζεύοντες |
| Abr.2 | 2 | 5 | καὶ καθέζου ὀλίγην ὥραν καὶ ποιήσω ἐνεχθῆναι ἡμῖν ⋇ | ζῷον ⋇ | ἵνα ἀπελθόντες ἐν τῷ οἴκῳ ἡμῶν ταύτην τὴν ὥραν πρός |
| TLevi | 9 | 13 | ἄναγε κυρίῳ ὡς κἀμὲ Ἀβραὰμ ἐδίδαξεν. καὶ παντὸς ⋇ | ζῴου ⋇ | καθαροῦ καὶ πετεινοῦ καθαροῦ πρόσφερε θυσίαν κυρίῳ. |
| Bar. | 6 | 6 | οὐκ ἂν τῶν ἀνθρώπων γένος ἐσῴζετο οὔτε ἕτερόν τι ⋇ | ζῷον ⋇ | ἀλλὰ προσέταξεν ὁ θεὸς τοῦτο τὸ ὄρνεον. καὶ ἥπλωσε |
| Sedr. | 6 | 3 | οὐρανοῦ καὶ γῆς καὶ πάντα αὐτῷ ὑπέταξα καὶ πᾶν ⋇ | ζῷον ⋇ | φεύγει ἀπ' αὐτοῦ καὶ ἀπὸ προσώπου αὐτοῦ ἀλλ' αὐτὸς |
| Job | 17 | 4 | συνέλθατε οὖν καὶ σκυλεύσατε ἑαυτοῖς πάντα τὰ ⋇ | ζῷα ⋇ | ὅσα ἔχει ἐπὶ τῆς γῆς. καὶ αὐτοὶ ἀποκριθέντες |
| Job | 40 | 11 | γεγονός, καὶ εὗρον αὐτὴν νεκράν, τὰ δὲ περιεστῶτα ⋇ | ζῷα ⋇ | κλαίοντα ἐπ' αὐτήν. καὶ οὕτως προκομίσαντες αὐτὴν |
| Aris. | 147 | 6 | βίου κυβερνᾶν ὡς τὰ τῶν προειρημένων πτηνῶν ἥμερα ⋇ | ζῷα ⋇ | τὰ φυόμενα τῶν ὀσπρίων ἐπὶ γῆς δαπανᾷ καὶ οὐ |
| FJos. | 189 | | Ἰσραὴλ ἀνὴρ ὁρῶν θεὸν ὅτι ἐγὼ πρωτόγονος παντὸς ⋇ | ζῴου ⋇ | ζωουμένου ὑπὸ θεοῦ. ἐγὼ δὲ ὅτε ἠρχόμην ἀπὸ |
| FPho. | 188 | | τέμνειν φύσιν ἄρσενα κούρου. μηδ' ἀλόγοις ⋇ | ζῴοισι ⋇ | βατήριον ἐς λέχος ἐλθεῖν. μηδ' ὕβριζε γυναῖκα |
| HArt. | 9 27 | 9 | Ἴβιν ἐν αὐτῇ καθιερῶσαι διὰ τὸ ταύτην τὰ βλάπτοντα ⋇ | ζῷα ⋇ | τοὺς ἀνθρώπους ἀναιρεῖν προσαγορεῦσαι δὲ αὐτὴν |
| HArt. | 9 27 | 12 | ἱερὸν αὐτοῦ τοὺς ὄχλους καθιδρύσασθαι καὶ τὰ ⋇ | ζῷα ⋇ | τὰ καθιερωθέντα ὑπὸ τοῦ Μωῦσου κελεύειν ἐκεῖ |
| HArt. | 9 27 | 28 | δὲ τὸ ὕδωρ ἐποζέσαι καὶ τὰ ποτάμια διαφθεῖραι ⋇ | ζῷα ⋇ | τοὺς τε λαοὺς διὰ τὴν δίψαν φθείρεσθαι. τὸν δὲ |
| HArt. | 9 27 | 31 | τε σημεῖα ποιῆσαι καὶ πατάξαντα τὴν γῆν τῇ ῥάβδῳ ⋇ | ζῷόν ⋇ | τι πτηνὸν ἀνεῖναι λυμαίνεσθαι τοὺς Αἰγυπτίους |
| HArt. | 9 27 | 35 | μετὰ πολλῆς δυνάμεως ⟨ἅμα⟩ καὶ τοῖς καθιερωμένοις ⋇ | ζῴοις ⋇ | διὰ τὸ τὴν ὕπαρξιν τοὺς Ἰουδαίους τῶν Αἰγυπτίων |
| HThe. | 9 34 | 19 | Τυρίων βασιλεῖ πέμψαι τὸν δὲ εἰκόνα τῆς θυγατρὸς ⋇ | ζῷον ⋇ | ὁλοσώματον κατασκευάσαι καὶ ἔλυτρον τῷ ἀνδριάντι |
| LEze. | 9 29 12 41 | | ἄζυμα ἔδεσθε καὶ θεῷ λατρεύσετε τὰ πρωτότευκτα ⋇ | ζῷα ⋇ | θύοντες θεῷ ὅσ' ἂν τέκωσι παρθένοι πρώτως τέκνα |
| LEze. | 9 29 16 12 | | χορτάσματα. ἕτερον δὲ πρὸς τοῖσδ' εἴδομεν ⋇ | ζῷον ⋇ | ξένον θαυμαστὸν οἷον οὐδέπω ὥρακέ τις. διπλοῦν γὰρ |
| LAri. | 8 10 | 11 | θάλασσα οὐδὲ θάλασσα ποταμοί. καὶ πάλιν ἐπὶ τῶν ⋇ | ζῴων ⋇ | ὁ αὐτός ἐστι λόγος. οὐ γὰρ ἄνθρωπος ἔσται θηρίον |

ζωοποιέω
6

| | | | | | |
|---|---|---|---|---|---|
| TGad | 4 | 6 | ἀσθενεῖ. ὥσπερ γὰρ ἡ ἀγάπη καὶ τοὺς νεκροὺς θέλει ⋇ | ζωοποιῆσαι ⋇ | καὶ τοὺς ἐν ἀποφάσει θανάτου θελήσει |
| Asen. | 8 | 3 | Ἰωσὴφ τῇ Ἀσενὲθ εὐλογήσει σε κύριος ὁ θεὸς ὁ ⋇ | ζωοποιήσας ⋇ | τὰ πάντα. καὶ εἶπε Πεντεφρῆς τῇ θυγατρὶ αὐτοῦ |
| Asen. | 8 | 9 | μου Ἰσραὴλ ὁ ὕψιστος ὁ δυνατὸς τοῦ Ἰακὼβ ὁ ⋇ | ζωοποιήσας ⋇ | τὰ πάντα καὶ καλέσας ἀπὸ τοῦ σκότους εἰς τὸ |
| Asen. | 12 | 1 | κύριε ὁ θεὸς τῶν αἰώνων ὁ κτίσας τὰ πάντα καὶ ⋇ | ζωοποιήσας ⋇ | ὁ δοὺς πνοὴν ζωῆς πάσῃ τῇ κτίσει σου ὁ |
| Asen. | 20 | 7 | αὐτῆς καὶ ἐχάρησαν καὶ ἔδωκαν δόξαν τῷ θεῷ τῷ ⋇ | ζωοποιοῦντι ⋇ | τοὺς νεκρούς. καὶ μετὰ ταῦτα ἔφαγον καὶ |
| Aris. | 16 | 5 | τοῦτο δ' οὐκ ἀνοικείως οἱ πρῶτοι διεσήμαναν δι' ὃν ⋇ | ζωοποιοῦνται ⋇ | τὰ πάντα καὶ γίνεται τούτων ἁπάντων |

ζωοφόρος
1

| | | | | | |
|---|---|---|---|---|---|
| LAri. | 7 32 | 17 | πρῶτον τμῆμα τοῦ ἡλιακοῦ ἢ ὥς τινες αὐτῶν ὠνόμασαν ⋇ | ζωοφόρου ⋇ | κύκλου διεξιόντος ἡλίου. ἐξ ἀνάγκης τῇ τῶν |

ζωόω
1

| | | | | | |
|---|---|---|---|---|---|
| FJos. | 189 | | ἀνὴρ ὁρῶν θεὸν ὅτι ἐγὼ πρωτόγονος παντὸς ζῴου ⋇ | ζωουμένου ⋇ | ὑπὸ θεοῦ. ἐγὼ δὲ ὅτε ἠρχόμην ἀπὸ Μεσοποταμίας |

ζωσμός ⋇
1

| | | | | | |
|---|---|---|---|---|---|
| Sib. | 3 | 151 | Κρόνον Ῥείην τε σύνευνον κρύψεν δ' ἐν γαίῃ καὶ ἐν ⋇ | +ζωσμοῖς+ ⋇ | ἐφύλασσεν. καὶ τότε +δὴ μιν+ ἄκουσαν υἱοὶ |

ζωστήρ
1

| | | | | | |
|---|---|---|---|---|---|
| Sib. | 5 | 523 | Δράκων δ' ἠρνήσατο ζώνην Ἰχθύες εἰσεδύοντο κατὰ ⋇ | ζωστῆρα ⋇ | Λέοντος Καρκίνος οὐκ ἐνέμεινεν ἔδεισε γὰρ |

Ζωτιήλ
1

| | | | | | |
|---|---|---|---|---|---|
| Hen. | 32 | 2 | ᾠχόμην ἐπ' ἄκρων καὶ ἀπὸ τούτου διέβην ἐπάνω τοῦ ⋇ | Ζωτιήλ. ⋇ | καὶ ἦλθον πρὸς τὸν παράδεισον τῆς δικαιοσύνης |

ἤ
4

| | | | | | |
|---|---|---|---|---|---|
| Abr.2 | 6 | 10 | οὗτος τοῦ θεοῦ ἐστιν; ἀπεκρίθη Σάρρα καὶ εἶπεν ⋇ | ἦ ⋇ | ἄρα ὅτι παραφρενοῦσα λέγω ὅτι εἷς ἐστιν τῶν τριῶν τῶν |
| Abr.2 | 13 | 18 | τῷ Ἀβραὰμ νομίζεις ὅτι ἐμή ἐστιν ἡ ὡραιότης αὕτη; ⋇ | ἦ ⋇ | μετὰ πάντων ποιῶ; οὐχὶ ἀλλ' ἐὰν οὖν τις δίκαιος πρὸς |
| Sedr. | 14 | 10 | εὐαγγελίοις καὶ λυποῦσιν τοὺς ἀγγέλους μου καὶ ⋇ | ἦ ⋇ | μὴν ἐν ταῖς συνάξεσιν καὶ ἐν ταῖς λειτουργίαις μου οὐ |
| Sib. | 5 | 2 | ἀλλ' ἄγε μοι στονόεντα χρόνον κλύε Λατινιδάων. ⋇ | ἦ ⋇ | τοι μὲν πρώτιστα μετ' ὀλλυμένους βασιλῆας Αἰγύπτου |

ἤ (σύνδ.)
171   ἤ ἠέ η

ἡγεμονεύς
1

| | | | | | |
|---|---|---|---|---|---|
| Sib. | 5 | 339 | Αἰγύπτιος αἱρεῖ καὶ κλίμα βαρβαρικὸν ῥίψει σθένος ⋇ | ἡγεμονήων. ⋇ | Λυδοὶ καὶ Γαλάται Πάμφυλοι σὺν Πισίδαισι |

ἡγεμονεύω
5

| | | | | | |
|---|---|---|---|---|---|
| Sib. | 3 | 553 | ὑπερφίαλοι βασιλῆες Ἑλλήνων οἳ πρῶτα βροτοῖς κακὰ ⋇ | ἡγεμόνευσαν ⋇ | πολλὰ θεῶν εἴδωλα καταφθιμένων +θανεόντων+ |
| Sib. | 5 | 205 | καὶ σε φονεύσει αὐτὴν Ῥαβέννη τε καὶ εἰς φόνον ⋇ | ἡγεμονεύσει. ⋇ | Ἰνδοὶ μὴ θαρσεῖτε καὶ Αἰθίοπες μεγάθυμοι |
| Sib. | 5 | 210 | Ἥλιος ἀμφὶ μετώπῳ πηξάμενος ζώνην +περιπάμπολον+ ⋇ | ἡγεμονεύσῃ ⋇ | ἔσσεται ἐμπρησμὸς μέγας αἰθέριος κατὰ γαῖαν |
| Sib. | 5 | 348 | φάος ἔσσεται αὖτις ὑστατίῳ καιρῷ ὁπόταν θεὸς ⋇ | ἡγεμονεύσῃ. ⋇ | πάντα μελανθεῖῃ σκοτίῃ δ' ἔσται κατὰ γαῖαν |
| Sib. | 5 | 482 | πτύχας ἀμφικαλύψει δεύτερον αὐτὰρ ἔπειτα θεοῦ φάος ⋇ | ἡγεμονεύσει ⋇ | ἀνδράσι τοῖς ἀγαθοῖσιν ὅσοι θεὸν ἐξύμνησαν. |

ἡγεμονέω
1

| | | | | | |
|---|---|---|---|---|---|
| Sib. | 3 | 255 | δ' υἱὸν ἐκαλέσσατο. ἡνίκα δ' ἦλθεν λαὸν ὅδ' ⋇ | ἡγεμονῶν ⋇ | ὃν ἀπ' Αἰγύπτου θεὸς ἦγεν εἰς τὸ ὄρος Σινᾶ καὶ |

ἡγεμονία
3

| | | | | | |
|---|---|---|---|---|---|
| TSim. | 5 | 6 | ἐν τῷ Λευὶ καὶ Ἰούδα καὶ οὐκ ἔσται ἐξ ὑμῶν εἰς ⋇ | ἡγεμονίαν ⋇ | καθὼς καὶ ὁ πατήρ μου Ἰακὼβ προεφήτευσεν ἐν |
| Job | 34 | 4 | ἐπαίρεται καθ' ὑμῶν Βασιλεῖται παρέρχονται καὶ αἱ ⋇ | ἡγεμονίαι ⋇ | αὐτῶν καὶ ἰδοὺ ἡμῖν, φησίν, ἔσται ἕως αἰῶνος. |
| Aris. | 219 | 5 | βασιλεύεις θεοῦ δόντος σοι καταξίως τῶν τρόπων τὴν ⋇ | ἡγεμονίαν. ⋇ | τοῦ δὲ βασιλέως εὖ μάλα συγκροτήσαντος μετὰ |

ἡγεμών
10

| | | | | | |
|---|---|---|---|---|---|
| Asen. | 24 | 18 | ἄνδρας καὶ αὐτοὺς κατέστησεν ἄρχοντας αὐτῶν καὶ ⋇ | ἡγεμόνας. ⋇ | καὶ εἶπον αὐτῷ Δὰν καὶ Γὰδ ἡμεῖς ἐσμέν παῖδές |
| Job | 33 | 8 | διηνεκές. οὗτοι οἱ βασιλεῖς παρελεύσονται καὶ οἱ ⋇ | ἡγεμόνες ⋇ | παρέρχονται, ἡ δὲ δόξα καὶ τὸ καύχημα αὐτῶν |
| Aris. | 238 | 4 | λυπήσας τοῦτο δ' οὐκ ἔστιν εἰ μὴ θεὸς τῆς διανοίας ⋇ | ἡγεμὼν ⋇ | γένοιτο πρὸς τὰ κάλλιστα. προσεπινεύσας δὲ τούτῳ |
| Sib. | 3 | 249 | λείψει καὶ ἄταρπὸν ὁδεύσει λαὸς ὁ δωδεκάφυλος ἐν ⋇ | ἡγεμόσιν ⋇ | θεοπέμπτοις ἐν στύλῳ πυρόεντι τὸ νυκτερινὸν |
| Sib. | 3 | 336 | κομήτην ῥομφαίας λιμοῦ θανάτοιό τε σῆμα βροτοῖσιν ⋇ | ἡγεμόνων ⋇ | τε +φθορὰν+ ἀνδρῶν μεγάλων τ' ἐπισήμων. σήματα |
| Sib. | 3 | 366 | λόγος. ἔκδικος ἔσται ἀλλὰ κακαῖς βουλῇσι καὶ ⋇ | ἡγεμόνων ⋇ | κακότητι --- εἰρήνη δὲ γαληνὸς ἐς Ἀσίδα γαῖαν |
| Sib. | 3 | 545 | ἔσσεται αὖτις. Ἑλλὰς δή τι πέποιθας ἐπ' ἀνδράσιν ⋇ | ἡγεμόνεσσιν ⋇ | θνητοῖς οἷς οὐκ ἔστι φυγεῖν θανάτοιο |
| Sib. | 5 | 637 | ἀφέλῃται ἔθνη δ' ἔθνεα πορθήσῃ καὶ φῦλα δυνάσται ⋇ | ἡγεμόνων ⋇ | κακότητα ἠδὲ γυναικὸς ἀδουλώτου ἐπὶ κῦμα |
| LEze. | 9 29 14 32 | | ἡμῶν τε καὶ Ἑβραίων μέσος. κἄπειθ' ὁ κείνων ⋇ | ἡγεμὼν ⋇ | Μωσῆς λαβὼν ῥάβδον θεοῦ τῇ δὴ πρὶν Αἰγύπτῳ κακὰ |

ἡγέομαι
19

| | | | | | |
|---|---|---|---|---|---|
| Hen. | 21 | 5 | ὁ εἷς τῶν ἁγίων ἀγγέλων ὃς μετ' ἐμοῦ ἦν καὶ αὐτὸς ⋇ | ἡγεῖτο ⋇ | αὐτῶν καὶ εἶπέν μοι Ἐνὼχ περὶ τίνος ἐρωτᾷς ἢ |
| Hen. | 21B | 5 | τῶν ἁγίων ἀγγέλων ὁ μετ' ἐμοῦ ὢν καὶ αὐτὸς αὐτῶν ⋇ | ἡγεῖτο ⋇ | καὶ εἶπέν μοι Ἐνὼχ περὶ τίνος ἐρωτᾷς ἢ περὶ |
| Hen. | 24 | 6 | τῶν ἁγίων ἀγγέλων ὃς μετ' ἐμοῦ ἦν καὶ αὐτὸς αὐτῶν ⋇ | ἡγεῖτο ⋇ | καὶ εἶπέν μοι Ἐνὼχ τί ἐρωτᾷς καὶ τί ἐθαύμασας ἐν |
| Hen. | 89 | 46 | ἡγεύμεν αὐτῶν εἷς κριὸν καὶ εἷς ἄρχοντα καὶ εἷς ⋇ | ἡγούμενον ⋇ | τῶν προβάτων καὶ οἱ κύνες ἐπὶ πᾶσιν τούτοις |
| TZab. | 10 | 2 | ἀπολείπω. ἀναστήσομαι γὰρ πάλιν ἐν μέσῳ ὑμῶν ὡς ⋇ | ἡγούμενος ⋇ | ἐν μέσῳ υἱῶν αὐτοῦ καὶ εὐφρανθήσομαι ἐν μέσῳ |
| Asen. | 3 | 3 | εὐλογητὸς κύριος ὁ θεὸς τοῦ Ἰωσὴφ ὅτι ἄξιόν με ⋇ | ἡγήσατο ⋇ | ὁ κύριός μου Ἰωσὴφ ἔρχεσθαι πρὸς ἡμᾶς. καὶ |
| Prop. | 3 | 2 | τοῖς ἐν τῇ Ἰουδαίᾳ. ἀπέκτεινεν δὲ αὐτὸν ὁ ⋇ | ἡγούμενος ⋇ | τοῦ λαοῦ Ἰσραὴλ ἐκεῖ ἐλεγχόμενος ὑπ' αὐτοῦ |
| Prop. | 3 | 12 | ἀπολλυμένου τοῦ λαοῦ ὑπὸ τῶν ἐχθρῶν προσῆλθε τοῖς ⋇ | ἡγουμένοις ⋇ | καὶ διὰ τεραστίων φοβηθέντες ἐπαύσαντο. τοῦτο |
| Job | 18 | 8 | τὰ κρείττονα τῶν σκευῶν καὶ τὸ πλοῖον. οὕτω κἀγὼ ⋇ | ἡγησάμην ⋇ | τὰ ἐμὰ ἀντ' οὐδενὸς πρὸς ἐκείνην τὴν πόλιν περὶ |
| Aris. | 16 | 5 | ζωοποιοῦνται τὰ πάντα καὶ γίνεται τούτων ἁπάντων ⋇ | ἡγεῖσθαί ⋇ | τε καὶ κυριεύειν. ὑπερηχὼς δὲ σύμπαντα |
| Aris. | 124 | 3 | γὰρ ὅτι φιλάγαθος ὢν ὁ βασιλεὺς πάντων μέγιστον ⋇ | ἡγεῖται ⋇ | τὸ μεταπείθεσθαι καθ' ὃν ἂν τόπον ὀνομασθῇ τις |
| Aris. | 263 | 3 | ἑαυτὸν ὑπομιμνήσκοι καθὼς ἄνθρωπος ὢν ἄνθρωπο ⋇ | ἡγεῖται. ⋇ | καὶ ὁ θεὸς τοὺς ὑπερηφάνους καθαιρεῖ τοὺς δὲ |
| Aris. | 278 | 3 | κελεύει καὶ δικαιοσύνην προτιμᾷν. ὁ δὲ θεὸς πάντων ⋇ | ἡγεῖται ⋇ | τούτων. εἰ δὲ ἀποκεκρίσθαι τούτοιν εἰπὼν ὁ |
| Aris. | 292 | 1 | ἐν ταῖς διακρίσεσι. ταῦτα δὲ γίνεται διὰ τὸν ⋇ | ἡγούμενον ⋇ | ὅταν μισοπόνηρος ᾖ καὶ φιλάγαθος καὶ περὶ |
| Aris. | 292 | 3 | ψυχὴν ἀνθρώπου σῴζειν καθὼς καὶ σὺ μέγιστον κακὸν ⋇ | ἡγήσαι ⋇ | τὴν ἀδικίαν δικαίως δὲ πάντα κυβερνῶν ἀένναον τὴν |
| Aris. | 309 | 2 | Δημήτριον ἀποδεξάμενοι παρεκάλεσαν μεταδοῦναι τοῖς ⋇ | ἡγουμένοις ⋇ | αὐτῶν μεταγράψαντα τὸν πάντα νόμον. καθὼς δὲ |
| Aris. | 310 | 3 | οἱ πρεσβύτεροι καὶ τῶν ἀπὸ τοῦ πολιτεύματος οἵ τε ⋇ | ἡγούμενοι ⋇ | τοῦ πλήθους εἶπον ἐπεὶ καλῶς καὶ ὁσίως |
| Sib. | 5 | 357 | ἀψύχοις θ' Ἑρμαῖς καὶ τοῖς λιθίνοισι θεοῖσιν. ⋇ | ἡγείσθω ⋇ | δὲ θέμις σοφίη καὶ δόξα δικαίων μή ποτε θυμωθεὶς |
| HCal. | 28 | 20 | ἄρχοντα τῶν Περσῶν καθίστησι Φίλιππον δὲ Αἰγυπτίων ⋇ | ἡγεῖσθαι ⋇ | προσέτακτο Ἀλέξανδρος δὲ Μακεδονίοις |

ἡγητήρ
1

| | | | | | |
|---|---|---|---|---|---|
| Sib. | 3 | 252 | καὶ στύλῳ νεφέλης +πᾶν ἦως ἦμαρ ὁδεύσει+ τούτῳ δ' ⋇ | ἡγητῆρα ⋇ | καταστήσει μέγαν ἄνδρα Μωσῆν ὃν παρ' ἕλους |

ἡγήτωρ
1

| | | | | | |
|---|---|---|---|---|---|
| Sib. | 3 | 306 | μερόπων ἀλαλαγμὸς ὀλέσσει καὶ πληγῇ μεγάλοιο θεοῦ ⋇ | ἡγήτορος ⋇ | ὕμνων. ἀέριος γάρ σοι Βαβυλὼν ἥξει ποτ' ἄνωθεν |

ἤγουν
5

| | | | | | |
|---|---|---|---|---|---|
| Bar. | 8 | 5 | θεωρῶν τὰς ἀνομίας καὶ τὰς ἀδικίας τῶν ἀνθρώπων ⋇ | ἤγουν ⋇ | πορνείας μοιχείας κλοπὰς ἁρπαγὰς εἰδωλολατρείας |
| Esdr. | 7 | 3 | γένος μὴ οὖν φοβηθῇ τὸν θάνατον. τὸ γὰρ ἐξ ἐμοῦ ⋇ | ἤγουν ⋇ | ἡ ψυχὴ ἀπέρχεται εἰς τὸν οὐρανὸν τὸ δὲ ἐκ τῆς γῆς |
| Esdr. | 7 | 3 | ἡ ψυχὴ ἀπέρχεται εἰς τὸν οὐρανὸν τὸ δὲ ἐκ τῆς γῆς ⋇ | ἤγουν ⋇ | τὸ σῶμα ἀπέρχεται εἰς τὴν γῆν ἐξ ἧς ἐλήφθη. καὶ |
| FJub. | 4 | 1 | τὴν πανσέληνον τοῦ ἑβδόμου μηνὸς παρ' Ἑβραίοις ⋇ | ἤγουν ⋇ | ἐν τῇ σκηνοπηγίᾳ. τὴν Κάῒν καρποφορίαν θυσίαν τὰ |
| FJub. | 4 | 2 | αὐτὸν οἱ πρωτόπλαστοι ἑβδομαδικοὺς τέσσαρας ⋇ | ἤγουν ⋇ | ἔτη εἴκοσι ὀκτώ. τῷ ἑκατοστῷ εἰκοστῷ ἑβδόμῳ ἔτει ὁ |

ἠδέ
56   ἠδ' ἠδέ

ἤδη
12

| | | | | | |
|---|---|---|---|---|---|
| Asen. | 8 | 5 | τῶν δύο μασθῶν αὐτῆς καὶ ἦσαν οἱ μασθοὶ αὐτῆς ⋇ | ἤδη ⋇ | ἑστῶτες ὥσπερ μῆλα ὡραῖα. καὶ εἶπεν Ἰωσὴφ οὐκ ἔστι |
| Asen. | 11 | 1 | ἡμέρα τῇ ὀγδόῃ ἰδοὺ ὄρθρος ἦν καὶ τὰ ὄρνεα ἐλάλουν ⋇ | ἤδη ⋇ | καὶ οἱ κύνες ὕλαττον ἐπὶ τοὺς διοδεύοντας καὶ |
| Asen. | 28 | 13 | ἡμῶν Ἰσραὴλ καὶ κατὰ τοῦ ἀδελφοῦ ἡμῶν Ἰωσὴφ ⋇ | ἤδη ⋇ | τοῦτο δὶς καὶ κατὰ σου δέσποινα καὶ βασίλισσα ἡμῶν |
| Prop. | 15 | 1 | ἐνδόξως ὡς αὐτοί. Ζαχαρίας ἦλθεν ἀπὸ Χαλδαίων ⋇ | ἤδη ⋇ | προβεβηκὼς κἀκεῖ πολλὰ τῷ λαῷ προεφήτευσε καὶ τέρατα |

Job 17 6 μὴ φοβηθῆτε ὅλως τὰ πλεῖονα τῶν κτημάτων αὐτοῦ * ἤδη * ἀπώλεσα ἐν πυρὶ τὰ ἄλλα ᾐχμαλώτευσα, καὶ ἰδοὺ καὶ τὰ
Job 46 4 μὴ ταραχθῆτε, θυγατέρες μου οὐ γὰρ ὑμῶν ἐπελαθόμην * ἤδη * ὑμῖν ἔπεμψα κληρονομίαν κρείττονα τῶν ἑπτὰ ἀδελφῶν
Aris. 13 3 ἐκλεκτῶν εἰς τὴν χώραν κατῴκισεν ἐν τοῖς φρουρίοις * ἤδη * μὲν καὶ πρότερον ἱκανῶν εἰσεληλυθότων σὺν τῷ Πέρσῃ
Sib. 4 40 ἔργα. δύσπιστον γὰρ ἅπαν μερόπων γένος. ἀλλ' ὅταν * ἤδη * κόσμου καὶ θνητῶν ἔλθῃ κρίσις ἣν θεὸς αὐτὸς ποιήσει
Sib. 4 179 δέ τε πάντα κόνις δ' ἔσετ' αἰθαλόεσσα. ἀλλ' ὅταν * ἤδη * πάντα τέφρη σποδόεσσα γένηται καὶ πῦρ κοιμήσῃ θεὸς
HDem. 9 29 2 ἕβδομον τὴν δὲ Σεπφώραν ἕκτην. συνοικοῦντος γὰρ * ἤδη * τοῦ Ἰσαὰκ ἀφ' οὗ Μωσῆν εἶναι γῆμαι Ἀβραὰμ τὴν
HArt. 9 27 21 ὑπ' αὐτοῦ. τὸν δὲ Μώϋσον εὔχεσθαι τῷ θεῷ * ἤδη * ποτὲ τοὺς λαοὺς παῦσαι τῶν κακοπαθειῶν. ἱλασκομένου
LEze. 9 29 14 44 ὡς μὲν εἰκάζειν παρῆν αὐτοῖς ἀρωγὸς ὁ θεός. ὡς δ' * ἤδη * πέραν ἦσαν θαλάσσης κῦμα δ' ἐρροίβδει μέγα σύνεγγυς

ἥδομαι 2
TDan 1 4 ὁμολογῶ σήμερον ὑμῖν τέκνα μου ὅτι ἐν καρδίᾳ μου * ἡδόμην * περὶ τοῦ θανάτου Ἰωσὴφ ἀνδρὸς ἀληθινοῦ καὶ
IMen. 5 120 2 ποτὲ ἀλλοτρίας ὁ γὰρ θεὸς δικαίοις ἔργοις * ἥδεται * καὶ οὐκ ἀδίκοις πονοῦντα δὲ ἐᾷ τὸν ἴδιον ὑψῶσαι

ἡδονή 9
TJud. 13 6 μου τοὺς ὀφθαλμοὺς καὶ ἠμαύρωσέ μου τὴν καρδίαν ἡ * ἡδονή. * καὶ ἐρασθεὶς αὐτῆς συνέπεσα καὶ παρέβην ἐντολὴν
TJud. 14 2 πνεῦμα τῆς πορνείας τὸν οἶνον ὡς διάκονον πρὸς τὰς * ἡδονὰς * ἔχει τοῦ νοὸς ὅτι καίγε τὰ δύο ταῦτα ἀφιστῶσι τὴν
TIss. 3 5 ὁ κάματος κατήσθιε τὴν ἰσχύν μου καὶ οὐκ ἐνενόουν * ἡδονὴν * γυναικὸς ἀλλὰ διὰ τοῦ κόπου ὁ ὕπνος μου
TDan 5 2 πρὸς τὸν πλησίον αὐτοῦ καὶ οὐ μὴ ἐμπέσητε εἰς * ἡδονὴν * καὶ ταραχὰς ἀλλ' ἔσεσθε ἐν εἰρήνῃ ἔχοντες τὸν
TBen. 6 3 οὐδὲ συνάγει πλοῦτον εἰς φιληδονίαν οὐ τέρπεται * ἡδονῇ * οὐ λυπεῖ τὸν πλησίον οὐκ ἐμπίπλαται τρυφῆς οὐ
Aris. 108 5 καὶ τῇ κατασκευῇ πάντας ἀνθρώπους ἐπὶ τὰς * ἡδονὰς * εὐκαταφόρους εἶναι. τοῦτο δὲ ἐγίνετο περὶ τὴν
Aris. 223 2 τοῖς μὲν οὖν πολλοῖς ἐπὶ τὰ βρωτὰ καὶ ποτὰ καὶ τὰς * ἡδονὰς * εἰκός ἐστι κεκλίσθαι τοῖς δὲ βασιλεῦσιν ἐπὶ χώρας
Aris. 245 3 παρεκάλει πῶς ἂν μὴ εἰς ῥαθυμίαν μηδὲ ἐπὶ τὰς * ἡδονὰς * τρέποιτο; ὁ δὲ προχείρως ἔχων εἶπεν ὅτι μεγάλης
Aris. 277 3 ὅτι φυσικῶς ἅπαντες εἶπεν ἀκρατεῖς καὶ ἐπὶ τὰς * ἡδονὰς * τρεπόμενοι γεγόνασιν ὧν χάριν ἀδικία πέφυκε καὶ

ἡδονοκρασία 1
Aris. 278 2 ἀρετῆς κατάστημα κωλύει τοὺς ἐπιφερομένους ἐπὶ τὴν * ἡδονοκρασίαν * ἐγκράτειαν δὲ κελεύει καὶ δικαιοσύνην

ἡδύς 10
Hen. 100 5 ἁμαρτία. καὶ ἀπ' ἐκείνου ὑπνώσουσιν εὐσεβεῖς ὕπνον * ἡδὺν * καὶ οὐκ ἔσται οὐκέτι ὁ ἐκφοβῶν αὐτούς. τότε ὄψονται
TLevi 18 2B023 ἐπὶ τὸν βωμὸν προσφέρε<ιν> ὧν ἐστιν ὁ καπνὸς αὐτῶν * ἡδὺς * ἀναβαίνων. καὶ ταῦτα τὰ ὀνόματα αὐτῶν κέδρον καὶ
Jer. 5 2 μετὰ ταῦτα ἐγερθεὶς ἀπὸ τοῦ ὕπνου αὐτοῦ εἶπεν ὅτι * ἡδέως * ἐκοιμήθην ὀλίγον ἀλλὰ βεβαρημένη ἐστὶν ἡ κεφαλή
Prop. 22 13 ὀλίγον κινδυνευόντων πάντων πεποίηκεν ἀβλαβὲς καὶ * ἡδὺ * τὸ βρῶμα τῶν υἱῶν τῶν προφητῶν κοπτόντων ξύλα παρὰ
Aris. 86 6 κατὰ τὴν κόλπωσιν μέχρι τῆς ἄνω διατάσεως * ἡδεῖάν * τινα καὶ δυσαπάλλακτον τὴν θεωρίαν ἔχοντος τοῦ
Aris. 198 3 τὸ νῦν ἔχον ἵνα καὶ πρὸς τὸ τέρπεσθαι τραπέντες * ἡδέως * διεξάγωμεν ἐν δὲ ταῖς μετὰ ταῦτα ἓξ (ἑξῆς) ἡμέραις
Sib. 3 715 γαῖα δὲ παγγενέτειρα σαλεύσεται ἤμασι κείνοις * ἡδὺ * ἀπὸ στομάτων δὲ λόγον ἄξουσιν ἐν ὕμνοις δεῦτε
Sib. 3 746 ἔλαιοι (αὐτὰρ ἀπ' οὐρανόθεν μέλιτος γλυκεροῦ ποτὸν * ἡδὺ * δένδρεά τ' ἀκροδρύων καρπὸν καὶ πίονα μῆλα καὶ βόας
FPho. 68 σεμνὸς ἔρως ἀρετῆς ὁ δὲ Κύπριδος αἶσχος ὀφέλλει. * ἡδὺς * ἄγαν ἄφρων κικλήσκεται ἐν πολιήταις. μέτρωι ἔδειν
FPho. 195 δ' αἴδηλον ἁπάντων. στέργε τεὴν ἄλοχον τί γὰρ * ἡδύτερον * καὶ ἄρειον ἢ ὅταν ἀνδρὶ γυνὴ φρονέηι φίλα

ἠεροφοῖτις 1
FPho. 171 φῦλον δ' ὀλίγον τελέθει πολύμοχθον. κάμνει δ' * ἠεροφοῖτις * ἀριστοπόνος τε μέλισσα ἠὲ πέτρης κοίλης κατὰ

ἠερόφοιτος 1
FPho. 125 ἐστι σιδήρου ὅπλον ἑκάστωι νεῖμε θεὸς φύσιν * ἠερόφοιτον * ὄρνισιν πώλοις ταχυτῆτ' ἀλκήν τε λέουσιν

ἦθος 4
TAser 4 5 τοιοῦτοι δόρκοις καὶ ἐλάφοις ὅμοιοί εἰσιν ὅτι ἐν * ἤθει * ἀγρίῳ δοκοῦσιν ἀκάθαρτοι εἶναι τὸ δὲ πᾶν καθαροί
Aris. 290 1 τῶν ἀνοσίων τυράννων ἐξέβησαν. ἀλλὰ ὡς προεῖπον * ἦθος * χρηστὸν καὶ παιδείας κεκοινωνηκὸς δυνατὸν ἄρχειν
Sib. 4 35 ἀπεχθέα τε στυγερήν τε). ὧν τρόπον εὐσεβίην τε καὶ * ἤθεα * ἀνέρες ἄλλοι οὔποτε μιμήσονται ἀναιδείην ποθέοντες
FAch. 101 ὥστε καὶ τὸν βασιλέα ἐραστὴν αὐτοῦ γενέσθαι τῶν * ἠθῶν * διὰ τὸν νοῦν αὐτὸν ἔχειν καὶ ἐποίησεν αὐτὸν ἐπὶ τῆς

ἠϊών 6
Aris. 301 5 ποιησάμενος εἰς κατεσκευασμένον οἶκον παρὰ τὴν * ἠϊόνα * διαπρεπῶς ἔχοντα καὶ πολλῆς ἡσυχίας ἔφεδρον
Sib. 4 91 Τύριοι δ' ἀπολοῦνται. καὶ Σάμον ἄμμος ἅπασαν ὑπ' * ἠιόνεσσι * καλύψει Δῆλος δ' οὐκέτι δῆλος ἄδηλα δὲ πάντα τὰ
Sib. 4 98 ἔσσεται ἐσσομένοις ὅτε Πύραμος ἀργυροδίνης * ἠιόνα * προχέων ἱερὴν ἐς νῆσον ἵκηται. καὶ σὺ Βάρις πέσεαι
Sib. 5 322 τε παρ' ὕδασι Μαιάνδροιο κύμασι νυκτερινοῖσι ὑπ' * ἠόνι * κληρωθεῖσα ἄρδην ἐξολέσει σε θεοῖο ποθ' ἧδε
Sib. 5 453 μέγα πῆμα παθοῦσαν νῦν μὲν χέρσος ἄκαρπος ἐπ' * ἠόνος * ἔσσεται αὖθις. ἀκρὶς δ' οὐκ ὀλίγην χθόνα Κύπριον
LEze. 9 28 2 31 Μωσῆν ὠνόμαζε τοῦ χάριν ὑγρᾶς ἀνεῖλε ποταμίας ἀπ' * ἠόνος. * ἐπεὶ δὲ καιρὸς νηπίων παρῆλθέ μοι ἤγαγέ με μήτηρ

ἠκριβωμένως 1
Aris. 310 4 ἐπεὶ καλῶς καὶ ὁσίως διηρμήνευται καὶ κατὰ πᾶν * ἠκριβωμένως * καλῶς ἔχον ἐστὶν ἵνα διαμείνῃ ταῦθ' οὕτως

ἥκω 52
Hen. 106 8 εἰπέν μοι πάτερ <μου> ἐπάκουσον τῆς φωνῆς μου καὶ * ἧκε * <πρὸς> ἐμέ. καὶ ἤκουσα τὴν φωνὴν αὐτοῦ καὶ ἦλθον
Hen. 107 1 καὶ ἡ ἁμαρτία ἀλλάξει ἀπὸ τῆς γῆς καὶ τὰ ἀγαθὰ * ἥκει * ἐπὶ τῆς γῆς ἐπ' αὐτούς. καὶ νῦν ἀπότρεχε τέκνον καὶ
Abr.1 16 10 ἐνδοξότατε ὑπερένδοξε φωτοφόρε ἀνὴρ θαυμάσιε πόθεν * ἥκεν * ἡ σὴ ἐνδοξότης πρὸς ἡμᾶς καὶ τίς εἶ σύ; λέγει αὐτῷ
TLevi 17 11 οἶκον κυρίου. ἐν δὲ τῷ ἑβδόμῳ ἑβδοματικῷ * ἥξουσιν * οἱ ἱερεῖς εἰδωλολατροῦντες μάχιμοι φιλάργυροι
TLevi 18 6 οἱ οὐρανοὶ ἀνοιγήσονται καὶ ἐκ τοῦ ναοῦ τῆς δόξης * ἥξει * ἐπ' αὐτὸν ἁγίασμα μετὰ φωνῆς πατρικῆς ὡς ἀπὸ
TNep. 4 4 γῆν ὑμῶν κατὰ τὸ πολὺ αὐτοῦ ἔλεος. καὶ ἔσται ὅταν * ἥξουσιν * ἐν γῇ πατέρων αὐτῶν πάλιν ἐπιλάθωνται κυρίου
Asen. 3 5 ἔρχεται πρὸς ἡμᾶς σήμερον. καὶ ἤκουσεν Ἀσενὲθ ὅτι * ἥκασιν * ἐξ ἀγροῦ τῆς κληρονομίας αὐτῶν ὁ πατὴρ καὶ ἡ
Asen. 3 5 καὶ ἔφομαι τὸν πατέρα μου καὶ τὴν μητέρα μου ὅτι * ἥκασιν * ἐξ ἀγροῦ τῆς κληρονομίας ἡμῶν. διότι ὥρα ἦν
Asen. 6 2 ἐκ γῆς Χαναάν; καὶ νῦν ἰδοὺ ὁ ἥλιος ἐκ τοῦ οὐρανοῦ * ἥκει * πρὸς ἡμᾶς ἐν τῷ ἅρματι αὐτοῦ καὶ εἰσῆλθεν εἰς τὴν
Asen. 7 8 αὐτοῦ εἰ θυγάτηρ ὑμῶν ἐστι καὶ παρθένος ὑπάρχει * ἡκέτω * ὅτι ἀδελφή μού ἐστι καὶ ἀγαπῶ αὐτὴν ἀπὸ τῆς
Sal. 3 5 ἀποβλέπει τί ποιήσει αὐτῷ ὁ θεὸς ἀποσκοπεύει ὅθεν * ἥκει * σωτηρία αὐτοῦ. ἀλήθεια τῶν δικαίων παρὰ θεοῦ
Sal. 5 7 ἐὰν μὴ ἐπιστρέψῃς ἡμᾶς οὐκ ἀφεξόμεθα ἀλλ' ἐπὶ σὲ * ἥξομεν. * ἐὰν γὰρ πεινάσω πρός σὲ κεκράξομαι ὁ θεὸς καὶ σὺ
Prop. 4 21 Βαβυλῶνος ὅτι ὅτε καπνισθήσεται τὸ ἐκ βορρᾶ * ἥξει * τὸ τέλος Βαβυλῶνος ὅτε δὲ ὡς ἐν πυρὶ κεῖται τὸ
Prop. 5 2 ἐτάφη ἐν τῇ γῇ αὐτοῦ ἐν εἰρήνῃ. καὶ ἔδωκε τέρας * ἥξειν * κύριον ἐπὶ τῆς γῆς ἐὰν ἡ δρῦς ἡ ἐν Σηλὼμ μερισθῇ
Aris. 99 5 τῇ θεωρίᾳ τῶν προειρημένων εἰς ἔκπληξιν * ἥξειν * καὶ θαυμασμὸν ἀνεκδιήγητον μετατραπέντα τῇ διανοίᾳ
Aris. 175 5 μόλις ἐν τριάκοντα εἰς τὴν αὐλὴν παρίεσθαι τοὺς δὲ * ἥκοντας * τιμῆς καταξιῶν μείζονος καὶ τὴν ὑπεροχὴν κρίνων
Sib. 3 49 μεγίστη ἀθανάτου βασιλῆος ἐπ' ἀνθρώποισι φανεῖται. * ἥξει * δ' ἁγνὸς ἄναξ πάσης γῆς σκῆπτρα κρατήσων εἰς αἰῶνας
Sib. 3 60 ἀργυρέοις λιθίνοις τε ἵν' ἔλθητ' εἰς πικρὸν ἦμαρ. * ἥξει * γὰρ ὁπόταν θείου διαβήσεται ὀδμὴ πᾶσιν ἐν
Sib. 3 63 μέροπες κακότητα φέρουσιν. ἐκ δὲ Σεβαστηνῶν * ἥξει * Βελίαρ μετόπισθεν καὶ στήσει ὀρέων ὕψος στήσει δὲ
Sib. 3 72 καὶ δύναμις φλογέουσα δι' οἴδματος εἰς γαῖαν * ἥξῃ * καὶ Βελίαρ φλέξῃ καὶ ὑπερφιάλους ἀνθρώπους πάντας
Sib. 3 91 καὶ τότε δὴ μεγάλοιο θεοῦ κρίσις εἰς μέσον * ἥξει * αἰῶνος μεγάλοιο ὅταν τάδε πάντα γένηται. ὢ ὢ δη-
Sib. 3 173 μέγα ποικίλον ἄρξει οὐ φοβερὸν πολλοῖο νέφος * ἥξουσι * βροτοῖσιν. ἀλλὰ μιν οὐράνιος θεὸς ἐκ βυθοῦ
Sib. 3 207 κείνῳ. αὐτίκα καὶ Πέρσῃσι καὶ Ἀσσυρίοις κακὸν * ἥξει * πάσῃ τ' Αἰγύπτῳ Λιβύῃ τ' ἠδ' Αἰθιόπεσσιν Καρσὶ τε
Sib. 3 213 καὶ τοι πρώτιστα βοήσω ἀνδράσιν εὐσεβέσιν * ἥξει * κακὸν οἳ περὶ ναὸν οἰκείουσι μέγαν Σολομώνιον οἵ τε
Sib. 3 307 θεοῦ ἡγήτορος ὕμνων. ἀέριος γὰρ σοι Βαβυλὼν * ἥξει * ποτ' ἄνωθεν (αὐτὰρ ἀπ' οὐρανόθεν καταβήσεται ἐξ
Sib. 3 314 δικαίων ὧν ἔτι καὶ νῦν αἷμα βοᾷ εἰς αἰθέρα μακρόν. * ἥξει * σοι πληγὴ μεγάλη Αἴγυπτε πρὸς οἴκους δεινὴ ἣν οὔπω
Sib. 3 324 αἰαῖ δὲ θάλασσά τε καὶ γῆ θυγατέρες δυσμῶν ὡς * ἥξετε * πικρὸν ἐς ἦμαρ. ἥξετε καὶ χαλεποῖο διωκόμεναι ὑπ'
Sib. 3 325 καὶ γῆ θυγατέρες δυσμῶν ὡς ἥξετε πικρὸν ἐς ἦμαρ. * ἥξετε * καὶ χαλεποῖο διωκόμεναι ὑπ' ἀγῶνος δεινοῦ καὶ
Sib. 3 374 ἄγραυλος+ εὐνομίη γὰρ πᾶσα ἀπ' οὐρανοῦ ἀστερόεντος * ἥξει * ἐπ' ἀνθρώπους ἠδ' εὐδικίη μετὰ δ' αὐτῆς ἡ πάντων
Sib. 3 388 οὔνομ' ἐν ὀψιγόνοισι πολυπλάγκτοισιν ἔχουσα. * ἥξει * καὶ ποτ' ἄπιστος ἐς Ἀσίδος ὄλβιον οὖδας ἀνὴρ
Sib. 3 464 τεύξει. Ἰταλίη σοὶ δ' οὔτις Ἄρης ἀλλότριος * ἥξει * ἀλλ' ἐμφύλιον αἷμα πολύστονον οὐκ ἀλαπαδνὸν
Sib. 3 486 Καρχηδὼν+. Γαλάταις δὲ πολύστονος ἔσσεται οἶκτος. * ἥξει * καὶ Τενέδῳ κακὸν ἔσχατον ἀλλὰ μέγιστον. καὶ Σικυὼν
Sib. 3 504 πολλὰ θέμεθλα. αἰαῖ σοι Κρήτη πολυώδυνε εἰς σέ περ * ἥξει * πληγὴ καὶ φοβερὰ αἰώνιος +ἐξαλαπάξει+ καὶ σε
Sib. 3 508 ἀλλὰ καήσῃ. αἰαῖ σοι Θρήκη ζυγὸν ὡς εἰς δούλιον * ἥξεις * ἡνίκα σύμμικτοι Γαλάται σὺν Δαρδανίδαισιν Ἑλλάδ'
Sib. 3 742 καὶ τοῦτο λάβῃ τέλος αἴσιμον ἦμαρ (εἰς δὲ βροτοὺς * ἥξει * κρίσις ἀθανάτοιο θεοῖο) ἥξει ἐπ' ἀνθρώπους μεγάλη
Sib. 3 743 ἦμαρ (εἰς δὲ βροτοὺς ἥξει κρίσις ἀθανάτοιο θεοῖο) * ἥξει * ἐπ' ἀνθρώπους μεγάλη κρίσις ἠδὲ καὶ ἀρχή. γῆ γὰρ
Sib. 4 76 Νεῖλος ἄλλοθι που ὑπὸ γαῖαν ἀποκρύψει μέλαν ὕδωρ. * ἥξει * δ' ἐξ Ἀσίης βασιλεὺς μέγα ἔγχος ἀείρας νηυσὶν
Sib. 4 101 γαίης βρασσομένης σεισμοῖσιν ὀλισθαίνουσι πόλῃες. * ἥξει * καὶ Ῥοδίοις κακὸν ὕστατον ἀλλὰ μέγιστον. οὐδὲ
Sib. 4 115 ὕδωρ+. Ἀρμενίη καὶ σοὶ δὲ μένει δούλειος ἀνάγκη * ἥξει * καὶ Σολύμοισι κακὴ πολέμοιο θύελλα Ἰταλόθεν νηὸν
Sib. 4 125 ἀποδρήσαντος ὑπὲρ Παρθηίδα γαῖαν. εἰς Συρίην δ' * ἥξει * Ῥώμης πρόμος ὃς πυρὶ νηὸν συμφλέξας Σολύμων
Sib. 4 138 ἐς δὲ δύσιν τότε νεῖκος ἐγειρομένου πολέμοιο * ἥξει * καὶ Ῥώμης ὁ φυγὰς μέγα ἔγχος ἀείρας Εὐφρήτην
Sib. 4 145 θαλάσσης κρύψει χειμερίῃσιν ἀναρριφθεῖσαν ἀέλλαις. * ἥξει * δ' εἰς Ἀσίην πλοῦτος μέγας ὅν ποτε Ῥώμη αὐτὴ
Sib. 5 36 ὑπ' ἀλλήλων ἀπολοῦνται. εἶτά τις εὐσεβέων ὀλετὴρ * ἥξει * μέγας ἀνδρῶν ἑπτάκις ὃς δεκάτην κεραίην δείκνυσι
Sib. 5 93 ἦμαρ --- κοὐκέτι σοι ῥεύσει τρυφερὸν πόμα--- --- * ἥξει * γὰρ Πέρσης ἐπὶ σὸν +δάπος+ ὥστε χάλαζα καὶ σὴν
Sib. 5 107 ἀλλ' ὅταν ὕψος ἔχῃ κρατερὸν καὶ θάρσος +ἀηδὲς+ * ἥξει * καὶ μακάρων ἐθέλων πόλιν ἐξαλαπάξαι. καὶ κέν τις
Sib. 5 147 ἔθηκεν εἰς ἀλόχους ἥμαρτε καὶ ἐκ μιαρῶν ἐτέτυκτο. * ἥξει * δ' εἰς Μήδους καὶ Περσῶν πρὸς βασιλῆας πρώτους οὓς
Sib. 5 158 τιμῆς +αὐτοὶ πρῶτον ἔθηκάν τ' εἰναλίῳ Ποσειδῶνι+ * ἥξει * δ' οὐρανόθεν ἀστὴρ μέγας εἰς ἅλα δῖαν καὶ φλέξει
Sib. 5 306 ὥστε μένειν νέκυας κατὰ γῆς πλέονας ψαμάθοιο. * ἥξει * γὰρ καὶ Σμύρνα ἑὸν κλαίουσα +λυκουργὸν+ εἰς
Sib. 5 363 κοσμομανὴς πόλεμος καὶ ἐπίκλοπος ἐν δολότητι. * ἥξει * δ' ἐκ περάτων γαίης μητροκτόνος ἀνὴρ φεύγων ἠδὲ νόῳ
Sib. 5 445 καὐτὴ βασιλὶς φρονέουσ' εἰς κρίσιν ἀντιδίκων * ἥξεις * ὧν εἵνεκα λύτρα πέπομφας+ δώσεις δ' ἀντὶ λόγων

HArt. 9 27 22 καλέσαι πρὸς αὐτὸν καὶ πυνθάνεσθαι ἐφ' ὅ,τι * ἥκοι * τὸν δὲ φάναι διότι προστάσσειν αὐτῷ τὸν τῆς
LEze. 9 29 12 07 ἀναβρυήσει δ' ἐν βροτοῖς ἕλκη πικρά. κυνόμυια δ' * ἥξει * καὶ βροτοὺς Αἰγυπτίων πολλοὺς κακώσει. μετὰ δὲ

Ἡλεί 5
Prop. 18 1 ἀπὸ Σηλὼμ ὅπου ἦν ἡ σκηνὴ τὸ παλαιὸν ἐκ πόλεως * Ἡλί. * Σηλὼμ ὁ καὶ Ἡλεὶ ἔνθα ἦν καὶ ἡ σκηνὴ τὸ πάλαι.
Prop. 18 1B ἦν ἡ σκηνὴ τὸ παλαιὸν ἐκ πόλεως Ἡλί. Σηλὼμ ὁ καὶ * Ἡλεὶ * ἔνθα ἦν καὶ ἡ σκηνὴ τὸ πάλαι. Σηλὼμ δὲ ἐκαλεῖτο ὁ
Prop. 18 1B ἔνθα ἦν καὶ ἡ σκηνὴ τὸ πάλαι. Σηλὼμ δὲ ἐκαλεῖτο ὁ * Ἡλεὶ * οὗτος εἶπε περὶ Σολομὼν ὅτι προσκρούσει κυρίῳ ἐν
Prop. 18 4B Σολομὼν τὸν νόμον τοῦ ὑψίστου ταῦτα προεῖπεν * Ἡλεὶ * πρὸς τοὺς υἱοὺς αὐτοὺς ἱερατεῦσαι. καὶ ἀπέθανε καὶ
HEup. 9 30 8 τῷ υἱῷ τὴν ἀρχὴν παραδοῦναι ὄντι ἐτῶν ιβ' ἐνώπιον * Ἡλεὶ * τοῦ ἀρχιερέως καὶ τῶν δώδεκα φυλάρχων καὶ

ἤλεκτρον 1
Aris. 67 3 θεωρίαν ἐφ' ᾗ κρυστάλλου λίθος καὶ τὸ λεγόμενον * ἤλεκτρον * ἐντετύπωτο ἀμίμητον θεωρίαν ἀποτελοῦν τοῖς

ἡλιακός 1
LAri. 7 32 17 μηνὸς τοῦτο δὲ εὑρίσκεσθαι τὸ πρῶτον τμῆμα τοῦ * ἡλιακοῦ * ἢ ὥς τινες αὐτῶν ὠνόμασαν ζῳοφόρου κύκλου

Ἡλίας 15
Prop. 9 2 ἦν ἐκ γῆς Συχὲμ ἀγροῦ Βηθαχαράμ. οὗτος ἦν μαθητὴς * Ἡλία * καὶ πολλὰ ὑπομείνας δι' αὐτὸν περιεσώζετο. οὗτος
Prop. 9 3 οὗτος ἦν ὁ τρίτος πεντηκόνταρχος οὗ ἐφείσατο * Ἡλίας * καὶ κατέβη πρὸς Ὀχοζίαν. τοῦ Ἀχαὰβ δεηθεὶς τοῦ
Prop. 9 3B καὶ κατέβη πρὸς Ὀχοζίαν. τοῦ Ἀχαὰβ δεηθεὶς τοῦ * Ἡλία * ἐγένετο αὐτοῦ μαθητὴς καὶ πολλὰ παθὼν δι' αὐτὸν
Prop. 9 4B τὴν λειτουργίαν τοῦ βασιλέως ἠκολούθει τῷ * Ἡλίᾳ * καὶ προεφήτευσε καὶ ἐτάφη μετὰ τῶν πατέρων αὐτοῦ.
Prop. 10 4 κατὰ Νινευῆ τῆς μεγάλης πόλεως. ἦν τότε * Ἡλίας * ἐλέγχων τὸν οἶκον Ἀχαὰβ καὶ καλέσας λιμὸν ἐπὶ
Prop. 10 4B μετὰ ἀπεριτμήτων καὶ εὐλόγησεν αὐτήν. ἦν τότε * Ἡλίας * ὁ προφήτης ἐλέγχων τὸν Ἀχαὰβ βασιλέα Σαμαρείας
Prop. 10 5 υἱὸν αὐτῆς πάλιν ἤγειρεν ἐκ νεκρῶν ὁ θεὸς διὰ τοῦ * Ἡλία * ἠθέλησε γὰρ δεῖξαι αὐτῷ ὅτι οὐ δύναται ἀποδρᾶσαι
Prop. 10 5B πάλιν ἤγειρεν αὐτὸν ὁ θεὸς ἐκ νεκρῶν διὰ τοῦ * Ἡλία. * καὶ ἀπέδωκεν αὐτὸν τῇ μητρὶ αὐτοῦ διὰ τὴν
Prop. 21 1 αἰχμαλωσίαν Ἰούδα καὶ θανὼν ἐτάφη ἐν ἀγρῷ αὐτοῦ. * Ἡλίας * Θεσβίτης ἐκ γῆς Ἀράβων φυλῆς Ἀαρὼν οἰκῶν ἐν
Prop. 21 4 Ἰσραήλ. τὰ δὲ σημεῖα ἃ ἐποίησεν εἰσὶ ταῦτα ηὔξατο * Ἡλίας * καὶ οὐκ ἔβρεξεν ἐπὶ ἔτη τρία καὶ πάλιν ηὔξατο
Prop. 21 7 ἕως ὥρας ἐνάτης καὶ οὐδεὶς αὐτοῖς ἐπήκουεν ὁ δὲ * Ἡλίας * καὶ ὕδατος πολλοῦ πληρώσας τὸν τόπον ἔνθα ἦν ἡ
Prop. 22 5 ταῦτα ἐπάταξε καὶ αὐτὸς τὸν Ἰορδάνην τῇ μηλωτῇ τῇ * Ἡλίου * καὶ διηρέθη τὸ ὕδωρ καὶ διέβη καὶ αὐτὸς ξηρῷ τῷ
Esdr. 5 22 τὸ φυτὸν τῆς ζωῆς. καὶ ἴδον ἐκεῖ τὸν Ἐνὼχ καὶ * Ἡλίαν * καὶ Μωυσῆ καὶ Πέτρον καὶ Παῦλον καὶ Λουκᾶν καὶ
Esdr. 7 6 ἅρματι πυρίνῳ εἰς τοὺς οὐρανοὺς ἄρας τὸν προφήτην * Ἡλίαν * ὁ διδοὺς τροφὴν πάσῃ σαρκὶ ὃν πάντα φρίσσει καὶ
FIsa. 1 2 14 μετὰ Ὀχοζείου υἱοῦ Ἀλά⟨μ⟩ ἐν Σεμμωμα----- καὶ * Ἡλείας * ⟨ὁ προφή⟩της ἐκ Θεσ⟨βῶν⟩---- καὶ τὴν Σαμαρίαν

ἠλίβατος 1
SIb. 3 680 φρίξει ὑπ' ἀθανάτοιο προσώπου καὶ φόβος ἔσται. * ἠλιβάτους * κορυφάς τ' ὀρέων βουνούς τε πελώρων ῥήξει

ἡλικία 7
Hen. 106 1 ἡ δικαιοσύνη μέχρι τῆς ἡμέρας ἐκείνης. καὶ ὅτε εἰς * ἡλικίαν * ἐπῆλθεν ἔλαβεν αὐτῷ γυναῖκα καὶ ἔτεκεν αὐτῷ
Abr.1 2 5 αἰτοῦμαι τῆς σῆς παρουσίας ὅθεν ἔοικεν τὸ νέον τῆς * ἡλικίας * σου; δίδαξόν με τῷ σῷ ἱκέτῃ πόθεν καὶ ἐκ ποίας
Abr.2 2 1 ἔγγιστα τῶν βοῶν εἰς ἀροτριασμὸν ἦν δὲ γηραλέος τῇ * ἡλικίᾳ * ἠσπάσατο δὲ Ἀβραὰμ τὸν Μιχαὴλ μὴ γινώσκων τίς
Aris. 14 2 καθὼς δὲ προείπομεν ἐπιλέξας τοὺς ἀρίστους ταῖς * ἡλικίαις * καὶ ῥώμῃ διαφέροντας καθώπλισε τὸ δὲ λοιπὸν
Aris. 37 7 εἴς τε τὸ στράτευμα τοὺς ἀκμαιοτάτους ταῖς * ἡλικίαις * τετάχαμεν τοὺς δὲ δυναμένους καὶ περὶ ἡμᾶς
Aris. 187 2 τὸν ἔχοντα τὴν πρώτην ἀνάκλισιν ἦσαν γὰρ καθ' * ἡλικίαν * τὴν ἀνάπτωσιν πεποιημένοι πῶς ἂν τὴν βασιλείαν
HHec. 1 22 187 ὁ ἀρχιερεὺς τῶν Ἰουδαίων ἄνθρωπος τὴν μὲν * ἡλικίαν * ὡς ἑξήκοντα ἓξ ἐτῶν τῷ δ' ἀξιώματι τῷ παρὰ τοῖς

ἡλιόμορφος 5
Abr.1 7 4 ὑπὲρ ἑπτὰ ἡλίους ἀστράπτοντα καὶ ἐλθὼν ἀνὴρ ὁ * ἡλιόμορφος * ἐκεῖνος ἔλαβεν τὸν ἥλιον ἀπὸ τῆς κεφαλῆς
Abr.1 13 1 οἱ ἄγγελοι οἱ ἀπογραφόμενοι; καὶ τίς ὁ ἄγγελος ὁ * ἡλιόμορφος * ὁ τὸν ζυγὸν κατέχων; καὶ τίς ὁ πύρινος
Abr.1 13 10 ὁ δὲ ἐξ ἀριστερῶν⟩ τοὺς ἁμαρτωλοὺς ὁ δὲ * ἡλιόμορφος * ἄγγελος ὁ τὸν ζυγὸν κατέχων ἐν τῇ χειρὶ αὐτοῦ
Abr.1 16 6 περιεβάλετο στολὴν λαμπροτάτην ⟨καὶ ἐποίησεν ὄψιν * ἡλιόμορφον⟩ * καὶ γέγονεν εὐπρεπὴς ὡραῖος ὑπὲρ τοὺς υἱοὺς
Abr.1 17 12 ὡραιότητα καὶ τὰ κάλλη καὶ πᾶσαν τὴν δόξαν καὶ τὴν * ἡλιόμορφον * μορφὴν ἣν περιεκέκτητο καὶ περιεβάλετο στολὴν

ἡλιόρατος 3
Abr.1 2 4 πρὸς τὸν ἀρχιστράτηγον χαίροις τιμιώτατε στρατιῶτα * ἡλιόρατε * καὶ πανευπρεπέστατε ὑπὲρ πάντας τοὺς υἱοὺς τῶν
Abr.1 12 5 ὡς πῦρ καὶ ἐπ' αὐτῷ ἐκάθητο ἀνὴρ θαυμαστὸς * ἡλιόρατος * ὅμοιος υἱῷ θεοῦ ἔμπροσθεν δὲ αὐτοῦ ἵστατο
Abr.1 16 10 εἶπεν δὲ ὁ Ἀβραὰμ πρὸς τὸν θάνατον χαίροις * ἡλιόρατε * θεσμοσυλλήπτωρ ἐνδοξότατε ὑπερένδοξε φωτοφόρε

ἥλιος 125
Adam 36 1 σου; λέγει δὲ Σὴθ τῇ μητρὶ αὐτοῦ ὅτι εἰσὶν ὁ * ἥλιος * καὶ ἡ σελήνη καὶ αὐτοὶ προσπίπτοντες καὶ εὐχόμενοι
Hen. 8B 3 σημεῖα τῆς γῆς. ὁ δὲ ἕβδομος ἐδίδαξε τὰ σημεῖα τοῦ * ἡλίου * ὁ δὲ εἰκοστὸς ἐδίδαξε τὰ σημεῖα τῆς σελήνης.
Hen. 14 18 καὶ τὸ εἶδος αὐτοῦ ὡσεὶ κρυστάλλινον καὶ τροχὸς ὡς * ἡλίου * λάμποντος καὶ ὄρος χερουβίν. καὶ ὑποκάτω τοῦ
Hen. 14 20 ἐκάθητο ἐπ' αὐτῷ τὸ περιβόλαιον αὐτοῦ ὡς εἶδος * ἡλίου * λαμπρότερον καὶ λευκότερον πάσης χιόνος. καὶ οὐκ
Hen. 17 4 δύσεως ὅ ἐστιν καὶ παρέχον πάσας τὰς δύσεις τοῦ * ἡλίου. * καὶ ἤλθομεν μέχρι ποταμοῦ πυρὸς ἐν ᾧ κατατρέχει
Hen. 18 4 οὐρανῶν στρέφοντας καὶ διανεύοντας τὸν τροχὸν τοῦ * ἡλίου * καὶ πάντας τοὺς ἀστέρας. ἴδον τοὺς ἐπὶ τῆς γῆς
Hen. 100 2 τοῦ ἀδελφοῦ αὐτοῦ ἐξ ὄρθρων μέχρις οὗ δῦναι τὸν * ἥλιον * φονευθήσονται ἐπὶ τὸ αὐτό. καὶ διαπορεύσεται ἵππος
Hen. 106 2 ὅτε ἀνέῳξεν τοὺς ὀφθαλμοὺς ἔλαμψεν ἡ οἰκία ὡσεὶ * ἥλιος. * καὶ ἀνέστη ἐκ τῶν χειρῶν τῆς μαίας καὶ ἀνέῳξεν τὸ
Hen. 106 5 οὐχ ὅμοιος ἡμῖν τὰ ὄμματά ἐστιν ὡς ἀκτῖνες τοῦ * ἡλίου * καὶ ἔνδοξον τὸ πρόσωπον καὶ ὑπολαμβάνω ὅτι οὐκ
Hen. 106 10 ἐρίων λευκῶν καὶ τὰ ὄμματα αὐτοῦ ἀφόμοια ταῖς τοῦ * ἡλίου * ἀκτῖσιν καὶ ἀνέστη ἀπὸ τῶν τῆς μαίας χειρῶν καὶ
Abr.1 7 2 ἰδοὺ ἐγὼ κύριέ μου ⟨εἶδον⟩ τῇ νυκτὶ ταύτῃ τὸν * ἥλιον * καὶ τὴν σελήνην ὑπεράνω τῆς κεφαλῆς μου καὶ τὰς
Abr.1 7 3 φωτοφόρον ἐκ τοῦ οὐρανοῦ κατελθόντα ὑπὲρ ἑπτὰ * ἡλίους * ἀστράπτοντα καὶ ἐλθὼν ἀνὴρ ὁ ἡλιόμορφος ἐκεῖνος
Abr.1 7 4 καὶ ἐλθὼν ἀνὴρ ὁ ἡλιόμορφος ἐκεῖνος ἔλαβεν τὸν * ἥλιον * ἀπὸ τῆς κεφαλῆς ⟨μου⟩ καὶ ἀνῆλθεν εἰς τοὺς
Abr.1 7 4 καὶ ἐξῆλθεν καὶ ἐλυπήθην μεγάλως ὅτι ἔλαβεν τὸν * ἥλιον * ἀπ' ἐμοῦ μετ' ὀλίγον ὡς ἔτι μου λυπουμένου καὶ
Abr.1 7 6 δόξαν μου ἐλέησόν με καὶ εἰσάκουσόν μου ⟨ἐὰν⟩ τὸν * ἥλιον * ἦρας κἂν τὴν σελήνην ἔασον ἐπ' ἐμέ. αὐτὸς δὲ εἶπεν
Abr.1 7 8 δὲ ὁ ἀρχιστράτηγος ἄκουσον δίκαιε Ἀβραὰμ ὁ μὲν * ἥλιος * ὃν ἑώρακεν ὁ παῖς σὺ εἶ ὁ πατὴρ αὐτοῦ καὶ ἡ σελήνη
Abr.2 4 4 ὡς ἤμελλεν ἑτοιμάζειν τὸ ἄριστον. ἤγγισεν δὲ ὁ * ἥλιος * δύνειν καὶ ἐξῆλθεν Μιχαὴλ καὶ ἀνελήφθη εἰς τοὺς
Abr.2 4 5 τοὺς οὐρανοὺς προσκυνῆσαι ἐνώπιον τοῦ θεοῦ τοῦ γὰρ * ἡλίου * δύνοντος προσκυνοῦσιν πάντες οἱ ἄγγελοι τὸν θεὸν
Abr.2 7 5 τῷ πατρὶ αὐτοῦ εἶδον κατ' ὄναρ ἐμαυτὸν ὡς τὸν * ἥλιον * καὶ τὴν σελήνην καὶ στέφανος ἐπὶ τὴν κεφαλὴν
Abr.2 7 7 ὡς φῶς καλούμενος πατὴρ τοῦ φωτὸς καὶ ἔλαβεν τὸν * ἥλιον * ἐκ τῆς κεφαλῆς μου καὶ ἔασεν τὰς ἀκτῖνας ἐν μέσῳ
Abr.2 7 9 καὶ πᾶσαν τὴν δόξαν τὴν ἐμὴν ἐπένθησεν δὲ καὶ ὁ * ἥλιος * καὶ ἡ σελήνη καὶ οἱ ἀστέρες λέγοντες μὴ ἐπάρῃς τὴν
Abr.2 7 14 ἦν ταῦτα λέγων ὁ φωτεινὸς ἄνθρωπος εἶδον καὶ τὸν * ἥλιον * τοῦ οἴκου μου ἀναβαίνοντα εἰς τοὺς οὐρανοὺς καὶ
Abr.2 7 15 μου ἀναβαίνοντα εἰς τοὺς οὐρανοὺς καὶ εἶδον τὸν * ἥλιον * γενόμενον ⟨ὅμοιον⟩ τοῦ πατρός μου. καὶ ἀπεκρίθη
Abr.2 7 16 Μιχαὴλ καὶ εἶπεν ἐν ἀληθείᾳ ἀληθῶς ἐγένετο ὁ * ἥλιος * Ἰσαὰκ ὁ πατήρ σού ἐστιν Ἀβραὰμ ἀναλαμβάνεται εἰς
TLevi 4 1 τῶν ἀνθρώπων ὅτι τῶν πετρῶν σχιζομένων καὶ τοῦ * ἡλίου * σβεννυμένου καὶ τῶν ὑδάτων ξηραινομένων καὶ τῷ
TLevi 4 3 φῶς γνώσεως φωτεινὸν φωτιεῖς ἐν Ἰακὼβ καὶ ὡς ὁ * ἥλιος * ἔσῃ παντὶ σπέρματι Ἰσραήλ. καὶ δοθήσεταί σοι
TLevi 11 4 Καὰθ ἐγεννήθη τριακοστῷ πέμπτῳ ἔτει πρὸς ἀνατολὰς * ἡλίου. * εἶδον δὲ ἐν ὁράματι ὅτι μέσος ἐν ὑψηλοῖς ἵστατο
TLevi 14 3 τὴν γῆν καὶ ὑμεῖς οἱ φωστῆρες τοῦ οὐρανοῦ ὡς ὁ * ἥλιος * καὶ ἡ σελήνη. τί ποιήσουσι πάντα τὰ ἔθνη ἐὰν ὑμεῖς
TLevi 18 2B065 τῇ ζωῇ μου καὶ ἐν τῷ ι' μηνὶ ἐγεννήθη ἐπὶ δυσμὰς * ἡλίου. * καὶ πάλιν συλλαβοῦσα ἔτεκεν ἐξ ἐμοῦ κατὰ τὸν
TLevi 18 2B068 ἐν τῷ πρώτῳ μηνὶ μιᾷ τοῦ μηνὸς ἐπ' ἀνατολῆς * ἡλίου. * καὶ πάλιν συνεγενόμην αὐτῇ καὶ ἐν γαστρὶ ἔλαβεν
TLevi 18 3 ἐν οὐρανῷ ὡς βασιλεὺς φωτίζων φῶς γνώσεως ὡς ἐν * ἡλίῳ * ἡμέρας καὶ μεγαλυνθήσεται ἐν τῇ οἰκουμένῃ ἕως
TLevi 18 4 ἕως ἀναλήψεως αὐτοῦ. οὗτος ἀναλάμψει ὡς ὁ * ἥλιος * ἐν τῇ γῇ καὶ ἐξαρεῖ πᾶν σκότος ἐκ τῆς ὑπ' οὐρανὸν
TJud. 24 1 καὶ ἀναστήσεται ἄνθρωπος ἐκ τοῦ σπέρματός μου ὡς ὁ * ἥλιος * τῆς δικαιοσύνης συμπορευόμενος τοῖς υἱοῖς τῶν
TJud. 25 2 οἱ φωστῆρες τὸν Δὰν ἡ τρυφὴ τὸν Νεφθαλὶμ ὁ * ἥλιος * τὸν Γὰδ ἐλαία τὸν Ἀσὴρ καὶ ἔσται εἷς λαὸς κυρίου
TNep. 3 2 κρατεῖν καὶ ἀπορρίπτειν τὸ θέλημα τοῦ διαβόλου. * ἥλιος * καὶ σελήνη καὶ ἀστέρες οὐκ ἀλλοιοῦσι τάξιν αὐτῶν
TNep. 5 1 ἐν ὄρεσιν ἐλαίου κατὰ ἀνατολὰς Ἰερουσαλὴμ ὅτι ὁ * ἥλιος * καὶ ἡ σελήνη ἔστηκαν. καὶ ἰδοὺ Ἰσαὰκ ὁ πατὴρ τοῦ
TNep. 5 2 ἕκαστος κατὰ δύναμιν καὶ τοῦ πιάσαντος ἔσται ὁ * ἥλιος * καὶ ἡ σελήνη. καὶ πάντες ὁμοῦ ἐπεδράμομεν καὶ ὁ
TNep. 5 3 πάντες ὁμοῦ ἐπεδράμομεν καὶ ὁ Λευὶ ἐκράτησε τὸν * ἥλιον * καὶ ὁ Ἰούδας φθάσας ἐπίασε τὴν σελήνην καὶ
TNep. 5 4 ἀμφότεροι σὺν αὐτοῖς. καὶ ὄντος τοῦ Λευὶ ὡς * ἡλίου * νεανίας τις ἐπιδίδωσιν αὐτῷ βάϊα φοινίκων δώδεκα
TBen. 8 3 ἀναπαύεται ἐν αὐτῷ τὸ πνεῦμα τοῦ θεοῦ. ὥσπερ γὰρ ὁ * ἥλιος * οὐ μιαίνεται προσέχων ἐπὶ κόπρον καὶ βόρβορον ἀλλὰ
Asen. 3 2 ἐστὶ καὶ καιρὸς ἀρίστου καὶ καῦμα μέγα ἐστὶ τοῦ * ἡλίου * καὶ ἵνα καταψύξω ὑπὸ τὴν σκιὰν τοῦ οἴκου σου. καὶ
Asen. 6 2 ὁ υἱὸς τοῦ ποιμένος ἐκ γῆς Χαναάν; καὶ νῦν ἰδοὺ ὁ * ἥλιος * ἐκ τοῦ οὐρανοῦ ἥκει πρὸς ἡμᾶς ἐν τῷ ἅρματι αὐτοῦ
Asen. 10 1 ἑπτὰ παρθένων καὶ ἐβαρυθύμει καὶ ἔκλαιεν ἕως ἔδυ ὁ * ἥλιος. * καὶ ἄρτον οὐκ ἔφαγε καὶ ὕδωρ οὐκ ἔπιεν καὶ
Asen. 10 16 ἐπὶ τῆς τέφρας ἕως δείλης καὶ μέχρι τοῦ δῦναι τὸν * ἥλιον. * καὶ οὕτως ἐποίησεν Ἀσενὲθ τὰς ἑπτὰ ἡμέρας καὶ
Asen. 14 9 ἦν ὡς ἀστραπὴ καὶ οἱ ὀφθαλμοὶ αὐτοῦ ὡς φέγγος * ἡλίου * καὶ αἱ τρίχες τῆς κεφαλῆς αὐτοῦ ὡς φλὸξ πυρὸς
Asen. 18 9 καὶ ὁρᾷ τὸ πρόσωπον αὐτῆς ἐν τῷ ὕδατι καὶ ἦν ὡς ὁ * ἥλιος * καὶ οἱ ὀφθαλμοὶ αὐτῆς ὡς ἑωσφόρος ἀνατέλλων καὶ αἱ
Sal. 2 11 πᾶς ὁ παραπορευόμενος εἰσεπορεύετο κατέναντι τοῦ * ἡλίου. * ἐνέπαιζον ταῖς ἀνομίαις αὐτῶν καθὰ ἐποίουν αὐτοὶ
Sal. 2 12 ἀνομίαις αὐτῶν καθὰ ἐποίουν αὐτοὶ ἀπέναντι τοῦ * ἡλίου * παρεδειγμάτισαν ἀδικίας αὐτῶν. καὶ θυγατέρες
Sal. 4 19 ὑπὸ θηρίων καὶ ὀστᾶ παρανόμων κατέναντι τοῦ * ἡλίου * ἐν ἀτιμίᾳ. ὀφθαλμοὺς ἐκκόψαισαν κόρακες
Sal. 8 8 ἀνεκάλυψεν ὁ θεὸς τὰς ἁμαρτίας αὐτῶν ἐναντίον τοῦ * ἡλίου * ἔγνω πᾶσα ἡ γῆ τὰ κρίματα τοῦ θεοῦ τὰ δίκαια. ἐν
Jer. 4 3 ἔξω τῆς πόλεως καὶ ἔρριψεν αὐτὰς ἐνώπιον τοῦ * ἡλίου * λέγων σοὶ λέγω ἥλιε λάβε τὰς κλεῖδας τοῦ ναοῦ τοῦ
Jer. 4 3 καὶ ἔρριψεν αὐτὰς ἐνώπιον τοῦ ἡλίου λέγων σοὶ λέγω * ἥλιε * λάβε τὰς κλεῖδας τοῦ ναοῦ τοῦ θεοῦ καὶ φύλαξον
Bar. 6 1 μείζονα τούτων ἔργα. καὶ λαβών με ἤγαγέν με ὅπου ὁ * ἥλιος * ἐκπορεύεται. καὶ ἔδειξέ μοι ἅρμα τετραέλαστον ὃ ἦν
Bar. 6 2 καὶ ἰδοὺ ὄρνεον περιτρέχον ἔμπροσθεν τοῦ * ἡλίου * ὡς ὄρη ἐννέα. καὶ εἶπον τὸν ἄγγελον τί ἐστι τὸ

Bar. 6 5 εἶπέν μοι ὁ ἄγγελος τοῦτο τὸ ὄρνεον παρατρέχει τῷ * ἡλίῳ * καὶ τὰς πτέρυγας ἐφαπλῶν δέχεται τὰς πυριμόρφους
Bar. 6 16 μηνύει τοῖς ἐν τῷ κόσμῳ κατὰ τὴν ἰδίαν λαλιάν. ὁ * ἥλιος * γὰρ ἑτοιμάζεται ὑπὸ τῶν ἀγγέλων καὶ φωνεῖ ὁ
Bar. 7 1 ὁ ἀλέκτωρ. καὶ εἶπον ἐγὼ καὶ ποῦ ἀποσχολεῖται ὁ * ἥλιος * ἀφ' οὗ ὁ ἀλέκτωρ φωνεῖ; καὶ εἶπέν μοι ὁ ἄγγελος
Bar. 7 2 οὐρανῷ εἰσίν καὶ ἐν τῷ τρίτῳ οὐρανῷ διέρχεται ὁ * ἥλιος * καὶ διδοῖ τῷ κόσμῳ τὸ φέγγος. ἀλλ' ἔκδεξαι καὶ
Bar. 7 4 ηὔξανε καὶ ἀνεπληροῦτο. καὶ ὄπισθεν τούτου τὸν * ἥλιον * ἐξαστράπτοντα καὶ τοὺς ἀγγέλους μετ' αὐτοῦ
Bar. 7 5 ἀντοφθαλμῆσαι καὶ ἰδεῖν. καὶ ἅμα τῷ λάμψαι τὸν * ἥλιον * ἐξέτεινε καὶ ὁ φοῖνιξ τὰς αὐτοῦ πτέρυγας. ἐγὼ δὲ
Bar. 8 1 ὁρῶ πάλιν ἔμπροσθεν τὸ ὄρνεον ἐρχόμενον καὶ τὸν * ἥλιον * μετὰ τῶν ἀγγέλων ἐρχόμενον. καὶ ἅμα τῷ ἐλθεῖν
Bar. 8 3 κύριε διά τί ἦραν τὸν στέφανον ἀπὸ τῆς κεφαλῆς τοῦ * ἡλίου * καὶ διά τί ἐστι τὸ ὄρνεον τοσοῦτον τεταπεινωμένον;
Bar. 8 4 καὶ εἶπέν μοι ὁ ἄγγελος ὁ στέφανος τοῦ * ἡλίου * ὅταν τὴν ἡμέραν διαδράμῃ λαμβάνουσι τέσσαρες
Bar. 8 6 τὸ πῶς ἐταπεινώθη ἐπεὶ διὰ τὸ κατέχειν τὰς τοῦ * ἡλίου * ἀκτῖνας διὰ τοῦ πυρὸς καὶ τῆς ὁλοημέρου καύσεως ὡς
Bar. 8 7 τούτου πτέρυγες ὡς προεῖπομεν περιέσκεπον τὰς τοῦ * ἡλίου * ἀκτῖνας οὐκ ἂν ἐσώθη πᾶσα πνοή. καὶ τούτων
Bar. 9 8 οἰκέται παρρησιασθῆναι οὕτως οὐδὲ ἐνώπιον τοῦ * ἡλίου * δύνανται ἡ σελήνη καὶ ἀστέρες αὐγάσαι. ἀεὶ γὰρ οἱ
Bar. 9 8 αὐγάσαι. ἀεὶ γὰρ οἱ ἀστέρες κρέμανται ἀλλ' ὑπὸ τοῦ * ἡλίου * σκεδάζονται. καὶ ἡ σελήνη σῴα οὖσα ὑπὸ τῆς τοῦ
Bar. 9 8 σκεδάζονται. καὶ ἡ σελήνη σῴα οὖσα ὑπὸ τῆς τοῦ * ἡλίου * θέρμης ἐκδαπανᾶται. καὶ ταῦτα πάντα μαθὼν παρὰ τοῦ
Sedr. 7 4 ἐγὼ ἔπλασα τὸν Ἀδὰμ καὶ τὴν γυναῖκα αὐτοῦ καὶ τὸν * ἥλιον * καὶ εἶπα ἴδετε ἀλλήλους ποῖός ἐστιν φωτοειδὴς ὁ δὲ
Sedr. 7 4 καὶ εἶπα ἴδετε ἀλλήλους ποῖός ἐστιν φωτοειδὴς ὁ δὲ * ἥλιος * καὶ Ἀδὰμ μίαν χαρακτῆρα ἦσαν ἡ δὲ γυνὴ τοῦ Ἀδὰμ
Sedr. 11 11 τὸ σκεῦος οὐ κινεῖται. οἱ πόδες συντρέχουσιν τὸν * ἥλιον * καὶ τὴν σελήνην ἐν νυκτὶ καὶ ἐν ἡμέρᾳ τὰ πάντα
Job 28 6 τῆς βασιλείας σου. εὐγενέστερος γὰρ ἤμην τῶν ἀφ' * ἡλίου * ἀνατολῶν. ὁπηνίκα δὲ ἦλθον εἰς τὴν Αὐσιτίδα
Job 31 5 εἶ ὁ τότε ἔχων τὴν μεγάλην δόξαν; σὺ εἶ ὁ ὡς ὁ * ἥλιος * τῆς ἡμέρας ἐν πάσῃ τῇ γῇ; σὺ εἶ ὁ ὡς ἡ σελήνη
Job 37 8 ὑπέρχεις, δεῖξον, εἰ ἔστιν σοι φρόνησις, διά τί * ἥλιον * μὲν ὁρῶμεν ἀνατέλλοντα ἐν ἀνατολαῖς, δύνοντα δὲ ἐν
Job 46 8 ἐξαστράπτουσαι σπινθῆρας πυρός, ὡς ἀκτῖνας τοῦ * ἡλίου. * καὶ δέδωκεν χορδὴν μίαν εἰπὼν λάβετε αὐτὰς περὶ
SIb. 3 21 ὃς λόγῳ ἔκτισε πάντα καὶ οὐρανὸν ἠδὲ θάλασσαν * ἠέλιόν * τ' ἀκάμαντα σελήνην τε πλήθουσαν ἄστρα τε
SIb. 3 65 καὶ στήσει ὀρέων ὕψος στήσει δὲ θάλασσαν * ἠέλιον * πυρόεντα μέγαν λαμπράν τε σελήνην καὶ νέκυας
SIb. 3 94 γένηται. ὢ ὢ δὴ πλωτῶν ὑδάτων καὶ χέρσου ἁπάσης * ἠελίου * ἀνιόντος ὃς οὐ δὴ καὶ πάλι δύνει πάνθ'
SIb. 3 221 ἀεὶ βουλὴ τ' ἀγαθὴ καλά τ' ἔργα μέμηλεν. οὔτε γὰρ * ἠελίου * κύκλιον δρόμον οὔτε σελήνης οὔτε πελώρια ἔργα
SIb. 3 385 δεδομήσετ' ἐρυμνὴν καὶ πάσης ὁπόσην ἐπιδέρκεται * ἠέλιος * γῆν δεσπότις αὐδηθεῖσα κακαῖς ἄτῃσιν ὀλεῖται
SIb. 3 494 πάσαις πόλεσιν παραλίαις οὐδεμί' ὑμῶν πρὸς φάος * ἠελίοιο * παρέσσεται ἐν φαΐ κοινῷ οὐδ' ἔτι τῆς ζωῆς
SIb. 3 652 δρυμοῦ ξύλα κόψεται εἰς πυρὸς αὐγήν. καὶ τότ' ἀπ' * ἠελίοιο * θεὸς πέμψει βασιλῆα ὃς πᾶσαν γαῖαν παύσει
SIb. 3 713 πάντα γὰρ αὐτοῖσιν συναγωνιᾷ ἠδὲ βοηθεῖ οὐρανὸς * ἠέλιός * τε θεήλατος ἠδὲ σελήνη. γαῖα δὲ παγγενέτειρα
SIb. 3 801 προφέρηται πρὸς γαῖαν +ἅπαν καὶ οἱ+ σέλας * ἠελίοιο * ἐκλείψει κατὰ μέσσον ἀπ' οὐρανοῦ ἠδὲ σελήνης
SIb. 4 13 αὐτὸς ὁρᾶται οὐ νὺξ τε δνοφερή τε καὶ ἡμέρη * ἠέλιός * τε ἄστρα σεληναίη τε καὶ ἰχθυόεσσα θάλασσα καὶ γῆ
SIb. 4 174 κόσμον ὅλον καὶ σῆμα μέγιστον ῥομφαίᾳ σάλπιγγι ἅμ' * ἠελίῳ * ἀνιόντι κόσμος ἅπας μύκημα καὶ ὄμβριμον ἦχον
SIb. 4 191 πάντες δὲ τότ' εἰσόψονται ἑαυτοὺς νήδυμον * ἠελίου * τερπνὸν φάος εἰσορόωντες. ὢ μακαριστὸς ἐκεῖνον ὃς
SIb. 5 209 μέσον οὐρανὸν ἀμφιελίξῃ Παρθένος ἐξαναβᾶσα καὶ * Ἥλιος * ἀμφὶ μετώπῳ πηξάμενος ζώνην +περιπάμπολον+
SIb. 5 238 μέμφομαι αὐδῶ ἣν ποτ' ἐν ἀνθρώποις λαμπρὸν σέλας * ἠελίοιο * σπειρομένης ἀκτῖνος ὁμοσπόνδοιο προφητῶν γλῶσσα
SIb. 5 258 ἥπλωσεν ἐπὶ ξύλου πολυκάρπου Ἑβραίων ὁ ἄριστος ὃς * ἠέλιόν * ποτε στήσει φωνήσας ῥήσει τε καλῇ καὶ χείλεσιν
SIb. 5 346 ὕπερθεν βροντηδὸν κελάδημα θεοῦ φωνὴν +ἐπακοῦσαι+ * ἠελίου * δ' αὐτοῦ φλόγες ἄφθιτοι οὐκέτ' ἔσονται οὐδὲ
SIb. 5 421 θεὸς ταύτην ἐποίησεν φαιδροτέραν ἄστρων τε καὶ * ἡλίου * ἠδὲ σελήνης καὶ κόσμον κατέθηχ' ἅγιόν τ'---
SIb. 5 477 γυναικῶν. μυρία δ' οἰμώξει δειλὴ γενεὴ κατὰ τέρμα * ἠελίου * δύνοντος ἵν' ἔμπαλι μηκέτ' ἀνέλθῃ ὠκεανοῦ μείνας
SIb. 5 512 κείνη ἀνθ' ὧν οὐκ ἐφύλαξαν ὅ μιν θεὸς ἐγγυάλιξεν. * Ἠελίου * φαέθοντος ἐν ἀστράσιν εἶδον ἀπειλὴν ἠδὲ
SIb. 5 515 μάχην ὤδινε θεὸς δ' ἐπέτρεψε μάχεσθαι. ἀντὶ γὰρ * Ἡλίου * μακραὶ φλόγες ἐστασίαζον Φωσφόρος ἔσχε μάχην
SIb. 5 526 διὰ δεινοῖο Λέοντος ἠδὲ Κύων ὤλισθεν ἀπὸ φλογὸς * Ἠελίοιο * Ὑδροχόον δ' ἐπύρωσε μένος κρατεροῖο Φαεινοῦ
FJub. 2 8 ὁ θεὸς ἐν τῇ τρίτῃ ἡμέρᾳ. τῇ δὲ τετάρτῃ τὸν * ἥλιον * τὴν σελήνην τοὺς ἀστέρας ταῦτα τὰ τρία ἔργα τὰ
FJub. 3 9 ἑβδομάδος Παχὼν τεσσαρεσκαιδεκάτη Μαΐου ἐνάτη * ἡλίου * ὄντος ταύρῳ καὶ σελήνης σκορπίῳ κατὰ διάμετρον ἐν
FJub. 3 9 τρεῖς ἡμέρας τῆς ἐν τῷ παραδείσῳ αὐτοῦ εἰσόδου * ἡλίου * ὄντος ταύρῳ καὶ σελήνης αἰγοκέρωτι ἐνετείλατο ὁ
FJub. 3 9 ἑβδομάδος κατὰ τὴν θερινὴν τροπὴν * ἡλίου * ὄντος καὶ σελήνης καρκίνῳ τῇ εἰκοστῇ πέμπτῃ τοῦ
FBar. 12 2 αποκαιει ουδ>ε το διηνεκες αι ακτι<νες του * ηλιου * λα>μπουσιν και συ μη προσ<δοκα χαιρησειν> μηδε
FSop. 5 77 2 καὶ ἦν ἑκάστου αὐτῶν ὁ θρόνος ἑπταπλασίων φωτὸς * ἡλίου * ἀνατέλλοντος οἰκοῦντας ἐν ναοῖς σωτηρίας καὶ
FAch. 104 δὲ τῷ βασιλεῖ ὅτι τεθανάτωκα τὸν Αἴσωπον. ὁ δὲ * Ἥλιος * παρέλαβεν τὴν διοίκησιν τοῦ Αἰσώπου. μετὰ δὲ
FAch. 108 παρεστήσατο. τοῦ βασιλέως θέλοντος ἀνελεῖν τὸν * Ἥλιον * ὡς εἰς πατέρα ἀθετήσαντα παρῃτήσατο ὁ Αἴσωπος
FAch. 108 ἐξ ἀρχῆς διοίκησιν τῶν πραγμάτων ἐχαρίσατο τὸν δὲ * Ἥλιον * αὐτῷ παρέσχεν. ὁ δὲ λαβὼν τὸν νεανίσκον διέθηκεν
FAch. 114 με βλέπεις καὶ τοὺς περὶ ἐμέ; ὁ δὲ ἔφη σέ μὲν * ἡλίῳ * τῷ τῆς ἐαρινῆς ὥρας τοὺς δὲ περὶ σὲ τοῖς ἐκ τῆς γῆς
FAch. 115 ἐλθόντος ἐπύθετο τίνι ἴκελός εἰμι; ὁ δὲ ἔφη σὺ τῷ * ἡλίῳ * καὶ οἱ περὶ σὲ ταῖς ἀκτῖσι ὥσπερ γὰρ ὁ ἥλιος
FAch. 115 σὺ τῷ ἡλίῳ καὶ οἱ περὶ σὲ ταῖς ἀκτῖσι ὥσπερ γὰρ ὁ * ἥλιος * <λαμπρὸς> καὶ ἀμίαντος ὑπάρχει οὕτως καὶ σὺ
FAch. 115 παρέστησας φέρων καὶ λαμπρὸς μὲν εἶ ὡς ὁ * ἥλιος * οὗτοι δὲ διάπυροι <ὡς> αἱ ἀκτῖνες. ὁ δὲ βασιλεὺς
FAch. 115 ὡς Ζεὺς τῶν ἐπὶ τὸν κόσμον ποιεῖ γὰρ <ἐκεῖνος> τὸν * ἥλιον * καὶ τὴν σελήνην φαίνειν καὶ τὰς ὥρας εὐσταθεῖν.
FPho. 72 τελέθουσιν. οὐ φθονέει μήνη πολὺ κρείσσοσιν * ἡλίου * αὐγαῖς οὐ χθὼν οὐρανίοισ' ὑψώμασι νέρθεν ἐοῦσα οὐ
FPho. 101 μὴ τύμβον φθιμένων ἀνορύξῃς μηδ' ἀθέατα δείξῃς * ἠελίῳ * καὶ δαιμόνιον χόλον ὄρσῃς. οὐ καλὸν ἁρμονίην
IOrp. 47 στέρνοισι δὲ ἔνθεο φῆμιν. (εἷς Ζεὺς εἷς Ἀΐδης εἷς * Ἥλιος * εἷς Διόνυσος) (εἷς θεὸς ἐν πάντεσσι. τί σοι δίχα
HArt. 9 23 3 κομίζοντας πολλὴν ὕπαρξιν καὶ κατοικισθῆναι ἐν τῇ * Ἡλίου * πόλει καὶ Σάει καὶ τοὺς Σύρους πλεονάσαι ἐν τῇ
HAno. 9 17 4 θεοῦ εἰς Φοινίκην ἐλθόντα κατοικῆσαι καὶ τροπὰς * ἡλίου * καὶ σελήνης καὶ τὰ ἄλλα πάντα διδάξαντα τοὺς
LEze. 9 29 14 25 τις κλῄζεται πόλις βροτοῖς). ἐπεὶ δὲ Τιτὰν * ἥλιος * δυσμαῖς προσῆν ἐπέσχομεν θέλοντες ὄρθριον μάχην
LArl. 8 10 10 ὡς οὐδέποτε γέγονεν οὐρανὸς γῇ γῇ δ' οὐρανὸς οὐδ' * ἥλιος * σελήνη λάμπουσα οὐδὲ σελήνη πάλιν ἥλιος οὐδὲ
LArl. 8 10 10 οὐδ' ἥλιος σελήνη λάμπουσα οὐδὲ σελήνη πάλιν * ἥλιος * οὐδὲ ποταμοὶ θάλασσα οὐδὲ θάλασσα ποταμοί. καὶ
LArl. 13 12 13 καὶ πάλιν λέγει ἑβδομάτῃ δ' αὖτις λαμπρὸν φάος * ἠελίοιο. * Ὅμηρος δὲ οὕτω λέγει ἑβδομάτη δὴ ἔπειτα
LArl. 7 32 17 ὥς τινες αὐτῶν ὠνόμασαν ζῳοφόρου κύκλου διεξιόντος * ἡλίου. * ἐξ ἀνάγκης τῇ τῶν διαβατηρίων ἑορτῇ μὴ μόνον τὸν
LArl. 7 32 17 ἐξ ἀνάγκης τῇ τῶν διαβατηρίων ἑορτῇ μὴ μόνον τὸν * ἥλιον * ἰσημερινὸν διαπορεύεσθαι τμῆμα καὶ τὴν σελήνην δέ.
LArl. 7 32 18 μὲν ἡ σελήνη τὴν ἐναντίαν καὶ διάμετρον τῷ * ἡλίῳ * στάσιν ὥσπερ οὖν ἔξεστιν ἐν ταῖς πανσελήνοις ὁρᾶν
LArl. 7 32 18 ὁρᾶν ἔσονται δὲ ὃ μὲν κατὰ τὸ ἐαρινὸν ἰσημερινὸν ὁ * ἥλιος * τμῆμα ἡ δὲ ἐξ ἀνάγκης κατὰ τὸ φθινοπωρινὸν
FrAn. 15 πιστεύσωσιν. συνάξει πᾶσαν δύναμιν αὐτοῦ ἀπὸ * ἡλίου * ἀνατολῶν μέχρις ἡλίου δυσμῶν. οὓς κεκλήκει καὶ οὓς
FrAn. 15 πᾶσαν δύναμιν αὐτοῦ ἀπὸ ἡλίου ἀνατολῶν μέχρις * ἡλίου * δυσμῶν. οὓς κεκλήκει καὶ οὓς οὐ κεκλήκει

Ἡλιούπολις 11

Asen. 1 2 πρώτου ἔτους ὀκτωκαιδεκάτῃ τοῦ μηνὸς εἰς τὰ ὅρια * Ἡλιουπόλεως * καὶ ἦν συνάγων τὸν σῖτον τῆς χώρας ἐκείνης
Asen. 1 3 συνιων. καὶ ὄνομα τῷ ἀνδρὶ ἐκείνῳ Πεντεφρῆς ἱερεὺς * Ἡλιουπόλεως. * καὶ ἦν θυγάτηρ αὐτῷ παρθένος ἐτῶν
Asen. 1 7 πάτερ τὴν Ἀσενὲθ τὴν θυγατέρα Πεντεφρῆ τοῦ ἱερέως * Ἡλιουπόλεως * εἰς γυναῖκα. καὶ εἶπεν αὐτῷ Φαραὼ ὁ πατήρ
Asen. 3 1 ὀκτωκαιδεκάτῃ τοῦ μηνὸς ἦλθεν Ἰωσὴφ εἰς τὰ ὅρια * Ἡλιουπόλεως * καὶ ἦν συνάγων τὸν σῖτον τῆς εὐθηνίας τῆς
Asen. 21 2 αὐτῷ δός μοι τὴν Ἀσενὲθ θυγατέρα Πεντεφρῆ ἱερέως * Ἡλιουπόλεως * εἰς γυναῖκα. καὶ ἐχάρη Φαραὼ χαρὰν μεγάλην
Asen. 21 11 ἥμαρτον) ἐγὼ Ἀσενὲθ (θυγάτηρ Πεντεφρῆ ἱερέως * Ἡλιουπόλεως * ὃς ἐστιν ἐπίσκοπος πάντων). (ἥμαρτον κύριε)
FAch. 119 τελεῖν τῷ βασιλεῖ Λυκούργῳ. αὐτίκα οὖν τοὺς ἀπὸ * Ἡλιουπόλεως * μετεπέμψατο προφήτας ἐπισταμένους καὶ
HDem. 9 21 12 ἑπτὰ ἐν οἷς καὶ συνοικῆσαι Ἀσενὲθ Πεντεφρῆ τοῦ * Ἡλιουπόλεως * ἱερέως θυγατρὶ καὶ γεννῆσαι Μανασσῆν καὶ
HArt. 9 23 4 τῇ Αἰγύπτῳ. τούτους δὲ καὶ τὸ ἐν Ἀθὼς καὶ τὸ ἐν * Ἡλιουπόλει * ἱερὸν κατασκευάσαι τοὺς Ἑρμιοὺθ
HArt. 9 27 2 τό τε ἐπ' αὐτῇ ἱερὸν καθιδρύσασθαι εἶτα τὸν ἐν * Ἡλιουπόλει * ναὸν κατασκευάσαι. τοῦτον δὲ γεννῆσαι
HAno. 9 17 8 αὐτὴν τῷ ἀνδρί. συζήσαντα δὲ τὸν Ἀβραὰμ ἐν * Ἡλιουπόλει * τοῖς Αἰγυπτίων ἱερεῦσι πολλὰ μεταδιδάξαι

Ἡλιουπολίτης 4

FAch. 119 ὥρᾳ ἐλθόντες κατεκλίθησαν ἐν τῷ δείπνῳ. καὶ τῶν * Ἡλιουπολιτῶν * ἔφη τις πρὸς τὸν Αἴσωπον ἡμεῖς ἀπεστάλημεν
HArt. 9 23 3 τῶν Αἰγυπτίων διὰ ταῦτα ἀγαπηθῆναι. γῆμαι δ' αὐτὸν * Ἡλιουπολίτου * ἱερέως Ἀσενὲθ θυγατέρα ἐξ ἧς γεννῆσαι
HArt. 9 27 8 δὴ πλεονεκτεῖν ἐπίφασιν κατὰ τὰς μάχας λέγειν δὲ * Ἡλιουπολίτας * γενέσθαι τὸν πόλεμον τοῦτον ἔτη δέκα. τοὺς
HArt. 9 27 35 διὰ ξηρᾶς τῆς θαλάσσης τὸ πλῆθος περαιῶσαι. * Ἡλιουπολίτας * δὲ λέγειν ἐπικαταδραμεῖν τὸν βασιλέα μετὰ

ἡλιοφώτιστος * 1

Sedr. 11 1 λέγειν ὦ κεφαλὴ παράδοξε οὐρανοκόσμητε ὦ * ἡλιοφώτιστε * οὐρανοῦ καὶ γῆς γνωσταὶ αἱ τρίχες σου ἀπὸ

ἧλος 2

HEup. 9 34 5 χρυσᾶ πενταπήχη καὶ προστιθέναι προσηλοῦντα * ἥλοις * ἀργυροῖς ταλαντιαίοις τὴν ὁλκὴν μαστοειδέσι τὸν
HEup. 9 34 16 εἶναι τάλαντα μυριάδων υ ξ'. εἰς δὲ τοὺς * ἥλους * καὶ τὴν ἄλλην κατασκευὴν ἀργυρίου τάλαντα χίλια

ἦμαρ 29 (cf.+ ἡμέρα)

SIb. 3 23 μητέρα Τηθὺν πηγὰς καὶ ποταμοὺς πῦρ ἄφθιτον * ἤματα * νύκτας αὐτὸς δὴ θεὸς ἐσθ' ὁ πλάσας τετραγράμματον
SIb. 3 55 ῥεύσῃ καταράκτης. οἴμοι δειλαίη πότ' ἐλεύσεται * ἦμαρ * ἐκεῖνο καὶ κρίσις ἀθανάτοιο θεοῦ μεγάλου βασιλῆος;
SIb. 3 59 τε ἀργυρέοις λιθίνοις τε ἵν' ἔλθητ' εἰς πικρὸν * ἦμαρ. * ἥξει γὰρ ὁπόταν θείου διαβήσεται ὀδμὴ πᾶσιν ἐν
SIb. 3 86 δὲ γαῖαν φλέξει δὲ θάλασσαν καὶ πόλον οὐράνιον καὶ * ἤματα * καὶ κτίσιν αὐτὴν εἰς ἓν χωνεύσει καὶ εἰς καθαρὸν
SIb. 3 89 φωστήρων σφαιρώματα καγχαλόωντα οὐ νὺξ οὐκ ἠὼς οὐκ * ἤματα * πολλὰ μεριμνῆς οὐκ ἔαρ οὐχὶ θέρος οὐ χειμῶν' οὐ
SIb. 3 186 τε παῖδας αἰσχροῖς ἐν τεγέεσσι καὶ ἔσσεται * ἤμασι * κείνοις θλῖψις ἐν ἀνθρώποις μεγάλη καὶ πάντα
SIb. 3 206 ἔκπαγλοι ὀλοῦνται πάντες καὶ Τροίῃ κακὸν ἔσσεται * ἤματι * κείνῳ. αὐτίκα καὶ Πέρσῃσι καὶ Ἀσσυρίοις κακὸν
SIb. 3 229 πέφυκεν ὅσσα κεν ἄφρονες ἄνδρες ἐρευνῶωσι κατ' * ἦμαρ * ψυχὰς γυμνάζοντες ἐς οὐδὲν χρήσιμον ἔργον καὶ ῥα
SIb. 3 251 τὸ νυκτερινὸν διοδεύων καὶ στύλῳ νεφέλης +πᾶν ἠὼς * ἦμαρ * ὁδεύσει+ τούτῳ δ' ἡγητῆρα καταστήσει μέγαν ἄνδρα

| | | | |
|---|---|---|---|
| Sib. | 3 | 324 | τε καὶ γῆ θυγατέρες δυσμῶν ὡς ἥξετε πικρὸν ἐς * ἦμαρ. * ἥξετε καὶ χαλεποῖο διωκόμεναι ὑπ᾽ ἀγῶνος δεινοῦ |
| Sib. | 3 | 380 | καὶ νείκεα λυγρὰ καὶ νυκτοκλοπίαι καὶ πᾶν κακὸν * ἤμασι * κείνοις. ἀλλὰ Μακηδονίη βαρὺ τέξεται Ἀσίδι πῆμα |
| Sib. | 3 | 569 | ἀνδρῶν ὁππότε κεν τοῦτο προλάβῃ τέλος αἴσιμον * ἦμαρ. * οὐ γὰρ μὴ θύσητε θεῷ μέχρι πάντα γένηται ὅσσα θεός |
| Sib. | 3 | 675 | εἰς μέσον ἀνδρῶν. γαῖα δὲ παγγενέτειρα σαλεύσεται * ἤμασι * κείνοις χειρὸς ἀπ᾽ ἀθανάτοιο καὶ ἰχθύες οἱ κατὰ |
| Sib. | 3 | 714 | ἠδὲ σελήνη. γαῖα δὲ παγγενέτειρα σαλεύσεται * ἤμασι * κείνοις ἡδὺν ἀπὸ στομάτων δὲ λόγον ἄξουσιν ἐν |
| Sib. | 3 | 741 | μετάσχῃς. ὁππότε δὴ καὶ τοῦτο λάβῃ τέλος αἴσιμον * ἦμαρ * (εἰς δὲ βροτοὺς ἥξει κρίσις ἀθανάτοιο θεοῖο) ἥξει |
| Sib. | 3 | 779 | ἄγρια κύματα πόντου εὔβατα καὶ εὔπλωτα γενήσεται * ἤμασι * κείνοις πᾶσα γὰρ εἰρήνη ἀγαθῶν ἐπὶ γαῖαν ἱκνεῖται |
| Sib. | 4 | 56 | ὧν τάδε ἔσσεται ἔργα νὺξ ἔσται σκοτόεσσα μέσῃ ἐνὶ * ἤματος * ὥρῃ ἄστρα δ᾽ ἀπ᾽ οὐρανόθεν λείψει καὶ κύκλα |
| Sib. | 5 | 50 | κυανοχαῖτα καὶ ἐπὶ σοῖσι κλάδοισι τάδ᾽ ἔσσεται * ἤματα * πάντα. τὸν μέτα τρεῖς ἄρξουσιν ὁ δὲ τρίτος ὀψὲ |
| Sib. | 5 | 56 | μαινάδες ἀΐξουσι καὶ ἐν παλάμῃσι κακῇσιν ἔσσεαι * ἤματι * τῷδε ὅταν ποτὲ Νεῖλος ὁδεύσῃ γαῖαν ὅλην Αἴγυπτον |
| Sib. | 5 | 91 | πρόσθεν ἔρεξας. σιγήσεις αἰῶνα πολὺν καὶ νόστιμον * ἦμαρ * --- κοὐκέτι σοι ῥεύσει τρυφερὸν πόμα--- --- ἥξει |
| Sib. | 5 | 243 | ἀρχηγὲ μεγίστων καὶ ῥαμφὴ καὶ πένθος ἐλεύσεται * ἤματι * κείνῳ. ἀρχὴ καὶ καμάτοιο καὶ ἀνθρώποις μέγα τέρμα |
| Sib. | 5 | 248 | πτολέμοιο λοιμοῦ τε στοναχῆς τε τότ᾽ ἔσσεται * ἤματι * κείνῳ Ἰουδαίων μακάρων θεῖον γένος οὐράνιόν τε οἳ |
| Sib. | 5 | 300 | κρατὸς ἀνάγνου. ἀντὶ δὲ χειμῶνος θέρος ἔσσεται * ἤματι * τῷδε. καὶ τότε δὴ +μετέπειτ᾽+ ἔσται +ἄνδρεσσι+ |
| Sib. | 5 | 351 | τυφλοὶ μέροπες θῆρές τε κακοὶ καὶ ὀιζύς. ἔσσεται * ἦμαρ * ἐκεῖνο χρόνον πολὺν ὥστε νοῆσαι αὐτὸν ἄνακτα θεὸν |
| Sib. | 5 | 519 | τένοντα Ταῦρος δ᾽ Αἰγοκέρωτος ἀφήρπασε νόστιμον * ἦμαρ. * καὶ Ζυγὸν Ὠρίων ἀπενόσφισε μηκέτι μεῖναι Παρθένος |
| IHom. 5 | 107 | 3 | ἑβδομάτῃ δήπειτα κατήλυθεν ἱερὸν * ἦμαρ. * ἑβδόμη ἦν ἱερή. ἑβδομάτῃ δ᾽ ἠοῖ καὶ οἱ τετύκοντο |
| LAri. 13 | 12 | 13 | μὲν οὕτως πρῶτον ἔνη τετρὰς τε καὶ ἑβδόμη ἱερὸν * ἦμαρ * καὶ πάλιν λέγει ἑβδομάτη δ᾽ αὖτις λαμπρὸν φάος |
| LAri. 13 | 12 | 14 | δὲ οὕτω λέγει ἑβδομάτῃ δήπειτα κατήλυθεν. ἱερὸν * ἦμαρ. * καὶ πάλιν ἕβδομον ἦμαρ ἔην καὶ τῷ τετέλεστο ἅπαντα |
| LAri. 13 | 12 | 14 | δήπειτα κατήλυθεν. ἱερὸν ἦμαρ. καὶ πάλιν ἕβδομον * ἦμαρ * ἔην καὶ τῷ τετέλεστο ἅπαντα καὶ ἑβδομάτῃ δ᾽ ἠοῖ |
| ἡμεῖς | | | 601 ἡμᾶς ἡμῖν ἡμῶν ἡμεῖς ημων ημας ημεις |
| ἡμέρα | | | 332 (cf.+ ἦμαρ) |
| Adam | 10 | 2 | ἡ Εὔα λέγουσα οἴμμοι οἴμμοι ὅτι ἐὰν ἔλθω εἰς τὴν * ἡμέραν * τῆς ἀναστάσεως πάντες οἱ ἁμαρτήσαντες |
| Adam | 12 | 1 | καὶ σίγα καὶ ἀπόστηθι ἀπὸ τῆς εἰκόνος τοῦ θεοῦ ἕως * ἡμέρας * τῆς κρίσεως. τότε λέγει τὸ θηρίον τῷ Σὴθ ἰδοὺ |
| Adam | 13 | 3 | Ἀδάμ. οὐ γενήσεταί σοι νῦν ἀλλ᾽ ἐπ᾽ ἐσχάτων τῶν * ἡμερῶν. * τότε ἀναστήσεται πᾶσα σὰρξ ἀπὸ Ἀδὰμ ἕως τῆς |
| Adam | 13 | 3 | τότε ἀναστήσεται πᾶσα σὰρξ ἀπὸ Ἀδὰμ ἕως τῆς * ἡμέρας * ἐκείνης τῆς μεγάλης ὅσοι ἔσονται λαὸς ἅγιος. τότε |
| Adam | 13 | 6 | ἐπληρώθη τὸ μέτρον τῆς ζωῆς αὐτοῦ εἴσω τριῶν * ἡμερῶν. * ἐξερχομένης δὲ τῆς ψυχῆς αὐτοῦ μέλλεις θεάσασθαι |
| Adam | 26 | 2 | τῆς τροφῆς σου ἧς ἤσθιες καὶ χοῦν φάγει πάσας τὰς * ἡμέρας * τῆς ζωῆς σου. ἐπὶ τῷ στήθει καὶ τῇ κοιλίᾳ |
| Adam | 26 | 4 | σοῦ τηρήσει κεφαλὴν καὶ σὺ ἐκείνου πτέρναν ἕως τῆς * ἡμέρας * τῆς κρίσεως. ταῦτα εἰπὼν κελεύει τοῖς ἀγγέλοις |
| Adam | 29 | 7 | ἐγενόμεθα ἐπὶ τῆς γῆς. ἐγένετο δὲ ἡμᾶς πενθῆσαι * ἡμέρας * ἑπτά. καὶ μετὰ ἑπτὰ ἡμέρας ἐπεινάσαμεν. καὶ εἶπον |
| Adam | 29 | 7 | δὲ ἡμᾶς πενθῆσαι ἡμέρας ἑπτά. καὶ μετὰ ἑπτὰ * ἡμέρας * ἐπεινάσαμεν. καὶ εἶπον τῷ Ἀδὰμ ἀνάστα καὶ |
| Adam | 29 | 9 | τῇ εἰκόνι τοῦ θεοῦ ἣν ἔπλασεν; ἀλλὰ μετανοήσωμεν * ἡμέρας * τεσσαράκοντα ὅπως σπλαγχνισθῇ ἡμῖν ὁ θεὸς καὶ |
| Adam | 29 | 10 | τροφὴν κρείσσονα τῆς τῶν θηρίων. ἐγὼ μὲν ποιήσω * ἡμέρας * τεσσαράκοντα σὺ δὲ ἡμέρας τριάκοντα τέσσαρας ὅτι |
| Adam | 29 | 10 | θηρίων. ἐγὼ μὲν ποιήσω ἡμέρας τεσσαράκοντα σὺ δὲ * ἡμέρας * τριάκοντα τέσσαρας ὅτι σὺ οὐκ ἐπλάσθης τῇ ἡμέρᾳ |
| Adam | 29 | 10 | ἡμέρας τριάκοντα τέσσαρας ὅτι σὺ οὐκ ἐπλάσθης τῇ * ἡμέρᾳ * τῇ ἕκτῃ ἐν ᾗ ἐτέλεσεν ὁ θεὸς τὴν κτίσιν αὐτοῦ. |
| Adam | 31 | 1 | τοῦ Ἀδὰμ ἐν τῇ νόσῳ αὐτοῦ ἄλλην δὲ εἶχεν μίαν * ἡμέραν * ἐξελθεῖν ἐκ τοῦ σώματος αὐτοῦ. καὶ λέγει τῷ Ἀδὰμ |
| Adam | 37 | 5 | ἕως τρίτου οὐρανοῦ καὶ ἄφες αὐτὸν ἐκεῖ ἕως τῆς * ἡμέρας * ἐκείνης τῆς μεγάλης τῆς οἰκονομίας ἧς ποιήσω εἰς |
| Adam | 40 | 4 | ἐκήδευσαν αὐτὸν ἐπειδὴ ἀκήδευτος ἦν ἀφ᾽ ἧς * ἡμέρας * ἐφόνευσεν αὐτὸν Κάϊν ὁ ἀδελφὸς αὐτοῦ. καὶ πολλὰ |
| Adam | 42 | 1 | τὸ μνημεῖον ἵνα μηδεὶς τι ποιήσῃ αὐτῷ ἐν ταῖς ἓξ * ἡμέραις * ἕως οὗ ἀποστραφῇ ἡ πλευρὰ αὐτοῦ πρὸς αὐτόν. τότε |
| Adam | 42 | 3 | τόπον αὐτῶν. Εὔα δὲ καὶ αὐτὴ πληρωθέντων τῶν ἓξ * ἡμερῶν * ἐκοιμήθη. ἔτι δὲ ζώσης αὐτῆς ἔκλαυσεν περὶ τῆς |
| Adam | 43 | 2 | οὕτως κήδευσον πάντα ἄνθρωπον ἀποθνήσκοντα ἕως * ἡμέρας * τῆς ἀναστάσεως. μετὰ δὲ τὸ δοῦναι αὐτὸν νόμον |
| Adam | 43 | 3 | μετὰ δὲ τὸ δοῦναι αὐτὸν νόμον εἶπεν παρ᾽ ἓξ * ἡμερῶν * μὴ πενθήσετε τῇ δὲ ἑβδόμῃ ἡμέρᾳ κατάπαυσον καὶ |
| Adam | 43 | 3 | εἶπεν παρ᾽ ἓξ ἡμερῶν μὴ πενθήσετε τῇ δὲ ἑβδόμῃ * ἡμέρᾳ * κατάπαυσον καὶ εὐφράνθητι ἐν αὐτῇ ὅτι ἐν αὐτῇ ὁ |
| Hen. | 1 | 1 | εὐλόγησεν ἐκλεκτοὺς δικαίους οἵτινες ἔσονται εἰς * ἡμέραν * ἀνάγκης ἐξᾶραι πάντας τοὺς ἐχθροὺς καὶ σωθήσονται |
| Hen. | 5 | 5 | σκληροκάρδιοι οὐκ ἔστιν εἰρήνη ὑμῖν. τοιγὰρ τὰς * ἡμέρας * ὑμῶν ὑμεῖς καταράσεσθε καὶ τὰ ἔτη τῆς ζωῆς ὑμῶν |
| Hen. | 5 | 9 | οὐ μὴ πλημμελήσουσιν οὐδὲ μὴ ἁμάρτωσιν πάσας τὰς * ἡμέρας * τῆς ζωῆς αὐτῶν καὶ οὐ μὴ ἀποθάνωσιν ἐν ὀργῇ θυμοῦ |
| Hen. | 5 | 9 | ἐν ὀργῇ θυμοῦ ἀλλὰ τὸν ἀριθμὸν αὐτῶν ζωῆς * ἡμερῶν * πληρώσουσιν καὶ ἡ ζωὴ αὐτῶν αὐξηθήσεται ἐν εἰρήνῃ |
| Hen. | 5 | 9 | ἐν ἀγαλλιάσει καὶ εἰρήνῃ αἰῶνος ἐν πάσαις ταῖς * ἡμέραις * τῆς ζωῆς αὐτῶν. καὶ ἐγένετο οὗ ἂν ἐπληθύνθησαν |
| Hen. | 6 | 1 | ἐπληθύνθησαν οἱ υἱοὶ τῶν ἀνθρώπων ἐν ἐκείναις ταῖς * ἡμέραις * ἐγεννήθησαν θυγατέρες ὡραῖαι καὶ καλαί. καὶ |
| Hen. | 6B | 6 | ἦσαν δὲ οὗτοι διακόσιοι οἱ καταβάντες ἐν ταῖς * ἡμέραις * Ἰάρεδ εἰς τὴν κορυφὴν τοῦ Ἑρμονιειμ ὄρους καὶ |
| Hen. | 10 | 6 | ὄψιν αὐτοῦ πώμασον καὶ φῶς μὴ θεωρείτω καὶ ἐν τῇ * ἡμέρᾳ * τῆς μεγάλης τῆς κρίσεως ἀπαχθήσεται εἰς τὸν |
| Hen. | 10 | 9 | πέμψον αὐτοὺς ἐν πολέμῳ ἀπωλείας. μακρότης γὰρ * ἡμερῶν * οὐκ ἔστιν αὐτῶν καὶ πᾶσα ἐρώτησις ⟨οὐκ⟩ ἔσται |
| Hen. | 10 | 12 | ἑβδομήκοντα γενεὰς εἰς τὰς νάπας τῆς γῆς μέχρι * ἡμέρας * κρίσεως αὐτῶν καὶ συντελεσμοῦ ἕως τελεσθῇ τὸ |
| Hen. | 10 | 17 | ζῶντες ἕως γεννήσωσιν χιλιάδας καὶ πᾶσαι αἱ * ἡμέραι * νεότητος αὐτῶν καὶ τὰ σάββατα αὐτῶν μετὰ εἰρήνης |
| Hen. | 10B | 6 | ὄψιν αὐτοῦ πώμασον καὶ φῶς μὴ θεωρείτω. καὶ ἐν τῇ * ἡμέρᾳ * τῆς κρίσεως ἀπαχθήσεται εἰς τὸν ἐμπυρισμὸν τοῦ |
| Hen. | 10B | 9 | εἰς αὐτοὺς ἐν πολέμῳ καὶ ἐν ἀπωλείᾳ. καὶ μακρότης * ἡμερῶν * οὐκ ἔσται αὐτοῖς καὶ πᾶσα ἐρώτησις οὐκ ἔστι τοῖς |
| Hen. | 10B | 12 | ἐπὶ ἑβδομήκοντα γενεὰς εἰς τὰς νάπας τῆς γῆς μέχρι * ἡμέρας * κρίσεως αὐτῶν μέχρι ἡμέρας τελειώσεως τελεσμοῦ |
| Hen. | 10B | 12 | τὰς νάπας τῆς γῆς μέχρι ἡμέρας κρίσεως αὐτῶν μέχρι * ἡμέρας * τελειώσεως τελεσμοῦ ἕως συντελεσθῇ κρίμα τοῦ |
| Hen. | 11 | 2 | καὶ εἰρήνη κοινωνήσουσιν ὁμοῦ εἰς πάσας τὰς * ἡμέρας * τοῦ αἰῶνος καὶ εἰς πάσας τὰς γενεὰς τῶν ἀνθρώπων. |
| Hen. | 12 | 2 | αὐτοῦ μετὰ τῶν ἐγρηγόρων καὶ μετὰ τῶν ἁγίων αἱ * ἡμέραι * αὐτοῦ. καὶ ἑστὼς ἤμην Ἑνὼχ εὐλογῶν τῷ κυρίῳ τῆς |
| Hen. | 16 | 1 | καὶ τῶν γυναικῶν ὅτι ἐξ αὐτῶν ἐξεληλύθασι. ἀπὸ * ἡμέρας * σφαγῆς καὶ ἀπωλείας καὶ θανάτου ἀφ᾽ ὧν τὰ |
| Hen. | 16 | 1 | ἀφανίζοντα χωρὶς κρίσεως οὕτως ἀφανίσουσιν μέχρις * ἡμέρας * τελειώσεως τῆς κρίσεως τῆς μεγάλης ἐν ᾗ ὁ αἰὼν ὁ |
| Hen. | 16B | 1 | γῆς. εἶπον οὖν αὐτοῖς οὐκ ἔστιν εἰρήνη. καὶ ἀπὸ * ἡμέρας * καιροῦ σφαγῆς καὶ ἀπωλείας καὶ θανάτου τῶν |
| Hen. | 16B | 1 | ἀφανίζοντα χωρὶς κρίσεως οὕτως ἀφανίσουσι μέχρις * ἡμέρας * τῆς τελειώσεως ἕως τῆς κρίσεως τῆς μεγάλης ἐν ᾗ ὁ |
| Hen. | 18 | 6 | παρῆλθον καὶ ἴδον τόπον καιόμενον νυκτὸς καὶ * ἡμέρας * ὅπου τὰ ἑπτὰ ὄρη ἀπὸ λίθων πολυτελῶν ⟨τρία⟩ εἰς |
| Hen. | 22 | 4 | οἱ τόποι εἰς ἐπισύνσχεσιν αὐτῶν ἐποίησαν μέχρι τῆς * ἡμέρας * τῆς κρίσεως αὐτῶν καὶ μέχρι τοῦ διορισμοῦ καὶ |
| Hen. | 22 | 11 | εἰς τὴν μεγάλην βάσανον ταύτην μέχρι τῆς μεγάλης * ἡμέρας * τῆς κρίσεως τῶν μαστίγων καὶ τῶν βασάνων τῶν |
| Hen. | 22 | 12 | περὶ τῆς ἀπωλείας ὅταν φονευθῶσιν ἐν ταῖς * ἡμέραις * τῶν ἁμαρτωλῶν. καὶ οὕτως ἐκτίσθη τοῖς πνεύμασιν |
| Hen. | 22 | 13 | ἔλαττον κολάζονται αὐτῶν οὐ τιμωρηθήσονται ἐν * ἡμέρᾳ * τῆς κρίσεως οὐδὲ μὴ μετεγερθῶσιν ἐντεῦθεν. τότε |
| Hen. | 23 | 2 | καὶ οὐκ ἀναπαυόμενον οὐδὲ ἐλλεῖπον τοῦ δρόμου * ἡμέρας * καὶ νυκτὸς ἅμα διαμένον. καὶ ἠρώτησα λέγων τί |
| Hen. | 25 | 6 | ἐπὶ γῆς ἣν ἔζησαν οἱ πατέρες σου καὶ ἐν ταῖς * ἡμέραις * αὐτῶν καὶ βάσανοι καὶ πληγαὶ καὶ μάστιγες οὐχ |
| Hen. | 27 | 3 | ἔσται τὸ οἰκητήριον. ἐπ᾽ ἐσχάτοις αἰῶσιν ἐν ταῖς * ἡμέραις * τῆς κρίσεως τῆς ἀληθινῆς ἐναντίον τῶν δικαίων |
| Hen. | 27 | 4 | κύριον τῆς δόξης τὸν βασιλέα τοῦ αἰῶνος ἐν ταῖς * ἡμέραις * τῆς κρίσεως αὐτῶν εὐλογήσουσιν ἐν ἐλέει ὡς |
| Hen. | 90 | 1 | αὐτὸ εἰ μὴ εἰς κατάραν καταβήσεται ἐπ᾽ αὐτὸ μέχρις * ἡμέρας * κρίσεως τῆς μεγάλης. ἐν τῷ καιρῷ ἐκείνῳ |
| Hen. | 90 | 4 | οἱ ἔντιμοι ὑμῶν ἀπὸ πάσης τῆς γῆς ὅτι πᾶσαι αἱ * ἡμέραι * τῆς ζωῆς αὐτῶν ἀπὸ τοῦ νῦν οὐ μὴ ἔσονται πλείω |
| Hen. | 98 | 8 | ἐπίγνωτε ὅτι πάντα τὰ ἀδικήματα ὑμῶν ἀπογράφονται * ἡμέραν * ἐξ ⟨ἡμέρας⟩ μέχρι τῆς κρίσεως ὑμῶν. οὐαὶ ὑμῖν |
| Hen. | 98 | 8 | ὅτι πάντα τὰ ἀδικήματα ὑμῶν ἀπογράφονται ἡμέραν ἐξ * ⟨ἡμέρας⟩ * μέχρι τῆς κρίσεως ὑμῶν. οὐαὶ ὑμῖν ἄφρονες ὅτι |
| Hen. | 98 | 10 | ὑμᾶς. καὶ νῦν γινώσκετε ὅτ⟨ι ἡτοίμασται⟩ ὑμῖν εἰς * ἡμέραν * ἀπωλείας. ⟨μὴ ἐλπίζε⟩τε σωθῆναι ἁμαρτωλοί |
| Hen. | 98 | 10 | ἀποθάνετε γινώσκοντε⟨ς ὅτι ἡτοίμασ⟩ται εἰς * ἡμέραν * κρίσεως μ⟨εγάλης καὶ στε⟩νοχωρίας μείζονος τ⟨οῖς |
| Hen. | 99 | 4 | καὶ τότε συν⟨ταραχ⟩θήσονται καὶ ἀνασταθήσονται ἐν * ⟨ἡμέρ⟩ᾳ * ἀπωλείας τῆς ἀδικίας. ἐν αὐτῷ ⟨τῷ και⟩ρῷ ἐκείνῳ |
| Hen. | 99 | 15 | τῇ ἀδι⟨κίᾳ φονεύ⟩οντες τὸν πλησίον αὐτῶ⟨ν ἕως τῆς⟩ * ἡμέρας * τῆς κρίσεως τῆς ⟨μεγάλης⟩ ὅτι τότε ἐκτρίψει τὴν |
| Hen. | 100 | 4 | ἄγγελοι καταδύνοντες εἰς τὰ ἀπόκρυφα ἐν * ἡμέρᾳ * ἐκείνῃ οἵτινες ἐβοήθουν τῇ ἀδικίᾳ καὶ |
| Hen. | 100 | 4 | εἰς ἕνα τόπον καὶ ὁ ὕψιστος ἐγερθήσεται ἐν * ἡμέρᾳ * κρίσεως ποιῆσαι ἐκ πάντων κρίσιν μεγάλην καὶ τάξει |
| Hen. | 100 | 7 | ὑμῖν οἱ ἄδικοι ὅταν ἐκθλίβητε τοὺς δικαίους ἐν * ἡμέρᾳ * ἀνάγκης στερεᾶς καὶ φυλάξητε αὐτοὺς ἐν πυρὶ ὅτι |
| Hen. | 102 | 5 | ὑμῶν ἐν τῇ ζωῇ ὑμῶν κατὰ τὴν ὁσιότητα ὑμῶν ἐπεὶ αἱ * ἡμέραι * ἃς ἦτε ἡμέραι ἦσαν ἁμαρτωλῶν καὶ καταράτων ἐπὶ |
| Hen. | 102 | 5 | ὑμῶν κατὰ τὴν ὁσιότητα ὑμῶν ἐπεὶ αἱ ἡμέραι ἃς ἦτε * ἡμέραι * ἦσαν ἁμαρτωλῶν καὶ καταράτων ἐπὶ τῆς γῆς. ὅταν |
| Hen. | 102 | 9 | καὶ λωποδυτεῖν καὶ ἐγκτᾶσθαι καὶ ⟨ἰδεῖν⟩ * ἡμέρας * ἀγαθάς. ἴδετε οὖν οἱ δικαιοῦντες ⟨ἑαυτ⟩οὺς ὁποία |
| Hen. | 103 | 5 | ἐροῦσιν ἐφ᾽ ὑμῖν μακάριοι ἁμαρτωλοὶ πάσας τὰς * ἡμέρας * αὐτῶν ὅσας εἴδοσαν ἐν τῇ ζωῇ αὐτῶν καὶ ἐνδόξως |
| Hen. | 103 | 9 | μὴ γὰρ εἴπητε οἱ δίκαιοι ὅσιοι ὄντες ἐν τῇ ζωῇ τῶν * ἡμερῶν * τῆς θλίψεως κόπους ἐκοπιάσαμεν καὶ ἀνηλώμεθα καὶ |
| Hen. | 103 | 10 | καὶ ἀπηλπίσμεθα καὶ μηκέτι εἰδέναι σωτηρίαν * ἡμέραν * ἐξ ἡμέρας. ἠλπίσαμεν γενέσθαι κεφαλὴ ἐγενήθημεν |
| Hen. | 103 | 10 | ἀπηλπίσμεθα καὶ μηκέτι εἰδέναι σωτηρίαν ἡμέραν ἐξ * ἡμέρας. * ἠλπίσαμεν γενέσθαι κεφαλὴ ἐγενήθημεν κέρ⟨κος |
| Hen. | 104 | 5 | καὶ κατεσθόντων ὑμᾶς. ⟨μὴ φοβεῖσθε⟩ τὰ κακὰ ἐν τῇ * ἡμέρᾳ * τῆς κρίσεως τῆς μεγάλης καὶ οὐ μὴ εὑρεθῆτε ὡς οἱ |
| Hen. | 104 | 7 | ⟨ὅτι⟩ οὐ μὴ ἐκζητηθῶσιν αἱ ἁμαρτίαι ὑμῶν ⟨ἐξ⟩ * ἡμερῶν. * καὶ νῦν ἀποδεικνύω ὑμῖν ὅτι φῶς καὶ σκότος ἡμέρα |
| Hen. | 104 | 8 | ἡμερῶν. καὶ νῦν ἀποδεικνύω ὑμῖν ὅτι φῶς καὶ σκότος * ἡμέρα * καὶ νὺξ ἐποπτεύουσιν τὰς ἁμαρτίας ὑμῶν πάσας. μὴ |
| Hen. | 106 | 1 | αὐτοῦ Λάμεχ. ἐταπεινώθη ἡ δικαιοσύνη μέχρι τῆς * ἡμέρας * ἐκείνης. καὶ ὅτε εἰς ἡλικίαν ἐπῆλθεν ἔλαβεν αὐτῷ |
| Hen. | 106 | 6 | καὶ εὐλαβοῦμαι αὐτὸν μήποτέ τι ἔσται ἐν ταῖς * ἡμέραις * αὐτοῦ ἐν τῇ γῇ. καὶ παραιτοῦμαι π⟨άτερ καὶ⟩ |
| Abr.1 | 10 | 2 | ἑώρα δὲ Ἀβραὰμ τὸν κόσμον καθὼς ἦγεν ἡ * ἡμέρα * ἐκείνη ἄλλους μὲν εἶδεν ἀροτριῶντας ἑτέρους |
| Abr.1 | 15 | 7 | διάταξιν περὶ πάντων ὧν ἐὰν βούλῃ ὅτι ἤγγισεν ἡ * ἡμέρα * ἐν ᾗ μέλλεις ἐκδημεῖν ἐκ τοῦ σώματος ἔτι ἅπαξ πρὸς |
| Abr.1 | 20 | 11 | ἐκήδευσαν δὲ τὸ σῶμα τοῦ δικαίου ἕως τρίτης * ἡμέρας * τῆς τελειώσεως αὐτοῦ καὶ ἔθαψαν αὐτὸν ἐν τῇ γῇ |
| Abr.2 | 1 | 1 | αὐτοῦ. κύριε εὐλόγησον. ἐγένετο ἡνίκα ἤγγισαν αἱ * ἡμέραι * Ἀβραὰμ παραστῆναι ἐλάλησεν κύριος πρὸς Μιχαὴλ |
| Abr.2 | 1 | 3 | ἐξελεύσει τοῦ βίου τούτου ὅτι ἤγγισάν σου αἱ * ἡμέραι * ὅπως διοικήσεις τὸν οἶκόν σου πρὸ τοῦ μεταχθῆναί |
| Abr.2 | 6 | 8 | ἀνατείλαντος εἰς τὸν οἶκον ἡμῶν; ἡ γὰρ σήμερον * ἡμέρα * εὐφρασία ἐστίν. λέγει Ἀβραὰμ πόθεν γινώσκεις ὅτι |
| Abr.2 | 7 | 13 | ἀκτῖνες πᾶσαι εἰ μὴ πληρωθῶσιν αἱ δώδεκα ὧραι τῆς * ἡμέρας * ἵνα ὅλας τὰς ἀκτῖνας λάβωσιν ἄνω καὶ ὡς ἦν ταῦτα |

| | | | | | |
|---|---|---|---|---|---|
| Abr.2 | 13 | 1 | Σάρρα ἔθαψεν αὐτὴν Ἀβραάμ. ὅτε δὲ ἤγγισαν αἱ | * ἡμέραι * | τοῦ θανάτου Ἀβραὰμ οὐκ ἐτόλμησεν ὁ θάνατος |
| Abr.2 | 14 | 5 | ἐν ῥομφαίᾳ τελευτῶσιν ὡς ἐπὶ τόξου). ἐν ἐκείνῃ τῇ | * ἡμέρᾳ * | ἐτελεύτησαν ἑπτὰ παῖδες τοῦ Ἀβραὰμ διὰ τὸν φόβον |
| TSim. | 2 | 12 | χειρῶν ὅτι ἡ χεὶρ μου ἡ δεξιὰ ἡμίξηρος ἦν ἐπὶ | * ἡμέρας * | ἑπτά. καὶ ἔγνων τέκνα ὅτι περὶ Ἰωσὴφ τοῦτό μοι |
| TSim. | 3 | 4 | πάντοτε ἀνθεῖ ὁ δὲ φθονῶν μαραίνεται. δύο ἔτη | * ἡμερῶν * | ἐν φόβῳ κυρίου ἐκάκωσα ἐν νηστείᾳ τὴν ψυχήν μου |
| TSim. | 4 | 6 | τὰς κεφαλὰς ὑμῶν καθὼς εἴδετε ἐν αὐτῷ. πάσας τὰς | * ἡμέρας * | οὐκ ὠνείδισεν ἡμᾶς περὶ τοῦ λόγου τούτου ἀλλ' |
| TSim. | 9 | 1 | τὸν νόμον τοῦ πένθους καὶ ἦσαν εἰς Αἴγυπτον ἕως | * ἡμέρας * | ἐξόδου αὐτῶν ἀπ' Αἰγύπτου ἐν χειρὶ Μωυσῆ. |
| TLevi | 1 | 1 | πάντα ἃ ποιήσουσι καὶ ὅσα συναντήσει αὐτοῖς ἕως | * ἡμέρας * | κρίσεως. ὑγιαίνων ἦν ὅτε ἐκάλεσεν αὐτοὺς πρὸς |
| TLevi | 2 | 3B019 | υἱὸν τοῦ παιδός σου ἀπὸ τοῦ προσώπου σου πάσας τὰς | * ἡμέρας * | τοῦ αἰῶνος. καὶ ἐσιώπησα ἔτι δεόμενος. καὶ |
| TLevi | 3 | 2 | ὁ δεύτερος ἔχει πῦρ χιόνα κρύσταλλον ἕτοιμα εἰς | * ἡμέραν * | προστάγματος κυρίου ἐν τῇ δικαιοκρισίᾳ τοῦ θεοῦ |
| TLevi | 3 | 3 | εἰσὶν αἱ δυνάμεις τῶν παρεμβολῶν οἱ ταχθέντες εἰς | * ἡμέραν * | κρίσεως ποιῆσαι ἐκδίκησιν ἐν τοῖς πνεύμασι τῆς |
| TLevi | 5 | 5 | κύριε εἰπέ μοι τὸ ὄνομά σου ἵνα ἐπικαλέσωμαί σε ἐν | * ἡμέρᾳ * | θλίψεως. καὶ εἶπεν ἐγώ εἰμι ὁ ἄγγελος ὁ |
| TLevi | 6 | 7 | αὐτοῦ τοῦτο πεποιήκαμεν καίγε ἐμαλακίσθη ἐν τῇ | * ἡμέρᾳ * | ἐκείνῃ. ἀλλ' ἐγὼ εἶδον ὅτι ἀπόφασις θεοῦ ἦν εἰς |
| TLevi | 8 | 1 | εἶδον πρᾶγμα ὥσπερ τὸ πρότερον μετὰ τὸ ποιῆσαι | * ἡμέρας * | ἑβδομήκοντα. καὶ εἶδον ἑπτὰ ἀνθρώπους ἐν ἐσθῆτι |
| TLevi | 9 | 1 | ἀνήγγειλα αὐτὸ παντὶ ἀνθρώπῳ ἐπὶ τῆς γῆς. καὶ μεθ' | * ἡμέρας * | δύο ἀνέβημεν ἐγὼ καὶ Ἰούδας πρὸς Ἰσαὰκ μετὰ τοῦ |
| TLevi | 9 | 8 | ἀπαρχῶν ἑκουσίων σωτηρίων. καὶ ἦν καθ' ἑκάστην | * ἡμέραν * | συνετίζων με καὶ εἰς ἐμὲ ἀσχολούμενος ἦν ἐνώπιον |
| TLevi | 12 | 4 | Ἰωχάβεδ θυγατέρα μου αὐτῷ εἰς γυναῖκα ὅτι ἐν μιᾷ | * ἡμέρᾳ * | ἐγεννήθησαν αὐτὸς καὶ ἡ θυγάτηρ μου. ὀκτὼ ἐτῶν |
| TLevi | 17 | 2 | καὶ ἡ ἱερωσύνη αὐτοῦ πλήρης μετὰ κυρίου καὶ ἐν | * ἡμέρᾳ * | χαρᾶς αὐτοῦ ἐπὶ σωτηρίᾳ κόσμου αὐτὸς ἀναστήσεται. |
| TLevi | 18 | 2 | ποιήσει κρίσιν ἀληθείας ἐπὶ τῆς γῆς ἐν πλήθει | * ἡμερῶν. * | καὶ ἀνήλθομεν ἀπὸ Βεθὴλ καὶ κατελύσαμεν ἐν τῇ |
| TLevi | 18 | 2B048 | λόγοι μου οὗτοι ἀπὸ τῆς καρδίας σου ἐν πάσαις ταῖς | * ἡμέραις * | σου ὅτι ἱερεὺς σὺ ἅγιος κυρίου καὶ ἱερεῖς |
| TLevi | 18 | 3 | οὐρανῷ ὡς βασιλεὺς φωτίζων φῶς γνώσεως ὡς ἐν ἡλίῳ | * ἡμέρας * | καὶ μεγαλυνθήσεται ἐν τῇ οἰκουμένῃ ἕως ἀναλήψεως |
| TLevi | 18 | 5 | ἐν πάσῃ τῇ γῇ. οἱ οὐρανοὶ ἀγαλλιάσονται ἐν ταῖς | * ἡμέραις * | αὐτοῦ καὶ ἡ γῆ χαρήσεται καὶ αἱ νεφέλαι |
| TJud. | 6 | 3 | πρὸς ἡμᾶς. καὶ οἱ ἀπὸ Μαχὶρ ἐπῆλθον ἡμῖν τῇ πέμπτῃ | * ἡμέρᾳ * | λαβεῖν τὴν αἰχμαλωσίαν καὶ προσάξαντες αὐτοῖς ἐν |
| TJud. | 9 | 5 | ἐπολιορκοῦμεν αὐτούς. καὶ ὡς οὐκ ἤνοιγον μετὰ | * ἡμέρας * | εἴκοσιν ὁρώντων αὐτῶν προσάγω κλίμακα καὶ τὴν |
| TJud. | 10 | 2 | Χανάαν. καὶ ἄγγελος κυρίου ἀνεῖλεν αὐτὸν τῇ τρίτῃ | * ἡμέρᾳ * | τῇ νυκτὶ καὶ αὐτὸς οὐκ ἔγνω αὐτὴν κατὰ πανουργίαν |
| TJud. | 10 | 4 | αὐτοῦ οὐ γὰρ ἤθελεν ἔχειν τέκνα ἀπ' αὐτῆς. ἐν ταῖς | * ἡμέραις * | τοῦ θαλάμου ἐπεγάμβρευσα αὐτῇ τὸν Αὐνὰν καίγε |
| TJud. | 12 | 2 | Ἀμορραίων τὴν γαμοῦσαν προκαθίσαι ἐν πορνείᾳ ἑπτὰ | * ἡμέρας * | παρὰ τὴν πύλην. μεθυσθεὶς οὖν ἐγὼ ἐν ὕδασι Χωζηβὰ |
| TJud. | 18 | 1 | Ἐνὼχ τοῦ δικαίου ὅσα κακὰ ποιήσετε ἐν ἐσχάταις | * ἡμέραις. * | φυλάξασθε οὖν τέκνα μου ἀπὸ τῆς πορνείας καὶ |
| TJud. | 18 | 6 | οὐ δύναται ὅτι ἐτύφλωσαν τὴν ψυχὴν αὐτοῦ καὶ ἐν | * ἡμέρᾳ * | ὡς ἐν νυκτὶ πορεύεται. τέκνα μου ἡ φιλαργυρία πρὸς |
| TJud. | 22 | 3 | τὸ βασίλειόν μου ἐκ τοῦ σπέρματός μου πάσας τὰς | * ἡμέρας * | ἕως τοῦ αἰῶνος. πολλὴ δὲ λύπη μοί ἐστι τέκνα μου |
| TIss. | 7 | 5 | ὅριον οὐκ ἔλυσα εὐσέβειαν ἐποίησα ἐν πάσαις ταῖς | * ἡμέραις * | μου καὶ ἀλήθειαν. τὸν κύριον ἠγάπησα ἐν πάσῃ τῇ |
| TZab. | 1 | 4 | κλῆρον. οὐκ ἔγνων τέκνα μου ὅτι ἥμαρτον ἐν ταῖς | * ἡμέραις * | μου παρεκτὸς ἐννοίας. οὐδὲ μιμνήσκομαι ὅτι |
| TZab. | 4 | 2 | μετὰ ταῦτα ἔλαβον ἐσθίειν ἐκεῖνοι. ἐγὼ γὰρ δύο | * ἡμέρας * | καὶ δύο νύκτας οὐκ ἐγευσάμην σπλαγχνιζόμενος ἐπὶ |
| TZab. | 4 | 4 | αὐτὸν ἕως οὗ ἐπράθη. ἐποίησε δὲ ἐν τῷ λάκκῳ τρεῖς | * ἡμέρας * | καὶ τρεῖς νύκτας καὶ οὕτως ἐπράθη ἄσιτος. καὶ |
| TZab. | 4 | 7 | ἐν τῇ συντόμῳ. καὶ οὐκ ἔφαγε Ῥουβὴμ ἄρτον ἐν τῇ | * ἡμέρᾳ * | ἐκείνῃ. προσελθὼν οὖν Δὰν εἶπεν αὐτῷ μὴ κλαῖε μηδὲ |
| TZab. | 8 | 2 | σπλαγχνισθεὶς ἐλεήσῃ ὑμᾶς ὅτι καίγε ἐπ' ἐσχάτων | * ἡμερῶν * | ὁ θεὸς ἀποστέλλει τὸ σπλάγχνον αὐτοῦ ἐπὶ τῆς γῆς |
| TZab. | 9 | 5 | ἔγνων ἐν γραφῇ πατέρων μου ὅτι ἐν ἐσχάταις | * ἡμέραις * | ἀποστήσεσθε ἀπὸ κυρίου καὶ διαιρεθήσεσθε ἐν |
| TZab. | 10 | 5 | κύριον τὸν θεὸν ὑμῶν ἐν πάσῃ ἰσχύι πάσας τὰς | * ἡμέρας * | τῆς ζωῆς ὑμῶν. καὶ ταῦτα εἰπὼν ἐκοιμήθη ὕπνῳ καλῷ |
| TDan | 1 | 1 | λόγων Δὰν ὧν εἶπε τοῖς υἱοῖς αὐτοῦ ἐπ' ἐσχάτων τῶν | * ἡμερῶν * | αὐτοῦ ἑκατοστῷ εἰκοστῷ πέμπτῳ ἔτει τῆς ζωῆς |
| TDan | 5 | 4 | ἐν ἀληθινῇ καρδίᾳ. οἶδα γὰρ ὅτι ἐν ἐσχάταις | * ἡμέραις * | ἀποστήσεσθε τοῦ κυρίου καὶ προσοχθιεῖτε τῷ Λευὶ |
| TDan | 6 | 4 | τοὺς ἐπικαλουμένους τὸν κύριον. οἶδε γὰρ ὅτι ἐν ᾗ | * ἡμέρᾳ * | πιστεύσει Ἰσραὴλ συντελεσθήσεται ἡ βασιλεία τοῦ |
| TNep. | 1 | 9 | ἀδελφοῦ Δεβόρρας τῆς τροφοῦ Ῥεβέκκας ἥτις ἐν μιᾷ | * ἡμέρᾳ * | ἐτέχθη ἐν ᾗ καὶ ἡ Ῥαχὴλ ὁ δὲ Ῥώθεος ἐκ τοῦ |
| TGad | 1 | 4 | οὕτως ἀνήρουν. ὁ οὖν Ἰωσὴφ ἐποίμαινε μεθ' ἡμῶν ὡς | * ἡμέρας * | τριάκοντα καὶ τρυφερὸς ὢν ἐμαλακίσθη ἀπὸ τοῦ |
| TGad | 1 | 8 | καὶ ἐνεκότουν τῷ Ἰωσὴφ περὶ τοῦ λόγου τούτου ἕως | * ἡμέρας * | διαπράσεως αὐτοῦ εἰς Αἴγυπτον. καὶ τὸ πνεῦμα τοῦ |
| TAser | 4 | 4 | καλὸν μετὰ τοῦ ἀληθινοῦ κακοῦ. ἕτερος οὐ θέλει | * ἡμέραν * | ἀγαθὴν ἰδεῖν μετὰ ἀσώτων ἵνα μὴ χράνῃ τὸ στόμα |
| TAser | 5 | 2 | ζωὴν ὁ θάνατος διαδέχεται τὴν δόξαν ἡ ἀτιμία τὴν | * ἡμέραν * | ἡ νὺξ καὶ τὸ φῶς τὸ σκότος τὰ δὲ πάντα ὑπὸ ἡμέραν |
| TAser | 5 | 2 | ἡμέραν ἡ νὺξ καὶ τὸ φῶς τὸ σκότος τὰ δὲ πάντα ὑπὸ | * ἡμέραν * | εἰσὶ καὶ ὑπὸ ζωὴν τὰ δίκαια διὸ καὶ τὸν θάνατον ἡ |
| TJos. | 3 | 9 | αὐτῆς ἦλθον εἰς ἐμαυτὸν καὶ ἐπένθησα περὶ αὐτῆς | * ἡμέρας * | πολλὰς ὅτι ἔγνων τὸν δόλον αὐτῆς καὶ τὴν πλάνην. |
| TJos. | 6 | 4 | τι τῶν ἐδεσμάτων αὐτῆς γευσάμενος. μετὰ οὖν μίαν | * ἡμέραν * | ἐλθοῦσα πρός με ἐπέγνω τὸ βρῶμα καὶ λέγει πρός με |
| TJos. | 8 | 1 | ἀπ' ἐμοῦ κἀγὼ γόνυ κλίνας πρὸς κύριον ὅλην τὴν | * ἡμέραν * | καὶ ὅλην τὴν νύκτα συνάψας περὶ τὸν ὄρθρον |
| TJos. | 11 | 8 | καὶ χρυσίῳ καὶ ἤμην μετ' αὐτοῦ μῆνας τρεῖς καὶ | * ἡμέρας * | πέντε. κατ' ἐκεῖνον τὸν καιρὸν παρῄει ἡ Μεμφία ἐν |
| TJos. | 15 | 1 | ἐγκατάκλειστος εἶναι. μετὰ δὲ εἰκοσιτέσσαρας | * ἡμέρας * | ἦλθον οἱ Ἰσμαηλῖται καὶ ἀκούσαντες ὅτι Ἰακὼβ ὁ |
| TJos. | 19 | 5 | γῇ. ταῦτα δὲ γενήσεται ἐν καιρῷ αὐτῶν ἐν ἐσχάταις | * ἡμέραις. * | ὑμεῖς οὖν τέκνα μου φυλάξατε τὰς ἐντολὰς κυρίου |
| TBen. | 1 | 4 | καὶ προσηύξατο κυρίῳ μετὰ νηστείας δώδεκα | * ἡμέρας * | καὶ συλλαβοῦσα ἔτεκέ με. σφόδρα γὰρ ὁ πατὴρ ἡμῶν |
| TBen. | 1 | 6 | δύο υἱοὺς ἰδεῖν ἀπ' αὐτῆς. διὰ τοῦτο ἐκλήθην υἱὸς | * ἡμερῶν * | ὅ ἐστι Βενιαμίν. ὅτε οὖν εἰσῆλθον εἰς Αἴγυπτον |
| TBen. | 10 | 1 | καὶ δι' εὐχῶν Ἰακὼβ τοῦ πατρός μου εἶδον αὐτὸν ἐν | * ἡμέρᾳ * | γρηγορῶν καθ' ὃ ἦν πᾶσα ἡ ἰδέα αὐτοῦ. γινώσκετε |
| TBen. | 12 | 4 | ἐπέστρεψαν ἐκ γῆς Χανάαν καὶ ᾤκησαν ἐν Αἰγύπτῳ ἕως | * ἡμέρας * | ἐξόδου αὐτῶν ἐκ γῆς Αἰγύπτου. |
| Asen. | 2 | 3 | ἐφοβεῖτο αὐτοὺς καὶ θυσίας αὐτοῖς ἐπετέλει καθ' | * ἡμέραν. * | καὶ ἦν ὁ δεύτερος θάλαμος ἔχων τὸν κόσμον καὶ |
| Asen. | 9 | 5 | Ἰωσὴφ οὐχὶ ἀλλ' ἀπελεύσομαι σήμερον διότι αὕτη ἡ | * ἡμέρα * | ἐστὶν ἐν ᾗ ἤρξατο ὁ θεὸς ποιεῖν πάντα τὰ κτίσματα |
| Asen. | 9 | 5 | ὁ θεὸς ποιεῖν πάντα τὰ κτίσματα αὐτοῦ καὶ τῇ | * ἡμέρᾳ * | τῇ ὀγδόῃ ὅταν ἐπαναστράφη ἡ ἡμέρα αὕτη ἐπαναστρέψω |
| Asen. | 9 | 5 | αὐτοῦ καὶ τῇ ἡμέρᾳ τῇ ὀγδόῃ ὅταν ἐπαναστράφη ἡ | * ἡμέρα * | αὕτη ἐπαναστρέψω κἀγὼ πρὸς ὑμᾶς καὶ αὐλισθήσομαι |
| Asen. | 10 | 17 | τὸν ἥλιον. καὶ οὕτως ἐποίησεν Ἀσενὲθ τὰς ἑπτὰ | * ἡμέρας * | καὶ ἄρτον οὐκ ἔφαγε καὶ ὕδωρ οὐκ ἔπιεν ἐν |
| Asen. | 10 | 17 | ἔφαγε καὶ ὕδωρ οὐκ ἔπιεν ἐν ⟨ἐκείναις⟩ ταῖς ἑπτὰ | * ἡμέραις * | τῆς ταπεινώσεως αὐτῆς. καὶ τῇ ἡμέρᾳ τῇ ὀγδόῃ |
| Asen. | 11 | 1 | ταῖς ἑπτὰ ἡμέραις τῆς ταπεινώσεως αὐτῆς. καὶ τῇ | * ἡμέρᾳ * | τῇ ὀγδόῃ ἰδοὺ ὄρθρος ἦν καὶ τὰ ὄρνεα ἐλάλουν ἤδη |
| Asen. | 11 | 1 | καὶ παρειμένη τοῖς μέλεσι διὰ τὴν ἔνδειαν τῶν ἑπτὰ | * ἡμερῶν. * | καὶ ἀνέστη ἐπὶ τὰ γόνατα αὐτῆς καὶ ἔθηκε τὴν |
| Asen. | 11 | 2 | ἦν κεκλεισμένον καὶ οὐκ ἤνοιξεν αὐτὸ ἐν ταῖς ἑπτὰ | * ἡμέραις * | καὶ ἐν ταῖς ἑπτὰ νυξὶ τῆς ταπεινώσεως αὐτῆς. καὶ |
| Asen. | 13 | 9 | ταῖς κυσὶ τοῖς ἀλλοτρίοις. καὶ ἰδοὺ ἐγὼ ἑπτὰ | * ἡμέρας * | καὶ ἑπτὰ νύκτας ἤμην νήστης καὶ ἄρτον οὐκ ἔφαγον |
| Asen. | 14 | 1 | οὗτος ἄγγελος καὶ κῆρυξ τοῦ φωτὸς τῆς μεγάλης | * ἡμέρας * | ἀνέτειλεν. καὶ ἔτι ἑώρα Ἀσενὲθ καὶ ἰδοὺ ἐγγὺς |
| Asen. | 15 | 3 | ἑώρακα καὶ τὴν ταπείνωσιν καὶ τὴν θλῖψιν τῶν ἑπτὰ | * ἡμερῶν * | τῆς ἐνδείας σου. ἰδοὺ ἐκ τῶν δακρύων σου καὶ τῆς |
| Asen. | 18 | 3 | θλίψεως καὶ τοῦ κλαυθμοῦ καὶ τῆς ἐνδείας τῶν ἑπτὰ | * ἡμερῶν * | καὶ ἐλυπήθη καὶ ἔκλαυσε καὶ ἔλαβε τὴν χεῖρα αὐτῆς |
| Asen. | 21 | 1 | πορεύου μετ' εἰρήνης. καὶ ἔμεινεν Ἰωσὴφ τὴν | * ἡμέραν * | ἐκείνην παρὰ τῷ Πεντεφρῇ καὶ οὐκ ἐκοιμήθη μετὰ |
| Asen. | 21 | 8 | γάμους καὶ δεῖπνον μέγα καὶ πότον πολὺν ἐν ἑπτὰ | * ἡμέραις. * | καὶ συνεκάλεσε πάντας τοὺς ἄρχοντας τῆς γῆς |
| Asen. | 21 | 8 | λέγων πᾶς ἄνθρωπος ὃς ποιήσει ἔργον ἐν ταῖς ἑπτὰ | * ἡμέραις * | τῶν γάμων Ἰωσὴφ καὶ Ἀσενὲθ θανάτῳ ἀποθανεῖται. |
| Asen. | 29 | 7 | ἐπὶ τὴν γῆν καὶ εὐλόγησεν αὐτόν. καὶ ἐν τῇ τρίτῃ | * ἡμέρᾳ * | ἀπέθανεν ὁ υἱὸς Φαραὼ ἐκ τοῦ τραύματος τοῦ λίθου |
| Asen. | 29 | 9 | υἱοῦ Φαραὼ τοῦ νεωτέρου ἐν γῇ Αἰγύπτου ⟨πάσας τὰς | * ἡμέρας * | τῆς ζωῆς αὐτοῦ⟩. |
| Sal. | 3 | 9 | προσέκοψεν ἁμαρτωλὸς καὶ καταρᾶται ζωὴν αὐτοῦ τὴν | * ἡμέραν * | γενέσεως αὐτοῦ καὶ ὠδῖνας μητρός. προσέθηκεν |
| Sal. | 7 | 10 | ἀντιλήψεώς σου τοῦ ἐλεῆσαι τὸν οἶκον Ιακωβ εἰς | * ἡμέραν * | ἐν ᾗ ἐπηγγείλω αὐτοῖς. τῷ Σαλωμων εἰς νεῖκος. |
| Sal. | 14 | 4 | εἰς τὸν αἰῶνα οὐκ ἐκτιλήσονται πάσας τὰς | * ἡμέρας * | τοῦ οὐρανοῦ ὅτι ἡ μερὶς καὶ κληρονομία τοῦ θεοῦ |
| Sal. | 14 | 6 | οὐχ οὕτως οἱ ἁμαρτωλοὶ καὶ παράνομοι οἳ ἠγάπησαν | * ἡμέραν * | ἐν μετοχῇ ἁμαρτίας αὐτῶν ἐν μικρότητι σαπρίας ἡ |
| Sal. | 14 | 9 | καὶ σκότος καὶ ἀπώλεια καὶ οὐχ εὑρεθήσονται ἐν | * ἡμέρᾳ * | ἐλέους δικαίων οἱ δὲ ὅσιοι κυρίου κληρονομήσουσιν |
| Sal. | 15 | 12 | οἴκους ἁμαρτωλῶν καὶ ἀπολοῦνται ἁμαρτωλοὶ ἐν | * ἡμέρᾳ * | κρίσεως κυρίου εἰς τὸν αἰῶνα ὅταν ἐπισκέπτηται ὁ |
| Sal. | 17 | 32 | ὑπὸ θεοῦ ἐπ' αὐτοὺς καὶ οὐκ ἔστιν ἀδικία ἐν ταῖς | * ἡμέραις * | αὐτοῦ ἐν μέσῳ αὐτῶν ὅτι πάντες ἅγιοι καὶ |
| Sal. | 17 | 33 | πόλεμον καὶ πολλοῖς ⟨λαοῖς⟩ οὐ συνάξει ἐλπίδας εἰς | * ἡμέραν * | πολέμου. κύριος αὐτὸς βασιλεὺς αὐτοῦ ἐλπὶς τοῦ |
| Sal. | 17 | 37 | ἐν ἰσχύι λόγου. καὶ οὐκ ἀσθενήσει ἐν ταῖς | * ἡμέραις * | αὐτοῦ ἐπὶ θεῷ αὐτοῦ ὅτι ὁ θεὸς κατειργάσατο |
| Sal. | 17 | 44 | λαῶν ἡγιασμένων. μακάριοι οἱ γενόμενοι ἐν ταῖς | * ἡμέραις * | ἐκείναις ἰδεῖν τὰ ἀγαθὰ Ισραηλ ἐν συναγωγῇ φυλῶν |
| Sal. | 18 | 5 | ἀπὸ ἀμαθίας ἐν ἀγνοίᾳ. καθαρίσαι ὁ θεὸς Ισραηλ εἰς | * ἡμέραν * | ἐλέους ἐν εὐλογίᾳ εἰς ἡμέραν ἐκλογῆς ἐν ἀνάξει |
| Sal. | 18 | 5 | ὁ θεὸς Ισραηλ εἰς ἡμέραν ἐλέους ἐν εὐλογίᾳ εἰς | * ἡμέραν * | ἐκλογῆς ἐν ἀνάξει χριστοῦ αὐτοῦ. μακάριοι οἱ |
| Sal. | 18 | 6 | χριστοῦ αὐτοῦ. μακάριοι οἱ γενόμενοι ἐν ταῖς | * ἡμέραις * | ἐκείναις ἰδεῖν τὰ ἀγαθὰ κυρίου ἃ ποιήσει γενεᾷ |
| Sal. | 18 | 9 | αὐτοὺς ἐνώπιον κυρίου γενεὰ ἀγαθὴ ἐν φόβῳ θεοῦ ἐν | * ἡμέραις * | ἐλέους. διάψαλμα. μέγας ἡμῶν ὁ θεὸς καὶ ἔνδοξος |
| Sal. | 18 | 10 | ὁ διατάξας ἐν πορείᾳ φωστῆρας εἰς καιροὺς ὡρῶν ἀφ' | * ἡμερῶν * | εἰς ἡμέρας καὶ οὐ παρέβησαν ἀπὸ ὁδοῦ ἧς ἐνετείλω |
| Sal. | 18 | 10 | ἐν πορείᾳ φωστῆρας εἰς καιροὺς ὡρῶν ἀφ' ἡμερῶν εἰς | * ἡμέρας * | καὶ οὐ παρέβησαν ἀπὸ ὁδοῦ ἧς ἐνετείλω αὐτοῖς ἐν |
| Sal. | 18 | 11 | αὐτοῖς ἐν φόβῳ θεοῦ ἡ ὁδὸς αὐτῶν καθ' ἑκάστην | * ἡμέραν * | ἀφ' ἧς ἡμέρας ἔκτισεν αὐτοὺς ὁ θεὸς καὶ ἕως |
| Sal. | 18 | 11 | φόβῳ θεοῦ ἡ ὁδὸς αὐτῶν καθ' ἑκάστην ἡμέραν ἀφ' ἧς | * ἡμέρας * | ἔκτισεν αὐτοὺς ὁ θεὸς καὶ ἕως αἰῶνος καὶ οὐκ |
| Sal. | 18 | 12 | ὁ θεὸς καὶ ἕως αἰῶνος καὶ οὐκ ἐπλανήθησαν ἀφ' ἧς | * ἡμέρας * | ἔκτισεν αὐτοὺς ἀπὸ γενεῶν ἀρχαίων οὐκ ἀπέστησαν |
| Jer. | 4 | 4 | κλεῖδας τοῦ ναοῦ τοῦ θεοῦ καὶ φύλαξον αὐτὰς ἕως | * ἡμέρας * | ἐν ᾗ ἐξετάσει σε κύριος περὶ αὐτῶν. διότι ἡμεῖς |
| Jer. | 5 | 6 | τῷ καύματι οὐ γὰρ καῦμα οὐ κόπος ἐστὶ καθ' | * ἡμέραν; * | ἐγερθεὶς οὖν ἦρε τὸν κόφινον τῶν σύκων καὶ |
| Jer. | 6 | 13 | ἐν ὑμῖν ξένος ἀφορισθήτω καὶ ποιήσωσι ιε' | * ἡμέρας * | καὶ μετὰ ταῦτα εἰσάξω ὑμᾶς εἰς τὴν πόλιν ὑμῶν |
| Jer. | 7 | 26 | ἀλλότριον λέγοντες ἐλέησον ἡμᾶς. ἐμνημόνευον δὲ | * ἡμέρας * | ἑορτῆς ἃς ἐποιοῦμεν ἐν Ἰερουσαλὴμ πρὸ τοῦ ἡμᾶς |
| Jer. | 8 | 1 | ἀλισγημάτων τῶν ἐθνῶν τῆς Βαβυλῶνος. ἐγένετο δὲ ἡ | * ἡμέρα * | ἐν ᾗ ἐξέφερε κύριος τὸν λαὸν ἐκ Βαβυλῶνος. καὶ |
| Jer. | 9 | 1 | καὶ ἀναφέροντες θυσίας ὑπὲρ τοῦ λαοῦ ἐννέα | * ἡμέρας. * | τῇ δὲ δεκάτῃ ἀνήνεγκεν Ἰερεμίας μόνος θυσίαν. |
| Jer. | 9 | 12 | αὐτὸν ἀλλ' ἔμειναν περικύκλῳ τοῦ σκηνώματος αὐτοῦ | * ἡμέρας * | τρεῖς λέγοντες ποίᾳ ὥρᾳ μέλλει ἀναστῆναι; μετὰ δὲ |
| Jer. | 9 | 13 | λέγοντες ποίᾳ ὥρᾳ μέλλει ἀναστῆναι; μετὰ δὲ τρεῖς | * ἡμέρας * | εἰσῆλθεν ἡ ψυχὴ αὐτοῦ εἰς τὸ σῶμα αὐτοῦ καὶ ἐπῆρε |
| Bar. | 1 | 7 | οὐ μὴ προσθήσω ἔτι λαλῆσαι προσθήσει ὁ θεὸς ἐν τῇ | * ἡμέρᾳ * | τῆς κρίσεως κρίσιν ἐμοὶ ἐὰν λαλήσω τοῦ λοιποῦ. καὶ |
| Bar. | 2 | 2 | καὶ εἰσήλθομεν ὡς ἐν πτέρυξιν ὡσεὶ πορείας ὁδοῦ | * ἡμερῶν * | τριάκοντα. καὶ ὑπέδειξέν μοι ἔνδον τοῦ οὐρανοῦ |

| | | | | | |
|---|---|---|---|---|---|
| Bar. | 3 | 2 | καὶ εἰσήλθομεν ἀναπτερωμένοι ὡσεὶ πορείας ὁδοῦ | * ἡμερῶν * | ἑξήκοντα. καὶ ἔδειξέν μοι κἀκεῖ πεδίον καὶ ἦν |
| Bar. | 4 | 2 | τοῦ ἀγγέλου ἀπὸ τοῦ τόπου ἐκείνου ὡσεὶ πορείας | * ἡμερῶν * | ἑκατὸν ὀγδοήκοντα πέντε. καὶ ἔδειξέν μοι πεδίον |
| Bar. | 4 | 14 | ὁ θεὸς περὶ αὐτοῦ τί ποιήσει. καὶ τεσσαράκοντα | * ἡμέρας * | τὴν εὐχὴν ἐκτελέσαντος καὶ πολλὰ δεηθεὶς καὶ |
| Bar. | 8 | 4 | εἶπέν μοι ὁ ἄγγελος ὁ στέφανος τοῦ ἡλίου ὅταν τὴν | * ἡμέραν * | διαδράμῃ λαμβάνουσι τέσσαρες ἄγγελοι τοῦτον καὶ |
| Bar. | 8 | 4 | ἀκτῖνας αὐτοῦ ἐπὶ τῆς γῆς. καὶ λοιπὸν καθ' ἑκάστην | * ἡμέραν * | οὕτως ἀνακαινίζεται. καὶ εἶπον ἐγὼ Βαροὺχ κύριε |
| Bar. | 9 | 7 | αὐτῇ ὁ θεὸς καὶ ἔθλιψεν αὐτὴν καὶ ἐκολόβωσεν τὰς | * ἡμέρας * | αὐτῆς. καὶ εἶπον καὶ πῶς οὐ λάμπει καὶ ἐν παντὶ |
| Prop. | 1 | 9 | αὐτοῦ καὶ ἄκαρπον αὐτὸν ἐποίησεν ὁ θεὸς ἀπὸ τῆς | * ἡμέρας * | ἐκείνης. Ἰερεμίας ἦν ἐξ Ἀναθὼθ καὶ ἐν Τάφναις |
| Prop. | 3 | 20 | ἦν ὁ ἀνελὼν αὐτόν. ἀντέκειντο γὰρ αὐτῷ πάσας τὰς | * ἡμέρας * | τῆς ζωῆς αὐτοῦ. Δανιήλ. οὗτος μὲν ἦν ἐκ φυλῆς |
| Prop. | 4 | 9 | ἀνθρωπίνῃ γενόμενος ἔκλαιε καὶ ἠξίου κύριον πᾶσαν | * ἡμέραν * | καὶ νύκτα τεσσαρακοντάκις δεόμενος. Βεημὼθ |
| Prop. | 7 | 2 | καὶ ἔτι ἐμπνέων ἦλθεν εἰς τὴν γῆν αὐτοῦ καὶ μεθ' | * ἡμέρας * | ἀπέθανε καὶ ἐτάφη ἐκεῖ. Ἰωὴλ ἦν ἐκ τῆς γῆς τοῦ |
| Prop. | 10 | 7 | ἐν σπηλαίῳ Κενεζέου κριτοῦ γενομένου μιᾶς φυλῆς ἐν | * ἡμέραις * | τῆς ἀναρχίας. καὶ κατοικήσας ἐν γῇ Σαὰρ ἐκεῖ |
| Prop. | 16 | 3 | ἀλλὰ καὶ ὅσα εἶπεν αὐτὸς ἐν προφητείᾳ αὐτῇ τῇ | * ἡμέρᾳ * | ὀφθεὶς ἄγγελος θεοῦ ἐπεδευτέρωσεν ὡς ἐγένετο ἐν |
| Prop. | 16 | 3 | ὀφθεὶς ἄγγελος θεοῦ ἐπεδευτέρωσεν ὡς ἐγένετο ἐν | * ἡμέραις * | ἀναρχίας ὡς γέγραπται ἐν Σφαρφωτὶμ τουτέστιν ἐν |
| Prop. | 17 | 4B | τῷ πνεύματι ὁ ὅσιος ὑπέστρεψε πενθῶν πάσας τὰς | * ἡμέρας * | καὶ ὅτε ἀνεῖλε τὸν ἄνδρα αὐτῆς ἀπέστειλεν αὐτὸν ὁ |
| Prop. | 22 | 6 | καὶ ἀτεκνουμένη καὶ ἰάθησαν τὰ ὕδατα ἕως τῆς | * ἡμέρας * | ταύτης. παίδων ἀτακτούντων κατ' αὐτοῦ κατηράσατο |
| Prop. | 25 | 1 | κατηγορήθη ἐπὶ Ἀττικοῦ ὑπατικοῦ. καὶ ἐπὶ πολλὰς | * ἡμέρας * | αἰκιζόμενος ἐμαρτύρησεν ὡς πάντας ὑπερθαυμάσαι |
| Esdr. | 2 | 9 | μακροθυμία; καὶ εἶπεν ὁ θεὸς ὡς ἐποίησα νύκτα καὶ | * ἡμέραν * | ἐποίησα τὸν δίκαιον καὶ τὸν ἁμαρτωλὸν καὶ ἔπρεπεν |
| Esdr. | 2 | 27 | καὶ ἔλθωμεν ὁμοῦ εἰς κρίσιν καὶ δεῖξόν μοι τὴν | * ἡμέραν * | τῆς κρίσεως ποία ἐστίν. καὶ εἶπεν ὁ θεὸς |
| Esdr. | 2 | 29 | εἶπεν ὁ θεὸς ἐπλανήθης Ἔσδρὰμ τοιαύτη γάρ ἐστιν ἡ | * ἡμέρα * | τῆς κρίσεως ἐν ᾗ ὑετὸς ἐπὶ τῆς γῆς οὐ γίνεται |
| Esdr. | 2 | 31 | οὐ μὴ παύσομαι δικαζόμενός σε ἐὰν μὴ ἴδω τὴν | * ἡμέραν * | τῆς συντελείας. ⟨καὶ εἶπεν ὁ θεὸς⟩ ἐξαρίθμησον |
| Esdr. | 3 | 3 | προφῆτά μου ἐκλεκτὲ οὐδεὶς ἄνθρωπος γνώσεται τὴν | * ἡμέραν * | ἐκείνην τὴν μεγάλην καὶ ἐπιφάνειαν τὴν κατέχουσαν |
| Esdr. | 3 | 4 | κρῖναι τὸν κόσμον διά σέ προφῆτά μου εἰπόν σοι τὴν | * ἡμέραν * | τὴν δὲ ὥραν οὐκ εἰπόν σοι. καὶ εἶπεν ὁ προφήτης |
| Esdr. | 7 | 11 | τοῦ Ἰωσὴφ καὶ μὴ μνησθῇς ἀνομιῶν ἀρχαίων αὐτοῦ ἐν | * ἡμέρᾳ * | κρίσεως αὐτοῦ. ὅσοι δὲ μὴ πιστεύσαντες τὸ βιβλίον |
| Sedr. | 8 | 2 | ἀπέστειλα τοῦ φυλάσσειν αὐτὸν ἐν νυκτὶ καὶ | * ἡμέρᾳ. * | λέγει Σεδρὰχ οἶδα δέσποτα ὅτι εἰς τὰ κτήματά σου |
| Sedr. | 11 | 11 | τὸν ἥλιον καὶ τὴν σελήνην ἐν νυκτὶ καὶ ἐν | * ἡμέρᾳ * | τὰ πάντα σωρεύοντες τὰς τρυφὰς καὶ τὰς πόσεις καὶ |
| Sedr. | 12 | 4 | ἐπιστρέψῃ καὶ ζήσῃ ἄνθρωπος ἐν μετανοίᾳ πόσας | * ἡμέρας * | μετανοήσας ἀφίεις αὐτοῦ τὰς ἁμαρτίας; λέγει αὐτὸν |
| Sedr. | 13 | 6 | εἶτα ἀναιτήσεις με ἐὰν μετανοήσῃ ὁ ἁμαρτωλὸς εἰς | * ἡμέρας * | τεσσαράκοντα οὐ μὴ μνησθῶ πάσας τὰς ἁμαρτίας |
| Sedr. | 16 | 4 | ὑπόσχομαι συμπαθῆσαι καὶ κάτωθεν τῶν τεσσαράκοντα | * ἡμερῶν * | ἕως εἴκοσι καὶ ὅστις μνησθῇ τοῦ ὀνόματός σου οὐ |
| Job | 1 | 2 | βίβλος λόγων Ἰωβ τοῦ καλουμένου Ἰωβαβ. ἐν ᾗ γὰρ | * ἡμέρᾳ * | νοσήσας ἐξετέλει αὐτοῦ τὴν οἰκονομίαν, ἐκάλεσεν |
| Job | 1 | 3 | τὰ ὀνόματα Τερσι Χορος Υων Νικη Φορος Φιφη Φρουων | * Ἡμέρα * | Κασία Ἀμαλθείας κέρας καλέσας δὲ αὐτοῦ τὰ τέκνα |
| Job | 14 | 2 | καὶ δεκάχορδον κιθάραν καὶ διεγειρόμην τὸ καθ' | * ἡμέραν * | μετὰ τὸ τρέφεσθαι τὰς χήρας, καὶ ἐλάμβανον τὴν |
| Job | 15 | 1 | τέκνα μετὰ τὴν ὑπηρεσίαν τῆς διακονίας ἦρον καθ' | * ἡμέραν * | τὸ δεῖπνον αὐτῶν καὶ εἰσήρχοντο παρὰ τῷ ἀδελφῷ τῷ |
| Job | 23 | 7 | λάβε τρεῖς ἄρτους ἴσως δυνήσεσθε ζῆσαι ἐν τρισὶν | * ἡμέραις. * | τότε λέγει ἐν ἑαυτῇ τί γάρ μοι ἡ θρὶξ τῆς |
| Job | 24 | 4 | αἴθριος, κἀγὼ πάλιν ἡ παναθλία ἐργαζομένη | * ἡμέρας * | ὀδυνωμένη καὶ ἐν νυκτὶ ἕως ἂν εὐπορήσασα ἄρτον |
| Job | 24 | 9 | καὶ λάμβανε τρεῖς ἄρτους ἴσως ζήσεσθε ἐν τρισὶν | * ἡμέραις. * | κἀγὼ ἐκκακήσασα εἶπον αὐτῷ ἀναστὰς κεῖρόν με. |
| Job | 28 | 4 | στολὴν καὶ καταπασάμενοι γῆν παρεκάθισάν μοι ἑπτὰ | * ἡμέρας * | καὶ ἑπτὰ νύκτας καὶ οὐδεὶς αὐτῶν λελάληκέν μοι, |
| Job | 30 | 4 | ὅτι οὗτός ἐστιν. καὶ λοιπὸν ἐκάθισαν ἐν ταῖς ἑπτὰ | * ἡμέραις * | διακρίνοντες τὰ κατ' ἐμέ, διαλογιζόμενοι τὰ |
| Job | 31 | 1 | νεκρότητα κατέπεσεν; ἐγένετο δὲ μετὰ τὰς ἑπτὰ | * ἡμέρας * | οὕτως διαλογιζομένους, ἀποκριθεὶς Ελιους εἶπεν |
| Job | 31 | 4 | ἵνα δυνηθῶσιν προσεγγίσαι μοι καὶ ἐποίησαν τρεῖς | * ἡμέρας * | χορηγοῦντες τὰ θυμιάματα καὶ ὅτε πλησίον μου |
| Job | 31 | 5 | ἔχων τὴν μεγάλην δόξαν; σὺ εἶ ὁ ὡς ὁ ἥλιος τῆς | * ἡμέρας * | ἐν πάσῃ τῇ γῇ; σὺ εἶ ὁ ὡς ἡ σελήνη καὶ οἱ |
| Job | 35 | 3 | Ελιφα, ἀμνημονεῖς πῶς ἐγένου νοσήσας ἐν ταῖς δυσὶν | * ἡμέραις; * | νῦν οὖν μακροθυμήσωμεν ἵνα γνῶμεν ἐν τίνι ἐστὶν |
| Job | 41 | 2 | μεγαλορημονοῦντες κατ' ἐμοῦ, ὡς μετὰ εἴκοσι ἑπτὰ | * ἡμέρας * | ἀναστῆναι αὐτοὺς καὶ πορευθῆναι εἰς τὴν ἑαυτῶν |
| Job | 41 | 3 | ἕως καὶ τὸ περὶ τούτου δεῖξω αὐτῷ, ὅτι τοσαύτας | * ἡμέρας * | ἐποιήσατε ἀνεχόμενοι τοῦ Ἰωβ καυχωμένου εἶναι |
| Job | 46 | 5 | τότε καλέσας τὴν θυγατέρα αὐτοῦ τὴν λεγομένην | * Ἡμέραν * | λέγει αὐτῇ λαβοῦσα τὸ δακτύλιον ὕπαγε εἰς τὴν |
| Job | 46 | 9 | περὶ τὸ στῆθος ὑμῶν ἵνα εὖ ὑμῖν γένηται πάσας τὰς | * ἡμέρας * | τῆς ζωῆς ὑμῶν. εἶπεν δὲ αὐτῷ ἡ ἄλλη θυγάτηρ ἡ |
| Job | 47 | 4 | σπαρτῶν τούτων; τούτων με κατηξίωσεν ὁ κύριος ἐν | * ἡμέρᾳ * | ᾗ ἠβουλήθη με ἐλεῆσαι καὶ περιγραφῆναι ἐκ τοῦ |
| Job | 48 | 1 | θεοῦ κτίσματα. οὕτως ἀναστᾶσα ἡ μία ἡ καλουμένη | * Ἡμέρα * | περιείληξεν τὴν ἑαυτῆς σπάρτην καθὼς εἶπεν ὁ |
| Job | 50 | 3 | τὴν δόξαν αὐτῶν καὶ ὁ βουλόμενος λοιπὸν ἴχνος | * ἡμέρας * | καταλαβεῖν τῆς πατρικῆς δόξης εὑρήσει |
| Job | 52 | 1 | ταῦτά ἐστιν τὰ μεγαλεῖα τοῦ θεοῦ. καὶ μετὰ τρεῖς | * ἡμέρας * | ποιουμένου τοῦ Ἰωβ νοσεῖν ἐπὶ τῆς κλίνης, ἄνευ |
| Job | 52 | 2 | τῆς περιζώσεως ἧς περιεζώσατο καὶ μετὰ τρεῖς | * ἡμέρας * | εἶδεν τοὺς ἐλθόντας ἐπὶ τὴν ψυχὴν αὐτοῦ καὶ |
| Job | 52 | 3 | ἀναστὰς ἔλαβεν κιθάραν καὶ ἔδωκεν τῇ θυγατρὶ αὐτοῦ | * Ἡμέρᾳ * | τῇ δὲ Κασίᾳ ἔδωκεν θυμιατήριον, τῇ δὲ Ἀμαλθείας |
| Job | 53 | 7 | μὴ εἰσαχθῆναι αὐτὸν ἐν τῷ τάφῳ καὶ μετὰ τρεῖς | * ἡμέρας * | ἐνέθεντο αὐτὸν εἰς τὸν τάφον ἐν καλῷ ὕπνῳ, |
| Aris. | 24 | 9 | περὶ τούτων μηδὲν οἰκονομεῖν τὰς δ' ἀπογραφὰς ἐν | * ἡμέραις * | τρισὶν ἀφ' ἧς ἡμέρας ἔκκειται τὸ πρόσταγμα |
| Aris. | 24 | 9 | τὰς δ' ἀπογραφὰς ἐν ἡμέραις τρισὶν ἀφ' ἧς | * ἡμέρας * | ἔκκειται τὸ πρόσταγμα ποιεῖσθαι πρὸς τοὺς |
| Aris. | 27 | 2 | βασιλικοῖς τραπεζίταις. οὕτω δοχθὲν ἐκεκύρωτο ἐν | * ἡμέραις * | ἑπτὰ πλεῖον δὲ ταλάντων ἑξακοσίων ἑξήκοντα ἡ |
| Aris. | 88 | 6 | μυριάδες κτηνῶν προσάγονται κατὰ τὰς τῶν ἑορτῶν | * ἡμέρας. * | ὕδατος δὲ ἀνέκλειπτός ἐστι σύστασις ὡς ἂν καὶ |
| Aris. | 110 | 2 | ἵνα μὴ καταμένωσι προσέταξε μὴ πλέον εἴκοσιν | * ἡμερῶν * | παρεπιδημεῖν καὶ τοῖς ἐπὶ τῶν χρειῶν ὁμοίως δι' |
| Aris. | 110 | 5 | ἔδωκεν ἐὰν ἀναγκαῖον ᾖ κατακαλέσαι διακρίνειν ἐν | * ἡμέραις * | πέντε. πρὸ πολλοῦ δὲ ποιούμενος καὶ χρηματιστὰς |
| Aris. | 116 | 7 | ὁ ποταμὸς καθὼς ὁ Νεῖλος ἐν ταῖς πρὸς τὸν θερισμὸν | * ἡμέραις * | πολλὴν ἀρδεύει τῆς γῆς ὃς εἰς ἕτερον ποταμὸν |
| Aris. | 180 | 1 | διὸ πεποίηκα τοῦτο πρῶτον. μεγάλην δὲ τέθειμαι τὴν | * ἡμέραν * | ταύτην ἐν ᾗ παραγεγόνατε καὶ κατ' ἐνιαυτὸν |
| Aris. | 198 | 4 | ἡδέως διεξάγωμεν ἐν δὲ ταῖς μετὰ ταῦτα ἓξ (ἑξῆς) | * ἡμέραις * | καὶ παρὰ τῶν λοιπῶν ἑξῆς μαθήσομαί τι πλέον. |
| Aris. | 203 | 5 | ἐπηρώτα τοὺς ἑξῆς τῶν ἀποκεκριμένων τῇ προτέρᾳ | * ἡμέρᾳ. * | πρὸς τὸν ἐνδέκατον δὲ ἤρξατο τὴν κοινολογίαν |
| Aris. | 275 | 1 | ἀνδράσι συνὼν καὶ χαρᾶς πλείονος. τῇ ἑβδόμῃ δὲ τῶν | * ἡμερῶν * | πλείονος παρασκευῆς γενομένης προσπαραγινομένων |
| Aris. | 298 | 2 | ἔθος γάρ ἐστι καθὼς καὶ σὺ γινώσκεις ἀφ' ἧς ἂν | * (ἡμέρας) * | ὁ βασιλεὺς ἄρξηται χρηματίζειν μέχρις οὗ |
| Aris. | 301 | 1 | ἣν ἔχεις φιλομάθειαν εἰς τὰ χρήσιμα. μετὰ δὲ τρεῖς | * ἡμέρας * | ὁ Δημήτριος παραλαβὼν αὐτοὺς καὶ διελθὼν τὸ τῶν |
| Aris. | 304 | 1 | δαψιλῶς ὧν προσηροῦντο πάντων. ἐκτὸς δὲ καὶ καθ' | * ἡμέραν * | ὅσα βασιλεῖ παρεσκευάζετο καὶ τούτοις ὁ Δωρόθεος |
| Aris. | 304 | 4 | ἅμα δὲ τῇ πρωΐᾳ παρεγίνοντο εἰς τὴν αὐλὴν καθ' | * ἡμέραν * | καὶ ποιησάμενοι τὸν ἀσπασμὸν τοῦ βασιλέως |
| Aris. | 307 | 4 | προκείμενον ἐπετέλουν. συνέτυχε δὲ οὕτως ὥστε ἐν | * ἡμέραις * | ἑβδομήκοντα δυσὶ τελειωθῆναι τὰ τῆς μεταγραφῆς |
| Aris. | 314 | 4 | προσιστορεῖν ταραχὴν λάβοι τῆς διανοίας πλεῖον | * ἡμερῶν * | τριάκοντα κατὰ δὲ τὴν ἄνεσιν ἐξιλάσκεσθαι τὸν |
| Aris. | 316 | 6 | σύμπτωμα γέγονεν ἐξιλασάμενος τὸν θεὸν ἐν πολλαῖς | * ἡμέραις * | ἀποκατέστη. μεταλαβὼν δὲ ὁ βασιλεὺς καθὼς |
| Sib. | 4 | 13 | ὑπ' οὐδενὸς αὐτὸς ὁρᾶται οὐ νύξ τε δνοφερή τε καὶ | * ἠμέρη * | ἠέλιός τε ἄστρα σεληναίη τε καὶ ἰχθυόεσσα θάλασσα |
| FJub. | 2 | 2 | καὶ γεωμετρίαν καὶ πᾶσαν σοφίαν. τῇ μὲν γὰρ πρώτῃ | * ἡμέρᾳ * | ἐποίησε τοὺς ἀνωτέρους οὐρανοὺς τὴν γῆν τὰ ὕδατα |
| FJub. | 2 | 2 | γῆς καὶ τοῦ χάους καὶ σκότος ἑσπέρα καὶ νὺξ τὸ φῶς | * ἡμέρας * | τε καὶ ὄρθρου. ταῦτα τὰ ἑπτὰ μέγιστα ἔργα |
| FJub. | 2 | 3 | τὰ ἑπτὰ μέγιστα ἔργα ἐποίησεν ὁ θεὸς ἐν τῇ πρώτῃ | * ἡμέρᾳ. * | ἐν δὲ τῇ δευτέρᾳ τὸ στερέωμα τὸ ἐν μέσῳ τῶν |
| FJub. | 2 | 4 | τοῦτο μόνον τὸ ἔργον ἐποίησεν ὁ θεὸς ἐν τῇ δευτέρᾳ | * ἡμέρᾳ. * | τρίτῃ δὲ ἡμέρᾳ τὰς θαλάσσας τοὺς ποταμοὺς τὰς |
| FJub. | 2 | 5 | ἐποίησεν ὁ θεὸς ἐν τῇ δευτέρᾳ ἡμέρᾳ. τρίτῃ δὲ | * ἡμέρᾳ * | τὰς θαλάσσας τοὺς ποταμοὺς τὰς πηγὰς καὶ λίμνας τὰ |
| FJub. | 2 | 7 | ἔργα τὰ μέγιστα ἐποίησεν ὁ θεὸς ἐν τῇ τρίτῃ | * ἡμέρᾳ. * | τῇ δὲ τετάρτῃ τὸν ἥλιον τὴν σελήνην τοὺς ἀστέρας |
| FJub. | 2 | 10 | τρία ἔργα τὰ μεγάλα ἐποίησεν ὁ θεὸς ἐν τῇ τετάρτῃ | * ἡμέρᾳ. * | τῇ δὲ πέμπτῃ τὰ κήτη τὰ μεγάλα τοὺς ἰχθύας καὶ τὰ |
| FJub. | 2 | 12 | τρία ἔργα τὰ μεγάλα ἐποίησεν ὁ θεὸς ἐν τῇ πέμπτῃ | * ἡμέρᾳ. * | τῇ δὲ ἕκτῃ ἡμέρᾳ τὰ θηρία τὰ κτήνη τὰ ἑρπετὰ τῆς |
| FJub. | 2 | 13 | ἐποίησεν ὁ θεὸς ἐν τῇ πέμπτῃ ἡμέρᾳ. τῇ δὲ ἕκτῃ | * ἡμέρᾳ * | τὰ θηρία τὰ κτήνη τὰ ἑρπετὰ τῆς γῆς τὸν ἄνθρωπον. |
| FJub. | 2 | 14 | τὰ τέσσαρα μεγάλα ἔργα ἐποίησεν ὁ θεὸς ἐν τῇ ἕκτῃ | * ἡμέρᾳ * | καὶ ἐγένετο πάντα τὰ ἐν ταῖς ἓξ ἡμέραις παρὰ τοῦ |
| FJub. | 2 | 15 | ἐν τῇ ἕκτῃ ἡμέρᾳ καὶ ἐγένετο πάντα τὰ ἐν ταῖς ἓξ | * ἡμέραις * | παρὰ τοῦ θεοῦ ποιηθέντα ἔργα κβ'. καὶ |
| FJub. | 2 | 16 | ἔργα κβ'. καὶ συνετέλεσεν ὁ θεὸς πάντα ἐν τῇ ἕκτῃ | * ἡμέρᾳ * | ὅσα ἐν τοῖς οὐρανοῖς καὶ ἐν τῇ γῇ ἐν ταῖς |
| FJub. | 2 | 17 | ὁ θεὸς ἐκ πάντων τῶν ἔργων αὐτοῦ ἐν τῇ ἑβδόμῃ | * ἡμέρᾳ * | καὶ ηὐλόγησεν αὐτὴν καὶ ἡγίασεν αὐτὴν καὶ ἐδήλωσε |
| FJub. | 3 | 1 | καὶ τῆς τῶν ἁμαρτωλῶν συντελείας. τῇ πρώτῃ | * ἡμέρᾳ * | ἑβδομάδος ἥτις ἦν τρίτη μὲν ἡμέρα τῆς πλάσεως τοῦ |
| FJub. | 3 | 1 | τῇ πρώτῃ ἡμέρᾳ ἑβδομάδος ἥτις ἦν τρίτη μὲν | * ἡμέρα * | τῆς πλάσεως τοῦ Ἀδὰμ ὀγδόη δὲ τοῦ πρώτου μηνὸς |
| FJub. | 3 | 1 | τὰ ἄγρια θηρία θείῳ τινὶ χαρίσματι. τῇ δευτέρᾳ | * ἡμέρᾳ * | τῆς δευτέρας ἑβδομάδος ὠνόμασε τὰ κτήνη. τῇ τρίτῃ |
| FJub. | 3 | 1 | τῆς δευτέρας ἑβδομάδος ὠνόμασε τὰ κτήνη. τῇ τρίτῃ | * ἡμέρᾳ * | τῆς δευτέρας ἑβδομάδος ὠνόμασε τὰ πετεινά. τῇ |
| FJub. | 3 | 1 | δευτέρας ἑβδομάδος ὠνόμασε τὰ πετεινά. τῇ τετάρτῃ | * ἡμέρᾳ * | τῆς δευτέρας ἑβδομάδος ὠνόμασε τὰ ἑρπετά. τῇ |
| FJub. | 3 | 1 | δευτέρας ἑβδομάδος ὠνόμασε τὰ ἑρπετά. τῇ πέμπτῃ | * ἡμέρᾳ * | τῆς δευτέρας ἑβδομάδος ὠνόμασε τὰ νηκτά. τῇ ἕκτῃ |
| FJub. | 3 | 5 | τῆς δευτέρας ἑβδομάδος ὠνόμασε τὰ νηκτά. τῇ ἕκτῃ | * ἡμέρᾳ * | τῆς δευτέρας ἑβδομάδος ἥτις ἦν κατὰ μὲν Ῥωμαίους |
| FJub. | 3 | 9 | τοῦ Ἀδὰμ ἔπλασε τὴν γυναῖκα. τῇ τεσσαρακοστῇ ἕκτῃ | * ἡμέρᾳ * | τῆς κοσμοποιίας τετάρτῃ ἡμέρᾳ τῆς ἑβδόμης |
| FJub. | 3 | 9 | τῇ τεσσαρακοστῇ ἕκτῃ ἡμέρᾳ τῆς κοσμοποιίας τετάρτῃ | * ἡμέρᾳ * | τῆς ἑβδόμης ἑβδομάδος Παχὼν τεσσαρεσκαιδεκάτῃ |
| FJub. | 3 | 9 | τὸν Ἀδὰμ ἐν τῷ παραδείσῳ κατὰ τὴν τεσσαρακοστὴν | * ἡμέραν * | τῆς πλάσεως αὐτοῦ. τῇ ὀγδόῃ ἡμέρᾳ τῆς κοσμοποιίας |
| FJub. | 3 | 9 | τεσσαρακοστὴν ἡμέραν τῆς πλάσεως αὐτοῦ. τῇ ὀγδόῃ | * ἡμέρᾳ * | τῆς κοσμοποιίας τεσσαρακοστῇ τετάρτῃ δὲ τῆς |
| FJub. | 3 | 9 | τεσσαρακοστῇ τετάρτῃ δὲ τῆς πλάσεως τοῦ Ἀδὰμ | * ἡμέρᾳ * | κυριακῇ Παχὼν ὀκτωκαιδεκάτῃ Μαΐου τρισκαιδεκάτῃ |
| FJub. | 3 | 9 | Παχὼν ὀκτωκαιδεκάτῃ Μαΐου τρισκαιδεκάτῃ μετὰ τρεῖς | * ἡμέρας * | τῆς ἐν τῷ παραδείσῳ αὐτοῦ εἰσόδου ἡλίου ὄντος |
| FJub. | 3 | 9 | βρώσεως τοῦ ξύλου τῆς γνώσεως. τῇ ἐνενηκοστῇ τρίτῃ | * ἡμέρᾳ * | τῆς κτίσεως τῇ δευτέρᾳ ἡμέρᾳ τῆς |
| FJub. | 3 | 9 | τῇ ἐνενηκοστῇ τρίτῃ ἡμέρᾳ τῆς κτίσεως τῇ δευτέρᾳ | * ἡμέρᾳ * | τῆς τεσσαρεσκαιδεκάτης ἑβδομάδος κατὰ τὴν θερινὴν |
| FJub. | 3 | 9 | παραδείσῳ ἡ τοῦ Ἀδὰμ βοηθὸς Εὔα ἐν τῇ ὀγδοηκοστῇ | * ἡμέρᾳ * | τῆς πλάσεως αὐτῆς. ἣν ὁ Ἀδὰμ λαβὼν ὠνόμασεν Εὔαν |
| FJub. | 3 | 10 | ἤτοι διὰ τὰς μετὰ τὴν πλάσιν τοῦ χωρισμοῦ αὐτῶν | * ἡμέρας * | ἐκ τοῦ παραδείσου ἐπὶ μὲν ἀρρενογονίας ἀκάθαρτον |
| FJub. | 3 | 10 | ἀκάθαρτον αὐτὴν εἶναι ἐπὶ τεσσαράκοντα | * ἡμέρας * | ἐπὶ δὲ θηλυτοκίας ἕως ἡμερῶν π'. ἐπειδὴ καὶ Ἀδὰμ |
| FJub. | 3 | 11 | ἐπὶ τεσσαράκοντα ἡμέρας ἐπὶ δὲ θηλυτοκίας ἕως | * ἡμερῶν * | π'. ἐπειδὴ καὶ Ἀδὰμ τῇ μ' ἡμέρᾳ τῆς πλάσεως |

| | | | | | |
|---|---|---|---|---|---|
| FJub. | 3 | 11 | θηλιτοκίας ἕως ἡμερῶν π΄. ἐπειδὴ καὶ Ἀδὰμ τῇ μ΄ | ✶ ἡμέρα ✶ | τῆς πλάσεως αὐτοῦ εἰσήχθη ἐν τῷ παραδείσῳ οὗ χάριν |
| FJub. | 3 | 11 | οὗ χάριν καὶ τὰ γεννώμενα τῇ τεσσαρακοστῇ | ✶ ἡμέρα ✶ | εἰσφέρουσιν ἐν τῷ ἱερῷ κατὰ τὸν νόμον. ἐπὶ δὲ |
| FJub. | 3 | 11 | τὸν νόμον. ἐπὶ δὲ θήλεος ἀκάθαρτον εἶναι αὐτὴν ἐπὶ | ✶ ἡμέρας ✶ | ὀγδοήκοντα διά τε τὴν ἐν τῷ παραδείσῳ αὐτῆς |
| FJub. | 3 | 11 | τε τὴν ἐν τῷ παραδείσῳ αὐτῆς εἴσοδον τῇ ὀγδοηκοστῇ | ✶ ἡμέρα ✶ | καὶ διὰ τὸ ἀκάθαρτον τοῦ θήλεος πρὸς τὸ ἄρσεν. |
| FJub. | 3 | 13 | ἄφεδρος γὰρ πάλιν οὖσα οὐκ εἰσέρχεται ἕως ἑπτὰ | ✶ ἡμέρας ✶ | ἐν τῷ ἱερῷ κατὰ τὸν θεῖον νόμον. ὁ Ἀδὰμ ἀπεσόβει |
| FJub. | 3 | 32 | ἐξερρίφησαν τοῦ παραδείσου μετὰ τεσσαράκοντα πέντε | ✶ ἡμέρας ✶ | τῆς παραβάσεως ἐν τῇ ἐπιτολῇ τῶν Πλειάδων. |
| FJub. | 3 | 32 | ἐποίησε δὲ ὁ Ἀδὰμ ἐν τῷ παραδείσῳ ἑβδομάδα | ✶ ἡμερῶν ✶ | τριακοσίων ἑξήκοντα πέντε. καὶ ἐξεβλήθη σὺν τῇ |
| FJub. | 10 | 7 | Μιχαὴλ βαλεῖν αὐτοὺς εἰς τὴν ἄβυσσον ἄχρι | ✶ ἡμέρας ✶ | τῆς κρίσεως ὁ δὲ διάβολος ᾐτήσατο λαβεῖν μοῖραν |
| FJub. | 16 | 21 | τότε πρῶτον Ἀβραὰμ τῆς σκηνοπηγίας ἐπὶ ἑπτὰ | ✶ ἡμέρας ✶ | ἐπιτελεῖ τὴν ἑορτήν. πρῶτος Ἀβραὰμ ἐκύκλου τὸ |
| FJub. | 48 | 5 | χάλαζα Ἰανουαρίῳ ἄκρις Φεβρουαρίῳ σκότος | ✶ ἡμέρας ✶ | τρεῖς Μαρτίῳ τὰ πρωτότοκα. τῇ ιδ΄ τούτου τοῦ |
| FIsa. | 1 | 2 11 | ἐν τ⟨ο⟩ῖς ὅρεσιν καὶ ἐν τοῖς βουνοῖς ⟨δ⟩ύ⟨ο ἔ⟩τη | ✶ ἡμερῶν. ✶ | ⟨ἐπὶ⟩ τοῦ ε⟨Τ⟩ναι αὐτοὺς ⟨ἐν⟩ τοῖς ἐρήμ⟨ο⟩ις |
| FIsa. | 1 | 2 12 | Χαναυὶ ὃς ἦν ἀδελφὸς τοῦ πατρὸς αὐτοῦ ἐν δὲ ταῖς | ✶ ἡμέραις ✶ | Ἀχαὰβ βασιλέως τοῦ Ἰσραὴλ ἦν διδάσκαλος τῶν |
| FIsa. | 1 | 3 3 | ἦν νεώτερος καὶ ἔφυγεν καὶ ἦλθεν εἰς Ἰε⟨ρου⟩σαλὴμ | ✶ ἡμ⟨έρ⟩αις ✶ | ⟨Ἐζε⟩κίου βασι⟨λέ⟩ως Ἰούδα. κα⟨ὶ⟩ οὐκ ἐ⟩πάτει |
| FMan. | 2 | 22 14 | ἐλεός σου καὶ αἰνέσω σε διαπαντὸς ἐν πάσαις ταῖς | ✶ ἡμέραις ✶ | ⟨τ⟩ῆς ζωῆς μου ὅτι σὲ ὑμνεῖ πᾶσα ἡ δύναμις τῶν |
| FBar. | 12 | 5 | ὡς χαλινῳ κατεχεται και⟩ ειπων ταυτα ενηστευσα | ✶ ημερας ✶ | ζ΄ και εγενετο με⟨τα ταυτα οτι εγω⟩ Βαρουχ |
| FAch. | 107 | | ὄφελον ἠδυνάμην ἦν λέγεις σεαυτοῦ ἐσχάτην | ✶ ἡμέραν ✶ | αἰῶνα ποιῆσαι ἐὰν ἀληθεύεις ὅτι Αἴσωπος ζῇ. |
| FAch. | 109 | | γὰρ γένος ἀντίπαλον ὃν πρὸς τὴν συμβίωσιν ὅλην τὴν | ✶ ἡμέραν ✶ | καθημένη ὁπλίζεται μηχανωμένη πῶς σου κυριεύσει. |
| FAch. | 114 | | καὶ θαυμάσας ἔδωκεν αὐτῷ δῶρα. τῇ δὲ ἐχομένῃ | ✶ ἡμέρα ✶ | ἐνδυσάμενος Νεκταναβῶ πορφύραν ἐμφανῆ ἔστη σὺν |
| FAch. | 115 | | θαυμάσας αὐτοῦ τὸ νοερὸν δῶρα ἐπέδωκε. καὶ τῇ ἑξῆς | ✶ ἡμέρα ✶ | ἐνδυσάμενος στολὴν λευκὴν ὅ τε Νεκταναβῶ καὶ τοῖς |
| FAch. | 120 | | χρόνον ⟨αἱ δὲ⟩ περιερχόμεναι δύο γυναῖκες νὺξ καὶ | ✶ ἡμέρα ✶ | ἄλλη μὲν παρ' ἄλλην πορεύεται. μετὰ τοῦτο |
| FAch. | 121 | | μετὰ τοῦτο ἀνέστησαν τοῦ δείπνου. τῇ δὲ ἑξῆς | ✶ ἡμέρα ✶ | ὁ βασιλεὺς Νεκταναβῶν συμβούλιον ποιησάμενος μετὰ |
| FAch. | 121 | | ἠκούσαμέν ποτε. ὁ δὲ Αἴσωπος ἔφη δός μοι τριῶν | ✶ ἡμερῶν ✶ | καὶ ἀποκριθήσομαί σοι. καὶ ἐξελθὼν ἀπὸ τοῦ |
| FAch. | 122 | | ⟨μετὰ τὸ⟩ παρεσχηκέναι. μετὰ δὲ τὰς τρεῖς | ✶ ἡμέρας ✶ | ἦλθεν ὁ Αἴσωπος πρὸς τὸν βασιλέα Νεκταναβῶν καὶ |
| IDip. | 5 | 121 | 2 μῆκος βίου δίδωσιν. εἴ τις δὲ θνητῶν οἴεται τὸ ὑφ' | ✶ ἡμέραν ✶ | κακόν τι πράσσων τοὺς θεοὺς λεληθέναι δοκεῖ |
| IMen. | 5 | 120 | 2 ἴδιον ὑψῶσαι βίον τὴν γὴν ἀρούντα νύκτα καὶ τὴν | ✶ ἡμέραν. ✶ | θεῷ δὲ θῦε διὰ τέλους δίκαιος ὢν μὴ λαμπρὸς ὢν |
| HDem. | 9 | 29 15 | Μωσῆν Αἰθιοπίδα γῆμαι γυναῖκα. ἐκεῖθεν ἦλθον | ✶ ἡμέρας ✶ | τρεῖς. μὴ ἔχοντα δὲ ὕδωρ ἐκεῖ γλυκὺ ἀλλὰ πικρὸν |
| HDem. | 9 | 29 16 | ὅπλα ἔχων ἄνοπλοι ἐξελθόντες ἔφασαν γὰρ τριῶν | ✶ ἡμερῶν ✶ | ὁδὸν ἐξελθόντες καὶ θυσιάσαντες πάλιν ἀνακάμψειν. |
| HEup. | 9 | 32 1 | τὴν παρὰ σοῦ ἐπιστολὴν σφόδρα ἐχάρην καὶ λαμπρὰν | ✶ ἡμέραν ✶ | ἤγαγον ἐγώ τε καὶ ἡ δύναμίς μου πᾶσα ἐπὶ τῷ |
| HHec. | 1 | 22 199 | φῶς ἐστιν ἀναπόσβεστον καὶ τὰς νύκτας καὶ τὰς | ✶ ἡμέρας. ✶ | ἄγαλμα δ' οὐκ ἔστιν οὐδ' ἀνάθημα τὸ παράπαν οὐδὲ |
| HHec. | 1 | 22 199 | διατρίβουσι δ' ἐν αὐτῷ καὶ τὰς νύκτας καὶ τὰς | ✶ ἡμέρας ✶ | ἱερεῖς ἁγνείας τινὰς ἁγνεύοντες καὶ τὸ παράπαν |
| LEze. | 9 | 28 3 08 | ὡς ἀπὸ σπλάγχνων ἐὼν ἐπεὶ δὲ πλήρης κούρης | ✶ ἡμέρας ✶ | παρῆν ἐξῆλθον οἴκων βασιλικῶν πρὸς ἔργα γὰρ θυμός |
| LEze. | 9 | 29 12 13 | τετραπόδων τε σώματα σκότος τε θήσω τρεῖς ἐφ' | ✶ ἡμέρας ✶ | ὅλας ἀκρίδας τε πέμψω καὶ περισσὰ βρώματα ἅπαντ' |
| LEze. | 9 | 29 12 38 | ἠοῦς ἔφυγετ' Αἰγύπτου δ' ἄπο ἑπτὰ διοδοιπορούντες | ✶ ἡμέρας ✶ | ὁδὸν πάντες τοσαύτας ἡμέρας ἔτος κάτα ἄζυμα |
| LEze. | 9 | 29 12 39 | ἑπτὰ διοδοιπορούντες ἡμέρας ὁδὸν πάντες τοσαύτας | ✶ ἡμέρας ✶ | ἔτος κάτα ἄζυμα ἔδεσθε καὶ θεῷ λατρεύσετε τῷ |
| LEze. | 9 | 29 13 15 | ἄπο. ταύτην δ' ἑορτὴν δεσπότῃ τηρήσετε ἔφθ' | ✶ ἡμέρας ✶ | ἄζυμα καὶ οὐ βρωθήσεται ζύμη. κακῶν γὰρ τῶνδ' |
| LArl. | 8 | 10 14 | ἐκκλησιαζομένων κυκλόθεν τοῦ ὄρους οὐκ ἔλασσον | ✶ ἡμερῶν ✶ | πέντε οὔσης τῆς περιόδου περὶ αὐτὸ κατὰ πάντα |
| LArl. | 13 | 12 9 | διὰ τὸ κακόπαθον εἶναι πᾶσι τὴν βιοτὴν ἑβδόμην | ✶ ἡμέραν ✶ | ἢ δὴ καὶ πρώτη φυσικῶς ἂν λέγοιτο φωτὸς γένεσις |
| LArl. | 13 | 12 12 | πάντα τὸν χρόνον τετάχθαι. σημαίνει γὰρ ὡς ἐν ἓξ | ✶ ἡμέραις ✶ | ἐποίησε τόν τε οὐρανὸν καὶ τὴν γῆν καὶ πάντα τὰ |
| LArl. | 7 | 32 18 | ἄλληλα δοθείσης τε τῆς τῶν διαβατηρίων | ✶ ἡμέρας ✶ | τῇ τεσσαρεσκαιδεκάτῃ τοῦ μηνὸς μεθ' ἑσπέραν |
| FrAn. | 2 | 11 2 | πάλαι ἠκούσαμεν καὶ ἐπὶ τῶν πατέρων ἡμῶν ἡμεῖς δὲ | ✶ ἡμέρα ✶ | ἐξ ἡμέρας προσδεχόμενοι οὐδὲν τούτων ἑωράκαμεν. |
| FrAn. | 2 | 11 2 | καὶ ἐπὶ τῶν πατέρων ἡμῶν ἡμεῖς δὲ ἡμέρα ἐξ | ✶ ἡμέρας ✶ | προσδεχόμενοι οὐδὲν τούτων ἑωράκαμεν. ἀνόητοι |
| FrAn. | 15 | 8 | ἀλλὰ ὃ πεποίηκα ἐν ᾧ καταπαύσας τὰ πάντα ἀρχὴν | ✶ ἡμέρας ✶ | ὀγδόης ποιήσω ὅ ἐστιν ἄλλου κόσμου ἀρχήν. τότε |
| FrAn. | 9 | 17 5 | περὶ τὸν οἶκον ἐχρήσατο χαλεπῇ συμφορᾷ. ἑβδόμῃ γὰρ | ✶ ἡμέρᾳ ✶ | τῆς ἀναιρέσεως τοῦ προφήτου ἐξαπίνης αὐτῷ μάλα |
| FrAn. | 17 2069 | 26 | ηρξαν⟨το - - ⟩της χειρος μ⟨ - - ⟩ϋϊων της⟨ - - | ✶ ⟩ημερα ✶ | το⟨υ - - και εν τ⟨ - ⟩ολου του⟨ - - ⟩ημερα |
| FrAn. | 17 2069 | 29 | ⟩ημερα το⟨υ - - και εν τ⟨ - ⟩ολου του⟨ - - | ✶ ⟩ημερα ✶ | τ⟨- - ε⟩βδομον ου⟨ρανον - - ⟩ερυθραν θ⟨αλασσαν - |
| | ἡμερινός | 1 | | | |
| FrAn. | 574 | 3034 | ὀπτανθέντα τῷ Ἰσραὴλ ἐν στύλῳ φωτινῷ καὶ νεφέλῃ | ✶ ἡμερινῇ ✶ | καὶ ῥυσάμενον αὐτοῦ τὸν λαὸν ἔργου Φαραὼ καὶ |
| | ἡμέριος | 1 | | | |
| SIb. | 3 | 445 | καὶ σὺ Ῥόδος πουλὺν μὲν ἀδούλωτος χρόνον ἔσσῃ | ✶ ἡμερίη ✶ | θυγάτηρ πουλὺς δέ τοι ὄλβος ὄπισθεν ἔσσεται ἐν |
| | ἡμερος | 7 | | | |
| Abr.1 | 2 | 9 | τῶν ἵππων καὶ ἐνέγκατε δύο ἵππους εὐμενεῖς δὲ καὶ | ✶ ἡμέρους ✶ | δεδαμασμένους ὅπως ἂν καθεσθῶμεν ἐγώ τε καὶ ὁ |
| Arls. | 145 | 2 | ἀνατέτακται. τῶν γὰρ πτηνῶν οἷς χρώμεθα πάντα | ✶ ἥμερα ✶ | καθέστηκε καὶ διαφέρει καθαριότητι πυροῖς καὶ |
| Arls. | 146 | 4 | καὶ τὴν τροφὴν ἔχοντα δαπάνησιν τῶν προειρημένων | ✶ ἡμέρων ✶ | μετὰ ἀδικίας οὐ μόνον δὲ ταῦτα ἀλλὰ καὶ τοὺς |
| Arls. | 147 | 6 | τὰ τοῦ βίου κυβερνᾶν ὡς τὰ τῶν προειρημένων πτηνῶν | ✶ ἥμερα ✶ | ζῷα τὰ φυόμενα τῶν ὀσπρίων ἐπὶ γῆς δαπανᾷ καὶ οὐ |
| Arls. | 170 | 4 | δεῖ ταῦτα ἐκ βουκολίων καὶ ποιμνίων λαμβάνοντας | ✶ ἥμερα ✶ | θυσιάζειν καὶ μηθὲν ἄγριον ὅπως οἱ προσφέροντες |
| SIb. | 5 | 241 | πῶς πᾶσι βροτοῖσιν φαινέ τε καὶ προύβαλλε καὶ | ✶ ἥμερα ✶ | πᾶσιν ἔτελλεν. τοῦδ' ἕνεκεν στενόβουλε κακῶν |
| LEze. | 9 | 29 16 19 | κροκωτίνοις μαλλοῖσιν εὐτρεπίζετο. κάρα δὲ κοττοῖς | ✶ ἡμέροις ✶ | παρεμφερὲς καὶ μηλίνη μὲν τῇ κόρη προσέβλεπε |
| | ἡμερόω | 1 | | | |
| TJud. | 2 | 3 | κατελάμβανον. φοράδα ἀγρίαν κατέλαβον καὶ πιάσας | ✶ ἡμέρωσα ✶ | καὶ λέοντα ἀπέκτεινα καὶ ἀφελόμην ἔριφον ἐκ τοῦ |
| | ἡμέτερος | 11 | | | |
| TLevi | 18 2B063 | ἐν γῇ ᾗ ἐγεννήθη πάροικοι ἐσμὲν ὡς τούτῳ,ἐν τῇ γῇ | ✶ ἡμετέρᾳ ✶ | νομιζομένῃ. καὶ ἐπὶ τοῦ παιδαρίου εἶδον ἐγὼ ἐν |
| Bar. | 11 | 6 | εἶπεν χαίροις ὁ ἐμὸς ἀρχιστράτηγος καὶ παντὸς τοῦ | ✶ ἡμετέρου ✶ | τάγματος. καὶ εἶπεν ὁ ἀρχιστράτηγος Μιχαὴλ |
| Bar. | 11 | 7 | καὶ εἶπεν ὁ ἀρχιστράτηγος Μιχαὴλ χαίροις καὶ σὺ ὁ | ✶ ἡμέτερος ✶ | ἀδελφὸς καὶ ὁ τὰς ἀποκαλύψεις διερμηνεύων τοῖς |
| Arls. | 35 | 3 | ἐπεὶ συμβαίνει πλείονας τῶν Ἰουδαίων εἰς τὴν | ✶ ἡμετέραν ✶ | χώραν κατῳκίσθαι γενηθέντας ἀνασπάστους ἐκ τῶν |
| Arls. | 39 | 1 | βασιλικοῖς βιβλίοις. καλῶς οὖν ποιήσεις καὶ τῆς | ✶ ἡμετέρας ✶ | σπουδῆς ἀξίως ἐπιλεξάμενος ἄνδρας καλῶς |
| SIb. | 4 | 3 | ὅσσα μελιφθέγκτοιο διὰ στόματος μεγάροιο μέλλω ἀφ' | ✶ ἡμετέρου ✶ | παναληθέα μαντεύεσθαι οὐ ψευδόθεο Φοίβου |
| SIb. | 5 | 236 | διὰ τοῦ κόσμοιο καλαὶ πτύχες ἠλλάχθησαν. εἰς Ἔριν | ✶ ἡμετέρην ✶ | τυχὸν ὕστατα ταῦτα προβάλλου πῶς τι λέγεις; |
| HHec. | 1 | 22 204 | οὗτος ἔφη τὴν αὐτοῦ σωτηρίαν οὐ προϊδὼν περὶ τῆς | ✶ ἡμετέρας ✶ | πορείας ἡμῖν ἄν τι ὑγιὲς ἀπήγγελεν; εἰ γὰρ |
| LArl. | 13 | 12 1 | τε κατὰ τὴν ἐξαγωγὴν τὴν ἐξ Αἰγύπτου τῶν Ἑβραίων | ✶ ἡμετέρων ✶ | δὲ πολιτῶν καὶ ἡ τῶν γεγονότων ἀπάντων αὐτοῖς |
| LArl. | 13 | 12 11 | δι' ὅλου τοῦ βίου. σαφέστερον δὲ καὶ κάλλιον τῶν | ✶ ἡμετέρων ✶ | προγόνων τις εἶπε Σολόμων αὐτὴ πρὸ οὐρανοῦ καὶ |
| LArl. | 13 | 12 13 | δὲ καὶ Ὅμηρος καὶ Ἡσίοδος μετειληφότες ἐκ τῶν | ✶ ἡμετέρων ✶ | βιβλίων ἱερῶν εἶναι. Ἡσίοδος μὲν οὕτως πρῶτον |
| | ἡμιθανής | 1 | | | |
| Asen. | 27 | 3 | ὁ υἱὸς Φαραὼ ἀπὸ τοῦ ἵππου αὐτοῦ ἐπὶ τὴν γῆν | ✶ ἡμιθανὴς ✶ | τυγχάνων. καὶ ἐπήδησε Βενιαμὶν καὶ ἀνέβη ἐπὶ |
| | ἡμίξηρος | 1 | | | |
| TSim. | 2 | 12 | ἀπ' ἐμοῦ δρᾶσιν χειρῶν ὅτι ἡ χείρ μου ἡ δεξιὰ | ✶ ἡμίξηρος ✶ | ἦν ἐπὶ ἡμέρας ἑπτά. καὶ ἔγνων τέκνα ὅτι περὶ |
| | ἡμίονος | 2 | | | |
| Sedr. | 7 | 9 | ἀντὶ κακοῦ; ἐγὼ οἶδα ὅτι ἄλογόν ἐστιν κακότεχνον | ✶ ἡμίονος ✶ | εἰς τὰ τετράποδα ἄλλον οὐκ ἔστιν ἀλλὰ τῆς μετὰ |
| SIb. | 3 | 523 | πολλὰ δὲ πίονα μῆλα βροτῶν διαδηλήσονται ἵππων θ' | ✶ ἡμιόνων ✶ | τε βοῶν τ' ἀγέλας ἐριμύκων δώματά τ' εὐποίητα |
| | ἡμιπήχιον | 1 | | | |
| Arls. | 71 | 4 | ἀνεύρετον τὴν τῶν ἁρμῶν κατασκευάσαντες συμβολήν. | ✶ ἡμιπηχίου ✶ | δὲ οὐκ ἐλάσσονος ἦν τὸ πάχος τῆς ὅλης τραπέζης |
| | ἡμισυς | 10 | | | |
| Adam | 9 | 2 | δὲ ἡ Εὔα λέγουσα κύριέ μου Ἀδὰμ δός μοι τὸ | ✶ ἥμισυ ✶ | τῆς νόσου σου καὶ ὑπενέγκω αὐτὸ ὅτι δι' ἐμὲ τοῦτό |
| TLevi | 18 2B036 | ἡ ἔριφος ἐξ αἰγῶν ιε΄ μναῖ καὶ τῷ στέατι μίαν | ✶ ἥμισυ ✶ | μνᾶν. καὶ ἄλας +ἀποδεδείκτω+ τῷ ταύρῳ τῷ μεγάλῳ |
| TLevi | 18 2B039 | τοῦ μόσχου τὸ δίμοιρον τοῦ σάτου καὶ τῷ κριῷ τὸ | ✶ ἥμισυ ✶ | τοῦ σάτου καὶ τῷ τράγῳ τὸ ἴσον καὶ τῷ ἀρνίῳ καὶ τῷ |
| TLevi | 18 2B045 | σπονδήν. λιβανωτοῦ σίκλου ἓξ τῷ ταύρῳ καὶ τὸ | ✶ ἥμισυ ✶ | αὐτοῦ τῷ κριῷ καὶ τὸ τρίτον αὐτοῦ τῷ ἐρίφῳ. καὶ |
| TAser. | 8 | 4 | ἐστιν. οἱ τοιοῦτοι ὡς ὗες εἰσὶ δασύποδες ὅτι ἐξ | ✶ ἡμισείας ✶ | εἰσὶ καθαροὶ τὸ δὲ ἀληθὲς ἀκάθαρτοί εἰσιν. καὶ |
| Jer. | 8 | 4 | λέγων αὐτοῖς τὰ ῥήματα ἃ εἶπε κύριος πρὸς αὐτὸν ὁ | ✶ ἥμισυ ✶ | τῶν γαμησάντων ἐξ αὐτῶν οὐκ ἠθέλησαν ἀκοῦσαι τοῦ |
| Job | 31 | 2 | ἐπεὶ ὅλως αὐτός ἐστιν ἢ οὔ. οἱ δὲ μακρὰ μου ὄντες ὡς | ✶ ἥμισυ ✶ | σταδίου διὰ τὴν δυσωδίαν τοῦ σώματός μου |
| Arls. | 57 | 2 | μῆκος ⟨πήχεος δὲ τὸ εὖρος⟩ τὸ δὲ ὕψος πήχεος καὶ | ✶ ἥμισυ ✶ | συνετέλουν χρυσίου δοκίμου στερεὰν πάντοθεν τὴν |
| FIsa. | 1 | 3 2 | αἰχμαλωτίσαι τὴν Σαμαρίαν καὶ λαβεῖν τὰς ἐν⟨νέα⟩ | ✶ ἥμισυ ✶ | φυλὰς ἐν αἰχμαλωσίᾳ καὶ ἀπενέγκαι αὐτοὺς εἰς ὄρη |
| | ἡνίκα | | 25 ἡνίκα ἡνίκ' | | |
| | ἡνιοχέω | 2 | | | |
| Esdr. | 7 | 6 | μετρήσας σπιθαμὴν καὶ τὴν γῆν κατέχων δρακὶ ὁ | ✶ ἡνιοχῶν ✶ | τὰ Χερουβὶμ ὁ ἄρματι πυρίνῳ εἰς τοὺς οὐρανοὺς |
| IOrp. | | 31 | ἐν ἴσῳ τε κατὰ σφέτερον κνώδακα πνεύματα δ' | ✶ ἡνιοχεῖ ✶ | περὶ τ' ἤερα καὶ περὶ χεῦμα νάματος ἐκφαίνει δὲ |
| | ἡνίοχος | 1 | | | |
| Asen. | 27 | 4 | Βενιαμὶν καὶ ἀνέβη ἐπὶ τὴν πέτραν καὶ εἶπε τῷ | ✶ ἡνιόχῳ ✶ | τῆς Ἀσενὲθ δός μοι λίθους ἐκ τοῦ χειμάρρου. καὶ |
| | ἧπαρ | 11 | | | |
| TRub. | 3 | 4 | ἀπληστίας ἐν τῇ γαστρὶ τρίτον πνεῦμα μάχης ἐν τῷ | ✶ ἥπατι ✶ | καὶ τῇ χολῇ τέταρτον πνεῦμα ἀρεσκείας καὶ |
| TSim. | 2 | 4 | πράγματος. ἡ γὰρ καρδία μου ἦν σκληρὰ καὶ τὰ | ✶ ἥπατά ✶ | μου ἀκίνητα καὶ τὰ σπλάγχνα μου ἀσυμπαθὴ ὅτι καὶ ἡ |
| TSim. | 2 | 7 | ἠγάπα αὐτὸν ὁ πατὴρ ἡμῶν καὶ ἐστήρισα ἐπ' αὐτὸν τὰ | ✶ ἥπατά ✶ | μου τοῦ ἀνελεῖν αὐτὸν ὅτι ὁ ἄρχων τῆς πλάνης |
| TSim. | 4 | 1 | περὶ ἐμοῦ ὅτι ἑώρα με σκυθρωπὸν καὶ ἔλεγον τὰ | ✶ ἥπατά ✶ | μου κακοῦμαι ἐγώ. ἐπένθουν γὰρ παρὰ πάντας ὅτι ἐγὼ |
| TZab. | 2 | 4 | εἰς οἶκτον ἦλθον ἐγὼ καὶ ἠρξάμην κλαίειν καὶ τὰ | ✶ ἥπατά ✶ | μου ἐξεχύθησαν ἐπ' ἐμὲ καὶ πᾶσα ἡ ὑπόστασις τῶν |

```
TNep.    2      8    εἰς διάκρισιν στομάχου κάλαμον πρὸς ὑγίειαν  *  ἧπαρ  *  πρὸς θυμὸν χολὴν πρὸς πικρίαν εἰς γέλωτα σπλῆνα
TGad     2      1    ἕως ψυχῆς ἐμίσουν αὐτὸν καὶ ὅλως οὐκ ἦν ἐν ἐμοὶ  *  ἥπατα  *  ἐλέους εἰς αὐτόν. καίγε διὰ τὰ ἐνύπνια προσεθέμην
TGad     5      9    διὰ τῆς μετανοίας. ἐπήγαγε γάρ μοι ὁ θεὸς νόσον  *  ἥπατος  *  καὶ εἰ μὴ αἱ εὐχαὶ Ἰακὼβ τοῦ πατρός μου ὀλίγου
TGad     5     11    δι' ἐκείνων καὶ κολάζεται. ἐπεὶ οὖν ἐνέκειτο τὰ  *  ἥπατά  *  μου ἀνηλεῶς κατὰ τοῦ Ἰωσὴφ τῷ ἥπατι πάσχων
TGad     5     11    ἐνέκειτο τὰ ἥπατά μου ἀνηλεῶς κατὰ τοῦ Ἰωσὴφ τῷ  *  ἥπατι  *  πάσχων ἀνηλεῶς ἐκρινόμην ἐπὶ μῆνας ἔνδεκα καθ'
FPho.   55    πολύολβος. μὴ δὲ παροιχομένοισι κακοῖς τρύχου τεὸν  *  ἧπαρ  *  οὐκέτι γὰρ δύναται τὸ τετυγμένον εἶναι ἄτυκτον. μὴ
```

Ἠπιδανός [1]
```
SIb.     5    136   βαθυδίνης Πηνειὸς βαθύρους μορφὰς θηρῶν ἀπὸ γαίης  *  Ἠπιδανὸς  *  φάσκων θηρῶν μορφὰς ποτε γεννᾶν+. Ἑλλάδα τὴν
```

ἤπιος [2]
```
FPho.   207   εἰς ἔριν ἔλθῃς. παισὶν μὴ χαλέπαινε τεοῖσ' ἀλλ'  *  ἤπιος  *  εἴης. ἣν δέ τι παῖς ἀλίτῃ σε κολουέτω ὑλέα μήτηρ
LArl.  13  12   6   κεχρήμεθα πάντες. τοῦ γὰρ καὶ γένος ἐσμὲν ὁ δ'  *  ἤπιος  *  ἀνθρώποισι δεξιὰ σημαίνει λαοὺς δ' ἐπὶ ἔργον
```

ἠπιότης [3]
```
HHec.   1  22  186  ἐγκρατὴς καὶ πολλοὶ τῶν ἀνθρώπων πυνθανόμενοι τὴν  *  ἠπιότητα  *  καὶ φιλανθρωπίαν τοῦ Πτολεμαίου συναπαίρειν εἰς
```

Ἦρ [3]
```
TJud.    8      3    αὐτοῦ Βησσουὲ εἰς γυναῖκα. αὕτη ἔτεκέ μοι τὸν  *  Ἦρ  *  καὶ Αὐνὰν καὶ Σηλὼμ ὧν τοὺς δύο ἀτέκνους ἀνεῖλε
TJud.   10      1    ἕως ὅτε κατήλθομεν εἰς Αἴγυπτον. μετὰ ταῦτα  *  Ἦρ  *  ὁ υἱός μου ἄγεται τὴν Θάμαρ ἐκ Μεσοποταμίας θυγατέρα
TJud.   10      2    τὴν Θάμαρ ἐκ Μεσοποταμίας θυγατέρα Ἀράμ. ἦν δὲ  *  Ἦρ  *  πονηρὸς καὶ ἠπορεῖτο περὶ τῆς Θάμαρ ὅτι οὐκ ἦν ἐκ
```

Ἥρα [2]
```
SIb.     3    136   ὅτε τὴν τριτάτην γενεὴν τέκε πότνια Ῥείη τίχθ  *  Ἥρην  *  πρώτην καὶ ἐπεὶ ἴδον ὀφθαλμοῖσιν θῆλυ γένος ᾤχοντο
SIb.     5    140   ἰσόθεος φὼς ὃν φάσ' αὐτὸς ὁ Ζεὺς ἔτεκεν καὶ πότνια  *  Ἥρη  *  ὅστις παμμούσῳ φθόγγῳ μελιηδέας ὕμνους θεατροκοπῶν
```

Ἡρακλῆς [3]
```
SIb.     5     87       θμοῦις καὶ Ξοῦις +θλίβεται κόπτεται βουλή+  *  Ἡρακλέους  *  τε Διός τε καὶ Ἑρμείαο --- καὶ σέ δ'
HCle.   1  15  241  καὶ τὴν χώραν Ἀφρικὴν ὀνομασθῆναι τούτους γὰρ  *  Ἡρακλεῖ  *  συστρατεῦσαι ἐπὶ Λιβύην καὶ Ἀνταῖον γήμαντά τε
HCle.   1  15  241  Λιβύην καὶ Ἀνταῖον γήμαντά τε τὴν Ἄφρα θυγατέρα  *  Ἡρακλέα  *  γεννῆσαι υἱὸν ἐξ αὐτῆς Δίδωρον τούτου δὲ
```

ἠρεμέω [1]
```
Asen.   10      7   εἰς τὸν θάλαμον ὑμῶν καὶ ἀναπαύεσθε καὶ ἐμὲ ἐάσατε  *  ἠρεμεῖν.  *  καὶ ἀπῆλθον αἱ παρθένοι ἑκάστη εἰς τὸν θάλαμον
```

Ἠριδανός [1]
```
SIb.     5    316   ὅτ' ἀναιάξουσι κακὴν χθόνα τεφρωθεῖσαν Λέσβος ὑπ'  *  Ἠριδανοῦ  *  αἰώνιον ἐξαπολεῖται. αἰαῖ σοι +Κέρκυρα+ καλὴ
```

Ἡρώδης [1]
```
Esdr.    4     11    καὶ τί τὸ ἁμάρτημα αὐτοῦ; καὶ εἶπόν μοι οὗτος ὁ  *  Ἡρώδης  *  ἐστὶν ὁ πρὸς καιρὸν γενόμενος βασιλεὺς καὶ ἀπὸ
```

Ἡσαΐας [17]
```
Jer.     9     20   ὁ λαὸς καὶ εἶπε ταῦτα πάλιν ἐστὶ τὰ ῥήματα τὰ ὑπὸ  *  Ἡσαΐου  *  τοῦ υἱοῦ Ἀμὼς εἰρημένα λέγοντος ὅτι εἶδον τὸν
Prop.    1      1    εἰσι καὶ που ἀπεθανον καὶ πως καὶ που κεῖνται.  *  Ἡσαΐας  *  ἀπὸ Ἱερουσαλὴμ θνήσκει ὑπὸ Μανασσῆ πρισθεὶς εἰς
Prop.    1      3    τοὺς λάκκους καὶ τὰς κολυμβήθρας ἐπὶ εὐχῇ τοῦ  *  Ἡσαΐου  *  μικρὸν ὕδωρ ἐξεπήλυθεν ὅτι ἦν ὁ λαὸς ἐν
Prop.    1      5    ἵνα δειχθῇ τὸ μυστήριον. καὶ ἐπειδὴ διὰ τοῦ  *  Ἡσαΐου  *  τοῦτο γέγονε μνήμης χάριν καὶ ὁ λαὸς πλησίον
FIsa.    1      1   Μανασσὴν τὸν υἱὸν αὐτοῦ ὄντα ἐτῶν ἔνδεκα Ἐμπροσθεν  *  Ἡσαΐου  *  τοῦ προφήτου καὶ Ἰασοὺμ τοῦ υἱοῦ αὐτοῦ.
FIsa.    1      3   γραμματεὺς καὶ Ἀσοὺρ ὁ ὑπομνηματογράφος ἐρχόμενος  *  Ἡσαΐαν  *  ἀπὸ Γαλγάλων εἰς Ἱερουσαλὴμ καὶ τεσσεράκοντα
FIsa.    1     11   αὐτοῦ καὶ ἔπεσεν ἐπὶ πρόσωπον αὐτοῦ. καὶ εἶπεν  *  Ἡσαΐας  *  οὐκ ὠφελήσεις σεαυτὸν οὐδὲν (δεῖ) πληρωθῆναι τὴν
FIsa.    1     13   τοῦ ἀποκτεῖναι τὸν υἱὸν αὐτοῦ Μανασσῆν. καὶ  *  Ἡσαΐας  *  πρὸς Ἐζεκίαν κατήρχηνεν ὁ ἀγαπητὸς τὴν βουλὴν
FIsa.  1  2  11   τίλλον(τε)ς ἐκ τῶν ὀρέων καὶ----- (---)αν μετὰ  *  Ἡσα(ία)υ  *  οἰκοῦτισος. καὶ ἐπε(ὶ) ἦσαν ἐν τ(ο)ῖς ὄρεσιν
FIsa.  1  3   1   καὶ Βεχειρὰ ἔγνω (κ)αὶ εἶδεν τὸν τό(π)ον τοῦ  *  Ἡσαΐου  *  (καὶ τῶ)ν προφη(τῶν τῶν) μετ' αὐ(τοῦ). οὗτο)ς γὰρ
FIsa.  1  3   6   Βηθλεέμ. καὶ Ἐπεισαν καὶ κατηγόρησεν Μελχειρὰ τοῦ  *  Ἡσαΐου  *  καὶ τῶν προφητῶν λέγων ὅτι Ἡσαΐας καὶ οἱ
FIsa.  1  3   6   Μελχειρὰ τοῦ Ἡσαΐου καὶ τῶν προφητῶν λέγων ὅτι  *  Ἡσαΐας  *  καὶ οἱ προφῆται οἱ μετὰ Ἡσαΐου προφητεύουσιν
FIsa.  1  3   6   προφητῶν λέγων ὅτι Ἡσαΐας καὶ οἱ προφῆται οἱ μετὰ  *  Ἡσαΐου  *  προφητεύουσιν ἐπὶ Ἱερουσαλὴμ καὶ ἐπὶ (τά)ς
FIsa.  1  3   8   κακὸς ἐπὶ τὸν Ἰούδαν καὶ τὸν Ἰσραήλ. καὶ εἶπεν  *  Ἡσαΐας  *  εἶπεν (αὐτοῖς) βλέπω πλέον Μωυσῆ τοῦ προφήτου.
FIsa.  1  3   9   ὅτι οὐκ ὄψεται ἄνθρωπος τὸν θεὸν καὶ ζήσετα(ι)  *  Ἡσαΐας  *  δὲ εἶπεν εἶδον τὸν (θεὸν) κ(α)ὶ ἰδοὺ ζῶ.
FIsa.  1  3  12   τοῦ Βελχειρὰ καὶ ἀπέστειλεν καὶ ἐκράτησεν τὸν  *  Ἡσαΐαν.  *  (ἐκέλευσεν) πρισθῆναι ἐν πρίωνι ἐν πρίωνι
FIsa.  1  3  18   ἔστη Μελχίας κατὰ πρόσωπον αὐτοῦ λέγων. καὶ εἶπεν  *  Ἡσαΐας  *  κατάθεμά σοι ζῇ ὁ θεὸς καὶ ζῇ τὸ πνεῦμα τὸ
```

Ἡσαῦ [15]
```
TJud.    9      1    ὁ πατὴρ ἡμῶν καὶ ἡμεῖς μετὰ τοῦ ἀδελφοῦ αὐτοῦ  *  Ἡσαῦ  *  καὶ οἱ υἱοὶ αὐτοῦ μεθ' ἡμῶν μετὰ τὸ ἐλθεῖν ἡμᾶς ἐκ
TJud.    9      2    ἐτῶν ἐν τεσσαρακοστῷ ἔτει ζωῆς μου ἐπῆλθεν ἡμῖν  *  Ἡσαῦ  *  ὁ ἀδελφὸς τοῦ πατρός μου ἐν λαῷ βαρεῖ καὶ ἰσχυρῷ
TJud.    9      4    ἀπέθανεν. ἡμεῖς δὲ ἐδιώξαμεν ἐπὶ τοὺς υἱοὺς  *  Ἡσαῦ.  *  ἦν δὲ τούτοις πόλις καὶ τεῖχος σιδηροῦν καὶ πύλαι
TGad     7      4    σου. ἐὰν δὲ καὶ ἐκ κακῶν τις πλουτήσῃ ὡς  *  Ἡσαῦ  *  ὁ πατράδελφός μου μὴ ζηλώσητε ὅρον γὰρ κυρίου
TBen.   10     10    ἐκλεκτοῖς τῶν ἐθνῶν τὸν Ἰσραὴλ ὥσπερ ἤλεγξε τὸν  *  Ἡσαῦ  *  ἐν τοῖς Μαδιναίοις τοῖς ἀπειθήσασιν ἀδελφοὺς αὐτῶν
Job      1      6    πατρὸς τῆς μητρὸς ὑμῶν ἐγὼ γάρ εἰμι ἐκ τῶν υἱῶν  *  Ησαυ  *  ἀδελφοῦ Ἰακώβ, οὗ ἡ μήτηρ ὑμῶν ἐστιν Δινα, ἐξ ἧς
FJub.   26     34    τοῦ Ἀβραὰμ τῷ ιε' ἔτει τῆς ζωῆς Ἰακὼβ. τῷ  *  Ἡσαῦ  *  ἔφη ἐν ταῖς εὐλογίαις ὁ Ἰσαὰκ ἔσται δὲ ἡνίκα ἂν
FJub.   35      9    Ῥεβέκκα ᾔτησε τὸν Ἰσαὰκ ἐν τῷ γήρᾳ παραινέσαι τῷ  *  Ἡσαῦ  *  καὶ τῷ Ἰακὼβ ἀγαπᾶν ἀλλήλους. καὶ παραινέσας
FJub.   36      9    αὐτοῖς προεῖπεν ὅτι ἐὰν ἐπαναστῇ τῷ Ἰακὼβ ὁ  *  Ἡσαῦ  *  εἰς χεῖρας αὐτοῦ πεσεῖται. μετὰ οὖν τὸ τελευτῆσαι
FJub.   37      1    τὸ τελευτῆσαι Ἰσαὰκ κινηθεὶς ὑπὸ τῶν υἱῶν ὁ  *  Ἡσαῦ  *  καὶ ἀθροίσας ἔθνη ἦλθε κατὰ τοῦ Ἰακὼβ καὶ τῶν
FJub.   37     17    δὲ ἀποκλείσας τὰς πύλας τῆς βάρεως παρεκάλει τὸν  *  Ἡσαῦ  *  μνησθῆναι τῶν γονικῶν ἐντολῶν. τοῦ δὲ μὴ
FJub.   38      2    τόξον καὶ πλήξας κατὰ τοῦ δεξιοῦ μαζοῦ τὸν  *  Ἡσαῦ  *  κατέβαλε. τοῦ δὲ θανόντος ἀνοίξαντες τὰς πύλας οἱ
HDem.  9  21    1   τῶν γονέων διὰ τὴν πρὸς τὸν ἀδελφὸν κρυφίαν ἔχθραν  *  Ἡσαῦ  *  διὰ τὸ εὐλογῆσαι αὐτὸν τὸν πατέρα δοκοῦντα εἶναι
HDem.  9  21    1   τὸ εὐλογῆσαι αὐτὸν τὸν πατέρα δοκοῦντα εἶναι τὸν  *  Ἡσαῦ  *  καὶ ὅπως λάβῃ ἐκεῖθεν γυναῖκα. ἀφορμίσας οὖν τὸν
HArl.  9  25    1                                             τὸν  *  Ἡσαῦ  *  γήμαντα Βασσάραν υἱὸν ἐν Ἐδὼμ γεννῆσαι Ἰὼβ
```

Ἡσίοδος [2]
```
LArl.  13  12   13   ἀνάπαυσις οὖσα. διασαφεῖ δὲ καὶ Ὅμηρος καὶ  *  Ἡσίοδος  *  μετειληφότες ἐκ τῶν ἡμετέρων βιβλίων ἱερὰν
LArl.  13  12   13   μετειληφότες ἐκ τῶν ἡμετέρων βιβλίων ἱερὰν εἶναι.  *  Ἡσίοδος  *  μὲν οὕτως πρῶτον ἔνη τετράς τε καὶ ἑβδόμη ἱερῶν
```

ἡσσάομαι [4]
```
TRub.    5      3    ὁ ἄγγελος τοῦ θεοῦ καὶ ἐδίδαξέ με ὅτι αἱ γυναῖκες  *  ἡττῶνται  *  τῷ πνεύματι τῆς πορνείας ὑπὲρ τὸν ἄνθρωπον καὶ
TJud.    3     10    ὅτι ἄγγελος δυνάμεως ἕπεται μοι ἐν πᾶσι τοῦ μὴ  *  ἡττᾶσθαι.  *  καὶ κατὰ νότον γέγονεν ἡμῖν πόλεμος μείζων τοῦ
TJos.    7      8    ὃς κἀκείνη κἂν ἀγαθόν τι ἀκούσῃ εἰς τὸ πάθος ὃ  *  ἡττᾶται  *  ἐκλαμβάνει αὐτὸ πρὸς ἐπιθυμίαν πονηράν. λέγω
FAch.  116    ἰσοθέῳ βασιλεῖ ἐρίζειν; ὁ δὲ Νεκταναβῶν ἔφη Αἴσωπε  *  ἥττημαι.  *  τὸ δὲ ἐπερωτώμενον ἀποκριναί μοι. ὁ δὲ Αἴσωπος
```

ἥσσων [2]
```
Asen.    1      8    αὐτῷ Φαραὼ ὁ πατὴρ αὐτοῦ ἵνα τί σὺ ζητεῖς γυναῖκα  *  ἥττόν  *  σου καὶ σὺ βασιλεὺς εἶ πάσης τῆς γῆς Αἰγύπτου; οὐκ
Aris.  257      3    τυγχάνοι; πᾶσιν ἴσος γινόμενος ἔφη καὶ μᾶλλον  *  ἥττων  *  ἢ καθυπερέχων φαινόμενος πρὸς οὓς ξενιτεύει.
```

ἡσυχάζω [8]
```
Abr.2    3      4    φάσιν ἐνέγκας. καὶ ἤκουσεν Ἀβραὰμ τῆς φωνῆς καὶ  *  ἡσύχασεν  *  ἐνώπιον αὐτοῦ καὶ ἔκρυψεν τὸ μυστήριον ἐν τῇ
TJud.   22      2   Ἰσραὴλ ἕως παρουσίας τοῦ θεοῦ τῆς δικαιοσύνης τοῦ  *  ἡσύχασαι  *  τὸν Ἰακὼβ ἐν εἰρήνῃ καὶ πάντα τὰ ἔθνη. καὶ
TGad     6      6    τὸν ἰόν. ἐὰν οὖν ἀρνεῖται καὶ αἰδεσθῇ ἐλεγχόμενος  *  ἡσύχασον  *  μὴ ἐξάξῃς αὐτόν. ὁ γὰρ ἀρνούμενος μετανοεῖ τοῦ
TGad     7      3    κρίματα κυρίου καὶ οὗτος οὐ καταλείψει καὶ  *  ἡσύχασεν  *  εἰ τὸ διαθοῦλιον αὐτῷ. ἐὰν δὲ καὶ ἐκ κακῶν τις
TGad     8      8    καὶ διαφθορᾷ ἔσονται ἐνώπιον κυρίου. καὶ ὀλίγον  *  ἡσύχασας  *  πάλιν εἶπεν αὐτοῖς τέκνα μου ὑπακούσατε τοῦ
Asen.   10      6   αὐταῖς ἔξωθεν τῆς κεφαλῆς μού ἐστι πόνος βαρὺς καὶ  *  ἡσυχάζω  *  ἐν τῇ κλίνῃ μου καὶ ἀναστῆναι καὶ ἀνοῖξαι ὑμῖν
Asen.   25      3    ὁ πατήρ σου ἠγρύπνησεν ὅλην τὴν νύκτα καὶ νῦν  *  ἡσυχάζει  *  μικρόν. καὶ εἶπεν ἡμῖν μηδεὶς ἐγγισάτω μου μηδὲ
Bar.     1      6    εἰς τὰ ὦτα κυρίου τοῦ θεοῦ. καὶ ταῦτα εἰπὼν  *  ἡσύχασα.  *  καὶ λέγει μοι ὁ ἄγγελος παῦσον τὸν θεὸν
```

ἡσυχία [6]
```
Abr.1    1      1    ἐννέα πάντα δὲ τὰ τέλη τῆς ζωῆς αὐτοῦ ζήσας ἐν  *  ἡσυχίᾳ  *  καὶ πρᾳότητι καὶ δικαιοσύνῃ πάνυ ὑπῆρχεν
Abr.1   17      7    ἐπὶ τῆς ἐμῆς κεφαλῆς καὶ ἐν ὡραιότητι καὶ ἐν  *  ἡσυχίᾳ  *  πολλῇ καὶ κολακείᾳ ἀπέρχομαι τοῖς δικαίοις τοῖς
TAser    7      3    ὡς ἄνθρωπος μετὰ ἀνθρώπων ἐσθίων καὶ πίνων καὶ ἐν  *  ἡσυχίᾳ  *  συντρίβων τὴν κεφαλὴν τοῦ δράκοντος δι' ὕδατος
TBen.    6      5    καὶ κατάραο ὕβρεως καὶ τιμῆς λύπης καὶ χαρᾶς  *  ἡσυχίᾳ  *  καὶ οὐ ταράσσει ὑποκρίσεως καὶ ἀληθείας πενίας καὶ
Aris.  301      6    οἶκον παρὰ τὴν ἠϊόνα διαπρεπῆ ἔχοντα καὶ πολλῆς  *  ἡσυχίας  *  ἔφεδρον παρεκάλει τοὺς ἄνδρας τὰ τῆς ἑρμηνείας
Aris.  307      2    ἑκάστην εἰς τὸν τόπον ἔχοντα τερπνότητα διὰ τὴν  *  ἡσυχίαν  *  καὶ καταύγειαν συναγόμενοι τὸ προκείμενον
```

ἡσύχιος
```
Sal.    12      5    ψίθυρος ἀπόλοιτο ἀπὸ ὁσίων. φυλάξαι κύριος ψυχὴν  *  ἡσύχιον  *  μισοῦσαν ἀδίκους καὶ κατευθύναι κύριος ἄνδρα
SIb.     3    703   κόσμον. υἱοὶ δ' αὖ μεγάλοιο θεοῦ περὶ ναὸν ἅπαντες  *  ἡσυχίως  *  ζήσοντ' εὐφραινόμενοι ἐπὶ τούτοις οἷς δώσει
```

ἥσυχος [4]
```
TAser    6      6    ἐν ἐπιθυμίαις καὶ ἔργοις πονηροῖς ἐὰν δὲ  *  ἡσύχως  *  ἐν χαρᾷ ἐγνώρισε τὸν ἄγγελον τῆς εἰρήνης (ὃς)
Asen.   10      2   καὶ ἀνέστη Ἀσενὲθ ἀπὸ τῆς κλίνης αὐτῆς καὶ κατέβη  *  ἡσύχως  *  τὴν κλίμακα ἐκ τοῦ ὑπερῴου καὶ ἦλθεν εἰς τὸν
Asen.   10      8   αὐτῆς. καὶ ἀνέστη Ἀσενὲθ καὶ ἤνοιξε τὴν θύραν  *  ἡσύχως  *  καὶ ἀπῆλθεν εἰς τὸν θάλαμον αὐτῆς τὸν δεύτερον
Asen.   23      9   ἀπὸ τῆς ὀργῆς αὐτοῦ. καὶ εἶπε Λευὶς τῷ Συμεὼν  *  ἡσύχως  *  ἵνα τί σὺ ὀργῇ θυμοῦσαι πρὸς τὸν ἄνδρα τοῦτον;
```

ἤτοι [4]
```
Aris.    2      3    ἀνθρώπῳ προσαμβάνειν ἀεί τι καὶ προσλαμβάνειν  *  ἤτοι  *  κατὰ τὰς ἱστορίας ἢ καὶ κατ' αὐτὸ τὸ πρᾶγμα
FJub.    3     10   τοῦτο προσέταξεν ὁ θεὸς διὰ Μωυσέως ἐν τῷ Λευιτικῷ  *  ἤτοι  *  διὰ τὰς μετὰ τὴν πλάσιν τοῦ χωρισμοῦ αὐτῶν ἡμέρας
IMen.  5  119    2  τοιούτων ἢ κατασκευάσματα χρυσᾶς ποιήσας χλαμύδας  *  ἤτοι  *  πορφυρᾶς ἢ δι' ἐλέφαντος ἢ σμαράγδου ζῴδια εὔνουν
```

IMen. 5 119 2 χρημάτων χάριν τἀλλότρια βλέποντα κἀπιθυμοῦντα * ἤτοι * γυναικὸς πολυτελοῦς ἢ δώματος ἢ κτήσεως παιδός τε
ἦτορ 4
Sib. 3 3 φημίξασαν παῦσον βαιόν με κέκμηκε γὰρ ἔνδοθεν * ἦτορ. * ἀλλὰ τί μοι κραδίη πάλι πάλλεται ἠδέ γε θυμὸς
Sib. 5 171 Τιβερὶς σε κλαύσεται ἣν παράκοιτιν ἧτε μιαιφόνον * ἦτορ * ἔχεις ἀσεβῆ δέ τε θυμόν. οὐκ ἔγνως τί θεὸς δύναται
FPho. 97 πάντα. μὴ δὲ μάτην ἐπὶ πῦρ καθίσας μινύθῃς φίλον * ἦτορ. * μέτρα δὲ τεῦχ' ἔθ' ἐοῖσι τὸ γὰρ μέτρον ἐστίν
FPho. 145 ὀλίγου σπινθῆρος ἀθέσφατος αἴθεται ὕλη. ἐγκρατὲς * ἦτορ * ἔχειν καὶ λωβητῶν δ' ἀπέχεσθαι. φεῦγε κακὴν φήμην
ἠχέω 1
Sal. 8 1 φωνὴν πολέμου ἤκουσεν τὸ οὖς μου φωνὴν σάλπιγγος * ἠχούσης * σφαγὴν καὶ ὄλεθρον φωνὴ λαοῦ πολλοῦ ὡς ἀνέμου
ἦχος 7
Hen. 102 2 φωνὴν αὐτοῦ ἔσεσθε συνσειόμενοι καὶ φοβούμενοι * ἤχῳ * μεγάλῳ (καὶ) τὴν γῆν σύμπασαν σειομένην καὶ
Abr.1 17 15 καὶ πρόσωπον ἀστραπῆς φοβερῶς ἐξαστράπτον καὶ * ἦχον * βροντῆς φοβερᾶς ἔδειξεν δὲ καὶ ἕτερον πρόσωπον
Bar. 6 13 θεοῦ. καὶ ἐν τῷ ὁμιλεῖν αὐτὸν ἐγένετο βροντὴ ὡς * ἦχος * βροντῆς καὶ ἐσαλεύθη ὁ τόπος ἐν ᾧ ἱστάμεθα. καὶ
Sedr. 11 19 καλομύριστον ὀφθαλμοὶ φωταγωγοὶ φωνὴ σάλπιγγος * ἦχος * γλῶσσα εὐδιάλλακτε γένειον καλλωπισμένον τρίχες
Aris. 96 5 γὰρ κώδωνες περὶ τὸν ποδήρη εἰσὶν αὐτοῦ μέλους * ἦχον * ἀνιέντες ἰδιάζοντα παρ' ἑκάτερον δὲ τούτων ἄνθεσι
Sib. 4 175 ἅμ' ἠελίῳ ἀνιόντι κόσμος ἅπας μύκημα καὶ ὄμβριμον * ἦχον * ἀκούσει. φλέξει δὲ χθόνα πᾶσαν ἅπαν δ' ὀλέσει γένος
Sib. 5 253 ἐρεβεννῶν. οὐκέτι συρίξει σάλπιγξ πολεμόκλονον * ἦχον * οὐδ' ἔτι μαινομέναις παλάμαις ἐχθραῖς διολοῦνται
ἠώς 7 (cf.+ ἕως, (ἔω))
Sib. 3 89 κοὐκέτι φωστήρων σφαιρώματα καγχαλόωντα οὐ νὺξ οὐκ * ἠὼς * οὐκ ἤματα πολλὰ μεριμνῆς οὐκ ἔαρ οὐχὶ θέρος οὐ
Sib. 3 251 τὸ νυκτερινὸν διοδεύων καὶ στύλῳ νεφέλης +πᾶν * ἠώς * ἦμαρ ὁδεύσει+ τούτῳ δ' ἡγητῆρα καταστήσει μέγαν
Sib. 3 799 ἀστερόεντι ἐννύχιαι ὀφθῶσι πρὸς ἕσπερον ἠδὲ πρὸς * ἠῶ * αὐτίκα καὶ κονιορτὸς ἀπ' οὐρανόθεν προφέρηται πρὸς
IHom. 5 107 4 κατήλυθεν ἱερὸν ἦμαρ. ἑβδόμη ἦν ἱερή. ἑβδομάτη δ' * ἠοῖ * καὶ οἱ τετύκοντο ἅπαντα. ἑπτὰ δὲ πάντα τέτυκτο ἐν
LEze. 9 29 12 37 ὅταν δ' ἐς ἴδιον χῶρον εἰσέλθηθ' ὅπως ἀφ' ἧσπερ * ἠοῦς * ἐφύγετ' Αἰγύπτου δ' ἄπο ἑπτὰ διοδοιποροῦντες ἡμέρας
LAri. 13 12 14 ἦμαρ ἔην καὶ τῷ τετέλεστο ἅπαντα καὶ ἑβδομάτη δ' * ἠοῖ * λίπομεν ῥόον ἐξ Ἀχέροντος. τοῦτο δὴ σημαίνων ὡς ἀπὸ
LAri. 13 12 16 καθὼς προείρηται. Λίνος δέ φησιν οὕτως ἑβδομάτη δ' * ἠοῖ * τετελεσμένα πάντα τέτυκται καὶ πάλιν ἑβδόμη εἶν
Θαιμάν 1
Sedr. 11 2 οὐρανοῦ καὶ γῆς γνωσταὶ αἱ τρίχες σου ἀπὸ * Θαιμάν * οἱ ὀφθαλμοί σου ἀπὸ Βοσὸρ αἱ ἀκοαί σου ἐκ βροντῆς
Θαιμανίτης 1
HAri. 9 25 4 αὐτοῦ διακειμένου ἐλθεῖν εἰς ἐπίσκεψιν Ἐλίφαν τὸν * Θαιμανιτῶν * βασιλέα καὶ Βαλδὰδ τὸν Σαυχαίων τύραννον καὶ
θάλαμος 32
TJud. 10 4 ἤθελεν ἔχειν τέκνα ἀπ' αὐτῆς. ἐν ταῖς ἡμέραις τοῦ * θαλάμου * ἐπεγάμβρευσα αὐτῇ τὸν Αὐνὰν καίγε οὗτος ἐν
Asen. 2 1 καὶ ἐπάνω τοῦ πύργου ἐκείνου ἦν ὑπερῷον ἔχον * θαλάμους * δέκα. καὶ ἦν ὁ πρῶτος θάλαμος μέγας καὶ
Asen. 2 2 ἦν ὑπερῷον ἔχον θαλάμους δέκα. καὶ ἦν ὁ πρῶτος * θάλαμος * μέγας καὶ εὐπρεπὴς λίθοις πορφυροῖς
Asen. 2 2 καὶ τιμίοις πεπλακωμένοι καὶ ἦν ἡ ὀροφὴ τοῦ * θαλάμου * ἐκείνου χρυσῆ. καὶ ἦσαν ἐντὸς τοῦ θαλάμου
Asen. 2 3 τοῦ θαλάμου ἐκείνου χρυσῆ. καὶ ἦσαν ἐντὸς τοῦ * θαλάμου * ἐκείνου εἰς τοὺς τοίχους πεπηγμένοι οἱ θεοὶ τῶν
Asen. 2 4 αὐτοῖς ἐπετέλει καθ' ἡμέραν. καὶ ἦν ὁ δεύτερος * θάλαμος * ἔχων τὸν κόσμον καὶ τὰς θήκας Ἀσενὲθ καὶ ἦν
Asen. 2 5 πᾶς ὁ κόσμος τῆς παρθενίας αὐτῆς. καὶ ἦν ὁ τρίτος * θάλαμος * ταμιεῖον τῆς Ἀσενὲθ καὶ ἦν ἐν αὐτῷ πάντα τὰ
Asen. 2 6 αὐτῷ πάντα τὰ ἀγαθὰ τῆς γῆς. καὶ τοὺς λοιποὺς ἑπτὰ * θαλάμους * εἶχον ἑπτὰ παρθένοι μία ἑκάστη ἕνα θάλαμον
Asen. 2 6 ἑπτὰ θαλάμους εἶχον ἑπτὰ παρθένοι μία ἑκάστη ἕνα * θάλαμον * κεκτημένη καὶ αὗται ἦσαν διακονοῦσαι τῇ Ἀσενὲθ
Asen. 2 7 οὐδὲ παιδίον ἄρρεν. καὶ ἦσαν θυρίδες τρεῖς τῷ * θαλάμῳ * τῷ μεγάλῳ τῆς Ἀσενὲθ ὅπου ἡ παρθενία αὐτῆς
Asen. 2 8 παραπορευομένων. καὶ ἦν κλίνη χρυσῆ ἑστῶσα ἐν τῷ * θαλάμῳ * ἀποβλέπουσα (πρὸς τὴν θυρίδα) κατὰ ἀνατολὰς καὶ
Asen. 3 6 ὥρα ἦν θερισμοῦ. καὶ ἔσπευσεν Ἀσενὲθ εἰς τὸν * θάλαμον * αὐτῆς ὅπου ἔκειντο αἱ στολαὶ αὐτῆς καὶ ἐνεδύσατο
Asen. 5 2 καὶ ἀνέβη εἰς τὸ ὑπερῷον καὶ εἰσῆλθεν εἰς τὸν * θάλαμον * αὐτῆς καὶ ἔστη ἐπὶ τὴν θυρίδα τὴν μεγάλην τὴν
Asen. 10 7 τῶν μελῶν μου. ἀλλὰ πορεύεσθε ἑκάστη ὑμῶν εἰς τὸν * θάλαμον * ὑμῶν καὶ ἀναπαύεσθε καὶ ἐμὲ ἐάσατε ἠρεμεῖν. καὶ
Asen. 10 8 ἠρεμεῖν. καὶ ἀπῆλθον αἱ παρθένοι ἑκάστη εἰς τὸν * θάλαμον * αὐτῆς. καὶ ἀνέστη Ἀσενὲθ καὶ ἤνοιξε τὴν θύραν
Asen. 10 8 καὶ ἤνοιξε τὴν θύραν ἡσύχως καὶ ἀπῆλθεν εἰς τὸν * θάλαμον * αὐτῆς τὸν δεύτερον ὅπου ἦσαν αἱ θῆκαι τοῦ κόσμου
Asen. 10 9 χιτῶνα αὐτῆς τὸν μελανὸν καὶ ἤνεγκεν αὐτὸν εἰς τὸν * θάλαμον * αὐτῆς καὶ ἔκλεισε πάλιν τὴν θύραν ἀσφαλῶς καὶ
Asen. 10 12 καὶ ἔλαβε πάντας τοὺς θεοὺς αὐτῆς τοὺς ὄντας ἐν τῷ * θαλάμῳ * αὐτῆς τούς τε χρυσοῦς καὶ ἀργυροῦς ὧν οὐκ ἦν
Asen. 13 6 μου καὶ καταπέπασμαι τέφραν. ἰδοὺ τὸ ἔδαφος τοῦ * θαλάμου * μου τὸ κατεστρωμένον λίθοις ποικίλοις καὶ
Asen. 13 7 μου καὶ τῆς τέφρας πηλὸς γέγονε πολὺς ἐν τῷ * θαλάμῳ * μου ὡς ἐν ὁδῷ πλατείᾳ. ἰδοὺ κύριε τὸ δεῖπνόν μου
Asen. 14 5 καὶ εἶπεν τίς ἐστιν ὁ καλῶν με διότι ἡ θύρα τοῦ * θαλάμου * μου κέκλεισται καὶ ὁ πύργος ὑψηλός ἐστι καὶ πῶς
Asen. 14 5 ὁ πύργος ὑψηλός ἐστι καὶ πῶς ἄρα εἰσῆλθεν εἰς τὸν * θάλαμόν * μου; καὶ ἐκάλεσεν αὐτὴν ὁ ἄνθρωπος ἐκ δευτέρου
Asen. 14 12 αὐτῇ ὁ ἄνθρωπος βάδιζε ἀκωλύτως ἐν τῷ δευτέρῳ σου * θαλάμῳ * καὶ ἀπόθου τὸν χιτῶνα τὸν μελανὸν τοῦ πένθους σου
Asen. 14 14 μου. καὶ ἔσπευσεν Ἀσενὲθ καὶ εἰσῆλθεν εἰς τὸν * θάλαμον * αὐτῆς τὸν δεύτερον ὅπου ἦσαν αἱ θῆκαι τοῦ κόσμου
Asen. 15 1 κεφαλὴν αὐτῆς. καὶ ἦλθε πρὸς τὸν ἄνθρωπον εἰς τὸν * θάλαμον * αὐτῆς τὸν πρῶτον καὶ ἔστη ἐνώπιον αὐτοῦ. καὶ
Asen. 15 10 τὴν ἀρχαίαν καὶ πρώτην τὴν ἀποκειμένην ἐν τῷ * θαλάμῳ * σου ἀπ' ἀρχῆς καὶ πάντα τὸν κόσμον τοῦ γάμου σου
Asen. 17 4 τῆς καύσεως τοῦ κηρίου εὐωδία πολλὴ καὶ ἔπλησε τὸν * θάλαμον. * καὶ εἶπεν Ἀσενὲθ πρὸς τὸν ἄνθρωπον κύριέ εἰσι
Asen. 17 9 παρρησίᾳ καὶ εἶπον ὅτι ἄνθρωπος ἦλθεν εἰς τὸν * θάλαμόν * μου ἐκ τοῦ οὐρανοῦ καὶ οὐκ ᾔδειν ὅτι θεὸς ἦλθε
Asen. 18 5 τῶν ἐντολῶν αὐτοῦ καὶ ἔσπευσε καὶ εἰσῆλθεν εἰς τὸν * θάλαμον * αὐτῆς τὸν δεύτερον ὅπου ἦσαν αἱ θῆκαι τοῦ κόσμου
Asen. 25 1 ὁ υἱὸς Φαραὼ ἐν τῇ νυκτὶ ταύτῃ καὶ ἦλθεν ἐπὶ τὸν * θάλαμον * τοῦ πατρὸς αὐτοῦ τοῦ ἀποκτεῖναι ἐν ῥομφαίᾳ τὸν
Sib. 3 527 ἀνάγκη ἄξουσιν καὶ τέκνα βαθυζώνους τε γυναῖκας ἐκ * θαλάμων * ἁπαλὰς τρυφεροῖς ποσὶ πρόσθε πεσούσας ὄψονται
FPho. 215 μεῖξιν ἔρωτος. παρθενικὴν δὲ φύλασσε πολυκλείστοις * θαλάμοισιν * μὴ δέ μιν ἄχρι γάμων πρὸ δόμων ὀφθῆμεν
θάλασσα 94
Adam 29 11 πάντα τὰ πετεινὰ καὶ πάντα τὰ ἑρπετὰ ἐν τῇ γῇ καὶ * θαλάσσῃ. * καὶ πάντες οἱ ἄγγελοι καὶ πάντα τὰ ποιήματα τοῦ
Hen. 5 3 κατὰ ἐπιταγὴν τὰ πάντα γίνεται. ἴδετε πῶς ἡ * θάλασσα * καὶ οἱ ποταμοὶ ὡς ὁμοίως ἀποτελοῦσιν καὶ οὐκ
Hen. 17 5 πυρὸς ἐν ᾧ κατατρέχει τὸ πῦρ ὡς ὕδωρ καὶ ῥέει εἰς * θάλασσαν * μεγάλην δύσεως. ἴδον τοὺς μεγάλους ποταμοὺς καὶ
Hen. 32 2 πρὸς ἀνατολὰς τῆς γῆς καὶ διέβην ἐπάνω τῆς ἐρυθρᾶς * θαλάσσης * καὶ ᾠχόμην ἐπ' ἄκρων καὶ ἀπὸ τούτου διέβην
Hen. 97 7 τῇ ἀνομίᾳ. οὐαὶ ὑμῖν οἱ ἁμαρτωλοὶ (οἱ) ἐν μέσῳ τῆς * θαλάσσης * καὶ ἐπὶ τῆς ξηρᾶς ὄντες μνημόσυνον εἰς ὑμᾶς
Hen. 101 4 ὁρᾶ)τε τοὺς ναυκλήρους τοὺς πλωιζομένους τὴν * θάλασσαν * ὑπὸ τοῦ κ(λύδω)νος καὶ χειμῶνος σεσαλευμένα τὰ
Hen. 101 5 πάντα) καὶ τὰ ὑπάρχοντα αὐτῶν ἐκβάλλουσιν εἰς τὴν * θάλασσαν * καὶ ὑποπτεύουσιν ἐν τῇ καρδίᾳ αὐτῶν ὅτι ἡ
Hen. 101 5 θάλασσαν καὶ ὑποπτεύουσιν ἐν τῇ καρδίᾳ αὐτῶν ὅτι ἡ * (θάλασσα * κα)ταπίεται αὐτοὺς καὶ ἐν αὐτ(ῇ ἀπολοῦν)ται.
Hen. 101 6 αὐτοὺς καὶ ἐν αὐτ(ῇ ἀπολοῦν)ται. οὐχὶ πᾶσα ἡ * θάλασσα * καὶ (πάντα τὰ) ὕδατα αὐτῆς ἔργον τοῦ ὑψ(ίστου
Hen. 101 8 τίς ἔδωκεν ἐπιστήμην πᾶσιν τοῖς κινουμένοις ἐν τῇ * θαλάσσῃ; * οἱ ναύκληροι τὴν θάλασσαν φοβοῦνται. καὶ ὅταν
Hen. 101 8 τοῖς κινουμένοις ἐν τῇ θαλάσσῃ; οἱ ναύκληροι τὴν * θάλασσαν * φοβοῦνται. καὶ ὅταν ἐκβάλῃ ἐφ' ὑμᾶς τὸν κλύδωνα
Abr.1 1 5 οὐρανοῦ καὶ ὡς τὴν ἄμμον τὴν παρὰ τὸ χεῖλος τῆς * θαλάσσης * καὶ ἔστιν ἐν ἐμπορίᾳ βίου πραγμάτων πολλῶν καὶ
Abr.1 4 11 οὐρανοῦ καὶ ὡς τὴν ἄμμον τὴν παρὰ τὸ χεῖλος τῆς * θαλάσσης. * τότε ὁ ἀρχιστράτηγος Μιχαὴλ κατῆλθεν εἰς τὸν
Abr.1 8 5 γῆν τῆς ἐπαγγελίας σου ὁ εὐλογήσας σε ὑπὲρ ἄμμον * θαλάσσης * καὶ ὡς τοὺς ἀστέρας τοῦ οὐρανοῦ ὁ διαλύσας
Abr.1 15 12 σου καὶ πᾶσαν τὴν ὑπ' οὐρανὸν γῆν τε καὶ * θάλασσαν * κρίσιν καὶ ἀνταπόδοσιν διὰ νεφέλης καὶ ἁρμάτων
Abr.1 17 16 βροντῆς φοβερᾶς ἔδειξεν δὲ καὶ ἕτερον πρόσωπον * θαλάσσης * ἀγρίας κυματιζούσης καὶ ποταμὸν ἄγριον
Abr.1 19 5 ποταμὸς ὁ μεγάλα κοχλάζων καὶ τίς ἡ βεβορβορωμένη * θάλασσα * ἡ ἀγρίως κυματίζουσα δίδαξόν με καὶ ὑπὲρ τῆς
Abr.1 19 12 ἀώρως τὸν θάνατον βλέπουσιν τὸ δὲ πρόσωπον τῆς * θαλάσσης * τῆς ἀγρίας κυματιζούσης ἔδειξά σοι διότι πολλοὶ
Abr.1 19 12 τῆς ἀγρίας κυματιζούσης ἔδειξά σοι διότι πολλοὶ ἐν * θαλάσσῃ * κλυδωνίῳ μεγάλῃ περιπεσόντες (ἐν τοῖς) ναυαγίοις
TLevi 18 5 καὶ ἡ γνῶσις κυρίου χυθήσεται ἐπὶ τῆς γῆς ὡς ὕδωρ * θαλασσῶν * καὶ οἱ ἄγγελοι τῆς δόξης τοῦ προσώπου κυρίου
TJud. 21 6 σὺ δὲ ἔσῃ βασιλεὺς ἐν Ἰακὼβ καὶ ἔσῃ αὐτοῖς ὡς * θάλασσα. * ὥσπερ γὰρ ἐν αὐτῇ δίκαιοι καὶ ἄδικοι
TJud. 25 2 Συμεὼν ὁ οὐρανὸς τὸν Ῥουβὴμ τὸν Ἰσαχὰρ ἡ γῆ ἡ * θάλασσα * τὸν Ζαβουλὼν τὰ ὄρη τὸν Ἰωσὴφ ἡ σκηνὴ τὸν
TZab. 5 5 Ἰακὼβ τῷ πατρί μου καὶ πολλῶν ἀγχομένων ἐν τῇ * θαλάσσῃ * ἐγὼ ἀβλαβὴς διέμεινα. πρῶτος ἐγὼ ἐποίησα σκάφος
TZab. 6 1 ἐγὼ ἀβλαβὴς διέμεινα. πρῶτος ἐγὼ ἐποίησα σκάφος ἐν * θαλάσσῃ * ἐπιπλέειν ὅτι κύριος ἔδωκέ μοι σύνεσιν καὶ
TNep. 3 4 οὕτως τέκνα μου γνόντες ἐν στερεώματι ἐν γῇ καὶ ἐν * θαλάσσῃ * καὶ πᾶσι τοῖς δημιουργήμασι κύριον τὸν ποιήσαντα
TNep. 6 1 ἑπτὰ εἶδον τὸν πατέρα ἡμῶν Ἰακὼβ ἑστηκότα ἐν τῇ * θαλάσσῃ * Ἰαμνείας καὶ ἡμεῖς οἱ υἱοὶ αὐτοῦ σὺν αὐτῷ. καὶ
Asen. 1 2 τὸν σῖτον τῆς χώρας ἐκείνης ὡς τὴν ἄμμον τῆς * θαλάσσης. * καὶ ἦν ἀνὴρ ἐν τῇ πόλει ἐκείνῃ σατράπης τοῦ
Asen. 12 11 με ἐν σκότει καὶ ἐκβάλει με εἰς τὸν βυθὸν τῆς * θαλάσσης * καὶ καταπίεται με τὸ κῆτος τὸ μέγα τὸ ἀπ'
Sal. 2 26 Αἰγύπτου ὑπὲρ ἐλάχιστον ἐξουδενωμένον ἐπὶ γῆς καὶ * θαλάσσης * τὸ σῶμα αὐτοῦ διαφερόμενον ἐπὶ κυμάτων ἐν ὕβρει
Sal. 2 29 τὸ ὕστερον οὐκ ἐλογίσατο εἶπεν ἐγὼ κύριος γῆς καὶ * θαλάσσης * ἔσομαι καὶ οὐκ ἐπέγνω ὅτι ὁ θεὸς μέγας κραταιὸς
Sal. 6 3 ἡ ψυχὴ αὐτοῦ ἐν διαβάσει ποταμῶν καὶ σάλῳ * θαλασσῶν * οὐ πτοηθήσεται. ἐξανέστη ἐξ ὕπνου αὐτοῦ καὶ
Bar. 4 6 αὐτὸς παρόμοιός ἐστιν αὐτοῦ ἐν ᾧ καὶ πίνει ἀπὸ τῆς * θαλάσσης * ὡσεὶ πῆχυν μίαν καὶ οὐκ ἐκλείπει ἀπ' αὐτῆς τι.
Bar. 4 7 καὶ ὁ Γηρικὸς καὶ ἀπὸ τούτων οὐκ ἐκλείπει ἡ * θάλασσα. * καὶ εἶπον ἐγὼ δέομαί σου δεῖξόν μοι τί τὸ ξύλον
Bar. 5 2 κύριε ἐπειδὴ εἶπές μοι ὅτι πίνει ὁ δράκων ἐκ τῆς * θαλάσσης * πῆχυν μίαν εἰπέ μοι καὶ πόση ἐστὶν ἡ κοιλία
Bar. 10 8 κύριε καὶ πῶς λέγουσιν οἱ ἄνθρωποι ὅτι ἀπὸ τῆς * θαλάσσης * ἐστὶ τὸ ὕδωρ ὅπερ βρέχει; καὶ εἶπεν ὁ ἄγγελος
Bar. 10 9 βρέχει; καὶ εἶπεν ὁ ἄγγελος τὸ μὲν βρέχον ἀπὸ τῆς * θαλάσσης * καὶ τῶν ἐπὶ γῆς ὑδάτων καὶ τοῦτό ἐστιν τὸ δὲ τὸ
Prop. 10 1 Καριαθμοῦς πλησίον πόλεως Ἑλλήνων Ἀζώτου κατὰ * θάλασσαν. * καὶ ἐκβρασθεὶς ἐκ τοῦ κήτους καὶ ἀπελθὼν ἐν
Esdr. 2 32 ὁ θεός) ἐξαρίθμησον τοὺς ἀστέρας καὶ τὴν ἄμμον τῆς * θαλάσσης * καὶ εἰ δυνήσει ταύτην ἐξαριθμῆσαι δύνασαι καὶ
Esdr. 3 2 τοὺς ἀστέρας τοῦ οὐρανοῦ καὶ τὴν ἄμμον τῆς * θαλάσσης; * καὶ εἶπεν ὁ θεὸς προφῆτά μου ἐκλεκτὲ οὐδεὶς
Esdr. 3 10 οὐρανοῦ καὶ ὡς τὴν ἄμμον τὴν παρὰ τὸ χεῖλος τῆς * θαλάσσης * καὶ ποῦ ἐστιν ἡ ἐπαγγελία σου; καὶ εἶπεν ὁ θεὸς
Esdr. 4 38 σκότος τὸ ἐξώτερον. τότε ὁ οὐρανὸς καὶ ἡ γῆ καὶ ἡ * θάλασσα * ἀπολοῦνται. τότε τὸν οὐρανὸν καύσω πῆχας

| Sedr. | 3 | 4 | τὸν ἄνθρωπον. λέγει Σεδρὰχ καὶ διά τί ἐποίησας τὴν | ✳ θάλασσαν; ✳ διά τί ἔσπειρας πᾶν ἀγαθὸν ἐπὶ τῆς γῆς; λέγει |
| Sedr. | 8 | 9 | φύλλα ἔχουσιν; εἰπέ μοι Σεδρὰχ ἀφ' οὗ ἐποίησα τὴν | ✳ θάλασσαν ✳ πόσα κύματα ἥγειραν καὶ πόσα ὑποδιέβησαν καὶ |
| Sedr. | 8 | 9 | καὶ πόσοι ἄνεμοι πνέουσιν παρὰ τὸ χεῖλος τῆς | ✳ θαλάσσης; ✳ εἰπέ μοι Σεδρὰχ ἀπὸ κτίσεως κόσμου τῶν αἰώνων |
| Job | 2 | 4 | ὁ θεὸς ὁ ποιήσας τὸν οὐρανὸν καὶ τὴν γῆν καὶ τὴν | ✳ θάλασσαν ✳ καὶ ἡμᾶς αὐτούς; ἄρα πῶς γνώσομαι; καὶ ἐν τῇ |
| Job | 18 | 7 | καὶ τὴν ἐναντίωσιν τῶν ἀνέμων Ἔρριψεν εἰς | ✳ θαλάσσης ✳ τὸ φορτίον λέγων θέλω ἀπολέσθαι τὰ πάντα, μόνον |
| Aris. | 114 | 5 | οὐ σπανίζει δὲ οὐδὲν τῶν διακομιζομένων διὰ τῆς | ✳ θαλάσσης. ✳ Ἔχει γὰρ καὶ λιμένας εὐκαίρους χορηγοῦντας τόν |
| Aris. | 117 | 3 | κατὰ τὴν Πτολεμαιέων χώραν οὗτος δὲ Ἔξεισιν εἰς | ✳ θάλασσαν. ✳ ἄλλοι δὲ χείμαρροι λεγόμενοι κατίασι |
| Aris. | 301 | 2 | αὐτοὺς καὶ διελθὼν τὸ τῶν ἑπτὰ σταδίων ἀνάχωμα τῆς | ✳ θαλάσσης ✳ πρὸς τὴν νῆσον καὶ διαβὰς τὴν γέφυραν καὶ |
| Aris. | 305 | 2 | δὲ ἔθος ἐστὶ πᾶσι τοῖς Ἰουδαίοις ἀπονιψάμενοι τῇ | ✳ θαλάσσῃ ✳ τὰς χεῖρας ὡς ἂν εὐξωνται πρὸς τὸν θεὸν |
| Sib. | 3 | 20 | κρατέοντος; ὃς λόγῳ Ἔκτισε πάντα καὶ οὐρανὸν ἠδὲ | ✳ θάλασσαν ✳ ἠέλιόν τ' ἀκάμαντα σελήνην τε πληθούσαν ἄστρα |
| Sib. | 3 | 64 | Βελίαρ μετόπισθεν καὶ στήσει ὀρέων ὕψος στήσει δὲ | ✳ θάλασσαν ✳ ἠέλιον πυρόεντα μέγαν λαμπράν τε σελήνην καὶ |
| Sib. | 3 | 85 | καταράκτης ἀκάματος φλέξει δὲ γαῖαν φλέξει δὲ | ✳ θάλασσαν ✳ καὶ πόλον οὐράνιον καὶ ἤματα καὶ κτίσιν αὐτὴν |
| Sib. | 3 | 176 | Ἔσσεται ἀρχὴ λευκὴ καὶ πολύκρανος ἀφ' ἑσπερίοιο | ✳ θαλάσσης ✳ ἠ πολλῆς γαίης ἄρξει πολλοὺς δὲ σαλεύσει καὶ |
| Sib. | 3 | 223 | Ἔργα μεριμνῶσιν κατὰ γαίης οὔτε βάθος χαροποῖο | ✳ θαλάσσης ✳ Ὠκεανοῖο οὐ πταρμῶν σημεῖ' οἰωνοπόλων τε |
| Sib. | 3 | 271 | πλοῦτος ὀλεῖται πᾶσα δὲ γαῖα σέθεν πλήρης καὶ πᾶσα | ✳ θάλασσα ✳ πᾶς δὲ προσορίζων Ἔσται τοῖς σοῖς ἐθίμοισιν. |
| Sib. | 3 | 323 | πολύδροσος αἷμα κελαινόν. αἰαῖ σοι Λιβύη αἰαῖ δὲ | ✳ θάλασσά ✳ τε καὶ γῆ θυγατέρες δυσμῶν ὡς ἥξετε πικρὸν ἐς |
| Sib. | 3 | 615 | δέ τε πάντα κτήμαθ' ἑλὼν ἐποχεῖται ἐπ' εὐρέα νῶτα | ✳ θαλάσσης. ✳ καὶ τότε δὴ κάμψουσι θεῷ μεγάλῳ βασιλῆι |
| Sib. | 3 | 659 | ἠδέ τε κόσμῳ πορφυρέῳ καὶ γαῖα τελεσφόρος ἠδὲ | ✳ θάλασσα ✳ τῶν ἀγαθῶν πλήθουσα. καὶ ἄρξονται βασιλῆες |
| Sib. | 3 | 678 | φῦλα πετεινῶν πᾶσαί τ' ἀνθρώπων ψυχαὶ καὶ πᾶσα | ✳ θάλασσα ✳ φρίξει ὑπ' ἀθανάτου προσώπου καὶ φόβος Ἔσται. |
| Sib. | 4 | 14 | ἠμέρη ἠέλιός τε ἄστρα σεληναίη τε καὶ ἰχθυόεσσα | ✳ θάλασσα ✳ καὶ γῆ καὶ ποταμοί τε καὶ ἀενάων στόμα πηγῶν |
| Sib. | 4 | 53 | πόλεσσι καὶ ἀνθρώποισιν ἅπασιν γῆν ἐκάλυψε | ✳ θάλασσα ✳ κατακλυσμοῖο ῥαγέντος. οὓς Μῆδοι καθελόντες |
| Sib. | 4 | 60 | Ἔργ' ἀνθρώπων ἐκ δὲ βυθοῦ τότε νῆσοι ὑπερκύψουσι | ✳ θαλάσσης. ✳ ἀλλ' ὅταν Εὐφρήτης μέγας αἵματι πλημμύρηται |
| Sib. | 4 | 143 | φύλοπις αἰνή. αἰαῖ Κύπρε τάλαινα σέ δὲ πλατὺ κῦμα | ✳ θαλάσσης ✳ κρύψει χειμερίησιν ἀναρριφθεῖσαν ἀέλλαις. Ἤξει |
| Sib. | 4 | 177 | γένος ἀνδρῶν καὶ πάσας πόλιας ποταμούς θ' ἅμα ἠδὲ | ✳ θάλασσαν ✳ ἐκκαύσει δέ τε πάντα κόνις δ' Ἔσετ' αἰθαλόεσσα. |
| FJub. | 2 | 7 | ὁ θεὸς ἐν τῇ δευτέρᾳ ἡμέρᾳ. τρίτῃ δὲ ἡμέρᾳ τὰς | ✳ θαλάσσας ✳ τοὺς ποταμοὺς τὰς πηγὰς καὶ λίμνας τὰ σπέρματα |
| FJub. | 2 | 16 | ἡμέρᾳ ὅσα ἐν τοῖς οὐρανοῖς καὶ ἐν τῇ γῇ ἐν ταῖς | ✳ θαλάσσαις ✳ καὶ ἐν ταῖς ἀβύσσοις ἐν τῷ φωτὶ καὶ ἐν τῷ |
| FJub. | 48 | 14 | ἐξῆλθον προστάξει θεοῦ τοῦτο πεποιηκότες. ἐν τῇ | ✳ θαλάσσῃ ✳ κατεστράφησαν ὃν τρόπον τὰ βρέφη τῶν Ἑβραίων ἐν |
| FMan. | 2 22 | 12 | καὶ τὴν γῆν σὺν παντὶ τῷ κόσμῳ αὐτῶν ὁ πεδήσας τὴν | ✳ θάλασσαν ✳ τῷ λόγῳ τοῦ προστάγματός σου ὁ κλείσας τὴν |
| FMan. | 2 22 | 13 | ἐμοὶ τῷ ἁμαρτωλῷ διότι ἥμαρτον ὑπὲρ ἀριθμὸν ψάμμου | ✳ θαλάσσης. ✳ ἐπλήθυναν αἱ ἀνομίαι μου κύριε ἐπλήθυναν αἱ |
| FPho. | | 160 | ἐθέλησθα. ναυτίλος εἰ πλώειν ἐθέλεις εὐρεῖα | ✳ θάλασσα ✳ εἰ δὲ γεηπονίην μεθέπειν μακραί τοι ἄρουραι. |
| IEsc. | 5 131 | 3 | τε καὶ ἀστραπῇ βροντῇ βροχῇ. ὑπηρετεῖ δὲ αὐτῷ | ✳ θάλασσα ✳ καὶ πέτραι καὶ πᾶσα πηγὴ καὶ ὕδατος συστήματα. |
| IEsc. | 5 131 | 3 | τρέμει δ' ὄρη καὶ γαῖα καὶ πελώριος βυθὸς | ✳ θαλάσσης ✳ καὶ ὀρέων ὕψος μέγα ἐπὰν ἐπιβλέψῃ γοργὸν ὄμμα |
| IOrp. | | 37 | οὔρεα μακρὰ καὶ ποταμοὶ πολιῆς τε βάθος χαροποῖο | ✳ θαλάσσης ✳ οὐδὲ φέρειν δύναται κρατερὸν μένος. Ἔστι δὲ |
| HEup. | 9 30 | 7 | εἰς τὴν Οὔρφη νῆσον κειμένην ἐν τῇ Ἐρυθρᾷ | ✳ θαλάσσᾳ ✳ μέταλλα χρυσικὰ Ἔχουσαν καὶ τὸ χρυσίον ἐκεῖθεν |
| HEup. | 9 34 | 4 | ξύλα τὰ προκεκομμένα ὑπὸ τοῦ πατρὸς αὐτοῦ διὰ τῆς | ✳ θαλάσσης ✳ εἰς Ἰόππην ἐκεῖθεν δὲ πεζῇ εἰς Ἱεροσόλυμα. |
| HArt. | 9 27 | 34 | ἱκανὸν τόπον ἐπὶ τὴν Ἐρυθρὰν τριταίους ἐλθεῖν | ✳ θάλασσαν. ✳ Μεμφίτας μὲν οὖν λέγει Ἔμπειρον ὄντα τὸν |
| HArt. | 9 27 | 35 | τῆς χώρας τὴν ἄμπωτιν τηρήσαντα διὰ ξηρᾶς τῆς | ✳ θαλάσσης ✳ τὸ πλῆθος περαιῶσαι. Ἡλιουπολίτας δὲ λέγειν |
| HArt. | 9 27 | 36 | τῷ δὲ Μωϋσῳ φωνῇ θείαν γενέσθαι πατάξαι τὴν | ✳ θάλασσαν ✳ τῇ ῥάβδῳ καὶ διαστῆναι. τὸν δὲ Μωϋσον ἀκούσαντα |
| HArt. | 9 27 | 37 | πῦρ αὐτοῖς ἐκ τῶν ἔμπροσθεν ἐκλάμψαι τὴν δὲ | ✳ θάλασσαν ✳ πάλιν τὴν ὁδὸν ἐπικλύσαι τοὺς δὲ Αἰγυπτίους ὑπὸ |
| HHec. | 1 22 | 201 | ἐν τῷ ἱερῷ. ἐμοῦ ⟨Ἑκαταίου⟩ γοῦν ἐπὶ τὴν Ἐρυθρὰν | ✳ θάλασσαν ✳ βαδίζοντος συνηκολούθει τις μετὰ τῶν ἄλλων τῶν |
| LEze. | 9 29 14 14 | | οἱ μὲν παρ' ἀκτῇ πλησίον βεβλημένοι Ἐρυθρᾶς | ✳ θαλάσσας ✳ ἤεσαν ἠθροϊσμένοι οἱ μὲν τέκνοισι νηπίοις |
| LEze. | 9 29 14 36 | | Ἔτυψ' Ἐρυθρᾶς νῶτα καὶ Ἔσχισεν μέσον βάθος | ✳ θαλάσσης ✳ οἱ δὲ σύμπαντες σθένει Ὤρουσαν ὠκεῖς ἀλμυρᾶς |
| LEze. | 9 29 14 45 | | παρῆν αὐτοῖς ἀρωγὸς ὁ θεός. ὡς δ' ἤδη πέραν ἤσαν | ✳ θαλάσσης ✳ κῦμα δ' ἐρροίβδει μέγα σύνεγγυς ἀνδρῶν. καί τις |
| LEze. | 9 29 14 50 | | ὄλεθρον Ἔρδει. καὶ συνεκλύσθη πόρος Ἐρυθρᾶς | ✳ θαλάσσης ✳ καὶ στρατὸν διώλεσε. κράτιστε Μωσῆ πρόσχες οἷον |
| LAri. | 8 10 | 10 | λάμπουσα οὐδὲ σελήνη πάλιν ἥλιος οὐδὲ ποταμοὶ | ✳ θάλασσα ✳ οὐδὲ θάλασσα ποταμοί. καὶ πάλιν ἐπὶ τῶν ζῴων ὁ |
| LAri. | 8 10 | 10 | οὐδὲ σελήνη πάλιν ἥλιος οὐδὲ ποταμοὶ θάλασσα οὐδὲ | ✳ θάλασσα ✳ ποταμοί. καὶ πάλιν ἐπὶ τῶν ζῴων ὁ αὐτός ἐστι |
| LAri. | 13 12 | 6 | πᾶσαι μὲν ἄγυιαι πᾶσαι δ' ἀνθρώπων ἀγοραὶ μεστή δὲ | ✳ θάλασσα ✳ καὶ λιμένες πάντῃ δὲ θεοῦ κεχρήμεθα πάντες. τοῦ |
| FrAn. | 15 | | οὐ κεκλήκει πορεύσονται μετ' αὐτοῦ. λευκανεῖ τὴν | ✳ θάλασσαν ✳ ἀπὸ τῶν ἱστίων τῶν πλοίων αὐτοῦ καὶ μελανεῖ τὸ |
| FrAn. | 17 2069 | 32 | - - ⟩ημερα τ⟨- - ε⟩βδομον οὐ⟩ρανον - - ⟩ερυθραν | ✳ θ⟨αλασσαν ✳ - - ⟩εις την μ⟨ ⟩τα πολυ ⟩ - ⟩θαλασσον⟨ - |
| FrAn. | 17 2069 | 36 | - ⟩ερυθραν θ⟨αλασσαν - - ⟩εις την μ⟨ ⟩τα πολυ ο⟨ - | ✳ ⟩θαλασσον⟨ ✳ - - ⟩τη ερυθρα θ⟨αλασσον - - ⟩πυλη⟨ - - - αλ⟩ηθως |
| FrAn. | 17 2069 | 37 | ⟩εις την μ⟨ ⟩τα πολυ ο⟨ - ⟩θαλασσον⟨ - - ⟩τη ερυθρα | ✳ θ⟨αλασσον ✳ - - ⟩πυλη⟨ - - αλ⟩ηθως μετ αυτα⟨ - - |
| FrAn. | 574 | 3054 | ποταμὸς ἀνεχώρησεν εἰς τὰ ὀπίσω καὶ Ἔρραψε | ✳ θάλασσα ✳ ἣν Ὤδευσεν Εἰσραὴλ καὶ Ἔστη ἀνόδευτος ὅτι ὁρκίζω |
| FrAn. | 574 | 3062 | τοῦ χερουβίμ. ὁρκίζω σε τὸν περιθέντα ὄρη τῇ | ✳ θαλάσσῃ ✳ τεῖχος ἐξ ἄμμου καὶ ἐπιτάξαντα αὐτῇ μὴ ὑπερβῆναι |

**θαλάσσιος** ³

| Abr.1 | 19 | 12 | ⟨ἐν τοῖς⟩ ναυαγίοις γεγονότες ὑποβρύχιοι γίνονται | ✳ θαλάσσιον ✳ θάνατον βλέποντες τῆς δὲ βροντῆς τῆς |
| Job | 18 | 7 | τῆς δόξης αὐτῆς, καὶ ὡς φορτίον ἐμβαλλόμενος ἐν | ✳ θαλασσίῳ ✳ πλοίῳ καὶ μεσοπελαγίσας ἰδὼν τὴν τρικυμίαν καὶ |
| Sib. | 3 | 479 | ἁγίοιο θεοῦ κατὰ βένθεα πόντου δύσονται κατὰ κῦμα | ✳ θαλασσείοις ✳ τεκέεσσιν. αἰαῖ παρθενικὰς ὁπόσας |

**θαλασσοειδής** ¹

| FrAn. | 574 | 3067 | τέσσαρας ἀνέμους ἀπὸ τῶν ἱερῶν Αἰώνων οὐρανοειδῆ | ✳ θαλασσοειδῆ ✳ νεφελοειδῆ φωσφόρον ἀδάμαστον. ὁρκίζω σε τὸν |

**θαλερός** ¹

| Sib. | 5 | 343 | τριτάλαινα μενεῖς πανέρημος ἄκλαυστος ἐν γαίῃ | ✳ θαλερῇ ✳ ὅλοὸν δάκος ἐξαπολέσθαι. Ἔσται δ' +αἰθέρος+ |

**θάλλω** ²

| Sib. | 3 | 403 | γένος ἐν χθονὶ κῦμα ἀέναον ῥίζησιν ἀδιψήτοισι | ✳ τεθηλὸς ✳ αὐτόπρεμνον ἄιστον τῇ ἐν νυκτὶ γένηται ἐν πόλει |
| Sib. | 5 | 400 | πυρὶ τεγγόμενον διὰ χειρὸς ἀνάγνου οἶκον ἀεὶ | ✳ θάλλοντα ✳ θεοῦ τηρήμονα ναὸν ἐξ ἁγίων γεγαῶτα καὶ ἄφθιτον |

**θάλπω** ¹

| TJos. | 5 | 4 | μηδενὶ ἐξαγγείλω τὴν κακίαν αὐτῆς. καὶ ἀνεχώρησε | ✳ θάλπουσά ✳ με δώροις καὶ πέμπουσα πᾶσαν ἀπόλαυσιν υἱῶν |

**θαμάρ** ⁶

| TJud. | 10 | 1 | εἰς Αἴγυπτον. μετὰ ταῦτα Ἦρ ὁ υἱός μου ἄγεται τὴν | ✳ Θαμάρ ✳ ἐκ Μεσοποταμίας θυγατέρα Ἀράμ. ἣν δὲ Ἦρ πονηρὸς |
| TJud. | 10 | 2 | Ἀράμ. ἣν δὲ Ἦρ πονηρὸς καὶ ἠπορεῖτο περὶ τῆς | ✳ Θαμάρ ✳ ὅτι οὐκ ἦν ἐκ γῆς Χανάαν. καὶ ἄγγελος κυρίου |
| TJud. | 10 | 6 | μου Βησσουὲ οὐκ ἀφῆκεν ἐπονηρεύετο γὰρ πρὸς τῆς | ✳ Θαμάρ ✳ ὅτι οὐκ ἦν ἐκ θυγατέρων Χανάαν ὡς αὐτή. κἀγὼ ᾔδειν |
| TJud. | 12 | 1 | αὐτῆς. μετὰ δὲ τοὺς λόγους τούτους χηρευούσης τῆς | ✳ Θαμάρ ✳ μετὰ δύο Ἔτη ἀκούσασα ὅτι ἀνέρχομαι κεῖραι τὰ |
| TJud. | 13 | 3 | Ἔως συνέπεσα εἰς Βησσοὺε τὴν Χαναναίαν καὶ εἰς | ✳ Θαμάρ ✳ τὴν νυμφευθεῖσαν τοῖς υἱοῖς μου. καὶ Ἔλεγον τῷ |
| TJud. | 14 | 5 | τῇ πόλει ὅτι ἐν ὀφθαλμοῖς πάντων ἐξέκλινα πρὸς τὴν | ✳ Θαμάρ ✳ καὶ ἐποίησα ἁμαρτίαν μεγάλην καὶ ἀνεκάλυψα κάλυμμα |

**θαμβέω** ⁶

| Asen. | 18 | 10 | ὑψίστου). καὶ ὡς εἶδεν Ἀσενὲθ ἑαυτὴν ἐν τῷ ὕδατι | ✳ ἐθαμβήθη ✳ ἐπὶ τῇ ὁράσει καὶ ἐχάρη χαρὰν μεγάλην καὶ οὐκ |
| Asen. | 19 | 3 | συνάντησιν τῷ Ἰωσὴφ καὶ εἶδεν αὐτὴν Ἰωσὴφ καὶ | ✳ ἐθαμβήθη ✳ ἐπὶ τῷ κάλλει αὐτῆς καὶ εἶπε πρὸς αὐτὴν τίς εἶ |
| Asen. | 20 | 7 | μετὰ τοῦ Ἰωσὴφ καὶ ἐνδεδυμένην Ἔνδυμα γάμου. καὶ | ✳ ἐθαμβήθησαν ✳ ἐπὶ τῷ κάλλει αὐτῆς καὶ ἐχάρησαν καὶ Ἔδωκαν |
| Asen. | 21 | 7 | αὐτὴν ἐνώπιον Φαραώ. καὶ εἶδεν αὐτὴν Φαραὼ καὶ | ✳ ἐθαμβήθη ✳ ἐπὶ τῷ κάλλει αὐτῆς καὶ εἶπεν εὐλογήσει σε |
| Asen. | 22 | 7 | ἐν γήρει λιπαρῷ. καὶ εἶδεν αὐτὸν Ἀσενὲθ καὶ | ✳ ἐθαμβήθη ✳ καὶ ἐπὶ τῷ κάλλει αὐτοῦ διότι ἦν Ἰακὼβ καλὸς τῷ |
| Asen. | 22 | 8 | ἐπάλαισε μετὰ θεοῦ.⟩ καὶ εἶδεν αὐτὸν Ἀσενὲθ καὶ | ✳ ἐθαμβήθη ✳ καὶ προσεκύνησεν αὐτῷ ἐπὶ πρόσωπον ἐπὶ τὴν γῆν. |

**θαμβητός** ¹

| LPhi. | 9 37 | 1 | δὲ τῷ θέρει πληροῦσθαι. νηχόμενος δ' ἐφύπερθε τὸ | ✳ θαμβηέστατον ✳ ἄλλο δέρκηθρον συναοιδὰ μεγιστούχοιο |

**θάμβος (τὸ)** ¹

| LPhi. | 9 37 | 2 | πέδῳ κεκονιμένα κρήνης τηλεφαῆ δείκνυσιν ὑπέρτατα | ✳ θάμβεα ✳ λαῶν. αἰπὺ δ' ἄρ' ἐκπτύουσι διὰ χθονὸς ὑδροχόοισι |

**θάμνα** ²

| TJud. | 7 | 4 | τὰ τρία τείχη αὐτῶν καθείλομεν. καὶ ἐν τῇ | ✳ Θάμνα ✳ προσηγγίσαμεν οὗ ἦν πᾶσα ἡ ἀποφυγὴ τῶν πολεμίων |
| TJud. | 7 | 9 | πᾶσαν τὴν αἰχμαλωσίαν. καὶ ᾠκοδόμησα ἐγὼ τὴν | ✳ Θάμνα ✳ καὶ ὁ πατήρ μου τὴν Ραμβαηλ. εἴκοσιν ἐτῶν ἤμην ὅτε |

**θανατηφόρος** ²

| Abr.1 | 8 | 10 | ἐπὶ σε δὲ οὐκ ἀπεστάλη θάνατος οὐκ εἴασα ὡς | ✳ θανατηφόρον ✳ ἀπελθεῖν οὐ συνεχώρησα τῇ τοῦ θανάτου |
| Abr.1 | 17 | 17 | ἀγριότητα καὶ πικρίαν ἀβάστακτον ⟨καὶ⟩ πᾶσαν νόσον | ✳ θανατηφόρον ✳ ⟨ἀώρως θνήσκοντα⟩ ὡς τῆς ὀσμῆς τοῦ θανάτου |

**θανατικός** ¹

| Prop. | 22 | 13 | υἱοῖς τῶν προφητῶν καὶ ἐψεθέντος προσφαγίου καὶ | ✳ θανατικῆς ✳ βοτάνης συνεψεθείσης τῷ προσφαγίῳ καὶ παρ' |

**θάνατος** ¹⁷⁷

| Adam | 14 | 2 | ἡμῖν; ἐπήνεγκας ἐφ' ἡμᾶς ὀργὴν μεγάλην ἥτις ἐστὶ | ✳ θάνατος ✳ κατακυριεύων παντὸς τοῦ γένους ἡμῶν. λέγει Ἀδὰμ |
| Adam | 17 | 5 | οὗ ἐνετείλατο ἡμῖν ὁ θεὸς μὴ ἐσθίειν ἐξ αὐτοῦ ἐπεὶ | ✳ θανάτῳ ✳ ἀποθανεῖσθε. τότε λέγει μοι ὁ ὄφις ζῇ ὁ θεὸς ὅτι |
| Adam | 29 | 9 | τῆς κακίας ταύτης ἵνα φόνον ποιήσω καὶ ἐνέγκω | ✳ θάνατον ✳ τῇ ἐμῇ πλευρᾷ, ἢ πῶς ἐπενέγκω χεῖρα τῇ εἰκόνι |
| Adam | 31 | 2 | κἀγὼ ζῶ ἤ πόσον χρόνον ἔχω ποιῆσαι μετὰ | ✳ θάνατον ✳ σου ἀνάγειλόν μοι; τότε λέγει ὁ Ἀδὰμ τῇ Εὔα μὴ |
| Hen. | 16 | 1 | ἐξεληλύθασι. ἀπὸ ἡμέρας σφαγῆς καὶ ἀπωλείας καὶ | ✳ θανάτου ✳ ἀφ' ὧν τὰ πνεύματα ἐκπορεύεται ἐκ τῆς ψυχῆς τῆς |
| Hen. | 16B | 1 | καὶ ἀπὸ ἡμέρας καιροῦ σφαγῆς καὶ ἀπωλείας καὶ | ✳ θανάτου ✳ τῶν γιγάντων Ναφηλεῖμ οἱ ἰσχυροὶ τῆς γῆς οἱ |
| Abr.1 | | | ἡμῶν δικαίου πατριάρχου Ἀβραὰμ διαλύων δὲ καὶ | ✳ θανάτου ✳ πεῖραν τὸ πῶς δὴ Ἔκαστος ἐτελεύτησεν. εὐλόγησον. |
| Abr.1 | 1 | 3 | δὲ καὶ ἐπὶ τοῦτον τὸ κοινὸν καὶ ἀπαραίτητον τοῦ | ✳ θανάτου ✳ πικρὸν ποτήριον καὶ τὸ ἄδηλον τοῦ βίου πέρας. |
| Abr.1 | 1 | 4 | τὸν φίλον μου Ἀβραὰμ⟩ καὶ εἰπὲ αὐτῷ περὶ τοῦ | ✳ θανάτου ✳ ἵνα διατάξεται περὶ τῶν πραγμάτων αὐτοῦ ὅτι |
| Abr.1 | 1 | 6 | τὸν ἠγαπημένον μοι καὶ ἀνάγγειλον αὐτῷ περὶ τοῦ | ✳ θανάτου ✳ καὶ πληροφόρησον αὐτὸν ὅτι μέλλει Ἔρχεσθαι ἐν τῷ |

| | | | | | |
|---|---|---|---|---|---|
| Abr.1 | 4 | 6 | ἵνα γινώσκῃ τὸ σὸν κράτος ὅτι ἐγὼ τὴν μνήμην τοῦ | * θανάτου * | πρὸς τὸν δίκαιον ἄνδρα ἐκεῖνον ἀναγγεῖλαι οὐ |
| Abr.1 | 4 | 8 | τὸν υἱὸν αὐτοῦ τὸν Ἰσαὰκ καὶ ῥίψω τὴν μνήμην τοῦ | * θανάτου * | εἰς τὴν καρδίαν τοῦ Ἰσαὰκ ὡς ἐν ὁράματι ἵνα καὶ |
| Abr.1 | 4 | 8 | ὡς ἐν ὁράματι ἵνα καὶ αὐτὸς ἐν ὀνείρῳ θεάσῃ τὸν | * θάνατον * | τοῦ πατρὸς αὐτοῦ καὶ Ἰσαὰκ δὲ ἀναγγελεῖ τὸ |
| Abr.1 | 4 | 11 | διακρινεῖς καλῶς ὅπως ἂν γνώσῃ ὁ Ἀβραὰμ τὴν τοῦ | * θανάτου * | δρεπάνην καὶ τὸ τοῦ βίου ἄδηλον πέρας καὶ ἵνα |
| Abr.1 | 5 | 6 | τῆς κλίνης αὐτοῦ〉. ἔρριψε δὲ ὁ θεὸς τὴν μνήμην τοῦ | * θανάτου * | εἰς τὴν καρδίαν Ἰσαὰκ ὡς ἐν ὀνείροις περὶ ὥραν |
| Abr.1 | 7 | 11 | πρός σε ὅπως ἀναγγείλω σοι τὴν μνήμην τοῦ | * θανάτου * | καὶ εἶθ' οὕτως ἀπελεύσομαι πρὸς αὐτὸν καθὼς |
| Abr.1 | 8 | 9 | οὐδεὶς 〈ἐκ τῶν〉 προπατόρων ἐξέφυγεν τὸ τοῦ | * θανάτου * | κειμήλιον πάντες ἀπέθανον πάντες ἐν τῷ ᾅδῃ |
| Abr.1 | 8 | 9 | πάντες ἐν τῷ ᾅδῃ καθεῖλοντο καὶ πάντες τῇ τοῦ | * θανάτου * | δρεπάνῃ συλλέγονται ἐπὶ σὲ δὲ οὐκ ἀπεστάλη |
| Abr.1 | 8 | 10 | θανάτου δρεπάνῃ συλλέγονται ἐπὶ σὲ δὲ οὐκ ἀπεστάλη | * θάνατος * | οὐκ εἴασα ὡς θανατηφόρον ἀπελθεῖν οὐ συνεχώρησα |
| Abr.1 | 8 | 10 | εἴασα ὡς θανατηφόρον ἀπελθεῖν οὐ συνεχώρησα τῇ τοῦ | * θανάτου * | δρεπάνῃ συναντῆσαί σοι οὐ παρεχώρησα τὰ τοῦ ᾅδου |
| Abr.1 | 8 | 12 | τί τοῦτο εἴρηκας; 〈ἢ οὐκ οἶδας〉 ὅτι ἐὰν ἐάσω τὸν | * θάνατον * | ἀπελθεῖν σοι τότε ἂν εἶχον ἰδεῖν κἂν ἔρχῃ κἂν |
| Abr.1 | 10 | 14 | οὐ θέλω ἀπολέσαι ἐξ αὐτῶν οὐδένα ἀναμένω δὲ τὸν | * θάνατον * | τῶν ἁμαρτωλῶν ἕως οὗ ἐπιστρέψαι καὶ ζῆσαι |
| Abr.1 | 14 | 15 | ἐγὼ δὲ οὔσπερ ἀποδώσω ἐπὶ τῆς γῆς ζῶντας ἐν τῷ | * θανάτῳ * | οὐκ ἀπαιτήσομαι. εἶπεν δὲ καὶ τὸν ἀρχιστράτηγον ἡ |
| Abr.1 | 16 | 1 | τότε ὁ ὕψιστος εἶπεν κάλεσόν μοι ὧδε τὸν | * θάνατον * | τὸν κεκλημένον τὸ ἀναίσχυντον πρόσωπον καὶ |
| Abr.1 | 16 | 2 | καὶ ἀνέλεον βλέμμα. καὶ ἀπελθὼν Μιχαὴλ εἶπεν τὸν | * θάνατον * | δεῦρο καλεῖ σε ὁ δεσπότης τῆς κτίσεως ὁ ἀθάνατος |
| Abr.1 | 16 | 3 | τῆς κτίσεως ὁ ἀθάνατος βασιλεύς. ἀκούσας δὲ ὁ | * θάνατος * | ἔφριξεν καὶ ἐτρόμαξεν καὶ δειλίᾳ πολὺ |
| Abr.1 | 16 | 4 | τοῦ δεσπότου. λέγει οὖν ὁ ἀόρατος θεὸς τὸν | * θάνατον * | δεῦρο οὖν τὸ πικρὸν καὶ ἄγριον τοῦ κόσμου ὄνομα |
| Abr.1 | 16 | 6 | παράλαβε ὅτι φίλος γνήσιός ἐστιν. ταῦτα ἀκούσας ὁ | * θάνατος * | ἐξῆλθεν ἀπὸ προσώπου τοῦ ὑψίστου καὶ περιεβάλετο |
| Abr.1 | 16 | 8 | φωτὸς ἀπαύγασμα περιστραφεὶς δὲ Ἀβραὰμ εἶδεν τὸν | * θάνατον * | ἐρχόμενον πρὸς αὐτὸν ἐν πολλῇ δόξῃ καὶ ὡραιότητι |
| Abr.1 | 16 | 9 | νομίζων τὸν ἀρχιστράτηγον εἶναι. καὶ ἰδὼν αὐτὸν ὁ | * θάνατος * | προσεκύνησεν λέγων χαίροις τίμιε Ἀβραὰμ δικαία |
| Abr.1 | 16 | 10 | τῶν ἀγγέλων ὁμόσκηνε. εἶπεν δὲ ὁ Ἀβραὰμ πρὸς τὸν | * θάνατον * | χαίροις ἡλιόρατε θεσμοσυλλήπτωρ ἐνδοξότατε |
| Abr.1 | 16 | 11 | σὴ ἐνδοξότης πρὸς ἡμᾶς καὶ τίς εἶ σύ; λέγει αὐτῷ ὁ | * θάνατος * | Ἀβραὰμ πάτερ δικαιότατε ἰδοὺ λέγω σοι τὴν |
| Abr.1 | 16 | 11 | ἰδοὺ λέγω σοι τὴν ἀλήθειαν ἐγώ εἰμι τὸ πικρὸν τοῦ | * θανάτου * | ποτήριον. λέγει οὖν Ἀβραὰμ οὐχὶ ἀλλὰ σὺ 〈εἶ〉 ἡ |
| Abr.1 | 16 | 12 | εὐμορφότερος καὶ λέγεις ὅτι ἐγώ εἰμι τὸ πικρὸν τοῦ | * θανάτου * | ποτήριον καὶ οὐ λέγεις 〈μᾶλλον〉 ὅτι ἐγώ εἰμι |
| Abr.1 | 16 | 13 | ἐγώ εἰμι παντὸς ἀγαθοῦ εὐμορφότερος. εἶπεν δὲ ὁ | * θάνατος * | ἐγὼ πάτερ λέγω σοι τὴν ἀλήθειαν ὁποῖον ὄνομα |
| Abr.1 | 16 | 15 | εἶπεν δὲ Ἀβραὰμ εἰς τί ἐλήλυθας ὧδε; εἶπεν δὲ ὁ | * θάνατος * | διὰ τῆς δικαίας σου ψυχῆς παραγέγονα. 〈λέγει |
| Abr.1 | 16 | 16 | οἶδα τί λέγεις ἀλλ' οὐ μή σε ἀκολουθήσω. ὁ δὲ | * θάνατος * | ἐσιώπα καὶ οὐκ ἀπεκρίθη. ἀνέστη δὲ Ἀβραὰμ καὶ |
| Abr.1 | 17 | 1 | καὶ ἦλθεν εἰς τὸν οἶκον αὐτοῦ ἠκολούθει δὲ καὶ ὁ | * θάνατος * | ἕως ἐκεῖ ἀνέβη δὲ Ἀβραὰμ εἰς τὸ τρίκλινον αὐτοῦ |
| Abr.1 | 17 | 1 | δὲ Ἀβραὰμ εἰς τὸ τρίκλινον αὐτοῦ ἀνέβη καὶ ὁ | * θάνατος * | ἀνέπεσεν δὲ Ἀβραὰμ ἐπὶ τῆς κλίνης αὐτοῦ ἦλθεν |
| Abr.1 | 17 | 1 | δὲ Ἀβραὰμ ἐπὶ τῆς κλίνης αὐτοῦ ἦλθεν οὖν καὶ ὁ | * θάνατος * | καὶ ἔστη παρὰ τοὺς πόδας αὐτοῦ. εἶπεν οὖν |
| Abr.1 | 17 | 3 | ἐμοῦ ὅτι θέλω ἀναπαύεσθαι ἐν τῇ κλίνῃ μου. ὁ δὲ | * θάνατος * | λέγει οὐκ ἀναχωρῶ ἕως οὗ λάβω τὸ πνεῦμά σου ἀπό |
| Abr.1 | 17 | 4 | τοῦ ἀθανάτου σοι λέγω εἰπὲ ἡμῖν τὸ ἀληθὲς σὺ εἶ ὁ | * θάνατος; * | λέγει αὐτῷ ὁ θάνατος ἐγώ εἰμι ὁ τὸν κόσμον |
| Abr.1 | 17 | 5 | εἰπὲ ἡμῖν τὸ ἀληθὲς σὺ εἶ ὁ θάνατος; λέγει αὐτῷ ὁ | * θάνατος * | ἐγώ εἰμι ὁ τὸν κόσμον λυμαίνων. εἶπεν δὲ Ἀβραὰμ |
| Abr.1 | 17 | 6 | εἶπεν δὲ Ἀβραὰμ δέομαί σου ἐπειδὴ σὺ εἶ ὁ | * θάνατος * | ἀνάγγειλόν μοι καὶ πρὸς πάντας οὕτως ἀπέρχει ἐν |
| Abr.1 | 17 | 7 | ἐν εὐμορφίᾳ καὶ δόξῃ καὶ ὡραιότητι τοιαύτῃ; ὁ | * θάνατος * | εἶπεν οὐχὶ κύριέ μου αἱ γὰρ δικαιοσύναι σου καὶ |
| Abr.1 | 17 | 10 | ἀγριότητά σου καὶ πᾶσαν τὴν σαπρίαν. εἶπεν δὲ ὁ | * θάνατος * | οὐ μὴ δυνηθῇς θεάσασθαι τὴν ἐμὴν ἀγριότητα |
| Abr.1 | 17 | 12 | θεοῦ μου τοῦ ἐπουρανίου μετ' ἐμοῦ ἐστιν. τότε ὁ | * θάνατος * | ἀπεκδύσατο πᾶσαν τὴν ὡραιότητα καὶ τὰ κάλλη καὶ |
| Abr.1 | 17 | 18 | θανατηφόρον 〈ἀώρως θνήσκοντα〉 ὡς τῆς ὀσμῆς τοῦ | * θανάτου * | καὶ πολλῆς πικρίας καὶ ἀγριότητος ἐτελεύτησαν |
| Abr.1 | 17 | 19 | ἑπτὰ καὶ ὁ δίκαιος Ἀβραὰμ ἦλθεν εἰς ὀλιγωρίαν | * θανάτου * | ὥστε ἐκλείπειν τὸ πνεῦμα αὐτοῦ. καὶ ταῦτα οὕτως |
| Abr.1 | 18 | 1 | ταῦτα οὕτως ἰδὼν ὁ πανίερος Ἀβραὰμ εἶπεν πρὸς τὸν | * θάνατον * | δέομαί σου πανώλεθρε θάνατε κρύψαί σου τὴν |
| Abr.1 | 18 | 1 | εἶπεν πρὸς τὸν θάνατον δέομαί σου πανώλεθρε | * θάνατε * | κρύψαί σου τὴν ἀγριότητα καὶ περιβαλοῦ τὴν |
| Abr.1 | 18 | 2 | καὶ μορφὴν ἣν εἶχες τὸ πρότερον. εὐθέως δὲ ὁ | * θάνατος * | ἔκρυψεν τὴν ἀγριότητα αὐτοῦ καὶ περιεβάλετο τὴν |
| Abr.1 | 18 | 3 | ἣν εἶχεν τὸ πρότερον. εἶπεν δὲ Ἀβραὰμ πρὸς τὸν | * θάνατον * | τί τοῦτο ἐποίησας ὅτι ἀπέκτεινας πάντας τοὺς |
| Abr.1 | 18 | 4 | μου; ἢ ὁ θεὸς ἐν τούτῳ σε ἀπέστειλεν; καὶ ὁ | * θάνατος * | εἶπεν οὐχὶ κύριέ μου οὐκ ἔστιν οὕτως ὡς σὺ |
| Abr.1 | 18 | 5 | σέ ἀπεστάλην ἕως ὧδε. εἶπεν δὲ Ἀβραὰμ πρὸς τὸν | * θάνατον * | καὶ πῶς οὗτοι τεθνήκασιν οὐ κἂν ὁ κύριος εἶπεν; |
| Abr.1 | 18 | 6 | πῶς οὗτοι τεθνήκασιν οὐ κἂν ὁ κύριος εἶπεν; καὶ ὁ | * θάνατος * | εἶπεν τὸν Ἀβραὰμ πίστευσόν μοι ὅτι καὶ τοῦτο |
| Abr.1 | 18 | 8 | ὁ δίκαιος εἶπεν νῦν ἔγνων κἀγὼ ὅτι εἰς ὀλιγωρίαν | * θανάτου * | ἦλθον ὥστε ἐκλείπειν τὸ πνεῦμά μου ἀλλὰ δέομαι |
| Abr.1 | 18 | 9 | ἐκλείπειν τὸ πνεῦμά μου ἀλλὰ δέομαί σου πανώλεθρε | * θάνατε * | ἐπειδὴ (οὖν οἱ παῖδες) ἀώρως τεθνήκασιν δεῦρο |
| Abr.1 | 18 | 10 | τεθνήξαντας διὰ τῆς σῆς ἀγριότητος. καὶ εἶπεν ὁ | * θάνατος * | ἀμὴν γένοιτο ἀναστὰς οὖν Ἀβραὰμ ἔπεσεν ἐπὶ |
| Abr.1 | 18 | 10 | ἐπὶ πρόσωπον ἐπὶ τὴν γῆν προσευχόμενος καὶ ὁ | * θάνατος * | σὺν αὐτῷ καὶ ἀπέστειλεν ὁ θεὸς πνεῦμα ζωῆς ἐπὶ |
| Abr.1 | 19 | 1 | καὶ ἀνελθὼν ἐν τῇ κλίνῃ αὐτοῦ ἀνέπεσεν ἐλθὼν καὶ ὁ | * θάνατος * | ἔστη ἔμπροσθεν αὐτοῦ. εἶπεν δὲ Ἀβραὰμ πρὸς |
| Abr.1 | 19 | 3 | ὅτι ἐν ὀλιγωρίᾳ περίκειται τὸ πνεῦμά μου. καὶ ὁ | * θάνατος * | εἶπεν οὐκ ἀναχωρῶ ἀπὸ σοῦ ἕως οὗ λάβω τὴν ψυχήν |
| Abr.1 | 19 | 4 | τῷ βλέμματι καὶ ὀργίλῳ τῷ προσώπῳ εἶπεν πρὸς τὸν | * θάνατον * | τίς ὁ προστάξας σοι τοῦτο λέγειν; σὺ ἀφ' ἑαυτοῦ |
| Abr.1 | 19 | 7 | καὶ μεμεστωμένα δίδαξόν μοι περὶ πάντων. καὶ ὁ | * θάνατος * | εἶπεν ἄκουσον δίκαιε τοὺς ἑπτὰ αἰῶνας ἐγὼ |
| Abr.1 | 19 | 8 | καιόμενοι τελευτῶσιν καὶ διὰ πυρίνου προσώπου | * θάνατον * | βλέπουσιν τὸ δὲ πρόσωπον τοῦ κρημνοῦ ἔδειξά σοι |
| Abr.1 | 19 | 9 | τελευτῶσιν καὶ εἰς τύπον κρημνοῦ θεωροῦσιν τὸν | * θάνατον * | τὸ δὲ πρόσωπον τῆς ῥομφαίας ἔδειξά σοι διότι |
| Abr.1 | 19 | 10 | ῥομφαίας ἀναιροῦνται καὶ θεωροῦσιν ἐν ῥομφαίᾳ τὸν | * θάνατον * | τὸ δὲ πρόσωπον τοῦ μεγάλου ποταμοῦ τοῦ |
| Abr.1 | 19 | 11 | ἐπαιρόμενοι ἀποπνίγονται καὶ τελευτῶσιν ἀώρως τὸν | * θάνατον * | βλέπουσιν τὸ δὲ πρόσωπον τῆς θαλάσσης τῆς ἀγρίας |
| Abr.1 | 19 | 12 | ναυαγίοις γεγονότες ὑποβρύχιοι γίνονται θαλάσσιον | * θάνατον * | βλέποντες τῆς δὲ βροντῆς τῆς ἀνυποφόρου καὶ τῆς |
| Abr.1 | 19 | 13 | φοβερᾶς ἐλθούσης ἀνάρπαστοι γίνονται καὶ οὕτω τὸν | * θάνατον * | βλέπουσιν ἔδειξά σοι καὶ θηρία ἰοβόλα ἀσπίδας |
| Abr.1 | 20 | 1 | εἶπεν δὲ Ἀβραὰμ δέομαί σου ἔστιν καὶ παράλογος | * θάνατος; * | ἀνάγγειλόν μοι. λέγει ὁ θάνατος ἀμὴν ἀμὴν λέγω |
| Abr.1 | 20 | 2 | καὶ παράλογος θάνατος; ἀνάγγειλόν μοι. λέγει ὁ | * θάνατος * | ἀμὴν ἀμὴν λέγω σοι ἐν ἀληθείᾳ θεοῦ λόγον ὅτι |
| Abr.1 | 20 | 2 | ἐν ἀληθείᾳ θεοῦ λόγου ὅτι ἑβδομήκοντα δύο εἰσίν | * θάνατοι * | καὶ εἷς μὲν θάνατος ὑπάρχει ὁ δίκαιος ἔχων |
| Abr.1 | 20 | 2 | ὅτι ἑβδομήκοντα δύο εἰσὶν θάνατοι καὶ εἷς μὲν | * θάνατος * | ὑπάρχει ὁ δίκαιος ὁ ἔχων ὅρον καὶ πολλοὶ τῶν |
| Abr.1 | 20 | 2 | ὅρον καὶ πολλοὶ τῶν ἀνθρώπων παρὰ μίαν ὥραν εἰς | * θάνατον * | ἔρχονται παραδιδόμενοι τῷ τάφῳ ἰδοὺ γὰρ |
| Abr.1 | 20 | 4 | ἁπάντων προσέταξέν μοι. εἶπεν δὲ Ἀβραὰμ πρὸς τὸν | * θάνατον * | ἄπελθε ἀπ' ἐμοῦ ἔτι μικρὸν ἵνα ἀναπαύσωμαι ἐν τῇ |
| Abr.1 | 20 | 7 | πικρῶς ὀδυρόμενοι καὶ Ἀβραὰμ ἦλθεν εἰς ὀλιγωρίαν | * 〈θανάτου〉. * | εἶπεν δὲ ὁ θάνατος 〈πρὸς〉 τὸν Ἀβραὰμ δεῦρο |
| Abr.1 | 20 | 8 | Ἀβραὰμ ἦλθεν εἰς ὀλιγωρίαν 〈θανάτου〉. εἶπεν δὲ ὁ | * θάνατος * | 〈πρὸς〉 τὸν Ἀβραὰμ δεῦρο ἄσπασαι τὴν δεξιάν μου |
| Abr.1 | 20 | 9 | καὶ ζωὴ καὶ δύναμις. πεπλάνηκεν γὰρ τὸν Ἀβραὰμ ὁ | * θάνατος * | καὶ ἠσπάσατο τὴν χεῖρα αὐτοῦ καὶ εὐθέως ἐκολλᾶτο |
| Abr.1 | 20 | 9 | καὶ εὐθέως ἐκολλᾶτο ἡ ψυχὴ αὐτοῦ ἐν τῇ χειρὶ τοῦ | * θανάτου. * | καὶ εὐθέως παρέστη Μιχαὴλ ὁ ἀρχάγγελος μετὰ |
| Abr.2 | 4 | 11 | οὖν κύριε κέλευσον ἀποστεῖλαι τὴν μνήμην τοῦ | * θανάτου * | Ἀβραὰμ ἐν τῇ καρδίᾳ αὐτοῦ ἵνα εἰδῇ Ἀβραὰμ |
| Abr.2 | 4 | 16 | καὶ σὺ μετ' αὐτοῦ ῥίψον δὲ τὴν μνήμην τοῦ | * θανάτου * | Ἀβραὰμ εἰς τὴν καρδίαν τοῦ υἱοῦ αὐτοῦ Ἰσαάκ |
| Abr.2 | 8 | 11 | δύο πύλαι αἱ ἀπάγουσαι εἰς τὴν δόξαν καὶ εἰς τὸν | * θάνατον * | ἡ μὲν μία πύλη αὕτη ἐστὶν ἡ ἀπάγουσα εἰς τὴν |
| Abr.2 | 9 | 11 | ἀπὸ τοῦ σώματος ἢ οὔ; ἀπεκρίθη Μιχαὴλ καὶ εἶπεν ὁ | * θάνατος * | ἄγει αὐτοὺς εἰς τὸν τόπον τοῦ κριτηρίου ἵνα ὁ |
| Abr.2 | 13 | 1 | ἔθαψεν αὐτὴν Ἀβραάμ. ὅτε δὲ ἤγγισαν αἱ ἡμέραι τοῦ | * θανάτου * | Ἀβραὰμ οὐκ ἐτόλμησεν ὁ θάνατος ἐγγίσαι αὐτῷ τοῦ |
| Abr.2 | 13 | 1 | αἱ ἡμέραι τοῦ θανάτου Ἀβραὰμ οὐκ ἐτόλμησεν ὁ | * θάνατος * | ἐγγίσαι αὐτῷ τοῦ ἐξενέγκαι τὴν ψυχὴν αὐτοῦ ἐκ |
| Abr.2 | 13 | 2 | εἶπεν δὲ κύριος πρὸς Μιχαὴλ ἀπελθὼν κόσμησον τὸν | * θάνατον * | ἐν πολλῇ ὡραιότητι καὶ ἀπόστειλον αὐτὸν πρὸς |
| Abr.2 | 13 | 3 | ὀφθαλμοῖς αὐτοῦ. καὶ ἀπελθὼν Μιχαὴλ ἐκόσμησεν τὸν | * θάνατον * | ἐν πολλῇ ὡραιότητι καὶ ἀπέστειλε πρὸς Ἀβραάμ. |
| Abr.2 | 13 | 4 | καὶ ἀπέστειλε πρὸς Ἀβραάμ. ἰδὼν δὲ Ἀβραὰμ τὸν | * θάνατον * | ἔγγιστα αὐτοῦ καθήμενον ἐφοβήθη φόβον μέγαν. καὶ |
| Abr.2 | 13 | 9 | ὅτι οὐκ ἔστιν ἐκ τοῦ κόσμου τούτου. καὶ εἶπεν ὁ | * θάνατος * | τῷ Ἀβραὰμ λέγω σοι ἐν ὅλῳ τῷ κτίσματι ὃ ἔκτισεν |
| Abr.2 | 13 | 11 | οὐρανοῦ καὶ οὐχ εὑρέθη ὅμοιός σου. καὶ εἶπεν τῷ | * θανάτῳ * | Ἀβραὰμ ἐτόλμησας ψεύσασθαι ὁρῶ τὴν ὡραιότητά σου |
| Abr.2 | 13 | 12 | ὅτι οὐκ ἔστιν ἐκ τοῦ κόσμου τούτου. καὶ εἶπεν ὁ | * θάνατος * | τῷ Ἀβραὰμ νομίζεις ὅτι ἡ ὡραιότης αὕτη ἐμή |
| Abr.2 | 13 | 14 | τίνος οὖν ἐστιν ἡ ὡραιότης αὕτη; εἶπεν δὲ ὁ | * θάνατος * | τῷ Ἀβραὰμ οὐδεὶς ἐστιν σαπρότερός μου. λέγει |
| Abr.2 | 13 | 15 | λέγει αὐτῷ Ἀβραὰμ δεῖξόν μοι τίς εἶ. εἶπεν δὲ ὁ | * θάνατος * | ἐγώ εἰμι τὸ πικρότερον ὄνομα ἐγώ εἰμι ὁ κλαυθμὸς |
| Abr.2 | 13 | 16 | λέγει αὐτῷ Ἀβραὰμ καὶ τίς εἶ σύ; καὶ λέγει ὁ | * θάνατος * | ἐγώ εἰμι ὁ θάνατος ὁ ἐκφέρων τὰς ψυχὰς ἐκ τοῦ |
| Abr.2 | 13 | 16 | καὶ τίς εἶ σύ; καὶ λέγει ὁ θάνατος ἐγώ εἰμι ὁ | * θάνατος * | ὁ ἐκφέρων τὰς ψυχὰς ἐκ τοῦ σώματος. καὶ λέγει |
| Abr.2 | 13 | 17 | ψυχὰς ἐκ τοῦ σώματος. καὶ λέγει Ἀβραὰμ σὺ εἶ ὁ | * θάνατος; * | δύνασαι προτρέψασθαι πάντας ἐκβληθῆναι ἐκ τοῦ |
| Abr.2 | 13 | 18 | πάντας ἐκβληθῆναι ἐκ τοῦ σώματος; εἶπεν δὲ ὁ | * θάνατος * | τῷ Ἀβραὰμ νομίζεις ὅτι ἐμή ἐστιν ἡ ὡραιότης |
| Abr.2 | 14 | 2 | δεῖξόν μοι καὶ τὴν σαπρότητά σου. καὶ ἦρεν ὁ | * θάνατος * | τὴν δικαιοσύνην ἀφ' ἑαυτοῦ καὶ ἐφανέρωσεν αὐτῷ |
| Abr.2 | 14 | 5 | ἑπτὰ παῖδες τοῦ Ἀβραὰμ διὰ τὸν φόβον τοῦ | * θανάτου * | ηὔξατο δὲ Ἀβραὰμ πρὸς κύριον καὶ ἀνέστησεν |
| Abr.2 | 14 | 6 | ἐγένετο δὲ ὡς ἐπέστρεψεν Ἀβραὰμ ἐξήνεγκεν ὁ | * θάνατος * | τὴν ψυχὴν αὐτοῦ ὡς ἐν ὀνείροις ἦλθον δὲ ἅρματα |
| TRub. | 1 | 8 | ἐνώπιον κυρίου καὶ ἑπτὰ μῆνας ἐμαλακίσθην ἕως | * θανάτου. * | καὶ ἐν προαιρέσει ψυχῆς μου ἑπτὰ ἔτη μετενόησα |
| TRub. | 3 | 1 | ἐστι μεθ' οὗ ἐκτίσθη ἔκστασις φύσεως καὶ εἰκὼν τοῦ | * θανάτου. * | τούτοις τοῖς πνεύμασι συμμίγνυνται τὸ πνεῦμα τῆς |
| TRub. | 4 | 10 | ἐρρύσατο αὐτὸν ἀπὸ παντὸς ὁρατοῦ καὶ κεκρυμμένου | * θανάτου. * | ἐὰν γὰρ μὴ κατισχύσῃ ἡ πορνεία τὴν ἔννοιαν οὐδὲ |
| TRub. | 6 | 6 | θεὸς ποιήσει τὴν ἐκδίκησιν αὐτῶν καὶ ἀποθανεῖσθε | * θανάτῳ * | πονηρῷ. τῷ γὰρ Λευὶ ἔδωκε κύριος τὴν ἀρχὴν καὶ τῷ |
| TJud. | 5 | 1 | καὶ τειχήρη καὶ ἀπροσέγγιστον ἀπειλοῦσαν ἡμῖν | * θάνατον. * | ἐγὼ οὖν καὶ Γὰδ προσέβαμεν ἀπὸ ἀνατολῶν τῆς |
| TJud. | 12 | 8 | τὸν ἀρραβῶνα. ἀλλ' οὐδὲ ἤγγισα αὐτῇ ἔτι ἕως | * θανάτου * | μου ὅτι βδέλυγμα ἐποίησα τοῦτο ἐν παντὶ Ἰσραήλ. |
| TJud. | 23 | 3 | ἀνθ' ὧν ἄξει κύριος ἐφ' ὑμᾶς λιμὸν καὶ λοιμὸν | * θάνατον * | καὶ ῥομφαίαν ἐκδικοῦσαν πολιορκίαν καὶ κύνας εἰς |
| TIss. | 7 | 1 | ἐτῶν εἰμι ἐγὼ καὶ οὐκ ἔγνων ἐπ' ἐμὲ ἁμαρτίαν εἰς | * θάνατον. * | πλὴν τῆς γυναικός μου οὐκ ἔγνων ἄλλην οὐκ |
| TZab. | 1 | 1 | καὶ δεκάτῳ ἔτει τῆς ζωῆς αὐτοῦ μετὰ δύο ἔτη τοῦ | * θανάτου * | Ἰωσήφ. καὶ εἶπεν αὐτοῖς ἀκούσατέ μου υἱοὶ |
| TDan | 1 | 4 | ὑμῖν τέκνα μου ὅτι ἐν καρδίᾳ μου ηὐδόμην περὶ τοῦ | * θανάτου * | Ἰωσὴφ ἀνδρὸς ἀληθινοῦ καὶ ἀγαθοῦ καὶ ἔχαιρον |
| TGad | 4 | 6 | τοὺς νεκροὺς θέλει ζωοποιῆσαι καὶ τοὺς ἐν ἀποφάσει | * θανάτου * | θελήσει ἀνακαλέσασθαι οὕτως τὸ μῖσος τοὺς ζῶντας |
| TGad | 4 | 7 | τῆς ὀλιγοψυχίας συνεργεῖ τῷ σατανᾷ ἐν πᾶσιν εἰς | * θάνατον * | τῶν ἀνθρώπων τὸ δὲ πνεῦμα τῆς ἀγάπης ἐν |

| | | | | |
|---|---|---|---|---|
| TAser | 5 2 | τοῦ ἑνὸς καὶ ἓν ὑπὸ τοῦ ἑνὸς κέκρυπται τὴν ζωὴν ὁ | * θάνατος * | διαδέχεται τὴν δόξαν ἡ ἀτιμία τὴν ἡμέραν ἡ νὺξ |
| TAser | 5 2 | ὑπὸ ἡμέραν εἰσὶ καὶ ὑπὸ ζωὴν τὰ δίκαια διὸ καὶ τὸν | * θάνατον * | ἡ αἰώνιος ζωὴ ἀναμένει. καὶ οὐκ ἔστιν εἰπεῖν τὴν |
| TJos. | 1 3 | ὑμῶν. ἐγὼ εἶδον ἐν τῇ ζωῇ μου τὸν φθόνον καὶ τὸν | * θάνατον * | καὶ οὐκ ἐπλανήθην ἐν τῇ ἀληθείᾳ κυρίου. οἱ |
| TJos. | 3 1 | δίδωσιν ἡ ὑπομονή. ποσάκις ἡ Αἰγυπτία ἠπείλησέ μοι | * θάνατον * | ποσάκις τιμωρίαις παραδοῦσα ἀνεκαλέσατό με καὶ |
| TJos. | 3 9 | πορνείαν με ἐφελκύσατο. καὶ νοήσας ἐλυπήθην ἕως | * θανάτου * | καὶ ἐξελθούσης αὐτῆς ἦλθον εἰς ἐμαυτὸν καὶ |
| TJos. | 6 5 | βρώματος; καὶ εἶπον πρὸς αὐτὴν ὅτι ἐπλήρωσας αὐτὸ | * θανάτου * | καὶ πῶς εἶπας ὅτι οὐκ ἐγγίζω εἰδώλοις ἀλλὰ κυρίῳ |
| TJos. | 11 3 | καὶ ἡ ὄψις σου δηλοῖ περὶ σου καὶ ἠπείλει μοι ἕως | * θανάτου. * | ἐγὼ δὲ ἔλεγον ὅτι δοῦλος αὐτῶν εἰμι. ὡς δὲ |
| TJos. | 17 5 | οὐκ ὠνείδισα ἀλλὰ καὶ παρεκάλεσα αὐτούς. καὶ μετὰ | * θάνατον * | Ἰακὼβ περισσοτέρως ἠγάπησα αὐτοὺς καὶ πάντα ὅσα |
| Asen. | 8 9 | καὶ ἀπὸ τῆς πλάνης εἰς τὴν ἀλήθειαν καὶ ἀπὸ τοῦ | * θανάτου * | εἰς τὴν ζωὴν σὺ κύριε εὐλόγησον τὴν παρθένον |
| Asen. | 21 8 | ἐν ταῖς ἑπτὰ ἡμέραις τῶν γάμων Ἰωσὴφ καὶ Ἀσενὲθ | * θανάτῳ * | ἀποθανεῖται. καὶ ἐγένετο μετὰ ταῦτα εἰσῆλθεν |
| Asen. | 21 14 | καὶ ποτήριον ἐνέδρας ἔπιον ἀπὸ τῆς τραπέζης τοῦ | * θανάτου.〉 * | 〈ἥμαρτον κύριε ἥμαρτον ἐνώπιόν σου πολλὰ |
| Asen. | 24 7 | αὐτοῖς ὁ υἱὸς Φαραὼ καὶ εἶπεν ἰδοὺ εὐλογία καὶ | * θάνατος * | πρὸ προσώπου ὑμῶν. λάβετε οὖν μᾶλλον ὑμεῖς τὴν |
| Asen. | 24 7 | λάβετε οὖν μᾶλλον ὑμεῖς τὴν εὐλογίαν καὶ μὴ τὸν | * θάνατον * | διότι ὑμεῖς ἐστὲ ἄνδρες δυνατοὶ καὶ οὐκ |
| Asen. | 24 8 | Ἀσὴρ καὶ οὐκ εἴσιν ἀδελφοί μου καὶ ἀναμενῶ τὸν | * θάνατον * | τοῦ πατρός μου καὶ ἐκτρίψω αὐτοὺς ἐκ γῆς καὶ |
| Asen. | 27 10 | καὶ ῥυσάμενός με ἐκ τῶν εἰδώλων καὶ τῆς φθορᾶς τοῦ | * θανάτου * | ὁ εἰπών μοι ὅτι εἰς τὸν αἰῶνα ζήσεται ἡ ψυχή σου |
| Asen. | 29 3 | καταπατῆσαι οὐδὲ ἐκθλίψαι τὸν ἐχθρὸν αὐτοῦ ἕως | * θανάτου. * | καὶ νῦν ἀπόστρεψον τὴν ῥομφαίαν σου εἰς τὸν |
| Sal. | 7 4 | ἡμᾶς καὶ μὴ δῷς ἔθνεσιν. ἐὰν γὰρ ἀποστείλῃς | * θάνατον * | σὺ ἐντελῇ αὐτῷ περὶ ἡμῶν ὅτι σὺ ἐλεήμων καὶ οὐκ |
| Sal. | 13 2 | ἡμᾶς ἀπὸ ῥομφαίας διαπορευομένης ἀπὸ λιμοῦ καὶ | * θανάτου * | ἁμαρτωλῶν. θηρία ἐπεδράμοσαν αὐτοῖς πονηρὰ ἐν |
| Sal. | 15 7 | ἐπὶ δικαίους εἰς σωτηρίαν. λιμὸς καὶ ῥομφαία καὶ | * θάνατος * | ἀπὸ δικαίων μακρὰν φεύξονται γὰρ ὡς διωκόμενοι |
| Sal. | 16 2 | μακρὰν ἀπὸ θεοῦ παρ' ὀλίγον ἐξεχύθη ἡ ψυχή μου εἰς | * θάνατον * | σύνεγγυς πυλῶν ᾅδου μετὰ ἁμαρτωλοῦ ἐν τῷ |
| Sal. | 16 6 | ὁ θεὸς μηδὲ τὴν μνήμην σου ἀπὸ καρδίας μου ἕως | * θανάτου. * | ἐπικράτησόν μου ὁ θεὸς ἀπὸ ἁμαρτίας πονηρᾶς καὶ |
| Jer. | 9 21 | δεῦτε οὖν καὶ μὴ ἀποκτείνωμεν αὐτὸν τῷ ἐκείνου | * θανάτῳ * | ἀλλὰ λίθοις λιθοβολήσωμεν αὐτόν. ἐλυπήθησαν οὖν |
| Bar. | 16 3 | ὀργῆς. καὶ διχοτομήσατε αὐτοὺς ἐν μαχαίρᾳ καὶ ἐν | * θανάτῳ * | καὶ τὰ τέκνα αὐτῶν ἐν δαιμονίοις. ὅτι οὐκ |
| Prop. | 1 5 | ἔθαψε καὶ ἐνδόξως ἵνα δι' εὐχῶν αὐτοῦ καὶ μετὰ | * θάνατον * | αὐτοῦ ὡσαύτως ἔχωσι τὴν ἀπόλαυσιν τοῦ ὕδατος ὅτι |
| Prop. | 12 15 | 〈καὶ διασώσει αὐτοὺς κύριος ἐκ σκότους καὶ σκιᾶς | * θανάτου * | καὶ ἔσονται ἐν σκηνῇ ἁγίᾳ. οὗτος ὁ προφήτης περὶ |
| Prop. | 21 9 | ἀποστείλαντι μαντεύσασθαι παρὰ εἰδώλων προεφήτευσε | * θάνατον * | καὶ ἀπέθανεν. δύο πεντηκοντάρχων ἀποσταλέντων |
| Prop. | 22 6 | ἴαμαι τὰ ὕδατα ταῦτα καὶ οὐκ ἔσται ἔτι ἐκεῖθεν | * θάνατος * | καὶ ἀτεκνουμένη καὶ ἰάθησαν τὰ ὕδατα ἕως τῆς |
| Prop. | 22 20 | ὁ βασιλεὺς Συρίας ἐπαύσατο τοῦ πολεμεῖν. μετὰ | * θάνατον * | Ἐλισαίου ἀποθανών τις καὶ θαπτόμενος ἐρρίφη ἐπὶ |
| Prop. | 26 2 | κατ' ὄνομα 〈τῶν προφητῶν καὶ ὁσίων ἀνδρῶν καὶ ὁ | * θάνατος * | αὐτῶν καὶ τὰ ἀξιώματα αὐτῶν καὶ πότε ἀπέθνησκον |
| Esdr. | 3 12 | καὶ ὅταν ἴδητε ὅτι ἀδελφὸς ἀδελφὸν παραδίδει εἰς | * θάνατον * | καὶ τέκνα ἐπὶ γονεῖς ἀναστήσονται καὶ γυνὴ τὸν |
| Esdr. | 7 2 | ἵνα τὸ τῶν ἀνθρώπων γένος μὴ οὖν φοβηθῇ τὸν | * θάνατον. * | τὸ γὰρ ἐξ ἐμοῦ ἤγουν ἡ ψυχὴ ἀπέρχεται εἰς τὸν |
| Sedr. | 4 5 | τὸ ξύλον τῆς ζωῆς φύλαξον ἐὰν γὰρ φάγῃς ἀπ' αὐτοῦ | * θανάτῳ * | ἀποθανεῖ. αὐτὸς δὲ παρήκουσέ μου τὴν ἐντολὴν καὶ |
| Sedr. | 10 5 | ταῦτα πάντα ἀκούσας ὁ Σεδρὰχ καὶ ἐνθυμηθεὶς τοῦ | * θανάτου * | τὴν μνήμην ἐξέστη λίαν καὶ εἶπεν Σεδρὰχ τὸν θεὸν |
| Sedr. | 12 5 | τρία ἔτη καὶ ποιήσῃ καρπὸν δικαιοσύνης καὶ φθάσῃ ὁ | * θάνατος * | οὐ μὴ μνησθῶ πάσας τὰς ἁμαρτίας αὐτοῦ. λέγει |
| Sedr. | 13 1 | πολλά εἰσιν τὰ τρία ἔτη κύριέ μου μὴ φθάσῃ ὁ | * θάνατος * | αὐτοῦ καὶ οὐ πληρώσῃ τὴν μετάνοιαν αὐτοῦ ἐλέησον |
| Sedr. | 13 3 | ἐὰν μετὰ ἑκατὸν ἔτη ζήσῃ ἄνθρωπος καὶ μνησθῇ τὸν | * θάνατον * | αὐτοῦ καὶ ὁμολογήσῃ ἔμπροσθεν τῶν ἀνθρώπων καὶ |
| Sedr. | 13 5 | παρακαλῶ τὸ πλάσμα σου πολύς ἐστιν ὁ χρόνος μὴ ὁ | * θάνατος * | αὐτοῦ φθάσῃ καὶ ἁρπάσῃ αὐτὸν συντόμως. λέγει |
| Job | 1 6 | μου γυνὴ ἐτελεύτησεν μετὰ ἄλλων δέκα τέκνων ἐν | * θανάτῳ * | πικρῷ. ἀκούσατε οὖν μου τέκνα, καὶ δηλώσω ὑμῖν τὰ |
| Job | 4 4 | σοι μετὰ ὀργῆς εἰς πόλεμον. μόνον ὅτι | * θανατόν * | σοι οὐ δυνήσεται ἐπενεγκεῖν ἐπιφέρει δέ σοι |
| Job | 5 1 | καὶ ἐγὼ τεκνία μου ἀνταπεκρίθην αὐτῷ ὅτι ἄχρι | * θανάτου * | ὑπομείνω καὶ οὐ μὴ ἀναποδίσω. καὶ μετὰ τὸ |
| Aris. | 167 2 | ἐμφανιστὰς οἴομαί σε λέγειν καὶ γὰρ αἰκίαις καὶ | * θανάτοις * | ἐπαλγέσιν αὐτοὺς περιβάλλει συνεχῶς. ὁ δὲ |
| Aris. | 233 2 | προαίρεσιν ἡμῶν ἀνακύπτοντα βλάπτῃ λέγω δὴ οἷον | * θάνατοι * | τε καὶ νόσοι καὶ λῦπαι καὶ τὰ τοιαῦτα. εὐσεβεῖ |
| Aris. | 253 4 | ὅτι πάντων ἐξουσίαν ἔχει καὶ εἰ χρήσαιτο θυμῷ | * θάνατον * | ἐπιφέρει ὅπερ ἀνωφελὲς καὶ ἀλγεινόν ἐστιν εἰ τὸ |
| Sib. | 3 317 | +διελεύσεται διὰ μέσον σεῖο+ σκορπισμὸς δέ τε καὶ | * θάνατος * | καὶ λιμὸς ἐφέξει ἑβδομάτῃ γενεῇ βασιλήων καὶ |
| Sib. | 3 335 | ἀστὴρ λάμψει ὃν ἐροῦσι κομήτην ῥομφαίας λιμοῦ | * θανάτοιό * | τε σῆμα βροτοῖσιν ἡγεμόνων τε +φθορὰν+ ἀνδρῶν |
| Sib. | 3 546 | ἀνδράσιν ἡγεμόνεσσιν θνητοῖς οἷς οὐκ ἔστι φυγεῖν | * θανάτοιο * | τελευτήν; πρός τί τε δῶρα μάταια καταφθιμένοισι |
| Sib. | 3 692 | οὐρανόθεν αὐτὰρ λίθος ἠδὲ χάλαζα πολλὴ καὶ χαλεπὴ | * θάνατος * | δ' ἐπὶ τετράποδ' ἔσται. καὶ τότε γνώσονται θεὸν |
| FJan. | 9 2 | κολασάμενος καὶ τὴν θατέρου τούτων μητέρα τῷ | * θανάτῳ * | παρεπέμψατο. |
| FJub. | 4 31 | τὸν Ἄβελ ἀνεῖλε. πληρωθέντος οὖν ἐνιαυτοῦ μετὰ | * θάνατον * | τοῦ Ἀδὰμ τέθνηκεν. ὑπὸ τοῦ Λάμεχ τὸν Κάϊν |
| FJub. | 10 1 | τοῦ κόσμου φθόνῳ κινούμενοι 〈οἱ ἐγρήγοροι〉 μετὰ | * θάνατον * | ἐπλάνησαν τοὺς υἱοὺς Νῶε καὶ εὐξαμένου τοῦ Νῶε |
| FJub. | 12 14 | καὶ μεταγνοὺς ᾤκησεν ἐν Χαρρὰν εἰδωλομανῶν ἕως | * θανάτου * | αὐτοῦ. ὁ ἄγγελος ὁ λαλῶν τῷ Μωϋσῇ εἶπεν αὐτῷ ὅτι |
| FAch. | 103 | ἠπείλησεν εἰπὼν βασιλικῆς ὁ παρὰ νόμον ἁπτόμενος | * θάνατον * | ἐνακμᾶται. ὁ δὲ νεανίσκος βαρέως φέρων τοὺς |
| FAch. | 108 | ἔχειν παρακάλυμμα τοῦ βίου τῆς αἰσχύνης [μετὰ] τὸν | * θάνατον * | ζῶντα δὲ τρόπαιον εἶναι τῆς ἰδίας συνειδήσεως. |
| FPho. | 117 | τί μετ' αὔριον ἢ τί μεθ' ὥραν. ἄσκοπός ἐστι βροτῶν | * θάνατος * | τὸ δὲ μέλλον ἄδηλον.〉 μήτε κακοῖσ' ἄχθου μήτ' |
| FPho. | 218 | ἔφυ παίδων τοκέεσσιν. 〈στέργε φίλους ἄχρις | * θανάτου * | πίστις γὰρ ἀμείνων.〉 συγγενέσιν φιλότητα νέμοις |
| HAno. | 9 18 2 | τῶν θεῶν ἀναιρεθῆναι ὧν ἕνα Βῆλον ἐκφεύγοντα τὸν | * θάνατον * | ἐν Βαβυλῶνι κατοικῆσαι πύργον τε κατασκευάσαντα |
| HHec. | 1 22 191 | ἀλλὰ γεγυμνωμένως περὶ τούτων καὶ αἰκίαις καὶ | * θανάτοις * | δεινοτάτοις μάλιστα πάντων ἀπαντῶσι μὴ |
| HHec. | 1 22 194 | μυριάδας οὐκ ὀλίγαι δὲ καὶ μετὰ τὸν Ἀλεξάνδρου | * θάνατον * | εἰς Αἴγυπτον καὶ Φοινίκην μετέστησαν διὰ τὴν ἐν |
| HCal. | 24 10 | πρέσβεις πῶς ἀντ' οὐδενὸς τῷ στρατῷ Μακεδόνων ὁ | * θάνατος. * | ἄπιτε οὖν καὶ τὸ συμφέρον ὑμῖν πραγματεύεσθε. |
| HCal. | 24 17 | στρατὸς ὡς γὰρ ἐν ἡμῖν φοβερὸς καθέστηκεν ὁ | * θάνατος * | τοῖς Μακεδόσι οὐχ οὕτως ἀλλὰ καὶ λίαν |
| HCal. | 24 24 | τὸ ἔργον ἐτελέσθη. καὶ οὐ τοσοῦτον ἡμᾶς ἡ τοῦ | * θανάτου * | ἐθρόησε τόλμη ὅσον τὸ μὴ κερδᾶναί τι |
| LEze. | 9 29 13 13 | αἷμα βάψαι καὶ θιγεῖν σταθμῶν δυοῖν ὅπως παρέλθῃ | * θάνατος * | Ἑβραίων ἄπο. ταύτην δ' ἑορτὴν δεσπότῃ τηρήσετε |
| LAri. | 8 10 8 | καὶ πατάξω τοὺς Αἰγυπτίους. καὶ ἐπὶ τοῦ γεγονότος | * θανάτου * | τῶν κτηνῶν καὶ τῶν ἄλλων φησὶ τῷ βασιλεῖ τῶν |
| LAri. | 8 10 8 | τοῖς κτήνεσί σου καὶ ἐν πᾶσι τοῖς ἐν τοῖς πεδίοις | * θάνατος * | μέγας ὥστε δηλοῦσθαι τὰς χεῖρας ἐπὶ δυνάμεως |
| θανατόω | 3 | | | |
| TGad | 1 7 | ἀρνὸν ἐξειλόμην ἐκ τοῦ στόματος τῆς ἄρκου κἀκείνην | * ἐθανάτωσα * | καὶ τὸν ἀρνὸν ἔθυσα περὶ οὗ ἐλυπούμην ὅτι οὐκ |
| TGad | 4 4 | καὶ ἐν πάσῃ θλίψει ἐπιχειρεῖ κατ' αὐτοῦ εἴ πως | * θανατώσει * | αὐτόν. τὸ γὰρ μῖσος ἐνεργεῖ τῷ φθόνῳ καὶ κατὰ |
| FAch. | 104 | αὐτὸν ἐν τῇ φυλακῇ ἀνήγγειλεν δὲ τῷ βασιλεῖ ὅτι | * τεθανάτωκα * | τὸν Αἴσωπον. ὁ δὲ Ἥλιος παρέλαβεν τὴν |
| θάπτω | 59 | | | |
| Adam | 40 5 | ἐκείνῳ καὶ ἔθεντο αὐτὸν ἐπὶ τὴν πέτραν ἕως οὗ | * ἐτάφη * | Ἀδὰμ ὁ πατὴρ αὐτοῦ. καὶ προσέταξεν ὁ θεὸς μετὰ τὸ |
| Adam | 40 7 | ἐν τῇ γῇ. καὶ μετὰ ταῦτα ἔλαβον τὰ δύο σώματα καὶ | * ἔθαψαν * | αὐτὰ εἰς τὸν τόπον εἰς ὃν ὤρυξαν καὶ ᾠκοδόμησαν |
| Adam | 42 4 | υἱοῦ αὐτοῦ Σήθ. καὶ προσηύξατο Εὔα κλαίουσα ἵνα | * ταφῇ * | εἰς τὸν τόπον ὅπου ἦν Ἀδὰμ ὁ ἀνὴρ αὐτῆς. μετὰ δὲ |
| Adam | 43 1 | καὶ ἦλθαν τρεῖς ἄγγελοι καὶ ἦραν τὸ σῶμα αὐτῆς καὶ | * ἔθαψαν * | αὐτὸ ὅπου ἦν τὸ σῶμα τοῦ Ἀδὰμ καὶ τοῦ Ἄβελ. καὶ |
| Hen. | 22 10 | οὕτως ἐκτίσθη τῶν ἁμαρτωλῶν ὅταν ἀποθάνωσιν καὶ | * ταφῶσιν * | εἰς τὴν γῆν καὶ κρίσις οὐκ ἐγενήθη ἐπ' αὐτῶν ἐν |
| Abr.1 | 20 11 | δικαίου ἕως τρίτης ἡμέρας τῆς τελειώσεως αὐτοῦ καὶ | * ἔθαψαν * | αὐτὸν ἐν τῇ γῇ τῆς ἐπαγγελίας ἐν τῇ δρυῒ τῇ Μαβρῇ |
| Abr.2 | 12 16 | ἐπὶ τὴν γῆν. ἐγένετο δὲ ἡνίκα ἀπέθανεν Σάρρα | * ἔθαψεν * | αὐτὴν Ἀβραάμ. ὅτε δὲ ἤγγισαν αἱ ἡμέραι τοῦ |
| Abr.2 | 14 7 | κυρίου εἰσήνεγκαν δὲ αὐτὸν εἰς τὴν ἀνάπαυσιν. | * ἔθαψεν * | δὲ Ἰσαὰκ τὸν πατέρα αὐτοῦ Ἀβραὰμ πλησίον τῆς |
| TRub. | 7 2 | ἐν σορῷ ἕως ὅτε ἀνενέγκαντες αὐτὸν ἐξ Αἰγύπτου | * ἔθαψαν * | ἐν Χεβρὼν ἐν τῷ σπηλαίῳ τῷ διπλῷ ὅπου οἱ πατέρες |
| TLevi | 19 5 | ἑπτὰ ἔτη. καὶ ἔθηκαν αὐτὸν ἐν σορῷ καὶ ὕστερον | * ἔθαψαν * | αὐτὸν ἐν Χεβρὼν ἀνὰ χεῖρα Ἀβραὰμ καὶ Ἰσαὰκ καὶ |
| TJud. | 26 4 | οἱ υἱοὶ αὐτοῦ κατὰ πάντα ὅσα ἐνετείλατο αὐτοῖς καὶ | * ἔθαψαν * | αὐτὸν ἐν Χεβρὼν μετὰ τῶν πατέρων αὐτοῦ. |
| TIss. | 7 8 | αὐτοῖς ὅπως ἀναγάγωσιν αὐτὸν ἐν Χεβρὼν κἀκεῖ αὐτὸν | * θάψωσιν * | ἐν τῷ σπηλαίῳ μετὰ τῶν πατέρων αὐτοῦ. καὶ |
| TZab. | 10 7 | ἐν θήκῃ ὕστερον δὲ ἀναγαγόντες αὐτὸν εἰς Χεβρὼν | * ἔθαψαν * | μετὰ τῶν πατέρων αὐτοῦ. |
| TDan | 6 11 | τὸ γένος μου εἰς σωτηρίαν ἕως τοῦ αἰῶνος. καὶ | * θάψατέ * | με ἐγγὺς τῶν πατέρων μου. καὶ ταῦτα εἰπὼν |
| TDan | 7 2 | κατεφίλησεν αὐτοὺς καὶ ὕπνωσεν ὕπνον αἰώνιον. καὶ | * ἔθαψαν * | αὐτόν οἱ υἱοὶ αὐτοῦ. καὶ μετὰ ταῦτα ἀνήνεγκαν τὰ |
| TNep. | 9 1 | ἵνα μετακομίσωσι τὰ ὀστᾶ αὐτοῦ εἰς Χεβρὼν καὶ | * θάψωσι * | μετὰ τῶν πατέρων αὐτοῦ. καὶ φαγὼν καὶ πιὼν ἐν |
| TGad | 8 3 | αὐτοῖς τέκνα μου ὑπακούσατε τοῦ πατρὸς ὑμῶν καὶ | * θάψατέ * | με σύνεγγυς τῶν πατέρων μου. καὶ ἐξάρας τοὺς |
| TGad | 8 5 | ἐν εἰρήνῃ. καὶ μετὰ πέντε ἔτη ἀνήγαγον αὐτὸν καὶ | * ἔθαψαν * | αὐτὸν εἰς Χεβρὼν μετὰ τῶν πατέρων αὐτοῦ. |
| TAser | 8 1 | καὶ εἰπὼν αὐτοῖς ταῦτα ἐνετείλατο αὐτοῖς λέγων | * θάψατέ * | με εἰς Χεβρών. καὶ ἀπέθανεν ὕπνῳ καλῷ κοιμηθεὶς. |
| TAser | 8 2 | αὐτοῦ ὡς ἐνετείλατο αὐτοῖς καὶ ἀναγαγόντες αὐτὸν | * ἔθαψαν * | μετὰ τῶν πατέρων αὐτοῦ. |
| TBen. | 12 1 | τέκνα μου ἀνενέγκατε τὰ ὀστᾶ μου ἐξ Αἰγύπτου καὶ | * θάψατέ * | με εἰς Χεβρὼν ἐγγὺς τῶν πατέρων μου. καὶ ἀπέθανε |
| TBen. | 12 3 | πατέρων αὐτῶν ἐν κρυφῇ ἐν τῷ πολέμῳ Χανάαν. καὶ | * ἔθαψαν * | αὐτοὺς ἐν Χεβρὼν παρὰ τοὺς πόδας τῶν πατέρων |
| Sal. | 2 27 | ἐπὶ κυμάτων ἐν ὕβρει πολλῇ καὶ οὐκ ἦν ὁ | * θάπτων * | ὅτι ἐξουθένωσεν αὐτὸν ἐν ἀτιμίᾳ. οὐκ ἐλογίσατο |
| Jer. | 7 14 | αὐτὸς γὰρ καὶ ἄλλοι τινὲς τοῦ λαοῦ ἐξήρχοντο | * θάψαι * | νεκρὸν ἔξω τῆς πόλεως. ᾐτήσατο γὰρ Ἰερεμίας παρὰ |
| Jer. | 7 14 | βασιλέως Ναβουχοδονόσορ λέγων δός μοι τόπον ποῦ | * θάψω * | τοὺς νεκροὺς τοῦ λαοῦ μου καὶ ἔδωκεν αὐτῷ ὁ |
| Jer. | 9 32 | αὐτοῦ οἰκονομία. καὶ ἐλθόντες Βαροὺχ καὶ Ἀβιμέλεχ | * ἔθαψαν * | αὐτὸν καὶ λαβόντες τὸν λίθον ἔθηκαν ἐπὶ τὸ μνῆμα |
| Prop. | 1 5 | μνήμης χάριν καὶ ὁ λαὸς πλησίον αὐτὸν ἐπιμελῶς | * ἔθαψε * | καὶ ἐνδόξως ἵνα δι' εὐχῶν αὐτοῦ καὶ μετὰ θάνατον |
| Prop. | 3 3 | ἐλεγχόμενος ὑπ' αὐτοῦ ἐπὶ εἰδώλων σεβάσμασι. καὶ | * ἔθαψαν * | αὐτὸν ἐν ἀγρῷ Μαοὺρ ἐν τάφῳ Σὴμ καὶ Ἀρφαξὰδ |
| Prop. | 4 20 | τεράστια ὅσα οὐκ ἔγραψαν. ἐκεῖ ἀπέθανε καὶ | * ἐτάφη * | ἐν τῷ σπηλαίῳ τῷ βασιλικῷ μόνος ἐνδόξως. καὶ αὐτὸς |
| Prop. | 5 1 | Ὠσηέ. οὗτος ἦν ἐκ Βελεμὼθ τῆς φυλῆς Ἰσάχαρ καὶ | * ἐτάφη * | ἐν τῇ γῇ αὐτοῦ ἐν εἰρήνῃ. καὶ ἔδωκε τέρας ἥξειν |
| Prop. | 6 2 | αὐτὸν ἐπὶ ταῖς ἀσεβείαις τῶν πατέρων αὐτοῦ. καὶ | * ἐτάφη * | ἐν τῇ γῇ αὐτοῦ μόνος σύνεγγυς πολυανδρίου |
| Prop. | 7 2 | εἰς τὴν γῆν αὐτοῦ καὶ μεθ' ἡμέρας ἀπέθανε καὶ | * ἐτάφη * | ἐκεῖ. Ἰωὴλ ἦν ἐκ τῆς γῆς τοῦ Ῥουβὴν ἐν ἀγρῷ |
| Prop. | 8 2 | τὴν κτίσιν εἰς σωτηρίαν〉. ἐν εἰρήνῃ ἀπέθανε καὶ | * ἐτάφη * | ἐκεῖ. Ἀβδιοῦ ἦν ἐκ γῆς Συχὲμ ἀγροῦ Βηθαχαράμ. |
| Prop. | 9 4 | λειτουργίαν τοῦ βασιλέως προεφήτευσε καὶ ἀπέθανε | * ταφεὶς * | μετὰ τῶν πατέρων αὐτοῦ. καὶ καταλιπὼν τὴν |

| | | | | | |
|---|---|---|---|---|---|
| Prop. | 9 | 4B | βασιλέως ἠκολούθει τῷ Ἠλίᾳ καὶ προεφήτευσε καὶ | * ἐτάφη * | μετὰ τῶν πατέρων αὐτοῦ. Ἰωνᾶς ἦν ἐκ γῆς |
| Prop. | 10 | 6 | καὶ ἀποθανοῦσαν τὴν μητέρα αὐτοῦ κατὰ τὴν ὁδὸν | * ἔθαψεν * | αὐτὴν ἐχόμενα τῆς βαλάνου Δεββώρας. καὶ γενόμενος |
| Prop. | 10 | 7 | θεόν. καὶ κατοικήσας ἐν γῇ Σαραὰρ ἀπέθανε καὶ | * ἐτάφη * | ἐν σπηλαίῳ Κενεζέου κριτοῦ γενομένου μιᾶς φυλῆς ἐν |
| Prop. | 10 | 7B | καὶ κατοικήσας ἐν γῇ Σαὰρ ἐκεῖ ἀπέθανε καὶ | * ἐτάφη * | ἐν τῷ σπηλαίῳ τοῦ Κενεζίου τοῦ κριτοῦ. καὶ ἔδωκε |
| Prop. | 11 | 4 | αὐτῆς μέρος ἐνέπρησεν. ἀπέθανε δὲ ἐν εἰρήνῃ καὶ | * ἐτάφη * | ἐν τῇ γῇ αὐτοῦ. Ἀμβακοὺμ ἐκ φυλῆς ἦν Συμεὼν ἐξ |
| Prop. | 12 | 9 | καὶ πρὸ δύο ἐτῶν ἀποθνήσκει τῆς ἐπιστροφῆς. καὶ | * ἐτάφη * | ἐν ἀγρῷ ἰδίῳ μόνος. ἔδωκε δὲ τέρας τοῖς ἐν τῇ |
| Prop. | 12 | 17 | τοῦ λαοῦ τῆς ἀπὸ Βαβυλῶνος ἐτελεύτησε καὶ | * ἐτάφη * | ἐν τῷ ἰδίῳ ἀγρῷ μονώτατος ἐνδόξως.) Σοφονίας ἐκ |
| Prop. | 13 | 3 | περὶ τέλους ἐθνῶν καὶ αἰσχύνης ἀσεβῶν καὶ θανὼν | * ἐτάφη * | ἐν ἀγρῷ αὐτοῦ. Ἀγγαῖος ὁ καὶ ἄγγελος τάχα νέος |
| Prop. | 14 | 2 | εἶδεν ἐκ μέρους τὴν οἰκοδομὴν τοῦ ναοῦ. καὶ θανὼν | * ἐτάφη * | πλησίον τοῦ τάφου τῶν ἱερέων ἐνδόξως ὡς αὐτοί. |
| Prop. | 15 | 6 | ἐξέθετο καὶ ἀπέθανεν ἐν γήρει μακρῷ καὶ ἐκλειπὼν | * ἐτάφη * | σύνεγγυς Ἀγγαίου. (ἀλληλούϊα Ἀγγαίου καὶ |
| Prop. | 17 | 3B | πενθῶν καὶ περιβαλὼν αὐτῷ ἐπέμεινεν ἐκεῖ θέλων | * θάψαι * | τὸν νεκρὸν καὶ μὴ φθάσας ἐλθεῖν πρὸς Δαυὶδ τῇ |
| Prop. | 17 | 5 | αὐτῷ ὁ κύριος. καὶ αὐτὸς πάνυ γηράσας ἀπέθανε καὶ | * ἐτάφη * | εἰς τὴν γῆν αὐτοῦ. οὗτος οὖν εἰς βαθὺ γῆρας ἐλάσας |
| Prop. | 18 | 5 | πρὸς τοὺς υἱοὺς αὐτοὺς ἱερατεῦσαι. καὶ ἀπέθανε καὶ | * ἐτάφη * | σύνεγγυς τῆς δρυὸς Σηλώμ. καὶ οὗτος ὁ προφήτης |
| Prop. | 19 | 2 | ὅτε ἤλεγξε τὸν Ἱεροβοὰμ ἐπὶ ταῖς δαμάλεσι καὶ | * ἐτάφη * | ἐν Βεθὴλ σύνεγγυς τοῦ ψευδοπροφήτου τοῦ |
| Prop. | 20 | 2 | ἐξ Ἰσραὴλ τὴν αἰχμαλωσίαν Ἰούδα καὶ θανὼν | * ἐτάφη * | ἐν ἀγρῷ αὐτοῦ. Ἠλίας Θεσβίτης ἐκ γῆς Ἀράβων |
| Prop. | 22 | 4 | καθελεῖ τὰ γλυπτὰ αὐτῶν καὶ τὰ χωνευτὰ καὶ θανὼν | * ἐτάφη * | ἐν Σαμαρείᾳ. τὰ δὲ σημεῖα ἃ ἐποίησεν εἰσὶ ταῦτα |
| Prop. | 22 | 20 | πολεμεῖν. μετὰ θάνατον Ἐλισαίου ἀποθανών τις καὶ | * θαπτόμενος * | ἐρρίφη ἐπὶ τὰ ὀστᾶ αὐτοῦ καὶ μόνον ὡς ἥψατο |
| Prop. | 23 | 1 | μέσον ἐπὶ τοῦ Αἰλὰμ καὶ λαβόντες αὐτὸν οἱ ἱερεῖς | * ἔθαψαν * | αὐτὸν μετὰ τοῦ πατρὸς αὐτοῦ ἔκτοτε ἐγένοντο |
| Job | 40 | 12 | ἐπ᾽ αὐτήν. καὶ οὕτως προκομίσαντες αὐτὴν ἐκήδευσαν | * θάψαντες * | περὶ τὴν οἰκίαν τὴν συμπεπτωκυῖαν ἐπὶ τὰ τέκνα |
| Job | 43 | 4 | οὕτως Ελιφας περιῄρηνται ἡμῶν αἱ ἁμαρτίαι, καὶ | * τέθαπται * | ἡμῶν ἡ ἀνομία Ελιους, Ελιους ὁ μόνος πονηρὸς |
| FAch. | 110 | | τοῦ βίου ἀπέληξεν. ὁ δὲ Αἴσωπος λαμπρῶς αὐτὸν | * ἔθαψε * | πενθήσας. μετὰ δὲ ταῦτα προσκαλεσάμενός τινας |
| HArt. 9 | 27 | 12 | καθιερωθέντα ὑπὸ τοῦ Μωύσου κελεύειν ἐκεῖ φέροντας | * θάπτειν * | κατακρύπτειν θέλοντα τὰ τοῦ Μωύσου ἐπινοήματα. |
| HArt. 9 | 27 | 15 | σῶμα διακομίσαντας εἰς τοὺς ὑπὲρ Αἴγυπτον τόπους | * θάψαι * | ὑπολαβόντα τὸν Μώϋσον ὑπὸ τοῦ Χανεθώθου |
| HArt. 9 | 27 | 16 | τινα τὸν δὲ φυλάσσοντα αὐτὸν τὴν μὲν Μέρριν | * θάψαι * | τὸν δὲ ποταμὸν καὶ τὴν ἐν ἐκείνῳ πόλιν Μερόην |
| FrAn. 9 | 17 | 5 | περιπεσεῖν ὑπὸ τοὺς πόδας αὐτοῦ τὸ μειράκιον | * ἔθαψεν * | ἀπολογούμενος ταύτῃ ὑπὲρ ὧν εἰς αὐτὸν ἥμαρτε. καὶ |
| Θαρά | | | | 1 | |
| FJub. | 12 | 14 | Ἀρρὰν θέλων σβέσαι τὸ πῦρ ἐν νυκτί. καὶ ἐξῆλθε | * Θαρὰ * | σὺν Ἀβραὰμ τοῦ ἐλθεῖν εἰς γῆν Χαναὰν καὶ μεταγνοὺς |
| Θάρρα | | | | 2 | |
| FJub. | 11 | 14 | Ναχὼρ δὲ γενόμενος ο θ᾽ ἐτῶν ἐγέννησε τὸν | * Θάρρα. * | Νίνου δὲ τοῦ πρώτου βασιλέως τῶν Ἀσσυρίων |
| FJub. | 11 | 14 | ἄγοντος ἔτος τῆς βασιλείας γεννᾶται Ἀβραάμ. | * Θάρρα * | δὲ γενόμενος ἐτῶν ο᾽ ἐγέννησεν ἐκ γυναικὸς Ἔδνας |
| θαρσαλέος | | | | 1 | |
| FPho. | | 119 | μήτ᾽ οὖν ἐπαγάλλεο χάρμηι πολλάκις ἐν βιότωι καὶ | * θαρσαλέοισιν * | ἄπιστον πῆμα καὶ ἀχθομένοισι κακοῦ λύσις |
| θαρσέω | | | | 12 | |
| Hen. | 102 | 4 | ἐπικατάρατοι εἰς τὸν αἰῶνα οὐκ ἔστιν ὑμῖν χαίρειν. | * θαρσεῖτε * | ψυχαὶ τῶν δικαίων τῶν ἀποθανόντων τῶν δικαίων |
| Hen. | 104 | 2 | (ὑμῶν) εἰς ἀγαθὸν ἐνώπιον τῆς δόξης τοῦ μεγάλου. | * θαρσεῖτε * | ὅτι ἐπαλαιώθητε ἐν ταῖς κακοῖς καὶ ἐν ταῖς |
| Asen. | 14 | 11 | πάντα τὰ μέλη αὐτῆς. καὶ εἶπεν αὐτῇ ὁ ἄνθρωπος | * θάρσει * | Ἀσενὲθ καὶ μὴ φοβηθῇς ἀλλ᾽ ἀνάστηθι καὶ στῆθι |
| Asen. | 15 | 2 | ἀπὸ τῆς κεφαλῆς αὐτῆς. καὶ εἶπεν αὐτῇ ὁ ἄνθρωπος | * θάρσει * | Ἀσενὲθ ἡ παρθένος ἁγνή. ἰδοὺ ἀκήκοα πάντων τῶν |
| Asen. | 15 | 4 | τέφρας ταύτης πηλὸς πολὺς γέγονε πρὸ προσώπου σου. | * θάρσει * | Ἀσενὲθ ἡ παρθένος ἁγνή. ἰδοὺ γὰρ ἐγράφη τὸ ὄνομά |
| Asen. | 15 | 6 | καὶ χρισθήσῃ χρίσματι εὐλογημένῳ τῆς ἀφθαρσίας. | * θάρσει * | Ἀσενὲθ ἡ παρθένος ἁγνή. ἰδοὺ δέδωκά σε σήμερον |
| Asen. | 26 | 2 | μου ὅτι σὺ χωρίζῃ ἀπ᾽ ἐμοῦ. καὶ εἶπεν αὐτῇ Ἰωσὴφ | * θάρσει * | καὶ μὴ φοβοῦ ἀλλὰ πορεύου διότι κύριος μετὰ σοῦ |
| Asen. | 28 | 7 | δέσποινα ἐνώπιον αὐτῶν. καὶ εἶπεν αὐτοῖς Ἀσενὲθ | * θαρσεῖτε * | καὶ μὴ φοβεῖσθε ἀπὸ τῶν ἀδελφῶν ὑμῶν διότι |
| Asen. | 28 | 7 | διότι ὑμεῖς μεγάλα τετολμήκατε κατέναντι αὐτῶν. | * θαρσεῖτε * | οὖν καὶ μὴ φοβεῖσθε πλὴν κρινεῖ κύριος ἀνάμεσον |
| Sib. | 5 | 206 | Ῥαβέννη τε καὶ εἰς φόνον ἡγεμονεύσει. Ἰνδοὶ μὴ | * θαρσεῖτε * | καὶ Αἰθίοπες μεγάθυμοι ἡνίκα γὰρ +τούτους+ |
| HArt. 9 | 27 | 22 | διασώσαντα εἰς τὴν ἀρχαίαν ἄγαγεῖν πατρίδα. τὸν δὲ | * θαρρήσαντα * | δύναμιν πολεμίαν ἐπάγειν διαγνῶναι τοῖς |
| LEze. 9 | 29 | 8 05 | πέλει ὁ δ᾽ ἐκ βάτου σοι θεῖος ἐκλάμπει λόγος. | * θάρσησον * | ὦ παῖ καὶ λόγων ἄκου᾽ ἐμῶν ἰδεῖν γὰρ ὄψιν τὴν |
| θάρσος | | | | 1 | |
| Sib. | 5 | 106 | πᾶσαν ἐρημῶν. ἀλλ᾽ ὅταν ὕψος ἔχῃ κρατερὸν καὶ | * θάρσος * | +ἀηδὲς+ ἥξει καὶ μακάρων ἐθέλων πόλιν ἐξαλαπάξαι. |
| θαρσύνω | | | | 1 | |
| Aris. | 272 | 1 | πράσσεις θεοῦ σοι τὴν σεμνὴν ἐπίνοιαν διδόντος. | * θαρσύνας * | δὲ τοῦτον ἕτερον ἐπηρώτα τί διαφυλάσσει χάριτα |
| θάττων | | | | cf. ταχύς | |
| θαῦμα | | | | 3 | |
| Abr.1 | 7 | 10 | εἶπε δὲ Ἀβραὰμ πρὸς τὸν ἀρχιστράτηγον ὦ | * θαῦμα * | θαυμάτων καινότερον καὶ λοιπὸν σὺ εἶ ὁ μέλλων |
| Abr.1 | 7 | 10 | εἶπε δὲ Ἀβραὰμ πρὸς τὸν ἀρχιστράτηγον ὦ θαῦμα | * θαυμάτων * | καινότερον καὶ λοιπὸν σὺ εἶ ὁ μέλλων λαβεῖν τὴν |
| Sib. | 3 | 281 | γῆ καρποδότειρα ἔσσετ᾽ ἔρημος ἅπασα σέθεν καὶ | * θαύματα * | σηκοῦ. ἀλλὰ μένει σ᾽ ἀγαθοῖο τέλος καὶ δόξα |
| θαυμάζω | | | | 25 | |
| Adam | 37 | 6 | θεός. καὶ πάντες οἱ ἄγγελοι ὕμνουν ὕμνον ἀγγελικὸν | * θαυμάζοντες * | ἐπὶ τῇ συγχωρήσει τοῦ Ἀδάμ. μετὰ δὲ τὴν |
| Hen. | 25 | 1 | αὐτῶν ἡγεῖτο καὶ εἶπέν μοι Ἐνὼχ τί ἐρωτᾷς καὶ τί | * ἐθαύμασας * | ἐν τῇ ὀσμῇ τοῦ δένδρου καὶ διὰ τί θέλεις τὴν |
| Hen. | 26 | 6 | στερεᾶς καὶ δένδρον οὐκ ἐφυτεύετο ἐπ᾽ αὐτάς. καὶ | * ἐθαύμασα * | περὶ τῆς φάραγγος καὶ λίαν ἐθαύμασα. καὶ εἶπον |
| Hen. | 26 | 6 | ἐπ᾽ αὐτάς. καὶ ἐθαύμασα περὶ τῆς φάραγγος καὶ λίαν | ἐθαύμασα. * | καὶ εἶπον διὰ τί ἡ γῆ αὕτη ἡ εὐλογημένη καὶ |
| Abr.2 | 9 | 5 | εἰς τὴν ἀπώλειαν. καὶ ἑστῶτος τοῦ Ἀβραὰμ καὶ | * θαυμάζοντος * | ἐν τῇ ὥρᾳ ἐκείνῃ καὶ ἰδοὺ ἄγγελος ἐλαύνων |
| TLevi | 2 | 9 | ἀγγέλῳ διατί οὕτως; καὶ εἶπεν ὁ ἄγγελος πρός με μὴ | * θαύμαζε * | ἐπὶ τούτοις ἄλλους γὰρ τέσσαρας οὐρανοὺς ὄψει |
| TJos. | 17 | 5 | καὶ πέντα ὅσα ἐκέλευσεν ἐκ περισσοῦ ἐποίησα καὶ | * ἐθαύμαζον. * | οὐκ ἀφῆκα γὰρ αὐτοὺς θλιβῆναι ἕως μικροῦ |
| Asen. | 16 | 9 | τοῦ οὐρανοῦ καὶ ἡ πνοὴ αὐτοῦ ὡς πνοὴ ζωῆς. καὶ | * ἐθαύμασεν * | Ἀσενὲθ καὶ εἶπεν ἐν ἑαυτῇ ἆρα γε τὸ κηρίον |
| Sal. | 2 | 18 | αὐτῶν ἀπὸ τῆς γῆς. ὁ θεὸς κριτὴς δίκαιος καὶ οὐ | * θαυμάσει * | πρόσωπον ὠνείδισαν γὰρ ἔθνη Ἰερουσαλὴμ ἐν |
| Sal. | 5 | 13 | αὔριον καὶ ἐὰν δευτερώσῃ ἄνευ γογγυσμοῦ καὶ τοῦτο | * θαυμάσειας. * | τὸ δὲ δόμα σου πολὺ μετὰ χρηστότητος καὶ |
| Jer. | 7 | 18 | καὶ ἀνέζησε. γέγονε δὲ τοῦτο ἵνα πιστεύσωσιν. | * ἐθαύμασε * | δὲ πᾶς ὁ λαὸς ἐπὶ τῷ γεγονότι λέγοντες ὅτι μὴ |
| Job | 6 | 1 | ἀσφαλισθῆναι τὰς θύρας. ἀκούσατέ μου τεκνία καὶ | * θαυμάσατε * | ἅμα γὰρ εἰσῆλθον εἰς τὸν οἶκόν μου καὶ τὰς |
| Job | 24 | 10 | μου τὴν τρίχα ἐν τῇ ἀγορᾷ παρεστῶτος ὄχλου καὶ | * θαυμάζοντος. * | τίς οὐκ ἐξεπλάγη ὅτι αὕτη ἐστὶν Σίτιδος ἡ |
| Job | 47 | 11 | θεάσασθαι τοὺς ἐρχομένους ἐπὶ τὴν ἐμὴν ψυχήν, ἵνα | * θαυμάσητε * | τὰ τοῦ θεοῦ κτίσματα. οὕτως ἀναστᾶσα ἡ μία ἡ |
| Aris. | 282 | 2 | ὁ δὲ ἀποκεκρίσθαι φήσας αὐτὸν εὖ ἄλλον ἠρώτα τίνα | * θαυμάζειν * | ἄξιόν ἐστιν ἄνθρωπον; ὁ δὲ ἔφη τὸν |
| Aris. | 295 | 2 | πεπλεόνακα τούτοις ὦ Φιλόκρατες συγγνώμην ἔχειν. | * τεθαυμακὼς * | γὰρ τοὺς ἄνδρας ὑπὲρ τὸ δέον ὡς ἐκ τοῦ καιροῦ |
| FEz. 64 | 70 | 13 | πόθεν τοίνυν ἴχνη παγανῶν ἐν τῷ παραδείσῳ; ὁ δὲ | * ἐθαύμασε. * | ὡς μετεστείλατο τὸν χωλὸν καὶ τὸν τυφλὸν καὶ |
| FAch. | 113 | | τὸν Αἴσωπον. ὁ δὲ θεασάμενος τὴν παρασκευὴν | * ἐθαύμασεν. * | ὁ δὲ Νεκταναβὼν πρὸς τὸν Αἴσωπον λέγει τίνι |
| FAch. | 113 | | περὶ ἐκείνην ἀστροις. ταῦτα ἀκούσας Νεκτεναβὼ καὶ | * θαυμάσας * | ἔδωκεν αὐτῷ δῶρα. τῇ δὲ ἐχομένῃ ἡμέρᾳ |
| FAch. | 114 | | τοὺς καρποὺς εὐανθεῖς ἀναλαμβάνεις. ὁ δὲ βασιλεὺς | * θαυμάσας * | αὐτοῦ τὸ νοερὸν δῶρα ἐπέδωκε. καὶ τῇ ἑξῆς ἡμέρᾳ |
| FAch. | 115 | | οὗτοι δὲ διάπυροι (ὡς) αἱ ἀκτῖνες. ὁ δὲ βασιλεὺς | * θαυμάσας * | αὐτὸν ἔφη οὕτως τῆς βασιλείας περιμενούσης |
| FAch. | 116 | | εἰσιν ἐπὰν σὺ τὸν τόπον δείξῃς. ὁ δὲ βασιλεὺς | * θαυμάσας * | ἔξω τῆς πόλεως ἀφίκετο σὺν τῷ Αἰσώπῳ καὶ μέτρα |
| LEze. 9 | 29 | 11 04 | καὶ ἀποχώρησον ταχύ. δράκων γὰρ ἔσται φοβερὸς ὥστε | * θαυμάσαι. * | (Μ). ἰδοὺ βέβληται δέσποθ᾽ ἵλεως γενοῦ ὡς |
| LAri. 8 | 10 | 4 | κατασκευάς. οἷς μὲν οὖν πάρεστι τὸ καλῶς νοεῖν | * θαυμάζουσι * | τὴν περὶ αὐτὸν σοφίαν καὶ τὸ θεῖον πνεῦμα |
| LAri. 8 | 10 | 4 | παρ᾽ αὐτοῦ μεγάλας ἀφορμὰς εἰληφότες καθὸ καὶ | * θαυμάζονται. * | τοῖς δὲ μὴ μετέχουσι δυνάμεως καὶ συνέσεως |
| θαυμάσιος | | | | 16 | |
| Abr.1 | 6 | 8 | ταῦτα (καὶ εἶπε) δόξα τῷ θεῷ τῷ δεικνύοντι ἡμῖν | * θαυμάσια * | καὶ νῦν γίνωσκε κύριέ μου Ἀβραὰμ ὅτι |
| Abr.1 | 11 | 6 | διὰ τῆς στενῆς πύλης. καὶ (ὅτε) ἐθεώρει (ὁ ἀνὴρ | * θαυμάσιος * | ὁ ἐπὶ χρυσοῦ θρόνου καθήμενος διὰ τῆς στενῆς |
| Abr.1 | 11 | 6 | ἀπαγομένας εὐθέως) ὁ ἀνὴρ ὁ ὅσιος ἐκεῖνος ὁ | * θαυμάσιος * | ἥρπαξεν τὰς τρίχας τῆς κεφαλῆς αὐτοῦ καὶ τὰς |
| Abr.1 | 12 | 11 | δοκιμαστήριον τῶν ἁμαρτωλῶν καὶ ὁ μὲν ἀνὴρ ὁ | * θαυμάσιος * | ὁ ἐπὶ τοῦ θρόνου αὐτοῦ καθήμενος ἔκρινεν καὶ |
| Abr.1 | 15 | 15 | ὅμοιος αὐτοῦ ἐπὶ τῆς γῆς οὐ κἂν Ἰακὼβ ὁ | * θαυμάσιος * | ἄνθρωπος καὶ διὰ τοῦτο φείδομαι τοῦ ἅψασθαι |
| Abr.1 | 16 | 10 | θεσμοσυλλήπτωρ ἐνδοξότατε ὑπερένδοξε φωτοφόρε ἀνὴρ | * θαυμάσιε * | πόθεν ἧκεν ἡ σὴ ἐνδοξότης πρὸς ἡμᾶς καὶ τίς εἶ |
| TSim. | 6 | 7 | ἐν εὐφροσύνῃ καὶ εὐλογήσω τὸν ὕψιστον ἐν τοῖς | * θαυμασίοις * | αὐτοῦ ὅτι θεὸς σῶμα λαβὼν καὶ συνεσθίων |
| Aris. | 67 | 2 | τὴν τοῦ μαιάνδρου διάθεσιν ἐπέκειτο σχιστὴ πλοκὴ | * θαυμασίως * | ἔχουσα ῥομβωτὴν ἀποτελοῦσα τὴν ἀνὰ μέσον |
| Aris. | 72 | 5 | καὶ κατὰ τὴν προαίρεσιν αὐτοῦ πάντα ἐπετελέσθη | * θαυμασίως * | καὶ ἀξιολόγως ἔχοντα καὶ ταῖς τέχναις ἀμίμητα |
| Aris. | 76 | 4 | διασκευὴν ἔνοπτρον δὴ γεγονυῖαν πρὸς αὐτὸ τοῦτο | * θαυμασίως * | ἔχουσαν ὥστε πᾶν τὸ προσαχθὲν ἀπαυγάζεσθαι |
| Aris. | 89 | 3 | πηγῆς ἔσωθεν πολυρρύτου φυσικῶς ἐπιρρεούσης ἔτι δὲ | * θαυμασίων * | καὶ ἀδιηγήτων ὑποδοχείων ὑπαρχόντων ὑπὸ γῆν |
| Aris. | 93 | 3 | δύο σχεδὸν ἑκάστου ἀναρρίπτουσιν ἑκατέραις | * θαυμασίως * | ὕψος ἱκανὸν καὶ οὐχ ἁμαρτάνουσι τῆς ἐπιθέσεως. |
| Aris. | 93 | 5 | τῶν προβάτων ἔτι δ᾽ αἰγῶν τοῖς βάρεσι καὶ πιμελῇ | * θαυμασίως * | ἔχει. κατὰ πᾶν γὰρ ἐκλεγομένων οἷς ἐπιμελὲς |
| Aris. | 96 | 6 | δὲ τούτων ἄνθεσι πεποικιλμένοι ῥοΐσκοι τῇ χρόᾳ | * θαυμασίως * | ἔχοντες. κατέζωστο δὲ διαφόρῳ ζώνῃ διαπρεπεῖ |
| Aris. | 176 | 4 | γεγραμμένη χρυσογραφίᾳ τοῖς Ἰουδαϊκοῖς γράμμασι | * θαυμασίως * | εἰργασμένου τοῦ ὑμένος καὶ τῆς πρὸς ἄλληλα |
| LAri. 8 | 10 | 15 | θεός ἐστιν. ἀλλὰ τὴν τοῦ πυρὸς δύναμιν παρὰ πάντα | * θαυμασίαν * | ὑπάρχουσαν διὰ τὸ πάντ᾽ ἀναλίσκειν ἔδειξε |
| θαυμασμός | | | | 3 | |
| Aris. | 78 | 3 | τὴν τοῦ χρυσίου κατασκευὴν ψυχαγωγία τις ἦν μετὰ | * θαυμασμοῦ * | συνεχῶς ἐφ᾽ ἕκαστον ἐπιβαλλούσης τῆς διανοίας |
| Aris. | 99 | 5 | τῇ θεωρίᾳ τῶν προειρημένων εἰς ἔκπληξιν ἥξειν καὶ | * θαυμασμὸν * | ἀνεκδιήγητον μετατραπέντα τῇ διανοίᾳ διὰ τὴν |
| Aris. | 296 | 3 | καταλλήλως ἐχόντων τὰ πρὸς τὰς ἐρωτήσεις ἄξιοι | * θαυμασμοῦ * | κατεφαίνοντό μοι καὶ τοῖς παροῦσι μάλιστα δὲ |
| θαυμαστός | | | | 14 | |
| Abr.1 | 12 | 5 | ἐξαστράπτων ὡς πῦρ καὶ ἐπ᾽ αὐτῷ ἐκάθητο ἀνὴρ | * θαυμαστὸς * | ἡλιόρατος ὅμοιος υἱῷ θεοῦ ἔμπροσθεν δὲ αὐτοῦ |

Abr.1 18 6 εἶπεν τὸν Ἀβραὰμ πιστευσόν μοι ὅτι καὶ τοῦτο * θαυμαστόν * ἐστιν ὅτι οὐκ ἂν καὶ σὺ μετ' αὐτοὺς ἀφηρπάγης
Asen. 15 12B ἐγκεχώρηται ὅτι μεγάλα ἐστὶ τὰ ὀνόματα ἐκεῖνα καὶ * θαυμαστὰ * καὶ ἐπαινετὰ σφόδρα. καὶ εἶπεν Ἀσενὲθ εἰ εὗρον
Asen. 16 10 τῷ ταμιείῳ μου; καὶ ἰδοὺ ἐνήνοχας κηρίον μελίσσης * θαυμαστόν. * καὶ ἐφοβήθη Ἀσενὲθ καὶ εἶπεν κύριε ἐγὼ οὐκ
Asen. 18 11 μου καὶ τίς ἐστιν ἡ καλλονὴ αὕτη ἡ μεγάλη καὶ * θαυμαστή; * μήτιγε κύριος ὁ θεὸς τοῦ οὐρανοῦ ἐξελέξατό σε
Jer. 5 11 τὸ μὴ κορεσθῆναί με τοῦ ὕπνου πεπλάνημαι τὴν ὁδόν. * θαυμαστὸν * εἰπεῖν τοῦτο ἐναντίον Ἱερεμίου ὅτι πεπλάνημαι
Bar. 4 1 ὁρᾷς. καὶ εἶπον ἐγὼ Βαροὺχ ἰδοὺ κύριε μεγάλα καὶ * θαυμαστὰ * ἔδειξάς μοι καὶ νῦν δεῖξόν μοι πάντα διὰ τὸν
Bar. 10 5 τὸ μὲν πεδίον ἐστὶ τὸ περιέχον τὴν λίμνην καὶ ἄλλα * θαυμαστὰ * ἐν αὐτῷ οὗπερ ἔρχονται αἱ ψυχαὶ τῶν δικαίων
Sedr. 6 8 διότι ἐγκατέλιπεν τὸν πατέρα αὐτοῦ πῶς δὲ ἐγὼ ὁ * θαυμαστὸς * καὶ ζηλωτὴς θεὸς τὰ πάντα δέδωκα αὐτῷ καὶ
Sedr. 16 6 καὶ εἴ τις συγγράψει τὸν λόγον τοῦτον τὸν * θαυμαστὸν * οὐ μὴ λογισθῇ ἁμαρτία αὐτοῦ εἰς τὸν αἰῶνα τοῦ
Aris. 58 3 τὴν ἀναγλυφὴν ἔχοντα σχοινίδων ἔκτυπον τῇ τορείᾳ * θαυμαστῶς * ἔχουσαν ἐκ τῶν τριῶν μερῶν ἦν γὰρ τρίγωνα. καὶ
Aris. 155 3 κυρίου τοῦ ποιήσαντος ἐν σοὶ τὰ μεγάλα καὶ * θαυμαστά. * κατανοούμενα γὰρ καὶ μεγάλα καὶ ἔνδοξα
LEze. 9 29 14 29 φρικτοῖς ὅπλοις. ἔπειτα θείων ἄρχεται τεραστίων * θαυμάστ' * ἰδέσθαι. καί τις ἐξαίφνης μέγας στῦλος νεφώδης
LEze. 9 29 16 13 ἕτερον δὲ πρὸς τοῖσδ' εἴδομεν ζῷον ξένον * θαυμαστὸν * οἷον οὐδέπω ὡρακέ τις. διπλοῦν γὰρ ἦν τὸ μῆκος

Θαυσαήλ 1
Hen. 6B 7 ια' Φαρμαρὸς ιβ' Ἀμαριὴλ ιγ' Ἀναγημὰς ιδ' * Θαυσαὴλ * ιε' Σαμιὴλ ις' Σαρινᾶς ιζ' Εὐμιὴλ ιη' Τυριὴλ ιθ'

Θαφφού 2
TJud. 5 6 σὺν αὐτοῖς ἐλάβομεν. καὶ ἐν τῷ ἀπιέναι ἡμᾶς ἄνδρες * Θαφφοὺ * ἐπέβαλον τῇ αἰχμαλωσίᾳ ἡμῶν καὶ παραδόντες αὐτὴν
TJud. 5 6 αὐτὴν τοῖς υἱοῖς ἡμῶν συνήψαμεν πρὸς αὐτοὺς ἕως * Θαφφοὺ * κἀκείνους ἀπεκτείναμεν καὶ τὴν πόλιν ἐνεπρήσαμεν

θεά 3
Sib. 5 484 ἀνδράσι τοῖς ἀγαθοῖσιν ὅσοι θεὸν ἐξύμνησαν. Ἶσι * θεὰ * τριτάλαινα μενεῖς ἐπὶ χεύμασι Νείλου μούνη μαινὰς
FAch. 117 ἰδίοις αἴλουρον συλλαμβάνεσθαι ζῶντα. (ἔστιν δὲ * θεὰ * ἱερασίου βασιλέως)--- οἱ δὲ Αἰγύπτιοι ἰδόντες
FAch. 117 τὸν Αἴσωπον καὶ ἐλθόντος εἶπεν αὐτῷ κακῶς ἔπραξας * θεᾶς * ἱερασίου Βουβάστεώς ἐστιν εἴδωλον ὃ σέβονται οἱ

θέα 2
Bar. 7 4 φέροντας καὶ στέφανον ἐπὶ τὴν κεφαλὴν αὐτοῦ οὗ τὴν * θέαν * οὐκ ἠδυνήθημεν ἀντοφθαλμῆσαι καὶ ἰδεῖν. καὶ ἅμα τῷ
FMos. 6 132 3 φάραγγας κηδείας ἀξιούμενον. εἶδεν δὲ Ἰησοῦς τὴν * θέαν * ταύτην κάτω πνεύματι ἐπαρθεὶς σὺν καὶ τῷ Χαλὲβ ἀλλ'

θεάομαι 42
Adam 13 6 ἡμερῶν. ἐξερχομένης δὲ τῆς ψυχῆς αὐτοῦ μέλλεις * θεάσασθαι * τὴν ἄνοδον αὐτῆς φοβεράν. εἰπὼν δὲ ταῦτα ὁ
Hen. 6 2 ἐγεννήθησαν θυγατέρες ὡραῖαι καὶ καλαί. καὶ * ἐθεάσαντο * αὐτάς οἱ ἄγγελοι υἱοὶ οὐρανοῦ καὶ ἐπεθύμησαν
Hen. 9 1 καὶ Ῥαφαὴλ καὶ Γαβριή⟨λ⟩ οὗτοι ἐκ τοῦ οὐρανοῦ * ἐθεάσ⟨αν⟩το * αἷμα πολὺ ἐκχυννόμεν⟨ον⟩ ἐπὶ τῆς γῆς καὶ
Hen. 9B 2 ἐπὶ τὴν γῆν ἐκ τῶν ἁγίων τοῦ οὐρανοῦ. καὶ * θεασάμενοι * αἷμα πολὺ ἐκκεχυμένον ἐπὶ τῆς γῆς καὶ πᾶσαν
Hen. 21 2 καὶ ἐφώδευσα ἕως τῆς ἀκατασκευάστου. κἀκεῖ * ἐθεασάμην * ἔργον φοβερὸν ἑώρακα οὔτε οὐρανὸν ἐπάνω οὔτε
Hen. 21 2 ἔργον φοβερὸν ἑώρακα οὔτε οὐρανὸν ἐπάνω οὔτε γῆν * τεθέαμαι * τεθεμελιωμένην ἀλλὰ τόπον ἀκατασκεύαστον καὶ
Hen. 21 3 ἀλλὰ τόπον ἀκατασκεύαστον καὶ φοβερόν. καὶ ἐκεῖ * τεθέαμαι * ἑπτὰ τῶν ἀστέρων τοῦ οὐρανοῦ δεδεμένους καὶ
Hen. 21 7 ἐφώδευσα εἰς ἄλλον τόπον τούτου φοβερώτερον καὶ * τεθέαμαι * ἔργα φοβερώτερα πῦρ μέγα ἐκεῖ καιόμενον καὶ
Hen. 21B 2 καὶ ἐφώδευσα μέρχι τῆς ἀκατασκευάστου. καὶ ἐκεῖ * ἐθεασάμην * ἔργον φοβερόν. ἑώρακα οὔτε οὐρανὸν ἐπάνω οὔτε
Hen. 21B 3 ἀλλὰ τόπον ἀκατασκεύαστον καὶ φοβερόν. καὶ ἐκεῖ * τεθέαμαι * ζ' ἀστέρας τοῦ οὐρανοῦ δεδεμένους καὶ
Hen. 22 5 χρόνου ἐν ᾧ ἡ κρίσις ἡ μεγάλη ἔσται ἐν αὐτοῖς. * τεθέαμαι * ἀνθρώπους νεκροὺς ἐντυγχάνοντας καὶ ἡ φωνὴ
Hen. 23 2 ἄλλον τόπον πρὸς δυσμὰς τῶν περάτων τῆς γῆς. καὶ * ἐθεασάμην * πῦρ διατρέχον καὶ οὐκ ἀναπαυόμενον οὐδὲ
Hen. 24 2 καιόμενα νυκτός. καὶ ἐπέκεινα αὐτῶν ἐπορεύθην καὶ * ἐθεασάμην * ἑπτὰ ὄρη ἔνδοξα πάντα ἑκάτερα τοῦ ἑκατέρου
Hen. 26 2 καὶ βλαστούσας τοῦ δένδρου ἐκκοπέντος. κἀκεῖ * τεθέαμαι * ὄρος ἅγιον ὑποκάτω τοῦ ὄρους ὕδωρ ἐξ ἀνατολῶν
Hen. 32 1 πάντων τῶν ἀρωμάτων.--- εἰς βορρᾶν πρὸς ἀνατολὰς * τεθέαμαι * ἑπτὰ ὄρη πλήρη νάρδου χρηστοῦ καὶ σχίνου καὶ
Hen. 89 44 κύνας. καὶ τὰ πρόβατα ὧν οἱ ὀφθαλμοὶ ἠνοίγησαν * ἐθεάσαντο * τὸν κριὸν τὸν ἐν τοῖς προβάτοις ἕως οὗ ἀφῆκεν
Hen. 106 13 πρόσταγμα ἐπὶ τῆς γῆς καὶ τὸν αὐτὸν τρόπον τέκνον * τεθέαμαι * καὶ ἐσήμανά σοι ἐν γὰρ τῇ γενεᾷ Ἰάρεδ τοῦ
Hen. 107 1 καὶ ἐν ταῖς πλαξὶν τοῦ οὐρανοῦ ἀνέγνων αὐτά. τότε * τεθέαμαι * τὰ ἐγγεγραμμένα ἐπ' αὐτῶν ὅτι γενεὰ γενεᾶς
Abr.1 4 8 τοῦ Ἰσαὰκ ὡς ἐν ὁράματι ἵνα καὶ αὐτὸς ἐν ὀνείρῳ * θεάσῃ * τὸν θάνατον τοῦ πατρὸς αὐτοῦ καὶ Ἰσαὰκ δὲ
Abr.1 5 14 ἀλλ' ὁ υἱός σου Ἰσαὰκ ὡς ἐμοὶ δοκεῖ ὄνειρον * ἐθεάσατο * καὶ ἦλθεν πρὸς ἡμᾶς κλαίων καὶ ἡμεῖς τοῦτον
Abr.1 6 7 αὐτοῦ δέδωκεν αὐτὰ τῇ Σάρρᾳ λέγων εἰ ἀπιστεῖς μοι * θέασον * ταῦτα. λαβοῦσα δὲ αὐτὰ ἡ Σάρρα προσεκύνησεν καὶ
Abr.1 9 7 λέγων τάδε λέγει ὁ φίλος σου Ἀβραὰμ ὅτι ἤθελον * θεάσασθαι * πᾶσαν τὴν οἰκουμένην ἐν τῇ ζωῇ μου πρὸ τοῦ
Abr.1 10 15 ⟨δὲ⟩ τὸν Ἀβραὰμ ἐν τῇ πρώτῃ πύλῃ τοῦ οὐρανοῦ ὅπως * θεάσηται * ἐκεῖ τὰς κρίσεις καὶ ἀνταποδόσεις καὶ μετανοήσῃ
Abr.1 17 10 τὴν σαπρίαν. εἶπεν δὲ ὁ θάνατος οὐ μὴ δυνηθῇς * θεάσασθαι * τὴν ἐμὴν ἀγριότητα δικαιότατε. εἶπεν δὲ
Abr.1 17 11 δικαιότατε. εἶπεν δὲ Ἀβραὰμ ναὶ δυνήσομαι * θεάσασθαί * σου πᾶσαν τὴν ἀγριότητα ἕνεκεν τοῦ ὀνόματος
Abr.1 20 5 τῇ κλίνῃ μου ὅτι ἀθυμία πολλή μοί ἐστιν ἀφ' ⟨οὗ⟩ * ἐθεασάμην * σε τοῖς ὀφθαλμοῖς μου καὶ ἡ ἰσχύς μου ἐκλείπει
Abr.2 7 19 εἰ ἐξέρχομαι ἐκ τοῦ σώματος ἐθέλω ἀναληφθῆναι ἵνα * θεάσωμαι * ὅτι κτῆμα ὅλον ἔκτισεν ὁ κύριος ἐν οὐρανῷ καὶ
Abr.2 8 14 πάντες ἐὰν οὖν θεωρῇς αὐτὸν κλαίοντα γνῶθι ⟨ὅτι⟩ * ἐθεάσατο * ψυχὰς ἀπαγομένας εἰς τὴν ἀπώλειαν καὶ ἐὰν ἴδῃς
Abr.2 8 15 εἰς τὴν ἀπώλειαν καὶ ἐὰν ἴδῃς αὐτὸν γελῶντα * ἐθεάσατο * ψυχὰς ὀλίγας ἀπαγομένας εἰς τὴν ζωὴν θεώρησον
Abr.2 10 1 ἁπάξῃς με εἰς τὸν τόπον τοῦ κριτηρίου ὅπως κἀγὼ * θεάσωμαι * πῶς κρίνει. τότε Μιχαὴλ ἐποίησεν τὴν νεφέλην
Abr.2 13 2 ὡραιότητι καὶ ἀπόστειλον αὐτὸν πρὸς Ἀβραὰμ ὅπως * θεάσηται * τοῖς ὀφθαλμοῖς αὐτοῦ. καὶ ἀπελθὼν Μιχαὴλ
Abr.2 13 6 δήλωσόν μοι τίς εἶ ἀπόστηθι ἀπ' ἐμοῦ ἀφ' οὗ γὰρ σε * ἐθεασάμην * ἔγγιστά μου καθήμενον ἐταράχθη ἡ ψυχή μου ἐν
TLevi 2 5 κυρίῳ ὅπως σωθῶ. τότε ἐπέπεσεν ἐπ' ἐμὲ ὕπνος καὶ * ἐθεασάμην * ὄρος ὑψηλὸν τοῦτο ὄρος Ἀσπίδος ἐν Ἀβελμαούλ.
Job 39 9 ἐπεὶ ἡμεῖς οὐκ ἰσχύσαμεν διὰ τὰ ἀναλώματα ὅπως * θεάσωμεν * κἂν τὰ ὀστᾶ αὐτῶν. μὴ ἄρα θηρίου ἐγὼ ἢ κτηνώδη
Job 47 11 οὖν περιζώσασθε αὐτὰς πρὶν τελευτήσω, ἵνα δυνηθῆτε * θεάσασθαι * τοὺς ἐρχομένους ἐπὶ τὴν ἐμὴν ψυχήν, ἵνα
Aris. 78 7 ὡς ἄν τις ἐστήκῃ καὶ διάχυσιν ἐποίει μείζονα τοῖς * θεωμένοις * ὥστε παντελῶς ἀνεξήγητον εἶναι τῶν ἐνηργημένων
Aris. 96 1 ἐπιτελεῖται. μεγάλην δὲ ἔκπληξιν ἡμῖν παρέσχεν ὡς * ἐθεασάμεθα * τὸν Ἐλεάζαρον ἐν τῇ λειτουργίᾳ τά τε τοῦ
FMos. 6 132 3 ἐπαρθεὶς σὺν καὶ τῷ Χαλὲβ ἀλλ' οὐχ ὁμοίως ἄμφω * θεῶνται * ἀλλ' ὃ μὲν καὶ θᾶττον κατῆλθεν πολὺ τὸ βρῖθον
FMos. 6 132 3 ὃ δὲ ἐπικατελθὼν ὕστερον τὴν δόξαν διηγεῖτο ἣν * ἐθεᾶτο * διαθρῆσαι δυνηθεὶς μᾶλλον θατέρου ἅτε καὶ
FAch. 113 ἐπὶ θρόνου ἐκέλευσεν εἰσελθεῖν τὸν Αἴσωπον. ὁ δὲ * θεασάμενος * τὴν παρασκευὴν ἐθαύμασεν. ὁ δὲ Νεκταναβὼν
HCal. 24 27 ἄν τις ἀντιστῆναι δυνήσεται. λοιπὸν γὰρ ἡμεῖς ἅπερ * ἐθεασάμεθα * εἴπομεν ὑμῖν. γενέσθω δὲ τὸ δοκοῦν ἡμῖν πρὸ
LThe. 9 22 4 εἰς τὰ Σίκιμα ἐλθεῖν πανηγύρεως οὔσης βουλομένην * θεάσασθαι * τὴν πόλιν Συχὲμ δὲ τὸν τοῦ Ἐμμὼρ υἱὸν ἰδόντα

θεατροειδής 1
Aris. 105 3 εἰκάσαι δυνατόν. ἔχει δὲ τὴν τῶν πύργων θέσιν * θεατροειδῆ * καὶ φαινομένων διόδων τῶν ὑποκειμένων τῶν δ'

θεατροκοπέω 1
Sib. 5 142 πότνια Ἥρη ὅστις παμμούσῳ φθόγγῳ μελιηδέας ὕμνους * θεατροκοπῶν * ἀπολεῖ πολλοὺς σὺν μητρὶ ταλαίνῃ. φεύξεται

θεήλατος 1
Sib. 3 713 αὐτοῖσιν συναγωνιᾷ ἠδὲ βοηθεῖ οὐρανὸς ἠέλιός τε * θεήλατος * ἠδὲ σελήνη. γαῖα δὲ παγγενέτειρα σαλεύσεται

θειογενής * 1
Sib. 5 261 ἁγνοῖς. μηκέτι τεῖρεο θυμὸν ἐνὶ στήθεσσι μάκαιρα * θειογενὲς * πάμπλουτε μόνον πεποθημένον ἄνθος φῶς ἀγαθὸν

θεῖον 3
Sib. 3 60 τε ἵν' ἔλθητ' εἰς πικρὸν ἦμαρ. ἥξει γὰρ ὁπόταν * θείου * διαβήσεται ὀδμὴ πᾶσιν ἐν ἀνθρώποισιν. ἀτὰρ τὰ
Sib. 3 462 ποτὶ δ' αὐτῆς γαῖα βαρυνομένη πίεται ὀσμὴ δέ τε * θείου. * καὶ Σάμος ἐν καιρῷ βασιλήια δώματα τεύξει.
Sib. 3 691 καὶ πυρὶ καὶ ὑετῷ τε κατακλύζοντι καὶ ἔσται * θεῖον * ἀπ' οὐρανόθεν αὐτὰρ λίθος ἠδὲ χάλαζα πολλὴ καὶ

θεῖος, α, ον 43
Sedr. 14 6 ποιοῦσιν ὅτι ⟨εἴ⟩ εἰσιν ἀβάπτιστοι καὶ ἐνέβη τὸ * θεῖόν * μου πνεῦμα εἰς αὐτοὺς καὶ ἐπιστρέφονται πρὸς τὸ
Sedr. 14 7 τινες οἱ βαπτισθέντες τὸ ἐμὸν βάπτισμα καὶ τὸ * θεῖόν * μου μύρον μυρισθέντες καὶ γίνονται ἀπογνωστοὶ τὴν
Sedr. 15 6 λέγει Σεδρὰχ κύριέ μου καὶ εἶπας ὅτι τὸ * θεῖόν * μου πνεῦμα ἐνέβη εἰς τὰ ἔθνη τὰ μὴ νόμον ἔχοντα
Aris. 3 1 τὴν προαίρεσιν ἔχοντες ἡμεῖς πρὸς τὸ περιέργως τὰ * θεῖα * κατανοεῖν ἑαυτοὺς ἐπεδώκαμεν εἰς ⟨τὴν πρὸς⟩ τὸν
Aris. 3 6 τοὺς ἄλλους τόπους πολίταις πρὸς τὴν ἑρμηνείαν τοῦ * θείου * νόμου διὰ τὸ γεγράφθαι παρ' αὐτοῖς ἐν διφθέραις
Aris. 31 3 καὶ ἀκέραιον τὴν νομοθεσίαν ταύτην ὡς ἂν οὖσαν * θείαν. * διὸ πόρρω γεγόνασιν οἵ τε συγγραφεῖς καὶ ποιηταὶ
Aris. 104 3 γὰρ πάντας ὀμωμοκέναι κατ' ἀνάγκην ἐπιτελουμένους * θείως * τὸ κατὰ τὸν ὁρκισμὸν πρᾶγμα ὄντας πεντακοσίους μὴ
Aris. 157 3 μνείαν ἔχειν ὡς συντηρεῖται τὰ προειρημένα * θείᾳ * δυνάμει σὺν κατασκευῇ. πάντα γὰρ χρόνον καὶ τόπον
Aris. 160 4 ἑαυτῶν ὅταν εἰς ὕπνον ἔρχωνται καὶ τὴν ἔγερσιν ὡς * θεία * τίς ἐστι καὶ ἀκατάληπτος τούτων ἡ μετάθεσις.
Aris. 189 5 ὅτι πᾶν ἐννόημα σαφές ἐστι θεῷ καταρχὴν δὲ * θείου * φόβου λαμβάνων ἐν οὐδενὶ διαπίπτοις. καὶ τοῦτον δὲ
Aris. 236 5 διδακτόν ἐστιν; ὁ δ' εἶπε ψυχῆς ἐστι κατασκευὴ διὰ * θείας * δυνάμεως ἐπιδέχεσθαι πᾶν τὸ καλὸν ἀποστρέφεσθαι δὲ
Aris. 252 7 τὸ δ' ἐπινοεῖν ταῦτα καὶ ἐν τούτοις ἀναστρέφεσθαι * θείας * δυνάμεώς ἐστιν ἔργον. διαχυθεὶς δὲ τοῖς εἰρημένοις
Aris. 279 5 τοῦτο πράσσων ἀένναον μνήμην καταβέβλησαι σεαυτοῦ * θείῳ * προστάγματι κατακολουθῶν. εἰπὼν δὲ καὶ τοῦτον καλῶς
Aris. 315 2 συμβαῖνόν ἐστι. δι' ὀνείρου δὲ σημανθέντος ὅτι τὰ * θεῖα * βούλεται περιεργασάμενος εἰς κοινοὺς ἀνθρώπους
Sib. 3 812 θνητοῖς --- ὥστε προφητεῦσαί με βροτοῖς αἰνίγματα * θεῖα. * καὶ καλέσουσι βροτοί με καθ' Ἑλλάδα πατρίδος
Sib. 5 249 τε τότ' ἔσσεται ἤματι κείνῳ Ἰουδαίων μακάρων * θεῖον * γένος οὐράνιόν τε οἵ περιναιετάουσι θεοῦ πόλιν ἐν
FJub. 3 1 Αἰγυπτίοις Φαρμουθὶ ὠνόμασεν Ἀδὰμ τὰ ἄγρια θηρία * θείῳ * τινὶ χαρίσματι. τῇ δευτέρᾳ ἡμέρᾳ τῆς δευτέρας
FJub. 3 13 οὐκ εἰσέρχεται ἕως ἑπτὰ ἡμέρας ἐν τῷ ἱερῷ κατὰ τὸν * θεῖον * νόμον. ὁ Ἀδὰμ ἀπεσόβει τὰ πετεινὰ καὶ ἑρπετὰ
FJub. 4 18 ⟨Ἐνὼχ⟩ πρῶτος γράμματα μανθάνει καὶ διδάσκει καὶ * θείων * μυστηρίων ἀποκαλύψεως ἀξιοῦται. γυνὴ Ἰάρεδ Βαραχα
FJub. 10 9 καὶ ἐδόθη αὐτῷ τὸ δέκατον αὐτῶν κατὰ πρόσταξιν * θείαν * ὥστε πειράζειν τοὺς ἀνθρώπους πρὸς δοκιμὴν τῆς
FJub. 10 26 πλήθους ἐφ' ὃν ὁ πύργος ἀνέμῳ βιαίῳ καταπεσὼν * θείᾳ * κρίσει τοῦτον ἐπάταξε. γυνὴ Ραγαυ Ωρα θυγάτηρ Οὖρ
FJub. 11 17 ἐκ τῆς τῶν κτισμάτων ἀναχθεὶς καλλονῆς * θείας * ἐλλάμψεως ἠξιώθη ἔτι διατρίβων ἐν τῇ πατρίδι. Σαρα

| | | | | |
|---|---|---|---|---|
| IEur. | 5 | 75 | 1 | ποῖος δ' ἂν οἶκος τεκτόνων πλασθεὶς ὕπο δέμας τὸ ✶ θεῖον ✶ περιβάλοι τοίχων πτυχαῖς; |
| IOrp. | | | 2 | δ' ἐπίθεσθε βέβηλοι φεύγοντες δικαίων θεσμοὺς ✶ θείοιο ✶ τιθέντος πάντες ὁμῶς σὺ δ' ἄκουε φαεσφόρου ἔκγονε |
| IOrp. | | | 6 | στήθεσσι φανέντα φίλης αἰῶνος ἀμέρση εἰς δὲ λόγον ✶ θεῖον ✶ βλέψας τούτῳ προσέδρευε ἰθύνων κραδίης νοερὸν |
| IDip. | 5 | 121 | 1 | καλύψε:ν ὡς ἀπὸ τοῦ πάντ' εἰς χρόνον πεφευγέναι τὸ ✶ θεῖον ✶ ὡς λεληθότας; ἔστιν Δίκης ὀφθαλμὸς ὃς τὰ πάντα |
| HArt. | 9 | 27 | 21 | Μώϋσον δείσαντα τὸ γεγονὸς φεύγειν φωνὴν δ' αὐτῷ ✶ θείαν ✶ εἰπεῖν στρατεύειν ἐπ' Αἴγυπτον καὶ τοὺς Ἰουδαίους |
| HArt. | 9 | 27 | 36 | χρησαμένους διακομίζειν. τῷ δὲ Μωϋσῳ φωνὴν ✶ θείαν ✶ γενέσθαι πατάξαι τὴν θάλασσαν τῇ ῥάβδῳ καὶ |
| LEze. | 9 | 29 8 04 | | γὰρ ἧς σὺ γῆς ἐφέστηκας πέλει ὁ δ' ἐκ βάτου σοι ✶ θεῖος ✶ ἐκλάμπει λόγος. θάρσησον ὦ παῖ καὶ λόγων ἄκου' |
| LEze. | 9 | 29 14 28 | | πεποιηθότες λαοῖσι καὶ φρικτοῖς ὅπλοις. ἔπειτα ✶ θεῖων ✶ ἄρχεται τεραστίων θαυμάστ' ἰδέσθαι. καί τις |
| LArt. | 8 | 10 | 1 | καὶ πρόσωπον καὶ πόδες καὶ περίπατος ἐπὶ τῆς ✶ θείας ✶ δυνάμεως ἃ τεύξεται λόγου καθήκοντος καὶ οὐκ |
| LArt. | 8 | 10 | 4 | νοεῖν θαυμάζουσι τὴν περὶ αὐτὸν σοφίαν καὶ τὸ ✶ θεῖον ✶ πνεῦμα καθ' ὃ καὶ προφήτης ἀνακεκήρυκται ὧν εἰσιν |
| LArt. | 8 | 10 | 9 | λέγων τὰς συντελείας χεῖρας εἶναι θεοῦ. στάσις δὲ ✶ θεία ✶ καλῶς ἂν λέγοιτο κατὰ τὸ μεγαλεῖον ἢ τοῦ κόσμου |
| LArt. | 8 | 10 | 12 | αὐτοῖς τροπὰς λαμβάνει καὶ φθοράς. ἡ στάσις οὖν ἡ ✶ θεία ✶ κατὰ ταῦτα ἂν λέγοιτο πάντων ὑποκειμένων τῷ θεῷ. |
| LArt. | 8 | 10 | 12 | τῷ θεῷ. λέγεται δὲ καὶ κατάβασις ἐπὶ τὸ ὄρος ✶ θεία ✶ γεγονέναι διὰ τῆς γραφῆς τοῦ νόμου καθ' ὃν |
| LArt. | 8 | 10 | 16 | ὀργάνων τοιούτων μηδὲ τοῦ φωνήσοντος ἀλλὰ ✶ θεία ✶ κατασκευὴ γινομένων ἁπάντων ὥστε σαφὲς εἶναι διὰ |
| LArt. | 8 | 10 | 17 | ὥστε σαφὲς εἶναι διὰ ταῦτα τὴν κατάβασιν τὴν ✶ θείαν ✶ γεγονέναι διὰ τὸ τοὺς συνορῶντας ἐκφαντικῶς ἕκαστα |
| LArt. | 13 | 12 | 3 | τὰ περὶ τούτων. δεῖ γὰρ λαμβάνειν τὴν ✶ θείαν ✶ φωνὴν οὐ ῥητὸν λόγον ἀλλ' ἔργων κατασκευὰς καθὼς |
| LArt. | 13 | 12 | 4 | λεγομένων οὕτως ἐκτίθεται περὶ τοῦ διακρατεῖσθαι ✶ θεία ✶ δυνάμει τὰ πάντα καὶ γενητὰ ὑπάρχειν καὶ ἐπὶ πάντων |
| LArt. | 13 | 12 | 12 | λόγου καθεστῶτος ἐν ᾧ γνῶσιν ἔχομεν ἀνθρωπίνων καὶ ✶ θείων ✶ πραγμάτων. δι' ἑβδομάδων δὲ καὶ πᾶς ὁ κόσμος |
| FrAn. | 1 | 217 | 6 | δύο. καὶ πτωχεύσας πάνυ καὶ ὑπὸ μηδενὸς ἐκ ✶ θείας ✶ δοκιμασίας ἐλεούμενος ὕστερον ἐν ἑαυτῷ λέγει |
| FrAn. | 1 | 217 | 17 | γενόμενος ἐπυνθάνετο. ποῦ τὸν πολύτιμον καὶ ✶ θεῖον ✶ λίθον τοῦτον εὗρες; ἰδοὺ γὰρ ἔτη τρία σήμερον |
| FrAn. | 1 | 218 | 8 | ἐξῆλθεν εὐχαριστῶν καὶ πιστεύων κυρίῳ καὶ ἐν τῇ ✶ θεία ✶ γραφῇ πάντα διηγορευμένα. ε)τερος τ⟨ο⟩υ ετερους - - |

θεῖος (ὁ)

| | | | | |
|---|---|---|---|---|
| HDem. | 9 | 21 | 19 | λ γ' τελευτῆσαι. Ἀμβρὰμ δὲ λαβεῖν γυναῖκα τὴν τοῦ ✶ θείου ✶ θυγατέρα Ἰωχαβὲτ καὶ ὄντα ἐνιαυτῶν ο ε' γεννῆσαι |

θειότης

| | | | | |
|---|---|---|---|---|
| Aris. | 95 | | 5 | πολύ τι πλῆθος ἀλλὰ φόβῳ καὶ καταξίως μεγάλης ✶ θειότητος ✶ ἅπαντ' ἐπιτελεῖται. μεγάλην δὲ ἔκπληξιν ἡμῖν |

θεοφιλής ✶

| | | | | |
|---|---|---|---|---|
| LPhl. | 9 | 20 | 1 | δεσμῶν παμφαὲς πλήμμυρε μεγαυχήτοισι λογισμοῖς ✶ θεοφιλῆ ✶ θέλγητρα. λιπόντι γὰρ ἄγλαὸν ἕρκος αἰνοφύτων |

θεκουέ

| | | | | |
|---|---|---|---|---|
| Prop. | 7 | | 1 | μόνος σύνεγγυς πολυανδρίου Ἐνακείμ. Ἀμὼς ἦν ἐκ ✶ θεκουέ. ✶ καὶ Ἀμασίας πυκνῶς αὐτὸν τυμπανίσας τέλος καὶ |

θέλγητρον

| | | | | |
|---|---|---|---|---|
| LPhl. | 9 | 20 | 1 | παμφαὲς πλήμμυρε μεγαυχήτοισι λογισμοῖς θεοφιλῆ ✶ θέλγητρα. ✶ λιπόντι γὰρ ἄγλαὸν ἕρκος αἰνοφύτων ἔκκαυμα |

θέλγω

| | | | | |
|---|---|---|---|---|
| TRub. | 5 | | 6 | εἰς κόλασιν τοῦ αἰῶνος τετήρηται. οὕτως γὰρ ✶ ἔθελξαν ✶ τοὺς ἐγρηγόρους πρὸ τοῦ κατακλυσμοῦ κἀκεῖνοι |

θέλημα

| | | | | |
|---|---|---|---|---|
| TIss. | 4 | | 3 | μακροὺς οὐχ ὑπογράφει ζῆν ἀλλὰ μόνον ἐκδέχεται τὸ ✶ θέλημα ✶ τοῦ θεοῦ. καίγε τὰ πνεύματα τῆς πλάνης οὐδὲν |
| TDan. | 6 | | 6 | αὐτῶν κύριος καὶ μετελεύσεται ἐπὶ ἔθνη ποιοῦντα τὸ ✶ θέλημα ✶ αὐτοῦ ὅτι οὐδεὶς τῶν ἀγγέλων ἔσται ἴσος αὐτῷ. τὸ |
| TNep. | 3 | | 1 | ὅτι σιωπῶντες ἐν καθαρότητι καρδίας συνήσετε τὸ ✶ θέλημα ✶ τοῦ θεοῦ κρατεῖν καὶ ἀπορρίπτειν τὸ θέλημα τοῦ |
| TNep. | 3 | | 1 | τὸ θέλημα τοῦ θεοῦ κρατεῖν καὶ ἀπορρίπτειν τὸ ✶ θέλημα ✶ τοῦ διαβόλου. ἥλιος καὶ σελήνη καὶ ἀστέρες οὐκ |
| TBen. | 11 | | 2 | ἀκούων ἐπὶ γῆς φωνὴν αὐτοῦ καὶ ποιῶν εὐδοκίαν ✶ θελήματος ✶ αὐτοῦ γνῶσιν καινὴν φωτίζων πάντα τὰ ἔθνη φῶς |
| Asen. | 12 | | 2 | παραβαίνουσιν ἀλλ' εἰσίν ἕως τέλους ποιοῦντες τὸ ✶ θέλημά ✶ σου. ὅτι σὺ κύριε ἐλάλησας καὶ ἐζωογονήθησαν ὅτι |
| Asen. | 24 | | 2 | αὐτός καὶ οὗτοι ἔσονταί σοι ὑποχείριοι κατὰ τὸ ✶ θέλημά ✶ σου. καὶ ἀπέστειλεν ὁ υἱὸς Φαραῶ ἀγγέλους καὶ |
| Asen. | 24 | | 4 | καὶ ἀκούσονται οἱ παῖδές σου καὶ ποιήσομεν κατὰ τὸ ✶ θέλημά ✶ σου. καὶ ἐχάρη ὁ υἱὸς Φαραῶ χαρὰν μεγάλην σφόδρα |
| Asen. | 24 | | 13 | ἐνωπιόν σου. πρόσταξόν ἡμῖν καὶ ποιήσομεν κατὰ τὸ ✶ θέλημά ✶ σου. καὶ εἶπεν αὐτοῖς ὁ υἱὸς Φαραῶ ἐγὼ ἀποκτενῶ |
| Sal. | 7 | | 3 | ὁ ποὺς αὐτῶν κληρονομίαν ἁγιάσματός σου. σὺ ἐν ✶ θελήματί ✶ σου παίδευσον ἡμᾶς καὶ μὴ δῷς ἔθνεσιν. ἐὰν γὰρ |
| Jer. | 1 | | 6 | ἐπὶ τὴν ἱερὰν πόλιν τοῦ θεοῦ; μὴ κύριέ μου ἀλλ' εἰ ✶ θέλημά ✶ σού ἐστιν ἐκ τῶν χειρῶν σου ἀφανισθῆναι. καὶ εἰπε |
| Esdr. | 4 | | 24 | ὁ ἀρχιστράτηγος οὕτος μητροκοίτης ἐστὶν μικρῶ ✶ θέλημα ✶ πράξας ἐκελεύσθη οὕτος κρεμασθῆναι. καὶ ἀπήγαγόν |
| Sedr. | 5 | | 1 | ἔφαγεν ἀπὸ τοῦ ξύλου. λέγει αὐτῷ Σεδραχ σοῦ ✶ θελήματος ✶ ἡπατήθη δέσποτά μου ὁ Ἀδάμ. σὺ ἐκέλευσας τοὺς |
| Sedr. | 7 | | 3 | εἰ ⟨δὲ μὴ⟩ καὶ τὸν ἄνθρωπον σῶσον κύριε σοῦ ✶ θελήματος ✶ ἥμαρτεν κύριε ἐλεεινὸς ἄνθρωπος. ⟨λέγει αὐτῷ ὁ |
| Sedr. | 8 | | 1 | μοι χάριν εἰς τὸν κόσμον ἀλλὰ ἀφῆκα αὐτὸν εἰς τὸ ✶ θέλημα ✶ αὐτοῦ ὅτι ἠγάπησα αὐτὸν διότι τοὺς δικαίους μου |

θέλω
cf. ἐθέλω

θεμανός

| | | | | |
|---|---|---|---|---|
| Job | 29 | | 3 | ἔτι ἀμφιβαλλόντων, στραφεὶς πρός με Ἔλιφας ὁ τῶν ✶ θεμανῶν ✶ βασιλεὺς εἶπεν σὺ εἶ Ἰωβαβ ὁ συμβασιλεὺς ἡμῶν; |

θέμεθλον

| | | | | |
|---|---|---|---|---|
| Sib. | 3 | | 503 | θεὸς αὐτοῖς ἐξ ἐδάφους φλέξας πόλιας καὶ πολλὰ ✶ θέμεθλα. ✶ αἰαῖ σοι Κρήτη πολυώδυνε εἰς σέ περ ἥξει πληγὴ |

θεμέλιος

| | | | | |
|---|---|---|---|---|
| Hen. | 15 | | 9 | ἁγίων ἐγρηγόρων ἡ ἀρχὴ τῆς κτίσεως αὐτῶν καὶ ἀρχὴ ✶ θεμελίου ✶ πνεύματα πονηρὰ κληθήσεται. πνεύματα οὐρανοῦ ἐν |
| Hen. | 15B | | 9 | τῶν ἐγρηγόρων ἡ ἀρχὴ τῆς κτίσεως αὐτῶν καὶ ἀρχὴ ✶ θεμελίου ✶ πνεύματα πονηρὰ ἐπὶ τῆς γῆς ἔσονται τὰ πνεύματα |
| Hen. | 18 | | 1 | ὅτι ἐν αὐτοῖς ἐκόσμησεν πάσας τὰς κτίσεις καὶ ✶ θεμέλιον ✶ τῆς γῆς καὶ τὸν λίθον ἴδον τῆς γωνίας τῆς γῆς. |
| Asen. | 15 | | 12 | με ἐκ τοῦ σκότους καὶ ἀναγαγεῖν με ἀπὸ τῶν ✶ θεμελίων ✶ τῆς ἀβύσσου καὶ εὐλογημένον τὸ ὄνομά σου εἰς |
| Asen. | 22 | | 13 | τὰ τείχη αὐτῆς ὡς τείχη ἀδαμάντινα αἰώνια καὶ τὰ ✶ θεμέλια ✶ αὐτῆς τεθεμελιωμένα ὑπὲρ πέτρας τοῦ ἑβδόμου |
| HEup. | 9 | 34 | 4 | πλάτος πηχῶν ξ' τὸ δὲ πλάτος τῆς οἰκοδομῆς καὶ τῶν ✶ θεμελίων ✶ πηχῶν ι' οὕτω γὰρ αὐτῷ προστάξαι Νάθαν τὸν |
| FrAn. | 574 | | 3074 | περιφλογίζουσι καὶ σίδηρος λακᾷ καὶ πᾶν ὄρος ἐκ ✶ θεμελίου ✶ φοβεῖται. ὁρκίζω σε πᾶν πνεῦμα δαιμόνιον τὸν |
| FrAn. | 574 | | 3077 | τὸν ἐφορῶντα ἐπὶ γῆς καὶ ποιοῦντα ἔκτρομα τὰ ✶ θεμέλια ✶ αὐτῆς καὶ ποιήσαντα τὰ πάντα ἐκ τῶν οὐκ ὄντων |

θεμελιόω

| | | | | |
|---|---|---|---|---|
| Hen. | 18 | | 12 | τόπον ὅπου οὐδὲ στερέωμα οὐρανοῦ ἐπάνω οὔτε γῆ ἦ ✶ τεθεμελιωμένη ✶ ὑποκάτω αὐτοῦ οὔτε ὕδωρ ἦν ὑπὸ αὐτὸ οὔτε |
| Hen. | 21 | | 2 | ἑώρακα οὔτε οὐρανὸν ἐπάνω οὔτε γῆν τεθέαμαι ✶ τεθεμελιωμένην ✶ ἀλλὰ τόπον ἀκατασκεύαστον καὶ φοβερόν. |
| Hen. | 21B | | 2 | ἔργον φοβερόν. ἑώρακα οὔτε οὐρανὸν ἐπάνω οὔτε γῆν ✶ τεθεμελιωμένην ✶ ἀλλὰ τόπον ἀκατασκεύαστον καὶ φοβερόν. |
| Asen. | 12 | | 2 | τῶν ἀφανῶν καὶ μὴ ὄντων ὁ ὑψώσας τὸν οὐρανὸν καὶ ✶ θεμελιώσας ✶ αὐτὸν ἐν στερεώματι ἐπὶ τὸν νῶτον τῶν ἀνέμων |
| Asen. | 12 | | 2 | αὐτὸν ἐν στερεώματι ἐπὶ τὸν νῶτον τῶν ἀνέμων ὁ ✶ θεμελιώσας ✶ τὴν γὴν ἐπὶ τῶν ὑδάτων ὁ θεὶς λίθους μεγάλους |
| Asen. | 19 | | 8 | τὸ ὄνομά σου εἰς τοὺς αἰῶνας διότι κύριος ὁ θεὸς ✶ ἐθεμελίωσε ✶ τὰ τείχη σου ⟨ἐν τοῖς ὑψίστοις καὶ⟩ τὰ τείχη |
| Asen. | 22 | | 13 | ὡς τείχη ἀδαμάντινα αἰώνια καὶ τὰ θεμέλια αὐτῆς ✶ τεθεμελιωμένα ✶ ὑπὲρ πέτρας τοῦ ἑβδόμου οὐρανοῦ.⟩ καὶ |
| HEup. | 9 | 34 | 4 | μυριάσι τὰ δέοντα πάντα κατὰ μῆνα φυλὴν μίαν. ✶ θεμελιῶσαί ✶ τε τὸν ναὸν τοῦ θεοῦ μῆκος πηχῶν ξ' πλάτος |

θεμελίωσις

| | | | | |
|---|---|---|---|---|
| Hen. | 99 | | 14 | οὐκ ἔστιν ὑμῖν χά⟨ρις⟩. οὐαὶ οἱ ἐξουθενοῦντες τὴν ✶ θεμελίωσιν ✶ καὶ τὴν κληρονομίαν τῶν πατέρων αὐτῶν τὴν ἀπ' |

θέμις

| | | | | |
|---|---|---|---|---|
| Aris. | 318 | | 4 | τὴν ἐκπομπὴν αὐτῶν γενέσθαι παραγενηθέντας δὲ ὡς ✶ θέμις ✶ ἔξειν αὐτοὺς φίλους καὶ πολυδωρίας τῆς μεγίστης |
| Sib. | 5 | | 71 | τοίαν τροφὸν εἵνεκα ποινῆς. οὐκέτι σοι +φανερῶς+ ✶ θέμις ✶ ἔσται ἐν μακάρεσσιν ἐξ ἄστρων πέπτωκας ἐς οὐρανὸν |
| Sib. | 5 | | 79 | οἷς λόγος οὐδείς οὗ νοῦς οὐκ ἀκοῇ ἄτε μοι ✶ θέμις ✶ οὐδ' ἀγορεύειν εἰδόλων ἃ ἔκαστα βροτῶν παλάμαισι |
| Sib. | 5 | | 357 | θ' Ἑρμαῖς καὶ τοῖς λιθίνοισι θεοῖσιν. ἡγείσθω δὲ ✶ θέμις ✶ καὶ σοφία καὶ δόξα δικαίων μή ποτε θυμωθεὶς θεὸς |
| Sib. | 5 | | 383 | πολεμίξεται οὐδὲ σιδήρῳ οὐδ' αὐτοῖς βελέεσσιν ἃ μὴ ✶ θέμις ✶ ἔσσεται αὖτις. εἰρήνην δ' ἔξει λαὸς σοφὸς ὥσπερ |
| IOrp. | 1 | | 1 | προεχόμεθα οἷς ✶ θέμις ✶ ἐστὶ θύρας δ' ἐπίθεσθε βέβηλοι φεύγοντες δικαίων |
| LThe. | 9 | 22 | 9 | μὲν ἐσθλὸς οὐδὲ δίκας ἐδίκαζον ἀνὰ πτόλιν οὐδὲ ✶ θέμιστας ✶ λοίγια δ' ὤρφεει τοῖσιν μεμελημένα ἔργα. τὸν |

θεμιτός

| | | | | |
|---|---|---|---|---|
| IOrp. | | | 43 | θεόθεν γνώμησι λαβὼν κατὰ δίπλακα θεσμόν. ἄλλως οὐ ✶ θεμιτὸν ✶ δὲ λέγειν τρομέω δέ γε γυῖα ἐν νόῳ ἐξ ὑπάτου |
| LThe. | 9 | 22 | 6 | τὸν δὲ Ἐμμὼρ φάναι πείσειν αὐτούς. οὐ γὰρ δὴ ✶ θεμιτὸν ✶ γε τόδ' Ἑβραίοισι τέτυκται γαμβροὺς ἄλλοθεν εἰς |

θεοδέκτης

| | | | | |
|---|---|---|---|---|
| Aris. | 316 | | 2 | ἀποσχόμενον δὲ οὕτως ἀποκαταστῆναι. καὶ παρὰ ✶ θεοδέκτου ✶ δὲ τοῦ τῶν τραγῳδιῶν ποιητοῦ μετέλαβον ἐγὼ |

θεοδόσιος

| | | | | |
|---|---|---|---|---|
| Aris. | 47 | | 4 | Ματταθίας Ἐσχλεμίας. τρίτης Νεεμίας Ἰώσηφος ✶ Θεοδόσιος ✶ Βασέας Ὀρνίας Δάκις. τετάρτης Ἰωνάθας |
| Aris. | 49 | | 2 | Σεδεκίας Ἰάκωβος Ἴσαχος Ἰησίας Ναθθαῖος. ὀγδόης ✶ Θεοδόσιος ✶ Ἰάσων Ἰησοῦς Θεόδοτος Ἰωάννης Ἰωνάθας. |
| Aris. | 50 | | 4 | Χαλεβ Δοσίθεος. δωδεκάτης Ἰσάηλος Ἰωάννης ✶ Θεοδόσιος ✶ Ἄρσαμος Ἀβιήτης Ἐζεκήλος. οἱ πάντες |

θεόδοτος

| | | | | |
|---|---|---|---|---|
| Aris. | 49 | | 2 | Ἰησίας Ναθθαῖος. ὀγδόης Θεοδόσιος Ἰάσων Ἰησοῦς ✶ Θεόδοτος ✶ Ἰωάννης Ἰωνάθας. ἐνάτης Θεόφιλος Ἄβραμος |

θεοειδής

| | | | | |
|---|---|---|---|---|
| HCal. | 24 | | 35 | προσκαλεσάμενος δὲ ἕνα τῶν ἱερέων λέγει αὐτῷ. ὡς ✶ θεοειδὲς ✶ ὑμῶν τὸ σχῆμα. φράσον δή μοι καὶ τίνα ὑμεῖς |

θεόθεν

| | | | | |
|---|---|---|---|---|
| Sib. | 5 | | 108 | καὶ μακάρων ἐθέλων πόλιν ἐξαλαπάξαι. καὶ κέν τις ✶ θεόθεν ✶ βασιλεὺς πεμφθεὶς ἐπὶ τοῦτον πάντας ὀλεῖ βασιλεῖς |
| IOrp. | | | 42 | τελευτὴν ὡς λόγος ἀρχαίων ὡς ὑδογενὴς διέταξεν ἐκ ✶ θεόθεν ✶ γνώμησι λαβὼν κατὰ δίπλακα θεσμόν. ἄλλως οὐ |

θεόκτιστος

| | | | | |
|---|---|---|---|---|
| Aris. | 201 | | 3 | ὅλων διο:κουμένων καὶ ὑπειληφότων ὀρθῶς τοῦτο ὅτι ✶ θεόκτιστόν ✶ ἐστιν ἄνθρωπος ἀκολουθεῖ πᾶσαν δυναστείαν καὶ |

θεομαχία

| | | | | |
|---|---|---|---|---|
| Bar. | 2 | | 7 | οὗτοι; κα: εἰπέν μοι οὗτοι εἰσιν οἱ τὸν πύργον τῆς ✶ θεομαχίας ✶ οἰκοδομήσαντες καὶ ἐξετόπησεν αὐτοὺς ὁ κύριος. |

θεομηνία

| | | | | |
|---|---|---|---|---|
| FrAn. | 9 | 17 | 5 | κεχαρισμένος ὁ παῖς ἀπολώλει. συμβαλὼν δὲ κατὰ ✶ θεομηνίαν ✶ τοιούτῳ παθήματι περιπεσεῖν ὑπὸ τοὺς πόδας |

| | | | | | |
|---|---|---|---|---|---|
| θεόπεμπτος | | | 1 | | |
| Sib. | 3 | 249 | καὶ ἀταρπὸν ὁδεύσει λαὸς ὁ δωδεκάφυλος ἐν ἡγεμόσιν | * θεοπέμπτοις * | ἐν στύλῳ πυρόεντι τὸ νυκτερινὸν διοδεύων καὶ |
| θεόπλαστος | | | 1 | | |
| Sib. | 3 | 8 | θεὸς κέλεταί μ' ἀγορευέμεν ἀνθρώποισιν. ἄνθρωποι | * θεόπλαστον * | ἔχοντες ἐν εἰκόνι μορφὴν τίπτε μάτην πλάζεσθε |
| θεόπνευστος | | | 4 | | |
| Abr.1 | 20 | 11 | χερσὶν αὐτῶν ἐν σινδόνι θεοϋφαντῷ. καὶ μυρίσμασι | * θεοπνεύστοις * | καὶ ἀρώμασιν ἐκήδευσαν δὲ τὸ σῶμα τοῦ |
| Sib. | 5 | 308 | μᾶλλον ὀλεῖται. Κύμη δ' ἡ μωρὰ σὺν νάμασι τοῖς | * θεοπνεύστοις * | ἐν παλάμαις ἀθέων ἀνδρῶν ἀδίκων καὶ ἀθέσμων |
| Sib. | 5 | 406 | ψυχῶν ἐσεβάσθη. ἀλλὰ μέγαν γενετῆρα θεὸν πάντων | * θεοπνεύστων * | ἐν θυσίαις ἁγίαις ἐγέραιρον καὶ ἑκατόμβαις. |
| FPho. | | 129 | ἄλκαρ ἔδωκε λόγον δ' ἔρυμ' ἀνθρώποισιν. ⟨τῆς δὲ | * θεοπνεύστου * | σοφίης λόγος ἐστὶν ἄριστος.⟩ βέλτερος |
| Θεόπομπος | | | 1 | | |
| Aris. | 314 | 1 | τῆς ἐπιβολῆς ἀπέστησαν. καὶ γὰρ ἔφησεν ἀκηκοέναι | * Θεοπόμπου * | διότι μέλλων τινὰ τῶν προηρμηνευμένων |
| θεός | | | 1127 | | |
| Adam | | 1 | Ἀδὰμ καὶ Εὔας τῶν πρωτοπλάστων ἀποκαλυφθεῖσα παρὰ | * θεοῦ * | Μωϋσῇ τῷ θεράποντι αὐτοῦ ὅτε τὰς πλάκας τοῦ νόμου |
| Adam | 3 | 2 | ἀπὸ χειρὸς Κάϊν τοῦ ἀδελφοῦ αὐτοῦ. καὶ λέγει ὁ | * θεὸς * | Μιχαὴλ τῷ ἀρχαγγέλῳ εἰπὲ τῷ Ἀδὰμ ὅτι τὸ μυστήριον |
| Adam | 3 | 3 | ποιήσῃς. σὺ δὲ μὴ εἴπῃς αὐτῷ μηδέν. ταῦτα εἶπεν ὁ | * θεὸς * | τῷ ἀρχαγγέλῳ αὐτοῦ. Ἀδὰμ δὲ ἐφύλαξεν τὸ ῥῆμα ἐν τῇ |
| Adam | 4 | 2 | ὃν ἀπέκτεινεν Κάϊν. δώσωμεν δόξαν καὶ θυσίαν τῷ | * θεῷ. * | ἐποίησεν δὲ Ἀδὰμ υἱοὺς τριάκοντα καὶ θυγατέρας |
| Adam | 5 | 3 | ἐπὶ τὴν θύραν τοῦ οἴκου ἐν ᾧ εἰσήρχετο εὔξασθαι τῷ | * θεῷ. * | εἶπε δὲ αὐτῷ Σὴθ ὁ υἱὸς αὐτοῦ πάτερ Ἀδάμ τί σοί |
| Adam | 7 | 1 | ἐγένοντο; εἶπε δὲ αὐτῷ ὁ Ἀδὰμ ὅτε ἐποίησεν ἡμᾶς ὁ | * θεὸς * | ἐμέ τε καὶ τὴν μητέρα ὑμῶν δι' ἧς καὶ ἀποθνήσκω |
| Adam | 8 | 1 | ἔπειτα ἔδωκε κἀμοὶ φαγεῖν. καὶ ὀργίσθη ἡμῖν ὁ | * θεός. * | καὶ ἐλθὼν ἐν τῷ παραδείσῳ ὁ δεσπότης ἔθηκε τὸν |
| Adam | 9 | 3 | γῆν ἐπὶ τὰς κεφαλὰς ὑμῶν καὶ κλαύσατε δεόμενοι τοῦ | * θεοῦ * | ὅπως σπλαγχνισθῇ ἐπ' ἐμοὶ καὶ ἀποστείλῃ τὸν ἄγγελον |
| Adam | 10 | 2 | με λέγοντες ὅτι οὐκ ἐφύλαξεν ἡ Εὔα τὴν ἐντολὴν τοῦ | * θεοῦ. * | καὶ εἶπε πρὸς τὸ θηρίον ὦ θηρίον πονηρὸν οὐ |
| Adam | 10 | 3 | θηρίον ὦ θηρίον πονηρὸν οὐ φοβήσει τὴν εἰκόνα τοῦ | * θεοῦ * | πολεμῆσαι αὐτήν; πῶς ἠνοίγη τὸ στόμα σου; πῶς |
| Adam | 10 | 3 | ὑποταγῆς σου ὅτι πρότερον ὑπετάγης τῇ εἰκόνι τοῦ | * θεοῦ; * | τότε τὸ θηρίον ἐβόησε λέγων ὦ Εὔα οὐ πρὸς ἡμᾶς ἡ |
| Adam | 11 | 2 | σου φαγεῖν ἀπὸ τοῦ ξύλου περὶ οὗ ἐνετείλατό σοι ὁ | * θεὸς * | μὴ φαγεῖν ἐξ αὐτοῦ; διὰ τοῦτο καὶ ἡμῶν αἱ φύσεις |
| Adam | 12 | 1 | τὸ στόμα καὶ σίγα καὶ ἀπόστηθι ἀπὸ τῆς εἰκόνος τοῦ | * θεοῦ * | ἕως ἡμέρας τῆς κρίσεως. τότε λέγει τὸ θηρίον τῷ Σὴθ |
| Adam | 12 | 2 | θηρίον τῷ Σὴθ ἰδοὺ ἀφίσταμαι ἀπὸ τῆς εἰκόνος τοῦ | * θεοῦ. * | τότε ἔφυγε τὸ θηρίον καὶ ἀφῆκεν αὐτὸν πεπληγμένον |
| Adam | 13 | 1 | πλησίον τοῦ παραδείσου. καὶ ἔκλαυσαν δεόμενοι τοῦ | * θεοῦ * | ὅπως ἀποστείλῃ τὸν ἄγγελον αὐτοῦ καὶ δώσει αὐτοῖς |
| Adam | 13 | 2 | δώσει αὐτοῖς τὸ ἔλαιον τοῦ ἐλέου. καὶ ἀπέστειλε ὁ | * θεὸς * | Μιχαὴλ τὸν ἀρχάγγελον. καὶ εἶπεν αὐτῷ Σὴθ ἄνθρωπε |
| Adam | 13 | 2 | τὸν ἀρχάγγελον. καὶ εἶπεν αὐτῷ Σὴθ ἄνθρωπε τοῦ | * θεοῦ * | μὴ κάμῃς εὐχόμενος ἐπὶ τῇ ἱκεσίᾳ ταύτῃ περὶ τοῦ |
| Adam | 13 | 4 | πᾶσα εὐφροσύνη τοῦ παραδείσου. καὶ ἔσται ὁ | * θεὸς * | ἐν μέσῳ αὐτῶν καὶ οὐκ ἔσονται ἔτι ἐξαμαρτάνοντες |
| Adam | 13 | 5 | αὐτοῖς καρδία συνετιζομένη τὸ ἀγαθὸν καὶ λατρεύειν | * θεῷ * | μόνῳ. σὺ δὲ πάλιν πορεύου πρὸς τὸν πατέρα σου ἐπειδὴ |
| Adam | 15 | 2 | ἕκαστος ἡμῶν τὸ λαχόν τι αὐτῷ μέρος ἀπὸ τοῦ | * θεοῦ. * | ἐγὼ δὲ ἐφύλαττον ἐν τῷ κλήρῳ μου νότον καὶ δύσιν. |
| Adam | 15 | 3 | Ἀδὰμ ὅπου ἦν τὰ θηρία ἐπειδὴ τὰ θηρία ἐμέρισεν ὁ | * θεός. * | τὰ ἀρσενικὰ πάντα δέδωκε τῷ πατρὶ ὑμῶν καὶ τὰ |
| Adam | 16 | 4 | λέγει αὐτῷ ὁ ὄφις φοβοῦμαι μήποτε ὀργισθῇ μοι ὁ | * θεός. * | λέγει αὐτῷ ὁ διάβολος μὴ φοβοῦ γενοῦ μοι σκεῦος |
| Adam | 17 | 1 | τοῦ παραδείσου. καὶ ὅτε ἀνῆλθον οἱ ἄγγελοι τοῦ | * θεοῦ * | προσκυνῆσαι τότε ὁ Σατανᾶς ἐγένετο ἐν εἴδει ἀγγέλου |
| Adam | 17 | 1 | ὁ Σατανᾶς ἐγένετο ἐν εἴδει ἀγγέλου καὶ ὕμνει τὸν | * θεὸν * | καθάπερ οἱ ἄγγελοι. καὶ παρέκυψεν ἐκ τοῦ τείχους |
| Adam | 17 | 3 | μοι τί ποιεῖς ἐν τῷ παραδείσῳ; καὶ εἶπον αὐτῷ ὁ | * θεὸς * | ἔθετο ἡμᾶς ὥστε φυλάσσειν καὶ ἐσθίειν ἐξ αὐτοῦ. |
| Adam | 17 | 5 | μέσον τοῦ παραδείσου περὶ οὗ ἐνετείλατο ἡμῖν ὁ | * θεὸς * | μὴ ἐσθίειν ἐξ αὐτοῦ ἐπεὶ θανάτῳ ἀποθανεῖσθε. τότε |
| Adam | 18 | 1 | θανάτῳ ἀποθανεῖσθε. τότε λέγει μοι ὁ ὄφις ζῇ ὁ | * θεὸς * | ὅτι λυποῦμαι περὶ ὑμῶν ὅτι ὡς κτήνη ἐστέ. οὐ γὰρ |
| Adam | 18 | 2 | ἐγὼ δὲ εἶπον αὐτῷ φοβοῦμαι μήποτε ὀργισθῇ μοι ὁ | * θεὸς * | καθὼς εἶπεν ἡμῖν. καὶ λέγει μοι μὴ φοβοῦ. ἅμα γὰρ |
| Adam | 18 | 3 | φάγῃς ἀνοιχθήσονταί σου οἱ ὀφθαλμοὶ καὶ ἔσεσθε ὡς | * θεοὶ * | γινώσκοντες τί ἀγαθὸν καὶ τί πονηρόν. τοῦτο δὲ |
| Adam | 18 | 4 | τί ἀγαθὸν καὶ τί πονηρόν. τοῦτο δὲ γινώσκων ὁ | * θεὸς * | ὅτι ἔσεσθε ὅμοιοι αὐτοῦ ἐφθόνησεν ὑμῖν καὶ εἶπεν οὐ |
| Adam | 21 | 3 | φάγε ἀπὸ τοῦ καρποῦ τοῦ δένδρου οὗ εἶπεν ἡμῖν ὁ | * θεὸς * | τοῦ μὴ φαγεῖν ἀπ' αὐτοῦ καὶ ἔσει ὡς θεός. καὶ |
| Adam | 21 | 3 | ἡμῖν ὁ θεὸς τοῦ μὴ φαγεῖν ἀπ' αὐτοῦ καὶ ἔσει ὡς | * θεός. * | καὶ ἀποκριθεὶς ὁ πατὴρ ὑμῶν εἶπεν φοβοῦμαι μήποτε |
| Adam | 21 | 4 | ὁ πατὴρ ὑμῶν εἶπεν φοβοῦμαι μήποτε ὀργισθῇ μοι ὁ | * θεός. * | ἐγὼ δὲ εἶπον μὴ φοβοῦ ἅμα γὰρ φάγῃς ἔσει γινώσκων |
| Adam | 21 | 6 | ἐν ἡμῖν; ἀπηλλοτρίωσάς με ἐκ τῆς δόξης τοῦ | * θεοῦ. * | καὶ αὐτῇ τῇ ὥρᾳ ἠκούσαμεν τοῦ ἀρχαγγέλου Μιχαὴλ |
| Adam | 22 | 2 | τοῦ ἀρχαγγέλου σαλπίζοντος εἴπομεν ἰδοὺ ὁ | * θεὸς * | εἰς τὸν παράδεισον ἔρχεται κρῖναι ἡμᾶς. ἐφοβήθημεν |
| Adam | 22 | 3 | ἡμᾶς. ἐφοβήθημεν δὲ καὶ ἐκρύβημεν. καὶ ἦλθεν ὁ | * θεὸς * | εἰς τὸν παράδεισον ἐπιβεβηκὼς ἐπὶ ἅρματος Χερουβὶμ |
| Adam | 22 | 3 | καὶ οἱ ἄγγελοι ὑμνοῦντες αὐτόν. ἐν ᾧ δὲ ἦλθεν ὁ | * θεὸς * | εἰς τὸν παράδεισον ἐξήνθησαν τὰ φυτὰ τοῦ κλήρου τοῦ |
| Adam | 22 | 4 | Ἀδὰμ καὶ τὰ ἐμὰ πάντα ἐστερεῖτο. καὶ ὁ θρόνος τοῦ | * θεοῦ * | ἐστηρίζετο ὅπου ἦν τὸ ξύλον τῆς ζωῆς. καὶ ἐκάλεσεν |
| Adam | 23 | 1 | ὅπου ἦν τὸ ξύλον τῆς ζωῆς. καὶ ἐκάλεσεν ὁ | * θεὸς * | τὸν Ἀδὰμ λέγων Ἀδὰμ ποῦ ἐκρύβης; νομίζεις ὅτι οὐχ |
| Adam | 23 | 3 | καὶ ᾐδέσθην τὸ κράτος σου δέσποτα. λέγει αὐτῷ ὁ | * θεὸς * | τίς σοι ὑπέδειξεν ὅτι γυμνὸς εἶ εἰ μὴ ὅτι |
| Adam | 23 | 4 | ἀπατῆσαι αὐτὸν ὅτι ἀκίνδυνόν σε ποιήσω παρὰ τοῦ | * θεοῦ. * | καὶ στραφεὶς πρός με εἶπεν τί τοῦτο ἐποίησας; κἀγὼ |
| Adam | 24 | 1 | κἀγὼ εἶπον ὅτι ὁ ὄφις ἠπάτησέ με. καὶ λέγει ὁ | * θεὸς * | τῷ Ἀδὰμ ἐπειδὴ παρήκουσας τὴν ἐντολήν μου καὶ |
| Adam | 27 | 2 | λέγων ἐάσατέ με μικρὸν ὅπως παρακαλέσω τὸν | * θεὸν * | καὶ σπλαγχνισθῇ καὶ ἐλεήσῃ με ὅτι ἐγὼ μόνος |
| Adam | 29 | 3 | ἵνα μετὰ τὸ ἐξελθεῖν με ἀνενέγκω θυσίαν τῷ | * θεῷ * | ὅπως εἰσακούσεταί μου ὁ θεός. καὶ προσελθόντες εἶπον |
| Adam | 29 | 3 | με ἀνενέγκω θυσίαν τῷ θεῷ ὅπως εἰσακούσεταί μου ὁ | * θεός. * | καὶ προσελθόντες εἶπον οἱ ἄγγελοι τῷ κυρίῳ Ἰαὴλ |
| Adam | 29 | 5 | εὐωδίας ἐκ τοῦ παραδείσου. καὶ ἐκέλευσεν ὁ | * θεὸς * | ἐαθῆναι τὸν Ἀδὰμ ἵνα λάβῃ εὐωδίας καὶ σπέρματα εἰς |
| Adam | 29 | 7 | καὶ κυκλώσωμεν τὴν γῆν εἰ οὕτως εἰσακούσῃ ἡμῶν ὁ | * θεός. * | καὶ ἀνέστημεν καὶ διωδεύσαμεν πᾶσαν τὴν γῆν |
| Adam | 29 | 8 | ἀναπαύσωμαι ἀπὸ προσώπου σου καὶ ἀπὸ προσώπου τοῦ | * θεοῦ * | καὶ ἀπὸ προσώπου τῶν ἀγγέλων ὅπως παύσωνται τοῦ |
| Adam | 29 | 9 | τῇ ἐμῇ πλευρᾷ; ἢ πῶς ἐπενέγκω χεῖρα τῇ εἰκόνι τοῦ | * θεοῦ * | ἣν ἔπλασεν; ἀλλὰ μετανοήσωμεν ἡμέρας τεσσαράκοντα |
| Adam | 29 | 9 | ἡμέρας τεσσαράκοντα ὅπως σπλαγχνισθῇ ἡμῖν ὁ | * θεὸς * | καὶ δώσῃ ἡμῖν τροφὴν κρείσσονα τῆς τῶν θηρίων. ἐγὼ |
| Adam | 29 | 10 | σὺ οὐκ ἐπλάσθης τῇ ἡμέρᾳ τῇ ἕκτῃ ἐν ᾗ ἐτέλεσεν ὁ | * θεὸς * | τὴν κτίσιν αὐτοῦ. ἀλλ' ἀνάστα καὶ πορεύου εἰς τὸν |
| Adam | 29 | 11 | καὶ πάντες οἱ ἄγγελοι καὶ πάντα τὰ ποιήματα τοῦ | * θεοῦ * | ἐκύκλωσαν τὸν Ἀδὰμ ὡς τεῖχος κύκλῳ αὐτοῦ κλαίοντες |
| Adam | 29 | 11 | τεῖχος κύκλῳ αὐτοῦ κλαίοντες καὶ προσευχόμενοι τῷ | * θεῷ * | ὑπὲρ τοῦ Ἀδὰμ ὅπως εἰσακούσηται αὐτοῦ ὁ θεός. ὁ δὲ |
| Adam | 29 | 11 | τῷ θεῷ ὑπὲρ τοῦ Ἀδὰμ ὅπως εἰσακούσηται αὐτοῦ ὁ | * θεός. * | ὁ δὲ διάβολος μὴ εὑρὼν τόπον εἰς τὸν Ἀδὰμ |
| Adam | 29 | 12 | τοῦ ὕδατος καὶ παῦσαι τοῦ κλαυθμοῦ. ἤκουσε γὰρ ὁ | * θεὸς * | τῆς δεήσεώς σου ὅτι καὶ ἡμεῖς οἱ ἄγγελοι καὶ πάντα |
| Adam | 29 | 12 | καὶ πάντα τὰ ποιήματα αὐτοῦ παρεκαλέσαμεν τὸν | * θεὸν * | ὑπὲρ ὑμῶν. καὶ ταῦτα εἰπὼν δεύτερον ἠπάτησέν με ὁ |
| Adam | 31 | 4 | λαλήσει τι περὶ ἐμοῦ. οὐ γὰρ ἐπιλήσεταί μου ὁ | * θεὸς * | ἀλλὰ ζητήσει τὸ ἴδιον σκεῦος ὃ ἔπλασεν. ἀνάστα |
| Adam | 31 | 4 | τὸ ἴδιον σκεῦος ὃ ἔπλασεν. ἀνάστα μᾶλλον εὖξαι τῷ | * θεῷ * | ἕως οὗ ἀποδώσω τὸ πνεῦμά μου εἰς τὰς χεῖρας τοῦ |
| Adam | 32 | 2 | ἔξω. καὶ πεσοῦσα ἐπὶ τὴν γῆν ἔλεγεν ἥμαρτον ὁ | * θεὸς * | ἥμαρτον ὁ πατὴρ τῶν ἁπάντων ἥμαρτον σοι ἥμαρτον εἰς |
| Adam | 33 | 5 | τὰ στερεώματα. καὶ προσέπεσαν οἱ ἄγγελοι τῷ | * θεῷ * | βοῶντες καὶ λέγοντες Ἰαὴλ ἅγιε συγχώρησον ὅτι εἰκών |
| Adam | 34 | 1 | ἐγὼ Εὔα δύο μεγάλα καὶ φοβερὰ μυστήρια ἐνώπιον τοῦ | * θεοῦ * | καὶ ἔκλαυσα ἐκ τοῦ φόβου καὶ ἐβόησα πρὸς τὸν υἱόν |
| Adam | 35 | 3 | μοι; πότε παραδοθήσεται εἰς τὰς χεῖρας τοῦ ἀοράτου | * θεοῦ * | ἡμῶν; τίνες δέ εἰσιν υἱέ μου Σὴθ οἱ δύο αἰθίοπες οἱ |
| Adam | 37 | 3 | αὐτὸν τρίτον καὶ ἤγαγεν αὐτὸν ἐνώπιον τοῦ | * θεοῦ. * | ἐποίησεν δὲ τρεῖς ὥρας κείμενος. καὶ μετὰ ταῦτα |
| Adam | 37 | 6 | ἦρεν τὸν Ἀδὰμ καὶ ἀφῆκεν αὐτὸν ὅπου εἶπεν αὐτῷ ὁ | * θεός. * | καὶ πάντες οἱ ἄγγελοι ὕμνουν ὕμνον ἀγγελικὸν |
| Adam | 38 | 2 | αὐτὸν ἵνα συναχθῶσιν πάντες οἱ ἄγγελοι ἐνώπιον τοῦ | * θεοῦ * | ἕκαστος κατὰ τὴν τάξιν αὐτοῦ τινὲς μὲν ἔχοντες |
| Adam | 38 | 4 | χωρὶς τοῦ Σὴθ μόνου ὅτι ἐγένετο καθορῶν τοῦ | * θεοῦ. * | καὶ ἦλθεν πρὸς τὸ σῶμα τοῦ Ἀδὰμ καὶ ἐλυπήθη |
| Adam | 39 | 1 | καὶ ἐλυπήθη σφόδρα ἐπ' αὐτῷ. καὶ λέγει αὐτῷ ὁ | * θεὸς * | Ἀδάμ τί τοῦτο ἐποίησας; εἰ ἐφύλαξας τὴν ἐντολήν |
| Adam | 40 | 1 | καθήμενον ἐπὶ τοῦ θρόνου αὐτοῦ. μετὰ ταῦτα εἶπεν ὁ | * θεὸς * | τῷ ἀρχαγγέλῳ Μιχαὴλ ἄπελθε εἰς τὸν παράδεισον ἐν τῷ |
| Adam | 40 | 2 | τρεῖς σινδόνας βυσσίνας καὶ συρικάς. καὶ εἶπεν ὁ | * θεὸς * | τῷ Μιχαὴλ καὶ τῷ Γαβριὴλ καὶ τῷ Οὐριὴλ στρώσατε |
| Adam | 40 | 3 | ὅτε δὲ ἐτέλεσαν κηδεύοντες τὸν Ἀδὰμ εἶπεν ὁ | * θεὸς * | ἐνεχθῆναι καὶ τὸ σῶμα τοῦ Ἄβελ. καὶ ἐνεγκόντες |
| Adam | 40 | 6 | ἕως οὗ ἐτάφη Ἀδὰμ ὁ πατὴρ αὐτοῦ. καὶ προσέταξεν ὁ | * θεὸς * | μετὰ τὸ κηδεῦσαι καὶ τὸν Ἄβελ ἆραι αὐτοὺς εἰς τὰ |
| Adam | 40 | 6 | μέρη τοῦ παραδείσου εἰς τὸν τόπον ὅπου ἦρεν χοῦν ὁ | * θεὸς * | καὶ ἔπλασεν τὸν Ἀδάμ. καὶ ἐποίησεν ὀρυγῆναι τῶν |
| Adam | 40 | 7 | ὀρυγῆναι τῶν δύο τὸν τόπον. καὶ ἀπέστειλεν ὁ | * θεὸς * | ἑπτὰ ἀγγέλους εἰς τὸν παράδεισον καὶ ἤγαγον εὐωδίας |
| Adam | 41 | 1 | εἰς ὃν ὤρυξαν καὶ ᾠκοδόμησαν αὐτοί. ἐκάλεσεν δὲ ὁ | * θεὸς * | τὸν Ἀδὰμ καὶ εἶπεν Ἀδὰμ Ἀδάμ. ἀπεκρίθη τὸ σῶμα |
| Adam | 41 | 2 | τῆς γῆς καὶ εἶπεν ἰδοὺ ἐγὼ κύριε. καὶ εἶπεν αὐτῷ ὁ | * θεὸς * | ὅτι εἶπόν σοι ὅτι γῆ εἶ καὶ εἰς γῆν ἀπελεύσει. |
| Adam | 42 | 1 | σπέρματός σου. μετὰ δὲ τὰ ῥήματα ταῦτα ἐποίησεν ὁ | * θεὸς * | σφραγῖδα τρίγωνον καὶ ἐσφράγισεν τὸ μνημεῖον ἵνα |
| Adam | 42 | 5 | δὲ τὸ τελέσαι αὐτῆς τὴν εὐχὴν λέγει κύριε δέσποτα | * θεὲ * | πάσης ἀρετῆς μὴ ἀπαλλοτριώσῃς με τοῦ σώματος Ἀδὰμ |
| Adam | 42 | 8 | ἀνεστέναξεν τύπτουσα τὸ στῆθος αὐτῆς καὶ λέγουσα | * θεὲ * | τῶν ἁπάντων δέξαι τὸ πνεῦμά μου. καὶ ἀπέδωκεν τὴν |
| Adam | 43 | 3 | κατάπαυσον καὶ εὐφράνθητι ἐν αὐτῇ ὅτι ἐν αὐτῇ ὁ | * θεὸς * | καί οἱ ἄγγελοι ἡμεῖς εὐφραινόμεθα μετὰ τῆς ψυχῆς |
| Adam | 43 | 4 | ἀλληλούϊα. ἅγιος ἅγιος ἅγιος κύριος εἰς δόξαν | * θεοῦ * | πατρός. ἀμήν. |
| Hen. | 1 | 2 | εἶπεν Ἐνὼχ ἄνθρωπος δίκαιός ἐστιν ⟨ᾧ⟩ ὅρασις ἐκ | * θεοῦ * | αὐτῷ ἀνεῳγμένη ἦν ἔχων τὴν ὅρασιν τοῦ ἁγίου (καὶ) |
| Hen. | 1 | 4 | ὁ ἅγιός μου ὁ μέγας ἐκ τῆς κατοικήσεως αὐτοῦ καὶ ὁ | * θεὸς * | τοῦ αἰῶνος ἐπὶ γῆν πατήσει ἐπὶ τὸ Σεινὰ ὄρος καὶ |
| Hen. | 1 | 8 | ἐπ' αὐτοὺς γενήσεται ἔλεος καὶ ἔσονται πάντες τοῦ | * θεοῦ * | καὶ τὴν εὐδοκίαν δώσει αὐτοῖς καὶ πάντας εὐλογήσει |
| Hen. | 2 | 2 | οὐκ ἀλλοιοῦνται οὐδὲν τῶν ἐπὶ γῆς ἀλλὰ πάντα ἔργα | * θεοῦ * | ὑμῖν φαίνεται. ἴδετε τὴν θερείαν καὶ τὸν χειμῶνα--- |
| Hen. | 5 | 1 | γνῶτε περὶ πάντων τῶν ἔργων αὐτοῦ καὶ νοήσατε ὅτι | * θεὸς * | ζῶν ἐποίησεν αὐτὰ οὕτως καὶ ζῇ εἰς πάντας τοὺς |
| Hen. | 9 | 4 | καὶ εἶπα⟨ν⟩ τῷ κυρίῳ σὺ εἶ κύριος τῶν κυρίων καὶ ὁ | * θεὸς * | τῶν θεῶν καὶ βασιλεὺς τῶν αἰώνων ὁ θρόνος τῆς δόξης |
| Hen. | 9 | 4 | τῷ κυρίῳ σὺ εἶ κύριος τῶν κυρίων καὶ ὁ θεὸς τῶν | * θεῶν * | καὶ βασιλεὺς τῶν αἰώνων ὁ θρόνος τῆς δόξης σου εἰς |
| Hen. | 9B | 4 | μεγαλωσύνη. καὶ εἶπον τῷ κυρίῳ τῶν αἰώνων σὺ εἶ ὁ | * θεὸς * | τῶν θεῶν καὶ κύριος τῶν κυρίων καὶ ὁ βασιλεὺς τῶν |
| Hen. | 9B | 4 | καὶ εἶπον τῷ κυρίῳ τῶν αἰώνων σὺ εἶ ὁ θεὸς τῶν | * θεῶν * | καὶ κύριος τῶν κυρίων καὶ ὁ βασιλεὺς τῶν |
| Hen. | 9B | 4 | τῶν κυρίων καὶ ὁ βασιλεὺς τῶν βασιλευόντων καὶ | * θεὸς * | τῶν αἰώνων καὶ ὁ θρόνος τῆς δόξης σου εἰς πάσας τὰς |
| Hen. | 16 | 3 | ὃ οὐκ ἀνεκαλύφθη ὑμῖν καὶ μυστήριον τὸ ἐκ τοῦ | * θεοῦ * | γεγενημένον ἔγνωτε καὶ τοῦτο ἐμηνύσατε ταῖς |

| | | | | | |
|---|---|---|---|---|---|
| Hen. | 18 | 8 | τὸ δὲ μέσον αὐτῶν ἦν εἰς οὐρανὸν ὥσπερ θρόνος | * θεοῦ * | ἀπὸ λίθου φουκὰ καὶ ἡ κορυφὴ τοῦ θρόνου ἀπὸ λίθου |
| Hen. | 20B | 7 | Ῥεμειὴλ ὁ εἷς τῶν ἁγίων ἀγγέλων ὃν ἔταξεν ὁ | * θεὸς * | ἐπὶ τῶν ἀνισταμένων. ὀνόματα ζ' ἀρχαγγέλων. καὶ |
| Hen. | 25 | 3 | τοῦτο τὸ ὄρος τὸ ὑψηλὸν οὗ ἡ κορυφὴ ὁμοία θρόνου | * θεοῦ * | καθέδρα ἐστὶν οὗ καθίζει ὁ μέγας κύριος ὁ ἅγιος τῆς |
| Hen. | 25 | 5 | μεταφυτευθήσεται ἐν τόπῳ ἁγίῳ παρὰ τὸν οἶκον τοῦ | * θεοῦ * | βασιλέως τοῦ αἰῶνος. τότε εὐφρανθήσονται |
| Hen. | 25 | 7 | καὶ μάστιγες οὐχ ἅψονται αὐτῶν. τότε ηὐλόγησα τὸν | * θεὸν * | τῆς δόξης τὸν βασιλέα τοῦ αἰῶνος ὃς ἡτοίμασεν |
| Hen. | 99 | 3 | τὰ ἁμαρτήματα τῶν ἀδίκων ἐνώπιον τοῦ ὑψίστου | * θεοῦ * | εἰς μνημόσυνον καὶ τότε συν⟨ταραχ⟩θήσονται καὶ |
| Abr.1 | 1 | 4 | τοῦ βίου πέρας. προσκαλεσάμενος τοίνυν ὁ δεσπότης | * θεὸς * | τὸν ἀρχάγγελον Μιχαὴλ αὐτοῦ καὶ εἶπεν πρὸς αὐτὸν |
| Abr.1 | 2 | 1 | ἐξελθὼν δὲ ὁ ἀρχιστράτηγος ἐκ προσώπου κυρίου | * θεοῦ * | κατῆλθε πρὸς τὸν Ἀβραὰμ εἰς τὴν δρῦν τὴν Μαβρὴν |
| Abr.1 | 2 | 3 | τιμιώτατε πάτερ δικαία ψυχὴ φίλε γνήσιε τοῦ | * θεοῦ * | τοῦ ἐπουρανίου. εἶπεν δὲ Ἀβραὰμ πρὸς τὸν |
| Abr.1 | 3 | 3 | ἐκείνης ἵστατο δένδρον κυπάρισσος κατὰ πρόσταξιν | * θεοῦ * | τὸ δένδρον ἐβόησεν φωνὴν ἀνθρωπίνην καὶ εἶπεν ἅγιος |
| Abr.1 | 3 | 6 | τὸν Ἰσαὰκ καὶ εἶπε χαρίσεταί σοι κύριος ὁ | * θεὸς * | τὴν ἐπαγγελίαν αὐτοῦ ἣν ἐπηγγείλατο τῷ πατρί σου |
| Abr.1 | 4 | 5 | οὐρανοὺς ἐν ῥιπῇ ὀφθαλμοῦ καὶ ἔστη ἐνώπιον τοῦ | * θεοῦ * | καὶ εἶπεν πρὸς τὸν δεσπότην. κύριε κύριε ἵνα |
| Abr.1 | 5 | 6 | καὶ ἀνέπεσεν ⟨ἐπὶ τῆς κλίνης αὐτοῦ⟩. ἔρριψε δὲ ὁ | * θεὸς * | τὴν μνήμην τοῦ θανάτου εἰς τὴν καρδίαν Ἰσαὰκ ὡς ἐν |
| Abr.1 | 6 | 6 | ὦ Σάρρα τοῦτο ἀληθὲς εἴρηκας δόξα καὶ εἰρήνη παρὰ | * θεοῦ * | καὶ πατρὸς καὶ γὰρ ἐγὼ τῇ ὀψὲ βραδείᾳ ὅτε ἔνιπτον |
| Abr.1 | 6 | 8 | προσεκύνησεν καὶ ἠσπάζετο ταῦτα ⟨καὶ εἶπε⟩ δόξα τῷ | * θεῷ * | τῷ δεικνύοντι ἡμῖν θαυμάσια καὶ νῦν γίνωσκε κύριέ |
| Abr.1 | 7 | 8 | ἐκ τοῦ οὐρανοῦ καταβὰς οὗτός ἐστιν ὁ ἐκ τοῦ | * θεοῦ * | ἀποσταλεὶς ὁ μέλλων λαβεῖν τὴν δικαίαν σου ψυχὴν |
| Abr.1 | 7 | 9 | ἐν τῷ καιρῷ τούτῳ τὸν κοσμικὸν βίον καὶ πρὸς τὸν | * θεὸν * | ἀποδημεῖν. εἶπε δὲ Ἀβραὰμ πρὸς τὸν ἀρχιστράτηγον ὦ |
| Abr.1 | 7 | 11 | Μιχαὴλ ὁ ἀρχιστράτηγος ⟨ὁ παρεστηκὼς ἐνώπιον τοῦ | * θεοῦ⟩ * | καὶ ἀπεστάλην πρός σε ὅπως ἀναγγείλω σοι τὴν |
| Abr.1 | 8 | 1 | καὶ ἀνῆλθεν εἰς τοὺς οὐρανοὺς καὶ ἔστη ἐνώπιον τοῦ | * θεοῦ * | καὶ ἀνήγγειλεν πάντα ἅπερ εἶδεν ἐν τῷ οἴκῳ τοῦ |
| Abr.1 | 8 | 4 | ἡ σὴ δόξα καὶ βασιλεία ἡ ἀθάνατος. εἶπεν δὲ ὁ | * θεὸς * | τὸν Μιχαὴλ ἄπελθε πρὸς τὸν φίλον μου τὸν Ἀβραὰμ |
| Abr.1 | 8 | 5 | ⟨ἔτι ἅπαξ⟩ καὶ εἶπε αὐτὸν οὕτως τάδε λέγει ὁ | * θεός * | σου τί σε ἐγκατέλειπα ἐπὶ τῆς γῆς; ἐγώ εἰμι ὁ θεός |
| Abr.1 | 8 | 5 | θεός σου τί σε ἐγκατέλειπα ἐπὶ τῆς γῆς; ἐγώ εἰμι ὁ | * θεός * | σου ὁ ἀναγαγών σε εἰς τὴν γῆν τῆς ἐπαγγελίας σου ὁ |
| Abr.1 | 8 | 7 | ὅσα ἂν αἰτήσῃς παρ' ἐμοῦ οὕτως εἰμὶ ἐγὼ κύριος ὁ | * θεός * | σου καὶ πλὴν ἐμοῦ οὐκ ἔστιν ἄλλος σὺ δέ τί |
| Abr.1 | 12 | 5 | αὐτῷ ἐκάθητο ἀνὴρ θαυμαστὸς ἡλιόρατος ὅμοιος υἱῷ | * θεοῦ * | ἔμπροσθεν δὲ αὐτοῦ ἵστατο τράπεζα κρυσταλλοειδὴς |
| Abr.1 | 13 | 3 | καὶ ἐλέγχων δικαίους καὶ ἁμαρτωλοὺς διότι εἶπεν ὁ | * θεὸς * | ὅτι οὐκ ἐγὼ κρίνω τὸν κόσμον ἀλλὰ πᾶς ἄνθρωπος ἐξ |
| Abr.1 | 13 | 7 | πνοὴ καὶ πᾶσα κτίσις τὸ δὲ τρίτον ὑπὸ τοῦ δεσπότου | * θεοῦ * | τῶν ἁπάντων κριθήσεται πᾶς ἄνθρωπος καὶ τότε λοιπὸν |
| Abr.1 | 13 | 10 | τὰς ἁμαρτίας καὶ τὰς δικαιοσύνας ἐν δικαιοσύνῃ | * θεοῦ * | ὁ δὲ πύρινος ἄγγελος καὶ ἀπότομος ὁ κατέχων ἐν τῇ |
| Abr.1 | 14 | 2 | οὔτε εἰς τὸ σώζεσθαι ἕως οὗ ἔλθῃ ὁ κριτὴς καὶ | * θεὸς * | τῶν ἁπάντων. εἶπεν δὲ Ἀβραὰμ καὶ τί ἔτι λείπεται ἡ |
| Abr.1 | 14 | 5 | ὑπὲρ τῆς ψυχῆς καὶ ἴδωμεν εἰ ἐπακούσεται ἡμῖν ὁ | * θεὸς * | καὶ ὁ ἀρχιστράτηγος εἶπεν ἀμὴν γένοιτο. καὶ |
| Abr.1 | 14 | 6 | γένοιτο. καὶ ἐποίησαν δέησιν καὶ εὐχὴν πρὸς τὸν | * θεὸν * | ὑπὲρ τῆς ψυχῆς ⟨καὶ εἰσήκουσεν ὁ θεὸς τὴν προσευχὴν |
| Abr.1 | 14 | 6 | πρὸς τὸν θεὸν ὑπὲρ τῆς ψυχῆς ⟨καὶ εἰσήκουσεν ὁ | * θεὸς * | τὴν προσευχὴν αὐτῶν καὶ ἀναστάντες ἐκ τῆς προσευχῆς |
| Abr.1 | 14 | 9 | τῷ παραδείσῳ. εἶπεν δὲ Ἀβραὰμ δοξάζω τὸ ὄνομα τοῦ | * θεοῦ * | τοῦ ὑψίστου καὶ τὸ ἔλεος αὐτοῦ τὸ ἀμέτρητον. εἶπεν |
| Abr.1 | 14 | 12 | λογους νῦν ἔγνωκα ἐγὼ ὅτι ἥμαρτον ἐνώπιον τοῦ | * θεοῦ * | δεῦρο Μιχαὴλ ἀρχιστράτηγε τῶν ἄνω δυνάμεων δεῦρο |
| Abr.1 | 14 | 12 | τῶν ἄνω δυνάμεων δεῦρο παρακαλέσωμεν τὸν | * θεὸν * | μετὰ σπουδῆς καὶ πολλῶν δακρύων ὅπως ἀφήσει μοι τὸ |
| Abr.1 | 14 | 13 | καὶ ἐποίησαν δέησιν ἐνώπιον κυρίου τοῦ | * θεοῦ * | ἐπὶ πολλὴν δὲ ὥραν παρακαλούντων αὐτῶν ἦλθεν φωνὴ |
| Abr.1 | 15 | 5 | περιεπλάκησαν κύκλῳ τοῦ Ἀβραὰμ δοξάζοντες τὸν | * θεὸν * | τὸν ἅγιον. εἶπεν δὲ ὁ ἀσώματος πρὸς Ἀβραὰμ ἄκουσον |
| Abr.1 | 15 | 11 | καὶ ἀνῆλθεν εἰς τοὺς οὐρανοὺς καὶ ἔστη ἐνώπιον τοῦ | * θεοῦ * | τοῦ ὑψίστου καὶ εἶπεν κύριε παντοκράτωρ ἰδοὺ |
| Abr.1 | 15 | 14 | καὶ ⟨ὁ ἀρχάγγελος⟩ εἶπεν ἐκ προσώπου κυρίου τοῦ | * θεοῦ * | ἡμῶν ⟨οὕτως λέγει ὁ φίλος σου Ἀβραὰμ καὶ ἐγὼ |
| Abr.1 | 16 | 3 | ἐλθὼν μετὰ φόβου πολλοῦ ἔστη ἔμπροσθεν τοῦ ἀοράτου | * θεοῦ * | φρίττων καὶ στένων καὶ τρέμων ἀπεκδεχόμενος⟩ τὴν |
| Abr.1 | 16 | 4 | τὴν κέλευσιν τοῦ δεσπότου. λέγει οὖν ὁ ἀόρατος | * θεὸς * | τὸν θάνατον δεῦρο οὖν τὸ πικρὸν καὶ ἄγριον τοῦ |
| Abr.1 | 16 | 9 | λέγων χαίροις τίμιε Ἀβραὰμ δικαία ψυχὴ φίλε τοῦ | * θεοῦ * | τοῦ ὑψίστου καὶ τῶν ἀγγέλων ὁμόσκηνε. εἶπεν δὲ ὁ |
| Abr.1 | 16 | 13 | λέγω σοι τὴν ἀλήθειαν ὁποῖον ὄνομα ὠνόμασέν με ὁ | * θεὸς * | ἐκεῖνο καὶ λέγω σοι. εἶπεν δὲ Ἀβραὰμ εἰς τί |
| Abr.1 | 17 | 4 | τὸ πνεῦμά σου ἀπό σου. λέγει αὐτῷ Ἀβραὰμ κατὰ τοῦ | * θεοῦ * | τοῦ ἀθανάτου σοι λέγω εἰπὲ ἡμῖν τὸ ἀληθὲς σὺ εἶ ὁ |
| Abr.1 | 17 | 7 | σου καὶ τὸ μέγεθος τῆς ἀγάπης σου τῆς πρὸς | * θεὸν * | ἐγένετο στέφανος ἐπὶ τῆς ἐμῆς κεφαλῆς καὶ ἐν |
| Abr.1 | 17 | 11 | σου πᾶσαν τὴν ἀγριότητα ἕνεκεν τοῦ ὀνόματος τοῦ | * θεοῦ * | τοῦ ζῶντος ὅτι ἡ δύναμις τοῦ θεοῦ μου τοῦ |
| Abr.1 | 17 | 11 | τοῦ ὀνόματος τοῦ θεοῦ τοῦ ζῶντος ὅτι ἡ δύναμις τοῦ | * θεοῦ * | μου τοῦ ἐπουρανίου μετ' ἐμοῦ ἐστίν. τότε ὁ θάνατος |
| Abr.1 | 18 | 3 | πάντας τοὺς παῖδας καὶ παιδίσκας μου; ἢ ὁ | * θεὸς * | ἐν τούτῳ σε ἀπέστειλεν; καὶ ὁ θάνατος εἶπεν οὐχὶ |
| Abr.1 | 18 | 9 | παῖδες) ἀώρως τεθνήκασιν δεῦρο δεηθῶμεν κυρίῳ τῷ | * θεῷ * | ἡμῶν ὅπως εἰσακούσῃ ἡμῖν ὁ θεὸς καὶ ἀναστήσῃ τοὺς |
| Abr.1 | 18 | 9 | δεηθῶμεν κυρίῳ τῷ θεῷ ἡμῶν ὅπως εἰσακούσῃ ἡμῖν ὁ | * θεὸς * | καὶ ἀναστήσῃ τοὺς ἐξαώρους τεθνήξαντας διὰ τῆς σῆς |
| Abr.1 | 18 | 11 | καὶ ὁ θάνατος σὺν αὐτῷ καὶ ἀπέστειλεν ὁ | * θεὸς * | πνεῦμα ζωῆς ἐπὶ τοὺς τελευτήσαντας καὶ |
| Abr.1 | 18 | 11 | τότε οὖν ὁ δίκαιος Ἀβραὰμ ἔδωκεν δόξαν τῷ | * θεῷ. * | καὶ ἀνελθὼν ἐν τῇ κλίνῃ αὐτοῦ ἀνέπεσεν ἐλθὼν καὶ ὁ |
| Abr.1 | 20 | 2 | μοι. λέγει ὁ θάνατος ἀμὴν ἀμὴν λέγω σοι ἐν ἀληθείᾳ | * θεοῦ * | λόγου ὅτι ἑβδομήκοντα δύο εἰσὶν θάνατοι καὶ εἷς μὲν |
| Abr.1 | 20 | 3 | πᾶσαν βουλὴν κατάλιπε καὶ ἀκολούθει μοι καθότι ὁ | * θεὸς * | τῶν ἁπάντων προσέταξέν μοι. εἶπεν δὲ Ἀβραὰμ πρὸς |
| Abr.1 | 20 | 12 | ψάλλοντες τὸν τρισάγιον ὕμνον τῷ δεσπότῃ τῶν ὅλων | * θεῷ * | καὶ ἔστησαν αὐτὸν εἰς προσκύνησιν τοῦ θεοῦ καὶ |
| Abr.1 | 20 | 12 | τῶν ὅλων θεῷ καὶ ἔστησαν αὐτὸν εἰς προσκύνησιν τοῦ | * θεοῦ * | καὶ πατρὸς καὶ δὴ πολλῆς ἀνυμνήσεως καὶ δοξολογίας |
| Abr.1 | 20 | 13 | καὶ δοξολογίας γενομένης ἦλθεν ἡ ἄχραντος φωνὴ τοῦ | * θεοῦ * | καὶ πατρὸς λέγουσα οὕτως ἄρατε οὖν τὸν φίλον μου |
| Abr.2 | 4 | 4 | ἀνελήφθη εἰς τοὺς οὐρανοὺς προσκυνῆσαι ἐνώπιον τοῦ | * θεοῦ * | τοῦ γὰρ ἡλίου δύνοντος προσκυνοῦσιν πάντες οἱ |
| Abr.2 | 4 | 5 | ἡλίου δύνοντος προσκυνοῦσιν πάντες οἱ ἄγγελοι τὸν | * θεὸν * | πρῶτος δὲ αὐτῶν ἐστιν Μιχαὴλ καὶ προσεκύνησεν |
| Abr.2 | 4 | 5 | δὲ αὐτῶν ἐστιν Μιχαὴλ καὶ προσεκύνησεν πρῶτος τὸν | * θεὸν * | καὶ ἐπορεύθησαν πάντες οἱ ἄγγελοι εἰς τοὺς τόπους |
| Abr.2 | 4 | 7 | τόπους αὐτῶν. ἀποκριθεὶς δὲ Μιχαὴλ ἐνώπιον τοῦ | * θεοῦ * | εἶπεν κύριε κέλευσόν ⟨με ἐρωτῆσαι ἐνώπιον⟩ τῆς |
| Abr.2 | 6 | 9 | Ἀβρααμ πόθεν γινώσκεις ὅτι ὁ ἄνθρωπος οὗτος τοῦ | * θεοῦ * | ἐστιν; ἀπεκρίθη Σάρρα καὶ εἶπεν ἢ ἄρα ὅτι |
| Abr.2 | 8 | 1 | Μιχαὴλ εἰς τοὺς οὐρανοὺς καὶ ἐλάλησεν ἐνώπιον τοῦ | * θεοῦ * | περὶ τοῦ Ἀβραάμ. καὶ ἀποκριθεὶς ὁ κύριος εἶπεν τῷ |
| Abr.2 | 8 | 12 | οὗτός ἐστιν ὁ Ἀδὰμ ὁ πρῶτος ἄνθρωπος ὃν ἔπλασεν ὁ | * θεὸς * | καὶ ἤγαγεν αὐτὸν εἰς τὸν τόπον τοῦτον ὥστε θεωρῆσαι |
| Abr.2 | 13 | 9 | τῷ Ἀβραὰμ λέγω σοι ἐν ὅλῳ τῷ κτίσματι ὃ ἔκτισεν ὁ | * θεὸς * | οὐχ εὑρέθη ὅμοιός σου ἐζήτει γὰρ ἐν τοῖς ἀγγέλοις |
| Abr.2 | 14 | 6 | αὐτοῦ ὡς ἐν ὀνείροις ἦλθον δὲ ἅρματα κυρίου τοῦ | * θεοῦ * | καὶ ἦραν τὴν ψυχὴν αὐτοῦ εἰς τοὺς οὐρανοὺς |
| Abr.2 | 14 | 7 | πλησίον τῆς μητρὸς αὐτοῦ δοξάζων τὸν ὕψιστον | * θεὸν * | ᾧ ἡ δόξα εἰς τοὺς αἰῶνας τῶν αἰώνων. ἀμήν. |
| TRub. | 1 | 6 | ἐντέλλομαι ὑμῖν. καὶ ἰδοὺ ἐπιμαρτύρομαι ὑμῖν τὸν | * θεὸν * | τοῦ οὐρανοῦ σήμερον τοῦ μὴ πορευθῆναι ἐν ἀγνοίᾳ |
| TRub. | 3 | 8 | νοῦν ἀπὸ τῆς ἀληθείας καὶ μὴ συνίων ἐν τῷ νόμῳ τοῦ | * θεοῦ * | μήτε ὑπακούων νουθεσίας πατέρων αὐτοῦ ὥσπερ κἀγὼ |
| TRub. | 3 | 15 | αὐτὴν κοιμωμένην ἐξῆλθον. καὶ εὐθέως ἄγγελος τοῦ | * θεοῦ * | ἀπεκάλυψε τῷ πατρί μου Ἰακὼβ περὶ τῆς ἀσεβείας μου |
| TRub. | 4 | 6 | ὄλεθρος γὰρ ψυχῆς ἐστιν ἡ πορνεία χωρίζουσα | * θεοῦ * | καὶ προσεγγίζουσα τοῖς εἰδώλοις ὅτι αὕτη ἐστὶ |
| TRub. | 4 | 10 | τῆς ψυχῆς αὐτοῦ ἐπιθυμίαν πονηράν. διὰ τοῦτο ὁ | * θεὸς * | τῶν πατέρων μου ἐρρύσατο αὐτὸν ἀπὸ παντὸς ὁρατοῦ |
| TRub. | 5 | 3 | ὅτι καίγε περὶ αὐτῶν εἶπέ μοι ὁ ἄγγελος τοῦ | * θεοῦ * | καὶ ἐδίδαξέ με ὅτι αἱ γυναῖκες ἡττῶνται τῷ πνεύματι |
| TRub. | 6 | 6 | ὑψωθῆναι ὑπὲρ αὐτοὺς ἀλλ' οὐ δυνήσεσθε. ὁ γὰρ | * θεὸς * | ποιήσει τὴν ἐκδίκησιν αὐτῶν καὶ ἀποθανεῖσθε θανάτῳ |
| TRub. | 6 | 9 | ἀρχιερέως χριστοῦ ὃν εἶπε κύριος. ὁρκῶ ὑμᾶς τὸν | * θεὸν * | τοῦ οὐρανοῦ ποιῆσαι ἀλήθειαν ἕκαστος πρὸς τὸν |
| TSim. | 2 | 8 | καὶ μὴ φείσασθαι Ἰακὼβ τοῦ πατρός μου. ἀλλ' ὁ | * θεὸς * | αὐτοῦ καὶ ὁ θεὸς τῶν πατέρων αὐτοῦ ἀποστείλας τὸν |
| TSim. | 2 | 8 | Ἰακὼβ τοῦ πατρός μου. ἀλλ' ὁ θεὸς αὐτοῦ καὶ ὁ | * θεὸς * | τῶν πατέρων αὐτοῦ ἀποστείλας τὸν ἄγγελον αὐτοῦ |
| TSim. | 2 | 12 | αὐτῷ ἐπὶ τῷ λόγῳ τούτῳ. καίγε συνεπόδισέ με ὁ | * θεὸς * | καὶ ἐκώλυσεν ἀπ' ἐμοῦ δρᾶσιν χειρῶν ὅτι ἡ χεὶρ μου |
| TSim. | 3 | 4 | μου καὶ ἔγνων ὅτι ἡ λύσις τοῦ φθόνου διὰ φόβου | * θεοῦ * | γίνεται. ἐάν τις ἐπὶ κύριον καταφύγῃ ἀποτρέχει τὸ |
| TSim. | 4 | 4 | Ἰωσὴφ δὲ ἦν ἀνὴρ ἀγαθὸς καὶ ἔχων πνεῦμα | * θεοῦ * | ἐν ἑαυτῷ εὔσπλαγχνος καὶ ἐλεήμων οὐκ ἐμνησικάκησέ |
| TSim. | 4 | 5 | ἐννοοῦντες τὸν πατράδελφον ὑμῶν ἵνα δῴη καὶ ὑμῖν ὁ | * θεὸς * | χάριν καὶ δόξαν καὶ εὐλογίαν ἐπὶ τὰς κεφαλὰς ὑμῶν |
| TSim. | 5 | 2 | τῶν ἀνθρώπων καὶ ἔσεσθε εὑρίσκοντες χάριν ἐνώπιον | * θεοῦ * | καὶ ἀνθρώπων. καὶ φυλάσσεσθε τοῦ μὴ πορνεύειν ὅτι ἡ |
| TSim. | 5 | 3 | ἡ πορνεία μήτηρ ἐστὶ πάντων τῶν κακῶν χωρίζουσα | * θεοῦ * | καὶ προσεγγίζουσα τῷ Βελιάρ. ἑώρακα γὰρ ἐν |
| TSim. | 6 | 5 | ἀπὸ πολέμου. τότε Σὴμ ἐνδοξασθήσεται ὅτι κύριος ὁ | * θεὸς * | μέγας τοῦ Ἰσραὴλ φαινόμενος ἐπὶ γῆς ὡς ἄνθρωπος |
| TSim. | 6 | 7 | εὐλογήσω τὸν ὕψιστον ἐν τοῖς θαυμασίοις αὐτοῦ ὅτι | * θεὸς * | σῶμα λαβὼν καὶ συνεσθίων ἀνθρώποις ἔσωσεν |
| TSim. | 7 | 1 | ταύτας ὅτι ἐξ αὐτῶν ἀνατελεῖ ὑμῖν τὸ σωτήριον τοῦ | * θεοῦ. * | ἀναστήσει γὰρ κύριος ἐκ τοῦ Λευὶ ὡς ἀρχιερέα καὶ |
| TSim. | 7 | 2 | τοῦ Λευὶ ὡς ἀρχιερέα καὶ ἐκ τοῦ Ἰούδα ὡς βασιλέα | * θεὸν * | καὶ ἄνθρωπον. οὗτος σώσει πάντα τὰ ἔθνη καὶ τὸ |
| TLevi | 2 | 6 | καὶ ἰδοὺ ἠνεῴχθησαν οἱ οὐρανοὶ καὶ ἄγγελος | * θεοῦ * | εἶπε πρός με Λευὶ εἴσελθε. καὶ εἰσῆλθον ἐκ τοῦ |
| TLevi | 3 | 2 | ἡμέραν προστάγματος κυρίου ἐν τῇ δικαιοκρισίᾳ τοῦ | * θεοῦ * | ἐν αὐτῷ εἰσι πάντα τὰ πνεύματα τῶν ἐπαγωγῶν εἰς |
| TLevi | 3 | 8 | μετ' αὐτόν εἰσι θρόνοι ἐξουσίαι ἐν ᾧ ὕμνοι ἀεὶ τῷ | * θεῷ * | προσφέρονται. ὅταν οὖν ἐπιβλέψῃ κύριος ἐφ' ἡμᾶς |
| TLevi | 6 | 8 | ἐν τῇ ἡμέρᾳ ἐκείνῃ. ἀλλ' ἐγὼ εἶδον ὅτι ἀπόφασις | * θεοῦ * | ἦν εἰς κακὰ ἐπὶ Σίκιμα διότι ἤθελον τὴν Σάρραν |
| TLevi | 9 | 3 | περὶ ἐμοῦ ὅτι ἔσομαι αὐτοῖς εἰς ἱερέα πρὸς τὸν | * θεόν. * | καὶ ἀναστὰς τὸ πρωὶ ἀπεδεκάτωσε πάντα δι' ἐμοῦ τῷ |
| TLevi | 9 | 6 | με νόμον κυρίου καθὼς ἔδειξέ μοι ὁ ἄγγελος τοῦ | * θεοῦ. * | καὶ ἐδίδασκέ με νόμον ἱερωσύνης θυσιῶν |
| TLevi | 13 | 2 | ζωῇ αὐτῶν ἀναγινώσκοντες ἀδιαλείπτως τὸν νόμον τοῦ | * θεοῦ * | ὅτι πᾶς ὃς γνώσεται νόμον θεοῦ τιμηθήσεται καὶ οὐκ |
| TLevi | 13 | 3 | τὸν νόμον τοῦ θεοῦ ὅτι πᾶς ὃς γνώσεται νόμον | * θεοῦ * | τιμηθήσεται καὶ οὐκ ἔσται ξένος ὅπου ὑπάγει. καίγε |
| TLevi | 13 | 7 | καὶ θλῖψιν θερίσετε. σοφίαν κτήσασθε ἐν φόβῳ | * θεοῦ * | μετὰ σπουδῆς ὅτι ἐὰν γένηται αἰχμαλωσία καὶ πόλεις |
| TLevi | 14 | 4 | ἀνελεῖν ἐναντίας ἐντολὰς διδάσκοντες τοῖς τοῦ | * θεοῦ * | δικαιώμασι τὰς προσφορὰς κυρίου λῃστεύσετε καὶ ἀπὸ |
| TLevi | 14 | 7 | οὐ μόνον δὲ ἀλλὰ καὶ κατὰ τῶν ἐντολῶν τοῦ | * θεοῦ * | φυσιούμενοι καταπαίξετε τὰ ἅγια ἐν καταφρονήσει |
| TLevi | 15 | 2 | καὶ αἰσχύνην αἰώνιον παρὰ τῆς δικαιοκρισίας τοῦ | * θεοῦ * | καὶ πάντες οἱ θεωροῦντες ὑμᾶς φεύξονται ἀφ' ὑμῶν. |
| TLevi | 17 | 2 | χριόμενος εἰς ἱερωσύνην μέγας ἔσται καὶ λαλήσει | * θεῷ * | ὡς πατρὶ καὶ ἡ ἱερωσύνη αὐτοῦ πλήρης μετὰ κυρίου καὶ |
| TJud. | 13 | 1 | τὰ δικαιώματα κυρίου καὶ ὑπακούειν ἐντολῆς κυρίου | * θεοῦ. * | καὶ μὴ πορεύεσθε ὀπίσω τῶν ἐπιθυμιῶν ὑμῶν μηδὲ ἐν |
| TJud. | 14 | 6 | υἱῶν μου. πιὼν οἶνον οὐκ ᾐσχύνθην ἐντολὴν | * θεοῦ * | καὶ ἔλαβον γυναῖκα Χαναναίαν. διὸ συνέσεως χρῄζει ὁ |
| TJud. | 15 | 5 | εὐφροσύνην οὐκ εἶδον. καὶ ἔδειξέ μοι ὁ ἄγγελος τοῦ | * θεοῦ * | ὅτι ἕως τοῦ αἰῶνος καὶ βασιλεῖ καὶ πτωχῷ αἱ |
| TJud. | 16 | 2 | ἐὰν πίνητε οἶνον ἐν εὐφροσύνῃ μετὰ φόβου | * θεοῦ * | αἰδούμενοι ἐὰν γὰρ πίνητε μὴ αἰδούμενοι καὶ ἀποστῇ |

| | | | | | |
|---|---|---|---|---|---|
| TJud. | 16 | 2 | ἐὰν γὰρ πίνητε μὴ αἰδούμενοι καὶ ἀποστῇ ὁ τοῦ | * θεοῦ * | φόβος λοιπὸν γίνεται μέθη καὶ παρεισέρχεται ἡ |
| TJud. | 16 | 3 | καὶ μάχης καὶ συκοφαντίας καὶ παραβάσεως ἐντολῶν | * θεοῦ * | καὶ ἀπολεῖσθε οὐκ ἐν καιρῷ ὑμῶν. καίγε μυστήρια |
| TJud. | 16 | 4 | καὶ ἀπολεῖσθε οὐκ ἐν καιρῷ ὑμῶν. καίγε μυστήρια | * θεοῦ * | καὶ ἀνθρώπων ἀλλοτρίοις ἀποκαλύπτει ὁ οἶνος ὡς κἀγὼ |
| TJud. | 16 | 4 | ἀλλοτρίοις ἀποκαλύπτει ὁ οἶνος ὡς κἀγὼ ἐντολὰς | * θεοῦ * | καὶ μυστήρια Ἰακὼβ τοῦ πατρός μου ἀπεκάλυψα τῇ |
| TJud. | 16 | 4 | μου ἀπεκάλυψα τῇ Χαναΐτιδι Βησσουὲ οἷς εἶπεν ὁ | * θεὸς * | μὴ ἀποκαλύψαι. καὶ πολέμου δὲ καὶ ταραχῆς αἴτιος |
| TJud. | 18 | 3 | Ἰουδὰ τοῦ πατρὸς ὑμῶν ὅτι ταῦτα ἀφιστᾷ νόμου | * θεοῦ * | καὶ τυφλοῖ τὸ διαβούλιον τῆς ψυχῆς καὶ ὑπερηφανίαν |
| TJud. | 18 | 5 | ὕπνον αὐτοῦ καὶ καταδαπανᾷ σάρκας αὐτοῦ καὶ θυσίας | * θεοῦ * | ἐμποδίζει καὶ εὐλογίας οὐ μέμνηται καὶ προφήτῃ |
| TJud. | 18 | 6 | προσοχθίζει. δύο γὰρ πάθη ἐναντία τῶν ἐντολῶν τοῦ | * θεοῦ * | δουλεύων θεῷ ὑπακούειν οὐ δύναται ὅτι ἐτύφλωσαν τὴν |
| TJud. | 18 | 6 | δύο γὰρ πάθη ἐναντία τῶν ἐντολῶν τοῦ θεοῦ δουλεύων | * θεῷ * | ὑπακούειν οὐ δύναται ὅτι ἐτύφλωσαν τὴν ψυχὴν αὐτοῦ |
| TJud. | 19 | 1 | ὁδηγεῖ ὅτι ἐν πλάνῃ δι' ἀργυρίου τοὺς μὴ ὄντας | * θεοὺς * | ὀνομάζουσι καὶ ποιεῖ τὸν ἔχοντα αὐτὴν εἰς ἔκστασιν |
| TJud. | 19 | 3 | τοῦ πατρός μου ἄτεκνος εἶχον ἀποθανεῖν. ἀλλ' ὁ | * θεὸς * | τῶν πατέρων μου ὁ οἰκτίρμων καὶ ἐλεήμων συνέγνω ὅτι |
| TJud. | 21 | 4 | ὡς ὑπερέχει οὐρανὸς τῆς γῆς οὕτως ὑπερέχει | * θεοῦ * | ἱερατεία τῆς ἐπὶ γῆς βασιλείας ἐὰν μὴ δι' ἁμαρτίας |
| TJud. | 22 | 2 | τοῦ ἐλθεῖν τὸ σωτήριον Ἰσραὴλ ἕως παρουσίας τοῦ | * θεοῦ * | τῆς δικαιοσύνης τοῦ ἡσυχάσαι τὸν Ἰακὼβ ἐν εἰρήνῃ |
| TJud. | 23 | 3 | καὶ συμβίων ἀφαίρεσιν ὑπαρχόντων ἁρπαγὴν ναοῦ | * θεοῦ * | ἐμπυρισμὸν γῆς ἐρήμωσιν ὑμῶν αὐτῶν δουλείαν ἐν |
| TJud. | 23 | 5 | καὶ πορευόμενοι ἐν πάσαις ταῖς ἐντολαῖς τοῦ | * θεοῦ * | καὶ ἐπισκέψηται ὑμᾶς κύριος ἐν ἐλέει καὶ ἀναγάγῃ |
| TJud. | 24 | 4 | αὐτοῦ πρώτοις καὶ ἐσχάτοις. οὗτος ὁ βλαστὸς | * θεοῦ * | ὑψίστου καὶ αὕτη ἡ πηγὴ εἰς ζωὴν πάσης σαρκός. τότε |
| TIss. | 3 | 7 | τὰ ἀγαθὰ ἐν χερσί μου. ᾔδει δὲ καὶ Ἰακὼβ ὅτι ὁ | * θεὸς * | συνεργεῖ τῇ ἁπλότητί μου παντὶ γὰρ πένητι καὶ παντὶ |
| TIss. | 4 | 3 | ὑπογράφει ζῆν ἀλλὰ μόνον ἐκδέχεται τὸ θέλημα τοῦ | * θεοῦ. * | καίγε τὰ πνεύματα τῆς πλάνης οὐδὲν ἰσχύουσι πρὸς |
| TIss. | 5 | 1 | τι τῶν ἐντολῶν τοῦ κυρίου. φυλάξατε οὖν νόμον | * θεοῦ * | τέκνα μου καὶ τὴν ἁπλότητα κτήσασθε καὶ ἐν ἀκακίᾳ |
| TIss. | 7 | 7 | ἄγριον θῆρα καταδουλώσεσθε ἔχοντες μεθ' ἑαυτῶν τὸν | * θεὸν * | τοῦ οὐρανοῦ συμπορευόμενον τοῖς ἀνθρώποις ἐν |
| TZab. | 7 | 2 | καὶ ὑμεῖς οὖν τέκνα μου ἐξ ὧν παρέχει ὑμῖν ὁ | * θεὸς * | ἀδιακρίτως πάντας σπλαγχνιζόμενοι ἐλεᾶτε καὶ |
| TZab. | 8 | 2 | ἐλεήσῃ ὑμᾶς ὅτι καίγε ἐπ' ἐσχάτων ἡμερῶν ὁ | * θεὸς * | ἀποστέλλει τὸ σπλάγχνον αὐτοῦ ἐπὶ τῆς γῆς καὶ ὅπου |
| TZab. | 9 | 8 | πάντα τὰ ἔθνη εἰς παραζήλωσιν αὐτοῦ καὶ ὄψεσθε | * θεὸν * | ἐν σχήματι ἀνθρώπου (ἐν ναῷ) ὃν ἂν ἐκλέξηται κύριος |
| TZab. | 10 | 5 | ὡς οἱ πατέρες μου ὑμεῖς δὲ φοβεῖσθε κύριον τὸν | * θεὸν * | ὑμῶν ἐν πάσῃ ἰσχύϊ πάσας τὰς ἡμέρας τῆς ζωῆς ὑμῶν. |
| TDan | 1 | 3 | ἐν καρδίᾳ μου καὶ ἐν πάσῃ τῇ ζωῇ μου ὅτι καλὸν | * θεῷ * | καὶ εὐάρεστον ἡ ἀλήθεια μετὰ δικαιοπραγίας καὶ ὅτι |
| TDan | 1 | 9 | ἐκμυζᾷ ἔριφον οὕτως ἐκμυζήσω τὸν Ἰωσήφ. ἀλλ' ὁ | * θεὸς * | Ἰακὼβ τοῦ πατρὸς ἡμῶν οὐκ ἐνέβαλεν αὐτὸν εἰς τὰς |
| TDan | 5 | 2 | καὶ ταραχὰς ἀλλ' ἔσεσθε ἐν εἰρήνῃ ἔχοντες τὸν | * θεὸν * | τῆς εἰρήνης καὶ οὐ μὴ κατισχύσῃ ὑμῶν πόλεμος. |
| TDan | 5 | 12 | εὐφρανθήσονται δίκαιοι ἥτις ἔσται εἰς δόξασμα | * θεοῦ * | ἕως τοῦ αἰῶνος. καὶ οὐκέτι ὑπομένει Ἱερουσαλὴμ |
| TDan | 6 | 2 | τοῦ σατανᾶ καὶ τῶν πνευμάτων αὐτοῦ. ἐγγίζετε δὲ τῷ | * θεῷ * | καὶ τῷ ἀγγέλῳ τῷ παραιτουμένῳ ὑμᾶς ὅτι οὗτός ἐστι |
| TDan | 6 | 2 | ἀγγέλῳ τῷ παραιτουμένῳ ὑμᾶς ὅτι οὗτός ἐστι μεσίτης | * θεοῦ * | καὶ ἀνθρώπων ἐπὶ τῆς εἰρήνης Ἰσραὴλ καὶ κατέναντι |
| TDan | 6 | 9 | καὶ ταπεινὸς καὶ ἐκδιδάσκων διὰ τῶν ἔργων νόμον | * θεοῦ. * | ἀπόστητε οὖν ἀπὸ πάσης ἀδικίας καὶ κολλήθητε τῇ |
| TDan | 7 | 3 | ὡς ἐπροφήτευσεν αὐτοῖς Δὰν ὅτι ἐπιλάθωνται νόμον | * θεοῦ * | αὐτῶν καὶ ἀλλοτριωθήσονται γῆς κλήρου αὐτῶν καὶ |
| TNep. | 2 | 8 | ἢ τῷ νοΐ ὅμοιον. πάντα γὰρ ἐν τάξει ἐποίησεν ὁ | * θεὸς * | καλὰ τὰς πέντε αἰσθήσεις ἐν τῇ κεφαλῇ καὶ τὸν |
| TNep. | 2 | 9 | οὖν τέκνα μου ἐν τάξει ἐστὲ εἰς ἀγαθὰ ἐν φόβῳ | * θεοῦ * | καὶ μηδὲν ἄτακτον ποιεῖτε ἐν καταφρονήσει μηδὲ ἔξω |
| TNep. | 3 | 1 | ἐν καθαρότητι καρδίας συνήσετε τὸ θέλημα τοῦ | * θεοῦ * | κρατεῖν καὶ ἀπορρίπτειν τὸ θέλημα τοῦ διαβόλου. |
| TNep. | 3 | 2 | τάξιν αὐτῶν οὕτως καὶ ὑμεῖς μὴ ἀλλοιώσητε νόμον | * θεοῦ * | ἐν ἀταξίᾳ πράξεων ὑμῶν. ἔθνη πλανηθέντα καὶ ἀφέντα |
| TNep. | 4 | 3 | ἐπιστρέψετε καὶ ἐπιγνώσεσθε κύριον τὸν | * θεὸν * | ὑμῶν καὶ ἐπιστρέψει ὑμᾶς εἰς τὴν γῆν ὑμῶν κατὰ τὸ |
| TNep. | 8 | 3 | Ἰακώβ. διὰ γὰρ τοῦ σκήπτρου αὐτοῦ ὀφθήσεται | * θεὸς * | κατοικῶν ἐν ἀνθρώποις ἐπὶ τῆς γῆς σῶσαι τὸ γένος |
| TNep. | 8 | 4 | ὑμᾶς καὶ οἱ ἄνθρωποι καὶ οἱ ἄγγελοι καὶ ὁ | * θεὸς * | δοξασθήσεται δι' ὑμῶν ἐν τοῖς ἔθνεσι καὶ ὁ διάβολος |
| TNep. | 8 | 5 | ἀγαθὴν οὕτως καὶ ἐπὶ τοῦ καλοῦ ἔργου μνήμη παρὰ | * θεῷ * | ἀγαθή. τὸν δὲ μὴ ποιοῦντα τὸ καλὸν καταράσονται οἱ |
| TNep. | 8 | 6 | καταράσονται οἱ ἄνθρωποι καὶ οἱ ἄγγελοι καὶ ὁ | * θεὸς * | ἀδοξήσει ἐν τοῖς ἔθνεσι δι' αὐτοῦ καὶ ὁ διάβολος |
| TNep. | 8 | 10 | καὶ ἐπὶ τῶν λοιπῶν ἐντολῶν. γίνεσθε οὖν σοφοὶ ἐν | * θεῷ * | καὶ φρόνιμοι εἰδότες τάξιν ἐντολῶν αὐτοῦ καὶ θεσμοὺς |
| TGad | 2 | 5 | ἐπληροφορήθην τῆς ἀναιρέσεως αὐτοῦ. καὶ ὁ | * θεὸς * | τῶν πατέρων μου ἐρρύσατο αὐτὸν ἐκ τῶν χειρῶν μου |
| TGad | 4 | 2 | ἐντολῶν αὐτοῦ περὶ ἀγάπης τοῦ πλησίον καὶ εἰς τὸν | * θεὸν * | ἁμαρτάνει. ἐὰν γὰρ πταίσῃ ὁ ἀδελφὸς εὐθὺς θέλει |
| TGad | 4 | 7 | τῆς ἀγάπης ἐν μακροθυμίᾳ συνεργεῖ τῷ νόμῳ τοῦ | * θεοῦ * | εἰς σωτηρίαν ἀνθρώπων. κακὸν τὸ μῖσος ὅτι ἐνδελεχεῖ |
| TGad | 5 | 7 | μετὰ τὸ μετανοῆσαί με περὶ τοῦ Ἰωσήφ. ἡ γὰρ κατὰ | * θεὸν * | ἀληθὴς μετάνοια ἀναιρεῖ τὴν ἄγνοιαν καὶ φυγαδεύει |
| TGad | 5 | 9 | ἀνθρώπων οἶδε διὰ τῆς μετανοίας. ἐπήγαγε γάρ μοι ὁ | * θεὸς * | νόσον ἥπατος καὶ εἰ μὴ αἱ εὐχαὶ Ἰακὼβ τοῦ πατρός |
| TGad | 6 | 7 | κακίᾳ καὶ οὕτως ἄφες αὐτῷ ἀπὸ καρδίας καὶ δὸς τῷ | * θεῷ * | τὴν ἐκδίκησιν. ἐάν τις ὑπὲρ ὑμᾶς εὐοδοῦται μὴ |
| TAser | 1 | 2 | Ἀσὴρ τοῦ πατρὸς ὑμῶν καὶ πᾶν τὸ εὐθὲς ἐνώπιον τοῦ | * θεοῦ * | ὑποδείξω ὑμῖν. δύο ὁδοὺς ἔδωκεν ὁ θεὸς τοῖς υἱοῖς |
| TAser | 1 | 3 | ἐνώπιον τοῦ θεοῦ ὑποδείξω ὑμῖν. δύο ὁδοὺς ἔδωκεν ὁ | * θεὸς * | τοῖς υἱοῖς τῶν ἀνθρώπων καὶ δύο διαβούλια καὶ δύο |
| TAser | 2 | 6 | ἐστιν. πλεονεκτῶν τὸν πλησίον παροργίζει τὸν | * θεὸν * | καὶ τὸν ὕψιστον ἐπιορκεῖ καὶ τὸν πτωχὸν ἐλεᾷ τὸν |
| TAser | 2 | 10 | καθαροὶ τὸ δὲ ἀληθὲς ἀκάθαρτοί εἰσιν. καὶ γὰρ ὁ | * θεὸς * | ἐν ταῖς πλαξὶ τῶν οὐρανῶν οὕτως εἶπεν. ὑμεῖς οὖν |
| TAser | 3 | 1 | καὶ κακίας ἀλλὰ τῇ ἀγαθότητι μόνῃ κολλήθητε ὅτι ὁ | * θεὸς * | ἀναπαύεται εἰς αὐτὴν καὶ οἱ ἄνθρωποι ποθοῦσιν αὐτήν |
| TAser | 3 | 2 | ἐν ταῖς ἀγαθαῖς ὑμῶν πράξεσιν ὅτι οἱ διπρόσωποι οὐ | * θεῷ * | ἀλλὰ ταῖς ἐπιθυμίαις αὐτῶν δουλεύουσιν ἵνα τῷ Βελιὰρ |
| TAser | 4 | 1 | τῶν διπροσώπων ἁμαρτάνειν δίκαιοι εἰσι παρὰ τῷ | * θεῷ. * | πολλοὶ γὰρ ἀναιροῦντες τοὺς πονηροὺς δύο ποιοῦσιν |
| TAser | 4 | 5 | εἶναι τὸ δὲ πᾶν καθαροί εἰσιν ὅτι ἐν ζήλῳ | * θεοῦ * | πορεύονται ἀπεχόμενοι ὧν καὶ ὁ θεὸς διὰ τῶν ἐντολῶν |
| TAser | 4 | 5 | ὅτι ἐν ζήλῳ θεοῦ πορεύονται ἀπεχόμενοι ὧν καὶ ὁ | * θεὸς * | διὰ τῶν ἐντολῶν μισῶν ἀπαγορεύει ἀπείργων τὸ κακὸν |
| TAser | 5 | 3 | ἀλήθεια ὑπὸ τοῦ φωτός ἐστι καθὼς τὰ πάντα ὑπὸ τὸν | * θεόν. * | ταῦτα πάντα ἐδοκίμασα ἐν τῇ ζωῇ μου καὶ οὐκ |
| TAser | 7 | 3 | ὕδατος οὕτως σώσει τὸν Ἰσραὴλ καὶ πάντα τὰ ἔθνη | * θεὸς * | εἰς ἄνδρα ὑποκρινόμενος. εἴπατε οὖν ταῦτα τοῖς |
| TAser | 7 | 5 | ἀσεβήσετε εἰς αὐτὸν μὴ προσέχοντες τὸν νόμον τοῦ | * θεοῦ * | ἀλλ' ἐντολαῖς ἀνθρώπων. διὰ τοῦτο διασκορπισθήσεσθε |
| TJos. | 1 | 4 | ὁ κύριος ἠγάπησέ με αὐτοὶ ἤθελόν με ἀνελεῖν καὶ ὁ | * θεὸς * | τῶν πατέρων μου ἐφύλαξέ με εἰς λάκκον με ἐχάλασαν |
| TJos. | 1 | 6 | καὶ αὐτὸς ὁ κύριος διέθρεψέ με μόνος ἤμην καὶ ὁ | * θεὸς * | παρεκάλεσέ με ἐν ἀσθενείᾳ ἤμην καὶ ὁ ὕψιστος |
| TJos. | 2 | 2 | ἀναιδῆ ἐπειγουσάν με παρανομεῖν μετ' αὐτῆς ἀλλ' ὁ | * θεὸς * | Ἰσραὴλ τοῦ πατρός μου ἐφύλαξέ με ἀπὸ φλογὸς |
| TJos. | 2 | 5 | ἢ ἀνάγκαις οὐ γὰρ ὡς ἄνθρωπος ἐπαισχύνεται ὁ | * θεὸς * | οὐδὲ ὡς υἱὸς ἀνθρώπου δειλιᾷ οὐδὲ ὡς γηγενὴς |
| TJos. | 3 | 4 | τῷ Αἰγυπτίῳ ὡς ἐν τρυφῇ διάγων ὅτι οἱ διὰ τὸν | * θεὸν * | νηστεύοντες τοῦ προσώπου τὴν χάριν λαμβάνουσιν. ἐὰν |
| TJos. | 4 | 3 | πᾶσιν ἐχαμοκοίτουν ἐγὼ ἐν σάκκῳ καὶ ἐδεόμην τοῦ | * θεοῦ * | ὅπως ῥύσεταί με ὁ κύριος ἐκ τῆς Αἰγυπτίας. ὡς δὲ |
| TJos. | 6 | 6 | εἰδώλοις ἀλλὰ κυρίῳ μόνῳ; νῦν οὖν γνῶθι ὅτι ὁ | * θεὸς * | τοῦ πατρός μου δι' ἀγγέλου ἀπεκάλυψέ μοι τὴν κακίαν |
| TJos. | 6 | 7 | λαβὼν ἐνώπιον αὐτῆς ἔξαυτῆς ἔφαγον εἰπὼν ὁ | * θεὸς * | τῶν πατέρων μου καὶ ὁ ἄγγελος Ἀβραὰμ ἔσται μετ' |
| TJos. | 7 | 7 | τῆς ἐπιθυμίας μου. καὶ οὐκ ἔγνω ὅτι διὰ τὸν | * θεόν * | μου εἶπον οὕτως καὶ οὐ δι' αὐτήν. ἐὰν γάρ τις πάθει |
| TJos. | 8 | 5 | οἴκῳ σκότους καὶ ἐν ἱλαρᾷ φωνῇ χαίρων ἐδόξαζον τὸν | * θεόν * | μου μόνον ὅτι διὰ προφάσεως ἀπηλλάγην τῆς |
| TJos. | 9 | 2 | ἕως ἐννοιῶν ποτὲ ἔκλινα πρὸς αὐτήν. ἀγαπᾷ γὰρ ὁ | * θεὸς * | μᾶλλον τὸν ἐν λάκκῳ σκότους νηστεύοντα ἐν σωφροσύνῃ |
| TJos. | 10 | 5 | καρδίᾳ μου. καίπερ νήπιος ὢν εἶχον τὸν φόβον τοῦ | * θεοῦ * | ἐν τῇ διανοίᾳ μου +ᾔδειν γὰρ ὅτι τὰ πάντα |
| TJos. | 11 | 1 | οὖν ἔχετε ἐν πάσῃ πράξει ὑμῶν πρὸ ὀφθαλμῶν τὸν τοῦ | * θεοῦ * | φόβον καὶ τιμᾶτε τοὺς ἀδελφοὺς ὑμῶν πᾶς γὰρ ὁ ποιῶν |
| TJos. | 12 | 3 | τὸν νεανίαν εἰς οἰκονόμον σου καὶ εὐλογήσει σε ὁ | * θεὸς * | τῶν Ἑβραίων ὅτι ἡ χάρις ἐκ τοῦ οὐρανοῦ ἐστιν ἐπ' |
| TJos. | 17 | 3 | συγκρύπτετε ἀλλήλων τὰ ἐλαττώματα. τέρπεται γὰρ ὁ | * θεὸς * | ἐπὶ ὁμονοίᾳ ἀδελφῶν καὶ ἐπὶ προαιρέσει καρδίας |
| TJos. | 19 | 6 | τὸν Λευὶ ὅτι ἐξ αὐτῶν ἀνατελεῖ ὑμῖν ὁ ἀμνὸς τοῦ | * θεοῦ * | χάριτι σῴζων πάντα τὰ ἔθνη καὶ τὸν Ἰσραήλ. ἡ γὰρ |
| TJos. | 20 | 1 | τελευτήν μου οἱ Αἰγύπτιοι θλίψουσιν ὑμᾶς ἀλλ' ὁ | * θεὸς * | ποιήσει τὴν ἐκδίκησιν ὑμῶν καὶ εἰσάξει ὑμᾶς εἰς γῆν |
| TBen. | 3 | 1 | καὶ ὑμεῖς οὖν τέκνα μου ἀγαπήσατε κύριον τὸν | * θεὸν * | τοῦ οὐρανοῦ καὶ φυλάξατε ἐντολὰς αὐτοῦ μιμούμενοι |
| TBen. | 3 | 4 | πόσοι τῶν ἀνθρώπων ἠθέλησαν ἀνελεῖν αὐτὸν καὶ ὁ | * θεὸς * | ἐσκέπασεν αὐτὸν ὁ γὰρ φοβούμενος τὸν θεὸν καὶ |
| TBen. | 3 | 4 | καὶ ὁ θεὸς ἐσκέπασεν αὐτὸν ὁ γὰρ φοβούμενος τὸν | * θεὸν * | καὶ ἀγαπῶν τὸν πλησίον αὐτοῦ ὑπὸ τοῦ ἀερίου |
| TBen. | 3 | 4 | οὐ δύναται πληγῆναι σκεπαζόμενος ὑπὸ τοῦ φόβου τοῦ | * θεοῦ * | καὶ ὑπὸ ἐπιβουλῆς ἀνθρώπων ἢ θηρίων οὐ δύναται |
| TBen. | 3 | 8 | ἐν σοὶ προφητεία οὐρανοῦ περὶ τοῦ ἀμνοῦ τοῦ | * θεοῦ * | καὶ σωτῆρος τοῦ κόσμου ὅτι ἄμωμος ὑπὲρ ἀνόμων |
| TBen. | 4 | 4 | ὑμνεῖ τὸν πένητα ἐλεεῖ τῷ ἀσθενεῖ συμπαθεῖ τὸν | * θεὸν * | ἀνυμνεῖ τὸν ἔχοντα φόβον θεοῦ ὑπερασπίζει αὐτοῦ τῷ |
| TBen. | 4 | 5 | ἀσθενεῖ συμπαθεῖ τὸν θεὸν ἀνυμνεῖ τὸν ἔχοντα φόβον | * θεοῦ * | ὑπερασπίζει αὐτοῦ τῷ ἀγαπῶντι τὸν θεὸν συνεργεῖ τὸν |
| TBen. | 4 | 5 | φόβον θεοῦ ὑπερασπίζει αὐτοῦ τῷ ἀγαπῶντι τὸν | * θεὸν * | συνεργεῖ τὸν ἀθετοῦντα τὸν ὕψιστον νουθετῶν |
| TBen. | 6 | 7 | τὴν διάνοιαν αὐτοῦ πρὸς τὸ μὴ καταγνωσθῆναι ὑπὸ | * θεοῦ * | καὶ ἀνθρώπων. καὶ τοῦ Βελιὰρ δὲ πᾶν ἔργον διπλοῦν |
| TBen. | 7 | 3 | καὶ ὁ Κάϊν ἑπτὰ ἐκδικίαις παραδίδοται ὑπὸ τοῦ | * θεοῦ * | κατὰ γὰρ ἑκατὸν ἔτη μίαν πληγὴν ἐπήγαγεν αὐτῷ ὁ |
| TBen. | 8 | 2 | ἐν καρδίᾳ ὅτι ἀναπαύεται ἐν αὐτῷ τὸ πνεῦμα τοῦ | * θεοῦ. * | ὥσπερ γὰρ ὁ ἥλιος οὐ μιαίνεται προσέχων ἐπὶ κόπρον |
| TBen. | 9 | 2 | λήψεται αὐτήν. πλὴν ἐν μερίδι ὑμῶν γενήσεται ναὸς | * θεοῦ * | καὶ ἔνδοξος ἔσται ὁ ἔσχατος ὑπὲρ τὸν πρῶτον. καὶ |
| TBen. | 9 | 4 | τοῦ ναοῦ σχιζόμενον καὶ μεταβήσεται τὸ πνεῦμα τοῦ | * θεοῦ * | ἐπὶ τὰ ἔθνη ὡς πῦρ ἐκχυνόμενον. καὶ ἀνελθὼν ἐκ τοῦ |
| TBen. | 10 | 5 | κατεκληρονόμησαν εἰπόντες φυλάξατε τὰς ἐντολὰς τοῦ | * θεοῦ * | ἕως ὅτε ὁ κύριος ἀποκαλύψῃ τὸ σωτήριον αὐτοῦ πᾶσι |
| TBen. | 10 | 8 | περὶ τῆς εἰς αὐτὸν ἀδικίας ὅτι παραγενόμενον | * θεὸν * | ἐν σαρκὶ ἐλευθερωτὴν οὐκ ἐπίστευσαν. καὶ τότε |
| TBen. | 10 | 10 | καὶ τῆς εἰδωλολατρείας καὶ ἀπηλλοτριώθησαν | * θεοῦ * | γενόμενοι οὐ τέκνα ἐν μερίδι φοβουμένων κύριον. |
| TBen. | 11 | 4 | καὶ τὸ ἔργον καὶ ὁ λόγος αὐτοῦ καὶ ἔσται ἐκλεκτὸς | * θεοῦ * | ἕως τοῦ αἰῶνος. καὶ δι' αὐτὸν συνέτισέ με Ἰακὼβ ὁ |
| Asen. | 2 | 3 | τοῦ θαλάμου ἐκείνου εἰς τοὺς τοίχους πεπηγμένοι οἱ | * θεοὶ * | τῶν Αἰγυπτίων ὧν οὐκ ἦν ἀριθμὸς χρυσοῖ καὶ ἀργυροῖ. |
| Asen. | 3 | 3 | χαρὰν μεγάλην σφόδρα καὶ εἶπεν εὐλογητὸς κύριος ὁ | * θεὸς * | τοῦ Ἰωσὴφ ὅτι ἄξιόν με ἡγήσατο ὁ κύριός μου Ἰωσὴφ |
| Asen. | 3 | 4 | δεῖπνον μέγα ἑτοίμασον διότι Ἰωσὴφ ὁ δυνατὸς τοῦ | * θεοῦ * | ἔρχεται πρὸς ἡμᾶς σήμερον. καὶ ἤκουσεν Ἀσενὲθ ὅτι |
| Asen. | 3 | 6 | περιηρτημένοι πάντοθεν καὶ ἦσαν τὰ ὀνόματα τῶν | * θεῶν * | τῶν Αἰγυπτίων ἐγκεκολαμμένα πανταχοῦ ἐπί τε τοῖς |
| Asen. | 4 | 1 | μεγάλην διότι ἑώρων αὐτὴν κεκοσμημένην ὡς νύμφην | * θεοῦ. * | καὶ ἐξήνεγκαν πάντα τὰ ἀγαθὰ ὅσα ἐνήνοχαν ἐξ ἀγροῦ |
| Asen. | 4 | 7 | αὐτῇ Πεντεφρῆς ὁ πατὴρ αὐτῆς Ἰωσὴφ ὁ δυνατὸς τοῦ | * θεοῦ * | ἔρχεται πρὸς ἡμᾶς σήμερον. καὶ αὐτός ἐστιν ἄρχων |
| Asen. | 4 | 7 | ἀνὴρ δυνατὸς ἐν σοφίᾳ καὶ ἐπιστήμῃ καὶ πνεῦμα | * θεοῦ * | ἔστιν ἐπ' αὐτῷ καὶ χάρις κυρίου μετ' αὐτοῦ. δεῦρο |
| Asen. | 6 | 3 | περὶ αὐτοῦ καὶ οὐκ ᾔδειν ὅτι Ἰωσὴφ υἱὸς τοῦ | * θεοῦ * | ἐστιν. τίς γὰρ ἀνθρώπων ἐπὶ γῆς γεννήσει τοιοῦτον |
| Asen. | 6 | 5 | προσώπου αὐτοῦ ὅπως μὴ ὄψηταί με Ἰωσὴφ ὁ υἱὸς τοῦ | * θεοῦ * | διότι λελάληκα πονηρὰ περὶ αὐτοῦ; καὶ ποῦ |

| | | | | | |
|---|---|---|---|---|---|
| Asen. | 6 | 7 | τὸ μέγα τὸ ὃν ἐν αὐτῷ; καὶ νῦν ἵλεώς μοι κύριε ὁ | * θεὸς * | τοῦ Ἰωσὴφ διότι λελάληκα ἐγὼ κατ᾽ αὐτοῦ ῥήματα |
| Asen. | 7 | 4 | ἔλεγεν Ἰωσὴφ οὐχ ἁμαρτήσω ἐνώπιον κυρίου τοῦ | * θεοῦ * | τοῦ πατρός μου Ἰσραὴλ οὐδὲ κατὰ πρόσωπον τοῦ |
| Asen. | 8 | 2 | Ἀσενὲθ τῷ Ἰωσὴφ χαίροις κύριέ μου εὐλογημένε τῷ | * θεῷ * | τῷ ὑψίστῳ. καὶ εἶπεν Ἰωσὴφ τῇ Ἀσενὲθ εὐλογήσει σε |
| Asen. | 8 | 3 | καὶ εἶπεν Ἰωσὴφ τῇ Ἀσενὲθ εὐλογήσει σε κύριος ὁ | * θεὸς * | ὁ ζωοποιήσας τὰ πάντα. καὶ εἶπε Πεντεφρῆς τῇ |
| Asen. | 8 | 5 | ἀνδρὶ θεοσεβεῖ ὃς εὐλογεῖ τῷ στόματι αὐτοῦ τὸν | * θεὸν * | τὸν ζῶντα καὶ ἐσθίει ἄρτον εὐλογημένον ζωῆς καὶ |
| Asen. | 8 | 6 | αὐτοῦ αἵτινες εὐλογοῦσι τῷ στόματι αὐτῶν τὸν | * θεὸν * | τὸν ζῶντα. ὁμοίως καὶ γυναικὶ θεοσεβεῖ οὐκ ἔστι |
| Asen. | 8 | 7 | διότι βδέλυγμά ἐστι τοῦτο ἐνώπιον κυρίου τοῦ | * θεοῦ. * | καὶ ὡς ἤκουσεν Ἀσενὲθ τὰ ῥήματα ταῦτα τοῦ Ἰωσὴφ |
| Asen. | 8 | 8 | ἦν Ἰωσὴφ πραΰς καὶ ἐλεήμων καὶ φοβούμενος τὸν | * θεόν. * | καὶ ἐπῆρε τὴν χεῖρα αὐτοῦ τὴν δεξιὰν καὶ ἔθηκεν |
| Asen. | 8 | 9 | ἔθηκεν ἐπάνω τῆς κεφαλῆς αὐτῆς καὶ εἶπεν κύριε ὁ | * θεὸς * | τοῦ πατρός μου Ἰσραὴλ ὁ ὕψιστος ὁ δυνατὸς τοῦ |
| Asen. | 9 | 1 | ῥήματα Ἰωσὴφ ὅσα ἐλάλησεν αὐτῇ ἐν τῷ ὀνόματι τοῦ | * θεοῦ * | τοῦ ὑψίστου. καὶ ἔκλαυσε κλαυθμῷ μεγάλῳ καὶ πικρῷ |
| Asen. | 9 | 2 | κλαυθμῷ μεγάλῳ καὶ πικρῷ καὶ μετενόει ἀπὸ τῶν | * θεῶν * | αὐτῆς ὧν ἐσέβετο καὶ προσώχθισε τοῖς εἰδώλοις πᾶσι |
| Asen. | 9 | 5 | σήμερον διότι αὕτη ἡ ἡμέρα ἐστὶν ἐν ᾗ ἤρξατο ὁ | * θεὸς * | ποιεῖν πάντα τὰ κτίσματα αὐτοῦ καὶ τῇ ἡμέρᾳ τῇ |
| Asen. | 10 | 12 | καὶ ἔσπευσεν Ἀσενὲθ καὶ ἔλαβε πάντας τοὺς | * θεοὺς * | αὐτῆς τοὺς ὄντας ἐν τῷ θαλάμῳ αὐτῆς τούς τε |
| Asen. | 10 | 13 | καὶ τὰ κρέα τῆς δαμάλεως καὶ πάσας τὰς θυσίας τῶν | * θεῶν * | αὐτῆς καὶ τὰ σκεύη τοῦ οἴνου τῆς σπονδῆς αὐτῶν καὶ |
| Asen. | 11 | 4 | πατήρ μου καὶ ἡ μήτηρ μου διότι κἀγὼ μεμίσηκα τοὺς | * θεοὺς * | αὐτῶν καὶ ἀπώλεσα αὐτοὺς καὶ ἔδωκα αὐτοὺς |
| Asen. | 11 | 5 | καὶ εἶπον οὐκ ἔστι θυγάτηρ ἡμῶν Ἀσενὲθ διότι τοὺς | * θεοὺς * | ἡμῶν ἀπώλεσεν. καὶ πάντες ἄνθρωποι μισοῦσί με |
| Asen. | 11 | 7 | καὶ ἐπιχαίρουσι τῇ θλίψει μου ταύτῃ. καὶ κύριος ὁ | * θεὸς * | τοῦ δυνατοῦ Ἰωσὴφ ὁ ὕψιστος μισεῖ πάντας τοὺς |
| Asen. | 11 | 7 | μισεῖ πάντας τοὺς σεβομένους τὰ εἴδωλα διότι | * θεὸς * | ζηλωτής ἐστι καὶ φοβερὸς ἐπὶ πάντας τοὺς σεβομένους |
| Asen. | 11 | 7 | ἐστι καὶ φοβερὸς ἐπὶ πάντας τοὺς σεβομένους | * θεοὺς * | ἀλλοτρίους. διὰ τοῦτο κἀμὲ μεμίσηκε διότι κἀγὼ |
| Asen. | 11 | 9 | καὶ οὐκ ἔστι μοι τόλμη ἐπικαλέσασθαι κύριον τὸν | * θεὸν * | τοῦ οὐρανοῦ τὸν ὕψιστον τὸν κραταιὸν τοῦ δυνατοῦ |
| Asen. | 11 | 10 | τῶν εἰδώλων. ἀλλ᾽ ἀκήκοα πολλῶν λεγόντων ὅτι ὁ | * θεὸς * | τῶν Ἑβραίων θεὸς ἀληθινός ἐστι καὶ θεὸς ζῶν καὶ |
| Asen. | 11 | 10 | ἀκήκοα πολλῶν λεγόντων ὅτι ὁ θεὸς τῶν Ἑβραίων | * θεὸς * | ἀληθινός ἐστι καὶ θεὸς ζῶν καὶ θεὸς ἐλεήμων καὶ |
| Asen. | 11 | 10 | ὅτι ὁ θεὸς τῶν Ἑβραίων θεὸς ἀληθινός ἐστι καὶ | * θεὸς * | ζῶν καὶ θεὸς ἐλεήμων καὶ οἰκτίρμων καὶ μακρόθυμος |
| Asen. | 11 | 10 | τῶν Ἑβραίων θεὸς ἀληθινός ἐστι καὶ θεὸς ζῶν καὶ | * θεὸς * | ἐλεήμων καὶ οἰκτίρμων καὶ μακρόθυμος καὶ πολυέλεος |
| Asen. | 11 | 15 | ἀνοῖξαι τὸ στόμα αὐτῆς καὶ ὀνομάσαι τὸ ὄνομα τοῦ | * θεοῦ. * | καὶ ἀπεστράφη πάλιν πρὸς τὸν τοῖχον καὶ ἐκάθισε |
| Asen. | 11 | 16 | τῶν θυσιῶν τῶν εἰδώλων καὶ ἀπὸ τῶν εὐλογιῶν τῶν | * θεῶν * | τῶν Αἰγυπτίων. καὶ νῦν ἐν τοῖς δάκρυσί μου τούτοις |
| Asen. | 11 | 19 | εἰς τὸν οὐρανὸν καὶ ἤνοιξε τὸ στόμα αὐτῆς πρὸς τὸν | * θεὸν * | καὶ εἶπεν κύριε ὁ θεὸς τῶν αἰώνων ὁ κτίσας τὰ πάντα |
| Asen. | 12 | 1 | τὸ στόμα αὐτῆς πρὸς τὸν θεὸν καὶ εἶπεν κύριε ὁ | * θεὸς * | τῶν αἰώνων ὁ κτίσας τὰ πάντα καὶ ζωοποιήσας ὁ δοὺς |
| Asen. | 12 | 5 | τῶν θυσιῶν τῶν εἰδώλων καὶ ἀπὸ τῆς τραπέζης τῶν | * θεῶν * | τῶν Αἰγυπτίων. ἥμαρτον κύριε ἐνώπιόν σου πολλὰ |
| Asen. | 12 | 9 | ὁ παλαιὸς καταδιώκει με διότι αὐτός ἐστι πατὴρ τῶν | * θεῶν * | τῶν Αἰγυπτίων καὶ τὰ τέκνα αὐτοῦ εἰσιν οἱ θεοὶ τῶν |
| Asen. | 12 | 9 | τῶν θεῶν τῶν Αἰγυπτίων καὶ τὰ τέκνα αὐτοῦ εἰσιν οἱ | * θεοὶ * | τῶν εἰδωλομανῶν. κἀγὼ μεμίσηκα αὐτοὺς ὅτι τέκνα τοῦ |
| Asen. | 12 | 12 | θυγάτηρ Ἀσενὲθ διότι ἀπώλεσα καὶ συνέτριψα τοὺς | * θεοὺς * | αὐτῶν καὶ μεμίσηκα αὐτούς. καὶ εἰμὶ νῦν ὀρφανὴ καὶ |
| Asen. | 13 | 11 | καὶ ἡ ἰσχύς μου πᾶσα ἐκλέλοιπεν. ἰδοὺ οὖν τοὺς | * θεοὺς * | πάντας οὓς ἐσεβόμην τὸ πρότερον ἀγνοοῦσα νῦν ἔγνων |
| Asen. | 13 | 12 | ἀργυροῖ καὶ χρυσοῖ. καὶ πρὸς σέ κατέφυγον κύριε ὁ | * θεός * | μου. ἀλλὰ σὺ ῥῦσαί με ἀπὸ τῶν πολλῶν μου ἀγνοημάτων |
| Asen. | 14 | 1 | Ἀσενὲθ καὶ ἐχάρη καὶ εἶπεν ἄρα ἐπήκουσε κύριος ὁ | * θεὸς * | τῆς προσευχῆς μου διότι ὁ ἀστὴρ οὗτος ἄγγελος καὶ |
| Asen. | 15 | 7 | ἐν σοὶ καταφεύξονται ἔθνη πολλὰ ἐπὶ κύριον τὸν | * θεὸν * | τὸν ὕψιστον καὶ ὑπὸ τὰς πτέρυγάς σου σκεπασθήσονται |
| Asen. | 15 | 7 | σκεπασθήσονται λαοὶ πολλοὶ πεποιθότες ἐπὶ κυρίῳ τῷ | * θεῷ * | καὶ ἐν τῷ τείχει σου διαφυλαχθήσονται οἱ |
| Asen. | 15 | 7 | τῷ τείχει σου διαφυλαχθήσονται οἱ προσκείμενοι τῷ | * θεῷ * | τῷ ὑψίστῳ ἐν ὀνόματι τῆς μετανοίας. διότι ἡ μετάνοιά |
| Asen. | 15 | 7 | καλὴ καὶ ἀγαθὴ σφόδρα. καὶ αὐτὴ ἐκλιπάρει τὸν | * θεὸν * | τὸν ὕψιστον ὑπὲρ σοῦ πᾶσαν ὥραν καὶ ὑπὲρ πάντων τῶν |
| Asen. | 15 | 7 | ὥραν καὶ ὑπὲρ πάντων τῶν μετανοούντων ἐν ὀνόματι | * θεοῦ * | τοῦ ὑψίστου ἐπειδὴ πατήρ ἐστι τῆς μετανοίας. καὶ |
| Asen. | 15 | 12 | εἰς τὴν γῆν καὶ εἶπεν αὐτῷ εὐλογημένος κύριος ὁ | * θεός * | σου ὁ ὕψιστος ὃς ἐξαπέστειλέ σε τοῦ ῥύσασθαί με ἐκ |
| Asen. | 15 | 12B | ἐν τῇ βίβλῳ τοῦ ὑψίστου γεγραμμένον τῷ δακτύλῳ τοῦ | * θεοῦ * | ἐν ἀρχῇ τῆς βίβλου πρὸ πάντων ὅτι ἐγὼ ἄρχων εἰμὶ |
| Asen. | 16 | 14 | καὶ μακάριοι πάντες οἱ προσκείμενοι κυρίῳ τῷ | * θεῷ * | ἐν μετανοίᾳ ὅτι ἐκ τούτου τοῦ κηρίου φάγονται. διότι |
| Asen. | 16 | 14 | τῶν ῥόδων τῆς ζωῆς τῶν ὄντων ἐν τῷ παραδείσῳ τοῦ | * θεοῦ. * | καὶ πάντες οἱ ἄγγελοι τοῦ θεοῦ ἐξ αὐτοῦ ἐσθίουσι |
| Asen. | 16 | 14 | τῷ παραδείσῳ τοῦ θεοῦ. καὶ πάντες οἱ ἄγγελοι τοῦ | * θεοῦ * | ἐξ αὐτοῦ ἐσθίουσι καὶ πάντες οἱ ἐκλεκτοὶ τοῦ θεοῦ |
| Asen. | 16 | 14 | θεοῦ ἐξ αὐτοῦ ἐσθίουσι καὶ πάντες οἱ ἐκλεκτοὶ τοῦ | * θεοῦ * | καὶ πάντες οἱ υἱοὶ τοῦ ὑψίστου ὅτι κηρίον ζωῆς ἐστι |
| Asen. | 16 | 16 | ὡς αἱ κέδροι τοῦ παραδείσου τῆς τρυφῆς τοῦ | * θεοῦ * | καὶ δυνάμεις ἀκάματοι περισχήσουσί σε καὶ ἡ νεότης |
| Asen. | 16 | 16 | πάντων τῶν καταφευγόντων ἐπὶ τῷ ὀνόματι κυρίου τοῦ | * θεοῦ * | ⟨τοῦ βασιλέως τῶν αἰώνων⟩. καὶ ἐξέτεινε τὴν χεῖρα |
| Asen. | 17 | 6 | αὐτὰς ὁ ἄνθρωπος καὶ εἶπεν εὐλογήσει ὑμᾶς κύριος ὁ | * θεὸς * | ὁ ὕψιστος. καὶ ἔσεσθε κίονες ἑπτὰ τῆς πόλεως τῆς |
| Asen. | 17 | 9 | τὸν θάλαμόν μου ἐκ τοῦ οὐρανοῦ καὶ οὐκ ᾔδειν ὅτι | * θεὸς * | ἦλθε πρός με. καὶ ἰδοὺ νῦν πορεύεται πάλιν εἰς τὸν |
| Asen. | 18 | 1 | Πεντεφρῆ καὶ λέγει ἰδοὺ Ἰωσὴφ ὁ δυνατὸς τοῦ | * θεοῦ * | ἔρχεται πρὸς ⟨ἡμᾶς⟩ σήμερον. ὁ γὰρ πρόδρομος αὐτοῦ |
| Asen. | 18 | 2 | ἑτοίμασον δεῖπνον καλὸν ὅτι Ἰωσὴφ ὁ δυνατὸς τοῦ | * θεοῦ * | ἔρχεται πρὸς ἡμᾶς σήμερον. καὶ εἶδεν αὐτὴν ὁ |
| Asen. | 18 | 9 | τῆς κεφαλῆς αὐτῆς ὡς ἄμπελος ἐν τῷ παραδείσῳ τοῦ | * θεοῦ * | εὐθηνοῦσα ἐν τοῖς καρποῖς αὐτῆς καὶ ὁ τράχηλος |
| Asen. | 18 | 9 | παμποίκιλος ⟨καὶ οἱ μασθοὶ αὐτῆς ὡς τὰ ὄρη τοῦ | * θεοῦ * | τοῦ ὑψίστου⟩. καὶ ὡς εἶδεν Ἀσενὲθ ἑαυτὴν ἐν τῷ |
| Asen. | 18 | 11 | αὐτη ἡ μεγάλη καὶ θαυμαστή; μήτιγε κύριος ὁ | * θεὸς * | τοῦ οὐρανοῦ ἐξελέξατό σε εἰς νύμφην τῷ υἱῷ αὐτοῦ τῷ |
| Asen. | 19 | 5 | τὸ ὄνομά σου πόλις καταφυγῆς καὶ κύριος ὁ | * θεὸς * | βασιλεύσει ἐθνῶν πολλῶν εἰς τοὺς αἰῶνας διότι ἐν |
| Asen. | 19 | 5 | ἐν σοὶ καταφεύξονται ἔθνη πολλὰ ἐπὶ κύριον τὸν | * θεὸν * | τὸν ὕψιστον. καὶ εἶπέ μοι ὁ ἄνθρωπος πορεύσομαι καὶ |
| Asen. | 19 | 8 | καὶ εἶπεν Ἰωσὴφ πρὸς Ἀσενὲθ εὐλογημένη εἶ σὺ τῷ | * θεῷ * | τῷ ὑψίστῳ καὶ εὐλογημένον τὸ ὄνομά σου εἰς τοὺς |
| Asen. | 19 | 8 | τὸ ὄνομά σου εἰς τοὺς αἰῶνας διότι κύριος ὁ | * θεὸς * | ἐθεμελίωσε τὰ τείχη σου ⟨ἐν τοῖς ὑψίστοις καὶ⟩ τὰ |
| Asen. | 19 | 8 | ἀδαμάντινα ⟨τείχη ζωῆς⟩ διότι οἱ υἱοὶ τοῦ ζῶντος | * θεοῦ * | ἐνοικήσουσιν ἐν τῇ πόλει τῆς καταφυγῆς σου καὶ |
| Asen. | 19 | 8 | ἐν τῇ πόλει τῆς καταφυγῆς σου καὶ κύριος ὁ | * θεὸς * | βασιλεύσει αὐτῶν εἰς τοὺς αἰῶνας τῶν αἰώνων. διότι |
| Asen. | 20 | 7 | τῷ κάλλει αὐτῆς καὶ ἐχάρησαν καὶ ἔδωκαν δόξαν τῷ | * θεῷ * | τῷ ζωοποιοῦντι τοὺς νεκρούς. καὶ μετὰ ταῦτα ἔφαγον |
| Asen. | 21 | 4 | τῷ κάλλει αὐτῆς καὶ εἶπεν εὐλογήσει σε κύριος ὁ | * θεὸς * | τοῦ Ἰωσὴφ τέκνον καὶ διαμείνῃ τὸ κάλλος σου τοῦτο |
| Asen. | 21 | 4 | σου τοῦτο εἰς τοὺς αἰῶνας διότι ⟨δικαίως⟩ κύριος ὁ | * θεὸς * | τοῦ Ἰωσὴφ ἐξελέξατό σε εἰς νύμφην τῷ Ἰωσὴφ ὅτι |
| Asen. | 21 | 4 | σε εἰς νύμφην τῷ Ἰωσὴφ ὅτι αὐτός ἐστιν ὁ υἱὸς τοῦ | * θεοῦ * | ὁ πρωτότοκος καὶ σὺ θυγάτηρ ὑψίστου κληθήσῃ καὶ |
| Asen. | 21 | 6 | Ἀσενὲθ καὶ εἶπε Φαραὼ εὐλογήσει ὑμᾶς κύριος ὁ | * θεὸς * | ὁ ὕψιστος καὶ πληθυνεῖ ὑμᾶς καὶ μεγαλυνεῖ καὶ |
| Asen. | 21 | 10 | ⟨καὶ τότε ἤρξατο Ἀσενὲθ ἐξομολογεῖσθαι κυρίῳ τῷ | * θεῷ * | καὶ ἐχαρίτωσε δεομένη ἐπὶ πᾶσιν οἷς ἠξίωται ἀγαθοῖς |
| Asen. | 21 | 13 | ἥμαρτον ἐνώπιόν σου πολλὰ ἥμαρτον⟩ καὶ ἐσεβόμην | * θεοὺς * | ἀλλοτρίους ὧν οὐκ ⟨ἦν⟩ ἀριθμὸς καὶ ἤσθιον ἄρτον ἐκ |
| Asen. | 21 | 15 | σου πολλὰ ἥμαρτον⟩ καὶ οὐκ ᾔδειν κύριον τὸν | * θεὸν * | τοῦ οὐρανοῦ οὐδὲ ἐπεποίθειν ἐπὶ τῷ θεῷ τῷ ὑψίστῳ |
| Asen. | 21 | 15 | κύριον τὸν θεὸν τοῦ οὐρανοῦ οὐδὲ ἐπεποίθειν ἐπὶ τῷ | * θεῷ * | τῷ ὑψίστῳ τῆς ζωῆς. ἥμαρτον κύριε ⟨ἥμαρτον ἐνώπιόν |
| Asen. | 21 | 21 | πολλὰ ἥμαρτον⟩ ἕως οὗ ἦλθεν Ἰωσὴφ ὁ δυνατὸς τοῦ | * θεοῦ. * | αὐτός με καθεῖλεν ἀπὸ τῆς δυναστείας μου καὶ |
| Asen. | 21 | 21 | καὶ τῇ δυνάμει αὐτοῦ ἐστήριξέ ⟨με⟩ καὶ ἤγαγέ με τῷ | * θεῷ * | τῶν αἰώνων καὶ τῷ ἄρχοντι τοῦ ⟨οἴκου⟩ τοῦ ὑψίστου |
| Asen. | 22 | 3 | διότι ὁ πατήρ σου Ἰσραὴλ ὡς πατήρ μοί ἐστι καὶ | * θεός. * | καὶ εἶπεν αὐτῇ Ἰωσὴφ πορεύσῃ σὺν ἐμοὶ καὶ ὄψῃ τὸν |
| Asen. | 22 | 7 | ⟨καὶ ἦν Ἰακὼβ ὡς ἄνθρωπος ὃς ἐπάλαισε μετὰ | * θεοῦ.⟩ * | καὶ εἶδεν αὐτὸν Ἀσενὲθ καὶ ἐθαμβήθη καὶ |
| Asen. | 22 | 8 | ἐστὶν ἡ νύμφη μου ἡ γυνή σου; εὐλογημένη ἔσται τῷ | * θεῷ * | τῷ ὑψίστῳ. καὶ ἐκάλεσεν αὐτὴν Ἰακὼβ πρὸς ἑαυτὸν καὶ |
| Asen. | 22 | 13 | γράμματα γεγραμμένα ἐν τῷ οὐρανῷ ⟨τῷ δακτύλῳ τοῦ | * θεοῦ⟩ * | καὶ ᾔδει τὰ ἄρρητα θεοῦ τοῦ ὑψίστου καὶ |
| Asen. | 22 | 13 | τῷ οὐρανῷ ⟨τῷ δακτύλῳ τοῦ θεοῦ⟩ καὶ ᾔδει τὰ ἄρρητα | * θεοῦ * | τοῦ ὑψίστου καὶ ἀπεκάλυπτεν αὐτὰ τῇ Ἀσενὲθ κρυφῇ |
| Asen. | 23 | 10 | ἄνδρες θεοσεβεῖς καὶ ὁ πατὴρ ἡμῶν ἐστὶ φίλος τοῦ | * θεοῦ * | τοῦ ὑψίστου καὶ Ἰωσὴφ ὁ ἀδελφὸς ἡμῶν ἐστὶν ὡς υἱὸς |
| Asen. | 23 | 10 | καὶ Ἰωσὴφ ὁ ἀδελφὸς ἡμῶν ἐστὶν ὡς υἱὸς τοῦ | * θεοῦ * | πρωτότοκος. καὶ πῶς ποιήσωμεν ἡμεῖς τὸ ῥῆμα τοῦτο |
| Asen. | 23 | 11 | ῥῆμα τοῦτο τὸ πονηρὸν καὶ ἁμαρτήσομεν ἐνώπιον τοῦ | * θεοῦ * | ἡμῶν καὶ ἐνώπιον τοῦ πατρὸς ἡμῶν Ἰσραὴλ καὶ |
| Asen. | 23 | 14 | ἐν ταύταις ταῖς δυσὶ ῥομφαίαις ἐξεδίκησε κύριος ὁ | * θεὸς * | τὴν ὕβριν τῶν Σικημιτῶν ἣν ὕβρισαν τοὺς υἱοὺς |
| Asen. | 25 | 6 | ἐξ οὐρανοῦ καὶ καταφάγεται ὑμᾶς καὶ οἱ ἄγγελοι τοῦ | * θεοῦ * | πολεμήσουσι καθ᾽ ὑμῶν ὑπὲρ αὐτοῦ. καὶ ὠργίσθησαν |
| Asen. | 26 | 8 | τὸ σῶμα αὐτῆς. καὶ ἐπεκαλέσατο τὸ ὄνομα κυρίου τοῦ | * θεοῦ * | αὐτῆς. καὶ Βενιαμὶν ἐκάθητο ἐξ εὐωνύμων τῆς Ἀσενὲθ |
| Asen. | 27 | 10 | Ἀσενὲθ καὶ ἐφοβήθη σφόδρα καὶ εἶπεν κύριε ὁ | * θεός * | μου ὁ ἀναζωοποιήσας με καὶ ῥυσάμενός με ἐκ τῶν |
| Asen. | 27 | 11 | τῶν ἀνδρῶν τῶν πονηρῶν τούτων. καὶ ἤκουσε κύριος ὁ | * θεὸς * | τῆς φωνῆς Ἀσενὲθ καὶ εὐθέως ἔπεσον αἱ ῥομφαῖαι |
| Asen. | 28 | 7 | αὐτοί εἰσιν ἄνδρες θεοσεβεῖς καὶ φοβούμενοι τὸν | * θεὸν * | καὶ αἰδούμενοι πάντα ἄνθρωπον. πορεύθητε δὲ εἰς τὴν |
| Sal. | 1 | 1 | πρὸς κύριον ἐν τῷ θλίβεσθαί με εἰς τέλος πρὸς τὸν | * θεὸν * | ἐν τῷ ἐπιθέσθαι ἁμαρτωλοὺς ἐξάπινα ἠκούσθη κραυγὴ |
| Sal. | 2 | 3 | ἐμίαναν τὰ ἅγια κυρίου ἐβεβηλοῦσαν τὰ δῶρα τοῦ | * θεοῦ * | ἐν ἀνομίαις. ἕνεκεν τούτων εἶπεν ἀπορρίψατε αὐτὰ |
| Sal. | 2 | 5 | τὸ κάλλος τῆς δόξης αὐτῆς ἐξουθενώθη ἐνώπιον τοῦ | * θεοῦ * | ἠτιμώθη ἕως εἰς τέλος. οἱ υἱοὶ καὶ αἱ θυγατέρες ἐν |
| Sal. | 2 | 10 | καὶ γνώσεται ἡ γῆ τὰ κρίματά σου πάντα τὰ δίκαια ὁ | * θεός. * | ἔστησαν τοὺς υἱοὺς Ιερουσαλημ εἰς ἐμπαιγμὸν ἀντὶ |
| Sal. | 2 | 15 | τὰ σπλάγχνα μου πονῶ ἐπὶ τούτοις ἐγὼ δικαιώσω σε ὁ | * θεὸς * | ἐν εὐθύτητι καρδίας ὅτι ἐν τοῖς κρίμασίν σου ἡ |
| Sal. | 2 | 15 | ὅτι ἐν τοῖς κρίμασίν σου ἡ δικαιοσύνη σου ὁ | * θεός. * | ὅτι ἀπέδωκας τοῖς ἁμαρτωλοῖς κατὰ τὰ ἔργα αὐτῶν |
| Sal. | 2 | 18 | σου ἐξήλειψας τὸ μνημόσυνον αὐτῶν ἀπὸ τῆς γῆς. ὁ | * θεὸς * | κριτὴς δίκαιος καὶ οὐ θαυμάσει πρόσωπον ὠνείδισαν |
| Sal. | 2 | 21 | περιείλατο μίτραν δόξης ἣν περιέθηκεν αὐτῇ ὁ | * θεὸς * | ἐν ἀτιμίᾳ τὸ κάλλος αὐτῆς ἀπερρίφη ἐπὶ τὴν γῆν. καὶ |
| Sal. | 2 | 25 | ὀργὴν αὐτῶν εἰς ἡμᾶς ἐν ἀρπάγματι. μὴ χρονίσῃς ὁ | * θεὸς * | τοῦ ἀποδοῦναι αὐτοῖς εἰς κεφαλὰς τοῦ εἰπεῖν τὴν |
| Sal. | 2 | 26 | ἐν ἀτιμίᾳ. καὶ οὐκ ἐχρόνισα ἕως ἔδειξέν μοι ὁ | * θεὸς * | τὴν ὕβριν αὐτοῦ ἐκκεκεντημένον ἐπὶ τῶν ὀρέων |
| Sal. | 2 | 29 | γῆς καὶ θαλάσσης ἔσομαι καὶ οὐκ ἐπέγνω ὅτι ὁ | * θεὸς * | μέγας κραταιὸς ἐν ἰσχύι αὐτοῦ τῇ μεγάλῃ. αὐτὸς |
| Sal. | 2 | 33 | καὶ δίκαιος κρίνων τὴν ὑπ᾽ οὐρανόν. εὐλογεῖτε τὸν | * θεόν * | οἱ φοβούμενοι τὸν κύριον ἐν ἐπιστήμῃ ὅτι τὸ ἔλεος |
| Sal. | 3 | 1 | οὐκ εὐλογεῖς τὸν κύριον; ὕμνον καινὸν ψάλατε τῷ | * θεῷ * | τῷ αἰνετῷ. ψάλλε καὶ γρηγόρησον ἐπὶ τὴν γρηγόρησιν |
| Sal. | 3 | 2 | ἐπὶ τὴν γρηγόρησιν αὐτοῦ ὅτι ἀγαθὸς ψαλμὸς τῷ | * θεῷ * | ἐξ ἀγαθῆς καρδίας. δίκαιοι μνημονεύουσιν διὰ παντὸς |
| Sal. | 3 | 5 | τὸν κύριον ἔπεσεν καὶ ἀποβλέπει τί ποιήσει αὐτῷ ὁ | * θεὸς * | ἀποσκοπεύει ὅθεν ἥξει σωτηρία αὐτοῦ. ἀλήθεια τῶν |
| Sal. | 3 | 6 | ὅθεν ἥξει σωτηρία αὐτοῦ. ἀλήθεια τῶν δικαίων παρὰ | * θεοῦ * | σωτῆρος αὐτῶν οὐκ αὐλίζεται ἐν οἴκῳ δικαίου ἁμαρτία |
| Sal. | 4 | 1 | ἀπὸ τοῦ κυρίου ἐν παρανομίαις παροργίζων τὸν | * θεὸν * | Ισραηλ; περισσὸς ἐν λόγοις περισσὸς ἐν σημειώσει |

Sal.　4　6 εἰς πᾶσαν οἰκίαν ἐν ἱλαρότητι ὡς ἄκακος. ἐξάραι ὁ ✱ θεός ✱ τοὺς ἐν ὑποκρίσει ζῶντας μετὰ ὁσίων ἐν φθορᾷ σαρκὸς
Sal.　4　7 σαρκὸς αὐτοῦ καὶ πενίᾳ τὴν ζωὴν αὐτοῦ ἀνακαλύψαι ὁ ✱ θεός ✱ τὰ ἔργα ἀνθρώπων ἀνθρωπαρέσκων ἐν καταγέλωτι καὶ
Sal.　4　8 τὰ ἔργα αὐτοῦ. καὶ δικαιώσαισαν ὅσιοι τὸ κρῖμα τοῦ ✱ θεοῦ ✱ αὐτῶν ἐν τῷ ἐξαίρεσθαι ἁμαρτωλοὺς ἀπὸ προσώπου
Sal.　4　21 καὶ ἐσκόρπισαν ἐν ἐπιθυμίᾳ καὶ οὐκ ἐμνήσθησαν ✱ θεοῦ ✱ καὶ οὐκ ἐφοβήθησαν τὸν θεὸν ἐν ἅπασι τούτοις καὶ
Sal.　4　21 καὶ οὐκ ἐμνήσθησαν θεοῦ καὶ οὐκ ἐφοβήθησαν τὸν ✱ θεὸν ✱ ἐν ἅπασι τούτοις καὶ παρώργισαν τὸν θεὸν καὶ
Sal.　4　21 τὸν θεὸν ἐν ἅπασι τούτοις καὶ παρώργισαν τὸν ✱ θεὸν ✱ καὶ παρώξυναν. ἐξάραι αὐτοὺς ἀπὸ τῆς γῆς ὅτι ψυχὰς
Sal.　4　24 ἡμᾶς ἀπὸ παντὸς σκανδάλου παρανόμου. ἐξάραι ὁ ✱ θεὸς ✱ τοὺς ποιοῦντας ἐν ὑπερηφανίᾳ πᾶσαν ἀδικίαν ὅτι
Sal.　4　24 ἀδικίαν ὅτι κριτὴς μέγας καὶ κραταιὸς κύριος ὁ ✱ θεὸς ✱ ἡμῶν ἐν δικαιοσύνῃ. γένοιτο κύριε τὸ ἔλεός σου ἐπὶ
Sal.　5　1 τοὺς ἀγαπῶντάς σε. ψαλμὸς τῷ Σαλωμων. κύριε ὁ ✱ θεός ✱ αἰνέσω τῷ ὀνόματί σου ἐν ἀγαλλιάσει ἐν μέσῳ
Sal.　5　4 οὐ προσθήσει τοῦ πλεονάσαι παρὰ τὸ κρῖμα σου ὁ ✱ θεός. ✱ ἐν τῷ θλίβεσθαι ἡμᾶς ἐπικαλεσόμεθά σε εἰς βοήθειαν
Sal.　5　5 καὶ σὺ οὐκ ἀποστρέψῃ τὴν δέησιν ἡμῶν ὅτι σὺ ὁ ✱ θεός ✱ ἡμῶν εἶ. μὴ βαρύνῃς τὴν χεῖρά σου ἐφ᾽ ἡμᾶς ἵνα μὴ
Sal.　5　8 σέ ἥξομεν. ἐὰν γὰρ πεινάσω πρός σέ κεκράξομαι ὁ ✱ θεός ✱ καὶ σὺ δώσεις μοι. τὰ πετεινὰ καὶ τοὺς ἰχθύας σὺ
Sal.　5　11 τοὺς βασιλεῖς καὶ ἄρχοντας καὶ λαοὺς σὺ τρέφεις ὁ ✱ θεός ✱ καὶ πτωχοῦ καὶ πένητος ἡ ἐλπὶς τίς ἐστιν εἰ μὴ σὺ
Sal.　5　16 σου κύριε ἐν χρηστότητι. μακάριος οὗ μνημονεύει ὁ ✱ θεός ✱ ἐν συμμετρίᾳ αὐταρκείας ἐὰν ὑπερπλεονάσῃ ὁ ἄνθρωπος
Sal.　6　2 καὶ πεφυλαγμένα ἔργα χειρῶν αὐτοῦ ὑπὸ κυρίου ✱ θεοῦ ✱ αὐτοῦ. ἀπὸ ὁράσεως πονηρῶν ἐνυπνίων αὐτοῦ οὐ
Sal.　6　4 εὐσταθείᾳ καρδίας αὐτοῦ ἐξύμνησεν τῷ ὀνόματι τοῦ ✱ θεοῦ ✱ αὐτοῦ καὶ ἐδεήθη τοῦ προσώπου κυρίου περὶ παντὸς
Sal.　6　5 καὶ κύριος εἰσήκουσεν προσευχὴν παντὸς ἐν φόβῳ ✱ θεοῦ. ✱ καὶ πᾶν αἴτημα ψυχῆς ἐλπιζούσης πρὸς αὐτὸν
Sal.　7　1 τῷ Σαλωμων ἐπιστροφῆς. μὴ ἀποσκηνώσῃς ἀφ᾽ ἡμῶν ὁ ✱ θεός ✱ ἵνα μὴ ἐπιθῶνται ἡμῖν οἳ ἐμίσησαν ἡμᾶς δωρεάν. ὅτι
Sal.　7　2 ἡμῖν οἳ ἐμίσησαν ἡμᾶς δωρεάν. ὅτι ἀπώσω αὐτοὺς ὁ ✱ θεὸς ✱ μὴ πατησάτω ὁ ποὺς αὐτῶν κληρονομίαν ἁγιάσματός
Sal.　8　3 καὶ εἶπα ⟨ἐν⟩ τῇ καρδίᾳ μου ποῦ ἄρα κρινεῖ αὐτὸν ὁ ✱ θεός; ✱ φωνὴν ἤκουσα εἰς Ιερουσαλημ πόλιν ἁγιάσματος
Sal.　8　7 αὐτῶν ἐν δικαιοσύνῃ. ἀνελογισάμην τὰ κρίματα τοῦ ✱ θεοῦ ✱ ἀπὸ κτίσεως οὐρανοῦ καὶ γῆς ἐδικαίωσα τὸν θεὸν ἐν
Sal.　8　7 τοῦ θεοῦ ἀπὸ κτίσεως οὐρανοῦ καὶ γῆς ἐδικαίωσα τὸν ✱ θεὸν ✱ ἐν τοῖς κρίμασιν αὐτοῦ τοῖς ἀπ᾽ αἰῶνος. ἀνεκάλυψεν
Sal.　8　8 τοῖς κρίμασιν αὐτοῦ τοῖς ἀπ᾽ αἰῶνος. ἀνεκάλυψεν ὁ ✱ θεὸς ✱ τὰς ἁμαρτίας αὐτῶν ἐναντίον τοῦ ἡλίου ἔγνω πᾶσα ἡ
Sal.　8　8 ἐναντίον τοῦ ἡλίου ἔγνω πᾶσα ἡ γῆ τὰ κρίματα τοῦ ✱ θεοῦ ✱ τὰ δίκαια. ἐν καταγαίοις κρυφίοις αἱ παρανομίαι
Sal.　8　11 συνθήκας μετὰ ὅρκου περὶ τούτων. τὰ ἅγια τοῦ ✱ θεοῦ ✱ διηρπάζοσαν ὡς μὴ ὄντος κληρονόμου λυτρουμένου.
Sal.　8　14 ἐποίησαν ὑπὲρ τὰ ἔθνη. διὰ τοῦτο ἐκέρασεν αὐτοῖς ὁ ✱ θεὸς ✱ πνεῦμα πλανήσεως ἐπότισεν αὐτοὺς ποτήριον οἴνου
Sal.　8　19 πυργοβάρεις αὐτῆς καὶ τὸ τεῖχος Ιερουσαλημ ὅτι ὁ ✱ θεὸς ✱ ἤγαγεν αὐτὸν μετὰ ἀσφαλείας ἐν τῇ πλανήσει αὐτῶν.
Sal.　8　22 ἐμίαναν Ιερουσαλημ καὶ τὰ ἡγιασμένα τῷ ὀνόματι τοῦ ✱ θεοῦ. ✱ ἐδικαιώθη ὁ θεὸς ἐν τοῖς κρίμασιν αὐτοῦ ἐν τοῖς
Sal.　8　23 καὶ τὰ ἡγιασμένα τῷ ὀνόματι τοῦ θεοῦ. ἐδικαιώθη ὁ ✱ θεὸς ✱ ἐν τοῖς κρίμασιν αὐτοῦ ἐν τοῖς ἔθνεσιν τῆς γῆς καὶ
Sal.　8　23 αὐτοῦ ἐν τοῖς ἔθνεσιν τῆς γῆς καὶ οἱ ὅσιοι τοῦ ✱ θεοῦ ✱ ὡς ἀρνία ἐν ἀκακίᾳ ἐν μέσῳ αὐτῶν. αἰνετὸς κύριος ὁ
Sal.　8　25 πᾶσαν τὴν γῆν ἐν δικαιοσύνῃ αὐτοῦ. ἰδοὺ δὴ ὁ ✱ θεὸς ✱ ἔδειξας ἡμῖν τὸ κρῖμα σου ἐν τῇ δικαιοσύνῃ σου
Sal.　8　25 σου εἴδοσαν οἱ ὀφθαλμοὶ ἡμῶν τὰ κρίματά σου ὁ ✱ θεός. ✱ ἐδικαιώσαμεν τὸ ὄνομά σου τὸ ἔντιμον εἰς αἰῶνας
Sal.　8　26 τὸ ὄνομά σου τὸ ἔντιμον εἰς αἰῶνας ὅτι σὺ ὁ ✱ θεὸς ✱ τῆς δικαιοσύνης κρίνων τὸν Ισραηλ ἐν παιδείᾳ.
Sal.　8　27 κρίνων τὸν Ισραηλ ἐν παιδείᾳ. ἐπίστρεψον ὁ ✱ θεὸς ✱ τὸ ἔλεός σου ἐφ᾽ ἡμᾶς καὶ οἰκτίρησον ἡμᾶς συνάγαγε
Sal.　8　30 ἡμῶν καὶ σὺ παιδευτὴς ἡμῶν εἶ. μὴ ὑπερίδῃς ἡμᾶς ὁ ✱ θεὸς ✱ ἡμῶν ἵνα μὴ καταπίωσιν ἡμᾶς ἔθνη ὡς μὴ ὄντος
Sal.　8　31 ἡμᾶς ἔθνη ὡς μὴ ὄντος λυτρουμένου. καὶ σὺ ὁ ✱ θεὸς ✱ ἡμῶν ἀπ᾽ ἀρχῆς καὶ ἐπὶ σέ ἡ ἐλπὶς ἡμῶν κύριε καὶ
Sal.　9　2 παντὶ ἔθνει ἡ διασπορὰ τοῦ Ισραηλ κατὰ τὸ ῥῆμα τοῦ ✱ θεοῦ ✱ ἵνα δικαιωθῇς ὁ θεὸς ἐν τῇ δικαιοσύνῃ σου ἐν ταῖς
Sal.　9　2 τοῦ Ισραηλ κατὰ τὸ ῥῆμα τοῦ θεοῦ ἵνα δικαιωθῇς ὁ ✱ θεὸς ✱ ἐν τῇ δικαιοσύνῃ σου ἐν ταῖς ἀνομίαις ἡμῶν ὅτι σὺ
Sal.　9　3 καὶ ποῦ κρυβήσεται ἄνθρωπος ἀπὸ τῆς γνώσεώς σου ὁ ✱ θεός; ✱ τὰ ἔργα ἡμῶν ἐν ἐκλογῇ καὶ ἐξουσίᾳ τῆς ψυχῆς ἡμῶν
Sal.　9　6 δικαιοσύνῃ κατ᾽ ἄνδρα καὶ οἶκον. τίνι χρηστεύσῃ ὁ ✱ θεὸς ✱ εἰ μὴ τοῖς ἐπικαλουμένοις τὸν κύριον; καθαρίεις ἐν
Sal.　9　8 σου ἐπὶ ἁμαρτάνοντας ἐν μεταμελείᾳ. καὶ νῦν σὺ ὁ ✱ θεὸς ✱ καὶ ἡμεῖς λαὸς ὃν ἠγάπησας ἰδὲ καὶ οἰκτίρησον ὁ
Sal.　9　8 καὶ ἡμεῖς λαὸς ὃν ἠγάπησας ἰδὲ καὶ οἰκτίρησον ὁ ✱ θεὸς ✱ Ισραηλ ὅτι σοὶ ἐσμεν καὶ μὴ ἀποστήσῃς ἔλεός σου ἀφ᾽
Sal.　10　6 ἐν ἐκκλησίᾳ λαοῦ καὶ πτωχοὺς ἐλεήσει ὁ ✱ θεὸς ✱ ἐν εὐφροσύνῃ Ισραηλ ὅτι χρηστὸς καὶ ἐλεήμων ὁ θεὸς
Sal.　10　7 θεὸς ἐν εὐφροσύνῃ Ισραηλ ὅτι χρηστὸς καὶ ἐλεήμων ὁ ✱ θεὸς ✱ εἰς τὸν αἰῶνα καὶ συναγαγεῖ Ισραηλ δοξάσουσιν τὸ
Sal.　11　1 ἐν Ιερουσαλημ φωνὴν εὐαγγελιζομένου ὅτι ἠλέησεν ὁ ✱ θεὸς ✱ Ισραηλ ἐν τῇ ἐπισκοπῇ αὐτῶν. στῆθι Ιερουσαλημ ἐφ᾽
Sal.　11　3 ὑπὸ κυρίου. ἀπὸ βορρᾶ ἔρχονται τῇ εὐφροσύνῃ τοῦ ✱ θεοῦ ✱ αὐτῶν ἐκ νήσων μακρόθεν συνήγαγεν αὐτοὺς ὁ θεός.
Sal.　11　3 θεοῦ αὐτῶν ἐκ νήσων μακρόθεν συνήγαγεν αὐτοὺς ὁ ✱ θεός. ✱ ὄρη ὑψηλὰ ἐταπείνωσεν εἰς ὁμαλισμὸν αὐτοῖς οἱ
Sal.　11　5 παρόδῳ αὐτῶν πᾶν ξύλον εὐωδίας ἀνέτειλεν αὐτοῖς ὁ ✱ θεὸς ✱ ἵνα παρέλθῃ Ισραηλ ἐν ἐπισκοπῇ δόξης θεοῦ αὐτῶν.
Sal.　11　6 αὐτοῖς ὁ θεὸς ἵνα παρέλθῃ Ισραηλ ἐν ἐπισκοπῇ δόξης ✱ θεοῦ ✱ αὐτῶν. Ἔνδυσαι Ιερουσαλημ τὰ ἱμάτια τῆς δόξης σου
Sal.　11　7 σου ἑτοίμασον τὴν στολὴν τοῦ ἁγιάσματός σου ὅτι ὁ ✱ θεὸς ✱ ἐλάλησεν ἀγαθὰ Ισραηλ εἰς τὸν αἰῶνα καὶ ἔτι.
Sal.　12　4 οἴκους ἐν πολέμῳ χείλεσιν ψιθύροις. μακρύναι ὁ ✱ θεὸς ✱ ἀπὸ ἀκάκων χείλη παρανόμων ἐν ἀπορίᾳ καὶ
Sal.　14　5 ἡμέρας τοῦ οὐρανοῦ ὅτι ἡ μερὶς καὶ κληρονομία τοῦ ✱ θεοῦ. ✱ ἔστιν Ισραηλ. καὶ οὐχ οὕτως οἱ ἁμαρτωλοὶ καὶ
Sal.　14　7 σαπρίας ἡ ἐπιθυμία αὐτῶν καὶ οὐκ ἐμνήσθησαν τοῦ ✱ θεοῦ. ✱ ὅτι ὁδοὶ ἀνθρώπων γνωσταὶ ἐνώπιον αὐτοῦ διὰ παντὸς
Sal.　15　1 τὸ ὄνομα κυρίου τοῦ βοηθῆσαι ἥλπισα τοῦ ✱ θεοῦ ✱ Ιακωβ καὶ ἡ ἐλπὶς καὶ καταφυγὴ τῶν πτωχῶν
Sal.　15　1 καὶ ἐσώθην ὅτι ἐλπὶς καὶ καταφυγὴ τῶν πτωχῶν σὺ ὁ ✱ θεός. ✱ τίς γὰρ ἰσχύει ὁ θεὸς εἰ μὴ ἐξομολογήσασθαι σοι ἐν
Sal.　15　2 καταφυγὴ τῶν πτωχῶν σὺ ὁ θεός. τίς γὰρ ἰσχύει ὁ ✱ θεὸς ✱ εἰ μὴ ἐξομολογήσασθαί σοι ἐν ἀληθείᾳ; καὶ τί
Sal.　15　6 πᾶσαν ὑπόστασιν ἁμαρτωλῶν ὅτι τὸ σημεῖον τοῦ ✱ θεοῦ ✱ ἐπὶ δικαίους εἰς σωτηρίαν. λιμὸς καὶ ῥομφαία καὶ
Sal.　15　12 κρίσεως κυρίου εἰς τὸν αἰῶνα ὅταν ἐπισκέπτηται ὁ ✱ θεὸς ✱ τὴν γῆν ἐν κρίματι αὐτοῦ οἱ δὲ φοβούμενοι τὸν
Sal.　15　13 ἐν αὐτῇ καὶ ζήσονται ἐν τῇ ἐλεημοσύνῃ τοῦ ✱ θεοῦ ✱ αὐτῶν καὶ ἁμαρτωλοὶ ἀπολοῦνται εἰς τὸν αἰῶνα
Sal.　16　1 μικρὸν ὠλίσθησα ἐν καταφορᾷ ὑπνούντων μακρὰν ἀπὸ ✱ θεοῦ ✱ παρ᾽ ὀλίγον ἐξεχύθη ἡ ψυχή μου εἰς θάνατον σύνεγγυς
Sal.　16　1 ἁμαρτωλῶν ἐν τῷ διενεχθῆναι ψυχῆς μου ἀπὸ κυρίου ✱ θεοῦ ✱ Ισραηλ εἰ μὴ ὁ κύριος ἀντελάβετό μου τῷ ἐλέει αὐτοῦ
Sal.　16　5 μου ἐν παντὶ καιρῷ ἔσωσέν με. ἐξομολογήσομαί σοι ὁ ✱ θεὸς ✱ ὅτι ἀντελάβου μου εἰς σωτηρίαν καὶ οὐκ ἐλογίσω με
Sal.　16　6 εἰς ἀπώλειαν. μὴ ἀποστήσῃς τὸ ἔλεός σου ἀπ᾽ ἐμοῦ ὁ ✱ θεὸς ✱ μηδὲ τὴν μνήμην σου ἀπὸ καρδίας μου ἕως θανάτου.
Sal.　16　7 σου ἀπὸ καρδίας μου ἕως θανάτου. ἐπικράτησόν μου ὁ ✱ θεὸς ✱ ἀπὸ ἁμαρτίας πονηρᾶς καὶ ἀπὸ πάσης γυναικὸς πονηρᾶς
Sal.　17　1 βασιλεὺς ἡμῶν εἰς τὸν αἰῶνα καὶ ἔτι ὅτι ἐν σοὶ ὁ ✱ θεὸς ✱ καυχήσεται ἡ ψυχὴ ἡμῶν. καὶ τίς ὁ χρόνος ζωῆς
Sal.　17　3 ἐλπὶς αὐτοῦ ἐπ᾽ αὐτόν. ἡμεῖς δὲ ἐλπιοῦμεν ἐπὶ τὸν ✱ θεὸν ✱ σωτῆρα ἡμῶν ὅτι τὸ κράτος τοῦ θεοῦ ἡμῶν εἰς τὸν
Sal.　17　3 ἐπὶ τὸν θεὸν σωτῆρα ἡμῶν ὅτι τὸ κράτος τοῦ ✱ θεοῦ ✱ ἡμῶν εἰς τὸν αἰῶνα μετ᾽ ἐλέους καὶ ἡ βασιλεία τοῦ
Sal.　17　3 ἡμῶν εἰς τὸν αἰῶνα μετ᾽ ἐλέους καὶ ἡ βασιλεία τοῦ ✱ θεοῦ ✱ ἡμῶν εἰς τὸν αἰῶνα ἐπὶ τὰ ἔθνη ἐν κρίσει. σὺ κύριε
Sal.　17　8 θρόνον Δαυιδ ἐν ὑπερηφανίᾳ ἀλλάγματος. καὶ σὺ ὁ ✱ θεὸς ✱ καταβαλεῖς αὐτοὺς καὶ ἀρεῖς τὸ σπέρμα αὐτῶν ἀπὸ τῆς
Sal.　17　9 ἡμῶν. κατὰ τὰ ἁμαρτήματα αὐτῶν ἀποδώσεις αὐτοῖς ὁ ✱ θεὸς ✱ εὑρεθῆναι αὐτοῖς κατὰ τὰ ἔργα αὐτῶν. οὐκ ἠλέησεν
Sal.　17　13 αὐτοῖς κατὰ τὰ ἔργα αὐτῶν. οὐκ ἠλέησεν αὐτοὺς ὁ ✱ θεὸς ✱ ἐξηρεύνησεν τὸ σπέρμα αὐτῶν καὶ οὐκ ἀφῆκεν αὐτῶν
Sal.　17　21 ὑπερηφανίαν ἐν τῇ καρδίᾳ αὐτοῦ ἀλλοτρία ἀπὸ τοῦ ✱ θεοῦ ✱ ἡμῶν. καὶ πάντα ὅσα ἐποίησεν ἐν Ιερουσαλημ καθὼς
Sal.　17　26 αὐτῶν υἱὸν Δαυιδ εἰς τὸν καιρὸν ὃν εἵλου σὺ ὁ ✱ θεὸς ✱ τοῦ βασιλεῦσαι ἐπὶ Ισραηλ παῖδά σου καὶ ὑπόζωσον
Sal.　17　27 καὶ κρινεῖ φυλὰς λαοῦ ἡγιασμένου ὑπὸ κυρίου ✱ θεοῦ ✱ αὐτοῦ καὶ οὐκ ἀφήσει ἀδικίαν ἐν μέσῳ αὐτῶν
Sal.　17　31 εἴδως κακίαν ἐπίσταται γὰρ αὐτοὺς ὅτι πάντες υἱοὶ ✱ θεοῦ ✱ εἰσιν αὐτῶν. καὶ καταμερίσει αὐτοὺς ἐν ταῖς φυλαῖς
Sal.　17　32 καὶ ἰδεῖν τὴν δόξαν κυρίου ἣν ἐδόξασεν αὐτὴν ὁ ✱ θεός. ✱ καὶ αὐτὸς βασιλεὺς δίκαιος διδακτὸς ὑπὸ θεοῦ ἐπ᾽
Sal.　17　32 ὁ θεός. καὶ αὐτὸς βασιλεὺς δίκαιος διδακτὸς ὑπὸ ✱ θεοῦ ✱ ἐπ᾽ αὐτοὺς καὶ οὐκ ἔστιν ἀδικία ἐν ταῖς ἡμέραις
Sal.　17　34 αὐτὸς βασιλεὺς αὐτοῦ ἐλπὶς τοῦ δυνατοῦ ἐλπίδι ✱ θεοῦ ✱ καὶ ἐλεήσει πάντα τὰ ἔθνη ἐνώπιον αὐτοῦ ἐν φόβῳ.
Sal.　17　37 λόγου. καὶ οὐκ ἀσθενήσει ἐν ταῖς ἡμέραις αὐτοῦ ἐπὶ ✱ θεῷ ✱ αὐτοῦ ὅτι ὁ θεὸς κατειργάσατο αὐτὸν δυνατὸν ἐν
Sal.　17　37 ἐν ταῖς ἡμέραις αὐτοῦ ἐπὶ θεῷ αὐτοῦ ὅτι ὁ ✱ θεὸς ✱ κατειργάσατο αὐτὸν δυνατὸν ἐν πνεύματι ἁγίῳ καὶ
Sal.　17　40 ἰσχυρὸς ἐν ἔργοις αὐτοῦ καὶ κραταιὸς ἐν φόβῳ ✱ θεοῦ ✱ ποιμαίνων τὸ ποίμνιον κυρίου ἐν πίστει καὶ
Sal.　17　42 αὕτη ἡ εὐπρέπεια τοῦ βασιλέως Ισραηλ ἣν ἔγνω ὁ ✱ θεὸς ✱ ἀναστῆσαι αὐτὸν ἐπ᾽ οἶκον Ισραηλ παιδεῦσαι αὐτόν.
Sal.　17　44 τὰ ἀγαθὰ Ισραηλ ἐν συναγωγῇ φυλῶν ἃ ποιήσει ὁ ✱ θεός. ✱ ταχύναι ὁ θεὸς ἐπὶ Ισραηλ τὸ ἔλεος αὐτοῦ ῥύσαιτο
Sal.　17　45 ἐν συναγωγῇ φυλῶν ἃ ποιήσει ὁ θεός. ταχύναι ὁ ✱ θεὸς ✱ ἐπὶ Ισραηλ τὸ ἔλεος αὐτοῦ ῥύσαιτο ἡμᾶς ἀπὸ
Sal.　18　5 ψυχὴν εὐήκοον ἀπὸ ἀμαθίας ἐν ἀγνοίᾳ. καθαρίσαι ὁ ✱ θεὸς ✱ Ισραηλ εἰς ἡμέραν ἐλέους ἐν εὐλογίᾳ εἰς ἡμέραν
Sal.　18　7 ὑπὸ ῥάβδον παιδείας χριστοῦ κυρίου ἐν φόβῳ ✱ θεοῦ ✱ αὐτοῦ ἐν σοφίᾳ πνεύματος καὶ δικαιοσύνης καὶ ἰσχύος
Sal.　18　8 ἰσχύος κατευθύνει ἄνδρα ἐν ἔργοις δικαιοσύνης φόβῳ ✱ θεοῦ ✱ κατεστῆσαι πάντας αὐτοὺς ἐνώπιον κυρίου γενεὰ ἀγαθὴ
Sal.　18　9 πάντας αὐτοὺς ἐνώπιον κυρίου γενεὰ ἀγαθὴ ἐν φόβῳ ✱ θεοῦ ✱ ἐν ἡμέραις ἐλέους. διάψαλμα. μέγας ἡμῶν ὁ θεὸς καὶ
Sal.　18　10 θεοῦ ἐν ἡμέραις ἐλέους. διάψαλμα. μέγας ἡμῶν ὁ ✱ θεὸς ✱ καὶ ἔνδοξος ἐν ὑψίστοις κατοικῶν ὁ διατάξας ἐν
Sal.　18　11 οὐ παρέθου ἐν ὁδῷ ἡ ἐνετείλω αὐτοῖς ἐν φόβῳ ✱ θεοῦ ✱ ἡ ὁδὸς αὐτῶν καθ᾽ ἑκάστην ἡμέραν ἀφ᾽ ἧς ἡμέρας
Sal.　18　11 καθ᾽ ἑκάστην ἡμέραν ἀφ᾽ ἧς ἡμέρας ἔκτισεν αὐτοὺς ὁ ✱ θεὸς ✱ καὶ ἕως αἰῶνος ὅτι καὶ οὐκ ἐπλανήθησαν ἀφ᾽ ἧς ἡμέρας
Sal.　18　12 γενεῶν ἀρχαίων οὐκ ἀπέστησαν ὁδῶν αὐτῶν εἰ μὴ ὁ ✱ θεὸς ✱ ἐνετείλατο αὐτοῖς ἐν ἐπιταγῇ δούλων αὐτοῦ.
Jer.　1　1 Ισραηλ ἀπὸ τοῦ βασιλέως τῶν Χαλδαίων κυρίου ὁ ✱ θεὸς ✱ πρὸς Ιερεμίαν λέγων Ιερεμία ὁ ἐκλεκτός μου ἀνάστα
Jer.　1　1 αὐτῷ καὶ εἴπῃ ὅτι ἴσχυσα ἐπὶ τὴν ἱερὰν πόλιν τοῦ ✱ θεοῦ; ✱ μὴ κύριέ μου ἀλλ᾽ εἰ θέλημά σού ἐστιν ἐκ τῶν
Jer.　2　1 ταῦτα τῷ Βαρούχ καὶ ἐλθόντες εἰς τὸν ναὸν τοῦ ✱ θεοῦ ✱ διέρρηξεν ὁ Ιερεμίας τὰ ἱμάτια αὐτοῦ καὶ ἐπέθηκεν
Jer.　2　1 κεφαλὴν αὐτοῦ καὶ εἰσῆλθεν εἰς τὸ ἁγιαστήριον τοῦ ✱ θεοῦ. ✱ καὶ ἰδὼν αὐτὸν ὁ Βαρούχ χοῦν πεπασμένον ἐπὶ τὴν
Jer.　2　7 Ιερεμία τί γέγονεν; καὶ εἶπεν Ιερεμίας ὅτι ὁ ✱ θεὸς ✱ παραδίδωσι τὴν πόλιν εἰς χεῖρας τοῦ βασιλέως τῶν
Jer.　4　3 λέγων σοι λέγω ἥλιε λάβε τὰς κλεῖδας τοῦ ναοῦ τοῦ ✱ θεοῦ ✱ καὶ φύλαξον αὐτὰς ἕως ἡμέρας ἐν ᾗ ἐξετάσει σε
Jer.　4　7 καὶ εἴπωσιν ὅτι ἴσχυσαν λαβεῖν τὴν πόλιν τοῦ ✱ θεοῦ. ✱ ἀλλὰ διὰ τὴν δύναμίν ἡμῶν ἀλλὰ διὰ τὰς ἁμαρτίας ἡμῶν
Jer.　4　8 ἀλλὰ διὰ τὰς ἁμαρτίας ἡμῶν παρεδόθη ὑμῖν. ὁ δὲ ✱ θεὸς ✱ ἡμῶν οἰκτειρήσει ἡμᾶς καὶ ἐπιστρέψει ἡμᾶς εἰς τὴν
Jer.　5　30 υἱέ μου δίκαιος ἄνθρωπος εἶ σὺ καὶ οὐκ ἠθέλησεν ὁ ✱ θεὸς ✱ ἰδεῖν σε τὴν ἐρήμωσιν τῆς πόλεως ἤνεγκε γὰρ ταύτην
Jer.　5　32 ἔκραξε μεγάλῃ φωνῇ Ἀβιμελεχ λέγων εὐλογήσω σε ὁ ✱ θεὸς ✱ τοῦ οὐρανοῦ καὶ τῆς γῆς ἡ ἀνάπαυσις τῶν ψυχῶν τῶν
Jer.　5　34 τῶν σύκων ἔδωκε τῷ γηραιῷ ἀνθρώπῳ καὶ λέγει αὐτῷ ὁ ✱ θεὸς ✱ φωταγωγήσει σε εἰς τὴν ἄνω πόλιν Ιερουσαλήμ. μετὰ

| | | | | | |
|---|---|---|---|---|---|
| Jer. | 6 | 2 | αὐτοῦ εἰς τὸν οὐρανὸν προσηύξατο λέγων σὺ ὁ | * θεὸς * | ὁ παρέχων μισθαποδοσίαν τοῖς ἀγαπῶσί σε. ἑτοίμασον |
| Jer. | 6 | 9 | τῇ ὁδῷ. καὶ ηὔξατο Βαροὺχ λέγων ἡ δύναμις ἡμῶν ὁ | * θεὸς * | κύριε τὸ ἐκλεκτὸν φῶς τὸ ἐξελθὸν ἐκ στόματός σου. |
| Jer. | 6 | 17 | ἐπιστολὴν περιέχουσαν οὕτως Βαροὺχ ὁ δοῦλος τοῦ | * θεοῦ * | γράφει τῷ Ἱερεμίᾳ ἐν τῇ αἰχμαλωσίᾳ τῆς Βαβυλῶνος |
| Jer. | 6 | 17 | αἰχμαλωσίᾳ τῆς Βαβυλῶνος χαῖρε καὶ ἀγαλλιῶ ὅτι ὁ | * θεὸς * | οὐκ ἀφῆκεν ἡμᾶς ἐξελθεῖν ἐκ τοῦ σώματος τούτου |
| Jer. | 6 | 20 | σε. οὗτοι οὖν εἰσὶν οἱ λόγοι οὓς εἶπε κύριος ὁ | * θεὸς * | Ἰσραὴλ ὁ ἐξαγαγὼν ἡμᾶς ἐκ γῆς Αἰγύπτου ἐκ τῆς |
| Jer. | 7 | 11 | ἆρον τὸν χάρτην τοῦτον τῷ λαῷ καὶ τῷ ἐκλεκτῷ τοῦ | * θεοῦ. * | ἐὰν κυκλώσωσί σε πάντα τὰ πετεινὰ τοῦ οὐρανοῦ καὶ |
| Jer. | 7 | 12 | ὡς βέλος ὕπαγον ὀρθῶς ἄπελθε ἐν τῇ δυνάμει τοῦ | * θεοῦ * | καὶ ἔσται ἡ δόξα κυρίου μετὰ σοῦ ἐν πάσῃ τῇ ὁδῷ ᾗ |
| Jer. | 7 | 15 | μεγάλῃ φωνῇ λέγων σοὶ λέγω Ἱερεμία ὁ ἐκλεκτὸς τοῦ | * θεοῦ * | ἄπελθε σύναξον τὸν λαὸν καὶ ἐλθὲ ἐνταῦθα ἵνα |
| Jer. | 7 | 16 | τοῦ Ἀβιμέλεχ. ἀκούσας δὲ ὁ Ἱερεμίας ἐδόξασε τὸν | * θεὸν * | καὶ ἀπελθὼν συνῆξε τὸν λαὸν σὺν γυναιξὶ καὶ τέκνοις |
| Jer. | 7 | 18 | πᾶς ὁ λαὸς ἐπὶ τῷ γεγονότι λέγοντες ὅτι μὴ οὗτος ὁ | * θεὸς * | ὁ ὀφθεὶς τοῖς πατράσιν ἡμῶν ἐν τῇ ἐρήμῳ διὰ Μωϋσέως |
| Jer. | 7 | 23 | μὴ ἀμελήσῃς ἐν ταῖς προσευχαῖς σου δεόμενος τοῦ | * θεοῦ * | ὑπὲρ ἡμῶν ὅπως κατευοδώσῃ τὴν ὁδὸν ἡμῶν ἄχρις ἂν |
| Jer. | 7 | 23 | βασιλέως τούτου. δίκαιος γὰρ εὑρέθης ἐναντίον τοῦ | * θεοῦ * | καὶ οὐκ ἔασέν σε εἰσελθεῖν ἐνταῦθα ὅπως μὴ ἴδῃς τὴν |
| Jer. | 7 | 24 | φθαρῇ ἀπὸ τῆς λύπης. οὕτως γάρ σε ἐλέησεν ὁ | * θεὸς * | καὶ οὐκ ἔασέν σε ἐλθεῖν εἰς Βαβυλῶνα ἵνα μὴ ἴδῃς |
| Jer. | 7 | 25 | βασιλέως κλαίοντας καὶ λέγοντας ἐλέησον ἡμᾶς ὁ | * θεὸς * | Ζάρ. ἀκούων ταῦτα ἐλυπούμην καὶ ἔκλαιον δισσὸν |
| Jer. | 7 | 26 | οὐ μόνον ὅτι ἐκρέμαντο ἀλλ' ὅτι ἐπεκαλοῦντο | * θεὸν * | ἀλλότριον λέγοντες ἐλέησον ἡμᾶς. ἐμνημόνευον δὲ |
| Jer. | 7 | 29 | ὅτι εἴπατε ἡμῖν ᾠδὴν ἐκ τῶν ᾠδῶν Σιὼν τὴν ᾠδὴν τοῦ | * θεοῦ * | ὑμῶν. καὶ λέγομεν αὐτοῖς πῶς ᾄσωμεν ὑμῖν ἐπὶ γῆς |
| Jer. | 8 | 7 | ὅρκῳ γὰρ ὡρκίσαμεν ἀλλήλους κατὰ τοῦ ὀνόματος τοῦ | * θεοῦ * | ἡμῶν μήτε ὑμᾶς μήτε τέκνα ὑμῶν δέξασθαι ἐπειδὴ |
| Jer. | 9 | 8 | ὁ πατὴρ ἡμῶν Ἱερεμίας κατέλιπεν ἡμᾶς ὁ ἱερεὺς τοῦ | * θεοῦ * | καὶ ἀπῆλθεν. ἤκουσε δὲ πᾶς ὁ λαὸς τοῦ κλαυθμοῦ |
| Jer. | 9 | 13 | φωνὴν αὐτοῦ ἐν μέσῳ πάντων καὶ εἶπε δοξάσατε τὸν | * θεὸν * | ἐν μιᾷ φωνῇ πάντες δοξάσατε τὸν θεὸν καὶ τὸν υἱὸν |
| Jer. | 9 | 13 | δοξάσατε τὸν θεὸν ἐν μιᾷ φωνῇ πάντες δοξάσατε τὸν | * θεὸν * | καὶ τὸν υἱὸν τοῦ θεοῦ τὸν ἐξυπνίζοντα ἡμᾶς Ἰησοῦν |
| Jer. | 9 | 13 | μιᾷ φωνῇ πάντες δοξάσατε τὸν θεὸν καὶ τὸν υἱὸν τοῦ | * θεοῦ * | τὸν ἐξυπνίζοντα ἡμᾶς Ἰησοῦν Χριστὸν τὸ φῶς τῶν |
| Jer. | 9 | 16 | ἁλμυρὰ γλυκέα ἐν τῷ μεγάλῳ φωτὶ τῆς εὐφροσύνης τοῦ | * θεοῦ. * | καὶ εὐλογήσει τὰς νήσους τοῦ ποιῆσαι καρπὸν ἐν τῷ |
| Jer. | 9 | 19 | ταῦτα λέγοντος τοῦ Ἱερεμίου περὶ τοῦ υἱοῦ τοῦ | * θεοῦ * | ὅτι ἔρχεται εἰς τὸν κόσμον ὠργίσθη ὁ λαὸς καὶ εἶπε |
| Jer. | 9 | 20 | τοῦ υἱοῦ Ἀμὼς εἰρημένα λέγοντος ὅτι εἶδον τὸν | * θεὸν * | καὶ τὸν υἱὸν τοῦ θεοῦ. δεῦτε οὖν καὶ μὴ |
| Jer. | 9 | 20 | λέγοντος ὅτι εἶδον τὸν θεὸν καὶ τὸν υἱὸν τοῦ | * θεοῦ. * | δεῦτε οὖν καὶ μὴ ἀποκτείνωμεν αὐτὸν τῷ ἐκείνου |
| Jer. | 9 | 26 | καὶ τῷ Ἀβιμέλεχ. τότε ὁ λίθος διὰ προστάγματος | * θεοῦ * | ἀνέλαβεν ὁμοιότητα τοῦ Ἱερεμίου. καὶ ἐλιθοβόλουν |
| Bar. | | 1 | διήγησις καὶ ἀποκάλυψις Βαροὺχ περὶ ὧν κελεύματι | * θεοῦ * | ἀρρήτων εἶδεν. εὐλόγησον δέσποτα. ἀποκάλυψις Βαροὺχ |
| Bar. | | 2 | ὅτε καὶ Ἀβιμελὲχ ἐπὶ Ἀγρoίππα τὸ χωρίον τῇ χειρὶ | * θεοῦ * | διεφυλάχθη καὶ οὗτος ἐκάθητο ἐπὶ τὰς ὡραίας πύλας |
| Bar. | 1 | 1 | καὶ ὅπως συνεχωρήθη Ναβουχοδονόσωρ ὁ βασιλεὺς ὑπὸ | * θεοῦ * | πορθῆσαι τὴν πόλιν αὐτοῦ λέγων κύριε ἵνα τί |
| Bar. | 1 | 2 | τοιαῦτα ὅπως ὀνειδίζοντες λέγουσιν ποῦ ἐστιν ὁ | * θεὸς * | αὐτῶν; καὶ ἰδοὺ ἐν τῷ κλαίειν με καὶ λέγειν τοιαῦτα |
| Bar. | 1 | 3 | τῆς σωτηρίας Ἱερουσαλὴμ ὅτι τάδε λέγει κύριος ὁ | * θεὸς * | ὁ παντοκράτωρ. ἀπέστειλε γάρ με πρὸ προσώπου σου |
| Bar. | 1 | 4 | σου ὅπως ἀναγγείλω καὶ ὑποδείξω σοι πάντα τοῦ | * θεοῦ. * | ἡ γὰρ δέησίς σου ἠκούσθη ἐνώπιον αὐτοῦ καὶ |
| Bar. | 1 | 5 | ἐνώπιον αὐτοῦ καὶ εἰσῆλθεν εἰς τὰ ὦτα κυρίου τοῦ | * θεοῦ. * | καὶ ταῦτα εἰπών μοι ἡσύχασα. καὶ λέγει μοι ὁ |
| Bar. | 1 | 6 | μοι ἡσύχασα. καὶ λέγει μοι ὁ ἄγγελος παῦσον τὸν | * θεὸν * | παροξύνειν καὶ ὑποδείξω σοι ἄλλα μυστήρια τούτων |
| Bar. | 1 | 7 | τούτων μείζονα. καὶ εἶπον ἐγὼ Βαροὺχ ζῇ κύριος ὁ | * θεὸς * | ὅτι ἐὰν ὑποδείξῃς μοι καὶ ἀκούσω παρά σου λόγον οὐ |
| Bar. | 1 | 7 | σου λόγον οὐ μὴ προσθήσω ἔτι λαλῆσαι προσθήσει ὁ | * θεὸς * | ἐν τῇ ἡμέρᾳ τῆς κρίσεως κρίσιν ἐμοὶ ἐὰν λαλήσω τοῦ |
| Bar. | 1 | 8 | δυνάμεων δεῦρο καὶ ὑποδείξω σοι τὰ μυστήρια τοῦ | * θεοῦ. * | καὶ λαβών με ἤγαγέν με ὅπου ἐστήρικται ὁ οὐρανὸς |
| Bar. | 2 | 1 | περᾶσαι αὐτὸν οὐδὲ ξένη πνοὴ ἐκ πασῶν ὧν ἔθετο ὁ | * θεός. * | καὶ λαβών με ἤγαγέν με ἐπὶ τὸν πρῶτον οὐρανὸν καὶ |
| Bar. | 3 | 8 | ἐστιν ὁ οὐρανὸς ἢ χαλκοῦς ἢ σιδηροῦς. ταῦτα ἰδὼν ὁ | * θεὸς * | οὐ συνεχώρησεν αὐτοὺς ἀλλ' ἐπάταξεν αὐτοὺς ἐν |
| Bar. | 4 | 7 | καὶ πῶς; καὶ εἶπεν ὁ ἄγγελος ἄκουσον κύριος ὁ | * θεὸς * | ἐποίησεν τριακοσίους ἑξήκοντα ποταμοὺς ὧν οἱ πρῶτοι |
| Bar. | 4 | 8 | ἐφύτευσεν ὁ ἄγγελος Σαμαὴλ ὅτινη ὠργίσθη κύριος ὁ | * θεὸς * | καὶ ἐκατηράσατο αὐτὸν καὶ τὴν φυτείαν αὐτοῦ. ἐν ᾧ |
| Bar. | 4 | 9 | αἰτία γέγονεν ἡ ἄμπελος καὶ κατάρας ὑπόδικος παρὰ | * θεοῦ * | καὶ τοῦ πρωτοπλάστου ἀναίρεσις πῶς ἄρτι εἰς |
| Bar. | 4 | 10 | καὶ εἶπεν ὁ ἄγγελος ὀρθῶς ἐρωτᾷς ὅτε ἐποίησεν ὁ | * θεὸς * | τὸν κατακλυσμὸν ἐπὶ τῆς γῆς καὶ ἀπώλεσε πᾶσαν σάρκα |
| Bar. | 4 | 13 | ἐπεὶ Ἀδὰμ δι' αὐτοῦ ἀπώλετο μὴ καὶ αὐτὸς ὀργῆς | * θεοῦ * | ἐπιτύχω δι' αὐτοῦ. καὶ ταῦτα λέγων προσηύξατο ὅπως |
| Bar. | 4 | 13 | καὶ ταῦτα λέγων προσηύξατο ὅπως ἀποκαλύψῃ αὐτῷ ὁ | * θεὸς * | περὶ αὐτοῦ τί ποιήσει. καὶ τεσσαράκοντα ἡμέρας τὴν |
| Bar. | 4 | 15 | τί ποιήσω περὶ τοῦ φυτοῦ τούτου. ἀπέστειλε δὲ ὁ | * θεὸς * | τὸν ἄγγελον αὐτοῦ τὸν Σαρασαὴλ καὶ εἶπεν αὐτῷ |
| Bar. | 4 | 15 | καὶ τὸ παρ' αὐτοῦ γεννώμενον γενήσεται αἷμα | * θεοῦ * | καὶ ὥσπερ ὑπ' αὐτοῦ τὴν καταδίκην ἔλαβεν τὸ γένος |
| Bar. | 4 | 16 | αὐτοῦ τοῦ ξύλου τὴν καταδίκην ἔλαβεν καὶ τῆς δόξης | * θεοῦ * | ἐγυμνώθη οὕτως καὶ οἱ νῦν ἄνθρωποι τὸν ἐξ αὐτοῦ |
| Bar. | 4 | 16 | τοῦ Ἀδὰμ τὴν παράβασιν ἀπεργάζονται καὶ τῆς τοῦ | * θεοῦ * | δόξης μακρὰν γίνονται καὶ τῷ αἰωνίῳ πυρὶ ἑαυτοὺς |
| Bar. | 6 | 6 | ἐσώζετο οὔτε ἕτερόν τι ζῷον ἀλλὰ προσέταξεν ὁ | * θεὸς * | τοῦτο τὸ ὄρνεον. καὶ ἥπλωσε τὰς πτέρυγας αὐτοῦ καὶ |
| Bar. | 6 | 12 | βασιλεῖς καὶ ἄρχοντες. μεῖνον δὲ καὶ ὄψει δόξαν | * θεοῦ. * | καὶ ἐν τῷ ὁμιλεῖν αὐτὸν ἐγένετο βροντὴ ὡς ἦχος |
| Bar. | 7 | 2 | τῷ κόσμῳ τὸ φέγγος. ἀλλ' ἔκδεξαι καὶ ὄψει δόξαν | * θεοῦ. * | καὶ ἐν τῷ ὁμιλεῖν με αὐτῷ ὁρῶ τὸ ὄρνεον καὶ |
| Bar. | 8 | 5 | μαντείας καὶ τὰ τούτων ὅμοια ἅτινα οὐκ εἰσὶ τῷ | * θεῷ * | ἀρεστὰ διὰ ταῦτα μολύνεται καὶ διὰ τοῦτο |
| Bar. | 9 | 6 | ὦ Βαροὺχ ταύτην ἣν βλέπεις ὡραία ἦν γεγραμμένη ὑπὸ | * θεοῦ * | ὡς οὐκ ἄλλη. καὶ ἐν τῇ παραβάσει τοῦ πρώτου Ἀδὰμ |
| Bar. | 9 | 7 | οὐκ ἀπεκρύβη ἀλλὰ παρηύξησε. καὶ ὠργίσθη αὐτῇ ὁ | * θεὸς * | καὶ ἔθλιψεν αὐτὴν καὶ ἐκολόβωσεν τὰς ἡμέρας αὐτῆς. |
| Bar. | 11 | 2 | τῶν οὐρανῶν. ἀλλ' ἀνάμεινον καὶ ὄψει τὴν δόξαν τοῦ | * θεοῦ. * | καὶ ἐγένετο φωνὴ μεγάλη ὡς βροντή. καὶ εἶπον κύριε |
| Bar. | 11 | 9 | δι' αὐτοῦ ἀποκομίζονται ἔμπροσθεν τοῦ ἐπουρανίου | * θεοῦ. * | καὶ ἐν τῷ ὁμιλεῖν με αὐτοῖς ἰδοὺ ἦλθον ἄγγελοι |
| Bar. | 14 | 2 | ἄρτι προσφέρει Μιχαὴλ τὰς τῶν ἀνθρώπων ἀρετὰς τῷ | * θεῷ. * | καὶ αὐτῇ τῇ ὥρᾳ κατῆλθεν ὁ Μιχαὴλ καὶ ἠνοίγη ἡ πύλη |
| Bar. | 17 | 3 | τὸ ἀπ' ἀρχῆς. καὶ εἰς ἑαυτὸν ἐλθὼν δόξαν ἔφερον τῷ | * θεῷ * | τῷ ἀξιώσαντί με τοιούτου ἀξιώματος. ὦ καὶ ὑμεῖς |
| Bar. | 17 | 4 | τῆς τοιαύτης ἀποκαλύψεως δοξάσατε καὶ αὐτοὶ τὸν | * θεὸν * | ὅπως καὶ αὐτὸς δοξάσῃ ἡμᾶς νῦν καὶ ἀεὶ καὶ εἰς τοὺς |
| Prop. | 1 | 2 | τῶν ὑδάτων ὧν ἀπώλεσεν Ἐζεκίας χώσας αὐτά. καὶ ὁ | * θεὸς * | τὸ σημεῖον τοῦ Σιλωὰμ διὰ τὸν προφήτην ἐποίησεν ὅτι |
| Prop. | 1 | 9 | καὶ ἐμίανεν ὀστᾶ τόπου πατέρων αὐτοῦ διὰ τοῦτο ὁ | * θεὸς * | ἐπηράσατο εἰς δουλείαν ἔσεσθαι τὸ σπέρμα αὐτοῦ τοῖς |
| Prop. | 1 | 9 | τοῖς ἐχθροῖς αὐτοῦ καὶ ἄκαρπον αὐτὸν ἐποίησεν ὁ | * θεὸς * | ἀπὸ τῆς ἡμέρας ἐκείνης. Ἱερεμίας ἦν ἐξ Ἀναθὼθ καὶ |
| Prop. | 2 | 4 | Ἕλληνες δὲ κροκοδείλους. καὶ ὅσοι εἰσὶ πιστοὶ | * θεοῦ * | ἕως σήμερον εὔχονται ἐν τῷ τόπῳ καὶ λαμβάνοντες τοῦ |
| Prop. | 2 | 11 | ἱερέων ἢ προφητῶν εἰ μὴ Μωϋσῆς ὁ ἐκλεκτὸς τοῦ | * θεοῦ * | καὶ ἐν τῇ ἀναστάσει πρώτη ἡ κιβωτὸς ἀναστήσεται καὶ |
| Prop. | 2 | 13 | ἐν τῇ πέτρᾳ ἐσφράγισε τῷ δακτύλῳ τὸ ὄνομα τοῦ | * θεοῦ * | καὶ γέγονεν ὁ τύπος ὡς γλυφὴ σιδήρου καὶ νεφέλη |
| Prop. | 2 | 14 | τύπον τὸν ἀρχαῖον ὅτι οὐ μὴ παύσηται ἡ δόξα τοῦ | * θεοῦ * | ἐκ τοῦ νόμου αὐτοῦ. καὶ ἔδωκεν ὁ θεὸς τῷ Ἱερεμίᾳ |
| Prop. | 2 | 15 | ἡ δόξα τοῦ θεοῦ ἐκ τοῦ νόμου αὐτοῦ. καὶ ἔδωκεν ὁ | * θεὸς * | τῷ Ἱερεμίᾳ χάριν ἵνα τὸ τέλος τοῦ μυστηρίου αὐτοῦ |
| Prop. | 3 | 11 | παρέσχετο καὶ πολλοῖς ἐκλείπουσι ζωὴν ἐλθεῖν ἐκ | * θεοῦ * | παρεκάλεσεν. οὗτος ἀπολλυμένου τοῦ λαοῦ ὑπὸ τῶν |
| Prop. | 4 | 8 | ὀλοθρεύοντες ἀναιροῦντες καὶ πατάσσοντες. ἔγνω διὰ | * θεοῦ * | ὁ ἅγιος ὅτι ὡς βοῦς ἤσθιε χόρτον καὶ ἐγένετο |
| Prop. | 4 | 21B | ἀνατολὰς ὕδωρ καθαρὸν ἐξελεύσεται τότε ἐπὶ γῆς ὁ | * θεὸς * | φανεὶς ὡς ἄνθρωπος καὶ εἰς ἑαυτὸν ἀναδέξεται |
| Prop. | 10 | 5 | θανόντα τὸν υἱὸν αὐτῆς πάλιν ἤγειρεν ἐκ νεκρῶν ὁ | * θεὸς * | διὰ τοῦ Ἠλία ἠθέλησε γὰρ δεῖξαι αὐτῷ ὅτι οὐ |
| Prop. | 10 | 5 | ἠθέλησε γὰρ δεῖξαι αὐτῷ ὅτι οὐ δύναται ἀποδρᾶσαι | * θεόν. * | καὶ θανόντα τὸν υἱὸν αὐτῆς Ἰωνᾶν πάλιν ἤγειρεν |
| Prop. | 10 | 5B | τὸν υἱὸν αὐτῆς Ἰωνᾶν πάλιν ἤγειρεν αὐτὸν ὁ | * θεὸς * | ἐκ νεκρῶν διὰ τοῦ Ἠλία. καὶ ἀπέδωκεν αὐτὸν τῇ |
| Prop. | 10 | 6B | Νινευὶ τῆς μεγάλης πόλεως Ἀσσυρίων ἠθέλησε γὰρ ὁ | * θεὸς * | δεῖξαι αὐτῷ ὅτι οὐ δύναται ἀποδρᾶσαι θεόν. καὶ |
| Prop. | 10 | 6B | γὰρ ὁ θεὸς δεῖξαι αὐτῷ ὅτι οὐ δύναται ἀποδρᾶσαι | * θεόν. * | καὶ κατοικήσας ἐν γῇ Σαραὰρ ἀπέθανε καὶ ἐτάφη ἐν |
| Prop. | 15 | 7 | ἐν τοῖς τελευταίοις ψαλμοῖς τουτέστιν αἰνεῖτε τὸν | * θεὸν * | ἐν ψαλμοῖς καὶ χοροῖς περὶ τῆς ἐπανόδου ἀπὸ |
| Prop. | 16 | 3 | αὐτὸς ἐν προφητείᾳ αὐτῇ τῇ ἡμέρᾳ ὀφθεὶς ἄγγελος | * θεοῦ * | ἐπεδευτέρωσεν ὡς ἐγένετο ἐν ἡμέραις ἀναρχίας ὡς |
| Prop. | 17 | 4B | καὶ ὅτε ἀνεῖλε τὸν ἄνδρα αὐτῆς ἀπέστειλεν αὐτὸν ὁ | * θεὸς * | ἐλέγξαι τὸν Δαυὶδ ἐπειδὴ γὰρ ἔβλεπεν ὁ θεὸς |
| Prop. | 17 | 4B | ὁ θεὸς ἐλέγξαι τὸν Δαυὶδ ἐπειδὴ γὰρ ἔβλεπεν ὁ | * θεὸς * | πενθοῦντα τὸν Ναθὰν ἔλεγε γὰρ ὅτι δι' ἐμοῦ γέγονεν |
| Prop. | 21 | 5 | μὴ ἐλαττωθῆναι τὸν υἱὸν αὐτῆς ἀποθανόντα ἤγειρεν ὁ | * θεὸς * | ἐκ νεκρῶν εὐξαμένου αὐτοῦ. προβλήματος γενομένου |
| Prop. | 21 | 6 | προφητῶν τοῦ Βάαλ τίς ἂν εἴη ὁ ἀληθινὸς καὶ ὄντως | * θεὸς * | ᾕρησε γενέσθαι θυσίαν παρά τε αὐτοῦ κἀκείνων καὶ μὴ |
| Prop. | 21 | 6 | ἕκαστον εὔξασθαι καὶ τὸν ἐπακούοντα αὐτὸν εἶναι | * θεόν. * | οἱ μὲν οὖν τοῦ Βάαλ ηὔχοντο καὶ κατετέμνοντο ἕως |
| Prop. | 21 | 8 | θυσίαν καὶ τὸ ὕδωρ ἐξέλειπεν καὶ πάντες τὸν μὲν | * θεὸν * | εὐλόγησαν τοὺς δὲ τοῦ Βάαλ ἀνεῖλον ὄντας |
| Prop. | 22 | 6 | καὶ ἀκούσας παρὰ τῶν τῆς πόλεως ἐπεκαλέσατο τὸν | * θεὸν * | καὶ εἶπεν ἴαμαι τὰ ὕδατα ταῦτα καὶ οὐκ ἔσται ἔτι |
| Prop. | 23 | 2 | καὶ οὐκ ἴσχυον οἱ ἱερεῖς ἰδεῖν ὀπτασίαν ἀγγέλων | * θεοῦ * | οὔτε δοῦναι χρησμοὺς ἐκ τοῦ Δαβεὶρ οὔτε ἐρωτῆσαι ἐν |
| Prop. | 24 | 1 | τῷ λαῷ ὡς τὸ πρίν. ⟨(Ἰαδώκ⟩. ἄνθρωπος τοῦ | * θεοῦ * | ὁ ἐλθὼν ἐκ γῆς Ἰούδα εἰς Ἱερουσαλὴμ πρὸς |
| Esdr. | 1 | 1 | τοῦ ἁγίου προφήτου Ἐσδρὰμ καὶ ἀγαπητοῦ τοῦ | * θεοῦ. * | εὐλόγησον πάτερ. ἐγένετο ἐν τῷ τριακοστῷ ἔτει |
| Esdr. | 1 | 5 | δὶς ἑξήκοντα ἑβδομάδας. καὶ ἴδον τὰ μυστήρια τοῦ | * θεοῦ * | καὶ τοὺς ἀγγέλους αὐτοῦ. καὶ εἶπον πρὸς αὐτοὺς θέλω |
| Esdr. | 1 | 6 | αὐτοῦ. καὶ εἶπον πρὸς αὐτοὺς θέλω δικάσασθαι τὸν | * θεὸν * | περὶ τὸ γένος τῶν Χριστιανῶν καλὸν μὴ γεννηθῆναι |
| Esdr. | 1 | 8 | ἤκουσα φωνῆς λεγούσης μοι ἐλέησον ἡμᾶς ἐκλεκτὲ τοῦ | * θεοῦ * | Ἐσδράμ. τότε ἠρξάμην λέγειν οὐαὶ τοὺς ἁμαρτωλοὺς |
| Esdr. | 1 | 12 | ὅλον τὸν κόσμον εἰς ἀπώλειαν ἀπάγειν. καὶ εἶπεν ὁ | * θεὸς * | ἐγὼ τοὺς δικαίους ἀναπαύσωμαι ἐν τῷ παραδείσῳ καὶ |
| Esdr. | 1 | 16 | ἐλέησον οἴδαμεν γὰρ ὅτι ἐλεήμων εἶ. καὶ εἶπεν ὁ | * θεὸς * | οὐκ ἔχω πῶς αὐτοὺς ἐλεήσω. καὶ εἶπεν Ἐσδρὰμ ὅτι |
| Esdr. | 1 | 18 | ὅτι τὴν ὀργήν σου οὐχ ὑποφέρουσιν καὶ εἶπεν ὁ | * θεὸς * | ὅτι τῶν τοιούτων ταῦτα. καὶ εἶπεν ὁ θεὸς θέλω ἔχειν |
| Esdr. | 1 | 19 | εἶπεν ὁ θεὸς ὅτι τῶν τοιούτων ταῦτα. καὶ εἶπεν ὁ | * θεὸς * | θέλω ἔχειν σε ὡς καὶ Παῦλον καὶ Ἰωάννην σὺ διδοὺς |
| Esdr. | 2 | 2 | καὶ οἱ ἀπόστολοι πάντες καὶ εἶπον χαῖρε πιστὲ τοῦ | * θεοῦ * | ἄνθρωπε. ⟨καὶ εἶπεν Ἐσδρὰμ⟩ ἀνάστα καὶ δεῦρο μετ' |
| Esdr. | 2 | 4 | καὶ δεῦρο μετ' ἐμοῦ κύριε εἰς κρίσιν. καὶ εἶπεν ὁ | * θεὸς * | ἰδοὺ δίδωμί σοι τὴν διαθήκην μου ἐμοῦ τε καὶ σοῦ |
| Esdr. | 2 | 6 | Ἐσδρὰμ ἐπὶ τὸ οὖς σου δικασώμεθα. καὶ εἶπεν ὁ | * θεὸς * | ἐρώτησον Ἀβραὰμ τὸν πατέραν ὑμῶν. ποῖον υἱὸν |
| Esdr. | 2 | 9 | τὰ ἀρχαῖα κύριε; ποῦ σου ἡ μακροθυμία; καὶ εἶπεν ὁ | * θεὸς * | ὡς ἐποίησα νύκτα καὶ ἡμέραν ἐποίησα τὸν δίκαιον καὶ |
| Esdr. | 2 | 11 | Ἀδὰμ τὸν πρῶτον τίς ἐποίησεν; καὶ εἶπεν ὁ | * θεὸς * | αἱ χεῖρές μου αἱ ἄχρανται. καὶ ἐθέμην αὐτὸν ἐν τῷ |
| Esdr. | 2 | 19 | διέλθωμεν κύριέ μου εἰς κρίσιν. καὶ εἶπεν ὁ | * θεὸς * | πῦρ βάλλω ἐπὶ Σόδομα καὶ Γόμορρα. καὶ εἶπεν ὁ |
| Esdr. | 2 | 21 | προφήτης κύριε ἀξίως ἐπάγεις ἐφ' ἡμᾶς. καὶ εἶπεν ὁ | * θεὸς * | αἱ ἁμαρτίαι ὑμῶν ὑπεράγουσιν τὴν χρηστότητάν μου. |
| Esdr. | 2 | 24 | σὴν πλάσιν οἰκτείρησον τὰ ἔργα σου. τότε ἐμνήσθη ὁ | * θεὸς * | τῶν ποιημάτων αὐτοῦ καὶ λέγει ⟨πρὸς⟩ τὸν προφήτην |

| | | | |
|---|---|---|---|
| Esdr. | 2 | 28 | μοι τὴν ἡμέραν τῆς κρίσεως ποία ἐστίν. καὶ εἶπεν ὁ * θεὸς * ἐπλανήθης Ἐσδρὰμ τοιαύτη γάρ ἐστιν ἡ ἡμέρα τῆς |
| Esdr. | 2 | 32 | ἐὰν μὴ ἴδω τὴν ἡμέραν τῆς συντελείας. ⟨καὶ εἶπεν ὁ * θεὸς⟩ * ἐξαρίθμησον τοὺς ἀστέρας καὶ τὴν ἄμμον τῆς |
| Esdr. | 3 | 3 | οὐρανοῦ καὶ τὴν ἄμμον τῆς θαλάσσης; καὶ εἶπεν ὁ * θεὸς * προφῆτά μου ἐκλεκτὲ οὐδεὶς ἄνθρωπος γνώσεται τὴν |
| Esdr. | 3 | 6 | ὁ προφήτης κύριε εἰπέ μοι καὶ τὰ ἔτη. καὶ ⟨εἶπεν ὁ * θεὸς⟩ * ἐὰν ἴδω τὴν δικαιοσύνην τοῦ κόσμου ὅτι ἐπλεόνασεν |
| Esdr. | 3 | 8 | καὶ πῶς ἔχει δοξάζεσθαι ἡ δεξιά σου; καὶ εἶπεν ὁ * θεὸς * ἐγὼ δοξάζομαι ὑπὸ τῶν ἀγγέλων μου. καὶ εἶπεν ὁ |
| Esdr. | 3 | 11 | καὶ ποῦ ἐστιν ἡ ἐπαγγελία σου; καὶ εἶπεν ὁ * θεὸς * πρῶτον ποιήσω σεισμοὺς πτῶσιν τετραπόδων καὶ |
| Esdr. | 4 | 2 | οὐ μὴ παύσομαι τοῦ δικάζεσθαί σε. καὶ εἶπεν ὁ * θεὸς * ἐξαρίθμησαι τὰ ἄνθη τῆς γῆς εἰ ταῦτα δυνήσει |
| Esdr. | 4 | 6 | καὶ τὰ κατώτερα μέρη τοῦ ταρτάρου. καὶ εἶπεν ὁ * θεὸς * κάτελθε καὶ ἴδε. καὶ ἔδωκέν μοι Μιχαὴλ καὶ Γαβριὴλ |
| Esdr. | 4 | 27 | εἶπέν μοι οὗτός ἐστιν ὁ λέγων ἐγώ εἰμι ὁ υἱὸς τοῦ * θεοῦ * καὶ τοὺς λίθους ἄρτους ποιήσας καὶ τὸ ὕδωρ οἶνον. |
| Esdr. | 4 | 35 | καὶ πλανᾶται τὸ γένος τῶν ἀνθρώπων; καὶ εἶπεν ὁ * θεὸς * ἄκουσον προφῆτά μου καὶ παιδίον γίνεται καὶ γέρων |
| Esdr. | 4 | 41 | ὁ προφήτης καὶ ὁ οὐρανός τί ἥμαρτεν; καὶ εἶπεν ὁ * θεὸς * ἐπειδή--- ἐστὶν τὸ κακόν. καὶ εἶπεν ὁ προφήτης |
| Esdr. | 4 | 43 | ὁ προφήτης κύριε καὶ ἡ γῆ τί ἥμαρτεν; καὶ εἶπεν ὁ * θεὸς * ἐπειδὴ ἀκούσας μου ὁ ἀντικείμενος τῆς φοβερᾶς |
| Esdr. | 5 | 10 | κολάσει ἔκραξαν λέγοντες ἀφ᾽ οὗ ἦλθες ὧδε ἅγιε τοῦ * θεοῦ * εὕραμεν ὀλίγην ἄνεσιν. καὶ εἶπεν ὁ προφήτης |
| Esdr. | 5 | 12 | οἱ κλαίοντες τὰς ἑαυτῶν ἁμαρτίας. καὶ εἶπεν ὁ * θεὸς * ἄκουσον Ἐσδρὰμ ἀγαπητὲ ὥσπερ γεωργὸς καταβάλλει |
| Esdr. | 5 | 17 | τὸν ἄνθρωπον καὶ εἰς κρίσιν παρέδωκας; καὶ εἶπεν ὁ * θεὸς * ὑψηλῷ τῷ κηρύγματι οὐ μὴ ἐλεήσω τοὺς παρερχομένους |
| Esdr. | 5 | 19 | κύριε ποῦ ἐστιν ἡ ἀγαθότης σου; καὶ εἶπεν ὁ * θεὸς * ἐγὼ πάντα κατεσκεύασα διὰ τὸν ἄνθρωπον καὶ ὁ |
| Esdr. | 6 | 1 | τῶν ἀνθρώπων οὕτως κολαζομένους. τότε λέγει μοι ὁ * θεὸς * γινώσκεις Ἐσδρὰμ τὰ ὀνόματα τῶν ἀγγέλων τῶν ἐπὶ |
| Esdr. | 6 | 6 | καὶ εἶπεν ὁ προφήτης στόμα πρὸς στόμα ἐλάλουν τοῦ * θεοῦ * καὶ οὐκ ἐξέρχεται ἔνθεν. καὶ εἶπον οἱ ἄγγελοι διὰ |
| Esdr. | 6 | 8 | ὁ προφήτης αἱ ῥῖνές μου ὠσφράνθησαν τὴν δόξαν τοῦ * θεοῦ. * καὶ εἶπον οἱ ἄγγελοι διὰ τῶν ὀφθαλμῶν σου ἔχομεν |
| Esdr. | 6 | 10 | ὁ προφήτης οἱ ὀφθαλμοί μου ἴδον τὰ ὀπίσθια τοῦ * θεοῦ. * καὶ εἶπον οἱ ἄγγελοι διὰ τὴν κορυφήν σου ἔχομεν |
| Esdr. | 6 | 19 | ὑπὲρ τοῦ γένους τῶν ἀνθρώπων; καὶ εἶπεν ὁ * θεὸς * θνητὸς ὢν καὶ ἐκ γῆς μὴ δικάζου μοι. καὶ εἶπεν ὁ |
| Esdr. | 6 | 21 | οὐ μὴ παύσωμαι δικαζόμενός σε. καὶ εἶπεν ὁ * θεὸς * δὸς τέως τὴν παρακαταθήκην ὁ στέφανός σοι |
| Esdr. | 7 | 1 | τὸ τρυβλίον τοῦ ᾄδου εἰσῆλθον. καὶ εἶπεν αὐτῷ ὁ * θεὸς * ἄκουσον Ἐσδρὰμ ἀγαπητέ μου ἐγὼ ἀθάνατος ὢν σταυρὸν |
| Esdr. | 7 | 5 | οἶδα. καὶ τότε ἤρξατο λέγειν ὁ μακάριος Ἐσδρὰμ ὁ * θεὸς * ὁ αἰώνιος ὁ πάσης τῆς κτίσεως δημιουργὸς ὁ τὸν |
| Sedr. | 2 | 1 | ὧδε Σεδρὰχ ὅτι βούλῃ καὶ ἐπιθυμεῖς ὁμιλῆσαι σὺν * θεῷ * καὶ αἰτῆσαι παρ᾽ αὐτοῦ ἵνα ἀποκαλύψῃ αὐτῷ ἅπερ βούλῃ |
| Sedr. | 2 | 3 | ὁ δὲ εἶπεν ἤθελον λαλῆσαι στόμα ὑπὸ στόματος * θεοῦ * οὐκ εἰμὶ ἱκανὸς κύριε τοῦ ἀνελθεῖν εἰς τοὺς |
| Sedr. | 3 | 1 | ἦλθες ἀγαπητέ μου Σεδράχ τί δίκην ἔχεις πρὸς τὸν * θεὸν * τὸν πλάσαντά σε ὅτι εἶπας ἤθελον λαλῆσαι στόμα πρὸ |
| Sedr. | 3 | 1 | σε ὅτι εἶπας ἤθελον λαλῆσαι στόμα πρὸ στόματος * θεοῦ; * λέγει αὐτῷ Σεδρὰχ ναὶ ἔχει ὁ υἱὸς δίκην μὲ τὸν |
| Sedr. | 4 | 4 | ἐπεὶ οὐκ ἤθελες ἐλεῆσαι αὐτόν; λέγει αὐτὸν ὁ * θεὸς * ἐγὼ ἐποίησα τὸν πρωτόπλαστον Ἀδὰμ καὶ ἔθηκα αὐτὸν |
| Sedr. | 5 | 6 | αὐτοὺς πᾶσαν ἁμαρτίαν αὐτός σε τὸν ἀθάνατον * θεὸν * πολεμεῖ ὁ δὲ ἐλεεινὸς ἄνθρωπος τί ἄρα ἔχει ποιῆσαι |
| Sedr. | 6 | 1 | σου; ποῦ ἡ εὐσπλαγχνία σου κύριε; λέγει αὐτὸν ὁ * θεὸς * γνωστὸν ἔστω σοι ὅτι πάντα εὐδιάλλακτα ἐπέταξα |
| Sedr. | 6 | 8 | πατέρα αὐτοῦ πῶς δὲ ἐγὼ ὁ θαυμαστὸς καὶ ζηλωτὴς * θεὸς * τὰ πάντα δέδωκα αὐτῷ καὶ αὐτὸς λαβὼν ταῦτα ἐγένετο |
| Sedr. | 7 | 4 | ἥμαρτεν κύριε ἐλεεινὸς ἄνθρωπος. ⟨λέγει αὐτῷ ὁ * θεός⟩ * τί ἀπέβαλες λόγους πρός με Σεδράχ; ἐγὼ ἔπλασα τὸν |
| Sedr. | 8 | 1 | καὶ οὐ μὴ πορεύεται ὅπου δὲ θέλει. λέγει αὐτῷ ὁ * θεὸς * ἐὰν κρατήσω αὐτοῦ τὸν πόδα λέγει ὅτι οὐκ ἐποίησάς |
| Sedr. | 8 | 5 | πάντα ἀγαπᾷ καὶ ὁ ἄνθρωπος δέσποτά μου. λέγει ὁ * θεὸς * τὸν Σεδρὰχ ἐρωτῶ σε ἕνα λόγον Σεδρὰχ ἐάν μοι εἴπῃς |
| Sedr. | 8 | 6 | τὸν πλάσαντά σε. λέγει Σεδρὰχ εἰπὲ κύριε ὁ * θεός. * ⟨λέγει αὐτῷ κύριος ὁ θεὸς⟩ ἀφ᾽ ἧς ἐποίησα τὰ πάντα |
| Sedr. | 8 | 7 | Σεδρὰχ εἰπὲ κύριε ὁ θεός. ⟨λέγει αὐτῷ κύριος ὁ * θεὸς⟩ * ἀφ᾽ ἧς ἐποίησα τὰ πάντα πόσοι ἄνθρωποι ἐγεννήθησαν |
| Sedr. | 9 | 1 | καὶ οὐ χωρίζομαι ἀπὸ τὸ γένος ἡμῶν. καὶ εἶπεν ὁ * θεὸς * τὸν υἱὸν αὐτοῦ τὸν μονογενῆ ὕπαγε λαβὲ τὴν ψυχὴν |
| Sedr. | 10 | 1 | τὴν ποθεινοτάτην ψυχήν σου. καὶ εἶπεν Σεδρὰχ τὸν * θεὸν * καὶ πόθεν μέλλεις λαβεῖν τὴν ψυχήν μου καὶ ἐκ ποίου |
| Sedr. | 10 | 2 | ψυχήν μου καὶ ἐκ ποίου μέλους; καὶ λέγει αὐτὸν ὁ * θεὸς * ἡ ψυχή σου οὐκ οἶδας ὅτι χορηγεῖται ἐν μέσῳ τῶν |
| Sedr. | 10 | 6 | τὴν μνήμην ἐξέστη λίαν καὶ εἶπεν Σεδρὰχ τὸν * θεὸν * δός μοι κύριε ἴασιν ὀλίγην ἵνα κλαύσω ὅτι ἤκουσα |
| Sedr. | 12 | 5 | ἀφίεις αὐτοῦ τὰς ἁμαρτίας; λέγει αὐτὸν ὁ * θεὸς * ἐὰν ἐπιστρέψας ζῶν τὰ ἑκατὸν ⟨ἢ⟩ ὀγδοήκοντα |
| Sedr. | 13 | 3 | ὅτι πολλά εἰσιν τὰ τρία ἔτη. λέγει αὐτὸν ὁ * θεὸς * ἐὰν μετὰ ἑκατὸν ἔτη ζήσῃ ἄνθρωπος καὶ μνησθῇ τὸν |
| Sedr. | 14 | 1 | δυνατὲ καὶ βοήθει μοι καὶ πρεσβεύσαι ἵνα ἐλεήσῃ ὁ * θεὸς * τὸν κόσμον. καὶ πεσόντες ἐπὶ πρόσωπον παρακαλοῦντες |
| Sedr. | 14 | 2 | καὶ πεσόντες ἐπὶ πρόσωπον παρακαλοῦντες τὸν * θεὸν * καὶ εἶπον κύριε δίδαξον ἡμᾶς πῶς δεῖ καὶ ἐν ποίᾳ |
| Sedr. | 14 | 3 | σωθήσεται ὁ ἄνθρωπος καὶ ἐν ποίῳ κόπῳ; ⟨λέγει ὁ * θεὸς⟩ * ἐν μετανοίαις ἐν παρακλήσεσιν ἐν λειτουργίαις ἐν |
| Sedr. | 15 | 1 | ἐγὼ οὔτε οἱ ἄγγελοί μου. λέγει Σεδρὰχ πρὸς τὸν * θεὸν * κύριε σὺ μόνος εἶ ἀναμάρτητος καὶ πολὺ εὔσπλαγχνος |
| Sedr. | 16 | 8 | κύριε ἀπὸ παντὸς κακοῦ. καὶ λέγει ὁ δοῦλος τοῦ * θεοῦ * Σεδρὰχ ἄρτι λαβὲ τὴν ψυχήν μου δέσποτα. καὶ ἔλαβεν |
| Sedr. | 16 | 9 | λαβὲ τὴν ψυχήν μου δέσποτα. καὶ ἔλαβεν αὐτὸν ὁ * θεὸς * καὶ ἔθηκεν αὐτὸν ἐν τῷ παραδείσῳ μετὰ τῶν ἁγίων |
| Job | 2 | 4 | διελογιζόμην ἐν ἑαυτῷ λέγων ἆρα οὗτός ἐστιν ὁ * θεὸς * ὁ ποιήσας τὸν οὐρανὸν καὶ τὴν γῆν καὶ τὴν θάλασσαν |
| Job | 3 | 3 | ὁλοκαυτώματα προσφέρουσιν καὶ σπένδουσιν οὐκ ἔστιν * θεός, * ἀλλὰ αὕτη ἐστὶν ἡ δύναμις τοῦ διαβόλου, ἐν ᾧ |
| Job | 14 | 3 | ὕμνουν καὶ ἐκ τοῦ ψαλτηρίου ἀνεμίμνησκον αὐτὰς τοῦ * θεοῦ * ἵνα δοξάσωσιν τὸν κύριον. καὶ εἴ ποτε διεγόγγυζον |
| Job | 15 | 8 | καὶ διακονοῦμεν; διότι βδέλυγμά ἐστιν ἐναντίον τοῦ * θεοῦ * ἡ ὑπερηφανία. καὶ πάλιν ἐξαίρετον μόσχον ἀνέφερον |
| Job | 15 | 9 | ἐξαίρετον μόσχον ἀνέφερον ἐπὶ τὸ θυσιαστήριον τοῦ * θεοῦ, * μήπως οἱ υἱοί μου ἐνενοήσαντο κακὰ ἐν τῇ καρδίᾳ |
| Job | 15 | 9 | μου ἐνενοήσαντο κακὰ ἐν τῇ καρδίᾳ αὐτῶν πρὸς τὸν * θεόν. * ἐμοῦ δὲ τοῦτο ποιοῦντος ἐν τοῖς ἑπτὰ ἔτεσιν μετὰ |
| Job | 16 | 7 | μοι ἀνήγγειλάν μοι τὴν ἀπώλειαν, καὶ ἐδόξασα τὸν * θεὸν * καὶ οὐκ ἐβλασφήμησα. τότε ὁ διάβολος ἐγνωκώς μου |
| Job | 17 | 4 | τυφλοῖς καὶ χωλοῖς, καὶ τὸν μὲν ναὸν τοῦ μεγάλου * θεοῦ * καθελὼν καὶ ἀφανίσας τὸν τόπον τῆς σπονδῆς διὸ κἀγὼ |
| Job | 17 | 4 | ἀνταποδώσω αὐτῷ καθὰ ἔπραξεν κατὰ τοῦ οἴκου τοῦ * θεοῦ. * συνέλθατε οὖν καὶ σκυλεύσατε ἑαυτοῖς πάντα τὰ ζῷα |
| Job | 37 | 2 | εἶπεν ἐπὶ τίνος σὺ ἐλπίζεις; καὶ ἐγὼ εἶπον ἐπὶ τῷ * θεῷ * τῷ ζῶντι. καὶ πάλιν εἶπέν μοι τίς ἀφείλατο τὰ |
| Job | 37 | 4 | σοι τὰς πληγὰς ταύτας; καὶ ἐγὼ εἶπον ὅτι ὁ * θεός. * καὶ πάλιν ὑπολαβὼν εἶπεν πρός με ἐπὶ τῷ θεῷ |
| Job | 37 | 5 | ὁ θεός. καὶ πάλιν ὑπολαβὼν εἶπεν πρός με ἐπὶ τῷ * θεῷ * ἐλπίζεις; πῶς οὖν, ἀδικῆσαι κρίνων; ἐπενεγκών σοι |
| Job | 37 | 8 | νουθέτησόν με πρὸς ταῦτα εἰ σὺ εἶ ὁ θεράπων τοῦ * θεοῦ. * καὶ ἐγὼ πρὸς ταῦτα εἶπον ἔστιν μὲν φρόνησις ἐν |
| Job | 47 | 11 | ἐπὶ τὴν ἐμὴν ψυχήν, ἵνα θαυμάσητε τὰ τοῦ * θεοῦ * κτίσματα. οὕτως ἀναστᾶσα ἡ μία ἡ καλουμένη Ἡμέρα |
| Job | 48 | 3 | δὲ τῇ ἀγγελικῇ διαλέκτῳ, ὕμνον ἀναπέμψασα τῷ * θεῷ * κατὰ τὴν τῶν ἀγγέλων ὑμνολογίαν καὶ τοὺς ὕμνους οὓς |
| Job | 51 | 4 | ταῦτα εἶναι, ὅτι ταῦτά ἐστιν τὰ μεγαλεῖα τοῦ * θεοῦ. * καὶ μετὰ τρεῖς ἡμέρας ποιουμένου τοῦ Ιωβ νοσεῖν |
| Job | 53 | 4 | χηρῶν. τίς λοιπὸν οὐ κλαύσει ἐπὶ τὸν ἄνθρωπον τοῦ * θεοῦ; * ἅμα τε ἤνεγκαν τὸ σῶμα πρὸς τὸν τάφον, |
| Job | 53 | 10 | δὲ ἀναστῆναι αὐτὸν μεθ᾽ ὧν ὁ κς ἀνέστησε. τῷ δὲ * θῷ * εἴη δόξα. |
| Aris. | 15 | 8 | σοι τὴν βασιλείαν τοῦ τεθεικότος αὐτοῖς * θεοῦ * τὸν νόμον καθὼς περιείργασμαι. τὸν γὰρ πάντων |
| Aris. | 16 | 2 | περιείργασμαι. τὸν γὰρ πάντων ἐπόπτην καὶ κτίστην * θεὸν * οὗτοι σέβονται ὃν καὶ πάντες ἡμεῖς δὲ βασιλεῦ |
| Aris. | 17 | 2 | πολὺν χρόνον ἐπισχὼν καὶ ἡμῶν κατὰ ψυχὴν πρὸς τὸν * θεὸν * εὐχομένων τὴν διάνοιαν αὐτοῦ κατασκευάσαι πρὸς τὸ |
| Aris. | 17 | 4 | πρὸς τὸ τοὺς ἅπαντας ἀπολυθῆναι κτίσμα γὰρ ὂν * θεοῦ * τὸ γένος τῶν ἀνθρώπων καὶ μεταλλοιοῦται καὶ |
| Aris. | 18 | 3 | ἀνθρώπων προτιθέμενος λόγον ὅτι τὴν ἐπιτέλειαν ὁ * θεὸς * ποιήσει τῶν ἀξιουμένων ὃ γὰρ πρὸς δικαιοσύνην καὶ |
| Aris. | 18 | 6 | τὰς πράξεις καὶ τὰς ἐπιβολὰς ὁ κυριεύων ἁπάντων * θεὸς * ὁ δὲ διανακύψας καὶ προσβλέψας ἱλαρῷ τῷ προσώπῳ |
| Aris. | 19 | 7 | σῆς μεγαλοψυχίας ὅπως χαριστήριον ἀναθῇ τῷ μεγίστῳ * θεῷ * τὴν τούτων ἀπόλυσιν. μεγίστως γὰρ τετιμημένος ὑπὸ |
| Aris. | 20 | 5 | παρ᾽ αὐτὰ μεγαλείως χρησάμενος τῇ προθυμίᾳ τοῦ * θεοῦ * τὴν πᾶσαν ἐπιτελέσαντος ἡμῶν προαίρεσιν καὶ |
| Aris. | 21 | 4 | φανερωτέρα καὶ εὔδηλος ἔσται τοῦ βασιλέως τοῦ * θεοῦ * κατισχύοντος αὐτὸν εἰς τὸ σωτηρίαν γενέσθαι |
| Aris. | 37 | 4 | διειληφότες εὐσεβῶς τοῦτο πρᾶξαι καὶ τῷ μεγίστῳ * θεῷ * χαριστικὸν ἀνατιθέντες ὃς ἡμῖν τὴν βασιλείαν ἐν |
| Aris. | 42 | 4 | παρανέγνωμεν αὐτοῖς ἵνα εἰδῶσιν ἣν ἔχεις πρὸς τὸν * θεὸν * ἡμῶν εὐσέβειαν. ἐπεδείξαμεν δὲ καὶ τὰς φιάλας ἃς |
| Aris. | 45 | 5 | βασιλείαν ἐν εἰρήνῃ μετὰ δόξης ὁ κυριεύων ἁπάντων * θεὸς * καὶ ὅπως γένηταί σοι συμφερόντως καὶ μετὰ ἀσφαλείας |
| Aris. | 98 | 4 | ἐπὶ πετάλῳ χρυσῷ γράμμασιν ἁγίοις τὸ ὄνομα τοῦ * θεοῦ * κατὰ μέσον τῶν ὀφρύων δόξῃ πεπληρωμένον ὁ κριθεὶς |
| Aris. | 131 | 5 | καὶ τὰς βλάβας προδηλώσας καὶ τὰς ὑπὸ τοῦ * θεοῦ * γινομένας ἐπιπομπὰς τοῖς αἰτίοις προϋπέδειξε γὰρ |
| Aris. | 132 | 1 | αἰτίοις προϋπέδειξε γὰρ πάντων πρῶτον ὅτι μόνος ὁ * θεός * ἐστι καὶ διὰ πάντων ἡ δύναμις αὐτοῦ φανερὰ γίνεται |
| Aris. | 133 | 3 | μὴ ὅτι καὶ πράξας διὰ πάσης τῆς νομοθεσίας τὸ τοῦ * θεοῦ * δυνατὸν ἐνδεικνύμενος. ποιησάμενος οὖν τὴν καταρχὴν |
| Aris. | 134 | 2 | ὅτι πάντες οἱ λοιποὶ παρ᾽ ἡμᾶς ἄνθρωποι πολλοὺς * θεοὺς * εἶναι νομίζουσιν αὐτοὶ δυναμικώτεροι πολλῷ |
| Aris. | 139 | 2 | συνθεωρήσας οὖν ἕκαστα σοφὸς ὢν ὁ νομοθέτης ὑπὸ * θεοῦ * κατεσκευασμένος εἰς ἐπίγνωσιν τῶν ἁπάντων |
| Aris. | 139 | 6 | κατὰ ψυχὴν ἀπολελυμένοι ματαίων δοξῶν τὸν μόνον * θεὸν * καὶ δυνατὸν σεβόμενοι παρ᾽ ὅλην τὴν πᾶσαν κτίσιν. |
| Aris. | 140 | 3 | εἰς πολλὰ καὶ μετεσχηκότες πραγμάτων ἀνθρώπους * θεοῦ * προσονομάζουσιν ἡμᾶς ὃ τοῖς λοιποῖς οὐ πρόσεστιν εἰ |
| Aris. | 140 | 5 | οὐ πρόσεστιν εἰ μή τις σέβεται τὸν κατὰ ἀλήθειαν * θεὸν * ἀλλ᾽ εἰσὶν ἄνθρωποι βρωτῶν καὶ ποτῶν καὶ σκέπης ἡ |
| Aris. | 141 | 3 | ἡμῶν ἐν οὐδενὶ ταῦτα λελόγισται περὶ δὲ τῆς τοῦ * θεοῦ * δυναστείας δι᾽ ὅλου τοῦ ζῆν ἡ σκέψις αὐτοῖς ἐστιν. |
| Aris. | 157 | 4 | πρὸς τὸ διὰ παντὸς μνημονεύειν τοῦ κρατοῦντος * θεοῦ * καὶ συντηροῦντος. καὶ γὰρ ἐπὶ τῶν βρωτῶν καὶ ποτῶν |
| Aris. | 158 | 5 | μὲν ἡμῖν τιθέναι τὰ λόγια πρὸς τὸ μνείαν εἶναι * θεοῦ * καὶ ἐπὶ τῶν χειρῶν δὲ διαρρήδην τὸ σημεῖον κελεύει |
| Aris. | 159 | 5 | ἔχοντας τῆς ἑαυτῶν κατασκευῆς ἐπὶ πᾶσι δὲ τὸν περὶ * θεοῦ * φόβον. κελεύει δὲ καὶ κοιταζομένους καὶ |
| Aris. | 160 | 2 | κοιταζομένους καὶ διανισταμένους μελετᾶν τὰς τοῦ * θεοῦ * κατασκευὰς οὐ μόνον λόγῳ ἀλλὰ καὶ διαλήψει |
| Aris. | 168 | 7 | πρὸς πάντας ἀνθρώπους μεμνημένοι τοῦ δυναστεύοντος * θεοῦ. * περὶ βρωτῶν οὖν καὶ τῶν ἀκαθάρτων ἑρπετῶν καὶ |
| Aris. | 177 | 4 | ὑμῖν τῷ δ᾽ ἀποστείλαντι μᾶλλον μέγιστον δὲ τῷ * θεῷ * οὗτινός ἐστι τὰ λόγια ταῦτα. ὁμοθυμαδὸν δὲ πάντων |
| Aris. | 185 | 2 | βασιλεῦ πάντων τῶν ἀγαθῶν ὧν ἔκτισεν ὁ παντοκράτωρ * θεὸς * καὶ δῴη σοι ταῦτ᾽ ἔχειν καὶ γυναικὶ καὶ τέκνοις καὶ |
| Aris. | 188 | 2 | οὕτως ἂν μάλιστα διευθύνοις μιμούμενος τὸ τοῦ * θεοῦ * διὰ παντὸς ἐπιεικές. μακροθυμίᾳ γὰρ χρώμενος καὶ |
| Aris. | 189 | 5 | πράξει διαλαμβάνων ὅτι πᾶν ἐννόημα σαφές ἐστι * θεῷ * καταρχὴν δὲ θείου φόβου λαμβάνων ἐν οὐδενὶ |
| Aris. | 190 | 5 | ὧν ἄρχεις ὄχλων σὺ δὲ τοῦτο πράξεις ἐπιβλέπων ὡς ὁ * θεὸς * εὐεργετεῖ τὸ τῶν ἀνθρώπων γένος ὑγείαν αὐτοῖς καὶ |
| Aris. | 192 | 2 | τοῦτο δὲ ποιήσεις τὴν διάταξιν βλέπων τὴν ὑπὸ τοῦ * θεοῦ * τὰ γὰρ ἱκετευόμενα συντελεῖσθαι τοῖς ἀξίοις τοῖς δὲ |
| Aris. | 192 | 6 | τύπτοντος αὐτοὺς ἀλλ᾽ ἐπιεικείᾳ χρωμένου τοῦ * θεοῦ. * εὖ δὲ καὶ τοῦτον κατεπαινέσας ἠρώτα τὸν ἑξῆς πῶς |
| Aris. | 193 | 4 | ὑπάρχοι τοῖς ὄχλοις μηδὲ ταῖς δυνάμεσιν ἀλλὰ τὸν * θεὸν * ἐπικαλοῖτο διὰ πάντων ἵνα τὰς ἐπιβολὰς αὐτῷ |
| Aris. | 194 | 5 | χρόνον πρὸς τὸ συμπέρασμα δρᾶν τι καὶ γὰρ ὁ * θεὸς * διδοὺς ἀνοχὰς καὶ ἐνδεικνύμενος τὰ τῆς δυναστείας |

| | | | | | |
|---|---|---|---|---|---|
| Aris. | 195 | 3 | πρὸς τὸ ζῆν ἂν εἴη; κἀκεῖνος ἔφη τὸ γινώσκειν ὅτι | * θεὸς * | δυναστεύει τῶν ἁπάντων καὶ ἐπὶ τῶν καλλίστων |
| Aris. | 195 | 5 | πράξεων οὐκ αὐτοὶ κατευθύνομεν τὰ βουλευθέντα | * θεὸς * | δὲ τελειοῖ τὰ πάντων καὶ καθηγεῖται δυναστεύων. |
| Aris. | 196 | 4 | ἐπὶ τέλει; ὁ δὲ εἶπεν εὐχόμενος ἀεὶ πρὸς τὸν | * θεὸν * | ἀγαθὰς ἐπινοίας λαμβάνειν πρὸς τὰ μέλλοντα |
| Aris. | 196 | 6 | μὴ ἐκπλήττεσθαι τῇ δόξῃ μηδὲ τῷ πλούτῳ | * θεὸν * | γὰρ εἶναι τὸν χαριζόμενον ταῦτα καὶ οὐ δι᾽ ἑαυτοὺς |
| Aris. | 197 | 3 | ἔφησεν εἰ πρόληψιν λαμβάνοις ὅτι γέγοναν ὑπὸ τοῦ | * θεοῦ * | πάντες ἄνθρωποι μετασχεῖν τῶν μεγίστων κακῶν |
| Aris. | 197 | 6 | οὐκ ἔστιν ἄνθρωπον ὄντα τούτων ἀμιγῆ γενέσθαι ὁ | * θεὸς * | δὲ τὴν εὐψυχίαν δίδωσιν ὃν ἱκετεύειν ἀναγκαῖον. |
| Aris. | 199 | 4 | ἐπιτελοῖτο κατὰ πρόθεσιν. τελειοῦται δὲ ὑπὸ τοῦ | * θεοῦ * | πάντα σοι καλῶς βουλευομένῳ βασιλεῦ συμφερόντως. |
| Aris. | 200 | 6 | λαμβάνοντες ὡς δέον ἐστὶν ἀποκέκρινται πάντες ἀπὸ | * θεοῦ * | τοῦ λόγου τὴν καταρχὴν ποιούμενοι. Μενέδημος δὲ ὁ |
| Aris. | 201 | 4 | ἀκολουθεῖ πᾶσαν δυναστείαν καὶ λόγου καλλονὴν ἀπὸ | * θεοῦ * | κατάρχεσθαι. τοῦ δὲ βασιλέως ἐπινεύσαντος τὰ περὶ |
| Aris. | 205 | 5 | εὐεργεσίᾳ πρὸς εὔνοιαν ἄγοι τὴν ἑαυτοῦ καὶ γὰρ ὁ | * θεὸς * | πᾶσιν αἴτιος ἀγαθῶν ἐστιν ᾧ κατακολουθεῖν |
| Aris. | 206 | 6 | δὲ δεῖ τουτό σε βασιλεῦ διότι φιλαλήθης ὁ | * θεός * | ἐστιν. ἀποδεξάμενος δὲ εὖ μάλα καὶ τοῦτον ⟨ἐπὶ τὸν |
| Aris. | 207 | 7 | τῶν ἀνθρώπων ἐπιεικέστερον νουθετοῖς καὶ γὰρ ὁ | * θεὸς * | τοὺς ἀνθρώπους ἅπαντας ἐπιεικείᾳ ἄγει. ἐπαινέσας |
| Aris. | 208 | 7 | οὖν ἕκαστα πρὸς τὸν ἔλεον τραπήσῃ καὶ γὰρ ὁ | * θεὸς * | ἐλεήμων ἐστίν. ἀποδεξάμενος δὲ τοῦτον ἐπυνθάνετο |
| Aris. | 209 | 6 | καὶ τοὺς τοιούτους φιλοποιεῖσθαι καὶ γὰρ ὁ | * θεὸς * | φιλοδίκαιός ἐστιν. ἐπισημήνας καὶ τοῦτον πρὸς τὸν |
| Aris. | 210 | 4 | δὲ ἔφη τὸ διαλαμβάνειν ὅτι πάντα διὰ παντὸς ὁ | * θεὸς * | ἐνεργεῖ καὶ γινώσκει καὶ οὐθὲν ἂν λάθοι ἄδικον |
| Aris. | 210 | 5 | ἄδικον ποιήσας ἢ κακὸν ἐργασάμενος ἄνθρωπος ὡς γὰρ | * θεὸς * | εὐεργετεῖ τὸν ὅλον κόσμον οὕτως καὶ σὺ μιμούμενος |
| Aris. | 211 | 5 | καλῶς λογίζοιο πάντα γάρ σοι πάρεστιν ὅσα δέον. ὁ | * θεὸς * | δὲ ἀπροσδεής ἐστι καὶ ἐπιεικής. καὶ σὺ καθόσον |
| Aris. | 212 | 5 | τὴν ἀδικίαν τοῦ ζῆν στέρησιν εἶναι καὶ γὰρ ὁ | * θεὸς * | διὰ παντὸς τοῖς δικαίοις ἀγαθὰ προσημαίνει μέγιστα. |
| Aris. | 216 | 4 | ὕπνον ἐν τοῖς αὐτοῖς ἡ διάνοια τὴν ἀναστροφὴν ἔχει | * θεὸς * | δὲ πάντα διαλογισμὸν καὶ πρᾶξιν ἐπὶ τὰ κάλλιστα |
| Aris. | 219 | 4 | σὺ δὲ οὐχ ὑπόκρισιν ἔχεις ἀλλ᾽ ἀληθῶς βασιλεύεις | * θεοῦ * | δόντος σοι καταξίως τῶν τρόπων τὴν ἡγεμονίαν. τοῦ |
| Aris. | 223 | 4 | δόξης μέγεθος πλὴν ἐν πᾶσι μετριότης καλόν. ἃ δὲ ὁ | * θεὸς * | δίδωσι ταῦτα λαμβάνων σύνεχε τῶν δ᾽ ἀνεφίκτων μὴ |
| Aris. | 224 | 3 | διαλιπὼν δὲ ἐκεῖνος ἔφη πρῶτον εἰ νοήσαι ὅτι ὁ | * θεὸς * | πᾶσι μερίζει δόξαν τε καὶ πλούτου μέγεθος τοῖς |
| Aris. | 224 | 6 | μετασχεῖν ταύτης τῆς δόξης ἀλλ᾽ οὐ δύνανται | * θεοῦ * | γάρ ἐστι δόμα. ἐπαινέσας δὲ τὸν ἄνδρα διὰ πλειόνων |
| Aris. | 225 | 6 | πάντας ἀνθρώπους καὶ καλὸν δῶρον εἰληφέναι παρὰ | * θεοῦ * | τοῦτ᾽ ἔστι κράτιστον. συναινέσας δὲ τούτοις τὸν |
| Aris. | 226 | 5 | δόξης ἵνα δὲ τὰ προειρημένα σοι διαμένῃ τὸν | * θεὸν * | ἐπικαλοῦ διὰ παντός. εὐφημήσας δὲ τοῦτον ἕτερον |
| Aris. | 227 | 6 | ἐπὶ τὸ καθῆκον καὶ συμφέρον ἑαυτοῖς. δεῖ δὲ τὸν | * θεὸν * | λιτανεύειν ἵνα ταῦτ᾽ ἐπιτελῆται τὰς γὰρ ἁπάντων |
| Aris. | 228 | 4 | ἐκεῖνος δ᾽ ἀπεκρίθη γονεῦσι διὰ παντὸς καὶ γὰρ ὁ | * θεὸς * | πεποίηται ἐντολὴν μεγίστην περὶ τῆς τῶν γονέων |
| Aris. | 229 | 4 | τὸ δὲ δυνατὸν αὐτῆς ἐστιν ἀγάπη αὕτη γὰρ | * θεοῦ * | δόσις ἐστίν ἣν καὶ σὺ κέκτησαι πάντα περιέχων ἐν |
| Aris. | 231 | 3 | ἀλλὰ φιλίαν κατακτησομένους δικαιοπραγεῖν. | * θεοῦ * | δὲ δῶρον ἀγαθῶν ἐργάτην εἶναι καὶ μὴ τῶν ἐναντίων. |
| Aris. | 233 | 1 | ἀλυπίαν κατασκευάζειν. ἱκετεύειν δὲ ⟨δεῖ⟩ τὸν | * θεὸν * | ἵνα μὴ τὰ παρὰ τὴν προαίρεσιν ἡμῶν ἀνακύπτοντα |
| Aris. | 234 | 3 | τί μέγιστόν ἐστι δόξης; ὁ δὲ εἶπε τὸ τιμᾶν τὸν | * θεὸν * | τοῦτο δ᾽ ἐστὶν οὐ δώροις οὐδὲ θυσίαις ἀλλὰ ψυχῆς |
| Aris. | 234 | 5 | ψυχῆς καθαρότητι καὶ διαλήψεως ὁσίας καθὼς ὑπὸ τοῦ | * θεοῦ * | πάντα κατασκευάζεται καὶ διοικεῖται κατὰ τὴν αὐτοῦ |
| Aris. | 235 | 4 | καὶ τῷ λόγῳ πολὺ προέχοντες αὐτῶν ἦσαν ὡς ἂν ἀπὸ | * θεοῦ * | τὴν καταρχὴν ποιούμενοι. μετὰ δὲ ταῦτα ὁ βασιλεὺς |
| Aris. | 237 | 3 | δὲ ἔφη σωφροσύνη ταύτης δὲ οὐκ ἔστι τυχεῖν ἐὰν μὴ | * θεὸς * | κατασκευάσῃ τὴν διάνοιαν εἰς τοῦτο. παρακαλέσας δὲ |
| Aris. | 238 | 4 | εἶπε μηδὲν αὐτοὺς λυπήσας τοῦτο δ᾽ οὐκ ἔστιν εἰ μὴ | * θεὸς * | τῆς διανοίας ἡγεμὼν γένοιτο πρὸς τὰ κάλλιστα. |
| Aris. | 239 | 5 | τὰ τῶν καιρῶν ⟨ἂν⟩ ἀντιπράσσηται σὺν χειραγωγίᾳ | * θεοῦ * | τοῦτο δ᾽ ἐστὶν αἱ τῶν πράξεων τελειώσεις ὑπ᾽ αὐτοῦ. |
| Aris. | 240 | 3 | πρὸς τοῦτο ἔφησε γινώσκων ὅτι τὰς ἐπινοίας ὁ | * θεὸς * | ἔδωκε τοῖς νομοθετήσασι πρὸς τὸ σῴζεσθαι τοὺς βίους |
| Aris. | 242 | 4 | εὐημερίας μηδὲν προσδεῖσθαι τῶν ἐκείνων ἀλλὰ δέον | * ⟨θεὸν⟩ * | ἱκετεύειν πάντα ἀγαθοποιεῖν. ὡσαύτως δὲ ἐκείνοις |
| Aris. | 243 | 4 | συνιστορούσης τῆς διανοίας μηδὲν κακὸν πεπραχέναι | * θεοῦ * | κατευθύνοντος εἰς τὸ καλῶς ἅπαντα βουλεύεσθαι. |
| Aris. | 244 | 3 | ἀτυχήματα διὰ παντὸς ἐπιβλέποι γινώσκων ὅτι ὁ | * θεὸς * | ἀφαιρεῖται τὰς εὐημερίας ἑτέρους δὲ δοξάζων εἰς τὸ |
| Aris. | 245 | 6 | διάνοιαν εἶναι τῆς δὲ τούτων ἐπιμελείας φροντίζειν | * θεὸν * | δὲ ἀξιοῦν ὅπως μηθὲν ἐλλίπῃ τῶν καθηκόντων. |
| Aris. | 247 | 1 | καὶ τοῖς λοιποῖς τοῖς κατὰ τὴν ἀγωγήν. | * θεὸς * | δὲ τὴν διάνοιαν ἄξει σοι βασιλεῦ πρὸς τὰ κάλλιστα. |
| Aris. | 248 | 4 | τρόπον ἀγαγεῖν σπεύδοι εὐχόμεθα γὰρ ἀεὶ πρὸς τὸν | * θεὸν * | οὐχ οὕτως περὶ ἑαυτῶν ὡς περὶ τῶν ἐγγόνων ἵνα παρῇ |
| Aris. | 248 | 6 | τὸ δὲ ἐπιδεῖσθαι παιδία σωφροσύνης μετασχεῖν | * θεοῦ * | δυνάμει τοῦτο γίνεται. φήσας δὲ εὐλογεῖν ἄλλον |
| Aris. | 249 | 6 | οὖν ἅπαντας καθὼς συνεχῶς τοῦτ᾽ ἐπιτελεῖς | * θεοῦ * | διδόντος σοί πρὸς πάντας χάριν φιλόπατρις φανήσῃ. |
| Aris. | 251 | 3 | εἰδῇ πρὸς τίνα σκοπὸν δεῖ τὴν διέξοδον ποιεῖσθαι. | * θεοῦ * | δ᾽ ἐπικλήσει καὶ βίος κυβερνᾶται κατὰ πάντα. |
| Aris. | 254 | 3 | τίνος χάριν θυμωθήσεται; γινώσκειν δὲ δεῖ διότι | * θεὸς * | τὸν πάντα κόσμον διοικεῖ μετ᾽ εὐμενείας καὶ χωρὶς |
| Aris. | 255 | 7 | τὸ προτεθὲν ἡμῖν ἐπιτελῆται. τὸ δ᾽ αὖ κράτιστον | * θεοῦ * | δυναστείᾳ πᾶν βούλευμα τελείωσιν ἕξει σοι τὴν |
| Aris. | 256 | 7 | δ᾽ ἐπίστασιν τούτων λαμβάνωμεν θεραπεύειν δεῖ τὸν | * θεόν. * | ἐπισημήνας δὲ καὶ τοῦτον ἕτερον ἠρώτα πῶς ἂν |
| Aris. | 257 | 5 | φαινόμενος πρὸς οὓς ξενιτεύει. κοινῶς γὰρ ὁ | * θεὸς * | τὸ ταπεινούμενον προσδέχεται κατὰ φύσιν καὶ τὸ τῶν |
| Aris. | 259 | 2 | ἀναγκάζοι τὰ πρὸς τὴν χρείαν. διανοούμενος γὰρ ὡς | * θεὸς * | πολυωρεῖ τὸ τῶν ἀνθρώπων γένος χορηγῶν αὐτοῖς καὶ |
| Aris. | 261 | 3 | σοι γίνεται μέγιστε βασιλεῦ καὶ ἐλπίδες ἐπὶ | * θεῷ * | καλαὶ κρατοῦντί σοι τῆς ἀρχῆς εὐσεβῶς. ὡς δὲ |
| Aris. | 263 | 3 | καθὼς ἄνθρωπος ὢν ἀνθρώπων ἡγεῖται. καὶ ὁ | * θεὸς * | τοὺς ὑπερηφάνους καθαιρεῖ τοὺς δὲ ἐπιεικεῖς καὶ |
| Aris. | 264 | 4 | πρὸς αὐτὸν καὶ τῶν τρόπων ὅσοι μετέχουσιν αὐτῷ. | * θεοῦ * | δὲ ἐπιφάνεια γίνεται πρὸς τὰ τοιαῦτα τοῖς ἀξίοις. |
| Aris. | 265 | 5 | γίνεται. τὸ δὲ γίνεσθαι κατὰ προαίρεσιν ταῦτα ὁ | * θεὸς * | ἐπιτελεῖ. κατεπαινέσας δὲ αὐτὸν ἑτέρου διεπυνθάνετο |
| Aris. | 266 | 6 | ἀντικείμενος συγχρώμενος δὲ ἐπαίνῳ πρὸς τὸ πεῖσαι. | * θεοῦ * | δὲ ἐνεργείᾳ κατευθύνεται πειθώ. εὖ δὲ λέγειν φήσας |
| Aris. | 267 | 5 | εἶπε καθηγεμόνα λαμβάνων δικαιοσύνην ὡς καὶ ποιεῖς | * θεοῦ * | σοι διδόντος εὖ λογίζεσθαι. φιλοφρονηθεὶς δὲ τούτῳ |
| Aris. | 268 | 8 | πάντες ἄνθρωποι. τὸ δ᾽ ἐκφυγεῖν πᾶν κακὸν | * θεοῦ * | δυνάμει γίνεται. ὡς ἔδει δὲ φήσας αὐτὸν |
| Aris. | 269 | 4 | ἄληκτον ἀτιμασμὸς ἐπιφύεται καὶ δόξης ἀναίρεσις. | * θεὸς * | δὲ δόξης πάσης κυριεύει ῥέπων οὗ βούλεται. καὶ |
| Aris. | 270 | 7 | προδότης πέφυκε. σὺ δὲ πάντας εὐνόους ἔχεις | * θεοῦ * | σοι καλὴν βουλὴν διδόντος. σοφῶς δὲ αὐτὸν εἰπὼν |
| Aris. | 271 | 5 | τοὺς ὄχλους ταῖς χρείαις καθὼς σὺ τοῦτο πράσσεις | * θεοῦ * | σοι τὴν σεμνὴν ἐπίνοιαν διδόντος. θαρσύνας δὲ |
| Aris. | 272 | 5 | σὺ διατηρεῖς τὴν πρὸς ἅπαντας καλοκἀγαθίαν παρὰ | * θεοῦ * | δῶρον τοῦτ᾽ ἔχων. κεχαρισμένως δὲ καὶ τοῦτον |
| Aris. | 274 | 1 | τῶν βίων. οὐ γὰρ διαλείπεις ἐπανορθῶν ἅπαντας τοῦ | * θεοῦ * | σοι καλοφροσύνην δεδωκότος. ἐπισημήνας δὲ κρότῳ |
| Aris. | 276 | 5 | τὸ δὲ νοῦν ἔχειν ὀξὺν καὶ δύνασθαι κρίνειν ἕκαστα | * θεοῦ * | δώρημα καλόν ἐστιν ὡς σὺ τοῦτο κέκτησαι βασιλεῦ. |
| Aris. | 278 | 3 | δὲ κελεύει καὶ δικαιοσύνην προτιμᾶν. ὁ δὲ | * θεὸς * | πάντων ἡγεῖται τούτων. εὖ δὲ ἀποκεκρίσθαι τοῦτον |
| Aris. | 280 | 5 | καθὼς σὺ τοῦτο ἐπιτελεῖς εἶπε μέγιστε βασιλεῦ | * θεοῦ * | σοι στέφανον δικαιοσύνης δεδωκότος. ἀποδεξάμενος δὲ |
| Aris. | 281 | 6 | τὸ νικᾶν τῷ θράσει παραβάλλοντας τὸ ζῆν. ὡς γὰρ ὁ | * θεὸς * | εὖ ἐργάζεται πᾶσι καὶ σὺ τοῦτον μιμούμενος |
| Aris. | 282 | 4 | ὄντα καθὼς σὺ τοῦτο ποιῶν ἀξιοθαύμαστος εἶ τοῦ | * θεοῦ * | σοι διδόντος εἰς ταῦτα τὴν ἐπιμέλειαν. ἐπιφωνήσας |
| Aris. | 283 | 7 | ὃ σὺ πράσσων ἀνέφικτον ἄλλοις δόξαν κέκτησαι | * θεοῦ * | σοι τὰ βουλήματα συντελοῦντος. ἐνεργῶς δὲ καὶ |
| Aris. | 285 | 4 | διὰ τῶν ἐνεργειῶν φιλοσοφεῖς διὰ καλοκἀγαθίαν ὑπὸ | * θεοῦ * | τιμώμενος. εὐαρεστήσας δὲ τοῖς προειρημένοις πρὸς |
| Aris. | 287 | 3 | τὰς διανοίας καθὼς καὶ σὺ τοῦτο πράσσεις ὡς ἂν ὑπὸ | * θεοῦ * | σοι κατευθυνομένων ἁπάντων. διαχυθεὶς δὲ ἐπὶ τοῖς |
| Aris. | 290 | 4 | καὶ φιλανθρωπίᾳ πάντας ἀνθρώπους ὑπερῆρκας τοῦ | * θεοῦ * | σοι δεδωρημένου ταῦτα. ἐπὶ πλείονα χρόνον καὶ |
| Aris. | 292 | 5 | ἀέναον τὴν περὶ σεαυτὸν δόξαν κατεσκεύασας τοῦ | * θεοῦ * | σοι διδόντος ἔχειν ἁγνὴν καὶ ἀμιγῆ παντὸς κακοῦ τὴν |
| Aris. | 305 | 3 | τῇ θαλάσσῃ τὰς χεῖρας ὡς ἂν εὔξωνται πρὸς τὸν | * θεὸν * | ἐτρέποντο πρὸς τὴν ἀνάγνωσιν καὶ τὴν ἑκάστου |
| Aris. | 313 | 2 | δὲ ἔφη διὰ τὸ σεμνὴν εἶναι τὴν νομοθεσίαν καὶ διὰ | * θεοῦ * | γεγονέναι καὶ τῶν ἐπιβαλλομένων τινὲς ὑπὸ τοῦ θεοῦ |
| Aris. | 313 | 3 | θεοῦ γεγονέναι καὶ τῶν ἐπιβαλλομένων τινὲς ὑπὸ τοῦ | * θεοῦ * | πληγέντες τῆς ἐπιβολῆς ἀπέστησαν. καὶ γὰρ ἔφησεν |
| Aris. | 314 | 5 | τριάκοντα κατὰ δὲ τὴν ἄνεσιν ἐξιλάσκεσθαι τὸν | * θεὸν * | σαφὲς αὐτῷ γενέσθαι τίνος χάριν τὸ συμβαῖνόν ἐστι. |
| Aris. | 316 | 6 | τοῦτ᾽ αὐτῷ τὸ σύμπτωμα γέγονεν ἐξιλασάμενος τὸν | * θεὸν * | ἐν πολλαῖς ἡμέραις ἀποκατέστη. μεταλαβὼν δὲ ὁ |
| Sib. | 3 | | ἐκ τοῦ δευτέρου λόγου περὶ | * θεοῦ. * | +ὑψιβρεμέτα μάκαρ οὐράνιε ὃς ἔχεις τὰ Χερουβιμ+ |
| Sib. | 3 | 7 | ἀγγέλλειν πᾶσιν; αὐτὰρ πάλι πάντ᾽ ἀγορεύσω ὅσσα | * θεὸς * | κέλεταί μ᾽ ἀγορευέμεν ἀνθρώποισιν. ἄνθρωποι |
| Sib. | 3 | 11 | βαίνετε ἀθανάτου κτίστου μεμνημένοι αἰεί; εἷς | * θεός * | ἐστι μόναρχος ἀθέσφατος αἰθέρι ναίων αὐτοφυής |
| Sib. | 3 | 17 | καὶ μετέπειτα. τίς γὰρ θνητὸς ἐὼν κατιδεῖν δύναται | * θεὸν * | ὅσσοις; ἢ τίς χωρήσει κἂν τοὔνομα μοῦνον ἀκοῦσαι |
| Sib. | 3 | 19 | κἂν τοὔνομα μοῦνον ἀκοῦσαι οὐρανίου μεγάλοιο | * θεοῦ * | κόσμον κρατέοντος; ὃς λόγῳ ἔκτισε πάντα καὶ οὐρανὸν |
| Sib. | 3 | 24 | καὶ ποταμοὺς πῦρ ἄφθιτον ἤματα νύκτας αὐτὸς δὴ | * θεός * | ἐσθ᾽ ὁ πλάσας τετραγράμματον Ἀδὰμ τὸν πρῶτον |
| Sib. | 3 | 29 | καὶ ἑρπετὰ καὶ πετεηνά. οὐ σέβετ᾽ οὐδὲ φοβεῖσθε | * θεὸν * | ματαίως δὲ πλανᾶσθε προσκυνέοντες ὄφεις τε καὶ |
| Sib. | 3 | 33 | ἀθέοισι καθεζόμενοι πρὸ θυράων +τηρεῖτε+ τὸν ἐόντα | * θεὸν * | ὃς πάντα φυλάσσει τερπόμενοι κακότητι λίθων κρίσιν |
| Sib. | 3 | 56 | πότ᾽ ἐλεύσεται ἦμαρ ἐκεῖνο καὶ κρίσις ἀθανάτοιο | * θεοῦ * | μεγάλου βασιλῆος; ἄρτι δ᾽ ἔτι κτίζεσθε πόλεις |
| Sib. | 3 | 70 | ἀνόμους τε καὶ ἄλλους ἀνέρας οἵτινες +οὔπω | * θεοῦ * | λόγον+ εἰσήκουσαν. ἀλλ᾽ ὁπόταν μεγάλοιο θεοῦ |
| Sib. | 3 | 71 | +οὔπω θεοῦ λόγον+ εἰσήκουσαν. ἀλλ᾽ ὁπόταν μεγάλοιο | * θεοῦ * | πελάσωσιν ἀπειλαὶ καὶ δύναμις φλογέουσα δι᾽ |
| Sib. | 3 | 81 | τότε δὴ στοιχεῖα πρόπαντα χηρεύσει κόσμου ὁπόταν | * θεὸς * | αἰθέρι ναίων οὐρανὸν εἱλίξῃ καθ᾽ ἅπερ βιβλίον |
| Sib. | 3 | 91 | οὐ χειμῶν᾽ οὐ μετόπωρον. καὶ τότε δὴ μεγάλοιο | * θεοῦ * | κρίσις εἰς μέσον ἥξει αἰῶνος μεγάλοιο ὅταν τάδε |
| Sib. | 3 | 97 | ἐπέγνω καὶ κράτος αὐτοῦ. ἀλλ᾽ ὁπόταν μεγάλοιο | * θεοῦ * | τελέωνται ἀπειλαὶ ἅς ποτ᾽ ἐπηπείλησε βροτοῖς ὅτε |
| Sib. | 3 | 156 | βροτοῖς αὕτη πολέμοιο καταρχή). καὶ τότε Τιτάνεσσι | * θεὸς * | κακὸν ἐγγυάλιξεν. καὶ πᾶσαι γενεαὶ Τιτάνων ἠδὲ |
| Sib. | 3 | 162 | πάλιν Αἰγύπτου τότε Ῥώμης. καὶ τότε μοι μεγάλοιο | * θεοῦ * | φάτις ἐν στήθεσσιν ἵστατο καί μ᾽ ἐκέλευσε |
| Sib. | 3 | 165 | τά τ᾽ ἐσσόμεν᾽ ἐν φρεσὶ θεῖναι. καί μοι τοῦτο | * θεὸς * | πρῶτον νόῳ ἐγγυάλιξεν ὅσσαι ἀνθρώπων βασιληΐδες |
| Sib. | 3 | 174 | πολέμοιο νέφος ἥξουσι βροτοῖσιν. ἀλλά μιν οὐράνιος | * θεὸς * | ἐκ βυθοῦ ἐξαλαπάξει. αὐτὰρ ἔπειτ᾽ ἄλλης βασιληΐδος |
| Sib. | 3 | 194 | ἀφ᾽ Ἑλλήνων γένος ἔσται.) καὶ τότ᾽ ἔθνος μεγάλοιο | * θεοῦ * | πάλι καρτερὸν ἔσται οἳ πάντεσσι βροτοῖσι βίου |
| Sib. | 3 | 196 | βίοι καθοδηγοὶ ἔσονται. ἀλλά τί μοι καὶ τοῦτο | * θεὸς * | νόῳ ἔνθετο λέξαι τί πρῶτον τί δ᾽ ἔπειτα τί δ᾽ |
| Sib. | 3 | 199 | τίς δ᾽ ἀρχὴ τούτων ἔσται; πρῶτον Τιτάνεσσι | * θεὸς * | κακὸν ἐγγυαλίξει υἱοῖς γὰρ κρατεροῖο δίκας τίσουσι |
| Sib. | 3 | 246 | θέρους ἀπόμοιραν ἰάλλει πληροῦντες μεγάλοιο | * θεοῦ * | φάτιν ἔννομον ὕμνον πᾶσι γὰρ Οὐράνιος κοινὴν |
| Sib. | 3 | 255 | ἡνίκα δ᾽ ἦλθεν λαὸν ὅδ᾽ ἡγεμονῶν ὃν ἀπ᾽ Αἰγύπτου | * θεὸς * | ἦγεν εἰς τὸ ὄρος Σινᾶ καὶ τὸν νόμον οὐρανόθι πρὸ |
| Sib. | 3 | 257 | εἰς τὸ ὄρος Σινᾶ καὶ τὸν νόμον οὐρανόθι πρὸ δῶκε | * θεὸς * | γράψας πλαξὶν δυσὶ πάντα δίκαια καὶ προσέταξε |
| Sib. | 3 | 264 | ἄρουρα ἐξ ἑνὸς εἰς ἑκατὸν τελέθοντό τε μέτρα | * θεοῖο. * | ἀλλ᾽ ἄρα καὶ τούτοις κακὸν ἔσσεται οὐδὲ φύγονται |

| | | | |
|---|---|---|---|
| Sib. | 3 | 274 | ἅπασα σέθεν καὶ βωμὸς ἐρυμνὸς καὶ ναὸς μεγάλοιο * θεοῦ * καὶ τείχεα μακρὰ πάντα χαμαὶ πεσέονται ὅτι φρεσὶν |
| Sib. | 3 | 276 | χαμαὶ πεσέονται ὅτι φρεσὶν οὐκ ἐπίθησας ἀθανάτοιο * θεοῦ * ἁγνῷ νόμῳ ἀλλὰ πλανηθεὶς εἰδώλοις ἐλάτρευσας |
| Sib. | 3 | 278 | ἀεικέσιν οὐδὲ φοβηθεὶς ἀθάνατον γενετῆρα * θεῶν * πάντων τ' ἀνθρώπων οὐκ ἔθελες τιμᾶν θνητῶν εἴδωλα |
| Sib. | 3 | 283 | σ' ἀγαθοῖο τέλος καὶ δόξα μεγίστη ὡς ἐπέκρανε * θεός * σοι ἄμβροτος. ἀλλὰ σὺ μίμνε πιστεύων μεγάλοιο θεοῦ |
| Sib. | 3 | 284 | θεός σοι ἄμβροτος. ἀλλὰ σὺ μίμνε πιστεύων μεγάλοιο * θεοῦ * ἁγνοῖσι νόμοισιν ὁππότε σεῖο καμὸν ὀρθὸν γόνυ πρὸς |
| Sib. | 3 | 286 | σεῖο καμὸν ὀρθὸν γόνυ πρὸς φάος ἄρῃ. καὶ τότε δὴ * θεὸς * οὐράνιος πέμψει βασιλῆα κρινεῖ δ' ἄνδρα ἕκαστον ἐν |
| Sib. | 3 | 290 | χρόνοις περιτελλομένοισιν ἄρξει καὶ καινὸν σηκὸν * θεοῦ * ἄρξετ' ἐγείρειν. καὶ πάντες Περσῶν βασιλεῖς |
| Sib. | 3 | 293 | χαλκόν τε πολύκμητόν τε σίδηρον. αὐτὸς γὰρ δώσει * θεὸς * ἔννυχον ἁγνὸν ὄνειρον. καὶ τότε δὴ ναὸς πάλιν |
| Sib. | 3 | 297 | μέγαν παύσασθαι ἀνάγκης καὶ πάλι μοι μεγάλοιο * θεοῦ * φάτις ἐν στήθεσσιν ἵστατο καί μ' ἐκέλευσε |
| Sib. | 3 | 300 | τά τ' ἐσσόμεν' ἐν φρεσὶ θεῖναι. καὶ μοι τοῦτο * θεὸς * πρῶτον νόῳ ἔνθετο λέξαι ὅσσα γέ τοι Βαβυλῶνι |
| Sib. | 3 | 306 | χώραν μερόπων ἀλαλαγμὸς ὀλέσσει καὶ πληγὴ μεγάλοιο * θεοῦ * ἡγήτορος ὕμνων. ἀέριος γάρ σοι Βαβυλὼν ἥξει ποτ' |
| Sib. | 3 | 429 | τ' ἄλλους ὁπόσοις πολεμήια ἔργα μέμηλεν. καί γε * θεοὺς * τούτοισι παρίστασθαί γε ποιήσει ψευδογραφῶν κατὰ |
| Sib. | 3 | 478 | Σαρδὼ μεγάλαις χειμῶνος ἀέλλαις καὶ πληγαῖς ἁγίοιο * θεοῦ * κατὰ βένθεα πόντου δύσονται κατὰ κῦμα θαλασσείοις |
| Sib. | 3 | 490 | θυμὸς ἐπαύσατο ἔνθεον ὕμνον καὶ πάλι μοι μεγάλοιο * θεοῦ * φάτις ἐν στήθεσσιν ἵστατο καί μ' ἐκέλευσε |
| Sib. | 3 | 499 | λόγους ψευδεῖς τ' ἀδίκους τε κάστησαν κατέναντι * θεοῦ * μεγάλου βασιλῆος κἤνοιξαν ψευδῶς μυσαρὸν στόμα. |
| Sib. | 3 | 502 | παρὰ πᾶσαν γαῖαν καὶ πικρὴν μοίρην πέμψει * θεὸς * αὐτοῖς ἐξ ἐδάφους φλέξας πόλιας καὶ πολλὰ θέμεθλα. |
| Sib. | 3 | 539 | καὶ λοιμὸς ἐπέσται χάλκειόν τε μέγαν τεύξει * θεὸς * οὐρανὸν ὑψοῦ ἀβροχίην τ' ἐπὶ γαῖαν ὅλην αὐτὴν δὲ |
| Sib. | 3 | 549 | τοι πλάνον ἐν φρεσὶ θῆκεν ταῦτα τελεῖν προλιποῦσα * θεοῦ * μεγάλοιο πρόσωπον; οὔνομα παγγενέταο σέβας δ' ἔχε |
| Sib. | 3 | 554 | Ἑλλήνων οἳ πρῶτα βροτοῖς κακὰ ἡγεμόνευσαν πολλὰ * θεῶν * εἴδωλα καταφθιμένων +θανεόντων+ ὧν ἕνεκεν τὰ μάταια |
| Sib. | 3 | 556 | φρονεῖν ὑμῖν ὑπεδείχθη. ἀλλ' ὁπόταν μεγάλοιο * θεοῦ * χόλος ἔσσεται ὑμῖν δὴ τότ' ἐπιγνώσεσθε θεοῦ |
| Sib. | 3 | 557 | θεοῦ χόλος ἔσσεται ὑμῖν δὴ τότ' ἐπιγνώσεσθε * θεοῦ * μεγάλοιο πρόσωπον. πᾶσαι δ' ἀνθρώπων ψυχαὶ μεγάλα |
| Sib. | 3 | 565 | ἔρεξε+ βοῶν ταύρων τ' ἐριμύκων πρὸς ναὸν μεγάλοιο * θεοῦ * ὁλοκαρπώσασα ἐκφεύξῃ πολέμοιο δυσηχέος ἠδὲ φόβοιο |
| Sib. | 3 | 570 | τοῦτο προλάβῃ τέλος αἴσιμον ἦμαρ. οὐ γὰρ μὴ θύσητε * θεῷ * μέχρι πάντα γένηται ὅσσα θεός γε μόνος βουλεύσεται |
| Sib. | 3 | 571 | οὐ γὰρ μὴ θύσητε θεῷ μέχρι πάντα γένηται ὅσσα * θεός * γε μόνος βουλεύσεται οὐκ ἀτέλεστα. πάντα τελεσθῆναι |
| Sib. | 3 | 575 | ἠδὲ νόῳ προσκείμενοι Ὑψίστοιο οἳ ναὸν μεγάλοιο * θεοῦ * περικυδανέουσιν λοιβῇ τε κνίσσῃ τ' ἠδ' αὖθ' ἱεραῖς |
| Sib. | 3 | 584 | βροτοῖς πάντεσσι φέροντες. μούνοις γάρ σφιν δῶκε * θεὸς * μέγας εὔφρονα βουλὴν καὶ πίστιν καὶ ἄριστον ἐνὶ |
| Sib. | 3 | 588 | καὶ ἀργύρου ἠδ' ἐλέφαντος καὶ ξυλίνων λιθίνων τε * θεῶν * εἴδωλα καμόντων πήλινα μιλτόχριστα ζωογραφίας |
| Sib. | 3 | 600 | καὶ Γαλατῶν πάσης τ' Ἀσίης παραβάντες ἀθανάτοιο * θεοῦ * ἁγνὸν νόμον +ὃν παρέβησαν+. ἀνθ' ὧν ἀθάνατος θήσει |
| Sib. | 3 | 616 | ἐπ' εὐρέα νῶτα θαλάσσης. καὶ τότε δὴ κάμψουσι * θεῷ * μεγάλῳ βασιλῆι ἀθανάτῳ γόνυ λευκὸν ἐπὶ χθονὶ |
| Sib. | 3 | 619 | φλογὶ πάντα πεσεῖται. καὶ τότε δὴ χάρμην μεγάλην * θεὸς * ἀνδράσι δώσει καὶ γὰρ γῆ καὶ δένδρα καὶ ἄσπετα |
| Sib. | 3 | 625 | ποικιλόμητι βράδυνε ἀλλὰ παλίμπλαγκτος στρέψας * θεὸν * ἱλάσκοιο. θῦε θεῷ ταύρων ἑκατοντάδας ἠδὲ καὶ ἀρνῶν |
| Sib. | 3 | 626 | ἀλλὰ παλίμπλαγκτος στρέψας θεὸν ἱλάσκοιο. θῦε * θεῷ * ταύρων ἑκατοντάδας ἠδὲ καὶ ἀρνῶν πρωτοτόκων αἰγῶν τε |
| Sib. | 3 | 628 | τε περιπλομένaισιν ἐν ὥραις. ἀλλά μιν ἱλάσκου * θεὸν * ἄμβροτον αἴ κ' ἐλεήσῃ. αὐτὸς γὰρ μόνος ἐστὶ θεὸς |
| Sib. | 3 | 629 | θεὸν ἄμβροτον αἴ κ' ἐλεήσῃ. αὐτὸς γὰρ μόνος ἐστὶ * θεὸς * κοὐκ ἔστιν ἔτ' ἄλλος. τὴν δὲ δικαιοσύνην τίμα καὶ |
| Sib. | 3 | 632 | κέλεται δειλοῖσι βροτοῖσιν. ἀλλὰ σὺ τοῦ μεγάλοιο * θεοῦ * μήνιμα φύλαξαι ὁππότε κεν πάντεσσι βροτοῖς λοιμοῖο |
| Sib. | 3 | 652 | ξύλα κόψεται εἰς πυρὸς αὐγήν. καὶ τότ' ἀπ' ἠελίοιο * θεὸς * πέμψει βασιλῆα ὃς πᾶσαν γαῖαν παύσει πολέμοιο |
| Sib. | 3 | 656 | γε ταῖς ἰδίαις βουλαῖς τάδε πάντα ποιήσει ἀλλὰ * θεοῦ * μεγάλοιο πιθήσας δόγμασιν ἐσθλοῖς. --- ναὸς δ' αὖ |
| Sib. | 3 | 657 | πιθήσας δόγμασιν ἐσθλοῖς. --- ναὸς δ' αὖ μεγάλοιο * θεοῦ * περικαλλέι πλούτῳ βεβριθὼς χρυσῷ τε καὶ ἀργύρῳ ἠδέ |
| Sib. | 3 | 665 | ἑαυτοῖς κῆρα φέροντες σηκὸν γὰρ μεγάλοιο * θεοῦ * καὶ φῶτας ἀρίστους πορθεῖν βουλήσονται ὁπηνίκα |
| Sib. | 3 | 669 | θρόνον αὐτοῦ ἕκαστος ἔχων καὶ λαὸν ἀπειθῆ. καί ῥα * θεὸς * φωνῇ μεγάλῃ πρὸς πάντα λαλήσει λαὸν ἀπαίδευτον |
| Sib. | 3 | 671 | κενεόφρονα καὶ κρίσις αὐτοῖς ἔσσεται ἐκ μεγάλοιο * θεοῦ * καὶ πάντες ὀλοῦνται χειρὸς ἀπ' ἀθανάτοιο ἀπ' |
| Sib. | 3 | 687 | ὅτι τὸν νόμον οὐκ ἔγνωσαν οὐδὲ κρίσιν μεγάλοιο * θεοῦ * ἀλλ' ἄφρονι θυμῷ πάντες ἐφορμηθέντες ἐφ' Ἱερὸν |
| Sib. | 3 | 689 | ἐφ' Ἱερὸν ἤρατε λόγχας. καὶ κρινεῖ πάντας πολέμῳ * θεὸς * ἠδὲ μαχαίρῃ καὶ πυρὶ καὶ ὑετῷ τε κατακλύζοντι καὶ |
| Sib. | 3 | 693 | θάνατος δ' ἐπὶ τετράποδ' ἔσται. καὶ τότε γνώσονται * θεὸν * ἄμβροτον ὃς τάδε κρίνει οἰμωγή τε καὶ ἀλαλαγμὸς |
| Sib. | 3 | 698 | κορέσονται θηρία σαρκῶν. αὐτός μοι τάδε πάντα * θεὸς * μέγας ἀέναός τε εἶπε προφητεῦσαι τάδε δ' ἔσσεται |
| Sib. | 3 | 701 | ὅ,τι κεν μόνον ἐν φρεσὶ θείῃ ἄψευστον γὰρ πνεῦμα * θεοῦ * πέλεται κατὰ κόσμον. υἱοὶ δ' αὖ μεγάλοιο θεοῦ περὶ |
| Sib. | 3 | 702 | θεοῦ πέλεται κατὰ κόσμον. υἱοὶ δ' αὖ μεγάλοιο * θεοῦ * περὶ ναὸν ἅπαντες ἡσυχίως ζήσοντ' εὐφραινόμενοι ἐπὶ |
| Sib. | 3 | 717 | ἅπαντες ἐπὶ χθονὶ λισσώμεσθα ἀθάνατον βασιλῆα * θεὸν * μέγαν ἀέναόν τε. πέμπωμεν πρὸς ναὸν ἐπεὶ μόνος ἐστί |
| Sib. | 3 | 719 | ναὸν ἐπεὶ μόνος ἐστὶ δυνάστης καὶ νόμον ὑψίστοιο * θεοῦ * φραζώμεθα πάντες ὅστε δικαιότατος πέλεται πάντων |
| Sib. | 3 | 725 | ταῦτα βοήσουσιν ψυχαὶ πιστῶν ἀνθρώπων (δεῦτε * θεοῦ * κατὰ δῆμον ἐπὶ στομάτεσσι πεσόντες τέρψωμεν ὕμνοισι |
| Sib. | 3 | 726 | δῆμον ἐπὶ στομάτεσσι πεσόντες τέρψωμεν ὕμνοισι * θεὸν * γενετῆρα κατ' οἴκους ἐχθρῶν ὅπλα ποριζόμενοι κατὰ |
| Sib. | 3 | 740 | στείλας πρὸς ἀγῶνα κραταιόν. καὶ δούλευε * θεῷ * μεγάλῳ ἵνα τῶνδε μετάσχῃς. ὁππότε δὴ καὶ τοῦτο λάβῃ |
| Sib. | 3 | 742 | αἴσιμον ἦμαρ (εἰς δὲ βροτοὺς ἥξει κρίσις ἀθανάτοιο * θεοῖο) * ἥξει ἐπ' ἀνθρώπους μεγάλη κρίσις ἠδὲ καὶ ἀρχή. γῆ |
| Sib. | 3 | 760 | πέπρακται δειλοῖσι βροτοῖσιν. αὐτὸς γὰρ μόνος ἐστὶ * θεὸς * κοὐκ ἔστιν ἔτ' ἄλλος αὐτὸς καὶ πυρὶ φλέξειεν |
| Sib. | 3 | 773 | λίβανον καὶ δῶρα πρὸς οἴκους οἴσουσιν μεγάλοιο * θεοῦ * κοὐκ ἔσσεται ἄλλος οἶκος ἐπ' ἀνθρώποισι καὶ |
| Sib. | 3 | 775 | ἀνθρώποισι καὶ ἐσσομένοισι πυθέσθαι ἀλλ' ὃν ἔδωκε * θεὸς * πιστοῖς ἄνδρεσσι γεραίρειν. (υἱὸν γὰρ καλέουσι |
| Sib. | 3 | 776 | γεραίρειν. (υἱὸν γὰρ καλέουσι βροτοὶ μεγάλοιο * θεοῖο) * καὶ πᾶσαι πεδίοιο τρίβοι καὶ τρηχέες ὄχθαι οὔρεά |
| Sib. | 3 | 781 | ἀγαθῶν ἐπὶ γαῖαν ἱκνεῖται ῥομφαίαν δ' ἀφελοῦσι * θεοῦ * μεγάλοιο προφῆται αὐτοὶ γὰρ κριταί εἰσι βροτῶν |
| Sib. | 3 | 784 | πλοῦτος ἐν ἀνθρώποισι δίκαιος αὕτη γὰρ μεγάλοιο * θεοῦ * κρίσις ἠδὲ καὶ ἀρχή. εὐφράνθητι κόρη καὶ ἀγάλλεο |
| Sib. | 3 | 795 | ἅμ' ἀσπίσι κοιμήσονται κοὐκ ἀδικήσουσιν χεὶρ γὰρ * θεοῦ * ἔσσετ' ἐπ' αὐτούς. σῆμα δέ τοι ἐρέω μάλ' ἀριφραδὲς |
| Sib. | 3 | 807 | θηρῶν ὁμίχλῃσιν ὁμοίην. τοῦτο τέλος πολέμοιο τελεῖ * θεὸς * οὐρανὸν οἰκῶν. ἀλλὰ χρὴ πάντας θύειν μεγάλῳ |
| Sib. | 3 | 811 | ἐς Ἑλλάδα πεμπόμενον πῦρ πᾶσι προφητεύουσα * θεοῦ * μηνίματα θνητοῖς --- ὥστε προφητεῦσαί με βροτοῖς |
| Sib. | 3 | 818 | ποιήσετε κοὐκέτι μ' οὐδεὶς μαινομένην φήσειε * θεοῦ * μεγάλοιο προφῆτιν. οὐ γὰρ ἐμοὶ δήλωσεν ἃ πρὶν |
| Sib. | 3 | 820 | γενετῆρσιν ἐμοῖσιν ὅσσα δὲ πρῶτ' ἐγένοντο τά μοι * +θεὸς+ * κατέλεξε τῶν μετέπειτα δὲ πάντα θεὸς νόῳ |
| Sib. | 3 | 821 | τά μοι +θεὸς+ κατέλεξε τῶν μετέπειτα δὲ πάντα * θεὸς * νόῳ ἐγκατέθηκεν ὥστε προφητεύειν με τά τ' ἐσσόμενα |
| Sib. | 4 | 5 | ψευδοῦς Φοίβου χρησμηγόρος ὅντε μάταιοι ἄνθρωποι * θεὸν * εἶπον ἐπεψεύσαντο δὲ μάντιν ἀλλὰ θεοῦ μεγάλοιο τὸν |
| Sib. | 4 | 6 | ἄνθρωποι θεὸν εἶπον ἐπεψεύσαντο δὲ μάντιν ἀλλὰ * θεοῦ * μεγάλοιο τὸν οὐ χέρες ἔπλασαν ἀνδρῶν εἰδώλοις |
| Sib. | 4 | 25 | κεῖνοι κατὰ γαῖαν ἔσονται ὅσσοι δὴ στέρξουσι μέγαν * θεὸν * εὐλογέοντες πρὶν πιέειν φαγέειν τε πεποιθότες |
| Sib. | 4 | 30 | καὶ θυσίῃσιν τετραπόδων λεύσουσι δ' ἑνὸς * θεοῦ * εἰς μέγα κῦδος οὔτε φόνον ῥέξαντες ἀτάσθαλον οὔτε |
| Sib. | 4 | 41 | ἀλλ' ὅταν ἤδη κόσμου καὶ θνητῶν ἔλθῃ κρίσις ἣν * θεὸς * αὐτὸς ποιήσει κρίνων ἀσεβεῖς θ' ἅμα εὐσεβέας τε καὶ |
| Sib. | 4 | 46 | εὐσεβέες δὲ μενοῦσιν ἐπὶ ζείδωρον ἄρουραν πνεῦμα * θεοῦ * δόντος ζωήν θ' ἅμα καὶ χάριν αὐτοῖς. ἀλλὰ τὰ μὲν |
| Sib. | 4 | 51 | διακρατέοντες ἐν ἀρχῇ ἐξ οὗ μηνίσαντος ἐπουρανίοιο * θεοῖο * αὐτῇσιν πολίεσσι καὶ ἀνθρώποισιν ἅπασιν γῆν |
| Sib. | 4 | 116 | Σολύμοισι κακὴ πολέμοιο θύελλα Ἰταλόθεν νηὸν δὲ * θεοῦ * μέγαν ἐξαλαπάξει ἡνίκ' ἂν ἀφροσύνῃσι πεποιθότες |
| Sib. | 4 | 135 | οἷά τε μίλτος γινώσκειν τότε μῆνιν ἐπουρανίοιο * θεοῖο * εὐσεβέων ὅτι φῦλον ἀναίτιον ἐξολέσουσιν. ἐς δὲ |
| Sib. | 4 | 159 | καὶ ἐφ' αἵμασι χεῖρας ἔχοντες καὶ τότε γινώσκειν * θεὸν * οὐκέτι πρηΰν ἐόντα ἀλλὰ χόλῳ βρύχοντα καὶ |
| Sib. | 4 | 163 | βροτοὶ τάδε μηδὲ πρὸς ὀργὴν παντοίην ἀγάγητε * θεὸν * μέγαν ἀλλὰ μεθέντες φάσγανα καὶ στοναχὰς |
| Sib. | 4 | 168 | αἰτεῖσθε καὶ εὐλογίαις ἀσέβειαν πικρὰν ἱλάσκεσθε * θεὸς * δώσει μετάνοιαν οὐδ' ὀλέσει παύσει δὲ χόλον πάλιν |
| Sib. | 4 | 180 | ἤδη πάντα τέφρη σποδόεσσα γένηται καὶ πῦρ κοιμήσῃ * θεὸς * ἄσπετον ὥσπερ ἀνῆψεν ὀστέα καὶ σποδιὴν αὐτὸς θεὸς |
| Sib. | 4 | 181 | θεὸς ἄσπετον ὥσπερ ἀνῆψεν ὀστέα καὶ σποδιὴν αὐτὸς * θεὸς * ἔμπαλιν ἀνδρῶν μορφώσει στήσει δὲ βροτοὺς πάλιν ὡς |
| Sib. | 4 | 183 | ἦσαν. καὶ τότε δὴ κρίσις ἔσσετ' ἐφ' ᾗ δικάσει * θεὸς * αὐτὸς κρίνων ἔμπαλι κόσμον ὅσοι δ' ὑπὸ δυσσεβίῃσιν |
| Sib. | 4 | 188 | πάλιν ζήσοντ' ἐπὶ γαῖαν ἀθανάτου μεγάλοιο * θεοῦ * καὶ ἄφθιτον ὄλβον πνεῦμα θεοῦ δόντος ζωήν θ' ἅμα |
| Sib. | 4 | 189 | ἀθανάτου μεγάλοιο θεοῦ καὶ ἄφθιτον ὄλβον πνεῦμα * θεοῦ * δόντος ζωήν θ' ἅμα καὶ χάριν αὐτοῖς εὐσεβέσιν |
| Sib. | 5 | 34 | ἔσται καὶ ἄιστος ὀλοίιος εἶτ' ἀνακάμψει ἰσάζων * θεῷ * αὐτὸν ἐλέγξει δ' οὔ μιν ἐόντα. τρεῖς δὲ μετ' αὐτὸν |
| Sib. | 5 | 66 | ἀργαλέη καὶ πάμμορος ὥστε νοῆσαι αὐτὴν ἀίδιον * θεὸν * ἄμβροτον ἐν νεφέεσσιν. ποῦ σοι λῆμα κραταιὸν ἐν |
| Sib. | 5 | 73 | πέπτωκας ἐς οὐρανὸν οὐκ ἀναβήσῃ. ταῦτα μὲν Αἰγύπτῳ * θεὸς * ἔννεπεν ἐξαυδῆσαι ὑστατίῳ καιρῷ ὅτε πάγκακοι ἄνδρες |
| Sib. | 5 | 77 | ὀργὴν ἀθανάτοιο βαρυκτύπου οὐρανίωνος ἀντὶ * θεοῦ * δὲ λίθους καὶ κνώδαλα θρησκεύοντες πολλὰ μάλ' |
| Sib. | 5 | 82 | δὲ κόπων καὶ ἀτασθαλιῶν ἐπινοιῶν ἄνθρωποι δέξαντο * θεοὺς * ξυλίνους λιθίνους τε χαλκοῦς τε χρυσοῦς τε καὶ |
| Sib. | 5 | 172 | ἦτορ ἔχεις ἀσεβῆ δέ τε θυμόν. οὐκ ἔγνως τί * θεὸς * δύναται τί δὲ μηχανάαται; ἀλλ' ἔλεγες μόνη εἰμί καὶ |
| Sib. | 5 | 174 | μ' ἐξαλαπάξει. νῦν δέ σέ καὶ σοὺς πάντας ὀλεῖ * θεὸς * αἰὲν ὑπάρχων κοὐκέτι σου σημεῖον ἔτ' ἔσσεται ἐν |
| Sib. | 5 | 176 | ἔσσεται ἐν χθονὶ κείνῃ ὡς τὸ πάλαι ὅτε σὰς ὁ μέγας * θεὸς * εὕρατο τιμάς. μεῖνον ἄθεσμε μόνη πυρὶ δὲ φλεγέθοντι |
| Sib. | 5 | 202 | πληρούμενος αἵματι πολλῷ καὐτοὶ γὰρ κακότητα * θεοῦ * τέκνοις ἐποίησαν ἡνίκα Σιδονίοις βασιλεὺς Φοῖνιξ |
| Sib. | 5 | 220 | ὀλεῖ καὶ κόψει ὡς προτέθειται. τούτῳ γάρ τοι δῶκε * θεὸς * μένος ἐς τὸ ποιῆσαι οἷά τις οὐ πρότερος τῶν |
| Sib. | 5 | 250 | μακάρων θεῖον γένος οὐράνιόν τε οἳ περιναιετάουσι * θεοῦ * πόλιν ἐν μεσογαίοις ἄχρι δὲ καὶ Ἰόπης τεῖχος μέγα |
| Sib. | 5 | 277 | μενεῖ καὶ ἀνήροτα ἄχρι νοῆσαι τὸν πρύτανιν πάντων * θεὸν * ἄμβροτον αἰὲν ἐόντα ἀνθρώπους θνητοὺς καὶ μηκέτι |
| Sib. | 5 | 284 | ῥεύσει πάντεσσι δικαίοις εἰς ἕνα γὰρ γενετῆρα * θεὸν * μόνον ἔξοχον ὄντα ἤλπισαν εὐσεβίην μεγάλην καὶ |
| Sib. | 5 | 298 | ζητοῦσα τὸν οὐκέτι ναιετάοντα. καὶ τότε θυμωθεὶς * θεὸς * ἄφθιτος αἰθέρι ναίων οὐρανόθεν πρηστῆρα βαλεῖ κατὰ |
| Sib. | 5 | 323 | νυκτερινοῖσι ὑπ' ᾐόνι κληρωθεῖσα ἄρδην ἐξολέσει σε * θεοῖό * ποθ' ἥδε πρόνοια. μή μ' ἐθέλουσαν ἑλεῖν Φοίβου τὴν |
| Sib. | 5 | 330 | ἵνα σὰς γνώμας ἐπίδωμεν. ταύτην γὰρ πρώτην ἔγνως * θεὸς * ἐν χαρίτεσσιν ἐς τὸ δοκεῖν προχάρισμα τεὸν πάντεσσι |
| Sib. | 5 | 332 | τεὸν πάντεσσι βροτοῖσιν εἶναι καὶ προσέχειν οἷον * θεὸς * ἐγγυάλιξεν. ἱμείρω τριτάλαινα τὰ Θρῃκῶν ἔργα |
| Sib. | 5 | 345 | +αἰθέρος+ οὐρανὸς εὐρὺς ὕπερθεν βροντηδὸν κελάδημα * θεοῦ * φωνὴν +ἐπακοῦσαι+ ἠελίου δ' αὐτοῦ φλόγες ἄφθιτοι |
| Sib. | 5 | 348 | λαμπρὸν φάος ἔσσεται αὖτις ὑστατίῳ καιρῷ ὁπόταν * θεὸς * ἡγεμονεύσῃ. πάντα μελανθείη σκοτίη δ' ἔσται κατὰ |
| Sib. | 5 | 352 | ἦμαρ ἐκεῖνο χρόνον πολὺν ὥστε νοῆσαι αὐτὸν ἄνακτα * θεὸν * πανεπίσκοπον οὐρανόθι πρό. αὐτὸς δυσμενέας ἄνδρας |
| Sib. | 5 | 356 | κεροχρύσων ἀψύχοις θ' Ἑρμαῖς καὶ τοῖς λιθίνοισι * θεοῖσιν. * ἡγείσθω δὲ θέμις σοφίη καὶ δόξα δικαίων μή ποτε |

| | | | | | | |
|---|---|---|---|---|---|---|
| Sib. | | 5 | 358 | δὲ θέμις σοφίη καὶ δόξα δικαίων μή ποτε θυμωθεὶς | * θεὸς * | ἄφθιτος ἐξαπολέσσῃ πᾶν γένος ἀνθρώπων +βίοτον+ καὶ |
| Sib. | | 5 | 360 | +βίοτον+ καὶ φῦλον ἀναιδὲς δεῖ στέργειν γενετῆρα | * θεὸν * | σοφὸν αἰὲν ἐόντα. ἔσσεται ὑστατίῳ καιρῷ περὶ τέρμα |
| Sib. | | 5 | 400 | τεγγόμενον διὰ χειρὸς ἀνάγνου οἶκον ἀεὶ θάλλοντα | * θεοῦ * | τηρήμονα ναὸν ἐξ ἁγίων γεγαῶτα καὶ ἄφθιτον αἰὲν |
| Sib. | | 5 | 403 | καὶ σώματος +αὐτοῦ+ οὐ γὰρ ἀκηδέστως +αἰνεῖ+ | * θεὸν * | ἐξ ἀφανοῦς γῆς οὐδὲ πέτρης ποίησε σοφὸς τέκτων παρὰ |
| Sib. | | 5 | 406 | κόσμον ἀπάτην ψυχῶν ἐσεβάσθη. ἀλλὰ μέγαν γενετῆρα | * θεὸν * | πάντων θεοπνεύστων ἐν θυσίαις ἁγίαις ἐγέραιρον καὶ |
| Sib. | | 5 | 415 | νώτων ἀνὴρ μακαρίτης σκῆπτρον ἔχων ἐν χερσὶν ὅ οἱ | * θεὸς * | ἐγγυάλιξεν καὶ πάντων ἐκράτησε καλῶς πᾶσίν τ' |
| Sib. | | 5 | 420 | βροτῶν τῶν πρόσθε κακούργων καὶ πόλιν ἣν ἐπόθησε | * θεὸς * | ταύτην ἐποίησεν φαιδροτέραν ἄστρων τε καὶ ἡλίου ἠδὲ |
| Sib. | | 5 | 427 | βλέπειν πάντας πιστοὺς πάντας τε δικαίους ἀιδίοιο | * θεοῦ * | δόξαν πεποθημένον εἶδος ἀντολίαι δύσιές τε θεοῦ |
| Sib. | | 5 | 428 | θεοῦ δόξαν πεποθημένον εἶδος ἀντολίαι δύσιές τε | * θεοῦ * | κλέος ἐξύμνησαν. οὐκέτι γὰρ πέλεται +δειλοῖσι |
| Sib. | | 5 | 433 | ὕστατος ἔσθ' ἁγίων καιρὸς ὅτε ταῦτα περαίνει | * θεὸς * | ὑψιβρεμέτης κτίστης ναοῖο μεγίστου. αἰαῖ σοι |
| Sib. | | 5 | 482 | κόσμου πτύχας ἀμφικαλύψει δεύτερον αὐτὰρ ἔπειτα | * θεοῦ * | φάος ἡγεμονεύσει ἀνδράσι τοῖς ἀγαθοῖσιν ὅσοι θεὸν |
| Sib. | | 5 | 483 | θεοῦ φάος ἡγεμονεύσει ἀνδράσι τοῖς ἀγαθοῖσιν ὅσοι | * θεὸν * | ἐξύμνησαν. Ἶσι θεὰ τριτάλαινα μενεῖς ἐπὶ χεύμασι |
| Sib. | | 5 | 490 | πόθον ἤγαγον εἴς σε ἅπαντες κλαύσονταί σε κακῶς | * θεὸν * | ἄφθιτον ἐν φρεσὶ θέντες γνώσονταί σε τὸ μηδὲν ὅσοι |
| Sib. | | 5 | 491 | ἄφθιτον ἐν φρεσὶ θέντες γνώσονταί σε τὸ μηδὲν ὅσοι | * θεὸν * | ἐξύμνησαν. καί <ποτε> τῶν ἱερέων τις ἐρεῖ |
| Sib. | | 5 | 493 | <ποτε> τῶν ἱερέων τις ἐρεῖ λινόστολος ἀνὴρ δεῦτε | * θεοῦ * | τέμενος καλὸν στήσωμεν ἀληθοῦς δεῦτε τὸν ἐκ |
| Sib. | | 5 | 495 | ἀλλάξωμεν τοῦ χάριν οἱ λιθίνοις καὶ ὀστρακίνοισι | * θεοῖσιν * | πομπὰς καὶ τελετὰς ποιούμενοι οὐκ ἐνόησαν. |
| Sib. | | 5 | 497 | τελετὰς ποιούμενοι οὐκ ἐνόησαν. στρέψωμεν ψυχὰς | * θεὸν * | ἄφθιτον ἐξυμνοῦντες αὐτὸν τὸν γενετῆρα τὸν ἀίδιον |
| Sib. | | 5 | 500 | πάντων τὸν ἀληθέα τὸν βασιλῆα ψυχοτρόφον γενετῆρα | * θεὸν * | μέγαν αἰὲν ἐόντα. καὶ τότ' ἐν Αἰγύπτῳ ναὸς μέγας |
| Sib. | | 5 | 503 | αὐτὸν θυσίας οἴσει λαὸς θεότευκτος κείνοισιν δώσει | * θεὸς * | ἄφθιτος <ἐμ>βιοτεύειν. ἀλλ' ὅταν ἐκπρολιπόντες |
| Sib. | | 5 | 508 | νηὸν γὰρ καθελοῦσι μέγαν Αἰγυπτιάδος γῆς ἐν δὲ | * θεὸς * | βρέξει κατὰ γῆς δεινὸν χόλον αὐτοῖς ὥστ' ὀλέσαι |
| Sib. | | 5 | 511 | ἔσσεται ἐν χθονὶ κείνῃ ἀνθ' ὧν οὐκ ἐφύλαξαν ὅ μιν | * θεὸς * | ἐγγυάλιξεν. Ἡελίου φαέθοντος ἐν ἀστράσιν εἶδον |
| Sib. | | 5 | 514 | δεινὸν χόλον ἐν στεροπῇσιν ἄστρα μάχην ὤδινε | * θεὸς * | δ' ἐπέτρεψε μάχεσθαι. ἀντὶ γὰρ Ἡελίου μακραὶ |
| FJos. | | 189 | | γὰρ λαλῶν πρὸς ὑμᾶς ἐγὼ Ἰακὼβ καὶ Ἰσραὴλ ἄγγελος | * θεοῦ * | εἰμι ἐγὼ καὶ πνεῦμα ἀρχικὸν καὶ Ἀβραὰμ καὶ Ἰσαὰκ |
| FJos. | | 189 | | Ἰακὼβ τὸ δὲ ὄνομά μου Ἰσραὴλ ὁ κληθεὶς ὑπὸ | * θεοῦ * | Ἰσραὴλ ἀνὴρ ὁρῶν θεὸν ὅτι ἐγὼ πρωτόγονος παντὸς |
| FJos. | | 189 | | μου Ἰσραὴλ ὁ κληθεὶς ὑπὸ θεοῦ Ἰσραὴλ ἀνὴρ ὁρῶν | * θεὸν * | ὅτι ἐγὼ πρωτόγονος παντὸς ζῴου ζωουμένου ὑπὸ θεοῦ. |
| FJos. | | 189 | | θεὸν ὅτι ἐγὼ πρωτόγονος παντὸς ζῴου ζωουμένου ὑπὸ | * θεοῦ. * | ἐγὼ δὲ ὅτε ἠρχόμην ἀπὸ Μεσοποταμίας τῆς Συρίας |
| FJos. | | 190 | | τῆς Συρίας ἐξῆλθεν Οὐριὴλ ὁ ἄγγελος τοῦ | * θεοῦ * | καὶ εἶπεν ὅτι κατέβην ἐπὶ τὴν γῆν καὶ κατεσκήνωσα |
| FJos. | | 190 | | εἶπα αὐτῷ τὸ ὄνομα αὐτοῦ καὶ πόσος ἐστὶν ἐν υἱοῖς | * θεοῦ * | οὐχὶ σὺ Οὐριὴλ ὄγδοος ἐμοῦ κἀγὼ Ἰσραὴλ ἀρχάγγελος |
| FJos. | | 190 | | δυνάμεως κυρίου καὶ ἀρχιχιλίαρχός εἰμι ἐν υἱοῖς | * θεοῦ; * | οὐχὶ ἐγὼ Ἰσραὴλ ὁ ἐν προσώπῳ θεοῦ λειτουργὸς |
| FJos. | | 190 | | εἰμι ἐν υἱοῖς θεοῦ; οὐχὶ ἐγὼ Ἰσραὴλ ὁ ἐν προσώπῳ | * θεοῦ * | λειτουργὸς πρῶτος καὶ ἐπεκαλεσάμην ἐν ὀνόματι |
| FJos. | | 190 | | πρῶτος καὶ ἐπεκαλεσάμην ἐν ὀνόματι ἀσβέστῳ τὸν | * θεόν * | μου; ἀνέγνων γὰρ ἐν ταῖς πλαξὶ τοῦ οὐρανοῦ ὅσα |
| FMos. | 2 | 17 | 17 | διαλεγόμενος πρὸς αὐτὸν ἔφη καὶ προεθεάσατό με ὁ | * θεὸς * | πρὸ καταβολῆς κόσμου εἶναι με τῆς διαθήκης αὐτοῦ |
| FMos. | 2 | 21 | 7 | ἁγίου αὐτοῦ πάντες ἐκτίσθημεν ἀπὸ προσώπου τοῦ | * θεοῦ * | ἐξῆλθε τὸ πνεῦμα αὐτοῦ καὶ ὁ κόσμος ἐγένετο. ἔσχεν |
| FMos. | 2 | 17 | 18 | τὸν Αἰγύπτιον. καὶ διαδοχεύσει <ἐπ'> αὐτὸν ὁ | * θεὸς * | σοφίαν καὶ δικαιοσύνην καὶ ἐπιστήμην πλήρη αὐτὸς |
| FMos. | 2 | 17 | 18 | ἐπιστήμην πλήρη αὐτὸς οἰκοδομήσει τὸν οἶκον τοῦ | * θεοῦ. * | εἰκότως ἄρα καὶ τὸν Μωυσέα ἀναλαμβανόμενον διττὸν |
| FMos. | 8 | 163 | 20 | κατ' αὐτοῦ βλασφημίαν ὁ Ἄγγελος ἐπιτιμήσαι σοι ὁ | * θεὸς * | πρὸς τὸν διάβολον ἔφη. τὸν Μιχαὴλ τὸν ἀρχάγγελον τῇ |
| FJub. | | 2 | 3 | καὶ ὄρθρου. ταῦτα τὰ ἑπτὰ μέγιστα ἔργα ἐποίησεν ὁ | * θεὸς * | ἐν τῇ πρώτῃ ἡμέρᾳ. ἐν δὲ τῇ δευτέρᾳ τὸ στερέωμα τὸ |
| FJub. | | 2 | 4 | πέσης τῆς γῆς. τοῦτο μόνον τὸ ἔργον ἐποίησεν ὁ | * θεὸς * | ἐν τῇ δευτέρᾳ ἡμέρᾳ. τρίτῃ δὲ ἡμέρᾳ τὰς θαλάσσας |
| FJub. | | 2 | 7 | γένος. ταῦτα τὰ τέσσαρα ἔργα τὰ μέγιστα ἐποίησεν ὁ | * θεὸς * | ἐν τῇ τρίτῃ ἡμέρᾳ. τῇ δὲ τετάρτῃ τὸν ἥλιον τὴν |
| FJub. | | 2 | 10 | ἀστέρας ταῦτα τὰ τρία ἔργα τὰ μεγάλα ἐποίησεν ὁ | * θεὸς * | ἐν τῇ τετάρτῃ ἡμέρᾳ. τῇ δὲ πέμπτῃ τὰ κήτη τὰ μεγάλα |
| FJub. | | 2 | 12 | πτερωτά. ταῦτα τὰ τρία ἔργα τὰ μεγάλα ἐποίησεν ὁ | * θεὸς * | ἐν τῇ πέμπτῃ ἡμέρᾳ. τῇ δὲ ἕκτῃ ἡμέρᾳ τὰ θηρία τὰ |
| FJub. | | 2 | 14 | ἄνθρωπον. ταῦτα τὰ τέσσαρα μεγάλα ἔργα ἐποίησεν ὁ | * θεὸς * | ἐν τῇ ἕκτῃ ἡμέρᾳ καὶ ἐγένετο πάντα τὰ ἐν ταῖς ἕξ |
| FJub. | | 2 | 15 | καὶ ἐγένετο πάντα τὰ ἐν ταῖς ἓξ ἡμέραις παρὰ τοῦ | * θεοῦ * | ποιηθέντα ἔργα κβ'. καὶ συνετέλεσεν ὁ θεὸς πάντα ἐν |
| FJub. | | 2 | 16 | τοῦ θεοῦ ποιηθέντα ἔργα κβ'. καὶ συνετέλεσεν ὁ | * θεὸς * | πάντα ἐν τῇ ἕκτῃ ἡμέρᾳ ὅσα ἐν τοῖς οὐρανοῖς καὶ ἐν |
| FJub. | | 2 | 17 | καὶ ἐν τῷ σκότει καὶ ἐν πᾶσι. καὶ ἀνεπαύσατο ὁ | * θεὸς * | ἐκ πάντων τῶν ἔργων αὐτοῦ ἐν τῇ ἑβδόμῃ ἡμέρᾳ καὶ |
| FJub. | | 2 | 24 | ἀπὸ πάντων τῶν ἐθνῶν. ηὐλογήθη καὶ αὐτὴ ὑπὸ τοῦ | * θεοῦ * | καὶ ἡγιάσθη καὶ σάββατον ὡς καταπαύσιμος |
| FJub. | | 3 | 5 | ἕκτῃ κατὰ δὲ Αἰγυπτίους Φαρμουθὶ ἑνδεκάτῃ λαβὼν ὁ | * θεὸς * | μέρος τι τῆς πλευρᾶς τοῦ Ἀδὰμ ἔπλασε τὴν γυναῖκα. |
| FJub. | | 3 | 9 | διάμετρον ἐν τῇ τῶν Πλειάδων ἐπιτολῇ εἰσήγαγεν ὁ | * θεὸς * | τὸν Ἀδὰμ ἐν τῷ παραδείσῳ κατὰ τὴν τεσσαρακοστὴν |
| FJub. | | 3 | 9 | ὄντος ταύρῳ καὶ σελήνης αἰγοκέρωτι ἐνετείλατο ὁ | * θεὸς * | τῷ Ἀδὰμ ἀπέχεσθαι τῆς βρώσεως τοῦ ξύλου τῆς |
| FJub. | | 3 | 9 | τοῦ Ἰουνίου μηνὸς Ἐπιφὶ πρώτῃ εἰσήχθη ὑπὸ τοῦ | * θεοῦ * | ἐν τῷ παραδείσῳ ἡ τοῦ Ἀδὰμ βοηθὸς Εὔα ἐν τῇ |
| FJub. | | 3 | 10 | Εὔαν ὃ ἑρμηνεύεται ζωὴ διὰ τοῦτο προσέταξεν ὁ | * θεὸς * | διὰ Μωϋσέως ἐν τῷ Λευιτικῷ ἤτοι διὰ τὰς μετὰ τὴν |
| FJub. | | 4 | 1 | τῷ ἐνενηκοστῷ ἐνάτῳ ἔτει Ἄβελ ἀνήνεγκε θυσίαν τῷ | * θεῷ * | εἰκοστὸν δεύτερον ἔτος ἄγων κατὰ τὴν πανσέληνον τοῦ |
| FJub. | | 5 | 22 | αὐτοῦ. εἰσῆλθεν πρὸς ἡμᾶς ἡ κιβωτὸς τοῦ | * θεοῦ * | τῇ πέμπτῃ τοῦ μηνὸς τοῦ πέμπτου. τούτῳ τῷ 'β σ ν α' |
| FJub. | | 10 | 9 | τοὺς ἀνθρώπους πρὸς δοκιμὴν τῆς ἑκάστου πρὸς | * θεὸν * | προαιρέσεως τὰ δὲ λοιπὰ ἐννέα μέρη ἐβλήθη εἰς τὴν |
| FJub. | | 10 | 24 | συνεχύθησαν διαιρεθέντες εἰς πολυγλωσσίαν ὑπὸ τοῦ | * θεοῦ. * | ἐκεῖνος δὲ ἔμεινεν ἐκεῖ κατοικῶν καὶ μὴ |
| FJub. | | 17 | 16 | Μαστιφὰμ ὁ ἄρχων τῶν δαιμονίων προσελθὼν τῷ | * θεῷ * | εἶπεν εἰ ἀγαπᾷ σε Ἀβραὰμ θυσάτω σοι τὸν υἱὸν αὐτοῦ. |
| FJub. | | 48 | 5 | σκυλεύσαντες τοὺς Αἰγυπτίους ἐξῆλθον προστάξει | * θεοῦ * | τοῦτο πεποιηκότες. ἐν τῇ θαλάσσῃ κατεστράφησαν ὃν |
| FEll. | 1 | 34 | 8 | καὶ ἐπὶ καρδίαν ἀνθρώπου οὐκ ἀνέβη ὅσα ἡτοίμασεν ὁ | * θεὸς * | τοῖς ἀγαπῶσιν αὐτόν. δόξαν ἣν ὀφθαλμὸς οὐκ εἶδεν |
| FIsa. | | 3 | 2 | αὐτοῦ ἀλλ' ἐπελάθετο καὶ ἀφῆκεν τὴν λατρείαν τοῦ | * θεοῦ * | καὶ ἐλάτρευσεν τῷ σατανᾷ καὶ τοῖς ἀγγέλοις αὐτοῦ |
| FIsa. | | 3 | 3 | ἐξέκλινε τὸν οἶκον τοῦ πατρὸς αὐτοῦ ἀπὸ τῆς τοῦ | * θεοῦ * | λατρείας καὶ ἐλάτρευσαν τῷ διαβόλῳ. <Μ>ανασσῆ καὶ |
| FIsa. | 1 | 2 | 14 | παραδοθήσεται ἀνθ' ὧν ἐφόνευεν τοὺς προφήτας τοῦ | * Θ<εο>ῦ. * | <κα>ὶ ἀκούσαντες οἱ προφῆται <ο>ἱ μετὰ Ὀχοζείου |
| FIsa. | 1 | 3 | 9 | εἶπεν γὰρ Μωυσῆς ὅτι οὐκ ὄψεται ἄνθρωπος τὸν | * θεὸν * | καὶ ζήσετα<ι> Ἠσαίας δὲ εἶπεν εἶδον τὸν <θεὸν> |
| FIsa. | 1 | 3 | 9 | τὸν θεὸν καὶ ζήσετα<ι> Ἠσαίας δὲ εἶπεν εἶδον τὸν | * <θεὸν> * | κ<α>ὶ ἰδοὺ ζῶ. βασι<λ>εῦ <γί>νω<σ>κε ὅτι ψευδή<ς> |
| FIsa. | 1 | 3 | 18 | αὐτοῦ λέγων. καὶ εἶπεν Ἠσαίας κατάθεμά σοι ζῇ ὁ | * θεὸς * | καὶ ζῇ τὸ πνεῦμα τὸ λαλοῦν ἐν ἐμοὶ <Ἰερουσαλὴμ> |
| FMan. | 2 | 22 | 11 | ὡς βιαίως ἐθλίβη ἐζήτησεν τὸ πρόσωπον κυρίου τοῦ | * θεοῦ * | αὐτοῦ καὶ ἐταπεινώθη σφόδρα ἀπὸ προσώπου κυρίου τοῦ |
| FMan. | 2 | 22 | 11 | καὶ ἐταπεινώθη σφόδρα ἀπὸ προσώπου κυρίου τοῦ | * θεοῦ * | τῶν πατέρων αὐτοῦ καὶ προσηύξατο πρὸς κύριον τὸν |
| FMan. | 2 | 22 | 11 | τῶν πατέρων αὐτοῦ καὶ προσηύξατο πρὸς κύριον τὸν | * θεὸν * | λέγων. κύριε παντοκράτορ ὁ θεὸς τῶν πατέρων ἡμῶν |
| FMan. | 2 | 22 | 12 | πρὸς κύριον τὸν θεὸν λέγων. κύριε παντοκράτορ ὁ | * θεὸς * | τῶν πατέρων ἡμῶν τοῦ Ἀβραὰμ καὶ Ἰσαὰκ καὶ Ἰακὼβ |
| FMan. | 2 | 22 | 12 | μετανοῶν ἐπὶ ταῖς κακίαις τῶν ἀνθρώπων ὅτι σὺ ὁ | * θεὸς * | κατὰ τὴν χρηστότητα τῆς ἀγαθωσύνης σου ἐπηγγείλω |
| FMan. | 2 | 22 | 13 | μετάνοιαν ἁμαρτωλοῖς εἰς σωτηρίαν. σὺ οὖν κύριε ὁ | * θεὸς * | τῶν δικαίων οὐκ ἔθου μετάνοιαν δικαίοις τῷ Ἀβραὰμ |
| FMan. | 2 | 22 | 14 | με ἐν τοῖς κατωτάτοις τῆς γῆς ὅτι σὺ εἶ ὁ | * θεὸς * | τῶν μετανοούντων καὶ ἐν ἐμοὶ δείξεις τὴν ἀγαθωσύνην |
| FBar. | | 13 | 2 | πο<δας σου Βαρουχ και ακουε> τον λογον ἰσχυ<ρου | * θεου> * | >οπη<-- >τα εθνη κα<-- καταπα>τησαντες την <γην |
| FEz. | | 185 | 12 | ημ<ων και ισακ' κα>ι ιακωβ' αλλα σε τον κν <τον | * θν * | η>μων εγνωκαμεν και<--- >ενεσι και εγεννηθη<--- |
| FEz. | | 187 | 5 | δεδουλευ<μενω >καρδια καθαρα κα<ι >ται επι κν τον | * θν< * | >αι τα συντετριμ'με<να >οι ϋμας και στησε<ται >μετα |
| FSop. | 5 | 77 | 2 | οἰκοῦντας ἐν ναοῖς σωτηρίας καὶ ὑμνοῦντας | * θεὸν * | ἄρρητον ὕψιστον. |
| FAch. | | 109 | | φύλαξον τούτους ὡς παρακαταθήκην. καὶ πρῶτον μὲν | * θεὸν * | σέβου ὡς δεῖ. βασιλέα τίμα τὸ γὰρ κράτος ἰσότιμόν |
| FAch. | | 119 | | ἔφη τις πρὸς τὸν Αἴσωπον ἡμεῖς ἀπεστάλημεν ἀπὸ τοῦ | * θεοῦ * | λόγους τινὰς πρός σε ἀναγγεῖλαι <ὅπως αὐτοὺς |
| FAch. | | 119 | | ὁ δὲ Αἴσωπος λέγει κατηγορεῖτε ἑαυτῶν καὶ τοῦ | * θεοῦ * | ὀφείλει γὰρ θεὸς ὑπάρχων τὴν ἑνὸς ἑκάστου διάνοιαν |
| FAch. | | 119 | | λέγει κατηγορεῖτε ἑαυτῶν καὶ τοῦ θεοῦ ὀφείλει γὰρ | * θεὸς * | ὑπάρχων τὴν ἑνὸς ἑκάστου διάνοιαν εἰδέναι. πλὴν |
| FPho. | | | 1 | Φωκυλίδου γνωμαι. ταῦτα δίκῃσι' ὁσίῃσι | * θεοῦ * | βουλεύματα φαίνει Φωκυλίδης ἀνδρῶν ὁ σοφώτατος |
| FPho. | | | 8 | μὴ βάζειν τὰ δ' ἐτήτυμα πάντ' ἀγορεύειν. πρῶτα | * θεὸν * | τιμᾶν μετέπειτα δὲ σεῖο γονῆας. πάντα δίκαια νέμειν |
| FPho. | | | 11 | ἀδίκως μὴ κρῖνε πρόσωπον ἢν σὺ κακῶς δικάσῃς σέ | * θεὸς * | μετέπειτα δικάσσει. μαρτυρίην ψευδῆ φεύγειν τὰ |
| FPho. | | | 17 | μήτ' ἀγνὼς μήτε ἑκοντὶ ψεύδορκον στυγέει | * θεὸς * | ἄμβροτος ὅστις ὀμόσσῃ. σπέρματα μὴ κλέπτειν |
| FPho. | | | 29 | ἔχων σὴν χεῖρα πενητεύουσιν ὄρεξον ὧν σοι ἔδωκε | * θεὸς * | τούτων χρῄζουσι παράσχου. ἔστω κοινὸς ἅπας ὁ βίος |
| FPho. | | | 54 | μὴ γαυροῦ σοφίῃ μήτ' ἀλκῇ μήτ' ἐνὶ πλούτῳ εἷς | * θεός * | ἐστι σοφὸς δυνατός θ' ἅμα καὶ πολύολβος. μὴ δὲ |
| FPho. | | | 104 | ἐς φάος ἐλθεῖν λείψαν' ἀποιχομένων ὀπίσω δὲ | * θεοὶ * | τελέθονται. ψυχαὶ γὰρ μίμνουσιν ἀκήριοι ἐν |
| FPho. | | | 106 | μίμνουσιν ἀκήριοι ἐν φθιμένοισιν. πνεῦμα γάρ ἐστι | * θεοῦ * | χρῆσις θνητοῖσι καὶ εἰκὼν σῶμα γὰρ ἐκ γαίης ἔχομεν |
| FPho. | | | 111 | καὶ χρήματ' ἄγεσθαι. πάντες ἴσον νέκυες ψυχῶν δὲ | * θεὸς * | βασιλεύει. κοινὰ μέλαθρα δόμων αἰώνια καὶ πατρὶς |
| FPho. | | | 125 | ἀνδρὶ τομώτερόν ἐστι σιδήρου ὅπλον ἑκάστῳ νεῖμε | * θεὸς * | φύσιν ἠερόφοιτον ὄρνισιν πώλοις ταχυτῆτ' ἀλκήν τε |
| FPho. | | | 194 | ἔρωτα γυναικὸς ἅπας ῥεύσῃς ἀκάθεκτον οὐ γὰρ ἔρως | * θεός * | ἐστι πάθος δ' ἀίδηλον ἁπάντων. στέργε τεὴν ἄλοχον |
| IEsc. | 5 | 131 | 2 | χώριζε θνητῶν τὸν | * θεὸν * | καὶ μὴ δόκει ὅμοιον σαυτῷ σάρκινον καθεστάναι. οὐκ |
| IEsc. | 5 | 131 | 3 | ὄμμα δεσπότου. πάντα δυνατὴ γὰρ δόξα ὑψίστου | * <θεοῦ>. * | |
| ISop. | 5 | 113 | 2 | εἷς ταῖς ἀληθείαισιν εἷς ἐστι<ν> | * θεὸς * | ὃς οὐρανόν τε ἔτευξε καὶ γαῖαν μακρὴν πόντου τε |
| ISop. | 5 | 113 | 2 | καρδίαν πλανώμενοι ἱδρυσάμεσθα πημάτων παραψυχὴν | * θεῶν * | ἀγάλματα ἐκ λίθων ἢ χαλκέων ἢ χρυσοτεύκτων ἢ |
| IEur. | 6 | 68 | 3 | | * θεὸν * | δὲ ποῖον εἰπέ μοι νοητέον; τὸν πάνθ' ὁρῶντα καὐτὸν |
| IOrp. | | | 20 | δέρκομαι αὐτοῦ ἴχνια καὶ χεῖρα στιβαρὴν κρατεροῖο | * θεοῖο. * | αὐτὸν δ' οὐχ ὁρόω περὶ γὰρ νέφος ἐστήρικται. |
| IOrp. | | | 48 | (εἷς Ζεὺς εἷς Ἀίδης εἷς Ἥλιος εἷς Διόνυσος) (εἷς | * θεὸς * | ἐν πάντεσσι. τί σοι δίχα ταῦτ' ἀγορεύω;) (οὐρανὸν |
| IOrp. | | | 49 | τί σοι δίχα ταῦτ' ἀγορεύω;) (οὐρανὸν ὁρκίζω σε | * θεοῦ * | μεγάλου σοφὸν ἔργον) (αὐδὴν ὁρκίζω σε πατρὸς τὴν |
| IPyt. | | 134 | | εἴ τις ἐρεῖ | * θεός * | εἰμι πάρεξ ἑνὸς οὗτος ὀφείλει κόσμον ἴσον τούτῳ |
| IDip. | 5 | 121 | 1 | ἔστι καὶ ἐν Ἅιδου κρίσις ἥνπερ ποιήσει <ὁ> | * θεὸς * | ὁ πάντων δεσπότης οὗ τὸ ὄνομα φοβερόν <ἐστιν> οὐδ' |
| IDip. | 5 | 121 | 2 | θνητῶν οἴεται τὸ ὑφ' ἡμέραν κακόν τι πράσσων τοὺς | * θεοὺς * | λεληθέναι δοκεῖ πονηρὰ καὶ δοκῶν ἁλίσκεται ὅταν |
| IDip. | 5 | 121 | 3 | ἄγουσα τυγχάνῃ Δίκη. ὁρᾶτε ὅσοι δοκεῖτε οὐκ εἶναι | * θεόν. * | δὶς ἐξαμαρτάνοντες οὐκ εὐγνωμόνως ἔστι<ν> γὰρ |
| IMen. | 5 | 119 | 2 | δι' ἐλέφαντος ἢ σμαράγδου ζῴδια εὔνουν νομίζει τὸν | * θεὸν * | καθιστάναι πεπλάνηται ἐκεῖνος καὶ φρένας κούφας |

| | | | | | | |
|---|---|---|---|---|---|---|
| IMen. | 5 | 119 | 2 | δή; μηδὲ βελόνης ἔναμμα ἐπιθυμήσης ⟨Πάμ⟩φιλε ὁ γὰρ | * θεὸς * | βλέπει σε πλησίον παρών. μηδὲ βελόνης ὦ φίλτατε |
| IMen. | 5 | 120 | 1 | βελόνης ὦ φίλτατε ἐπιθυμήσης ποτέ ἀλλοτρίας ὁ γὰρ | * θεὸς * | δικαίοις ἔργοις ἥδεται καὶ οὐκ ἀδίκοις πονοῦντα δὲ |
| IMen. | 5 | 120 | 2 | ὑψῶσαι βίον τὴν γῆν ἀροῦντα νύκτα καὶ τὴν ἡμέραν. | * θεῷ * | δὲ θῦε διὰ τέλους δίκαιος ὢν μὴ λαμπρὸς ὢν ταῖς |
| IMen. | 5 | 120 | 2 | μὴ φύγης μη⟨δὲν⟩ συνειδὼς αὐτὸς αὑτῷ δέσποτα ὁ γὰρ | * θεὸς * | βλέπει σε πλησίον παρών. |
| HDem. | 9 | 19 | 4 | μετ' οὐ πολὺν δὲ χρόνον τὸν | * θεὸν * | τῷ Ἀβραὰμ προστάξαι Ἰσαὰκ τὸν υἱὸν ὁλοκαρπῶσαι |
| HDem. | 9 | 21 | 7 | εἴκοσι. πορευομένῳ δ' αὐτῷ εἰς Χαναὰν ἄγγελον τοῦ | * θεοῦ * | παλαῖσαι καὶ ἅψασθαι τοῦ πλάτους τοῦ μηροῦ τοῦ |
| HDem. | 9 | 21 | 10 | τε οὖν αὐτὸν εἰς Λουζὰ τῆς Βαιθὴλ φάναι τὸν | * θεὸν * | μηκέτι Ἰακὼβ ἀλλ' Ἰσραὴλ ὀνομάζεσθαι. ἐκεῖθεν δὲ |
| HDem. | 9 | 29 | 15 | μὴ ἔχοντα δὲ ὕδωρ ἐκεῖ γλυκὺ ἀλλὰ πικρὸν τοῦ | * θεοῦ * | εἰπόντος ξύλον τι ἐμβαλεῖν εἰς τὴν πηγὴν καὶ |
| HEup. | 9 | 30 | 2 | δὲ ταῦτα προφήτην γενέσθαι Σαμουήλ. εἶτα τῇ τοῦ | * θεοῦ * | βουλήσει ὑπὸ Σαμουὴλ Σαοῦλον βασιλέα αἱρεθῆναι |
| HEup. | 9 | 30 | 5 | βουλόμενόν τε τὸν Δαβὶδ οἰκοδομῆσαι ἱερὸν τῷ | * θεῷ * | ἀξιοῦν τὸν θεὸν τόπον αὐτῷ δεῖξαι τοῦ θυσιαστηρίου. |
| HEup. | 9 | 30 | 5 | τε τὸν Δαβὶδ οἰκοδομῆσαι ἱερὸν τῷ θεῷ ἀξιοῦν τὸν | * θεὸν * | τόπον αὐτῷ δεῖξαι τοῦ θυσιαστηρίου. ἔνθα δὴ ἄγγελον |
| HEup. | 9 | 31 | 1 | τὴν βασιλείαν παρὰ Δαβὶδ τοῦ πατρὸς διὰ τοῦ | * θεοῦ * | τοῦ μεγίστου ⟨καὶ⟩ ἐπιτεταχότος μοι οἰκοδομῆσαι |
| HEup. | 9 | 31 | 1 | ⟨καὶ⟩ ἐπιτεταχότος μοι οἰκοδομῆσαι ἱερὸν τῷ | * θεῷ * | ὃς τὸν οὐρανὸν καὶ τὴν γῆν ἔκτισεν ἅμα δέ σοι γράψαι |
| HEup. | 9 | 32 | 1 | χρηστοῦ ἀνδρὸς καὶ δεδοκιμασμένου ὑπὸ τηλικούτου | * θεοῦ. * | περὶ δὲ ὧν γράφεις μοι περὶ τῶν κατὰ τοὺς λαοὺς |
| HEup. | 9 | 33 | 1 | τὴν βασιλείαν παρὰ Δαβὶδ τοῦ πατρὸς διὰ τοῦ | * θεοῦ * | τοῦ μεγίστου ἐπιτεταχότος μοι οἰκοδομῆσαι ἱερὸν τῷ |
| HEup. | 9 | 33 | 1 | τοῦ μεγίστου ἐπιτεταχότος μοι οἰκοδομῆσαι ἱερὸν τῷ | * θεῷ * | ὃς τὸν οὐρανὸν καὶ τὴν γῆν ἔκτισεν ἅμα δὲ καὶ σοὶ |
| HEup. | 9 | 33 | 1 | συμπαραστήσονται ἡμῖν μέχρι τοῦ ἐπιτελέσαι τὴν τοῦ | * θεοῦ * | χρείαν καθότι μοι ἐπιτέτακται. γέγραφα δὲ καὶ εἰς |
| HEup. | 9 | 34 | 1 | Σολομῶνι βασιλεῖ μεγάλῳ χαίρειν. εὐλογητὸς ὁ | * θεὸς * | ὃς τὸν οὐρανὸν καὶ τὴν γῆν ἔκτισεν ὃς εἵλετο |
| HEup. | 9 | 34 | 1 | παρὰ σοῦ ἐπιστολὴν σφόδρα ἐχάρην καὶ εὐλόγησα τὸν | * θεὸν * | ἐπὶ τῷ παρειληφέναι σέ τὴν βασιλείαν. περὶ δὲ ὧν |
| HEup. | 9 | 34 | 4 | Ἱεροσόλυμα. καὶ ἄρξασθαι οἰκοδομεῖν τὸ ἱερὸν τοῦ | * θεοῦ * | ὄντα ἐτῶν τρισκαίδεκα ἐργάζεσθαι δὲ τὰ ἔθνη τὰ |
| HEup. | 9 | 34 | 4 | κατὰ μῆνα φυλὴν μίαν. θεμελιῶσαί τε τὸν ναὸν τοῦ | * θεοῦ * | μῆκος πηχῶν ξ' πλάτος πηχῶν ξ' τὸ δὲ πλάτος τῆς |
| HEup. | 9 | 34 | 4 | ι' οὕτω γὰρ αὐτῷ προστάξαι Νάθαν τὸν προφήτην τοῦ | * θεοῦ. * | οἰκοδομεῖν δὲ ἐναλλὰξ δόμον λίθινον καὶ ἔνδεσμον |
| HEup. | 9 | 34 | 14 | πόλιν τειχίσαντα ἐλθεῖν εἰς Σηλὼμ καὶ θυσίαν τῷ | * θεῷ * | εἰς ὁλοκάρπωσιν προσαγαγεῖν βοῦς χιλίους. λαβόντα δὲ |
| HEup. | 9 | 34 | 16 | προστάξαι αὐτῷ τὸν προφήτην. προσαγαγεῖν δὲ τῷ | * θεῷ * | θυσίαν μυρίαν πρόβατα δισχίλια μόσχους τρισχιλίους |
| HEup. | 9 | 39 | 2 | προφητεῦσαι Ἱερεμίαν τὸν προφήτην. τοῦτον ὑπὸ τοῦ | * θεοῦ * | ἀποσταλέντα καταλαβεῖν τοὺς Ἰουδαίους θυσιάζοντας |
| HArt. | 9 | 27 | 4 | νομοὺς διελεῖν καὶ ἑκάστῳ τῶν νομῶν ἀποτάξαι τὸν | * θεὸν * | σεφθήσεσθαι τά τε ἱερὰ γράμματα τοῖς ἱερεῦσιν εἶναι |
| HArt. | 9 | 27 | 21 | κολάζωνται ὑπ' αὐτοῦ. τὸν δὲ Μώϋσον εὔχεσθαι τῷ | * θεῷ * | ἤδη ποτέ τοὺς λαοὺς παῦσαι τῶν κακοπαθειῶν. |
| HArt. | 9 | 27 | 24 | γεγονότι κελεῦσαι τῷ Μωΰσῳ τὸ τοῦ πέμψαντος αὐτὸν | * θεοῦ * | εἰπεῖν ὄνομα διαχλευάσαντα αὐτὸν τὸν δὲ προσκύψαντα |
| HArt. | 9 | 27 | 37 | ἔτη ἐν τῇ ἐρήμῳ διατρῖψαι βρέχοντος αὐτοῖς τοῦ | * θεοῦ * | κρίμνον ὅμοιον ἐλύμῳ χιόνι παραπλήσιον τὴν χρόαν. |
| HArl. | 9 | 25 | 3 | Ἰωβὰβ ὀνομάζεσθαι. πειράζοντα δ' αὐτὸν τὸν | * θεὸν * | ἐμμεῖναι μεγάλαις δὲ περιβαλεῖν αὐτὸν ἀτυχίαις. |
| HArl. | 9 | 25 | 4 | αὐτὸν ἔν τε τῇ εὐσεβείᾳ καὶ τοῖς δεινοῖς. τὸν δὲ | * θεὸν * | ἀγασθέντα τὴν εὐψυχίαν αὐτοῦ τῆς τε νόσου αὐτὸν |
| HAno. | 9 | 17 | 3 | πύργον. πεσόντος δὲ τούτου ὑπὸ τῆς τοῦ | * θεοῦ * | ἐνεργείας τοὺς γίγαντας διασπαρῆναι καθ' ὅλην τὴν |
| HAno. | 9 | 17 | 3 | ἐπί τε τὴν εὐσέβειαν ὁρμήσαντα εὐαρεστῆσαι τῷ | * θεῷ. * | τοῦτον δὲ διὰ τὰ προστάγματα τοῦ θεοῦ εἰς Φοινίκην |
| HAno. | 9 | 17 | 4 | τῷ θεῷ. τοῦτον δὲ διὰ τὰ προστάγματα τοῦ | * θεοῦ * | εἰς Φοινίκην ἐλθόντα κατοικῆσαι καὶ τροπὰς ἡλίου |
| HAno. | 9 | 17 | 6 | ὑψίστου παρὰ δὲ τοῦ Μελχισεδὲκ ἱερέως ὄντος τοῦ | * θεοῦ * | καὶ βασιλεύοντος λαβεῖν δῶρα. λιμοῦ δὲ γενομένου |
| HAno. | 9 | 17 | 9 | γενέσθαι υἱὸν Μαθουσάλαν ὃν πάντα δι' ἀγγέλων | * θεοῦ * | γνῶναι καὶ ἡμᾶς οὕτως ἐπιγνῶναι. τὸν Ἀβραὰμ |
| HAno. | 9 | 18 | 2 | οἰκοῦντας ἐν τῇ Βαβυλωνίᾳ διὰ τὴν ἀσέβειαν ὑπὸ τῶν | * θεῶν * | ἀναιρεθῆναι ὧν ἕνα Βῆλον ἐκφεύγοντα τὸν θάνατον ἐν |
| HCal. | | 24 | 36 | τὸ σχῆμα. φράσον δή μοι καὶ τίνα ὑμεῖς σέβεσθε | * θεόν; * | οὐ γὰρ ἐν τοῖς παρ' ἡμῖν θεοῖς τοιαύτην εὐταξίαν |
| HCal. | | 24 | 37 | τίνα ὑμεῖς σέβεσθε θεόν; οὐ γὰρ ἐν τοῖς παρ' ἡμῖν | * θεοῖς * | τοιαύτην εὐταξίαν εἶδον ἱερέων. ὁ δέ φησιν θεὸν |
| HCal. | | 24 | 38 | θεοῖς τοιαύτην εὐταξίαν εἶδον ἱερέων. ὁ δέ φησιν | * θεὸν * | ἡμεῖς ἕνα δουλεύομεν ὃς ἐποίησεν οὐρανὸν καὶ γῆν |
| HCal. | | 24 | 41 | ἐπὶ τούτοις Ἀλέξανδρος ἔφη ⟨ὡς ἀληθινοῦ | * θεοῦ * | ἄξιοι θεραπευταὶ ἄπιτε ἐν εἰρήνῃ⟩ ἄπιτε. ὁ γὰρ θεὸς |
| HCal. | | 24 | 42 | ἄξιοι θεραπευταὶ ἄπιτε ἐν εἰρήνῃ⟩ ἄπιτε. ὁ γὰρ | * θεὸς * | ὑμῶν ἔσται μοι θεὸς καὶ ἡ εἰρήνη μου μεθ' ὑμῶν καὶ |
| HCal. | | 24 | 42 | ἄπιτε ἐν εἰρήνῃ⟩ ἄπιτε. ὁ γὰρ θεὸς ὑμῶν ἔσται μοι | * θεὸς * | καὶ ἡ εἰρήνη μου μεθ' ὑμῶν καὶ οὐ μὴ διεξέλθω ὑμᾶς |
| HCal. | | 24 | 44 | ὑμᾶς καθὼς καὶ ἐν τοῖς λοιποῖς ἔθνεσιν ὅτι | * θεῷ * | ζῶντι ὑμεῖς δεδουλεύκατε. λαβόντες δὲ χρημάτων πλήθη |
| HCal. | | 24 | 48 | ταῦτα τὰ δῶρα καὶ ἐμοὶ ἀφωρισμένος φόρος κυρίῳ τῷ | * θεῷ. * | ἐγὼ δὲ οὐ λήψομαι ἐξ ὑμῶν οὐδέν. διατρίψας οὖν |
| HCal. | | 28 | 13 | ἐν τῷ πύργῳ καὶ στὰς πάντας ἐξουθένησεν τοὺς | * θεοὺς * | τῆς γῆς ⟨καὶ μόνον θεὸν ἀληθινὸν ἀνεκήρυξεν |
| HCal. | | 28 | 13 | πάντας ἐξουθένησεν τοὺς θεοὺς τῆς γῆς ⟨καὶ μόνον | * θεὸν * | ἀληθινὸν ἀνεκήρυξεν ἀκατανόητον ἀθεώρητον |
| HCal. | | 28 | 16 | ἐν τούτοις στὰς Ἀλέξανδρος ηὔξατο καὶ ὦ | * θεὲ * | θεῶν εἶπε καὶ δημιουργὲ ὁρατῶν καὶ ἀοράτων συνεργός |
| HCal. | | 28 | 16 | ἐν τούτοις στὰς Ἀλέξανδρος ηὔξατο καὶ ὦ θεὲ | * θεῶν * | εἶπε καὶ δημιουργὲ ὁρατῶν καὶ ἀοράτων συνεργός μοι |
| LThe. | 9 | 22 | 7 | ἄπο καὶ ῥ' ἐτέλεσσεν ἀστεμφὲς δὲ τέτυκται ἔπει | * θεὸς * | αὐτὸς ἔειπε. πορευθέντος οὖν εἰς τὴν πόλιν τοῦ |
| LThe. | 9 | 22 | 8 | ἐπὶ τὴν πρᾶξιν παρορμῆσαι λόγιον προφερόμενον τὸν | * θεὸν * | ἀνελεῖν φάμενον τοῖς Ἀβραὰμ ἀπογόνοις δέκα ἔθνη |
| LThe. | 9 | 22 | 9 | ἔθνη δώσειν. εὖ γὰρ ἐγὼ μῦθόν ⟨γε⟩ πεπυσμένος εἰμὶ | * θεοῖο * | δώσειν γὰρ ποτ' ἔφησε δέκ' ἔθνεα παισὶν Ἀβραάμ. |
| LThe. | 9 | 22 | 9 | γὰρ ποτ' ἔφησε δέκ' ἔθνεα παισὶν Ἀβραάμ. τὸν δὲ | * θεὸν * | αὐτοῖς τοῦτον τὸν νοῦν ἐμβαλεῖν διὰ τὸ τοὺς ἐν |
| LThe. | 9 | 22 | 9 | διὰ τὸ τοὺς ἐν Σικίμοις ἀσεβεῖς εἶναι. βλάπτε | * θεὸς * | Σικίμων οἰκήτορας οὐ γὰρ ἔτιον εἰς αὐτοὺς ὅστις κε |
| LEze. | 9 | 28 | 3 04 | ἅπαντα μυθεύσασα καὶ λέξασά μοι γένος πατρῷον καὶ | * θεοῦ * | δωρήματα. ἕως μὲν οὖν τὸν παιδὸς εἴχομεν χρόνον |
| LEze. | 9 | 29 | 6 01 | ἐξ ὕπνου. ὦ ξένε καλόν σοι τοῦτ' ἐσήμηνεν | * θεὸς * | ζῴην δ' ὅταν σοι ταῦτα συμβαί⟨ν⟩ῃ ποτέ. ἆρά γε |
| LEze. | 9 | 29 | 6 06 | τ' οἰκουμένην καὶ τὰ ὑπένερθε καὶ ὑπὲρ οὐρανὸν | * θεοῦ * | ὄψει τά τ' ὄντα τά τε προτοῦ τά θ' ὕστερον. ἔα τί |
| LEze. | 9 | 29 | 8 09 | δ' ἔξεστί σοι ἐμῶν ἀκούειν τῶν ἕκατ' ἐλήλυθα. ἐγὼ | * θεὸς * | σῶν ὧν λέγεις γεννητόρων Ἀβραάμ τε καὶ Ἰσαὰκ καὶ |
| LEze. | 9 | 29 | 11 01 | ἐναντίον σὺ μὲν πρὸς ἡμᾶς ὁ δὲ λαβὼν σέθεν πάρα. | * (Θ). * | τί δ' ἐν χεροῖν σοῖν τοῦτ' ἔχεις; λέξον τάχος. (Μ). |
| LEze. | 9 | 29 | 11 03 | (Μ). ῥάβδον τετραπόδων καὶ βροτῶν κολάστριαν. | * (Θ). * | ῥῖψον πρὸς οὖδας καὶ ἀποχώρησον ταχύ. δράκων γὰρ |
| LEze. | 9 | 29 | 11 08 | σύ με πέφρικ' ἰδὼν μέλη δὲ σώματος τρέμει. | * (Θ). * | μηδὲν φοβηθῇς χεῖρα δ' ἐκτείνας λαβὲ οὐρὰν πάλιν δὲ |
| LEze. | 9 | 29 | 11 12 | τε. (Μ). ἰδοὺ τὸ ταχθὲν γέγονεν ὡσπερεὶ χιών. | * (Θ). * | ἔνθες πάλιν δ' εἰς κόλπον ἔσται δ' ὥσπερ ἦν. ἐν |
| LEze. | 9 | 29 | 12 26 | παντὶ μηνὸς οὗ λέγω διχομηνίᾳ τὸ πάσχα θύσαντας | * θεῷ * | τῇ πρόσθε νυκτὶ αἵματι ψαῦσαι θύρας ὅπως παρέλθῃ |
| LEze. | 9 | 29 | 12 40 | πάντες τοσαύτας ἡμέρας ἔτος κάτα ἄζυμα ἔδεσθε καὶ | * θεῷ * | λατρεύσετε τὰ πρωτότευκτα ζῷα θύοντες θεῷ ὅσ' ἂν |
| LEze. | 9 | 29 | 12 41 | καὶ θεῷ λατρεύσετε τὰ πρωτότευκτα ζῷα θύοντες | * θεῷ * | ὅσ' ἂν τέκωσι παρθένοι πρώτως τέκνα τἄρσενικὰ |
| LEze. | 9 | 29 | 13 17 | τῶνδ' ἀπαλλαγήσεται καὶ τοῦδε μηνὸς ἔξοδον διδοῖ | * θεὸς * | ἀρχὴ δὲ μηνῶν καὶ χρόνων οὗτος πέλει. ὡς γὰρ σὺν |
| LEze. | 9 | 29 | 14 21 | ἔνδακρυν φωνὴν πρὸς αἰθέρα τ' ἐτάθησαν ἀθρόοι | * θεὸν * | πατρῷον. ἦν πολὺς δ' ἀνδρῶν ὄχλος. ἡμᾶς δὲ χάρμα |
| LEze. | 9 | 29 | 14 33 | μέσος. κἄπειθ' ὁ κείνων ἡγεμὼν Μωσῆς λαβὼν ῥάβδον | * θεοῦ * | τῇ δὴ πρὶν Αἰγύπτῳ κακὰ σημεῖα καὶ τεράατ' |
| LEze. | 9 | 29 | 14 44 | ὤφθη τι ἡμῖν ὡς μὲν εἰκάζειν παρῆν αὐτοῖς ἀρωγὸς ὁ | * θεός. * | ὡς δ' ἤδη πέραν ἦσαν θαλάσσης κῦμα δ' ἐρροίβδει |
| LArl. | 8 | 10 | 2 | τὰς ἐκδοχὰς καὶ τὴν ἁρμόζουσαν ἔννοιαν περὶ | * θεοῦ * | κρατεῖν καὶ μὴ ἐκπίπτειν εἰς τὸ μυθῶδες καὶ |
| LArl. | 8 | 10 | 8 | λέγων ὁ Μωσῆς οὕτως ἐν χειρὶ κραταιᾷ ἐξήγαγεν ὁ | * θεός * | σε ἐξ Αἰγύπτου. καὶ πάλιν εἰρηκέναι αὐτῷ φησι τὸν |
| LArl. | 8 | 10 | 8 | σε ἐξ Αἰγύπτου. καὶ πάλιν εἰρηκέναι αὐτῷ φησι τὸν | * θεὸν * | ἀποστελῶ τὴν χεῖρά μου καὶ πατάξω τοὺς Αἰγυπτίους. |
| LArl. | 8 | 10 | 8 | μέγας ὥστε δηλοῦσθαι τὰς χεῖρας ἐπὶ δυνάμεως εἶναι | * θεοῦ * | καὶ γὰρ ἔστι μεταφέροντας νοῆσαι τὴν πᾶσαν ἰσχὺν |
| LArl. | 8 | 10 | 9 | μετενήνοχε λέγων τὰς συντελείας χεῖρας εἶναι | * θεοῦ. * | στάσις δὲ θεία καλῶς ἂν λέγοιτο κατὰ τὸ μεγαλεῖον |
| LArl. | 8 | 10 | 10 | ἡ τοῦ κόσμου κατασκευή. καὶ γὰρ ἐπὶ πάντων ὁ | * θεὸς * | καὶ πάνθ' ὑποτέτακται καὶ στάσιν εἴληφεν ὥστε τοὺς |
| LArl. | 8 | 10 | 12 | ἡ θεία κατὰ ταῦτα ἂν λέγοιτο πάντων ὑποκειμένων τῷ | * θεῷ. * | λέγεται δὲ καὶ κατάβασις ἐπὶ τὸ ὄρος θεία γεγονέναι |
| LArl. | 8 | 10 | 12 | καιρὸν ἵνα πάντες θεωρήσωσι τὴν ἐνέργειαν τοῦ | * θεοῦ. * | κατάβασις γὰρ αὕτη σαφής ἐστι καὶ περὶ τούτων οὖν |
| LArl. | 8 | 10 | 12 | ἄν τις ἐξηγήσαιτο βουλόμενος συντηρεῖν τὸν περὶ | * θεοῦ * | λόγον. δηλοῦται γὰρ ὡς τὸ ὄρος ἐκαίετο πυρὶ καθώς |
| LArl. | 8 | 10 | 13 | ἐκαίετο πυρὶ καθώς φησιν ἡ νομοθεσία διὰ τὸ τὸν | * θεὸν * | καταβεβηκέναι σαλπίγγων τε φωνὰς καὶ τὸ πῦρ |
| LArl. | 8 | 10 | 15 | ὥστε τὴν κατάβασιν μὴ τοπικὴν εἶναι πάντη γὰρ ὁ | * θεός * | ἐστιν. ἀλλὰ τὴν τοῦ πυρὸς δύναμιν παρὰ πάντα |
| LArl. | 8 | 10 | 15 | μηδὲν δ' ἐξαναλίσκουσαν εἰ μὴ τὸ παρὰ τοῦ | * θεοῦ * | δυναμικὸν αὐτῇ προσείη. τῶν γὰρ φυομένων κατὰ τὸ |
| LArl. | 8 | 10 | 17 | ἐνεργείας ἢ κατασκευῆς ὀργάνων γίνεσθαι τὸν δὲ | * θεὸν * | ἄνευ τινὸς δεικνύναι τὴν ἑαυτοῦ διὰ πάντων |
| LArl. | 13 | 12 | 3 | τῆς νομοθεσίας ἡμῖν ὅλην τὴν γένεσιν τοῦ κόσμου | * θεοῦ * | λόγους εἴρηκεν ὁ Μωσῆς. συνεχῶς γάρ φησιν ἐφ' |
| LArl. | 13 | 12 | 3 | ὁ Μωσῆς. συνεχῶς γάρ φησιν ἐφ' ἑκάστου καὶ εἶπεν ὁ | * θεὸς * | καὶ ἐγένετο. δοκοῦσι δέ μοι περιειργασμένοι πάντα |
| LArl. | 13 | 12 | 4 | τε καὶ Σωκράτης καὶ Πλάτων λέγοντες ἀκούειν φωνῆς | * θεοῦ * | τὴν κατασκευὴν τῶν ὅλων συνθεωροῦντες ἀκριβῶς ὑπὸ |
| LArl. | 13 | 12 | 4 | τὴν κατασκευὴν τῶν ὅλων συνθεωροῦντες ἀκριβῶς ὑπὸ | * θεοῦ * | γεγονυῖαν καὶ συνεχομένην ἀδιαλείπτως. ἔτι δὲ καὶ |
| LArl. | 13 | 12 | 4 | πάντα καὶ γενητὰ ὑπάρχειν καὶ ἐπὶ πάντων εἶναι τὸν | * θεόν. * | λέγει δ' οὕτως. καὶ Ἄρατος δὲ περὶ τῶν αὐτῶν |
| LArl. | 13 | 12 | 6 | καὶ Ἄρατος δὲ περὶ τῶν αὐτῶν φησιν οὕτως ἐκ | * θεοῦ * | ἀρχώμεσθα τὸν οὐδέποτ' ἄνδρες ἐῶσιν ἄρρητον μεσταὶ |
| LArl. | 13 | 12 | 6 | τὸν οὐδέποτ' ἄνδρες ἐῶσιν ἄρρητον μεσταὶ δὲ | * θεοῦ * | πᾶσαι μὲν ἀγυιαὶ πᾶσαι δ' ἀνθρώπων ἀγοραὶ μεστὴ δὲ |
| LArl. | 13 | 12 | 6 | ἀγοραὶ μεστὴ δὲ θάλασσα καὶ λιμένες πάντη δὲ | * θεοῦ * | κεχρήμεθα πάντες. τοῦ γὰρ καὶ γένος ἐσμέν ὁ δ' |
| LArl. | 13 | 12 | 7 | δεδεῖχθαι διότι διὰ πάντων ἐστὶν ἡ δύναμις τοῦ | * θεοῦ. * | καθὼς δὲ δεῖ σεσημάγκαμεν περιαιροῦντες τὸν διὰ |
| LArl. | 13 | 12 | 7 | Δία καὶ Ζῆνα τὸ γὰρ τῆς διανοίας αὐτῶν ἐπὶ | * θεὸν * | ἀναπέμπεται διόπερ οὕτως ἡμῖν εἴρηται. οὐκ |
| LArl. | 13 | 12 | 8 | γὰρ τοῖς φιλοσόφοις ὁμολογεῖται διότι δεῖ περὶ | * θεοῦ * | διαλήψεις ὁσίας ἔχειν ὃ μάλιστα παρακελεύεται καλῶς |
| LArl. | 13 | 12 | 9 | ἀγαθῶν τῶν κατὰ ἀλήθειαν. ἐχομένως δ' ἐστὶν ὡς ὁ | * θεὸς * | ⟨ὃς⟩ τὸν ὅλον κόσμον κατεσκεύακε καὶ δέδωκεν |
| LArl. | 13 | 12 | 11 | διασαφούμενον διὰ τῆς νομοθεσίας ἀποπεπαυκέναι τὸν | * θεὸν * | ἐν αὐτῇ τοῦτο οὐχ ὡς τινες ὑπολαμβάνουσι μηκέτι |
| LArl. | 13 | 12 | 11 | οὐχ ὡς τινες ὑπολαμβάνουσι μηκέτι ποιεῖν τι τὸν | * θεὸν * | καθέστηκεν ἀλλ' ἐπὶ τῷ καταπεπαυκέναι τὴν τάξιν |
| FrAn. | 1 | 217 | 2 | τὴν σοφίαν Σολομῶντος εὗρεν εὐθὺς ὁ ἐλεῶν πτωχὸν | * θεῷ * | δανείζει. καὶ εἰς ἑαυτὸν γενόμενος καὶ κατανυγεὶς |
| FrAn. | 1 | 217 | 8 | ἀπελεύσομαι εἰς Ἱερουσαλὴμ καὶ διακρινοῦμαι τῷ | * θεῷ * | μου ὅτι ἐπλάνησέ με διασκορπίσαι τὰ ὑπάρχοντά μου. |
| FrAn. | 1 | 218 | 1 | εἰπέ. μὴ δίσταζε ἐν τῇ καρδίᾳ σου μηδὲ ἀπίστει τῷ | * θεῷ * | διὰ τῆς γραφῆς λέγοντι ὁ ἐλεῶν πτωχὸν θεῷ δανείζει. |
| FrAn. | 1 | 218 | 1 | τῷ θεῷ διὰ τῆς γραφῆς λέγοντι ὁ ἐλεῶν πτωχὸν | * θεῷ * | δανείζει. ἰδοὺ γὰρ ἐν τῷ νῦν αἰῶνι ἐξεπλήρωσά σοι |
| FrAn. | 1 | 226 | 52 | ετερον συγγονον⟨ – ⟩ημος των υιων Ιακωβ κ⟨ – τ⟩ον | * θν * | νυνι σωσον ημας ο θ⟨ς Αβρααμ – ⟩ενοι δε τον φοβον |
| FrAn. | 1 | 226 | 52 | των υιων Ιακωβ κ⟨ – τ⟩ον θν νυνι σωσον ημας ο | * θ⟨ς * | Αβρααμ – ⟩ενοι δε τον φοβον προς βραχ⟨υ – – βα⟩σιλει |
| FrAn. | 1 | 227 | 9 | – – απ⟩οκτιναι ημας ομ⟨ αμαρ⟩τιαις ταις σαις ο | * θς * | Ια⟨κωβ – – ⟩και οπερ ου ζητω απεκρ⟨ – Συ⟩μεων που μη |

FrAn. 1 227 28 αυτω< - - >αυτοις< - >ως δικαιως ταυτα< - - >ο * θς * Ιωσηφ μνησ<θεις - - >υμων βοησω ο Ρουβη<ν - -
FrAn. 574 3019 ἔστιν δὲ ὁ ὁρκισμὸς οὗτος ὁρκίζω σε κατὰ τοῦ * θεοῦ * τῶν Ἑβραίων Ἰησοῦ ιαβα ιαη ἀβραωθ Αια θωθ ελε ελω
FrAn. 574 3027 δαιμονα τοῦ πλάσματος τούτου ὃ ἔπλασεν ὁ * θεὸς * ἐν τῷ ἁγίῳ ἑαυτοῦ παραδείσῳ ὅτι ἐπεύχομαι ἅγιον
FrAn. 574 3028 ἐν τῷ ἁγίῳ ἑαυτοῦ παραδείσῳ ὅτι ἐπεύχομαι ἅγιον * θεὸν * ἐπὶ αμμωνιψεντανχω. λόγος ὁρκίζω σε λαβρείᾳ ιακουθ
FrAn. 574 3045 ἢ Φαρισαῖον. λάλησον ὁποῖον ἐὰν ἦς ὅτι ὁρκίζω σε * θεὸν * φωσφόρον ἀδάμαστον τὸν τὰ ἐν καρδίᾳ πάσης ζωῆς
FrAn. 574 3052 δύναμις ἢ ἀγγέλων ἀρχαγγέλων. ὁρκίζω σε μέγαν * θεὸν * Σαβαὼθ δι' ὃν ὁ Ἰορδάνης ποταμὸς ἀνεχώρησεν εἰς τὰ
θεοσεβέω 1
TJos. 6 7 μετανοήσεις. ἵνα δὲ μάθῃς ὅτι τῶν ἐν σωφροσύνῃ * θεοσεβούντων * οὐ κατισχύει κακία ἀσεβούντων λαβὼν ἐνώπιον
θεοσεβής 16
TNep. 1 10 ὁ δὲ Ῥώθεος ἐκ τοῦ γένους ἦν Ἀβραὰμ Χαλδαῖος * θεοσεβὴς * ἐλεύθερος καὶ εὐγενής. καὶ αἰχμαλωτισθεὶς
Asen. 4 7 ἐκ τοῦ ἐπερχομένου λιμοῦ. καὶ ἔστιν Ἰωσὴφ ἀνὴρ * θεοσεβὴς * καὶ σώφρων καὶ παρθένος ὡς σὺ σήμερον καὶ ἔστιν
Asen. 8 5 ὡραῖα. καὶ εἶπεν Ἰωσὴφ οὐκ ἔστι προσῆκον ἀνδρὶ * θεοσεβεῖ * ὃς εὐλογεῖ τῷ στόματι αὐτοῦ τὸν θεὸν τὸν ζῶντα
Asen. 8 6 ἐνέδρας καὶ χρίεται χρίσματι ἀπωλείας. ἀλλ' ἀνὴρ * θεοσεβὴς * φιλήσει τὴν μητέρα αὐτοῦ καὶ τὴν ἀδελφὴν τὴν ἐκ
Asen. 8 7 αὐτῶν τὸν θεὸν τὸν ζῶντα. ὁμοίως καὶ γυναικὶ * θεοσεβεῖ * οὐκ ἔστι προσῆκον φιλῆσαι ἄνδρα ἀλλότριον διότι
Asen. 21 1 τῆς Ἀσενὲθ διότι εἶπεν Ἰωσὴφ οὐ προσήκει ἀνδρὶ * θεοσεβεῖ * πρὸ τῶν γάμων κοιμηθῆναι μετὰ τῆς γυναικὸς
Asen. 23 9 πρὸς τὸν ἄνδρα τοῦτον; καὶ ἡμεῖς ἐσμέν ἄνδρες * θεοσεβεῖς * καὶ οὐ προσήκει ἡμῖν ἀποδοῦναι κακὸν ἀντὶ
Asen. 23 10 ἡμῶν κατὰ τὰ ῥήματα ταῦτα; καὶ ἡμεῖς ἐσμέν ἄνδρες * θεοσεβεῖς * καὶ ὁ πατὴρ ἡμῶν ἐστὶ φίλος τοῦ θεοῦ τοῦ
Asen. 23 12 καὶ νῦν ἄκουε τῶν ῥημάτων μου. οὐ προσήκει ἀνδρὶ * θεοσεβεῖ * ἀδικεῖν πάντα ἄνθρωπον κατ' οὐδένα τρόπον. ἐὰν
Asen. 23 12 οὐδένα τρόπον. ἐὰν δέ τις ἀδικῆσαι βούλεται ἄνδρα * θεοσεβῆ * οὐκ ἀμύνεται αὐτῷ ὁ ἀνὴρ ἐκεῖνος ὁ θεοσεβὴς
Asen. 23 12 ἄνδρα θεοσεβῆ οὐκ ἀμύνεται αὐτῷ ὁ ἀνὴρ ἐκεῖνος ὁ * θεοσεβὴς * διότι ῥομφαία οὐκ ἔστιν ἐν ταῖς χερσὶν αὐτοῦ.
Asen. 28 5 εἰσιν. καὶ οἴδαμεν ὅτι οἱ ἀδελφοὶ ἡμῶν ἄνδρες εἰσὶ * θεοσεβεῖς * καὶ μὴ ἀποδιδόντες κακὸν ἀντὶ κακοῦ τινι
Asen. 28 7 ἀπὸ τῶν ἀδελφῶν ὑμῶν διότι αὐτοὶ εἰσιν ἄνδρες * θεοσεβεῖς * καὶ φοβούμενοι τὸν θεὸν καὶ αἰδούμενοι πάντα
Asen. 29 3 ἄδελφε ποιήσεις τὸ πρᾶγμα τοῦτο διότι ἡμεῖς ἄνδρες * θεοσεβεῖς * ἐσμέν καὶ οὐ προσήκει ἀνδρὶ θεοσεβεῖ ἀποδοῦναι
Asen. 29 3 ἡμεῖς ἄνδρες θεοσεβεῖς ἐσμέν καὶ οὐ προσήκει ἀνδρὶ * θεοσεβεῖ * ἀποδοῦναι κακὸν ἀντὶ κακοῦ οὐδὲ πεπτωκότα
Aris. 179 3 τηνικαῦτα ἀσπασάμενος τοὺς ἄνδρας εἶπε δίκαιον ἦν * θεοσεβεῖς * ἄνδρες ὧν χάριν ὑμᾶς μετεπεμψάμην ἐκείνοις
θεότευκτος 2
Sib. 5 150 φωλεῶν μετὰ τῶνδε κακῶν εἰς ἔθνος ἀληθὲς ὃς ναὸν * θεότευκτον * ἕλεν καὶ ἔφλεξε πολίτας λαοὺς εἰσανιόντας
Sib. 5 502 μέγας ἔσσεται ἁγνὸς κεἰς αὐτὸν θυσίας οἴσει λαὸς * θεότευκτος * κείνοισιν δώσει θεὸς ἄφθιτος <ἐμ>βιοτεύειν.
θεότης 4
Sedr. 2 4 ἕως τρίτου οὐρανοῦ καὶ ἔστη ἐν αὐτῷ ἡ φλὸξ τῆς * θεότητος. * καὶ λέγει αὐτὸν ὁ κύριος καλῶς ἦλθες ἀγαπητέ
Sedr. 7 8 ἀντὶ κακοῦ μὴ ἀποδώσῃς; πῶς ἐστιν δέσποτα; τῆς * θεότητός * σου ὁ λόγος οὐδέποτε ψεύδεται καὶ διά τί
Sedr. 14 8 ἵνα μετανοήσωσιν ἀλλὰ ποιοῦσιν ἃ μισεῖ μου ἡ * θεότης * καὶ οὐκ ἤκουσαν τὸν σοφὸν ἐρωτῶντα λέγων
Sedr. 15 2 ὁ ἁμαρτωλοὺς ἐλεῶν καὶ οἰκτείρων ἀλλ' ἡ σὴ * θεότης * εἶπεν οὐκ ἦλθον δικαίους καλέσαι ἀλλὰ ἁμαρτωλοὺς
θεότιμος 1
Sib. 5 268 ἐπιστήσονται παντοίαις θυσίαισι καὶ εὐχαῖς ἐν * θεοτίμοις * ἐκ μικρᾶς στενότητος ὅσοι καμάτους ὑπέμειναν
θεοϋφαντός * 1
Abr.1 20 10 τιμίαν αὐτοῦ ψυχὴν ἐν ταῖς χερσὶν αὐτῶν ἐν σινδόνι * θεοϋφαντῷ. * καὶ μυρίσμασι θεοπνεύστοις καὶ ἀρώμασιν
θεοφιλής 2
Aris. 287 1 ἢ μουσικώτερον οὐκ ἂν εὕροις τι τούτων οὗτοι γὰρ * θεοφιλεῖς * εἰσι πρὸς τὰ κάλλιστα πεπαιδευκότες τὰς
FJub. 11 16 ἐκεῖνος πρὸ τῆς τούτου γεννήσεως τετελευτηκέναι. * θεοφιλὴς * δὲ ὢν καὶ τοῖς κτίσμασι τὸν νοῦν ἑαυτοῦ μὴ
Θεόφιλος 2
Aris. 49 3 Ἰάσων Ἰησοῦς Θεόδοτος Ἰωάννης Ἰωνάθας. ἐνάτης * Θεόφιλος * Ἄβραμος Ἄρσαμος Ἰάσων Ἐνδεμίας Δανίηλος.
HThe. 9 34 19 * θεοφιλου * περι σολομωνος. τὸν περισσεύσαντα χρυσὸν τὸν
θεόχριστος 1
Sib. 5 68 τέτυκται; ἀνθ' ὧν ἐξεμάνης ἐς ἐμοὺς παῖδας * θεοχρίστους * καί τε κάκην ὤτρυνας ἐπ' ἀνδράσι τοῖς
θεόω 1
Aris. 136 1 ἔχοντες τὴν ἀναισθησίαν. εἴτε γὰρ κατ' ἐκεῖνό τις * θεοῖ * κατὰ τὴν ἐξεύρεσιν παντελῶς ἀνόητον τῶν γὰρ ἐν τῇ
θεράπαινα 1
Job 14 4 δοξάσωσιν τὸν κύριον. καὶ εἴ ποτε διεγόγγυζον αἱ * θεράπαιναί * μου ἀνελάμβανον τὸ ψαλτήριον καὶ τὸν μισθὸν
θεραπαινίς 1
Job 15 3 τρεῖς ἀδελφὰς μεθ' ἑαυτῶν τὰ δὲ ἐπικείμενα ταῖς * θεραπαινίσιν, * ἐπειδὴ γὰρ καὶ οἱ υἱοί μου ἀνέκειντο τοῖς
θεραπεία 5
Asen. 5 1 ἀπεκρίθη αὐτῷ. καὶ εἰσεπήδησε νεανίσκος ἐκ τῆς * θεραπείας * Πεντεφρῆ καὶ λέγει ἰδοὺ Ἰωσὴφ πρὸ τῶν θυρῶν
Asen. 18 1 ταῦτα ἐν ἑαυτῇ ἰδοὺ εἰσεπήδησε νεανίσκος ἐκ τῆς * θεραπείας * Πεντεφρῆ καὶ λέγει ἰδοὺ Ἰωσὴφ ὁ δυνατὸς τοῦ
Prop. 17 4B σοῦ νομίζεις γεγενῆσθαι τὸ τραῦμα διὰ σοῦ καὶ ἡ * θεραπεία * γενήσεται. ἀπελθὼν οὖν ἤλεγξεν αὐτὸν ἐπὶ
Job 38 8 ἀποκριθεὶς δὲ εἶπον ἡ ἐμὴ ἴασις καὶ ἡ ἐμὴ * θεραπεία * παρὰ κυρίου ἐστίν, τοῦ καὶ τοὺς ἰατροὺς
Aris. 303 3 ἐγίνετο μετὰ δὲ ταῦτα περὶ τὴν τοῦ σώματος * θεραπείαν * ἀπελύοντο γίνεσθαι χορηγουμένων αὐτοῖς δαψιλῶς
θεραπευτής 1
HCal. 24 41 τούτοις Ἀλέξανδρος ἔφη <ὡς ἀληθινοῦ θεοῦ ἄξιοι * θεραπευταὶ * ἄπιτε ἐν εἰρήνῃ> ἄπιτε. ὁ γὰρ θεὸς ὑμῶν ἔσται
θεραπεύω 7
TJos. 7 2 οἱ στεναγμοὶ τοῦ πνεύματός μου συνέχουσί με. καὶ * ἐθεράπευεν * αὐτὴν μὴ ἀσθενοῦσαν. τότε εἰσεπήδησε πρός με
Asen. 29 4 σου εἰς τὸν τόπον αὐτῆς καὶ δεῦρο βοήθησόν μοι καὶ * θεραπεύσομεν * αὐτὸν ἀπὸ τοῦ τραύματος αὐτοῦ καὶ ἐὰν ζήσῃ
Prop. 2 4 καὶ λαμβάνοντες τοῦ χοὸς τοῦ τόπου δήγματα ἀσπίδων * θεραπεύουσι * (καὶ πολλοὶ αὐτὰ τὰ θηρία καὶ τὰ τοῦ ὕδατος
Job 38 7 τοὺς ἰατροὺς τῶν τριῶν βασιλειῶν ἡμῶν καὶ βούλει * θεραπευθῆναι * ὑπ' αὐτῶν; ἴσως ἀναπαύσει. ἀποκριθεὶς δὲ
Aris. 256 7 καθεστῶτα. ἵνα δ' ἐπίστασιν τούτων λαμβάνωμεν * θεραπεύειν * δεῖ τὸν θεόν. ἐπισημήνας δὲ καὶ τοῦτον ἕτερον
Sib. 3 393 ὀμβρηθεῖσα. ἀλλὰ καὶ ὣς πανάϊστον ἅπαντ' Ἀίδης * θεραπεύσει * ὧν δή περ γενεὴν αὐτὸς θέλει ἐξαπολέσσαι ἐκ
FEz. 186 2 ουκ επ<εσ>τρεψατε και <το ενοχλουμενο>ν ουκ * εθ<ε>ραπευσατε * <και ποιειτε τον> λαον μου πλαν<ασθαι απο
θεράπων 7
Adam 1 τῶν πρωτοπλάστων ἀποκαλυφθεῖσα παρὰ θεοῦ Μωϋσῇ τῷ * θεράποντι * αὐτοῦ ὅτε τὰς πλάκας τοῦ νόμου ἐκ χειρὸς αὐτοῦ
TLevi 4 2 σε ἀπὸ τῆς ἀδικίας καὶ γενέσθαι αὐτῷ υἱὸν καὶ * θεράποντα * καὶ λειτουργὸν τοῦ προσώπου αὐτοῦ. φῶς γνώσεως
Job 4 2 σοι. κἀγὼ εἶπον ὅτι πάντα ὅσα ἐνετείλατό μοι τῷ * θεράποντι * αὐτοῦ ἀκούσομαι καὶ πράξω. καὶ πάλιν εἶπεν
Job 37 8 ἀνατέλλοντα; νουθέτησόν με πρὸς ταῦτα εἰ σὺ εἶ ὁ * θεράπων * τοῦ θεοῦ. καὶ ἐγὼ πρὸς ταῦτα εἶπον ἔστιν μὲν
Job 42 5 δύο σου φίλοι; οὐ γὰρ λελαλήκατε ἀληθῶς κατὰ τοῦ * θεράποντός * μου Ιωβ διὸ ἀναστάντες ποιήσατε αὐτὸν ὑπὲρ
FPho. 223 γέραιρε. γαστρὸς ὀφειλόμενον δασμὸν παρέχειν * θεράποντι. * δούλῳ τακτὰ νέμοις ἵνα τοι καταθύμιος εἴη.
FPho. 225 καταθύμιος εἴη. στίγματα μὴ γράψῃς ἐπονειδίζων * θεράποντα. * δοῦλον μὴ βλάψῃς τι κακηγορέων παρ' ἄνακτι.
θέρειος 1
Hen. 2 3 γῆς ἀλλὰ πάντα ἔργα θεοῦ ὑμῖν φαίνεται. ἴδετε τὴν * θερείαν * καὶ τὸν χειμῶνα--- καταμάθετε καὶ ἴδετε πάντα τὰ
θερίζω 1
TLevi 13 6 ἐὰν γὰρ σπείρητε κακὰ πᾶσαν ταραχὴν καὶ θλῖψιν * θερίσετε. * σοφίαν κτήσασθε ἐν φόβῳ θεοῦ μετὰ σπουδῆς ὅτι
θερινός 1
FJub. 3 9 ἡμέρᾳ τῆς τεσσαρεσκαιδεκάτης ἑβδομάδος κατὰ τὴν * θερινὴν * τροπὴν ἡλίου ὄντος καὶ σελήνης καρκίνῳ τῇ
θερισμός 3
Asen. 2 11 πάντα. καὶ ἦν ὁ καρπὸς αὐτῶν πέπειρος ὥρα γὰρ ἦν * θερισμοῦ. * καὶ ἦν ἐν τῇ αὐλῇ ἐκ δεξιῶν πηγὴ ὕδατος
Asen. 3 5 ἥκασιν ἐξ ἀγροῦ τῆς κληρονομίας ἡμῶν. διότι ὥρα ἦν * θερισμοῦ. * καὶ ἔσπευσεν Ἀσενὲθ εἰς τὸν θάλαμον αὐτῆς
Aris. 116 6 δὲ ὁ ποταμὸς καθὼς ὁ Νεῖλος ἐν ταῖς πρὸς τὸν * θερισμὸν * ἡμέραις πολλὴν ἀρδεύει τῆς γῆς ὅς εἰς ἕτερον
θεριστής 3
Prop. 12 5 Αἴγυπτον ἦν παροικῶν τὴν γῆν αὐτοῦ καὶ ἐλειτούργει * θερισταῖς * τοῦ ἀγροῦ αὐτοῦ. ὡς δὲ ἔλαβε τὸ ἔδεσμα
Prop. 12 6 ταχέως ἐλεύσομαι. εἰ δὲ βραδύνω ἀπενέγκατε τοῖς * θερισταῖς. * καὶ γενόμενος ἐν Βαβυλῶνι καὶ δοὺς τὸ ἄριστον
Prop. 12 7 Βαβυλῶνι καὶ δοὺς τὸ ἄριστον τῷ Δανιὴλ ἐπέστη τοῖς * θερισταῖς * ἐσθίουσι καὶ οὐδενὶ εἶπε τὸ γενόμενον συνῆκε
θέριστρον 5
Asen. 3 6 καὶ διάδημα ἔσφιγξε περὶ τοὺς κροτάφους αὐτῆς καὶ * θερίστρῳ * κατεκάλυψε τὴν κεφαλὴν αὐτῆς. καὶ ἔσπευσε καὶ
Asen. 14 15 αὐτῆς καὶ τὸ πρόσωπον αὐτῆς ὕδατι ζῶντι. καὶ ἔλαβε * θέριστρον * λινοῦν ἄθικτον καὶ ἐπίσημον καὶ κατεκάλυψε τὴν
Asen. 15 1 αὐτοῦ. καὶ εἶπεν αὐτῇ ὁ ἄνθρωπος ἀπόστειλον δὴ τὸ * θέριστρον * ἀπὸ τῆς κεφαλῆς σου καὶ ἵνα τί σὺ τοῦτο
Asen. 15 2 ὡς ἀνδρὸς νεανίσκου. καὶ ἀπέστειλεν Ἀσενὲθ τὸ * θέριστρον * ἀπὸ τῆς κεφαλῆς αὐτῆς. καὶ εἶπεν αὐτῇ ὁ
Asen. 18 6 λίθου τοῦ μεγάλου ἦσαν ἓξ λίθοι πολυτελεῖς. καὶ * θερίστρῳ * κατεκάλυψε τὴν κεφαλὴν αὐτῆς ὡς νύμφη καὶ ἔλαβε
θέρμη 1
Bar. 9 8 καὶ ἡ σελήνη σῴα οὖσα ὑπὸ τῆς τοῦ ἡλίου * θέρμης * ἐκδαπανᾶται. καὶ ταῦτα πάντα μαθὼν παρὰ τοῦ
θερμός, ή, όν 3
Hen. 14 13 πυρὶ καιόμεναι. εἰσῆλθον εἰς τὸν οἶκον ἐκεῖνον * θερμὸν * ὡς πῦρ καὶ ψυχρὸν ὡς χιὼν καὶ πᾶσα τροφὴ ζωῆς οὐκ
Sedr. 14 3 ἐν λειτουργίαις ἐν δάκρυσιν ὀχετοῦ ἐν στεναγμοῖς * θερμοῖς. * οὐκ οἶδας ὅτι ὁ προφήτης μου Δαυὶδ ἐκ δακρύων
Sib. 3 467 πουλυθρύλλητόν τε ἀναιδέα σε κεραΐξει. καὶ δ' αὐτὴ * θερμῇσι * παρὰ σποδιῇσι ταθεῖσα ἀπροϊδῆ στήθεσσιν ἑοῖς
θερμός (ὁ) 2
TLevi 18 2B047 ν' σίκλων ἐστίν καὶ τοῦ σικλίου τὸ τέταρτον ὁλκὴ * θερμῶν * δ' ἐστὶν γίνεται ὁ σίκλος ὡσεὶ ις' θερμοὶ καί

```
TLevi      18  2B047   ὁλκὴ θερμῶν δ' ἐστίν γίνεται ὁ σίκλος ὡσεὶ ις'   * θερμοί *  καὶ ὁλκῆς μιᾶς. καὶ νῦν τέκνον μου ἄκουσον τοὺς
  θέρμουθις                   1
FJub.      47   5    τῆς βασιλίσσης. ὁ δ' αὐτὸς υἱὸς τῇ θυγατρὶ Φαραῶ    * θερμούθιδι *  τῇ καὶ Φαρίῃ βασιλίδι οὔσῃ εἰσποιηθεὶς καὶ
  θερμώδων
Sib.        5   320    χῶρον πολύδακρυν ἐς γῆν χωσαμένη παρὰ χεύμασι      * θερμώδοντος. *  πετροφυὴς Τρίπολίς τε παρ' ὕδασι Μαιάνδροιο
  θέρος                         9
TZab.       6   8     καὶ παντὶ τῷ οἴκῳ τοῦ πατρός μου ἐξαρκῶν. τὸ      * θέρος *  ἥλιευον καὶ ἐν χειμῶνι ἐποίμαινον μετὰ τῶν ἀδελφῶν
TJos.      19   7    ἐν ὑμῖν ἐπιτελεῖται ὡς ὀπωροφυλάκιον ὅτι μετὰ τὸ    * θέρος *  οὐ φανήσεται. οἶδα ὅτι μετὰ τὴν τελευτήν μου οἱ
Sib.        3   90    νὺξ οὐκ ἠὼς οὐκ ἤματα πολλὰ μεριμνῇς οὐκ ἔαρ οὐχὶ   * θέρος *  οὐ χειμῶν· οὐ μετόπωρον. καὶ τότε δὴ μεγάλοιο θεοῦ
Sib.        3   245    ἐν δήμῳ τοῖς μηδὲν ἔχουσιν ἀλλὰ πενιχρομένοισι     * θέρους *  ἀπόμοιραν ἰάλλει πληροῦντες μεγάλοιο θεοῦ φάτιν
Sib.        5   300    βαλεῖ κατὰ κρατὸς ἀνάγνου. ἀντὶ δὲ χειμῶνος        * θέρος *  ἔσσεται ἤματι τῷδε. καὶ τότε δὴ +μετέπειτ'+ ἔσται
FJub.       2   2    ψύχους καύματος χειμῶνος φθινοπώρου ἔαρος καὶ         * θέρους *  καὶ πάντων τῶν πνευμάτων τῶν κτισμάτων αὐτοῦ τῶν
FAch.     111       ἐν ᾧ ἠβούλοντο <μέρος> [βούλημα] φερέμενοι. τῷ δὲ      * θέρει *  ἀποταξάμενος ὁ Αἴσωπος τῷ βασιλεῖ ἔπλευσεν εἰς
FPho.     169    ἔχουσιν ἢ κριθῶν αἰεὶ δὲ φέρων φορέοντα διώκει ἐκ       * θέρεος *  ποτὶ χεῖμα βορῇ σφετέρην ἐπάγοντες ἄτρυτοι φῦλον
LPhi.   9   37   1    ταύτην δὲ ἐν μὲν τῷ χειμῶνι ξηραίνεσθαι ἐν δὲ τῷ     * θέρει *  πληροῦσθαι. νηχόμενος δ' ἐφύπερθε τὸ θαμβηέστατον
  θέσβις                        1
Prop.      21   1   ἐκ γῆς Ἀράβων φυλῆς Ἀαρὼν οἴκων ἐν Γαλαὰδ ὅτι ἡ       * θέσβις *  δόμα ἦν τοῖς ἱερεῦσιν. ὅτε εἶχε τεχθῆναι εἶδε
  θεσβίτης                      1
Prop.      21   1    Ἰούδα καὶ θανὼν ἐτάφη ἐν ἀγρῷ αὐτοῦ. Ἡλίας          * θεσβίτης *  ἐκ γῆς Ἀράβων φυλῆς Ἀαρὼν οἴκων ἐν Γαλαὰδ ὅτι
  θεσβῶν                        1
FIsa.   1   2   14    ἐν Σεμμωμα----- καὶ Ἡλείας <ὁ προφή>της ἐκ          * θεσ<βῶν>---- *  καὶ τὴν Σαμαρίαν καὶ αὐτὸς ἐπροφήτευεν περὶ
  θέσις                         8
Aris.      11   5    χρῶνται καθάπερ Αἰγύπτιοι τῇ τῶν γραμμάτων           * θέσει *  καθὸ καὶ φωνὴν ἰδίαν ἔχουσιν. ὑπολαμβάνονται
Aris.      62   5    ῥαβδωταῖς πυκνὴν ἐχούσαις τὴν πρὸς ἄλληλα           * θέσιν *  περὶ ὅλην τὴν τράπεζαν. ὑπὸ δὲ τὴν ἐκτύπωσιν τῶν
Aris.      64   6    καθ' ὃ ἂν μέρος αἰρῶνται ὥστε καὶ τὴν τῶν κυμάτων   * θέσιν *  καὶ τὴν τῆς στεφάνης εἶναι κατὰ τὸ τῶν ποδῶν
Aris.      70   8    ἀέρα πνεύματος κινήσει ἐπιδέχεσθαι τὴν τῶν φύλλων   * θέσιν *  πρὸς τὴν τῆς ἀληθείας διάθεσιν τετυπωμένων
Aris.      78   5    καὶ πάλιν ὅτε πρὸς τὴν τῶν ἀργυρῶν προσβλέψαι τις   * θέσιν *  ἤθελεν ἀπέλαμπε τὰ πάντα κυκλόθεν ὡς ἄν τις ἑστήκῃ
Aris.      83   3    τὴν πρὸς τὸν Ἐλεάζαρον ὁδὸν ἡμῖν γενομένην τὴν δὲ   * θέσιν *  τῆς ὅλης χώρας πρῶτον δηλώσω. ὡς γὰρ παρειλήφημεν
Aris.     105   3    καθόσον εἰκάσαι δυνατόν. ἔχει δὲ τὴν τῶν πύργων    * θέσιν *  θεατροειδῆ καὶ φαινομένων διόδων τῶν ὑποκειμένων
FJub.       2   8    δίδοσθαι τῷ Ἰουδαίων ἔθνει καὶ τὰς τῶν ἄστρων      * θέσεις *  καὶ τὰ στοιχεῖα καὶ ἀριθμητικὴν καὶ γεωμετρίαν
  θέσκελος                      1
Sib.        3   472    καταπρηνὴς ἐριποῦσα Καρῶν ἀγλαὸν ἄστυ Λύκου παρὰ  * θέσκελον *  ὕδωρ σιγήσεις μεγάλαυχον ἀποιμώξασα τοκῆα.
  θεσμός                        5
TNep.       8   10    θεῷ καὶ φρόνιμοι εἰδότες τάξιν ἐντολῶν αὐτοῦ καὶ   * θεσμοὺς *  παντὸς πράγματος ὅπως ὁ κύριος ἀγαπήσει ὑμᾶς.
Sib.        5   19    ἠδὲ γυναικὸς ἀδούλωτον ἐπὶ κῦμα πεσούσης. καὶ      * θεσμοὺς *  θήσει λαοῖς καὶ πάνθ' ὑποτάξει ἐν μακρῷ δὲ χρόνῳ
IOrp.       2    ἐστὶ θύρας δ' ἐπίθεσθε βέβηλοι φεύγοντες δίκαιων        * θεσμούς *  θεῖοιο τιθέντος πάντες ὁμῶς σὺ δ' ἄκουε
IOrp.      42    διέταξεν ἐκ θεόθεν γνώμησι λαβὼν κατὰ δίπλακα          * θεσμόν. *  ἄλλως οὐ θεμιτὸν δὲ λέγειν πιομένῳ δέ γε γυῖα ἐν
LPhi.   9   20   1    τοῦ αὐτοῦ. Ἔκλυον ἀρχεγόνοισι τὸ μηρίον ὡς ποτε    * θεσμοῖς *  Ἀβραὰμ κλυτοηχὲς ὑπερτέρῳ ἄμματι δεσμῶν παμφαὲς
  θεσμοσυλλήπτωρ *               1
Abr.1      16   10    δὲ ὁ Ἀβραὰμ πρὸς τὸν θάνατον χαίροις ἡλιόρατε     * θεσμοσυλλήπτωρ *  ἐνδοξότατε ὑπερένδοξε φωτοφόρε ἀνὴρ
  θεσπιστής                     1
LPhi.   9   24   1    Ἰσὰκ Ἰακὼβ εὐτέκνοιό θ' ὅθεν Ἰωσὴφ ὃς ὀνείρων     * θεσπιστής *  σκηπτοῦχος ἐν Αἰγύπτοιο θρόνοισι δινεύσας
  Θεσσαλία                      1
Sib.        5   134    ἔθνος +καὶ Λαπίθας δάπεδον κατὰ γῆν ἐναρίξει.    * Θεσσαλίην *  χώρην ἀπολεῖ ποταμὸς βαθυδίνης Πηνειὸς
  θέσφατος                      1
Sib.        3   364    ἄμμος ἔσεσται Δῆλος ἄδηλος καὶ Ῥώμη ῥύμη τὰ δὲ   * θέσφατα *  πάντα τελεῖται. Σμύρνης δ' ὀλλυμένης οὐδεὶς
  θεχακ *                       1
TLevi      18  2B024   στρόβιλον καὶ πίτυν καὶ ὀλδινα καὶ βερωθα +καν+  * θεχακ *  καὶ κυπάρισσον καὶ δάφνην καὶ μυρσίνην καὶ
  θεωρέω                        47
Hen.        1   2    ἐγὼ καὶ ὡς ἤκουσα παρ' αὐτῶν πάντα καὶ ἔγνων ἐγὼ    * θεωρῶν *  καὶ οὐκ εἰς τὴν νῦν γενεὰν διενοούμην ἀλλὰ ἐπὶ
Hen.       10   5    τοὺς αἰῶνας καὶ τὴν ὄψιν αὐτοῦ πώμασον καὶ φῶς μὴ   * θεωρείτω *  καὶ ἐν τῇ ἡμέρα τῆς μεγάλης τῆς κρίσεως
Hen.       10Β   5    τὸν αἰῶνα καὶ τὴν ὄψιν καὶ πώμασον καὶ φῶς μὴ      * θεωρείτω. *  καὶ ἐν τῇ ἡμέρα τῆς κρίσεως ἀπαχθήσεται εἰς
Hen.       14   14    ἔλαβεν. καὶ ἤμην σειόμενος καὶ τρέμων καὶ ἔπεσον.  * ἐθεώρουν *  ἐν τῇ ὁράσει μου καὶ ἰδοὺ ἄλλη θύρα ἀνεωγμένη
Hen.       14   18    διαδρομαὶ ἀστέρων καὶ ἡ στέγη αὐτοῦ ἦν πῦρ φλέγον * ἐθεώρουν *  δὲ καὶ εἶδον θρόνον ὑψηλὸν καὶ τὸ εἶδος αὐτοῦ
Hen.       89   47    ἐπεδίωκεν καὶ ἔφυγεν ἀπὸ προσώπου αὐτοῦ εἶτ'      * ἐθεώρουν *  τὸν κριὸν τὸν πρῶτον ἕως οὗ ἔπεσεν ἔμπροσθεν
Hen.       98   7    γινώσκουσιν οὐδὲ βλέπουσιν οὐδὲ τὰ ἀδικήματα ὑμῶν  * θεωρεῖται *  οὐδὲ ἀπογράφεται αὐτὰ ἐνώπιον τοῦ ὑψίστου. ἀπὸ
Abr.1       7   3    κυκλοῦντα καὶ φωταγωγοῦντά με καὶ ταῦτα οὕτως ἐμοῦ  * θεωροῦντος. *  καὶ διαλογιζομένου εἶδον καὶ τὸν οὐρανὸν
Abr.1      11   6    ὑπὸ ἀγγέλων διὰ τῆς στενῆς πύλης. καὶ <ὅτε>        * ἐθεώρει *  <ὁ ἀνὴρ θαυμάσιος ὁ ἐπὶ χρυσοῦ θρόνου καθήμενος
Abr.1      11   7    ἀπὸ τοῦ θρόνου κλαίων καὶ ὀδυρόμενος. καὶ ὅτε       * ἐθεώρει *  πολλὰς ψυχὰς εἰσερχομένας διὰ τῆς στενῆς πύλης
Abr.1      11   10    καὶ διὰ τοῦτο χαίρει ὁ πρωτόπλαστος Ἀδὰμ διότι    * θεωρεῖ *  τὰς ψυχὰς σωζομένας ὅτε δὲ ἴδῃ πολλὰς ψυχὰς
Abr.1      12   15    τὸν ἀρχιστράτηγον καὶ λέγει τί ἐστι ταῦτα ἃ        * θεωροῦμεν; *  καὶ εἶπεν ὁ ἀρχιστράτηγος ταῦτα ἅπερ βλέπεις
Abr.1      13   2    ὁ τὸ πῦρ δοκιμάζων; εἶπεν δὲ ὁ ἀρχιστράτηγος        * θεωρεῖς *  πανόσιε καὶ δίκαιε Ἀβραὰμ τὸν ἄνδρα τὸν φοβερὸν
Abr.1      19   9    γινόμενοι τελευτῶσιν καὶ εἰς τύπον κρημνοῦ          * θεωροῦσιν *  τὸν θάνατον τὸ δὲ πρόσωπον τῆς ῥομφαίας ἐδείξά
Abr.1      19   10    πολλοὶ ἐν πολέμοις ὑπὸ ῥομφαίας ἀναιροῦνται καὶ   * θεωροῦσιν *  ἐν ῥομφαίᾳ τὸν θάνατον τὸ δὲ πρόσωπον τοῦ
Abr.1      20   5    ταλανίζεται μεταστῆθι ἐν ὀλίγοις οὐχ ὑποφέρω γὰρ   * θεωρῶν *  σου τὸ εἶδος <κατῆλθε γὰρ ὁ ἱδρὼς ἐκ τῆς ὄψεως
Abr.2       8   10    καὶ εἶπεν Ἀβραὰμ οὐχὶ κύριε. καὶ εἶπεν Μιχαὴλ     * θεωρεῖς *  τὰς δύο πύλας ταύτας τὴν μικρὰν καὶ τὴν μεγάλην;
Abr.2       8   13    ὁ θεὸς καὶ ἤγαγεν αὐτὸν εἰς τὸν τόπον τοῦτον ὥστε  * θεωρῆσαι *  πᾶσαν ψυχὴν ἐξερχομένην ἐκ τοῦ σώματος ἐπειδὴ
Abr.2       8   14    ἐκ τοῦ σώματος ἐπειδὴ ἐξ αὐτοῦ ἦσαν πάντες ἐὰν οὖν * θεωρῆς *  αὐτὸν κλαίοντα γνῶθι <ὅτι> ἐθεάσατο ψυχὰς
Abr.2       8   16    ἐθεάσατο ψυχὰς ὀλίγας ἀπαγομένας εἰς τὴν ὁδὸν     * θεωρῶν *  αὐτὸν πῶς ὑπερβαίνει ὁ κλαυθμὸς τὸν γέλωτα
Abr.2       8   16    αὐτὸν πῶς ὑπερβαίνει ὁ κλαυθμὸς τὸν γέλωτα ἐπειδὴ  * θεωρεῖ *  τὸ περισσὸν τοῦ κόσμου ἀπαγόμενον διὰ τῆς πύλης
Abr.2      11   2    ἀνώρθωσε; καὶ λέγει Μιχαὴλ τῷ Ἀβραὰμ             * θεωρεῖς *  σὺ τὸν κριτήν; οὗτός ἐστιν ὁ Ἄβελ ὁ πρῶτος
Abr.2      12   1    καὶ βληθήσεται εἰς τὴν κόλασιν. ἐγένετο δὲ ὅταν   * θεωρήσαι *  Ἀβραὰμ τὸν τύπον τοῦ κριτηρίου ἀπήγαγεν αὐτὸν
Abr.2      12   3    γυναῖκα ὕπανδρον. καὶ εἶπεν Ἀβραὰμ τῷ Μιχαὴλ      * θεωρεῖς *  τὴν ἀνομίαν ταύτην; εἶπε κατελθεῖν πῦρ ἐκ τοῦ
Abr.2      12   10    τοῦ ποιῆσαι φόνον. καὶ εἶπεν Ἀβραὰμ πρὸς Μιχαὴλ  * θεωρεῖς *  τὴν ἀνομίαν αὐτῶν; καὶ εἶπεν ἐλθέτωσαν θηρία καὶ
Abr.2      13   8    αἷμα διὰ τοῦτο οὐ δύναμαι βαστάσαι τὴν ὄψιν σου    * θεωρῶ *  γὰρ τὴν ὡραιότητά σου ὅτι οὐκ ἔστιν ἐν τῷ κόσμῳ
TLevi      15   3    παρὰ τῆς δικαιοκρισίας τοῦ θεοῦ καὶ πάντες οἱ       * θεωροῦντες *  ὑμᾶς φεύξονται ἀφ' ὑμῶν. καὶ εἰ μὴ δι'
Asen.      20   5    καὶ ἐβιάσατο αὐτὸν καὶ ἔνιψε τοὺς πόδας αὐτοῦ. καὶ * ἐθεώρει *  Ἰωσὴφ τὰς χεῖρας αὐτῆς καὶ ἦσαν ὡς χεῖρες ζωῆς
Asen.      23   8    τῆς καρδίας αὐτοῦ διότι Ἤν Λευὶ ἀνὴρ προφήτης καὶ  * ἐθεώρει *  ὀξέως τῇ διανοίᾳ αὐτοῦ καὶ τοῖς ὀφθαλμοῖς αὐτοῦ
Jer.        6   2    καθεζόμενος εὗρε δὲ αὐτὸν ἐν μνημείῳ. καὶ ἐν τῷ     * θεωρῆσαι *  ἀλλήλους ἔκλαυσαν ἀμφότεροι καὶ κατεφίλησαν
Bar.        8   5    ἀκτίνες αὐτοῦ ἐπὶ τῆς γῆς; καὶ εἶπέν μοι ὁ ἄγγελος * θεωρῶν *  τὰς ἀνομίας καὶ τὰς ἀδικίας τῶν ἀνθρώπων ἤγουν
Aris.      65   4    μέρος ἢ χρῆσις ἤ τὸ αὐτὸ δὲ κατὰ ἐπιφανείαν        * θεωρεῖται *  ἀμφοτεροδεξίου τῆς κατασκευῆς οὔσης. ἐπ' αὐτῆς
Aris.      67   4    ἐντετύπωτο ἀμίμητον θεωρίαν ἀποτελοῦσε τοῖς         * θεωροῦσι. *  τοὺς δὲ πόδας ἐποίησαν τὰς κεφαλίδας ἔχοντας
Aris.      83   5    δηλώσω. ὡς γὰρ παρεγενήθημεν ἐπὶ τοὺς τόπους        * ἐθεωροῦμεν *  τὴν πόλιν μέσην κειμένην τῆς ὅλης Ἰουδαίας
Aris.     100   2    ἐπὶ τὴν παρακειμένην ἄκραν τῆς πόλεως ἀναβάντες    * ἐθεωροῦμεν *  ἢ κεῖται μὲν ἐν ὑψηλοτάτῳ τόπῳ πύργοις
Aris.     130   1    πάλιν δεισιδαιμόνως πρὸς ταῦτα οὕτως ἐνήρξατο      * θεωρεῖς *  ἔφη τὰς ἀναστροφὰς καὶ τὰς ὁμιλίας οἷον
Aris.     160   3    θεοῦ κατασκευὰς οὐ μόνον λόγῳ ἀλλὰ καὶ διαλήψει    * θεωροῦντας *  τὴν κίνησιν καὶ ὑπόληψιν ἑαυτῶν ὅταν εἰς
Aris.     190   3    εὐνόους ἑαυτῷ ἔχοι τοὺς φίλους; κἀκεῖνος εἶπεν εἰ   * θεωρήσαιεν *  πολλήν σε προνοιαν ποιούμενον ὧν ἄρχεις ὄχλων
Aris.     208   2    αὐτὸν εἶπε πῶς ἂν φιλάνθρωπος εἴη; κἀκεῖνος ἔφη     * θεωρῶν *  ὡς ἐν πολλῷ χρόνῳ καὶ κακοπαθείαις μεγίσταις
Aris.     214   2    γὰρ κατὰ τὴν ψυχὴν ἐπὶ τοῖς ὑποπίπτουσιν ὡς        * θεωρουμένοις *  ἀλογιστοῦμεν δὲ καθόσον ὑπολαμβάνομεν καὶ
Aris.     258   4    ταῖς ποιήσειεν ἐπιτελοῖ πρὸς τὸ φειλαισθαι τοὺς    * θεωρῶμεν *  πολυχρόνια καὶ ἀνέκφευκτα γινόμενα. τελευτῆσαι
Aris.     268   4    ταῦτα ἀπεκρίθη τὰ συμβαίνοντα τοῖς φίλοις ὅταν     * θεωρῶμεν *  πολυχρόνια καὶ ἀνέκφευκτα γινόμενα. τελευτῆσαι
Aris.     284   3    διαγωγὰς ἐν ταῖς ἀνέσεσι καὶ ῥαθυμίαις; ὁ δὲ ἔφη   * θεωρεῖν *  ὅσα παίζεται μετὰ περιστολῆς καὶ πρὸ ὀφθαλμῶν
FSop.   5   77    με πνεῦμα καὶ ἀνήνεγκέ με εἰς οὐρανὸν πέμπτον καὶ    * ἐθεώρουν *  ἀγγέλους καλουμένους κυρίους καὶ τὸ διάδημα
LAri.   8   10   12    τοῦ νόμου καθ' ὃν ἐνομοθέτει καιρὸν ἵνα πάντες    * θεωρήσωσι *  τὴν ἐνέργειαν τοῦ θεοῦ. κατάβασις γὰρ αὕτη
LAri.   8   10   14    κυκλόθεν ὡς ἦσαν παρεμβεβληκότες τὸ πῦρ φλεγόμενον * ἐθεωρεῖτο *  ὥστε τὴν κατάβασιν μὴ τοπικὴν εἶναι πάντη γὰρ
FrAn.  17 2069   5    - - )ων ἀναβλεψας τ< - )υπνω ειδον τον< - - )και     * εθεωρουν< *  - - )εκ του ουρανου< - - )ων των μεγαλωκ<ν - -
  θεώρημα                       1
Hen.       19   3    εἰς σειρῆνας γενήσονται. κἀγὼ Ἐνὼχ ἴδον τὰ        * θεωρήματα *  μόνος τὰ πέρατα πάντων καὶ οὐ μὴ ἴδῃ οὐδὲ εἰς
  θεωρία                        3
Bar.        3   3    μοι κἀκεῖ πεδίον καὶ ἦν πλῆρες ἀνθρώπων ἡ δὲ       * θεωρία *  αὐτῶν ὁμοία κυνῶν οἱ δὲ πόδες ἐλάφων. καὶ ἠρώτησα
Aris.      31   7    διὰ τὸ ἁγνὴν τινα καὶ σεμνὴν εἶναι τὴν ἐν αὐτοῖς   * θεωρίαν *  ὥς φησιν Ἑκαταῖος ὁ Ἀβδηρίτης. ἐὰν οὖν
Aris.      59   6    τὸ δὲ ἐκτὸς κλίμα πρὸς τὴν τοῦ προσάγοντος εἶναι    * θεωρίαν. *  διὸ τὴν ὑπεροχὴν ὀξεῖαν εἶναι τῶν δύο κλιμάτων
Aris.      67   3    θαυμασίως ἔχουσα ῥομβωτὴ ἀποτελοῦσα τὴν ἀνὰ μέσον * θεωρίαν *  ἐφ' ᾗ κρυστάλλου λίθος καὶ τὸ λεγόμενον ἤλεκτρον
```

Aris. 67 4 καὶ τὸ λεγόμενον ἤλεκτρον ἐντετύπωτο ἀμίμητον * θεωρίαν * ἀποτελοῦν τοῖς θεωροῦσι. τοὺς δὲ πόδας ἐποίησαν
Aris. 77 6 ἐγένετο τῆς προσόψεως ἡ διάθεσις καὶ τῶν πρὸς τὴν * θεωρίαν * προσιόντων οὐ δυναμένων ἀφίστασθαι διὰ τὴν
Aris. 86 6 ἄνω διατάσεως ἡδεῖάν τινα καὶ δυσαπάλλακτον τὴν * θεωρίαν * ἔχοντος τοῦ πράγματος. ἥ τε τοῦ θυσιαστηρίου
Aris. 99 4 καὶ διαβεβαιοῦμαι πάντα ἄνθρωπον προσελθόντα τῇ * θεωρίᾳ * τῶν προειρημένων εἰς ἔκπληξιν ἥξειν καὶ θαυμασμὸν
Aris. 103 3 τις ἐπιταγὴ γένοιτο διὰ τοῦ προκαθηγουμένου πρὸς * θεωρίαν * εἰσδέξασθαί τινας οἷον καὶ καθ' ἡμᾶς ἐγεγόνει.
θεωχιψοϊθ * 1
FrAn. 574 3011 σαμψούχου ἀχρωτίστου λέγων ϊωηλ ωσσαρθιωμι εμωρι * θεωχιψοϊθ * σιθεμεωχ σωθη ιωη μιμιψωθιωωφ φερσωθι αεηιουω
Θῆβαι 2
Sib. 4 89 ἐπεὶ σκήπτροισι Μακηδόνες αὐχήσουσιν ἔσται καὶ * Θήβῃσι * κακὴ μετόπισθεν ἅλωσις Κᾶρες δ' οἰκήσουσι Τύρον
Sib. 5 189 λευκὸν ἐπὶ ῥυπαρῷ μήτ' εἴην μήτε γενοίμαν. ὦ * Θῆβαι * ποῦ σοι τὸ μέγα σθένος; ἄγριος ἀνὴρ ἐξολέσει λαὸν
θήκη 8
Hen. 17 3 τὰ ἀεροβαθῆ ὅπου τόξον πυρὸς καὶ τὰ βέλη καὶ τὰς * θήκας * αὐτῶν καὶ τὰς ἀστραπὰς πάσας. καὶ ἀπήγαγόν με
TSim. 8 2 αὐτοῦ ἑκατὸν εἴκοσιν ἐτῶν. καὶ ἔθηκαν αὐτὸν ἐν * θήκῃ * ξύλων ἀσήπτων τοῦ ἀναγαγεῖν τὰ ὀστᾶ αὐτοῦ ἐν
TZab. 10 6 ὕπνῳ καλῷ καὶ ἔθηκαν αὐτόν οἱ υἱοὶ αὐτοῦ ἐν * θήκῃ * ὕστερον δὲ ἀναγαγόντες αὐτὸν εἰς Χεβρὼν ἔθαψαν μετὰ
TNep. 2 8 εἰς πανουργίαν ψύας εἰς δύναμιν πλευρὰς εἰς * θήκην * ὀσφὺν εἰς ἰσχὺν καὶ τὰ ἑξῆς. οὕτως οὖν τέκνα μου
Asen. 2 4 καὶ ἦν ὁ δεύτερος θάλαμος ἔχων τὸν κόσμον καὶ τὰς * θήκας * Ἀσενὲθ καὶ ἦν χρυσὸς πολὺς ἐν αὐτῷ καὶ ἄργυρος
Asen. 10 8 εἰς τὸν θάλαμον αὐτῆς τὸν δεύτερον ὅπου ἦσαν αἱ * θῆκαι * τοῦ κόσμου αὐτῆς καὶ ἤνοιξε τὸ κιβώτιον αὐτῆς καὶ
Asen. 14 14 εἰς τὸν θάλαμον αὐτῆς τὸν δεύτερον ὅπου ἦσαν αἱ * θῆκαι * τοῦ κόσμου αὐτῆς καὶ ἠνέῳξε τὸ κιβώτιον αὐτῆς καὶ
Asen. 18 5 εἰς τὸν θάλαμον αὐτῆς τὸν δεύτερον ὅπου ἦσαν αἱ * θῆκαι * τοῦ κόσμου αὐτῆς καὶ ἤνοιξε τὴν κιβωτὸν αὐτῆς τὴν
θηκτός 1
LPhi. 9 20 1 αἰνογόνοιο πολύμνιον ἔλλαχε κῦδος. ἀρτίχερος * θηκτοῖο * ξιφηφόρον ἐντύνοντος λήματι καὶ σφαράγοιο
θηλάζω 6
Hen. 99 5 καὶ αἱ ἐν γαστρὶ ἔχου⟨σαι ἐκτρώσο⟩υσιν καὶ αἱ * θηλάζουσαι * ῥίψ⟨ουσιν τὰ τέκ⟩να αὐτῶν καὶ οὐ μὴ
Hen. 99 5 μὴ ἐπι⟨στρέψου⟩σιν ἐπὶ τὰ νήπια αὐτῶν οὐ⟨δὲ ἐπὶ τὰ * θηλά⟩ζοντα * οὐδὲ μὴ φείσονται--- ⟨καὶ⟩ οἱ γλύφοντες
Abr.1 6 5 δὲ τῶν κρεάτων εἰσῆλθεν πάλιν ὁ μόσχος καὶ * ἐθήλαξεν * τῇ μητρὶ αὐτοῦ ἐν ἀγαλλιάσει οὐκ οἶδας κύριέ
TNep. 1 12 μου ἡ θυγάτηρ εὐθὺς γὰρ τεχθεῖσα ἔσπευδε * θηλάζειν. * καὶ ἐπειδὴ κοῦφος ἤμην τοῖς ποσί μου ὡς ἔλαφος
TBen. 1 3 με γάλα οὐκ ἔσχον. Βάλλαν οὖν τὴν παιδίσκην αὐτῆς * ἐθήλασα. * ἡ γὰρ Ῥαχὴλ μετὰ τὸ τεκεῖν τὸν Ἰωσὴφ δώδεκα
Esdr. 5 2 καὶ ἴδον γυναῖκα κρεμαμένην καὶ τέσσαρα θηρία * θηλάζοντα * τοὺς μαστοὺς αὐτῆς. καὶ εἶπόν μοι οἱ ἄγγελοι
θηλυγενής 1
Sib. 5 167 μοιχεῖαι παρά σοι καὶ παίδων μῖξις ἄθεσμος * θηλυγενὴς * ἄδικός τε κακὴ πόλι δύσμορε πασῶν. αἰαῖ πάντ'
θηλυκός 1
Adam 15 3 τὰ ἀρσενικὰ πάντα δέδωκε τῷ πατρὶ ὑμῶν καὶ τὰ * θηλυκὰ * πάντα δέδωκεν ἐμοί. καὶ ἕκαστος ἡμῶν τὸ ἑαυτοῦ
θῆλυς 17
Hen. 9B 8 τῆς γῆς καὶ συνεκοιμήθησαν μετ' αὐτῶν καὶ ἐν ταῖς * θηλείαις * ἐμιάνθησαν καὶ ἐδήλωσαν αὐταῖς πάσας τὰς
Hen. 15 5 καὶ ἀπόλλυνται. διὰ τοῦτο ἔδωκα αὐτοῖς * θηλείας * ἵνα σπερματίζουσιν εἰς αὐτὰς καὶ τεκνώσουσιν ἐν
Hen. 15 7 τοῦ αἰῶνος. καὶ διὰ τοῦτο οὐκ ἐποίησα ἐν ὑμῖν * θηλείας * τὰ πνεύματα τοῦ οὐρανοῦ ἐν τῷ οὐρανῷ ἡ
Hen. 16 3 ὑμῶν καὶ ἐν τῷ μυστηρίῳ τούτῳ πληθύνουσιν αἱ * θήλειαι * καὶ οἱ ἄνθρωποι τὰ κακὰ ἐπὶ τῆς γῆς. εἶπον οὖν
TRub. 3 10 μὴ προσέχετε ἐν ὄψει γυναικὸς μηδὲ ἰδιάζετε μετὰ * θηλείας * ὑπάνδρου μηδὲ περιεργάζεσθε πρᾶξιν γυναικῶν. εἰ
TRub. 6 1 τῇ διανοίᾳ φυλάσσετε τὰς αἰσθήσεις ἀπὸ πάσης * θηλείας. * κἀκείναις δὲ ἐντείλασθε μὴ συνδυάζειν ἀνθρώποις
TIss. 4 4 πρὸς αὐτόν. οὐ γὰρ εἶδεν ἐπιδέξασθαι κάλλος * θηλείας * ἵνα μὴ ἐν διαστροφῇ μιάνῃ τὸν νοῦν αὐτοῦ οὐ
Prop. 18 3B μετὰ κυρίου καὶ μετὰ Ἰσραὴλ εἶδε ζεῦγος βοῶν * θηλείων * καταπατοῦν τὸν λαὸν καὶ κατὰ τῶν ἱερέων
Job 46 2 ἄρρεσιν ἀπὸ γὰρ τῶν χρημάτων οὐ παρέσχετο ταῖς * θηλείαις * αἱ δὲ λυπηθεῖσαι εἶπον τῷ πατρὶ κύριε πάτερ
Job 46 3 ἔδωκας ἡμῖν ἐκ τῶν ὄντων σοι; εἶπεν δὲ Ιωβ ταῖς * θηλείαις * μὴ ταραχθῆτε, θυγατέρες μου οὐ γὰρ ὑμῶν
Aris. 250 3 γυναικί; ⟨γινώσκων⟩ ὅτι μὲν θρασύ ἐστιν ἔφη τὸ * θῆλυ * γένος καὶ δραστικὸν ἐφ' ὃ βούλεται πρᾶγμα καὶ
Sib. 3 134 ἐκάθηντο Τιτῆνες καὶ τέκνα διέσπων ἄρσενα πάντα * θήλεα * δὲ ζώοντ' εἴων παρὰ μητρὶ τρέφεσθαι. ἀλλ' ὅτε τὴν
Sib. 3 137 Ῥείη τίχθ' Ἥρην πρώτην καὶ ἐπεὶ ἴδον ὀφθαλμοῖσιν * θῆλυ * γένος ᾤχοντο πρὸς αὐτοὺς ἄγριοι ἄνδρες Τιτῆνες. καὶ
FJub. 3 11 εἰσφέρουσιν ἐν τῷ ἱερῷ κατὰ τὸν νόμον. ἐπὶ δὲ * θήλεος * ἀκάθαρτον εἶναι αὐτὴν ἐπὶ ἡμέρας ὀγδοήκοντα διά
FJub. 3 11 τῇ ὀγδοηκοστῇ ἡμέρᾳ καὶ διὰ τὸ ἀκάθαρτον τοῦ * θήλεος * πρὸς τὸ ἄρσεν. ἄφεδρος γὰρ πάλιν οὖσα οὐκ
FPho. 192 αὐτοῖς θήρεσσι συνεύαδον ἄρσενες εὐναί. μηδέ τι * θηλύτεραι * λέχος ἀνδρῶν μιμήσαιντο. μηδ' ἐς ἔρωτα
HAri. 9 25 2 καμήλους δὲ τρισχιλίας ζεύγη βοῶν πεντακόσια ὄνους * θηλείας * νομάδας πεντακοσίας εἶχε δὲ καὶ γεωργίας ἱκανάς.
θηλυτοκία 1
FJub. 3 11 αὐτὴν εἶναι ἐπὶ τεσσαράκοντα ἡμέρας ἐπὶ δὲ * θηλυτοκίας * ἕως ἡμερῶν π'. ἐπειδὴ καὶ Ἀδὰμ τῇ μ' ἡμέρᾳ
θήρ 17
TIss. 7 7 ἀνθρώπων οὐ κυριεύσει ὑμῶν καὶ πάντα ἄγριον * θῆρα * καταδουλώσεσθε ἔχοντες μεθ' ἑαυτῶν τὸν θεὸν τοῦ
Prop. 2 3 γὰρ καὶ αἱ ἀσπίδες αὐτοὺς ἔασαν καὶ τῶν ὑδάτων οἱ * θῆρες * οὓς καλοῦσιν οἱ Αἰγύπτιοι μὲν νεφὼθ Ἕλληνες δὲ
Prop. 4 7 ταῦτα ἔχουσιν οἱ δυνάσται ἐν νεότητι ἐπὶ τέλει δὲ * θῆρες * γίνονται ἁρπάζοντες ὀλοθρεύοντες ἀναιροῦντες καὶ
Sib. 3 28 αὐτὸς δ' ἐστήριξε τύπον μορφῆς μερόπων τε καὶ * θῆρας * ποίησε καὶ ἑρπετὰ καὶ πετεηνά. οὐ σέβετ' οὐδὲ
Sib. 3 469 ἑοῖς ἐναρίξεαι αὐτήν. ἔσσῃ δ' οὐκ ἀγαθῶν μήτηρ * θηρῶν * δὲ τιθήνη. ἀλλ' ὅτ' ἀπ' Ἰταλίης λυμήτης ἵξεται
Sib. 3 793 νήπιοι ἐν δεσμοῖσιν ἄξουσιν πηρὸν γὰρ ἐπὶ χθονὶ * θῆρα * ποιήσει. σὺν βρέφεσίν τε δράκοντες ἅμ' ἀσπίσι
Sib. 3 806 ὄψεσθε μάχην πεζῶν ⟨τε⟩ καὶ ἱππέων οἷα κυνηγεσίην * θηρῶν * ὁμίχλῃσιν ὁμοίην. τοῦτο τέλος πολέμοιο τελεῖ θεὸς
Sib. 3 826 ἐλείφθη ὑλοτόμῳ ἐνὶ οἴκῳ ἐπιπλώσας ὑδάτεσσιν σὺν * θηρσὶν * πτηνοῖσί θ' ἵν' ἐμπλησθῇ πάλι κόσμος τοῦ μὲν ἐγὼ
Sib. 5 11 ἄνακτας ἀρηιφίλους μετὰ φῶτας καὶ μετὰ νηπιάχους * θηρὸς * τέκνα μηλοφάγοιο ἔσσετ' ἄναξ πρώτιστος ὅ τις δέκα
Sib. 5 135 ἀπολεῖ ποταμὸς βαθυδίνης Πηνειὸς βαθύρους μορφὰς * θηρῶν * ἀπὸ γαίης Ἠπιδανὸς φάσκων θηρῶν μορφάς ποτε
Sib. 5 136 βαθύρους μορφὰς θηρῶν ἀπὸ γαίης Ἠπιδανὸς φάσκων * θηρῶν * μορφάς ποτε γεννᾶν+. Ἑλλάδα τὴν τριτάλαιναν
Sib. 5 350 σκοτίη δ' ἔσται κατὰ γαῖαν καὶ τυφλοὶ μέροπες * θῆρές * τε κακοὶ καὶ ὀιζύς. ἔσσεται ἦμαρ ἐκεῖνο χρόνον
Sib. 5 470 καὶ ἐδέσματα λαιφάσσονται. πάντων δ' ἐκ μελάθρων * θῆρες * κατέδουσι τράπεζαν αὐτοί τ' οἰωνοί τε βροτοὺς
FPho. 148 δαίσηι κρέας ἀργίποσιν δὲ λείψανα λεῖπε κυσίν * θηρῶν * ἄπο θῆρες ἔδονται. φάρμακα μὴ τεύχειν μαγικῶν
FPho. 148 κρέας ἀργίποσιν δὲ λείψανα λεῖπε κυσίν θηρῶν ἄπο * θῆρες * ἔδονται. φάρμακα μὴ τεύχειν μαγικῶν βίβλων
FPho. 191 εὐνὰς φύσεως ἐς Κύπριν ἄθεσμον οὐδ' αὐτοῖς * θήρεσσι * συνεύαδον ἄρσενες εὐναί. μηδέ τι θηλύτεραι λέχος
IEsc. 5 131 2 ἄπλατος ὁρμή ποτέ δὲ ὕδωρ ποτέ ⟨δὲ⟩ γνόφος καὶ * θηρσὶν * αὐτὸς γίνεται παρεμφερὴς ἀνέμῳ νεφέλῃ τε καὶ
θήρα 3
TZab. 5 5 καὶ ὅτε ἤμην ἐν γῇ Χανάαν εἰς παράλιον ἐθήρευον * θήραν * ἰχθύων Ἰακὼβ τῷ πατρί μου καὶ πολλῶν ἀγχομένων ἐν
TZab. 6 4 τοῦ πατρός μου ἕως ἤλθομεν εἰς Αἴγυπτον καὶ ἐκ τῆς * θήρας * μου παντὶ ἀνθρώπῳ ξένῳ σπλαγχνιζόμενος ἐδίδουν. εἰ
TZab. 6 6 διὰ τοῦτο καὶ ὁ κύριος πολὺν ἰχθὺν ἐποίησέ μοι * θήραν. * ὁ γὰρ μεταδιδοὺς τῷ πλησίον λαμβάνει
θηρεύω 1
TZab. 5 5 ὡς οἴδατε. καὶ ὅτε ἤμην ἐν γῇ Χανάαν εἰς παράλιον * ἐθήρευον * θήραν ἰχθύων Ἰακὼβ τῷ πατρί μου καὶ πολλῶν
θηρίον 51
Adam 10 1 πορευομένων αὐτῶν εἶδεν ἡ Εὔα τὸν υἱὸν αὐτῆς καὶ * θηρίον * πολεμοῦντα αὐτόν. ἔκλαυσε δὲ ἡ Εὔα λέγουσα οἴμμοι
Adam 10 3 ἡ Εὔα τὴν ἐντολὴν τοῦ θεοῦ. καὶ εἶπε πρὸς τὸ * θηρίον * ὦ θηρίον πονηρὸν οὐ φοβήσει τὴν εἰκόνα τοῦ θεοῦ
Adam 10 3 τὴν ἐντολὴν τοῦ θεοῦ. καὶ εἶπε πρὸς τὸ θηρίον ὦ * θηρίον * πονηρὸν οὐ φοβήσει τὴν εἰκόνα τοῦ θεοῦ πολεμῆσαι
Adam 11 1 ὅτι πρότερον ὑπετάγης τῇ εἰκόνι τοῦ θεοῦ; τότε τὸ * θηρίον * ἐβόησε λέγων ὦ Εὔα οὐ πρὸς ἡμᾶς ἡ πλεονεξία σου
Adam 11 1 σου οὔτε κλαυθμὸς ἀλλὰ πρός σέ ἐπειδὴ ἡ ἀρχὴ τῶν * θηρίων * ἐκ σοῦ ἐγένετο. πῶς ἠνοίγη τὸ στόμα σου φαγεῖν
Adam 12 1 ἐὰν ἀπάρξομαι ἐλέγχειν σε. λέγει ὁ Σὴθ πρὸς τὸ * θηρίον * κλεῖσαί σου τὸ στόμα καὶ σίγα καὶ ἀπόστηθι ἀπὸ
Adam 12 2 τοῦ θεοῦ ἕως ἡμέρας τῆς κρίσεως. τότε λέγει τὸ * θηρίον * τῷ Σὴθ ἰδοὺ ἀφίσταμαι ἀπὸ τῆς εἰκόνος τοῦ θεοῦ.
Adam 12 2 ἀφίσταμαι ἀπὸ τῆς εἰκόνος τοῦ θεοῦ. τότε ἔφυγε τὸ * θηρίον * καὶ ἀφῆκεν αὐτὸν πεπληγμένον καὶ ἐπορεύθη εἰς τὴν
Adam 15 3 δὲ ὁ διάβολος εἰς τὸν κλῆρον τοῦ Ἀδὰμ ὅπου ἦν τὰ * θηρία * ἐπειδὴ τὰ θηρία ἐμέρισεν ὁ θεός. τὰ ἀρσενικὰ πάντα
Adam 15 3 τὸν κλῆρον τοῦ Ἀδὰμ ὅπου ἦν τὰ θηρία ἐπειδὴ τὰ * θηρία * ἐμέρισεν ὁ θεός. τὰ ἀρσενικὰ πάντα δέδωκε τῷ πατρὶ
Adam 16 2 ὁ διάβολος ἀκούω ὅτι φρονιμώτερος εἶ ὑπὲρ πάντα τὰ * θηρία. * ἐγὼ δὲ ἦλθον κατανοῆσαί σε. εὗρον δέ σε μείζονα
Adam 16 2 κατανοῆσαί σε. εὗρον δέ σε μείζονα πάντων τῶν * θηρίων. * καὶ ὁμιλῶ σοι. ὅμως προσκυνεῖς τὸν
Adam 24 3 καὶ εἰς τέλος μὴ ὑπάρξεις. καὶ ὧν ἐκυρίευες * θηρίων * ἐπαναστήσονταί σοι ἐν ἀκαταστασίᾳ ὅτι τὴν ἐντολήν
Adam 29 9 ἡμῖν ὁ θεὸς καὶ δώσῃ ἡμῖν τροφὴν κρείσσονα τῆς τῶν * θηρίων. * ἐγὼ μὲν ποιήσω ἡμέρας τεσσαράκοντα σὺ δὲ ἡμέρας
Adam 29 11 τοῦ Ἰορδάνου στῆθι καὶ εὔχου ὁμοῦ καὶ πάντα τὰ * θηρία * καὶ πάντα τὰ πετεινὰ καὶ πάντα τὰ ἑρπετὰ ἐν τῇ γῇ
Hen. 7 5 καὶ ἤρξαντο ἁμαρτάνειν ἐν τοῖς πετεινοῖς καὶ τοῖς * ⟨θ⟩ηρίοις * καὶ ἑρπετοῖς καὶ τοῖς ⟨ἰ⟩χθύσιν καὶ ἀλλήλων
Abr.1 10 6 τῆς φωνῆς μου καὶ κέλευσον ἵνα ἐξέλθωσιν * θηρία * ἐκ τοῦ δρυμοῦ καὶ καταφάγωσιν αὐτούς. καὶ ἅμα τῷ
Abr.1 10 7 καταφάγωσιν αὐτούς. καὶ ἅμα τῷ λόγῳ αὐτοῦ ἐξῆλθον * θηρία * ἐκ τοῦ δρυμοῦ καὶ κατέφαγον αὐτούς. καὶ εἶδεν εἰς
Abr.1 14 11 οὓς ποτε κατέπιεν ἡ γῆ καὶ οὓς διεμερίσαντο τὰ * θηρία * καὶ οὓς ποτε κατέφαγεν τὸ πῦρ διὰ τοὺς ἐμοὺς
Abr.1 17 13 στολὴν τυραννικὴν καὶ ἐποίησεν ὄψιν ζοφερὰν παντὸς * θηρίου * ἀγριωτέραν καὶ πάσης ἀκαθαρσίας ἀκαθαρσιωτέραν
Abr.1 19 14 καὶ οὕτω τὸν θάνατον βλέπουσιν ἔδειξά σοι καὶ * θηρία * ἰοβόλα ἀσπίδας καὶ βασιλίσκους⟩ καὶ παρδάλεις καὶ
Abr.1 19 14 καὶ ἄρκους καὶ ἔχιδνας καὶ ἁπλῶς εἰπεῖν παντὸς * θηρίου * πρόσωπον ἔδειξά σοι δικαιότατε διότι πολλοὶ τῶν
Abr.1 19 14 σοι δικαιότατε διότι πολλοὶ τῶν ἀνθρώπων ὑπὸ * θηρίων * ἀναιροῦνται ἄλλοι μὲν ὑπὸ κεράστου ἀπαλλάσσονται
Abr.2 2 6 τῷ πρωῒ πορεύου ὅπου ἂν βούλῃ μήπως συναντήσῃ σοι * θηρίον * πονηρὸν καὶ ταραχθῇς. ἠρώτησεν δὲ Μιχαὴλ τὸν
Abr.2 12 10 θεωρεῖς τὴν ἀνομίαν αὐτῶν; καὶ εἶπεν ἐλθέτωσαν * θηρία * καὶ καταφαγέτωσαν αὐτοὺς ⟨καὶ ἐν ἐκείνῃ τῇ ὥρᾳ
Abr.2 12 11 καταφαγέτωσαν αὐτοὺς ⟨καὶ ἐν ἐκείνῃ τῇ ὥρᾳ ἦλθον * θηρία * ἐκ τῆς ἐρήμου καὶ κατέφαγον αὐτούς⟩. καὶ ἐλάλησεν

Abr.2 13 10 θρόνοις τε καὶ πάσῃ τῇ γῇ καὶ τετράποσιν καὶ * θηρίοις * τῆς γῆς καὶ πᾶσιν τοῖς ἐν ὕδασιν μέχρι ἕως τοῦ
TJud. 2 4 λαβὼν ἐκ τοῦ ποδὸς ἀπεκύλισα εἰς κρημνὸν καὶ πᾶν * θηρίον * εἰ ἐπέστρεφε πρός με διέσπων αὐτὸ ὡς κύνα. τῷ
TNep. 8 4 ἔθνεσι καὶ ὁ διάβολος φεύξεται ἀφ' ὑμῶν καὶ τὰ * θηρία * φοβηθήσονται ὑμᾶς καὶ ὁ κύριος ἀγαπήσει ὑμᾶς καὶ
TNep. 8 6 διάβολος οἰκειοῦται αὐτὸν ὡς ἴδιον σκεῦος καὶ πᾶν * θηρίον * κατακυριεύσει αὐτοῦ καὶ ὁ κύριος μισήσει αὐτόν.
TGad 1 3 ὅταν ἤρχετο λέων ἢ λύκος ἢ πάρδαλις ἢ ἄρκος ἢ πᾶν * θηρίον * ἐπὶ τὴν ποίμνην κατεδίωκον αὐτὸ καὶ πιάζων τὸν
TJos. 19 3 ἄμωμος καὶ ἐξ ἀριστερῶν αὐτοῦ ὡς λέων καὶ πάντα τὰ * θηρία * ὥρμουν κατ' αὐτοῦ καὶ ἐνίκησεν αὐτὰ ὁ ἀμνὸς καὶ
TBen. 3 5 τοῦ φόβου τοῦ θεοῦ καὶ ὑπὸ ἐπιβουλῆς ἀνθρώπων ἢ * θηρίων * οὐ δύναται κυριευθῆναι βοηθούμενος ὑπὸ τῆς τοῦ
TBen. 5 2 τὰ ἀκάθαρτα πνεύματα φεύξεται ἀφ' ὑμῶν καὶ αὐτὰ τὰ * θηρία * φοβηθήσονται ὑμᾶς. ὅπου γὰρ ἔνι φῶς ἀγαθῶν ἔργων
Sal. 4 19 ἀνάλημψιν. σκορπισθείησαν σάρκες ἀνθρωπαρέσκων ὑπὸ * θηρίων * καὶ ὀστᾶ παρανόμων κατέναντι τοῦ ἡλίου ἐν ἀτιμίᾳ.
Sal. 13 3 διαπορευομένης ἀπὸ λιμοῦ καὶ θανάτου ἁμαρτωλῶν. * θηρία * ἐπεδράμοσαν αὐτοῖς πονηρὰ ἐν τοῖς ὀδοῦσιν αὐτῶν
Prop. 2 4 δήγματα ἀσπίδων θεραπεύουσι (καὶ πολλοὶ αὐτὰ τὰ * θηρία * καὶ τὰ τοῦ ὕδατος φυγαδεύουσιν.) ἡμεῖς δὲ
Prop. 4 4 αὐτὸν Βαλτάσαρ τοῦ υἱοῦ αὐτοῦ ὅτε ἐγένετο * θηρίον * καὶ κτῆνος ἵνα μὴ ἀπόληται. ἦν τὰ ἐμπρόσθια ὡς
Esdr. 5 2 καὶ ἴδον γυναῖκα κρεμαμένην καὶ τέσσαρα * θηρία * θηλάζοντα τοὺς μαστοὺς αὐτῆς. καὶ εἶπόν μοι οἱ
Job 39 10 ἀναλώματα ὅπως θεάσωμεν κἂν τὰ ὀστᾶ αὐτῶν. μὴ ἄρα * θηρίου * ἐγὼ ἢ κτηνώδη γαστέρα ἔχω, ὅτι τὰ τέκνα μου δέκα
Job 42 2 μοι τὸν ἐν αὐτῷ λαλήσαντα μὴ εἶναι ἄνθρωπον ἀλλὰ * θηρίον. * τοῦ δὲ κυρίου λαλήσαντός μοι διὰ τῆς νεφέλης,
Aris. 138 3 Αἰγυπτίων τε καὶ τῶν παραπλησίων οἵτινες ἐπὶ * θηρία * καὶ τῶν ἑρπετῶν τὰ πλεῖστα καὶ κνωδάλων τὴν
Sib. 3 370 ἠδ' ἀχάλαζος πάντα φέρων καὶ πτηνὰ καὶ ἑρπετὰ * θηρία * γαίης. ὦ μακαριστὸς ἐκεῖνον ὃς ἐς χρόνον ἔσσεται
Sib. 3 644 δὲ ἅπαντες ἔσονται καὶ τῶν μὲν γῦπές τε καὶ ἄγρια * θηρία * γαίης σάρκας δηλήσονται ἐπὰν δὴ ταῦτα τελεσθῇ
Sib. 3 677 ἀπ' ἀθανάτοιο καὶ ἰχθύες οἱ κατὰ πόντον πάντα τε * θηρία * γῆς ἠδ' ἄσπετα φῦλα πετεινῶν πᾶσαί τ' ἀνθρώπων
Sib. 3 697 δέ τε γαῖα καὶ αὐτὴ αἵματος ὀλλυμένων κορέσονται * θηρία * σαρκῶν. αὐτὸς μοι τάδε πάντα θεὸς μέγας ἀέναός τε
FJub. 2 13 ὁ θεὸς ἐν τῇ πέμπτῃ ἡμέρᾳ. τῇ δὲ ἕκτῃ ἡμέρᾳ τὰ * θηρία * τὰ κτήνη τὰ ἑρπετὰ τῆς γῆς τὸν ἄνθρωπον. ταῦτα τὰ
FJub. 3 1 παρ' Αἰγυπτίοις Φαρμουθὶ ὠνόμασεν Ἀδὰμ τὰ ἄγρια * θηρία * θείῳ τινὶ χαρίσματι. τῇ δευτέρᾳ ἡμέρᾳ τῆς δευτέρας
FJub. 3 28 διὰ τὸ πρῶτος ἀπὸ τοῦ ξύλου λαβεῖν καὶ φαγεῖν. τὰ * θηρία * καὶ τὰ τετράποδα καὶ τὰ ἑρπετὰ ὁμόφωνα εἶναι πρὸ
LAri. 8 10 11 τῶν ζῴων ὁ αὐτός ἐστι λόγος. οὐ γὰρ ἄνθρωπος ἔσται * θηρίον * οὐδὲ θηρίον ἄνθρωπος. καὶ ἐπὶ τῶν λοιπῶν δὲ
LAri. 8 10 11 ἐστι λόγος. οὐ γὰρ ἄνθρωπος ἔσται θηρίον οὐδὲ * θηρίον * ἄνθρωπος. καὶ ἐπὶ τῶν λοιπῶν δὲ ταὐτὸν ὑπάρχει

θηρόβορος 1

FPho. 147 κακὴν φήμην φεῦγ' ἀνθρώπους ἀθεμίστους.) μὴ δέ τι * θηρόβορον * δαίσῃ κρέας ἀργίποσιν δὲ λείψανα λεῖπε κυσίν

θησαυρίζω 3

Hen. 97 9 καὶ πᾶν ὃ ἐὰν θελήσωμεν ποιήσωμεν ὅτι ἀργύριον * τεθησαυρίκαμεν * ἐν τοῖς θησαυροῖς ἡμῶν καὶ ἀγαθὰ πολλὰ ἐν
Sal. 9 5 σου ἐπισκέπτῃ υἱοὺς ἀνθρώπων. ὁ ποιῶν δικαιοσύνην * θησαυρίζει * ζωὴν αὐτῷ παρὰ κυρίῳ καὶ ὁ ποιῶν ἀδικίαν
FAch. 107 φῄς; ὁ δὲ ἐπιταγὴν βασιλέως μὴ ποιήσας ἐπ' ἐμαυτὸν * θησαυρίζω * κακά. ὁ δὲ βασιλεὺς εἶπεν τί σεαυτῷ σύνοιδας;

θησαυρός 8

Hen. 17 3 τὸν οὐρανόν. καὶ εἶδον τόπον τῶν φωστήρων καὶ τοὺς * θησαυροὺς * τῶν ἀστέρων καὶ τῶν βροντῶν καὶ εἰς τὰ
Hen. 18 1 τῶν ποταμῶν καὶ τὸ στόμα τῆς ἀβύσσου. ἴδον τοὺς * θησαυροὺς * τῶν ἀνέμων πάντων ἴδον ὅτι ἐν αὐτοῖς ἐκόσμησεν
Hen. 97 9 ποιήσωμεν ὅτι ἀργύριον τεθησαυρίκαμεν ἐν τοῖς * θησαυροῖς * ἡμῶν καὶ ἀγαθὰ πολλὰ ἐν ταῖς οἰκίαις ἡμῶν. καὶ
TAser 1 9 πράξεως αὐτοῦ εἰς κακὸν ποιεῖν ἀνελαύνει ἐπειδὴ ὁ * θησαυρὸς * τοῦ διαβουλίου ἰοῦ πονηροῦ πνεύματος
Esdr. 1 20 καὶ Ἰωάννην σὺ διδούς μοι ἀδιάφθορον τὸν ἀσύλητον * θησαυρὸν * τὸ κειμήλιον τῆς παρθένου τὸ τεῖχος τῶν
Sib. 5 184 αἰῶσιν σίγησον ὅπως παύσῃ κακότητος. ὕβρι κακῶν * θησαυρὲ * πόνων μαινὰς πολύθρηνε αἰνοπαθὴς πολύδακρυ
ISop. 5 121 4 γὰρ ἔσται κεῖνος αἰῶνος χρόνος ὅταν πυρὸς γέμοντα * θησαυρὸν * σχάσῃ χρυσωπὸς αἰθὴρ ἡ δὲ βοσκηθεῖσα φλὸξ
LEze. 64 29 6 02 ἀρχὴ καὶ πέρας κακῶν ὄφις σύ τ' ὦ βαρὺν τίκτουσα * θησαυρὸν * κακῶν πλάνη τυφλοῦ ποδηγὲ ἀγνοίας βίου χαίρουσα

θητεύω 2

Sib. 3 354 δόμον ἀμφεπόλευσαν εἰκοσάκις τοσσοῦτοι ἐν Ἀσίδι * θητεύσουσιν * Ἰταλοὶ ἐν πενίῃ ἀνὰ μυρία δ' ὀφλήσουσιν. ὦ
Sib. 5 443 ἀρχῆς ἧς ἔσχες ὄμηρα εἰς Ῥώμην πέμψασα καὶ Ἀσίδι * θητεύοντας * +τοιγάρτοι καὐτὴ βασιλὶς φρονέουσ' εἰς κρίσιν

θιγγάνω 3

Aris. 106 4 διὰ τοὺς ἐν ταῖς ἁγνείαις ὄντας ὅπως μηδενὸς * θιγγάνωσιν * ὧν οὐ δέον ἐστίν. οὐκ ἀλόγως δὲ τὴν πόλιν
ISop. 5 111 6 ἐπεστάθη ὁ μοιχός. ὃ δ' οὔτε δαιτὸς οὔτε χέρνιβος * θιγὼν * πρὸς λέκτρον ἧει καρδίαν ὠδαγμένος ὅλην δ' ἐκείνην
LEze. 9 29 13 12 λαβόντες χερσὶν ὑσσώπου κόμης εἰς αἷμα βάψαι καὶ * θιγεῖν * σταθμῶν δυοῖν ὅπως παρέλθῃ θάνατος Ἑβραίων ἄπο.

θλάω 2

Sal. 13 3 αὐτῶν ἐτίλλοσαν σάρκας αὐτῶν καὶ ἐν ταῖς μύλαις * ἔθλων * ὀστᾶ αὐτῶν καὶ ἐκ τούτων ἁπάντων ἐρρύσατο ἡμᾶς
FEll. 4 228 αὐτοῦ μηρὸς λεπτὸς καὶ οἱ πόδες αὐτοῦ πλατεῖς * τέθλασται * δὲ ὁ μέγας δάκτυλος τοῦ ποδὸς αὐτοῦ.

θλίβω 27

Adam 24 2 δὲ ἐν καμάτοις πολυτρόποις. καμῇ καὶ μὴ ἀναπαύσῃ. * θλιβεὶς * ἀπὸ πικρίας καὶ μὴ γεύσει γλυκύτητος. θλιβεὶς
Adam 24 3 θλιβεὶς ἀπὸ πικρίας καὶ μὴ γεύσει γλυκύτητος. * θλιβεὶς * ἀπὸ καύματος καὶ στενωθεὶς ἀπὸ ψύξεως. καὶ
Hen. 22 13 ἔσονται μέτοχοι. τὰ δὲ πνεύματα ὅτι οἱ ἐνθάδε * θλιβέντες * ἔλαττον κολάζονται αὐτῶν οὐ τιμωρηθήσονται ἐν
Hen. 89 46 τῶν προβάτων καὶ οἱ κύνες ἐπὶ πᾶσιν τούτοις * ἔθλιβον * τὰ πρόβατα. (καὶ) ὁ κριὸς ὁ πρῶτος τὸν κριὸν τὸν
Abr.1 11 2 ἐκεῖ ὁ Ἀβραὰμ) δύο ὁδοὺς (ἡ) μία ὁδὸς (στενὴ καὶ * τεθλιμμένη * ἡ δὲ ἑτέρα) πλατεῖα καὶ εὐρύχωρος. (καὶ εἶδεν
TIss. 3 8 τῇ ἁπλότητί μου παντὶ γὰρ πένητι καὶ παντὶ * θλιβομένῳ * παρεῖχον τῆς γῆς τὰ ἀγαθὰ ἐν ἁπλότητι καρδίας.
TZab. 7 1 ἀδελφῶν μου. νῦν ἀναγγελῶ ὑμῖν ἃ ἐποίησα. εἶδον * θλιβόμενον * ἐν γυμνότητι χειμῶνος καὶ σπλαγχνισθεὶς ἐπ'
TZab. 7 1 κλέψας ἱμάτιον ἐκ τοῦ οἴκου μου κρυφαίως ἔδωκα τῷ * θλιβομένῳ. * καὶ ὑμεῖς οὖν τέκνα μου ἐξ ὧν παρέχει ὑμῖν ὁ
TJos. 17 6 ἐποίησα καὶ ἐθαύμαζον. οὐκ ἀφῆκα γὰρ αὐτοὺς * θλιβῆναι * ἕως μικροῦ πράγματος καίγε πᾶν ὃ ἦν ἐν χειρί
TJos. 20 1 οἶδα ὅτι μετὰ τὴν τελευτήν μου οἱ Αἰγύπτιοι * θλίψουσιν * ὑμᾶς ἀλλ' ὁ θεὸς ποιήσει τὴν ἐκδίκησιν ὑμῶν
TBen. 5 1 τοῦ πάθους ἀλλὰ καὶ τὰ τῆς πλεονεξίας δώσουσι τοῖς * θλιβομένοις. * ἐὰν ἦτε ἀγαθοποιοῦντες καὶ τὰ ἀκάθαρτα
Asen. 11 10 ἀνθρώπου ταπεινοῦ καὶ μὴ ἐλέγχων ἀνομίας ἀνθρώπου * τεθλιμμένου * ἐν καιρῷ θλίψεως αὐτοῦ. ὅθεν τολμήσω κἀγὼ
Asen. 11 13 ὀρφανῶν καὶ τῶν δεδιωγμένων ὑπερασπιστὴς καὶ τῶν * τεθλιμμένων * βοηθός. τολμήσω καὶ βοήσω πρὸς αὐτόν. καὶ
Asen. 12 13 ὀρφανῶν καὶ τῶν δεδιωγμένων ὑπερασπιστὴς καὶ τῶν * τεθλιμμένων * βοηθός. ἐλέησόν με κύριε καὶ φύλαξόν με
Asen. 13 1 ἐπὶ τὴν ὀρφανίαν μου καὶ οἰκτειρόν με τὴν * τεθλιμμένην. * ἰδοὺ γὰρ ἐγὼ ἀπέφυγον ἐκ πάντων καὶ πρὸς σέ
Asen. 23 8 Λευὶς τῷ ποδὶ αὐτοῦ τὸν δεξιὸν πόδα τοῦ Συμεὼν καὶ * ἔθλιψεν * αὐτὸν καὶ ἐσήμανεν αὐτῷ τοῦ παύσασθαι ἀπὸ τῆς
Sal. 1 1 ψαλμοὶ σολομωντος. ἐβόησα πρὸς κύριον ἐν τῷ * θλίβεσθαί * με εἰς τέλος πρὸς τὸν θεὸν ἐν τῷ ἐπιθέσθαι
Sal. 5 5 τοῦ πλεονάσαι παρὰ τὸ κρίμα σου ὁ θεός. ἐν τῷ * θλίβεσθαι * ἡμᾶς ἐπικαλεσόμεθά σε εἰς βοήθειαν καὶ σὺ οὐκ
Sal. 15 1 ἐν εὐφροσύνῃ. ψαλμὸς τῷ Σαλωμων μετὰ ᾠδῆς. ἐν τῷ * θλίβεσθαί * με ἐπεκαλεσάμην τὸ ὄνομα κυρίου εἰς βοήθειαν
Bar. 9 7 ἀλλὰ παρηύξησε. καὶ ὠργίσθη αὐτῇ ὁ θεὸς καὶ * ἔθλιψεν * αὐτὴν καὶ ἐκολόβωσεν τὰς ἡμέρας αὐτῆς. καὶ εἶπον
Sib. 3 182 αὐτὰρ ἔπειτα καὶ ἄργυρος ἠδέ τε κόσμος. καὶ * θλίψουσι * βροτούς. μέγα δ' ἔσσεται ἀνδράσι κείνοις πτῶμ'
Sib. 3 242 πλουτῶν τις ἀνὴρ τὸν ἐλάττονα λυπεῖ +οὐδέ γε χήρας * θλίβει * μᾶλλον δ' αὖτε+ βοηθεῖ αἰεὶ ἐπαρκείων σίτῳ οἴνῳ
Sib. 3 630 ἔτ' ἄλλος. τὴν δὲ δικαιοσύνην τίμα καὶ μηδένα * θλῖβε. * ταῦτα γὰρ ἀθάνατος κέλεται δειλοῖσι βροτοῖσιν.
Sib. 5 86 μάτην γε πεποιθότες ἐν τοιούτοις. Θμοῦις καὶ Ξοῦις * +θλίβεται * κόπτεται βουλὴ+ Ἡρακλέους τε Διός τε καὶ
FMan. 2 22 11 συνεχόμενος καὶ ὀδυνώμενος σφόδρα. καὶ ὡς βιαίως * ἐθλίβη * ἐζήτησεν τὸ πρόσωπον κυρίου τοῦ θεοῦ αὐτοῦ καὶ
FPho. 19 ὅστις ἔληται. μισθὸν μοχθήσαντι δίδου μὴ * θλῖβε * πένητα. γλώσσῃ νοῦν ἐχέμεν κρυπτὸν λόγον ἐν
LEze. 9 28 2 04 καὶ ἐπεγένησεν πολὺν λαὸν κακῶς πράσσοντα καὶ * τεθλιμμένον * ἐς ἄχρι τούτων τῶν χρόνων κακούμενον κακῶν

θλῖψις 22

Hen. 103 9 οἱ δίκαιοι ὅσιοι ὄντες ἐν τῇ ζωῇ τῶν ἡμερῶν τῆς * θλίψεως * κόπους ἐκοπιάσαμεν καὶ ἀνηλώμεθα καὶ ὀλίγοι
Hen. 104 2 δὴ ὅτι ἐπαλαιώθητε ἐν τοῖς κακοῖς καὶ ἐν ταῖς * θλίψεσιν * ὡσεὶ φωστῆρες τοῦ οὐρανοῦ ἀναλάμψετε καὶ
Hen. 104 3 καὶ φανεῖται ἐφ' ὅσα συλλαβήσεται ὑμῖν περὶ τῆς * θλίψεως * ὑμῶν καὶ ἐκ πάντων ὅστις μετέσχεν τῶν βιαζομένων
TLevi 5 5 εἰπέ μοι τὸ ὄνομά σου ἵνα ἐπικαλέσωμαί σε ἐν ἡμέρᾳ * θλίψεως. * καὶ εἶπεν ἐγώ εἰμι ὁ ἄγγελος ὁ παραιτούμενος τὸ
TLevi 13 6 ζωῇ ὑμῶν. ἐὰν γὰρ σπείρητε κακὰ πᾶσαν ταραχὴν καὶ * θλῖψιν * θερίσετε. σοφίαν κτήσασθε ἐν φόβῳ θεοῦ μετὰ
TZab. 9 6 ἐν τοῖς ἔθνεσιν ἐν πάσαις ἀσθενείαις καὶ * θλίψεσι * καὶ ὀδύναις ψυχῆς. καὶ μετὰ ταῦτα μνησθήσεσθε
TNep. 4 2 ἐκεῖ τοῖς ἐχθροῖς ὑμῶν καὶ πάσῃ κακώσει καὶ * θλίψει * συγκαλυφθήσεσθε ἕως ἂν ἀναλώσῃ κύριος πάντας
TGad 4 4 συμβάλλει αὐτὸν πρὸς τὸν κύριον αὐτοῦ καὶ ἐν πάσῃ * θλίψει * ἐπιχειρεῖ κατ' αὐτοῦ εἴ πως θανατώσει αὐτόν. τὸ
TJos. 2 4 τοὺς φοβουμένους αὐτὸν οὐκ ἐν σκότει ἢ δεσμοῖς ἢ * θλίψεσιν * ἢ ἀνάγκαις οὐ γὰρ ὡς ἄνθρωπος ἐπαισχύνεται ὁ
TBen. 3 3 καὶ ἐὰν τὰ πνεύματα τοῦ Βελιὰρ εἰς πᾶσαν πονηρίαν * θλίψεως * ἐξαιτήσωνται ὑμᾶς οὐ μὴ κατακυριεύσῃ ὑμῶν πᾶσα
TBen. 3 3 ὑμᾶς οὐ μὴ κατακυριεύσῃ ὑμῶν πᾶσα πονηρία * θλίψεως * ὡς οὐδὲ Ἰωσὴφ τοῦ ἀδελφοῦ μου. πόσοι τῶν
TBen. 7 2 ἔστι δὲ πρῶτον ὁ φθόνος δεύτερον ἀπώλεια τρίτον * θλῖψις * τέταρτον αἰχμαλωσία πέμπτον ἔνδεια ἕκτον ταραχὴ
Asen. 11 6 μου ταύτῃ πάντες μεμισήκασί με καὶ ἐπιχαίρουσι τῇ * θλίψει * μου ταύτῃ. καὶ κύριος ὁ θεὸς τοῦ δυνατοῦ Ἰωσὴφ ὁ
Asen. 11 10 μὴ ἐλέγχων ἀνομίας ἀνθρώπου τεθλιμμένου ἐν καιρῷ * θλίψεως * αὐτοῦ. ὅθεν τολμήσω κἀγὼ καὶ ἐπιστρέψω πρὸς
Asen. 15 3 σου. ἰδοὺ ἑώρακα καὶ τὴν ταπείνωσιν καὶ τὴν * θλῖψιν * τῶν ἑπτὰ ἡμερῶν τῆς ἐνδείας σου. ἰδοὺ ἐκ τῶν
Asen. 18 3 καὶ ἰδοὺ ἦν τὸ πρόσωπον αὐτῆς συμπεπτωκὸς ἐκ τῆς * θλίψεως * καὶ τοῦ κλαυθμοῦ καὶ τῆς ἐνδείας τῶν ἑπτὰ ἡμερῶν
Sal. 8 1 ἐν ᾗ ἐπηγγείλω αὐτοῖς. τῷ Σαλωμων εἰς νεῖκος. * θλῖψιν * καὶ φωνὴν πολέμου ἤκουσεν τὸ οὖς μου φωνὴν
Sal. 16 11 ποίησον ἀπ' ἐμοῦ. γογγυσμὸν καὶ ὀλιγοψυχίαν ἐν * θλίψει * μάκρυνον ἀπ' ἐμοῦ ἐὰν ἁμαρτήσω ἐν τῷ σε παιδεύειν
Sal. 16 14 αὐτοῦ ἡ δοκιμασία σου ἐν σαρκὶ αὐτοῦ καὶ ἐν * θλίψει * πενίας ἐν τῷ ὑπομεῖναι δίκαιον ἐν τούτοις
Sib. 3 187 αἰσχροῖς ἐν τεγέεσσι καὶ ἔσσεται ἤμασι κείνοις * θλῖψις * ἐν ἀνθρώποις μεγάλη καὶ πάντα ταράξει πάντα δὲ
FMan. 2 22 15 αὐτὸν σίδηρα καὶ ἰάσατο κύριος τὸν Μανασσῆν ἐκ τῆς * θλίψεως * αὐτοῦ. καὶ παρελογίσατο Ἀμὼς λογισμὸν
FrAn. 2 11 4 παρεστηκυῖα. οὕτως καὶ ὁ λαός μου ἀκαταστασίας καὶ * θλίψεις * ἔσχεν ἔπειτα ἀπολήψεται τὰ ἀγαθά. θυσία τῷ κυρίῳ

Θμοῦις 1

Sib. 5 86 ποιήσαντο μάτην γε πεποιθότες ἐν τοιούτοις. * Θμοῦις * καὶ Ξοῦις +θλίβεται κόπτεται βουλὴ+ Ἡρακλέους τε

θνήσκω 33
Abr.1 10 2 καὶ δικαζομένους ἀλλαχοῦ κλαίοντας ἔπειτα καὶ * τεθνεῶτας * ἐν μνήματι ἀγομένους εἶδεν δὲ καὶ νεονύμφους
Abr.1 17 17 ἀβάστακτον ⟨καὶ⟩ πᾶσαν νόσον θανατηφόρον ⟨ἀώρως * θνήσκοντα⟩ * ὡς τῆς ὀσμῆς τοῦ θανάτου καὶ πολλῆς πικρίας
Abr.1 18 5 εἶπεν δὲ Ἀβραὰμ πρὸς τὸν θάνατον καὶ πῶς οὗτοι * τεθνήκασιν * οὐ κἂν ὁ κύριος εἶπεν; καὶ ὁ θάνατος εἶπεν
Abr.1 18 9 σου πανώλεθρε θάνατε ἐπειδὴ (οὖν οἱ παῖδες) ἀώρως * τεθνήκασιν * δεῦρο δεηθῶμεν κυρίῳ τῷ θεῷ ἡμῶν ὅπως
Abr.1 18 9 εἰσακούσῃ ἡμῖν ὁ θεὸς καὶ ἀναστήσῃ τοὺς ἐξαώρους * τεθνήξαντας * διὰ τῆς σῆς ἀγριότητος. καὶ εἶπεν ὁ θάνατος
TSim. 1 1 λόγων Συμεὼν ἃ ἐλάλησε τοῖς υἱοῖς αὐτοῦ πρὸ τοῦ * θανεῖν * αὐτὸν ἑκατοστῷ εἰκοστῷ ἔτει τῆς ζωῆς αὐτοῦ ἐν ᾧ
TBen. 1 3 τῷ Ἀβραὰμ οὕτως κἀγὼ τῷ Ἰακώβ. ἐπειδὴ οὖν Ῥαχὴλ * τέθνηκε * γεννῶσά με γάλα οὐκ ἔσχον. Βάλλαν οὖν τὴν
Asen. 16 23 καὶ ἀπέλθετε εἰς τὸν τόπον ὑμῶν. καὶ ἀνέστησαν αἱ * τεθνηκυῖαι * μέλισσαι καὶ ἀπῆλθον εἰς τὴν αὐλὴν τὴν
Asen. 27 7 καὶ εἶπον ἀπολώλαμεν ἀπὸ τῶν ἀδελφῶν ἡμῶν καὶ * τέθνηκεν * ὁ υἱὸς Φαραὼ ἐν χειρὶ Βενιαμὶν τοῦ παιδαρίου
Jer. 7 17 ὅπου ἦν ὁ ἀετός. καὶ κατῆλθεν ὁ ἀετὸς ἐπὶ τὸν * τεθνηκότα * καὶ ἀνέζησε. γέγονε δὲ τοῦτο ἵνα πιστεύσωσιν.
Jer. 9 9 πάντες καὶ εἶδον Ἱερεμίαν ἀνακείμενον χαμαὶ ὥσπερ * τεθνηκότα. * καὶ διέρρηξαν τὰ ἱμάτια αὐτῶν καὶ ἐπέθηκαν
Prop. 1 1 καὶ πως καὶ που κεινται. Ἡσαΐας ἀπὸ Ἱερουσαλὴμ * θνήσκει * ὑπὸ Μανασσῆ πρισθεὶς εἰς δύο καὶ ἐτέθη ὑποκάτω
Prop. 1 2 τοῦ Σιλωὰμ διὰ τὸν προφήτην ἐποίησεν ὅτι πρὸ τοῦ * θανεῖν * ὀλιγωρήσας ηὔξατο πιεῖν ὕδωρ καὶ εὐθέως ἀπεστάλη
Prop. 10 5 αὐτοῦ. οὐ γὰρ ἠδύνατο μένειν μετὰ ἀπεριτμήτων καὶ * θανόντα * τὸν υἱὸν αὐτῆς πάλιν ἤγειρεν ἐκ νεκρῶν ὁ θεὸς
Prop. 10 5B γὰρ δεῖξαι αὐτῷ ὅτι οὐ δύναται ἀποδρᾶσαι θεόν. καὶ * θανόντα * τὸν υἱὸν αὐτῆς Ἰωνᾶν πάλιν ἤγειρεν αὐτὸν ὁ θεὸς
Prop. 13 3 καὶ περὶ τέλους ἐθνῶν καὶ αἰσχύνης ἀσεβῶν καὶ * θανὼν * ἐτάφη ἐν ἀγρῷ αὐτοῦ. Ἀγγαῖος ὁ καὶ ἄγγελος τάχα
Prop. 14 2 καὶ εἶδεν ἐκ μέρους τὴν οἰκοδομὴν τοῦ ναοῦ. καὶ * θανὼν * ἐτάφη πλησίον τοῦ τάφου τῶν ἱερέων ἐνδόξως ὡς
Prop. 20 2 ἐπέστρεψεν ἐξ Ἰσραὴλ τὴν αἰχμαλωσίαν Ἰούδα καὶ * θανὼν * ἐτάφη ἐν ἀγρῷ αὐτοῦ. Ἠλίας Θεσβίτης ἐκ γῆς
Prop. 22 4 ὃς καθελεῖ τὰ γλυπτὰ αὐτῶν καὶ τὰ χωνευτὰ καὶ * θανὼν * ἐτάφη ἐν Σαμαρείᾳ. τὰ δὲ σημεῖα ἃ ἐποίησεν εἰσὶ
Job 39 10 ἐγὼ ἢ κτηνώδη γαστέρα ἔχω, ὅτι τὰ τέκνα μου δέκα * τέθνηκεν, * καὶ οὐδένα αὐτῶν κεκήδευκα; καὶ οἱ μὲν ἀπῆλθον
SIb. 3 118 ἡνίκα δὴ πατρὸς τέλεος χρόνος ἵκετο γήρως καὶ ῥ' * ἔθανεν * καὶ παῖδες ὑπερβασίην ὅρκοισιν δεινὴν ποιήσαντες
SIb. 3 431 κατὰ πάντα τρόπον μέροπας κενοκράνους. καὶ * θανέειν * μᾶλλον τοῖσιν κλέος ἔσσεται εὐρὺ Ἰλίῳ ἀλλὰ καὶ
SIb. 3 554 κακὰ ἡγεμόνευσαν πολλὰ θεῶν εἴδωλα καταφθιμένων * +θανεόντων+ * ὧν ἕνεκεν τὰ μάταια φρονεῖν ὑμῖν ὑπεδείχθη.
SIb. 3 646 δὴ ταῦτα τελεσθῇ λείψανα γαῖα πέλωρος ἀναλώσειε * θανόντων. * αὐτὴ δ' ἄσπαρτος καὶ ἀνήροτος ἔσται ἅπασα
FJub. 4 31 πληρωθέντος οὖν ἐνιαυτοῦ μετὰ θάνατον τοῦ Ἀδὰμ * τέθνηκεν. * ὑπὸ τοῦ Λάμεχ τὸν Κάϊν ἀνῃρῆσθαι ἀκουσίως
FJub. 38 3 κατὰ τοῦ δεξιοῦ μαζοῦ τὸν Ἠσαῦ κατέβαλε. τοῦ δὲ * θανόντος * ἀνοίξαντες τὰς πύλας οἱ υἱοὶ Ἰακὼβ ἀνεῖλον
FAch. 105 Νεκταναβὼν ὁ τῶν Αἰγυπτίων βασιλεὺς τὸν Αἴσωπον * τεθνηκέναι * πρέσβειαν ἀπέστειλεν πρὸς τὸν Λυκοῦργον μετὰ
FAch. 108 εἰς πατέρα ἀθετήσαντα παρῃτήσατο ὁ Αἴσωπος εἰπὼν * τεθνεῶτα * μὲν ἔχειν παρακάλυμμα τοῦ βίου τῆς αἰσχύνης
FAch. 112 φίλους καὶ φησιν ἄνδρες ἐνεδρεύθην ἀκούσας Αἴσωπον * τεθνάναι * προσεκάλεσα τὸν Λυκοῦργον δι' ἐπιστολῶν. ταῦτα
IDip. 5 121 1 ἀγαθῶν τοσούτων εὑρετὴν καὶ κτίστορα. οἴει σὺ τοὺς * θανόντας * ὦ Νικήρατε τρυφῆς ἁπάσης μεταλαβόντας ἐν βίῳ
HCal. 24 19 οἶμαι δὲ τούτοις ἐριστικῶς ἔχειν τὸ * θανεῖν * ὡς ἄν τις εἴποι πρὸς ἀναγκαῖόν τι χρῆμα τούτοις
HCal. 24 25 μὴ κερδᾶναί τι προσδοκῶντες. οὕτως εὐχερῶς πρὸς τὸ * θανεῖν * ηὐτομόλησαν. ἐὰν δὲ καὶ κέρδος ἐλπίσουσι οὐκ ἂν
LEze. 9 29 12 09 πολλοὺς κακώσει. μετὰ δὲ ταῦτ' ἔσται πάλιν λοιμὸς * θανοῦνται * δ' οἷς ἔνεστι καρδία σκληρά. πικράνω δ'

θνητός 32
Abr.1 9 5 ὅτι κἀγὼ γινώσκω ὅτι οὐκ ἔσομαι ἀθάνατος ἀλλὰ * θνητὸς * ἐπειδὴ οὖν τῇ σῇ προστάξει πάντα ὑπείκεται καὶ
Esdr. 6 19 ὑπὲρ τοῦ γένους τῶν ἀνθρώπων; καὶ εἶπεν ὁ θεὸς * θνητὸς * ὢν καὶ ἐκ γῆς μὴ δικάζου μοι. καὶ εἶπεν ὁ
SIb. 3 17 τε καὶ πρὶν ἐόντα ἀτὰρ πάλι καὶ μετέπειτα. τίς γὰρ * θνητὸς * ἐὼν κατιδεῖν δύναται θεὸν ὄσσοις; ἢ τίς χωρήσει
SIb. 3 103 αὐτὰρ ἔπειτ' ἄνεμοι μέγαν ὑψόθι πύργον ῥῖψαν καὶ * θνητοῖσιν * ἐπ' ἀλλήλους ἔριν ὦρσαν τοὔνεκά τοι Βαβυλῶνα
SIb. 3 204 καὶ ἄναγνοι κλεψίγαμοι καὶ πάντα κακοὶ καὶ οὐκέτι * θνητοῖς * ἄμπαυσις πολέμοιο. Φρύγες δ' ἔκπαγλοι ὀλοῦνται
SIb. 3 236 τε κοὐ φιλοχρημοσύνην ἥτις κακὰ μυρία τίκτει * θνητοῖς * ἀνθρώποις πόλεμον καὶ λιμὸν ἄπειρον. τοῖσι δὲ
SIb. 3 260 ἠὲ νόμῳ τίσειε δίκην ἢ χερσὶ βροτείαις ἠὲ λαθὼν * θνητοὺς * πάσῃ δίκῃ ἐξαπολεῖται. πᾶσι γὰρ Οὐράνιος κοινὴν
SIb. 3 279 γενετῆρα θεῶν πάντων τ' ἀνθρώπων οὐκ ἔθελες τιμᾶν * θνητῶν * εἴδωλα δ' ἐτίμας. ἀνθ' ὧν ἑπτὰ χρόνων δεκάδας γῆ
SIb. 3 546 Ἑλλὰς δὴ τί πέποιθας ἐπ' ἀνδράσιν ἡγεμόνεσσιν * θνητοῖς * οἷς οὐκ ἔστι φυγεῖν θανάτοιο τελευτήν; πρὸς τί
SIb. 3 811 πεμπόμενον πῦρ πᾶσι προφητεύουσα θεοῦ μηνίματα * θνητοῖς * --- ὥστε προφητεῦσαί με βροτοῖς αἰνίγματα θεῖα.
SIb. 3 823 με τά τ' ἐσσόμενα πρό τ' ἐόντα καὶ λέξαι * θνητοῖς. * ὅτε γὰρ κατεκλύζετο κόσμος ὕδασι καί τις ἀνὴρ
SIb. 4 11 οὐκ ἔστιν ἀπὸ χθονὸς οὐδὲ μετρῆσαι ὄμμασιν ἐν * θνητοῖς * οὐ πλασθέντα χερὶ θνητῇ ὃς καθορῶν ἅμα πάντας
SIb. 4 11 οὐδὲ μετρῆσαι ὄμμασιν ἐν θνητοῖς οὐ πλασθέντα χερὶ * θνητῇ * ὃς καθορῶν ἅμα πάντας ὑπ' οὐδενὸς αὐτὸς ὁρᾶται οὐ
SIb. 4 41 γὰρ ἅπαν μερόπων γένος. ἀλλ' ὅταν ἤδη κόσμου καὶ * θνητῶν * ἔλθῃ κρίσις ἣν θεὸς αὐτὸς ποιήσει κρίνων ἀσεβεῖς
SIb. 4 49 πρώτης γενεῆς ἔσται τάδε λέξω. πρῶτα μὲν Ἀσσύριοι * θνητῶν * ἄρξουσιν ἁπάντων ἐξ γενεὰς κόσμοιο διακρατέοντες
SIb. 5 162 Ἑβραίων ἅγιοι πιστοὶ καὶ λαὸς ἀληθής. ἔσσεαι ἐν * θνητοῖσι * κακοῖς κακὰ μοχθήσασα ἀλλὰ μενεῖς πανέρημος
SIb. 5 278 πρύτανιν πάντων θεὸν ἄμβροτον αἰὲν ἐόντα ἀνθρώπου * θνητοὺς * καὶ μηκέτι θνητὰ γεραίρειν κρίνων κύνας καὶ γῦπας
SIb. 5 278 ἄμβροτον αἰὲν ἐόντα ἀνθρώπους θνητοὺς καὶ μηκέτι * θνητὰ * γεραίρειν μηδὲ κύνας καὶ γῦπας ἃ Αἴγυπτος
FPho. 45 κακῶν ἀρχηγὲ βιοφθόρε πάντα χαλέπτων εἴθε σε μὴ * θνητοῖσι * γενέσθαι πῆμα ποθεινόν σεῦ γὰρ ἕκητι μάχαι τε
FPho. 60 μέγα μηδ' ὑπέροπλον. οὐκ ἀγαθὸν πλεονάζον ἔφυ * θνητοῖσιν * ὄνειαρ ἡ πολλὴ δὲ τρυφὴ πρὸς ἀμέτρους ἕλκετ'
FPho. 106 ἐν φθιμένοισιν. πνεῦμα γάρ ἐστι θεοῦ χρῆσις * θνητοῖσι * καὶ εἰκὼν σῶμα γὰρ ἐκ γαίης ἔχομεν κἄπειτα πρὸς
FPho. 109 ἀνὰ πνεῦμα δέδεκται. πλούτων μὴ φείδου μέμνησ' ὅτι * θνητὸς * ὑπάρχεις οὐκ ἔνι εἰς Ἄιδην ὄλβον καὶ χρήματ'
FPho. 139 φείδου πάντων μὴ τέρμ' ἐπιδεύῃς. μὴ κτήνους * θνητοῖο * βορὴν κατὰ μέτρον ἕλῃαι. κτῆνος δ' ἢν ἐχθροῖο
IEsc. 5 131 2 χώριζε * θνητῶν * τὸν θεὸν καὶ μὴ δόκει ὅμοιον σαυτῷ σάρκινον
ISop. 5 113 2 μακρὴν πόντου τε χαροπὸν οἶδμα καὶ ἀνέμων βίαν. * θνητοὶ * δὲ πολλοὶ καρδίαν πλανώμενοι ἱδρυσάμεσθα πημάτων
IOrp. 12 αὐτοῖς αὐτὸς περινίσσεται οὐδέ τις αὐτὸν εἰσορᾷ * θνητῶν * αὐτὸς δέ γε πάντας ὁρᾶται. αὐτὸν δ' οὐχ ὁρόωσι
IOrp. 14 γὰρ νέφος ἐστήρικται οὗτος δ' ἐξ ἀγαθοῖο κακὸν * θνητοῖσι * δίδωσι ἀνθρώποις αὐτῷ δὲ χάρις καὶ μῖσος ὀπηδεῖ
IOrp. 22 δ' οὐχ ὁρόω περὶ γὰρ νέφος ἐστήρικται. πᾶσιν γὰρ * θνητοῖς * θνηταὶ κόραι εἰσὶν ἐν ὄσσοις μικραὶ ἐπεὶ σάρκες
IOrp. 22 ὁρόω περὶ γὰρ νέφος ἐστήρικται. πᾶσιν γὰρ θνητοῖς * θνηταὶ * κόραι εἰσὶν ἐν ὄσσοις μικραὶ ἐπεὶ σάρκες τε καὶ
IOrp. 26 δὲ δεκάπτυχον ἀνθρώποισιν. οὐ γὰρ κέν τις ἴδοι * θνητῶν * μερόπων κραίνοντα εἰ μὴ μουνογενής τις ἀπορρὼξ
IDip. 5 121 2 ἁμαρτάνουσι πρὸς μῆκος βίον διδοῦσιν. εἴ τις δὲ * θνητὸν * οἴεται τὸ ὑφ' ἡμέραν κακόν τι πράσσων τοὺς θεοὺς
LEze. 9 29 8 07 λόγων ἄκου' ἐμῶν ἰδεῖν γὰρ ὄψιν τὴν ἐμὴν ἀμήχανον * θνητὸν * γεγῶτα τῶν λόγων δ' ἔξεστί σοι ἐμῶν ἀκούειν τῶν

θόρνυμαι 1
ISop. 5 111 6 ἧει καρδίαν ὠδαγμένος ὅλην δ' ἐκείνην εὐφρόνην * ἐθόρνυτο. *

θορυβάζω 1
Hen. 14 8 τῶν ἀστέρων καὶ διαστραπαί με κατεσπούδαζον καὶ * ἐθορύβαζόν * με καὶ ἄνεμοι ἐν τῇ ὁράσει μου ἐξεπέτασάν με

θορυβέω 1
TJos. 7 5 προσευξάμενος κυρίῳ εἶπον αὐτῇ ἵνα τί ταράσσῃ καὶ * θορυβῇ * ἐν ἁμαρτίαις τυφλώττουσα; μνήσθητι ὅτι ἐὰν ἀνελῇς

Θράκη 2
SIb. 3 508 κοῦ σε δι' αἰῶνος λείψει πῦρ ἀλλὰ καήσῃ. αἰαῖ σοι * Θρῄκη * ζυγὸν ὡς εἰς δούλιον ἥξεις ἡνίκα σύμμικτοι Γαλάται
SIb. 5 16 ἄρχειν στοιχείων ὅστις λάχε γράμματος ἀρχὴν ὃν * Θρῄκη * πτήξει καὶ Σικελίη μετὰ Μέμφις Μέμφις πρηνιχθεῖσα

Θρᾷξ 4
SIb. 3 474 ὕδωρ σιγήσεις μεγάλαυχον ἀποιμώξασα τοκῆα. * Θρήικες * δὲ Κρόβυζοι ἀναστήσονται ἀν' Αἷμον. Καμπανοῖς
SIb. 5 333 οἷον θεὸς ἐγγυάλιξεν. ἱμείρω τριτάλαινα τὰ * Θρῃκῶν * ἔργα ἰδέσθαι καὶ τεῖχος διθάλασσον ὑπ' Ἄρεος ἐν
SIb. 5 337 τάλαν ζεύξει ποτέ σ' Ἀσσυρίων παῖς +εἰς σέ μάχη+ * Θρῃκῶν * κρατερὸν σθένος ἐξαλαπάξει. τήν τε Μακηδονίην
SIb. 5 467 εὐθὺς βάρβαρος ὄχλος ἐς Ἀσίδα γαῖαν ὁδεύσει καὶ * Θρᾳκῶν * ὀλέσει δεινῶν γένος ὡς ἀλαπαδνόν. καὶ τότε

θράσος 3
Aris. 269 3 ἐκεῖνος δὲ ἔφησεν ὅταν ὑπερηφανία καθηγῆται καὶ * θράσος * ἄληκτον ἀτιμασμὸς ἐπιφύεται καὶ δόξης ἀναίρεσις.
Aris. 281 6 ποιουμένου τὸ σῴζειν τοὺς ἄνδρας ἢ τὸ νικᾶν τῷ * θράσει * παραβάλλοντας τὸ ζῆν. ὡς γὰρ ὁ θεὸς εὖ ἐργάζεται
SIb. 5 386 ἵν' ὕστερον εὐφρανθείη. μητρολεῖται παύσασθε * θράσους * τόλμης τε κακούργου οἳ τὸ πάλαι παίδων κοίτην

θρασύς 5
Asen. 4 12 λαλῆσαι τῇ θυγατρὶ αὐτοῦ Ἀσενὲθ περὶ Ἰωσὴφ διότι * θρασέως * καὶ μετὰ ἀλαζονείας καὶ ὀργῆς ἀπεκρίθη αὐτῷ. καὶ
Asen. 6 3 εἰς αὐτὴν ὡς φῶς ἐπὶ τῆς γῆς. ἐγὼ δὲ ἄφρων καὶ * θρασεῖα * ἐξουδένωσα αὐτὸν καὶ ἐλάλησα ῥήματα πονηρὰ περὶ
Asen. 23 7 πρὸς αὐτοὺς ὁ υἱὸς Φαραώ. καὶ ἦν Συμεὼν ἀνὴρ * θρασὺς * καὶ τολμηρὸς καὶ ἐνεθυμήθη βαλεῖν τὴν χεῖρα αὐτοῦ
Job 41 5 Ελιους ἐμπνευσθεὶς ἐν τῷ Σατανᾷ ἐξεῖπέν μοι λόγους * θρασεῖς, * οἵτινες ἀναγεγραμμένοι εἰσὶν ἐν τοῖς
Aris. 250 2 πῶς ⟨ἂν⟩ ἁρμόσαι γυναικί; ⟨γινώσκων⟩ ὅτι μὲν * θρασύ * ἐστιν ἔφη τὸ θῆλυ γένος καὶ δραστικὸν ἐφ' ὃ

θραύω 2
Asen. 28 10 κακοῦ διότι κύριος ὑπερήσπισέ με ἀπ' αὐτῶν καὶ * ἔθραυσε * τὰς ῥομφαίας αὐτῶν ἐκ τῶν χειρῶν αὐτῶν καὶ ἰδοὺ
Sal. 17 22 ἐπὶ Ισραηλ παῖδά σου καὶ ὑπόζωσον αὐτὸν ἰσχὺν τοῦ * θραῦσαι * ἄρχοντας ἀδίκους καθαρίσαι Ιερουσαλημ ἀπὸ ἐθνῶν

θρέμμα 4
Abr.2 3 5 ἀναστάντες ἐξέλθατε εἰς τὰ ποίμνια καὶ ἐνέγκατε * θρέμματα * θύσατε ταχέως καὶ ὑπηρετήσατε ἵνα φάγωμεν καὶ
TGad 1 9 ἡμῶν ἤλεγξεν ἡμᾶς ὅτι ἄνευ Ἰούδα ἠσθίομεν τὰ * θρέμματα * καὶ πάντα ὅσα ἔλεγε τῷ πατρὶ ἐπείθετο αὐτῷ.
Job 16 6 ἐπανισταμένων μοι καὶ ἀφαιρουμένων τὰ ὑπόλοιπα τῶν * θρεμμάτων * μου. καὶ τῶν ὑπαρχόντων μοι ἀνήγγειλάν μοι τὴν
LEze. 9 29 16 11 ἔγκαρπα δεκάκις ἑπτὰ καὶ ἐπίρρυτος χλόη πέφυκε * θρέμμασιν * χορτάσματα. ἕτερον δὲ πρὸς τοῖσδ' εἴδομεν ζῷον

θρέπτειρα 1
SIb. 5 88 τε καὶ Ἑρμείαο --- καὶ σέ δ' Ἀλεξάνδρεια κλυτὴ * θρέπτειρα * ⟨πολήων⟩ οὐ λείψει πόλεμός τ' οὐ --- τῆς

θρηνέω 3
TZab. 4 5 Ῥουβὴμ ὅτι ἐπράθη ἀπόντος αὐτοῦ περισχισάμενος * ἐθρήνει * λέγων πῶς ὄψομαι τὸ πρόσωπον Ἰακὼβ τοῦ πατρός

| | | | | | |
|---|---|---|---|---|---|
| Esdr. | 5 | 27 | με κατώτερον ἐν ταρτάροις καὶ ἴδον πάντας | * θρηνοῦντας * | καὶ κλαίοντας καὶ κακὸν πένθος τοὺς |
| Sib. | 5 | 191 | ἀνὴρ ἐξολέσει λαὸν σὺ δὲ εἵματα φαιὰ λαβοῦσα | * θρηνήσεις * | δύστηνε μόνη καὶ πάντ' ἀποτίσεις ὅσσα τὸ |
| θρῆνος | | | 5 | | |
| Jer. | 4 | 6 | ἐπὶ τὴν κεφαλὴν αὐτοῦ καὶ ἐκάθισε καὶ ἔκλαυσε τὸν | * θρῆνον * | τοῦτον λέγων διά τί ἠρημώθη Ἰερουσαλήμ; διὰ τὰς |
| Job | 31 | 7 | ἐγώ εἰμι. καὶ οὕτως κλαύσας κλαυθμὸν μέγαν σὺν | * θρήνῳ * | βασιλικῷ ἀνεφώνησεν ὑποφωνούντων καὶ τῶν ἄλλων |
| Job | 40 | 14 | ὅτι οὐ κατηξιώθη ταφῆς ἀναγκαίας. τὸν μὲν οὖν | * θρῆνον * | τὸν ἐπ' αὐτῇ γενόμενον εὑρήσετε ἐν τοῖς |
| Sib. | 5 | 199 | δέ σε Κυρήνη μερόπων ἐλεεινὰ δακρύσει; οὐ παύσῃ | * θρήνου * | στυγεροῦ πρὸς καιρὸν ὀλέθρου. ἔσσεται ἐν Βρύγεσσι |
| LEze. 64 | 29 | 6 04 | κακῶν πλάνη τυφλοῦ ποδηγὲ ἀγνοίας βίου χαίρουσα | * θρήνοις * | καὶ στενάγμασι βροτῶν ὑμεῖς ἀθέσμους εἰς ὕβρεις |
| θρησκεύω | | | 2 | | |
| Job | 2 | 2 | Ιωβαβ ἐκαλούμην, ᾤκουν τὸ πρὶν ἔγγιστα εἰδωλίου | * θρησκευομένου * | καὶ συνεχῶς βλέπων ὁλοκαυτώματα αὐτῷ |
| Sib. | 5 | 77 | οὐρανίωνος ἀντὶ θεοῦ δὲ λίθους καὶ κνώδαλα | * θρησκεύοντες * | πολλὰ μάλ' ἄλλυδις ἄλλα φοβούμενοι οἷς |
| θρίξ | | | 26 | | |
| Adam | 29 | 11 | ἐπορεύθη δὲ Ἀδὰμ εἰς τὸν Ἰορδάνην ποταμὸν καὶ ἡ | * θρὶξ * | τῆς κεφαλῆς αὐτοῦ ἠπλοῦτο εὐχομένου αὐτοῦ ἐν τῷ |
| Abr.1 | 11 | 6 | ὁ ἀνὴρ ὁ ὅσιος ἐκεῖνος ὁ θαυμάσιος ἥρπαξεν τὰς | * τρίχας * | τῆς κεφαλῆς αὐτοῦ καὶ τὰς παρειὰς τοῦ πώγωνος καὶ |
| Abr.1 | 11 | 11 | διὰ τῆς πλατείας πύλης τότε ἁρπάζει τὰς | * τρίχας * | τῆς κεφαλῆς αὐτοῦ καὶ ῥίπτει ἑαυτὸν χαμαὶ κλαίων |
| TNep. | 2 | 3 | ἐντίθησι καὶ οὐκ ἔστι λεῖπον ἓν ἐκ τοῦ ἑνὸς τρίτον | * τριχὸς * | σταθμῷ γὰρ καὶ μέτρῳ καὶ κανόνι πᾶσα κτίσις |
| TNep. | 2 | 8 | τῇ κεφαλῇ καὶ τὸν τράχηλον συνάπτει τῇ κεφαλῇ καὶ | * τρίχας * | πρὸς δόξαν εἶτα καρδίαν εἰς φρόνησιν κοιλίαν εἰς |
| Asen. | 11 | 1B | ἀπὸ τῆς γῆς καὶ τῇ κεφαλῇ κατανεύουσα καὶ αἱ | * τρίχες * | τῆς κεφαλῆς αὐτῆς ἦσαν ἁπλο⟨ύ⟩μεναι ἀπὸ τῆς |
| Asen. | 11 | 1B | αὐτῆς καὶ ἐστέναξε μετὰ στεναγμοῦ μεγάλου καὶ τὰς | * τρίχας * | αὐτῆς εἵλκυσεν ἀπὸ τῆς κεφαλῆς αὐτῆς καὶ κατέπασε |
| Asen. | 14 | 9 | καὶ οἱ ὀφθαλμοὶ αὐτοῦ ὡς φέγγος ἡλίου καὶ αἱ | * τρίχες * | τῆς κεφαλῆς αὐτοῦ ὡς φλὸξ πυρὸς ὑπολαμπάδος |
| Asen. | 18 | 9 | ὡς πολεμισταὶ συντεταγμένοι εἰς πόλεμον⟩ καὶ αἱ | * τρίχες * | τῆς κεφαλῆς αὐτῆς ὡς ἄμπελος ἐν τῷ παραδείσῳ τοῦ |
| Asen. | 22 | 7 | καὶ ἦν ἡ κεφαλὴ αὐτοῦ πᾶσα λευκὴ ὡσεὶ χιὼν καὶ αἱ | * τρίχες * | τῆς κεφαλῆς αὐτοῦ ἦσαν ὅλαι δασεῖαι καὶ πυκναὶ |
| Sedr. | 8 | 7 | ἀπέθανον καὶ πόσοι θέλουν ἀποθανεῖν καὶ πόσας | * τρίχας * | ἔχουσιν; εἰπέ μοι Σεδρὰχ ἀφ' οὗ ἐκτίσθη ὁ οὐρανὸς |
| Sedr. | 11 | 2 | ὦ ἡλιοφώτιστε οὐρανοῦ καὶ γῆς γνωσταὶ αἱ | * τρίχες * | σου ἀπὸ Θαιμὰν οἱ ὀφθαλμοί σου ἀπὸ Βοσὸρ αἱ ἀκοαὶ |
| Sedr. | 11 | 17 | ἀπέρχεται εἰς κρίσιν. ὦ σῶμα καλλωπισμένον | * τρίχες * | ἀστερόχυται κεφαλὴ οὐρανοκόσμητε ἐστολισμένον. ὦ |
| Sedr. | 11 | 19 | ἦχος γλῶσσα εὐδιάλλακτε γένειον καλλωπισμένον | * τρίχες * | ἀστερόμορφοι κεφαλὴ οὐρανομήκες ἐστολισμένον σῶμα |
| Job | 23 | 7 | εἰ μὴ ἔχεις ἐν χερσίν σου ἀργύριον, ὑποθοῦ μοι τὴν | * τρίχα * | τῆς κεφαλῆς σου καὶ λάβε τρεῖς ἄρτους ἴσως |
| Job | 23 | 8 | τρισὶν ἡμέραις. τότε λέγει ἐν ἑαυτῇ τί γάρ μοι ἡ | * θρὶξ * | τῆς κεφαλῆς πρὸς τὸν πεινοῦντα ἄνδρα μου; καὶ οὕτω |
| Job | 23 | 9 | πεινοῦντα ἄνδρα μου; καὶ οὕτω καταφρονήσασα τῆς | * τριχὸς * | εἶπεν αὐτῷ ἀνάστα, ἆρον αὐτήν. τότε λαβὼν ψαλίδα |
| Job | 23 | 10 | ἀνάστα, ἆρον αὐτήν. τότε λαβὼν ψαλίδα ἔκειρεν τὴν | * τρίχα * | τῆς κεφαλῆς αὐτῆς καὶ ἔδωκεν αὐτῇ τρεῖς ἄρτους |
| Job | 24 | 9 | αὐτοῦ εἰ μὴ ἔχεις, ὦ γύναι, ἀργύριον, παράσχου τὴν | * τρίχα * | τῆς κεφαλῆς σου καὶ λάμβανε τρεῖς ἄρτους ἴσως |
| Job | 24 | 10 | οὕτως ἀναστὰς μετὰ ψαλίδος ἀτίμως ἔκειρέν μου τὴν | * τρίχα * | ἐν τῇ ἀγορᾷ παρεστῶτος ὄχλου καὶ θαυμάζοντος. τίς |
| Job | 25 | 3 | τις εἰσαχθῆναι πρὸς αὐτήν; νυνὶ καταλλάσσει τὴν | * τρίχα * | αὐτῆς ἀντὶ ἄρτων. ἧς αἱ κάμηλοι γεγομωμέναι ἀγαθῶν |
| Job | 25 | 4 | τὰς χώρας τοῖς πτωχοῖς, ὅτι νῦν ἀντιδίδωσιν τὴν | * τρίχα * | αὐτῆς ἀντὶ ἄρτων. ἴδε ἡ ἔχουσα ἑπτὰ τραπέζας |
| Job | 25 | 5 | οἱ πτωχοὶ καὶ πᾶς ξένος, ὅτι νῦν καταπιπράσκει τὴν | * τρίχα * | ἀντὶ ἄρτων. βλέπε τίς εἶχεν τὸν νιπτῆρα τῶν ποδῶν |
| Job | 25 | 6 | νυνὶ δὲ ποσὶν βαδίζει ἐπὶ ἐδάφους, ἀλλὰ καὶ τὴν | * τρίχα * | ἀντικαταλλάσσει ἀντὶ ἄρτων. ἴδε ὅτι αὕτη ἐστίν |
| Job | 25 | 7 | νῦν δὲ φορεῖ ῥακκώδη καὶ ἀντικαταλλάσσει τὴν | * τρίχα * | ἀντὶ ἄρτων. βλέπε τὴν τοὺς κραββάτους χρυσοῦς καὶ |
| Job | 25 | 8 | καὶ ἀργυρέους ἔχουσαν, νυνὶ δὲ πιπράσκουσαν τὴν | * τρίχα * | ἀντὶ ἄρτων. ἀπαξαπλῶς, Ιωβ, Ιωβ, πολλῶν ὄντων τῶν |
| θροέω | | | 2 | | |
| TDan | 4 | 5 | ἐὰν ζημίᾳ ἐὰν ἀπωλείᾳ τινὶ περιπέσητε τέκνα μου μὴ | * θροεῖσθε * | ὅτι αὐτὸ τὸ πνεῦμα ἐπιθυμῆσαι ποιεῖ τοῦ |
| HCal. | 24 | 24 | ἔργον ἐτελέσθη. καὶ οὐ τοσοῦτον ἡμᾶς ἡ τοῦ θανάτου | * ἐθρόησε * | τόλμη ὅσον τὸ μὴ κερδᾶναί τι προσδοκῶντες. οὕτως |
| θρόμβος | | | 1 | | |
| Abr.1 | 20 | 5 | ⟨κατῆλθε γὰρ ὁ ἱδρὼς ἐκ τῆς ὄψεως αὐτοῦ⟩ ὡσεὶ | * θρόμβοι * | αἵματος. ἦλθεν δὲ Ἰσαὰκ ὁ υἱὸς αὐτοῦ καὶ ἔπεσεν |
| θρόνος | | | 68 | | |
| Adam | 8 | 1 | καὶ ἐλθὼν ἐν τῷ παραδείσῳ ὁ δεσπότης ἔθηκε τὸν | * θρόνον * | αὐτοῦ καὶ ἐκάλησε φωνῇ φοβερᾷ λέγων Ἀδὰμ ποῦ εἶ |
| Adam | 19 | 2 | ποίῳ ὅρκῳ ὀμόσω σοι. πλὴν ὃ οἶδα λέγω σοι μὰ τὸν | * θρόνον * | τοῦ δεσπότου καὶ τὰ Χερουβὶμ καὶ τὸ ξύλον τῆς |
| Adam | 22 | 4 | κλήρου τοῦ Ἀδὰμ καὶ τὰ ἐμὰ πάντα ἐστερεῖτο. καὶ ὁ | * θρόνος * | τοῦ θεοῦ ἐστηρίζετο ὅπου ἦν τὸ ξύλον τῆς ζωῆς. |
| Adam | 32 | 2 | εἰς τὰ Χερουβὶμ ἥμαρτον εἰς τὸν ἀσάλευτόν σου | * θρόνον * | ἥμαρτον κύριε ἥμαρτον πολλὰ ἥμαρτον ἐναντίον σου |
| Adam | 37 | 4 | τὴν χεῖρα αὐτοῦ ὁ πατὴρ τῶν ὅλων καθήμενος ἐπὶ | * θρόνου * | αὐτοῦ καὶ ἦρεν τὸν Ἀδὰμ καὶ παρέδωκεν αὐτὸν τῷ |
| Adam | 39 | 2 | σε εἰς τὴν ἀρχήν σου καὶ καθίσω σε εἰς τὸν | * θρόνον * | τοῦ ἀπατήσαντός σε. ἐκεῖνος δὲ τὸν καθίσαντα ἐπ' |
| Adam | 39 | 3 | αὐτοῦ καὶ λυπηθήσεται ὁρῶν σε καθήμενον ἐπὶ τοῦ | * θρόνου * | αὐτοῦ. μετὰ ταῦτα εἶπεν ὁ θεὸς τῷ ἀρχαγγέλῳ |
| Hen. | 9 | 4 | καὶ ὁ θεὸς τῶν θεῶν καὶ βασιλεὺς τῶν αἰώνων ὁ | * θρόνος * | τῆς δόξης σου εἰς πάσας τὰς γενεὰς τοῦ αἰῶνος καὶ |
| Hen. | 9B | 4 | τῶν βασιλευόντων καὶ θεὸς τῶν αἰώνων καὶ ὁ | * θρόνος * | τῆς δόξης σου εἰς πάσας τὰς γενεὰς τῶν αἰώνων καὶ |
| Hen. | 14 | 18 | ἡ στέγη αὐτοῦ ἦν πῦρ φλέγον. ἐθεώρουν δὲ καὶ εἶδον | * θρόνον * | ὑψηλὸν καὶ τὸ εἶδος αὐτοῦ ὡσεὶ κρυστάλλινον καὶ |
| Hen. | 14 | 19 | ἡλίου λάμποντος καὶ ὅρος χερουβίν. καὶ ὑποκάτω τοῦ | * θρόνου * | ἐξεπορεύοντο ποταμοὶ πυρὸς φλεγόμενοι καὶ οὐκ |
| Hen. | 18 | 8 | πυρροῦ τὸ δὲ μέσον αὐτῶν ἦν εἰς οὐρανὸν ὥσπερ | * θρόνος * | θεοῦ ἀπὸ λίθου φουκὰ καὶ ἡ κορυφὴ τοῦ θρόνου ἀπὸ |
| Hen. | 18 | 8 | ὥσπερ θρόνος θεοῦ ἀπὸ λίθου φουκὰ καὶ ἡ κορυφὴ τοῦ | * θρόνου * | ἀπὸ λίθου σαφφείρου καὶ πῦρ καιόμενον ἴδον. |
| Hen. | 24 | 3 | μέσον τούτων καὶ ὑπερεῖχεν τῷ ὕψει ὅμοιον καθέδρᾳ | * θρόνου * | καὶ περιεκύκλου δένδρα αὐτῷ εὐειδῆ. καὶ ἦν ἐν |
| Hen. | 25 | 3 | λέγων τοῦτο τὸ ὄρος τὸ ὑψηλὸν οὗ ἡ κορυφὴ ὁμοία | * θρόνου * | θεοῦ καθέδρα ἐστὶν οὗ καθίζει ὁ μέγας κύριος ὁ |
| Abr.1 | 11 | 4 | τῶν ἐκεῖσε τῶν δύο εἶδον ἄνδρα καθήμενον ἐπὶ τοῦ | * θρόνου * | κεχρυσωμένου καὶ ἦν ἡ ἰδέα τοῦ ἀνδρὸς ἐκείνου |
| Abr.1 | 11 | 6 | καὶ ⟨ὅτε⟩ ἐθεώρει ⟨ὁ ἀνὴρ θαυμάσιος ὁ ἐπὶ χρυσοῦ | * θρόνου * | καθήμενος διὰ τῆς στενῆς πύλης ὀλίγας ψυχὰς |
| Abr.1 | 11 | 6 | τοῦ πώγωνος καὶ ἔρριπτεν αὐτὸν χαμαὶ ἀπὸ τοῦ | * θρόνου * | κλαίων καὶ ὀδυρόμενος. καὶ ὅτε ἐθεώρει πολλὰς |
| Abr.1 | 11 | 7 | τότε ἀνίστατο ἀπὸ τῆς γῆς καὶ ἐκαθέζετο ἐπὶ τοῦ | * θρόνου * | αὐτοῦ ἐν εὐφροσύνῃ πολλῇ χαίρων καὶ ἀγαλλιώμενος. |
| Abr.1 | 11 | 10 | στενῆς πύλης τότε ἀνίσταται καὶ κάθηται ἐπὶ τοῦ | * θρόνου * | αὐτοῦ χαίρων καὶ ἀγαλλιώμενος ἐν εὐφροσύνῃ ὅτι |
| Abr.1 | 11 | 11 | διὰ τοῦτο ὁ πρωτόπλαστος Ἀδὰμ ἀνίσταται ἀπὸ τοῦ | * θρόνου * | αὐτοῦ κλαίων καὶ ὀδυρόμενος ἐπὶ τῇ ἀπωλείᾳ τῶν |
| Abr.1 | 12 | 4 | τῆς πλατείας καὶ ἐν μέσῳ τῶν δύο πυλῶν ἵσταται | * θρόνος * | φοβερὸς ἐν εἴδει κρυστάλλου ἐξαστράπτων ὡς πῦρ |
| Abr.1 | 12 | 11 | τῶν ἁμαρτωλῶν καὶ ὁ μὲν ἀνὴρ ὁ θαυμάσιος ὁ ἐπὶ τοῦ | * θρόνου * | αὐτοῦ καθήμενος ἔκρινεν καὶ ἀπεφήνατο τὰς ψυχάς |
| Abr.1 | 13 | 2 | καὶ δίκαιε Ἀβραὰμ τὸν ἄνδρα τὸν φοβερὸν τὸν ἐπὶ | * θρόνου * | καθήμενον; οὗτός ἐστιν υἱὸς τοῦ πρωτοπλάστου ὁ |
| Abr.2 | 8 | 5 | μεγάλην ἀνὰ μέσον δὲ τῶν πυλῶν ἐκαθέζετο ἀνὴρ ⟨ἐπὶ | * θρόνου * | δόξης μεγάλης καὶ πλῆθος ἀγγέλων κύκλῳ αὐτοῦ⟩ καὶ |
| Abr.2 | 8 | 7 | τῷ Μιχαὴλ τί ἐστιν κύριε οὗτος ὁ καθήμενος ἐπὶ τὸν | * θρόνον * | ἀνὰ μέσον τῶν δύο πυλώνων τούτων ἐν τηλικαύτῃ |
| Abr.2 | 13 | 10 | ἀγγέλοις καὶ ἀρχαγγέλοις καὶ ἀρχαῖς καὶ ἐξουσίαις | * θρόνοις * | τε καὶ πάσῃ τῇ γῇ καὶ τετράποσιν καὶ θηρίοις τῆς |
| TLevi | 3 | 8 | τοῦ προσώπου κυρίου. ἐν δὲ τῷ μετ' αὐτόν εἰσι | * θρόνοι * | ἐξουσίαι ἐν ᾧ ὕμνοι ἀεὶ τῷ θεῷ προσφέρονται. ὅταν |
| TLevi | 5 | 1 | τοῦ οὐρανοῦ καὶ εἶδον τὸν ναὸν τὸν ἅγιον καὶ ἐπὶ | * θρόνου * | δόξης τὸν ὕψιστον. καὶ εἶπέ μοι Λευὶ σοὶ δέδωκα |
| Asen. | 7 | 1 | εἰς τὴν οἰκίαν Πεντεφρῆ καὶ ἐκάθισεν ἐπὶ τοῦ | * θρόνου. * | καὶ ἔνιψαν τοὺς πόδας αὐτοῦ καὶ παρέθηκαν αὐτῷ |
| Asen. | 20 | 2 | εἰς τὴν οἰκίαν αὐτῆς καὶ ἐκάθισεν αὐτὸν ἐπὶ τοῦ | * θρόνου * | Πεντεφρῆ τοῦ πατρὸς αὐτῆς. καὶ ἤνεγκεν ὕδωρ τοῦ |
| Asen. | 29 | 6 | τοὺς λόγους τούτους. καὶ ἀνέστη Φαραὼ ἀπὸ τοῦ | * θρόνου * | αὐτοῦ καὶ προσεκύνησε τῷ Λευὶ ἐπὶ τὴν γῆν καὶ |
| Sal. | 2 | 19 | ἐν καταπατήσει κατεσπάσθη τὸ κάλλος αὐτῆς ἀπὸ | * θρόνου * | δόξης. περιεζώσατο σάκκον ἀντὶ ἐνδύματος |
| Sal. | 17 | 6 | ἔθεντο βασίλειον ἀντὶ ὕψους αὐτῶν ἠρήμωσαν τὸν | * θρόνον * | Δαυιδ ἐν ὑπερηφανίᾳ ἀλλάγματος. καὶ σὺ ὁ θεὸς |
| Esdr. | 4 | 9 | με κάτω βαθμοὺς πεντακοσίους καὶ ἴδον πύρινον | * θρόνον * | καὶ ἐπ' αὐτὸν καθεζόμενον γέροντα καὶ ἀνίλεως |
| Job | 20 | 4 | τὴν ἐξουσίαν καὶ προσῆλθέν μοι καθημένῳ ἐπὶ τὸν | * θρόνον * | καὶ πενθοῦντι τὴν τῶν τέκνων μου ἀπώλειαν καὶ |
| Job | 20 | 5 | μου ἀπώλειαν καὶ ὁμοιώθη μεγάλῃ καταιγίδι καὶ τὸν | * θρόνον * | μου κατέστρεψεν, καὶ ἐποίησεν τρεῖς ὥρας ἐπὶ τὸν |
| Job | 20 | 5 | μου κατέστρεψεν, καὶ ἐποίησεν τρεῖς ὥρας ἐπὶ τὸν | * θρόνον * | μου μὴ δυνηθεὶς ἐξελθεῖν καὶ ἐπάταξέν με πληγὴν |
| Job | 32 | 2 | τὴν τῶν πτωχῶν ἔνδυσιν ποῦ οὖν τυγχάνει ἡ δόξα τοῦ | * θρόνου * | σου; σὺ εἶ ὁ τὰς τρισχιλίας καμήλους ἐκτάξας εἰς |
| Job | 32 | 2 | ἀγαθῶν τοῖς πένησιν ποῦ οὖν τυγχάνει ἡ δόξα τοῦ | * θρόνου * | σου; σὺ εἶ ὁ τὰς χιλίας βοῦς ἐκτάξας τοῖς πένησιν |
| Job | 32 | 3 | πένησιν εἰς ἀροτρίαν ποῦ οὖν τυγχάνει ἡ δόξα τοῦ | * θρόνου * | σου; σὺ εἶ ὁ τοὺς χρυσέους κραββάτους ἔχων, νυνὶ |
| Job | 32 | 4 | καθήμενος ἐπὶ κοπρίας ποῦ νῦν τυγχάνει ἡ δόξα τοῦ | * θρόνου * | σου; σὺ εἶ ὁ τὸν θρόνον ἐκ λίθων πολυτελῶν ἔχων, |
| Job | 32 | 5 | νῦν τυγχάνει ἡ δόξα τοῦ θρόνου σου; σὺ εἶ ὁ τὸν | * θρόνον * | ἐκ λίθων πολυτελῶν ἔχων, νυνὶ δὲ ἐν σποδῷ |
| Job | 32 | 5 | δὲ ἐν σποδῷ καθήμενος ποῦ νῦν τυγχάνει ἡ δόξα τοῦ | * θρόνου * | σου; τίς γὰρ κατά σε ἐν μέσῳ τῶν τέκνων σου; ὡς |
| Job | 32 | 6 | εὐώδους μήλου συνανθῶν ποῦ νῦν τυγχάνει ἡ δόξα τοῦ | * θρόνου * | σου; σὺ εἶ ὁ τὰς ἱδρυμένας ἑξήκοντα τραπέζας τοῖς |
| Job | 32 | 7 | τοῖς πτωχοῖς στηρίξας ποῦ νῦν τυγχάνει ἡ δόξα τοῦ | * θρόνου * | σου; σὺ εἶ ὁ τὰ θυμιατήρια τῆς εὐώδους ἐκκλησίας |
| Job | 32 | 9 | τὴν φαῦσιν τῆς σελήνης ποῦ οὖν τυγχάνει ἡ δόξα τοῦ | * θρόνου * | σου; σὺ εἶ ὁ τὸ ἄλειμμα ἔχων ἐκ τοῦ λιβάνου, νυνὶ |
| Job | 32 | 10 | νυνὶ δὲ ἐν ἀπορίᾳ ὢν ποῦ οὖν τυγχάνει ἡ δόξα τοῦ | * θρόνου * | σου; σὺ εἶ ὁ καταγελάσας τῶν ἀδικούντων καὶ |
| Job | 32 | 11 | δὲ ἐγένου εἰς χλεύην ποῦ νῦν τυγχάνει ἡ δόξα τοῦ | * θρόνου * | σου; σὺ εἶ Ιωβ ὁ τὴν μεγάλην δόξαν ἔχων ποῦ νῦν |
| Job | 32 | 12 | τὴν μεγάλην δόξαν ἔχων ποῦ νῦν τυγχάνει ἡ δόξα τοῦ | * θρόνου * | σου; τοῦ δὲ Ελιου μακρύναντος τὸν κλαυθμὸν |
| Job | 33 | 2 | εἶπεν αὐτοῖς Ιωβ σιωπήσατε νῦν ὑποδείξω ὑμῖν τὸν | * θρόνον * | μου καὶ τὴν δόξαν καὶ τὴν εὐπρέπειαν τὴν οὖσαν ἐν |
| Job | 33 | 3 | τὴν εὐπρέπειαν τὴν οὖσαν ἐν τοῖς ἁγίοις. ἐμοῦ ὁ | * θρόνος * | ἐν τῷ ὑπερκοσμίῳ ἐστίν, καὶ ἡ τούτου δόξα καὶ ἡ |
| Job | 33 | 5 | αὐτῷ ἔσονται ἐν τῇ καταστροφῇ αὐτοῦ. ἐμοὶ δὲ ὁ | * θρόνος * | ὑπάρχει ἐν τῇ ἁγίᾳ γῇ καὶ ἡ δόξα αὐτοῦ ἐν τῷ |
| Job | 33 | 7 | ἀβύσσου. οἱ δὲ ποταμοὶ τῆς ἐμῆς γῆς ἐν ᾗ ἐστιν ὁ | * θρόνος * | μου οὐ ξηραίνονται οὐδὲ ἀφανισθήσονται, ἀλλ' |
| Job | 41 | 4 | καὶ ὑπερβαλλόντως λελάληκεν λέγων ἔχειν τὸν ἑαυτοῦ | * θρόνον * | ἐν οὐρανοῖς. τοίνυν ἐμοῦ ἀκούσατε καὶ γνωρίσω |
| Job | 43 | 7 | ἡ βασιλεία αὐτοῦ παρῆλθεν, σέσηπται αὐτοῦ ὁ | * θρόνος * | καὶ ἡ τιμὴ τοῦ σκηνώματος αὐτοῦ ἐν τῷ ᾅδῃ |
| Sib. | 3 | 668 | ἵκωνται. θήσουσιν κύκλῳ πόλεως μιαροὶ βασιλῆες τὸν | * θρόνον * | αὐτοῦ ἕκαστος ἔχων καὶ λαὸν ἀπειθῆ. καὶ ῥα θεὸς |
| Sib. | 4 | 54 | ῥαγέντος. οὓς Μῆδοι καθελόντες ἐπαυχήσουσι | * θρόνοισιν * | οἷς γενεαὶ δύο μοῦναι ἐφ' ὧν τάδε ἔσσεται ἔργα |
| Sib. | 4 | 123 | τε πολλὰ κακῇ σὺν χειρὶ πιθήσας. πολλοὶ δ' ἀμφὶ | * θρόνῳ * | Ῥώμης πέδον αἱμάξουσιν κείνου ἀποδρήσαντος ὑπὲρ |

| | | | | | | |
|---|---|---|---|---|---|---|
| FSop. | 5 77 | 2 | ἐν πνεύματι ἁγίῳ καὶ ἦν ἑκάστου αὐτῶν ὁ | * | θρόνος | * ἐπταπλασίων φωτὸς ἡλίου ἀνατέλλοντος οἰκοῦντας ἐν |
| FAch. | 112 | | καὶ ἐπὶ τῆς κεφαλῆς κέρατα ἔχων. καθίσας δὲ ἐπὶ | * | θρόνου | * ἐκέλευσεν εἰσελθεῖν τὸν Αἴσωπον. ὁ δὲ θεασάμενος |
| IOrp. | | 34 | γὰρ χάλκειον ἐς οὐρανὸν ἐστήρικται χρυσέῳ εἰνὶ | * | θρόνῳ | * γαίη δ' ὑπὸ ποσσὶ βέβηκε χεῖρά τε δεξιτερὴν ἐπὶ |
| LPhl. | 9 24 | 1 | ὃς ὀνείρων θεσπιστὴς σκηπτοῦχος ἐν Αἰγύπτοιο | * | θρόνοισι | * δινεύσας λαθραῖα χρόνου πλημμυρίδι μοίρης. |
| LEze. | 9 29 | 5 01 | τῷδ' ἔδωκεν εὐνέτιν. ἔδοξ' ὄρους κατ' ἄκρα Σιναίου | * | θρόνον | * μέγαν τιν' εἶναι μέχρις οὐρανοῦ πτυχὸς ἐν τῷ |
| LEze. | 9 29 | 5 06 | μάλιστα. δεξιᾷ δέ μοι ἔνευσε κἀγὼ πρόσθεν ἐστάθην | * | θρόνου. | * σκῆπτρον δέ μοι παρέδωκε καὶ εἰς θρόνον μέγαν |
| LEze. | 9 29 | 5 07 | ἐστάθην θρόνου. σκῆπτρον δέ μοι παρέδωκε καὶ εἰς | * | θρόνον | * μέγαν εἶπεν καθῆσθαι βασιλικὸν δ' ἔδωκέ μοι |
| LEze. | 9 29 | 5 09 | βασιλικὸν δ' ἔδωκέ μοι διάδημα καὶ αὐτὸς ἐκ | * | θρόνων | * χωρίζεται. ἐγὼ δ' ἐσεῖδον γῆν ἅπασαν ἔγκυκλον καὶ |
| LEze. | 9 29 | 6 03 | συμβαί⟨ν⟩η ποτέ. ἆρά γε μέγαν τιν' ἐξαναστήσεις | * | θρόνον | * καὶ αὐτὸς βραβεύσεις καὶ καθηγήσῃ βροτῶν; τὸ δ' |

θυγάτηρ 107

| | | | | | | |
|---|---|---|---|---|---|---|
| Adam | 5 | 1 | τῷ θεῷ. ἐποίησεν δὲ Ἀδὰμ υἱοὺς τριάκοντα καὶ | * | θυγατέρας | * τριάκοντα. ἔζησεν δὲ Ἀδὰμ ἔτη ἐνακόσια |
| Hen. | 6 | 1 | τῶν ἀνθρώπων ἐν ἐκείναις ταῖς ἡμέραις ἐγεννήθησαν | * | θυγατέρες | * ὡραῖαι καὶ καλαί. καὶ ἐθεάσαντο αὐτὰς οἱ |
| Hen. | 6B | 1 | οἱ υἱοὶ τῶν ἀνθρώπων, ἐγεννήθησαν αὐτοῖς | * | θυγατέρες | * ὡραῖαι. καὶ ἐπεθύμησαν αὐτὰς οἱ ἐγρήγοροι καὶ |
| Hen. | 6B | 2 | πρὸς ἀλλήλους ἐκλεξώμεθα ἑαυτοῖς γυναῖκας ἀπὸ τῶν | * | θυγατέρων | * τῶν ἀνθρώπων τῆς γῆς. καὶ εἶπε Σεμιαζᾶς ὁ |
| Hen. | 8B | 1 | καὶ ἐποίησαν ἑαυτοῖς οἱ υἱοὶ τῶν ἀνθρώπων καὶ ταῖς | * | θυγατράσιν | * αὐτῶν καὶ παρέβησαν καὶ ἐπλάνησαν τοὺς |
| Hen. | 9 | 8 | τῶν σὺν αὐτῷ ἅμα ὄντων. καὶ ἐπορεύθησαν πρὸς τὰς | * | θυγατέρας | * τῶν ἀνθρώπων τῆς γῆς καὶ συνεκοιμήθησαν αὐταῖς |
| Hen. | 9B | 8 | τῶν σὺν αὐτῷ ἅμα ὄντων. καὶ ἐπορεύθησαν πρὸς τὰς | * | θυγατέρας | * τῶν ἀνθρώπων τῆς γῆς καὶ συνεκοιμήθησαν μετ' |
| Hen. | 9B | 9 | καὶ ἐδίδαξαν αὐτὰς μίσητρα ποιεῖν. καὶ νῦν ἰδοὺ αἱ | * | θυγατέρες | * τῶν ἀνθρώπων ἔτεκον ἐξ αὐτῶν υἱοὺς γίγαντας |
| Hen. | 10B | 11 | καὶ τοὺς ἄλλους σὺν αὐτῷ τοὺς συμμιγέντας ταῖς | * | θυγατράσι | * τῶν ἀνθρώπων τοῦ μιανθῆναι ἐν αὐταῖς ἐν τῇ |
| Hen. | 15 | 3 | καὶ μετὰ τῶν γυναικῶν ἐκοιμήθητε καὶ μετὰ τῶν | * | θυγατέρων | * τῶν ἀνθρώπων ἐμιάνθητε καὶ ἐλάβετε ἑαυτοῖς |
| Abr.2 | 10 | 5 | ὁ κριτὴς πῶς σε ἐλεήσω ὡς σὺ αὐτὴν οὐκ ἐλέησας τὴν | * | θυγατέραν; | * ἀλλὰ ἀνέστης ἐπὶ τὸν καρπὸν τῆς κοιλίας σου |
| Abr.2 | 10 | 13 | τοῦ ἀνδρός σου καὶ ἐμοίχευσας μετὰ τοῦ ἀνδρὸς τῆς | * | θυγατρός | * σου ⟨καὶ τὴν θυγατέρα σου ἀπέκτεινας⟩; καὶ τὰς |
| Abr.2 | 10 | 13 | μετὰ τοῦ ἀνδρὸς τῆς θυγατρός σου ⟨καὶ τὴν | * | θυγατέρα | * σου ἀπέκτεινας⟩; καὶ τὰς ἄλλας ἁμαρτίας ἔλεγεν |
| TRub. | 5 | 5 | μου καὶ προστάσσετε ταῖς γυναιξὶν ὑμῶν καὶ ταῖς | * | θυγατράσιν | * ἵνα μὴ κοσμῶνται τὰς κεφαλὰς καὶ τὰς ὄψεις |
| TLevi | 12 | 4 | τετάρτῳ ἔτει μου ἔλαβεν ὁ Ἀμβρὰμ τὴν Ἰωχάβεδ | * | θυγατέρα | * μου αὐτῷ εἰς γυναῖκα ὅτι ἐν μιᾷ ἡμέρᾳ |
| TLevi | 12 | 4 | γυναῖκα ὅτι ἐν μιᾷ ἡμέρᾳ ἐγεννήθησαν αὐτὸς καὶ ἡ | * | θυγάτηρ | * μου. ὀκτὼ ἐτῶν ἤμην ὅτε εἰσῆλθον εἰς γῆν Χανάαν |
| TLevi | 14 | 6 | μιανεῖτε καὶ πόρναις καὶ μοιχαλίσι συναφθήσεσθε | * | θυγατέρας | * ἐθνῶν λήψεσθε εἰς γυναῖκας καθαρίζοντες αὐτὰς |
| TLevi | 18 | 2B062 | ἐκ τῆς συγγενείας Ἀβραὰμ τοῦ πατρός μου Μελχὰ | * | θυγατέρα | * Βαθουὴλ υἱοῦ Λαβὰν ἀδελφοῦ μητρός μου. καὶ ἐν |
| TJud. | 8 | 2 | ἐποίησεν ἡμῖν πότον καὶ παρακαλέσας δίδωσί μοι τὴν | * | θυγατέρα | * αὐτοῦ Βησσουὲ εἰς γυναῖκα. αὐτὴ ἔτεκέ μοι τὸν |
| TJud. | 10 | 1 | Ἤρ ὁ υἱός μου ἄγεται τὴν Θαμὰρ ἐκ Μεσοποταμίας | * | θυγατέρα | * Ἀράμ. ἦν δὲ Ἤρ πονηρὸς καὶ ἠπορεῖτο περὶ τῆς |
| TJud. | 10 | 6 | ἐπονηρεύετο γὰρ πρὸς τὴν Θαμὰρ ὅτι οὐκ ἦν ἐκ | * | θυγατέρων | * Χανάαν ὡς αὐτή. κἀγὼ ᾔδειν ὅτι πονηρὸν τὸ |
| TJud. | 13 | 4 | συμβουλεύσομαι τῷ πατρί μου καὶ οὕτως λήψομαι τὴν | * | θυγατέρα | * σου. καὶ ἔδειξέ μοι ἐπ' ὀνόματι τῆς θυγατρὸς |
| TJud. | 13 | 4 | τὴν θυγατέρα σου. καὶ ἔδειξέ μοι ἐπ' ὀνόματι τῆς | * | θυγατρὸς | * αὐτοῦ χρυσοῦ πλῆθος ἄπειρον ἦν γὰρ βασιλεύς. |
| TJud. | 21 | 7 | ἔσονται ὡς κήτη καταπίνοντες ἀνθρώπους ὡς ἰχθύας | * | θυγατέρας | * καὶ υἱοὺς ἐλευθέρους καταδουλώσουσιν οἴκους |
| TJud. | 23 | 2 | ἐξακολουθοῦντες κληδόσι καὶ δαίμοσι πλάνης. τὰς | * | θυγατέρας | * ὑμῶν μουσικὰς καὶ δημοσίας ποιήσετε καὶ |
| TNep. | 1 | 9 | κατὰ τὰς εὐχὰς Ῥαχήλ. ἡ δὲ μήτηρ μού ἐστι Βάλλα | * | θυγάτηρ | * Ῥωθέου ἀδελφοῦ Δεβόρρας τῆς τροφοῦ Ῥεβέκκας |
| TNep. | 1 | 11 | Αιναν τὴν παιδίσκην αὐτοῦ εἰς γυναῖκα ἥτις ἔτεκε | * | θυγατέρα | * καὶ ἐκάλεσεν τὸ ὄνομα αὐτῆς Ζέλφαν ἐπ' ὀνόματι |
| TNep. | 1 | 12 | ἐξῆς ἔτεκε τὴν Βάλλαν λέγουσα καινόσπουδός μου ἡ | * | θυγάτηρ | * εὐθὺς γὰρ τεχθεῖσα ἔσπευδε θηλάζειν. καὶ ἐπειδὴ |
| TJos. | 18 | 3 | κυρίου. ἰδοὺ γὰρ ὁρᾶτε ὅτι διὰ τὴν μακροθυμίαν καὶ | * | θυγατέρα | * κυρίων μου ἔλαβον εἰς γυναῖκα καὶ ἑκατὸν |
| Asen. | 1 | 4 | ἀνδρὶ ἐκείνῳ Πεντεφρῆς ἱερεὺς Ἡλιουπόλεως. καὶ ἦν | * | θυγάτηρ | * αὐτῷ παρθένος ἐτῶν ὀκτωκαίδεκα μεγάλη καὶ ὡραία |
| Asen. | 1 | 5 | τῶν Αἰγυπτίων ἀλλὰ ἦν κατὰ πάντα ὁμοία ταῖς | * | θυγατράσι | * τῶν Ἑβραίων καὶ ἦν μεγάλη ὡς Σάρρα καὶ ὡραία |
| Asen. | 1 | 7 | αὐτοῦ ὁ πρωτότοκος δός μοι πάτερ τὴν Ἀσενὲθ τὴν | * | θυγατέρα | * Πεντεφρῆ τοῦ ἱερέως Ἡλιουπόλεως εἰς γυναῖκα. |
| Asen. | 1 | 9 | σὺ βασιλεὺς εἶ πάσης τῆς γῆς Αἰγύπτου; οὐκ ἰδοὺ ἡ | * | θυγάτηρ | * τοῦ βασιλέως Μωὰβ Ἰωακεὶμ κατεγγύηταί σοι καὶ |
| Asen. | 4 | 1 | καὶ ἐχάρησαν Πεντεφρῆς καὶ ἡ γυνὴ αὐτοῦ ἐπὶ τῇ | * | θυγατρὶ | * αὐτῶν Ἀσενὲθ χαρὰν μεγάλην διότι ἑώρων αὐτὴν |
| Asen. | 4 | 2 | ἐξ ἀγροῦ τῆς κληρονομίας αὐτῶν καὶ ἔδωκαν τῇ | * | θυγατρὶ | * αὐτῶν. καὶ ἐχάρη ἐπὶ πᾶσι τοῖς ἀγαθοῖς Ἀσενὲθ |
| Asen. | 4 | 3 | ὡραῖα καὶ καλὰ τῇ γεύσει. καὶ εἶπε Πεντεφρῆς τῇ | * | θυγατρὶ | * αὐτοῦ Ἀσενὲθ τέκνον μου. ἡ δὲ εἶπεν ἰδοὺ ἐγὼ |
| Asen. | 4 | 5 | τῇ χειρὶ αὐτοῦ τῇ δεξιᾷ τὴν χεῖρα τὴν δεξιὰν τῆς | * | θυγατρὸς | * αὐτοῦ καὶ κατεφίλησεν αὐτὴν καὶ εἶπεν αὐτῇ |
| Asen. | 4 | 12 | ταῦτα ἀκούσας Πεντεφρῆς ᾐδέσθη ἔτι λαλῆσαι τῇ | * | θυγατρὶ | * αὐτοῦ Ἀσενὲθ περὶ Ἰωσὴφ διότι θρασέως καὶ μετὰ |
| Asen. | 5 | 7 | ἡ γυνὴ αὐτοῦ καὶ πᾶσα ἡ συγγένεια αὐτοῦ πλὴν τῆς | * | θυγατρὸς | * αὐτῶν Ἀσενὲθ καὶ προσεκύνησαν τῷ Ἰωσὴφ ἐπὶ |
| Asen. | 7 | 3 | με. ὅτι ἠνόχλουν αὐτὸν πᾶσαι αἱ γυναῖκες καὶ αἱ | * | θυγατέρες | * τῶν μεγιστάνων καὶ τῶν σατραπῶν πάσης γῆς |
| Asen. | 7 | 3 | κοιμηθῆναι μετ' αὐτοῦ καὶ πᾶσαι αἱ γυναῖκες καὶ | * | θυγατέρες | * τῶν Αἰγυπτίων ὡς ἑώρων τὸν Ἰωσὴφ κακῶς |
| Asen. | 7 | 7 | ἐν τῷ ὑπερῴῳ οὐκ ἔστι γυνὴ ἀλλοτρία ἀλλ' ἔστι | * | θυγάτηρ | * ἡμῶν παρθένος μισοῦσα πάντα ἄνδρα καὶ οὐκ ἔστιν |
| Asen. | 7 | 7 | εἰ βούλῃ ἐλεύσεται καὶ προσαγορεύσει σε διότι ἡ | * | θυγάτηρ | * ἡμῶν ὡς ἀδελφή σού ἐστιν. καὶ ἐχάρη Ἰωσὴφ χαρὰν |
| Asen. | 7 | 8 | Ἰωσὴφ τῷ Πεντεφρῇ καὶ πάσῃ τῇ συγγενείᾳ αὐτοῦ εἰ | * | θυγάτηρ | * ὑμῶν ἐστι καὶ παρθένος ὑπάρχει ἡκέτω ὅτι ἀδελφή |
| Asen. | 8 | 1 | αὐτὴν ἐνώπιον τοῦ Ἰωσήφ. καὶ εἶπε Πεντεφρῆς τῇ | * | θυγατρὶ | * αὐτοῦ Ἀσενὲθ ἄσπασαι τὸν ἀδελφόν σου διότι καὶ |
| Asen. | 8 | 4 | θεὸς ὁ ζωοποιήσας τὰ πάντα. καὶ εἶπε Πεντεφρῆς τῇ | * | θυγατρὶ | * αὐτοῦ Ἀσενὲθ πρόσελθε καὶ καταφίλησον τὸν |
| Asen. | 11 | 5 | μου καὶ πᾶσα ἡ συγγένειά μου καὶ εἶπον οὐκ ἔστι | * | θυγάτηρ | * ἡμῶν Ἀσενὲθ διότι τοὺς θεοὺς ἡμῶν ἀπώλεσεν. καὶ |
| Asen. | 12 | 5 | ἀνοῖξαι τὸ στόμα μου πρός σέ κύριε. κἀγὼ Ἀσενὲθ | * | θυγάτηρ | * Πεντεφρῆ τοῦ ἱερέως ἡ παρθένος καὶ βασίλισσα ἡ |
| Asen. | 12 | 12 | ἡ μήτηρ μου ἠρνήσαντό με καὶ εἶπον οὐκ ἔστιν ἡμῶν | * | θυγάτηρ | * Ἀσενὲθ διότι ἀπώλεσα καὶ συνέτριψα τοὺς θεοὺς |
| Asen. | 15 | 7 | μετανοίας. διότι ἡ μετάνοιά ἐστιν ἐν τοῖς οὐρανοῖς | * | θυγάτηρ | * ὑψίστου καλὴ καὶ ἀγαθὴ σφόδρα. καὶ αὐτὴ |
| Asen. | 20 | 8 | γῆς Αἰγύπτου καὶ ποιήσω ὑμῖν γάμους καὶ λήψῃ τὴν | * | θυγατέρα | * μου Ἀσενὲθ εἰς γυναῖκα. καὶ εἶπεν Ἰωσὴφ ἐγὼ |
| Asen. | 21 | 2 | πρὸς Φαραὼ καὶ εἶπεν αὐτῷ δός μοι τὴν Ἀσενὲθ | * | θυγατέρα | * Πεντεφρῆ ἱερέως Ἡλιουπόλεως εἰς γυναῖκα. καὶ |
| Asen. | 21 | 4 | αὐτός ἐστιν ὁ υἱὸς τοῦ θεοῦ ὁ πρωτότοκος καὶ σὺ | * | θυγάτηρ | * ὑψίστου κληθήσῃ καὶ νύμφη Ἰωσὴφ ἀπὸ τοῦ νῦν καὶ |
| Asen. | 21 | 11 | ⟨ἥμαρτον ἐνώπιόν σου πολλὰ ἥμαρτον⟩ ἐγὼ Ἀσενὲθ | * | ⟨θυγάτηρ | * Πεντεφρῆ ἱερέως Ἡλιουπόλεως ὃς ἐστιν ἐπίσκοπος |
| Sal. | 2 | 6 | τοῦ θεοῦ ἠτιμώθη ἕως εἰς τέλος. οἱ υἱοὶ καὶ αἱ | * | θυγατέρες | * ἐν αἰχμαλωσίᾳ πονηρᾷ ἐν σφραγῖδι ὁ τράχηλος |
| Sal. | 2 | 13 | τοῦ ἡλίου παρεδειγμάτισαν ἀδικίας αὐτῶν. καὶ | * | θυγατέρες | * Ιερουσαλημ βέβηλοι κατὰ τὸ κρίμα σου ἀνθ' ὧν |
| Sal. | 8 | 9 | ἐν παροργισμῷ υἱὸς μετὰ μητρὸς καὶ πατὴρ μετὰ | * | θυγατρὸς | * συνεφύροντο. ἐμοιχῶντο ἕκαστος τὴν γυναῖκα τοῦ |
| Sal. | 8 | 21 | ὡς ὕδωρ ἀκαθαρσίας. ἀπήγαγεν τοὺς υἱοὺς καὶ τὰς | * | θυγατέρας | * αὐτῶν ἃ ἐγέννησαν ἐν βεβηλώσει. ἐποίησαν κατὰ |
| Job | 1 | 2 | ἐκάλεσεν τοὺς ἑπτὰ υἱοὺς αὐτοῦ καὶ τὰς τρεῖς | * | θυγατέρας | * αὐτοῦ ὧν εἰσιν τὰ ὀνόματα Τερσι Χορος Υων Νικη |
| Job | 17 | 5 | αὐτοὶ ἀποκριθέντες εἶπον αὐτῷ ἔχει ἑπτὰ υἱοὺς καὶ | * | θυγατέρας | * τρεῖς μὴ ἄρα καταφύγωσιν εἰς ἑτέρας χώρας καὶ |
| Job | 24 | 2 | ἀπὸ γῆς τὸ μνημόσυνόν σου, οἱ υἱοί μου καὶ αἱ | * | θυγατέρες | * τῆς ἐμῆς κοιλίας οὓς εἰς κενὸν ἐκοπίασα μετὰ |
| Job | 46 | 3 | σοι; εἶπεν δὲ Ἰὼβ ταῖς θηλείαις μὴ ταραχθῆτε, | * | θυγατέρες | * μου οὐ γὰρ ὑμῶν ἐπελαθόμην ἤδη ὑμῖν ἔπεμψα |
| Job | 46 | 5 | κρείττονα τῶν ἑπτὰ ἀδελφῶν ὑμῶν. τότε καλέσας τὴν | * | θυγατέρα | * αὐτοῦ τὴν λεγομένην Ἡμέραν λέγει αὐτῇ λαβοῦσα |
| Job | 47 | 1 | τὰς ἡμέρας τῆς ζωῆς ὑμῶν. εἶπεν δὲ αὐτῷ ἡ ἄλλη | * | θυγάτηρ | * ἡ λεγομένη Κασία πάτερ, αὕτη ἐστὶν ἡ κληρονομία |
| Job | 51 | 4 | ὅλον πλείστων σημειώσεων τῶν ὕμνων παρὰ τῶν τριῶν | * | θυγατέρων | * τοῦ ἀδελφοῦ μου σωτήριον ταῦτα εἶναι, ὅτι |
| Job | 52 | 3 | καὶ εὐθέως ἀναστὰς ἔλαβεν κιθάραν καὶ ἔδωκεν τῇ | * | θυγατρὶ | * αὐτοῦ Ἡμέρᾳ τῇ δὲ Κασίᾳ ἔδωκεν θυμιατήριον, τῇ |
| Job | 52 | 9 | ἅρματι, καὶ ἠσπάσατο τὸν Ἰώβ, βλεπουσῶν τῶν τριῶν | * | θυγατέρων | * καὶ αὐτοῦ τοῦ πατρὸς βλέποντος, ἄλλων δὲ τινων |
| Job | 52 | 12 | ἀπηνέχθη εἰς τὸν τάφον προηγουμένων τῶν τριῶν | * | θυγατέρων | * αὐτοῦ καὶ περιεζωσμένων, ὑμνολογουσῶν ἐν |
| Job | 53 | 9 | γενεαῖς τοῦ αἰῶνος, ἀμὴν καταλείψας υἱοὺς ζ' καὶ | * | θυγατέρας | * τρεῖς καὶ οὐχ εὑρέθησαν κατὰ τὰς θυγατέρας Ἰωβ |
| Job | 53 | 9 | ζ' καὶ θυγατέρας τρεῖς καὶ οὐχ εὑρέθησαν κατὰ τὰς | * | θυγατέρας | * Ἰωβ βελτίους αὐτῶν ἐν τοῖς ὑπ' οὐνόν. |
| Aris. | 152 | 5 | ἄρσενας προσάγουσιν ἀλλὰ καὶ τεκούσας ἔτι δὲ καὶ | * | θυγατέρας | * μολύνουσιν. ἡμεῖς δὲ ἀπὸ τούτων διεστάλμεθα. |
| Sib. | 3 | 324 | κελαινόν. αἰαῖ σοι Λιβύη αἰαῖ δὲ θάλασσά τε καὶ γῆ | * | θυγατέρες | * δυσμῶν ὡς ἥξετε πικρὸν ἐς ἦμαρ. ἥξετε καὶ |
| Sib. | 3 | 445 | σὺ Ῥόδος πουλὺν μὲν ἀδούλωτος χρόνον ἔσσῃ ἡμερίη | * | θυγάτηρ | * πουλὺς δέ τοι ὄλβος ὄπισθεν ἔσσεται ἐν πόντῳ δ' |
| Sib. | 5 | 391 | --- ἐν σοὶ γὰρ μήτηρ τέκνῳ ἐμίγη ἀθεμίστως καὶ | * | θυγάτηρ | * γενετῆρι ἑῷ συζεύξατο νύμφη ἐν σοὶ καὶ βασιλεῖς |
| FJub. | 4 | 1 | Ἄβελ. τῷ ὀγδοηκοστῷ πέμπτῳ ἔτει ἐγεννήθη αὐτοῖς | * | θυγάτηρ | * καὶ ὠνόμασαν αὐτὴν Ἀσουάμ. τῷ ἐνενηκοστῷ ἑβδόμῳ |
| FJub. | 4 | 10 | μετὰ τοὺς τρεῖς τούτους ὡς εἶναι αὐτῷ δύο μὲν | * | θυγατέρας | * ἄρρενας δὲ δώδεκα ἕνα μὲν ἀποκτανθέντα ἕνδεκα |
| FJub. | 4 | 15 | Καϊνὰν Μαωλὶθ ἀδελφὴ αὐτοῦ. γυνὴ Μαλελεὴλ Δινα | * | θυγάτηρ | * Βαραχιὴλ πατραδέλφου αὐτοῦ. ἐντεῦθεν ἤρξατο ἡ |
| FJub. | 4 | 16 | μυστηρίων ἀποκαλύψεως ἀξιοῦται. γυνὴ Ἰάρεδ Βαραχα | * | θυγάτηρ | * Ἀσουὴλ πατραδέλφου αὐτοῦ. γυνὴ Ἐνὼχ Εανι |
| FJub. | 4 | 20 | θυγάτηρ Ἀσουὴλ πατραδέλφου αὐτοῦ. γυνὴ Ἐνὼχ Εανι | * | θυγάτηρ | * Δανιὴλ πατραδέλφου αὐτοῦ. ⟨ Ἐνὼχ⟩ εἰς τὸν |
| FJub. | 4 | 27 | εἰς τὸν παράδεισον ἡρπᾶσθαι. γυνὴ Μαθουσάλα Ἐδνὰ | * | θυγάτηρ | * Ἐζριὴλ πατραδέλφου αὐτοῦ. γυνὴ Λάμεχ Βεθενως |
| FJub. | 4 | 28 | Ἐζριὴλ πατραδέλφου αὐτοῦ. γυνὴ Λάμεχ Βεθενως | * | θυγάτηρ | * Βαραχιὴλ πατραδέλφου αὐτοῦ. τῷ αὐτῷ Σ λ' ἔτει |
| FJub. | 4 | 33 | τοῦ Κάϊν ὃς καὶ ἀνῃρέθη ἀκουσίως. γυνὴ Νῶε Ἐμζαρα | * | θυγάτηρ | * Βαραχιὴλ πατραδέλφου αὐτοῦ. εἰσῆλθεν πρὸς ἡμᾶς ἡ |
| FJub. | 8 | 5 | γιγάντων καὶ ἔκρυψε παρ' ἑαυτῷ. γυνὴ Καιναν Μελχα | * | θυγάτηρ | * Μαδαι υἱοῦ Ιαφεθ. γυνὴ Σαλα Μωαχα θυγάτηρ Χεεδαμ |
| FJub. | 8 | 6 | Μελχα θυγάτηρ Μαδαι υἱοῦ Ιαφεθ. γυνὴ Σαλα Μωαχα | * | θυγάτηρ | * Χεεδαμ πατραδέλφου αὐτοῦ. γυνὴ Εβερ Αζουρα |
| FJub. | 8 | 7 | θυγάτηρ Χεεδαμ πατραδέλφου αὐτοῦ. γυνὴ Εβερ Αζουρα | * | θυγάτηρ | * Νεβρωδ. μετὰ τὸν κατακλυσμὸν τῷ 'β φ π β' ἔτει |
| FJub. | 10 | 18 | μέρη ἐβλήθη εἰς τὴν ἄβυσσον. γυνὴ Φαλεκ Δυμνα | * | θυγάτηρ | * Σεννααρ. ἐπὶ μ γ' ἔτη ἔμειναν οἰκοδομοῦντες. τὸ |
| FJub. | 11 | 1 | θείᾳ κρίσει τούτον ἐπάταξε. γυνὴ Ραγαυ Ωρα | * | θυγάτηρ | * Ὄὺρ υἱοῦ Χεζα. Ῥαγὰβ γενόμενος ἑκατὸν |
| FJub. | 11 | 7 | πολεμεῖν ἀλλήλοις ἐνήρξαντο. γυνὴ Σερουχ Μελχα | * | θυγάτηρ | * Χαβερ πατραδέλφου αὐτοῦ. γυνὴ Ναχωρ Ιεσθα |
| FJub. | 11 | 9 | θυγάτηρ Χαβερ πατραδέλφου αὐτοῦ. γυνὴ Ναχωρ Ιεσθα | * | θυγάτηρ | * Νεσθα τοῦ Χαλδαίου. αὐξηθέντα δὲ τὸν Ναχὼρ |
| FJub. | 11 | 14 | δὲ γενόμενος ἐτῶν ο' ἐγέννησεν ἐκ γυναικὸς Ἔδνας | * | θυγατρὸς | * Ἀβραὰμ πατραδέλφου αὐτοῦ τὸν Ἀβραὰμ ὄντινα ἡ |
| FJub. | 12 | 9 | ἐλλάμψεως ἠξιώθη ἔτι διατρίβων ἐν τῇ πατρίδι. Σαρα | * | θυγάτηρ | * ἦν τοῦ Αρραν ἀδελφὴ τῆς Μελχας καὶ τοῦ Λωτ. τῷ |
| FJub. | 47 | 5 | Μωϋσῆς ὑπὸ τῆς βασιλίσσης. ὁ δ' αὐτὸς υἱὸς τῇ | * | θυγατρὶ | * Φαραῷ Θερμουθίδι τῇ καὶ Φαρίῃ βασιλίδι οὔσῃ |
| HDem. | 9 21 | 3 | οὖν αὐτὸν ἐκεῖ ἑπτὰ ἔτη Λάβαν τοῦ μητρῴου δύο | * | θυγατέρας | * γῆμαι Λειαν καὶ Ῥαχὴλ ὄντα ἐτῶν ὀγδοήκοντα |

HDem. 9 21 5 λαβεῖν ἐν γαστρὶ τῷ αὐτῷ χρόνῳ ᾧ καὶ Λείαν τεκεῖν * θυγατέρα * Δείναν καὶ τεκεῖν τῷ τεσσαρεσκαιδεκάτῳ ἔτει
HDem. 9 21 9 παρὰ Ἐμμὼρ ἔτη δέκα καὶ φθαρῆναι τὴν Ἰσραὴλ * θυγατέρα * Δείναν ὑπὸ Συχὲμ τοῦ Ἐμμὼρ υἱοῦ ἐτῶν οὖσαν
HDem. 9 21 12 Ἀσενὲθ Πεντεφρῆ τοῦ Ἡλιουπόλεως ἱερέως * θυγατρὶ * καὶ γεννῆσαι Μανασσῆν καὶ Ἐφραΐμ καὶ τοῦ λιμοῦ
HDem. 9 21 19 Ἀμβρὰμ δὲ λαβεῖν γυναῖκα τὴν τοῦ θείου * θυγατέρα * Ἰωχαβὲτ καὶ ὄντα ἐνιαυτῶν ο ε' γεννῆσαι Ἀαρὼν
HDem. 9 29 1 τὸν Μωσῆν εἰς Μαδιὰμ καὶ συνοικῆσαι ἐκεῖ τῇ Ἰοθὼρ * θυγατρὶ * Σεπφώρᾳ ἦν εἶναι ὅσα στοχάζεσθαι ἀπὸ τῶν
HArt. 9 23 3 γῆμαι δ' αὐτὸν Ἡλιουπολίτου ἱερέως Ἀσενὲθ * θυγατέρα * ἐξ ἧς γεννῆσαι παῖδας. μετὰ δὲ ταῦτα
HArt. 9 27 3 Ἡλιουπόλει ναὸν κατασκευάσαι. τοῦτον δὲ γεννῆσαι * θυγατέρα * Μέρριν ἣν Χενεφρῇ τινι κατεγγυῆσαι τῶν ὑπὲρ
HArt. 9 27 19 τῷ τῶν τόπων ἄρχοντι συμβιοῦν λαβόντα τὴν ἐκείνου * θυγατέρα * τὸν δὲ Ῥαγουῆλον βούλεσθαι στρατεύειν ἐπὶ τοὺς
HArt. 9 27 19 βουλόμενον τὸν Μώϋσον καὶ τὴν δυναστείαν τῇ τε * θυγατρὶ * καὶ τῷ γαμβρῷ κατασκευάσαι τὸν δὲ Μώϋσον
HCle. 1 15 241 ἐπὶ Λιβύην καὶ Ἀνταῖον γήμαντά τε τὴν Ἄφρα * θυγατέρα * Ἡρακλέα γεννῆσαι υἱὸν ἐξ αὐτῆς Δίδωρον τούτου
HThe. 9 34 19 τῷ Τυρίων βασιλεῖ πέμψαι τὸν δὲ εἰκόνα τῆς * θυγατρὸς * ζῷον ὁλοσώματον κατασκευάσαι καὶ ἔλυτρον τῷ
LThe. 9 22 4 αὐτοῦ ἕνδεκα τὸν ἀριθμὸν ὄντας ποιμαίνειν τὴν δὲ * θυγατέρα * Δείναν καὶ τὰς γυναῖκας ἐριουργεῖν. καὶ τὴν
LEze. 9 28 2 19 Μαριὰμ δ' ἀδελφή μου κατώπτευεν πέλας. κἄπειτα * θυγάτηρ * βασιλέως ἅβραις ὁμοῦ κατῆλθε λουτροῖς χρῶτα
LEze. 9 28 2 28 αὐτή τε μήτηρ καὶ ἔλαβέν μ' ἐς ἀγκάλας. εἶπεν δὲ * θυγάτηρ * βασιλέως τοῦτον γύναι τρόφευε κἀγὼ μισθὸν

θύελλα 1
Sib. 4 115 δούλειος ἀνάγκη ἥξει καὶ Σολύμοισι κακὴ πολέμοιο * θύελλα * Ἰταλόθεν νηὸν δὲ θεοῦ μέγαν ἐξαλαπάξει ἡνίκ' ἂν

θῦμα 3
Aris. 87 2 κατασκευὴ συμμέτρως ἔχουσαν πρὸς τὸν τόπον καὶ τὰ * θύματα * διὰ τοῦ πυρὸς ἐξαναλούμενα τὴν διοικοδομὴν εἶχε
Aris. 90 6 πάντα καθαρίζεσθαι τὰ συναγόμενα παμπληθῆ τῶν * θυμάτων * αἵματα. πεπυσμένος δὲ καὶ αὐτὸς τὴν τῶν
Aris. 95 4 παρόντων τῶν λειτουργῶν καὶ τῶν προσαγόντων δὲ τὰ * θύματα * πολύ τι πλῆθος ἀλλὰ φόβῳ καὶ καταξίως μεγάλης

θυμιάζω 2
Abr.1 4 2 καὶ ὑφάπλωσον σινδόνας καὶ πορφύραν καὶ βύσσον * θυμίασον * δὲ παντοῖον καὶ καλὸν θυμίαμα καὶ βοτάνας
TLevi 18 2B030 ἐν ἐλαίῳ καὶ μετὰ ταῦτα οἶνον σπεῖσον καὶ * θυμίασον * ἐπάνω λίβανον +τὸ ηεεσθαι+ τὸ ἔργον σου ἐν

θυμίαμα 9
Adam 29 4 Ἰαὴλ αἰώνιε βασιλεῦ κέλευσον δοθῆναι τῷ Ἀδὰμ * θυμιάματα * εὐωδίας ἐκ τοῦ παραδείσου. καὶ ἐκέλευσεν ὁ
Adam 33 4 τὸ θυσιαστήριον καὶ ἐνεφύσων αὐτά. καὶ ἡ ἀτμὶς τοῦ * θυμιάματος * ἐκάλυψεν τὰ στερεώματα. καὶ προσέπεσαν οἱ
Abr.1 4 2 πορφύραν καὶ βύσσον θυμίασον δὲ παντοῖον καὶ καλὸν * θυμίαμα * καὶ βοτάνας εὐόσμους ἐκ τοῦ παραδείσου ἐνέγκας
TLevi 8 10 περιέθηκεν ἱερατείας. καὶ ἐπλήρωσαν τὰς χεῖράς μου * θυμιάματος * ὥστε ἱερατεύειν με κυρίῳ. εἶπαν δὲ πρός με
Jer. 9 3 καὶ ηὔξατο εὐχὴν λέγων ἅγιος ἅγιος ἅγιος τὸ * θυμίαμα * τῶν δένδρων τῶν ζώντων τὸ φῶς τὸ ἀληθινὸν τὸ
Jer. 9 4 τῶν δύο Σεραφὶμ παρακαλῶ περὶ ἄλλης εὐωδίας * θυμιάματος. * καὶ ἡ μελέτη μου Μιχαὴλ ὁ ἀρχάγγελος τῆς
Esdr. 7 15 ὀκτωβρίῳ εἰς τὰς ιη'. καὶ κηδεύσαντες αὐτὸν μετὰ * θυμιαμάτων * καὶ ψαλμῶν τὸ τίμιον καὶ ἅγιον αὐτοῦ σῶμα
Job 31 3 αὐτῶν, συνόντων αὐτοῖς τῶν στρατιωτῶν αὐτῶν καὶ * θυμίαμα * βαλλόντων μοι κυκλόθεν, ἵνα δυνηθῶσιν
Job 31 4 μοι καὶ ἐποίησαν τρεῖς ἡμέρας χορηγοῦντες τὰ * θυμιάματα * καὶ ὅτε πλησίον μου ἐγένοντο, ἀποκριθεὶς

θυμιατήριον 5
Adam 33 4 ἀνὰ μέσον τοῦ πατρὸς καὶ τοῦ ἅρματος. ἴδον δὲ ἐγὼ * θυμιατήρια * χρυσᾶ καὶ τρεῖς φιάλας. καὶ ἰδοὺ πάντες οἱ
Adam 33 4 καὶ ἰδοὺ πάντες οἱ ἄγγελοι μετὰ λίβανον καὶ * θυμιατήρια * ἦλθον ἐν σπουδῇ ἐπὶ τὸ θυσιαστήριον καὶ
Adam 38 2 ἕκαστος κατὰ τὴν τάξιν αὐτοῦ τινὲς μὲν ἔχοντες * θυμιατήρια * ἐν χερσὶν αὐτῶν ἄλλοι δὲ κιθάρας καὶ φιάλας
Job 32 8 ποῦ νῦν τυγχάνει ἡ δόξα τοῦ θρόνου σου; σὺ εἶ ὁ τὰ * θυμιατήρια * τῆς εὐώδους ἐκκλησίας ἔχων, νυνὶ ἐν δυσωδίᾳ
Job 52 4 ἔδωκεν τῇ θυγατρὶ αὐτοῦ Ἡμέρᾳ τῇ δὲ Κασίᾳ ἔδωκεν * θυμιατήριον, * τῇ δὲ Ἀμαλθείας κέρας ἔδωκεν τύμπανον,

θυμοβόρος 1
Sib. 5 468 Θρᾳκῶν ὀλέσει δεινῶν γένος ὡς ἀλαπαδνόν. καὶ τότε * θυμοβόροι * μέροπες κατέδουσι γονῆας λιμῷ τειρόμενοι καὶ

θυμός 47
Hen. 5 9 ἡμέρας τῆς ζωῆς αὐτῶν καὶ οὐ μὴ ἀποθάνωσιν ἐν ὀργῇ * θυμοῦ * ἀλλὰ τὸν ἀριθμὸν αὐτῶν ζωῆς ἡμερῶν πληρώσουσιν καὶ
Hen. 99 16 τότε ἐκτρίψει τὴν δόξ<αν ὑμῶν> καὶ ἐπεγερεῖ τὸν * θυμὸν * <αὐτοῦ καθ' > ὑμῶν ἀπολεῖ πάντας ὑ<μᾶς ἐν ῥομ>φαίᾳ
Hen. 101 3 εἵνεκα ὑμῶν τί ποιήσετε; ἐὰν ἀποστείληται τὸν * θυμὸν * αὐτοῦ ἐφ' ὑμᾶς καὶ ἐπὶ τὰ ἔργα ὑμῶν οὐχὶ ἔσεσθε
Abr.1 19 13 ἔδειξά σοι διότι πολλοὶ τῶν ἀνθρώπων ἐν ὥρᾳ * θυμοῦ * δρακόντων καὶ ἀσπίδων καὶ κεράστων καὶ βασιλίσκων
TJud. 7 7 εἶχόν με ἀνελεῖν. ἐπήλθομεν οὖν ἐπ' αὐτοὺς μετὰ * θυμοῦ * καὶ πάντες ἔφυγον καὶ διελθόντες δι' ἄλλης ὁδοῦ
TDan 1 διαθηκη Δαν. περι * θυμου * και ψευδους. ἀντίγραφον λόγων Δὰν ὧν εἶπε τοῖς
TDan 1 3 μετὰ δικαιοπραγίας καὶ ὅτι πονηρὸν τὸ ψεῦδος καὶ ὁ * θυμὸς * ὅτι πᾶσαν κακίαν ἄνθρωπον ἐκδιδάσκει. ὁμολογῶ
TDan 1 8 σου ἀποθανόντος αὐτοῦ. τουτό ἐστι τὸ πνεῦμα τοῦ * θυμοῦ * τὸ πεῖθόν με ἵνα ὡς πάρδαλις ἐκμυζᾷ ἔριφον οὕτως
TDan 2 1 ἑαυτοὺς ἀπὸ τοῦ πνεύματος τοῦ ψεύδους καὶ τοῦ * θυμοῦ * καὶ ἀγαπήσητε τὴν ἀλήθειαν καὶ τὴν μακροθυμίαν
TDan 2 2 τὴν μακροθυμίαν ἀπολεῖσθε. τύφλωσίς ἐστιν ἐν τῷ * θυμῷ * τέκνα μου καὶ οὐκ ἔστι τις ὁρῶν πρόσωπον ἐν ἀληθείᾳ
TDan 2 4 οὐ γνωρίζει. περιβάλλει γὰρ αὐτὸν τὸ πνεῦμα τοῦ * θυμοῦ * τὰ δίκτυα τῆς πλάνης καὶ τυφλοῖ τοὺς φυσικοὺς
TDan 3 1 ἰδίαν κατὰ τοῦ ἀδελφοῦ εἰς φθόνον. πονηρὸς ὁ * θυμὸς * τέκνα μου καὶ γὰρ αὐτῇ τῇ ψυχῇ αὐτὸς γίνεται ψυχή.
TDan 3 4 ἐὰν μὲν ᾖ δυνατὸς τριπλῆν ἔχει τὴν δύναμιν ἐν τῷ * θυμῷ * μίαν μὲν διὰ τῆς δυνάμεως καὶ τῆς βοηθείας τῶν
TDan 3 5 δύναμιν παρὰ τὴν τῆς φύσεως βοηθεῖ γὰρ αὐτοῖς ὁ * θυμὸς * πάντοτε ἐν παρανομίᾳ. τοῦτο τὸ πνεῦμα ἀεὶ μετὰ τοῦ
TDan 4 1 αἱ πράξεις αὐτοῦ. οὐκοῦν σύνετε τὴν δύναμιν τοῦ * θυμοῦ * ὅτι ματαία ἐστίν. ἐν γὰρ λόγῳ παροξύνει πρῶτον
TDan 4 2 τὸ διαβούλιον αὐτοῦ καὶ οὕτως διεγείρει ἐν * θυμῷ * μεγάλῳ τὴν ψυχὴν αὐτοῦ. ὅτε οὖν λαλεῖ τις καθ' ὑμῶν
TDan 4 3 ὅτε οὖν λαλεῖ τις καθ' ὑμῶν ὑμεῖς μὴ κινεῖσθε εἰς * θυμὸν * καὶ ἐάν τις ἐπαινῇ ὑμᾶς ὡς ἀγαθοὺς μὴ ἐπαίρεσθε
TDan 4 6 ἑκουσίως μὴ λυπεῖσθε ἀπὸ γὰρ λύπης ἐγείρει * θυμὸν * μετὰ ψεύδους. ἔστι δὲ διπρόσωπον κακὸν θυμὸς μετὰ
TDan 4 7 θυμὸν μετὰ ψεύδους. ἔστι δὲ διπρόσωπον κακὸν * θυμὸς * μετὰ ψεύδους καὶ συναίρονται ἀλλήλοις ἵνα ταράξωσι
TDan 5 1 καὶ τὸν νόμον αὐτοῦ τηρήσατε ἀπόστητε δὲ ἀπὸ * θυμοῦ * καὶ μισήσατε τὸ ψεῦδος ἵνα κύριος κατοικήσῃ ἐν
TDan 6 8 μου ἀπὸ παντὸς ἔργου πονηροῦ καὶ ἀπορρίψατε τὸν * θυμὸν * καὶ πᾶν ψεῦδος καὶ ἀγαπήσατε τὴν ἀλήθειαν καὶ τὴν
TNep. 2 8 διάκρισιν στομάχου κάλαμον πρὸς ὑγίειαν ἧπαρ πρὸς * θυμὸν * χολὴν πρὸς πικρίαν εἰς γέλωτα σπλῆνα νεφροὺς εἰς
Asen. 11 18 πρὸς αὐτὸν καὶ <ἐπικαλέσω> τὸ ὄνομα αὐτοῦ. καὶ εἰ * θυμῷ * κύριος πατάξει με αὐτὸς πάλιν ἰάσεταί με καὶ ἐὰν
Sal. 2 23 ἐθνῶν ὅτι ἐνέπαιξαν καὶ οὐκ ἐφείσαντο ἐν ὀργῇ καὶ * θυμῷ * μετὰ μηνίσεως καὶ συντελεσθήσονται ἐὰν μὴ σὺ κύριε
Sal. 16 10 χείλη μου ἐν λόγοις ἀληθείας περίστειλον ὀργὴν καὶ * θυμὸν * ἄλογον μακρὰν ποίησον ἀπ' ἐμοῦ. γογγυσμὸν καὶ
Jer. 6 21 ὑμῶν καὶ ἐτραχηλιάσατε ἐνώπιόν μου ἐν ὀργῇ καὶ * θυμῷ * παρέδωκα ὑμᾶς τῇ καμίνῳ εἰς Βαβυλῶνα. ἐὰν οὖν
Job 43 11 καὶ οἱ ἅγιοι ἐγκατέλειψαν αὐτὸν ἡ δὲ ὀργὴ καὶ ὁ * θυμὸς * ἔσται αὐτῷ εἰς σκήνωμα οὐκ ἔχει ἔλεος ἐν καρδίᾳ
Aris. 253 3 δὲ τοῖς εἰρημένοις τὸν ἕτερον ἠρώτα πῶς ἂν ἐκτὸς * θυμοῦ * γένοιτο; πρὸς τοῦτ' εἶπε γινώσκων ὅτι πάντων
Aris. 253 4 γινώσκων ὅτι πάντων ἐξουσίαν ἔχει καὶ εἰ χρήσαιτο * θυμῷ * θάνατον ἐπιφέρει ὅπερ ἀνωφελὲς καὶ ἀλγεινόν ἐστιν
Sib. 3 4 ἦτορ. ἀλλά τί μοι κραδίη πάλι πάλλεται ἠδέ γε * θυμὸς * τυπτόμενος μάστιγι βιάζεται ἔνδοθεν αὐδὴν
Sib. 3 40 ἔνι μεμανημένος οἶστρος αὐτοῖς ἁρπάζοντες ἀναιδέα * θυμὸν * ἔχοντες οὐδεὶς γὰρ πλουτῶν καὶ ἔχων ἄλλῳ μεταδώσει
Sib. 3 295 δὴ ναὸς πάλιν ἔσσεται ὡς πάρος ἦεν. ἡνίκα δή μοι * θυμὸς * ἐπαύσατο ἔνθεον ὕμνον καὶ λιτόμην γενετῆρα μέγαν
Sib. 3 309 (αὐτὰρ ἀπ' οὐρανόθεν καταβήσεται ἐξ ἁγίων σοι) καὶ * θυμοῦ * τέκνοις αἰώνιος ἐξολόθρευσις. καὶ τότ' ἔσῃ ὡς ἦσθα
Sib. 3 489 ἐπὶ πᾶσιν ἴσον δὲ βοήσεται αὐλός. ἡνίκα δή μοι * θυμὸς * ἐπαύσατο ἔνθεον ὕμνον καὶ πάλι μοι μεγάλοιο θεοῦ
Sib. 3 661 βασιλῆες ἀλλήλοις +κοτέειν ἐπαμύνοντες κακὰ * θυμῷ+ * ὁ φθόνος οὐκ ἀγαθὸν πέλεται δειλοῖσι βροτοῖσιν.
Sib. 3 687 οὐκ ἔγνωσαν οὐδὲ κρίσιν μεγάλοιο θεοῦ ἀλλ' ἄφρονι * θυμῷ * πάντες ἐφορμηθέντες ἐφ' Ἱερὸν ἤρατε λόγχας. καὶ
Sib. 3 722 ἦμεν ἔργα δὲ χειροποίητα σεβάσμεθα ἄφρονι * θυμῷ * εἴδωλα ξόανά τε καταφθιμένων ἀνθρώπων. ταῦτα
Sib. 3 739 ἀλλ' ἀπέχου μηδ' ἴσχ' ὑπερήφανον ἐν στήθεσσιν * θυμὸν * ὑπερφίαλον στείλας πρὸς ἀγῶνα κραταιόν. καὶ
Sib. 5 171 ἣν παράκοιτιν ἤτε μιαιφόνον ἦτορ ἔχεις ἀσεβῆ δέ τε * θυμόν. * οὐκ ἔγνως τί θεὸς δύναται τί δὲ μηχανάαται; ἀλλ'
Sib. 5 192 καὶ πάντ' ἀποτίσεις ὅσσα τὸ πρόσθεν ἔρεξας ἀναιδέα * θυμὸν * ἔχουσα. +καὶ κοπετὸν ὄψονται ἀθέσμων εἵνεκα
Sib. 5 260 ῥήσει τε καλῇ καὶ χείλεσιν ἁγνοῖς. μηκέτι τείρεο * θυμὸν * ἐνὶ στήθεσσι μάκαιρα θειογενὲς πάμπλουτε μόνον
FMan. 2 22 13 πολλῷ δεσμῷ σιδήρου διότι παρώργισα τὸν * θυμόν * σου καὶ τὸ πονηρὸν ἐνώπιόν σου ἐποίησα στήσας
FEz. 185 5 ω ιημ ε<ιπον προς τον κν κε μ>η με ελλεγξης τ<ω * θυμω * σου μη δε π>εδευσης με εν τη <οργη σου δοκιμαζο>μαι
FAch. 109 ἐντρέπωνταί σε ἀλλὰ καὶ ὡς εὐεργέτην τιμῶσιν. * θυμοῦ * κράτει. ἐάν τι παρηκμακὼς μανθάνῃς μὴ αἰσχυνθῇς
FPho. 63 ὑψαυχεῖ δ' ὁ πολὺς πλοῦτος καὶ ἐς ὕβριν ἀέξει. * θυμὸς * ὑπερχόμενος μανίην ὀλοόφρονα τεύχει. ὀργὴ δ' ἐστίν
LThe. 9 22 3 ἔχουσα εἶδος ἐπίστρεπτον δὲ δέμας καὶ ἀμύμονα * θυμόν. * ἀπὸ δὲ τοῦ Εὐφράτου τὸν Ἰακὼβ ἐλθεῖν εἰς τὰ
LEze. 9 28 3 10 ἡμερῶν παρῆν ἐξῆλθον οἴκων βασιλικῶν πρὸς ἔργα γὰρ * θυμός * μ' ἄνωγε καὶ τέχνασμα βασιλέως. ὁρῶ δὲ πρῶτον

θυμόω 13
TJud. 7 5 ἡ ἀποφυγὴ τῶν πολεμίων βασιλέων. τότε ὑβριζόμενος * ἐθυμώθην * καὶ ὥρμησα ἐπ' αὐτοὺς ἐπὶ τὴν κορυφὴν κἀκεῖνοι
TDan 3 4 δικαιοῖ τὸ πραχθὲν ἐπειδὴ οὐ βλέπει. διὰ τοῦτο ὁ * θυμούμενος * ἐὰν μὲν ᾖ δυνατὸς τριπλῆν ἔχει τὴν δύναμιν ἐν
TDan 3 5 καὶ δι' ἑαυτοῦ δρῶν τὸ κακόν. ἐὰν δὲ ἀσθενὴς ᾖ ὁ * θυμούμενος * διπλῆν ἔχει τὴν δύναμιν παρὰ τὴν τῆς φύσεως
TDan 4 4 οὕτως ὀξύνει τὸν νοῦν νοῆσαι τὸ ἐρεθισθὲν καὶ τότε * θυμωθεὶς * νομίζει δικαίως ὀργίζεσθαι. ἐὰν ζημίᾳ ἐὰν
TDan 4 5 αὐτὸ τὸ πνεῦμα ἐπιθυμῆσαι ποιεῖ τοῦ ἀπολομένου ἵνα * θυμωθῇ * διὰ τοῦ πόθου. ἐὰν ζημιωθῆτε ἑκουσίως μὴ λυπεῖσθε
Asen. 4 9 ἱδρὼς ἐρυθρὸς πολὺς ἐπὶ τοῦ προσώπου αὐτῆς καὶ * ἐθυμώθη * ἐν ὀργῇ μεγάλῃ καὶ ἐνέβλεψε τῷ πατρὶ αὐτῆς
Asen. 11 18 ἐπιβλέψει ἐπ' ἐμοὶ πάλιν ἐν τῷ ἐλέει αὐτοῦ καὶ ἐὰν * θυμωθῇ * ἐν ταῖς ἁμαρτίαις μου πάλιν διαλλαγήσεταί μοι καὶ
Asen. 12 10 ἐμοῦ καὶ ἀπώλεσα αὐτούς. καὶ ὁ λέων ὁ πατὴρ αὐτῶν * θυμωθεὶς * καταδιώκει με ἀλλὰ σὺ κύριε ῥῦσαί με ἐκ τῶν
Asen. 23 9 καὶ εἶπε Λευὶς τῷ Συμεὼν ἡσύχως ἵνα τί σὺ ὀργῇ * θυμοῦσαι * πρὸς τὸν ἄνδρα τοῦτον; καὶ ἡμεῖς ἐσμὲν ἄνδρες
Aris. 254 2 ὄντων καὶ μηδενὸς ἐναντιουμένου τίνος χάριν * θυμωθήσεται; * γινώσκειν δὲ δεῖ διότι θεὸς τὸν πάντα
Sib. 5 298 καὶ νηὸν ζητοῦσα τὸν οὐκέτι ναιετάοντα. καὶ τότε * θυμωθεὶς * θεὸς ἄφθιτος αἰθέρι ναίων οὐρανόθεν πρηστῆρα
Sib. 5 358 ἡγείσθω δὲ θέμις σοφίη καὶ δόξα δικαίων μή ποτε * θυμωθεὶς * θεὸς ἄφθιτος ἐξαπολέσσῃ πᾶν γένος ἀνθρώπων
Sib. 5 529 Φαεινοῦ ὦρτο μὲν Οὐρανὸς αὐτὸς ἕως ἐτίναξε μαχητὰς * θυμωθεὶς * δ' ἔρριψε καταπρηνεῖς ἐπὶ γαῖαν. ῥίμφα μὲν οὖν

| | | | | | |
|---|---|---|---|---|---|
| θυμώδης (θυμός) | | | 1 | | |
| TDan | 3 | 2 | γίνεται ψυχή. καὶ τὸ μὲν σῶμα ἰδιοποιεῖται τοῦ | * θυμώδους * | τῆς δὲ ψυχῆς κατακυριεύει καὶ παρέχει τῷ σώματι |
| θύρα | | | 39 | | |
| Adam | 5 | 3 | ἡ γῆ εἰς τρία μέρη. καὶ ἦλθον πάντες ἐπὶ τὴν | * θύραν * | τοῦ οἴκου ἐν ᾧ εἰσήρχετο εὔξασθαι τῷ θεῷ. εἶπε δὲ |
| Hen. | 14 | 12 | αὐτῶν ὕδωρ καὶ πῦρ φλεγόμενον κύκλῳ τῶν τειχῶν καὶ | * θύραι * | πυρὶ καιόμεναι. εἰσῆλθον εἰς τὸν οἶκον ἐκεῖνον |
| Hen. | 14 | 15 | ἔπεσον. ἐθεώρουν ἐν τῇ ὁράσει μου καὶ ἰδοὺ ἄλλη | * θύρα * | ἀνεῳγμένη κατέναντί μου καὶ ὁ οἶκος μείζων τούτου |
| Hen. | 14 | 25 | με καὶ ἔστησέν με καὶ προσήγαγέν με μέχρι τῆς | * θύρας * | ἐγὼ δὲ τὸ πρόσωπόν μου κάτω ἔκυφον. καὶ ἀποκριθεὶς |
| Abr.1 | 5 | 8 | μετὰ τοῦ ἀρχαγγέλου. φθάσας οὖν Ἰσαὰκ πρὸς τὴν | * θύραν * | ἔκραξε λέγων πάτερ πάτερ ἀνάστα οὖν ἄνοιξόν μοι |
| Abr.1 | 6 | 2 | λαλῶν. συννεύει οὖν Σάρρα τὸν Ἀβραὰμ τὰ πρὸς τὴν | * θύραν * | ἔξω ἐλθεῖν καὶ λέγει αὐτὸν κύριέ μου Ἀβραὰμ οὐ |
| Abr.2 | 6 | 1 | τῆς νυκτὸς καὶ διυπνισθεὶς Ἰσαὰκ ἦλθεν πρὸς τὴν | * θύραν * | τοῦ πατρὸς αὐτοῦ λέγων πάτερ ἄνοιξόν μοι ἵνα |
| Abr.2 | 6 | 4 | ἐν τῇ σκηνῇ αὐτῆς καὶ ἀνέστη καὶ ἦλθεν πρὸς τὴν | * θύραν * | τοῦ ταμείου ὅπου Ἀβραὰμ ἐκάθευδεν καὶ ἔκραξεν |
| TLevi | 18 | 10 | καταπαύσουσιν ἐν αὐτῷ. καίγε αὐτὸς ἀνοίξει τὰς | * θύρας * | τοῦ παραδείσου καὶ στήσει τὴν ἀπειλοῦσαν ῥομφαίαν |
| Asen. | 5 | 1 | θεραπείας Πεντεφρῆ καὶ λέγει ἰδοὺ Ἰωσὴφ πρὸ τῶν | * θυρῶν * | τῆς αὐλῆς ἡμῶν ἕστηκε. καὶ ἔφυγεν Ἀσενὲθ ἀπὸ |
| Asen. | 5 | 6 | οἱ φύλακες τῶν πυλῶν ἐπεσπάσαντο καὶ ἔκλεισαν τὰς | * θύρας * | καὶ ἐξεκλείσθησαν πάντες οἱ ἀλλότριοι. καὶ ἦλθον |
| Asen. | 10 | 3 | καὶ ἀπέθηκεν αὐτὴν εἰς τὸ ἔδαφος. καὶ ἔκλεισε τὴν | * θύραν * | ἀσφαλῶς καὶ τὸν μοχλὸν τὸν σιδηροῦν καθῆκεν ἐκ |
| Asen. | 10 | 4 | ἤγειρε τὰς ἄλλας ἑξ παρθένους. καὶ ἦλθον πρὸς τὴν | * θύραν * | τῆς Ἀσενὲθ καὶ εὗρον τὴν θύραν κεκλεισμένην. καὶ |
| Asen. | 10 | 4 | καὶ ἦλθον πρὸς τὴν θύραν τῆς Ἀσενὲθ καὶ εὗρον τὴν | * θύραν * | κεκλεισμένην. καὶ ἤκουσαν τοῦ στεναγμοῦ καὶ τοῦ |
| Asen. | 10 | 6 | ὀψόμεθα τί σοί ἐστιν. καὶ οὐκ ἤνοιξεν Ἀσενὲθ τὴν | * θύραν * | ἀλλ' εἶπεν αὐταῖς ἔσωθεν τῆς κεφαλῆς μού ἐστι |
| Asen. | 10 | 8 | θάλαμον αὐτῆς. καὶ ἀνέστη Ἀσενὲθ καὶ ἤνοιξε τὴν | * θύραν * | ἡσύχως καὶ ἀπῆλθεν εἰς τὸν θάλαμον αὐτῆς τὸν |
| Asen. | 10 | 9 | αὐτὸν εἰς τὸν θάλαμον αὐτῆς καὶ ἔκλεισε πάλιν τὴν | * θύραν * | ἀσφαλῶς καὶ τὸν μοχλὸν καθῆκεν ἐκ πλαγίου. καὶ |
| Asen. | 14 | 5 | Ἀσενέθ. καὶ εἶπεν τίς ἐστιν ὁ καλῶν με διότι ἡ | * θύρα * | τοῦ θαλάμου μου κέκλεισται καὶ ὁ πύργος ὑψηλός ἐστι |
| Asen. | 19 | 1 | καὶ εἶπε πρὸς Ἀσενὲθ ἰδοὺ Ἰωσὴφ πρὸς τὰς | * θύρας * | τῆς αὐλῆς ἡμῶν ἵσταται. καὶ ἔσπευσεν Ἀσενὲθ καὶ |
| Bar. | 2 | 2 | με ἤγαγέν με ἐπὶ τὸν πρῶτον οὐρανὸν καὶ ἔδειξέ μοι | * θύραν * | παμμεγέθη. καὶ εἶπέν μοι εἰσέλθωμεν δι' αὐτῆς. καὶ |
| Bar. | 2 | 5 | καὶ εἶπέν μοι ὁ ἄγγελος οὗ τὸ ὄνομα αὐτοῦ Φαμαὴλ ἡ | * θύρα * | αὕτη ἣν ὁρᾷς ἐστιν τοῦ οὐρανοῦ καὶ ὅσον διαφέρει |
| Bar. | 3 | 1 | εἰς δεύτερον οὐρανόν. καὶ ὑπέδειξέν μοι (ἐν) κἀκεῖ | * θύραν * | ὁμοίαν τῆς πρώτης. καὶ εἶπεν εἰσέλθωμεν δι' αὐτῆς. |
| Bar. | 14 | 1 | αὐτῇ τῇ ὥρᾳ ἀπῆλθεν ὁ Μιχαὴλ καὶ ἐκλείσθησαν αἱ | * θύραι. * | καὶ ἐγένετο φωνὴ ὡς βροντή. καὶ ἠρώτησα τὸν |
| Bar. | 17 | 1 | μου κηρυττόντων αὐτοῖς. καὶ ἅμα τῷ λόγῳ ἐκλείσθη ἡ | * θύρα * | καὶ ἡμεῖς ἀνεχωρήσαμεν. καὶ λαβών με ὁ ἄγγελος |
| Job | 5 | 3 | εἰς τὸν οἶκόν μου κελεύσας ἀσφαλισθῆναι τὰς | * θύρας. * | ἀκούσατέ μου τεκνία καὶ θαυμάσατε ἅμα γὰρ |
| Job | 6 | 2 | ἅμα γὰρ εἰσῆλθον εἰς τὸν οἶκόν μου καὶ τὰς | * θύρας * | μου ἀσφαλισάμενος ἐνετειλάμην τοῖς προθύροις μου |
| Job | 6 | 4 | Σατανᾶς μετασχηματισθεὶς εἰς ἐπαίτην ἔκρουσεν τὴν | * θύραν * | καὶ λέγει τῇ θυρωρῷ σήμανον τῷ Ἰωβ λέγουσα ὅτι |
| Job | 9 | 7 | τῶν χωρῶν ἅπαντες. ἀνεῳγμέναι δὲ ἦσαν αἱ τέσσαρες | * θύραι * | τοῦ οἴκου μου ἐκέλευον δὲ τοῖς οἰκέταις μου ταύτας |
| Job | 9 | 8 | ἐλεημοσύνην καὶ ἴδωσίν με παρακαθεζόμενον τῇ | * θύρᾳ, * | καὶ αἰδεσθέντες ἀποστραφῶσιν μηδὲν λαβόντες ἀλλ' |
| Job | 9 | 8 | μηδὲν λαβόντες ἀλλ' ὅταν ἴδωσίν με πρὸς μίαν | * θύραν * | καθήμενον, δυνηθῶσιν διὰ τῆς ἄλλης ἐπανελθεῖν καὶ |
| Job | 10 | 4 | λαβεῖν τὴν χρείαν καὶ οὐδὲ ἐπέτρεπον ἐξελθεῖν τὴν | * θύραν * | μου κόλπῳ κενῷ εἶχον δὲ τρισχίλια καὶ πεντακόσια |
| Job | 25 | 2 | αὐτῆς τὸ καθεστήριον βῆλα δεκατέσσαρα, καὶ | * θύραν * | ἔνδοθεν θυρῶν ἕως ἂν ὅλως καταξιωθῇ τις εἰσαχθῆναι |
| Job | 25 | 2 | τὸ καθεστήριον βῆλα δεκατέσσαρα, καὶ θύραν ἔνδοθεν | * θυρῶν * | ἕως ἂν ὅλως καταξιωθῇ τις εἰσαχθῆναι πρὸς αὐτήν; |
| Aris. | 158 | 4 | μνείας δέδωκεν ὡσαύτως δὲ καὶ ἐπὶ τῶν πυλῶν καὶ | * θυρῶν * | προστέταχε μὲν ἡμῖν τιθέναι τὰ λόγια πρὸς τὸ |
| Sib. | 3 | 32 | ἱδρύμασι φωτῶν καὶ ναοῖς ἀθέοισι καθεζόμενοι πρὸ | * θυράων * | +τηρεῖτε+ τὸν ἐόντα θεὸν ὃς πάντα φυλάσσει |
| IOrp. | | 1 | φθέγξομαι οἷς θέμις ἐστί | * θύρας * | δ' ἐπίθεσθε βέβηλοι φεύγοντες δικαίων θεσμοὺς |
| HArt. 9 | 27 | 23 | αὐτὸν καθεῖρξαι νυκτὸς δὲ ἐπιγενομένης τὰς τε | * θύρας * | πάσας αὐτομάτως ἀνοιχθῆναι τοῦ δεσμωτηρίου καὶ τῶν |
| HArt. 9 | 27 | 24 | ἐπὶ τὰ βασίλεια ἐλθεῖν εὑρόντα δὲ ἀνεῳγμένας τὰς | * θύρας * | εἰσελθεῖν καὶ ἐνθάδε τῶν φυλάκων παρειμένων τὸν |
| LEze. 9 | 29 12 | 27 | πάσχα θύσαντας θεῷ τῇ πρόσθε νυκτὶ αἵματι ψαῦσαι | * θύρας * | ὅπως παρέλθῃ σῆμα δεινὸς ἄγγελος. ὑμεῖς δὲ νυκτὸς |
| θυρεός | | | 3 | | |
| Sib. | 3 | 650 | χρόνων μήκη περιτελλομένων ἐνιαυτῶν πέλτας καὶ | * θυρεοὺς * | γαισοὺς παμποικιλά θ' ὅπλα οὐδὲ μὲν ἐκ δρυμοῦ |
| Sib. | 3 | 729 | χρόνων μήκη περιτελλομένων ἐνιαυτῶν πέλτας καὶ | * θυρεοὺς * | κόρυθας παμποικιλά θ' ὅπλα πολλά τε καὶ τόξων |
| FrAn. | 15 | | τῶν πλοίων αὐτοῦ καὶ μελανεῖ τὸ πεδίον ἀπὸ τῶν | * θυρεῶν * | καὶ τῶν ὅπλων καὶ πᾶς ὃς ἂν συναντήσει αὐτῷ ἐν |
| θυρίς | | | 14 | | |
| Hen. | 101 | 2 | τὸ πονηρὸν ἐναντίον αὐτοῦ. ἐὰν ἀποκλείσῃ τὰς | * θυρίδας * | τοῦ οὐρανοῦ καὶ κωλύσῃ τὴν δρόσον καὶ τὸν ὄμβρον |
| Hen. | 104 | 2 | φωστῆρες τοῦ οὐρανοῦ ἀναλάμψετε καὶ φανεῖτε αἱ | * θυρίδες * | τοῦ οὐρανοῦ ἀνοιχθήσονται ὑμῖν καὶ ἡ κραυγὴ ὑμῶν |
| TJos. | 14 | 1 | γυμνόν με ἐκέλευσε τύπτεσθαι. ἡ δὲ Μέμφις ἑώρα διὰ | * θυρίδος * | τυπτομένου μου καὶ ἀποστέλλει πρὸς τὸν ἄνδρα |
| Asen. | 2 | 7 | οὐχ ὡμίλει αὐταῖς οὐδὲ παιδίον ἄρρεν. καὶ ἦσαν | * θυρίδες * | τρεῖς τῷ θαλάμῳ τῷ μεγάλῳ τῆς Ἀσενὲθ ὅπου ἡ |
| Asen. | 2 | 7 | ὅπου ἡ παρθενία αὐτῆς ἐτρέφετο. καὶ ἦν ἡ μία | * θυρὶς * | ἡ πρώτη μεγάλη σφόδρα ἀποβλέπουσα ἐπὶ τὴν αὐλὴν |
| Asen. | 2 | 8 | χρυσῆ ἑστῶσα ἐν τῷ θαλάμῳ ἀποβλέπουσα ⟨πρὸς τὴν | * θυρίδα⟩ * | κατὰ ἀνατολὰς καὶ ἦν ἡ κλίνη ἐστρωμένη πορφυρᾷ |
| Asen. | 5 | 2 | εἰσῆλθεν εἰς τὸν θάλαμον αὐτῆς καὶ ἔστη ἐπὶ τὴν | * θυρίδα * | τὴν μεγάλην τὴν βλέπουσαν κατὰ ἀνατολὰς τοῦ ἰδεῖν |
| Asen. | 7 | 2 | ἐστιν ἡ γυνὴ ἐκείνη ἡ ἑστῶσα ἐν τῷ ὑπερῴῳ πρὸς τὴν | * θυρίδα; * | ἀπελθέτω δὴ ἐκ τῆς οἰκίας ταύτης. διότι ἐφοβεῖτο |
| Asen. | 10 | 2 | αὐτῆς. καὶ ἔσπευσεν Ἀσενὲθ καὶ καθεῖλεν ἐκ τῆς | * θυρίδος * | τὴν δέρριν τοῦ καταπετάσματος καὶ ἔπλησεν αὐτὴν |
| Asen. | 10 | 11 | κίδαριν καὶ τὸ διάδημα καὶ ἔρριψεν πάντα διὰ τῆς | * θυρίδος * | τῆς βλεπούσης πρὸς βορρᾶν τοῖς πένησιν. καὶ |
| Asen. | 10 | 12 | καὶ ἔρριψε πάντα τὰ εἴδωλα τῶν Αἰγυπτίων διὰ τῆς | * θυρίδος * | τῆς βλεπούσης πρὸς βορρᾶν ἀπὸ τοῦ ὑπερῴου αὐτῆς |
| Asen. | 10 | 13 | οἶνου τῆς σπονδῆς αὐτῶν καὶ ἔρριψε πάντα διὰ τῆς | * θυρίδος * | τῆς βλεπούσης πρὸς βορρᾶν καὶ ἔδωκε πάντα τοῖς |
| Asen. | 11 | 1C | ἄνω πρὸς τὸν τοῖχον καὶ ἐκάθισεν ὑποκάτω τῆς | * θυρίδος * | τῆς βλεπούσης κατὰ ἀνατολάς. καὶ τὴν κεφαλὴν |
| Asen. | 11 | 15 | ἀπὸ τοῦ τοίχου οὗ ἐκαθέζετο καὶ ἀπεστράφη πρὸς τὴν | * θυρίδα * | τὴν βλέπουσαν πρὸς ἀνατολὰς καὶ ἀνορθώθη ἐπὶ τὰ |
| θύρωμα | | | 1 | | |
| Aris. | 85 | 2 | πάντα ὑπερβαλλούσῃ διῳκοδομημένων ἁπάντων. καὶ τοῦ | * θυρώματος * | δὲ καὶ τῶν περὶ αὐτὸ συνδέσμων κατὰ τὰς φλιὰς |
| θυρωρός | | | 5 | | |
| Job | 6 | 5 | εἰς ἐπαίτην ἔκρουσεν τὴν θύραν καὶ λέγει τῇ | * θυρωρῷ * | σήμανον τῷ Ἰωβ λέγουσα ὅτι βούλομαι συντυχεῖν |
| Job | 6 | 6 | τῷ Ἰωβ λέγουσα ὅτι βούλομαι συντυχεῖν σοι. καὶ ἡ | * θυρωρὸς * | εἰσελθοῦσα λέγει μοι ταῦτα, καὶ ἤκουσεν παρ' |
| Job | 7 | 1 | τοῖς ὤμοις ἀσσάλιον, καὶ ἐλθὼν λελάληκεν τῇ | * θυρωρῷ * | λέγων εἰπὸν τῷ Ἰωβ δός μοι ἄρτον ἐκ τῶν χειρῶν |
| Job | 7 | 5 | ἐκ τῶν ἐμῶν ἄρτων, ὅτι ἀπηλλοτρίωσαί μου. καὶ ἡ | * θυρωρὸς * | αἰδεσθεῖσα δοῦναι αὐτῷ τὸν κεκαυμένον καὶ |
| Job | 43 | 6 | οὗτός ἐστιν ὁ τοῦ σκότους καὶ οὐχὶ τοῦ φωτός οἱ δὲ | * θυρωροὶ * | τῆς σκοτίας κληρονομήσουσιν αὐτοῦ τὴν δόξαν καὶ |
| θύρωσις | | | 1 | | |
| Aris. | 86 | 2 | ἀφειδὴς δαπάνη. τοῦ τε καταπετάσματος ἡ διατύπωσις | * θυρώσει * | κατὰ πᾶν ὁμοιοτάτη ὑπῆρχε καὶ μάλιστα διὰ τὴν |
| θυσία | | | 52 | | |
| Adam | 4 | 2 | ἀντὶ Ἄβελ ὃν ἀπέκτεινεν Κάϊν. δώσωμεν δόξαν καὶ | * θυσίαν * | τῷ θεῷ. ἐποίησεν δὲ Ἀδὰμ υἱοὺς τριάκοντα καὶ |
| Adam | 29 | 3 | ἐκ τοῦ παραδείσου ἵνα μετὰ τὸ ἐξελθεῖν με ἀνενέγκω | * θυσίαν * | τῷ θεῷ ὅπως εἰσακούσεταί μου ὁ θεός. καὶ |
| TRub. | 6 | 8 | γνώσεται νόμον κυρίου καὶ διαστελεῖ εἰς κρίσιν καὶ | * θυσίας * | ὑπὲρ παντὸς Ἰσραὴλ μέχρι τελειώσεως χρόνων |
| TLevi | 9 | 7 | ἄγγελος τοῦ θεοῦ. καὶ ἐδίδασκέ με νόμον ἱερωσύνης | * θυσιῶν * | ὁλοκαυτωμάτων ἀπαρχῶν ἑκουσίων σωτηρίων. καὶ ἦν |
| TLevi | 9 | 11 | καὶ ἐν τῷ θύειν νίπτου καὶ ἀπαρτίζων πάλιν τὴν | * θυσίαν * | νίπτου. δώδεκα δένδρων ἀεὶ ἐχόντων φύλλα ἄναγε |
| TLevi | 9 | 13 | παντὸς ζῴου καθαροῦ καὶ πετεινοῦ καθαροῦ πρόσφερε | * θυσίαν * | κυρίῳ. καὶ παντὸς πρωτογενήματος καὶ οἴνου |
| TLevi | 9 | 14 | καὶ οἴνου πρόσφερε ἀπαρχάς. καὶ πᾶσαν | * θυσίαν * | ἅλατι ἁλιεῖς. νῦν οὖν φυλάξασθε ὅσα ἐντέλλομαι |
| TLevi | 16 | 1 | πλανηθήσεσθε καὶ τὴν ἱερωσύνην βεβηλώσετε καὶ τὰς | * θυσίας * | μιανεῖτε καὶ τὸν νόμον ἀφανίσετε καὶ λόγους |
| TLevi | 18 | 2B051 | ὅτι ἐξελέχθης εἰς ἱερωσύνην ἁγίαν καὶ προσενεγκεῖν | * θυσίαν * | κυρίῳ ὑψίστῳ ὡς καθήκει κατὰ τὸ προστεταγμένον |
| TLevi | 18 | 2B052 | τὸ προστεταγμένον τοῦτο ποιεῖν. ὅταν παραλαμβάνῃς | * θυσίαν * | ποιεῖν ἔναντι κυρίου ἀπὸ πάσης σαρκὸς κατὰ τὸν |
| TJud. | 18 | 5 | ἀφιστᾷ ὕπνον αὐτοῦ καὶ καταδαπανᾷ σάρκας αὐτοῦ καὶ | * θυσίας * | θεοῦ ἐμποδίζει καὶ εὐλογίας οὐ μέμνηται καὶ |
| Asen. | 2 | 3 | ἐκείνους ἐσέβετο Ἀσενὲθ καὶ ἐφοβεῖτο αὐτοὺς καὶ | * θυσίας * | αὐτοῖς ἐπετέλει καθ' ἡμέραν. καὶ ἦν ὁ δεύτερος |
| Asen. | 10 | 13 | τοὺς ἰχθύας καὶ τὰ κρέα τῆς δαμάλεως καὶ πάσας τὰς | * θυσίας * | τῶν θεῶν αὐτῆς καὶ τὰ σκεύη τοῦ οἴνου τῆς σπονδῆς |
| Asen. | 10 | 13 | φάγωσιν οἱ κύνες μου ἐκ τοῦ δείπνου μου καὶ ἐκ τῆς | * θυσίας * | τῶν εἰδώλων ἀλλὰ φαγέτωσαν αὐτὰ οἱ κύνες οἱ |
| Asen. | 11 | 9 | νεκρὰ καὶ κωφὰ καὶ εὐλόγησα αὐτὰ καὶ ἔφαγον ἐκ τῆς | * θυσίας * | αὐτῶν καὶ τὸ στόμα μου μεμίαται ἐκ τῆς τραπέζης |
| Asen. | 11 | 9 | δυνατοῦ Ἰωσὴφ διότι ἐμιάνθη τὸ στόμα μου ἀπὸ τῶν | * θυσιῶν * | τῶν εἰδώλων. ἀλλ' ἀκήκοα πολλῶν λεγόντων ὅτι ὁ |
| Asen. | 11 | 16 | ὀρφανὴ καὶ ἔρημος τὸ στόμα μου μεμίαται ἀπὸ τῶν | * θυσιῶν * | τῶν εἰδώλων καὶ ἀπὸ τῶν εὐλογιῶν τῶν θεῶν τῶν |
| Asen. | 12 | 5 | ἄρρητα ἐνώπιόν σου. μεμίαται τὸ στόμα μου ἀπὸ τῶν | * θυσιῶν * | τῶν εἰδώλων καὶ ἀπὸ τῆς τραπέζης τῶν θεῶν τῶν |
| Asen. | 21 | 13 | ὧν οὐκ ⟨ἦν⟩ ἀριθμὸς καὶ ἤσθιον ἄρτον ἐκ ⟨τῶν⟩ | * θυσι⟨ῶν⟩ * | αὐτῶν. ⟨ἥμαρτον κύριε ἥμαρτον ἐνώπιόν σου πολλὰ |
| Sal. | 8 | 12 | πάσης ἀκαθαρσίας καὶ ἐν ἀφέδρῳ αἵματος ἐμίαναν τὰς | * θυσίας * | ὡς κρέα βέβηλα. οὐ παρέλιπον ἁμαρτίαν ἣν οὐκ |
| Jer. | 9 | 1 | δὲ αἱ τοῦ Ἱερεμίου χαίροντες καὶ ἀναφέροντες | * θυσίας * | ὑπὲρ τοῦ λαοῦ ἐννέα ἡμέρας. τῇ δὲ δεκάτῃ |
| Jer. | 9 | 2 | ἡμέρας. τῇ δὲ δεκάτῃ ἀνήνεγκεν Ἱερεμίας μόνος | * θυσίαν. * | καὶ ηὔξατο εὐχὴν λέγων ἅγιος ἅγιος ἅγιος τὸ |
| Prop. | 8 | 1 | Βεθωμόρων ⟨προφητεύσας περὶ λιμοῦ καὶ ἐκλείψεως | * θυσιῶν * | καὶ πάθους προφήτου δικαίου καὶ δι' αὐτοῦ |
| Prop. | 21 | 6 | ἂν εἴη ὁ ἀληθινὸς καὶ ὄντως θεὸς ἤρησε γενέσθαι | * θυσίαν * | παρά τε αὐτοῦ κἀκείνων καὶ μὴ ὑποθεῖναι πῦρ ἀλλ' |
| Prop. | 21 | 7 | καὶ ὕδατος πολλοῦ πληρώσας τὸν τόπον ἔνθα ἦν ἡ | * θυσία * | ηὔξατο καὶ εὐθὺς ἐπέπεσε πῦρ καὶ ἀνήλωσε τὴν |
| Prop. | 21 | 7 | θυσία ηὔξατο καὶ εὐθὺς ἐπέπεσε πῦρ καὶ ἀνήλωσε τὴν | * θυσίαν * | καὶ τὸ ὕδωρ ἐξέλειπεν καὶ πάντες τὸν μὲν θεὸν |
| Job | 15 | 4 | οὖν ἐγὼ κατὰ τὸ πρωὶ ἀνέφερον ὑπὲρ αὐτῶν | * θυσίας * | κατὰ ἀριθμὸν αὐτῶν, περιστερὰς τριακοσίας, |
| Job | 42 | 6 | διὸ ἀναστάντες ποιήσατε αὐτὸν ὑπὲρ ὑμῶν ἀναφέρειν | * θυσίας, * | ὅπως ἀφαιρεθῇ ὑμῶν ἡ ἁμαρτία εἰ μὴ γὰρ δι' |
| Job | 42 | 7 | ὑμᾶς. καὶ αὐτοὶ δὲ προσανήνεγκάν μοι τὰ πρὸς | * θυσίαν * | καὶ ἐγὼ λαβὼν ἀνήνεγκα ὑπὲρ αὐτῶν καὶ ὁ κύριος |
| Aris. | 33 | 9 | προαιρῶνται τὴν ἐκλογὴν διδόναι καὶ νομίσματος εἰς | * θυσίας * | καὶ ἄλλα πρὸς τάλαντα ἑκατόν. δηλώσομεν δέ σοι |
| Aris. | 40 | 4 | κομίζοντας ἀπαρχὰς εἰς τὸ ἱερὸν ἀναθημάτων καὶ εἰς | * θυσίας * | καὶ τὰ ἄλλα ἀργυρίου τάλαντα ἑκατόν. γράφων δὲ |

**θυσία**

| | | | | |
|---|---|---|---|---|
| Aris. | 42 | 7 | πέντε καὶ τράπεζαν εἰς ἀνάθεσιν καὶ εἰς προσαγωγὴν * θυσιῶν * καὶ εἰς ἐπισκευὰς ὧν ἂν δέηται τὸ ἱερὸν ἀργυρίου | |
| Aris. | 45 | 2 | εὐηργέτηκας. εὐθέως οὖν προσηγάγομεν ὑπὲρ σοῦ * θυσίας * καὶ τῆς ἀδελφῆς καὶ τῶν τέκνων καὶ τῶν φίλων καὶ | |
| Aris. | 88 | 4 | ἕνεκεν ἢ γίνεται διὰ τὴν σμῆξιν τῶν ἀπὸ τῶν * θυσιῶν * αἱμάτων. πολλαὶ γὰρ μυριάδες κτηνῶν προσάγονται | |
| Aris. | 103 | 5 | ἡμᾶς δύο παρεδέξαντο πρὸς τὸ κατανοῆσαι τὰ τῶν * θυσιῶν. * Ἔλεγον δὲ καὶ δι' ὅρκων πεπιστῶσθαι τὸ τοιοῦτον | |
| Aris. | 170 | 5 | καὶ μηθὲν ἄγριον ὅπως οἱ προσφέροντες τὰς * θυσίας * μηθὲν ὑπερήφανον ἑαυτοῖς συνιστορῶσι σημειώσει | |
| Aris. | 170 | 8 | τοῦ παντὸς τρόπου τὴν προσφορὰν ποιεῖται ὁ τὴν * θυσίαν * προσάγων. καὶ περὶ τούτων οὖν νομίζω τὰ τῆς | |
| Aris. | 172 | 1 | ἣν ἔχεις φιλομάθειαν. ὁ δὲ Ἐλεάζαρος ποιησάμενος * θυσίας * καὶ τοὺς ἄνδρας ἐπιλέξας καὶ πολλὰ δῶρα τῷ | |
| Aris. | 234 | 3 | τὸ τιμᾶν τὸν θεὸν τοῦτο δ' ἐστίν οὐ δώροις οὐδὲ * θυσίαις * ἀλλὰ ψυχῆς καθαρότητι καὶ διαλήψεως ὁσίας καθὼς | |
| Sib. | 3 | 577 | τ' ἠδ' αὖθ' ἱεραῖς ἑκατόμβαις ταύρων ζατρεφέων * θυσίαις * κριῶν τε τελείων πρωτοτόκων δίων τε καὶ ἀρνῶν | |
| Sib. | 4 | 29 | χειροποίητα. αἵμασιν ἐμψύχων μεμιασμένα καὶ * θυσίῃσιν * τετραπόδων λεύσουσι δ' ἑνὸς θεοῦ εἰς μέγα κῦδος | |
| Sib. | 5 | 268 | μούσαις ἁγίαισι τράπεζαν ἐπιστήσονται παντοίαις * θυσίαισι * καὶ εὐχαῖς ἐν θεοτίμοις ἐκ μικρᾶς στενότητος | |
| Sib. | 5 | 407 | ἀλλὰ μέγαν γενετῆρα θεὸν πάντων θεοπνεύστων ἐν * θυσίαις * ἁγίαις ἐγέραιρον καὶ ἑκατόμβαις. νῦν δέ τις | |
| Sib. | 5 | 502 | ἐν Αἰγύπτῳ ναὸς μέγας ἔσσεται ἁγνὸς κεῖς αὐτὸν * θυσίας * οἴσει λαὸς θεότευκτος κείνοισιν δώσει θεὸς | |
| FJub. | 4 | 1 | Κάϊν. τῷ ἐνενηκοστῷ ἐνάτῳ ἔτει Ἄβελ ἀνήνεγκε * θυσίαν * τῷ θεῷ εἰκοστὸν δεύτερον ἔτος ἄγων κατὰ τὴν | |
| FJub. | 4 | 1 | ἤγουν ἐν τῇ σκηνοπηγίᾳ. τὴν Κάϊν καρποφορίαν * θυσίαν * τὰ δὲ τοῦ Ἄβελ δῶρα. τῷ αὐτῷ ἐνενηκοστῷ ἐνάτῳ | |
| FJub. | 17 | 15 | καὶ ἐλαιῶν. τὸν Ἰσαὰκ ἐτῶν κ ε' εἶναι ὅτε πρὸς * θυσίαν * ἀνήχθη. Μαστιφὰμ ὁ ἄρχων τῶν δαιμονίων προσελθὼν | |
| ISop. | 5 113 | 2 | ἢ χαλκέων ἢ χρυσοτεύκτων ἢ ἐλεφαντίνων τύπους * θυσίας * τε τούτοις καὶ κακὰς πανηγύρεις στέφοντες οὕτως | |
| IMen. | 5 119 | 2 | εἴ τις δὲ * θυσίας * προσφέρων ὦ Πάμφιλε ταύρων τι πλῆθος ἢ ἐρίφων ἢ | |
| HEup. | 9 34 | 14 | καὶ τὴν πόλιν τειχίσαντα ἐλθεῖν εἰς Σηλὼμ καὶ * θυσίαν * τῷ θεῷ εἰς ὁλοκάρπωσιν προσαγαγεῖν βοῦς χιλίους. | |
| HEup. | 9 34 | 16 | προστάξαι αὐτῷ τὸν προφήτην. προσαγαγεῖν δὲ τῷ θεῷ * θυσίαν * μυρίαν πρόβατα δισχίλια μόσχους τρισχιλίους | |
| FrAn. | 2 | 10 | καὶ θλίψεις ἔσχεν ἔπειτα ἀπολήψεται τὰ ἀγαθά. * θυσία * τῷ κυρίῳ καρδία συντετριμμένη ὀσμὴ εὐωδίας τῷ | |

**θυσιάζω** 4

| | | | |
|---|---|---|---|
| TLevi | 14 | 5 | καὶ ἀπὸ τῶν μερίδων αὐτοῦ κλέψετε καὶ πρὸ τοῦ * θυσιάσαι * κυρίῳ λήψεσθε τὰ ἐκλεκτὰ ἐν καταφρονήσει |
| Aris. | 170 | 4 | ταῦτα ἐκ βουκολίων καὶ ποιμνίων λαμβάνοντας ἡμέρα * θυσιάζειν * καὶ μηθὲν ἄγριον ὅπως οἱ προσφέροντες τὰς |
| HDem. | 29 | 16 | ἔφασαν γὰρ τριῶν ἡμερῶν ὁδὸν ἐξελθόντας καὶ * θυσιάσαντες * πάλιν ἀνακάμψειν. φαίνεται οὖν τοὺς μὴ |
| HEup. | 9 39 | 2 | τοῦ θεοῦ ἀποσταλέντα καταλαβεῖν τοὺς Ἰουδαίους * θυσιάζοντας * εἰδώλῳ χρυσῷ ᾧ εἶναι ὄνομα Βάαλ. τοῦτον δὲ |

**θυσιαστήριον** 20

| | | | |
|---|---|---|---|
| Adam | 33 | 4 | μετὰ λίβανον καὶ θυμιατήρια ἦλθον ἐν σπουδῇ ἐπὶ τὸ * θυσιαστήριον * καὶ ἐνεφύσων αὐτά. καὶ ἡ ἀτμὶς τοῦ |
| TLevi | 18 | 2B025 | ἃ σε ἀναφέρειν ὑποκάτω τῆς ὁλοκαυτώσεως ἐπὶ τοῦ * θυσιαστηρίου. * καὶ τὸ πῦρ τότε ἄρξῃ ἐκκαίειν ἐν αὐτοῖς |
| TLevi | 18 | 2B025 | τότε ἄρξῃ κατασπένδειν τὸ αἷμα ἐπὶ τὸν τοῖχον τοῦ * θυσιαστηρίου. * καὶ πάλιν νίψαι σου τὰς χεῖρας καὶ τοὺς |
| TLevi | 18 | 2B053 | τὰς χεῖρας καὶ τοὺς πόδας ὅταν πορεύῃ πρὸς τὸ * θυσιαστήριόν * σου ὅταν εκπορεύῃ ἐκ τῶν ἁγίων πᾶν αἷμα μὴ |
| Sal. | 2 | 2 | τείχη ὀχυρὰ καὶ οὐκ ἐκώλυσας. ἀνέβησαν ἐπὶ τὸ * θυσιαστήριόν * σου ἔθνη ἀλλότρια κατεπάτουσαν ἐν |
| Sal. | 8 | 12 | ὡς μὴ ὄντος κληρονόμου λυτρουμένου. ἐπατοῦσαν τὸ * θυσιαστήριον * κυρίου ἀπὸ πάσης ἀκαθαρσίας καὶ ἐν ἀφέδρῳ |
| Jer. | 2 | 10 | ἐστι τὸ ῥῆμα τοῦτο. Ἐμειναν οὖν ἀμφότεροι ἐν τῷ * θυσιαστηρίῳ * κλαίοντες καὶ ἦσαν διερρωγότα τὰ ἱμάτια |
| Jer. | 9 | 7 | ταῦτα λέγοντος τοῦ Ἱερεμίου καὶ ἱσταμένου ἐν τῷ * θυσιαστηρίῳ * μετὰ Βαροὺχ καὶ Ἀβιμέλεχ ἐγένετο ὡς εἰς τῶν |
| Prop. | 23 | 1 | ὃν ἀπέκτεινεν Ἰωὰς ὁ βασιλεὺς Ἰούδα ἐχόμενα τοῦ * θυσιαστηρίου * καὶ ἐξέχεεν τὸ αἷμα αὐτοῦ ὁ οἶκος Δαυὶδ ἀνὰ |
| Prop. | 24 | 2 | ὅτι τὰ ὀστᾶ τῶν ἱερέων τοῦ Βαὰλ κατακαύσει ἐπὶ τοῦ * θυσιαστηρίῳ * Ἔνθα Ἱεροβοὰμ ἔθυε τῷ Βάαλ. καὶ |
| Esdr. | 6 | 14 | καὶ εἶπεν ὁ προφήτης καὶ οἱ πόδες μου ἐν τῷ * θυσιαστηρίῳ * περιεπάτησαν. καὶ ἀπῆλθον οἱ ἄγγελοι |
| Job | 15 | 9 | καὶ πάλιν ἐξαίρετον μόσχον ἀνέφερον ἐπὶ τὸ * θυσιαστήριον * τοῦ θεοῦ, μήπως οἱ υἱοί μου ἐνενοήσαντο |
| Job | 43 | 3 | τῶν ἄλλων φίλων καὶ τῶν στρατευμάτων πλησίον τοῦ * θυσιαστηρίου * Ἔλεγεν οὕτως Ἐλιφὰς περιήρηνται ἡμῶν αἱ |
| Job | 44 | 1 | ὕμνου, ὑποφωνούντων αὐτῷ πάντων καὶ κυκλούντων τὸ * θυσιαστήριον, * ἀναστάντες εἰσήλθομεν εἰς τὴν πόλιν εἰς ἣν |
| Aris. | 87 | 1 | τὴν θεωρίαν ἔχοντος τοῦ πράγματος. ἥ τε τοῦ * θυσιαστηρίου * κατασκευὴ συμμέτρως ἔχουσα πρὸς τὸν τόπον |
| FJub. | 16 | 31 | ἐπιτελεῖ τὴν ἑορτήν. πρῶτος Ἀβραὰμ ἐκύκλου τὸ * θυσιαστήριον * κλάδοις φοινίκων καὶ ἐλαιῶν. τὸν Ἰσαὰκ |
| HEup. | 9 30 | 5 | ἱερὸν τῷ θεῷ ἀξιοῦν τὸν θεὸν τόπον αὐτῷ δεῖξαι τοῦ * θυσιαστηρίου. * Ἔνθα δὴ ἄγγελον αὐτῷ ὀφθῆναι ἑστῶτα ἐπάνω |
| HEup. | 9 34 | 9 | ἐξ ὑστέρου μέρους ὑπὸ τὸν λουτῆρα ἐκ δεξιῶν τοῦ * θυσιαστηρίου. * ποιῆσαι δὲ καὶ βάσιν χαλκῆν τῷ ὕψει πηχῶν |
| HEup. | 9 34 | 10 | τῷ λαῷ τῶν Ἰουδαίων. οἰκοδομῆσαι δὲ καὶ τὸ * θυσιαστήριον * πηχῶν κ ε' ἐπὶ πήχεις κ' τὸ δὲ ὕψος πηχῶν |
| HEup. | 9 34 | 14 | βοῦς χιλίους. λαβόντα δὲ τὴν σκηνὴν καὶ τὸ * θυσιαστήριον * καὶ τὰ σκεύη ἃ ἐποίησε Μωσῆς εἰς |

**θύτης**

| | | | |
|---|---|---|---|
| Aris. | 184 | 4 | οὕτως ἐπιτελεῖν. διὸ τοὺς ἱεροκήρυκας καὶ * θύτας * καὶ τοὺς ἄλλους οἷς ἔθος ἦν τὰς κατευχὰς ποιεῖσθαι |

**θύω (θυσία)** 23

| | | | |
|---|---|---|---|
| Abr.1 | 6 | 4 | ἐν τῇ σκηνῇ ἡμῶν παρὰ τὴν δρῦν τὴν Μαβρὴν καὶ * θύσαντες * ἡμεῖς τὸν μόσχον παρέθηκας αὐτοῖς τράπεζαν |
| Abr.1 | 10 | 5 | οἱ βουλόμενοι φόνον ἐργάσασθαι καὶ κλέψαι καὶ * θῦσαι * καὶ ἀπολέσαι. εἶπεν δὲ Ἀβραὰμ κύριε εἰσάκουσον |
| Abr.2 | 2 | 10 | σταδίους τεσσεράκοντα καὶ ἤνεγκας μόσχον καὶ * ἔθυσας * ἀγγέλοις ξενιζομένοις ἐν τῷ οἴκῳ σου ὅπως |
| Abr.2 | 3 | 5 | ἐξέλθατε εἰς τὰ ποίμνια καὶ ἐνέγκατε θρέμματα * θύσατε * ταχέως καὶ ὑπηρετήσατε ἵνα φάγωμεν καὶ πίωμεν ὅτι |
| Abr.2 | 6 | 10 | ⟨ἐν τῷ πεδίῳ⟩ καὶ ἤνεγκας τὸν μόσχον καὶ * ἔθυσας * καὶ ἔδωκάς μοι λέγων ἀναστὰς ποίησον ἵνα φάγωμεν |
| TLevi | 9 | 11 | καὶ πρὸ τοῦ εἰσελθεῖν εἰς τὰ ἅγια λούου καὶ ἐν τῷ * θύειν * καὶ νίπτου καὶ ἀπαρτίζων πάλιν τὴν θυσίαν νίπτου. |
| TZab. | 4 | 9 | πένθει εὗρον γάρ τι εἴπωμεν τῷ πατρὶ ἡμῶν Ἰακώβ. * θύσωμεν * χίμαρον αἰγῶν καὶ ἐμβάψωμεν τὸν χιτῶνα Ἰωσὴφ |
| TGad. | 1 | 6 | Ἰωσὴφ τῷ πατρὶ ἡμῶν ὅτι υἱοὶ Ζέλφας καὶ Βάλλας * θύουσι * τὰ καλὰ καὶ κατεσθίουσιν αὐτὰ παρὰ γνώμην Ἰούδα |
| TGad. | 1 | 7 | τῆς ἄρκου κἀκείνην ἐθανάτωσα καὶ τὸν ἀρνὸν * ἔθυσα * περὶ οὗ ἐλυπούμην ὅτι οὐκ ἠδύνατο ζῆν καὶ ἐφάγομεν |
| Prop. | 24 | 2 | κατακαύσει ἐπὶ τοῦ θυσιαστηρίου Ἱεροβοὰμ * ἔθυε * τῷ Βάαλ. καὶ προφητεύοντος αὐτοῦ ἐξέτεινεν ὁ |
| Aris. | 138 | 4 | τὴν ἀπέρεισιν πεποίηνται καὶ ταῦτα προσκυνοῦσι καὶ * θύουσι * τούτοις καὶ ζῶσι καὶ τελευτήσασι; συνθεωρήσας οὖν |
| Sib. | 3 | 30 | δὲ πλανᾶσθε προσκυνέοντες ὄφεις τε καὶ αἰλούροισι * θύοντες * εἰδώλοις τ' ἀλάλοις λιθίνοις θ' ἱδρύμασι φωτῶν |
| Sib. | 3 | 548 | πρός τι τὰ δῶρα μάταια καταφθιμένοισι πορίζεις * θύεις * τ' εἰδώλοις; τίς τοι πλάνον ἐν φρεσὶ θῆκεν ταῦτα |
| Sib. | 3 | 570 | κεν τοῦτο προλάβῃ τέλος αἴσμενον ἦμαρ. οὐ γὰρ μὴ * θύητε * θεῷ μέχρι πάντα γένηται ὅσσα θεός γε μόνος |
| Sib. | 3 | 626 | βράδυνε ἀλλὰ παλίμπλαγκτος στρέψας θεὸν ἱλάσκοιο. * θῦε * θεῷ ταύρων ἑκατοντάδας ἠδὲ καὶ ἀρνῶν πρωτοτόκων |
| Sib. | 3 | 808 | πολέμοιο τελεῖ θεὸς οὐρανῶν οἰκῶν. ἀλλὰ χρὴ πάντας * θύειν * μεγάλῳ βασιλῆι. ταῦτά σοι Ἀσσυρίης Βαβυλῶνία |
| FJub. | 17 | 16 | προσελθὼν τῷ θεῷ εἶπεν εἰ ἀγαπᾷ σε Ἀβραὰμ * θυσάτω * σοι τὸν υἱὸν αὐτοῦ. εἰς ἐκεῖνον δὲ τὸν τόπον τὸν |
| IMen. | 5 120 | 2 | βίον τὴν γῆν ἀρούντα νύκτα καὶ τὴν ἡμέραν. θεῷ δὲ * θῦε * διὰ τέλους δίκαιος ὢν μὴ λαμπρὸς ὢν ταῖς χλαμύσιν ὡς |
| LEze. | 9 29 12 | 26 | δὲ λαῷ παντὶ μηνὸς οὗ λέγω διχομηνίᾳ τὸ πάσχα * θύσαντας * θεῷ τῇ πρόσθε νυκτὶ αἵματι ψαῦσαι θύρας ὅπως |
| LEze. | 9 29 12 | 41 | ἄζυμα ἔδεσθε καὶ θεῷ λατρεύσετε τὰ πρωτότευκτα ζῷα * θύοντες * θεῷ ὅσ' ἂν τέκωσι παρθένοι πρώτως τέκνα |
| LEze. | 9 29 13 | 05 | μέχρι τετρὰς ἐπιλάμψει δεκάδι καὶ πρὸς ἑσπέραν * θύσαντες * ὀπτὰ πάντα σὺν τοῖς ἔνδοθεν οὕτως φάγεσθε ταῦτα |
| LEze. | 9 29 13 | 10 | πάντας ἐκβαλόντος χρονὸς κεκλήσεται δὲ πᾶς. καὶ * θύσητε * ἐπ' ... λαβόντες χερσὶν ὑσσώπου κόμης εἰς αἷμα |
| LAri. | 7 32 | 17 | ἐπιτελλομένου ἐνιαυτοῖς. δεῖν τὰ διαβατήρια * θύειν * ἐπ' ἴσης ἅπαντας μετὰ ἰσημερίαν ἐαρινὴν μεσοῦντος |

**θωθ ***

| | | | |
|---|---|---|---|
| FrAn. | 574 | 3020 | τοῦ θεοῦ τῶν Ἑβραίων Ἰησοῦ ιαβα ιαη αβραωθ Αια * θωθ * ελε ελω αηω εου ιιβαεχ αβαρμας ϊαβαραου αβελβελ |

**θωνιήλ** 1

| | | | |
|---|---|---|---|
| Hen. | 6 | 7 | Βατριήλ Σαθιήλ Ἀτριήλ Ταμιήλ Βαρακιήλ Ἀνανθνά * θωνιήλ * Ῥαμιήλ Ἀσέαλ Ῥακειήλ Τουριήλ. οὗτοί εἰσιν |

**θωπεύω**

| | | | |
|---|---|---|---|
| FPho. | | 93 | πολλοὶ γὰρ πόσιος καὶ βρώσιός εἰσιν ἑταῖροι καιρὸν * θωπεύοντες * ἐπὴν κορέσασθαι ἔχωσιν ἀχθόμενοι δ' ὀλίγοις |

**θωρακίζω** 3

| | | | |
|---|---|---|---|
| TJud. | 3 | 1 | αὐτόν. καὶ ὅτε ἦλθον οἱ δύο βασιλεῖς τῶν Χαναναίων * τεθωρακισμένοι * ἐπὶ τὰ ποίμνια καὶ πολὺς λαὸς μετ' αὐτῶν |

**θώραξ**

| | | | |
|---|---|---|---|
| Hen. | 8 | 1 | Ἀζαὴλ μαχαίρας ποιεῖν καὶ ὅπλα καὶ ἀσπίδας καὶ * θώρακας * διδάγματα ἀγγέλων καὶ ὑπέδειξεν αὐτοῖς τὰ |
| Hen. | 8B | 1 | ὁ δέκατος τῶν ἀρχόντων ἐδίδαξε ποιεῖν μαχαίρας καὶ * θώρακας * καὶ πᾶν σκεῦος πολεμικὸν καὶ τὰ μέταλλα τῆς γῆς |
| TJud. | 3 | 3 | τοὺς πόδας αὐτοῦ. ἐν δὲ τῷ ἐκδύειν με αὐτοῦ τὸν * θώρακα * ἰδοὺ ὀκτὼ ἄνδρες ἑταῖροι αὐτοῦ ἤρξαντο πολεμεῖν |

**ιαβα ***

| | | | |
|---|---|---|---|
| FrAn. | 574 | 3020 | οὗτος ὁρκίζω σε κατὰ τοῦ θεοῦ τῶν Ἑβραίων Ἰησοῦ * ιαβα * ιαη αβραωθ Αια θωθ ελε ελω αηω εου ιιβαεχ αβαρμας |

**ϊαβαραου ***

| | | | |
|---|---|---|---|
| FrAn. | 574 | 3021 | ιαη αβραωθ Αια θωθ ελε ελω αηω εου ιιβαεχ αβαρμας * ϊαβαραου * αβελβελ λωνα αβρα μαροια βρακιλων πυριφανῆ ὁ ἐν |

**Ἰαδώκ** 2

| | | | |
|---|---|---|---|
| Prop. | 24 | 1 | οὔτε διὰ δήλων ἀποκριθῆναι τῷ λαῷ ὡς τὸ πρίν. * ⟨Ἰαδώκ⟩. * ἄνθρωπος τοῦ θεοῦ ὁ ἐλθὼν ἐκ γῆς Ἰούδα εἰς |
| Prop. | 24 | 1 | ἐλθὼν ἐκ γῆς Ἰούδα εἰς Ἱερουσαλὴμ πρὸς Ἱεροβοὰμ * Ἰαδὼκ * ἐκαλεῖτο. οὗτος προεφήτευσε περὶ Ἰωσία τοῦ |

**ιαεωβαφρενεμουν ***

| | | | |
|---|---|---|---|
| FrAn. | 574 | 3071 | αἰῶνος προσπαράκειται τῷ ὀνόματι αὐτοῦ τῷ ἁγίῳ * ιαεωβαφρενεμουν. * λόγος ὃν τρέμει γέννα πυρὸς καὶ φλόγες |

**ιαη ***

| | | | |
|---|---|---|---|
| FrAn. | 574 | 3020 | ὁρκίζω σε κατὰ τοῦ θεοῦ τῶν Ἑβραίων Ἰησοῦ ιαβα * ιαη * αβραωθ Αια θωθ ελε ελω αηω εου ιιβαεχ αβαρμας |

**ιαηλ ***

| | | | |
|---|---|---|---|
| FrAn. | 574 | 3032 | χαμυνχελ αβρωωθ σὺ αβρασιλωθ αλληλου ϊελωσαϊ * ιαηλ. * ὁρκίζω σε τὸν ὀπτανθέντα τῷ Ἰσραὴλ ἐν στύλῳ |

**Ἰαήλ**

| | | | |
|---|---|---|---|
| Adam | 29 | 4 | ὁ θεός. καὶ προσελθόντες εἶπον οἱ ἄγγελοι τῷ κυρίῳ * Ἰαήλ * αἰώνιε βασιλεῦ κέλευσον δοθῆναι τῷ Ἀδὰμ θυμιάματα |
| Adam | 33 | 5 | προσέπεσαν οἱ ἄγγελοι τῷ θεῷ βοῶντες καὶ λέγοντες * Ἰαήλ * ἅγιε συγχώρησον ὅτι εἰκὼν σού ἐστιν καὶ ποίημα τῶν |

**ιαηω ***

| | | | |
|---|---|---|---|
| FrAn. | 574 | 3016 | γράφε ϊαηω αβρααθιωχ φθα μεσενψινιαω φεωχ * ιαηω * χαρσοκ καὶ περίαπτε τὸν πάσχοντα παντὸς δαίμονος |

ϊαηω ∗ 1

FrAn. 574 3015 τὸ δὲ φυλακτήριον ἐπὶ λαμνίῳ κασσιτερίνῳ γράφε ∗ ϊαηω ∗ αβραωθιωχ φθα μεσενψινιαω φεωχ ιαηω χαρσοκ και

ιαθαβαθρα ∗ 1

FrAn. 574 3030 σε λαβρεία ιακουθ αβλαναθαναλβα ακραμμ. λόγος αωθ ∗ ιαθαβαθρα ∗ χαχθαβραθα χαμυνχελ αβρωωθ σὺ αβρασιλωθ

ιακουθ ∗ 1

FrAn. 574 3029 θεὸν ἐπὶ αμμωνιψεντανχω. λόγος ὁρκίζω σε λαβρεία ∗ ιακουθ ∗ αβλαναθαναλβα ακραμμ. λόγος αωθ ιαθαβαθρα

Ἰακώβ 142

Abr.1 15 15 ἔστιν ⟨ἄνθρωπος⟩ ὅμοιος αὐτοῦ ἐπὶ τῆς γῆς οὐ κἂν ∗ Ἰακὼβ ∗ ὁ θαυμάσιος ἄνθρωπος καὶ διὰ τοῦτο φείδομαι τοῦ
Abr.1 20 14 τῶν δικαίων μου καὶ μοναὶ τῶν ἁγίων μου Ἰσαὰκ καὶ ∗ Ἰακὼβ ∗ ἐν τῷ κόλπῳ αὐτοῦ ἔνθα οὐκ ἔστιν πόνος οὐ λύπη οὐ
TRub. 1 6 ἐξεχύθην ἐγὼ καὶ ἐμίανα τὴν κοίτην τοῦ πατρός μου ∗ Ἰακώβ. ∗ λέγω γὰρ ὑμῖν ὅτι ἐνέπληξέ με πληγὴν μεγάλην ἐν
TRub. 1 7 ἐν ταῖς λαγόσί μου ἐπὶ μῆνας ἑπτὰ καὶ εἰ μὴ ∗ Ἰακὼβ ∗ ὁ πατὴρ ἡμῶν προσηύξατο περὶ ἐμοῦ πρὸς κύριον ὅτι
TRub. 3 13 με ὑπνῶσαι ἕως οὗ ἔπραξα τὸ βδέλυγμα. ἀπόντος γὰρ ∗ Ἰακὼβ ∗ τοῦ πατρὸς ἡμῶν πρὸς Ἰσαὰκ τὸν πατέρα αὐτοῦ
TRub. 3 15 καὶ εὐθέως ἄγγελος τοῦ θεοῦ ἀπεκάλυψε τῷ πατρί μου ∗ Ἰακὼβ ∗ περὶ τῆς ἀσεβείας μου καὶ ἐλθὼν ἐπένθει ἐπ' ἐμοὶ
TRub. 4 2 ἡμῶν οὐκ εἶχον παρρησίαν ἀτενίσαι εἰς πρόσωπον ∗ Ἰακὼβ ∗ ἢ λαλῆσαί τινι τῶν ἀδελφῶν διὰ τοὺς ὀνειδισμούς.
TSim. 2 2 ὑμῶν ὅσα ἔχω ἐν τῇ καρδίᾳ μου. ἐγὼ ἐγεννήθην ἐξ ∗ Ἰακὼβ ∗ τοῦ πατρός μου υἱὸς δεύτερος καὶ Λεία ἡ μήτηρ μου
TSim. 2 7 νοῦν μὴ προσέχειν αὐτῷ ὡς ἀδελφῷ καὶ μὴ φείσασθαι ∗ Ἰακὼβ ∗ τοῦ πατρός μου. ἀλλ' ὁ θεὸς αὐτοῦ καὶ ὁ θεὸς τῶν
TSim. 2 14 ὅτι πονηρὸν πρᾶγμα ἐνεθυμήθην ἐνώπιον κυρίου καὶ ∗ Ἰακὼβ ∗ τοῦ πατρός μου διὰ Ἰωσὴφ τὸν ἀδελφόν μου
TSim. 5 6 ἔσται ἐξ ὑμῶν εἰς ἡγεμονίαν καθὼς καὶ ὁ πατήρ μου ∗ Ἰακὼβ ∗ προεφήτευσεν ἐν εὐλογίαις. ἰδοὺ προείρηκα ὑμῖν
TSim. 6 2 τὰ ὀστᾶ μου ἐν Ἰσραὴλ καὶ ὡς κρίνον ἡ σάρξ μου ἐν ∗ Ἰακὼβ ∗ καὶ ἔσται ἡ ὀσμὴ μου ὡς ὀσμὴ Λιβάνου καὶ
TLevi 2 3B015 ἀποστρέψῃς τὸ πρόσωπόν σου ἀπὸ τοῦ υἱοῦ παιδός σου ∗ Ἰακώβ. ∗ σὺ κύριε εὐλόγησας τὸν Ἀβραὰμ πατέρα μου καὶ
TLevi 4 3 προσώπου αὐτοῦ. φῶς γνώσεως φωτεινὸν φωτιεῖς ἐν ∗ Ἰακὼβ ∗ καὶ ὡς ὁ ἥλιος ἔσῃ παντὶ σπέρματι Ἰσραήλ. καὶ
TLevi 9 3 Βεθήλ. ὡς δὲ ἤλθομεν εἰς Βεθὴλ εἶδεν ὁ πατήρ μου ∗ Ἰακὼβ ∗ ἐν ὁράματι περὶ ἐμοῦ ὅτι ἔσομαι αὐτοῖς εἰς ἱερέα
TLevi 15 4 ἀφ' ὑμῶν. καὶ εἰ μὴ δι' Ἀβραὰμ καὶ Ἰσαὰκ καὶ ∗ Ἰακὼβ ∗ τοὺς πατέρας ἡμῶν εἷς ἐκ τοῦ σπέρματός μου οὐ μὴ
TLevi 18 14 αἰώνων. τότε ἀγαλλιάσεται Ἀβραὰμ καὶ Ἰσαὰκ καὶ ∗ Ἰακὼβ ∗ κἀγὼ χαρήσομαι καὶ πάντες οἱ ἅγιοι ἐνδύσονται
TLevi 19 5 αὐτὸν ἐν Χεβρὼν ἀνὰ χεῖρα Ἀβραὰμ καὶ Ἰσαὰκ καὶ ∗ Ἰακώβ. ∗
TJud. 1 6 μου. καὶ ἐγένετο ὡς ἠνδρώθην καὶ ὁ πατήρ μου ∗ Ἰακὼβ ∗ ηὔξατό μοι λέγων βασιλεὺς ἔσῃ κατευοδούμενος ἐν
TJud. 3 7 τέσσαρας ἐξ αὐτῶν ἀνεῖλον οἱ δὲ ἄλλοι ἔφυγον. καὶ ∗ Ἰακὼβ ∗ ὁ πατὴρ ἡμῶν ἀνεῖλε τὸν Βεελισὰ βασιλέα πάντων
TJud. 9 3 μου ἐν λαῷ βαρεῖ καὶ ἰσχυρῷ καὶ ἔπεσεν ἐν τόξῳ ∗ Ἰακὼβ ∗ καὶ ἤρθη νεκρὸς ἐν ὄρει Σηὶρ καὶ πορευόμενος
TJud. 16 4 ὁ οἶνος ὡς κἀγὼ ἐντολὰς θεοῦ καὶ μυστήρια ∗ Ἰακὼβ ∗ τοῦ πατρός μου ἀπεκάλυψα τῇ Χαναντίδι Βησσουὲ
TJud. 17 4 ἐν ὑπακοῇ πατρός. οὐδέποτε γὰρ ἐλύπησα λόγον ∗ Ἰακὼβ ∗ τοῦ πατρός μου ὅτι πάντα ὅσα εἶπεν ἐποίουν. καὶ
TJud. 19 2 σαρκός μου καὶ ἡ ταπείνωσις ψυχῆς μου καὶ αἱ εὐχαὶ ∗ Ἰακὼβ ∗ τοῦ πατρός μου ἄτεκνος εἶχον ἀποθανεῖν. ἀλλ' ὁ
TJud. 21 6 ἐντρυφήματα υἱῶν Ἰσραήλ. σὺ δὲ ἔσῃ βασιλεὺς ἐν ∗ Ἰακὼβ ∗ καὶ ἔσῃ αὐτοῖς ὡς θάλασσα. ὥσπερ γὰρ ἐν αὐτῇ
TJud. 22 2 τοῦ θεοῦ τῆς δικαιοσύνης τοῦ ἡσυχάσαι τὸν ∗ Ἰακὼβ ∗ ἐν εἰρήνῃ καὶ πάντα τὰ ἔθνη. καὶ αὐτὸς φυλάξει
TJud. 24 1 ὑμῶν. καὶ μετὰ ταῦτα ἀνατελεῖ ὑμῖν ἄστρον ἐξ ∗ Ἰακὼβ ∗ ἐν εἰρήνῃ καὶ ἀναστήσεται ἄνθρωπος ἐκ τοῦ
TJud. 25 1 καὶ μετὰ ταῦτα ἀναστήσεται Ἀβραὰμ καὶ Ἰσαὰκ καὶ ∗ Ἰακὼβ ∗ εἰς ζωὴν καὶ ἐγὼ καὶ οἱ ἀδελφοί μου ἔξαρχοι
TJud. 25 5 ἀποθανόντες ἐξυπνισθήσονται ἐν ζωῇ. καὶ οἱ ἔλαφοι ∗ Ἰακὼβ ∗ δραμοῦνται ἐν ἀγαλλιάσει καὶ οἱ ἀετοὶ Ἰσραὴλ
TIss. 1 2 ἠγαπημένοι ὑπὸ κυρίου. ἐγὼ ἐτέχθην πέμπτος υἱὸς τῷ ∗ Ἰακὼβ ∗ ἐν μισθῷ τῶν μανδραγόρων. Ῥουβὴμ γὰρ ἤνεγκε
TIss. 1 8 μου μὴ καὶ ταῦτα λήψῃ; ἡ δὲ εἶπεν ἰδοὺ ἔστω σοι ∗ Ἰακὼβ ∗ τὴν νύκτα ταύτην ἀντὶ τῶν μανδραγόρων τοῦ υἱοῦ
TIss. 1 9 αὐτὴν μὴ καυχῶ καὶ μὴ δοξάζου ἐμὸς γάρ ἐστιν ὁ ∗ Ἰακὼβ ∗ κἀγὼ γυνὴ νεότητος αὐτοῦ. ἡ δὲ Ῥαχὴλ εἶπεν τί
TIss. 1 11 ἐπὶ τῆς γῆς. εἰ δὲ μὴ οὐκ ἂν ἧς σὺ ὁρῶσα πρόσωπον ∗ Ἰακὼβ ∗ οὐ γὰρ γυνὴ αὐτοῦ σὺ εἶ ἀλλ' ἐν δόλῳ ἀντ' ἐμοῦ
TIss. 1 15 τοῦ ἑνὸς ἐκμισθῶ σοι αὐτὸν ἐν μιᾷ νυκτί. καὶ ἔγνω ∗ Ἰακὼβ ∗ τὴν Λείαν καὶ συλλαβοῦσά με ἔτεκε καὶ διὰ τὸν
TIss. 2 1 καὶ διὰ τὸν μισθὸν ἐκλήθην Ἰσαχάρ. τότε ὤφθη τῷ ∗ Ἰακὼβ ∗ ἄγγελος κυρίου λέγων ὅτι δύο τέκνα Ῥαχὴλ τέξεται
TIss. 2 3 κύριος. εἶδε γὰρ ὅτι διὰ τέκνα ἤθελε συνεῖναι τῷ ∗ Ἰακὼβ ∗ καὶ οὐ διὰ φιληδονίαν. προσθεῖσα γὰρ καὶ τῇ
TIss. 2 4 προσθεῖσα γὰρ καὶ τῇ ἐπαύριον ἀπέδοτο τὸν ∗ Ἰακὼβ ∗ ἵνα λάβῃ καὶ τὸν ἄλλον μανδραγόραν. διὰ τοῦτο ἐν
TIss. 3 7 ἐδιπλασίαζε τὰ ἀγαθὰ ἐν χερσί μου. ᾔδει δὲ καὶ ∗ Ἰακὼβ ∗ ὅτι ὁ θεὸς συνεργεῖ τῇ ἁπλότητί μου παντὶ γὰρ
TIss. 5 6 τῆς γῆς ἧς ἐν πόνοις οἱ καρποὶ ὅτι ὁ πατὴρ ἡμῶν ∗ Ἰακὼβ ∗ ἐν εὐλογίαις γῆς καὶ ἀπαρχῶν καρπῶν εὐλόγησέ με.
TIss. 5 7 ὁ Λευὶ καὶ ὁ Ἰουδὰς ἐδοξάσθη παρὰ κυρίου ἐν υἱοῖς ∗ Ἰακὼβ ∗ καὶ γὰρ κύριος ἐκλήρωσεν ἐν αὐτοῖς καὶ τῷ μὲν
TZab. 2 2 ἐλεήσατέ με ἀδελφοί μου οἰκτιρήσατε τὰ σπλάγχνα ∗ Ἰακὼβ ∗ τοῦ πατρὸς ἡμῶν. μὴ ἐπαγάγετε ἐπ' ἐμὲ τὰς χεῖρας
TZab. 2 3 παιδεύσατέ με τὴν δὲ χεῖρα ὑμῶν μὴ ἐπενέγκητε διὰ ∗ Ἰακὼβ ∗ τὸν πατέρα ἡμῶν. ὡς δὲ ἔλεγε τὰ ῥήματα ταῦτα εἰς
TZab. 4 5 ἐθρήνει λέγων πῶς ὄψομαι τὸ πρόσωπον ∗ Ἰακὼβ ∗ τοῦ πατρός μου; καὶ λαβὼν τὸ ἀργύριον κατέδραμε
TZab. 4 8 μηδὲ πένθει εὗρον γάρ τι εἴπωμεν τῷ πατρὶ ἡμῶν ∗ Ἰακώβ. ∗ θύσωμεν χίμαρον αἰγῶν καὶ ἐμβάψωμεν τὸν χιτῶνα
TZab. 5 5 ἐν γῇ Χανάαν εἰς παράλιον ἐθήρευον θήραν ἰχθύων ∗ Ἰακὼβ ∗ τῷ πατρί μου καὶ πολλῶν ἀγχομένων ἐν τῇ θαλάσσῃ
TDan 1 9 ἔριφον οὕτως ἐκμυζήσω τὸν Ἰωσήφ. ἀλλ' ὁ θεὸς ∗ Ἰακὼβ ∗ τοῦ πατρὸς ἡμῶν οὐκ ἐνέβαλεν αὐτὸν εἰς τὰς χεῖράς
TDan 7 2 τὰ ὀστᾶ αὐτοῦ σύνεγγυς Ἀβραὰμ καὶ Ἰσαὰκ καὶ ∗ Ἰακώβ. ∗ πλὴν ὡς ἐπροφήτευσεν αὐτοῖς Δὰν ὅτι ἐπιλάθωνται
TNep. 1 6 Ῥαχὴλ καὶ ἔδωκεν ἀνθ' ἑαυτῆς τὴν Βάλλαν τῷ ∗ Ἰακὼβ ∗ καὶ ἐπὶ τῶν μηρῶν Ῥαχὴλ ἔτεκέ με διὰ τοῦτο
TNep. 2 1 ἤμην τοῖς ποσί μου ὡς ἔλαφος ἔταξέ με ὁ πατήρ μου ∗ Ἰακὼβ ∗ εἰς πᾶσαν ἀποστολὴν καὶ ἀγγελίαν καίγε ὡς ἔλαφόν
TNep. 6 1 καὶ πάλιν μετὰ μῆνας ἑπτὰ εἶδον τὸν πατέρα ἡμῶν ∗ Ἰακὼβ ∗ ἑστηκότα ἐν τῇ θαλάσσῃ Ἰαμνείας καὶ ἡμεῖς οἱ
TNep. 6 2 καὶ κυβερνήτου ἐπεγέγραπτο δὲ τὸ πλοῖον πλοῖον ∗ Ἰακώβ. ∗ καὶ λέγει ἡμῖν ὁ πατὴρ ἡμῶν ἐμβῶμεν εἰς τὸ
TNep. 6 10 ἐπὶ τὴν γῆν ὥσπερ ἐν εἰρήνῃ. καὶ ἰδοὺ ἦλθεν ∗ Ἰακὼβ ∗ ὁ πατὴρ ἡμῶν καὶ ὁμοθυμαδὸν ἠγαλλιώμεθα. τὰ δύο
TNep. 7 3 Ἰωσὴφ τέκνον μου καὶ οὐ βλέπω σέ καὶ σὺ οὐχ ὁρᾷς ∗ Ἰακὼβ ∗ τὸν γεννήσαντά σε. ἐποίησε δὲ καὶ ἡμᾶς δακρῦσαι
TNep. 8 2 σωτηρία τῷ Ἰσραὴλ καὶ ἐν αὐτῷ εὐλογηθήσεται ∗ Ἰακώβ. ∗ διὰ γὰρ τοῦ σκήπτρου αὐτοῦ ὀφθήσεται θεὸς
TGad 1 2 ἑβδόμῳ ζωῆς αὐτοῦ λέγων ἔνατος υἱὸς ἐγενόμην τῷ ∗ Ἰακὼβ ∗ καὶ ἤμην ἀνδρεῖος ἐπὶ τῶν ποιμνίων. ἐγὼ ἐφύλαττον
TGad 5 9 γάρ μοι ὁ θεὸς νόσον ἥπατος καὶ εἰ μὴ αἱ εὐχαὶ ∗ Ἰακὼβ ∗ τοῦ πατρός μου ὀλίγου διεφώνησεν ἀπ' ἐμοῦ τὸ
TAser 7 7 εὐσπλαγχνίας αὐτοῦ διὰ Ἀβραὰμ καὶ Ἰσαὰκ καὶ ∗ Ἰακώβ. ∗ καὶ εἰπὼν αὐτοῖς ταῦτα ἐνετείλατο αὐτοῖς λέγων
TJos. 3 3 ἡμῶν. ἐγὼ οὖν ἐμνησκόμην λόγους πατρός μου ∗ Ἰακὼβ ∗ καὶ εἰσερχόμενος εἰς τὸ ταμιεῖον προσηυχόμην
TJos. 10 6 τοῖς Ἰσμαηλίταις τὸ γένος μου ὅτι υἱός εἰμι ∗ Ἰακὼβ ∗ ἀνδρὸς μεγάλου καὶ δυνατοῦ. καὶ ὑμεῖς οὖν ἔχετε
TJos. 15 1 ἡμέρας ἦλθον οἱ Ἰσμαηλῖται καὶ ἀκούσαντες ὅτι ∗ Ἰακὼβ ∗ ὁ πατήρ μου πενθεῖ περὶ ἐμοῦ εἶπον πρός με τί ὅτι
TJos. 15 5 ἵνα μὴ εὑρεθῶ ἐν χερσὶν αὐτῶν. ἐφοβοῦντο γὰρ τὸν ∗ Ἰακὼβ ∗ ἵνα μὴ ποιήσῃ ἐν αὐτοῖς ἐκδίκησιν κινδύνου
TJos. 17 5 ἀλλὰ καὶ παρεκάλεσα αὐτούς. καὶ μετὰ θάνατον ∗ Ἰακὼβ ∗ περισσοτέρως ἠγάπησα αὐτοὺς καὶ πάντα ὅσα
TJos. 18 4 ἐν δυνάμει καὶ ἐν κάλλει ὅτι ἐγὼ ὅμοιος ἐν πᾶσι τῷ ∗ Ἰακώβ. ∗ ἀκούσατε τέκνα μου καὶ ὧν εἶδον ἐνυπνίων. δώδεκα
TBen. 1 2 ἑκατοστῷ ἔτει ἐτέχθη τῷ Ἀβραὰμ οὕτως κἀγὼ τῷ ∗ Ἰακώβ. ∗ ἐπειδὴ οὖν Ῥαχὴλ τέθνηκε γεννῶσά με γάλα οὐκ
TBen. 3 7 τι ἐνεθυμήθησαν πονηρὸν περὶ αὐτοῦ. καὶ οὕτως ἐβόα ∗ Ἰακὼβ ∗ ὦ τέκνον Ἰωσὴφ ὦ τέκνον χρηστὸν ἐνίκησας τὰ
TBen. 3 7 Ἰωσὴφ ὦ τέκνον χρηστὸν ἐνίκησας τὰ σπλάγχνα ∗ Ἰακὼβ ∗ τοῦ πατρός σου. καὶ περιλαβὼν αὐτὸν ἐπὶ δύο ὥρας
TBen. 10 1 αὐτοῦ καὶ τὴν μορφὴν τῆς ὄψεως αὐτοῦ καὶ δι' εὐχῶν ∗ Ἰακὼβ ∗ τοῦ πατρός μου εἶδον αὐτὸν ἐν ἡμέρᾳ γρηγορῶν καθ'
TBen. 10 4 τοῦτο γὰρ ἐποίησαν καὶ Ἀβραὰμ καὶ Ἰσαὰκ καὶ ∗ Ἰακώβ. ∗ πάντα ταῦτα ἡμᾶς κατεκληρονόμησαν εἰπόντες
TBen. 10 6 Ἐνὼχ Νῶε καὶ Σὴμ καὶ Ἀβραὰμ καὶ Ἰσαὰκ καὶ ∗ Ἰακὼβ ∗ ἀνισταμένους ἐκ δεξιῶν ἐν ἀγαλλιάσει. τότε καὶ
TBen. 11 5 θεοῦ ἕως τοῦ αἰῶνος. καὶ δι' αὐτὸν συνέτισέ με ∗ Ἰακὼβ ∗ ὁ πατήρ μου λέγων αὐτὸς ἀναπληρώσει τὰ ὑστερήματα
Asen. 7 4 μου Ἰσραὴλ οὐδὲ κατὰ πρόσωπον τοῦ πατρός μου ∗ Ἰακώβ. ∗ καὶ τὸ πρόσωπον τοῦ πατρὸς αὐτοῦ Ἰακὼβ πρὸ
Asen. 7 5 μου Ἰακώβ. καὶ τὸ πρόσωπον τοῦ πατρὸς αὐτοῦ ∗ Ἰακὼβ ∗ πρὸ ὀφθαλμῶν αὐτοῦ εἶχεν Ἰωσὴφ πάντοτε καὶ
Asen. 7 5 τῶν ἐντολῶν τοῦ πατρὸς αὐτοῦ. διότι ἔλεγεν ∗ Ἰακὼβ ∗ τῷ υἱῷ αὐτοῦ Ἰωσὴφ καὶ πᾶσι τοῖς υἱοῖς αὐτοῦ
Asen. 8 9 τοῦ πατρός μου Ἰσραὴλ ὁ ὕψιστος ὁ δυνατὸς τοῦ ∗ Ἰακὼβ ∗ ὁ ζωοποιήσας τὰ πάντα καὶ καλέσας ἀπὸ τοῦ σκότους
Asen. 22 2 ἔρχεσθαι τὰ ἑπτὰ ἔτη τοῦ λιμοῦ. καὶ ἤκουσεν ∗ Ἰακὼβ ∗ περὶ Ἰωσὴφ τοῦ υἱοῦ αὐτοῦ καὶ ἦλθεν Ἰσραὴλ εἰς
Asen. 22 5 μου. καὶ ἦλθεν Ἰωσὴφ καὶ Ἀσενὲθ ἐν γῇ Γεσὲμ πρὸς ∗ Ἰακώβ. ∗ καὶ ἀπήντησαν αὐτοῖς οἱ ἀδελφοὶ Ἰωσὴφ καὶ
Asen. 22 6 αὐτοῖς ἐπὶ πρόσωπον ἐπὶ τὴν γῆν. καὶ εἰσῆλθον πρὸς ∗ Ἰακώβ. ∗ καὶ ἦν Ἰσραὴλ καθήμενος ἐπὶ τῆς κλίνης αὐτοῦ
Asen. 22 7 Ἀσενὲθ καὶ ἐθαμβήθη ἐπὶ τῷ κάλλει αὐτοῦ διότι ἦν ∗ Ἰακὼβ ∗ καλὸς τῷ εἴδει σφόδρα καὶ τὸ γῆρας αὐτοῦ ὥσπερ
Asen. 22 7 ⟨αὐτοῦ⟩ καὶ οἱ πόδες αὐτοῦ ὡσεὶ γίγαντος. ⟨καὶ ἦν ∗ Ἰακὼβ ∗ ὡς ἄνθρωπος ὃς ἐπάλαισε μετὰ θεοῦ.⟩ καὶ εἶδεν
Asen. 22 8 αὐτῷ ἐπὶ πρόσωπον ἐπὶ τὴν γῆν. καὶ εἶπεν ∗ Ἰακὼβ ∗ πρὸς Ἰωσὴφ αὕτη ἐστὶν ἡ νύμφη μου ἡ γυνή σου;
Asen. 22 9 ἔσται τῷ θεῷ τῷ ὑψίστῳ. καὶ ἐκάλεσεν αὐτὴν ∗ Ἰακὼβ ∗ πρὸς ἑαυτὸν καὶ εὐλόγησεν αὐτὴν καὶ κατεφίλησεν
Asen. 22 9 Ἀσενὲθ τὰς χεῖρας αὐτῆς καὶ ἐκράτησε τοῦ αὐχένος ∗ Ἰακὼβ ∗ καὶ ἐκρεμάσθη ἐπὶ τὸν τράχηλον τοῦ πατρὸς αὐτῆς
Asen. 24 2 οἱ υἱοὶ Ζέλφας παιδισκῶν Λίας καὶ Ῥαχὴλ γυναικῶν ∗ Ἰακὼβ ∗ ἐχθραίνονται τῷ Ἰωσὴφ καὶ τῇ Ἀσενὲθ καὶ
Sal. 7 10 ἡμᾶς ἐν καιρῷ ἀντιλήψεώς σου τοῦ ἐλεῆσαι τὸν οἶκον ∗ Ιακωβ ∗ εἰς ἡμέραν ἐν ᾗ ἐπηγγείλω αὐτοῖς. τῷ Σαλωμων εἰς
Sal. 15 1 τὸ ὄνομα κυρίου εἰς βοήθειαν ἤλπισα τοῦ θεοῦ ∗ Ιακωβ ∗ καὶ ἐσώθην ὅτι ἐλπὶς καὶ καταφυγὴ τῶν πτωχῶν σὺ ὁ
Jer. 4 9 μακάριοί εἰσιν οἱ πατέρες ἡμῶν Ἀβραὰμ Ἰσαὰκ καὶ ∗ Ἰακὼβ ∗ ὅτι ἐξῆλθον ἐκ τοῦ κόσμου τούτου καὶ οὐκ εἶδον
Jer. 6 18 ἧς ἔστησε μετὰ τῶν πατέρων ἡμῶν Ἀβραὰμ Ἰσαὰκ καὶ ∗ Ἰακώβ. ∗ καὶ ἀπέστειλε πρός με τὸν ἄγγελον αὐτοῦ καὶ εἰπέ
Job 1 5 ὑμεῖς δὲ γένος ἐκλεκτὸν ἔντιμον ἐκ σπέρματος ∗ Ιακωβ ∗ τοῦ πατρὸς τῆς μητρὸς ὑμῶν ἐγὼ γάρ εἰμι ἐκ τῶν
Job 1 6 μητρὸς ὑμῶν ἐγὼ γάρ εἰμι ἐκ τῶν υἱῶν Ησαυ ἀδελφοῦ ∗ Ιακωβ, ∗ οὗ ἡ μήτηρ ὑμῶν ἐστιν Δινα, ἐξ ἧς ἐγέννησα ὑμᾶς ἡ
FJos. 189 ὁ γὰρ λαλῶν πρὸς ὑμᾶς ἐγὼ ∗ Ἰακὼβ ∗ καὶ Ἰσραὴλ ἄγγελος θεοῦ εἰμι ἐγὼ καὶ πνεῦμα
FJos. 189 καὶ Ἰσαὰκ προεκτίσθησαν πρὸ παντὸς ἔργου ἐγὼ δὲ ∗ Ἰακὼβ ∗ ὁ κληθεὶς ὑπὸ ἀνθρώπων Ἰακὼβ τὸ δὲ ὄνομά μου
FJos. 189 παντὸς ἔργου ἐγὼ δὲ Ἰακὼβ ὁ κληθεὶς ὑπὸ ἀνθρώπων ∗ Ἰακὼβ ∗ τὸ δὲ ὄνομά μου Ἰσραὴλ ὁ κληθεὶς ὑπὸ θεοῦ
FJos. 190 κατεσκήνωσα ἐν ἀνθρώποις καὶ ὅτι ἐκλήθην ὀνόματι ∗ Ἰακὼβ ∗ ἐζήλωσε καὶ ἐμαχέσατό μοι καὶ ἐπάλαιε πρός με
FJub. 2 23 ὅτι καὶ εἰκοσιδύο κεφάλαια ἀπὸ Ἀδὰμ ἄχρι τοῦ ∗ Ἰακὼβ ∗ καὶ ἐκλέξομαι ἐμαυτῷ ἐκ τοῦ σπέρματος αὐτοῦ λαὸν
FJub. 19 13 υἱοὺς πέντε. ἐτῶν δὲ ξ' ὃν ὁ Ἰσαὰκ ἐγέννησεν τὸν ∗ Ἰακώβ. ∗ κολλυρίδας ποιήσασα Ῥεβέκκα ἔδωκε τῷ Ἰακὼβ καὶ
FJub. 22 4 τὸν Ἰακώβ. κολλυρίδας ποιήσασα Ῥεβέκκα ἔδωκε τῷ ∗ Ἰακὼβ ∗ καὶ εἰσήγαγε μεθ' ἑτέρων δώρων πρὸς Ἰσαάκ. καὶ

| | | | | | |
|---|---|---|---|---|---|
| FJub. | 22 | 4 | ἀφυπνώσαντος τοῦ Ἀβραὰμ τῷ ιε' ἔτει τῆς ζωῆς × | Ἰακώβ. × | τῷ Ἡσαῦ ἔφη ἐν ταῖς εὐλογίαις ὁ Ἰσαὰκ ἔσται δὲ |
| FJub. | 29 | 12 | τραχήλου σου. τῷ ρ ν γ' ἔτει τοῦ Ἰσαὰκ ἐπανῆλθεν × | Ἰακώβ × | πρὸς αὐτὸν ἀπὸ Μεσοποταμίας. καὶ ἀναβλέψας Ἰσαὰκ |
| FJub. | 31 | 9 | καὶ ἀναβλέψας Ἰσαὰκ καὶ ἰδὼν τοὺς υἱοὺς × | Ἰακὼβ × | ηὐλόγησε τὸν Λευὶ ὡς ἀρχιερέα καὶ τὸν Ἰούδαν ὡς |
| FJub. | 35 | 9 | τὸν Ἰσαὰκ ἐν τῷ γήρᾳ παραινέσαι τῷ Ἡσαῦ καὶ τῷ × | Ἰακὼβ × | ἀγαπᾶν ἀλλήλους. καὶ παραινέσας αὐτοῖς προεῖπεν |
| FJub. | 36 | 9 | καὶ παραινέσας αὐτοῖς προεῖπεν ὅτι ἐὰν ἐπαναστῇ τῷ × | Ἰακὼβ × | ὁ Ἡσαῦ εἰς χεῖρας αὐτοῦ πεσεῖται. μετὰ οὖν τὸ |
| FJub. | 37 | 9 | τῶν υἱῶν ὁ Ἡσαῦ καὶ ἀθροίσας ἔθνη ἦλθε κατὰ τοῦ × | Ἰακὼβ × | καὶ τῶν υἱῶν αὐτοῦ εἰς πόλεμον. Ἰακὼβ δὲ |
| FJub. | 37 | 17 | κατὰ τοῦ Ἰακὼβ καὶ τῶν υἱῶν αὐτοῦ εἰς πόλεμον. × | Ἰακὼβ × | δὲ ἀποκλείσας τὰς πύλας τῆς βάρεως παρεκάλει τὸν |
| FJub. | 38 | 1 | ἀλλ' ὑβρίζοντος καὶ ὀνειδίζοντος βιασθεὶς × | Ἰακὼβ × | ὑπὸ τοῦ Ἰούδα ἐνέτεινε τόξον καὶ πλήξας κατὰ τοῦ |
| FJub. | 38 | 3 | τοῦ δὲ θανόντος ἀνοίξαντες τὰς πύλας οἱ υἱοὶ × | Ἰακὼβ × | ἀνεῖλον τοὺς πλείστους. Ἰωσὴφ ιζ' ἐτῶν ἐπράθη |
| FMan. | 2  22 | 12 | ὁ θεὸς τῶν πατέρων ἡμῶν τοῦ Ἀβραὰμ Ἰσαὰκ καὶ × | Ἰακὼβ × | καὶ τοῦ σπέρματος αὐτῶν τοῦ δικαίου ὁ ποιήσας τὸν |
| FMan. | 2  22 | 13 | ἔθου μετάνοιαν δικαίοις τῷ Ἀβραὰμ καὶ Ἰσαὰκ καὶ × | Ἰακὼβ × | τοῖς οὐχ ἡμαρτηκόσιν σοι ἀλλ' ἔθου μετάνοιαν ἐπ' |
| FEz. | 185 | 11 | ηλεησας α)βρααμ' τον πατερα ημ<ων και ισακ ' κα>ι × | ιακωβ' × | αλλα σε τον κν <τον θν η>μων εγνωκαμεν και<--- |
| FEsd. | 5 | 35 | τῆς μητρός μου τάφος ἵνα μὴ ἴδω τὸν μόχθον τοῦ × | Ἰακὼβ × | καὶ τὸν κόπον τοῦ γένους Ἰσραήλ; εἰ δὲ καὶ οὔτε |
| HDem. | 9  21 | 1 | πυρᾶς τὸν δὲ κριὸν καρπῶσαι. Δημητρίου περὶ τοῦ × | ιακωβ × | απο της αυτης του πολυιστορος γραφης. τὸν Ἰακὼβ |
| HDem. | 9  21 | 1 | ιακωβ απο της αυτης του πολυιστορος γραφης. τὸν × | Ἰακὼβ × | γενόμενον ἐτῶν ἑβδομήκοντα πέντε φυγεῖν εἰς |
| HDem. | 9  21 | 2 | καὶ ὅπως λάβῃ ἐκεῖθεν γυναῖκα. ἀφορμῆσαι οὖν τὸν × | Ἰακὼβ × | εἰς Χαρρὰν τῆς Μεσοποταμίας τὸν μὲν πατέρα |
| HDem. | 9  21 | 3 | τίκτουσαν ζηλῶσαι τὴν ἀδελφὴν καὶ παρακοιμίσαι τῷ × | Ἰακὼβ × | τὴν ἑαυτῆς παιδίσκην Ζελφὰν τῷ αὐτῷ χρόνῳ ᾧ καὶ |
| HDem. | 9  21 | 6 | τοῖς παρὰ Λάβαν δώδεκα παιδία. θέλοντα δὲ τὸν × | Ἰακὼβ × | πρὸς τὸν πατέρα εἰς Χαναὰν ἀπιέναι ἀξιωθέντα ὑπὸ |
| HDem. | 9  21 | 7 | παλαῖσαι καὶ ἅψασθαι τοῦ πλάτους τοῦ μηροῦ τοῦ × | Ἰακὼβ × | τὸν δὲ ναρκήσαντα ἐπισκάζειν ὅθεν οὐκ ἐσθίεσθαι |
| HDem. | 9  21 | 7 | καὶ φάναι αὐτῷ τὸν ἄγγελον ἀπὸ τοῦδε μηκέτι × | Ἰακὼβ × | ἀλλ' Ἰσραὴλ ὀνομασθήσεσθαι. καὶ ἐλθεῖν αὐτὸν τῆς |
| HDem. | 9  21 | 9 | καὶ πάντας τοὺς ἄρσενας διὰ τὴν Δείνας φθορὰν × | Ἰακὼβ × | δὲ τότε εἶναι ἐτῶν ἑκατὸν ἑπτά. ἐλθόντα τε οὖν |
| HDem. | 9  21 | 10 | αὐτὸν εἰς Λουζὰ τῆς Βαιθὴλ φάναι τὸν θεὸν μηκέτι × | Ἰακὼβ × | ἀλλ' Ἰσραὴλ ὀνομάζεσθαι. ἐκεῖθεν δὲ ἐλθεῖν εἰς |
| HDem. | 9  21 | 10 | Ῥαχὴλ τεκοῦσαν τὸν Βενιαμὶν συμβιῶσαι δ' αὐτῇ τὸν × | Ἰακὼβ × | ἔτη εἴκοσι τρία. αὐτόθεν δὲ ἐλθεῖν τὸν Ἰακὼβ εἰς |
| HDem. | 9  21 | 11 | τὸν Ἰακὼβ ἔτη εἴκοσι τρία. αὐτόθεν δὲ ἐλθεῖν τὸν × | Ἰακὼβ × | εἰς Μαμβρὴ τῆς Χεβρὼν πρὸς Ἰσαὰκ τὸν πατέρα. |
| HDem. | 9  21 | 11 | ἔτη δεκατρία ὥστ' εἶναι αὐτὸν ἐτῶν τριάκοντα × | Ἰακὼβ × | δὲ ἐτῶν ἑκατὸν εἴκοσιν ἐν ᾧ καὶ τελευτῆσαι τὸν |
| HDem. | 9  21 | 16 | Ἀβραὰμ ἐτῶν εἴκοσι πέντε Ἰσαὰκ ἐτῶν ἐξήκοντα × | Ἰακὼβ × | ἐτῶν ἑκατὸν τριάκοντα γίνεσθαι τὰ πάντα ἔτη ἐν γῇ |
| HDem. | 9  21 | 17 | λιμοῦ οὔσης ἐν Αἰγύπτῳ ἐλθεῖν εἰς Αἴγυπτον τὸν × | Ἰακὼβ × | ὄντα ἐτῶν ἑκατὸν τριάκοντα Ῥουβὶν ἐτῶν μ ε' |
| HDem. | 9  21 | 18 | ἔτη γ χ κ δ'. ἀπὸ δὲ τοῦ κατακλυσμοῦ ἕως τῆς × | Ἰακὼβ × | παρουσίας εἰς Αἴγυπτον ἔτη α τ ξ' ἀφ' οὗ δὲ |
| HDem. | 9  21 | 18 | ἐκ Χαρρὰν εἰς Χαναὰν ἕως εἰς Αἴγυπτον τοὺς περὶ × | Ἰακὼβ × | ἐλθεῖν ἔτη σ ι ε'. Ἰακὼβ δὲ εἰς Χαρρὰν πρὸς |
| HDem. | 9  21 | 19 | εἰς Αἴγυπτον τοὺς περὶ Ἰακὼβ ἐλθεῖν ἔτη σ ι ε'. × | Ἰακὼβ × | δὲ εἰς Χαρρὰν πρὸς Λάβαν ἐλθεῖν ἐτῶν ὄντα π' καὶ |
| HDem. | 9  21 | 19 | Κλὼθ τῷ αὐτῷ δὲ ἔτει ᾧ γενέσθαι Κλὼθ τελευτῆσαι × | Ἰακὼβ × | ἐν Αἰγύπτῳ εὐλογήσαντα τοὺς Ἰωσὴφ υἱοὺς ὄντα |
| LPhi. | 9  24 | 1 | ἄκτωρ ὕψιστος καὶ πρόσθεν ἀφ' Ἀβραάμοιο καὶ Ἰσὰκ × | Ἰακὼβ × | εὐτέκνοιό θ' ὅθεν Ἰωσὴφ ὃς ὀνείρων θεσπιστής |
| LThe. | 9  22 | 2 | αἰπύθεν ἔρκος. ἐνθένδε ξένε ποιμενόφι πτόλιν ἦλυθ' × | Ἰακὼβ × | εὑρεῖαν Σικίμων ἐπὶ δ' ἀνδράσι τοῖσιν ἔτησιν |
| LThe. | 9  22 | 3 | ἀρχὸς Ἐμὼρ σὺν παιδὶ Συχὲμ μάλ' ἀτειρέε φῶτε. × | Ἰακὼβ × | Συρίην κτηνοτρόφον ἧκτο καὶ εὐρὺ ῥέεθρον |
| LThe. | 9  22 | 4 | δέμας καὶ ἀμύμονα θυμόν. ἀπὸ δὲ τοῦ Εὐφράτου τὸν × | Ἰακὼβ × | ἐλθεῖν εἰς τὰ Σίκιμα πρὸς Ἐμμὼρ τὸν δὲ |
| LThe. | 9  22 | 4 | καὶ μέρος τι τῆς χώρας δοῦναι. καὶ αὐτὸν μὲν τὸν × | Ἰακὼβ × | γεωμορεῖν τοὺς δὲ υἱοὺς αὐτοῦ ἕνδεκα τὸν ἀριθμὸν |
| LThe. | 9  22 | 5 | αὐτήν. αὖθις δὲ σὺν τῷ πατρὶ ἐλθόντα πρὸς τὸν × | Ἰακὼβ × | αἰτεῖν αὐτὴν πρὸς γάμου κοινωνίαν τὸν δὲ οὐ φάναι |
| LThe. | 9  22 | 8 | ὑποτασσομένους παρακαλοῦντος περιτέμνεσθαι ἕνα τῶν × | Ἰακὼβ × | υἱῶν τὸ ὄνομα Συμεῶνα διαγνῶναι τόν τε Ἐμμὼρ καὶ |
| LEze. | 9  28 | 2  01 | ἀφ' οὗ δ' × | Ἰακὼβ × | γῆν λιπὼν Χαναναίαν κατῆλθ' ἔχων Αἰγυπτον ἑπτάκις |
| FrAn. | 1  226 | 7 | ημετε< >ου και φθορας ραλε της< – – >μνησθεις του × | Ιακω< × | – >ες της γης και εκτος σου< – >λης ηθελησα ο |
| FrAn. | 1  226 | 15 | το πλ< >υκας φυλακας< – >ευσεν Ιωσηφ μνησθεις τ<ου × | Ιακωβ> × | – >θεις βασιλευς του λαου κα< – >ευθυς σιτου |
| FrAn. | 1  226 | 24 | υπ< >του εφανη τροφευς κ< – Ιωσηφ>μνησθεις του × | Ιακ<ωβ × | – – την>γην ελθων< – το>ν λιμον ευθυν< – |
| FrAn. | 1  226 | 33 | του Ιωσηφ – μ)καριας< – – Ιω>σηφ μνησθεις του × | Ιακωβ> × | – αν>τιστας δε τη πρεσβεια τ< – >την ευχην εξελ< |
| FrAn. | 1  226 | 43 | – >γνωθεις παρ' αυτων κα< – >Ιωσηφ μνησθεις του × | Ια<κωβ × | – – >δε κρατησας τοτε εαυτο<ν – >ν λειπων προς |
| FrAn. | 1  226 | 51 | και π< – >εχετε ετερον συγγονον< – >ημος των υιων × | Ιακωβ × | κ< – τ>ον θν νυνι οφειλοντα ο θ<ς Αβρααμ – >ενοι |
| FrAn. | 1  227 | 9 | – απ)οκτιναι ημας ομ< αμαρ)τιαις ταις σαις ο θς × | Ια<κωβ × | – >και οπερ ου ζητω απεκρ< – Συ>μεων που μη |
| | Ἰάκωβος | | | | |
| Aris. | 48 | 3 | Ἐλισσαῖος Ἀνανίας Χαβρίας---. πέμπτης Ἴσακος × | Ἰάκωβος × | Ἰησοῦς Σαββαταῖος Σίμων Λευίς. ἕκτης Ἰούδας |
| Aris. | 49 | 1 | Σομόηλος Σελεμίας. ἑβδόμης Σαββαταῖος Σεδεκίας × | Ἰάκωβος × | Ἴσαχος Ἰησίας Ναθαῖος. ὀγδόης Θεοδόσιος |
| HArt. | 9  23 | 1 | χώρας. τῷ Ἀβραὰμ Ἰωσὴφ ἀπόγονον γενέσθαι υἱὸν δὲ × | Ἰακώβου × | συνέσει δὲ καὶ φρονήσει παρὰ τοὺς ἄλλους |
| LEze. | 9  29 | 8  10 | σῶν ὧν λέγεις γεννητόρων Ἀβραάμ τε καὶ Ἰσαὰκ καὶ × | Ἰακώβου × | τρίτου. μνησθεὶς δ' ἐκείνων καὶ ἔτ' ἐμῶν |
| | Ἰαλλαρίας | 1 | | | |
| FIsa. | 1  2 | 15 | μετὰ Ὀχοζείου υἱοῦ Ἀλὰμ καὶ <ὁ> διδάσκαλος αὐτῶν × | Ἰαλλαρίας × | ἐξ ὄρους + Ἰσλαλ+ καὶ αὐτὸς ἦν <ὁ> Βεχειρ<ὰ> |
| | Ἰάλλω | 1 | | | |
| Sib. | 3 | 245 | μηδὲν ἔχουσιν ἀλλὰ πενιχρομένοισι θέρους ἀπόμοιραν × | ἰάλλει × | πληροῦντες μεγάλοιο θεοῦ φάτιν ἔννομον ὕμνον πᾶσι |
| | Ἰαμά | 1 | | | |
| Sedr. | 10 | 6 | ἵνα κλαύσω ὅτι ἤκουσα πολλὰ δύνανται τὰ δάκρυα καὶ × | ἰαμά × | πολὺ γίνεται τοῦ ταπεινοῦ σώματος τοῦ πλάσματός |
| | Ἰαμβρῆς | 1 | | | |
| FJan. | 9 | 2 | Μωσῆς τοὺς περὶ Ἰαννὴν καὶ × | Ἰαμβρὴν × | ἐν ἕλκεσι κολασάμενος καὶ τὴν θατέρου τούτων |
| | Ἰάμνεια | 1 | | | |
| TNep. | 6 | 1 | τὸν πατέρα ἡμῶν Ἰακὼβ ἑστηκότα ἐν τῇ θαλάσσῃ × | Ἰαμνείας × | καὶ ἡμεῖς οἱ υἱοὶ αὐτοῦ σὺν αὐτῷ. καὶ ἰδοὺ |
| | Ἰαννής | 1 | | | |
| FJan. | 9 | 2 | Μωσῆς τοὺς περὶ × | Ἰαννὴν × | καὶ Ἰαμβρὴν ἐν ἕλκεσι κολασάμενος καὶ τὴν |
| | Ἰανουάριος | 1 | | | |
| FJub. | 48 | 5 | Νοεμβρίῳ φλυκτίδες καὶ ἕλκη Δεκεμβρίῳ χάλαζα × | Ἰανουαρίῳ × | ἀκρὶς Φεβρουαρίῳ σκότος ἡμέρας τρεῖς Μαρτίῳ |
| | Ἰάομαι | 10 | | | |
| Hen. | 10 | 7 | τῆς κρίσεως ἀπαχθήσεται εἰς τὸν ἐνπυρισμόν. καὶ × | ἰαθήσεται × | ἡ γῆ ἣν ἠφάνισαν οἱ ἄγγελοι καὶ τὴν ἴασιν τῆς |
| Hen. | 10 | 7 | οἱ ἄγγελοι καὶ τὴν ἴασιν τῆς γῆς δήλωσον ἵνα × | ἰάσωνται × | τὴν πληγὴν ἵνα μὴ ἀπόλωνται πάντες οἱ υἱοὶ τῶν |
| Hen. | 10B | 7 | ἀπαχθήσεται εἰς τὸν ἐμπυρισμὸν τοῦ πυρός. καὶ × | ἰάσαι × | τὴν γῆν ἣν ἠφάνισαν οἱ ἐγρήγοροι καὶ τὴν ἴασιν τῆς |
| Hen. | 10B | 7 | οἱ ἐγρήγοροι καὶ τὴν ἴασιν τῆς πληγῆς δήλωσον ἵνα × | ἰάσωνται × | τὴν πληγὴν καὶ μὴ ἀπόλωνται πάντες οἱ υἱοὶ τῶν |
| Asen. | 11 | 18 | αὐτοῦ. καὶ εἰ θυμῷ κύριος πατάξει με αὐτὸς πάλιν × | ἰάσεταί × | με καὶ ἐὰν παιδεύσῃ με ἐν ταῖς μάστιξιν αὐτοῦ |
| Prop. | 22 | 6 | παρὰ τῶν τῆς πόλεως ἐπεκαλέσατο τὸν θεὸν καὶ εἶπεν × | ἴαμαι × | τὰ ὕδατα ταῦτα καὶ οὐκ ἔσται ἔτι ἐκεῖθεν θάνατος |
| Prop. | 22 | 6 | οὐκ ἔσται ἔτι ἐκεῖθεν θάνατος καὶ ἀτεκνουμένη καὶ × | ἰάθησαν × | τὰ ὕδατα ἕως τῆς ἡμέρας ταύτης. παίδων |
| FMan. | 2  22 | 15 | πυρὸς καὶ ἐτάκησαν πάντα τὰ περὶ αὐτὸν σίδηρα καὶ × | ἰάσατο × | κύριος τὸν Μανασσῆν ἐκ τῆς θλίψεως αὐτοῦ. καὶ |
| FEz. | 186 | 12 | και το χωλον κατεδυνε και το ενο<χλουμενον × | ια)σομαι × | και το πλανωμε<νον επιστρεψω κ)αι βοσκησω |
| HArt. | 9  27 | 31 | ἐξελκωθῆναι τὰ σώματα. τῶν δὲ ἰατρῶν μὴ δυναμένων × | ἰᾶσθαι × | τοὺς κάμνοντας οὕτως πάλιν ἀνέσεως τυχεῖν τοὺς |
| | Ἰαπετός | 3 | | | |
| Sib. | 3 | 110 | γένετ' ἄνδρας. καὶ βασίλευσε Κρόνος καὶ Τιτὰν × | Ἰαπετός × | τε Γαίης τέκνα φέριστα καὶ Οὐρανοῦ οὓς |
| | Ἰάρεδ | 6B | | | |
| Hen. | 6B | 6 | δὲ οὗτοι διακόσιοι οἱ καταβάντες ἐν ταῖς ἡμέραις × | Ἰάρεδ × | εἰς τὴν κορυφὴν τοῦ Ἑρμωνιεὶμ ὄρους καὶ ἐκάλεσαν |
| Hen. | 106 | 13 | τέκνον τεθέαμαι καὶ ἐσήμανά σοι ἐν γὰρ τῇ γενεᾷ × | Ἰάρεδ × | τοῦ πατρός μου παρέβησαν τὸν λόγον κυρίου ἀπὸ τῆς |
| FJub. | 4 | 15 | τῆς τοῦ Κάϊν ἀδελφοκτονίας νῦν δὲ ἐν χρόνοις τοῦ × | Ἰάρεδ × | καὶ ἐπέκεινα φαρμακεία καὶ μαγεία ἀσέλγεια |
| FJub. | 4 | 16 | καὶ θείων μυστηρίων ἀποκαλύψεως ἀξιοῦται. γυνὴ × | Ἰάρεδ × | Βαραχα θυγάτηρ Ἀσουὴλ πατραδέλφου αὐτοῦ. γυνὴ |
| | Ἴασις | 5 | | | |
| Hen. | 10 | 7 | καὶ ἰαθήσεται ἡ γῆ ἣν ἠφάνισαν οἱ ἄγγελοι καὶ τὴν × | ἴασιν × | τῆς γῆς δήλωσον ἵνα ἰάσωνται τὴν πληγὴν ἵνα μὴ |
| Hen. | 10B | 7 | καὶ ἴασαι τὴν γῆν ἣν ἠφάνισαν οἱ ἐγρήγοροι καὶ τὴν × | ἴασιν × | τῆς πληγῆς δήλωσον ἵνα ἰάσωνται τὴν πληγὴν καὶ μὴ |
| TZab. | 9 | 8 | ἀνατελεῖ ὑμῖν αὐτὸς ὁ κύριος φῶς δικαιοσύνης καὶ × | ἴασις × | καὶ εὐσπλαγχνία ἐπὶ ταῖς πτέρυξιν αὐτοῦ. αὐτὸς |
| Sedr. | 10 | 6 | λίαν καὶ εἶπεν Σεδρὰχ τὸν θεὸν δός μοι κύριε × | ἴασιν × | ὀλίγην ἵνα κλαύσω ὅτι ἤκουσα πολλὰ δύνανται τὰ |
| Job | 38 | 8 | αὐτῶν; ἴσως ἀναπαύσει. ἀποκριθεὶς δὲ εἶπον ἡ ἐμὴ × | ἴασις × | καὶ ἡ ἐμὴ θεραπεία παρὰ κυρίου ἐστίν, τοῦ καὶ τοὺς |
| | Ἰασούμ | 2 | | | |
| FIsa. | 1 | 1 | ἐτῶν ἔνδεκα ἔμπροσθεν Ἠσαίου τοῦ προφήτου καὶ × | Ἰασοὺμ × | τοῦ υἱοῦ αὐτοῦ. παρέδωκεν αὐτῷ τοὺς λόγους οὓς |
| FIsa. | 1 | 3 | Ἱερουσαλὴμ καὶ τεσσεράκοντα υἱοὺς προφητῶν καὶ × | Ἰασοὺμ × | τὸν υἱὸν αὐτοῦ. <ἐκέλευσεν> τεθῆναι αὐτῷ δίφρον |
| | Ἰασούφ | 1 | | | |
| FIsa. | 1  2 | 9 | καὶ Ἀνανίας ὁ γέρων καὶ <Ἰ>ωὴλ καὶ Ἀμβακοὺμ καὶ × | Ἰ(σ)ασοὺφ × | ὁ υἱὸς αὐτοῦ καὶ πολλοὶ τῶν πιστῶν τῶν |
| | Ἰασσός | 1 | | | |
| Sib. | 3 | 342 | δὲ πόλη<ε>ς αὐτάνδροι πεσέονται ἐν Ἀσιάδι μὲν × | Ἰασσὸς × | Κεβρὴν +Πανδονίη+ Κολοφὼς Ἔφεσος Νίκαια |
| | Ἰάσων | 4 | | | |
| Aris. | 49 | 2 | Ἴσαχος Ἰησίας Ναθαῖος. ὀγδόης Θεοδόσιος × | Ἰάσων × | Ἰησοῦς Θεόδοτος Ἰωάννης Ἰωνάθας. ἐνάτης |
| Aris. | 49 | 4 | Ἰωνάθας. ἐνάτης Θεόφιλος Ἄβραμος Ἄρσαμος × | Ἰάσων × | Ἔνδεμίας Δανίηλος. δεκάτης Ἱερεμίας Ἐλεάζαρος |
| | Ἰατρικός | 1 | | | |
| HCal. | 28 | 9 | καὶ δυσμάχητον Φιλίππου δὲ σχῆμα ἔχειν καὶ × | ἰατρικὸν × | καὶ στρατιωτικὸν Ἀντίοχον δὲ δορυφόρον |
| | Ἰατρός | 4 | | | |
| Job | 38 | 7 | διαπράξασθαι; ἰδοὺ γὰρ (ἐ)πάρωμεν μεθ' ἑαυτῶν τοὺς × | ἰατροὺς × | τῶν τριῶν βασιλειῶν ἡμῶν καὶ βούλει θεραπευθῆναι |

Job        38     8 καὶ ἡ ἐμὴ θεραπεία παρὰ κυρίου ἐστίν, τοῦ καὶ τοὺς ✳ ἰατροὺς ✳ κτίσαντος. καὶ ἐμοῦ ταῦτα πρὸς αὐτοὺς λέγοντος,
HArt.   9  27    31 Αἰγυπτίους πάντας τε ἐξελκωθῆναι τὰ σώματα. τῶν δὲ ✳ ἰατρῶν ✳ μὴ δυναμένων ἰᾶσθαι τοὺς κάμνοντας οὕτως πάλιν
HCal.      28     6 περὶ αὐτὸν δὲ Σελεύκου καὶ Ἀντιόχου καὶ Φιλίππου ✳ ἰατροῦ ✳ καὶ τὴν μὲν Σελεύκου κέρας ἔχουσαν γνωρίζεσθαι
   Ἰάφεθ
                                       1
FJub.       8     5 παρ' ἑαυτῷ. γυνὴ Καιναν Μελχα θυγάτηρ Μαδαι υἱοῦ ✳ Ιαφεθ. ✳ γυνὴ Σαλα Μωαχα θυγάτηρ Χεεδαμ πατραδέλφου αὐτοῦ.
   Ἰάφρα
                                       2
HCle.   1  15   241 ἱκανοί. αὐτῶν καὶ τὰ ὀνόματα τρεῖς Ἀφέραν Σουρειμ ✳ Ἰάφραν. ✳ ἀπὸ Σουρειμ μὲν τὴν Ἀσσυρίαν κεκλῆσθαι ἀπὸ δὲ
HCle.   1  15   241 Ἀσσυρίαν κεκλῆσθαι ἀπὸ δὲ τῶν δύο Ἀφέρα τε καὶ ✳ Ἰάφρα ✳ πόλιν τε Ἄφραν καὶ τὴν χώραν Ἀφρικὴν
   Ἴβηρ
                                       1
Sib.        5   116 ῥεῖθρον κατακλυσμὸν ἐποίσει καὶ Πέρσας ὀλέσει καὶ ✳ Ἴβηρας ✳ καὶ Βαβυλῶνας Μασσαγέτας τε φιλοπτολέμους
   Ἶβις
                                       3
TJud.      21     8 ἁρπάσουσι καὶ πολλῶν σάρκας ἀδίκως κόρακας καὶ ✳ ἴβεις ✳ χορτάσουσι καὶ προκόψουσιν ἐπὶ τὸ κακὸν ἐν
HArt.   9  27     4 τοῖς ἱερεῦσιν εἶναι δὲ καὶ αἰλούρους καὶ κύνας καὶ ✳ ἴβεις ✳ ἀπονεῖμαι δὲ καὶ τοῖς ἱερεῦσιν ἐξαίρετον χῶραν.
HArt.   9  27     9 τῆς στρατιᾶς πόλιν ἐν τούτῳ κτίσαι τῷ τόπῳ καὶ τὴν ✳ ἴβιν ✳ ἐν αὐτῇ καθιερῶσαι διὰ τὸ ταύτην τὰ βλάπτοντα ζῷα
   ἰδέα
                                       4  (cf.+ εἰδέα)
Abr.1      11     4 καθήμενον ἐπὶ τοῦ θρόνου κεχρυσωμένου καὶ ἦν ἡ ✳ ἰδέα ✳ τοῦ ἀνδρὸς ἐκείνου φοβερὰ ὁμοία τοῦ δεσπότου καὶ
TBen.      10     1 ὅτε δὲ Ἰωσὴφ ἦν ἐν Αἰγύπτῳ ἐπεθύμουν ἰδεῖν τὴν ✳ ἰδέαν ✳ αὐτοῦ καὶ τὴν μορφὴν τῆς ὄψεως αὐτοῦ καὶ δι' εὐχῶν
TBen.      10     1 μου εἶδον αὐτὸν ἐν ἡμέρᾳ γρηγορῶν καθ' ὃ ἦν πᾶσα ἡ ✳ ἰδέα ✳ αὐτοῦ. γινώσκετε οὖν τέκνα μου ὅτι ἀποθνῄσκω.
Prop.       4     3 ἀπὸ πάσης τροφῆς ἐπιθυμητὴς καὶ ἦν ἀνὴρ ξηρὸς καὶ ✳ ἰδέαν ✳ ἀλλὰ ὡραῖος ἐν χάριτι ὑψίστου. οὗτος πολλὰ ηὔξατο
   ἰδιάζω
                                       3
TRub.       3    10 πατρὸς ὑμῶν. μὴ προσέχετε ἐν ὄψει γυναικὸς μηδὲ ✳ ἰδιάζετε ✳ μετὰ θηλείας ὑπάνδρου μηδὲ περιεργάζεσθε πρᾶξιν
Aris.      96     5 περὶ τὸν ποδήρη εἰσὶν αὐτοῦ μέλους ἦχον ἀνιέντες ✳ ἰδιάζοντα ✳ παρ' ἑκάτερον δὲ τούτων ἄνθεσι πεποικιλμένοι
Aris.     165     1 οὖν ἐπιβάληται κακοποιεῖν. τό τε τῆς γαλῆς γένος ✳ ἰδιάζον ✳ ἐστὶ χωρὶς γὰρ τοῦ προειρημένου ἔχει λυμαντικὸν
   ἰδιοποιέω
                                       1
TDan.       3     2 αὐτὴ τῇ ψυχῇ αὐτὸς γίνεται ψυχή. καὶ τὸ μὲν σῶμα ✳ ἰδιοποιεῖται ✳ τοῦ θυμώδους τῆς δὲ ψυχῆς κατακυριεύει καὶ
   ἴδιος
                                       54
Adam       31     4 ἐμοῦ. οὐ γὰρ ἐπιλήσεται μου ὁ θεὸς ἀλλὰ ζητήσει τὸ ✳ ἴδιον ✳ σκεῦος ὃ ἔπλασεν. ἀνάστα μᾶλλον εὖξαι τῷ θεῷ ἕως
Hen.        2     1 ἑορταῖς αὐτῶν φαίνονται καὶ οὐ παραβαίνουσιν τὴν ✳ ἰδίαν ✳ τάξιν. ἴδετε τὴν γῆν καὶ διανοήθητε περὶ τῶν ἔργων
Hen.       98     5 ὁμοίως οὐδὲ στεῖρα γυνὴ ἐκτίσθη ἀλλ' ἐξ ✳ ἰδίων ✳ ἀδικημάτων ἐπετιμήθη ἀτεκνίᾳ ⟨καὶ⟩ ἄτεκνος
Hen.       99    13 οἱ οἰκοδομοῦντες τὰς οἰκοδομὰς αὐτῶν οὐκ ἐκ κόπων ✳ ἰδίων ✳ καὶ ἐκ λίθων καὶ ἐκ πλίνθων πᾶσαν οἰκοδομὴν
Abr.1       1     7 καὶ μέλλει ἐκδημεῖν ἐκ τοῦ σώματος καὶ πρὸς τὸν ✳ ἴδιον ✳ δεσπότην ἀπελεύσει ἐν ἀγαθοῖς. ἐξελθὼν δὲ ὁ
Abr.1       5     5 Ἰσαὰκ λαβὼν τὴν εὐχὴν παρ' αὐτῶν ἀπῆλθεν ἐν τῷ ✳ ἰδίῳ ✳ τρικλίνῳ καὶ ἀνέπεσεν ⟨ἐπὶ τῆς κλίνης αὐτοῦ⟩.
Abr.2       4     2 κακόν ἐστιν εἰσελθε εἰς τὴν σκηνήν σου καὶ τὰ ✳ ἴδιά ✳ σου ἐργάζου μὴ ἐπιβαρὴς γένῃ τῷ ξένῳ τούτῳ ἀνθρώπῳ.
TJud.      20     5 πάντως καὶ ἐμπεπύρισται ὁ ἁμαρτήσας ἐκ τῆς ✳ ἰδίας ✳ καρδίας καὶ ἆραι πρόσωπον οὐ δύναται πρὸς τὸν
TDan.       2     4 διὰ τοῦ ψεύδους σκοτοῖ τὴν διάνοιαν αὐτοῦ καὶ τὴν ✳ ἰδίαν ✳ ὅρασιν παρέχει αὐτῷ. ἐν τίνι δὲ περιβάλλει τοὺς
TDan.       2     5 αὐτοῦ· ἐν μίσει καρδίας καὶ δίδωσιν αὐτῷ καρδίαν ✳ ἰδίαν ✳ κατὰ τοῦ ἀδελφοῦ εἰς φθόνον. πονηρὸς ὁ θυμὸς τέκνα
TDan.       3     2 ψυχῆς κατακυριεύει καὶ παρέχει τῷ σώματι δύναμιν ✳ ἰδίαν ✳ ἵνα ποιήσῃ πᾶσαν ἀνομίαν καὶ ὅταν πράξῃ ἡ ψυχὴ
TNep.       8     6 δι' αὐτοῦ καὶ ὁ διάβολος οἰκειοῦται αὐτὸν ὡς ✳ ἴδιον ✳ σκεῦος καὶ πᾶν θηρίον κατακυριεύσει αὐτοῦ καὶ ὁ
TGad.       5     3 ἄδικον οὐχ ὑπὸ ἄλλου καταγινωσκόμενος ἀλλ' ὑπὸ τῆς ✳ ἰδίας ✳ καρδίας ὅτι κύριος ἐπισκέπτει τὸ διαβούλιον αὐτοῦ.
TJos.      20     6 πένθος μέγα. καὶ γὰρ καὶ τοῖς Αἰγυπτίοις ὡς ✳ ἰδίοις ✳ μέλεσι συνέπασχε καὶ εὐεργέτει παντὶ ἔργῳ καὶ
Asen.       7     1 τοὺς πόδας αὐτοῦ καὶ παρέθηκαν αὐτῷ τράπεζαν κατ' ✳ ἰδίαν ✳ διότι Ἰωσὴφ οὐ συνήσθιε μετὰ τῶν Αἰγυπτίων ὅτι
Jer.        5    13 εἰς τὴν πόλιν καὶ ἐζήτησε καὶ οὐδένα εὗρε τὴν ✳ ἰδίαν ✳ καὶ εἶπεν εὐλογητὸς κύριος ὅτι μεγάλη ἔκστασις
Bar.        6    16 καὶ ὁ ἀλέκτωρ μηνύει τοῖς ἐν τῷ κόσμῳ κατὰ τὴν ✳ ἰδίαν ✳ λαλιάν. ὁ ἥλιος γὰρ ἑτοιμάζεται ὑπὸ τῶν ἀγγέλων
Prop.      12     6 αὐτοῦ. ὡς δὲ ἔλαβε τὸ ἔδεσμα προεφήτευσε τοῖς ✳ ἰδίοις ✳ εἶπεν πορεύομαι εἰς γῆν μακρὰν καὶ ταχέως
Prop.      12     9 ἐτῶν ἀποθνήσκει τῆς ἐπιστροφῆς. καὶ ἐτάφη ἐν ἀγρῷ ✳ ἰδίῳ ✳ μόνος. ἔδωκε δὲ τέρας τοῖς ἐν τῇ Ἰουδαίᾳ ὅτι
Prop.      12    17 λαοῦ τῆς ἀπὸ Βαβυλῶνος ἐτελεύτησε καὶ ἐτάφη ἐν τῷ ✳ ἰδίῳ ✳ ἀγρῷ μονώτατος ἐνδόξως. ⟩ Σοφονίας ἐκ φυλῆς ἦν
Esdr.       3    12 ἐπὶ γονεῖς ἀναστήσονται καὶ γυνὴ τὸν ἄνδρα τὸν ✳ ἴδιον ✳ καταλιμπάνει καὶ ὅταν ἔθνος πρὸς ἔθνος ἐπαναστῇ ἐν
Job        11     4 διακονίαν, καὶ μετὰ τοῦτο ἀποκαταστήσωμέν σοι τὸ ✳ ἴδιον. ✳ καὶ ἐγὼ ταῦτα ἀκούων ἠγαλλιώμην ὅτι ὅλως παρ'
Job        22     1 μοι, μόλις ἐπιτρέψαντες ἔχειν αὐτὴν τὴν ✳ ἰδίαν ✳ τροφὴν καὶ αὐτὴ λαμβάνουσα διεμέριζεν αὐτῇ τε καὶ
Job        28     2 μοι, ἀναστάντες ἦλθον πρός με διεμέριζεν ἐκ τῆς ✳ ἰδίας ✳ χώρας ὅπως ἐπισκεψάμενοι παραμυθήσονταί με ἡνίκα
Job        34     3 αὐτὸς προσεγκαλεῖ ἡμῖν διὸ ἀναχωρήσωμεν εἰς τὰς ✳ ἰδίας ✳ χώρας αὐτὸς ἐν ταλαιπωρίᾳ σκωλήκων κάθηται καὶ
Job        37     6 δεδωκέναι τι οὐδέποτε βασιλεὺς ἀτιμάσει στρατιώτην ✳ ἴδιον ✳ καλῶς αὐτῷ δορυφοροῦντα ἢ τίς ποτε καταλήψεται τὰ
Aris.      11     4 εἶπεν ἑρμηνείας προσδεῖται χαρακτῆρσι γὰρ ✳ ἰδίοις ✳ κατὰ τὴν Ἰουδαίαν χρῶνται καθάπερ Αἰγύπτιοι τῇ
Aris.      11     6 Αἰγυπτίοι τῇ τῶν γραμμάτων θέσει καθὸ καὶ φωνὴν ✳ ἰδίαν ✳ ἔχουσιν. ὑπολαμβάνονται Συριακῇ χρῆσθαι τὸ δ' οὐκ
Aris.     126     2 τοὺς ἀνθρώπους εἴ τις ἑτέρα χρεία πρὸς τὰ κατ' ✳ ἰδίαν ✳ αὐτῷ κατεπείγοι πρὸς δὲ τὴν κοινὴν πᾶσι τοῖς
Aris.     182     5 ὃ μόνον ἔτι καὶ νῦν ὁρᾷς ὅσαι γὰρ πόλεις ἔθεσιν ✳ ἰδίοις ✳ συγχρῶνται πρὸς τὰ ποτὰ καὶ βρωτὰ καὶ στρωμνὰς
Aris.     249     2 ἂν φιλόπατρις εἴη; προτιθέμενος εἶπεν ὅτι καλὸν ἐν ✳ ἰδίᾳ ✳ καὶ ζῆν καὶ τελευτᾶν. ἡ δὲ ξενία τοῖς μὲν πένησι
Sib.        3    53 μοίρῃ καταδηλήσονται. πάντες δ' ἄνθρωποι μελάθροις ✳ ἰδίοισιν ✳ ὀλοῦνται ὁππόταν οὐρανόθεν πύρινος ῥεύσῃ
Sib.        3   139 Ῥέη τέκεν ἄρσενα παῖδα τὸν ταχέως διέπεμψε λάθρῃ ✳ ἴδῃ ✳ τε τρέφεσθαι ἐς Φρυγίην τρεῖς ἄνδρας ἐνόρκους
Sib.        3   455 ἄλοχοι δὲ σὺν ἀγλαοφαρέσι κούρας ὕβριν ἀεικελίην ✳ ἰδίην ✳ ἀποθωύξουσιν· ταὶ μὲν ὑπὲρ +νέκυων+ ταὶ δ'
Sib.        3   531 ἐπαρκέσσων πόλεμον ζωῆς τ' ἐπαρωγός. ὄψονται τ' ✳ ἰδίας ✳ κτήσεις καὶ πλοῦτον ἅπαντα ἐχθρὸν καρπίζοντα
Sib.        3   609 ὁππόταν Αἰγύπτου βασιλεὺς νέος ἕβδομος ἄρχῃ τῆς ✳ ἰδίης ✳ γαίης ἀριθμούμενος ἐξ Ἑλλήνων ἀρχῆς ἧς ἄρξουσι
Sib.        3   655 κτείνας οἷς δ' ὅρκια πιστὰ τελεύσας. οὐδέ γε ταῖς ✳ ἰδίαις ✳ βουλαῖς τάδε πάντα ποιήσει ἀλλὰ θεοῦ μεγάλοιο
Sib.        3   765 μοιχείας πεφύλαξο καὶ ἄρσενος ἄκριτον εὐνὴν τὴν δ' ✳ ἰδίαν ✳ γένναν παίδων τρέφε μηδὲ φόνευε ταῦτα γὰρ ἀθάνατος
Sib.        5    81 εἰδώλων τὰ ἕκαστα βροτῶν παλάμαις γεγαῶτα ἐξ ✳ ἰδίων ✳ δὲ κόπων καὶ ἀτασθαλίης ἐπινοίων ἀνθρωποι δέξαντό
FJub.       4     9 ἑκατοστῷ τριακοστῷ πέμπτῳ ἔτει ἔλαβεν ὁ Κάϊν τὴν ✳ ἰδίαν ✳ ἀδελφὴν Ἀσαναν οὖσαν ἐτῶν ν'. αὐτὸς δὲ ἦν ἐτῶν
FJub.      16    21 ἐπὶ τὸ φρέαρ κατασκηνοῖ τοῦ ὅρκου. ἑαυτῷ δὲ ✳ ἰδίᾳ ✳ καὶ τοῖς οἰκέταις αὐτοῦ κατὰ συγγενείας πηξάμενος
FEz.    64  70     6 ἕνα χωλὸν καὶ ἕνα τυφλὸν καὶ ἕκαστος ⟨αὐτῶν⟩ κατ' ✳ ἰδίαν ✳ ἐκαθέζετο καὶ κατ' ἰδίαν ᾤκει. γάμους δὲ ποιήσας ὁ
FEz.    64  70     6 καὶ ἕκαστος ⟨αὐτῶν⟩ κατ' ἰδίαν ἐκαθέζετο καὶ κατ' ✳ ἰδίαν ✳ ᾤκει. γάμους δὲ ποιήσας ὁ βασιλεὺς τῷ ἰδίῳ υἱῷ
FEz.    64  70     7 κατ' ἰδίαν ᾤκει. γάμους δὲ ποιήσας ὁ βασιλεὺς τῷ ✳ ἰδίῳ ✳ υἱῷ ἐκάλεσε πάντας τοὺς ἐν τῇ αὐτοῦ βασιλείᾳ
FAch.     108    (μετὰ) τὸν θάνατον ζῶντα δὲ τρόπαιον εἶναι τῆς ✳ ἰδίας ✳ συνειδήσεως. συγχωρήσας δὲ ὁ βασιλεὺς ἐκείνῳ τὸ
FAch.     115     καὶ τὰς ὥρας εὐσταθεῖν. ἐὰν θέλῃ ὀργίζεσθαι τὸ ✳ ἴδιον ✳ ἱερὸν τρέμειν ποιεῖ καὶ φοβερὰ βροντήσας καὶ
FAch.     117     ὁ δὲ Αἴσωπος ἐλθὼν εἰς τὴν οἰκίαν ἐκέλευσεν τοῖς ✳ ἰδίοις ✳ αἰλουρον συλλαμβάνεσθαι ζῶντα. (ἔστιν δὲ θεὰ
FAch.     121     Νεκταναβὼν συμβούλιον ποιησάμενος μετὰ τῶν ✳ ἰδίων ✳ λέγει ὡς ὁρῶ διὰ τὸν σαπρόμορφον καὶ κατάρατον
FPho.         153 ἴσον ἔστ' ἐνὶ πόντωι. ἐργάζευ μοχθῶν ὡς ἐξ ✳ ἰδίων ✳ βιοτεύσῃς πᾶς γὰρ ἀεργὸς ἀνὴρ ζώει κλοπίμων ἀπὸ
FPho.         157 παρὰ δαιτὸς ἴδοις σκυβάλισμα τραπέζης ἀλλ' ἀπὸ τῶν ✳ ἰδίων ✳ μισθῶν φαγέμεν ἀνυβρίστως. εἰ δέ τις οὐ δεδάηκε
IMen.    5 120     2 ἔργοις ἥδεται καὶ οὐκ ἀδίκως πονοῦντα δὲ ἐξ τὸν ✳ ἴδιον ✳ ὑψῶσαι βίον τὴν ὑπὸ ἀρούϊνα νύκτα καὶ τὴν ἡμέραν.
HEup.    9  32     1 ἄλλα ὅπως εὐτακτῇ καὶ ἵνα ἀποκατασταθῶσιν εἰς τὴν ✳ ἰδίαν ✳ ὡς ἂν ἀπὸ τῆς χρείας γενόμενοι. ἐπιστολή
LEze.    9  29  12 36 ἵν' ὧν ἔπραξαν μισθὸν ἀποδῶσι βροτοῖς. ὅταν δ' ἐς ✳ ἴδιον ✳ χῶρον εἰσέλθηθ' ὅπως ἀφ' ᾗσπερ ἠοῦς ἐφύγετ'
FrAn.     574  3058 ἑκατὸν τεσσαράκοντα γλώσσας καὶ διαμερίσαντα τῷ ✳ ἰδίῳ ✳ προστάγματι. ὁρκίζω σε τὸν τῶν αὐχενίων γιγάντων
   ἰδιότης
                                       1
Aris.      97     6 γενηθεῖσαν ἀπαυγάζοντες ἕκαστος ἀνεξήγητον τῆς ✳ ἰδιότητος ✳ τὴν φυσικὴν χρόαν. ἐπὶ δὲ τῆς κεφαλῆς ἔχει τὴν
   ἰδιώτης
                                       2
Aris.     288     2 τοῦ μετέπειτα τί κάλλιστόν ἐστι τοῖς ὄχλοις ἐξ ✳ ἰδιώτου ✳ βασιλέα κατασταθῆναι ἐπ' αὐτῶν ἢ ἐκ βασιλέως
Aris.     289     3 σκληροὶ καθίστανται πολλῷ δὲ μᾶλλον καί τινες τῶν ✳ ἰδιωτῶν ✳ καὶ κακῶν πεπειραμένοι καὶ πενίας μετεσχηκότες
   ἰδού
                                       145  ἰδού ἰδου ειδου
HArt.    9  25     1 δὲ τοῦτον ἐν τῇ Αὐσίτιδι χώρᾳ ἐπὶ τοῖς ὅροις τῆς ✳ Ἰδουμαίας ✳ καὶ Ἀραβίας. γενέσθαι δ' αὐτὸν δίκαιον καὶ
   Ἰδουμαῖος
                                       2
Aris.     107     5 Σαμαρεῖτιν λεγομένην καὶ τῶν συναπτόντων τῇ τῶν ✳ Ἰδουμαίων ✳ χώρᾳ τινῶν δὲ ὀρεινῶν τῶν ⟨πρὸς μέσην τὴν
HEup.    9  30     3 καὶ Φοίνικας. στρατεῦσαι δ' αὐτὸν καὶ ἐπὶ ✳ Ἰδουμαίους ✳ καὶ Ἀμμανίτας καὶ Μωαβίτας καὶ Ἰτουραίους
   ἴδρις
                                       1
IOrp.      28 εἰ μὴ μουνογενής τις ἀπορρὼξ φύλου ἄνωθεν Χαλδαίων ✳ ἴδρις ✳ γὰρ ἔην ἄστροιο πορείης καὶ σφαίρης κίνημ' ἀμφὶ
   ἵδρυμα
                                       1
Sib.        3    31 αἰλούροισι θύοντες εἰδώλοις τ' ἀλάλοις λιθίνοις θ' ✳ ἱδρύμασι ✳ φωτῶν καὶ ναοῖς ἀθέοις καθεζόμενοι πρὸ θυράων
   ἱδρύω
                                       9
Job        10     1 λάβωσιν ὅσον χρῄζουσιν. ἦσαν δέ μοι καὶ τράπεζαι ✳ ἱδρυμέναι ✳ τριάκοντα ἐν τῷ οἴκῳ μου ἀκίνητοι πάσας ὥρας
Job        32     7 νῦν τυγχάνει ἡ δόξα τοῦ θρόνου σου; σὺ εἶ ὁ τὰς ✳ ἱδρυμένας ✳ ἑξήκοντα τραπέζας τοῖς πτωχοῖς στηρίξας ποῦ
Sib.        3     2 +ὑψιβρεμέτα μάκαρ οὐράνιε ὃς ἔχεις τὰ Χερουβίμ+ ✳ ἱδρυμένος ✳ λίτομαι παναληθέα φημίξασαν παῦσον βαιόν με
Sib.        4   108 στρόψει ποτὲ σεισμὸς πρηνίξας στήσῃ δὲ πάλιν πόλις ✳ ἱδρυνθεῖσα. ✳ ὃ Λυκίης Μύρα καλά σε δ' αὐτότε βρασσομένη
FJub.      18    13 τόπον τὸν Ἀβραὰμ οἰκοδομῆσαι ἔνθα Δαβὶδ ὕστερον ✳ ἱδρύσατο ✳ τὸ ἱερόν. ἐγέννησεν πάλιν Ἀβραὰμ ἐκ τῆς
ISop.    5 113     2 ἀνέμων βίαν. θνητοὶ δὲ πολλοὶ καρδίαν πλανώμενοι ✳ ἱδρυσάμεθα ✳ πημάτων παραψυχὴν θεῶν ἀγάλματα ἐκ λίθων ἢ
HEup.    9  30     5 αὐτῷ ὀφθῆναι ἑστῶτα ἐπάνω τοῦ τόπου οὗ τὸν βωμὸν ✳ ἱδρῦσθαι ✳ ἐν Ἱεροσολύμοις καὶ κελεύειν αὐτὸν μὴ

```
HEup.  9 30   5  ἱδρῦσθαι ἐν Ἱεροσολύμοις καὶ κελεύειν αὐτὸν μὴ  * ἱδρύ⟨ε⟩σθαι * τὸ ἱερὸν διὰ τὸ αἵματι ἀνθρωπίνῳ πεφύρθαι
HCal.  28     5  οἰκοδομήσας ἐν αὐτῷ τὴν ἑαυτοῦ στήλην ποιήσας   * ἵδρυσε * περὶ αὐτῶν δὲ Σελεύκου καὶ Ἀντιόχου καὶ Φιλίππου
```

ἱδρώς   3
```
Abr.1  20     5  οὐχ ὑποφέρω γὰρ θεωρῶν σου τὸ εἶδος ⟨κατῆλθε γὰρ ὁ * ἱδρὼς * ἐκ τῆς ὄψεως αὐτοῦ⟩ ὡσεὶ θρόμβοι αἵματος. ἦλθεν δὲ
Asen.  4      9  ῥήματα ταῦτα παρὰ τοῦ πατρὸς αὐτῆς περιεχύθη αὐτῇ * ἱδρὼς * ἐρυθρὸς πολὺς ἐπὶ τοῦ προσώπου αὐτῆς καὶ ἐθυμώθη
Asen.  9      1  αὐτῇ χαρὰ καὶ λύπη καὶ φόβος πολὺς καὶ τρόμος καὶ  * ἱδρὼς * συνεχὴς ὡς ἤκουσε πάντα τὰ ῥήματα Ἰωσὴφ ὅσα
```

ἱδρώτης *
```
Adam   24     2  αὐτῆς. ἀκάνθας καὶ τριβόλους ἀνατελεῖ σοι καὶ ἐν   * ἱδρῶτι * τοῦ προσώπου σου φάγει τὸν ἄρτον σου. ἔσει δὲ
```

Ιεβλαε   1
```
TLevi  6      9             τὰ ποίμνια ὀγκούμενα ὄντα ἐπ' αὐτὸν καὶ * Ιεβλαε * τὸν οἰκογενῆ αὐτοῦ σφόδρα αἰκίσαντο. καίγε οὕτως
```

Ιεζάν   2
```
HDem.  9 29   1  γενομένων ἐκ Χεττούρας τοῦ Ἀβραὰμ γένους ἐκ τοῦ  * Ιεζὰν * τοῦ γενομένου Ἀβραὰμ ἐκ Χεττούρας ἐκ δὲ τοῦ
HDem.  9 29   1  τοῦ γενομένου Ἀβραὰμ ἐκ Χεττούρας ἐκ δὲ τοῦ       * Ιεζὰν * γενέσθαι Δαδὰν ἐκ δὲ Δαδὰν Ῥαγουὴλ ἐκ δὲ
```

Ιεζεκιήλ   1
```
Prop.  3      1  συγκοινωνὸς Μωϋσέως καὶ ὁμοῦ εἰσιν ἕως σήμερον.  * Ιεζεκιήλ. * οὗτός ἐστιν ἐκ γῆς Ἀρίρα ἐκ τῶν ἱερέων καὶ
```

ἰελωσαΐ *
```
FrAn.  574 3032  χαχθαβραθα χαμυγχελ αβρωωθ σὺ αβρασιλωθ αλληλου  * ἰελωσαΐ * ιαηλ. ὁρκίζω σε τὸν ὁπτανθέντα τῷ Ἰσραὴλ ἐν   1
```

Ιεμμαδά   1
```
FIsa.  1 2   12  καὶ αὐτό⟨ς⟩ ἐράπισεν καὶ ὕβρισεν τὸν Μιχαίαν υἱὸν * Ιεμμαδὰ * τὸν προφήτην. καὶ αὐτὸς δὲ ὑβρ⟨ίσ⟩θη ὑπὸ Ἀχαὰβ
```

Ἱεράπολις   2
```
Sib.   3    345  Τάναγρα Σινώπη Σμύρνη +Μάρος+ Γάζα πανολβίστη   * Ἱεράπολις * Ἀστυπάλαια Εὐρώπης δὲ +Κύαγρα κλύτος+
Sib.   5    318  αἰαῖ σοι +Κέρκυρα+ καλὴ πόλι παύεο κώμου. καὶ    * Ἱεράπολι * γαῖα μόνη Πλούτω⟨νι⟩ μιγεῖσα ἕξεις ὃν
```

ἱεράσιος *   2
```
FAch.  117       αἴλουρον συλλαμβάνεσθαι ζῶντα. (ἔστιν δὲ θεὰ    * ἱερασίου * βασιλέως]--- οἱ δὲ Αἰγύπτιοι ἰδόντες συνέδραμον
FAch.  117       Αἴσωπον καὶ ἐλθόντος εἶπεν αὐτῷ κακῶς ἔπραξας θεᾶς * ἱερασίου * Βουβάστεώς ἐστιν εἴδωλον ὃ σέβονται οἱ
```

ἱερατεία   8
```
TLevi  5      2  καὶ εἶπέ μοι Λευὶ σοὶ δέδωκα τὰς εὐλογίας τῆς    * ἱερατείας * ἕως οὗ ἐλθὼν παροικήσω ἐν μέσῳ τοῦ Ἰσραήλ.
TLevi  8      2  λευκὴ λέγοντάς μοι ἀναστὰς ἔνδυσαι τὴν στολὴν τῆς * ἱερατείας * καὶ τὸν στέφανον τῆς δικαιοσύνης καὶ τὸ λόγιον
TLevi  8     10  περιέθηκεν. ὁ ἕβδομος διάδημά μοι περιέθηκεν     * ἱερατείας. * καὶ ἐπλήρωσαν τὰς χεῖράς μου θυμιάματος ὥστε
TLevi  8     14  ὅτι βασιλεὺς ἐκ τοῦ Ἰουδὰ ἀναστήσεται καὶ ποιήσει * ἱερατείαν * νέαν κατὰ τὸν τύπον τῶν ἐθνῶν εἰς πάντα τὰ
TLevi  18     1  τὴν ἐκδίκησιν αὐτῶν παρὰ κυρίου ἐκλείψει ἡ      * ἱερατεία. * τότε ἐγερεῖ κύριος ἱερέα καινὸν ᾧ πάντες οἱ
TJud.  21     2  ἐμοὶ γὰρ ἔδωκε κύριος τὴν βασιλείαν κἀκείνῳ τὴν  * ἱερατείαν * καὶ ὑπέταξε τὴν βασιλείαν τῇ ἱερωσύνῃ. ἐμοὶ
TJud.  21     4  ὡς ὑπερέχει οὐρανὸς τῆς γῆς οὕτως ὑπερέχει θεοῦ   * ἱερατεία * τῆς ἐπὶ γῆς βασιλείας ἐὰν μὴ δι' ἁμαρτίας
TIss.  5      7  κύριος ἐκλήρωσεν ἐν αὐτοῖς καὶ τῷ μὲν ἔδωκε τὴν  * ἱερατείαν * τῷ δὲ τὴν βασιλείαν. αὐτοῖς οὖν ὑπακούσατε καὶ
```

ἱεράτευμα   1
```
TLevi  18 2B067  αὐτὸς καὶ τὸ σπέρμα αὐτοῦ ἔσονται ἀρχὴ βασιλέων  * ἱεράτευμα * τῷ Ἰσραήλ. ἐν τῷ τετάρτῳ καὶ λ' ἔτει ἐγεννήθη
```

ἱερατεύω   5
```
TLevi  8     10  καὶ ἐπλήρωσαν τὰς χεῖράς μου θυμιάματος ὥστε     * ἱερατεύειν * με κυρίῳ. εἶπαν δὲ πρός με Λευὶ εἰς τρεῖς
TLevi  12     5  ἐτῶν ὅτε ἀπέκτεινα τὸν Συχὲμ καὶ ἐννεακαίδεκα ἐτῶν * ἱεράτευσα * καὶ εἰκοσιοκτὼ ἐτῶν ἔλαβον γυναῖκα καὶ
TLevi  18 2B013  ηὐλόγησεν ἡμᾶς καὶ ηὔφράνθη. καὶ ὅτε ἔγνω ὅτι ἐγὼ * ἱεράτευσα * τῷ κυρίῳ δεσπότῃ τοῦ οὐρανοῦ ἤρξατο διδάσκειν
Prop.  15     2  τῷ Ἰωσεδὲκ ὅτι γεννήσει υἱὸν καὶ ἐν Ἱερουσαλὴμ    * ἱερατεύσει. * οὗτος καὶ τὸν Σαλαθιὴλ ἐφ' υἱῷ ηὐλόγησε καὶ
Prop.  18    4B  ταῦτα προεῖπεν Ἡλεὶ πρὸς τοὺς υἱοὺς αὐτοὺς      * ἱερατεῦσαι. * καὶ ἀπέθανε καὶ ἐτάφη σύνεγγυς τῆς δρυὸς
```

ἱερατικός   1
```
HCal.  24    30  ταῦτα ἤκουσαν Ἀλεξάνδρῳ ὑπείκειν κελεύονται. ταῖς * ἱερατικαῖς * οὖν στολαῖς ἑαυτοὺς οἱ τούτων ἱερεῖς
```

ἱερεῖον *
```
HEup.  9 33   1  καὶ τὰ ἄλλα χορηγηθήσεται αὐτοῖς ἐκ τῆς Ἰουδαίας * ἱερεῖα * δὲ εἰς κρεωφαγίαν ἐκ τῆς Ἀραβίας. ἐπιστολὴ
```

Ἱερεμίας   86
```
Jer.   1                               τὰ παραλειπόμενα * Ιερεμιου * του προφητου. ἐγένετο ἡνίκα ἠχμαλωτεύθησαν οἱ
Jer.   1    1  ἀπὸ τοῦ βασιλέως τῶν Χαλδαίων ἐλάλησεν ὁ θεὸς πρὸς * Ἱερεμίαν * λέγων Ἱερεμία ὁ ἐκλεκτός μου ἀνάστα καὶ
Jer.   1    1  τῶν Χαλδαίων ἐλάλησεν ὁ θεὸς πρὸς Ἱερεμίαν λέγων  * Ἱερεμία * ὁ ἐκλεκτός μου ἀνάστα καὶ ἔξελθε ἐκ τῆς πόλεως
Jer.   1    4  δύναμις τῶν Χαλδαίων κυκλώσει αὐτήν. καὶ ἀπεκρίθη  * Ἱερεμίας * λέγων παρακαλῶ σε κύριε ἐπίτρεψόν μοι τῷ δούλῳ
Jer.   1    5  σου. εἶπεν δὲ αὐτῷ ὁ κύριος λάλει ὁ ἐκλεκτός μου   * Ἱερεμίας. * καὶ ἐλάλησεν Ἱερεμίας λέγων κύριε
Jer.   1    5  λάλει ὁ ἐκλεκτός μου Ἱερεμίας. καὶ ἐλάλησεν       * Ἱερεμίας * λέγων κύριε παντοκράτωρ παραδίδως τὴν πόλιν
Jer.   1    7  ἐκ τῶν χειρῶν σου ἀφανισθῆτω. καὶ εἶπε κύριος τῷ   * Ἱερεμίᾳ * ἐπειδὴ σὺ ἐκλεκτός μου εἶ ἀνάστα καὶ ἔξελθε ἐκ
Jer.   1   11  εἰς αὐτήν. ταῦτα εἰπὼν ὁ κύριος ἀπῆλθεν ἀπὸ τοῦ   * Ἱερεμίου. * δραμὼν δὲ Ἱερεμίας ἀνήγγειλε ταῦτα τῷ Βαροὺχ
Jer.   2    1  ὁ κύριος ἀπῆλθεν ἀπὸ τοῦ Ἱερεμίου. δραμὼν δὲ      * Ἱερεμίας * ἀνήγγειλε ταῦτα τῷ Βαροὺχ καὶ ἐλθόντες εἰς τὸν
Jer.   2    1  καὶ ἐλθόντες εἰς τὸν ναὸν τοῦ θεοῦ διέρρηξεν ὁ    * Ἱερεμίας * τὰ ἱμάτια αὐτοῦ καὶ ἐπέθηκεν χοῦν ἐπὶ τὴν
Jer.   2    2  αὐτοῦ διερρωγότα ἔκραξε φωνῇ μεγάλῃ λέγων πάτερ    * Ἱερεμία * τί ἐστι σοι ἢ ποῖον ἁμάρτημα ἐποίησεν ὁ λαός;
Jer.   2    3  ὁ λαὸς χοῦν ἔπασσεν ἐπὶ τὴν κεφαλὴν αὐτοῦ ὁ       * Ἱερεμίας * καὶ ηὔχετο ὑπὲρ τοῦ λαοῦ ἕως ἂν ἀφεθῇ αὐτῷ ἡ
Jer.   2    5  ὁ Βαροὺχ λέγων πάτερ τί ἐστι τοῦτο; εἶπε δὲ αὐτῷ  * Ἱερεμίας * φύλαξαι τοῦ σχίσαι τὰ ἱμάτιά σου ἀλλὰ μᾶλλον
Jer.   2    6  κύριος τὸν λαὸν τοῦτον. καὶ εἶπε Βαροὺχ πάτερ      * Ἱερεμία * τί γέγονε; καὶ εἶπεν Ἱερεμίας ὅτι ὁ θεὸς
Jer.   2    7  εἶπε Βαροὺχ πάτερ Ἱερεμία τί γέγονε; καὶ εἶπεν    * Ἱερεμίας * ὅτι ὁ θεὸς παραδίδωσι τὴν πόλιν εἰς χεῖρας τοῦ
Jer.   2    8  διέρρηξε καὶ αὐτὸς τὰ ἱμάτια αὐτοῦ καὶ εἶπε πάτερ  * Ἱερεμία * τίς σοι ἐδήλωσε τοῦτο; καὶ εἶπεν αὐτῷ Ἱερεμίας
Jer.   2    8  Ἱερεμία τίς σοι ἐδήλωσε τοῦτο; καὶ εἶπεν αὐτῷ      * Ἱερεμίας * Ἔκδεξαι μικρὸν μετ' ἐμοῦ ἕως ὥρας ἕκτης τῆς
Jer.   3    1  ἐγένετο ἡ ὥρα τῆς νυκτὸς καθὼς εἶπεν ὁ κύριος τῷ   * Ἱερεμίᾳ * ἦλθον ὁμοῦ ἐπὶ τὰ τείχη τῆς πόλεως Ἱερεμίας
Jer.   3    1  τῷ Ἱερεμίᾳ ἦλθον ὁμοῦ ἐπὶ τὰ τείχη τῆς πόλεως     * Ἱερεμίας * καὶ Βαρούχ. καὶ ἰδοὺ ἐγένετο φωνὴ σαλπίγγων
Jer.   3    3  ἔστησαν ἐπὶ τὰ τείχη τῆς πόλεως. ἰδόντες δὲ αὐτοὺς * Ἱερεμίας * καὶ Βαροὺχ ἔκλαυσαν λέγοντες νῦν ἐγνώκαμεν ὅτι
Jer.   3    4  ἐγνώκαμεν ὅτι ἀληθές ἐστι τὸ ῥῆμα. παρεκάλεσε δὲ   * Ἱερεμίας * τοὺς ἀγγέλους λέγων παρακαλῶ ὑμᾶς μὴ ἀπολέσθαι
Jer.   3    4  τὴν πόλιν ἕως ἂν λαλήσω πρὸς τὸν ἐκλεκτόν μου      * Ἱερεμίαν. * τότε Ἱερεμίας ἐλάλησεν λέγων δέομαι κύριε
Jer.   3    4  ἂν λαλήσω πρὸς τὸν ἐκλεκτόν μου Ἱερεμίαν. τότε     * Ἱερεμίας * ἐλάλησεν λέγων δέομαι κύριε κέλευσόν με
Jer.   3    5  ἐνώπιόν σου. καὶ εἶπε κύριος λάλει ὁ ἐκλεκτός μου  * Ἱερεμίας. * καὶ εἶπεν Ἱερεμίας ἰδοὺ νῦν κύριε ἐγνώκαμεν
Jer.   3    6  κύριος λάλει ὁ ἐκλεκτός μου Ἱερεμίας. καὶ εἶπεν   * Ἱερεμίας * ἰδοὺ νῦν κύριε ἐγνώκαμεν ὅτι παραδίδως τὴν
Jer.   3    6  ἕως τῆς συνελεύσεως τοῦ ἠγαπημένου. ἐλάλησε δὲ     * Ἱερεμίας * λέγων παρακαλῶ σε κύριε δεῖξόν μοι τί ποιήσω
Jer.   3    9  Αἰθίοπι ὅτι πολλὰς εὐεργεσίας ἐποίησε τῷ δούλῳ σου * Ἱερεμίᾳ * ὅτι αὐτὸς ἀνέσπασέ με ἐκ τοῦ λάκκου τοῦ
Jer.   3   10  ἐλέησον αὐτὸν καὶ μὴ λυπηθῇ. καὶ εἶπε κύριος τῷ   * Ἱερεμίᾳ * ἀπόστειλον αὐτὸν εἰς τὸν ἀμπελῶνα τοῦ Ἀγρίππα
Jer.   3   11  ἕως οὗ ἐπιστρέψω τὸν λαὸν εἰς τὴν πόλιν. σὺ δὲ    * Ἱερεμίας * ἄπελθε μετὰ τοῦ λαοῦ σου εἰς Βαβυλῶνα καὶ
Jer.   3   13  ἕως οὗ λαλήσω αὐτῷ. ταῦτα εἰπὼν ὁ κύριος ἀνέβη ἀπὸ * Ἱερεμίου * εἰς τὸν οὐρανόν. Ἱερεμίας δὲ καὶ Βαροὺχ
Jer.   3   14  ὁ κύριος ἀνέβη ἀπὸ Ἱερεμίου εἰς τὸν οὐρανόν.      * Ἱερεμίας * δὲ καὶ Βαροὺχ εἰσῆλθον εἰς τὸ ἁγιαστήριον καὶ
Jer.   3   15  δύο καὶ ἔκλαυσαν. πρωΐας δὲ γενομένης ἀπέστειλεν   * Ἱερεμίας * τὸν Ἀβιμέλεχ λέγων ἆρον τὸν κόφινον καὶ
Jer.   3   16  καὶ ἐπὶ τὴν κεφαλήν σου ἡ δόξα. καὶ ταῦτα εἰπὼν    * Ἱερεμίας * ἀπέλυσεν αὐτόν. Ἀβιμέλεχ δὲ ἐπορεύθη καθὰ
Jer.   4    3  πλήθους αὐτοῦ καὶ αἰχμαλωτεύσαι πάντα τὸν λαόν,    * Ἱερεμίας * δὲ ἄρας τὰς κλεῖδας τοῦ ναοῦ ἐξῆλθεν ἔξω τῆς
Jer.   4    4  ἐπίτροποι τοῦ ψεύδους ἐγενήθησαν. ἔτι κλαίοντος    * Ἱερεμίου * τὸν λαὸν ἐξήγαγεν αὐτὸν μετὰ τοῦ λαοῦ
Jer.   5    5  κοιμηθῶ καὶ βραδυνῶ τοῦ ἐξυπνισθῆναι καὶ ὀλιγωρήσῃ * Ἱερεμίας * ὁ πατήρ μου εἰ μὴ γὰρ ἐσπούδαζεν οὐκ ἂν
Jer.   5   11  τὴν ὁδόν. θαυμαστὸν εἶπεν τοῦτο ἐναντίον           * Ἱερεμίας * ὅτι πεπλάνημαι ὅτι ἰδὲ ἀπὸ τῆς
Jer.   5   18  ἐστι. καὶ λέγει αὐτῷ Ἀβιμέλεχ ποῦ ἐστιν ὁ         * Ἱερεμίας * ὁ ἱερεὺς καὶ Βαροὺχ ὁ ἀναγνώστης καὶ πᾶς ὁ
Jer.   5   19  εἶ σὺ ἐκ τῆς πόλεως ταύτης σήμερον μνησθεὶς τοῦ   * Ἱερεμίου * ὅτι ἐπερωτᾷς περὶ αὐτοῦ μετὰ τοσοῦτον χρόνον;
Jer.   5   21  ἐπερωτᾷς περὶ αὐτοῦ μετὰ τοσοῦτον χρόνον;         * Ἱερεμίας * γὰρ ἐν Βαβυλῶνί ἐστι μετὰ τοῦ λαοῦ
Jer.   5   21  Ναβουχοδονόσορ τοῦ βασιλέως καὶ μετ' αὐτῶν ἐστι   * Ἱερεμίας * εὐαγγελίσασθαι αὐτοῖς καὶ κατηχῆσαι αὐτοὺς τὸν
Jer.   5   25  πόση γὰρ ὥρα ἐστὶν ἀφ' οὗ ἀπέστειλέ με ὁ πατήρ μου * Ἱερεμίας * εἰς τὸ χωρίον τοῦ Ἀγρίππα ἐνέγκαι ὀλίγα σῦκα
Jer.   6    8  ὁ κύριος πῶς ποιήσωμεθα ἀποστεῖλαι τὴν φάσιν τῷ    * Ἱερεμίᾳ * εἰς Βαβυλῶνα διὰ τὴν σκέπην τὴν γενομένην σοι
Jer.   6   10  ἡμῶν. τί ποιήσωμεν καὶ πῶς ἀποστείλωμεν πρὸς      * Ἱερεμίαν * εἰς Βαβυλῶνα τὴν φάσιν ταύτην; ἔτι δὲ
Jer.   6   12  τοῦ φωτὸς μὴ μεριμνήσῃς τὸ πῶς ἀποστείλῃς πρὸς     * Ἱερεμίαν * ἔρχεται γὰρ πρός σε ὥρᾳ τοῦ φωτὸς αὔριον ἀετὸς
Jer.   6   12  σε ὥρᾳ τοῦ φωτὸς ἀετὸς καὶ σὺ ἐπισκέψῃ πρὸς       * Ἱερεμίαν * γράψον οὖν ἐν τῇ ἐπιστολῇ ὅτι λάλησον τοῖς
Jer.   6   17  οὕτως Βαροὺχ ὁ δοῦλος τοῦ θεοῦ γράφει τῷ          * Ἱερεμίᾳ * ἐν τῇ αἰχμαλωσίᾳ τῆς Βαβυλῶνος χαῖρε καὶ
Jer.   6   22  ἀκούσητε τῆς φωνῆς μου λέγει κύριος ἐκ στόματος    * Ἱερεμίου * τοῦ παιδός μου ὁ ἀκούων ἀναφέρω αὐτὸν ἐκ τῆς
Jer.   7    6  Βαροὺχ εἰ δύνασαί σὺ ἐπᾶραι τὴν καλὴν φάσιν ταύτην τῷ * Ἱερεμίᾳ * εἰς Βαβυλῶνα; καὶ εἶπεν αὐτῷ ὁ δὲ ἀετός εἰς τὴν
Jer.   7   11  οὕτως καὶ σὺ ἆρον τὴν καλὴν φάσιν ταύτην τῷ       * Ἱερεμίᾳ * καὶ τοῖς σὺν αὐτῷ δεσμίοις ἵνα εὖ σοι γένηται
Jer.   7   13  εἰς τόπον ἔρημον. ἐσιώπησε δὲ ἕως οὗ διῆλθεν      * Ἱερεμίας * αὐτὸς γὰρ καὶ ἄλλοι τινὲς τοῦ λαοῦ ἐξήρχοντο
Jer.   7   14  ἐξήρχοντο θάψαι νεκρὸν ἔξω τῆς πόλεως. ᾐτήσατο    * Ἱερεμίας * ὁ ἐκλεκτὸς τοῦ θεοῦ ἄπελθε σύναξον τὸν λαὸν καὶ
Jer.   7   15  καὶ ἔκραξεν ὁ ἀετὸς μεγάλῃ φωνῇ λέγων σοί λέγω    * Ἱερεμίας * ἐδίδαξε τὸν θεὸν καὶ ἀπελθὼν συνῆξε τὸν λαὸν
Jer.   7   16  σοι ἀπὸ τοῦ Βαροὺχ καὶ τοῦ Ἀβιμέλεχ. ἀκούσας δὲ ὁ * Ἱερεμία * δεῦρο λῦσον τὴν ἐπιστολὴν ταύτην καὶ ἀνάγνωθι
Jer.   7   19  διὰ τοῦ ἀετοῦ τούτου; καὶ εἶπεν ὁ ἀετός σοί λέγω  * Ἱερεμία * δεῦρο λῦσον τὴν ἐπιστολὴν ταύτην καὶ ἀνάγνωθι
Jer.   7   21  ἐπέθηκαν χοῦν ἐπὶ τὰς κεφαλὰς αὐτῶν καὶ ἔλεγον τῷ * Ἱερεμίᾳ * σῶσον ἡμᾶς καὶ ἀπάγγειλον ἡμῖν τί ποιήσωμεν ἵνα
```

Jer. 7 22 εἰσέλθωμεν πάλιν εἰς τὴν πόλιν ἡμῶν. ἀποκριθεὶς δὲ × Ἰερεμίας × εἶπεν αὐτός πάντα ὅσα ἐκ τῆς ἐπιστολῆς
Jer. 7 23 εἰς τὴν πόλιν ἡμῶν. ἔγραψε δὲ καὶ ἐπιστολὴν ὁ × Ἰερεμίας × τῷ Βαροὺχ λέγων οὕτως υἱέ μου ἀγαπητὲ μὴ
Jer. 7 30 ἔδησε τὴν ἐπιστολὴν εἰς τὸν τράχηλον τοῦ ἀετοῦ × Ἰερεμίας × λέγων ἄπελθε ἐν εἰρήνῃ καὶ ἐπισκέψηται ἡμᾶς
Jer. 7 32 ἀκούσας διὰ τὰς λύπας καὶ τὰς κακώσεις τοῦ λαοῦ. × Ἰερεμίας × δὲ ἄρας τὰ σῦκα διέδωκε τοῖς νοσοῦσι τοῦ λαοῦ
Jer. 8 2 τὸν λαὸν ἐκ Βαβυλῶνος. καὶ εἶπεν ὁ κύριος πρὸς × Ἰερεμίαν × ἀνάστηθι σὺ καὶ ὁ λαὸς καὶ δεῦτε ἐπὶ τὸν
Jer. 8 4 τοὺς δὲ μὴ ἀκούοντάς σου μὴ εἰσαγάγῃς αὐτοὺς ἐκεῖ. × Ἰερεμίας × δὲ ἐλάλησεν πρὸς τὸν λαὸν τὰ ῥήματα ταῦτα καὶ
Jer. 8 4 τῶν γαμησάντων ἐξ αὐτῶν οὐκ ἠθέλησαν ἀκοῦσαι τοῦ × Ἰερεμίου × ἀλλ' εἶπον πρὸς αὐτὸν οὐ μὴ καταλείψωμεν τὰς
Jer. 8 5 τὸν Ἰορδάνην καὶ ἦλθον εἰς Ἰερουσαλήμ. καὶ ἔστη × Ἰερεμίας × καὶ Βαροὺχ καὶ Ἀβιμέλεχ λέγοντες ὅτι πᾶς
Jer. 8 9 τὸ ὄνομα αὐτῆς Σαμάρειαν. ἀπέστειλε δὲ πρὸς αὐτοὺς × Ἰερεμίας × λέγων μετανοήσατε ἔρχεται γὰρ ἄγγελος τῆς
Jer. 9 1 εἰς τὸν τόπον ὑμῶν τὸν ὑψηλόν. ἔμειναν δέ οἱ τοῦ × Ἰερεμίου × χαίροντες καὶ ἀναφέροντες θυσίας ὑπὲρ τοῦ λαοῦ
Jer. 9 2 ὑπὲρ τοῦ λαοῦ ἐννέα ἡμέρας. τῇ δὲ δεκάτῃ ἀνήνεγκεν × Ἰερεμίας × μόνος θυσίαν. καὶ ηὔξατο εὐχὴν λέγων ἅγιος
Jer. 9 7 ἐν αὐτῷ πρὸ τοῦ ταῦτα γενέσθαι. ταῦτα λέγοντος τοῦ × Ἰερεμίου × καὶ ἱσταμένου ἐν τῷ θυσιαστηρίῳ μετὰ Βαροὺχ
Jer. 9 8 μεγάλη τῇ φωνῇ οὐαὶ ἡμῖν ὅτι ὁ πατὴρ ἡμῶν × Ἰερεμίας × κατέλιπεν ἡμᾶς ὁ ἱερεὺς τοῦ θεοῦ καὶ ἀπῆλθεν.
Jer. 9 9 αὐτῶν καὶ ἔδραμον ἐπ' αὐτοὺς πάντες καὶ εἶδον × Ἰερεμίαν × ἀνακείμενον χαμαὶ ὥσπερ τεθνηκότα. καὶ
Jer. 9 19 ἐμπλήσει τὰς πεινώσας ψυχάς. ταῦτα λέγοντος τοῦ × Ἰερεμίου × περὶ τοῦ υἱοῦ τοῦ θεοῦ ὅτι ἔρχεται εἰς τὸν
Jer. 9 23 ἀκούσαι πλήρης τὰ μυστήρια ἃ εἶδε. λέγει δὲ αὐτοῖς × Ἰερεμίας × σιωπήσατε καὶ μὴ κλαίετε οὐ μὴ γάρ με
Jer. 9 26 λίθος διὰ προστάγματος θεοῦ ἀνέλαβεν ὁμοιότητα τοῦ × Ἰερεμίου. × καὶ ἐλιθοβόλουν τὸν λίθον νομίζοντες ὅτι
Jer. 9 27 καὶ ἐλιθοβόλουν τὸν λίθον νομίζοντες ὅτι × Ἰερεμίας × ἐστίν. ὁ δὲ Ἰερεμίας πάντα παρέδωκε τὰ
Jer. 9 28 τὸν λίθον νομίζοντες ὅτι Ἰερεμίας ἐστίν. ὁ δὲ × Ἰερεμίας × πάντα παρέδωκε τὰ μυστήρια ἃ εἶδε τῷ Βαροὺχ
Jer. 9 30 Ἰσραὴλ διὰ τί λιθοβολεῖτέ με νομίζοντες ὅτι ἐγὼ × Ἰερεμίας; × ἰδοὺ Ἰερεμίας ἐν μέσῳ ὑμῶν ἵσταται. ὡς δὲ
Jer. 9 30 λιθοβολεῖτέ με νομίζοντες ὅτι ἐγὼ Ἰερεμίας; ἰδοὺ × Ἰερεμίας × ἐν μέσῳ ὑμῶν ἵσταται. ὡς δὲ εἶδον αὐτὸν εὐθέως
Jer. 9 32 ἐν αὐτῷ οὕτως οὗτός ἐστιν ὁ λίθος ὁ βοηθὸς τοῦ × Ἰερεμίου. ×
Prop. 2 1 αὐτὸν ἐποίησεν ὁ θεὸς ἀπὸ τῆς ἡμέρας ἐκείνης. × Ἰερεμίας × ἦν ἐξ Ἀναθὼθ καὶ ἐν Τάφναις Αἰγύπτου λίθοις
Prop. 2 7 δεξιοὶ λαιὰν γὰρ λέγουσι πᾶν εὐώνυμον. οὗτος ὁ × Ἰερεμίας × σημεῖον δέδωκε τοῖς ἱερεῦσιν Αἰγύπτου ὅτι δεῖ
Prop. 2 15 τοῦ θεοῦ ἐκ τοῦ νόμου αὐτοῦ. καὶ ἔδωκεν ὁ θεὸς τῷ × Ἰερεμίᾳ × χάριν ἵνα τὸ τέλος τοῦ μυστηρίου αὐτὸ αὐτὸς
Aris. 50 1 Ἄρσαμος Ἰάσων Ἔνδεμια Δανίηλος. δεκάτης × Ἰερεμίας × Ἐλεάζαρος Ζαχαρίας Βανέας Ἐλισσαῖος Δαθαῖος.
HEup. 9 39 2 ἔτη μ΄. εἶτα Ἰωαχεὶμ ἐπὶ τούτου προφητεῦσαι × Ἰερεμίαν × τὸν προφήτην. τοῦτον ὑπὸ τοῦ θεοῦ ἀποσταλέντα
HEup. 9 39 4 βασιλέα ἀκούσαντα Ναβουχοδονόσορ τὰ ὑπὸ τοῦ × Ἰερεμίου × προμαντευθέντα παρακαλέσαι Ἀστιβάρην τὸν
HEup. 9 39 5 τῆς κιβωτοῦ καὶ τῶν ἐν αὐτῇ πλακῶν ταύτην δὲ τὸν × Ἰερεμίαν × κατασχεῖν. τὰ πάντα ἔτη ἀπὸ Ἀδὰμ ἄχρι τοῦ
FrAn. 574 3041 τῆς σφραγῖδος ἧς ἔθετο Σολομὼν ἐπὶ τὴν γλῶσσαν τοῦ × Ἰηρεμίου × καὶ ἐλάλησεν. καὶ σὺ λάλησον ὁποῖον ἐὰν ἧς

        60

**ἱερεύς**

TLevi 8 3 ἐπέθηκάν μοι καὶ εἶπαν ἀπὸ τοῦ νῦν γίνου εἰς × ἱερέα × κυρίου σὺ καὶ τὸ σπέρμα σου ἕως αἰῶνος. καὶ ὁ
TLevi 9 3 Ἰακὼβ ἐν δράματι περὶ ἐμοῦ ὅτι ἔσομαι αὐτοῖς εἰς × ἱερέα × πρὸς τὸν θεόν. καὶ ἀναστὰς τὸ πρωὶ ἀπεδεκάτωσα
TLevi 17 4 τιμία καὶ παρὰ πᾶσι δοξασθήσεται. ὁ δὲ τρίτος × ἱερεὺς × ἐν λύπῃ παραληφθήσεται. καὶ ὁ τέταρτος ἐν ὀδύνῃ
TLevi 17 11 κυρίου. ἐν δὲ τῷ ἑβδόμῳ ἑβδοματικῷ ἥξουσιν οἱ × ἱερεῖς × εἰδωλολατροῦντες μάχιμοι φιλάργυροι ὑπερήφανοι
TLevi 18 2 κυρίου ἐκλείψει ἡ ἱερατεία. τότε ἐγερεῖ κύριος × ἱερέα × καινὸν ᾧ πάντες οἱ λόγοι κυρίου ἀποκαλυφθήσονται
TLevi 18 2B017 σου ἁγίασον καὶ τὸ σπέρμα τοῦ ἁγιασμοῦ σου ἐστιν × ἱερεὺς × ἅγιος κληθήσεται τῷ σπέρματι Ἀβραάμ. ἐγγύς εἶ
TLevi 18 2B048 ἀπὸ τῆς καρδίας σου ἐν πάσαις ταῖς ἡμέραις σου ὅτι × ἱερεὺς × σὺ ἅγιος κυρίου καὶ ἱερεῖς ἔσονται πᾶν τὸ σπέρμα
TLevi 18 2B049 ταῖς ἡμέραις σου ὅτι ἱερεὺς σὺ ἅγιος κυρίου καὶ × ἱερεῖς × ἔσονται τὸ σπέρμα σου καὶ ἱερεῖς τοῦ υἱός σου
TIss. 2 5 ἀλλὰ ἀνέθηκεν αὐτοὺς ἐν οἴκῳ κυρίου προσενέγκαμα × ἱερεῖ × ὑψίστου τῷ ὄντι ἐν τῷ καιρῷ ἐκείνῳ. ὅτε οὖν
TIss. 3 6 πᾶσαν ὀπώραν καὶ πᾶν πρωτογέννημα πρῶτον διὰ τοῦ × ἱερέως × κυρίῳ προσέφερον ἔπειτα τῷ πατρί μου καὶ τότε
Asen. 1 3 Φαραὼ συνίων. καὶ ὄνομα τῷ ἀνδρὶ ἐκείνῳ Πεντεφρῆς × ἱερεὺς × Ἡλιουπόλεως. καὶ ἦν θυγάτηρ αὐτῷ παρθένος ἐτῶν
Asen. 1 7 μοι πάτερ τὴν Ἀσενὲθ τὴν θυγατέρα Πεντεφρῆ τοῦ × ἱερέως × Ἡλιουπόλεως εἰς γυναῖκα. καὶ εἶπεν αὐτῷ Φαραὼ ὁ
Asen. 3 2 ἔμπροσθεν αὐτοῦ δώδεκα ἄνδρας πρὸς Πεντεφρῆ τὸν × ἱερέα × λέγων πρός σε καταλύω ὅτι ὥρα μεσημβρίας ἐστὶ καὶ
Asen. 12 5 πρός σέ κύριε. κἀγὼ Ἀσενὲθ θυγάτηρ Πεντεφρῆ τοῦ × ἱερέως × ἡ παρθένος καὶ βασίλισσα ἥ ποτε σοβαρὰ καὶ
Asen. 21 2 εἶπεν αὐτῷ δός μοι τὴν Ἀσενὲθ θυγατέρα Πεντεφρῆ × ἱερέως × Ἡλιουπόλεως εἰς γυναῖκα. καὶ ἐχάρη Φαραὼ χαρὰν
Asen. 21 11 σου πολλὰ ἥμαρτον ἐγὼ Ἀσενὲθ ⟨θυγάτηρ Πεντεφρῆ × ἱερέως × Ἡλιουπόλεως ὅς ἐστιν ἐπίσκοπος πάντων⟩. ⟨ἥμαρτον
Jer. 5 18 καὶ λέγει αὐτῷ Ἀβιμέλεχ ποῦ ἐστιν ὁ Ἰερεμίας ὁ × ἱερεὺς × καὶ Βαροὺχ ὁ ἀναγνώστης καὶ πᾶς ὁ λαὸς τῆς πόλεως
Jer. 9 8 ἡμῖν ὅτι ὁ πατὴρ ἡμᾶς Ἰερεμίας κατέλιπεν ἡμᾶς ὁ × ἱερεὺς × τοῦ θεοῦ καὶ ἀπῆλθεν. ἤκουσε δὲ πᾶς ὁ λαὸς τοῦ
Bar. 16 4 ἐντολῶν μου καὶ τῶν ἐκκλησιῶν μου καὶ ὑβρισταὶ τῶν × ἱερέων × τῶν τοὺς λόγους μου κηρυττόντων αὐτοῖς. καὶ ἅμα
Prop. 1 6 τοῦ τάφου τῶν βασιλέων ὄπισθεν τοῦ τάφου τῶν × ἱερέων × ἐπὶ τὸ μέρος τὸ πρὸς νότον. Σολομὼν γὰρ ἐποίησε
Prop. 2 7 εὐώνυμον. οὗτος ὁ Ἰερεμίας σημεῖον δέδωκε τοῖς × ἱερεῦσιν × ἐν Αἰγύπτῳ ὅτι δεῖ σεισθῆναι τὰ εἴδωλα αὐτῶν καὶ
Prop. 2 11 καὶ τὰς ἐν αὐτῇ πλάκας οὐδεὶς ἀναπτύξει οὐκέτι × ἱερέων × ἢ προφητῶν εἰ μὴ Μωϋσῆς ὁ ἐκλεκτὸς τοῦ θεοῦ καὶ
Prop. 3 1 Ἰεζεκιήλ. οὗτος ἐστιν ἐκ γῆς Ἀρίρα ἐκ τῶν × ἱερέων × καὶ ἀπέθανεν ἐν τῇ γῇ τῶν Χαλδαίων ἐπὶ τῆς
Prop. 4 21B τῆς γῆς ἐν τῷ ἀνασκολοπίζεσθαι αὐτὸν ὑπὸ τῶν × ἱερέων × τοῦ νόμου ⟨καὶ πρεσβυτέρων τοῦ λαοῦ Ἰσραήλ. τότε
Prop. 14 2 τοῦ ναοῦ. καὶ θανὼν ἐτάφη πλησίον τοῦ τάφου τῶν × ἱερέων × ἐνδόξως ὡς αὐτοί. Ζαχαρίας ἦλθεν ἀπὸ Χαλδαίων ἤδη
Prop. 15 5 καὶ Ἰσραὴλ καὶ τοῦ ναοῦ καὶ ἄργιας προφητῶν καὶ × ἱερέων × καὶ περὶ διπλῆς κρίσεως ἐξέθετο καὶ ἀπέθανεν ἐν
Prop. 18 3 εἶδε ζεῦγος βοῶν πατοῦν τὸν λαὸν καὶ κατὰ τῶν × ἱερέων × ἐπιτρέχον καὶ περὶ τοῦ Ἱεροβοὰμ εἶπεν ὅτι δόλῳ
Prop. 18 3B βοῶν θηλειῶν καταπατοῦν τὸν λαὸν καὶ κατὰ τῶν × ἱερέων × ἐπιτρέχον προεῖπε καὶ τῷ Σολομῶντι ὅτι αἱ
Prop. 21 1 Ἀαρὼν οἴκων ἐν Γαλαὰδ ὅτι ἡ βασιλεὺς δόμα ἦν τοῖς × ἱερεῦσιν. × ὅτε εἶχε τεχθῆναι εἶδε Σοβαγὰ ὁ πατὴρ αὐτοῦ
Prop. 22 3 ὥστε ἀκουσθῆναι εἰς Ἱερουσαλὴμ καὶ εἶπεν ὁ × ἱερεὺς × διὰ τῶν δήλων ὅτι προφήτης ἐτέχθη Ἰσραὴλ ὃς
Prop. 23 1 ἀνέζησεν. Ζαχαρίας ἐξ Ἱερουσαλὴμ υἱὸς Ἰωδαὲ τοῦ × ἱερέως × ὃν ἀπέκτεινεν Ἰωὰς ὁ βασιλεὺς Ἰούδα ἐχόμενα τοῦ
Prop. 23 1 ἀνὰ μέσον ἐπὶ τοῦ Ἀτλὰμ λαβόντες αὐτὸν οἱ × ἱερεῖς × ἔθαψαν αὐτὸν μετὰ τοῦ πατρὸς αὐτοῦ ἔκτοτε
Prop. 23 2 τέρατα ἐν τῷ ναῷ φαντασίας καὶ οὐκ ἴσχυον οἱ × ἱερεῖς × ἰδεῖν ὀπτασίαν ἀγγέλων θεοῦ οὔτε δοῦναι χρησμοὺς
Prop. 24 2 περὶ Ἰωσία τοῦ βασιλέως Ἰούδα ὅτι τὰ ὀστᾶ τῶν × ἱερέων × τοῦ Βαὰλ κατακαύσει ἐπὶ τοῦ θυσιαστηρίου ἔνθα
Prop. 26 3 καὶ ἀπέθνησκεν καὶ ἦν εἰς μνημόσυνον τῶν × ἱερέων × καὶ βασιλέων καὶ προφητῶν καὶ τῶν μεγιστάνων καὶ
Aris. 53 3 εἰ κατασκευάσει μείζονα. τινὲς μὲν οὖν καὶ τῶν × ἱερέων × καὶ τῶν ἄλλων ἔλεγον μηδὲν ἐπικωλύειν. ὁ δὲ εἶπε
Aris. 87 5 τοῦ τόπου καθηκόντως τὸ κλίμα τῶν λειτουργούντων × ἱερέων × κεκαλυμμένων μέχρι τῶν σφυρῶν βυσσίνοις χιτῶσιν
Aris. 92 1 τὸ μέγεθος τῶν ἀγγείων καθὼς δεδήλωται. τῶν δὲ × ἱερέων × ἡ λειτουργία κατὰ τὴν ἀνυπέρβλητός ἐστι τῇ ῥώμῃ
Aris. 140 2 τὴν πᾶσαν κτίσιν. ὅθεν οἱ Αἰγυπτίων καθηγεμόνες × ἱερεῖς × ἐγκεκυφότες εἰς πολλὰ καὶ μετεσχηκότες πραγμάτων
Aris. 184 6 τῶν δὲ παραγεγονότων σὺν ἡμῖν Ἐλισσαῖον ὄντα τῶν × ἱερέων × πρεσβύτερον παρεκάλεσε ποιήσασθαι κατευχὴν ὃς
Aris. 310 2 νόμου. καθὼς δὲ ἀνεγνώσθη τὰ τεύχη στάντες οἱ × ἱερεῖς × καὶ τῶν ἑρμηνέων οἱ πρεσβύτεροι καὶ τῶν ἀπὸ τοῦ
Sib. 5 492 σε τὸ μηδὲν ὅσοι θεὸν ἐξύμνησαν. καὶ ⟨ποτε⟩ τῶν × ἱερέων × τίς ἐρεῖ λινόστολος ἀνήρ δεῦτε θεοῦ τέμενος καλὸν
HDem. 9 21 12 καὶ συνοικῆσαι Ἀσενὲθ Πεντεφρῆ τοῦ Ἡλιουπόλεως × ἱερέως × θυγατρὶ καὶ γεννῆσαι Μανασσῆν καὶ Ἐφραὶμ καὶ τοῦ
HEup. 9 34 9 τὴν βρᾶσιν ἔξω ὑπερέχουσαν πήχυν ἕνα πρὸς τὸ τοὺς × ἱερεῖς × τούς τε πόδας προσκλύζεσθαι καὶ τὰς χεῖρας
HArt. 9 23 2 γεωργήσιμον ἀποτελέσαι καὶ τινας τῶν ἀρουρῶν τοῖς × ἱερεῦσιν × ἀποκληρῶσαι. τούτων δὲ καὶ μέτρα εὑρεῖν καὶ
HArt. 9 23 3 διὰ ταῦτα ἀγαπηθῆναι. γῆμαι δ' αὐτὸν Ἡλιουπολίτου × ἱερέως × Ἀσενὲθ θυγατέρα ἐξ ἧς γεννῆσαι παῖδας. μετὰ δὲ
HArt. 9 27 4 τὸν θεὸν σεφθήσεσθαι τά τε ἱερὰ γράμματα τοῖς × ἱερεῦσιν × εἶναι δὲ καὶ αἰλούρους καὶ κύνας καὶ ἴβεις
HArt. 9 27 4 καὶ κύνας καὶ ἴβεις ἀπονείμαι δὲ καὶ τοῖς × ἱερεῦσιν × ἐξαίρετον χώραν. ταῦτα δὲ πάντα ποιῆσαι χάριν
HArt. 9 27 6 τὸν Μώϋσον ὑπὸ τῶν ὄχλων ἀγαπηθῆναι καὶ ὑπὸ τῶν × ἱερέων × ἰσοθέου τιμῆς καταξιωθῆναι προσαγορευθῆναι Ἑρμῆν
HArt. 9 27 10 ἐκείνου μαθεῖν οὐ μόνον δὲ τούτους ἀλλὰ καὶ τοὺς × ἱερεῖς × ἅπαντας. τὸν δὲ Χενεφρῆν λυθέντος τοῦ πολέμου
HArt. 9 27 26 δὲ τοὔνομα εἰς δέλτον κατασφραγίσασθαι τῶν τε × ἱερέων × τὸν φαυλίσαντα ἐν τῇ πινακίδι τὰ γεγραμμένα μετὰ
HArt. 9 27 30 τὸ ῥεῦμα. τούτου δὲ γενομένου τὸν βασιλέα τοὺς × ἱερέως × τοὺς ὑπὲρ Μέμφιν καλέσαι καὶ φάναι αὐτοὺς
HAno. 9 17 6 ὄρος ὑψηλότου παρὰ δὲ τοῦ Μελχισεδὲκ × ἱερέως × ὄντος τοῦ θεοῦ καὶ βασιλεύοντος λαβεῖν δῶρα.
HAno. 9 17 8 δὲ τὸν Ἀβραὰμ ἐν Ἡλιουπόλει τοῖς Αἰγυπτίων × ἱερεῦσι × πολλὰ μεταδιδάξαι αὐτοὺς καὶ τὴν ἀστρολογίαν καὶ
HHec. 1 22 188 εἶπέ τις ἄλλος Ἔμπειρος καίτοι οἱ ἄλλοι × ἱερεῖς × τῶν Ἰουδαίων οἱ τὴν δεκάτην τῶν γινομένων
HHec. 1 22 199 δ' εἰς αὐτῷ καὶ τὰς νύκτας καὶ τὰς ἡμέρας × ἱερεῖς × ἁγνείας τινὰς ἁγνεύοντες καὶ τὸ παρὰ τὸν οἶνον οὐ
HCal. 24 31 ταῖς ἱερατικαῖς οὖν στολαῖς ἑαυτούς οἱ τούτων × ἱερεῖς × ἐνδυσάμενοι καθυπαντῶσιν Ἀλεξάνδρῳ σὺν παντὶ τῷ
HCal. 24 35 τῇ πόλει ἀναστρέφεσθαι. προσκαλεσάμενος δὲ ἕνα τῶν × ἱερέων × λέγει αὐτῷ. ὡς θεοείδες ὑμῶν τὸ σχῆμα. φράσον δή
HCal. 24 37 ἐν τοῖς παρ' ἡμῖν θεοῖς τοιαύτην εὐταξίαν εἶδον × ἱερέων × . ὁ δέ φησιν ἡμεῖς ἕνα δουλεύομεν ὃς ἐποίησεν
LEze. 9 28 4 07 μόνος. ἄρχει δὲ πόλεως τῆσδε καὶ κρίνει βροτοὺς × ἱερεὺς × ὅς ἐστ' ἐμοῦ τε καὶ τούτων πατήρ. (Χ.) ὅμως

**Ἰεριχώ**

        5

Prop. 22 6 ὕδωρ καὶ διέβη καὶ αὐτὸς ξηρῷ τῷ ποδὶ τὰ ὕδατα ἐν × Ἰεριχὼ × πονηρὰ ἦν καὶ ἄγονα καὶ ἀκούσας παρὰ τῶν τῆς

**Ἰεροβοάμ**

Prop. 18 3 ἀπὸ κυρίου καὶ ἄπαν τὸ γένος αὐτοῦ καὶ ἤλεγξε τὸν × Ἰεροβοὰμ × ὅτι δόλῳ πορεύσεται μετὰ κυρίου εἶδε ζεῦγος
Prop. 18 3B λαὸν καὶ κατὰ τῶν ἱερέων ἐπιτρέχον καὶ περὶ τοῦ × Ἰεροβοὰμ × εἶπεν ὅτι δόλῳ πορεύσεται μετὰ κυρίου καὶ μετὰ
Prop. 19 1 ὃν ἐπάταξεν ὁ λέων καὶ ἀπέθανεν ὅτε ἤλεγξε τὸν × Ἰεροβοὰμ × ἐπὶ ταῖς δαμάλεσι καὶ ἐτάφη ἐν Βεθὴλ σύνεγγυς
Prop. 24 1 θεοῦ ὁ ἐλθὼν ἐκ γῆς Ἰούδα εἰς Ἱερουσαλὴμ πρὸς × Ἰεροβοὰμ × Ἰαδὼκ ἐκαλεῖτο. οὗτος προεφήτευσε περὶ Ἰωσία
Prop. 24 2 τοῦ Βαὰλ κατακαύσει ἐπὶ τοῦ θυσιαστηρίου ἔνθα × Ἰεροβοὰμ × ἔθυε τῷ Βαάλ. καὶ προφητεύοντος αὐτοῦ

**ἱεροκῆρυξ**

        1

Aris. 184 4 αὐτὸν ἀπὸ τῆς Ἰουδαίας οὕτως ἐπιτελεῖν. διὸ τοὺς × ἱεροκήρυκας × καὶ θύτας καὶ τοὺς ἄλλους οἷς ἔθος ἦν τὰς

**ἱερός**

        52

Abr.1 2 2 δίκην στρατιώτου εὐπρεπεστάτου ἀναστὰς τοίνυν ὁ × ἱερώτατος × Ἀβραὰμ ὑπηντήθη αὐτῷ καθότι ἔθος εἶχεν τοῖς

| | | | | |
|---|---|---|---|---|
| Abr.1 | 15 | 2 | ὁ ἀρχιστράτηγος τὴν νεφέλην ἤγαγεν τὸν Ἀβραὰμ τὸν * | ἱερώτατον * εἰς τὸν οἶκον αὐτοῦ καὶ ἀπελθὼν ἐν τῷ τρικλίνῳ |
| Jer. | 1 | 5 | πλήθους τοῦ λαοῦ αὐτοῦ καὶ εἶπη ὅτι ἴσχυσα ἐπὶ τὴν * | ἱερὰν * πόλιν τοῦ θεοῦ; μὴ κύριέ μου ἀλλ' εἰ θέλημά σού |
| Aris. | 40 | 4 | διαλεξομένους σοι καὶ κομίζοντας ἀπαρχὰς εἰς τὸ * | ἱερὸν * ἀναθημάτων καὶ εἰς θυσίας καὶ τὰ ἄλλα ἀργυρίου |
| Aris. | 42 | 8 | θυσιῶν καὶ εἰς ἐπισκευὰς ὧν ἂν δέηται τὸ * | ἱερὸν * ἀργυρίου τάλαντα ἑκατὸν ἅπερ ἐκόμισεν Ἀνδρέας τῶν |
| Aris. | 52 | 4 | πηλίκη τίς ἐστιν ἡ προοῦσα καὶ κειμένη κατὰ τὸ * | ἱερὸν * ἐν Ἱεροσολύμοις. ὡς δὲ ἀπεφήναντο τὰ μέτρα |
| Aris. | 84 | 1 | τὴν ἀνάτασιν. ἐπὶ δὲ τῆς κορυφῆς κατεσκεύαστο τὸ * | ἱερὸν * ἐκπρεπῶς ἔχον καὶ οἱ περίβολοι τρεῖς ὑπὲρ |
| Aris. | 89 | 5 | καθὼς ἀπέφαινον πέντε σταδίων κυκλόθεν τῆς κατὰ τὸ * | ἱερὸν * καταβολῆς καὶ ἑκάστου τούτων σύριγγας ἀναρίθμους |
| Aris. | 100 | 5 | αὐτῶν ὡς μεταλαμβάνομεν πρὸς φυλακὴν τῶν περὶ τὸ * | ἱερὸν * τόπων ἵνα ἐὰν ἐπίθεσίς τις ἢ νεωτερισμὸς ᾖ |
| Aris. | 104 | 5 | πλεῖον ἀνθρώπων πέντε κατὰ τὸ αὐτὸ τοῦ γὰρ * | ἱεροῦ * τὴν πᾶσαν εἶναι φυλακὴν τὴν ἄκραν καὶ τὸν |
| Sib. 3 | 573 | | κρατερὴ δ' ἐπικείσετ' ἀνάγκη. εὐσεβέων ἀνδρῶν * | ἱερὸν * γένος ἔσσεται αὖτις βουλαῖς ἠδὲ νόῳ προσκείμενοι |
| Sib. 3 | 576 | | θεοῦ περικυδανέουσιν λοιβῇ τε κνίσῃ τ' ἠδ' αὖθ' * | ἱεραῖς * ἑκατόμβαις ταύρων ζατρεφέων θυσίαις κριῶν τε |
| Sib. 3 | 688 | | θεοῦ ἀλλ' ἄφρονι θυμῷ πάντες ἐφορμηθέντες ἐφ' * | Ἱερὸν * ἥρατε λόγχας. καὶ κρινεῖ πάντας πολέμῳ θεὸς ἠδὲ |
| Sib. 4 | 98 | | ἐσσομένοις ὅτε Πύραμος ἀργυροδίνης ἠιόνα προχέων * | ἱερὴν * ἐς νῆσον ἵκηται. καὶ σὺ Βάρις πέσεαι καὶ Κύζικος |
| FJub. | 3 | 11 | γεννώμενα τῇ τεσσαρακοστῇ ἡμέρᾳ εἰσφέρουσιν ἐν τῷ * | ἱερῷ * κατὰ τὸν νόμον. ἐπὶ δὲ θήλεος ἀκάθαρτον εἶναι αὐτὴν |
| FJub. | 3 | 13 | πάλιν οὖσα οὐκ εἰσέρχεται ἕως ἑπτὰ ἡμέρας ἐν τῷ * | ἱερῷ * κατὰ τὸν θεῖον νόμον. ὁ Ἀδὰμ ἀπεσόβει τὰ πετεινὰ |
| FJub. | 18 | 13 | Ἀβραὰμ οἰκοδομῆσαι ἔνθα Δαβὶδ ὕστερον ἱδρύσατο τὸ * | ἱερόν. * ἐγέννησεν πάλιν Ἀβραὰμ ἐκ τῆς ἐσχάτης αὐτοῦ |
| FAch. | 115 | | τὰς ὥρας εὐσταθεῖν. ἐὰν θέλῃ ὀργίζεσθαι τὸ ἴδιον * | ἱερὸν * τρέμειν ποιεῖ καὶ φοβερὰ βροντήσας καὶ δεινὸν |
| IHom. 5 | 107 | 3 | ἑβδομάτη δήπειτα κατήλυθεν * | ἱερὸν * ἦμαρ. ἑβδόμη ἦν ἱερή. ἑβδομάτη δ' ἠοῖ καὶ οἱ |
| IHom. 5 | 107 | 3 | ἑβδομάτη δήπειτα κατήλυθεν ἱερὸν ἦμαρ. ἑβδόμη ἦν * | ἱερή. * ἑβδομάτη δ' ἠοῖ καὶ οἱ τετύκοντο ἅπαντα. ἑπτὰ δὲ |
| HEup. 9 | 30 | 1 | υἱὸν ἔτη λ' βιῶσαι δ' αὐτὸν ἔτη ρ ι' πῆξαι τε τὴν * | ἱερὰν * σκηνὴν ἐν Σιλοῖ. μετὰ δὲ ταῦτα προφήτην γενέσθαι |
| HEup. 9 | 30 | 5 | συνθέσθαι. βουλόμενόν τε τὸν Δαβὶδ οἰκοδομῆσαι * | ἱερὸν * τῷ θεῷ ἀξιοῦν τὸν θεὸν τόπον αὐτῷ δεῖξαι τοῦ |
| HEup. 9 | 30 | 5 | Ἱεροσολύμοις καὶ κελεύειν αὐτὸν μὴ ἱδρύ⟨ε⟩σθαι τὸ * | ἱερὸν * διὰ τὸ αἵματι ἀνθρωπίνῳ πεφύρθαι καὶ πολλὰ ἔτη |
| HEup. 9 | 31 | 1 | τοῦ μεγίστου ⟨καὶ⟩ ἐπιτεταχότος μοι οἰκοδομῆσαι * | ἱερὸν * τῷ θεῷ ὃς τὸν οὐρανὸν καὶ τὴν γῆν ἔκτισεν ἅμα δέ |
| HEup. 9 | 33 | 1 | τοῦ θεοῦ τοῦ μεγίστου ἐπιτεταχότος μοι οἰκοδομῆσαι * | ἱερὸν * τῷ θεῷ ὃς τὸν οὐρανὸν καὶ τὴν γῆν ἔκτισεν ἅμα δὲ |
| HEup. 9 | 34 | 4 | πεζῇ εἰς Ἱεροσόλυμα. καὶ ἄρξασθαι οἰκοδομεῖν τὸ * | ἱερὸν * τοῦ θεοῦ ὄντα ἐτῶν τρισκαίδεκα ἐργάζεσθαι δὲ τὰ |
| HEup. 9 | 34 | 8 | λυχνίας ἑπτά. οἰκοδομῆσαι δὲ καὶ τὰς πύλας τοῦ * | ἱεροῦ * καὶ κατακοσμῆσαι χρυσίῳ καὶ ἀργυρίῳ καὶ |
| HEup. 9 | 34 | 9 | ποιῆσαι δὲ καὶ κατὰ τὸ πρὸς βορρᾶν μέρος τοῦ * | ἱεροῦ * στοὰν καὶ στύλους αὐτῇ ὑποστῆσαι χαλκοῦς μ η' |
| HEup. 9 | 34 | 11 | τὸν ναὸν πήχεις κ' καὶ σκιάζειν ἐπάνω παντὸς τοῦ * | ἱεροῦ * καὶ προσκρεμάσαι ἑκάστῃ δικτυϊ κώδωνας χαλκοῦς |
| HEup. 9 | 34 | 11 | καὶ ἀποσοβεῖν τὰ ὄρνεα ὅπως μὴ καθίζῃ ἐπὶ τοῦ * | ἱεροῦ * μηδὲ νοσσεύῃ ἐπὶ τοῖς φατνώμασι τῶν πυλῶν καὶ |
| HEup. 9 | 34 | 11 | τῶν πυλῶν καὶ στοῶν καὶ μολύνῃ τοῖς ἀποπατήμασι τὸ * | ἱερόν. * περιβαλεῖν δὲ καὶ τὰ Ἱεροσόλυμα τὴν πόλιν |
| HEup. 9 | 34 | 13 | ἑαυτῷ. προσαγορευθῆναι δὲ τὸ ἀνάκτορον πρῶτον μὲν * | ἱερὸν * Σολομῶνος ὕστερον δὲ παρεφθαρμένως τὴν πόλιν ἀπὸ |
| HEup. 9 | 34 | 13 | ὕστερον δὲ παρεφθαρμένως τὴν πόλιν ἀπὸ τοῦ * | ἱεροῦ * Ἱερουσαλὴμ ὀνομασθῆναι ὑπὸ δὲ τῶν Ἑλλήνων |
| HEup. 9 | 34 | 14 | φερωνύμως Ἱεροσόλυμα λέγεσθαι. συντελέσαντα δὲ τὸ * | ἱερὸν * καὶ τὴν πόλιν τειχίσαντα ἐλθεῖν εἰς Σηλὼμ καὶ |
| HEup. 9 | 34 | 18 | τὸν χρυσοῦν κίονα τὸν ἐν Τύρῳ ἀνακείμενον ἐν τῷ * | ἱερῷ * τοῦ Διός. ποιῆσαι δὲ τὸν Σολομῶνα καὶ ἀσπίδας |
| HEup. 9 | 39 | 5 | βασιλέα Ἰωναχειμ ζωγρῆσαι τὸν δὲ χρυσὸν τὸν ἐν τῷ * | ἱερῷ * καὶ ἄργυρον καὶ χαλκὸν ἐκλέξαντα εἰς Βαβυλῶνα |
| HArt. 9 | 23 | 4 | τούτους δὲ καὶ τὸ ἐν Ἀθὼς καὶ τὸ ἐν Ἡλιουπόλει * | ἱερὸν * κατασκευάσαι τοὺς Ἑρμιοὺθ ὀνομαζομένους. μετὰ δὲ |
| HArt. 9 | 27 | 2 | πρῶτον μὲν τήν τε Σάϊν οἰκοδομῆσαι τό τε ἐπ' αὐτῇ * | ἱερὸν * καθιδρύσασθαι εἶτα τὸν ἐν Ἡλιουπόλει ναὸν |
| HArt. 9 | 27 | 4 | τῶν νομῶν ἀποτάξαι τὸν θεὸν σεφθήσεσθαι τά τε * | ἱερὰ * γράμματα τοῖς ἱερεῦσιν εἶναι δὲ καὶ αἰλούρους καὶ |
| HArt. 9 | 27 | 6 | καταξιωθέντα προσαγορευθῆναι Ἑρμῆν διὰ τὴν τῶν * | ἱερῶν * γραμμάτων ἑρμηνείαν. τὸν δὲ Χενεφρῆν ὁρῶντα τὴν |
| HArt. 9 | 27 | 12 | δὲ Χενεφρῆν προσαγορεύσαντα ταῦρον Ἄπιν κελεῦσαι * | ἱερὸν * αὐτοῦ τοὺς ὄχλους καθιδρύσασθαι καὶ τὰ ζῷα τὰ |
| HArt. 9 | 27 | 30 | Μέμφιν καλέσαι καὶ φάναι αὐτοὺς ἀναιρήσειν καὶ τὰ * | ἱερὰ * κατασκάψειν ἐὰν μὴ καὶ αὐτοὶ τερατουργήσωσί τι. |
| HArt. 9 | 27 | 32 | καὶ τοὺς Αἰγυπτίους τὴν ῥάβδον ἀνατιθέναι εἰς πᾶν * | ἱερὸν * ὁμοίως δὲ καὶ τῇ Ἴσιδι διὰ τὸ τὴν γῆν εἶναι Ἶσιν |
| HAno. 9 | 17 | 5 | τὰ αἰχμάλωτα ξενισθῆναί τε αὐτὸν ὑπὸ πόλεως * | ἱερὸν * Ἀργαριζιν ὃ εἶναι μεθερμηνευόμενον ὄρος ὑψίστου |
| HHec. 1 | 22 | 192 | γενομένου καὶ προελομένου τὸ τοῦ Βήλου πεπτωκὸς * | ἱερὸν * ἀνακαθῆραι καὶ πᾶσιν αὐτοῦ τοῖς στρατιώταις ὁμοίως |
| HHec. 1 | 22 | 199 | ἁγνεύοντες καὶ τὸ παράπαν οἶνον οὐ πίνοντες ἐν τῷ * | ἱερῷ. * ἐμοῦ ⟨ Ἑκαταίου⟩ γοῦν ἐπὶ τὴν Ἐρυθρὰν θάλασσαν |
| LThe. 9 | 22 | 1 | ἐν δ' ἑτέρωθι ἡ διερὴ Σικιμων καταφαίνεται * | ἱερὸν * ἄστυ νέρθεν ὑπὸ ῥίζῃ δεδμημένον ἀμφὶ δὲ τεῖχος |
| LAri. 13 | 12 | 4 | ἔτι δὲ καὶ Ὀρφεὺς ἐν ποιήμασι τῶν κατὰ τὸν * | Ἱερὸν * Λόγον αὐτῷ λεγομένων οὕτως ἐκτίθεται περὶ τοῦ |
| LAri. 13 | 12 | 13 | καὶ Ἡσίοδος μετειληφότες ἐκ τῶν ἡμετέρων βιβλίων * | ἱερὰν * εἶναι. Ἡσίοδος μὲν οὕτως πρῶτον ἔνη τετράς τε καὶ |
| LAri. 13 | 12 | 13 | Ἡσίοδος μὲν οὕτως πρῶτον ἔνη τετράς τε καὶ ἑβδόμη * | ἱερὸν * ἦμαρ καὶ πάλιν λέγει ἑβδομάτη δ' αὖτις λαμπρὸν |
| LAri. 13 | 12 | 14 | Ὅμηρος δὲ οὕτω λέγει ἑβδομάτη δήπειτα κατήλυθεν. * | ἱερὸν * ἦμαρ. καὶ πάλιν ἕβδομον ἦμαρ ἔην καὶ τῷ τετέλεστο |
| FrAn. | 574 | 3067 | σε τὸν συνσείοντα τοὺς τέσσαρας ἀνέμους ἀπὸ τῶν * | ἱερῶν * Αἰώνων ὀυρανοειδῆ θαλασσοειδῆ νεφελοειδῆ φωσφόρον |

Ἱεροσόλυμα 13

| | | | | |
|---|---|---|---|---|
| Aris. | 32 | 2 | βασιλεῦ γραφήσεται πρὸς τὸν ἀρχιερέα τὸν ἐν * | Ἱεροσολύμοις * ἀποστεῖλαι τοὺς μάλιστα καλῶς βεβιωκότας |
| Aris. | 35 | 4 | χώραν κατῳκίσθαι γενηθέντας ἀνασπάστους ἐκ τῶν * | Ἱεροσολύμων * ὑπὸ Περσῶν καθ' ὃν ἐπεκράτουν χρόνον ἔτι δὲ |
| Aris. | 52 | 4 | τίς ἐστιν ἡ προοῦσα καὶ κειμένη κατὰ τὸ ἱερὸν ἐν * | Ἱεροσολύμοις. * ὡς δὲ ἀπεφήναντο τὰ μέτρα προσεπηρώτησεν |
| HDem. 1 | 141 | 1 | εἰς τὴν ἐσχάτην ἣν ἐποιήσατο Ναβουχοδονόσορ ἐξ * | Ἱεροσολύμων * ἔτη ἑκατὸν εἴκοσι ὀκτὼ μῆνας ἕξ. ἀφ' οὗ δὲ |
| HDem. 1 | 141 | 2 | ἑβδομήκοντα τρία μῆνας ἐννέα ἀφ' οὗ δὲ ἐξ * | Ἱεροσολύμων * ἔτη τριακόσια τριάκοντα ὀκτὼ μῆνας τρεῖς. |
| HEup. 9 | 30 | 5 | ἑστῶτα ἐπάνω τοῦ τόπου οὗ τὸν βωμὸν ἱδρῦσθαι ἐν * | Ἱεροσολύμοις * καὶ κελεύειν αὐτὸν μὴ ἱδρύ⟨ε⟩σθαι τὸ ἱερὸν |
| HEup. 9 | 34 | 4 | διὰ τῆς θαλάσσης εἰς Ἰόππην ἐκεῖθεν δὲ πεζῇ εἰς * | Ἱεροσόλυμα. * καὶ ἄρξασθαι οἰκοδομεῖν τὸ ἱερὸν τοῦ θεοῦ |
| HEup. 9 | 34 | 12 | τοῖς ἀποπατήμασι τὸ ἱερόν. περιβαλεῖν δὲ καὶ τὰ * | Ἱεροσόλυμα * τὴν πόλιν τείχεσι καὶ πύργοις καὶ τάφροις |
| HEup. 9 | 34 | 13 | ὀνομασθῆναι ὑπὸ δὲ τῶν Ἑλλήνων φερωνύμως * | Ἱεροσόλυμα * λέγεσθαι. συντελέσαντα δὲ τὸ ἱερὸν καὶ τὴν |
| HEup. 9 | 34 | 14 | τὸ θυσιαστήριον καὶ τὰ σκεύη ἃ ἐποίησε Μωσῆς εἰς * | Ἱεροσόλυμα * ἐνεγκεῖν καὶ ἐν τῷ οἴκῳ θεῖναι. καὶ τὴν |
| HEup. 9 | 39 | 5 | ἐν τῇ Γαλααδίτιδι οἰκοῦντας Ἰουδαίους αὐθὶς δὲ τὰ * | Ἱεροσόλυμα * παραλαβεῖν καὶ τὸν Ἰουδαίων βασιλέα |
| HHec. 1 | 22 | 197 | μὲν ἀνθρώπων περὶ δώδεκα μυριάδες καλοῦσι δ' αὐτὴν * | Ἱεροσόλυμα. * ἐνταῦθα δ' ἐστὶ κατὰ μέσον μάλιστα τῆς |
| FrAn. | 574 | 3069 | φωσφόρον ἀδάμαστον. ὁρκίζω σε τὸν ἐν τῇ καθαρᾷ * | Ἱεροσολύμῳ * ᾧ τὸ ἄσβεστον πῦρ διὰ παντὸς αἰῶνος |

Ἱερουσαλήμ 78

| | | | | |
|---|---|---|---|---|
| TLevi | 10 | 3 | καὶ ἀνομήσετε σὺν τῷ Ἰσραὴλ ὥστε μὴ βαστάξαι τὴν * | Ἱερουσαλὴμ * ἀπὸ προσώπου πονηρίας ὑμῶν ἀλλὰ σχίσαι τὸ |
| TLevi | 10 | 5 | εἰς καταπάτημα. ὁ γὰρ οἶκος ὃν ἂν ἐκλέξηται κύριος * | Ἱερουσαλὴμ * κληθήσεται καθὼς περιέχει βίβλος Ἐνὼχ τοῦ |
| TLevi | 14 | 6 | διδάξετε τὰς ὑπάνδρους βεβηλώσετε καὶ παρθένους * | Ἱερουσαλὴμ * μιανεῖτε καὶ πόρναις καὶ μοιχαλίσι |
| TZab. | 9 | 8 | σχήματι ἀνθρώπου ⟨ἐν ναῷ⟩ ὃν ἂν ἐκλέξηται κύριος * | Ἱερουσαλὴμ * ὄνομα αὐτῷ. καὶ πάλιν ἐν πονηρίᾳ λόγων ὑμῶν |
| TDan | 5 | 12 | καὶ ἀναπαύσονται ἐν Ἐδεμ ἅγιοι καὶ ἐπὶ τῆς νέας * | Ἱερουσαλὴμ * εὐφρανθήσονται δίκαιοι ἥτις ἔσται εἰς |
| TDan | 5 | 13 | δόξασμα θεοῦ ἕως τοῦ αἰῶνος. καὶ οὐκέτι ὑπομένει * | Ἱερουσαλὴμ * ἐρήμωσιν οὐδὲ αἰχμαλωτίζεται Ἰσραὴλ ὅτι |
| TNep. | 5 | 1 | ζωῆς μου εἶδον ἐν ὄρεσιν ἐλαίου κατὰ ἀνατολὰς * | Ἱερουσαλὴμ * ὅτι ὁ ἥλιος καὶ ἡ σελήνη ἔστηκαν. καὶ ἰδοὺ |
| Sal. | 2 | | ἅγια κυρίου ἐν βεβηλώσει. ψαλμὸς τῷ Σαλωμων περὶ * | Ιερουσαλημ. * ἐν τῷ ὑπερηφανεύεσθαι τὸν ἁμαρτωλὸν ἐν κριῷ |
| Sal. | 2 | 3 | ἐν ὑποδήμασιν αὐτῶν ἐν ὑπερηφανίᾳ ἀνθ' ὧν οἱ υἱοὶ * | Ιερουσαλημ * ἐμίαναν τὰ ἅγια κυρίου ἐβεβηλοῦσαν τὰ δῶρα |
| Sal. | 2 | 11 | σου πάντα τὰ δίκαια ὁ θεός. ἔστησαν τοὺς υἱοὺς * | Ιερουσαλημ * εἰς ἐμπαιγμὸν ἀντὶ πορνῶν ἐν αὐτῇ πᾶς ὁ |
| Sal. | 2 | 13 | ἡλίου παρεδειγμάτισαν ἀδικίας αὐτῶν. καὶ θυγατέρες * | Ιερουσαλημ * βέβηλοι κατὰ τὸ κρίμα σου ἀνθ' ὧν αὐταὶ |
| Sal. | 2 | 19 | καὶ οὐ θαυμάσει πρόσωπον ὠνείδισαν γὰρ ἔθνη * | Ιερουσαλημ * ἐν καταπατήσει κατεσπάσθη τὸ κάλλος αὐτῆς ἀπὸ |
| Sal. | 2 | 22 | εἶπον ἱκάνωσον κύριε τοῦ βαρύνεσθαι χεῖρά σου ἐπὶ * | Ιερουσαλημ * ἐν ἐπαγωγῇ ἐθνῶν ὅτι ἐνέπαιξαν καὶ οὐκ |
| Sal. | 8 | 4 | μου ποῦ ἄρα κρινεῖ αὐτὸν ὁ θεός; φωνὴν ἤκουσα εἰς * | Ιερουσαλημ * πόλιν ἁγιάσματος συνετρίβη ἡ ὀσφύς μου ἀπὸ |
| Sal. | 8 | 15 | γῆς τὸν παίοντα κραταιῶς ἔκρινεν τὸν πόλεμον ἐπὶ * | Ιερουσαλημ * καὶ τὴν γῆν αὐτῆς. ἀπήντησαν αὐτῷ οἱ ἄρχοντες |
| Sal. | 8 | 17 | ὁδοὺς τραχείας ἀπὸ εἰσόδου αὐτοῦ ἤνοιξαν πύλας ἐπὶ * | Ιερουσαλημ * ἐστεφάνωσαν τείχη αὐτῆς. εἰσῆλθεν ὡς πατὴρ |
| Sal. | 8 | 19 | κατελάβετο τὰς πυργοβάρεις αὐτῆς καὶ τὸ τεῖχος * | Ιερουσαλημ * ὅτι ὁ θεὸς ἤγαγεν αὐτὸν μετὰ ἀσφαλείας ἐν τῇ |
| Sal. | 8 | 20 | πᾶν σοφὸν ἐν βουλῇ ἐξέχεεν τὸ αἷμα τῶν οἰκούντων * | Ιερουσαλημ * ὡς ὕδωρ ἀκαθαρσίας. ἀπήγαγεν τοὺς υἱοὺς καὶ |
| Sal. | 8 | 22 | ἀκαθαρσίας αὐτῶν καθὼς οἱ πατέρες αὐτῶν ἐμίαναν * | Ιερουσαλημ * καὶ τὰ ἡγιασμένα τῷ ὀνόματι τοῦ θεοῦ. |
| Sal. | 11 | 1 | ἐν Σιων ἐν σάλπιγγι σημασίας ἁγίων κηρύξατε ἐν * | Ιερουσαλημ * φωνὴν εὐαγγελιζομένου ὅτι ἠλέησεν ὁ θεὸς |
| Sal. | 11 | 2 | ἠλέησεν ὁ θεὸς Ισραηλ ἐν τῇ ἐπισκοπῇ αὐτῶν. στῆθι * | Ιερουσαλημ * ἐφ' ὑψηλοῦ καὶ ἰδὲ τὰ τέκνα σου ἀπὸ ἀνατολῶν |
| Sal. | 11 | 7 | Ισραηλ ἐν ἐπισκοπῇ δόξης θεοῦ αὐτῶν. ἔνδυσαι * | Ιερουσαλημ * τὰ ἱμάτια τῆς δόξης σου ἑτοίμασον τὴν στολὴν |
| Sal. | 11 | 8 | καὶ ἔτι. ποιῆσαι κύριος ἃ ἐλάλησεν ἐπὶ Ισραηλ καὶ * | Ιερουσαλημ * ἀναστῆσαι κύριος τὸν Ισραηλ ἐν ὀνόματι δόξης |
| Sal. | 17 | 14 | ἀπὸ τοῦ θεοῦ ἡμῶν. καὶ πάντα ὅσα ἐποίησεν ἐν * | Ιερουσαλημ * καθὼς καὶ τὰ ἔθνη ἐν ταῖς πόλεσι τοῦ σθένους |
| Sal. | 17 | 15 | μέσῳ ἐθνῶν συμμίκτων οὐκ ἦν ἐν αὐτοῖς ὁ ποιῶν ἐν * | Ιερουσαλημ * ἔλεος καὶ ἀλήθειαν. ἐφύγοσαν ἀπ' αὐτῶν οἱ |
| Sal. | 17 | 22 | αὐτὸν ἰσχὺν τοῦ θραῦσαι ἄρχοντας ἀδίκους καθαρίσαι * | Ιερουσαλημ * ἀπὸ ἐθνῶν καταπατούντων ἐν ἀπωλείᾳ ἐν σοφίᾳ |
| Sal. | 17 | 30 | δοξάσει ἐν ἐπισήμῳ πάσης τῆς γῆς καὶ καθαριεῖ * | Ιερουσαλημ * ἐν ἁγιασμῷ ὡς καὶ τὸ ἀπ' ἀρχῆς ἔρχεσθαι ἔθνη |
| Jer. | 4 | 6 | καὶ ἔκλαυσε τὸν θρῆνον τοῦτον λέγων διὰ τί ἠρημώθη * | Ἱερουσαλήμ; * διὰ τὰς ἁμαρτίας τοῦ ἠγαπημένου λαοῦ |
| Jer. | 4 | 10 | τῆς πόλεως κλαίων καὶ λέγων ὅτι λυπούμενος διά σέ * | Ἱερουσαλὴμ * ἐξῆλθον ἀπὸ σοῦ. καὶ ἔμεινεν ἐν μνημείῳ |
| Jer. | 5 | 7 | καὶ ἐπέθηκεν ἐπὶ τῶν ὤμων αὐτοῦ καὶ εἰσῆλθεν εἰς * | Ἱερουσαλὴμ * καὶ οὐκ ἐπέγνω αὐτὴν οὔτε τὴν οἰκίαν οὔτε |
| Jer. | 5 | 8 | ἐπέπεσεν ἐπ' ἐμὲ σήμερον. οὐκ ἔστιν αὕτη ἡ πόλις * | Ἱερουσαλὴμ * πεπλάνημαι τὴν ὁδὸν ὅτι διὰ τῆς ὁδοῦ τοῦ |
| Jer. | 5 | 18 | πρεσβῦτα ποία ἐστὶν ἡ πόλις αὕτη; καὶ εἶπεν αὐτῷ * | Ἱερουσαλὴμ * ἐστι. καὶ λέγει αὐτῷ Ἀβιμέλεχ ποῦ ἐστιν ὁ |
| Jer. | 5 | 34 | λέγει αὐτῷ ὁ θεὸς φωταγωγήσει σε εἰς τὴν ἄνω πόλιν * | Ἱερουσαλήμ. * μετὰ ταῦτα ἐξῆλθεν Ἀβιμέλεχ ἔξω τῆς πόλεως |
| Jer. | 6 | 22 | τῆς Βαβυλῶνος ὁ δὲ μὴ ἀκούων ξένος γενήσεται τῆς * | Ἱερουσαλὴμ * καὶ τῆς Βαβυλῶνος. δοκιμάσεις δὲ αὐτοὺς ἐκ |
| Jer. | 7 | 26 | ἡμᾶς. ἡγεμόνευον δὲ ἡμέρας ἑορτῆς ἃς ἐποιοῦμεν ἐν * | Ἱερουσαλὴμ * πρὸ τοῦ ἡμᾶς αἰχμαλωτευθῆναι καὶ μνησκόμενος |
| Jer. | 7 | 31 | ὁ κύριος. καὶ ἐπετάσθη ὁ ἀετὸς καὶ ἦλθεν εἰς * | Ἱερουσαλὴμ * καὶ ἔδωκε τὴν ἐπιστολὴν τῷ Βαροὺχ καὶ λύσας |
| Jer. | 8 | 3 | διαπεράσωσιν οἱ ἀκούοντές σου καὶ ἆρον αὐτοὺς εἰς * | Ἱερουσαλὴμ * τοὺς δὲ μὴ ἀκούοντάς σου μὴ εἰσαγάγῃς αὐτοὺς |

| | | | | | | |
|---|---|---|---|---|---|---|
| Jer. | | 8 | 4 | ἡμῶν. ἐπέρασαν οὖν τὸν Ἰορδάνην καὶ ἦλθον εἰς | * Ἰερουσαλήμ. * | καὶ ἔστη Ἰερεμίας καὶ Βαροὺχ καὶ Ἀβιμέλεχ |
| Jer. | | 8 | 8 | ὑπέστρεψαν καὶ ἦλθον εἰς τόπον ἔρημον μακρόθεν τῆς | * Ἰερουσαλὴμ * | καὶ ᾠκοδόμησαν ἑαυτοῖς πόλιν καὶ ἐπωνόμασαν |
| Bar. | | | 2 | ἔστιν ἐπὶ ποταμοῦ Γέλ. κλαίων ὑπὲρ τῆς αἰχμαλωσίας | * Ἰερουσαλὴμ * | ὅτε καὶ Ἀβιμελὲχ ἐπὶ Ἀγροίππα τὸ χωρίον τῇ |
| Bar. | | 1 | 3 | καὶ μὴ τοσοῦτόν σε μέλη περὶ τῆς σωτηρίας | * Ἰερουσαλὴμ * | ὅτι τάδε λέγει κύριος ὁ θεὸς ὁ παντοκράτωρ. |
| Prop. | | 1 | 1 | που απεθανον και πως και που κεινται. Ἡσαΐας ἀπὸ | * Ἰερουσαλὴμ * | θνήσκει ὑπὸ Μανασσῆ πρισθεὶς εἰς δύο καὶ |
| Prop. | | 3 | 7 | εἰς πέρας τῆς γῆς καὶ ὅτε πλημμυρήσῃ τὴν εἰς | * Ἰερουσαλὴμ * | ἐπάνοδον. καὶ γὰρ ἐκεῖ κατῴκει ὁ ὅσιος καὶ |
| Prop. | | 3 | 14 | οὗτος ἐκεῖ ὢν ἐδείκνυ τῷ λαῷ Ἰσραὴλ τὰ ἐν | * Ἰερουσαλὴμ * | καὶ ἐν τῷ ναῷ γινόμενα. οὗτος ἡρπάγη ἐκεῖθεν |
| Prop. | | 3 | 15 | ναῷ γινόμενα. οὗτος ἡρπάγη ἐκεῖθεν καὶ ἦλθεν εἰς | * Ἰερουσαλὴμ * | εἰς ἔλεγχον τῶν ἀπίστων. οὗτος κατὰ τὸν |
| Prop. | | 10 | 8 | τοῦ Κενεζίου τοῦ κριτοῦ. καὶ ἔδωκε τέρας ἐπὶ | * Ἰερουσαλὴμ * | καὶ ὅλην τὴν γῆν ὅτε ἴδωσι λίθον βοῶντα |
| Prop. | | 10 | 8 | οἰκτρῶς ἐγγίζειν τὸ τέλος. καὶ ὅτε ἴδωσιν ἐν | * Ἰερουσαλὴμ * | πάντα τὰ ἔθνη ὅτι ἡ πόλις ἕως ἐδάφους |
| Prop. | | 10 | 8B | ἔδωκε τέρας ἐπὶ Ἰσραὴλ λέγων ὅτι ὅτε ἴδωσιν ἐπὶ | * Ἰερουσαλὴμ * | πολλὰ ἔθνη ὅτι ἡ πόλις ἕως ἐδάφους |
| Prop. | | 12 | 2 | οὗτος εἶδε πρὸ τῆς αἰχμαλωσίας περὶ τῆς ἁλώσεως | * Ἰερουσαλὴμ * | καὶ ἐπένθησε σφόδρα. καὶ ὅτε ἦλθε |
| Prop. | | 12 | 3 | ἐπένθησε σφόδρα. καὶ ὅτε ἦλθε Ναβουχοδονόσορ ἐν | * Ἰερουσαλὴμ * | ἔφυγεν εἰς Ὀστρακίνην καὶ παρῴκησεν ἐν γῇ |
| Prop. | | 12 | 4 | οἱ Χαλδαῖοι καὶ οἱ κατάλοιποι οἱ ὄντες ἐν | * Ἰερουσαλὴμ * | εἰς Αἴγυπτον ἦν παροικῶν τὴν γῆν αὐτοῦ καὶ |
| Prop. | | 14 | 1 | ὁ καὶ ἄγγελος τάχα νέος ἦλθεν ἐκ Βαβυλῶνος εἰς | * Ἰερουσαλὴμ * | καὶ φανερῶς περὶ τῆς ἐπιστροφῆς τοῦ λαοῦ |
| Prop. | | 15 | 2 | οὗτος εἶπε τῷ Ἰωσεδὲκ ὅτι γεννήσει υἱὸν καὶ ἐν | * Ἰερουσαλὴμ * | ἱερατεύσει. οὗτος καὶ τὸν Σαλαθιὴλ ἐφ᾽ υἱῷ |
| Prop. | | 15 | 4 | τῆς λειτουργίας αὐτοῦ προηγόρευσεν ἣν ποιήσει ἐπὶ | * Ἰερουσαλὴμ * | καὶ εὐλόγησεν αὐτὸν σφόδρα. τὰ δὲ τῆς |
| Prop. | | 15 | 5 | αὐτὸν σφόδρα. τὰ δὲ τῆς προφητείας εἶδεν ἐν | * Ἰερουσαλὴμ * | καὶ περὶ τέλους ἐθνῶν καὶ Ἰσραὴλ καὶ τοῦ |
| Prop. | | 17 | 2B | καὶ ἐνεπόδισεν αὐτὸν ὁ Βελίαρ. ἐρχόμενος γὰρ εἰς | * Ἰερουσαλὴμ * | εὗρε νεκρὸν ἐσφαγμένον παρεσκευασμένον |
| Prop. | | 21 | 3 | πυρὸς ἐδίδουν αὐτῷ φαγεῖν καὶ ἐλθὼν ἀνήγγειλεν ἐν | * Ἰερουσαλὴμ * | καὶ εἶπεν αὐτῷ ὁ χρησμὸς μὴ δειλιάσῃς ἔσται |
| Prop. | | 22 | 2 | ἡ δάμαλις ἡ χρυσῆ ὀξὺν ἐβόησεν ὥστε ἀκουσθῆναι εἰς | * Ἰερουσαλὴμ * | καὶ εἶπεν ὁ ἱερεὺς διὰ τῶν δήλων ὅτι |
| Prop. | | 23 | 1 | τοῦ Ἐλισαίου ὁ νεκρὸς εὐθὺς ἀνέζησεν. Ζαχαρίας ἐξ | * Ἰερουσαλὴμ * | υἱὸς Ἰωδαὲ τοῦ ἱερέως ὃν ἀπέκτεινεν Ἰωὰς ὁ |
| Prop. | | 24 | 1 | ἄνθρωπος τοῦ θεοῦ ὁ ἐλθὼν ἐκ γῆς Ἰούδα εἰς | * Ἰερουσαλὴμ * | πρὸς Ἱεροβοὰμ Ἰαδὼκ ἐκαλεῖτο. οὗτος |
| Esdr. | | 2 | 22 | ὑπόμνησον τῶν γραφῶν ὁ πατήρ μου ἐκμετρήσας τὴν | * Ἰερουσαλὴμ * | καὶ ἀνορθώσας αὐτὴν ἐλέησον δέσποτα τοὺς |
| Sedr. | | 8 | 3 | εἰς τοὺς ποταμοὺς τὸν Ἰορδάνην εἰς τὰς πόλεις τὴν | * Ἰερουσαλὴμ * | καὶ ταῦτα πάντα ἀγαπᾷ καὶ ὁ ἄνθρωπος δέσποτά |
| FIsa. | | 1 | 3 | ἐρχόμενον Ἡσαΐαν ἀπὸ Γαλγάλων εἰς | * Ἰερουσαλὴμ * | καὶ τεσσεράκοντα υἱοὺς προφητῶν καὶ Ἰασοὺμ |
| FIsa. | | 1 | 9 | ὑπ᾽ αὐτοῦ πρίωνι ξυλίνῳ εἰς δύο καὶ πολλοὺς ἐξ | * Ἰερουσαλὴμ * | καὶ ἐξ Ἰούδα ἀποστήσει. ἀκούσας δὲ ταῦτα |
| FIsa. | 1 | 2 | 4 | ἐν ⟨τῇ⟩ ἀποστάσει καὶ τῇ ⟨ἀν⟩ομίᾳ ἥτις ἐσπάρη ἐν | * ⟨Ἰ⟩ερουσαλήμ. * | κα⟨ὶ⟩ ἐπλήθυνεν ⟨ἡ⟩ φαρμακεία καὶ ἡ |
| FIsa. | 1 | 2 | 7 | ---⟨κ⟩αὶ τὴν πομπή⟨ν αὐ⟩τοῦ ἀνεχώρησεν ἀπ⟨ὸ⟩ | * Ἰ⟨ερουσαλ⟩ὴμ * | καὶ ἐκάθισεν ἐν Β⟨ηθ⟩λεὲμ τῆς Ἰουδαίας. |
| FIsa. | 1 | 3 | 1 | τῷ Μανασσῇ. καὶ αὐτὸς ἦν ψευδοπροφητεύων ἐν | * Ἰερουσαλὴμ * | καὶ πολλοὶ ἐξ Ἰερουσαλὴμ ἐκολλήθησαν πρὸς |
| FIsa. | 1 | 3 | 1 | ἦν ψευδοπροφητεύων ἐν Ἰερουσαλὴμ καὶ πολλοὶ ἐξ | * Ἰερουσαλὴμ * | ἐκολλήθησαν πρὸς αὐτόν. καὶ αὐτὸς δὲ ἦν ἀπὸ |
| FIsa. | 1 | 3 | 3 | Γωζάν. οὗτος ἦν νεώτερος καὶ ἔφυγεν καὶ ἦλθεν εἰς | * Ἰε⟨ρου⟩σαλὴμ * | ἡμ⟨έρ⟩αις ⟨Ἐζε⟩κίου βασ⟨ιλέως Ἰ⟩ούδα. |
| FIsa. | 1 | 3 | 4 | ἐν τῷ χρόνῳ Ἐζεκίου λαλῶν λόγους ἀνομίας ἐν | * Ἰερουσαλὴμ * | καὶ κατηγορήθη ὑπὸ τῶν παίδων Ἐζεκίου καὶ |
| FIsa. | 1 | 3 | 6 | καὶ οἱ προφῆται οἱ μετὰ Ἡσαΐου προφητεύουσιν ἐπὶ | * Ἰερουσαλὴμ * | καὶ ἐπὶ ⟨τά⟩ς πόλεις Ἰούδα ⟨κα⟩ὶ |
| FIsa. | 1 | 3 | 10 | βασι⟨λ⟩εῦ ⟨γί⟩νω⟨σ⟩κε ὅτι ψευδή⟨ς⟩ ἐστιν. καὶ τὴν | * Ἰ⟨ε⟩ρουσαλὴμ * | Σόδο⟨μ⟩α ἐκάλεσεν κ⟨αὶ τοὺς⟩ ἄρχοντα⟨ς |
| FIsa. | 1 | 3 | 18 | σοι ζῇ ὁ θεὸς καὶ ζῇ τὸ πνεῦμα τὸ λαλοῦν ἐν ἐμοὶ | * ⟨Ἰερουσαλὴμ⟩ * | ἐρημωθήσεται. ἔπρισαν αὐτὸν διχῇ. |
| FEz. | | 185 | 4 | και εσοντ⟨αι μετα εμου⟩ ⟨επι γ⟩ης ζωης ω | * ιημ * | ε⟨ιπον προς τον κν κε μ⟩η με ελλεγξης τ⟨ω θυμω σου |
| HEup. | 9 | 34 | 13 | ὕστερον δὲ παρεφθαρμένως τὴν πόλιν ἀπὸ τοῦ ἱεροῦ | * Ἰερουσαλὴμ * | ὀνομασθῆναι ὑπὸ δὲ τῶν Ἑλλήνων φερωνύμως |
| FrAn. | 1 | 217 | 7 | ἐν ἑαυτῷ λέγει μικροψυχήσας ἀπελεύσομαι εἰς | * Ἰερουσαλὴμ * | καὶ διακρινοῦμαι τῷ θεῷ μου ὅτι ἐπλάνησέ με |
| FrAn. | 1 | 217 | 13 | οὐ γὰρ ᾔδεσαν τοῦ λίθου τὸ ὑπέρτιμον ἀπῆλθεν εἰς | * Ἰερουσαλὴμ * | τὸν λίθον ἐπιφερόμενος καὶ δείξας αὐτὸν |
| FrAn. | 1 | 217 | 18 | λίθον τοῦτον εὗρες; ἰδοὺ γὰρ ἔτη τρία σήμερον | * Ἰερουσαλὴμ * | δονεῖται καὶ ἀκαταστατεῖ διὰ τὸν περιβόητον |
| ἱερωσύνη | | | | 19 | | |
| TLevi | | | 1 | διαθηκη Λευι. περι | * ιερωσυνης * | και υπερηφανιας. ἀντίγραφον λόγων Λευὶ ὅσα |
| TLevi | | 8 | 13 | μέγας ὑπὲρ αὐτὸν οὐ γενήσεται. ὁ δεύτερος ἔσται ἐν | * ἱερωσύνῃ. * | ὁ τρίτος ἐπικληθήσεται αὐτῷ ὄνομα καινὸν ὅτι |
| TLevi | | 9 | 7 | μοι ὁ ἄγγελος τοῦ θεοῦ. καὶ ἐδίδασκέ με νόμον | * ἱερωσύνης * | θυσιῶν ὁλοκαυτωμάτων ἀπαρχῶν ἑκουσίων |
| TLevi | | 14 | 7 | καὶ Γόμορρα ἐν ἀσεβείᾳ καὶ φυσιωθήσεσθε ἐπὶ τῇ | * ἱερωσύνῃ * | κατὰ τῶν ἀνθρώπων ἐπαιρόμενοι οὐ μόνον δὲ ἀλλὰ |
| TLevi | | 16 | 1 | ὅτι ἑβδομήκοντα ἑβδομάδας πλανηθήσεσθε καὶ τὴν | * ἱερωσύνην * | βεβηλώσετε καὶ τὰς θυσίας μιανεῖτε καὶ τὸν |
| TLevi | | 17 | 1 | τῶν ἑβδομήκοντα ἑβδομάδων ἀκούσατε καὶ περὶ τῆς | * ἱερωσύνης. * | καθ᾽ ἕκαστον γὰρ ἰωβηλαῖον ἔσται ἱερωσύνη. ἐν |
| TLevi | | 17 | 2 | τῆς ἱερωσύνης. καθ᾽ ἕκαστον γὰρ ἰωβηλαῖον ἔσται | * ἱερωσύνη. * | ἐν τῷ πρώτῳ ἰωβηλαίῳ ὁ πρῶτος χριόμενος εἰς |
| TLevi | | 17 | 2 | ἐν τῷ πρώτῳ ἰωβηλαίῳ ὁ πρῶτος χριόμενος εἰς | * ἱερωσύνην * | μέγας ἔσται καὶ λαλήσει θεῷ ὡς πατρὶ καὶ ἡ |
| TLevi | | 17 | 2 | μέγας ἔσται καὶ λαλήσει θεῷ ὡς πατρὶ καὶ ἡ | * ἱερωσύνη * | αὐτοῦ πλήρης μετὰ κυρίου καὶ ἐν ἡμέρᾳ χαρᾶς |
| TLevi | | 17 | 3 | ἐν πένθει ἀγαπητῶν συλληφθήσεται καὶ ἔσται ἡ | * ἱερωσύνη * | αὐτοῦ τιμία καὶ παρὰ πᾶσι δοξασθήσεται. ὁ δὲ |
| TLevi | | 18 | 2B013 | δεσπότη τοῦ οὐρανοῦ ἤρξατο διδάσκειν με τὴν κρίσιν | * ἱερωσύνης * | καὶ εἶπεν τέκνον Λευὶ πρόσεχε σεαυτῷ ἀπὸ πάσης |
| TLevi | | 18 | 2B019 | ὕδατι πρῶτον καὶ τότε ἐνδιδύσκου τὴν στολὴν τῆς | * ἱερωσύνης * | καὶ ὅταν ἐνδιδύσκῃ νίπτου πάλιν τὰς χεῖράς σου |
| TLevi | | 18 | 2B051 | υἱοῖς μου. καὶ νῦν τέκνον χαίρω ὅτι ἐξελέχθης εἰς | * ἱερωσύνην * | ἁγίαν καὶ προσενεγκεῖν θυσίαν κυρίῳ ὑψίστῳ ὡς |
| TLevi | | 18 | 2B064 | ἔσται αὐτὸς καὶ τὸ σπέρμα αὐτοῦ ἀπὸ τῆς ἀρχῆς | * ἱερωσύνης * | (ἔσται τὸ σπέρμα αὐτοῦ). λ᾽ ἐτῶν ἤμην ὅτε |
| TLevi | | 18 | 9 | εἰς γενεὰς καὶ γενεὰς ἕως τοῦ αἰῶνος. καὶ ἐπὶ τῆς | * ἱερωσύνης * | αὐτοῦ τὰ ἔθνη πληθυνθήσονται ἐν γνώσει ἐπὶ τῆς |
| TLevi | | 18 | 9 | ἐν ἀγνωσίᾳ καὶ σκοτισθήσεται ἐν πένθει ἐπὶ τῆς | * ἱερωσύνης * | αὐτοῦ ἐκλείψει πᾶσα ἁμαρτία καὶ οἱ ἄνομοι |
| TJud. | | 21 | 2 | κἀκείνῳ τὴν ἱερατείαν καὶ ὑπέταξε τὴν βασιλείαν τῇ | * ἱερωσύνῃ. * | ἐμοὶ ἔδωκε τὰ ἐπὶ τῆς γῆς ἐκείνῳ τὰ ἐν |
| Prop. | | 17 | 1B | νόμον κυρίου Ναθὰν ὁ προφήτης τοῦ Δαυὶδ ἐκ φυλῆς | * ἱερωσύνης * | ἦν. ἐγεννήθη δὲ ἐν Γαβαῷ καὶ αὐτὸς ἐδίδαξε τὸν |
| Prop. | | 18 | 2B | περὶ Σολομὼν ὅτι προσκρούσει κυρίῳ ἐν ἀρχῇ τῆς | * ἱερωσύνης * | προεφήτευσε περὶ Σολομῶντος ὅτι προσκρούσει |
| Ιεσθα | | | | 1 | | |
| FJub. | | 11 | 9 | Μελχα θυγάτηρ Χαβερ πατραδέλφου αὐτοῦ. γυνὴ Ναχωρ | * Ιεσθα * | θυγάτηρ Νεσθα τοῦ Χαλδαίου. αὐξηθέντα δὲ τὸν Ναχὼρ |
| ἵημι | | | | 1 | | |
| LPhi. | 9 | 37 | 2 | ῥεῦμα γὰρ ὑψιφάεννον ἐν ὑετίοις νιφετοῖσιν | * ἱέμενον * | πολυγηθὲς ὑπαὶ πύργοις συνόροισιν στρωφᾶται καὶ |
| Ἰησίας | | | | 1 | | |
| Aris. | | 49 | 1 | ἑβδόμης Σαββαταῖος Σεδεκίας Ἰάκωβος Ἴσαχος | * Ἰησίας * | Νατθαῖος. ὀγδόης Θεοδόσιος Ἰάσων Ἰησοῦς |
| Ἰησοῦς | | | | 10 | | |
| Jer. | | 9 | 13 | θεὸν καὶ τὸν υἱὸν τοῦ θεοῦ τὸν ἐξυπνίζοντα ἡμᾶς | * Ἰησοῦν * | Χριστὸν τὸ φῶς τῶν αἰώνων πάντων ὁ ἄσβεστος |
| Bar. | | 4 | 15 | καταδίκην ἔλαβεν τὸ γένος τῶν ἀνθρώπων πάλιν διὰ | * Ἰησοῦ * | Χριστοῦ τοῦ Ἐμμανουὴλ ἐν αὐτῷ μέλλουσιν τὴν |
| Sedr. | | | 1 | καὶ περὶ δευτέρας παρουσίας τοῦ κυρίου ἡμῶν | * Ἰησοῦ * | Χριστοῦ. δέσποτα εὐλόγησον. καὶ φωνὴν ἀοράτως |
| Aris. | | 48 | 3 | Ἀνανίας Χαβρίας---. πέμπτης Ἴσακος Ἰάκωβος | * Ἰησοῦς * | Σαββαταῖος Σίμων Λευίς. ἕκτης Ἰούδας Ἰώσηφος |
| Aris. | | 49 | 2 | Ἴσαχος Ἰησίας Νατθαῖος. ὀγδόης Θεοδόσιος Ἰάσων | * Ἰησοῦς * | Θεόδοτος Ἰωάννης Ἰωνάθας. ἐνάτης Θεόφιλος |
| FMos. | 2 | 17 | 17 | Μωσῆς προσκαλεσάμενος | * Ἰησοῦν * | υἱὸν Ναυῆ καὶ διαλεγόμενος πρὸς αὐτὸν ἔφη καὶ |
| FMos. | 6 | 132 | 2 | ἅρα καὶ τὸν Μωυσέα ἀναλαμβανόμενον διττὸν εἶδεν | * Ἰησοῦς * | ὁ τοῦ Ναυῆ καὶ τὸν μὲν μετ᾽ ἀγγέλων τὸν δὲ ἐπὶ |
| FMos. | 6 | 132 | 3 | ὄρη περὶ τὰς φάραγγας κηδείας ἀξιούμενον. εἶδεν δὲ | * Ἰησοῦς * | τὴν θέαν ταύτην κάτω πνεύματι ἐπαρθεὶς σὺν καὶ |
| HEup. | 9 | 30 | 1 | τοῖς Ἰουδαίοις. Μωσῆν προφητεῦσαι ἔτη μ᾽ εἶτα | * Ἰησοῦν * | τὸν τοῦ Ναυῆ υἱὸν ἔτη λ᾽ βιῶσαι δ᾽ αὐτὸν ἔτη ρ |
| FrAn. | | 574 | 3020 | οὗτος ὁρκίζω σε κατὰ τοῦ θεοῦ τῶν Ἑβραίων | * Ἰησοῦ * | ιαβα ιαη ἀβρραωθ Αια θωθ ελε ελω αηω εου ιιιβαεχ |
| ἰθύνω | | | | 1 | | |
| IOrp. | | | 7 | ἀμέρσῃ εἰς δὲ λόγον θεῖον βλέψας τούτῳ προσέδρευε | * ἰθύνων * | κραδίης νοερὸν κύτος εὖ δ᾽ ἐπίβαινε ἀτραπιτοῦ |
| ιιιβαεχ * | | | | 1 | | |
| FrAn. | | 574 | 3021 | Ἰησοῦ ιαβα ιαη ἀβρραωθ Αια θωθ ελε ελω αηω εου | * ιιιβαεχ * | αβαρμας ϊαβαραου αβελβελ λωνα αβρα μαροια |
| ἱκανός | | | | 19 | | |
| TNep. | | 2 | 4 | οἶδεν ὁ κεραμεὺς ἑνὸς ἑκάστου τὴν χρῆσιν ὡς | * ἱκανὴ * | οὕτω καὶ ὁ κύριος οἶδε τὸ σῶμα ἕως τίνος διαρκέσει |
| Asen. | | 28 | 10 | γῆν ὥσπερ κηρὸς ἀπὸ προσώπου πυρός. καὶ ἔστι τοῦτο | * ἱκανὸν * | αὐτοῖς ὅτι κύριος πολεμεῖ πρὸς αὐτοὺς ὑπὲρ ἡμῶν. |
| Sal. | | 5 | 17 | ἐὰν ὑπερπλεονάσῃ ὁ ἄνθρωπος ἐξαμαρτάνει. | * ἱκανὸν * | τὸ μέτριον ἐν δικαιοσύνῃ καὶ ἐν τούτῳ ἡ εὐλογία |
| Jer. | | 6 | 3 | τὸ πένθος σου μετεστράφη εἰς χαρὰν ἔρχεται γὰρ ὁ | * ἱκανὸς * | καὶ ἀρεῖ σε ἐν τῷ σκηνώματί σου οὐ γὰρ γέγονε σοι |
| Sedr. | | 2 | 3 | ἤθελον λαλῆσαι στόμα ὑπὸ στόματος θεοῦ οὐκ εἰμὶ | * ἱκανὸς * | κύριε τοῦ ἀνελθεῖν εἰς τοὺς οὐρανούς. καὶ |
| Aris. | | 13 | 3 | κατῴκισεν ἐν τοῖς φρουρίοις ἤδη μὲν καὶ πρότερον | * ἱκανῶν * | εἰσεληλυθότων σὺν τῷ Πέρσῃ καὶ πρὸ τούτων ἑτέρων |
| Aris. | | 15 | 5 | ἐν οἰκετίαις ὑπαρχόντων ἐν τῇ σῇ βασιλείᾳ πληθῶν | * ἱκανῶν; * | ἀλλὰ τελείᾳ καὶ πλουσίᾳ ψυχῇ ἀπόλυσον τοὺς |
| Aris. | | 21 | 5 | αὐτὸν εἰς τὸ σωτηρίαν γενέσθαι πλήθεσιν | * ἱκανοῖς. * | ἦν δὲ τοιοῦτο τοῦ βασιλέως προστάξαντος ὅσοι |
| Aris. | | 23 | 5 | τῶν Ἰουδαίων μεταγωγὴν εἰς τὴν Αἴγυπτον γεγονέναι | * ἱκανὴ * | γὰρ ἦν ἡ παρὰ τό γε δέον γεγονυῖα ἐκ τῶν |
| Aris. | | 33 | 6 | καὶ ἀργυρίου τάλαντα ἑβδομήκοντα καὶ λίθων | * ἱκανόν * | τι πλῆθος ἐκέλευσε δὲ τοὺς ῥισκοφύλακας τοῖς |
| Aris. | | 93 | 3 | ἑκάστου ἀναρρίπτουσιν ἑκατέραις θαυμασίως ὕψος | * ἱκανὸν * | καὶ οὐχ ἁμαρτάνουσι τῆς ἐπιθέσεως. ὁμοίως δὲ καὶ |
| Aris. | | 109 | 3 | τῆς χώρας εἰς αὐτὴν ἐπιξενούμενοι καταμένοντες ἐφ᾽ | * ἱκανὸν * | εἰς ἐλάττωσιν ἦγον τὰ τῆς ἐργασίας. ὅθεν ὁ |
| Aris. | | 211 | 7 | ἄνθρωπος ἐννόει καὶ μὴ πολλῶν ὀρέγου τῶν δὲ | * ἱκανῶν * | πρὸς τὸ βασιλεύειν. κατεπαινέσας δὲ αὐτὸν ἐπηρώτα |
| Aris. | | 275 | 3 | πλειόνων ἑτέρων ἀπὸ τῶν πόλεων ἦσαν γὰρ | * ἱκανοὶ * | πρέσβεις ἐπηρώτησεν ὁ βασιλεὺς καιροῦ γενομένου |
| HArt. | 9 | 27 | 34 | τοὺς κατὰ τὴν Ἀραβίαν ποταμοὺς καὶ διαβάντας | * ἱκανὸν * | τόπον ἐπὶ τὴν Ἐρυθρὰν τριταίους ἐλθεῖν Θάλασσαν. |
| HAri. | 9 | 25 | 2 | θηλείας νομάδας πεντακοσίας εἶχε δὲ καὶ γεωργίας | * ἱκανάς. * | τοῦτον δὲ τὸν Ἰὼβ πρότερον Ἰωβὰβ ὀνομάζεσθαι. |
| HCle. | 1 | 15 | 240 | ἐκ τῆς Χετούρας Ἀβράμῳ ἐγένοντο παῖδες | * ἱκανοί. * | αὐτῶν καὶ τὰ ὀνόματα τρεῖς Ἀφέραν Σουρειμ |
| HHec. | 1 | 22 | 201 | ἡμᾶς ἱππέων Ἰουδαίων ὄνομα Μοσόλλαμος ἄνθρωπος | * ἱκανὸς * | κατὰ ψυχὴν εὔρωστος καὶ τοξότης ὑπὸ δὴ πάντων |
| LAri. | 8 | 10 | 1 | πλὴν | * ἱκανῶς * | εἰρημένων πρὸς τὰ προκείμενα ζητήματα ἐπεφώνησας |
| ἱκανόω | | | | 2 | | |
| TIss. | | 1 | 7 | μοι ἀντὶ τέκνων. ἦσαν δὲ μῆλα δύο. καὶ εἶπε Λεία | * ἱκανούσθω * | σοι ὅτι ἔλαβες τὸν ἄνδρα παρθενίας μου μὴ καὶ |

Sal.        2    22    εἶδον καὶ ἐδεήθην τοῦ προσώπου κυρίου καὶ εἶπον * ἱκάνωσον * κύριε τοῦ βαρύνεσθαι χεῖρά σου ἐπὶ Ἰερουσαλημ
  ἴκελος                                                  3
FAch.      113           ὁ δὲ Νεκταναβὼν πρὸς τὸν Αἴσωπον λέγει τίνι * ἴκελός * εἰμι. πῶς βλέπεις τοὺς περὶ ἐμὲ πάντας; ὁ δὲ ἔφη
FAch.      114    εἰσελθεῖν. εἰσελθόντος δὲ ἐπηρώτησε λέγων τίνι * ἴκελόν * με βλέπεις καὶ τοὺς περὶ ἐμέ; ὁ δὲ ἔφη σὲ μὲν
FAch.      115    ἐκάθισεν. τοῦ δὲ Αἰσώπου ἐλθόντος ἐπύθετο τίνι * ἴκελός * εἰμι; ὁ δὲ ἔφη σὺ τῷ ἡλίῳ καὶ οἱ περὶ σέ ταῖς
  ἱκεσία                                                  1
Adam       13     2    Σὴθ ἄνθρωπε τοῦ θεοῦ μὴ κάμῃς εὐχόμενος ἐπὶ τῇ * ἱκεσίᾳ * ταύτῃ περὶ τοῦ ξύλου ἐν ᾧ ῥέει τὸ ἔλαιον ἄλειψαι
  ἱκετεύω                                                 6
Abr.1       9     2    δακρύων προσέπεσεν τοῖς ποσὶν τοῦ ἀσωμάτου καὶ * ἱκέτευεν * αὐτὸν λέγων δέομαί σου ἀρχιστράτηγε τῶν ἄνω
Abr.1      15     4  γυνὴ αὐτοῦ καὶ περιεπλάκη τοῖς ποσὶν τοῦ ἀσωμάτου * ἱκετεύουσα * καὶ λέγουσα εὐχαριστῶ σοι κύριέ μου ὅτι
Aris.     192     2     τὴν διάταξιν βλέπων τὴν ὑπὸ τοῦ θεοῦ τὰ γὰρ * ἱκετευόμενα * συντελεῖσθαι τοῖς ἀξίοις τοῖς δὲ
Aris.     197     6  ἀμιγῆ γενέσθαι ὁ θεὸς δὲ τὴν εὐψυχίαν δίδωσιν ὃν * ἱκετεύειν * ἀναγκαῖον. φιλοφρονηθεὶς δὲ καὶ τοῦτον καλῶς
Aris.     233     1  τοὺς γὰρ ἀπ' αὐτῆς καρποὺς ἀλυπίαν κατασκευάζειν. * ἱκετεύειν * δὲ ⟨δεῖ⟩ τὸν θεὸν ἵνα μὴ τὰ παρὰ τὴν
Aris.     242     5     μηδὲν προσδεῖσθαι τῶν ἐκείνων ἀλλὰ δέον ⟨θεὸν⟩ * ἱκετεύειν * πάντα ἀγαθοποιεῖν. ὡσαύτως δὲ ἐκείνοις
  ἱκέτης                                                  2
Abr.1       2     5    ἔοικεν τὸ νέον τῆς ἡλικίας σου; δίδαξόν με τῷ σῷ * ἱκέτῃ * πόθεν καὶ ἐκ ποίας στρατιᾶς καὶ ἐκ ποίας ὁδοῦ
Abr.1       9     3     αὐτὸν ὅλως πρὸς ἐμὲ τὸν ἁμαρτωλὸν καὶ ἀνάξιον * ἱκέτην * σου καθεκάστην ἔρχεσθαι παρακαλῶ σε καὶ νῦν
  ἱκνέομαι                                                12
Sib.        3   117 μερίδες τε δίκαιαι. τηνίκα δὴ πατρὸς τέλεος χρόνος * ἵκετο * γήρως καὶ ῥ' ἔθανεν καὶ παῖδες ὑπερβασίην ὅρκοισιν
Sib.        3   304    γένος ἀνδρῶν πᾶσαν ἁμαρτωλῶν γαῖαν ῥοῖζός ποθ' * ἱκνεῖται * καὶ πᾶσαν χώραν μερόπων ἀλαλαγμὸς ὀλέσει καὶ
Sib.        3   470    θηρῶν δὲ τιθήνη. ἀλλ' ὅτ' ἀπ' Ἰταλίης λυμήτης * ἵξεται * ἀνὴρ τῆμος Λαοδίκεια καταπρηνὴς ἐριποῦσα Καρῶν
Sib.        3   666    φῶτας ἀρίστους πορθεῖν βουλήσονται δηνίκα γαῖαν * ἵκωνται. * ἠ θήσουσιν κύκλῳ πόλεως μιαροὶ βασιλῆες ἴσον
Sib.        3   674    ῥομφαῖαι πύρινοι κατὰ γαῖαν λαμπάδες αὔγαι * ἵξονται * μεγάλαι λάμπουσαι εἰς μέσον ἀνδρῶν. γαῖα δὲ
Sib.        3   695 κρίνει οἰμωγή τε καὶ ἀλαλαγμὸς κατ' ἄπειρονα γαῖαν * ἵξεται * ὀλλυμένων ἀνδρῶν καὶ πάντες ἄναγνοι αἵματι
Sib.        3   780    ἤμασι κείνοις πᾶσα γὰρ εἰρήνη ἀγαθῶν ἐπὶ γαῖαν * ἱκνεῖται * ῥομφαίαν δ' ἀφελοῦσι θεοῦ μεγάλοιο προφῆται
Sib.        4    98    Πύραμος ἀργυρόδινης ἠϊόνα προχέων ἱερὴν ἐς νῆσον * ἵκηται. * καὶ σὺ Βάρις πέσεαι καὶ Κύζικος ἡνίκα γαίης
Sib.        4   131     γῆς πυρσὸς ἀποστραφθεὶς εἰς οὐρανὸν εὐρὺν * ἵκηται * πολλὰς δὲ φλέξῃ πόλιας καὶ ἄνδρας ὀλέσση πολλὴ δ'
Sib.        5    27 πρώτην ἕξει ἄναξ κεῖνος δὲ καθ' ὕστατον Ὠκεανοῖο * ἵξεθ' * ὕδωρ +ἄμπωτιν ὑπ' αὐσονίσιν+ ἄϊξας. πεντήκοντα δ'
Sib.        5   294    Ἐφέσου πηγνύμενος χάσμασι καὶ σεισμοῖσί ποθ' * ἵξεται * εἰς ἅλα δῖαν πρηνὴς ἠὖτε νῆας ἐπικλύζουσιν
LThe.   9   22    3 Συχὲμ μάλ' ἄτειρέ φῶτε. Ἰακὼβ Συρίην κτηνοτρόφον * ἵκτο * καὶ εὐρὺ ῥέεθρον Εὐφρήταο λίπεν ποταμοῦ
  ἵκω
Sib.        3   452     καὶ +φύλοπις ἄλλων ποντοπόρον σαμίοις ὀλοόν δ' * ἵξουσιν * ὄλεθρον· +αἵματι μὲν δάπεδον+ κελαρύξεται εἰς
Sib.        3   803     ἠδὲ σελήνης ἀκτῖνες προφανοῦσι καὶ ἅψ ἐπὶ γαῖαν * ἵκονται * αἵματι καὶ σταγόνεσσι πετρῶν δ' ἄπο σῆμα γένηται
  ἵλαος                                                   5
Asen.       6     7    αὐτὸν διὰ τὸ φῶς τὸ μέγα τὸ ὂν ἐν αὐτῷ; καὶ νῦν * ἵλεώς * μοι κύριε ὁ θεὸς τοῦ Ἰωσὴφ διότι λελάληκα ἐγὼ
Asen.      17    10    οὐρανὸν εἰς τὸν τόπον αὐτοῦ. καὶ εἶπεν ἐν ἑαυτῇ * ἵλεως * ἔσο κύριε τῇ δούλῃ σου καὶ φεῖσαι τῆς παιδίσκης
Asen.      28     6    κακὸν ἀντὶ κακοῦ τινι ἀνθρώπῳ. λοιπὸν γενοῦ * ἵλεως * τοῖς δούλοις σου δέσποινα ἐνώπιον αὐτῶν. καὶ εἶπεν
Prop.       4    18    καταστῆσαι τῶν τέκνων αὐτοῦ. ἀλλ' ὁ ὅσιος εἶπεν * ἵλεώς * μοι ἀφεῖναι κληρονομίαν πατέρων μου καὶ κολληθῆναι
LEze.   9   29  11 05    φοβερὸς ὥστε θαυμάσαι. (Μ). Ἰδοὺ βέβληται δέσποθ' * ἵλεως * γενοῦ ὡς φοβερὸς ὡς πέλωρος οἴκτειρον σύ με
  ἱλαρός                                                  6
Hen.       32     4     ὅμοια ὁ δὲ καρπὸς αὐτοῦ ὡσεὶ βότρυες ἀμπέλου * ἱλαροὶ * λίαν ἡ δὲ ὀσμὴ αὐτοῦ διέτρεχεν πόρρω ἀπὸ τοῦ
TJos.       8     5    μου πῶς ὕμνουν κύριον ὦν ἐν οἴκῳ σκότους καὶ * ἱλαρᾷ * φωνῇ χαίρων ἐδόξαζον τὸν θεὸν μου μόνον ὅτι διὰ
Asen.      23    10  κακοῦ. καὶ εἶπε Λευὶς τῷ υἱῷ Φαραὼ μετὰ παρρησίας * ἱλαρῷ * προσώπῳ ⟨καὶ ὀργὴ οὐκ ἦν ἐν αὐτῷ οὐδὲ ἐλαχίστη
Job        12     1    τοῦ ὀφειλέτου μου. καὶ εἴ ποτέ μοι ἤρχετο ἀνὴρ * ἱλαρὸς * τὴν καρδίαν λέγων οὔτε ἐγὼ εὐπορῶ ἐπικουρῆσαι
Aris.      19     2    ἁπάντων θεὸς ὁ δὲ διανακύψας καὶ προσβλέψας * ἱλαρῷ * τῷ προσώπῳ πόσας ὑπολαμβάνεις μυριάδας ἔσεσθαι;
Aris.     182     8  πρὸς τοὺς βασιλεῖς ἵνα κατὰ μηθὲν δυσχεραίνοντες * ἱλαρῶς * διεξάγωσιν ὃ καὶ περὶ τούτους ἐγεγόνει.
  ἱλαρότης                                                4
Abr.1      20     8 δεῦρο ἄσπασαι τὴν δεξιάν μου χεῖραν καὶ ἐλθεῖν σοι * ἱλαρότης * καὶ ζωὴ καὶ δύναμις. πεπλάνηκεν γὰρ τὸν Ἀβραὰμ
TNep.       9     2     μετὰ τῶν πατέρων αὐτοῦ. καὶ φαγὼν καὶ πιὼν ἐν * ἱλαρότητι * ψυχῆς συνεκάλυψε τὸ πρόσωπον αὐτοῦ καὶ
Sal.        4     5  ἐν συνταγῇ κακίας ταχὺς εἰσόδῳ εἰς πᾶσαν οἰκίαν ἐν * ἱλαρότητι * ὡς ἄκακος. ἐξάραι ὁ θεὸς τοὺς ἐν ὑποκρίσει
Sal.       16    12 ἐν τῷ σε παιδεύειν εἰς ἐπιστροφήν. εὐδοκίᾳ δὲ μετὰ * ἱλαρότητος * στήρισον τὴν ψυχήν μου ἐν τῷ ἐνισχῦσαί σε τὴν
  ἱλαρόω                                                  1
Aris.     108     4    ἀμελεῖσθαι δὲ τῆς χώρας πάντων ἐπὶ τὸ κατὰ ψυχὴν * ἱλαροῦσθαι * νενευκότων καὶ τῇ κατασκευῇ πάντας ἀνθρώπους
  ἱλάσκομαι                                               5
Sib.        3   625    βράδυνε ἀλλὰ παλίμπλαγκτος στρέψας θεὸν * ἱλάσκοιο. * θῦε θεῷ ταύρων ἑκατοντάδας ἠδὲ καὶ ἀρνῶν
Sib.        3   628    αἰγῶν τε περιπλομέναισιν ἐν ὥραις. ἀλλὰ μιν * ἱλάσκου * θεὸν ἄμβροτον αἴ κ' ἐλεήσῃ. αὐτὸς γὰρ μόνος ἐστί
Sib.        4   168   συγγνώμην αἰτεῖσθε καὶ εὐλογίαις ἀσέβειαν πικρὰν * ἱλάσκεσθε * θεὸς δώσει μετάνοιαν οὐδ' ὀλέσει παύσει δὲ
Sib.        5   328   +τὴν τε σοφὴν ἀνδρῶν μελέτην καὶ σώφρονα βουλήν+. * ἵλαθι * παγγενέτωρ τρυφερῇ χθονὶ τῇ πολυκάρπῳ Ἰουδαίᾳ
HArt.   9   27    21 τῷ θεῷ ἤδη ποτέ τοὺς λαοὺς παῦσαι τῶν κακοπαθειῶν. * ἱλασκομένου * δ' αὐτοῦ αἰφνιδίως ἐκ τῆς γῆς πῦρ ἀναφθῆναι
  Ἴλιον                                                   3
Sib.        3   414 αἷμα. ἀλλὰ μεταῦτις ἔλωρ ἔσῃ ἀνθρώποισιν ἐρασταῖς. * Ἴλιον * οἰκτείρω σε κατὰ Σπάρτην γὰρ Ἐρινὺς βλαστήσει
Sib.        3   423    Χῖον δὲ καλέσσει αὐτὸν καὶ γράψει τὰ κατ' * Ἴλιον * οὐ μὲν ἀληθῶς ἀλλὰ σοφῶς ἐπέων γὰρ ἐμῶν μέτρων τε
Sib.        3   432    καὶ θανέειν μᾶλλον τοῖσιν κλέος ἔσσεται εὐρὺ * Ἰλίῳ * ἀλλὰ καὶ αὐτὸς ἀμοιβαῖα δέξεται ἔργα. καὶ Λυκίῃ
  ἱμάτιον                                                 17
TLevi       2  3B001   ἐπὶ πύργους ἡ ἀνομία κάθηται τότε ἐγὼ ἔπλυνα τὰ * ἱμάτιά * μου καὶ καθαρίσας αὐτὰ ἐν ὕδατι καθαρῷ καὶ ὅλος
TZab.       4    10  ἐν τῷ μέλλειν πιπράσκειν αὐτὸν καὶ ἐνέδυσαν αὐτὸν * ἱμάτιον * παλαιὸν δούλου. τὸν δὲ χιτῶνα εἶχε Συμεὼν καὶ
TZab.       7     1    χειμῶνος καὶ σπλαγχνισθεὶς ἐπ' αὐτὸν κλέψας * ἱμάτιον * ἐκ τοῦ οἴκου μου κρυφαίως ἔδωκα τῷ θλιβομένῳ.
TJos.       8     2 ἀπὸ τῆς Αἰγυπτίας. τέλος οὖν διαλαμβάνεταί μου τὸν * ἱματίων * μετὰ βίας ἐκλειπόμενη με εἰς συνουσίαν. ὡς οὖν
TJos.       8     3     ὡς οὖν εἶδον ὅτι μαινόμενη βίᾳ κρατεῖ τὰ * ἱμάτιά * μου γυμνὸς ἔφυγον. κἀκείνη ἐσυκοφάντησέ με καὶ
TBen.       2     4  με εἶπε τρέχειν. ἐν δὲ τῷ ὑπάγειν αὐτὸν κρύψαι τὸ * ἱμάτιόν * μου ὑπήντησεν αὐτῷ λέων καὶ ἀνεῖλεν αὐτόν. καὶ
Asen.      16    18    καὶ ὡς ὑάκινθος καὶ ὡς κόκκος καὶ ὡς βύσσινα * ἱμάτια * χρυσοϋφῆ καὶ διαδήματα χρυσᾶ ἐπὶ τᾶς κεφαλᾶς
Sal.       11     7  ἐπισκοπῇ δόξης θεοῦ αὐτῶν. ἐνδῦσαι Ἰερουσαλὴμ τὰ * ἱμάτια * τῆς δόξης σου ἑτοίμασον τὴν στολὴν τοῦ ἁγιάσματός
Jer.        2     1    εἰς τὸν ναὸν τοῦ θεοῦ διέρρηξεν ὁ Ἰερεμίας τὰ * ἱμάτια * αὐτοῦ καὶ ἐπέθηκεν χοῦν ἐπὶ τὴν κεφαλὴν αὐτοῦ καὶ
Jer.        2     2    χοῦν πεπασμένον ἐπὶ τὴν κεφαλὴν αὐτοῦ καὶ τὰ * ἱμάτια * αὐτοῦ διερρωγότα ἔκραξε φωνῇ μεγάλῃ λέγων πάτερ
Jer.        2     5     εἶπε δὲ αὐτῷ Ἰερεμίας φύλαξαι τοῦ σχίσαι τὰ * ἱμάτιά * σου ἀλλὰ μᾶλλον σχίσωμεν τὰς καρδίας ἡμῶν καὶ μὴ
Jer.        2     8   ἀκούσας δὲ ταῦτα Βαροὺχ διέρρηξε καὶ αὐτὸς τὰ * ἱμάτια * αὐτοῦ καὶ εἶπε πάτερ Ἰερεμία τίς σοι ἐδήλωσε
Jer.        2    10 ἐν τῷ θυσιαστηρίῳ κλαίοντες καὶ ἦσαν διερρωγότα τὰ * ἱμάτια * αὐτῶν. ὡς δὲ ἐγένετο ἡ ὥρα τῆς νυκτὸς καθὼς εἶπεν
Jer.        2     9    χαμαὶ ὥσπερ τεθνηκότα. καὶ διέρρηξαν τὰ * ἱμάτια * αὐτῶν καὶ ἐπέθηκαν χοῦν ἐπὶ τᾶς κεφαλᾶς αὐτῶν καὶ
Job        19     2   ἐταράχθην ἐν μεγάλῃ ταραχῇ καὶ διέρρηξά μου τὰ * ἱμάτια * λέγων τῷ ἀπαγγέλλοντι πῶς οὖν σὺ ἐσώθης; καὶ τότε
Job        39     1     πρὸς αὐτοὺς λέγοντος, ἦλθεν ἡ γυνή μου Σιτίδος ἐν * ἱματίοις * ῥακκώδεσι, ἀποδράσασα ἐκ τῆς τοῦ οἰκοδεσπότου
FIsa.       1    10    ἀποστήσει. ἀκούσας δὲ ταῦτα Ἐζεκίας ἔσχισεν τὰ * ἱμάτια * αὐτοῦ καὶ ἔκλαυσεν πικρῶς καὶ ἔβαλεν χοῦν ἐπὶ τὴν
  ἱματισμός                                               2
Asen.       2     4    καὶ ἦν χρυσὸς πολὺς ἐν αὐτῷ καὶ ἄργυρος καὶ * ἱματισμὸς * χρυσοϋφὴς καὶ λίθοι ἐκλεκτοὶ καὶ πολυτελεῖς
HArt.   9   27    34 τῶν Αἰγυπτίων πολλὰ μὲν ἐκπώματα οὐκ ὀλίγον δὲ * ἱματισμὸν * ἄλλην τε παμπληθῆ γάζαν διαβάντας τοὺς κατὰ
  ἱμείρω                                                  1
Sib.        5   333    εἶναι καὶ προσέχειν οἷον θεὸς ἐγγυάλιξεν. * ἱμείρω * τριτάλαινα τὰ θρηκῶν ἔργα ἰδέσθαι καὶ τεῖχος
  ἵνα                                          253  ἵνα ἵν'
  Ἰνδοκολπίτης                                            1
TJos.      11     2  νόμον κυρίου ἀγαπηθήσεται ὑπ' αὐτοῦ. ἐλθὼν δὲ εἰς * Ἰνδοκολπίτας * μετὰ τῶν Ἰσμαηλιτῶν ἡρώτων με κἀγὼ εἶπον
  Ἰνδός                                                   2
Sib.        5   195    φῶς Αἰθιόπων Τεύχιραν οἰκήσουσι βίῃ μελανόχροες * Ἰνδοί. * Πεντάπολι κλαύσεις σέ δ' ὀλεῖ μεγαλόσθενος ἀνήρ.
Sib.        5   206    αὐτὴν Ῥάβεννά τε καὶ εἰς φόνον ἡγεμονεύσει. * Ἰνδοὶ * μὴ θαρσεῖτε καὶ Αἰθίοπες μεγάθυμοι ἡνίκα γὰρ
  ἰξευτής                                                 1
FAch.      111    πενθήσας. μετὰ δὲ ταῦτα προσκαλεσάμενός τινας * ἰξευτὰς * ἐκέλευσεν συλλαμβάνεσθαι τέσσαρας ἀετούς.
  ἰοβόλος                                                 3
Abr.1      19    14    οὕτω τὸν θάνατον βλέπουσιν ἔδειξά σοι καὶ θηρία * ἰοβόλα * ἀσπίδας καὶ βασιλίσκους⟩ καὶ παρδάλεις καὶ
Abr.1      19    15    ἀποφυσούμενοι ἐκλείπουσιν ἄλλοι δὲ ὑπὸ ὄφεων * ἰοβόλων * καὶ ἐχίδνης ἀποφυσούμενοι ἐκλείπουσιν ἔδειξά σοι
TSim.       4     9  διυπνίζεσθαι τὸν νοῦν καὶ ὡς πνεῦμα πονηρὸν καὶ * ἰοβόλον * ἔχων οὕτως φαίνεται τοῖς ἀνθρώποις. διὰ τοῦτο
  Ἰοθώρ                                                   3
HDem.   9   29    1    γε τὸν Μωσῆν εἰς Μαδιὰμ καὶ συνοικῆσαι ἐκεῖ τῇ * Ἰοθὼρ * θυγατρὶ Σεπφόρα ἣν εἶναι ὅσα στοχάζεσθαι ἀπὸ τῶν
HDem.   9   29    1 γενέσθαι Δαδὰν ἐκ δὲ Δαδὰν Ῥαγουὴλ ἐκ δὲ Ῥαγουὴλ * Ἰοθὼρ * καὶ Ὀβὰβ ἐκ δὲ τοῦ Ἰοθὼρ Σεπφώραν ἣν ἐγῆμαι
HDem.   9   29    1    Ῥαγουὴλ ἐκ δὲ Ῥαγουὴλ Ἰοθὼρ καὶ Ὀβὰβ ἐκ δὲ τοῦ * Ἰοθὼρ * Σεπφώραν ἣν ἐγῆμαι Μωσῆν. καὶ τὰς γενεὰς δὲ
  Ἰόππη                                                   3
Aris.     115     3     χορηγοῦντας τόν τε κατὰ τὴν Ἀσκαλῶνα καὶ * Ἰόππην * καὶ Γάζαν ὁμοίως δὲ καὶ Πτολεμαΐδα τὴν ὑπὸ τοῦ

| | | | | |
|---|---|---|---|---|
| Sib. | 5 | 251 | θεοῦ πόλιν ἐν μεσογαίοις ἄχρι δὲ καὶ | * Ἰόπης * τεῖχος μέγα κυκλώσαντες ὑψόσ' ἀείρονται ἄχρι καὶ |
| HEup. 9 | 34 | 4 | ὑπὸ τοῦ πατρὸς αὐτοῦ διὰ τῆς θαλάσσης εἰς | * Ἰόππην * ἐκεῖθεν δὲ πεζῇ εἰς Ἱεροσόλυμα. καὶ ἄρξασθαι |

Ἰορδάνης 12

| | | | | |
|---|---|---|---|---|
| Adam | 29 | 11 | ἡμῶν οὐκ ἔστι καθαρά. ἐπορεύθη δὲ Ἀδὰμ εἰς τὸν | * Ἰορδάνην * ποταμὸν καὶ ἡ θρὶξ τῆς κεφαλῆς αὐτοῦ ἡπλοῦτο |
| Adam | 29 | 11 | καὶ ἔκραξε φωνῇ μεγάλῃ λέγων σοὶ λέγω τῷ ὕδατι τοῦ | * Ἰορδάνου * στῆθι καὶ εὔχου ὁμοῦ καὶ πάντα τὰ θηρία καὶ |
| Jer. | 6 | 23 | Βαβυλῶνος. δοκιμάσεις δὲ αὐτοὺς ἐκ τοῦ ὕδατος τοῦ | * Ἰορδάνου * ὁ μὴ ἀκούων φανερὸς γενήσεται τοῦτο τὸ σημεῖόν |
| Jer. | 8 | 2 | Ἱερεμίαν ἀνάστηθι σὺ καὶ ὁ λαὸς καὶ δεῦτε ἐπὶ τὸν | * Ἰορδάνην * καὶ ἐρεῖς τῷ λαῷ ὁ θέλων τὸν κύριον |
| Jer. | 8 | 4 | λαὸν τὰ ῥήματα ταῦτα καὶ ἀναστάντες ἦλθον ἐπὶ τὸν | * Ἰορδάνην * τοῦ περᾶσαι. καὶ λέγων αὐτοῖς τὰ ῥήματα ἃ εἶπε |
| Jer. | 8 | 4 | μεθ' ἡμῶν εἰς τὴν πόλιν ἡμῶν. ἐπέρασαν οὖν τὸν | * Ἰορδάνην * καὶ ἦλθον εἰς Ἰερουσαλήμ. καὶ ἔστη Ἰερεμίας |
| Prop. | 21 | 12 | τὸ πρωῒ δείλης δὲ κρέα τῇ μηλωτῇ ἐπάταξε τὸν | * Ἰορδάνην * καὶ διῃρέθη καὶ διέβησαν ξηρῷ τῷ ποδὶ αὐτός τε |
| Prop. | 22 | 5 | σημεῖα ἃ ἐποίησεν εἰσὶ ταῦτα ἐπάταξε καὶ αὐτὸς τὸν | * Ἰορδάνην * τῇ μηλωτῇ τῇ Ἡλίου καὶ διῃρέθη τὸ ὕδωρ καὶ |
| Prop. | 22 | 14 | τῶν υἱῶν τῶν προφητῶν κοπτόντων ξύλα παρὰ τὸν | * Ἰορδάνην * ἐξέπεσε τὸ δρέπανον καὶ κατεποντίσθη ὁ δὲ |
| Sedr. | 8 | 3 | εἰς τὰ πετόμενα τὸ μελίσσιον εἰς τοὺς ποταμοὺς τὸν | * Ἰορδάνην * εἰς τὰς πόλεις τὴν Ἰερουσαλὴμ καὶ ταῦτα πάντα |
| Aris. | 116 | 2 | ἀσφάλειαν ἔχουσα. περιρρεῖ δ' αὐτὴν ὁ λεγόμενος | * Ἰορδάνης * ποταμὸς ἀείρρους. ⟨τῆς δὲ χώρας⟩ οὐκ ἔλαττον |
| FrAn. | 574 | 3053 | ἀρχαγγέλων. ὁρκίζω σε μέγαν θεὸν Σαβαὼθ δι' ὃν ὁ | * Ἰορδάνης * ποταμὸς ἀνεχώρησεν εἰς τὰ ὀπίσω καὶ ἐρυθρὰ |

ἰός (φάρμακον) 8

| | | | | |
|---|---|---|---|---|
| Adam | 19 | 3 | καὶ ἔθετο ἐπὶ τὸν καρπὸν ὃν ἔδωκε μοι φαγεῖν τὸν | * ἰὸν * τῆς κακίας αὐτοῦ τοῦτ' ἔστι τῆς ἐπιθυμίας. ἐπιθυμία |
| TRub. | 5 | 3 | πρῶτον τὰς διανοίας καὶ διὰ τοῦ βλέμματος τὸν | * ἰὸν * ἐνσπείρουσι καὶ τότε τῷ ἔργῳ αἰχμαλωτίζουσιν οὐ γὰρ |
| TGad | 5 | 1 | πόλεμον καὶ ὕβριν καὶ πᾶσαν πλεονεξίαν κακῶν καὶ | * ἰοῦ * διαβολικοῦ τὴν καρδίαν πληροῖ. καὶ ταῦτα ἐκ πείρας |
| TGad | 6 | 3 | ἐὰν ἁμάρτῃ εἴς σε εἰπὲ αὐτῷ ἐν εἰρήνῃ ἐξορίσας τὸν | * ἰὸν * τοῦ μίσους καὶ ἐν ψυχῇ σου μὴ κρατήσῃς δόλον καὶ ἐὰν |
| TGad | 6 | 5 | σε ἢ περιεργάζεταί σε ἐν κακῷ λαβὼν ἀπὸ σοῦ τὸν | * ἰόν. * ἐὰν οὖν ἀρνεῖται καὶ αἰδεσθῇ ἐλεγχόμενος ἡσύχασον |
| TAser | 1 | 9 | ποιεῖν ἀνελαύνει ἐπειδὴ ὁ θησαυρὸς τοῦ διαβουλίου | * ἰοῦ * πονηροῦ πνεύματος πεπλήρωται. ἔστιν οὖν ψυχὴ λέγουσα |
| Job | 43 | 8 | τὰς λεπίδας τοῦ δράκοντος ἡ δὲ χολὴ αὐτοῦ καὶ ὁ | * ἰὸς * αὐτοῦ ἔσται εἰς βορὰν οὐκ ἐκτήσατο ἑαυτῷ τὸν κύριον |
| Job | 43 | 12 | ἐν καρδίᾳ αὐτοῦ οὐδὲ εἰρήνην ἐν τῷ σώματι αὐτοῦ | * ἰὸν * ἀσπίδων ἔσχεν ἐν τῇ γλώσσῃ αὐτοῦ. δίκαιός ἐστιν |

Ἰουδαία 17

| | | | | |
|---|---|---|---|---|
| Prop. | 3 | 1 | ἐπὶ τῆς αἰχμαλωσίας πολλὰ προφητεύσας τοῖς ἐν τῇ | * Ἰουδαίᾳ. * ἀπέκτεινεν δὲ αὐτὸν ὁ ἡγούμενος τοῦ λαοῦ |
| Prop. | 4 | 1 | βασιλικῆς ὑπηρεσίας ἀλλ' ἔτι νήπιος ἤχθη ἐκ τῆς | * Ἰουδαίας * εἰς γῆν Χαλδαίων ἐγεννήθη δὲ ἐν Βεθώρῳ τῇ |
| Prop. | 12 | 10 | ἐν ἀγρῷ ἰδίῳ μόνος. ἔδωκε δὲ τέρας τοῖς ἐν τῇ | * Ἰουδαίᾳ * ὅτι ὄψονται ἐν τῷ ναῷ φῶς καὶ οὕτως ἴδωσι τὴν |
| Aris. | 4 | 3 | περὶ τῶν μετοικισθέντων εἰς Αἴγυπτον ἐκ τῆς | * Ἰουδαίας * ὑπὸ τοῦ πατρὸς τοῦ βασιλέως πρώτως κεκτημένου |
| Aris. | 11 | 4 | προσδεῖται χαρακτῆρσι γὰρ ἰδίοις κατὰ τὴν | * Ἰουδαίαν * χρῶνται καθάπερ Αἰγύπτιοι τῇ τῶν γραμμάτων |
| Aris. | 12 | 4 | περὶ τῆς ἀπολυτρώσεως τῶν μετηγμένων ἐκ τῆς | * Ἰουδαίας * ὑπὸ τοῦ πατρὸς τοῦ βασιλέως ἐκεῖνος γὰρ |
| Aris. | 83 | 5 | ἐθεωροῦμεν τὴν πόλιν μέσην κειμένην τῆς ὅλης | * Ἰουδαίας * ἐπ' ὄρους ὑψηλὴν ἔχοντος τὴν ἀνάτασιν. ἐπὶ δὲ |
| Aris. | 184 | 3 | χρῶνται πάντες οἱ παραγινόμενοι πρὸς αὐτὸν ἀπὸ τῆς | * Ἰουδαίας * οὕτως ἐπιτελεῖν. διὸ τοὺς ἱεροκήρυκας καὶ |
| Aris. | 318 | 2 | πυκνότερον πρὸς αὐτὸν ἐὰν ἀποκατασταθῶσιν εἰς τὴν | * Ἰουδαίαν * δίκαιον γὰρ εἶπε τὴν ἐκπομπὴν αὐτῶν γενέσθαι |
| Sib. | 5 | 263 | φῶς ἀγαθὸν σεμνόν τε τέλος +πεποθημένον ἅγνος+ | * Ἰουδαίη * χαρίεσσα καλὴ πόλις ἔνθεος ὕμνων. οὐκέτι |
| Sib. | 5 | 329 | ἵλαθι παγγενέτωρ τρυφερῇ χθονὶ τῇ πολυκάρπῳ | * Ἰουδαίᾳ * μεγάλῃ ἵνα σὰς γνώμας ἐπίδωμεν. ταύτην γὰρ |
| FIsa. 1 | 2 | 7 | ἀπ⟨ὸ⟩ Ἰ⟨ερουσαλ⟩ὴμ καὶ ἐκάθισεν ἐν Β⟨ηθ⟩λεὲμ τῆς | * Ἰουδαίας. * ⟨καὶ⟩ ἐκεῖ δὲ ἦν ἀνομ⟨ία π⟩ολλὴ καὶ |
| HEup. 9 | 30 | 7 | ἐκεῖθεν μετακομίσαι τοὺς μεταλλευτὰς εἰς τὴν | * Ἰουδαίαν. * βασιλεύσαντα δὲ τὸν Δαβὶδ ἔτη μ' Σολομῶνι τῷ |
| HEup. 9 | 33 | 1 | δὲ ἔλαιον καὶ τὰ ἄλλα χορηγηθήσεται αὐτοῖς ἐκ τῆς | * Ἰουδαίας * ἱερεῖα δὲ εἰς κρεωφαγίαν ἐκ τῆς Ἀραβίας. |
| HHec. 1 | 22 | 195 | τῆς ἀρίστης καὶ παμφορωτάτης χώρας νέμονται ἡ γὰρ | * Ἰουδαία * τοσαύτη πλάτος ἐστίν. ἔστι τῶν Ἰουδαίων τὰ μὲν |
| HCal. | 24 | 1 | καὶ καταλαμβάνει ⟨ Ἀλέξανδρος⟩ τὴν | * Ἰουδαίαν * γῆν οἵτινες ἀντιστῆναι βουληθέντες ἐκπέμπουσιν |
| FrAn. 9 | 17 | 4 | ἡνίκα Ζαχαρίαν τὸν προφήτην ἀνεῖλεν ὁ Ἰωὰς ὁ τῆς | * Ἰουδαίας * βασιλεὺς οὐκ εἰς μακρὰν περὶ τὸν οἶκον |

ἰουδαΐζω 1

| | | | | |
|---|---|---|---|---|
| LThe. 9 | 22 | 5 | ἢ πάντας τοὺς οἰκοῦντας τὰ Σίκιμα περιτεμνομένους | * Ἰουδαΐσαι * τὸν δὲ Ἐμμὼρ φάναι πείσειν αὐτούς. οὐ γὰρ δὴ |

Ἰουδαϊκός 6

| | | | | |
|---|---|---|---|---|
| Aris. | 22 | 5 | τὴν τῶν Ἰουδαίων χώραν ἐγκρατεῖς ἐγένοντο σωμάτων | * Ἰουδαϊκῶν * καὶ ταῦτα διακεκομίκασιν εἴς τε τὴν πόλιν καὶ |
| Aris. | 24 | 5 | τὴν κατὰ πάντων εὐσέβειαν προστετάχαμεν ὅσα τῶν | * Ἰουδαϊκῶν * ἐστι σωμάτων ἐν οἰκετίαις πανταχῇ καθ' |
| Aris. | 28 | 2 | τὸν Δημήτριον ἐκέλευσεν εἰσδοῦναι περὶ τῆς τῶν | * Ἰουδαϊκῶν * βιβλίων ἀντιγραφῆς. πάντα γὰρ διὰ |
| Aris. | 121 | 3 | γονέων τετευχότας ἐνδόξων οἵτινες οὐ μόνον τὴν τῶν | * Ἰουδαϊκῶν * γραμμάτων ἕξιν περιεποίησαν αὑτοῖς ἀλλὰ καὶ |
| Aris. | 176 | 4 | αἷς ⟨ἦν⟩ ἡ νομοθεσία γεγραμμένη χρυσογραφίᾳ τοῖς | * Ἰουδαϊκοῖς * γράμμασι θαυμασίως εἰργασμένου τοῦ ὑμένος |
| HCal. | 24 | 9 | τοὺς κατασκοπεῦσαι βουλομένους εἶπεν ὁρᾶτε οἱ τοῦ | * Ἰουδαϊκοῦ * ἔθνους πρέσβεις πῶς ἀντ' οὐδενὸς τῷ στρατῷ |

Ἰουδαῖος 50

| | | | | |
|---|---|---|---|---|
| Prop. | 1 | 4 | τὴν πόλιν παρεκαθέζοντο τῷ Σιλωάμ. ἐὰν οὖν οἱ | * Ἰουδαῖοι * ἤρχοντο ἐξήρχετο ὕδωρ ἐὰν δὲ ἀλλόφυλοι οὔ. διὸ |
| Prop. | 4 | 2 | τῇ ἀνωτέρᾳ καὶ ἦν ἀνὴρ σώφρων ὥστε δοκεῖν τοὺς | * Ἰουδαίους * εἶναι αὐτὸν σπάδοντα. πολλὰ ἐπένθησεν οὗτος |
| Aris. | 1 | 2 | γενηθείσης ἡμῖν ἐντυχίας πρὸς Ἐλεάζαρον τὸν τῶν | * Ἰουδαίων * ἀρχιερέα συνεσταμένης διὰ τό σὲ περὶ πολλοῦ |
| Aris. | 6 | 4 | Αἴγυπτον λογιωτάτων ἀρχιερέων περὶ τοῦ γένους τῶν | * Ἰουδαίων. * φιλομαθῶς γὰρ ἔχοντί σοι περὶ τῶν δυναμένων |
| Aris. | 10 | 5 | μυριάδας τὰ λοιπά. προσήγγελται δέ μοι καὶ τῶν | * Ἰουδαίων * νόμιμα μεταγραφῆς ἄξια καὶ τῆς παρὰ σοὶ |
| Aris. | 11 | 9 | ὁ βασιλεὺς εἶπε γραφῆναι πρὸς τὸν ἀρχιερέα τῶν | * Ἰουδαίων * ὅπως τὰ προειρημένα τελείωσιν λάβῃ. νομίσας δὲ |
| Aris. | 12 | 8 | ἐν ὅσῳ καὶ πρὸς δέκα μυριάδας ἐκ τῆς τῶν | * Ἰουδαίων * χώρας εἰς Αἴγυπτον μετήγαγεν ἀφ' ὧν ὡσεὶ τρεῖς |
| Aris. | 15 | 3 | ὦ βασιλεῦ. τῆς γὰρ νομοθεσίας κειμένης πᾶσι τοῖς | * Ἰουδαίοις * ἣν ἡμεῖς οὐ μόνον μεταγράφαι ἐπινοοῦμεν ἀλλὰ |
| Aris. | 22 | 4 | κατὰ Συρίαν καὶ Φοινίκην τόπους ἐπελθόντες τὴν τῶν | * Ἰουδαίων * χώραν ἐγκρατεῖς ἐγένοντο σωμάτων Ἰουδαϊκῶν |
| Aris. | 23 | 4 | τήν τε χώραν αὐτῶν κατεφθάρθαι καὶ τὴν τῶν | * Ἰουδαίων * μεταγωγὴν εἰς τὴν Αἴγυπτον γεγονέναι ἱκανὴ γὰρ |
| Aris. | 30 | 2 | ἐπιμέλειαν προσαναφέρω σοι τάδε. τοῦ νόμου τῶν | * Ἰουδαίων * βιβλία σὺν ἑτέροις ὀλίγοις τισὶν ἀπολείπει |
| Aris. | 35 | 2 | χαίρειν καὶ ἐρρῶσθαι. ἐπεὶ συμβαίνει πλείονας τῶν | * Ἰουδαίων * εἰς τὴν ἡμετέραν χώραν κατῳκίσθαι γενηθέντας |
| Aris. | 38 | 3 | χαρίζεσθαι καὶ πᾶσι τοῖς κατὰ τὴν οἰκουμένην | * Ἰουδαίοις * καὶ τοῖς μετέπειτα προῃρήμεθα τὸν νόμον ὑμῶν |
| Aris. | 305 | 2 | πρὸς τὸν ἑαυτῶν τόπον. ὡς δὲ ἔθος ἐστὶ πᾶσι τοῖς | * Ἰουδαίοις * ἀπονιψάμενοι τῇ θαλάσσῃ τὰς χεῖρας ὡς ἂν |
| Aris. | 308 | 2 | δὲ ὅτε ἔλαβε συναγαγὼν ὁ Δημήτριος τὸ πλῆθος τῶν | * Ἰουδαίων * εἰς τὸν τόπον οὗ καὶ τὰ τῆς ἑρμηνείας ἐτελέσθη |
| Sib. | 4 | 127 | νηὸν συμολέξας Σολύμων πολλοὺς δ' ἅμα ἀνδροφονήσας | * Ἰουδαίων * ὀλέσει μεγάλην χθόνα εὐρυάγυιαν. καὶ τότε δὴ |
| Sib. | 5 | 249 | λοιμοῦ τε στοναχῆς τε τότ' ἔσσεται ἤματι κείνῳ | * Ἰουδαίων * μακάρων θεῖον γένος οὐράνιόν τε οἳ |
| FJub. | 48 | 1 | νόμους δὲ πρῶτον Μωϋσῆς γράφει τοῖς | * Ἰουδαίοις. * καταλιπὼν δὲ Μωϋσῆς τὰς κατ' Αἴγυπτον |
| FJub. | 1 | 1 | νομοθεσίας τῆς μελλούσης παρ' αὐτοῦ δίδοσθαι τῷ | * Ἰουδαίων * ἔθνει καὶ τὰς τῶν ἄστρων θέσεις καὶ τὰ |
| HEup. 9 | 26 | 1 | πρῶτον σοφὸν γενέσθαι καὶ γράμματα παραδοῦναι τοῖς | * Ἰουδαίοις * πρῶτον παρὰ δὲ Ἰουδαίων Φοίνικας παραλαβεῖν |
| HEup. 9 | 26 | 1 | γράμματα παραδοῦναι τοῖς Ἰουδαίοις πρῶτον παρὰ δὲ | * Ἰουδαίων * Φοίνικας παραλαβεῖν Ἕλληνας δὲ παρὰ Φοινίκων |
| HEup. 9 | 26 | 1 | παρὰ Φοινίκων νόμους τε πρῶτον γράψαι Μωσῆν τοῖς | * Ἰουδαίοις. * Μωσῆν προφητεῦσαι ἔτη μ' εἶτα Ἰησοῦν τὸν |
| HEup. 9 | 30 | 4 | Τύρου καὶ Φοινίκης οὓς καὶ ἀναγκάσαι φόρους | * Ἰουδαίοις * ὑποτελεῖν πρός τε Οὐαφρῆν τὸν Αἰγύπτιον |
| HEup. 9 | 34 | 2 | σοι ἀπέσταλκα ἄνθρωπον Τύριον ἐκ μητρὸς | * Ἰουδαίας * ἐκ τῆς φυλῆς τῆς Δαβίδ. ὑπὲρ ὧν ἂν αὐτὸν |
| HEup. 9 | 34 | 4 | δὲ τὰ ἔθνη τὰ προειρημένα καὶ φυλὰς δώδεκα τῶν | * Ἰουδαίων * καὶ παρέχειν ταῖς ἐκκαίδεκα μυριάσι τὰ δέοντα |
| HEup. 9 | 34 | 10 | ὅταν προσεύχηται ὅπως ὀπτάνηται τῷ λαῷ τῶν | * Ἰουδαίων. * οἰκοδομῆσαι δὲ καὶ τὸ θυσιαστήριον πηχῶν κ ε' |
| HEup. 9 | 39 | 2 | τοῦτον ὑπὸ τοῦ θεοῦ ἀποσταλέντα καταλαβεῖν τοὺς | * Ἰουδαίους * θυσιάζοντας εἰδώλῳ χρυσῷ ᾧ εἶναι ὄνομα Βάαλ. |
| HEup. 9 | 39 | 5 | Σκυθόπολιν καὶ τοὺς ἐν τῇ Γαλααδίτιδι οἰκοῦντας | * Ἰουδαίους * αὖθις δὲ τὰ Ἱεροσόλυμα παραλαβεῖν καὶ τὸν |
| HEup. 9 | 39 | 5 | αὖθις δὲ τὰ Ἱεροσόλυμα παραλαβεῖν καὶ τὸν | * Ἰουδαίων * βασιλέα Ἰωναχειμ ζωγρῆσαι τὸν δὲ χρυσὸν τὸν |
| HEup. 1 | 141 | 5 | ' ε ρ μ θ' . ἀφ' οὗ δὲ χρόνου ἐξήγαγε Μωυσῆς τοὺς | * Ἰουδαίους * ἐξ Αἰγύπτου ἐπὶ τὴν προειρημένην προθεσμίαν |
| HArt. 9 | 18 | 1 | τοὺς μὲν | * Ἰουδαίους * ὀνομάζεσθαι Ἑρμιοὺθ ὅ εἶναι μεθερμηνευθὲν |
| HArt. 9 | 18 | 1 | ὅ εἶναι μεθερμηνευθὲν κατὰ τὴν Ἑλληνίδα φωνὴν | * Ἰουδαῖοι * καλεῖσθαι δὲ αὐτοὺς Ἑβραίους ἀπὸ Ἀβραάμου. |
| HArt. 9 | 27 | 2 | τὸν υἱὸν αὐτοῦ Παλμανώθην. τοῦτον δὲ τοῖς | * Ἰουδαίοις * φαύλως προσφέρεσθαι καὶ πρῶτον μὲν τήν τε |
| HArt. 9 | 27 | 3 | ταύτην δὲ στεῖραν ὑπάρχουσαν ὑποβαλέσθαι τινὸς τῶν | * Ἰουδαίων * παιδίον τοῦτο δὲ Μώϋσον ὀνομάσαι ὑπὸ δὲ τῶν |
| HArt. 9 | 27 | 20 | τούτῳ δὲ τῷ πάθει περιπεσεῖν διὰ τὸ τοὺς | * Ἰουδαίους * προστάξαι σινδόνας ἀμφιέννυσθαι ἐρεᾶν δὲ |
| HArt. 9 | 27 | 21 | αὐτῷ θεῖαν εἰπεῖν στρατεύειν ἐπ' Αἴγυπτον καὶ τοὺς | * Ἰουδαίους * διασώσαντα εἰς τὴν ἀρχαίαν ἀγαγεῖν πατρίδα. |
| HArt. 9 | 27 | 22 | αὐτῷ τὸν τῆς οἰκουμένης δεσπότην ἀπολῦσαι τοὺς | * Ἰουδαίους. * τὸν δὲ πυθόμενον εἰς φυλακὴν αὐτὸν καθεῖρξαι |
| HArt. 9 | 27 | 31 | γεγονότι πάσῃ τιμωρίᾳ καὶ κολάσει καταικίζειν τοὺς | * Ἰουδαίους. * τὸν δὲ Μώϋσον ταῦτα ὁρῶντα ἄλλα τε σημεῖα |
| HArt. 9 | 27 | 31 | τοὺς κάμνοντας οὕτως πάλιν ἀνέσεως τυχεῖν τοὺς | * Ἰουδαίους. * πάλιν τε τὸν Μώϋσον βάτραχον διὰ τῆς ῥάβδου |
| HArt. 9 | 27 | 34 | τοιαύταις συμφοραῖς περιπεσόντα τὸν βασιλέα τοὺς | * Ἰουδαίους * ἀπολῦσαι τοὺς δὲ χρησαμένους παρὰ τῶν |
| HArt. 9 | 27 | 35 | τοῖς καθιερωμένοις ζῴοις διὰ τὸ τὴν ὕπαρξιν τοὺς | * Ἰουδαίους * τῶν Αἰγυπτίων χρησαμένους διακομίζειν. τῷ δὲ |
| HArt. 9 | 27 | 37 | καὶ τῆς πλημμυρίδος πάντας διαφθαρῆναι τοὺς δὲ | * Ἰουδαίους * διαφυγόντας τὸν κίνδυνον τεσσαράκοντα ἔτη ἐν |
| HAno. 9 | 17 | 2 | Αβρααμ απο της Αλεξανδρου του πολυιστορος περι | * ιουδαιων * γραφης. τῆς Ἀσσυρίας πόλιν Βαβυλῶνα πρῶτον μὲν |
| HHec. 1 | 22 | 187 | ἠβουλήθησαν· ὧν εἷς ἦν Ἐζεκίας ὁ ἀρχιερεὺς τῶν | * Ἰουδαίων * ἄνθρωπος τὴν μὲν ἡλικίαν ὡς ἑξήκοντα ἓξ ἐτῶν |
| HHec. 1 | 22 | 188 | τις ἄλλος ἔμπειρος καίτοι οἱ πάντες ἱερεῖς τῶν | * Ἰουδαίων * οἱ τὴν δεκάτην τῶν γινομένων λαμβάνοντες καὶ |
| HHec. 1 | 22 | 192 | ὁμοίως φέρειν τὸν χοῦν προστάξαντος μόνους τοὺς | * Ἰουδαίους * οὐ προσσχεῖν ἀλλὰ καὶ πολλὰς ὑπομεῖναι πληγὰς |
| HHec. 1 | 22 | 197 | ἡ γὰρ Ἰουδαία τοσαύτη πλάτος ἐστίν. ἔστι τῶν | * Ἰουδαίων * τὰ μὲν πολλὰ ὀχυρώματα κατὰ τὴν χώραν καὶ |
| HHec. 1 | 22 | 201 | τις μετὰ τῶν ἄλλων τῶν παραπεμπόντων ἡμᾶς ἱππέων | * Ἰουδαίων * ὄνομα Μοσόλλαμος ἄνθρωπος ἱκανὸς κατὰ ψυχὴν |
| HHec. 1 | 22 | 204 | μὴ τοξεύσας αὐτὸν ἀποκτείνη Μοσόλλαμος ὁ | * Ἰουδαῖος. * διὰ τὴν ἐπιείκειαν καὶ πίστιν ἣν αὐτῷ |
| HHec. 2 | 4 | 43 | διὰ τὴν ἐπιείκειαν καὶ πίστιν ἣν αὐτῷ παρέσχον | * Ἰουδαῖοι * τὴν Σαμαρεῖτιν χώραν προσέθηκεν ἔχειν αὐτοῖς |

Ἰούδας 58

| | | | | |
|---|---|---|---|---|
| TRub. | 1 | 4 | καὶ πορεύομαι ὁδὸν πατέρων μου. καὶ ἰδὼν ἐκεῖ | * Ἰούδαν * καὶ Γὰδ καὶ Ἀσὴρ τοὺς ἀδελφοὺς αὐτοῦ εἶπεν |

TRub. 6 7 πονηρῷ. τῷ γὰρ Λευὶ ἔδωκε κύριος τὴν ἀρχὴν καὶ τῷ * 'Ιούδᾳ * μετ' αὐτῶν κἀμοὶ καὶ Δὰν καὶ 'Ιωσὴφ τοῦ εἶναι εἰς
TRub. 6 11 αὐτοῦ. αὐτὸς γὰρ εὐλογήσει τὸν 'Ισραὴλ καὶ τὸν * 'Ιουδὰν * ὅτι ἐν αὐτῷ ἐξελέξατο κύριος βασιλεῦσαι πάντων
TSim. 2 9 Δωθάϊμ ὅπου τὰ ἐγχρήζοντα ἡμῖν καὶ πᾶσα ἡ ἀπόθεσις * 'Ιούδας * ὁ ἀδελφὸς ἡμῶν ἐπώλησεν αὐτὸν τοῖς 'Ισμαηλίταις.
TSim. 2 11 διασῶσαι πρὸς τὸν πατέρα. ἐγὼ δὲ ὠργίσθην πρὸς τὸν * 'Ιούδαν * ὅτι ζῶντα αὐτὸν ἀπέλυσε καὶ ἐποίησα μῆνας πέντε
TSim. 5 6 ἔσονται ὀλιγοστοὶ ἐπιμεριζόμενοι ἐν τῷ Λευὶ καὶ * 'Ιούδᾳ * καὶ οὐκ ἔσται ἐξ ὑμῶν εἰς ἡγεμονίαν καθὼς καὶ ὁ
TSim. 7 1 καὶ νῦν τεκνία μου ὑπακούετε Λευὶ καὶ ἐν * 'Ιούδᾳ * λυτρωθήσεσθε καὶ μὴ ἐπαίρεσθε ἐπὶ τὰς δύο φυλὰς
TSim. 7 2 γὰρ κύριος ἐκ τοῦ Λευὶ ὡς ἀρχιερέα καὶ ἐκ τοῦ * 'Ιούδα * ὡς βασιλέα θεὸν καὶ ἄνθρωπον. οὗτος σώσει πάντα
TLevi 2 11 λυτροῦσθαι τὸν 'Ισραὴλ κηρύξεις καὶ διὰ σοῦ καὶ * 'Ιουδὰ * ὀφθήσεται κύριος ἐν ἀνθρώποις σῴζων ἐν αὐτοῖς πᾶν
TLevi 8 14 αὐτῷ ὄνομα καινὸν ὅτι βασιλεὺς ἐκ τοῦ * 'Ιουδὰ * ἀναστήσεται καὶ ποιήσει ἱερατείαν νέαν κατὰ τὸν
TLevi 9 1 ἐπὶ τῆς γῆς. καὶ μεθ' ἡμέρας δύο ἀνέβημεν ἐγὼ καὶ * 'Ιούδας * πρὸς 'Ισαὰκ μετὰ τοῦ πατρὸς ἡμῶν. καὶ εὐλόγησέ
TJud. διαθηκη * Ιουδα. * περι ανδρειας και φιλαργυριας και πορνειας.
TJud. 1 1 και φιλαργυριας και πορνειας. ἀντίγραφον λόγων * 'Ιουδὰ * ὅσα ἐλάλησε τοῖς υἱοῖς αὐτοῦ πρὸ τοῦ ἀποθανεῖν
TJud. 1 3 ἐγενόμην τῷ πατρί μου καὶ ἡ μήτηρ μου ὠνόμασέ με * 'Ιουδὰ * λέγουσα ἀνθομολογοῦμαι τῷ κυρίῳ ὅτι ἔδωκέ μοι καὶ
TJud. 17 3 ἄνδρας τῶν υἱῶν μου ἀλλοιώσουσι καὶ βασιλείαν * 'Ιουδὰ * σμικρυνθῆναι ποιήσουσιν ἣν ἔδωκέ μοι κύριος ἐν
TJud. 18 2 μου ἀπὸ τῆς πορνείας καὶ τῆς φιλαργυρίας ἀκούσατε * 'Ιουδὰ * τοῦ πατρὸς ὑμῶν ὅτι ταῦτα ἀφιστᾷ νόμου θεοῦ καὶ
TJud. 26 4 με εἰς Χεβρὼν μεθ' ὑμῶν. καὶ ταῦτα εἰπὼν ἐκοιμήθη * 'Ιούδας * καὶ ἐποίησαν οἱ υἱοὶ αὐτοῦ κατὰ πάντα ὅσα
TIss. 5 7 καὶ ἀπαρχῶν καρπῶν εὐλόγησέ με. καὶ ὁ Λευὶ καὶ ὁ * 'Ιουδὰς * ἐδοξάσθη παρὰ κυρίου ἐν υἱοῖς 'Ιακὼβ καὶ γὰρ
TZab. 4 2 οὐκ ἐγευσάμην σπλαγχνιζόμενος ἐπὶ 'Ιωσήφ. καὶ * 'Ιούδας * οὐ συνέτρωγεν αὐτοῖς προσεῖχε δὲ τῷ λάκκῳ ὅτι
TDan 5 4 τοῦ κυρίου καὶ προσοχθιεῖτε τῷ Λευὶ καὶ πρὸς * 'Ιουδὰν * ἀντιτάξεσθε ἀλλ' οὐ δυνήσεσθε πρὸς αὐτούς.
TDan 5 7 καὶ συνεξαμαρτάνοντες αὐτοῖς ἐν πᾶσιν καὶ υἱοὶ * 'Ιουδὰ * ἔσονται ἐν πλεονεξίᾳ ἁρπάζοντες τὰ ἀλλότρια ὡς
TDan 5 10 βοῶν ὑμῖν εἰρήνην. καὶ ἀνατελεῖ ὑμῖν ἐκ τῆς φυλῆς * 'Ιουδὰ * καὶ Λευὶ τὸ σωτήριον κυρίου καὶ αὐτὸς ποιήσει
TNep. 5 3 ἐπεδράμομεν καὶ ὁ Λευὶ ἐκράτησε τὸν ἥλιον καὶ ὁ * 'Ιούδας * φθάσας ἐπίασε τὴν σελήνην καὶ ὑψώθησαν ἀμφότεροι
TNep. 5 4 τις ἐπιδίδωσιν αὐτῷ βάϊα φοινίκων δώδεκα καὶ * 'Ιούδας * ἦν λαμπρὸς ὡς ἡ σελήνη καὶ ὑπὸ τοὺς πόδας αὐτοῦ
TNep. 5 5 ἀκτῖνες. καὶ προσδραμόντες ἀλλήλοις ὁ Λευὶ καὶ * 'Ιούδας * ἐκράτησαν ἑαυτούς. καὶ ἰδοὺ ταῦρος ἐπὶ τῆς γῆς
TNep. 6 6 δὲ καὶ ἡμεῖς ἐπὶ σανίδων δέκα Λευὶ δὲ καὶ * 'Ιούδας * ἦσαν ἐπὶ τὸ αὐτό. διεσπάρημεν οὖν οἱ πάντες ἕως
TNep. 8 2 τοῖς τέκνοις ὑμῶν ἵνα ἑνοῦνται τῷ Λευὶ καὶ τῷ * 'Ιούδᾳ. * διὰ γὰρ τοῦ 'Ιουδὰ ἀνατελεῖ σωτηρία τῷ 'Ισραὴλ
TNep. 8 2 ἵνα ἑνοῦνται τῷ Λευὶ καὶ τῷ 'Ιούδᾳ. διὰ γὰρ τοῦ * 'Ιουδὰ * ἀνατελεῖ σωτηρία τῷ 'Ισραὴλ καὶ ἐν αὐτῷ
TGad 1 6 θύουσι τὰ καλὰ καὶ κατεσθίουσιν αὐτὰ παρὰ γνώμην * 'Ιουδὰ * καὶ 'Ρουβήμ. εἶδε γὰρ ὅτι ἀρνὸν ἐξειλόμην ἐκ τοῦ
TGad 1 9 καὶ κατὰ πρόσωπον ἡμῶν ἤλεγξεν ἡμᾶς ὅτι ἄνευ * 'Ιουδὰ * ἠσθίομεν τὰ θρέμματα καὶ πάντα ὅσα ἔλεγε τῷ πατρὶ
TGad 2 3 ὁ μόσχος τὰ χλωρὰ ἀπὸ τῆς γῆς. διὸ ἐγὼ καὶ * 'Ιούδας * πεπράκαμεν αὐτὸν τοῖς 'Ισμαηλίταις τριάκοντα
TGad 8 1 καὶ ὑμεῖς ταῦτα τοῖς τέκνοις ὑμῶν ὅπως τιμήσωσιν * 'Ιουδὰν * καὶ τὸν Λευὶ ὅτι ἐξ αὐτῶν ἀνατελεῖ κύριος σωτῆρα
TJos. 19 3 τῇ γῇ ὁμοίως καὶ οἱ τρεῖς. καὶ εἶδον ὅτι ἐκ τοῦ * 'Ιουδὰ * ἐγεννήθη παρθένος ἔχουσα στολὴν βυσσίνην καὶ ἐξ
TJos. 19 6 μου φυλάξατε τὰς ἐντολὰς κυρίου καὶ τιμᾶτε τὸν * 'Ιούδαν * καὶ τὸν Λευὶ ὅτι ἐξ αὐτῶν ἀνατελεῖ ὑμῖν ὁ ἀμνὸς
Asen. 27 6 καὶ οἱ υἱοὶ Λίας 'Ρουβὴμ καὶ Συμεὼν Λευὶς καὶ * 'Ιούδας * 'Ισάχαρ καὶ Ζαβουλὼν κατεδίωξαν ὀπίσω τῶν ἀνδρῶν
Prop. 4 1 τῆς ζωῆς αὐτοῦ. Δανιήλ. οὗτος μὲν ἦν ἐκ φυλῆς * 'Ιούδα * γένους τῶν ἐξεχόντων τῆς βασιλικῆς ὑπηρεσίας ἀλλ'
Prop. 10 6 αὐτῆς. καὶ ἀναστὰς μετὰ τὸν λιμὸν ἦλθεν ἐν γῇ * 'Ιούδα. * καὶ ἀποθανοῦσαν τὴν μητέρα αὐτοῦ κατὰ τὴν ὁδὸν
Prop. 20 1 Συβαθὰ ὃς ἐπέστρεψεν ἐξ 'Ισραὴλ τὴν αἰχμαλωσίαν * 'Ιούδα * καὶ θανὼν ἐτάφη ἐν ἀγρῷ αὐτοῦ. 'Ηλίας Θεσβίτης ἐκ
Prop. 23 1 'Ιωδαὲ τοῦ ἱερέως ὃν ἀπέκτεινεν 'Ιωὰς ὁ βασιλεὺς * 'Ιούδα * ἐχόμενα τοῦ θυσιαστηρίου καὶ ἐξέχεεν τὸ αἷμα
Prop. 24 1 πρίν. ⟨('Ιαδώκ). ἄνθρωπος τοῦ θεοῦ ὁ ἐλθὼν ἐκ γῆς * 'Ιούδα * εἰς 'Ιερουσαλὴμ πρὸς 'Ιεροβοὰμ 'Ιαδὼκ ἐκαλεῖτο.
Prop. 24 2 οὗτος προεφήτευσε περὶ 'Ιωσία τοῦ βασιλέως * 'Ιούδα * ὅτι τὰ ὀστᾶ τῶν ἱερέων τοῦ Βαὰλ κατακαύσει ἐπὶ
Aris. 47 2 Ζαχαρίας 'Ιωάννης 'Εζεκίας 'Ελισσαῖος. δευτέρας * 'Ιούδας * Σίμων Σομόηλος 'Αδαῖος Ματταθίας 'Εσχλεμίας.
Aris. 48 4 'Ιάκωβος 'Ιησοῦς Σαββαταῖος Σίμων Λευίς. ἕκτης * 'Ιούδας * 'Ιώσηφος Σίμων Ζαχαρίας Σομόηλος Σελεμίας.
Aris. 50 3 'Ελισσαῖος Δαθαῖος. ἑνδεκάτης Σαμούηλος 'Ιώσηφος * 'Ιούδας * 'Ιωνάθης Χαλεβ Δοσίθεος. δωδεκάτης 'Ισάηλος
FJub. 31 18 υἱοὺς 'Ιακὼβ ηὐλόγησε τὸν Λευὶ ὡς ἀρχιερέα καὶ τὸν * 'Ιούδαν * ὡς βασιλέα καὶ ἄρχοντα. ἡ 'Ρεβέκκα ᾔτησε τὸν
FJub. 38 1 καὶ ὀνειδίζοντος βιασθεὶς 'Ιακὼβ ὑπὸ τοῦ * 'Ιούδα * ἐνέτεινε τόξον καὶ πλήξας κατὰ τοῦ δεξιοῦ μαζοῦ
FIsa. 1 9 ξυλίνῳ εἰς δύο καὶ πολλοὺς ἐξ 'Ιερουσαλὴμ καὶ ἐξ * 'Ιούδα * ἀποστήσει. ἀκούσας δὲ ταῦτα 'Εζεκίας ἔσχισεν τὰ
FIsa. 1 2 6 εἰσ⟨ὶν ἐ⟩ν τοῖς βίβλοις τῶν ⟨β⟩ασ⟨ιλέων⟩ * 'Ιούδα * καὶ 'Ι⟨σραήλ⟩. ---⟨κ⟩αὶ τὴν πομπή⟨ν αὐ⟩τοῦ
FIsa. 1 3 3 εἰς 'Ιε⟨ρου⟩σαλὴμ ἡμ⟨έρ⟩αις ⟨'Εζε⟩κίου βασ⟨ιλέως * 'Ι⟩ούδα. * κα⟨ὶ οὐκ ἐ⟩πάτει +εἰς Σαμαρίαν ἐν ὁδῷ+ τοῦ
FIsa. 1 3 6 προφητεύουσιν ἐπὶ 'Ιερουσαλὴμ καὶ ἐπὶ ⟨τά⟩ς πόλεις * 'Ιούδα * ⟨κα⟩ὶ Βε⟨νι⟩αμεὶν ὅτι ⟨πο⟩ρεύ⟨σο⟩νται ἐν
FIsa. 1 3 7 αὐτοὶ ψευδοπροφητεύουσιν καὶ τὸν 'Ισραὴλ καὶ τὸν * 'Ιούδαν * καὶ τὸν Βενιαμεὶν αὐτοὶ μισοῦσιν καὶ ὁ λόγος
FIsa. 1 3 7 αὐτοὶ μισοῦσιν καὶ ὁ λόγος αὐτῶν κακὸς ἐπὶ τὸν * 'Ιούδαν * καὶ τὸν 'Ισραήλ. καὶ αὐτὸς 'Ησαίας εἶπεν
FIsa. 1 3 10 Σόδο⟨μ⟩α ἐκάλεσεν κ⟨αὶ τοὺς⟩ ἄρχοντα⟨ς * 'Ιούδα⟩ * καὶ 'Ισραὴλ ⟨λαὸν Γο⟩μόρρας πρ⟨οσηγό⟩ρευσεν.
FIsa. 1 3 11 καρ⟨δ⟩ίᾳ τοῦ Μανασσῆ καὶ ἐν τῇ καρδίᾳ τῶν ἀρχόντων * 'Ιούδα * καὶ Βενιαμεὶν καὶ τῶν εὐνούχων καὶ τῶν συμβούλων
HDem. 9 21 3 μηνὶ ἕκτῳ Λευὶν τῷ δὲ ἑνδεκάτῳ ἔτει μηνὶ τετάρτῳ * 'Ιούδαν. * 'Ραχὴλ τε μὴ τίκτουσαν ζηλῶσαι τὴν ἀδελφὴν καὶ
HDem. 9 21 8 ἕνδεκα μηνῶν τεσσάρων Λευὶν ἐτῶν δέκα μηνῶν ἓξ * 'Ιούδαν * ἐτῶν ἐννέα μηνῶν ὀκτὼ Νεφθαλεὶμ ἐτῶν ὀκτὼ μηνῶν
HDem. 9 21 17 ἐτῶν μ ε' Συμεῶνα ἐτῶν μ δ' Λευὶν ἐτῶν μ γ' * 'Ιούδαν * ἐτῶν μ β' μηνῶν δύο Νεφθαλεὶμ ἐτῶν μ α' μηνῶν ζ'
HDem. 1 141 1 κατακλυσθέντας τοῖς ἐκείνων ὅπλοις χρήσασθαι. τὴν * 'Ιούδα * φυλὴν καὶ Βενιαμεὶν καὶ Λευὶ μὴ αἰχμαλωτισθῆναι

'Ιούλιος 1
FJub. 48 5 ἐν μηνὶ 'Ιουνίῳ τὰ ὕδατα εἰς αἷμα μετεβλήθη * 'Ιουλίῳ * βάτραχοι Αὐγούστῳ σκνῖπες Σεπτεμβρίῳ κυνόμυια

'Ιουμιήλ 1
Hen. 6B 7 ιε' Σαμιὴλ ις' Σαρινᾶς ιζ' Εὐμιὴλ ιη' Τυριὴλ ιθ' * 'Ιουμιὴλ * κ' Σαριήλ. καὶ ἔλαβον ἑαυτοῖς γυναῖκας ἕκαστος

'Ιούνιος 2
FJub. 3 9 ὄντος καὶ σελήνης καρκίνῳ τῇ εἰκοστῇ πέμπτῃ τοῦ * 'Ιουνίου * μηνὸς 'Επιφὶ πρώτῃ εἰσήχθη ὑπὸ τοῦ θεοῦ ἐν τῷ
FJub. 48 5 ἤρξαντο Αἰγύπτιοι δέχεσθαι τὴν δεκάπληγον. ἐν μηνὶ * 'Ιουνίῳ * τὰ ὕδατα εἰς αἷμα μετεβλήθη 'Ιουλίῳ βάτραχοι

ἱππεύς 7
Asen. 25 4 υἱὸς Φαραὼ καὶ ἔλαβε μετ' αὐτοῦ πεντήκοντα ἄνδρας * ἱππεῖς * τοξότας καὶ ἀπῆλθεν ἔμπροσθεν αὐτῶν καθὰ ἐλάλησαν
Asen. 26 7 ὁ υἱὸς Φαραὼ ἀπαντᾷ αὐτῇ καὶ πεντήκοντα ἄνδρες * ἱππεῖς * μετ' αὐτοῦ. καὶ εἶδεν αὐτὸν 'Ασενὲθ καὶ ἐφοβήθη
Sib. 3 612 αἰετὸς αἴθων ὃς πᾶσαν σκεπάσει γαῖαν πεζῶν τε καὶ * ἱππέων * πάντα δὲ συγκόψει καὶ πάντα κακῶν ἀναπλήσει ῥίψει
Sib. 3 805 γένηται ἐν νεφέλῃ δ' ὄψεσθε μάχην πεζῶν ⟨τε⟩ καὶ * ἱππέων * οἷα κυνηγεσίην θηρῶν ὁμίχλῃσιν ὁμοίην. τοῦτο
HEup. 9 39 5 καὶ Μήδους καὶ συναγαγόντα πεζῶν μὲν ὀκτωκαίδεκα * ἱππέων * δὲ μυριάδας δώδεκα καὶ πεζῶν ἅρματα μυρία πρῶτον
HHec. 1 22 201 τις μετὰ τῶν ἄλλων τῶν παραπεμπόντων ἡμᾶς * ἱππέων * 'Ιουδαίων ὄνομα Μοσόλλαμος ἄνθρωπος ἱκανὸς κατὰ
LEze. 9 29 14 08 καὶ φαλαγγικοὶ διεκδρομὰς ἔχοντες ἅρμασιν τόπους * ἱππεῖς * δ' ἔταξε τοὺς μὲν ἐξ εὐωνύμων ἐκ δεξιῶν δὲ πάντας

ἱππόδρομος 1
TJos. 20 3 μητέρα ὑμῶν ἀναγάγετε καὶ ἐγγὺς Βάλλας παρὰ τὸν * ἱππόδρομον * πλησίον 'Ραχὴλ θέτε αὐτήν. καὶ ταῦτα εἰπὼν

ἵππος 24
Hen. 100 3 ἥλιον φονευθήσονται ἐπὶ τὸ αὐτό. καὶ διαπορεύσεται * ἵππος * ἕως τοῦ στήθους αὐτοῦ διὰ τοῦ αἵματος τῶν
Abr.1 2 9 αὐτοῦ τοῖς υἱοῖς Μασὲκ ἀπέλθατε εἰς τὴν ἀγέλην τῶν * ἵππων * καὶ ἐνέγκατε δύο ἵππους εὐμενεῖς δὲ καὶ ἡμέρους
Abr.1 2 9 ἀπέλθατε εἰς τὴν ἀγέλην τῶν ἵππων καὶ ἐνέγκατε δύο * ἵππους * εὐμενεῖς δὲ καὶ ἡμέρους δεδαμασμένους ὅπως ἄν
Abr.1 2 10 ὁ ἀρχιστράτηγος μὴ κύριέ μου 'Αβραὰμ μὴ ἐνέγκωσιν * ἵππους * ὅτι ἀνέχομαι τούτου τοῦ μὴ καθίσαι ἐπὶ ζῴου
TJud. 3 2 καὶ τὸν ἕτερον βασιλέα Ταφουὲ καθήμενον ἐπὶ τοῦ * ἵππου * ἀνεῖλον αὐτὸν καὶ οὕτως πάντα τὸν λαὸν
TJud. 3 3 γιγάντων βάλλοντα τόξα ἔμπροσθε καὶ ὄπισθεν ἐφ' * ἵππου * ἀνελόμενος λίθον λιτρῶν ξ' ἀκοντίσας ἔδωκα τῷ ἵππῳ
TJud. 3 3 ἀνελόμενος λίθον λιτρῶν ξ' ἀκοντίσας ἔδωκα τῷ * ἵππῳ * καὶ ἀπέκτεινα αὐτόν. καὶ πολεμήσας τὸν 'Αχὼρ ἐπὶ
Asen. 5 4 τῷ ἅρματι τῷ δευτέρῳ τοῦ Φαραὼ καὶ ἦσαν ἐζευγμένοι * ἵπποι * τέσσαρες λευκοὶ ὡσεὶ χιὼν χρυσοχάλινοι καὶ τὸ ἅρμα
Asen. 9 3 καὶ ἔπιε καὶ εἶπε τοῖς παισὶν αὐτοῦ ζεύξατε τοὺς * ἵππους * εἰς τὰ ἅρματα εἶπε γὰρ ἀπελεύσομαι καὶ κυκλεύσω
Asen. 17 8 ὁ ἄνθρωπος. καὶ εἶδεν 'Ασενὲθ ὡς ἅρμα τεσσάρων * ἵππων * πορευόμενον εἰς τὸν οὐρανὸν κατὰ ἀνατολάς. καὶ τὸ
Asen. 17 8 κατὰ ἀνατολάς. καὶ τὸ ἅρμα ἦν ὡς φλὸξ πυρὸς καὶ οἱ * ἵπποι * ὡς ἀστραπή. καὶ ὁ ἄνθρωπος εἱστήκει ἐπάνω τοῦ
Asen. 24 19 καὶ σὺ λαβὲ μετά σου πεντήκοντα ἄνδρας τοξότας ἐφ' * ἵπποις * καὶ πορεύου ἔμπροσθεν ⟨ἡμῶν⟩ ἀπὸ μακρόθεν. καὶ
Asen. 27 3 τραύματι βαρεῖ. καὶ ἔπεσεν ὁ υἱὸς Φαραὼ ἀπὸ τοῦ * ἵππου * αὐτοῦ ἐπὶ τὴν γῆν ἡμιθανὴς τυγχάνων. καὶ ἐπήδησε
Asen. 29 5 εἰς τὸ τραῦμα αὐτοῦ καὶ ἐπέθηκεν αὐτὸν ἐπὶ τὸν * ἵππον * αὐτοῦ καὶ ἐκόμισεν αὐτὸν τῷ πατρὶ αὐτοῦ Φαραὼ καὶ
Sal. 16 4 τῷ ἐλέει αὐτοῦ εἰς τὸν αἰῶνα. ἔνυξέν με ὡς κέντρον * ἵππου * ἐπὶ τὴν γρηγόρησιν αὐτοῦ ὁ σωτὴρ καὶ ἀντιλήπτωρ
Sal. 17 33 βασιλεὺς αὐτῶν χριστὸς κυρίου. οὐ γὰρ ἐλπιεῖ ἐπὶ * ἵππον * καὶ ἀναβάτην καὶ τόξον οὐδὲ πληθυνεῖ αὐτῷ χρυσίον
Sib. 3 523 κάρηνα πολλὰ δὲ πίονα μῆλα βροτῶν διαδηλήσονται * ἵππων * θ' ἡμιόνων τε βοῶν τ' ἀγέλας ἐριμύκων δώματά τ'
FAch. 117 εἶπεν μετεπεμψάμην (τοὺς) ἀπὸ τῆς 'Ελλάδος * ἵππους * ἐπιτοκίους ἐὰν ἀκούσωσι τῶν ἐν Βαβυλῶνι ἵππων
FAch. 117 ἵππους ἐπιτοκίους ἐὰν ἀκούσωσι τῶν ἐν Βαβυλῶνι * ἵππων * χρεμετιζόντων ἐκτιτρώσκουσιν. ὁ δὲ Αἴσωπος αὔριον
FAch. 118 ὁ δὲ Αἴσωπος ἔφη ⟨πῶς⟩ τῶν παρ' ἐμὲ χρεμετιζόντων * ἵππων * ἀκοῦσαι ⟨αἱ⟩ ἐνθάδε ⟨δύνανται⟩ τῶν ἵππων καὶ
FAch. 118 ἵππων ἀκοῦσαι ⟨αἱ⟩ ἐνθάδε ⟨δύνανται⟩ τῶν * ἵππων * καὶ ἐκτιτρώσκειν; ὁ δὲ βασιλεὺς ἰδὼν αὐτοῦ τὸν
FPho. 201 λατρεύσεις ἀλόχωι λυγρῆς χάριν εἵνεκα φερνῆς. * ἵππους * εὐγενέας διζήμεθα γειαρότας τε ταύρους
IMen. 5 119 2 ἢ δώματος ἢ κτήσεως παιδός τε παιδίσκης θ' ἁπλῶς * ἵππων * βοῶν τὸ σύνολον ἢ κτηνῶν. τί δή; μηδὲ βελόνης
LEze. 9 29 14 03 ἀφώρμησεν δόμων βασιλεὺς Φαραὼ μυρίων ὅπλων μέτα * ἵππου * τε πάσης καὶ ἁρμάτων τετραόρων καὶ προστάταισι καὶ

ἵπταμαι 2
FAch. 111 τῶν ἀετῶν ἔτιλεν τὰ ἔσχατα πτερὰ ἐν οἷς δοκοῦσιν * ἵπτασθαι. * οὕτως τε αὐτοὺς ἐκέλευσεν τρέφεσθαι καὶ
FAch. 116 ⟨τοὺς παῖδας⟩ ἀναβῆναι τοὺς ἀετοὺς καὶ εἰς ἀέρα * ἵπτασθαι. * καὶ εἰς ὕψος γενάμενοι ἐφώνουν ἐπίδοτε πηλὸν

ἵπτομαι 1
FPho. 155 ἀπὸ χειρῶν. ⟨τέχνη ⟨γὰρ⟩ τρέφει ἄνδρα ἀεργὸν δ' * ἴψατο * λιμός.⟩ μὴ δ' ἄλλου παρὰ δαιτὸς ἔδοις σκυβάλισμα

| | | | | | |
|---|---|---|---|---|---|
| Ἶρας | | | | 1 | |
| TJud. | 8 | 1 | ἦν δέ μοι καὶ κτήνη πολλὰ καὶ εἶχον ἀρχιποίμενα | * Ἶραν * | τὸν Ὀδολαμίτην πρὸς ὃν ἐλθὼν εἶδον Βάρσαν βασιλέα |
| Ἰσαάκ | | | | 89 | |
| Abr.1 | 3 | 5 | ⟨τοῦ οἴκου ἐν τῇ αὐλῇ⟩ ἐκαθέσθησαν καὶ ἰδὼν | * Ἰσαὰκ * | τὴν πρόσοψιν τοῦ ἀγγέλου εἶπεν πρὸς Σάρραν τὴν |
| Abr.1 | 3 | 6 | τοῦ γένους τῶν κατοικούντων τὴν γῆν. καὶ ἔδραμεν | * Ἰσαὰκ * | καὶ προσεκύνησεν καὶ προσέπεσεν τοῖς ποσὶν τοῦ |
| Abr.1 | 3 | 6 | τοῦ ἀσωμάτου καὶ ὁ ἀρχιστράτηγος ηὐλόγησεν τὸν | * Ἰσαὰκ * | καὶ εἶπε χαρίσεταί σοι κύριος ὁ θεὸς τὴν |
| Abr.1 | 3 | 7 | σου καὶ τῆς μητρός σου. εἶπεν δὲ Ἀβραὰμ πρὸς | * Ἰσαὰκ * | τὸν υἱὸν αὐτοῦ τέκνον Ἰσαὰκ ἄντλησον ὕδωρ ἐκ τοῦ |
| Abr.1 | 3 | 7 | εἶπεν δὲ Ἀβραὰμ πρὸς Ἰσαὰκ τὸν υἱὸν αὐτοῦ τέκνον | * Ἰσαὰκ * | ἄντλησον ὕδωρ ἐκ τοῦ φρέατος καὶ ἔνεγκέ μοι ὧδε |
| Abr.1 | 3 | 8 | ἀπὸ μακρᾶς ὁδοῦ πρὸς ἡμᾶς ἐκοπίασεν. καὶ δραμὼν | * Ἰσαὰκ * | εἰς τὸ φρέαρ ἀντλήσας ὕδωρ ἐπὶ τῆς λεκάνης |
| Abr.1 | 3 | 10 | καὶ ἐδάκρυσεν ἐπὶ τὸν ξένον. καὶ ἰδὼν αὐτὸν | * Ἰσαὰκ * | κλαίοντα ἔκλαυσεν καὶ αὐτὸς ἰδὼν δὲ ὁ |
| Abr.1 | 4 | 1 | ἔχων ἐν τῇ καρδίᾳ αὐτοῦ. ⟨εἶπεν δὲ Ἀβραὰμ πρὸς | * Ἰσαὰκ * | τὸν υἱὸν αὐτοῦ⟩ ἄπελθε υἱέ μου ἀγαπητὲ εἰς τὸ |
| Abr.1 | 4 | 4 | ὑπερφέρει πάντας τοὺς υἱοὺς τῶν ἀνθρώπων. ὁ δὲ | * Ἰσαὰκ * | ἡτοίμασεν πάντα καλῶς παραλαβὼν δὲ Ἀβραὰμ τὸν |
| Abr.1 | 4 | 8 | ἐπιβαλῶ τῷ πνεύματι τῷ ἁγίῳ ἐπὶ τὸν υἱὸν αὐτοῦ τὸν | * Ἰσαὰκ * | καὶ ῥίψω τὴν μνήμην τοῦ θανάτου εἰς τὴν καρδίαν |
| Abr.1 | 4 | 8 | ῥίψω τὴν μνήμην τοῦ θανάτου εἰς τὴν καρδίαν τοῦ | * Ἰσαὰκ * | ὡς ἐν ὁράματι ἵνα καὶ αὐτὸς ἐν ὀνείρῳ θεάσῃ τὸν |
| Abr.1 | 4 | 8 | ἐν ὀνείρῳ θεάσῃ τὸν θάνατον τοῦ πατρὸς αὐτοῦ καὶ | * Ἰσαὰκ * | δὲ ἀναγγελεῖ τὸ ὅραμα σὺ δὲ διακρινεῖς καὶ αὐτὸς |
| Abr.1 | 5 | 1 | τοῦ Ἀβραὰμ καὶ ἐκαθέσθη μετ' αὐτοῦ ἐν τῇ τραπέζῃ | * Ἰσαὰκ * | δὲ ὑπηρέτει αὐτούς. τελεσθέντος δὲ τοῦ δείπνου |
| Abr.1 | 5 | 3 | καὶ ἀνεπαύσαντο ἕκαστος ἐν τῇ κλίνῃ αὐτοῦ. εἶπε δὲ | * Ἰσαὰκ * | πρὸς τὸν πατέρα αὐτοῦ πάτερ ἤθελα κἀγὼ ἀναπεσεῖν |
| Abr.1 | 5 | 4 | ἀνδρὸς τούτου. εἶπε δὲ Ἀβραὰμ οὐχὶ τέκνον | * Ἰσαὰκ * | ἀλλὰ ἄπελθε ἐν τῷ σῷ τρικλίνῳ καὶ ἀνάπαυσαι καὶ |
| Abr.1 | 5 | 5 | μὴ γενώμεθα ἐπιβαρεῖς τοῦ ἀνθρώπου τούτου. τότε | * Ἰσαὰκ * | λαβὼν τὴν εὐχὴν παρ' αὐτῶν ἀπῆλθεν ἐν τῷ ἰδίῳ |
| Abr.1 | 5 | 6 | δὲ ὁ θεὸς τὴν μνήμην τοῦ θανάτου εἰς τὴν καρδίαν | * Ἰσαὰκ * | ὡς ἐν ὀνείροις περὶ ὥραν τρίτην τῆς νυκτός. |
| Abr.1 | 5 | 7 | περὶ ὥραν τρίτην τῆς νυκτός. διϋπνισθεὶς δὲ | * Ἰσαὰκ * | ἀνέστη ἐπὶ τῆς κλίνης αὐτοῦ καὶ ἦλθε δρομαίως ἐν |
| Abr.1 | 5 | 8 | ἦν κοιμώμενος μετὰ τοῦ ἀρχαγγέλου. φθάσας οὖν | * Ἰσαὰκ * | πρὸς τὴν θύραν ἔκραξε λέγων πάτερ πάτερ ἀνάστα |
| Abr.1 | 5 | 9 | ἐμοῦ. ἀναστὰς οὖν Ἀβραὰμ ἤνοιξεν αὐτῷ εἰσελθὼν δὲ | * Ἰσαὰκ * | ἐκρεμάσθη ἐπὶ τὸν τράχηλον αὐτοῦ καὶ ἤρξατο |
| Abr.1 | 5 | 14 | Σάρρα οὐκ ἔστιν οὕτως ὃ σὺ λέγεις ἀλλ' ὁ υἱός σου | * Ἰσαὰκ * | ὡς ἐμοὶ δοκεῖ ὄνειρον ἐθεάσατο καὶ ἦλθεν πρὸς |
| Abr.1 | 6 | 5 | καρπὸν κοιλίας ἐξ ἐπαγγελίας ἡμῖν ἐδωρήσατο τὸν | * Ἰσαάκ; * | ἐκ γὰρ τῶν τριῶν ἀνδρῶν οὗτός ἐστιν ὁ εἷς ἐξ |
| Abr.1 | 7 | 1 | τὴν Σάρραν εἰσῆλθεν ἐν τῷ τρικλίνῳ καὶ εἶπε πρὸς | * Ἰσαὰκ * | δεῦρο υἱέ μου ἀγαπητὲ ἀνάγγειλόν μοι τὴν ἀλήθειαν |
| Abr.1 | 7 | 2 | ἡμᾶς κλαίων οὕτως ἐν ὀλιγωρίᾳ πολλῇ; ὑπολαβὼν δὲ | * Ἰσαὰκ * | ἤρξατο λέγειν ἰδοὺ ἐγὼ κύριέ μου ⟨εἶδον⟩ τῇ νυκτὶ |
| Abr.1 | 8 | 6 | χαρισάμενός σοι καρπὸν κοιλίας ἐν γήρει υἱὸν τὸν | * Ἰσαὰκ * | ἀμὴν λέγω σοι εὐλογῶν εὐλογήσω σε καὶ πληθύνων |
| Abr.1 | 8 | 11 | σοι καὶ ὅπως εὐλογήσῃς τὸν ἠγαπημένον σου | * ⟨Ἰσαὰκ⟩ * | καὶ νῦν γνώρισον ὅτι οὐ μὴ θέλω λυπῆσαί σε |
| Abr.1 | 15 | 5 | ἐνομίζομεν ἀναληφθέντα αὐτὸν ἀφ' ἡμῶν. ἦλθεν δὲ | * Ἰσαὰκ * | ὁ υἱὸς αὐτοῦ καὶ περιεπλάκη ἐπὶ τὸν τράχηλον |
| Abr.1 | 20 | 6 | ἐκ τῆς ὄψεως αὐτοῦ⟩ ὡσεὶ θρόμβοι αἵματος. ἦλθεν δὲ | * Ἰσαὰκ * | ὁ υἱὸς αὐτοῦ καὶ ἔπεσεν ἐπὶ τὸ στῆθος αὐτοῦ |
| Abr.1 | 20 | 14 | αἱ σκηναὶ τῶν δικαίων μου καὶ μοναὶ τῶν ἁγίων μου | * Ἰσαὰκ * | καὶ Ἰακὼβ ἐν τῷ κόλπῳ αὐτοῦ ἔνθα οὐκ ἔστιν πόνος |
| Abr.2 | 3 | 6 | παρήγγειλεν Ἀβραὰμ ἐκάλεσεν δὲ τὸν υἱὸν αὐτοῦ | * Ἰσαὰκ * | λέγων αὐτῷ ἀγαπητέ μου υἱὲ Ἰσαὰκ ἀνάστηθι πλῆσον |
| Abr.2 | 3 | 6 | τὸν υἱὸν αὐτοῦ Ἰσαὰκ λέγων αὐτῷ ἀγαπητέ μου υἱὲ | * Ἰσαὰκ * | ἀνάστηθι πλῆσον ὕδωρ ἐπὶ τῆς λεκάνης καὶ φέρε ἵνα |
| Abr.2 | 3 | 8 | πόδας ἀνθρώπου ξενιζομένου πρὸς ἡμᾶς. καὶ ἀκούσας | * Ἰσαὰκ * | τοῦ πατρὸς αὐτοῦ λαλοῦντος δακρύων ἤνεγκεν τὴν |
| Abr.2 | 3 | 10 | ξενιζομένου ἐν τῷ οἴκῳ ἡμῶν; καὶ ἰδὼν Ἀβραὰμ τὸν | * Ἰσαὰκ * | κλαίοντα ἔκλαυσεν καὶ αὐτὸς σφοδρῶς ἰδὼν δὲ |
| Abr.2 | 4 | 16 | τοῦ θανάτου Ἀβραὰμ εἰς τὴν καρδίαν τοῦ υἱοῦ αὐτοῦ | * Ἰσαὰκ * | κατ' ὄναρ. τότε Μιχαὴλ ἦλθεν εἰς τὸν οἶκον |
| Abr.2 | 5 | 2 | ἔφαγον καὶ ἔπιον καὶ εὐφράνθησαν. λέγει δὲ Ἀβραὰμ | * Ἰσαὰκ * | τῷ υἱῷ αὐτοῦ ἀνάστηθι στρῶσον τὴν κλίνην τοῦ |
| Abr.2 | 5 | 3 | καὶ ἅψον λύχνον ἐπὶ τῆς οἰκίας. καὶ ἐποίησεν | * Ἰσαὰκ * | καθὼς ἐνετείλατο αὐτῷ ὁ πατὴρ αὐτοῦ καὶ |
| Abr.2 | 5 | 4 | τῷ υἱῷ αὐτοῦ ἐποίησας καθὼς εἶπόν σοι; ἀπεκρίθη | * Ἰσαὰκ * | καὶ εἶπεν τῷ πατρὶ αὐτοῦ πάτερ εἰπὲ κἀμοὶ ὅπως |
| Abr.2 | 5 | 6 | ἄπελθε ἐν τῷ ταμείῳ σου καὶ ἀναπαύου. καὶ ἀπελθὼν | * Ἰσαὰκ * | ἐν τῷ ταμείῳ εἰσῆλθεν καὶ ἐκοιμήθη καὶ οὐ |
| Abr.2 | 6 | 1 | δὲ ὡς ὥρα ἑβδόμη τῆς νυκτὸς καὶ διυπνισθεὶς | * Ἰσαὰκ * | ἦλθεν πρὸς τὴν θύραν τοῦ πατρὸς αὐτοῦ λέγων πάτερ |
| Abr.2 | 6 | 2 | ἐμοῦ. ἀνέστη δὲ Ἀβραὰμ καὶ ἤνοιξεν καὶ εἰσῆλθεν | * Ἰσαὰκ * | καὶ ἐκρέμασεν ἑαυτὸν εἰς τὸν τράχηλον τοῦ πατρὸς |
| Abr.2 | 7 | 3 | φράσον τί ἦλθες. εἶπεν δὲ αὐτῷ Μιχαὴλ ὁ υἱός σου | * Ἰσαὰκ * | δηλώσει σοι. λέγει Ἀβραὰμ Ἰσαὰκ τῷ υἱῷ αὐτοῦ |
| Abr.2 | 7 | 4 | ὁ υἱός σου Ἰσαὰκ δηλώσει σοι. λέγει Ἀβραὰμ | * Ἰσαὰκ * | τῷ υἱῷ αὐτοῦ υἱέ μου ἀγαπητὲ εἰπέ μοι τί οἶδας |
| Abr.2 | 7 | 5 | μου ἀγαπητὲ εἰπέ μοι τί οἶδας κατ' ὄναρ. ἀπεκρίθη | * Ἰσαὰκ * | τῷ πατρὶ αὐτοῦ εἶδον κατ' ὄναρ ἐμαυτὸν ὡς τὸν |
| Abr.2 | 7 | 16 | Μιχαὴλ καὶ εἶπεν ἐν ἀληθείᾳ ἀληθῶς ἐγένετο ὁ ἥλιος | * Ἰσαὰκ * | ὁ πατήρ σού ἐστιν Ἀβραὰμ ἀναλαμβάνεται εἰς τοὺς |
| Abr.2 | 14 | 7 | εἰσήνεγκαν δὲ αὐτὸν εἰς τὴν ἀνάπαυσιν. ἔθαψεν δὲ | * Ἰσαὰκ * | τὸν πατέρα αὐτοῦ Ἀβραὰμ πλησίον τῆς μητρὸς αὐτοῦ |
| TRub. | 3 | 13 | βδέλυγμα. ἀπόντος γὰρ Ἰακὼβ τοῦ πατρὸς ἡμῶν πρὸς | * Ἰσαὰκ * | τὸν πατέρα αὐτοῦ ὄντων ἡμῶν ἐν Γάδερ πλησίον |
| TLevi | 9 | 1 | καὶ μεθ' ἡμέρας δύο ἀνέβημεν ἐγὼ καὶ Ἰούδας πρὸς | * Ἰσαὰκ * | μετὰ τοῦ πατρὸς ἡμῶν. καὶ εὐλόγησέ με ὁ πατὴρ τοῦ |
| TLevi | 9 | 6 | τῷ κυρίῳ. καὶ ἤλθομεν εἰς Χεβρὼν τοῦ καταλῦσαι καὶ | * Ἰσαὰκ * | ἐκάλει με συνεχῶς τοῦ ὑπομνῆσαί με νόμον κυρίου |
| TLevi | 15 | 4 | ὑμᾶς φεύξονται ἀφ' ὑμῶν. καὶ εἰ μὴ δι' Ἀβραὰμ καὶ | * Ἰσαὰκ * | καὶ Ἰακὼβ τοὺς πατέρας ἡμῶν εἷς ἐκ τοῦ σπέρματός |
| TLevi | 18 | 2B011 | ἐν τῇ αὐλῇ Ἀβραὰμ τοῦ πατρὸς ἡμῶν παρὰ | * Ἰσαὰκ * | τὸν πατέρα ἡμῶν. καὶ εἶδεν Ἰσαὰκ ὁ πατὴρ ἡμῶν |
| TLevi | 18 | 2B012 | πατρὸς ἡμῶν παρὰ Ἰσαὰκ τὸν πατέρα ἡμῶν. καὶ εἶδεν | * Ἰσαὰκ * | ὁ πατὴρ ἡμῶν πάντας ἡμᾶς καὶ ηὐλόγησεν ἡμᾶς καὶ |
| TLevi | 18 | 6 | ἁγίασμα μετὰ φωνῆς πατρικῆς ὡς ἀπὸ Ἀβραὰμ πατρὸς | * Ἰσαάκ. * | καὶ δόξα ὑψίστου ἐπ' αὐτὸν ῥηθήσεται καὶ πνεῦμα |
| TLevi | 18 | 14 | ἕως τῶν αἰώνων. τότε ἀγαλλιάσεται Ἀβραὰμ καὶ | * Ἰσαὰκ * | καὶ Ἰακὼβ κἀγὼ χαρήσομαι καὶ πάντες οἱ ἅγιοι |
| TLevi | 19 | 5 | ἔθαψαν αὐτὸν ἐν Χεβρὼν ἀνὰ χεῖρα Ἀβραὰμ καὶ | * Ἰσαὰκ * | καὶ Ἰακώβ. |
| TJud. | 17 | 5 | πατρός μου εὐλόγησέ με βασιλεύειν ἐν Ἰσραὴλ καὶ | * Ἰσαὰκ * | ἐπευλόγησέ με ὁμοίως οὕτως. καὶ ἐγὼ οἶδα ὅτι ἐξ |
| TJud. | 25 | 1 | κύριον. καὶ μετὰ ταῦτα ἀναστήσεται Ἀβραὰμ καὶ | * Ἰσαὰκ * | καὶ Ἰακὼβ εἰς ζωὴν καὶ ἐγὼ καὶ οἱ ἀδελφοί μου |
| TDan | 7 | 2 | ταῦτα ἀνήνεγκαν τὰ ὀστᾶ αὐτοῦ σύνεγγυς Ἀβραὰμ καὶ | * Ἰσαὰκ * | καὶ Ἰακώβ. πλὴν ὡς ἐπροφήτευσεν αὐτοῖς Δὰν ὅτι |
| TNep. | 5 | 2 | ὅτι ὁ ἥλιος καὶ ἡ σελήνη ἔστηκαν. καὶ ἰδοὺ | * Ἰσαὰκ * | ὁ πατὴρ τοῦ πατρός μου λέγει ἡμῖν προσδραμόντες |
| TAser | 7 | 7 | δι' ἐλπίδα εὐσπλαγχνίας αὐτοῦ διὰ Ἀβραὰμ καὶ | * Ἰσαὰκ * | καὶ Ἰακώβ. καὶ εἰπὼν αὐτοῖς ταῦτα ἐνετείλατο |
| TBen. | 1 | 2 | ἑκατὸν εἰκοσιπέντε. καὶ φιλήσας αὐτοὺς εἶπεν ὡς | * Ἰσαὰκ * | ἑκατοστῷ ἔτει ἐτέχθη τῷ Ἀβραὰμ οὕτως κἀγὼ τῷ |
| TBen. | 10 | 4 | αἰώνιον τοῦτο γὰρ ἐποίησαν καὶ Ἀβραὰμ καὶ | * Ἰσαὰκ * | καὶ Ἰακώβ. πάντα ταῦτα ἡμᾶς κατεκληρονόμησαν |
| TBen. | 10 | 6 | τότε ὄψεσθε Ἐνὼχ Νῶε καὶ Σὴμ καὶ Ἀβραὰμ καὶ | * Ἰσαὰκ * | καὶ Ἰακὼβ ἀνισταμένους ἐκ δεξιῶν ἐν ἀγαλλιάσει. |
| Jer. | 4 | 9 | οὐχ ἕξετε. μακάριοί εἰσιν οἱ πατέρες ἡμῶν Ἀβραὰμ | * Ἰσαὰκ * | καὶ Ἰακὼβ ὅτι ἐξῆλθον ἐκ τοῦ κόσμου τούτου καὶ |
| Jer. | 6 | 18 | διαθήκης ἧς ἔστησε μετὰ τῶν πατέρων ἡμῶν Ἀβραὰμ | * Ἰσαὰκ * | καὶ Ἰακώβ. καὶ ἀπέστειλε πρός με τὸν ἄγγελον |
| FJos. | 189 | | θεοῦ εἰμι ἐγὼ καὶ πνεῦμα ἀρχικὸν καὶ Ἀβραὰμ καὶ | * Ἰσαὰκ * | προεκτίσθησαν πρὸ παντὸς ἔργου ἐγὼ δὲ Ἰακὼβ ὁ |
| FJub. | 15 | 17 | μίξεως. οὗτος ὁ Ἀβραὰμ ἐτῶν ρ' ἐγέννησεν τὸν | * Ἰσαάκ. * | μετὰ ταῦτα τῆς κατὰ Μαβρῆ δρυὸς ἀπαναστὰς ὁ |
| FJub. | 17 | 15 | τὸ θυσιαστήριον κλάδοις φοινίκων καὶ ἐλαιῶν. τὸν | * Ἰσαὰκ * | ἐτῶν κ ε' εἶναι ὅτε πρὸς θυσίαν ἀνήχθη. Μαστιφὰμ |
| FJub. | 19 | 13 | γυναικὸς Χετούρας υἱοὺς πέντε. ἐτῶν δὲ ξ' ὃν ὁ | * Ἰσαὰκ * | ἐγέννησεν τὸν Ἰακώβ. κολλυρίδας ποιήσασα |
| FJub. | 22 | 4 | τῷ Ἰακὼβ καὶ εἰσήγαγε μεθ' ἑτέρων δώρων πρὸς | * Ἰσαάκ. * | καὶ εὐλόγησεν αὐτὸν Ἰσαὰκ καὶ εὐλογῶν αὐτὸν |
| FJub. | 22 | 4 | μεθ' ἑτέρων δώρων πρὸς Ἰσαάκ. καὶ εὐλόγησεν αὐτὸν | * Ἰσαὰκ * | καὶ εὐλογῶν αὐτὸν πολυτρόπως καὶ κατέχων αὐτὸν ἐν |
| FJub. | 26 | 34 | τῆς ζωῆς Ἰακώβ. τῷ Ἡσαῦ ἔφη ἐν ταῖς εὐλογίαις ὁ | * Ἰσαὰκ * | ἔσται δὲ ἡνίκα ἂν καθέλῃς καὶ ἐκλύσῃς τὸν ζυγὸν |
| FJub. | 29 | 12 | αὐτοῦ ἀπὸ τοῦ τραχήλου σου. τῷ ρ ν γ' ἔτει τοῦ | * Ἰσαὰκ * | ἐπανῆλθεν Ἰακὼβ πρὸς αὐτὸν ἀπὸ Μεσοποταμίας. καὶ |
| FJub. | 31 | 9 | Ἰακὼβ πρὸς αὐτὸν ἀπὸ Μεσοποταμίας. καὶ ἀναβλέψας | * Ἰσαὰκ * | καὶ ἰδὼν τοὺς υἱοὺς Ἰακὼβ ηὐλόγησε τὸν Λευὶ ὡς |
| FJub. | 35 | 9 | ὡς βασιλέα καὶ ἄρχοντα. ἡ Ῥεβέκκα ᾔτησε τὸν | * Ἰσαὰκ * | ἐν τῷ γήρᾳ παραινέσαι τῷ Ἡσαῦ καὶ τῷ Ἰακὼβ |
| FJub. | 37 | 1 | χεῖρας αὐτοῦ πεσεῖται. μετὰ οὖν τὸ τελευτῆσαι τὸν | * Ἰσαὰκ * | κινηθεὶς ὑπὸ τῶν υἱῶν ὁ Ἡσαῦ καὶ ἀθροίσας ἔθνη |
| FMan. | 2 22 | 12 | ὁ θεὸς τῶν πατέρων ἡμῶν τοῦ Ἀβραὰμ καὶ | * Ἰσαὰκ * | καὶ Ἰακὼβ καὶ τοῦ σπέρματος αὐτῶν τοῦ δικαίου ὁ |
| FMan. | 2 22 | 13 | δικαίων οὐκ ἔθου μετάνοιαν δικαίοις τῷ Ἀβραὰμ καὶ | * Ἰσαὰκ * | καὶ Ἰακὼβ τοῖς οὐχ ἡμαρτηκόσιν σοι ἀλλ' ἔθου |
| FEz. | 185 | 10 | εφημ⟨ερον ως ηλεησας α⟩βρααμ' τον πατερα ημ⟨ων και | * ισακ' * | κα⟩ι ιακωβ' αλλα σε τον κν ⟨τον θν η⟩μων εγνωκαμεν |
| HDem. | 9 19 | 4 | οὐ πολὺν δὲ χρόνον τὸν θεὸν τῷ Ἀβραὰμ προστάξαι | * Ἰσαὰκ * | τὸν υἱὸν ὁλοκαρπῶσαι αὐτῷ. τὸν δὲ ἀναγαγόντα τὸν |
| HDem. | 9 19 | 4 | παῖδα ἐπὶ τὸ ὄρος πυρὰν νῆσαι καὶ ἐπιθεῖναι τὸν | * Ἰσαὰκ * | σφάζειν δὲ μέλλοντα κωλυθῆναι ὑπὸ ἀγγέλου κριὸν |
| HDem. | 9 21 | 2 | Χαρρὰν τῆς Μεσοποταμίας τὸν μὲν πατέρα καταλιπόντα | * Ἰσαὰκ * | ἐτῶν ἑκατὸν τριάκοντα ἑπτὰ αὐτὸν δὲ ὄντα ἐτῶν |
| HDem. | 9 21 | 11 | δὲ ἐλθεῖν τὸν Ἰακὼβ εἰς Μαμβρὶ τῆς Χεβρὼν πρὸς | * Ἰσαὰκ * | τὸν πατέρα. εἶναι δὲ τότε Ἰωσὴφ ἐτῶν δεκαεπτὰ |
| HDem. | 9 21 | 11 | δὲ ἐτῶν ἑκατὸν εἴκοσιν ἐν ᾧ καὶ τελευτῆσαι τὸν | * Ἰσαὰκ * | ἔτει ἑνὶ ἔμπροσθεν ἐτῶν ὄντα ἑκατὸν ὀγδοήκοντα. |
| HDem. | 9 21 | 16 | καὶ μετελθεῖν εἰς Χαναὰν Ἀβραὰμ ἐτῶν εἴκοσι πέντε | * Ἰσαὰκ * | ἐτῶν ἑξήκοντα Ἰακὼβ ἐτῶν ἑκατὸν τριάκοντα |
| HDem. | 9 29 | 2 | τὴν δὲ Σεπφώραν ἕκτην. συνοικοῦντος γὰρ ἤδη τοῦ | * Ἰσαὰκ * | ἀφ' οὗ Μωσῆν εἶναι γῆμαι Ἀβραὰμ τὴν Χεττούραν |
| HDem. | 9 29 | 2 | ρ μ' καὶ γεννῆσαι Ἰσαὰρ ἐξ αὐτῆς δεύτερον τὸν δὲ | * Ἰσαὰκ * | ὄντα ἐτῶν ἑκατὸν γεννῆσαι. ὥστε μ β' ἐτῶν ὕστερον |
| HArt. | 9 23 | 1 | βασιλεῖς ἀπογόνους Ἰσραὴλ υἱοὺς τοῦ Ἀβραὰμ | * Ἰσαὰκ * | δὲ ἀδελφούς. ἐλθόντα δὲ αὐτὸν εἰς τὴν Αἴγυπτον |
| LPhi. | 9 24 | 1 | ἄκτωρ ὕψιστος καὶ πρόσθεν ἀφ' Ἀβραάμοιο καὶ | * Ἰσὰκ * | Ἰακὼβ εὐτέκνοιό θ' ὅθεν Ἰωσὴφ ὃς ὀνείρων |
| LEze. | 9 29 8 | 10 | ἐγὼ θεὸς σῶν ὧν λέγεις γεννητόρων Ἀβραάμ τε καὶ | * Ἰσαὰκ * | καὶ Ἰακώβου τρίτου. μνησθεὶς δ' ἐκείνων καὶ ἔτ' |
| Ἰσαάρ | | | | 3 | |
| TLevi | 12 | 2 | τὸν Λομνὶ καὶ τὸν Σεμεΐ. καὶ υἱοὶ Καὰθ Ἀμβρὰμ | * Ἰσαὰρ * | Χεβρὼν Ὀζιήλ. καὶ υἱοὶ Μεραρὶ Μοολὶ καὶ Ὁμουσί. |
| HDem. | 9 29 | 2 | Ἀβραὰμ τὴν Χεττούραν ὄντα ἐτῶν ρ μ' καὶ γεννῆσαι | * Ἰσαὰρ * | ἐξ αὐτῆς δεύτερον τὸν δὲ Ἰσαὰκ ὄντα ἐτῶν ἑκατὸν |
| HDem. | 9 29 | 2 | γεννῆσαι. ὥστε μ β' ἐτῶν ὕστερον γεγονέναι τὸν | * Ἰσαὰρ * | ἀφ' οὗ τὴν Σεπφώραν γεγενεαλογῆσθαι. οὐδὲν οὖν |
| ἰσάζω | | | | 1 | |
| Sib. | 5 | 34 | ἀλλ' ἔσται καὶ ἄιστος ὀλοίιος εἶτ' ἀνακάμψει | * ἰσάζων * | θεῷ αὐτὸν ἐλέγξει δ' οὔ μιν ἐόντα. τρεῖς δὲ μετ' |
| Ἰσάηλος | | | | 1 | |
| Aris. | 50 | 4 | Ἰούδας Ἰωνάθης Χαλεβ Δοσίθεος. δωδεκάτης | * Ἰσάηλος * | Ἰωάννης Θεοδόσιος Ἄρσαμος Ἀβιήτης Ἐζεκῆλος. |
| Ἴσακος | | | | 1 | |
| Aris. | 48 | 3 | Ἀβραῖος Ἐλισσαῖος Ἀνανίας Χαβρίας---. πέμπτης | * Ἴσακος * | Ἰάκωβος Ἰησοῦς Σαββαταῖος Σίμων Λευίς. ἕκτης |
| Ἰσάχαρ | | | | 10 | |
| TJud. | 25 | 1 | Ἰωσὴφ τέταρτος Βενιαμὶν πέμπτος Συμεὼν ἕκτος | * Ἰσαχὰρ * | καὶ οὕτως καθεξῆς πάντες. καὶ κύριος εὐλογήσει |

TJud. 25 2 τῆς δόξης τὸν Συμεὼν ὁ οὐρανὸς τὸν Ῥουβὴμ τὸν * Ἰσαχὰρ * ἡ γῆ ἡ θάλασσα τὸν Ζαβουλὼν τὰ ὄρη τὸν Ἰωσὴφ ἡ
TIss. διαθηκη Ισαχαρ. * περι απλοτητος. ἀντίγραφον λόγων Ἰσαχάρ.
TIss. 1 1 διαθηκη Ισαχαρ. περι απλοτητος. ἀντίγραφον λόγων * Ἰσαχάρ. * καλέσας τοὺς υἱοὺς αὐτοῦ εἶπεν αὐτοῖς ἀκούσατε
TIss. 1 1 τοὺς υἱοὺς αὐτοῦ εἶπεν αὐτοῖς ἀκούσατε τέκνα * Ἰσαχάρ * τοῦ πατρὸς ὑμῶν ἐνωτίσασθε ῥήματα ἡγαπημένοι ὑπὸ
TIss. 1 15 καὶ συλλαβοῦσά με ἔτεκε καὶ διὰ τὸν μισθὸν ἐκλήθην * Ἰσαχάρ. * τότε ὤφθη τῷ Ἰακὼβ ἄγγελος κυρίου λέγων ὅτι
Asen. 27 6 οἱ υἱοὶ Λίας Ῥουβὴμ καὶ Συμεὼν Λευὶς καὶ Ἰούδας * Ἰσάχαρ * καὶ Ζαβουλὼν κατεδίωξαν ὀπίσω τῶν ἀνδρῶν τῶν
Prop. 5 1 ὁ ὅσιος. οὗτος ἦν ἐκ Βελεμὼθ τῆς φυλῆς * Ἰσάχαρ * καὶ ἐτάφη ἐν τῇ γῇ αὐτοῦ ἐν εἰρήνῃ. καὶ ἔδωκε
HDem. 9 21 4 ἔτους μηνὸς δωδεκάτου υἱὸν καὶ ὄνομα αὐτῷ θέσθαι * Ἰσάχαρ. * καὶ πάλιν Λείαν τῷ τρισκαιδεκάτῳ ἔτει μηνὶ
HDem. 9 21 8 δέκα Γάδ ἐτῶν ὀκτὼ μηνῶν δέκα Ἀσὴρ ἐτῶν ὀκτὼ * Ἰσάχαρ * ἐτῶν ὀκτὼ Ζαβουλὼν ἐτῶν ἑπτὰ μηνῶν δυοῖν Δείναν

### Ἴσαχος
Aris. 49 1 Σελεμίας. ἑβδόμης Σαββαταῖος Σεδεκίας Ἰάκωβος * Ἴσαχος * Ἰησίας Ναθθαῖος. ὀγδόης Θεοδόσιος Ἰάσων

### Ἰσβηγαβαρίν (1)
Prop. 12 1 ἐδάφους ἀφανισθήσεται. Ναοὺμ ἀπὸ Ἑλκεσὶ πέραν τοῦ * Ἰσβηγαβαρίν * φυλῆς Συμεών. οὗτος μετὰ τὸν Ἰωνᾶν τῇ

### ἰσημερία (1)
LArl. 7 32 17 δεῖν τὰ διαβατήρια θύειν ἐπ' ἴσης ἅπαντας μετὰ * ἰσημερίαν * ἐαρινὴν μεσοῦντος τοῦ πρώτου μηνὸς τοῦτο δὲ

### ἰσημερινός (4)
LArl. 7 32 17 τῇ τῶν διαβατηρίων ἑορτῇ μὴ μόνον τὸν ἥλιον ἰσημερινὸν * διαπορεύεσθαι τμῆμα καὶ τὴν σελήνην δέ. τῶν
LArl. 7 32 18 διαπορεύεσθαι τμῆμα καὶ τὴν σελήνην δέ. τῶν γὰρ ἰσημερινῶν * τμημάτων ὄντων δύο τοῦ μὲν ἐαρινοῦ τοῦ δὲ
LArl. 7 32 18 πανσελήνοις ὁρᾶν ἔσονται δὲ ὃ μὲν κατὰ τὸ ἐαρινὸν ἰσημερινὸν * ὁ ἥλιος τμῆμα ἦ δὲ ἐξ ἀνάγκης κατὰ τὸ
LArl. 7 32 18 ὁ ἥλιος τμῆμα ἦ δὲ ἐξ ἀνάγκης κατὰ τὸ φθινοπωρινὸν ἰσημερινὸν * ἡ σελήνη.

### ἰσθμός (2)
Sib. 5 138 τριτάλαιναν ἀναιάξουσι ποιηταὶ ἡνίκ' ἀπ' Ἰταλίης * ἰσθμοῦ * πλήξειε τένοντα τῆς μεγάλης Ῥώμης βασιλεὺς μέγας
Sib. 5 216 μίτοις Μοῖραι τριάδελφοι κλωσάμεναι φεύγοντα δόλῳ * ἰσθμοῖο * παρ' ὄχθην ἄξουσιν μετέωρον ἕως ἐσίδωσίν ἐ

### Ἶσις (5)
Sib. 5 53 τείρομαι ἡ τριτάλαινα κακὴν φάτιν ἐν φρεσὶ θέσθαι * +Ἴσιδος * ἡ γνωστὴ+ καὶ χρησμῶν ἔνθεον ὕμνον. πρῶτον μὲν
Sib. 5 484 ἀνδράσι τοῖς ἀγαθοῖσιν ὅσοι θεὸν ἐξύμνησαν. * Ἴσι * θεὰ τριτάλαινα μενεῖς ἐπὶ χεύμασι Νείλου μούνη
HArt. 9 27 16 Μέρρην ταύτην ὑπὸ τῶν ἐγχωρίων οὐκ ἐλαχίστως ἢ τὴν * Ἴσιν. * Ἄαρωνα δὲ ὑπὸ τοῦ Μωΰσου ἀδελφὸν τὰ περὶ τὴν
HArt. 9 27 32 ῥάβδον ἀνατιθέναι εἰς πᾶν ἱερὸν ὄψεσθαι δὲ καὶ τῇ * Ἴσιδι * ὃ τὸ τὴν γῆν εἶναι Ἴσιν παιομένην δὲ τῇ ῥάβδῳ
HArt. 9 27 32 ἱερὸν ὁμοίως δὲ καὶ τῇ Ἴσιδι διὰ τὸ τὴν γῆν εἶναι * Ἴσιν * παιομένην δὲ τῇ ῥάβδῳ τὰ τέρατα ἀνεῖναι. τοῦ δὲ

### Ἰσλάλ (1)
FIsa. 1 2 15 Ἀλὰμ καὶ ⟨ὁ⟩ διδάσκαλος αὐτῶν Ἰαλλαρίας ἐξ ὄρους * +Ἰσλαλ+ * καὶ αὐτὸς ἦν ⟨ὁ⟩ Βεχειρ⟨ὰ⟩ ἀδελφὸς τοῦ Σεδεκίου

### Ἰσμαήλ (1)
Prop. 12 3 ἔφυγεν εἰς Ὀστρακίνην καὶ παρῴκησεν ἐν γῇ * Ἰσμαήλ. * ὡς δὲ ἐπέστρεψαν οἱ Χαλδαῖοι καὶ οἱ κατάλοιποι

### Ἰσμαηλίτης (12)
TSim. 2 9 Ἰούδας ὁ ἀδελφὸς ἡμῶν ἐπώλησεν αὐτὸν τοῖς * Ἰσμαηλίταις. * καὶ ἐλθὼν Ῥουβὴμ ἐλυπήθη ἤθελε γὰρ αὐτὸν
TZab. 2 9 ἐποίησε κύριος οὕτως ἕως οὗ ἐπώλησαν αὐτὸν τοῖς * Ἰσμαηλίταις. * καὶ γὰρ τῆς τιμῆς τοῦ Ἰωσὴφ τέκνα ἐγὼ οὐκ
TGad. 2 3 τῆς γῆς. διὸ ἐγὼ καὶ Ἰούδας πεπράκαμεν αὐτὸν τοῖς * Ἰσμαηλίταις * τριάκοντα χρυσῶν καὶ τὰ δέκα ἀποκρύψαντες
TJos. 10 6 φόβον αὐτῶν ἐσιώπων πιπρασκόμενος μὴ εἰπεῖν τοῖς * Ἰσμαηλίταις * τὸ γένος μου ὅτι υἱός εἰμι Ἰακὼβ ἀνδρὸς
TJos. 11 2 ὑπ' αὐτοῦ. ἐλθὼν δὲ εἰς Ἰνδοκολπίτας μετὰ τῶν * Ἰσμαηλιτῶν * ἠρώτων με κἀγὼ εἶπον ὅτι δοῦλος αὐτῶν εἰμι
TJos. 13 3 ἔφη πόθεν οὖν σοι ὁ παῖς ὁ Ἑβραῖος; καὶ εἶπεν οἱ * Ἰσμαηλῖται * παρέθεντό μοι αὐτὸν ἕως οὗ ἐπιστρέψωσιν. καὶ
TJos. 13 7 λέγει πρός με τίνος εἶ δοῦλος; καὶ λέγω αὐτῷ τῶν * Ἰσμαηλιτῶν. * καὶ πάλιν λέγει μοι πῶς αὐτῶν ἐγένου
TJos. 15 1 εἶναι. μετὰ δὲ εἰκοσιτέσσαρας ἡμέρας ἦλθον οἱ * Ἰσμαηλῖται * καὶ ἀκούσαντες ὅτι Ἰακὼβ ὁ πατήρ μου πενθεῖ
TJos. 16 2 ὅτι πωλοῦσίν αὐτόν. καὶ ἀπέστειλεν εὐνοῦχον τοῖς * Ἰσμαηλίταις * αἰτοῦσαι με εἰς διάπρασιν. καλέσας οὖν ὁ
TJos. 16 2 με εἰς διάπρασιν. καλέσας οὖν ὁ ἀρχιμάγειρος τοὺς * Ἰσμαηλίτας * ᾐτεῖτό με εἰς πρᾶσιν καὶ μὴ θελήσας ποιῆσαι
TBen. 2 3 καὶ λέγει μοι ναὶ ἀδελφὲ καὶ γὰρ ὅτε ἔλαβόν με οἱ * Ἰσμαηλῖται * εἷς ἐξ αὐτῶν ἀποδύσας με τὸν χιτῶνα ἔδωκέ
Asen. 24 9 τέκνα παιδισκῶν εἰσίν. καὶ οὗτοί με πεπράκασι τοῖς * Ἰσμαηλίταις * κἀγὼ ἀνταποδώσω αὐτοῖς κατὰ πᾶσαν ὕβριν

### ἰσοζυγέω (1)
Abr.2 9 8 ὁ ἄγγελος ἐν τῇ χειρὶ αὐτοῦ εὗρε γὰρ τὰς ἀμαρτίας * ἰσοζυγούσας * μετὰ τῶν ἀγαθῶν ἔργων αὐτῆς καὶ οὐκ εἴασεν

### ἰσόθεος (3)
Sib. 5 139 πλήξειε τένοντα τῆς μεγάλης Ῥώμης βασιλεὺς μέγας * ἰσόθεος * φῶς ὃν φάσ' αὐτὸς ὁ Ζεὺς ἔτεκεν καὶ πότνια Ἥρη
FAch. 116 πτηνοὺς ἀνθρώπους. σὺ δὲ θέλεις ἄνθρωπος ὑπάρχων * ἰσοθέῳ * βασιλεῖ ἐρίζειν; ὁ δὲ Νεκταναβὼν ἔφη Αἴγασσε
HArt. 9 27 6 Μωΰσον ὑπὸ τῶν ὄχλων ἀγαπηθῆναι καὶ ὑπὸ τῶν ἱερέων * ἰσοθέου * τιμῆς καταξιωθέντα προσαγορευθῆναι Ἑρμῆν διὰ

### ἰσομεγέθης (1)
HEup. 9 34 7 δακτύλου τὸ πάχος. εἶναι δὲ τοὺς στύλους τῷ ναῷ * ἰσομεγέθεις * τὸ δὲ πλάτος κύκλῳ ἕκαστον κίονα πηχῶν δέκα

### ἰσόρροπος (1)
Sib. 4 85 πολλοὺς δ' ὀλέσουσιν μαρνάμενοι τὸ δὲ νεῖκος * ἰσόρροπον * ἀλλήλοισιν. ἀλλ' ὅταν ἐς δεκάτην γενεὴν

### ἴσος (24)
Adam 31 3 περὶ πραγμάτων οὐ γὰρ βραδυνεῖς ἀπ' ἐμοῦ ἀλλ' * ἴσα * ἀποθνήσκομεν ἀμφότεροι καὶ αὐτὴ τεθήσει εἰς τὸν
Abr.1 1 2 φίλους τε καὶ ξένους γείτονάς τε καὶ παροδίτας * ἴσον * ὑπεδέχετο ὁ ὅσιος καὶ πανίερος καὶ δίκαιος καὶ
Abr.1 12 18 αὐτῆς ζυγάδας τῆς ἁμαρτίας καὶ τὰς δικαιοσύνας ἐξ * ἴσου * οὔτε ταῖς βασιανισταῖς ἐξέδωκεν αὐτὴν οὔτε τοῖς
TLevi 18 2B039 καὶ τῷ κριῷ τὸ ἥμισυ τοῦ σάτου καὶ τῷ τράγῳ τὸ * ἴσον * καὶ τῷ ἀρνίῳ καὶ τῷ ἐρίφῳ τὸ τρίτον τοῦ σάτου καὶ
TDan 6 6 τὸ θέλημα αὐτοῦ ὅτι οὐδεὶς τῶν ἀγγέλων ἔσται * ἴσος * αὐτῷ. τὸ δὲ ὄνομα αὐτοῦ ἔσται ἐν παντὶ τόπῳ Ἰσραήλ
TGad 7 1 ἀλλὰ καὶ εὔχεσθε ὑπὲρ αὐτοῦ ἵνα τελείως εὐοδωθῇ * ἴσως * γὰρ ὑμῖν συμφέρει οὕτως. καὶ ἐὰν ἐπὶ πλέον ὑψοῦται
Job 23 7 τὴν τρίχα τῆς κεφαλῆς σου καὶ λάβε τρεῖς ἄρτους * ἴσως * δυνήσεσθε ζῆσαι ἐν τρισὶν ἡμέραις. τότε λέγει ἐν
Job 24 9 τὴν τρίχα τῆς κεφαλῆς σου καὶ λάμβανε τρεῖς ἄρτους * ἴσως * ζήσεσθε ἐν τρισὶν ἡμέραις. κἀγὼ ἐκακήσασα εἶπον
Job 38 7 βασιλείων ἡμῶν καὶ βούλει θεραπευθῆναι ὑπ' αὐτῶν; * ἴσως * ἀναπαύσει. ἀποκριθεὶς δὲ εἶπον ἡ ἐμὴ τάσις καὶ ἡ
Aris. 191 3 καὶ ὑπὸ τῶν ἀποτυγχανόντων; ὁ δὲ εἶπεν εἰ πᾶσιν * ἴσος * γένοιο τῷ λόγῳ καὶ μηδὲν ὑπερηφάνως μηδὲ τῇ περὶ
Aris. 228 6 δὲ τὴν τῶν φίλων ἐγκρίνει διάθεσιν προσονομάδας * ἴσον * τῇ ψυχῇ τὸν φίλον. σὺ δὲ καλῶς ποιεῖς ἅπαντας
Aris. 257 3 ἠρώτα πῶς ἂν ἀποδοχῆς ἐν ξενιτείᾳ τυγχάνοι; πᾶσιν * ἴσος * γινόμενος ἔφη καὶ μᾶλλον ἥττων ἢ καθυπερέχων
Aris. 282 3 δόξῃ καὶ πλούτῳ καὶ δυνάμει καὶ ψυχὴν * ἴσον * πᾶσιν ὄντα καθὼς σὺ τοῦτο ποιῶν ἀξιοθαύμαστος εἶ
Sib. 3 488 χάλκεος ὑλάγμασι καὶ σὲ Κόρινθε αὔχησεν ἐπὶ πᾶσιν * ἴσον * δὲ βοήσεται αὐλὸς. ἡνίκα δή μοι θύμῳ ἐπαύσατο
Sib. 5 3 μετ' ὀλλυμένους βασιλῆας Αἰγύπτου τοὺς πάντας * ἴση * κατὰ γαῖα φέρεσκεν καὶ μετὰ τὸν Πέλλης πολιήτορα ᾧ
FAch. 109 γὰρ κράτος ἰσότιμόν ἐστι. τὸν καθηγητήν σου τίμα * ἴσα * γονεῦσι τούτους γὰρ εὖ ποιεῖν χρὴ διὰ τὴν φύσιν τῷ
FPho. 15 ἀπάντων. σταθμὸν μὴ κρούειν ἑτερόζυγον ἀλλ' * ἴσον * ἕλκειν. μὴ δ' ἰσοπαλήμεῖτ' ἄγνως μήτε ἑκοντὶ
FPho. 111 ἔνι εἰς Ἀίδην ὄλβον καὶ χρῆμα᾽ ἄγεσθαι. πάντες * ἴσον * νέκυες ψυχῶν δὲ θεὸς βασιλεύει. κοινὰ μέλαθρα δόμων
FPho. 152 πολέμου προσιόντος. μὴ κακὸν εὖ ἔρξῃς σπείρειν * ἴσον * ἔστ' ἐνὶ πόντωι. ἐργάζευ μοχθῶν ὡς ἐξ ἰδίων
FPho. 222 πάντων γενεῆι δ' ἀτάλαντον πρέσβυν ὁμήλικα πατρὸς * ἴσαις * κ τιμαῖσι γέραιρε. γαστρὸς ὀφειλόμενον ὅσσον
IOrp. 30 κίνημ' ἀμφὶ χθόνα ὡς περιτέλλει κυκλοτερὲς ἐν * ἴσῳ * τε κατὰ σφέτερον κνώδακα πνεύματα δ' ἡνιοχεῖ περὶ τ'
IPyt. 134 τις ἐρεῖ θεός εἰμι πάρεξ ἑνὸς οὗτος ὀφείλει κόσμον * ἴσον * τούτῳ στήσας εἰπεῖν ἐμὸς οὗτος κοὐχὶ μόνον στήσας
HDem. 9 21 15 κατὰ ταῦτα ὥστε τὸν οἶκον αὐτοῦ τῆς μητρὸς εἶναι * ἴσον * οἰκήσας δὲ αὐτοὺς ἐν γῇ Χαναὰν ἀφ' οὗ ἐκλεγῆναι
LArl. 7 32 17 ἐνιαυτοῖς. δεῖν τὰ διαβατήρια θύειν ἐπ' * ἴσης * ἅπαντας μετὰ ἰσημερίαν ἐαρινὴν μεσοῦντος τοῦ πρώτου

### ἰσότης (3)
Sal. 17 41 ἀφήσει ἀσθενῆσαι ἐν αὐτοῖς ἐν τῇ νομῇ αὐτῶν. ἐν * ἰσότητι * πάντας αὐτοὺς ἄξει καὶ οὐκ ἔσται ἐν αὐτοῖς
Aris. 263 2 τραπείη (τις) εἰς ὑπερηφανίαν; ἀπεκρίθη δὲ εἰ τὴν * ἰσότητα * τηροῖ καὶ παρ' ἕκαστον ἑαυτὸν ὑπομιμνήσκοι καθὼς
FPho. 137 καὶ ὁ δεξάμενος καὶ ὁ κλέψας. μοίρας πᾶσι νέμειν * ἰσότητα * δ' ἐν πᾶσιν ἄριστον. ἀρχόμενος φείδου πάντων μὴ

### ἰσότιμος
FAch. 109 μὲν θεὸν σέβου ὡς δεῖ. βασιλέα τίμα τὸ γὰρ κράτος * ἰσότιμόν * ἐστι. τὸν καθηγητήν σου τίμα ἴσα γονεῦσι

### Ἰσραήλ (145)
Hen. 10 1 ὁ μέγας Ἅγιος ἐλάλησεν καὶ εἶπεν καὶ ἔπεμψεν * Ἰστραήλ * πρὸς τὸν υἱὸν Λάμεχ εἶπον αὐτῷ ἐπὶ τῷ ἐμῷ
Abr.1 13 6 παρουσίᾳ ⟨κριθήσονται⟩ ὑπὸ τῶν δώδεκα φυλῶν τοῦ * Ἰσραὴλ * καὶ πᾶσα πνοὴ καὶ πᾶσα κτίσις τὸ δὲ τρίτον ὑπὸ
TRub. 1 10 ἁμαρτία μου μεγάλη γὰρ ἦν καὶ οὐ μὴ γένηται ἐν τῷ * Ἰσραὴλ * οὕτως. καὶ νῦν ἀκούσατέ μου τέκνα ἃ εἶδον περὶ
TRub. 6 8 καὶ διαστεῖλαι εἰς κρίσιν καὶ θυσίαι ὑπὲρ παντὸς * Ἰσραὴλ * μέχρι τελειώσεως χρόνων ἀρχιερέως χριστοῦ ὃν
TRub. 6 11 ἐκ τοῦ στόματος αὐτοῦ. αὐτὸς γὰρ εὐλογήσει τὸ * Ἰσραὴλ * τὸν Ἰούδαν ὅτι ἐν αὐτῷ ἐξελέξατο κύριος
TSim. 6 2 σκληροτραχηλίαν ὡς ῥόδον ἀνθήσει τὰ ὀστᾶ μου ἐν * Ἰσραὴλ * καὶ ὡς κρίνον ἡ σάρξ μου ἐν Ἰακὼβ καὶ ἔσται ἡ
TSim. 6 5 Σὴμ ἐνδοξασθήσεται ὅτι κύριος ὁ θεὸς μέγας τοῦ * Ἰσραὴλ * φαινόμενος ἐπὶ γῆς ὡς ἄνθρωπος καὶ σῴζων ἐν αὐτῷ
TSim. 7 2 οὗτος σώσει πάντα τὰ ἔθνη καὶ τὸ γένος τοῦ * Ἰσραήλ. * διὰ τοῦτο πάντα ταῦτα ἐντέλλομαι ὑμῖν ἵνα καὶ
TLevi 2 10 ἀνθρώποις καὶ περὶ τοῦ μέλλοντος λυτροῦσθαι τὸν * Ἰσραήλ. * κηρύξεις καὶ διὰ σοῦ καὶ Ἰούδα ὀφθήσεται κύριος
TLevi 4 3 ἐν Ἰακὼβ καὶ ὡς ἥλιος ἔσῃ παντὶ σπέρματι * Ἰσραὴλ * καὶ δοθήσεταί σοι εὐλογία καὶ παντὶ τῷ σπέρματι
TLevi 5 2 τῆς ἱερατείας ἕως οὗ ἔλθων παροικήσω ἐν μέσῳ * Ἰσραήλ. * τότε δὲ ἄγγελος ἤγαγέ με ἐπὶ τὴν γῆν καὶ ἔδωκέ
TLevi 5 6 εἶπεν ἐγώ εἰμι ὁ ἄγγελος ὁ παραιτούμενος τὸ γένος * Ἰσραὴλ * τοῦ μὴ πατάξαι αὐτοὺς εἰς τέλος ὅτι πᾶν πνεῦμα
TLevi 5 7 καὶ τὸν ἄγγελον τὸν παραιτούμενόν τε τὸ γένος τοῦ * Ἰσραήλ. * κἀγὼ ἤρχόμην πρὸς τὸν
TLevi 6 3 αὐτοὺς ὅτι ἐξήλωσα διὰ τὸ βδέλυγμα ὃ ἐποίησαν ἐν * Ἰσραήλ. * κἀγὼ ἀνεῖλον τὸν Συχὲμ ἐν πρώτοις καὶ Συμεὼν
TLevi 7 3 ἐχλευάσαμεν αὐτοὺς ὅτι καίγε ἀφροσύνην ἔπραξαν ἐν * Ἰσραὴλ * μιᾶναι τὴν ἀδελφὴν ἡμῶν. καὶ λαβόντες ἐκεῖθεν

| | | | | | |
|---|---|---|---|---|---|
| TLevi | 8 | 16 | σπέρματος ʼΑβραὰμ πατρὸς ἡμῶν. πᾶν ἐπιθυμητὸν ἐν | * ʼΙσραὴλ * | σοὶ ἔσται καὶ τῷ σπέρματί σου καὶ ἔδεσθε πᾶν |
| TLevi | 10 | 2 | εἰς τὸν σωτῆρα τοῦ κόσμου ἀσεβοῦντες πλανῶντες τὸν | * ʼΙσραὴλ * | καὶ ἐπεγείροντες αὐτῷ κακὰ μεγάλα παρὰ κυρίου. |
| TLevi | 10 | 3 | αὐτῷ κακὰ μεγάλα παρὰ κυρίου. καὶ ἀνομήσετε σὺν τῷ | * ʼΙσραὴλ * | ὥστε μὴ βαστάξαι τὴν ʼΙερουσαλὴμ ἀπὸ προσώπου |
| TLevi | 14 | 2 | ἔθνεσι γενήσεσθε χλευασμός. καὶ γὰρ ὁ πατὴρ ἡμῶν | * ʼΙσραὴλ * | καθαρὸς ἔσται ἀπὸ τῆς ἀσεβείας τῶν ἀρχιερέων |
| TLevi | 17 | 5 | προσθήσει ἐπʼ αὐτὸν ἡ ἀδικία εἰς πλῆθος καὶ πᾶς | * ʼΙσραὴλ * | μισήσουσιν ἕκαστος τὸν πλησίον αὐτοῦ. ὁ πέμπτος |
| TLevi | 18 | 2B067 | τὸ σπέρμα αὐτοῦ ἔσονται ἀρχὴ βασιλέων ἱεράτευμα τῷ | * ʼΙσραήλ. * | ἐν τῷ τετάρτῳ καὶ λʼ ἔτει ἐγεννήθη ἐν τῷ πρώτῳ |
| TLevi | 18 | 9 | τῆς γῆς καὶ φωτισθήσονται διὰ χάριτος κυρίου ὁ δὲ | * ʼΙσραὴλ * | ἐλαττωθήσεται ἐν ἀγνωσίᾳ καὶ σκοτισθήσεται ἐν |
| TJud. | 12 | 8 | θανάτου μου ὅτι βδέλυγμα ἐποίησα τοῦτο ἐν παντὶ | * ʼΙσραήλ. * | καίγε οἱ ἐν τῇ πόλει ἔλεγον μὴ εἶναι ἐν τῇ πύλῃ |
| TJud. | 17 | 5 | ὁ πατὴρ τοῦ πατρός μου εὐλόγησέ με βασιλεύειν ἐν | * ʼΙσραὴλ * | καὶ ʼΙσαὰκ ἐπευλόγησέ με ὁμοίως οὕτως. καὶ ἐγὼ |
| TJud. | 21 | 5 | τράπεζαν αὐτοῦ καὶ ἀπαρχὰς ἐντρυφήματα υἱῶν | * ʼΙσραήλ. * | σὺ δὲ ἔσῃ βασιλεὺς ἐν ʼΙακὼβ καὶ ἔσῃ αὐτοῖς ὡς |
| TJud. | 22 | 1 | κατʼ ἀλλήλων καὶ πόλεμοι συνεχεῖς ἔσονται ἐν | * ʼΙσραὴλ * | καὶ ἐν ἀλλοφύλοις συντελεσθήσεται ἡ βασιλεία μου |
| TJud. | 22 | 2 | ἡ βασιλεία μου ἕως τοῦ ἐλθεῖν τὸ σωτήριον | * ʼΙσραὴλ * | ἕως παρουσίας τοῦ θεοῦ τῆς δικαιοσύνης τοῦ |
| TJud. | 25 | 1 | ἐγὼ καὶ οἱ ἀδελφοί μου ἔξαρχοι σκήπτρων ἡμῶν ἐν | * ʼΙσραὴλ * | ἐσόμεθα Λευὶ πρῶτος δεύτερος ἐγὼ τρίτος ʼΙωσὴφ |
| TJud. | 25 | 5 | ʼΙακὼβ δραμοῦνται ἐν ἀγαλλιάσει καὶ οἱ ἀετοὶ | * ʼΙσραὴλ * | πετασθήσονται ἐν χαρᾷ οἱ δὲ ἀσεβεῖς πενθήσουσι |
| TIss. | 5 | 8 | Γὰδ ἐδόθη ἀπολέσαι τὰ πειρατήρια τὰ ἐπερχόμενα τῷ | * ʼΙσραήλ. * | οἶδα τέκνα μου ὅτι ἐν ἐσχάτοις καιροῖς |
| TZab. | 4 | 12 | μὴ δῷς ἐροῦμεν ὅτι σὺ μόνος ἐποίησας τὸ πονηρὸν ἐν | * ʼΙσραήλ. * | καὶ οὕτως δίδωσιν αὐτὸν καὶ ἐποίησαν καθὼς |
| TZab. | 9 | 5 | ἀποστήσεσθε ἀπὸ κυρίου καὶ διαιρεθήσεσθε ἐν | * ʼΙσραὴλ * | καὶ δύο βασιλεῦσιν ἐξακολουθήσετε καὶ πᾶν |
| TDan | 1 | 9 | τὸ ἀνόμημα τοῦτο ποιῆσαι ἵνα λυθῶσι δύο σκῆπτρα ἐν | * ʼΙσραήλ. * | καὶ νῦν τέκνα μου ἐγὼ ἀποθνῄσκω καὶ ἐν ἀληθείᾳ |
| TDan | 5 | 4 | γὰρ κυρίου ὁδηγεῖ ἑκατέρους ὅτι ἐν αὐτοῖς στήσεται | * ʼΙσραήλ. * | καὶ ὡς ἂν ἀπόστητε ἀπὸ κυρίου ἐν πάσῃ κακίᾳ |
| TDan | 5 | 13 | ὑπομένει ʼΙερουσαλὴμ ἐρήμωσιν οὐδὲ αἰχμαλωτίζεται | * ʼΙσραὴλ * | ὅτι κύριος ἔσται ἐν μέσῳ αὐτῆς τοῖς ἀνθρώποις |
| TDan | 5 | 13 | αὐτῆς τοῖς ἀνθρώποις συναναστρεφόμενος καὶ ἅγιος | * ʼΙσραὴλ * | βασιλεύων ἐπʼ αὐτοὺς ἐν ταπεινώσει καὶ ἐν |
| TDan | 6 | 2 | ἐστι μεσίτης θεοῦ καὶ ἀνθρώπων ἐπὶ τῆς εἰρήνης | * ʼΙσραὴλ * | καὶ κατέναντι τῆς βασιλείας τοῦ ἐχθροῦ στήσεται |
| TDan | 6 | 4 | τὸν κύριον. οἶδε γὰρ ὅτι ἐν ᾗ ἡμέρᾳ πιστεύσει | * ʼΙσραὴλ * | συντελεσθήσεται ἡ βασιλεία τοῦ ἐχθροῦ. αὐτὸς ὁ |
| TDan | 6 | 5 | ἐχθροῦ. αὐτὸς ὁ ἄγγελος τῆς εἰρήνης ἐνισχύσει τὸν | * ʼΙσραὴλ * | μὴ ἐμπεσεῖν αὐτὸν εἰς τέλος κακῶν. ἔσται δὲ ἐν |
| TDan | 6 | 6 | εἰς τέλος κακῶν. ἔσται δὲ ἐν καιρῷ ἀνομίας τοῦ | * ʼΙσραὴλ * | ἀφιστάμενος ἀπʼ αὐτῶν κύριος καὶ μετελεύσεται |
| TDan | 6 | 7 | ἴσος αὐτῷ. τὸ δὲ ὄνομα αὐτοῦ ἔσται ἐν παντὶ τόπῳ | * ʼΙσραὴλ * | καὶ ἐν τοῖς ἔθνεσι σωτήρ. διατηρήσατε οὖν |
| TDan | 7 | 3 | καὶ ἀλλοτριωθήσονται γῆς κλήρου αὐτῶν καὶ γένους | * ʼΙσραὴλ * | καὶ πατριᾶς αὐτῶν καὶ σπέρματος αὐτῶν οὕτως καὶ |
| TNep. | 5 | 8 | ἐν αἰχμαλωσίᾳ τὰ δώδεκα σκῆπτρα τοῦ | * ʼΙσραήλ. * | καὶ πάλιν μετὰ μῆνας ἑπτὰ εἶδον τὸν πατέρα ἡμῶν |
| TNep. | 7 | 1 | δεῖ ταῦτα πληρωθῆναι κατὰ καιρὸν αὐτῶν πολλὰ τοῦ | * ʼΙσραὴλ * | ὑπομείναντος. τότε λέγει μοι ὁ πατήρ μου πιστεύω |
| TNep. | 8 | 1 | ὑμῖν καιροὺς ἐσχάτους ὅτι πάντα γενήσεται ἐν | * ʼΙσραήλ. * | καὶ ὑμεῖς οὖν ἐντείλασθε τοῖς τέκνοις ὑμῶν ἵνα |
| TNep. | 8 | 2 | τῷ ʼΙούδᾳ. διὰ γὰρ τοῦ ʼΙουδὰ ἀνατελεῖ σωτηρία τῷ | * ʼΙσραὴλ * | καὶ ἐν αὐτῷ εὐλογηθήσεται ʼΙακώβ. διὰ γὰρ τοῦ |
| TNep. | 8 | 3 | κατοικῶν ἐν ἀνθρώποις ἐπὶ τῆς γῆς σῶσαι τὸ γένος | * ʼΙσραὴλ * | καὶ ἐπισυνάξει δικαίους ἐκ τῶν ἐθνῶν. ἐὰν |
| TGad | 2 | 5 | αὐτὸν ἐκ τῶν χειρῶν μου ἵνα ποιήσω ἀνόμημα ἐν | * ʼΙσραήλ. * | καὶ νῦν ἀκούσατε τέκνα μου λόγους ἀληθείας τοῦ |
| TGad | 8 | 1 | τὸν Λευὶ ὅτι ἐξ αὐτῶν ἀνατελεῖ κύριος σωτῆρα τῷ | * ʼΙσραήλ. * | ἔγνων γὰρ ὅτι ἐπὶ τέλει ἀποστήσονται τὰ τέκνα |
| TAser | 7 | 3 | κεφαλὴν τοῦ δράκοντος διʼ ὕδατος οὕτως σώσει τὸν | * ʼΙσραὴλ * | καὶ πάντα τὰ ἔθνη θεὸς εἰς ἄνδρα ὑποκρινόμενος. |
| TJos. | 1 | 2 | μου καὶ ἀδελφοὶ ἀκούσατε ʼΙωσὴφ τοῦ ἠγαπημένου ὑπὸ | * ʼΙσραὴλ * | ἐνωτίσασθε υἱοὶ τοῦ πατρὸς ὑμῶν. ἐγὼ εἶδον ἐν τῇ |
| TJos. | 2 | 2 | ἐπείγουσάν με παρανομεῖν μετʼ αὐτῆς ἀλλʼ ὁ θεὸς | * ʼΙσραὴλ * | τοῦ πατρός μου ἐφύλαξέ με ἀπὸ φλογὸς καιομένης. |
| TJos. | 18 | 4 | καίγε ὡραιότητα ἔδωκέ μοι ὡς ἄνθος ὑπὲρ ὡραίους | * ʼΙσραὴλ * | καὶ διεφύλαξέ με ἕως γήρως ἐν δυνάμει καὶ ἐν |
| TJos. | 19 | 6 | ἀμνὸς τοῦ θεοῦ χάριτι σῴζων πάντα τὰ ἔθνη καὶ τὸν | * ʼΙσραήλ. * | ἡ γὰρ βασιλεία αὐτοῦ βασιλεία αἰῶνος ἥτις οὐ |
| TJos. | 20 | 5 | ἐκοιμήθη ὕπνον αἰώνιον. καὶ ἐπένθησεν αὐτὸν πᾶς | * ʼΙσραὴλ * | καὶ πᾶσα ἡ Αἴγυπτος πένθος μέγα. καὶ γὰρ καὶ |
| TBen. | 3 | 8 | ἐν αἵματι διαθήκης ἐπὶ σωτηρίᾳ ἐθνῶν καὶ | * ʼΙσραὴλ * | καὶ καταργήσει Βελιὰρ καὶ τοὺς ὑπηρετοῦντας |
| TBen. | 10 | 8 | δὲ εἰς ἀτιμίαν. κὰι κρινεῖ κύριος ἐν πρώτοις τὸν | * ʼΙσραὴλ * | περὶ τῆς εἰς αὐτὸν ἀδικίας ὅτι παραγενάμενον |
| TBen. | 10 | 10 | καὶ ἐλέγξει ἐν τοῖς ἐκλεκτοῖς τῶν ἐθνῶν τὸν | * ʼΙσραὴλ * | ὥσπερ ἤλεγξε τὸν ʼΗσαὺ ἐν τοῖς Μαδιναίοις τοῖς |
| TBen. | 10 | 11 | ἐπʼ ἐλπίδι ἐν ἐμοὶ καὶ συναχθήσεται πᾶς | * ʼΙσραὴλ * | πρὸς κύριον. καὶ οὐκέτι κληθήσομαι λύκος ἅρπαξ |
| TBen. | 11 | 2 | φωτίζων πάντα τὰ ἔθνη φῶς γνώσεως ἐπεμβαίνων τῷ | * ʼΙσραὴλ * | ἐν σωτηρίᾳ καὶ ἁρπάζων ὡς λύκος ἀπʼ αὐτῶν καὶ |
| TBen. | 12 | 3 | καὶ ἐνενηκοστῷ πρώτῳ ἔτει τῆς εἰσόδου τῶν υἱῶν | * ʼΙσραὴλ * | εἰς Αἴγυπτον αὐτοὶ καὶ οἱ ἀδελφοὶ αὐτῶν ἀνήγαγον |
| Asen. | 7 | 4 | ἁμαρτήσω ἐνώπιον κυρίου τοῦ θεοῦ τοῦ πατρός μου | * ʼΙσραὴλ * | οὐδὲ κατὰ πρόσωπον τοῦ πατρός μου ʼΙακώβ. καὶ τὸ |
| Asen. | 8 | 9 | αὐτῆς καὶ εἶπεν κύριε ὁ θεὸς τοῦ πατρός μου | * ʼΙσραὴλ * | ὁ ὕψιστος ὁ δυνατὸς τοῦ ʼΙακὼβ ὁ ζωοποιήσας τὰ |
| Asen. | 22 | 2 | ʼΙακὼβ περὶ ʼΙωσὴφ τοῦ υἱοῦ αὐτοῦ καὶ ἦλθεν | * ʼΙσραὴλ * | εἰς Αἴγυπτον σὺν πάσῃ τῇ συγγενείᾳ αὐτοῦ ἐν τῷ |
| Asen. | 22 | 3 | καὶ ὄψομαι τὸν πατέρα σου διότι ὁ πατήρ σου | * ʼΙσραὴλ * | ὡς πατήρ μοί ἐστι καὶ θεός. καὶ εἶπεν αὐτῇ |
| Asen. | 22 | 6 | ἐπὶ τὴν γῆν. καὶ εἰσῆλθον πρὸς ʼΙακώβ. καὶ ἦν | * ʼΙσραὴλ * | καθήμενος ἐπὶ τῆς κλίνης αὐτοῦ καὶ αὐτὸς ἦν |
| Asen. | 23 | 11 | ἐνώπιον τοῦ θεοῦ ἡμῶν καὶ ἐνώπιον τοῦ πατρὸς ἡμῶν | * ʼΙσραὴλ * | καὶ ἐνώπιον τοῦ ἀδελφοῦ ἡμῶν ʼΙωσήφ; καὶ νῦν |
| Asen. | 23 | 14 | θεὸς τὴν ὕβριν τῶν Σικημιτῶν ἣν ὕβρισαν τοὺς υἱοὺς | * ʼΙσραὴλ * | διὰ τὴν ἀδελφὴν ἡμῶν Δίναν ἣν ἐμίανε Συχὲμ ὁ |
| Asen. | 25 | 5 | τί ὑμεῖς πονηρεύεσθε πάλιν κατὰ τοῦ πατρὸς ἡμῶν | * ʼΙσραὴλ * | καὶ κατὰ τοῦ ἀδελφοῦ ἡμῶν ʼΙωσήφ; καὶ αὐτὸν |
| Asen. | 28 | 11 | διότι ἀδελφοὶ ὑμῶν εἰσι καὶ αἷμα τοῦ πατρὸς ὑμῶν | * ʼΙσραήλ. * | καὶ εἶπεν αὐτῇ Συμεὼν ἵνα τί ἡ δέσποινα ἡμῶν |
| Asen. | 28 | 13 | κακὰ καθʼ ἡμῶν καὶ κατὰ τοῦ πατρὸς ἡμῶν | * ʼΙσραὴλ * | καὶ κατὰ τοῦ ἀδελφοῦ ἡμῶν ʼΙωσὴφ ἤδη τοῦτο δὶς |
| Asen. | 28 | 14 | αὐτοὶ ἀδελφοὶ ὑμῶν εἰσι καὶ γένος τοῦ πατρὸς ὑμῶν | * ʼΙσραὴλ * | καὶ ἔφυγον μηκόθεν ἀπὸ προσώπου ὑμῶν. λοιπὸν |
| Sal. | 4 | 1 | ἀπὸ τοῦ κυρίου ἐν παρανομίαις παροργίζων τὸν θεὸν | * Ισραηλ; * | περισσὸς ἐν λόγοις περισσὸς ἐν σημειώσει ὑπὲρ |
| Sal. | 5 | 18 | κύριον ἐν ἀγαθοῖς καὶ ἡ χρηστότης σου ἐπὶ | * Ισραηλ * | ἐν τῇ βασιλείᾳ σου. εὐλογημένη ἡ δόξα κυρίου ὅτι |
| Sal. | 7 | 8 | καὶ σὺ ἐπακούσῃ ἡμῶν. ὅτι σὺ οἰκτιρήσεις τὸ γένος | * Ισραηλ * | εἰς τὸν αἰῶνα καὶ οὐκ ἀπώσῃ. καὶ ἡμεῖς ὑπὸ ζυγόν |
| Sal. | 8 | 26 | αἰῶνας ὅτι σὺ ὁ θεὸς τῆς δικαιοσύνης κρίνων τὸν | * Ισραηλ * | ἐν παιδείᾳ. ἐπίστρεψον ὁ θεὸς τὸ ἔλεός σου ἐφʼ |
| Sal. | 8 | 28 | ἡμᾶς καὶ οἰκτίρησον ἡμᾶς συνάγαγε τὴν διασπορὰν | * Ισραηλ * | μετὰ ἐλέους καὶ χρηστότητος ὅτι ἡ πίστις σου μεθʼ |
| Sal. | 8 | 34 | κρίμασιν αὐτοῦ ἐν στόματι ὁσίων καὶ εὐλογημένος | * Ισραηλ * | ὑπὸ κυρίου εἰς τὸν αἰῶνα. τῷ Σαλωμων εἰς ἔλεγχον. |
| Sal. | 9 | 1 | τὸν αἰῶνα. τῷ Σαλωμων εἰς ἔλεγχον. ἐν τῷ ἀπαχθῆναι | * Ισραηλ * | ἐν ἀποικεσίᾳ εἰς γῆν ἀλλοτρίαν ἐν τῷ ἀποστῆναι |
| Sal. | 9 | 2 | αὐτοῖς κύριος. ἐν παντὶ ἔθνει ἡ διασπορὰ τοῦ | * Ισραηλ * | κατὰ τὸ ῥῆμα τοῦ θεοῦ ἵνα δικαιωθῇς ὁ θεὸς ἐν τῇ |
| Sal. | 9 | 8 | ἡμεῖς λαὸς ὃν ἠγάπησας ἰδὲ καὶ οἰκτίρησον ὁ θεὸς | * Ισραηλ * | ὅτι σοί ἐσμεν καὶ μὴ ἀποστήσῃς ἔλεός σου ἀφʼ ἡμῶν |
| Sal. | 9 | 11 | ψυχῆς ἡμῶν. τοῦ κυρίου ἡ ἐλεημοσύνη ἐπὶ οἶκον | * Ισραηλ * | εἰς τὸν αἰῶνα καὶ ἔτι. ἐν ὕμνοις τῷ Σαλωμων. |
| Sal. | 10 | 5 | ὁ κύριος ἡμῶν ἐν κρίμασιν αὐτοῦ εἰς τὸν αἰῶνα καὶ | * Ισραηλ * | αἰνέσει τῷ ὀνόματι κυρίου ἐν εὐφροσύνῃ. καὶ ὅσιοι |
| Sal. | 10 | 6 | λαοῦ καὶ πτωχοὺς ἐλεήσει ὁ θεὸς ἐν εὐφροσύνῃ | * Ισραηλ * | ὅτι χρηστὸς καὶ ἐλεήμων ὁ θεὸς εἰς τὸν αἰῶνα καὶ |
| Sal. | 10 | 7 | καὶ ἐλεήμων ὁ θεὸς εἰς τὸν αἰῶνα καὶ συναγωγαὶ | * Ισραηλ * | δοξάσουσιν τὸ ὄνομα κυρίου. τοῦ κυρίου ἡ σωτηρία |
| Sal. | 10 | 8 | τὸ ὄνομα κυρίου. τοῦ κυρίου ἡ σωτηρία ἐπὶ οἶκον | * Ισραηλ * | εἰς εὐφροσύνην αἰώνιον. τῷ Σαλωμων εἰς |
| Sal. | 11 | 1 | φωνὴν εὐαγγελιζομένου ὅτι ἠλέησεν ὁ θεὸς | * Ισραηλ * | ἐν τῇ ἐπισκοπῇ αὐτῶν. στῆθι Ιερουσαλημ ἐφʼ ὑψηλοῦ |
| Sal. | 11 | 6 | ξύλον εὐωδίας ἀνέτειλεν αὐτοῖς ὁ θεὸς ἵνα παρέλθῃ | * Ισραηλ * | ἐν ἐπισκοπῇ δόξης θεοῦ αὐτῶν. ἔνδυσαι Ιερουσαλημ |
| Sal. | 11 | 7 | τοῦ ἁγιάσματός σου ὅτι ὁ θεὸς ἐλάλησεν ἀγαθὰ | * Ισραηλ * | εἰς τὸν αἰῶνα καὶ ἔτι. ποιήσαι κύριος ἃ ἐλάλησεν |
| Sal. | 11 | 8 | τὸν αἰῶνα καὶ ἔτι. ποιήσαι κύριος ἃ ἐλάλησεν ἐπὶ | * Ισραηλ * | καὶ Ιερουσαλημ ἀναστήσαι κύριος τὸν Ισραηλ ἐν |
| Sal. | 11 | 8 | ἐπὶ Ισραηλ καὶ Ιερουσαλημ ἀναστήσαι κύριος τὸν | * Ισραηλ * | ἐν ὀνόματι δόξης αὐτοῦ τοῦ κυρίου τὸ ἔλεος ἐπὶ |
| Sal. | 11 | 9 | ἐν ὀνόματι δόξης αὐτοῦ τοῦ κυρίου τὸ ἔλεος ἐπὶ τὸν | * Ισραηλ * | εἰς τὸν αἰῶνα καὶ ἔτι. τῷ Σαλωμων ἐν γλώσσῃ |
| Sal. | 12 | 6 | ποιοῦντα εἰρήνην ἐν οἴκῳ. τοῦ κυρίου ἡ σωτηρία ἐπὶ | * Ισραηλ * | παῖδα αὐτοῦ εἰς τὸν αἰῶνα καὶ ἀπόλοιντο οἱ |
| Sal. | 14 | 5 | οὐρανοῦ ὅτι ἡ μερὶς καὶ κληρονομία τοῦ θεοῦ ἐστιν | * Ισραηλ. * | καὶ οὐχ οὕτως οἱ ἁμαρτωλοὶ καὶ παράνομοι οἳ |
| Sal. | 16 | 3 | ἐν τῷ διενεχθῆναι ψυχήν μου ἀπὸ κυρίου θεοῦ | * Ισραηλ * | εἰ μὴ ὁ κύριος ἀντελάβετό μου τῷ ἐλέει αὐτοῦ εἰς |
| Sal. | 17 | 4 | ἐν κρίσει. σὺ κύριε ᾑρετίσω τὸν Δαυιδ βασιλέα ἐπὶ | * Ισραηλ * | καὶ σὺ ὤμοσας αὐτῷ περὶ τοῦ σπέρματος αὐτοῦ εἰς |
| Sal. | 17 | 21 | τὸν καιρὸν ὃν εἵλου σὺ ὁ θεὸς τοῦ βασιλεῦσαι ἐπὶ | * Ισραηλ * | παῖδά σου καὶ ὑπόζωσον αὐτὸν ἰσχὺν τοῦ θραῦσαι |
| Sal. | 17 | 42 | ἐν αὐτοῖς. αὕτη ἡ εὐπρέπεια τοῦ βασιλέως | * Ισραηλ * | ἣν ἔγνω ὁ θεὸς ἀναστῆσαι αὐτὸν ἐπʼ οἶκον Ισραηλ |
| Sal. | 17 | 42 | Ισραηλ ἣν ἔγνω ὁ θεὸς ἀναστῆσαι αὐτὸν ἐπʼ οἶκον | * Ισραηλ * | παιδεῦσαι αὐτόν. τὰ ῥήματα αὐτοῦ πεπυρωμένα ὑπὲρ |
| Sal. | 17 | 44 | γενόμενοι ἐν ταῖς ἡμέραις ἐκείναις ἰδεῖν τὰ ἀγαθὰ | * Ισραηλ * | ἐν συναγωγῇ φυλῶν ἃ ποιήσει ὁ θεός. ταχύναι ὁ |
| Sal. | 17 | 45 | φυλῶν ἃ ποιήσει ὁ θεός. ταχύναι ὁ θεὸς ἐπὶ | * Ισραηλ * | τὸ ἔλεος αὐτοῦ ῥύσαιτο ἡμᾶς ἀπὸ ἀκαθαρσίας ἐχθρῶν |
| Sal. | 18 | 1 | αἰῶνα ἡ χρηστότης σου μετὰ δόματος πλουσίου ἐπὶ | * Ισραηλ * | οἱ ὀφθαλμοί σου ἐπιβλέποντες ἐπʼ αὐτὰ καὶ οὐχ |
| Sal. | 18 | 3 | ἐλέους καὶ ἡ ἀγάπη σου ἐπὶ σπέρμα Αβρααμ υἱοὺς | * Ισραηλ. * | ἡ παιδεία σου ἐφʼ ἡμᾶς ὡς υἱὸν πρωτότοκον |
| Sal. | 18 | 5 | εὐήκοον ἀπὸ ἀμαθίας ἐν ἀγνοίᾳ. καθαρίσαι ὁ θεὸς | * Ισραηλ * | εἰς ἡμέραν ἐλέους ἐν εὐλογίᾳ εἰς ἡμέραν ἐκλογῆς |
| Jer. | 1 | 1 | του προφητου. ἐγένετο ἡνίκα ᾐχμαλωτεύθησαν οἱ υἱοὶ | * ʼΙσραὴλ * | ἀπὸ τοῦ βασιλέως τῶν Χαλδαίων ἐλάλησεν ὁ θεὸς |
| Jer. | 6 | 13 | γράψον οὖν ἐν τῇ ἐπιστολῇ ὅτι λάλησον τοῖς υἱοῖς | * ʼΙσραὴλ * | ὁ γενόμενος ἐν ὑμῖν ξένος ἀφορισθήτω καὶ |
| Jer. | 6 | 20 | οὗτοι οὖν εἰσὶν οἱ λόγοι οὓς εἶπε κύριος ὁ θεὸς | * ʼΙσραὴλ * | ὁ ἐξαγαγὼν ἡμᾶς ἐκ γῆς Αἰγύπτου ἐκ τῆς μεγάλης |
| Jer. | 9 | 30 | αὐτοῦ. τότε ἐβόησε ὁ λίθος λέγων ὦ μωροὶ υἱοὶ | * ʼΙσραὴλ * | διά τί λιθοβολεῖτέ με νομίζοντες ὅτι ἐγὼ |
| Prop. | 3 | 2 | ʼΙουδαίᾳ. ἀπέκτεινεν δὲ αὐτὸν ὁ ἡγούμενος τοῦ λαοῦ | * ʼΙσραὴλ * | ἐκεῖ ἐλεγχόμενος ὑπʼ αὐτοῦ ἐπὶ εἰδώλων |
| Prop. | 3 | 13 | τῶν νεκρῶν αὐτοὺς ἔπεισεν ὅτι ἔσται ἐλπὶς τῷ | * ʼΙσραὴλ * | καὶ ὧδε καὶ ἐπὶ τοῦ μέλλοντος. οὗτος ἐκεῖ ὢν |
| Prop. | 3 | 14 | ἐπὶ τοῦ μέλλοντος. οὗτος ἐκεῖ ὢν ἐδείκνυ τῷ λαῷ | * ʼΙσραὴλ * | τὰ ἐν ʼΙερουσαλὴμ καὶ ἐν τῷ ναῷ γινόμενα. οὗτος |
| Prop. | 4 | 21B | ὑπὸ τῶν ἱερέων τοῦ νόμου <καὶ πρεσβυτέρων τοῦ λαοῦ | * ʼΙσραήλ. * | τότε φόνος ἔσται τοῦ Βελιαρ>. εὐθέως δὲ χαρὰ |
| Prop. | 10 | 8B | τῆς τοῦ κυρίου ἀναστάσεως καὶ ἔδωκε τέρας ἐπὶ | * ʼΙσραὴλ * | λέγων ὅτι ὅτε ἴδωσιν ἐπὶ ʼΙερουσαλὴμ πολλὰ ἔθνη |
| Prop. | 15 | 5 | εἶδεν ἐν ʼΙερουσαλὴμ καὶ περὶ τέλους ἐθνῶν καὶ | * ʼΙσραὴλ * | καὶ τοῦ ναοῦ καὶ ἀργίας προφητῶν καὶ ἱερέων καὶ |
| Prop. | 18 | 3B | εἶπεν ὅτι δόλῳ πορεύσεται μετὰ κυρίου καὶ μετὰ | * ʼΙσραὴλ * | εἶδε ζεῦγος βοῶν θηλείων καταπατοῦν τὸν λαὸν καὶ |
| Prop. | 20 | 1 | αὐτόν. ʼΑζαρίας ἐκ γῆς Συβαθὰ ὃς ἐπέστρεψεν ἐξ | * ʼΙσραὴλ * | τὴν αἰχμαλωσίαν ʼΙούδα καὶ θανὼν ἐτάφη ἐν ἀγρῷ |
| Prop. | 21 | 3 | φῶς καὶ ὁ λόγος αὐτοῦ ἀπόφασις καὶ κρινεῖ τὸν | * ʼΙσραήλ. * | τὰ δὲ σημεῖα ἃ ἐποίησεν εἰσί ταῦτα ηὔξατο |
| Prop. | 21 | 10 | ἀποσταλέντων ἐπʼ αὐτὸν παρὰ ʼΟχοζίου τοῦ βασιλέως | * ʼΙσραὴλ * | ἐπεκαλέσατο τὸν κύριον καὶ πῦρ ἀπʼ οὐρανοῦ |

Prop. 22 3 εἶπεν ὁ ἱερεὺς διὰ τῶν δήλων ὅτι προφήτης ἐτέχθη * Ἰσραὴλ * ὃς καθελεῖ τὰ γλυπτὰ αὐτῶν καὶ τὰ χωνευτὰ καὶ
Prop. 22 17 καὶ γέγονε λεπρός. βασιλέως Συρίας πολεμοῦντος τὸν * Ἰσραὴλ * ἠσφαλίζετο τὸν βασιλέα Ἰσραὴλ ἀπαγγέλλων αὐτῷ
Prop. 22 17 πολεμοῦντος τὸν Ἰσραὴλ ἠσφαλίζετο τὸν βασιλέα * Ἰσραὴλ * ἀπαγγέλλων αὐτῷ τὰς σκέψεις τοῦ ἐχθροῦ τοῦτο
Prop. 26 1 ἐν ταῖς γενεαλογίαις αὐτῶν ἐπὶ βίβλων ὀνομάτων * Ἰσραὴλ * ἐγράφοντο γὰρ πᾶν τὸ γένος Ἰσραὴλ κατ' ὄνομα
Prop. 26 2 βίβλων ὀνομάτων Ἰσραὴλ ἐγράφοντο γὰρ πᾶν τὸ γένος * Ἰσραὴλ * κατ' ὄνομα ⟨τῶν προφητῶν καὶ ὁσίων ἀνδρῶν καὶ ὁ
FJos. 189 ὁ γὰρ λαλῶν πρὸς ὑμᾶς ἐγὼ Ἰακὼβ καὶ * Ἰσραὴλ * ἄγγελος θεοῦ εἰμι ἐγὼ καὶ πνεῦμα ἀρχικὸν καὶ
FJos. 189 ὁ κληθεὶς ὑπὸ ἀνθρώπων Ἰακὼβ τὸ δὲ ὄνομά μου * Ἰσραὴλ * ὁ κληθεὶς ὑπὸ θεοῦ Ἰσραὴλ ἀνὴρ ὁρῶν θεὸν ὅτι
FJos. 189 Ἰακὼβ τὸ δὲ ὄνομά μου Ἰσραὴλ ὁ κληθεὶς ὑπὸ θεοῦ * Ἰσραὴλ * ἀνὴρ ὁρῶν θεὸν ὅτι ἐγὼ πρωτόγονος παντὸς ζῴου
FJos. 190 ἐν υἱοῖς θεοῦ οὐχὶ σὺ Οὐριὴλ ὄγδοος ἐμοῦ κἀγὼ * Ἰσραὴλ * ἀρχάγγελος δυνάμεως κυρίου καὶ ἀρχιχιλίαρχός
FJos. 190 καὶ ἀρχιχιλίαρχός εἰμι ἐν υἱοῖς θεοῦ; οὐχὶ ἐγὼ * Ἰσραὴλ * ὁ ἐν προσώπῳ θεοῦ λειτουργὸς πρῶτος καὶ
FIsa. 1 2 6 ἐ⟩ν τοῖς βίβλοις τῶν ⟨β⟩ασ⟨ιλέων⟩ Ἰούδα καὶ * Ἰ⟨σραήλ⟩. * ---⟨κ⟩αὶ τὴν πομπή⟨ν αὐ⟩τοῦ ἀνεχώρησεν ἀπ⟨ὸ⟩
FIsa. 1 2 10 ἦσαν πενθοῦντες πένθος μέγα περὶ τῆς πλ⟨ά⟩νης τοῦ * Ἰσραήλ. * καὶ οὗτοι οὐκ ἤσθιον εἰ μὴ βοτάνας τίλλον⟨τε⟩ς
FIsa. 1 2 12 αὐτοῦ ἐν δὲ ταῖς ἡμέραις Ἀχαὰβ βασιλέως τοῦ * Ἰσραὴλ * ἦν διδάσκαλος τῶν τετρακοσίων προφητῶν τοῦ Βαὰλ
FIsa. 1 3 7 ἀπελεύσῃ καὶ αὐτοὶ ψευδοπροφητεύουσιν καὶ τὸν * Ἰσραὴλ * καὶ τὸν Ἰούδαν καὶ τὸν Βενιαμειν αὐτοὶ μισοῦσιν
FIsa. 1 3 7 καὶ ὁ λόγος αὐτῶν κακὸς ἐπὶ τὸν Ἰούδαν καὶ τὸν * Ἰσραήλ. * καὶ αὐτὸς Ἠσαΐας εἶπεν (αὐτοῖς) βλέπω πλέον
FIsa. 1 3 10 Σόδο⟨μ⟩α ἐκάλεσεν κ⟨αὶ τοὺς⟩ ἄρχοντα⟨ς Ἰούδα⟩ καὶ * Ἰσραὴλ * ⟨λαὸν Γο⟩μόρρας πρ⟨οσηγό⟩ρευσεν. ⟨κ⟩α⟨ὶ πολλὰ⟩
FEz. 1 8 3 δάμαλις καὶ ἐροῦσιν οὐ τέτοκεν. μετανοήσατε οἶκος * Ἰσραὴλ * ἀπὸ τῆς ἀνομίας ὑμῶν. εἶπον τοῖς υἱοῖς τοῦ λαοῦ
FEsd. 5 35 ἴδω τὸν μόχθον τοῦ Ἰακὼβ καὶ τὸν κόπον τοῦ γένους * Ἰσραήλ; * εἰ δὲ καὶ οὔτε γυναῖκες ὑπὲρ ἀνδρῶν οὔτε
HDem. 9 21 7 αὐτῷ τὸν ἄγγελον ἀπὸ τοῦδε μηκέτι Ἰακὼβ ἀλλ' * Ἰσραὴλ * ὀνομασθήσεσθαι. καὶ ἐλθεῖν αὐτὸν τῆς Χαναὰν γῆς
HDem. 9 21 9 Ἰωσὴφ ἐτῶν ἓξ μηνῶν τεσσάρων. παροικῆσαι δὲ * Ἰσραὴλ * παρὰ Ἐμμὼρ ἔτη δέκα καὶ φθαρῆναι τὴν Ἰσραὴλ
HDem. 9 21 9 δὲ Ἰσραὴλ παρὰ Ἐμμὼρ ἔτη δέκα καὶ φθαρῆναι τὴν * Ἰσραὴλ * θυγατέρα Δειναν ὑπὸ Συχὲμ τοῦ Ἐμμὼρ υἱοῦ ἐτῶν
HDem. 9 21 9 οὖσαν δεκαὲξ μηνῶν τεσσάρων. ἐξαλλομένους δὲ τοὺς * Ἰσραὴλ * υἱοὺς Συμεῶνα μὲν ὄντα ἐτῶν εἰκοσιενὸς μηνῶν
HDem. 9 21 10 Λουζὰ τῆς Βαιθὴλ φάναι τὸν θεὸν μηκέτι Ἰακὼβ ἀλλ' * Ἰσραὴλ * ὀνομάζεσθαι. ἐκεῖθεν δὲ ἐλθεῖν εἰς Χαφραθὰ ἔνθεν
HArt. 9 23 1 εἶναι γὰρ τοὺς τῶν Ἀράβων βασιλεῖς ἀπογόνους * Ἰσραὴλ * υἱοὺς τοῦ Ἀβραὰμ Ἰσαὰκ δὲ ἀδελφούς. ἐλθόντα δὲ
FrAn. 1 216 24 ὑπὲρ ὧν εἰς αὐτὸν ἥμαρτε. καὶ ἄνθρωπός τις ἐν τῷ * Ἰσραὴλ * πλούσιός τε καὶ ἀνελεήμων ἐλθὼν πρός τινα τῶν
FrAn. 574 3034 αλληλου ϊελωσαϊ ιαηλ. ὁρκίζω σε τὸν ὀπτανθέντα τῷ * Ἰσραὴλ * ἐν στύλῳ φωτινῷ καὶ νεφέλῃ ἡμερινῇ καὶ ῥυσάμενον
FrAn. 574 3055 εἰς τὰ ὀπίσω καὶ ἐρυθρὰ θάλασσα ἣν ὥδευσεν * Εἰσραὴλ * καὶ ἔστη ἀνόδευτος ὅτι ὁρκίζω σε τὸν

Ἰσραηλίτης 2

FJub. 47 3 ἐξέτρυχον. μόνους δέκα μῆνας ῥιφῆναι τὰ βρέφη τῶν * Ἰσραηλιτῶν * ἐν τῷ ποταμῷ ἕως οὗ ἀνελήφθη Μωϋσῆς ὑπὸ τῆς
HDem. 9 29 16 δὲ στελέχη φοινίκων. ἐπιζητεῖν δέ τινα πῶς οἱ * Ἰσραηλῖται * ὅπλα ἔσχον ἄνοπλοι ἐξελθόντες ἔφασαν γὰρ

Ἰσραηλιτικός 1

FJub. 48 14 ἀποπνιγέντων ἰσχυρῶν Αἰγυπτίων ἀνθ' ἑνὸς βρέφους * Ἰσραηλιτικοῦ. *

ἵστημι 126 (cf.+ στήκω)

Adam 29 10 καὶ λάβε λίθον καὶ θὲς ὑπὸ τοὺς πόδας σου καὶ * στῆθι * ἐνδεδυμένη ἐν τῷ ὕδατι ἕως τοῦ τραχήλου. καὶ μὴ
Adam 29 11 φωνῇ μεγάλῃ λέγων σοὶ λέγω τῷ ὕδατι τοῦ Ἰορδάνου * στῆθι * καὶ εὔχου ὁμοῦ καὶ πάντα τὰ θηρία καὶ πάντα τὰ
Adam 29 12 Τίγριν ποταμὸν πρός με. καὶ λαβὼν σχῆμα ἀγγέλου * ἔστη * ἐνώπιόν μου κλαίων καὶ τὰ δάκρυα αὐτοῦ ἔρρεεν ἐπὶ
Adam 33 3 ἅρμα. ὅτε δὲ ἦλθεν ὅπου ἔκειτο ὁ πατὴρ ὑμῶν Ἀδὰμ * ἔστη * τὸ ἅρμα καὶ τὰ Σεραφὶμ ἀνὰ μέσον τοῦ πατρὸς καὶ τοῦ
Hen. 10B 3 δι' αἰῶνος καὶ ἐξ αὐτοῦ φυτευθήσεται φύτευμα καὶ * σταθήσεται * πάσας τὰς γενεὰς τοῦ αἰῶνος. καὶ τῷ Ῥαφαὴλ
Hen. 12 3 ἐγρηγόρων καὶ μετὰ τῶν ἁγίων αἱ ἡμέραι αὐτοῦ. καὶ * ἑστὼς * ἤμην Ἐνὼχ εὐλογῶν τῷ κυρίῳ τῆς μεγαλωσύνης τῷ
Hen. 14 22 καὶ οὐδεὶς ἐγγίζει αὐτῷ. κύκλῳ μυρίαι μυριάδες * ἑστήκασιν * ἐνώπιον αὐτοῦ καὶ πᾶς λόγος αὐτοῦ ἔργον. καὶ
Hen. 14 25 καὶ προσελθών μοι εἷς τῶν ἁγίων ἤγειρέν με καὶ * ἔστησέν * με καὶ προσήγαγέν με μέχρι τῆς θύρας ἐγὼ δὲ τὸ
Hen. 18 3 βαστάζοντας καὶ τὸ στερέωμα τοῦ οὐρανοῦ καὶ αὐτοὶ * ἱστᾶσιν * μεταξὺ γῆς καὶ οὐρανοῦ. ἴδον ἀνέμους τῶν οὐρανῶν
Hen. 19 1 Οὐριὴλ ἐνθάδε οἱ μιγέντες ἄγγελοι ταῖς γυναιξὶν * στήσονται * καὶ τὰ πνεύματα αὐτῶν πολύμορφα γενόμενα
Hen. 89 45 ἀπέστειλεν τὸν ἄρνα τοῦτον ἐπὶ ἄρνα ἕτερον τοῦ * στῆσαι * αὐτὸν εἰς κριὸν ἐν ἀρχῇ τῶν προβάτων ἀντὶ τοῦ
Abr.1 3 2 πρὸς τὸν οἶκον αὐτοῦ. κατὰ δὲ τῆς ὁδοῦ ἐκείνης * ἵστατο * δένδρον κυπάρισσος κατὰ πρόσταξιν θεοῦ τὸ δένδρον
Abr.1 4 5 καὶ ἀνῆλθεν εἰς τοὺς οὐρανοὺς ἐν ῥιπῇ ὀφθαλμοῦ καὶ * ἔστη * ἐνώπιον τοῦ θεοῦ καὶ εἶπεν πρὸς τὸν δεσπότην. κύριε
Abr.1 8 1 ἀφανὴς ἐγένετο καὶ ἀνῆλθεν εἰς τοὺς οὐρανοὺς καὶ * ἔστη * ἐνώπιον τοῦ θεοῦ καὶ ἀνήγγειλεν πάντα ἅπερ εἶδεν ἐν
Abr.1 9 7 ἄλυπός εἰμι. ἀπῆλθεν πάλιν ὁ ἀρχιστράτηγος καὶ * ἔστη * ἐνώπιον τοῦ ἀοράτου πατρὸς καὶ ἀνήγγειλεν αὐτῷ
Abr.1 10 12 οὕτως λέγων κέλευσον Μιχαὴλ ἀρχιστράτηγε * στῆναι * τὸ ἅρμα καὶ ἀπόστρεψον τὸν Ἀβραὰμ ἵνα μὴ ἴδῃ
Abr.1 12 4 ἐκείνης τῆς πλατείας καὶ ἐν μέσῳ τῶν δύο πυλῶν * ἵσταται * θρόνος φοβερὸς ἐν εἴδει κρυστάλλου ἐξαστράπτων
Abr.1 12 6 ἡλιόρατος ὅμοιος υἱῷ θεοῦ ἔμπροσθεν δὲ αὐτοῦ * ἵστατο * τράπεζα κρυσταλλοειδὴς ὅλως διὰ χρυσοῦ ἐπάνω δὲ
Abr.1 12 8 πήχεων ἓξ⟩ ἐκ δεξιῶν δὲ αὐτοῦ καὶ ἐξ ἀριστερῶν * ἵσταντο * δύο ἄγγελοι κρατοῦντες χάρτην καὶ μέλαν καὶ
Abr.1 12 18 ἐξέδωκεν αὐτὴν οὔτε τοῖς σωζομένοις ἀλλ' * ἔστησεν * αὐτὴν εἰς τὸ μέσον. καὶ εἶπεν Ἀβραὰμ κύριέ μου
Abr.1 13 8 οὐκ ἀσφαλίζεται λόγος ἀλλ' ἐπὶ τριῶν μαρτύρων * σταθήσεται * πᾶν ῥῆμα οἱ δὲ δύο ἄγγελοι οἱ ⟨ἐκ δεξιῶν καὶ⟩
Abr.1 14 6 ἀναστάντες ἐκ τῆς προσευχῆς οὐκ εἶδον τὴν ψυχήν⟩ * ἱσταμένην * ἐκεῖσε. καὶ εἶπεν Ἀβραὰμ ⟨πρὸς τὸν ἄγγελον⟩
Abr.1 15 11 τοῦ Ἀβραὰμ καὶ ἀνῆλθεν εἰς τοὺς οὐρανοὺς καὶ * ἔστη * ἐνώπιον τοῦ θεοῦ τοῦ ὑψίστου καὶ εἶπεν κύριε
Abr.1 16 3 πολὺ συνεχόμενος ⟨καὶ ἐλθὼν μετὰ φόβου πολλοῦ * ἔστη * ἔμπροσθεν τοῦ ἀοράτου θεοῦ φρίττων καὶ στένων καὶ
Abr.1 17 1 ἐπὶ τῆς κλίνης αὐτοῦ ἦλθεν οὖν καὶ ὁ θάνατος καὶ * ἔστη * παρὰ τοὺς πόδας αὐτοῦ. εἶπεν οὖν Ἀβραὰμ ἄπελθε
Abr.1 19 1 ἐν τῇ κλίνῃ αὐτοῦ ἀνέπεσεν ἐλθὼν καὶ ὁ θάνατος * ἔστη * ἔμπροσθεν αὐτοῦ. εἶπεν δὲ Ἀβραὰμ πρὸς αὐτὸν ἔξελθε
Abr.1 20 12 τὸν τρισάγιον ὕμνον τῷ δεσπότῃ τῶν ὅλων θεῷ καὶ * ἔστησαν * αὐτὸν εἰς προσκύνησιν τοῦ θεοῦ καὶ πατρὸς καὶ δὴ
Abr.2 9 5 διὰ τῆς πύλης τῆς αἰρούσης εἰς τὴν ἀπώλειαν. καὶ * ἑστῶτος * τοῦ Ἀβραὰμ καὶ θαυμάζοντος ἐν τῇ ὥρᾳ ἐκείνῃ καὶ
TLevi 2 10 ἀσυγκρίτους ὅτε ἀνέλθῃς ἐκεῖ ὅτι σὺ ἐγγὺς κυρίου * στήσῃ * καὶ λειτουργὸς αὐτοῦ ἔσῃ καὶ μυστήρια αὐτοῦ
TLevi 11 5 ἡλίου. εἶδον δὲ ἐν ὁράματι ὅτι μέσος ἐν ὑψηλοῖς * ἵστατο * πάσης τῆς συναγωγῆς διὰ τοῦτο ἐκάλεσα τὸ ὄνομα
TLevi 18 10 καίγε αὐτὸς ἀνοίξει τὰς θύρας τοῦ παραδείσου καὶ * στήσει * τὴν ἀπειλοῦσαν ῥομφαίαν κατὰ τοῦ Ἀδὰμ καὶ δώσει
TJud. 17 6 μὲ ὁμοίως οὕτως. καὶ ἐγὼ οἶδα ὅτι ἐξ ἐμοῦ * στήσεται * τὸ βασίλειον. ὅτι καίγε ἀνέγνων ἐν βίβλοις
TZab. 2 5 τοῦ σώματός μου ἐξέστησαν καὶ οὐκ ἠδυνάμην τοῦ * στῆναι. * καὶ ἰδὼν με συγκλαίοντα αὐτῷ κἀκεῖνους
TDan 5 4 ἄγγελος γὰρ κυρίου ὁδηγεῖ ἑκατέρους ὅτι ἐν αὐτοῖς * στήσεται * Ἰσραήλ. καὶ ὡς ἂν ἀπόστητε ἀπὸ κυρίου ἐν πάσῃ
TDan 6 2 Ἰσραὴλ καὶ κατέναντι τῆς βασιλείας τοῦ ἐχθροῦ * στήσεται * διὰ τοῦτο σπουδάζει ὁ ἐχθρὸς ὑποσκελίζειν
TNep. 5 1 κατὰ ἀνατολὰς Ἱερουσαλὴμ ὅτι ὁ ἥλιος καὶ ἡ σελήνη * ἔστηκαν. * καὶ ἰδοὺ Ἰσαὰκ ὁ πατὴρ τοῦ πατρός μου λέγει
TNep. 6 1 πάλιν μετὰ μῆνας ἑπτὰ εἶδον τὸν πατέρα ἡμῶν Ἰακὼβ * ἑστηκότα * ἐν τῇ θαλάσσῃ Ἰαμνείας καὶ ἡμεῖς οἱ υἱοὶ αὐτοῦ
Asen. 2 8 τὸ ἄμφοδον τῶν παραπορευομένων. καὶ ἦν κλίνη χρυσῆ * ἑστῶσα * ἐν τῷ θαλάμῳ ἀποβλέπουσα ⟨πρὸς τὴν θυρίδα⟩ κατὰ
Asen. 5 1 καὶ λέγει ἰδοὺ Ἰωσὴφ πρὸ τῶν θυρῶν τῆς αὐλῆς ἡμῶν * ἔστηκε. * καὶ ἔφυγεν Ἀσενὲθ ἀπὸ προσώπου τοῦ πατρὸς καὶ
Asen. 5 2 τὸ ὑπερῷον καὶ εἰσῆλθεν εἰς τὸν θάλαμον αὐτῆς καὶ * ἔστη * ἐπὶ τὴν θυρίδα τὴν μεγάλην τὴν βλέπουσαν κατὰ
Asen. 5 4 αἱ βλέπουσαι κατὰ ἀνατολὰς καὶ εἰσῆλθεν Ἰωσὴφ * ἑστὼς * ἐπὶ τῷ ἅρματι τῷ δευτέρῳ τοῦ Φαραὼ καὶ ἦσαν
Asen. 7 2 τῇ συγγενείᾳ αὐτοῦ λέγων τίς ἐστιν ἡ γυνὴ ἐκείνη ἡ * ἑστῶσα * ἐν τῷ ὑπερῴῳ πρὸς τὴν θυρίδα; ἀπελθέτω δὴ ἐκ τῆς
Asen. 7 7 καὶ εἶπεν αὐτῷ Πεντεφρῆς κύριε ἐκείνη ἣν ἑώρακας * ἑστῶσαν * ἐν τῷ ὑπερῴῳ οὐκ ἔστι γυνὴ ἀλλοτρία ἀλλ' ἔστι
Asen. 8 1 τῆς Ἀσενὲθ εἰς τὸ ὑπερῷον καὶ ἤγαγε αὐτὴν καὶ * ἔστησεν * αὐτὴν ἐνώπιον τοῦ Ἰωσήφ. καὶ εἶπε Πεντεφρῆς τῇ
Asen. 8 5 τῶν δύο μασθῶν αὐτῆς καὶ ἦσαν οἱ μασθοὶ αὐτῆς ἤδη * ἑστῶτες * ὥσπερ μῆλα ὡραῖα. καὶ εἶπεν Ἰωσὴφ οὐκ ἔστι
Asen. 14 3 καὶ ἦλθε πρὸς αὐτὴν ἄνθρωπος ἐκ τοῦ οὐρανοῦ καὶ * ἔστη * ὑπὲρ κεφαλῆς Ἀσενέθ. καὶ ἐκάλεσεν αὐτὴν καὶ εἶπεν
Asen. 14 8 πάσης στρατιᾶς τοῦ ὑψίστου. ἀνάστηθι καὶ * στῆθι * ἐπὶ τοὺς πόδας σου καὶ λαλήσω πρὸς σὲ τὰ ῥήματά
Asen. 14 11 θάρσει Ἀσενὲθ καὶ μὴ φοβηθῇς ἀλλ' ἀνάστηθι καὶ * στῆθι * ἐπὶ τοὺς πόδας σου καὶ λαλήσω πρὸς σὲ τὰ ῥήματά
Asen. 14 12 πρὸς σὲ τὰ ῥήματά μου. καὶ ἀνέστη Ἀσενὲθ καὶ * ἔστη * ἐπὶ τοὺς πόδας αὐτῆς. καὶ εἶπεν αὐτῇ ὁ ἄνθρωπος
Asen. 15 1 τὸν ἄνθρωπον εἰς τὸν θάλαμον αὐτῆς τὸν πρῶτον καὶ * ἔστη * ἐνώπιον αὐτοῦ. καὶ εἶπεν αὐτῇ ὁ ἄνθρωπος ἀπόστειλον
Asen. 16 2 ὁ ἄνθρωπος φέρε δή μοι καὶ κηρίον μελίσσης. καὶ * ἔστη * Ἀσενὲθ καὶ ἐλυπήθη διότι οὐκ εἶχε κηρίον μελίσσης
Asen. 16 3 αὐτῆς. καὶ εἶπεν αὐτῇ ὁ ἄνθρωπος τίνος χάριν * ἵστασαι; * καὶ εἶπεν Ἀσενὲθ πέμψω δὴ παιδάριον εἰς τὸ
Asen. 16 17B τοῦ δακτύλου αὐτοῦ ἐγένετο ὡς αἷμα⟩. καὶ Ἀσενὲθ * εἱστήκει * ἐξ εὐωνύμων αὐτοῦ καὶ ἔβλεπε πάντα ὅσα ἐποίει ὁ
Asen. 17 6 αὐτάς. καὶ ἐκάλεσεν Ἀσενὲθ τὰς ἑπτὰ παρθένους καὶ * ἔστησεν * αὐτὰς ἐνώπιον τοῦ ἀνθρώπου. καὶ εὐλόγησεν αὐτὰς
Asen. 17 8 φλὸξ πυρὸς καὶ οἱ ἵπποι ὡς ἀστραπή. καὶ ὁ ἄνθρωπος * εἱστήκει * ἐπάνω τοῦ ἅρματος ἐκείνου. καὶ εἶπεν Ἀσενὲθ
Asen. 18 1 γὰρ πρόδρομος αὐτοῦ πρὸς τὰς πύλας τῆς αὐλῆς ἡμῶν * ἔστηκεν. * καὶ ἔσπευσεν Ἀσενὲθ καὶ ἐκάλεσε τὸν τροφέα
Asen. 18 11 ὡς προσέταξας. καὶ ὡς εἶδεν αὐτὴν ἐπτοήθη καὶ * ἔστη * ἄφωνος ἐπὶ πολὺ καὶ ἐφοβήθη φόβον μέγαν καὶ ἔπεσεν
Asen. 19 1 Ἀσενὲθ ἰδοὺ Ἰωσὴφ πρὸς τὰς θύρας τῆς αὐλῆς ἡμῶν * ἵσταται. * καὶ ἔσπευσεν Ἀσενὲθ καὶ κατέβη τὴν κλίμακα ἐκ
Asen. 19 2 ταῖς ἑπτὰ παρθένοις εἰς συνάντησιν τῷ Ἰωσὴφ καὶ * ἔστη * ἐν τῷ +προδρόμῳ+ τῆς οἰκίας. καὶ εἰσῆλθεν Ἰωσὴφ
Asen. 19 9 νῦν δεῦρο πρός με ἡ παρθένος ἁγνὴ καὶ ἵνα τί σὺ * ἕστηκας * ἀπὸ μακρόθεν μου; καὶ ἐξέτεινε τὰς χεῖρας αὐτοῦ
Asen. 21 4 τὸν Πεντεφρῆ ⟨καὶ ἦλθε⟩ καὶ ἤγαγε τὴν Ἀσενὲθ καὶ * ἔστησεν * αὐτὴν ἐνώπιον Φαραώ. καὶ εἶδεν αὐτὴν Φαραὼ καὶ
Asen. 21 5 ἦσαν ἐν τῷ οἴκῳ αὐτοῦ ἐξ ἀρχῆς καὶ ἄνωθεν καὶ * ἔστησε * Φαραὼ τὴν Ἀσενὲθ ἐκ δεξιῶν τοῦ Ἰωσὴφ καὶ
Asen. 23 2 καὶ Λευί. καὶ ἦλθον πρὸς αὐτὸν οἱ ἄνδρες καὶ * ἔστησαν * ἐνώπιον αὐτοῦ. καὶ εἶπεν αὐτοῖς ὁ υἱὸς Φαραὼ ὁ
Asen. 24 3 καὶ ἦλθον πρὸς αὐτὸν ὥρᾳ πρώτῃ τῆς νυκτὸς καὶ * ἔστησαν * ἐνώπιον αὐτοῦ. καὶ εἶπεν αὐτοῖς ὁ υἱὸς Φαραὼ
Sal. 2 11 ἡ γῆ τὰ κρίματά σου πάντα τὰ δίκαια ὁ θεός. * ἔστησαν * τοὺς υἱοὺς Ιερουσαλημ εἰς ἐμπαιγμὸν ἀντὶ πορνῶν
Sal. 8 18 ὡς πατὴρ εἰς οἶκον υἱῶν αὐτοῦ μετ' εἰρήνης * ἔστησαν * τοὺς πόδας αὐτοῦ μετὰ ἀσφαλείας πολλῆς.
Sal. 11 2 ὅτι ἠλέησεν ὁ θεὸς Ισραηλ ἐν τῇ ἐπισκοπῇ αὐτῶν. * στῆθι * Ιερουσαλημ ἐφ' ὑψηλοῦ καὶ ἰδὲ τὰ τέκνα σου ἀπὸ
Jer. 3 2 κατέχοντες λαμπάδας ἐν ταῖς χερσὶν αὐτῶν καὶ * ἔστησαν * ἐπὶ τὰ τείχη τῆς πόλεως. ἰδόντες δὲ αὐτοὺς
Jer. 6 18 ἐπὶ τῶν δακρύων ἡμῶν καὶ ἐμνήσθη τῆς διαθήκης ἧς * ἔστησε * μετὰ τῶν πατέρων ἡμῶν Ἀβραὰμ Ἰσαὰκ καὶ Ἰακώβ.
Jer. 8 5 οὖν τὸν Ἰορδάνην καὶ ἦλθον εἰς Ἰερουσαλήμ. καὶ * ἔστη * Ἱερεμίας καὶ Βαρούχ καὶ Ἀβιμέλεχ λέγοντες ὅτι πᾶς

| | | | | | |
|---|---|---|---|---|---|
| Jer. | 9 | 7 | ταῦτα γενέσθαι. ταῦτα λέγοντος τοῦ Ἱερεμίου καὶ | * ἱσταμένου * | ἐν τῷ θυσιαστηρίῳ μετὰ Βαροὺχ καὶ Ἀβιμέλεχ |
| Jer. | 9 | 25 | ὑμῖν. εἶπε δὲ αὐτοῖς ἐνέγκατέ μοι λίθον ὧδε καὶ | * ἔστησεν * | αὐτὸν καὶ εἶπεν τὸ φῶς τῶν αἰώνων ποίησον τὸν |
| Jer. | 9 | 29 | ἃ εἶδε τῷ Βαροὺχ καὶ τῷ Ἀβιμέλεχ καὶ εἶθ' οὕτως | * ἔστη * | ἐν μέσῳ τοῦ λαοῦ ἐκτελέσαι βουλόμενος τὴν |
| Jer. | 9 | 30 | ὅτι ἐγὼ Ἱερεμίας; ἰδοὺ Ἱερεμίας ἐν μέσῳ ὑμῶν | * ἵσταται. * | ὡς δὲ εἶδον αὐτὸν εὐθέως ἔδραμον πρὸς αὐτὸν |
| Bar. | 6 | 13 | βροντὴ ὡς ἦχος βροντῆς καὶ ἐσαλεύθη ὁ τόπος ἐν ᾧ | * ἱστάμεθα. * | καὶ ἠρώτησα τὸν ἄγγελον κύριέ μου τί ἐστιν ἡ |
| Bar. | 8 | 2 | τὸν στέφανον ἀπὸ τῆς κορυφῆς αὐτοῦ. τὸ δὲ ὄρνεον | * ἔστη * | τεταπεινωμένον καὶ συστέλλον τὰς πτέρυγας αὐτοῦ. |
| Bar. | 11 | 8 | διερχομένοις. καὶ οὕτως ἀλλήλους κατασπασάμενοι | * ἔστησαν. * | καὶ ἴδον τὸν ἀρχιστράτηγον Μιχαὴλ κρατοῦντα |
| Prop. | 3 | 10 | καὶ ἐπῆλθον αὐτοῖς εἰς ἀναίρεσιν. καὶ ἐποίησε | * στῆναι * | τὸ ὕδωρ ἵνα ἐκφύγωσιν εἰς τὸ πέραν γενόμενοι. καὶ |
| Sedr. | 2 | 4 | ἔλαβεν αὐτὸν καὶ ἀνῆλθεν εἰς τοὺς οὐρανοὺς καὶ | * ἔστησεν * | αὐτὸν ἕως τρίτου οὐρανοῦ καὶ ἔστη ἐν αὐτῷ ἡ φλὸξ |
| Sedr. | 2 | 4 | οὐρανοὺς καὶ ἔστησεν αὐτὸν ἕως τρίτου οὐρανοῦ καὶ | * ἔστη * | ἐν αὐτῷ ἡ φλὸξ τῆς θεότητος. καὶ λέγει αὐτὸν ὁ |
| Sedr. | 14 | 11 | μου οὐ προσεύχουσιν τὸν ἄγγελόν μου καὶ οὐχ | * ἵστανται * | ἐν ταῖς ἁγίαις μου ἐκκλησίαις ἀλλ' ἵστανται καὶ |
| Sedr. | 14 | 12 | οὐχ ἵστανται ἐν ταῖς ἁγίαις μου ἐκκλησίαις ἀλλ' | * ἵστανται * | καὶ οὐ προσκυνοῦσιν ἐν φόβῳ καὶ ἐν τρόμῳ ἀλλὰ |
| Job | 10 | 5 | βοῶν, καὶ ἐξελεξάμην ἐξ αὐτῶν ζεύγη πεντακόσια καὶ | * ἔστησα * | εἰς τὸν ἀροτριασμὸν ὃν δύνανται ποιεῖν ἐν παντὶ |
| Job | 27 | 2 | με. τότε ἐξόπισθεν τῆς γυναικός μου ἐξῆλθεν καὶ | * σταθεὶς * | ἔκλαυσεν λέγων ἴδε, Ιωβ, διαφωνῶ καὶ ὑποχωρῶ σοι |
| Job | 40 | 1 | ἐγὼ δὲ ὑπολαβὼν εἶπον αὐτοῖς ἐγείρατέ με ἵνα | * σταθῶ. * | οἱ δὲ ἤγειράν με ἑκατέρωθεν τοὺς βραχίονάς μου |
| Job | 40 | 2 | τοὺς βραχίονάς μου ὑποστηρίζοντες καὶ τότε | * σταθεὶς * | ἐξωμολογησάμην πρὸς τὸν πατέρα. καὶ μετὰ τὴν |
| Aris. | 78 | 6 | θέσιν ἤθελεν ἀπέλαμπε τὰ πάντα κυκλόθεν ὡς ἄν τις | * ἑστήκῃ * | καὶ διάχυσιν ἐποίει μείζονα τοῖς θεωμένοις ὥστε |
| Aris. | 184 | 8 | παρεκάλεσε ποιήσασθαι κατευχὴν ὃς ἀξιολόγως | * στὰς * | εἶπε πληρώσαι σε βασιλεῦ πάντων τῶν ἀγαθῶν ὧν |
| Aris. | 310 | 1 | τὸν πάντα νόμον. καθὼς δὲ ἀνεγνώσθη τὰ τεύχη | * στάντες * | οἱ ἱερεῖς καὶ τῶν ἑρμηνέων οἱ πρεσβύτεροι καὶ |
| Sib. | 3 | 64 | ἐκ δὲ Σεβαστηνῶν ἥξει Βελίαρ μετόπισθεν καὶ | * στήσει * | ὀρέων ὕψος στήσει δὲ θάλασσαν ἠέλιον πυρόεντα |
| Sib. | 3 | 64 | ἥξει Βελίαρ μετόπισθεν καὶ στήσει ὀρέων ὕψος | * στήσει * | δὲ θάλασσαν ἠέλιον πυρόεντα μέγαν λαμπράν τε |
| Sib. | 3 | 66 | πυρόεντα μέγαν λαμπράν τε σελήνην καὶ νέκυας | * στήσει * | καὶ σήματα πολλὰ ποιήσει ἀνθρώποις ἀλλ' οὐχὶ |
| Sib. | 3 | 163 | καὶ τότε μοι μεγάλοιο θεοῦ φάτις ἐν στήθεσσιν | * ἵστατο * | καί μ' ἐκέλευσε προφητεῦσαι κατὰ πᾶσαν γαῖαν καὶ |
| Sib. | 3 | 185 | ἀσεβείας ἔσσετ' ἀνάγκη ἄρσην δ' ἄρσενι πλησιάσει | * στήσουσί * | τε παῖδας αἰσχροῖς ἐν τεγέεσσι καὶ ἔσσεται |
| Sib. | 3 | 298 | καὶ πάλι μοι μεγάλοιο θεοῦ φάτις ἐν στήθεσσιν | * ἵστατο * | καί μ' ἐκέλευσε προφητεῦσαι κατὰ πᾶσαν γαῖαν καὶ |
| Sib. | 3 | 491 | καὶ πάλι μοι μεγάλοιο θεοῦ φάτις ἐν στήθεσσιν | * ἵστατο * | καί μ' ἐκέλευσε προφητεῦσαι κατὰ γαῖαν. αἰαῖ |
| Sib. | 3 | 499 | καὶ δεινοὺς διέθεντο λόγους ψευδεῖς τ' ἀδίκους τε | * κἄστησαν * | κατέναντι θεοῦ μεγάλου βασιλῆος κἤνοιξαν ψευδῶς |
| Sib. | 4 | 63 | καὶ τότε δὴ Μήδοις Πέρσαισί τε φύλοπις αἰνὴ | * στήσεται * | ἐν πολέμῳ Περσῶν δ' ὑπὸ δούρασι Μῆδοι πίπτοντες |
| Sib. | 4 | 94 | καὶ Βαβυλὼν μεγάλη μὲν ἰδεῖν μικρὴ δὲ μάχεσθαι | * στήσεται * | ἀχρήστοισιν ἐπ' ἐλπίσι τειχισθεῖσα. Βάκτρα |
| Sib. | 4 | 108 | Λαοδίκεια σέ δὲ στρώσει ποτέ σεισμὸς πρηνίξας | * στήσῃ * | δὲ πάλιν πόλις ἱδρυνθεῖσα. ὦ Λυκίης Μύρα καλά σέ |
| Sib. | 4 | 182 | καὶ σποδιὴν αὐτὸς θεὸς ἔμπαλιν ἀνδρῶν μορφώσει | * στήσει * | δὲ βροτοὺς πάλιν ὡς πάρος ἦσαν. καὶ τότε δὴ |
| Sib. | 5 | 223 | πρῶτα μὲν ἐκ τρισσῶν κεφαλῶν σὺν πληγάδι ῥίζας | * +στησάμενος+ * | μεγάλως ἑτέροις δώσειε πάσασθαι ὥστε φαγεῖν |
| Sib. | 5 | 258 | ξύλου πολυκάρπου Ἑβραίων ὁ ἄριστος ὃς ἠέλιόν ποτε | * στήσει * | φωνήσας ῥήσει τε καλῇ καὶ χείλεσιν ἁγνοῖς. μηκέτι |
| Sib. | 5 | 388 | παίδων κοίτην ἐπορίζετ' ἀνάγνως καὶ τέγεσιν πόρνας | * ἐστήσατε * | τὰς πάλαι ἁγνὰς ὕβρεσι καὶ κολάσει κἀσχημοσύνῃ |
| Sib. | 5 | 493 | τις ἐρεῖ λινόστολος ἀνὴρ δεῦτε θεοῦ τέμενος καλὸν | * στήσωμεν * | ἀληθοῦς δεῦτε τὸν ἐκ προγόνων δεινὸν νόμον |
| FIsa. 1 | 3 | 17 | ξυλίνῳ πρισθῆναι αὐτόν. καὶ πριζομένου αὐτοῦ | * ἔστη * | Μελχίας κατὰ πρόσωπον αὐτοῦ λέγων. καὶ εἶπεν |
| FMan. 2 | 22 | 13 | τὸν θυμόν σου καὶ τὸ πονηρὸν ἐνώπιόν σου ἐποίησα | * στήσας * | βδελύγματα καὶ πληθύνας προσοχθίσματα. καὶ νῦν |
| FBar. | 13 | 1 | ημε>ρας ζ' και εγενετο με<τα ταυτα οτι εγω> Βαρουχ | * ἵστηκειν * | επι το <ορος Σιων και ιδου φων>η εξηλθεν εξ |
| FEz. | 187 | 7 | επι κν τον θν< >αι τα συντετριμ'με<να >οι ὑμας και | * στησε<ται * | >μετα παντος του< ε>ρημωμενην ὑπο< >ησθησεται |
| FAch. | 114 | | ἡμέρᾳ ἐνδυσάμενος Νεκτεναβὼ πορφύραν ἐμφανὴ | * ἔστη * | σὺν τοῖς περὶ αὐτὸν ἔχων ἄνθεα πολλὰ καὶ ἐκέλευσε |
| FAch. | 116 | | καὶ μέτρα ἔδωκεν εἰς τὴν οἰκοδομήν. ὁ δὲ Αἴσωπος | * στήσας * | κατὰ γωνίας τοῦ δοθέντος μέτρου τοὺς ἀετοὺς |
| FPho. | | 75 | ἔχουσιν εἰ γὰρ ἔρις μακάρεσσιν ἔην οὐκ ἂν πόλος | * ἔστη. * | σωφροσύνην ἀσκεῖν αἰσχρῶν δ' ἔργων ἀπέχεσθαι. μὴ |
| IOrp. | | 25 | δ' ἰδέειν Δία τὸν πάντων μεδέοντα. λοιπὸν ἐμοὶ | * 'στᾶσιν * | δὲ δεκάπτυχον ἀνθρώποισιν. οὐ γὰρ κέν τις ἴδοι |
| IPyt. | 134 | | εἰμι πάρεξ ἑνὸς οὗτος ὀφείλει κόσμον ἴσον τούτῳ | * στήσας * | εἰπεῖν ἐμὸς οὗτος κοὐχὶ μόνον στήσας εἰπεῖν ἐμὸς |
| IPyt. | 134 | | ἴσον τούτῳ στήσας εἰπεῖν ἐμὸς οὗτος κοὐχὶ μόνον | * στήσας * | εἰπεῖν ἐμὸς ἀλλὰ κατοικεῖν αὐτὸς ἐν ᾧ πεποίηκε |
| HEup. 9 | 30 | 5 | τοῦ θυσιαστηρίου. ἔνθα δὴ ἄγγελον αὐτῷ ὀφθῆναι | * ἑστῶτα * | ἐπάνω τοῦ τόπου οὗ τὸν βωμὸν ἱδρῦσθαι ἐν |
| HEup. 9 | 34 | 7 | τὸ δὲ πλάτος κύκλῳ ἕκαστον κίονα πηχῶν δέκα | * στῆσαι * | δὲ αὐτοὺς τοῦ οἴκου ὃν μὲν ἐκ δεξιῶν ὃν δὲ ἐξ |
| HEup. 9 | 34 | 8 | τὴν ὑπὸ Μωυσέως ἐν τῇ σκηνῇ τοῦ μαρτυρίου τεθεῖσαν | * στῆσαι * | δ' ἐξ ἑκατέρου μέρους τοῦ σηκοῦ τὰς μὲν ἐκ δεξιῶν |
| HEup. 9 | 34 | 9 | χωνευτὰς δώδεκα καὶ τῷ ὕψει ἀνδρομήκεις καὶ | * στῆσαι * | ἐξ ὑστέρου μέρους ὑπὸ τὸν λουτῆρα ἐκ δεξιῶν τοῦ |
| HEup. 9 | 34 | 11 | δὲ καὶ δακτυλίους δύο χαλκοῦς ἁλυσιδωτοὺς καὶ | * στῆσαι * | αὐτοὺς ἐπὶ μηχανημάτων ὑπερεχόντων τῷ ὕψει τὸν |
| HCal. | 28 | 12 | γεγονυίας ἄνεισιν Ἀλέξανδρος ἐν τῷ πύργῳ καὶ | * στὰς * | πάντας ἐξουθένησεν τοὺς θεοὺς τῆς γῆς <καὶ μόνον |
| HCal. | 28 | 15 | καὶ τρισαγίῳ φωνῇ δοξαζόμενον. ἐν τούτοις | * στὰς * | Ἀλέξανδρος ηὔξατο καὶ ὦ θεὲ θεῶν εἶπε καὶ |
| LEze. 9 | 29 | 5 06 | εὐωνύμῳ μάλιστα. δεξιᾷ δέ μοι ἔνευσε κἀγὼ πρόσθεν | * ἐστάθην * | θρόνου. σκῆπτρον δέ μοι παρέδωκε καὶ εἰς θρόνον |
| LEze. 9 | 29 | 14 30 | ἰδέσθαι. καί τις ἐξαίφνης μέγας στῦλος νεφώδης | * ἐστάθη * | πρὸ γῆς μέγας παρεμβολῆς ἡμῶν τε καὶ Ἑβραίων |
| FrAn. | 574 | 3018 | τὸν πάσχοντα παντὸς δαίμονος φρικτὸν ὃ φοβεῖται. | * στήσας * | ἄντικρυς ὅρκιζε. ἔστιν δὲ ὁ ὁρκισμὸς οὗτος ὁρκίζω |
| FrAn. | 574 | 3055 | τὰ ὀπίσω καὶ ἐρυθρὰ θάλασσα ἣν ὥδευσεν Εἰσραὴλ καὶ | * ἔστη * | ἀνόδευτος ὅτι ὁρκίζω σε τὸν καταδείξαντα τὰς ἑκατὸν |
| ἱστίον | | 1 | | | |
| FrAn. | 15 | | μετ' αὐτοῦ. λευκανεῖ τὴν θάλασσαν ἀπὸ τῶν | * ἱστίων * | τῶν πλοίων αὐτοῦ καὶ μελανεῖ τὸ πεδίον ἀπὸ τῶν |
| ἱστορέω | | 2 | | | |
| FAch. | 104 | | ἀνεῖλεν αὐτὸν ἦν γὰρ φίλος αὐτοῦ γνήσιος. μηδενὸς | * ἱστοροῦντος * | ἐτήρει αὐτὸν ἐν τῇ φυλακῇ ἀνήγγειλεν δὲ τῷ |
| HAno. 9 | 17 | 2 | εἶναι δὲ αὐτοὺς γίγαντας οἰκοδομεῖν δὲ τὸν | * ἱστορούμενον * | πύργον. πεσόντος δὲ τούτου ὑπὸ τῆς τοῦ θεοῦ |
| ἱστορία | | 1 | | | |
| Aris. | 2 | 3 | ἀεί τι καὶ προσλαμβάνειν ἤτοι κατὰ τὰς | * ἱστορίας * | ἢ καὶ κατ' αὐτὸ τὸ πρᾶγμα πεπειραμένῳ. οὕτω γὰρ |
| ἱστορικός | | 2 | | | |
| Aris. | 31 | 4 | γεγόνασιν οἵ τε συγγραφεῖς καὶ ποιηταὶ καὶ τὸ τῶν | * ἱστορικῶν * | πλῆθος τῆς ἐπιμνήσεως τῶν προειρημένων βιβλίων |
| Aris. | 312 | 6 | τηλικούτων συντετελεσμένων οὐδεὶς ἐπεβάλετο τῶν | * ἱστορικῶν * | ἢ ποιητῶν ἐπιμνησθῆναι; ἐκεῖνος δὲ ἔφη διὰ τὸ |
| ἱστός | | 2 | | | |
| Aris. | 320 | 5 | καὶ στέφανον διαπρεπῆ καὶ βυσσίνων ὀθονίων | * ἱστοὺς * | ἑκατὸν καὶ φιάλας καὶ τρύβλια καὶ κρατῆρας |
| Sib. | 3 | 543 | καὶ ἀνηροσίην καὶ πῦρ ἐπὶ γαίης κατθήσει +πολὺν | * ἱστὸν+ * | ὃς οὐρανὸν ἔκτισε καὶ γῆν πάντων δ' ἀνθρώπων τὸ |
| ἰσχνόφωνος | | 1 | | | |
| LEze. 9 | 29 | 9 02 | οὐκ εὔλογος πέφυκα γλῶσσα δ' ἐστί μοι δύσφραστος | * ἰσχνόφωνος * | ὥστε μὴ λόγους ἐμοὺς γενέσθαι βασιλέως |
| ἰσχυρός | | 11 | | | |
| Hen. | 15 | 8 | γεννηθέντες ἀπὸ τῶν πνευμάτων καὶ σαρκὸς πνεύματα | * ἰσχυρὰ * | ἐπὶ τῆς γῆς καὶ ἐν τῇ γῇ ἡ κατοίκησις αὐτῶν |
| Hen. | 16B | 1 | καὶ ἀπωλείας καὶ θανάτου τῶν γιγάντων Ναφηλειμ οἱ | * ἰσχυροὶ * | τῆς γῆς οἱ μεγάλοι ὀνομαστοὶ τὰ πνεύματα τὰ |
| TJud. | 9 | 2 | Ἡσαῦ ὁ ἀδελφὸς τοῦ πατρός μου ἐν λαῷ βαρεῖ καὶ | * ἰσχυρῷ * | καὶ ἔπεσεν ἐν τόξῳ Ἰακὼβ καὶ ἤρθη νεκρὸς ἐν ὄρει |
| Asen. | 6 | 1 | Ἀσενὲθ τὸν Ἰωσὴφ ἐπὶ τοῦ ἅρματος καὶ κατενύγη | * ἰσχυρῶς * | καὶ παρεκλάσθη ἡ ψυχὴ αὐτῆς καὶ παρείθη τὰ |
| Asen. | 7 | 5 | καὶ πᾶσι τοῖς υἱοῖς αὐτοῦ φυλάξασθε τέκνα μου | * ἰσχυρῶς * | ἀπὸ γυναικὸς ἀλλοτρίας τοῦ κοινωνῆσαι αὐτῇ ἡ γὰρ |
| Asen. | 8 | 8 | Ἀσενὲθ τὰ ῥήματα ταῦτα τοῦ Ἰωσὴφ κατενύγη | * ἰσχυρῶς * | καὶ ἐλυπήθη σφόδρα καὶ ἀνεστέναξε καὶ ἦν |
| Asen. | 27 | 1 | ἦν Βενιαμιν παιδάριον ὀκτωκαίδεκα ἐτῶν μέγα καὶ | * ἰσχυρὸν * | καὶ πρυτανικὸν καὶ ἦν κάλλος ἐν αὐτῷ ἄρρητον καὶ |
| Sal. | 17 | 40 | ἐλπὶς αὐτοῦ ἐπὶ κύριον καὶ τίς δύναται πρὸς αὐτόν; | * ἰσχυρὸς * | ἐν ἔργοις αὐτοῦ καὶ κραταιὸς ἐν φόβῳ θεοῦ |
| Job | 4 | 11 | στέφανον. τότε γνώσει ὅτι δίκαιος καὶ ἀληθινὸς καὶ | * ἰσχυρὸς * | ὁ κύριος, ἐνισχύων τοὺς ἐκλεκτοὺς αὐτοῦ. καὶ ἐγὼ |
| FJub. | 48 | 14 | ἐν τῷ ποταμῷ ἀπέπνιγον χιλίων ἀνδρῶν ἀποπνιγέντων | * ἰσχυρῶν * | Αἰγυπτίων ἀνθ' ἑνὸς βρέφους Ἰσραηλιτικοῦ. |
| FBar. | 13 | 2 | επι τους πο<δας σου Βαρουχ και ακουε> τον λογον | * ἰσχυ<ρου * | θεου> >οπη<-- >τα εθνη κα<-- καταπα>τησαντες |
| ἰσχύς | | 31 | | | |
| Adam | 24 | 2 | ἡ γῆ ἕνεκα σοῦ. ἐργάσει αὐτὴν καὶ οὐ δώσει τὴν | * ἰσχὺν * | αὐτῆς. ἀκάνθας καὶ τριβόλους ἀνατελεῖ σοι καὶ ἐν |
| Hen. | 1 | 4 | παρεμβολῆς αὐτοῦ καὶ φανήσεται ἐν τῇ δυνάμει τῆς | * ἰσχύος * | αὐτοῦ ἀπὸ τοῦ οὐρανοῦ τῶν οὐρανῶν. καὶ |
| Abr.1 | 20 | 5 | ἀφ' <οὗ> ἐθεασάμην σε τοῖς ὀφθαλμοῖς μου καὶ ἡ | * ἰσχύς * | μου ἐκλείπει πάντα δὲ τὰ μέλη τῆς σαρκός μου δίκην |
| TRub. | 2 | 7 | μεθ' ἧς γίνεται βρῶσις βρωτῶν καὶ ποτῶν καὶ | * ἰσχὺς * | ἐν αὐτοῖς κτίζεται ὅτι ἐν βρώμασίν ἐστιν ἡ |
| TRub. | 2 | 7 | κτίζεται ὅτι ἐν βρώμασίν ἐστιν ἡ ὑπόστασις τῆς | * ἰσχύος * | ἕβδομον πνεῦμα σπορᾶς καὶ συνουσίας μεθ' ἧς |
| TLevi | 2 | 3B008 | τὸ ἅγιον καὶ βουλὴν καὶ σοφίαν καὶ γνῶσιν καὶ | * ἰσχὺν * | δός μοι ποιῆσαι τὰ ἀρέσκοντά σοι καὶ εὑρεῖν χάριν |
| TJud. | 3 | 7 | τὸν Βεελισὰ βασιλέα πάντων τῶν βασιλέων γίγαντα τῇ | * ἰσχύι * | πηχῶν ιβ'. καὶ ἐπέπεσεν ἐπ' αὐτοὺς τρόμος καὶ |
| TJud. | 13 | 2 | ὑπερηφανίᾳ καρδίας ὑμῶν καὶ μὴ καυχᾶσθε ἐν ἔργοις | * ἰσχύος * | νεότητος ὑμῶν ὅτι καίγε τοῦτο πονηρὸν ἐν |
| TIss. | 3 | 5 | ἔλαβον ἐμαυτῷ γυναῖκα ὅτι ὁ κάματος κατήσθιε τὴν | * ἰσχύν * | μου καὶ οὐκ ἐνενόουν ἡδονὴν γυναικὸς ἀλλὰ διὰ τοῦ |
| TIss. | 7 | 6 | μου καὶ ἀλήθειαν. τὸν κύριον ἠγάπησα ἐν πάσῃ τῇ | * ἰσχύι * | μου ὁμοίως καὶ πάντα ἄνθρωπον ἠγάπησα ὡς τέκνα |
| TZab. | 10 | 5 | μου ὑμεῖς δὲ φοβεῖσθε κύριον τὸν θεὸν ὑμῶν ἐν πάσῃ | * ἰσχύι * | πάσας τὰς ἡμέρας τῆς ζωῆς ὑμῶν. καὶ ταῦτα εἰπὼν |
| TNep. | 2 | 6 | πάντα γὰρ ἄνθρωπον ἔκτισε κατ' εἰκόνα ἑαυτοῦ. ὡς ἡ | * ἰσχὺς * | αὐτοῦ οὕτω καὶ τὸ ἔργον αὐτοῦ καὶ ὡς ὁ νοῦς αὐτοῦ |
| TNep. | 2 | 8 | ψύας εἰς δύναμιν πλευρὰς εἰς θήκην ὀσφὺν εἰς | * ἰσχὺν * | καὶ τὰ ἑξῆς. οὕτως οὖν τέκνα μου ἐν τάξει ἐστὲ εἰς |
| TAser | 5 | 4 | καὶ τὰς ἐντολὰς τοῦ ὑψίστου ἐξεζήτησα κατὰ πᾶσαν | * ἰσχύν * | μου πορευόμενος μονοπροσώπως εἰς τὸ ἀγαθόν. |
| Asen. | 13 | 9 | ἐγένοντο ἐκ τῶν δακρύων μου τῶν πολλῶν καὶ ἡ | * ἰσχύς * | μου πᾶσα ἐκλέλοιπεν. ἰδοὺ οὖν τοὺς θεοὺς πάντας |
| Asen. | 27 | 1 | καὶ πρυτανικὸν καὶ ἦν κάλλος ἐν αὐτῷ ἄρρητον καὶ | * ἰσχὺς * | ὡς σκύμνος λέοντος καὶ ἦν φοβούμενος τὸν κύριον |
| Sal. | 2 | 29 | ἔσομαι καὶ οὐκ ἐπέγνω ὅτι ὁ θεὸς μέγας κραταιὸς ἐν | * ἰσχύι * | αὐτοῦ τῇ μεγάλῃ. αὐτὸς βασιλεὺς ἐπὶ τῶν οὐρανῶν |
| Sal. | 2 | 36 | αὐτοῦ παρεστάναι διὰ παντὸς ἐνώπιον αὐτοῦ ἐν | * ἰσχύι. * | εὐλογητὸς κύριος εἰς τὸν αἰῶνα ἐνώπιον δούλων |
| Sal. | 17 | 22 | βασιλεῦσαι ἐπὶ Ισραηλ παῖδά σου καὶ ὑπόζωσον αὐτὸν | * ἰσχὺν * | τοῦ θραῦσαι ἄρχοντας ἀδίκους καθαρίσαι Ιερουσαλημ |

```
Sal.    17   36   μεγάλου ἐλέγξαι ἄρχοντας καὶ ἐξᾶραι ἁμαρτωλοὺς ἐν  *  ἰσχύι  *  λόγου. καὶ οὐκ ἀσθενήσει ἐν ταῖς ἡμέραις αὐτοῦ ἐπὶ
Sal.    17   37   ἐν πνεύματι ἁγίῳ καὶ σοφῷ ἐν βουλῇ συνέσεως μετὰ  *  ἰσχύος  *  καὶ δικαιοσύνης. καὶ εὐλογία κυρίου μετ' αὐτοῦ ἐν
Sal.    17   38   καὶ δικαιοσύνης. καὶ εὐλογία κυρίου μετ' αὐτοῦ ἐν  *  ἰσχύι  *  καὶ οὐκ ἀσθενήσει. ἡ ἐλπὶς αὐτοῦ ἐπὶ κύριον καὶ
Sal.    18    7   θεοῦ αὐτοῦ ἐν σοφίᾳ πνεύματος καὶ δικαιοσύνης καὶ  *  ἰσχύος  *  κατευθῦναι ἄνδρα ἐν ἔργοις δικαιοσύνης φόβῳ θεοῦ
Job     27    1   ἐπὶ τὰ ἔμπροσθεν, παῦσαι κρυπτόμενος μὴ ὁ λέων τὴν  *  ἰσχὺν  *  δείκνυσιν ἐν γαλεάγρᾳ; μὴ τὸ πετεινὸν ἀνίπταται
Aris.   92    7   τὰ τῶν ἀρωμάτων ἕτεροι τὰ τῆς σαρκὸς ὁλοκαυτοῦντες  *  ἰσχύι  *  διαφερόντως συγχρώμενοι διαλαβόντες γὰρ ἀμφοτέραις
Aris.  147    4   συγχρῆσθαι καὶ μηδένα καταδυναστεύειν πεποιθότας  *  ἰσχύι  *  τῇ καθ' ἑαυτοὺς μηδὲ ἀφαιρεῖσθαι μηδὲν ἀλλ' ἐκ
Aris.  148    3   τε καὶ μηδὲν ἐπιτελεῖν βίᾳ μηδὲ τῇ περὶ ἑαυτοὺς  *  ἰσχύι  *  πεποιθότας ἑτέρους καταδυναστεύειν. ὅπου γὰρ οὐδ'
Aris.  151    1   ἕκαστα τῶν πράξεων ἐπὶ τὸ καλῶς ἔχον ἢ γὰρ  *  ἰσχὺς  *  τῶν ὅλων σωμάτων μετ' ἐνεργείας ἀπέρεισιν ἐπὶ τοὺς
Aris.  191    5   τῷ λόγῳ καὶ μηδὲν ὑπερηφάνως μηδὲ τῇ περὶ σεαυτὸν  *  ἰσχύι  *  πράσσοις κατὰ τῶν ἁμαρτανόντων. τοῦτο δὲ ποιήσεις
Aris.  192    5   οὐ κατὰ τὰς ἁμαρτίας οὐδὲ κατὰ τὴν μεγαλωσύνην τῆς  *  ἰσχύος  *  τύπτοντος αὐτοὺς ἀλλ' ἐπιεικείᾳ χρωμένου τοῦ
LAri.   8   10    8   θεοῦ καὶ γὰρ ἐστι μεταφέροντας νοῆσαι τὴν πᾶσαν  *  ἰσχὺν  *  τῶν ἀνθρώπων καὶ τὰς ἐνεργείας ἐν ταῖς χερσὶν
 ἰσχύω                               15
TRub.    5    2   πρὸς αὐτὰς ἐπισπάσονται καὶ ὃν διὰ δυνάμεως οὐκ  *  ἰσχύει  *  καταγωνίσασθαι τοῦτον δι' ἀπάτης καταγωνίζεται.
TJud.   25    4   καὶ οἱ ἐν πενίᾳ χορτασθήσονται καὶ οἱ ἐν ἀσθενείᾳ  *  ἰσχύσουσι  *  καὶ οἱ διὰ κύριον ἀποθανόντες ἐξυπνισθήσονται
TIss.    4    4   τοῦ θεοῦ. καίγε τὰ πνεύματα τῆς πλάνης οὐδὲν  *  ἰσχύουσι  *  πρὸς αὐτόν. οὐ γὰρ εἶδεν ἐπιδέξασθαι κάλλος
TIss.    7    9   πέμπτος ἐν γήρει καλῷ πᾶν μέλος ἔχων ὑγιὲς καὶ  *  ἰσχύων  *  ὕπνωσεν ὕπνον αἰώνιον.
TJos.    4    4   ῥύσεταί με ὁ κύριος ἐκ τῆς Αἰγυπτίας. ὡς δὲ οὐδὲν  *  ἴσχυσε  *  πάλιν ἐπὶ λόγῳ κατηχήσεως ἤρχετο πρός με μαθεῖν
Asen.   10    6   ἐν τῇ κλίνῃ μου καὶ ἀναστῆναι καὶ ὑμῖν οὐκ  *  ἰσχύω  *  διότι ᾐσθένησα ἀπὸ πάντων τῶν μελῶν μου. ἀλλὰ
Sal.     7    6   τὸ ὄνομά σου ἐν μέσῳ ἡμῶν ἐλεηθησόμεθα καὶ οὐκ  *  ἰσχύει  *  πρὸς ἡμᾶς ἔθνος. ὅτι σὺ ὑπερασπιστὴς ἡμῶν καὶ
Sal.    15    2   ἐλπὶς καὶ καταφυγὴ τῶν πτωχῶν σὺ ὁ θεός. τίς γὰρ  *  ἰσχύει  *  ὁ θεὸς εἰ μὴ ἐξομολογήσασθαί σοι ἐν ἀληθείᾳ; καὶ
Jer.     1    5   μετὰ τοῦ πλήθους τοῦ λαοῦ αὐτοῦ καὶ εἶπεν ὅτι  *  ἴσχυσα  *  ἐπὶ τὴν ἱερὰν πόλιν τοῦ θεοῦ; μὴ κύριέ μου ἀλλ'
Jer.     4    7   ἀλλὰ μὴ καυχάσθωσαν οἱ παράνομοι καὶ εἴπωσιν ὅτι  *  ἰσχύσαμεν  *  λαβεῖν τὴν πόλιν τοῦ θεοῦ ἐν τῇ δυνάμει ἡμῶν
Prop.   23    2   ἔκτοτε ἐγένοντο τέρατα ἐν τῷ ναῷ φαντασίαι καὶ οὐκ  *  ἴσχυον  *  οἱ ἱερεῖς ἰδεῖν ὀπτασίαν ἀγγέλων θεοῦ οὔτε δοῦναι
Job     35    2   πολλαῖς ὄντι ἰδοὺ ἡμεῖς ὅλως ὑγιαίνοντες οὐκ  *  ἰσχύσαμεν  *  προσεγγίσαι αὐτῷ διὰ τὴν δυσωδίαν εἰ μὴ διὰ
Job     39    9   ὀστᾶ αὐτῶν ἀσφαλίσασθαι ἐπὶ μνήμης, ἐπεὶ ἡμεῖς οὐκ  *  ἰσχύσαμεν  *  διὰ τὰ ἀναλώματα ὅπως θεάσωμεν κἂν τὰ ὀστᾶ
Job     52    1   ἄνευ πόνου μέντοι καὶ ὀδύνης, ἐπεὶ μηκέτι πόνος  *  ἴσχυεν  *  ἅπτεσθαι αὐτοῦ διὰ τὸ σημεῖον τῆς περιζώσεως ἧς
Aris.  241    5   καὶ κακοπαθῶμεν ὡς αὐτοὶ φαίνεται τὸ συγγενὲς ὅσον  *  ἰσχύον  *  ἐστι τελουμένων δὲ τούτων καὶ δόξα καὶ προκοπὴ
 ἴσχω                                3
Sib.     3  738   ἐκ κοίτης μή τοι κακὸν ἀντιβολήσῃ ἀλλ' ἀπέχου μηδ'  *  ἴσχ'  *  ὑπερήφανον ἐν στήθεσσιν θυμὸν ὑπερφίαλον στεῖλας
FPho.       20   γλώσσῃ νοῦν ἐχέμεν κρυπτὸν λόγον ἐν φρεσὶν  *  ἴσχειν.  *  μήτ' ἀδικεῖν ἐθέλῃς μήτ' οὖν ἀδικοῦντα ἐάσῃς.
LPhi.    9   20    1   ἀγλαὸν ἕρκος αἰνοφύτων ἔκκαυμα βριήπυος αἰνετὸς  *  ἴσχων  *  ἀθάνατον ποίησεν ἐὴν φάτιν ἐξότε κείνου ἔκγονος
 Ἰταλία                              7
Sib.     3  464   θείου. καὶ Σάμος ἐν καιρῷ βασιλήϊα δώματα τεύξει.  *  Ἰταλίη  *  σοὶ δ' οὔτις Ἄρης ἀλλότριος ἥξει ἀλλ' ἐμφύλιον
Sib.     3  470   δ' οὐκ ἀγαθῶν μήτηρ θηρῶν δὲ τιθήνη. ἀλλ' ὅτ' ἀπ'  *  Ἰταλίης  *  λυμήτης ξεται ἀνὴρ τῆμος Λαοδίκεια καταπρηνὴς
Sib.     4  119   στυγεροὺς δὲ φόνους τελέωσι πρὸ νηοῦ καὶ τότ' ἀπ'  *  Ἰταλίης  *  βασιλεὺς μέγας οἷά τε δράστης φεύξετ' ἄφαντος
Sib.     5  138   τὴν τριτάλαιναν ἀναιάξουσι ποιηταὶ ἡνίκ' ἀπ'  *  Ἰταλίης  *  Ἰσθμοῦ πλήξειε τένοντα τῆς μεγάλης Ῥώμης
Sib.     5  160   ἄλα δῖαν καὶ φλέξει πόντον βαθὺν αὐτήν τε Βαβυλῶνα  *  Ἰταλίης  *  γαῖάν θ' ἧς εἵνεκα πολλοὶ ὄλοντο Ἑβραίων ἅγιοι
Sib.     5  342   πανδήμει κρατέουσι κακὴν ἔριν ὁπλισθέντες.  *  Ἰταλίη  *  τριτάλαινα μενεῖς πανέρημος ἄκλαυστος ἐν γαίῃ
Sib.     5  448   καιρῷ ξηρὸς ποτε πόντος κοὐκέτι πλωτεύσουσιν ἐς  *  Ἰταλίην  *  τότε νῆες Ἀσὶς δ' ἡ μεγάλη τότε πάμφορος
 Ἰταλίς                              2
Sib.     4  104   μέγας ᾧ ὕπο κόσμος λατρεύσει δούλειον ἔχων ζυγὸν  *  Ἰταλίδησιν.  *  καὶ σὺ τάλαινα Κόρινθε τεὴν ποτ' ἐπόψει
Sib.     4  130   μέλαν ὕδωρ. ἀλλ' ὁπόταν χθονίης ἀπὸ ῥωγάδος  *  Ἰταλίδος  *  γῆς πυρσὸς ἀποστραφθεὶς εἰς οὐρανὸν εὐρὺν
 Ἰταλόθεν                            1
Sib.     4  116   ἀνάγκη ἥξει καὶ Σολύμοισι κακὴ πολέμοιο θύελλα  *  Ἰταλόθεν  *  νηὸν δὲ θεοῦ μέγαν ἐξαλαπάξει ἡνίκ' ἂν
 Ἰταλός                              3
Sib.     3  353   δ' ἀποτίσεται ὕβριν ἐς αὐτήν. ὅσσοι δ' ἐξ Ἀσίης  *  Ἰταλῶν  *  δόμον ἀμφεπόλευσαν εἰκοσάκις τοσσοῦτοι ἐν Ἀσίδι
Sib.     3  355   εἰκοσάκις τοσσοῦτοι ἐν Ἀσίδι θητεύσουσιν  *  Ἰταλοὶ  *  ἐν πενίῃ ἀνὰ μυρία δ' ὀφλήσουσιν. ὦ χλιδανὴ
Sib.     4  103   οὐδὲ Μακηδονίης ἔσται κράτος ἀλλ' ἀπὸ δυσμῶν  *  Ἰταλὸς  *  ἀνθήσει πόλεμος μέγας ᾧ ὕπο κόσμος λατρεύσει
 Ἰτουραῖος                           1
HEup.    9   30    3   ἐπὶ Ἰδουμαίους καὶ Ἀμμανίτας καὶ Μωαβίτας καὶ  *  Ἰτουραίους  *  καὶ Ναβαταίους καὶ Ναβδαίους αὖθις δὲ
 Ἰφιγένητος                          1
IOrp.       32   καὶ περὶ χεῦμα νάματος ἐκφαίνει δὲ πυρὸς σέλας  *  Ἰφιγενήτου.  *  οὗτος γὰρ χάλκειον ἐς οὐρανὸν ἐστήρικται
 Ἰχθυόεις                            2
Sib.     4   14   τε καὶ ἡμέρῃ ἠέλιός τε ἄστρα σεληναίη τε καὶ  *  ἰχθυόεσσα  *  θάλασσα καὶ γῆ καὶ ποταμοί τε καὶ ἀενάων στόμα
Sib.     5  335   ὑπ' Ἄρεος ἐν κονίῃσιν συρόμενον ποταμηδὸν ἐπ'  *  ἰχθυόεντι  *  κολύμβῳ. Ἑλλήσποντε τάλαν ζεύξει ποτέ σ'
 ἰχθύς                               14
Hen.     7    5   πετεινοῖς καὶ τοῖς ⟨θ⟩ηρίοις καὶ ἑρπετοῖς καὶ τοῖς  *  ⟨ἰ⟩χθύσιν  *  καὶ ἀλλήλων τὰς σάρκας κατεσθίειν καὶ τὸ αἷμα
Hen.   101    7   αὐτοῦ ⟨φοβοῦνται καὶ ξη⟩ραίνονται καὶ οἱ  *  ἰχθύας---  *  × ⟨--γῆν⟩ καὶ πάντα τὰ ἐν αὐτοῖς; καὶ τίς ἔδωκεν
TJud.   21    7   ἔσονται ὡς κήτη καταπίνοντες ἀνθρώπους ὡς  *  ἰχθύας  *  θυγατέρας καὶ υἱοὺς ἐλευθέρους καταδουλώσουσιν
TZab.    5    5   ὅτε ἤμην ἐν γῇ Χανάαν εἰς παράλιον ἐθήρευον θήραν  *  ἰχθύων  *  Ἰακὼβ τῷ πατρί μου καὶ πολλῶν ἀγχομένων ἐν τῇ
TZab.    6    3   καὶ ἐν αὐτῷ διαπορευόμενος τοὺς αἰγιαλοὺς ᾑλίευον  *  ἰχθύας  *  οἴκῳ τοῦ πατρὸς μου ἕως ἤλθομεν εἰς Αἴγυπτον καὶ
TZab.    6    5   εἰ δὲ ἦν ξένος ἢ νοσῶν ἢ γηράσας ἐψήσας τοὺς  *  ἰχθύας  *  καὶ ποιήσας αὐτὰ ἀγαθῶς κατὰ τὴν ἑκάστου χρείαν
TZab.    6    6   καὶ συμμάχων. διὰ τοῦτο καὶ ὁ κύριος πολὺν  *  ἰχθὺν  *  ἐποίησέ μοι θήραν. ὁ γὰρ μεταδιδοὺς τῷ πλησίον
Asen.   10   13   δεῖπνον αὐτῆς τὸ βασιλικὸν καὶ τὰ σιτιστὰ καὶ τοὺς  *  ἰχθύας  *  καὶ τὰ κρέα τῆς δαμάλεως καὶ πάσας τὰς θυσίας τῶν
Asen.   21   21   ἤγρευσέ με καὶ ⟨τῇ⟩ σοφίᾳ αὐτοῦ ⟨ἐκράτησέ με⟩ ὡς  *  ἰχθὺν  *  ἐπ' ἀγκίστρῳ καὶ τῷ πνεύματι αὐτοῦ ὡς δελεάσματι
Sal.     5    9   ὁ θεὸς καὶ σὺ δώσεις μοι. τὰ πετεινὰ καὶ τοὺς  *  ἰχθύας  *  σὺ τρέφεις ἐν τῷ διδόναι σε ὑετὸν ἐρήμοις εἰς
Prop.    3   11   οὕτος διὰ προσευχῆς αὐτομάτως αὐτοῖς δαψιλὴ τροφὴν  *  ἰχθύων  *  παρέσχετο καὶ πολλοῖς ἐκλείπουσι ζωὴν ἔδιζεν ἐκ
Sib.     3  676   σαλεύσεται ἤμασι κείνοις χειρὸς ἀπ' ἀθανάτοιο καὶ  *  ἰχθύες  *  οἱ κατὰ πόντον πάντα τε θηρία γῆς ἠδ' ἄσπετα φῦλα
Sib.     5  523   Πλειὰς δ' οὐκέτ' ἔφαινε Δράκων δ' ἠρνήσατο ζώνην  *  Ἰχθύες  *  εἰσεδύοντο κατὰ ζωστῆρα Λέοντος Καρκίνος οὐκ
FJub.    2   11   τετάρτῃ ἡμέρᾳ. τῇ δὲ πέμπτῃ τὰ κήτη τὰ μεγάλα τοὺς  *  ἰχθύας  *  καὶ τὰ ἄλλα ἑρπετὰ τὰ ἐν τοῖς ὕδασι τὰ πετεινὰ τὰ
 ἰχνεύω                              1
FrAn.    1  226   55   Ιωσηφ μη οριγιζου β⟨α⟩σιλευ - - ηλθαμεν γαρ ουκ  *  ιχνεύσαι  *  × - ⟩ηδες πρεσβυτο⟨υ - - ⟩κακεινος και ημεῖς -
 ἴχνιον                              2
FPho.      180   λέκτρα γονῆς μητέρα δ' ὡς τίμα τὴν μητέρος  *  ἴχνια  *  βᾶσαν. μηδέ τι παλλακίσιν πατρὸς λεχέεσσι μιγείης.
IOrp.       20   γαῖαν τέκνον ἐμὸν δείξω σοι ὁπηνίκα δέρκομαι αὐτοῦ  *  ἴχνια  *  καὶ χεῖρα στιβαρὴν κρατεροῖο θεοῖο. αὐτοῦ δ' οὐχ
 ἴχνος                               6
Esdr.    4   31   αὐτοῦ σπιθαμιαῖοι οἱ δάκτυλοι αὐτοῦ ὡς δρέπανα τὸ  *  ἴχνος  *  τῶν ποδῶν αὐτοῦ σπιθαμῶν δύο καὶ εἰς τὸ μέτωπον
Job     50    3   τὴν δόξαν αὐτῶν καὶ ὁ βουλόμενος λοιπὸν  *  ἴχνος  *  ἡμέρας καταλαβεῖν τῆς πατρικῆς δόξης εὑρήσει
FEz.    64   70   11   λοιπὸν εἴτε ἠδίκησαν εἴτε καὶ οὐκ ἠδίκησαν ὅμως τὰ  *  ἴχνη  *  πέφηγεν ἐν τῷ παραδείσῳ. καταλύσαντες δὲ ἐκ τῶν
FEz.    64   70   12   καταβάντες εἰς τὸν παράδεισον ἐξεπλήσαντο τὰ  *  ἴχνη  *  εὑρόντες ἐν τῷ παραδείσῳ καὶ ταῦτα ἀνήγγειλαν τῷ
FEz.    64   70   12   βασιλείᾳ σου καὶ οὐδείς ἐστι παγανός. πόθεν τοίνυν  *  ἴχνη  *  παγανῶν ἐν τῷ παραδείσῳ; ὁ δὲ ἐθαύμασε. ὡς
LEze.    9   29   14  39   ἀτραποῦ. ἡμεῖς δ' ἐπ' αὐτῆς ᾠχόμεσθα συντόμως κατ'  *  ἴχνος  *  αὐτῶν νυκτὸς εἰσεκύρσαμεν βοηδρομοῦντες ἁρμάτων δ'
 ἰχώρ                                1
Job     20    8   εἶχον καὶ συνέβρεχον τὴν γῆν ἐκ τῆς ὑγρασίας καὶ  *  ἰχῶρες  *  τοῦ σώματος σκώληκες πολλοὶ ἦσαν ἐν τῷ σώματί μου
 Ἰωάδ                                1
Prop.   19    1   αὐτὸς ἀπέθανεν ἐν γήρει βαθυτάτῳ οὐκ ἀγαθῶς.  *  Ἰωάδ  *  ἐκ τῆς Σαμαρείμ. οὗτός ἐστιν ὃν ἐπάταξεν ὁ λέων
 Ἰωακείμ                             1
Asen.    1    9   γῆς Αἰγύπτου; οὐκ ἰδοὺ ἡ θυγάτηρ τοῦ βασιλέως Μωὰβ  *  Ἰωακείμ  *  κατεγγύηταί σοι καὶ αὕτη ἐστὶ βασίλισσα καὶ
 Ἰωάννης                             4
Esdr.    1   19   καὶ εἶπεν ὁ θεὸς θέλω ἔχειν σε ὡς καὶ Παῦλον καὶ  *  Ἰωάννην  *  σὺ διδούς μοι ἀδιάφθορον τὸν ἀσύλητον θησαυρὸν
Aris.   47    2   εἰσὶ δὲ πρώτης φυλῆς Ἰώσηφος Ἐζεκίας Ζαχαρίας  *  Ἰωάννης  *  Ἐζεκίας Ἐλισαῖος. δευτέρας Ἰούδας Σίμων
Aris.   49    3   Ναθθαῖος. ὀγδόης Θεοδόσιος Ἰάσων Ἰησοῦς Θεόδοτος  *  Ἰωάννης  *  Ἰωνάθας. ἐνάτης Θεόφιλος Ἄβραμος Ἄρσαμος
Aris.   50    4   Ἰωνάθης Χαλὲβ Δοσίθεος. δωδεκάτης Ἰσάηλος  *  Ἰωάννης  *  Θεοδόσιος Ἄρσαμος Ἀβίητης Ἐζεκῆλος. οἱ
 Ἰωάς                                2
Prop.   23    1   Ἰερουσαλὴμ υἱὸς Ἰωδὲ τοῦ ἱερέως ὃν ἀπέκτεινεν  *  Ἰωὰς  *  ὁ βασιλεὺς Ἰούδα ἐχόμενα τοῦ θυσιαστηρίου καὶ
FrAn.    9   17    4   Ἀσσύριοι. ἡνίκα Ζαχαρίαν τὸν προφήτην ἀνεῖλεν ὁ  *  Ἰωὰς  *  ὁ τῆς Ἰουδαίας βασιλεὺς οὐκ εἰς μακρὰν περὶ τὸν
 Ἰώβ                                30
Job           1   διαθήκη ιωβ.  *  βίβλος λόγων Ιωβ τοῦ καλουμένου Ιωβαβ. ἐν ᾗ γὰρ
Job     1    1   διαθηκη ιωβ. βίβλος λόγων  *  Ἰωβ  *  τοῦ καλουμένου Ιωβαβ. ἐν ᾗ γὰρ ἡμέρᾳ νοσήσας
Job     1    5   τὰ γεναμένα μοι πάντα νῦν γὰρ εἰμι ὁ πατὴρ ὑμῶν  *  Ἰωβ  *  ἐγὼ γὰρ τὸ πρὶν ὑπομονὴ γενόμενος, ὑμεῖς δὲ ἐκ γένους ἐκλεκτὸν
Job     2    1   ἐγὼ γάρ εἰμι Ιωβαβ πρὶν ἢ ὀνομάσαι με ὁ κύριος  *  Ἰωβ.  *  ὅτε Ιωβαβ ἐκαλούμην, ᾤκουν τὸ πρὶν ἔγγιστα εἰδωλίου
Job     6    5   ἔκρουσεν τὴν θύραν καὶ λέγει τῇ θυρωρῷ σήμανον τῷ  *  Ἰωβ  *  λέγουσα ὅτι βούλομαι συντυχεῖν σοι. καὶ ἡ θυρωρὸς
```

Job 7 2 καὶ ἐλθὼν λελάληκεν τῇ θυρωρῷ λέγων εἰπὸν τῷ * Ιωβ * δός μοι ἄρτον ἐκ τῶν χειρῶν σου ἵνα φάγω. καὶ ἐγὼ
Job 24 1 ἡ γυνή μου ἀνακράξασα μετὰ κλαυθμοῦ λέγει μοι * Ιωβ * Ιωβ, ἄχρι τίνος καθέξῃ ἐπὶ τῆς κοπρίας ἔξωθεν τῆς
Job 24 1 ἡ γυνή μου ἀνακράξασα μετὰ κλαυθμοῦ λέγει μοι Ιωβ * Ιωβ, * ἄχρι τίνος καθέξῃ ἐπὶ τῆς κοπρίας ἔξωθεν τῆς πόλεως
Job 25 1 τίς οὐκ ἐξεπλάγη ὅτι αὕτη ἐστὶν Σίτιδος ἡ γυνὴ τοῦ * Ιωβ, * ἥτις εἶχεν σκεπάζοντα αὐτῆς τὸ καθεστήριον βῆλα
Job 25 9 δὲ πιπράσκουσαν τὴν τρίχα ἀντὶ ἄρτων. ἀπαξαπλῶς, * Ιωβ, * Ιωβ, πολλῶν ὄντων τῶν εἰρημένων, συντόμως λέγω σοι
Job 25 9 πιπράσκουσαν τὴν τρίχα ἀντὶ ἄρτων. ἀπαξαπλῶς, Ιωβ, * Ιωβ, * πολλῶν ὄντων τῶν εἰρημένων, συντόμως λέγω σοι ἐπὶ
Job 27 2 μου ἐξῆλθεν καὶ σταθεὶς ἔκλαυσεν λέγων ἴδε, * Ιωβ, * διαφωνῶ καὶ ὑποχωρῶ σοι σαρκίνῳ ὄντι, ἐγὼ δέ εἰμι
Job 27 5 μέγα ἐφώνησεν ἀκμὴν ὁ ἐπάνω. οὕτω καὶ σύ, * Ιωβ, * ὑποκάτω ἧς καὶ ἐν πληγῇ, ἀλλ᾽ ἐνίκησας τὰ
Job 32 1 Ελιου ὑποδεικνύοντος τοῖς παισὶν τὸν πλοῦτον τοῦ * Ιωβ. * σὺ εἶ ὁ τὰ ἑπτακισχίλια πρόβατα ἐκτάξας εἰς τὴν τῶν
Job 32 12 ποῦ νῦν τυγχάνει ἡ δόξα τοῦ θρόνου σου; σὺ εἶ * Ιωβ * ὁ τὴν μεγάλην δόξαν ἔχων ποῦ νῦν τυγχάνει ἡ δόξα τοῦ
Job 33 2 ταραχήν, καὶ καταπαυσάσης τῆς κραυγῆς εἶπεν αὐτοῖς * Ιωβ * σιωπήσατε νῦν ὑποδείξω ὑμῖν τὸν θρόνον μου καὶ τὴν
Job 36 1 τότε ἐγερθεὶς ὁ Βαλδαδ προσήγγισέν μοι λέγων σὺ εἶ * Ιωβ; * καὶ εἶπον αὐτῷ ναί. καὶ εἶπεν ἄρα ἐν τῷ καθεστηκότι
Job 37 7 τις προσάπτειν τῷ κυρίῳ ἀδίκημα; ἀποκρίνου μοι, * Ιωβ, * πρὸς ταῦτα. καὶ πάλιν λέγω σοι, εἰ ἐν τῷ
Job 41 3 αὐτῷ, ὅτι τοσαύτας ἡμέρας ἐποιήσατε ἀνεχόμενοι τοῦ * Ιωβ * καυχωμένου εἶναι δίκαιον ἐγὼ γὰρ οὐκ ἀνέξομαι
Job 42 5 οὐ γὰρ λελαλήκατε ἀληθῶς κατὰ τοῦ θεράποντός μου * Ιωβ * διὸ ἀναστάντες ποιήσατε αὐτὸν ὑπὲρ ὑμῶν ἀναφέρειν
Job 46 3 διατὶ οὐκ ἔδωκας ἡμῖν ἐκ τῶν ὄντων σοι; εἶπεν δὲ * Ιωβ * ταῖς θηλείαις μὴ ταραχθῆτε, θυγατέρες μου οὐ γὰρ
Job 51 2 τοῦ κυρίου καὶ ἐμοῦ Νηρείου ἀδελφοῦ ὄντος τοῦ * Ιωβ, * ἐπικειμένου δὲ καὶ τοῦ ἁγίου πνεύματος, ἐκαθεζόμην
Job 51 3 δὲ καὶ τοῦ ἁγίου πνεύματος, ἐκαθεζόμην πλησίον τοῦ * Ιωβ * ἐπὶ τῆς κλίνης μου ἤκουσα ἐγὼ τὰ μεγαλεῖα μιᾶς
Job 52 1 τοῦ θεοῦ. καὶ μετὰ τρεῖς ἡμέρας ποιουμένου τοῦ * Ιωβ * νοσεῖν ἐπὶ τῆς κλίνης, ἄνευ πόνου μέντοι καὶ ὀδύνης,
Job 52 8 ὁ ἐπικαθήμενος τῷ μεγάλῳ ἅρματι, καὶ ἠσπάσατο τὸν * Ιωβ, * βλεπουσῶν τῶν τριῶν θυγατέρων καὶ αὐτοῦ τοῦ πατρὸς
Job 53 9 τρεῖς καὶ οὐχ εὑρέθησαν κατὰ τὰς θυγατέρας * Ιωβ * βελτίους αὐτῶν ἐν τοῖς ὑπ᾽ οὐνόν. προυπῆρχε ὄνομα τῷ
Job 53 9 αὐτῶν ἐν τοῖς ὑπ᾽ οὐνόν. προυπῆρχε ὄνομα τῷ * Ιωβ * Ιωβαβ, μετονομάσθη δὲ παρὰ κυ Ιωβ. ἔζησε δὲ πρὶν τῆς
Job 53 9 ὄνομα τῷ Ιωβ Ιωβαβ, μετονομάσθη δὲ παρὰ κυ * Ιωβ. * ἔζησε δὲ πρὶν τῆς πληγῆς ἔτη π ε᾽ μετὰ δὲ τὴν
HArI. 9 25 1 τὸν Ἡσαῦ γήμαντα Βασσάραν υἱὸν ἐν Ἐδὼμ γεννῆσαι * Ἰὼβ * κατοικεῖν δὲ τοῦτον ἐν τῇ Αὐσίτιδι χώρᾳ ἐπὶ τοῖς
HArI. 9 25 2 εἶχε δὲ καὶ γεωργίας ἱκανάς. τοῦτον δὲ τὸν * Ἰὼβ * πρότερον Ἰωβὰβ ὀνομάζεσθαι. πειράζοντα δ᾽ αὐτὸν

᾿Ιωβάβ 12
Job 1 1 διαθηκη ιωβ. βίβλος λόγων Ιωβ τοῦ καλουμένου * Ιωβαβ. * ἐν ᾗ γὰρ ἡμέρᾳ νοσήσας ἐξετέλει αὐτοῦ τὴν
Job 2 1 καὶ δηλώσω ὑμῖν τὰ συμβεβηκότα μοι. ἐγὼ γάρ εἰμι * Ιωβαβ * πρὶν ἢ ὀνομάσαι με ὁ κύριος Ιωβ. ὅτε Ιωβαβ
Job 2 2 εἰμι Ιωβαβ πρὶν ἢ ὀνομάσαι με ὁ κύριος Ιωβ. ὅτε * Ιωβαβ * ἐκαλούμην, ᾤκουν τὸ πρὶν ἔγγιστα εἰδωλίου
Job 3 1 μου ἦλθέν μοι μεγάλη φωνὴ ἐν μείζονι φωτὶ λέγουσα * Ιωβαβ * Ιωβαβ. καὶ εἶπον ἰδοὺ ἐγώ. καὶ εἶπεν ἀνάστηθι καὶ
Job 3 1 μοι μεγάλη φωνὴ ἐν μείζονι φωτὶ λέγουσα Ιωβαβ * Ιωβαβ. * καὶ εἶπον ἰδοὺ ἐγώ. καὶ εἶπεν ἀνάστηθι καὶ
Job 17 3 ἐλάλησεν μετὰ ἀπειλῆς αὐτοῖς λέγων οὗτος ὁ ἀνὴρ * Ιωβαβ * ὁ ἀναλώσας πάντα τὰ ἀγαθὰ τῆς γῆς καὶ μηδὲν
Job 28 7 ἦλθον εἰς τὴν Αὐσιτίδα ἐρωτήσαντες ἐν τῇ πόλει ποῦ * Ιωβαβ * ὁ τῆς Αἰγύπτου ὅλης βασιλεύων; καὶ ἐμήνυσαν αὐτοῖς
Job 29 2 αὐτοῖς, οἱ δὲ ἀντέτειναν λέγοντες μὴ εἶναι με τὸν * Ιωβαβ. * ἀπαξαπλῶς ἔτι ἀμφιβαλλόντων, στραφεὶς πρός με
Job 29 3 πρός με Ελιφας ὁ τῶν Θεμανῶν βασιλεὺς εἶπεν σὺ εἶ * Ιωβαβ * ὁ συμβασιλεὺς ἡμῶν; ἐγὼ δὲ κλαύσας κατεπασάμην γῆν
Job 31 5 μου ἐγένοντο, ἀποκριθεὶς Ελιους εἶπέν μοι σὺ εἶ * Ιωβαβ * ὁ συμβασιλεὺς ἡμῶν; σὺ εἶ ὁ τότε ἔχων τὴν μεγάλην
Job 53 9 αὐτῶν ἐν τοῖς ὑπ᾽ οὐνόν. προυπῆρχε ὄνομα τῷ Ιωβ * Ιωβαβ, * μετονομάσθη δὲ παρὰ κυ Ιωβ. ἔζησε δὲ πρὶν τῆς
HArI. 9 25 2 καὶ γεωργίας ἱκανάς. τοῦτον δὲ τὸν Ἰὼβ πρότερον * Ἰωβὰβ * ὀνομάζεσθαι. πειράζοντα δ᾽ αὐτὸν τὸν θεὸν

᾿Ιωβήλ 1
TJud. 6 1 καὶ ὡς ἤμην ἐν τοῖς ὕδασι Χωζηβά οἱ ἀπὸ * Ἰωβὴλ * ἦλθον ἐφ᾽ ἡμᾶς εἰς πόλεμον καὶ συνήψαμεν αὐτοῖς

ἰωβηλαῖον 3
TLevi 17 2 ἀκούσατε καὶ περὶ τῆς ἱερωσύνης. καθ᾽ ἕκαστον γὰρ * ἰωβηλαῖον * ἔσται ἱερωσύνη. ἐν τῷ πρώτῳ ἰωβηλαίῳ ὁ πρῶτος
TLevi 17 2 ἕκαστον γὰρ ἰωβηλαῖον ἔσται ἱερωσύνη. ἐν τῷ πρώτῳ * ἰωβηλαίῳ * ὁ πρῶτος χριόμενος εἰς ἱερωσύνην μέγας ἔσται
TLevi 17 3 σωτηρίᾳ κόσμου αὐτὸς ἀναστήσεται. ἐν τῷ δευτέρῳ * ἰωβηλαίῳ * ὁ χριόμενος ἐν πένθει ἀγαπητῶν συλληφθήσεται

᾿Ιωδαέ 1
Prop. 23 1 εὐθὺς ἀνέζησεν. Ζαχαρίας ἐξ Ἰερουσαλὴμ υἱὸς * Ἰωδαὲ * τοῦ ἱερέως ὃν ἀπέκτεινεν Ἰωὰς ὁ βασιλεὺς Ἰούδα

ιωη * 2
FrAn. 574 3012 ϊωηλ ωσσαρθιωμι εμωρι θεωχιψοϊθ σιθεμεωχ σωθη * ιωη * μιμιψωθιωωφ φερσωθι αεηιουω ιωη εωχαριφθα ἔξελθε ἀπὸ
FrAn. 574 3013 σιθεμεωχ σωθη ιωη μιμιψωθιωωφ φερσωθι αεηιουω * ιωη * εωχαριφθα ἔξελθε ἀπὸ τοῦ δεῖνα κοινὰ τὸ δὲ

ϊωηλ * 1
FrAn. 574 3010 λωτομήτρας ἔψει μετὰ σαμψούχου ἀχρωτίστου λέγων * ϊωηλ * ωσσαρθιωμι εμωρι θεωχιψοϊθ σιθεμεωχ σωθη ιωη

᾿Ιωήλ 2
Prop. 8 1 γῆν αὐτοῦ καὶ μεθ᾽ ἡμέρας ἀπέθανε καὶ ἐτάφη ἐκεῖ. * Ἰωὴλ * ἦν ἐκ τῆς γῆς τοῦ Ῥουβὴν ἐν ἀγρῷ Βεθωμόρων
FIsa. 1 2 9 καὶ Μιχάας ὁ προφήτης καὶ Ἀνανίας ὁ γέρων καὶ * ⟨Ἰ⟩ωὴλ * καὶ Ἀμβακοὺμ καὶ Ἰ(σ)ασοὺφ ὁ υἱὸς αὐτοῦ καὶ

᾿Ιωμειήλ 1
Hen. 6 7 Ἀραθὰκ Κιμβρὰ Σαμμανὴ Δανειὴλ Ἀρεαρὼς Σεμιὴλ * Ἰωμειὴλ * Χωχαριὴλ Ἐζεκιὴλ Βατριὴλ Σαθιὴλ Ἀτριὴλ Ταμιὴλ

῎Ιων 1
SIb. 5 288 δέ σε τλήμων Ἀσίη κατοδύρομαι οἰκτρῶς καὶ γένος * Ἰώνων * Καρῶν Λυδῶν πολυχρύσων. αἰαῖ ⟨σοι⟩ Σάρδεις αἰαῖ

᾿Ιωνάθας 2
Aris. 48 2 Ἰώσηφος Θεοδόσιος Βασέας Ὀρνίας Δάκις. τετάρτης * Ἰωνάθας * Ἀβραῖος Ἐλισσαῖος Ἀνανίας Χαβρίας---.
Aris. 49 3 ὀγδόης Θεοδόσιος Ἰάσων Ἰησοῦς Θεόδοτος Ἰωάννης * Ἰωνάθας. * ἐνάτης Θεόφιλος Ἄβραμος Ἄρσαμος Ἰάσων

᾿Ιωνάθης 1
Aris. 50 3 Δαθαῖος. ἑνδεκάτης Σαμούηλος Ἰώσηφος Ἰούδας * Ἰωνάθης * Χαλεβ Δοσίθεος. δωδεκάτης Ἰσάηλος Ἰωάννης

᾿Ιωνακείμ 3
HEup. 9 39 2 δύο ὧν ἐν εἰρήνῃ βασιλεῦσαι ἔτη μ᾽. εἶτα * Ἰωναχειμ * ἐπὶ τούτου προφητεῦσαι Ἰερεμίαν τὸν προφήτην.
HEup. 9 39 3 δὲ αὐτοῖς τὴν μέλλουσαν ἀτυχίαν δηλῶσαι. τὸν δὲ * Ἰωναχειμ * ζῶντα αὐτὸν ἐπιβαλέσθαι κατακαῦσαι τὸν δὲ
HEup. 9 39 5 Ἱεροσόλυμα παραλαβεῖν καὶ τὸν Ἰουδαίων βασιλέα * Ἰωναχειμ * ζωγρῆσαι τὸν δὲ χρυσὸν τὸν ἐν τῷ ἱερῷ καὶ

᾿Ιωνᾶς 9
Prop. 10 1 καὶ προεφήτευσε καὶ ἐτάφη μετὰ τῶν πατέρων αὐτοῦ. * Ἰωνᾶς * ἦν ἐκ γῆς Καριαθμοῦς πλησίον πόλεως Ἑλλήνων
Prop. 10 4B εἰς Σαρεφθᾶ καὶ εὗρε τὴν χήραν μετὰ τοῦ υἱοῦ αὐτῆς * Ἰωνᾶν * καὶ εὐλόγησεν αὐτὴν σίτῳ καὶ ἐλαίῳ καὶ ἔμεινεν
Prop. 10 5B δύναται ἀποδρᾶσαι θεόν. καὶ θανόντα τὸν υἱὸν αὐτῆς * Ἰωνᾶν * πάλιν ἤγειρεν αὐτὸν ὁ θεὸς ἐκ νεκρῶν διὰ τοῦ
Prop. 10 6B ἐχόμενα τῆς βαλάνου Δεββώρας. καὶ γενόμενος υἱὸς * Ἰωνᾶς * μέγας ἐπέμφθη ὑπὸ κυρίου εἰς Νινευῒ τὴν πόλιν
Prop. 10 6B εἰς Νινευῒ τὴν πόλιν Ἀσσυρίων. καὶ ἐζήτησεν * Ἰωνᾶς * ἀποδρᾶσαι κυρίου καὶ κατεπόθη ὑπὸ τοῦ κήτους καὶ
Prop. 10 6B οἱ ἄνδρες οἱ Νινευῖται καὶ ἠλεήθησαν. καὶ ἐλυπήθη * Ἰωνᾶς * καὶ ἀνακάμψας οὐκ ἔμεινεν εἰς τὴν γῆν αὐτῶν ἀλλὰ
Prop. 10 8B ὅτι ἡ πόλις ἕως ἐδάφους ἠφάνισται ὅλη. οὗτός ἐστιν * Ἰωνᾶς * ὁ γενόμενος εἰς τύπον τῆς τοῦ κυρίου ἀναστάσεως
Prop. 11 2 τοῦ Ἰσβηγαβαρὶν φυλῆς Συμεών. οὗτος μετὰ τὸν * Ἰωνᾶν * τῇ Νινευῒ τέρας ἔδωκεν ὅτι ὑπὸ ὑδάτων γλυκέων καὶ
FIsa. 1 2 5 ἐν χερσὶν τοῦ Τουβὶ τοῦ Χανανίτου καὶ ἐν χερσὶν * Ἰωνὰν * τοῦ Ναθὼθ καὶ ἐν χερσὶν Σαδὼκ τοῦ ἐπὶ τῶν

᾿Ιωράμ 1
Prop. 6 1 ἦν ἐκ φυλῆς Ἐφραΐμ. πολλὰ ποιήσας τῷ Ἀχαὰβ ὑπὸ * Ἰωρὰμ * τοῦ υἱοῦ αὐτοῦ ἀνηρέθη κρημνῷ ὅτι ἤλεγχεν αὐτὸν

᾿Ιωσαφάτ 1
Esdr. 3 6 οἰκουμένην καὶ συνάξω πάντας εἰς τὴν κοιλάδα τοῦ * Ἰωσαφὰτ * καὶ ἐξαλείψω τὸ γένος τῶν ἀνθρώπων καὶ οὐκέτι ᾖ

᾿Ιωσεδέκ 1
Prop. 15 2 καὶ τέρατα ἔδωκεν εἰς ἀπόδειξιν. οὗτος εἶπε τῷ * Ἰωσεδὲκ * ὅτι γεννήσει υἱὸν καὶ ἐν Ἰερουσαλὴμ

᾿Ιωσήφ 231
TRub. 1 2 ἔτει τῆς ζωῆς αὐτοῦ. μετὰ ἔτη δύο τῆς τελευτῆς * Ἰωσὴφ * ἀρρωστοῦντι συνήχθησαν ἐπισκέψασθαι αὐτόν οἱ υἱοὶ
TRub. 4 8 υἱοῖς τῶν ἀνθρώπων. ἐπειδὴ γὰρ ἐφύλαξεν ἑαυτὸν * Ἰωσὴφ * ἀπὸ πάσης γυναικὸς καὶ τὰς ἐννοίας ἐκαθάρισεν ἀπὸ
TRub. 6 7 ἀρχὴν καὶ τῷ Ἰούδᾳ μετ᾽ αὐτῶν κἀμοὶ καὶ Δὰν καὶ * Ἰωσὴφ * τοῦ εἶναι εἰς ἄρχοντας. διὰ τοῦτο ἐντέλλομαι ὑμῖν
TSim. 1 1 εἰκοστῷ ἔτει τῆς ζωῆς αὐτοῦ ἐν ᾧ ἔτει ἀπέθανεν * Ἰωσήφ. * ἦλθον γὰρ ἐπισκέψασθαι αὐτὸν ἀρρωστοῦντα καὶ
TSim. 2 6 καὶ ἐν σώμασιν. καὶ ἐν τῷ καιρῷ ἐκείνῳ ἐζήλωσα τὸν * Ἰωσὴφ * ὅτι ἠγάπα αὐτὸν ὁ πατὴρ ἡμῶν καὶ ἐστήρισα ἐπ᾽
TSim. 2 13 ἦν ἐπὶ ἡμέρας ἑπτά. καὶ ἔγνων τέκνα ὅτι περὶ * Ἰωσὴφ * τοῦτό μοι συνέβη καὶ μετανοήσας ἔκλαυσα καὶ
TSim. 2 14 ἐνώπιον κυρίου καὶ Ἰακὼβ τοῦ πατρός μου διὰ * Ἰωσὴφ * τὸν ἀδελφόν μου φθονήσας αὐτῷ. καὶ νῦν τέκνα μου
TSim. 4 2 γὰρ παρὰ πάντας ὅτι ἐγὼ ἤμην αἴτιος τῆς πράσεως * Ἰωσήφ. * καὶ ὅτε κατέβημεν εἰς Αἴγυπτον καὶ ἔδησέ με ὡς
TSim. 4 4 ἔγνων ὅτι δικαίως πάσχω καὶ οὐκ ἐλυπούμην. * Ἰωσὴφ * δὲ ἦν ἀνὴρ ἀγαθὸς καὶ ἔχων πνεῦμα θεοῦ ἐν ἑαυτῷ
TSim. 5 1 ἔχων οὕτως φαίνεται τοῖς ἀνθρώποις. διὰ τοῦτο * Ἰωσὴφ * ἦν ὡραῖος τῷ εἴδει καὶ καλὸς τῇ ὄψει ὅτι οὐκ
TSim. 8 3 αὐτὰ ἐν πολέμῳ Αἰγυπτίων κρυφῇ. τὰ γὰρ ὀστᾶ * Ἰωσὴφ * ἐφύλαττον οἱ Αἰγύπτιοι ἐν τοῖς ταμιείοις τῶν
TSim. 8 4 ἔλεγον γὰρ αὐτοῖς οἱ ἐπαοιδοὶ ὅτι ἐν ἐξόδῳ ὀστῶν * Ἰωσὴφ * ἔσται ἐν πάσῃ γῇ Αἰγύπτῳ σκότος καὶ γνόφος καὶ
TLevi 12 7 εἰς Αἴγυπτον. καὶ ἰδού ἐστε τέκνα μου τρίτη γενεά. * Ἰωσὴφ * ἑκατοστῷ ὀκτωκαιδεκάτῳ ἔτει ἀπέθανεν. καὶ νῦν
TLevi 13 9 ταῦτα καὶ πράττῃ σύνθρονος ἔσται βασιλέων ὡς καὶ * Ἰωσὴφ * ὁ ἀδελφὸς ἡμῶν. καὶ νῦν τέκνα ἔγνων ἀπὸ γραφῆς
TJud. 12 11 αὐτήν. καὶ μετὰ ταῦτα ἤλθομεν εἰς Αἴγυπτον πρὸς * Ἰωσὴφ * διὰ τὸν λιμόν. τεσσαράκοντα ἓξ ἐτῶν ἤμην καὶ
TJud. 25 1 ἐν Ἰσραὴλ ἐσόμεθα Λευὶ πρῶτος δεύτερος ἐγὼ τρίτος * Ἰωσὴφ * τέταρτος Βενιαμὶν πέμπτος Συμεὼν ἕκτος Ἰσαχὰρ
TJud. 25 2 τὸν Ἰσαχὰρ ἡ γῆ ἡ θάλασσα τὸν Ζαβουλὼν τὰ ὄρη τὸν * Ἰωσὴφ * ἡ σκηνὴ τὸν Βενιαμὶν οἱ φωστῆρες τὸν Δὰν ἡ τρυφὴ
TZab. 1 1 ἔτει τῆς ζωῆς αὐτοῦ μετὰ δύο ἔτη τοῦ θανάτου * Ἰωσήφ. * καὶ εἶπεν αὐτοῖς ἀκούσατέ μου υἱοὶ Ζαβουλὼν
TZab. 1 5 ἐποίησα πλὴν τὴν ἄγνοιαν ἣν ἐποίησα ἐπὶ τοῦ * Ἰωσὴφ * ὅτι ἐσκέπασα ἐπὶ τοῖς ἀδελφοῖς μου μὴ εἰπεῖν τῷ

| | | | | | |
|---|---|---|---|---|---|
| TZab. | 2 | 1 | ἀνομίαν ταύτην. ἦλθον γὰρ Συμεὼν καὶ Γὰδ ἐπὶ τὸν | * Ἰωσὴφ * | μετ' ὀργῆς τοῦ ἀνελεῖν αὐτὸν καὶ πεσὼν ἐπὶ |
| TZab. | 2 | 1 | ὀργῆς τοῦ ἀνελεῖν αὐτὸν καὶ πεσὼν ἐπὶ πρόσωπον | * Ἰωσὴφ * | ἔλεγεν αὐτοῖς ἐλεήσατέ με ἀδελφοί μου οἰκτιρήσατε |
| TZab. | 2 | 5 | μου ἐχαυνοῦτο ἐπὶ τὴν ψυχήν μου. ἔκλαιε δὲ καὶ | * Ἰωσὴφ * | κἀγὼ σὺν αὐτῷ καὶ ἐβόμβει ἡ καρδία μου καὶ οἱ |
| TZab. | 2 | 8 | ὕδωρ ἐν αὐτοῖς ἵνα γένηται περιποίησις τοῦ | * Ἰωσήφ. * | καὶ ἐποίησε κύριος οὕτως ἕως οὗ ἐπώλησαν αὐτὸν |
| TZab. | 3 | 1 | αὐτὸν τοῖς Ἰσμαηλίταις. καὶ γὰρ τῆς τιμῆς τοῦ | * Ἰωσὴφ * | τέκνα ἐγὼ οὐκ ἐκοινώνησα ἀλλὰ Συμεὼν καὶ Γὰδ καὶ |
| TZab. | 3 | 2 | οἱ ἄλλοι ἓξ ἀδελφοὶ ἡμῶν λαβόντες τὴν τιμὴν τοῦ | * Ἰωσὴφ * | ἐπριάσαντο ὑποδήματα ἑαυτοῖς καὶ ταῖς γυναιξὶν |
| TZab. | 3 | 5 | καὶ ἐμπτύεσθαι εἰς τὸ πρόσωπον. καὶ οἱ ἀδελφοὶ | * Ἰωσὴφ * | οὐκ ἠθέλησαν εἰς ζωὴν ἀδελφοῦ αὐτῶν καὶ κύριος |
| TZab. | 3 | 5 | αὐτῶν καὶ κύριος ὑπέλυσεν αὐτοὺς τὸ ὑπόδημα | * Ἰωσήφ. * | καὶ γὰρ ἐλθόντες ἐν Αἰγύπτῳ ὑπελύθησαν ὑπὸ τῶν |
| TZab. | 3 | 6 | γὰρ ἐλθόντες ἐν Αἰγύπτῳ ὑπελύθησαν ὑπὸ τῶν παίδων | * Ἰωσὴφ * | ἔμπροσθε τοῦ πυλῶνος καὶ οὕτως προσεκύνησαν τῷ |
| TZab. | 3 | 6 | ἔμπροσθε τοῦ πυλῶνος καὶ οὕτως προσεκύνησαν τῷ | * Ἰωσὴφ * | κατὰ τὸν τύπον τοῦ Φαραώ. οὐ μόνον δὲ |
| TZab. | 3 | 8 | ἤκουσαν οἱ Αἰγύπτιοι πάντα τὰ κακὰ ἃ ἐποιήσαμεν τῷ | * Ἰωσήφ. * | μετὰ ταῦτα ἔλαβον ἐσθίειν ἐκεῖνοι. ἐγὼ γὰρ δύο |
| TZab. | 4 | 2 | καὶ δύο νύκτας οὐκ ἐγευσάμην σπλαγχνιζόμενος ἐπὶ | * Ἰωσήφ. * | καὶ Ἰούδας οὐ συνέτρωγεν αὐτοῖς προσεῖχε δὲ τῷ |
| TZab. | 4 | 9 | θύσωμεν χίμαρον αἰγῶν καὶ ἐμβάψωμεν τὸν χιτῶνα | * Ἰωσὴφ * | καὶ ἐροῦμεν ἐπίγνωθι εἰ χιτὼν τοῦ υἱοῦ σού ἐστιν |
| TZab. | 4 | 10 | οὕτως. τὸν γὰρ χιτῶνα τοῦ πατρὸς ἡμῶν ἐξέδυσαν τὸν | * Ἰωσὴφ * | ἐν τῷ μέλλειν πιπράσκειν αὐτὸν καὶ ἐνέδυσαν αὐτὸν |
| TZab. | 5 | 4 | οἱ υἱοὶ τῶν ἀδελφῶν μου ἠσθένουν ἀπέθνησκον διὰ | * Ἰωσὴφ * | ὅτι οὐκ ἐποίησαν ἔλεος ἐν σπλάγχνοις αὐτῶν οἱ δὲ |
| TZab. | 8 | 4 | κύριος εἰς αὐτόν. ὅτε γὰρ κατήλθομεν εἰς Αἴγυπτον | * Ἰωσὴφ * | οὐκ ἐμνησικάκησεν εἰς ἡμᾶς ἐμὲ δὲ ἰδὼν |
| TDan | 1 | 4 | μου ὅτι ἐν καρδίᾳ μου ἡδόμην περὶ τοῦ θανάτου | * Ἰωσὴφ * | ἀνδρὸς ἀληθινοῦ καὶ ἀγαθοῦ καὶ ἔχαιρον ἐπὶ τῇ |
| TDan | 1 | 5 | ἀληθινοῦ καὶ ἀγαθοῦ καὶ ἔχαιρον ἐπὶ τῇ πράσει | * Ἰωσὴφ * | ὅτι ὑπὲρ ἡμᾶς ὁ πατὴρ αὐτὸν ἠγάπα. τὸ γὰρ πνεῦμα |
| TDan | 1 | 7 | λέγων λάβε τὸ ξίφος τοῦτο καὶ ἐν αὐτῷ ἄνελε τὸν | * Ἰωσὴφ * | καὶ ἀγαπήσει σε ὁ πατήρ σου ἀποθανόντος αὐτοῦ. |
| TDan | 1 | 8 | ἵνα ὡς πάρδαλις ἐκμυζᾷ ἔριφον οὕτως ἐκμυζήσω τὸν | * Ἰωσήφ. * | ἀλλ' ὁ θεὸς Ἰακὼβ τοῦ πατρὸς ἡμῶν οὐκ ἐνέβαλεν |
| TNep. | 1 | 8 | μου κατά σέ. ὅθεν καὶ ὅμοιός μοι ἦν ἐν πᾶσιν ὁ | * Ἰωσὴφ * | κατὰ τὰς εὐχὰς Ῥαχήλ. ἡ δὲ μήτηρ μού ἐστι Βάλλα |
| TNep. | 5 | 7 | θέλοντες πιάσαι αὐτὸν οὐκ ἠδυνήθημεν. φθάσας γὰρ | * Ἰωσὴφ * | ἔλαβεν αὐτὸν καὶ συνανῆλθεν αὐτῷ εἰς ὕψος. καὶ |
| TNep. | 6 | 6 | περιρρησσόμενον ὥστε καὶ συντρίβεσθαι αὐτό. καὶ | * Ἰωσὴφ * | ἐπὶ ἀκατίου φεύγει χωριζόμεθα δὲ καὶ ἡμεῖς ἐπὶ |
| TNep. | 7 | 2 | τότε λέγει μοι ὁ πατήρ μου πιστεύω ὅτι ζῇ | * Ἰωσὴφ * | ὁρῶ γὰρ πάντοτε ὅτι κύριος συγκαταριθμεῖ αὐτὸν |
| TNep. | 7 | 3 | αὐτὸν μεθ' ὑμῶν. καὶ κλαίων ἔλεγε ζῇς | * Ἰωσὴφ * | τέκνον μου καὶ οὐ βλέπω σέ καὶ σὺ οὐχ ὁρᾷς Ἰακὼβ |
| TGad | 1 | 4 | αὐτὸ ἐπὶ δύο σταδίους καὶ οὕτως ἀνήρουν. ὁ οὖν | * Ἰωσὴφ * | ἐποίμαινε μεθ' ἡμῶν ὡς ἡμέρας τριάκοντα καὶ |
| TGad | 1 | 6 | αὐτὸν πλησίον αὐτοῦ ὅτι ἠγάπα αὐτόν. καὶ εἶπεν | * Ἰωσὴφ * | τῷ πατρὶ ἡμῶν ὅτι υἱοὶ Ζέλφας καὶ Βάλλας θύουσι |
| TGad | 1 | 8 | αὐτὸν καὶ εἶπε τῷ πατρὶ ἡμῶν. καὶ ἐνεκότουν τῷ | * Ἰωσὴφ * | περὶ τοῦ λόγου τούτου ἕως ἡμέρας διαπράσεως αὐτοῦ |
| TGad | 1 | 9 | ἤθελον οὔτε δι' ὀφθαλμῶν οὔτε δι' ἀκοῆς ἰδεῖν τὸν | * Ἰωσήφ. * | καὶ κατὰ πρόσωπον ἡμῶν ἤλεγξεν ἡμᾶς ὅτι ἄνευ |
| TGad | 3 | 3 | ἐτύφλωσε τὴν ψυχὴν αὐτοῦ καθὼς κἀγὼ ἔβλεπον ἐν τῷ | * Ἰωσήφ. * | φυλάξασθε οὖν τέκνα μου ἀπὸ τοῦ μίσους ὅτι εἰς |
| TGad | 5 | 6 | ἐγὼ ἔσχατον ἔγνων μετὰ τὸ μετανοῆσαί με περὶ τοῦ | * Ἰωσήφ. * | ἡ γὰρ κατὰ θεὸν ἀληθὴς μετάνοια ἀναιρεῖ τὴν |
| TGad | 5 | 11 | ἐπεὶ οὖν ἐνέκειτο τὰ ἥπατά μου ἀνηλεῶς κατὰ τοῦ | * Ἰωσὴφ * | τῷ ἥπατι πάσχων ἀνηλεῶς ἐκρινόμην ἐπὶ μῆνας |
| TGad | 5 | 11 | ἐπὶ μῆνας ἕνδεκα καθ' ὅσον χρόνον ἐνεῖχον τῷ | * Ἰωσὴφ * | ἕως ἵνα πραθῇ. καὶ νῦν τέκνα μου ἀγαπήσατε |
| TGad | 6 | 2 | κατὰ πρόσωπον τοῦ πατρὸς ἡμῶν εἰρηνικὰ ἐλάλουν τῷ | * Ἰωσὴφ * | καὶ ἐξελθόντος μου τὸ πνεῦμα τοῦ μίσους ἐσκότιζέ |
| TJos. | | | διαθηκη | * Ιωσηφ. * | περι σωφροσυνης. ἀντίγραφον διαθήκης Ἰωσήφ. ἐν |
| TJos. | 1 | 1 | Ιωσηφ. περι σωφροσυνης. ἀντίγραφον διαθήκης | * Ἰωσήφ. * | ἐν τῷ μέλλειν αὐτὸν ἀποθνήσκειν καλέσας τοὺς |
| TJos. | 1 | 2 | αὐτοῦ εἶπεν αὐτοῖς τέκνα μου καὶ ἀδελφοὶ ἀκούσατε | * Ἰωσὴφ * | τοῦ ἠγαπημένου ὑπὸ Ἰσραὴλ ἐνωτίσασθε υἱοὶ τοῦ |
| TBen. | 1 | 4 | αὐτῆς ἐθήλασα. ἡ γὰρ Ῥαχὴλ μετὰ τὸ τεκεῖν τὸν | * Ἰωσὴφ * | δώδεκα ἔτη ἐστείρευσεν καὶ προσηύξατο κυρίῳ μετὰ |
| TBen. | 2 | 1 | ὅτε οὖν εἰσῆλθον εἰς Αἴγυπτον καὶ ἀνεγνώρισέ με | * Ἰωσὴφ * | ὁ ἀδελφός μου λέγει μοι τί εἶπον τῷ πατρί μου ὅτε |
| TBen. | 3 | 1 | αὐτοῦ μιμούμενοι τὸν ἀγαθὸν καὶ ὅσιον ἄνδρα | * Ἰωσήφ. * | καὶ ἔστω ἡ διάνοια ὑμῶν εἰς τὸ ἀγαθὸν ὡς κἀμὲ |
| TBen. | 3 | 3 | μὴ κατακυριεύσῃ ὑμῶν πᾶσα πονηρία θλίψεως ὡς οὐδὲ | * Ἰωσὴφ * | τοῦ ἀδελφοῦ μου. πόσοι τῶν ἀνθρώπων ἠθέλησαν |
| TBen. | 3 | 6 | πρὸς τὸν πλησίον. καὶ γὰρ ἐδεήθη τοῦ πατρὸς ἡμῶν | * Ἰωσὴφ * | ἵνα προσεύξηται περὶ τῶν υἱῶν ἵνα μὴ λογίσηται |
| TBen. | 3 | 7 | πονηρὸν περὶ αὐτοῦ. καὶ οὕτως ἐβόα Ἰακὼβ ὦ τέκνον | * Ἰωσὴφ * | ὦ τέκνον χρηστὸν ἐνίκησας τὰ σπλάγχνα Ἰακὼβ τοῦ |
| TBen. | 5 | 5 | μετ' οὐ πολὺ φαιδρότερος ἀναφαίνεται οἷος γέγονεν | * Ἰωσὴφ * | ὁ ἀδελφός μου. τὸ διαβούλιον τοῦ ἀγαθοῦ ἀνδρὸς |
| TBen. | 10 | 1 | ἐπὶ γῆς καὶ οἷος ἔνδοξος ἐν οὐρανῷ. ὅτε δὲ | * Ἰωσὴφ * | ἦν ἐν Αἰγύπτῳ ἐπεθύμουν ἰδεῖν τὴν ἰδέαν αὐτοῦ καὶ |
| Asen. | 1 | 1 | τῷ δευτέρῳ πέμπτῃ τοῦ μηνὸς ἐξαπέστειλε Φαραὼ τὸν | * Ἰωσὴφ * | κυκλεῦσαι πᾶσαν τὴν γῆν Αἰγύπτου. καὶ ἦλθεν |
| Asen. | 1 | 2 | Ἰωσὴφ κυκλεῦσαι πᾶσαν τὴν γῆν Αἰγύπτου. καὶ ἦλθεν | * Ἰωσὴφ * | ἐν τῷ τετάρτῳ μηνὶ τοῦ πρώτου ἔτους ὀκτωκαιδεκάτῃ |
| Asen. | 3 | 1 | ἐν τῷ τετάρτῳ μηνὶ ὀκτωκαιδεκάτῃ τοῦ μηνὸς ἦλθεν | * Ἰωσὴφ * | εἰς τὰ ὅρια Ἡλιουπόλεως καὶ ἦν συνάγων τὸν σῖτον |
| Asen. | 3 | 2 | τῆς χώρας ἐκείνης. καὶ ὡς ἤγγισεν τῇ πόλει ἐκείνῃ | * Ἰωσὴφ * | ἀπέστειλεν ἔμπροσθεν αὐτοῦ δώδεκα ἄνδρας πρὸς |
| Asen. | 3 | 3 | σφόδρα καὶ εἶπεν εὐλογητὸς κύριος ὁ θεὸς τοῦ | * Ἰωσὴφ * | ὅτι ἄξιόν με ἡγήσατο ὁ κύριός μου Ἰωσὴφ ἔρχεσθαι |
| Asen. | 3 | 3 | θεὸς τοῦ Ἰωσὴφ ὅτι ἄξιόν με ἡγήσατο ὁ κύριός μου | * Ἰωσὴφ * | ἔρχεσθαι πρὸς ἡμᾶς. καὶ ἐκάλεσε Πεντεφρῆς τὸν |
| Asen. | 3 | 4 | τὴν οἰκίαν μου καὶ δεῖπνον μέγα ἑτοίμασον διότι | * Ἰωσὴφ * | ὁ δυνατὸς τοῦ θεοῦ ἔρχεται πρὸς ἡμᾶς σήμερον. καὶ |
| Asen. | 4 | 7 | πατήρ μου. καὶ εἶπεν αὐτῇ Πεντεφρῆς ὁ πατὴρ αὐτῆς | * Ἰωσὴφ * | ὁ δυνατὸς τοῦ θεοῦ ἔρχεται πρὸς ἡμᾶς σήμερον. καὶ |
| Asen. | 4 | 7 | σῴζει αὐτὴν ἐκ τοῦ ἐπερχομένου λιμοῦ. καὶ ἔστιν | * Ἰωσὴφ * | ἀνὴρ θεοσεβὴς καὶ σώφρων καὶ παρθένος ὡς σὺ |
| Asen. | 4 | 7 | καὶ σώφρων καὶ παρθένος ὡς σὺ σήμερον καὶ ἔστιν | * Ἰωσὴφ * | ἀνὴρ δυνατὸς ἐν σοφίᾳ καὶ ἐπιστήμῃ καὶ πνεῦμα |
| Asen. | 4 | 12 | ἠδέσθη ἔτι λαλῆσαι τῇ θυγατρὶ αὐτοῦ Ἀσενὲθ περὶ | * Ἰωσὴφ * | διότι θρασέως καὶ μετὰ ἀλαζονείας καὶ ὀργῆς |
| Asen. | 5 | 1 | νεανίσκος ἐκ τῆς θεραπείας Πεντεφρῆ καὶ λέγει ἰδοὺ | * Ἰωσὴφ * | πρὸ τῶν θυρῶν τῆς αὐλῆς ἡμῶν ἕστηκε. καὶ ἔφυγεν |
| Asen. | 5 | 2 | αὐτῆς ὡς ἤκουσε τὰ ῥήματα ταῦτα +λεγόντων+ περὶ | * Ἰωσὴφ * | καὶ ἀνέβη εἰς τὸ ὑπερῷον καὶ εἰσῆλθεν εἰς τὸν |
| Asen. | 5 | 2 | μεγάλην τὴν βλέπουσαν κατὰ ἀνατολὰς τοῦ ἰδεῖν τὸν | * Ἰωσὴφ * | εἰσερχόμενον εἰς τὴν οἰκίαν τοῦ πατρὸς αὐτῆς. καὶ |
| Asen. | 5 | 3 | τοῦ πατρὸς αὐτῆς. καὶ ἐξῆλθον εἰς συνάντησιν τοῦ | * Ἰωσὴφ * | Πεντεφρῆς καὶ ἡ γυνὴ αὐτοῦ καὶ πᾶσα ἡ συγγένεια |
| Asen. | 5 | 4 | τῆς αὐλῆς αἱ βλέπουσαι κατὰ ἀνατολὰς καὶ εἰσῆλθεν | * Ἰωσὴφ * | ἑστὼς ἐπὶ τῷ ἅρματι τῷ δευτέρῳ τοῦ Φαραὼ καὶ ἦσαν |
| Asen. | 5 | 5 | ἅρμα κατεσκεύαστο ὅλον ἐκ χρυσίου καθαροῦ. καὶ ἦν | * Ἰωσὴφ * | ἐνδεδυμένος χιτῶνα λευκὸν καὶ ἔξαλλον καὶ ἡ στολὴ |
| Asen. | 5 | 6 | ἐν τῷ καρπῷ ἦν πιότης ἐλαίου πολλοῦ. καὶ εἰσῆλθεν | * Ἰωσὴφ * | εἰς τὴν αὐλὴν καὶ ἐκλείσθησαν αἱ πύλαι τῆς αὐλῆς |
| Asen. | 5 | 7 | τῆς θυγατρὸς αὐτῶν Ἀσενὲθ καὶ προσεκύνησαν τῷ | * Ἰωσὴφ * | ἐπὶ πρόσωπον ἐπὶ τὴν γῆν. καὶ κατέβη Ἰωσὴφ ἀπὸ |
| Asen. | 5 | 7 | τῷ Ἰωσὴφ ἐπὶ πρόσωπον ἐπὶ τὴν γῆν. καὶ κατέβη | * Ἰωσὴφ * | ἀπὸ τοῦ ἅρματος αὐτοῦ καὶ ἐδεξιώσατο αὐτοὺς ἐν τῇ |
| Asen. | 6 | 1 | αὐτοὺς ἐν τῇ δεξιᾷ αὐτοῦ. καὶ εἶδεν Ἀσενὲθ τὸν | * Ἰωσὴφ * | ἐπὶ τοῦ ἅρματος καὶ κατενύγη ἰσχυρῶς καὶ |
| Asen. | 6 | 2 | ἐγὼ ποιήσω ἡ ταλαίπωρος; οὐχὶ λελάληκα λέγουσα ὅτι | * Ἰωσὴφ * | ἔρχεται ὁ υἱὸς τοῦ ποιμένος ἐκ γῆς Χαναάν; καὶ |
| Asen. | 6 | 3 | ἐλάλησα ῥήματα πονηρὰ περὶ αὐτοῦ καὶ οὐκ ᾔδειν ὅτι | * Ἰωσὴφ * | υἱὸς τοῦ θεοῦ ἐστιν. τίς γὰρ ἀνθρώπων ἐπὶ γῆς |
| Asen. | 6 | 5 | ἀποκρυβήσομαι ἀπὸ προσώπου αὐτοῦ ὅπως μὴ ὄψηταί με | * Ἰωσὴφ * | ὁ υἱὸς τοῦ θεοῦ διότι λελάληκα πονηρὰ περὶ αὐτοῦ; |
| Asen. | 6 | 7 | τὸ ὂν ἐν αὐτῷ; καὶ νῦν ἵλεώς μοι κύριε ὁ θεὸς τοῦ | * Ἰωσὴφ * | διότι λελάληκα ἐγὼ κατ' αὐτοῦ ῥήματα πονηρὰ ἐν |
| Asen. | 6 | 8 | πονηρὰ ἐν ἀγνοίᾳ. καὶ νῦν δότω με ὁ πατήρ μου τῷ | * Ἰωσὴφ * | εἰς παιδίσκην καὶ εἰς δούλην καὶ δουλεύσω αὐτῷ |
| Asen. | 7 | 1 | δουλεύσω αὐτῷ εἰς τὸν αἰῶνα χρόνον. καὶ εἰσῆλθεν | * Ἰωσὴφ * | εἰς τὴν οἰκίαν Πεντεφρῆ καὶ ἐκάθισεν ἐπὶ τοῦ |
| Asen. | 7 | 1 | αὐτοῦ καὶ παρέθηκαν αὐτῷ τράπεζαν κατ' ἰδίαν διότι | * Ἰωσὴφ * | οὐ συνήσθιε μετὰ τῶν Αἰγυπτίων ὅτι βδέλυγμα ἦν |
| Asen. | 7 | 2 | ὅτι βδέλυγμα ἦν αὐτῷ τοῦτο. καὶ ἀναβλέψας | * Ἰωσὴφ * | τοῖς ὀφθαλμοῖς αὐτοῦ εἶδε παρακύπτουσαν τὴν |
| Asen. | 7 | 2 | αὐτοῦ εἶδε παρακύπτουσαν τὴν Ἀσενέθ. καὶ εἶπεν | * Ἰωσὴφ * | τῷ Πεντεφρῇ καὶ πάσῃ τῇ συγγενείᾳ αὐτοῦ λέγων τίς |
| Asen. | 7 | 2 | ἀπελθέτω δὴ ἐκ τῆς οἰκίας ταύτης. διότι ἐφοβεῖτο | * Ἰωσὴφ * | λέγων μήποτε καὶ αὐτὴ ἐνοχλήσῃ με. ὅτι ἠνόχλουν |
| Asen. | 7 | 3 | γυναῖκες καὶ θυγατέρες τῶν Αἰγυπτίων ὡς ἑώρων τὸν | * Ἰωσὴφ * | κακῶς ἔπασχον ἐπὶ τῷ κάλλει αὐτοῦ. ὁ δὲ Ἰωσὴφ |
| Asen. | 7 | 4 | τὸν Ἰωσὴφ κακῶς ἔπασχον ἐπὶ τῷ κάλλει αὐτοῦ. ὁ δὲ | * Ἰωσὴφ * | ἐξουθένει αὐτὰς καὶ τοὺς πρέσβεις οὓς ἔπεμπον |
| Asen. | 7 | 4 | χρυσίου καὶ ἀργυρίου καὶ δώρων πολυτίμων ἀπέπεμπεν | * Ἰωσὴφ * | μετὰ ἀπειλῆς καὶ ὕβρεως διότι ἔλεγεν Ἰωσὴφ οὐχ |
| Asen. | 7 | 4 | Ἰωσὴφ μετὰ ἀπειλῆς καὶ ὕβρεως διότι ἔλεγεν | * Ἰωσὴφ * | οὐχ ἁμαρτήσω ἐνώπιον κυρίου τοῦ θεοῦ τοῦ πατρός |
| Asen. | 7 | 5 | τοῦ πατρὸς αὐτοῦ Ἰακὼβ πρὸ ὀφθαλμῶν αὐτοῦ εἶχεν | * Ἰωσὴφ * | πάντοτε καὶ ἐμέμνητο τῶν ἐντολῶν τοῦ πατρὸς |
| Asen. | 7 | 5 | τοῦ πατρὸς αὐτοῦ. διότι ἔλεγεν Ἰακὼβ τῷ υἱῷ αὐτοῦ | * Ἰωσὴφ * | καὶ πᾶσι τοῖς υἱοῖς αὐτοῦ φυλάξασθε τέκνα μου |
| Asen. | 7 | 6 | αὐτῆς ἀπώλειά ἐστι καὶ διαφθορά. διὰ τοῦτο εἶπεν | * Ἰωσὴφ * | ἀπελθέτω ἡ γυνὴ ἐκείνη ἐκ τῆς οἰκίας ταύτης. καὶ |
| Asen. | 7 | 8 | ἡ θυγάτηρ ἡμῶν ὡς ἀδελφή σού ἐστιν. καὶ ἐχάρη | * Ἰωσὴφ * | χαρὰν μεγάλην σφόδρα διότι εἶπε Πεντεφρῆς ὅτι |
| Asen. | 7 | 8 | ὅτι παρθένος ἐστὶ μισοῦσα πάντα ἄνδρα. καὶ εἶπεν | * Ἰωσὴφ * | ἐν ἑαυτῷ εἰ παρθένος ἐστὶ μισοῦσα πάντα ἄνδρα οὐ |
| Asen. | 7 | 8 | πάντα ἄνδρα οὐ μὴ ἐνοχλήσῃ μοι αὐτή. καὶ εἶπεν | * Ἰωσὴφ * | τῷ Πεντεφρῇ καὶ πάσῃ τῇ συγγενείᾳ αὐτοῦ εἰ |
| Asen. | 8 | 1 | καὶ ἤγαγε αὐτὴν καὶ ἔστησεν αὐτὴν ἐνώπιον τοῦ | * Ἰωσήφ. * | καὶ εἶπε Πεντεφρῆς τῇ θυγατρὶ αὐτοῦ Ἀσενὲθ |
| Asen. | 8 | 2 | καὶ σὺ πάντα ἄνδρα ἀλλότριον. καὶ εἶπεν Ἀσενὲθ τῷ | * Ἰωσὴφ * | χαίροις κύριέ μου εὐλογημένε τῷ θεῷ τῷ ὑψίστῳ. |
| Asen. | 8 | 3 | κύριέ μου εὐλογημένε τῷ θεῷ τῷ ὑψίστῳ. καὶ εἶπεν | * Ἰωσὴφ * | τῇ Ἀσενὲθ εὐλογήσει σε κύριος ὁ θεὸς ὁ |
| Asen. | 8 | 5 | ἀδελφόν σου. καὶ ὡς προσῆλθεν Ἀσενὲθ φιλῆσαι τὸν | * Ἰωσὴφ * | ἐξέτεινεν Ἰωσὴφ τὴν χεῖρα αὐτοῦ τὴν δεξιὰν καὶ |
| Asen. | 8 | 5 | ὡς προσῆλθεν Ἀσενὲθ φιλῆσαι τὸν Ἰωσὴφ ἐξέτεινεν | * Ἰωσὴφ * | τὴν χεῖρα αὐτοῦ τὴν δεξιὰν καὶ ἔθηκε πρὸς τὸ |
| Asen. | 8 | 5 | αὐτῆς ἤδη ἑστῶτες ὥσπερ μῆλα ὡραῖα. καὶ εἶπεν | * Ἰωσὴφ * | οὐκ ἔστι προσῆκον ἀνδρὶ θεοσεβεῖ ὃς εὐλογεῖ τῷ |
| Asen. | 8 | 8 | θεοῦ. καὶ ὡς ἤκουσεν Ἀσενὲθ τὰ ῥήματα ταῦτα τοῦ | * Ἰωσὴφ * | κατενύγη ἰσχυρῶς καὶ ἐλυπήθη σφόδρα καὶ |
| Asen. | 8 | 8 | σφόδρα καὶ ἀνεστέναξε καὶ ἦν ἀτενίζουσα εἰς τὸν | * Ἰωσὴφ * | ἀνεῳγμένων τῶν ὀφθαλμῶν αὐτῆς καὶ ἐπλήσθησαν |
| Asen. | 8 | 8 | δακρύων οἱ ὀφθαλμοὶ αὐτῆς. καὶ εἶδεν αὐτὴν | * Ἰωσὴφ * | καὶ ἠλέησεν αὐτὴν σφόδρα καὶ κατενύγη καὶ αὐτὸς |
| Asen. | 8 | 8 | αὐτὴν σφόδρα καὶ κατενύγη καὶ αὐτὸς διότι ἦν | * Ἰωσὴφ * | πραΰς καὶ ἐλεήμων καὶ φοβούμενος τὸν θεόν. καὶ |
| Asen. | 9 | 1 | αἰῶνα χρόνον. καὶ ἐχάρη Ἀσενὲθ ἐπὶ τῇ εὐλογίᾳ τοῦ | * Ἰωσὴφ * | χαρὰν μεγάλην σφόδρα καὶ ἔσπευσε καὶ ἀπῆλθεν εἰς |
| Asen. | 9 | 1 | τρόμος καὶ ἱδρὼς συνεχὴς ὡς ἤκουσε πάντα τὰ ῥήματα | * Ἰωσὴφ * | ὅσα ἐλάλησεν αὐτῇ ἐν τῷ ὀνόματι τοῦ θεοῦ τοῦ |
| Asen. | 9 | 3 | πᾶσι καὶ περιέμενε τοῦ γενέσθαι ἑσπέρα<ν>. καὶ | * Ἰωσὴφ * | ἔφαγε καὶ ἔπιε καὶ εἶπε τοῖς παισὶν αὐτοῦ ζεύξατε |
| Asen. | 9 | 4 | κυκλεύσω πᾶσαν τὴν γῆν. καὶ εἶπε Πεντεφρῆς πρὸς | * Ἰωσὴφ * | αὐλισθήτω δὴ ἐνταῦθα ὁ κύριός μου σήμερον καὶ τὸ |
| Asen. | 9 | 5 | καὶ τὸ πρωῒ ἀπελεύσῃ τὴν ὁδόν σου. καὶ εἶπεν | * Ἰωσὴφ * | οὐχὶ ἀλλ' ἀπελεύσομαι σήμερον διότι αὕτη ἡ ἡμέρα |
| Asen. | 10 | 1 | πρὸς ὑμᾶς καὶ αὐλισθήσομαι ἐνθάδε. καὶ ἀπῆλθεν | * Ἰωσὴφ * | τὴν ὁδὸν αὐτοῦ καὶ Πεντεφρῆς καὶ πᾶσα ἡ συγγένεια |
| Asen. | 11 | 7 | τῇ θλίψει μου ταύτῃ. καὶ κύριος ὁ θεὸς τοῦ δυνατοῦ | * Ἰωσὴφ * | ὁ ὕψιστος μισεῖ πάντας τοὺς σεβομένους τὰ εἴδωλα |

| | | | | | | |
|---|---|---|---|---|---|---|
| Asen. | | 11 | 9 | τοῦ οὐρανοῦ τὸν ὕψιστον τὸν κραταιὸν τοῦ δυνατοῦ | * Ἰωσήφ * | διότι ἐμιάνθη τὸ στόμα μου ἀπὸ τῶν θυσιῶν τῶν |
| Asen. | | 13 | 13 | καὶ λελάληκα βλάσφημα εἰς τὸν κύριόν μου | * Ἰωσήφ * | διότι οὐκ ᾔδειν ἐγὼ ἡ ἀθλία ὅτι υἱὸς σοῦ ἐστιν |
| Asen. | | 13 | 13 | υἱὸς σοῦ ἐστιν ἐπειδὴ εἶπόν μοι οἱ ἄνθρωποι ὅτι | * Ἰωσήφ * | υἱὸς τοῦ ποιμένος ἐστὶν ἐκ γῆς Χαναάν. κἀγὼ ἡ |
| Asen. | | 13 | 14 | σοφίαν καὶ ἀρετὴν καὶ δύναμιν ὡς ὁ πάγκαλος | * Ἰωσήφ; * | κύριε παρατίθημί σοι αὐτὸν ὅτι ἐγὼ ἀγαπῶ αὐτὸν |
| Asen. | | 14 | 9 | καὶ εἶδε καὶ ἰδοὺ ἀνὴρ κατὰ πάντα ὅμοιος τῷ | * Ἰωσήφ * | τῇ στολῇ καὶ τῷ στεφάνῳ καὶ τῇ ῥάβδῳ τῇ βασιλικῇ |
| Asen. | | 15 | 6 | ἡ παρθένος ἁγνή. ἰδοὺ δέδωκά σε σήμερον νύμφην τῷ | * Ἰωσήφ * | καὶ αὐτὸς ἔσται σοῦ νυμφίος εἰς τὸν αἰῶνα χρόνον. |
| Asen. | | 15 | 9 | ἀγαπᾷ κἀγὼ ὑμᾶς ἀγαπῶ. καὶ ἰδοὺ ἐγὼ ἀπέρχομαι πρὸς | * Ἰωσήφ * | καὶ λαλήσω αὐτῷ περὶ σοῦ πάντα τὰ ῥήματά μου. καὶ |
| Asen. | | 15 | 9 | σοῦ πάντα τὰ ῥήματά μου. καὶ ἐλεύσεται πρός σε | * Ἰωσήφ * | σήμερον καὶ ὄψεταί σε καὶ χαρήσεται ἐπὶ σε καὶ |
| Asen. | | 15 | 10 | ὡς νύμφην ἀγαθὴν καὶ πορεύου εἰς συνάντησιν τῷ | * Ἰωσήφ. * | ἰδοὺ γὰρ αὐτὸς παραγίνεται πρός σε σήμερον καὶ |
| Asen. | | 18 | 1 | νεανίσκος ἐκ τῆς θεραπείας Πεντεφρῆ καὶ λέγει ἰδοὺ | * Ἰωσήφ * | ὁ δυνατὸς τοῦ θεοῦ ἔρχεται πρὸς ⟨ἡμᾶς⟩ σήμερον. ὁ |
| Asen. | | 18 | 2 | τὴν οἰκίαν καὶ ἑτοίμασον δεῖπνον καλὸν ὅτι | * Ἰωσήφ * | ὁ δυνατὸς τοῦ θεοῦ ἔρχεται πρὸς ἡμᾶς σήμερον. καὶ |
| Asen. | | 18 | 7 | ⟨ὅτι⟩ τὸ πρόσωπόν μου συμπέπτωκεν. ὄψεταί με | * Ἰωσήφ * | καὶ ἐξουδενώσει με. καὶ εἶπε τῇ συντρόφῳ αὐτῆς |
| Asen. | | 18 | 11 | ἐξελέξατό σε εἰς νύμφην τῷ υἱῷ αὐτοῦ τῷ πρωτοτόκῳ | * Ἰωσήφ; * | καὶ ἔτι λαλούντων αὐτῶν ταῦτα ἦλθε παιδάριον καὶ |
| Asen. | | 19 | 1 | ταῦτα ἦλθε παιδάριον καὶ εἶπε πρὸς Ἀσενὲθ ἰδοὺ | * Ἰωσήφ * | πρὸς τὰς θύρας τῆς αὐλῆς ἡμῶν ἵσταται. καὶ |
| Asen. | | 19 | 2 | ὑπερῴου σὺν ταῖς ἑπτὰ παρθένοις εἰς συνάντησιν τῷ | * Ἰωσήφ * | καὶ ἔστη ἐν τῷ +προδρόμῳ+ τῆς οἰκίας. καὶ |
| Asen. | | 19 | 3 | καὶ ἔστη ἐν τῷ +προδρόμῳ+ τῆς οἰκίας. καὶ εἰσῆλθεν | * Ἰωσήφ * | εἰς τὴν αὐλὴν καὶ ἐκλείσθησαν αἱ πύλαι καὶ |
| Asen. | | 19 | 4 | Ἀσενὲθ ἐκ τοῦ +προδρόμου+ εἰς συνάντησιν τῷ | * Ἰωσήφ * | καὶ εἶδεν αὐτὴν Ἰωσὴφ καὶ ἐθαμβήθη ἐπὶ τῷ κάλλει |
| Asen. | | 19 | 4 | εἰς συνάντησιν τῷ Ἰωσὴφ καὶ εἶδεν αὐτὴν | * Ἰωσήφ * | καὶ ἐθαμβήθη ἐπὶ τῷ κάλλει αὐτῆς καὶ εἶπε πρὸς |
| Asen. | | 19 | 5 | καὶ ἔπιον καὶ εἶπέ μοι δέδωκά σε εἰς νύμφην τῷ | * Ἰωσήφ * | σήμερον καὶ αὐτὸς ἔσται σου νυμφίος εἰς τὸν αἰῶνα |
| Asen. | | 19 | 6 | καὶ εἶπέ μοι ὁ ἄνθρωπος πορεύσομαι καὶ πρὸς | * Ἰωσήφ * | καὶ λαλήσω εἰς τὰ ὦτα αὐτοῦ περί σου τὰ ῥήματά |
| Asen. | | 19 | 8 | ἐκεῖνος καὶ λελάληκέ σοι περὶ ἐμοῦ. καὶ εἶπεν | * Ἰωσήφ * | πρὸς Ἀσενὲθ εὐλογημένη εἶ σὺ τῷ θεῷ τῷ ὑψίστῳ |
| Asen. | | 19 | 10 | ἀπὸ μακρόθεν μου; καὶ ἐξέτεινε τὰς χεῖρας αὐτοῦ | * Ἰωσήφ * | καὶ ἐκάλεσε τὴν Ἀσενὲθ ⟨ἐν νεύματι τῶν ὀφθαλμῶν |
| Asen. | | 19 | 10 | καὶ Ἀσενὲθ τὰς χεῖρας αὐτῆς καὶ ἔδραμε πρὸς | * Ἰωσήφ * | καὶ ἔπεσεν ἐπὶ τὸ στῆθος αὐτοῦ. καὶ ἐνηγκαλίσατο |
| Asen. | | 19 | 10 | ἐπὶ τὸ στῆθος αὐτοῦ. καὶ ἐνηγκαλίσατο αὐτὴν ὁ | * Ἰωσήφ * | καὶ ἡ Ἀσενὲθ τὸν Ἰωσὴφ καὶ ἠσπάσαντο ἀλλήλους |
| Asen. | | 19 | 10 | καὶ ἐνηγκαλίσατο αὐτὴν ὁ Ἰωσὴφ καὶ ἡ Ἀσενὲθ τὸν | * Ἰωσήφ * | καὶ ἠσπάσαντο ἀλλήλους ἐπιπολὺ καὶ ἀνέζησαν |
| Asen. | | 19 | 11 | ἀμφότεροι τῷ πνεύματι αὐτῶν. καὶ κατεφίλησεν ὁ | * Ἰωσήφ * | τὴν Ἀσενὲθ καὶ ἔδωκεν αὐτῇ πνεῦμα ζωῆς καὶ |
| Asen. | | 20 | 1 | τὰ δεσμὰ τῶν χειρῶν αὐτῶν. καὶ εἶπεν Ἀσενὲθ τῷ | * Ἰωσήφ * | δεῦρο κύριέ μου καὶ εἴσελθε εἰς τὴν οἰκίαν ἡμῶν |
| Asen. | | 20 | 3 | ἤνεγκεν ὕδωρ τοῦ νίψαι τοὺς πόδας αὐτοῦ. καὶ εἶπεν | * Ἰωσήφ * | ἐλθάτω δὴ μία τῶν παρθένων καὶ νιψάτω τοὺς πόδας |
| Asen. | | 20 | 5 | αὐτὸν καὶ ἔνιψε τοὺς πόδας αὐτοῦ. καὶ ἐθεώρει | * Ἰωσήφ * | τὰς χεῖρας αὐτῆς καὶ ἦσαν ὡς χεῖρες ζωῆς ⟨καὶ οἱ |
| Asen. | | 20 | 5 | γραφέως ὀξυγράφου⟩. καὶ μετὰ ταῦτα ἐκράτησεν | * Ἰωσήφ * | τὴν χεῖρα αὐτῆς τὴν δεξιὰν καὶ κατεφίλησεν αὐτὴν |
| Asen. | | 20 | 6 | οὐράνιον. καὶ εἶδον αὐτὴν καθημένην μετὰ τοῦ | * Ἰωσήφ * | καὶ ἐνδεδυμένην ἔνδυμα γάμου. καὶ ἐθαμβήθησαν ἐπὶ |
| Asen. | | 20 | 8 | καὶ ἔπιον καὶ εὐφράνθησαν. καὶ εἶπε Πεντεφρῆς τῷ | * Ἰωσήφ * | αὔριον ἐγὼ καλέσω πάντας τοὺς μεγιστάνους καὶ |
| Asen. | | 20 | 9 | τὴν θυγατέρα μου Ἀσενὲθ εἰς γυναῖκα. καὶ εἶπεν | * Ἰωσήφ * | ἐγὼ πορεύσομαι αὔριον πρὸς Φαραὼ τὸν βασιλέα |
| Asen. | | 21 | 1 | αὐτῷ Πεντεφρῆς πορεύου μετ' εἰρήνης. καὶ ἔμεινεν | * Ἰωσήφ * | τὴν ἡμέραν ἐκείνην παρὰ τῷ Πεντεφρῇ καὶ οὐκ |
| Asen. | | 21 | 1 | καὶ οὐκ ἐκοιμήθη μετὰ τῆς Ἀσενὲθ διότι εἶπεν | * Ἰωσήφ * | οὐ προσήκει ἀνδρὶ θεοσεβεῖ πρὸ τῶν γάμων |
| Asen. | | 21 | 2 | κοιμηθῆναι μετὰ τῆς γυναικὸς αὐτοῦ. καὶ ἀνέστη | * Ἰωσήφ * | τὸ πρωΐ καὶ ἀπῆλθε πρὸς Φαραὼ καὶ εἶπεν αὐτῷ δός |
| Asen. | | 21 | 3 | γυναῖκα. καὶ ἐχάρη Φαραὼ χαρὰν μεγάλην καὶ εἶπε τῷ | * Ἰωσήφ * | οὐκ ἰδοὺ αὕτη κατεγγύηταί σοι ἀπὸ τοῦ αἰῶνος; καὶ |
| Asen. | | 21 | 4 | αὐτῆς καὶ εἶπεν εὐλογήσει σε κύριος ὁ θεὸς τοῦ | * Ἰωσήφ * | τέκνον καὶ διαμείνῃ τὸ κάλλος σου τοῦτο εἰς τοὺς |
| Asen. | | 21 | 4 | εἰς τοὺς αἰῶνας διότι ⟨δικαίως⟩ κύριος ὁ θεὸς τοῦ | * Ἰωσήφ * | ἐξελέξατό σε εἰς νύμφην τῷ Ἰωσὴφ ὅτι αὐτός ἐστιν |
| Asen. | | 21 | 4 | ὁ θεὸς τοῦ Ἰωσὴφ ἐξελέξατό σε εἰς νύμφην τῷ | * Ἰωσήφ * | ὅτι αὐτός ἐστιν ὁ υἱὸς τοῦ θεοῦ ὁ πρωτότοκος καὶ |
| Asen. | | 21 | 4 | καὶ σὺ θυγάτηρ ὑψίστου κληθήσῃ καὶ νύμφη | * Ἰωσήφ * | ἀπὸ τοῦ νῦν καὶ ἕως τοῦ αἰῶνος. καὶ ἔλαβε Φαραὼ |
| Asen. | | 21 | 5 | τοῦ νῦν καὶ ἕως τοῦ αἰῶνος. καὶ ἔλαβε Φαραὼ τὸν | * Ἰωσήφ * | καὶ τὴν Ἀσενὲθ καὶ ἐπέθηκε στεφάνους χρυσοῦς εἰς |
| Asen. | | 21 | 5 | ἄνωθεν καὶ ἔστησε Φαραὼ τὴν Ἀσενὲθ ἐκ δεξιῶν τοῦ | * Ἰωσήφ * | καὶ ἐπέθηκε τὰς χεῖρας αὐτοῦ ἐπὶ τὰς κεφαλὰς |
| Asen. | | 21 | 8 | ὃς ποιήσει ἔργον ἐν ταῖς ἑπτὰ ἡμέραις τῶν γάμων | * Ἰωσήφ * | καὶ Ἀσενὲθ θανάτῳ ἀποθανεῖται. καὶ ἐγένετο μετὰ |
| Asen. | | 21 | 9 | ἀποθανεῖται. καὶ ἐγένετο μετὰ ταῦτα εἰσῆλθεν | * Ἰωσήφ * | πρὸς Ἀσενὲθ καὶ συνέλαβεν Ἀσενὲθ ἐκ τοῦ Ἰωσήφ |
| Asen. | | 21 | 9 | Ἰωσὴφ πρὸς Ἀσενὲθ καὶ συνέλαβεν Ἀσενὲθ ἐκ τοῦ | * Ἰωσήφ * | καὶ ἔτεκε τὸν Μανασσῆ καὶ τὸν Ἐφραὶμ τὸν ἀδελφὸν |
| Asen. | | 21 | 9 | καὶ τὸν Ἐφραὶμ τὸν ἀδελφὸν αὐτοῦ ἐν τῷ οἴκῳ | * Ἰωσήφ. * | ⟨καὶ τότε ἤρξατο Ἀσενὲθ ἐξομολογεῖσθαι κυρίῳ τῷ |
| Asen. | | 21 | 21 | ἥμαρτον ἐνώπιόν σου πολλὰ ἥμαρτον⟩ ἕως οὗ ἦλθεν | * Ἰωσήφ * | ὁ δυνατὸς τοῦ θεοῦ. αὐτός με καθεῖλεν ἀπὸ τῆς |
| Asen. | | 22 | 2 | τὰ ἑπτὰ ἔτη τοῦ λιμοῦ. καὶ ἤκουσεν Ἰακὼβ περὶ | * Ἰωσήφ * | τοῦ υἱοῦ αὐτοῦ καὶ ἦλθεν Ἰσραὴλ εἰς Αἴγυπτον σὺν |
| Asen. | | 22 | 3 | καὶ κατῴκησεν ἐν γῇ Γεσέμ. καὶ εἶπεν Ἀσενὲθ τῷ | * Ἰωσήφ * | πορεύσομαι καὶ ὄψομαι τὸν πατέρα σου διότι ὁ |
| Asen. | | 22 | 4 | Ἰσραὴλ ὡς πατήρ μοί ἐστι καὶ θεός. καὶ εἶπεν αὐτῇ | * Ἰωσήφ * | πορεύσῃ σὺν ἐμοὶ καὶ ὄψῃ τὸν πατέρα μου. καὶ |
| Asen. | | 22 | 5 | πορεύσῃ σὺν ἐμοὶ καὶ ὄψῃ τὸν πατέρα μου. καὶ ἦλθεν | * Ἰωσήφ * | καὶ Ἀσενὲθ ἐν γῇ Γεσὲμ πρὸς Ἰακώβ. καὶ |
| Asen. | | 22 | 5 | Γεσὲμ πρὸς Ἰακώβ. καὶ ἀπήντησαν αὐτοῖς οἱ ἀδελφοὶ | * Ἰωσήφ * | καὶ προσεκύνησαν αὐτοῖς ἐπὶ πρόσωπον ἐπὶ τὴν γῆν. |
| Asen. | | 22 | 8 | ἐπὶ πρόσωπον ἐπὶ τὴν γῆν. καὶ εἶπεν Ἰακὼβ πρὸς | * Ἰωσήφ * | αὕτη ἐστὶν ἡ νύμφη μου ἡ γυνή σου; εὐλογημένη |
| Asen. | | 22 | 10 | καὶ μετὰ ταῦτα ἔφαγον καὶ ἔπιον. καὶ ἐπορεύθησαν | * Ἰωσήφ * | καὶ Ἀσενὲθ εἰς τὸν οἶκον αὐτῶν. καὶ |
| Asen. | | 22 | 11 | συμπροέπεμψαν αὐτοὺς Συμεὼν καὶ Λευὶς οἱ ἀδελφοὶ | * Ἰωσήφ * | οἱ υἱοὶ Λίας μόνον οἱ δὲ υἱοὶ Ζέλφας καὶ Βάλλας |
| Asen. | | 22 | 12 | αὐτοῖς. καὶ ἦν Λευὶς ἐκ δεξιῶν τῆς Ἀσενὲθ καὶ | * Ἰωσήφ * | ἐξ εὐωνύμων. καὶ ἐκράτησεν Ἀσενὲθ τὴν χεῖρα |
| Asen. | | 22 | 13 | Ἀσενὲθ τὸν Λευὶ σφόδρα ὑπὲρ πάντας τοὺς ἀδελφοὺς | * Ἰωσήφ * | ὅτι ἦν προσκείμενος πρὸς τὸν κύριον καὶ ἦν ἀνὴρ |
| Asen. | | 23 | 1 | ἑβδόμου οὐρανοῦ.⟩ καὶ ἐγένετο ἐν τῷ παριέναι τὸν | * Ἰωσήφ * | καὶ τὴν Ἀσενὲθ εἶδεν αὐτοὺς ἀπὸ τοῦ τείχους ὁ |
| Asen. | | 23 | 3 | διότι ὑβρίσθην ἐγὼ πάνυ παρὰ τοῦ ἀδελφοῦ ὑμῶν | * Ἰωσήφ * | διότι ἔλαβεν αὐτὸς τὴν Ἀσενὲθ τὴν γυναῖκά μου |
| Asen. | | 23 | 4 | καὶ νῦν δεῦτε συνάρασθε ἐμοὶ καὶ πολεμήσομεν πρὸς | * Ἰωσήφ * | τὸν ἀδελφὸν ὑμῶν καὶ ἀποκτενῶ αὐτὸν ἐν τῇ ῥομφαίᾳ |
| Asen. | | 23 | 10 | ὁ πατὴρ ἡμῶν ἐστι φίλος τοῦ θεοῦ τοῦ ὑψίστου καὶ | * Ἰωσήφ * | ὁ ἀδελφὸς ἡμῶν ἐστιν ὡς υἱὸς τοῦ θεοῦ πρωτότοκος. |
| Asen. | | 23 | 11 | πατρὸς ἡμῶν Ἰσραὴλ καὶ ἐνώπιον τοῦ ἀδελφοῦ ἡμῶν | * Ἰωσήφ; * | καὶ νῦν ἄκουε τῶν ῥημάτων μου. οὐ προσήκει ἀνδρὶ |
| Asen. | | 23 | 13 | μὲν φύλαξαι ἔτι τοῦ λαλῆσαι περὶ τοῦ ἀδελφοῦ ἡμῶν | * Ἰωσήφ * | κατὰ τὰ ῥήματα ταῦτα. εἰ δὲ σὺ ἐπιμένεις τῇ βουλῇ |
| Asen. | | 23 | 16 | φύλαξαι ἔτι τοῦ μὴ λαλῆσαι περὶ τοῦ ἀδελφοῦ ἡμῶν | * Ἰωσήφ * | ῥῆμα πονηρόν. καὶ ἐξῆλθον ἀπὸ προσώπου τοῦ υἱοῦ |
| Asen. | | 24 | 1 | φόβου καὶ λύπης διότι ἐφοβεῖτο τοὺς ἀδελφοὺς | * Ἰωσήφ * | Συμεὼν καὶ Λευὶς καὶ ἐβαρεῖτο ἀπὸ τοῦ κάλλους |
| Asen. | | 24 | 2 | Λίας καὶ Ῥαχὴλ γυναικῶν Ἰακὼβ ἐχθραίνονται τῷ | * Ἰωσήφ * | καὶ τῇ Ἀσενὲθ καὶ φθονοῦσιν αὐτοῖς καὶ οὗτοι |
| Asen. | | 24 | 8 | καὶ ἀμύνεσθε τοὺς ἐχθροὺς ὑμῶν. διότι ἤκουσα ἐγὼ | * Ἰωσήφ * | τοῦ ἀδελφοῦ ὑμῶν λέγοντος πρὸς Φαραὼ τὸν πατέρα |
| Asen. | | 24 | 14 | ταύτῃ διότι Φαραὼ ὁ πατήρ μου ὡς πατήρ ἐστι του | * Ἰωσήφ * | καὶ εἶπεν αὐτῷ τοῦ βοηθῆσαι αὐτῷ κατέναντι ὑμῶν. |
| Asen. | | 24 | 14 | αὐτῷ κατέναντι ὑμῶν. καὶ ὑμεῖς ἀποκτείνατε τὸν | * Ἰωσήφ * | καὶ λήψομαι ἐμαυτῷ τὴν Ἀσενὲθ εἰς γυναῖκα καὶ |
| Asen. | | 24 | 15 | προστέταχας ἡμῖν. καὶ ἡμεῖς ἀκηκόαμεν σήμερον τοῦ | * Ἰωσήφ * | λέγοντος πρὸς τὴν Ἀσενὲθ πορεύου αὔριον εἰς τὸν |
| Asen. | | 24 | 19 | ἡ ψυχή σου. καὶ μετὰ ταῦτα ἀποκτενοῦμεν τὸν | * Ἰωσήφ * | λυπούμενον περὶ Ἀσενὲθ καὶ τὰ τέκνα αὐτοῦ |
| Asen. | | 25 | 5 | τοῦ πατρὸς ἡμῶν Ἰσραὴλ καὶ κατὰ τοῦ ἀδελφοῦ ἡμῶν | * Ἰωσήφ; * | καὶ αὐτὸν διαφυλάσσει ὁ κύριος ὡς κόρην |
| Asen. | | 25 | 8 | μὴ γένοιτο. καὶ ἐξῆλθον εἰς συνάντησιν τῷ | * Ἰωσήφ * | καὶ τῇ Ἀσενέθ. καὶ ἀνέστη τὸ πρωΐ Ἀσενὲθ καὶ |
| Asen. | | 26 | 1 | τῇ Ἀσενέθ. καὶ ἀνέστη τὸ πρωΐ Ἀσενὲθ καὶ εἶπε τῷ | * Ἰωσήφ * | πορεύσομαι καθὰ εἴρηκας εἰς τὸν ἀγρὸν τῆς |
| Asen. | | 26 | 2 | ἡ ψυχή μου ὅτι σὺ χωρίζῃ ἀπ' ἐμοῦ. καὶ εἶπεν αὐτῇ | * Ἰωσήφ * | θάρσει καὶ μὴ φοβοῦ ἀλλὰ πορεύου διότι κύριος |
| Asen. | | 26 | 4 | ἡ γῆ. καὶ ἀπῆλθεν Ἀσενὲθ ἐπὶ τὴν ὁδὸν αὐτῆς καὶ | * Ἰωσήφ * | ἀπῆλθεν ἐπὶ τὴν σιτοδοσίαν αὐτοῦ. καὶ ἦλθεν |
| Asen. | | 28 | 3 | εἷς σε κακὰ καὶ κατὰ τοῦ ἀδελφοῦ ἡμῶν | * Ἰωσήφ * | καὶ κύριος ἀνταπέδωκεν ἡμῖν κατὰ τὰ ἔργα ἡμῶν. |
| Asen. | | 28 | 13 | τοῦ πατρὸς ἡμῶν Ἰσραὴλ καὶ κατὰ τοῦ ἀδελφοῦ ἡμῶν | * Ἰωσήφ * | ἤδη τοῦτο δὶς καὶ κατά σου δέσποινα καὶ βασίλισσα |
| Asen. | | 29 | 8 | ἐτῶν ἑκατὸν ἐννέα καὶ κατέλιπε τὸ διάδημα αὐτοῦ τῷ | * Ἰωσήφ. * | καὶ ἐβασίλευσεν Ἰωσὴφ ἐν Αἰγύπτῳ ἔτη |
| Asen. | | 29 | 9 | τὸ διάδημα αὐτοῦ τῷ Ἰωσήφ. καὶ ἐβασίλευσεν | * Ἰωσήφ * | ἐν Αἰγύπτῳ ἔτη τεσσαράκοντα ὀκτὼ καὶ μετὰ ταῦτα |
| Asen. | | 29 | 9 | ἔτη τεσσαράκοντα ὀκτὼ καὶ μετὰ ταῦτα ἀπέδωκεν | * Ἰωσήφ * | τὸ διάδημα τῷ ἐκγόνῳ Φαραὼ τῷ νεωτέρῳ ὃς ἦν ἐπὶ |
| Asen. | | 29 | 9 | νεωτέρῳ ὃς ἦν ἐπὶ μασθῷ ὅτε ἀπέθανε Φαραώ. καὶ ἦν | * Ἰωσήφ * | ὡς πατὴρ τοῦ υἱοῦ Φαραὼ τοῦ νεωτέρου ἐν γῇ |
| Esdr. | | 7 | 10 | καὶ εὐλόγησον αὐτοῦ πάντα ὥσπερ καὶ τὰ ἔσχατα τοῦ | * Ἰωσήφ * | καὶ μὴ μνησθῇς ἀνομιῶν ἀρχαίων αὐτοῦ ἐν ἡμέρᾳ |
| FJub. | | 46 | 3 | τὰς πύλας οἱ υἱοὶ Ἰακὼβ ἀνεῖλον τοὺς πλείστους. | * Ἰωσήφ * | ιζ' ἐτῶν ἐπράθη καὶ τριὰ ἔτη ἐποίησεν δοῦλος καὶ |
| HDem. | 9 | 21 | 5 | ἔτει μηνὶ ὀγδόῳ υἱὸν ὃν ὀνομασθῆναι | * Ἰωσήφ * | ὥστε γεγονέναι ἐν τοῖς ἑπτὰ ἔτεσι τοῖς παρὰ Λάβαν |
| HDem. | 9 | 21 | 8 | ἑπτὰ μηνῶν δυοῖν Δειναν ἐτῶν ἓξ μηνῶν τεσσάρων | * Ἰωσήφ * | ἐτῶν ἓξ μηνῶν τεσσάρων. παροικῆσαι δὲ Ἰσραὴλ |
| HDem. | 9 | 21 | 11 | τῆς Χεβρὼν πρὸς Ἰσαὰκ τὸν πατέρα. εἶναι δὲ τότε | * Ἰωσήφ * | ἐτῶν δεκαεπτὰ καὶ πραθῆναι αὐτὸν εἰς Αἴγυπτον καὶ |
| HDem. | 9 | 21 | 12 | ὄντα ἑκατὸν ὀγδοήκοντα. κρίναντα δὲ τῷ βασιλεῖ τὸν | * Ἰωσήφ * | τὰ ἐνύπνια ἄρξαι Αἰγύπτου ἔτη ἑπτὰ ἐν οἷς καὶ |
| HDem. | 9 | 21 | 13 | Ἐφραὶμ καὶ τοῦ λιμοῦ ἐπιγενέσθαι ἔτη δύο. τὸν δὲ | * Ἰωσήφ * | ἔτη ἐννέα εὐτυχήσαντα πρὸς τὸν πατέρα μὴ πέμψαι |
| HDem. | 9 | 21 | 14 | αὐτοὺς εἶναι. διαπορεῖσθαι δὲ διά τί ποτε ὁ | * Ἰωσήφ * | Βενιαμὶν ἐπὶ τοῦ ἀρίστου πενταπλασίονα μερίδα |
| HDem. | 9 | 21 | 18 | μ' Δειναν ἐτῶν λ θ' Βενιαμὶν ἐτῶν κ η'. τὸν δὲ | * Ἰωσήφ * | γενέσθαι ἐν Αἰγύπτῳ ἔτη λ θ'. εἶναι δὲ ἀπὸ τοῦ |
| HDem. | 9 | 21 | 18 | τοῦ Ἀδὰμ ἕως τοῦ εἰσελθεῖν εἰς Αἴγυπτον τοὺς τοῦ | * Ἰωσήφ * | συγγενεῖς ἔτη γ χ κ δ'. ἀπὸ δὲ τοῦ κατακλυσμοῦ |
| HDem. | 9 | 21 | 19 | Κλὰθ τελευτῆσαι Ἰακὼβ ἐν Αἰγύπτῳ εὐλογήσαντα τοὺς | * Ἰωσήφ * | υἱοὺς ὄντα ἐτῶν ρ μ ζ' καταλιπόντα Ἰωσὴφ ὄντα |
| HDem. | 9 | 21 | 19 | τοὺς Ἰωσὴφ υἱοὺς ὄντα ἐτῶν ρ μ ζ' καταλιπόντα | * Ἰωσήφ * | ὄντα ἐτῶν ν ς'. Λευὶν δὲ γενόμενον ἐτῶν ρ λ ζ' |
| HDem. | 9 | 21 | 19 | Ἀμβρὰμ ὃν ἐτῶν εἶναι ι δ' ἐν ᾧ τελευτῆσαι | * Ἰωσήφ * | ἐν Αἰγύπτῳ ὄντα ρ ι' ἐτῶν Κλὰθ δὲ γενόμενον ἐτῶν |
| HArt. | 9 | 23 | 1 | διὰ τὴν εὐδαιμονίαν τῆς χώρας. τῷ Ἀβραὰμ | * Ἰωσήφ * | ἀπόγονον γενέσθαι υἱὸν δὲ Ἰακώβου συνέσει δὲ καὶ |
| HArt. | 9 | 23 | 4 | ὀνομαζομένους. μετὰ δὲ ταῦτα τελευτῆσαι τόν τε | * Ἰωσήφ * | καὶ τὸν βασιλέα τῶν Αἰγυπτίων. τὸν οὖν Ἰωσήφ |
| HArt. | 9 | 23 | 4 | τε Ἰωσὴφ καὶ τὸν βασιλέα τῶν Αἰγυπτίων. τὸν οὖν | * Ἰωσήφ * | κρατοῦντα τῆς Αἰγύπτου τὸν τῶν ἑπτὰ ἐτῶν σῖτον |
| LPhl. | 9 | 24 | 1 | ἀφ' Ἀβραάμοιο καὶ Ἰσὰκ Ἰακὼβ εὐτέκνοιό θ' ὅθεν | * Ἰωσήφ * | ὃς ὀνείρων θεσπιστὴς σκηπτοῦχος ἐν Αἰγύπτοιο |
| FrAn. | 1 | 226 | 15 | - ⟩ευμαρων μεν το πλ⟨ ⟩υκας φυλακας⟨ - ⟩ευσεν | * Ιωσηφ * | μνησθεις τ⟨ου Ιακωβ⟩ - ⟩θεις βασιλευς του λαου κα⟨ |
| FrAn. | 1 | 226 | 24 | παντος του σιτου υπ⟨ ⟩του εφανη τροφευς κ⟨ - | * Ιωση⟩φ * | μνησθεις του Ιακ⟨ωβ - - τη⟩ν γην εκαλυψε⟨ - - |
| FrAn. | 1 | 226 | 27 | εκαλυψε⟨ - - το⟩ν λιμον ευθυν⟨ - Φα⟩ραω επι του | * Ιω⟨σηφ * | - - μ⟩ακαρια⟨ - - Ιωσ⟩ηφ μνησ⟨θεις του Ιακωβ⟩ - |

```
FrAn.  1  226  33  ευθυν⟨ - Φα⟩ραω επι του Ιω⟨σηφ - - μ⟩ακαρια⟨ - -  *  Ιωσ⟩ηφ  *  μνησ⟨θεις του Ιακωβ⟩ - αν⟩τιστας δε τη πρεσβεια
FrAn.  1  226  37  ⟩την ευχην εξελ⟨ εκαλυπτον οι δεκα α⟨δ⟩ελφοι - -  *  Ιωσ⟩ηφ  *  τοτε προσκυνουν⟨ - - ⟩καμπτουσιν αυτω τον⟨ - -
FrAn.  1  226  43  ⟩αργυρωνητον η του ν⟨ - ⟩γνωθεις παρ' αυτων κα⟨ -  *  Ιωσηφ  *  ⟨ - Ια⟨κωβ - - ⟩δε κρατησας τοτε εαυτο⟨ν
FrAn.  1  226  54  - ⟩ενοι δε τον φοβον προς βραχ⟨υ - - βα⟩σιλει  *  Ιωσηφ  *  μη οργιζου β⟨ασιλευ - - ηλ⟩θαμεν γαρ ουκ ιχν⟨ευσαι
FrAn.  1  227  12  οπερ ου ζητω απεκρ⟨ - Συ⟩μεων που μη καυτος⟨ - -  *  Ιω⟩σηφ  *  προσεθεικατε⟨ - ⟩του ακμην εχω το τ⟨ - α⟩γαγετε
FrAn.  1  227  28  αυτω⟨ - - ⟩αυτοις⟨ - ⟩ως δικαιως ταυτα⟨ - - ⟩ο θς  *  Ιωσηφ  *  μνησ⟨θεις - - ⟩υμων βοησω ο Ρουβη⟨ν - - δο⟩υλευων

'Ιώσηφος
                     4
Aris.  47   1  ἀσφαλῶς οἱ ἄνδρες. ἔρρωσο. εἰσὶ δὲ πρώτης φυλῆς  *  'Ιώσηφος  *  Ἐζεκίας Ζαχαρίας Ἰωάννης Ἐζεκίας Ἐλισσαῖος.
Aris.  47   4  Ἀδαῖος Ματταθίας Ἐσχλεμίας. τρίτης Νεεμίας  *  'Ιώσηφος  *  Θεοδόσιος Βασέας Ὀρνίας Δάκις. τετάρτης
Aris.  48   4  Ἰησοῦς Σαββαταῖος Σίμων Λευίς. ἕκτης Ἰούδας  *  'Ιώσηφος  *  Σίμων Ζαχαρίας Σομόλος Σελεμίας. ἑβδόμης
Aris.  50   3  Βανέας Ἐλισσαῖος Δαθαῖος. ἑνδεκάτης Σαμούηλος  *  'Ιώσηφος  *  Ἰούδας Ἰωνάθης Χαλεβ Δοσίθεος. δωδεκάτης

'Ιωσίας
                     1
Prop.  24   2  Ἱεροβοάμ Ἰαδὼκ ἐκαλεῖτο. οὗτος προεφήτευσε περὶ  *  Ἰωσία  *  τοῦ βασιλέως Ἰούδα ὅτι τὰ ὀστᾶ τῶν ἱερέων τοῦ

'Ιωχάβεδ
                     3
TLevi  11    8  ὅ ἐστι πικρία μου ὅτι καίγε αὐτὸς ἀπέθανεν. ἡ δὲ  *  Ιωχάβεδ  *  ἑξηκοστῷ τετάρτῳ ἔτει ἐτέχθη ἐν Αἰγύπτῳ ἔνδοξος
TLevi  12    4  ἐνενηκοστῷ τετάρτῳ ἔτει μου ἔλαβεν ὁ Ἀμβρὰμ τὴν  *  Ιωχάβεδ  *  θυγατέρα μου αὐτῷ εἰς γυναῖκα ὅτι ἐν μιᾷ ἡμέρα
HDem.  9  21  19  Ἀμβρὰμ δὲ λαβεῖν γυναῖκα τὴν τοῦ θείου θυγατέρα  *  Ιωχαβὲτ  *  καὶ ὄντα ἐνιαυτῶν ο ε' γεννῆσαι Ἀαρών ⟨καὶ

Καάθ
                     4
TLevi  11    4  δὲ περὶ αὐτοῦ ὅτι οὐκ ἔσται ἐν πρώτῃ τάξει. καὶ ὁ  *  Καάθ  *  ἐγεννήθη τριακοστῷ πέμπτῳ ἔτει πρὸς ἀνατολὰς ἡλίου.
TLevi  11    6  τῆς συναγωγῆς διὰ τοῦτο ἐκάλεσα τὸ ὄνομα αὐτοῦ  *  Καάθ  *  ὅ ἐστιν ἀρχὴ μεγαλείου καὶ συμβιβασμός. καὶ τρίτον
TLevi  12    2  καὶ ἔτεκεν αὐτῷ τὸν Λομνὶ καὶ τὸν Σεμεΐ. καὶ υἱοὶ  *  Καάθ  *  Ἀμβρὰμ Ἰσαὰρ Χεβρών Ὀζιήλ. καὶ υἱοὶ Μεραρὶ Μοολὶ
TLevi  18  2B066  καθήκοντα τῶν γυναικῶν καὶ ἐκάλεσα τὸ ὄνομα αὐτοῦ  *  Καάθ.  *  καὶ ὅτε ἐγεννήθη ἑώρακα ὅτι ἐπ' αὐτῷ ἔσται ἡ

καγχαλάω
                     1
Sib.  3   88  εἰς καθαρὸν διαλέξει. κοὐκέτι φωστήρων σφαιρώματα  *  καγχαλόωντα  *  οὐ νὺξ οὐκ ἠὼς οὐκ ἤματα πολλὰ μεριμνᾷς οὐκ

καθά
                     9
Asen.   4  10  ἐκ τῆς φυλακῆς καθότι συνέκρινε τὸ ἐνύπνιον αὐτοῦ  *  καθά  *  συγκρίνουσι καὶ αἱ γυναῖκες αἱ πρεσβύτεραι τῶν
Asen.  24  10  ἄνδρας δυνατοὺς εἰς πόλεμον καὶ ὑπέξελθε αὐτοῖς  *  καθά  *  σοι ἐπράξαντο καὶ ἐγὼ ἔσομαί σοι βοηθός. καὶ ὡς
Asen.  24  19  ἐμπεσεῖται εἰς τὰς χεῖράς σου καὶ ποιήσεις αὐτῇ  *  καθά  *  ἐπιθυμεῖ ἡ ψυχή σου. καὶ μετὰ ταῦτα ἀποκτενοῦμεν
Asen.  25   4  ἄνδρας ἱππεῖς τοξότας καὶ ἀπῆλθεν ἔμπροσθεν αὐτῶν  *  καθά  *  ἐλάλησαν αὐτῷ Δὰν καὶ Γάδ. καὶ ἐλάλησαν οἱ ἀδελφοὶ
Asen.  26   1  τὸ πρωὶ Ἀσενὲθ καὶ εἶπε τῷ Ἰωσὴφ πορεύσομαι  *  καθά  *  εἴρηκας εἰς τὸν ἀγρὸν τῆς κληρονομίας ἡμῶν. καὶ
Sal.   2  12  κατέναντι τοῦ ἡλίου. ἐνέπαιζον ταῖς ἀνομίαις αὐτῶν  *  καθὰ  *  ἐποίουν αὐτοὶ ἀπέναντι τοῦ ἡλίου παρεδειγμάτισαν
Jer.   3  16  Ἱερεμίας ἀπέλυσεν αὐτὸν Ἀβιμέλεχ δὲ ἐπορεύθη  *  καθὰ  *  εἶπεν αὐτῷ. πρωῒας δὲ γενομένης ἰδοὺ ἡ δύναμις τῶν
Job   17   4  τὸν τόπον τῆς σπονδῆς διὸ κἀγὼ ἀνταποδώσω αὐτῷ  *  καθὰ  *  ἔπραξεν κατὰ τοῦ οἴκου τοῦ θεοῦ. συνέλθατε οὖν καὶ
FMan.  2  23   3  καὶ ἐν γήρᾳ μετέγνω καὶ νῦν ἐγὼ πορεύσομαι  *  καθὰ  *  ἐπιθυμεῖ ἡ ψυχή μου καὶ ὕστερον ἐπιστρέψω πρὸς

καθαγιάζω
                     14
Aris.  98   2  κίδαριν ἐπὶ δὲ ταύτης τὴν ἀμίμητον μίτραν τὸ  *  καθηγιασμένον  *  βασίλειον ἐκτυποῦν ἐπὶ πετάλῳ χρυσῷ

καθαιρέω
                     14
Abr.1   8    9  θανάτου κειμήλιον πάντες ἀπέθανον πάντες ἐν τῷ ᾅδῃ  *  καθείλοντο  *  καὶ πάντες τῇ τοῦ θανάτου δρεπάνῃ συλλέγονται
TJud.   7    3  πάντα τὰ αὐτῶν προνομεύσαντες τὰ τρία τείχη αὐτῶν  *  καθείλομεν.  *  καὶ ἐν τῇ Θάμνα προσηγγίσαμεν οὗ ἦν πᾶσα ἡ
Asen.  10    2  μετὰ τῶν τέκνων αὐτῆς. καὶ ἔσπευσεν Ἀσενὲθ καὶ  *  καθεῖλεν  *  ἐκ τῆς θυρίδος τὴν δέρριν τοῦ καταπετάσματος
Asen.  21   21  ἕως οὗ ἦλθεν Ἰωσὴφ ὁ δυνατὸς τοῦ θεοῦ. καὶ  *  καθεῖλεν  *  ἀπὸ τῆς δυναστείας μου καὶ ἐταπείνωσέ με ἀπὸ
Prop.  22    3  διὰ τῶν δήλων ὅτι προφήτης ἐτέχθη Ἰσραὴλ ὃς  *  καθελεῖ  *  τὰ γλυπτὰ αὐτῶν καὶ τὰ χωνευτὰ καὶ θανὼν ἐτάφη
Job   17    4  καὶ χωλοῖς. καὶ τὸν μὲν ναὸν τοῦ μεγάλου θεοῦ  *  καθελὼν  *  καὶ ἀφανίσας τὸν τόπον τῆς σπονδῆς διὸ κἀγὼ
Aris. 263    4  ὧν ἀνθρώπων ἡγεῖται. ὁ θεὸς τοὺς ὑπερηφάνους  *  καθαιρεῖ  *  τοὺς δὲ ἐπιεικεῖς καὶ ταπεινοὺς ὑψοῖ.
Sib.   4   54  ἐκάλυψε θάλασσα κατακλυσμοῖο ῥαγέντος. οὓς Μῆδοι  *  καθελόντες  *  ἐπαυχήσουσι θρόνοισιν οἷς γενεαὶ δύο μοῦναι
Sib.   5  156  ἐκ τετράτου ἔτεος λάμψη μέγας ἀστὴρ ὃς πᾶσαν γαῖαν  *  καθελεῖ  *  μόνος εἵνεκα τιμῆς +αὐτοὶ πρῶτον ἔθηκάν τ'
Sib.   5  365  φεύγων ἠδὲ νόῳ ὀξύστομα μερμηρίζων ὃς πᾶσαν γαῖαν  *  καθελεῖ  *  καὶ πάντα κρατήσει πάντων τ' ἀνθρώπων
Sib.   5  507  κακότητος ἵν' ὕστερα πάντα γένηται. νηὸν γὰρ  *  καθελοῦσι  *  μέγαν Αἰγυπτιάδος γῆς ἐν δὲ θεὸς βρέξει κατὰ
FJub.  26   34  ἔφη ἐν ταῖς εὐλογίαις ὁ Ἰσαὰκ ἔσται δὲ ἡνίκα ἂν  *  καθέλῃς  *  καὶ ἐκλύσῃς τὸν ζυγὸν αὐτοῦ ἀπὸ τοῦ τραχήλου
HDem.  9  19    4  παραστάντος τότε δὲ Ἀβραὰμ τὸν μὲν παῖδα  *  καθελεῖν  *  ἀπὸ τῆς πυρᾶς τὸν δὲ κριὸν καρπῶσαι. Δημητρίου
HArt.  9  27   11  Διὸς πόλει ναὸν ἐξ ὀπτῆς πλίνθου κατεσκευασμένον  *  καθαιρεῖν  *  ἕτερον δὲ λίθινον κατασκευάσαι τὸ πλησίον ὄρος

καθαίρω
                     1
TBen.   6    7  ᾗ ὁρᾷ οἶδεν ὅτι κύριος ἐπισκέπτει ψυχὴν αὐτοῦ καὶ  *  καθαίρει  *  τὴν διάνοιαν αὐτοῦ πρὸς τὸ μὴ καταγνωσθῆναι ὑπὸ

καθάπερ
                     3
Adam  17    1  ἐγένετο ἐν εἴδει ἀγγέλου καὶ ὑμεῖ τὸν θεὸν  *  καθάπερ  *  οἱ ἄγγελοι. καὶ παρέκυψεν ἐκ τοῦ τείχους καὶ
TNep.  2     4  γὰρ καὶ μέτρῳ καὶ κανόνι πᾶσα κτίσις ὑψίστου. καὶ  *  καθάπερ  *  οἶδεν ὁ κεραμεὺς ἑνὸς ἑκάστου τὴν χρῆσιν ὡς
Aris. 11     2  χαρακτῆρι γὰρ ἰδίοις κατὰ τὴν Ἰουδαίαν χρῶνται  *  καθάπερ  *  Αἰγύπτιοι τῇ τῶν γραμμάτων θέσει καθὸ καὶ φωνήν

καθαρεύω
                     2
TRub.   6    1  φυλάσσεσθε οὖν ἀπὸ τῆς πορνείας καὶ εἰ θέλετε  *  καθαρεύειν  *  τῇ διανοίᾳ φυλάσσετε τὰς αἰσθήσεις ἀπὸ πάσης
TRub.   6    2  ἐντείλασθε μὴ συνδυάζειν ἀνθρώποις ἵνα καὶ αὐταὶ  *  καθαρεύωσι  *  τῇ διανοίᾳ. αἱ γὰρ συνεχεῖς συντυχίαι κἂν μὴ

καθαρίζω
                     18
Hen.  10   20  μέτρον ἐλαίας ποιήσει ἀνὰ βάτους δέκα. καὶ σὺ  *  καθάρισον  *  τὴν γῆν ἀπὸ πάσης ἀκαθαρσίας καὶ ἀπὸ πάσης
Hen.  10   22  καὶ εὐλογοῦντες πάντες ἐμοὶ καὶ προσκυνοῦντες. καὶ  *  καθαρισθήσεται  *  πᾶσα ἡ γῆ ἀπὸ παντὸς μιάσματος καὶ ἀπὸ
TRub.  4    8  ἑαυτὸν Ἰωσὴφ ἀπὸ πάσης γυναικὸς καὶ τὰς ἐννοίας  *  ἐκαθάρισεν  *  ἀπὸ πάσης πορνείας εὗρε χάριν ἐνώπιον κυρίου
TLevi  2  3B001  ἡ ἀνομία κάθηται τότε ἐγὼ ἔπλυνα τὰ ἱμάτιά μου καὶ  *  καθάρισας  *  αὐτὰ ἐν ὕδατι καθαρῷ καὶ ὅλος ἐλουσάμην ἐν
TLevi  2  3B014  καὶ συντελέσαι τὴν ἀνομίαν ἀπὸ προσώπου τῆς γῆς  *  καθάρισον  *  τὴν καρδίαν μου δέσποτα ἀπὸ πάσης ἀκαθαρσίας
TLevi 14    6  συναφθήσεσθε θυγατέρας ἐθνῶν λήψεσθε εἰς γυναῖκας  *  καθαρίζοντες  *  αὐτὰς καθαρισμῷ παρανόμῳ καὶ γενήσεται ἡ
Sal.   3    8  ἐν νηστείᾳ καὶ ταπεινώσει ψυχῆς αὐτοῦ καὶ ὁ κύριος  *  καθαρίζει  *  πᾶν ἄνδρα ὅσιον καὶ τὸν οἶκον αὐτοῦ.
Sal.   9    9  ὁ θεὸς εἰ μὴ τοῖς ἐπικαλουμένοις τὸν κύριον;  *  καθαρεῖς  *  ἐν ἁμαρτίαις ψυχὴν ἐν ἐξομολογήσει ἐν
Sal.  10    1  ἐν ἐλεγμῷ καὶ ἐκυκλώθη ἀπὸ ὁδοῦ πονηρᾶς ἐν μάστιγι  *  καθαρισθῇ  *  ἀπὸ ἁμαρτίας τοῦ μὴ πληθῦναι. ὁ ἑτοιμάζων
Sal.  10    2  τοῦ μὴ πληθῦναι. ὁ ἑτοιμάζων νῶτον εἰς μάστιγας  *  καθαρισθήσεται  *  χρηστὸς γὰρ ὁ κύριος τοῖς ὑπομένουσιν
Sal.  17   22  ὑπόζωσον αὐτὸν ἰσχὺν τοῦ θραῦσαι ἄρχοντας ἀδίκους  *  καθαρίσαι  *  Ιερουσαλημ ἀπὸ ἐθνῶν καταπατούντων ἐν ἀπωλείᾳ
Sal.  17   30  τὸν κύριον δοξάσει ἐν ἐπισήμῳ πάσης τῆς γῆς καὶ  *  καθαριεῖ  *  Ιερουσαλημ ἐν ἁγιασμῷ ὡς καὶ τὸ ἀπ' ἀρχῆς
Sal.  18    5  ἀποστρέψαι ψυχὴν εὐήκοον ἀπὸ ἁμαθίας ἐν ἀγνοίᾳ  *  καθαρίσαι  *  ὁ θεὸς Ισραηλ εἰς ἡμέραν ἐλέους ἐν εὐλογίᾳ εἰς
Job   3    6  οἱ ἄνθρωποι, δός μοι ἐξουσίαν ἵνα ἀπελθὼν  *  καθαρίσω  *  αὐτοῦ τὸν τόπον, ἵνα ποιήσω μηκέτι σπένδεσθαι
Job   4    1  χώρας· καὶ ἀποκριθεὶς ἐμοὶ εἶπεν τὸ φῶς ὅτι μὲν  *  καθαρίσαι  *  τοῦτον τὸν τόπον δυνήσει, ἀλλὰ ὑποδείκνυσί
Job   4    4  καὶ πάλιν εἶπεν τάδε λέγει κύριος ἐὰν ἐπιχειρήσεις  *  καθαρίσαι  *  τὸν τόπον τοῦ Σατανᾶ, ἐπαναστήσεταί σοι μετὰ
Job  43   17  τὴν δόξαν ἣν προσεδόκησαν. ᾖρται ἡ ἁμαρτία ἡμῶν,  *  κεκαθάρισται  *  ἡμῶν ἡ ἀνομία ὁ δὲ πονηρὸς Ἐλιοὺς
Aris. 90    5  οἷς ἐστιν ἡ λειτουργία ὡς ῥοπὴ καὶ νεύματι πάντα  *  καθαρίζεσθαι  *  τὰ συναγόμενα παμπληθῆ τῶν θυμάτων αἵματα.

καθαριότης
                     1
Aris. 145   3  οἷς χρώμεθα πάντα ἡμέρα καθέστηκε καὶ διαφέρει  *  καθαριότητι  *  πυροῖς καὶ ὀσπρίοις χρώμενα πρὸς τὴν τροφὴν

καθαρισμός
                     1
TLevi 14    6  ἐθνῶν λήψεσθε εἰς γυναῖκας καθαρίζοντες αὐτὰς  *  καθαρισμῷ  *  παρανόμῳ καὶ γενήσεται ἡ μεῖξις ὑμῶν Σόδομα

καθαρμός
                     1
FPho.     228  εὖ φρονέοντος. ἁγνείη ψυχῆς οὐ σώματός εἰσι  *  καθαρμοί.  *  ταῦτα δικαιοσύνης μυστήρια τοῖα βιεῦντες ζωὴν

καθαρός
                     31
Adam  29   10  σου ἀνάξιοι γὰρ ἔσμεν καὶ τὰ χείλη ἡμῶν οὐκ ἔστι  *  καθαρά.  *  ἐπορεύθη δὲ Ἀδὰμ εἰς τὸν Ἰορδάνην ποταμὸν καὶ
TLevi  2  3B001  ἔπλυνα τὰ ἱμάτιά μου καὶ καθάρισας αὐτὰ ἐν ὕδατι  *  καθαρῷ  *  καὶ ὅλος ἐλουσάμην ἐν ὕδατι ζῶντι καὶ πάσας τὰς
TLevi  8    5  μοι ῥάβδον κρίσεως. ὁ δεύτερος ἔλουσέ με ὕδατι  *  καθαρῷ  *  καὶ ἐψώμισέ με ἄρτον καὶ οἶνον ἅγια ἁγίων καὶ
TLevi  9   13  κυρίῳ ὡς κἀμὲ Ἀβραὰμ ἐδίδαξεν. καὶ παντὸς ζῴου  *  καθαροῦ  *  καὶ πετεινοῦ καθαροῦ πρόσφερε θυσίαν κυρίῳ. καὶ
TLevi  9   13  ἐδίδαξεν. καὶ παντὸς ζῴου καθαροῦ καὶ πετεινοῦ  *  καθαροῦ  *  πρόσφερε θυσίαν κυρίῳ. καὶ παντὸς πρωτογεννήματος
TLevi 14    2  γενήσεσθε χλευασμός. καὶ γὰρ ὁ πατὴρ ἡμῶν Ἰσραὴλ  *  καθαρὸς  *  ἔσται ἀπὸ τῆς ἀσεβείας τῶν ἀρχιερέων οἵτινες
TLevi 14    3  τὰς χεῖρας αὐτῶν ἐπὶ τὸν σωτῆρα τοῦ κόσμου.  *  καθαρὸς  *  ὁ οὐρανὸς ὑπὲρ τὴν γῆν καὶ ὑμεῖς οἱ φωστῆρες τοῦ
TLevi 16    5  ἕως ἐδάφους μεμιαμμένοι καὶ οὐκ ἔσται τόπος ὑμῶν  *  καθαρὸς  *  ἀλλ' ἐν τοῖς ἔθνεσιν ἔσεσθε εἰς κατάραν καὶ εἰς
TLevi 18  2B018  εἰ κυρίου καὶ σὺ ἔγγυς τῶν ἁγίων αὐτοῦ. γίνου  *  καθαρὸς  *  ἐν τῷ σώματί σου ἀπὸ πάσης ἀκαθαρσίας παντὸς
TAser  2    9  ὡς ὕες εἰσὶ δασύποδες ὅτι ἐξ ἡμισείας εἰσὶ  *  καθαροὶ  *  τὸ δὲ ἀληθὲς ἀκάθαρτοί εἰσιν. καὶ γὰρ ὁ θεὸς ἐν
TAser  4    5  ἐν ἤθει ἀγρίῳ δοκοῦσιν ἀκάθαρτοι εἶναι ὁ δὲ πᾶν  *  καθαρός  *  εἰσιν ὅτι ἐν ζήλῳ θεοῦ πορεύονται ἀπεχόμενοι ὧν
TBen.  1       διαθήκη Βενιαμιν. περὶ διανοίας  *  καθαρᾶς.  *  ἀντίγραφον λόγων Βενιαμὶν ὧν διέθετο τοῖς υἱοῖς
TBen.  6    5  πλούτου ἀλλὰ μίαν ἔχει περὶ πάντας εἰλικρινῆ καὶ  *  καθαρὰν  *  διάθεσιν. οὐκ ἔχει ὅρασιν οὐδὲ ἀκοὴν διπλῆν πᾶν
TBen.  8    2  τῇ ἀγαθότητι μετελάμπετο τὸ δ' ἔχων ἐπιθυμίαν  *  καθαρὰν  *  ἐν ἀγάπῃ οὐχ ὁρᾷ γυναῖκα εἰς πορνείαν οὐ γὰρ
TBen.  8    3  ψύγει καὶ ἀπελαύνει τὴν δυσωδίαν οὕτω καὶ ὁ  *  καθαρὸς  *  νοῦς ἐν τοῖς μιασμοῖς τῆς γῆς συνεχόμενος μᾶλλον
Asen.  5    4  καὶ τὸ ἅρμα κατεσκεύαστο ὅλον ἐκ χρυσίου  *  καθαροῦ.  *  καὶ ἦν Ἰωσὴφ ἐνδεδυμένος χιτῶνα λευκὸν καὶ
Asen. 15    8  χρόνον. καὶ ἔστιν ἡ μετάνοια καλὴ σφόδρα παρθένος  *  καθαρὰ  *  καὶ γελῶσα πάντοτε καὶ ἔστιν ἐπιεικὴς καὶ πραεῖα.
```

Asen. 15 14 ἐπὶ τῆς κλίνης ταύτης διότι ἡ κλίνη αὕτη ἐστὶ * καθαρὰ * καὶ ἀμίαντος καὶ ἀνὴρ ἢ γυνὴ οὐκ ἐκάθισεν ἐπ'
Asen. 18 8 με. καὶ εἶπε τῇ συντρόφῳ αὐτῆς ἐξένεγκέ μοι ὕδωρ * καθαρὸν * ἀπὸ τῆς πηγῆς καὶ νίψομαι τὸ πρόσωπόν μου. καὶ
Asen. 18 9 καὶ νίψομαι τὸ πρόσωπόν μου. καὶ ἤνεγκεν αὐτῇ ὕδωρ * καθαρὸν * ἀπὸ τῆς πηγῆς καὶ ἐνέχεεν αὐτὸ ἐν τῇ λεκάνῃ. καὶ
Sal. 17 36 λαὸν κυρίου ἐν σοφίᾳ μετ' εὐφροσύνης καὶ αὐτὸς * καθαρὸς * ἀπὸ ἁμαρτίας τοῦ ἄρχειν λαοῦ μεγάλου ἐλέγξαι
Prop. 4 21B τὸ τέλος πάσης τῆς γῆς. ὅτε δὲ κατ' ἀνατολὰς ὕδωρ * καθαρὸν * ἐξελεύσεται τότε ἐπὶ γῆς ὁ θεὸς φανεὶς ὡς
Aris. 2 4 πρᾶγμα πεπειραμένῳ. οὕτω γὰρ κατασκευάζεται ψυχῆς * καθαρὰ * διάθεσις ἀναλαβοῦσα τὰ κάλλιστα καὶ πρὸς τὸ
Sib. 3 87 καὶ ἤματα καὶ κτίσιν αὐτὴν εἰς ἓν χωνεύσει καὶ εἰς * καθαρὸν * διαλέξει. κούκέτι φωστήρων σφαιρώματα
FMos. 6 132 3 ἐθεᾶτο διαθρῆσαι δυνηθεὶς μᾶλλον θατέρου ἅτε καὶ * καθαρώτερος * γενόμενος. ἐνεταφίασαν οἱ ἄγγελοι τὸ σῶμα
FEz. 187 4 κ⟨ ⟩ιν π⟨ ⟩ληθην⟨ ε⟩στιν τω δεδουλευ⟨μενω ⟩καρδια * καθαρα * κα⟨ι ⟩ται επι κν τον θν⟨ ⟩αι τα συντετριμ˙με⟨να
FAch. 112 ⟨λευκὰς⟩ ὁμοίως καὶ αὐτὸς περιβεβλημένος σινδόνα * καθαρὰν * καὶ ἐπὶ τῆς κεφαλῆς κέρατα ἔχων. καθίσας δὲ ἐπὶ
FAch. 115 ἥλιος ⟨λαμπρὸς⟩ καὶ ἀμίαντος ὑπάρχει οὕτως καὶ σὺ * καθαρὸν * σεαυτὸν τοῖς ἀνθρώποις τοῖς βουλομένοις
FrAn. 574 3069 νεφελοειδῆ φωσφόρον ἀδάμαστον. ὁρκίζω σε τὸν ἐν τῇ * καθαρᾷ * Ἱεροσολύμῳ ᾧ τὸ ἄσβεστον πῦρ διὰ παντὸς αἰῶνος
FrAn. 574 3084 φύσημα ἕως τοῦ προσώπου καὶ ἐκκριθήσεται. φύλασσε * καθαρός. * ὁ γὰρ λόγος ἐστὶν ἑβραϊκὸς καὶ φυλασσόμενος
FrAn. 574 3085 ὁ γὰρ λόγος ἐστὶν ἑβραϊκὸς καὶ φυλασσόμενος παρὰ * καθαροῖς * ἀνδράσιν.

καθαρότης 2
TNep. 3 1 κενοῖς ἀπατᾶν τὰς ψυχὰς ὑμῶν ὅτι σιωπῶντες ἐν * καθαρότητι * καρδίας συνήσετε τὸ θέλημα τοῦ θεοῦ κρατεῖν
Aris. 234 4 τοῦτο δ' ἐστὶν οὐ δώροις οὐδὲ θυσίαις ἀλλὰ ψυχῆς * καθαρότητι * καὶ διαλήψεως ὁσίας καθὼς ὑπὸ τοῦ θεοῦ πάντα

καθέδρα 2
Hen. 24 3 ὄρος ἀνὰ μέσον τούτων καὶ ὑπερεῖχεν τῷ ὕψει ὅμοιον * καθέδρᾳ * θρόνου καὶ περιεκύκλου δένδρα αὐτῷ εὐειδῆ. καὶ
Hen. 25 3 τὸ ὄρος τὸ ὑψηλὸν οὗ ἡ κορυφὴ ὁμοία θρόνου θεοῦ * καθέδρα * ἐστὶν οὗ καθίζει ὁ μέγας κύριος ὁ ἅγιος τῆς

καθέζομαι 27
Abr.1 2 8 ἔρχομαι. ἀπελθόντες δὲ ἐν τῇ χώρᾳ⟩ τοῦ ἀροτριασμοῦ * ἐκαθέσθησαν * πρὸς ὁμιλίαν. εἶπεν δὲ Ἀβραὰμ τοῖς παισὶν
Abr.1 2 9 εὐμενεῖς δὲ καὶ ἡμέρους δεδαμασμένους ὅπως ἂν * καθεσθῶμεν * ἐγώ τε καὶ ὁ ἄνθρωπος οὗτος ὁ ἐπίξενος. εἶπεν
Abr.1 3 5 ἐλθόντες δὲ πλησίον ⟨τοῦ οἴκου ἐν τῇ αὐλῇ⟩ * ἐκαθέσθησαν * καὶ ἰδὼν Ἰσαὰκ τὴν πρόσοψιν τοῦ ἀγγέλου
Abr.1 3 5 τὴν μητέρα αὐτοῦ κυρίᾳ μου μήτηρ ἰδοὺ ὁ ἄνθρωπος ὁ * καθεζόμενος * μετὰ τοῦ πατρός μου υἱὸς οὐκ ἔστιν ἀπὸ τοῦ
Abr.1 4 4 Μιχαὴλ ἀνῆλθεν ἐν τῷ οἰκήματι τοῦ τρικλίνου καὶ * ἐκαθέσθησαν * ἀμφότεροι ἐπὶ τὰ κλινάρια μέσον αὐτῶν
Abr.1 4 10 ⟨κάτελθε⟩ πρὸς αὐτὸν καὶ περὶ τούτου μὴ σὺ μελετῶ * καθεζομένου * γάρ σου μετ' αὐτοῦ ἐγὼ ἀποστελῶ ἐπὶ σέ
Abr.1 5 1 Μιχαὴλ κατῆλθεν εἰς τὸν οἶκον τοῦ Ἀβραὰμ καὶ * ἐκαθέσθη * μετ' αὐτοῦ ἐν τῇ τραπέζῃ Ἰσαὰκ δὲ ὑπηρέτει
Abr.1 11 7 διὰ τῆς στενῆς πύλης τότε ἀνίστατο ἀπὸ τῆς γῆς καὶ * ἐκαθέζετο * ἐπὶ τοῦ θρόνου αὐτοῦ ἐν εὐφροσύνῃ πολλῇ χαίρων
Abr.1 16 7 Ἀβραὰμ ἰδὼν ἐξῆλθεν ἐκ τοῦ τρικλίνου αὐτοῦ καὶ * ἐκαθέσθη * ὑποκάτω τῶν δένδρων τῶν μαβρινῶν τὴν σιαγόνα
Abr.2 2 1 καὶ ἦλθεν πρὸς Ἀβραὰμ συνήντησεν δὲ αὐτοῦ * καθεζομένου * ἔγγιστα τῶν βοῶν εἰς ἀροτριασμὸν ἦν δὲ
Abr.2 2 5 ⟨εἶ σύ⟩. λέγει αὐτῷ Ἀβραὰμ ἐλθὲ ἔγγιστά μου καὶ * καθέζου * ὀλίγην ὥραν καὶ ποιήσω ἐνεχθῆναι ἡμῖν ζῷον ἵνα
Abr.2 8 5 τὴν δὲ ἑτέραν μεγάλην ἀνὰ μέσον δὲ τῶν πυλῶν * ἐκαθέζετο * ἀνὴρ ⟨ἐπὶ θρόνου δόξης μεγάλης καὶ πλῆθος
Abr.2 8 12 ἐστὶν ἡ ἀπάγουσα εἰς τὴν ἀπώλειαν οὗτος ὁ ἀνὴρ ὁ * καθεζόμενος * ἐν μέσῳ αὐτῶν οὗτός ἐστιν ὁ Ἀδὰμ ὁ πρῶτος
Asen. 11 15 πρὸς αὐτόν. καὶ ἀνέστη Ἀσενὲθ ἀπὸ τοῦ τοίχου οὗ * ἐκαθέζετο * καὶ ἀπεστράφη πρὸς τὴν θυρίδα τὴν βλέπουσαν
Jer. 4 11 ἐξῆλθον ἀπὸ σοῦ. καὶ ἔμεινεν ἐν μνημείῳ * καθεζόμενος * τῶν ἀγγέλων ἐρχομένων πρὸς αὐτὸν καὶ
Jer. 5 16 μὴ εἰδὼς ποῦ ἀπέλθῃ. καὶ ἀπέθηκε τὸν κόφινον λέγων * καθέζομαι * ὧδε ἕως ὁ κύριος ἄρῃ τὴν ἔκστασιν ταύτην ἀπ'
Jer. 6 1 ἀπεκατέστησεν αὐτὸν εἰς τὸν τόπον ὅπου ἦν Βαροὺχ * καθεζόμενος * εὗρε δὲ αὐτὸν ἐν μνημείῳ. καὶ ἐν τῷ θεωρῆσαι
Jer. 7 1 καὶ ἐξῆλθεν ἐκ τοῦ μνημείου καὶ εὗρεν τὸν ἀετὸν * καθεζόμενον * ἐκτὸς τοῦ μνημείου. καὶ ἀποκριθεὶς ἀνθρωπίνῃ
Esdr. 4 9 πεντακοσίους καὶ ἴδον πύρινον θρόνον καὶ ἐπ' αὐτὸν * καθεζόμενον * γέροντα καὶ ἀνίλεως αὐτοῦ ἡ κρίσις. καὶ
Job 20 7 μεγάλῃ ταραχῇ καὶ ἀδημονίᾳ ἐξῆλθον τὴν πόλιν, καὶ * καθεσθεὶς * ἐπὶ τῆς κοπρίας σκωληκόβρωτον τὸ σῶμά μου
Job 24 1 μετὰ κλαυθμοῦ λέγει μοι Ἰωβ, ἄχρι τίνος * καθέζῃ * ἐπὶ τῆς κοπρίας ἔξωθεν τῆς πόλεως λογιζόμενος ἔτι
Job 51 3 τοῦ Ἰωβ, ἐπικειμένου δὲ καὶ τοῦ ἁγίου πνεύματος, * ἐκαθεζόμην * πλησίον τοῦ Ἰωβ ἐπὶ τῆς κλίνης μου ἤκουσα ἐγὼ
Sib. 3 32 λιθίνοις θ' ἱδρύμασι φωτῶν καὶ ναοῖς ἀθέοισι * καθεζόμενοι * πρὸ θυράων +τηρεῖτε+ τὸν ἐόντα θεὸν ὃς πάντα
Sib. 5 169 πόλι Λατινίδος αἴης μαινὰς ἐχιδνοχαρὴς χήρη * καθεδοῖο * παρ' ὄχθας καὶ ποταμὸς Τίβερίς σε κλαύσεται ἣν
Sib. 5 460 μιχθῶσιν ἀναιδεῖς Παμφύλων γενεαὶ δ' εἰς Αἴγυπτον * καθεδοῦνται * ἔν τε Μακηδονίῃ καὶ ἐν Ἀσίδι καὶ
FEz. 64 70 6 καὶ ἕνα τυφλὸν καὶ ἕκαστος ⟨αὐτῶν⟩ κατ' ἰδίαν * ἐκαθέζετο * καὶ κατ' ἰδίαν ᾤκει. γάμους δὲ ποιήσας ὁ
FAch. 122 φήσουσιν εἰδέναι αὐτό. πανοῦργος δὲ ὢν ὁ Αἴσωπος * καθέζεται * καὶ τυποῖ ἑαυτῷ δανείου γραφὴν τοιαύτην τῷ

καθειργνυμι 1
HArt. 9 27 23 Ἰουδαίους. τὸν δὲ πυθόμενον εἰς φυλακὴν αὐτὸν * καθεῖρξαι * νυκτὸς δὲ ἐπιγενομένης τάς τε θύρας πάσας

καθέκαστον * 1
Abr.1 9 3 ὅλως πρὸς ἐμὲ τὸν ἁμαρτωλὸν καὶ ἀνάξιον ἱκέτην σου * καθεκάστην * ἔρχεσθαι παρακαλῶ σε καὶ νῦν ἀρχιστράτηγε τοῦ

καθεξῆς 2
Adam 8 2 τῶν ὀφθαλμῶν. δεύτερον πληγῆς ἀκοῆς. καὶ οὕτως * καθεξῆς * πᾶσαι αἱ πληγαὶ παρακολουθοῦσαι τῷ σώματι. ταῦτα
TJud. 25 1 Βενιαμὶν πέμπτος Συμεὼν ἕκτος Ἰσαχὰρ καὶ οὕτως * καθεξῆς * πάντες. καὶ κύριος εὐλογήσει τὸν Λευὶ ὁ ἄγγελος

καθερίζω 1
Prop. 22 15 ἐπιπολάσαι τὸ δρέπανον. Ναιμᾶν ὁ Σύρος δι' αὐτοῦ * ἐκαθερίσθη * ἀπὸ τῆς λέπρας. τὸν παῖδα αὐτοῦ Ἐλισαῖος

καθεστήριον 1
Job 25 2 ἡ γυνὴ τοῦ Ἰωβ, ἥτις εἶχεν σκεπάζοντα αὐτῆς τὸ * καθεστήριον * βῆλα δεκατέσσαρα, καὶ θύραν ἔνδοθεν θυρῶν

καθεύδω 5
Abr.2 6 4 καὶ ἦλθεν πρὸς τὴν θύραν τοῦ ταμείου ὅπου Ἀβραὰμ * ἐκάθευδεν * καὶ ἔκραξεν λέγουσα κύριέ μου Ἀβραάμ τί ἔχετε
TJud. 12 6 δὲ αὐτὴν ἤκουσα καὶ τοὺς ἐν μυστηρίῳ λόγους οὓς * καθεύδων * σὺν αὐτῇ ἐν τῇ μέθῃ μου ἐλάλησα καὶ οὐκ
Asen. 2 9 καὶ βύσσου καθυφασμένη. καὶ ἐν ταύτῃ τῇ κλίνῃ * ἐκάθευδεν * Ἀσενὲθ μόνη καὶ ἀνὴρ ἢ γυνὴ ἑτέρα οὐδέποτε
Asen. 10 1 οὐκ ἔφαγε καὶ ὕδωρ οὐκ ἔπιεν καὶ ἐπῆλθεν ἡ νὺξ καὶ * ἐκάθευδον * πάντες οἱ ἐν τῇ οἰκίᾳ καὶ ἦν αὕτη γρηγοροῦσα
Asen. 10 2 τοῦ ὑπερῴου καὶ ἦλθεν εἰς τὸν πυλῶνα καὶ ἡ πυλωρὸς * ἐκάθευδε * μετὰ τῶν τέκνων αὐτῆς. καὶ ἔσπευσεν Ἀσενὲθ καὶ

καθηγεμών 2
Aris. 140 2 παρ' ὅλην τὴν πᾶσαν κτίσιν. ὅθεν οἱ Αἰγυπτίων * καθηγεμόνες * ἱερεῖς ἐγκεκυφότες εἰς πολλὰ καὶ
Aris. 267 4 ἁρμόσαι; τὸ πρέπον ἑκάστῳ συνυποκρινόμενος εἶπε * καθηγεμόνα * λαμβάνων δικαιοσύνην ὡς καὶ ποιεῖς θεοῦ σοι

καθηγέομαι 4
Aris. 122 10 βουλόμενοι ὑπερφέρειν ἕτερος ἑτέρου καὶ τοῦ * καθηγουμένου * πάντες ἄξιοι καὶ τῆς περὶ αὐτὸν ἀρετῆς.
Aris. 195 5 τὰ βουλευθέντα θεὸς δὲ τελειοῖ τὰ πάντων καὶ * καθηγεῖται * δυναστεύων. ἐπιφωνήσας δὲ καὶ τούτῳ καλῶς
Aris. 269 3 ἀδοξία γίνεται; ἐκεῖνος δὲ ἔφησεν ὅταν ὑπερηφανία * καθηγῆται * καὶ θράσος ἄληκτον ἀτιμασμὸς ἐπιφύεται καὶ
LEze. 9 29 6 04 τιν' ἐξαναστήσεις θρόνον καὶ αὐτὸς βραβεύσεις καὶ * καθηγήσῃ * βροτῶν; τὸ δ' εἰσθεᾶσθαι γῆν ὅλην τ' οἰκουμένην

καθηγητής 1
FAch. 109 δεῖ. βασιλέα τίμα τὸ γὰρ κράτος ἰσότιμόν ἐστι. τὸν * καθηγητὴν * σου τίμα ἴσα γονεῦσι τούτους γὰρ εὖ ποιεῖν χρὴ

καθηκόντως 3
Aris. 81 3 παρίει τοῖς δὲ τεχνίταις παρήδρευεν ἐπιμελῶς ἵνα * καθηκόντως * τῷ τόπῳ συντελέσωσιν εἰς ὃν ἀπεστέλλετο τὰ
Aris. 87 4 τῆς πρὸς αὐτὸ πρὸς τὴν εὐκοσμίαν ἔχοντος τοῦ τόπου * καθηκόντως * τὸ κλίμα τῶν λειτουργούντων ἱερέων
Aris. 181 1 μεθ' ὑμῶν βουλήσομαι. πάντα δ' ὑμῖν εἶπε παρέσται * καθηκόντως * οἷς συγχρήσησθε κἀμοὶ μεθ' ὑμῶν. τῶν δὲ

καθήκω 21
TLevi 18 2B029 σὺν τοῖς ἐνδοσθίοις καὶ πάντα ἡλισμένα ἐν ἅλατι ὡς * καθήκει * αὐτοῖς αὐτάρκως. καὶ μετὰ ταῦτα σεμίδαλιν
TLevi 18 2B031 μέτρῳ καὶ σταθμῷ καὶ μὴ περισσεύσῃς μηθὲν ὅσα οὐ * καθήκει. * καὶ +τῷ καθηκι τῶν+ οὕτως ξύλα καθήκει
TLevi 18 2B031 καὶ μὴ περισσεύσῃς μηθὲν ὅσα οὐ καθήκει. καὶ +τῷ * καθηκι * τῶν+ οὕτως ξύλα καθήκει ἀναφέρεσθαι ἐπὶ τὸν βωμὸν
TLevi 18 2B031 ὅσα οὐ καθήκει. καὶ +τῷ καθηκι τῶν+ οὕτως ξύλα * καθήκει * ἀναφέρεσθαι ἐπὶ τὸν βωμὸν τῷ ταύρῳ τῷ τελείῳ
TLevi 18 2B032 ἐπὶ τὸν βωμὸν τῷ ταύρῳ τῷ τελείῳ τάλαντον ξύλων * καθήκει * αὐτῷ ἐν σταθμῷ καὶ εἰς τὸ στέαρ μόνον
TLevi 18 2B037 τὸ κρέας αὐτοῦ καὶ ἀνένεγκε ἐπὶ τὸν βωμόν. σάτον * καθήκει * τῷ ταύρῳ καὶ ᾧ ἂν περισσεύσῃ τοῦ ἁλὸς ἅλισον ἐν
TLevi 18 2B040 καὶ τῷ ἐρίφῳ τὸ τρίτον τοῦ σάτου καὶ σεμίδαλις * καθήκουσα * αὐτοῖς τῷ ταύρῳ τῷ μεγάλῳ καὶ τῷ ταύρῳ τῷ β'
TLevi 18 2B051 ἁγίαν καὶ προσενεγκεῖν θυσίαν κυρίῳ ὑψίστῳ ὡς * καθήκει * κατὰ τὸ προστεταγμένον τοῦτο ποιεῖν. ὅταν
TLevi 18 2B066 συλλαβοῦσα ἔτεκεν ἐξ ἐμοῦ κατὰ τὸν καιρὸν τὸν * καθήκοντα * τῶν γυναικῶν καὶ ἐκάλεσα τὸ ὄνομα αὐτοῦ Καάθ.
Aris. 19 10 τοὺς προγόνους εἰ καὶ μέγιστα ποιήσεις χαριστήρια * καθῆκόν * ἐστι σοι. διαχυθεὶς δὲ εὖ μάλα τοῖς ὀψωνίοις
Aris. 54 2 ⟨τὰ⟩ παρ' αὐτοῦ πολὺ δὲ μᾶλλον χάριν ἕξειν ἐὰν τὰς * καθηκούσας * λειτουργίας ἐπὶ τῶν ὑπ' αὐτοῦ κατεσκευασμένων
Aris. 54 3 λειτουργίας ἐπὶ τῶν ὑπ' αὐτοῦ κατεσκευασμένων οἷς * καθῆκε * ποιῶνται δεόντως. οὐ γὰρ ἕνεκεν σπάνεως χρυσοῦ τὰ
Aris. 88 3 ἔδαφος λιθόστρωτον καθέστηκε καὶ κλίματα πρὸς τοὺς * καθήκοντας * τόπους ἔχει τῆς τῶν ὑδάτων ἐπιφορᾶς ἕνεκεν ἢ
Aris. 107 1 οὐ δέον ἐστίν. οὐκ ἀλόγως δὲ τὴν πόλιν συμμετρίᾳ * καθηκούσῃ * κατεσκεύασαν οἱ πρῶτοι σοφῶς δὲ ἐπινοήσαντες.
Aris. 149 1 ἑτέρους καταδυναστεύειν. ὅπου γὰρ οὐδ' ἅψασθαι * καθῆκε * τῶν προειρημένων διὰ τὴν περὶ ἕκαστα διάθεσιν πῶς
Aris. 227 5 ἔχειν ἵνα τούτῳ τῷ τρόπῳ μετάγωμεν αὐτοὺς ἐπὶ τὸ * καθῆκον * καὶ συμφέρον ἑαυτοῖς. δεῖ δὲ τὸν θεὸν λιτανεύειν
Aris. 245 7 φροντίζειν θεὸν δὲ ἀξιοῦν ὅπως μηθὲν ἐλλίπῃ τῶν * καθηκόντων. * ἐπαινέσας δὲ καὶ τοῦτον τὸν δέκατον ἠρώτα
Aris. 284 5 καὶ καταστολῆς γινόμενα βίῳ συμφέρον καὶ * καθῆκον * ἔνεστι γὰρ καὶ ἐν τούτοις ἐπισκευή τις. πολλάκις
Aris. 297 2 ἀναγραφὴν ἄπιστον φανεῖται. ψεύσασθαι μὲν οὖν οὐ * καθῆκόν * ἐστι περὶ τῶν ἀναγραφομένων εἰ δὲ καί τι
FPho. 80 πέρας ὄψει. νικᾶν εὖ ἔρδοντας ἐπὶ πλεόνεσσι * καθήκει. * καλὸν ξεινίζειν ταχέως λιταῖσι τραπέζαις ἢ
LAri. 8 10 1 περίπατος ἐπὶ τῆς θείας δυνάμεως ἃ τεύξεται λόγου * καθήκοντος * καὶ οὐκ ἀντιδοξήσει τοῖς προειρημένοις ὑφ'

κάθημαι 41
Adam 37 4 ταῦτα ἐξέτεινεν τὴν χεῖρα αὐτοῦ ὁ πατὴρ τῶν ὅλων * καθήμενος * ἐπὶ θρόνου αὐτοῦ καὶ ἦρεν τὸν Ἀδὰμ καὶ

| | | | | | |
|---|---|---|---|---|---|
| Adam | 39 | 3 | εἰσβληθήσεται εἰς τὸν τόπον τοῦτον ἵνα ἴδῃ σε * | καθήμενον | * ἐπάνω αὐτοῦ. τότε κατακριθήσεται αὐτὸς καὶ οἱ |
| Adam | 39 | 3 | καὶ οἱ ἀκούσαντες αὐτοῦ καὶ λυπηθήσεται ὁρῶν σε * | καθήμενον | * ἐπὶ τοῦ θρόνου αὐτοῦ. μετὰ ταῦτα εἶπεν ὁ θεὸς |
| Hen. | 13 | 9 | γενόμενος ἦλθον πρὸς αὐτοὺς καὶ πάντες συνηγμένοι * | ἐκάθηντο | * πενθοῦντες ἐν Ἐβελσατὰ ἥτις ἐστὶν ἀνὰ μέσον |
| Hen. | 14 | 20 | καὶ οὐκ ἐδυνάσθην ἰδεῖν. καὶ ἡ δόξα ἡ μεγάλη * | ἐκάθητο | * ἐπ᾽ αὐτῷ τὸ περιβόλαιον αὐτοῦ ὡς εἶδος ἡλίου |
| Abr.1 | 4 | 9 | καὶ νῦν κύριε τί ποιήσω; πῶς διαλάθω μετὰ τούτων * | καθήμενος | * ἐν μιᾷ τραπέζῃ μετ᾽ αὐτοῦ; ὁ δὲ κύριος εἶπε |
| Abr.1 | 11 | 4 | ἔξωθεν δὲ τῶν πυλῶν τῶν ἐκεῖσε τῶν δύο εἶδον ἄνδρα * | καθήμενον | * ἐπὶ τοῦ θρόνου κεχρυσωμένου καὶ ἦν ἡ ἰδέα τοῦ |
| Abr.1 | 11 | 6 | ἐθεώρει ⟨ὁ ἀνὴρ θαυμάσιος ὁ ἐπὶ χρυσοῦ θρόνου * | καθήμενος | * διὰ τῆς στενῆς πύλης ὀλίγας ψυχὰς |
| Abr.1 | 11 | 9 | ἀρχιστράτηγος οὗτός ἐστιν ὁ πρωτόπλαστος Ἀδὰμ καὶ * | κάθηται | * ὧδε ἐν τῇ αὐτοῦ δόξῃ καὶ βλέπει τὸν κόσμον |
| Abr.1 | 11 | 10 | διὰ τῆς στενῆς πύλης τότε ἀνίσταται καὶ * | κάθηται | * ἐπὶ τοῦ θρόνου αὐτοῦ χαίρων καὶ ἀγαλλιώμενος ἐν |
| Abr.1 | 12 | 5 | εἴδει κρυστάλλου ἐξαστράπτων ὡς πῦρ καὶ ἐπ᾽ αὐτῷ * | ἐκάθητο | * ἀνὴρ θαυμαστὸς ἡλιόρατος ὅμοιος υἱῷ θεοῦ |
| Abr.1 | 12 | 9 | καὶ μέλαν καὶ κάλαμον πρὸ προσώπου δὲ τῆς τραπέζης * | ἐκάθητο | * ἄγγελος φωτοφόρος κρατῶν ἐν τῇ χειρὶ αὐτοῦ ζυγὸν |
| Abr.1 | 12 | 10 | κρατῶν ἐν τῇ χειρὶ αὐτοῦ ζυγὸν ἀριστερῶν δὲ αὐτοῦ * | ἐκάθητο | * ἄγγελος πύρινος ἀνηλεὴς καὶ ἀπότομος ἐν τῇ χειρὶ |
| Abr.1 | 12 | 11 | καὶ ὁ μὲν ἀνὴρ ὁ θαυμάσιος ὁ ἐπὶ τοῦ θρόνου αὐτοῦ * | καθήμενος | * ἔκρινεν καὶ ἀπεφήνατο τὰς ψυχάς οἱ δὲ δύο |
| Abr.1 | 13 | 2 | Ἀβραὰμ τὸν ἄνδρα τὸν φοβερὸν τὸν ἐπὶ θρόνου * | καθήμενον; | * οὗτός ἐστιν υἱὸς τοῦ πρωτοπλάστου ὁ |
| Abr.1 | 13 | 3 | Ἄβελ ὃν ἀπέκτεινεν Κάϊν ὁ πονηρότατος καὶ * | κάθηται | * ὧδε κρῖναι πᾶσαν τὴν κτίσιν καὶ ἐλέγχων δικαίους |
| Abr.2 | 8 | 7 | καὶ εἶπεν Ἀβραὰμ τῷ Μιχαὴλ τί ἐστιν κύριε οὗτος ὁ * | καθήμενος | * ἐπὶ τὸν θρόνον ἀνὰ μέσον τῶν δύο πυλώνων |
| Abr.2 | 13 | 4 | Ἀβραάμ. ἰδὼν δὲ Ἀβραὰμ τὸν θάνατον ἔγγιστα αὐτοῦ * | καθήμενον | * ἐφοβήθη φόβον μέγαν. καὶ ἀποκριθεὶς Ἀβραὰμ |
| Abr.2 | 13 | 6 | ἀπ᾽ ἐμοῦ ἀφ᾽ οὗ γάρ σε ἐθεασάμην ἔγγιστά μου * | καθήμενον | * ἐταράχθη ἡ ψυχή μου ἐν ἐμοὶ πάντως οὐκ εἰμί |
| TLevi | 2 | 3 | ᾠκοδόμησεν ἑαυτῇ ἡ ἀδικία καὶ ἐπὶ πύργους ἡ ἀνομία * | κάθηται | * τότε ἐγὼ ἔπλυνα τὰ ἱμάτιά μου καὶ καθαρίσας αὐτὰ |
| TJud. | 3 | 2 | οὕτως ἀνεῖλον αὐτόν. καὶ τὸν ἕτερον βασιλέα Ταφουὲ * | καθήμενον | * ἐπὶ τοῦ ἵππου ἀνεῖλον αὐτὸν καὶ οὕτως πάντα |
| Asen. | 11 | 19 | αὐτόν. καὶ ἀνέστη Ἀσενὲθ πάλιν ἀπὸ τοῦ τοίχου οὗ * | ἐκάθητο | * καὶ ἀνορθώθη ἐπὶ τὰ γόνατα αὐτῆς καὶ ἐξεπέτασε |
| Asen. | 20 | 6 | κάλλος αὐτῆς ὡς κάλλος οὐράνιον. καὶ εἶδον αὐτὴν * | καθημένην | * μετὰ τοῦ Ἰωσὴφ καὶ ἐνδεδυμένην ἔνδυμα γάμου. |
| Asen. | 22 | 6 | τὴν γῆν. καὶ εἰσῆλθον πρὸς Ἰακώβ. καὶ ἦν Ἰσραὴλ * | καθήμενος | * ἐπὶ τῆς κλίνης αὐτοῦ καὶ αὐτὸς ἦν πρεσβύτης ἐν |
| Asen. | 27 | 1 | τὸ ὄνομα κυρίου τοῦ θεοῦ αὐτῆς. καὶ Βενιαμὶν * | ἐκάθητο | * ἐξ εὐωνύμων τῆς Ἀσενὲθ ἐν τῷ ὀχήματι αὐτῆς. καὶ |
| Sal. | 4 | 1 | τοῦ Σαλωμων τοῖς ἀνθρωπαρέσκοις. ἵνα τί σὺ βέβηλε * | κάθησαι | * ἐν συνεδρίῳ ὁσίων καὶ ἡ καρδία σου μακρὰν |
| Jer. | 5 | 17 | ὧδε ἕως ὁ κύριος ἄρῃ τὴν ἔκστασιν ταύτην ἀπ᾽ ἐμοῦ. * | καθημένου | * δὲ αὐτοῦ εἶδέ τινα γηραιὸν ἐρχόμενον ἐξ ἀγροῦ |
| Bar. | | 2 | τὸ χωρίον τῇ χειρὶ θεοῦ διεφυλάχθη καὶ οὗτος * | ἐκάθητο | * ἐπὶ τὰς ὡραίας πύλας ὅπου ἔκειτο τὰ τῶν ἁγίων |
| Bar. | 6 | 2 | ὃ ἦν ὑπόπυρον. καὶ ἐπὶ τοῦ ἅρματος ἄνθρωπος * | καθήμενος | * φορῶν στέφανον πυρὸς ἐλαυνόμενον τὸ ἅρμα ὑπ᾽ |
| Bar. | 9 | 3 | τῇ ἐπαύριον ὁρῶ καὶ ταύτην ἐν σχήματι γυναικὸς καὶ * | καθημένην | * ἐπὶ ἅρματος τροχοῦ. καὶ ἦσαν ἔμπροσθεν αὐτῆς |
| Job | 9 | 8 | μηδὲν λαβόντες ἀλλ᾽ ὅταν ἴδωσίν με πρὸς μίαν θύραν * | καθήμενον, | * δυνηθῶσιν διὰ τῆς ἄλλης ἐπανελθεῖν καὶ |
| Job | 20 | 4 | μου οὐκ ἔδωκεν αὐτῷ τὴν ἐξουσίαν καὶ προσῆλθέν μοι * | καθημένῳ | * ἐπὶ τὸν θρόνον καὶ πενθοῦντι τὴν τῶν τέκνων μου |
| Job | 24 | 3 | οὓς εἰς κενὸν ἐκοπίασα μετὰ μόχθων σὺ δὲ αὐτὸς * | κάθῃ | * ἐν σαπρίᾳ σκωλήκων διανυκτερεύων αἴθριος, κἀγὼ |
| Job | 28 | 8 | ὅλης βασιλεύων; καὶ ἐμήνυσαν αὐτοῖς περὶ ἐμοῦ ὅτι * | κάθηται | * ἐπὶ τῆς κοπρίας ἔξω τῆς πόλεως ἔχει γὰρ εἴκοσι |
| Job | 32 | 4 | σὺ εἶ ὁ τοὺς χρυσέους κραββάτους ἔχων, νυνὶ δὲ * | καθήμενος | * ἐπὶ κοπρίας ποῦ νῦν τυγχάνει ἡ δόξα τοῦ θρόνου |
| Job | 32 | 5 | θρόνον ἐκ λίθων πολυτελῶν ἔχων, νυνὶ δὲ ἐν σποδῷ * | καθήμενος | * ποῦ νῦν τυγχάνει ἡ δόξα τοῦ θρόνου σου; τίς |
| Job | 34 | 4 | εἰς τὰς ἰδίας χώρας αὐτὸς ἐν ταλαιπωρίᾳ σκωλήκων * | κάθηται | * καὶ δυσωδίαις, καὶ ἀκμὴν ἐπαίρεται καθ᾽ ἡμῶν |
| Sib. | 3 | 132 | μοῖρα πέληται. ὁππότε κεν δὲ Ῥέη τίκτῃ παρὰ τὴνδ᾽ * | ἐκάθηντο | * Τιτῆνες καὶ τέκνα διέσπων ἄρσενα πάντα θήλεα δὲ |
| FAch. | 109 | | ἀντίπαλον ὃν πρὸς τὴν συμβίωσιν ὅλην τὴν ἡμέραν * | καθημένη | * ὁπλίζεται μηχανωμένη πῶς σου κυριεύσει. τὸν |
| LEze. | 9 29 | 5 03 | μέγαν τιν᾽ εἶναι μέχρις οὐρανοῦ πτυχὸς ἐν τῷ * | καθῆσθαι | * φῶτα γενναῖόν τινα διάδημ᾽ ἔχοντα καὶ μέγα |
| LEze. | 9 29 | 5 08 | δέ μοι παρέδωκε καὶ εἰς θρόνον μέγαν εἶπεν * | καθῆσθαι | * βασιλικὸν δ᾽ ἔδωκέ μοι διάδημα καὶ αὐτὸς ἐκ |
| καθημερινός | | 2 | | | |
| FAch. | 109 | | στέρξαντι διπλασίους δεῖ ἀποδιδόναι χάριτας. τὴν * | καθημερινὴν | * τροφὴν χρησίμην λάμβανε καθόσον δύνῃ ἵνα καὶ |
| FAch. | 110 | | ὁπλίζεται μηχανωμένη πῶς σου κυριεύσει. τὸν * | καθημερινόν | * σου βίον ζήτει πρὸς τὸ λαμβανόμενον καὶ εἰς |
| καθιδρύω | | 2 | | | |
| HArt. | 9 27 | 2 | μὲν τήν τε Σάιν οἰκοδομῆσαι τό τε ἐπ᾽ αὐτῇ ἱερὸν * | καθιδρύσασθαι | * εἶτα τὸν ἐν Ἡλιουπόλει ναὸν κατασκευάσαι. |
| HArt. | 9 27 | 12 | ταῦρον Ἆπιν κελεῦσαι ἱερὸν αὐτοῦ τοὺς ὄχλους * | καθιδρύσασθαι | * καὶ τὰ ζῷα τὰ καθιερωθέντα ὑπὸ τοῦ Μωΰσου |
| καθιερόω | | 3 | | | |
| HArt. | 9 27 | 9 | πόλιν ἐν τούτῳ κτίσαι τῷ τόπῳ καὶ τὴν ἶβιν ἐν αὐτῇ * | καθιερῶσαι | * διὰ τὸ ταύτην τὰ βλάπτοντα ζῷα τοὺς ἀνθρώπους |
| HArt. | 9 27 | 12 | αὐτοῦ τοὺς ὄχλους καθιδρύσασθαι καὶ τὰ ζῷα τὰ * | καθιερωθέντα | * ὑπὸ τοῦ Μωΰσου κελεύειν ἐκεῖ φέροντας |
| HArt. | 9 27 | 35 | τὸν βασιλέα μετὰ πολλῆς δυνάμεως ⟨ἅμα⟩ καὶ τοῖς * | καθιερωμένοις | * ζῴοις διὰ τὸ τὴν ὕπαρξιν τοὺς Ἰουδαίους |
| καθίζω | | 38 | | | |
| Adam | 39 | 2 | εἰς χαρὰν καὶ ἐπιστρέψω σε εἰς τὴν ἀρχήν σου καὶ * | καθίσω | * σε εἰς τὸν θρόνον τοῦ ἀπατήσαντός σε. ἐκεῖνος δὲ |
| Adam | 39 | 3 | εἰς τὸν θρόνον τοῦ ἀπατήσαντός σε. ἐκεῖνος δὲ τὸν * | καθίσαντα | * ἐπ᾽ αὐτῷ πρὶν γένεσθαι αὐτὸν ἐν ὑπερηφανίᾳ |
| Hen. | 13 | 7 | αὐτῶν γένωνται ἄφεσις καὶ μακρότης. καὶ πορευθεὶς * | ἐκάθισα | * ἐπὶ τῶν ὑδάτων Δὰν ἐν γῇ Δὰν ἥτις ἐστὶν ἐκ |
| Hen. | 25 | 3 | οὗ ἡ κορυφὴ ὁμοία θρόνου θεοῦ καθέδρα ἐστὶν οὗ * | καθίζει | * ὁ μέγας κύριος ὁ ἅγιος τῆς δόξης ὁ βασιλεὺς τοῦ |
| Abr.1 | 2 | 10 | μὴ ἐνέγκωσιν ἵππους ὅτι ἀνέχομαι τούτου τοῦ μὴ * | καθίσαι | * ἐπὶ ζῴου τετραπόδου μὴ γὰρ καὶ ὁ ἐμὸς βασιλεὺς |
| Abr.1 | 2 | 11 | κτήνεσιν παντοίοις; ἀλλ᾽ ἐγὼ ἀπέχομαι τοῦτο τοῦ μὴ * | καθίσαι | * ἐπὶ ζῴου τετραπόδου ποτέ ἀπέλθωμεν δικαία ψυχή |
| Abr.1 | 15 | 3 | τὸν οἶκον αὐτοῦ καὶ ἀπελθὼν ἐν τῷ τρικλίνῳ αὐτοῦ * | ἐκάθισεν | * ⟨ἐπὶ τῆς κλίνης αὐτοῦ⟩. ἦλθεν δὲ Σάρρα ἡ γυνὴ |
| Abr.2 | 2 | 12 | ἕνα τῶν οἰκοτρόφων αὐτοῦ λέγων ἄπαγε κτῆνος ἵνα * | καθίσῃ | * ἐπ᾽ αὐτῷ ὁ ξένος ὅτι ἔκαμεν ἐν τῇ ὁδῷ. ἀπεκρίθη |
| TSim. | 1 | 2 | γὰρ ἐπισκέψασθαι αὐτὸν ἀρρωστοῦντα καὶ ἐνισχύσας * | ἐκάθισε | * καὶ κατεφίλησεν αὐτοὺς καὶ εἶπεν αὐτοῖς ἀκούσατε |
| TJud. | 12 | 1 | κεῖραι τὰ πρόβατα κοσμηθεῖσα κόσμῳ νυμφικῷ * | ἐκάθισεν | * ἐν Ἐνὰν τῇ πόλει πρὸς τὴν πύλην. νόμος γὰρ |
| TJud. | 12 | 9 | ὅτι ἐξ ἄλλου χωρίου ἐλθοῦσα πρὸς βραχὺ * | ἐκάθισεν | * ἐν πύλῃ καὶ ἐνόμιζον ὅτι οὐδεὶς ἔγνω ὅτι |
| Asen. | 2 | 9 | Ἀσενὲθ μόνη καὶ ἀνὴρ ἢ γυνὴ ἑτέρα οὐδέποτε * | ἐκάθισεν | * ἐπ᾽ αὐτῇ πλὴν τῆς Ἀσενὲθ μόνης. καὶ ἦν αὐλὴ |
| Asen. | 4 | 4 | μου. ἡ δὲ εἶπεν ἰδοὺ ἐγὼ κύριε. καὶ εἶπεν αὐτῇ * | κάθισον | * δὴ ἀνάμεσον ἡμῶν καὶ λαλήσω πρός σε τὰ ῥήματά |
| Asen. | 4 | 5 | ἡμῶν καὶ λαλήσω πρός σε τὰ ῥήματά μου. καὶ * | ἐκάθισεν | * Ἀσενὲθ ἀνάμεσον τοῦ πατρὸς αὐτῆς καὶ τῆς |
| Asen. | 7 | 1 | καὶ εἰσῆλθεν Ἰωσὴφ εἰς τὴν οἰκίαν Πεντεφρῆ καὶ * | ἐκάθισεν | * ἐπὶ τοῦ θρόνου. καὶ ἔνιψαν τοὺς πόδας αὐτοῦ καὶ |
| Asen. | 11 | 1C | αὐτῆς. καὶ ἀπεστράφη ἄνω πρὸς τὸν τοῖχον καὶ * | ἐκάθισεν | * ὑποκάτω τῆς θυρίδος τῆς βλεπούσης κατὰ |
| Asen. | 11 | 15 | τοῦ θεοῦ. καὶ ἀπεστράφη πάλιν πρὸς τὸν τοῖχον καὶ * | ἐκάθισε | * καὶ ἐπάτασσε τῇ χειρὶ τὴν κεφαλὴν αὐτῆς καὶ τὸ |
| Asen. | 15 | 14 | τῶν γονάτων αὐτοῦ καὶ εἶπεν αὐτῷ δέομαί σου κύριε * | κάθισον | * δὴ μικρὸν ἐπὶ τῆς κλίνης ταύτης διότι ἡ κλίνη |
| Asen. | 15 | 14 | αὕτη ἐστὶ καθαρὰ καὶ ἀμίαντος καὶ ἀνὴρ ἢ γυνὴ οὐκ * | ἐκάθισεν | * ἐπ᾽ αὐτὴν πώποτε. καὶ παραθήσω σοι τράπεζαν καὶ |
| Asen. | 20 | 2 | καὶ εἰσήγαγεν αὐτὸν εἰς τὴν οἰκίαν αὐτῆς καὶ * | ἐκάθισεν | * αὐτὸν ἐπὶ τοῦ θρόνου Πεντεφρῆ τοῦ πατρὸς αὐτῆς. |
| Asen. | 20 | 5 | αὐτὴν καὶ Ἀσενὲθ κατεφίλησε τὴν κεφαλὴν αὐτοῦ καὶ * | ἐκάθισεν | * ἐκ δεξιῶν αὐτοῦ. καὶ ἦλθον ὁ πατὴρ καὶ ἡ μήτηρ |
| Asen. | 24 | 20 | καλάμου. ⟨καὶ⟩ γεγόνασιν εἰς τέσσαρας ἀρχάς. καὶ * | ἐκάθισαν | * ἐκεῖθεν τοῦ χειμάρρου ὡς πρὸς τὸ μέρος τὸ |
| Asen. | 24 | 20 | ἐντεῦθεν τοῦ χειμάρρου ἐπανέμειναν οἱ λοιποὶ καὶ * | ἐκάθισαν | * καὶ αὐτοὶ ἐν τῇ ὕλῃ τοῦ καλάμου ἔνθεν κἀκεῖθεν |
| Jer. | 3 | 14 | αὐτοῖς ὁ κύριος. καὶ εὐθέως κατέπιεν αὐτὰ ἡ γῆ. * | ἐκάθισαν | * δέ οἱ δύο καὶ ἔκλαυσαν. πρωΐας δὲ γενομένης |
| Jer. | 4 | 6 | ὁ δὲ Βαροὺχ ἐπέθηκε χοῦν ἐπὶ τὴν κεφαλὴν αὐτοῦ καὶ * | ἐκάθισε | * καὶ ἔκλαυσε τὸν θρῆνον τοῦτον λέγων διά τί |
| Jer. | 5 | 1 | ἤνεγκε τὰ σῦκα τῷ καύματι καὶ καταλαβὼν δένδρον * | ἐκάθισεν | * ὑπὸ τὴν σκιὰν αὐτοῦ τοῦ ἀναπαῆναι ὀλίγον. καὶ |
| Jer. | 5 | 26 | ἤνεγκον αὐτὰ καὶ ἐλθὼν ἐπί τι δένδρον τῷ καύματι * | ἐκάθισα | * τοῦ ἀναπαῆναι ὀλίγον καὶ ἔκλινα τὴν κεφαλήν μου |
| Job | 30 | 4 | συνελάλουν ἀλλήλοις ὅτι οὗτός ἐστιν. καὶ λοιπὸν * | ἐκάθισαν | * ἐν ταῖς ἑπτὰ ἡμέραις διακρίνοντες τὰ κατ᾽ ἐμέ, |
| Aris. | 94 | 2 | τὴν ἀνάπαυσιν τόπος αὐτοῖς ἐστὶν ἀποτεταγμένος οὗ * | καθίζουσιν | * οἱ διαναπαυόμενοι. τούτου δὲ γινομένου τῶν |
| FIsa. | 1 | 5 | υἱὸν αὐτοῦ. ⟨ἐκέλευσεν⟩ τεθῆναι αὐτῷ δίφρον οὐκ * | ἐκάθισεν | * δὲ ἐπὶ τὸν δίφρον ἀλλ᾽ ἐπὶ τὴν κλίνην τοῦ |
| FIsa. | 1 2 | 7 | πομπή⟨ν αὐ⟩τοῦ ἀνεχώρησεν ἀπ⟨ὸ⟩ Ἰ⟨ερουσαλ⟩ὴμ καὶ * | ἐκάθισεν | * ἐν Β⟨ηθ⟩λεὲμ τῆς Ἰουδαίας. ⟨καὶ⟩ ἐκεῖ δὲ ἦν |
| FIsa. | 1 2 | 8 | δὲ ἦν ἀνομ⟨ία π⟩ολλὴ καὶ ἀναχωρήσα⟨ς⟩ ἀπὸ Βηθλεὲμ * | ἐκά⟨θι⟩σεν | * ἐν τῷ ὄρει ἐν τόπῳ ἐρήμῳ. καὶ Μιχάας ὁ |
| FIsa. | 1 2 | 9 | πιστευόντων εἰς οὐρανοὺς ἀναβῆναι ἀνεχώρησαν καὶ * | ἐκάθισαν | * εἰς τὸ ὄρος πάντε⟨ς⟩ σάκκον περιβεβλημένοι καὶ |
| FIsa. | 1 3 | 11 | κατηγόρει ἐπὶ τοῦ Μανασσῆ καὶ τῶν προφητῶν. καὶ * | ἐκάθισεν | * Βελιὰρ ἐν τῇ καρ⟨δ⟩ίᾳ τοῦ Μανασσῆ καὶ ἐν τῇ |
| FAch. | 112 | | σινδόνα καθαρὰν καὶ ἐπὶ τῆς κεφαλῆς κέρατα ἔχων. * | καθίσας | * δὲ ἐπὶ θρόνου ἐκέλευσεν εἰσελθεῖν τὸν Αἴσωπον. ὁ |
| FAch. | 115 | | καὶ τοῖς φίλοις αὐτοῦ κοκκίνας περιβαλὼν στολὰς * | ἐκάθισεν. | * τοῦ δὲ Αἰσώπου ἐλθόντος ἐπύθετο τίνι ἴκελός |
| FPho. | | 97 | ὕδωρ καὶ πῦρ ἀκατάσχετα πάντα. μὴ δὲ μάτην ἐπὶ πῦρ * | καθίσας | * μινύθεις φίλον ἦτορ. μέτρα δὲ τεῦχ᾽ ἔθ᾽ ἐοῖσι τὸ |
| HEup. | 9 34 | 11 | ψοφεῖν τοὺς κώδωνας καὶ ἀποσοβεῖν τὰ ὄρνεα ὅπως μὴ * | καθίζῃ | * ἐπὶ τοῦ ἱεροῦ μηδὲ νοσσεύῃ ἐπὶ τοῖς φατνώμασι τῶν |
| καθίημι | | 4 | | | |
| TZab. | 6 | 2 | κύριος ἔδωκέ μοι σύνεσιν καὶ σοφίαν ἐν αὐτῷ καὶ * | καθῆκα | * ξύλον ὄπισθεν αὐτοῦ καὶ ὀθόνην ἐξέτεινα ἐν ὀρθῷ |
| Asen. | 10 | 3 | τὴν θύραν ἀσφαλῶς καὶ τὸν μοχλὸν τὸν σιδηροῦν * | καθῆκεν | * ἐκ πλαγίου καὶ ἐστέναξε στεναγμῷ μεγάλῳ μετὰ |
| Asen. | 10 | 9 | καὶ ἔκλεισε πάλιν τὴν θύραν ἀσφαλῶς καὶ τὸν μοχλὸν * | καθῆκεν | * ἐκ πλαγίου. καὶ ἔσπευσεν Ἀσενὲθ καὶ ἀπέθετο τὴν |
| Asen. | 22 | 7 | σφόδρα ⟨ὡς Αἰθίοπος⟩ καὶ ὁ πώγων αὐτοῦ λευκὸς * | καθειμένος | * μέχρι τοῦ στήθους αὐτοῦ καὶ οἱ ὀφθαλμοὶ αὐτοῦ |
| καθίπταμαι | | 1 | | | |
| FEz. | 186 | 30 | της φων⟨ης ⟩ανεβλεψα δε κ⟨ ⟩ου κρεμαμενου⟨ ⟩ανου * | καθιπταμ⟨ | * ⟩υτον και ειπ⟨α ⟩ε⟨ ⟩ως ο κ⟨ ⟩ιν π⟨ ⟩ληθην⟨ |
| καθιστάνω | | 3 | | | |
| Aris. | 280 | 2 | τοῦτον καλῶς λέγειν τὸν ἐχόμενον ἠρώτα τίνας δεῖ * | καθιστάνειν | * στρατηγούς; ὃς δὲ εἶπεν ὅσοι μισοπονηρίαν |
| Aris. | 281 | 3 | φωνῆς ἐπὶ τὸν ἐχόμενον ἐπιβλέψας εἶπε τίνας δεῖ * | καθιστάνειν | * ἐπὶ τῶν δυνάμεων ἄρχοντας; ὁ δὲ ἀπεφήνατο |
| HArt. | 9 27 | 5 | ὄντας τοὺς ὄχλους ποτὲ μὲν ἐκβάλλειν ποτὲ δὲ * | καθιστάνειν | * βασιλεῖς καὶ πολλάκις μὲν τοὺς αὐτοὺς |
| καθιστάω | | 1 | | | |
| Aris. | 228 | 7 | ποιεῖς ἅπαντας ἀνθρώπους εἰς φιλίαν πρὸς ἑαυτὸν * | καθιστῶν. | * παρακαλέσας δὲ καὶ τοῦτον ἐπυνθάνετο καὶ τοῦ |
| καθίστημι | | 43 | | | |
| Asen. | 4 | 7 | ἄρχων πάσης τῆς γῆς Αἰγύπτου καὶ ὁ βασιλεὺς Φαραὼ * | κατέστησεν | * αὐτὸν βασιλέα πάσης τῆς γῆς καὶ σιτοδοτεῖ |

```
Asen.     20     9        τὸν βασιλέα διότι αὐτός ἐστιν ὡς πατήρ μου καὶ ✻ κατέστησέ ✻ με ἄρχοντα ἐπὶ πάσης τῆς γῆς Αἰγύπτου καὶ
Asen.     24    18          ἀδελφοῖς ἀνὰ πεντακοσίους ἄνδρας καὶ αὐτοὺς ✻ κατέστησεν ✻ ἄρχοντας αὐτῶν καὶ ἡγεμόνας. καὶ εἶπον αὐτῷ
Sal.      18     8     κατευθῦναι ἄνδρα ἐν ἔργοις δικαιοσύνης φόβῳ θεοῦ ✻ καταστῆσαι ✻ πάντας αὐτοὺς ἐνώπιον κυρίου γενεᾷ ἀγαθῇ ἐν
Bar.       3     8       ἐπάταξεν αὐτοὺς ἐν ἀορασίᾳ καὶ ἐν γλωσσαλαγῇ καὶ ✻ κατέστησεν ✻ αὐτοὺς ὡς ὁρᾷς. καὶ εἶπον ἐγὼ Βαροὺχ ἰδοὺ
Bar.      15     4    λέγει κύριος ἐπὶ ὀλίγῃ ἐστέ πιστοὶ ἐπὶ πολλῶν ὑμᾶς ✻ καταστήσει ✻ εἰσέλθατε εἰς τὴν χαρὰν τοῦ κυρίου ὑμῶν. καὶ
Prop.      4    17      αὐτὸν Βαλτάσαρ ὅτι ἠθέλησεν αὐτὸν συγκληρονόμον ✻ καταστῆσαι ✻ τῶν τέκνων αὐτοῦ. ἀλλ᾽ ὁ ὅσιος εἶπεν ἵλεώς
Esdr.      1    12     δικαίους ἀναπαύσωμαι ἐν τῷ παραδείσῳ καὶ ἐλεήμων ✻ καθέστηκα. ✻ καὶ εἶπεν Ἐσδρὰμ κύριε τοὺς δικαίους τί
Job       36     2      σὺ εἶ Ἰωβ; καὶ εἶπον αὐτῷ ναί. καὶ εἶπεν ἆρα ἐν τῷ ✻ καθεστηκότι ✻ ἡ καρδία σου; κἀγὼ εἶπον ὅτι ἐν μὲν τοῖς
Job       37     8       μοι, Ιωβ, πρὸς ταῦτα. καὶ πάλιν λέγω σοι, εἰ ἐν τῷ ✻ καθεστηκότι ✻ ὑπάρχεις, δεῖξον, εἰ ἔστιν σοι φρόνησις, διὰ
Job       38     6          ἡμᾶς ἐρευνῶμεν, ἀλλὰ βουλόμεθα γνῶναι εἰ ἐν τῷ ✻ καθεστῶτι ✻ ὑπάρχεις, καὶ ἰδοὺ ἀληθῶς ἔγνωμεν ὅτι ἡ
Aris.      7     4            τὴν αἵρεσιν οὐ μόνον κατὰ τὸ συγγενὲς ἀδελφῷ ✻ καθεστῶτι ✻ τὸν τρόπον ἀλλὰ καὶ τῇ πρὸς τὸ καλὸν ὁρμῇ τὸν
Aris.      9     1       ποιῶμεν ἐπὶ τὸ συνεχὲς τῆς διηγήσεως ἐπανήξομεν. ✻ κατασταθεὶς ✻ ἐπὶ τῆς τοῦ βασιλέως βιβλιοθήκης Δημήτριος ὁ
Aris.     24    10       ἡμέρας ἔκκειται τὸ πρόσταγμα ποιεῖσθαι πρὸς τοὺς ✻ καθεσταμένους ✻ περὶ τούτων καταδεικνύντας εὐθὺ καὶ τὰ
Aris.     37     9     εἶναι τῆς περὶ τὴν αὐλὴν πίστεως ἀξίους ἐπὶ χρειῶν ✻ καθεστάκαμεν. ✻ βουλομένων δ᾽ ἡμῶν καὶ τούτοις χαρίζεσθαι
Aris.     55     2      σπανέως χρυσοῦ τὰ προσυντετελεσμένα βραχύμετρα ✻ καθέστηκεν ✻ ἀλλὰ φαίνεται πρός τινα λόγον εἶπεν οὕτως
Aris.     88     2        αὐτοῦ πρὸς ἑσπέραν τὸ δὲ πᾶν ἔδαφος λιθόστρωτον ✻ καθέστηκεν ✻ καὶ κλίματα πρὸς τοὺς καθήκοντας τόπους ἔχει
Aris.     95     2      ἐπιτάσσοντος τὰ τῆς λειτουργίας. ἥ τε πᾶσα σιγὴ ✻ καθέστηκεν ✻ ὥσθ᾽ ὑπολαμβάνειν μηθ᾽ ἕνα ἄνθρωπον ἐν τῷ
Aris.    116     5      ἐπέβησαν αὐτῆς ἑξήκοντα μυριάδες ἀνδρῶν ἔγκληροι ✻ καθειστήκεισαν ✻ ἑκατοντάρουροι. πληρούμενος δὲ ὁ ποταμὸς
Aris.    122     2        κατασκευῆς διὸ καὶ πρὸς τὰς πρεσβείας εὔθετοι ✻ καθεστήκεισαν ✻ καὶ τοῦτ᾽ ἐπετέλουν ὅτε δέοι καὶ πρὸς τὰς
Aris.    132     5       ἀνθρώπων κρυφίως ἀλλ᾽ ὅσα ποιεῖ τις αὐτῷ φανερὰ ✻ καθέστηκε ✻ καὶ τὰ μέλλοντα γίνεσθαι ταῦτ᾽ οὖν
Aris.    134     3        θεοὺς εἶναι νομίζουσιν αὐτοὶ δυναμικώτεροι πολλῷ ✻ καθεστῶτες ✻ ὧν σέβονται ματαίως ἀγάλματα γὰρ ποιήσαντες
Aris.    137     6        καὶ μυθοποιήσαντες τῶν Ἑλλήνων οἱ σοφώτατοι ✻ καθεστᾶναι. ✻ τῶν γὰρ ἄλλων πολυματαίων τί δεῖ καὶ λέγειν
Aris.    139     5       τῶν ἄλλων ἐθνῶν ἐπιμισγώμεθα κατὰ μηδὲν ἀγνοὶ ✻ καθεστῶτες ✻ κατὰ σῶμα καὶ κατὰ ψυχὴν ἀπολελυμένοι ματαίων
Aris.    143     2    τὸ γὰρ καθόλου πάντα πρὸς τὸν φυσικὸν λόγον ὅμοια ✻ καθέστηκεν ✻ ὑπὸ μιᾶς δυνάμεως οἰκονομούμενα καὶ καθ᾽ ἓν
Aris.    145     2            τῶν γὰρ πτηνῶν οἷς χρώμεθα πάντα ἥμερα ✻ καθέστηκε ✻ καὶ διαφέρει καθαριότητι πυρός καὶ ὀσπρίοις
Aris.    171     2     περὶ τούτων οὖν νομίζω τὰ τῆς ὁμιλίας ἄξια λόγου ✻ καθεστάναι ✻ διὸ τὴν σεμνότητα καὶ φυσικὴν διάνοιαν τοῦ
Aris.    208     6       τὸ τῶν ἀνθρώπων ζῆν ἐν ὀδύναις τε καὶ τιμωρίαις ✻ καθέστηκεν. ✻ ἐπινοῶν οὖν ἕκαστα πρὸς τὸν ἔλεον τραπήσῃ
Aris.    214     6       καὶ τοιαῦτα ἕτερα καίτοι ταῦθ᾽ ὑπολαμβάνομεν ✻ καθεστάναι. ✻ πλὴν ὅσον ἐμοιγε ἐφικτὸν οὕτω διείληφα κατὰ
Aris.    233     3   καὶ νόσοι καὶ λῦπαι καὶ τὰ τοιαῦτα. εὐσεβεῖ δέ σοι ✻ καθεστῶτι ✻ τούτων οὐδὲν ἂν προσέλθοι. καλῶς δὲ καὶ τούτων
Aris.    256     6    καὶ τὰ πρὸς τὸν καιρὸν πράσσειν δεόντως μετριοπαθῆ ✻ καθεστῶτα. ✻ ἵνα δ᾽ ἐπίστασιν τούτων λαμβάνωμεν θεραπεύειν
Aris.    288     3      τί κάλλιστόν ἐστι τοῖς ὄχλοις ἐξ ἰδίαντος βασιλέα ✻ καταστάθηναι ✻ ἐπ᾽ αὐτῶν ἢ ἐκ βασιλέως βασιλέα; ἐκεῖνος δὲ
Aris.    289     3      πρὸς τοὺς ὑποτεταγμένους ἀνήμερό τε καὶ σκληροὶ ✻ καθίστανται ✻ πολλῷ δὲ μᾶλλον καὶ τινες τῶν ἰδιωτῶν καὶ
Aris.    291     3   βασιλείας; πρὸς τοῦτο εἶπε τὸ διὰ παντὸς ἐν εἰρήνῃ ✻ καθεστάναι ✻ τοὺς ὑποτεταγμένους καὶ κομίζεσθαι τὸ δίκαιον
Sib.       3   252    νεφέλης +πᾶν ἦμος ὁδεύσει+ τοῦτο δ᾽ ἡγήτρα ✻ καταστήσει ✻ μέγαν ἄνδρα Μωσῆν ὃν παρ᾽ ἔλους βασιλὶς
FJub.     11     3       ἀλλήλων αὐξήσαντες τύφον στρατηγούς τε ἑαυτοῖς ✻ κατεστήσαντο ✻ καὶ βασιλεῖς. καὶ τότε πρῶτος πολεμικὰ
IEsc.   5 131     2   θνητῶν τὸν θεὸν καὶ μὴ δόκει ὅμοιον σαυτῷ σάρκινον ✻ καθεστάναι. ✻ οὐκ οἶσθα δ᾽ αὐτόν ποτὲ μὲν ὡς πῦρ φαίνεται
IMen.   5 119     2       ἡ σμαραγδοῦ ζώδια εὔνουν νομίζει τὸν θεὸν ✻ καθεστάναι ✻ πεπλάνηται ἐκείνος καὶ φρένας κούφας ἔχει.
HCal.     24    17       ὁ Μακεδόνων στρατὸς ὡς γὰρ ἐν ἡμῖν φοβερὸς ✻ καθέστηκεν ✻ ὁ θάνατος τοῖς Μακεδόσι οὐχ οὕτως ἀλλὰ καὶ
HCal.     28    19  βασιλεία ᾤχετο καὶ Σέλευκον μὲν ἄρχοντα τῶν Περσῶν ✻ καθίστησι ✻ Φίλιππον δὲ Αἰγυπτίων ἡγεῖσθαι προστέτακτο
LAri. 13  12    10      τάξιν ἀκολουθοῦντες γὰρ αὐτῇ συνεχῶς ἀτάραχοι ✻ κατασττήσονται ✻ δι᾽ ὅλου τοῦ βίου. σαφέστερον δὲ καὶ
LAri. 13  12    11      ὥς τινες ὑπολαμβάνουσι μηκέτι ποιεῖν τι τὸν θεὸν ✻ καθεστήσονται ✻ ἀλλ᾽ ἐπὶ τῷ καταπεπαυκέναι τὴν τάξιν αὐτῶν
LAri. 13  12    12   ἔννομον ἕνεκεν σημείου τοῦ περὶ ἡμᾶς ἑβδόμου λόγου ✻ καθεστῶτος ✻ ἐν ᾧ γνῶσιν ἔχομεν ἀνθρωπίνων καὶ θείων
```

### καθό
```
Aris.      11     6     χρῶνται καθάπερ Αἰγύπτιοι τῇ τῶν γραμμάτων θέσει ✻ καθὸ ✻ καὶ φωνὴν ἰδίαν ἔχουσιν. ὑπολαμβάνονται Συριακῇ
Aris.    203     2      τὰ τῆς ἀναπτώσεως καὶ συμποσίας ἐπετελεῖτο. ✻ καθὸ ✻ δὲ ἐνόμιζεν ὁ βασιλεὺς εὔκαιρον εἶναι πρὸς τὸ
LAri. 8  10     4    καὶ ποιηταὶ παρ᾽ αὐτοῦ μεγάλας ἀφορμὰς εἰληφότες ✻ καθὸ ✻ καὶ θαυμάζονται. τοῖς δὲ μὴ μετέχουσι δυνάμεως καὶ
```

### καθοδηγός
```
Sib.       3   195  θεοῦ πέλι καρτερὸν ἔσται οἳ πάντεσσι βροτοῖσι βίου ✻ καθοδηγοὶ ✻ ἔσονται. ἀλλὰ τί μοι καὶ τοῦτο θεὸς νόῳ ἔνθετο
                         3
```

### καθόλου
```
TGad.      5     5      φοβούμενος γὰρ μὴ προσκρούσῃ κυρίῳ οὐ θέλει τὸ ✻ καθόλου ✻ οὐδὲ ἕως ἐννοιῶν ἀδικῆσαι ἄνθρωπον. ταῦτα ἐγὼ
Aris.     80     1        εἰς ὑπεροχὴν δόξης τοῦ βασιλέως ποιῆσαι. ✻ καθόλου ✻ γὰρ οὕτ᾽ ἐν τοῖς βασιλικοῖς ὑπῆρχε
Aris.    143     1    καὶ ἀφῶν καὶ ἀκοῆς καὶ δράσεως νομικῶς. τὸ γὰρ ✻ καθόλου ✻ πάντα πρὸς τὸν φυσικὸν λόγον ὅμοια καθέστηκεν
                         3
```

### καθοπλίζω
```
Aris.     13     1   εἰς Αἴγυπτον μετήγαγεν ἀφ᾽ ὧν ὡσεὶ τρεῖς μυριάδας ✻ καθοπλίσας ✻ ἀνδρῶν ἐκλεκτῶν εἰς τὴν χώραν κατῴκισεν ἐν
Aris.     14     2      τοὺς ἀρίστους ταῖς ἡλικίαις καὶ ῥώμῃ διαφέροντας ✻ καθώπλισε ✻ τὸ δὲ λοιπὸν χύμα πρεσβυτέρων καὶ νεωτέρων ἔτι
LThe.  9  22    10   ἔργα. τὸν οὖν Λευὶν καὶ τὸν Συμεῶνα εἰς τὴν πόλιν ✻ καθωπλισμένους ✻ ἐλθεῖν καὶ πρῶτα μὲν τοὺς ἐντυγχάνοντας
                         2 (cf.+ κατεῖδον)
```

### καθοράω
```
Adam      38     4      ἀπὸ τῆς εὐοδίας χωρὶς τοῦ Σὴθ μόνου ὅτι ἐγένετο ✻ καθορῶν ✻ τοῦ θεοῦ. καὶ ἦλθεν πρὸς τὸ σῶμα τοῦ Ἀδὰμ καὶ
Sib.       4    12      ὄμμασιν ἐν θνητοῖς οὐ πλασθέντα χερὶ θνητῇ θς ✻ καθορῶν ✻ ἅμα πάντας ὑπ᾽ οὐδενὸς αὐτὸς ὁρᾶται οὗ νύξ τε
                         4
```

### καθόσον
```
Aris.    105     2  ἔχον οἷον τεσσαράκοντα σταδίων ὄντος τοῦ περιβόλου ✻ καθόσον ✻ εἰκάσαι δυνατόν. ἔχει δὲ τὴν τῶν πύργων θέσιν
Aris.    211     6       ὁ θεὸς δὲ ἀπροσδεής ἐστι καὶ ἐπιεικής. καὶ σὺ ✻ καθόσον ✻ ἄνθρωπος ἐννόει καὶ μὴ πολλῶν ὀρέγου τῶν δὲ
Aris.    214     3   τοῖς ὑποπίπτουσιν ὡς θεωρουμένοις ἀλογιστοῦμεν δὲ ✻ καθόσον ✻ ὑπολαμβάνομεν καὶ ἐπὶ πελάγους καὶ ἐν πλοίοις ἢ
FAch.    109     7      χάριτας. τὴν καθημερινὴν τροφὴν χρησίμην λάμβανε ✻ καθόσον ✻ δύνῃ ἵνα καὶ εἰς αὔριον ἐργατικώτερος ᾖς καὶ
                         9
```

### καθότι
```
Hen.      6B     6       τοῦ Ἑρμονιεὶμ ὄρους καὶ ἐκάλεσαν τὸ ὄρος Ἑρμὼμ ✻ καθότι ✻ ὤμοσαν καὶ ἀνεθεμάτισαν ἀλλήλους ἐν αὐτῷ. καὶ
Abr.1      2     2      ἀναστὰς τοίνυν ὁ ἱερώτατος Ἀβραὰμ ὑπηντήθη αὐτῷ ✻ καθότι ✻ ἔθος εἶχεν τοῖς ἐπιξένοις προσυπαντᾶν καὶ
Abr.1     11     9   κάθηται ὧδε ἐν τῇ αὐτοῦ δόξῃ καὶ βλέπει τὸν κόσμον ✻ καθότι ✻ πάντες ἐξ αὐτοῦ ἐγένοντο καὶ ὅτε ἴδῃ πολλὰς ψυχὰς
Abr.1     20     3    γὰρ οὖν, πᾶσαν βουλὴν κατέλιπε καὶ ἀκολούθει μοι ✻ καθότι ✻ ὁ θεὸς τῶν ἁπάντων προσέφερέ μοι. εἶπεν δὲ
Asen.      2     1     ἄνθρωπον. καὶ οὐδείς ἀνὴρ ἑώρακεν αὐτὴν πώποτε ✻ καθότι ✻ ἦν πύργος τῷ Πεντεφρῆ παρακείμενος τῇ οἰκίᾳ αὐτοῦ
Asen.      4    10     σκότους καὶ Φαραὼ ἐξήγαγεν αὐτὸν ἐκ τῆς φυλακῆς ✻ καθότι ✻ συνέκρινε τὸ ἐνύπνιον αὐτοῦ καθὰ συγκρίνουσι καὶ
Asen.     15     8    αὐτὴν σφόδρα διότι ἀδελφή μού ἐστι καὶ αὕτη. καὶ ✻ καθότι ✻ ὑμᾶς τὰς παρθένους ἀγαπᾷ κἀγὼ ὑμᾶς ἀγαπῶ. καὶ
HEup.  9  31     1     μοι μέχρι τοῦ ἐπιτελέσαι πάντα κατὰ τὴν χρείαν ✻ καθότι ✻ ἐπιτέτακται. ἐπιστολὴ Ουαφρη ἀντιγράφος. βασιλεὺς
HEup.  9  33     1     ἡμῖν μέχρι τοῦ ἐπιτελέσαι τὴν τοῦ θεοῦ χρείαν ✻ καθότι ✻ μοι ἐπιτέτακται. γέγραφα δὲ καὶ εἰς τὴν Γαλιλαίαν
```

### κάθυγρος
```
Aris.    115     6      οὐκ ἀπέχουσα τούτων πολύ. ἔχει δὲ πάντα δαψιλῆ ✻ κάθυγρος ✻ οὖσα πάντοθεν ἡ χώρα καὶ μεγάλην ἀσφάλειαν
```

### καθυπαντάω ✻
```
HCal.     24    31   οὖν στολαῖς ἑαυτούς οἱ τούτων ἱερεῖς ἐνδυσάμενοι ✻ καθυπαντῶσιν ✻ Ἀλεξάνδρῳ σὺν παντὶ τῷ πλήθει αὐτῶν.
                         1
```

### καθυπερέχω
```
Aris.    257     4      πᾶσιν ἴσος γινόμενος ἔφη καὶ μᾶλλον ἥττων ἢ ✻ καθυπερέχων ✻ φαινόμενος πρὸς οὓς ξενιτεύει. κοινῶς γὰρ ὁ
                         1
```

### καθυπνόω
```
Aris.    220     3     φιλοφροσύνης ἐπὶ πλείονα χρόνον τοὺς ἀνθρώπους ✻ καθυπνοῦν ✻ παρεκάλουν. καὶ τὰ μὲν πρὸς τούτους ὡς εἴληξεν
                         1
```

### καθυπουργέω
```
Abr.1     17    17  τοῦ κριτοῦ καὶ εἶπεν ὁ κριτὴς ἕνα τῶν ἀγγέλων τῶν ✻ καθυπουργούντων ✻ αὐτῷ ἄνοιξόν μοι τὴν βίβλον ταύτην καὶ
                         1
```

### καθυφαίνω
```
Asen.      2     8   χρυσοϋφῆ ἐξ ὑακίνθου καὶ πορφύρας καὶ βύσσου ✻ καθυφασμένη. ✻ καὶ ἐν ταύτῃ τῇ κλίνῃ ἐκάθευδεν Ἀσενέθ
```

### καθώς
```
καθώς                                                             73  καθώς
```

### καί
```
καί                 10699   καὶ κἀμοὶ κἀγὼ κἂν κἀμέ καὶ κἀκεῖ κἀπέκεινα κἀκεῖθεν κἀκεῖνοι κἀκεῖναι κἀκείναις κἀκείνου
                             κἀκείνου κἀκείνους κἀκείνῳ κἀκείνην κἀκείνη κἀκεῖνος κἀκείνων κοὐκέτι κοὐ καὐτῶν καὐτός
                             κἄστησαν κἠνοίξαν κοὗ κοὐκ κοὐδέ καὐτοὶ κάσχημοσύνῃ καὐτῇ κεῖς καὶ κα κε κἄπειτα χἀτέραν
                             καὐτὸν κοὐχὶ κάσεβής κἀπιθυμοῦντα κἀκεῖθι κάπογυμνῶσαι κἀμοῦ κἄπειθ᾽ κᾱμε κἀκεινος καυτος
                         37  καίγε
```

### καίγε
```
καίγε                    23
```

### Κάϊν
```
Adam       1     3   καὶ ἐγέννησε δύο υἱοὺς τὸν Διάφωτον τὸν καλούμενον ✻ Κάϊν ✻ καὶ τὸν Ἀμιλαβὲς τὸν καλούμενον Ἄβελ. καὶ μετὰ
Adam       2     2       τοῦ ἐπιλεγομένου Ἄβελ βαλλόμενον εἰς τὸ στόμα ✻ Κάϊν ✻ τοῦ ἀδελφοῦ αὐτοῦ καὶ ἔπιεν αὐτὸ ἀνελημόνως.
Adam       3     1      ἀμφότεροι εὗρον πεφονευμένον τὸν Ἄβελ ἀπὸ χειρὸς ✻ Κάϊν ✻ τοῦ ἀδελφοῦ αὐτοῦ. καὶ λέγει ὁ θεὸς Μιχαὴλ τῷ
Adam       3     2        τῷ Ἀδὰμ ὅτι τὸ μυστήριον ὃ οἶδας μὴ ἀναγγείλῃς ✻ Κάϊν ✻ τῷ υἱῷ σου ὅτι ὀργῆς υἱός ἐστιν. ἀλλὰ μὴ λυποῦ δώσω
Adam       4     2   Εὔα ἰδοὺ ἐγεννήσαμεν υἱὸν ἀντὶ Ἄβελ ὃν ἐφόνευσεν ✻ Κάϊν ✻ δώσωμεν δόξαν καὶ θυσίαν τῷ θεῷ. ἐποίησεν δὲ Ἀδὰμ
Adam      40     4      ἐπειδὴ ἀκήδευτος ἦν ἀφ᾽ ἧς ἡμέρας ἐφόνευσεν αὐτὸν ✻ Κάϊν ✻ ὁ ἀδελφὸς αὐτοῦ. καὶ πολλὰ ἐθέλησεν κρύψαι αὐτὸν ὁ
Adam      40     4    ὁ ἀδελφὸς αὐτοῦ. καὶ πολλὰ ἐθέλησεν κρύψαι αὐτὸν ὁ ✻ Κάϊν ✻ ἀλλ᾽ οὐκ ἐδυνήθη ὅτι ἀνεπήδα τὸ σῶμα αὐτοῦ ἀπὸ τῆς
Hen.      22     7     τὸ πνεῦμά ἐστιν τὸ ἐξελθόμενον ἀπὸ Ἄβελ ὃν ἐφόνευσε ✻ Κάϊν ✻ ὁ ἀδελφὸς καὶ Ἄβελ ἐντυγχάνει περὶ αὐτοῦ μέχρι τοῦ
Abr.1     13     2    πρωτοπλάστου ὁ ἐπιλεγόμενος Ἄβελ ὃν ἀπέκτεινεν ✻ Κάϊν ✻ ὁ πονηρότατος καὶ κάθηται ὧδε κρῖναι πᾶσαν τὴν
TBen.      7     3    ἕκτον ταραχὴ ἕβδομον ἐρήμωσις. διὰ τοῦτο καὶ ὁ ✻ Κάϊν ✻ ἑπτὰ ἐκδικίαις παραδίδοται ὑπὸ τοῦ θεοῦ κατὰ γὰρ
```

TBen. 7 4 τὸν δίκαιον ἀδελφὸν αὐτοῦ. ἐν τοῖς ἑπτὰ κακοῖς ὁ * Κάιν * ἐκρίνετο ὁ δὲ Λάμεχ ἐν τοῖς ἑβδομηκοντάκις ἑπτὰ ὅτι
TBen. 7 5 ἑπτὰ ὅτι ἕως τοῦ αἰῶνος οἱ ὁμοιούμενοι τῷ * Κάιν * ἐν φθόνῳ εἰς τὴν μισαδελφίαν τῇ αὐτῇ κολάσει
FJub. 4 1 ἑβδομηκοστῷ ἔτει ἐγεννήθη αὐτοῖς πρωτότοκος υἱὸς ὁ * Κάϊν. * τῷ ἑβδομηκοστῷ ἑβδόμῳ ἔτει γεγενῆσθαι τὸν δίκαιον
FJub. 4 1 Ἀσουάμ. τῷ ἐνενηκοστῷ ἑβδόμῳ ἔτει προσήνεγκε * Κάϊν. * τῷ ἐνενηκοστῷ ἐνάτῳ ἔτει Ἄβελ ἀνήνεγκε θυσίαν τῷ
FJub. 4 1 μηνὸς παρ' Ἑβραίοις ἦγουν ἐν τῇ σκηνοπηγίᾳ. τὴν * Κάϊν * καρποφορίαν θυσίαν τὰ δὲ τοῦ Ἄβελ δῶρα. τῷ αὐτῷ
FJub. 4 2 δῶρα. τῷ αὐτῷ ἐνενηκοστῷ ἐνάτῳ ἔτει ἀνεῖλεν ὁ * Κάϊν * τὸν Ἄβελ καὶ ἐπένθησαν αὐτόν οἱ πρωτόπλαστοι
FJub. 4 9 πένθος. τῷ ἑκατοστῷ τριακοστῷ πέμπτῳ ἔτει ἔλαβεν ὁ * Κάϊν * τὴν ἰδίαν ἀδελφὴν Ἀσαυνᾶν οὖσαν ἐτῶν ν'. αὐτὸς δὲ
FJub. 4 9 ἐτῶν ν'. αὐτὸς δὲ ἦν ἐτῶν ἑξήκοντα πέντε. ὁ μὲν * Κάϊν * τῇ ἀδελφῇ τῇ μείζονι Σαυὴ οὕτω καλουμένῃ. ὁ δὲ Σὴθ
FJub. 4 15 διὰ τῆς τοῦ Ἀδὰμ παρακοῆς ἔπειτα δὲ διὰ τῆς τοῦ * Κάϊν * ἀδελφοκτονίας νῦν δὲ ἐν χρόνοις τοῦ Ἰάρεδ καὶ
FJub. 4 31 Βαραχιὴλ πατραδέλφου αὐτοῦ. τῷ αὐτῷ Σ λ' ἔτει καὶ * Κάϊν * ἀπέθανεν ἐμπεσόντος ἐπ' αὐτὸν τοῦ οἴκου. λίθοις γὰρ
FJub. 4 31B μετὰ θάνατον τοῦ Ἀδὰμ τέθνηκεν. ὑπὸ τοῦ Λάμεχ τὸν * Κάϊν * ἀνῃρῆσθαι ἀκουσίως τοῖχον γὰρ οἰκοδομῶν
FJub. 4 31B γὰρ οἰκοδομῶν προσανέτρεψεν αὐτὸν ὄπιθεν ὄντος τοῦ * Κάϊν * ὃς καὶ ἀνῃρέθη ἀκουσίως. γυνὴ Νῶε Ἐμζαρα θυγάτηρ
LEze. 64 29 6 07 ὕβρεις ὁμοσπόρων τὰς μισαδέλφους ὁπλίσαντες ὠλένας * Κάϊν * μολῦναι φοινίῳ πρῶτον λύθρῳ ἐπείσατον γῆν καὶ τὸν

Καϊνάν 3

FJub. 4 14 τῷ βίῳ. γυνὴ Ἐνὼς Νωα ἡ ἀδελφὴ αὐτοῦ. γυνὴ * Καϊνὰν * Μαωλιθ ἀδελφὴ αὐτοῦ. γυνὴ Μαλελεὴλ Δινα θυγάτηρ
FJub. 8 2 ἐν ὄρει Λουβὰρ τῆς Ἀρμενίας. τῷ 'β φ π ε' ἔτει * Καϊνᾶν * διοδεύων ἐν τῷ πεδίῳ εὗρε τὴν γραφὴν τῶν γιγάντων
FJub. 8 5 γραφὴν τῶν γιγάντων καὶ ἔκρυψε παρ' ἑαυτῷ. γυνὴ * Καιναν * Μελχα θυγάτηρ Μαδαι υἱοῦ Ιαφεθ. γυνὴ Σαλα Μωαχα

καινός 13

Abr.1 7 10 δὲ Ἀβραὰμ πρὸς τὸν ἀρχιστράτηγον ὦ θαῦμα θαυμάτων * καινότερον * καὶ λοιπὸν σὺ εἶ ὁ μέλλων λαβεῖν τὴν ψυχήν
TLevi 8 14 ἐν ἱερωσύνῃ. ὁ τρίτος ἐπικληθήσεται αὐτῷ ὄνομα * καινὸν * ὅτι βασιλεὺς ἐκ τοῦ Ἰουδὰ ἀναστήσεται καὶ
TLevi 18 2 ἐκλείψει ἡ ἱερατεία. τότε ἐγερεῖ κύριος ἱερέα * καινὸν * ᾧ πάντες οἱ λόγοι κυρίου ἀποκαλυφθήσονται καὶ
TBen. 11 2 αὐτοῦ καὶ ποιῶν εὐδοκίαν θελήματος αὐτοῦ γνῶσιν * καινὴν * φωτίζων πάντα τὰ ἔθνη φῶς γνώσεως ἐπεμβαίνων τῷ
Asen. 14 12 χεῖράς σου ὕδατι ζῶντι καὶ ἔνδυσαι στολὴν λινῆν * καινὴν * ἄθικτον καὶ ἐπίσημον καὶ ζῶσαι τὴν ὀσφύν σου τὴν
Asen. 14 12 καὶ ἐπίσημον καὶ ζῶσαι τὴν ὀσφύν σου τὴν ζώνην τὴν * καινὴν * τὴν διπλῆν τῆς παρθενίας σου. καὶ ἐλθὲ πρός με
Asen. 14 14 ἠνέῳξε τὸ κιβώτιον αὐτῆς καὶ ἔλαβε στολὴν λινῆν * καινὴν * ἐπίσημον ἄθικτον καὶ ἀπεδύσατο τὸν χιτῶνα τὸν
Asen. 16 1 καὶ ἔσπευσεν Ἀσενὲθ καὶ παρέθηκεν αὐτῷ τράπεζαν * καινὴν * καὶ ἐπορεύετο κόμισαι αὐτῷ ἄρτον. καὶ εἶπεν αὐτῇ
Sal. 3 1 τί ὑπνοῖς ψυχὴ καὶ οὐκ εὐλογεῖς τὸν κύριον; ὕμνον * καινὸν * ψάλατε τῷ θεῷ τῷ αἰνετῷ. ψάλλε καὶ γρηγόρησον ἐπὶ
Sal. 15 3 εἰ μὴ ἐξομολογήσασθαι τῷ ὀνόματί σου; ψαλμὸν * καινὸν * μετὰ ᾠδῆς ἐν εὐφροσύνῃ καρδίας καρπὸν χειλέων ἐν
Prop. 22 9 τῷ Ἐλισαίῳ καὶ ἐνετείλατο αὐτῇ συναγαγεῖν ἀγγεῖα * καινὰ * ὅσα δύναται καὶ τὸ ἔχον ὀλίγιστον ἔλαιον ἐκκενοῦν
Sib. 3 290 καὶ τοῦτο χρόνοις περιτελλομένοισιν ἄρξει καὶ * καινὸν * σηκὸν θεοῦ ἄρξετ' ἐγείρειν. καὶ πάντες Περσῶν
Sib. 5 212 μέγας αἰθέριος κατὰ γαῖαν +ἄστρων δ' ἐν μαχίμοις+ * καινὴ * φύσις ὥστ' ἀπολέσθαι ἐν πυρὶ καὶ στοναχαῖσιν ὅλην

καινόσπουδος 1

TNep. 1 12 ἐν ᾗ ἠχμαλωτεύθη ἐξῆς ἔτεκε τὴν Βάλλαν λέγουσα * καινόσπουδός * μου ἡ θυγάτηρ εὐθὺς γὰρ τεχθεῖσα ἔσπευδε

καίπερ 3

TJos. 9 4 συμφέρει παρέχει αὐτῷ καὶ ταῦτα ὡς κἀμοί. ποσάκις * καίπερ * ἀσθενοῦσα κατῄει πρός με ἐν ἀωρίᾳ καὶ ἤκουε τῆς
TJos. 10 5 με ὁ πατήρ μου καὶ οὐχ ὑψούμην ἐν τῇ καρδίᾳ μου. * καίπερ * νήπιος ὢν εἶχον τὸν φόβον τοῦ θεοῦ ἐν τῇ διανοίᾳ
HArt. 9 27 10 δὲ αὐτὴν Ἑρμοῦ πόλιν. οὕτω δὴ τοὺς Αἰθίοπας * καίπερ * ὄντας πολεμίους στέρξαι τὸν Μώϋσον ὥστε καὶ τὴν

καιρός 81

Adam 40 5 τὸν χοῦν ἐξ ἧς ἐλήφθη. ἔλαβον δέ οἱ ἄγγελοι ἐν τῷ * καιρῷ * ἐκείνῳ καὶ ἔθεντο αὐτὸν ἐπὶ τὴν πέτραν ἕως οὗ
Hen. 2 1 καὶ δύνει τεταγμένος ἕκαστος ἐν τῷ τεταγμένῳ * καιρῷ * καὶ ταῖς ἑορταῖς αὐτῶν φαίνονται καὶ οὐ
Hen. 16B 1 εἶπον οὖν αὐτοῖς οὐκ ἔστιν εἰρήνη. καὶ ἀπὸ ἡμέρας * καιροῦ * σφαγῆς καὶ ἀπωλείας καὶ θανάτου τῶν γιγάντων
Hen. 18 15 τοῦ οὐρανοῦ κενός ἐστιν ὅτι οὐκ ἐξῆλθαν ἐν τοῖς * καιροῖς * αὐτῶν. καὶ ὀργίσθη αὐτοῖς καὶ ἔδησεν αὐτοὺς
Hen. 18 16 αὐτῶν. καὶ ὀργίσθη αὐτοῖς καὶ ἔδησεν αὐτοὺς μέχρι * καιροῦ * τελειώσεως αὐτῶν ἁμαρτίας (αὐτῶν) ἐνιαυτῶν
Hen. 90 2 ἐπ' αὐτὸ μέχρις ἡμέρας κρίσεως τῆς μεγάλης. ἐν τῷ * καιρῷ * ἐκείνῳ κατακαυθήσεται καὶ ταπεινωθήσεται καὶ ἔσται
Hen. 90 3 ὑμῶν καὶ οὐ παύσεται ἡ ὀργὴ αὕτη ἀφ' ὑμῶν μέχρι * καιροῦ * σφαγῆς τῶν υἱῶν ὑμῶν. καὶ ἀπολοῦνται οἱ ἀγαπητοὶ
Hen. 99 5 ἐν ⟨ἡμέρ⟩ᾳ ἀπωλείας τῆς ἀδικίας. ἐν αὐτῷ ⟨τῷ * και⟩ρῷ * ἐκείνῳ αἱ τίκτουσαι ἐκβαλοῦσιν καὶ ἐκσπάσουσιν
Abr.1 1 7 καὶ πληροφόρησον αὐτὸν ὅτι μέλλει ἔρχεσθαι ἐν τῷ * καιρῷ * τούτῳ ἐκ τοῦ ματαίου κόσμου τούτου καὶ μέλλει
Abr.1 7 9 τιμιώτατε Ἀβραὰμ ὅτι μέλλεις καταλιπεῖν ἐν τῷ * καιρῷ * τούτῳ τὸν κοσμικὸν βίον καὶ πρὸς τὸν θεὸν
TRub. 4 6 διάνοιαν καὶ κατάγει νεανίσκους εἰς ᾅδην οὐκ ἐν * καιρῷ * αὐτῶν. καὶ γὰρ πολλοὺς ἀπώλεσεν ἡ πορνεία ὅτι κἂν
TSim. 2 6 τοῖς ἀνθρώποις ἐν ψυχαῖς καὶ ἐν σώμασιν. καὶ ἐν τῷ * καιρῷ * ἐκείνῳ ἐζήλωσα τὸν Ἰωσὴφ ὅτι ἠγάπα αὐτὸν ὁ πατὴρ
TLevi 5 4 σου ὅτι κύριος ἀπέσταλκέ με. καὶ συνετέλεσα τῷ * καιρῷ * ἐκείνῳ τοὺς υἱοὺς Ἐμμὼρ καθὼς γέγραπται ἐν ταῖς
TLevi 18 2B066 καὶ πάλιν συλλαβοῦσα ἔτεκεν ἐξ ἐμοῦ κατὰ τὸν * καιρὸν * τὸν καθήκοντα τῶν γυναικῶν καὶ ἐκάλεσα τὸ ὄνομα
TJud. 16 3 καὶ παραβάσεως ἐντολῶν θεοῦ καὶ ἀπολεῖσθε οὐκ ἐν * καιρῷ * ὑμῶν. καίγε μυστήρια θεοῦ καὶ ἀνθρώπων ἀλλοτρίοις
TJud. 20 4 καὶ ἓν ἕκαστον αὐτῶν γνωρίζει κύριος. καὶ οὐκ ἔστι * καιρὸς * ἐν ᾧ δυνήσεται λαθεῖν ἀνθρώπων ἔργα ὅτι ἐν στήθει
TIss. 2 5 κυρίου προσενέγκασα ἱερεῖ ὑψίστου τῷ ὄντι ἐν τῷ * καιρῷ * ἐκείνῳ. ὅτε οὖν ἡδρύνθην τέκνα μου ἐπορευόμην ἐν
TIss. 3 1 τῶν ἀδελφῶν μου καὶ ἔφερον καρποὺς ἐξ ἀγρῶν κατὰ * καιρὸν * αὐτῶν καὶ εὐλόγησέ με ὁ πατήρ μου βλέπων ὅτι ἐν
TIss. 6 1 τῷ Ἰσραήλ. οἶδα τέκνα μου ὅτι ἐν ἐσχάτοις * καιροῖς * καταλείψουσιν οἱ υἱοὶ ὑμῶν τὴν ἁπλότητα καὶ
TZab. 7 3 παντὶ ἀνθρώπῳ ἐν ἀγαθῇ καρδίᾳ. εἰ δὲ μὴ ἔχετε πρὸς * καιρὸν * δοῦναι τῷ χρῄζοντι συμπάσχετε ἐν σπλάγχνοις
TZab. 9 9 λόγων ὑμῶν παροργίσετε αὐτὸν καὶ ἀπορριφήσεσθε ἕως * καιροῦ * συντελείας. καὶ νῦν τέκνα μου μὴ λυπεῖσθε ὅτι
TDan 6 6 μὴ ἐμπεσεῖν αὐτὸν εἰς τέλος κακῶν. ἔσται δὲ ἐν * καιρῷ * ἀνομίας τοῦ Ἰσραὴλ ἀφιστάμενος ἀπ' αὐτῶν κύριος
TNep. 1 1 ἀντίγραφον διαθήκης Νεφθαλὶμ ἧς διέθετο ἐν * καιρῷ * τέλους αὐτοῦ ἐν ἔτει ἑκατοστῷ τριακοστῷ δευτέρῳ
TNep. 2 9 καὶ μηδὲν ἄτακτον ποιεῖτε ἐν καταφρονήσει μηδὲ ἔξω * καιροῦ * αὐτοῦ. ὅτι ἐὰν εἴπῃς τῷ ὀφθαλμῷ ἀκοῦσαι οὐ
TNep. 7 1 πατρί μου καὶ εἶπέ μοι δεῖ ταῦτα πληρωθῆναι κατὰ * καιρὸν * αὐτῶν πολλὰ τοῦ Ἰσραὴλ ὑπομείναντος. τότε λέγει
TNep. 8 1 ἀδελφούς μου. καὶ ἰδοὺ τέκνα μου ὑπέδειξα ὑμῖν * καιροὺς * ἐσχάτους ὅτι πάντα γενήσεται ἐν Ἰσραήλ. καὶ
TNep. 8 8 τοῦ νόμου διπλαῖ εἰσι καὶ μετὰ τέχνης πληροῦνται. * καιρὸς * γὰρ συνουσίας γυναικὸς αὐτοῦ καὶ καιρὸς
TNep. 8 8 καιρὸς γὰρ συνουσίας γυναικὸς αὐτοῦ καὶ * καιρὸς * ἐγκρατείας εἰς προσευχὴν αὐτοῦ. καὶ δύο ἐντολαὶ
TJos. 12 1 μῆνας τρεῖς καὶ ἡμέρας πέντε. κατ' ἐκεῖνον τὸν * καιρὸν * παρῄει ἡ Μεμφία ἐν λαμπήνῃ ἡ γυνὴ τοῦ Πετεφρῆ
TJos. 19 5 οἱ ἄνθρωποι καὶ πᾶσα ἡ γῆ. ταῦτα δὲ γενήσεται ἐν * καιρῷ * αὐτῶν ἐν ἐσχάταις ἡμέραις. ὑμεῖς οὖν τέκνα μου
TBen. 6 4 τὴν ψυχὴν αὐτοῦ καὶ χαίρει πρὸς πάντας ἐν παντὶ * καιρῷ. * ἡ ἀγαθὴ διάνοια οὐκ ἔχει δύο γλώσσας εὐλογίας καὶ
TBen. 11 2 καὶ ἀναστήσεται ἐκ τοῦ σπέρματός μου ἐν ὑστέροις * καιροῖς * ἀγαπητὸς κυρίου ἀκούων ἐπὶ γῆς φωνὴν αὐτοῦ καὶ
Asen. 3 2 λέγων πρός σε καταλύσω ὅτι ὥρα μεσημβρίας ἐστὶ καὶ * καιρὸς * ἀρίστου καὶ καῦμα μέγα ἐστὶ τοῦ ἡλίου καὶ ἵνα
Asen. 11 10 καὶ μὴ ἐλέγχων ἀνομίας ἀνθρώπου τεθλιμμένου ἐν * καιρῷ * θλίψεως αὐτοῦ. ὅθεν τολμήσω κἀγὼ καὶ ἐπιστρέψω
Sal. 7 10 καὶ μάστιγα παιδείας σου. κατευθυνεῖς ἡμᾶς ἐν * καιρῷ * ἀντιλήψεώς σου τοῦ ἐλεῆσαι τὸν οἶκον Ιακωβ εἰς
Sal. 16 4 αὐτοῦ ὁ σωτὴρ καὶ ἀντιλήπτωρ μου ἐν παντὶ * καιρῷ * ἔσωσέν με. ἐξομολογήσομαί σοι ὁ θεὸς ὅτι ἀντελάβου
Sal. 17 21 αὐτοῖς τὸν βασιλέα αὐτῶν υἱὸν Δαυιδ εἰς τὸν * καιρὸν * ὃν εἵλου σὺ ὁ θεὸς τοῦ βασιλεῦσαι ἐπὶ Ισραηλ
Sal. 18 10 κατοικῶν ὁ διατάξας ἐν πορείᾳ φωστῆρας εἰς * καιροὺς * ὡρῶν ἀφ' ἡμερῶν εἰς ἡμέρας καὶ οὐ παρέβησαν ἀπὸ
Jer. 3 8 ὑδάτων ὁ σφραγίσας σε ἐν ἑπτὰ σφραγῖσιν ἐν ἑπτὰ * καιροῖς * καὶ μετὰ ταῦτα λήψῃ τὴν ὡραιότητά σου φύλαξον τὰ
Jer. 5 24 τοῦ οὐρανοῦ κατελθόντες ἐπ' αὐτοὺς οὔπω ἐστὶ * καιρὸς * ἀπελθεῖν εἰς Βαβυλῶνα. πόση γὰρ ὥρα ἐστὶν ἀφ' οὗ
Jer. 5 31 ἐφάνη ἡ αὔξησις τῶν γενημάτων. ἴδε καὶ τὰ σῦκα ὅτι * καιρὸς * αὐτῶν οὐκ ἔστι καὶ γνῶθι. τότε ἔκραξε μεγάλῃ φωνῇ
Jer. 9 14 λύχνος ἡ ζωὴ τῆς πίστεως. γίνεται δὲ μετὰ τοὺς * καιροὺς * τούτους ἄλλα ἔτη τετρακόσια ἑβδομηκονταεπτὰ καὶ
Bar. 8 1 λαβών με ἤγαγέν με ἐπὶ δυσμάς. καὶ ὅταν ἦλθεν ὁ * καιρὸς * τοῦ δῦσαι ὁρῶ πάλιν ἔμπροσθεν τὸ ὄρνεον ἐρχόμενον
Prop. 4 14 ἠπίστουν αὐτῷ. ὁ Δανιὴλ τὰ ἑπτὰ ἔτη ἃ εἶπεν ἑπτὰ * καιροὺς * ἐποίησε γενέσθαι ἑπτὰ μῆνας τὸ μυστήριον τῶν
Prop. 4 15 ἐποίησε γενέσθαι ἑπτὰ μῆνας τὸ μυστήριον τῶν ἑπτὰ * καιρῶν * ἐτελέσθη ἐπ' αὐτὸν ὅτι ἀποκατέστησεν ἑπτὰ μησὶ τὰ
Esdr. 4 11 αὐτοῦ; καὶ εἶπόν μοι οὗτος ὁ Ἡρώδης ἐστὶν ὁ πρὸς * καιρὸν * γενόμενος βασιλεὺς καὶ ἀπὸ διετοῦς καὶ κατώτερον
Job 36 4 τὴν γῆν ἀκατάστατον οὖσαν, ἐπεὶ γὰρ κατὰ * καιρὸν * ἀλλοιοῦται ἐνίοτε εὐθύνεται, ἐνίοτε δὲ εἰρηνεύει,
Aris. 4 1 ἣν δὴ καὶ ἐποιησάμεθα ἡμεῖς σπουδῇ λαβόντες * καιρὸν * πρὸς τὸν βασιλέα περὶ τῶν μετοικισθέντων εἰς
Aris. 12 1 ὅπως τὰ προειρημένα τελείωσιν λάβῃ. νομίσας δὲ ἐγὼ * καιρὸν * εἶναι περὶ ὧν πολλάκις ἠξιώκειν Σωσίβιόν τε τὸν
Aris. 187 1 ἦσαν καὶ τῶν τιμωμένων ὑπὸ τοῦ βασιλέως. ὅτε δὲ * καιρὸν * ἔλαβεν ἐκ διαστήματος ἠρώτησε τὸν ἔχοντα τὴν
Aris. 190 6 γένος ὁ ὑγείαν αὐτοῖς καὶ τροφὴν καὶ τὰ λοιπὰ κατὰ * καιρὸν * παρασκευάζων ἅπαντα. συνεπιμαρτυρήσας δὲ τούτῳ
Aris. 200 5 ἄνδρας ἀρετῇ καὶ συνιέναι πλεῖον οἵτινες ἐκ τοῦ * καιροῦ * τοιαύτας ἐρωτήσεις λαμβάνοντες ὡς δέον ἐστίν
Aris. 221 2 τῇ δὲ ἐχομένῃ τῆς αὐτῆς διατάξεως γενηθείσης ὅτε * καιρὸν * ὑπελάμβανεν ὁ βασιλεὺς εἶναι τοῦ πυνθάνεσθαί τι
Aris. 239 4 τι τῶν ἠκροαμένων ἀνθυποτιθεὶς πρὸς τὰ τῶν * καιρῶν * (ἂν) ἀντιπράσσηται σὺν χειραγωγίᾳ θεοῦ τοῦτο δ'
Aris. 248 1 ἐπὶ τὸ μέλπειν ἐτράπησαν. τῇ δὲ ἐχομένῃ τὸν * καιρὸν * λαβὼν ἐπηρώτα τὸν ἑξῆς τίς ἐστιν ἀμέλεια μεγίστη;
Aris. 256 5 τὰς ἐκ τῶν ἐπιθυμιῶν ἐκβαινούσας καὶ τὰ πρὸς τὸν * καιρὸν * πράσσειν δεόντως μετριοπαθῆ καθεστῶτα. ἵνα δ'
Aris. 262 2 ἡ διάταξις ἦν τῶν κατὰ τὸν πότον ἐπιτελουμένων * καιροῦ * δὲ γενομένου τοὺς ἀπολιπόντας ὁ βασιλεὺς ἐπηρώτα.
Aris. 275 3 ἦσαν γὰρ ἱκανοὶ πρέσβεις ἐπηρώτησεν ὁ βασιλεὺς * καιροῦ * γενομένου τὸν πρωτεύοντα τῶν ἀπολιπόντων τῆς
Aris. 295 3 τεθαυμακὼς γὰρ τοὺς ἄνδρας ὑπὲρ τὸ δέον ὡς ἐκ τοῦ * καιροῦ * τὰς ἀποκρίσεις ἐποιοῦντο πολλοῦ χρόνου δεομένας
Sib. 3 408 ἀρχαίης Φρυγίης πολυδακρύτοιο κελαινῆς. ἔστ' ἄρα * καιρὸς * ἐκεῖνος ἐπωνυμίην ἐνοσίχθων κευθμῶνας γαίης
Sib. 3 463 βαρυνομένη πίεται ὀσμὴ δέ τε θείου. καὶ Σάμος ἐν * καιρῷ * βασιλήια δώματα τεύξει. Ἰταλίη σοὶ δ' οὔτις Ἄρης
Sib. 5 74 ταῦτα μὲν Αἰγύπτῳ θεὸς ἔννεπεν ἐξαυδῆσαι ὑστατίῳ * καιρῷ * ὅτε πάγκακοι ἄνδρες ἔσονται. ἀλλὰ ταλαιπωροῦσι
Sib. 5 199 ἐλεεινὰ δακρύσει; οὐ παύσῃ θρήνου στυγεροῦ πρὸς * καιρὸν * ὀλέθρου. ἔσσεται ἐν Βρύγεσσι καὶ ἐν Γάλλοις
Sib. 5 348 οὐδὲ σεληναίης λαμπρὸν φάος ἔσσεται αὖτις ὑστατίῳ * καιρῷ * ὁπόταν θεὸς ἡγεμονεύσῃ. πάντα μελανθείη σκοτίη δ'
Sib. 5 361 γενετῆρα θεὸν σοφὸν αἰὲν ἐόντα. ἔσσεται ὑστατίῳ * καιρῷ * περὶ τέρμα σελήνης κοσμομανὴς πόλεμος καὶ

| | | | | | | |
|---|---|---|---|---|---|---|
| Sib. | | 5 | 432 | ἔρις δ᾽ ἐν πᾶσι δικαίη. ὕστατος ἔσθ᾽ ἁγίων | * καιρὸς * | ὅτε ταῦτα περαίνει θεὸς ὑψιβρεμέτης κτίστης ναοῖο |
| Sib. | | 5 | 447 | σκολιῶν πικρὸν λόγον ἐχθροῖς. ἔσται δ᾽ ὑστατίῳ | * καιρῷ * | ξηρός ποτε πόντος κοὐκέτι πλωτεύσουσιν ἐς Ἰταλίην |
| FBar. | | 12 | 4 | μηδε επ⟨ι⟩ πολυ καταδικα⟨ζε αληθως γαρ εν⟩ | * καιρω * | εξϋπνισθησεται ⟨προς σε η οργη η νυν υπο τ⟩ης |
| FBar. | | 14 | 1 | αει⟩ και απεκριθην και ειπο⟨ν ιδου απεδει⟩ξας μοι | * καιρων * | ταξεις κ⟨αι το μελλον εσ⟩εσθαι και ειπ⟨ε⟩ς μ⟨ο⟩ι |
| FBar. | | 14 | 2 | κοσμου⟩ ολιγα δε περι⟨εσται εθνη εν εκεινοις⟩ τοις | * καιροις * | οι⟨ς--- ους ειπες⟩ λογους και τι π⟨λεον εν τουτω |
| FAch. | | 102 | | αὐτὸν ἐπὶ τῆς διοικήσεως. ἐπ᾽ ἐκείνοις δὲ τοῖς | * καιροῖς * | ἔθος εἶχον οἱ βασιλεῖς παρ᾽ ἀλλήλων φόρους |
| FAch. | | 110 | | σωφροσύνῃ μεγαλοφρόνει μὴ ἐπὶ χρήμασι τὰ μὲν γὰρ | * καιρὸς * | ἀφείλετο ἡ δὲ ἀπόρθητος διαμένει. ἐὰν εὐτυχήσῃς |
| FAch. | | 110 | | ἄνδρα εἰ καὶ ἀδελφός σού ἐστι γευσάμενον πρὸς | * καιρὸν * | ἔκβαλλε οὐ γὰρ ἕνεκα τοῦ εὐνοεῖν τοῦτο ποιεῖ ἀλλ᾽ |
| FPho. | | | 82 | τραπέζαις ἢ πλείσταις δολίαισι βραδυνούσαις παρὰ | * καιρόν. * | μηδέποτε χρήστης πικρὸς γένηι ἀνδρὶ πένητι. μηδέ |
| FPho. | | | 93 | πολλοὶ γὰρ πόσιος καὶ βρώσιός εἰσιν ἑταῖροι | * καιρὸν * | θωπεύοντες ἐπὴν κορέσασθαι ἔχωσιν ἀχθόμενοι δ᾽ |
| FPho. | | | 121 | πῆμα καὶ ἀχθομένοισι κακοῦ λύσις ἤλυθεν ἄφνω. | * καιρῶι * | λατρεύειν μὴ δ᾽ ἀντιπνέειν ἀνέμοισιν. μὴ |
| HArt. | 9 | 27 | 7 | τῇ Αἰγύπτῳ τὸν Χενεφρῆν ὑπολαβόντα εὑρηκέναι | * καιρὸν * | εὔθετον πέμψαι τὸν Μώϋσον ἐπ᾽ αὐτοὺς στρατηγὸν |
| HArt. | 9 | 27 | 14 | δὲ ὀνειδισθέντα ὑποσχέσθαι τὴν ἐπίθεσιν λαβόντα | * καιρόν. * | ὑπὸ δὲ τοῦτον τὸν καιρὸν τῆς Μέρριδος |
| HArt. | 9 | 27 | 15 | τὴν ἐπίθεσιν λαβόντα καιρόν. ὑπὸ δὲ τοῦτον τὸν | * καιρὸν * | τῆς Μέρριδος τελευτησάσης ὑποσχέσθαι τὸν Χενεφρῆν |
| LEze. | 9 | 28 | 3 01 | τοῦ χάριν ὑγρᾶς ἀνεῖλε ποταμίας ἀπ᾽ ᾐόνος. ἐπεὶ δὲ | * καιρὸς * | νηπίων παρῆλθέ μοι ἤγαγέ με μήτηρ βασιλίδος πρὸς |
| LAri. | 8 | 10 | 12 | διὰ τῆς γραφῆς τοῦ νόμου καθ᾽ ὃν ἐνομοθέτει | * καιρὸν * | ἵνα πάντες θεωρήσωσι τὴν ἐνέργειαν τοῦ θεοῦ. |
| καιροτηρησία * | | | | 1 | | |
| Aris. | | 270 | 6 | τὸ μὲν γὰρ ἀγαπήσεως σημεῖον τὸ δὲ δυσνοίας καὶ | * καιροτηρησίας * | ὃς γὰρ ἐπὶ τὸ πλεονεκτεῖν ὁρμᾶται προδότης |
| καίτοι | | | | 2 | | |
| Aris. | | 214 | 5 | καὶ διαίρειν εἰς ἑτέρους τόπους καὶ τοιαῦτα ἕτερα | * καίτοι * | ταῦθ᾽ ὑπολαμβάνομεν καθεστάναι. πλὴν ὅσον ἔμοιγε |
| HHec. | 1 | 22 | 188 | δυνατὸς καὶ τῶν πραγμάτων εἴπερ τις ἄλλος ἔμπειρος | * καίτοι * | οἱ πάντες ἱερεῖς τῶν Ἰουδαίων οἱ τὴν δεκάτην τῶν |
| καίω | | | | 23 | | |
| Hen. | | 14 | 12 | καὶ πῦρ φλεγόμενον κύκλῳ τῶν τειχῶν καὶ θύραι πυρὶ | * καιόμεναι. * | εἰσῆλθον εἰς τὸν οἶκον ἐκεῖνον θερμὸν ὡς πῦρ |
| Hen. | | 18 | 6 | τοῦ οὐρανοῦ ἐπάνω. παρῆλθον καὶ ἴδον τόπον | * καιόμενον * | νυκτὸς καὶ ἡμέρας ὅπου τὰ ἑπτὰ ὄρη ἀπὸ λίθων |
| Hen. | | 18 | 9 | ἡ κορυφὴ τοῦ θρόνου ἀπὸ λίθου σαφφείρου καὶ πῦρ | * καιόμενον * | ἴδον. κἀπέκεινα τῶν ὀρέων τούτων τόπος ἐστίν |
| Hen. | | 18 | 13 | καὶ φοβερός. ἐκεῖ ἴδον ἑπτὰ ἀστέρας ὡς ὄρη μεγάλα | * καιόμενα * | περὶ ὧν πυνθανομένῳ μοι εἶπεν ὁ ἄγγελος οὗτός |
| Hen. | | 21 | 3 | ἐν αὐτῷ ὁμοίους ὄρεσιν μεγάλοις καὶ ἐν πυρὶ | * καιομένους. * | τότε εἶπον διὰ ποίαν αἰτίαν ἐπεδέθησαν καὶ |
| Hen. | | 21 | 7 | καὶ τεθέαμαι ἔργα φοβερώτερα πῦρ μέγα ἐκεῖ | * καιόμενον * | καὶ φλεγόμενον καὶ διακοπὴν εἶχεν ὁ τόπος ἕως |
| Hen. | | 21B | 3 | ἐν αὐτῷ ὁμοῦ ὁμοίους ὁράσει μεγάλῃ καὶ ἐν πυρὶ | * καιομένους. * | τότε εἶπον διὰ ποίαν αἰτίαν ἐπεδέθησαν καὶ |
| Hen. | | 24 | 1 | φωστῆρας τοῦ οὐρανοῦ. καὶ ἔδειξέν μοι ὄρη πυρὸς | * καιόμενα * | νυκτός. καὶ ἐπέκεινα αὐτῶν ἐπορεύθην καὶ |
| Hen. | | 103 | 8 | μεγάλῃ καὶ ἐν σκότει καὶ ἐν παγίδι καὶ ἐν φλογὶ | * καιομένῃ * | καὶ εἰς κρίσιν μεγάλην εἰσελεύσονται αἱ ψυχαὶ |
| Abr.1 | | 19 | 8 | πρόσωπον τοῦ πυρὸς ἔδειξά σοι ὅτι πολλοὶ ὑπὸ πυρὸς | * καιόμενοι * | τελευτῶσιν καὶ διὰ πυρίνου προσώπου θάνατον |
| TNep. | | 7 | 4 | ἡμᾶς δακρῦσαι ἐπὶ τοῖς λόγοις αὐτοῦ τούτοις. καὶ | * ἐκαιόμην * | τοῖς σπλάγχνοις ἀναγγεῖλαι ὅτι πέπραται ἀλλ᾽ |
| TJos. | | 2 | 2 | θεὸς Ἰσραὴλ τοῦ πατρός μου ἐφύλαξέ με ἀπὸ φλογὸς | * καιομένης. * | ἐφυλακίσθην ἐτυπτήθην ἐμυκτηρίσθην καὶ ἔδωκέ |
| Asen. | | 14 | 9 | τρίχες τῆς κεφαλῆς αὐτοῦ ὡς φλὸξ πυρὸς ὑπολαμπάδος | * καιομένης * | καὶ αἱ χεῖρες καὶ οἱ πόδες ὥσπερ σίδηρος ἐκ |
| Prop. | | 4 | 21B | εἰς πάντα τὰ ἔθνη ὅτε δὲ κατὰ νότον ἐν πυρὶ | * καίεται * | τὸ τέλος ἔσται πάσης τῆς γῆς. ἐὰν δὲ τὸ ἐν τῷ |
| Esdr. | | 4 | 39 | ἡ γῆ καὶ ἡ θάλασσα ἀπολοῦνται. τότε τὸν οὐρανὸν | * καύσω * | πήχας ὀγδοήκοντα καὶ τὴν γῆν πήχας ὀκτακοσίας. καὶ |
| Job | | 7 | 5 | μου. καὶ ἡ θυρωρὸς αἰδεσθεῖσα δοῦναι αὐτῷ τὸν | * κεκαυμένον * | καὶ σποδοειδῆν ἄρτον, ἐπεὶ μὴ ἔγνωκεν εἶναι |
| Job | | 7 | 9 | δεσπότου μου. καὶ ὑποστρέψασα προσήνεγκεν αὐτῷ τὸν | * κεκαυμένον * | ἄρτον λέγουσα αὐτῷ τάδε λέγει ὁ κύριός μου |
| Sib. | | 3 | 507 | ὄψεται αὖτις κοὐ σε δι᾽ αἰῶνος λείψει πῦρ ἀλλὰ | * καήσῃ. * | αἰαῖ σοι Θρήκη ζυγὸν ὡς εἰς δούλιον ἥξεις ἡνίκα |
| HEup. | 9 | 34 | 8 | ποιῆσαι δ᾽ αὐτὸν καὶ λύχνους χρυσοῦς ο᾽ ὥστε | * καίεσθαι * | ἐφ᾽ ἑκάστης λυχνίας ἑπτά. οἰκοδομῆσαι δὲ καὶ |
| HArt. | 9 | 27 | 21 | αὐτοῦ αἰφνιδίως ἐκ τῆς γῆς πῦρ ἀναφθῆναι καὶ τοῦτο | * κάεσθαι * | μήτε ὕλης μήτε ἄλλης τινὸς ξυλείας οὔσης ἐν τῷ |
| LEze. | 9 | 29 | 7 03 | τεράστιόν τε καὶ βροτοῖς ἄπιστία; ἄφνω βάτος μὲν | * καίεται * | πολλῷ πυρὶ αὐτοῦ δὲ χλωρὸν πᾶν μένει τὸ |
| LAri. | 8 | 10 | 13 | τὸν περὶ θεοῦ λόγον. δηλοῦται γὰρ ὡς τὸ ὄρος | * ἐκαίετο * | πυρὶ καθὼς φησιν ἡ νομοθεσία διὰ τὸ τὸν θεὸν |
| LAri. | 8 | 10 | 17 | ἐκφαντικῶς ἕκαστα καταλαμβάνειν μήτε τὸ πῦρ | * κεκαυκὸς * | ὡς προείρηται μηδὲν μήτε τὰς τῶν σαλπίγγων |
| κάκη | | | | 1 | | |
| Sib. | | 5 | 69 | ὧν ἐξεμάνης ἐς ἐμοὺς παῖδας θεοχρίστους καί τε | * κάκην * | ὤτρυνας ἐπ᾽ ἀνδράσι τοῖς ἀγαθοῖσιν ἕξεις ἀντὶ |
| κακηγορέω | | | | 1 | | |
| FPho. | | | 226 | ἐπονειδίζων θεράποντα. δοῦλον μὴ βλάψῃς τι | * κακηγορέων * | παρ᾽ ἄνακτι. λάμβανε καὶ βουλὴν παρὰ οἰκέτου |
| κακία | | | | 30 | | |
| Adam | | 19 | 3 | ἐπὶ τὸν καρπὸν ὃν ἔδωκε μοι φαγεῖν τὸν ἰὸν τῆς | * κακίας * | αὐτοῦ τοῦτ᾽ ἔστι τῆς ἐπιθυμίας. ἐπιθυμία γάρ ἐστι |
| Adam | | 26 | 3 | πτέρυξ οὔτε ἓν μέλος τούτων ὧν σὺ ἐδελέασας ἐν τῇ | * κακίᾳ * | σου καὶ ἐποίησας αὐτοὺς ἐκβληθῆναι ἐκ τοῦ |
| Adam | | 29 | 9 | τότε ἀποκριθεὶς ὁ Ἀδὰμ εἶπεν μοι τί ἐμνήσθης τῆς | * κακίας * | ταύτης ἵνα φόνον ποιήσω καὶ ἐνέγκω θάνατον τῇ ἐμῇ |
| Hen. | | 107 | 1 | μέχρις τοῦ ἀνασ⟨τῆναι⟩ γενεὰν δικαιοσύνης καὶ ἡ | * κακία * | ἀπολεῖται καὶ ἡ ἁμαρτία ἀλλάξει ἀπὸ τῆς γῆς καὶ τὰ |
| TSim. | | 4 | 9 | καὶ τρόμον τῷ σώματι ὅτι καίγε ἐν ὕπνῳ τις ζῆλος | * κακίας * | αὐτὸν φαντάζων κατεσθίει καὶ ἐν πνεύμασι πονηροῖς |
| TLevi | | 14 | 1 | ἀσεβήσετε ἐπὶ κύριον χεῖρας ἐπιβάλλοντες ἐν πάσῃ | * κακίᾳ * | καὶ αἰσχυνθήσονται ἐφ᾽ ὑμῖν οἱ ἀδελφοὶ ὑμῶν καὶ |
| TLevi | | 16 | 3 | οὐκ εἰδότες αὐτοῦ τὸ ἀνάστημα τὸ ἀθῷον αἷμα ἐν | * κακίᾳ * | ἐπὶ κεφαλὰς ὑμῶν ἀναδεχόμενοι. δι᾽ αὐτὸν ἔσται τὰ |
| TZab. | | 8 | 5 | καὶ ἀγαπᾶτε ἀλλήλους καὶ μὴ λογίζεσθε ἕκαστος τὴν | * κακίαν * | τοῦ ἀδελφοῦ αὐτοῦ ὅτι τοῦτο χωρίζει ἑνότητα καὶ |
| TZab. | | 9 | 7 | ὅτι ἐλεήμων ἐστὶ καὶ εὔσπλαγχνος μὴ λογιζόμενος | * κακίαν * | τοῖς υἱοῖς τῶν ἀνθρώπων διότι σάρξ εἰσι καὶ τὰ |
| TDan | | 1 | 3 | καὶ ὅτι πονηρὸν τὸ ψεῦδος καὶ ὁ θυμὸς ὅτι πᾶσαν | * κακίαν * | ἄνθρωπον ἐκδιδάσκει. ὁμολογῶ σήμερον ὑμῖν τέκνα |
| TDan | | 5 | 5 | Ἰσραήλ. καὶ ὡς ἂν ἀπόστητε ἀπὸ κυρίου ἐν πάσῃ | * κακίᾳ * | πορεύεσθε ποιοῦντες βδελύγματα ἐθνῶν ἐκπορνεύοντες |
| TGad | | 6 | 7 | εἰρηνεύσει. ἐὰν δὲ ἀναιδὴς ἐστι καὶ ἐνίσταται τῇ | * κακίᾳ * | καὶ οὕτως ἄφες αὐτῷ ἀπὸ καρδίας καὶ δὸς τῷ θεῷ τὴν |
| TAser | | | 1 | διαθηκη Ασηρ. περι δυο προσωπων | * κακιας * | και αρετης. ἀντίγραφον διαθήκης Ἀσὴρ ἃ ἐλάλησε |
| TAser | | 2 | 1 | ὑπὲρ τοῦ κακοῦ καὶ τὸ τέλος τοῦ πράγματος εἰς | * κακίαν * | ἄγει. ἔστιν ἄνθρωπος--- ὅτι οὐκ οἰκτίρει |
| TAser | | 2 | 8 | τῷ πλούτῳ πολλοὺς παρασύρει καὶ ἐκ τῆς ὑπερόγκου | * κακίας * | ποιεῖ ἐντολὰς καὶ τοῦτο διπρόσωπόν ἐστιν ὅλον δὲ |
| TAser | | 3 | 1 | μὴ γίνεσθε κατ᾽ αὐτοὺς διπρόσωποι ἀγαθότητος καὶ | * κακίας * | ἀλλὰ τῇ ἀγαθότητι μόνῃ κολλήθητε ὅτι ὁ θεὸς |
| TAser | | 3 | 2 | εἰς αὐτὴν καὶ οἱ ἄνθρωποι ποθοῦσιν αὐτὴν τὴν | * κακίαν * | ἀποδράσατε ἀναιροῦντες τὸν διάβολον ἐν ταῖς |
| TJos. | | 5 | 3 | οὖν ἐκείνη ἠξίου ἵνα μηδενὶ ἐξαγγείλω τὴν | * κακίαν * | αὐτῆς. καὶ ἀνεχώρησε θάλπουσά με δώροις καὶ |
| TJos. | | 6 | 6 | θεὸς τοῦ πατρός μου δι᾽ ἀγγέλου ἀπεκάλυψέ μοι τὴν | * κακίαν * | σου καὶ ἐτήρησα αὐτὸ εἰς ἔλεγχόν σου εἰ ἄρα |
| TJos. | | 6 | 7 | ὅτι τῶν ἐν σωφροσύνῃ θεοσεβούντων οὐ κατισχύει | * κακία * | ἀσεβούντων λαβὼν ἐνώπιον αὐτῆς ἐξαυτῆς ἔφαγον |
| TBen. | | 7 | 1 | οὐκ ἔχει ἁπλότητα. διὰ τοῦτο τέκνα μου φεύγετε τὴν | * κακίαν * | τοῦ Βελιὰρ ὅτι μάχαιραν δίδωσι τοῖς πειθομένοις |
| TBen. | | 8 | 1 | καὶ ὑμεῖς οὖν τέκνα μου ἀποδράσατε τὴν | * κακίαν * | φθόνον τε καὶ τὴν μισαδελφίαν καὶ προσκολλᾶσθε τῇ |
| Sal. | | 4 | 5 | ἐν ὀφθαλμοῖς αὐτοῦ λαλεῖ πάσῃ γυναικὶ ἐν συνταγῇ | * κακίας * | ταχὺς εἰσόδῳ εἰς πᾶσαν οἰκίαν ἐν ἱλαρότητι ὡς |
| Sal. | | 17 | 27 | καὶ οὐ κατοικήσει πᾶς ἄνθρωπος μετ᾽ αὐτῶν εἰδὼς | * κακίαν * | γνώσεται γὰρ αὐτοὺς ὅτι πάντες υἱοὶ θεοῦ εἰσιν |
| Aris. | | 133 | 2 | καὶ πρόδηλα θεὶς ἔδειξεν ὅτι κἂν ἐννοηθῇ τις | * κακίαν * | ἐπιτελεῖν οὐκ ἂν λάθοι μὴ ὅτι καὶ πράξας διὰ |
| Aris. | | 188 | 5 | ⟨ἢ⟩ καθὼς εἰσιν ἄξιοι μετατιθεὶς ἐκ τῆς | * κακίας * | καὶ εἰς μετάνοιαν ἄξεις. ἐπαινέσας δὲ ὁ βασιλεὺς |
| Aris. | | 249 | 4 | ἐργάζεται τοῖς δὲ πλουσίοις ὄνειδος ὡς διὰ | * κακίαν * | ἐκπεπτωκόσιν. εὐεργετῶν οὖν ἅπαντας καθὼς συνεχῶς |
| Sib. | | 3 | 42 | γὰρ πλουτῶν καὶ ἔχων ἄλλῳ μεταδώσει ἀλλ᾽ ἔσεται | * κακίη * | δεινὴ πάντεσσι βροτοῖσιν πίστιν δ᾽ οὐ σχήσουσιν |
| FMan. | 2 | 22 | 12 | εὔσπλαγχνος πολυέλεος καὶ μετανοῶν ἐπὶ ταῖς | * κακίαις * | τῶν ἀνθρώπων ὅτι σὺ ὁ θεὸς κατὰ τὴν χρηστότητα |
| LAri. | 13 | 12 | 15 | τοῦτο δὴ σημαίνων ὡς ἀπὸ τῆς κατὰ ψυχὴν λήθης καὶ | * κακίας * | ἐν τῷ κατὰ ἀλήθειαν ἑβδόμῳ λόγῳ καταλιμπάνεται τὰ |
| κακόβουλος | | | | 1 | | |
| Sib. | | 5 | 228 | διὰ παντὸς ὃν ἔξοχον εἶχε Πρόνοια. ἄστατε καὶ | * κακόβουλε * | κακὰς περικείμενε κῆρας ἀρχὴ καὶ καμάτοιο καὶ |
| κακοδαίμων | | | | 1 | | |
| HHec. | 1 | 22 | 204 | τινων ἄλλων καὶ καταρωμένων αὐτῷ τί μαίνεσθε ἔφη | * κακοδαίμονες; * | εἶτα τὸν ὄρνιθα λαβὼν εἰς τὰς χεῖρας πῶς |
| κακοεργός | | | | 1 | | |
| FPho. | | | 133 | κρύπτειν τὸν ἀτάσθαλον ἄνδρ᾽ ἀνέλεγκτον ἀλλὰ χρὴ | * κακοεργὸν * | ἀποτρωπᾶσθαι ἀνάγκηι. πολλάκι συνθνήισκουσι |
| κακοήθης | | | | 1 | | |
| Sib. | | 3 | 37 | κακὸν ἀσεβέων τε ψευδῶν διγλώσσων ἀνθρώπων καὶ | * κακοηθῶν * | λεκτροκλόπων εἰδωλολατρῶν δόλια φρονεόντων οἷς |
| κακοκερδής | | | | 1 | | |
| Sib. | | 3 | 189 | καὶ πάντα κακῶν ἀναπλήσει αἰσχροβίῳ φιλοχρημοσύνῃ | * κακοκερδέι * | πλούτῳ ἐν πολλαῖς χώρῃσι Μακηδονίῃ δὲ |
| κακομηχανία | | | | 1 | | |
| FJub. | | 4 | 15 | Βαραχιὴλ πατραδέλφου αὐτοῦ. ἐντεῦθεν ἤρξατο ἡ | * κακομηχανία * | ἐν κόσμῳ γίνεσθαι καὶ ἀπ᾽ ἀρχῆς μὲν διὰ τῆς |
| κακοπάθεια | | | | 4 | | |
| Aris. | | 92 | 3 | γὰρ αὐτοκελεύστως διαπονοῦσι πολλῆς γινομένης | * κακοπαθείας * | καὶ ἑκάστῳ τὸ διατεταγμένον μέλει. καὶ |
| Aris. | | 208 | 3 | εἴη; κἀκεῖνος ἔφη θεωρῶν ὡς ἐν πολλῷ χρόνῳ καὶ | * κακοπαθείαις * | μεγίσταις αὔξει τε καὶ γεννᾶται τὸ τῶν |
| Aris. | | 259 | 4 | καὶ τὰ λοιπὰ καὶ αὐτὸς ἀκόλουθόν τι πράξει τῶν | * κακοπαθειῶν * | ἀποδιδοὺς τὴν ἀντάμειψιν. τὰ γὰρ ἐκ |
| HArt. | 9 | 27 | 21 | εὔχεσθαι τῷ θεῷ ἤδη ποτέ τοὺς λαοὺς παῦσαι τῶν | * κακοπαθειῶν. * | ἱλασκομένου δ᾽ αὐτοῦ αἰφνιδίως ἐκ τῆς γῆς |
| κακοπαθέω | | | | 1 | | |
| Aris. | | 241 | 4 | συμβαίνουσι νομίζωμεν ἀτυχοῦσι μὲν ἐλαττοῦσθαι καὶ | * κακοπαθῶμεν * | ὡς αὐτοὶ φαίνεται τὸ συγγενὲς ὅσον ἰσχῦόν |
| κακόπαθος | | | | 1 | | |
| LAri. | 13 | 12 | 9 | κατεσκεύακε καὶ δέδωκεν ἀνάπαυσιν ἡμῖν διὰ τὸ | * κακόπαθον * | εἶναι πᾶσι τὴν βιοτὴν ἑβδόμην ἡμέραν ἣ δὴ καὶ |
| κακοποιέω | | | | 5 | | |
| TAser | | 2 | 8 | καὶ πορνεύει καὶ ἀπέχεται ἐδεσμάτων καὶ νηστεύων | * κακοποιεῖ * | καὶ τῇ δυναστείᾳ καὶ τῷ πλούτῳ πολλοὺς |

| | | | |
|---|---|---|---|
| TJos. | 18 | 2 | εὐλογήσει ἐν ἀγαθοῖς εἰς αἰῶνας. καὶ ἐὰν θέλῃ τις * κακοποιῆσαι * ὑμᾶς ὑμεῖς τῇ ἀγαθοποιΐᾳ εὔχεσθε ὑπὲρ αὐτοῦ |
| Aris. | 164 | 1 | ὁμοίων ὅσα διηγόρευται. πάντα γὰρ λυμαίνονται καὶ * κακοποιοῦσι * μύες οὐ μόνον πρὸς τὴν ἑαυτῶν τροφὴν ἀλλὰ |
| Aris. | 164 | 3 | γίνεσθαι ἀνθρώπῳ ὅ,τι ἂν δή ποτ' οὖν ἐπιβάληται * κακοποιεῖν. * τό τε τῆς γαλῆς γένος ἰδιάζον ἐστὶ χωρὶς γὰρ |
| Aris. | 168 | 2 | ὁ δὲ νόμος ἡμῶν κελεύει μήτε λόγῳ μήτε ἔργῳ μηδένα * κακοποιεῖν. * καὶ περὶ τούτων οὖν ὅσον ἐπὶ βραχὺ |
| κακοποιητικός | | | 1 |
| Aris. | 163 | 2 | καὶ ἐπὶ τῶν κνωδάλων δὲ ταὐτὸν ἔστιν εὑρεῖν. * κακοποιητικὸς * γὰρ ὁ τρόπος ἐστὶ καὶ γαλῆς καὶ μυῶν καὶ |
| κακορραφία | | | 1 |
| LThe. 9 | 22 | 3 | προγενεστέρη. οὐδέ μιν ἔμπης ἔλλαθεν ἀλλ' ἐνόησε * κακορραφίην * καὶ ἔδεκτο παῖδ' ἑτέρην ἀμφοῖν δ' ἐμίγη σὺν |
| κακορρέκτειρα | | | 1 |
| Sib. | 3 | 754 | κατὰ χθονὸς αὐχμὸς ἔτ' ἔσται οὐ λιμὸς καρπῶν τε * κακορρέκτειρα * χάλαζα ἀλλὰ μὲν εἰρήνη μεγάλη κατὰ γαῖαν |
| κακός | | | 200 (cf.+ χείρων) |
| Adam | 27 | 4 | ἐκ τοῦ παραδείσου; μὴ ἐμόν ἐστι τὸ ἁμάρτημα ἢ * κακῶς * ἔκρινα; τότε οἱ ἄγγελοι πεσόντες ἐπὶ τὴν γῆν |
| Adam | 28 | 4 | ἐκ τοῦ παραδείσου ἐὰν φυλάξεις ἑαυτὸν ἀπὸ παντὸς * κακοῦ * ὡς βουλόμενος ἀποθανεῖν ἀναστάσεως πάλιν γενομένης |
| Hen. | 16 | 3 | τούτῳ πληθύνουσιν αἱ θήλειαι καὶ οἱ ἄνθρωποι τὰ * κακὰ * ἐπὶ τῆς γῆς. εἶπον οὖν αὐτοῖς οὐκ ἔστιν εἰρήνη. καὶ |
| Hen. | 97 | 7 | καὶ ἐπὶ τῆς ξηρᾶς ὄντες μνημόσυνον εἰς ὑμᾶς * κακόν. * οὐαὶ ὑμῖν οἱ κτώμενοι χρυσίον καὶ ἀργύριον οὐκ |
| Hen. | 98 | 9 | μὴ ἀκούσητε καὶ τὰ ἀγαθὰ οὐκ ἀπαντήσει ὑμῖν τὰ δὲ * κακὰ * ⟨περιέξει⟩ ὑμᾶς. καὶ νῦν γινώσκετε ὅτ⟨ι ἡτοίμασται⟩ |
| Hen. | 98 | 11 | οὐαὶ ὑμῖν οἱ σκληροτράχηλοι τῇ καρδίᾳ ποιοῦντες τὸ * κα⟨κὸν * καὶ ἔσθοντες αἷμα πόθ⟩εν ὑμῖν ἔσο⟨νται ἀγαθὰ ἵνα |
| Hen. | 98 | 13 | μὴ φείσονται ὑμῶν. οὐαὶ ὑμῖν οἱ ἐπιχαίροντες τοῖς * κακοῖς * τῶν δικαίων τάφος ὑμῶν οὐ μὴ ὀρυγῇ. οὐαὶ ὑμῖν οἱ |
| Hen. | 100 | 5 | τηρηθήσονται ὡς κόριον ὀφθαλμοῦ ἕως οὗ ἐκλείπῃ τὰ * κακὰ * ἠδ' ἁμαρτία. καὶ ἀπ' ἐκείνου ὑπνώσουσιν εὐσεβεῖς |
| Hen. | 100 | 8 | οὐαὶ ὑμῖν σκληροκάρδιοι ἀγρυπνοῦντες νοῆσαι τὸ * κακὸν * περιέχει ὑμᾶς φόβος καὶ οὐκ ἔστιν ὁ |
| Hen. | 104 | 2 | τοῦ μεγάλου. θαρσεῖτε δὴ ὅτι ἐπαλαιώθητε ἐν τοῖς * κακοῖς * καὶ ἐν ταῖς θλίψεσιν ὡσεὶ φωστῆρες τοῦ οὐρανοῦ |
| Hen. | 104 | 5 | βιαζομένων καὶ κατεσθόντων ὑμᾶς. ⟨μὴ φοβεῖσθε⟩ τὰ * κακὰ * ἐν τῇ ἡμέρᾳ τῆς κρίσεως τῆς μεγάλης καὶ οὐ μὴ |
| Hen. | 107 | 1 | τὰ ἐγγεγραμμένα ἐπ' αὐτῶν ὅτι γενεὰ γενεᾶς * κακ⟨ίων * ἔσται⟩ καὶ εἶδον τόδε μέχρις τοῦ ἀνασ⟨τῆναι⟩ |
| Abr.1 | 8 | 10 | τὰ τοῦ ᾄδου δίκτυα συμπλέξαι σοι οὐκ ἠθέλησά τινι * κακῷ * συναντῆσαί σοι ἀλλὰ πρὸς παράκλησιν τῶν ἀγαθῶν τὸν |
| Abr.2 | 4 | 2 | ὅτι οὕτως κλαίετε; καὶ ἀπεκρίθη αὐτῇ 'Αβραὰμ οὐδὲν * κακόν * ἐστιν εἴσελθε εἰς τὴν σκηνήν σου καὶ τὰ ἴδιά σου |
| TSim. | 5 | 3 | μὴ πορνεύειν ὅτι ἡ πορνεία μήτηρ ἐστὶ πάντων τῶν * κακῶν * χωρίζουσα θεοῦ καὶ προσεγγίζουσα τῷ Βελιάρ. ἑώρακα |
| TLevi | 2 | 3B012 | σκέπη σου τῆς δυναστείας σκεπασάτω με ἀπὸ παντὸς * κακοῦ. * παραδοὺς διὸ δὴ καὶ τὴν ἀνομίαν ἐξάλειψον |
| TLevi | 6 | 8 | ἐκείνῃ. ἀλλ' ἐγὼ εἶδον ὅτι ἀπόφασις θεοῦ ἦν εἰς * κακὰ * ἐπὶ Σίκιμα διότι ἤθελον τὴν Σάρραν ποιῆσαι ὃν |
| TLevi | 10 | 2 | πλανῶντες τὸν 'Ισραὴλ καὶ ἐπεγείροντες αὐτῷ * κακὰ * μεγάλα παρὰ κυρίου. καὶ ἀνομήσετε σὺν τῷ 'Ισραὴλ |
| TLevi | 13 | 6 | ἵνα εὕρητε αὐτὰ ἐν τῇ ζωῇ ὑμῶν. ἐὰν γὰρ σπείρητε * κακὰ * πᾶσαν ταραχὴν καὶ θλῖψιν θερίσετε. σοφίαν κτήσασθε |
| TLevi | 18 | 9 | πᾶσα ἁμαρτία καὶ οἱ ἄνομοι καταπαύσουσιν εἰς * κακά * οἱ δὲ δίκαιοι καταπαύσουσιν ἐν αὐτῷ. καίγε αὐτὸς |
| TJud. | 7 | 8 | εἰρήνην μετ' αὐτῶν καὶ οὐκ ἐποιήσαμεν αὐτοῖς οὐθὲν * κακὸν * ἀλλ' ἐποιήσαμεν αὐτοὺς ὑποσπόνδους καὶ ἀπεδώκαμεν |
| TJud. | 18 | 1 | ὅτι καίγε ἀνέγνων ἐν βίβλοις 'Ενὼχ τοῦ δικαίου ὅσα * κακὰ * ποιήσετε ἐν ἐσχάταις ἡμέραις. φυλάξασθε οὖν τέκνα |
| TJud. | 21 | 8 | καὶ ἴβεις χορτάσουσι καὶ προκόψουσιν ἐπὶ τὸ * κακὸν * ἐν πλεονεξίᾳ ὑψούμενοι. καὶ ἔσονται ὡς καταιγίδες |
| TZab. | 3 | 8 | μετὰ ταῦτα γὰρ ἤκουσαν οἱ Αἰγύπτιοι πάντα τὰ * κακὰ * ἃ ἐποιήσαμεν τῷ 'Ιωσήφ. μετὰ ταῦτα ἔλαβον ἐσθίειν |
| TDan | 3 | 4 | φυσικὴν ἔχων τοῦ σώματος καὶ δι' ἑαυτοῦ δρῶν τὸ * κακόν. * ἐὰν δὲ ἀσθενὴς ᾖ ὁ θυμούμενος διπλῆν ἔχει τὴν |
| TDan | 4 | 7 | ἐγείρει θυμὸν μετὰ ψεύδους. ἔστι δὲ διπρόσωπον * κακὸν * θυμὸς μετὰ ψεύδους καὶ συναίρονται ἀλλήλοις ἵνα |
| TDan | 6 | 5 | ἐνισχύσει τὸν 'Ισραὴλ μὴ ἐμπεσεῖν αὐτὸν εἰς τέλος * κακῶν. * ἔσται δὲ ἐν καιρῷ ἀνομίας τοῦ 'Ισραὴλ ἀφιστάμενος |
| TNep. | 2 | 4 | ἕως τίνος διαρκέσει ἐν ἀγαθῷ καὶ πότε ἄρχεται ἐν * κακῷ. * ὅτι οὐκ ἔστι πᾶν πλάσμα καὶ πᾶσα ἔννοια ἣν οὐκ |
| TGad | 3 | 1 | καὶ μὴ πλανᾶσθαι τῷ πνεύματι τοῦ μίσους ὅτι * κακόν * ἐστιν ἐπὶ πάσαις πράξεσιν ἀνθρώπων. πᾶν ὃ ἐὰν ποιῇ |
| TGad | 5 | 1 | συνεργεῖ τῷ νόμῳ τοῦ θεοῦ εἰς σωτηρίαν ἀνθρώπων. * κακὸν * τὸ μῖσος ὅτι ἐνδελεχεῖ συνεχῶς τῷ ψεύδει λαλῶν |
| TGad | 5 | 1 | ὀργὴν καὶ πόλεμον καὶ ὕβριν καὶ πᾶσαν πλεονεξίαν * κακῶν * καὶ ἰοῦ διαβολικοῦ τὴν καρδίαν πληροῖ. καὶ ταῦτα |
| TGad | 6 | 5 | ὅτι πολλάκις δολοφωνεῖ σε ἢ περιεργάζεταί σε ἐν * κακῷ * λαβὼν ἀπὸ σοῦ τὸν ἰόν. ἐὰν οὖν ἀρνεῖται καὶ αἰδεσθῇ |
| TGad | 7 | 4 | καὶ ἡσυχάσει τὸ διαβούλιόν σου. ἐὰν δὲ καὶ ἐκ * κακῶν * τις πλουτήσῃ ὡς 'Ησαῦ ὁ πατράδελφός μου μὴ |
| TGad | 7 | 5 | γὰρ κυρίου ἐκδέξασθε. ἢ γὰρ ἀφαιρεῖται αὐτὰ ἐν * κακοῖς * ἢ μετανοοῦσιν ἀφίησιν ἢ ἀμετανοήτῳ τηρεῖ εἰς |
| TAser | 1 | 5 | εἰσὶν ἓν κατέναντι τοῦ ἑνός. ὁδοὶ δύο καλοῦ καὶ * κακοῦ * ἐν οἷς εἰσι τὰ δύο διαβούλια ἐν στέρνοις ἡμῶν |
| TAser | 1 | 7 | καὶ ἀπορρίπτων τὴν πονηρίαν ἀνατρέπει εὐθὺς τὸ * κακὸν * καὶ ἐκριζοῖ τὴν ἁμαρτίαν. ἐὰν δὲ ἐν πονηρῷ κλίνῃ |
| TAser | 1 | 8 | πονηρίᾳ καὶ ἀπωθούμενος τὸ ἀγαθὸν προσλαμβάνει τὸ * κακὸν * καὶ κυριευθεὶς ὑπὸ τοῦ Βελιὰρ κἂν ἀγαθὸν πράξῃ ἐν |
| TAser | 1 | 9 | ὡς ἀγαθὸν ποιῶν τὸ τέλος τῆς πράξεως αὐτοῦ εἰς * κακὸν * ποιεῖν ἀνελαύνει ἐπειδὴ ὁ θησαυρὸς τοῦ διαβουλίου |
| TAser | 2 | 1 | ἔστιν οὖν ψυχὴ λέγουσα φησὶ τὸ καλὸν ὑπὲρ τοῦ * κακοῦ * καὶ τὸ τέλος τοῦ πράγματος εἰς κακίαν ἄγει. ἔστιν |
| TAser | 2 | 2 | ἄνθρωπος--- ὅτι οὐκ οἰκτίρει λειτουργοῦντα αὐτῷ ἐν * κακῷ * καίγε τοῦτο διπρόσωπον ἀλλὰ τὸ ὅλον πονηρόν ἐστιν. |
| TAser | 2 | 3 | ἐστὶν ἐν πονηρίᾳ ὅτι καὶ ἀποθανεῖν αἱρεῖται ἐν * κακῷ * δι' αὐτὸν καὶ περὶ τούτου φανερὸν ὅτι διπρόσωπόν |
| TAser | 2 | 3 | περὶ τούτου φανερὸν ὅτι διπρόσωπόν ἐστι τὸ δὲ πᾶν * κακὴ * πρᾶξις. καίγε ἀγάπη οὖσα πονηρία ἐστὶ συγκρύπτουσα |
| TAser | 2 | 4 | καίγε ἀγάπη οὖσα πονηρία ἐστὶ συγκρύπτουσα τὸ * κακὸν * ὅπερ ἐστὶ τῷ ὀνόματι ὡς καλὸν τὸ δὲ τέλος τῆς |
| TAser | 2 | 4 | ὡς καλὸν τὸ δὲ τέλος τῆς πράξεως ἔρχεται εἰς * κακόν. * ἄλλος κλέπτει ἀδικεῖ ἁρπάζει πλεονεκτεῖ καὶ ἐλεεῖ |
| TAser | 2 | 8 | ποιεῖ ἐντολὰς καὶ τοῦτο διπρόσωπόν ἐστιν ὅλον δὲ * κακόν * ἐστιν. οἱ τοιοῦτοι ὡς ὕες εἰσὶ δασύποδες ὅτι ἐξ |
| TAser | 4 | 2 | τοὺς πονηροὺς δύο ποιοῦσιν ἔργα καλὸν διὰ * κακοῦ * ὅλον ἐστὶ δὲ καλὸν ὅτι τὸ κακὸν ἐκριζώσας |
| TAser | 4 | 2 | ἔργα καλὸν διὰ κακοῦ ὅλον ἐστὶ δὲ καλὸν ὅτι τὸ * κακὸν * ἐκριζώσας ἀπώλεσεν. ἔστι τις μισῶν τὸν ἐλεήμονα |
| TAser | 4 | 3 | μὴ προσδεχόμενος τὸ δοκοῦν καλὸν μετὰ τοῦ ἀληθινοῦ * κακοῦ. * ἕτερος οὐ θέλει ἡμέραν ἀγαθὴν ἰδεῖν μετὰ ἀσώτων |
| TAser | 4 | 5 | θεὸς διὰ τῶν ἐντολῶν μισῶν ἀπαγορεύει ἀπείργων τὸ * κακὸν * τοῦ ἀγαθοῦ. ὁρᾶτε οὖν τέκνα πῶς δύο εἰσὶν ἐν πᾶσιν |
| TAser | 6 | 3 | τὸν νόμον κυρίου φυλάξατε καὶ μὴ προσέχετε τὸ * κακὸν * ὡς καλὸν ἀλλ' εἰς τὸ ὄντως καλὸν ἀποβλέπετε καὶ |
| TJos. | 10 | 3 | αὐτῷ κατοικῶν διὰ τὴν σωφροσύνην οὐ μόνον ἐκ τῶν * κακῶν * ῥύεται ἀλλὰ καὶ ὑψοῖ καὶ δοξάζει αὐτὸν ὡς κἀμέ. |
| TJos. | 18 | 2 | τῇ ἀγαθοποιΐᾳ εὔχεσθε ὑπὲρ αὐτοῦ καὶ ἀπὸ παντὸς * κακοῦ * λυτρωθήσεσθε διὰ κυρίου. ἰδοὺ γὰρ ὁρᾶτε ὅτι διὰ |
| TBen. | 4 | 3 | κἂν ὦσιν ἁμαρτωλοὶ κἂν βουλεύωνται περὶ αὐτοῦ εἰς * κακὰ * οὗτος ἀγαθοποιῶν νικᾷ τὸ κακὸν σκεπαζόμενος ὑπὸ τοῦ |
| TBen. | 4 | 3 | περὶ αὐτοῦ εἰς κακὰ οὗτος ἀγαθοποιῶν νικᾷ τὸ * κακὸν * σκεπαζόμενος ὑπὸ τοῦ ἀγαθοῦ τοὺς δὲ δικαίους ἀγαπᾷ |
| TBen. | 7 | 2 | δίδωσι τοῖς πειθομένοις αὐτῇ. ἡ δὲ μάχαιρα ἑπτὰ * κακῶν * μήτηρ ἐστί. πρῶτον συλλαμβάνει ἡ διάνοια διὰ τοῦ |
| TBen. | 7 | 4 | διὰ ''Αβελ τὸν δίκαιον ἀδελφὸν αὐτοῦ. ἐν τοῖς ἑπτὰ * κακοῖς * ὁ Κάιν ἐκρίνετο ὁ δὲ Λάμεχ ἐν τοῖς ἑβδομηκοντάκις |
| Asen. | 7 | 3 | καὶ θυγατέρες τῶν Αἰγυπτίων ὡς ἑώρων τὸν 'Ιωσὴφ * κακῶς * ἔπασχον ἐπὶ τῷ κάλλει αὐτοῦ. ὁ δὲ 'Ιωσὴφ ἐξουθένει |
| Asen. | 23 | 1 | τὴν 'Ασενὲθ καὶ κατενύγη καὶ ἐδυσφόρει βαρέως καὶ * κακῶς * εἶχε διὰ τὸ κάλλος αὐτῆς καὶ εἶπεν οὐχὶ οὕτως |
| Asen. | 23 | 9 | ἄνδρες θεοσεβεῖς καὶ οὐ προσήκει ἡμῖν ἀποδοῦναι * κακὸν * ἀντὶ κακοῦ. καὶ εἶπε Λευὶς τῷ υἱῷ Φαραὼ μετὰ |
| Asen. | 23 | 9 | καὶ οὐ προσήκει ἡμῖν ἀποδοῦναι κακὸν ἀντὶ * κακοῦ. * καὶ εἶπε Λευὶς τῷ υἱῷ Φαραὼ μετὰ παρρησίας ἱλαρῷ |
| Asen. | 28 | 3 | εἶ καὶ βασίλισσα. καὶ ἡμεῖς ἐπονηρευσάμεθα εἰς σε * κακὰ * καὶ κατὰ τοῦ ἀδελφοῦ ἡμῶν 'Ιωσὴφ καὶ κύριος |
| Asen. | 28 | 5 | ἡμῶν ἄνδρες εἰσὶ θεοσεβεῖς καὶ μὴ ἀποδιδόντες * κακὸν * ἀντὶ κακοῦ τινι ἀνθρώπῳ. λοιπὸν γενοῦ ἵλεως τοῖς |
| Asen. | 28 | 5 | εἰσὶ θεοσεβεῖς καὶ μὴ ἀποδιδόντες κακὸν ἀντὶ * κακοῦ * τινι ἀνθρώπῳ. λοιπὸν γενοῦ ἵλεως τοῖς δούλοις σου |
| Asen. | 28 | 10 | φείσασθε τῶν ἀδελφῶν ὑμῶν καὶ μὴ ποιήσητε αὐτοῖς * κακὸν * ἀντὶ κακοῦ διότι κύριος ὑπερήσπισέ με ἀπ' αὐτῶν |
| Asen. | 28 | 10 | τῶν ἀδελφῶν ὑμῶν καὶ μὴ ποιήσητε αὐτοῖς κακὸν ἀντὶ * κακοῦ * διότι κύριος ὑπερήσπισέ με ἀπ' αὐτῶν καὶ ἔθραυσε |
| Asen. | 28 | 13 | ῥομφαίαις ἡμῶν διότι αὐτοὶ πρῶτοι ἐβουλεύσαντο * κακὰ * καθ' ἡμῶν καὶ κατὰ τοῦ πατρὸς ἡμῶν 'Ισραὴλ καὶ κατὰ |
| Asen. | 28 | 14 | αὐτὸν καὶ εἶπεν μηδαμῶς ἄδελφε ποιήσεις * κακὸν * ἀντὶ κακοῦ τῷ πλησίον σου. τῷ κυρίῳ δώσεις |
| Asen. | 28 | 14 | αὐτὸν καὶ εἶπεν μηδαμῶς ἄδελφε ποιήσεις κακὸν ἀντὶ * κακοῦ * τῷ πλησίον σου. τῷ κυρίῳ δώσεις ἐκδικήσειν τὴν |
| Asen. | 29 | 3 | ἐσμὲν καὶ οὐ προσήκει ἀνδρὶ θεοσεβεῖ ἀποδοῦναι * κακὸν * ἀντὶ κακοῦ οὐδὲ πεπτωκότα καταπατῆσαι οὐδὲ |
| Asen. | 29 | 3 | οὐ προσήκει ἀνδρὶ θεοσεβεῖ ἀποδοῦναι κακὸν ἀντὶ * κακοῦ * οὐδὲ πεπτωκότα καταπατῆσαι οὐδὲ ἐκθλίψαι τὸν |
| Sal. | 15 | 4 | ὁ ποιῶν ταῦτα οὐ σαλευθήσεται εἰς τὸν αἰῶνα ἀπὸ * κακοῦ * φλὸξ πυρὸς καὶ ὀργὴ ἀδίκων οὐχ ἅψεται αὐτοῦ ὅταν |
| Sal. | 17 | 17 | ἐπλανῶντο ἐν ἐρήμοις σωθῆναι ψυχὰς αὐτῶν ἀπὸ * κακοῦ * καὶ τίμιον ἐν ὀφθαλμοῖς παροικίας ψυχὴ σεσῳσμένη |
| Bar. | 4 | 5 | εἶπεν ὁ ἄγγελος ὁ μὲν δράκων ἐστὶν ὁ τὰ σώματα τῶν * κακῶς * τὸν βίον μετερχομένων ἐσθίων καὶ ὑπ' αὐτῶν |
| Bar. | 4 | 9 | αὐτοῦ. καὶ εἶπον ἐγὼ Βαροὺχ καὶ ἐπεὶ τοσούτου * κακοῦ * αἰτία γέγονεν ἡ ἄμπελος καὶ κατάρας ὑπόδικος παρὰ |
| Esdr. | 4 | 41 | τί ἥμαρτεν; καὶ εἶπεν ὁ θεὸς ἐπειδή--- ἐστίν τὸ * κακόν. * καὶ εἶπεν ὁ προφήτης κύριε καὶ ἡ γῆ τί ἥμαρτεν; |
| Esdr. | 5 | 27 | καὶ ἴδον πάντας θρηνοῦντας καὶ κλαίοντας καὶ * κακὸν * πένθος τοὺς ἁμαρτωλοὺς ἔκλαυσα κἀγὼ ὁρῶν τὸ γένος |
| Sedr. | 7 | 7 | τὰ κάλλη ἐὰν εἰς γῆν μαραίνωνται; πῶς εἶπας κύριε * κακὸν * ἀντὶ κακοῦ μὴ ἀποδώσῃς; πῶς ἐστιν δέσποτα; τῆς |
| Sedr. | 7 | 7 | εἰς γῆν μαραίνωνται; πῶς εἶπας κύριε κακὸν ἀντὶ * κακοῦ * μὴ ἀποδώσῃς; πῶς ἐστιν δέσποτα; τῆς θεότητός σου ὁ |
| Sedr. | 7 | 8 | καὶ διά τί ἀποδίδως τὸν ἄνθρωπον; ἢ οὐ θέλεις * κακὸν * ἀντὶ κακοῦ; ἐγὼ οἶδα ὅτι ἄλογόν ἐστιν κακότεχνον |
| Sedr. | 7 | 8 | τί ἀποδίδως τὸν ἄνθρωπον; ἢ οὐ θέλεις κακὸν ἀντὶ * κακοῦ; * ἐγὼ οἶδα ὅτι ἄλογόν ἐστιν κακότεχνον ἡμίονος εἰς |
| Sedr. | 16 | 7 | τοῦ δούλου σου ῥῦσαι αὐτὸν κύριε ἀπὸ παντὸς * κακοῦ. * καὶ λέγει ὁ δοῦλος τοῦ θεοῦ Σεδρὰχ ἄρτι λαβὲ τὴν |
| Job | 7 | 7 | καὶ γνοὺς τὸ γεγονός, εἶπεν τῇ παιδὶ ἀπελθοῦσα, * κακὴ * δούλη, φέρε τὸν δοθέντα σοι δοθῆναί μοι ἄρτον. καὶ |
| Job | 7 | 8 | ἡ παῖς λέγουσα ἀληθῶς καλῶς σὺ λέγεις εἶναί με * κακὴν * δούλην εἰ γὰρ μὴ ἤμην, ἐποίησα ἂν καθὼς προσετάχθη |
| Job | 15 | 9 | τοῦ θεοῦ, μήπως οἱ υἱοί μου ἐνενοήσαντο * κακὰ * ἐν τῇ καρδίᾳ αὐτῶν πρὸς τὸν θεόν. ἐμοῦ δὲ τοῦτο |
| Job | 23 | 6 | ὄψει. καὶ ἀπεκρίθη αὐτῇ λέγων εἰ μὴ ἄξιοι ἦτε τῶν * κακῶν, * οὐκ ἂν ἀπελάβετε αὐτὰ νῦν οὖν εἰ μὴ ἔχεις ἐν |
| Job | 26 | 4 | εἰ οὖν τὰ ἀγαθὰ ἐδεξάμεθα ἐκ χειρὸς κυρίου τὰ * κακὰ * πάλιν οὐχ ὑπομένομεν; ἀλλὰ μακροθυμήσωμεν ἕως ἂν ὁ |
| Job | 28 | 5 | μὴ λαλοῦντες ἀλλ' ἐπειδὴ ἤδεισάν με πρὸ τούτων τῶν * κακῶν * ἐν πολλῷ πλούτῳ ὄντα, καὶ γὰρ ὅτε ἠρξάμην αὐτοῖς |
| Aris. | 37 | 3 | κατ' ἀξίαν ἀργυρικὴν τιμὴν διορθούμενοι καὶ εἴ τι * κακῶς * ἐπράχθη διὰ τὰς τῶν ὄχλων ὁρμὰς διειληφότες |
| Aris. | 130 | 2 | καὶ τὰς ὁμιλίας οἷον ἐνεργάζονται πρᾶγμα διότι * κακοῖς * ὁμιλήσαντες διαστροφὰς ἐπιλαμβάνουσιν ἄνθρωποι |
| Aris. | 166 | 3 | δι' ἀκοῆς λαβόντες ταῦτα τῷ λόγῳ σωματοποιήσαντες * κακοῖς * ἑτέρους ἐνεκύλισαν ἀκαθαρσίαν οὐ τὴν τυχοῦσαν |
| Aris. | 197 | 4 | τοῦ θεοῦ πάντες ἄνθρωποι μετασχεῖν τῶν μεγίστων * κακῶν * ὡσαύτως δὲ καὶ ἀγαθῶν καὶ οὐκ ἔστιν ἄνθρωπον ὄντα |
| Aris. | 207 | 3 | ὁ δὲ (ἕτερος) ἀπεφήνατο καθὼς οὐ βούλει σεαυτῷ τὰ * κακὰ * παρεῖναι μέτοχος δὲ τῶν ἀγαθῶν ὑπάρχειν ἁπάντων εἰ |

450 κακός

| | | |
|---|---|---|
| Aris. | 210 5 | καl γινώσκει καl ούθὲν ἂν λάθοι ἄδικον ποιήσας ἢ * κακὸν * ἐργασάμενος ἄνθρωπος ὡς γὰρ θεὸς εὐεργετεῖ τὸν |
| Aris. | 243 3 | γίνεται; εἶπε δὲ συνιστορούσης τῆς διανοίας μηδὲν * κακὸν * πεπραχέναι θεοῦ κατευθύνοντος εἰς τὸ καλῶς ἅπαντα |
| Aris. | 260 3 | σοφίας καρπός; ὁ δὲ εἶπε τὸ μὴ συνιστορεῖν ἑαυτῷ * κακὸν * πεπραχότι τὸν δὲ βίον ἐν ἀληθείᾳ διεξάγειν. ἐκ |
| Aris. | 268 5 | καὶ ἀνέκφευκτα γινόμενα. τελευτήσασι μὲν γὰρ καὶ * κακῶν * ἀπολελυμένοις οὐχ ὑπογράφει λύπην ὁ λόγος ἀλλὰ ἐφ' |
| Aris. | 268 8 | λυποῦνται πάντες ἄνθρωποι. τὸ δ' ἐκφυγεῖν πᾶν * κακὸν * θεοῦ δυνάμει γίνεται. ὡς ἔδει δὲ φήσας αὐτὸν |
| Aris. | 272 4 | εἶπεν ἀρετή. καλῶν γὰρ ἔργων ἐστὶν ἐπιτέλεια τὸ δὲ * κακὸν * ἀποτρίβεται καθὼς σὺ διατηρεῖς τὴν πρὸς ἅπαντας |
| Aris. | 273 5 | εἰρηνικῶς ἔχοι; ὁ δὲ ἀπεφήνατο διαλαμβάνων ὅτι * κακὸν * οὐδὲν εἴργασται τῶν ὑποτεταγμένων οὐθενὶ πάντες δὲ |
| Aris. | 289 4 | πολλῷ δὲ μᾶλλον καί τινες τῶν ἰδιωτῶν καὶ * κακῶν * πεπειραμένοι καὶ πενίας μετεσχηκότες ἄρξαντες |
| Aris. | 292 3 | ψυχὴν ἀνθρώπου σῴζειν καθὼς καὶ σὺ μέγιστον * κακὸν * ἥγησαι τὴν ἀδικίαν δικαίως δὲ πάντα κυβερνῶν |
| Aris. | 292 6 | τοῦ θεοῦ σοι διδόντος ἔχειν ἁγνὴν καὶ ἀμιγῆ παντὸς * κακοῦ * τὴν διάνοιαν. καταλήξαντος δὲ τούτου κατερράγη |
| Aris. | 306 4 | δὲ ὅτι μαρτύριόν ἐστι τοῦ μηδὲν εἰργάσθαι * κακὸν * πᾶσα γὰρ ἐνέργεια διὰ τῶν χειρῶν γίνεται καλῶς καὶ |
| Sib. | 3 36 | οὐρανὸν ἔκτισε καὶ γῆν. αἶ γένος αἱμοχαρὲς δόλιον * κακὸν * ἀσεβέων τε ψευδῶν διγλώσσων ἀνθρώπων καὶ κακοηθῶν |
| Sib. | 3 39 | λεκτροκλόπων εἰδωλολατρῶν δόλια φρονεόντων οἷς * κακὸν * ἐν στέρνοισιν ἔνι μεμανημένος οἶστρος αὐτοῖς |
| Sib. | 3 156 | αὕτη πολέμοιο καταρχή). καὶ τότε Τιτάνεσσι θεὸς * κακὸν * ἐγγυάλιξεν. καὶ πᾶσαι γενεαὶ Τιτάνων ἠδὲ Κρόνοιο |
| Sib. | 3 188 | καὶ πάντα ταράξει πάντα δὲ συγκόψει καὶ πάντα * κακῶν * ἀναπλήσει αἰσχροβίῳ φιλοχρημοσύνῃ κακοκερδέι |
| Sib. | 3 197 | ἔνθετο λέξαι τί πρῶτον τί δ' ἔπειτα τί δ' ὑστάτιον * κακὸν * ἔσται πάντας ἐπ' ἀνθρώπους τίς δ' ἀρχὴ τούτων |
| Sib. | 3 199 | τίς δ' ἀρχὴ τούτων ἔσται; πρῶτον Τιτάνεσσι θεὸς * κακὸν * ἐγγυαλίξει υἱοῖς γὰρ κρατεροῖο δίκας τίσουσι |
| Sib. | 3 204 | ὑπερφίαλοι καὶ ἄναγνοι κλεψίγαμοι καὶ πάντα * κακοὶ * καὶ οὐκέτι θνητοῖς ἄμπαυσις πολέμοιο. Φρύγες δ' |
| Sib. | 3 206 | Φρύγες δ' ἔκπαγλοι ὀλοῦνται πάντες καὶ Τροίῃ * κακὸν * ἔσσεται ἤματι κείνῳ. αὐτίκα καὶ Πέρσῃσι καὶ |
| Sib. | 3 207 | ἤματι κείνῳ. αὐτίκα καὶ Πέρσῃσι καὶ Ἀσσυρίοις * κακὸν * ἥξει πάσῃ τ' Αἰγύπτῳ Λιβύῃ τ' ἠδ' Αἰθιόπεσσιν |
| Sib. | 3 209 | Λιβύῃ τ' ἠδ' Αἰθιόπεσσιν Καρσί τε Παμφύλοις τε * κακὸν * +μετακινηθῆναι+ καὶ πάντεσσι βροτοῖσι. τί δὴ καθ' |
| Sib. | 3 213 | καί τοι πρώτιστα βοήσω ἀνδράσιν εὐσεβέσιν ἥξει * κακὸν * οἳ περὶ ναὸν οἰκείουσι μέγαν Σολομώνιον οἵ τε |
| Sib. | 3 232 | ῥα πλάνας ἐδίδαξαν ἀεικελίους ἀνθρώπους ἐξ ὧν δὴ * κακὰ * πολλὰ βροτοῖς πέλεται κατὰ γαῖαν τοῦ πεπλανῆσθαι |
| Sib. | 3 235 | δικαιοσύνην τ' ἀρετήν τε κοὺ φιλοχρημοσύνην ἥτις * κακὰ * μυρία τίκτει θνητοῖς ἀνθρώποις πόλεμον καὶ λιμὸν |
| Sib. | 3 265 | τελέθοντό τε μέτρα θεοῖο. ἀλλ' ἄρα καὶ τούτοις * κακὸν * ἔσσεται οὐδὲ φύγονται λοιμόν. καὶ σὺ δὲ κάρτα |
| Sib. | 3 366 | δ' ὀλλυμένης οὐδεὶς λόγος. ἔκδικος ἔσται ἀλλὰ * κακαῖς * βουλῇσι καὶ ἡγεμόνων κακότητι --- εἰρήνη δὲ |
| Sib. | 3 380 | ἔριδες καὶ νείκεα λυγρὰ καὶ νυκτοκλοπίαι καὶ πᾶν * κακὸν * ἤμασι κείνοις. ἀλλὰ Μακηδονίῃ βαρὺ τέξεται Ἀσίδι |
| Sib. | 3 386 | ὁπόσην ἐπιδέρκεται ἠέλιος γῆν δεσπότις αὐδηθεῖσα * κακαῖς * ἄτῃσιν ὀλεῖται οὔνομ' ἐν ὀψιγόνοισι |
| Sib. | 3 391 | φλογόεις ἤγειρε γὰρ αὐτοῦ πρόσθε κεραυνὸς φῶτα * κακὸν * δ' Ἀσίῃ ζυγὸν ἕξει πᾶσα πολὺν δὲ χθὼν πίεται |
| Sib. | 3 410 | σκεδάσει καὶ τείχεα λύσει. σήματα δ' οὐκ ἀγαθοῖο * κακοῖο * δὲ φύσεται ἀρχή. παμφύλου πολέμοιο δαήμονας ἕξει |
| Sib. | 3 433 | ἀμοιβαῖα δέξεται ἔργα. καὶ Λυκίῃ Λοκροῖο γένος * κακὰ * πολλὰ φυτεύσει. Χαλκηδὼν στεινοῖο πόρον πόντοιο |
| Sib. | 3 486 | δὲ πολύστονος ἔσσεται οἶκτος. ἥξει καὶ Τενέδῳ * κακὸν * ἔσχατον ἀλλὰ μέγιστον. καὶ Σικυὼν χάλκειος |
| Sib. | 3 510 | Ἑλλάδ' ἐπεσσυμένως πορθέοντες +τότε σοι * κακὸν * ἔσται+ γαίῃ δ' ἀλλοτρίῃ δώσεις --- οὐδέ τι λήψῃ. |
| Sib. | 3 513 | πᾶσιν ἐφεξῆς ἅμα Μαγὼγ μαρσῶν ἠδ' ἀγγὼν ὅσα σοι * κακὰ * μοῖρα πελάζει+ (πολλὰ δὲ) καὶ Λυκίων υἱοῖς Μυσῶν τε |
| Sib. | 3 553 | ὑπερφίαλοι βασιλῆες Ἑλλήνων οἳ πρῶτα βροτοῖς * κακὰ * ἡγεμόνευσαν πολλὰ θεῶν εἴδωλα καταφθιμένων |
| Sib. | 3 613 | πεζῶν τε καὶ ἱππέων πάντα δὲ συγκόψει καὶ πάντα * κακῶν * ἀναπλήσει ῥίψει δ' Αἰγύπτου βασιλήιον ἐκ δέ τε |
| Sib. | 3 642 | τε καὶ ἀργύρου εἵνεκεν ἔσται ἡ φιλοχρημοσύνη * κακὰ * ποιμαίνουσα πόλεσσιν+. χώρῃ ἐν ἀλλοτρίῃ ἄταφοι δὲ |
| Sib. | 3 653 | θεὸς πέμψει βασιλῆα ὃς πᾶσαν γαῖαν παύσει πολέμοιο * κακοῖο * οὓς μὲν ἄρα κτείνας οἷς δ' ὅρκια πιστὰ τελέσσας. |
| Sib. | 3 661 | ἄρξονται βασιλῆες ἀλλήλοις +κοτέειν ἐπαμύνοντες * κακὰ * θυμῷ+ ὁ φθόνος οὐκ ἀγαθὸν πέλεται δειλοῖσι |
| Sib. | 3 708 | ἐν ἄστεσιν ἠδ' ἐνὶ χώραις. οὐ χεὶρ γὰρ πολέμοιο * κακοῦ * μάλα δ' ἔσσεται αὐτοῖς αὐτὸς ὑπέρμαχος ἀθάνατος |
| Sib. | 3 737 | ἀκίνητος γὰρ ἀμείνων πάρδαλιν ἐκ κοίτης μή τοι * κακὸν * ἀντιβολήσῃ ἀλλ' ἀπέχου μηδ' ἴσχ' ὑπερήφανον ἐν |
| Sib. | 4 39 | ἐκείνοις ὅσσ' αὐτοὶ ῥέξουσιν ἀτάσθαλα καὶ * κακὰ * ἔργα. δύσπιστον γὰρ ἅπαν μερόπων γένος. ἀλλ' ὅταν |
| Sib. | 4 67 | πολυόλβου. ἔσται δ' ὅσσα κεν ἄνδρες ἀπεύξωνται * κακὰ * ἔργα φυλόπιδές τε φόνοι τε διχοστασίαι τε φυγαί τε |
| Sib. | 4 89 | σκήπτροισι Μακηδόνες αὐχήσουσιν ἔσται καὶ Θήβῃσι * κακὴ * μετόπισθεν ἅλωσις Κᾶρες δ' οἰκήσουσι Τύρον Τύριοι |
| Sib. | 4 101 | σεισμοῖσιν ὀλισθαίνουσι πόληες. ἥξει καὶ Ῥοδίοις * κακὸν * ὕστατον ἀλλὰ μέγιστον. οὐδὲ Μακηδονίης ἔσται |
| Sib. | 4 115 | σοὶ δὲ μένει δούλειος ἀνάγκη ἥξει καὶ Σολύμοισι * κακὴ * πολέμοιο θύελλα Ἰταλόθεν νηὸν δὲ θεοῦ μέγαν |
| Sib. | 4 122 | ἄγος στυγεροῖο φόνοιο τλήσεται ἄλλα τε πολλὰ * κακῇ * σὺν χειρὶ πιθήσας. πολλοὶ δ' ἀμφὶ θρόνῳ Ῥώμης |
| Sib. | 4 155 | δὲ τόλμαις ζῶντες ὕβριν ῥέξωσιν ἀτάσθαλα καὶ * κακὰ * ἔργα εὐσεβέων δ' οὐδεὶς ποιῇ λόγον ἀλλὰ καὶ αὐτοὺς |
| Sib. | 4 172 | κακόφρονες ἀλλ' ἀσέβειαν στέργοντες τάδε πάντα * κακαῖς * δέξαισθε ἀκουαῖς πῦρ ἔσται κατὰ κόσμον ὅλον καὶ |
| Sib. | 5 52 | ὁ δὲ τρίτος ὀψὲ κρατήσει. τείρομαι ἡ τριτάλαινα * κακὴν * φάτιν ἐν φρεσὶ θέσθαι +Ἴσιδος ἡ γνωστὴ+ καὶ |
| Sib. | 5 55 | ναοῦ πολυκλαύστου μαινάδες ἀίξουσι καὶ ἐν παλάμῃσι * κακῇσιν * ἔσσεαι ἤματι τῷδε ὅταν ποτὲ Νεῖλος ὁδεύσῃ γαῖαν |
| Sib. | 5 75 | ὅτε πάγκακοι ἄνδρες ἔσονται. ἀλλὰ ταλαιπωροῦσι * κακοὶ * κακότητα μένοντες ὀργὴν ἀθανάτοιο βαρυκτύπου |
| Sib. | 5 126 | καὶ Φοινίκην πολύφυλον. αἰαῖ σοι Λυκίη ὅσα σοι * κακὰ * μηχανάαται πόντος ἀπ' αὐτομάτου ἐπιβὰς χώρης |
| Sib. | 5 128 | ἐπιβὰς χώρης ἀλεγεινῆς ὥστε κλύσαι σεισμῷ τε * κακῷ * καὶ νάμασι πικροῖς τὴν Λυκίης ἄμυρον καὶ τὴν |
| Sib. | 5 149 | καὶ οἷς κλέος ἐγκατέθηκεν φωλεύων μετὰ τῶνδε * κακῶν * εἰς ἔθνος ἀληθὲς ὃς ναὸν θεότευκτον ἔλεν καὶ |
| Sib. | 5 162 | ἅγιοι πιστοὶ καὶ λαὸς ἀληθής. ἔσσεαι ἐν θνητοῖσι * κακοῖς * κακὰ μοχθήσασα ἀλλὰ μενεῖς πανέρημος ὅλους αἰῶνας |
| Sib. | 5 162 | πιστοὶ καὶ λαὸς ἀληθής. ἔσσεαι ἐν θνητοῖσι κακοῖς * κακὰ * μοχθήσασα ἀλλὰ μενεῖς πανέρημος ὅλους αἰῶνας |
| Sib. | 5 167 | σοὶ καὶ παίδων μῖξις ἄθεσμος θηλυγενὴς ἄδικός τε * κακὴ * πόλι δύσμορε πασῶν. αἰαῖ πάντ' ἀκάθαρτε πόλι |
| Sib. | 5 184 | δικαίως αἰῶσιν σίγησον ὅπως παύσῃ κακότητος. ὕβρι * κακῶν * θησαυρὲ πόνων μαινὰς πολύθρηνε αἰνοπαθὴς πολύδακρυ |
| Sib. | 5 228 | ὃν ἔξοχον εἶχε Πρόνοια. ἄστατε καὶ κακόβουλε * κακὰς * περικείμενε κῆρας ἀρχὴ καὶ καμάτοιο καὶ ἀνθρώποις |
| Sib. | 5 231 | κτίσεως καὶ σῳζομένης πάλι Μοίραις ὕβρι * κακῶν * ἀρχηγὲ καὶ ἀνθρώποις μέγα πῆμα τίς σε βροτῶν |
| Sib. | 5 234 | σοί τις βασιλεὺς σεμνὸν βίον ὤλεσε ῥιφθείς. πάντα * κακῶς * διέθηκας ὅλον τε κακὸν κατέκλυσσας καὶ διὰ σοῦ |
| Sib. | 5 234 | βίον ὤλεσε ῥιφθείς. πάντα κακῶς διέθηκας ὅλον τε * κακὸν * κατέκλυσσας καὶ διὰ σοῦ κόσμοιο καλαὶ πτύχες |
| Sib. | 5 242 | καὶ ἤμερα πᾶσιν ἔτελλεν. τοῦδ' ἕνεκεν στενόβουλε * κακῶν * ἀρχηγὲ μεγίστων καὶ ῥαμφὴ καὶ πένθος ἐλεύσεται |
| Sib. | 5 255 | παλάμαις ἐχθραῖς διολοῦνται +ἀλλ' ἐπι+στήσει τε * κακῶν * αἰῶνι τρόπαια. εἷς δέ τις ἔσσεται αὖτις ἀπ' |
| Sib. | 5 271 | πλείονα καὶ χαρίεντα +καλὸν ἄρξουσι+ δίκαιοι οἱ δὲ * κακοὶ * στείλαντες ἐπ' αἰθέρα γλῶσσαν ἄθεσμον παύσονται |
| Sib. | 5 315 | χαλεπὸς καὶ φῦλον ἀναιδές. εἶθ' ὅτ' ἀναιάξουσι * κακὴν * χθόνα τεφρωθεῖσαν Λέσβος ὑπ' Ἠριδανοῦ αἰώνιον |
| Sib. | 5 341 | Γαλάται Πάμφυλοι σὺν Πισίδαισι πανδημεὶ κρατέουσι * κακὴν * ἔριν ὁπλισθέντες. Ἰταλίη τριτάλαινα μενεῖς |
| Sib. | 5 350 | δ' ἔσται κατὰ γαῖαν καὶ τυφλοὶ μέροπες θῆρές τε * κακοὶ * καὶ ὀιζύς. ἔσσεται ἦμαρ ἐκεῖνο χρόνον πολὺν ὥστε |
| Sib. | 5 376 | πνοιὴ πνεύσει κατὰ γαῖαν καὶ πεδίον πολέμοιο * κακοῦ * πλησθήσεται αὖτις. πῦρ γὰρ ἀπ' οὐρανίων δαπέδων |
| Sib. | 5 393 | δύσμορον ἐξεμίηναν ἐν σοὶ καὶ κτηνῶν εὗρον κοίτην * κακοὶ * ἄνδρες. σίγησον πανόδυρτε κακὴ πόλι κῶμον ἔχουσα |
| Sib. | 5 394 | εὗρον κοίτην κακοὶ ἄνδρες. σίγησον πανόδυρτε * κακὴ * πόλι κῶμον ἔχουσα οὐκέτι γὰρ +παρὰ σοῖο τὴν τῆς+ |
| Sib. | 5 457 | Φοινίκη δεινός σε μένει χόλος ἄχρι πεσεῖν σε πτῶμα * κακὸν * Σειρῆνες ὅπως κλαύσωνται ἀληθῶς. ἔσται δ' ἐν |
| Sib. | 5 472 | τ' οἰωνοί τε βροτοὺς κατέδουσιν ἅπαντας ὠκεανός τε * κακοῦ * πλησθήσεται ἐκ πολέμοιο αἱματόεις σάρκας τε καὶ |
| Sib. | 5 490 | Αἰγύπτου πόθον ἤγαγον εἴς σε ἅπαντες κλαύσονταί σε * κακῶς * θεὸν ἄφθιτον ἐν φρεσὶ θέντες γνώσονταί σε τὸ μηδὲν |
| Sib. | 5 509 | κατὰ γῆς δεινὸν χόλον αὐτοῖς ὥστ' ὀλέσαι πάντας τε * κακοὺς * πάντας τ' +ἀνόμους τε+. κοὐκέτι δὴ φειδώ τις ἔτ' |
| FIsa. | 1 3 7 | καὶ τὸν Βενιαμειν αὐτοὶ μισοῦσιν καὶ ὁ λόγος αὐτῶν * κακὸς * ἐπὶ τὸν Ἰούδαν καὶ τὸν Ἰσραήλ. καὶ αὐτὸς Ἡσαίας |
| FMan. | 2 22 14 | ἀνομίαις μου μηδὲ εἰς τὸν αἰῶνα μηνίσας τηρήσῃς τὰ * κακά * μοι μηδὲ καταδικάσῃς με ἐν τοῖς κατωτάτοις τῆς γῆς |
| FMan. | 2 23 3 | αὐτοῦ. καὶ παρελογίσατο Ἀμὼς λογισμὸν παραβάσεως * κακὸν * καὶ εἶπεν ὁ πατήρ μου ἐκ νεότητος πολλὰ |
| FAch. | 107 | ἐπιταγὴν βασιλέως μὴ ποιήσας ἐπ' ἐμαυτὸν θησαυρίζω * κακά. * ὁ δὲ βασιλεὺς εἶπεν τί σεαυτῷ σύνοιδας; ὁ δὲ εἶπεν |
| FAch. | 117 | ἐ<άλεσεν τὸν Αἴσωπον καὶ ἐλθόντος εἶπεν αὐτῷ * κακῶς * ἔπραξας θεᾶς ἱερασίου Βουβάστεώς ἐστιν εἴδωλον ὃ |
| FPho. | 11 | μὴ ῥίψῃς πενίην ἀδίκως μὴ κρῖνε πρόσωπον ἢν σὺ * κακῶς * δικάσῃς σέ θεὸς μετέπειτα δικάσσει. μαρτυρίην |
| FPho. | 44 | ἀεὶ δόλος ἐστί καὶ ἄργυρος ἀνθρώποισιν. χρυσὲ * κακῶν * ἀρχηγὲ βιοφθόρε πάντα χαλέπτων εἴθε σε μὴ θνητοῖσι |
| FPho. | 51 | ἴσθι τὰ δ' ἐκ ψυχῆς ἀγόρευε. ὅστις ἑκὼν ἀδικεῖ * κακὸς * ἀνὴρ ἢν δ' ὑπ' ἀνάγκης οὐκ ἐρέω τὸ τέλος. βουλὴ δ' |
| FPho. | 55 | δυνατός θ' ἅμα καὶ πολύολβος. μὴ δὲ παροιχομένοισι * κακοῖς * τρύχου τεὸν ἦπαρ οὐκέτι γὰρ δύναται τὸ τετυγμένον |
| FPho. | 66 | ζῆλος τῶν ἀγαθῶν ἐσθλὸς φαύλων δ' ὑπέρογκος. τόλμα * κακῶν * ὀλοὴ μέγ' ὀφέλλει δ' ἐσθλὰ πονεῦντα. σεμνὸς ἔρως |
| FPho. | 118 | ἐστι βροτῶν θάνατος τὸ δὲ μέλλον ἄδηλον.) μήτε * κακοῖσ' * ἄχθου μήτ' οὖν ἐπαγάλλεο χάρμηι πολλάκις ἐν |
| FPho. | 120 | καὶ θαρσαλέοισιν ἄπιστον πῆμα καὶ ἀχθομένοισι * κακοῦ * λύσις ἤλυθεν ἄφνω. καιρῶι λατρεύειν μὴ δ' |
| FPho. | 134 | ἀποτρωπᾶσθαι ἀνάγκηι. πολλάκι συνθνήισκουσι * κακοῖσ' * οἱ συμπαρέοντες. φωρῶν μὴ δέξῃ κλοπίμην ἄδικον |
| FPho. | 143 | ἀντ' ἐχθροῦ τεύχειν φίλον εὐμενέοντα. ἀρχόμενον τὸ * κακὸν * κόπτειν ἕλκος τ' ἀκέσασθαι. ⟨ἐξ ὀλίγου σπινθῆρος |
| FPho. | 146 | ἦτορ ἔχειν καὶ λωβητῶν δ' ἀπέχεσθαι. φεῦγε * κακὴν * φήμην φεῦγ' ἀνθρώπους ἀθεμίστους.) μὴ δέ τι |
| FPho. | 152 | φεῦγε διχοστασίην καὶ ἔριν πολέμου προσιόντος. μὴ * κακὸν * εὖ ἔρξῃς σπείρειν ἴσον ἔστ' ἐνὶ πόντωι. ἐργάζευ |
| FPho. | 199 | τις ἀμνήστευτα βίηι κούρῃσι μιγείη. μὴ δὲ γυναῖκα * κακὴν * πολυχρήματον οἴκαδ' ἄγεσθαι λατρεύσεις ἀλόχωι |
| FPho. | 204 | δ' οὐκ ἀγαθὴν ἐριδαίνομεν ἀφρονέοντες. οὐ δὲ γυνὴ * κακὸν * ἄνδρ' ἀπαναίνεται ἀφνεὸν ὄντα. μηδὲ γάμωι γάμον |
| ISop. | 5 113 2 | ἢ ἐλεφαντίνων τύπους θυσίας τε τούτοις καὶ * κακὰς * πανηγύρεις στέφοντες οὕτως εὐσεβεῖν νομίζομεν. |
| IOrp. | 14 | περὶ γὰρ νέφος ἐστήρικται οὗτος δ' ἐξ ἀγαθοῖο * κακὸν * θνητοῖσι δίδωσι ἀνθρώποις αὐτῷ δὲ χάρις καὶ μῖσος |
| IDip. | 5 121 2 | δίδωσιν. εἴ τις δὲ θνητῶν οἴεται τὸ ὑφ' ἡμέραν * κακόν * τι πράσσων τοὺς θεοὺς λεληθέναι δοκεῖ πονηρὰ καὶ |
| IDip. | 5 121 3 | ἔστι⟨ν⟩ γὰρ ἔστιν εἰ δέ τις πράττει καλῶς * κακὸς * πεφυκὼς τὸν χρόνον κερδαινέτω χρόνῳ γὰρ οὗτος |
| HHec. | 1 22 191 | αὐτῶν καὶ τὴν πολιτείαν γεγραμμένην. τοιγαροῦν καὶ * κακῶς * ἀκούοντες ὑπὸ τῶν ἀστυγειτόνων καὶ τῶν |
| LThe. | 9 22 9 | οἰκήτορας οὐ γὰρ ἔτιον εἰς αὐτοὺς ὅστις κε μόλῃ * κακὸς * οὐδὲ μὲν ἐσθλὸς οὐδὲ δίκας ἐδίκαζον ἀνὰ πτόλιν |
| LEze. | 9 28 2 04 | δέκα ψυχὰς σὺν αὐτῷ καὶ ἐπεγέννησεν πολὺν λαὸν * κακῶς * πράσσοντα καὶ τεθλιμμένον ἐς ἄχρι τούτων τῶν |
| LEze. | 9 28 2 06 | τεθλιμμένον ἐς ἄχρι τούτων τῶν χρόνων κακούμενον * κακῶν * ὑπ' ἀνδρῶν καὶ δυναστείας χερός. ἰδὼν γὰρ ἡμῶν |
| LEze. | 9 29 12 01 | ἔστα. δ' ὥσπερ ἦν. ἐν τῇδε ῥάβδῳ πάντα ποιήσεις * κακὰ * πρῶτον μὲν αἷμα ποτάμιον ῥυήσεται πηγαί τε πᾶσαι |

LEze. 9 29 12 17 ἀποκτενῶ βροτῶν πρωτόγονα. παύσω δ' ὕβριν ἀνθρώπων * κακῶν. * Φαραὼ δὲ βασιλεὺς πείσετ' οὐδὲν ὧν λέγω πλὴν
LEze. 9 29 13 16 τηρήσετε ἔφθ' ἡμέρας ἄζυμα καὶ οὐ βρωθήσεται ζύμη. * κακῶν * γὰρ τῶνδ' ἀπαλλαγήσεται καὶ τοῦδε μηνὸς ἔξοδον
LEze. 9 29 14 33 ἡγεμὼν Μωσῆς λαβὼν ῥάβδον θεοῦ τῇ δὴ πρὶν Αἰγύπτῳ * κακὰ * σημεῖα καὶ τεράατ' ἐξεμήσατο ἔτυψ' Ἐρυθρᾶς νῶτα
LEze. 64 29 6 01 βῆμα βαστάζων ποδός. ὦ πᾶσιν ἀρχὴ καὶ πέρας * κακῶν * ὄφις σύ τ' ὦ βαρὺν τίκτουσα θησαυρὸν κακῶν πλάνη
LEze. 64 29 6 02 πέρας κακῶν ὄφις σύ τ' ὦ βαρὺν τίκτουσα θησαυρὸν * κακῶν * πλάνη τυφλοῦ ποδηγὲ ἀγνοίας βίου χαίρουσα θρήνοις

κακόσχολος 1
Aris. 24 8 τὸ προκείμενον κεφάλαιον ἀπολύειν καὶ μηδένα * κακοσχόλως * περὶ τούτων μηδὲν οἰκονομεῖν τὰς δ' ἀπογραφὰς

κακότεχνος 2
Sedr. 7 9 θέλεις κακὸν ἀντὶ κακοῦ; ἐγὼ οἶδα ὅτι ἄλογόν ἐστιν * κακότεχνον * ἡμίονος εἰς τὰ τετράποδα ἄλλον οὐκ ἔστιν ἀλλὰ
Sib. 5 94 ὥστε χάλαζα καὶ σὴν γαῖαν ὀλεῖ καὶ ἀνθρώπους * κακοτέχνους * αἵματι καὶ νεκύεσσι +παρ' ἐκπάγλοισί τε

κακότης 13
Sib. 3 34 τὸν ἐόντα θεὸν ὃς πάντα φυλάσσει τερπόμενοι * κακότητι * λίθων κρίσιν ἐκλαθέοντες ἀθανάτου σωτῆρος ὃς
Sib. 3 62 ἀτὰρ τὰ ἕκαστ' ἀγορεύσω ὅσσαις ἐν πόλεσιν μέροπες * κακότητα * φέρουσιν. ἐκ δὲ Σεβαστηνῶν ἥξει Βελίαρ
Sib. 3 366 ἔκδικος ἔσται ἀλλὰ κακαῖς βουλῇσι καὶ ἡγεμόνων * κακότητι * --- εἰρήνη δὲ γαληνὸς ἐς Ἀσίδα γαῖαν ὁδεύσει
Sib. 5 17 μετὰ Μέμφις Μέμφις πρηνιχθεῖσα δι' ἡγεμόνων * κακότητα * ἠδὲ γυναικὸς ἀδουλώτου ἐπὶ κῦμα πεσούσης. καὶ
Sib. 5 75 πάγκακοι ἄνδρες ἔσονται. ἀλλὰ ταλαιπωροῦσι κακοὶ * κακότητα * μένοντες ὀργὴν ἀθανάτοιο βαρυκτύπου οὐρανίωνος
Sib. 5 183 δίπολις κληθεῖσα δικαίως αἰῶσιν σίγησον ὅπως παύσῃ * κακότητος. * ὕβρι κακῶν θησαυρὲ πόνων μαινὰς πολύθρηνε
Sib. 5 202 κελαδῶν πληρούμενος αἵματι πολλῷ καὐτοὶ γὰρ * κακότητα * θεοῦ τέκνοις ἐποίησαν ἡνίκα Σιδονίοις βασιλεὺς
Sib. 5 312 ἐν νάμασι +κυμήοισιν+ καὶ τότ' ἀναιάξουσιν ὁμοῦ * κακότητα * μένοντες. εἰδήσει σημεῖον ἔχων ἀνθ' ὧν ἐμόγησεν
Sib. 5 385 εἰρήνην δ' ἕξει λαὸς σοφὸς ὅσπερ ἐλείφθη πειραθεὶς * κακότητος * ἵν' ὕστερον εὐφρανθείη. μητρολέται παύσασθε
Sib. 5 479 ἵν' ἐφ' ὕδασι βαπτισθείη πολλῶν γὰρ μερόπων εἶδεν * κακότητας * ἀνάγνους. ἔσται δὲ σκοτόμαινα περὶ μέγαν
Sib. 5 506 μέλλωσ' +Αἴγυπτον ἐὴν τε+ ἀροῦσθαι ἄρξονται * κακότητος * ἵν' ὕστερα πάντα γένηται. νηὸν γὰρ καθελοῦσι
FPho. 42 ἔχει πέδον ἀνθρώποισιν. ἡ φιλοχρημοσύνη μήτηρ * κακότητος * ἁπάσης. χρυσὸς ἀεὶ δόλος ἐστὶ καὶ ἄργυρος
FPho. 77 ἀσκεῖν αἰσχρῶν δ' ἔργων ἀπέχεσθαι. μὴ μιμοῦ * κακότητα * Δίκῃ δ' ἀπόλειψον ἄμυναν. Πειθὼ μὲν γὰρ ὄνειαρ

κακουργέω 1
Aris. 271 3 πρὸς τοῦτ' ἔφη μέριμνα καὶ φροντὶς ὡς οὐδὲν * κακουργηθήσεται * διὰ τῶν ἀποτεταγμένων εἰς τοὺς ὄχλους

κακουργία 1
TIss. 6 1 ἀπληστίᾳ καὶ ἀφέντες τὴν ἀκακίαν προσπελάσουσι τῇ * κακουργίᾳ * καὶ καταλιπόντες τὰς ἐντολὰς κυρίου

κακοῦργος 2
Sib. 5 386 εὐφρανθείη. μητρολέται παύσασθε θράσους τόλμης τε * κακούργου * οἳ τὸ πάλαι παίδων κοίτην ἐπορίζετ' ἀνάγνως
Sib. 5 419 ἐν πυρὶ πολλῷ καὶ δήμους ἔφλεξε βροτῶν τῶν πρόσθε * κακούργων * καὶ πόλιν ἣν ἐπόθησε θεὸς ταύτην ἐποίησεν

κακοφρονέω 1
Abr.1 14 11 τὸ ἔλεος ὑπὲρ τῶν ψυχῶν τῶν ἁμαρτωλῶν οὓς ἐγώ ποτε * κακοφρονήσας * ἀπώλεσα οὓς ποτε κατέπιεν ἡ γῆ καὶ οὓς

κακόφρων 1
Sib. 4 171 ἐνὶ φρεσὶν ἀσκήσητε. εἰ δ' οὐ μοι πείθοισθε * κακόφρονες * ἀλλ' ἀσέβειαν στέργοντες τάδε πάντα κακαῖς

κακόω 5
TSim. 3 4 φθονῶν μαραίνεται. δύο ἔτη ἡμερῶν ἐν φόβῳ κυρίου * ἐκάκωσα * ἐν νηστείᾳ τὴν ψυχήν μου καὶ ἔγνων ὅτι ἡ λύσις
TSim. 4 1 ἐμοῦ ὅτι ἑώρα με σκυθρωπὸν καὶ ἔλεγον τὰ ἥπατά μου * κακοῦμαι * ἐγώ. ἐπένθουν γὰρ παρὰ πάντας ὅτι ἐγὼ ἤμην
TZab. 9 6 καὶ αἰχμαλωτεύσουσιν ὑμᾶς οἱ ἐχθροὶ ὑμῶν καὶ * κακωθήσεσθε * ἐν τοῖς ἔθνεσιν ἐν πάσαις ἀσθενείαις καὶ
LEze. 9 28 2 05 καὶ τεθλιμμένον ἐς ἄχρι τούτων τῶν χρόνων * κακούμενον * κακῶν ὑπ' ἀνδρῶν καὶ δυναστείας χερός. ἰδὼν
LEze. 9 29 12 08 κυνόμυια δ' ἥξει καὶ βροτοὺς Αἰγυπτίων πολλοὺς * κακώσει. * μετὰ δὲ ταῦτ' ἔσται πάλιν λοιμὸς θανοῦνται δ'

κάκωσις 6
TNep. 4 2 καὶ δουλεύσετε ἐκεῖ τοῖς ἐχθροῖς ὑμῶν καὶ πάσῃ * κακώσει * καὶ θλίψει συγκαλυφθήσεσθε ἕως ἂν ἀναλώσῃ κύριος
TGad 8 2 τὰ τέκνα ὑμῶν ἀπ' αὐτῶν καὶ ἐν πάσῃ πονηρίᾳ καὶ * κακώσει * καὶ διαφθορᾷ ἔσονται ἐνώπιον κυρίου. καὶ ὀλίγον
Jer. 7 23 οὐκ ἔασέν σε εἰσελθεῖν ἐνταῦθα ὅπως μὴ ἴδῃς τὴν * κάκωσιν * τὴν γενομένην τῷ λαῷ ὑπὸ τῶν Βαβυλωνίων. ὥσπερ
Jer. 7 24 οὐκ ἔασέν σε ἐλθεῖν εἰς Βαβυλῶνα ἵνα μὴ ἴδῃς τὴν * κάκωσιν * τοῦ λαοῦ. ἀφ' ἧς γὰρ εἰσήλθομεν ἐνταῦθα οὐκ
Jer. 7 31 αὐτὴν καὶ ἔκλαυσε ἀκούσας διὰ τὰς λύπας καὶ τὰς * κακώσεις * τοῦ λαοῦ. Ἱερεμίας δὲ ἄρας τὰ σῦκα διέδωκε
LEze. 9 29 8 13 δωρημάτων πάρειμι σῶσαι λαὸν Ἑβραίων ἐμὸν ἰδὼν * κάκωσιν * καὶ πόνον δούλων ἐμῶν. ἀλλ' ἕρπε καὶ σήμαινε

κάλαμος 11
Adam 29 6 ἄγγελοι ἔλαβεν τέσσαρα γένη κρόκον καὶ νάρδον καὶ * κάλαμον * καὶ κινάμωμον καὶ ἕτερα σπέρματα εἰς διατροφὴν
Abr.1 12 8 δύο ἄγγελοι κρατοῦντες χάρτην καὶ μέλαν καὶ * κάλαμον * πρὸ προσώπου δὲ τῆς τραπέζης ἐκάθητο ἄγγελος
Abr.2 10 10 μάρτυρες. καὶ εἶχεν ὁ ἀνὴρ ἐν τῇ χειρὶ αὐτοῦ * κάλαμον * χρυσοῦν καὶ λέγει αὐτῷ ὁ κριτὴς σύστησον τὴν
TNep. 2 8 εἰς φρόνησιν κοιλίαν εἰς διάκρισιν στομάχου * κάλαμον * πρὸς ὑγίειαν ἧπαρ πρὸς θυμὸν χολὴν πρὸς πικρίαν
Asen. 24 19 εἰς τὸν χείμαρρον καὶ κρυβησόμεθα εἰς τὴν ὕλην τοῦ * καλάμου. * καὶ σὺ λαβὲ μετά σου πεντήκοντα ἄνδρας τοξότας
Asen. 24 20 εἰς τὸν χείμαρρον καὶ ἀπεκρύβησαν ἐν τῇ ὕλῃ τοῦ * καλάμου. * ⟨καὶ⟩ γεγόνασιν εἰς τέσσαρας ἀρχάς. καὶ
Asen. 24 20 οἱ λοιποὶ καὶ ἐκάθισαν καὶ αὐτοὶ ἐν τῇ ὕλῃ τοῦ * καλάμου * ἔνθεν κἀκεῖθεν τῆς ὁδοῦ ἀνὰ πεντακόσιοι ἄνδρες.
Asen. 27 8 καὶ τὸν Βενιαμὶν καὶ φύγωμεν εἰς τὴν ὕλην τοῦ * καλάμου * τούτου. καὶ ἦλθον ἐπὶ Ἀσενὲθ ἐσπασμένας ἔχοντες
Asen. 28 7 πάντα ἄνθρωπον. πορεύθητε δὲ εἰς τὴν ὕλην τοῦ * καλάμου * τούτου ἕως ἐξιλεώσομαι αὐτοὺς περὶ ὑμῶν καὶ
Asen. 28 8 ἐμοῦ καὶ ὑμῶν. καὶ ἔφυγον εἰς τὴν ὕλην τοῦ * καλάμου * Δὰν καὶ Γὰδ καὶ οἱ ἀδελφοὶ αὐτῶν. καὶ ἰδού οἱ
Asen. 28 16 αὐτούς. καὶ αὐτοὶ ἦσαν ἐγγὺς ἐν τῇ ὕλῃ τοῦ * καλάμου. * καὶ ἔγνω Λευὶς ὁ ἀδελφὸς αὐτῶν καὶ οὐκ

καλέω 121
Adam 1 3 Εὔα καὶ ἐγέννησε δύο υἱοὺς τὸν Διάφωτον τὸν * καλούμενον * Κάϊν καὶ τὸν Ἀμιλαβὲς τὸν καλούμενον Ἄβελ.
Adam 1 3 Διάφωτον τὸν καλούμενον Κάϊν καὶ τὸν Ἀμιλαβὲς τὸν * καλούμενον * Ἄβελ. καὶ μετὰ ταῦτα ἐγένοντο μετ' ἀλλήλων
Adam 8 1 τῷ παραδείσῳ ὁ δεσπότης ἔθηκε τὸν θρόνον αὐτοῦ καὶ * ἐκάλησε * φωνῇ φοβερᾷ λέγων Ἀδὰμ ποῦ εἶ καὶ ἵνα τί κρύβῃ
Adam 14 3 παντὸς τοῦ γένους ἡμῶν. λέγει Ἀδὰμ τῇ Εὔᾳ * κάλεσον * πάντα τὰ τέκνα ἡμῶν καὶ τὰ τέκνα τῶν τέκνων ἡμῶν
Adam 22 1 Μιχαὴλ σαλπίζοντος ἐν τῇ σάλπιγγι αὐτοῦ καὶ * καλοῦντος * τοὺς ἀγγέλους καὶ λέγοντος τάδε λέγει κύριος
Adam 23 1 τοῦ θεοῦ ἐστηρίζετο ὅπου ἦν τὸ ξύλον τῆς ζωῆς. καὶ * ἐκάλεσεν * ὁ θεὸς τὸν Ἀδὰμ λέγων Ἀδὰμ ποῦ ἐκρύβης;
Adam 41 1 εἰς τὸν τόπον εἰς ὃν ὤρυξαν καὶ ᾠκοδόμησαν αὐτοί. * ἐκάλεσεν * δὲ ὁ θεὸς τὸν Ἀδὰμ καὶ εἶπεν Ἀδὰμ Ἀδάμ.
Hen. 6B 6 Ἰάρεδ εἰς τὴν κορυφὴν τοῦ Ἑρμονιειμ ὄρους καὶ * ἐκάλεσαν * τὸ ὄρος Ἑρμὼμ καθότι ὤμοσαν καὶ ἀνεθεμάτισαν
Hen. 12 3 καὶ ἰδοὺ οἱ ἐγρήγοροι τοῦ ἁγίου τοῦ μεγάλου * ἐκάλουν * με Ἐνὼχ ὁ γραμματεὺς τῆς δικαιοσύνης πορεύου
Hen. 14 8 ἐφ' ὁράσει οὕτως ἐδείχθη ἰδοὺ νεφέλαι ἐν τῇ ὁράσει * ἐκάλουν * καὶ ὁμίχλαι με ἐφώνουν καὶ διαδρομαὶ τῶν ἀστέρων
Hen. 14 24 καὶ τρέμων καὶ ὁ κύριος τῷ στόματι αὐτοῦ * ἐκάλεσέν * με καὶ εἶπέν μοι πρόσελθε ὧδε Ἐνὼχ καὶ τὸν
Hen. 15 9 κτίσεως αὐτῶν καὶ ἀρχὴ θεμελίου πνεύματα πονηρὰ * κληθήσεται. * πνεύματα οὐρανοῦ ἐν τῷ οὐρανῷ ἡ κατοίκησις
Hen. 15B 8 πνευμάτων καὶ σαρκὸς πνεύματα πονηρὰ ἐπὶ τῆς γῆς * καλέσουσιν * αὐτοὺς ὅτι ἡ κατοίκησις αὐτῶν ἔσται ἐπὶ τῆς
Hen. 31 1 ἄλση δένδρων καὶ ἐκπορευόμενον ἐξ αὐτῶν νέκταρ τὸ * καλούμενον * σαρρὰν καὶ χαλβάνη. καὶ ἐπέκεινα τῶν ὀρέων
Hen. 106 1 Μαθουσάλεκ τῷ υἱῷ μου γυναῖκα καὶ ἔτεκεν υἱὸν καὶ * ἐκάλεσεν * τὸ ὄνομα αὐτοῦ Λάμεχ. ἐταπεινώθη ἡ δικαιοσύνη
Hen. 106 18 Λάμεχ ὅτι τέκνον σού ἐστιν δικαίως καὶ ὁσίως ⟨καὶ⟩ * κάλεσον * αὐτοῦ τὸ ὄνομα ⟨Νῶε⟩ αὐτὸς γὰρ ἔσται ὑμῶν
Hen. 107 3 ἐδήλωσεν αὐτῷ ⟨ἐπέστρεψεν καὶ ἐδήλωσεν αὐτῷ.⟩ καὶ * ἐκλήθη * τὸ ὄνομα αὐτοῦ Νῶε εὐφραίνων τὴν γῆν ἀπὸ τῆς
Abr.1 16 1 τί ῥῆμα καὶ γενήσεται. τότε ὁ ὕψιστος εἶπεν * κάλεσόν * μοι ὧδε τὸν θάνατον τὸν κεκλημένον τὸ
Abr.1 16 1 ὁ ὕψιστος εἶπεν κάλεσόν μοι ὧδε τὸν θάνατον τὸν * κεκλημένον * τὸ ἀναίσχυντον πρόσωπον καὶ ἀνέλεον βλέμμα.
Abr.1 16 2 βλέμμα. καὶ ἀπελθὼν Μιχαὴλ εἶπεν τὸν θάνατον δεῦρο * καλεῖ * σε ὁ δεσπότης τῆς κτίσεως ὁ ἀθάνατος βασιλεύς.
Abr.2 2 8 αὐτῷ οἱ γονεῖς μου ὠνόμασάν με Ἀβρὰμ καὶ ὁ κύριος * ἐκάλεσέν * με λέγων ἀνάστηθι καὶ πορεύου ἐκ τοῦ οἴκου τοῦ
Abr.2 2 9 μοι κύριος καὶ ἤλλαξεν τὸ ὄνομά μου λέγων οὐκέτι * κληθήσει * Ἀβρὰμ ἀλλ' ἔσται τὸ ὄνομά σου Ἀβραάμ.
Abr.2 2 12 ὅπως εὐφρανθῶσιν. καὶ ἀναστάντων καὶ πορευομένων * ἐκάλεσεν * Ἀβραὰμ Δαμασκὸν Ἐλεέζερ τὸν υἱὸν ἕνα τῶν
Abr.2 3 6 καὶ ἤνεγκαν οἱ παῖδες καθὼς παρήγγειλεν Ἀβραὰμ * ἐκάλεσεν * δὲ τὸν υἱὸν αὐτοῦ Ἰσαὰκ λέγων αὐτῷ ἀγαπητέ μου
Abr.2 7 6 ἀνὴρ παμμεγέθης λίαν λάμπων ἐκ τοῦ οὐρανοῦ ὡς φῶς * καλούμενος * πατὴρ τοῦ φωτὸς καὶ ἔλαβεν τὸν ἥλιον ἐκ τῆς
Abr.2 10 9 ὁ εἷς ὑψηλότερος τοῦ ἑτέρου στεφάνου οὗτοι δέ οἱ * καλούμενοι * μάρτυρες. καὶ εἶχεν ὁ ἀνὴρ ἐν τῇ χειρὶ αὐτοῦ
TSim. 2 2 τοῦ πατρός μου υἱὸς δεύτερος καὶ Λεία ἡ μήτηρ μου * ἐκάλεσέ * με Συμεῶνα ὅτι ἤκουσε κύριος τῆς δεήσεως αὐτῆς.
TLevi 1 2 αὐτοῖς ἕως ἡμέρας κρίσεως. ὑγιαίνων ἦν ὅτε * ἐκάλεσεν * αὐτοὺς πρὸς ἑαυτὸν ὤφθη γὰρ αὐτῷ ὅτι μέλλει
TLevi 9 6 καὶ ἤλθομεν εἰς Χεβρὼν τοῦ καταλῦσαι καὶ Ἰσαὰκ * ἐκάλει * με συνεχῶς τοῦ ὑπομνῆσαί με νόμον κυρίου καθὼς
TLevi 10 5 ὁ γὰρ οἶκος ὃν ἂν ἐκλέξηται κύριος Ἰερουσαλὴμ * κληθήσεται * καθὼς περιέχει βίβλος Ἐνὼχ τοῦ δικαίου. ὅτε
TLevi 11 2 εἰκοσιοκτὼ ᾗ ὄνομα Μελχά. καὶ συλλαβοῦσα ἔτεκε καὶ * ἐκάλεσε * τὸ ὄνομα αὐτοῦ Γηρσὰμ ὅτι ἐν τῇ γῇ ἡμῶν πάροικοι
TLevi 11 6 ἐν ὑψηλοῖς ἵστατο πάσης τῆς συναγωγῆς διὰ τοῦτο * ἐκάλεσα * τὸ ὄνομα αὐτοῦ Καὰθ ὅ ἐστιν ἀρχὴ μεγαλείου καὶ
TLevi 11 7 ζωῆς μου. καὶ ἐπειδὴ ἐδυστόκησεν ἡ μήτηρ αὐτοῦ * ἐκάλεσεν * αὐτὸν Μεραρὶ ὅ ἐστι πικρία μου ὅτι καίγε αὐτὸς
TLevi 18 2B017 καὶ τὸ σπέρμα τοῦ ἁγιασμοῦ σου ἐστὶν ἱερεὺς ἅγιος * κληθήσεται * τῷ σπέρματι Ἀβραάμ. ἐγγὺς εἶ κυρίου καὶ σὺ
TLevi 18 2B063 ἐν γαστρὶ λαβοῦσα ἐξ ἐμοῦ ἔτεκεν υἱὸν πρῶτον καὶ * ἐκάλεσα * τὸ ὄνομα αὐτοῦ Γηρσὰμ εἶπα γὰρ ὅτι πάροικον
TLevi 18 2B066 κατὰ τὸν καιρὸν τὸν καθήκοντα τῶν γυναικῶν καὶ * ἐκάλεσα * τὸ ὄνομα αὐτοῦ Καάθ. καὶ ὅτε ἐγεννήθη ἑώρακα ὅτι
TLevi 18 2B069 ἐν γαστρὶ ἔλαβεν καὶ ἔτεκέν μοι υἱὸν τρίτον καὶ * ἐκάλεσα * τὸ ὄνομα αὐτοῦ Μεραρὶ ἐλυπήθην γὰρ περὶ αὐτοῦ
TJud. 12 6 πέμψασα δὲ ἐν κρυπτῷ τοὺς ἀρραβῶνας κατῄσχυνέ με. * καλέσας * δὲ αὐτὴν ἤκουσα καὶ τοὺς ἐν μυστηρίῳ λόγους οὓς
TIss. 1 1 Ισαχαρ. περι απλοτητος. ἀντίγραφον λόγων Ἰσαχάρ. * καλέσας * τοὺς υἱοὺς αὐτοῦ εἶπεν αὐτοῖς ἀκούσατε τέκνα
TIss. 1 15 Λείαν καὶ συλλαβοῦσά με ἔτεκε καὶ διὰ τὸν μισθὸν * ἐκλήθην * Ἰσαχάρ. τότε ὤφθη τῷ Ἰακὼβ ἄγγελος κυρίου
TDan 1 2 αὐτοῦ ἑκατοστῷ εἰκοστῷ πέμπτῳ ἔτει τῆς ζωῆς αὐτοῦ. * καλέσας * τὴν πατριὰν αὐτοῦ εἶπεν ἀκούσατε υἱοὶ Δὰν λόγων
TNep. 1 6 Ἰακὼβ καὶ ἐπὶ τῶν μηρῶν Ῥαχὴλ ἔτεκέ με διὰ τοῦτο * ἐκλήθην * Νεφθαλίμ. καὶ ἠγάπησέ με Ῥαχὴλ ὅτι ἐπὶ τῶν

452 καλέω

TNep. 1 11 αὐτοῦ εἰς γυναῖκα ἥτις ἔτεκε θυγατέρα καὶ * ἐκάλεσεν * τὸ ὄνομα αὐτῆς Ζέλφαν ἐπ' ὀνόματι τῆς κώμης ἐν
TJos. 1 1 διαθήκης Ἰωσήφ. ἐν τῷ μέλλειν αὐτὸν ἀποθνήσκειν * καλέσας * τοὺς υἱοὺς αὐτοῦ καὶ τοὺς ἀδελφοὺς αὐτοῦ εἶπεν
TJos. 16 2 τοῖς Ἰσμαηλίταις αἰτοῦσά με εἰς διάπρασιν. * καλέσας * οὖν ὁ ἀρχιμάγειρος τοὺς Ἰσμαηλίτας ᾔτειτό με
TBen. 1 6 καὶ ηὔχετο δύο υἱοὺς ἰδεῖν ἀπ' αὐτῆς. διὰ τοῦτο * ἐκλήθην * υἱὸς ἡμερῶν ὅ ἐστι Βενιαμίν. ὅτε οὖν εἰσῆλθον
TBen. 11 1 συναχθήσεται πᾶς Ἰσραὴλ πρὸς κύριον. καὶ οὐκέτι * κληθήσομαι * λύκος ἅρπαξ διὰ τὰς ἁρπαγὰς ὑμῶν ἀλλ' ἐργάτης
Asen. 3 4 ὁ κύριός μου Ἰωσὴφ ἔρχεσθαι πρὸς ἡμᾶς. καὶ * ἐκάλεσε * Πεντεφρῆς τὸν ἐπάνω τῆς οἰκίας αὐτοῦ καὶ εἶπεν
Asen. 8 9 ὁ δυνατὸς τοῦ Ἰακὼβ ὁ ζωοποιήσας τὰ πάντα καὶ * καλέσας * ἀπὸ τοῦ σκότους εἰς τὸ φῶς καὶ ἀπὸ τῆς πλάνης
Asen. 14 4 ἐκ τοῦ οὐρανοῦ καὶ ἔστη ὑπὲρ κεφαλῆς Ἀσενέθ. καὶ * ἐκάλεσεν * αὐτὴν καὶ εἶπεν Ἀσενὲθ Ἀσενέθ. καὶ εἶπεν τίς
Asen. 14 5 καὶ εἶπεν Ἀσενὲθ Ἀσενέθ. καὶ εἶπεν τίς ἐστιν ὁ * καλῶν * με διότι ἡ θύρα τοῦ θαλάμου μου κέκλεισται καὶ ὁ
Asen. 14 6 ἐστι καὶ πῶς ἄρα εἰσῆλθεν εἰς τὸν θάλαμόν μου; καὶ * ἐκάλεσεν * αὐτὴν ὁ ἄνθρωπος ἐκ δευτέρου καὶ εἶπεν Ἀσενὲθ
Asen. 15 7 εἰς τὸν αἰῶνα χρόνον. καὶ τὸ ὄνομά σου οὐκέτι * κληθήσεται * Ἀσενὲθ ἀλλ' ἔσται τὸ ὄνομά σου πόλις
Asen. 16 13 ἐμειδίασεν ὁ ἄνθρωπος ἐπὶ τῇ συνέσει Ἀσενὲθ καὶ * ἐκάλεσεν * αὐτὴν πρὸς ἑαυτὸν καὶ ἐξέτεινε τὴν χεῖρα αὐτοῦ
Asen. 17 4 ἐμοὶ ἐν μιᾷ νυκτὶ κἀγὼ ἀγαπῶ αὐτὰς ὡς ἀδελφάς μου. * καλέσω * δὴ αὐτὰς καὶ εὐλογήσεις αὐτὰς ὡς κἀμὲ εὐλόγησας
Asen. 17 5 αὐτὰς ὡς κἀμὲ εὐλόγησας καὶ εἶπεν ὁ ἄνθρωπος * κάλεσον * αὐτάς. καὶ ἐκάλεσεν Ἀσενὲθ τὰς ἑπτὰ παρθένους
Asen. 17 6 εὐλόγησας καὶ εἶπεν ὁ ἄνθρωπος κάλεσον αὐτάς. καὶ * ἐκάλεσεν * Ἀσενὲθ τὰς ἑπτὰ παρθένους καὶ ἔστησεν αὐτὰς
Asen. 18 2 τῆς αὐλῆς ἡμῶν ἔστηκεν. καὶ ἔσπευσεν Ἀσενὲθ καὶ * ἐκάλεσε * τὸν τροφέα αὐτῆς τὸν ἐπάνω τῆς οἰκίας αὐτῆς καὶ
Asen. 19 5 σου νυμφίος εἰς τὸν αἰῶνα χρόνον. καὶ εἶπέ μοι οὐ * κληθήσεται * ἔτι τὸ ὄνομά σου Ἀσενὲθ ἀλλὰ κληθήσεται τὸ
Asen. 19 5 μοι οὐ κληθήσεται ἔτι τὸ ὄνομά σου Ἀσενὲθ ἀλλὰ * κληθήσεται * τὸ ὄνομά σου πόλις καταφυγῆς καὶ κύριος ὁ
Asen. 19 10 μου; καὶ ἐξέτεινε τὰς χεῖρας αὐτοῦ Ἰωσὴφ καὶ * ἐκάλεσε * τὴν Ἀσενὲθ (ἐν νεύματι τῶν ὀφθαλμῶν αὐτοῦ). καὶ
Asen. 20 8 καὶ εἶπε Πεντεφρῆς τῷ Ἰωσὴφ αὔριον ἐγὼ * καλέσω * πάντας τοὺς μεγιστάνους καὶ τοὺς σατράπας πάσης
Asen. 21 4 καὶ εἰς τὸν αἰῶνα χρόνον. καὶ ἀπέστειλε Φαραὼ καὶ * ἐκάλεσε * τὸν Πεντεφρῆ (καὶ ἦλθε) καὶ ἤγαγε τὴν Ἀσενὲθ
Asen. 21 4 υἱὸς τοῦ θεοῦ ὁ πρωτότοκος καὶ σὺ θυγάτηρ ὑψίστου * κληθήσῃ * καὶ νύμφη Ἰωσὴφ ἀπὸ τοῦ νῦν καὶ ἕως τοῦ αἰῶνος.
Asen. 22 9 ἡ γυνή σου; εὐλογημένη ἔσται τῷ θεῷ τῷ ὑψίστῳ. καὶ * ἐκάλεσεν * αὐτὴν Ἰακὼβ πρὸς ἑαυτὸν καὶ εὐλόγησεν αὐτὴν
Asen. 23 2 ἔσται. καὶ ἀπέστειλεν ἀγγέλους ὁ υἱὸς Φαραὼ καὶ * ἐκάλεσε * πρὸς ἑαυτὸν Συμεὼν καὶ Λευί. καὶ ἦλθον πρὸς
Asen. 24 3 σου. καὶ ἀπέστειλεν ὁ υἱὸς Φαραὼ ἀγγέλους καὶ * ἐκάλεσεν * αὐτοὺς πρὸς ἑαυτόν. καὶ ἦλθον πρὸς αὐτὸν ὥρᾳ
Bar. 6 10 τί τὸ ὄνομα αὐτοῦ; καὶ εἶπέν μοι ὁ ἄγγελος φοῖνιξ * καλεῖται * τὸ ὄνομα αὐτοῦ. καὶ τί ἐσθίει; καὶ εἶπέν μοι τὸ
Prop. 1 2 ὕδωρ καὶ εὐθέως ἀπεστάλη αὐτῷ ἐξ αὐτοῦ διὰ τοῦτο * ἐκλήθη * Σιλωὰμ ὃ ἑρμηνεύεται ἀπεσταλμένος. καὶ ἐπὶ τοῦ
Prop. 2 3 ἀσπίδες αὐτοὺς ἔασαν καὶ τῶν ὑδάτων οἱ θῆρες οὓς * καλοῦσιν * οἱ Αἰγύπτιοι μὲν νεφὼθ Ἕλληνες δὲ
Prop. 2 6 ἐκ τοῦ Ἄργους τῆς Πελοποννήσου ὅθεν καὶ ἀργόλαι * καλοῦνται * τοῦτ' ἔστιν Ἄργους δεξιοὶ λαιὰν γὰρ λέγουσι
Prop. 4 17 βρεκτοῖς καὶ χλόαις ἐξιλεοῦσθαι κύριον. διὰ τοῦτο * ἐκάλεσεν * αὐτὸν Βαλτάσαρ ὅτι ἠθέλησεν αὐτὸν συγκληρονόμον
Prop. 10 4 ἦν τότε Ἠλίας ἐλέγχων τὸν οἶκον Ἀχαὰβ καὶ * καλέσας * λιμὸν ἐπὶ τὴν γῆν ἔφυγεν. καὶ ἐλθὼν εὗρε τὴν
Prop. 10 4B προφήτης ἐλέγχων τὸν Ἀχαὰβ βασιλέα Σαμαρείας καὶ * ἐκάλεσε * λιμὸν μέγαν ἐπὶ τῆς γῆς ἔφυγεν ἐν τῇ ἐρήμῳ καὶ
Prop. 16 2 ἐπειδὴ πᾶς ὁ λαὸς ἐτίμα αὐτὸν ὡς ὅσιον καὶ πρᾶον * ἐκάλεσεν * αὐτὸν Μαλαχὶ ὃ ἑρμηνεύεται ἄγγελος ἦν γὰρ καὶ
Prop. 18 1B ὁ καὶ Ἠλεὶ ἔνθα ἦν καὶ ἡ σκηνὴ τὸ πάλαι. Σηλὼμ δὲ * ἐκαλεῖτο * ὁ Ἠλεὶ οὗτος εἶπε περὶ Σολομῶν ὅτι προσκρούσει
Prop. 24 1 γῆς Ἰούδα εἰς Ἱερουσαλὴμ πρὸς Ἱεροβοὰμ Ἰαδὼκ * ἐκαλεῖτο. * οὗτος προεφήτευσε περὶ Ἰωσία τοῦ βασιλέως
Sedr. 11 16 καὶ ἄρτι χωριζομένη ἀπ' αὐτοῦ καὶ ἀνέρχεσαι ἔνθα * καλεῖ * (σε) ὁ κύριος καὶ τὸ σῶμα τὸ ταλαίπωρον ἀπέρχεται
Sedr. 15 2 ἀλλ' ἡ σὴ θεότης εἶπεν οὐκ ἦλθον δικαίους * καλέσαι * ἀλλὰ ἁμαρτωλοὺς εἰς μετάνοιαν. καὶ εἶπεν ὁ
Job 1 1 διαθηκη ιωβ. βιβλος λόγων Ιωβ τοῦ * καλουμένου * Ιωβαβ. ἐν ᾗ γὰρ ἡμέρᾳ νοσήσας ἐξετέλει αὐτοῦ
Job 1 2 ᾗ γὰρ ἡμέρᾳ νοσήσας ἐξετέλει αὐτοῦ τὴν οἰκονομίαν, * ἐκάλεσεν * τοὺς ἑπτὰ υἱοὺς αὐτοῦ καὶ τὰς τρεῖς θυγατέρας
Job 1 4 Φορος Φιφη Φρουων Ἡμέρα Κασία Ἀμαλθείας κέρας * καλέσας * δὲ αὐτοῦ τὰ τέκνα εἶπεν περικυκλώσαντες, τέκνα
Job 2 2 Ιωβαβ πρὶν ἢ ὀνομάσαι με ὁ κύριος Ιωβ. ὅτε Ιωβαβ * ἐκαλούμην, * ᾤκουν τὸ πρὶν ἔγγιστα εἰδωλίου θρησκευομένου
Job 46 5 κληρονομίαν κρείττονα τῶν ἑπτὰ ἀδελφῶν ὑμῶν. τότε * καλέσας * τὴν θυγατέρα αὐτοῦ τὴν λεγομένην Ἡμέραν λέγει
Job 47 5 ἐκ τοῦ σώματος τὰς πληγὰς καὶ τοὺς σκώληκας * καλέσας * με παρέσχετό μοι ταύτας τὰς τρεῖς χορδὰς λέγων
Job 48 1 τὰ τοῦ θεοῦ κτίσματα. οὕτως ἀναστᾶσα ἡ μία ἡ * καλουμένη * Ἡμέρα περιείληξεν τὴν ἑαυτῆς σπάρτην καθὼς
Job 50 1 ὕμνοις Κασίας. καὶ τότε περιεζώσατο καὶ ἡ ἄλλη ἡ * καλουμένη * Ἀμαλθείας κέρας καὶ ἔσχεν τὸ στόμα
Aris. 174 4 τοὺς λοιποὺς πάντας ἀπολῦσαι τοὺς ἐπὶ τῶν χρειῶν * καλεῖν * δὲ τοὺς ἀνθρώπους. οὗ πᾶσι παραδόξου φανέντος διὰ
Sib. 3 111 Ἰαπετός τε Γαίης τέκνα φέριστα καὶ Οὐρανοῦ οὓς * ἐκάλεσσαν * ἄνθρωποι γαῖάν τε καὶ οὐρανὸν οὔνομα θέντες
Sib. 3 146 εἰς ἅλα μύρατο ὕδωρ ἄμμιγα Πηνειῷ καὶ μιν στύγιον * καλέουσιν. * ἡνίκα δ' ἤκουσαν Τιτῆνες παῖδας ἐόντας
Sib. 3 254 ἕλους βασιλὶς εὑροῦσ' ἐκόμιζεν θρεψαμένη δ' υἱὸν * ἐκαλέσσατο. * ἡνίκα δ' ἦλθεν λαὸν ὅδ' ἡγεμονῶν ὃν ἀπ'
Sib. 3 321 ἔκχυμα δέξῃ καὶ κρίσεως οἴκησις ἐν ἀνθρώποισι * κεκλήσῃ * καὶ πίεται σου γαῖα πολύδροσος αἷμα κελαινόν.
Sib. 3 422 ἔμμετρον ἕξει οὐνόμασιν δυσὶ μισγόμενον Χῖον δὲ * καλέσσει * αὐτὸν καὶ γράψει τὰ κατ' Ἴλιον οὐ μὲν ἀληθῶς
Sib. 3 776 ἔδωκε θεὸς πιστοῖς ἄνδρεσσι γεραίρειν. (υἱὸν γὰρ * καλέουσι * βροτοὶ μεγάλοιο θεοῖο) καὶ πᾶσαι πεδίοιο τρίβοι
Sib. 3 813 ὥστε προφητεῦσαί με βροτοῖς αἰνίγματα θεῖα. καὶ * καλέσουσι * βροτοί με καθ' Ἑλλάδα πατρίδος ἄλλης ἐξ
Sib. 5 182 φθέγξονται ἀναιδῆ. +Πυθῶν+ ἡ τὸ πάλαι δίπολις * κληθεῖσα * δικαίως αἰῶσιν σίγησον ὅπως παύσῃ κακότητος.
FJos. 189 προεκτίσθησαν πρὸ παντὸς ἔργου ἐγὼ δὲ Ἰακὼβ ὁ * κληθεὶς * ὑπὸ ἀνθρώπων Ἰακὼβ τὸ δὲ ὄνομά μου Ἰσραὴλ ὁ
FJos. 189 ὑπὸ ἀνθρώπων Ἰακὼβ τὸ δὲ ὄνομά μου Ἰσραὴλ ὁ * κληθεὶς * ὑπὸ θεοῦ Ἰσραὴλ ἀνὴρ ὁρῶν θεὸν ὅτι ἐγὼ
FJos. 190 ἐπὶ τὴν γῆν καὶ κατεσκήνωσα ἐν ἀνθρώποις καὶ ὅτι * ἐκλήθην * ὀνόματι Ἰακὼβ ἐζήλωσε καὶ ἐμαχέσατό μοι καὶ
FJub. 4 9 πέντε. ὁ μὲν Καΐν τῇ ἀδελφῇ τῇ μείζονι Σαυὴ οὕτω * καλουμένῃ. * ὁ δὲ Σὴθ τρίτος υἱὸς μετὰ τὸν Ἄβελ γεννηθεὶς
FJub. 11 14 πατραδέλφου αὐτοῦ τὸν Ἀβραὰμ ὄντινα ἡ μήτηρ * ἐκάλεσεν * ἐπ' ὀνόματι τοῦ ἑαυτῆς πατρὸς ἔφθη γὰρ ἐκεῖνος
FJub. 47 5 ἀσκηθεὶς παίδευσιν ὡς βασιλίδος υἱὸς δικαίως ἂν * κληθείη * κατὰ κόσμον βασιλεὺς ἐξ ὕδατος. καταλιπὼν δὲ
FIsa. 1 1 τῷ πέμπτῳ καὶ εἰκοστῷ ἔτει βασιλεύοντος Ἐζεκίου * καλέσαι * Μανασσῆν τὸν υἱὸν αὐτοῦ ὄντα ἐτῶν ἕνδεκα
FIsa. 1 3 10 ὅτι ψευδή(ς) ἐστιν. καὶ τὴν Ἰ(ε)ρουσαλὴμ Σοδό(μ)α * ἐκάλεσεν * κ(αὶ τοὺς) ἄρχοντα(ς) Ἰούδα) καὶ Ἰσραὴλ (λαὸν
FEz. 64 70 7 ᾤκει. γάμους δὲ ποιήσας ὁ βασιλεὺς τῷ ἰδίῳ υἱῷ * ἐκάλεσε * πάντας τοὺς ἐν τῇ αὐτοῦ βασιλείᾳ περιεφρόνησε δὲ
FEz. 64 70 8 ἦν ἡμῶν τὸ κλάσμα τοῦ ἄρτου μετὰ τῶν ὄχλων τῶν * κληθέντων * εἰς τὴν εὐφρασίαν; δεῦρο τοίνυν καθὼς ἐποίησεν
FSop. 5 77 2 με εἰς οὐρανὸν πέμπτον καὶ ἐθεώρουν ἀγγέλους * καλουμένους * κυρίους καὶ τὸ διάδημα αὐτῶν ἐπικείμενον ἐν
FAch. 106 περίλυπος ἐγένετο ἐπὶ τῷ ἐξαπίνης πτώματι. * ἐκάλεσεν * τοὺς φίλους ἀνελθεῖν ἐν οἷς καὶ Ἕρμιππον ἔφη
FAch. 109 μὴ αἰσχυνθῇς βέλτιον γὰρ ὀψιμαθῆ μᾶλλον ἢ ἀμαθῆ * καλεῖσθαι. * τῇ γυναικί σου κρύπτου καὶ ἀπορρήτων μηδὲν
FAch. 117 βασιλέα κράζοντες κατὰ τοῦ Αἰσώπου. ὁ δὲ βασιλεὺς * ἐκάλεσεν * τὸν Αἴσωπον καὶ ἐλθόντος εἶπεν αὐτῷ κακῶς
HDem. 9 21 13 ἐλθόντων γὰρ αὐτοῦ τῶν συγγενῶν φάναι αὐτοῖς ἐὰν * κληθῶσιν * ὑπὸ τοῦ βασιλέως καὶ ἐρωτῶνται τί διαπράσσονται
HArt. 9 18 1 μεθερμηνευθὲν κατὰ τὴν Ἑλληνίδα φωνὴν Ἰουδαῖοι * καλεῖσθαι * δὲ αὐτοὺς Ἑβραίους ἀπὸ Ἀβραάμου. τοῦτον δὲ
HArt. 9 27 22 τῶν Αἰγυπτίων πυθόμενον τὴν τοῦ Μωΰσου παρουσίαν * καλέσαι * πρὸς αὐτὸν καὶ πυνθάνεσθαι ἐφ' ὅ,τι ἥκοι τὸν δὲ
HArt. 9 27 30 γενομένου τὸν βασιλέα τοὺς ἱερεῖς τοὺς ὑπὲρ Μέμφιν * καλέσαι * καὶ φάναι αὐτοὺς ἀναιρήσειν καὶ τὰ ἱερὰ
HCle. 1 15 241 Σουρειμ Ἰάφραν. ἀπὸ Σουρειμ μὲν τὴν Ἀσσυρίαν * κεκλῆσθαι * ἀπὸ δὲ τῶν δύο Ἀφερα τε καὶ Ἰάφρα πόλιν τε
HAno. 9 17 7 αὐτοῦ τὸν λαὸν καὶ τὸν οἶκον μάντεις δὲ αὐτοῦ * καλέσαντος * τούτους φάναι μὴ εἶναι χήραν τὴν γυναῖκα τὸν
HHec. 1 22 197 ἣν οἰκοῦσι μὲν ἀνθρώπων περὶ δώδεκα μυριάδες * καλοῦσι * δ' αὐτὴν Ἱεροσόλυμα. ἐνταῦθα δ' ἐστὶ κατὰ μέσον
LThe. 9 22 7 πάτρης ἐξήγαγε δῖον Ἀβραὰμ αὐτὸς ἀπ' οὐρανόθεν * κάλεσ' * ἀνέρα παντὶ σὺν οἴκῳ σάρκ' ἀποσυλῆσαι πόσθης ἄπο
LEze. 9 29 13 10 τε γὰρ βασιλεὺς κελεύσει πάντας ἐκβαλεῖν χθονὸς * κεκλήσεται * δὲ πᾶς. καὶ ὅταν θύσητε δὲ δέσμην λαβόντες
FrAn. 15 αὐτοῦ ἀπὸ ἡλίου ἀνατολῶν μέχρις ἡλίου δυσμῶν. οὓς * κεκλήκει * καὶ οὓς οὐ κεκλήκει πορεύσονται μετ' αὐτοῦ.
FrAn. 15 μέχρις ἡλίου δυσμῶν. οὓς κεκλήκει καὶ οὓς οὐ * κεκλήκει * πορεύσονται μετ' αὐτοῦ. λευκανεῖ τὴν θάλασσαν

καλιά 1

FPho. 84 πικρὸς γένῃ ἀνδρὶ πένητι. μηδέ τις ὄρνιθας * καλιῆς * ἅμα πάντας ἑλέσθω μητέρα δ' ἐκπρολίποις ἵν' ἔχῃς

καλλιβλέφαρος 1

Hen. 8 1 αὐτῶν καὶ ψέλια καὶ κόσμους καὶ στίβεις καὶ τὸ * καλλιβλέφαρον * καὶ παντοίους λίθους ἐκλεκτοὺς καὶ τὰ

καλλονή 11

Hen. 24 2 τοῦ ἑκατέρου διαλλάσσοντα ὧν οἱ λίθοι ἔντιμοι τῇ * καλλονῇ * καὶ πάντα ἔντιμα καὶ ἔνδοξα καὶ εὐειδῆ τρία ἐπ'
Asen. 18 11 εἶπεν τί ἐστι τοῦτο δέσποινά μου καὶ τίς ἐστιν ἡ * καλλονὴ * αὕτη ἡ μεγάλη καὶ θαυμαστή; μήτιγε κύριος ὁ θεὸς
Sal. 12 2 γλώσσης ἀνδρὸς πονηροῦ ὥσπερ ἐν λαῷ πῦρ ἀνάπτον * καλλονὴν * αὐτοῦ. ἡ παροικία αὐτοῦ ἐμπρῆσαι οἴκους ἐν
Aris. 56 4 πραγμάτων ἔμφασιν. ὅσα δ' ἂν ᾖ ἄγραφα πρὸς * καλλονὴν * ἐκέλευσε ποιεῖν ὅσα δὲ διὰ γραπτῶν μέτρα αὐτοῖς
Aris. 72 6 ἀξιολόγως ἔχοντα καὶ ταῖς τέχναις ἄμιμπτα καὶ τῇ * καλλονῇ * διαπρεπῆ. τῶν δὲ κρατήρων δύο μὲν ἦσαν (χρυσοῖ)
Aris. 75 4 τετραδακτύλων οὐκ ἔλαττον ἀνεπλήρουν τὸ τῆς * καλλονῆς * ἐναργές. ἐπὶ δὲ τῆς στεφάνης τοῦ στόματος
Aris. 201 4 ἄνθρωπος ἀκολουθεῖ πᾶσαν δυναστείαν καὶ λόγου * καλλονὴν * ἀπὸ θεοῦ καταρχεσθαι. τοῦ δὲ βασιλέως
Aris. 229 2 δὲ καὶ τοῦτον ἐπυνθάνετο καὶ τοῦ μετέπειτα τί * καλλονῆς * ἄξιόν ἐστιν; ὁ δὲ εἶπεν εὐσέβεια. καὶ γὰρ αὕτη
Aris. 229 3 ἄξιόν ἐστιν; ὁ δὲ εἶπεν εὐσέβεια. καὶ γὰρ αὕτη * καλλονὴ * τίς ἐστι πρωτεύουσα. τὸ δὲ δυνατὸν αὐτῆς ἐστιν
Aris. 258 4 ἐπιτελοῖ πρὸς τὸ φείσασθαι τοὺς θεωροῦντας διὰ τὴν * καλλονὴν * καὶ μηθένα τῶν κατεργαζομένων τὰ τοιαῦτα
FJub. 11 17 ἐπὶ τὸν γενεσιουργὸν ἐκ τῆς τῶν κτισμάτων ἀναχθεὶς * καλλονῆς * θείας ἐλλάμψεως ἠξιώθη ἔτι διατρίβων ἐν τῇ

κάλλος 40

Hen. 98 2 ἄφροσι ὅτι πολλὰς ὄψεσθε ἐπὶ τῆς γῆς ἀνομίας ὅτι * κάλλος * περιθήσονται ἄνδρες ὡς γυναῖκες (καὶ) χρῶμα
Abr.1 2 5 στρατιᾶς καὶ ἐκ ποίας ὁδοῦ παραγέγονας τὸ σὸν * κάλλος * δίδαξόν με. ὁ δὲ ἀρχιστράτηγος ἔφη ἐγὼ δίκαιε
Abr.1 16 12 σὺ (εἶ) ἡ εὐπρέπεια τοῦ κόσμου σὺ εἶ ἡ δόξα καὶ τὸ * κάλλος * τῶν ἀγγέλων καὶ τῶν ἀνθρώπων σὺ εἶ πάσης (μορφῆς)
Abr.1 17 12 ὁ θάνατος ἀπεκδύσατο πᾶσαν τὴν ὡραιότητα καὶ τὰ * κάλλη * καὶ πᾶσαν τὴν δόξαν καὶ τὴν ἡλιόμορφον μορφὴν ἣν
TRub. 4 1 ἐπ' ἐμοὶ μηκέτι ἀψάμενος αὐτῆς. μὴ οὖν προσέχετε * κάλλος * γυναικῶν μηδὲ ἐννοεῖσθε τὰς πράξεις αὐτῶν ἀλλὰ
TJud. 12 3 οὐκ ἐπέγνων αὐτὴν ἀπὸ τοῦ οἴνου καὶ ἠπάτησέ με τὸ * κάλλος * αὐτῆς διὰ τοῦ σχήματος τῆς κοσμήσεως. καὶ
TJud. 13 5 ἐποίησεν ἡμῖν οἰνοχοεῖν ἐν τῷ δείπνῳ ἐν * κάλλει * γυναικῶν. καὶ ὁ οἶνος διέστρεψέ μου τοὺς

| | | | |
|---|---|---|---|
| TJud. | 17 | 1 | τέκνα μου μὴ ἀγαπᾶν ἀργύριον μηδὲ ἐμβλέπειν εἰς * κάλλος * γυναικῶν ὅτι καίγε δι᾽ ἀργύριον καὶ εὐμορφίαν |
| TIss. | 4 | 4 | ἰσχύουσι πρὸς αὐτόν. οὐ γὰρ εἶδεν ἐπιδέξασθαι * κάλλος * θηλείας ἵνα μὴ ἐν διαστροφῇ μιάνῃ τὸν νοῦν αὐτοῦ |
| TJos. | 18 | 4 | καὶ διεφύλαξέ με ἕως γήρως ἐν δυνάμει καὶ ἐν * κάλλει * ὅτι ἐγὼ ὅμοιος ἐν πᾶσι τῷ Ἰακώβ. ἀκούσατε τέκνα |
| Asen. | 1 | 6 | παρθένου ἐκείνης Ἀσενέθ. καὶ ἀπῆλθεν ἡ φήμη τοῦ * κάλλους * αὐτῆς εἰς πᾶσαν τὴν γῆν ἐκείνην καὶ ἕως περάτων |
| Asen. | 6 | 4 | ἐστίν. τίς γὰρ ἀνθρώπων ἐπὶ γῆς γεννήσει τοιοῦτον * κάλλος * καὶ ποία κοιλία γυναικὸς τέξεται τοιοῦτον φῶς; |
| Asen. | 7 | 3 | Αἰγυπτίων ὡς ἑώρων τὸν Ἰωσὴφ κακῶς ἔπασχον ἐπὶ τῷ * κάλλει * αὐτοῦ. ὁ δὲ Ἰωσὴφ ἐξουθένει αὐτὰς καὶ τοὺς |
| Asen. | 13 | 14 | υἱὸς σοῦ ἐστίν. τίς γὰρ ἀνθρώπων τέξεται τοιοῦτον * κάλλος * καὶ τοσαύτην σοφίαν καὶ ἀρετὴν καὶ δύναμιν ὡς ὁ |
| Asen. | 16 | 16 | σε καὶ ἡ νεότης σου γῆρας οὐκ ὄψεται καὶ τὸ * κάλλος * σου εἰς τὸν αἰῶνα οὐκ ἐκλείψει. καὶ ἔσῃ ὡς |
| Asen. | 18 | 10 | τὸ πρόσωπον αὐτῆς εἶπε γὰρ μήποτε ἀποπλύνω τὸ * κάλλος * τὸ μέγα τοῦτο. καὶ ἦλθεν ὁ τροφεὺς αὐτῆς τοῦ |
| Asen. | 19 | 4 | Ἰωσὴφ καὶ εἶδεν αὐτὴν Ἰωσὴφ καὶ ἐθαμβήθη ἐπὶ τῷ * κάλλει * αὐτῆς καὶ εἶπε πρὸς αὐτὴν τίς εἶ σὺ ταχέως |
| Asen. | 20 | 6 | καὶ εἶδον τὴν Ἀσενὲθ ὡς εἶδος φωτὸς καὶ ἦν τὸ * κάλλος * αὐτῆς ὡς κάλλος οὐράνιον. καὶ εἶδον αὐτὴν |
| Asen. | 20 | 6 | Ἀσενὲθ ὡς εἶδος φωτὸς καὶ ἦν τὸ κάλλος αὐτῆς ὡς * κάλλος * οὐράνιον. καὶ εἶδον αὐτὴν καθημένην μετὰ τοῦ |
| Asen. | 20 | 7 | ἐνδεδυμένην ἔνδυμα γάμου. καὶ ἐθαμβήθησαν ἐπὶ τῷ * κάλλει * αὐτῆς καὶ ἐχάρησαν καὶ ἔδωκαν δόξαν τῷ θεῷ τῷ |
| Asen. | 21 | 4 | Φαραώ. καὶ εἶδεν αὐτὴν Φαραὼ καὶ ἐθαμβήθη ἐπὶ τῷ * κάλλει * αὐτῆς καὶ εἶπεν εὐλογήσει σε κύριος ὁ θεὸς τοῦ |
| Asen. | 21 | 4 | σε κύριος ὁ θεὸς τοῦ Ἰωσὴφ τέκνον καὶ διαμείνῃ τὸ * κάλλος * σου τοῦτο εἰς τοὺς αἰῶνας διότι ⟨δικαίως⟩ κύριος |
| Asen. | 21 | 16 | γὰρ ἐπὶ τῷ πλούτῳ τῆς δόξης μου καὶ ἐπὶ τῷ * κάλλει * μου καὶ ἤμην ἀλαζὼν καὶ ὑπερήφανος. ⟨ἥμαρτον |
| Asen. | 21 | 21 | καὶ ἐταπείνωσέ με ἀπὸ τῆς ὑπερηφανίας μου καὶ ⟨τῷ⟩ * κάλλ⟨ει⟩ * αὐτοῦ ἤγρευσέ με καὶ ⟨τῇ⟩ σοφί⟨ᾳ⟩ αὐτοῦ |
| Asen. | 22 | 7 | καὶ εἶδεν αὐτὸν Ἀσενὲθ καὶ ἐθαμβήθη ἐπὶ τῷ * κάλλει * αὐτοῦ διότι ἦν Ἰακὼβ καλὸς τῷ εἴδει σφόδρα καὶ |
| Asen. | 23 | 1 | καὶ ἐδυσφόρει βαρέως καὶ κακῶς εἶχε διὰ τὸ * κάλλος * αὐτῆς καὶ εἶπεν οὐχὶ οὕτως ἔσται. καὶ ἀπέστειλεν |
| Asen. | 24 | 1 | Ἰωσὴφ Συμεὼν καὶ Λευὶς καὶ ἐβαρεῖτο ἀπὸ τοῦ * κάλλους * Ἀσενὲθ καὶ ἐλυπεῖτο λύπην μεγάλην ὑπερμεγέθη. |
| Asen. | 27 | 1 | ἐτῶν μέγα καὶ ἰσχυρὸν καὶ πρυτανικὸν καὶ ἦν * κάλλος * ἐν αὐτῷ ἄρρητον καὶ ἰσχὺς ὡς σκύμνος λέοντος καὶ |
| Sal. | 2 | 5 | αὐτὰ μακρὰν ἀπ᾽ ἐμοῦ οὐκ εὐδοκῶ ἐν αὐτοῖς. τὸ * κάλλος * τῆς δόξης αὐτῆς ἐξουθενώθη ἐνώπιον τοῦ θεοῦ |
| Sal. | 2 | 19 | γὰρ ἔθνη Ιερουσαλημ ἐν καταπατήσει κατεσπάσθη τὸ * κάλλος * αὐτῆς ἀπὸ θρόνου δόξης. περιεζώσατο σάκκον ἀντὶ |
| Sal. | 2 | 21 | δόξης ἣν περιέθηκεν αὐτῇ ὁ θεὸς ἐν ἀτιμίᾳ τὸ * κάλλος * αὐτῆς ἀπερρίφη ἐπὶ τὴν γῆν. καὶ ἐγὼ εἶδον καὶ |
| Sal. | 16 | 8 | πονηρᾶς σκανδαλιζούσης ἄφρονα. καὶ μὴ ἀπατησάτω με * κάλλος * γυναικὸς παρανομούσης καὶ παντὸς ὑποκειμένου ἀπὸ |
| Sal. | 17 | 12 | νέον καὶ πρεσβύτην καὶ τέκνα αὐτῶν ἅμα ἐν ὀργῇ * κάλλους * αὐτοῦ ἐξαπέστειλεν αὐτὰ ἕως ἐπὶ δυσμῶν καὶ τοὺς |
| Sedr. | 7 | 5 | ἦσαν ἡ δὲ γυνὴ τοῦ Ἀδὰμ φωτεινοτέρα ἐστὶν ἐν τῷ * κάλλει * τῆς σελήνης καὶ τὴν ζωὴν ἐχαρίσατο αὐτῆς. λέγει |
| Sedr. | 7 | 6 | ἐχαρίσατο αὐτῆς. λέγει Σεδρὰχ καὶ τί ὠφελοῦν τὰ * κάλλη * ἐὰν εἰς γῆν μαραίνωνται; πῶς εἶπας κύριε κακὸν |
| Sedr. | 11 | 8 | τὰς παλάμας ἁπλονοῦσιν οἱ τρεῖς ἁρμοὶ καὶ τὰ * κάλλη * σωρεύουν καὶ ἄρτι πάροικοι γίνεσθε τοῦ κόσμου |
| Sedr. | 11 | 20 | πάγγνωστον καὶ ἄρτι πεσὸν εἰς τὴν γῆν ὕπαγε * κάλλος * σου ἀφανὲς γίνεται. λέγει αὐτὸν ὁ Χριστὸς παῦσον |
| Job | 43 | 8 | αὐτοῦ ἐν τῷ ᾅδῃ τυγχάνει ἠγάπησεν τὸ τοῦ ὄφεως * κάλλος, * καὶ τὰς λεπίδας τοῦ δράκοντος ἡ δὲ χολὴ αὐτοῦ |
| Sib. | 3 | 448 | ἄλλων. ἀλλὰ μεταῦτις ἕλωρ ἔσῃ ἀνθρώποισιν ἐρασταῖς * κάλλεσιν * ἠδ᾽ ὄλβῳ δεινὸν ζυγὸν αὐχένι θήσῃ. Λύδιος αὖ |
| FPho. | | 217 | μὴ δέ μιν ἄχρι γάμων πρὸ δόμων ὀφθῆμεν ἐάσῃς. * κάλλος * δυστήρητον ἔφυ παίδων τοκέεσσιν. ⟨στέργε φίλους |
| καλλωπίζω | | | 6 |
| Hen. | 8B | 1 | ἄργυρον. ἔδειξε δὲ αὐτοῖς καὶ τὸ στίλβειν καὶ τὸ * καλλωπίζειν * καὶ τοὺς ἐκλεκτοὺς λίθους καὶ τὰ βαφικά. καὶ |
| Abr.1 | 4 | 1 | υἱέ μου ἀγαπητὲ εἰς τὸ ταμεῖον τοῦ τρικλίνου καὶ * καλλώπισον * αὐτὸ καὶ στρῶσαι μοι ἐκεῖ δύο κλινάρια ἕνα |
| Abr.1 | 4 | 2 | καὶ λυχνίαν καὶ τράπεζαν ἐν ἀφθονίᾳ παντὸς ἀγαθοῦ * καλλώπισον * τὸ οἴκημα τέκνον καὶ ὑφάπλωσον σινδόνας καὶ |
| Sedr. | 11 | 7 | οἱ σωρεύοντες τοὺς οἴκους ἐστολίσατε. ὦ δάκτυλοι * καλλωπισμένοι * καὶ ὑπὸ τῶν χρυσῶν καὶ ἀργυρῶν |
| Sedr. | 11 | 17 | τὸ σῶμα τὸ ταλαίπωρον ἀπέρχεται εἰς κρίσιν. ὦ σῶμα * καλλωπισμένον * τρίχες ἀστερόχυται κεφαλὴ οὐρανοκόσμητε |
| Sedr. | 11 | 19 | φωνὴ σάλπιγγος ἦχος γλῶσσα εὐδιάλλακτε γένειον * καλλωπισμένον * τρίχες ἀστερόμορφοι κεφαλὴ οὐρανομῆκες |
| καλοδίδακτος * | | | 1 |
| Sedr. | 11 | 5 | εἰς τὴν γῆν ἄγνωστος γίνεται. ὦ χεῖρες εὔκρατοι * καλοδιδακτοὶ * καματηροὶ δι᾽ ἃς τὸ σκεῦος τρέφεται ὦ |
| καλόδρομος * | | | 1 |
| Sedr. | 11 | 12 | καὶ τὸ σκεῦος διατρέφοντες. ὦ πόδες ἀνθύτατοι καὶ * καλόδρομοι * ἐπὶ προσώπου τῆς γῆς ταρασσόμενοι τοὺς οἴκους |
| καλοκάγαθία | | | 3 |
| Aris. | 3 | 3 | εἰς ⟨τὴν πρὸς⟩ τὸν προειρημένον ἄνδρα πρεσβείαν * καλοκάγαθίᾳ * καὶ δόξῃ προτετιμημένον ὑπό τε τῶν πολιτῶν |
| Aris. | 272 | 5 | ἀποτρίβεται καθὼς σὺ διατηρεῖς τὴν πρὸς ἅπαντας * καλοκάγαθίαν * παρὰ θεοῦ δῶρον τοῦτ᾽ ἔχων. κεχαρισμένως δὲ |
| Aris. | 285 | 3 | καταστολὴν διὰ τῶν ἐνεργειῶν φιλοσοφεῖς διὰ * καλοκάγαθίαν * ὑπὸ θεοῦ τιμώμενος. εὐαρεστήσας δὲ τοῖς |
| καλομύριστος * | | | 1 |
| Sedr. | 11 | 18 | κεφαλὴ οὐρανοκόσμητε ἐστολισμένον. ὦ πρόσωπον * καλομύριστον * ὀφθαλμοὶ φωταγωγοὶ φωνὴ σάλπιγγος ἦχος |
| καλοπεριπατητός * | | | 1 |
| Sedr. | 11 | 9 | ἄρτι πάροικοι γίνεσθε τοῦ κόσμου τούτου. ὦ πόδες * καλοπεριπατητοὶ * αὐτόδρομοι ταχύτατοι λίαν ἀνικητοί. ὦ |
| καλόπιστος * | | | 1 |
| Sedr. | 11 | 4 | μικρὸν κτίσμα κεφαλὴ ὅλου τοῦ σώματος κίνησις * καλόπιστε * καὶ καλλίστατε ἀπὸ πάντων φιλούμενον καὶ ἄρτι |
| καλός | | | 158 |
| Adam | 17 | 4 | αὐτοῦ. ἀπεκρίθη ὁ διάβολος διὰ στόματος τοῦ ὄφεως * καλῶς * ποιεῖτε ἀλλ᾽ οὐκ ἐσθίετε ἀπὸ παντὸς φυτοῦ. κἀγὼ |
| Adam | 21 | 4 | ἐγὼ δὲ εἶπον μὴ φοβοῦ ἅμα γὰρ φάγῃς ἔσει γινώσκων * καλὸν * καὶ πονηρόν. καὶ τότε ταχέως πείσασα αὐτὸν ἔφαγεν. |
| Hen. | 6 | 1 | ταῖς ἡμέραις ἐγεννήθησαν θυγατέρες ὡραῖαι καὶ * καλαί. * καὶ ἐθεάσαντο αὐτάς οἱ ἄγγελοι υἱοὶ οὐρανοῦ καὶ |
| Hen. | 24 | 5 | τὸν καρπὸν ὡσεὶ βότρυες φοινίκων. τότε εἶπον ὡς * καλὸν * τὸ δένδρον τοῦτό ἐστιν καὶ εὐῶδες καὶ ὡραῖα τὰ |
| Hen. | 32 | 3 | πλείονα καὶ μεγάλα δύο μὲν ἐκεῖ μεγάλα σφόδρα * καλὰ * καὶ ἔνδοξα καὶ μεγαλοπρεπῆ καὶ τὸ δένδρον τῆς |
| Hen. | 32 | 5 | διέτρεχεν πόρρω ἀπὸ τοῦ δένδρου. τότε εἶπον ὡς * καλὸν * τὸ δένδρον καὶ ὡς ἐπίχαρι τῇ ὁράσει. τότε ἀπεκρίθη |
| Hen. | 98 | 12 | ἵνα φάγητε---⟩ ---⟨ἔργα τῆ⟩ς ἀδικίας διότι ἐλπίδας * κα⟨λὰς * ἔχετε ὑμῖ⟩ν; νῦν γνωστὸν ὑμῖν ἔστω ὅτι εἰς |
| Abr.1 | 2 | 4 | ὑπὲρ πάντας τοὺς υἱοὺς τῶν ἀνθρώπων * καλῶς * ἔοικας τούτου χάριν αἰτοῦμαι τῆς σῆς παρουσίας |
| Abr.1 | 4 | 2 | καὶ πορφύραν καὶ βύσσον θυμίασον δὲ παντοῖον καὶ * καλὸν * θυμίαμα καὶ βοτάνας εὐόσμους ἐκ τοῦ παραδείσου |
| Abr.1 | 4 | 4 | υἱοὺς τῶν ἀνθρώπων. ὁ δὲ Ἰσαὰκ ἡτοίμασεν πάντα * καλῶς * παραλαβὼν δὲ Ἀβραὰμ τὸν Μιχαὴλ ἀνῆλθεν ἐν τῷ |
| Abr.1 | 4 | 11 | σὺ μετ᾽ αὐτοῦ μόνον δὲ τὰ τοῦ ὁράματος διακρινεῖς * καλῶς * ὅπως ἂν γνώσῃ ὁ Ἀβραὰμ τὴν τοῦ θανάτου δρεπάνην |
| Abr.2 | 6 | 12 | τούτων ἐν τῷ οἴκῳ ἡμῶν. καὶ ἀπεκρίθη αὐτῇ Ἀβραὰμ * καλῶς * κυρὰ Σάρρα ἐνόησας ὅτι κἀγὼ τοὺς πόδας αὐτῶν |
| TSim. | 5 | 1 | ἀνθρώποις. διὰ τοῦτο Ἰωσὴφ ἦν ὡραῖος τῷ εἴδει καὶ * καλὸς * τῇ ὄψει ὅτι οὐκ ἐνοίκησεν ἐν αὐτῷ οὐδὲν πονηρὸν ἐκ |
| TLevi | 2 | 3B011 | προσάγαγέ με εἶναί σου δοῦλος καὶ λατρεῦσαί σοι * καλῶς. * τεῖχος εἰρήνης σου γενέσθαι κύκλῳ μου καὶ σκέπη |
| TJud. | 14 | 8 | ἀλλὰ καὶ ἐγκαυχᾶσθαι τῇ ἀτιμίᾳ νομίζοντα εἶναι * καλόν. * ὁ πορνεύων ζημιούμενος οὐκ αἰσθάνεται καὶ ἀδοξῶν |
| TIss. | 7 | 9 | τοὺς πόδας αὐτοῦ καὶ ἀπέθανε πέμπτος ἐν γήρει * καλῷ * πᾶν μέλος ἔχων ὑγιὲς καὶ ἰσχύων ὕπνωσεν ὕπνον |
| TZab. | 10 | 6 | τῆς ζωῆς ὑμῶν. καὶ ταῦτα εἰπὼν ἐκοιμήθη ὕπνῳ * καλῷ * καὶ ἔθηκαν αὐτόν οἱ υἱοὶ αὐτοῦ ἐν θήκῃ ὕστερον δὲ |
| TDan | 1 | 3 | ἐπείρασα ἐν καρδίᾳ μου καὶ ἐν πάσῃ τῇ ζωῇ μου ὅτι * καλὸν * θεῷ καὶ εὐάρεστον ἡ ἀλήθεια μετὰ δικαιοπραγίας καὶ |
| TNep. | 2 | 8 | τῷ νοΐ ὅμοιον. πάντα γὰρ ἐν τάξει ἐποίησεν ὁ θεὸς * καλὰ * τὰς πέντε αἰσθήσεις ἐν τῇ κεφαλῇ καὶ τὸν τράχηλον |
| TNep. | 8 | 4 | ἐπισυνάξει δικαίους ἐκ τῶν ἐθνῶν. ἐὰν ἐργάσησθε τὸ * καλὸν * τέκνα μου εὐλογήσουσιν ὑμᾶς καὶ οἱ ἄνθρωποι καὶ οἱ |
| TNep. | 8 | 5 | ἀνθέξονται ὑμῶν. ὡς ἄν τις γὰρ τέκνον ἐκθρέψῃ * καλῶς * μνείαν ἔχει ἀγαθὴν οὕτως καὶ ἐπὶ τοῦ καλοῦ ἔργου |
| TNep. | 8 | 5 | ἐκθρέψῃ καλῶς μνείαν ἔχει ἀγαθὴν οὕτως καὶ ἐπὶ τοῦ * καλοῦ * ἔργου μνήμη παρὰ θεῷ ἀγαθή. τὸν δὲ μὴ ποιοῦντα τὸ |
| TNep. | 8 | 6 | ἔργου μνήμη παρὰ θεῷ ἀγαθή. τὸν δὲ μὴ ποιοῦντα τὸ * καλὸν * καταράσονται οἱ ἄνθρωποι καὶ οἱ ἄγγελοι καὶ ὁ θεὸς |
| TGad | 1 | 6 | τῷ πατρὶ ἡμῶν ὅτι υἱοὶ Ζέλφας καὶ Βάλλας θύουσι τὰ * καλὰ * καὶ κατεσθίουσιν αὐτὰ παρὰ γνώμην Ἰουδὰ καὶ |
| TGad | 7 | 2 | κυρίῳ δὲ ὕμνον προσφέρετε τῷ παρέχοντι τὰ * καλὰ * καὶ συμφέροντα πᾶσιν ἀνθρώποις. ἐξέτασον κρίματα |
| TAser | 1 | 5 | πάντα δύο εἰσὶν ἓν κατέναντι τοῦ ἑνός. ὁδοὶ δύο * καλοῦ * καὶ κακοῦ ἐν οἷς εἰσι τὰ δύο διαβούλια ἐν στέρνοις |
| TAser | 1 | 6 | ἡμῶν διακρίνοντα αὐτάς. ἐὰν οὖν ἡ ψυχὴ θέλῃ ἐν * καλῷ * πᾶσα πρᾶξις αὐτῆς ἐστιν ἐν δικαιοσύνῃ κἂν ἁμάρτῃ |
| TAser | 2 | 1 | πεπλήρωται. ἔστιν οὖν ψυχὴ λέγουσα φησί τὸ * καλὸν * ὑπὲρ τοῦ κακοῦ καὶ τὸ τέλος τοῦ πράγματος εἰς |
| TAser | 2 | 4 | ἐστὶ συγκρύπτουσα τὸ κακὸν ὅπερ ἐστὶ τῷ ὀνόματι ὡς * καλὸν * τὸ δὲ τέλος τῆς πράξεως ἔρχεται εἰς κακόν. ἄλλος |
| TAser | 4 | 2 | γὰρ ἀναιροῦντες τοὺς πονηροὺς δύο ποιοῦσιν ἔργα * καλὸν * διὰ κακοῦ ὅλον ἐστὶ δὲ καλὸν ὅτι τὸ κακὸν |
| TAser | 4 | 2 | δύο ποιοῦσιν ἔργα καλὸν διὰ κακοῦ ὅλον ἐστὶ δὲ * καλὸν * ὅτι τὸ κακὸν ἐκριζώσας ἀπώλεσεν. ἔστι τις μισῶν |
| TAser | 4 | 3 | ὅτι μιμεῖται κύριον μὴ προσδεχόμενος τὸ δοκοῦν * καλὸν * μετὰ τοῦ ἀληθινοῦ κακοῦ. ἕτερος οὐ θέλει ἡμέραν |
| TAser | 4 | 4 | μολύνῃ τὴν ψυχὴν καίγε τοῦτο διπρόσωπον ὅλον δὲ * καλόν * ἐστιν ὅτι οἱ τοιοῦτοι δόρκοις καὶ ἐλάφοις ὅμοιοί |
| TAser | 6 | 3 | νόμον κυρίου φυλάξατε καὶ μὴ προσέχετε τὸ κακὸν ὡς * καλὸν * ἀλλ᾽ εἰς τὸ ὄντως καλὸν ἀποβλέπετε καὶ διατηρεῖτε |
| TAser | 6 | 3 | μὴ προσέχετε τὸ κακὸν ὡς καλὸν ἀλλ᾽ εἰς τὸ ὄντως * καλὸν * ἀποβλέπετε καὶ διατηρεῖτε αὐτὸ ἐν πάσαις ἐντολαῖς |
| TAser | 8 | 1 | λέγων θάψατέ με εἰς Χεβρών. καὶ ἀπέθανεν ὕπνῳ * καλῷ * κοιμηθείς. καὶ μετὰ ταῦτα ἐποίησαν οἱ υἱοὶ αὐτοῦ ὡς |
| TBen. | 9 | 1 | δὲ οὐ μιαίνεται. ὑπονοῶ δὲ καὶ πράξεις ἐν ὑμῖν οὐ * καλὰς * ἔσεσθαι ἀπὸ λόγων Ἐνὼχ τοῦ δικαίου. πορνεύσετε |
| TBen. | 12 | 2 | ἀπέθανε Βενιαμιν ἑκατὸν εἰκοσιπέντε ἐτῶν ἐν γήρει * καλῷ * καὶ ἔθηκαν αὐτὸν ἐν παραθήκῃ. καὶ ἐνενηκοστῷ πρώτῳ |
| Asen. | 1 | 4 | παρθένος ἐτῶν ὀκτωκαίδεκα μεγάλη καὶ ὡραία καὶ * καλὴ * τῷ εἴδει σφόδρα ὑπὲρ πάσας τὰς παρθένους ἐπὶ τῆς |
| Asen. | 1 | 5 | καὶ ἦν μεγάλη ὡς Σάρρα καὶ ὡραία ὡς Ῥεβέκκα καὶ * καλὴ * ὡς Ῥαχήλ. καὶ ἦν τὸ ὄνομα τῆς παρθένου ἐκείνης |
| Asen. | 1 | 9 | κατεγγύηταί σοι καὶ αὐτὴ ἐστὶ βασίλισσα καὶ * καλὴ * σφόδρα; ταύτην λαβὲ σεαυτῷ εἰς γυναῖκα. καὶ ἦν |
| Asen. | 2 | 6 | σὺν τῇ Ἀσενὲθ καὶ ἠγάπα αὐτὰς πάνυ. καὶ ἦσαν * καλαὶ * σφόδρα ὡς τὰ ἄστρα τοῦ οὐρανοῦ καὶ ἀνὴρ οὐχ ὡμίλει |
| Asen. | 4 | 2 | ῥοαῖς καὶ τοῖς σύκοις διότι ἦσαν πάντα ὡραῖα καὶ * καλὰ * τῇ γεύσει. καὶ εἶπε Πεντεφρῆς τῇ θυγατρὶ αὐτοῦ |
| Asen. | 15 | 7 | ἡ μετάνοιά ἐστιν ἐν τοῖς οὐρανοῖς θυγάτηρ ὑψίστου * καλὴ * καὶ ἀγαθὴ σφόδρα. καὶ αὐτὴ ἐκλιπάρει τὸν θεὸν τὸν |
| Asen. | 15 | 8 | αὐτοῖς εἰς τὸν αἰῶνα χρόνον. καὶ ἔστιν ἡ μετάνοια * καλὴ * σφόδρα παρθένος καθαρὰ καὶ γελῶσα πάντοτε καὶ ἔστιν |
| Asen. | 15 | 14 | καὶ οἶσω σοι ἐκ τοῦ ταμιείου μου οἶνον παλαιὸν καὶ * καλὸν * οὗ ἡ πνοὴ αὐτοῦ ἐλεύσεται ἕως τοῦ οὐρανοῦ καὶ |
| Asen. | 18 | 2 | καὶ εὐτρέπισον τὴν οἰκίαν καὶ ἑτοίμασον δεῖπνον * καλὸν * ὅτι Ἰωσὴφ ὁ δυνατὸς τοῦ θεοῦ ἔρχεται πρὸς ἡμᾶς |
| Asen. | 22 | 7 | καὶ ἐθαμβήθη ἐπὶ τῷ κάλλει αὐτοῦ διότι ἦν Ἰακὼβ * καλὸς * τῷ εἴδει σφόδρα καὶ τὸ γῆρας αὐτοῦ ὥσπερ νεότης |

| | | | | | |
|---|---|---|---|---|---|
| Asen. | 24 | 10 | ἐπήνεσεν αὐτὸν Φαραὼ.ὁ πατήρ μου καὶ εἶπεν αὐτῷ | * καλῶς * | εἴρηκας τέκνον. λοιπὸν λαβὲ παρ' ἐμοῦ ἄνδρας |
| Jer. | 7 | 11 | φάσιν ἤνεγκε τῷ δικαίῳ. οὕτως καὶ σὺ ἆρον τὴν | * καλὴν * | φάσιν ταύτην τῷ Ἰερεμίᾳ καὶ τοῖς σὺν αὐτῷ |
| Bar. | 11 | 7 | ἀδελφὸς καὶ ὁ τὰς ἀποκαλύψεις διερμηνεύων τοῖς | * καλῶς * | τὸν βίον διερχομένοις. καὶ οὕτως ἀλλήλους |
| Bar. | 15 | 2 | τοῖς φίλοις ἡμῶν καὶ τοῖς ἐμπόνως ἐργασαμένοις τὰ | * καλὰ * | ἔργα. οἱ γὰρ καλῶς σπείραντες καὶ καλῶς |
| Bar. | 15 | 2 | καὶ τοῖς ἐμπόνως ἐργασαμένοις τὰ καλὰ ἔργα. οἱ γὰρ | * καλῶς * | σπείραντες καὶ καλῶς ἐπισυνάγουσιν. καὶ λέγει καὶ |
| Bar. | 15 | 2 | τὰ καλὰ ἔργα. οἱ γὰρ καλῶς σπείραντες καὶ | * καλῶς * | ἐπισυνάγουσιν. καὶ λέγει καὶ τοὺς ἀποκένους |
| Prop. | 16 | 1 | τὴν ἐπιστροφὴν τίκτεται ἐν Σωφᾶ καὶ ἔτι πάνυ νέος | * καλὸν * | βίον ἔσχηκε. καὶ ἐπειδὴ πᾶς ὁ λαὸς ἐτίμα αὐτὸν ὡς |
| Esdr. | 1 | 6 | δικάσασθαι τὸν θεὸν περὶ τὸ γένος τῶν Χριστιανῶν | * καλὸν * | μὴ γεννηθῆναι τὸν ἄνθρωπον ἢ εἰσελθεῖν ἐν τῷ |
| Esdr. | 1 | 21 | παρθένου τὸ τεῖχος τῶν ἀνθρώπων. καὶ εἶπεν Ἐσδρὰμ | * καλὸν * | τὸ μὴ γεννηθῆναι τὸν ἄνθρωπον καλὸν τὸ μὴ εἶναι ἐν |
| Esdr. | 1 | 21 | εἶπεν Ἐσδρὰμ καλὸν τὸ μὴ γεννηθῆναι τὸν ἄνθρωπον | * καλὸν * | τὸ μὴ εἶναι ἐν βίῳ τὰ ἄλογα κάλλιόν εἰσιν παρὰ τὸν |
| Esdr. | 1 | 22 | τὸν ἄνθρωπον καλὸν τὸ μὴ εἶναι ἐν βίῳ τὰ ἄλογα | * κάλλιόν * | εἰσιν παρὰ τὸν ἄνθρωπον ὅτι κόλασιν οὐκ ἔχουσιν |
| Esdr. | 5 | 9 | ἐκεῖ πολλὰς κρίσεις καὶ ἔκλαυσα πικρῶς καὶ εἶπον | * καλὸν * | τοῦ μὴ ἐξελθεῖν τὸν ἄνθρωπον ἐκ κοιλίας μητρὸς |
| Esdr. | 5 | 14 | ὑγιὴς εἰς τὴν γῆν. καὶ εἶπεν ὁ προφήτης κύριε εἰ | * καλὸν * | τοῦ μὴ γεννηθῆναι τὸν ἄνθρωπον οὐαὶ τὸ <γένος τὸ> |
| Sedr. | 3 | 1 | αὐτῷ ἡ φλὸξ τῆς θεότητος. καὶ λέγει αὐτὸν ὁ κύριος | * καλῶς * | ἦλθες ἀγαπητέ μου Σεδράχ τί δίκην ἔχεις πρὸς τὸν |
| Sedr. | 4 | 2 | πῦρ ἐστιν ἡ παίδευσίς σου πικροί εἰσιν κύριέ μου | * καλὸν * | ἦν τοῦ ἀνθρώπου εἰ οὐκ ἐγεννήθη τί τάχα ἐποίησας |
| Sedr. | 8 | 5 | τὸν Σεδρὰχ ἐρωτῶ σε ἕνα λόγον Σεδρὰχ ἐάν μοι εἴπῃς | * καλῶς * | με συμαχᾶ σε εἰ καί τινος ἐπείραζες τὸν πλάσαντά |
| Sedr. | 11 | 4 | κεφαλὴ ὅλου τοῦ σώματος κίνησις καλόπιστε καὶ | * καλλίστατε * | ἀπὸ πάντων φιλούμενον καὶ ἄρτι πεσὼν εἰς τὴν |
| Job | 7 | 6 | αὐτὸν τὸν Σατανᾶν, ἦρεν ἐκ τῶν ἑαυτῆς ἕνα ἄρτον | * καλὸν * | καὶ ἔδωκεν αὐτῷ. ὁ δὲ λαβὼν καὶ γνοὺς τὸ γεγονός, |
| Job | 7 | 8 | ἔκλαυσεν μετὰ λύπης μεγάλης ἡ παῖς λέγουσα ἀληθῶς | * καλῶς * | σὺ λέγεις εἶναί με κακὴν δούλην εἰ γὰρ μὴ ἤμην, |
| Job | 37 | 6 | τι οὐδέποτε βασιλεὺς ἀτιμάσει στρατιώτην ἴδιον | * καλῶς * | αὐτῷ δορυφοροῦντα ἢ τίς ποτε καταλήψεται τὰ βάθη |
| Job | 53 | 7 | μετὰ τρεῖς ἡμέρας ἐνέθεντο αὐτὸν εἰς τὸν τάφον ἐν | * καλῷ * | ὕπνῳ, λαβόντα ὄνομα ὀνομαστὸν ἐν πάσαις ταῖς |
| Aris. | 2 | 5 | κατασκευάζεται ψυχῆς καθαρὰ διάθεσις ἀναλαβοῦσα τὰ | * κάλλιστα * | καὶ πρὸς τὸ πάντων κυριώτατον νενευκυῖα τὴν |
| Aris. | 7 | 5 | ἀδελφῷ καθεστῶτι τὸν τρόπον ἀλλὰ καὶ τῇ πρὸς τὸ | * καλὸν * | ὁρμῇ τὸν αὐτὸν ὄντα ἡμῖν. χρυσοῦ γὰρ χάρις ἢ |
| Aris. | 18 | 4 | ποιήσει τῶν ἀξιουμένων ὃ γὰρ πρὸς δικαιοσύνην καὶ | * καλῶν * | ἔργων ἐπιμέλειαν ἐν ὁσιότητι νομίζουσιν ἄνθρωποι |
| Aris. | 23 | 2 | καὶ παρὰ τὴν τοῦ πατρὸς ἡμῶν βούλησιν καὶ παρὰ τὸ | * καλῶς * | ἔχον ᾐχμαλωτεῦσθαι τούτους διὰ δὲ τὴν στρατιωτικὴν |
| Aris. | 24 | 4 | καταδυναστευομένοις καὶ κατὰ πᾶν ἐκζητοῦντες τὸ | * καλῶς * | ἔχον πρός τε τὸ δίκαιον καὶ τὴν κατὰ πάντων |
| Aris. | 32 | 3 | τὸν ἐν Ἱεροσολύμοις ἀποστεῖλαι τοὺς μάλιστα | * καλῶς * | βεβιωκότας καὶ πρεσβυτέρους ὄντας ἄνδρας ἐμπείρους |
| Aris. | 39 | 1 | ἐν βιβλιοθήκῃ σὺν τοῖς ἄλλοις βασιλικοῖς βιβλίοις. | * καλῶς * | οὖν ποιήσεις καὶ τῆς ἡμετέρας σπουδῆς ἀξίως |
| Aris. | 39 | 2 | καὶ τῆς ἡμετέρας σπουδῆς ἀξίως ἐπιλεξάμενος ἄνδρας | * καλῶς * | βεβιωκότας πρεσβυτέρους ἐμπειρίαν ἔχοντας τοῦ |
| Aris. | 41 | 5 | καὶ ἡ βασίλισσα Ἀρσινόη ἡ ἀδελφὴ καὶ τὰ τέκνα | * καλῶς * | ἂν ἔχοι καὶ ὡς βουλόμεθα καὶ αὐτοὶ δὲ ὑγιαίνομεν. |
| Aris. | 42 | 2 | μεγάλως ἐχάρημεν διὰ τὴν προαίρεσίν σου καὶ τὴν | * καλὴν * | βουλὴν καὶ συναγαγόντες τὸ πᾶν πλῆθος παρανέγνωμεν |
| Aris. | 43 | 2 | τῶν τετιμημένων παρά σοι καὶ Ἀριστέας ἄνδρες | * καλοὶ * | καὶ ἀγαθοὶ καὶ παιδείᾳ διαφέροντες καὶ τῆς σῆς |
| Aris. | 46 | 2 | μεταγραφή. παρόντων δὲ πάντων ἐπελεξάμεθα ἄνδρας | * καλοὺς * | καὶ ἀγαθοὺς πρεσβυτέρους ἀφ' ἑκάστης φυλῆς ἓξ οὓς |
| Aris. | 46 | 3 | φυλῆς ἓξ οὓς καὶ ἀπεστείλαμεν ἔχοντας τὸν νόμον. | * καλῶς * | οὖν ποιήσεις βασιλεῦ δίκαιε προστάξας ὡς ἂν ἡ |
| Aris. | 55 | 5 | ἐσπάνιζε διόπερ οὐ παραβατέον οὐδὲ ὑπερθετέον τὰ | * καλῶς * | ἔχοντα. τῇ μὲν οὖν ποικιλίᾳ τῶν τεχνῶν ἐκέλευσεν |
| Aris. | 80 | 4 | γὰρ οὐ μικρὰν ἐποιεῖτο ὁ βασιλεὺς φιλοδοξῶν εἰς τὰ | * καλῶς * | ἔχοντα. πολλάκις γὰρ τὸν δημόσιον χρηματισμὸν |
| Aris. | 97 | 2 | κατέζωστο δὲ διαφόρῳ ζώνῃ διαπρεπεῖ διυφασμένῃ | * καλλίστοις * | χρώμασιν. ἐπὶ δὲ τοῦ στήθους φορεῖ τὸ |
| Aris. | 107 | 3 | δὲ ἐπινοήσαντες. τῆς γὰρ χώρας πολλῆς οὔσης καὶ | * καλῆς * | καί τινων μὲν πεδινῶν τῶν κατὰ τὴν Σαμαρεῖτιν |
| Aris. | 112 | 1 | τῆς γεωργίας πρόσφορα. παρεξέβημεν δὲ ταῦτα διὰ τὸ | * καλῶς * | ἡμῖν τὸν Ἐλεάζαρον ὑποδεδειχέναι τὰ προειρημένα. |
| Aris. | 113 | 1 | τε πολλὰ παμμιγῆ καὶ δαψιλὴς ἡ τούτων νομή. διὸ | * καλῶς * | ἔβλεψαν ὅτι πολυανθρωπίας οἱ τόποι προσδέονται καὶ |
| Aris. | 122 | 4 | εἶχον τὸ μέσον ἐζηλωκότες κατάστημα τοῦτο γὰρ | * κάλλιστόν * | ἐστιν ἀποτεθειμένοι τὸ τραχὺ καὶ βάρβαρον τῆς |
| Aris. | 125 | 1 | ἀγωγῇ καὶ φρονήσει παρ' ἑτέρους. μετείληφα γὰρ | * καλῶς * | αὐτὸν λέγειν ὅτι περὶ ἑαυτὸν ἔχων ἄνδρας δικαίους |
| Aris. | 127 | 1 | πολίταις ἐπανόρθωσιν ἐξαποστέλλειν αὐτούς. τὸ γὰρ | * καλῶς * | ζῆν ἐν τῷ τὰ νόμιμα συντηρεῖν εἶναι τοῦτο δὲ |
| Aris. | 150 | 4 | ἐστι τοῦ διαστέλλειν ἕκαστα τῶν πράξεων ἐπὶ τὸ | * καλῶς * | ἔχον ἡ γὰρ ἰσχὺς τῶν ὅλων σωμάτων μετ' ἐνεργείας |
| Aris. | 166 | 5 | αὐτοὶ παντάπασι τῷ τῆς ἀσεβείας μολυσμῷ. | * καλῶς * | δὲ ποιῶν ὁ βασιλεὺς ὑμῶν τοὺς τοιούτους ἀναιρεῖ |
| Aris. | 170 | 1 | τῶν ἀνθρώπων συναναστροφὴν δικαίαν. ἐμοὶ μὲν οὖν | * καλῶς * | ἐνόμιζε περὶ ἑκάστων ἀπολογεῖσθαι καὶ γὰρ ἐπὶ τῶν |
| Aris. | 181 | 3 | τῶν δὲ ἀσμενισάντων ἐκέλευσε καταλύματα δοθῆναι τὰ | * κάλλιστα * | πλησίον τῆς ἄκρας αὐτοῖς καὶ τὰ κατὰ τὸ |
| Aris. | 189 | 4 | <ὅτι> τὸ δίκαιον εἰ πρὸς ἅπαντας διατηροῖ (ἑαυτῷ) | * καλῶς * | τὰ ἕκαστα πράξει διαλαμβάνων ὅτι πᾶν ἐννόημα σαφές |
| Aris. | 195 | 2 | καὶ τοῦτον δὲ ἐπαινέσας εἶπε πρὸς τὸν ἐχόμενον τί | * κάλλιστον * | αὐτῷ πρὸς τὸ ζῆν ἂν εἴη; κἀκεῖνος ἔφη τὸ |
| Aris. | 195 | 4 | ὅτι θεὸς δυναστεύει τῶν ἁπάντων καὶ ἐπὶ τῶν | * καλλίστων * | πράξεων οὐκ αὐτοὶ κατευθύνομεν τὰ βουλευθέντα |
| Aris. | 196 | 1 | καὶ καθηγεῖται δυναστεύων. ἐπιφωνήσας δὲ καὶ τούτῳ | * καλῶς * | λέγειν τὸν ἕτερον ἠρώτα πῶς ἂν ἀκέραια συντηρήσας |
| Aris. | 198 | 1 | ἱκετεύειν ἀναγκαῖον. φιλοφρονηθεὶς δὲ καὶ τοῦτον | * καλῶς * | εἶπεν ἅπαντας ἀποφαίνεσθαι ἐπερωτήσας δὲ ἔτι ἕνα |
| Aris. | 199 | 4 | πρόθεσιν. τελειοῦται δὲ ὑπὸ τοῦ θεοῦ πάντα σοι | * καλῶς * | βουλευομένῳ βασιλεῦ συμφερόντως. ἐπιφωνησάντων δὲ |
| Aris. | 207 | 6 | τοὺς ὑποτεταγμένους καὶ τοὺς ἁμαρτάνοντας εἰ τοὺς | * καλοὺς * | καὶ ἀγαθοὺς τῶν ἀνθρώπων ἐπιεικέστερον νουθετοῖς |
| Aris. | 211 | 2 | εἶπε τίς ὅρος τοῦ βασιλεύειν ἐστίν; ὁ δὲ ἔφη τὸ | * καλῶς * | ἄρχειν ἑαυτοῦ καὶ μὴ τῷ πλούτῳ καὶ τῇ δόξῃ |
| Aris. | 211 | 4 | φερόμενον ὑπερήφανον καὶ ἄσχημόν τι ἐπιθυμῆσαι εἰ | * καλῶς * | λογίζοιο πάντα γάρ σοι πάρεστιν ὅσα δέον. ὁ θεὸς |
| Aris. | 212 | 2 | κατεπαινέσας δὲ αὐτὸν ἐπηρώτα τὸν ἕτερον πῶς ἂν τὰ | * κάλλιστα * | διαλογίζοιτο; ἀπεκρίθη δὲ ἐκεῖνος εἰ τὸ δίκαιον |
| Aris. | 216 | 5 | ἔχει θεὸς δὲ πάντα διαλογισμὸν καὶ πρᾶξιν ἐπὶ τὰ | * κάλλιστα * | τρεπομένην κατευθύνει καὶ ἐγρηγορότος καὶ ἐν |
| Aris. | 223 | 4 | κατὰ τὸ τῆς δόξης μέγεθος πλὴν ἐν πᾶσι μετριότης | * καλόν. * | ἃ δὲ ὁ θεὸς δίδωσι ταῦτα λαμβάνων σύνεχε τῶν δ' |
| Aris. | 225 | 6 | ἔχοις τὸ δὲ κεχαριτῶσθαι πρὸς πάντας ἀνθρώπους καὶ | * καλὸν * | δῶρον εἰληφέναι παρὰ θεοῦ τοῦτ' ἔστι κράτιστον. |
| Aris. | 228 | 6 | προσονομάσας ἴσον τῇ ψυχῇ τὸν φίλον. σὺ δὲ | * καλῶς * | ποιεῖς ἅπαντας ἀνθρώπους εἰς φιλίαν πρὸς ἑαυτὸν |
| Aris. | 234 | 1 | δέ σοι καθεστῶτι τούτων οὐδὲν ἂν προσέλθοι. | * καλῶς * | δὲ καὶ τοῦτον ἐπαινέσας τὸν δέκατον ἠρώτα τί |
| Aris. | 236 | 5 | κατασκευὴ διὰ θείας δυνάμεως ἐπιδέχεσθαι πᾶν τὸ | * καλὸν * | ἀποστρέφεσθαι δὲ τἀναντία. συνομολογήσας δὲ τὸν |
| Aris. | 238 | 4 | εἰ μὴ θεὸς τῆς διανοίας ἡγεμὼν γένοιτο πρὸς τὰ | * κάλλιστα. * | προσεπινεύσας δὲ τούτῳ τὸν ἑξῆς ἠρώτα πῶς ἂν |
| Aris. | 243 | 4 | μηδὲν κακὸν πεπραχέναι θεοῦ κατευθύνοντος εἰς τὸ | * καλῶς * | ἅπαντα βουλεύεσθαι. τούτῳ δὲ ἐπιφωνήσας πρὸς ἄλλον |
| Aris. | 245 | 1 | ἑτέρους δὲ δοξάζων εἰς τὸ τιμᾶσθαι προάγει. | * καλῶς * | δὲ καὶ τοῦτον ἀποδεξάμενος τὸν ἑξῆς ἀποκριθῆναι |
| Aris. | 247 | 1 | θεὸς δὲ τὴν διάνοιαν ἄξει σοι βασιλεῦ πρὸς τὰ | * κάλλιστα. * | ὁ δὲ βασιλεὺς συγκροτήσας πάντας τ' ἐπαινέσας |
| Aris. | 249 | 2 | πῶς ἂν φιλόπατρις εἴη; προτιθέμενος εἶπεν ὅτι | * καλὸν * | ἐν ἰδίᾳ καὶ ζῆν καὶ τελευτᾶν. ἡ δὲ ξενία τοῖς μὲν |
| Aris. | 255 | 1 | κατακολουθεῖν ἀναγκαῖόν ἐστί σε ἔφησεν ὦ βασιλεῦ. | * καλῶς * | δὲ ἀποκεκρίσθαι φήσας τοῦτον ἐπυνθάνετο τοῦ |
| Aris. | 255 | 2 | ἐπυνθάνετο τοῦ μετέπειτα τί ἐστιν εὐβουλία; τὸ | * καλῶς * | ἅπαντα πράσσειν ἀπεφήνατο μετὰ διαλογισμοῦ κατὰ |
| Aris. | 256 | 2 | καὶ τοῦτον εἰπὼν ἄλλον ἠρώτα τί ἐστι φιλοσοφία; τὸ | * καλῶς * | διαλογίζεσθαι πρὸς ἕκαστον τῶν συμβαινόντων |
| Aris. | 261 | 3 | σοι γίνεται μέγιστε βασιλεῦ καὶ ἐλπίδες ἐπὶ θεῷ | * καλαὶ * | κρατοῦντί σοι τῆς ἀρχῆς εὐσεβῶς. ὡς δὲ συνήκουσαν |
| Aris. | 270 | 8 | πέφυκε. σὺ δὲ πάντας εὐνόους ἔχεις θεοῦ σοι | * καλὴν * | βουλὴν διδόντος. σοφῶς δὲ αὐτὸν εἰπὼν ἀποκεκρίσθαι |
| Aris. | 272 | 3 | τί διαφυλάσσει χάριτα καὶ τιμήν; ὁ δὲ εἶπεν ἀρετή. | * καλῶν * | γὰρ ἔργων ἐστὶν ἐπιτέλεια τὸ δὲ κακὸν ἀποτρίβεται |
| Aris. | 276 | 5 | ἔχειν ὀξὺν καὶ δύνασθαι κρίνειν ἕκαστα θεοῦ δώρημα | * καλόν * | ἐστιν ὡς σὺ τοῦτο κέκτησαι βασιλεῦ. κρότῳ δὲ |
| Aris. | 280 | 1 | θείῳ προστάγματι κατακολουθῶν. εἰπὼν δὲ καὶ τοῦτον | * καλῶς * | λέγειν τὸν ἐχόμενον ἠρώτα τίνας δεῖ καθιστάνειν |
| Aris. | 287 | 2 | εὕροις τι τούτων οὗτοι γὰρ θεοφιλεῖς εἰσι πρὸς τὰ | * κάλλιστα * | πεπαιδευκότες τὰς διανοίας καθὼς καὶ σὺ τοῦτο |
| Aris. | 288 | 2 | δὲ ἐπὶ τοῖς εἰρημένοις ἐπυνθάνετο τοῦ μετέπειτα τί | * κάλλιστόν * | ἐστι τοῖς ὄχλοις ἐξ ἰδιώτου βασιλέα |
| Aris. | 298 | 4 | πάντα ἀναγράφεσθαι τὰ λεγόμενα καὶ πρασσόμενα | * καλῶς * | γινομένου καὶ συμφερόντως. τῇ γὰρ ἐπιούσῃ τὰ τῇ |
| Aris. | 301 | 7 | ἐπιτελεῖν παρόντων ὅσα πρὸς τὴν χρείαν ἔδει | * καλῶς. * | οἱ δὲ ἐπετέλουν ἕκαστα σύμφωνα ποιοῦντες πρὸς |
| Aris. | 306 | 5 | κακον πᾶσα γὰρ ἐνέργεια διὰ τῶν χειρῶν γίνεται | * καλῶς * | καὶ ὁσίως μεταφέροντες ἐπὶ τὴν δικαιοσύνην καὶ τὴν |
| Aris. | 310 | 3 | οἵ τε ἡγούμενοι τοῦ πλήθους εἶπον ἐπεὶ | * καλῶς * | καὶ ὁσίως διηρμήνευται καὶ κατὰ πᾶν ἠκριβωμένως |
| Aris. | 310 | 4 | καὶ ὁσίως διηρμήνευται καὶ κατὰ πᾶν ἠκριβωμένως | * καλῶς * | ἔχον ἐστὶν ἵνα διαμείνῃ ταῦθ' οὕτως ἔχοντα καὶ μὴ |
| Aris. | 311 | 4 | τὸ σύνολον τῶν γεγραμμένων ἢ ποιούμενος ἀφαίρεσιν | * καλῶς * | τοῦτο πράσσοντες ἵνα διὰ παντὸς ἀέννασ καὶ μένοντα |
| Aris. | 322 | 6 | ἵνα διαπορευόμενος αὐτὰ κομίζῃ τοῦ βουλήματος τὸ | * κάλλιστον * | ἔπαθλον. |
| Sib. | 3 | 220 | ἐστὶ δικαιοτάτων ἀνθρώπων οἷσιν ἀεὶ βουλή τ' ἀγαθὴ | * καλά * | τ' ἔργα μέμηλεν. οὔτε γὰρ ἠελίου κύκλιον δρόμον |
| Sib. | 3 | 623 | λευκοῦ τε γάλακτος καὶ σίτου ὅπερ ἐστὶ βροτοῖς | * κάλλιστον * | ἁπάντων. ἀλλὰ σὺ μὴ μέλλων βροτὲ ποικιλόμητι |
| Sib. | 4 | 109 | στήσῃ δὲ πάλιν πόλις ἱδρυνθεῖσα. ὦ Λυκίης Μύρα | * καλά * | σέ δ' οὔποτε βρασσομένη χθὼν στηρίξει πρηνὴς δὲ |
| Sib. | 5 | 235 | ὅλον τε κακὸν κατέκλυσσας καὶ διὰ σοῦ κόσμοιο | * καλαὶ * | πτύχες ἠλλάχθησαν. εἰς ἔριν ἡμετέρην τυχὸν ὕστατα |
| Sib. | 5 | 240 | ἀκτῖνος ὁμοσπόνδοιο προφητῶν γλῶσσα μελισταγέουσα | * καλὸν * | πόμα πᾶσι βροτοῖσιν φαῖνέ τε καὶ προὔβαλλε καὶ |
| Sib. | 5 | 259 | ὁ ἄριστος ὃς ἠέλιόν ποτε στήσει φωνήσας ῥήσει τε | * καλῇ * | καὶ χείλεσιν ἁγνοῖς. μηκέτι τείρεο θυμὸν ἐνὶ |
| Sib. | 5 | 263 | τε τέλος +πεποθημένον ἄγνος+ Ἰουδαίη χαρίεσσα | * καλὴ * | πόλις ἔνθεος ὕμνων. οὐκέτι βακχεύσει περὶ σὴν χθόνα |
| Sib. | 5 | 270 | ὅσοι καμάτους ὑπέμειναν πλείονα καὶ χαρίεντα | * +καλὸν * | ἄρξουσι+ δίκαιοι οἱ δὲ κακοὶ στείλαντες ἐπ' |
| Sib. | 5 | 290 | Σάρδεις αἰαῖ πολυήρατε Τράλλις αἰαῖ Λαοδίκεια | * καλὴ * | πόλι ὡς ἀπολεῖσθε σεισμοῖς ὀλλύμεναί τε καὶ εἰς |
| Sib. | 5 | 317 | Ἠριδανοῦ αἰώνιον ἐξαπολεῖται. αἰαῖ σοι +Κέρκυρα+ | * καλὴ * | πόλι παύεο κώμου. καὶ Ἱεράπολι γαῖα μόνη |
| Sib. | 5 | 416 | ἐν χερσὶν ὃ οἱ θεὸς ἐγγυάλιξεν καὶ πάντων ἐκράτησε | * καλῶς * | πᾶσίν τ' ἀπέδωκεν τοῖς ἀγαθοῖς τὸν πλοῦτον ὃν οἱ |
| Sib. | 5 | 423 | καὶ κόσμον κατέθηχ' ἅγιόν τ' --- ἐποίησεν ἔνσαρκον | * καλὸν * | περικαλλέα ἠδὲ ἔπλασσεν πολλοῖς ἐν σταδίοισι μέγαν |
| Sib. | 5 | 493 | ἱερέων τις ἐρεῖ λινόστολος ἀνὴρ δεῦτε θεοῦ τέμενος | * καλὸν * | στήσωμεν ἀληθοῦς δεῦτε τὸν ἐκ προγόνων δεινὸν |
| FEz. | 186 | 4 | ποιε.τε τον> λαον μου πλαν<ασθαι απο νομης της> | * καλης * | και πορευ<εσθαι εις τριβολους κ>αι ακανθας αντι |
| FPho. | | 14 | δ' ἐν πᾶσι φυλάσσειν. μέτρα νέμειν τὰ δίκαια | * καλὸν * | δ' ἐπίμετρον ἁπάντων. σταθμὸν μὴ κρούειν |
| FPho. | | 81 | ὄψε.. νικᾶν εὖ ἔρδοντας ἐπὶ πλεόνεσσι καθήκει. | * καλὸν * | ξεινίζειν ταχέως λιταῖσι τραπέζαις ἢ πλείσταις |
| FPho. | | 102 | δε.ξηις ἠελίωι καὶ δαιμόνιον χόλον ὕβρσης. οὐ | * καλὸν * | ἁρμονίην ἀναλυέμεν ἀνθρώποιο καὶ τάχα δ' ἐκ γαίης |
| IDip. | 5 121 | 3 | οὐκ εὐγνωμόνως ἔστι(ν) γὰρ ἔστιν εἰ δέ τις πράττει | * καλῶς * | κακὸς πεφυκὼς τὸν χρόνον κερδαινέτω χρόνῳ γὰρ |

HEup. 9 34 3 περὶ δὲ τῶν δεόντων καὶ ἀποστελλομένων σοι παίδων * καλῶς * ποιήσεις ἐπιστείλας τοῖς κατὰ τόπον ἐπάρχοις ὅπως
LEze. 9 29 6 01 εἶτ' ἐμφοβηθεὶς ἐξανίσταμ' ἐξ ὕπνου. ὦ ξένε * καλόν * σοι τοῦτ' ἐσήμηνεν θεὸς ζώην δ' ὅταν σοι ταῦτα
LAri. 8 10 4 πραγμάτων κατασκευάς. οἷς μὲν οὖν πάρεστι τὸ * καλῶς * νοεῖν θαυμάζουσι τὴν περὶ αὐτὸν σοφίαν καὶ τὸ
LAri. 8 10 9 καὶ τὰς ἐνεργείας ἐν ταῖς χερσὶν εἶναι. διόπερ * καλῶς * ὁ νομοθέτης ἐπὶ τὸ μεγαλεῖον μετενήνοχε λέγων τὰς
LAri. 8 10 9 τὰς συντελείας χεῖρας εἶναι θεοῦ. στάσις δὲ θεία * καλῶς * ἂν λέγοιτο κατὰ τὸ μεγαλεῖον ἡ τοῦ κόσμου
LAri. 13 12 8 θεοῦ διαλήψεις ὁσίας ἔχειν ὃ μάλιστα παρακελεύεται * καλῶς * ἡ καθ' ἡμᾶς αἵρεσις. ἡ δὲ τοῦ νόμου κατασκευὴ πᾶσα
LAri. 13 12 11 καταστήσονται δι' ὅλου τοῦ βίου. σαφέστερον δὲ καὶ * κάλλιον * τῶν ἡμετέρων προγόνων τις εἶπε Σολομῶν αὐτὴν πρὸ

καλοφροσύνη 1
Aris. 274 2 οὐ γὰρ διαλείπεις ἐπανορθῶν ἅπαντας τοῦ θεοῦ σοι * καλοφροσύνην * δεδωκότος. ἐπισημήνας δὲ κρότῳ πάντας

κάλυμμα 1
TJud. 14 5 Θαμὰρ καὶ ἐποίησα ἁμαρτίαν μεγάλην καὶ ἀνεκάλυψα * κάλυμμα * ἀκαθαρσίας υἱῶν μου. πιὼν οἶνον οὐκ αἰσχύνθην

κάλυξ 1
Asen. 18 9 τὰ χείλη αὐτῆς ὡς ῥόδον ζωῆς <ἐξερχόμενον ἐκ τῆς * κάλυκος * αὐτοῦ καὶ οἱ ὀδόντες αὐτῆς ὡς πολεμισταὶ

καλύπτω 14
Adam 20 4 ἐγένετο. ἐγὼ δὲ ἐζήτουν ἐν τῷ μέρει μου φύλλα ὅπως * καλύψω * τὴν αἰσχύνην μου καὶ οὐχ εὗρον. ἅπαντα γὰρ τὰ
Adam 33 4 καὶ ἐνεφύσων αὐτά. καὶ ἡ ἀτμὶς τοῦ θυμιάματος * ἐκάλυψεν * τὰ στερεώματα. καὶ προσέπεσαν οἱ ἄγγελοι τῷ θεῷ
Hen. 14 13 χιὼν καὶ πᾶσα τροφὴ ζωῆς οὐκ ἦν ἐν αὐτῷ φόβος με * ἐκάλυψεν * καὶ τρόμος με ἔλαβεν. καὶ ἤμην σειόμενος καὶ
TLevi 18 2B027 ἀναφέρειν ἡλισμένα τὴν κεφαλὴν ἀνάφερε πρῶτον καὶ * κάλυπτε * αὐτὴν τῷ στέατι καὶ μὴ ὀπτανέσθω τὸ αἷμα ἐπὶ τῆς
TLevi 18 2B056 καὶ ὃ ἐὰν ἐν οἴκῳ +ουσης+ σεαυτὸν πᾶν κρέας φαγεῖν * κάλυπτε * τὸ αἷμα αὐτοῦ τῇ γῇ πρῶτον πρὶν ἢ φαγεῖν σε ἀπὸ
Aris. 87 5 καθηκόντως τὸ κλίμα τῶν λειτουργούντων ἱερέων * κεκαλυμμένων * μέχρι τῶν σφυρῶν βυσσίνοις χιτῶσιν. ὁ δὲ
Sib. 4 53 θεοῖο αὐτῇσιν πολίεσσι καὶ ἀνθρώποισιν ἅπασιν γῆν * ἐκάλυψε * θάλασσα κατακλυσμοῖο ῥαγέντος. οὓς Μῆδοι
Sib. 4 91 δ' ἀπολοῦνται. καὶ Σάμον ἄμμος ἅπασαν ὑπ' ἠιόνεσσι * καλύψει * Δῆλος δ' οὐκέτι δῆλος ἄδηλα δὲ πάντα τὰ Δήλου.
Sib. 4 185 δυσσεβίῃσιν ἥμαρτον τοὺς δ' αὖτε χυτὴ κατὰ γαῖα * καλύψει * Τάρταρά τ' εὐρώεντα μυχοί στύγιοί τε γεέννης.
FEz. 187 17 νυν υμ< >ται απο του ν< μο>χθηρων και< >χωρας< >ης * καλυπ< * >γειναι ε<
IDip. 5 121 1 Νικήρατε τρυφῆς ἁπάσης μεταλαβόντας ἐν βίῳ καὶ γῆν * καλύψειν * ὡς ἀπὸ τοῦ πάντ' εἰς χρόνον πεφευγέναι τὸ θεῖον
IDip. 5 121 1 δικαίων ἑτέραν δὲ ἀσεβῶν εἶναι ὁδόν. εἰ τοὺς δύω * καλύψει * ἡ γῆ τῷ παντὶ χρόνῳ εἰ γὰρ δίκαιος κἀσεβής
FrAn. 1 226 25 κ< - Ιωση>φ μνησθεις του Ιακ<ωβ - - τη>ν γην * εκαλυψε< * - - το>ν λιμον ευθυν< - Φα>ραω επι του Ιω<σηφ -
FrAn. 1 226 36 - αν>τιστας δε τη πρεσβεια τ< - >την ευχην εξελ< * εκαλ>υπτον * οι δεκα α<δ>ελ<φοι - - Ιωσ>ηφ τοτε

καλῴδιον 1
FAch. 111 οἱ δὲ βαστάζοντες ἀνίπταντο εἰς τὸν ἀέρα δεδεμένοι * καλῳδίοις * δεδεμένοι δὲ ὑπήκοοι ἦσαν τοῖς παισὶν πρὸς τὸ

Καμάρινα 2
Sib. 3 736 ὥστε μὴ ἐξ ὁσίης γαίης πέλεται Μεγάλοιο. μὴ κίνει * Καμάριναν * ἀκίνητος γὰρ ἀμείνων πάρδαλιν ἐκ κοίτης μή τοι
HAno. 9 17 3 τὴν γῆν. δεκάτῃ δὲ γενεᾷ ἐν πόλει τῆς Βαβυλωνίας * Καμαρίνῃ * ἥν τινας λέγειν πόλιν Οὐρίην εἶναι δὲ

καματηρός 1
Sedr. 11 5 ἄγνωστος γίνεται. ὦ χεῖρες εὔκρατοι καλοδιδακτοὶ * καματηροὶ * δι' ἃς τὸ σκεῦος τρέφεται ὦ χεῖρες εὔστοχοι

κάματος 9
Adam 9 2 αὐτὸ ὅτι δι' ἐμὲ τοῦτό σοι γέγονεν δι' ἐμὲ ἐν * καμάτοις * τυγχάνεις. εἶπε δὲ Ἀδὰμ τῇ Εὔᾳ ἀνάστα καὶ
Adam 24 2 τοῦ προσώπου σου φάγει τὸν ἄρτον σου. ἔσει δὲ ἐν * καμάτοις * πολυτρόποις. καμῇ καὶ μὴ ἀναπαύσῃ. θλιβεὶς ἀπὸ
Adam 25 1 τοῦ ὄφεως καὶ παρήκουσας τὴν ἐντολήν μου ἔσει ἐν * καμάτοις * καὶ ἐν πόνοις ἀφορήτοις. τέξει τέκνα ἐν πολλοῖς
Abr.2 7 10 ὅτι ἔλαβον τὸ φῶς τοῦ οἴκου σου ἀνελήφθη γὰρ ἀπὸ * καμάτου * εἰς ἀνάπαυσιν αἴρουσιν αὐτὸν ἀπὸ ταπεινώσεως εἰς
TIss. 3 5 τοῦτο τριάκοντα ἐτῶν ἔλαβον ἐμαυτῷ γυναῖκα ὅτι ὁ * κάματος * κατήσθιε τὴν ἰσχύν μου καὶ οὐκ ἐνενόουν ἡδονὴν
Sib. 5 229 καὶ κακόβουλε κακὰς περικείμενε κῆρας ἀρχὴ καὶ * καμάτοιο * καὶ ἀνθρώποις μέγα τέρμα βλαπτομένης κτίσεως
Sib. 5 244 ῥαμφὴ καὶ πένθος ἐλεύσεται ἤματι κείνῳ. ἀρχὴ καὶ * καμάτοιο * καὶ ἀνθρώποις μέγα τέρμα βλαπτομένης κτίσεως
Sib. 5 269 καὶ εὐχαῖς ἐν θεοτίμοις ἐκ μικρᾶς στενότητος ὅσοι * καμάτους * ὑπέμειναν πλείονα καὶ χαρίεντα +καλὸν ἄρξουσι+
FPho. 162 γεηπονίην μεθέπειν μακραὶ τοι ἄρουραι. οὐδὲν ἄνευ * καμάτου * πέλει ἀνδράσιν εὐπετὲς ἔργον οὐδ' αὐτοῖς

κάμηλος 6
Job 9 4 ὀκτακόσιοι φυλάσσοντές μου τὸν οἶκον εἶχον δὲ * καμήλους * ἐννακισχιλίους, καὶ ἐξ αὐτῶν ἐξελεξάμην
Job 16 3 ταγέντα εἰς ἔνδυσιν τῶν χηρῶν, καὶ τὰς τρισχιλίας * καμήλους * καὶ τὰς πεντακοσίας ὄνους καὶ τὰ πεντακόσια
Job 25 4 νυνὶ καταλλάσσει τὴν τρίχα αὐτῆς ἀντὶ ἄρτων. ἧς αἱ * κάμηλοι * γεγομωμέναι ἀγαθῶν ἀπέφερον εἰς τὰς χώρας τοῖς
Job 32 2 ἡ δόξα τοῦ θρόνου σου; σὺ εἶ ὁ τὰς τρισχιλίας * καμήλους * ἐκτάξας εἰς μεταφορὰν τῶν ἀγαθῶν τοῖς πένησιν
HAri. 9 25 2 κτήσασθαι γὰρ αὐτὸν πρόβατα μὲν ἑπτακισχίλια * καμήλους * δὲ τρισχιλίας ζεύγη βοῶν πεντακόσια ὄνους
HAri. 9 25 3 σὺν τοῖς ποιμέσι μετ' οὐ πολὺ δὲ καὶ τὰς * καμήλους * ὑπὸ λῃστῶν ἀπελαθῆναι εἶτα τὰ τέκνα αὐτοῦ

καμιναῖος 1
LEze. 9 29 12 05 πλῆθος καὶ σκνίπας ἐμβαλῶ χθονί. ἔπειτα τέφραν οἷς * καμιναίαν * πάσω ἀναβρυήσει δ' ἐν βροτοῖς ἕλκη πικρά.

κάμινος 3
Hen. 98 3 <καὶ σφαγὴν> μεγάλην τ<ὰ πνεύματα ὑμῶν εἰς τὴν * κάμινον * τοῦ πυρὸς ἐμβληθήσεται.> ---ἐπὶ τὴν <γῆν οὐκ
Jer. 6 20 ὁ ἐξαγαγὼν ἡμᾶς ἐκ γῆς Αἰγύπτου ἐκ τῆς μεγάλης * καμίνου * ὅτι οὐκ ἐφυλάξατε τὰ δικαιώματά μου ἀλλὰ ὑψώθη ἡ
Jer. 6 21 ἐνώπιόν μου ἐν ὀργῇ καὶ θυμῷ παρέδωκα ὑμᾶς τῇ * καμίνῳ * εἰς Βαβυλῶνα. ἐὰν οὖν ἀκούσητε τῆς φωνῆς μου

καμμύω 1
Job 40 4 ἀναστήσομαι δὴ καὶ εἰσελεύσομαι εἰς τὴν πόλιν καὶ * καμμύσω * ὀλίγον καὶ ἀνακτήσομαι πρὸ τῆς ὑπουργείας τῆς

κάμνω 14
Adam 13 2 ἀρχάγγελον. καὶ εἶπεν αὐτῷ Σὴθ ἄνθρωπε τοῦ θεοῦ μὴ * κάμῃς * εὐχόμενος ἐπὶ τῇ ἱκεσίᾳ ταύτῃ περὶ τοῦ ξύλου ἐν ᾧ
Adam 24 2 τὸν ἄρτον σου. ἔσει δὲ ἐν καμάτοις πολυτρόποις. * καμῇ * καὶ μὴ ἀναπαύσῃ. θλιβεὶς ἀπὸ πικρίας καὶ μὴ γεύσει
Abr.2 2 12 λέγων ἄπαγε κτῆνος ἵνα καθίσῃ ἐπ' αὐτῷ ὁ ξένος ὅτι * ἔκαμεν * ἐν τῇ ὁδῷ. ἀπεκρίθη Μιχαὴλ καὶ εἶπεν μὴ σκύλου τὸ
TIss. 3 6 ἔχαιρεν ἐπὶ τῇ ἁπλότητί μου ὁ πατήρ μου. εἴ τι γὰρ * ἔκαμνον * πᾶσαν ὀπώραν καὶ πᾶν πρωτογένημα πρῶτον διὰ τοῦ
Asen. 11 1 τοῦ ἐδάφους καὶ τῆς τέφρας οὗ ἦν ἐπικειμένη ὅτι ἦν * κεκμηκυῖα * σφόδρα καὶ παρειμένη τοῖς μέλεσι διὰ τὴν
Asen. 11 1C καὶ κατέπασε τέφραν ἐπάνω τῆς κεφαλῆς αὐτῆς. καὶ * ἔκαμεν * Ἀσενὲθ καὶ ὠλιγοψύχησε καὶ ἐξέλιπε τῇ δυνάμει
Job 39 11 ἀπῆλθον εἰς τὸ σκάπτειν, ἐγὼ δὲ ἐκώλυσα λέγων μὴ * κάμητε * εἰκῇ, οὐ γὰρ εὑρήσετε τὰ παιδία μου ἐπειδὴ
Sib. 3 3 λίτομαι παναληθέα φημίξασαν παῦσον βαιόν με * κέκμηκε * γὰρ ἔνδοθεν ἦτορ. ἀλλὰ τί μοι κραδίη πάλι
Sib. 3 285 μεγάλοιο θεοῦ ἀγνοῖσι νόμοισιν ὁππότε σεῖο * καμὸν * ὀρθὸν γόνυ πρὸς φάος ἄρῃ. καὶ τότε δὴ θεὸς
Sib. 3 588 ἠδ' ἐλέφαντος καὶ ξυλίνων λιθίνων τε θεῶν εἴδωλα * καμόντων * πήλινα μιλτόχριστα ζῳογραφίας τυποειδεῖς
Sib. 5 44 ἐπὶ δῆριν ἐῷαν μοῖραν ἀεικελίην οὐ φεύξεται ἀλλὰ * καμεῖται * ὃν κόνις ἀλλοτρίη κρύψει νέκυν ἀλλὰ Νεμείης
Sib. 5 98 σὸν ὄλεθρον+. καὶ τότ' ἔσῃ πόλεων πολύολβος πολλὰ * καμοῦσα. * κλαύσεται Ἀσὶς ὅλη δώρων χάριν ὧν ἀπὸ σεῖο
FPho. 171 ἄτρυτοι φῦλον δ' ὀλίγον τελέθει πολύμοχθον. * κάμνει * δ' ἠεροφοῖτις ἀριστοπόνος τε μέλισσα ἠὲ πέτρης
HArt. 9 27 31 τὰ σώματα. τῶν δὲ ἰατρῶν μὴ δυναμένων ἰᾶσθαι τοὺς * κάμνοντας * οὕτως πάλιν ἀνέσεως τυχεῖν τοὺς Ἰουδαίους.

Καμπανός 1
Sib. 3 475 τοκῆα. Θρήικες δὲ Κρόβυζοι ἀναστήσονται ἀν' Αἷμον. * Καμπανοῖς * ἄραβος πέλεται διὰ τὸν +πολύκαρπον+ λιμὸν

κάμπη 1
Bar. 16 3 ἐπὶ ἔθνει ἀσυνέτῳ. ἔτι σὺν τούτοις ἐξαποστείλατε * κάμπην * καὶ βροῦχον ἐρυσίβην καὶ ἀκρίδα χάλαζαν μετ'

κάμπτω 2
Sib. 3 616 ἐποχεῖται ἐπ' εὐρέα νῶτα θαλάσσης. καὶ τότε δὴ * κάμψουσι * θεῷ μεγάλῳ βασιλῆι ἀθανάτῳ γόνυ λευκὸν ἐπὶ
FrAn. 1 226 38 οι δεκα α<δ>ελ<φοι - - Ιωσ>ηφ τοτε προσκυνουν< - - * >καμπτουσιν * αυτω τον< - - >την του σιτου τιμην< -

κανίσκιον 3
Bar. 12 1 τῷ ὁμιλεῖν με αὐτοῖς ἰδοὺ ἦλθον ἄγγελοι φέροντες * κανίσκια * γέμοντα ἀνθῶν καὶ ἔδωκαν αὐτὰ πρὸς τὸν Μιχαήλ.
Bar. 12 6 τῶν δικαίων. καὶ εἶδον ἑτέρους ἀγγέλους φέροντας * κανίσκια * κενὰ οὐ γέμοντα. καὶ ἤρχοντο λυπούμενοι καὶ οὐκ
Bar. 15 2 ἔλαιον. καὶ τοὺς ἀγγέλους τοὺς ἐνεγκόντας τὰ * κανίσκια * πλήρη ἐπλήρωσεν αὐτὰ ἐλαίῳ λέγων ἀπενέγκατε

κανίσκος 2
Bar. 12 4 ἐπὶ τῶν ἐξουσιῶν. καὶ λαβὼν ὁ ἀρχάγγελος τοὺς * κανίσκους * ἔβαλεν αὐτοὺς εἰς τὴν φιάλην. καὶ λέγει μοι ὁ
Bar. 15 3 καὶ λέγει καὶ τοὺς ἀποκένους φέροντας τοὺς * κανίσκους * δεῦτε καὶ ὑμεῖς ἀπολάβετε τὸν μισθὸν καθὼς

κανονίζω 1
Aris. 168 4 βραχὺ διεξελθεῖν προσυπεδειξαμέν σοι διότι πάντα * κεκανόνισται * πρὸς δικαιοσύνην καὶ οὐδὲν εἰκῇ

κανών 2
TNep. 2 3 ἐκ τοῦ ἑνὸς τρίτον τριχὸς σταθμῷ γὰρ καὶ μέτρῳ καὶ * κανόνι * πᾶσα κτίσις ὑψίστου. καὶ καθάπερ οἶδεν ὁ κεραμεὺς
Aris. 2 6 νενευκυῖα τὴν εὐσέβειαν ἀπλανεῖ κεχρημένη * κανόνι * διοικεῖ. τὴν προαίρεσιν ἔχοντες ἡμεῖς πρὸς τὸ

καπνίζω 3
Prop. 4 21 τέρας ἐν ὄρεσι τοῖς ὑπεράνω Βαβυλῶνος ὅτι ὅτε * καπνισθήσεται * τὸ ἐκ βορρᾶ ἥξει τὸ τέλος Βαβυλῶνος ὅτε δὲ
Sedr. 6 6 καὶ ἰδὼν ὁ πατὴρ ὅτι ἐγκατέλιπεν αὐτὸν ὁ υἱὸς * καπνίζεται * ἡ καρδία αὐτοῦ. καὶ ἀπελθὼν ὁ πατὴρ λαμβάνει
Sib. 3 506 ἥξει πληγὴ καὶ φοβερὰ αἰώνιος +ἐξαλαπάξει+ καὶ σε * καπνιζομένην * πᾶσα χθὼν ὄψεται αὖτις κοὔ σε δι' αἰῶνος

καπνός 2
TLevi 18 2B023 εἴρηκέν μοι ἐπὶ τὸν βωμὸν προσφέρε<ιν> ὧν ἐστιν ὁ * καπνὸς * αὐτῶν ἡδὺς ἀναβαίνων. καὶ ταῦτα τὰ ὀνόματα αὐτῶν
Sedr. 5 5 τίς δύναται πολεμεῖν ἀθεώρητον πνεῦμα; αὐτὸς δὲ ὡς * καπνὸς * εἰσέρχεται εἰς τὰς καρδίας τῶν ἀνθρώπων <καὶ>

Καππαδόκης 1
Sib. 3 517 Μαύρων τ' Αἰθιόπων τε καὶ ἐθνῶν βαρβαροφώνων * Καππαδοκῶν * τ' Ἀράβων τε τί δὴ κατὰ μοῖραν ἕκαστον

| | | | | | |
|---|---|---|---|---|---|
| Καππάδοξ | | | | 1 | |
| TSIm. | 6 | 3 | οὐκ ἔσται τῷ Ἀμαλὴκ καὶ ἀπολοῦνται πάντες οἱ | * Καππάδοκες * | καὶ πάντες οἱ Χετταῖοι ἐξολοθρευθήσονται. |
| Κάρ | | | | 6 | |
| SIb. | 3 | 170 | ἄλλων νήσων Παμφύλων τε γένος Περσῶν τε Φρυγῶν τε | * Καρῶν * | καὶ Μυσῶν Λυδῶν τε γένος πολυχρύσων. αὐτὰρ ἔπειθ' |
| SIb. | 3 | 209 | ἥξει πάσῃ τ' Αἰγύπτῳ Λιβύῃ τ' ἠδ' Αἰθιόπεσσιν | * Καρσί * | τε Παμφύλοις τε κακὸν +μετακινηθῆναι+ καὶ πάντεσσι |
| SIb. | 3 | 472 | ἵξεται ἀνὴρ τῆμος Λαοδίκεια καταπρηνὴς ἐριποῦσα | * Καρῶν * | ἀγλαὸν ἄστυ Λύκου παρὰ θέσκελον ὕδωρ σιγήσεις |
| SIb. | 4 | 90 | αὐχήσουσιν ἔσται καὶ Θήβῃσι κακὴ μετόπισθεν ἅλωσις | * Κᾶρες * | δ' οἰκήσουσι Τύρον Τύριοι δ' ἀπολοῦνται. καὶ Σάμον |
| SIb. | 4 | 149 | εἰς Ἀσίην τότε δ' ἔσται ὑπέρκτησις πολέμοιο. | * Καρῶν * | δὲ πτολίεθρα παρ' ὕδασι Μαιάνδροιο ὅσσα |
| SIb. | 5 | 288 | τλήμων Ἀσίη κατοδύρομαι οἰκτρῶς καὶ γένος Ἰώνων | * Καρῶν * | Λυδῶν πολυχρύσων. αἰαῖ ‹σοι› Σάρδεις αἰαῖ |
| κάρα | | | | 1 | |
| LEze. 9 | 29 | 16 19 | κατ' αὐχένων κροκωτίνοις μαλλοῖσιν εὐτρεπίζετο. | * κάρα * | δὲ κοττοῖς ἡμέροις παρεμφερὲς καὶ μηλίνῃ μὲν τῇ |
| καρδία | | | | 140 | |
| Adam | 3 | 3 | ἀρχαγγέλῳ αὐτοῦ. Ἀδὰμ δὲ ἐφύλαξεν τὸ ῥῆμα ἐν τῇ | * καρδίᾳ * | αὐτοῦ μετ' αὐτοῦ καὶ ἡ Εὔα ἔχοντες τὴν λύπην περὶ |
| Adam | 13 | 5 | ἐνώπιον αὐτοῦ ὅτι ἀρθήσεται ἀπ' αὐτῶν ἡ | * καρδία * | ἡ πονηρὰ καὶ δοθήσεται αὐτοῖς καρδία συνετιζομένη |
| Adam | 13 | 5 | ἀπ' αὐτῶν ἡ καρδία ἡ πονηρὰ καὶ δοθήσεται αὐτοῖς | * καρδία * | συνετιζομένη τὸ ἀγαθὸν καὶ λατρεύειν θεῷ μόνῳ. σὺ |
| Adam | 26 | 1 | ἀχάριστον ἕως ἂν πλανήσῃς τοὺς παρειμένους τῇ | * καρδίᾳ * | ἐπικατάρατος σὺ ἐκ πάντων τῶν κτηνῶν. στερηθήσει |
| Hen. | 14 | 2 | ὁ μέγας τοῖς ἀνθρώποις λαλεῖν ἐν αὐτοῖς καὶ νοήσει | * καρδίας * | ὃς ἔκτισεν καὶ ἔδωκεν ἐλέγξασθαι ἐγρηγόρους τοὺς |
| Hen. | 98 | 7 | μὴ ὑπολάβητε τῇ ψυχῇ ὑμῶν μηδὲ ὑπολάβητε τῇ | * καρδίᾳ * | ὑμῶν ὅτι οὐ γινώσκουσιν οὐδὲ βλέπουσιν οὐδὲ τὰ |
| Hen. | 98 | 11 | πνεύμασιν ὑμῶν.› οὐαὶ ὑμῖν οἱ σκληροτράχηλοι τῇ | * καρδίᾳ * | ποιοῦντες τὸ κα‹κὸν καὶ ἔσθοντες αἷμα πόθ›εν ὑμῖν |
| Hen. | 99 | 8 | ‹ἀπ'› αὐτῶν. καὶ πλανηθήσονται ἐν ἀφροσύνῃ τῆς | * καρδίας * | αὐτῶν καὶ τὰ ὁράματα τῶν ἐνυπνίων |
| Hen. | 101 | 5 | εἰς τὴν θάλασσαν καὶ ὑποπτεύουσιν ἐν τῇ | * καρδίᾳ * | αὐτῶν ὅτι ἡ ‹θάλασσα κα›ταπίεται αὐτοὺς καὶ ἐν |
| Hen. | 104 | 9 | τὰς ἁμαρτίας ὑμῶν πάσας. μὴ πλανᾶσθε τῇ | * καρδίᾳ * | ὑμῶν μηδὲ ψεύδεσθε μηδὲ ἐξαλλοιώσητε τοὺς λόγους |
| Abr.1 | 3 | 12 | ἔκρυψεν τοῖς πᾶσι τὸ μυστήριον μόνον ἔχων ἐν τῇ | * καρδίᾳ * | αὐτοῦ. ‹εἶπεν δὲ Ἀβραὰμ πρὸς Ἰσαὰκ τὸν υἱὸν |
| Abr.1 | 4 | 8 | τὸν Ἰσαὰκ καὶ ῥίψω τὴν μνήμην τοῦ θανάτου εἰς τὴν | * καρδίαν * | τοῦ Ἰσαὰκ ὡς ἐν ὁράματι ἵνα καὶ αὐτὸς ἐν ὀνείρῳ |
| Abr.1 | 5 | 6 | ἔρριψε δὲ ὁ θεὸς τὴν μνήμην τοῦ θανάτου εἰς τὴν | * καρδίαν * | Ἰσαὰκ ὡς ἐν ὀνείροις περὶ ὥραν τρίτην τῆς |
| Abr.1 | 6 | 6 | πόδας αὐτοῦ ἐν τῇ λεκάνῃ τοῦ νιπτῆρος εἶπον ἐν τῇ | * καρδίᾳ * | μου οὗτοι οἱ πόδες ἐκ τῶν τριῶν ἀνδρῶν εἰσὶν οὓς |
| Abr.1 | 9 | 4 | ᾐτησάμην παρά σου ἐποίησας καὶ ἔδωκάς μοι κατὰ τῆς | * καρδίας * | μου καὶ πᾶσαν τὴν βουλήν μου ἐπλήρωσας καὶ νῦν |
| Abr.2 | 3 | 4 | ἐνώπιον αὐτοῦ καὶ ἔκρυψεν τὸ μυστήριον ἐν τῇ | * καρδίᾳ * | αὐτοῦ λέγων ἄρα τί ἐστιν τὸ μυστήριον τοῦτο; ὅτε |
| Abr.2 | 4 | 11 | ἀποστεῖλαι τὴν μνήμην τοῦ θανάτου Ἀβραὰμ ἐν τῇ | * καρδίᾳ * | αὐτοῦ ἵνα εἰδῇ Ἀβραὰμ ἑαυτῷ καὶ μὴ ἐγὼ αὐτῷ εἴπω |
| Abr.2 | 4 | 16 | ῥίψον δὲ τὴν μνήμην τοῦ θανάτου Ἀβραὰμ εἰς τὴν | * καρδίαν * | τοῦ υἱοῦ αὐτοῦ Ἰσαὰκ κατ' ὄναρ. τότε Μιχαὴλ |
| Abr.2 | 6 | 13 | κἀγὼ τοὺς πόδας αὐτῶν ἔπλυνα καὶ ἐγνώρισα ἐν τῇ | * καρδίᾳ * | μου ὅτι οὗτοί εἰσιν οἱ πόδες οὓς ἔπλυνα ὑπὸ τῶν |
| TRub. | 1 | 4 | ἀδελφοῖς μου καὶ τοῖς τέκνοις μου ὅσα ἔχω ἐν τῇ | * καρδίᾳ * | μου κρυπτὰ ἐκλιπὼν γὰρ ἐγώ εἰμι ἀπὸ τοῦ νῦν. καὶ |
| TRub. | 3 | 6 | μεθ' ἧς κλοπὴ καὶ γριπίσματα ἵνα ποιήσῃ φιληδονίαν | * καρδίας * | αὐτοῦ ἡ γὰρ ἀδικία συνεργεῖ τοῖς λοιποῖς |
| TRub. | 4 | 1 | τὰς πράξεις αὐτῶν ἀλλὰ πορεύεσθε ἐν ἁπλότητι | * καρδίας * | ἐν φόβῳ κυρίου καὶ μοχθοῦντες ἐν ἔργοις καὶ |
| TRub. | 5 | 3 | τῷ πνεύματι τῆς πορνείας ὑπὲρ τὸν ἄνθρωπον καὶ ἐν | * καρδίᾳ * | μηχανῶνται κατὰ τῶν ἀνθρώπων καὶ διὰ τῆς |
| TRub. | 6 | 10 | αὐτοῦ καὶ πρὸς τὸν Λευὶ ἐγγίσατε ἐν ταπεινώσει | * καρδίας * | ἵνα δέξησθε εὐλογίαν ἐκ τοῦ στόματος αὐτοῦ. |
| TSIm. | 2 | 1 | ἀκούσατε Συμεὼν τοῦ πατρὸς ὑμῶν ὅσα ἔχω ἐν τῇ | * καρδίᾳ * | μου. ἐγὼ ἐγεννήθην ἐξ Ἰακὼβ τοῦ πατρός μου υἱὸς |
| TSIm. | 2 | 4 | πρᾶξιν οὐδὲ ἐφοβήθην ἀπὸ παντὸς πράγματος. ἡ γὰρ | * καρδία * | μου ἦν σκληρὰ καὶ τὰ ἥπατά μου ἀκίνητα καὶ τὰ |
| TSIm. | 4 | 5 | καὶ πορεύεσθε ἐν ἁπλότητι ψυχῆς καὶ ἐν ἀγαθῇ | * καρδίᾳ * | ἐννοοῦντες τὸν πατράδελφον ὑμῶν ἵνα δώῃ καὶ ὑμῖν |
| TSIm. | 4 | 7 | ἀγαπήσατε ἕκαστος τὸν ἀδελφὸν αὐτοῦ ἐν ἀγαθῇ | * καρδίᾳ * | καὶ ἀποστήσατε ἀφ' ὑμῶν τὸ πνεῦμα τοῦ φθόνου ὅτι |
| TSIm. | 5 | 2 | τὸ πρόσωπον δηλοῖ. καὶ νῦν τέκνα μου ἀγαθύνατε τὰς | * καρδίας * | ὑμῶν ἐνώπιον κυρίου καὶ εὐθύνατε τὰς ὁδοὺς ὑμῶν |
| TLevi | 2 | 3B005 | καὶ ηὐξάμην καὶ εἶπα κύριε γινώσκεις πάσας τὰς | * καρδίας * | καὶ πάντας τοὺς διαλογισμοὺς ἐννοιῶν σὺ μόνος |
| TLevi | 2 | 3B014 | τὴν ἀνομίαν ἀπὸ προσώπου τῆς γῆς καθάρισον τὴν | * καρδίαν * | μου δέσποτα ἀπὸ πάσης ἀκαθαρσίας καὶ προσάρωμαι |
| TLevi | 6 | 2 | Ἀβιλὰ καὶ συνετήρουν τοὺς λόγους τούτους ἐν τῇ | * καρδίᾳ * | μου. ἐγὼ συνεβούλευσα τῷ πατρί μου καὶ Ῥουβὴμ τῷ |
| TLevi | 8 | 19 | ὅμοιον ἐκείνου ἐστίν. καὶ ἔκρυψα καίγε τοῦτο ἐν τῇ | * καρδίᾳ * | μου καὶ οὐκ ἀνήγγειλα αὐτὸ παντὶ ἀνθρώπῳ ἐπὶ τῆς |
| TLevi | 13 | 1 | ὑμῖν ἵνα φοβεῖσθε τὸν κύριον ἡμῶν ἐξ ὅλης | * καρδίας * | καὶ πορεύεσθε ἐν ἁπλότητι κατὰ πάντα τὸν νόμον |
| TLevi | 18 | 2B048 | μου καὶ μὴ ἀποστήτωσαν οἱ λόγοι μου οὗτοι ἀπὸ τῆς | * καρδίας * | σου ἐν πάσαις ταῖς ἡμέραις σου ὅτι ἱερεὺς σὺ |
| TJud. | 11 | 1 | ἀλλὰ τὸ διαβούλιον τῆς νεότητος ἐτύφλωσε τὴν | * καρδίαν * | μου. καὶ ἰδὼν αὐτὴν οἰνοχοοῦσαν ἐν μέθῃ οἴνου |
| TJud. | 13 | 2 | μηδὲ ἐν ἐνθυμήσεσι διαβουλίων ὑμῶν ἐν ὑπερηφανίᾳ | * καρδίας * | ὑμῶν καὶ μὴ καυχᾶσθε ἐν ἔργοις ἰσχύος νεότητος |
| TJud. | 13 | 6 | διέστρεψέ μου τοὺς ὀφθαλμοὺς καὶ ἠμαύρωσέ μου τὴν | * καρδίαν * | ἡ ἡδονή. καὶ ἐρασθεὶς αὐτῆς συνέπεσα καὶ παρέβην |
| TJud. | 13 | 8 | καὶ ἀνταπέδωκέ μοι κύριος κατὰ τὸ διαβούλιον τῆς | * καρδίας * | μου ὅτι οὐκ ηὐφράνθην ἐπὶ τοῖς τέκνοις αὐτῆς. |
| TJud. | 20 | 5 | πάντων καὶ ἐμπεπύρισται ὁ ἁμαρτήσας ἐκ τῆς ἰδίας | * καρδίας * | καὶ ἆραι πρόσωπον οὐ δύναται πρὸς τὸν κριτήν. |
| TJud. | 23 | 5 | αὐτῶν. καὶ ὡς ἂν ἐπιστρέψητε πρὸς κύριον ἐν τελείᾳ | * καρδίᾳ * | μεταμελούμενοι καὶ πορευόμενοι ἐν πάσαις ταῖς |
| TIss. | 3 | 1 | ὅτε οὖν ἡδρύνθην τέκνα μου ἐπορευόμην ἐν εὐθύτητι | * καρδίας * | καὶ ἐγενόμην γεωργὸς τῶν πατέρων μου καὶ τῶν |
| TIss. | 3 | 8 | θλιβομένῳ παρεῖχον τῆς γῆς τὰ ἀγαθὰ ἐν ἁπλότητι | * καρδίας. * | καὶ νῦν ἀκούσατέ μου τέκνα καὶ πορεύεσθε ἐν |
| TIss. | 4 | 1 | νῦν ἀκούσατέ μου τέκνα καὶ πορεύεσθε ἐν ἁπλότητι | * καρδίας * | ὅτι εἶδον ἐν αὐτῇ πᾶσαν εὐαρέστησιν κυρίου. ὁ |
| TIss. | 7 | 4 | τοῦ πλησίον οὐκ ἐπόθησα δόλος οὐκ ἐγένετο ἐν | * καρδίᾳ * | μου ψεῦδος οὐκ ἀνῆλθε διὰ τῶν χειλέων μου. παντὶ |
| TIss. | 7 | 7 | οὐρανοῦ συμπορευόμενον τοῖς ἀνθρώποις ἐν ἁπλότητι | * καρδίας. * | καὶ ἐνετείλατο αὐτοῖς ὅπως ἀναγάγωσιν αὐτὸν ἐν |
| TZab. | 2 | 5 | ἔκλαιε δὲ καὶ Ἰωσὴφ κἀγὼ σὺν αὐτῷ καὶ ἐβόμβει ἡ | * καρδία * | μου καὶ οἱ ἁρμοὶ τοῦ σώματός μου ἐξέστησαν καὶ |
| TZab. | 7 | 2 | ἐλεᾶτε καὶ παρέχετε παντὶ ἀνθρώπῳ ἐν ἀγαθῇ | * καρδίᾳ. * | εἰ δὲ μὴ ἔχετε πρὸς καιρὸν δοῦναι τῷ χρῄζοντι |
| TDan | 1 | 3 | ῥήμασι στόματος τοῦ πατρὸς ὑμῶν. ἐπείρασα ἐν | * καρδίᾳ * | μου καὶ ἐν πάσῃ τῇ ζωῇ μου ὅτι καλὸν θεῷ καὶ |
| TDan | 1 | 4 | ἐκδιδάσκει. ὁμολογῶ σήμερον ὑμῖν τέκνα μου ὅτι ἐν | * καρδίᾳ * | μου ἡδόμην περὶ τοῦ θανάτου Ἰωσὴφ ἀνδρὸς |
| TDan | 2 | 5 | τίνι δὲ περιβάλλει τοὺς ὀφθαλμοὺς αὐτοῦ; ἐν μίσει | * καρδίας * | καὶ δίδωσιν αὐτῷ καρδίαν ἰδίαν κατὰ τοῦ ἀδελφοῦ |
| TDan | 2 | 5 | ὀφθαλμοὺς αὐτοῦ; ἐν μίσει καρδίας καὶ δίδωσιν αὐτῷ | * καρδίαν * | ἰδίαν κατὰ τοῦ ἀδελφοῦ εἰς φθόνον. πονηρὸς ὁ |
| TDan | 5 | 3 | κύριον ἐν πάσῃ τῇ ζωῇ ὑμῶν καὶ ἀλλήλους ἐν ἀληθινῇ | * καρδίᾳ. * | οἶδα γὰρ ὅτι ἐν ἐσχάταις ἡμέραις ἀποστήσεσθε τοῦ |
| TDan | 5 | 11 | λάβῃ ἀπὸ τοῦ Βελιὰρ ψυχὰς ἁγίων καὶ ἐπιστρέψει | * καρδίας * | ἀπειθεῖς πρὸς κύριον καὶ δώσει τοῖς |
| TNep. | 2 | 6 | ὡς ἡ προαίρεσις αὐτοῦ οὕτω καὶ ἡ πρᾶξις αὐτοῦ ὡς ἡ | * καρδία * | αὐτοῦ οὕτω καὶ τὸ στόμα αὐτοῦ ὡς ὁ ὀφθαλμὸς αὐτοῦ |
| TNep. | 2 | 8 | συνάπτει τῇ κεφαλῇ καὶ τρίχας πρὸς δόξαν εἶτα | * καρδίαν * | εἰς φρόνησιν κοιλίαν εἰς διάκρισιν στομάχου |
| TNep. | 3 | 1 | ἀπατᾶν τὰς ψυχὰς ὑμῶν ὅτι σιωπῶντες ἐν καθαρότητι | * καρδίας * | συνήσετε τὸ θέλημα τοῦ θεοῦ κρατεῖν καὶ |
| TGad | 5 | 1 | καὶ πᾶσαν πλεονεξίαν κακῶν καὶ ἰοῦ διαβολικοῦ τὴν | * καρδίαν * | πληροῖ. καὶ ταῦτα ἐκ πείρας λέγω ὑμῖν τέκνα μου |
| TGad | 5 | 3 | οὐχ ὑπὸ ἄλλου καταγινωσκόμενος ἀλλ' ὑπὸ τῆς ἰδίας | * καρδίας * | ὅτι κύριος ἐπισκέπτει τὸ διαβούλιον αὐτοῦ. οὐ |
| TGad | 6 | 1 | τὸν ἀδελφὸν αὐτοῦ καὶ ἐξάρατε τὸ μῖσος ἀπὸ τῶν | * καρδιῶν * | ὑμῶν ἀγαπῶντες ἀλλήλους ἐν ἔργῳ καὶ λόγῳ καὶ |
| TGad | 6 | 3 | μου τοῦ ἀνελεῖν αὐτόν. ἀγαπᾶτε οὖν ἀλλήλους ἀπὸ | * καρδίας * | καὶ ἐὰν ἁμάρτῃ εἰς σε εἰπὲ αὐτῷ ἐν εἰρήνῃ |
| TGad | 6 | 7 | καὶ ἐνίσταται τῇ κακίᾳ καὶ οὕτως ἄφες αὐτῷ ἀπὸ | * καρδίας * | καὶ δὸς τῷ θεῷ τὴν ἐκδίκησιν. ἐάν τις ὑπὲρ ὑμᾶς |
| TGad | 7 | 7 | τῶν ψυχῶν ὑμῶν καὶ ἀγαπᾶτε ἀλλήλους ἐν εὐθύτητι | * καρδίας. * | εἴπατε δὲ καὶ ὑμεῖς ταῦτα τοῖς τέκνοις ὑμῶν |
| TJos. | 7 | 1 | τοῦ μὴ ποιῆσαι ἔτι τὴν ἀσέβειαν ταύτην. ὅτι δὲ ἡ | * καρδία * | αὐτῆς ἐνέκειτο εἰς ἐμὲ πρὸς ἀκολασίαν στενάζουσα |
| TJos. | 7 | 2 | αὐτὴν τί συνέπεσε τὸ πρόσωπόν σου; ἡ δὲ εἶπε πόνον | * καρδίας * | ἐγὼ ἀλγῶ καὶ οἱ στεναγμοὶ τοῦ πνεύματός μου |
| TJos. | 10 | 2 | τὴν ἁγνείαν μετέλθητε ἐν ὑπομονῇ καὶ ταπεινώσει | * καρδίας * | κύριος κατοικήσει ἐν ὑμῖν ὅτι ἠγάπησε τὴν |
| TJos. | 10 | 5 | πῶς ἠγάπησέ με ὁ πατήρ μου καὶ οὐχ ὑψούμην ἐν τῇ | * καρδίᾳ * | μου. καίπερ νήπιος ὢν εἶχον τὸν φόβον τοῦ θεοῦ ἐν |
| TJos. | 17 | 3 | γὰρ ὁ θεὸς ἐπὶ ὁμονοίᾳ ἀδελφῶν καὶ ἐπὶ προαιρέσει | * καρδίας * | εὐδοκιμούσης εἰς ἀγάπην. καὶ ὅτε ἦλθον οἱ |
| TBen. | 8 | 2 | ὁρᾷ γυναῖκα εἰς πορνείαν οὐ γὰρ ἔχει μιασμὸν ἐν | * καρδίᾳ * | ὅτι ἀναπαύεται ἐν αὐτῷ τὸ πνεῦμα τοῦ θεοῦ. ὥσπερ |
| Asen. | 6 | 1 | φόβον μέγαν. καὶ ἀνεστέναξε καὶ εἶπεν ἐν τῇ | * καρδίᾳ * | αὐτῆς τί νῦν ἐγὼ ποιήσω ἡ ταλαίπωρος; οὐχὶ |
| Asen. | 11 | 3 | ἑπτὰ νυξὶ τῆς ταπεινώσεως αὐτῆς. καὶ εἶπεν ἐν τῇ | * καρδίᾳ * | αὐτῆς τὸ στόμα μὴ ἀνοίξασα τί ποιήσω ἐγὼ ἡ |
| Asen. | 11 | 15 | αὐτῆς καὶ τὸ στῆθος αὐτῆς πολλάκις καὶ εἶπεν ἐν τῇ | * καρδίᾳ * | αὐτῆς οὐκ ἀνοίξασα τὸ στόμα αὐτῆς ταλαίπωρος ἐγὼ |
| Asen. | 23 | 8 | ἐλάλησεν αὐτοῖς. καὶ εἶδε Λευὶς τὴν ἐνθύμησιν τῆς | * καρδίας * | αὐτοῦ διότι ἦν Λευὶς ἀνὴρ προφήτης καὶ ἐθεώρει |
| Asen. | 23 | 8 | αὐτοῦ καὶ ἀνεγίνωσκε ‹τὰ γεγραμμένα› ἐν τῇ | * καρδίᾳ * | τῶν ἀνθρώπων. καὶ ἐπάτησε Λευὶς τῷ ποδὶ αὐτοῦ τὸν |
| Asen. | 23 | 10 | οὐκ ἦν ἐν αὐτῷ οὐδὲ ἐλαχίστη ἀλλ'› ἐν πραότητι | * καρδίας * | ‹εἶπε πρὸς αὐτὸν› ἵνα τί λαλεῖ ὁ κύριος ἡμῶν |
| Sal. | 1 | 3 | μου ὅτι ἐπλήσθην δικαιοσύνης. ἐλογισάμην ἐν | * καρδίᾳ * | μου ὅτι ἐπλήσθην δικαιοσύνης ἐν τῷ εὐθηνῆσαί με |
| Sal. | 2 | 15 | ἐπὶ τούτοις ἐγὼ δικαιώσω σε ὁ θεὸς ἐν εὐθύτητι | * καρδίας * | ὅτι ἐν τοῖς κρίμασίν σου ἡ δικαιοσύνη σου ὁ |
| Sal. | 3 | 2 | αὐτοῦ ὅτι ἀγαθὸς ψαλμὸς τῷ θεῷ ἐξ ἀγαθῆς | * καρδίας. * | δίκαιοι μνημονεύουσιν διὰ παντὸς τοῦ κυρίου ἐν |
| Sal. | 4 | 1 | ἵνα τί σὺ βέβηλε κάθησαι ἐν συνεδρίῳ ὁσίων καὶ ἡ | * καρδία * | σου μακρὰν ἀφέστηκεν ἀπὸ τοῦ κυρίου ἐν |
| Sal. | 6 | 1 | ἡμῶν. ἐν ἐλπίδι τῷ Σαλωμων. μακάριος ἀνὴρ οὗ ἡ | * καρδία * | αὐτοῦ ἑτοίμη ἐπικαλέσασθαι τὸ ὄνομα κυρίου ἐν τῷ |
| Sal. | 6 | 4 | καὶ ηὐλόγησεν τῷ ὀνόματι κυρίου ἐπ' εὐσταθείᾳ | * καρδίας * | αὐτοῦ ἐξύμνησεν τῷ ὀνόματι τοῦ θεοῦ αὐτοῦ καὶ |
| Sal. | 8 | 3 | πολλοῦ φερομένου δι' ἐρήμου. καὶ εἶπα ‹ἐν› τῇ | * καρδίᾳ * | μου ποῦ ἄρα κρινεῖ αὐτὸν ὁ θεός; φωνὴν ἤκουσα εἰς |
| Sal. | 8 | 5 | ὀσφύς μου ἀπὸ ἀκοῆς παρελύθη γόνατά μου ἐφοβήθη ἡ | * καρδία * | μου ἐταράχθη τὰ ὀστᾶ μου ὡς λίνον. εἶπα |
| Sal. | 14 | 8 | γνωσταὶ ἐνώπιον αὐτοῦ διὰ παντὸς καὶ ταμιεῖα | * καρδίας * | ἐπίσταται πρὸ τοῦ γενέσθαι. διὰ τοῦτο ἡ |
| Sal. | 15 | 3 | ὀνόματί σου; ψαλμὸν καινὸν μετὰ ᾠδῆς ἐν εὐφροσύνῃ | * καρδίας * | καρπὸν χειλέων ἐν ὀργάνῳ ἡρμοσμένῳ γλώσσης |
| Sal. | 15 | 3 | ἐν ὀργάνῳ ἡρμοσμένῳ γλώσσης ἀπαρχὴν χειλέων ἀπὸ | * καρδίας * | ὁσίας καὶ δικαίας ὁ ποιῶν ταῦτα οὐ σαλευθήσεται |
| Sal. | 16 | 6 | ἔλεός σου ἀπ' ἐμοῦ ὁ θεὸς μηδὲ τὴν μνήμην σου ἀπὸ | * καρδίας * | μου ἕως θανάτου. ἐπικράτησόν μου ὁ θεὸς ἀπὸ |
| Sal. | 17 | 13 | ἀλλοτριότητι ὁ ἐχθρὸς ἐποίησεν ὑπερηφανίαν καὶ ἡ | * καρδία * | αὐτοῦ ἀλλοτρία ἀπὸ τοῦ θεοῦ ἡμῶν. καὶ πάντα ὅσα |
| Sal. | 17 | 25 | ἀπὸ προσώπου αὐτοῦ καὶ ἐλέγξαι ἁμαρτωλοὺς ἐν λόγῳ | * καρδίας * | αὐτῶν. καὶ συνάξει λαὸν ἅγιον οὗ ἀφηγήσεται ἐν |
| Jer. | 2 | 5 | τοῦ σχίσαι τὰ ἱμάτιά σου ἀλλὰ μᾶλλον σχίσωμεν τὰς | * καρδίας * | ἡμῶν καὶ μὴ ἀντλήσωμεν ὕδωρ ἐπὶ τὰς ποτίστρας |
| Jer. | 6 | 3 | μισθαποδοσίαν τοῖς ἀγαπῶσί σε. ἑτοίμασον σεαυτὴν ἡ | * καρδία * | μου καὶ εὐφραίνου καὶ ἀγάλλου ἐν τῷ σκηνώματί σου |

Jer. 6 10 τῆς φωνῆς τῶν δούλων σου καὶ γενοῦ γνῶσις ἐν τῇ * καρδίᾳ * ἡμῶν. τί ποιήσωμεν καὶ πῶς ἀποστείλωμεν πρὸς
Jer. 6 21 ὅτι οὐκ ἐφυλάξατε τὰ δικαιώματά μου ἀλλὰ ὑψώθη ἡ * καρδία * ὑμῶν καὶ ἐτραχηλιάσατε ἐνώπιόν μου ἐν ὀργῇ καὶ
Prop. 4 9 διὰ τοῦτο καὶ ὁ Ναβουχοδονόσορ μετὰ τὴν πέψιν ἐν * καρδίᾳ * ἀνθρωπίνῃ γενόμενος ἔκλαιε καὶ ἠξίου κύριον πᾶσαν
Sedr. 5 5 πνεῦμα; αὐτὸς δὲ ὡς καπνὸς εἰσέρχεται εἰς τὰς * καρδίας * τῶν ἀνθρώπων ⟨καὶ⟩ διδάσκει αὐτοὺς πᾶσαν
Sedr. 6 6 ὁ πατὴρ ὅτι ἐγκατέλιπεν αὐτὸν ὁ υἱὸς καπνίζεται ἡ * καρδία * αὐτοῦ. καὶ ἀπελθὼν ὁ πατὴρ λαμβάνει τὴν οὐσίαν
Sedr. 10 2 ὅτι χορηγεῖται ἐν μέσῳ τῶν πνευμόνων σου καὶ τῆς * καρδίας * σου ⟨καὶ⟩ ἔστι διεσπορισμένη εἰς πάντα τὰ μέλη
Sedr. 10 4 τοῦ χωρισθῆναι ἀπὸ τοῦ σώματος καὶ ἀποσπασθῆναι τῇ * καρδίᾳ. * ταῦτα πάντα ἀκούσας ὁ Σεδρὰχ καὶ ἐνθυμηθεὶς τοῦ
Sedr. 15 5 ⟨οἱ δὲ ἁμαρτωλοὶ οὐ σωθήσονται⟩ ὅτι εἰσὶν αἱ * καρδίαι * αὐτῶν ὡς λίθος σαθρὸς οὗτοί εἰσιν οἱ πορεύοντες
Job 12 1 μου. καὶ εἴ ποτέ μοι ἤρχετο ἀνὴρ ἱλαρὸς τὴν * καρδίαν * λέγων οὔτε ἐγὼ εὐπορῶ ἐπικουρῆσαι τοῖς πένησιν
Job 15 9 τοῦ θεοῦ, μήπως οἱ υἱοί μου ἐνενοήσαντο κακὰ ἐν τῇ * καρδίᾳ * αὐτῶν πρὸς τὸν θεόν. ἐμοῦ δὲ τοῦτο ποιοῦντος ἐν
Job 17 1 οὐκ ἐβλασφήμησα. τότε ὁ διάβολος ἐγνωκώς μου τὴν * καρδίαν * κατεμηχανήσατό με καὶ μετασχηματισθεὶς εἰς
Job 23 11 περιπατῶν κεκρυμμένως, καὶ ἐπλαγίαζεν αὐτῆς τὴν * καρδίαν. * ἅμα τε ἤγγισεν ἡ γυνή μου ἀνακράξασα μετὰ
Job 24 6 καὶ διαμερίζω σοί τε καὶ ἐμοί, ἐννοουμένη ἐν τῇ * καρδίᾳ * μου ὅτι οὐκ ἀρκετὸν εἶναί σε ἐν πόνοις, ἀλλὰ καὶ
Job 24 8 ἐξελθεῖν εἰς τὴν ἀγοράν, +εἰ κατανύγομαι ἐν τῇ * καρδίᾳ * μου ὅτι οὐκ ἀρκετὸν πράττειν+ δὸς τὸ ἀργύριον καὶ
Job 25 10 τῶν εἰρημένων, συντόμως λέγω σοι ἐπὶ ἀσθενείᾳ τῆς * καρδίας * μου συνετρίβη μου τὰ ὀστᾶ ἀνάστηθι σύ, λαβὼν
Job 35 4 ἵνα γνῶμεν ἐν τίνι ἐστὶν μήτι ἄρα ἐξέστη αὐτοῦ ἡ * καρδία, * μήτι ἄρα μνήσκεται αὐτοῦ τῆς εὐδαιμονίας τῆς
Job 36 2 εἶπον αὐτῷ ναί. καὶ εἶπεν ἄρα ἐν τῷ καθεστηκότι ἡ * καρδία * σου; κἀγὼ εἶπον ὅτι ἐν μὲν τοῖς γηΐνοις οὐ
Job 36 3 ἐν αὐτῇ ἐν δὲ τοῖς ἐπουρανίοις συνέστηκεν ἡ * καρδία * μου διότι οὐχ ὑπάρχει ἐν οὐρανῷ ταραχή. ὑπολαβὼν
Job 36 6 ἀποκριθῇς μοι εὐσταθῶς, δῆλον ὅτι γνωσόμεθα ὅτι ἡ * καρδία * σου οὐκ ἐξίσταται. καὶ πάλιν εἶπεν ἐπὶ τίνος σὺ
Job 38 1 εἶπον ἔστιν μὲν φρόνησις ἐν ἐμοί, καὶ συνέστηκεν ἡ * καρδία * μου διά τί οὖν μὴ λαλήσω τὰ μεγαλεῖα τοῦ κυρίου;
Job 38 3 ἐν γῇ καὶ σποδῷ; ἵνα οὖν γνῶτε ὅτι συνέστηκεν ἡ * καρδία * μου ἀκούσατε ὃ ἐπερωτῶ ὑμᾶς. διὰ στόματος ἡ τροφὴ
Job 43 11 ὁ θυμὸς ἔσται αὐτῷ εἰς σκήνωμα οὐκ ἔχει ἔλεος ἐν * καρδίᾳ * αὐτοῦ οὐδὲ εἰρήνην ἐν τῷ σώματι αὐτοῦ ἰὸν ἀσπίδων
Job 43 15 ἐγκωμίων. χαιρέτωσαν οἱ ἅγιοι, ἀγαλλιάσθωσαν ἐν * καρδίᾳ, * ὅτι ἀπείληφαν τὴν δόξαν ἣν προσεδόκησαν. ἦρται ἡ
Job 47 8 διὰ κυρίου ὡς οὐδὲν ὅλως πεπονθὼς ἀλλὰ καὶ τῶν ἐν * καρδίᾳ * ὀδυνῶν λήθην ἔσχον ὁ δὲ κύριος ἐλάλησέν μοι ἐν
Job 48 2 σπάρτην καθὼς εἶπεν ὁ πατὴρ καὶ ἀνέλαβεν ἄλλην * καρδίαν, * μηκέτι τὰ τῆς γῆς φρονεῖν, ἀπεφθέγξατο δὲ τῇ
Job 49 1 καὶ τότε ἡ Κασία περιεζώσατο καὶ ἔσχεν τὴν * καρδίαν * ἀλλοιωθεῖσαν ὡς μηκέτι ἐνθυμεῖσθαι τὰ κοσμικὰ
Job 50 2 ἐν τῇ διαλέκτῳ τῶν ἐν ὕψει, ἐπεὶ καὶ αὐτῆς ἡ * καρδία * ἠλλοιοῦτο ἀφισταμένη ἀπὸ τῶν κοσμικῶν λελάληκεν
Aris. 17 6 καὶ ποικίλως ἐπεκαλούμην τὸν κυριεύοντα κατὰ * καρδίαν * ἵνα συναναγκασθῇ καθὼς ἠξίουν ἐπιτελέσαι μεγάλην
Sib. 3 4 βαιόν με κέκμηκε γὰρ ἔνδοθεν ἦτορ. ἀλλά τί μοι * κραδίη * πάλι πάλλεται ἠδέ γε θυμὸς τυπτόμενος μάστιγι
Sib. 5 111 κρίσις ἔσται ὑπ᾽ ἀφθίτου ἀνθρώποισιν. αἰαῖ σοι * κραδίη * δειλή τί με ταῦτ᾽ ἐρεθίζεις δηλοῦν Αἰγύπτῳ
FEll. 1 34 8 ἃ ὀφθαλμὸς οὐκ εἶδεν καὶ οὖς οὐκ ἤκουσεν καὶ ἐπὶ * καρδίαν * ἀνθρώπου οὐκ ἀνέβη ὅσα ἡτοίμασεν ὁ θεὸς τοῖς
FEll. 10 94 4 ἣν ὀφθαλμὸς οὐκ εἶδεν οὐδὲ οὖς ἤκουσεν οὐδὲ ἐπὶ * καρδίαν * ἀνθρώπου ἀνέβη καὶ χαρήσονται ἐπὶ τῇ βασιλείᾳ
FIsa. 1 9 βασάνοις ἀπαλλαγήσομαι. κατοικήσει ὁ Σατανᾶς ἐν * ⟨καρδίᾳ⟩ * Μανασσῆ πρισθήσομαι ὑπ᾽ αὐτοῦ πρίωνι ξυλίνῳ εἰς
FIsa. 1 3 11 καὶ τῶν προφητῶν. καὶ ἐκάθισεν Βελιὰρ ἐν τῇ * καρ⟨δ⟩ίᾳ * τοῦ Μανασσῆ καὶ ἐν τῇ καρδίᾳ τῶν ἀρχόντων
FIsa. 1 3 11 Βελιὰρ ἐν τῇ καρ⟨δ⟩ίᾳ τοῦ Μανασσῆ καὶ ἐν τῇ * καρδίᾳ * τῶν ἀρχόντων Ἰούδα καὶ Βενιαμεὶν καὶ τῶν
FMan. 2 22 14 καὶ πληθύνας προσοχθίσματα. καὶ νῦν κλίνω γόνυ * καρδίας * μου δεόμενος τῆς παρὰ σοῦ χρηστότητος ἡμάρτηκα
FEz. 1 8 3 σάκκου καὶ ἐπιστραφῆτε πρός με ἐξ ὅλης τῆς * καρδίας * καὶ εἴπητε πάτερ ἐπακούσομαι ὑμῶν ὡς λαοῦ ἁγίου.
FEz. 187 4 ⟩ως ο κ⟨ ⟩ιν π⟨ ⟩ληθην⟨ ε⟩στιν τω δεδουλευ⟨μενω * ⟩καρδια * καθαρα κα⟨ι ⟩ται επι κν τον θν⟨ ⟩αι τα
FPho. 48 ἀδελφειοί τε συναίμοις. μὴ δ᾽ ἕτερον κεύθῃς * κραδίῃ * νόον ἄλλ᾽ ἀγορεύων μηδ᾽ ὡς πετροφυὴς πολύπους
ISop. 5 113 2 τε χαροπὸν οἶδμα καὶ ἀνέμων βίαν. θνητοὶ δὲ πολλοὶ * καρδίαν * πλανώμενοι ἱδρυσάμεσθα πημάτων παραψυχὴν θεῶν
ISop. 5 111 6 οὔτε δαιτὸς οὔτε χέρνιβος θιγὼν πρὸς λέκτρον ἥει * καρδίαν * ὡδαγμένος ὅλην δ᾽ ἐκείνην εὐφρόνην ἐθόρνυτο.
IOrp. 7 εἰς δὲ λόγον θεῖον βλέψας τούτῳ προσέδρευε ἰθύνων * κραδίης * νοερὸν κύτος εὖ δ᾽ ἐπίβαινε ἀτραπιτοῦ μοῦνον δ᾽
IMen. 5 120 2 δίκαιος ὢν μὴ λαμπρὸς ὢν ταῖς χλαμύσιν ὡς τῇ * καρδίᾳ. * +βροντῆς ἐὰν+ ἀκούσῃς μὴ φύγῃς μη⟨δὲν⟩ συνειδὼς
LEze. 9 29 12 09 ταῦτ᾽ ἔσται πάλιν λοιμὸς θανοῦνται δ᾽ οἷς ἔνεστι * καρδία * σκληρά. πικράνω δ᾽ οὐρανὸν χάλαζα νῦν σὺν πυρὶ
FrAn. 2 11 2 ταλαίπωροί εἰσιν οἱ δίψυχοι οἱ διστάζοντες τῇ * καρδίᾳ * οἱ λέγοντες ταῦτα πάλαι ἠκούσαμεν καὶ ἐπὶ τῶν
FrAn. 2 10 ἔσχεν ἔπειτα ἀπολήψεται τὰ ἀγαθά. θυσία τῷ κυρίῳ * καρδία * συντετριμμένη ὀσμὴ εὐωδίας τῷ κυρίῳ καρδία
FrAn. 2 10 κυρίῳ καρδία συντετριμμένη ὀσμὴ εὐωδίας τῷ κυρίῳ * καρδία * δοξάζουσα τὸν πεπλακότα αὐτήν. οὐ τὰ νῦν σάββατα
FrAn. 1 217 25 καὶ ῥαπίσας αὐτὸν μετρίως εἰπέ. μὴ δίσταζε ἐν τῇ * καρδίᾳ * σου μηδὲ ἀπίστει τῷ θεῷ διὰ τῆς γραφῆς λέγοντι ὁ
FrAn. 574 3046 ἧς ὅτι ὁρκίζω σε θεὸν φωσφόρον ἀδάμαστον τὸν τὰ ἐν * καρδίᾳ * πάσης ζωῆς ἐπιστάμενον τὸν χουοπλάστην τοῦ γένους

κάρηνον 1
Sib. 3 521 ἔθνος ἐπέλθῃ πολλὰ μὲν ἐκλεκτῶν ἀνδρῶν ὀλέσειε * κάρηνα * πολλὰ δὲ πίονα μῆλα βροτῶν διαδηλήσονται ἵππων θ᾽

Καριαθμοῦς 1
Prop. 10 1 καὶ ἐτάφη μετὰ τῶν πατέρων αὐτοῦ. Ἰωνᾶς ἦν ἐκ γῆς * Καριαθμοῦς * πλησίον πόλεως Ἑλλήνων Ἀζώτου κατὰ

καρκίνος 2
Sib. 5 524 ζώνην Ἰχθύες εἰσεδύοντο κατὰ ζωστῆρα Λέοντος * Καρκίνος * οὐκ ἐνέμεινεν ἔδεισε γὰρ Ὠρίωνα Σκορπίος
FJub. 3 9 κατὰ τὴν θερινὴν τροπὴν ἡλίου ὄντος καὶ σελήνης * καρκίνῳ * τῇ εἰκοστῇ πέμπτῃ τοῦ Ἰουνίου μηνὸς Ἐπιφὶ

καρπεύω 1
Sib. 5 275 ἔσται δ᾽ ἐκ νεφέων ὄμβρος πυρὸς αἰθομένοιο κοὐκέτι * καρπεύσουσι * βροτοὶ στάχυν ἀγλαὸν ἐκ γῆς πάντ᾽ ἄσπαρτα

καρπίζω 1
Sib. 3 532 ὄψονταί τ᾽ ἰδίας κτήσεις καὶ πλοῦτον ἅπαντα ἐχθρὸν * καρπίζοντα * τρόμος δ᾽ ὑπὸ γούνασιν ἔσται. φεύξονται δ᾽

κάρπιμος 1
FJub. 2 7 τὰ σπέρματα τοῦ σπόρου τὰ βλαστήματα τὰ ξύλα τὰ * κάρπιμά * τε καὶ ἄκαρπα τοὺς δρυμοὺς καὶ πάντα τὰ φυτὰ

καρποδότειρα 1
Sib. 3 280 εἴδωλα δ᾽ ἐτίμας. ἀνθ᾽ ὧν ἑπτὰ χρόνων δεκάδας γῆ * καρποδότειρα * ἔσσετ᾽ ἔρημος ἅπασα σέθεν καὶ θαύματα

καρπός 51
Adam 6 2 ἀνάγγειλόν μοι καὶ ἐγὼ πορεύσομαι καὶ ἐνέγκω σοι * καρπὸν * ἀπὸ τοῦ παραδείσου. ἐπιθήσω γὰρ κόπρον ἐπὶ τὴν
Adam 18 5 ὡραῖον τοῖς ὀφθαλμοῖς. ἐφοβήθην δὲ λαβεῖν ἀπὸ τοῦ * καρποῦ * καὶ λέγει μοι δεῦρο δώσω σοι ἀκολούθει μοι.
Adam 19 3 τότε ἦλθε καὶ ἐπέβη ἐπ᾽ αὐτὸν καὶ ἔθετο ἐπὶ τὸν * καρπὸν * ὃν ἔδωκε μοι φαγεῖν τὸν ἰὸν τῆς κακίας αὐτοῦ
Adam 19 3 καὶ κλίνας τὸν κλάδον ἐπὶ τὴν γῆν ἔλαβον ἀπὸ τοῦ * καρποῦ * καὶ ἔφαγον. καὶ ἐν αὐτῇ τῇ ὥρᾳ ἠνεῴχθησαν οἱ
Adam 21 3 κύριέ μου Ἀδὰμ ἐπάκουσόν μου καὶ φάγε ἀπὸ τοῦ * καρποῦ * τοῦ δένδρου οὗ εἶπεν ἡμῖν ὁ θεὸς τοῦ μὴ φαγεῖν
Hen. 5 1 φύλλα χλωρὰ ἐν αὐτοῖς σκέποντα τὰ δένδρα καὶ πᾶς ὁ * καρπὸς * αὐτῶν εἰς τιμὴν καὶ δόξαν. διανοήθητε καὶ γνῶτε
Hen. 24 4 τὸ δένδρον οὐ φθίνει εἰς τὸν αἰῶνα. οἱ δὲ περὶ τὸν * καρπὸν * ὡσεὶ βότρυες φοινίκων. τότε εἶπον ὡς καλὸν τὸ
Hen. 25 5 μέχρις αἰῶνος τότε δικαίοις καὶ ὁσίοις δοθήσεται ὁ * καρπὸς * αὐτοῦ τοῖς ἐκλεκτοῖς εἰς ζωὴν εἰς βορρᾶν καὶ
Hen. 32 3 τὸ δένδρον τῆς φρονήσεως οὗ ἐσθίουσιν ἅγιοι τοῦ * καρποῦ * αὐτοῦ καὶ ἐπίστανται φρόνησιν μεγάλην. ὅμοιον τὸ
Hen. 32 4 τὸ ὕψος τὰ δὲ φύλλα αὐτοῦ κερατίᾳ ὅμοια ὁ δὲ * καρπὸς * αὐτοῦ ὡσεὶ βότρυες ἀμπέλου ἱλαροὶ λίαν ἡ δὲ ὀσμὴ
Abr.1 6 5 ἐν ἀγαλλιάσει οὐκ οἶδας κύριέ μου Ἀβραὰμ ὅτι καὶ * καρπὸν * κοιλίας ἐξ ἐπαγγελίας ἡμῖν ἐδωρήσατο τὸν Ἰσαάκ;
Abr.1 8 6 μήτραν Σάρρας τῆς στειρώσεως καὶ χαρισάμενός σοι * καρπὸν * κοιλίας ἐν γήρει υἱὸν τὸν Ἰσαὰκ ἀμὴν λέγω σοι
Abr.2 10 5 οὐκ ἐλέησας τὴν θυγατέραν; ἀλλὰ ἀνέστης ἐπὶ τὸν * καρπὸν * τῆς κοιλίας σου καὶ ἀπέκτεινας αὐτήν. καὶ
TSim. 4 6 αὐτοῦ ἐδόξασεν ἡμᾶς καὶ πλοῦτον καὶ κτήνη καὶ * καρποὺς * πᾶσιν ἡμῖν ἐχαρίσατο. καὶ ὑμεῖς οὖν τέκνα μου
TLevi 2 12 κυρίου ἡ ζωή σου καὶ αὐτὸς ἔσται σου ἀγρὸς ἀμπελὼν * καρποὶ * χρυσίον ἀργύριον. ἄκουσον οὖν περὶ τῶν ἑπτὰ
TIss. 3 1 τῶν πατέρων μου καὶ τῶν ἀδελφῶν μου καὶ ἔφερον * καρποὺς * ἐξ ἀγρῶν κατὰ καιρὸν αὐτῶν καὶ εὐλόγησέ με ὁ
TIss. 5 4 κυρίῳ προσφέροντες ὅτι ἐν πρωτογενήμασι * καρπῶν * γῆς εὐλόγησέ σε κύριος καθὼς εὐλόγησε πάντας τοὺς
TIss. 5 5 ἄλλη μερὶς ἡ τῆς πιότητος τῆς γῆς ἧς ἐν πόνοις οἱ * καρποὶ * ὅτι ὁ πατὴρ ἡμῶν Ἰακὼβ ἐν εὐλογίαις γῆς καὶ
TIss. 5 6 ὁ πατὴρ ἡμῶν Ἰακὼβ ἐν εὐλογίαις γῆς καὶ ἀπαρχῶν * καρπῶν * εὐλόγησέ με. καὶ ὁ Λευὶ καὶ ὁ Ἰουδὰς ἐδοξάσθη
TNep. 3 5 ἐπὶ τοῦ κατακλυσμοῦ δι᾽ αὐτοὺς ἀπὸ κατοικεσίας καὶ * καρπῶν * τάξας τὴν γῆν ἀοίκητον. ταῦτα λέγω τέκνα μου ὅτι
Asen. 2 11 ὡραῖα παντοδαπὰ καὶ καρποφόρα πάντα. καὶ ἦν ὁ * καρπὸς * αὐτῶν πέπειρος ὥρα γὰρ ἦν θερισμοῦ. καὶ ἦν ἐν τῇ
Asen. 5 5 εἶχεν ἐκτεταμένον κλάδον ἐλαίας καὶ ἦν πλῆθος * καρποῦ * ἐν αὐτῷ καὶ ἐν τῷ καρπῷ ἦν πιότης ἐλαίου πολλοῦ.
Asen. 5 5 ἐλαίας καὶ ἦν πλῆθος καρποῦ ἐν αὐτῷ καὶ ἐν τῷ * καρπῷ * ἦν πιότης ἐλαίου πολλοῦ. καὶ εἰσῆλθεν Ἰωσὴφ εἰς
Asen. 18 9 ἄμπελος ἐν τῷ παραδείσῳ τοῦ θεοῦ εὐθηνοῦσα ἐν τοῖς * καρποῖς * αὐτῆς καὶ ὁ τράχηλος αὐτῆς ὡς κυπάρισσος
Sal. 15 3 σου; ψαλμὸν καινὸν μετὰ ᾠδῆς ἐν εὐφροσύνῃ καρδίας * καρπὸν * χειλέων ἐν ὀργάνῳ ἡρμοσμένῳ γλώσσης ἀπαρχὴν
Jer. 9 14 φυτευθὲν ποιήσει πάντα τὰ δένδρα τὰ ἄκαρπα ποιῆσαι * καρπὸν * καὶ αὐξηθήσονται καὶ βλαστήσουσι. καὶ τὰ δένδρα
Jer. 9 17 τοῦ θεοῦ. καὶ εὐλογήσει τὰς νήσους τοῦ ποιῆσαι * καρπὸν * ἐν τῷ λόγῳ τοῦ στόματος τοῦ χριστοῦ αὐτοῦ. αὐτὸς
Bar. 10 6 λαμβάνοντα βρέχουσιν ἐπὶ τῆς γῆς καὶ αὐξάνουσιν οἱ * καρποί. * καὶ εἶπον πάλιν τὸν ἄγγελον κυρίου τὰ δὲ ὄρνεα;
Bar. 10 9 τῶν ἐπὶ γῆς ὑδάτων καὶ τοῦτό ἐστιν τὸ δὲ τὸ τοὺς * καρποὺς * ἐνεργοῦν ἐκ τούτου ἐστίν. ἴσθι οὖν τοῦ λοιποῦ
Sedr. 4 5 τοῦ φυτοῦ τῆς ζωῆς καὶ εἶπα αὐτῷ ἀπὸ πάντων τῶν * καρπῶν * φάγε μόνον τὸ ξύλον τῆς ζωῆς φύλαξον ἐὰν γὰρ
Sedr. 8 3 τὸ πρόβατον εἰς τὰ ξύλα τὴν ἐλαίαν εἰς τοὺς * καρποὺς * τὸ κλῆμα εἰς τὰ πετόμενα τὸ μελίσσιον εἰς τοὺς
Sedr. 12 5 ⟨ἢ⟩ ὀγδοήκοντα μετανοήσας τρία ἔτη καὶ ποιήσῃ * καρπὸν * δικαιοσύνης καὶ φθάσῃ ὁ θάνατος οὐ μὴ μνησθῶ
Job 10 6 ἐν παντὶ ἀγρῷ τῶν προσλαμβανόντων αὐτά, καὶ τὸν * καρπὸν * αὐτῶν ἀφορίζειν τοῖς πένησιν εἰς τὴν τράπεζαν
Aris. 63 6 δὲ λίθους ἐργασάμενοι πρὸς τὴν τῶν προειρημένων * καρπῶν * διατύπωσιν ἔχοντας ἑκάστου γένους τὴν χρόαν
Aris. 112 4 γὰρ ἐλαϊκοῖς πλήθεσι σύνδενδρός ἐστι καὶ σιτικοῖς * καρποῖς * αὐτῶν ἡ χώρα καὶ ὀσπρίοις ἔτι δὲ ἀμπέλῳ καὶ
Aris. 232 4 τῇ δικαιοσύνῃ κατακολουθῶν τοὺς γὰρ ἀπ᾽ αὐτῆς * καρποὺς * ἀλυπίαν κατασκευάζειν. ἱκετεύειν δὲ ⟨δεῖ⟩ τὸν
Aris. 260 2 εἰρηκέναι φήσας τὸν δέκατον ἠρώτα τί ἐστι σοφίας * καρπός; * ὁ δὲ εἶπε τὸ μὴ συνιστορεῖν ἑαυτῷ κακὸν
Sib. 3 263 καὶ ἄριστον ἐνὶ στήθεσσι νόημα. τοῖσι μόνοις * καρπὸν * τελέθει ζείδωρος ἄρουρα ἐξ ἑνὸς εἰς ἑκατὸν

| | | | | |
|---|---|---|---|---|
| Sib. | 3 | 621 | γῆ καὶ δένδρα καὶ ἄσπετα ποίμνια μήλων δώσουσιν ✳ | καρπὸν ✳ τὸν ἀληθινὸν ἀνθρώποισιν οἴνου καὶ μέλιτος |
| Sib. | 3 | 745 | γῆ γὰρ παγγενέτειρα βροτοῖς δώσει τὸν ἄριστον ✳ | καρπὸν ✳ ἀπειρέσιον σίτου οἴνου καὶ ἐλαίου (αὐτὰρ ἀπ' |
| Sib. | 3 | 747 | μέλιτος γλυκεροῦ ποτὸν ἡδὺ δένδρεά τ' ἀκροδρύων ✳ | καρπὸν ✳ καὶ πίονα μῆλα καὶ βόας ἔκ τ' ὅλων ἄρνας αἰγῶν τε |
| Sib. | 3 | 754 | οὐδ' αὖτε κατὰ χθονὸς αὐχμὸς ἔτ' ἔσται οὐ λιμὸς ✳ | καρπῶν ✳ τε κακορρέκτειρα χάλαζα ἀλλὰ μὲν εἰρήνη μεγάλη |
| Sib. | 4 | 16 | στόμα πηγῶν κτίσματα πρὸς ζωὴν ὄμβροι θ' ἅμα ✳ | καρπὸν ✳ ἀρούρης τίκτοντες καὶ δένδρα καὶ ἄμπελον ἠδέ τ' |
| FJub. | 3 | 16 | ὁ Ἀδὰμ ἀπεσόβει τὰ πετεινὰ καὶ ἑρπετὰ συνῆγε τὸν ✳ | καρπὸν ✳ ἐν παραδείσῳ καὶ σὺν τῇ γυναικὶ αὐτοῦ ἤσθιεν |
| FAch. | 114 | | τῆς ἐαρινῆς ὥρας τοὺς δὲ περὶ σέ τοῖς ἐκ τῆς γῆς ✳ | καρποῖς ✳ ὡς γὰρ βασιλεὺς πορφυρίζουσαν ἔχεις τὴν ἀπὸ τῆς |
| FAch. | 114 | | ἔχεις τὴν ἀπὸ τῆς ὁράσεως τέρψιν καὶ τοὺς ✳ | καρποὺς ✳ εὐανθεῖς ἀναλαμβάνεις. ὁ δὲ βασιλεὺς θαυμάσας |
| FPho. | 38 | | ἔσθ' ὁσίων ἀδίκων δὲ πονηρά.) μηδέ τιν' αὐξόμενον ✳ | καρπὸν ✳ λωβήσῃ ἀρούρης. ἔστωσαν δ' ὁμότιμοι ἐπήλυδες ἐν |
| FPho. | 166 | | βιότου κεχρημένοι ὁππότ' ἄρουραι λήια κείρωνται ✳ | καρπῶν ✳ πλήθωσιν ἀλωᾶς. οἱ δ' αὐτοὶ πυροῖο νεοτριβὲς |
| LEze. | 9 | 29 12 12 | νῦν σὺν πυρὶ πεσεῖται καὶ νεκροὺς θήσει βροτούς. ✳ | καρποὶ ✳ τ' ὀλοῦνται τετραπόδων τε σώματα σκότος τε θήσω |
| LEze. | 9 | 29 12 15 | τε πέμψω καὶ περισσὰ βρώματα ἅπαντ' ἀναλώσουσι καὶ ✳ | καρποῦ ✳ χλόην. ἐπὶ πᾶσι τούτοις τέκν' ἀποκτενῶ βροτῶν |
| FrAn. | 574 | 3050 | τὰ νέφη καὶ ὑετίζοντα τὴν γῆν καὶ εὐλογοῦντα τοὺς ✳ | καρποὺς ✳ αὐτῆς ὃν εὐλογεῖ πᾶσα ἐνουράνιος δύναμις ἡ |

**καρποφορία** 1

| | | | | |
|---|---|---|---|---|
| FJub. | 4 | 1 | παρ' Ἑβραίοις ἥγουν ἐν τῇ σκηνοπηγίᾳ. τὴν Κάϊν ✳ | καρποφορίαν ✳ θυσίαν τὰ δὲ τοῦ Ἄβελ δῶρα. τῷ αὐτῷ |

**καρποφόρος** 3

| | | | | |
|---|---|---|---|---|
| Asen. | 2 | 11 | αὐλῆς παρὰ τὸ τεῖχος δένδρα ὡραῖα παντοδαπὰ καὶ ✳ | καρποφόρα ✳ πάντα. καὶ ἦν ὁ καρπὸς αὐτῶν πέπειρος ὥρα γὰρ |
| Asen. | 16 | 23 | τῆς Ἀσενὲθ καὶ ἐσκήνωσαν ἐπὶ τοῖς δένδροις τοῖς ✳ | καρποφόροις. ✳ καὶ εἶπεν ὁ ἄνθρωπος τῇ Ἀσενὲθ ἑώρακας τὸ |
| Sib. | 3 | 340 | λείψει κὰδ δὲ ῥόον βαθὺν αὔλακος ἔσσεται ὁλκὸς ✳ | καρποφόρου ✳ τὸ δὲ ῥεῦμα τὸ μυρίον αὐχέν' ἐφέξει. χάσματα |

**καρπόω** 1

| | | | | |
|---|---|---|---|---|
| HDem. | 9 | 19 4 | τὸν μὲν παῖδα καθελεῖν ἀπὸ τῆς πυρᾶς τὸν δὲ κριὸν ✳ | καρπῶσαι. ✳ Δημητρίου περὶ τοῦ Ιακωβ απο της αυτης του |

**κάρπωσις** 1

| | | | | |
|---|---|---|---|---|
| HDem. | 9 | 19 4 | μέλλοντα κωλυθῆναι ὑπὸ ἀγγέλου κριὸν αὐτῷ πρὸς τὴν ✳ | κάρπωσιν ✳ παραστήσαντος τὸν δὲ Ἀβραὰμ τὸν μὲν παῖδα |

**κάρτα** 1

| | | | | |
|---|---|---|---|---|
| Sib. | 3 | 266 | κακὸν ἔσσεται οὐδὲ φύγονται λοιμόν. καὶ σὺ δὲ ✳ | κάρτα ✳ λιπὼν περικαλλέα σηκὸν φεύξῃ ἐπεί σοι μοῖρα λιπεῖν |

**κάρταλος** 1

| | | | | |
|---|---|---|---|---|
| Job | 27 | 1 | γαλεάγρα; μὴ τὸ πετεινὸν ἀνίπταται τυγχάνων ἐν τῷ ✳ | καρτάλῳ; ✳ ἐξελθὼν πολέμησόν με. τότε ἐξόπισθεν τῆς |

**καρτερέω** 1

| | | | | |
|---|---|---|---|---|
| Job | 4 | 10 | ἐν τῇ ἀναστάσει ἔσῃ γὰρ ὡς ἀθλητὴς πυκτεύων καὶ ✳ | καρτερῶν ✳ πόνους καὶ ἐκδεχόμενος τὸν στέφανον. τότε |

**καρτερία** 1

| | | | | |
|---|---|---|---|---|
| Job | 27 | 4 | ὑποκάτω αὐτοῦ ὄντος, καὶ ἐνέγκαντος αὐτοῦ τὴν ✳ | καρτερίαν ✳ καὶ μὴ διαφωνήσαντος μέγα ἐφώνησεν ἀκμὴν ὁ |

**καρτερός** 2

| | | | | |
|---|---|---|---|---|
| TJud. | 6 | 3 | λαβεῖν τὴν αἰχμαλωσίαν καὶ προσάξαντες αὐτοῖς ἐν ✳ | καρτερᾷ ✳ μάχῃ περιεγενόμεθα ὅτι ἦσαν πλῆθος δυνατῶν ἐν |
| Sib. | 3 | 194 | γένος ἔσται.) καὶ τότ' ἔθνος μεγάλοιο θεοῦ πάλι ✳ | καρτερὸν ✳ ἔσται οἳ πάντεσσι βροτοῖσι βίου καθοδηγοὶ |

**καρύα** 1

| | | | | |
|---|---|---|---|---|
| Hen. | 29 | 2 | λιβάνων καὶ ζμύρνας καὶ τὰ δένδρα αὐτῶν ὅμοια ✳ | καρύαις. ✳ καὶ ἐπέκεινα τούτων ᾠχόμην πρὸς ἀνατολὰς μακρὰν |

**Καρχηδών** 1

| | | | | |
|---|---|---|---|---|
| Sib. | 3 | 485 | +τεύξεται. οὐ μὴν πουλὺν ἐπὶ χρόνον ἔσσετ' ἀληθῶς ✳ | Καρχηδών+. ✳ Γαλάταις δὲ πολύστονος ἔσσεται οἶκτος. ἥξει |
| Sib. | 4 | 106 | καὶ σὺ τάλαινα Κόρινθε τεήν ποτ' ἐπόψει ἅλωσιν. ✳ | Καρχηδὼν ✳ καὶ σεῖο χαμαὶ γόνυ πύργος ἐρείσει. τλῆμον |

**Κασία** 5

| | | | | |
|---|---|---|---|---|
| Job | 1 | 3 | Τερσι Χορος Υων Νικη Φορος Φιφη Φρουων Ἡμέρα ✳ | Κασία ✳ Ἀμαλθείας κέρας καλέσας δὲ αὐτοῦ τὰ τέκνα εἶπεν |
| Job | 47 | 1 | ζωῆς ὑμῶν. εἶπεν δὲ αὐτῷ ἡ ἄλλη θυγάτηρ ἡ λεγομένη ✳ | Κασία ✳ πάτερ, αὕτη ἐστὶν ἡ κληρονομία ἣν ἔλεγες εἶναι |
| Job | 49 | 1 | ἐν στολῇ τῇ ἑαυτῆς ἐγκεχαραγμένους. καὶ τότε ἡ ✳ | Κασία ✳ περιεζώσατο καὶ ἔσχεν τὴν καρδίαν ἀλλοιωθεῖσαν ὡς |
| Job | 49 | 3 | τῶν οὐρανῶν, δυνήσεται εὑρεῖν ἐν τοῖς ὕμνοις ✳ | Κασίας. ✳ καὶ τότε περιεζώσατο καὶ ἡ ἄλλη ἡ καλουμένη |
| Job | 52 | 4 | κιθάραν καὶ ἔδωκεν τῇ θυγατρὶ αὐτοῦ Ἡμέρα τῇ δὲ ✳ | Κασία ✳ ἔδωκεν θυμιατήριον, τῇ δὲ Ἀμαλθείας κέρας ἔδωκεν |

**κασιγνήτη** 

| | | | | |
|---|---|---|---|---|
| FPho. | 182 | | μηδέ τι παλλακίσιν πατρὸς λεχέεσσι μιγείης. μηδὲ ✳ | κασιγνήτης ✳ ἐς ἀπότροπον ἐλθέμεν εὐνήν. μηδὲ κασιγνήτων |

**κασιγνητος** 

| | | | | |
|---|---|---|---|---|
| FPho. | 183 | | μηδὲ κασιγνήτης ἐς ἀπότροπον ἐλθέμεν εὐνήν. μηδὲ ✳ | κασιγνήτων ✳ ἀλόχων ἐπὶ δέμνια βαίνειν. μηδὲ γυνὴ φθείρῃ |
| LEze. | 9 | 29 10 01 | γενέσθαι βασιλέως ἐναντίον. Ἀάρωνα πέμψω σὸν ✳ | κασίγνητον ✳ ταχὺ ᾧ πάντα λέξεις τάξ ἐμοῦ λελεγμένα καὶ |

**κασσιτέρινος** 

| | | | | |
|---|---|---|---|---|
| FrAn. | 574 | 3014 | ἀπὸ τοῦ δεῖνα κοινά τὸ δὲ φυλακτήριον ἐπὶ λαμνίῳ ✳ | κασσιτερίνῳ ✳ γράφε ϊαηω αβραωθιωξ φθα μεσενψινιαω φεωχ |

**κατά** 32

467    κατ' κατά καθ' κάδ κάτα καθ κατα

**καταβαίνω**

| | | | | |
|---|---|---|---|---|
| Hen. | 6B | 6 | ἀνεθεμάτισαν ἀλλήλους. ἦσαν δὲ οὗτοι διακόσιοι οἱ ✳ | καταβάντες ✳ ἐν ταῖς ἡμέραις Ἰάρεδ εἰς τὴν κορυφὴν τοῦ |
| Hen. | 18 | 11 | καὶ ἴδον χάσμα μέγα εἰς τοὺς στύλους τοῦ πυρὸς ✳ | καταβαίνοντας ✳ καὶ οὐκ ἦν μέτρον οὔτε εἰς βάθος οὔτε εἰς |
| Hen. | 25 | 3 | ὁ ἅγιος τῆς δόξης ὁ βασιλεὺς τοῦ αἰῶνος ὅταν ✳ | καταβῇ ✳ ἐπισκέψασθαι τὴν γῆν ἐπ' ἀγαθῷ. καὶ τοῦτο τὸ |
| Hen. | 90 | 1 | αὐτοῦ ψῦχος καὶ χιὼν καὶ πάχνη καὶ δρόσος οὐ μὴ ✳ | καταβῇ ✳ εἰς αὐτὸ εἰ μὴ εἰς κατάραν καταβήσεται ἐπ' αὐτὸ |
| Hen. | 90 | 1 | καὶ δρόσος οὐ μὴ καταβῇ εἰς αὐτὸ εἰ μὴ εἰς κατάραν ✳ | καταβήσεται ✳ ἐπ' αὐτὸ μέχρις ἡμέρας κρίσεως τῆς μεγάλης |
| Hen. | 100 | 3 | τοῦ αἵματος τῶν ἁμαρτωλῶν καὶ τὸ ἅρμα μέχρι ἀξόνων ✳ | καταβήσεται. ✳ καὶ καταβήσονται ἄγγελοι καταδύνοντες εἰς |
| Hen. | 100 | 4 | καὶ τὸ ἅρμα μέχρι ἀξόνων καταβήσεται. καὶ ✳ | καταβήσονται ✳ ἄγγελοι καταδύνοντες εἰς τὰ ἀπόκρυφα ἐν |
| Hen. | 100 | 12 | ὑμῶν. δίδοτε οὖν ὄμβρῳ δῶρα ἵνα μὴ (κωλυθῇ ✳ | καταβῆναι) ✳ ὑμῖν καὶ δρόσῳ κα(ὶ νεφέλη) καὶ ὁμίχλη |
| Hen. | 100 | 12 | κα(ὶ νεφέλη) καὶ ὁμίχλη χρυσίου διαγράψα⟨τε ἵνα ✳ | κα⟩ταβῶσιν ✳ ὅτι ἐὰν ἐπιρρίψῃ ἐφ' ὑμ⟨ᾶς χιὼν⟩ καὶ πάχνη |
| Hen. | 101 | 2 | τοῦ οὐρανοῦ καὶ κωλύσῃ τὴν δρόσον καὶ τὸν ὄμβρον ✳ | καταβῆναι ✳ εἵνεκα ὑμῶν τί ποιήσετε; ἐὰν ἀποστείληται τὸν |
| Hen. | 102 | 5 | τῶν δικαίων καὶ τῶν εὐσεβῶν καὶ μὴ λυπεῖσθε ὅτι ✳ | κατέβησαν ✳ αἱ ψυχαὶ ὑμῶν εἰς ᾅδου μετὰ λύπης καὶ |
| Hen. | 102 | 11 | καὶ ἀπώλοντο καὶ ἐγένοντο ὡς οὐκ ὄντες καὶ ✳ | κατέβησαν ✳ αἱ ψυχαὶ αὐτῶν μετ' ὀδύνης εἰς ᾅδου--- ἐγὼ |
| Abr.1 | 7 | 8 | ὑπάρχουσα ὁ δὲ ⟨ἀνήρ ὁ⟩ φωτοφόρος ἐκ τοῦ οὐρανοῦ ✳ | καταβὰς ✳ οὗτός ἐστιν ὁ ἐκ τοῦ θεοῦ ἀποσταλεὶς ὁ μέλλων |
| Abr.2 | 12 | 4 | τοῦ οὐρανοῦ καὶ καταφάγῃ αὐτούς. ἐν ἐκείνῃ τῇ ὥρᾳ ✳ | κατέβη ✳ πῦρ ἐκ τοῦ οὐρανοῦ καὶ κατέφαγεν αὐτούς. ἐπειδὴ |
| TSim. | 4 | 3 | ὅτι ἐγὼ ἤμην αἴτιος τῆς πράσεως Ἰωσήφ. καὶ ὅτε ✳ | κατέβημεν ✳ εἰς Αἴγυπτον καὶ ἐδησέ με ὡς κατάσκοπον ἔγνων |
| Asen. | 4 | 1 | κατεκάλυψε τὴν κεφαλὴν αὐτῆς. καὶ ἔσπευσε καὶ ✳ | κατέβη ✳ τὴν κλίμακα ἐκ τοῦ ὑπερῴου καὶ ἦλθε πρὸς τὸν |
| Asen. | 5 | 7 | τῷ Ἰωσὴφ ἐπὶ πρόσωπον ἐπὶ τὴν γῆν. καὶ ✳ | κατέβη ✳ Ἰωσὴφ ἀπὸ τοῦ ἅρματος αὐτοῦ καὶ ἐδεξιώσατο |
| Asen. | 10 | 2 | βαρύν. καὶ ἀνέστη Ἀσενὲθ ἀπὸ τῆς κλίνης αὐτῆς καὶ ✳ | κατέβη ✳ ἡσύχως τὴν κλίμακα ἐκ τοῦ ὑπερῴου καὶ ἦλθεν εἰς |
| Asen. | 19 | 2 | τῆς αὐλῆς ἡμῶν ἵσταται. καὶ ἔσπευσεν Ἀσενὲθ καὶ ✳ | κατέβη ✳ τὴν κλίμακα ἐκ τοῦ ὑπερῴου σὺν ταῖς ἑπτὰ |
| Asen. | 28 | 3 | ἦλθον τρέχοντες ὡς ἔλαφοι τριέτεις κατ' αὐτῶν. καὶ ✳ | κατέβη ✳ Ἀσενὲθ ἐκ τοῦ ὀχήματος τῆς σκέπης αὐτῆς καὶ |
| Prop. | 9 | 3 | ἦν ὁ τρίτος πεντηκόνταρχος οὗ ἐφείσατο Ἡλίας καὶ ✳ | κατέβη ✳ πρὸς Ὀχοζίαν. τοῦ Ἀχαὰβ δεηθεὶς τοῦ Ἡλία |
| Prop. | 21 | 10 | Ἰσραὴλ ἐπεκαλέσατο τὸν κύριον καὶ πῦρ ἀπ' οὐρανοῦ ✳ | κατέβη ✳ κἀκείνους ἀνήλωσε τὸ πῦρ ἐκ προστάγματος κυρίου. |
| Esdr. | 4 | 8 | Γαβριὴλ καὶ ἄλλους τριάκοντα τέσσαρας ἀγγέλους καὶ ✳ | κατέβη ✳ ὀγδοήκοντα καὶ πέντε βαθμοὺς καὶ κατήγαγόν με |
| Esdr. | 4 | 32 | ἀντίχριστος. ἕως τοῦ οὐρανοῦ ὑψώθη ἕως τοῦ ᾅδου ✳ | καταβήσει. ✳ ποτὲ μὲν γενήσεται παιδίον ποτὲ δὲ γέρων. καὶ |
| Job | 33 | 6 | ξηρανθήσονται καὶ τὸ γαυρίαμα τῶν κυμάτων αὐτῶν ✳ | καταβαίνει ✳ εἰς τὰ βάθη τῆς ἀβύσσου. οἱ δὲ ποταμοὶ τῆς |
| Job | 38 | 3 | πίνεται καὶ πέμπεται ἐν τῇ αὐτῇ φάρυγγι ὅταν δὲ ✳ | καταβῇ ✳ τὰ δύο εἰς τὸν κατὰ φθεράνωα, τότε ἀφορίζεται ἀπ' |
| Sib. | 3 | 308 | σοι Βαβυλὼν ἥξει ποτ' ἄνωθεν (αὐτὰρ ἀπ' οὐρανόθεν ✳ | καταβήσεται ✳ ἐξ ἁγίων σοι) καὶ θυμοῦ τέκνος αἰώνιος |
| FJos. | 190 | | ἐξῆλθεν Οὐριὴλ ὁ ἄγγελος τοῦ θεοῦ καὶ εἶπεν ὅτι ✳ | κατέβην ✳ ἐπὶ τὴν γῆν καὶ κατεσκήνωσα ἐν ἀνθρώποις καὶ ὅτι |
| FEz. | 64 | 70 11 | ὁδηγῶν σε δεξιὰ καὶ εὐώνυμα. τοῦτο δὲ ποιήσαντες ✳ | κατέβησαν ✳ εἰς τὸν παράδεισον. εἶτα λοιπὸν εἴτε ἠδίκησαν |
| FEz. | 64 | 70 12 | ⟨ατα⟩λύσαντες δὲ ἐκ τῶν γάμων οἱ εὐφρανθέντες ✳ | καταβάντες ✳ εἰς τὸν παράδεισον ἐξεπλάγησαν τὰ ἴχνη |
| LAri. | 8 | 10 13 | πυρὶ καθώς φησιν ἡ νομοθεσία διὰ τὸ τὸν θεὸν ✳ | καταβεβηκέναι ✳ σαλπίγγων τε φωνᾶς καὶ τὸ πῦρ φλεγόμενον |
| FrAn. | 574 | 3024 | ὁ ἐν μέσῃ ἀρούρης καὶ χιόνος καὶ ὁμίχλης ταννυτις ✳ | καταβάτω ✳ σου ὁ ἄγγελος ὁ ἀπαραίτητος καὶ ἐκκρινέτω τὸν |

**καταβάλλω** 10

| | | | | |
|---|---|---|---|---|
| Hen. | 103 | 14 | ἀπ' αὐτῶν ὅπως ἀναψύχ⟨ωμεν.⟩--- ἐκράξαμεν ἐπὶ τοὺς ✳ | καταβάλλοντας ✳ καὶ βιαζομένους ἡμᾶς καὶ τὰς ἐντεύξεις |
| Sal. | 2 | 1 | ἐν τῷ ὑπερηφανεύεσθαι τὸν ἁμαρτωλὸν ἐν κριῷ ✳ | κατέβαλε ✳ τείχη ὀχυρὰ καὶ οὐκ ἐκώλυσας. ἀνέβησαν ἐπὶ τὰ |
| Sal. | 17 | 7 | Δαυὶδ ἐν ὑπερηφανίᾳ ἀλλάγματος. καὶ σὺ ὁ θεὸς ✳ | καταβαλεῖς ✳ αὐτοὺς καὶ ἀρεῖς τὸ σπέρμα αὐτῶν ἀπὸ τῆς γῆς |
| Esdr. | 5 | 12 | εἶπεν ὁ θεὸς ἄκουσον Ἐσδράμ ἀγαπητὲ ὥσπερ γεωργὸς ✳ | καταβάλλει ✳ τὸν σπόρον τοῦ σίτου τῇ γῇ οὕτως καὶ |
| Esdr. | 5 | 12 | τὸν σπόρον τοῦ σίτου τῇ γῇ οὕτως καὶ ὁ ἄνθρωπος ✳ | καταβάλλει ✳ τὸν σπόρον εἰς τὴν οἰκίαν τῆς γυναικός. τὸ |
| Job | 18 | 1 | αὐτὸς ἀπόλεσο. ταῦτα δὲ λέγων αὐτὸς ἀπῆλθεν καὶ ✳ | κατέβαλεν ✳ τὴν οἰκίαν ἐπὶ τὰ τέκνα μου καὶ ἀνεῖλεν αὐτά |
| Aris. | 104 | 6 | ἱεροῦ τὴν πᾶσαν εἶναι φυλακὴν τὴν ἄκραν καὶ τὸ ✳ | καταβαλλόμενον ✳ αὐτῇ τὴν προφυλακὴν τῶν εἰρημένων οὕτως |
| Aris. | 279 | 5 | τῶν ἀγαθῶν σὺ τοῦτο πράσσων ἀένναον μνήμην ✳ | καταβέβλησαι ✳ σεαυτοῦ θεῷ προστάγματι κατακολουθῶν. |
| Aris. | 294 | 2 | ἀγαθὰ παραγενηθέντων ὑμῶν πολλὰ γὰρ ὠφέλημαι ✳ | καταβεβλημένων ✳ ὑμῶν διδαχῇ ἐμοὶ πρὸς τὸ βασιλεύειν. |
| FJub. | 38 | 2 | τόξον καὶ πλήξας κατὰ τοῦ δεξιοῦ μαζοῦ τὸν Ἡσαῦ ✳ | κατέβαλε. ✳ τοῦ δὲ θανόντος ἀνοίξαντες τὰς πύλας οἱ υἱοὶ |

**κατάβασις** 6

| | | | | |
|---|---|---|---|---|
| FIsa. | 1 | 2 | παρέδωκεν αὐτῷ τοὺς λόγους οὓς αὐτὸς εἶδεν καὶ τὴν ✳ | κατάβασιν ✳ καὶ ἐξέλευσιν τοῦ ἀγαπητοῦ ἐκ τοῦ ἑβδόμου |
| HArt. | 9 | 27 28 | κατακλύζειν ὅλην τὴν Αἴγυπτον καὶ τότε δὲ καὶ τὴν ✳ | κατάβασιν ✳ αὐτοῦ γίνεσθαι συναγωγὴ δὲ τὸ ὕδωρ ἐποιέσται |
| LAri. | 8 | 10 12 | λέγοιτο πάντων ὑποκειμένων τῷ θεῷ. λέγεται δὲ καὶ ✳ | κατάβασις ✳ ἐπὶ τὸ ὄρος θεία γεγονέναι διὰ τῆς γραφῆς τοῦ |
| LAri. | 8 | 10 12 | ἵνα πάντες θεωρήσωσι τὴν ἐνέργειαν τοῦ θεοῦ. ✳ | κατάβασις ✳ γὰρ αὕτη σαφῆς ἐστι καὶ περὶ τούτων οὖν οὕτως |
| LAri. | 8 | 10 15 | τὸ πῦρ φλεγόμενον ἐθεωρεῖτο ὥστε τὴν ✳ | κατάβασιν ✳ μὴ τοπικὴν εἶναι πάντη γὰρ ὁ θεός ἐστιν. ἀλλὰ |

```
LArl.   8  10   17   γινομένων ἁπάντων ὥστε σαφὲς εἶναι διὰ ταῦτα τὴν  *  κατάβασιν  *  τὴν θείαν γεγονέναι διὰ τὸ τοὺς συνορῶντας
καταβολή                                           3
Aris.     89     5  ἀπέφαινον πέντε σταδίων κυκλόθεν τῆς κατὰ τὸ ἱερὸν  *  καταβολῆς  *  καὶ ἑκάστου τούτων σύριγγας ἀναρίθμους καθ'
Aris.    129     1  εἶναι κνωδάλων. πυνθανομένων γὰρ ἡμῶν διὰ τί μιᾶς  *  καταβολῆς  *  οὔσης τὰ μὲν ἀκάθαρτα νομίζεται πρὸς βρῶσιν τὰ
FMos.  2  17    17         πρὸς αὐτὸν ἔφη καὶ προεθεάσατό με ὁ θεὸς πρὸ  *  καταβολῆς  *  κόσμου εἶναι με τῆς διαθήκης αὐτοῦ μεσίτην.
κατάβροχος                                           1
Asen.     11    18          εἰς τὸν κόλπον αὐτῆς καὶ τὸ πρόσωπον αὐτῆς ἦν  *  κατάβροχον  *  ἐκ τῶν δακρύων αὐτῆς καὶ ἐστέναξε μετὰ
κατάβρωμα                                           2
Hen.     103    11          καὶ τῶν ὀψωνίων οὐ κεκυριεύκαμεν. ἐγενήθημεν  *  κατάβρωμα  *  ἁμαρτωλῶν ⟨οἱ ἄνο⟩μοι ἐβάρυναν ἐφ' ἡμᾶς τὸν
FEz.     186     8     πυμη⟩ν εξ υμων ανεω⟨ξε το στομα και πολλοι εις  *  καταβρωμα  *  α⟨υτοις εγενοντο αλ⟩λα ειδου εγω διακριν⟨ω
κατάγαιος
Sal.      8      9     ἔγνω πᾶσα ἡ γῆ τὰ κρίματα τοῦ θεοῦ τὰ δίκαια. ἐν  *  καταγαίοις  *  κρυφίοις αἱ παρανομίαι αὐτῶν ἐν παροργισμῷ
καταγελάω
Job       32    11  Ὧν ποῦ οὖν τυγχάνει ἡ δόξα τοῦ θρόνου σου; σὺ εἶ ὁ  *  καταγελάσας  *  τῶν ἀδικούντων καὶ ἁμαρτανόντων, νυνὶ δὲ
FAch.    109            παιδείαν ἀκαίρως γὰρ κατασοφιζόμενος  *  καταγελασθήσῃ.  *  ὀξύτερα βάδιζε τῆς γλώττης. τοῖς εὖ
FAch.    120         ἡμῖν παῖδες λύουσιν. (οἱ γὰρ παιδείας μετέχοντες  *  καταγελῶσι  *  τῶν τὰ τοιαῦτα προβαλλόντων). Ἔστιν οὖν ὁ
κατάγελως                                           1
Sal.      4      7           ὁ θεὸς τὰ ἔργα ἀνθρώπων ἀνθρωπαρέσκων ἐν  *  καταγέλωτι  *  καὶ μυκτηρισμῷ τὰ ἔργα αὐτοῦ. καὶ
καταγιγνώσκω
TSim.     3      6        κούφη καὶ λοιπὸν συμπαθεῖ τῷ φθονουμένῳ καὶ οὐ  *  καταγινώσκει  *  τῶν ἀγαπώντων αὐτὸν καὶ οὕτως παύεται τοῦ
TGad      5      3  καὶ ταπεινὸς αἰδεῖται ποιῆσαι ἄδικον οὐχ ὑπὸ ἄλλου  *  καταγινωσκόμενος  *  ἀλλ' ὑπὸ τῆς ἰδίας καρδίας ὅτι κύριος
TBen.     7         αὐτοῦ καὶ καθαίρει τὴν διάνοιαν αὐτοῦ πρὸς τὸ μὴ  *  καταγνωσθῆναι  *  ὑπὸ θεοῦ καὶ ἀνθρώπων. καὶ τοῦ Βελιὰρ δὲ
κατάγνυμι                                           1
HArt.  9  27    23        τινὰς δὲ ὑπὸ τοῦ ὕπνου παρεθῆναι τά τε ὅπλα  *  κατεαγῆναι.  *  ἐξελθόντα δὲ τὸν Μώϋσον ἐπὶ τὰ βασίλεια
κατάγω                                           14
Adam      21     2  ὁ πατὴρ ὑμῶν εἶπον αὐτῷ λόγους παρανομίας οἵτινες  *  κατήγαγον  *  ἡμᾶς ἀπὸ μεγάλης δόξης. ἅμα γὰρ ἦλθεν ἤνοιξα
Adam      39     1       εἰ ἐφύλαξας τὴν ἐντολήν μου οὐκ ἂν ἐχαίροντο οἱ  *  κατάγοντές  *  σε εἰς τὸν τόπον τοῦτον. πλὴν λέγω σοι ὅτι
Hen.     103     7      τῇ ζωῇ αὐτῶν. αὐτοὶ ὑμεῖς γίνωσκετε ὅτι εἰς ᾅδου  *  κατάξουσιν  *  τὰς ψυχὰς ὑμῶν καὶ ἐκεῖ ἔσονται ἐν ἀνάγκῃ
Abr.1     19     7  αἰῶνας ἐγὼ λυμαίνω τὸν κόσμον καὶ πάντας εἰς ᾅδην  *  κατάγω  *  βασιλεῖς καὶ ἄρχοντας πλουσίους καὶ πένητας
TRub.     4      6     αὕτη ἐστὶ πλανῶσα τὸν νοῦν καὶ τὴν διάνοιαν καὶ  *  κατάγει  *  νεανίσκους εἰς ᾅδην οὐκ ἐν καιρῷ αὐτῶν. καὶ γὰρ
Prop.     22    13            πάλιν ἤγειρεν ἐκ νεκρῶν. εἰς Γάλγαλα ἐλθὼν  *  κατήχθη  *  παρὰ τοῖς υἱοῖς τῶν προφητῶν καὶ ἐψεθέντος
Prop.     22    18     τὸν προφήτην ὁ δὲ εὐξάμενος πεποίηκεν αὐτοὺς  *  καταχθῆναι  *  ἀορασίᾳ καὶ ἀπήγαγεν εἰς Σαμαρείαν παρὰ τοὺς
Esdr.     4      8     καὶ κατέβην ὀγδοήκοντα καὶ πέντε βαθμοὺς καὶ  *  κατήγαγόν  *  με κάτω βαθμοὺς πεντακοσίους καὶ ἴδον πύρινον
Esdr.     4     13     καὶ εἶπον ἐγὼ οὐαὶ τῇ ψυχῇ αὐτοῦ. καὶ πάλιν  *  κατήγαγόν  *  με βαθμοὺς τριάκοντα καὶ ἴδον ἐκεῖ βράσματα
Esdr.     4     15  φωνὴν αὐτῶν ἤκουον τὰς δὲ μορφὰς οὐκ ἔβλεπον. καὶ  *  κατήγαγόν  *  με κατώτερον βαθμοὺς πολλοὺς οὓς οὐκ ἠδυνήθην
Esdr.     4     19    καὶ εἶπόν μοι οὗτοί εἰσιν οἱ παρακροαταί. καὶ  *  κατήγαγόν  *  με πάλιν ἄλλους πεντακοσίους βαθμοὺς καὶ ἴδον
Esdr.     4     21  ἀκοίμητον καὶ πῦρ κατακαῖον τοὺς ἁμαρτωλούς. καὶ  *  κατήγαγόν  *  με εἰς τὸ ἔδαφος τῆς ἀπωλείας καὶ ἴδον ἐκεῖ τὸ
Esdr.     5     27   καὶ τίς ἄρα ἄνθρωπος γεννηθεὶς οὐχ ἥμαρτε; καὶ  *  κατήγαγόν  *  με κατώτερον ἐν ταρτάροις καὶ ἴδον πάντας
HArt.  9  27    19          βούλεσθαι στρατεύειν ἐπὶ τοὺς Αἰγυπτίους  *  κατάγειν  *  βουλόμενον τὸν Μώϋσον καὶ τὴν δυναστείαν τῇ τε
καταγωνίζομαι                                           2
TRub.     5      2  αὐτὰς ἐπισπάσονται καὶ ὃν διὰ δυνάμεως οὐκ ἰσχύει  *  καταγωνίσασθαι  *  τοῦτον δι' ἀπάτης καταγωνίζεται. ὅτι
TRub.     5      2     οὐκ ἰσχύει καταγωνίσασθαι τοῦτον δι' ἀπάτης  *  καταγωνίζεται.  *  ὅτι καίγε περὶ αὐτῶν εἶπέ μοι ὁ ἄγγελος
καταδαπανάω                                           1
TJud.     18     4   ἐν μόχθοις καὶ πόνοις καὶ ἀφιστᾷ ὕπνον αὐτοῦ καὶ  *  καταδαπανᾷ  *  σάρκας αὐτοῦ καὶ θυσίας θεοῦ ἐμποδίζει καὶ
καταδείκνυμι
Aris.     24    11         ποιεῖσθαι πρὸς τοὺς καθεσταμένους περὶ τούτων  *  καταδεικνύντας  *  εὐθὺ καὶ τὰ σώματα. διειλήφαμεν γὰρ καὶ
Sib.      5    279   θνητὰ γεραίρειν μηδὲ κύνας καὶ γῦπας ἃ Αἴγυπτος  *  κατέδειξεν  *  σεμνύνειν στομάτεσσι κενοῖς καὶ χείλεσι
FrAn.    574  3056    Εἰσραὴλ καὶ ἔστη ἀνόδευτος ὅτι ὁρκίζω σε τὸν  *  καταδείξαντα  *  τὰς ἑκατὸν τεσσαράκοντα γλώσσας καὶ
καταδέχομαι
TLevi     6      6   καὶ ἤκουσεν ὁ πατὴρ καὶ ὠργίσθη καὶ ἐλυπήθη ὅτι  *  κατεδέξαντο  *  τὴν περιτομὴν καὶ μετὰ τοῦτο ἀπέθανον καὶ ἐν
Esdr.     7      1   Ἐσδρὰμ ἀγαπητέ μου ἐγὼ ἀθάνατος ὢν σταυρὸν  *  κατεδεξάμην  *  ὄξος καὶ χολὴν ἐγευσάμην ἐν τάφῳ κατετέθην
FMos.  2 629     5   ταφῇ δεδιηκονηκέναι. τοῦ γὰρ διαβόλου τοῦτο μὴ  *  καταδεχομένου  *  ἀλλ' ἐπιφέροντος ἔγκλημα διὰ τὸν τοῦ
FJub.    11     16   δὲ ὧν καὶ τοῖς κτίσμασι τὸν νοῦν ἑαυτοῦ μὴ  *  καταδεξάμενος  *  ἐᾶσαι ἐνδιατρίβειν ἀλλ' ἐπὶ τὸν
καταδέω (-δήσω)                                           1
FEz.     186    11   προς κριον⟩ και μοσχον προς μοσχ⟨ον και το χωλο⟩ν  *  κατεδησω  *  και το ενο⟨χλουμενον ια⟩σομαι και το
καταδηλέομαι                                           1
Sib.      3     52  ἀπαραίτητος χόλος ἀνδρῶν τρεῖς Ῥώμην οἰκτρῇ μοίρῃ  *  καταδηλήσονται.  *  πάντες δ' ἄνθρωποι μελάθροις ἰδίοισιν
καταδικάζω                                           3
Abr.1     14     1  ψυχὴν ἣν κατεῖχεν ὁ ἄγγελος ἐν τῇ χειρὶ αὐτοῦ πῶς  *  κατεδικάσθη  *  ἐν τῷ μέσῳ; εἶπεν δὲ ὁ ἀρχιστράτηγος ἄκουσον
FMan.  2  22    14   εἰς τὸν αἰῶνα μηνίσας τηρήσῃς τὰ κακά μοι μηδὲ  *  καταδικάσῃς  *  με ἐν τοῖς κατωτάτοις τῆς γῆς ὅτι σὺ εἶ ὁ
FBar.    12      3   καὶ συ μη προσ⟨δοκα χαιρησειν⟩ μηδε επ⟨ι⟩ πολυ  *  καταδικα⟨ζε  *  αληθως γαρ εν⟩ καιρω εξυπνισθησεται ⟨προς σε
καταδίκη                                           2
Bar.      4     15         γενήσεται αἷμα θεοῦ καὶ ὥσπερ ὑπ' αὐτοῦ τὴν  *  καταδίκην  *  ἔλαβε τὸ γένος τῶν ἀνθρώπων πάλιν διὰ Ἰησοῦ
Bar.      4     16   ὦ Βαροὺχ ὅτι ὥσπερ ὁ Ἀδὰμ δι' αὐτοῦ τοῦ ξύλου τὴν  *  καταδίκην  *  ἔλαβεν καὶ τῆς δόξης θεοῦ ἐγυμνώθη οὕτως καὶ
καταδιώκω                                           7
TGad      1      3    ἢ πάρδαλις ἢ ἄρκος ἢ πᾶν θηρίον ἐπὶ τὴν ποίμνην  *  κατεδίωκον  *  αὐτὸ καὶ πιάζων τὸν πόδα αὐτοῦ τῇ χειρί μου
Asen.     12     7  κεκράξομαι. ῥῦσαί με πρὶν καταληφθῆναί με ὑπὸ τῶν  *  καταδιωκόντων  *  με. ὡς γὰρ παιδίον νήπιον φοβούμενον
Asen.     12     9  με ἐκ τῆς γῆς. ἰδοὺ γὰρ ὁ λέων ὁ ἄγριος ὁ παλαιὸς  *  καταδιώκει  *  με διότι αὐτός ἐστι πατὴρ τῶν θεῶν τῶν
Asen.     12    10    ἀπώλεσα αὐτούς. καὶ ὁ λέων ὁ πατὴρ αὐτῶν θυμωθεὶς  *  καταδιώκει  *  με ἀλλὰ σὺ κύριε ῥῦσαί με ἐκ τῶν χειρῶν αὐτοῦ
Asen.     26     6   τὰ δόρατα αὐτῶν ἐν ταῖς δεξιαῖς χερσὶν αὐτῶν καὶ  *  κατεδίωξαν  *  ὀπίσω τῆς Ἀσενὲθ δρόμῳ ταχεῖ. καὶ ἔφυγεν
Asen.     27     6  καὶ Συμεὼν Λευὶς καὶ Ἰούδας Ἰσάχαρ καὶ Ζαβουλὼν  *  κατεδίωξαν  *  ὀπίσω τῶν ἀνδρῶν τῶν ἐνεδρευόντων τῇ Ἀσενὲθ
Sal.      15     8   φεύξονται γὰρ ὡς διωκόμενοι πολέμου ἀπὸ ὁσίων  *  καταδιώξονται  *  δὲ ἁμαρτωλοὺς καὶ καταλήμψονται καὶ οὐκ
καταδουλόω
TJud.     21     7  ἀνθρώπους ὡς ἰχθύας θυγατέρας καὶ υἱοὺς ἐλευθέρους  *  καταδουλώσουσιν  *  οἴκους ἀγροὺς ποίμνια χρήματα ἁρπάσουσι
TIss.     7      7  ἀνθρώπων οὐ κυριεύσει ὑμῶν καὶ πάντα ἄγριον θῆρα  *  καταδουλώσεσθε  *  ἔχοντες μεθ' ἑαυτῶν τὸν θεὸν τοῦ οὐρανοῦ
καταδυναμόω
FIsa.  1   2     4  λατρείας καὶ ἐλάτρευσαν τῷ διαβόλῳ. ⟨Μ⟩ανασσῆ καὶ  *  κατε⟨δυ⟩νάμου  *  αὐτὸν ἐν ⟨τῇ⟩ ἀποστάσει καὶ τῇ ⟨ἀν⟩ομίᾳ
καταδυναστεία
Hen.      98     5         δούλην εἶναι δούλην ἄνωθεν οὐκ ἐδόθη ἀλλὰ ἐκ  *  καταδυναστείας  *  ἐγένετο. ὁ⟨μοίως⟩ οὐδὲ ἡ ἀνομία ἄνωθεν
Aris.     23     7   διὸ παντελῶς ἀνεπιεικής ἐστι καὶ ἡ τῶν ἀνθρώπων  *  καταδυναστεία.  *  πᾶσιν οὖν ἀνθρώποις τὸ δίκαιον ἀπονέμειν
καταδυναστεύω                                           6
Sal.      17    41  αὐτοὺς ἄξει καὶ οὐκ ἔσται ἐν αὐτοῖς ὑπερηφανία τοῦ  *  καταδυναστευθῆναι  *  ἐν αὐτοῖς. αὕτη ἡ εὐπρέπεια τοῦ
Aris.     24     3      ὁμολογουμένως πολλῷ δὲ μᾶλλον τοῖς ἀλόγως  *  καταδυναστευομένοις  *  καὶ κατὰ πᾶν ἐκζητοῦντες τὸ καλῶς
Aris.    146     2   πτηνῶν εὑρήσεις ἀγριά τε καὶ σαρκοφάγα καὶ ἡ  *  καταδυναστεύοντα  *  τῇ περὶ ἑαυτὰ δυνάμει τὰ λοιπὰ καὶ τὴν
Aris.    147     3   διατέτακται δικαιοσύνη συγχρῆσθαι καὶ μηδένα  *  καταδυναστεύειν  *  πεποιθότας ἰσχύι τῇ καθ' ἑαυτοὺς μηδὲ
Aris.    147     7  ζῷα τὰ φυόμενα τῶν ὀσπρίων ἐπὶ γῆς δαπανᾷ καὶ οὐ  *  καταδυναστεύει.  *  πρὸς τὴν ἐπαναίρεσιν τῶν συγγενικῶν. διὰ
Aris.    148     3   βίᾳ μηδὲ τῇ περὶ ἑαυτοὺς ἰσχύι πεποιθότας ἑτέρους  *  καταδυναστεύειν.  *  ὅπου γὰρ οὐδ' ἅψασθαι καθῆκε τῶν
καταδύω (-δύνω)                                           1
Hen.     100     4  μέχρι ἀξόνων καταβήσεται. καὶ καταβήσονται ἄγγελοι  *  καταδύνοντες  *  εἰς τὰ ἀπόκρυφα ἐν ἡμέρᾳ ἐκείνῃ οἵτινες
καταζώννυμι                                           1
Aris.     97     1  πεποικιλμένοι ῥίσκοι τῇ χρόᾳ θαυμασίως ἔχοντες.  *  κατέζωστο  *  δὲ διαφόρῳ ζώνῃ διαπρεπεῖ διυφασμένῃ
κατάθεμα                                           1
FIsa.  1   3    18    κατὰ πρόσωπον αὐτοῦ λέγων. καὶ εἶπεν Ἡσαΐας  *  κατάθεμά  *  σοι ζῇ ὁ θεὸς καὶ ζῇ τὸ πνεῦμα τὸ λαλοῦν ἐν
καταθνήσκω                                           1
Sib.      3    158  ἐγγυάλιξεν. καὶ πᾶσαι γενεαὶ Τιτάνων ἠδὲ Κρόνοιο  *  κάτθανον.  *  αὐτὰρ ἔπειτα χρόνου περιτελλομένοιο Αἰγύπτου
καταθύμιος                                           1
FPho.          224  παρέχειν θεράποντι. δούλῳ τακτὰ νέμοις ἵνα τοι  *  καταθύμιος  *  εἴη. στίγματα μὴ γράψῃς ἐπονειδίζων
καταιγίς
TJud.     21     9   τὸ κακὸν ἐν πλεονεξίᾳ ὑψούμενοι. καὶ ἔσονται ὡς  *  καταιγίδες  *  ψευδοπροφῆται καὶ πάντας δικαίους διώξονται.
Asen.     12    11  τὴν φλόγα τοῦ πυρὸς καὶ τὸ πῦρ ἔμβαλέ με εἰς τὴν  *  καταιγίδα  *  καὶ ἡ καταιγὶς περιειλίσσεται με ἐν σκότει καὶ
Asen.     12    11  καὶ τὸ πῦρ ἔμβαλέ με εἰς τὴν καταιγίδα καὶ ἡ  *  καταιγὶς  *  περιειλίσσεται με ἐν σκότει καὶ ἐκβάλλει με εἰς
Sal.      8      2   φωνὴ λαοῦ πολλοῦ ὡς ἀνέμου πολλοῦ σφόδρα ὡς  *  καταιγὶς  *  πυρὸς πολλοῦ φερομένου δι' ἐρήμου. καὶ εἶπα
Job       20     5  τὴν τῶν τέκνων μου ἀπώλειαν καὶ ὁμοιώθη μεγάλη  *  καταιγίδι  *  καὶ τὸν θρόνον μου κατέστρεψεν, καὶ ἐποίησεν
```

καταικίζω                                                    1
HArt.  9   27   31      ἐπὶ τῷ γεγονότι πάσῃ τιμωρίᾳ καὶ κολάσει * καταικίζειν * τοὺς Ἰουδαίους. τὸν δὲ Μῶϋσον ταῦτα ὁρῶντα
κατaισχύνω                                                  3
TJud.  12   5   ἀνελεῖν αὐτὴν πέμψασα δὲ ἐν κρυπτῷ τοὺς ἀρραβῶνας * κατήσχυνέ * με. καλέσας δὲ αὐτὴν ἤκουσα καὶ τοὺς ἐν
TJos.  17   1      ὁ εὐνοῦχος. ὁρᾶτε τέκνα πόσα ὑπέμεινα ἵνα μὴ * καταισχύνω * τοὺς ἀδελφούς μου. καὶ ὑμεῖς οὖν ἀγαπᾶτε
Job    27   6   ἐνίκησας τὰ παλαιστρικά μου ἃ ἐπήγαγόν σοι. τότε * καταισχυνθεὶς * ὁ Σατανᾶς ἀνεχώρησεν ἀπ' ἐμοῦ ἐν τρισὶν
κατακαίω                                                   10
Hen.   10   14   εἰς τὸ δεσμωτήριον συνκλείσεως αἰῶνος. καὶ ὃς ἂν * κατακαυθῇ * καὶ ἀφανισθῇ ἀπὸ τοῦ νῦν μετ' αὐτῶν ὁμοῦ
Hen.   90   2      ἡμέρας κρίσεως τῆς μεγάλης. ἐν τῷ καιρῷ ἐκείνῳ * κατακαυθήσεται * καὶ ταπεινωθήσεται καὶ ἔσται
Hen.   90   2   ἐκείνῳ κατακαυθήσεται καὶ ταπεινωθήσεται καὶ ἔσται * κατακαιόμενον * καὶ τηκόμενον ὡς κηρὸς ἀπὸ πυρὸς οὕτως
Hen.   90   2      καὶ τηκόμενον ὡς κηρὸς ἀπὸ πυρὸς οὕτως * κατακαήσεται * περὶ πάντων τῶν ἔργων αὐτοῦ. καὶ νῦν ἐγὼ
Abr.1  13   12   τῶν ἀνθρώπων ἔργα διὰ πυρὸς καὶ εἴ τινος τὸ ἔργον * κατακαύσει * τὸ πῦρ εὐθέως λαμβάνει αὐτὸν ὁ ἄγγελος τῆς
Prop.  24   2      βασιλέως Ἰούδα ὅτι τὰ ὀστᾶ τῶν ἱερέων τοῦ Βαὰλ * κατακαύσει * ἐπὶ τοῦ θυσιαστηρίου ἔνθα Ἱεροβοὰμ ἔθυε τῷ
Esdr.  4   20   καὶ ἴδον ἐκεῖ τὸν σκώληκα τὸν ἀκοίμητον καὶ πῦρ * κατακαῖον * τοὺς ἀμαρτωλούς. καὶ κατήγαγόν με εἰς τὸ
Esdr.  7   12   αὐτοῦ. ὅσοι δὲ μὴ πιστεύσαντες τὸ βιβλίον τοῦτο * κατακαυθήσονται * ὡς τὰ Σόδομα καὶ Γόμορρα. καὶ ἦλθεν αὐτῷ
HEup.  9   39   3   δηλῶσαι. τὸν δὲ Ἰωναχεὶμ ζῶντα αὐτὸν ἐπιβαλέσθαι * κατακαῦσαι * τὸν δὲ φάναι τοῖς ξύλοις τούτοις Βαβυλωνίοις
HArt.  9   25   3   εἶτα τὰ πρόβατα ὑπὸ πυρὸς ἐκ τοῦ οὐρανοῦ πεσόντος * κατακαῆναι * σὺν τοῖς ποιμέσι μετ' οὐ πολὺ δὲ καὶ τὰς
κατακαλέω                                                   1
Aris. 110   4      δι' ἐγγράπτων διαστολὰς ἔδωκεν ἐὰν ἀναγκαῖον ᾖ * κατακαλέσαι * διακρίνειν ἐν ἡμέραις πέντε. πρὸ πολλοῦ δὲ
κατακαλύπτω                                                 4
TLevi  10   3      ὑμῶν ἀλλὰ σχίσαι τὸ ἔνδυμα τοῦ ναοῦ ὥστε μὴ * κατακαλύπτειν * ἀσχημοσύνην ὑμῶν. καὶ διασπαρήσεσθε
Asen.   3   6   ἔσφιγξε περὶ τοὺς κροτάφους αὐτῆς καὶ θερίστρῳ * κατεκάλυψε * τὴν κεφαλὴν αὐτῆς. καὶ ἔσπευσε καὶ κατέβη τὴν
Asen.  14   15   ἔλαβε θέριστρον λινοῦν ἄθικτον καὶ ἐπίσημον καὶ * κατεκάλυψε * τὴν κεφαλὴν αὐτῆς. καὶ ἦλθε πρὸς τὸν ἄνθρωπον
Asen.  18   6   τοῦ μεγάλου ἦσαν ἓξ λίθοι πολυτελεῖς. καὶ θερίστρῳ * κατεκάλυψε * τὴν κεφαλὴν αὐτῆς ὡς νύμφη καὶ ἔλαβε σκῆπτρον
κατακάμπτω                                                  1
FMan.  2   22   13   τὸ ὕψος τοῦ οὐρανοῦ ἀπὸ πλήθους τῶν ἀδικιῶν μου * κατακαμπτόμενος * πολλῷ δεσμῷ σιδήρου διότι παρώργισα τὸν
κατάκειμαι                                                  1
TRub.   3   13   Βηθλέεμ Βάλλα ἦν μεθύουσα καὶ κοιμωμένη ἀκάλυφος * κατέκειτο * ἐν τῷ κοιτῶνι κἀγὼ εἰσελθὼν καὶ ἰδὼν τὴν
κατακλάω                                                    1
Aris. 149   3   πῶς οὐ φυλακτέον παντάπασι τοὺς τρόπους εἰς τοῦτο * κατακλασθῆναι; * πάντα οὖν τὰ τῆς συγχωρήσεως ἡμῖν ἐπὶ
κατακλείς                                                   2
Aris.  61   3   περόναις πρὸς τὴν ἀσφάλειαν. ἐπὶ δὲ τῶν γωνιῶν αἱ * κατακλεῖδες * συνέσφιγγον πρὸς τὴν συνοχήν. ἐκ πλαγίων δὲ
Aris.  65   3   ὥστε τοὺς πόδας ἐνίεσθαι εἰς τοῦτο περόνας ⟨σὺν⟩ * κατακλεῖσιν * ἔχοντας ἐσφίχθαι κατὰ τὴν στεφάνην ἵνα καθ'
κατακληρονομέω                                              1
TBen.  10   5   Ἀβραὰμ καὶ Ἰσαὰκ καὶ Ἰακώβ. πάντα ταῦτα ἡμᾶς * κατεκληρονόμησαν * εἰπόντες φυλάξατε τὰς ἐντολὰς τοῦ θεοῦ
κατακλίνω                                                   3
Aris. 183   6   ὁ βασιλεὺς τοὺς γὰρ ἡμίσεις ἐκέλευσεν ἀνὰ χεῖρα * κατακλῖναι * τοὺς δὲ λοιποὺς μετὰ τὴν ἑαυτοῦ κλισίαν οὐδὲν
Aris. 184   2   οὐδὲν ἐλλιπὼν εἰς τὸ τιμᾶν τοὺς ἄνδρας. ὡς δὲ * κατεκλίθησαν * ἐκέλευσε τῷ Δωροθέῳ τοῖς ἐθισμοῖς οἷς
FAch. 119      ἅμα δὲ καὶ τὸν Αἴσωπον. τῇ οὖν τακτῇ ὥρᾳ ἐλθόντες * κατεκλίθησαν * ἐν τῷ δείπνῳ. καὶ τῶν Ἡλιουπολιτῶν ἔφη τις
κατακλύζω                                                   6
Prop.  11   3      ὃ καὶ γέγονεν. ἡ γὰρ περιέχουσα αὐτὴν λίμνη * κατέκλυσεν * αὐτὴν ἐν σεισμῷ καὶ πῦρ ἐκ τῆς ἐρήμου ἐπελθὸν
Sib.   3   690   πολέμῳ θεὸς ἠδὲ μαχαίρῃ καὶ πυρὶ καὶ ὑετῷ τε * κατακλύζοντι * καὶ ἔσται θεῖον ἀπ' οὐρανόθεν αὐτὰρ λίθος
Sib.   3   823   ἐσσόμενα πρό τ' ἐόντα καὶ λέξαι θνητοῖς. ὅτε γὰρ * κατεκλύζετο * κόσμος ὕδασι καὶ τις ἀνὴρ μόνος εὐδοκίμητος
Sib.   5   234   ὤλεσε ῥιφθείς. πάντα κακῶς διέθηκας ὅλον τε καὶ κακὸν * κατέκλυσας * καὶ διὰ σοῦ κόσμοιο καλαὶ πτύχες ἠλλάγησαν.
HDem.  9   29   16   θυσιάσαντες πάλιν ἀνακάμψειν. φαίνεται οὖν τοὺς μὴ * κατακλυσθέντας * τοῖς ἐκείνων ὅπλοις χρήσασθαι. τὴν Ἰούδα
HArt.  9   27   28   τῇ ῥάβδῳ πατάξαι τὸν δὲ ποταμὸν πολύχουν γενόμενον * κατακλύζειν * ὅλην τὴν Αἴγυπτον ἀπὸ τότε δὲ καὶ τὴν
κατακλυσμός                                                 15
Hen.   7B   1   γυναῖκας καὶ ἤρξαντο μιαίνεσθαι ἐν αὐταῖς ἕως τοῦ * κατακλυσμοῦ * καὶ ἔτεκον αὐτοῖς γένη τρία πρώτων γιγαντας
Hen.   10   2   αὐτῷ τέλος ἐπερχόμενον ὅτι ἡ γῆ ἀπόλλυται πᾶσα καὶ * κατακλυσμὸς * μέλλει γίνεσθαι πάσης τῆς γῆς καὶ ἀπολέσει
Hen.   10B      ὅτι ἡ γῆ ἀπόλλυται πᾶσα καὶ εἶπον αὐτῷ ὅτι * κατακλυσμὸς * μέλλει γίνεσθαι πάσης τῆς γῆς ἀπολέσαι πάντα
Hen.  106   15   σαρκίνους καὶ ἔσται ὀργὴ μεγάλη ἐπὶ τῆς γῆς καὶ * κατακλυσμὸς * καὶ ἔσται ἀπώλεια μεγάλη ἐπὶ ἐνιαυτὸν ἕνα
TRub.   5   6      οὕτως γὰρ ἔθελξαν τοὺς ἐγρηγόρους πρὸ τοῦ * κατακλυσμοῦ * κἀκεῖνοι συνεχῶς ὁρῶντες αὐτὰς ἐγένοντο ἐν
TNep.   3   5      φύσεως αὐτῶν οὓς καὶ κατηράσατο κύριος ἐπὶ τοῦ * κατακλυσμοῦ * δι' αὐτοὺς ἀπὸ κατοικεσίας καὶ καρπῶν τάξας
TBen.   7   4   ἐτῶν πάσχει καὶ ἐνακοσιοστῷ ἔτει ἐρημοῦται ἐπὶ τοῦ * κατακλυσμοῦ * διὰ Ἄβελ τὸν δίκαιον ἀδελφὸν αὐτοῦ. ἐν τοῖς
Bar.   4   10   ὁ ἄγγελος ὀρθῶς ἐρωτᾷς ὅτε ἐποίησεν ὁ θεὸς τὸν * κατακλυσμὸν * ἐπὶ τῆς γῆς καὶ ἀπώλεσε πᾶσαν σάρκα καὶ τὸν
Sib.   3   109   τότε δὴ δεκάτη γενεὰ μερόπων ἀνθρώπων ἐξ οὗ περ * κατακλυσμὸς * ἐπὶ προτέρους γένετ' ἄνδρας. καὶ βασίλευσε
Sib.   4   53      καὶ ἀνθρώποισιν ἅπασιν γὴν ἐκάλυψε θάλασσα * κατακλυσμοῖο * ῥαγέντος. οὓς Μῆδοι καθελόντες ἐπαυχήσουσι
Sib.   5   115   τό τε μέλλον ἔσεσθαι. Εὐφρήτου ποταμοῦ ῥεῖθρον * κατακλυσμὸν * ἐποίσει καὶ Πέρσας ὀλέσει καὶ Ἴβηρας καὶ
FJub.   5   20   τοῦ πρώτου ἀνθρώπου καὶ τῶν μετ' ἐκεῖνον καὶ τοῦ * κατακλυσμοῦ * καὶ τῆς συγχύσεως καὶ ποικιλίας τῶν γλωσσῶν
FJub.  10   1   αὐτοῦ. γυνὴ Ἐβερ Ἀζουρα θυγάτηρ Νεβρώδ. μετὰ τὸν * κατακλυσμὸν * τῷ 'β φ πβ' ἔτει τοῦ κόσμου φθόνῳ
HDem.  9   21   18   τοὺς τοῦ Ἰωσὴφ συγγενεῖς ἔτη γ χ κ δ'. ἀπὸ δὲ τοῦ * κατακλυσμοῦ * ἕως τῆς Ἰακὼβ παρουσίας εἰς Αἴγυπτον ἔτη
HAno.  9   17   2   πρῶτον μὲν κτισθῆναι ὑπὸ τῶν διασωθέντων ἐκ τοῦ * κατακλυσμοῦ * εἶναι δὲ αὐτοὺς γίγαντας οἰκοδομεῖν δὲ τὸν
κατακοιμάω                                                  1
Aris. 298   3   (ἡμέρας) ὁ βασιλεὺς ἄρξηται χρηματίζειν μέχρις οὗ * κατακοιμηθῇ * πάντα ἀναγράφεσθαι τὰ λεγόμενα καὶ
κατακολουθέω                                                8
Aris.  56   5   ἐκέλευσε ποιεῖν ὅσα δὲ διὰ γραπτῶν μέτρα αὐτοῖς * κατακολουθῆσαι. * δύο γὰρ πήχεων τὸ μῆκος ⟨πήχεος δὲ τὸ
Aris. 205   5   ἑαυτοῦ καὶ γὰρ ὁ θεὸς πᾶσιν αἴτιος ἀγαθῶν ἐστιν ᾧ * κατακολουθεῖν * ἀναγκαῖον. ἐπαινέσας δὲ ὁ βασιλεὺς τοῦτον
Aris. 232   3   εἰ μηδένα βλάπτοι πάντας δὲ ὠφελοῖ τῇ δικαιοσύνῃ * κατακολουθῶν * τοὺς γὰρ ἀπ' αὐτῆς καρποὺς ἀλυπίαν
Aris. 254   4   μετ' εὐμενείας καὶ χωρὶς ὀργῆς ἁπάσης τούτῳ δὲ * κατακολουθεῖν * ἀναγκαῖόν ἐστι σε ἔφησεν ὦ βασιλεῦ. καλῶς
Aris. 279   2   εἰπὼν ὁ βασιλεὺς τὸν μετ' αὐτὸν ἠρώτα τίσι δεῖ * κατακολουθεῖν * τοὺς βασιλεῖς; ὁ δὲ ἔφη τοῖς νόμοις ἵνα
Aris. 279   5   μνήμην καταβέβλησαι σεαυτοῦ θείῳ προστάγματι * κατακολουθῶν. * εἰπὼν δὲ καὶ τοῦτον καλῶς λέγειν τὸν
LAri. 13   12   1   τὴν ἑαυτοῦ διὰ πάντων μεγαλείτης. φανερὸν ὅτι * κατηκολούθησεν * ὁ Πλάτων τῇ καθ' ἡμᾶς νομοθεσίᾳ καὶ
LAri. 13   12      καὶ ἐγένετο. δοκοῦσι δέ μοι περιειργασμένοι πάντα * κατηκολουθηκέναι * τούτῳ Πυθαγόρας τε καὶ Σωκράτης καὶ
κατακόπτω                                                   7
TZab.   4   11   καὶ οὐκ ἤθελε δοῦναι αὐτὸν θέλων τῇ ῥομφαίᾳ αὐτοῦ * κατακόψαι * αὐτὸν ὀργιζόμενος ὅτι ἔζησε καὶ οὐκ ἀνέτλεν
Asen.  23   2   Σικηιτῶν καὶ ἐν ταῖς δυσὶ ταύταις ῥομφαίαις ὑμῶν * κατεκόπησαν * τριάκοντα χιλιάδες ἀνδρῶν πολεμιστῶν. καὶ
Asen.  24   19   καὶ ἐμπεσεῖται εἰς τὰς χεῖρας ἡμῶν. καὶ ἡμεῖς * κατακόψομεν * τοὺς ἄνδρας τοὺς ὄντας μετ' αὐτῆς. καὶ
Asen.  26   5   συνέμιξαν πόλεμον μετὰ τῶν ἀνδρῶν τῆς Ἀσενεθ καὶ * κατέκοψαν * αὐτοὺς ἐν στόματι ῥομφαίας καὶ τοὺς προδρόμους
Asen.  27   6      τῇ Ἀσενεθ καὶ ἐπέπεσαν αὐτοῖς ἄφνω καὶ * κατέκοψαν * αὐτοὺς πάντας καὶ ἀπέκτειναν δισχιλίους οἱ ἓξ
Asen.  28   13   ἡμῶν λαλεῖ ἀγαθὰ ὑπὲρ τῶν ἐχθρῶν αὐτῆς; οὐχὶ ἀλλὰ * κατακόψομεν * αὐτοὺς ἐν ταῖς ῥομφαίαις ἡμῶν διότι αὐτοὶ
Asen.  28   17   αὐτοῦ. ἐφοβήθη γὰρ μήποτε ἐν τῇ ὀργῇ αὐτῶν * κατακόψωσιν * αὐτούς. καὶ ὁ υἱὸς Φαραὼ ἀνέστη ἀπὸ τῆς γῆς
κατακοσμέω                                                  3
Asen.  15   10   καὶ πάντα τὸν κόσμον τοῦ γάμου σου περίθου καὶ * κατακόσμησον * σεαυτὴν ὡς νύμφην ἀγαθὴν καὶ πορεύου εἰς
HEup.  9   34   8   ἑπτά. οἰκοδομῆσαι δὲ καὶ τὰς πύλας τοῦ ἱεροῦ καὶ * κατακοσμῆσαι * χρυσίῳ καὶ ἀργυρίῳ καὶ καταστεγάσαι
HCal.  28   2   οἰκοδομεῖν ἐγχειρίζεται κίοσί τε πλείστοις αὐτὴν * κατακοσμήσας * καὶ τὰ τείχη πύργοις εὐμήκεσι καὶ
κατακράζω                                                   1
FAch. 117      ἰδόντες συνέδραμον εἰς τὴν οἰκίαν τοῦ Αἰσώπου καὶ * κατέκραζον. * ὁ δὲ Αἴσωπος ἐκέλευσεν τὴν αἴλουρον
κατακρατέω                                                  1
Aris.  14   5      οὐχ οὕτως τῇ προαιρέσει κατὰ ψυχὴν ἔχων ὡς * κατακρατούμενος * ὑπὸ τῶν στρατιωτῶν δι' ἃς ἐπεποίητο
κατακρίνω                                                   4
Adam   39   3      τοῦτον ἵνα ἴδῃ σε καθήμενον ἐπάνω αὐτοῦ. τότε * κατακριθήσεται * αὐτὸς καὶ οἱ ἀκούσαντες αὐτοῦ καὶ
Hen.   10B   14   δεσμωτήριον τῆς συγκλείσεως τοῦ αἰῶνος. καὶ ὃς ἂν * κατακρίθῃ * καὶ ἀφανισθῇ ἀπὸ τοῦ νῦν μετ' αὐτῶν δεθήσεται
Hen.   13   5   τὸν οὐρανὸν ἀπὸ αἰσχύνης περὶ ὧν ἡμαρτήκεισαν καὶ * κατακρίθη * τότε ἔγραψα τὸ ὑπόμνημα τῆς ἐρωτήσεως
Sal.   4   2      ἐν σημειώσει ὑπὲρ πάντας ὃ σκληρὸς ἐν λόγοις * κατακρῖναι * ἁμαρτωλοὺς ἐν κρίσει καὶ ἡ χείρ αὐτοῦ ἐν
κατακρύπτω                                                  2
Sib.   3   607   ἃ ῥίψουσιν βροτοὶ αὐτοὶ ἐν σχισμαῖς πετρῶν * κατακρύψαντες * δι' ὄνειδος ὁππόταν Αἰγύπτου βασιλεὺς νέος
HArt.  9   27   12   ὑπὸ τοῦ Μωύσου κελεύειν ἐκεῖ φέροντας θάπτειν * κατακρύπτειν * θέλοντα τὰ τοῦ Μωύσου ἐπινοήματα.
κατακτάομαι                                                 2
Aris.   3   4      ὑπό τε τῶν πολιτῶν καὶ τῶν ἄλλων καὶ * κατακεκτημένον * μεγίστην ὠφέλειαν τοῖς σὺν ἑαυτῷ καὶ τοῖς
Aris. 231   2   πταίουσιν οὐκέτι χρὴ ταῦτα πράσσειν ἀλλὰ φιλίαν * κατακτησομένους * δικαιοπραγεῖν. θεοῦ δὲ δῶρον ἀγαθῶν
κατάκτησις                                                  1
Aris. 223   3   εἰκός ἐστι κεκλίσθαι τοῖς δὲ βασιλεῦσιν ἐπὶ χώρας * κατάκτησιν * κατὰ τὸ τῆς δόξης μέγεθος πλὴν ἐν πᾶσι
κατακύπτω                                                   1
Aris.  91   4      ἐκ τῆς πόλεως καὶ πρός τινα τόπον ἐκέλευσαν * κατακύψαντα * συνακοῦσαι τοῦ γινομένου ψόφου τῆς

```
      κατακυριεύω                    5
Adam    14      2 ἐπήνεγκας ἐφ' ἡμᾶς ὀργὴν μεγάλην ἥτις ἐστί θάνατος  * κατακυριεύων * παντός τοῦ γένους ἡμῶν. λέγει 'Αδὰμ τῇ Εὔα
TJud    15      5 ἕως τοῦ αἰῶνος καὶ βασιλεῖ καὶ πτωχῷ αἱ γυναῖκες  * κατακυριεύουσιν * καὶ τοῦ μὲν βασιλέως αἴρουσι τὴν δόξαν
TDan     3      2 τὸ μὲν σῶμα ἰδιοποιεῖται τοῦ θυμώδους τῆς δὲ ψυχῆς  * κατακυριεύει * καὶ παρέχει τῷ σώματι δύναμιν ἰδίαν ἵνα
TNep     8      6 οἰκειοῦται αὐτὸν ὡς ἴδιον σκεῦος καὶ πᾶν θηρίον  * κατακυριεύσει * αὐτοῦ καὶ ὁ κύριος μισήσει αὐτόν. καὶ γὰρ
TBen     3      3 εἰς πᾶσαν πονηρίαν θλίψεως ἐξαιτήσωνται ὑμᾶς οὐ μὴ  * κατακυριεύσῃ * ὑμῶν πᾶσα πονηρία θλίψεως ὡς οὐδὲ 'Ιωσὴφ
      καταλαλέω                     6
Hen.     1      9 καὶ σκληρῶν ὧν ἐλάλησαν λόγων (καὶ περὶ πάντων ὧν  * κατελάλησαν) * κατ' αὐτοῦ ἁμαρτωλοὶ ἀσεβεῖς. κατανοήσατε
Hen.     5      4 ἐποιήσατε κατὰ τὰς ἐντολὰς αὐτοῦ ἀλλὰ ἀπέστητε καὶ  * κατελαλήσατε * μεγάλους καὶ σκληροὺς λόγους ἐν στόματι
Hen.     5      4 ἀκαθαρσίας ὑμῶν κατὰ τῆς μεγαλωσύνης αὐτοῦ. ὅτι  * κατελαλήσατε * ἐν τοῖς ψεύμασιν ὑμῶν σκληροκάρδιοι οὐκ
Abr.2   12      6 ἀτενίσας πάλιν 'Αβραὰμ εἶδεν ἀνθρώπους ἐπί τῆς γῆς  * καταλαλοῦντας * καὶ εἶπεν 'Αβραὰμ ἄνοιξον τὴν γῆν καταπίῃ
TIss     3      4 μου οὐδὲ πονηρὸς καὶ βάσκανος τῷ πλησίον οὐ  * κατελάλησά * τινος οὐδὲ ἔψεξα βίον ἀνθρώπου πορευόμενος ἐν
TGad     5      4 ὅτι κύριος ἐπισκέπτει τὸ διαβούλιον αὐτοῦ. οὐ  * καταλαλεῖ * ἀνδρὸς ἐπειδὴ ὁ φόβος τοῦ ὑψίστου νικᾷ τὸ
      καταλαλιά                     3
TGad     3      3 οὐκ ἀγαπᾷ τὴν ἀλήθειαν ψέγει τῷ κατορθοῦντι φθονεῖ  * καταλαλιὰν * ἀσπάζεται ὑπερηφανίαν ἀγαπᾷ ὅτι τὸ μῖσος
Bar.     8      5 ἁρπαγὰς εἰδωλολατρείας μέθας φόνους ἔρεις ζήλη  * καταλαλιὰς * γογγυσμοὺς ψιθυρισμοὺς μαντείας καὶ τὰ τούτων
Bar.    13      4 ἐν μέσῳ ἐκεῖ καὶ ὅπου πορνεῖται μοιχεῖαι κλεψίαι  * καταλαλιαι * ἐπιορκίαι φθόνοι μέθαι ἔρεις ζῆλος γογγυσμός
      καταλαμβάνω                  23
Abr.1    9      8 τοὺς ἐπὶ τῷ ἅρματι τὴν ἐξουσίαν ἔχοντας καὶ  * κατέλαβε * τὸν δίκαιον 'Αβραὰμ ἐπὶ τὸ ἅρμα τὸ χερουβικὸν
TJud     2      3 διὰ τοῦ δρόμου καὶ πᾶν ὃ ἦν ἐν τοῖς πεδίοις  * κατελάμβανον. * φοράδα ἀγρίαν κατέλαβον καὶ πιάσας ἡμέρωσα
TJud     2      3 ὃ ἦν ἐν τοῖς πεδίοις κατελάμβανον. φοράδα ἀγρίαν  * κατέλαβον * καὶ πιάσας ἡμέρωσα καὶ λέοντα ἀπέκτεινα καὶ
Asen.    4     10 ἐστιν ὁ υἱὸς τοῦ ποιμένος ἐκ γῆς Χαναὰν καὶ αὐτὸς  * κατελήφθη * ἐπ' αὐτοφώρῳ κοιμώμενος μετὰ τῆς κυρίας αὐτοῦ
Asen.   12      7 δέησίν μου καὶ πρός σέ κεκράξομαι. ῥῦσαί με πρὶν  * καταληφθῆναί * με ὑπὸ τῶν καταδιωκόντων με. ὡς γὰρ παιδίον
Sal.     8     19 ἔστησεν τοὺς πόδας αὐτοῦ μετὰ ἀσφαλείας πολλῆς.  * κατελάβετο * τὰς πυργοβάρεις αὐτῆς καὶ τὸ τεῖχος
Sal.    15      8 πολέμου ἀπὸ ὁσίων καταδιώξονται δὲ ἁμαρτωλοὺς καὶ  * καταλήμψονται * καὶ οὐκ ἐκφεύξονται οἱ ποιοῦντες ἀνομίαν
Sal.    15      9 ἀνομίαν τὸ κρίμα κυρίου ὡς ὑπὸ πολεμίων ἐμπείρων  * καταληφθήσονται * τὸ γὰρ σημεῖον τῆς ἀπωλείας ἐπὶ τοῦ
Jer.     5      1 ὁ δὲ 'Αβιμέλεχ ἤνεγκε τὰ σῦκα τῷ καύματι καὶ  * καταλαβὼν * δένδρον ἐκάθισεν ὑπὸ τὴν σκιὰν αὐτοῦ τοῦ
Bar.     9      1 ἐσώθη πᾶσα πνοή. καὶ τούτων συσταλέντων καὶ ἡ νὺξ  * κατέλαβεν * καὶ ἅμα ταύτῃ μετὰ καὶ τῆς σελήνης καὶ μετὰ
Job     37      6 ἴδιον καλῶς αὐτῷ δορυφορούντων ἢ τίς ποτε  * καταλήψεται * τὰ βάθη τοῦ κυρίου καὶ τῆς σοφίας αὐτοῦ, ἢ
Job     38      5 εἶπον αὐτῷ εἰ οὖν τὴν τοῦ σώματος πορείαν οὐ  * καταλαμβάνεις, * πῶς τὰ ἐπουράνια καταλήψει; ὑπολαβὼν δὲ
Job     38      5 σώματος πορείαν οὐ καταλαμβάνεις, πῶς τὰ ἐπουράνια  * καταλήψει; * ὑπολαβὼν δὲ καὶ Σωφαρ εἶπεν οὐχὶ τὰ ὑπὲρ ἡμᾶς
Job     50      3 δόξαν αὐτῶν καὶ ὁ βουλόμενος λοιπὸν ἴχνος ἡμέρας  * καταλαβεῖν * τῆς πατρικῆς δόξης εὑρήσει ἀναγεγραμμένα ἐν
Aris.    1      5 καὶ διὰ τί πεπείραμαι σαφῶς ἐκθέσθαι σοι  * κατειληφὼς * ἣν ἔχεις φιλομαθῆ διάθεσιν ὑπερ μέγιστόν
Aris.   61      2 ἀμίμητον τῇ ποιήσει. πάντες δ' ἦσαν διὰ τρημάτων  * κατειλημμένοι * χρυσαῖς περόναις πρὸς τὴν ἀσφάλειαν. ἐπὶ
FAch.  102        προέβαινεν. ὥστε οὐ μόνον τὰ βάρβαρα τῶν ἐθνῶν  * κατειληφέναι * ἀλλὰ καὶ τὰ πλείονα μέρη ἕως 'Ελλάδος
HEup.  9    34    5 κυπαρίσσινον πελεκίνοις χαλκοῖς ταλαντιαίοις  * καταλαμβάνοντα(ς) * τοὺς δύο δόμους. οὕτω δ' αὐτὸν
HEup.  9    39    2 τὸν προφήτην. τοῦτον ὑπὸ τοῦ θεοῦ ἀποσταλέντα  * καταλαβεῖν * τοὺς 'Ιουδαίους θυσιάζοντας εἰδώλῳ χρυσῷ ᾧ
HCal.   24      1                                       καὶ  * καταλαμβάνει * ‹ 'Αλέξανδρος› τὴν 'Ιουδαίαν γῆν οἵτινες
HCal.   24     28 γενέσθω δὲ τὸ δοκοῦν ἡμῖν πρὸ τοῦ 'Αλέξανδρον  * καταλαβεῖν * καὶ πᾶσα ἀκυρωθήσεται ἄστατος βουλή. ὡς οὖν
LAri.  8    10   10 ὑποτέτακται καὶ στάσιν εἴληφεν ὥστε τοὺς ἀνθρώπους  * καταλαμβάνειν * ἀκίνητα εἶναι ταῦτα. λέγω δὲ τὸ τοιοῦτον
LAri.  8    10   17 γεγονέναι διὰ τὸ τοὺς συνορῶντας ἐκφαντικῶς ἕκαστα  * καταλαμβάνειν * μήτε τὸ πῦρ κεκαυκὸς ὡς προείρηται μηδὲν
      καταλέγω                     2
Sib.     3    820 ἐμοῖσιν ὅσσα δὲ πρῶτ' ἐγένοντο τά μοι +θεὸς+  * κατέλεξε * τῶν μετέπειτα δὲ πάντα θεὸς νόῳ ἐγκατέθηκεν
Sib.     4     21 πρώτης γενεῆς ἄχρις ἐς δεκάτην ἀφικέσθαι ἀτρεκέως  * καταλέξαι * ἅπαντα γὰρ αὐτὸς ἐλέγξει ἐξανύων. σὺ δὲ πάντα
      καταλέγω (κατάκειμαι)           cf. κατερῶ
      κατάλειμμα                    1
Hen.   106     18 κάλεσον αὐτοῦ τὸ ὄνομα ⟨Νῶε⟩ αὐτὸς γὰρ ἔσται ὑμῶν  * κατάλειμμα * ἐφ' οὗ ἂν καταπαύσητε καὶ (οἱ) υἱοὶ αὐτοῦ ἀπὸ
      καταλείπω                    28
Adam    31      3 αὕτη τεθήσει εἰς τὸν τόπον τὸν ἐμόν. κἂν ἀποθανῶ  * κατάλειψόν * με καὶ μηδείς μου ἅψηται ἕως οὗ ἄγγελος
Hen.   106     16 ἐπὶ ἐνιαυτὸν ἕνα καὶ τόδε τὸ παιδίον τὸ γεννηθὲν  * καταλειφθήσεται * καὶ τρία αὐτοῦ τέκνα σωθήσεται
Abr.1    7      1 ἔργου ἡμῖν ἐστιν κἂν τε ἀγαθὸν κἂν τε πονηρόν.  * καταλιπὼν * δὲ 'Αβραὰμ τὴν Σάρραν εἰσῆλθεν ἐν τῷ τρικλίνῳ
Abr.1    7      9 καὶ νῦν γίνωσκε τιμιώτατε 'Αβραὰμ ὅτι μέλλεις  * καταλιπεῖν * ἐν τῷ καιρῷ τούτῳ τὸν κοσμικὸν βίον καὶ πρὸς
Abr.1   20      3 ἄρτι λέγω σοι δικαιότατε τί γὰρ οὖν; πᾶσαν βουλὴν  * κατάλιπε * καὶ ἀκόλουθει μοι καθότι ὁ θεὸς τῶν ἁπάντων
TRub     3     14 ἰδὼν τὴν γύμνωσιν αὐτῆς ἔπραξα τὴν ἀσέβειαν καὶ  * καταλιπὼν * αὐτὴν κοιμωμένην ἐξῆλθον. καὶ εὐθέως ἄγγελος
TLevi   15      4 τοὺς πατέρας ἡμῶν εἰς ἐκ τοῦ σπέρματος μου οὐ μὴ  * καταλειφθῇ * ἐπὶ τῆς γῆς. καὶ νῦν ἔγνων ἐν βιβλίῳ 'Ενὼχ
TIss     6      1 τῷ 'Ισραήλ. οἶδα τέκνα μου ὅτι ἐν ἐσχάτοις καιροῖς  * καταλείψουσιν * οἱ υἱοὶ ὑμῶν τὴν ἁπλότητα καὶ
TIss     6      1 ἀφέντες τὴν ἀκακίαν προσπελάσουσι τῇ κακουργίᾳ καὶ  * καταλιπόντες * τὰς ἐντολὰς κυρίου κολληθήσονται τῷ Βελιὰρ
TGad     7      3 ἀνθρώποις. ἐξέτασον κρίματα κυρίου καὶ οὕτως οὐ  * καταλείψει * καὶ ἡσυχάσει τὸ διαβούλιόν σου. ἐὰν δὲ καὶ ἐκ
TJos     4      5 μαθεῖν λόγον κυρίου. καὶ ἔλεγέ μοι εἰ θέλεις ἵνα  * καταλίπω * τὰ εἴδωλα συμπεισθητί μοι καὶ τὸν Αἰγύπτιον
Asen.   10      1 συγγένεια αὐτοῦ ἀπῆλθον εἰς τὸν κλῆρον αὐτῶν. καὶ  * κατελείφθη * 'Ασενὲθ μόνη μετὰ τῶν ἑπτὰ παρθένων καὶ
Asen.   13      2 τὸν μόνον φιλάνθρωπον. ἰδοὺ πάντα τὰ ἀγαθὰ τῆς γῆς  * κατέλιπον * καὶ πρός σὲ κατέφυγον κύριε ἐν τῷ σάκκῳ τούτῳ
Asen.   29      8 ἐμαλακίσθη καὶ ἀπέθανε Φαραὼ ἐτῶν ἑκατὸν ἐννέα καὶ  * κατέλιπε * τὸ διάδημα αὐτοῦ τῷ 'Ιωσήφ. καὶ ἐβασίλευσεν
Jer.     3     12 αὐτοῖς ἕως οὗ ἐπιστρέψω αὐτοὺς εἰς τὴν πόλιν.  * καταλείψω * δὲ τὸν Βαροὺχ ὧδε ἕως οὗ λαλήσω αὐτῷ. ταῦτα
Jer.     8      2 τὸν 'Ιορδάνην καὶ ἐρεῖς τῷ λαῷ ὁ θέλων τὸν κύριον  * καταλειψάτω * τὰ ἔργα τῆς Βαβυλῶνος. καὶ τοὺς ἄρρενας τοὺς
Jer.     8      4 ἀκοῦσαι τοῦ 'Ιερεμίου ἀλλ' εἶπον πρὸς αὐτὸν οὐ μὴ  * καταλείψωμεν * τὰς γυναῖκας ἡμῶν εἰς τὸν αἰῶνα ἀλλ'
Jer.     9      8 τῇ φωνῇ οὐαί ἡμῖν ὅτι ὁ πατὴρ ἡμῶν 'Ιερεμίας  * κατέλιπεν * ἡμᾶς ὁ ἱερεὺς τοῦ θεοῦ καὶ ἀπῆλθεν. ἤκουσε δὲ
Prop.    9     48 καὶ ἀπέθανε ταφεὶς μέσα τῶν πατέρων αὐτοῦ. καὶ  * καταλιπὼν * τὴν λειτουργίαν τοῦ βασιλέως ἠκολούθει τῷ
Sedr.    6      5 εἰπέ μοι τῷ υἱῷ αὐτοῦ καὶ λαβὼν τὴν οὐσίαν  * καταλιπὼν * τὸν πατέρα ἀπῆλθεν καὶ ἐγένετο ἀλλότριος καὶ
Job     17      3 'Ιωβὰβ ὃ ἀναλύσας πάντα τὰ ἀγαθὰ τῆς γῆς καὶ μηδὲν  * καταλιπών, * ὃ διαδεχόμενος τοῖς ἐπιδεομένοις καὶ τυφλοῖς
Job     53      9 ὀνομαστὸν ἐν πάσαις ταῖς γενεαῖς τοῦ αἰῶνος, ἀμήν  * καταλείψας * υἱοὺς ζ' καὶ θυγατέρας τρεῖς καὶ οὐχ
FJub.   48      1 νόμους δὲ πρῶτον Μωϋσῆς γράφει τοῖς 'Ιουδαίοις.  * καταλιπὼν * δὲ Μωϋσῆς τὰς κατ' Αἴγυπτον διατριβὰς εἰς τὴν
FJub.   48      1 δικαίως ἂν κληθείη κατὰ κόσμον βασιλεὺς ἐξ ὕδατος.  * καταλιπὼν * δὲ Μωϋσῆς τὰς κατ' Αἴγυπτον διατριβὰς εἰς τὴν
FAch.  110        καὶ εἰς αὔριον ἀποθησαυρίζειν βέλτιον ἢ γὰρ ἐχθροῖς  * καταλιπεῖν * ἢ ζῶντα τῶν φίλων ἐπιδέεσθαι. εὐπροσήγορος
HDem.  9    21    2 'Ιακὼβ εἰς Χαρρὰν τῆς Μεσοποταμίας τὸν μὲν πατέρα  * καταλιπόντα * 'Ισαὰκ ἐτῶν ἑκατὸν τριάκοντα ἑπτὰ αὐτοῦ δὲ
HDem.  9    21   19 εὐλογήσαντα τοὺς 'Ιωσὴφ υἱοὺς ὄντα ἐτῶν ρ μ ζ'  * καταλιπόντα * 'Ιωσὴφ ὄντα ἐτῶν ν ς'. Λευὶ δὲ γενόμενον
FrAn.  1   217    4 πέπρακε πάντα καὶ διένειμε πτωχοῖς μηδὲν ἑαυτῷ  * καταλείψας * πλὴν νομισμάτων δύο. καὶ πτωχεύσας πάνυ καὶ
      καταλήγω                     2
Aris.  198      2 εἶπεν ἅπαντας ἀποφαίνεσθαι ἐπερωτήσας δὲ ἔτι ἕνα  * καταλήξω * τὸ νῦν ἔχον ἵνα καὶ πρὸς τὸ τέρπεσθαι τραπέντες
Aris.  293      3 ἔχειν ἁγνὴν καὶ ἀμιγῆ παντός κακοῦ τὴν διάνοιαν.  * καταλήξαντος * δὲ τούτου κατερράγη κρότος καὶ φωνῆς καὶ
      καταλιμπάνω                   2
Esdr.    3     12 γονεῖς ἀναστήσουσι καὶ γυνὴ τὸν ἄνδρα τὸν ἴδιον  * καταλιμπάνει * καὶ ὅταν ἔθνος πρὸς ἔθνος ἐπαναστῇ ἐν
LAri. 13    12   15 λήθης καὶ κακίας ἐν τῷ κατὰ ἀλήθειαν ἑβδόμῳ λόγῳ  * καταλιμπάνεται * τὰ προειρημένα καὶ γνῶσιν ἀληθείας
      καταλλάσσω                    1
Job     25      3 ἂν ὅλως καταξιωθῇ τις εἰσαχθῆναι πρὸς αὐτήν; νυνὶ  * καταλλάσσει * τὴν τρίχα αὐτῆς ἀντὶ ἄρτων. ἧς αἱ κάμηλοι
      κατάλληλος                    1
Aris.  296      2 μεμεριμνηκότος ἕκαστα τῶν δὲ ἀποκρινομένων  * καταλλήλως * ἐχόντων τὰ πρὸς τὰς ἐρωτήσεις ἄξιοι θαυμασμοῦ
      κατάλοιπος                    2
Asen.   16     15 τοῦ κηρίου μέρος μικρὸν καὶ ἔφαγεν αὐτὸς καὶ τὸ  * κατάλοιπον * ἐνέβαλε τῇ χειρὶ αὐτοῦ εἰς τὸ στόμα 'Ασενὲθ
Prop.   12      4 ἐν γῇ 'Ισμαήλ. ὡς δὲ ἐπέστρεψαν οἱ Χαλδαῖοι καὶ οἱ  * κατάλοιποι * οἱ ὄντες ἐν 'Ιερουσαλὴμ εἰς Αἴγυπτον ἦν
      κατάλυμα                      1
Aris.  181      3 κἀμοὶ μεθ' ὑμῶν. τῶν δὲ ἀσμενισάντων ἐκέλευσε  * καταλύματα * δοθῆναι τὰ κάλλιστα πλησίον τῆς ἄκρας αὐτοῖς
      κατάλυσις                     1
Hen.     5      6 οὐχ ὑπάρξει σωτηρία ἀλλὰ ἐπὶ πάντας ὑμᾶς  * κατάλυσις * κατάρα. καὶ τοῖς ἐκλεκτοῖς ἔσται φῶς καὶ χάρις
      καταλύω                       8
TLevi    3      4 ἐπάνω τούτων ἅγιοι εἰσιν ὅτι ἐν τῷ ἀνωτέρῳ πάντων  * καταλύει * ἡ μεγάλη δόξα ἐν ἁγίῳ ἁγίων ὑπεράνω πάσης
TLevi    9      5 δι' ἐμοῦ τῷ κυρίῳ. καὶ ἠθέλησεν εἰς Χεβρὼν τοῦ  * καταλύσας * καὶ 'Ισαὰκ ἐκάλει με συνεχῶς τοῦ ὑπομνῆσαί με
TLevi  18   2B011 γῆς ἐν πλήθει ἡμερῶν. καὶ ἀνήλθομεν ἀπὸ Βεθὴλ καὶ  * κατελύσαμεν * ἐν τῇ αὐλῇ 'Αβραὰμ τοῦ πατρός ἡμῶν παρὰ
Asen.    3      2 ἄνδρας πρὸς Πεντεφρῆ τὸν ἱερέα λέγων πρός σε  * καταλύσω * ὅτι ὥρα μεσημβρίας ἐστί καὶ καιρὸς ἀρίστου καὶ
Sedr.    5      7 τί ἄρα ἔχει ποιήσαι αὐτῷ; ἀλλὰ ἐλέησον δέσποτα καὶ  * κατάλυσον * τὰς κολάσεις εἰ δὲ μὴ δέξαι καὶ ἐμέ μέ τούς
Job     34      6 ἐληλύθαμεν γὰρ ἵνα παραμυθησώμεθα αὐτὸν καὶ ἀκμὴν  * κατέλυσεν * ἡμᾶς ἀπέναντι τῶν στρατιωτῶν ἡμῶν. τότε Βαλδὰδ
Sib.   3    459 ἕξει. Τράλλις δ' ἡ γείτων 'Εφέσου σεισμῷ  * καταλύσει * τείχεά τ' εὐποίητ' ἀνδρῶν τε λεῶν βαρυθύμων
FEz.  64    70   12 οὐκ ἠδίκησαν ὅμως τὰ ἴχνη πέφηνεν ἐν τῷ παραδείσῳ.  * καταλύσαντες * δὲ ἐκ τῶν γάμων οἱ εὐφρανθέντες καταβάντες
      καταμανθάνω                   1
Hen.     2      3 φαίνεται. ἴδετε τὴν θερείαν καὶ τὸν χειμῶνα--- * καταμάθετε * καὶ ἴδετε πάντα τὰ δένδρα--- πῶς τὰ φύλλα
```

```
          καταμελετάω                     1
Aris.     256      4      καὶ μὴ ἐκφέρεσθαι ταῖς ὁρμαῖς ἀλλὰ τὰς βλάβας  *  καταμελετᾶν  *  τὰς ἐκ τῶν ἐπιθυμιῶν ἐκβαινούσας καὶ τὰ πρὸς
          καταμένω                        3
Aris.     109      3      οἱ γὰρ ἀπὸ τῆς χώρας εἰς αὐτὴν ἐπιξενούμενοι  *  καταμένοντες  *  ἐφ᾽ ἱκανὸν εἰς ἐλάττωσιν ἦγον τὰ τῆς
Aris.     110      2      ἦγον τὰ τῆς ἐργασίας. ὅθεν ὁ βασιλεὺς ἵνα μὴ  *  καταμένωσι  *  προσέταξε μὴ πλέον εἴκοσιν ἡμερῶν
HArt.  9  18       1      τόπους τῶν δὲ τούτῳ συνελθόντων πολλοὺς ἐν Αἰγύπτῳ  *  καταμεῖναι  *  διὰ τὴν εὐδαιμονίαν τῆς χώρας. τῷ ᾽Αβραὰμ
          καταμερίζω                      1
Sal.      17      28      γὰρ αὐτοὺς ὅτι πάντες υἱοὶ θεοῦ εἰσιν αὐτῶν. καὶ  *  καταμερίσει  *  αὐτοὺς ἐν ταῖς φυλαῖς αὐτῶν ἐπὶ τῆς γῆς καὶ
          καταμηχανάομαι                  1
Job       17       1      τότε ὁ διάβολος ἐγνωκώς μου τὴν καρδίαν  *  κατεμηχανήσατό  *  με καὶ μετασχηματισθεὶς εἰς βασιλέα τῶν
          καταμόνας                       1
TJos.      4       1      σωφροσύνην μου ἐνώπιον τοῦ ἀνδρὸς αὐτῆς βουλομένη  *  καταμόνας  *  ὑποσκελίσαι με. ἐδόξαζέ με ὡς σώφρονα φανερῶς
          καταναλίσκω                     1
HDem.  9  21      14      μερίδα ἔδωκε μὴ δυναμένου αὐτοῦ τοσαῦτα  *  καταναλῶσαι  *  κρέα. τοῦτο οὖν αὐτὸν πεποιηκέναι διὰ τὸ ἐκ
          κατανεύω                        2
Asen.     11      1B      καὶ ἀνένευσε μικρὸν ἀπὸ τῆς γῆς καὶ τῇ κεφαλῇ  *  κατανεύουσα  *  καὶ αἱ τρίχες τῆς κεφαλῆς αὐτῆς ἦσαν
LThe.  9  22       3      αἷμα λελογχώς. τῷ δὲ γάμῳ κούρης μὲν ὑπέσχετο καὶ  *  κατένευσεν  *  ὁπλοτάτης οὐ μὴν τελέθειν ἐπεμαίετο πάμπαν
          κατανοέω                        9
Adam      16       2      φρονιμώτερος εἶ ὑπὲρ πάντα τὰ θηρία. ἐγὼ δὲ ἦλθον  *  κατανοῆσαί  *  σε. εὗρον δέ σε μείζονα πάντων τῶν θηρίων.
Hen.       2       1      ὧν κατελάλησαν) κατ᾽ αὐτοῦ ἁμαρτωλοὶ ἀσεβεῖς.  *  κατανοήσατε  *  πάντα τὰ ἔργα ἐν τῷ οὐρανῷ πῶς οὐκ ἠλλοίωσαν
Hen.     100       6      αὐτούς. τότε ὄψονται οἱ φρόνιμοι τῶν ἀνθρώπων καὶ  *  κατανοήσουσιν  *  οἱ υἱοὶ τῆς γῆς ἐπὶ τοὺς λόγους τούτους
Hen.     101       1      ὑποστῆναι ἔμπροσθεν ψύχους καὶ τῶν μαστίγων αὐτῶν.  *  κατανοήσατε  *  τοίνυν υἱοὶ τῶν ἀνθρώπων τὰ ἔργα τοῦ ὑψίστου
Abr.2     12       2      ἀπήγαγεν αὐτὸν ἡ νεφέλη ἐν τῷ στερεώματι καὶ  *  κατανοήσας  *  ᾽Αβραὰμ ἐπὶ τὴν γῆν εἶδεν ἄνθρωπον μοιχεύοντα
Jer.       5      12      πεπλάνηται τὴν ὁδόν. ἐξῆλθε δὲ ἀπὸ τῆς πόλεως καὶ  *  κατανοήσας  *  εἶδε τὰ σημεῖα τῆς πόλεως καὶ εἶπεν αὕτη μὲν
Aris.      3       2      προαίρεσιν ἔχοντες ἡμεῖς πρὸς τὸ περίεργως τὰ θεῖα  *  κατανοεῖν  *  ἑαυτοὺς ἐπεδώκαμεν εἰς ⟨τὴν πρὸς⟩ τὸν
Aris.    103       5      γὰρ ἀνόπλους ὄντας ἡμᾶς δύο παρεδέξαντο πρὸς τὸ  *  κατανοῆσαι  *  τὰ τῶν θυσιῶν. ἔλεγον δὲ καὶ δι᾽ ὅρκων
Aris.    155       4      τοῦ ποιήσαντος ἐν σοὶ τὰ μεγάλα καὶ θαυμαστά.  *  κατανοούμενα  *  γὰρ καὶ μεγάλα καὶ ἔνδοξα φαίνεται πρῶτον
          καταντάω                        1
Hen.      17       6      τοῦ μεγάλου ποταμοῦ καὶ μέχρι τοῦ μεγάλου σκότους  *  κατήντησα  *  καὶ ἀπῆλθον ὅπου πᾶσα σάρξ οὐ περιπατεῖ. ἴδον
          κατανύγω *                      1
Job       24       8      με ἀναισχύντως ἐξελθεῖν εἰς τὴν ἀγοράν, +εἰ  *  κατανύγομαι  *  ἐν τῇ καρδίᾳ μου ὅτι οὐκ ἀρκετὸν πράττειν+
          κατανύσσω                       7
Asen.      6       1      καὶ εἶδεν ᾽Ασενὲθ τὸν ᾽Ιωσὴφ ἐπὶ τοῦ ἅρματος καὶ  *  κατενύγη  *  ἰσχυρῶς καὶ παρεκλάσθη ἡ ψυχὴ αὐτῆς καὶ παρείθη
Asen.      8       8      καὶ ὡς ἤκουσεν ᾽Ασενὲθ τὰ ῥήματα ταῦτα τοῦ ᾽Ιωσὴφ  *  κατενύγη  *  ἰσχυρῶς καὶ ἐλυπήθη σφόδρα καὶ ἀνεστέναξε καὶ
Asen.      8       8      εἶδεν αὐτὴν ᾽Ιωσὴφ καὶ ἠλέησεν αὐτὴν σφόδρα καὶ  *  κατενύγη  *  καὶ αὐτὸς διότι ἦν ᾽Ιωσὴφ πραῢς καὶ ἐλεήμων καὶ
Asen.     23       1      υἱὸς Φαραὼ ὁ πρωτότοκος. καὶ εἶδεν τὴν ᾽Ασενὲθ καὶ  *  κατενύγη  *  καὶ ἐδυσφόρει βαρέως καὶ κακῶς εἶχε διὰ τὸ
Asen.     23       6      ἤκουσαν τὰ ῥήματα ταῦτα οἱ ἄνδρες Συμεὼν καὶ Λευὶς  *  κατενύγησαν  *  σφόδρα διότι σχήματι τυραννικῷ ἐλάλησε πρὸς
Job       21       3      ἕως ἂν λάβῃ ἄρτον μοι προσενέγκῃ μοι καὶ ἐγὼ  *  κατανυνυόμενος  *  ἔλεγον ὦ τῆς ἀλαζονείας τῶν ἀρχόντων τῆς
FrAn.  1 217       3      πτωχὸν θεῷ δανείζει. καὶ εἰς ἑαυτὸν γενόμενος καὶ  *  κατανυγεὶς  *  ἀπελθὼν πέπρακε πάντα καὶ διένειμε πτωχοῖς
          κατάξιος                        3
Aris.     81       5      τὰ τῶν ἔργων. διὸ πάντα σεμνῶς ἐγεγόνει καὶ  *  καταξίως  *  τοῦ τε ἀποστέλλοντος βασιλέως καὶ τοῦ
Aris.     95       5      δὲ τὰ θύματα πολὺ τι πλῆθος ἀλλὰ φόβῳ καὶ  *  καταξίως  *  μεγάλης θειότητος ἅπαντ᾽ ἐπιτελεῖται. μεγάλην
Aris.    219       5      ἔχεις ἀλλ᾽ ἀληθῶς βασιλεύεις θεοῦ δόντος σοι  *  καταξίως  *  τῶν τρόπων τὴν ἡγεμονίαν. τοῦ δὲ βασιλέως εὖ
          καταξιόω                        7
Job       25       2      δεκατέσσαρα, καὶ θύραν ἔνδοθεν θυρῶν ἕως ἂν ὅλως  *  καταξιωθῇ  *  τις εἰσαχθῆναι πρὸς αὐτήν; νυνὶ καταλλάσσει
Job       40      13      αὕτη, ἡ τοῦ καυχήματος καὶ τῆς δόξης γυνή, ὅτι οὐ  *  κατηξιώθη  *  ταφῆς ἀναγκαίας. τὸν μὲν οὖν θρῆνον τὸν ἐπ᾽
Job       43       1      ὁ κύριος τὴν ἁμαρτίαν αὐτῶν, τὸν δὲ Ἐλίους οὐ  *  κατηξίωσεν,  *  ἀναλαβὼν Ἐλίφας πνεῦμα εἶπεν ὕμνον,
Job       47       4      τέκνα, τὴν τιμὴν τῶν σπαρτῶν τούτων; τούτων με  *  κατηξίωσεν  *  ὁ κύριος ἐν ἡμέρᾳ ᾗ ἠβουλήθη με ἐλεῆσαι καὶ
Aris.    175       6      εἰς τὴν αὐλὴν παρίεσθαι τοὺς δὲ ἥκοντας τιμῆς  *  καταξιῶν  *  μείζονος καὶ τὴν ὑπεροχὴν κρίνων τοῦ πέμψαντος
FAch.    101              ἐν τῇ Σάμῳ διατρίψας ὁ Αἴσωπος καὶ πολλῶν τιμῶν  *  καταξιωθεὶς  *  ἠβουλήθη περιελθεῖν τὴν οἰκουμένην καὶ ἐν
HArt.  9  27       6      ὄχλων ἀγαπηθεὶς καὶ ὑπὸ τῶν ἱερέων ἰσοθέου τιμῆς  *  καταξιωθέντα  *  προσαγορευθῆναι ῾Ερμῆν διὰ τὴν τῶν ἱερῶν
          καταπαίζω                       1
TLevi     14       8      δὲ ἀλλὰ καὶ κατὰ τῶν ἐντολῶν τοῦ θεοῦ φυσιούμενοι  *  καταπαίξετε  *  τὰ ἅγια ἐν καταφρονήσει γελοιάζοντες. διὰ
          καταπάσσω                       5
Asen.     10      14      τὸ ἐμπλόκιον τοῦ τριχώματος τῆς κεφαλῆς αὐτῆς καὶ  *  κατέπασε  *  τέφραν ἐπάνω τῆς κεφαλῆς αὐτῆς. καὶ ἔστρωσε τὴν
Asen.     11      1B      τρίχας αὐτῆς εἵλκυσεν ἀπὸ τῆς κεφαλῆς αὐτῆς καὶ  *  κατέπασε  *  τέφραν ἐπάνω τῆς κεφαλῆς αὐτῆς. καὶ ἔκαμεν
Asen.     13       5      καὶ τὸ διάδημά μου ἔρριψα ἀπὸ τῆς κεφαλῆς μου καὶ  *  καταπέπασμαι  *  τέφραν. ἰδοὺ τὸ ἔδαφος τοῦ θαλάμου μου τὸ
Job       28       3      δὲ ἔκλαυσαν, ῥήξαντες τὴν ἑαυτῶν στολὴν καὶ  *  καταπασάμενοι  *  γῆν παρεκάθισάν μοι ἑπτὰ ἡμέρας καὶ ἑπτὰ
Job       29       4      σὺ εἶ Ιωβαβ ὁ συμβασιλεὺς ἡμῶν; ἐγὼ δὲ κλαύσας  *  κατεπασάμην  *  γῆν ἐπὶ τῆς κεφαλῆς μου καὶ κινήσας αὐτὴν
          καταπατέω
TLevi      6       9      ἐδίωξαν ᾽Αβραὰμ τὸν πατέρα ἡμῶν ξένον ὄντα καὶ  *  κατεπάτησαν  *  τὰ ποίμνια ὀγκούμενα ὄντα ἐπ᾽ αὐτὸν καὶ
TZab.      3       3      αἵματος τοῦ ἀδελφοῦ ἡμῶν αὕτη ἀλλὰ καταπατήσει  *  καταπατήσωμεν  *  αὐτὴν ἀνθ᾽ ὧν εἶπε βασιλεύειν ἐφ᾽ ἡμᾶς καὶ
Asen.     11       4      θεοὺς αὐτῶν καὶ ἀπώλεσα αὐτοὺς καὶ ἔδωκα αὐτοὺς  *  καταπατεῖσθαι  *  ὑπὸ τῶν ἀνθρώπων. καὶ διὰ τοῦτο μεμισήκασί
Asen.     13      11      ὅτι ἤμην εἴδωλα κωφὰ καὶ νεκρὰ καὶ ἔδωκα αὐτοὺς  *  καταπατεῖσθαι  *  ὑπὸ τῶν ἀνθρώπων καὶ οἱ κλέπται διήρπασαν
Asen.     29       3      θεοσεβεῖ ἀποδοῦναι κακὸν ἀντὶ κακοῦ οὐδὲ πεπτωκότα  *  καταπατῆσαι  *  οὐδὲ ἐκθλῖψαι τὸν ἐχθρὸν αὐτοῦ ἕως θανάτου.
Sal.       2       2      ἀνέβησαν ἐπὶ τὸ θυσιαστήριόν σου ἔθνη ἀλλότρια  *  κατεπατοῦσαν  *  ἐν ὑποδήμασιν αὐτῶν ἐν ὑπερηφανίᾳ ἀνθ᾽ ὧν
Sal.      17      22      ἄρχοντας ἀδίκους καθαρίσαι Ιερουσαλημ ἀπὸ ἐθνῶν  *  καταπατούντων  *  ἐν ἀπωλείᾳ ἐν σοφίᾳ δικαιοσύνης ἐξῶσαι
Prop.     18      3B      κυρίου καὶ μετὰ ᾽Ισραὴλ εἶδε ζεῦγος βοῶν θηλειῶν  *  καταπατοῦν  *  τὸν λαὸν καὶ κατὰ τῶν ἱερέων ἐπιτρέχον
FBar.     13      11      τὸν λογον ἴσχυ(ροῦ θεοῦ) )οπηϛ-- )τα εθνη κα(--  *  καταπατησαντες  *  την ⟨γην και καταχρησαμενοι⟩ τοις εν
          καταπάτημα
TLevi     10       4      καὶ ἔσεσθε εἰς ὀνειδισμὸν καὶ εἰς κατάραν καὶ εἰς  *  καταπάτημα.  *  ὁ γὰρ οἶκος ὃν ἂν ἐκλέξηται κύριος
          καταπάτησις                     4
TSim.      6       6      τότε δοθήσονται πάντα τὰ πνεύματα τῆς πλάνης εἰς  *  καταπάτησιν  *  καὶ ἄνθρωποι βασιλεύσουσι τῶν πονηρῶν
TZab.      3       3      αὐτὴν ὅτι τιμὴ αἵματος τοῦ ἀδελφοῦ ἡμῶν αὕτη ἀλλὰ  *  καταπατήσει  *  καταπατήσωμεν αὐτὴν ἀνθ᾽ ὧν εἶπε βασιλεύειν
TJos.     19       3      αὐτοῦ καὶ ἐνίκησεν αὐτὰ ὁ ἀμνὸς καὶ ἀπώλεσεν εἰς  *  καταπάτησιν.  *  καὶ ἔχαιρον ἐπ᾽ αὐτῷ οἱ ἄγγελοι καὶ οἱ
Sal.       2      19      θαυμάσει πρόσωπον ὠνείδισαν γὰρ ἔθνη Ιερουσαλημ ἐν  *  καταπατήσει  *  κατεσπάσθη τὸ κάλλος αὐτῆς ἀπὸ θρόνου δόξης.
          καταπαύσιμος                    1
FJub.      2      24      καὶ αὕτη ὑπὸ τοῦ θεοῦ καὶ ἡγιάσθη καὶ σάββατον ὡς  *  καταπαύσιμος  *  προσηγορεύθη καὶ ὡς τύπος τῆς ἑβδόμης
          κατάπαυσις                      2
Asen.      8       9      πρὶν γενέσθαι τὰ πάντα καὶ εἰσελθέτω εἰς τὴν  *  κατάπαυσίν  *  σου ἣν ἡτοίμασας τοῖς ἐκλεκτοῖς σου καὶ
Asen.     22      13      ἠγάπα τὴν ᾽Ασενὲθ πάνυ καὶ ἑώρα τὸν τόπον τῆς  *  καταπαύσεως  *  αὐτῆς ἐν τοῖς ὑψίστοις ⟨καὶ τὰ τείχη αὐτῆς
          καταπαύω                       14
Adam       6       2      καὶ ἀποστελεῖ τὸν ἄγγελον αὐτοῦ καὶ ἐνέγκω σοι ἵνα  *  καταπαύσῃ  *  ὁ πόνος ἀπὸ σοῦ. λέγει αὐτῷ ὁ ᾽Αδὰμ οὐχὶ υἱέ
Adam      43       3      παρ᾽ ἓξ ἡμερῶν μὴ πενθήσετε τῇ δὲ ἑβδόμῃ ἡμέρᾳ  *  καταπαύσον  *  καὶ εὐφράνθητι ἐν αὐτῇ ὅτι ἐν αὐτῇ ὁ θεὸς καὶ
Hen.     106      18      ⟨Νῶε⟩ αὐτὸς γὰρ ἔσται ὑμῶν κατάλειμμα ἐφ᾽ οὗ ἂν  *  καταπαύσητε  *  καὶ ⟨οἱ⟩ υἱοὶ αὐτοῦ ἀπὸ τῆς φθορᾶς τῆς γῆς
TSim.      6       4      ἐκλείψει ἡ γῆ Χὰμ καὶ πᾶς ὁ λαὸς ἀπολεῖται. τότε  *  καταπαύσει  *  ἡ γῆ πᾶσα ἀπὸ ταραχῆς καὶ πᾶσα ἡ ὑπ᾽ οὐρανὸν
TLevi     18       7      αὐτὸν ῥηθήσεται καὶ πνεῦμα συνέσεως καὶ ἁγιασμοῦ  *  καταπαύσει  *  ἐπ᾽ αὐτὸν ἐν τῷ ὕδατι. αὐτὸς δώσει τὴν
TLevi     18       9      αὐτοῦ ἐκλείψει πᾶσα ἁμαρτία καὶ οἱ ἄνομοι  *  καταπαύσουσιν  *  εἰς κακὰ οἱ δὲ δίκαιοι καταπαύσουσιν ἐν
TLevi     18       9      καὶ οἱ ἄνομοι καταπαύσουσιν εἰς κακὰ οἱ δὲ δίκαιοι  *  καταπαύσουσιν  *  ἐν αὐτῷ. καίγε αὐτὸς ἀνοίξει τὰς θύρας τοῦ
TAser      6       3      κυρίου εἰς αὐτὸ ἀναστρεφόμενοι καὶ ἐν αὐτῷ  *  καταπαύοντες.  *  ὅτι τὰ τέλη τῶν ἀνθρώπων δείκνυσι τὴν
Asen.     28       7      τούτου ἕως ἐξίλημψομαι τοῦτον περὶ ὑμῶν τὴν ὀργὴν αὐτῶν διότι ὑμεῖς μεγάλα τετολμήκατε  *  κατέπαυσαν  *  εἰς αὐτὰς τῆς ὀλιγωρίας τοῦ γογγυσμοῦ. καὶ τὰ ἐμὰ
Job       14       5      καὶ τὸν μισθὸν τῆς ἀνταποδόσεως ἔψαλλον, καὶ  *  κατέπαυον  *  εἰς αὐτὰς τῆς ὀλιγωρίας τοῦ γογγυσμοῦ. καὶ τὰ ἐμὰ
Job       33       2      τῶν συμβασιλέων ὥστε γενέσθαι μεγάλην ταραχήν, καὶ  *  καταπαυσάσης  *  τῆς κραυγῆς εἶπεν αὐτοῖς Ιωβ σιωπήσατε νῦν
FAch.    115              σκοτεινὴν ποιεῖ καὶ ἀφανῆ ⟨πάντ⟩α γὰρ ἐν ὑπεροχῇ  *  καταπαύει.  *  ὁ δὲ Νεκταναβὼ ⟨τὴν⟩ εὐστοχίαν αὐτοῦ εἰδὼς
LAri. 13  12      11      μηκέτι ποιεῖν τι τὸν θεὸν καθέστηκεν ἀλλ᾽ ἐπὶ τῷ  *  καταπεπαυκέναι  *  τὴν τάξιν αὐτῶν οὕτως εἰς πάντα τὸν
FrAn.     15       8      οὐ τὰ νῦν σάββατα ἐμοὶ δεκτὰ ἀλλὰ ὃ πεποίηκα ἐν ᾧ  *  καταπαύσας  *  τὰ πάντα ἀρχὴν ἡμέρας ὀγδόης ποιήσω ὅ ἐστιν
          καταπείθω
FAch.    104              δὲ νεανίσκος βαρέως φέρων τοὺς λόγους τοῦ Αἰσώπου  *  καταπεισθεὶς  *  ὑπὸ τῶν φίλων ψεῦδος διέβαλεν τὸν Αἴσωπον
          καταπέτασμα                     2
Asen.     10       2      ᾽Ασενὲθ καὶ καθεῖλεν ἐκ τῆς θυρίδος τὴν δέρριν τοῦ  *  καταπετάσματος  *  καὶ ἔπλησεν αὐτὴν τέφρας ἐκ τῆς ἑστίας
Aris.     86       1      ἦν ἡ τῶν χρημάτων γεγονυῖα ἀφειδὴς δαπάνη. τοῦ τε  *  καταπετάσματος  *  ἡ διατύπωσις θυρώσει κατὰ πᾶν ὁμοιοτάτη
          καταπηδάω                       1
Asen.     27       2      λέοντος καὶ ἦν φοβούμενος τὸν κύριον σφόδρα. καὶ  *  κατεπήδησε  *  Βενιαμιν ἀπὸ τοῦ ὀχήματος καὶ ἔλαβε λίθον
```

```
        καταπίνω                    14
Adam     2      3    ἐξ αὐτοῦ. αὐτὸς δὲ οὐκ ἤκουσεν αὐτοῦ ἀλλ' ὅλον  * κατέπιεν * αὐτό. καὶ οὐκ ἔμεινεν ἐπὶ τὴν κοιλίαν αὐτοῦ
Hen.    99      2    καὶ λογιζόμενοι ἑαυτοὺς ἀναμαρτήτους ἐν τῇ γῇ  * καταποθήσονται. * τότε ἑτοιμάζεσθε οἱ δίκαιοι καὶ
Hen.   101      5 καὶ ὑποπτεύουσιν ἐν τῇ καρδίᾳ αὐτῶν ὅτι ἡ ⟨θάλασσα  * κατα⟩ταπίεται * αὐτοὺς καὶ ἐν αὐτῇ ἀπολοῦνται. οὐχὶ πᾶσα ἡ
Abr.1   10      9    καὶ εἶπεν ⟨κύριε⟩ κέλευσον ὅπως χάνῃ ἡ γῆ καὶ  * καταπίῃ * αὐτοὺς ⟨καὶ εὐθὺς ἐδιχάσθη ἡ γῆ καὶ κατέπιεν
Abr.1   10      9 γῆ καὶ καταπίῃ αὐτοὺς ⟨καὶ εὐθὺς ἐδιχάσθη ἡ γῆ καὶ  * κατέπιεν * αὐτούς.⟩ καὶ εἶδεν εἰς ἕτερον τόπον ἀνθρώπους
Abr.1   14     11    οὓς ἐγὼ ποτε κακοφρονήσας ἀπώλεσα οὓς ποτε  * κατέπιεν * ἡ γῆ καὶ οὓς διεμερίσαντο τὰ θηρία καὶ οὕς ποτε
Abr.2   12      7    καταλαλοῦντας καὶ εἶπεν Ἀβραὰμ ἄνοιξον τὴν γῆν  * καταπίῃ * αὐτοὺς ζῶντας καὶ εὐθέως κατέπιεν αὐτοὺς ζῶντας
Abr.2   12      8    ἄνοιξον τὴν γῆν καταπίῃ αὐτοὺς ζῶντας καὶ εὐθέως  * κατέπιεν * αὐτοὺς ζῶντας ἡ γῆ. καὶ πάλιν ἤγαγεν αὐτοὺς ἡ
TJud.   21      7    ἀρπάζοντες. ὅτι οἱ βασιλεύοντες ἔσονται ὡς κήτη  * καταπίνοντες * ἀνθρώπους ὡς ἰχθύας θυγατέρας καὶ υἱοὺς
Asen.   12     11    καὶ ἐκβάλει με εἰς τὸν βυθὸν τῆς θαλάσσης καὶ  * καταπίεται * με τὸ κῆτος τὸ μέγα τὸ ἀπ' αἰῶνος καὶ
Sal.     8     30    ἡμῶν εἶ. μὴ ὑπερίδῃς ἡμᾶς ὁ θεὸς ἡμῶν ἵνα μὴ  * καταπίωσιν * ἡμᾶς ἔθνη ὡς μὴ ὄντος λυτρουμένου. καὶ σὺ ὁ
Jer.     3     14    τῇ γῇ καθὼς ἐλάλησεν αὐτοῖς ὁ κύριος. καὶ εὐθέως  * κατέπιεν * αὐτά ἡ γῆ. ἐκάθισαν δὲ οἱ δύο καὶ ἔκλαυσαν.
Prop.    2      9 κιβωτὸν τοῦ νόμου καὶ τὰ ἐν αὐτῷ καὶ ἐποίησεν αὐτά  * καταποθῆναι * ἐν πέτρᾳ καὶ εἶπε τοῖς παρεστῶσιν ἀπεδήμησε
Prop.   10     6B    καὶ ἐζήτησεν Ἰωνᾶς ἀποδρᾶσαι κυρίου καὶ  * κατεπόθη * ὑπὸ τοῦ κήτους καὶ ἐκβρασθεὶς ἐκήρυξε τὴν
        καταπιπράσκω                 1
Job     25      5    εἰς ἃς ᾔσθιον οἱ πτωχοὶ καὶ πᾶς ξένος, ὅτι νῦν  * καταπιπράσκει * τὴν τρίχα ἀντὶ ἄρτων. βλέπε τίς εἶχεν τὸν
        καταπίπτω                    7
Esdr.    6     23    τί ὠφέλησα δικαζόμενός σε καὶ μέλλω εἰς γῆν  * καταπίπτειν; * οἴμμοι οἴμμοι ὅτι ὑπὸ σκωλήκων μέλλω
Job      3      4    ᾧ ἀπατηθήσεται ἡ ἀνθρωπίνη φύσις. καὶ ἐγὼ ἀκούσας  * κατέπεσα * ἐπὶ τὴν κλίνην μου προσκυνῶν καὶ λέγων κύριέ
Job     30      1    ἐγώ εἰμι. ἰδόντες δέ με κινοῦντα τὴν κεφαλήν μου  * κατέπεσαν * εἰς τὴν γῆν ἐκλυθέντες καὶ ταραχθέντων τῶν
Job     30      5    ἐρρημένως; πᾶς οὖν νῦν εἰς τὴν τοσαύτην νεκρότητα  * κατέπεσεν; * ἐγένετο δὲ μετὰ τὰς ἑπτὰ ἡμέρας οὕτως
Job     40      4    τοῦ ἐπουρανίου. ἰδοῦσα δὲ τότε Σίτιδος ἡ γυνή μου  * κατέπεσεν * ἐπὶ τὴν γῆν προσκυνοῦσα καὶ εἶπεν νῦν ἔγνων
Aris.  144      2 ἐν ᾗ δεύτερον ἐπιδραμών σοι σημανῶ. μὴ γὰρ εἰς τὸν  * καταπεπτωκότα * λόγον ἔλθῃς ὅτι μυῶν καὶ γαλῆς ἢ τῶν
FJub.   10     26    μερικοῦ τινος πλήθους ἐφ' ὃν ὁ πύργος ἀνέμῳ βιαίῳ  * καταπεσὼν * θείᾳ κρίσει τοῦτον ἐπάταξε. γυνὴ Ραγαυ Ωρα
        καταπλανάω                   1
Hen.    99      8    τῆς καρδίας αὐτῶν καὶ τὰ ὁράματα τῶν ἐνυπνίων  * καταπλανήσουσιν * ὑμᾶς ὑμεῖς καὶ τὰ ἔργα ὑμῶν τὰ ψευδῆ ἃ
        κατάπληξις                   1
FAch.  111           ἀετοῖς μετὰ πολλῶν οἰκετῶν καὶ παρασκευῆς πρὸς τὴν  * κατάπληξιν * τῶν Αἰγυπτίων. ἀφικομένου δὲ αὐτοῦ εἰς τὴν
        καταποντίζω                  2
Prop.    3     10 γενόμενοι. καὶ οἱ τολμήσαντες τῶν ἐχθρῶν ἐπιδιῶξαι  * κατεποντίσθησαν. * οὗτος διὰ προσευχῆς αὐτομάτως αὐτοῖς
Prop.   22     14    ξύλα παρὰ τὸν Ἰορδάνην ἐξέπεσε τὸ δρέπανον καὶ  * κατεποντίσθη * ὁ δὲ Ἐλισαῖος εὐχόμενος πεποίηκεν
        καταπράσσω                   1
Aris.   28      1 ὁλοσχερῶς περὶ τοῦ δόξαντος ἅπαντ' ἐπιτελῶν. ὡς δὲ  * κατεπράχθη * ταῦτα τὸν Δημήτριον ἐκέλευσεν εἰσοδοῦναι περὶ
        καταπρηνής                   2
Sib.     3    471    ἀπ' Ἰταλίης λυμήτης τέξεται ἀνὴρ τῆμος Λαοδίκεια  * καταπρηνής * ἐριποῦσα Καρῶν ἀγλαὸν ἄστυ Λύκου παρὰ
Sib.     5    529    αὐτὸς ἕως ἐτίναξε μαχητὰς θυμωθεὶς δ' ἔρριψε  * καταπρηνεῖς * ἐπὶ γαῖαν. ῥίμφα μὲν οὖν πληγέντες ἐπ'
        καταπτήσσω                   1
TLevi    4      1    καὶ τῶν ὑδάτων ξηραινομένων καὶ τοῦ πυρὸς  * καταπτήσσοντος * καὶ πάσης κτίσεως κλονουμένης καὶ τῶν
        καταπτύω                     2
Asen.    2      1 σεαυτῷ εἰς γυναῖκα. καὶ ἦν Ἀσενὲθ ἐξουθενοῦσα καὶ  * καταπτύουσα * πάντα ἄνδρα καὶ ἦν ἀλαζὼν καὶ ὑπερήφανος
Asen.   21     18    μεμνηστευομένους με ⟨καὶ⟩ ἐξουθένουν αὐτοὺς καὶ  * κατέπτυον * αὐτούς. ⟨ἥμαρτον κύριε ἥμαρτον ἐνώπιόν σου
        κατάρα                      13
Hen.     5      5    καὶ τὰ ἔτη τῆς ἀπωλείας ὑμῶν πληθυνθήσεται ἐν  * κατάρᾳ * αἰώνων καὶ οὐκ ἔσται ὑμῖν ἔλεος καὶ εἰρήνη. τότε
Hen.     5      6    ἔλεος καὶ εἰρήνη. τότε ἔσται τὰ ὀνόματα ὑμῶν εἰς  * κατάραν * αἰώνιον πᾶσιν τοῖς δικαίοις καὶ ἐν ὑμῖν
Hen.     5      6 οὐχ ὑπάρξει σωτηρία ἀλλὰ ἐπὶ πάντας ὑμᾶς κατάλυσις  * κατάρα. * καὶ τοῖς ἐκλεκτοῖς ἔσται φῶς καὶ χάρις καὶ
Hen.     5      7    τὴν γῆν ὑμῖν δὲ τοῖς ἀσεβέσιν ἔσται  * κατάρα. * τότε δοθήσεται τοῖς ἐκλεκτοῖς φῶς καὶ χάρις καὶ
Hen.    90     11    πάχνη καὶ δρόσος οὐ μὴ καταβῇ εἰς αὐτὸ εἰ μὴ εἰς  * κατάραν * καταβήσεται ἐπ' αὐτὸ μέχρις ἡμέρας κρίσεως τῆς
Hen.    97     10    ἀπὸ ὑμῶν ὅτι ἀδίκως πάντα κέκτησθε καὶ ὑμεῖς εἰς  * κατάραν * μεγάλην παραδοθήσεσθε. καὶ νῦν ὀμνύω ὑμῖν τοῖς
Hen.    98      4    αὐτήν οἱ ἄνθρωποι ἀφ' ἑαυτῶν ⟨ἔκτισαν καὶ εἰς  * κατάραν⟩ * μεγάλην ἀφίξονται οἱ ποιοῦντες ⟨αὐτήν⟩. καὶ
TLevi   10      4    ἐν τοῖς ἔθνεσι καὶ ἔσεσθε εἰς ὀνειδισμὸν καὶ εἰς  * κατάραν * καὶ εἰς καταπάτημα. ὁ γὰρ οἶκος ὃν ἂν ἐκλέξηται
TLevi   14      4    ἔθνη ἐὰν ὑμεῖς σκοτισθῆτε ἐν ἀσεβείᾳ καὶ ἐπάξητε  * κατάραν * ἐπὶ τὸ γένος ἡμῶν ὑπὲρ ὧν τὸ φῶς τοῦ νόμου τὸ
TLevi   16      5 τόπος ὑμῶν καθαρὸς ἀλλ' ἐν τοῖς ἔθνεσιν ἔσεσθε εἰς  * κατάραν * καὶ εἰς διασκορπισμὸν ἕως αὐτὸς πάλιν
TBen.    6      5    ἡ ἀγαθὴ διάνοια οὐκ ἔχει δύο γλώσσας εὐλογίας καὶ  * κατάρας * ὕβρεως καὶ τιμῆς λύπης καὶ χαρᾶς ἡσυχίας καὶ
Bar.     4      9    ἐπεὶ τοσούτου κακοῦ αἰτία γέγονεν ἡ ἄμπελος καὶ  * κατάρας * ὑπόδικος παρὰ θεοῦ καὶ τοῦ πρωτοπλάστου
Bar.     4     15    τὸ πικρὸν τούτου μεταβληθήσεται εἰς γλυκὺ καὶ ἡ  * κατάρα * αὐτοῦ γενήσεται εἰς εὐλογίαν καὶ τὸ παρ' αὐτοῦ
        καταράομαι                  18
Adam    10      2    τὴν ἡμέραν τῆς ἀναστάσεως πάντες οἱ ἁμαρτήσαντες  * καταράσονται * με λέγοντες ὅτι οὐκ ἐφύλαξεν ἡ Εὔα τὴν
Hen.     5      5    ἔστιν εἰρήνη ὑμῖν. τοιγὰρ τὰς ἡμέρας ὑμῶν ὑμεῖς  * καταράσεσθε * καὶ τὰ ἔτη τῆς ζωῆς ὑμῶν ἀπολεῖται καὶ τὰ
Hen.     5      6    κατάραν αἰώνιον πᾶσιν τοῖς δικαίοις καὶ ἐν ὑμῖν  * καταράσονται * πάντες οἱ ἁμαρτωλοὶ καὶ πάντες οἱ
Hen.     5      6    τοῖς δικαίοις καὶ ἐν ὑμῖν καταράσονται πάντες οἱ  * καταρώμενοι * καὶ πάντες οἱ ἁμαρτωλοὶ καὶ ἀσεβεῖς ἐν ὑμῖν
Hen.    22     11    τῆς κρίσεως τῶν μαστίγων καὶ τῶν βασάνων τῶν  * κατηραμένων * μέχρι αἰώνος ἣν ἀνταπόδοσις τῶν πνευμάτων
Hen.    27      1    καὶ πᾶσα πλήρης δένδρων αὐτή δὲ ἡ φάραγξ  * κεκατηραμένη * ἐστίν; γῆ κατάρατος τοῖς κεκατηραμένοις
Hen.    27      2 δὲ ἡ φάραγξ κεκατηραμένη ἐστίν; γῆ κατάρατος τοῖς  * κεκατηραμένοις * ἐστὶ μέχρι αἰῶνος. ὧδε ἐπισυναχθήσονται
Hen.    27      2 ἐστίν μέχρι αἰῶνος. ὧδε ἐπισυναχθήσονται πάντες οἱ  * κεκατηραμένοι * οἵτινες ἐροῦσιν τῷ στόματι αὐτῶν κατὰ
TLevi    4      6    αὐτοῦ ὅτι ὁ εὐλογῶν αὐτὸν εὐλογημένος ἔσται οἱ δὲ  * καταρώμενοι * αὐτὸν ἀπολοῦνται. καὶ ἤνοιξέ μοι ὁ ἄγγελος
TJud.   11      4    τῷ Σηλὼμ γυναῖκα ἐκ γῆς Χαναάν. γνοὺς δὲ ὃ ἐποίησε  * κατηρασάμην * αὐτῇ ἐν ὀδύνῃ ψυχῆς μου καίγε αὐτὴ ἀπέθανεν
TNep.    3      5    οἱ ἐγρήγοροι ἐνήλλαξαν τάξιν φύσεως αὐτῶν οὓς καὶ  * κατηράσατο * κύριος ἐπὶ τοῦ κατακλυσμοῦ δι' αὐτούς ἀπὸ
TNep.    8      6    μνήμη παρὰ θεῷ ἀγαθή. τὸν δὲ μὴ ποιοῦντα τὸ καλὸν  * καταράσονται * οἱ ἄνθρωποι καὶ οἱ ἄγγελοι καὶ ὁ θεὸς
Sal.     3      9    καὶ τὸν οἶκον αὐτοῦ. προσέκοψεν ἁμαρτωλὸς καὶ  * καταρᾶται * ζωὴν αὐτοῦ τὴν ἡμέραν γενέσεως αὐτοῦ καὶ
Bar.     4      8    ὁ ἄγγελος Σαμαήλ ὅτινι ὠργίσθη κύριος ὁ θεὸς καὶ  * ἐκατηράσατο * αὐτὸν καὶ τὴν γυναῖκα αὐτοῦ. ἐν ᾧ καὶ διὰ
Prop.   22      7    τῆς ἡμέρας ταύτης. παῖδων ἀτακτούντων κατ' αὐτοῦ  * κατηράσατο * ἐν αὐτοῖς καὶ ἐξῆλθουσαι δύο ἄρκοι ἐνέρρηξαν
Prop.   22     16 ἀργύριον ὕστερον ἐλθόντα καὶ ἀρνούμενον ἤλεγξε καὶ  * κατηράσατο * αὐτὸν καὶ γέγονε λεπρός. βασιλέως Συρίας
Job     13      5    ἐδέσματα ἐψοῦντες, καὶ τῶν πενήτων ὀλιγωρούντων  * κατηρωντό * μοι λέγοντες τίς ἂν δῴη ἡμῖν ἐκ τῶν σαρκῶν
HHec.  1  22  204    ἀγανακτούντων δὲ τοῦ μάντεως καὶ τινων ἄλλων ταῖ  * καταρωμένων * αὐτῷ τί μαίνεσθε ἔφη κακοδαίμονες; εἶτα τὸν
        κατάρατος                    4
Hen.    27      2    δένδρων αὐτή δὲ ἡ φάραγξ κεκατηραμένη ἐστίν; γῆ  * κατάρατος * τοῖς κεκατηραμένοις ἐστὶ μέχρι αἰῶνος. ὧδε
Hen.   102      5    ἐπεὶ αἱ ἡμέραι ἃς ἦτε ἡμέραι ἦσαν ἁμαρτωλῶν καὶ  * κατάρατων * ἐπὶ τῆς γῆς. ὅταν ἀποθάνητε τότε ἐροῦσιν οἱ
FJub.   16      9    πάντα. ἐκ τοῦ Λὼτ Μωαβῖται καὶ Ἀμανῖται σπέρμα  * κατάρατον * ἐκ παρανόμου μίξεως. οὗτος ὁ Ἀβραὰμ ἐτῶν ρ'
FAch.  121           τῶν ἰδίων λέγει ὡς ὁρῶ διὰ τὸν σαπρόμορφον καὶ  * κατάρατον * τοῦτον μέ⟨λλω⟩ φόρους στέλλειν τῷ βασιλεῖ
        καταργέω                     2
TBen.    3      8    αἵματι διαθήκης ἐπὶ σωτηρίᾳ ἐθνῶν καὶ Ἰσραὴλ καὶ  * καταργήσει * Βελιὰρ καὶ τοὺς ὑπηρετοῦντας αὐτῷ. ἴδετε
FIsa.    1     13    αὐτοῦ Μανασσῆν. καὶ εἶπεν Ἡσαΐας πρὸς Ἐζεκίαν  * κατήργησεν * ὁ ἀγαπητὸς τὴν βουλήν σου οὐ μὴ γὰρ ἔσται δεῖ
        καταρραίνω                   2
Asen.   13      6    λίθοις ποικίλοις καὶ πορφυροῖς ὃ ἦν τὸ πρότερον  * καταρραινόμενον * μύροις καὶ ἐξεμάσσετο ὀθονίοις λαμπροῖς
Asen.   13      6    μύροις καὶ ἐξεμάσσετο ὀθονίοις λαμπροῖς νυνὶ  * καταρραίνεται * τοῖς δάκρυσί μου καὶ ἠτιμάσθη
        καταρράκτης                  3
Jer.     5     24 εἶπας ᾐχμαλωτεύθη ὁ λαὸς εἰς Βαβυλῶνα. εἰ ἦσαν οἱ  * καταρράκται * τοῦ οὐρανοῦ κατελθόντες ἐπ' αὐτοὺς οὔπω ἐστὶ
Sib.     3     54    ἰδίοισιν ὀλοῦνται ὁππόταν οὐρανόθεν πύρινος ῥεύσῃ  * καταράκτης. * οἴμοι δειλαίη πότ' ἐλεύσεται ἦμαρ ἐκεῖνο καὶ
Sib.     3     84    ἐν χθονὶ δίῃ καὶ πελάγει ῥεύσει δὲ πυρὸς μαλεροῦ  * καταράκτης * ἀκάματος φλέξει δὲ γαῖαν φλέξει δὲ θάλασσαν
        καταρράσσω                   1
Job     27      3    ὃν τρόπον ἀθλητὴς μετὰ ἀθλητοῦ, καὶ εἰς τὸν ἕνα  * κατέρραξαν * καὶ ὁ μὲν ἐπάνω τὸν ὑποκάτω ἐφίμωσεν πλήσας
        καταρρέω                     2
Adam    20      4    καὶ οὐχ εὗρον. ἅπαντα γὰρ τὰ φυτὰ τοῦ ἐμοῦ μέρους  * κατερρύη * τὰ φύλλα παρὲξ τοῦ σύκου μόνου. λαβοῦσα δὲ
Asen.   29      1    αὐτοῦ διότι τὸ αἷμα ἀπὸ τοῦ κροτάφου αὐτοῦ  * κατέρρεεν * ἐπὶ τῷ στόματι αὐτοῦ. καὶ ἔδραμεν ἐπ' αὐτὸν
        καταρρήγνυμι                 2
Aris.  186      1    τὸν τῆς ζωῆς χρόνον. εἰπόντος δὲ ταῦτα τούτου  * κατερράγη * κρότος μετὰ κραυγῆς καὶ χαρᾶς εὐφροσύνου
Aris.  293      1    παντὸς κακοῦ τὴν διάνοιαν. καταλήξαντος δὲ τούτου  * κατερράγη * κρότος μετὰ φωνῆς καὶ χαρᾶς ἐπὶ πλείονα
        καταρχή                      5
Aris.  134      1    θεοῦ δυνατὸν ἐνδεικνύμενος. ποιησάμενος οὖν τὴν  * καταρχὴν * ταύτην καὶ δείξας ὅτι πάντες οἱ λοιποὶ παρ'
Aris.  189      5    πράξει διαλαμβάνειν ὅτι πᾶν ἐννόημα σαφὲς ἐστὶ θεῷ  * καταρχὴν * δὲ θείου φόβου λαμβάνων ἐν ἐκείνῳ διαπίστευσις.
Aris.  200      6 ἐστὶν ἀποκέκριται πάντες ἀπὸ θεοῦ τοῦ λόγου τὴν  * καταρχὴν * ποιούμενοι. Μενέδημος δὲ ὁ Ἐρετριεὺς φιλόσοφος
Aris.  235      5 λόγῳ πολὺ προέχοντες αὐτῶν ἦσαν ὡς ἂν ἀπὸ θεοῦ τὴν  * καταρχὴν * ποιούμενοι. μετὰ δὲ ταῦτα ὁ βασιλεὺς εἰς τὸ
```

Sib. 3 155 βροτοῖσιν. (πρώτη γάρ τε βροτοῖς αὕτη πολέμοιο * καταρχή). * καὶ τότε Τιτάνεσσι θεὸς κακὸν ἐγγυάλιξεν. καὶ

κατάρχω 2

Aris. 201 5 πᾶσαν δυναστείαν καὶ λόγου καλλονὴν ἀπὸ θεοῦ * κατάρχεσθαι. * τοῦ δὲ βασιλέως ἐπινεύσαντος τὰ περὶ τούτων
Aris. 245 4 ὁ δὲ προχείρως ἔχων εἶπεν ὅτι μεγάλης βασιλείας * κατάρχει * καὶ πολλῶν ὄχλων ἀφηγεῖται καὶ οὐ δεῖ περὶ

κατασιδηρόω 1

FMan. 2 22 10 καὶ ἦν δεδεμένος καὶ * κατασεσιδηρωμένος * ὅλος ἐν οἴκῳ φυλακῆς καὶ ἐδίδοτο αὐτῷ

κατασκάπτω 2

HArt. 9 27 30 καλέσαι καὶ φάναι αὐτοὺς ἀναιρήσειν καὶ τὰ ἱερὰ * κατασκάψειν * ἐὰν μὴ καὶ αὐτοὶ τερατουργήσωσί τι. τοὺς δὲ
HHec. 1 22 193 καὶ νεὼς καὶ βωμοὺς κατασκευασάντων ἅπαντα ταῦτα * κατέσκαπτον * καὶ τῶν μὲν ζημίαν τοῖς σατράπαις ἐξέτινον

κατασκευάζω 38

Asen. 5 4 τέσσαρες λευκοὶ ὡσεὶ χιὼν χρυσοχάλινοι καὶ τὸ ἅρμα * κατεσκεύαστο * ὅλον ἐκ χρυσίου καθαροῦ. καὶ ἦν Ἰωσὴφ
Esdr. 5 19 ἐστιν ἡ ἀγαθότης σου; καὶ εἶπεν ὁ θεὸς ἐγὼ πάντα * κατεσκεύασα * διὰ τὸν ἄνθρωπον καὶ ὁ ἄνθρωπος τὰς ἐντολάς
Job 15 5 δεκαδύο ταῦτα πάντα μετὰ τὴν σύνταξιν ἐκέλευον * κατασκευασθῆναι * τοῖς πτωχοῖς, καὶ ἔλεγον αὐτοῖς ταῦτα
Aris. 2 4 ἢ καὶ κατ' αὐτὸ τὸ πρᾶγμα πεπειραμένῳ. οὕτω γὰρ * κατασκευάζεται * ψυχῆς καθαρὰ διάθεσις ἀναλαβοῦσα τὰ
Aris. 17 3 ψυχὴν πρὸς τὸν θεὸν εὐχομένων τὴν διάνοιαν αὐτοῦ * κατασκευάσαι * πρὸς τὸ τοὺς ἅπαντας ἀπολυθῆναι κτίσμα γὰρ
Aris. 53 2 ὡς δὲ ἀπεφήναντο τὰ μέτρα προσεπηρώτησεν εἰ * κατασκευάσει * μείζονα. τινὲς μὲν οὖν καὶ τῶν ἱερέων καὶ
Aris. 54 3 ἐὰν τὰς καθηκούσας λειτουργίας ἐπὶ τῶν ὑπ' αὐτοῦ * κατεσκευασμένων * οἷς καθῆκε ποιῶνται δεόντως. οὐ γὰρ
Aris. 60 3 μετέωρον ἐπικειμένην ὡς προειρήκαμεν τριγώνου * κατεσκευασμένου * καθ' ὃ ἂν μέρος στρέφοιτο. λίθων τε
Aris. 62 2 στεφάνην κυκλόθεν τὰ πρὸς τὴν ἄνω πρόσοψιν ῴοθεσία * κατεσκεύαστο * διάλιθος ἐκτύπωσιν ἔχουσα προοχῆς συνεχέσιν
Aris. 64 3 ⟨κάτω τὰ⟩ κατὰ τὴν τῆς ῴοθεσίας διασκευὴν (ἣ) * κατεσκεύαστο * καὶ τὰ λοιπὰ τῆς ῥαβδώσεως καὶ διαγλυφῆς
Aris. 70 1 ἔχουσα ἐφ' ὃν ἐπίκειται τὸ πᾶν ἔλασμα τοῦ ποδός. * κατεσκεύασαν * δὲ ἐκφύοντα κισσὸν ἀκάνθῳ πλεκόμενον ἐκ τοῦ
Aris. 71 4 τῆς κατασκευῆς ἀθέατον καὶ ἀνεύρετον τὴν τῶν ἁρμῶν * κατασκευάσαντες * συμβολήν. ἡμιπηχίου δὲ οὐκ ἐλάσσονος ἦν
Aris. 72 3 οὐδὲν προσθεῖναι ὁ βασιλεὺς ὅσον ἔδει δαπανηθῆναι * κατασκευαζομένων * μειζόνων ταῦτα ἀποδέδωκε πλείονα καὶ
Aris. 84 1 ὑψηλὴν ἔχοντος τὴν ἀνάτασιν. ἐπὶ δὲ τῆς κορυφῆς * κατεσκεύαστο * τὸ ἱερὸν ἐκπρεπῶς ἔχον καὶ οἱ περίβολοι
Aris. 107 2 ἐστίν. οὐκ ἀλόγως δὲ τὴν πόλιν συμμετρίᾳ καθηκούσῃ * κατεσκεύασαν * οἱ πρῶτοι σοφῶς δὲ ἐπινοήσαντες. τῆς γὰρ
Aris. 114 3 τόπον. ἐργάσιμος γὰρ καὶ πρὸς τὴν ἐμπορίαν ἐστὶ * κατεσκευασμένη * ἡ χώρα καὶ πολύτεχνος ἡ πόλις οὐ σπανίζει
Aris. 139 2 οὖν ἕκαστα σοφὸς ὢν ὁ νομοθέτης ὑπὸ θεοῦ * κατεσκευασμένος * εἰς ἐπίγνωσιν τῶν ἁπάντων περιέφραξεν
Aris. 172 2 καὶ τοὺς ἄνδρας ἐπιλέξας καὶ πολλὰ δῶρα τῷ βασιλεῖ * κατασκευάσας * προέπεμψεν ἡμᾶς μετὰ ἀσφαλείας πολλῆς. ὡς
Aris. 176 5 ὑμένος καὶ τῆς πρὸς ἄλληλα συμβολῆς ἀνεπαισθήτου * κατεσκευασμένης * ὡς εἶδεν ὁ βασιλεὺς τοὺς ἄνδρας ἐπηρώτα
Aris. 232 4 κατακολουθῶν τοὺς γὰρ ἀπ' αὐτῆς καρποὺς ἀλυπίαν * κατασκευάζειν. * ἱκετεύειν δὲ ⟨δεῖ⟩ τὸν θεὸν ἵνα μὴ τὰ
Aris. 234 5 καὶ διαλήψεως ὁσίας καθὼς ὑπὸ τοῦ θεοῦ πάντα * κατασκευάζεται * καὶ διοικεῖται κατὰ τὴν αὐτοῦ βούλησιν ἣν
Aris. 237 3 σωφροσύνη ταύτης δὲ οὐκ ἔστι τυχεῖν ἐὰν μὴ θεὸς * κατασκευάσῃ * τὴν διάνοιαν εἰς τοῦτο. παρακαλέσας δὲ
Aris. 250 4 μεταπῖπτον εὐκόπως διὰ παραλογισμοῦ καὶ τῇ φύσει * κατεσκεύασται * ἀσθενὲς δέον δ' ἐστὶ κατὰ τὸ ὑγιὲς χρῆσθαι
Aris. 258 2 ἐπιμαρτυρήσας δὲ τούτοις ἄλλον ἠρώτα πῶς ⟨ἂ⟩ ἂν * κατασκευάσῃ * καὶ μετὰ τοῦτο διαμένῃ; πρὸς τοῦτ' εἶπεν εἰ
Aris. 292 5 δὲ πάντα κυβερνῶν ἀένναον τὴν περὶ σεαυτὸν δόξαν * κατεσκεύασας * τοῦ θεοῦ σοι διδόντος ἔχειν ἁγνὴν καὶ ἀμιγῆ
Aris. 301 4 ὡς ἐπὶ τὰ βόρεια μέρη συνέδριον ποιησάμενος εἰς * κατεσκευασμένον * οἶκον παρὰ τὴν ἠϊόνα διαπρεπῶς ἔχοντα
FJub. 11 2 καὶ βασιλεῖς. καὶ τότε πρώτως πολεμικὰ * κατασκευάσαντες * ὄργανα πολεμεῖν ἀλλήλοις ἐνήρξαντο. γυνὴ
HEup. 9 34 9 στοὰν καὶ στύλους αὐτῇ ὑποστῆσαι χαλκοῦς μ η' * κατασκευάσαι * δὲ καὶ λουτῆρα χαλκοῦν μῆκος πηχῶν κ' καὶ
HArt. 9 23 4 δὲ καὶ τὸ ἐν Ἀθὼς καὶ τὸ ἐν Ἡλιουπόλει ἱερὸν * κατασκευάσαι * τοὺς Ἑρμιοὺθ ὀνομαζομένους. μετὰ δὲ ταῦτα
HArt. 9 27 2 ἱερὸν καθιδρύσασθαι εἶτα τὸν ἐν Ἡλιουπόλει ναὸν * κατασκευάσαι. * τοῦτον δὲ γεννῆσαι θυγατέρα Μέρριν ἣν
HArt. 9 27 11 προστάξαι τὸν ἐν Διὸς πόλει ναὸν ἐξ ὀπτῆς πλίνθου * κατεσκευασμένον * καθαιρεῖν ἕτερον δὲ λίθινον κατασκευάσαι
HArt. 9 27 11 κατεσκευασμένον καθαιρεῖν ἕτερον δὲ λίθινον * κατασκευάσαι * τὸ πλησίον ὄρος λατομήσαντας τάξαι δὲ ἐπὶ
HArt. 9 27 19 καὶ τὴν δυναστείαν τῇ τε θυγατρὶ καὶ τῷ γαμβρῷ * κατασκευάσαι * τὸν δὲ Μώϋσον ἀποκωλῦσαι στοχαζόμενον τῶν
HAno. 9 18 2 τὸν θάνατον ἐν Βαβυλῶνι κατοικῆσαι πύργον τε * κατασκευάσαντα * ἐν αὐτῷ διαιτᾶσθαι ὃν δὴ ἀπὸ τοῦ
HAno. 9 18 2 τε κατασκευάσαντα ἐν αὐτῷ διαιτᾶσθαι ὃν δὴ ἀπὸ τοῦ * κατασκευάσαντος * Βήλου Βῆλον ὀνομασθῆναι. τὸν δὲ Ἄβραμον
HHec. 1 22 193 χώραν πρὸς αὐτοὺς ἀφικνουμένων καὶ νεὼς καὶ βωμοὺς * κατασκευασάντων * ἅπαντα ταῦτα κατέσκαπτον καὶ τῶν μὲν
HThe. 9 34 19 πέμψαι τὸν δὲ εἰκόνα τῆς θυγατρὸς ζῷον ὁλοσώματον * κατασκευάσαι * καὶ ἔλυτρον τῷ ἀνδριάντι τὸν χρυσοῦν κίονα
LAri. 13 12 9 ἐχομένως δ' ἐστὶν ὡς ὁ θεὸς ⟨ὃς⟩ τὸν ὅλον κόσμον * κατεσκεύακε * καὶ δέδωκεν ἀνάπαυσιν ἡμῖν διὰ τὸ κακόπαθον

κατασκεύασμα 4

Aris. 51 3 περὶ τὸν Ἐλεάζαρον. ὡς δὲ ἐπηγγειλάμην καὶ τὰ τῶν * κατασκευασμάτων * διασαφῆσαι ποιήσω. πολυτεχνίᾳ γὰρ
Aris. 52 2 ὁ βασιλεὺς ὑπέροπλόν τι ποιῆσαι τοῖς μέτροις τὸ * κατασκεύασμα. * προσέταξε δὲ πυθέσθαι τῶν ἀνὰ τὸν τόπον
Aris. 77 3 ἀληθείας ἔμφασιν. ὡς γὰρ ἐπετελέσθη τεθέντων τῶν * κατασκευασμάτων * ἑτέρου παρ' ἕτερον λέγω δὲ πρῶτον
IMen. 5 119 2 τι πλῆθος ἢ ἐρίφων ἢ νὴ Δία ἑτέρων τοιούτων ἢ * κατασκευάσματα * χρυσᾶς ποιήσας χλαμύδας ἤτοι πορφυρᾶς ἢ

κατασκευή 31

Aris. 8 1 καλὸν ὁρμῇ τὸν αὐτὸν ὄντα ἡμῖν. χρυσοῦ γὰρ χάρις ἢ * κατασκευὴ * τις ἄλλη τῶν τετιμημένων παρὰ τοῖς κενοδόξοις
Aris. 28 7 καὶ τὸ τῶν ἀπεσταλμένων πλῆθος καὶ τὴν ἑκάστου * κατασκευὴν * διὰ τὸ μεγαλομερείᾳ καὶ τέχνῃ διαφέρειν
Aris. 33 4 ἀπολύτρωσιν τῶν αἰχμαλώτων. ἔδωκε δὲ καὶ εἰς * κατασκευὴν * κρατήρων τε καὶ φιαλῶν καὶ τραπέζης καὶ
Aris. 34 2 πρὸς τάλαντα ἑκατόν. δηλώσομεν δέ σοι περὶ τῆς * κατασκευῆς * ὡς ἂν τὰ τῶν ἐπιστολῶν ἀντίγραφα διέλθωμεν.
Aris. 63 8 τῷ χρυσίῳ κύκλῳ περὶ ὅλην τὴν τῆς τραπέζης * κατασκευὴν * κατὰ κρόταφον. μετὰ δὲ τὴν τοῦ στεφάνου
Aris. 65 6 δὲ κατὰ ἐπιφάνειαν θεωρεῖται ἀμφοτεροδεξίου τῆς * κατασκευῆς * οὔσης. ἐπ' αὐτῆς δὲ τῆς τραπέζης μαίανδρον
Aris. 71 3 γομφωτοῖς πρὸς ἑαυτὰ κατὰ τὸ πάχος τῆς * κατασκευῆς * ἀθέατον καὶ ἀνεύρετον τὴν τῶν ἁρμῶν
Aris. 73 1 διαπρεπῆ. τῶν δὲ κρατήρων δύο μὲν ἦσαν ⟨χρυσοῖ⟩ τῇ * κατασκευῇ * φολιδωτὴν ἔχοντες ἀπὸ τῆς βάσεως μέχρι τοῦ
Aris. 76 2 οἱ μὲν οὖν διὰ τοῦ χρυσοῦ τοιαύτην εἶχον τὴν * κατασκευὴν * χωροῦντες ὑπὲρ δύο μετρητάς οἱ δ' ἀργυροῖ
Aris. 78 3 προσορώντων γὰρ πρὸς αὐτὴν τὴν τοῦ χρυσίου * κατασκευὴν * ψυχαγωγία τις ἦν μετὰ θαυμασμοῦ συνεχῶς ἐφ'
Aris. 80 2 ἐν τοῖς βασιλικοῖς ὑπῆρχε ῥισκοφυλακίοις τοιαύτη * κατασκευὴ * τῇ πολυτελείᾳ καὶ τεχνουργίᾳ οὔτ' ἔν τινι
Aris. 87 1 ἔχοντος τοῦ πράγματος. ἥ τε τοῦ θυσιαστηρίου * κατασκευὴ * συμμέτρως ἔχουσαν πρὸς τὸν τόπον καὶ τὰ θύματα
Aris. 91 2 αἵματα. πεπυσμένος δὲ καὶ αὐτὸς τὴν τῶν ὑποδοχείων * κατασκευὴν * δηλώσω καθὼς ἐπιστώθην. προήγαγον γὰρ πλέον
Aris. 99 6 μετατραπέντα τῇ διανοίᾳ διὰ τὴν περὶ ἕκαστον ἁγίαν * κατασκευήν. * πρὸς γὰρ τὴν ἐπίγνωσιν ἁπάντων ἐπὶ τὴν
Aris. 108 4 ἐπὶ τὸ κατὰ ψυχὴν ἱλαροῦσθαι νενευκότων καὶ τῇ * κατασκευῇ * πάντας ἀνθρώπους ἐπὶ τὰς ἡδονὰς εὐκαταφόρους
Aris. 113 3 ὅτι πολυανθρωπίας οἱ τόποι προσδέονται καὶ τὴν * κατασκευὴν * τῆς πόλεως καὶ τῶν κωμῶν ἔθεντο κατὰ λόγον.
Aris. 121 5 ἀλλὰ καὶ τῆς τῶν Ἑλληνικῶν ἐφρόντισαν οὐ παρέργως * κατασκευῆς * διὸ καὶ πρὸς τὰς πρεσβείας εὔθετοι
Aris. 136 3 τινὰ συνέθηκαν καὶ προσυπέδειξαν εὔχρηστα τὴν * κατασκευὴν * αὐτῶν οὐ ποιήσαντες αὐτοὶ διὸ κενὸν καὶ
Aris. 157 3 ὡς συντηρεῖται τὰ προειρημένα θείᾳ δυνάμει σὺν * κατασκευῇ. * πάντα γὰρ χρόνον καὶ τόπον ὥρικε πρὸς τὸ διὰ
Aris. 159 4 ἐπιτελεῖν δεῖ μνήμην ἔχοντας τῆς ἑαυτῶν * κατασκευῆς * ἐπὶ πᾶσι δὲ τὸν περὶ θεοῦ φόβον. κελεύει δὲ
Aris. 160 2 καὶ διανισταμένους μελετᾶν τὰς τοῦ θεοῦ * κατασκευὰς * οὐ μόνον λόγῳ ἀλλὰ καὶ διαλήψει θεωροῦντας
Aris. 236 4 τὸ φρονεῖν εἰ διδακτόν ἐστιν; ὁ δ' εἶπε ψυχῆς ἐστι * κατασκευὴ * διὰ θείας δυνάμεως ἐπιδέχεσθαι πᾶν τὸ καλὸν
HEup. 9 30 6 τὴν οἰκοδομίαν αὐτὸν δὲ εὐτρεπίζειν τὰ πρὸς τὴν * κατασκευὴν * ἀνήκοντα χρυσίον ἀργύριον χαλκὸν λίθους ξύλα
HEup. 9 34 16 μυριάδων υ ξ'. εἰς δὲ τοὺς ἥλους καὶ τὴν ἄλλην * κατασκευὴν * ἀργυρίου τάλαντα χίλια διακόσια τριάκοντα δύο
LAri. 8 10 3 φυσικὰς διαθέσεις ἀπαγγέλλει καὶ μεγάλων πραγμάτων * κατασκευάς. * οἷς μὲν οὖν πάρεστι τὸ καλῶς νοεῖν
LAri. 8 10 9 καλῶς ἂν λέγοιτο κατὰ τὸ μεγαλεῖον ἡ τοῦ κόσμου * κατασκευή. * καὶ γὰρ ἐπὶ πάντων ὁ θεὸς καὶ πάνθ'
LAri. 8 10 16 ὀργάνων τοιούτων μηδὲ τοῦ φωνήσοντος ἀλλὰ θείᾳ * κατασκευῇ * γινομένων ἁπάντων ὥστε σαφὲς εἶναι διὰ ταῦτα
LAri. 8 10 17 τὰς τῶν σαλπίγγων φωνὰς δι' ἀνθρωπίνης ἐνεργείας ἢ * κατασκευῆς * ὀργάνων γίνεσθαι τὸν δὲ θεὸν ἄνευ τινὸς
LAri. 13 12 3 τὴν θείαν φωνὴν οὐ ῥητὸν λόγον ἀλλ' ἔργων * κατασκευὰς * καθὼς καὶ διὰ τῆς νομοθεσίας ἡμῖν ὅλην τὴν
LAri. 13 12 4 καὶ Πλάτων λέγοντες ἀκούειν φωνῆς θεοῦ τὴν * κατασκευὴν * τῶν ὅλων συνθεωροῦντες ἀκριβῶς ὑπὸ θεοῦ
LAri. 13 12 8 καλῶς ἡ καθ' ἡμᾶς αἵρεσις. ἡ δὲ τοῦ νόμου * κατασκευὴ * πᾶσα τοῦ καθ' ἡμᾶς περὶ εὐσεβείας τέτακται καὶ

κατασκηνόω 3

Sal. 7 6 καὶ οὐκ ὀργισθήσῃ τοῦ συντελέσαι ἡμᾶς. ἐν τῷ * κατασκηνοῦν * τὸ ὄνομά σου ἐν μέσῳ ἡμῶν ἐλεηθησόμεθα καὶ
FJos. 190 τοῦ θεοῦ καὶ εἶπεν ὅτι κατέβην ἐπὶ τὴν γῆν καὶ * κατεσκήνωσα * ἐν ἀνθρώποις καὶ ὅτι ἐκλήθην ὀνόματι Ἰακὼβ
FJub. 16 10 κατὰ Μαβρῆ δρυὸς ἀπαναστὰς ὁ Ἀβραὰμ ἐπὶ τὸ φρέαρ * κατασκηνοῖ * τοῦ ὅρκου. ἑαυτῷ δὲ ἰδίᾳ καὶ τοῖς οἰκέταις

κατάσκιος 1

LEze. 9 29 16 06 σημεῖον ὡς στῦλος πυρός. ἐνταῦθα λειμῶν' εὕρομεν * κατάσκιον * ὑγράς τε λιβάδας δαψιλὴς χῶρος βαθὺς πηγὰς

κατασκοπεύω 1

HCal. 24 8 ὑπὸ Ἀλεξάνδρου. καὶ στραφεὶς πρὸς τοὺς * κατασκοπεῦσαι * βουλομένους εἶπεν ὁρᾶτε οἱ τοῦ Ἰουδαϊκοῦ

κατάσκοπος 2

TSim. 4 3 καὶ ὅτε κατέβημεν εἰς Αἴγυπτον καὶ ἔδησέ με ὡς * κατάσκοπον * ἔγνων ὅτι δικαίως πάσχω καὶ οὐκ ἐλυπούμην.
HCal. 24 2 γῆν οἵτινες ἀντιστῆναι βουληθέντες ἐκπέμπουσιν * κατασκόπους * ὡς δῆθεν πρέσβεις εἶναι τούτους. ταῦτα δὲ

κατασοφίζομαι 1

FAch. 109 μὴ φιλολόγει ἐπιδεικνύμενος παιδείαν ἀκαίρως γὰρ * κατασοφιζόμενος * καταγελασθήσῃ. ὀξύτερα βάδιζε τῆς

κατασπάζομαι 1

Bar. 11 8 καλῶς τὸν βίον διερχομένοις. καὶ οὕτως ἀλλήλους * κατασπασάμενοι * ἔστησαν. καὶ ἴδον τὸν ἀρχιστράτηγον

κατασπαράσσω 1

TJud. 2 5 τῷ ἀγρίῳ συνέδραμον καὶ προλαβὼν ἐν τῷ τρέχειν με * κατεσπάραξα * αὐτόν. πάρδαλις ἐν Χεβρὼν προσεπήδησεν ἐπὶ

κατασπάω 2

TJud. 3 1 Ἀσοὺρ συνέσχον αὐτὸν καὶ ἐπὶ τὰς κνημῖδας κρούσας * κατέσπασα * καὶ οὕτως ἀνεῖλον αὐτόν. καὶ τὸν ἕτερον

Sal. 2 19 ὠνείδισαν γὰρ ἔθνη Ιερουσαλημ ἐν καταπατήσει * κατεσπάσθη * τὸ κάλλος αὐτῆς ἀπὸ θρόνου δόξης. περιεζώσατο

κατασπένδω 2
TLevi 18 2B025 καὶ τὸ πῦρ τότε ἄρξη ἐκκαίειν ἐν αὐτοῖς τότε ἄρξη * κατασπένδειν * τὸ αἷμα ἐπὶ τὸν τοῖχον τοῦ θυσιαστηρίου.
TLevi 18 2B044 τοῦ ἐλαίου τῷ ταύρῳ καὶ τῷ κριῷ καὶ τῷ ἐρίφῳ * κατασπεῖσαι * σπονδήν. λιβανωτοῦ σίκλοι ἓξ τῷ ταύρῳ καὶ τὸ

κατασπεύδω 1
Sib. 3 762 αὐτὸς καὶ πυρὶ φλέξειεν χαλεπῶν γένος ἀνδρῶν. ἀλλὰ * κατασπεύσαντες * ἑὰς φρένας ἐν στήθεσσιν φεύγετε λατρείας

κατασποδόω * 2
Asen. 11 17 καὶ νῦν ἐν τοῖς δάκρυσί μου τούτοις καὶ τῇ τέφρᾳ * κατεσποδωμένη * καὶ τῷ ῥύπῳ τῆς ταπεινώσεώς μου πῶς ἐγὼ
Asen. 13 6 νυνὶ καταρραίνεται τοῖς δάκρυσί μου καὶ ἠτιμάσθη * κατεσποδωμένον * ὄν. ἰδοὺ κύριέ μου ἐκ τῶν δακρύων μου καὶ

κατασπουδάζω 1
Hen. 14 8 καὶ διαδρομαὶ τῶν ἀστέρων καὶ διαστραπαί με * κατεσπούδαζον * καὶ ἐθορύβαζόν με καὶ ἄνεμοι ἐν τῇ ὁράσει

καταστεγάζω 1
HEup. 9 34 8 τοῦ ἱεροῦ καὶ κατακοσμῆσαι χρυσίῳ καὶ ἀργυρίῳ καὶ * καταστεγάσαι * φατνώμασι κεδρίνοις καὶ κυπαρισσίνοις.

κατάστημα 5
Aris. 122 4 νόμου μεγάλην εὐφυΐαν εἶχον τὸ μέσον ἐζηλωκότες * κατάστημα * τοῦτο γὰρ κάλλιστόν ἐστιν ἀποτεθειμένοι τὸ
Aris. 165 2 ἐστὶ χωρὶς γὰρ τοῦ προειρημένου ἔχει λυμαντικὸν * κατάστημα * διὰ γὰρ τῶν ὤτων συλλαμβάνει τεκνοποιεῖ δὲ τῷ
Aris. 210 2 πρὸς τὸν ἕτερον εἶπε τί τὸ τῆς εὐσεβείας ἐστὶ * κατάστημα; * ἐκεῖνος δὲ ἔφη τὸ διαλαμβάνειν ὅτι πάντα διὰ
Aris. 278 1 καὶ τὸ τῆς πλεονεξίας χύμα. τὸ δὲ τῆς ἀρετῆς * κατάστημα * κωλύει τοὺς ἐπιφερομένους ἐπὶ τὴν ἡδονοκρασίαν
LAri. 8 10 2 καὶ μὴ ἐκπίπτειν εἰς τὸ μυθῶδες καὶ ἀνθρώπινον * κατάστημα. * πολλαχῶς γὰρ ὃ βούλεται λέγειν ὁ νομοθέτης

καταστολή 2
Aris. 284 5 ὀφθαλμῶν τιθέναι τὰ τοῦ βίου μετ' εὐσχημοσύνης καὶ * καταστολῆς * γινόμενα βίῳ συμφέρον καὶ καθῆκον ἔνεστι γὰρ
Aris. 285 3 αἱρετόν τι δείκνυται. σὺ δὲ πᾶσαν ἠσκηκὼς καὶ * καταστολὴν * διὰ τῶν ἐνεργειῶν φιλοσοφεῖς διὰ καλοκἀγαθίαν

καταστρατοπεδεύω 1
HArt. 9 27 8 νομὸν ἔχοντα περὶ δέκα μυριάδας γεωργῶν αὐτοῦ * καταστρατοπεδεῦσαι * πέμψαι δὲ στρατηγοὺς τοὺς

καταστρέφω 5
Asen. 23 2 ἐπὶ τῆς γῆς καὶ ἐν ταῖς δεξιαῖς ὑμῶν ταύταις * κατέστραπται * ἡ πόλις τῶν Σικιμιτῶν καὶ ἐν ταῖς δυσὶ
Job 20 5 καὶ ὁμοιώθη μεγάλῃ καταιγίδι καὶ τὸν θρόνον μου * κατέστρεψεν, * καὶ ἐποίησεν τρεῖς ὥρας ἐπὶ τὸν θρόνον μου
FJub. 48 14 προστάξει θεοῦ τοῦτο πεποιηκότες. ἐν τῇ θαλάσσῃ * κατεστράφησαν * ὃν τρόπον τὰ βρέφη τῶν Ἑβραίων ἐν τῷ
HEup. 9 30 3 εἶτα Δαβίδ τὸν τούτου υἱὸν δυναστεῦσαι ὃν * καταστρέψασθαι * Σύρους τοὺς παρὰ τὸν Εὐφράτην οἰκοῦντας
HEup. 9 39 5 καὶ πεζῶν ἅρματα μυρία πρῶτον μὲν τὴν Σαμαρεῖτιν * καταστρέψασθαι * καὶ Γαλιλαίαν καὶ Σκυθόπολιν καὶ τοὺς ἐν

καταστροφή 4
Hen. 102 10 οὖν οἱ δικαιοῦντες ⟨ἑαυτ⟩οὺς ὁποία ἐγένετο αὐτῶν ἡ * καταστροφὴ * ὅτι πᾶσα δικαιοσύνη οὐχ εὑρέθη ἐν αὐτοῖς ἕως
Sal. 13 6 μήποτε συμπαραληφθῇ μετὰ τῶν ἁμαρτωλῶν ὅτι δεινὴ ἡ * καταστροφὴ * τοῦ ἁμαρτωλοῦ καὶ οὐχ ἅψεται δικαίου οὐδὲν ἐκ
Sal. 13 7 οὐχ ὁμοία ἡ παιδεία τῶν δικαίων ἐν ἀγνοίᾳ καὶ ἡ * καταστροφὴ * τῶν ἁμαρτωλῶν. ἐν περιστολῇ παιδεύεται
Job 33 4 φθαρήσεται καὶ οἱ προσέχοντες αὐτῷ ἔσονται ἐν τῇ * καταστροφῇ * αὐτοῦ. ἐμοὶ δὲ ὁ θρόνος ὑπάρχει ἐν τῇ ἁγίᾳ γῇ

καταστρώννυμι 2
Asen. 2 2 πρῶτος θάλαμος μέγας καὶ εὐπρεπὴς λίθοις πορφυροῖς * κατεστρωμένος * καὶ οἱ τοῖχοι αὐτοῦ λίθοις ποικίλοις καὶ
Asen. 13 6 τέφραν. ἰδοὺ τὸ ἔδαφος τοῦ θαλάμου μου τὸ * κατεστρωμένον * λίθοις ποικίλοις καὶ πορφυροῖς ὃ ἦν τὸ

κατάστρωσις 1
Aris. 319 5 δύο καὶ κυλίκιον ταλάντου καὶ τρικλίνου πᾶσαν * κατάστρωσιν. * ἔπεμψε δὲ καὶ τῷ Ἐλεαζάρῳ μετὰ τῆς

κατασύρω 1
TZab. 9 1 ὅτε ἐπὶ τὸ αὐτὸ πορεύεται λίθους ξύλα γῆν ἄμμον * κατασύρει * ἐὰν δὲ εἰς πολλὰ διαιρεθῇ ἡ γῆ ἀφανίζει αὐτὰ

κατασφάζω 2
Hen. 10 12 μιανθῆναι ἐν αὐταῖς ἐν ἀκαθαρσίᾳ αὐτῶν καὶ ὅταν * κατασφαγῶσιν * οἱ υἱοὶ αὐτῶν καὶ ἴδωσιν τὴν ἀπώλειαν τῶν
Hen. 10B 12 ἐν αὐταῖς ἐν τῇ ἀκαθαρσίᾳ αὐτῶν. καὶ ὅταν * κατασφαγῶσιν * οἱ υἱοὶ αὐτῶν καὶ ἴδωσι τὴν ἀπώλειαν τῶν

κατασφραγίζω 1
HArt. 9 27 26 πάλιν ἀναβιῶσαι γράψαντα δὲ τοὔνομα εἰς δέλτον * κατασφραγίσασθαι * τῶν τε ἱερέων τὸν φαυλίσαντα ἐν τῇ

κατάσχεσις 1
TBen. 10 4 καὶ ὑμεῖς οὖν δότε αὐτὰ τοῖς τέκνοις ὑμῶν εἰς * κατάσχεσιν * αἰώνιον τοῦτο γὰρ ἐποίησαν καὶ Ἀβραὰμ καὶ

κατατάσσω 1
Aris. 168 4 πάντα κεκανόνισται πρὸς δικαιοσύνην καὶ οὐδὲν εἰκῇ * κατατέτακται * διὰ τῆς γραφῆς οὐδὲ μυθωδῶς ἀλλ' ἵνα δι'

κατατέμνω 2
Prop. 21 7 αὐτὸν εἶναι θεόν. οἱ μὲν οὖν τοῦ Βάαλ ηὔχοντο καὶ * κατετέμνοντο * ἕως ὥρας ἐνάτης καὶ οὐδεὶς αὐτοῖς ἐπήκουεν
FJub. 46 14 ἄρχων. τόν τε γὰρ ποταμὸν εἰς διώρυχας πλείστας * κατατεμεῖν * αὐτοῖς ἐπέταξαν καὶ οἰκοδομῆσαι τείχη ταῖς

κατατίθημι 6
Esdr. 7 1 κατεδεξάμην ὄξος καὶ χολὴν ἐγευσάμην ἐν τάφῳ * κατετέθην * καὶ τοὺς ἐκλεκτούς μου ἀνέστησα τὸν Ἀδὰμ ἐκ
Aris. 321 5 συνεῖναι καὶ εἰς τοιούτους τὸν πλοῦτον * κατατίθεσθαι * δαψιλῶς καὶ οὐκ εἰς μάταια. σὺ δὲ καθὼς
Sib. 3 543 ἅπαντες ἀσπορίην καὶ ἀνηροσίην καὶ πῦρ ἐπὶ γαίης * καθθήσει * +πολὺν ἱστὸν+ ὃς οὐρανὸν ἔκτισε καὶ γῆν πάντων
Sib. 3 562 τίς ἔσται. ἀλλ' ἄγε καὶ μάθε τοῦτο καὶ ἐν φρεσὶ * κάθθεο * σῇσιν ὅσσα περιπλομένων ἐνιαυτῶν κήδεα ἔσται. ---
Sib. 5 422 ἄστρων τε καὶ ἡλίου ἠδὲ σελήνης καὶ κόσμον * κατέθηχ' * ἅγιόν τ' --- ἐποίησεν ἔνσαρκον καλὸν περικαλλέα
HEup. 9 34 15 λυχνίαν καὶ τὴν τράπεζαν καὶ τὰ ἄλλα σκεύη ἐκεῖ * καταθέσθαι * καθὼς προστάξαι αὐτῷ τὸν προφήτην.

κατατίλλω 1
FAch. 106 ἐπελάβετο δὲ τὴν ὄψιν ἑαυτοῦ τύπτων καὶ ⟨ἤρξατο⟩ * κατατίλλεσθαι * καὶ ὀδύρεσθαι τὸν Αἴσωπον. καὶ ἔλεγεν

κατατολμάω 1
Job 37 6 τὰ βάθη τοῦ κυρίου καὶ τῆς σοφίας αὐτοῦ, ἢ * κατατολμᾷ * τις προσάπτειν τῷ κυρίῳ ἀδίκημα; ἀποκρίνου

κατατρέχω 2
Hen. 17 5 τοῦ ἡλίου. καὶ ἤλθομεν μέχρι ποταμοῦ πυρὸς ἐν ᾧ * κατατρέχει * τὸ πῦρ ὡς ὕδωρ καὶ ῥέει εἰς θάλασσαν μεγάλην
TZab. 4 6 Ἰακὼβ τοῦ πατρός μου; καὶ λαβὼν τὸ ἀργύριον * κατέδραμε * τοῖς ἐμπόροις καὶ οὐδένα εὗρεν ἀφέντες γὰρ τὴν

κατατρίβω 1
Sib. 3 497 ἀντ' ἀδίκου γλώττης ἀνόμου τε βίου καὶ ἀνάγνου ὃν * κατέτριψαν * πάντες ἀνοίγοντες στόμ' ἄναγνον καὶ δεινοὺς

καταύγεια 1
Aris. 307 3 τὸν τόπον ἔχοντα τερπνότητα διὰ τὴν ἡσυχίαν καὶ * καταύγειαν * συναγόμενοι τὸ προκείμενον ἐπετέλουν.

καταφαγεῖν 11 (cf.+ κατέδω, κατεσθίω, κατέσθω)
Abr.1 10 6 καὶ κέλευσον ἵνα ἐξέλθωσιν θηρία ἐκ τοῦ δρυμοῦ καὶ * καταφάγωσιν * αὐτούς. καὶ ἅμα τῷ λόγῳ αὐτοῦ ἐξῆλθον θηρία
Abr.1 10 7 ἅμα τῷ λόγῳ αὐτοῦ ἐξῆλθον θηρία ἐκ τοῦ δρυμοῦ καὶ * κατέφαγον * αὐτούς. καὶ εἶδεν εἰς ἕτερον τόπον ἄνδρα μετὰ
Abr.1 10 11 κύριε κέλευσον ἵνα κατέλθῃ πῦρ ἐκ τοῦ οὐρανοῦ καὶ * καταφάγηται * αὐτοὺς καὶ ἅμα τῷ λόγῳ αὐτοῦ κατῆλθεν πῦρ ἐκ
Abr.1 10 11 ἅμα τῷ λόγῳ αὐτοῦ κατῆλθεν πῦρ ἐκ τοῦ οὐρανοῦ καὶ * κατέφαγεν * αὐτούς. καὶ εὐθέως ἦλθεν φωνὴ ἐκ τοῦ οὐρανοῦ
Abr.1 14 11 ἡ γῆ καὶ οὓς διεμερίσαντο τὰ θηρία καὶ οὓς ποτε * κατέφαγεν * τὸ πῦρ διὰ τοὺς ἐμοὺς λόγους νῦν ἔγνωκα ἐγὼ
Abr.2 12 3 ταύτην; εἰπὲ κατελθεῖν πῦρ ἐκ τοῦ οὐρανοῦ καὶ * καταφάγῃ * αὐτούς. ἐν ἐκείνῃ τῇ ὥρᾳ κατέβη πῦρ ἐκ τοῦ
Abr.2 12 4 ἐν ἐκείνῃ τῇ ὥρᾳ κατέβη πῦρ ἐκ τοῦ οὐρανοῦ καὶ * κατέφαγεν * αὐτούς. ἐπειδὴ εἶπεν ὁ κύριος τῷ Μιχαὴλ εἴ τι
Abr.2 12 10 τὴν ἀνομίαν αὐτῶν; καὶ εἶπεν ἐλθέτωσαν θηρία καὶ * καταφαγέτωσαν * αὐτοὺς ⟨καὶ ἐν ἐκείνῃ τῇ ὥρᾳ ἦλθον θηρία
Abr.2 12 11 ἐν ἐκείνῃ τῇ ὥρᾳ ἦλθον θηρία ἐκ τῆς ἐρήμου καὶ * κατέφαγον * αὐτούς⟩. καὶ ἐλάλησεν κύριος πρὸς Μιχαὴλ λέγων
Asen. 17 3 κηρίου καὶ εὐθέως ἀνέβη πῦρ ἐκ τῆς τραπέζης καὶ * κατέφαγε * τὸ κηρίον καὶ τὴν τράπεζαν οὐκ ἠδίκησεν. καὶ
Asen. 25 6 πρὸς τὸν ὕψιστον καὶ πέμψει πῦρ ἐξ οὐρανοῦ καὶ * καταφάγεται * ὑμᾶς καὶ οἱ ἄγγελοι τοῦ θεοῦ πολεμήσουσι

καταφαίνω 2
Aris. 296 3 ἐχόντων τὰ πρὸς τὰς ἐρωτήσεις ἄξιοι θαυμασμοῦ * κατεφαίνοντό * μοι καὶ τοῖς παροῦσι μάλιστα δὲ τοῖς
LThe. 9 22 1 ἀραιὴ ⟨αὐλῶπις⟩ ἐν δ' ἑτέρωθι ἡ διερὴ Σικίμων * καταφαίνεται * ἱερὸν ἄστυ νέρθεν ὑπὸ ῥίζῃ δεδμημένον ἀμφὶ

καταφέρω 3
Hen. 11 1 τὰ ταμεῖα τῆς εὐλογίας τὰ ὄντα ἐν τῷ οὐρανῷ καὶ * κατενεγκεῖν * αὐτὰ ἐπὶ τὰ ἔργα ἐπὶ τὸν κόπον τῶν υἱῶν τῶν
Hen. 21 7 τόπος ἕως τῆς ἀβύσσου πλήρης στύλων πυρὸς μεγάλου * καταφερομένων * οὔτε μέτρον οὔτε πλάτος ἠδυνήθην ἰδεῖν
Job 5 2 παῖδας, καὶ εἰς τὸν ναὸν τοῦ εἰδωλίου ἀπελθὼν * κατήνεγκα * αὐτὸ εἰς τὸ ἔδαφος, καὶ οὕτως ἀνεχώρησα εἰς

καταφεύγω 14
TSim. 3 5 φθόνου διὰ φόβου θεοῦ γίνεται. ἐάν τις ἐπὶ κύριον * καταφύγῃ * ἀποτρέχει τὸ πονηρὸν πνεῦμα ἀπ' αὐτοῦ καὶ
TJud. 5 5 αὐτὴν ἐν στόματι μαχαίρας καὶ τοὺς ἐν τῷ πύργῳ * καταφυγόντας * ἐμπρήσαντες τὸν πύργον σὺν αὐτοῖς ἐλάβομεν.
TZab. 2 6 αὐτῷ κἀκείνους ἐπερχομένους ἀνελεῖν αὐτὸν * κατέφυγεν * ὀπίσω μου δεόμενος αὐτῶν. ἀναστὰς δὲ Ῥουβὴμ
Asen. 11 3 τί ποιήσω ἐγὼ ἡ ταπεινὴ ἢ ποῦ ἀπέλθω πρὸς τίνα * καταφύγω * ἢ τί λαλήσω ἐγὼ ἡ παρθένος καὶ ὀρφανὴ καὶ
Asen. 11 11 ὅθεν τολμήσω κἀγὼ καὶ ἐπιστρέψω πρὸς αὐτὸν καὶ * καταφεύξομαι * ἐπ' αὐτὸν καὶ ἐξομολογήσομαι αὐτῷ πάσας τὰς
Asen. 12 3 κύριε ζωή ἐστι πάντων τῶν κτισμάτων σου. πρὸς σὲ * καταφεύγω * κύριε καὶ πρὸς σὲ κεκράξομαι κύριε σοὶ προσχέω
Asen. 13 1 ἰδοὺ γὰρ ἐγὼ ἀπέφυγον ἐκ πάντων καὶ πρὸς σὲ * κατέφυγον * κύριε τὸν μόνον φιλάνθρωπον. ἰδοὺ πάντα τὰ
Asen. 13 2 ἰδοὺ πάντα τὰ ἀγαθὰ τῆς γῆς κατέλιπον καὶ πρὸς σὲ * κατέφυγον * κύριε ἐν τῷ σάκκῳ τούτῳ καὶ τῷ σποδῷ γυμνὴ καὶ
Asen. 13 12 οἵτινες ἦσαν ἀργυροῖ καὶ χρυσοῖ. καὶ πρὸς σὲ * κατέφυγον * κύριε ὁ θεός μου. ἀλλὰ σὺ ῥῦσαί με ἀπὸ τῶν
Asen. 15 7 ἔσται τὸ ὄνομά σου πόλις καταφυγῆς διότι ἐν σοὶ * καταφεύξονται * ἔθνη πολλὰ ἐπὶ κύριον τὸν θεὸν τὸν ὕψιστον
Asen. 16 16 καὶ ἔσῃ ὡς μητρόπολις τετειχισμένη πάντων τῶν * καταφευγόντων * ἐπὶ τῷ ὀνόματι κυρίου τοῦ θεοῦ ⟨τοῦ

| | | | | | |
|---|---|---|---|---|---|
| Asen. | 19 | 5 | ἐθνῶν πολλῶν εἰς τοὺς αἰῶνας διότι ἐν σοὶ | * καταφεύξονται * | ἔθνη πολλὰ ἐπὶ κύριον τὸν θεὸν τὸν |
| Job | 17 | 5 | αὐτῷ ἔχει ἑπτὰ υἱοὺς καὶ θυγατέρας τρεῖς μὴ ἄρα | * καταφύγωσιν * | εἰς ἑτέρας χώρας καὶ ἐντύχωσιν καθ᾽ ἡμῶν ὡς |
| Aris. | 141 | 1 | καὶ σκέπης ἡ γὰρ πᾶσα διάθεσις αὐτῶν ἐπὶ ταῦτα | * καταφεύγει. * | τοῖς δὲ παρ᾽ ἡμῶν ἐν οὐδενὶ ταῦτα λελόγισται |

καταφθείρω
3

| | | | | | |
|---|---|---|---|---|---|
| TAser | 7 | 2 | ὑμῶν καὶ ἡ γῆ ὑμῶν ἐρημωθήσεται καὶ τὰ ἅγια ὑμῶν | * καταφθαρήσεται * | καὶ ὑμεῖς διασκορπισθήσεσθε εἰς τὰς |
| Aris. | 23 | 4 | δὲ τὴν στρατιωτικὴν προπέτειαν τήν τε χώραν αὐτῶν | * κατεφθάρθαι * | καὶ τὴν τῶν Ἰουδαίων μεταγωγὴν εἰς τὴν |
| Aris. | 120 | 2 | τὴν μεταλλείαν τῶν εἰρημένων συμβῇ καὶ τὴν χώραν | * καταφθείρεσθαι * | καὶ σχεδὸν διὰ τὴν ἐκείνων δυναστείαν |

καταφθίω

| | | | | | |
|---|---|---|---|---|---|
| Sib. | 3 | 547 | φυγεῖν θανάτοιο τελευτήν; πρός τί τε δῶρα μάταια | * καταφθιμένοισι * | πορίζεις θύεις τ᾽ εἰδώλοις; τίς τοι |
| Sib. | 3 | 554 | πρῶτα βροτοῖς κακὰ ἡγεμόνευσαν πολλὰ θεῶν εἴδωλα | * καταφθιμένων * | *+θανεόντων+* ὧν ἕνεκεν τὰ μάταια φρονεῖν |
| Sib. | 3 | 723 | χειροποίητα σεβάσμεθα ἄφρονι θυμῷ εἴδωλα ξόανά τε | * καταφθιμένων * | ἀνθρώπων. ταῦτα βοήσουσιν ψυχαὶ πιστῶν |

καταφιλέω
22

| | | | | | |
|---|---|---|---|---|---|
| Abr.2 | 6 | 2 | εἰς τὸν τράχηλον τοῦ πατρὸς αὐτοῦ κλαίων καὶ | * καταφιλῶν * | αὐτὸν ἔκλαυσεν δὲ Ἀβραὰμ σὺν τῷ υἱῷ αὐτοῦ |
| TRub. | 1 | 5 | ἐκλιπὼν γὰρ ἐγὼ εἰμι ἀπὸ τοῦ νῦν. καὶ ἀναστὰς | * κατεφίλησεν * | αὐτοὺς καὶ κλαύσας εἶπεν ἀκούσατε ἀδελφοὶ |
| TSim. | 1 | 2 | αὐτὸν ἀρρωστοῦντα καὶ ἐνισχύσας ἐκάθισε καὶ | * κατεφίλησεν * | αὐτοὺς καὶ εἶπεν αὐτοῖς ἀκούσατε τέκνα |
| TDan | 7 | 1 | θάψατέ με ἐγγὺς τῶν πατέρων μου. καὶ ταῦτα εἰπὼν | * κατεφίλησεν * | αὐτοὺς καὶ ὕπνωσεν ὕπνον αἰώνιον. καὶ ἔθαψαν |
| TNep. | 1 | 7 | τῶν μηρῶν αὐτῆς ἐγεννήθην καὶ εἶδει ἁπαλὸν ὄντα | * κατεφίλει * | με λέγουσα ἴδοιμι ἀδελφόν σου ἐκ τῆς κοιλίας |
| TBen. | 3 | 7 | τοῦ πατρός σου. καὶ περιλαβὼν αὐτὸν ἐπὶ δύο ὥρας | * κατεφίλει * | λέγων πληρωθήσεται ἐν σοὶ προφητεία οὐρανοῦ |
| Asen. | 4 | 1 | αὐτῆς καὶ τὴν μητέρα καὶ ἠσπάσατο αὐτοὺς καὶ | * κατεφίλησεν * | αὐτούς. καὶ ἐχάρησαν Πεντεφρῆς καὶ ἡ γυνὴ |
| Asen. | 4 | 5 | δεξιᾷ τὴν χεῖρα τὴν δεξιὰν τῆς θυγατρὸς αὐτοῦ καὶ | * κατεφίλησεν * | αὐτὴν καὶ εἶπεν αὐτῇ τέκνον μου Ἀσενέθ. καὶ |
| Asen. | 8 | 4 | Πεντεφρῆς τῇ θυγατρὶ αὐτοῦ Ἀσενὲθ πρόσελθε καὶ | * καταφίλησον * | τὸν ἀδελφόν σου. καὶ ὡς προσῆλθεν Ἀσενὲθ |
| Asen. | 18 | 3 | ἔκλαυσε καὶ ἔλαβε τὴν χεῖρα αὐτῆς τὴν δεξιὰν καὶ | * κατεφίλησεν * | αὐτὴν καὶ εἶπεν τί σοὶ ἐστι τέκνον μου ὅτι |
| Asen. | 19 | 11 | καὶ ἀνέζησαν ἀμφότεροι τῷ πνεύματι αὐτῶν. καὶ | * κατεφίλησεν * | ὁ Ἰωσὴφ τὴν Ἀσενὲθ καὶ ἔδωκεν αὐτῇ πνεῦμα |
| Asen. | 19 | 11 | Ἰωσὴφ τὴν Ἀσενὲθ καὶ ἔδωκεν αὐτῇ πνεῦμα ζωῆς καὶ | * κατεφίλησεν * | αὐτὴν τὸ δεύτερον καὶ ἔδωκεν αὐτῇ πνεῦμα |
| Asen. | 19 | 11 | τὸ δεύτερον καὶ ἔδωκεν αὐτῇ πνεῦμα σοφίας καὶ | * κατεφίλησεν * | αὐτὴν τὸ τρίτον καὶ ἔδωκεν αὐτῇ πνεῦμα |
| Asen. | 20 | 5 | ἐκράτησεν Ἰωσὴφ τὴν χεῖρα αὐτῆς τὴν δεξιὰν καὶ | * κατεφίλησεν * | αὐτὴν καὶ Ἀσενὲθ κατεφίλησε τὴν κεφαλὴν |
| Asen. | 20 | 5 | αὐτῆς τὴν δεξιὰν καὶ κατεφίλησεν αὐτὴν καὶ Ἀσενὲθ | * κατεφίλησε * | τὴν κεφαλὴν αὐτοῦ καὶ ἐκάθισεν ἐκ δεξιῶν |
| Asen. | 21 | 7 | αὐτῶν καὶ ⟨ᾔρσεν⟩ αὐτοὺς ἐπὶ τὰ χείλη αὐτῶν καὶ | * κατεφίλησαν * | ἀλλήλους. καὶ μετὰ ταῦτα ἐποίησε Φαραὼ |
| Asen. | 22 | 9 | αὐτῇ Ἰακὼβ πρὸς ἑαυτὸν καὶ εὐλόγησεν αὐτὴν καὶ | * κατεφίλησεν * | αὐτόν. καὶ ἐξέτεινεν Ἀσενὲθ τὰς χεῖρας |
| Asen. | 22 | 9 | ὅταν ἐκ πολέμου ἐπανέλθῃ εἰς τὸν οἶκον αὐτοῦ) καὶ | * κατεφίλησεν * | αὐτόν. καὶ μετὰ ταῦτα ἔφαγον καὶ ἔπιον. καὶ |
| Asen. | 28 | 14 | αὐτῆς χεῖρα καὶ ἥψατο τῆς γενεάδος τοῦ Συμεὼν καὶ | * κατεφίλησεν * | αὐτὸν καὶ εἶπεν μηδαμῶς ἀδέλφε ποιήσεις |
| Asen. | 28 | 15 | αὐτὸς ἀπονείμαι. καὶ ἦλθε πρὸς αὐτὴν Λευὶς καὶ | * κατεφίλησε * | τὴν χεῖρα αὐτῆς τὴν δεξιὰν καὶ ἔγνω ὅτι σῶσαι |
| Jer. | 6 | 2 | καὶ ἐν τῷ θεωρῆσαι ἀλλήλους ἔκλαυσαν ἀμφότεροι καὶ | * κατεφίλησαν * | ἀλλήλους. ἀναβλέψας δὲ Βαροὺχ τοῖς ὀφθαλμοῖς |
| Jer. | 7 | 31 | ἔδωκε τὴν ἐπιστολὴν τῷ Βαροὺχ καὶ λύσας ἀνέγνω καὶ | * κατεφίλησεν * | αὐτὴν καὶ ἔκλαυσε ἀκούσας διὰ τὰς λύπας καὶ |

καταφλέγω
1

| | | | | | |
|---|---|---|---|---|---|
| FrAn. | 574 | 3059 | ὁρκίζω σε τὸν τῶν αὐχενίων γιγάντων τοῖς πρηστῆρσι | * καταφλέξαντα * | ὃν ὑμνεῖ ὁ οὐρανὸς τῶν οὐρανῶν ὃν ὑμνοῦσι |

καταφορά
2

| | | | | | |
|---|---|---|---|---|---|
| Sal. | 16 | 1 | ψυχήν μου ἀπὸ κυρίου παρὰ μικρὸν ὠλίσθησα ἐν | * καταφορᾷ * | ὑπνούντων μακρὰν ἀπὸ θεοῦ παρ᾽ ὀλίγον ἐξεχύθη ἡ |

καταφρονέω
2

| | | | | | |
|---|---|---|---|---|---|
| Job | 23 | 9 | τῆς κεφαλῆς πρὸς τὸν πεινοῦντα ἄνδρα μου; καὶ οὕτω | * καταφρονήσασα * | τῆς τριχὸς εἶπεν αὐτῷ ἀνάστα, ἆρον αὐτήν. |
| Aris. | 225 | 3 | τὸν ἄνδρα διὰ πλειόνων ἐπηρώτα τὸν ἕτερον πῶς ἂν | * καταφρονοίη * | τῶν ἐχθρῶν; ὁ δὲ εἶπεν ἠσκηκὼς πρὸς πάντας |

καταφρόνησις
5

| | | | | | |
|---|---|---|---|---|---|
| TLevi | 14 | 5 | καὶ πρὸ τοῦ θυσιάσαι κυρίῳ λήψεσθε τὰ ἐκλεκτὰ ἐν | * καταφρονήσει * | ἐσθίοντες μετὰ πορνῶν ἐν πλεονεξίᾳ τὰς |
| TLevi | 14 | 8 | τοῦ θεοῦ φυσιούμενοι καταπαίξετε τὰ ἅγια ἐν | * καταφρονήσει * | γελοιάζοντες. διὰ ταῦτα ὁ ναὸς ὃν ἂν |
| TNep. | 2 | 9 | ἀγαθὰ ἐν φόβῳ θεοῦ καὶ μηδὲν ἄτακτον ποιεῖτε ἐν | * καταφρονήσει * | μηδὲ ἔξω καιροῦ αὐτοῦ. ὅτι ἐὰν εἴπῃς τῷ |
| Job | 15 | 6 | ἡμάρτον ἐνώπιον κυρίου καυχώμενοι λέγοντες μετὰ | * καταφρονήσεως * | ὅτι ἡμεῖς τέκνα θεοῦ τοῦ πλουσίου τούτου |
| Aris. | 249 | 3 | καὶ ζῆν καὶ τελευτῶν. ἡ δὲ ξενία τοῖς μὲν πένησι | * καταφρόνησιν * | ἐργάζεται τοῖς δὲ πλουσίοις ὄνειδος ὡς διὰ |

καταφρονητής
1

| | | | | | |
|---|---|---|---|---|---|
| Bar. | 26 | 4 | τῶν ἐντολῶν μου οὐδὲ ἐποίησαν ἀλλ᾽ ἐγένοντο | * καταφρονηταὶ * | τῶν ἐντολῶν μου καὶ τῶν ἐκκλησιῶν μου καὶ |

καταφυγή
7

| | | | | | |
|---|---|---|---|---|---|
| Asen. | 12 | 13 | ἐλπὶς οὐκ ἔστι μοι εἰ μὴ ἐπὶ σοὶ κύριε οὐδὲ ἑτέρα | * καταφυγὴ * | πλὴν τοῦ ἐλέους σου κύριε διότι σὺ εἶ ὁ πατὴρ |
| Asen. | 15 | 7 | κληθήσεται Ἀσενὲθ ἀλλ᾽ ἔσται τὸ ὄνομά σου πόλις | * καταφυγῆς * | διότι ἐν σοὶ καταφεύξονται ἔθνη πολλὰ ἐπὶ |
| Asen. | 17 | 6 | ὁ ὕψιστος. καὶ ἔσεσθε κίονες ἑπτὰ τῆς πόλεως τῆς | * καταφυγῆς * | καὶ πᾶσαι αἱ σύνοικοι τῶν ἐκλεκτῶν τῆς πόλεως |
| Asen. | 19 | 5 | σου Ἀσενὲθ ἀλλὰ κληθήσεται τὸ ὄνομά σου πόλις | * καταφυγῆς * | καὶ κύριος ὁ θεὸς βασιλεύσει ἐθνῶν πολλῶν εἰς |
| Asen. | 19 | 8 | υἱοὶ τοῦ ζῶντος θεοῦ ἐνοικήσουσιν ἐν τῇ πόλει τῆς | * καταφυγῆς * | σου καὶ κύριος ὁ θεὸς βασιλεύσει αὐτῶν εἰς |
| Sal. | 5 | 2 | κρίματά σου τὰ δίκαια ὅτι σὺ χρηστὸς καὶ ἐλεήμων ἡ | * καταφυγὴ * | τοῦ πτωχοῦ ἐν τῷ κεκραγέναι με πρὸς σὲ μὴ |
| Sal. | 15 | 1 | ἤλπισα τοῦ θεοῦ Ιακωβ καὶ ἐσώθην ὅτι ἐλπὶς καὶ | * καταφυγὴ * | τῶν πτωχῶν σὺ ὁ θεός. τίς γὰρ ἰσχύει ὁ θεὸς εἰ |

καταφυτεύω
1

| | | | | | |
|---|---|---|---|---|---|
| Hen. | 10 | 18 | τότε ἐργασθήσεται πᾶσα ἡ γῆ ἐν δικαιοσύνη καὶ | * καταφυτευθήσεται * | δένδρον ἐν αὐτῇ καὶ πλησθήσεται |

καταχέω
1

| | | | | | |
|---|---|---|---|---|---|
| Asen. | 10 | 14 | ταῦτα ἔλαβεν Ἀσενὲθ τὴν δέρριν τῆς τέφρας καὶ | * κατέχεεν * | αὐτὴν ἐπὶ τὸ ἔδαφος. καὶ ἔλαβε τὴν δέρριν τοῦ |
| HEup. | 9  34 | 6 | ἀπὸ κεραμίδων χαλκῶν χαλκὸν χωνεύσαντα καὶ τοῦτον | * καταχέαντα. * | ποιῆσαι δὲ δύο στύλους χαλκοῦς καὶ |

καταχθόνιος
2

| | | | | | |
|---|---|---|---|---|---|
| FrAn. | 574 | 3043 | ἐπουράνιον ἢ ἀέριον εἴτε ἐπίγειον εἴτε ὑπόγειον ἢ | * καταχθόνιον * | ἢ Ἐβουσαῖον ἢ Χερσαῖον ἢ Φαρισαῖον. λάλησον |

καταχράομαι (-ω)
2

| | | | | | |
|---|---|---|---|---|---|
| FBar. | 13 | 11 | ⟩τα ἔθνη κακ-- καταπαλησαντες την ⟨γὴν⟩ καὶ | * καταχρησαμενοι⟩ * | τοῖς ἐν αὐτῇ κτισμ⟨ασι⟩ υμεις γαρ |
| HEup. | 9  34 | 16 | χρυσίον τὸ εἰς τοὺς δύο στύλους καὶ τὸν ναὸν | * καταχρησθὲν * | εἶναι τάλαντα μυριάδων υ ξ᾽. εἰς δὲ τοὺς |

καταχρυσόω
1

| | | | | | |
|---|---|---|---|---|---|
| HEup. | 9  34 | 6 | καταχέαντα. ποιῆσαι δὲ δύο στύλους χαλκοῦς καὶ | * καταχρυσῶσαι * | αὐτοὺς χρυσίῳ ἀδόλῳ δακτύλου τὸ πάχος. |

καταχωρίζω
5

| | | | | | |
|---|---|---|---|---|---|
| Aris. | 21 | 3 | προστάγματος δὲ τὸ ἀντίγραφον οὐκ ἄχρηστον οἶμαι | * κατακεχωρίσθαι. * | πολλῷ γὰρ ἡ μεγαλομέρεια φανερωτέρα καὶ |
| Aris. | 28 | 5 | τὸ τῆς εἰσδόσεως καὶ τὰ τῶν ἐπιστολῶν ἀντίγραφα | * κατακεχώρικα * | καὶ τὸ τῶν ἀπεσταλμένων πλῆθος καὶ τὴν |
| Aris. | 36 | 2 | ἀφ᾽ ὧν πλείονας εἰς τὸ στρατιωτικὸν σύνταγμα | * κατεχώρισα * | ἐπὶ μείζοσι μισθοφορίαις ὁμοίως δὲ καὶ τοὺς |
| Aris. | 300 | 2 | παρὰ τῶν ἀναγεγραμμένων ὡς ἐλέχθη μεταλαβόντες | * κατακεχωρίκαμεν * | εἰδότες ἣν ἔχεις φιλομάθειαν εἰς τὰ |
| LAri. | 13  12 | 1 | παρ᾽ ἡμῖν μετενέγκας εἰς τὴν ἑαυτοῦ δογματοποιίαν | * κατεχώρισεν. * | ἡ δ᾽ ὅλη ἑρμηνεία τῶν διὰ τοῦ νόμου πάντων |

καταψεύδομαι
2

| | | | | | |
|---|---|---|---|---|---|
| Hen. | 104 | 9 | μηδὲ ἐξαλλοιώσητε τοὺς λόγους τῆς ἀληθείας μηδὲ | * καταψεύδεσθε * | τῶν ⟨λόγων τοῦ⟩ ἁγίου καὶ μὴ δότε ἔπαινον |
| Abr.2 | 10 | 6 | ψυχὴ καὶ εἶπεν φόνος οὐ γέγονεν δι᾽ ἐμοῦ ἀλλ᾽ αὐτὴ | * κατεψεύσατό * | μου. ὁ δὲ κριτὴς ἐκέλευσεν ⟨ἐλθεῖν⟩ τὸν τὸ |

καταψύχω
1

| | | | | | |
|---|---|---|---|---|---|
| Asen. | 3 | 2 | ἀρίστου καὶ καῦμα μέγα ἐστὶ τοῦ ἡλίου καὶ ἵνα | * καταψύξω * | ὑπὸ τὴν σκιὰν τοῦ οἴκου σου. καὶ ἤκουσε ταῦτα |

κατεγγίζω *

| | | | | | |
|---|---|---|---|---|---|
| Job | 20 | 9 | τῷ σώματί μου καὶ εἴποτε ἀφήλατο σκώληξ, ἦρον καὶ | * κατήγγιζον * | εἰς τὸν αὐτὸν τόπον λέγων παράμεινον ἐν τῷ |

κατεγγυάω
4

| | | | | | |
|---|---|---|---|---|---|
| Asen. | 1 | 9 | οὐκ ἰδοὺ ἡ θυγάτηρ τοῦ βασιλέως Μωὰβ Ἰωακεὶμ | * κατεγγύηταί * | σοι καὶ αὕτη ἐστὶ βασίλισσα καὶ καλὴ σφόδρα; |
| Asen. | 21 | 3 | χαρὰν μεγάλην καὶ εἶπε τῷ Ἰωσὴφ οὐκ ἰδοὺ αὕτη | * κατεγγύηταί * | σοι ἀπὸ τοῦ αἰῶνος; καὶ ἔστω σου γυνὴ ἀπὸ |
| Asen. | 23 | 3 | ἔλαβεν αὐτὸς τὴν Ἀσενὲθ τὴν γυναῖκά μου τὴν ἐμοὶ | * κατεγγυημένην * | ἀπ᾽ ἀρχῆς. καὶ νῦν δεῦτε συνάρασθε ἐμοὶ |
| HArt. | 9  27 | 3 | τούτων δὲ γεννῆσαι θυγατέρα Μέρριν ἣν Χενεφρῆ τινι | * κατεγγυῆσαι * | τῶν ὑπὲρ Μέμφιν τόπων βασιλεύοντι πολλούς |

κατέδω
3  (cf.+ κατεσθίω, κατέσθω, καταφαγεῖν)

| | | | | | |
|---|---|---|---|---|---|
| Sib. | 5 | 468 | γένος ὡς ἀλαπαδνόν. καὶ τότε θυμοβόρον μέρεσσι | * κατέδουσι * | γονήας λιμῷ τειρόμενοι καὶ ἐδέσματα |
| Sib. | 5 | 470 | ἐδέσματα λαιφαθέοισιν. πάντων δ᾽ ἐκ μελάθρων θῆρες | * κατέδουσι * | τράπεζαν αὐτοί τ᾽ οἰωνοί τε βροτοὺς κατέδουσιν |
| Sib. | 5 | 471 | κατέδουσι τράπεζαν αὐτοί τ᾽ οἰωνοί τε βροτοὺς | * κατέδουσιν * | ἄπαντας ὠκεανός τε κακοῦ πλησθήσεται ἐκ |

κατεῖδον
1  (cf.+ καθοράω)

| | | | | | |
|---|---|---|---|---|---|
| Sib. | 3 | 17 | ἐόντα ἀτὰρ πάλι καὶ μετέπειτα. τίς γὰρ θνητὸς ἐὼν | * κατιδεῖν * | δύναται θεὸν ὅσσοις; ἢ τίς χωρήσει κἂν τοὔνομα |

κάτειμι (εἶμι)
3

| | | | | | |
|---|---|---|---|---|---|
| TJos. | 9 | 4 | αὐτῷ καὶ ταῦτα ὡς κάμοι. ποσάκις καίπερ ἀσθενοῦσα | * κατήει * | πρός με ἐν ὥρᾳ καὶ ἤκουε τῆς φωνῆς μου |
| Aris. | 117 | 4 | ἔξεισιν εἰς θάλασσαν. ἄλλοι δὲ χείμαρροι λεγόμενοι | * κατίασι * | περιλαμβάνοντες τὰ πρὸς τὴν Γάζαν μέρη καὶ τὴν |
| HCal. | 28 | 18 | καὶ ἀοράτων συνεργός μοι φάνηθι ὧν πράττειν μέλλω. | * κατιὼν * | δὲ τοῦ πύργου εἰς τὰ βασίλεια ᾤχετο καὶ Σέλευκον |

κατεῖπον
1

| | | | | | |
|---|---|---|---|---|---|
| LEze. | 9  28 | 4  08 | ἱερεὺς ὅς ἐστ᾽ ἐμοῦ τε καὶ τούτων πατήρ. (Χ.) ὅμως | * κατειπεῖν * | χρή σε Σεπφώρα τάδε. (Σ). ξένῳ πατήρ με τῷδ᾽ |

κατέναντι
14

| | | | | | |
|---|---|---|---|---|---|
| Hen. | 14 | 15 | ἐν τῇ ὁράσει μου καὶ ἰδοὺ ἄλλη θύρα ἀνεῳγμένη | * κατέναντι * | μου καὶ ὁ οἶκος μείζων τούτου καὶ ὅλος |
| TLevi | 2  3B004 | | μου καὶ τὰς χεῖράς μου ἀνεπέτασα εἰς ἀλήθειαν | * κατέναντι * | τῶν ἁγίων. καὶ ηὐξάμην καὶ εἶπα κύριε |
| TDan | 6 | 2 | θεοῦ καὶ ἀνθρώπων ἐπὶ τῆς εἰρήνης Ἰσραὴλ καὶ | * κατέναντι * | τῆς βασιλείας τοῦ ἐχθροῦ στήσεται διὰ τοῦτο |

TAser 1 4 τρόπους καὶ δύο τέλη. διὰ τοῦτο πάντα δύο εἰσὶν ἓν * κατέναντι * τοῦ ἑνός. ὁδοὶ δύο καλοῦ καὶ κακοῦ ἐν οἷς εἰσι
TAser 5 1 ἀγαθοῦ. ὁρᾶτε οὖν τέκνα πῶς δύο εἰσὶν ἐν πᾶσιν ἓν * κατέναντι * τοῦ ἑνὸς καὶ ἓν ὑπὸ τοῦ ἑνὸς κέκρυπται τὴν
Asen. 24 14 ἐστι του Ἰωσὴφ καὶ εἶπεν αὐτῷ τοῦ βοηθῆσαι αὐτῷ * κατέναντι * ὑμῶν. καὶ ὑμεῖς ἀποκτείνατε τὸν Ἰωσὴφ καὶ
Asen. 24 19 περὶ Ἀσενὲθ καὶ τὰ τέκνα αὐτοῦ ἀποκτενοῦμεν * κατέναντι * τῶν ὀφθαλμῶν αὐτοῦ. καὶ ἐχάρη ὁ υἱὸς Φαραὼ ὡς
Asen. 27 2 καὶ ἐπλήρωσε τὴν χεῖρα αὐτοῦ καὶ ἠκόντισε * κατέναντι * τοῦ υἱοῦ Φαραὼ καὶ ἐπάταξε τὸν κρόταφον αὐτοῦ
Asen. 28 4 σου παρεγένοντο πρός σε καὶ αἱ ῥομφαῖαι αὐτῶν * κατέναντι * ἡμῶν εἰσιν. καὶ οἴδαμεν ὅτι οἱ ἀδελφοὶ ἡμῶν
Asen. 28 7 τὴν ὀργὴν αὐτῶν διότι ὑμεῖς μεγάλα τετολμήκατε * κατέναντι * αὐτῶν. θαρσεῖτε οὖν καὶ μὴ φοβεῖσθε πλὴν
Sal. 2 11 πορνῶν ἐν αὐτῇ πᾶς ὁ παραπορευόμενος εἰσεπορεύετο * κατέναντι * τοῦ ἡλίου. ἐνέπαιζον ταῖς ἀνομίαις αὐτῶν καθὰ
Sal. 4 19 σάρκες ἀνθρωπαρέσκων ὑπὸ θηρίων καὶ ὀστᾶ παρανόμων * κατέναντι * τοῦ ἡλίου ἐν ἀτιμίᾳ. ὀφθαλμοὺς ἐκκόψαισαν
Jer. 7 15 δὲ αὐτῶν καὶ κλαιόντων μετὰ τοῦ νεκροῦ ἦλθον * κατέναντι * τοῦ ἀετοῦ. καὶ ἔκραξεν ὁ ἀετὸς μεγάλῃ φωνῇ
Sib. 3 499 διέθεντο λόγους ψευδεῖς τ' ἀδίκους τε κάστησαν * κατέναντι * θεοῦ μεγάλου βασιλῆος κἤνοιξαν ψευδῶς μυσαρὸν

κατεπαινέω * 3
Aris. 193 1 ἀλλ' ἐπιεικείᾳ χρωμένου τοῦ θεοῦ. εὖ δὲ καὶ τοῦτον * κατεπαινέσας * ἠρώτα τὸν ἑξῆς πῶς ἂν ἐν ταῖς πολεμικαῖς
Aris. 212 1 μὴ πολλῶν ὀρέγου τῶν δὲ ἱκανῶν πρὸς τὸ βασιλεύειν. * κατεπαινέσας * δὲ αὐτὸν ἐπηρώτα τὸν ἕτερον πῶς ἂν τὰ
Aris. 266 1 δὲ γίνεσθαι κατὰ προαίρεσιν ταῦτα ὁ θεὸς ἐπιτελεῖ. * κατεπαινέσας * δὲ αὐτὸν ἑτέρου διεπυνθάνετο τί πέρας ἐστὶ

κατεπείγω 1
Aris. 126 3 εἴ τις ἑτέρα χρεία πρὸς τὰ κατ' ἰδίαν αὐτῷ * κατεπείγοι * πρὸς δὲ τὴν κοινὴν πᾶσι τοῖς πολίταις

κατεργάζομαι 7
Adam 14 2 ἔκειτο ὁ Ἀδάμ. λέγει δὲ Ἀδὰμ τῇ Εὔᾳ ὦ Εὔα τί * κατειργάσω * ἐν ἡμῖν; ἐπήνεγκας ἐφ' ἡμᾶς ὀργὴν μεγάλην
Adam 21 6 γύμνωσιν αὐτοῦ. καὶ λέγει μοι ὦ γύναι πονηρά τί * κατειργάσω * ἐν ἡμῖν; ἀπηλλοτρίωσάς με ἐκ τῆς δόξης τοῦ
TJos. 10 1 τῶν ἐγχειρημάτων αὐτῆς. ὁρᾶτε οὖν τέκνα μου πόσα * κατεργάζεται * ἡ ὑπομονὴ καὶ προσευχὴ μετὰ νηστείας. καὶ
Sal. 17 37 ἐν ταῖς ἡμέραις αὐτοῦ ἐπὶ θεῷ αὐτοῦ ὅτι ὁ θεὸς * κατειργάσατο * αὐτὸν δυνατὸν ἐν πνεύματι ἁγίῳ καὶ σοφὸν ἐν
Aris. 225 4 δὲ εἶπεν ἠσκηκὼς πρὸς πάντας ἀνθρώπους εὔνοιαν καὶ * κατεργασάμενος * φιλίας λόγον οὐθενὸς ἂν ἔχοις τὸ δὲ
Aris. 258 4 τοὺς θεωροῦντας διὰ τὴν καλλονὴν καὶ μηθένα τῶν * κατεργαζομένων * τὰ τοιαῦτα παραπέμποι μηδὲ τοὺς ἄλλους
LAri. 8 10 7 δυνάμεις ἐξαποστέλλῃς σὺ βασιλεὺς ὢν βουλόμενός τι * κατεργάσασθαι * λέγομεν μεγάλην χεῖρα ἔχει ὁ βασιλεύς

κατεργασία 1
Aris. 119 5 προστατούντων ποιησαμένων διαβολὴν ὡς ἄχρηστος ἡ * κατεργασία * γίνεται καὶ πολυδάπανος ὅπως μὴ διὰ τὴν

κατέρχομαι 30 (cf.+ κάτειμι (εἶμι))
Adam 20 3 ἔκλαιον δὲ καὶ περὶ τοῦ ὅρκου. ἐκεῖνος δὲ * κατῆλθεν * ἀπὸ τοῦ φυτοῦ καὶ ἄφαντος ἐγένετο. ἐγὼ δὲ
Abr.1 1 4 τὸν ἀρχάγγελον Μιχαὴλ αὐτοῦ καὶ εἶπεν πρὸς αὐτὸν * κάτελθε * Μιχαὴλ ἀρχιστράτηγε (πρὸς τὸν φίλον μου Ἀβραάμ)
Abr.1 2 1 ἐξελθὼν δὲ ὁ ἀρχιστράτηγος ἐκ προσώπου κυρίου θεοῦ * κατῆλθε * πρὸς τὸν Ἀβραὰμ εἰς τὴν δρῦν τὴν Μαβρὴν καὶ
Abr.1 4 10 ἐν μιᾷ τραπέζῃ μετ' αὐτοῦ; ὁ δὲ κύριος εἶπε * (κάτελθε) * πρὸς αὐτὸν καὶ περὶ τούτου μὴ σὺ μελετῶ
Abr.1 5 1 χεῖλος τῆς θαλάσσης. τότε ὁ ἀρχιστράτηγος Μιχαὴλ * κατῆλθεν * εἰς τὸν οἶκον τοῦ Ἀβραὰμ καὶ ἐκαθέσθη μετ'
Abr.1 7 3 ἀνεῳγότα καὶ εἶδον ἄνδρα φωτοφόρον ἐκ τοῦ οὐρανοῦ * κατελθόντα * ὑπὲρ ἑπτὰ ἡλίους ἀστράπτοντα καὶ ἐλθὼν ἀνὴρ ὁ
Abr.1 9 1 δὲ ὁ ἀρχιστράτηγος τὰς παραινέσεις τοῦ ὑψίστου * κατῆλθεν * πρὸς τὸν Ἀβραὰμ καὶ ἰδὼν αὐτὸν ὁ δίκαιος
Abr.1 10 1 τοῦ οὐρανοῦ (ὅπως ἴδῃ πᾶσαν τὴν οἰκουμένην. καὶ * κατελθὼν * ὁ ἀρχάγγελος Μιχαὴλ ἔλαβεν τὸν Ἀβραὰμ ἐπὶ
Abr.1 10 11 πράγματα καὶ εἶπεν Ἀβραὰμ κύριε κέλευσον ἵνα * κατέλθῃ * πῦρ ἐκ τοῦ οὐρανοῦ καὶ καταφάγηται αὐτοὺς καὶ
Abr.1 10 11 καὶ καταφάγηται αὐτοὺς καὶ ἅμα τῷ λόγῳ αὐτοῦ * κατῆλθεν * πῦρ ἐκ τοῦ οὐρανοῦ καὶ κατέφαγεν αὐτούς. καὶ
Abr.1 16 5 δὲ τὴν ὡραιότητά σου καὶ ὅλην τὴν ἐνδοξότητα καὶ * κάτελθε * πρὸς τὸν φίλον μου τὸν Ἀβραὰμ καὶ λαβὲ αὐτὸν
Abr.1 19 9 σοι διότι πολλοὶ ἀπὸ ὕψους δένδρων (ἢ) κρημνοῦ * κατερχόμενοι * καὶ ἀνύπαρκτοι γινόμενοι τελευτῶσιν καὶ εἰς
Abr.1 20 5 ἐν ὀλίγοις οὐχ ὑποφέρω γὰρ θεωρῶν σου τὸ εἶδος * (κατῆλθε * γὰρ ὁ ἱδρὼς ἐκ τῆς ὄψεως αὐτοῦ) ὡσεὶ θρόμβοι
Abr.2 12 3 Ἀβραὰμ τῷ Μιχαὴλ θεωρεῖς τὴν ἀνομίαν ταύτην; εἰπὲ * κατελθεῖν * πῦρ ἐκ τοῦ οὐρανοῦ καὶ καταφάγῃ αὐτούς. ἐν
TJud. 9 8 ἐλαίου βεθ φ' οἴνου μέτρα χίλια πεντακόσια ἕως ὅτε * κατήλθομεν * εἰς Αἴγυπτον. μετὰ ταῦτα Ἢρ ὁ υἱός μου
TZab. 8 4 εἰς τὸν πλησίον τοσοῦτον κύριος εἰς αὐτόν. ὅτε γὰρ * κατήλθομεν * εἰς Αἴγυπτον Ἰωσὴφ οὐκ ἐμνησικάκησεν εἰς
Jer. 5 24 εἰς Βαβυλῶνα. εἰ ἦσαν οἱ καταρράκται τοῦ οὐρανοῦ * κατελθόντες * ἐπ' αὐτοὺς οὔπω ἐστὶ καιρὸς ἀπελθεῖν εἰς
Jer. 7 17 γυναιξὶ καὶ τέκνοις καὶ ἦλθεν ὅπου ἦν ὁ ἀετός. καὶ * κατῆλθεν * ὁ ἀετὸς ἐπὶ τὸν τεθνηκότα καὶ ἀνέζησε. γέγονε
Bar. 11 4 κύριε τί ἐστιν ἡ φωνὴ αὕτη; καὶ εἶπέν μοι ἄρτι * κατέρχεται * ὁ ἀρχιστράτηγος Μιχαὴλ ἵνα δέξηται τὰς
Bar. 15 1 τὰς τῶν ἀνθρώπων ἀρετὰς τῷ θεῷ. καὶ αὐτῇ τῇ ὥρᾳ * κατῆλθεν * ὁ Μιχαὴλ καὶ ἠνοίγη ἡ πύλη καὶ ἤνεγκεν ἔλαιον.
Esdr. 4 6 τὰ κατώτερα μέρη τοῦ ταρτάρου. καὶ εἶπεν ὁ θεὸς * κάτελθε * καὶ ἴδε. καὶ ἔδωκέν μοι Μιχαὴλ καὶ Γαβριὴλ καὶ
Esdr. 6 16 αὐτοῦ. τότε λέγει πρὸς τὸν μονογενῆν αὐτοῦ υἱὸν * κάτελθε * υἱέ μου ἀγαπητὲ μετὰ στρατιὰν ἀγγέλων πολλὴν
Job 16 2 τὴν ἐξουσίαν τὸν Σατανᾶν, τότε λοιπὸν ἀνηλεῶς * κατῆλθεν * καὶ ἐφλόγισεν τὰς ἑπτὰ χιλιάδας τῶν προβάτων τὰ
FMos. 6 132 3 ἀλλ' οὐχ ὁμοίως ἄμφω θεῶνται ἀλλ' ὃ μὲν καὶ θᾶττον * κατῆλθεν * πολὺ τὸ βρῖθον ἐπαγόμενος ὃ δὲ ἐπικατελθὼν
FEz. 64 70 13 χωλὸν καὶ τὸν τυφλὸν καὶ ἠρώτησε τὸν τυφλὸν μὴ σὺ * κατῆλθες * εἰς τὸν παράδεισον; ὁ δὲ ἔφη οἴμοι κύριε ὁρᾷς
FEz. 64 70 14 εἶτα ἐλθὼν ἐπὶ τὸν χωλὸν καὶ αὐτὸν ἠρώτα σὺ * κατῆλθες * εἰς τὸν παράδεισόν μου; ὁ δὲ ἀποκριθεὶς εἶπεν ὦ
IHom. 5 107 3 ἑβδομάτῃ δήπειτα * κατήλυθεν * ἱερὸν ἦμαρ. ἑβδόμη ἦν ἱερή. ἑβδομάτῃ δ' ἠοῖ
LEze. 9 28 2 02 ἀφ' οὗ δ' Ἰακὼβ γῆν λιπὼν Χαναναίαν * κατῆλθ' * ἔχων Αἴγυπτον ἑπτάκις δέκα ψυχὰς σὺν αὑτῷ καὶ
LEze. 9 28 2 20 πέλας. κἄπειτα θυγάτηρ βασιλέως ἅβραις ὁμοῦ * κατῆλθε * λουτροῖς χρῶτα φαιδρῦναι νέον ἰδοῦσα δ' εὐθὺς
LAri. 13 12 14 ἠελίοιο. Ὅμηρος δὲ οὕτω λέγει ἑβδομάτῃ δήπειτα * κατήλυθεν. * ἱερὸν ἦμαρ. καὶ πάλιν ἕβδομον ἦμαρ ἔην καὶ τῷ

κατερῶ 1 (cf.+ καταλέγω, κατάκειμαι)
Job 30 2 στρατευμάτων αὐτῶν βλεπόντων τοὺς τρεῖς βασιλεῖς * κατερρημένους * ἐν τῇ γῇ ἐπὶ ὥρας τρεῖς ὡσεὶ νεκρούς, τότε

κατεσθίω 9 (cf.+ κατέδω, κατέσθω, καταφαγεῖν)
Hen. 7 3 γίγαντας μεγάλους ἐκ πηχῶν τρισχιλίων οἵτινες * κατησθίοσαν * τοὺς κόπους τῶν ἀνθρώπων. ὡς δὲ οὐκ
Hen. 7 4 ἐπιχορηγεῖν οἱ γίγαντες ἐτόλμησαν ἐπ' αὐτοὺς καὶ * κατησθίοσαν * τοὺς ἀνθρώπους. καὶ ἤρξαντο ἁμαρτάνειν ἐν
Hen. 7 5 ἑρπετοῖς καὶ τοῖς (ἰ)χθύσιν καὶ ἀλλήλων τὰς σάρκας * κατεσθίειν * καὶ τὸ αἷμα ἔπινον. τότε ἡ γῆ ἐνέτυχεν κατὰ
Hen. 88 3 τέκνοις αὐτῶν. μετὰ δὲ ταῦτα ἤρξαντο οἱ γίγαντες * κατεσθίειν * τὰς σάρκας τῶν ἀνθρώπων καὶ ἤρξαντο οἱ
Hen. 89 42 ἐξ οὗ ἔφαγεν ὁ πατήρ σου. καὶ οἱ κύνες ἤρξαντο * κατεσθίειν * τὰ πρόβατα καὶ οἱ ὕες καὶ οἱ ἀλώπεκες
Hen. 89 42 κατεσθίειν τὰ πρόβατα καὶ οἱ ὕες καὶ οἱ ἀλώπεκες * κατήσθιον * αὐτὰ μέχρι οὗ ἤγειρεν ὁ κύριος τῶν προβάτων
TSim. 4 9 ὅτι καίγε ἐν ὕπνῳ τις ζῆλος κακίας αὐτὸν φαντάζων * κατεσθίει * καὶ ἐν πνεύμασι πονηροῖς διαταράσσει τὴν ψυχὴν
TIss. 3 5 τριάκοντα ἐτῶν ἔλαβον ἐμαυτῷ γυναῖκα ὅτι ὁ κάματος * κατήσθιε * τὴν ἰσχύν μου καὶ οὐκ ἐνενόουν ἡδονὴν γυναικὸς
TGad 1 6 ἡμῶν ὅτι υἱοὶ Ζέλφας καὶ Βάλλας θύουσι τὰ καλὰ καὶ * κατεσθίουσιν * αὐτὰ παρὰ γνώμην Ἰουδὰ καὶ Ῥουβήμ. εἶδε

κατέσθω 2 (cf.+ κατέδω, κατεσθίω, καταφαγεῖν)
Hen. 103 15 ἡμῶν οὐχ εὑρόντες κατὰ τῶν βιαζομένων καὶ * κατεσθόντων * ἡμᾶς ἀλλὰ στερεοῦσιν αὐτοὺς ἐφ' ἡμᾶς
Hen. 104 3 καὶ ἐκ πάντων ὅστις μετέσχεν τῶν βιαζομένων καὶ * κατεσθόντων * ὑμᾶς. (μὴ φοβεῖσθε) τὰ κακὰ ἐν τῇ ἡμέρᾳ τῆς

κατευθύνω 16
TJud. 26 1 μου πάντα νόμον κυρίου ὅτι ἐστὶν ἐλπὶς πᾶσι τοῖς * κατευθύνουσι * τὰς ὁδοὺς αὐτῶν. καὶ εἶπε πρὸς αὐτοὺς
Sal. 6 2 αὐτὸν τὸ ὄνομα κυρίου σωθήσεται. αἱ ὁδοὶ αὐτοῦ * κατευθύνονται * ὑπὸ κυρίου καὶ πεφυλαγμένα ἔργα χειρῶν
Sal. 7 10 ὑπὸ ζυγόν σου τὸν αἰῶνα καὶ μάστιγα παιδείας σου. * κατευθυνεῖς * ἡμᾶς ἐν καιρῷ ἀντιλήψεώς σου τοῦ ἐλεῆσαι τὸν
Sal. 8 6 ἡ καρδία μου ἐταράχθη τὰ ὀστᾶ μου ὡς λίνον. εἶπα * κατευθυνοῦσιν * ὁδοὺς αὐτῶν ἐν δικαιοσύνῃ. ἀνελογισάμην τὰ
Sal. 12 5 φυλάξαι κύριος ψυχὴν ἡσύχιον μισοῦσαν ἀδίκους καὶ * κατευθύναι * κύριος ἄνδρα ποιοῦντα εἰρήνην ἐν οἴκῳ. τοῦ
Sal. 16 9 ἀπὸ ἁμαρτίας ἀνωφελοῦς. τὰ ἔργα τῶν χειρῶν μου * κατεύθυνον * ἐν τόπῳ σου καὶ τὰ διαβήματά μου ἐν τῇ μνήμῃ
Sal. 18 8 ἐν σοφίᾳ πνεύματος καὶ δικαιοσύνης καὶ ἰσχύος * κατευθῦναι * ἄνδρα ἐν ἔργοις δικαιοσύνης φόβῳ θεοῦ
Aris. 15 7 ψυχῇ ἀπόλυσον τοὺς συνεχομένους ἐν ταλαιπωρίαις * κατευθύνοντός * σοι τὴν βασιλείαν τοῦ τεθεικότος αὐτοῖς
Aris. 18 5 ἐπιμέλειαν ἐν ὁσιότητι νομίζουσιν ἄνθρωποι ποιεῖν * κατευθύνει * τὰς πράξεις καὶ τὰς ἐπιβολὰς ὁ κυριεύων
Aris. 193 4 θεὸν ἐπικαλοῖτο διὰ πάντων ἵνα τὰς ἐπιβολὰς αὐτῷ * κατευθύνῃ * δικαίως διεξάγοντι πάντα. ἀποδεξάμενος δὲ καὶ
Aris. 195 4 ἁπάντων καὶ ἐπὶ τῶν καλλίστων πράξεων οὐκ αὐτοὶ * κατευθύνομεν * τὰ βουλευθέντα θεὸς δὲ τελειοῖ τὰ πάντων
Aris. 216 5 διαλογισμὸν καὶ πρᾶξιν ἐπὶ τὰ κάλλιστα τρεπομένην * κατευθύνει * καὶ ἐγρηγορότος καὶ ἐν ὕπνῳ. διὸ καὶ περὶ σέ
Aris. 243 4 τῆς διανοίας μηδὲν κακὸν πεπραχέναι θεοῦ * κατευθύνοντος * εἰς τὸ καλῶς ἅπαντα βουλεύεσθαι. τούτῳ δὲ
Aris. 252 4 ἀλλ' αὐτὸς ὢν δοκιμαστὴς τῶν λεγομένων καὶ κρίσει * κατευθύνων * τὰ τῶν ἐντεύξεων καὶ διὰ κρίσεως ἐπιτελῶν
Aris. 266 6 δὲ ἐπαίνῳ πρὸς τὸ πεῖσαι. θεοῦ δὲ ἐνέργεια * κατευθύνεται * πειθώ. εὖ δὲ λέγειν φήσας αὐτὸν ἕτερον
Aris. 287 3 καθὼς καὶ σὺ τοῦτο πράσσεις ὡς ἂν ὑπὸ θεοῦ σοι * κατευθυνομένων * ἁπάντων. διαχυθεὶς δὲ ἐπὶ τοῖς εἰρημένοις

κατευοδόω 2
TJud. 1 6 ὁ πατήρ μου Ἰακὼβ ηὔξατό μοι λέγων βασιλεὺς ἔσῃ * κατευοδούμενος * ἐν πᾶσι. καὶ ἔδωκέ μοι κύριος χάριν ἐν
Jer. 7 23 προσευχαῖς σου δεόμενος τοῦ θεοῦ ὑπὲρ ἡμῶν ὅπως * κατευοδώσῃ * τὴν ὁδὸν ἡμῶν ἄχρις ἂν ἐξέλθωμεν ἐκ τῶν

κατευφημέω 1
Aris. 217 1 ὕπνῳ. διὸ καὶ περὶ σέ διὰ παντός ἐστιν εὐστάθεια. * κατευφημήσας * δὲ καὶ τοῦτον εἶπε πρὸς ἕτερον ἐπεὶ σὺ

κατευχή 2
Aris. 184 5 καὶ θύτας καὶ τοὺς ἄλλους οἷς ἔθος ἦν τὰς * κατευχὰς * ποιεῖσθαι παρῃτήσατο τῶν δὲ παραγεγονότων σὺν
Aris. 184 7 ὄντα τῶν ἱερέων πρεσβύτερον παρεκάλεσε ποιήσασθαι * κατευχὴν * ὃς ἀξιολόγως στὰς εἶπε πληρῶσαι σε βασιλεῦ

κατέχω 20
Abr.1 12 10 πύρινος ἀνηλεὴς καὶ ἀπότομος ἐν τῇ χειρὶ αὐτοῦ * κατέχων * σάλπιγγα ἔνδοθεν αὐτῆς ἔχων πῦρ παμφάγον
Abr.1 12 13 καὶ ὁ μὲν πρὸ προσώπου τῆς τραπέζης ὁ τὸν ζυγὸν * κατέχων * ἐζύγιζεν τὰς ψυχὰς καὶ ὁ πύρινος ἄγγελος ὁ τὸ
Abr.1 12 14 ἐζύγιζεν τὰς ψυχὰς καὶ ὁ πύρινος ἄγγελος ὁ τὸ πῦρ * κατέχων * ἐδοκίμαζε διὰ πυρὸς τὰς ψυχὰς τῶν ἀνθρώπων.
Abr.1 13 1 καὶ τίς ὁ ἄγγελος ὁ ἡλιόμορφος ὁ τὸν ζυγὸν * κατέχων; * καὶ τίς ὁ πύρινος ἄγγελος ὁ τὸ πῦρ δοκιμάζων;

Abr.1   13   10   ἁμαρτωλοὺς ὁ δὲ ἡλιόμορφος ἄγγελος ὁ τὸν ζυγὸν * κατέχων * ἐν τῇ χειρὶ αὐτοῦ οὗτός ἐστιν ὁ Δοκιἡλ ὁ

Abr.1   13   11   θεοῦ ὁ δὲ πύρινος ἄγγελος καὶ ἀπότομος ὁ * κατέχων * ἐν τῇ χειρὶ αὐτοῦ τὸ πῦρ οὗτός ἐστιν Πυρουἡλ ὁ

Abr.1   14   1   τὸν ἄγγελον κύριέ μου ἀρχιστράτηγε τὴν ψυχὴν ἣν * κατεῖχεν * ὁ ἄγγελος ἐν τῇ χειρὶ αὐτοῦ πῶς κατεδικάσθη ἡ

Abr.1   16   7   δένδρων τῶν μαβρινῶν τὴν σιαγόνα αὐτοῦ τῇ χειρὶ * κατέχων * καὶ ἐκδεχόμενος τὴν κέλευσιν τοῦ ἀρχιστρατήγου.

Abr.2   9   8   καὶ οὐκ εὗρον ἀξίαν ζωῆς εἰ μὴ μόνον ἐκείνην ἣν * κατεῖχεν * ὁ ἄγγελος ἐν τῇ χειρὶ αὐτοῦ εὗρε γὰρ τὰς

Jer.   3   2   φωνῇ σαλπίγγων καὶ ἐξῆλθον ἄγγελοι ἐκ τοῦ οὐρανοῦ * κατέχοντες * λαμπάδας ἐν ταῖς χερσὶν αὐτῶν καὶ ἔστησαν ἐπὶ

Jer.   7   29   γάρ σοι ὅτι ὅλον τὸν χρόνον ὃν ἐποιήσαμεν ἐνταῦθα * κατέχουσιν * ἡμᾶς λέγοντες ὅτι εἴπατε ἡμῖν ᾠδὴν ἐκ τῶν

Bar.   8   6   περὶ δὲ τοῦ ὀρνέου τὸ πῶς ἐταπεινώθη ἐπεὶ διὰ τὸ * κατέχειν * τὰς τοῦ ἡλίου ἀκτῖνας διὰ τοῦ πυρὸς καὶ τῆς

Esdr.   3   3   τὴν ἡμέραν ἐκείνην τὴν μεγάλην καὶ ἐπιφάνειαν τὴν * κατέχουσαν * κρῖναι τὸν κόσμον διὰ σέ προφητᾶ μου εἶπόν

Esdr.   4   25   ἐπὶ βορρᾶν καὶ ἴδον ἐκεῖ ἄνθρωπον σιδηροῖς μοχλοῖς * κατεχόμενον. * καὶ ἐπηρώτησα τίς ἐστιν οὗτος; καὶ εἴπέν

Esdr.   7   5   ὁ τὸν οὐρανὸν μετρήσας σπιθαμὴν καὶ τὴν γῆν * κατέχων * δρακὶ ὁ ἡνιοχῶν τὰ Χερουβὶμ ὁ ἅρματι πυρίνῳ εἰς

Sib.   3   45   κρυφίως ἄλλους πολλαὶ διὰ κέρδος οὐ σπάρτην * κατέχουσι * βίου ἀνδρῶν λελαχοῦσαι. αὐτὰρ ἐπεὶ 'Ρώμη καὶ

FJub.   22   4   αὐτὸν 'Ισαὰκ καὶ εὐλόγων αὐτὸν πολυτρόπως καὶ * κατέχων * αὐτὸν ἐν τοῖς κόλποις αὐτοῦ ἐτελεύτησεν

FBar.   12   4   σε ἡ ὀργὴ ἡ νῦν ὑπὸ τῆς μακροθυμίας ὡς χαλινῳ * κατεχεται * καὶ) εἰπὼν ταῦτα ἐνήστευσα ἡμέρας ζ' καὶ

HEup.   9   39   καὶ τῶν ἐν αὐτῇ πλακῶν ταύτην δὲ τὸν 'Ιερεμίαν * κατασχεῖν. * τὰ πάντα ἔτη ἀπὸ 'Αδὰμ ἄχρι τοῦ πέμπτου ἔτους

HArt.   9   27   18   αὐτὸν τὸν δὲ Μώϋσον προκατασχηχόντα τήν τε χεῖρα * κατασχεῖν * αὐτοῦ καὶ σπασάμενον τὸ ξίφος φονεῦσαι τὸν

κατηγορέω   7

TJud.   20   5   καὶ τὸ πνεῦμα τῆς ἀληθείας μαρτυρεῖ πάντα καὶ * κατηγορεῖ * πάντων καὶ ἐμπεπύρισται ὁ ἁμαρτήσας ἐκ τῆς

Prop.   25   1   ἀνεψιὸς τοῦ κυρίου συκοφαντηθεὶς ὑπὸ τῶν αἱρέσεων * κατηγορήθη * ἐπὶ 'Αττικοῦ ὑπατικοῦ. καὶ ἐπὶ πολλὰς ἡμέρας

FIsa.   1   3   5   'Εζεκίου λαλῶν λόγους ἀνομίας ἐν 'Ιερουσαλὴμ καὶ * κατηγορήθη * ὑπὸ τῶν παίδων 'Εζεκίου καὶ ἔφυγεν εἰς τὴν

FIsa.   1   3   6   καὶ ἔφυγεν εἰς τὴν χώραν Βηθλεέμ. καὶ ἔπεισαν καὶ * κατηγόρησεν * Μελχεὶρᾶ τοῦ 'Ησαίου καὶ τῶν προφητῶν λέγων

FIsa.   1   3   10   ⟨λαὸν Γο⟩μόρρας πρ⟨οσηγό⟩ρευσεν. ⟨κ⟩αὶ πολλὰ * κατηγόρει * ἐπὶ τοῦ Μανασσῆ καὶ τῶν προφητῶν. καὶ ἐκάθισεν

FAch.   108   τὸν βασιλέα καὶ ἀπελογεῖτο πῶς ψεῦδος αὐτοῦ * κατηγόρησεν * ὁ υἱοποίητος καὶ τὴν ἀλήθειαν μεθ' ὅρκου

FAch.   119   ⟨ὅπως αὐτοὺς διαλύσῃς⟩. ὁ δὲ Αἴσωπος λέγει * κατηγορεῖτε * ἑαυτῶν καὶ τοῦ θεοῦ ὀφείλει γὰρ θεὸς ὑπάρχων

κατηχέω   1

Jer.   5   21   αὐτῶν ἐστιν 'Ιερεμίας εὐαγγελίσασθαι αὐτοῖς καὶ * κατηχῆσαι * αὐτοὺς τὸν λόγον. εὐθὺς δὲ ἀκούσας 'Αβιμέλεχ

κατήχησις   1

TJos.   4   4   τῆς Αἰγυπτίας. ὡς δὲ οὐδὲν ἴσχυσε πάλιν ἐπὶ λόγῳ * κατηχήσεως * ἤρχετο πρός με μαθεῖν λόγον κυρίου. καὶ ἔλεγέ

κατισχύω   9

Hen.   104   6   μὴ φοβεῖσθε οἱ δίκαιοι ὅταν ἴδητε τοὺς ἁμαρτωλοὺς * κατισχύοντας * καὶ εὐοδουμένους καὶ μὴ μέτοχοι αὐτῶν

TRub.   4   11   παντὸς ὁρατοῦ καὶ κεκρυμμένου θανάτου. ἐὰν γὰρ μὴ * κατισχύσῃ * ἡ πορνεία τὴν ἔννοιαν οὐδὲ Βελίὰρ κατισχύσει

TRub.   4   11   γὰρ μὴ κατισχύσῃ ἡ πορνεία τὴν ἔννοιαν οὐδὲ Βελιὰρ * κατισχύσει * ὑμῶν. πονηραί εἰσιν αἱ γυναῖκες τέκνα μου ὅτι

TLevi   2   3B010   καὶ αἰνεῖν τοὺς λόγους σου μετ' ἐμοῦ κύριε καὶ μὴ * κατισχυάτω * με πᾶς σατανᾶς πλανῆσαί με ἀπὸ τῆς ὁδοῦ σου.

TDan   5   2   ἐν εἰρήνῃ ἔχοντες τὸν θεὸν τῆς εἰρήνης καὶ οὐ μὴ * κατισχύσῃ * ὑμῶν πόλεμος. ἀγαπᾶτε τὸν κύριον ἐν πάσῃ τῇ

TJos.   6   7   ἵνα δὲ μάθῃς ὅτι τῶν ἐν σωφροσύνῃ θεοσεβούντων οὐ * κατισχύει * κακία ἀσεβούντων λαβὼν ἐνώπιον αὐτῆς ἐξαυτῆς

Sal.   2   7   ἐποίησεν αὐτοῖς ὅτι ἐγκατέλιπεν αὐτοὺς εἰς χεῖρας * κατισχυόντων. * ἀπέστρεψεν τὰ πρόσωπον αὐτοῦ ἀπὸ

Aris.   21   4   φανερωτέρα καὶ εὐθὴνος ἔσται τοῦ βασιλέως τοῦ θεοῦ * κατισχύοντος * αὐτὸν εἰς τὸ σωτηρίαν γενέσθαι πλήθεσιν

Aris.   230   5   αἵ βλαστάνουσιν εὔνοιαν ἢ τὰ μέγιστα τῶν ὅπλων * κατισχύουσα * περιλαμβάνει τὴν μεγίστην ἀσφάλειαν εἰ δέ

κατοδύρομαι   1

Sib.   5   287   νόος σοφὸς ἐγγυαλίζει; ἄρτι δέ σε τλήμων 'Ασίη * κατοδύρομαι * οἰκτρῶς καὶ γένος 'Ιώνων Καρῶν Λυδῶν

κατοικεσία   1

TNep.   3   5   κύριος ἐπὶ τοῦ κατακλυσμοῦ δι' αὐτοὺς ἀπὸ * κατοικεσίας * καὶ καρπῶν τάξας τὴν γῆν ἀοίκητον. ταῦτα

κατοικέω   30

Abr.2   3   5   τοῦ πατρός μου υἱὸς οὐκ ἔστιν ἀπὸ τοῦ γένους τῶν * κατοικούντων * τὴν γῆν. καὶ ἐδράμεν 'Ισαὰκ καὶ

Abr.2   6   6   τῆς ὁμιλίας αὐτοῦ ὅτι διαφέρει πάντα ἄνθρωπον τῶν * κατοικούντων * ἐπὶ τῆς γῆς ὅτι ἔνδοξος ἦν ἡ φωνὴ αὐτοῦ καὶ

TRub.   6   4   σύνεσιν οὔτε εὐσέβειαν ἔχει ἐν ἑαυτῇ καὶ πᾶς ζῆλος * κατοικεῖ * ἐν τῇ ἐπιθυμίᾳ αὐτῆς. διὰ τοῦτο ζηλώσετε τοὺς

TZab.   8   2   ἐπὶ τῆς γῆς καὶ ὅπου εὔρῃ σπλάγχνα ἐλέους ἐν αὐτῷ * κατοικεῖ. * ὅσον γὰρ ἄνθρωπος σπλαγχνίζεται εἰς τὸν

TDan   5   1   δὲ ἀπὸ θυμοῦ καὶ μισήσατε τὸ ψεῦδος ἵνα κύριος * κατοικήσῃ * ἐν ὑμῖν καὶ φύγῃ ἀφ' ὑμῶν ὁ Βελίὰρ. ἀλήθειαν

TNep.   8   3   'Ιακώβ. διὰ γὰρ τοῦ σκήπτρου αὐτοῦ ὀφθήσεται θεὸς * κατοικῶν * ἐν ἀνθρώποις ἐπὶ τῆς γῆς σῶσαι τὸ γένος 'Ισραήλ

TJos.   10   2   μετέλθητε ἐν ὑπομονῇ καὶ ταπεινώσει καρδίας κύριος * κατοικήσει * ἐν ὑμῖν ὅτι ἠγάπησε τὴν σωφροσύνην. ὅπου

TJos.   10   2   ἐν ὑμῖν ὅτι ἠγάπησε τὴν σωφροσύνην. ὅπου δὲ * κατοικεῖ * ὁ ὕψιστος κᾶν τις περιπέσῃ φθόνῳ ἢ δουλείᾳ ἢ

TJos.   10   3   ἢ δουλείᾳ ἢ συκοφαντίᾳ ἢ σκοτίᾳ κύριος ὁ ἐν αὐτῷ * κατοικεῖ * διὰ τὴν σωφροσύνην οὐ μόνον ἐκ τῶν κακῶν ῥύεται

TBen.   6   4   μάχην καὶ λοιδορίαν δι' ἐκεῖνο κύριος γὰρ ἐν αὐτῷ * κατοικεῖ * καὶ φωτίζει τὴν ψυχὴν αὐτοῦ καὶ χαίρει πρὸς

TBen.   10   11   πορεύησθε ἐν ἁγιασμῷ κατὰ πρόσωπον κυρίου πάλιν * κατοικήσετε * ἐπ' ἐλπίδι ἐν ἐμοὶ καὶ συναχθήσεται πᾶς

Asen.   22   2   ἐν τῷ δευτέρῳ μηνὶ μιᾷ καὶ εἰκάδι τοῦ μηνὸς καὶ * κατῴκησεν * ἐν γῇ Γεσέμ. καὶ εἶπεν 'Ασενὲθ τῷ 'Ιωσήφ

Sal.   17   27   ἀφήσει ἀδικίαν ἐν μέσῳ αὐτῶν αὐλισθῆναι ἔτι καὶ οὐ * κατοικήσει * πᾶς ἄνθρωπος μετ' αὐτῶν εἰδὼς κακὸν γνώσεται

Sal.   18   10   μέγας ἡμῶν ὁ θεὸς καὶ ἔνδοξος ἐν ὑψίστοις * κατοικῶν * ὁ διατάξας ἐν πορείᾳ φωστῆρας εἰς καιροὺς ὡρῶν

Jer.   1   1   ἐπειδὴ ἀπολῶ αὐτὴν διὰ τὸ πλῆθος τῶν ἁμαρτιῶν τῶν * κατοικούντων * ἐν αὐτῇ. αἱ γὰρ προσευχαὶ ὑμῶν ὡς στύλος

Jer.   1   7   ἐπειδὴ ἀπολῶ αὐτὴν διὰ τὸ πλῆθος τῶν ἁμαρτιῶν τῶν * κατοικούντων * ἐν αὐτῇ. οὔτε γὰρ ὁ βασιλεὺς οὔτε ἡ δύναμις

Bar.   2   3   μοι ἔνδον τοῦ οὐρανοῦ πεδίον. καὶ ἦσαν ἄνθρωποι * κατοικοῦντες * ἐν αὐτῷ ὦν τὰ πρόσωπα βοῶν τὰ δὲ κέρατα

Prop.   3   8   τὴν εἰς 'Ιερουσαλὴμ ἐπάνοδον. καὶ γὰρ ἐκεῖ * κατῴκει * ὁ ὅσιος καὶ πολλοὶ πρὸς αὐτὸν συνεστρέφοντο. καὶ

Prop.   10   7   δεῖξαι αὐτῷ ὅτι οὐ δύναται ἀποδρᾶσαι θεόν. καὶ * κατοικήσας * ἐν γῇ Σαράὰρ ἀπέθανε καὶ ἐτάφη ἐν σπηλαίῳ

Prop.   10   7B   γενομένου μιᾶς φυλῆς ἐν ἡμέραις τῆς ἀναρχίας. καὶ * κατοικήσας * ἐν γῇ Σαὰρ ἐκεῖ ἀπέθανε καὶ ἐτάφη ἐν τῷ

Sib.   4   95   ἀχρήστοισιν ἐπ' ἐλπίσι τειχισθεῖσα. Βάκτρα * κατοικήσουσι * Μακηδόνες οἵ δ' ὑπὸ Βάκτρων καὶ Σούσων

FJub.   10   24   πολυγλωσσίαν τοῦ θεοῦ. ἐκεῖνος δὲ ἔμεινεν καὶ * κατοικῆσαι * καὶ μὴ ἀφιστάμενος ἀπὸ τοῦ πύργου βασιλεύων μερικοῦ

FIsa.   1   9   χερσὶ Μανασσῆ τοῦ υἱοῦ σου βασάνοις ἀπαλλαγήσομαι. * κατοικήσει * ὁ Σατανᾶς ἐν ⟨καρδίᾳ⟩ Μανασσῆ πρισθήσομαι ὑπ'

FIsa.   1   2   12   Σεδεκίου υἱοῦ Χανανὶ τοῦ ψευδοπροφήτου ὃς ἦν * κατοικῶν * ἐν Βηθανίᾳ. καὶ Σεδεκίας υἱὸς Χανανὶ ὃς ἦν

IPyt.   134   ἐμὸς οὗτος κοὐχὶ μόνον στήσας εἶπεν ἐμὸς ἀλλὰ * κατοικεῖν * αὐτὸς ἐν ᾧ πεποίηκε πεποίηταί δ' ὑπὸ τούτου.

HDem.   9   29   3   τὴν Σεπφώραν κατὰ τοὺς αὐτοὺς γεγονέναι χρόνους. * κατοικεῖν * δὲ αὐτοὺς Μαδιὰν πόλιν ἣν ἀπὸ ἑνὸς τῶν 'Αβραὰμ

HArt.   9   25   1   'Ησαῦ γήμαντα Βασσάραν υἱὸν ἐν 'Εδὼμ γεννῆσαι 'Ιὼβ * κατοικεῖν * δὲ τοῦτον ἐν τῇ Αὐσίτιδι χώρᾳ ἐπὶ τοῖς ὅροις

HAno.   9   17   4   διὰ τὰ προστάγματα τοῦ θεοῦ εἰς Φοινίκην ἐλθόντα * κατοικῆσαι * καὶ τροπὰς ἡλίου καὶ σελήνης καὶ τὰ ἄλλα

HAno.   9   17   6   'Αβραὰμ ἀπαλλαγῆναι εἰς Αἴγυπτον πανοικίᾳ κἀκεῖ * κατοικεῖν * τήν τε γυναῖκα αὐτοῦ τὸν βασιλέα τῶν Αἰγυπτίων

HAno.   9   18   2   ὧν ἕνα Βῆλον ἐκφεύγοντα τὸν θάνατον ἐν Βαβυλῶνι * κατοικῆσαι * πύργον τε κατασκευάσαντα ἐν αὐτῷ διαιτᾶσθαι

κατοίκησις   7

Hen.   1   3   μου. καὶ ἐξελεύσεται ὁ ἅγιός μου ὁ μέγας ἐκ τῆς * κατοικήσεως * αὐτοῦ καὶ ὁ θεὸς τοῦ αἰῶνος ἐπὶ γῆν πατήσει

Hen.   15   7   θηλείας τὰ πνεύματα τοῦ οὐρανοῦ ἐν τῷ οὐρανῷ ἡ * κατοίκησις * αὐτῶν. καὶ νῦν οἱ γίγαντες οἱ γεννηθέντες ἀπὸ

Hen.   15   8   σαρκὸς πνεύματα ἰσχυρὰ ἐπὶ τῆς γῆς καὶ ἐν τῇ γῇ ἡ * κατοίκησις * αὐτῶν ἔσται. πνεύματα πονηρὰ ἐξῆλθον ἀπὸ τοῦ

Hen.   15   10   πονηρὰ κληθήσεται. πνεύματα οὐρανοῦ ἐν τῷ οὐρανῷ ἡ * κατοίκησις * αὐτῶν ἔσται. καὶ τὰ πνεύματα ἐπὶ τῆς γῆς τὰ

Hen.   15   10   πνεύματα ἐπὶ τῆς γῆς τὰ γεννηθέντα ἐπὶ τῆς γῆς ἡ * κατοίκησις * αὐτῶν ἔσται. καὶ τὰ πνεύματα τῶν γιγάντων

Hen.   15B   8   πονηρὰ ἐπὶ τῆς γῆς καλέσουσιν αὐτοὺς ὅτι ἡ * κατοίκησις * αὐτῶν ἔσται ἐπὶ τῆς γῆς. πνεύματα πονηρὰ

HHec.   1   22   189   τὴν διαφορὰν ἀνέγνω πᾶσαν αὐτοῖς εἶχε γὰρ τὴν * κατοίκησιν * αὐτῶν καὶ τὴν πολιτείαν γεγραμμένην.

κατοικία   1

HDem.   9   29   3   τὸν 'Αβραὰμ τοὺς παῖδας πρὸς ἀνατολὰς ἐπὶ * κατοικίαν * πέμψαι διὰ τοῦτο δὲ καὶ 'Ααρών καὶ Μαριὰμ ἐν

κατοικίζω   3

Aris.   13   2   μυριάδας καθοπλίσας ἀνδρῶν ἐκλεκτῶν εἰς τὴν χώραν * κατῴκισεν * ἐν τοῖς φρουρίοις ἤδη μὲν καὶ πρότερον ἱκανῶν

Aris.   35   3   πλείονας τῶν 'Ιουδαίων εἰς τὴν ἡμετέραν χώραν * κατῳκίσθαι * γενηθέντας ἀνασπάστους ἐκ τῶν 'Ιεροσολύμων

HArt.   9   23   3   καὶ τοὺς ἀδελφοὺς κομίζοντας πολλὴν ὕπαρξιν καὶ * κατοικισθῆναι * ἐν τῇ 'Ηλίου πόλει καὶ Σάει καὶ τοὺς

κατοίομαι   2

Aris.   122   6   τραχὺ καὶ βάρβαρον τῆς διανοίας ὁμοίως δὲ καὶ τὸ * κατοίεσθαι * καὶ νομίζειν ὑπερφρονεῖν ἑτέρους

κατοπτεύω   2

FAch.   115   σὺ καθαρὸν σεαυτὸν τοῖς ἀνθρώποις τοῖς βουλομένοις * κατοπτεύειν * παρέστησας φέρων καὶ λαμπρὸς μὲν εἶ ὡς ὁ

LEze.   9   28   2 18   ποταμοῦ λάσιον εἰς ἕλος δασὺ Μαριὰμ δ' ἀδελφή μου * κατώπτευεν * πέλας. κἄπειτα θυγάτηρ βασιλέως ἅβραις ὁμοῦ

κάτοπτρον   1

Aris.   76   6   προσαχθὲν ἀπαυγάζεσθαι σαφέστερον μᾶλλον ἢ ἐν τοῖς * κατόπτροις. * οὐκ ἐφικτὸν δ' ἐστὶν ἐξηγήσασθαι τὰ

κατορθόω   4

TGad   3   3   θέλῃ δίκαια τοῦτον οὐκ ἀγαπᾷ τὴν ἀλήθειαν ψέγει τῷ * κατορθοῦντι * φθονεῖ καταλαλιὰν ἀσπάζεται ὑπερηφανίαν

Bar.   4   17   καὶ τὰ τούτων ὅμοια. καὶ οὐδεὶς ἀγαθὸν εἰ μὴ ἐγὼ Βαροὺχ πρὸς τὸν ἄγγελον * κατορθοῦται. * καὶ εἶπεν ἐγὼ Βαροὺχ πρὸς τὸν ἄγγελον

Aris.   251   1   τὸ ὑγιὲς χρήσθαι καὶ μὴ πρὸς ἔριν ἀντιπράσσειν. * κατορθοῦται * γὰρ βίος ὅταν ὁ κυβερνῶν εἰδῇ πρὸς τίνα

Aris.   256   1   τελείωσιν ἔξει σοι τὴν εὐσέβειαν ἀσκοῦντι. * κατωρθωκέναι * δὲ καὶ τοῦτον εἰπὼν ἄλλον ἠρώτα τί ἐστι

κατοχυρόω   1

HCal.   28   3   καὶ τὰ τείχη πύργοις εὐμήκεσι καὶ μεταρσίοις * κατοχυρώσας * ἐν δὲ τῇ κατὰ ἀνατολὴν πύλῃ μεταρσιώτατον

κάτω   8

Hen.   14   25   με μέχρι τῆς θύρας ἐγὼ δὲ τὸ πρόσωπόν μου * κάτω * ἔκυφον. καὶ ἀποκριθεὶς εἴπέν μοι ὁ ἄνθρωπος ὁ

Abr.2 12 12 κύριος πρὸς Μιχαὴλ λέγων μετάστρεψον τὸν Ἀβραὰμ * κάτω * εἰς τὴν γῆν καὶ μὴ ἐάσῃς αὐτὸν κυκλῶσαι πᾶσαν τὴν
Sal. 15 10 καὶ αἱ ἀνομίαι αὐτῶν διώξονται αὐτοὺς ἕως ᾅδου * κάτω. * ἡ κληρονομία αὐτῶν οὐχ εὑρεθήσεται τοῖς τέκνοις
Esdr. 4 8 ὀγδοήκοντα καὶ πέντε βαθμοὺς καὶ κατήγαγόν με * κάτω * βαθμοὺς πεντακοσίους καὶ ἴδον πύρινον θρόνον καὶ
Aris. 64 2 κρόταφον. μετὰ δὲ τὴν τοῦ στεφάνου διάθεσιν ὁμοίως * ⟨κάτω * τὰ⟩ κατὰ τὴν τῆς ῴοθεσίας διασκευὴν (ἢ)
Sib. 4 110 σέ δ' οὔποτε βρασσομένη χθὼν στηρίξει πρηνὴς δὲ * κάτω * πίπτουσ' ἐπὶ γαίης εἰς ἑτέρην εὔξῃ προφυγεῖν χθόνα
FMos. 6 132 3 ἀξιούμενον. εἶδεν δὲ Ἰησοῦς τὴν θέαν ταύτην * κάτω * πνεύματι ἐπαρθεὶς σὺν καὶ τῷ Χαλὲβ ἀλλ' οὐχ ὁμοίως
FEli. 4 228 τὰ δὲ βλέ⟨φαρα⟩ αὐτοῦ λευκὰ τὸ δὲ χεῖλος αὐτοῦ τὸ * κάτω * μέγα ὁ δεξιὸς αὐτοῦ μηρὸς λεπτὸς καὶ οἱ πόδες αὐτοῦ

κάτωθεν 1
Sedr. 16 4 κύριος Σεδρὰχ ἀγαπητέ μου ὑπόσχομαι συμπαθῆσαι καὶ * κάτωθεν * τῶν τεσσαράκοντα ἡμερῶν ἕως εἴκοσι καὶ ὅστις

κατώτερος 6
TLevi 3 1 ἀργύριον. ἄκουσον οὖν περὶ τῶν ἑπτὰ οὐρανῶν. ὁ * κατώτερος * διὰ τοῦτο στυγνότερός ἐστιν ἐπειδὴ οὗτος ὁρᾷ
Esdr. 4 5 παύσομαι δικαζόμενός σε. θέλω δέσποτα ἰδεῖν καὶ τὰ * κατώτερα * μέρη τοῦ ταρτάρου. καὶ εἶπεν ὁ θεὸς κάτελθε καὶ
Esdr. 4 11 πρὸς καιρὸν γενόμενος βασιλεὺς καὶ ἀπὸ διετοῦς καὶ * κατώτερον * ἐκέλευσεν ἀνελεῖν τὰ βρέφη. καὶ εἶπον ἐγὼ οὐαὶ
Esdr. 4 15 ἤκουον τὰς δὲ μορφὰς οὐκ ἔβλεπον. καὶ κατήγαγόν με * κατώτερον * βαθμοὺς πολλοὺς οὓς οὐκ ἠδυνήθην μετρῆσαι. καὶ
Esdr. 5 27 ἄνθρωπος γεννηθεὶς οὐχ ἥμαρτε; καὶ κατήγαγόν με * κατώτερον * ἐν ταρτάροις καὶ ἴδον πάντας θρηνοῦντας καὶ
FMan. 2 22 14 τηρήσῃς τὰ κακά μοι μηδὲ καταδικάσῃς με ἐν τοῖς * κατωτάτοις * τῆς γῆς ὅτι σὺ εἶ ὁ θεὸς τῶν μετανοούντων καὶ

καῦμα 8
Adam 24 3 ἀπὸ πικρίας καὶ μὴ γεύσει γλυκύτητος. θλιβεὶς ἀπὸ * καύματος * καὶ στενωθεὶς ἀπὸ ψύξεως. καὶ κοπιάσεις πολλὰ
TGad 1 4 τριάκοντα καὶ τρυφερὸς ὢν ἐμαλακίσθη ἀπὸ τοῦ * καύματος * καὶ ὑπέστρεψεν εἰς Χεβρὼν πρὸς τὸν πατέρα αὐτοῦ
Asen. 3 2 ὅτι ὥρα μεσημβρίας ἐστὶ καὶ καιρὸς ἀρίστου καὶ * καῦμα * μέγα ἐστὶ τοῦ ἡλίου καὶ ἵνα καταψύξω ὑπὸ τὴν σκιὰν
Jer. 5 1 αὐτῷ δι' αὐτῶν. ὁ δὲ Ἀβιμέλεχ ἤνεγκε τὰ σῦκα τῷ * καύματι * καὶ καταλαβὼν δένδρον ἐκάθισεν ὑπὸ τὴν σκιὰν
Jer. 5 6 με ὄρθρου σήμερον. ἀναστὰς οὖν πορεύσομαι τῷ * καύματι * οὐ γὰρ καῦμα οὐ κόπος ἐστὶ καθ' ἡμέραν; ἐγερθεὶς
Jer. 5 6 σήμερον. ἀναστὰς οὖν πορεύσομαι τῷ καύματι οὐ γὰρ * καῦμα * οὐ κόπος ἐστὶ καθ' ἡμέραν; ἐγερθεὶς οὖν ἦρε τὸν
Jer. 5 26 ἀπελθὼν ἤνεγκον αὐτὰ καὶ ἐλθὼν ἐπί τι δένδρον τῷ * καύματι * ἐκάθισα τοῦ ἀναπαῆναι ὀλίγον καὶ ἔκλινα τὴν
FJub. 2 2 καὶ πάγου ἄγγελοι φωνῶν βροντῶν ἀστραπῶν ψύχους * καύματος * χειμῶνος φθινοπώρου ἔαρος καὶ θέρους καὶ πάντων

καῦσις 3
Hen. 102 1 καὶ ὅταν ἐκβάλῃ ἐφ' ὑμᾶς τὸν κλύδωνα τοῦ πυρὸς τῆς * καύσεως * ὑμῶν ποῦ ἀποδράντες σωθήσεσθε; καὶ ὅταν δῷ ἐφ'
Asen. 17 4 καὶ τὴν τράπεζαν οὐκ ἠδίκησεν. καὶ ἐξῆλθεν ἐκ τῆς * καύσεως * τοῦ κηρίου εὐωδία πολλὴ καὶ ἔπλησε τὸν θάλαμον.
Bar. 8 6 τοῦ ἡλίου ἀκτῖνας διὰ τοῦ πυρὸς καὶ τῆς ὁλοημέρου * καύσεως * ὡς δι' αὐτοῦ ταπεινοῦται. εἰ μὴ γὰρ αἱ τούτου

καυχάομαι 10
Abr.1 19 4 λέγειν; σὺ ἀφ' ἑαυτοῦ ταῦτα λέγεις τοιαῦτα ῥήματα * καυχώμενος * καὶ οὐ μή σε ἀκολουθήσω ἕως οὗ ὁ
TRub. 3 5 ὡραῖος ὀφθῇ πέμπτον πνεῦμα ὑπερηφανίας ἵνα * καυχᾶται * καὶ μεγαλοφρονῇ ἕκτον πνεῦμα ψεύδους ἐν ἀπωλείᾳ
TJud. 13 2 διαβουλίων ὑμῶν ἐν ὑπερηφανίᾳ καρδίας ὑμῶν καὶ μὴ * καυχᾶσθε * ἐν ἔργοις ἰσχύος νεότητος ὑμῶν ὅτι καίγε τοῦτο
TJud. 13 3 τοῦτο πονηρὸν ἐν ὀφθαλμοῖς κυρίου. ἐπειδὴ γὰρ κἀγὼ * καυχησάμενος * ὅτι ἐν πολέμοις οὐκ ἠπάτησέ με πρόσωπον
TIss. 1 9 τοῦ υἱοῦ σου. εἶπε δὲ Λεία πρὸς αὐτὴν μὴ * καυχῶ * καὶ μὴ δοξάζου ἐμὸς γάρ ἐστιν ὁ Ἰακὼβ κἀγὼ γυνὴ
Sal. 17 1 ἡμῶν εἰς τὸν αἰῶνα καὶ ἔτι ὅτι ἐν σοί ὁ θεὸς * καυχήσεται * ἡ ψυχὴ ἡμῶν. καὶ τίς ὁ χρόνος ζωῆς ἀνθρώπου
Jer. 1 5 τὴν πόλιν τὴν ἐκλεκτὴν εἰς χεῖρας τῶν Χαλδαίων ἵνα * καυχήσηται * ὁ βασιλεὺς μετὰ τοῦ πλήθους τοῦ λαοῦ αὐτοῦ
Jer. 4 7 ἐχθρῶν διὰ τὰς ἁμαρτίας ἡμῶν καὶ τοῦ λαοῦ. ἀλλὰ μὴ * καυχάσθωσαν * οἱ παράνομοι καὶ εἴπωσιν ὅτι ἰσχύσαμεν
Job 15 6 μου μὴ ἄρα οἱ υἱοί μου ἥμαρτον ἐνώπιον κυρίου * καυχώμενοι * λέγοντες μετὰ καταφρονήσεως ὅτι ἡμεῖς τέκνα
Job 41 3 ὅτι τοσαύτας ἡμέρας ἐποιήσατε ἀνεχόμενοι τοῦ Ἰωβ * καυχωμένου * εἶναι δίκαιον ἐγὼ γὰρ οὐκ ἀνέξομαι ἀρχῆθεν

καύχημα 2
Job 33 8 καὶ οἱ ἡγεμόνες παρέρχονται, ἡ δὲ δόξα καὶ τὸ * καύχημα * αὐτῶν ἔσονται ὡς ἔσοπτρον ἐμοὶ δὲ ἡ βασιλεία εἰς
Job 40 13 πόλεως λέγοντες ἴδετε, ἡ Σιτιδός ἐστιν αὐτή, ἡ τοῦ * καυχήματος * καὶ τῆς δόξης γυνή, ὅτι οὐ κατηξιώθη ταφῆς

καψάκης 1
Prop. , 21 5 κυρίου τὴν ὑδρίαν τῆς χήρας μὴ ἐκλεῖψαι καὶ τὴν * καψάκην * τοῦ ἐλαίου μὴ ἐλαττωθῆναι τὸν υἱὸν αὐτῆς

κέ 16 (cf.+ καί)
Sib. 3 132 ὅταν γῆράς τε Κρόνῳ καὶ μοῖρα πέληται. ὁππότε * κεν * δὲ Ῥέη τίκτῃ παρὰ τήνδ' ἐκάθηντο Τιτῆνες καὶ τέκνα
Sib. 3 229 μὲν ἀστρονομοῦσι τὰ γὰρ πλάνα πάντα πέφυκεν ὅσσα * κεν * ἄφρονες ἄνδρες ἐρευνώωσι κατ' ἦμαρ ψυχὰς γυμνάζοντες
Sib. 3 351 ὁππόσα δασμοφόρου Ἀσίης ὑπεδέξατο Ῥώμη χρήματὰ * κεν * τρὶς τόσσα δεδέξεται ἔμπαλιν Ἀσὶς ἐκ Ῥώμης ὀλοὴν
Sib. 3 402 ἔσται καὶ Φρυγίῃ δὲ φερεσβίῳ αὐτίκα τέκμαρ ὁππότε * κεν * Ῥείης μιαρὸν γένος ἐν χθονὶ κῦμα ἀέναον ῥίζῃσιν
Sib. 3 441 χάσματ' ἀνοιγομένης πέτρης κελαρύξεται ὕδωρ μέχρι * κε * καὶ Πατάρων μαντήια σήματα παύσῃ. Κύζικος οἰκήτειρα
Sib. 3 569 γε τοσοῦδ' ἀσεβῶν γένος ἔσσεται ἀνδρῶν ὁππότε * κεν * τοῦτο προλάβῃ τέλος αἴσιμον ἦμαρ. οὐ γὰρ μὴ θύσητε
Sib. 3 628 ἐν ὥραις. ἀλλά μιν ἱλάσκου θεὸν ἄμβροτον αἴ * κ' * ἐλεήσῃ. αὐτὸς γὰρ μόνος ἐστὶ θεὸς κοὐκ ἔστιν ἔτ'
Sib. 3 633 ἀλλὰ σὺ τοῦ μεγάλοιο θεοῦ μήνιμα φύλαξαι ὁππότε * κεν * πάντεσσι βροτοῖς λοιμοῖο τελευτὴ ἔλθῃ καὶ φοβεροῖο
Sib. 3 700 τάδε δ' ἔσσεται οὐκ ἀτέλεστα οὐδ' ἀτελεύτητον ὅ,τι * κεν * μόνον ἐν φρεσὶ θείῃ ἄψευστον γὰρ πνεῦμα θεοῦ πέλεται
Sib. 3 766 μηδὲ φόνευε ταῦτα γὰρ ἀθάνατος κεχολώσεται ὅς * κεν * ἁμάρτῃ. καὶ τότε δὴ ἐξεγερεῖ βασιλήιον εἰς αἰῶνας
Sib. 3 798 ἡνίκα δὴ πάντων τὸ τέλος γαίηφι γένηται. ὁππότε * κεν * ῥομφαῖαι ἐν οὐρανῷ ἀστερόεντι ἐννύχιαι ὀφθῶσι πρὸς
Sib. 4 67 μία κεῖται ἀνακτορίης πολυόλβου. ἔσται δ' ὅσσα * κεν * ἄνδρες ἀπεύξωνται κακὰ ἔργα φυλόπιδές τε φόνοι τε
Sib. 5 108 ἥξει καὶ μακάρων ἐθέλων πόλιν ἐξαλαπάξαι. καὶ * κέν * τις θεόθεν βασιλεὺς πεμφθεὶς ἐπὶ τοῦτον πάντας ὀλεῖ
IOrp. 18 οὐδέ τις ἔσθ' ἕτερος χωρὶς μεγάλου βασιλῆος. αἴ * κεν * ἴδῃς αὐτὸν πρὶν δή ποτε δεῦρ' ἐπὶ γαῖαν τέκνον ἐμὸν
IOrp. 26 ἐμοὶ 'στᾶσιν δὲ δεκάπτυχον ἀνθρώποισιν. οὐ γὰρ * κέν * τις ἴδοι θνητῶν μερόπων κραίνοντα εἰ μὴ μουνογενής
LThe. 9 22 9 Σικίμων οἰκήτορας οὐ γὰρ ἔτιον εἰς αὐτοὺς ὅστις * κε * μόλῃ κακὸς οὐδὲ μὲν ἐσθλὸς οὐδὲ δίκας ἐδίκαζον ἀνὰ

Κεβρήν 1
Sib. 3 343 πόληες αὔτανδροι πεσέονται ἐν Ἀσιάδι μὲν Ἰασσὸς * Κεβρὴν * +Πανδονίη+ Κολοφὼν Ἔφεσος Νίκαια Ἀντιόχεια

κεδνός 1
Sib. 3 201 Κρόνιοο οὕνεκά τοι δῆσάν τε Κρόνον καὶ μητέρα * κεδνήν. * δεύτερον αὖθ' Ἕλλησι τυραννίδες ἠδ' ἀγέρωχοι

κέδρινος 4
HEup. 9 30 6 ἀργύριον χαλκὸν λίθους ξύλα κυπαρίσσινα καὶ * κέδρινα. * ἀκούσαντα δὲ τὸν Δαβὶδ πλοῖα ναυπηγήσασθαι ἐν
HEup. 9 30 8 καὶ χαλκὸν καὶ λίθον καὶ ξύλα κυπαρίσσινα καὶ * κέδρινα. * καὶ αὐτὸν μὲν τελευτῆσαι Σολομῶνα δὲ βασιλεύειν
HEup. 9 34 5 δόμους. οὕτω δ' αὐτὸν οἰκοδομήσαντα ξυλῶσαι ἔσωθεν * κεδρίνοις * ξύλοις καὶ κυπαρισσίνοις ὥστε τὴν λιθίνην
HEup. 9 34 8 χρυσίῳ καὶ ἀργυρίῳ καὶ καταστεγάσαι φατνώμασι * κεδρίνοις * καὶ κυπαρισσίνοις. ποιῆσαι δὲ καὶ κατὰ τὸ πρὸς

κέδρος 3
TSim. 6 2 ἡ ὀσμή μου ὡς ὀσμὴ Λιβάνου καὶ πληθυνθήσονται ὡς * κέδροι * ἅγιοι ἐξ ἐμοῦ ἕως αἰῶνος καὶ οἱ κλάδοι αὐτῶν ἕως
TLevi 18 2B024 αὐτῶν ἡδὺς ἀναβαίνων. καὶ ταῦτα τὰ ὀνόματα αὐτῶν * κέδρον * καὶ ουεδεφωνα καὶ σχῖνον καὶ στρόβιλον καὶ πίτυν
Asen. 16 16 γῆς τοῦ ὑψίστου καὶ τὰ ὀστᾶ σου πιανθήσονται ὡς αἱ * κέδροι * τοῦ παραδείσου τῆς τρυφῆς τοῦ θεοῦ καὶ δυνάμεις

κεῖμαι 28
Adam 14 1 αὐτῶν. ἦλθε δὲ Σὴθ καὶ ἡ Εὔα εἰς τὴν σκηνὴν ὅπου * ἔκειτο * ὁ Ἀδάμ. λέγει δὲ Ἀδὰμ τῇ Εὔᾳ ὦ Εὔα τί
Adam 33 3 καὶ ἀγγέλους προάγοντας τὸ ἅρμα. ὅτε δὲ ἦλθεν ὅπου * ἔκειτο * ὁ πατὴρ ὑμῶν Ἀδὰμ ἔστη τὸ ἅρμα καὶ τὰ Σεραφίμ
Adam 35 2 σου καὶ ἴδε τὰ ἑπτὰ στερεώματα ἀνεῳγμένα καὶ πῶς * κεῖται * τὸ σῶμα τοῦ πατρός σου ἐπὶ πρόσωπον καὶ πάντες οἱ
Adam 37 1 καὶ ἀνέστησαν πάντες οἱ ἄγγελοι οἱ ἐπ' ὄψεσιν * κείμενοι * καὶ ἐβόησαν φωνὴν φοβερὰν λέγοντες εὐλογημένη ἡ
Adam 37 4 αὐτὸν ἐνώπιον τοῦ θεοῦ. ἐποίησεν δὲ τρεῖς ὥρας * κείμενος. * καὶ μετὰ ταῦτα ἐξέτεινεν τὴν χεῖρα αὐτοῦ ὁ
Abr.1 12 7 ὅλως διὰ χρυσοῦ ἐπάνω δὲ τῆς τραπέζης ⟨ἦν⟩ βιβλίον * κείμενον * τὸ πάχος αὐτοῦ πήχεων τριῶν ⟨καὶ τὸ πλάτος
Asen. 3 6 καὶ ἔσπευσεν Ἀσενὲθ εἰς τὸν θάλαμον αὐτῆς ὅπου * ἐκεῖντο * αἱ στολαὶ αὐτῆς καὶ ἐνεδύσατο στολὴν βυσσίνην ἐξ
Asen. 16 5 σου καὶ εὑρήσεις κηρίον μελίσσης ἐπὶ τῆς τραπέζης * κείμενον. * ἆρον αὐτὸ καὶ κόμισον ὧδε. καὶ εἶπεν Ἀσενὲθ
Asen. 16 8 εἰς τὸ ταμιεῖον αὐτῆς καὶ εὗρε κηρίον μελίσσης * κείμενον * ἐπὶ τῆς τραπέζης. καὶ ἦν τὸ κηρίον μέγα καὶ
Bar. 2 καὶ οὗτος ἐκάθητο ἐπὶ τὰς ὡραίας πύλας ὅπου * ἔκειτο * τὰ τῶν ἁγίων ἅγια. οἳ νῦν ἐγὼ Βαρούχ κλαίων ἐν τῇ
Prop. 1 και ποθεν εισι και που απεθανον και πως και που * κεινται. * Ἡσαΐας ἀπὸ Ἱερουσαλὴμ θνήσκει ὑπὸ Μανασσῆ
Prop. 2 2 Αἰγύπτου λίθοις βληθεὶς ὑπὸ τοῦ λαοῦ ἀποθνήσκει. * κεῖται * δὲ ἐν τῷ τόπῳ τῆς οἰκήσεως Φαραὼ ὅτι οἱ Αἰγύπτιοι
Prop. 2 14 ἡ κιβωτὸς γέγονε μεταξὺ τῶν δύο ὀρέων ἐν οἷς * κεῖνται * Μωϋσῆς καὶ Ἀαρών. καὶ ἐν νυκτὶ νεφέλη ὡς πῦρ
Prop. 4 21 ἐκ βορρᾶ ἥξει τὸ τέλος Βαβυλῶνος ὅτε δὲ ὡς ἐν πυρὶ * κεῖται * τὸ τέλος πάσης τῆς γῆς. ὅτε δὲ κατ' ἀνατολὰς ὕδωρ
Prop. 17 2 ἐνεπόδισεν ὁ Βελίαρ ὅτι κατὰ τὴν ὁδὸν εὗρε νεκρὸν * κείμενον * γυμνὸν ἐσφαγμένον καὶ γνοὺς ὅτι ἐν Βηρσαβεὲ
Job 10 2 εἶχον δὲ καὶ τῶν χηρῶν ἄλλας δώδεκα τραπέζας * κειμένας * καὶ εἴ τις ξένος προήρχετο αἰτῆσαι ἐλεημοσύνην,
Aris. 15 2 αὐτῶν τῶν πραγμάτων ὦ βασιλεῦ. τῆς γὰρ νομοθεσίας * κειμένης * πᾶσι τοῖς Ἰουδαίοις ἣν ἡμεῖς οὐ μόνον
Aris. 52 3 τῶν ἀνὰ τὸν τόπον πηλίκη τίς ἐστιν ἡ προοῦσα καὶ * κειμένη * κατὰ τὸ ἱερὸν ἐν Ἱεροσολύμοις. ὡς δὲ ἀπεφήναντο
Aris. 54 1 γένηται πρὸς τὰς λειτουργίας. οὐ γὰρ αἱρεῖσθαι τὸ * κεῖσθαι * μόνον ἐν τῷ τόπῳ ⟨τὰ⟩ παρ' αὐτοῦ πολὺ δὲ μᾶλλον
Aris. 59 4 ὃ ἂν μέρος στρέφοιτο τὴν πρόσοψιν εἶναι τὴν αὐτὴν * κειμένου * δὲ κατὰ τῆς στεφάνης τὸ μὲν εἰς αὐτὴν τὴν
Aris. 83 5 ἐπὶ τοὺς τόπους ἐθεωροῦμεν τὴν πόλιν μέσην * κειμένην * τῆς ὅλης Ἰουδαίας ἐπ' ὄρους ὑψηλὴν ἔχοντος τὴν
Aris. 100 2 ἄκραν τῆς πόλεως ἀναβάντες ἐθεωροῦμεν ἣ * κεῖται * μὲν ἐν ὑψηλοτάτῳ τόπῳ πύργοις ἐξησφαλισμένη
Aris. 115 4 τὴν ὑπὸ τοῦ βασιλέως ἐκτισμένην. μέση δὲ * κεῖται * πρὸς τοὺς προειρημένους τόπους οὐκ ἀπέχουσα
Sib. 4 66 κράτος ἔσται ὅλου κόσμοιο μέγιστον οἷς γενεὴ μία * κεῖται * ἀνακτορίης πολυόλβου. ἔσται δ' ὅσσα κεν ἄνδρες
Sib. 5 225 ἀνάγνου. πᾶσι γὰρ ἀνθρώποισι φόνος καὶ δείματα * κεῖται * εἵνεκα τῆς μεγάλης πόλεως λαοῦ τε δικαίου
Sib. 5 436 κρατοῦσα ἡ τὸ πάλαι μεγάλη καὶ πάμπολις οὐκέτι * κείσῃ * οὔρεσιν ἐν χρυσέοις καὶ νάμασιν Εὐφρήταο στρωθήσῃ
Sib. 5 488 καὶ σὺ Σάραπι λίθους ἀργοὺς ἐπικείμενε πολλοὺς * κείσῃ * πτῶμα μέγιστον ἐν Αἰγύπτῳ τριταλαίνῃ. ὅσσοι δ'

HEup. 9 30 7 καὶ πέμψαι μεταλλευτὰς εἰς τὴν Οὐρφῆ νῆσον * κειμένην * ἐν τῇ Ἐρυθρᾷ Θαλάσσῃ μέταλλα χρυσικὰ ἔχουσαν
κειμήλιον 2
Abr.1 8 9 οὐδεὶς ⟨ἐκ τῶν⟩ προπατόρων ἐξέφυγεν τὸ τοῦ θανάτου * κειμήλιον * πάντες ἀπέθανον πάντες ἐν τῷ ᾄδῃ καθείλοντο
Esdr. 1 20 σὺ διδούς μοι ἀδιάφθορον τὸν ἀσύλητον θησαυρὸν τὸ * κειμήλιον * τῆς παρθένου τὸ τεῖχος τῶν ἀνθρώπων. καὶ εἶπεν
κεῖνος cf. ἐκεινος
κείρω 7
TJud. 12 1 τῆς Θαμὰρ μετὰ δύο ἔτη ἀκούσασα ὅτι ἀνέρχομαι * κεῖραι * τὰ πρόβατα κοσμηθεῖσα κόσμῳ νυμφικῷ ἐκάθισεν ἐν
Job 9 3 προβάτων καὶ ἀφώρισα ἀπ' αὐτῶν χιλιάδας ἑπτὰ * καρῆναι * εἰς ἔνδυσιν ὀρφανῶν καὶ χηρῶν καὶ πενήτων καὶ
Job 23 10 εἶπεν αὐτῷ ἀνάστα, ἆρον αὐτήν. τότε λαβὼν ψαλίδα * ἔκειρεν * τὴν τρίχα τῆς κεφαλῆς αὐτῆς καὶ ἔδωκεν αὐτῇ
Job 24 10 τρισὶν ἡμέραις. κἀγὼ ἐκκακήσασα εἶπον αὐτῷ ἀναστὰς * κεῖρόν * με. καὶ οὕτως ἀναστὰς μετὰ ψαλίδος ἀτίμως ἔκειρέν
Job 24 10 κεῖρόν με. καὶ οὕτως ἀναστὰς μετὰ ψαλίδος ἀτίμως * ἔκειρέν * μου τὴν τρίχα ἐν τῇ ἀγορᾷ παρεστῶτος ὄχλου καὶ
Sib. 3 359 ἐνὶ κόσμῳ πολλάκι δ' ἁβρὴν σεῖο κόμην δέσποινά τε * κείρει * ἠδὲ δίκην διέπουσα ἀπ' οὐρανόθεν ποτὶ γαῖαν ῥίψει
FPho. 166 ἔρχονται βιότου κεχρημένοι ὁππότ' ἄρουραι λήια * κειράμεναι * καρπῶν πλήθωσιν ἀλωάς. οἱ δ' αὐτοὶ πυροῖο
κεκρυμμένως 1
Job 23 11 καὶ ὁ Σατανᾶς ἠκολούθει αὐτῇ ἐν τῇ ὁδῷ περιπατῶν * κεκρυμμένως, * καὶ ἐπλαγίαζεν αὐτῆς τὴν καρδίαν. ἅμα τε
κελαδέω 1
Sib. 5 201 ἐν Βρύγεσσι καὶ ἐν Γάλλοις πολυχρύσοις ὠκεανὸς * κελαδῶν * πληρούμενος αἵματι πολλῷ καὐτοὶ γὰρ κακότητα
κελάδημα 1
Sib. 5 345 ἔσται δ' +αἰθέρος+ οὐρανὸς εὐρὺς ὕπερθεν βροντηδὸν * κελάδημα * θεοῦ φωνὴν +ἐπακοῦσαι+ ἠελίου δ' αὐτοῦ φλόγες
κελάδω 1
LThe. 9 22 3 ἷκτο καὶ εὐρὺ ῥεῖθρον Εὐφρήταο λίπεν ποταμοῦ * κελάδοντος. * ἤλυθε γὰρ κἀκεῖθι λιπὼν δριμεῖαν ἐνιπὴν
κελαινός 2
Sib. 3 322 κεκλήσῃ καὶ πίεταί σου γαῖα πολύδροσος αἷμα * κελαινόν. * αἰαῖ σοι Λιβύη αἰαῖ δὲ θάλασσά τε καὶ γῆ
Sib. 3 407 ἐπωνυμίην Δορύλαιον ἀρχαίης Φρυγίης πολυδακρύτοιο * κελαινῆς. * ἔστ' ἄρα καιρὸς ἐκεῖνος ἐπωνυμίην ἐνοσίχθων
κελαρύζω 2
Sib. 3 440 Λυκίης ὄρος ἐκ κορυφάων χάσματ' ἀνοιγομένης πέτρης * κελαρύξεται * ὕδωρ μέχρι κε καὶ Πατάρων μαντήια σήματα
Sib. 3 453 ὀλοὸν δ' ἕξουσιν ὄλεθρον+ +αἵματι μὲν δάπεδον+ * κελαρύξεται * εἰς ἅλα φωτῶν ὀλλυμένων ἄλοχοι δὲ σὺν
κέλευθος 2
Sib. 3 144 τέκε δῖα γυναικῶν Δωδώνην παριοῦσα ὅθεν ῥέεν ὑγρὰ * κέλευθα * Εὐρώπου ποταμοῖο καὶ εἰς ἅλα μύρατο ὕδωρ ἄμμιγα
Sib. 4 77 ἔγχος ἀείρας νησοῖν ἀμετρήτοισιν τὰ μὲν βυθοῦ ὑγρὰ * κέλευθα * πεζεύσει πλεύσει δὲ ταμὼν ὄρος ὑψικάρηνον ὃν
κέλευμα 1
Bar. 1 βαρουχ. διήγησις καὶ ἀποκάλυψις Βαροὺχ περὶ ὧν * κελεύματι * θεοῦ ἀρρήτων εἶδεν. εὐλόγησον δέσποτα.
κέλευσις 2
Abr.1 16 3 φρίττων καὶ στένων καὶ τρέμων ἀπεκδεχόμενος⟩ τὴν * κέλευσιν * τοῦ δεσπότου. λέγει οὖν ὁ ἀόρατος θεὸς τὸν
Abr.1 16 7 σιαγόνα αὐτοῦ τῇ χειρὶ κατέχων καὶ ἐκδεχόμενος τὴν * κέλευσιν * τοῦ ἀρχιστρατήγου. καὶ ἰδοὺ ὀσμὴ εὐωδίας ἤρχετο
κελεύω 92
Adam 27 1 πτέρναν ἕως τῆς ἡμέρας τῆς κρίσεως. ταῦτα εἰπὼν * κελεύει * τοῖς ἀγγέλοις αὐτοῦ ἐκβληθῆναι ἡμᾶς ἐκ τοῦ
Adam 29 1 ἀθάνατος ἔσει εἰς τὸν αἰῶνα. ταῦτα εἰπὼν ὁ κύριος * ἐκέλευσεν * τοῖς ἀγγέλοις αὐτοῦ ἐκβληθῆναι ἡμᾶς ἐκ τοῦ
Adam 29 4 εἶπον οἱ ἄγγελοι τῷ κυρίῳ Ἰαὴλ αἰώνιε βασιλεῦ * κέλευσον * δοθῆναι τῷ Ἀδὰμ θυμιάματα εὐωδίας ἐκ τοῦ
Adam 29 5 τῷ Ἀδὰμ θυμιάματα εὐωδίας ἐκ τοῦ παραδείσου. καὶ * ἐκέλευσεν * ὁ θεὸς ἐαθῆναι τὸν Ἀδὰμ ἵνα λάβῃ εὐωδίας καὶ
Hen. 9B 4 πάντας τοὺς αἰῶνας καὶ τὰ ἑξῆς. (τότε ὁ ὕψιστος * ἐκέλευσε * τοῖς ἁγίοις ἀρχαγγέλοις καὶ ἔδησαν τοὺς
Abr.1 7 11 καὶ εἶθ' οὕτως ἀπελεύσομαι πρὸς αὐτὸν καθὼς * ἐκέλευσέ * μοι. εἶπε δὲ Ἀβραὰμ νῦν ἔγνωκα κἀγὼ ὅτι σὺ εἶ
Abr.1 7 12 τὴν ψυχήν μου ἀλλ' οὐ μή σε ἀκολουθήσω ὅπερ νῦν * κελεύεις * ποίησον. ὁ δὲ ἀρχιστράτηγος ἀκούσας τὸ ῥῆμα
Abr.1 8 2 φίλος σου Ἀβραὰμ ὅτι οὐ μή σε ἀκολουθήσω ἀλλ' ὅτι * κελεύεις * ποίησον ἀρτίως δέσποτα παντοκράτορ ὅτι κελεύει
Abr.1 8 3 κελεύεις ποίησον ἀρτίως δέσποτα παντοκράτορ ὅτι * κελεύει * ἡ σὴ δόξα καὶ βασιλεία ἡ ἀθάνατος. εἶπεν δὲ ὁ
Abr.1 9 8 πρὸ τοῦ ἀποθανεῖν με. ἀκούσας δὲ ταῦτα ὁ ὕψιστος * κελεύει * τὸν ἀρχιστράτηγον Μιχαὴλ καὶ λέγει αὐτῷ λαβὲ
Abr.1 10 6 δὲ Ἀβραὰμ κύριε εἰσάκουσον τῆς φωνῆς μου καὶ * κέλευσον * ἵνα ἐξέλθωσιν θηρία ἐκ τοῦ δρυμοῦ καὶ
Abr.1 10 9 εἰς ἀλλήλους πορνεύοντας καὶ εἶπεν ⟨κύριε⟩ * κέλευσον * ὅπως χάνῃ ἡ γῆ καὶ καταπίῃ αὐτοὺς ⟨καὶ εὐθὺς
Abr.1 10 11 τὰ ἀλλότρια πράγματα καὶ εἶπεν Ἀβραὰμ κύριε * κέλευσον * ἵνα κατέλθῃ πῦρ ἐκ τοῦ οὐρανοῦ καὶ καταφάγηται
Abr.1 10 12 ἐκ τοῦ οὐρανοῦ πρὸς τὸν ἀρχιστράτηγον οὕτως λέγων * κέλευσον * Μιχαὴλ ἀρχιστράτηγε στῆναι τὸ ἅρμα καὶ
Abr.1 15 9 λέγεις; ὁ δὲ ἀρχιστράτηγος εἶπεν ἅπερ ὁ δεσπότης * ἐκέλευσεν * κἀγώ σοι λέγω. εἶπεν δὲ Ἀβραὰμ οὐ μή σε
Abr.1 15 15 ἄνθρωπος καὶ διὰ τοῦτο φείδομαι τοῦ ἅψασθαι τούτου * κέλευσον * ἀθάνατε βασιλεῦ τί ῥῆμα καὶ γενήσεται. τότε ὁ
Abr.2 4 7 ἀποκριθεὶς δὲ Μιχαὴλ ἐνώπιον τοῦ θεοῦ εἶπεν κύριε * κέλευσόν * ⟨με ἐρωτῆσαι ἐνώπιον⟩ τῆς μεγάλης δόξης σου.
Abr.2 4 11 ἄνθρωπος ξένους ὑποδεχόμενος παρακαλῶ οὖν κύριε * κέλευσον * ἀποστεῖλαι τὴν μνήμην τοῦ θανάτου Ἀβραὰμ ἐν τῇ
Abr.2 7 20 ἀπελθὼν ἀναγγελῶ τῷ πατρί μου περὶ τούτου ὅπως ἂν * κελεύσῃ * μοι καὶ ὑποδείξω σοι πάντα. καὶ ἀπῆλθεν Μιχαὴλ
Abr.2 10 7 δι' ἐμοῦ ἀλλ' αὐτὴ κατεψεύσατό μου. ὁ δὲ κριτὴς * ἐκέλευσεν * ⟨ἐλθεῖν⟩ τὸν τὸ ὑπόμνημα γράφοντα καὶ ἰδοὺ
TJos. 13 1 ἐπ' αὐτῷ. ὁ δὲ Πετεφρῆς πεισθεὶς τοῖς λόγοις αὐτῆς * ἐκέλευσεν * ἀχθῆναι τὸν μετάβολον καὶ λέγει αὐτῷ τί ταῦτα
TJos. 13 4 ἕως οὗ ἐπιστρέψωσιν. καὶ οὐκ ἐπίστευσεν αὐτῷ ἀλλ' * ἐκέλευσε * γυμνὸν τύπτεσθαι αὐτόν. ἐπιμένοντος δὲ αὐτοῦ
TJos. 13 9 με. ὁ δὲ ἠπίστησε λέγων ὅτι ψεύδῃ καὶ γυμνόν με * ἐκέλευσε * τύπτεσθαι. ἡ δὲ Μέμφις ἑώρα διὰ θυρίδος
TJos. 14 2 ὡς ἀδικήσαντα. ὡς δὲ οὐκ ἤλλαξα λόγον τυπτόμενος * ἐκέλευσε * φυλακισθῆναί με ἕως οὗ ἔλθωσι φησὶν οἱ κύριοι
TJos. 17 5 Ἰακὼβ περισσοτέρως ἠγάπησα αὐτοὺς καὶ πάντα ὅσα * ἐκέλευσεν * ἐκ περισσοῦ ἐποίησα καὶ ἐθαύμαζον. οὐκ ἀφῆκα
Jer. 3 4 τότε Ἱερεμίας ἐλάλησεν λέγων δέομαι κύριε * κέλευσόν * με λαλῆσαι ἐνώπιόν σου. καὶ εἶπε κύριος λάλει ὁ
Prop. 25 1 πῶς ρ κ' ἐτῶν τυγχάνων ὑπέμεινε τὰς αἰκίας καὶ * ἐκέλευσεν * αὐτὸν σταυρωθῆναι.⟩ καὶ ἄλλοι προφῆται
Esdr. 2 15 αἰῶνα καὶ πῶς ὑπατίθη ὁ ὑπ' ἀγγέλων φυλαττόμενος; * ἐκέλευες * παραγενέσθαι παντὸς καὶ πρόσεχε τὰ ὑπ' ἐμοῦ
Esdr. 4 11 γενόμενος βασιλεὺς καὶ ἀπὸ διετοῦς καὶ κατώτερον * ἐκέλευσεν * ἀνελεῖν τὰ βρέφη. καὶ εἶπον ἐγὼ οὐαὶ τὴν ψυχὴν
Esdr. 4 24 οὗτος μητροκοίτης ἐστὶν μικρὸν θέλημα πράξας * ἐκελεύσθη * οὗτος κρεμασθῆναι. καὶ ἀπήγαγόν με ἐπὶ βορρᾶν
Sedr. 5 2 σοῦ θελήματος ἠπατήθη δέσποτά μου ὁ Ἀδάμ. σὺ * ἐκέλευσας * τοὺς ἀγγέλους σου τὸν Ἀδὰμ προσκυνεῖν αὐτὸς
Job 5 3 τὸ ἔδαφος, καὶ οὕτως ἀνεχώρησα εἰς τὸν οἶκόν μου * κελεύσας * ἀσφαλισθῆναι τὰς θύρας. ἀκούσατέ μου τεκνία καὶ
Job 9 6 ἐξ αὐτῶν πεντακοσίας, καὶ τὴν ἐξ αὐτῶν γονὴν * ἐκέλευον * πιπράσκεσθαι καὶ διδόναι τοῖς πένησιν καὶ
Job 9 8 ἀνεῳγμέναι δὲ ἦσαν αἱ τέσσαρες θύραι τοῦ οἴκου μου * ἐκέλευον * δὲ τοῖς οἰκέταις μου ταύτας εἶναι ἀνεῳγμένας,
Job 15 5 καὶ πρόβατα δεκαδύο ταῦτα πάντα μετὰ τὴν σύνταξιν * ἐκέλευον * κατασκευασθῆναι τοῖς πτωχοῖς, καὶ ἔλεγον αὐτοῖς
Job 20 9 τῷ αὐτῷ τόπῳ ἐν ᾧ ἐτέθης ἄχρις οὗ ἐνταλθῇ ὑπὸ τοῦ * κελεύσαντός * σε. καὶ ἐποίησα ἔτη τεσσαράκοντα ὀκτὼ ἐν τῇ
Job 39 8 γυναῖκά μου. ἡ δὲ ἐδέετο αὐτῶν λέγουσα παρακαλῶ, * κελεύσατε * τοῖς στρατιώταις ὑμῶν ἵνα σκάψωσιν τὴν πτῶσιν
Aris. 26 5 προσέθηκε μεγαλομερείᾳ καὶ μεγαλοψυχίᾳ χρησάμενος * ἐκέλευσέ * τε τὴν τῶν διαφόρων δόσιν ἀθρόαν οὖσαν
Aris. 27 5 καὶ περὶ τούτων εἰκοσαδραχμία δοθήσεται καὶ τοῦτ' * ἐκέλευσεν * ὁ βασιλεὺς ποιεῖν ὁλοσχερῶς περὶ τοῦ δόξαντος
Aris. 28 1 ἐπιτελῶν. ὡς δὲ κατεπράχθη ταῦτα τὸν Δημήτριον * ἐκέλευσεν * εἰσδοῦναι περὶ τῆς τῶν Ἰουδαϊκῶν βιβλίων
Aris. 33 1 διὰ παντός. τῆς δὲ εἰσδόσεως ταύτης γενομένης * ἐκέλευσεν * ὁ βασιλεὺς γραφῆναι πρὸς τὸν Ἐλεάζαρον περὶ
Aris. 33 7 τάλαντα ἑβδομήκοντα καὶ λίθων ἱκανόν τι πλῆθος * ἐκέλευσε * δὲ τοὺς ῥισκοφύλακας τοῖς τεχνίταις ὧν ἂν
Aris. 56 2 τὰ καλῶς ἔχοντα. τῇ μὲν οὖν ποικιλίᾳ τῶν τεχνῶν * ἐκέλευσεν * ὅτι μάλιστα χρήσασθαι σεμνῶς ἅπαντα
Aris. 56 5 ἔμφασιν. ὅσα δ' ἂν ᾖ ἄγραφα πρὸς καλλονὴν * ἐκέλευσε * ποιεῖν ὅσα δὲ διὰ γραπτῶν μέτρα αὐτοῖς
Aris. 91 4 σταδίων τεσσάρων ἐκ τῆς πόλεως καὶ πρός τινα τόπον * ἐκέλευσαν * κατακύψαντα συνακοῦσαι τοῦ γινομένου ψόφου τῆς
Aris. 158 2 καὶ ποτῶν ἀπαρξαμένους εὐθέως τότε συγχρῆσθαι * κελεύει. * καὶ μὴν καὶ ἐκ τῶν περιβολαίων παράσημον ἡμῖν
Aris. 159 2 θεοῦ καὶ ἐπὶ τῶν χειρῶν δὲ διαρρήδην τὸ σημεῖον * κελεύει * περιῆφθαι σαφῶς ἀποδεικνὺς ὅτι πᾶσαν ἐνέργειαν
Aris. 160 1 ἑαυτῶν κατασκευῆς ἐπὶ πᾶσι δὲ τὸν περὶ θεοῦ φόβον. * κελεύει * δὲ καὶ κοιταζομένους καὶ διανισταμένους μελετᾶν
Aris. 162 2 ἐπὶ βρωτῶν καὶ ποτῶν καὶ τῶν κατὰ τὰς ἀφὰς ἕκαστα * κελεύει * μηθὲν εἰκῇ μήτε πράσσειν μήτε ἀκούειν μήτε τῇ
Aris. 168 1 ἀνθρώπων ἀπωλείᾳ ἀνόσιος. ὁ δὲ νόμος ἡμῶν * κελεύει * μήτε λόγῳ μήτε ἔργῳ μηδένα κακοποιεῖν. καὶ περὶ
Aris. 174 3 δὲ ποιούμενος τοῖς ἀπεσταλμένοις ἀνδράσιν ἐντυχεῖν * ἐκέλευσε * τοὺς λοιποὺς πάντας ἀπολῦσαι τοὺς ἐπὶ τῶν
Aris. 179 1 ὑπερτεῖνον δακρύειν ἀναγκάζει κατὰ τὰς ἐπιτυχίας. * κελεύσας * δὲ εἰς τάξιν ἀποδοῦναι τὰ τεύχη τὸ τηνικαῦτα
Aris. 181 2 συγχρήσησθε κἀμοὶ μεθ' ὑμῶν. τῶν δὲ ἀσμενισάντων * ἐκέλευσε * καταλύματα δοθῆναι τὰ κάλλιστα πλησίον τῆς
Aris. 182 2 προσκαλεσάμενος ὃς ἦν ἐπὶ τούτων ἀποτεταγμένος * ἐκέλευσε * τὴν ἑτοιμασίαν εἰς ἕκαστον ἐπιτελεῖν. ἦν γὰρ
Aris. 183 5 καθὼς προσέταξεν ὁ βασιλεὺς τοὺς γὰρ ἡμίσεις * ἐκέλευσεν * ἀνὰ χεῖρα κατακλῖναι τοὺς δὲ λοιποὺς μετὰ τὴν
Aris. 184 2 εἰς τὸ τιμᾶν τοὺς ἄνδρας. ὡς δὲ κατεκλίθησαν * ἐκέλευσε * τῷ Δωροθέῳ τοῖς ἐθισμοῖς οἷς χρῶνται πάντες οἱ
Aris. 226 1 ἔστι κράτιστον. συναινέσας δὲ τούτοις τὸν ἑξῆς * ἐκέλευσεν * ἀποκριθῆναι πρὸς αὐτὸν εἰπὼν πῶς ἂν
Aris. 228 2 κρατεῖ. συνομολογήσας δὲ τούτοις τὸν ἕκτον * ἐκέλευσεν * ἀποφήνασθαι πυνθανόμενος τίσι δεῖ χαρίζεσθαι;
Aris. 278 3 ἐπιφερομένους ἐπὶ τὴν ἡδονοκρασίαν ἐγκράτειαν δὲ * κελεύει * καὶ δικαιοσύνην προτιμᾶν. ὁ δὲ θεὸς πάντων
Aris. 311 2 διασκευή. πάντων δ' ἐπιφωνησάντων τοῖς εἰρημένοις * ἐκέλευσαν * διαράσασθαι καθὼς ἔθος αὐτοῖς ἐστιν εἴ τις
Aris. 317 2 περὶ τούτων τὰ παρὰ τοῦ Δημητρίου προσκυνήσας * ἐκέλευσε * μεγάλην ἐπιμέλειαν ποιεῖσθαι τῶν βιβλίων καὶ
Aris. 319 2 παρ' αὐτοῦ. τὰ δὲ πρὸς τὴν ἐκπομπὴν αὐτῶν * ἐκέλευσεν * ἑτοιμάζειν μεγαλομερῶς τοῖς ἀνδράσι
Sib. 3 163 μοι μεγάλοιο θεοῦ φάτις ἐν στήθεσσιν ἵστατο καί μ' * ἐκέλευσε * προφητεῦσαι κατὰ πᾶσαν γαῖαν καὶ βασιλεῦσι τά
Sib. 3 298 μοι μεγάλοιο θεοῦ φάτις ἐν στήθεσσιν ἵστατο καί μ' * ἐκέλευσε * προφητεῦσαι κατὰ πᾶσαν γαῖαν καὶ βασιλεῦσι τά
Sib. 3 491 μοι μεγάλοιο θεοῦ φάτις ἐν στήθεσσιν ἵστατο καί μ' * ἐκέλευσε * προφητεῦσαι κατὰ γαῖαν. αἰαῖ Φοινίκων γένει
FJub. 10 7 εὐξαμένου τοῦ Νῶε ἵνα ἀποστῶσιν ἀπ' αὐτῶν ὁ κύριος * ἐκέλευσε * τῷ ἀρχαγγέλῳ Μιχαὴλ βαλεῖν αὐτοὺς εἰς τὴν
FIsa. 1 5 υἱοὺς προφητῶν καὶ Ἰασοὺμ τὸν υἱὸν αὐτοῦ. * ⟨ἐκέλευσεν⟩ * τεθῆναι αὐτῷ δίφρον οὐκ ἐκάθισεν δὲ ἐπὶ τὸν

FIsa.    1    3   14  Βελχειρὰ καὶ ἀπέστειλεν καὶ ἐκράτησεν τὸν Ἡσαίαν. × ⟨ἐκέλευσεν⟩ × πρισθῆναι ἐν πρίωνι ἐν πρίωνι ξυλίνῳ

FAch.  106          κύριε βασιλεῦ ἡμεῖς θέλομεν πάντα τὰ ὑπὸ σοῦ × κελευόμενα × ποιεῖν. ἀδυνάτως καὶ ἀπείρως ἔχομεν πρὸς τὰ

FAch.  106          τοίνυν τυχεῖν ἀξιοῦμεν. ὁ δὲ βασιλεὺς ὀργισθεὶς × ἐκέλευσεν × τῷ φύλακι τοῦ ζῆν πάντας μεταστῆναι. ἐπελάβετο

FAch.  107          σε οὐκ ἀφήσω σωτῆρα δὲ ἡμῶν ἐπικαλέσομαι. καὶ × ἐκέλευσεν × αὐτὸν ἀχθῆναι. παραγεναμένου δὲ αὐτοῦ

FAch.  107          συνοχὴν ἀποστραφεὶς ὁ βασιλεὺς ἔκλαυσεν. καὶ × ἐκέλευσεν × αὐτὸν ὁ βασιλεὺς ἐπιμελείας τυχεῖν καὶ

FAch.  111          μετὰ δὲ ταῦτα προσκαλεσάμενός τινας ἰξευτὰς × ἐκέλευσεν × συλλαμβάνεσθαι τέσσαρας ἀετούς. συλληφθέντων

FAch.  111          πτερὰ ἐν οἷς δοκοῦσιν ἵπτασθαι. οὕτως τε αὐτοὺς × ἐκέλευσεν × τρέφεσθαι καὶ βαστάζειν παιδία μανθάνειν.

FAch.  112          τὸν Λυκοῦργον δι' ἐπιστολῶν. ταῦτα εἰπὼν × ἐκέλευσεν × τὸν Αἴσωπον ἀποβῆναι τῆς νηός. καὶ τῇ ἐπαύριον

FAch.  112          ὁ Αἴσωπος ἠσπάσατο τὸν βασιλέα. ὁ δὲ Νεκταναβὼ × ἐκέλευσεν × τοὺς ὑφ' ἑαυτὸν στρατηγοὺς καὶ νομάρχας

FAch.  112          ἐπὶ τῆς κεφαλῆς κέρατα ἔχων. καθίσας δὲ ἐπὶ θρόνου × ἐκέλευσεν × εἰσελθεῖν τὸν Αἴσωπον. ὁ δὲ θεασάμενος τὴν

FAch.  114          ἔστη σὺν τοῖς περὶ αὐτὸν ἔχων ἄνθεα πολλὰ καὶ × ἐκέλευσε × τὸν Αἴσωπον εἰσελθεῖν. εἰσελθόντος δὲ ἐπηρώτησε

FAch.  116          στήσας κατὰ γωνίας τοῦ δοθέντος μέτρου τοὺς ἀετοὺς × ἐκέλευσεν × ⟨τοὺς παῖδας⟩ ἀναβῆναι τοὺς ἀετοὺς καὶ εἰς

FAch.  117          ἀποκριθήσομαι. ὁ δὲ Αἴσωπος ἐλθὼν εἰς τὴν οἰκίαν × ἐκέλευσεν × τοῖς ἰδίοις αἰλουρον συλλαμβάνεσθαι ζῶντα.

FAch.  117          οἰκίαν τοῦ Αἰσώπου καὶ κατέκραζον. ὁ δὲ Αἴσωπος × ἐκέλευσεν × τὴν αἴλουρον ἀφεθῆναι. ἦλθον δέ οἱ Αἰγύπτιοι

FAch.  119          ἐρωτήματα. καὶ συλλαλοῦντες αὐτῷ περὶ τοῦ Αἰσώπου × ἐκέλευσεν × αὐτοὺς ἐπὶ δεῖπνον ἐλθεῖν ἅμα δὲ καὶ τὸν

FAch.  123          ἐν Αἰγύπτῳ καὶ ἀποδέδωκεν αὐτῷ τὰ χρήματα. × ἐκέλευσεν × οὖν ὁ Λυκοῦργος ἀνδριάντα χρυσοῦν ἀνατεθῆναι

HEup.  9   30   5   τόπου οὗ τὸν βωμὸν ἱδρῦσθαι ἐν Ἱεροσολύμοις καὶ × κελεύειν × αὐτὸν μὴ ἱδρύ⟨ε⟩σθαι τὸ ἱερὸν διὰ τὸ αἵματι

HArt.  9   27   12  τὸν δὲ Χενεφρὴν προσαγορεύσαντα ταῦρον Ἄπιν × κελεῦσαι × ἱερὸν αὐτοῦ τοὺς ὄχλους καθιδρύσασθαι καὶ τὰ

HArt.  9   27   12  καὶ τὰ ζῷα τὰ καθιερωθέντα ὑπὸ τοῦ Μωΰσου × κελεύειν × ἐκεῖ φέροντας θάπτειν κατακρύπτειν θέλοντα τὰ

HArt.  9   27   24  ἐξεγεῖται. τὸν δὲ ἐκπλαγέντα ἐπὶ τῷ γεγονότι × κελεῦσαι × τῷ Μωΰσῳ τὸ τοῦ πέμψαντος αὐτὸν θεοῦ εἰπεῖν

HCal.  24   7       ἐπλήρωσαν. ὀξὺ γὰρ τὸ Μακεδονικὸν στῖφος εἰς τὸ × κελεύομενον × ὑπὸ Ἀλεξάνδρου. καὶ στραφεὶς πρὸς τοὺς

HCal.  24   23      οἱ τῶν Μακεδόνων παῖδες. ἅμα γὰρ Ἀλεξάνδρου × ἐκέλευσεν × τὸ ἔργον ἐτελέσθη. καὶ οὐ τοσοῦτον ἡμᾶς ἢ τοῦ

HCal.  24   30      βουλή. ὡς οὖν ταῦτα ἤκουσαν Ἀλεξάνδρῳ ὑπείκειν × κελεύονται. × ταῖς ἱερατικαῖς οὖν στολαῖς ἑαυτούς οἱ

HCal.  24   33      τοῦ σχήματος καὶ τούτους μηκέτι προσεγγίσαι αὐτῷ × ἐκέλευσεν × ἀλλ' ἐν τῇ πόλει ἀναστρέφεσθαι.

LEze.  9  29 13 09  χερὶ βακτηρίαν ἔχοντες. ἐν σπουδῇ τε γὰρ βασιλεὺς × κελεύσει × πάντας ἐκβαλεῖν χθονὸς κεκλήσεται δὲ πᾶς. καὶ

**κέλομαι**  2

Sib.   3    7       πᾶσιν; αὐτὰρ πάλι πάντ' ἀγορεύσω ὅσσα θεὸς × κέλεται × μ' ἀγορευέμεν ἀνθρώποισιν. ἄνθρωποι θεόπλαστον

Sib.   3   631      τιμᾷ καὶ μηδένα θλῖβε. ταῦτα γὰρ ἀθάνατος × κέλεται × δειλοῖσι βροτοῖσιν. ἀλλὰ σὺ τοῦ μεγάλοιο θεοῦ

**Κελτός**  1

Sib.   5   43       αὐτῷ ὥστε τριηκοσίης κεραλῆς λάχεν ἔντυπον ἀρχὴν × Κελτὸς × ὀρειοβάτης σπεύδων δ' ἐπὶ δῆριν ἐφᾶν μοῖραν

**Κενέζεος**  2

Prop.  10   7       ἐν γῆ Σαραὰρ ἀπέθανε καὶ ἐτάφη ἐν σπηλαίῳ × Κενεζέου × κριτοῦ γενομένου μιᾶς φυλῆς ἐν ἡμέραις τῆς

Prop.  10   7Β      γῆ Σαὰρ ἐκεῖ ἀπέθανε καὶ ἐτάφη ἐν τῷ σπηλαίῳ τοῦ × Κενεζίου × τοῦ κριτοῦ. καὶ ἔδωκε τέρας ἐπὶ Ἱερουσαλήμ καὶ

**κενεήφατος ×**  1

Sib.   3   372      ἐκεῖνον ὃς ἐς χρόνον ἔσσεται ἀνήρ ἠὲ γυνὴ μακάρων × +κενεήφατος × ὅσσον ἄγραυλος+ εὐνομίη γὰρ πᾶσα ἀπ' οὐρανοῦ

**κενεόφρων**

Sib.   3   590      ζωογραφίας τυποειδεῖς τιμῶσιν ὅσα πέρ τε βροτοὶ × κενεόφρονι × βουλῇ ἀλλὰ γὰρ ἀείρουσι πρὸς οὐρανὸν ὠλένας

Sib.   3   670      φωνῇ μεγάλῃ πρὸς πάντα λαλήσει λαὸν ἀπαίδευτον × κενεόφρονα × καὶ κρίσις αὐτοῖς ἔσσεται ἐκ μεγάλοιο θεοῦ

**κενόδοξος**

Aris.  8    2       ἢ κατασκευή τις ἄλλη τῶν τετιμημένων παρὰ τοῖς × κενοδόξοις × ὠφέλειαν οὐκ ἔχει τὴν αὐτὴν ὅσον ἢ παιδείας

**κενόκρανος ×**  1

Sib.   3   430      γε ποιήσει ψευδογράφων κατὰ πάντα τρόπον μέροπας × κενοκράνους. × καὶ θανέειν μᾶλλον τοῖσιν κλέος ἔσσεται

**κενός**  11

Hen.   18   15      ἀρχὴ τῆς ἀνατολῆς αὐτῶν ὅτι τόπος ἔξω τοῦ οὐρανοῦ × κενός × ἐστιν ὅτι οὐκ ἐξῆλθαν ἐν τοῖς καιροῖς αὐτῶν. καὶ

TNep.  3    1       πλεονεξία διαφθείρει τὰς πράξεις ὑμῶν ἢ ἐν λόγοις × κενοῖς × ἀπατᾶν τὰς ψυχὰς ὑμῶν ὅτι σιωπῶντες ἐν καθαρότητι

Sal.   4    17      ἀποπέσοι ἀπὸ παντὸς ἔργου χειρῶν αὐτοῦ ἐν ἀτιμίᾳ × κενὸς × χερσὶν αὐτοῦ εἰσελθεῖ εἰς τὸν οἶκον αὐτοῦ καὶ

Bar.   12   6       καὶ εἶδον ἑτέρους ἀγγέλους φέροντας κανίσκια × κενὰ × οὐ γέμοντα. καὶ ἤρχοντο λυπούμενοι καὶ οὐκ

Job    10   4       καὶ οὐδὲ ἐπέτρεπον ἐξελθεῖν τὴν θύραν μου κόλπῳ × κενῷ × εἶχον δὲ τρισχίλια καὶ πεντακόσια ζεύγη βοῶν, καὶ

Job    24   2       υἱοί μου καὶ αἱ θυγατέρες τῆς ἐμῆς κοιλίας οὓς εἰς × κενὸν × ἐκοπίασα μετὰ μόχθων σὺ δὲ αὐτὸς κάθῃ ἐν σαπρίᾳ

Aris.  137  1       τὴν κατασκευὴν αὐτῶν οὐ ποιήσαντες αὐτοὶ διὸ × κενὸν × καὶ μάταιον τοὺς ὁμοίους ἀποθεοῦν. καὶ γὰρ ἔτι καὶ

Aris.  194  4       παρασκευῇ πολλῇ χρώμενοι εἰδεῖ ταῦτα ὄντα × κενῶν × καὶ ἐπὶ πλείονα χρόνον πρὸς τὸ συμπεράσομα δρᾶν τι καὶ

Aris.  205  3       τῆς ἀρχῆς μηδὲ ἀσελγὲς πράσσοι μηδὲ δαπάνην εἰς τὰ × κενὰ × καὶ μάταια συντελοῖ τοὺς ⟨δὲ⟩ ὑποτεταγμένους

Sib.   3   586      καὶ ἄριστον ἐνὶ στήθεσσι νόημα οἵτινες οὐκ ἀπάτῃσι × κεναῖς × οὐδ' ἔργ' ἀνθρώπων χρύσεα καὶ χάλκεα καὶ ἀργύρου

Sib.   5   280      γῦπας ἃ Αἴγυπτος κατέδειξεν σεμνύνειν στομάτεσσι × κενοῖς × καὶ χείλεσι μωροῖς. εὐσεβέων δὲ μόνων ἀγία χθὼν

**κέντρον**  3

Asen.  16   18      καὶ διαδήματα χρυσᾶ ἐπὶ τὰς κεφαλὰς αὐτῶν καὶ × κέντρα × ἦσαν αὐταῖς ὀξέα καὶ οὐκ ἠδίκουν τινά. καὶ

Sal.   16   4       μου τῷ ἐλεεῖ αὐτοῦ εἰς τὸν αἰῶνα. ἐνυξέν με ὡς × κέντρον × ἵππου ἐπὶ τὴν γρηγόρησιν αὐτοῦ ὁ σωτήρ καὶ

FPho.  127         ἀλκήν τε λέουσιν ταύρους δ' αὐτοχύτως κέρα ἔσσεν × κέντρα × μελίσσαις ἔμφυτον ἄλκαρ ἔδωκε λόγον δ' ἔρυμ'

**κεραία**  8

Sib.   5   21       ἑτέρῳ παραδώσεται ἀρχὴν ὅς τε τριηκοσίων ἀριθμῶν × κεραίην × ἐπὶ πρώτην ἕξει καὶ ποταμοῦ φίλον οὔνομα ὅς τ'

Sib.   5   24       βαλεῖ δορὶ δὴ τότε Μήδους. εἶτα τριῶν ἀριθμῶν × κεραίην × ὅστις λάχεν ἄρξει. δὶς δέκα δ' ὅς⟨τις⟩ ἔπειτ'

Sib.   5   25       λάχεν ἄρξει. δὶς δέκα δ' ὅς⟨τις⟩ ἔπειτ' ἄρξει × κεραίην × ἐπὶ πρώτην ἕξει ἄναξ κεῖνος δὲ καθ' ὕστατον

Sib.   5   28       +ἄμμυτιν ὑπ' αὐσονίσιν+ ἄἰξει. πεντήκοντα δ' ὅτις × κεραίην × λάχε κοίρανος ἔσται δεινὸς ὄφις αὐτὰρ πόλεμον

Sib.   5   37       ὀλετὴρ ἥξει μέγας ἀνδρῶν ἑπτάκις ὃς δεκάτην × κεραίην × δείκνυσι πρόδηλον. τοῦ δὲ τριηκοσίης κεραῆς

Sib.   5   38       κεραίην δείκνυσι πρόδηλον. τοῦ δὲ τριηκοσίης × κεραῆς × ὅ,τι πρῶτον ἐλέγχων παῖς κράτος ἐξαφελεῖ μετὰ δ'

Sib.   5   40       ἐξαφελεῖ μετὰ δ' αὐτὸν κοίρανος ἔσται τετράδος ἐκ × κεραῆς × +τ' ἔφθος μόρος+ αὐτὰρ ἔπειτα πεντήκοντ' ἀριθμῶν

Sib.   5   42       γεραρὸς βροτός. αὐτὰρ ἐπ' αὐτῷ ὅστε τριηκοσίης × κεραῆς × λάχεν ἔντυπον ἀρχὴν Κελτὸς ὀρειοβάτης σπεύδων δ'

**κεραΐζω**  3

Sib.   3   466      οὐκ ἀλαπαδνὸν πουλυθρύλλητόν τε ἀναιδέα σε × κεραΐξει. × καὶ δ' αὐτῇ θερμῇσι παρὰ σποδιῇσι ταθεῖσα

**κεραμεύς**  3

TNep.  2    2       ἀγγελίαν καιγε ὡς ἔλαφόν με εὐλόγησεν. καθὼς γὰρ ὁ × κεραμεὺς × οἶδε τὸ σκεῦος πόσον χωρεῖ καὶ πρὸς αὐτὸ φέρει

TNep.  2    4       κανόνι πᾶσα κτίσις ὑψίστου. καὶ καθάπερ οἶδεν ὁ × κεραμεὺς × ἑνὸς ἑκάστου τὴν χρῆσιν ὡς ἱκανὴ οὕτω καὶ ὁ

Sal.   17   23      ἐκτρῖψαι ὑπερηφανίαν ἁμαρτωλοῦ ὡς σκεύη × κεραμέως × ἐν ῥάβδῳ σιδηρᾷ συντρῖψαι πᾶσαν ὑπόστασιν αὐτῶν

**κεραμίς**  1

HEup.  9   34   6   φατνωμάτων χρυσῶν τὸ δὲ δῶμα ποιῆσαι χαλκοῦν ἀπὸ × κεραμίδων × χαλκοῦ χαλκὸν χωνεύσαντα καὶ τοῦτον

**κεράννυμι**  2

Sal.   8    14      ἁμαρτίαν ἣν οὐκ ἐποίησαν ὑπὲρ τὰ ἔθνη. διὰ τοῦτο × ἐκέρασεν × αὐτοῖς ὁ θεὸς πνεῦμα πλανήσεως ἐπότισεν αὐτούς

FEll.  4   228      κεφαλὴ αὐτοῦ φλὸξ πυρός ὁ ὀφθαλμὸς αὐτοῦ ὁ δεξιὸς × κέκραται × αἵματος. ὁ δὲ εὐώνυμος χαροπὸς ἔχων δύο κόρας

**κέρας**  14

Hen.   89   43      οὗτος ἤρξατο κερατίζειν καὶ ἐπιδιώκειν ἐν τοῖς × κέρασιν × καὶ ἐνετίνασσεν εἰς τοὺς ἀλώπεκας καὶ μετ'

TJud.  2    7       βοῦν ἄγριον ἐν χώρᾳ νεμόμενον ἐκράτησα ἐκ τῶν × κεράτων × καὶ ἐν κύκλῳ συσσείσας καὶ σκοτίσας ῥίψας

TNep.  5    6       ἑαυτούς. καὶ ἰδοὺ ταῦρος ἐπὶ τῆς γῆς ἔχων δύο × κέρατα × μεγάλα καὶ πτέρυγες ἀετοῦ ἐπὶ τοῦ νώτου αὐτοῦ καὶ

Asen.  13   9       μου γέγονε ξηρὸν ὡς κέρας ἢ γλῶσσά μου ὡς ὄστρακον καὶ τὸ πρόσωπόν μου × κέρας × καὶ τὰ χείλη μου ὡς ὄστρακον καὶ τὸ πρόσωπόν μου

Bar.   2    3       κατοικοῦντες ἐν αὐτῷ ὦν τὰ πρόσωπα βοῶν τὰ δὲ × κέρατα × ἐλάφων οἱ δὲ πόδες αἰγῶν αἱ δὲ ὀσφύες ἀρνῶν. καὶ

Job    1    3  Ὑων Νικη Φορος Φιηπ Φρουω Ἡμέρα Κασία Ἀμαλθείας × κέρας × καλέσας δὲ αὐτοῦ τὰ τέκνα εἶπεν περικυκλώσαντες,

Job    50   1       τότε περιεζώσατο καὶ ἡ ἄλλη ἡ καλουμένη Ἀμαλθείας × κέρας × καὶ ἔσχεν τὸ στόμα ἀποφθεγγόμενον ἐν τῇ διαλέκτῳ

Job    50   3       ἀναγεγραμμένα ἐν ταῖς εὐχαῖς τῆς Ἀμαλθείας × κέρας. × μετὰ δὲ τὸ παύσασθαι τὰς τρεῖς ὑμνολογούσας,

Job    52   4       τῇ δὲ Κασίᾳ ἔδωκεν θυμιατήριον, τῇ δὲ Ἀμαλθείας × κέρας × ἔδωκεν τύμπανον, ὅπως εὐλογήσωσιν τοὺς ἐλθόντα

Sib.   3   397      ἵαν γε διδοῦς ἢν καὶ κόψει βροτολοιγὸς ἐκ δέκα δὴ × κεράων × +παρὰ δ' φυτὸν ἄλλο φυτεύσει+ καὶ κεράων πορφυρέης

Sib.   3   400      αἴσιον ἄρρης+ φθεῖται καὶ τότε δὴ παραφυόμενον × κέρας × ἄρξει. ἔσται καὶ Φρυγίη δὲ φερεσβίῳ αὐτίκα τέκμαρ

FAch.  112          περιβεβημένος σινδόνα καθαρὰν καὶ ἐπὶ τῆς κεφαλῆς × κέρατα × ἔχων. καθίσας δὲ ἐπὶ θρόνου ἐκέλευσεν εἰσελθεῖν

FPho.  127          ταχυτῆτ' ἀλκήν τε λέουσιν ταύρους δ' αὐτοχύτως × κέρα × ἔσσεν κέντρα μελίσσαις ἔμφυτον ἄλκαρ ἔδωκε λόγον δ'

HCal.  28   7       Ἀντιόχου καὶ Φιλίππου ἰατροῦ καὶ τὴν μὲν Σελεύκου × κέρας × ἔχουσαν γνωρίζεσθαι πεποίηκε διὰ τὸ ἀνδρεῖον

**κεράστης**  3

Abr.1  17   14      καὶ πρόσωπον λέοντος φοβεροῦ καὶ πρόσωπον × κεράστων × καὶ βασιλίσκου ἔδειξεν δὲ καὶ πρόσωπον ῥομφαίας

Abr.1  19   13      ἀνθρώπων ἐν ὥρᾳ θυμοῦ δρακόντων καὶ ἀσπίδων καὶ × κεράστων × καὶ βασιλίσκων ⟨καὶ τυχόντες βροντῆς ἀνυποφόρου

Abr.1  19   15      τῶν ἀνθρώπων ὑπὸ θηρίων ἀναιροῦνται ἄλλοι μὲν ὑπὸ × κεράστου × ἀπαλλάσσονται ἕτεροι δὲ ὑπὸ ἐχίδνης

**κερασφόρος**  1

LPhi.  9   20   1   παρακλιδὸν ἀθροισθέντος ἀλλ' ὁ μὲν ἐν χείρεσσι × κερασφόρον × ὥπασε κριόν. τοῖσιν ἕδος μακαριστὸν ὅλης

**κερατία**  1

Hen.   32   4       δένδρον ἐκεῖνο στροβιλέα τὸ ὕψος τὰ δὲ φύλλα αὐτοῦ × κερατία × ὅμοια ὁ δὲ καρπὸς αὐτοῦ ὡσεὶ βότρυες ἀμπέλου

**κερατίζω**  1

Hen.   89   43      ἕνα ἐκ τῶν προβάτων. καὶ ὁ κριὸς οὗτος ἤρξατο × κερατίζειν × καὶ ἐπιδιώκειν ἐν τοῖς κέρασιν καὶ

κερατοειδής
                1
FAch.    113       ἡ σελήνη διαφέρει τῶν λοιπῶν ἄστρων οὕτω καὶ σὺ τῇ ✳ κερατοειδεῖ ✳ μορφῇ σελήνης τρόπον ἔχεις οἱ δὲ ἄρχοντές

κεραυνός
                2
Sib.     3    391    ἄγριος ἀλλοδίκης φλογόεις ἤγειρε γὰρ αὐτοῦ πρόσθε ✳ κεραυνὸς ✳ φῶτα κακὸν δ' Ἀσίῃ ζυγὸν ἕξει πᾶσα πολὺν δὲ
Sib.     5    303     ἀναιδέας ὑψικέραυνος βρονταῖς τε στεροπαῖς τε ✳ κεραυνοῖς ✳ τε φλεγέθουσιν ἀνδράσι δυσμενέεσσι καὶ ὡς

κερδαίνω
                3
Aris.   270      5    φόβον μηδὲ διὰ πολυωρίαν ἐπανάγουσι πάντα πρὸς τὸ ✳ κερδαίνειν. ✳ τὸ μὲν γὰρ ἀγαπήσεως σημεῖον τὸ δὲ δυσνοίας
IDip.   5   121    3    εἰ δέ τις πράττει καλῶς κακὸς πεφυκὼς τὸν χρόνον ✳ κερδαινέτω ✳ χρόνῳ γὰρ οὗτος ὕστερον δώσει δίκην.
HCal.    24     24    ἡμᾶς ἡ τοῦ θανάτου ἐθρόησε τόλμη ὅσον τὸ μὴ ✳ κερδᾶναί ✳ τι προσδοκῶντες. οὕτως εὐχερῶς πρὸς τὸ θανεῖν

κέρδος
                3
Sib.     3     44    τε γυναῖκες στέρξουσιν κρυφίως ἄλλους πολλαὶ διὰ ✳ κέρδος ✳ οὐ σπάρτην κατέχουσι βίου ἀνδρῶν λελαχοῦσαι.
Sib.     4     32    κῦδος οὔτε φόνον ῥέξαντες ἀτάσθαλον οὔτε κλοπαῖον ✳ κέρδος ✳ ἀπεμπολέοντες ἃ δὴ ῥίγιστα τέτυκται οὐδ' ἄρ' ἐπ'
HCal.    24     25    εὐχερῶς πρὸς τὸ θανεῖν ἠὐτομόλησαν. ἐὰν δὲ καὶ ✳ κέρδος ✳ ἐλπίσουσι οὐκ ἄν τις ἀντιστῆναι δυνήσεται. λοιπὸν

κέρκος
                1
Hen.    103     11    ἐξ ἡμέρας. ἠλπίσαμεν γενέσθαι κεφαλὴ ἐγενήθημεν ✳ κέρκος ✳ ἐκοπιάσαμεν ἐργαζόμενοι καὶ τῶν ὀψωνίων οὐ

Κέρκυρα
                1
Sib.     5    317   Λέσβος ὑπ' Ἠριδανοῦ αἰώνιον ἐξαπολεῖται. αἰαῖ σοι ✳ +Κέρκυρα+ ✳ καλὴ πόλι παύεο κώμου. καὶ Ἱεράπολι γαῖα μόνη

κερόχρυσος ✳
                1
Sib.     5    355   τ' ἀγέλας ἐριμύκων ἐκθυσιάζοντας μόσχων μεγάλων ✳ κεροχρύσων ✳ ἀψύχοις θ' Ἑρμαῖς καὶ τοῖς λιθίνοισι

κευθμών
                1
Sib.     3    409      ἔστ' ἄρα καιρὸς ἐκεῖνος ἐπωνυμίην ἐνοσίχθων ✳ κευθμῶνας ✳ γαίης σκεδάσει καὶ τείχεα λύσει. σήματα δ' οὐκ

κεύθω
                1
FPho.     48      γονεῦσιν ἀδελφειοί τε συναίμοις. μὴ δ' ἕτερον ✳ κεύθῃς ✳ κραδίῃ νόον ἄλλ' ἀγορεύων μηδ' ὡς πετροφυῆς

κεφάλαιον
                2
Aris.    24      7    βασιλεία κομιζομένους τοὺς ἔχοντας τὸ προκείμενον ✳ κεφάλαιον ✳ ἀπολύειν καὶ μηδένα κακοσχόλως περὶ τούτων
FJub.     2     23 καὶ ἐδήλωσε δι' ἀγγέλου τῷ Μωυσῇ ὅτι καὶ εἰκοσιδύο ✳ κεφάλαια ✳ ἀπὸ Ἀδὰμ ἄχρι τοῦ Ἰακώβ. καὶ ἐκλέξομαι ἐμαυτῷ

κεφαλαιωδής
                1
Aris.   120      6    γεγονέναι ταύτην. ὅσον οὖν καὶ περὶ τούτων ἔδει ✳ κεφαλαιωδῶς ✳ σεσήμαγκά σοι ὦ Φιλόκρατες ἄδελφε τὰ δὲ τῆς

κεφαλή
               119
Adam     6      2    ἀπὸ τοῦ παραδείσου. ἐπιθήσω γὰρ κόπον ἐπὶ τὴν ✳ κεφαλήν ✳ μου καὶ κλαύσομαι καὶ προσεύξομαι καὶ
Adam     9      3 Σὴθ πλησίον τοῦ παραδείσου καὶ ἐπίθετε γῆν ἐπὶ τὰς ✳ κεφαλὰς ✳ ὑμῶν καὶ κλαύσατε δεόμενοι τοῦ θεοῦ ὅπως
Adam     19     3    αὐτοῦ τοῦτ' ἔστι τῆς ἐπιθυμίας. ἐπιθυμία γάρ ἐστι ✳ κεφαλὴ ✳ πάσης ἁμαρτίας. καὶ κλίνας τὸν κλάδον ἐπὶ τὴν γῆν
Adam     26     4    ἀνὰ μέσον τοῦ σπέρματος αὐτῶν. αὐτὸς σοῦ τηρήσει ✳ κεφαλὴν ✳ καὶ σὺ ἐκείνου πτέρναν ἕως τῆς ἡμέρας τῆς
Adam     29     11 δὲ Ἀδὰμ εἰς τὸν Ἰορδάνην ποταμὸν καὶ ἡ θρὶξ τῆς ✳ κεφαλῆς ✳ αὐτοῦ ἡπλοῦτο εὐχομένου αὐτοῦ ἐν τῷ ὕδατι. καὶ
Hen.     17      2 καὶ ἀπήγαγόν με εἰς ζοφώδη τόπον καὶ εἰς ὄρος οὗ ἡ ✳ κεφαλὴ ✳ ἀφικνεῖτο εἰς τὸν οὐρανόν. καὶ εἶδον τόπον τῶν
Hen.    103     11 σωτηρίαν ἡμέραν ἐξ ἡμέρας. ἠλπίσαμεν γενέσθαι ✳ κεφαλὴ ✳ ἐγενήθημεν κέρκος ἐκοπιάσαμεν ἐργαζόμενοι καὶ
Hen.    106     10 χιόνος καὶ πυρρότερον ῥόδου καὶ τὸ τρίχωμα τῆς ✳ κεφαλῆς ✳ αὐτοῦ λευκότερον ἐρίων λευκῶν καὶ τὰ ὄμματα
Abr.1     7      2    νυκτὶ ταύτῃ τὸν ἥλιον καὶ τὴν σελήνην ὑπεράνω τῆς ✳ κεφαλῆς ✳ μου καὶ τὰς ἀκτῖνας αὐτοῦ κυκλοῦντα καὶ
Abr.1     7      4 ἀνὴρ ὁ ἡλιόμορφος ἐκεῖνος ἔλαβεν τὸν ἥλιον ἀπὸ τῆς ✳ κεφαλῆς ✳ ⟨μου⟩ καὶ ἀνῆλθεν εἰς τοὺς οὐρανοὺς ὅθεν καὶ
Abr.1     7      5    καὶ ἔλαβεν ἀπ' ἐμοῦ καὶ τὴν σελήνην ἐκ τῆς ✳ κεφαλῆς ✳ μου ἔκλαυσα δὲ μεγάλως καὶ παρεκάλεσα τὸν ἄνδρα
Abr.1     11     6 ὁ ὅσιος ἐκεῖνος ὁ θαυμάσιος ἥρπαξεν τὰς τρίχας τῆς ✳ κεφαλῆς ✳ αὐτοῦ καὶ τὰς παρειὰς τοῦ πώγωνος καὶ ἔρριπτεν
Abr.1     11     11 διὰ τῆς πλατείας πύλης τότε ἁρπάζει τὰς τρίχας τῆς ✳ κεφαλῆς ✳ αὐτοῦ καὶ ῥίπτει ἑαυτὸν χαμαὶ κλαίων καὶ
Abr.1     17     7   σου τῆς πρὸς θεὸν ἐγένετο στέφανος ἐπὶ τῆς ἐμῆς ✳ κεφαλῆς ✳ καὶ ἐν ὡραιότητι καὶ ἐν ἡσυχίᾳ πολλῇ καὶ
Abr.1     17     14    ἀκαθαρσιωτέραν καὶ ὑπέδειξε ⟨τῷ Ἀβραὰμ⟩ ✳ κεφαλὰς ✳ δρακόντων πυρίνους ἑπτὰ καὶ πρόσωπα δεκατέσσαρα
Abr.1     19     5 διδάξω με πάσας σου τὰς μεταμορφώσεις τὰς ἑπτὰ ✳ κεφαλὰς ✳ τῶν δρακόντων τὰς πονηρὰς καὶ τί τὸ πρόσωπον τοῦ
Abr.1     19     7 καὶ ἐλευθέρους καὶ διὰ τοῦτό σοι ἔδειξα τὰς ἑπτὰ ✳ κεφαλὰς ✳ τῶν δρακόντων τὸ δὲ πρόσωπον τοῦ πυρὸς ἔδειξά
Abr.2     7      5 ὡς τὸν ἥλιον καὶ τὴν σελήνην καὶ στέφανος ἐπὶ τὴν ✳ κεφαλὴν ✳ ἐγένετο καὶ ἰδοὺ ἀνὴρ παμμεγέθης λίαν λάμπων ἐκ
Abr.2     7      7 πατὴρ τοῦ φωτὸς καὶ ἔλαβεν τὸν ἥλιον ἐκ τῆς ✳ κεφαλῆς ✳ μου καὶ ἔασεν τὰς ἀκτῖνας ἐν μέσῳ μου ἔκλαυσα δὲ
Abr.2     7      8 εἶπον παρακαλῶ σε κύριε μὴ ἐπάρῃς τὴν δόξαν τῆς ✳ κεφαλῆς ✳ μου καὶ τὸ φῶς τοῦ οἴκου μου καὶ πᾶσαν τὴν δόξαν
Abr.2     10     8 παμμεγέθης σφόδρα εἶχεν δὲ τρεῖς στεφάνους ἐπὶ τῆς ✳ κεφαλῆς ✳ αὐτοῦ καὶ ὁ εἷς ὑψηλότερος τοῦ ἑτέρου στεφάνου
Abr.2     13     19 τὴν σὴν δικαιοσύνην καὶ γίνεται στέφανος ἐπὶ τὴν ✳ κεφαλήν ✳ μου καὶ ἀπέρχομαι πρὸς αὐτὸν ἐν πιθανότητι καὶ
Abr.2     13     20 τὰς ἁμαρτίας αὐτοῦ πάσας ποιοῦσιν στέφανον ἐπὶ τὴν ✳ κεφαλήν ✳ μου ἐν μεγάλῳ φόβῳ καὶ ταράσσω αὐτὸν σφόδρα. καὶ
Abr.2     14     2 τὴν σαπρότητα οὕτως δὲ ἐφανέρωσεν ἑαυτὸν εἶχεν δύο ✳ κεφαλὰς ✳ τινὲς μὲν τῶν κεφαλῶν αὐτοῦ εἶχον πρόσωπα
Abr.2     14     3 ἐφανέρωσεν ἑαυτὸν εἶχεν δύο κεφαλὰς τινὲς μὲν τῶν ✳ κεφαλῶν ✳ αὐτοῦ εἶχον πρόσωπα δρακόντων διὰ τοῦτό τινες
Abr.2     14     4 διὰ τοῦτό τινες ὑπὸ ἀσπίδων τελευτῶσιν ⟨ἄλλαι δὲ ✳ κεφαλαὶ ✳ ὅμοιαι ῥομφαίων διὰ τοῦτό τινες ἐν ῥομφαίᾳ
TRub.     2      2 κατὰ τοῦ ἀνθρώπου ἀπὸ τοῦ Βελιὰρ καὶ αὐτά εἰσι ✳ κεφαλὴ ✳ τῶν ἔργων τοῦ νεωτερισμοῦ καὶ ἑπτὰ πνεύματα ἐδόθη
TRub.     5      5 ὑμῶν καὶ ταῖς θυγατράσιν ἵνα μὴ κοσμῶνται τὰς ✳ κεφαλὰς ✳ καὶ τὰς ὄψεις αὐτῶν ὅτι πᾶσα γυνὴ δολιευομένη ἐν
TSim.     4      5 ὑμῖν ὁ θεὸς χάριν καὶ δόξαν καὶ εὐλογίαν ἐπὶ τὰς ✳ κεφαλὰς ✳ ὑμῶν καθὼς εἴδετε ἐν αὐτῷ. πάσας τὰς ἡμέρας οὐκ
TLevi     8      9 μοι ἐλαίας ἔδωκε πιότητος. ὁ ἕκτος στέφανόν μοι τῇ ✳ κεφαλῇ ✳ περιέθηκεν. ὁ ἕβδομος διάδημά μοι περιέθηκεν
TLevi     16     3     αὐτοῦ τοῦ μύσους τὸ ἀθῷον αἷμα ἐν κακίᾳ ἐπὶ ✳ κεφαλὰς ✳ ὑμῶν ἀναδεχόμενοι. δι' αὐτὸν ἔσται τὰ ἅγια ὑμῶν
TLevi     18 2B027 αἵματος καὶ ἄρξῃ τὰ μέλη ἀναφέρειν ἡλιομένα τὴν ✳ κεφαλὴν ✳ ἀνάφερε πρῶτον καὶ κάλυπτε αὐτὴν τῷ στέατι καὶ
TLevi     18 2B027 αὐτὴν τῷ στέατι καὶ μὴ ὀπτανέσθω τὸ αἷμα ἐπὶ τῆς ✳ κεφαλῆς ✳ αὐτῆς καὶ μετὰ τοῦτο τὸν τράχηλον καὶ μετὰ τοῦτο
TJud.     9      5 αὐτῶν προσάγω κλίμακα. καὶ τὴν ἀσπίδα ἐπὶ τῆς ✳ κεφαλῆς ✳ μου καὶ ἀνῆλθον ἀποδεχόμενος λίθους ἕως ταλάντων
TZab.     9      4 ἐὰν διαιρεθῆτε ἔσεσθε οὕτως. μὴ σχισθῆτε εἰς δύο ✳ κεφαλὰς ✳ ὅτι πᾶν ὃ ἐποίησεν ὁ κύριος κεφαλὴν μίαν ἔχει.
TZab.     9      4 εἰς δύο κεφαλὰς ὅτι πᾶν ὃ ἐποίησεν ὁ κύριος ✳ κεφαλὴν ✳ μίαν ἔχει. ἔδωκε δύο ὤμους χεῖρας πόδας ἀλλὰ
TZab.     9      4 δύο ὤμους χεῖρας πόδας ἀλλὰ πάντα τὰ μέλη τῇ μιᾷ ✳ κεφαλῇ ✳ ὑπακούει. ἔγνων ἐν γραφῇ πατέρων μου ὅτι ἐν
TNep.     2      8 ἐποίησεν ὁ θεὸς καλὰ τὰς πέντε αἰσθήσεις ἐν τῇ ✳ κεφαλῇ ✳ καὶ τὸν τράχηλον συνάπτει τῇ κεφαλῇ καὶ τρίχας
TNep.     2      8 ἐν τῇ κεφαλῇ καὶ τὸν τράχηλον συνάπτει τῇ ✳ κεφαλῇ ✳ καὶ τρίχας πρὸς δόξαν εἶτα καρδίαν εἰς φρόνησιν
TAser     7      3 ἐσθίων καὶ πίνων καὶ ἐν ἡσυχίᾳ συντρίβων τὴν ✳ κεφαλὴν ✳ τοῦ δράκοντος δι' ὕδατος οὕτως σώσει τὸν Ἰσραὴλ
Asen.     3      6 ἐκτετυπωμένα ἐν αὐτοῖς. καὶ ἔθηκε τιάραν ἐπὶ τῆς ✳ κεφαλῆς ✳ αὐτῆς καὶ διάδημα ἔσφιγξε περὶ τοὺς κροτάφους
Asen.     3      6 τοὺς κροτάφους αὐτῆς καὶ θεριστρῳ κατεκάλυψε τὴν ✳ κεφαλὴν ✳ αὐτῆς. καὶ ἔσπευσε καὶ κατέβη τὴν κλίμακα ἐκ τοῦ
Asen.     5      5 ἐκ βύσσου χρυσοϋφῆς καὶ στέφανος χρυσοῦς ἐπὶ τῆς ✳ κεφαλῆς ✳ αὐτοῦ καὶ κύκλῳ τοῦ στεφάνου ἦσαν δώδεκα λίθοι
Asen.     8      9 τὴν χεῖρα αὐτοῦ τὴν δεξιὰν καὶ ἔθηκεν ἐπάνω τῆς ✳ κεφαλῆς ✳ αὐτῆς καὶ εἶπεν κύριε ὁ θεὸς τοῦ πατρός μου
Asen.     10     6 Ἀσενὲθ τὴν θύραν ἀλλ' εἶπεν αὐταῖς ἔσωθεν τῆς ✳ κεφαλῆς ✳ μου ἐστι πόνος βαρὺς καὶ ἡσυχάζω ἐν τῇ κλίνῃ μου
Asen.     10     10 σχοινίου καὶ ἀπέθετο τὴν κίδαριν ἐκ τῆς ✳ κεφαλῆς ✳ αὐτῆς καὶ τὸ διάδημα καὶ τὰ ψέλια ἀπὸ τῶν χειρῶν
Asen.     10     14 αὐτῆς. καὶ ἔλυσε τὸ ἐμπλόκιον τοῦ τριχώματος τῆς ✳ κεφαλῆς ✳ αὐτῆς καὶ κατέπασε τέφραν ἐπάνω τῆς κεφαλῆς
Asen.     10     14 τῆς κεφαλῆς αὐτῆς καὶ κατέπασε τέφραν ἐπάνω τῆς ✳ κεφαλῆς ✳ αὐτῆς. καὶ ἔστρωσεν τὴν τέφραν εἰς τὸ ἔδαφος καὶ
Asen.     11     1 ἐπὶ τοὺς διοδεύοντας καὶ ἀνένευσε μικρὸν τὴν ✳ κεφαλὴν ✳ αὐτῆς Ἀσενὲθ ἐκ τοῦ ἐδάφους καὶ ἐκ τῆς τέφρας οὗ
Asen.     11     1B τὸ ἔδαφος καὶ ἀνένευσε μικρὸν ἀπὸ τῆς γῆς καὶ τῇ ✳ κεφαλῇ ✳ κατανεύουσα καὶ αἱ τρίχες τῆς κεφαλῆς αὐτῆς ἦσαν
Asen.     11     1B τῇ κεφαλῇ κατανεύουσα καὶ αἱ τρίχες τῆς ✳ κεφαλῆς ✳ ἦσαν ἀπλοϋμεναι ἀπὸ τῆς πολλῆς τέφρας.
Asen.     11     1B χεῖρας αὐτῆς δάκτυλον πρὸς δάκτυλον καὶ ἔσεισε τὴν ✳ κεφαλὴν ✳ αὐτῆς ἔνθεν καὶ ἔνθεν καὶ ἐπάτασσε συνεχῶς τὸ
Asen.     11     1B συνεχῶς τὸ στῆθος ταῖς χερσὶν αὐτῆς καὶ ἔβαλε τὴν ✳ κεφαλὴν ✳ αὐτῆς εἰς τὸν κόλπον αὐτῆς καὶ τὸ πρόσωπον αὐτῆς
Asen.     11     1B μεγάλα καὶ τὰς τρίχας αὐτῆς εἵλκυσεν ἀπὸ τῆς ✳ κεφαλῆς ✳ αὐτῆς. καὶ ἔκαμεν Ἀσενὲθ καὶ ὠλιγοψύχησε καὶ
Asen.     11     1B τῆς κεφαλῆς αὐτῆς καὶ κατέπασε τέφραν ἐπάνω τῆς ✳ κεφαλῆς ✳ αὐτῆς. καὶ ἔκαμεν Ἀσενὲθ καὶ ὠλιγοψύχησε καὶ
Asen.     11     2 τῆς θυρίδος τῆς βλεπούσης κατὰ ἀνατολάς. καὶ τὴν ✳ κεφαλὴν ✳ αὐτῆς ἐνέβαλεν εἰς τὸν κόλπον αὐτῆς πλέξασα τοὺς
Asen.     11     15 τὸν τοῖχον καὶ ἐκάθισε τὴν τέφραν καὶ τὴν χειρὶ τῆς ✳ κεφαλῆς ✳ μου καὶ καταπέπασμαι τέφραν. ἰδοὺ τὸ ἔδαφος τοῦ
Asen.     13     5 τὴν τιάραν μου καὶ τὸ διάδημά μου ἔρριψα ἀπὸ τῆς ✳ κεφαλῆς ✳ μου καὶ καταπέπασμαι τέφραν. ἰδοὺ τὸ ἔδαφος τοῦ
Asen.     14     3 πρὸς αὐτὴν ἄνθρωπος ἐκ τοῦ οὐρανοῦ καὶ ἔστη ὑπὲρ ✳ κεφαλὴν ✳ Ἀσενέθ. καὶ ἐκάλεσεν αὐτὴν καὶ εἶπεν Ἀσενέθ
Asen.     14     4 καὶ λαλήσω πρός σε τὰ ῥήματά μου. ἐπῆρε τὴν ✳ κεφαλὴν ✳ αὐτῆς Ἀσενὲθ καὶ εἶδε καὶ ἰδοὺ ἀνὴρ κατὰ πάντα
Asen.     14     9 ὀφθαλμοὶ αὐτοῦ ὡς φέγγος ἡλίου καὶ αἱ τρίχες τῆς ✳ κεφαλῆς ✳ αὐτοῦ ὡς φλὸξ πυρὸς ὑπολαμπάδος καιομένης καὶ αἱ
Asen.     14     12 ἀπόθου ἀπὸ τῆς ὀσφύος σου καὶ ἀποτίναξον ἀπὸ τῆς ✳ κεφαλῆς ✳ σου τὴν τέφραν ταύτην καὶ νίψαι τὸ πρόσωπόν σου
Asen.     14     15 λινοῦν ἄθικτον καὶ ἐπίσημον καὶ κατεκάλυψε τῆς ✳ κεφαλῆς ✳ αὐτῆς. καὶ ἦλθε πρὸς τὸν ἄνθρωπον εἰς τὸν
Asen.     14     15 καὶ ἀπεσείσατο τὴν χειρὶ αὐτῆς τὴν δεξιὰ καὶ ἐνίψατο τὰς χεῖρας αὐτῆς καὶ ✳ κεφαλῆς ✳ αὐτῆς. καὶ
Asen.     15     1 αὐτῇ ὁ ἄνθρωπος ἀπόστειλον δὴ τὸ θέριστρον ἀπὸ τῆς ✳ κεφαλῆς ✳ σου καὶ ἵνα τι σὺ τοῦτο πεποίηκας; διότι σὺ εἶ
Asen.     15     1 πεποίηκας; διότι σὺ εἶ παρθένος ἁγνὴ σήμερον καὶ ἡ ✳ κεφαλή ✳ σού ἐστιν ὡς ἀνδρὸς νεανίσκου
Asen.     15     2 καὶ ἀπέστειλεν Ἀσενὲθ τὸ θέριστρον ἀπὸ τῆς ✳ κεφαλῆς ✳ αὐτῆς. καὶ εἶπεν αὐτῇ ὁ ἄνθρωπος θάρσει Ἀσενὲθ
Asen.     16     13 τὴν χεῖρα αὐτοῦ τὴν δεξιὰν καὶ ἐκράτησε τῆς ✳ κεφαλῆς ✳ αὐτῆς καὶ ἐπέσεισε τῇ χειρὶ αὐτὴ τὴν δεξιᾷ τὴν
Asen.     16     13 αὐτῆς καὶ ἐπέσεισε τῇ χειρὶ αὐτοῦ τῇ δεξιᾷ τὴν ✳ κεφαλὴν ✳ αὐτῆς. Ἀσενὲθ δὲ ἐφοβήθη τὴν χεῖρα τοῦ
Asen.     16     18 ἱμάτια χρυσοϋφῆ καὶ διαδήματα χρυσᾶ ἐπὶ τὰς ✳ κεφαλὰς ✳ αὐτῶν καὶ κέντρα ἦσαν αὐταῖς ὀξέα καὶ οὐκ
Asen.     16     19 πᾶσαι αἱ μέλισσαι ἐκεῖναι τῇ Ἀσενὲθ ἀπὸ ποδῶν ἕως ✳ κεφαλῆς. ✳ καὶ ἄλλαι μέλισσαι ἦσαν μεγάλαι καὶ ἐκλεκταὶ ὡς
Asen.     18     4 τὸ πρόσωπόν σου; καὶ εἶπεν Ἀσενὲθ Ἀσενὲθ ἐπὶ τὴν ✳ κεφαλὴν ✳ μου πόνος γέγονε βαρὺς καὶ ὁ ὕπνος ἀπέστη ἀπὸ
Asen.     18     6 καὶ στέφανον χρυσοῦν περιέθηκε ἐπὶ τὴν ✳ κεφαλὴν ✳ αὐτῆς καὶ ἐν τῷ στεφάνῳ ἔμπροσθεν ἐπὶ τῷ μετώπῳ
Asen.     18     6 ἓξ λίθοι πολυτελεῖς. καὶ θεριστρῳ κατεκάλυψε τὴν ✳ κεφαλὴν ✳ αὐτῆς ὡς νύμφη καὶ ἔλαβε σκῆπτρον ἐν τῇ χειρὶ

Asen. 18 9 συντεταγμένοι εἰς πόλεμον⟩ καὶ αἱ τρίχες τῆς * κεφαλῆς * αὐτῆς ὡς ἄμπελος ἐν τῷ παραδείσῳ τοῦ θεοῦ
Asen. 20 5 καὶ κατεφίλησεν αὐτὴν καὶ Ἀσενὲθ κατεφίλησε τὴν * κεφαλὴν * αὐτοῦ καὶ ἐκάθισεν ἐκ δεξιῶν αὐτοῦ. καὶ ἦλθον ὁ
Asen. 21 5 τὴν Ἀσενὲθ καὶ ἐπέθηκε στεφάνους χρυσοῦς εἰς τὰς * κεφαλὰς * αὐτῶν οἵτινες ἦσαν ἐν τῷ οἴκῳ αὐτοῦ ἐξ ἀρχῆς καὶ
Asen. 21 6 τοῦ Ἰωσὴφ καὶ ἐπέθηκε τὰς χεῖρας αὐτοῦ ἐπὶ τὰς * κεφαλὰς * αὐτῶν καὶ ἡ δεξιὰ χεὶρ αὐτοῦ ἦν ἐπὶ τῆς κεφαλῆς
Asen. 21 6 κεφαλὰς αὐτῶν καὶ ἡ δεξιὰ χεὶρ αὐτοῦ ἦν ἐπὶ τῆς * κεφαλῆς * Ἀσενὲθ καὶ εἶπε Φαραὼ εὐλογήσει ὑμᾶς κύριος ὁ
Asen. 22 7 τὸ γῆρας αὐτοῦ ὥσπερ νεότης ἀνδρὸς ὡραίου καὶ ἦν ἡ * κεφαλὴ * αὐτοῦ πᾶσα λευκὴ ὡσεὶ χιὼν καὶ αἱ τρίχες τῆς
Asen. 22 7 αὐτοῦ πᾶσα λευκὴ ὡσεὶ χιὼν καὶ αἱ τρίχες τῆς * κεφαλῆς * αὐτοῦ ἦσαν ὅλαι δασεῖαι καὶ πυκναὶ σφόδρα ⟨ὡς
Asen. 25 3 μου τὴν νεόφυτον. καὶ εἶπον αὐτῷ οἱ φύλακες * κεφαλῆς * πόνον πονεῖ ὁ πατήρ σου καὶ ἠγρύπνησεν ὅλην τὴν
Sal. 2 20 σάκκον ἀντὶ ἐνδύματος εὐπρεπείας σχοινίον περὶ τὴν * κεφαλὴν * αὐτῆς ἀντὶ στεφάνου. περιείλατο μίτραν δόξης ἣν
Sal. 2 25 μὴ χρονίσῃς ὁ θεὸς τοῦ ἀποδοῦναι αὐτοῖς εἰς * κεφαλὰς * τοῦ εἰπεῖν τὴν ὑπερηφανίαν τοῦ δράκοντος ἐν
Jer. 2 1 τὰ ἱμάτια αὐτοῦ καὶ ἐπέθηκεν χοῦν ἐπὶ τὴν * κεφαλὴν * αὐτοῦ καὶ εἰσῆλθεν εἰς τὸ ἁγιαστήριον τοῦ θεοῦ.
Jer. 2 2 ἰδὼν δὲ αὐτὸν ὁ Βαροὺχ χοῦν πεπασμένον ἐπὶ τὴν * κεφαλὴν * αὐτοῦ καὶ τὰ ἱμάτια αὐτοῦ διερρωγότα ἔκραξε φωνῇ
Jer. 2 3 ἐπειδὴ ὅταν ἡμάρτανεν ὁ λαὸς χοῦν ἔπασσεν ἐπὶ τὴν * κεφαλὴν * αὐτοῦ ὁ Ἱερεμίας καὶ ηὔχετο ὑπὲρ τοῦ λαοῦ ἕως
Jer. 3 15 λαοῦ ὅτι ἐπὶ σέ ἡ εὐφρασία τοῦ κυρίου καὶ ἐπὶ τὴν * κεφαλήν * σου ἡ δόξα. καὶ ταῦτα εἰπὼν Ἱερεμίας ἀπέλυσεν
Jer. 4 6 εἰς Βαβυλῶνα. ὁ δὲ Βαροὺχ ἐπέθηκε χοῦν ἐπὶ τὴν * κεφαλὴν * αὐτοῦ καὶ ἐκάθισε καὶ ἔκλαυσε τὸν θρῆνον τοῦτον
Jer. 5 2 σκιὰν αὐτοῦ τοῦ ἀναπαῆναι ὀλίγον. καὶ κλίνας τὴν * κεφαλὴν * αὐτοῦ ἐπὶ τὸν κόφινον τῶν σύκων ὕπνωσεν
Jer. 5 2 ὅτι ἡδέως ἐκοιμήθην ὀλίγον ἀλλὰ βεβαρημένη ἐστὶν ἡ * κεφαλή * μου ὅτι οὐκ ἐκορέσθην τοῦ ὕπνου μου. εἶτα
Jer. 5 4 κοιμηθῆναι ἔτι ὀλίγον ὅτι βεβαρημένη ἐστίν ἡ * κεφαλή * μου ἀλλὰ φοβοῦμαι μήπως κοιμηθῶ καὶ βραδυνῶ τοῦ
Jer. 5 10 ἐγερθεὶς ἀπὸ τοῦ ὕπνου μου καὶ βαρείας οὔσης τῆς * κεφαλῆς * μου διὰ τὸ μὴ κορεσθῆναί με τοῦ ὕπνου πεπλάνημαι
Jer. 5 26 ἐκάθισα τοῦ ἀναπαῆναι ὀλίγον καὶ ἔκλινα τὴν * κεφαλήν * μου ἐπὶ τὸν κόφινον καὶ ἐκοιμήθην. καὶ
Jer. 7 20 ἀκούσας ὁ λαὸς ἔκλαυσαν καὶ ἐπέθηκαν χοῦν ἐπὶ τὰς * κεφαλὰς * αὐτῶν καὶ ἔλεγον τῷ Ἱερεμίᾳ σῶσον ἡμᾶς καὶ
Jer. 9 9 τὰ ἱμάτια αὐτῶν καὶ ἐπέθηκαν χοῦν ἐπὶ τὰς * κεφαλὰς * αὐτῶν καὶ ἔκλαυσαν κλαυθμὸν πικρόν. καὶ μετὰ
Bar. 7 4 ἀγγέλους μετ' αὐτοῦ φέροντας καὶ στέφανον ἐπὶ τὴν * κεφαλὴν * αὐτοῦ οὗ τὴν θέαν οὐκ ἠδυνήθημεν ἀντοφθαλμῆσαι
Bar. 8 3 ἐγὼ εἶπον κύριε διά τί ἦραν τὸν στέφανον ἀπὸ τῆς * κεφαλῆς * τοῦ ἡλίου καὶ διά τί ἐστι τὸ ὄρνεον τοσοῦτον
Prop. 4 5 ἵνα μὴ ἀπόληται. ἦν τὰ ἐμπρόσθια ὡς βοῦς σὺν τῇ * κεφαλῇ * καὶ οἱ πόδες σὺν τοῖς ὀπισθίοις λέων. ἀπεκαλύφθη
Sedr. 11 1 σου. καὶ ἤρξατο κλαίων καὶ ὀδυρόμενος λέγειν ὦ * κεφαλὴ * παράδοξε οὐρανοκόσμητε ὦ ἡλιοφώτιστε οὐρανοῦ καὶ
Sedr. 11 3 σάλπιγγος καὶ ὁ ἐγκέφαλός σου ἐστιν μικρὸν κτίσμα * κεφαλὴ * ὅλου τοῦ σώματος κίνησις καλόπιστε καὶ καλλίστατε
Sedr. 11 14 τοὺς ἁγίους καὶ ἄρτι ἀκίνητοι μένετε. ὦ * κεφαλὴ * καὶ χεῖρες καὶ πόδες ἕως ἄρτι σῴζω σε. ὦ ψυχή τί
Sedr. 11 18 κρίσιν. ὦ σῶμα καλλωπισμένον τρίχες ἀστερόχυται * κεφαλὴ * οὐρανοκόσμητε ἐστολισμένον. ὦ πρόσωπον
Sedr. 11 19 γένειον καλλωπισμένον τρίχες ἀστερόμορφοι * κεφαλὴ * οὐρανομήκες ἐστολισμένον σῶμα τὸ φωταγωγὸν
Job 20 6 καὶ ἐπάταξέν με πληγὴν σκληρὰν ἀπὸ ποδῶν ἕως * κεφαλῆς * καὶ ἐν μεγάλῃ ταραχῇ καὶ ἀδημονίᾳ ἐξῆλθον τὴν
Job 23 7 ἐν χερσίν σου ἀργύριον, ὑποθοῦ μοι τὴν τρίχα τῆς * κεφαλῆς * σου καὶ λάβε τρεῖς ἄρτους ἴσως δυνήσεσθε ζῆσαι
Job 23 8 ἡμέραις. τότε λέγει ἐν ἑαυτῇ τί γάρ μοι ἡ θρὶξ τῆς * κεφαλῆς * πρὸς τὸν πεινοῦντα ἄνδρα μου; καὶ οὕτω
Job 23 10 αὐτήν. τότε λαβὼν ψαλίδα ἔκειρεν τὴν τρίχα τῆς * κεφαλῆς * αὐτῆς καὶ ἔδωκεν αὐτῇ τρεῖς ἄρτους πάντων
Job 24 9 ἔχεις, ὦ γύναι, ἀργύριον, παράσχου τὴν τρίχα τῆς * κεφαλῆς * σου καὶ λάμβανε τρεῖς ἄρτους ἴσως ζήσεσθε ἐν
Job 29 4 ἡμῶν; ἐγὼ δὲ κλαύσας κατεπασάμην γῆν ἐπὶ τῆς * κεφαλῆς * μου καὶ κινήσας αὐτὴν ἐδήλωσα αὐτοῖς ὅτι ἐγώ
Job 30 1 αὐτοῖς ὅτι ἐγώ εἰμι. ἰδόντες δέ με κινοῦντα τὴν * κεφαλήν * μου κατέπεσαν εἰς τὴν γῆν ἐκλυθέντες καὶ
Aris. 70 4 σὺν τοῖς βότρυσιν οἱ λιθουργεῖς ἦσαν μέχρι τῆς * κεφαλῆς. * ἡ δ' αὐτὴ διάθεσις ἦν τῶν τεσσάρων ποδῶν πάντα
Aris. 98 1 τῆς ἰδιότητος τὴν φυσικὴν χρόαν. ἐπὶ δὲ τῆς * κεφαλῆς * ἔχει τὴν λεγομένην κίδαριν ἐπὶ δὲ ταύτης τὴν
Sib. 5 100 Ἀσὶς ὅλη δώρων χάριν ὧν ἀπὸ σεῖο στεψαμένη * κεφαλὴν * ἐχάρη πίπτουσ' ἐπὶ γαίης. αὐτὸς δ' ὃς Περσῶν
Sib. 5 222 τῶν συμπάντων βασιλήων πρῶτα μὲν ἐκ τρισσῶν * κεφαλῶν * σὺν πληγάδι ῥίζας +στησάμενος+ μεγάλως ἑτέροις
FEli. 4 228 τοῦ Ἀντιχρίστου οἷος μέλλῃ τότε φαίνεσθαι ἡ * κεφαλὴ * αὐτοῦ φλὸξ πυρὸς ὁ ὀφθαλμὸς αὐτοῦ ὁ δεξιὸς
FIsa. 1 10 αὐτοῦ καὶ ἔκλαυσεν πικρῶς καὶ ἔβαλεν χοῦν ἐπὶ τὴν * κεφαλὴν * αὐτοῦ καὶ ἔπεσεν ἐπὶ πρόσωπον αὐτοῦ. καὶ εἶπεν
FAch. 112 αὐτὸς περιβεβλημένος σινδόνα καθαρὰν καὶ ἐπὶ τῆς * κεφαλῆς * κέρατα ἔχων. καθίσας δὲ ἐπὶ θρόνου ἐκέλευσεν
LThe. 9 22 11 δὴ Συμεὼν μὲν Ἐμὼρ ὤρουσεν ἐπ' αὐτὸν πλῆξέ τέ οἱ * κεφαλὴν * δειρὴν δ' ἕλεν ἐν χερὶ λαιῇ λεῖψε δ' ἔτι

κεφαλίς 1
Aris. 68 1 τοῖς θεωροῦσι. τοὺς δὲ πόδας ἐποίησαν τὰς * κεφαλίδας * ἔχοντας κρινωτὰς ἀνάκλασιν κρίνων ὑπὸ τὴν

κεχαρισμένως 1
Aris. 273 1 ἅπαντας καλοκἀγαθίαν παρὰ θεοῦ δῶρον τοῦτ' ἔχων. * κεχαρισμένως * δὲ καὶ τοῦτον ἀποδεξάμενος τὸν ἐνδέκατον

κηδεία 1
FMos. 6 132 2 μετ' ἀγγέλων τὸν δὲ ἐπὶ τὰ ὄρη περὶ τὰς φάραγγας * κηδείας * ἀξιούμενον. εἶδεν δὲ Ἰησοῦς τὴν θέαν ταύτην

κηδεύω 15
Adam 40 2 ἐκ τοῦ ἐλαίου τῆς εὐωδίας ἐκχέατε ἐπ' αὐτόν. καὶ * ἐκήδευσαν * αὐτόν οἱ τρεῖς μεγάλοι ἄγγελοι. ὅτε δὲ
Adam 40 3 αὐτόν οἱ τρεῖς μεγάλοι ἄγγελοι. ὅτε δὲ ἐτέλεσαν * κηδεύοντες * τὸν Ἀδὰμ εἶπεν ὁ θεὸς ἐνεχθῆναι καὶ τὸ σῶμα
Adam 40 3 τὸ σῶμα τοῦ Ἄβελ. καὶ ἐνεγκόντες ἄλλας σινδόνας * ἐκήδευσαν * αὐτὸν ἐπειδὴ ἀκήδευτος ἦν ἀφ' ἧς ἡμέρας
Adam 40 6 Ἀδὰμ ὁ πατὴρ αὐτοῦ. καὶ προσέταξεν ὁ θεὸς μετὰ τὸ * κηδεῦσαι * καὶ τὸν Ἄβελ ἆραι αὐτοὺς εἰς τὰ μέρη τοῦ
Adam 42 3 ἐν τῷ ἐλθεῖν τὸν κύριον ἐπὶ τὸν παράδεισον πρὸς τὸ * κηδεῦσαι * τὸν Ἀδὰμ ἐκοιμήθησαν ἅπαντες ἕως οὗ ἐτέλεσεν
Adam 42 3 τὸν Ἀδὰμ ἐκοιμήθησαν ἅπαντες ἕως οὗ ἐτέλεσεν τοῦ * κηδεῦσαι * τὸν Ἀδὰμ πλὴν τοῦ Σὴθ μόνου καὶ οὐδεὶς
Adam 43 1 αὐτῆς. καὶ ἦλθεν Μιχαὴλ καὶ ἐδίδαξεν τὸν Σὴθ πῶς * κηδεύσῃ * τὴν Εὔαν. καὶ ἦλθαν τρεῖς ἄγγελοι καὶ ἦραν τὸ
Adam 43 2 μετὰ ταῦτα ἐλάλησεν ὁ Μιχαὴλ τῷ Σὴθ λέγων οὕτως * κήδευσον * πάντα ἄνθρωπον ἀποθνήσκοντα ἕως ἡμέρας τῆς
Abr.1 20 11 θεοϋφαντῷ. καὶ μυρίσμασι θεοπνεύστοις καὶ ἀρώμασιν * ἐκήδευσαν * δὲ τὸ σῶμα τοῦ δικαίου ἕως τρίτης ἡμέρας τῆς
Jer. 9 10 πικρόν. καὶ μετὰ ταῦτα ἡτοίμασαν ἑαυτοὺς ἵνα * κηδεύσωσιν * αὐτόν. καὶ ἰδοὺ φωνὴ ἦλθε λέγουσα μὴ κηδεύετε
Jer. 9 11 κηδεύσωσιν αὐτόν. καὶ ἰδοὺ φωνὴ ἦλθε λέγουσα μὴ * κηδεύετε * τὸν ἔτι ζῶντα ὅτι ἡ ψυχὴ αὐτοῦ εἰσέρχεται εἰς
Jer. 9 12 τὸ σῶμα αὐτοῦ πάλιν. καὶ ἀκούσαντες τῆς φωνῆς οὐκ * ἐκήδευσαν * αὐτὸν ἀλλ' ἔμειναν περικύκλῳ τοῦ σκηνώματος
Esdr. 7 15 μετὰ μεγάλης τιμῆς μηνὶ ὀκτωβρίῳ εἰς τὰς ιη'. καὶ * κηδεύσαντες * αὐτὸν μετὰ θυμιαμάτων καὶ ψαλμῶν τὸ τίμιον
Job 39 10 ὅτι τὰ τέκνα μου δέκα τέθνηκεν, καὶ οὐδένα αὐτῶν * κεκήδευκα; * καὶ οἱ μὲν ἀπῆλθον εἰς τὸ σκάπτειν, ἐγὼ δὲ
Job 40 12 κλαίοντα ἐπ' αὐτήν. καὶ οὕτως προκομίσαντες αὐτὴν * ἐκήδευσαν * θάψαντες περὶ τὴν οἰκίαν τὴν συμπεπτωκυῖαν ἐπὶ

κῆδος 1
Sib. 3 563 ἐν φρεσὶ κάτθεο σῇσιν ὅσσα περιπλομένων ἐνιαυτῶν * κήδεα * ἔσται. --- +καὶ τοὺς ἐλλὰς ἔρεξε+ βοῶν ταύρων τ'

κῆπος 1
TNep. 5 8 συνανῆλθεν αὐτῷ εἰς ὕψος. καὶ εἶδον ὅτι ἤμην ἐν * κήποις * καὶ ἰδοὺ γραφὴ ἁγία ὤφθη ἡμῖν λέγουσα Ἀσσύριοι

κήρ 3
Sib. 3 664 ἐθνῶν ἐπὶ τήνδε γε γαῖαν ἀθρόοι ὁρμήσονται ἑαυτοῖς * κῆρα * φέροντες σηκὸν γὰρ μεγάλοιο θεοῦ καὶ φῶτας ἀρίστους
Sib. 4 71 Ἑλλήσποντον πλεύσει Φρυξὶ βαρεῖαν ἰδ' Ἀσίδι * κῆρα * φέρουσα. αὐτὰρ ἐς Αἴγυπτον πολυαύλακα πυροφόραν τε
Sib. 5 228 Πρόνοια. ἄστατε καὶ κακόβουλε κακὰς περικείμενε * κῆρας * ἀρχὴ καὶ καμάτοιο καὶ ἀνθρώποις μέγα τέρμα

κηρίον 28
Asen. 16 1 ἄρτον. καὶ εἶπεν αὐτῇ ὁ ἄνθρωπος φέρε δή μοι καὶ * κηρίον * μελίσσης. καὶ ἔστη Ἀσενὲθ καὶ ἐλυπήθη διότι οὐκ
Asen. 16 2 καὶ ἔστη Ἀσενὲθ καὶ ἐλυπήθη διότι οὐκ εἶχε * κηρίον * μελίσσης ἐν τῷ ταμιείῳ αὐτῆς. καὶ εἶπεν αὐτῇ ὁ
Asen. 16 4 τῆς κληρονομίας ἡμῶν καὶ οἴσει σοι ἐκεῖθεν ταχέως * κηρίον * μελίσσης καὶ παραθήσω σοι κύριε. καὶ εἶπεν αὐτῇ ὁ
Asen. 16 5 καὶ εἴσελθε εἰς τὸ ταμιεῖόν σου καὶ εὑρήσεις * κηρίον * μελίσσης ἐπὶ τῆς τραπέζης κείμενον. ἆρον αὐτὸ καὶ
Asen. 16 6 ἆρον αὐτὸ καὶ κόμισον ὧδε. καὶ εἶπεν Ἀσενὲθ κύριε * κηρίον * μελίσσης ἐν τῷ ταμιείῳ μου οὐκ ἔστιν. καὶ εἶπεν ὁ
Asen. 16 8 εἰσῆλθεν Ἀσενὲθ εἰς τὸ ταμιεῖον αὐτῆς καὶ εὗρε * κηρίον * μελίσσης κείμενον ἐπὶ τῆς τραπέζης. καὶ ἦν τὸ
Asen. 16 8 μελίσσης κείμενον ἐπὶ τῆς τραπέζης. καὶ ἦν τὸ * κηρίον * μέγα καὶ λευκὸν ὡσεὶ χιὼν καὶ πλήρης μέλιτος. καὶ
Asen. 16 9 καὶ ἐθαύμασεν Ἀσενὲθ καὶ εἶπεν ἐν ἑαυτῇ ἆρα γε τὸ * κηρίον * τοῦτο ἐκ τοῦ στόματος τοῦ ἀνθρώπου τούτου ἐξῆλθε
Asen. 16 10 τοῦ ἀνθρώπου τούτου ἐστίν. καὶ ἔλαβεν Ἀσενὲθ τὸ * κηρίον * ἐκεῖνο καὶ ἤνεγκε τῷ ἀνθρώπῳ καὶ παρέθηκεν αὐτὸ
Asen. 16 10 εἶπεν αὐτῇ ὁ ἄνθρωπος τί ὅτι εἶπας ὅτι οὐκ ἔστι * κηρίον * μελίσσης ἐν τῷ ταμιείῳ μου; καὶ ἰδοὺ ἐνήνοχας
Asen. 16 10 μελίσσης ἐν τῷ ταμιείῳ μου; καὶ ἰδοὺ ἐνήνοχας * κηρίον * μελίσσης θαυμαστόν. καὶ ἐφοβήθη Ἀσενὲθ καὶ εἶπεν
Asen. 16 11 καὶ ἐφοβήθη Ἀσενὲθ καὶ εἶπεν κύριε ἐγὼ οὐκ εἶχον * κηρίον * μέλιτος ἐν τῷ ταμιείῳ μου πώποτε ἀλλὰ σὺ ἐλάλησας
Asen. 16 14 κυρίῳ τῷ θεῷ ἐν μετανοίᾳ ὅτι ἐκ τούτου τοῦ * κηρίου * φάγονται. διότι τοῦτο τὸ κηρίον ἐστὶ πνεῦμα ζωῆς.
Asen. 16 14 ὅτι ἐκ τούτου τοῦ κηρίου φάγονται. διότι τοῦτο τὸ * κηρίον * ἐστὶ πνεῦμα ζωῆς. καὶ τοῦτο πεποιήκασιν αἱ
Asen. 16 14 τοῦ θεοῦ καὶ πάντες οἱ υἱοὶ τοῦ ὑψίστου ὅτι * κηρίον * ζωῆς ἔστι τοῦτο καὶ πᾶς ὃς ἂν φάγῃ ἐξ αὐτοῦ οὐκ
Asen. 16 15 τὴν χεῖρα αὐτοῦ τὴν δεξιὰν καὶ ἀπέκλασεν ἀπὸ τοῦ * κηρίου * μέρος μικρὸν καὶ ἔφαγεν αὐτὸς καὶ τὸ κατάλοιπον
Asen. 16 16B χεῖρα αὐτοῦ τὴν δεξιὰν ὁ ἄνθρωπος καὶ ἥψατο τοῦ * κηρίου * οὗ ἀπέκλασε καὶ ἀπεκατεστάθη καὶ ἐπληρώθη καὶ
Asen. 16 17 καὶ ἐπέθηκε τὸν δάκτυλον αὐτοῦ εἰς τὸ ἄκρον τοῦ * κηρίου * τὸ βλέπον κατὰ ἀνατολὰς ⟨καὶ εἵλκυσεν ἐπὶ τὸ
Asen. 16 17 καὶ ἔθηκε τὸν δάκτυλον αὐτοῦ ἐπὶ τὸ ἄκρον τοῦ * κηρίου * τὸ βλέπον πρὸς βορρᾶν ⟨καὶ εἵλκυσεν ἐπὶ τὸ ἄκρον
Asen. 16 17B ὅσα ἐποίει ὁ ἄνθρωπος. καὶ εἶπεν ὁ ἄνθρωπος τῷ * κηρίῳ * δεῦρο. καὶ ἀνέστησαν μέλισσαι ἐκ τῶν σίμβλων τοῦ
Asen. 16 17C δεῦρο. καὶ ἀνέστησαν μέλισσαι ἐκ τῶν σίμβλων τοῦ * κηρίου * ἐκείνου καὶ οἱ σίμβλοι ἦσαν ἀναρίθμητοι μυριάδες
Asen. 16 19 αὐτῶν καὶ ἐξανέστησαν ἀπὸ τῆς ⟨πληγῆς⟩ τοῦ * κηρίου * καὶ περιεπλάκησαν περὶ τὸ πρόσωπον Ἀσενὲθ καὶ
Asen. 16 19 ἐπὶ τῷ στόματι αὐτῆς καὶ ἐπὶ τὰ χείλη αὐτῆς * κηρίον * ὅμοιον τῷ κηρίῳ τῷ παρακειμένῳ τῷ ἀνθρώπῳ. καὶ
Asen. 16 19 αὐτῆς καὶ ἐπὶ τὰ χείλη αὐτῆς κηρίον ὅμοιον τῷ * κηρίῳ * τῷ παρακειμένῳ τῷ ἀνθρώπῳ. καὶ πᾶσαι αἱ μέλισσαι
Asen. 16 20 καὶ πᾶσαι αἱ μέλισσαι ἐκεῖναι ἤσθιον ἀπὸ τοῦ * κηρίου * τοῦ ὄντος ἐπὶ τῷ στόματι Ἀσενέθ. καὶ εἶπεν ὁ
Asen. 17 3 χεῖρα αὐτοῦ ὁ ἄνθρωπος καὶ ἥψατο τῆς ⟨πληγῆς⟩ τοῦ * κηρίου * καὶ εὐθέως ἀνέβη πῦρ ἐκ τῆς τραπέζης καὶ κατέφαγε
Asen. 17 3 εὐθέως ἀνέβη πῦρ ἐκ τῆς τραπέζης καὶ κατέφαγε τὸ * κηρίον * καὶ τὴν τράπεζαν οὐκ ἠδίκησεν. καὶ ἐξῆλθεν ἐκ τῆς

**κηροδομέω**

| | | | |
|---|---|---|---|
| Asen. | 17 | 4 | οὐκ ἠδίκησεν. καὶ ἐξῆλθεν ἐκ τῆς καύσεως τοῦ * κηρίου * εὐωδία πολλὴ καὶ ἔπλησε τὸν θάλαμον. καὶ εἶπεν |

1

**κηροδομέω**

| | | | |
|---|---|---|---|
| FPho. | | 174 | ἔνδοθι σίμβλων σμήνεσι μυριότρητα κατ' ἄγγεα * κηροδομοῦσα. * μὴ μείνηις ἄγαμος μή πως νώνυμος ὄληαι δός |

3

**κηρός**

| | | | |
|---|---|---|---|
| Hen. | 1 | 6 | βουνοὶ ὑψηλοὶ τοῦ διαρυῆναι ὄρη καὶ τακήσονται ὡς * κηρὸς * ἀπὸ προσώπου πυρὸς ἐν φλογί. καὶ διασχισθήσεται ἡ |
| Hen. | 90 | 2 | καὶ ἔσται κατακαιόμενον καὶ τηκόμενον ὡς * κηρὸς * ἀπὸ πυρὸς οὕτως κατακαήσεται περὶ πάντων τῶν ἔργων |
| Asen. | 28 | 10 | χειρῶν αὐτῶν καὶ ἰδοὺ τετήκασιν ἐπὶ τὴν γῆν ὥσπερ * κηρὸς * ἀπὸ προσώπου πυρός. καὶ ἔστι τοῦτο ἱκανόν αὐτοῖς |

**κήρυγμα**

| | | | |
|---|---|---|---|
| Esdr. | 5 | 17 | εἰς κρίσιν παρέδωκας; καὶ εἶπεν ὁ θεὸς ὑψηλῷ τῷ * κηρύγματι * οὐ μὴ ἐλεήσω τοὺς παρερχομένους τὴν διαθήκην |

1

**κῆρυξ**

| | | | |
|---|---|---|---|
| Asen. | 14 | 1 | τῆς προσευχῆς μου διότι ὁ ἀστὴρ οὗτος ἄγγελος καὶ * κῆρυξ * τοῦ φωτὸς τῆς μεγάλης ἡμέρας ἀνέτειλεν. καὶ ἔτι |

7

**κηρύσσω**

| | | | |
|---|---|---|---|
| TLevi | 2 | 10 | καὶ περὶ τοῦ μέλλοντος λυτροῦσθαι τὸν Ἰσραὴλ * κηρύξεις * καὶ διὰ σοῦ καὶ Ἰουδᾶ ὀφθήσεται κύριος ἐν |
| Asen. | 21 | 8 | Αἰγύπτου καὶ πάντας τοὺς βασιλεῖς τῶν ἐθνῶν καὶ * ἐκήρυξε * πάσῃ τῇ γῇ Αἰγύπτου λέγων πᾶς ἄνθρωπος ὃς |
| Sal. | 11 | 1 | σαλπίσατε ἐν Σιων ἐν σάλπιγγι σημασίας ἁγίων * κηρύξατε * ἐν Ιερουσαλημ φωνὴν εὐαγγελιζόμενος ὅτι ἠλέησεν |
| Bar. | 16 | 4 | μου ὑβρισταὶ τῶν ἱερέων τῶν τοὺς λόγους μου * κηρυττόντων * αὐτοῖς. καὶ ἅμα τῷ λόγῳ ἐκλείσθη ἡ θύρα καὶ |
| Prop. | 10 | 6B | κυρίου καὶ κατεπόθη ὑπὸ τοῦ κήτους καὶ ἐκβρασθεὶς * ἐκήρυξε * τὴν ἀπώλειαν Νινευῒ καὶ μετενόησαν οἱ ἄνδρες οἱ |
| Sib. | 3 | 648 | αὐτὴ δ' ἄσπαρτος καὶ ἀνήροτος ἔσται ἅπασα * κηρύσσουσα * τάλαινα μύσος μυρίων ἀνθρώπων --- πολλὰ |
| LEze. 9 | 28 | 2 12 | πόλεις τ' ἐπύργου σφῶν ἕκατι δυσμόρων. Ἔπειτα * κηρύσσει * μὲν Ἑβραίων γένει τάρσενικὰ ῥίπτειν ποταμὸν ἐς |

5

**κῆτος**

| | | | |
|---|---|---|---|
| TJud. | 21 | 7 | ἁρπάζοντες. ὅτι οἱ βασιλεύοντες ἔσονται ὡς * κήτη * καταπίνοντες ἀνθρώπους ὡς ἰχθύας θυγατέρας καὶ |
| Asen. | 12 | 11 | με εἰς τὸν βυθὸν τῆς θαλάσσης καὶ καταπίεται με τὸ * κῆτος * τὸ μέγα τὸ ἀπ' αἰῶνος καὶ ἀπολοῦμαι εἰς τὸν αἰῶνα |
| Prop. | 10 | 2 | Ἀζώτου κατὰ θάλασσαν. καὶ ἐκβρασθεὶς ἐκ τοῦ * κήτους * καὶ ἀπελθὼν ἐν Νινευῇ ἀνακάμψας οὐκ ἔμεινεν εἰς |
| Prop. | 10 | 6B | Ἰωνᾶς ἀποδρᾶσαι κυρίου καὶ κατεπόθη ὑπὸ τοῦ * κήτους * καὶ ἐκβρασθεὶς ἐκήρυξε τὴν ἀπώλειαν Νινευῒ καὶ |
| FJub. | 2 | 11 | ὁ θεὸς ἐν τῇ τετάρτῃ ἡμέρᾳ. τῇ δὲ πέμπτῃ τὰ * κήτη * τὰ μεγάλα τοὺς ἰχθύας καὶ τὰ ἄλλα ἑρπετὰ τὰ ἐν τοῖς |

**κίβδηλος**

| | | | |
|---|---|---|---|
| Hen. | 9B | 9 | τῶν ἀνθρώπων ἔτεκον ἐξ αὐτῶν υἱοὺς γίγαντας * κίβδηλα * ἐπὶ τῆς γῆς τῶν ἀνθρώπων ἐκκέχυται καὶ ὅλη ἡ γῆ |
| Hen. | 10 | 9 | εἶπεν ὁ κύριος πορεύου ἐπὶ τοὺς μαζηρέους ἐπὶ τοὺς * κιβδήλους * καὶ τοὺς υἱοὺς τῆς πορνείας καὶ ἀπόλεσον τοὺς |
| Hen. | 10 | 15 | τελειώσεως γενεάς. ἀπόλεσον πάντα τὰ πνεύματα τῶν * κιβδήλων * καὶ τοὺς υἱοὺς τῶν ἐγρηγόρων διὰ τὸ ἀδικῆσαι |
| Hen. | 10B | 9 | εἶπε πορεύου Γαβριὴλ ἐπὶ τοὺς γίγαντας ἐπὶ τοὺς * κιβδήλους * καὶ τοὺς υἱοὺς τῆς πορνείας καὶ ἀπόλεσον τοὺς |

2

**κιβώτιον**

| | | | |
|---|---|---|---|
| Asen. | 10 | 8 | ὅπου ἦσαν αἱ θῆκαι τοῦ κόσμου αὐτῆς καὶ ἤνοιξε τὸ * κιβώτιον * αὐτῆς καὶ ἐξήνεγκε χιτῶνα μελανὸν καὶ ζοφώδη |
| Asen. | 14 | 14 | ὅπου ἦσαν αἱ θῆκαι τοῦ κόσμου αὐτῆς καὶ ἤνεῳξε τὸ * κιβώτιον * αὐτῆς καὶ ἔλαβε στολὴν λινῆν καινὴν ἐπίσημον |

10

**κιβωτός**

| | | | |
|---|---|---|---|
| Asen. | 18 | 5 | ὅπου ἦσαν αἱ θῆκαι τοῦ κόσμου αὐτῆς καὶ ἤνοιξε τὴν * κιβωτὸν * αὐτῆς τὴν μεγάλην καὶ ἐξήνεγκε τὴν στολὴν αὐτῆς |
| Jer. | 7 | 10 | Νῶε καὶ οὐκ ἀπεστράφη ἔτι πρὸς αὐτὸν εἰς τὴν * κιβωτὸν * ἀλλὰ ὁμοιώθητι τῇ περιστερᾷ ἥτις ἐκ τρίτου φάσιν |
| Bar. | 4 | 11 | ὅταν ἐφάνη ἡ γῆ ἀπὸ τοῦ ὕδατος καὶ ἐξῆλθε Νῶε τῆς * κιβωτοῦ * ἤρξατο φυτεύειν ἐκ τῶν εὑρισκομένων φυτῶν. εὗρε |
| Prop. | 2 | 9 | ὁ προφήτης πρὸ τῆς ἁλώσεως τοῦ ναοῦ ἥρπαξε τὴν * κιβωτὸν * τοῦ νόμου καὶ ἐν αὐτῷ καὶ ἐποίησεν αὐτὰ |
| Prop. | 2 | 11 | ξύλον πάντα τὰ ἔθνη προσκυνοῦσιν. εἶπε δὲ ὅτι τὴν * κιβωτὸς * ταύτην οὐδεὶς ἐκβάλλει εἰ μὴ Ἀαρὼν καὶ τὰς ἐν |
| Prop. | 2 | 12 | ὁ ἐκλεκτὸς τοῦ θεοῦ καὶ ἐν τῇ ἀναστάσει πρώτη ἡ * κιβωτὸς * ἀναστήσεται καὶ ἐξελεύσεται ἐκ τῆς πέτρας καὶ |
| Prop. | 2 | 14 | καὶ ἔστιν ἡ πέτρα ἐν τῇ ἐρήμῳ ὅπου πρώτως ἡ * κιβωτὸς * γέγονε μεταξὺ τῶν δύο ὀρέων ἐν οἷς κεῖνται |
| FJub. | 5 | 22 | Βαραχιὴλ πατραδέλφου αὐτοῦ. εἰσῆλθεν πρὸς ἡμᾶς ἡ * κιβωτὸς * τοῦ θεοῦ τῇ πέμπτῃ τοῦ μηνὸς τοῦ πέμπτῳ. τούτῳ |
| HEup. 9 | 34 | 15 | ἐνεγκεῖν καὶ ἐν τῷ οἴκῳ θεῖναι. καὶ τὴν * κιβωτὸν * δὲ καὶ τὸν βωμὸν τὸν χρυσοῦν καὶ τὴν λυχνίαν καὶ |
| HEup. 9 | 39 | 5 | χαλκὸν ἐκλέξαντα εἰς Βαβυλῶνα ἀποστεῖλαι χωρὶς τῆς * κιβωτοῦ * καὶ τῶν ἐν αὐτῇ πλακῶν ταύτην δὲ τὸν Ἱερεμίαν |

3

**κίδαρις**

| | | | |
|---|---|---|---|
| Asen. | 10 | 10 | χρυσῆν καὶ περιεζώσατο σχοινίον καὶ ἀπέθετο τὴν * κίδαριν * ἐκ τῆς κεφαλῆς αὐτῆς καὶ τὸ διάδημα καὶ τὰ ψέλια |
| Asen. | 10 | 11 | τὴν ἐκλεκτὴν καὶ τὴν ζώνην τὴν χρυσῆν καὶ * κίδαριν * καὶ τὸ διάδημα καὶ ἔρριψεν πάντα διὰ τῆς θυρίδος |
| Aris. | 98 | 1 | χρόαν. ἐπὶ δὲ τῆς κεφαλῆς ἔχει τὴν λεγομένην * κίδαριν * ἐπὶ δὲ ταύτης τὴν ἀμίμητον μίτραν τὸ |

4

**κιθάρα**

| | | | |
|---|---|---|---|
| Adam | 38 | 2 | μὲν ἔχοντες θυμιατήρια ἐν χερσὶν αὐτῶν ἄλλοι δὲ * κιθάρας * καὶ φιάλας καὶ σάλπιγγας. καὶ ἰδοὺ κύριος |
| Job | 14 | 1 | χρηστοῦ ὄντος. εἶχον δὲ ἐξ ψαλμοὺς καὶ δεκάχορδον * κιθάραν * καὶ διεγειρόμην τὸ καθ' ἡμέραν μετὰ τὸ τρέφεσθαι |
| Job | 14 | 2 | μετὰ τὸ τρέφεσθαι τὰς χήρας, καὶ ἐλάμβανον τὴν * κιθάραν * καὶ ἔψαλλον αὐτοῖς, καὶ αὐταὶ ὕμνουν καὶ ἐκ τοῦ |
| Job | 52 | 3 | ἐπὶ τὴν ψυχὴν αὐτοῦ καὶ εὐθέως ἀναστὰς ἔλαβεν * κιθάραν * καὶ ἔδωκεν τῇ θυγατρὶ αὐτοῦ Ἡμέρᾳ τῇ δὲ Κασίᾳ |

**κιθαρίζω**

| | | | |
|---|---|---|---|
| Abr.1 | 10 | 2 | ἀλλαχοῦ ἀγραυλοῦντας καὶ ὀρχουμένους παίζοντας καὶ * κιθαρίζοντας * ἐν ἄλλῳ δὲ τόπῳ παλαίοντας καὶ δικαζομένους |

1

**κικλήσκω**

| | | | |
|---|---|---|---|
| FPho. | | 68 | ὁ δὲ Κύπριδος αἶσχος ὀφέλλει. ἡδύς ἄγαν ἄφρων * κικλήσκεται * ἐν πολιήταις. μέτρωι ἔδειν μέτρωι δὲ πιεῖν |

1

**Κιμβρά**

| | | | |
|---|---|---|---|
| Hen. | 6 | 7 | αὐτῶν Σεμιαζᾶ οὗτος ἦν ἄρχων αὐτῶν Ἀραθὰκ * Κιμβρὰ * Σαμμανὴ Δανειὴλ Ἀρεαρὼς Σεμιὴλ Ἰωμειὴλ Χωχαριὴλ |

2

**κινδυνεύω**

| | | | |
|---|---|---|---|
| TJud. | 21 | 6 | οὕτως καὶ ἐν σοὶ πᾶν γένος ἀνθρώπων οἱ μὲν * κινδυνεύουσιν * αἰχμαλωτιζόμενοι οἱ δὲ πλουτήσουσιν |
| Prop. | 22 | 13 | βοτάνης συνεψεθείσης τῷ προσφαγίῳ καὶ παρ' ὀλίγον * κινδυνευόντων * πάντων πεποίηκεν ἄβλαβές τε καὶ ἡδὺ τὸ βρῶμα |

4

**κίνδυνος**

| | | | |
|---|---|---|---|
| TJos. | 15 | 5 | γὰρ τὸν Ἰακὼβ ἵνα μὴ ποιήσῃ ἐν αὐτοῖς ἐκδίκησιν * κινδύνου * ἠκούσθη γὰρ ὅτι μέγας ἐστὶ παρὰ κυρίῳ καὶ |
| Asen. | 26 | 6 | ἀνήγγειλε τοῖς ἀδελφοῖς αὐτοῦ τοῖς υἱοῖς Λίας τὸν * κινδύνου * τῆς Ἀσενέθ. καὶ ἔλαβεν ἕκαστος τὴν ῥομφαίαν |
| Aris. | 199 | 3 | ὁ δὲ εἶπεν εἰ τὸ βουλευθὲν ὀρθῶς ἐν ταῖς τῶν * κινδύνων * πράξεσιν ἐπιτελοῖτο κατὰ πρόθεσιν. τελειοῦται |
| HArt. 9 | 27 | 37 | διαφθαρῆναι τοὺς δὲ Ἰουδαίους διαφυγόντας τὸν * κίνδυνον * τεσσαράκοντα ἔτη ἐν τῇ ἐρήμῳ διατρῖψαι |

13

**κινέω**

| | | | |
|---|---|---|---|
| Adam | 38 | 4 | σῶμα τοῦ Ἀδάμ. καὶ ἦλθον εἰς τὸν παράδεισον καὶ * ἐκινήθησαν * πάντα τὰ φυτὰ τοῦ παραδείσου ὡς πάντας |
| Hen. | 101 | 8 | τὰ ἐν αὐτοῖς; καὶ τίς ἔδωκεν ἐπιστήμην πᾶσιν τοῖς * κινουμένοις * ἐν τῇ θαλάσσῃ; οἱ ναύκληροι τὴν θάλασσαν |
| Abr.1 | 3 | 9 | ἔνιπτεν τοὺς πόδας τοῦ ἀρχιστρατήγου Μιχαὴλ * ἐκινήθησαν * δὲ τὰ σπλάγχνα τοῦ Ἀβραὰμ καὶ ἐδάκρυσεν ἐπὶ |
| Abr.1 | 5 | 14 | ἡμᾶς κλαίων καὶ ἡμεῖς τούτου ἰδόντες τὰ σπλάγχνα * κινηθέντες * ἐκλαύσαμεν. ἀκούσασα δὲ Σάρρα τὴν διαφορὰν |
| TDan | 4 | 3 | ψυχὴν αὐτοῦ. ὅτε οὖν λαλεῖ τις καθ' ὑμῶν ὑμεῖς μὴ * κινεῖσθε * εἰς θυμὸν καὶ ἐὰν τις ἐπαινῇ ὑμᾶς ὡς ἀγαθοὺς μὴ |
| Sedr. | 7 | 11 | ἀγγέλους ἀπόστειλον τοῦ φυλάξαι αὐτοὺς καὶ ὅταν * κινήσῃ * ὁ ἄνθρωπος πρὸς τὴν ἁμαρτίαν τὸν πόδα αὐτοῦ τὸν |
| Sedr. | 11 | 10 | ὦ γόνατα συνηρμοσμένα ὅτι πλήν σου τὸ σκεῦος οὐ * κινεῖται. * οἱ πόδες συντρέχουσιν τὸν ἥλιον καὶ τὴν |
| Job | 29 | 4 | δὲ κλαύσας κατεπασάμην γῆν ἐπὶ τῆς κεφαλῆς μου καὶ * κινήσας * αὐτὴν ἐπεδίδωσα αὐτοῖς ὅτι ἐγὼ εἰμι. ἰδόντες δέ με |
| Job | 30 | 1 | αὐτὴ ἐδήλωσα αὐτοῖς ὅτι ἐγὼ εἰμι. ἰδόντες δέ με * κινοῦντα * τὴν κεφαλήν μου κατέπεσαν εἰς τὴν γῆν |
| Sib. | 3 | 534 | δ' ἑκατὸν εἰς δ' αὐτοὺς πάντας ὀλέσσει πέντε δὲ * κινήσουσι * βαρὺν χόλον οἵ δὲ πρὸς αὐτοὺς αἰσχρῶς |
| Sib. | 3 | 736 | ὥστε μὴ ἐξ ὁσίης γαίης πέλεται Μεγάλοιο. μὴ * κίνει * Καμάριναν ἀκίνητος γὰρ ἄμεινον πάρδαλιν ἐκ κοίτης |
| FJub. | 10 | 1 | τὸν κατακλυσμὸν τῷ β ϛ η β Ἔτει τοῦ κόσμου φθόνῳ * κινούμενοι * ‹οἱ ἐγρήγοροι› μετὰ θάνατον ἐπλάνησαν τοὺς |
| FJub. | 37 | 1 | αὐτοῦ πεσεῖται. μετὰ οὖν τὸ τελευτῆσαι τὸν Ἰσαὰκ * κινηθεὶς * ὑπὸ τῶν υἱῶν ὁ Ἠσαῦ καὶ ἀθροίσας ἔθνη ἦλθε |

**κίνημα**

| | | | |
|---|---|---|---|
| IOrp. | | 29 | Χαλδαίων ἴδρις γὰρ ἔην ἄστροιο πορείης καὶ σφαίρης * κίνημ' * ἀμφὶ χθόνα ὡς περιτέλλει κυκλοτερὲς ἐν ἴσῳ τε |

5

**κίνησις**

| | | | |
|---|---|---|---|
| Sedr. | 11 | 3 | σου ἐστιν μικρὸν κτίσμα κεφαλὴ ὅλου τοῦ σώματος * κίνησις * καλόπιστε καὶ καλλίστατε ἀπὸ πάντων φιλούμενον |
| Aris. | 70 | 8 | ὥστε καὶ ῥιπίζοντος τοῦ κατὰ τὸν ἀέρα πνεύματος * κίνησιν * ἐπιδέχεσθαι τὴν τῶν φύλλων θέσιν πρὸς τὴν τῆς |
| Aris. | 86 | 3 | διὰ τὴν τοῦ πνεύματος ὑποδρομὴν ἀδιάλειπτον * κίνησιν * λαμβανούσης τῆς διυφῆς διὰ τὸ ἀπ' ἐδάφους |
| Aris. | 156 | 3 | ἡ τῶν αἰσθήσεων διακόσμησις διανοίας ἐνέργημα καὶ * κίνησις * ἀόρατος ἥ τε ὀξύτης τοῦ πρὸς ἕκαστόν τι πράσσειν |
| Aris. | 160 | 3 | οὐ μόνον λόγῳ ἀλλὰ καὶ διαλήψει θεωροῦντας τὴν * κίνησιν * καὶ ὑπόληψιν ἑαυτῶν ὅταν εἰς ὕπνον ἔρχωνται καὶ |

**κιννάμωμον**

| | | | |
|---|---|---|---|
| Adam | 29 | 6 | τέσσαρα γένη κρόκον καὶ νάρδον καὶ κάλαμον καὶ * κινάμωμον * καὶ ἕτερα σπέρματα εἰς διατροφὴν αὐτοῦ. καὶ |
| Hen. | 30 | 3 | καὶ τὰ παρὰ τὰ χείλη τῶν φαράγγων τούτων ἴδον * κιννάμωμον * ἀρωμάτων καὶ ἐπέκεινα τούτων ὦχόμην πρὸς |
| Hen. | 32 | 1 | ἑπτὰ ὄρη πλήρη νάρδου χρηστοῦ καὶ σχίνου καὶ * κινναμώμου * καὶ πιπέρεως. καὶ ἐκεῖθεν ἐφώδευσα ἐπὶ τὰς |
| Bar. | 6 | 12 | σκώληκα καὶ τὸ τοῦ σκώληκος ἀφόδευμα γίνεται * κινάμωμον * ᾧπερ χρῶνται βασιλεῖς καὶ ἄρχοντες. μετ᾽ νον δὲ |

1

**Κίρκη**

| | | | |
|---|---|---|---|
| Sib. | 3 | 814 | ἄλλης ἐξ Ἐρυθρῆς γεγαυῖαν ἀναιδέα οἵ δέ με * Κίρκης * μητρὸς καὶ Γνωστοῖο πατρὸς φήσουσι Σιβύλλαν |

2

**κισσός**

| | | | |
|---|---|---|---|
| Aris. | 70 | 2 | τὸ πᾶν ἔλασμα τοῦ ποδός. κατεσκεύασαν δὲ ἐκφύοντα * κισσὸν * ἀκάνθῳ πλεκόμενον ἐκ τοῦ λίθου σὺν ἀμπέλῳ |
| Aris. | 79 | 2 | στεφάνοις ἀμπέλου κατὰ μέσον περὶ δὲ τὰ χείλη * κισσοῦ * τε καὶ μυρσίνης ἔτι δ' ἐλαίας ἀνέπλεξαν στέφανον |

7

**κίων**

| | | | |
|---|---|---|---|
| Asen. | 17 | 6 | εὐλογήσει ὑμᾶς κύριος ὁ θεὸς ὁ ὕψιστος. καὶ ἔσεσθε * κίονες * ἑπτὰ τῆς πόλεως τῆς καταφυγῆς καὶ πᾶσαι αἱ |
| FAch. | 106 | | καὶ ὀδύρεσθαι τὸν Αἴσωπον. καὶ ἔλεγεν στενάζων τὸν * κιονά * μου τῆς βασιλείας ἀπώλεσα διὰ τὴν ἐμὴν ἀβουλίαν. |
| HEup. 9 | 34 | 7 | τῷ ναῷ ἰσομεγέθεις τὸ δὲ πλάτος κύκλῳ ἕκαστον * κίονα * πηχῶν δέκα στῆσαι δὲ αὐτοὺς τοῦ οἴκου ὃν μὲν ἐκ |

| | | | | | | |
|---|---|---|---|---|---|---|
| HEup. 9 | 34 | 16 | χίλια διακόσια τριάκοντα δύο χαλκοῦ δὲ εἰς τοὺς | * κίονας * | καὶ τὸν λουτῆρα καὶ τὴν στοὰν τάλαντα μύρια |
| HEup. 9 | 34 | 18 | πέμψαι τῷ δὲ Σούρωνι εἰς Τύρον πέμψαι τὸν χρυσοῦν | * κίονα * | τὸν ἐν Τύρῳ ἀνακείμενον ἐν τῷ ἱερῷ τοῦ Διός. |
| HThe. 9 | 34 | 19 | κατασκευάσαι καὶ ἔλυτρον τῷ ἀνδριάντι τὸν χρυσοῦν | * κίονα * | περιθεῖναι. |
| HCal. | 28 | 2 | χρόνον τινὰ τὴν πόλιν οἰκοδομεῖν ἐγχειρίζεται | * κίοσι * | τε πλείστοις αὐτὴν κατακοσμήσας καὶ τὰ τείχη |
| κλάδος | | | 9 | | |
| Adam | 19 | 3 | γάρ ἐστι κεφαλὴ πάσης ἁμαρτίας. καὶ κλίνας τὸν | * κλάδον * | ἐπὶ τὴν γῆν ἔλαβον ἀπὸ τοῦ καρποῦ καὶ ἔφαγον. καὶ |
| Abr.2 | 3 | 2 | ηὗρον δένδρον μέγαν ἐν τῇ ὁδῷ παμμεγέθει ἔχοντα | * κλάδους * | τριακοσίους ὅμοιον ἐρεικίνου ἤκουον δὲ φωνὴν ἐκ |
| Abr.2 | 3 | 3 | ὅμοιον ἐρεικίνου ἤκουον δὲ φωνὴν ἐκ τῶν | * κλάδων * | αὐτῆς λεγούσης ἅγιος ὁ τὴν φάσιν ἐνέγκας. καὶ |
| TSim. | 6 | 2 | ὡς κέδροι ἅγιοι ἐξ ἐμοῦ ἕως αἰῶνος καὶ οἱ | * κλάδοι * | αὐτῶν ἕως εἰς μακρὰν ἔσονται. τότε ἀπολεῖται |
| TLevi | 8 | 8 | ζώνην μοι περιέθηκεν ὁμοίαν πορφύρᾳ. ὁ πέμπτος | * κλάδον * | μοι ἐλαίας ἔδωκε πιότητος. ὁ ἕκτος στέφανόν μοι |
| Asen. | 5 | 5 | καὶ ἐν τῇ χειρὶ αὐτοῦ τῇ δεξιᾷ εἶχεν ἐκτεταμένον | * κλάδον * | ἐλαίας καὶ ἦν πλῆθος καρποῦ ἐν αὐτῷ καὶ ἐν τῷ |
| Jer. | 9 | 15 | τῷ ἀέρι ποιήσει αὐτὰ ξηρανθῆναι μετὰ τοῦ ὕψους τῶν | * κλάδων * | αὐτῶν καὶ ποιήσει αὐτὰ κριθῆναι τὸ δένδρον τὸ |
| Sib. | 5 | 50 | σοὶ πανάριστε πανέξοχε κυανοχαῖτα καὶ ἐπὶ σοῖσι | * κλάδοισι * | τάδ' ἔσσεται ἤματα πάντα. τὸν μέτα τρεῖς |
| FJub. | 16 | 31 | τὴν ἑορτήν. πρῶτος Ἀβραὰμ ἐκύκλου τὸ θυσιαστήριον | * κλάδοις * | φοινίκων καὶ ἐλαιῶν. τὸν Ἰσαὰκ ἐτῶν κ ε' εἶναι |
| Κλάθ | | | 4 | | |
| HDem. 9 | 21 | 19 | εἰς Αἴγυπτον ὥστε εἶναι αὐτὸν ἐτῶν ξ' καὶ γεννῆσαι | * Κλάθ * | τῷ αὐτῷ δὲ ἔτει ᾧ γενέσθαι Κλάθ τελευτῆσαι Ἰακὼβ |
| HDem. 9 | 21 | 19 | ξ' καὶ γεννῆσαι Κλάθ τῷ αὐτῷ δὲ ἔτει ᾧ γενέσθαι | * Κλάθ * | τελευτῆσαι Ἰακὼβ ἐν Αἰγύπτῳ εὐλογήσαντα τοὺς |
| HDem. 9 | 21 | 19 | ν ς'. Λευὶν δὲ γενόμενον ἐτῶν ρ λ ζ' τελευτῆσαι | * Κλάθ * | δὲ ὄντα ἐτῶν μ' γεννῆσαι Ἀμβρὰμ ὃν ἐτῶν εἶναι ι δ' |
| HDem. 9 | 21 | 19 | ἐν ᾧ τελευτῆσαι Ἰωσὴφ ἐν Αἰγύπτῳ ὄντα ρ ι' ἐτῶν | * Κλάθ * | δὲ γενόμενον ἐτῶν ἑκατὸν λ γ' τελευτῆσαι. Ἀμβρὰμ |
| κλαίω | | | 129 | | |
| Adam | 6 | 2 | ἐπιθήσω γὰρ κόπρον ἐπὶ τὴν κεφαλήν μου καὶ | * κλαύσομαι * | καὶ προσεύξομαι καὶ εἰσακούσεταί μου κύριος |
| Adam | 9 | 2 | μέγα καὶ εἶπεν τί ποιήσω ὅτι ἐν μεγάλῃ λύπῃ εἰμί; | * ἔκλαυσε * | δὲ ἡ Εὔα λέγουσα κύριέ μου Ἀδὰμ δός μοι τὸ |
| Adam | 9 | 3 | καὶ ἐπίθετε γῆν ἐπὶ τὰς κεφαλὰς ὑμῶν καὶ | * κλαύσατε * | δεόμενοι τοῦ θεοῦ ὅπως σπλαγχνισθῇ ἐπ' ἐμοὶ καὶ |
| Adam | 10 | 2 | ἡ Εὔα τὸν υἱὸν αὐτῆς καὶ θηρίον πολεμοῦντα αὐτόν. | * ἔκλαυσε * | δὲ ἡ Εὔα λέγουσα οἴμμοι οἴμμοι ὅτι ἐὰν ἔλθω εἰς |
| Adam | 13 | 1 | δὲ Σὴθ μετὰ Εὔας πλησίον τοῦ παραδείσου. καὶ | * ἔκλαυσαν * | δεόμενοι τοῦ θεοῦ ὅπως ἀποστείλῃ τὸν ἄγγελον |
| Adam | 20 | 2 | γυμνὴ ἤμην τῆς δικαιοσύνης ἧς ἤμην ἐνδεδυμένη. καὶ | * ἔκλαυσα * | λέγουσα τί τοῦτο ἐποίησας ὅτι ἀπηλλοτριώθην ἐκ |
| Adam | 20 | 3 | ἀπηλλοτριώθην ἐκ τῆς δόξης μου ἧς ἤμην ἐνδεδυμένη. | * ἔκλαιον * | δὲ καὶ περὶ τοῦ ὅρκου. ἐκεῖνος δὲ κατῆλθεν ἀπὸ |
| Adam | 29 | 2 | ἀγγέλοις αὐτοῦ ἐκβληθῆναι ἡμᾶς ἐκ τοῦ παραδείσου. | * ἔκλαυσε * | δὲ ὁ πατὴρ ὑμῶν ἔμπροσθεν τῶν ἀγγέλων ἀπέναντι |
| Adam | 29 | 11 | τοῦ θεοῦ ἐκύκλωσαν τὸν Ἀδὰμ ὡς τεῖχος κύκλῳ αὐτοῦ | * κλαίοντες * | καὶ προσευχόμενοι τῷ θεῷ ὑπὲρ τοῦ Ἀδὰμ ὅπως |
| Adam | 29 | 12 | πρός με. καὶ λαβὼν σχῆμα ἀγγέλου ἔστη ἐνώπιόν μου | * κλαίων * | καὶ τὰ δάκρυα αὐτοῦ ἔρρεεν ἐπὶ τὴν γῆν. καὶ λέγει |
| Adam | 34 | 1 | μεγάλα καὶ φοβερὰ μυστήρια ἐνώπιον τοῦ θεοῦ καὶ | * ἔκλαυσα * | ἐκ τοῦ φόβου καὶ ἐβόησα πρὸς τὸν υἱόν μου Σὴθ |
| Adam | 35 | 1 | ἦλθεν πρὸς τὴν μητέρα αὐτοῦ καὶ λέγει αὐτῇ διὰ τί | * κλαίεις; * | καὶ λέγει αὐτῷ ἀνάβλεψον τοῖς ὀφθαλμοῖς σου καὶ |
| Adam | 42 | 3 | τῶν ἓξ ἡμερῶν ἐκοιμήθη. ἔτι δὲ ζώσης αὐτῆς | * ἔκλαυσεν * | περὶ τῆς κοιμήσεως τοῦ Ἀδάμ. οὐ γὰρ ἐγίνωσκεν |
| Adam | 42 | 4 | γῆς πλὴν τοῦ υἱοῦ αὐτοῦ Σήθ. καὶ προσηύξατο Εὔα | * κλαίουσα * | ἵνα ταφῇ εἰς τὸν τόπον ὅπου ἦν Ἀδὰμ ὁ ἀνήρ |
| Hen. | 14 | 7 | ὑμῶν περὶ αὐτῶν οὐκ ἔσται οὐδὲ περὶ ὑμῶν καὶ ὑμεῖς | * κλαίοντες * | καὶ δεόμενοι καὶ μὴ λαλοῦντες πᾶν ῥῆμα ἀπὸ τῆς |
| Abr.1 | 3 | 10 | καὶ ἐδάκρυσεν ἐπὶ τὸν ξένον. καὶ ἰδὼν αὐτὸν Ἰσαὰκ | * κλαίοντα * | ἔκλαυσεν καὶ αὐτὸς ἰδὼν δὲ ὁ ἀρχιστράτηγος |
| Abr.1 | 3 | 10 | ἐπὶ τὸν ξένον. καὶ ἰδὼν αὐτὸν Ἰσαὰκ κλαίοντα | * ἔκλαυσεν * | καὶ αὐτὸς ἰδὼν δὲ ὁ ἀρχιστράτηγος κλαίοντας |
| Abr.1 | 3 | 10 | ἔκλαυσεν καὶ αὐτὸς ἰδὼν δὲ ὁ ἀρχιστράτηγος | * κλαίοντας * | συνεδάκρυσεν καὶ αὐτὸς μετ' αὐτούς. ἔπιπτον δὲ |
| Abr.1 | 5 | 9 | Ἰσαὰκ ἐκρεμάσθη ἐπὶ τὸν τράχηλον αὐτοῦ καὶ ἤρξατο | * κλαίειν * | φωνῇ μεγάλῃ. συγκινηθεὶς οὖν τὰ σπλάγχνα ὁ |
| Abr.1 | 5 | 10 | μεγάλῃ. συγκινηθεὶς οὖν τὰ σπλάγχνα ὁ Ἀβραὰμ | * ἔκλαυσεν * | οὖν καὶ αὐτὸς μεγάλως ἰδὼν δὲ ὁ ἀρχιστράτηγος |
| Abr.1 | 5 | 10 | καὶ αὐτὸς μεγάλως ἰδὼν δὲ ὁ ἀρχιστράτηγος αὐτοὺς | * κλαίοντας * | ἔκλαυσε καὶ αὐτός. Σάρρα δὲ ὑπάρχουσα ἐν τῇ |
| Abr.1 | 5 | 10 | μεγάλως ἰδὼν δὲ ὁ ἀρχιστράτηγος αὐτοὺς κλαίοντας | * ἔκλαυσε * | καὶ αὐτός. Σάρρα δὲ ὑπάρχουσα ἐν τῇ σκηνῇ αὐτῆς |
| Abr.1 | 5 | 11 | ἐπ' αὐτοὺς καὶ εὗρεν αὐτοὺς περιπλακομένους καὶ | * κλαίοντας. * | εἶπε δὲ μετὰ κλαυθμοῦ κύριέ μου Ἀβραάμ τί |
| Abr.1 | 5 | 12 | μετὰ κλαυθμοῦ κύριέ μου Ἀβραάμ τί ἐστι τοῦτο ὅτι | * κλαίεται; * | ἀνάγγειλόν μοι κύριέ μου μὴ οὗτος ὁ ἀδελφὸς ὁ |
| Abr.1 | 5 | 14 | ὡς ἐμοὶ δοκεῖ ὄνειρον ἐθεάσατο καὶ ἦλθεν πρὸς ἡμᾶς | * κλαίων * | καὶ ἡμεῖς τοῦτον ἰδόντες τὰ σπλάγχνα κινηθέντες |
| Abr.1 | 5 | 14 | καὶ ἡμεῖς τοῦτον ἰδόντες τὰ σπλάγχνα κινηθέντες | * ἐκλαύσαμεν. * | ἀκούσασα δὲ Σάρρα τὴν διαφορὰν τῆς ὁμιλίας |
| Abr.1 | 7 | 1 | σοι καὶ τί πέπονθας ὅτι οὕτως εἰσῆλθες πρὸς ἡμᾶς | * κλαίων * | οὕτως ἐν ὀλιγωρίᾳ πολλῇ; ὑπολαβὼν δὲ Ἰσαὰκ |
| Abr.1 | 7 | 6 | ἔλαβεν ἀπ' ἐμοῦ καὶ τὴν σελήνην ἐκ τῆς κεφαλῆς μου | * ἔκλαυσα * | δὲ μεγάλως καὶ παρεκάλεσα τὸν ἄνδρα ἐκεῖνον καὶ |
| Abr.1 | 10 | 2 | ἄλλῳ δὲ τόπῳ παλαίοντας καὶ δικαζομένους ἀλλαχοῦ | * κλαίοντας * | ἔπειτα καὶ τεθνεῶτας ἐν μνήματι ἀγομένους |
| Abr.1 | 11 | 6 | πώγωνος καὶ ἔρριπτεν αὐτὸν χαμαὶ ἀπὸ τοῦ θρόνου | * κλαίων * | καὶ ὀδυρόμενος. καὶ ὅτε ἐθεώρει πολλὰς ψυχὰς |
| Abr.1 | 11 | 8 | ὁ ἐν τοιαύτῃ δόξῃ κοσμούμενος ποτὲ μὲν | * κλαίει * | καὶ ὀδύρεται ποτὲ δὲ χαίρεται καὶ ἀγάλλεται ἐν |
| Abr.1 | 11 | 11 | τρίχας τῆς κεφαλῆς αὐτοῦ καὶ ῥίπτει ἑαυτὸν χαμαὶ | * κλαίων * | καὶ ὀδυρόμενος πικρῶς διότι ἡ ὁδὸς πλατεῖα τῶν |
| Abr.1 | 11 | 11 | πρωτόπλαστος Ἀδὰμ ἀνίσταται ἀπὸ τοῦ θρόνου αὐτοῦ | * κλαίων * | καὶ ὀδυρόμενος ἐπὶ τῇ ἀπωλείᾳ τῶν ἁμαρτωλῶν διότι |
| Abr.1 | 20 | 6 | Ἰσαὰκ ὁ υἱὸς αὐτοῦ καὶ ἔπεσεν ἐπὶ τὸ στῆθος αὐτοῦ | * ⟨κλαίων * | ἦλθε δὲ καὶ ἡ Σάρρα ἡ γυνὴ αὐτοῦ καὶ⟩ περιεπλάκη |
| Abr.1 | 20 | 7 | ὀδυρομένη πικρῶς. ἦλθοσαν δὲ πάντες οἱ δοῦλοι καὶ | * ἔκλαιον * | πικρῶς ὀδυρόμενοι καὶ Ἀβραὰμ ἦλθεν εἰς |
| Abr.2 | 3 | 10 | ἐν τῷ οἴκῳ ἡμῶν; καὶ ἰδὼν Ἀβραὰμ τὸν Ἰσαὰκ | * κλαίοντα * | ἔκλαυσεν καὶ αὐτὸς σφοδρῶς ἰδὼν δὲ Μιχαὴλ |
| Abr.2 | 3 | 10 | τῷ οἴκῳ ἡμῶν; καὶ ἰδὼν Ἀβραὰμ τὸν Ἰσαὰκ κλαίοντα | * ἔκλαυσεν * | καὶ αὐτὸς σφοδρῶς ἰδὼν δὲ Μιχαὴλ κλαίοντας |
| Abr.2 | 3 | 10 | κλαίοντα ἔκλαυσεν καὶ αὐτὸς σφοδρῶς ἰδὼν δὲ Μιχαὴλ | * κλαίοντας * | αὐτοὺς συνέκλαυσεν αὐτοῖς καὶ ἔπεσαν τὰ δάκρυα |
| Abr.2 | 4 | 1 | καὶ ἐξελθοῦσα εἶπεν τῷ Ἀβραάμ τί ἐστιν ὅτι οὕτως | * κλαίετε; * | καὶ ἀπεκρίθη αὐτῇ Ἀβραὰμ οὐδὲν κακόν ἐστιν |
| Abr.2 | 6 | 2 | ἐκρέμασεν ἑαυτὸν εἰς τὸν τράχηλον τοῦ πατρὸς αὐτοῦ | * κλαίων * | καὶ καταφιλῶν αὐτὸν ἔκλαυσεν δὲ Ἀβραὰμ σὺν τῷ |
| Abr.2 | 6 | 3 | τοῦ πατρὸς αὐτοῦ κλαίων καὶ καταφιλῶν αὐτὸν | * ἔκλαυσεν * | δὲ Ἀβραὰμ σὺν τῷ υἱῷ αὐτοῦ εἶδεν δὲ αὐτοὺς |
| Abr.2 | 6 | 5 | καὶ ἔκραξεν λέγουσα κύριέ μου Ἀβραάμ τί ἔχετε | * κλαίοντες * | ὀψέ; καὶ ἄρτι μή τι φάσιν ἤνεγκας τῷ κυρίῳ μου |
| Abr.2 | 6 | 7 | αὐτοῦ καὶ εἶπεν Σάρρα τῷ Ἀβραὰμ πῶς ἐτόλμησας | * κλαῦσαι * | εἰσελθόντος τοῦ ἀνθρώπου πρὸς ἡμᾶς εἰς τὸν οἶκον |
| Abr.2 | 7 | 8 | τῆς κεφαλῆς μου καὶ ἔασεν τὰς ἀκτῖνας ἐν μέσῳ μου | * ἔκλαυσα * | δὲ ἐγὼ καὶ εἶπον παρακαλῶ σε κύριε μὴ ἐπάρῃς τὴν |
| Abr.2 | 7 | 10 | ἡμῶν καὶ ἀπεκρίθη ὁ φωτεινὸς ἀνὴρ καὶ εἶπέν μοι μὴ | * κλαύσῃς * | ὅτι ἔλαβον τὸ φῶς τοῦ οἴκου σου ἀνελήφθη γὰρ ἀπὸ |
| Abr.2 | 8 | 6 | δόξης μεγάλης καὶ πλῆθος ἀγγέλων κύκλῳ αὐτοῦ⟩ καὶ | * ἔκλαιεν * | καὶ ἐγέλα ὥστε τὸν κλαυθμὸν ὑπερβῆναι τὸν |
| Abr.2 | 8 | 7 | πλῆθος ἀγγέλων κυκλόθεν αὐτῷ παραστῆκον οὗτος δὲ | * κλαίων * | καὶ γελῶν ὥστε τὸν κλαυθμὸν ὑπερβῆναι τῷ γέλωτι |
| Abr.2 | 8 | 14 | ἐπειδὴ ἐξ αὐτοῦ ἦσαν πάντες ἐὰν οὖν θεωρῇς αὐτὸν | * κλαίοντα * | γνῶθι ⟨ὅτι⟩ ἐθεάσατο ψυχὰς ἀπαγομένας εἰς τὴν |
| Abr.2 | 9 | 2 | εἰσελθεῖν εἰς τὴν ζωήν; λέγει αὐτῷ Μιχαὴλ ναί. | * ἔκλαυσεν * | δὲ Ἀβραὰμ λέγων οὐαί μοι τί ποιήσω ἐγὼ ὅτι μὲν |
| TRub. | 1 | 5 | ἀπὸ τοῦ νῦν. καὶ ἀναστὰς κατεφίλησεν αὐτοὺς καὶ | * κλαύσας * | εἶπεν ἀκούσατε ἀδελφοί μου ἐνωτίσασθε Ῥουβὴμ |
| TSim. | 2 | 13 | ὅτι περὶ Ἰωσὴφ τοῦτό μοι συνέβη καὶ μετανοήσας | * ἔκλαυσα * | καὶ ηὐξάμην κυρίῳ ἵνα ἀποκατασταθῶ καὶ ἀπόσχωμαι |
| TSim. | 9 | 1 | μὴ ἐπιγινώσκειν ἕκαστος τὸν ἀδελφὸν αὐτοῦ. καὶ | * ἔκλαυσαν * | υἱοὶ Συμεὼν τὸν πατέρα αὐτῶν κατὰ τὸν νόμον τοῦ |
| TJud. | 25 | 5 | ἐν χαρᾷ οἱ δὲ ἀσεβεῖς πενθήσουσι καὶ οἱ ἁμαρτωλοὶ | * κλαύσονται * | καὶ πάντες οἱ λαοὶ δοξάσουσι κύριον εἰς |
| TIss. | 1 | 4 | τοῦ ἀγροῦ καὶ προαπαντήσασα Ῥαχὴλ ἔλαβεν αὐτούς. | * ἔκλαιε * | δὲ Ῥουβὴμ καὶ ἐπὶ τῇ φωνῇ αὐτοῦ ἐξῆλθε Λεία ἡ |
| TZab. | 1 | 6 | μου μὴ εἰπεῖν τῷ πατρί μου τὸ γενόμενον. καὶ | * ἔκλαιον * | πολλὰ ἐν κρυφῇ ἐφοβούμην γὰρ τοὺς ἀδελφούς μου |
| TZab. | 2 | 4 | τὰ ῥήματα ταῦτα εἰς οἶκτον ἦλθον ἐγὼ καὶ ἠρξάμην | * κλαίειν * | καὶ τὰ ἧπατά μου ἐξεχύθησαν ἐπ' ἐμὲ καὶ πᾶσα ἡ |
| TZab. | 2 | 5 | τῶν σπλάγχνων μου ἐχαυνοῦτο ἐπὶ τὴν ψυχήν μου. | * ἔκλαιε * | δὲ καὶ Ἰωσὴφ κἀγὼ σὺν αὐτῷ καὶ ἐβόμβει ἡ καρδία |
| TZab. | 4 | 8 | τῇ ἡμέρᾳ ἐκείνῃ. προσελθὼν οὖν Δὰν εἶπεν αὐτῷ μὴ | * κλαῖε * | μηδὲ πένθει εὗρον γὰρ τί εἴπωμεν τῷ πατρὶ ἡμῶν |
| TZab. | 7 | 4 | χρήζοντι καὶ ἐπὶ ἑπτὰ σταδίους συμπορευόμενος αὐτῷ | * ἔκλαιον * | καὶ τὰ σπλάγχνα μου ἐστρέφετο ἐπ' αὐτῷ εἰς |
| TNep. | 7 | 3 | ὅτι κύριος συγκαταριθμεῖ αὐτὸν μεθ' ὑμῶν. καὶ | * κλαίων * | ἔλεγε ζῇς Ἰωσὴφ τέκνον μου καὶ οὐ βλέπω σέ καὶ |
| TJos. | 3 | 6 | καὶ ἀσθενοῦσιν. καὶ ὤρθριζον πρὸς κύριον καὶ | * ἔκλαιον * | περὶ Μεμφίας τῆς Αἰγυπτίας ὅτι σφόδρα |
| TJos. | 6 | 3 | εἰς ἀποπλάνησιν ψυχῆς ἐστίν. καὶ ἐξελθόντος αὐτοῦ | * ἔκλαιον * | μήτε ἐκεῖνο μήτε ἄλλο τι τῶν ἐδεσμάτων αὐτῆς |
| TJos. | 6 | 8 | ἡ δὲ ἔπεσεν ἐπὶ πρόσωπον εἰς τοὺς πόδας μου καὶ | * ἔκλαυσε * | καὶ ἀναστήσας αὐτὴν ἐνουθέτησα καὶ συνέθετο τοῦ |
| Asen. | 9 | 2 | αὐτῇ ἐν τῷ ὀνόματι τοῦ θεοῦ τοῦ ὑψίστου. καὶ | * ἔκλαυσε * | κλαυθμῷ μεγάλῳ καὶ πικρῷ καὶ μετενόει ἀπὸ τῶν |
| Asen. | 10 | 1 | μόνη μετὰ τῶν ἑπτὰ παρθένων καὶ ἐβαρυθύμει καὶ | * ἔκλαιεν * | ἕως ἔδυ ὁ ἥλιος. καὶ ἄρτον οὐκ ἔφαγε καὶ ὕδωρ |
| Asen. | 10 | 1 | καὶ ἦν αὕτη γρηγοροῦσα μόνη καὶ ἐνεθυμεῖτο καὶ | * ἔκλαιε * | καὶ ἐπάτασσε τῇ χειρὶ τὸ στῆθος αὐτῆς πυκνῶς καὶ |
| Asen. | 10 | 15 | ταῖς δυσὶ χερσὶ τὸ στῆθος αὐτῆς πυκνῶς καὶ | * ἔκλαυσε * | πικρῶς καὶ πέπτωκεν ἐπὶ τὴν τέφραν καὶ ἔκλαυσε |
| Asen. | 10 | 15 | καὶ ἔκλαυσε πικρῶς καὶ πέπτωκεν ἐπὶ τὴν τέφραν καὶ | * ἔκλαυσε * | κλαυθμῷ μεγάλῳ καὶ πικρῷ ὅλην τὴν νύκτα μετὰ |
| Asen. | 18 | 3 | καὶ τῆς ἐνδείας τῶν ἑπτὰ ἡμερῶν καὶ ἐλυπήθη καὶ | * ἔκλαυσε * | καὶ ἔλαβε τὴν χεῖρα αὐτῆς τὴν δεξιὰν καὶ |
| Asen. | 28 | 9 | αὐτοὶ πεσόντες προσεκύνησαν αὐτῇ ἐπὶ τὴν γῆν καὶ | * ἔκλαυσαν * | μετὰ φωνῆς μεγάλης καὶ ἐζήτουν τοὺς ἀδελφοὺς |
| Jer. | 2 | 5 | ἡμῶν καὶ μὴ ἀντλήσωμεν ὕδωρ ἐπὶ τὰς ποτίστρας ἀλλὰ | * κλαύσωμεν * | καὶ γεμίσωμεν αὐτὰς δακρύων ὅτι οὐ μὴ ἐλεήσῃ |
| Jer. | 2 | 10 | τοῦτο. ἔμειναν οὖν ἀμφότεροι ἐν τῷ θυσιαστηρίῳ | * κλαίοντες * | καὶ ἦσαν διερρωγότα τὰ ἱμάτια αὐτῶν. ὡς δὲ |
| Jer. | 3 | 3 | τῆς πόλεως. ἰδόντες δὲ αὐτοὺς Ἰερεμίας καὶ Βαροὺχ | * ἔκλαυσαν * | λέγοντες νῦν ἐγνώκαμεν ὅτι ἀληθές ἐστι τὸ ῥῆμα. |
| Jer. | 3 | 14 | εὐθέως κατέπιεν αὐτὰ ἡ γῆ. ἐκάθισαν δέ οἱ δύο καὶ | * ἔκλαυσαν. * | πρωΐας δὲ γενομένης ἀπέστειλεν Ἰερεμίας τὸν |
| Jer. | 4 | 5 | αὐτὰς ὅτι ἐπίτροποι τοῦ ψεύδους ἐγενήθημεν. ἔτι | * κλαίοντος * | Ἰερεμίου τὸν λαὸν ἐξήνεγκαν αὐτὸν μετὰ τοῦ |
| Jer. | 4 | 6 | ἐπέθηκε χοῦν ἐπὶ τὴν κεφαλὴν αὐτοῦ καὶ ἐκάθισε καὶ | * ἔκλαυσε * | τὸν θρῆνον τοῦτον λέγων διὰ τί ἠρημώθη |
| Jer. | 4 | 10 | ταύτης. ταῦτα εἰπὼν Βαροὺχ ἐξῆλθεν ἔξω τῆς πόλεως | * κλαίων * | καὶ λέγων ὅτι λυπούμενος διὰ σέ Ἰερουσαλὴμ |
| Jer. | 6 | 2 | δὲ αὐτὸν ἐν μνημείῳ. καὶ ἐν τῷ θεωρῆσαι ἀλλήλους | * ἔκλαυσαν * | ἀμφότεροι καὶ κατεφίλησαν ἀλλήλους. ἀναβλέψας |
| Jer. | 7 | 15 | ἔδωκεν αὐτῷ ὁ βασιλεύς. ἀπερχομένων δὲ αὐτῶν καὶ | * κλαιόντων * | μετὰ τοῦ νεκροῦ ἦλθον κατέναντι τοῦ ἀετοῦ. καὶ |
| Jer. | 7 | 20 | ἐπιστολὴν ἀνέγνω αὐτὴν τῷ λαῷ. καὶ ἀκούσας ὁ λαὸς | * ἔκλαυσαν * | καὶ ἐπέθηκαν χοῦν ἐπὶ τὰς κεφαλὰς αὐτῶν καὶ |
| Jer. | 7 | 25 | τοῦ λαοῦ κρεμαμένους ὑπὸ Ναβουχοδονόσορ βασιλέως | * κλαίοντας * | καὶ λέγοντας ἐλέησον ἡμᾶς ὁ θεὸς Ζάρ. ἀκούων |
| Jer. | 7 | 26 | ἡμᾶς ὁ θεὸς Ζάρ. ἀκούων ταῦτα ἐλυπούμην καὶ | * ἔκλαιον * | δισσὸν κλαυθμὸν οὐ μόνον ὅτι ἐκρέμαντο ἀλλ' ὅτι |
| Jer. | 7 | 27 | καὶ ἐπέστρεφον εἰς τὸν οἶκόν μου ὀδυνώμενος καὶ | * κλαίων. * | νῦν οὖν δεήθητι εἰς τὸν τόπον ὅπου εἶ σὺ καὶ |

| Jer. | 7 | 31 | Βαροὺχ καὶ λύσας ἀνέγνω καὶ κατεφίλησεν αὐτὴν καὶ ✻ ἔκλαυσε ✻ ἀκούσας διὰ τὰς λύπας καὶ τὰς κακώσεις τοῦ λαοῦ. |

Jer.    7   31   Βαροὺχ καὶ λύσας ἀνέγνω καὶ κατεφίλησεν αὐτὴν καὶ ✻ ἔκλαυσε ✻ ἀκούσας διὰ τὰς λύπας καὶ τὰς κακώσεις τοῦ λαοῦ.
Jer.    9    8   τὴν ψυχὴν αὐτοῦ. καὶ ἔμειναν Βαροὺχ καὶ Ἀβιμέλεχ ✻ κλαίοντες ✻ καὶ κράζοντες μεγάλη τῆ φωνῆ οὐαὶ ἡμῖν ὅτι ὁ
Jer.    9    9   αὐτῶν καὶ ἐπέθηκαν χοῦν ἐπὶ τὰς κεφαλὰς αὐτῶν καὶ ✻ ἔκλαυσαν ✻ κλαυθμὸν πικρόν. καὶ μετὰ ταῦτα ἡτοίμασαν
Jer.    9   23   ἃ εἶδε. λέγει δὲ αὐτοῖς Ἱερεμίας σιωπήσατε καὶ μὴ ✻ κλαίετε ✻ οὐ μὴ γάρ με ἀποκτείνωσιν ἕως οὗ πάντα ὅσα εἶδον
Bar.         2   ἀποκάλυψις Βαροὺχ ὅς ἐστιν ἐπὶ ποταμοῦ Γέλ. ✻ κλαίων ✻ ὑπὲρ τῆς αἰχμαλωσίας Ἱερουσαλὴμ ὅτε καὶ
Bar.    1    1   ὅπου ἔκειτο τὰ τῶν ἁγίων ἅγια. οἳ νῦν ἐγὼ Βαροὺχ ✻ κλαίων ✻ ἐν τῆ συνέχει μου καὶ ἔχων περὶ τοῦ λαοῦ καὶ ὅπως
Bar.    1    3   λέγουσιν ποῦ ἐστιν ὁ θεὸς αὐτῶν; καὶ ἰδοὺ ἐν τῷ ✻ κλαίειν ✻ με καὶ λέγειν τοιαῦτα ὁρῶ ἄγγελον κυρίου ἐλθόντα
Bar.    4   14   τὴν εὐχὴν ἐκτελέσαντος καὶ πολλὰ δεηθεὶς καὶ ✻ κλαύσας ✻ εἶπεν κύριε παρακαλῶ ὅπως ἀποκαλύψῃς μοι τί
Bar.   13    1   τὴν φιάλην. καὶ εἶθ' οὕτως ἦλθον ἕτεροι ἄγγελοι ✻ κλαίοντες ✻ καὶ ὀδυρόμενοι καὶ μετὰ φόβου λέγοντες ἴδε
Bar.   16    1   τάδε λέγει κύριος μὴ ἔστε σκυθρωποὶ καὶ μὴ ✻ κλαίετε ✻ μηδὲ ἐάσατε τοὺς υἱοὺς τῶν ἀνθρώπων. ἀλλ' ἐπειδὴ
Prop.   4    9   μετὰ τὴν πέψιν ἐν καρδίᾳ ἀνθρωπίνῃ γενόμενος ✻ ἔκλαιε ✻ καὶ ἤξίου κύριον πᾶσαν ἡμέραν καὶ νύκτα
Prop.   4   11   ἐδάκρυσεν οἱ ὀφθαλμοὶ αὐτοῦ ἦσαν ὡς κρέας ἐκ τοῦ ✻ κλαίειν. ✻ πολλοὶ γὰρ ἐξιόντες ἐκ τῆς πόλεως ἑώρων αὐτῶν.
Esdr.   5    6   οὐ μήτηρ μετὰ τέκνου οὐ γυνὴ μετὰ ἀνδρός. καὶ ✻ ἔκλαυσα ✻ καὶ εἶπον ὦ δέσποτα κύριε ἐλέησον τοὺς
Esdr.   5    8   τοὺς οὐρανούς. καὶ ἴδον ἐκεῖ πολλὰς κρίσεις καὶ ✻ ἔκλαυσα ✻ πικρῶς καὶ εἶπον καλὸν τοῦ μὴ ἐξελθεῖν τὸν
Esdr.   5   11   ὀλίγην ἄνεσιν. καὶ εἶπεν ὁ προφήτης μακάριοι οἱ ✻ κλαίοντες ✻ τὰς ἑαυτῶν ἁμαρτίας. καὶ εἶπεν ὁ θεὸς ἄκουσον
Esdr.   5   27   ἐν ταρτάροις καὶ ἴδον πάντας θρηνοῦντας καὶ ✻ κλαίοντας ✻ καὶ κακὸν πένθος τοὺς ἁμαρτωλοὺς ἔκλαυσα κἀγὼ
Esdr.   5   28   καὶ κλαίουσας καὶ κακὸν πένθος τοὺς ἁμαρτωλοὺς ✻ ἔκλαυσα ✻ κἀγὼ ὁρῶν τὸ γένος τῶν ἀνθρώπων οὕτως
Esdr.   6   25   οἴμμοι οἴμμοι ὅτι ὑπὸ σκωλήκων μέλλω ἀναλίσκεσθαι. ✻ κλαύσατέ ✻ με πάντες οἱ ἅγιοι καὶ δίκαιοι τὸν πολλὰ
Esdr.   6   26   πάντες οἱ ἅγιοι καὶ δίκαιοι τὸν πολλὰ δικασάμενον ✻ κλαύσατέ ✻ με πάντες οἱ ἅγιοι καὶ δίκαιοι ὅτι εἰς τὸ
Sedr.  10    6   Σεδρὰχ τὸν θεὸν δός μοι κύριε ἴσσιν ὀλίγην ἵνα ✻ κλαίω ✻ ὅτι ἤκουσα πολλὰ δύνανται τὰ δάκρυα καὶ ἵαμα πολὺ
Sedr.  11    1   τοῦ τεπεινοῦ σώματος τοῦ πλάσματός σου. καὶ ἤρξατο ✻ κλαίων ✻ καὶ ὀδυρόμενος λέγειν ὦ κεφαλὴ παράδοξε
Job     7    8   δούλη, φέρε τὸν δοθέντα σοι δοθῆναί μοι ἄρτον. καὶ ✻ ἔκλαυσεν ✻ μετὰ λύπης μεγάλης ἡ παῖς λέγουσα ἀληθῶς καλῶς
Job    27    2   ἐξόπισθεν τῆς γυναικός μου ἐξῆλθεν καὶ σταθεὶς ✻ ἔκλαυσεν ✻ λέγων ἴδε, Ἰωβ, διαφωνῶ καὶ ὑποχωρῶ σοι σαρκίνῳ
Job    28    3   ἤγγισαν μακρόθεν, οὐκ ἐπεγίνωσκον με κράξαντες δὲ ✻ ἔκλαυσαν, ✻ ῥήξαντες τὴν ἑαυτῶν στολὴν καὶ καταπασάμενοι
Job    29    4   εἶπεν σὺ εἶ Ἰωβαβ ὁ συμβασιλεὺς ἡμῶν; ἐγὼ δὲ ✻ κλαίουσα ✻ κατεπασάμην γῆν ἐπὶ τῆς κεφαλῆς μου καὶ κινήσας
Job    31    7   φαίνοντες. καὶ εἶπον αὐτῷ ἐγὼ εἰμι. καὶ οὕτως ✻ κλαύσας ✻ κλαυθμὸν μέγαν σὺν θρήνῳ βασιλικῷ ἀνεφώνησεν
Job    39    3   ἦλθεν, ἔρριψεν ἑαυτὴν παρὰ τοὺς πόδας αὐτῶν, καὶ ✻ κλαίουσα ✻ ἔλεγεν μνήσθητι μου ὁ Ἐλιφας καὶ οἱ δύο φίλοι
Job    39    6   δὲ ὁρᾶτε τὴν προέλευσίν μου ἢ τί ἐνδύομαι. τότε ✻ κλαίοντες ✻ κλαυθμὸν μέγαν, γενόμενοι ἐν διπλῆ ἀκηδίᾳ
Job    40   11   καὶ εὗρον αὐτὴν νεκράν, τὰ δὲ περιεστῶτα ζῷα ✻ κλαίοντα ✻ ἐπ' αὐτήν. καὶ οὕτως προκομίσαντες αὐτὴν
Job    53    1   τοῖς πένησιν καὶ ὀρφανοῖς καὶ πᾶσιν τοῖς ἀδυνάτοις ✻ κλαίουσιν ✻ καὶ λέγουσιν οὐαὶ ἡμῖν σήμερον, διπλῶς τὸ
Job    53    1   ἤρται ἡ ἔνδυσις τῶν χηρῶν. τίς λοιπὸν οἱ ✻ κλαύσει ✻ ἐπὶ τὸν ἄνθρωπον τοῦ θεοῦ; ἅμα τε ἤνεγκαν τὸ
Sib.    3  541   ὅλην αὐτὴν δὲ σιδηρᾶν. αὐτὰρ ἔπειτα βροτοὶ δεινῶς ✻ κλαύσουσιν ✻ ἅπαντες ἀσπορίην καὶ ἀνηροσίην καὶ πῦρ ἐπὶ
Sib.    5   60   δὲ χάρις γαίης καὶ δόξα προσώπου. Μέμφι σὺ μὲν ✻ κλαίῃ ✻ ὑπὲρ Αἰγύπτου τὰ μέγιστα πρόσθε γὰρ ἡ μεγάλως
Sib.    5   65   Μέμφι ἡ τὸ πάλαι δειλοῖσι βροτοῖς αὐχοῦσα μέγιστα ✻ κλαύσεαι ✻ ἀργαλέη καὶ πάμμορος ὥστε νοῆσαι αὐτὴ αἰδίων
Sib.    5   99   καὶ τότ' ἔσῃ πόλεων πολύολβος πολλὰ καμοῦσα. ✻ κλαύσεται ✻ Ἀσὶς ὅλη δώρων χάριν ὧν ἀπὸ σεῖο στεψαμένη
Sib.    5  122   ἀπολέσθαι. Σμύρνα κατὰ κρημνῶν εἰλισσομένη ποτέ ✻ κλαύσει ✻ ἡ τὸ πάλαι σεμνὴ καὶ ἐπώνυμος ἐξαπολεῖται.
Sib.    5  124   ἡ τὸ πάλαι σεμνὴ καὶ ἐπώνυμος ἐξαπολεῖται. ✻ κλαύσουσιν ✻ κ ἤν χθόνα τεφρωθεῖσαν καὶ Συρίην μεγάλην καὶ
Sib.    5  170   χήρη καθεδοῖτο παρ' ὄχθας καὶ ποταμῶ Τιβέρις σε ✻ κλαύσεται ✻ ἤν παράκοιτιν ἤτε μιαιφόνον ἤτορ ἔχεις ἀσεβῆ
Sib.    5  196   οἰκήσουσι βίη μελανόχροες Ἰνδοί. Πεντάπολι ✻ κλαύσεις ✻ σέ δ' ὀλεῖ μεγαλόσθενος ἀνήρ. σὰς Λιβύη
Sib.    5  296   ἐπικλύζουσιν θέλλαι. +ὕπτια δ' οἰμώξει+ Ἔφεσος ✻ κλαίουσα ✻ παρ' ὄχθαις καὶ νηὸν ζητοῦσα τὸν οὐκέτι
Sib.    5  306   κατὰ γῆς πλέονας ψαμάθοιο. Ἦξει γὰρ καὶ Σμύρνα ἐὸν ✻ κλαίουσα ✻ +λυκουργὸν+ εἰς +Ἐφέσοιο+ πύλας καὶ αὐτὴ
Sib.    5  455   Κύπριον ἐξολοθρεύσει. εἰς Τύρον αἰνόμοροι μέροπες ✻ κλαύσεσθε ✻ βλέποντες. Φοινίκη δεινός σε μένει χόλος ἄχρι
Sib.    5  457   χόλος ἄχρι πεσεῖν σε πτῶμα κακὸν Σειρήνες ὅπως ✻ κλαύωνται ✻ ἀληθῶς. Ἔσται δ' ἐν πέμπτῃ γενεῆ ὅτε παύσει·
Sib.    5  490   ὅσσοι δ' Αἰγύπτου πόθον ἤγανον εἰς σε ἄπαντες ✻ κλαύονται ✻ σε κακῶς θεὸν ἄφθιτον ἐν φρεσὶ θέντες
FIsa.   1   10   δὲ ταῦτα Ἑζεκίας ἔσχισεν τὰ ἱμάτια αὐτοῦ καὶ ✻ ἔκλαυσεν ✻ πικρῶς καὶ ἔβαλεν χοῦν ἐπὶ τὴν κεφαλὴν αὐτοῦ
FAch. 107        διὰ τὴν πολυχρόνιον συνοχὴν ἀποστραφεὶς ὁ βασιλεὺς ✻ ἔκλαυσεν. ✻ καὶ ἐκέλευσεν αὐτὸν ὁ βασιλεὺς ἐπιμελείας

κλάσμα
1
FEz.  64  70  8  ὁ τυφλὸς ἐλάλει τῷ χωλῷ λέγων πόσον ἦν ἡμῶν τὸ ✻ κλάσμα ✻ τοῦ ἄρτου μετὰ τῶν ὄχλων τῶν κληθέντων εἰς τὴν

κλαυθμός
26
Adam   11    1   λέγων ὦ Εὔα οὐ πρὸς ἡμᾶς ἡ πλεονεξία σου οὔτε ✻ κλαυθμὸς ✻ ἀλλὰ πρός σέ ἐπειδὴ ἡ ἀρχὴ τῶν θηρίων ἐκ σοῦ
Adam   27    3   τοῦ ἐλαύνειν αὐτόν. ἐβόησεν δὲ Ἀδὰμ μετὰ ✻ κλαυθμοῦ ✻ λέγων συγχώρησόν μοι κύριε ὃ ἐποίησα. τότε
Adam   29   12   καὶ λέγει μοι Εζραλθε ἐκ τοῦ θλίβους καὶ παῦσαι τοῦ ✻ κλαυθμοῦ. ✻ ἤκουσε γὰρ ὁ θεὸς τῆς δεήσεώς σου ὅτι καὶ
Abr.1   5   11   Σάρρα δὲ ὑπάρχουσα ἐν τῆ σκηνῆ αὐτῆς ἤκουσε τοῦ ✻ κλαυθμοῦ ✻ αὐτοῦ καὶ ἦλθε δρομαῖα ἐπ' αὐτοὺς καὶ εὗρεν
Abr.1   5   12   αὐτοὺς περιπλακομένους καὶ κλαίοντας. εἶπε δὲ μετὰ ✻ κλαυθμοῦ ✻ κύριέ μου Ἀβραάμ τί ἐστι τοῦτο ὅτι κλαίεται;
Abr.2   4    1   λεκάνης καὶ ἐγένοντο λίθος. ἤκουσε δὲ Σάρρα τοὺς ✻ κλαυθμοὺς ✻ αὐτῶν οὖσα ἐν τῆ σκηνῆ καὶ ἐξελθοῦσα εἶπεν τῷ
Abr.2   8    6   κύκλῳ αὐτοῦ) καὶ ἔκλαιεν καὶ ἐγέλα ὥστε τὸν ✻ κλαυθμὸν ✻ ὑπερβῆναι τὸν γέλωτα. καὶ εἶπεν Ἀβραὰμ τῷ
Abr.2   8    7   αὐτῷ παραστήκον οὗτος δὲ κλαίων καὶ γελῶν ὥστε τὸν ✻ κλαυθμὸν ✻ ὑπερβῆναι τῷ γέλωτι ἑπταπλασίως; καὶ εἶπεν
Abr.2   8   16   εἰς τὴν ζωὴν θεώρησον οὖν αὐτὸν πῶς ὑπερβαίνει ὁ ✻ κλαυθμὸς ✻ τὸν γέλωτα ἐπειδὴ θεωρεῖ τὸ περισσὸν τοῦ κόσμου
Abr.2   8   16   ἀπαγούσης εἰς τὴν ἀπώλειαν διὰ τοῦτο ὑπερβαίνει ὁ ✻ κλαυθμὸς ✻ τὸν γέλωτα ἑπταπλασίως. καὶ εἶπεν Ἀβραὰμ τῷ
Abr.2  13   15   ὁ θάνατος ἐγώ εἰμι τὸ πικρότερον ὄνομα ἐγώ εἰμι ὁ ✻ κλαυθμὸς ✻ ἐγώ εἰμι ἡ πτῶσις πάντων. λέγει αὐτῷ Ἀβραάμ
Asen.   9    2   ἐν τῷ ὀνόματι τοῦ θεοῦ τοῦ ὑψίστου. καὶ ἔκλαυσε ✻ κλαυθμῷ ✻ μεγάλῳ καὶ πικρῷ καὶ μετενόει ἀπὸ τῶν θεῶν αὐτῆς
Asen.  10    3   ἐκ πλαγίου καὶ ἐστέναξε στεναγμῷ μεγάλῳ μετὰ ✻ κλαυθμοῦ ✻ πικροῦ. καὶ ἤκουσεν ἡ παρθένος ἡ σύντροφος
Asen.  10    5   κεκλεισμένην. καὶ ἤκουσαν τοῦ στεναγμοῦ καὶ τοῦ ✻ κλαυθμοῦ ✻ τῆς Ἀσενὲθ καὶ εἶπον αὐτῆ τί σοι ἐστι δέσποινα
Asen.  10   15   πικρῷ καὶ πέπτωκεν ἐπὶ τὴν τέφραν καὶ ἔκλαυσε ✻ κλαυθμῷ ✻ μεγάλῳ καὶ πικρῷ ὅλην τὴν νύκτα μετὰ στεναγμοῦ
Asen.  18    3   πρόσωπον αὐτῆς συμπεπτωκὸς ἐκ τῆς θλίψεως καὶ ✻ κλαυθμοῦ ✻ καὶ τῆς ἐνδείας τῶν ἑπτὰ ἡμερῶν καὶ ἐλυπήθη καὶ
Jer.    7   26   Ζάρ. ἄκουον ταῦτα ἐλυποῦμην καὶ ἔκλαιον δισσὸν ✻ κλαυθμὸν ✻ οὐ μόνον ὅτι ἐκρέματο ἀλλ' ὅτι ἐπεκαλοῦντο
Jer.    9    9   τοῦ θεοῦ καὶ ἀπῆλθεν. ἤκουσε δὲ πᾶς ὁ λαὸς τοῦ ✻ κλαυθμοῦ ✻ αὐτῶν καὶ ἔδραμον ἐπ' αὐτοὺς πάντες καὶ εἶδον
Jer.    9    9   ἐπέθηκαν χοῦν ἐπὶ τὰς κεφαλὰς αὐτῶν καὶ ἔκλαυσαν ✻ κλαυθμὸν ✻ πικρόν. καὶ μετὰ ταῦτα ἡτοίμασαν ἑαυτοὺς ἵνα
Job    24    1   καρδίαν. ἅμα τε ἤγγισεν ἡ γυνή μου ἀνακράξασα μετὰ ✻ κλαυθμοῦ ✻ λέγει μοι Ἰωβ, ἄχρι τίνος καθέζῃ ἐπὶ τῆς
Job    31    7   καὶ εἶπον αὐτῷ ἐγὼ εἰμι. καὶ οὕτως κλαύσας ✻ κλαυθμὸν ✻ μέγαν σὺν θρήνῳ βασιλικῷ ἀνεφώνησεν
Job    32    1   καὶ τῶν στρατευμάτων αὐτῶν. ἀκούσατε οὖν τοῦ ✻ κλαυθμοῦ ✻ τοῦ Ἐλιου ὑποδεικνύοντος τοῖς παισὶν τὸν
Job    33    1   δόξα τοῦ θρόνου σου; τοῦ δὲ Ἐλιου μακρύναντος τὸν ✻ κλαυθμὸν ✻ ὑποφωνοῦντων αὐτῷ τῶν συμβασιλέων ὥστε γενέσθαι
Job    39    6   τὴν προέλευσίν μου ἢ τί ἐνδύομαι. τότε κλαύσαντες ✻ κλαυθμὸν ✻ μέγαν, γενόμενοι ἐν διπλῆ ἀκηδίᾳ ἐσιώπησαν, ὡς
Job    40    9   καὶ ἅπαντες ἰδόντες ἀνέκραξαν μετὰ μυκήματος ✻ κλαυθμοῦ ✻ ἐπ' αὐτήν, καὶ ἡ φωνὴ ἔδωκεν διὰ πάσης τῆς
Job    41    4   εἶναι δίκαιον ἐγὼ γὰρ οὐκ ἀνέξομαι ἀρχῆθεν γὰρ καὶ ✻ κλαυθμὸν ✻ διετέλεσα αὐτῷ, ἀναμνησκόμενος τῆς εὐδαιμονίας

κλειδοῦχος
1
Bar.   11    2   ὁ ἄγγελος οὐ δυνάμεθα εἰσελθεῖν ἕως ἔλθη Μιχαὴλ ὁ ✻ κλειδοῦχος ✻ τῆς βασιλείας τῶν οὐρανῶν. ἀλλ' ἀνάμεινον καὶ

κλεῖθρον
1
Esdr.   5   13   ἑβδόμον παρασκευάζεται τὸ ἔννατον μὲν ἀνοίγεται τὰ ✻ κλεῖθρα ✻ τοῦ πυλῶνος τῆς γυναικὸς καὶ γεννᾶται ὑγιὴς εἰς

κλείς
3
Jer.    4    3   πάντα τὸν λαόν. Ἱερεμίας δὲ ἄρας τὰς ✻ κλεῖδας ✻ τοῦ ναοῦ ἐξῆλθεν ἔξω τῆς πόλεως· καὶ ἔρριψεν
Jer.    4    3   ἐνώπιον τοῦ ἡλίου λέγων σοί λέγω ἥλιε λάβε τὰς ✻ κλεῖδας ✻ τοῦ ναοῦ τοῦ θεοῦ καὶ φύλαξον αὐτὰς ἕως ἡμέρας
LThe.   9   22  11  γούνων ἀπτόμενον Συχὲμ ἄσπετα μαρηνάντα. ἤλασε δὲ ✻ κληΐδα ✻ μέσην δῦ δὲ ξίφος ὀξὺ σπλάγχνων διὰ στέρνων λίπε

κλείω
13
Adam   12    1   ἀπάρξομαι ἐλέγχειν σε. λέγει ὁ Σὴθ πρὸς τὸ θηρίον ✻ κλεῖσαί ✻ σου τὸ στόμα καὶ σίγα καὶ ἀπόστηθι ἀπὸ τῆς
Asen.   5    6   πολλοῦ. καὶ εἰσῆλθεν Ἰωσὴφ εἰς τὴν αὐλὴν καὶ ✻ ἐκλείσθησαν ✻ αἱ πύλαι τῆς αὐλῆς καὶ πᾶς ἀνὴρ καὶ γυνὴ
Asen.   5    6   αὐλῆς διότι οἱ φύλακες τῶν πυλῶν ἐπεσπάσαντο καὶ ✻ ἔκλεισαν ✻ τὰς θύρας καὶ ἐξεκλείσθησαν πάντες οἱ
Asen.  10    3   τὸ ὑπερῷον καὶ ἀπέθηκεν αὐτὴν εἰς τὸ ἔδαφος. καὶ ✻ ἔκλεισε ✻ τὴν θύραν ἀσφαλῶς καὶ τὸν μοχλὸν τὸν σιδηροῦν
Asen.  10    4   πρὸς τὴν θύραν τῆς Ἀσενὲθ καὶ εὗρον τὴν θύραν ✻ κεκλεισμένην. ✻ καὶ ἤκουσαν τοῦ στεναγμοῦ καὶ τοῦ κλαυθμοῦ
Asen.  10    9   αὐτῆς εἰς τὸν θάλαμον ἤτε καὶ ✻ ἔκλεισε ✻ πάλιν τὴν θύραν ἀσφαλῶς καὶ τὸν μοχλὸν καθῆκεν
Asen.  11    2   χειρῶν ἐπὶ τὸ γόνυ τὸ δεξιὸν καὶ τὸ στόμα αὐτῆς ἤν ✻ κεκλεισμένον ✻ καὶ οὐκ ἤνοιξεν αὐτὸ ἐν ταῖς ἑπτὰ ἡμέραις
Asen.  14    5   τίς ἐστιν ὁ καλῶν με διότι ἡ θύρα τοῦ θαλάμου μου ✻ κέκλεισται ✻ καὶ ὁ πύργος ὑψηλός ἐστι καὶ πῶς ἄρα εἰσῆλθεν
Asen.  19    3   τῆς οἰκίας. καὶ εἰσῆλθεν Ἰωσὴφ εἰς τὴν αὐλὴν καὶ ✻ ἐκλείσθησαν ✻ αἱ θύραι καὶ ἀπέμειναν ἔξω πάντες οἱ ἀλλότριοι.
Bar.   11    2   ἤγαγέν με εἰς πέμπτον οὐρανόν. καὶ ἦν ἡ πύλη ✻ κεκλεισμένη. ✻ καὶ εἶπον κύριε οὐκ ἀνοίγεται ὁ πυλὼν οὗτος
Bar.   14    1   τί γένηται. καὶ αὐτῇ τῆ ὥρᾳ ἀπῆλθεν ὁ Μιχαὴλ καὶ ✻ ἐκλείσθησαν ✻ αἱ θύραι. καὶ ἐγένετο φωνὴ ὡς βροντή. καὶ
Bar.   17    1   λόγους μου κηρυτιώσιν αὐτοῖς. τούτου δ' ἅμα καὶ τῶν λόγων ✻ ἐκλείσθη ✻ ἡ θύρα καὶ ἡμεῖς ἀνεχωρήσαμεν. λαβών με ὁ
FMan.   2   22  12  τὴν θάλασσαν τῷ λόγῳ τοῦ προστάγματός σου ὁ ✻ κλείσας ✻ τὴν ἄβυσσον καὶ σφραγισάμενος αὐτὴν τῷ φοβερῷ

κλέος
4
Sib.    3  418   στοναχάς τε φέρουσα θήσει ἀγήρατον δ' ἔσται ✻ κλέος ✻ ἐσσομένοισιν. καὶ τίς ψευδογράφος πρέσβυς βροτός
Sib.    3  431   μέσοπας κενοκρανους. καὶ θανέειν μᾶλλον τοῖσιν ✻ κλέος ✻ ἔσσεται εὐρὺ Ἰλίῳ ἀλλὰ καὶ αὐτὸς ἀμοιβαῖα δέξεται
Sib.    5  148   Περσῶν πρὸς βασιλῆας πρώτους οὓς ἐπόθησε καὶ οἷς ✻ κλέος ✻ ἐγκατέθηκεν φωλείῳ μετὰ τῶνδε κακῶν εἰς ἔθνος
Sib.    5  428   δόξαν πεποθημένον εἶδος ἀντολίαι δύσιές τε θεοῦ ✻ κλέος ✻ ἐξύμνησαν. οὐκέτι γὰρ πέλεται +δειλοῖσι βροτοῖσιν

κλέπτης
2
Abr.1  10    5   οὗτοι; καὶ εἶπεν ὁ ἀρχιστράτηγος οὗτοι εἰσιν οἱ ✻ κλέπται ✻ οἱ βουλόμενοι φόνον ἐργάσασθαι καὶ κλέψαι καὶ

Asen. 13 11 αὐτοὺς καταπατεῖσθαι ὑπὸ τῶν ἀνθρώπων καὶ οἱ * κλέπται * διήρπασαν αὐτοὺς οἵτινες ἦσαν ἀργυροῖ καὶ
κλέπτω 11
Abr.1 10 5 οἱ κλέπται οἱ βουλόμενοι φόνον ἐργάσασθαι καὶ * κλέψαι * καὶ θῦσαι καὶ ἀπολέσαι. εἶπεν δὲ Ἀβραὰμ κύριε
TLevi 14 5 κυρίου λῃστεύσετε καὶ ἀπὸ τῶν μερίδων αὐτοῦ * κλέψετε * καὶ πρὸ τοῦ θυσιάσαι κυρίῳ λήψεσθε τὰ ἐκλεκτὰ ἐν
TZab. 7 1 ἐν γυμνότητι χειμῶνος καὶ σπλαγχνισθεὶς ἐπ' αὐτὸν * κλέψας * ἱμάτιον ἐκ τοῦ οἴκου μου κρυφαίως ἔδωκα τῷ
TAser 2 5 τὸ δὲ τέλος τῆς πράξεως ἔρχεται εἰς κακόν. ἄλλος * κλέπτει * ἀδικεῖ ἁρπάζει πλεονεκτεῖ καὶ ἐλεεῖ τοὺς πτωχοὺς
TJos. 12 2 χειρὶ νέου τινὸς Ἑβραίου λέγουσι δὲ ὅτι καὶ κλοπῇ * ἔκλεψαν * αὐτὸν ἐκ γῆς Χανάαν νῦν οὖν ποίησον μετ' αὐτοῦ
TJos. 13 1 τὸν μετάβολον καὶ λέγει αὐτῷ τί ταῦτα ἀκούω ὅτι * κλέπτεις * τὰς ψυχὰς ἐκ γῆς Ἑβραίων εἰς παῖδας
TJos. 14 1 λέγουσα ἄδικός ἐστιν ἡ κρίσις σου ὅτι καὶ τὸν * κλαπέντα * ἐλεύθερον τιμωρεῖς ὡς ἀδικήσαντα. ὡς δὲ οὐκ
FPho. 18 στυγέει θεὸς ἄμβροτος ὅστις ὀμόσσῃ. σπέρματα μὴ * κλέπτειν * ἐπαράσιμος ὅστις ἕληται. μισθὸν μοχθήσαντι
FPho. 136 παραθήκην ἀμφότεροι κλῶπες καὶ ὁ δεξάμενος καὶ ὁ * κλέψας. * μοίρας πᾶσι νέμειν ἰσότης δ' ἐν πᾶσιν ἄριστον.
IDip. 5 121 1 εἰ γὰρ δίκαιος κἀσεβὴς ἕξουσιν ἓν ἅρπαζε ἀπελθὼν * κλέπτε * ἀποστέρει κύκα μηδὲν πλανηθῇς ἔστι καὶ ἐν Ἅιδου
IMen. 5 119 2 πεφυκέναι μὴ παρθένους φθείροντα καὶ μοιχώμενον * κλέπτοντα * καὶ σφάττοντα χρημάτων χάριν τἀλλότρια
κλεψία 1
Bar. 13 4 καὶ αὐτοὶ ἐν μέσῳ ἐκεῖ καὶ ὅπου πορνεῖαι μοιχεῖαι * κλεψίαι * καταλαλιαὶ ἐπιορκίαι φθόνοι μέθαι ἔρεις ζῆλος
κλεψίγαμος 1
Sib. 3 204 ἀγέρωχοι ἔσσονται βασιλῆες ὑπερφίαλοι καὶ ἄναγνοι * κλεψίγαμοι * καὶ πάντα κακοὶ καὶ οὐκέτι θνητοῖς ἄμπαυσις
κληδονισμός 1
FIsa. 1 2 5 ⟨ἡ⟩ φαρμακεία καὶ ἡ μαγεία καὶ ἡ μαντεία καὶ οἱ * κληδονισμοὶ * καὶ ἡ πορνεία καὶ ὁ διωγμὸς τῶν δικαίων ἐν
κληδών 1
TJud. 23 1 εἰς τὸ βασίλειον ἐγγαστριμύθοις ἐξακολουθοῦντες * κληδόσι * καὶ δαίμοσι πλάνης. τὰς θυγατέρας ὑμῶν μουσικὰς
κλῄζω 3
Sib. 3 560 χέρας αὐτῶν ἄρξονται βασιλῆα μέγαν ἐπαμύντορα * κλῄζειν * καὶ ζητεῖν ῥυστῆρα χόλου μεγάλοιο τίς ἔσται.
LEze. 9 28 4 02 ταύτας ἑπτὰ παρθένους τινάς. Λιβύη μὲν ἡ γῆ πᾶσα * κλῄζεται * ξένε οἰκοῦσι δ' αὐτὴν φῦλα παντοίων γενῶν
LEze. 9 29 14 24 ὑπ' αὐτοὺς θήκαμεν παρεμβολὴν (Βεελζεφὼν τις * κλῄζεται * πόλις βροτοῖς). ἐπεὶ δὲ Τιτὰν ἥλιος δυσμαῖς
κλῆμα 4
Bar. 4 10 ὕδωρ εἰς τὸν παράδεισον καὶ ἦρεν πᾶν ἄνθος τὸ δὲ * κλῆμα * τῆς ἀμπέλου ἐξώρισεν εἰς τὸ παντελὲς καὶ ἐξέβαλεν
Bar. 4 12 φυτεύειν ἐκ τῶν εὑρισκομένων φυτῶν. εὗρε δὲ καὶ τὸ * κλῆμα * καὶ λαβὼν ἐλογίζετο ἐν ἑαυτῷ τί ἄρα ἐστίν. καὶ
Bar. 4 15 Σαρασαὴλ καὶ εἶπεν αὐτῷ ἀναστὰς Νῶε φύτευσον τὸ * κλῆμα * ὅτι τάδε λέγει κύριος τὸ πικρὸν τούτου
Sedr. 8 3 εἰς τὰ ξύλα τὴν ἐλαίαν εἰς τοὺς καρποὺς τὸ * κλῆμα * εἰς τὰ πετόμενα τὸ μελίσσιον εἰς τοὺς ποταμοὺς τὸν
κληρονομέω 9
Hen. 5 6 ἔσται αὐτοῖς σωτηρία φῶς ἀγαθὸν καὶ αὐτοὶ * κληρονομήσουσιν * τὴν γῆν καὶ πᾶσιν ὑμῖν τοῖς ἁμαρτωλοῖς
Hen. 5 7 ἐκλεκτοῖς ἔσται φῶς καὶ χάρις καὶ εἰρήνη καὶ αὐτοὶ * κληρονομήσουσιν * τὴν γῆν ὑμῖν δὲ τοῖς ἀσεβέσιν ἔσται
Hen. 5 8 δοθήσεται τοῖς ἐκλεκτοῖς φῶς καὶ χάρις καὶ αὐτοὶ * κληρονομήσουσιν * τὴν γῆν. τότε δοθήσεται πᾶσιν τοῖς
TNep. 5 8 Μῆδοι Πέρσαι Ἐλυμαῖοι Γελαχαῖοι Χαλδαῖοι Σύροι * κληρονομήσουσιν * ἐν αἰχμαλωσίᾳ τὰ δώδεκα σκῆπτρα τοῦ
Sal. 12 6 ἀπὸ προσώπου κυρίου ἅπαξ καὶ ὅσιοι κυρίου * κληρονομήσαισαν * ἐπαγγελίας κυρίου. τῷ Σαλωμων ψαλμός
Sal. 14 10 ἐν ἡμέρᾳ ἐλέους δικαίων οἱ δὲ ὅσιοι κυρίου * κληρονομήσουσιν * ζωὴν ἐν εὐφροσύνῃ. ψαλμὸς τῷ Σαλωμων
Job 18 6 εἰς πόλιν τινὰ ἰδεῖν τὸν αὐτῆς πλοῦτον καὶ * κληρονομεῖν * μέρος τῆς δόξης αὐτῆς, καὶ ὡς φορτίον
Job 18 7 τὰ πάντα, μόνον εἰσελθεῖν εἰς τὴν πόλιν ταύτην ἵνα * κληρονομήσω * τὰ κρείττονα τῶν σκευῶν καὶ τὸ πλοῖον. οὕτω
Job 43 6 καὶ οὐχὶ τοῦ φωτός οἱ δὲ θυρωροὶ τῆς σκοτίας * κληρονομήσουσιν * αὐτοῦ τὴν δόξαν καὶ τὴν εὐπρέπειαν ἡ
κληρονομία 24
Hen. 99 14 οὐαὶ οἱ ἐξουθενοῦντες τὴν θεμελίωσιν καὶ τὴν * κληρονομίαν * τῶν πατέρων αὐτῶν τὴν ἀπ' αἰῶνος ⟨ὅτι⟩
TBen. 10 4 ἐντολὰς αὐτοῦ φυλάξατε. ταῦτα γὰρ ὑμᾶς ἀντὶ πάσης * κληρονομίας * διδάσκω. καὶ ὑμεῖς οὖν δότε αὐτὰ τοῖς
Asen. 3 5 καὶ ἤκουσεν Ἀσενὲθ ὅτι ἥκασιν ἐξ ἀγροῦ τῆς * κληρονομίας * αὐτῶν ὁ πατὴρ καὶ ἡ μήτηρ αὐτῆς καὶ ἐχάρη
Asen. 3 5 μου καὶ τὴν μητέρα μου ὅτι ἥκασιν ἐξ ἀγροῦ τῆς * κληρονομίας * ἡμῶν. διότι ὥρα ἦν θερισμοῦ. καὶ ἔσπευσεν
Asen. 4 2 ἐξήνεγκαν πάντα τὰ ἀγαθὰ ὅσα ἐνήνοχαν ἐξ ἀγροῦ τῆς * κληρονομίας * αὐτῶν καὶ ἔδωκαν τῇ θυγατρὶ αὐτῶν. καὶ ἐχάρη
Asen. 12 15 ⟨δόματα⟩ τοῦ πατρός μου Πεντεφρῆ ἃ δέδωκέ μοι εἰς * κληρονομίαν * πρόσκαιρά εἰσι καὶ ἄφαντα τὰ δὲ ⟨δόματα⟩ τῆς
Asen. 12 15 πρόσκαιρά εἰσι καὶ ἄφαντα τὰ δὲ ⟨δόματα⟩ τῆς * κληρονομίας * σου κύριε ἄφθαρτά εἰσι καὶ αἰώνια. ἐπίσκεψαι
Asen. 16 4 εἰς τὸ προάστειον διότι ἐγγύς ἐστιν ὁ ἀγρὸς τῆς * κληρονομίας * ἡμῶν καὶ οἴσει σοι ἐκεῖθεν ταχέως κηρίον
Asen. 20 6 αὐτῆς καὶ πᾶσα ἡ συγγένεια αὐτῆς ἐκ τοῦ ἀγροῦ τῆς * κληρονομίας * αὐτῶν. καὶ εἶδον τὴν Ἀσενὲθ ὡς εἶδος φωτὸς
Asen. 23 3 πολὺν καὶ παῖδας καὶ παιδίσκας καὶ οἴκους καὶ * κληρονομίας * μεγάλας. πλὴν τὸ ῥῆμα τοῦτο ποιήσατε καὶ
Asen. 24 15 πρὸς τὴν Ἀσενὲθ πορεύου αὔριον εἰς τὸν ἀγρὸν τῆς * κληρονομίας * ἡμῶν διότι ὥρα ἐστὶ τοῦ τρυγητοῦ. καὶ ἔδωκε
Asen. 26 1 Ἰωσὴφ πορεύσομαι καθὰ εἴρηκας εἰς τὸν ἀγρὸν τῆς * κληρονομίας * ἡμῶν. καὶ δέδοικεν ἡ ψυχή μου ὅτι σὺ χωρίζῃ
Sal. 7 2 ὅτι ἀπώσω αὐτοὺς ὁ θεὸς μὴ πατησάτω ὁ ποὺς αὐτῶν * κληρονομίαν * ἁγιάσματός σου. σὺ ἐν θελήματί σου παίδευσον
Sal. 9 1 ἀπὸ κυρίου τοῦ λυτρωσαμένου αὐτοὺς ἀπερρίφησαν ἀπὸ * κληρονομίας * ἧς ἔδωκεν αὐτοῖς κύριος. ἐν παντὶ ἔθνει ἡ
Sal. 14 5 πάσας τὰς ἡμέρας τοῦ οὐρανοῦ ὅτι ἡ μερὶς καὶ * κληρονομία * τοῦ θεοῦ ἐστιν Ισραηλ. καὶ οὐχ οὕτως οἱ
Sal. 14 9 καρδίας ἐπίσταται πρὸ τοῦ γενέσθαι. διὰ τοῦτο ἡ * κληρονομία * αὐτῶν ᾅδης καὶ σκότος καὶ ἀπώλεια καὶ οὐχ
Sal. 15 10 σημεῖον τῆς ἀπωλείας ἐπὶ τοῦ μετώπου αὐτῶν. καὶ ἡ * κληρονομία * τῶν ἁμαρτωλῶν ἀπώλεια καὶ σκότος καὶ αἱ
Sal. 15 11 αἱ ἀνομίαι αὐτῶν διώξονται αὐτοὺς ἕως ᾅδου κάτω. ἡ * κληρονομία * αὐτῶν οὐχ εὑρεθήσεται τοῖς τέκνοις αὐτῶν αἱ
Sal. 17 23 ἀπωλείᾳ ἐν σοφίᾳ δικαιοσύνης ἐξῶσαι ἁμαρτωλοὺς ἀπὸ * κληρονομίας * ἐκτρῖψαι ὑπερηφανίαν ἁμαρτωλοῦ ὡς σκεύη
Prop. 4 18 τέκνων αὐτοῦ. ἀλλ' ὁ ὅσιος εἶπεν ἵλεώς μοι ἀφεῖναι * κληρονομίαν * πατέρων μου καὶ κολληθῆναι κληρονομίαις
Prop. 4 18 μοι ἀφεῖναι κληρονομίαν πατέρων μου καὶ κολληθῆναι * κληρονομίαις * ἀπεριτμήτων. καὶ τοῖς ἄλλοις βασιλεῦσι
Job 46 4 μου οὐ γὰρ ὑμῶν ἐπελαθόμην ἤδη ὑμῖν ἔπεμψα * κληρονομίαν * κρείττονα τῶν ἑπτὰ ἀδελφῶν ὑμῶν. τότε
Job 46 5 τὰ τρία σκευάρια τοῦ χρυσοῦ, ἵνα δῶ ὑμῖν τὴν * κληρονομίαν. * ἡ δὲ ἀπελθοῦσα ἤνεγκεν αὐτὰ καὶ ἤνοιξεν καὶ
Job 47 1 ἄλλη θυγάτηρ ἡ λεγομένη Κασία πάτερ, αὕτη ἐστὶν ἡ * κληρονομία * ἣν ἔλεγες εἶναι κρείττονα τῆς τῶν ἀδελφῶν
κληρονόμος 2
Sal. 8 11 τούτων. τὰ ἅγια τοῦ θεοῦ διηρπάζοσαν ὡς μὴ ὄντος * κληρονόμου * λυτρουμένου. ἐπατοῦσαν τὸ θυσιαστήριον κυρίου
Sedr. 6 2 ἐπέταξα αὐτὸν ἐποίησα αὐτὸν φρόνιμον καὶ * κληρονόμον * οὐρανοῦ καὶ γῆς καὶ πάντα αὐτῷ ὑπέταξα καὶ
κλῆρος 9
Adam 15 2 τι αὐτῷ μέρος ἀπὸ τοῦ θεοῦ. ἐγὼ δὲ ἐφύλαττον ἐν τῷ * κλήρῳ * μου νότον καὶ δύσιν. ἐπορεύθη δὲ ὁ διάβολος εἰς
Adam 15 3 νότον καὶ δύσιν. ἐπορεύθη δὲ ὁ διάβολος εἰς τὸν * κλῆρον * τοῦ Ἀδὰμ ὅπου ἦν τὰ θηρία ἐπειδὴ τὰ θηρία
Adam 22 3 ὁ θεὸς εἰς τὸν παράδεισον ἐξήνθησαν τὰ φυτὰ τοῦ * κλήρου * τοῦ Ἀδὰμ καὶ τὰ ἐμὰ πάντα ἐστερεῖτο. καὶ ὁ
Abr.1 13 13 ἄγγελος καὶ ἀναφέρει αὐτὸν εἰς τὸ σώζεσθαι ἐν τῷ * κλήρῳ * τῶν δικαίων καὶ οὕτως δίκαιε Ἀβραὰμ τὰ πάντα ἐν
TLevi 8 12 κυρίου ἐπερχομένου καὶ ὁ πιστεύσας πρῶτος ἔσται * κλῆρος * μέγας ὑπὲρ αὐτὸν οὐ γενήσεται. ὁ δεύτερος ἔσται
TZab. 1 3 τὰ βουκόλια ὅτε ἐν τοῖς ποικίλοις ῥάβδοις εἶχε τὸν * κλῆρον. * οὐκ ἔγνων τέκνα μου ὅτι ἥμαρτον ἐν ταῖς ἡμέραις
TDan 7 3 νόμον θεοῦ αὐτῶν καὶ ἀλλοτριωθήσονται γῆς * κλήρου * αὐτῶν καὶ γένους Ἰσραὴλ καὶ πατριᾶς αὐτῶν καὶ
Asen. 10 1 καὶ πᾶσα ἡ συγγένεια αὐτοῦ ἀπῆλθον εἰς τὸν * κλῆρον * αὐτῶν. καὶ κατελείφθη Ἀσενὲθ μόνη μετὰ τῶν ἑπτὰ
Sib. 3 114 μερόπων ἀνθρώπων. τρισσαὶ δὴ μερίδες γαίης κατὰ * κλῆρον * ἑκάστου καὶ βασίλευσεν ἕκαστος ἔχων μέρος οὐδ'
κληρόω 2
TIss. 5 7 παρὰ κυρίου ἐν υἱοῖς Ἰακὼβ καὶ γὰρ κύριος * ἐκλήρωσεν * ἐν αὐτοῖς καὶ τῷ μὲν ἔδωκε τὴν ἱερατείαν τῷ δὲ
Sib. 5 322 παρ' ὕδασι Μαιάνδροιο κύμασι νυκτερινοῖσι ὑπ' ἠόνι * κληρωθεῖσα * ἄρδην ἐξολέσει σε θεοῖό ποθ' ἥδε πρόνοια. μή
κλίμα 5
Aris. 59 6 τὴν διατύπωσιν ἔχειν τῆς ὡραιότητος τὸ δὲ ἐκτὸς * κλίμα * πρὸς τὴν τοῦ προσάγοντος εἶναι θεωρίαν. διὸ τὴν
Aris. 60 2 θεωρίαν. διὸ τὴν ὑπεροχὴν ὀξεῖαν εἶναι τῶν δύο * κλιμάτων * συνέβαινε μετέωρον ἐπικειμένην ὡς προειρήκαμεν
Aris. 87 5 πρὸς τὴν εὐκοσμίαν ἔχοντος τοῦ τόπου καθηκόντως τὸ * κλίμα * τῶν λειτουργούντων ἱερέων κεκαλυμμένων μέχρι τῶν
Aris. 88 2 ἑσπέραν τὸ δὲ πᾶν ἔδαφος λιθόστρωτον καθέστηκε καὶ * κλίματα * πρὸς τοὺς καθήκοντας τόπους ἔχει τῆς τῶν ὑδάτων
Sib. 5 339 τήν τε Μακηδονίην βασιλεὺς Αἰγύπτιος αἱρεῖ καὶ * κλίμα * βαρβαρικὸν ῥίψει σθένος ἡγεμονήων. Λυδοὶ καὶ
κλῖμαξ 4
TJud. 9 5 ἤνοιγον μετὰ ἡμέρας εἴκοσιν ὁρώντων αὐτῶν προσάγω * κλίμακα * καὶ τὴν ἀσπίδα ἐπὶ τῆς κεφαλῆς μου καὶ ἀνῆλθον
Asen. 4 1 τὴν κεφαλὴν αὐτῆς. καὶ ἔσπευσε καὶ κατέβη τὴν * κλίμακα * ἐκ τοῦ ὑπερῴου καὶ ἦλθε πρὸς τὸν πατέρα αὐτῆς
Asen. 10 2 Ἀσενὲθ ἀπὸ τῆς κλίνης αὐτῆς καὶ κατέβη ἡσύχως τὴν * κλίμακα * ἐκ τοῦ ὑπερῴου καὶ ἦλθεν εἰς τὸν πυλῶνα καὶ ἡ
Asen. 19 2 ἡμῶν ἵσταται. καὶ ἔσπευσεν Ἀσενὲθ καὶ κατέβη τὴν * κλίμακα * ἐκ τοῦ ὑπερῴου σὺν ταῖς ἑπτὰ παρθένοις εἰς
κλινάριον 2
Abr.1 4 1 καὶ καλλώπισον αὐτὸ καὶ στρῶσαι μοι ἐκεῖ δύο * κλινάρια * ἕνα ἐμοὶ καὶ ἕνα τοῦ ἀνθρώπου τούτου τοῦ
Abr.1 4 4 τοῦ τρικλίνου καὶ ἐκαθέσθησαν ἀμφότεροι ἐπὶ τὰ * κλινάρια * μέσον αὐτῶν ⟨ὑπῆρχε⟩ τράπεζα ἐν ἀφθονίᾳ παντὸς
κλίνη 25
Abr.1 5 2 Μιχαὴλ μετ' αὐτοῦ καὶ ἀνεπαύσαντο ἕκαστος ἐν τῇ * κλίνῃ * αὐτοῦ. εἶπε δὲ Ἰσαὰκ πρὸς τὸν πατέρα αὐτοῦ πάτερ
Abr.1 5 5 ἀπῆλθεν ἐν τῷ ἰδίῳ τρικλίνῳ καὶ ἀνέπεσεν ⟨ἐπὶ τῆς * κλίνης * αὐτοῦ⟩. ἔρριψε δὲ ὁ θεὸς τὴν μνήμην τοῦ θανάτου
Abr.1 5 7 τῆς νυκτός. διϋπνισθεὶς δὲ Ἰσαὰκ ἀνέστη ἐπὶ τῆς * κλίνης * αὐτοῦ καὶ ἦλθε δρομαίως ἐν τῷ τρικλίνῳ ἔνθα ὁ
Abr.1 15 3 καὶ ἀπελθὼν ἐν τῷ τρικλίνῳ αὐτοῦ ἐκάθισεν ⟨ἐπὶ τῆς * κλίνης * αὐτοῦ⟩. ἦλθεν δὲ Σάρρα ἡ γυνὴ αὐτοῦ καὶ
Abr.1 17 1 ἀνέβη καὶ ὁ θάνατος ἀνέπεσεν δὲ Ἀβραὰμ ἐπὶ τῆς * κλίνης * αὐτοῦ ἦλθεν οὖν καὶ ὁ θάνατος καὶ ἔστη παρὰ τοὺς
Abr.1 17 2 ἄπελθε ἄπελθε ἀπ' ἐμοῦ ὅτι θέλω ἀναπαύεσθαι ἐν τῇ * κλίνῃ * μου. ὁ δὲ θάνατος λέγει οὐκ ἀναχωρῶ ἕως οὗ λάβω τὸ
Abr.1 19 1 Ἀβραὰμ ἔδωκεν δόξαν τῷ θεῷ. καὶ ἀνελθὼν ἐν τῇ * κλίνῃ * αὐτοῦ ἀνέπεσεν ἐλθὼν καὶ ὁ θάνατος ἔστη ἔμπροσθεν

| Abr. 1 | 20 | 4 | ἄπελθε ἀπ' ἐμοῦ ἔτι μικρὸν ἵνα ἀναπαύσωμαι ἐν τῇ × κλίνη × μου ὅτι ἀθυμία πολλή μοι ἐστιν ἀφ' ⟨οὗ⟩ ἐθεασάμην |
|---|---|---|---|
| Abr. 2 | 5 | 2 | Ἀβραὰμ Ἰσαὰκ τῷ υἱῷ αὐτοῦ ἀνάστηθι στρῶσον τὴν × κλίνην × τοῦ ἀνθρώπου σπεύδει γὰρ ἀναπαῆναι καὶ ἄψον |
| Asen. | 2 | 8 | βορρᾶν ἐπὶ τὸ ἄμφοδον τῶν παραπορευομένων. καὶ ἦν × κλίνη × χρυσῆ ἑστῶσα ἐν τῷ θαλάμῳ ἀποβλέπουσα ⟨πρὸς τὴν |
| Asen. | 2 | 8 | ⟨πρὸς τὴν θυρίδα⟩ κατὰ ἀνατολὰς καὶ ἦν ἡ × κλίνη × ἐστρωμένη πορφυρᾷ χρυσοϋφῆ ἐξ ὑακίνθου καὶ |
| Asen. | 2 | 9 | πορφύρας καὶ βύσσου καθυφασμένη. καὶ ἐν ταύτῃ τῇ × κλίνῃ × ἐκάθευδεν Ἀσενὲθ μόνη καὶ ἀνὴρ ἢ γυνὴ ἑτέρα |
| Asen. | 9 | 1 | εἰς τὸ ὑπερῷον πρὸς ἑαυτὴν καὶ πέπτωκεν ἐπὶ τῆς × κλίνης × αὐτῆς ἀσθενοῦσα διότι ἦν ἐν αὐτῇ χαρὰ καὶ λύπη |
| Asen. | 10 | 2 | ἔτρεμε τρόμον βαρύν. καὶ ἀνέστη Ἀσενὲθ ἀπὸ τῆς × κλίνης × αὐτῆς καὶ κατέβη ἡσύχως τὴν κλίμακα ἐκ τοῦ |
| Asen. | 10 | 6 | τῆς κεφαλῆς μού ἐστι πόνος βαρὺς καὶ ἡσυχάζω ἐν τῇ × κλίνῃ × μου καὶ ἀναστῆναι καὶ ἀνοῖξαι ὑμῖν οὐκ ἰσχύω διότι |
| Asen. | 13 | 15 | με αὐτῷ εἰς παιδίσκην καὶ δούλην. κἀγὼ στρώσω τὴν × κλίνην × αὐτοῦ καὶ νίψω τοὺς πόδας αὐτοῦ καὶ διακονήσω |
| Asen. | 15 | 14 | αὐτῷ δέομαί σου κύριε κάθισον δὴ μικρὸν ἐπὶ τῆς × κλίνης × ταύτης διότι ἡ κλίνη αὕτη ἐστὶ καθαρὰ καὶ |
| Asen. | 15 | 14 | κάθισον δὴ μικρὸν ἐπὶ τῆς κλίνης ταύτης διότι ἡ × κλίνη × αὕτη ἐστὶ καθαρὰ καὶ ἀμίαντος καὶ ἀνὴρ ἢ γυνὴ οὐκ |
| Asen. | 22 | 6 | πρὸς Ἰακώβ. καὶ ἦν Ἰσραὴλ καθήμενος ἐπὶ τῆς × κλίνης × αὐτοῦ καὶ αὐτὸς ἦν πρεσβύτης ἐν γήρει λιπαρῷ. καὶ |
| Job | 3 | 4 | ἀνθρωπίνη φύσις. καὶ ἐγὼ ἀκούσας κατέπεσα ἐπὶ τὴν × κλίνην × μου προσκυνῶν καὶ λέγων κύριέ μου ὁ ἐπὶ τῇ |
| Job | 51 | 3 | πνεύματος, ἐκαθεζόμην πλησίον τοῦ Ιωβ ἐπὶ τῆς × κλίνης × μου ἤκουσα ἐγὼ τὰ μεγαλεῖα μιᾶς ὑποσημειουμένης |
| Job | 52 | 1 | τρεῖς ἡμέρας ποιουμένου τοῦ Ιωβ νοσεῖν ἐπὶ τῆς × κλίνης, × ἄνευ πόνου μέντοι καὶ ὀδύνης, ἐπεὶ μηκέτι πόνος |
| Aris. | 320 | 2 | τῷ Ἐλεαζάρῳ μετὰ τῆς ἐκπομπῆς αὐτῶν ἀργυρόποδας × κλίνας × δέκα καὶ τὰ ἀκόλουθα πάντα καὶ κυλικεῖον ταλάντων |
| FIsa. | 1 | 5 | δίφρου οὐκ ἐκάθισεν δὲ ἐπὶ τὸν δίφρον ἀλλ' ἐπὶ τὴν × κλίνην × τοῦ βασιλέως. ἐπιθήσῃ τὰς χεῖρας αὐτοῦ ⟨ἐπ' αὐτόν |
| FIsa. 1 | 2 | 14 | καὶ αὐτὸς ἐπροφήτευεν περὶ Ὀχοζείου ὅτι ἐν × κλίνῃ × ἀρρωστίας ἀποθανεῖται καὶ ἡ Σαμαρία εἰς χεῖρας |

**κλίνω**

| Adam | 19 | 3 | ἐπιθυμία γάρ ἐστι κεφαλὴ πάσης ἁμαρτίας. καὶ × κλίνας × τὸν κλάδον ἐπὶ τὴν γῆν ἔλαβον ἀπὸ τοῦ καρποῦ καὶ |
|---|---|---|---|
| TJud. | 20 | 2 | μέσον ἐστὶ τὸ τῆς συνέσεως τοῦ νοὸς οὗ ἐὰν θέλῃ × κλῖναι. × καίγε τὰ τῆς ἀληθείας καὶ τὰ τῆς πλάνης |
| TAser. | 1 | 8 | κακὸν καὶ ἐκριζοῖ τὴν ἁμαρτίαν. ἐὰν δὲ ἐν πονηρίᾳ × κλίνῃ × τὸ διαβούλιον πᾶσα πρᾶξις αὐτῆς ἐστιν ἐν πονηρίᾳ |
| TJos. | 8 | 1 | ὥρᾳ ἦν ὡσεὶ ἕκτη ὅτε ἐξῆλθεν ἀπ' ἐμοῦ κἀγὼ γόνυ × κλίνας × πρὸς κύριον ὅλην τὴν ἡμέραν καὶ ὅλην τὴν νύκτα |
| TJos. | 9 | 2 | ἀπαλλάξω σε τοῦ σκότους. καὶ οὐδὲ ἕως ἐννοιῶν ποτέ × ἔκλινα × πρὸς αὐτήν. ἀγαπᾷ γὰρ ὁ θεὸς μᾶλλον τὸν ἐν λάκκῳ |
| Jer. | 5 | 2 | ὑπὸ τὴν σκιὰν αὐτοῦ τοῦ ἀναπαῆναι ὀλίγον. καὶ × κλίνας × τὴν κεφαλὴν αὐτοῦ ἐπὶ τὸν κόφινον τῶν σύκων |
| Jer. | 5 | 26 | τῷ καύματι ἐκάθισα τοῦ ἀναπαῆναι ὀλίγον καὶ × ἔκλινα × τὴν κεφαλήν μου ἐπὶ τὸν κόφινον καὶ ἐκοιμήθην. |
| Job | 34 | 5 | ἕως αἰῶνος. ἀναστὰς δὲ ἐν μεγάλῃ ταραχῇ Ελιφας × ἔκλινεν × ἀπ' αὐτῶν ἐν μεγάλῃ λύπῃ λέγων ἐγὼ πορεύσομαι |
| Aris. | 223 | 2 | ἐπὶ τὰ βρωτὰ καὶ ποτὰ καὶ τὰς ἡδονὰς εἰκός ἐστι × κεκλίσθαι × τοῖς δὲ βασιλεῦσιν ἐπὶ χώρας κατάκτησιν καλὸν |
| FMan. 2 | 22 | 14 | βδελύγματα καὶ πληθύνας προσοχθίσματα. καὶ νῦν × κλίνω × γόνυ καρδίας μου δεόμενος τῆς παρὰ σοῦ χρηστότητος |

**κλισία**
2

| Aris. | 183 | 4 | ὑποδοχὰς διαμεμερισμένα. διμερῆ τε ἐποίησε τὰ τῶν × κλισιῶν × καθὼς προσέταξεν ὁ βασιλεὺς τοὺς γὰρ ἡμίσεις |
|---|---|---|---|
| Aris. | 183 | 6 | χεῖρα κατακλῖναι τοὺς δὲ λοιποὺς μετὰ τὴν ἑαυτοῦ × κλισίαν × οὐδὲν ἐλλιπὼν εἰς τὸ τιμᾶν τοὺς ἄνδρας. ὡς δὲ |

**κλονέω**
1

| TLevi | 4 | 1 | καὶ τοῦ πυρὸς καταπτήσσοντος καὶ πάσης κτίσεως × κλονουμένης × καὶ τῶν ἀοράτων πνευμάτων τηκομένων καὶ τοῦ |

**κλόνος**

| TSim. | 4 | 8 | ἀνθρώποις ἐνεργεῖν ἀλλὰ καὶ τὸν ὕπνον ἀφαιρεῖ καὶ × κλόνον × παρέχει τῇ ψυχῇ καὶ τρόμον τῷ σώματι ὅτι καίγε ἐν |
|---|---|---|---|
| Sib. | 4 | 58 | δ' ἀπ' οὐρανόθεν λείψει καὶ κύκλα σελήνης γῇ δὲ × κλόνῳ × σεισμοῖο τινασσομένη μεγάλοιο πολλὰς πρηνίξει |
| Sib. | 5 | 438 | ἐν χρυσέοις καὶ νάμασιν Εὐφρήταο στρωθῶσιν σεισμῷ δὲ × κλόνῳ × Πάρθοι δέ σε δεινοὶ πάντα κρατεῖν ἐποίησαν. Ἔχε |

**κλοπαῖος**
1

| Sib. | 4 | 31 | εἰς μέγα κῦδος οὔτε φόνον ῥέξαντες ἀτάσθαλον οὔτε × κλοπαῖον × κέρδος ἀπεμπολέοντες ἃ δὴ ῥίγιστα τέτυκται οὐδ' |

**κλοπή**
4

| TRub. | 3 | 6 | γένους καὶ οἰκείων ἕβδομον πνεῦμα ἀδικίας μεθ' ἧς × κλοπὴ × καὶ γριπίσματα ἵνα ποιήσῃ φιληδονίαν καρδίας αὐτοῦ |
|---|---|---|---|
| TJos. | 12 | 2 | ἐν χειρὶ νέου τινὸς Ἑβραίου λέγουσι δὲ ὅτι καὶ × κλοπὴ × Ἔκλεψαν αὐτὸν ἐκ γῆς Χανάαν νῦν οὖν ποίησον μετ' |
| Bar. | 4 | 17 | γίνονται οἷον φόνοι μοιχεία πορνεῖαι ἐπιορκεῖαι × κλοπαὶ × καὶ τὰ τούτων ὅμοια. καὶ οὐδὲν ἀγαθὸν δι' αὐτοῦ |
| Bar. | 8 | 5 | τὰς ἀδικίας τῶν ἀνθρώπων ἤγουν πορνείας μοιχείας × κλοπὰς × ἁρπαγὰς εἰδωλολατρείας μέθας φόνους ἔρεις ζήλη |

**κλόπιμος**
2

| FPho. | 135 | | κακοῖσ' οἱ συμπαρέοντες. φωρῶν μὴ δέξῃ × κλοπίμην × ἄδικον παραθήκην ἀμφότεροι κλῶπες καὶ ὁ |
|---|---|---|---|
| FPho. | 154 | | ὡς ἐξ ἰδίων βιοτεύσῃς πᾶς γὰρ ἀεργὸς ἀνὴρ ζώει × κλοπίμων × ἀπὸ χειρῶν. ⟨τέχνη ⟨γὰρ⟩ τρέφει ἄνδρα ἀεργὸν δ' |

**κλύδων**
2

| Hen. | 101 | 4 | ναυκλήρους τοὺς πλωϊζομένους τὴν θάλασσαν ὑπὸ τοῦ × κ⟨λύδω⟩νος × καὶ χειμῶνος σεσαλευμένα τὰ πλοῖα αὐτῶν καὶ |
|---|---|---|---|
| Hen. | 102 | 1 | θάλασσαν φοβοῦνται. καὶ ὅταν ἐκβάλῃ ἐφ' ὑμᾶς τὸν × κλύδωνα × τοῦ πυρὸς τῆς καύσεως ὑμῶν ποῦ ἀποδράντες |

**κλυδώνιος**
1

| Abr. 1 | 19 | 12 | κυματιζούσης ἔδειξά σοι διότι πολλοὶ ἐν θαλάσσῃ × κλυδωνίῳ × μεγάλῃ περιπεσόντες ⟨ἐν τοῖς⟩ ναυαγίοις |

**κλύζω**
3

| Job | 13 | 3 | διὰ τὰ λοχευόμενα. καὶ διὰ ταῦτα τὰ μὲν ὄρη × ἐκλύζοντο × γάλακτι καὶ ὡς πεπηγμένον βούτυρον γίγνεσθαι, |
|---|---|---|---|
| Sib. | 5 | 58 | γαῖαν ὅλην Αἴγυπτον ἕως πηχῶν δέκα καὶ ἓξ ὥστε × κλύσαι × γῆν πᾶσαν ἐπαρδεῦσαί τε ῥόοισιν σιγήσει δὲ χάρις |
| Sib. | 5 | 128 | πόντος ἀπ' αὐτομάτου ἐπιβὰς χώρης ἀλεγεινῆς ὥστε × κλύσαι × σεισμῷ τε κακῷ καὶ νάμασι πικροῖς τὴν Λυκίης |

**κλυτοηχής ×**
1

| LPhl. 9 | 20 | 1 | ἀρχεγόνοισι τὸ μήριον ὥς ποτε θεσμοῖς Ἀβραὰμ × κλυτοηχὲς × ὑπερτέρῳ ἄμματι δεσμῶν παμφαὲς πλήμμυρε |

**κλυτός**

| Sib. | 3 | 346 | Ἱεράπολις Ἀστυπάλαια Εὐρώπης δὲ +Κύαγρα × κλύτος+ × βασιλὶς Μερόπεια Ἀντιγόνη Μαγνησίη +Μυκήνη |
|---|---|---|---|
| Sib. | 5 | 88 | τε Διός τε καὶ Ἑρμείαο --- καὶ σὲ δ' Ἀλεξάνδρεια × κλυτὴ × θρέπτειρα ⟨πολήων⟩ οὔ λείψει πόλεμός τ' οὔ --- τῆς |

**κλύω**
4

| Sib. | 4 | 1 | τάδ' ἀληθινὰ πάντα λελέχθω. λόγος τέταρτος. × κλῦτε × λεώς Ἀσίης μεγαλαυχέος Εὐρώπης τε ὅσσα |
|---|---|---|---|
| Sib. | 5 | 1 | ἀνήρ. λόγος πέμπτος. ἀλλ' ἄγε μοι στονόεντα χρόνον × κλύε × Λατινιδάων. ἦ τοι μὲν πρώτιστα μετ' ὀλλυμένους |
| Sib. | 5 | 246 | βλαπτομένης κτίσεως καὶ σωζομένης πάλι Μοίραις × κλῦθι × πικρᾶς φήμης δυσηχέος ἀνδράσι πῆμα. ἀλλ' ὁπόταν |
| LPhl. 9 | 20 | 1 | Φίλωνος περὶ τοῦ αὐτοῦ. × Ἔκλυον × ἀρχεγόνοισι τὸ μήριον ὥς ποτε θεσμοῖς Ἀβραὰμ |

**κλώθω**
1

| Sib. | 5 | 216 | ἡνίκα γὰρ στρεπτοῖσι μίτοις Μοῖραι τριάδελφοι × κλωσάμεναι × φεύγοντα δόλῳ Ἰσθμοῖο παρ' ὄχθην ἄξουσιν |

**Κλωπᾶς**

| Prop. | 25 | 1 | ἡ χεὶρ τοῦ βασιλέως παραυτίκα. Σίμων ὁ υἱὸς τοῦ × Κλωπᾶ × ὁ ἀνεψιὸς τοῦ κυρίου συκοφαντηθεὶς ὑπὸ τῶν |

**κλώψ**

| FPho. | 136 | | φωρῶν μὴ δέξῃ κλοπίμην ἄδικον παραθήκην ἀμφότεροι × κλῶπες × καὶ ὁ δεξάμενος καὶ ὁ κλέψας. μοίρας πᾶσι νέμειν |

**κνήμη**
2

| TJos. | 9 | 5 | ἐγύμνου τοὺς βραχίονας αὐτῆς καὶ τὰ στέρνα καὶ τὰς × κνήμας × ἵνα συμπέσω εἰς αὐτήν πάνυ γὰρ ἦν ὡραία μάλιστα |
|---|---|---|---|
| Asen. | 22 | 7 | βραχίονες ὡς ἀγγέλου ⟨καὶ⟩ οἱ μηροὶ αὐτοῦ καὶ αἱ × κνῆμαι × ⟨αὐτοῦ⟩ καὶ οἱ πόδες αὐτοῦ ὡσεὶ γίγαντος. ⟨καὶ ἦν |

**κνημίς**
1

| TJud. | 3 | 1 | ἐπὶ τὸν βασιλέα Ἀσοὺρ συνέσχον αὐτὸν καὶ ἐπὶ τὰς × κνημῖδας × κρούσας κατέσπασα καὶ οὕτως ἀνεῖλον αὐτόν. καὶ |

**κνῖσα**
1

| Sib. | 3 | 576 | οἳ ναὸν μεγάλοιο θεοῦ περικυδαίνουσιν λοιβῇ τε × κνίσσῃ × τ' ἠδ' αὖθ' ἱεραῖς ἑκατόμβαις ταύρων ζατρεφέων |

**κνώδαλον**
5

| Aris. | 128 | 5 | καὶ ποτῶν καὶ τῶν νομιζομένων ἀκαθάρτων εἶναι × κνωδάλων. × πυνθανομένων γὰρ ἡμῶν διὰ τί μιᾶς καταβολῆς |
|---|---|---|---|
| Aris. | 138 | 3 | οἵτινες ἐπὶ θηρία καὶ τῶν ἑρπετῶν τὰ πλεῖστα καὶ × κνωδάλων × τὴν ἀπέρεισιν πεποίηνται καὶ ταῦτα προσκυνοῦσι |
| Aris. | 163 | 1 | ἐπὶ τὴν ἀδικίαν τρέπεσθαι. καὶ ἐπὶ τῶν × κνωδάλων × δὲ ταύτόν ἐστιν εὑρεῖν. κακοποιητικὸς γὰρ ὁ |
| Aris. | 169 | 2 | περὶ βρωτῶν οὖν καὶ τῶν ἀκαθάρτων ἑρπετῶν καὶ × κνωδάλων × καὶ πᾶς λόγος ἀνατείνει πρὸς δικαιοσύνην καὶ |
| Sib. | 5 | 77 | βαρυκτύπου οὐρανίωνος ἀντὶ θεοῦ δὲ λίθους καὶ × κνώδαλα × θρησκεύοντες πολλὰ μάλ' ἄλλυδις ἄλλα φοβούμενοι |

**κνώδαξ**
1

| IOrp. | 30 | | ὡς περιτέλλει κυκλοτερὲς ἐν ἴσῳ τε κατὰ σφέτερον × κνώδακα × πνεύματα δ' ἡνιοχεῖ περὶ τ' ἠέρα καὶ περὶ χεῦμα |

**κοιλάς**
2

| Esdr. | 3 | 6 | δράξομαι τὴν οἰκουμένην καὶ συνάξω πάντας εἰς τὴν × κοιλάδα × τοῦ Ἰωσαφὰτ καὶ ἐξαλείψω τὸ γένος τῶν ἀνθρώπων |
|---|---|---|---|
| FPho. | 173 | | κατὰ χηραμὸν ἢ δονάκεσσιν ἢ δρυὸς ὠγυγίης κατὰ × κοιλάδος × ἔνδοθι σίμβλων σμήνεσι μυριότητα κατ' ἄγγεα |

**κοιλία**
18

| Adam | 2 | 3 | ἀλλ' ὅλον κατέπιεν αὐτό. καὶ οὐκ ἔμεινεν ἐπὶ τὴν × κοιλίαν × αὐτοῦ ἀλλ' ἐξῆλθεν ἔξω τοῦ στόματος αὐτοῦ. εἶπε |
|---|---|---|---|
| Adam | 26 | 2 | τὰς ἡμέρας τῆς ζωῆς σου. ἐπὶ τῷ στήθει καὶ τῇ × κοιλίᾳ × πορεύσει ὑστερηθεὶς καὶ χειρῶν καὶ ποδῶν σου. οὐκ |
| Adam | 33 | 2 | ἐτῶν λαμπρῶν ὃ οὐκ ἦν δυνατὸν γεννηθῆναι ἀπὸ × κοιλίας × ἢ εἰπεῖν τὴν δόξαν αὐτῶν ἢ ἰδεῖν τὸ πρόσωπον |
| Abr. 1 | 6 | 5 | οὐκ οἶδας κύριέ μου Ἀβραὰμ τὸν καρπὸν × κοιλίας × ἐξ ἐπαγγελίας ἡμῖν ἐδωρήσατο τὸν Ἰσαάκ; ἐκ γὰρ |
| Abr. 1 | 8 | 6 | Σάρρας τῆς στειρώσεως καὶ χαρισάμενός σοι καρπὸν × κοιλίας × ἐν γήρει υἱὸν τὸν Ἰσαὰκ ἀμήν λέγω σοι εὐλογῶν |
| Abr. 2 | 10 | 5 | τὴν θυγατέραν; ἀλλὰ ἀνέστης ἐπὶ τὸν καρπὸν τῆς × κοιλίας × σου καὶ ἀπέκτεινας αὐτήν. καὶ ἀπεκρίθη ἡ ψυχὴ |
| TJud. | 26 | 3 | ὑμῶν. ἐπεὶ δὲ ἐνταφιάσει πολυτελεῖ ἐσθῆτι ἡ × κοιλία × μου ἀναρρήξει ὅτι ταῦτα μέλλουσι ποιεῖν οἱ τ' |
| TNep. | 1 | 7 | κατεφίλει με λέγουσα Ἴδωμι ἀδελφόν σου ἐκ τῆς × κοιλίας × μου κατὰ σέ. ὅθεν καὶ ὅμοιός μοι ἦν ἐν πᾶσιν ὁ |
| TNep. | 2 | 8 | καὶ τρίχας πρὸς δόξαν εἶτα καρδίαν εἰς φρόνησιν × κοιλίαν × εἰς διάκρισιν στομάχου κάλαμον πρὸς ὑγείαν ἧπαρ |
| Asen. | 6 | 4 | ἀνθρώπων ἐπὶ γῆς γεννήσει τοιοῦτον κάλλος καὶ ποία × κοιλία × γυναικὸς τέξεται τοιοῦτον φῶς; ταλαίπωρος ἐγὼ καὶ |
| Sal. | 2 | 14 | ἃν αὐταὶ ἐμίαναν αὐτὰς ἐν φυρμῷ ἀναμείξεως. τὴν × κοιλίαν × μου καὶ τὰ σπλάγχνα μου πονῶ ἐπὶ τούτοις ἐγὼ |

Bar. 5 2 τῆς θαλάσσης πῆχυν μίαν εἰπέ μοι καὶ πόση ἐστὶν ἡ * κοιλία * αὐτοῦ; καὶ εἶπεν ὁ ἄγγελος ἡ κοιλία τούτου ὁ
Bar. 5 3 πόση ἐστὶν ἡ κοιλία αὐτοῦ; καὶ εἶπεν ὁ ἄγγελος ἡ * κοιλία * τούτου ὁ ῞Αιδης ἐστίν. καὶ ὅσον ἀνδρῶν τριακοσίων
Bar. 5 3 τριακοσίων μόλιβδος ἀκοντίζεται τοσαύτη ἐστὶν ἡ * κοιλία * αὐτοῦ. ἐλθὲ οὖν ὅπως δείξω σοι καὶ μείζονα τούτων
Esdr. 5 9 καὶ εἶπον καλὸν τοῦ μὴ ἐξελθεῖν τὸν ἄνθρωπον ἐκ * κοιλίας * μητρὸς αὐτοῦ. οἱ δὲ ὄντες ἐν τῇ κολάσει ἔκραξαν
Sedr. 9 2 τὴν παρακαταθήκην) ἣν παρέθετο ὁ πατὴρ ἡμῶν ἐν τῇ * κοιλίᾳ * τῆς μητρός σου ἐν τῷ ἁγίῳ σου σκηνώματι ἐκ
Job 24 2 σου, οἱ υἱοί μου καὶ αἱ θυγατέρες τῆς ἐμῆς * κοιλίας * οὓς εἰς κενὸν ἐκοπίασα μετὰ μόχθων σὺ δὲ αὐτὸς
FEz. 185 8 εως των νεφ⟨ρων μου διαλελ⟩υμαι εως της * κοιλ⟨ιας * μου δος μοι το⟩ ελεος σου εις εφημ⟨ερον ως

κοῖλος
5
Hen. 22 2 ὑψηλὸν πέτρας στερεάς. καὶ τέσσαρες τόποι ἐν αὐτῷ * κοῖλοι * βάθος ἔχοντες καὶ λίαν λεῖοι τρεῖς αὐτῶν σκοτινοί
Hen. 22 3 ὃς μετ' ἐμοῦ ἦν καὶ εἶπέν μοι οὗτοι οἱ τόποι οἱ * κοῖλοι * ἵνα ἐπισυνάγωνται εἰς αὐτοὺς τὰ πνεύματα τῶν
Aris. 12 5 πατρὸς τοῦ βασιλέως ἐκεῖνος γὰρ ἐπελθὼν τὰ κατὰ * κοίλην * Συρίαν καὶ Φοινίκην ἅπαντα συγχρώμενος εὐημερίᾳ
FPho. 172 δ' ἠεροφοῖτις ἀριστοπόνος τε μέλισσα ἠὲ πέτρης * κοίλης * κατὰ χηραμὸν ἢ δονάκεσσιν ἢ δρυὸς ὠγυγίης κατὰ
LEze. 9 29 13 07 τοῖς ἔνδοθεν οὕτως φάγεσθε ταῦτα περιεζωσμένοι καὶ * κοῖλα * ποσσὶν ὑποδέδεσθε καὶ χερὶ βακτηρίαν ἔχοντες. ἐν

κοίλωμα
1
Hen. 22 2 πηγὴ ὕδατος ἀνὰ μέσον αὐτοῦ. καὶ εἶπον πῶς λεῖα τὰ * κοιλώματα * ταῦτα καὶ ὁλοβαθῆ καὶ σκοτινὰ τῇ ὁράσει; τότε

κοιμάω
34
Adam 2 1 μετὰ ταῦτα ἐγένοντο μετ' ἀλλήλων 'Αδὰμ καὶ Εὔα. * κοιμωμένων * δὲ αὐτῶν εἶπεν Εὔα τῷ κυρίῳ αὐτῆς 'Αδὰμ κύριέ
Adam 31 1 τὸ ἀγαθόν. ταῦτα δὲ εἰπούσα ἐν μέσῳ τῶν υἱῶν αὐτῆς * κοιμωμένου * τοῦ 'Αδὰμ ἐν τῇ νόσῳ αὐτοῦ ἄλλην δὲ εἶχεν
Adam 42 3 αὐτῶν. Εὔα δὲ καὶ αὐτὴ πληρωθέντων τῶν ἓξ ἡμερῶν * ἐκοιμήθη. * ἔτι δὲ ζώσης αὐτῆς ἔκλαυσεν περὶ τῆς κοιμήσεως
Adam 42 3 ἐπὶ τὸν παράδεισον πρὸς τὸ κηδεῦσαι τὸν 'Αδὰμ * ἐκοιμήθησαν * ἅπαντες ἕως οὗ ἐτέλεσεν τοῦ κηδεῦσαι τὸν
Hen. 13 8 ἀνεγίγνωσκον τὸ ὑπόμνημα τῶν δεήσεων αὐτῶν. ὡς * ἐκοιμήθην * καὶ ἰδοὺ ὄνειροι ἐπ' ἐμὲ ἦλθον καὶ ὁράσεις ἐπ'
Hen. 15 3 ὑψηλὸν τὸν ἅγιον τοῦ αἰῶνος καὶ μετὰ τῶν γυναικῶν * ἐκοιμήθητε * καὶ μετὰ τῶν θυγατέρων τῶν ἀνθρώπων ἐμιάνθητε
Abr.1 5 7 ἦλθε δρομαίως ἐν τῷ τρικλίνῳ ἔνθα ὁ πατὴρ αὐτοῦ ἦν * κοιμώμενος * μετὰ τοῦ ἀρχαγγέλου. φθάσας οὖν 'Ισαὰκ πρὸς
Abr.2 4 15 αὐτὸν ἐσθίοντα φάγε καὶ σὺ ἐξ αὐτῶν καὶ ὅπου δ' ἂν * κοιμηθῇ * κοιμήθητι καὶ σὺ μετ' αὐτοῦ ῥίψον δὲ τὴν μνήμην
Abr.2 4 15 φάγε καὶ σὺ ἐξ αὐτῶν καὶ ὅπου δ' ἂν κοιμηθῇ * κοιμήθητι * καὶ σὺ μετ' αὐτοῦ ῥίψον δὲ τὴν μνήμην τοῦ
Abr.2 5 4 πάτερ εἰπὲ κἀμοὶ ὅπως εἰσέλθω κἀγὼ ἔγγιστα ὑμῶν * κοιμηθῆναι. * ἀπεκρίθη 'Αβραὰμ καὶ εἶπεν μὴ ἐπιβαρεῖς
Abr.2 5 6 καὶ ἀπελθὼν 'Ισαὰκ ἐν τῷ ταμείῳ εἰσῆλθεν καὶ * ἐκοιμήθη * καὶ οὐ παρήκουσεν τῆς φωνῆς οὐδὲ τῆς ἐντολῆς
TRub. 3 13 'Εφραθὰ οἴκου Βηθλέεμ Βάλλα ἦν μεθύουσα καὶ * κοιμωμένη * ἀκάλυφος κατέκειτο ἐν τῷ κοιτῶνι κἀγὼ εἰσελθὼν
TRub. 3 14 αὐτῆς ἔπραξα τὴν ἀσέβειαν καὶ καταλιπὼν αὐτὴν * κοιμωμένην * ἐξῆλθον. καὶ εὐθέως ἄγγελος τοῦ θεοῦ
TSim. 8 1 Συμεὼν ἐντελλόμενος τοῖς υἱοῖς αὐτοῦ καὶ * ἐκοιμήθη * μετὰ τῶν πατέρων αὐτοῦ ἑκατὸν εἴκοσιν ἐτῶν. καὶ
TJud. 26 4 ἀναγάγετέ με εἰς Χεβρὼν μεθ' ὑμῶν. καὶ ταῦτα εἰπὼν * ἐκοιμήθη * 'Ιούδας καὶ ἐποίησαν οἱ υἱοὶ αὐτοῦ κατὰ πάντα
TZab. 10 6 πάσας τὰς ἡμέρας τῆς ζωῆς ὑμῶν. καὶ ταῦτα εἰπὼν * ἐκοιμήθη * ὕπνῳ καλῷ καὶ ἔθηκαν αὐτὸν οἱ υἱοὶ αὐτοῦ ἐν
TGad 8 4 τῶν πατέρων μου. καὶ ἐξάρας τοὺς πόδας αὐτοῦ * ἐκοιμήθη * ἐν εἰρήνῃ. καὶ μετὰ πέντε ἔτη ἀνήγαγον αὐτὸν
TAser 8 1 λέγων θάψατέ με εἰς Χεβρών. καὶ ἀπέθανεν ὕπνῳ καλῷ * κοιμηθείς. * καὶ μετὰ ταῦτα ἐποίησαν οἱ υἱοὶ αὐτοῦ ὡς
TJos. 20 4 αὐτήν. καὶ ταῦτα εἰπὼν ἐκτείνας τοὺς πόδας αὐτοῦ * ἐκοιμήθη * ὕπνον αἰώνιον. καὶ ἐπένθησεν αὐτὸν πᾶς 'Ισραὴλ
Asen. 4 10 ἐκ γῆς Χαναὰν καὶ αὐτὸς κατελήφθη ἐπ' αὐτοφώρῳ * κοιμώμενος * μετὰ τῆς κυρίας αὐτοῦ καὶ ὁ κύριος αὐτοῦ
Asen. 7 3 μεγιστάνων καὶ τῶν σατραπῶν πάσης γῆς Αἰγύπτου τοῦ * κοιμηθῆναι * μετ' αὐτοῦ καὶ πᾶσαι αἱ γυναῖκες καὶ
Asen. 21 1 'Ιωσὴφ τὴν ἡμέραν ἐκείνην παρὰ τῷ Πεντεφρῇ καὶ οὐκ * ἐκοιμήθη * μετὰ τῆς 'Ασενὲθ διότι εἶπεν 'Ιωσὴφ οὐ προσήκει
Asen. 21 1 'Ιωσὴφ οὐ προσήκει ἀνδρὶ θεοσεβεῖ πρὸ τῶν γάμων * κοιμηθῆναι * μετὰ τῆς γυναικὸς αὐτοῦ. καὶ ἀνέστη 'Ιωσὴφ τὸ
Jer. 5 2 κεφαλὴν αὐτοῦ ἐπὶ τὸν κόφινον τῶν σύκων ὕπνωσεν * κοιμώμενος * ἔτη ἑξηκονταὲξ καὶ οὐκ ἐξυπνίσθη ἐκ τοῦ ὕπνου
Jer. 5 2 ταῦτα ἐγερθεὶς ἀπὸ τοῦ ὕπνου αὐτοῦ εἶπεν ὅτι ἡδέως * ἐκοιμήθην * ὀλίγον ἀλλὰ βεβαρημένη ἐστὶν ἡ κεφαλή μου ὅτι
Jer. 5 4 σύκων εὗρεν αὐτὰ στάζοντα γάλα. καὶ εἶπεν ἤθελον * κοιμηθῆναι * ἔτι ὀλίγον ὅτι βεβαρημένη ἐστὶν ἡ κεφαλή μου
Jer. 5 5 βεβαρημένη ἐστὶν ἡ κεφαλή μου ἀλλὰ φοβοῦμαι μήπως * κοιμηθῶ * καὶ βραδυνῶ τοῦ ἐξυπνισθῆναι καὶ ὀλιγωρήσῃ
Jer. 5 26 καὶ ἔκλινα τὴν κεφαλήν μου ἐπὶ τὸν κόφινον καὶ * ἐκοιμήθην. * καὶ ἐξυπνισθεὶς ἀπεκάλυψα τὸν κόφινον τῶν
Prop. 4 23 ῥεύσῃ φόνος ἔσται τοῦ Βελίαρ ἐν πάσῃ τῇ γῇ. καὶ * ἐκοιμήθη * ἐν εἰρήνῃ ὁ ὅσιος. 'Ωσηέ. οὗτος ἦν ἐκ Βελεμὼθ
Prop. 17 5B οὗτος οὖν εἰς βαθὺ γῆρας ἐλάσας καὶ ἐν πολλῇ ἀγαθῇ * ἐκοιμήθη * ἐν εἰρήνῃ. 'Αχία ἀπὸ Σηλὼμ ὅπου ἦν ἡ σκηνὴ τὸ
Job 3 1 καὶ ἡμᾶς αὐτούς; ἄρα πῶς γνώσομαι; καὶ ἐν τῇ νυκτὶ * κοιμωμένου * μου ἦλθέν μοι μεγάλη φωνὴ ἐν μείζονι φωτὶ
Job 40 6 τῶν ἀρχόντων οἷς ἐδούλευεν καὶ περί τινα φάτνην * ἐκοιμήθη * καὶ τετελεύτηκεν εὐθυμήσασα. καὶ ὁ μὲν
Sib. 3 794 θῆρα ποιήσει. σὺν βρέφεσίν τε δράκοντες ἅμ' ἀσπίσι * κοιμήσονται * κοὐκ ἀδικήσουσιν χεὶρ γὰρ θεοῦ ἔσσετ' ἐπ'
Sib. 4 180 ὅταν ἤδη πάντα τέφρη σποδόεσσα γένηται καὶ πῦρ * κοιμήσῃ * θεὸς ἄσπετον ὥσπερ ἀνῆψεν ὀστέα καὶ σποδιὴν

κοίμησις
1
Adam 42 3 ἐκοιμήθη. ἔτι δὲ ζώσης αὐτῆς ἔκλαυσεν περὶ τῆς * κοιμήσεως * τοῦ 'Αδάμ. οὐ γὰρ ἐγίνωσκεν ποῦ ἐτέθη ἐπειδὴ

κοιμίζω
1
Sal. 2 31 βασιλεῖς καὶ ἀρχὰς ὁ ἀνιστῶν ἐμὲ εἰς δόξαν καὶ * κοιμίζων * ὑπερηφάνους εἰς ἀπώλειαν αἰῶνος ἐν ἀτιμίᾳ ὅτι

κοινολογία
1
Aris. 204 1 τῇ προτέρᾳ ἡμέρᾳ. πρὸς τὸν ἑνδέκατον δὲ ἤρξατο τὴν * κοινολογίαν * ποιεῖσθαι. δέκα γὰρ ἦσαν οἱ ἠρωτημένοι τῇ

κοινός
18
Hen. 98 3 μηδὲ φρόνησιν μηδεμίαν ⟨ἔχειν⟩. οὕτω ἀπολεῖσθε * κοινῶς * μετὰ πάντων ⟨τῶν⟩ ὑπαρχόντων ὑμῶν ⟨καὶ τῆς⟩ πάσης
Abr.1 1 3 καὶ φιλόξενος 'Αβραάμ. ἔφθασε δὲ καὶ ἐπὶ τοῦτον τὸ * κοινὸν * καὶ ἀπαραίτητον τοῦ θανάτου πικρὸν ποτήριον καὶ
Aris. 126 3 πρὸς τὰ κατ' ἰδίαν αὐτῷ κατεπείγοι πρὸς δὲ τὴν * κοινὴν * πᾶσι τοῖς πολίταις ἐπανόρθωσιν ἐξαποστέλλειν
Aris. 257 4 ἥττων ἢ καθυπερέχων φαινόμενος πρὸς οὓς ξενιτεύει. * κοινῶς * γὰρ ὁ θεὸς τὸ ταπεινούμενον προσδέχεται κατὰ
Aris. 315 2 ὅτι τὰ θεῖα βούλεται περιεργασάμενος εἰς * κοινοὺς * ἀνθρώπους ἐκφέρειν ἀποσχόμενον δὲ οὕτως
Sib. 3 247 θεοῦ φάτιν ἔννομον ὕμνον πᾶσι γὰρ Οὐράνιος * κοινὴν * ἐτελέσσατο γαῖαν. ἡνίκα δ' Αἴγυπτον λείψει καὶ
Sib. 3 261 θνητοὺς πάσῃ δίκῃ ἐξαπολεῖται. πᾶσι γὰρ Οὐράνιος * κοινὴν * ἐτελέσσατο γαῖαν καὶ πίστιν καὶ ἄριστον ἐνὶ
Sib. 3 494 οὐδεμί' ὑμῶν πρὸς φάος ἠελίοιο παρέσσεται ἐν φαΐ * κοινῷ * οὐδ' ἔτι τῆς ζωῆς ἀριθμὸς καὶ φῦλον ἔτ' ἔσται ἀντ'
Sib. 3 757 βασιλεὺς βασιλῆι φίλος μέχρι τέρματος ἔσται αἰῶνος * κοινόν * τε νόμον κατὰ γαῖαν ἅπασαν ἀνθρώποις τελέσειεν ἐν
FAch. 110 ἡ ζῶντα τῶν φίλων ἐπιδέεσθαι. εὐπροσήγορος καὶ * κοινὸς * γίνου τοῖς συναντῶσί σοι εἰδὼς ὅτι καὶ τῷ κυνὶ ἡ
FAch. 122 ἐκβαλὼν τὸ χειρόγραφον ⟨ψευδῆ⟩ ἔφη ἀνάγνωτε τὸν * κοινὸν * τοῦτον. οἱ δὲ φίλοι τοῦ βασιλέως Νεκταναβὼν
FPho. 27 χεῖρα πεσόντι δίδου σῶσον δ' ἀπερίστατον ἄνδρα. * κοινὰ * πάθη πάντων ὁ βίος τροχὸς ἄστατος ὄλβος. πλοῦτον
FPho. 30 ὧν σοι ἔδωκε θεὸς τούτων χρήζουσι παράσχου. ἔστω * κοινὸς * ἅπας ὁ βίος καὶ ὁμόφρονα πάντα. ⟨αἷμα δὲ μὴ
FPho. 59 πολλάκι γὰρ πλήξας ἀέκων φόνον ἐξετέλεσσεν. ἔστω * κοινὰ * πάθη μηδὲν μέγα μηδ' ὑπέροπλον. οὐκ ἀγαθὸν
FPho. 112 πάντες ἴσον νέκυες ψυχῶν δὲ θεὸς βασιλεύει. * κοινὰ * μέλαθρα δόμων αἰώνια καὶ πατρὶς ῞Αιδης ξυνὸς χῶρος
HHec. 1 22 188 οἱ τὴν δεκάτην τῶν γινομένων λαμβάνοντες καὶ τὰ * κοινὰ * διοικοῦντες περὶ χιλίους μάλιστα καὶ πεντακοσίους
LAri. 8 10 7 χεῖρες μὲν οὖν νοοῦνται προδήλως καὶ ἐφ' ἡμῶν * κοινότερον. * ὅταν γὰρ δυνάμεις ἐξαποστέλλῃς σὺ βασιλεὺς
FrAn. 574 3013 φερσωθι αεηιουω ιωη εωχαριφθα ἔξελθε ἀπὸ τοῦ δεῖνα * κοινὰ * τὸ δὲ φυλακτήριον ἐπὶ λαμνίῳ κασσιτερίνῳ γράφε

κοινόω
2
FMos. 9 4 13 σῶμα Μωυσέως τοῦ ἁγίου καὶ οὐκ ἐλούσαντο ἀλλ' οὔτε * ἐκοινώθησαν * οἱ ἄγγελοι ἀπὸ τοῦ ἁγίου σώματος. ὁ δὲ
LThe. 9 22 8 ἐνεγκεῖν ταῦτα δὲ διαγνόντα Λευὶν τῷ ἀδελφῷ * κοινώσασθαι * λαβόντα δ' αὐτὸν συγκάταινον ἐπὶ τὴν πρᾶξιν

κοινωνέω
6
Hen. 11 2 τῶν υἱῶν τῶν ἀνθρώπων. καὶ τότε ἀλήθεια καὶ εἰρήνη * κοινωνήσουσιν * ὁμοῦ εἰς πάσας τὰς ἡμέρας τοῦ αἰῶνος καὶ
TZab. 3 1 καὶ γὰρ τῆς τιμῆς τοῦ 'Ιωσὴφ τέκνα ἐγὼ οὐκ * ἐκοινώνησα * ἀλλὰ Συμεὼν καὶ Γὰδ καὶ οἱ ἄλλοι ἐξ ἀδελφοί
Asen. 7 5 τέκνα μου ἰσχυρῶς ἀπὸ γυναικὸς ἀλλοτρίας τοῦ * κοινωνῆσαι * αὐτῇ ἡ γὰρ κοινωνία αὐτῆς ἀπώλειά ἐστι καὶ
Jer. 8 5 καὶ Βαροὺχ καὶ 'Αβιμέλεχ λέγοντες ὅτι πᾶς ἄνθρωπος * κοινωνῶν * Βαβυλωνίταις οὐ μὴ εἰσέλθῃ εἰς τὴν πόλιν
Aris. 290 1 ἀλλὰ ὡς προεῖπον ἦθος χρηστὸν καὶ παιδείας * κεκοινωνηκὸς * δυνατὸν ἄρχειν ἐστί καθὼς σὺ βασιλεὺς μέγας
HHec. 1 22 186 τοῦ Πτολεμαίου συναπαίρειν εἰς Αἴγυπτον αὐτῷ καὶ * κοινωνεῖν * τῶν πραγμάτων ἠβουλήθησαν. ὧν εἷς ἦν 'Εζεκίας

κοινωνία
2
Asen. 7 5 ἀπὸ γυναικὸς ἀλλοτρίας τοῦ κοινωνῆσαι αὐτῇ ἡ γὰρ * κοινωνία * αὐτῆς ἀπώλειά ἐστι καὶ διαφθορά. διὰ τοῦτο
LThe. 9 22 5 ἐλθόντα πρὸς τὸν 'Ιακὼβ αἰτεῖν αὐτὴν πρὸς γάμου * κοινωνίαν * τὸν δὲ οὐ φάναι δώσειν πρὶν ἂν ἢ πάντας τοὺς

κοίρανος
3
Sib. 5 28 αὐσονίσιν+ ἀῖξας. πεντήκοντα δ' ὅτις κεραίην λάχε * κοίρανος * ἔσται δεινὸς ὄφις φυσῶν πόλεμον βαρὺν ὅς ποτε
Sib. 5 39 πρῶτον ἐλέγχων παῖς κράτος ἐξαφελεῖ μετὰ δ' αὐτὸν * κοίρανος * ἔσται τετράδος ἐκ κεραίης +τ' ἔφθος μόρος+
IHes. 5 112 3 αὐτὸς γὰρ πάντων βασιλεὺς καὶ * κοίρανός * ἐστιν ἀθανάτων σέο δ' οὔτις ἐρήρισται κράτος

κοιτάζω
2
Job 13 2 ἀπὸ τοῦ πλήθους ἐν ταῖς πέτραις καὶ τοῖς ὄρεσιν * ἐκοιτάζοντο * διὰ τὰ λοχευόμενα. καὶ διὰ ταῦτα τὰ μὲν ὄρη
Aris. 160 1 ἐπὶ πᾶσι δὲ τὸν περὶ θεοῦ φόβον. κελεύει δὲ καὶ * κοιταζομένους * καὶ διανισταμένους μελετᾶν τὰς τοῦ θεοῦ

κοίτη
6
TRub. 1 6 καὶ πορνείᾳ ἐν ᾗ ἐξεχύθην ἐγὼ καὶ ἐμίανα τὴν * κοίτην * τοῦ πατρός μου 'Ιακώβ. λέγω γὰρ ὑμῖν ὅτι ἐνέπληξέ
Sal. 17 16 συναγωγὰς ὁσίων ὡς στρουθία ἐξεπετάσθησαν ἀπὸ * κοίτης * αὐτῶν. ἐπλανῶντο ἐν ἐρήμοις σωθῆναι ψυχὰς αὐτῶν
Sib. 3 737 κίνει Καμάριναν ἀκίνητος γὰρ ἀμείνων πάρδαλιν ἐκ * κοίτης * μή τοι κακὸν ἀντιβολήσῃ ἀλλ' ἀπέχου μηδ' ἴσχ'
Sib. 4 33 ἃ δὴ ῥίγιστα τέτυκται οὐδ' ἄρ' ἐπ' ἀλλοτρίῃ * κοίτῃ * πόθον αἰσχρὸν ἔχοντες ἰούδὲ ἐπ' ἄρσενος ὕβριν
Sib. 5 387 θράσους τόλμης τε κακούργου οἵ τὸ πάλαι παίδων * κοίτην * ἐπορίζετ' ἀνάγνως καὶ τέγεσιν πόρνας ἐστήσατε τὰς
Sib. 5 393 στόμα δύσμορον ἐξεμίηναν ἐν σοὶ καὶ κτηνῶν εὗρον * κοίτην * κακοὶ ἄνδρες. σίγησον πανόδυρτε κακὴ πόλι κώμων

κοιτών
1
TRub. 3 13 ἦν μεθύουσα καὶ κοιμωμένη ἀκάλυφος κατέκειτο ἐν τῷ * κοιτῶνι * κἀγὼ εἰσελθὼν καὶ ἰδὼν τὴν γύμνωσιν αὐτῆς ἔπραξα

κόκκινος
                                                    2
Jer.      9    15      αὐτὰ κριθῆναι τὸ δένδρον τὸ στηριχθέν. καὶ τὸ ✶ κόκκινον ✶ ὡς ἔριον λευκὸν γενήσεται ἡ χιὼν μελανθήσεται
FAch.    115           λευκὴν ὅ τε Νεκταναβὼν καὶ τοῖς φίλοις αὐτοῦ ✶ κοκκίνας ✶ περιβαλὼν στολὰς ἐκάθισεν. τοῦ δὲ Αἰσώπου
κόκκος
                                                    3
Asen.     16    18      τὰ πτερὰ αὐτῶν ὡς πορφύρα καὶ ὡς ὑάκινθος καὶ ὡς ✶ κόκκος ✶ καὶ ὡς βύσσινα ἱμάτια χρυσοῦφῆ καὶ διαδήματα
FEz.      1     8     3      τῆς γῆς ἕως τοῦ οὐρανοῦ καὶ ἐὰν ὦσιν πυρρότεραι ✶ κόκκου ✶ καὶ μελανώτεραι σάκκου καὶ ἐπιστραφῆτε πρός με ἐξ
LEze.   9   29  16 21      καὶ μηλίνη μὲν τῇ κόρῃ προσέβλεπε κύκλῳ κόρη δὲ ✶ κόκκος ✶ ὡς ἐφαίνετο. φωνὴν δὲ πάντων εἶχεν ἐκπρεπεστάτην.
κολάζω
                                                   10
Hen.      22    13      τὸ δὲ πνεύματα ὅτι οἱ ἐνθάδε θλιβέντες ἔλαττον ✶ κολάζονται ✶ αὐτῶν οὐ τιμωρηθήσονται ἐν ἡμέρᾳ τῆς κρίσεως
TGad      4     3             πᾶσι καὶ σπεύδει ἵνα κριθῇ περὶ αὐτῆς καὶ ✶ κολασθεὶς ✶ ἀποθάνῃ. ἐὰν δὲ ᾖ δοῦλος συμβάλλει αὐτὸν πρὸς
TGad      5    10      μου. δι' ὧν γὰρ ἄνθρωπος παρανομεῖ δι' ἐκείνων καὶ ✶ κολάζεται. ✶ ἐπεὶ οὖν ἐνέκειτο τὰ ἥπατά μου ἀνηλεῶς κατὰ
TAser     6     2      ἀκολουθοῦντες τῇ ἀληθείᾳ ὅτι οἱ διπρόσωποι δισσῶς ✶ κολάζονται. ✶ τὰ πνεύματα τῆς πλάνης μισήσατε τὰ κατὰ τῶν
Esdr.     1    11      τῶν ψυχῶν τῶν ἁμαρτωλῶν συμφέρει γὰρ μίαν ψυχὴν ✶ κολάσασθαι ✶ καὶ μὴ ὅλον τὸν κόσμον εἰς ἀπώλειαν ἀπάγειν.
Esdr.     5    28      ἔκλαυσα κἀγὼ ὁρῶν τὸ γένος τῶν ἀνθρώπων οὕτως ✶ κολαζομένους. ✶ τότε λέγει μοι ὁ θεὸς γινώσκεις Ἔσδρα τὰ
Aris.    188    3      διὰ παντὸς ἐπιεικές. μακροθυμίᾳ γὰρ χρώμενος καὶ ✶ κολάζων ✶ τοὺς αἰτίους ἐπιεικέστερον ⟨ἢ⟩ καθὼς εἰσιν ἄξιοι
Aris.    208    4      τὸ τῶν ἀνθρώπων γένος ὅθεν οὔτε εὐκόπως δεῖ ✶ κολάζειν ✶ οὔτε αἰκίαις περιβάλλειν γινώσκων ὅτι τὸ τῶν
FJan.     9     2      Μωσῆς τοὺς περὶ Ἰαννὴν καὶ Ἰαμβρὴν ἐν ἕλκεσι ✶ κολασάμενος ✶ καὶ τὴν θατέρου τούτων μητέρα τῷ θανάτῳ
HArt.   9   27    20      ἐρεᾶν δὲ ἐσθῆτα μὴ ἀμπέχεσθαι ὅπως ὄντες ἐπίσημοι ✶ κολάζωνται ✶ ὑπ' αὐτοῦ. τὸν δὲ Μώϋσον εὐξεσθαι τῷ θεῷ ἤδη
κολακεία
                                                    2
Abr.1    16     5             τὴν ψυχὴν αὐτοῦ καὶ ἔλθης ἐνθάδε ἀλλὰ μετὰ ✶ κολακείας ✶ τοῦτον παράλαβε ὅτι φίλος γνήσιός ἐστιν. ταῦτα
Abr.1    17     7      κεφαλῆς καὶ ἐν ὡραιότητι καὶ ἐν ἡσυχίᾳ πολλῇ καὶ ✶ κολακείᾳ ✶ ἀπέρχομαι τοῖς δικαίοις τοῖς δὲ ⟨ἁμαρτωλοῖς⟩
κολακεύω
                                                    1
TJos.     4     1      αὐτῆς τῆς πονηρᾶς. ποσάκις ὡς ἁγίῳ ἀνδρὶ ἐν λόγοις ✶ ἐκολάκευσέ ✶ με μετὰ δόλου διὰ ῥημάτων ἐπαινοῦσα τὴν
FAch.    109           μὴ θέλῃ λαβεῖν κοῦφον γὰρ τὸ γένος τοῦτό ἐστιν καὶ ✶ κολακευόμενον ✶ ἐλάττονα φρονεῖ ἁμαρτάνει. ἐν οἴνῳ μὴ
κόλαξ
                                                    1
FPho.    91            οἱ μηδέποτ' ἐσθλὰ μαθόντες. μὴ δὲ τραπεζοκόρους ✶ κόλακας ✶ ποιεῖσθαι ἑταίρους πολλοὶ γὰρ πόσιος καὶ βρώσιός
κόλασις
                                                   17
Abr.1    11    11      ἐστίν ἡ ἀπάγουσα εἰς τὴν ἀπώλειαν καὶ εἰς τὴν ✶ κόλασιν ✶ τὴν αἰώνιον καὶ διὰ τοῦτο ὁ πρωτόπλαστος Ἀδὰμ
Abr.2    11    11      ἁμαρτίας αὐτῆς γεγραμμένας καὶ βληθήσεται εἰς τὴν ✶ κόλασιν. ✶ ἐγένετο δὲ μετὰ τὸ θεωρῆσαι Ἀβραὰμ τὸν τόπον
TRub.     5     5      αἰτῶν ὅτι πᾶσα γυνὴ δολιευομένη ἐν τούτοις εἰς ✶ κόλασιν ✶ τοῦ αἰῶνος τετήρηται. οὕτως γὰρ ἔθελξαν τοὺς
TLevi     4     1      ἐπιμενοῦσιν ἐν ταῖς ἀδικίαις εἰς τὴν ✶ κόλασιν ✶ κριθήσονται. εἰσήκουσεν οὖν ὁ ὕψιστος τῆς
TGad      7     5      ἀφίησιν ἢ ἀμετανόητῳ τηρεῖ εἰς αἰῶνα τὴν ✶ κόλασιν. ✶ ὁ γὰρ πένης καὶ ἄφθονος ἐπὶ πᾶσι κυρίῳ
TBen.     7     5      τῷ Κάϊν ἐν φθόνῳ εἰς τὴν μισαδελφίαν τῇ αὐτῇ ✶ κολάσει ✶ κριθήσονται. καὶ ὑμεῖς οὖν τέκνα μου ἀποδράσατε
Esdr.     1    22      βίῳ τὰ ἄλογα κάλλιόν εἰσιν παρὰ τὸν ἄνθρωπον ὅτι ✶ κόλασιν ✶ οὐκ ἔχουσιν ἡμᾶς δὲ ἔπλασας καὶ εἰς κρίσιν
Esdr.     5    10      ἐκ κοιλίας μητρὸς αὐτοῦ. οἱ δὲ ὄντες ἐν τῇ ✶ κολάσει ✶ ἔκραξαν λέγοντες ἀφ' οὗ ἦλθες ὧδε ἅγιε τοῦ θεοῦ
Esdr.     5    23      καὶ τοὺς πατριάρχας. καὶ ἰδοὺ ἐκεῖ τοῦ ἀέρος τὴν ✶ κόλασιν ✶ καὶ τὴν πνοὴν τῶν ἀνέμων καὶ τὰς ἀποθήκας τῶν
Sedr.     4     1      καὶ παιδεύων αὐτὸν καθὼς εὑρίσκω. λέγει αὐτῷ Σεδρὰχ ✶ κόλασις ✶ καὶ πῦρ ἐστιν ἡ παίδευσίς σου πικροὶ εἰσιν κύριέ
Sedr.     5     7      αὐτῷ· ἀλλὰ ἐλέησον δέσποτα καὶ κατάλυσον τὰς ✶ κολάσεις ✶ εἰ δὲ μὴ δέξαι καὶ ἐμέ μέ τοὺς ἁμαρτωλοὺς ἐὰν
Sedr.     7     1      γνώσεώς ἐσμεν καὶ προφασίζεις τὸν ἄνθρωπον εἰς τὴν ✶ κόλασιν ✶ ἀλλ' ἔκβαλον αὐτὸν μὴ γὰρ ἐγὼ μόνος γεμίσω τὰ
Sedr.     8    12      μόνον δέομαί σου ἐλευθέρωσον τὸν ἄνθρωπον ἐκ τῆς ✶ κόλασιν ✶ εἰ δὲ μήγε ἀπέρχομαι καὶ ἐγὼ εἰς τὴν κόλασιν καὶ
Sedr.     8    12      τὴν κόλασιν εἰ δὲ μήγε ἀπέρχομαι καὶ ἐγὼ εἰς τὴν ✶ κόλασιν ✶ καὶ οὐ χωρίζομαι ἀπὸ τὸ γένος ἡμῶν. καὶ εἶπεν ὁ
Sedr.     14    9      ὅτι γέγραπται καὶ οἱ μετανοήσαντες οὐ μὴ ἴδουν τὴν ✶ κόλασιν; ✶ καὶ ⟨οὐκ ἤκουσαν⟩ ἀποστόλων οὔτε ἐμοῦ λόγου ἐν
Sib.      5   389      τέγεσιν πόρνας ἐστήσατε τὰς πάλαι ἀγνὰς ὕβρεσι καὶ ✶ κολάσει ✶ κάσχημοσύνη πολυμόχθῳ. --- ἐν σοὶ γὰρ μήτηρ
HArt.   9   27    31      φρονηματισθέντα ἐπὶ τῷ γεγονότι πάσῃ τιμωρίᾳ καὶ ✶ κολάσει ✶ καταικίζειν τοὺς Ἰουδαίους. τὸν δὲ Μώϋσον ταῦτα
κολαστήριον
                                                    1
Sedr.     5     5      εἴκοσι καὶ ὅστις μνησθῇ τοῦ ὀνόματός σου οὐ μὴ ἴδῃ ✶ κολαστήριον ✶ ἀλλὰ ἔσται μετὰ τῶν δικαίων ἐν τόπῳ
κολάστρια
                                                    1
LEze.   9   29  11 02      λέξον τάχος. (Μ). ῥάβδον τετραπόδων καὶ βροτῶν ✶ κολάστριαν. ✶ (Θ). ῥῖψον πρὸς οὖδας καὶ ἀποχώρησον ταχύ.
κολαφίζω
                                                    1
TJos.     7     5      ἡ Σηθων ἡ παλλακὴ τοῦ ἀνδρός σου ἡ ἀντίζηλός σου ✶ κολαφίσει ✶ τὰ τέκνα σου καὶ ἀπολέσει τὸ μνημόσυνόν σου
κολεός
                                                    3
Asen.     23    7      κώπην τῆς ῥομφαίας αὐτοῦ καὶ ἑλκύσαι αὐτὴν ἐκ τοῦ ✶ κολεοῦ ✶ αὐτῆς καὶ πατάξαι τὸν υἱὸν Φαραὼ διότι σκληρὰ
Asen.     23   14      τὰς ῥομφαίας αὐτῶν Συμεὼν καὶ Λευὶς ἐκ τῶν ✶ κολεῶν ✶ αὐτῶν καὶ εἶπον ἰδοὺ ἑώρακας τὰς ῥομφαίας ταύτας;
Asen.     29    2      ἔλαβε τὴν ῥομφαίαν αὐτοῦ καὶ εἵλκυσεν αὐτὴν ἐκ τοῦ ✶ κολεοῦ ✶ αὐτῆς διότι Βενιαμὶν ῥομφαίαν οὐκ εἶχεν ἐπὶ τῷ
κολλάω
                                                   10
Abr.1    20    9      ὁ θάνατος καὶ ἡσπάσατο τὴν χεῖρα αὐτοῦ καὶ εὐθέως ✶ ἐκολλᾶτο ✶ ἡ ψυχὴ αὐτοῦ ἐν τῇ χειρὶ τοῦ θανάτου. καὶ
TIss.     6     1      καταλείψουσιν οἱ υἱοὶ ὑμῶν τὴν ἁπλότητα καὶ ✶ κολληθήσονται ✶ τῇ ἀπληστίᾳ καὶ ἀφέντες τὴν ἀκακίαν
TIss.     6     1      τῇ κακουργίᾳ καὶ καταλιπόντες τὰς ἐντολὰς κυρίου ✶ κολληθήσονται ✶ τῷ Βελίαρ καὶ ἀφέντες τὸ γεώργιον
TDan      ο    10      νόμον θεοῦ. ἀπόστητε οὖν ἀπὸ πάσης ἀδικίας καὶ ✶ κολλήθητε ✶ τῇ δικαιοσύνῃ τοῦ νόμου κυρίου καὶ ἔσται τὸ
TGad      5     2      λέγω ὑμῖν τέκνα μου ὅπως φεύξησθε τὸ μῖσος καὶ ✶ κολλήθητε ✶ τῇ ἀγάπῃ τοῦ κυρίου. ἡ δικαιοσύνη ἐκβάλλει τὸ
TAser     3     1      ἀγαθότητος καὶ κακίας ἀλλὰ τῇ ἀγαθότητι μόνῃ ✶ κολλήθητε ✶ ὅτι ὁ θεὸς ἀναπαύεται εἰς αὐτὴν καὶ οἱ
Prop.     4    18      ἵλεώς μοι ἀφεῖναι κληρονομίαν πατέρων μου καὶ ✶ κολληθῆναι ✶ κληρονομίαις ἀπεριτμήτων. καὶ τοῖς ἄλλοις
Aris.    97    4      λίθοι δεκαδύο διαλλάσσοντες τοῖς γένεσι χρυσῷ ✶ κεκολλημένοι ✶ τὰ τῶν φυλάρχων ὀνόματα κατὰ τὴν ἐξ ἀρχῆς
FIsa.    1   3      αὐτοῦ. οὗτος γὰρ ἦν οἰκῶν ἐν τῇ χώρᾳ Βηθλεὲμ καὶ ✶ ἐκολλήθη ✶ τῷ Μανασσῇ. καὶ αὐτὸς ἦν ψευδοπροφητεύων ἐν
FIsa.    1   3   1      ἐν Ἰερουσαλὴμ καὶ πολλοὶ ἐξ Ἰερουσαλὴμ ✶ ἐκολλήθησαν ✶ πρὸς αὐτόν. καὶ αὐτὸς δὲ ἦν ἀπὸ Σαμαρίας.
κολλυρίς
                                                    1
FJub.    22    4      ἐτῶν δὲ ξ' ὃν ὁ Ἰσαὰκ ἐγέννησεν τὸν Ἰακώβ. ✶ κολλυρίδας ✶ ποιήσασα Ῥεβέκκα ἔδωκε τῷ Ἰακὼβ καὶ
κολοβόω
                                                    1
Bar.      9     7      καὶ ὠργίσθη αὐτῇ ὁ θεὸς καὶ ἔθλιψεν αὐτὴν καὶ ✶ ἐκολόβωσεν ✶ τὰς ἡμέρας αὐτῆς. καὶ εἶπον καὶ πῶς οὐ λάμπει
κολούω
                                                    1
FPho.    208           τεοῖσ' ἀλλ' ἤπιος εἴης. ἢν δέ τι παῖς ἁλίτηι σε ✶ κολουέτω ✶ υἱέα μήτηρ ἢ καὶ πρεσβύτατοι γενεῆς ἢ
Κολοφών
                                                    1
Sib.      3   343      πεσέονται ἐν Ἀσιάδι μὲν Ἰασσὸς Κεβρὴν +Πανδονίη+ ✶ Κολοφὼν ✶ Ἔφεσος Νίκαια Ἀντιόχεια Τάναγρα Σινόπη Σμύρνη
κόλπος
                                                   10
Abr.1    6     7      πίπτοντα ἐγένοντο τίμιοι λίθοι καὶ ἐκβαλὼν ἐκ τοῦ ✶ κόλπου ✶ αὐτοῦ δέδωκεν αὐτὰ τῇ Σάρρᾳ λέγων εἰ ἀπιστεῖς μοι
Abr.1    20   14      καὶ μοναὶ τῶν ἁγίων μου Ἰσαὰκ καὶ Ἰακὼβ ἐν τῷ ✶ κόλπῳ ✶ αὐτοῦ ἔνθα οὐκ ἔστιν πόνος οὐ λύπη οὐ στεναγμὸς
Asen.     11   18      χερσὶν αὐτῆς καὶ ἔβαλε τὴν κεφαλὴν αὐτῆς εἰς τὸν ✶ κόλπον ✶ αὐτῆς καὶ τὸ πρόσωπον αὐτῆς ἦν κατάβροχον ἐκ τῶν
Asen.     11   2      ἀνατολάς. καὶ τὴν κεφαλὴν αὐτῆς ἐνέβαλεν εἰς τὸν ✶ κόλπον ✶ αὐτῆς πλέξασα τοὺς δακτύλους αὐτῆς τῶν χειρῶν ἐπὶ
Sedr.     14   6      καὶ δέχομαι αὐτοὺς μετὰ τῶν δικαίων μου ἐν ✶ κόλποις ✶ Ἀβραὰμ καὶ εἰσὶν τινες οἱ βαπτισθέντες τὸ ἐμὸν
Job      10   4      χρείαν καὶ οὐδὲ ἐπέτρεπον ἐξελθεῖν τὴν θύραν μου ✶ κόλπῳ ✶ κενῷ εἶχον δὲ τρισχίλια καὶ πεντακόσια ζεύγη βοῶν,
FJub.    22   4      εὐλόγησαν καὶ κατέχων αὐτὸν ἐν τοῖς ✶ κόλποις ✶ αὐτοῦ ἐτελεύτησεν ἀφυπνώσαντος τοῦ Ἀβραὰμ τῷ
LEze.   9   28  3 08      ὑπισχνεῖθ' ὡς ἀπὸ σπλάγχνων ἐῶν ἐπεὶ δὲ πλήρης ✶ κόλπος ✶ ἡμερῶν παρῆν ἐξῆλθον οἴκων βασιλικῶν πρὸς ἔργα
LEze.   9   29  11 10      δὲ ῥάβδος ἔσσεθ' ὥσπερ ἦν. ἔνθες δὲ χεῖρ' εἰς ✶ κόλπον ✶ ἐξένεγκέ τε. (Μ). ἰδοὺ τὸ ταχθὲν γέγονεν ὥσπερ
LEze.   9   29  11 12      γέγονεν ὥσπερεὶ χιών. (Θ). ἔνθες πάλιν δ' εἰς ✶ κόλπον ✶ ἔσται δ' ὥσπερ ἦν. ἐν τῇδε ῥάβδῳ πάντα ποιήσεις
κόλπωσις
                                                    1
Aris.    86    5      διὰ τὸ ἀπ' ἐδάφους γίνεσθαι τὴν ὑποδρομὴν κατὰ τὴν ✶ κόλπωσιν ✶ μέχρι τῆς ἄνω διατάσεως ἡδεᾶν τινα καὶ
κολυμβήθρα
                                                    1
Prop.     1     3      τοῦ Ἐζεκία πρὸ τοῦ ποιῆσαι τοὺς λάκκους καὶ τὰς ✶ κολυμβήθρας ✶ ἐπὶ εὐχῇ τοῦ Ἠσαΐου μικρὸν ὕδωρ ἐξελήλυθεν
κόλυμβος
                                                    1
Sib.      5   335      ἐν κονίησιν συρόμενον ποταμηδὸν ἐπ' ἰχθυόεντι ✶ κολύμβῳ. ✶ Ἑλλήσποντε τάλαν ζεύξει ποτέ σ' Ἀσσυρίων παῖς
κομάω
                                                    2
FAch.    107           ἀχθῆναι. παραγεναμένου δὲ αὐτοῦ ῥυποῦντος καὶ ✶ κομῶντος ✶ καὶ ὠχρῶντος διὰ τὴν πολυχρόνιον συνοχὴν
FPho.    212           μηθ' ἄμματα λοξὰ κορύμβων. ἄρσεσιν οὐκ ἐπέοικε ✶ κομᾶν ✶ χλιδαναῖς δὲ γυναιξίν. παιδὸς δ' εὐμόρφου φρουρεῖν
κόμη
                                                    2
Sib.      3   359      νυμφεύσεαι οὐκ ἐνὶ κόσμῳ πολλάκι δ' ἀβρὴν σεῖο ✶ κόμην ✶ δέσποινά τε κείρει ἠδὲ δίκην διέπουσα ἀπ'
LEze.   9   29  13 11      καὶ ὅταν θύσητε δὲ δέσμην λαβόντες χερσὶν ὑσσώπου ✶ κόμης ✶ εἰς αἷμα βάψαι καὶ θιγεῖν σταθμῶν δυοῖν ὅπως
κομήτης
                                                    2
Sib.      3   334      ἔρημα πόλης. ἐν δὲ δύσει ἀστὴρ λάμψει ὃν ἐρούσι ✶ κομήτην ✶ ῥομφαίας λιμοῦ θανάτοιό τε σῆμα βροτοῖσιν
HArt.   9   27    37       ἐνεργίας δὲ τὴν Μώϋσον μακρὸν πυρρακῆ πολιὸν ✶ κομήτην ✶ ἀξιωματικόν. ταῦτα δὲ πρᾶξαι περὶ ἔτη ὄντα
κομίζω
                                                   14
Hen.     100    7      ἀνάγκης στερεᾶς καὶ φυλάξητε αὐτοὺς ἐν πυρὶ ὅτι ✶ κομιεῖσθε ✶ κατὰ τὰ ἔργα ὑμῶν. οὐαὶ ὑμῖν σκληροκάρδιοι
TJos.     6     2      ἐν γοητείᾳ πεφυραμένον. καὶ ὡς ἦλθεν ὁ εὐνοῦχος ὁ ✶ κομίζων ✶ αὐτὸ ἀνέβλεψα καὶ εἶδον ἄνδρα φοβερὸν ἐπιδιδόντα
Asen.     16    1      καὶ παρέθηκεν αὐτῷ τράπεζαν καινὴν καὶ ἐπορεύετο ✶ κόμισαι ✶ αὐτῷ ἄρτον. καὶ εἶπεν αὐτῇ ὁ ἄνθρωπος φέρε δὴ

| | | | |
|---|---|---|---|
| Asen. | 16 | 5 | μελίσσης ἐπὶ τῆς τραπέζης κείμενον. ἄρον αὐτὸ καὶ ✶ κόμισον ✶ ὧδε. καὶ εἶπεν Ἀσενὲθ κύριε κηρίον μελίσσης ἐν |
| Asen. | 29 | 5 | αὐτοῦ καὶ ἐπέθηκεν αὐτὸν ἐπὶ τὸν ἵππον αὐτοῦ καὶ ✶ ἐκόμισεν ✶ αὐτὸν τῷ πατρὶ αὐτοῦ Φαραὼ καὶ διηγήσατο αὐτῷ |
| Aris. | 20 | 2 | τοῖς ὀψωνίοις εἶπε προσθεῖναι καὶ σώματος ἑκάστου ✶ κομίζεσθαι ✶ δραχμὰς εἴκοσι καὶ περὶ τούτων ἐκθεῖναι |
| Aris. | 22 | 8 | τῶν τοιούτων ἀπολύειν παραχρῆμα τοὺς ἔχοντα ✶ κομιζομένους ✶ αὐτίκα ἑκάστου σώματος δραχμὰς εἴκοσι τοὺς |
| Aris. | 24 | 6 | πανταχῆ καθ' ὁντινοῦν τρόπον ἐν τῇ βασιλείᾳ ✶ κομιζομένων ✶ τοὺς ἔχοντας τὸ προκειμένων κεφάλαιον |
| Aris. | 40 | 4 | τιμωμένους παρ' ἡμῖν διαλεξομένους σοι καὶ ✶ κομίζοντας ✶ ἀπαρχὰς εἰς τὸ ἱερὸν ἀναθημάτων καὶ εἰς |
| Aris. | 43 | 1 | ὃν ἂν δέηται τὸ ἱερὸν ἀργυρίου τάλαντα ἑκατὸν ἅπερ ✶ ἐκόμισεν ✶ Ἀνδρέας τῶν τετιμημένων παρά σοι καὶ Ἀριστέας |
| Aris. | 291 | 4 | ἐν εἰρήνῃ καθεστάναι τοὺς ὑποτεταγμένους καὶ ✶ κομίζεσθαι ✶ τὸ δίκαιον ταχέως ἐν ταῖς διακρίσεσι. ταῦτα |
| Aris. | 322 | 6 | τῶν ἀξιολόγων ἀναγράφειν ἵνα διαπορευόμενος αὐτὰ ✶ κομίζη ✶ τοῦ βουλήματος τὸ κάλλιστον ἔπαθλον. |
| Sib. | 3 | 253 | μέγαν ἄνδρα Μωσῆν ὃν παρ' ἕλους βασιλὶς εὑροῦσ' ✶ ἐκόμιζεν ✶ θρεψαμένη δ' υἱὸν ἐκαλέσατο. ἡνίκα δ' ἦλθεν |
| HArt. 9 | 23 | 3 | πρὸς αὐτὸν τόν τε πατέρα καὶ τοὺς ἀδελφοὺς ✶ κομίζοντας ✶ πολλὴν ὕπαρξιν καὶ κατοικισθῆναι ἐν τῇ Ἡλίου |

**Κομμαγηνή**

| | | | |
|---|---|---|---|
| HEup. 9 | 30 | 3 | τοὺς παρὰ τὸν Εὐφράτην οἰκοῦντας ποταμὸν καὶ τὴν ✶ Κομμαγηνὴν ✶ καὶ τοὺς ἐν Γαλαδηνῇ Ἀσσυρίους καὶ Φοίνικας. |

**κονία**

| | | | |
|---|---|---|---|
| Sib. | 5 | 334 | ἔργα ἰδέσθαι καὶ τεῖχος διθάλασσον ὑπ' Ἄρεος ἐν ✶ κονίησιν ✶ συρόμενον ποταμηδὸν ἐπ' ἰχθυόεντι κολύμβῳ. |
| Sib. | 5 | 462 | καὶ +Λυκίοισιν+ κοσμομανὴς πόλεμος πολυαίματος ἐν ✶ κονίησιν ✶ ὃν παύσει Ῥώμης βασιλεὺς δυσμῶν τε δυνάσται. |

**κονίασις**

| | | | |
|---|---|---|---|
| Aris. | 90 | 2 | τῶν τοίχων ἐπὶ δὲ τούτων κεχύσθαι πολύ τι πλῆθος ✶ κονιάσεως ✶ ἐνεργῶς γεγενημένων ἁπάντων εἶναι δὲ πυκνὰ τὰ |

**κονιορτός**

| | | | |
|---|---|---|---|
| Sib. | 3 | 800 | ὀφθῶσι πρὸς ἕσπερον ἠδὲ πρὸς ἠῶ αὐτίκα καὶ ✶ κονιορτὸς ✶ ἀπ' οὐρανόθεν προφέρηται πρὸς γαῖαν +ἅπαν καὶ |

**κόνις**

| | | | |
|---|---|---|---|
| Sib. | 4 | 178 | ποταμούς θ' ἅμα θάλασσαν ἐκκαύσει δέ τε πάντα ✶ κόνις ✶ δ' ἔσετ' αἰθαλόεσσα. ἀλλ' ὅταν ἤδη πάντα τέφρη |
| Sib. | 5 | 45 | ἑῴαν μοῖραν δεικελίην οὐ φεύξεται ἀλλὰ καμεῖται ὃν ✶ κόνις ✶ ἀλλοτρίη κρύψει νέκυν ἀλλὰ Νεμεης ἄνθεος οὔνομ' |
| Sib. | 5 | 291 | πόλι ὡς ἀπολεῖσθε σεισμοῖς ὀλλύμεναί τε καὶ εἰς ✶ κόνιν ✶ ἀλλαχθεῖσαι. Ἀσίδι τῇ δνοφερῇ (Λυδῶν τε--- |
| FPho. | | 108 | γὰρ ἐκ γαίης ἔχομεν κἄπειτα πρὸς αὖ γῆν λυόμενοι ✶ κόνις ✶ ἐσμέν ἀὴρ δ' ἀνὰ πνεῦμα δέδεκται. πλουτῶν μὴ |

**κονίω**

| | | | |
|---|---|---|---|
| LPhl. 9 | 37 | 2 | ὑπαὶ πύργοις συνόροισιν στρωφᾶται καὶ ξηρὰ πέδῳ ✶ κεκονιμένα ✶ κρήνης τηλεφαῆ δείκνυσιν ὑπέρτατα θάμβεα |

**κοπετός**

| | | | |
|---|---|---|---|
| Job | 40 | 13 | οἰκίαν τὴν συμπεπτωκυῖαν ἐπὶ τὰ τέκνα αὐτῆς καὶ ✶ κοπετὸν ✶ μέγαν ἐποίησαν οἱ πτωχοὶ τῆς πόλεως λέγοντες |
| Sib. | 5 | 193 | ὅσσα τὸ πρόσθεν ἔρεξας ἀναιδέα θυμὸν ἔχουσα. +καὶ ✶ κοπετὸν ✶ ὄψονται ἀθέσμων εἵνεκα ἔργων.+ Συήνην δ' ὀλέσειε |

**κοπιάω**

| | | | |
|---|---|---|---|
| Adam | 24 | 3 | θλιβεὶς ἀπὸ καύματος καὶ στενωθεὶς ἀπὸ ψύξεως. καὶ ✶ κοπιάσεις ✶ πολλὰ καὶ μὴ πλουτήσεις καὶ παχυνθήσει καὶ εἰς |
| Hen. | 103 | 9 | ὄντες ἐν τῇ ζωῇ τῶν ἡμερῶν τῆς θλίψεως κόπους ✶ ἐκοπιάσαμεν ✶ καὶ ἀνηλώμεθα καὶ ὀλίγοι ἐγενήθημεν καὶ |
| Hen. | 103 | 11 | ἡλπίσαμεν γενέσθαι κεφαλὴ ἐγενήθημεν κέρκος ✶ ἐκοπιάσαμεν ✶ ἐργαζόμενοι καὶ τῶν ὀψωνίων οὐ |
| Abr.1 | 3 | 7 | ἐπιξένου τοὺς πόδας ὅτι ἀπὸ μακρᾶς ὁδοῦ πρὸς ἡμᾶς ✶ ἐκοπίασεν. ✶ καὶ δραμὼν Ἰσαὰκ εἰς τὸ φρέαρ ἀντλήσας ὕδωρ |
| Sedr. | 4 | 3 | εἰ οὐκ ἐγεννήθη τί τάχα ἐποίησας κύριέ μου; διὰ τί ✶ ἐκοπίασας ✶ τὰς ἀχράντους σοῦ χεῖρας καὶ ἔπλασας τὸν |
| Job | 24 | 2 | καὶ αἱ θυγατέρες τῆς ἐμῆς κοιλίας οὓς εἰς κενὸν ✶ ἐκοπίασα ✶ μετὰ μόχθων σὺ δὲ αὐτὸς κάθη ἐν σαπρίᾳ σκωλήκων |
| FAch. | | 110 | οἷον ἄνδρα ἠδίκουν. δυνάμενος ἐλεεῖν μὴ μέλλε ἀλλὰ ✶ κοπία ✶ διδοὺς ἐπιστάμενος τὴν τύχην μὴ οὖσαν παράμονον. |

**κόπος**

| | | | |
|---|---|---|---|
| Hen. | 7 | 3 | ἐκ πηχῶν τρισχιλίων οἵτινες κατησθίοσαν τοὺς ✶ κόπους ✶ τῶν ἀνθρώπων. ὡς δὲ οὐκ ἐδυνήθησαν αὐτοῖς οἱ |
| Hen. | 11 | 1 | τῷ οὐρανῷ καὶ κατενεγκεῖν αὐτὰ ἐπὶ τὰ ἔργα ἐπὶ τὸν ✶ κόπον ✶ τῶν υἱῶν τῶν ἀνθρώπων. καὶ τότε ἀλήθεια καὶ εἰρήνη |
| Hen. | 99 | 13 | οὐαὶ οἱ οἰκοδομοῦντες τὰς οἰκοδομὰς αὐτῶν οὐκ ἐκ ✶ κόπων ✶ ἰδίων καὶ ἐκ λίθων καὶ ἐκ πλίνθων πᾶσαν οἰκοδομὴν |
| Hen. | 103 | 9 | ὅσιοι ὄντες ἐν τῇ ζωῇ τῶν ἡμερῶν τῆς θλίψεως ✶ κόπους ✶ ἐκοπιάσαμεν καὶ ἀνηλώμεθα καὶ ὀλίγοι ἐγενήθημεν |
| TIss. | 3 | 3 | μου καὶ οὐκ ἐνενόουν ἡδονὴν γυναικὸς ἀλλὰ διὰ τοῦ ✶ κόπου ✶ ὁ ὕπνος μου περιεγένετο. καὶ πάντοτε ἔχαιρεν ἐπὶ |
| Jer. | 5 | 6 | ἀναστὰς οὖν πορεύσομαι τῷ καύματι οὐ γὰρ καῦμα οὐ ✶ κόπος ✶ ἐστὶ καθ' ἡμέραν; ἐγερθεὶς οὖν ἦρε τὸν κόφινον τῶν |
| Sedr. | 14 | 2 | ἐν ποίᾳ μετανοίᾳ σωθήσεται ὁ ἄνθρωπος καὶ ἐν ποίῳ ✶ κόπῳ; ✶ ⟨λέγει ὁ θεὸς⟩ ἐν μετανοίᾳ ἐν παρακλήσεσιν ἐν |
| Sib. | 5 | 81 | τὰ ἕκαστα βροτῶν παλάμαις γεγαῶτα ἐξ ἰδίων δὲ ✶ κόπων ✶ καὶ ἀτασθαλιῶν ἐπινοίῳ ἄνθρωποι δέξαντο θεοὺς |
| FEsd. | 5 | 35 | μου τάφου ἵνα μὴ ἴδω τὸν μόχθον τοῦ Ἰακὼβ καὶ τὸν ✶ κόπον ✶ τοῦ γένους Ἰσραήλ; εἰ δὲ καὶ οὔτε γυναῖκες ὑπὲρ |
| LEze. 9 | 29 14 16 | νηπίοις δίδουν βορὰν ὁμοῦ τε καὶ δάμαρσιν Ἐμπονοὶ ✶ κόπῳ ✶ κτήνη τε πολλὰ καὶ δόμων ἀποσκευὴ αὐτοὶ δ' ἄνοπλοι |

**κοπρία**

| | | | |
|---|---|---|---|
| Job | 20 | 7 | ἀδημονία ἐξῆλθον τὴν πόλιν, καὶ καθεσθεὶς ἐπὶ τῆς ✶ κοπρίᾳ ✶ σκωληκόβρωτον τὸ σῶμά μου εἶχον καὶ συνέβρεχον |
| Job | 21 | 1 | σε. καὶ ἐποίησα ἔτη τεσσαράκοντα ὀκτὼ ἐν τῇ ✶ κοπρίᾳ ✶ ἐκτὸς τῆς πόλεως ἐν ταῖς πληγαῖς ὥστε ἰδεῖν, |
| Job | 24 | 1 | λέγει μοι Ἰωβ Ἰωβ, ἄχρι τίνος καθέζῃ ἐπὶ τῆς ✶ κοπρίας ✶ ἔξωθεν τῆς πόλεως λογιζόμενος ἔτι μικρόν καὶ |
| Job | 28 | 8 | καὶ ἐμήνυσαν αὐτοῖς περὶ ἐμοῦ ὅτι κάθηται ἐπὶ τῆς ✶ κοπρίας ✶ ἔξω τῆς πόλεως ἔχει γὰρ εἴκοσι ἔτη μὴ ἀνελθὼν ἐν |
| Job | 32 | 4 | χρυσοῦν κραββάτιον ἔχων, νυνὶ δὲ καθήμενος ἐπὶ ✶ κοπρίας ✶ ποῦ νῦν τυγχάνει ἡ δόξα τοῦ θρόνου σου; σὺ εἶ ὁ |

**κόπρος**

| | | | |
|---|---|---|---|
| Adam | 6 | 2 | ἐνέγκω σοι καρπὸν ἀπὸ τοῦ παραδείσου. ἐπιθήσω γὰρ ✶ κόπρον ✶ ἐπὶ τὴν κεφαλήν μου καὶ κλαύσομαι καὶ προσεύξομαι |
| TBen. | 8 | 3 | θεοῦ. ὥσπερ γὰρ ὁ ἥλιος οὐ μιαίνεται προσέχων ἐπὶ ✶ κόπρον ✶ καὶ βόρβορον ἀλλὰ μᾶλλον ἀμφότερα ψύγει καὶ |

**κόπτω**

| | | | |
|---|---|---|---|
| Prop. | 22 | 14 | ἀβλαβὲς καὶ ἡδὺ τὸ βρῶμα τῶν υἱῶν τῶν προφητῶν ✶ κοπτόντων ✶ ξύλα παρὰ τὸν Ἰορδάνην ἐξέπεσε τὸ δρέπανον |
| Sedr. | 7 | 10 | τετράποδα ἄλλον οὐκ ἔστιν ἀλλὰ τῆς μετὰ χαλιναρίου ✶ κόπτομεν ✶ αὐτὸ ὅπου ἡμεῖς θέλομεν σὺ δὲ ἔχεις ἀγγέλους |
| Sib. | 3 | 396 | γένος ἐξαπολεῖται ῥίζαν ἴαν γε διδοὺς ἣν καὶ ✶ κόψει ✶ βροτολοιγὸς ἐκ δέκα δὴ κεράτων +παρὰ δὴ φυτὸν ἄλλο |
| Sib. | 3 | 398 | ἐκ δέκα δὴ κεράτων +παρὰ δὴ φυτὸν ἄλλο φυτεύσει+ ✶ κόψει ✶ πορφυρέης γενεῆς γενετῆρα μαχητὴν καὶτὸς ὑφ' +υἱῶν |
| Sib. | 3 | 651 | γαισοὺς παμποικίλα θ' ὅπλα οὐδὲ μὲν ἐκ δρυμοῦ ξύλα ✶ κόψεται ✶ εἰς πυρὸς αὐγήν. καὶ τότ' ἀπ' ἠελίοιο θεὸς |
| Sib. | 3 | 731 | πληθὺν βελέων ἀδίκων τε οὐδὲ γὰρ ἐκ δρυμοῦ ξύλα ✶ κόψεται ✶ εἰς πυρὸς αὐγήν.) ἀλλὰ τάλαιν' Ἑλλὰς ὑπερήφανα |
| Sib. | 5 | 86 | ἐν τοιούτοις. θυμοῦις καὶ Ξοῦις +θλίβεται ✶ κόπτεται ✶ βουλῇ+ Ἡρακλέους τε Διός τε καὶ Ἑρμείαο --- |
| Sib. | 5 | 219 | πέτρην πολυήλατι χαλκῷ καὶ σὴν γαῖαν ὀλεῖ καὶ ✶ κόψει ✶ ὡς προτέθειται. τούτῳ γάρ τοι δῶκε θεὸς μένος ἑς |
| FPho. | | 143 | τεύχειν φίλον εὐμενέοντα. ἀρχόμενον τὸ κακὸν ✶ κόπτειν ✶ ἕλκος τ' ἀκέσασθαι. ⟨ἐξ ὀλίγου σπινθῆρος |

**κόραξ**

| | | | |
|---|---|---|---|
| TJud. | 21 | 8 | ποίμνια χρήματα ἁρπάσουσι καὶ πολλῶν σάρκας ἀδίκως ✶ κόρακας ✶ καὶ ἴβεις χορτάσουσι καὶ προκόψουσιν ἐπὶ τὸ |
| Sal. | 4 | 20 | τοῦ ἡλίου ἐν ἀτιμίᾳ. ὀφθαλμοὺς ἐκκόψαισαν ✶ κόρακες ✶ ὑποκρινομένων ὅτι ἠρήμωσαν οἴκους πολλοὺς |
| Jer. | 7 | 10 | ὑγείας καὶ τὴν φάσιν ἐνεγκόντι μοι. καὶ ὁμοιωθῆς τῷ ✶ κόρακι ✶ ὃν ἐξαπέστειλε Νῶε καὶ οὐκ ἀπεστράφη ἔτι πρὸς |
| Prop. | 10 | 4B | ἐπὶ τῆς γῆς ἔφυγεν ἐν τῇ ἐρήμῳ καὶ ἐτρέφετο διὰ τῶν ✶ κοράκων ✶ τῆς ἐρήμου καὶ ἔπιεν ὕδωρ ἐκ τοῦ χειμάρρου καὶ |
| Prop. | 21 | 11 | κἀκείνους ἀνήλωσε τὸ πῦρ ἐκ προστάγματος κυρίου. ✶ κόρακες ✶ ἔφερον αὐτῷ ἄρτους τὸ πρωῒ δείλης δὲ κρέα τῇ |

**κορέννυμι**

| | | | |
|---|---|---|---|
| Jer. | 5 | 2 | ὀλίγον ἀλλὰ βεβαρημένη ἐστίν ἡ κεφαλή μου ὅτι οὐκ ✶ ἐκορέσθην ✶ τοῦ ὕπνου μου. εἶτα ἀνακαλύψας τὸν κόφινον τῶν |
| Jer. | 5 | 10 | μου καὶ βαρείας οὔσης τῆς κεφαλῆς μου διὰ τὸ μὴ ✶ κορεσθῆναί ✶ με τοῦ ὕπνου πεπλάνημαι τὴν ὁδόν. θαυμαστὸν |
| Sib. | 3 | 697 | πίεται δέ τε γαῖα καὶ αὐτὴ αἵματος ὀλλυμένων ✶ κορέσασθαι ✶ θηρία σαρκῶν. αὐτός μοι τάδε πάντα θεὸς μέγας |
| FPho. | | 93 | καὶ βρώσιός εἰσιν ἑταῖροι καιρὸν θωπεύοντες ἐπὴν ✶ κορέσασθαι ✶ ἔχωσιν ἀχθόμενοι δ' ὀλίγοις καὶ πολλοῖς |

**κόρη**

| | | | |
|---|---|---|---|
| Asen. | 25 | 5 | ἡμῶν Ἰωσήφ; καὶ αὐτὸν διαφυλάσσει ὁ κύριος ὡς ✶ κόρην ✶ ὀφθαλμοῦ. οὐκ ἰδοὺ ἅπαξ πεπράκατε αὐτὸν καὶ ἔστι |
| Asen. | 26 | 2 | κύριος μετὰ σοῦ ἐστι καὶ αὐτὸς διαφυλάξει σε ὡς ✶ κόρην ✶ ὀφθαλμοῦ ἀπὸ παντὸς πράγματος πονηροῦ. διότι κἀγὼ |
| Sib. | 3 | 454 | εἰς ἄλα φωτῶν ὀλλυμένων ἄλοχοι δὲ σὺν ἀγλαοφαρέσι ✶ κούραις ✶ ὕβριν δεικελίην ἰδίην ἀποθωύξουσιν ταὶ μὲν ὑπὲρ |
| Sib. | 3 | 785 | γὰρ μεγάλοιο θεοῦ οὔρεις ἠδὲ καὶ ἀρχή. εὐφράνθητι ✶ κόρη ✶ καὶ ἀγάλλεο σοὶ γὰρ ἔδωκεν εὐφροσύνην αἰῶνος ὃς |
| Sib. | 5 | 396 | +παρὰ σοῖο τὴν τῆς+ φιλοδρέμμονος ὕλης παρθενικὰ ✶ κοῦραι ✶ πῦρ ἔνθεον ὠρήσουσιν. ἐσβέσται παρὰ σεῖο πάλαι |
| FEll. | 4 | 228 | κέκραται αἵματος. ὁ δὲ εὐώνυμος χαροπὸς ἔχων δύο ✶ κόρας ✶ τὰ δὲ βλέφαρα) αὐτοῦ λευκὰ τὸ δὲ χεῖλος αὐτοῦ τὸ |
| FPho. | | 198 | ἐμπέσῃ ἄνδιξα νεῖκος; μὴ δέ τις ἀμνήστευτα βίῃ ✶ κούρῃσι ✶ μιγείη. μὴ δὲ γυναῖκα κακὴν πολυχρήματον σταχθ' |
| ISop. 5 | 111 | 4 | χρυσόμορφος οὐδ' ἐπημφιεσμένη πτίλων κύκνειον ὡς ✶ κόρην ✶ Πλευρωνίαν ὑπημβρύωσεν ἀλλ' ὁλοσχερὴς ἀνήρ. ταχὺς |
| IOrp. | | 22 | γὰρ νέφος ἐστήρικται. πᾶσιν γὰρ θνητοῖς θνηταὶ ✶ κόραι ✶ εἰσὶν ἐν ὅσσοις μικραὶ ἐπεὶ σάρκες τε καὶ ὀστέα |
| LThe. 9 | 22 | 3 | Συρίης νειηγενὲς αἷμα λελογχὼς. τῷ δὲ γάμῳ ✶ κούρην ✶ Δεῖνα περικαλλὲς ἔχουσα εἶδος ἐπίστρεπτον δὲ δέμας |
| LThe. 9 | 22 | 3 | δ' υἱεῖς ἐγένοντο νόῳ πεπνυμένοι αἰνῶς ἔνδεκα καὶ ✶ κούρη ✶ Δεῖνα περικαλλὲς ἔχουσα εἶδος ἐπίστρεπτον δὲ δέμας |
| LEze. 9 | 28 2 25 | τῷδ' εὕρω ταχὺ ἐκ τῶν Ἑβραίων; ἡ δ' ἐπέσπευσεν ✶ κόρην. ✶ μολοῦσα δ' εἶπε μητρὶ καὶ παρῆν ταχὺ αὕτη τε |
| LEze. 9 | 29 16 20 | δὲ κοττοῖς ἡμέρας παρεμφερὲς καὶ μηλίνη μὲν τῇ ✶ κόρη ✶ προσέβλεπε κύκλῳ κόρη δὲ κόκκος ὡς ἐφαίνετο. φωνὴν |
| LEze. 9 | 29 16 21 | παρεμφερὲς καὶ μηλίνη μὲν τῇ κόρη προσέβλεπε κύκλῳ ✶ κόρη ✶ δὲ κόκκος ὡς ἐφαίνετο. φωνὴν δὲ πάντων εἶχεν |

**Κόρινθος**

| | | | |
|---|---|---|---|
| Sib. | 3 | 487 | ἀλλὰ μέγιστον. καὶ Σικυῶν χάλκειος ὑλάγμασι καὶ σέ ✶ Κόρινθε ✶ αὐχήσει ἐπὶ πᾶσιν ἴσον δὲ βοήσεται αὐλός. ἡνίκα |
| Sib. | 4 | 105 | δούλειον ἔχων ζυγὸν Ἰταλίδησιν. καὶ σὺ τάλαινα ✶ Κόρινθε ✶ τεήν ποτ' ἐπόψει ἅλωσιν. Καρχηδὼν καὶ σεῖο χαμαὶ |
| Sib. | 5 | 214 | καὶ στοναχαῖσιν ὅλην γῆν Αἰθιόπων. μύρεο καὶ σὺ ✶ Κόρινθε ✶ τὸν ἐν σοὶ λυγρὸν ὄλεθρον ἡνίκα γὰρ στρεπτοῖσι |

**κόριον (κόρη)**

| | | | |
|---|---|---|---|
| Hen. | 100 | 5 | καὶ ἀγίους τῶν ἁγίων ἀγγέλων καὶ τηρηθήσονται ὡς ✶ κόριον ✶ ὀφθαλμοῦ ἕως οὗ ἐκλείπῃ τὰ κακὰ ἠδ' ἁμαρτία. καὶ |

**κόρος (κορέννυμι)**

| | | | |
|---|---|---|---|
| Bar. | 4 | 17 | αὐτοῦ γίνεται. ταῦτα γὰρ ποιοῦσιν οἱ τοῦτον εἰς ✶ κόρον ✶ πίνοντες οὔτε ἀδελφὸς ἀδελφὸν ἐλεεῖ οὔτε πατὴρ |

**κόρος (κοῦρος)**

| | | | |
|---|---|---|---|
| Sib. | 3 | 481 | αἰαῖ παρθενικὰς ὁπόσας νυμφεύσεται Ἄιδης ✶ κούρους ✶ δ' ἀκτερέας ⟨ὁπόσους⟩ βυθὸς ἀμφιπολεύσει αἰαῖ |

```
FPho.        187    βάληαι. μηδ' αὖ παιδογόνον τέμνειν φύσιν ἄρσενα × κούρου. × μηδ' ἀλόγοις ζώιοισι βατήριον ἐς λέχος ἐλθεῖν.
  κόρος (μέτρον)              5
TJud.     9    8    αὐτοὺς ὑποφόρους. καὶ ἦσαν διδόντες ἡμῖν πυροῦ × κόρους × διακοσίους ἐλαίου βεθ φ' οἴνου μέτρα χίλια
HEup.   9  33    1    αὐτοῖς τὰ δέοντα ἐκ τῆς χώρας κατὰ μῆνα × κόρους × σίτου μυρίους ὁ δὲ κόρος ἐστὶν ἀρταβῶν ἓξ καὶ
HEup.   9  33    1    ἐκ τῆς χώρας κατὰ μῆνα κόρους σίτου μυρίους ὁ δὲ × κόρος × ἐστὶν ἀρταβῶν ἓξ καὶ οἴνου κόρους μυρίους ὁ δὲ
HEup.   9  33    1    μυρίους ὁ δὲ κόρος ἐστὶν ἀρταβῶν ἓξ καὶ οἴνου × κόρους × μυρίους ὁ δὲ κόρος τοῦ οἴνου ἐστὶ μέτρα δέκα. τὸ
HEup.   9  33    1    ἐστὶν ἀρταβῶν ἓξ καὶ οἴνου κόρους μυρίους ὁ δὲ × κόρος × τοῦ οἴνου ἐστὶ μέτρα δέκα. τὸ δὲ ἔλαιον καὶ τὰ
  κόρυμβος
FPho.        211    ἐπὶ χαίτης. μὴ κορυφὴν πλέξηις μήθ' ἄμματα λοξὰ × κορύμβων. × ἄρσεσιν οὐκ ἐπέοικε κομᾶν χλιδαναῖς δὲ
  κόρυς                              1
SIb.       3   729    μήκη περιτελλομένων ἐνιαυτῶν πέλτας καὶ θυρεοὺς × κόρυθας × παμποίκιλά θ' ὅπλα πολλά τε καὶ τόξων πληθὺν
  κορύσσω                              1
SIb.       3   443    Προποντίδος οἰνοπόλοιο 'Ρύνδακος ἀμφί σε κῦμα × κορυσσόμενον × σμαραγήσει. καὶ σὺ 'Ρόδος πουλὺν μὲν
  κορυστής
SIb.       3   426    ἀναπλώσει αὐτὸς δ' αὖ μάλα κοσμήσει πολέμοιο × κορυστὰς × "Εκτορα Πριαμίδην καὶ 'Αχιλλέα Πηλείωνα τούς τ'
  κορυφή                              13
Hen.     6B    6    οἱ καταβάντες ἐν ταῖς ἡμέραις 'Ιάρεδ εἰς τὴν × κορυφὴν × τοῦ 'Ερμονιεὶμ ὄρους καὶ ἐκάλεσαν τὸ ὄρος 'Ερμὼμ
Hen.    18    8    οὐρανὸν ὥσπερ θρόνος θεοῦ ἀπὸ λίθου φουκὰ καὶ ἡ × κορυφὴ × τοῦ θρόνου ἀπὸ λίθου σαπφείρου καὶ πῦρ καιόμενον
Hen.    25    3    καὶ ἀπεκρίθη λέγων τοῦτο τὸ ὄρος τὸ ὑψηλὸν οὗ ἡ × κορυφὴ × ὁμοία θρόνου θεοῦ καθέδρα ἐστὶν οὗ καθίζει ὁ
TJud.     6    4    αἱ γυναῖκες αὐτῶν ἐκύλιον ἐφ' ἡμᾶς λίθους ἀπὸ τῆς × κορυφῆς × τοῦ ὄρους ἐν ᾗ ἦν ἡ πόλις. καὶ ὑποκρυβέντες ἐγὼ
TJud.     7    5    ὑβριζόμενος ἐθυμώθην καὶ ὥρμησα ἐπ' αὐτοὺς ἐπὶ τὴν × κορυφὴν × κἀκεῖνοι ἐσφενδόνουν ἐπ' ἐμὲ λίθοις καὶ τόξοις
Bar.      8    1    ὁρῶ τοὺς ἀγγέλους καὶ ᾖραν τὸν στέφανον ἀπὸ τῆς × κορυφῆς × αὐτοῦ. τὸ δὲ ὄρνεον ἔστη τεταπεινωμένον καὶ
Esdr.     6   11    τὰ ὀπίσθια τοῦ θεοῦ. καὶ εἶπον οἱ ἄγγελοι διὰ τὴν × κορυφὴν × σου ἔχομεν αὐτὴν ἐξενέγκαι. καὶ εἶπεν ὁ προφήτης
Aris.   84    1    ἐπ' ὄρους ὑψηλὴν ἔχοντος τὴν ἀνάτασιν. ἐπὶ δὲ τῆς × κορυφῆς × κατεσκεύαστο τὸ ἱερὸν ἐκπρεπῶς ἔχον καὶ οἱ
Aris.  100    4    ὑψηλοτάτῳ τόπῳ πύργοις ἐξησφαλισμένη πλείοσι μέχρι × κορυφῆς × εὐμήκεσι λίθοις ἀνῳκοδομημένων αὐτῶν ὡς
Aris.  101    5    τῆς ἄκρας καὶ ὀργάνων ποικίλων καὶ τοῦ τόπου κατὰ × κορυφὴν × ὄντος τῶν προειρημένων περιβόλων ὡσανεὶ
SIb.       3   439    ἀνήριθμον αἷμα. καὶ Κράγος ὑψηλὸν Λυκίης ὄρος ἐκ × κορυφάων × χάσματ' ἀνοιγομένης πέτρης κελαρύξεται ὕδωρ
SIb.       3   680    ὑπ' ἀθανάτοιο προσώπου καὶ ψόβε ἔσται. ἠλιβάτου × κορυφὰς × τ' ὀρέων βουνούς τε πελώρων ῥήξει κυάνεόν τ'
FPho.        211    ἐπ' ἄρσενι παιδὶ τρέφειν πλοκάμους ἐπὶ χαίτης. μὴ × κορυφὴν × πλέξηις μήθ' ἄμματα λοξὰ κορύμβων. ἄρσεσιν οὐκ
  κορυφόω
SIb.       5    12    μηλοφάγοιο ἔσσετ' ἄναξ πρώτιστος ὃ τις δέκα δὶς × κορυφώσει × γράμματος ἀρχομένου πολέμων δ' ἐπὶ πουλὺ
  κοσμέω                              12
Hen.    18    1    θησαυροὺς τῶν ἀνέμων πάντων ἴδον ὅτι ἐν αὐτοῖς × ἐκόσμησεν × πάσας τὰς κτίσεις καὶ τὸν θεμέλιον τῆς γῆς καὶ
Abr.1   11    8    ἐστιν οὗτος ὁ ἀνὴρ πανθαύμαστος ὁ ἐν τοιαύτῃ δόξῃ × κοσμούμενος × ποτὲ μὲν κλαίει καὶ ὀδύρεται ποτὲ δὲ
Abr.2   13    2    ἐκ τοῦ σώματος εἶπεν δὲ κύριος πρὸς Μιχαὴλ ἀπελθὼν × κόσμησον × τὸν θάνατον ἐν πολλῇ ὡραιότητι καὶ ἀπόστειλον
Abr.2   13    3    θεάσηται τοῖς ὀφθαλμοῖς αὐτοῦ. καὶ ἀπελθὼν Μιχαὴλ × ἐκόσμησεν × τὸν θάνατον ἐν πολλῇ ὡραιότητι καὶ ἀπέστειλε
TRub.    5    5    ταῖς γυναιξὶν ὑμῶν καὶ ταῖς θυγατράσιν ἵνα μὴ × κοσμῶνται × τὰς κεφαλὰς καὶ τὰς ὄψεις αὐτῶν ὅτι πᾶσα γυνὴ
TJud.    12    1    δύο ἔτη ἀκούσασα ὅτι ἀνέρχομαι κεῖται τὰ πρόβατα × κοσμηθεῖσα × κόσμῳ νυμφικῷ ἐκάθισεν ἐν 'Ενὰν τῇ πόλει πρὸς
TJud.    13    5    χρυσοῦ πλῆθος ἄπειρον ἦν γὰρ βασιλεύς. καὶ αὕτη × κοσμεῖται × ἐν χρυσῷ καὶ μαργαρίταις ἐποίησεν ἡμῖν
TJos.     9    5    ἵνα συμπέσω εἰς αὐτὴν πάνυ γὰρ ἦν ὡραία μάλιστα × κοσμουμένη × πρὸς ἀπάτησίν μου. καὶ ὁ κύριος ἐφύλαξέ με
Asen.     4    1    αὐτῶν 'Ασενὲθ χαρὰν μεγάλην διότι ἑώρων αὐτὴν × κεκοσμημένην × ὡς νύμφην θεοῦ. καὶ ἐξήνεγκαν πάντα τὰ
Jer.       9   18    ἵνα εὐαγγελίζωνται ἐν τοῖς ἔθνεσιν ὃν ἐγὼ ἑώραια × κεκοσμημένον × ὑπὸ τοῦ πατρὸς αὐτοῦ καὶ ἐρχόμενοι εἰς τὸν
SIb.       3   57    θεοῦ μεγάλου βασιλῆος· ἄρτι δ' ἔτι κτίζοντο πόλεις × κοσμεῖσθέ × τε πᾶσαι ναοῖς καὶ σταδίοις ἀγοραῖς χρυσοῖς
SIb.       3   426    χείρεσσιν ἐμὰς βίβλους ἀναπλώσει αὐτὸς δ' αὖ μάλα × κοσμήσει × πολέμιο κορυστὰς "Εκτορα Πριαμίδην καὶ
  κόσμησις                              2
TRub.    5    3    ἐν καρδίᾳ μηχανῶνται κατὰ τῶν ἀνθρώπων καὶ διὰ τῆς × κοσμήσεως × πλανῶσιν αὐτῶν πρῶτον τὰς διανοίας καὶ διὰ τοῦ
TJud.    12    3    ἠπάτησέ με τὸ κάλλος αὐτῆς διὰ τοῦ σχήματος τῆς × κοσμήσεως. × καὶ ἐκκλίνας πρὸς αὐτὴν εἶπον εἰσέλθω πρός
  κοσμικός                              4
Abr.1     7    9    ὅτι μέλλεις καταλιπεῖν ἐν τῷ καιρῷ τούτῳ τὸν × κοσμικὸν × βίον καὶ πρὸς τὸν θεὸν ἀποδημεῖν. εἶπε δὲ
TJos.    17    8    οὐχ ὕψωσα ἐμαυτὸν ἐν αὐτοῖς ἐν ἀλαζονείᾳ διὰ τὴν × κοσμικὴν × δόξαν μου ἀλλ' ἤμην ἐν αὐτοῖς ὡς εἷς τῶν
Job     49    1    τὴν καρδίαν ἀλλοιωθεῖσαν ὡς μηκέτι ἐνθυμεῖσθαι τὰ × κοσμικὰ × καὶ τὸ μὲν στόμα αὐτῆς ἀνέλαβεν τὴν διάλεκτον
Job     50    2    καὶ αὐτῆς ἡ καρδία ἠλλοιοῦτο ἀφισταμένη ἀπὸ τῶν × κοσμικῶν × λελάληκεν γὰρ ἐν τῇ διαλέκτῳ τῶν Χερουβὶμ
  κόσμιος                              1
Hen.    8B    1    καὶ τὸ χρυσίον πῶς ἐργάσωνται καὶ ποιήσωσιν αὐτὰ × κόσμια × ταῖς γυναιξὶ καὶ τὸν ἄργυρον. ἔδειξε δὲ αὐτοῖς
  κοσμομανής ×                              2
SIb.       5   362    ἐόντα. ἔσσεται ὑστατίῳ καιρῷ περὶ τέρμα σελήνης × κοσμομανὴς × πόλεμος καὶ ἐπίκλοπος ἐν δολότητι. ἥξει δ' ἐκ
SIb.       5   462    ἔν τε Μακεδονίῃ καὶ ἐν 'Ασίδι καὶ +Λυκίοισιν+ × κοσμομανὴς × πόλεμος πολυαίματος ἐν κονίῃσιν ὃν παύσει
  κοσμοποιΐα                              2
FJub.     3    9    ἔπλασε τὴν γυναῖκα. τῇ τεσσαρακοστῇ ἔκτη ἡμέρα τῆς × κοσμοποιίας × τετάρτη ἡμέρα τῆς ἑβδόμης ἑβδομάδος Παχὼν
FJub.     3    9    ἡμέραν τῆς πλάσεως αὐτοῦ. τῇ ὀγδόη ἡμέρα τῆς × κοσμοποιίας × τεσσαρακοστῇ τετάρτῃ δὲ τῆς πλάσεως τοῦ
  κόσμος                              112
Adam    37    5    τῆς μεγάλης τῆς οἰκονομίας ἧς ποιήσω εἰς τὸν × κόσμον. × τότε ὁ Μιχαὴλ ᾖρεν τὸν 'Αδὰμ καὶ ἀφῆκεν αὐτὸν
Hen.    7B    1    ἐν τῷ χιλιοστῷ ἑκατοστῷ ἑβδομηκοστῷ ἔτει τοῦ × κόσμου × ἔλαβον ἑαυτοῖς γυναῖκας καὶ ἤρξαντο μιαίνεσθαι ἐν
Hen.     8    1    τὰ μέταλλα καὶ τὴν ἐργασίαν αὐτῶν καὶ ψέλια καὶ × κόσμους × καὶ στίβεις καὶ τὸ καλλιβλέφαρον καὶ παντοίους
Hen.    20    2    δυνάμεων. Οὐριὴλ ὁ εἷς τῶν ἁγίων ἀγγέλων ὁ ἐπὶ τοῦ × κόσμου × καὶ τοῦ ταρτάρου. 'Ραφαὴλ ὁ εἷς τῶν ἁγίων ἀγγέλων
Hen.    20    4    'Ραγουὴλ ὁ εἷς τῶν ἁγίων ἀγγέλων ὁ ἐκδικῶν τὸν × κόσμον × τῶν φωστήρων. Μιχαὴλ ὁ εἷς τῶν ἁγίων ἀγγέλων ὁ
Hen.   20B    2    ὀνόματα ἑπτά. ὁ εἷς τῶν ἁγίων ἀγγέλων ὁ ἐπὶ τοῦ × κόσμου × καὶ τοῦ ταρτάρου. 'Ραφαὴλ ὁ εἷς τῶν ἁγίων ἀγγέλων
Hen.   20B    4    'Ραγουὴλ ὁ εἷς τῶν ἁγίων ἀγγέλων ὁ ἐκδικῶν τὸν × κόσμον × τῶν φωστήρων. Μιχαὴλ ὁ εἷς τῶν ἁγίων ἀγγέλων ὃς
Abr.1     1    7    μέλλει ἔρχεσθαι ἐν τῷ καιρῷ τούτῳ ἐκ τοῦ ματαίου × κόσμου × τούτου καὶ μέλλει ἐκδημεῖν ἐκ τοῦ σώματος καὶ
Abr.1     8   11    ἀπέστειλα πρός σε ἵνα γνώσης τὴν ἐκ τοῦ × κόσμου × μετάστασιν καὶ ποιήσου διάταξιν περὶ τοῦ οἴκου
Abr.1    10    2    ὅλην τὴν οἰκουμένην. ἑώρα δὲ 'Αβραὰμ ἐκ τοῦ × κόσμου × καθὼς ἤγεν ἡ ἡμέρα ἐκείνη ἄλλους μὲν εἶδεν
Abr.1    10    3    ὀφικευομένους καὶ ἁπλῶς εἰπεῖν εἶδεν πάντα τὰ τοῦ × κόσμου × γινόμενα ἀγαθὰ καὶ πονηρά. διερχόμενος δὲ 'Αβραὰμ
Abr.1    10   14    καὶ τοὺς ἁμαρτωλοὺς οὐκ ἐλεᾷ ἐγὼ δὲ ἐποίησα τὸν × κόσμον × καὶ οὐ θέλω ἀπολέσαι ἐξ αὐτῶν οὐδένα ἀναμένω δὲ
Abr.1    11    9    καὶ κάθηται ὧδε ἐκ τῆς αὐτοῦ δόξῃ καὶ βλέπει τὸν × κόσμον × καθότι πάντες ἐξ αὐτοῦ ἐγένοντο καὶ ὅτε ἴδη
Abr.1    13    3    διότι εἶπεν ὁ θεὸς ὅτι οὐκ ἐγὼ κρίνω τὸν × κόσμον × ἀλλὰ πᾶς ἄνθρωπος ἐξ ἀνθρώπου κρίνεται τούτου
Abr.1    13    4    κρίνεται τούτου χάριν αὐτῷ ἔδωκε κρίσιν κρῖναι τὸν × κόσμον × μέχρι τῆς μεγάλης ἐνδόξου αὐτοῦ παρουσίας καὶ
Abr.1    13    4    καὶ λοιπὸν διὰ τριῶν βημάτων γίνεται ἡ κρίσις τοῦ × κόσμου × καὶ ἀνταπόδοσις καὶ διὰ τοῦτο καὶ νῦν ἐπὶ ἑνὸς ἢ
Abr.1    16    4    τὸν θάνατον δεῦρο οὖν τὸ πικρὸν καὶ ἄγριον τοῦ × κόσμου × ὄνομα κρύψαι σου τὴν ἀγριότητα καὶ πᾶσάν σου τὰς
Abr.1    16   12    οὖν 'Αβραὰμ οὐχὶ ἀλλὰ σὺ ⟨εἶ⟩ ἡ εὐπρέπεια τοῦ × κόσμου × σὺ εἶ ἡ δόξα καὶ τὸ κάλλος τῶν ἀγγέλων καὶ τῶν
Abr.1    17    5    εἶ ὁ θάνατος; λέγει αὐτῷ ὁ θάνατος ἐγώ εἰμι ὁ τὸν × κόσμον × λυμαίνων. εἶπεν δὲ 'Αβραὰμ δέομαί σου ἐπειδὴ σὺ
Abr.1    19    7    ἄκουσον δίκαιε τοὺς ἑπτὰ αἰῶνας ἐγὼ λυμαίνω τὸν × κόσμον × καὶ πάντας εἰς ᾅδην κατάγω βασιλεῖς καὶ ἄρχοντας
Abr.2     1    3    τὸν οἶκόν σου πρὸ τοῦ μεταθῆναί σε ἀπὸ τοῦ × κόσμου. × τότε Μιχαὴλ ἐπορεύθη καὶ ἦλθεν πρὸς 'Αβραὰμ
Abr.2     4    9    τὸν παῖδά σου εἶπεν αὐτῷ ἀποχωρισθῆναι ἀπὸ τοῦ × κόσμου × ἐξελθεῖν ἀπὸ τοῦ σώματος αὐτοῦ κἀγὼ κύριε οὐκ
Abr.2     8   16    κλαυθμὸς τὸν γέλωτα ἐπειδὴ θεωρεῖ τὸ περισσὸν τοῦ × κόσμου × ἀπαγόμενον διὰ τῆς πύλης τῆς ἀπαγούσης εἰς τὴν
Abr.2     9    4    ὅμοιοί σου εἰσὶν ἀλλὰ οἱ πλείονες εἰσάγονται τοῦ × κόσμου × διὰ τῆς πύλης τῆς αἱρούσης εἰς τὴν ἀπώλειαν. καὶ
Abr.2    10   15    οἴμοι ὅτι πᾶσαι τὰς ἁμαρτίας ἃς ἐποίησα ἐνταῦθα ἐν τῷ × κόσμῳ × οὖσα ἐληθάργησαν αὗται δὲ οὐκ ἐληθαργήθησαν. ᾖραν
Abr.2    13    8    θεωρῶ γὰρ τὴν ὡραιότητά σου ὅτι οὐκ ἔστιν ἐκ τοῦ × κόσμου × τούτου. καὶ εἶπεν ὁ θάνατος τῷ 'Αβραὰμ λέγω σοι
Abr.2    13   11    ὁρῶ τὴν ὡραιότητά σου ὅτι οὐκ ἔστιν ἐκ τοῦ × κόσμου × τούτου. καὶ εἶπεν ὁ θάνατος τῷ 'Αβραὰμ νομίζεις
TLevi   10    2    ἐπὶ συντελείᾳ τῶν αἰώνων εἰς τὸν σωτῆρα τοῦ × κόσμου × ἀσεβοῦντες πλανῶντες τὸν 'Ισραὴλ καὶ ἐπεγείροντες
TLevi   14    2    ἐπιβαλοῦσι τὰς χεῖρας αὐτῶν ἐπὶ τὸν σωτῆρα τοῦ × κόσμου. × καθαρὸς ὁ οὐρανὸς ὑπὲρ τὴν γῆν καὶ ὑμεῖς οἱ
TLevi   17    2    μετὰ κυρίου καὶ ἐν ἡμέρᾳ χαρᾶς αὐτοῦ ἐπὶ σωτηρίᾳ × κόσμου × αὐτὸς ἀναστήσεται. ἐν τῷ δευτέρῳ ἰωβηλαίῳ ὁ
TJud.    12    1    ὅτι ἀνέρχομαι κεῖται τὰ πρόβατα κοσμηθεῖσα × κόσμῳ × νυμφικῷ ἐκάθισεν ἐν 'Ενὰν τῇ πόλει πρὸς τὴν πύλην.
TIss.     4    6    ἐπιδεχόμενος ὀφθαλμοῖς πονηροῖς ἀπὸ τῆς πλάνης τοῦ × κόσμου × ἵνα μὴ ἴδῃ διεστραμμένα τι τῶν ἐντολῶν τοῦ
TBen.     3    8    οὐρανοῦ περὶ τοῦ ἀμνοῦ τοῦ θεοῦ καὶ σωτῆρος τοῦ × κόσμου × ὅτι ἄμωμος ὑπὲρ ἀνόμων παραδοθήσεται καὶ
Asen.     2    1    καθ' αὑτὸ ἦν ᾗ ἦν τῆς θήκας 'Ασενὲθ ἐν ᾧ χρυσὸς πολὺς ἐν αὐτῇ × κόσμος × τῆς παρθενίας αὐτῆς. καὶ ἦν ὁ τρίτος θάλαμος
Asen.     2    4    καὶ πολυτελεῖς καὶ ὀθόναι ἐπίσημοι καὶ πᾶς ὁ × κόσμος × τῆς παρθενίας αὐτῆς. καὶ ἦν ὁ τρίτος θάλαμος
Asen.     3    6    ποσὶν αὐτῆς καὶ περὶ τὸν τράχηλον αὐτῆς περιέθετο × κόσμον × πολύτιμον καὶ λίθους πολυτελεῖς οἵτινες ἦσαν
Asen.    10    8    θάλαμον αὐτῆς τὸν δεύτερον ὅπου ἦσαν αἱ θῆκαι τοῦ × κόσμου × αὐτῆς καὶ ἤνοιξε τὸ κιβώτιον αὐτῆς καὶ ἐξήνεγκε
Asen.    14   14    θάλαμον αὐτῆς τὸν δεύτερον ὅπου ἦσαν αἱ θῆκαι τοῦ × κόσμου × αὐτῆς καὶ ἤνεγξε τὸ κιβώτιον αὐτῆς καὶ ἔλαβε
Asen.    15   10    ἐν τῷ θαλάμῳ σου ἀπ' ἀρχῆς καὶ πάντα τὸν × κόσμον × τοῦ γάμου σου περίθου καὶ κατακόσμησον σεαυτὴν ὡς
Asen.    15   12B    ἐστι καὶ ἄνθρωπος οὔτε εἶπεν οὔτε ἀκούσει ἐν τῷ × κόσμῳ × τούτῳ ἐγκεχώρισται ὅτι μεγάλα ἐστὶ τὰ ὀνόμα
Asen.    18    5    θάλαμον αὐτῆς τὸν δεύτερον ὅπου ἦσαν αἱ θῆκαι τοῦ × κόσμου × αὐτῆς καὶ ἤνοιξε τὴν κιβωτὸν αὐτῆς τὴν μεγάλην
Asen.    18    6    χρυσᾶ καὶ εἰς τοὺς πόδας ἀναξυρίδας χρυσᾶς καὶ × κόσμον × τίμιον περιέθηκε περὶ τὸν τράχηλον αὐτῆς ἐν ᾧ
```

| | | | |
|---|---|---|---|
| Jer. 4 9 | ἡμῶν Ἀβραὰμ Ἰσαὰκ καὶ Ἰακὼβ ὅτι ἐξῆλθον ἐκ τοῦ | * κόσμου * | τούτου καὶ οὐκ εἶδον τὸν ἀφανισμὸν τῆς πόλεως |
| Jer. 9 18 | ὑπὸ τοῦ πατρὸς αὐτοῦ καὶ ἐρχόμενον εἰς τὸν | * κόσμον * | ἐπὶ τὸ ὄρος τῶν ἐλαιῶν καὶ ἐμπλήσει τὰς πεινώσας |
| Jer. 9 19 | περὶ τοῦ υἱοῦ τοῦ θεοῦ ὅτι ἔρχεται εἰς τὸν | * κόσμον * | ὠργίσθη ὁ λαὸς καὶ εἶπε ταῦτα πάλιν ἐστὶ τὰ |
| Bar. 6 14 | σκότους. καὶ ἦλθεν φωνὴ λέγουσα φωτόδοτα δὸς τῷ | * κόσμῳ * | τὸ φέγγος. καὶ ἀκούσας τὸν κτύπον τοῦ ὀρνέου εἶπον |
| Bar. 6 16 | τὰ δίστομα οὕτως καὶ ὁ ἀλέκτωρ μηνύει τοῖς ἐν τῷ | * κόσμῳ * | κατὰ τὴν ἰδίαν λαλιάν. ὁ ἥλιος γὰρ ἑτοιμάζεται ὑπὸ |
| Bar. 7 2 | ἐν τῷ τρίτῳ οὐρανῷ διέρχεται ὁ ἥλιος καὶ διδοῖ τῷ | * κόσμῳ * | τὸ φέγγος. ἀλλ' ἔκδεξαι καὶ ὄψει δόξαν θεοῦ. καὶ |
| Bar. 10 3 | βόας μεγάλους. καὶ πάντα μεγάλα ὑπερέχοντα τῶν ἐν | * κόσμῳ. * | καὶ ἠρώτησα τὸν ἄγγελον. τί ἐστι τὸ πεδίον καὶ |
| Esdr. 1 6 | καλὸν μὴ γεννηθῆναι τὸν ἄνθρωπον ἢ εἰσελθεῖν ἐν τῷ | * κόσμῳ. * | ἀνελήφθην οὖν εἰς τὸν οὐρανὸν καὶ ἴδον ἐν τῷ |
| Esdr. 1 11 | συμφέρει γὰρ μίαν ψυχὴν κολάσασθαι καὶ μὴ ὅλον τὸν | * κόσμον * | εἰς ἀπώλειαν ἀπάγειν. καὶ εἶπεν ὁ θεὸς ἐγὼ τοὺς |
| Esdr. 3 3 | μεγάλην καὶ ἐπιφάνειαν τὴν κατέχουσαν κρῖναι τὸν | * κόσμον * | διά σέ προφῆτά μου εἰπόν σοι τὴν ἡμέραν τὴν δὲ |
| Esdr. 3 6 | καὶ ⟨εἶπεν ὁ θεὸς⟩ ἐὰν ἴδω τὴν δικαιοσύνην τοῦ | * κόσμου * | ὅτι ἐπλεόνασεν μακροθυμήσω ἐπ' αὐτοὺς εἰ δὲ μὴ |
| Esdr. 3 6 | καὶ ἐξαλείψω τὸ γένος τῶν ἀνθρώπων καὶ οὐκέτι ᾖ | * κόσμος. * | καὶ εἶπεν ὁ προφήτης καὶ πῶς ἔχει δοξάζεσθαι ἡ |
| Sedr. 8 1 | τὸν πόδα λέγει ὅτι οὐκ ἐποίησάς μοι χάριν εἰς τὸν | * κόσμον * | ἀλλὰ ἀφῆκα αὐτὸν εἰς τὸ θέλημα αὐτοῦ ὅτι ἠγάπησα |
| Sedr. 8 8 | ὁ οὐρανὸς καὶ ἡ γῆ πόσα δένδρα ἐγένοντο εἰς τὸν | * κόσμον * | καὶ πόσα ἔπεσον καὶ πόσα θέλουν πεσεῖν καὶ πόσα |
| Sedr. 8 10 | χεῖλος τῆς θαλάσσης; εἰπέ μοι Σεδρὰχ ἀπὸ κτίσεως | * κόσμου * | τῶν αἰώνων βρέχοντος τοῦ ἀέρος πόσα σταλάγματα |
| Sedr. 8 10 | βρέχοντος τοῦ ἀέρος πόσα σταλάγματα ἔπεσον εἰς τὸν | * κόσμον * | καὶ πόσα μέλλουν πεσεῖν; καὶ εἶπεν Σεδρὰχ μόνος |
| Sedr. 11 8 | τὰ κάλλη σωρεύουν καὶ ἄρτι πάροικοι γίνεσθε τοῦ | * κόσμου * | τούτου. ὦ πόδες καλοπεριπατητοὶ αὐτόδρομοι |
| Sedr. 14 1 | βοήθει μοι καὶ πρεσβεύσαι ἵνα ἐλεήσῃ ὁ θεὸς τὸν | * κόσμον. * | καὶ πεσόντες ἐπὶ πρόσωπον παρακαλοῦντες τὸν θεὸν |
| Job 33 4 | δόξα καὶ ἡ εὐπρέπεια ἐκ δεξιῶν τοῦ πατρός ἐστιν. ὁ | * κόσμος * | ὅλος παρελεύσεται καὶ ἡ δόξα αὐτοῦ φθαρήσεται καὶ |
| Aris. 99 3 | ὥστε νομίζειν εἰς ἕτερον ἐληλυθέναι ἐκτὸς τοῦ | * κόσμου * | καὶ διαβεβαιοῦμαι πάντα ἄνθρωπον προσελθόντα τῇ |
| Aris. 210 6 | ἄνθρωπος ὡς γὰρ θεὸς εὐεργετεῖ τὸν ὅλον | * κόσμον * | οὕτως καὶ σὺ μιμούμενος ἀπρόσκοπος ἂν εἴης. |
| Aris. 254 3 | θυμωθήσεται; γινώσκειν δὲ δεῖ διότι θεὸς τὸν πάντα | * κόσμον * | διοικεῖ μετ' εὐμενείας καὶ χωρὶς ὀργῆς ἁπάσης |
| Sib. 3 19 | κἂν τοὔνομα μοῦνον ἀκοῦσαι οὐρανίου μεγάλοιο θεοῦ | * κόσμον * | κρατέοντος; ὃς λόγῳ ἔκτισε πάντα καὶ οὐρανὸν ἠδὲ |
| Sib. 3 75 | πάντας ὅσοι τούτῳ πίστιν ἐνιποιήσαντο καὶ τότε δὴ | * κόσμος * | ὑπὸ ταῖς παλάμησι γυναικὸς ἔσσεται ἀρχόμενος καὶ |
| Sib. 3 77 | ἀρχόμενος καὶ πειθόμενος περὶ παντός. ἔνθ' ὁπόταν | * κόσμου * | παντὸς χήρη βασιλεύσῃ καὶ ῥίψῃ χρυσόν τε καὶ |
| Sib. 3 81 | εἰς πόντον ῥίψῃ τότε δὴ στοιχεῖα πρόπαντα χηρεύσει | * κόσμου * | ὁπόταν θεὸς αἰθέρι ναίων οὐρανὸν εἰλίξῃ καθ' ἅπερ |
| Sib. 3 95 | ὃς οὐ δὴ καὶ πάλι δύνει πάνθ' ὑπακούσονται | * κόσμον * | πάλιν εἰσανιόντι τοὔνεκ' ἄρ' αὐτὸς πρῶτος ἐπέγνω |
| Sib. 3 181 | χθονὶ δίῃ χρυσίον αὐτὰρ ἔπειτα καὶ ἄργυρος ἠδέ τε | * κόσμος. * | καὶ θλίψουσι βροτούς. μέγα δ' ἔσσεται ἀνδράσι |
| Sib. 3 358 | γάμοισιν οἰνωθεῖσα λάτρις νυμφεύσεαι οὐκ ἐνὶ | * κόσμῳ * | πολλάκι δ' ἁβρὴν σεῖο κόμην δέσποινά τε κείρει ἠδὲ |
| Sib. 3 658 | πλούτῳ βεβριθὼς χρυσῷ τε καὶ ἀργύρῳ ἠδέ τε | * κόσμῳ * | πορφυρέῳ καὶ γαῖα τελεσφόρος ἠδὲ θάλασσα τῶν |
| Sib. 3 701 | φρεσὶ θείῃ ἄψευστον γὰρ πνεῦμα θεοῦ πέλεται κατὰ | * κόσμον. * | υἱοὶ δ' αὖ μεγάλοιο θεοῦ περὶ ναὸν ἅπαντες |
| Sib. 3 770 | εὐσεβέσιν τοῖς πᾶσιν ὑπέσχετο γαῖαν ἀνοίξειν καὶ | * κόσμον * | μακάρων τε πύλας καὶ χάρματα πάντα καὶ νοῦν |
| Sib. 3 823 | τ' ἐόντα καὶ λέξαι θνητοῖς. ὅτε γὰρ κατεκλύζετο | * κόσμος * | ὕδασι καί τις ἀνὴρ μόνος εὐδοκίμητος ἐλείφθη |
| Sib. 3 826 | ὑδάτεσσιν σὺν θηρσὶν πτηνοῖσί θ' ἵν' ἐμπλησθῇ πάλι | * κόσμος * | τοῦ μὲν ἐγὼ νύμφη καὶ ἀφ' αἵματος αὐτοῦ ἐτύχθην |
| Sib. 4 41 | δύσπιστον γὰρ ἅπαν μερόπων γένος. ἀλλ' ὅταν ἤδη | * κόσμου * | καὶ θνητῶν ἔλθῃ κρίσις ἣν θεὸς αὐτὸς ποιήσει |
| Sib. 4 50 | μὲν Ἀσσύριοι θνητῶν ἄρξουσιν ἁπάντων ἓξ γενεὰς | * κόσμοιο * | διακρατέοντες ἐν ἀρχῇ ἐξ οὗ μηνίσαντος |
| Sib. 4 65 | μέγα Τίγριδος ὕδωρ. Περσῶν δὲ κράτος ἔσται ὅλου | * κόσμοιο * | μέγιστον οἷς γενεὴ μία κεῖται ἀνακτορίης |
| Sib. 4 103 | ἀπὸ δυσμῶν Ἰταλὸς ἀνθήσει πόλεμος μέγας ᾧ ὕπο | * κόσμος * | λατρεύσει δούλειον ἔχων ζυγὸν Ἰταλίδῃσιν. καὶ σὺ |
| Sib. 4 153 | ἀπόληται πίστις καὶ τὸ δίκαιον ἀποκρυφθῇ ἐνὶ | * κόσμῳ * | --- παλίμβολοι --- ἐπ' οὐχ ὁσίοισι δὲ τόλμαις |
| Sib. 4 173 | τάδε πάντα κακαῖς δέξαισθε ἀκουαῖς πῦρ ἔσται κατὰ | * κόσμον * | ὅλον καὶ σῆμα μέγιστον ῥομφαίᾳ σάλπιγγι ἅμ' ἠελίῳ |
| Sib. 4 175 | σῆμα μέγιστον ῥομφαίᾳ σάλπιγγι ἅμ' ἠελίῳ ἀνιόντι | * κόσμος * | ἅπας μύκημα καὶ ὄμβριμον ἦχον ἀκούσει. φλέξει δὲ |
| Sib. 4 184 | ἔσσετ' ἐφ' ᾗ δικάσει θεὸς αὐτὸς κρίνων ἔμπαλι | * κόσμον * | ὅσοι δ' ὑπὸ δυσσεβίῃσιν ἥμαρτον τοὺς δ' αὖτε χυτὴ |
| Sib. 5 186 | μενεῖς χήρη διὰ παντός. πουλυετὴς ἐγένου σὺ μόνη | * κόσμοιο * | κρατοῦσα. ἀλλ' ὅταν ἡ Βάρκη τὸ κυπάσσιον |
| Sib. 5 235 | διέθηκας ὅλον τε κακὸν κατέκλυσσας καὶ διὰ σοῦ | * κόσμοιο * | καλαὶ πτύχες ἠλλάχθησαν. εἰς ἔριν ἡμετέρην τυχὸν |
| Sib. 5 273 | ἐναντίον ἀλλήλοισιν αὐτοὺς δὲ κρύψουσιν ἕως | * +κόσμος * | ἀλλαγῇ+. ἔσται δ' ἐκ νεφέων ὄμβρος πυρὸς |
| Sib. 5 405 | πέτρης ποίησε σοφὸς τέκτων παρὰ τούτοις οὐ χρυσοῦ | * κόσμον * | ἀπάτην ψυχῶν ἐσεβάσθη. ἀλλὰ μέγαν γενετῆρα θεὸν |
| Sib. 5 422 | φαιδροτέραν ἄστρων τε καὶ ἡλίου ἠδὲ σελήνης καὶ | * κόσμον * | κατέθηχ' ἅγιόν τ' --- ἐποίησεν ἔνσαρκον καλὸν |
| Sib. 5 435 | χρυσόθρονε χρυσοπέδιλε πουλυετὴς βασίλεια μόνη | * κόσμοιο * | κρατοῦσα ἡ τὸ πάλαι μεγάλη καὶ πάμπολις οὐκέτι |
| Sib. 5 481 | περὶ μέγαν οὐρανὸν αὐτὸν ἀχλὺς δ' οὐκ ὀλίγη | * κόσμου * | πτύχας ἀμφικαλύψει δεύτερον αὐτὰρ ἔπειτα θεοῦ |
| FMos. 2 17 17 | αὐτὸν ἔφη καὶ προεθεάσατό με ὁ θεὸς πρὸ καταβολῆς | * κόσμου * | εἶναι με τῆς διαθήκης αὐτοῦ μεσίτην. ἀπὸ γὰρ |
| FMos. 2 21 7 | ἀπὸ προσώπου τοῦ θεοῦ ἐξῆλθε τὸ πνεῦμα αὐτοῦ καὶ ὁ | * κόσμος * | ἐγένετο. ἔσχεν δὲ καὶ τρίτον ὄνομα ἐν οὐρανῷ μετὰ |
| FJub. 2 1 | τοῦ ἀρχαγγέλου Γαβριὴλ τὰ περὶ τῆς γενέσεως τοῦ | * κόσμου * | καὶ τοῦ πρώτου ἀνθρώπου καὶ τῶν μετ' ἐκεῖνον καὶ |
| FJub. 4 15 | αὐτοῦ. ἐντεῦθεν ἤρξατο ἡ κακομηχανία ἐν | * κόσμῳ * | γίνεσθαι καὶ ἀπ' ἀρχῆς μὲν διὰ τῆς τοῦ Ἀδὰμ |
| FJub. 10 1 | Νεβρωδ. μετὰ τὸν κατακλυσμὸν τῷ ʹβ φ π βʹ ἔτει τοῦ | * κόσμου * | φθόνῳ κινούμενοι ⟨οἱ ἐγρήγοροι⟩ μετὰ θάνατον |
| FJub. 12 12 | τῆς Μελχας καὶ τοῦ Λωτ. τῷ ʹγ τ ο γʹ ἔτει τοῦ | * κόσμου * | Ἀβραὰμ δὲ ξ αʹ ἐνεπύρισεν Ἀβραὰμ τὰ εἴδωλα τοῦ |
| FJub. 47 5 | ὡς βασιλίδος υἱὸς δικαίως ἂν κληθείη κατὰ | * κόσμον * | βασιλεὺς ἐξ ὕδατος. καταλιπὼν δὲ Μωϋσῆς τὰς κατ' |
| FJub. 48 1 | τοῦ ἀρχαγγέλου Γαβριὴλ τὰ περὶ τῆς γενέσεως τοῦ | * κόσμου. * | ἐν ρ μ δʹ ἔτει τῆς ἐν Αἰγύπτῳ δουλείας ἤρξαντο |
| FMan. 2 22 12 | ὁ ποιήσας τὸν οὐρανὸν καὶ τὴν γῆν σὺν παντὶ τῷ | * κόσμῳ * | αὐτῶν ὁ πεδήσας τὴν θάλασσαν τῷ λόγῳ τοῦ |
| FBar. 14 2 | αμαρτυρησαν⟨τες και---⟩ εζησαν και επορευθη⟨σαν εκ | * κοσμου⟩ * | ολιγα δε περι⟨εσται εθνη εν εκεινοις⟩ τοις |
| FAch. 115 | γὰρ διαφέρει Λυκοῦργος ὡς Ζεὺς τῶν ἐπὶ τὸν | * κόσμον * | ποιεῖ γὰρ ⟨ἐκεῖνος⟩ τὸν ἥλιον καὶ τὴν σελήνην |
| IOrp. 8 | κύτος εὖ δ' ἐπίβαινε ἀτραπιτοῦ μοῦνον δ' ἐσόρα | * κόσμοιο * | ἄνακτα ἀθάνατον. παλαιὸς δὲ λόγος περὶ τοῦδε |
| IOrp. 51 | ὁρκίζω σε πατρὸς τὴν φθέγξατο πρῶτον) (ἡνίκα | * κόσμον * | ἅπαντα ἑαῖς στηρίξατο βουλαῖς.) |
| IPyt. 134 | εἴ τις ἐρεῖ θεός εἰμι πάρεξ ἑνὸς οὗτος ὀφείλει | * κόσμον * | ἴσον τούτῳ στήσας εἰπεῖν ἐμὸς οὗτος κοὐχὶ μόνον |
| LEze. 9 28 2 16 | με τρεῖς μῆνας ὡς ἔφασκεν. οὐ λαθοῦσα δὲ ὑπεξέθηκε | * κόσμον * | ἀμφιθεῖσά μοι παρ' ἄκρα ποταμοῦ λάσιον εἰς ἕλος |
| LEze. 9 29 12 33 | δώσω χάριν λαῷ γυνή τε παρὰ γυναικὸς λήψεται σκεύη | * κόσμον * | τε πάνθ' ὃν ἄνθρωπος φέρει χρυσόν τε καὶ ⟨τὸν⟩ |
| LAri. 8 10 9 | δὲ θεῖα καλῶς ἂν λέγοιτο κατὰ τὸ μεγαλεῖον ἡ τοῦ | * κόσμου * | κατασκευή. καὶ γὰρ ἐπὶ πάντων ὁ θεὸς καὶ πάνθ' |
| LAri. 13 12 3 | καὶ διὰ τῆς νομοθεσίας ἡμῖν ὅλην τὴν γένεσιν τοῦ | * κόσμου * | θεοῦ λόγους εἴρηκεν ὁ Μωσῆς. συνεχῶς γάρ φησιν |
| LAri. 13 12 9 | ἐχομένως δ' ἐστὶν ὡς ὁ θεὸς ⟨ὃς⟩ τὸν ὅλον | * κόσμον * | κατεσκεύακε καὶ δέδωκεν ἀνάπαυσιν ἡμῖν διὰ τὸ |
| LAri. 13 12 13 | καὶ θείων πραγμάτων. δι' ἑβδομάδων δὲ καὶ πᾶς ὁ | * κόσμος * | κυκλεῖται τῶν ζῳογονουμένων καὶ τῶν φυομένων |
| FrAn. 15 8 | τὰ πάντα ἀρχὴν ἡμέρας ὀγδόης ποιήσω ὅ ἐστιν ἄλλου | * κόσμου * | ἀρχήν. τότε γὰρ δυστυχήσειν τὰ τῇδε πράγματα ὅταν |
| **κοτέω** | 1 | | |
| Sib. 3 661 | ἀγαθῶν πλήθουσα. καὶ ἄρξονται βασιλῆες ἀλλήλοις | * +κοτέειν * | ἐπαμύνοντες κακὰ θυμῷ+ ὁ φθόνος οὐκ ἀγαθὸν |
| **κόττος** | 1 | | |
| LEze. 9 29 16 19 | αὐχένων κροκωτίνοις μαλλοῖσιν εὐτρεπίζετο. κάρα δὲ | * κοττοῖς * | ἡμέροις παρεμφερὲς καὶ μηλίνῃ μὲν τῇ κόρῃ |
| **κοῦφος** | 5 | | |
| TSim. 3 5 | τὸ πονηρὸν πνεῦμα ἀπ' αὐτοῦ καὶ γίνεται ἡ διάνοια | * κούφη * | καὶ λοιπὸν συμπαθεῖ τῷ φθονουμένῳ καὶ οὐ |
| TNep. 2 1 | εὐθὺς γὰρ τεχθεῖσα ἔσπευδε θηλάζειν. καὶ ἐπειδὴ | * κοῦφος * | ἤμην τοῖς ποσί μου ὡς ἔλαφος ἔταξέ με ὁ πατήρ μου |
| Sib. 5 104 | βροτοῖσιν. αὐτὸς δ' ἐκ δυσμῶν εἰσπτήσεται ἅλματι | * κούφῳ * | σύμπασαν γαῖαν πολιορκῶν πᾶσαν ἐρημῶν. ἀλλ' ὅταν |
| FAch. 109 | ὁμιλεῖ ὅπως ἀνδρὸς ἄλλου πεῖραν μὴ θέλῃ λαβεῖν | * κοῦφον * | γὰρ τὸ γένος τοῦτό ἐστιν καὶ κολακευόμενον |
| IMen. 5 119 2 | τὸν θεὸν καθιστάναι πεπλάνηται ἐκεῖνος καὶ φρένας | * κούφας * | ἔχει. δεῖ γὰρ τὸν ἄνδρα χρήσιμον πεφυκέναι μὴ |
| **κόφινος** | 12 | | |
| Jer. 3 15 | ἀπέστειλεν Ἱερεμίας τὸν Ἀβιμέλεχ λέγων ἆρον τὸν | * κόφινον * | καὶ ἄπελθε εἰς τὸ χωρίον τοῦ Ἀγρίππα διὰ τῆς |
| Jer. 5 2 | ὀλίγον. καὶ κλίνας τὴν κεφαλὴν αὐτοῦ ἐπὶ τὸν | * κόφινον * | τῶν σύκων ὕπνωσεν κοιμώμενος ἔτη ἑξηκονταὲξ καὶ |
| Jer. 5 3 | οὐκ ἐκορέσθην τοῦ ὕπνου μου. εἶτα ἀνακαλύψας τὸν | * κόφινον * | τῶν σύκων εὗρεν αὐτὰ στάζοντα γάλα. καὶ εἶπεν |
| Jer. 5 7 | οὐ κόπος ἐστὶ καθ' ἡμέραν; ἐγερθεὶς οὖν ἦρε τὸν | * κόφινον * | τῶν σύκων καὶ ἐπέθηκεν ἐπὶ τῶν ὤμων αὐτοῦ καὶ |
| Jer. 5 16 | λυπούμενος μὴ εἰδὼς ποῦ ἀπέλθῃ. καὶ ἀπέθηκε τὸν | * κόφινον * | λέγων καθέζομαι ὧδε ἕως ὁ κύριος ἄρῃ τὴν |
| Jer. 5 26 | ὀλίγον καὶ ἔκλινα τὴν κεφαλήν μου ἐπὶ τὸν | * κόφινον * | καὶ ἐκοιμήθην. καὶ ἐξυπνισθεὶς ἀπεκάλυψα τὸν |
| Jer. 5 26 | καὶ ἐκοιμήθην. καὶ ἐξυπνισθεὶς ἀπεκάλυψα τὸν | * κόφινον * | τῶν σύκων νομίζων ὅτι ἐβράδυνα καὶ εὗρον τὰ σῦκα |
| Jer. 5 28 | ἵνα δὲ γνῷς λάβε ἴδε τὰ σῦκα. καὶ ἀνεκάλυψε τὸν | * κόφινον * | τῶν σύκων τῷ γέροντι καὶ εἶδεν αὐτὰ στάζοντα |
| Jer. 6 2 | ὀφθαλμοῖς αὐτοῦ εἶδε τὰ σῦκα ἐσκεπασμένα ἐν τῷ | * κοφίνῳ * | τοῦ Ἀβιμέλεχ. καὶ ἄρας τοὺς ὀφθαλμοὺς αὐτοῦ εἰς |
| Jer. 6 5 | πίστει καὶ πίστευσον ὅτι ζήσεις. ἐπίβλεψον ἐπὶ τὸν | * κόφινον * | τοῦτον τῶν σύκων ἰδοὺ γὰρ ἑξηκονταὲξ ἔτη |
| Jer. 6 7 | σου ὑπὸ τοῦ ἀγγέλου τῆς δικαιοσύνης. ὁ φυλάξας τὸν | * κόφινον * | τῶν σύκων αὐτὸς πάλιν φυλάξει σε ἐν τῇ δυνάμει |
| Jer. 7 8 | Βαροὺχ τὴν ἐπιστολὴν καὶ δεκαπέντε σῦκα ἐκ τοῦ | * κοφίνου * | τοῦ Ἀβιμέλεχ ἔδησεν αὐτὰ εἰς τὸν τράχηλον τοῦ |
| **κοχλάζω** | 4 | | |
| Abr.1 17 16 | θαλάσσης ἀγρίας κυματιζούσης καὶ ποταμὸν ἄγριον | * κοχλάζοντα * | καὶ δράκοντα τρικέφαλον φοβερὸν καὶ ποτήρια |
| Abr.1 19 5 | ἡ ῥομφαία ἡ ἀπότομος καὶ τίς ὁ ποταμὸς ὁ μεγάλα | * κοχλάζων * | καὶ τίς ἡ βεβορβορωμένη θάλασσα ἡ ἀγρίως |
| Abr.1 19 11 | τὸν θάνατον τὸ δὲ πρόσωπον τοῦ μεγάλου ποταμοῦ τοῦ | * κοχλάζοντος * | ἔδειξά σοι διότι πολλοὶ ὑπὸ ἐμβάσεως ὑδάτων |
| Asen. 16 13 | ἀπεπήδων ἀπὸ τῆς χειρὸς αὐτοῦ ὡς ἀπὸ σιδήρου | * κοχλάζοντος. * | καὶ ἐπέβλεψεν Ἀσενὲθ ἀτενίζουσα τοῖς |
| **κράββατος** | 3 | | |
| Job 18 3 | ἐμοὶ ὀφθαλμοὶ ἔβλεπον ἐπάνω τῶν τραπεζῶν μου καὶ | * κραββάτων * | ἄνδρας εὐτελεῖς καὶ ἀτίμους καὶ οὐκ ἠδυνάμην |
| Job 25 8 | τὴν τρίχα ἀντὶ ἄρτων. βλέπε τὴν τοὺς | * κραββάτους * | χρυσοῦς καὶ ἀργυρέους ἔχουσαν, νυνὶ δὲ |
| Job 32 4 | ἡ δόξα τοῦ θρόνου σου; σὺ εἶ ὁ τοὺς χρυσέους | * κραββάτους * | ἔχων, νυνὶ δὲ καθήμενος ἐπὶ κοπρίας ποῦ νῦν |
| **Κράγος** | 1 | | |
| Sib. 3 439 | καὶ δὴ καὶ στοναχὰς λήψῃ καὶ ἀνήριθμον αἷμα. καὶ | * Κράγος * | ὑψηλὸν Λυκίης ὄρος ἐκ κορυφάων χάσματ' |
| **κραδία** | cf. καρδία | | |

κράζω 18
Adam 29 11 αὐτοῦ ἠπλοῦτο εὐχομένου αὐτοῦ ἐν τῷ ὕδατι. καὶ * ἔκραξε * φωνῇ μεγάλῃ λέγων σοὶ λέγω τῷ ὕδατι τοῦ Ἰορδάνου
Hen. 103 14 πο<ῦ φύγωμεν> ἀπ' αὐτῶν ὅπως ἀναψύχ<ωμεν.>--- * ἐκράξαμεν * ἐπὶ τοὺς καταβάλλοντας καὶ βιαζομένους ἡμᾶς
Hen. 104 3 ἡ κραυγὴ ὑμῶν ἀκουσθήσεται καὶ ἡ κρίσις ὑμῶν ἣν * κράζετε * καὶ φανεῖται ἐφ' ὅσα συλλαβήσεται ὑμῖν περὶ τῆς
Abr.1 5 8 τοῦ ἀρχαγγέλου. φθάσας οὖν Ἰσαὰκ πρὸς τὴν θύραν * ἔκραξε * λέγων πάτερ πάτερ ἀνάστα οὖν ἄνοιξόν μοι ταχέως
Abr.2 6 4 τὴν θύραν τοῦ ταμείου ὅπου Ἀβραὰμ ἐκάθευδεν καὶ * ἔκραξεν * λέγουσα κύριέ μου Ἀβραάμ τί ἔχετε κλαίοντες
Abr.2 10 4 τῇ χειρὶ αὐτοῦ εἰς τὸν κριτήν>. καὶ ἤκουσεν ψυχῆς * κραζούσης * ἐλέησόν με κύριε. λέγει αὐτῷ ὁ κριτὴς πῶς σε
Asen. 12 3 κτισμάτων σου. πρός σέ καταφεύγω κύριε καὶ πρός σέ * κεκράξομαι * κύριε σοὶ προσχέω τὴν δέησίν μου σοὶ
Asen. 12 6 κύριε καὶ σοὶ προσφέρω τὴν δέησίν μου καὶ πρός σέ * κεκράξομαι. * ῥῦσαί με πρὶν καταληφθῆναί με ὑπὸ τῶν
Sal. 5 2 σὺ χρηστὸς καὶ ἐλεήμων ἡ καταφυγὴ τοῦ πτωχοῦ ἐν τῷ * κεκραγέναι * με πρός σέ μὴ παρασιωπήσῃς ἀπ' ἐμοῦ. οὐ γὰρ
Sal. 5 8 ἀλλ' ἐπὶ σέ ἥξομεν. ἐὰν γὰρ πεινάσω πρός σέ * κεκράξομαι * ὁ θεὸς καὶ σὺ δώσεις μοι. τὰ πετεινὰ καὶ τοὺς
Jer. 2 2 τὴν κεφαλὴν αὐτοῦ καὶ τὰ ἱμάτια αὐτοῦ διερρωγότα * ἔκραξε * φωνῇ μεγάλῃ λέγων πάτερ Ἱερεμία τί ἔστι σοι ἢ
Jer. 5 32 τὰ σῦκα ὅτι καιρὸς αὐτῶν οὐκ ἔστι καὶ γνῶθι. τότε * ἔκραξε * μεγάλῃ φωνῇ Ἀβιμέλεχ λέγων εὐλογήσω σε ὁ θεὸς
Jer. 7 15 μετὰ τοῦ νεκροῦ ἦλθον κατέναντι τοῦ ἀετοῦ. καὶ * ἔκραξεν * ὁ ἀετὸς μεγάλῃ φωνῇ λέγων σοὶ λέγω Ἱερεμία ὁ
Jer. 9 8 καὶ ἔμειναν Βαροὺχ καὶ Ἀβιμέλεχ κλαίοντες καὶ * κράζοντες * μεγάλῃ τῇ φωνῇ οὐαὶ ἡμῖν ὅτι ὁ πατὴρ ἡμῶν
Esdr. 1 2 καὶ εἰκάδι τοῦ μηνὸς ἤμην ἐν τῷ οἴκῳ μου καὶ * κράξας * λέγων πρὸς τὸν ὕψιστον κύριε δὸς τὴν δόξαν ἵνα
Esdr. 5 10 ἐκ κοιλίας μητρὸς αὐτοῦ. οἱ δὲ ὄντες ἐν τῇ κολάσει * ἔκραξαν * λέγοντες ἀφ' οὗ ἦλθες ὧδε ἅγιε τοῦ θεοῦ εὕραμεν
Job 28 3 με ἡνίκα δὲ ἤγγισαν μακρόθεν, οὐκ ἐπεγίνωσκόν με * κράξαντες * δὲ ἔκλαυσαν, ῥήξαντες τὴν ἑαυτῶν στολὴν καὶ
FAch. 117 ἀφεθῆναι. ἦλθον δέ οἱ Αἰγύπτιοι πρὸς τὸν βασιλέα * κράζοντες * κατὰ τοῦ Αἰσώπου. ὁ δὲ βασιλεὺς ἐκάλεσεν τὸν

κραίνω 2
IOrp. 26 ἀνθρώποισιν. οὐ γὰρ κέν τις ἴδοι θνητῶν μερόπων * κραίνοντα * εἰ μὴ μουνογενής τις ἀπορρὼξ φύλου ἄνωθεν
IOrp. 44 δὲ λέγειν τρομέω δέ γε γυῖα ἐν νόῳ ἐξ ὑπάτου * κραίνει * περὶ πάντ' ἐνὶ τάξει. ὦ τέκνον σὺ δὲ τοῖσι

κραιπνός 1
LEze. 9 29 16 27 αὐτὸς δὲ πρόσθεν ταῦρος ὣς γαυρούμενος ἔβαινε * κραιπνὸν * βῆμα βαστάζων ποδός. ὦ πᾶσιν ἀρχὴ καὶ πέρας

κρανίον 1
Esdr. 5 24 κρίσεις. καὶ εἶδον ἐκεῖ ἄνθρωπον κρεμάμενον ἐκ τοῦ * κρανίου * καὶ εἶπον τίς ἐστιν οὗτος; καὶ εἶπόν μοι οὗτος

κράς 1
Sib. 5 299 ἄφθιτος αἰθέρι ναίων οὐρανόθεν πρηστῆρα βαλεῖ κατὰ * κρατὸς * ἀνάγνου. ἀντὶ δὲ χειμῶνος θέρος ἔσσεται ἤματι

κραταιός 11
TJud. 5 1 τῶν βασιλέων. τῇ ἑξῆς ἀπήλθομεν εἰς Ἀρετὰν πόλιν * κραταιὰν * καὶ τειχήρη καὶ ἀπροσέγγιστον ἀπειλοῦσαν ἡμῖν
TJos. 1 5 κύριος ἐλευθέρωσέ με εἰς αἰχμαλωσίαν ἐλήφθην καὶ ἡ * κραταιὰ * αὐτοῦ χεὶρ ἐβοήθησέ μοι ἐν λιμῷ συνεσχέθην καὶ
Asen. 11 9 κύριον τὸν θεὸν τοῦ οὐρανοῦ τὸν ὕψιστον τὸν * κραταιὸν * τοῦ δυνατοῦ Ἰωσὴφ διότι ἐμιάνθη τὸ στόμα μου
Sal. 2 29 θαλάσσης ἔσομαι καὶ οὐκ ἐπέγνω ὅτι ὁ θεὸς μέγας * κραταιὸς * ἐν ἰσχύι αὐτοῦ τῇ μεγάλῃ. αὐτὸς βασιλεὺς ἐπὶ
Sal. 4 24 ἐν ὑπερηφανίᾳ πᾶσαν ἀδικίαν ὅτι κριτὴς μέγας καὶ * κραταιὸς * κύριος ὁ θεὸς ἡμῶν ἐν δικαιοσύνῃ. γένοιτο κύριε
Sal. 8 15 μέθην. ἤγαγεν τὸν ἀπ' ἐσχάτου τῆς γῆς τὸν παίοντα * κραταιῶς * ἔκρινεν τὸν πόλεμον ἐπὶ Ιερουσαλημ καὶ τὴν γῆν
Sal. 17 40 δύναται πρὸς αὐτόν; ἰσχυρὸς ἐν ἔργοις αὐτοῦ καὶ * κραταιὸς * ἐν φόβῳ θεοῦ ποιμαίνων τὸ ποίμνιον κυρίου ἐν
Sib. 3 22 ἀκάμαντα σελήνην τε πλήθουσαν ἄστρα τε λαμπετόωντα * κραταιὰν * μητέρα Τηθὺν πηγὰς καὶ ποταμοὺς πῦρ ἄφθιτον
Sib. 3 739 ἐν στήθεσσιν θυμὸν ὑπερφίαλον στείλας πρὸς ἀγῶνα * κραταιόν. * καὶ δούλευε θεῷ μεγάλῳ ἵνα τῶνδε μετάσχῃς.
Sib. 5 67 ἀίδιον θεὸν ἄμβροτον ἐν νεφέεσσιν. ποῦ σοι λῆμα * κραταιὸν * ἐν ἀνθρώποισι τέτυκται; ἀνθ' ὧν ἐξεμάνης ἐς
LAri. 8 10 8 τῆς νομοθεσίας ἡμῶν λέγων ὁ Μωσῆς οὕτως ἐν χειρὶ * κραταιᾷ * ἐξήγαγεν ὁ θεός σε ἐξ Αἰγύπτου. καὶ πάλιν

κραταιόω 1
TNep. 1 4 καὶ οὐκ ἐπίστευον αὐτῷ. καὶ εὐλογῶν κύριον * ἐκραταίωσεν * ὅτι μετὰ τὸ δεῖπνον τὸ χθὲς ἀποθανεῖται.

κρατερός 8
Sib. 3 152 ἐφύλασσεν. καὶ τότε +δή μιν+ ἄκουσαν υἱοὶ * κρατεροῖο * Κρόνοιο καὶ οἱ ἐπήγειραν πόλεμον μέγαν ἠδὲ
Sib. 3 200 πρῶτον Τιτάνεσσι θεὸς κακὸν ἐγγυαλίξει υἱοῖς γὰρ * κρατεροῖο * δίκας τίσουσι Κρόνοιο οὕνεκά τοι δῆσάν τε
Sib. 3 572 μόνος βουλεύσεται οὐκ ἀτέλεστα. πάντα τελεσθῆναι * κρατερὴ * δ' ἐπικείσετ' ἀνάγκη. εὐσεβέων ἀνδρῶν ἱερὸν
Sib. 5 106 γαῖαν πολιορκῶν πᾶσαν ἐρημῶν. ἀλλ' ὅταν ὕψος ἔχῃ * κρατερὸν * καὶ θάρσος +ἀηδὲς+ ἥξει καὶ μακάρων ἐθέλων
Sib. 5 337 ζεύξει ποτέ σ' Ἀσσυρίων παῖς +εἰς σέ μάχῃ+ Θρηκῶν * κρατερὸν * σθένος ἐξαλαπάξει. τήν τε Μακηδονίην βασιλεὺς
Sib. 5 527 ἀπὸ φλογὸς Ἠελίοιο Ὑδροχόον δ' ἐπύρωσε μένος * κρατεροῖο * Φαεινοῦ ὦρτο μὲν Οὐρανὸς αὐτὸς ἕως ἐτίναξε
IOrp. 20 ὁπηνίκα δέρκομαι αὐτοῦ ἴχνια καὶ χεῖρα στιβαρὴν * κρατεροῖο * θεοῖο. αὐτὸν δ' οὐχ ὁρόω περὶ γὰρ νέφος
IOrp. 38 τε βάθος χαροποῖο θαλάσσης οὐδὲ φέρειν δύναται * κρατερὸν * μένος. ἔστι δὲ πάντῃ αὐτὸς ἐπουράνιος καὶ ἐπὶ

κρατέω 56
Abr.1 10 4 εἶδεν ἄνδρας ξιφηφόρους ἐν ταῖς χερσὶν αὐτοῦ * κρατοῦντας * ξίφη ἠκονημένα καὶ ἠρώτησεν < Ἀβραὰμ τὸν
Abr.1 12 2 τύπτοντες ἐν πυρίναις χαρζαναῖς καὶ μίαν ψυχὴν * κρατῶν * ὁ ἄγγελος ἐν τῇ χειρὶ αὐτοῦ καὶ διήγαγον πάσας
Abr.1 12 8 δὲ αὐτοῦ καὶ ἐξ ἀριστερῶν ἵσταντο δύο ἄγγελοι * κρατοῦντες * χάρτην καὶ μέλαν καὶ κάλαμον πρὸ προσώπου δὲ
Abr.1 12 9 προσώπου δὲ τῆς τραπέζης ἐκάθητο ἄγγελος φωτοφόρος * κρατῶν * ἐν τῇ χειρὶ αὐτοῦ ζυγὸν ἀριστερῶν δὲ αὐτοῦ
Abr.1 12 16 ἡ κρίσις καὶ ἀνταπόδοσις. καὶ ἰδοὺ ὁ ἄγγελος ὁ * κρατῶν * τὴν ψυχὴν ἐν τῇ χειρὶ αὐτοῦ καὶ ἤνεγκεν αὐτὴν
Abr.2 9 5 ἄγγελος ἐλαύνων ψυχὰς ὡς μυριάδας ἓξ μίαν δὲ ψυχὴν * κρατῶν * ἐν τῇ χειρὶ αὐτοῦ καὶ ἀπῆξεν τὰς μυριάδας τῶν
TJud. 2 3 αὐτὴν ἐποίησα βρῶμα τῷ πατρί μου. τὰς δορκάδας * ἐκράτουν * διὰ τοῦ δρόμου καὶ πᾶν ὃ ἦν ἐν τοῖς πεδίοις
TJud. 2 7 τοῖς ὁρίοις Γάζης. βοῦν ἄγριον ἐν χώρᾳ νεμόμενον * ἐκράτησα * ἐκ τῶν κεράτων καὶ ἐν κύκλῳ συσσείσας καὶ
TNep. 3 1 ἐν καθαρότητι καρδίας συνήσετε τὸ θέλημα τοῦ θεοῦ * κρατεῖν * καὶ ἀπορρίπτειν τὸ θέλημα τοῦ διαβόλου. ἥλιος
TNep. 5 2 ὁ πατὴρ τοῦ πατρός μου λέγει ἡμῖν προσδραμόντες * κρατήσατε * ἕκαστος κατὰ δύναμιν καὶ τοῦ πιάσαντος ἔσται ὁ
TNep. 5 3 ἡ σελήνη. καὶ πάντες ὁμοῦ ἐπεδράμομεν καὶ ὁ Λευὶ * ἐκράτησε * τὸν ἥλιον καὶ ὁ Ἰούδας φθάσας ἐπίασε τὴν
TNep. 5 5 καὶ προσδραμόντες ἀλλήλοις ὁ Λευὶ καὶ Ἰούδας * ἐκράτησαν * ἑαυτούς. καὶ ἰδοὺ ταῦρος ἐπὶ τῆς γῆς ἔχων δύο
TNep. 6 4 ἀνέμου μεγάλου καὶ ἀφίπταται ὁ πατὴρ ἀφ' ἡμῶν ὁ * κρατῶν * τοὺς αὐχένας. καὶ ἡμεῖς χειμαζόμενοι ἐπὶ τὸ
TGad 6 3 ἐξορίσας τὸν ἰὸν τοῦ μίσους καὶ ἐν ψυχῇ σου μὴ * κρατήσῃς * δόλον καὶ ἐὰν ὁμολογήσας μετανοήσῃ ἄφες αὐτῷ
TJos. 8 3 με εἰς συνουσίαν. ὡς οὖν εἶδον ὅτι μαινομένη βίᾳ * κρατεῖ * τὰ ἱμάτιά μου γυμνὸς ἔφυγον. κἀκείνη ἐσυκοφάντησέ
Asen. 4 5 ἀνάμεσον τοῦ πατρὸς αὐτῆς καὶ τῆς μητρός. καὶ * ἐκράτησε * Πεντεφρῆς ὁ πατὴρ αὐτῆς τῇ χειρὶ αὐτοῦ τῇ δεξιᾷ
Asen. 16 13 ἑαυτὸν καὶ ἐξέτεινε τὴν χεῖρα αὐτοῦ τὴν δεξιὰν καὶ * ἐκράτησε * τὴν κεφαλὴν αὐτῆς καὶ ἐπέσεισε τῇ χειρὶ αὐτοῦ
Asen. 20 2 τὴν οἰκίαν ἡμῶν καὶ δεῖπνον μέγα πεποίηκα. καὶ * ἐκράτησε * τὴν χεῖρα αὐτοῦ τὴν δεξιὰν καὶ εἰσήγαγεν αὐτὸν
Asen. 20 5 ὡς δάκτυλοι γραφέως ὀξυγράφου>. καὶ μετὰ ταῦτα * ἐκράτησεν * Ἰωσὴφ τὴν χεῖρα αὐτῆς τὴν δεξιὰν καὶ
Asen. 21 21 κάλλ<ει> αὐτοῦ ἤγρευσέ με καὶ <τῇ> σοφί<ᾳ> αὐτοῦ * <ἐκράτησέ * με> ὡς ἰχθὺν ἐπ' ἀγκίστρῳ καὶ τῷ πνεύματι
Asen. 22 9 αὐτήν. καὶ ἐξέτεινεν Ἀσενὲθ τὰς χεῖρας αὐτῆς καὶ * ἐκράτησε * τοῦ αὐχένος Ἰακὼβ καὶ ἐκρεμάσθη ἐπὶ τὸν
Asen. 22 13 ἐκ δεξιῶν τῆς Ἀσενὲθ καὶ Ἰωσὴφ ἐξ εὐωνύμων. καὶ * ἐκράτησεν * Ἀσενὲθ τὴν χεῖρα Λευί. καὶ ἠγάπησεν Ἀσενὲθ
Asen. 23 16 καὶ ἐξέτεινε Λευὶς τὴν χεῖρα αὐτοῦ τὴν δεξιὰν καὶ * ἐκράτησεν * αὐτὸν καὶ εἶπεν αὐτῷ ἀνάστηθι καὶ μὴ φοβηθῇς
Asen. 29 3 τοῦ υἱοῦ Φαραώ. καὶ ἔδραμεν ἐπ' αὐτὸν Λευὶς καὶ * ἐκράτησε * τῆς χειρὸς αὐτοῦ καὶ εἶπεν μηδαμῶς ἄδελφε
Jer. 6 1 πρὸς κύριον. καὶ ἰδοὺ ἄγγελος κυρίου ἦλθε καὶ * κρατήσας * αὐτοῦ τῆς δεξιᾶς χειρὸς ἀπεκατέστησεν αὐτὸν εἰς
Bar. 11 8 ἔστησαν. καὶ ἴδον τὸν ἀρχιστράτηγον Μιχαὴλ * κρατοῦντα * φιάλην μεγάλην σφόδρα τὸ βάθος αὐτῆς ὅσον ἀπὸ
Bar. 11 8 ἀπὸ βορρᾶ ἕως νότου. καὶ εἶπον κύριε τί ἐστιν ὃ * κρατεῖ * Μιχαὴλ ὁ ἀρχάγγελος; καὶ εἶπέν μοι τοῦτό ἐστιν
Sedr. 7 11 ἄνθρωπος πρὸς τὴν ἁμαρτίαν τὸν πόδα αὐτοῦ τὸν ἕνα * κρατῆσαι * καὶ οὐ μὴ πορεύεται ὅπου δὲ θέλει. λέγει αὐτῷ ὁ
Sedr. 8 1 μὴ πορεύεται ὅπου δὲ θέλει. λέγει αὐτῷ ὁ θεὸς ἐὰν * κρατήσω * αὐτοῦ τὸν πόδα λέγει ὅτι οὐκ ἐποίησάς μοι χάριν
Job 35 1 ἡμᾶς ἀπέναντι τῶν στρατιωτῶν ἡμῶν. τότε Βαλδαδ * ἐκράτησεν * αὐτὸν λέγων ὅτι οὐχ οὕτως δεῖ λαλῆσαι ἀνθρώπῳ
Aris. 19 8 τούτων ἀπόλυσιν. μεγίστως γὰρ τετιμημένος ὑπὸ τοῦ * κρατοῦντος * τὰ πάντα καὶ δεδοξασμένος ὑπὲρ τοὺς προγόνους
Aris. 37 2 μυριάδας αἰχμαλώτων ἠλευθερώκαμεν ἀποδόντες τοῖς * κρατοῦσι * τὴν κατ' ἀξίαν ἀργυρικὴν τιμὴν διορθούμενοι καὶ
Aris. 157 4 καὶ τόπον ὥρικε πρὸς τὸ διὰ παντὸς μνημονεύειν τοῦ * κρατοῦντος * θεοῦ καὶ συντηροῦντος. καὶ γὰρ ἐπὶ τῶν βρωτῶν
Aris. 222 2 τίς ἐστιν ἀρχὴ κρατίστη; ἐκεῖνος δὲ ἔφη τὸ * κρατεῖν * ἑαυτοῦ καὶ μὴ συγκαταφέρεσθαι ταῖς ὁρμαῖς. πᾶσι
Aris. 227 7 ἵνα ταῦτ' ἐπιτελῆται τὰς γὰρ ἁπάντων διανοίας * κρατεῖ. * συνομολογήσας δὲ τούτοις τὸν ἕκτον ἐκέλευσεν
Aris. 230 3 πρὸς τὸν ἕτερον πῶς ἂν πταίσας πάλιν τῆς αὐτῆς * κρατῆσαι * δόξης; ὁ δὲ ἔφη σὲ μὲν οὐ δυνατόν ἐστι πταῖσαι
Aris. 261 3 γίνεται μέγιστε βασιλεῦ καὶ ἐλπίδες ἐπὶ θεῷ καλαὶ * κρατοῦντί * σοι τῆς ἀρχῆς εὐσεβῶς. ὡς δὲ συνήκουσαν πάντες
Sib. 3 19 μοῦνον ἀκοῦσαι οὐρανίου μεγάλοιο θεοῦ κόσμον * κρατέοντος; * ὃς λόγῳ ἔκτισε πάντα καὶ οὐρανὸν ἠδὲ
Sib. 3 49 φανεῖται. ἥξει δ' ἁγνὸς ἄναξ πάσης γῆς σκῆπτρα * κρατήσων * εἰς αἰῶνας ἅπαντας ἐπειγομένοιο χρόνοιο. καὶ
Sib. 3 424 οὐ μὲν ἀληθῶς ἀλλὰ σοφῶς ἐπέων γὰρ ἐμῶν μέτρων τε * κρατήσει * πρῶτος γὰρ χείρεσσιν ἐμὰς βίβλους ἀναπλώσει
Sib. 5 13 κορυφώσει γράμματος ἀρχομένου πολέμων δ' ἐπὶ πουλὺ * κρατήσει * ἕξει δ' ἐκ δεκάδος πρῶτον τύπον ὥστε μετ' αὐτὸν
Sib. 5 51 πάντα. τὸν μέτα τρεῖς ἄρξουσιν ὁ δὲ τρίτος ὀψὲ * κρατήσει. * τείρομαι ἡ τριτάλαινα κακὴν φάτιν ἐν φρεσὶ
Sib. 5 61 Αἰγύπτου τὰ μέγιστα πρόσθε γὰρ ἡ μεγάλως γαίης * κρατέουσα * γενήσῃ λυπρὴ ὥστε βοῆσαι καὶ αὐτὸν
Sib. 5 186 χήρη διὰ παντός. πουλυετὴς ἐγένου σὺ μόνη κόσμοιο * κρατοῦσα. * ἀλλ' ὅταν ἡ Βάρκη τὸ κυπάσσιον ἀμφιβάληται
Sib. 5 341 Λυδοὶ καὶ Γαλάται Πάμφυλοι σὺν Πισίδαισι πανδημεὶ * κρατέουσι * κακὴν ἔριν ὁπλισθέντες. Ἰταλίη τριτάλαινα
Sib. 5 365 μερμηρίζων ὅς πᾶσαν γαῖαν καθελεῖ καὶ πάντα * κρατήσει * πάντων τ' ἀνθρώπων φρονιμώτερα πάντα νοήσει ἧς
Sib. 5 416 ἔχων ἐν χερσὶν ὅ οἱ θεὸς ἐγγυάλιξεν καὶ πάντων * ἐκράτησε * καλῶς πᾶσίν τ' ἀπέδωκεν τοῖς ἀγαθοῖς τὸν
Sib. 5 435 χρυσοπέδιλε πουλυετὴς βασίλεια μόνη κόσμοιο * κρατοῦσα * ἡ τὸ πάλαι μεγάλη καὶ πάμπολις οὐκέτι κείσῃ
Sib. 5 439 στρωθήσῃ σεισμοῖο κλόνῳ Πάρθοι δέ σε δεινοὶ πάντα * κρατεῖν * ἐποίησαν. ἔχε στόμα φιμῷ ἄναγνε Χαλδαίων γενεή
Sib. 5 441 μηδὲ μερίμνα πῶς Περσῶν ἄρξεις ἢ πῶς Μήδων +τε+ * κρατήσεις * εἵνεκα γὰρ τῆς σῆς ἀρχῆς ἧς ἔσχες ὅμηρα εἰς
FIsa. 1 3 12 αὐτῷ οἱ λόγοι τοῦ Βελχειρὰ καὶ ἀπέστειλεν καὶ * ἐκράτησεν * τὸν Ἡσαΐαν. <ἐκέλευσεν> πρισθῆναι ἐν πρίωνι

| | | | | | |
|---|---|---|---|---|---|
| FEz. | 64 70 | 10 | καὶ πλέξας σχοινίον ἠκόντισε τῷ τυφλῷ καὶ εἶπεν | * κράτει * | καὶ δεῦρο πρὸς τὸ σχοινίον πρός με. ὡς δὲ |
| FAch. | 109 | | σε ἀλλὰ καὶ ὡς εὐεργέτην τιμῶσιν. θυμοῦ | * κράτει. * | ἐάν τι παρηκμακὼς μανθάνῃς μὴ αἰσχυνθῇς βέλτιον |
| HArt. | 9 23 | 4 | καὶ τὸν βασιλέα τῶν Αἰγυπτίων. τὸν οὖν Ἰωσὴφ | * κρατοῦντα * | τῆς Αἰγύπτου τὸν τῶν ἑπτὰ ἐτῶν σῖτον γενόμενον |
| LArl. | 8 10 | 2 | τὰς ἐκδοχὰς καὶ τὴν ἁρμόζουσαν ἔννοιαν περὶ θεοῦ | * κρατεῖν * | καὶ μὴ ἐκπίπτειν εἰς τὸ μυθῶδες καὶ ἀνθρώπινον |
| FrAn. | 1 226 | 44 | αυτων κα( - )Ιωσηφ μνησθεις του Ια(κωβ - - )δε | * κρατησας * | τοτε εαυτο(ν - )ν λειπων προς βραχυ απεβ(η - )ς |
| κρατήρ | | | 5 | | |
| Aris. | 33 | 4 | τῶν αἰχμαλώτων. ἔδωκε δὲ καὶ εἰς κατασκευὴν | * κρατήρων * | τε καὶ φιαλῶν καὶ τραπέζης καὶ σπονδείων |
| Aris. | 42 | 6 | ἃς ἀπέστειλας χρυσᾶς εἴκοσι καὶ ἀργυρᾶς τριάκοντα | * κρατῆρας * | πέντε καὶ τράπεζαν εἰς ἀνάθεσιν καὶ εἰς |
| Aris. | 73 | 1 | τέχναις ἀμίμητα καὶ τῇ καλλονῇ διαπρεπῆ. τῶν δὲ | * κρατήρων * | δύο μὲν ἦσαν (χρυσοῖ) τῇ κατασκευῇ φολιδωτὴν |
| Aris. | 77 | 4 | ἑτέρου παρ' ἕτερον λέγω δὲ πρῶτον ἀργυροῦ | * κρατῆρος * | εἶτα χρυσοῦ πάλιν ἀργυροῦ καὶ χρυσοῦ παντελῶς |
| Aris. | 320 | 6 | ὀθονίων ἱστοὺς ἑκατὸν καὶ φιάλας καὶ τρύβλια καὶ | * κρατῆρας * | χρυσοῦς δύο πρὸς ἀνάθεσιν. ἔγραψε δὲ καὶ |
| κράτησις | | | 1 | | |
| LArl. | 13 12 | 1 | καὶ ἡ τῶν γεγονότων ἁπάντων αὐτοῖς ἐπιφάνεια καὶ | * κράτησις * | τῆς χώρας καὶ τῆς ὅλης νομοθεσίας ἐπεξήγησις ὡς |
| κρατιστεύω | | | 1 | | |
| Aris. | 82 | 3 | οὐκ ἔλαττον πεντακισχιλίων καὶ ταῖς τέχναις | * κρατιστεύοντα * | πάντα ὥστε πενταπλασίως τοῦ χρυσοῦ |
| κράτος | | | 14 | | |
| Adam | 23 | 2 | σοῦ ἀλλὰ φοβοῦμαι ὅτι γυμνός εἰμι καὶ ᾐδέσθην τὸ | * κράτος * | σου δέσποτα. λέγει αὐτῷ ὁ θεὸς τίς σοι ὑπέδειξεν |
| Abr.1 | 4 | 6 | πρὸς τὸν δεσπότην. κύριε κύριε ἵνα γινώσκῃ τὸ σὸν | * κράτος * | ὅτι ἐγὼ τὴν μνήμην τοῦ θανάτου πρὸς τὸν δίκαιον |
| Abr.1 | 9 | 5 | μου ἐπλήρωσας καὶ νῦν κύριε οὐκ ἀνθίσταμαι τὸ σὸν | * κράτος * | ὅτι κἀγὼ γινώσκω ὅτι οὐκ ἔσομαι ἀθάνατος ἀλλὰ |
| TJud. | 22 | 3 | ἐν εἰρήνῃ καὶ πάντα τὰ ἔθνη. καὶ αὐτὸς φυλάξει | * κράτος * | βασιλείας μου ἕως τοῦ αἰῶνος. ὅρκῳ γὰρ ὤμοσέ μοι |
| Sal. | 17 | 3 | ἡμεῖς δὲ ἐλπιοῦμεν ἐπὶ τὸν θεὸν σωτῆρα ἡμῶν ὅτι τὸ | * κράτος * | τοῦ θεοῦ ἡμῶν εἰς τὸν αἰῶνα μετ' ἐλέους καὶ ἡ |
| Esdr. | 7 | 16 | τοῖς προστρέχουσιν αὐτῷ ἐκ πόθου. ᾧ πρέπει δόξα | * κράτος * | τιμὴ καὶ προσκύνησις τῷ πατρὶ καὶ τῷ υἱῷ καὶ τῷ |
| Sedr. | 16 | 10 | παραδείσῳ μετὰ τῶν ἁγίων ἁπάντων. ᾧ ἡ δόξα καὶ τὸ | * κράτος * | εἰς τοὺς αἰῶνας τῶν αἰώνων. ἀμήν. |
| Sib. | 3 | 96 | εἰσανιόντι τοὔνεκ' ἄρ' αὐτὸς πρῶτος ἐπέγνω καὶ | * κράτος * | αὐτοῦ. ἀλλ' ὁπόταν μεγάλοιο θεοῦ τελέωνται |
| Sib. | 3 | 446 | δέ τοι ὄλβος ὀπίσθεν ἔσσεται ἐν πόντῳ δ' ἕξεις | * κράτος * | ἔξοχον ἄλλων. ἀλλὰ μεταῦτις ἔλωρ ἔσῃ ἀνθρώποισιν |
| Sib. | 4 | 65 | φεύξονται ὑπὲρ μέγα Τίγριδος ὕδωρ. Περσῶν δὲ | * κράτος * | ἔσται ὅλου κόσμοιο μέγιστον οἷς γενεὴ μία κεῖται |
| Sib. | 4 | 102 | κακὸν ὕστατον ἀλλὰ μέγιστον. οὐδὲ Μακηδονίης ἔσται | * κράτος * | ἀλλ' ἀπὸ δυσμῶν Ἰταλὸς ἀνθήσει πόλεμος μέγας ᾧ |
| Sib. | 5 | 39 | τοῦ δὲ τριηκοσίης κεραίης ὅ,τι πρῶτον ἐλέγχων παῖς | * κράτος * | ἐξαφελεῖ μετὰ δ' αὐτὸν κοίρανος ἔσται τετράδος ἐκ |
| FAch. | 109 | | πρῶτον μὲν θεὸν σέβου ὡς δεῖ. βασιλέα τίμα τὸ γὰρ | * κράτος * | ἰσότιμόν ἐστι. τὸν καθηγητήν σου τίμα ἴσα γονεῦσι |
| IHes. | 5 112 | 3 | καὶ κοιρανός ἐστιν ἀθανάτων σέο δ' οὔτις ἐρήρισται | * κράτος * | ἄλλος. |
| κραυγή | | | 4 | | |
| Hen. | 104 | 3 | αἱ θυρίδες τοῦ οὐρανοῦ ἀνοιχθήσονται ὑμῖν καὶ ἡ | * κραυγὴ * | ὑμῶν ἀκουσθήσεται καὶ ἡ κρίσις ὑμῶν ἣν κράζετε |
| Sal. | 1 | 2 | θεὸν ἐν τῷ ἐπιθέσθαι ἁμαρτωλοὺς ἐξάπινα ἤκουσθη | * κραυγὴ * | πολέμου ἐνώπιόν μου (εἶπα) ἐπακούσεται μου ὅτι |
| Job | 33 | 2 | γενέσθαι μεγάλην ταραχήν, καὶ καταπαυσάσης τῆς | * κραυγῆς * | εἶπεν αὐτοῖς Ἰωβ σιωπήσατε νῦν ὑποδείξω ὑμῖν τὸν |
| Aris. | 186 | 2 | εἰπόντος δὲ ταῦτα τούτου κατερράγη κρότος μετὰ | * κραυγῆς * | καὶ χαρᾶς εὐφροσύνου πλείονα χρόνον καὶ τὸ |
| κρέας | | | 14 | | |
| Abr.1 | 6 | 5 | παρέθηκας αὐτοῖς τράπεζαν δαπανηθέντων δὲ τῶν | * κρεάτων * | εἰσῆλθεν πάλιν ὁ μόσχος καὶ ἐθήλαξεν τῇ μητρὶ |
| TRub. | 1 | 10 | ἐνώπιον κυρίου οἶνον καὶ σίκερα οὐκ ἔπιον καὶ | * κρέας * | οὐκ εἰσῆλθεν εἰς τὸ στόμα μου καὶ πᾶν ἄρτον |
| TLevi | 18 2B037 | | ἅλας +ἀποδεδεικτω+ τῷ ταύρῳ τῷ μεγάλῳ ἁλίσαι τὸ | * κρέας * | αὐτοῦ καὶ ἀνένεγκε ἐπὶ τὸν βωμόν. σάτον καθήκει τῷ |
| TLevi | 18 2B056 | | ἐν τῇ σαρκί. καὶ ὃ ἐὰν ἐν οἴκῳ +ουσης+ σεαυτὸν πᾶν | * κρέας * | φαγεῖν κάλυπτε τὸ αἷμα αὐτοῦ τῇ γῇ πρῶτον πρὶν ἢ |
| TLevi | 18 2B056 | | αἷμα αὐτοῦ τῇ γῇ πρῶτον πρὶν ἢ φαγεῖν σε ἀπὸ τῶν | * κρεῶν * | καὶ οὐκέτι ἔσῃ ἐσθίων ἐπὶ τοῦ αἵματος. οὕτως γὰρ |
| TJud. | 15 | 4 | μου. καίγε μετανοήσας ἐπὶ τούτοις οἶνον καὶ | * κρέας * | οὐκ ἔλαβον ἕως γήρως καὶ πᾶσαν εὐφροσύνην οὐκ |
| Asen. | 10 | 13 | τὸ βασιλικὸν καὶ τὰ σιτιστὰ καὶ τοὺς ἰχθύας καὶ τὰ | * κρέα * | τῆς δαμάλεως καὶ πάσας τὰς θυσίας τῶν θεῶν αὐτῆς |
| Sal. | 8 | 12 | καὶ ἐν ἀφέδρῳ αἵματος ἐμίαναν τὰς θυσίας ὡς | * κρέα * | βέβηλα. οὐ παρέλιπον ἁμαρτίαν ἣν οὐκ ἐποίησαν ὑπὲρ |
| Prop. | 4 | 11 | νοῶν εὐθέως ἐδάκρυσεν οἱ ὀφθαλμοὶ αὐτοῦ ἦσαν ὡς | * κρέας * | ἐκ τοῦ κλαίειν. πολλοὶ γὰρ ἐξιόντες ἐκ τῆς πόλεως |
| Prop. | 4 | 16 | αὐτοῦ ἀπέδωκεν αὐτῷ τὴν βασιλείαν. οὔτε ἄρτον ἢ | * κρέα * | ἔφαγεν οὔτε οἶνον ἔπιεν ἐξομολογούμενος ὅτι ὁ |
| Prop. | 21 | 11 | κόρακες ἔφερον αὐτῷ ἄρτους τὸ πρωῒ δείλης δὲ | * κρέα * | τῇ μηλωτῇ ἐπάταξε τὸν Ἰορδάνην καὶ διῃρέθη καὶ |
| FPho. | 147 | | ἀνθρώπους ἀθεμίστους.) μὴ δέ τι θηρόβορον δαίσῃ | * κρέας * | ἀργίποσιν δὲ λείψανα λεῖπε κυσίν θηρῶν ἄπο θῆρες |
| HDem. | 9 21 | 14 | ἔδωκε μὴ δυναμένου αὐτοῦ τοσαῦτα καταναλῶσαι | * κρέα. * | τοῦτο οὖν αὐτὸν πεποιηκέναι διὰ τὸ ἐκ τῆς Λείας τῷ |
| LEze. | 9 29 | 12 29 | σῆμα δεινὸς ἄγγελος. ὑμεῖς δὲ νυκτὸς ὀπτὰ δαίσεσθε | * κρέα. * | σπουδῇ δὲ βασιλεὺς ἐκβαλεῖ πρόπαντ' ὄχλον. ὅταν δὲ |
| κρείσσων | | | 14 (cf.+ ἀγαθός, ἀμείνων, ἀρείων, ἄριστος, βελτιων) | | |
| Adam | 29 | 9 | ὅπως σπλαγχνισθῇ ἡμῖν ὁ θεὸς καὶ δώσῃ ἡμῖν τροφὴν | * κρείσσονα * | τῆς τῶν θηρίων. ἐγὼ μὲν ποιήσω ἡμέρας |
| Job | 18 | 7 | εἰσελθεῖν εἰς τὴν πόλιν ταύτην ἵνα κληρονομήσω τὰ | * κρείττονα * | τῶν σκευῶν καὶ τὸ πλοῖον. οὕτω κἀγὼ ἡγησάμην |
| Job | 27 | 7 | καὶ ὑμεῖς ἐν παντὶ συμβαίνοντι ὑμῖν ὅτι | * κρείττων * | ἐστὶν παντὸς ἡ μακροθυμία. καὶ ὅτε ἐπλήρωσα |
| Job | 46 | 4 | οὐ γὰρ ὑμῶν ἐπελαθόμην ἤδη ὑμῖν ἔπεμψα κληρονομίαν | * κρείττονα * | τῶν ἑπτὰ ἀδελφῶν ὑμῶν. τότε καλέσας τὴν |
| Job | 47 | 1 | πάτερ, αὕτη ἐστὶν ἡ κληρονομία ἣν ἔλεγες εἶναι | * κρείττονα * | τῆς τῶν ἀδελφῶν ἡμῶν; τίς οὖν χρεία τῶν |
| Aris. | 37 | 6 | ὃς ἡμῖν τὴν βασιλείαν ἐν εἰρήνῃ καὶ δόξῃ | * κρατίστῃ * | παρ' ὅλην τὴν οἰκουμένην διατετήρηκεν εἴς τε τὸ |
| Aris. | 221 | 4 | ἀπολιπόντων πρὸς τὴν ἑξῆς ἐρώτησιν τίς ἐστιν ἀρχὴ | * κρατίστη; * | ἐκεῖνος δὲ ἔφη τὸ κρατεῖν ἑαυτοῦ καὶ μὴ |
| Aris. | 225 | 6 | καὶ καλὸν δῶρον εἰληφέναι παρὰ θεοῦ τοῦτ' ἔστι | * κράτιστον. * | συναινέσας δὲ τούτοις τὸν ἑξῆς ἐκέλευσεν |
| Aris. | 255 | 7 | καὶ τὸ προτεθὲν ἡμῖν ἐπιτελῆται. τὸ δ' αὖ | * κράτιστον * | τοῦ θεοῦ δυναστείᾳ πᾶν βούλευμα τελείωσιν ἕξει σοι |
| Aris. | 261 | 2 | τὸν δὲ βίον ἐν ἀληθείᾳ διεξάγειν. ἐκ τούτων γὰρ | * κρατίστη * | χαρὰ καὶ ψυχῆς εὐστάθειά σοι γίνεται μέγιστε |
| Aris. | 319 | 3 | ἀνδράσι χρησάμενος. ἑκάστῳ γὰρ στολὰς ἔδωκε τῶν | * κρατίστων * | τρεῖς καὶ χρυσίου τάλαντα δύο καὶ κυλίκιον |
| FPho. | 72 | | καὶ ἐν ἀλλήλοις τελέθουσιν. οὐ φθονέει μήνη πολὺ | * κρείσσοσιν * | ἡλίου αὐγαῖς οὐ χθὼν οὐρανίοισ' ὑψώμασι |
| HArt. | 9 23 | 2 | χώραν ἀδιαίρετον εἶναι καὶ τῶν ἐλασσόνων ὑπὸ τῶν | * κρεισσόνων * | ἀδικουμένων τοῦτον πρῶτον τήν τε γῆν διελεῖν |
| LEze. | 9 29 | 16 01 | πόρος Ἐρυθρᾶς Θαλάσσης καὶ στρατὸν διώλεσε. | * κράτιστε * | Μωσῆ πρόσχες οἷον εὕρομεν τόπον πρὸς αὐτῇ τῇδέ |
| κρέμαμαι | | | 11 | | |
| TLevi | 2 | 7 | οὐρανοῦ εἰς τὸν δεύτερον καὶ εἶδον ἐκεῖ ὕδωρ | * κρεμάμενον * | ἀνάμεσον τούτου κἀκείνου. καὶ εἶδον τρίτον |
| Asen. | 22 | 9 | ἐκρεμάσθη ἐπὶ τὸν τράχηλον τοῦ πατρὸς αὐτῆς (καθὼς | * κρέμαται * | τις ἐπὶ τὸν τράχηλον τοῦ πατρὸς αὐτοῦ ὅταν ἐκ |
| Jer. | 7 | 25 | πολλάκις γὰρ ἐξερχόμενος ηὕρισκον ἐκ τοῦ λαοῦ | * κρεμαμένους * | ὑπὸ Ναβουχοδονόσορ βασιλέως κλαίοντας καὶ |
| Jer. | 7 | 26 | ἐλυπούμην καὶ ἔκλαιον δισσὸν κλαυθμὸν οὐ μόνον ὅτι | * ἐκρέμαντο * | ἀλλ' ὅτι ἐπεκαλοῦντο θεὸν ἀλλότριον λέγοντες |
| Bar. | 9 | 8 | ἡ σελήνη καὶ ἀστέρες αὐγάσαι. ἀεὶ γὰρ οἱ ἀστέρες | * κρέμανται * | ἀλλ' ὑπὸ τοῦ ἡλίου σκεδάζονται. καὶ ἡ σελήνη |
| Prop. | 3 | 5 | ἐξ ἐπιπέδου ὑπερῷον καὶ ἔστι ἐπὶ γῆς ἐν πέτρᾳ | * κρεμάμενον. * | οὗτος ὁ προφήτης τέρας ἔδωκε τῷ λαῷ ὥστε |
| Esdr. | 4 | 22 | με ἐπὶ τὴν μεσημβρίαν καὶ ἴδον ἐκεῖ ἄνθρωπον | * κρεμάμενον * | ἐκ τῶν βλεφάρων καὶ οἱ ἄγγελοι ἐμάστιζον |
| Esdr. | 5 | 2 | δέσποτα τὸ γένος τῶν Χριστιανῶν. καὶ ἴδον γυναῖκα | * κρεμαμένην * | καὶ τέσσαρα θηρία θηλάζοντα τοὺς μαστούς |
| Esdr. | 5 | 24 | καὶ τὰς αἰωνίους κρίσεις. καὶ εἶδον ἐκεῖ ἄνθρωπον | * κρεμάμενον * | ἐκ τοῦ κρανίου καὶ εἶπον τίς ἐστιν οὗτος; καὶ |
| FEz. | 186 | 29 | )εος εισιν οι της φων(ης )ανεβλεψα δε κ( )ου | * κρεμαμενου( * | )ανου καθιπταμ( )υτον και ειπ(α )ε( )ως ο κ( |
| HCal. | 28 | 21 | ἐπεστήρικτο καὶ ψυχαὶ Μακεδόνων Ἀλεξάνδρῳ | * ἐκρέμαντο. * | |
| κρεμάννυμι | | | 6 | | |
| Adam | 17 | 1 | σου ῥήματα πρὸς τὸ ἐξαπατῆσαι αὐτούς. καὶ εὐθέως | * ἐκρεμάσθη * | ἐκ τῶν τειχέων τοῦ παραδείσου. καὶ ὅτε ἀνῆλθον |
| Abr.1 | 5 | 8 | ἀνάστα οὖν ἄνοιξόν μοι ταχέως ὅπως εἰσελθὼν καὶ | * κρεμασθῶ * | ἐπὶ τοῦ τραχήλου σου καὶ ἀσπάσωμαί σε πρὶν σε |
| Abr.1 | 5 | 9 | οὖν Ἀβραὰμ ἤνοιξεν αὐτῷ εἰσελθὼν δὲ Ἰσαὰκ | * ἐκρεμάσθη * | ἐπὶ τὸν τράχηλον αὐτοῦ καὶ ἤρξατο κλαίειν |
| Abr.2 | 6 | 2 | δὲ Ἀβραὰμ καὶ ἤνοιξεν καὶ εἰσῆλθεν Ἰσαὰκ καὶ | * ἐκρέμασεν * | ἑαυτὸν εἰς τὸν τράχηλον τοῦ πατρὸς αὐτοῦ |
| Asen. | 22 | 9 | χεῖρας αὐτῆς καὶ ἐκράτησε τοῦ αὐχένος Ἰακὼβ καὶ | * ἐκρεμάσθη * | ἐπὶ τὸν τράχηλον τοῦ πατρὸς αὐτῆς (καθὼς |
| Esdr. | 4 | 24 | ἐστὶν μικρὸν θέλημα πράξας ἐκελεύσθη οὗτος | * κρεμασθῆναι. * | καὶ ἀπήγαγόν με ἐπὶ βορρᾶν καὶ ἴδον ἐκεῖ |
| κρεωφαγία | | | 1 | | |
| HEup. | 9 33 | 1 | αὐτοῖς ἐκ τῆς Ἰουδαίας ἱερεῖα δὲ εἰς | * κρεωφαγίαν * | ἐκ τῆς Ἀραβίας. ἐπιστολη Σουρωνος. Σούρων |
| κρημνός | | | 11 | | |
| Abr.1 | 17 | 14 | φλογερώτερον καὶ πολλῆς ἀγριότητος (καὶ πρόσωπον | * κρημνοῦ * | φρικωδεστάτου) καὶ πρόσωπον σκοτώδους |
| Abr.1 | 19 | 5 | τῶν δρακόντων τὰς πονηρὰς καὶ τί τὸ πρόσωπον τοῦ | * κρημνοῦ * | καὶ τίς ἡ ῥομφαία ἡ ἀπότομος καὶ τίς ὁ ποταμὸς ὁ |
| Abr.1 | 19 | 9 | προσώπου θάνατον βλέπουσιν τὸ δὲ πρόσωπον τοῦ | * κρημνοῦ * | ἔδειξά σοι διότι πολλοὶ ἀπὸ ὕψους δένδρων (ἢ) |
| Abr.1 | 19 | 9 | ἔδειξά σοι διότι πολλοὶ ἀπὸ ὕψους δένδρων (ἢ) | * κρημνοῦ * | κατερχόμενοι καὶ ἀνύπαρκτοι γινόμενοι τελευτῶσιν |
| Abr.1 | 19 | 9 | καὶ ἀνύπαρκτοι γινόμενοι τελευτῶσιν καὶ εἰς τύπον | * κρημνοῦ * | θεωροῦσιν τὸν θάνατον τὸ δὲ πρόσωπον τῆς |
| TRub. | 2 | 9 | ὁδηγεῖ ὡς τυφλὸν ἐπὶ βόθρον καὶ ὡς κτῆνος ἐπὶ | * κρημνόν. * | ἐπὶ πᾶσι τούτοις ὄγδοον πνεῦμα τοῦ ὕπνου ἐστί |
| TJud. | 2 | 4 | αὐτοῦ. ἄρκον λαβὼν ἐκ τοῦ ποδὸς ἀπεκύλισα εἰς | * κρημνὸν * | καὶ πᾶν θηρίον εἰ ἐπέστρεφε πρός με διέσπων αὐτὸ |
| TJos. | 7 | 3 | αὐτῆς καὶ λέγει μοι ἄγχομαι ἢ εἰς φρέαρ ἢ εἰς | * κρημνὸν * | ῥίπτω ἐμαυτὴν ἐὰν μή μοι συμπεισθῇς. καὶ νοήσας |
| Prop. | 6 | 1 | τῷ Ἀχαὰβ ὑπὸ Ἰωρὰμ τοῦ υἱοῦ αὐτοῦ ἀνῃρέθη | * κρημνῷ * | ὅτι ἤλεγχεν αὐτὸν ἐπὶ ταῖς ἀσεβείαις τῶν πατέρων |
| Aris. | 118 | 3 | ἀπραγμάτευτος διὰ τὸ στενὰς εἶναι τὰς παρόδους | * κρημνῶν * | παρακειμένων καὶ φαράγγων βαθέων ἔτι δὲ τραχείας |
| Sib. | 5 | 122 | δύσει βαθὺν εἰς βυθὸν ὥστ' ἀπολέσθαι. Σμύρνα κατὰ | * κρημνῶν * | εἱλισσομένη ποτὲ κλαύσει ἣ τὸ πάλαι σεμνὴ καὶ |
| κρήνη | | | 2 | | |
| LPhl. | 9 37 | 1 | δινεύσας λαθραῖα χρόνου πλημμυρίδι μοίρης. | * κρήνην * | εἶναι ταύτην δὲ ἐν μὲν τῷ χειμῶνι ξηραίνεσθαι ἐν |
| LPhl. | 9 37 | 2 | συνόροισιν στρωφᾶται καὶ ξηρὰ πέδῳ κεκονιμένα | * κρήνης * | τηλεφαῆ δεικνυσιν ὑπέρτατα θάμβεα λαῶν. αἰπὺ δ' |
| κρηπίς | | | 1 | | |
| Aris. | 69 | 2 | τοῦ ποδὸς ἄνθρακος λίθου πάντοθεν παλαιστιαία | * κρηπῖδος * | ἔχουσα τάξιν κατὰ τὴν πρόσοψιν ὀκτὼ δὲ δακτύλων |

**Κρής** [1]
Slb. 3 140 ἰδίῃ τε τρέφεσθαι ἐς Φρυγίην τρεῖς ἄνδρας ἐνόρκους ✶ Κρῆτας ✶ ἑλοῦσα τοὔνεκά τοι Δι' ἐπωνομάσανθ' ὁτιη

**Κρήτη** [2]
Slb. 3 504 ἐδάφους φλέξας πόλιας καὶ πολλὰ θέμεθλα. αἰαῖ σοι ✶ Κρήτη ✶ πολυώδυνε εἰς σέ περ ἥξει πληγή καὶ φοβερά αἰώνιος
Slb. 5 450 Ἀσις δ' ἡ μεγάλη τότε πάμφορον ἔσσεται ὕδωρ καὶ ✶ Κρήτη ✶ πεδίον. Κύπρος δ' ἕξει μέγα πῆμα καὶ Πάφος αἰάξει

**κριθή** [1]
FPho. 168 οἱ δ' αὐτοὶ πυροῖο νεοτριβὲς ἄχθος ἔχουσιν ἤ ✶ κριθῶν ✶ αἰεὶ δὲ φέρων φορέοντα διώκει ἐκ θέρεος ποτὶ

**κρίμα** [34]
Adam 22 2 μετ' ἐμοῦ εἰς τὸν παράδεισον καὶ ἀκούσατε τοῦ ✶ κρίματος ✶ ἐν ᾧ κρινῶ τὸν Ἀδάμ. καὶ ὡς ἠκούσαμεν τοῦ
Hen. 10 12 κρίσεως αὐτῶν καὶ συντελεσμοῦ ἕως τελεσθῇ τὸ ✶ κρίμα ✶ τοῦ αἰῶνος τῶν αἰώνων. τότε ἀπαχθήσονται εἰς τὸ
Hen. 10B 12 μέχρι ἡμέρας τελειώσεως τελεσμοῦ ἕως συντελεσθῇ ✶ κρίμα ✶ τοῦ αἰῶνος τῶν αἰώνων. τότε ἀπενεχθήσονται εἰς τὸ
Hen. 13 1 τῷ Ἀζαὴλ εἶπεν πορεύου οὐκ ἔσται σοι εἰρήνη. ✶ κρίμα ✶ μέγα ἐξῆλθεν κατά σου δῆσαί σε καὶ ἀνοχὴ καὶ
TGad 7 3 τὰ καλὰ καὶ συμφέροντα πᾶσιν ἀνθρώποις. ἐξέτασον ✶ κρίματα ✶ κυρίου καὶ οὗτος οὐ καταλείψει καὶ ἡσυχάσει τὸ
TBen. 10 3 καὶ δικαιοσύνην ἕκαστος μετὰ τοῦ πλησίον αὐτοῦ καὶ ✶ κρίματα ✶ εἰς πιστοποίησιν καὶ τὸν νόμον κυρίου καὶ τὰς
Sal. 2 10 ἐπ' αὐτῆς ὅσα ἐποίησαν. καὶ γνώσεται ἡ γῆ τὰ ✶ κρίματά ✶ σου πάντα τὰ δίκαια ὁ θεός. ἔστησαν τοὺς υἱοὺς
Sal. 2 13 αὐτῶν. καὶ θυγατέρες Ιερουσαλημ βέβηλοι κατὰ τὸ ✶ κρίμα ✶ σου ἀνθ' ὧν αὐταὶ ἐμίαιωσαν αὐτὰς ἐν φυρμῷ
Sal. 2 15 δικαιῶσω σε ὁ θεὸς ἐν εὐθύτητι καρδίας ὅτι ἐν τοῖς ✶ κρίμασίν ✶ σου ἡ δικαιοσύνη σου ὁ θεός. ὅτι ἀπέδωκας τοῖς
Sal. 2 17 σφόδρα. ἀνεκάλυψας τὰς ἁμαρτίας αὐτῶν ἵνα φανῇ τὸ ✶ κρίμα ✶ σου ἐξήλειψας τὸ μνημόσυνον αὐτῶν ἀπὸ τῆς γῆς. ὁ
Sal. 2 32 αὐτόν. καὶ νῦν ἴδετε οἱ μεγιστᾶνες τῆς γῆς τὸ ✶ κρίμα ✶ τοῦ κυρίου ὅτι μέγας βασιλεὺς καὶ δίκαιος κρίνων
Sal. 2 33 τὸ ἔλεος κυρίου ἐπὶ τοὺς φοβουμένους αὐτὸν μετὰ ✶ κρίματος ✶ τοῦ διαστεῖλαι ἀνὰ μέσον δικαίου καὶ ἁμαρτωλοῦ
Sal. 3 3 παντὸς τοῦ κυρίου ἐν ἐξομολογήσει καὶ δικαιώσει τὰ ✶ κρίματα ✶ κυρίου. οὐκ ὀλιγωρήσει δίκαιος παιδευόμενος ὑπὸ
Sal. 4 8 τὰ ἔργα αὐτοῦ. καὶ δικαιώσαισαν ὅσιοι τὸ ✶ κρίμα ✶ τοῦ θεοῦ αὐτῶν ἐν τῷ ἐξαιρεσθαι ἁμαρτωλοὺς ἀπὸ
Sal. 5 1 ὀνόματί σου ἐν ἀγαλλιάσει ἐν μέσῳ ἐπισταμένοι τὰ ✶ κρίματά ✶ σου τὰ δίκαια ὅτι σὺ χρηστὸς καὶ ἐλεήμων ἡ
Sal. 5 4 σοῦ ἐν σταθμῷ οὐ προσθήσει τοῦ πλεονάσαι παρὰ τὸ ✶ κρίμα ✶ σου ὁ θεός. ἐν τῷ θλίβεσθαι ἡμᾶς ἐπικαλεσόμεθά σε
Sal. 8 7 ὁδοὺς αὐτῶν ἐν δικαιοσύνῃ. ἀνελογισάμην τὰ ✶ κρίματα ✶ τοῦ θεοῦ ἀπὸ κτίσεως οὐρανοῦ καὶ γῆς ἐδικαίωσα
Sal. 8 7 κτίσεως οὐρανοῦ καὶ γῆς ἐδικαίωσα τὸν θεὸν ἐν τοῖς ✶ κρίμασιν ✶ αὐτοῦ τοῖς ἀπ' αἰῶνος. ἀνεκάλυψεν ὁ θεὸς τὰς
Sal. 8 8 αὐτῶν ἐναντίον τοῦ ἡλίου ἔγνω πᾶσα ἡ γῆ τὰ ✶ κρίματα ✶ τοῦ θεοῦ τὰ δίκαια. ἐν καταγαίοις κρυφίοις αἱ
Sal. 8 23 τῷ ὀνόματι τοῦ θεοῦ. ἐδικαιώθη ὁ θεὸς ἐν τοῖς ✶ κρίμασιν ✶ αὐτοῦ ἐν τοῖς ἔθνεσιν τῆς γῆς καὶ οἱ ὅσιοι τοῦ
Sal. 8 25 δικαιοσύνη αὐτοῦ. ἰδοὺ δὴ ὁ θεὸς ἔδειξεν ἡμῖν τὸ ✶ κρίμα ✶ σου ἐν τῇ δικαιοσύνῃ σου εἴδοσαν οἱ ὀφθαλμοὶ ἡμῶν
Sal. 8 25 ἐν τῇ δικαιοσύνῃ σου εἴδοσαν οἱ ὀφθαλμοὶ ἡμῶν τὰ ✶ κρίματά ✶ σου ὁ θεός. ἐδικαιώσαμεν τὸ ὄνομά σου τὸ ἔντιμον
Sal. 8 32 κύριε καὶ ἡμεῖς οὐκ ἀφεξόμεθά σου ὅτι χρηστὰ τὰ ✶ κρίματά ✶ σου ἐφ' ἡμᾶς. ἡμῖν καὶ τοῖς τέκνοις ἡμῶν ἡ
Sal. 8 34 ἔτι τὸν αἰῶνα χρόνον. αἰνετὸς κύριος ἐν τοῖς ✶ κρίμασιν ✶ αὐτοῦ ἐν στόματι ὁσίων καὶ εὐλογημένος Ισραηλ
Sal. 9 5 ἀδικίαν αὐτὸς αἴτιος τῆς ψυχῆς ἐν ἀπωλείᾳ τὰ γὰρ ✶ κρίματα ✶ κυρίου ἐν δικαιοσύνῃ κατ' ἄνδρα καὶ οἶκον. τίνι
Sal. 10 5 ἐν ἐπισκοπῇ. δίκαιος καὶ ὅσιος ὁ κύριος ὅμην ✶ κρίμασιν ✶ αὐτοῦ εἰς τὸν αἰῶνα καὶ Ισραηλ αἰνέσει τῷ
Sal. 15 8 καὶ οὐκ ἐκφεύξονται οἱ ποιοῦντες ἀνομίαν τὸ ✶ κρίμα ✶ κυρίου ὡς ὑπὸ πολεμίων ἐμπείρων καταλημφθήσονται
Sal. 15 12 εἰς τὸν αἰῶνα ὅταν ἐπισκέπτηται ὁ θεὸς τὴν γῆν ἐν ✶ κρίματι ✶ αὐτοῦ οἱ δὲ φοβούμενοι τὸν κύριον ἐλεηθήσονται
Sal. 17 10 οὐκ ἀφῆκεν αὐτῶν ἕνα. πιστὸς ὁ κύριος ἐν πᾶσι τοῖς ✶ κρίμασιν ✶ αὐτοῦ οἷς ποιεῖ ἐπὶ τὴν γῆν. ἠρήμωσεν ὁ ἄνομος
Sal. 17 19 ὑψηλῶν ὅτι οὐκ ἦν ἐν αὐτοῖς ποιῶν δικαιοσύνην καὶ ✶ κρίμα. ✶ ἀπὸ ἄρχοντος αὐτῶν καὶ λαοῦ ἐλαχίστου ἐν πάσῃ
Sal. 18 3 ὦτά σου ἐπακούει εἰς δέησιν πτωχοῦ ἐν ἐλπίδι. τὰ ✶ κρίματά ✶ σου ἐπὶ πᾶσαν τὴν γῆν μετὰ ἐλέους καὶ ἡ ἀγάπη
Jer. 7 28 τούτου ὅπως εἰσακούσωσιν τῆς φωνῆς μου καὶ τῶν ✶ κριμάτων ✶ τοῦ στόματός μου καὶ ἐξέλθωμεν ἐντεῦθεν. λέγω
Job 43 6 ἡ δὲ τῆς λαμπάδος αὐτοῦ δόξα ἀποβήσεται αὐτῷ εἰς ✶ κρίμα ✶ ὅτι οὗτός ἐστιν ὁ τοῦ σκότους καὶ οὐχὶ τοῦ φωτός
Job 43 13 αὐτοῦ. δίκαιός ἐστιν κύριος, ἀληθινὰ αὐτοῦ τὰ ✶ κρίματα ✶ παρ' ᾧ οὐκ ἔστιν προσωπολημψία κρινεῖ ἡμᾶς

**κρίμνον** [1]
HArt. 9 27 37 ἐν τῇ ἐρήμῳ διατρῖψαι βρέχοντος αὐτοῖς τοῦ θεοῦ ✶ κρίμνον ✶ ὅμοιον ἐλύμῳ χιόνι παραπλήσιον τὴν χρόαν.

**κρίνον** [3]
TSim. 6 2 ὡς ῥόδον ἀνθήσει τὰ ὀστᾶ μου ἐν Ἰσραὴλ καὶ ὡς ✶ κρίνον ✶ ἡ σάρξ μου ἐν Ἰακὼβ καὶ ἔσται ἡ ὀσμή μου ὡς ὀσμὴ
Aris. 68 2 ἐποίησαν τὰς κεφαλίδας ἔχοντας κρινωτὰς ἀνάκλασιν ✶ κρίνων ✶ ὑπὸ τὴν τράπεζαν λαμβανόντων τὰ δὲ τῆς ἐντὸς
Aris. 75 5 καλλονῆς ἐναργές. ἐπὶ δὲ τῆς στεφάνης τοῦ στόματος ✶ κρίνων ✶ τύπωσις σὺν ἀνθέμισι καὶ βοτρύων σχοινιαί

**κρίνω** [60]
Adam 22 2 εἰς τὸν παράδεισον καὶ ἀκούσατε τοῦ κρίματος ἐν ᾧ ✶ κρινῶ ✶ τὸν Ἀδάμ. καὶ ὡς ἠκούσαμεν τοῦ ἀρχαγγέλου
Adam 22 2 εἴπομεν ἰδοὺ ὁ θεὸς εἰς τὸν παράδεισον ἔρχεται ✶ κρῖναι ✶ ἡμᾶς. ἐφοβήθημεν δὲ καὶ ἐκρύβημεν. καὶ ἦλθεν ὁ
Adam 25 4 καὶ πάλιν ἐπιστρέψεις. διὰ τοῦτο ἐκ τῶν λόγων σου ✶ κρινῶ ✶ σε διὰ τὴν ἔχθραν ἣν ἔθετο ὁ ἐχθρὸς ἐν σοί.
Adam 27 4 τοῦ παραδείσου; μὴ ἐμόν ἐστι τὸ ἁμάρτημα ἢ κακῶς ✶ ἔκρινα; ✶ τότε οἱ ἄγγελοι πεσόντες ἐπὶ τὴν γῆν
Adam 27 5 τῷ κυρίῳ λέγοντες δίκαιος εἶ κύριε καὶ εὐθύτητος ✶ κρίνεις. ✶ στραφεὶς δὲ πρὸς τὸν Ἀδὰμ εἶπεν οὐκ ἀφήσω σε
Hen. 19 1 τοῖς δαιμονίοις μέχρι τῆς μεγάλης κρίσεως ἐν ᾗ ✶ κριθήσονται ✶ εἰς ἀποτελείωσιν. καὶ αἱ γυναῖκες αὐτῶν τῶν
Hen. 22 3 τὰ πνεύματα τῶν ψυχῶν τῶν νεκρῶν. εἰς αὐτὸ τοῦτο ✶ ἐκρίθησαν ✶ ὧδε ἐπισυνάγεσθαι πάσας τὰς ψυχὰς τῶν
Abr.1 12 11 ἀνὴρ ὁ θαυμάσιος ὁ ἐπὶ τοῦ θρόνου αὐτοῦ καθήμενος ✶ ἔκρινεν ✶ καὶ ἀπερήνατο τὰς ψυχὰς οἱ δὲ δύο ἄγγελοι οἱ ⟨ἐκ
Abr.1 13 3 ὃν ἀπέκτεινεν Κάιν ὁ πονηρότατος καὶ κάθηται ὧδε ✶ κρίναι ✶ πᾶσαν τὴν κτίσιν καὶ ἐλέγχων δικαίους καὶ
Abr.1 13 3 καὶ ἁμαρτωλοὺς διότι εἶπεν ὁ θεὸς ὅτι οὐκ ἐγὼ ✶ κρίνω ✶ τὸν κόσμον ἀλλὰ πᾶς ἄνθρωπος ἐξ ἀνθρώπου κρίνεται
Abr.1 13 3 ἐγὼ κρίνω τὸν κόσμον ἀλλὰ πᾶς ἄνθρωπος ἐξ ἀνθρώπου ✶ κρίνεται ✶ τούτου χάριν αὐτῷ ἔδωκε κρίσιν κρῖναι τὸν
Abr.1 13 4 ἀνθρώπου κρίνεται τούτου χάριν αὐτῷ ἔδωκε κρίσιν ✶ κρῖναι ✶ τὸν κόσμον μέχρι τῆς μεγάλης ἐνδόξου αὐτοῦ
Abr.1 13 5 διὰ τοῦτο ἐνταῦθα πρῶτον ἐκ τοῦ τοιούτου ἀνθρώπου ✶ κρίνεται ✶ καὶ ἐν τῇ δευτέρᾳ παρουσίᾳ ⟨κριθήσονται⟩ ὑπὸ
Abr.1 13 6 ἀνθρώπου κρίνεται καὶ ἐν τῇ δευτέρᾳ παρουσίᾳ ✶ ⟨κριθήσονται⟩ ✶ ὑπὸ τῶν δώδεκα φυλῶν τοῦ Ἰσραὴλ καὶ πᾶσα
Abr.1 13 7 τὸ δὲ τρίτον ὑπὸ τοῦ δεσπότου θεοῦ τῶν ἁπάντων ✶ κριθήσεται ✶ πᾶς ἄνθρωπος καὶ τότε λοιπὸν τῆς κρίσεως
Abr.2 9 11 αὐτοὺς εἰς τὸν τόπον τοῦ κριτηρίου ἵνα ὁ κριτὴς ✶ κρίνῃ ✶ αὐτούς. λέγει Ἀβραὰμ τῷ Μιχαὴλ θέλω ἵνα ἀπάξῃς με
Abr.2 10 1 εἰς τὸν τόπον τοῦ κριτηρίου καὶ γὼ θεάσωμαι πῶς ✶ κρίνει. ✶ τότε Μιχαὴλ ἐποίησεν τὴν νεφέλην ἀναγαγεῖν τὸν
Abr.2 11 1 Ἀβραὰμ εἶπεν τῷ Μιχαὴλ κύριε τίς ἐστιν οὗτος ὁ ✶ κρίνων ✶ ὅτι οὐ κρίνει πρὶν ὁ ἀποφαινόμενος ἀνώρθωσε; καὶ
Abr.2 11 1 τῷ Μιχαὴλ κύριε τίς ἐστιν οὗτος ὁ κρίνων ὅτι οὐ ✶ κρίνει ✶ πρὶν ὁ ἀποφαινόμενος ἀνώρθωσε; καὶ λέγει Μιχαὴλ
Abr.2 11 2 μαρτυρήσας καὶ ἠνέχθη εἰς τὸν τόπον τοῦτον ἵνα ✶ κρίνῃ ✶ οὗτός ἐστι ὁ ἀποφαινόμενος Ἐνὼχ ὁ πατὴρ σου
TLevi 4 1 ἐπιμενοῦσιν ἐν ταῖς ἀδικίαις διὰ τοῦτο ἐν κολάσει ✶ κριθήσονται. ✶ εἰσήκουσεν οὖν ὁ ὕψιστος τῆς προσευχῆς σου
TJud 24 6 ἐν αὐτῷ ἀναβήσεται ῥάβδος δικαιοσύνης τοῖς ἔθνεσι ✶ κρῖναι ✶ καὶ σῶσαι πάντας τοὺς ἐπικαλουμένους κύριον. καὶ
TGad 4 3 εὐθὺς θέλει ἀναγγεῖλαι πᾶσι καὶ σπεύδει ἵνα ✶ κριθῇ ✶ περὶ αὐτῆς καὶ κολασθεὶς ἀποθάνῃ. ἐὰν δὲ ᾖ δοῦλος
TGad 5 11 ἀνηλεῶς κατὰ τοῦ Ἰωσὴφ τῷ ἥπατι πάσχων ἀνηλεῶς ✶ ἐκρινόμην ✶ ἐπὶ μῆνας ἕνδεκα καθ' ὅσον χρόνον ἐνεῖχον τῷ
TBen. 7 4 δίκαιον ἀδελφὸν αὐτοῦ. ἐν τοῖς ἑπτὰ κακοῖς ὁ Κάιν ✶ ἐκρίνετο ✶ ὁ δὲ Λάμεχ ἐν τοῖς ἑβδομηκοντάκις ἑπτὰ ὅτι ἕως
TBen. 7 5 Κάιν ἐν φθόνῳ καὶ μισαδελφίᾳ ἕως ἑπτὰ κολάσει ✶ κριθήσονται. ✶ ὑμεῖς οὖν τέκνα μου ἀποδράσατε τὴν
TBen. 10 8 οἱ μὲν εἰς δόξαν οἱ δὲ εἰς ἀτιμίαν. καὶ ✶ κρινεῖ ✶ κύριος ἐν πρώτοις τὸν Ἰσραὴλ περὶ τῆς εἰς αὐτὸν
TBen. 10 9 θεὸν ἐν σαρκὶ ἐλευθερωτὴν οὐκ ἐπίστευσαν. καὶ τότε ✶ κρινεῖ ✶ πάντα τὰ ἔθνη ὅσα οὐκ ἐπίστευσαν αὐτῷ ἐπὶ γῆς
Asen. 28 7 κατέναντι αὐτῶν. θαρσεῖτε οὖν καὶ μὴ φοβεῖσθε πλὴν ✶ κρινεῖ ✶ κύριος ἀνάμεσον ἐμοῦ καὶ ὑμῶν. καὶ ἔφυγον εἰς τὴν
Sal. 2 30 τῇ μεγάλῃ. αὐτὸς βασιλεὺς ἐπὶ τῶν οὐρανῶν καὶ ✶ κρίνων ✶ βασιλεῖς καὶ ἀρχάς ὁ ἀνιστῶν ἐμὲ εἰς δόξαν καὶ
Sal. 2 32 τὸ κρίμα τοῦ κυρίου ὅτι μέγας βασιλεὺς καὶ δίκαιος ✶ κρίνων ✶ τὴν ὑπ' οὐρανόν. εὐλογεῖτε τὸν θεὸν οἱ φοβούμενοι
Sal. 4 11 παρελογίσατο ἐν λόγοις ὅτι οὐκ ἔστιν ὁρῶν καὶ ✶ κρίνων ✶ ἐπλήσθη ἐν παρανομίᾳ ἐν ταύτῃ καὶ οἱ ὀφθαλμοί
Sal. 8 3 δι' ἐρήμου. καὶ εἶπα ⟨ἐν⟩ τῇ καρδίᾳ μου ποῦ ἄρα ✶ κρινεῖ ✶ αὐτὸν ὁ θεός; φωνὴν ἤκουσα εἰς Ιερουσαλημ πόλιν
Sal. 8 15 τὸν ἀπ' ἐσχάτου τῆς γῆς τὸν παίοντα κραταιῶς ✶ ἔκρινεν ✶ τὸν πόλεμον ἐπὶ Ιερουσαλημ καὶ τὴν γῆν αὐτῆς.
Sal. 8 24 ὡς ἀρνία ἐν ἀκακίᾳ ἐν μέσῳ αὐτῶν. αἰνετὸς κύριος ὁ ✶ κρίνων ✶ πᾶσαν τὴν γῆν ἐν δικαιοσύνῃ αὐτοῦ. ἰδοὺ δὴ ὁ θεὸς
Sal. 8 26 ἔντιμον εἰς αἰῶνας ὅτι σὺ ὁ θεὸς τῆς δικαιοσύνης ✶ κρινεῖ ✶ τὸν Ισραηλ ἐν παιδείᾳ. ἐπίστρεψον ὁ θεὸς τὸ ἔλεος
Sal. 17 26 συνάξει λαὸν ἅγιον οὗ ἀφηγήσεται ἐν δικαιοσύνῃ καὶ ✶ κρινεῖ ✶ φυλὰς λαοῦ ἡγιασμένου ὑπὸ κυρίου θεοῦ αὐτοῦ καὶ
Sal. 17 29 πάροικος καὶ ἀλλογενὴς οὐ παροικήσει αὐτοῖς ἔτι ✶ κρινεῖ ✶ λαοὺς καὶ ἔθνη ἐν σοφίᾳ δικαιοσύνης αὐτοῦ.
Jer. 9 15 μετὰ τοῦ ὕψους τῶν κλάδων αὐτῶν καὶ ποιήσει αὐτά ✶ κριθῆναι ✶ τὸ δένδρον καὶ τὸ στηριχθῆναι. καὶ τὸ κόκκινον ὡς
Prop. 3 17 καθὼς εἶπε καὶ ὁ Δανιὴλ ὅτι κτισθήσεται. οὗτος ✶ ἔκρινεν ✶ ἐν Βαβυλῶνι τὴν φυλὴν Δαν ὅτι Γὰδ ὅτι
Prop. 21 3 ἡ οἴκησις αὐτοῦ φῶς καὶ ὁ λόγος αὐτοῦ ἀπόφασις ἐμὲ ✶ ἔκρινεν ✶ τὸν Ἰσραήλ. τὰ δὲ σημεῖα ἃ ἐποίησεν εἰσὶ ταῦτα
Esdr. 1 11 ἔργα τῶν χειρῶν σου εὔσπλαγχνε καὶ πολυέλεος ἐμὲ ✶ κρῖνον ✶ ὑπὲρ τῶν ψυχῶν τῶν ἁμαρτωλῶν συμφέρει γὰρ μίαν
Esdr. 3 3 ἐκείνην τὴν μεγάλην καὶ ἐπιφάνειαν τὴν κατέχουσαν ✶ κρῖναι ✶ τὸν κόσμον διὰ μὲ προφητά μου εἶπον ὅτι τὴν
Job 37 3 πρός με ἐπὶ τῷ θεῷ ἐλπίζεις; πῶς οὖν, ἀδίκως ✶ κρίνω ✶ ἐπενεγκὼν σοι τὰς πληγὰς ταύτας ἢ ἀφελόμενός σου
Job 43 13 αὐτοῦ τὰ κρίματα παρ' ᾧ οὐκ ἔστιν προσωπολημψία ✶ κρινεῖ ✶ ἡμᾶς ὁμοθυμαδόν. ἰδοὺ ὁ κύριος παρεγένετο, ἰδοὺ
Aris. 36 3 μείζοσι μισθοφορίαις ὁμοίως δὲ καὶ τοὺς προόντας ✶ κρίνων ✶ πιστοὺς φρούρια κτίσας ἀπέδωκεν αὐτοῖς ὅπως τὸ
Aris. 98 1 τοῦ θεοῦ κατὰ μέσον τῶν ὀφρύων δόξῃ πεπληρωμένον ὁ ✶ κριθεὶς ✶ ἄξιος ἦν ταῖς λειτουργίαις. ἡ δὲ
Aris. 175 6 ἥκοντας τιμῆς καταξιῶν μείζονος καὶ τὴν ὑπεροχὴν ✶ κρίνων ✶ τοῦ πέμψαντος ἀπολύσας οὓς ἐνόμιζε περισσοὺς
Aris. 276 4 ἐπερωτῶν. τὸ δὲ νοῦν ἔχειν ὀξύν καὶ δύνασθαι ✶ κρίνων ✶ ἕκαστα θεοῦ δώρημα καλὸν ἐστιν ὡς σὺ τοῦτο
Slb. 3 127 ἄνθρωπος ὅτ' τ' ἦσαν ἀφ' αἵματος ἠδὲ τοκήων καὶ ✶ κρίνει ✶ βασιλῆα Κρόνου πάντων βασιλεύει οὕνεκά τοι
Slb. 3 287 φάος ἄρη. καὶ τότε δὴ θεὸς οὐράνιος πέμπει βασιλῆα ✶ κρινεῖ ✶ δ' ἄνδρα ἕκαστον ἐν αἵματι καὶ πυρὸς αὐγῇ. ἔσται
Slb. 3 689 πάντες ἐφορμηθέντες ἐφ' Ἱερὸν ἤρατε λόγχας. καὶ ✶ κρινεῖ ✶ πάντας πολέμῳ θεὸς ἠδὲ μαχαίρῃ καὶ πυρὶ καὶ ὑετῷ
Slb. 3 693 ἔσται. καὶ τότε γνώσονται θεὸν ἄμβροτον ὃς τάδε ✶ κρινεῖ ✶ οἰμωγὴ καὶ τὸ ἀλάλαγμος κατ' ἀπείρονα γαῖαν
Slb. 4 42 καὶ θνητῶν ἔλθῃ κρίσις ἣν θεὸς αὐτὸς ποιήσει ✶ κρίνων ✶ ἀσεβεῖς θ' ἅμα εὐσεβέας τε καὶ τότε δυσσεβέας μὲν

Sib. 4 184 καὶ τότε δὴ κρίσις ἔσσετ' ἐφ' ᾗ δικάσει θεὸς αὐτὸς × κρίνων × ἔμπαλι κόσμον ὅσοι δ' ὑπὸ δυσσεβίῃσιν ἥμαρτον
FEz. 40 2 ἁγίου. ἐφ' οἷς γὰρ ἂν εὕρω ὑμᾶς ἐπὶ τούτοις καὶ × κρινῶ. × )εγυπτ(ιω)ν αγαλλιασομαι δε εγω εν) αυτοις εαν
FPho. 10 κρίσιν ἐς χάριν ἕλκειν. μὴ ῥίψῃς πενίην ἄδικος μὴ × κρῖνε × πρόσωπον ἢν σὺ κακῶς δικάσῃς σέ θεὸς μετέπειτα
FPho. 86 ἵν' ἔχῃς πάλι τῆσδε νεοσσούς. μηδέποτε × κρίνειν × ἀδαήμονας ἄνδρας ἐάσῃς. ⟨μηδὲ δίκην δικάσῃς
HDem. 9 21 12 ἔτει ἑνὶ ἔμπροσθεν ἐτῶν ὄντα ἑκατὸν ὀγδοήκοντα. × κρίναντα × δὲ τῷ βασιλεῖ τὸν Ἰωσὴφ τὰ ἐνύπνια ἄρξαι
LEze. 9 28 4 06 καὶ στρατηλάτης μόνος. ἄρχει δὲ πόλεως τῆσδε καὶ × κρίνει × βροτοὺς ἱερεὺς ὅς ἐστ' ἐμοῦ τε καὶ τούτων πατήρ.

κρινωτός 1

Aris. 68 1 τοὺς δὲ πόδας ἐποίησαν τὰς κεφαλίδας ἔχοντας × κρινωτὰς × ἀνάκλασιν κρίνων ὑπὸ τὴν τράπεζαν λαμβανόντων

κριός 25

Hen. 89 42 αὐτὰ μέχρι οὗ ἤγειρεν ὁ κύριος τῶν προβάτων × κριὸν × ἕνα ἐκ τῶν προβάτων. καὶ ὁ κριὸς οὗτος ἤρξατο
Hen. 89 43 τῶν προβάτων κριὸν ἕνα ἐκ τῶν προβάτων. καὶ ὁ × κριὸς × οὗτος ἤρξατο κερατίζειν καὶ ἐπιδιώκειν ἐν τοῖς
Hen. 89 44 τὰ πρόβατα ὧν οἱ ὀφθαλμοὶ ἠνοίγησαν ἐθεάσαντο τὸν × κριὸν × τὸν ἐν τοῖς προβάτοις ἕως οὗ ἄφῆκεν τὴν ὁδὸν αὐτοῦ
Hen. 89 45 ἄρνα τοῦτον ἐπὶ ἄρνα ἕτερον τοῦ στῆσαι αὐτὸν εἰς × κριὸν × ἐν ἀρχῇ τῶν προβάτων ἀντὶ τοῦ κριοῦ τοῦ ἀφέντος
Hen. 89 45 αὐτὸν εἰς κριὸν ἐν ἀρχῇ τῶν προβάτων ἀντὶ τοῦ × κριοῦ × τοῦ ἀφέντος τὴν ὁδὸν αὐτοῦ. καὶ ἐπορεύθη πρὸς
Hen. 89 46 αὐτῷ σιγῇ κατὰ μόνας καὶ ἤγειρεν αὐτὸν εἰς × κριὸν × καὶ εἰς ἄρχοντα καὶ εἰς ἡγούμενον τῶν προβάτων καὶ
Hen. 89 47 ἐπὶ πᾶσιν τούτοις ἔθλιβον τὰ πρόβατα. ⟨καὶ ὁ × κριὸς × ὁ πρῶτος τὸν κριὸν τὸν δεύτερον ἐπεδίωκεν καὶ
Hen. 89 47 ἔθλιβον τὰ πρόβατα. ⟨καὶ⟩ ὁ κριὸς ὁ πρῶτος τὸν × κριὸν × τὸν δεύτερον ἐπεδίωκεν καὶ ἔφυγεν ἀπὸ προσώπου
Hen. 89 47 καὶ ἔφυγεν ἀπὸ προσώπου αὐτοῦ εἶτ' ἐθεώρουν τὸν × κριὸν × τὸν πρῶτον ἕως οὗ ἔπεσεν ἔμπροσθεν τῶν κυνῶν. καὶ
Hen. 89 48 πρῶτον ἕως οὗ ἔπεσεν ἔμπροσθεν τῶν κυνῶν. καὶ ὁ × κριὸς × ὁ δεύτερος ἀναπηδήσας ἀφηγήσατο τῶν προβάτων. καὶ
TLevi 18 2B034 πέντε μνᾶς καὶ εἰς μόσχον τέλειον μ' μναῖ καὶ εἰ × κριὸς × ἐκ προβάτων ἢ τράγος ἐξ αἰγῶν τὸ προσφερόμενον ἢ
TLevi 18 2B039 σάτου καὶ τοῦ μόσχου τὸ δίμοιρον τοῦ σάτου καὶ τῷ × κριῷ × τὸ ἥμισυ τοῦ σάτου καὶ τῷ τράγῳ τὸ ἴσον καὶ τῷ
TLevi 18 2B042 ταύρῳ τῷ β' καὶ τῷ μοσχαρίῳ σάτου σεμίδαλιν καὶ τῷ × κριῷ × καὶ τῷ τράγῳ τὰ δύο μέρη τοῦ σάτου καὶ τῷ ἀρνίῳ καὶ
TLevi 18 2B044 ταύρῳ ἀναπεποιημένον ἐν τῇ σεμιδάλει ταύτῃ καὶ τῷ × κριῷ × τὸ ἕκτον τοῦ σάτου καὶ τῷ ἀρνίῳ τὸ ὄγδοον τοῦ σάτου
TLevi 18 2B044 οἴνου κατὰ τὸ μέτρον τοῦ ἐλαίου τῷ ταύρῳ καὶ τῷ × κριῷ × καὶ τῷ ἐρίφῳ κατασπείσαι σπονδήν. λιβανωτοῦ σίκλοι
TLevi 18 2B045 λιβανωτοῦ σίκλοι ἓξ τῷ ταύρῳ καὶ τὸ ἥμισυ αὐτοῦ τῷ × κριῷ × καὶ τὸ τρίτον αὐτοῦ τῷ ἐρίφῳ. καὶ πᾶσα ἡ σεμίδαλις
Sal. 2 1 Ιερουσαλημ. ἐν τῷ ὑπερηφανεύεσθαι τὸν ἁμαρτωλὸν ἐν × κριῷ × κατέβαλε τείχη ὀχυρὰ καὶ οὐκ ἐκώλυσας. ἀνέβησαν ἐπὶ
Aris. 170 3 καὶ γὰρ ἐπὶ τῶν προσφερομένων ἔλεγε μόσχων τε καὶ × κριῶν × καὶ χιμάρων ὅτι δεῖ ταῦτα ἐκ βουκολίων καὶ
Sib. 3 577 αὖθ' ἱεραῖς ἑκατόμβαις ταύρων ζατρεφέων θυσίαις × κριῶν × τε τελείων πρωτοτόκων ὅίων τε καὶ ἀρνῶν πίονα μῆλα
Sib. 5 521 Ζυγὸν Ὠρίων ἀπενόσφισε μηκέτι μεῖναι Παρθένος ἐν × Κριῷ × Διδύμων ἠλλάξατο μοῖραν Πλειὰς δ' οὐκέτ' ἔφαινε
FEz. 186 9 ἀ⟨υτοις εγενοντο αλλια ειδου εγω διακρινω × κριον⟩ × προς κριον⟩ και μοσχον προς μοσχ⟨ον και το χωλον⟩
FEz. 186 10 εγενοντο αλλα ειδου εγω διακρινω κριον προς × κριον⟩ × και μοσχον προς μοσχ⟨ον και το χωλον⟩ κατεδησω
HDem. 9 19 4 Ἰσαὰκ σφάζειν δὲ μέλλοντα κωλυθῆναι ὑπὸ ἀγγέλου × κριὸν × αὐτῷ πρὸς τὴν κάρπωσιν παραστήσαντος τὸν δὲ
HDem. 9 19 4 τὸν μὲν παῖδα καθελεῖν ἀπὸ τῆς πυρᾶς τὸν δὲ × κριὸν × καρπῶσαι. Δημητρίου περι του ιακωβ απο της αυτης
LPhi. 9 20 1 ἀλλ' ὁ μὲν ἐν χείρεσσι κερασφόρον ὤπασε × κριόν. × τοῖσιν ἔδος μακαριστὸν ὅλης μέγας ἔκτισεν ἄκτωρ

κρίσις 105

Adam 12 1 ἀπόστηθι ἀπὸ τῆς εἰκόνος τοῦ θεοῦ ἕως ἡμέρας τῆς × κρίσεως. × τότε λέγει τὸ θηρίον τῷ Σὴθ ἰδοὺ ἀφίσταμαι ἀπὸ
Adam 26 4 κεφαλὴν καὶ σὺ ἐκείνου πτέρναν ἕως τῆς ἡμέρας τῆς × κρίσεως. × ταῦτα εἰπὼν κελεύει τοῖς ἀγγέλοις αὐτοῦ
Hen. 1 7 καὶ πάντα ὅσα ἐστὶν ἐπὶ τῆς γῆς ἀπολεῖται καὶ × κρίσις × ἔσται κατὰ πάντων. καὶ μετὰ τῶν δικαίων τὴν
Hen. 1 9 ταῖς μυριάσιν αὐτοῦ καὶ τοῖς ἁγίοις αὐτοῦ ποιῆσαι × κρίσιν × κατὰ πάντων καὶ ἀπολέσει πάντας τοὺς ἀσεβεῖς καὶ
Hen. 9 3 αἱ ψυχαὶ τῶν ἀνθρώπων λεγόντων εἰσαγάγετε τὴν × κρίσιν × ἡμῶν πρὸς τὸν ὕψιστο⟨ν⟩. καὶ εἶπα⟨ν⟩ τῷ κυρίῳ σὺ
Hen. 9B 3 ἐντυγχάνοντα καὶ λέγοντα ὅτι εἰσαγάγετε τὴν × κρίσιν × ἡμῶν πρὸς τὸν ὕψιστον καὶ τὴν ἀπώλειαν ἡμῶν
Hen. 9B 4 αὐτῶν καὶ ἔβαλον αὐτοὺς εἰς τὴν ἄβυσσον ἕως τῆς × κρίσεως × καὶ τὰ ἑξῆς. καὶ ταῦτα μὲν ὁ Ἐνὼχ μαρτυρεῖ.) σὺ
Hen. 10 6 φῶς μὴ θεωρείτω καὶ ἐν τῇ ἡμέρᾳ τῆς μεγάλης τῆς × κρίσεως × ἀπαχθήσεται εἰς τὸν ἐμπυρισμόν. καὶ ⟨αθήσεται ἡ
Hen. 10 12 γενεὰς εἰς τὰς νάπας τῆς γῆς μέχρι ἡμέρας × κρίσεως × αὐτῶν καὶ συντελεσμοῦ ἕως τελεσθῇ τὸ κρίμα τοῦ
Hen. 10B 6 πώμασον καὶ φῶς μὴ θεωρείτω. καὶ ἐν τῇ ἡμέρᾳ τῆς × κρίσεως × ἀπαχθήσεται εἰς τὸν ἐμπυρισμὸν τοῦ πυρός. καὶ
Hen. 10B 12 γενεὰς εἰς τὰς νάπας τῆς γῆς μέχρι ἡμέρας × κρίσεως × αὐτῶν μέχρι ἡμέρας τελειώσεως τελεσμοῦ ἕως
Hen. 16 1 τῆς ψυχῆς τῆς σαρκὸς αὐτῶν ἔσται ἀφανίζοντα χωρὶς × κρίσεως × οὕτως ἀφανίσουσιν μέχρις ἡμέρας τελειώσεως τῆς
Hen. 16 1 οὕτως ἀφανίσουσιν μέχρις ἡμέρας τελειώσεως τῆς × κρίσεως × τῆς μεγάλης ἐν ᾗ ὁ αἰὼν ὁ μέγας τελεσθήσεται.
Hen. 16B 1 αὐτῶν ὡς ἐκ τῆς σαρκὸς ἔσονται ἀφανίζοντα χωρὶς × κρίσεως × οὕτως ἀφανίσουσι μέχρις ἡμέρας τῆς τελειώσεως
Hen. 16B 1 ἀφανίσουσι μέχρις ἡμέρας τῆς τελειώσεως καὶ τῆς × κρίσεως × τῆς μεγάλης ἐν ᾗ ὁ αἰὼν ὁ μέγας τελεσθήσεται ἐφ'
Hen. 19 1 αὐτοὺς ἐπιθύειν τοῖς δαιμονίοις μέχρι τῆς μεγάλης × κρίσεως × ἐν ᾗ κριθήσονται εἰς ἀποτελείωσιν. καὶ αἱ
Hen. 22 4 ἐπισύναχεσιν αὐτῶν ἐποίησαν μέχρι τῆς ἡμέρας τῆς × κρίσεως × αὐτῶν καὶ μέχρι τοῦ διορισμοῦ καὶ διορισμένου
Hen. 22 4 μέχρι τοῦ διορισμοῦ καὶ διορισμένου χρόνου ἐν ᾧ ἡ × κρίσις × ἡ μεγάλη ἔσται ἐπ' αὐτοῖς. τεθθανμαι ἀνθρώπους
Hen. 22 10 ὅταν ἀποθάνωσιν καὶ ταφῶσιν εἰς τὴν γῆν καὶ × κρίσις × οὐκ ἐγενήθη ἐπ' αὐτῶν ἐν τῇ ζωῇ αὐτῶν. ὧδε
Hen. 22 11 βάσανον ταύτην μέχρι τῆς μεγάλης ἡμέρας τῆς × κρίσεως × τῶν μαστίγων καὶ τῶν βασάνων τῶν κατηραμένων
Hen. 22 13 κολάζονται αὐτῶν οὐ τιμωρηθήσονται ἐν ἡμέρᾳ τῆς × κρίσεως × οὐδὲ μὴ μετεγερθῶσιν ἐντεῦθεν. τότε ηὐλόγησα τὸν
Hen. 25 4 σάρξ ἐξουσίαν ἔχει ἅψασθαι αὐτοῦ μέχρι τῆς μεγάλης × κρίσεως × ἐν ᾗ ἐκδίκησις πάντων καὶ τελείωσις αὐτῶν
Hen. 27 3 ἐπ' ἐσχάτοις αἰῶσιν ἐν ταῖς ἡμέραις τῆς × κρίσεως × τῆς ἀληθινῆς ἐναντίον τῶν δικαίων εἰς τὸν ἄπαντα
Hen. 27 4 δόξης τὸν βασιλέα τοῦ αἰῶνος εἰς τὰς ἡμέρας τῆς × κρίσεως × αὐτῶν εὐλογήσουσιν ἐν ἐλέει ὡς ἐμέρισεν αὐτοῖς.
Hen. 29 2 καὶ πρὸς ἀνατολὰς τοῦ ὄρους τούτου ᾠχόμην καὶ ἴδον × κρίσεως × δένδρα πνέοντα ἀρωμάτων λιβάνου καὶ ζμύρνας καὶ
Hen. 90 1 μὴ εἰς κατάραν καταβήσεται ἐπ' αὐτὸ μέχρις ἡμέρας × κρίσεως × τῆς μεγάλης. ἐν τῷ καιρῷ ἐκείνῳ κατακαυθήσεται
Hen. 98 8 ὑμῶν ἀπογράφονται ἡμέραν ἐξ ⟨ἡμέρας⟩ αὐτῆς τῆς × κρίσεως × ὑμῶν. οὐαὶ ὑμῖν ἄφρονες ὅτι ἀπολεῖσθε διὰ τὴν
Hen. 98 10 ἀποθάνετε γινώσκοντε⟨ς ὅτι ἑτοίμασ⟩ται εἰς ἡμέραν × κρίσεως × μ⟨εγάλης καὶ στε⟩νοχωρίας μείζονος τ⟨ότε
Hen. 99 15 φονεύοντες τὸν πλησίον αὐτῶ⟨ν ἕως τῆς⟩ ἡμέρας τῆς × κρίσεως × τῆς ⟨μεγάλης⟩ ὅτι τότε ἐκτρίψει τὴν δόξ⟨αν ὑμῶν⟩
Hen. 100 4 εἰς ἕνα τόπον καὶ ὁ ὕψιστος ἐγερθήσεται ἐν ἡμέρᾳ × κρίσεως × ποιῆσαι ἐκ πάντων κρίσιν μεγάλην καὶ τάξει
Hen. 100 4 ἐγερθήσεται ἐν ἡμέρᾳ κρίσεως ποιῆσαι ἐκ πάντων × κρίσιν × μεγάλην καὶ τάξει φυλακὴν ἐπὶ πάντας τοὺς
Hen. 103 6 εἴδοσαν ἐν τῇ ζωῇ αὐτῶν καὶ οὐδ' ἑξῆς ἀπεθάνοσαν καὶ × κρίσις × οὐκ ἐγενήθη ἐν τῇ ζωῇ αὐτῶν. αὐτοὶ ὑμεῖς
Hen. 103 8 σκότει καὶ ἐν παγίδι καὶ ἐν φλογὶ καιομένῃ καὶ εἰς × κρίσιν × μεγάλην εἰσελεύσονται αἱ ψυχαὶ ὑμῶν ἐν πάσαις
Hen. 104 3 ὑμῖν καὶ ἡ κραυγὴ ὑμῶν ἀκουσθήσεται καὶ ἡ × κρίσις × ὑμῶν ἣν κράζετε καὶ φανεῖται ἐφ' ὅσα συλλαβήσεται
Hen. 104 5 ὑμᾶς. ⟨μὴ φοβεῖσθε⟩ τὰ κακὰ ἐν τῇ ἡμέρᾳ τῆς × κρίσεως × τῆς μεγάλης καὶ οὐ μὴ εὑρεθῆτε ὡς οἱ ἁμαρτωλοί.
Hen. 104 5 ⟨ἀλλ' ὑμεῖς οἱ ἁμαρτωλοὶ⟩ σκυλήσεσθε καὶ × κρίσις × αἰώνιος ἐξ ὑμῶν ἔσται εἰς πάσας τὰς γενεὰς τῶν
Abr.1 10 15 τῇ πρώτῃ πύλῃ τοῦ οὐρανοῦ ὅπως θεάσηαι ἐκεῖ τὰς × κρίσεις × καὶ ἀνταποδόσεις καὶ μετανόηση ἐπὶ τὰς ψυχὰς
Abr.1 12 15 ταῦτα ἅπερ βλέπεις ὅσιε Ἀβραὰμ τοῦτό ἐστιν ἡ × κρίσις × καὶ ἀνταπόδοσις. καὶ ἰδοὺ ὁ ἄγγελος ὁ κρατῶν τὴν
Abr.1 13 4 ἐξ ἀνθρώπου κρίνεται τούτου χάριν αὐτῷ ἔδωκε × κρίσιν × κρῖναι τὸν κόσμον μέχρι τῆς μεγάλης ἐνδόξου αὐτοῦ
Abr.1 13 4 καὶ τότε δικαιότατε Ἀβραὰμ γενήσεται τελεία × κρίσις × καὶ ἀνταπόδοσις αἰωνία καὶ ἀμετάθετος ἣν ἄλλος
Abr.1 13 7 κριθήσεται διὰ ἀνθρώπου καὶ τότε λοιπὸν τῆς × κρίσεως × ἐκείνης τὸ τέλος ἐγγὺς φοβερὰ ἤ ἀπόφασις καὶ
Abr.1 13 8 λύων οὐδεὶς καὶ λοιπὸν διὰ τριῶν βημάτων γίνεται ἡ × κρίσις × τοῦ κόσμου καὶ ἀνταπόδοσις καὶ διὰ τοῦτο καὶ νῦν
Abr.1 13 12 τὸ πῦρ εὐθέως λαμβάνει αὐτὸν ὁ ἄγγελος τῆς × κρίσεως × καὶ ἀναφέρει εἰς τὸν τόπον τῶν ἁμαρτωλῶν
Abr.1 14 2 αὐτῆς ⟨καὶ τὰς δικαιοσύνας⟩ ζυγάσας καὶ οὔτε εἰς × κρίσιν × ἐξέφατο αὐτὴν οὔτε εἰς τὸ σώζεσθαι ἕως οὗ ἔλθῃ ὁ
Abr.1 14 15 ἤγαγον δι' ἄκραν ἀγαθότητα ⟨διότι πρόσκαιρον × κρίσιν × αὐτοὺς ἀντιπέδωκας⟩ ἐγὼ δὲ ὥσπερ ἀποδώσω ἐπὶ τῆς
Abr.1 15 12 σου καὶ πᾶσαν τὴν ὑπ' οὐρανὸν γῆν τε καὶ θάλασσαν × κρίσιν × καὶ ἀνταπόδοσιν διὰ νεφέλης καὶ ἁρμάτων ἔδειξα
TRub. 6 8 ὅτι αὐτὸς γνώσεται νόμον κυρίου καὶ διαστελεῖ εἰς × κρίσεως × καὶ θυσίας ὑπὲρ παντὸς Ἰσραὴλ μέχρι τελειώσεως
TLevi 1 1 ἃ ποιήσουσι καὶ ὅσα συναντήσει αὐτοῖς ἕως ἡμέρας × κρίσεως. × ὑγιαίνων ἦν ὅτε ἐκάλεσεν αὐτοὺς πρὸς ἑαυτὸν
TLevi 2 3B018 ἐγγὺς καὶ μέτοχον ποιήσον τοῖς λόγοις σου ποιεῖν × κρίσιν × ἀληθινὴν εἰς πάντα τὸν αἰῶνα ἐμὲ καὶ τοὺς υἱούς
TLevi 3 3 αἱ δυνάμεις τῶν παρεμβολῶν οἱ ταχθέντες εἰς ἡμέραν × κρίσεως × ποιῆσαι ἐκδίκησιν ἐν τοῖς πνεύμασι τῆς πλάνης
TLevi 4 1 τὸν ὕψιστον. νῦν οὖν γίνωσκε ὅτι ποιήσει κύριος × κρίσιν × ἐπὶ τοὺς υἱοὺς τῶν ἀνθρώπων ὅτι τῶν πετρῶν
TLevi 8 4 ὁ πρῶτος ἤλειψέ με ἐλαίῳ ἁγίῳ καὶ ἔδωκέ μοι ῥάβδον × κρίσεως. × ὁ δεύτερος ἔλουσέ με ὕδατι καθαρῷ καὶ ἐψώμισέ
TLevi 18 2 οἱ ἀπὸ κυρίου κωλυθήσονται καὶ αὐτῶν ποιήσει × κρίσιν × ἀληθείας ἐπὶ τῆς γῆς ἐν πλήθει ἡμερῶν. καὶ
TLevi 18 2B013 κυρίῳ δεσπότῃ τοῦ οὐρανοῦ ἤρξατο διδάσκειν τὴν × κρίσιν × ἱερωσύνης καὶ εἶπεν τέκνον Λευὶ πρόσεχε σεαυτῷ
TLevi 18 2B014 τέκνον Λευὶ πρόσεχε σεαυτῷ ἀπὸ πάσης ἀκαθαρσίας ἡ × κρίσις × σου μεγάλη ἀπὸ πάσης σαρκός. καὶ νῦν τὴν κρίσιν
TLevi 18 2B015 ἡ κρίσις σου μεγάλη ἀπὸ πάσης σαρκός. καὶ νῦν τὴν × κρίσιν × τῆς ἀληθείας μεγάλην σοι καὶ οὐ μὴ κρύψω ἀπὸ σοῦ
TLevi 18 2B049 υἱότς σου οὕτως ἔντειλον ἵνα ποιήσουσιν κατὰ τὴν × κρίσιν × ταύτην ὡς σοὶ ὑπέδειξα. οὕτως γάρ μοι ἐνετείλατο
TJos. 12 3 αὐτὸν ἐκ γῆς Χανάαν νῦν οὖν ποίησον μετ' αὐτοῦ × κρίσεως × καὶ ἀφελοῦ τὸν νεανίαν εἰς οἰκονόμον σου καὶ
TJos. 14 1 πρὸς τὸν οἶκον αὐτῆς λέγουσα ἄδικός ἐστιν ἡ × κρίσεως × καὶ κλαπέντα ἐκλάπην καὶ τιμωρεῖς ὡς
TJos. 15 6 τότε λέγει ὁ μετάβολος αὐτοῖς λύσατέ με ἀπὸ τῆς × κρίσεως × Πετεφρῆ. προσελθόντες οὖν αἰτοῦνταί με λέγοντες
Sal. 4 2 ὁ σκληρὸς ἐν λόγοις κατακρῖναι ἁμαρτωλοὺς ἐν × κρίσει × καὶ ἡ χείρ αὐτοῦ ἐν πρώτοις ἐπ' αὐτὸν ὡς ἐν ζήλει
Sal. 15 4 οἴκους ἁμαρτωλῶν ἀπολοῦνται ἁμαρτωλοὶ ἐν × κρίσει × κυρίου εἰς τὸν αἰῶνα ὅταν ἐπισκέπτηται ὁ θεὸς
Sal. 17 2 τοῦ θεοῦ ἡμῶν εἰς τὸν αἰῶνα ἐπὶ τὰ ἔθνη ἐν × κρίσει. × σὺ κύριε ᾑρετίσω τὸν Δαυιδ βασιλέα ἐπὶ Ισραηλ
Jer. 9 6 πάσης κτίσεως ὁ ἀγέννητος καὶ ἀπερινόητος ᾧ πᾶσα × κρίσις × κέκρυπται ἐν αὐτῷ πρὸ τοῦ ταῦτα γενέσθαι. ταῦτα
Bar. 1 7 ἔτι λαλῆσαι προσθήσει ὁ θεὸς ἐν τῇ ἡμέρᾳ τῆς κρίσεως × κρίσιν × ἐμοὶ ἐὰν λαλήσω τοῦ λοιποῦ. καὶ εἰπέν μοι
Bar. 1 7 λαλήσαι προσθήσει ὁ θεὸς ἐν τῇ ἡμέρᾳ τῆς × κρίσεως × ἐμοὶ ἐὰν λαλήσω τοῦ λοιποῦ. καὶ εἰπέν μοι ὁ
Prop. 15 5 καὶ ἀργίας προφητῶν καὶ ἱερέων καὶ περὶ διπλῆς × κρίσεως × ἐξέθετο καὶ ἀπέθανεν ἐν γήρει μακρῷ καὶ ἐκλειπῶν
Esdr. 1 7 στρατηγίαν ἀγγέλων μεγάλην καὶ ἀπήγαγόν με εἰς τὰς × κρίσεις. × καὶ ἥκουσα φωνῆς λεγούσης μοι ἐλέησόν ἡμᾶς

Esdr. 1 23 ὅτι κόλασιν οὐκ ἔχουσιν ἡμᾶς δὲ ἔπλασας καὶ εἰς * κρίσιν * παρέδωκας. οὐαὶ τοὺς ἁμαρτωλοὺς ἐν τῷ μέλλοντι
Esdr. 1 24 ἐν τῷ μέλλοντι αἰῶνι ὅτι ἀτελεύτητος αὐτῶν ἡ * κρίσις * καὶ ἡ φλὸξ ἄσβεστος. ταῦτα αὐτοῦ λαλοῦντός μου
Esdr. 2 3 Ἐσδρὰμ) ἀνάστα καὶ δεῦρο μετ᾽ ἐμοῦ κύριε εἰς * κρίσιν. * καὶ εἶπεν ὁ θεὸς ἰδοὺ δίδωμί σοι τὴν διαθήκην
Esdr. 2 18 εἶπεν ὁ προφήτης δευτέραν διέλθωμεν κύριέ μου εἰς * κρίσιν. * καὶ εἶπεν ὁ θεὸς πῦρ βάλλω ἐπὶ Σόδομα καὶ
Esdr. 2 26 ἀποκάλυψόν σου τὰ Χερουβὶμ καὶ ἔλθωμεν ὁμοῦ εἰς * κρίσιν * καὶ δεῖξόν μοι τὴν ἡμέραν τῆς κρίσεως ποία ἐστίν.
Esdr. 2 27 ὁμοῦ εἰς κρίσιν καὶ δεῖξόν μοι τὴν ἡμέραν τῆς * κρίσεως * ποία ἐστίν. καὶ εἶπεν ὁ θεὸς ἐπλανήθης Ἐσδρὰμ
Esdr. 2 29 ἐπλανήθης Ἐσδρὰμ τοιαύτη γάρ ἐστιν ἡ ἡμέρα τῆς * κρίσεως * ἐν ᾗ ὑετὸς ἐπὶ τῆς γῆς οὐ γίνεται ἐστὶν γὰρ κατὰ
Esdr. 4 9 ἐπ᾽ αὐτὸν καθεζόμενον γέροντα καὶ ἀνίλεως αὐτοῦ ἡ * κρίσις. * καὶ εἶπον πρὸς τοὺς ἀγγέλους τίς ἐστιν οὗτος καὶ
Esdr. 5 8 με πάλιν εἰς τοὺς οὐρανούς. καὶ ἴδον ἐκεῖ πολλὰς * κρίσεις * καὶ ἔκλαυσα πικρῶς καὶ εἶπον καλὸν τοῦ μὴ
Esdr. 5 15 οὐαὶ τὸ ⟨γένος τὸ⟩ ἀνθρώπινον τότε ὅταν εἰς * κρίσιν * ἔλθῃς. καὶ εἶπον πρὸς τὸν δεσπότην κύριε τί
Esdr. 5 16 τὸν δεσπότην κύριε τί ἔπλασας τὸν ἄνθρωπον καὶ εἰς * κρίσιν * παρέδωκας; καὶ εἶπεν ὁ θεὸς ὑψηλῷ τῷ κηρύγματι οὐ
Esdr. 5 20 καὶ εἶπεν ὁ προφήτης κύριε ἀποκάλυψόν μοι τὰς * κρίσεις * καὶ τὸν παράδεισον. καὶ ἀπήγαγόν με οἱ ἄγγελοι
Esdr. 5 23 καὶ τὰς ἀποθήκας τῶν κρυστάλλων καὶ τὰς αἰωνίους * κρίσεις. * καὶ εἶδον ἐκεῖ ἄνθρωπον κρεμάμενον ἐκ τοῦ
Esdr. 7 11 καὶ μὴ μνησθῇς ἀνομιῶν ἀρχαίων αὐτοῦ ἐν ἡμέρᾳ * κρίσεως * αὐτοῦ. ὅσοι δὲ μὴ πιστεύσαντες τὸ βιβλίον τοῦτο
Sedr. 11 16 ὁ κύριος καὶ τὸ σῶμα τὸ ταλαίπωρον ἀπέρχεται εἰς * κρίσιν. * ὦ σῶμα καλλωπισμένον τρίχες ἀστερόχυται κεφαλὴ
Aris. 252 4 ἀλλ᾽ αὐτὸς ὢν δοκιμαστὴς τῶν λεγομένων καὶ * κρίσει * κατευθύνων τὰ τῶν ἐντεύξεων καὶ διὰ κρίσεως
Aris. 252 5 καὶ κρίσει κατευθύνων τὰ τῶν ἐντεύξεων καὶ διὰ * κρίσεως * ἐπιτελῶν ταῦτα ἀναμάρτητος ἔφησεν ἂν εἴης ὦ
Sib. 3 34 θεὸν ὃς πάντα φυλάσσει τερπόμενοι κακότητι λίθων * κρίσιν * ἐκλαθέοντες ἀθανάτου σωτῆρος ὃς οὐρανὸν ἔκτισε
Sib. 3 56 οἴμοι δειλαίη πότ᾽ ἐλεύσεται ἦμαρ ἐκεῖνο καὶ * κρίσις * ἀθανάτοιο θεοῦ μεγάλου βασιλῆος; ἄρτι δ᾽ ἔτι
Sib. 3 91 οὐ χειμῶν᾽ οὐ μετόπωρον. καὶ τότε δὴ μεγάλοιο θεοῦ * κρίσις * εἰς μέσον ἥξει αἰῶνος μεγάλοιο ὅταν τάδε πάντα
Sib. 3 321 Αἰθιόπων ποταμῶν πόσον αἵματος ἔκχυμα δέξῃ καὶ * κρίσεως * οἴκησις ἐν ἀνθρώποισι κεκλήσῃ καὶ πίεταί σου
Sib. 3 326 διωκόμεναι ὑπ᾽ ἀγῶνος δεινοῦ καὶ χαλεποῦ δεινὴ * κρίσις * ἔσσεται αὖτις καὶ κατ᾽ ἀνάγκην πάντες ἐλεύσεσθ᾽
Sib. 3 670 πρὸς πάντα λαλήσει λαὸν ἀπαίδευτον κενεόφρονα καὶ * κρίσις * αὐτοῖς ἔσσεται ἐκ μεγάλοιο θεοῦ καὶ πάντες
Sib. 3 687 ἀνδρῶν δυσμενέων ὅτι τὸν νόμον οὐκ ἔγνωσαν οὐδὲ * κρίσιν * μεγάλοιο θεοῦ ἀλλ᾽ ἄφρονι θυμῷ πάντες
Sib. 3 742 τοῦτο λάβῃ τέλος αἴσιμον ἦμαρ (εἰς δὲ βροτοὺς ἥξει * κρίσις * ἀθανάτοιο θεοῖο) ἥξει ἐπ᾽ ἀνθρώπους μεγάλη κρίσις
Sib. 3 743 κρίσις ἀθανάτοιο θεοῖο) ἥξει ἐπ᾽ ἀνθρώπους μεγάλη * κρίσις * ἠδὲ καὶ ἀρχή. γῆ γὰρ παγγενέτειρα βροτοῖς δώσει
Sib. 3 784 ἐν ἀνθρώποισι δίκαιος αὕτη γὰρ μεγάλοιο θεοῦ * κρίσις * ἠδὲ καὶ ἀρχή. εὐφράνθητι κόρη καὶ ἀγάλλεο σοί γὰρ
Sib. 4 41 γένος. ἀλλ᾽ ὅταν ἤδη κόσμου καὶ θνητῶν ἔλθῃ * κρίσις * ἣν θεὸς αὐτὸς ποιήσει κρίνων ἀσεβεῖς θ᾽ ἅμα
Sib. 4 183 στήσει δὲ βροτοὺς πάλιν ὡς πάρος ἦσαν. καὶ τότε δὴ * κρίσις * ἔσσετ᾽ ἐφ᾽ ᾗ δικάσει θεὸς αὐτὸς κρίνων ἔμπαλι
Sib. 5 110 βασιλεῖς μεγάλους καὶ φῶτας ἀρίστους. εἶθ᾽ οὕτως * κρίσις * ἔσται ὑπ᾽ ἀφθίτου ἀνθρώποισιν. αἰαῖ σοι κραδίη
Sib. 5 444 θητεύοντας +τοιγάρτοι καὐτὴ βασιλὶς φρονέουσ᾽ εἰς * κρίσιν * ἀντιδίκων ἥξεις ὧν εἵνεκα λύτρα πέπομφας+ δώσεις
FMos. 9 1 διελέγετο περὶ τοῦ Μωϋσέως σώματος οὐκ ἐτόλμησεν * κρίσιν * ἐπενεγκεῖν βλασφημίας ἀλλὰ εἶπεν ἐπιτιμήσαι σοι
FJub. 10 7 βαλεῖν αὐτοὺς εἰς τὴν ἄβυσσον ἄχρι ἡμέρας τῆς * κρίσεως * ὁ δὲ διάβολος ᾐτήσατο λαβεῖν μοῖραν ἀπ᾽ αὐτῶν
FJub. 10 26 πλήθους ἐφ᾽ ὃν ὁ πύργος ἀνέμῳ βιαίῳ καταπεσὼν θείᾳ * κρίσει * τοῦτον ἐπάταξε. γυνὴ Ραγαυ Ωρα θυγάτηρ Οὖρ υἱοῦ
FEz. 64 70 14 ἐν τῷ μέρει τῆς ἀδυναμίας βούλει. καὶ λοιπὸν ἡ * κρίσις * ἀργεῖ. τί οὖν ποιεῖ ὁ κριτὴς ὁ δίκαιος; ἀναγνοὺς
FPho. 9 δὲ σεῖο γονῆας. πάντα δίκαια νέμειν μὴ δὲ * κρίσιν * ἐς χάριν ἕλκειν. μὴ ῥίψῃς πενίην ἀδίκως μὴ κρῖνε
IDip. 5 121 1 ἀποστέρει κύκα μηδὲν πλανηθῇς ἔστι καὶ ἐν Ἅιδου * κρίσις * ἥνπερ ποιήσει ⟨ὁ⟩ θεὸς ὁ πάντων δεσπότης οὗ τὸ

κριτήριον 5

Abr.2 9 11 καὶ εἶπεν ὁ θάνατος ἄγει αὐτοὺς εἰς τὸν τόπον τοῦ * κριτηρίου * ἵνα ὁ κριτὴς κρίνῃ αὐτούς. λέγει Ἀβραὰμ τῷ
Abr.2 10 1 τῷ Μιχαὴλ θέλω ἵνα ἀπάξῃς με εἰς τὸν τόπον τοῦ * κριτηρίου * ὅπως κἀγὼ θεάσωμαι πῶς κρίνει. τότε Μιχαὴλ
Abr.2 12 1 ἐγένετο δὲ μετὰ τὸ θεωρῆσαι Ἀβραὰμ τὸν τόπον τοῦ * κριτηρίου * ἀπήγαγεν αὐτὸν ἡ νεφέλη ἐν τῷ στερεώματι καὶ
Esdr. 2 30 ἐστὶν γὰρ κατὰ τὴν ἑσπέραν ἐκείνην ἐλεεινὸν * κριτήριον. * καὶ εἶπεν ὁ προφήτης οὐ μὴ παύσομαι
Esdr. 5 26 μοι οὗτος ὅρους μετέθηκεν. καὶ εἶδον ἐκεῖ μεγάλα * κριτήρια * καὶ εἶπον πρὸς τὸν δεσπότην ὦ δέσποτα κύριε καὶ

κριτής 24

Abr.1 12 16 ἐν τῇ χειρὶ αὐτοῦ καὶ ἤνεγκεν αὐτὴν ἔμπροσθεν τοῦ * κριτοῦ * καὶ εἶπεν ὁ κριτὴς ἕνα τῶν ἀγγέλων τῶν
Abr.1 12 17 καὶ ἤνεγκεν αὐτὴν ἔμπροσθεν τοῦ κριτοῦ καὶ εἶπεν ὁ * κριτὴς * ἕνα τῶν ἀγγέλων τῶν καθυπουργούντων αὐτῷ ἄνοιξόν
Abr.1 13 1 εἶπεν Ἀβραὰμ κύριέ μου ἀρχιστράτηγε τίς ἐστιν ὁ * κριτὴς * οὗτος ὁ πανθαύμαστος; καὶ τίνες οἱ ἄγγελοι οἱ
Abr.1 14 2 ἀρχιστράτηγος ἄκουσον δίκαιε Ἀβραὰμ διότι εὗρεν ὁ * κριτὴς * τὰς ἁμαρτίας αὐτῆς ⟨καὶ τὰς δικαιοσύνας⟩ ζυγάδας
Abr.1 14 2 ἐξέδοτο αὐτὴν οὔτε εἰς τὸ σῴζεσθαι ἕως οὗ ἔλθῃ ὁ * κριτὴς * καὶ θεὸς τῶν ἁπάντων. εἶπεν δὲ Ἀβραὰμ καὶ τί ἔτι
Abr.2 9 11 ἄγει αὐτοὺς εἰς τὸν τόπον τοῦ κριτηρίου ἵνα ὁ * κριτὴς * κρίνῃ αὐτούς. λέγει Ἀβραὰμ τῷ Μιχαὴλ θέλω ἵνα
Abr.2 10 3 αὐτοῦ. ὅτε οὖν ἔφθασεν εἰς τὸν τόπον ὅπου ἦν ὁ * κριτὴς * ⟨ἐλθόντος τοῦ ἀγγέλου ἀπέδωκεν τὴν ψυχὴν ἐκείνην
Abr.2 10 3 ψυχὴν ἐκείνην ἣν εἶχεν ἐν τῇ χειρὶ αὐτοῦ εἰς τὸν * κριτήν⟩. * καὶ ἤκουσεν ψυχῆς κραζούσης ἐλέησόν με κύριε.
Abr.2 10 5 ψυχῆς κραζούσης ἐλέησόν με κύριε. λέγει αὐτῷ ὁ * κριτὴς * πῶς σε ἐλεήσω ὡς σὺ αὐτὴν οὐκ ἐλέησας τὴν
Abr.2 10 7 γέγονεν δι᾽ ἐμοῦ ἀλλ᾽ αὐτὴ κατεψεύσατό μου. ὁ δὲ * κριτὴς * ἐκέλευσεν ⟨ἐλθεῖν⟩ τὸν τὸ ὑπόμνημα γράφοντα καὶ
Abr.2 10 10 ἐν τῇ χειρὶ αὐτοῦ κάλαμον χρυσοῦν καὶ λέγει αὐτῷ ὁ * κριτὴς * σύστησον τὴν ἁμαρτίαν τῆς ψυχῆς ταύτης. καὶ
Abr.2 11 2 καὶ λέγει Μιχαὴλ τῷ Ἀβραὰμ θεωρεῖς σὺ τὸν * κριτήν; * οὗτός ἐστιν ὁ Ἄβελ ὁ πρῶτος μαρτυρήσας καὶ
TLevi 8 17 τὸ σπέρμα σου καὶ ἐξ αὐτῶν ἔσονται ἀρχιερεῖς καὶ * κριταὶ * καὶ γραμματεῖς ὅτι ἐπὶ στόματος αὐτῶν
TJud. 20 5 καρδίας καὶ ἆραι πρόσωπον οὐ δύναται πρὸς τὸν * κριτήν. * καὶ νῦν τέκνα ἀγαπήσατε τὸν Λευὶ ἵνα διαμείνητε
Sal. 2 18 ἐξήλειψας τὸ μνημόσυνον αὐτῶν ἀπὸ τῆς γῆς. ὁ θεὸς * κριτὴς * δίκαιος καὶ οὐ θαυμάσει πρόσωπον ὠνείδισαν γὰρ
Sal. 4 24 τοὺς ποιοῦντας ἐν ὑπερηφανίᾳ πᾶσαν ἀδικίαν ὅτι * κριτὴς * μέγας καὶ κραταιὸς κύριος ὁ θεὸς ἡμῶν ἐν
Sal. 9 2 ἐν τῇ δικαιοσύνῃ σου ἐν ταῖς ἀνομίαις ἡμῶν ὅτι σὺ * κριτὴς * δίκαιος ἐπὶ πάντας τοὺς λαοὺς τῆς γῆς. οὐ γὰρ
Sal. 17 20 ἐν πάσῃ ἁμαρτίᾳ ὁ βασιλεὺς ἐν παρανομίᾳ καὶ ὁ * κριτὴς * ἐν ἀπειθείᾳ καὶ ὁ λαὸς ἐν ἁμαρτίᾳ. ἰδὲ κύριε καὶ
Prop. 10 7 ἐν γῇ Σαραὰρ ἀπέθανε καὶ ἐτάφη ἐν σπηλαίῳ Κενεζέου * κριτοῦ * γενομένου μιᾶς φυλῆς ἐν ἡμέραις τῆς ἀναρχίας. καὶ
Prop. 10 7B ἀπέθανε καὶ ἐτάφη ἐν τῷ σπηλαίῳ τοῦ Κενεζίου τοῦ * κριτοῦ. * καὶ ἔδωκε τέρας ἐπὶ Ἱερουσαλὴμ καὶ ὅλην τὴν γῆν
Prop. 16 3 ὡς γέγραπται ἐν Σφαρφωτὶμ τουτέστιν ἐν βίβλῳ * κριτῶν. * καὶ ἔτι νέος προσετέθη πρὸς τοὺς πατέρας αὐτοῦ
Sib. 3 782 δ᾽ ἀφελοῦσι θεοῦ μεγάλοιο προφῆται αὐτοὶ γὰρ * κριταί * εἰσι βροτῶν βασιλεῖς τε δίκαιοι. ἔσται δὴ καὶ
FEz. 64 70 15 βούλει. καὶ λοιπὸν ἡ κρίσις ἀργεῖ. τί οὖν ποιεῖ ὁ * κριτὴς * ὁ δίκαιος; ἀναγνοὺς ποίῳ τρόπῳ ἀμφότεροι
LEze. 9 28 3 20 σέθεν; ὁ δ᾽ εἶπεν ἡμῖν τίς σ᾽ ἀπέστειλε * κριτὴν * ἢ ᾽πιστάτην ἐνταῦθα; μὴ κτενεῖς σύ με ὥσπερ τὸν

Κρόβυζος 1

Sib. 3 474 σιγήσεις μεγάλαυχον ἀποιμώξασα τοκῆα. Θρήικες δὲ * Κρόβυζοι * ἀναστήσονται ἀν᾽ Αἷμον. Καμπανοῖς ἄραβος

κροκόδειλος 2

Prop. 2 3 οὓς καλοῦσιν οἱ Αἰγύπτιοι μὲν νεφὼθ Ἕλληνες δὲ * κροκοδείλους. * καὶ ὅσοι εἰσὶ πιστοὶ θεοῦ ἕως σήμερον
Prop. 2 6 γένος τῶν ἀσπίδων καὶ ἐκ τοῦ ποταμοῦ ὡσαύτως τοὺς * κροκοδείλους * καὶ οὕτως ἐνέβαλε τοὺς ὄφεις τοὺς

κρόκος 1

Adam 29 6 καὶ ἀφέντες αὐτὸν οἱ ἄγγελοι ἔλαβεν τέσσαρα γένη * κρόκον * καὶ νάρδον καὶ κάλαμον καὶ κινάμωμον καὶ ἕτερα

κροκώτινος 1

LEze. 9 29 16 18 ἐφαίνετο σκέλη δὲ μιλτόχρωτα καὶ κατ᾽ αὐχένων * κροκωτίνοις * μαλλοῖσιν εὐτρεπίζετο. κάρα δὲ κοττοῖς

Κρονίδης 1

Sib. 3 383 Εὐρώπη δὲ μέγιστον ἀνασταχυώσεται ἄλγος ἐκ γενεῆς * Κρονίδαο * νόθων δούλων τε γενέθλης. κείνη καὶ Βαβυλῶνα

Κρόνος 12

Sib. 3 110 ἐπὶ προτέρους γένετ᾽ ἄνδρας. καὶ βασίλευσε * Κρόνος * καὶ Τιτὰν Ἰαπετός τε Γαίης τέκνα φέριστα καὶ
Sib. 3 121 βροτοῖσιν ἔχων βασιληίδα τιμὴν ἄρξει καὶ μαχέσαντο * Κρόνος * Τιτάν τε πρὸς αὐτούς. τοὺς δὲ Ῥέη καὶ Γαῖα
Sib. 3 127 τ᾽ ἦσαν ἀφ᾽ αἵματος ἠδὲ τοκήων καὶ κρῖναν βασιλῆα * Κρόνον * πάντων βασιλεύειν οὕνεκά τοι πρέσβιστος ἔην καὶ
Sib. 3 129 πρέσβιστος ἔην καὶ εἶδος ἄριστος. ὅρκους δ᾽ αὖτε * Κρόνῳ * μεγάλους Τιτὰν ἐπέθηκεν μὴ θρέψ᾽ ἀρσενικῶν παίδων
Sib. 3 131 παίδων γένος ὡς βασιλεύσῃ αὐτὸς ὅταν γῆράς τε * Κρόνῳ * καὶ μοῖρα πέληται. ὁππότε κεν δὲ Ῥέη τίκτῃ παρὰ
Sib. 3 148 ἤκουσαν Τιτῆνες παῖδας ἐόντας λάθριον οὓς ἔσπειρε * Κρόνος * Ῥείη τε σύνευνος ἑξήκοντα δέ τοι παῖδας
Sib. 3 150 παῖδας συναγείρατο Τιτὰν καὶ ῥ᾽ εἶχ᾽ ἐν δεσμοῖσι * Κρόνον * Ῥείην τε σύνευνον κρύψεν δ᾽ ἐν γαίῃ καὶ ἐν
Sib. 3 152 καὶ τότε +δή μιν+ ἄκουσαν υἱοὶ κρατεροῖο * Κρόνοιο * καί οἱ ἐπήγειραν πόλεμον μέγαν ἠδὲ κυδοιμόν.
Sib. 3 157 κακὸν ἐγγυάλιξεν. καὶ πᾶσαι γενεαὶ Τιτάνων ἠδὲ * Κρόνοιο * κάτθανον. αὐτὰρ ἔπειτα χρόνου περιτελλομένοιο
Sib. 3 200 κακὸν ἐγγυαλίξει υἱοῖς γὰρ κρατεροῖο δίκας τίσουσι * Κρόνοιο * οὕνεκά τοι δῆσάν τε Κρόνον καὶ μητέρα κεδνήν.
Sib. 3 201 δίκας τίσουσι Κρόνοιο οὕνεκά τοι δῆσάν τε * Κρόνον * καὶ μητέρα κεδνήν. δεύτερον αὖθ᾽ Ἕλλησι
HAno. 9 17 9 γὰρ λέγειν πρῶτον γενέσθαι Βῆλον ὃν εἶναι * Κρόνον * ἐκ τούτου δὲ γενέσθαι Βῆλον καὶ Χαναὰν τοῦτον δὲ

κρόταφος 7

Asen. 3 6 τῆς κεφαλῆς αὐτῆς καὶ διάδημα ἔσφιγξε περὶ τοὺς * κροτάφους * αὐτῆς καὶ θερίστρῳ κατεκάλυψε τὴν κεφαλὴν
Asen. 27 2 ἠκόντισε κατέναντι τοῦ υἱοῦ Φαραὼ καὶ ἐπάταξε τὸν * κρόταφον * αὐτοῦ τὸν εὐώνυμον καὶ ἐτραυμάτισεν αὐτὸν
Asen. 27 5 υἱοῦ τοῦ Φαραώ. καὶ ἔδυσαν πάντας οἱ λίθοι διὰ τῶν * κροτάφων * αὐτῶν. καὶ οἱ υἱοὶ Λίας Ῥουβὴμ καὶ Συμεὼν
Asen. 29 1 αἷμα ἀπὸ τοῦ στόματος αὐτοῦ διότι τὸ αἷμα ἀπὸ τοῦ * κροτάφου * αὐτοῦ κατέρρεεν ἐπὶ τῷ στόματι αὐτοῦ. καὶ
Sal. 4 16 ἐξέγερσις αὐτοῦ ἐν ἀπορίαις. ἀφαιρεθείη ὕπνος ἀπὸ * κροτάφων * αὐτοῦ ἐν νυκτὶ ἀποπέσοι ἀπὸ παντὸς ἔργου χειρῶν
Prop. 7 1 αὐτὸν ὁ υἱὸς αὐτοῦ ἐν ῥοπάλῳ πλήξας αὐτοῦ τὸν * κρόταφον * καὶ ἔτι ἐμπνέων ἦλθεν εἰς τὴν γῆν αὐτοῦ καὶ
Aris. 63 8 κύκλῳ περὶ ὅλην τὴν τῆς τραπέζης κατασκευὴν κατὰ * κρόταφον. * μετὰ δὲ τὴν τοῦ στεφάνου διάθεσιν ὁμοίως ⟨κάτω

κρότος 6

Aris. 186 2 ζωῆς χρόνον. εἰπόντος δὲ ταῦτα τούτου κατερράγη * κρότος * μετὰ κραυγῆς καὶ χαρᾶς εὐφροσύνου πλείονα χρόνον
Aris. 200 2 βασιλεῦ συμφερόντως. ἐπιφωνησάντων δὲ πάντων καὶ * κρότῳ * σημηναμένων πρὸς τοὺς φιλοσόφους εἶπεν ὁ βασιλεὺς

Aris. 261 5 εὐσεβῶς. ὡς δὲ συνήκουσαν πάντες ἐπεφώνησαν σὺν * κρότῳ * πλείονι. καὶ μετὰ ταῦτα πρὸς τὸ προπιεῖν ὁ
Aris. 274 2 τοῦ θεοῦ σοι καλοφροσύνην δεδωκότος. ἐπισημήνας δὲ * κρότῳ * πάντας αὐτοὺς ἀπεδέξατο φιλοφρονούμενος καὶ
Aris. 277 1 δώρημα καλόν ἐστιν ὡς σὺ τοῦτο κέκτησαι βασιλεῦ. * κρότῳ * δὲ ἐπισημηνάμενος ὁ βασιλεὺς ἕτερον ἐπηρώτα διά τί
Aris. 293 1 τὴν διάνοιαν. καταλήξαντος δὲ τούτου κατερράγη * κρότος * μετὰ φωνῆς καὶ χαρᾶς ἐπὶ πλείονα χρόνον. ὡς δὲ

Κρότων 1
Sib. 4 82 χεῦμα πυρὸς μεγάλοιο ἐρευγομένης φλογὸς Αἴτνης ἠδὲ * Κρότων * πέσεται μεγάλη πόλις εἰς βαθὺ χεῦμα. ἔσται δ'

κρούω 3
TJud. 3 1 βασιλέα Ἀσοὺρ συνέσχον αὐτὸν καὶ ἐπὶ τὰς κνημῖδας * κρούσας * κατέσπασα καὶ οὕτως ἀνεῖλον αὐτόν. καὶ τὸν
Job 6 4 ὄντος, ὁ Σατανᾶς μετασχηματισθεὶς εἰς ἐπαίτην * ἔκρουσεν * τὴν θύραν καὶ λέγει τῇ θυρωρῷ σήμανον τῷ Ἰωβ
FPho. 15 τὰ δίκαια καλὸν δ' ἐπίμετρον ἁπάντων. σταθμὸν μὴ * κρούειν * ἑτερόζυγον ἀλλ' ἶσον ἕλκειν. μὴ δ' ἐπιορκήσῃς

κρυόεις 1
IOrp. 16 αὐτῷ δὲ χάρις καὶ μῖσος ὀπηδεῖ καὶ πόλεμον * κρυόεντα * καὶ ἄλγεα δακρυόεντα. οὐδέ τις ἔσθ' ἕτερος

κρυπτή 1
Job 46 5 λέγει αὐτῇ λαβοῦσα τὸ δακτύλιον ὕπαγε εἰς τὴν * κρυπτὴν * καὶ ἔνεγκε τὰ τρία σκευάρια τοῦ χρυσοῦ, ἵνα δῶ

κρυπτός 6
TRub. 1 4 μου καὶ τοῖς τέκνοις μου ὅσα ἔχω ἐν τῇ καρδίᾳ μου * κρυπτὰ * ἐκλιπὼν γὰρ ἐγώ εἰμι ἀπὸ τοῦ νῦν. καὶ ἀναστὰς
TJud. 12 5 δὲ ὃ ἐποίησεν ἤθελον ἀνελεῖν αὐτὴν πέμψασα δὲ ἐν * κρυπτῷ * τοὺς ἀρραβῶνας κατῄσχυνέ με. καλέσας δὲ αὐτὴν
Asen. 6 6 κρυβήσομαι ὅτι πᾶσαν ἀποκρυβὴν αὐτὸς ὁρᾷ καὶ οὐδὲν * κρυπτὸν * λέληθεν αὐτὸν διὰ τὸ φῶς τὸ μέγα τὸ ὂν ἐν αὐτῷ;
Asen. 24 5 ἀπόστητε δὴ μικρὸν ἀπ' ἐμοῦ διότι λόγος μοί ἐστι * κρυπτὸς * πρὸς τοὺς ἄνδρας τούτους. καὶ ἀπέστησαν πάντες.
Prop. 26 1 αὐτὸν σταυρωθῆναι.〉 καὶ ἄλλοι προφῆται ἐγένοντο * κρυπτοὶ * ὧν τὰ ὀνόματα ἐμφέρονται ἐν ταῖς γενεαλογίαις
FPho. 20 δίδου μὴ θλῖβε πένητα. γλώσσῃ νοῦν ἐχέμεν * κρυπτὸν * λόγον ἐν φρεσὶν ἴσχειν. μήτ' ἀδικεῖν ἐθέλῃς

κρύπτω 42
Adam 8 1 ἐκάλησε φωνῇ φοβερᾷ λέγων Ἀδὰμ ποῦ εἶ καὶ ἵνα τί * κρύβῃ * σε ἀπὸ προσώπου μου; μὴ δυνήσηται κρυβῆναι οἰκία
Adam 8 1 καὶ ἵνα τί κρύβῃ σε ἀπὸ προσώπου μου; μὴ δυνήσηται * κρυβῆναι * οἰκία τῷ οἰκοδομήσαντι αὐτήν; καὶ λέγει ἐπειδὴ
Adam 22 2 παράδεισον ἔρχεται κρῖναι ἡμᾶς. ἐφοβήθημεν δὲ καὶ * ἐκρύβημεν. * καὶ ἦλθεν ὁ θεὸς εἰς τὸν παράδεισον
Adam 23 1 καὶ ἐκάλεσεν ὁ θεὸς τὸν Ἀδὰμ λέγων Ἀδὰμ ποῦ * ἐκρύβης; * νομίζεις ὅτι οὐχ εὑρίσκω σε; μὴ κρυβήσεται
Adam 23 1 Ἀδὰμ ποῦ ἐκρύβης; νομίζεις ὅτι οὐχ εὑρίσκω σε; μὴ * κρυβήσεται * οἶκος τῷ οἰκοδομήσαντι αὐτόν; τότε ἀποκριθεὶς
Adam 23 2 ἀποκριθεὶς ὁ πατὴρ ὑμῶν εἶπεν οὐχὶ κύριέ μου οὐ * κρυβόμεθά * σε ὡς νομίζοντες ὅτι οὐχ εὑρισκόμεθα ὑπὸ σοῦ
Adam 36 3 φωτὸς τῶν ὅλων τοῦ πατρὸς τῶν φωτῶν καὶ διὰ τοῦτο * ἐκρύβη * τὸ φῶς ἀπ' αὐτῶν. λέγοντος δὲ τοῦ Σὴθ ταῦτα πρὸς
Adam 40 4 αὐτὸν Κάϊν ὁ ἀδελφὸς αὐτοῦ. καὶ πολλὰ ἐθέλησεν * κρύψαι * αὐτὸν ὁ Κάϊν ἀλλ' οὐκ ἐδυνήθη ὅτι ἀνεπήδα τὸ σῶμα
Adam 40 5 τῆς γῆς. καὶ ἐξήρχετο φωνὴ ἀπὸ τῆς γῆς λέγουσα οὐ * κρυβήσεται * εἰς τὴν γῆν ἕτερον πλάσμα ἕως οὗ ἀφιέναι μοι
Hen. 9B 5 φανερὰ καὶ ἀκάλυπτα καὶ πάντα ὁρᾷς καὶ οὐκ ἔστιν ὃ * κρυβῆναί * σε δύναται. ὁρᾷς ὅσα ἐποίησεν Ἀζαὴλ καὶ ὅσα
Hen. 10 2 πρὸς τὸν υἱὸν Λέμεχ εἶπον αὐτῷ ἐπὶ τῷ ἐμῷ ὀνόματι * κρύψον * σεαυτὸν καὶ δήλωσον αὐτῷ τέλος ἐπερχόμενον ὅτι ἡ
Hen. 10B 2 πορεύου πρὸς τὸν Νῶε καὶ εἶπον αὐτῷ τῷ ἐμῷ ὀνόματι * κρύψον * σεαυτὸν καὶ δήλωσον αὐτῷ τέλος ἐπερχόμενον ὅτι ἡ
Abr.1 3 4 ὁ προσκαλούμενος ἑαυτὸν τοῖς ἀγαπῶσιν αὐτόν. * ἔκρυψεν * Ἀβραὰμ τὸ μυστήριον νομίσας ὅτι ὁ ἀρχιστράτηγος
Abr.1 3 12 καὶ ἐκπλαγεὶς ἔλαβεν τοὺς λίθους κρυφαίως καὶ * ἔκρυψεν * τοῖς πᾶσι τὸ μυστήριον μόνον ἔχων ἐν τῇ καρδίᾳ
Abr.1 16 4 δεῦρο οὖν τὸ πικρὸν καὶ ἄγριον τοῦ κόσμου ὄνομα * κρῦψαι * σου τὴν ἀγριότητα καὶ πάσας σου τὰς παρειὰς καὶ
Abr.1 18 1 εἶπεν πρὸς τὸν θάνατον δέομαί σου πανώλεθρε θάνατε * κρῦψαί * σου τὴν ἀγριότητα καὶ περιβαλοῦ τὴν ὡραιότητα καὶ
Abr.1 18 2 μορφὴν ἣν εἶχες τὸ πρότερον. εὐθέως δὲ ὁ θάνατος * ἔκρυψεν * τὴν ἀγριότητα αὐτοῦ καὶ περιεβάλετο τὴν
Abr.2 3 4 Ἀβραὰμ τῆς φωνῆς καὶ ἡσύχασεν ἐνώπιον αὐτοῦ καὶ * ἔκρυψεν * τὸ μυστήριον ἐν τῇ καρδίᾳ αὐτοῦ λέγων ἄρα τί
TRub. 3 5 ἐν ἀπωλείᾳ καὶ ζήλῳ τοῦ πλάττειν λόγους καὶ * κρύπτειν * λόγους αὐτοῦ ἀπὸ γένους καὶ οἰκείων ἕβδομον
TRub. 4 10 πατέρων μου ἐρρύσατο αὐτὸν ἀπὸ παντὸς ὁρατοῦ καὶ * κεκρυμμένου * θανάτου. ἐὰν γὰρ μὴ κατισχύσῃ ἡ πορνεία τὴν
TLevi 8 19 συνῆκα ὅτι τοῦτο ὅμοιον ἐκείνου ἐστίν. καὶ * ἔκρυψα * καίγε τοῦτο ἐν τῇ καρδίᾳ μου καὶ οὐκ ἀνήγγειλα
TLevi 18 2B015 νῦν τὴν κρίσιν τῆς ἀληθείας ἀναγγελῶ σοι καὶ οὐ μὴ * κρύψω * ἀπό σου πᾶν ῥῆμα. διδάξω σε πρόσεχε σεαυτῷ ἀπὸ
TAser 5 1 ἐν πᾶσιν ἓν κατέναντι τοῦ ἑνὸς καὶ ἓν ὑπὸ τοῦ ἑνὸς * κέκρυπται * τὴν ζωὴν ὁ θάνατος διαδέχεται τὴν δόξαν ἡ
TBen. 2 4 με εἶπε τρέχειν. ἐν δὲ τῷ ὑπάγειν αὐτὸν * κρύψαι * τὸ ἱμάτιόν μου ὑπήντησεν αὐτῷ λέων καὶ ἀνεῖλεν
Asen. 6 6 πονηρὰ περὶ αὐτοῦ; καὶ ποῦ ἀπελεύσομαι καὶ * κρυβήσομαι * ὅτι πᾶσαν ἀποκρυβὴν αὐτὸς ὁρᾷ καὶ οὐδὲν
Asen. 24 19 νυκτὸς καὶ ἐνεδρεύσομεν εἰς τὸν χείμαρρον καὶ * κρυβησόμεθα * εἰς τὴν ὕλην τοῦ καλάμου. καὶ σὺ λαβὲ μετά
Sal. 9 3 δίκαιος ἐπὶ πάντας τοὺς λαοὺς τῆς γῆς. οὐ γὰρ * κρυβήσεται * ἀπὸ τῆς γνώσεώς σου πᾶς ποιῶν ἄδικα καὶ αἱ
Sal. 9 3 τῶν ὁσίων σου ἐνώπιόν σου κύριε καὶ ποῦ * κρυβήσεται * ἄνθρωπος ἀπὸ τῆς γνώσεώς σου ὁ θεός; τὰ ἔργα
Jer. 9 6 κτίσεως ὁ ἀγέννητος καὶ ἀπερινόητος ᾧ πᾶσα κρίσις * κέκρυπται * ἐν αὐτῷ πρὸ τοῦ ταῦτα γενέσθαι. ταῦτα λέγοντος
Prop. 17 4B θεραπεία γενήσεται. ἀπελθὼν οὖν ἤλεγξεν αὐτὸν ἐπὶ * κεκρυμμένοις * καὶ ἐποίησεν αὐτὸς καθὼς ἐνετείλατο αὐτῷ ὁ
Esdr. 4 37 τότε ὁ ἀντικείμενος ἀκούσας τῆς φοβερᾶς ἀπειλῆς * κρυβήσεται * εἰς τὸ σκότος τὸ ἐξώτερον. τότε ὁ οὐρανὸς καὶ
Esdr. 4 43 ἀκούσας μου ὁ ἀντικείμενος τῆς φοβερᾶς ἀπειλῆς * κρυβήσεται * καὶ διὰ τοῦτο χωνεύσω τὴν γῆν καὶ σὺν αὐτῇ
Job 27 1 τῆς γυναικός μου ἐλθὲ ἐπὶ τὰ ἔμπροσθεν, παῦσαι * κρυπτόμενος * μὴ ὁ λέων τὴν ἰσχὺν δείκνυσιν ἐν γαλεάγρᾳ;
Sib. 3 151 καὶ ῥ' εἶχ' ἐν δεσμοῖσι Κρόνον Ῥείην τε σύνευνον * κρύψεν * δ' ἐν γαίῃ καὶ ἐν +ζωσμοῖς+ ἐφύλασσεν. καὶ τότε
Sib. 4 144 αἰνή. αἰαῖ Κύπρε τάλαινα σὲ δὲ πλατὺ κῦμα θαλάσσης * κρύψει * χειμερίῃσιν ἀναρριφθεῖσαν ἀέλλαις. ἥξει δ' εἰς
Sib. 5 45 οὐ φεύξεται ἀλλὰ καμεῖται ὃν κόνις ἀλλοτρίη * κρύψει * νέκυν ἀλλὰ Νεμείης ἄνθεος οὔνομ' ἔχουσα μετ'
Sib. 5 273 παύσονται λαλέοντες ἐναντίον ἀλλήλοισιν αὐτοὺς δὲ * κρύψουσιν * ἕως +κόσμος ἀλλαγῇ+. ἔσται δ' ἐκ νεφέων ὄμβρος
FJub. 8 3 ἐν τῷ πεδίῳ εὗρε τὴν γραφὴν τῶν γιγάντων καὶ * ἔκρυψε * παρ' ἑαυτῷ. γυνὴ Καιναν Μελχα θυγάτηρ Μαδαι υἱοῦ
FAch. 109 ὀψιμαθῆ μᾶλλον ἢ ἀμαθῆ καλεῖσθαι. τῇ γυναικί σου * κρύπτου * καὶ ἀπορρήτων μηδὲν αὐτῇ δῆλον τίθει τὸ γὰρ
FPho. 132 καὶ πόλιας σοφίῃ καὶ νῆα κυβερνᾶι. οὐχ ὅσιον * κρύπτειν * τὸν ἀτάσθαλον ἄνδρ' ἀνέλεγκτον ἀλλὰ χρὴ
LEze. 9 28 2 14 ποταμὸν ἐς βαθύρροον. ἐνταῦθα μήτηρ ἡ τεκοῦσ' * ἔκρυπτέ * με τρεῖς μῆνας ὡς ἔφασκεν. οὐ λαθοῦσα δὲ
LEze. 9 28 3 15 παρόντα μηδένα ἐρρυσάμην ἀδελφὸν ὃν δ' ἔκτειν' ἐγὼ * ἔκρυψα * δ' ἄμμῳ τοῦτον ὥστε μὴ εἰσιδεῖν ἕτερόν τιν' ἡμᾶς

κρυστάλλινος 1
Hen. 14 18 δὲ καὶ εἶδον θρόνον ὑψηλὸν καὶ τὸ εἶδος αὐτοῦ ὡσεὶ * κρυστάλλινον * καὶ τροχὸς ὡς ἡλίου λάμποντος καὶ ὄρος

κρυσταλλοειδής 1
Abr.1 12 6 ὅμοιος υἱῷ θεοῦ ἔμπροσθεν δὲ αὐτοῦ ἵστατο τράπεζα * κρυσταλλοειδὴς * ὅλως διὰ χρυσοῦ ἐπάνω δὲ τῆς τραπέζης

κρύσταλλος 5
Abr.1 12 4 μέσῳ τῶν δύο πυλῶν ἵσταται θρόνος φοβερὸς ἐν εἴδει * κρυστάλλου * ἐξαστράπτων ὡς πῦρ καὶ ἐπ' αὐτῷ ἐκάθητο ἀνὴρ
TLevi 3 2 πάσης ἀδικίας ἀνθρώπων. ὁ δεύτερος ἔχει πῦρ χιόνα * κρύσταλλον * ἕτοιμα εἰς ἡμέραν προστάγματος κυρίου ἐν τῇ
Esdr. 5 23 καὶ τὴν πνοὴν τῶν ἀνέμων καὶ τὰς ἀποθήκας τῶν * κρυστάλλων * καὶ τὰς αἰωνίους κρίσεις. καὶ εἶδον ἐκεῖ
Aris. 67 3 ῥομβωτὴν ἀποτελοῦσα τὴν ἀνὰ μέσον θεωρίαν ἐφ' ᾗ * κρυστάλλου * λίθος καὶ τὸ λεγόμενον ἤλεκτρον ἐντετύπωτο
FJub. 2 2 οὐρανοὺς τὴν γῆν τὰ ὕδατα ἐξ ὧν ἐστι χιὼν καὶ * κρύσταλλος * καὶ χάλαζα καὶ παγετοὶ καὶ δρόσος τὰ πνεύματα

κρύφα 1
Prop. 22 16 παῖδα αὐτοῦ Ἐλισαῖος λεγόμενον Γιεζεὶ ἀπελθόντα * κρύφα * παρὰ γνώμην αὐτοῦ πρὸς Ναιμᾶν καὶ αἰτήσαντα

κρυφαῖος 3
Abr.1 3 12 τὸ γεγονὸς καὶ ἐκπλαγεὶς ἔλαβεν τοὺς λίθους * κρυφαίως * καὶ ἔκρυψεν τοῖς πᾶσι τὸ μυστήριον μόνον ἔχων
TZab. 7 1 ἐπ' αὐτὸν κλέψας ἱμάτιον ἐκ τοῦ οἴκου μου * κρυφαίως * ἔδωκα τῷ θλιβομένῳ. καὶ ὑμεῖς οὖν τέκνα μου ἐξ
Asen. 8 9 πνεύματί σου καὶ ἀνάπλασον αὐτὴν τῇ χειρί σου τῇ * 〈κρυφαίᾳ〉 * καὶ ἀναζωοποίησον αὐτὴν τῇ ζωῇ σου καὶ φαγέτω

κρυφῇ 8
TSim. 8 2 ἐν Χεβρών. καὶ ἀνήνεγκαν αὐτὰ ἐν πολέμῳ Αἰγυπτίων * κρυφῇ. * τὰ γὰρ ὀστᾶ Ἰωσὴφ ἐφύλαττον οἱ Αἰγύπτιοι ἐν τοῖς
TZab. 1 6 τῷ πατρί μου τὸ γενόμενον. καὶ ἔκλαιον πολλὰ ἐν * κρυφῇ * ἐφοβούμην γὰρ τοὺς ἀδελφούς μου ὅτι συνέθεντο
TJos. 4 2 με. ἐδόξαζέ με ὡς σώφρονα φανερῶς καὶ ἐν * κρυφῇ * ἔλεγέ μοι μὴ φοβηθῇς τὸν ἄνδρα μου καὶ γὰρ
TBen. 12 3 αὐτῶν ἀνήγαγον τὰ ὀστᾶ τῶν πατέρων αὐτῶν ἐν * κρυφῇ * ἐν τῷ πολέμῳ Χανάαν. καὶ ἔθαψαν αὐτοὺς ἐν Χεβρὼν
Asen. 22 13 θεοῦ τοῦ ὑψίστου καὶ ἀπεκάλυπτεν αὐτὰ τῇ Ἀσενὲθ * κρυφῇ * διότι καὶ αὐτὸς Λευὶς ἠγάπα τὴν Ἀσενὲθ πάνυ καὶ
Asen. 24 17 τὸν κύριον ἡμῶν. καὶ ἐλάλησαν αὐτῷ πάντας τοὺς ἐν * κρυφῇ * αὐτῶν λόγους λέγοντες δὸς ἡμῖν ἄνδρας 〈δυνατοὺς
Jer. 8 7 εἰς τὴν πόλιν ἡμῶν ὅτι ἐμισήσατε ἡμᾶς καὶ * κρυφῇ * ἐξήλθετε ἀφ' ἡμῶν διὰ τοῦτο οὐκ εἰσελεύσεσθε πρὸς
Jer. 8 7 ἡμῶν μήτε ὑμᾶς μήτε τέκνα ὑμῶν δέξασθαι ἐπειδὴ * κρυφῇ * ἐξήλθετε ἀφ' ἡμῶν. καὶ ἐπιγνόντες ὑπέστρεψαν καὶ

κρύφιος 4
Sal. 8 9 ἡ γῆ τὰ κρίματα τοῦ θεοῦ τὰ δίκαια. ἐν καταγαίοις * κρυφίοις * αἱ παρανομίαι αὐτῶν ἐν παροργισμῷ υἱὸς μετὰ
Aris. 132 4 αὐτὸν λανθάνει τῶν ἐπὶ γῆς γινομένων ὑπ' ἀνθρώπων * κρυφίως * ἀλλ' ὅσα ποιεῖ τις αὐτῷ φανερὰ καθέστηκε καὶ τὰ
Sib. 3 44 δ' οὐ σχήσουσιν ὅλως χῆραί τε γυναῖκες στέρξουσιν * κρυφίως * ἄλλους πολλαὶ διὰ κέρδος οὐ σπάρτην κατέχουσι
HDem. 9 21 1 ὑπὸ τῶν γονέων διὰ τὴν πρὸς τὸν ἀδελφὸν * κρυφίαν * ἔχθραν Ἠσαῦ διὰ τὸ εὐλογῆσαι αὐτὸν τὸν πατέρα

κτάομαι 19
Hen. 97 8 ὄντες μνημόσυνον εἰς ὑμᾶς κακόν. οὐαὶ ὑμῖν οἱ * κτώμενοι * χρυσίον καὶ ἀργύριον οὐκ ἀπὸ δικαιοσύνης καὶ
Hen. 97 8 πεπλουτήκαμεν καὶ τὰ ὑπάρχοντα ἐσχήκαμεν καὶ * κεκτήμεθα * καὶ πᾶν ὃ ἐὰν θελήσωμεν ποιήσωμεν ὅτι ἀργύριον
Hen. 97 10 ἀλλὰ ταχὺ 〈ἀναπτήσεται〉 ἀπὸ ὑμῶν ὅτι ἀδίκως πάντα * κέκτησθε * καὶ ὑμεῖς εἰς κατάραν μεγάλην παραδοθήσεσθε.
Abr.1 14 4 〈εἶπεν δὲ ὁ ἀσώματος〉 μίαν δικαιοσύνην ἐὰν * κέκτητο * ὑπεράνω τῶν ἁμαρτιῶν ἔρχεται εἰς τὸ σώζεσθαι.
Abr.1 20 15 τὴν φιλοξενίαν ζηλώσωμεν καὶ τὴν ἐνάρετον αὐτοῦ * κτησώμεθα * πολιτείαν ἵνα ἀξιωθῶμεν τῆς αἰωνίου ζωῆς
TLevi 13 4 ὅπου ὑπάγει. καίγε πολλοὺς φίλους ὑπὲρ γονεῖς * κτήσεται * καὶ ἐπιθυμήσουσι πολλοὶ τῶν ἀνθρώπων δουλεῦσαι
TLevi 13 7 κακὰ πᾶσαν ταραχὴν καὶ θλῖψιν θερίσετε. σοφίαν * κτήσασθε * ἐν φόβῳ θεοῦ μετὰ σπουδῆς ὅτι ἐὰν γένηται
TIss. 5 1 φυλάξατε οὖν νόμον θεοῦ τέκνα μου καὶ τὴν ἁπλότητα * κτήσασθε * καὶ ἐν ἀκακίᾳ πορεύεσθε μὴ περιεργαζόμενοι

Asen. 2 6 εἶχον ἑπτὰ παρθένοι μία ἑκάστη ἕνα θάλαμον * κεκτημένη * καὶ αὗται ἦσαν διακονοῦσαι τῇ Ἀσενὲθ καὶ ἦσαν
Esdr. 2 12 τὴν νομὴν τοῦ ξύλου τῆς ζωῆς ἐπειδὴ οὖν παρακοὴν * κτησάμενος * τοῦτο ἐν παραβάσει πεποίηκεν. καὶ εἶπεν ὁ
Job 11 2 δυνάμεθα ταύτην τὴν διακονίαν ἐκτελέσαι; οὐδὲν δὲ * κεκτήμεθα. * ποίησον σὺ μεθ' ἡμῶν ἔλεος καὶ πρόχρησον ἡμῖν
Job 43 9 δὲ χολὴ αὐτοῦ καὶ ὁ ἰὸς αὐτοῦ ἔσται εἰς βορὰν οὐκ * ἐκτήσατο * ἑαυτῷ τὸν κύριον οὐδὲ ἐφοβήθη αὐτόν, ἀλλὰ καὶ
Aris. 4 3 τῆς Ἰουδαίας ὑπὸ τοῦ πατρὸς τοῦ βασιλέως πρώτως * κεκτημένου * τήν τε πόλιν καὶ τὰ κατὰ τὴν Αἴγυπτον
Aris. 229 4 ἐστιν ἀγάπη αὕτη γὰρ θεοῦ δόσις ἐστίν ἣν καὶ σὺ * κέκτησαι * πάντα περιέχων ἐν αὐτῇ τὰ ἀγαθά. λίαν δὲ
Aris. 276 5 κρίνειν ἕκαστα θεοῦ δώρημα καλόν ἐστιν ὡς σὺ τοῦτο * κέκτησαι * βασιλεῦ. κρότῳ δὲ ἐπισημηνάμενος ὁ βασιλεὺς
Aris. 283 7 ἀνθρώπων. ὃ σὺ πράσσων ἀνέφικτον ἄλλοις δόξαν * κέκτησαι * θεοῦ σοι τὰ βουλήματα συντελοῦντος. ἐνεργῶς δὲ
FJub. 3 23 ἀπὸ κτήνους ἑρπετὸν ἐγένετο χεῖράς τε καὶ πόδας * ἐκέκτητο. * ἀφῃρέθη δὲ ταῦτα διὰ τὸ τολμηρῶς εἰς τὸν
FAch. 123 Λυκοῦργος ἐν τῇ βασιλείᾳ αὐτοῦ τοιαύτην σοφίαν * κεκτημένος. * δοὺς δὲ αὐτῷ φόρους ἐτῶν τριῶν ἔπεμψεν αὐτὸν
HAri. 9 25 2 Ἀραβίας. γενέσθαι δ' αὐτὸν δίκαιον καὶ πολύκτηνον * κτήσασθαι * γὰρ αὐτὸν πρόβατα μὲν ἑπτακισχίλια καμήλους δὲ

κτέανον 1
FPho. 206 γάμῳ γάμον ἄλλον ἄγοις ἔπι πήματι πῆμα. μηδ' ἀμφὶ * κτεάνων * συνομαίμοσιν εἰς ἔριν ἔλθῃς. παισὶν μὴ

κτείνω 5
Sib. 3 654 ὃς πᾶσαν γαῖαν παύσει πολέμοιο κακοῖο οὓς μὲν ἄρα * κτείνας * οἷς δ' ὅρκια πιστὰ τελέσσας. οὐδὲ γε ταῖς ἰδίαις
Sib. 5 31 τανύσας ὀλέσει καὶ πάντα ταράξει ἀθλεύων * κτείνων * καὶ μυρία τολμῶν καὶ τμήξει τὸ δίκυμον ὄρος
Sib. 5 102 γαίης. αὐτὸς δ' ὃς Περσῶν ἔλαχεν γαῖαν πτολεμίξει * κτείνας * τ' ἄνδρα ἕκαστον ὅλον βίον ἐξαλαπάξει ὥστε
LEze. 9 28 3 14 ἐρήμους καὶ παρόντα μηδένα ἐρρυσάμην ἀδελφὸν ὃν δ' * ἔκτειν' * ἐγὼ ἔκρυψα δ' ἄμμῳ τοῦτον ὥστε μὴ εἰσιδεῖν
LEze. 9 28 3 21 τίς σ' ἀπέστειλε κριτὴν ἢ 'πιστάτην ἐνταῦθα; μὴ * κτενεῖς * σύ με ὥσπερ τὸν ἐχθὲς ἄνδρα; καὶ δείσας ἐγὼ

κτῆμα 4
Abr.Z 7 19 ἐκ τοῦ σώματος ἐθέλω ἀναληφθῆναι ἵνα θεάσωμαι ὅτι * κτῆμα * ὅλον ἔκτισεν ὁ κύριος ἐν οὐρανῷ καὶ ἐπὶ γῆς πρὸ
Sedr. 8 3 καὶ ἡμέρᾳ. λέγει Σεδρὰχ οἶδα δέσποτα ὅτι εἰς τὰ * κτήματά * σου πρῶτον ἠγάπησας τὸν ἄνθρωπον εἰς τὰ
Job 17 6 καὶ εἶπεν αὐτοῖς μὴ φοβηθῆτε ὅλως τὰ πλείονα τῶν * κτημάτων * αὐτοῦ ἤδη ἀπώλεσα ἐν πυρὶ τὰ ἄλλα ᾐχμαλώτευσα,
Sib. 3 615 ῥίψει δ' Αἰγύπτου βασιλήιον ἐκ δέ τε πάντα * κτήμαθ' * ἑλὼν ἐποχεῖται ἐπ' εὐρέα νῶτα θαλάσσης. καὶ τότε

κτῆνος 30
Adam 18 1 μοι ὁ ὄφις ζῇ ὁ θεὸς ὅτι λυποῦμαι περὶ ὑμῶν ὅτι ὡς * κτήνη * ἐστέ. οὐ γὰρ θέλω ὑμᾶς ἀγνοεῖν. δεῦρο οὖν καὶ φάγε
Adam 26 1 τῇ καρδίᾳ ἐπικατάρατος σὺ ἐκ πάντων τῶν * κτηνῶν. * στερηθήσει τῆς τροφῆς σου ἧς ἤσθιες καὶ χοῦν
Abr.1 2 11 ἐν ἐμπορίᾳ πολλῇ ἔχων ἐξουσίαν καὶ ἀνθρώποις καὶ * κτήνεσιν * παντοίοις; ἀλλ' ἐγὼ ἀπέχομαι τούτου τοῦ μὴ
Abr.2 2 12 τὸν υἱὸν ἕνα τῶν οἰκοτρόφων αὐτοῦ λέγων ἄπαγε * κτῆνος * ἵνα καθίσῃ ἐπ' αὐτῷ ὁ ξένος ὅτι ἔκαμεν ἐν τῇ ὁδῷ.
TRub. 2 9 τὸν νεώτερον ὁδηγεῖ ὡς τυφλὸν ἐπὶ βόθρον καὶ ὡς * κτῆνος * ἐπὶ κρημνόν. ἐπὶ πᾶσι τούτοις ὄγδοον πνεῦμα τοῦ
TSim. 4 6 τοὺς υἱοὺς αὐτοῦ ἐδόξασεν ἡμᾶς καὶ πλοῦτον καὶ * κτήνη * καὶ καρποὺς πᾶσιν ἡμῖν ἐχαρίσατο. καὶ ὑμεῖς οὖν
TLevi 18 2B052 τὸν λίβανον ἐπιδέχου ἐκ τῶν χειρῶν αὐτῶν ἐπὶ πάντα * κτήνη. * καὶ ἐπὶ πᾶσαν ὥραν νίπτου τὰς χεῖρας καὶ τοὺς
TJud. 8 1 φοβούμενοί με καὶ τοὺς ἀδελφούς μου. ἦν δέ μοι καὶ * κτήνη * πολλὰ καὶ εἶχον ἀρχιποίμενα Ἴραν τὸν Ὀδολαμίτην
Prop. 3 18 ὅτι οἱ ὄφεις ἀνήλισκον τὰ βρέφη αὐτῶν καὶ πάντα τὰ * κτήνη * αὐτῶν καὶ προείρηκεν ὅτι δι' αὐτοὺς οὐκ ἐπιστρέψει
Prop. 4 4 Βαλτάσαρ τοῦ υἱοῦ αὐτοῦ ὅτε ἐγένετο θηρίον καὶ * κτῆνος * ἵνα μὴ ἀπόληται. ἦν τὰ ἐμπρόσθια ὡς βοῦς σὺν τῇ
Prop. 4 6 ἀπεκαλύφθη τῷ ὁσίῳ περὶ τοῦ μυστηρίου τούτου ὅτι * κτῆνος * γέγονε διὰ τὴν φιληδονίαν καὶ τὸ σκληροτράχηλον
Job 13 2 καὶ τὸ βούτυρον διεχεῖτο ἐν ταῖς ὁδοῖς μου καὶ τὰ * κτήνη * μου ἀπὸ τοῦ πλήθους ἐν ταῖς πέτραις καὶ τοῖς
Job 16 5 ἣν εἰλήφεν ἐξουσίαν κατ' ἐμοῦ. καὶ τὰ λοιπὰ τῶν * κτηνῶν * μου ᾐχμαλώτισται ὑπὸ τῶν συμπολιτῶν μου τῶν καὶ
Job 30 4 διακρίνοντες τὰ κατ' ἐμέ, διαλογιζόμενοι τὰ * κτήνη * καὶ τὰ ὑπάρχοντά μου λέγοντες μὴ οὐκ οἴδαμεν τὰ
Job 40 8 εὐρὼν εἰσῆλθεν ἑσπέρας οὔσης εἰς τὴν ἔπαυλιν τῶν * κτηνῶν, * καὶ εὗρεν αὐτὴν νεκρὰν ἠπλωμένην καὶ ἅπαντες
Aris. 88 5 τῶν ἀπὸ τῶν θυσιῶν αἱμάτων. πολλαὶ γὰρ μυριάδες * κτηνῶν * προσάγονται κατὰ τὰς τῶν ἑορτῶν ἡμέρας. ὕδατος δὲ
Aris. 112 6 καὶ φοινίκων οὐδ' ἀριθμεῖται παρ' αὐτοῖς. * κτήνη * τε πολλὰ παμμιγῆ καὶ δαψιλὴς ἡ τούτων νομή. διὸ
Aris. 150 2 οὖν τὰ τῆς συγχωρήσεως ἡμῖν ἐπὶ τούτων καὶ τῶν * κτηνῶν * τροπολογῶν ἐκτέθειται. τὸ γὰρ διχηλεύειν καὶ
Sib. 5 393 καὶ βασιλεῖς στόμα δύσμορον ἐξεμίηναν ἐν σοὶ καὶ * κτηνῶν * εὗρον κοίτην κακοὶ ἄνδρες. σίγησον πανόδυρτε κακή
FJub. 2 13 ἐν τῇ πέμπτῃ ἡμέρᾳ. τῇ δὲ ἕκτῃ ἡμέρᾳ τὰ θηρία τὰ * κτήνη * τὰ ἑρπετὰ τῆς γῆς τὸν ἄνθρωπον. ταῦτα τὰ τέσσαρα
FJub. 3 1 τῇ δευτέρᾳ ἡμέρᾳ τῆς δευτέρας ἑβδομάδος ὠνόμασε τὰ * κτήνη. * τῇ τρίτῃ ἡμέρᾳ τῆς δευτέρας ἑβδομάδος ὠνόμασε τὰ
FJub. 3 23 λειποθυμῶν ἦν ἀπό τε μόχθου καὶ πείνης. ὁ ὄφις ἀπὸ * κτήνους * ἑρπετὸν ἐγένετο χεῖράς τε καὶ πόδας ἐκέκτητο.
FJub. 48 5 Αὐγούστῳ σκνῖπες Σεπτεμβρίῳ κυνόμυια Ὀκτωβρίῳ * κτηνῶν * πτῶσις Νοεμβρίῳ φλυκτίδες καὶ ἕλκη Δεκεμβρίῳ
FPho. 139 ἀρχόμενος φείδου πάντων μὴ τέμ' ἐπιδεύῃς. μὴ * κτήνους * θνητοῖο βορῆν κατὰ μέτρον ἔλῃαι. κτῆνος δ' ἢν
FPho. 140 μὴ κτήνους θνητοῖο βορῆν κατὰ μέτρον ἔλῃαι. * κτῆνος * δ' ἢν ἐχθροῖο πέσῃ καθ' ὁδὸν συνέγειρε.
IMen. 5 119 2 τε παιδίσκης θ' ἁπλῶς ἵππων βοῶν τὸ σύνολον ἢ * κτηνῶν. * τί δή; μηδὲ βελόνης ἔναμμα ἐπιθυμήσῃς ⟨Πάμ⟩φιλε
HDem. 9 21 7 δὲ ναρκήσαντα ἐπισκάζειν ὅθεν οὐκ ἐσθίεσθαι τῶν * κτηνῶν * τὸ ἐν τοῖς μηροῖς νεῦρον. καὶ φάναι αὐτῷ τὸν
LEze. 9 29 14 17 δίδουν βορὰν ὁμοῦ τε καὶ δάμαρσιν ἔμπονοι κόπῳ * κτήνη * τε πολλὰ καὶ δόμων ἀποσκευὴ αὐτοὶ δ' ἄνοπλοι
LAri. 8 10 8 τοὺς Αἰγυπτίους. καὶ ἐπὶ τοῦ γεγονότος θανάτου τῶν * κτηνῶν * καὶ τῶν ἄλλων φησὶ τῷ βασιλεῖ τῶν Αἰγυπτίων λέγων
LAri. 8 10 8 Αἰγυπτίων λέγων ἰδοὺ χεὶρ κυρίου ἐπέσται ἐν τοῖς * κτήνεσι * σου καὶ ἐν πᾶσι τοῖς ἐν τοῖς πεδίοις θάνατος

κτηνοτρόφος 2
HDem. 9 21 13 τοῦ βασιλέως καὶ ἐρωτῶνται τί διαπράσσονται λέγειν * κτηνοτρόφους * αὐτοὺς εἶναι. διαπορεῖσθαι δὲ διὰ τί ποτε ὁ
LThe. 9 22 3 σὺν παιδὶ Συχὲμ μάλ' ἀτειρέε φῶτε. Ἰακὼβ Συρίην * κτηνοτρόφον * ἶκτο καὶ εὐρὺ ῥέεθρον Εὐφρήταο λίπεν

κτηνοφθόρος 1
TLevi 17 11 ὑπερήφανοι ἄνομοι ἀσελγεῖς παιδοφθόροι καὶ * κτηνοφθόροι. * καὶ μετὰ τὸ γενέσθαι τὴν ἐκδίκησιν αὐτῶν

κτηνώδης 1
Job 39 10 θεάσωμεν κἂν τὰ ὀστᾶ αὐτῶν. μὴ ἄρα θηρίου ἐγὼ ἢ * κτηνώδη * γαστέρα ἔχω, ὅτι τὰ τέκνα μου δέκα τέθνηκεν, καὶ

κτῆσις 6
TLevi 13 7 καὶ χῶραι καὶ χρυσὸς καὶ ἄργυρος καὶ πᾶσα * κτῆσις * ἀπολεῖται τοῦ σοφοῦ τὴν σοφίαν οὐδεὶς δύναται
Aris. 265 2 ἐπαινέσας δὲ αὐτὸν ἄλλον ἠρώτα τίς ἐστι βασιλεῖ * κτῆσις * ἀναγκαιοτάτη; τῶν ὑποτεταγμένων φιλανθρωπία καὶ
Sib. 3 531 πόλεμον ζωῆς τ' ἐπαρωγός. ὄψονταί τ' ἰδίας * κτήσεις * καὶ πλοῦτον ἅπαντα ἐχθρὸν καρπίζοντα τρόμος δ'
FAch. 110 ἢ πραττόμενα ἑτέροις ἀναθήσεται. ἐπὶ μεγάλῃ * κτήσει * μὴ χαῖρε μηδὲ ἐπὶ μικρᾷ λυποῦ. ταῦτα δὴ εἰπὼν ὁ
FPho. 37 πάντων μέτρον ἄριστον ὑπερβασίαι δ' ἀλεγειναί. * ⟨κτῆσις ὀνήσιμος ἐσθ' ὁσίων ἀδίκων δὲ πονηρά.⟩ * μηδὲ τιν'
IMen. 5 119 2 κἀπιθυμοῦντα ἤτοι γυναικὸς πολυτελοῦς ἢ δώματος ἢ * κτήσεως * παιδός τε παιδίσκης θ' ἁπλῶς ἵππων βοῶν τὸ

κτίζω 35
Hen. 14 3 ἀνθρώποις λαλεῖν ἐν αὐτοῖς καὶ νοήσει καρδίας ὃς * ἔκτισεν * καὶ ἔδωκεν ἐλέγξασθαι ἐγρηγόρους τοὺς υἱοὺς τοῦ
Hen. 22 10 οὗ ἡ πηγὴ τοῦ ὕδατος ἐν αὐτῷ φωτινή καὶ οὕτως * ἐκτίσθη * τῶν ἁμαρτωλῶν ὅταν ἀποθάνωσιν καὶ ταφῶσιν εἰς
Hen. 22 13 ἐν ταῖς ἡμέραις τῶν ἁμαρτωλῶν. καὶ οὕτως * ἐκτίσθη * τοῖς πνεύμασιν τῶν ἀνθρώπων ὅσοι οὐκ ἔσονται
Hen. 25 7 ἡτοίμασεν ἀνθρώποις τὰ τοιαῦτα δικαίοις καὶ αὐτὰ * ἔκτισεν * καὶ εἶπεν δοῦναι αὐτοῖς. καὶ ἐκεῖθεν ἐφώδευσα
Hen. 98 4 οὐκ ἀπεστάλη ἀλλ' αὐτὴν οἱ ἄνθρω⟩ποι ἀφ' ἑαυτῶν * ⟨ἔκτισαν * καὶ εἰς κατάραν⟩ μεγάλην ἀφίξονται οἱ ποιοῦντες
Hen. 98 5 ἐδόθη ἀλλ' ἐκ παραβάσεως. ὁμοίως οὐδὲ στεῖρα γυνὴ * ἐκτίσθη * ἀλλ' ἐξ ἰδίων ἀδικημάτων ἐπετιμήθη ἀτεκνίᾳ ⟨καὶ⟩
Abr.Z 7 19 ἐθέλω ἀναληφθῆναι ἵνα θεάσωμαι ὅτι κτῆμα ὅλον * ἔκτισεν * ὁ κύριος ἐν οὐρανῷ καὶ ἐπὶ γῆς πρὸ τοῦ
Abr.Z 13 9 ὁ θάνατος τῷ Ἀβραὰμ λέγω σοι ἐν ὅλῳ τῷ κτίσματι ὃ * ἔκτισεν * ὁ θεὸς οὐχ εὑρέθη ὅμοιός σου ἐζήτει γὰρ ἐν τοῖς
TRub. 2 4 ἀνθρώπου. πρῶτον πνεῦμα ζωῆς μεθ' ἧς ἡ σύστασις * κτίζεται * δεύτερον πνεῦμα ὁράσεως μεθ' ἧς γίνεται
TRub. 2 7 βρῶσις βρωτῶν καὶ ποτῶν καὶ ἰσχὺς ἐν αὐτοῖς * κτίζεται * ὅτι ἐν βρώμασιν ἐστιν ἡ ὑπόστασις τῆς ἰσχύος
TRub. 3 1 πᾶσι τούτοις ὄγδοον πνεῦμα τοῦ ὕπνου ἐστὶ μεθ' οὗ * ἐκτίσθη * ἔκστασις φύσεως καὶ εἰκὼν τοῦ θανάτου. τούτοις
TNep. 2 5 πᾶσα ἔννοια ἣν οὐκ ἔγνω κύριος πάντα γὰρ ἄνθρωπον * ἔκτισε * κατ' εἰκόνα ἑαυτοῦ. ὡς ἡ ἰσχὺς αὐτοῦ οὕτω καὶ τὸ
Asen. 12 1 πρὸς τὸν θεὸν καὶ εἶπεν κύριε ὁ θεὸς τῶν αἰώνων ὁ * κτίσας * τὰ πάντα καὶ ζωοποιήσας ὁ δοὺς πνοὴν ζωῆς πάσῃ τῇ
Sal. 18 11 ἡ ὁδὸς αὐτῶν καθ' ἑκάστην ἡμέραν ἀφ' ἧς ἡμέρας * ἔκτισεν * αὐτοὺς ὁ θεὸς καὶ ἕως αἰῶνος καὶ οὐκ ἐπλανήθησαν
Sal. 18 12 καὶ ἕως αἰῶνος καὶ οὐκ ἐπλανήθησαν ἀφ' ἧς ἡμέρας * ἔκτισεν * αὐτοὺς ἀπὸ γενεῶν ἀρχαίων οὐκ ἀπέστησαν ὁδῶν
Jer. 3 8 παράδος αὐτὰ τῇ γῇ λέγων ἄκουε γῆ τῆς φωνῆς τοῦ * κτίσαντός * σε ὁ πλάσας σε ἐν τῇ περιουσίᾳ τῶν ὑδάτων ὁ
Prop. 3 16 καὶ περίτειχος πλατὺ καθὼς εἶπε καὶ ὁ Δανιὴλ ὅτι * κτισθήσεται. * οὗτος ἔκρινεν ἐν Βαβυλῶνι τὴν φυλὴν Δὰν καὶ
Sedr. 8 8 καὶ πόσας τρίχας ἔχουσιν; εἰπέ μοι Σεδρὰχ ἀφ' οὗ * ἐκτίσθη * ὁ οὐρανὸς καὶ ἡ γῆ πόσα δένδρα ἐγένοντο εἰς τὸν
Job 38 8 θεραπεία παρὰ κυρίου ἐστίν, τοῦ καὶ τοὺς ἰατροὺς * κτίσαντος. * καὶ ἐμοῦ ταῦτα πρὸς αὐτοὺς λέγοντος, ἦλθεν ἡ
Aris. 36 3 ὁμοίως δὲ καὶ τοὺς προόντας κρίνας πιστοὺς φρούρια * κτίσας * ἀπέδωκεν αὐτοῖς ὅπως τὸ τῶν Αἰγυπτίων ἔθνος φόβον
Aris. 115 4 ὁμοίως δὲ καὶ Πτολεμαΐδα τὴν ὑπὸ τοῦ βασιλέως * ἐκτισμένην. * μέση δὲ κεῖται πρὸς τοὺς προειρημένους
Aris. 185 2 στὰς εἶπε πληρώσαι σε βασιλεῦ πάντων τῶν ἀγαθῶν ὧν * ἔκτισεν * ὁ παντοκράτωρ θεὸς καὶ δῴη σοι ταῦτ' ἔχειν καὶ
Sib. 3 20 οὐρανίου μεγάλοιο θεοῦ κόσμον κρατέοντος; ὃς λόγῳ * ἔκτισε * πάντα καὶ οὐρανὸν ἠδὲ θάλασσαν ἠέλιόν τ' ἀκάμαντα
Sib. 3 35 κρίσιν ἐκλαθέοντες ἀθανάτου σωτῆρος ὃς οὐρανὸν * ἔκτισε * καὶ γῆν. αἲ γένος αἱμοχαρὲς δόλιον κακὸν ἀσεβέων
Sib. 3 57 ἀθανάτοιο θεοῦ μεγάλου βασιλῆος; ἄρτι δ' ἔτι * κτίζεσθε * πόλεις κοσμεῖσθε τε πάσαι ναοῖς καὶ σταδίοις
Sib. 3 543 πῦρ ἐπὶ γαίης κατθήσει +πολὺν ἱστὸν+ ὃς οὐρανὸν * ἔκτισε * καὶ γῆν πάντων δ' ἀνθρώπων τὸ τρίτον μέρος
Sib. 3 786 σοὶ γὰρ ἔδωκεν εὐφροσύνην αἰῶνος ὃς οὐρανὸν * ἔκτισε * καὶ γῆν. ἐν σοὶ δ' οἰκήσει σοὶ δ' ἔσσεται
FMos. 2 21 7 μεσίτην. ἀπὸ γὰρ πνεύματος ἁγίου αὐτοῦ πάντες * ἐκτίσθημεν * ἀπὸ προσώπου τοῦ θεοῦ ἐξῆλθε τὸ πνεῦμα αὐτοῦ
HEup. 9 31 1 ἱερὸν τῷ θεῷ ὃς τὸν οὐρανὸν καὶ τὴν γῆν * ἔκτισεν * ἅμα δέ σοι γράψαι ἀποστεῖλαι μοι τῶν παρὰ σοῦ
HEup. 9 33 1 ἱερὸν τῷ θεῷ ὃς τὸν οὐρανὸν καὶ τὴν γῆν * ἔκτισεν * ἅμα δὲ καὶ σοὶ γράψαι ἀποστεῖλαί μοι τῶν παρὰ
HEup. 9 34 1 εὐλογητὸς ὁ θεὸς ὃς τὸν οὐρανὸν καὶ τὴν γῆν * ἔκτισεν * ὃς εἵλετο ἄνθρωπον χρηστὸν ἐκ χρηστοῦ ἀνδρὸς ἅμα
HArt. 9 27 9 Μωϋσον διὰ τὸ μέγεθος τῆς στρατιᾶς πόλιν ἐν τούτῳ * κτίσαι * τῷ τόπῳ καὶ τὴν ἶβιν ἐν αὐτῇ καθιερῶσαι διὰ τὸ
HAno. 9 17 2 γραφῆς. τῆς Ἀσσυρίας πόλιν Βαβυλῶνα πρῶτον μὲν * κτισθῆναι * ὑπὸ τῶν διασωθέντων ἐκ τοῦ κατακλυσμοῦ εἶναι

```
LPhi.   9   24    1      ὦπασε κριόν. τοῖσιν ἔδος μακαριστὸν ὅλης μέγας  ⋇ ἔκτισεν ⋇ ἄκτωρ ὕψιστος καὶ πρόσθεν ἀφ' Ἀβραάμοιο καὶ
LThe.   9   22    1      τοῦ Ἑρμοῦ λαβεῖν τὴν ὀνομασίαν τοῦτον γὰρ καὶ  ⋇ κτίσαι ⋇ τὴν πόλιν. ἡ δ' ἄρ' ἔην ἀγαθή τε καὶ αἰγινόμος
      κτίσις
                 28
Adam    29   10  ἐπλάσθης τῇ ἡμέρᾳ τῇ ἕκτῃ ἐν ᾗ ἐτέλεσεν ὁ θεὸς τὴν  ⋇ κτίσιν ⋇ αὐτοῦ. ἀλλ' ἀνάστα καὶ πορεύου εἰς τὸν Τίγριν
Adam    32    2       σου καὶ πᾶσα ἁμαρτία δι' ἐμὲ γέγονεν ἐν τῇ  ⋇ κτίσει. ⋇ ἔτι εὐχομένης τῆς Εὔας ἐπὶ τὰ γόνατα αὐτῆς οὔσης
Hen.    15    9      ἐγένοντο καὶ ἐκ τῶν ἁγίων ἐγρηγόρων ἡ ἀρχὴ τῆς  ⋇ κτίσεως ⋇ αὐτῶν καὶ ἀρχὴ θεμελίου πνεύματα πονηρὰ
Hen.    15B   9      ἐγένοντο καὶ ἐκ τῶν ἁγίων τῶν ἐγρηγόρων ἡ ἀρχὴ τῆς  ⋇ κτίσεως ⋇ αὐτῶν καὶ ἀρχὴ θεμελίου πνεύματα πονηρὰ ἐπὶ τῆς
Hen.    18    1       πάντων ἴδον ὅτι ἐν αὐτοῖς ἐκόσμησεν πάσας τὰς  ⋇ κτίσεις ⋇ καὶ τὸν θεμέλιον τῆς γῆς καὶ τὸν λίθον ἴδον τῆς
Abr.1   13    3       ὁ πονηρότατος καὶ κάθηται ὧδε κρῖναι πᾶσαν τὴν  ⋇ κτίσιν ⋇ καὶ ἐλέγχων δικαίους καὶ ἁμαρτωλοὺς διότι εἶπεν ὁ
Abr.1   13    6       δώδεκα φυλῶν τοῦ Ἰσραὴλ καὶ πᾶσα πνοὴ καὶ πᾶσα  ⋇ κτίσις ⋇ τὸ δὲ τρίτον ὑπὸ τοῦ δεσπότου θεοῦ τῶν ἁπάντων
Abr.1   16    2      εἶπεν τὸν θάνατον δεῦρο καλεῖ σε ὁ δεσπότης τῆς  ⋇ κτίσεως ⋇ ὁ ἀθάνατος βασιλεύς. ἀκούσας δὲ ὁ θάνατος
Abr.2   12   12   εἰς τὴν γῆν καὶ μὴ ἐάσῃς αὐτὸν κυκλῶσαι πᾶσαν τὴν  ⋇ κτίσιν ⋇ εἰ δὲ μή γε ἀπόλλει ὅλην τὴν κτίσιν ἣν ἐποίησα οὐ
Abr.2   12   12       πᾶσαν τὴν κτίσιν εἰ δὲ μή γε ἀπόλλει ὅλην τὴν  ⋇ κτίσιν ⋇ ἣν ἐποίησα οὐ σπλαχνίζεται γὰρ ἐπ' αὐτοὺς ἐπειδὴ
TRub.    2    3   νεωτερισμοῦ καὶ ἑπτὰ πνεύματα ἐδόθη αὐτῷ ἐπὶ τῆς  ⋇ κτίσεως ⋇ τοῦ εἶναι ἐν αὐτοῖς πᾶν ἔργον ἀνθρώπου. πρῶτον
TRub.    2    9      φιληδονίας ἡ ἁμαρτία διὰ τοῦτο ἐσχατόν ἐστι τῆς  ⋇ κτίσεως ⋇ καὶ πρῶτον τῆς νεότητος ὅτι ἀγνοίας πεπλήρωται
TLevi    4    1         καὶ τοῦ πυρὸς καταπτήσσοντος καὶ πάσης  ⋇ κτίσεως ⋇ κλονουμένης καὶ τῶν ἀοράτων πνευμάτων τηκομένων
TNep.    2    3   τρίτον τριχὸς σταθμῷ γὰρ καὶ μέτρῳ καὶ κανόνι πᾶσα  ⋇ κτίσις ⋇ ὑψίστου. καὶ καθάπερ οἶδεν ὁ κεραμεὺς ἑνὸς
Asen.   12    1        τὰ πάντα καὶ ζωοποιήσας ὁ δοὺς πνοὴν ζωῆς πάσῃ τῇ  ⋇ κτίσει ⋇ σου ὁ ἐξενέγκας τὰ ἀόρατα εἰς τὸ φῶς ὁ ποιήσας τὰ
Sal.     8    7         δικαιοσύνῃ. ἀνελογισάμην τὰ κρίματα τοῦ θεοῦ ἀπὸ  ⋇ κτίσεως ⋇ οὐρανοῦ καὶ γῆς ἐδικαίωσα τὸν θεὸν ἐν τοῖς
Jer.     9    6   τοὺς δικαίους. παρακαλῶ σε κύριε παντοκράτωρ πάσης  ⋇ κτίσεως ⋇ ὁ ἀγέννητος καὶ ἀπερινόητος ᾧ πᾶσα κρίσις
Prop.    8    1       δικαίου καὶ δι' αὐτοῦ ἀνακαινισθήσεσθαι τὴν  ⋇ κτίσιν ⋇ εἰς σωτηρίαν). ἐν εἰρήνῃ ἀπέθανε καὶ ἐτάφη ἐκεῖ.
Esdr.    7    5         ὁ μακάριος Ἔσδραμ ὁ θεὸς ὁ αἰώνιος ὁ πάσης τῆς  ⋇ κτίσεως ⋇ δημιουργὸς ὁ τὸν οὐρανὸν μετρήσας σπιθαμὴν καὶ
Sedr.    8   10     παρὰ τὸ χεῖλος τῆς θαλάσσης; εἰπέ μοι Σεδρὰχ ἀπὸ  ⋇ κτίσεως ⋇ κόσμου τῶν αἰώνων βρέχοντος τοῦ ἀέρος πόσα
Aris.   136    2     κατὰ τὴν ἐξεύρεσιν παντελῶς ἀνόητον τῶν γὰρ ἐν τῇ  ⋇ κτίσει ⋇ λαβόντες τινὰ συνέθηκαν καὶ προσυπέδειξαν
Aris.   139    7     θεὸν καὶ δυνατὸν σεβόμενοι παρ' ὅλην τὴν πᾶσαν  ⋇ κτίσιν. ⋇ ὅθεν οἱ Αἰγυπτίων καθηγεμόνες ἱερεῖς ἐγκεκυφότες
Sib.     3   86      δὲ θάλασσαν καὶ πόλον οὐράνιον καὶ ἤματα καὶ  ⋇ κτίσιν ⋇ αὐτὴν εἰς ἓν χωνεύσει καὶ εἰς καθαρὸν διαλέξει.
Sib.     5  152   ὅσους ὕμνησα δικαίως τούτου γὰρ +φανέντος+ ⟨ὅλη⟩  ⋇ κτίσις ⋇ ἐξετινάχθη καὶ βασιλεῖς ὤλοντο καὶ ἐν τοῖσιν
Sib.     5  230  καὶ καμάτοιο καὶ ἀνθρώποις μέγα τέρμα βλαπτομένης  ⋇ κτίσεως ⋇ καὶ σῳζομένης πάλι Μοίραις ὕβρι κακῶν ἀρχηγὲ καὶ
Sib.     5  245  καὶ καμάτοιο καὶ ἀνθρώποις μέγα τέρμα βλαπτομένης  ⋇ κτίσεως ⋇ καὶ σῳζομένης πάλι Μοίραις κλῦθι πικρᾶς φήμης
FJub.    3    9    ξύλου τῆς γνώσεως. τῇ ἐνενηκοστῇ τρίτῃ ἡμέρᾳ τῆς  ⋇ κτίσεως ⋇ τῇ δευτέρᾳ ἀρχῇ τῆς τεσσαρεσκαιδεκάτης
FJub.   12   26    ἐδίδαξα τὴν Ἑβραΐδα γλῶσσαν κατὰ τὴν ἀπ' ἀρχῆς  ⋇ κτίσεως ⋇ λαλεῖν τὰ πάτρια πάντα. ἐκ τοῦ Λὼτ Μωαβῆται καὶ
      κτίσμα
                 12
Abr.2   13    9      καὶ εἶπεν ὁ θάνατος τῷ Ἀβραὰμ λέγω σοι ἐν ὅλῳ τῷ  ⋇ κτίσματι ⋇ ὃ ἔκτισεν ὁ θεὸς οὐχ εὑρέθη ὅμοιός σου ἐζήτει
Asen.    9    5       ἡ ἡμέρα ἐστὶν ἐν ᾗ ἤρξατο ὁ θεὸς ποιεῖν πάντα τὰ  ⋇ κτίσματα ⋇ αὐτοῦ καὶ τῇ ἡμέρᾳ τῇ ὀγδόῃ ὅταν ἐπαναστράφῃ ἡ
Asen.   12    2         ὅτι ὁ λόγος σου κύριε ζωή ἐστι πάντων τῶν  ⋇ κτισμάτων ⋇ σου. πρός σὲ καταφεύγω κύριε καὶ πρός σέ
Sedr.   11    3   σου ἐκ σάλπιγγος καὶ ὁ ἐγκέφαλός σου ἐστιν μικρὸν  ⋇ κτίσμα ⋇ κεφαλὴ ὅλου τοῦ σώματος κίνησίς καλόπιστε καὶ
Sedr.   11    7   ὑπὸ τῶν χρυσῶν καὶ ἀργυρῶν ἐστολισμένοι καὶ μεγάλα  ⋇ κτίσματα ⋇ ὑπὸ τῶν δακτύλων ἄγονται. τὰς παλάμας
Job     47   11      ἐπὶ τὴν ἐμὴν ψυχήν, ἵνα θαυμάσητε τὰ τοῦ θεοῦ  ⋇ κτίσματα. ⋇ οὕτως ἀναστᾶσα ἡ μία ἡ καλουμένη Ἡμέρα
Aris.   17    3   αὐτοῦ κατασκευάσαι πρὸς τὸ οὐκ ἅπαντας ἀπολυθῆναι  ⋇ κτίσματα ⋇ γὰρ ὃν θεὸ τὸ γένος τῶν ἀνθρώπων καὶ
Sib.     4   16        καὶ γῆ καὶ ποταμοί τε καὶ ἀενάων στόμα πηγῶν  ⋇ κτίσματα ⋇ πρὸς ζωὴν ὄμβρον θ' ἅμα καρπὸν ἀρούρης
FJub.    2    2      ἔαρος καὶ θέρους καὶ πάντων τῶν πνευμάτων τῶν  ⋇ κτισμάτων ⋇ αὐτοῦ τῶν ἐν οὐρανοῖς καὶ ἐν τῇ γῇ τὰς
FJub.   11   16   γεννήσεως τετελευτηκέναι. θεοφιλὴς δὲ ὢν καὶ τοῖς  ⋇ κτίσμασι ⋇ τὸν νοῦν ἑαυτοῦ μὴ καταδεξάμενος ἐάσαι
FJub.   11   17   ἐνδιατρίβειν ἀλλ' ἐπὶ τὸν γενεσιουργὸν ἐκ τῆς τῶν  ⋇ κτισμάτων ⋇ ἀναχθεὶς καλλονῆς θείας ἐλλάμψεως ἠξιώθη ἔτι
FBar.   13   11      τὴν ⟨γῆν καὶ καταχρησαμενοι⟩ τοις εν αυτη  ⋇ κτίσμ⟨ασι ⋇ υμεις γαρ ευερ⟩γετουμενοι αει ηχα⟨ριστειτε
      κτίστης
                  4
Aris.   16    2       καθὼς περιείργασμαι. τὸν γὰρ πάντων ἐπόπτην καὶ  ⋇ κτίστην ⋇ θεὸν οὗτοι σέβονται ὃν καὶ πάντες ἡμεῖς δὲ
Sib.     3   10   πλάζεσθε καὶ οὐκ εὐθεῖαν ἀταρπὸν βαίνετε ἀθανάτου  ⋇ κτίστου ⋇ μεμνημένοι αἰεί; εἷς θεός ἐστι μόναρχος
Sib.     3  704      ζήσοντ' εὐφραινόμενοι ἐπὶ τούτοις οἷς δώσει  ⋇ κτίστης ⋇ ὁ δικαιοκρίτης τε μόναρχος. αὐτὸς γὰρ σκεπάσει
Sib.     5  433    ἁγίων καιρὸς ὅτε ταῦτα περαίνει θεὸς ὑψιβρεμέτης  ⋇ κτίστης ⋇ ναοῖο μεγίστου. αἰαῖ σοι Βαβυλὼν χρυσόθρονε
      κτίστωρ
                  3
IDip.   5  133   διὰ τέλους τιμᾶν μόνον ἀγαθῶν τοσούτων εὑρετὴν καὶ  ⋇ κτίστορα. ⋇ οἴει σὺ τοὺς θανόντας ὦ Νικήρατε τρυφῆς ἁπάσης
      κτύπος
                  2
Bar.     6   15   φωτόδοτα δὸς τῷ κόσμῳ τὸ φέγγος. καὶ ἀκούσας τὸν  ⋇ κτύπον ⋇ τοῦ ὀρνέου εἶπον κύριε τί ἐστιν ὁ κτύπος οὗτος;
Bar.     6   15      τὸν κτύπον τοῦ ὀρνέου εἶπον κύριε τί ἐστιν ὁ  ⋇ κτύπος ⋇ οὗτος; καὶ εἶπεν τοῦτό ἐστι τὸ ἐξυπνίζον τοὺς ἐπὶ
      Κύαγρα
                  1
Sib.     3  346   Γάζα πανολβίστη Ἱεράπολις Ἀστυπάλαια Εὐρώπης δὲ  ⋇ +Κύαγρα ⋇ κλύτος+ βασιλὶς Μερόπεια Ἀντιγόνη Μαγνησίη
      κυάνεος
                  1
Sib.     3  681       κορυφάς τ' ὀρέων βουνούς τε πελώρων ῥήξει  ⋇ κυάνεόν ⋇ τ' ἔρεβος πάντεσσι φανεῖται. ἤεριαι δὲ φάραγγες
      κυανοχαίτης
                  1
Sib.     3   49   καὶ πάντα νοήσει. καὶ ἐπὶ σοὶ πανάριστε πανέξοχε  ⋇ κυανοχαῖτα ⋇ καὶ ἐπὶ σοῖσι κλάδοισι τάδ' ἔσσεται ἤματα
      κυβερνάω
                  5
Aris.   147    5   μηδὲ ἀφαιρεῖσθαι μηδὲν ἀλλ' ἐκ δικαίου τὰ τοῦ βίου  ⋇ κυβερνᾶν ⋇ ὡς τὰ τῶν προειρημένων πτηνῶν ἤμερα ζῷα τὰ
Aris.   251    2     ἔριν ἀντιπράσσειν. κατορθοῦται γὰρ βίος ὅταν ὁ  ⋇ κυβερνῶν ⋇ εἰδῇ πρὸς τίνα σκοπὸν δεῖ τὴν διέξοδον
Aris.   251    3   τὴν διέξοδον ποιεῖσθαι. θεοῦ δ' ἐπικλήσει καὶ βίος  ⋇ κυβερνᾶται ⋇ κατὰ πάντα. συνανθομολογησάμενος δὲ τούτῳ τὸν
Aris.   292    4   μέγιστον κακὸν ἥγησαι τὴν ἀδικίαν δικαίως δὲ πάντα  ⋇ κυβερνῶν ⋇ ἀέναον τὴν περὶ σεαυτὸν δόξαν κατεσκεύασας τοῦ
FPho.   131   σεσοφισμένος ἀνὴρ ἀγροὺς καὶ πόλιας σοφίῃ καὶ νῆα  ⋇ κυβερνᾶι. ⋇ οὐχ ὅσιον κρύπτειν τὸν ἀτάσθαλον ἄνδρ'
      κυβερνήτης
                  1
TNep.    6    2   ἤρχετο ἀρμενίζων μεστὸν ταρίχων ἐκτὸς ναυτῶν καὶ  ⋇ κυβερνήτου ⋇ ἐπεγέγραπτο δὲ τὸ πλοῖον πλοῖον Ἰακώβ. καὶ
      κυδάλιμος
                  2
Sib.     5  266   Ἑλλήνων ὁμόθεσμον ἐνὶ στήθεσσιν ἔχων νοῦν ἀλλά σε  ⋇ κυδάλιμοι ⋇ παῖδες περιτιμήσουσιν καὶ μούσαις ἁγίαισι
Sib.     5  410   ἀνοικοδόμητον ἀφῆκεν σὺν πλήθει μεγάλῳ καὶ ἀνδράσι  ⋇ κυδαλίμοισιν. ⋇ αὐτὸς δ' ὤλετο +χέρσον ἀπ' ἀθανάτην ἐπιβάς
      κυδοιμός
                  4
Sib.     3  153      Κρόνοιο καὶ οἱ ἐπήγειραν πόλεμον μέγαν ἠδὲ  ⋇ κυδοιμόν. ⋇ αὕτη δ' ἔστ' ἀρχὴ πολέμου πάντεσσι βροτοῖσιν.
Sib.     3  535   δὲ πρὸς αὐτοὺς αἰσχρῶς χειρώσουσι πολέμῳ δεινῷ τε  ⋇ κυδοιμῷ ⋇ οἴσουσιν ἐχθροῖσι χαρὰν Ἕλλησι δὲ πένθος.
Sib.     3  751   πίονες ἀγροὶ ἔσσοντ' οὐδὲ μάχαιρα κατὰ χθονὸς οὐδὲ  ⋇ κυδοιμός ⋇ οὐδὲ βαρὺ στενάχουσα σαλεύσεται οὐκέτι γαῖα οὐ
Sib.     5  431     καὶ παίδων Κύπρις ἄθεσμος οὐ φόνος οὐδὲ  ⋇ κυδοιμὸς ⋇ Ἔρις δ' ἐν πᾶσι δικαίη. ὕστατος ἔσθ' ἁγίων
      κῦδος
                  2
Sib.     4   30   θυσίησιν τετραπόδων λεύσουσι δ' ἑνὸς θεοῦ εἰς μέγα  ⋇ κῦδος ⋇ οὔτε φόνον ῥέξαντες ἀτάσθαλον οὔτε κλοπαῖον κέρδος
LPhi.    9   20    1   ἐξότε κείνου ἔκγονος αἰνογόνοιο πολύμνιον Ἑλλάχε  ⋇ κῦδος. ⋇ ἀρτίχερος θηκτοῖο ξιφηφόρον ἐντύνοντος λήματι καὶ
      Κύζικος (ἡ)
                  3
Sib.     3  436       καὶ σε μολὼν ποτε παῖς Αἰτώλιος ἐξεναρίξει.  ⋇ Κύζικε ⋇ καὶ σοι πόντος ἀπορρήξει βαρὺν ὄλβον. καὶ σύ ποτ'
Sib.     3  442    ὕδωρ μέχρι κε καὶ Πατάρων μαντήια σήματα παύσῃ.  ⋇ Κύζικος ⋇ οἰκήτειρα Προποντίδος οἰνοπόλοιο Ῥύνδακος ἀμφὶ
Sib.     4   99   ἱερὴν ἐς νῆσον ἵκηται. καὶ σὺ Βάρις πέσεαι καὶ  ⋇ Κύζικος ⋇ ἡνίκα γαίης βρασσομένης σεισμοῖσιν ὀλισθαίνουσι
      κυκάω
                  1
IDip.   5  121    1   κἀσεβὴς ἕξουσιν ἐν ἅρπαζε ἀπελθὼν κλέπτε ἀποστέρει  ⋇ κύκα ⋇ μηδὲν πλανηθῇς ἔστι καὶ ἐν Ἅιδου κρίσις ἥνπερ
      κυκλεύω
                  1
Asen.    1    1        πέμπτῃ τοῦ μηνὸς ἐξαπέστειλε Φαραὼ τὸν Ἰωσὴφ  ⋇ κυκλεῦσαι ⋇ πᾶσαν τὴν γῆν Αἰγύπτου. καὶ ἦλθεν Ἰωσὴφ ἐν τῷ
Asen.    9    3   τοὺς ἵππους εἰς τὰ ἅρματα εἶπε γὰρ ἀπελεύσομαι καὶ  ⋇ κυκλεύσω· ⋇ πᾶσαν τὴν γῆν. καὶ εἶπε Πεντεφρῆς πρὸς Ἰωσὴφ
      κυκλέω
                  1
LAri. 13   12   13 θείων πραγμάτων. δι' ἑβδομάδων δὲ πᾶς ὁ κόσμος  ⋇ κυκλεῖται ⋇ τῶν ζῳογονουμένων καὶ τῶν φυομένων ἁπάντων. τῷ
      κύκλιος
                  1
Sib.     3  221   τ' ἀγαθὴ καλά τ' ἔργα μέμηλεν. οὔτε γὰρ ἠελίου  ⋇ κύκλιον ⋇ δρόμον οὔτε σελήνης οὔτε πελώρια ἔργα μεριμνῶσιν
      κυκλόθεν
                 12
Abr.2    8    7      τούτων ἐν τηλικαύτῃ δόξῃ καὶ πλῆθος ἀγγέλων  ⋇ κυκλόθεν ⋇ αὐτῷ παρεστήκον οὗτος δὲ κλαίων καὶ γελῶν ὥστε
Asen.    2   10      μόνης. καὶ ἦν αὐλὴ μεγάλη παρακειμένη τῇ οἰκίᾳ  ⋇ κυκλόθεν ⋇ καὶ ἦν τεῖχος κύκλῳ τῆς αὐλῆς ὑψηλὸν σφόδρα
Job     31    3     τῶν στρατιωτῶν αὐτῶν καὶ θυμίαμα βαλλόντων μοι  ⋇ κυκλόθεν, ⋇ ἵνα δυνηθῶσιν προσεγγίσαι μοι καὶ ἐποίησαν
Aris.   58    2      ἐπιδεδέσθαι. στεφάνην δὲ ἐποίησαν παλαιστιαίαν  ⋇ κυκλόθεν ⋇ τὰ δὲ κυμάτια στρεπτὰ τὴν ἀναγλυφὴν ἔχοντα
Aris.   62    2     πρὸς τὴν συνοχήν. ἐκ πλαγίων δὲ κατὰ τὴν ἄνω πρόσοψιν φθεσία κατεσκεύαστο
Aris.   70    3   πλεκόμενον ἐκ τοῦ λίθου σὺν ἀμπέλῳ περιειλούμενον  ⋇ κυκλόθεν ⋇ τῷ ποδὶ σὺν τοῖς βότρυσιν οἳ λιθουργεῖς ἦσαν
Aris.   75    6      καὶ βοτρύων σχοινίαι διάπλοκοι διετυποῦντο  ⋇ κυκλόθεν. ⋇ οἱ μὲν οὖν διὰ τοῦ χρυσοῦ τοιαύτην εἶχον τὴν
Aris.   78    6   προσβλέπειν τις ἐθέλει ἤθελεν ἀπέλαμπε ⋇ κυκλόθεν ⋇ ὡς ἄν τις ἑστήκῃ καὶ διάχυσιν ἐποίει μείζονα
Aris.   89    4   ὑπαρχόντων ὑπὸ γῆν καθὼς ἀπέφαινον πέντε σταδίων  ⋇ κυκλόθεν ⋇ τῆς κατὰ τὸ ἱερὸν καταβολῆς καὶ ἑκάστου τούτων
Sib.     3  706   αὐτὸς γὰρ σκεπάσειε μόνος μεγαλωστὶ παραστὰς  ⋇ κύκλοθεν ⋇ ὡσεὶ τεῖχος ἔχων πυρὸς αἰθομένοιο. ἀπτόλεμοι δ'
```

LAr1.    8   10    14   ἔλαττον ἑκατὸν χωρὶς τῶν ἀφηλίκων ἐκκλησιαζομένων  ×  κυκλόθεν  ×  τοῦ ὄρους οὐκ ἔλασσον ἡμερῶν πέντε οὔσης τῆς
LAr1.    8   10    14   αὐτὸ κατὰ πάντα τόπον τῆς ὁράσεως πᾶσιν αὐτοῖς  ×  κυκλόθεν  ×  ὡς ἦσαν παρεμβεβληκότες τὸ πῦρ φλεγόμενον
         κύκλος                        23
Adam    29    11   τὰ ποιήματα τοῦ θεοῦ ἐκύκλωσαν τὸν Ἀδὰμ ὡς τεῖχος  ×  κύκλῳ  ×  αὐτοῦ κλαίοντες καὶ προσευχόμενοι τῷ θεῷ ὑπὲρ τοῦ
Hen.    14     9   οἰκοδομῆς ἐν λίθοις χαλάζης καὶ γλώσσης πυρὸς  ×  κύκλῳ  ×  αὐτῶν καὶ ἤρξαντο ἐκφοβεῖν με. καὶ εἰσῆλθον εἰς
Hen.    14    12   πύρινα καὶ οὐρανὸς αὐτῶν ὕδωρ καὶ πῦρ φλεγόμενον  ×  κύκλῳ  ×  τῶν τειχῶν καὶ θύραι πυρὶ καιόμεναι. εἰσῆλθον εἰς
Hen.    14    22   ἐδύνατο πᾶσα σάρξ ἰδεῖν αὐτοῦ τὸ πῦρ φλεγόμενον  ×  κύκλῳ  ×  καὶ πῦρ μέγα παρειστήκει αὐτῷ καὶ οὐδεὶς ἐγγίζει
Hen.    14    22   πῦρ μέγα παρειστήκει αὐτῷ καὶ οὐδεὶς ἐγγίζει αὐτῷ.  ×  κύκλῳ  ×  μυρίαι μυριάδες ἑστήκασιν ἐνώπιον αὐτοῦ καὶ πᾶς
Abr.1   15     5   δοῦλοι αὐτοῦ καὶ αἱ δουλίδες αὐτοῦ περιεπλάκησαν  ×  κύκλῳ  ×  τοῦ Ἀβραὰμ δοξάζοντες τὸν θεὸν τὸν ἅγιον. εἶπεν
Abr.1   15     6   ἰδοὺ δὴ πάντες οἱ παῖδες καὶ παιδίσκαι σου  ×  κύκλῳ  ×  σου ποίησον διάταξιν περὶ πάντων ὧν ἐὰν βούλῃ ὅτι
Abr.2    8     5   ἀνὴρ ⟨ἐπὶ θρόνου δόξης μεγάλης καὶ πλῆθος ἀγγέλων  ×  κύκλῳ  ×  αὐτοῦ⟩ καὶ ἔκλαιεν καὶ ἐγέλα ὥστε τὸν κλαυθμὸν
TLevi    2  3B012   λατρεῦσαί σοι καλῶς. τεῖχος εἰρήνης σου γενέσθαι  ×  κύκλῳ  ×  μου καὶ σκέπη σου τῆς δυναστείας σκεπάσατω με ἀπὸ
TJud.    2     7   ἐν χώρᾳ νεμόμενος ἐκράτησα ἐκ τῶν κεράτων καὶ ἐν  ×  κύκλῳ  ×  συσσείσας καὶ σκοτίσας ῥίψας ἀνεῖλον αὐτόν. καὶ
Asen.    2    10   μεγάλη παρακειμένη τῇ οἰκίᾳ κυκλόθεν καὶ ἦν τεῖχος  ×  κύκλῳ  ×  τῆς αὐλῆς ὑψηλὸν σφόδρα λίθοις τετραγώνοις
Asen.    5     5   καὶ στέφανος χρυσοῦς ἐπὶ τῆς κεφαλῆς αὐτοῦ καὶ  ×  κύκλῳ  ×  τοῦ στεφάνου ἦσαν δώδεκα λίθοι ἐκλεκτοὶ καὶ ἐπάνω
Asen.   18     6   ἐπὶ τῷ μετώπῳ αὐτῆς ἦν λίθος ὑάκινθος μέγας καὶ  ×  κύκλῳ  ×  τοῦ λίθου τοῦ μεγάλου ἦσαν ἓξ λίθοι πολυτελεῖς.
Prop.    2     5   μετέστησεν αὐτοῦ τὰ λείψανα περιθεὶς αὐτὰ ἐνδόξως  ×  κύκλῳ  ×  καὶ ἐκωλύθη ἐκ τῆς γῆς τὸ γένος τῶν ἀσπίδων καὶ ἐκ
Job     30     5   ἀποστελλόμενα ὑπ' αὐτοῦ εἰς τὰς κώμας καὶ εἰς τὰς  ×  κύκλῳ  ×  πόλεις διαδίδοσθαι τοῖς πτωχοῖς, παρεκτὸς τῶν ἐν
Aris.   63     7   ἑκάστου γένους τὴν χρόαν ἀνέδησαν τῷ χρυσίῳ  ×  κύκλῳ  ×  περὶ ὅλην τὴν τῆς τραπέζης κατασκευὴν κατὰ
Sib.     3   667   βουλήσονται ὁπηνίκα γαῖαν ἵκωνται. θήσουσιν  ×  κύκλῳ  ×  πόλεως μιαροὶ βασιλῆες τὸν θρόνον αὐτοῦ ἕκαστος
Sib.     4    57   ἐνὶ ἥματος ὥρῃ ἄστρα δ' ἀπ' οὐρανόθεν λείψει καὶ  ×  κύκλα  ×  σελήνης γῇ δὲ κλόνῳ σεισμοῖο τινασσομένη μεγάλοιο
IHom.    5   107     4   ἑπτὰ δὲ πάντα τέτυκτο ἐν οὐρανῷ ἀστερόεντι ἐν  ×  κύκλοισι  ×  φανέντα ἐπιτελλομένοις ἐνιαυτοῖς.
HEup.    9    34     7   δὲ τοὺς στύλους τῷ ναῷ ἰσομεγέθεις τὸ δὲ πλάτος  ×  κύκλῳ  ×  ἕκαστον κίονα πηχῶν δέκα στῆσαι δὲ αὐτοὺς τοῦ
LEze.    9    29  16 21   παρεμφερὲς καὶ μηλίνη μὲν τῇ κόρῃ προσέβλεπε  ×  κύκλῳ  ×  κόρη δὲ κόκκος ὡς ἐφαίνετο. φωνὴν δὲ πάντων εἶχεν
LAr1.   13    12    16   καὶ ἑπτὰ δὲ πάντα τέτυκται ἐν οὐρανῷ ἀστερόεντι ἐν  ×  κύκλοισι  ×  φανέντ' ἐπιτελλομένοις ἐνιαυτοῖς. δεῖν τὰ
LAr1.    7    32    17   τοῦ ἡλιακοῦ ἢ ὥς τινες αὐτῶν ὠνόμασαν ζωοφόρου  ×  κύκλου  ×  διεξιόντος ἡλίου. ἐξ ἀνάγκης τῇ τῶν διαβατηρίων
         κυκλοτερής                     1
IOrp.          30         καὶ σφαίρης κίνημ' ἀμφὶ χθόνα ὡς περιτέλλει  ×  κυκλοτερὲς  ×  ἐν ἴσῳ τε κατὰ σφέτερον κνώδακα πνεύματα δ'
         κυκλόω                        11
Adam    29     7         καὶ ζήσωμεν ἵνα μὴ ἀποθάνωμεν. ἐγερθῶμεν καὶ  ×  κυκλώσωμεν  ×  τὴν γῆν εἰ οὕτως εἰσακούσῃ ἡμῶν ὁ θεός. καὶ
Adam    29    11         πάντες οἱ ἄγγελοι καὶ πάντα τὰ ποιήματα τοῦ θεοῦ  ×  ἐκύκλωσαν  ×  τὸν Ἀδὰμ ὡς τεῖχος κύκλῳ αὐτοῦ κλαίοντες καὶ
Abr.1    7     2         ὑπεράνω τῆς κεφαλῆς μου καὶ τὰς ἀκτῖνας αὐτοῦ  ×  κυκλοῦντα  ×  καὶ φωταγωγοῦντά με καὶ ταῦτα οὕτως ἐμοῦ
Abr.2   12    12         τὸν Ἀβραὰμ κάτω εἰς τὴν γῆν καὶ μὴ ἐάσῃς αὐτὸν  ×  κυκλῶσαι  ×  πᾶσαν τὴν κτίσιν εἰ δὲ μὴ γε ἀπόλει ὅλην τὴν
Sal.    10     1         μακάριος ἀνὴρ οὗ ὁ κύριος ἐμνήσθη ἐν ἐλεγμῷ καὶ  ×  ἐκυκλώθη  ×  ἀπὸ ὁδοῦ πονηρᾶς ἐν μάστιγι καθαρισθῆναι ἀπὸ
Jer.     1     3         ἀναστάντες ἐξέλθατε πρὸ τοῦ ἡ δύναμις τῶν Χαλδαίων  ×  κυκλώσῃ  ×  αὐτήν. καὶ ἀπεκρίθη Ἰερεμίας λέγων παρακαλῶ σε
Jer.     4     1         πρωίας δὲ γενομένης ἰδοὺ ἡ δύναμις τῶν Χαλδαίων  ×  ἐκύκλωσε  ×  τὴν πόλιν. ἐσάλπισεν δὲ ὁ μέγας ἄγγελος λέγων
Jer.     7    12         χάρτην τοῦτον τῷ λαῷ καὶ τῷ ἐκλεκτῷ τοῦ θεοῦ. ἐὰν  ×  κυκλώσωσί  ×  σε πάντα τὰ πετεινὰ τοῦ οὐρανοῦ καὶ βούλωνται
Job     44     1         Ἐλίγαν τοῦ ὕμνου, ὑποφωνούντων αὐτῆ πάντων καὶ  ×  κυκλούντων  ×  τὸ θυσιαστήριον, ἀναστάντες εἰσῆλθομεν εἰς
Sib.     5   251   πόλιν ἐν μεσογαίοις ἄχρι δὲ καὶ Ἰόπης τεῖχος μέγα  ×  κυκλώσαντες  ×  ὑψόσ' ἀείρονται ἄχρι καὶ νεφέων ἐρεβεννῶν.
FJub.   16    31         ἑπτὰ ἡμέρας ἐπιτελεῖ τὴν ἑορτήν. πρῶτος Ἀβραὰμ  ×  ἐκύκλου  ×  τὸ θυσιαστήριον κλάδοις φοινίκων καὶ ἐλαιῶν. τὸν
         κύκλωμα                       1
Hen.    22     8         ἀφανισθῇ τὸ σπέρμα αὐτοῦ. τότε ἠρώτησα περὶ τῶν  ×  κυκλωμάτων  ×  πάντων διὰ τί ἐχωρίσθησαν ἓν ἀπὸ τοῦ ἑνός;
         κύκνειος                      1
ISop.    5   111     4         μητέρα οὐ χρυσόμορφος οὐδ' ἐπημφιεσμένος πτίλον  ×  κύκνειον  ×  ὡς κόρην Πλευρωνίαν ὑπημβρύωσεν ἀλλ' ὁλοσχερὴς
         κυλικεῖον                     1
Aris.  320     3   ἀργυρόποδας κλίνας δέκα καὶ τὰ ἀκόλουθα πάντα καὶ  ×  κυλικεῖον  ×  ταλάντων τριάκοντα καὶ στολὰς δέκα καὶ
         κυλίκιον                      1
Aris.  319     4         τῶν κρατίστων τρεῖς καὶ χρυσίου τάλαντα δύο καὶ  ×  κυλίκιον  ×  ταλάντου καὶ τρικλίνου πᾶσαν κατάστρωσιν.
         κυλίω                        2
Hen.    18    15   καὶ ταῖς δυνάμεσιν τοῦ οὐρανοῦ. καὶ οἱ ἀστέρες οἱ  ×  κυλιόμενοι  ×  ἐν τῷ πυρὶ οὗτοί εἰσιν οἱ παραβάντες
TJud.    6     4   ὡς δὲ ἤλθομεν ἐν τῇ πόλει αὐτῶν αἱ γυναῖκες αὐτῶν  ×  ἐκύλιον  ×  ἐφ' ἡμᾶς λίθους ἀπὸ τῆς κορυφῆς τοῦ ὄρους ἐν ᾗ
         κῦμα                        13
Sal.     2    27   γῆς καὶ θαλάσσης τὸ σῶμα αὐτοῦ διαφερόμενον ἐπὶ  ×  κυμάτων  ×  ἐν ὕβρει πολλῇ καὶ οὐκ ἦν ὁ θάπτων ὅτι
Sedr.    8     9   εἰπέ μοι Σεδρὰχ ἀφ' οὗ ἐποίησα τὴν θάλασσαν πόσα  ×  κύματα  ×  ἤγειραν καὶ πόσα ὑποδιέβησαν καὶ πόσα μέλλουν
Job     33     6   οἱ μὲν ποταμοὶ ξηρανθήσονται καὶ τὸ γαυρίαμα τῶν  ×  κυμάτων  ×  αὐτῶν καταβαίνει εἰς τὰ βάθη τῆς ἀβύσσου. οἱ δὲ
Aris.   64     6         καθ' ὃ ἂν μέρος αἰρῶνται ὥστε καὶ τὴν τῶν  ×  κυμάτων  ×  θέσιν καὶ τὴν τῆς στεφάνης εἶναι κατὰ τὸ τῶν
Sib.     3   402   τέκμαρ ὁππότε κεν Ῥείης μιαρὸν γένος ἐν χθονὶ  ×  κῦμα  ×  ἀέναον ῥίζῃσιν ἀδιψήτοισι τεθηλὸς αὐτόπρεμνον
Sib.     3   443   οἰκήτειρα Προποντίδος οἰνοπόλοιο Ῥύνδακος ἀμφί σε  ×  κῦμα  ×  κορυσσόμενον σμαραγήσει. καὶ σὺ Ῥόδος πουλὺν μὲν
Sib.     3   479   ἀγίοιο θεοῦ κατὰ βένθεα πόντου δύσονται κατὰ  ×  κῦμα  ×  θαλασσείοις τεκέεσσιν. αἰαῖ παρθενικὰς ὁπόσας
Sib.     3   778   καὶ τρηχέες ὄχθαι οὐρεά θ' ὑψήεντα καὶ ἄγρια  ×  κύματα  ×  πόντου εὔβατα καὶ εὔπλωτα γενήσεται ἥμασι κείνοις
Sib.     4   143   καὶ φύλοπις αἰνή. αἰαῖ Κύπρε τάλαινα σέ δὲ πλατὺ  ×  κῦμα  ×  θαλάσσης κρύψει χειμερίῃσιν ἀναρριφθεῖσαν ἀέλλαις.
Sib.     5    18   δι' ἡγεμόνων θεσπίσματα ἠδὲ γυναικὸς ἀδουλώτου ἐπὶ  ×  κῦμα  ×  πεσούσης. αἱ θεσμοὺς θείη λαοῖς καὶ πάνθ'
Sib.     5   322   πετρωφυὴς Τρίπολίς τε παρ' ὕδασι Μαιάνδροιο  ×  κύμασι  ×  νυκτερινοῖσι ὑπ' ἠόνι κληρωθεῖσα ἄρδην ἐξολέσει
ISop.    5   122     1   μανεῖσα. ἐπὰν δὲ ἐκλίπῃ τὸ πᾶν φροῦδος μὲν ἔσται  ×  κυμάτων  ×  ἅπας βυθὸς γῆ δὲ ἐδράνων ἔρημος οὐδ' ἀὴρ ἔτι
LEze.    9    29  14 45   ἀρωγὸς ὁ θεός. ὡς δ' ἤδη πέραν ἦσαν θαλάσσης  ×  κῦμα  ×  δ' ἐρροίβδει μέγα σύνεγγυς ἡμῶν. καὶ τις ἠλάλαξ'
         Κυμαῖος                      2
Sib.     5   311   αἰθέρα ⁺ἅρμα προδώσει⁺ ἀλλὰ μενεῖ νεκρὰ ἐν νάμασι  ×  ⁺κυμηοισιν⁺  ×  καὶ τότ' ἀναιάξουσιν ὁμοῦ κακότητα μένοντες.
Sib.     5   314   μένοντες. εἰδήσει σημεῖον ἔχων ἀνθ' ὧν ἐμόγησεν  ×  Κυμαίων  ×  δῆμος χαλεπὸς καὶ φῦλον ἀναιδές. εἶθ' ὅτι
         κυματίζω                      3
Abr.1   17    16   ἔδειξεν δὲ καὶ ἕτερον πρόσωπον θαλάσσης ἀγρίας  ×  κυματιζούσης  ×  καὶ ποταμῶν ἄγριον κοχλάζοντα καὶ δράκοντα
Abr.1   19     5   κοχλάζων καὶ τίς ἡ βεβορβορωμένη θάλασσα ἢ ἀγρίως  ×  κυματιζούσα  ×  διδάξον με καὶ ὑπὲρ τῆς βροντῆς τῆς
Abr.1   19    12   βλέπουσιν τὸ δὲ πρόσωπον τῆς θαλάσσης τῆς ἀγρίας  ×  κυματιζούσης  ×  ἐδειξά σοι διότι πολλοὶ ἐν θαλάσσῃ κλυδωνίῳ
         κυμάτιον                      1
Aris.   58     2   στεφάνην δὲ ἐποίησαν παλαιστιαίαν κυκλόθεν τὰ δὲ  ×  κυμάτια  ×  στρεπτὰ τὴν ἀνάγλυφην ἔχοντα σχοινίδων ἔκτυπον
         Κύμη                        1
Sib.     5   308   εἰς ⁺Ἐφέσοιο⁺ πύλας καὶ αὐτὴ μᾶλλον ὀλεῖται.  ×  Κύμη  ×  δ' ἡ μωρὰ σὺν νάμασι τοῖς θεοπνεύστοις ἐν παλάμαις
         κυνηγεσία                     1
Sib.     3   806   νεφέλη δ' ὄψεσθε μάχην πεζῶν ⟨τε⟩ καὶ ἱππέων οἷα  ×  κυνηγεσίην  ×  θηρῶν ὁμίχλησιν ὁμοίην. τοῦτο τέλος πολέμοιο
         κυνόμυια                      2
FJub.   48     5         Ἰουλίῳ βάτραχοι Αὐγούστῳ σκνῖπες Σεπτεμβρίῳ  ×  κυνόμυια  ×  Ὀκτωβρίῳ κτηνῶν πτῶσις Νοεμβρίῳ φλυκτίδες καὶ
LEze.    9    29  12 07   πάσῳ ἀναβρύσει δ' ἐν βροτοῖς ἕλκη πικρά.  ×  κυνόμυια  ×  δ' ἥξει καὶ βροτοὺς Αἰγυπτίων πολλοὺς κακώσει.
         κυπαρίσσινος                   5
HEup.    9    30     6   ἀνήκοντα χρυσίον ἀργύριον χαλκὸν λίθους ξύλα  ×  κυπαρίσσινα  ×  καὶ κέδρινα. ἀκούσαντα δὲ τὸν Δαβὶδ πλοῖα
HEup.    9    30     8   χρυσὸν καὶ ἄργυρον καὶ χαλκὸν καὶ λίθον καὶ ξύλα  ×  κυπαρίσσινα  ×  καὶ κέδρινα. καὶ αὐτὸν μὲν τελευτῆσαι
HEup.    9    34     5   οἰκοδόμησε ἐν ἐναλλὰξ δόμον λίθινον καὶ ἔνδεσμον  ×  κυπαρίσσινον  ×  καὶ πελεκίνοις χαλκοῖς ταλαντιαίοις
HEup.    9    34     5   οἰκοδομήσαντα ξυλώμασι ἔσωθεν κεδρίνοις ξύλοις καὶ  ×  κυπαρισσίνοις  ×  ὥστε τὴν λιθίνην οἰκοδομὴν μὴ φαίνεσθαι
HEup.    9    34     8   ἀργυρίῳ καὶ κατεστεγάσαι φατνώμασι κεδρίνοις καὶ  ×  κυπαρισσίνοις.  ×  ποιῆσαι δὲ καὶ κατὰ τὸ πρὸς βορρᾶν μέρος
         κυπάρισσος                     3
Abr.1    3     2   αὐτοῦ. κατὰ δὲ τῆς ὁδοῦ ἐκείνης ἵστατο δένδρον  ×  κυπάρισσος  ×  κατὰ πρόσταξιν θεοῦ τὸ δένδρον ἐβόησεν φωνὴν
TLevi   18  2B024   καὶ πίτυν καὶ ὀλδίνα καὶ βερωθα ⁺καν⁺ θεχακ καὶ  ×  κυπάρισσον  ×  καὶ δάφνην καὶ μυρσίνην καὶ ἀσφάλαθον. ταῦτα
Asen.   18     9   ἐν τοῖς καρποῖς αὐτῆς καὶ ὁ τράχηλος αὐτῆς ὡς  ×  κυπάρισσος  ×  παμποίκιλος ⟨καὶ οἱ μασθοὶ αὐτῆς ὡς τὰ ὄρη
         κυπάσσιον                     1
Sib.     5   187   σὺ μόνη κόσμοιο κρατοῦσα. ἀλλ' ὅταν ἡ Βάρκη τὸ  ×  κυπάσσιον  ×  ἀμφιβάλληται λευκὸν ἐπὶ ῥυπαρῷ μήτ' εἴην μήτε
         Κύπριος                      1
Sib.     5   454   ἐπ' ἠόνος ἔσσεται αὖθις. ἀκρὶς δ' οὐκ ὀλίγη χθόνα  ×  Κύπριον  ×  ἐξολοθρεύσει. εἰς Τύρον αἰνόμοροι μέροπες
         Κύπρις                       4
Sib.     5   430   βροτοῖσιν δεινὰ⁺ οὐδὲ γαμοκλοπίαι καὶ παίδων  ×  Κύπρις  ×  ἄθεσμος οὐ φόνος οὐδὲ κυδοιμὸς ἔρις δ' ἐν πᾶσι
FPho.          3         ὄλβια δῶρα. μήτε γαμοκλοπέειν μήτ' ἄρσενα  ×  Κύπριν  ×  ὄρίνειν μήτε δόλους ῥάπτειν μήθ' αἵματι χεῖρα
FPho.         67   ὀφέλλει δ' ἐσθλὰ πονεῦντα. σεμνὸς Ἔρως ἀρετῆς ὁ δὲ  ×  Κύπριδος  ×  αἶσχος ὀφέλλει. ἡδὺς ἄγαν ἄφρων κικλήσκεται ἐν
FPho.        190   αἰσχυντοῖς λεχέεσσιν. μὴ παραβῇς εὐνὰς φύσεως ἐς  ×  Κύπριν  ×  ἄθεσμον οὐδ' αὐτοῖς θήρεσσι συνεύαδον ἄρσενες
         Κύπρος                       4
Sib.     3   457   ὑπὲρ ⁺νέκυων⁺ ται δ' ὀλύμενων ὑπὲρ υἱῶν. σημεῖον  ×  Κύπρου  ×  σεισμὸς φθίσει δὲ φάραγγας καὶ πολλὰς ψυχάς
Sib.     4   129   καὶ τότε δὴ Σαλαμῖνα Πάφον δ' ἅμα σεισμὸς ὀλέσσει  ×  Κύπρον  ×  ὅταν πολύκλυστον ὑπερκλονέῃ μέλαν ὕδωρ. ἀλλ'

| | | | | | |
|---|---|---|---|---|---|
| Sib. | 4 | 143 | καὶ Κύρρον τότε λοιμὸς ὀλεῖ καὶ φύλοπις αἰνή. αἰαῖ | * Κύπρε * | τάλαινα σὲ δὲ πλατὺ κῦμα θαλάσσης κρύψει |
| Sib. | 5 | 450 | τότε πάμφορον ἔσσεται ὕδωρ καὶ Κρήτη πεδίον. | * Κύπρος * | δ' ἕξει μέγα πῆμα καὶ Πάφος αἰάξει δεινὸν μόρον |
| κύπτω | | | | 2 | |
| Hen. | 14 | 25 | με μέχρι τῆς θύρας ἐγὼ δὲ τὸ πρόσωπόν μου κάτω | * ἔκυφον. * | καὶ ἀποκριθεὶς εἶπέν μοι ὁ ἄνθρωπος ὁ ἀληθινὸς |
| Asen. | 18 | 9 | ἀπὸ τῆς πηγῆς καὶ ἐνέχεεν αὐτὸ ἐν τῇ λεκάνῃ. καὶ | * ἔκυψεν * | Ἀσενὲθ νίψασθαι τὸ πρόσωπον αὐτῆς καὶ ὁρᾷ τὸ |
| κυρά * | | | | 1 (cf.+ κύριος) | |
| Abr.2 | 6 | 12 | ἐν τῷ οἴκῳ ἡμῶν. καὶ ἀπεκρίθη αὐτῇ Ἀβραὰμ καλῶς | * κυρὰ * | Σάρρα ἐνόησας ὅτι κἀγὼ τοὺς πόδας αὐτῶν ἔπλυνα καὶ |
| Κυρήνη | | | | 1 | |
| Sib. | 5 | 198 | Λιβύη πάγκλαυστε τίς ἐξηγήσεται ἄτας; τίς δέ σε | * Κυρήνη * | μερόπων ἐλεεινὰ δακρύσει; οὐ παύσῃ θρήνου |
| κυριακός | | | | 1 | |
| FJub. | 3 | 9 | τετάρτη δὲ τῆς πλάσεως τοῦ Ἀδὰμ ἡμέρα | * κυριακῇ * | Παχὼν ὀκτωκαιδεκάτῃ Μαΐου τρισκαιδεκάτῃ μετὰ |
| κυριεύω | | | | 19 | |
| Adam | 24 | 3 | καὶ παχυνθήσει καὶ εἰς τέλος μὴ ὑπάρξεις. καὶ ὧν | * ἐκυρίευες * | θηρίων ἐπαναστήσονταί σοι ἐν ἀκαταστασίᾳ ὅτι |
| Adam | 25 | 4 | δὲ πάλιν πρὸς τὸν ἄνδρα σου καὶ αὐτός σου | * κυριεύσει. * | μετὰ δὲ τὸ εἰπεῖν μοι ταῦτα εἶπεν τῷ ὄφει ἐν |
| Hen. | 22 | 14 | καὶ εἶπα εὐλογητὸς εἶ κύριε ὁ τῆς δικαιοσύνης | * κυριεύων * | τοῦ αἰῶνος. κἀκεῖθεν ἐφώδευσα εἰς ἄλλον τόπον |
| Hen. | 103 | 11 | ἐκο>πιάσαμεν ἐργαζόμενοι καὶ τῶν ὀψωνίων οὐ | * κεκυριεύκαμεν. * | ἐγενήθημεν κατάβρωμα ἁμαρτωλῶν <οἱ |
| Hen. | 103 | 12 | <οἱ ἄνο>μοι ἐβάρυναν ἐφ' ἡμᾶς τὸν ζυγόν. οἱ | * κυριεύουσιν * | οἱ ἐχθροὶ ἡμῶν ἐγκεντρίζουσιν ἡμᾶς καὶ |
| TSim. | 3 | 2 | τῆς πλάνης καὶ τοῦ φθόνου. καὶ γὰρ ὁ φθόνος | * κυριεύει * | πάσης τῆς διανοίας τοῦ ἀνθρώπου καὶ οὐκ ἀφίησιν |
| TJud. | 21 | 4 | βασιλείας ἐὰν μὴ δι' ἁμαρτίας ἀποπέσῃ κυρίου καὶ | * κυριευθῇ * | ὑπὸ τῆς ἐπιγείου βασιλείας. καὶ γὰρ αὐτὸν ὑπὲρ |
| TIss. | 7 | 7 | ἀφ' ὑμῶν καὶ πᾶσα πρᾶξις πονηρῶν ἀνθρώπων οὐ | * κυριεύσει * | ὑμῶν καὶ πάντα ἄγριον θῆρα καταδουλώσεσθε |
| TDan | 4 | 7 | τῆς ψυχῆς συνεχῶς ἀφίσταται κύριος ἀπ' αὐτῆς καὶ | * κυριεύει * | αὐτῆς ὁ Βελιάρ. φυλάξατε οὖν τέκνα μου τὰς |
| TAser | 1 | 8 | ἀπωθούμενος τὸ ἀγαθὸν προσλαμβάνει τὸ κακὸν καὶ | * κυριευθεὶς * | ὑπὸ τοῦ Βελιὰρ κἂν ἀγαθὸν πράξῃ ἐν πονηρίᾳ |
| TJos. | 3 | 2 | μοι μὴ θέλοντι συνελθεῖν αὐτῇ ἔλεγε δέ μοι | * κυριεύσεις * | μου καὶ πάντων τῶν ἐμῶν ἐὰν ἐπιδῷς σεαυτὸν |
| TBen. | 3 | 5 | καὶ ὑπὸ ἐπιβουλῆς ἀνθρώπων ἢ θηρίων οὐ δύναται | * κυριευθῆναι * | βοηθούμενος ὑπὸ τῆς τοῦ κυρίου ἀγάπης ἧς |
| Bar. | 13 | 2 | οὐ δύνασθε ὑποχωρεῖν ὑπ' αὐτῶν ἵνα μὴ εἰς τέλος | * κυριεύσῃ * | ὁ Ἐχθρὸς ἀλλ' εἴπατέ μοι τί αἰτεῖσθε. καὶ |
| Aris. | 16 | 6 | πάντα καὶ γίνεται τοῦτον ἁπάντων ἡγεῖσθαί τε καὶ | * κυριεύειν. * | ὑπερηρκὼς δὲ σύμπαντας ἀνθρώπους τῇ |
| Aris. | 17 | 6 | αὐτοῦ διὸ πολλαχῶς καὶ ποικίλως ἐπεκαλούμην τὸν | * κυριεύοντα * | κατὰ καρδίαν ἵνα συναναγκασθῇ καθὼς ἠξίουν |
| Aris. | 18 | 5 | ποιεῖν κατευθύνει τὰς πράξεις καὶ τὰς ἐπιβολὰς ὁ | * κυριεύων * | ἁπάντων θεὸς ὁ δὲ διανακύψας καὶ προσβλέψας |
| Aris. | 45 | 5 | διασώζῃ σοι τὴν βασιλείαν ἐν εἰρήνῃ μετὰ δόξης ὁ | * κυριεύων * | ἁπάντων θεὸς καὶ ὅπως γένηταί σοι συμφερόντως |
| Aris. | 269 | 5 | ἐπιφύεται καὶ δόξης ἀναίρεσις. θεὸς δὲ δόξης πάσης | * κυριεύει * | ῥέπων οὗ βούλεται. καὶ τούτῳ δ' ἐπικυρώσας τὰ |
| FAch. | 109 | | τὴν ἡμέραν καθημένη ὁπλίζεται μηχανωμένη πῶς σου | * κυριεύσει. * | τὸν καθημερινόν σου βίον ζήτει πρὸς τὸ |
| κύριος | | | | 886 (cf.+ κυρά *) | |
| Adam | | 1 | ἐδέξατο διδαχθεὶς παρὰ τοῦ ἀρχαγγέλου Μιχαήλ. | * κύριε * | εὐλόγησον. αὕτη ἡ διήγησις Ἀδὰμ καὶ Εὔας. μετὰ τὸ |
| Adam | 2 | 1 | Ἀδὰμ καὶ Εὔα. κοιμωμένων δὲ αὐτῶν εἶπεν Εὔα τῷ | * κυρίῳ * | αὐτῆς Ἀδὰμ κύριέ μου ἴδον ἐγὼ κατ' ὄναρ τῇ νυκτὶ |
| Adam | 2 | 2 | κοιμωμένων δὲ αὐτῶν εἶπεν Εὔα τῷ κυρίῳ αὐτῆς Ἀδὰμ | * κύριέ * | μου ἴδον ἐγὼ κατ' ὄναρ τῇ νυκτὶ ταύτῃ τὸ αἷμα τοῦ |
| Adam | 6 | 2 | καὶ κλαύσομαι καὶ προσεύξομαι καὶ εἰσακούσεταί μου | * κύριος * | καὶ ἀποστελεῖ τὸν ἄγγελον αὐτοῦ καὶ ἐνέγκω σοι |
| Adam | 7 | 2 | τὴν μητέρα ὑμῶν τοῦ ἀναβῆναι καὶ προσκυνῆσαι τὸν | * κύριον. * | καὶ ἔδωκεν αὐτῇ ὁ ἐχθρὸς καὶ ἔφαγεν ἀπὸ τοῦ |
| Adam | 9 | 2 | ὅτι ἐν μεγάλῃ λύπῃ εἰμί; ἔκλαυσε δὲ ἡ Εὔα λέγουσα | * κύριέ * | μου Ἀδὰμ δός μοι τὸ ἥμισυ τῆς νόσου σου καὶ |
| Adam | 21 | 3 | ἐλάλει καὶ ἠρξάμην νουθετεῖν αὐτὸν λέγουσα δεῦρο | * κύριέ * | μου Ἀδὰμ ἐπάκουσόν μου καὶ φάγε ἀπὸ τοῦ καρποῦ |
| Adam | 22 | 2 | καλοῦντος τοὺς ἀγγέλους καὶ λέγοντος τάδε λέγει | * κύριος * | ἔλθατε μετ' ἐμοῦ εἰς τὸν παράδεισον καὶ ἀκούσατε |
| Adam | 23 | 2 | αὐτόν; τότε ἀποκριθεὶς ὁ πατὴρ ὑμῶν εἶπεν οὐχὶ | * κύριέ * | μου οὐ κρυβόμεθά σε ὡς νομίζοντες ὅτι οὐχ |
| Adam | 25 | 1 | ἐντολήν μου οὐκ ἐφύλαξας. στραφεὶς δὲ πρός με ὁ | * κύριος * | λέγει ἐπειδὴ ἐπήκουσας τοῦ ὄφεως καὶ παρήκουσας |
| Adam | 25 | 3 | μεγάλης καὶ τῶν ὀδυνῶν. ἐξομολογήσει δὲ καὶ εἴπεις | * κύριε * | κύριε σῶσόν με καὶ οὐ μὴ ἐπιστρέψω εἰς τὴν |
| Adam | 25 | 3 | καὶ τῶν ὀδυνῶν. ἐξομολογήσει δὲ καὶ εἴπεις κύριε | * κύριε * | σῶσόν με καὶ οὐ μὴ ἐπιστρέψω εἰς τὴν ἁμαρτίαν τῆς |
| Adam | 27 | 3 | δὲ Ἀδὰμ μετὰ κλαυθμοῦ λέγων συγχώρησόν μοι | * κύριε * | ὃ ἐποίησα. τότε λέγει ὁ κύριος τοῖς ἀγγέλοις αὐτοῦ |
| Adam | 27 | 4 | λέγων συγχώρησόν μοι κύριε ὃ ἐποίησα. τότε λέγει ὁ | * κύριος * | τοῖς ἀγγέλοις αὐτοῦ τί ἐπαύσασθε ἐκβάλλοντες τὸν |
| Adam | 27 | 5 | οἱ ἄγγελοι πεσόντες ἐπὶ τὴν γῆν προσεκύνησαν τῷ | * κυρίῳ * | λέγοντες δίκαιος εἶ κύριε καὶ εὐθύτητας κρίνεις. |
| Adam | 27 | 5 | τὴν γῆν προσεκύνησαν τῷ κυρίῳ λέγοντες δίκαιος εἶ | * κύριε * | καὶ εὐθύτητας κρίνεις. στραφεὶς δὲ πρὸς τὸν Ἀδὰμ |
| Adam | 28 | 2 | ἐν τῷ παραδείσῳ. καὶ ἀποκριθεὶς ὁ Ἀδὰμ εἶπεν | * κύριε * | δός μοι ἐκ τοῦ φυτοῦ τῆς ζωῆς ἵνα φάγω πρὶν ἢ |
| Adam | 28 | 3 | τῆς ζωῆς ἵνα φάγω πρὶν ἢ ἐκβληθῆναί με. τότε ὁ | * κύριος * | ἐλάλησεν πρὸς τὸν Ἀδὰμ οὐ λήψει νῦν ἀπ' αὐτοῦ. |
| Adam | 29 | 1 | καὶ ἀθάνατος ἔσει εἰς τὸν αἰῶνα. ταῦτα εἰπὼν ὁ | * κύριος * | ἐκέλευσεν τοῖς ἀγγέλοις αὐτοῦ ἐκβληθῆναι ἡμᾶς ἐκ |
| Adam | 29 | 4 | μου ὁ θεός. καὶ προσελθόντες εἶπον οἱ ἄγγελοι τῷ | * κυρίῳ * | Ἰαὴλ αἰώνιε βασιλεῦ κέλευσον δοθῆναι τῷ Ἀδὰμ |
| Adam | 29 | 8 | οὐχ εὕρομεν. καὶ ἀποκριθεῖσα εἶπον τῷ Ἀδὰμ ἀνάστα | * κύριε * | καὶ ἀνάλωσόν με ἵνα ἀναπαύσωμαι ἀπὸ προσώπου σου |
| Adam | 32 | 2 | ἥμαρτον εἰς τὸν ἀσάλευτόν σου θρόνον ἥμαρτον | * κύριε * | ἥμαρτον πολλὰ ἥμαρτον ἐναντίον σου καὶ πᾶσα |
| Adam | 37 | 2 | ἐβόησαν φωνὴν φοβερὰν λέγοντες εὐλογημένη ἡ δόξα | * κυρίου * | ἀπὸ ποιημάτων αὐτοῦ ὅτι ἠλέησεν τὸ πλάσμα τῶν |
| Adam | 38 | 3 | δὲ κιθάρας καὶ φιάλας καὶ σάλπιγγας. καὶ ἰδοὺ | * κύριος * | στρατιῶν ἐπέβη καὶ τέσσαρες ἄνεμοι εἷλκον αὐτὸν |
| Adam | 41 | 1 | ἀπεκρίθη τὸ σῶμα ἐκ τῆς γῆς καὶ εἶπεν ἰδοὺ ἐγὼ | * κύριε. * | καὶ εἶπεν αὐτῷ ὁ θεὸς ὅτι εἶπόν σοι ὅτι γῆ εἶ καὶ |
| Adam | 42 | 2 | ἕως οὗ ἀποστραφῇ ἡ πλευρὰ αὐτοῦ πρὸς αὐτόν. τότε ὁ | * κύριος * | καὶ οἱ ἄγγελοι ἐπορεύθησαν εἰς τὸν τόπον αὐτῶν. |
| Adam | 42 | 3 | οὐ γὰρ ἐγίνωσκεν ποῦ ἐτέθη ἐπειδὴ ἐν τῷ ἐλθεῖν τὸν | * κύριον * | ἐπὶ τὸν παράδεισον πρὸς τὸ κηδεῦσαι τὸν Ἀδὰμ |
| Adam | 42 | 5 | αὐτῆς. μετὰ δὲ τὸ τελέσαι αὐτῆς τὴν εὐχὴν λέγει | * κύριε * | δέσποτα θεὲ πάσης ἀρετῆς μὴ ἀπαλλοτριώσῃς με τοῦ |
| Adam | 42 | 7 | τὴν ἐντολήν σου μὴ χωρισθέντες οὕτως καὶ νῦν | * κύριε * | μὴ χωρίσῃς ἡμᾶς. μετὰ δὲ τὸ εὔξασθαι αὐτὴν |
| Adam | 43 | 4 | δοξάζων καὶ λέγων ἀλληλούϊα. ἅγιος ἅγιος ἅγιος | * κύριος * | εἰς δόξαν θεοῦ πατρός. ἀμήν. |
| Hen. | 9 | 4 | τὴν κρίσιν ἡμῶν πρὸς τὸν ὕψιστ<ον>. καὶ εἶπα<ν> τῷ | * κυρίῳ * | σὺ εἶ κύριος τῶν κυρίων καὶ ὁ θεὸς τῶν θεῶν καὶ |
| Hen. | 9 | 4 | πρὸς τὸν ὕψιστ<ον>. καὶ εἶπα<ν> τῷ κυρίῳ σὺ εἶ | * κύριος * | τῶν κυρίων καὶ ὁ θεὸς τῶν θεῶν καὶ βασιλεὺς τῶν |
| Hen. | 9 | 4 | ὕψιστ<ον>. καὶ εἶπα<ν> τῷ κυρίῳ σὺ εἶ κύριος τῶν | * κυρίων * | καὶ ὁ θεὸς τῶν θεῶν καὶ βασιλεὺς τῶν αἰώνων ὁ |
| Hen. | 9B | 3 | ἡμῶν ἐνώπιον τῆς δόξης τῆς μεγαλωσύνης ἐνώπιον τοῦ | * κυρίου * | τῶν κυρίων πάντων τῇ μεγαλωσύνῃ. καὶ εἶπον τῷ |
| Hen. | 9B | 3 | τῆς δόξης τῆς μεγαλωσύνης ἐνώπιον τοῦ κυρίου τῶν | * κυρίων * | πάντων τῇ μεγαλωσύνῃ. καὶ εἶπον τῷ κυρίῳ τῶν |
| Hen. | 9B | 4 | τῶν κυρίων πάντων τῇ μεγαλωσύνῃ. καὶ εἶπον τῷ | * κυρίῳ * | τῶν αἰώνων σὺ εἶ ὁ θεὸς τῶν θεῶν καὶ κύριος τῶν |
| Hen. | 9B | 4 | τῷ κυρίῳ τῶν αἰώνων σὺ εἶ ὁ θεὸς τῶν θεῶν καὶ | * κύριος * | τῶν κυρίων καὶ ὁ βασιλεὺς τῶν βασιλευόντων καὶ |
| Hen. | 9B | 4 | τῶν αἰώνων σὺ εἶ ὁ θεὸς τῶν θεῶν καὶ κύριος τῶν | * κυρίων * | καὶ ὁ βασιλεὺς τῶν βασιλευόντων καὶ θεὸς τῶν |
| Hen. | 10 | 9 | γράψον τὰς ἁμαρτίας πάσας. καὶ τῷ Γαβριὴλ εἶπεν ὁ | * κύριος * | πορεύου ἐπὶ τοὺς μαζηρέους ἐπὶ τοὺς κιβδήλους καὶ |
| Hen. | 12 | 3 | αἱ ἡμέραι αὐτοῦ. καὶ ἑστὼς ἤμην Ἑνὼχ εὐλογῶν τῷ | * κυρίῳ * | τῆς μεγαλωσύνης τῷ βασιλεῖ τῶν αἰώνων. καὶ ἰδοὺ οἱ |
| Hen. | 13 | 4 | ἀναγνῶ αὐτοῖς τὸ ὑπόμνημα τῆς ἐρωτήσεως ἐνώπιον | * κυρίου * | τοῦ οὐρανοῦ ὅτι αὐτοὶ οὐκ ἔτι δύνανται λαλῆσαι |
| Hen. | 14 | 24 | ἐπὶ πρόσωπόν μου βεβλημένος καὶ τρέμων καὶ ὁ | * κύριος * | τῷ στόματι αὐτοῦ ἐκάλεσέν με καὶ εἶπέν μοι |
| Hen. | 18 | 15 | ἐν τῷ πυρὶ οὗτοί εἰσιν οἱ παραβάντες πρόσταγμα | * κυρίου * | ἐν ἀρχῇ τῆς ἀνατολῆς αὐτῶν ὅτι τόπος ἔξω τοῦ |
| Hen. | 21 | 6 | ἀστέρων τοῦ οὐρανοῦ οἱ παραβάντες τὴν ἐπιταγὴν τοῦ | * κυρίου * | καὶ ἐδέθησαν ὧδε μέχρι τοῦ πληρῶσαι μύρια ἔτη τὸν |
| Hen. | 22 | 14 | οὐδὲ μὴ μετεγερθῶσιν ἐντεῦθεν. τότε ηὐλόγησα τὸν | * κύριον * | τῆς δόξης καὶ εἶπα εὐλογητὸς εἶ κύριε ὁ τῆς |
| Hen. | 22 | 14 | τὸν κύριον τῆς δόξης καὶ εἶπα εὐλογητὸς εἶ | * κύριε * | ὁ τῆς δικαιοσύνης κυριεύων τοῦ αἰῶνος. κἀκεῖθεν |
| Hen. | 25 | 3 | ὁμοία θρόνου θεοῦ καθέδρα ἐστὶν οὗ καθίζει ὁ μέγας | * κύριος * | ὁ ἅγιος τῆς δόξης ὁ βασιλεὺς τοῦ αἰῶνος ὅταν |
| Hen. | 27 | 2 | οἵτινες ἐροῦσιν τῷ στόματι αὐτῶν κατὰ | * κυρίου * | φωνὴν ἀπρεπῆ καὶ περὶ τῆς δόξης αὐτοῦ σκληρὰ |
| Hen. | 27 | 3 | τὸν ἅπαντα χρόνον ὧδε εὐλογήσουσιν οἱ ἀσεβεῖς τὸν | * κύριον * | τῆς δόξης τὸν βασιλέα τοῦ αἰῶνος ἐν ταῖς ἡμέραις |
| Hen. | 27 | 5 | ἐν ἐλέει ὡς ἐμέρισεν αὐτοῖς. τότε ηὐλόγησα τὸν | * κύριον * | τῆς δόξης καὶ τὴν δόξαν αὐτοῦ ἐδήλωσα καὶ ὕμνησα |
| Hen. | 89 | 42 | καὶ οἱ ἀλώπεκες κατήσθιον αὐτὰ μέχρι οὗ ἤγειρεν ὁ | * κύριος * | τῶν προβάτων κριὸν ἕνα ἐκ τῶν προβάτων. καὶ ὁ |
| Hen. | 89 | 45 | τὴν ὁδὸν αὐτοῦ καὶ ἤρξατο πορεύεσθαι ἀνοδίᾳ. καὶ ὁ | * κύριος * | τῶν προβάτων ἀπέστειλεν τὸν ἄρνα τοῦτον ἐπὶ ἄρνα |
| Hen. | 106 | 3 | τῆς μαίας καὶ ἀνέῳξεν τὸ στόμα καὶ εὐλόγησεν τῷ | * κυρίῳ * | καὶ ἐφοβήθη Λάμεχ ἀπ' αὐτοῦ καὶ ἔφυγεν καὶ ἦλθεν |
| Hen. | 106 | 11 | μαίας χειρῶν καὶ ἀνοίξας τὸ στόμα εὐλόγησεν τὸν | * κύριον * | τοῦ αἰῶνος καὶ ἐφοβήθη ὁ υἱός μου Λάμεχ καὶ |
| Hen. | 106 | 13 | τὴν ἀλήθειαν. τότε ἀπεκρίθην λέγων ἀνακαινίσει ὁ | * κύριος * | πρόσταγμα ἐπὶ τῆς γῆς καὶ τὸν αὐτὸν τρόπον τέκνον |
| Hen. | 106 | 13 | τῇ γενεᾷ Ἰάρεδ τοῦ πατρός μου παρέβησαν τὸν λόγον | * κυρίου * | ἀπὸ τῆς διαθήκης τοῦ οὐρανοῦ. καὶ ἰδοὺ |
| Abr.1 | 2 | 1 | ἐν ἀγαθοῖς. ἐξελθὼν δὲ ὁ ἀρχιστράτηγος ἐκ προσώπου | * κυρίου * | θεοῦ κατῆλθε πρὸς τὸν Ἀβραὰμ εἰς τὴν δρῦν τὴν |
| Abr.1 | 2 | 7 | πρὸς αὐτὸν προσκαλεῖται. καὶ ὁ Ἀβραὰμ εἶπεν δεῦρο | * κύριέ * | μου πορεύθητι μετ' ἐμοῦ εἰς τὴν χώραν. <καὶ φησὶν |
| Abr.1 | 2 | 10 | οὗτος ὁ ἐπίξενος. εἶπεν δὲ ὁ ἀρχιστράτηγος μὴ | * κύριέ * | μου Ἀβραὰμ μὴ ἐνέγκωσιν ἵππους ὅτι ἀνέχομαι |
| Abr.1 | 2 | 12 | σου μετεωριζόμενοι. καὶ εἶπεν Ἀβραὰμ ἀμὴν γένοιτο | * κύριε. * | ἀπέρχονται ἀπὸ τοῦ ἀγροῦ πρὸς τὸν οἶκον αὐτοῦ. |
| Abr.1 | 3 | 3 | φωνὴν ἀνθρωπίνην καὶ εἶπεν ἅγιος ἅγιος ἅγιος | * κύριος * | ὁ προσκαλούμενος ἑαυτὸν τοῖς ἀγαπῶσιν αὐτόν. |
| Abr.1 | 3 | 5 | τοῦ ἀγγέλου εἶπεν πρὸς Σάρραν τὴν μητέρα αὐτοῦ | * κυρία * | μου μήτηρ ἰδοὺ ὁ ἄνθρωπος ὁ καθεζόμενος μετὰ τοῦ |
| Abr.1 | 3 | 6 | ηὐλόγησεν τὸν Ἰσαὰκ καὶ εἶπε χαρίσεταί σοι | * κύριος * | ὁ θεὸς τὴν ἐπαγγελίαν αὐτοῦ ἣν ἐπηγγείλατο τῷ |
| Abr.1 | 4 | 6 | ἔστη ἐνώπιον τοῦ θεοῦ καὶ εἶπεν πρὸς τὸν δεσπότην. | * κύριε * | κύριε ἵνα γινώσκῃ τὸ σὸν κράτος ὅτι ἐγὼ τὴν μνήμην |
| Abr.1 | 4 | 6 | τοῦ θεοῦ καὶ εἶπεν πρὸς τὸν δεσπότην. κύριε | * κύριε * | ἵνα γινώσκῃ τὸ σὸν κράτος ὅτι ἐγὼ τὴν μνήμην τοῦ |
| Abr.1 | 4 | 7 | δίκαιον ἄνδρα ἐκεῖνον ἀναγγεῖλαι οὐ δύναμαι. ὁ δὲ | * κύριος * | εἶπεν ἄπελθε Μιχαὴλ ἀρχιστράτηγε πρὸς τὸν φίλον |
| Abr.1 | 4 | 9 | γνώσεται τὸ τέλος αὐτοῦ. καὶ ὁ ἀρχιστράτηγος εἶπεν | * κύριε * | πάντα γὰρ τὰ ἐπουράνια πνεύματα ὑπάρχουσιν ἀσώματα |
| Abr.1 | 4 | 9 | ἐν ἀφθονίᾳ ἀγαθῶν τῶν ἐπιγείων φθαρτῶν καὶ νῦν | * κύριε * | τί ποιήσω; πῶς διαλάθω μετὰ τούτων καθήμενος ἐν |
| Abr.1 | 4 | 10 | τούτων καθήμενος ἐν μιᾷ τραπέζῃ μετ' αὐτοῦ; ὁ δὲ | * κύριος * | εἶπε <κάτελθε> πρὸς αὐτὸν καὶ περὶ τούτου μὴ ἀλ |
| Abr.1 | 5 | 12 | καὶ κλαίοντας. εἶπε δὲ μετὰ κλαυθμοῦ | * κύριέ * | μου Ἀβραὰμ τί ἐστι τοῦτο ὅτι κλαίεται; ἀνάγγειλόν |
| Abr.1 | 5 | 13 | Ἀβραὰμ τί ἐστι τοῦτο ὅτι κλαίεται; ἀνάγγειλόν μοι | * κύριέ * | μου μὴ οὗτος ὁ ἀδελφὸς ὁ ἐπιξενισθεὶς ἡμῖν σήμερον |

| | | | | | |
|---|---|---|---|---|---|
| Abr.1 | 6 | 1 | τοῦ ἀρχιστρατήγου εὐθέως ἐγνώρισεν ὅτι ἄγγελος | * κυρίου * | ἦν ὁ λαλῶν. συννεύει οὖν Σάρρα τὸν Ἀβραὰμ τὰ |
| Abr.1 | 6 | 2 | τὰ πρὸς τὴν θύραν ἔξω ἐλθεῖν καὶ λέγει αὐτὸν | * κύριέ * | μου Ἀβραὰμ οὐ γινώσκεις τίς ἔστιν οὗτος ὁ ἀνήρ; |
| Abr.1 | 6 | 4 | εἶπεν δὲ Ἀβραὰμ οὐ γινώσκω. εἶπεν δὲ Σάρρα εἶδες | * κύριέ * | μου τοὺς τρεῖς ἄνδρας τοὺς ἐπουρανίους τοὺς |
| Abr.1 | 6 | 5 | ἐθήλαξεν τῇ μητρὶ αὐτοῦ ἐν ἀγαλλιάσει οὐκ οἶδας | * κύριέ * | μου Ἀβραὰμ ὅτι καὶ καρπὸν κοιλίας ἐξ ἐπαγγελίας |
| Abr.1 | 6 | 8 | τῷ θεῷ τῷ δεικνύοντι ἡμῖν θαυμάσια καὶ νῦν γίνωσκε | * κύριέ * | μου Ἀβραὰμ ὅτι ἀποκάλυψίς τινος ἔργου ἡμῖν ἐστιν |
| Abr.1 | 7 | 2 | πολλῇ; ὑπολαβὼν δὲ Ἰσαὰκ ἤρξατο λέγειν ἰδοὺ ἐγὼ | * κύριέ * | μου ⟨εἶδον⟩ τῇ νυκτὶ ταύτῃ τὸν ἥλιον καὶ τὴν |
| Abr.1 | 7 | 6 | καὶ παρεκάλεσα τὸν ἄνδρα ἐκεῖνον καὶ εἶπον μὴ | * κύριε * | μὴ ἄρῃς ἀπ' ἐμοῦ τὴν δόξαν μου ἐλέησόν με καὶ |
| Abr.1 | 7 | 12 | εἶπε δὲ Ἀβραὰμ νῦν ἔγνωκα κἀγὼ ὅτι σὺ εἶ ἄγγελος | * κυρίου * | καὶ ἀπεστάλης λαβεῖν τὴν ψυχήν μου ἀλλ' οὐ μή σε |
| Abr.1 | 8 | 7 | δώσω σοι ὅσα ἂν αἰτήσῃς παρ' ἐμοῦ οὕτως εἰμὶ ἐγὼ | * κύριος * | ὁ θεός σου καὶ πλὴν ἐμοῦ οὐκ ἔστιν ἄλλος σὺ δέ τί |
| Abr.1 | 9 | 4 | καὶ ἐρεῖς αὐτῷ ὅτι τάδε λέγει ὁ Ἀβραὰμ ὅτι | * κύριε * | κύριε ἐν παντὶ ἔργῳ καὶ λόγῳ ὃ ᾐτησάμην παρά σου |
| Abr.1 | 9 | 4 | καὶ ἐρεῖς αὐτῷ ὅτι τάδε λέγει ὁ Ἀβραὰμ ὅτι κύριε | * κύριε * | ἐν παντὶ ἔργῳ καὶ λόγῳ ὃ ᾐτησάμην παρά σου |
| Abr.1 | 9 | 5 | μου καὶ πᾶσαν τὴν βουλήν μου ἐπλήρωσας καὶ νῦν | * κύριε * | οὐκ ἀνθίσταμαι τὸ σὸν κράτος ὅτι κἀγὼ γινώσκω ὅτι |
| Abr.1 | 9 | 6 | μίαν αἴτησιν αἰτοῦμαι παρά σου καὶ νῦν δέσποτα | * κύριε * | εἰσάκουσον τῆς δεήσεώς μου ἔτι ἐν τούτῳ ⟨τῷ σώματι |
| Abr.1 | 10 | 6 | κλέψαι καὶ θῦσαι καὶ ἀπολέσαι. εἶπεν δὲ Ἀβραὰμ | * κύριε * | εἰσάκουσον τῆς φωνῆς μου καὶ κέλευσον ἵνα |
| Abr.1 | 10 | 9 | μετὰ γυναικὸς εἰς ἀλλήλους πορνεύοντας καὶ εἶπεν | * ⟨κύριε⟩ * | κέλευσον ὅπως χάνῃ ἡ γῆ καὶ καταπίῃ αὐτοὺς ⟨καὶ |
| Abr.1 | 10 | 11 | ἁρπάζοντας τὰ ἀλλότρια πράγματα καὶ εἶπεν Ἀβραὰμ | * κύριε * | κέλευσον ἵνα κατέλθῃ πῦρ ἐκ τοῦ οὐρανοῦ καὶ |
| Abr.1 | 11 | 8 | ἠρώτησεν δὲ ὁ Ἀβραὰμ τὸν ἀρχιστράτηγον | * κύριέ * | μου ἀρχιστράτηγε τίς ἐστιν οὗτος ὁ ἀνὴρ |
| Abr.1 | 13 | 1 | ἀλλ' ἔστησεν αὐτὴν εἰς τὸ μέσον. καὶ εἶπεν Ἀβραὰμ | * κύριέ * | μου ἀρχιστράτηγε τίς ἐστιν ὁ κριτὴς οὗτος ὁ |
| Abr.1 | 14 | 1 | δοκιμάζονται. εἶπεν δὲ Ἀβραὰμ πρὸς τὸν ἄγγελον | * κύριέ * | μου ἀρχιστράτηγε τὴν ψυχὴν ἣν κατεῖχεν ὁ ἄγγελος |
| Abr.1 | 14 | 10 | τῆς δεήσεώς μου καὶ παρακαλέσωμεν ἔτι τὸν | * κύριον * | καὶ προσπέσωμεν τοῖς οἰκτιρμοῖς αὐτοῦ καὶ |
| Abr.1 | 14 | 13 | αὐτοῦ ὁ ἀρχιστράτηγος καὶ ἐποίησαν δέησιν ἐνώπιον | * κυρίου * | τοῦ θεοῦ ἐπὶ πολλὴν δὲ ὥραν παρακαλούντων αὐτῶν |
| Abr.1 | 14 | 14 | λέγουσα ἐκ τοῦ οὐρανοῦ Ἀβραὰμ Ἀβραὰμ εἰσήκουσε | * κύριος * | τῆς δεήσεώς σου καὶ ἀφίεταί σοι ἡ ἁμαρτία καὶ οὓς |
| Abr.1 | 15 | 1 | εἶπεν δὲ καὶ τὸν ἀρχιστράτηγον ἡ φωνὴ τοῦ | * κυρίου * | Μιχαὴλ Μιχαὴλ ὁ ἐμὸς λειτουργὸς ἀπόστρεψον ⟨τὸν |
| Abr.1 | 15 | 4 | τοῦ ἀσωμάτου ἱκετεύουσα καὶ λέγουσα εὐχαριστῶ σοι | * κύριέ * | μου ὅτι ἀνήνεγκας τὸν κύριον τὸν Ἀβραὰμ ἰδοὺ γὰρ |
| Abr.1 | 15 | 4 | λέγουσα εὐχαριστῶ σοι κύριέ μου ὅτι ἀνήνεγκας τὸν | * κύριον * | τὸν Ἀβραὰμ ἰδοὺ γὰρ ἐνομίζομεν ἀναληφθέντα αὐτὸν |
| Abr.1 | 15 | 7 | μέλλεις ἐκδημεῖν ἐκ τοῦ σώματος ἔτι ἅπαξ πρὸς τὸν | * κύριον * | ἔρχεσθαι. εἶπεν δὲ Ἀβραὰμ ὁ κύριος εἶπεν ἢ ἀφ' |
| Abr.1 | 15 | 8 | ἅπαξ πρὸς τὸν κύριον ἔρχεσθαι. εἶπεν δὲ Ἀβραὰμ ὁ | * κύριος * | εἶπεν ἢ ἀφ' ἑαυτοῦ σὺ τοῦτο λέγεις; ὁ δὲ |
| Abr.1 | 15 | 12 | καὶ ἔστη ἐνώπιον τοῦ θεοῦ τοῦ ὑψίστου καὶ εἶπεν | * κύριε * | παντοκράτωρ ἰδοὺ εἰσήκουσα τοῦ φίλου σου Ἀβραὰμ |
| Abr.1 | 15 | 14 | ἀκολουθῶ σε; καὶ ⟨ὁ ἀρχάγγελος⟩ εἶπεν ἐκ προσώπου | * κυρίου * | τοῦ θεοῦ ἡμῶν ⟨οὕτως λέγει ὁ φίλος σου Ἀβραὰμ |
| Abr.1 | 17 | 7 | δόξῃ καὶ ὡραιότητι τοιαύτῃ; ὁ θάνατος εἶπεν οὐχὶ | * κύριέ * | μου αἱ γὰρ δικαιοσύναι σου καὶ τὸ ἄμετρον τῆς |
| Abr.1 | 18 | 4 | ἐν τούτῳ σε ἀπέστειλεν; καὶ ὁ θάνατος εἶπεν οὐχὶ | * κύριέ * | μου οὐκ ἔστιν οὕτως ὡς σὺ λέγεις ἐγὼ δὲ διά σέ |
| Abr.1 | 18 | 5 | πρὸς τὸν θάνατον καὶ πῶς οὗτοι τεθνήκασιν οὐ κἂν ὁ | * κύριος * | εἶπεν; καὶ ὁ θάνατος εἶπεν τὸν Ἀβραὰμ πίστευσόν |
| Abr.1 | 18 | 7 | σοι τὴν ἀλήθειαν καὶ γὰρ εἰ μὴ ἡ δεξιὰ χεὶρ τοῦ | * κυρίου * | ἦν μετὰ σοῦ ἐν τῇ ὥρᾳ ἐκείνῃ καὶ σὺ τοῦ βίου |
| Abr.1 | 18 | 9 | (οὖν οἱ παῖδες) ἀώρως τεθνήκασιν δεῦρο δεηθῶμεν | * κυρίῳ * | τῷ θεῷ ἡμῶν ὅπως εἰσακούσῃ ἡμῖν ὁ θεὸς καὶ |
| Abr.2 | | 1 | ὑπὸ Μιχαὴλ τοῦ ἀρχαγγέλου περὶ τῆς διαθήκης αὐτοῦ. | * κύριε * | εὐλόγησον. ἐγένετο ἡνίκα ἤγγισαν αἱ ἡμέραι Ἀβραὰμ |
| Abr.2 | 1 | 1 | ἤγγισαν αἱ ἡμέραι Ἀβραὰμ παραστῆναι ἐλάλησεν | * κύριος * | πρὸς Μιχαὴλ λέγων ἀναστὰς πορεύου πρὸς Ἀβραὰμ |
| Abr.2 | 2 | 8 | λέγων αὐτῷ οἱ γονεῖς μου ὠνόμασάν με Ἀβρὰμ καὶ ὁ | * κύριος * | ἐκάλεσέν με λέγων ἀνάστηθι καὶ πορεύου ἐκ τοῦ |
| Abr.2 | 2 | 9 | ἤκουσα δὲ αὐτοῦ καὶ ἦλθον εἰς τὴν γῆν ἣν εἶπέν μοι | * κύριος * | καὶ ἤλλαξεν τὸ ὄνομά μου λέγων οὐκέτι κληθήσει |
| Abr.2 | 2 | 10 | ὄνομά σου Ἀβραάμ. ἀπεκρίθη Μιχαὴλ καὶ εἶπεν αὐτῷ | * κύριε * | ἄφες μοι ὅτι ἐπιξενοῦμαι πατὴρ ἀνθρώπων |
| Abr.2 | 4 | 7 | αὐτῶν. ἀποκριθεὶς δὲ Μιχαὴλ ἐνώπιον τοῦ θεοῦ εἶπεν | * κύριε * | κέλευσόν ⟨με ἐρωτῆσαι ἐνώπιον⟩ τῆς μεγάλης δόξης |
| Abr.2 | 4 | 8 | ἐνώπιον⟩ τῆς μεγάλης δόξης σου. καὶ εἶπεν ὁ | * κύριος * | λέγε Μιχαήλ. καὶ εἶπεν κύριε σύ με ἀπέστειλας |
| Abr.2 | 4 | 9 | σου. καὶ εἶπεν ὁ κύριος λέγε Μιχαήλ. καὶ εἶπεν | * κύριε * | σύ με ἀπέστειλας πρὸς Ἀβραὰμ τὸν παῖδά σου εἰπεῖν |
| Abr.2 | 4 | 10 | τοῦ κόσμου καὶ ἐξελθεῖν ἀπὸ τοῦ σώματος αὐτοῦ κἀγὼ | * κύριε * | οὐκ ἐτόλμησα αὐτῷ ἐκφάναι λόγον ὅτι φίλος σού |
| Abr.2 | 4 | 11 | δίκαιος ἄνθρωπος ξένους ὑποδεχόμενος παρακαλῶ οὖν | * κύριε * | κέλευσον ἀποστεῖλαι τὴν μνήμην τοῦ θανάτου Ἀβραὰμ |
| Abr.2 | 4 | 13 | οὗτος ὁ λόγος ὅτι οὐκ ἐξέρχῃ ἐν σώματι μάλιστα σὺ | * κύριε * | ἐξ ἀρχῆς ἐποίησας τοῦ ἐλεᾶν τὰς ψυχὰς ἡμῶν. τότε |
| Abr.2 | 4 | 14 | ἐποίησας τοῦ ἐλεᾶν τὰς ψυχὰς ἡμῶν. τότε λέγει ὁ | * κύριος * | τῷ Μιχαὴλ Μιχαὴλ ὁ ἐμὸς ἀνάστηθι καὶ πορεύου πρὸς |
| Abr.2 | 6 | 5 | ταμείου ὅπου Ἀβραὰμ ἐκάθευδεν καὶ ἔκραξεν λέγουσα | * κύριέ * | μου Ἀβραάμ τί ἔχετε κλαίοντες ὀψέ; καὶ ἄρτι μή τι |
| Abr.2 | 6 | 5 | κλαίοντες ὀψέ; καὶ ἄρτι μή τι φάσιν ἤνεγκας τῷ | * κυρίῳ * | μου Ἀβραὰμ περὶ τοῦ ἀδελφοῦ Λὼτ ⟨ὅτι ἀπέθανεν ἢ |
| Abr.2 | 7 | 8 | ἐν μέσῳ μου ἔκλαυσα δὲ ἐγὼ καὶ εἶπον παρακαλῶ σε | * κύριε * | μὴ ἐπάρῃς τὴν δόξαν τῆς κεφαλῆς μου καὶ τὸ φῶς τοῦ |
| Abr.2 | 7 | 12 | εἰς τὸ φῶς καὶ ἀποκριθεὶς εἶπον αὐτῷ παρακαλῶ σε | * κύριε * | λαβὲ τὰς ἀκτῖνας μετ' αὐτοῦ ὁ δὲ εἶπέν μοι οὐκ ἐν |
| Abr.2 | 7 | 19 | καὶ ἀποκριθεὶς Ἀβραὰμ εἶπεν τῷ Μιχαὴλ παρακαλῶ σε | * κύριε * | εἰ ἐξέρχομαι ἐκ τοῦ σώματος ἐθέλω ἀναληφθῆναι ἵνα |
| Abr.2 | 7 | 19 | ἀναληφθῆναι ἵνα θεάσωμαι ὅτι κτῆμα ὅλον ἔκτισεν ὁ | * κύριος * | ἐν οὐρανῷ καὶ ἐπὶ γῆς πρὸ τοῦ μετενεχθῆναί με. |
| Abr.2 | 8 | 2 | τοῦ θεοῦ περὶ τοῦ Ἀβραάμ. καὶ ἀποκριθεὶς ὁ | * κύριος * | εἶπεν τῷ Μιχαὴλ ἄπελθε καὶ ἀνάλαβε σωματικῶς τὸν |
| Abr.2 | 8 | 7 | τὸν γέλωτα. καὶ εἶπεν Ἀβραὰμ τῷ Μιχαὴλ τί ἐστιν | * κύριε * | οὗτος ὁ καθήμενος ἐπὶ τὸν θρόνον ἀνὰ μέσον τῶν δύο |
| Abr.2 | 8 | 9 | Ἀβραὰμ οὐκ ἐπέγνως αὐτόν; καὶ εἶπεν Ἀβραὰμ οὐχὶ | * κύριε. * | καὶ εἶπεν Μιχαὴλ θεωρεῖς τὰς δύο πύλας ταύτας τὴν |
| Abr.2 | 9 | 10 | εἰς ἀπώλειαν. καὶ εἶπεν Ἀβραὰμ τῷ Μιχαὴλ εἰπέ μοι | * κύριε * | τὰς ἓξ μυριάδας τῶν ψυχῶν ἃς ἐλαύνει ὁ ἄγγελος |
| Abr.2 | 10 | 4 | κριτήν⟩. καὶ ἤκουσεν ψυχῆς κραζούσης ἐλέησόν με | * κύριε. * | λέγει αὐτῷ ὁ κριτὴς πῶς σε ἐλεήσω ὡς σὺ αὐτὴν οὐκ |
| Abr.2 | 11 | 1 | αὐτήν. καὶ ἀποκριθεὶς Ἀβραὰμ εἶπεν τῷ Μιχαὴλ | * κύριε * | τίς ἐστιν οὗτος ὁ κρίνων ὅτι οὐ κρίνει πρὶν ὁ |
| Abr.2 | 11 | 4 | τῆς δικαιοσύνης καὶ ἀπέστειλεν δὲ αὐτὸν ὁ | * κύριος * | ἐνταῦθα ὅπως ἀναγράφεται τὰς ἁμαρτίας καὶ τὰς |
| Abr.2 | 11 | 7 | ἀλλ' οὐδὲ ἀφ' ἑαυτοῦ Ἐνὼχ ἀποφαίνεται ἀλλ' ὁ | * κύριός * | ἐστιν ὁ ἀποφαινόμενος καὶ τοῦ δὲ Ἐνὼχ ἐστιν τὸ |
| Abr.2 | 11 | 8 | δὲ Ἐνὼχ ἐστιν τὸ γράψαι. ἐπειδὴ ηὔξατο Ἐνὼχ τῷ | * κυρίῳ * | λέγων οὐ θέλω δοῦναι ψυχῆς ἀπόφασιν ὅπως μή τινος |
| Abr.2 | 11 | 9 | ὅπως μή τινος ἐπίβαρυς γένωμαι. καὶ λέγει ὁ | * κύριος * | τῷ Ἐνὼχ τίθημι σημεῖον πρός σε ἵνα γράψῃς |
| Abr.2 | 12 | 5 | τοῦ οὐρανοῦ καὶ κατέφαγεν αὐτούς. ἐπειδὴ εἶπεν ὁ | * κύριος * | τῷ Μιχαὴλ εἴ τι δ' ἂν εἴπῃ Ἀβραὰμ ἄκουσον αὐτοῦ |
| Abr.2 | 12 | 12 | ἐκ τῆς ἐρήμου καὶ κατέφαγον αὐτούς⟩. καὶ ἐλάλησεν | * κύριος * | πρὸς Μιχαὴλ λέγων μετάστρεψον τὸν Ἀβραὰμ κάτω |
| Abr.2 | 13 | 1 | ἐξενέγκαι τὴν ψυχὴν αὐτοῦ ἐκ τοῦ σώματος εἶπεν δὲ | * κύριος * | πρὸς Μιχαὴλ ἀπελθὼν κόσμησον τὸν θάνατον ἐν πολλῇ |
| Abr.2 | 14 | 5 | διὰ τὸν φόβον τοῦ θανάτου ηὔξατο δὲ Ἀβραὰμ πρὸς | * κύριον * | καὶ ἀνέστησεν αὐτούς. ἐγένετο δὲ ὡς ἐπέστρεψεν |
| Abr.2 | 14 | 6 | τὴν ψυχὴν αὐτοῦ ὡς ἐν ὀνείροις ἦλθον δὲ ἅρματα | * κυρίου * | τοῦ θεοῦ καὶ ἦραν τὴν ψυχὴν αὐτοῦ εἰς τοὺς |
| Abr.2 | 14 | 6 | αὐτοῦ εἰς τοὺς οὐρανοὺς εὐλογοῦντες τὸν φίλον | * κυρίου * | εἰσήνεγκαν δὲ αὐτὸν εἰς τὴν ἀνάπαυσιν. ἔθαψεν δὲ |
| TRub. | 1 | 7 | μὴ Ἰακὼβ ὁ πατὴρ ἡμῶν προσηύξατο περὶ ἐμοῦ πρὸς | * κύριον * | ὅτι ἤθελε κύριος ἀνελεῖν με. ἤμην γὰρ ἐτῶν |
| TRub. | 1 | 7 | ἡμῶν προσηύξατο περὶ ἐμοῦ πρὸς κύριον ὅτι ἤθελε | * κύριος * | ἀνελεῖν με. ἤμην γὰρ ἐτῶν τριάκοντα ὅτε ἔπραξα τὸ |
| TRub. | 1 | 8 | γὰρ ἐτῶν τριάκοντα ὅτε ἔπραξα τὸ πονηρὸν ἐνώπιον | * κυρίου * | καὶ ἑπτὰ μῆνας ἐμαλακίσθην ἕως θανάτου. καὶ ἐν |
| TRub. | 1 | 9 | ἐν προαιρέσει ψυχῆς μου ἑπτὰ ἔτη μετενόησα ἐνώπιον | * κυρίου * | οἶνον καὶ σίκερα οὐκ ἔπιον καὶ κρέας οὐκ εἰσῆλθεν |
| TRub. | 4 | 1 | αὐτῶν ἀλλὰ πορεύεσθε ἐν ἁπλότητι καρδίας ἐν φόβῳ | * κυρίου * | καὶ μοχθοῦντες ἐν ἔργοις καὶ ἀποπλανώμενοι ἐν |
| TRub. | 4 | 1 | ἐν γράμμασι καὶ ἐν τοῖς ποιμνίοις ὑμῶν ἕως ὁ | * κύριος * | δώῃ ὑμῖν σύζυγον ἣν αὐτὸς θέλει ἵνα μὴ πάθητε ὡς |
| TRub. | 4 | 4 | με ὁ πατήρ μου ὅτι ηὔξατο περὶ ἐμοῦ πρὸς | * κύριον * | ἵνα παρέλθῃ ἀπ' ἐμοῦ ἡ ὀργὴ κυρίου καθὼς ἔδειξέ |
| TRub. | 4 | 4 | περὶ ἐμοῦ πρὸς κύριον ἵνα παρέλθῃ ἀπ' ἐμοῦ ἡ ὀργὴ | * κυρίου * | καθὼς ἔδειξέ μοι κύριος. ἀπὸ τότε μετανοῶν |
| TRub. | 4 | 4 | παρέλθῃ ἀπ' ἐμοῦ ἡ ὀργὴ κυρίου καθὼς ἔδειξέ μοι | * κύριος. * | ἀπὸ τότε μετανοῶν παρεφυλαξάμην καὶ οὐχ ἥμαρτον. |
| TRub. | 4 | 8 | ἐκαθέρισεν ἀπὸ πάσης πορνείας εὗρε χάριν ἐνώπιον | * κυρίου * | καὶ ἀνθρώπων. καὶ γὰρ πολλὰ ἐποίησεν αὐτῷ ἡ |
| TRub. | 6 | 7 | καὶ ἀποθανεῖσθε θανάτῳ πονηρῷ. τῷ γὰρ Λευὶ ἔδωκε | * κύριος * | τὴν ἀρχὴν καὶ τῷ Ἰούδᾳ μετ' αὐτῶν κἀμοὶ καὶ Δὰν |
| TRub. | 6 | 8 | ὑμῖν ἀκούειν τοῦ Λευὶ ὅτι αὐτὸς γνώσεται νόμον | * κυρίου * | καὶ διαστελεῖ εἰς κρίσιν καὶ θυσίας ὑπὲρ παντὸς |
| TRub. | 6 | 8 | μέχρι τελειώσεως χρόνων ἀρχιερέως χριστοῦ ὃν εἶπε | * κύριος. * | ὀρκῶ ὑμᾶς τὸν θεὸν τοῦ οὐρανοῦ ποιῆσαι ἀλήθειαν |
| TRub. | 6 | 11 | τὸν Ἰσραὴλ καὶ τὸν Ἰουδὰν ὅτι ἐν αὐτῷ ἐξελέξατο | * κύριος * | βασιλεῦσαι πάντων τῶν λαῶν. καὶ προσκυνήσατε τῷ |
| TSim. | 2 | 2 | καὶ Λεία ἡ μήτηρ μου ἐκάλεσέ με Συμεῶνα ὅτι ἤκουσε | * κύριος * | τῆς δεήσεως αὐτῆς. δυνατὸς ἐγενόμην σφόδρα οὐκ |
| TSim. | 2 | 13 | μοι συνέβη καὶ μετανοήσας ἔκλαυσα καὶ ηὐξάμην | * κυρίῳ * | ἵνα ἀποκατασταθῶ καὶ ἀπόσχωμαι ἀπὸ παντὸς μολυσμοῦ |
| TSim. | 2 | 14 | ἔγνων γὰρ ὅτι πονηρὸν πρᾶγμα ἐνεθυμήθην ἐνώπιον | * κυρίου * | καὶ Ἰακὼβ τοῦ πατρός μου διὰ Ἰωσὴφ τὸν ἀδελφόν |
| TSim. | 3 | 4 | ὁ δὲ φθονῶν μαραίνεται. δύο ἔτη ἡμερῶν ἐν φόβῳ | * κυρίου * | ἐκάκωσα ἐν νηστείᾳ τὴν ψυχήν μου καὶ ἔγνων ὅτι ἡ |
| TSim. | 3 | 5 | τοῦ φθόνου διὰ φόβου θεοῦ γίνεται. ἐάν τις ἐπὶ | * κύριον * | καταφύγῃ ἀποτρέχει τὸ πονηρὸν πνεῦμα ἀπ' αὐτοῦ |
| TSim. | 5 | 2 | νῦν τέκνα μου ἀγαθύνατε τὰς καρδίας ὑμῶν ἐνώπιον | * κυρίου * | καὶ εὐθύνατε τὰς ὁδοὺς ὑμῶν ἐνώπιον τῶν ἀνθρώπων |
| TSim. | 5 | 5 | ῥομφαίᾳ. ἀλλ' οὐ δυνήσονται πρὸς Λευὶ ὅτι πόλεμον | * κυρίου * | πολεμήσει καὶ νικήσει πᾶσαν παρεμβολὴν ὑμῶν καὶ |
| TSim. | 6 | 5 | οὐρανὸν ἀπὸ πολέμου. τότε Σὴμ ἐνδοξασθήσεται ὅτι | * κύριος * | ὁ θεὸς μέγας τοῦ Ἰσραὴλ φαινόμενος ἐπὶ γῆς ὡς |
| TSim. | 7 | 2 | ἀνατελεῖ ὑμῖν τὸ σωτήριον τοῦ θεοῦ. ἀναστήσει γὰρ | * κύριος * | ἐκ τοῦ Λευὶ ὡς ἀρχιερέα καὶ ἐκ τοῦ Ἰούδα ὡς |
| TLevi | 2 | 3 | ὡς δὲ ἐποιμαίνομεν ἐν Ἀβελμαοὺλ πνεῦμα συνέσεως | * κυρίου * | ἦλθεν ἐπ' ἐμὲ καὶ πάντας ἑώρων ἀνθρώπους |
| TLevi | 2 | 3B005 | ἀλήθειαν κατέναντι τῶν ἁγίων. καὶ ηὐξάμην καὶ εἶπα | * κύριε * | γινώσκεις πάσας τὰς καρδίας καὶ πάντας τοὺς |
| TLevi | 2 | 3B007 | καὶ δός μοι πάσας ὁδοὺς ἀληθείας μάκρυνον ἀπ' ἐμοῦ | * κύριε * | τὸ πνεῦμα τὸ ἄδικον καὶ διαλογισμὸν τὸν πονηρὸν |
| TLevi | 2 | 3B009 | ἐνώπιόν σου καὶ αἰνεῖν τοὺς λόγους σου μετ' ἐμοῦ | * κύριε * | καὶ μὴ κατισχυσάτω με πᾶς σατανᾶς πλανῆσαί με ἀπὸ |
| TLevi | 2 | 3B015 | τὸ πρόσωπόν σου ἀπὸ τοῦ υἱοῦ παιδός σου Ἰακώβ. σὺ | * κύριε * | εὐλόγησας τὸν Ἀβραὰμ πατέρα μου καὶ Σάρραν μητέρα |
| TLevi | 2 | 4 | περὶ τοῦ γένους τῶν υἱῶν τῶν ἀνθρώπων καὶ ηὐξάμην | * κυρίῳ * | ὅπως σωθῶ. τότε ἐπέπεσεν ἐπ' ἐμὲ ὕπνος καὶ |
| TLevi | 2 | 10 | καὶ ἀσυγκρίτους ὅτε ἀνέλθῃς ἐκεῖ ὅτι σὺ ἐγγὺς | * κυρίου * | στήσῃ καὶ λειτουργὸς αὐτοῦ ἔσῃ καὶ μυστήρια αὐτοῦ |
| TLevi | 2 | 11 | Ἰσραὴλ κηρύξεις καὶ διὰ σοῦ καὶ Ἰουδὰ ὀφθήσεται | * κύριος * | ἐν ἀνθρώποις σῴζων ἐν αὐτοῖς πᾶν γένος ἀνθρώπων |
| TLevi | 2 | 12 | σῴζων ἐν αὐτοῖς πᾶν γένος ἀνθρώπων καὶ ἐκ μερίδος | * κυρίου * | ἡ ζωή σου καὶ αὐτὸς ἔσται σου ἀγρὸς ἀμπελὼν |
| TLevi | 3 | 2 | χιόνα κρύσταλλον ἕτοιμα εἰς ἡμέραν προστάγματος | * κυρίου * | ἐν τῇ δικαιοκρισίᾳ τοῦ θεοῦ ἐν αὐτῷ εἰσι πάντα τὰ |
| TLevi | 3 | 5 | ἐν τῷ μετ' αὐτὸν οἱ ἄγγελοί εἰσι τοῦ προσώπου | * κυρίου * | οἱ λειτουργοῦντες καὶ ἐξιλασκόμενοι πρὸς κύριον |
| TLevi | 3 | 5 | κυρίου οἱ λειτουργοῦντες καὶ ἐξιλασκόμενοι πρὸς | * κύριον * | ἐπὶ πάσαις ταῖς ἀγνοίαις τῶν δικαίων. προσφέρουσι |

| | | | | | |
|---|---|---|---|---|---|
| TLevi | 3 | 6 | πάσαις ταῖς ἀγνοίαις τῶν δικαίων. προσφέρουσι δὲ | * κυρίῳ * | ὀσμὴν εὐωδίας λογικὴν καὶ ἀναίμακτον προσφοράν. ἐν |
| TLevi | 3 | 7 | φέροντες τὰς ἀποκρίσεις τοῖς ἀγγέλοις τοῦ προσώπου | * κυρίου. * | ἐν δὲ τῷ μετ' αὐτόν εἰσι θρόνοι ἐξουσίαι ἐν ᾧ |
| TLevi | 3 | 9 | ᾧ ὕμνοι ἀεὶ τῷ θεῷ προσφέρονται. ὅταν οὖν ἐπιβλέψῃ | * κύριος * | ἐφ' ἡμᾶς πάντες ἡμεῖς σαλευόμεθα καὶ οἱ οὐρανοὶ |
| TLevi | 4 | 1 | τὸν ὕψιστον. νῦν οὖν γινώσκετε ὅτι ποιήσει | * κύριος * | κρίσιν ἐπὶ τοὺς υἱοὺς τῶν ἀνθρώπων ὅτι τῶν πετρῶν |
| TLevi | 4 | 4 | εὐλογία καὶ παντὶ τῷ σπέρματί σου ἕως ἐπισκέψηται | * κύριος * | πάντα τὰ ἔθνη ἐν σπλάγχνοις υἱοῦ αὐτοῦ ἕως |
| TLevi | 5 | 3 | ἐν Συχὲμ ὑπὲρ Δίνας κἀγὼ ἔσομαι μετά σου ὅτι | * κύριος * | ἀπέσταλκέ με. καὶ συνετέλεσα τῷ καιρῷ ἐκείνῳ τοὺς |
| TLevi | 5 | 5 | ἐν ταῖς πλαξὶ τῶν οὐρανῶν. εἶπον δὲ αὐτῷ δέομαι | * κύριε * | εἰπέ μοι τὸ ὄνομά σου ἵνα ἐπικαλέσωμαί σε ἐν ἡμέρᾳ |
| TLevi | 6 | 8 | ὃν τρόπον ἐποίησαν Δίναν τὴν ἀδελφὴν ἡμῶν καὶ | * κύριος * | ἐκώλυσεν αὐτούς. καὶ οὕτως ἐδίωξαν Ἀβραὰμ τὸν |
| TLevi | 6 | 11 | αὐτῶν καὶ ξενηλατοῦντες αὐτούς. ἔφθασε δὲ ἡ ὀργὴ | * κυρίου * | ἐπ' αὐτοὺς εἰς τέλος. καὶ εἶπον τῷ πατρὶ μὴ |
| TLevi | 7 | 1 | αὐτοὺς εἰς τέλος. καὶ εἶπον τῷ πατρὶ μὴ ὀργίζου | * κύριε * | ὅτι ἐν σοί ἐξουδενώσει κύριος τοὺς Χαναναίους καὶ |
| TLevi | 7 | 1 | τῷ πατρὶ μὴ ὀργίζου κύριε ὅτι ἐν σοί ἐξουδενώσει | * κύριος * | τοὺς Χαναναίους καὶ δώσει τὴν γῆν αὐτῶν σοὶ καὶ |
| TLevi | 8 | 3 | ἐπέθηκάν μοι καὶ εἶπαν ἀπὸ τοῦ νῦν γίνου εἰς ἱερέα | * κυρίου * | σὺ καὶ τὸ σπέρμα σου ἕως αἰῶνος. καὶ ὁ πρῶτος |
| TLevi | 8 | 10 | τὰς χεῖράς μου θυμιάματος ὥστε ἱερατεύειν με | * κυρίῳ. * | εἶπαν δὲ πρός με Λευὶ εἰς τρεῖς ἀρχὰς |
| TLevi | 8 | 11 | διαιρεθήσεται τὸ σπέρμα σου εἰς σημεῖον δόξης | * κυρίου * | ἐπερχομένου καὶ ὁ πιστεύσας πρῶτος ἔσται κλῆρος |
| TLevi | 8 | 16 | σου καὶ ἔδεσθε πᾶν ὡραῖον ὁράσει καὶ τὴν τράπεζαν | * κυρίου * | διανεμήσεται τὸ σπέρμα σου καὶ ἐξ αὐτῶν ἔσονται |
| TLevi | 9 | 4 | καὶ ἀναστὰς τὸ πρωὶ ἀπεδεκάτωσε πάντα δι' ἐμοῦ τῷ | * κυρίῳ. * | καὶ ἤλθομεν εἰς Χεβρὼν τοῦ καταλῦσαι καὶ Ἰσαὰκ |
| TLevi | 9 | 6 | Ἰσαὰκ ἐκάλει με συνεχῶς τοῦ ὑπομνῆσαί με νόμον | * κυρίου * | καθὼς ἔδειξέ μοι ὁ ἄγγελος τοῦ θεοῦ. καὶ ἐδίδασκέ |
| TLevi | 9 | 8 | συνετίζων με καὶ εἰς ἐμὲ ἀσχολούμενος ἦν ἐνώπιον | * κυρίου. * | καὶ ἔλεγεν πρόσεχε τέκνον ἀπὸ τοῦ πνεύματος τῆς |
| TLevi | 9 | 12 | νίπτου. δώδεκα δένδρων ἀεὶ ἐχόντων φύλλα ἄναγε | * κυρίῳ * | ὡς κἀμὲ Ἀβραὰμ ἐδίδαξεν. καὶ παντὸς ζῴου καθαροῦ |
| TLevi | 9 | 13 | ζῴου καθαροῦ καὶ πετεινοῦ καθαροῦ πρόσφερε θυσίαν | * κυρίῳ. * | καὶ παντὸς πρωτογενήματος καὶ οἴνου πρόσφερε |
| TLevi | 10 | 2 | τὸν Ἰσραὴλ καὶ ἐπεγείροντες αὐτῷ κακὰ μεγάλα παρὰ | * κυρίου. * | καὶ ἀνομήσετε σὺν τῷ Ἰσραὴλ ὥστε μὴ βαστάξαι |
| TLevi | 10 | 5 | καὶ εἰς καταπάτημα. ὁ γὰρ οἶκος ὃν ἂν ἐκλέξηται | * κύριος * | Ἱερουσαλὴμ κληθήσεται καθὼς περιέχει βίβλος |
| TLevi | 13 | 1 | καὶ νῦν τέκνα μου ἐντέλλομαι ὑμῖν ἵνα φοβεῖσθε τὸν | * κύριον * | ἡμῶν ἐξ ὅλης καρδίας καὶ πορεύεσθε ἐν ἁπλότητι |
| TLevi | 14 | 1 | ἔγνων ἀπὸ γραφῆς Ἐνὼχ ὅτι ἐπὶ τέλει ἀσεβήσετε ἐπὶ | * κύριον * | χεῖρας ἐπιβάλλοντες ἐν πάσῃ κακίᾳ καὶ |
| TLevi | 14 | 5 | διδάσκοντες τοῖς τοῦ θεοῦ δικαιώμασι τὰς προσφορὰς | * κυρίου * | λῃστεύσετε καὶ ἀπὸ τῶν μερίδων αὐτοῦ κλέψετε καὶ |
| TLevi | 14 | 5 | ἀπὸ τῶν μερίδων αὐτοῦ κλέψετε καὶ πρὸ τοῦ θυσιάσαι | * κυρίῳ * | λήψεσθε τὰ ἐκλεκτὰ ἐν καταφρονήσει ἐσθίοντες μετὰ |
| TLevi | 14 | 6 | ἐσθίοντες μετὰ πορνῶν ἐν πλεονεξίᾳ τὰς ἐντολὰς | * κυρίου * | διδάξετε τὰς ὑπάνδρους βεβηλώσετε καὶ παρθένους |
| TLevi | 15 | 1 | γελοιάζοντες. διὰ ταῦτα ὁ ναὸς ὃν ἂν ἐκλέξηται | * κύριος * | ἔρημος ἔσται ἐν ἀκαθαρσίᾳ καὶ ὑμεῖς αἰχμάλωτοι |
| TLevi | 17 | 2 | θεῷ ὡς πατρὶ καὶ ἡ ἱερωσύνη αὐτοῦ πλήρης μετὰ | * κυρίου * | καὶ ἐν ἡμέρᾳ χαρᾶς αὐτοῦ ἐπὶ σωτηρίᾳ κόσμου αὐτὸς |
| TLevi | 17 | 8 | ἑβδόμῳ ἔσται μιασμὸς ὃν οὐ δύναμαι εἰπεῖν ἐνώπιον | * κυρίου * | καὶ ἀνθρώπων ὅτι αὐτοὶ γνώσονται οἱ ποιοῦντες |
| TLevi | 17 | 10 | γῆν ἐρημώσεως αὐτῶν καὶ ἀνακαινοποιήσουσιν οἶκον | * κυρίου. * | ἐν δὲ τῷ ἑβδόμῳ ἑβδοματικῷ ἥξουσιν οἱ ἱερεῖς |
| TLevi | 18 | 1 | καὶ μετὰ τὸ γενέσθαι τὴν ἐκδίκησιν αὐτῶν παρὰ | * κυρίου * | ἐκλείψει ἡ ἱερατεία. τότε ἐγερεῖ κύριος ἱερέα |
| TLevi | 18 | 2 | αὐτῶν παρὰ κυρίου ἐκλείψει ἡ ἱερατεία. τότε ἐγερεῖ | * κύριος * | ἱερέα καινὸν ᾧ πάντες οἱ λόγοι κυρίου |
| TLevi | 18 | 2 | τότε ἐγερεῖ κύριος ἱερέα καινὸν ᾧ πάντες οἱ λόγοι | * κυρίου * | ἀποκαλυφθήσονται καὶ αὐτὸς ποιήσει κρίσιν |
| TLevi | 18 | 2B013 | καὶ ηὐφράνθη. καὶ ὅτε ἔγνω ὅτι ἐγὼ ἱεράτευσα τῷ | * κυρίῳ * | δεσπότῃ τοῦ οὐρανοῦ ἤρξατο διδάσκειν με τὴν κρίσιν |
| TLevi | 18 | 2B018 | ἅγιος κληθήσεται τῷ σπέρματι Ἀβραάμ. ἐγγὺς εἶ | * κυρίου * | καὶ σὺ ἐγγὺς τῶν ἁγίων αὐτοῦ. γίνου καθαρὸς ἐν τῷ |
| TLevi | 18 | 2B030 | σου εἰς εὐδόκησιν καὶ ὀσμὴν εὐωδίας ἔναντι | * κυρίου * | ὑψίστου. καὶ ὅσα ἂν ποιῇς ἐν τάξει ποίει ἃ ποιῇς |
| TLevi | 18 | 2B048 | σου ἐν πάσαις ταῖς ἡμέραις σου ὅτι ἱερεὺς σὺ ἅγιος | * κυρίου * | καὶ ἱερεῖς ἔσονται πᾶν τὸ σπέρμα σου καὶ τοῖς |
| TLevi | 18 | 2B051 | εἰς ἱερωσύνην ἁγίαν καὶ προσενεγκεῖν θυσίαν | * κυρίῳ * | ὑψίστῳ ὡς καθήκει κατὰ τὸ προστεταγμένον τοῦτο |
| TLevi | 18 | 2B052 | ποιεῖν. ὅταν παραλαμβάνῃς θυσίαν ποιεῖν ἔναντι | * κυρίου * | ἀπὸ πάσης σαρκὸς κατὰ τὸν λογισμὸν τῶν ξύλων |
| TLevi | 18 | 2B058 | ἐγὼ λέγω ἠγαπημένος σὺ τῷ πατρί σου καὶ ἅγιος | * κυρίου * | ὑψίστου καὶ ἠγαπημένος ἔσῃ ὑπὲρ πάντας τοὺς |
| TLevi | 18 | 5 | καὶ αἱ νεφέλαι εὐφρανθήσονται καὶ ἡ γνῶσις | * κυρίου * | χυθήσεται ἐπὶ τῆς γῆς ὡς ὕδωρ θαλασσῶν καὶ οἱ |
| TLevi | 18 | 5 | θαλασσῶν καὶ οἱ ἄγγελοι τῆς δόξης τοῦ προσώπου | * κυρίου * | χαρήσονται ἐν αὐτῷ. οἱ οὐρανοὶ ἀνοιγήσονται καὶ |
| TLevi | 18 | 8 | ἐπ' αὐτὸν ἐν τῷ ὕδατι. αὐτὸς δώσει τὴν μεγαλωσύνην | * κυρίου * | τοῖς υἱοῖς αὐτοῦ ἐν ἀληθείᾳ εἰς τὸν αἰῶνα καὶ οὐκ |
| TLevi | 18 | 9 | γνώσει ἐπὶ τῆς γῆς καὶ φωτισθήσονται διὰ χάριτος | * κυρίου * | ὁ δὲ Ἰσραὴλ ἐλαττωθήσεται ἐν ἀγνωσίᾳ καὶ |
| TLevi | 18 | 13 | πατεῖν ἐπὶ τὰ πονηρὰ πνεύματα. καὶ εὐφρανθήσεται | * κύριος * | ἐπὶ τοῖς τέκνοις αὐτοῦ καὶ εὐδοκήσει κύριος ἐπὶ |
| TLevi | 18 | 13 | κύριος ἐπὶ τοῖς τέκνοις αὐτοῦ καὶ εὐδοκήσει | * κύριος * | ἐπὶ τοῖς ἀγαπητοῖς αὐτοῦ ἕως τῶν αἰώνων. τότε |
| TLevi | 19 | 1 | ἕλεσθε οὖν ἑαυτοῖς ἢ τὸ σκότος ἢ τὸ φῶς ἢ νόμον | * κυρίου * | ἢ ἔργα Βελιάρ. καὶ ἀπεκρίθημεν ἡμεῖς τῷ πατρὶ |
| TLevi | 19 | 2 | καὶ ἀπεκρίθημεν ἡμεῖς τῷ πατρὶ λέγοντες ἐνώπιον | * κυρίου * | πορευσόμεθα κατὰ τὸν νόμον αὐτοῦ. καὶ εἶπεν ὁ |
| TLevi | 19 | 3 | τὸν νόμον αὐτοῦ. καὶ εἶπεν ὁ πατὴρ ἡμῶν μάρτυς | * κύριος * | καὶ μάρτυρες οἱ ἄγγελοι αὐτοῦ καὶ μάρτυς ἐγὼ καὶ |
| TJud. | 1 | 3 | μου ὠνόμασέ με Ἰουδὰ λέγουσα ἀνθομολογοῦμαι τῷ | * κυρίῳ * | ὅτι ἔδωκέ μοι καὶ τέταρτον υἱόν. ὀξὺς ἤμην καὶ |
| TJud. | 2 | 1 | βασιλεὺς ἔσῃ κατευοδούμενος ἐν πᾶσι. καὶ ἔδωκέ μοι | * κύριος * | χάριν ἐν πᾶσι τοῖς ἔργοις μου ἐν τε τῷ ἀγρῷ καὶ |
| TJud. | 8 | 3 | καὶ Αὐνὰν καὶ Σηλὼμ ὧν τοὺς δύο ἀτέκνους ἀνεῖλε | * κύριος * | ὁ γὰρ Σηλὼμ ἔζησε καὶ τὰ τέκνα αὐτοῦ ὑμεῖς ἐστε. |
| TJud. | 10 | 2 | τῆς Θαμὰρ ὅτι οὐκ ἦν ἐκ γῆς Χανάαν. καὶ ἄγγελος | * κυρίου * | ἀνεῖλεν αὐτὸν τῇ τρίτῃ ἡμέρᾳ τῇ νυκτὶ καὶ αὐτὸς |
| TJud. | 12 | 6 | ἐλάλησα καὶ οὐκ ἠδυνήθην ἀνελεῖν αὐτὴν ὅτι παρὰ | * κυρίου * | ἦν. ἔλεγον δὲ μήποτε ἐν δολιότητι ἐποίησε παρὰ |
| TJud. | 13 | 1 | πάντας τοὺς λόγους μου τοῦ ποιεῖν τὰ δικαιώματα | * κυρίου * | καὶ ὑπακούειν ἐντολῆς κυρίου θεοῦ. καὶ μὴ |
| TJud. | 13 | 1 | ποιεῖν τὰ δικαιώματα κυρίου καὶ ὑπακούειν ἐντολῆς | * κυρίου * | θεοῦ. καὶ μὴ πορεύεσθε ὀπίσω τῶν ἐπιθυμιῶν ὑμῶν |
| TJud. | 13 | 2 | νεότητος ὑμῶν ὅτι καίγε τοῦτο πονηρὸν ἐν ὀφθαλμοῖς | * κυρίου. * | ἐπειδὴ γὰρ κἀγὼ καυχησάμενος ὅτι ἐν πολέμοις οὐκ |
| TJud. | 13 | 7 | καὶ ἐρασθεὶς αὐτῆς συνέπεσα καὶ παρέβην ἐντολὴν | * κυρίου * | καὶ ἐντολὴν πατέρων μου καὶ ἔλαβον αὐτὴν εἰς |
| TJud. | 13 | 8 | καὶ ἔλαβον αὐτὴν εἰς γυναῖκα. καὶ ἀνταπέδωκέ μοι | * κύριος * | κατὰ τὸ διαβούλιον τῆς καρδίας μου ὅτι οὐκ |
| TJud. | 17 | 3 | Ἰουδὰ σμικρυνθῆναι ποιήσουσιν ἣν ἔδωκέ μοι | * κύριος * | ἐν ὑπακοῇ πατρός. οὐδέποτε γὰρ ἐλύπησα λόγον |
| TJud. | 20 | 3 | στῆθος τοῦ ἀνθρώπου καὶ ἓν ἕκαστον αὐτῶν γνωρίζει | * κύριος. * | καὶ οὐκ ἔστι καιρὸς ἐν ᾧ δυνήσεται λαθεῖν |
| TJud. | 20 | 4 | ὅτι ἐν στήθει ὀστέων αὐτοῦ ἐγγέγραπται ἐνώπιον | * κυρίου. * | καὶ τὸ πνεῦμα τῆς ἀληθείας μαρτυρεῖ πάντα καὶ |
| TJud. | 21 | 2 | ἐπ' αὐτὸν ἵνα μὴ ἐξολοθρευθῆτε. ἐμοὶ γὰρ ἔδωκε | * κύριος * | τὴν βασιλείαν κἀκείνῳ τὴν ἱερατείαν καὶ ὑπέταξε |
| TJud. | 21 | 4 | τῆς ἐπὶ γῆς βασιλείας ἐὰν μὴ δι' ἁμαρτίας ἀποπέσῃ | * κυρίου * | καὶ κυριευθῇ ὑπὸ τῆς ἐπιγείου βασιλείας. καὶ γὰρ |
| TJud. | 21 | 5 | βασιλείας. καὶ γὰρ αὐτὸν ὑπέρ σε ἐξελέξατο | * κύριος * | ἐγγίζειν αὐτῷ καὶ ἐσθίειν τράπεζαν αὐτοῦ καὶ |
| TJud. | 22 | 1 | καὶ πάντας δικαίους διώξονται. ἐπάξει δὲ αὐτοῖς | * κύριος * | διαιρέσεις κατ' ἀλλήλων καὶ πόλεμοι συνεχεῖς |
| TJud. | 22 | 3 | βασιλείας μου ἕως τοῦ αἰῶνος. ὅρκῳ γὰρ ὤμοσέ μοι | * κύριος * | μὴ ἐκλεῖψαι τὸ βασίλειόν μου ἐκ τοῦ σπέρματός μου |
| TJud. | 23 | 3 | καὶ ἐπιμιγήσεσθε ἐν βδελύγμασιν ἐθνῶν ἀνθ' ὧν ἄξει | * κύριος * | ἐφ' ὑμᾶς λιμὸν καὶ λοιμὸν θάνατον καὶ ῥομφαίαν |
| TJud. | 23 | 5 | ταῖς γυναιξὶν αὐτῶν. καὶ ὡς ἂν ἐπιστρέψητε πρὸς | * κύριον * | ἐν τελείᾳ καρδίᾳ μεταμελούμενοι καὶ πορευόμενοι |
| TJud. | 23 | 5 | πάσαις ταῖς ἐντολαῖς τοῦ θεοῦ καὶ ἐπισκέψηται ὑμᾶς | * κύριος * | ἐν ἐλέει καὶ ἀναγάγῃ ἀπὸ τῆς αἰχμαλωσίας τῶν |
| TJud. | 24 | 6 | ἔθνεσι κρῖναι καὶ σῶσαι πάντας τοὺς ἐπικαλουμένους | * κύριον. * | καὶ μετὰ ταῦτα ἀναστήσεται Ἀβραὰμ καὶ Ἰσαὰκ |
| TJud. | 25 | 2 | Συμεὼν ἕκτος Ἰσαχὰρ καὶ οὕτως καθεξῆς πάντες. καὶ | * κύριος * | εὐλογήσει τὸν Λευὶ ὁ ἄγγελος τοῦ προσώπου ἐμὲ αἱ |
| TJud. | 25 | 3 | ὁ ἥλιος τὸν Γὰδ ἐλαία τὸν Ἀσὴρ καὶ ἔσται εἷς λαὸς | * κυρίου * | καὶ γλῶσσα μία καὶ οὐκ ἔσται ἔτι πνεῦμα πλάνης |
| TJud. | 25 | 4 | ἀναστήσονται ἐν χαρᾷ καὶ οἱ ἐν πτωχείᾳ διὰ | * κύριον * | πλουτισθήσονται καὶ οἱ ἐν πενίᾳ χορτασθήσονται |
| TJud. | 25 | 4 | καὶ οἱ ἐν ἀσθενείᾳ ἰσχύσουσι καὶ οἱ διὰ | * κύριον * | ἀποθανόντες ἐξυπνισθήσονται ἐν ζωῇ. καὶ οἱ ἔλαφοι |
| TJud. | 25 | 5 | ἁμαρτωλοὶ κλαύσονται καὶ πάντες οἱ λαοὶ δοξάσουσι | * κύριον * | εἰς αἰῶνας. φυλάξατε οὖν τέκνα μου πάντα νόμον |
| TJud. | 26 | 1 | εἰς αἰῶνας. φυλάξατε οὖν τέκνα μου πάντα νόμον | * κυρίου * | ὅτι ἐστὶν ἐλπὶς πᾶσι τοῖς κατευθύνουσι τὰς ὁδοὺς |
| TIss. | 1 | 1 | τοῦ πατρὸς ὑμῶν ἐνωτίσασθε ῥήματα ἠγαπημένοι ὑπὸ | * κυρίου. * | ἐγὼ ἐτέχθην πέμπτος υἱὸς τῷ Ἰακὼβ ἐν μισθῷ τῶν |
| TIss. | 2 | 1 | ἐκλήθην Ἰσαχάρ. τότε ὤφθη τῷ Ἰακὼβ ἄγγελος | * κυρίου * | λέγων ὅτι δύο τέκνα Ῥαχὴλ τέξεται ὅτι διέπτυσε |
| TIss. | 2 | 2 | Ῥαχὴλ ὅτι ἐν τοῖς μανδραγόροις ἐπεσκέψατο αὐτὴν | * κύριος. * | εἶδε γὰρ ὅτι διὰ τέκνα ἤθελε συνεῖναι τῷ Ἰακὼβ |
| TIss. | 2 | 4 | διὰ τοῦτο ἐν τοῖς μανδραγόροις ἐπήκουσε | * κύριος * | τῆς Ῥαχὴλ ὅτι καίγε ποθήσασα αὐτοὺς οὐκ ἔφαγεν |
| TIss. | 2 | 5 | αὐτοὺς οὐκ ἔφαγεν ἀλλὰ ἀνέθηκεν αὐτοὺς ἐν οἴκῳ | * κυρίου * | προσενέγκασα ἱερεῖ ὑψίστου τῷ ὄντι ἐν τῷ καιρῷ |
| TIss. | 3 | 6 | ὀπώραν καὶ πᾶν πρωτογένημα πρῶτον διὰ τοῦ ἱερέως | * κυρίῳ * | προσέφερον ἔπειτα τῷ πατρί μου καὶ τότε ἐγώ. καὶ |
| TIss. | 3 | 7 | προσέφερον ἔπειτα τῷ πατρί μου καὶ τότε ἐγώ. καὶ | * κύριος * | ἐδιπλασίαζε τὰ ἀγαθὰ ἐν χερσί μου. ᾔδει δὲ καὶ |
| TIss. | 4 | 1 | καρδίας ὅτι εἶδον ἐν αὐτῇ πᾶσαν εὐαρέστησιν | * κυρίου. * | ὁ ἁπλοῦς χρυσίον οὐκ ἐπιθυμεῖ τὸν πλησίον οὐ |
| TIss. | 4 | 6 | κόσμου ἵνα μὴ ἴδῃ διεστραμμένως τι τῶν ἐντολῶν τοῦ | * κυρίου. * | φυλάξατε οὖν νόμον θεοῦ τέκνα μου καὶ τὴν |
| TIss. | 5 | 1 | καὶ ἐν ἀκακίᾳ πορεύεσθε μὴ περιεργαζόμενοι ἐντολὰς | * κυρίου * | καὶ τοῦ πλησίον τὰς πράξεις ἀλλ' ἀγαπᾶτε κύριον |
| TIss. | 5 | 2 | κυρίου καὶ τοῦ πλησίον τὰς πράξεις ἀλλ' ἀγαπᾶτε | * κύριον * | καὶ τὸν πλησίον πένητα καὶ ἀσθενῆ ἐλεᾶτε. ὑπόθετε |
| TIss. | 5 | 3 | γῆς καθ' ἑκάστην γεωργίαν δῶρα μετ' εὐχαριστίας | * κυρίῳ * | προσφέροντες ὅτι ἐν πρωτογενήμασι καρπῶν γῆς |
| TIss. | 5 | 4 | ὅτι ἐν πρωτογενήμασι καρπῶν γῆς εὐλόγησέ σε | * κύριος * | καθὼς εὐλόγησε πάντας τοὺς ἁγίους ἀπὸ Ἄβελ ἕως |
| TIss. | 5 | 7 | με. καὶ ὁ Λευὶ καὶ ὁ Ἰουδὰς ἐδοξάσθη παρὰ | * κυρίου * | ἐν υἱοῖς Ἰακὼβ καὶ γὰρ κύριος ἐκλήρωσεν ἐν |
| TIss. | 5 | 7 | ἐδοξάσθη παρὰ κυρίου ἐν υἱοῖς Ἰακὼβ καὶ γὰρ | * κύριος * | ἐκλήρωσεν ἐν αὐτοῖς καὶ τῷ μὲν ἔδωκε τὴν |
| TIss. | 6 | 1 | τῇ κακουργίᾳ καὶ καταλιπόντες τὰς ἐντολὰς | * κυρίου * | κολληθήσονται τῷ Βελιὰρ καὶ ἀφέντες τὸ γεώργιον |
| TIss. | 6 | 3 | ὑμῶν ὅπως ἐὰν ἁμαρτήσωσι τάχιον ἐπιστρέψουσι πρὸς | * κύριον * | ὅτι ἐλεήμων ἐστὶ καὶ ἐξελεῖται αὐτοὺς τοῦ |
| TIss. | 7 | 6 | ἐν πάσαις ταῖς ἡμέραις μου καὶ ἀλήθειαν. τὸν | * κύριον * | ἠγάπησα ἐν πάσῃ τῇ ἰσχύϊ μου ὁμοίως καὶ πάντα |
| TZab. | 2 | 8 | ἡμῶν καὶ οὐχ εὗρον ὕδωρ. διὰ γὰρ τοῦτο ἐκώλυσε | * κύριος * | τοῦ ἀναβῆναι ὕδωρ ἐν αὐτοῖς ἵνα γένηται |
| TZab. | 2 | 9 | ἵνα γένηται περιποίησις τοῦ Ἰωσήφ. καὶ ἐποίησε | * κύριος * | οὕτως ἕως οὗ ἐπώλησαν αὐτὸν τοῖς Ἰσμαηλίταις. |
| TZab. | 3 | 5 | Ἰωσὴφ οὐκ ἠθέλησαν εἰς ζωὴν ἀδελφοῦ αὐτῶν καὶ | * κύριος * | ὑπέλυσεν αὐτοὺς τὸ ὑπόδημα Ἰωσήφ. καὶ γὰρ |
| TZab. | 5 | 1 | τέκνα μου ἀναγγελῶ ὑμῖν τοῦ φυλάσσειν τὰς ἐντολὰς | * κυρίου * | καὶ ποιεῖν ἔλεος ἐπὶ τὸν πλησίον καὶ εὐσπλαγχνίαν |
| TZab. | 5 | 2 | ἀλλὰ καὶ εἰς ἄλογα. διὰ γὰρ ταῦτα εὐλόγησέ με | * κύριος * | καὶ πάντων τῶν ἀδελφῶν μου ἀσθενούντων ἐγὼ ἄνοσος |
| TZab. | 5 | 2 | μου ἀσθενούντων ἐγὼ ἄνοσος παρῆλθον οἶδε γὰρ | * κύριος * | ἑκάστου τὴν προαίρεσιν. ἔχετε οὖν ἔλεος ἐν |
| TZab. | 5 | 3 | ὅτι ὡς ἄν τις ποιήσῃ τῷ πλησίον αὐτοῦ οὕτως καὶ ὁ | * κύριος * | ποιήσει αὐτῷ. καὶ γάρ οἱ υἱοὶ τῶν ἀδελφῶν μου |

| | | | | | |
|---|---|---|---|---|---|
| TZab. | 6 | 1 | πρῶτος ἐγὼ ἐποίησα σκάφος ἐν θαλάσσῃ ἐπιπλέειν ὅτι | * κύριος * | ἔδωκέ μοι σύνεσιν καὶ σοφίαν ἐν αὐτῷ καὶ καθῆκα |
| TZab. | 6 | 6 | πᾶσι συνάγων καὶ συμπάσχων. διὰ τοῦτο καὶ ὁ | * κύριος * | πολὺν ἰχθὺν ἐποίησέ μοι θήραν. ὁ γὰρ μεταδιδοὺς |
| TZab. | 6 | 6 | μεταδιδοὺς τῷ πλησίον λαμβάνει πολλαπλασίονα παρὰ | * κυρίου. * | πέντε ἔτη ἥλιευσα παντὶ ἀνθρώπῳ ὃν ἑωράκειν |
| TZab. | 8 | 1 | κατὰ παντὸς ἀνθρώπου ἐν ἐλέει ἵνα καὶ ὁ | * κύριος * | εἰς ὑμᾶς σπλαγχνισθεὶς ἐλεήσῃ ὑμᾶς ὅτι καίγε ἐπ' |
| TZab. | 8 | 3 | ἄνθρωπος σπλαγχνίζεται εἰς τὸν πλησίον τοσοῦτον | * κύριος * | εἰς αὐτόν. ὅτε γὰρ κατήλθομεν εἰς Αἴγυπτον Ἰωσὴφ |
| TZab. | 9 | 4 | μὴ σχισθῆτε εἰς δύο κεφαλὰς ὅτι πᾶν ὃ ἐποίησεν ὁ | * κύριος * | κεφαλὴν μίαν ἔχει. ἔδωκε δύο ὤμους χεῖρας πόδας |
| TZab. | 9 | 5 | μου ὅτι ἐν ἐσχάταις ἡμέραις ἀποστήσεσθε ἀπὸ | * κυρίου * | καὶ διαιρεθήσεσθε ἐν Ἰσραὴλ καὶ δύο βασιλεῦσιν |
| TZab. | 9 | 7 | καὶ ὀδύναις ψυχῆς. καὶ μετὰ ταῦτα μνησθήσεσθε | * κυρίου * | καὶ μετανοήσετε καὶ ἐπιστρέψει ὑμᾶς ὅτι ἐλεήμων |
| TZab. | 9 | 8 | αὐτῶν. καὶ μετὰ ταῦτα ἀνατελεῖ ὑμῖν αὐτὸς ὁ | * κύριος * | φῶς δικαιοσύνης καὶ ἴασις καὶ εὐσπλαγχνία ἐπὶ |
| TZab. | 9 | 8 | θεὸν ἐν σχήματι ἀνθρώπου ⟨ἐν ναῷ⟩ ὃν ἂν ἐκλέξηται | * κύριος * | Ἰερουσαλὴμ ὄνομα αὐτῷ. καὶ πάλιν ἐν πονηρίᾳ |
| TZab. | 10 | 2 | ἐν μέσῳ τῆς φυλῆς μου ὅσοι ἐφύλαξαν νόμον | * κυρίου * | καὶ ἐντολὰς Ζαβουλὼν πατρὸς αὐτῶν. ἐπὶ δὲ τοὺς |
| TZab. | 10 | 3 | Ζαβουλὼν πατρὸς αὐτῶν. ἐπὶ δὲ τοὺς ἀσεβεῖς ἐπάξει | * κύριος * | πῦρ αἰώνιον καὶ ἀπολέσει αὐτοὺς ἕως γενεῶν. τέως |
| TZab. | 10 | 5 | μου ἀποτρέχω ὡς οἱ πατέρες μου ὑμεῖς δὲ φοβεῖσθε | * κύριον * | τὸν θεὸν ὑμῶν ἐν πάσῃ ἰσχύι πάσας τὰς ἡμέρας τῆς |
| TDan | 2 | 3 | αὐτοῖς ἐὰν ᾖ ἀδελφὸς οὐκ οἶδεν ἐὰν προφήτης | * κυρίου * | παρακούει ἐὰν δίκαιος οὐ βλέπει φίλον οὐ |
| TDan | 4 | 7 | ταρασσομένης δὲ τῆς ψυχῆς συνεχῶς ἀφίσταται | * κύριος * | ἀπ' αὐτῆς καὶ κυριεύει αὐτῆς ὁ Βελιάρ. φυλάξατε |
| TDan | 5 | 1 | ὁ Βελιάρ. φυλάξατε οὖν τέκνα μου τὰς ἐντολὰς τοῦ | * κυρίου * | καὶ τὸν νόμον αὐτοῦ τηρήσατε ἀπόστητε δὲ ἀπὸ |
| TDan | 5 | 1 | ἀπόστητε δὲ ἀπὸ θυμοῦ καὶ μισήσατε τὸ ψεῦδος ἵνα | * κύριος * | κατοικήσῃ ἐν ὑμῖν καὶ φύγῃ ἀφ' ὑμῶν ὁ Βελιάρ. |
| TDan | 5 | 3 | καὶ οὐ μὴ κατισχύσῃ ὑμῶν πόλεμος. ἀγαπᾶτε τὸν | * κύριον * | ἐν πάσῃ τῇ ζωῇ ὑμῶν καὶ ἀλλήλους ἐν ἀληθινῇ |
| TDan | 5 | 4 | οἶδα γὰρ ὅτι ἐν ἐσχάταις ἡμέραις ἀποστήσεσθε τοῦ | * κυρίου * | καὶ προσοχθιεῖτε τῷ Λευὶ καὶ πρὸς Ἰουδὰν |
| TDan | 5 | 4 | ἀλλ' οὐ δυνήσεσθε πρὸς αὐτούς. ἄγγελος γὰρ | * κυρίου * | ὁδηγεῖ ἑκατέρους ὅτι ἐν αὐτοῖς στήσεται Ἰσραήλ. |
| TDan | 5 | 5 | ἐν αὐτοῖς στήσεται Ἰσραήλ. καὶ ὡς ἂν ἀπόστητε ἀπὸ | * κυρίου * | ἐν πάσῃ κακίᾳ πορεύεσθε ποιοῦντες βδελύγματα |
| TDan | 5 | 6 | υἱοῖς Λευὶ τοῦ ποιεῖν αὐτοὺς ἐξαμαρτάνειν ἐνώπιον | * κυρίου. * | καὶ υἱοί μου ἐγγίζοντές εἰσι τῷ Λευὶ καὶ |
| TDan | 5 | 9 | πονηρίας τῶν ἐθνῶν καὶ οὕτως ἐπιστρέψαντες πρὸς | * κύριον * | ἐλεηθήσεσθε καὶ ἄξει ὑμᾶς εἰς τὸ ἁγίασμα αὐτοῦ |
| TDan | 5 | 10 | ὑμῖν ἐκ τῆς φυλῆς Ἰουδὰ καὶ Λευὶ τὸ σωτήριον | * κυρίου * | καὶ αὐτὸς ποιήσει πρὸς τὸν Βελιὰρ πόλεμον καὶ τὴν |
| TDan | 5 | 11 | ψυχὰς ἁγίων καὶ ἐπιστρέψει καρδίας ἀπειθεῖς πρὸς | * κύριον * | καὶ δώσει τοῖς ἐπικαλουμένοις αὐτὸν εἰρήνην |
| TDan | 5 | 13 | ἐρήμωσιν οὐδὲ αἰχμαλωτίζεται Ἰσραὴλ ὅτι | * κύριος * | ἔσται ἐν μέσῳ αὐτῆς τοῖς ἀνθρώποις |
| TDan | 6 | 1 | ἐν ἀληθείᾳ ἐν τοῖς οὐρανοῖς. καὶ νῦν φοβήθητε τὸν | * κύριον * | τέκνα μου καὶ προσέχετε ἑαυτοῖς ἀπὸ τοῦ σατανᾶ |
| TDan | 6 | 3 | ἐχθρὸς ὑποσκελίζειν πάντας τοὺς ἐπικαλουμένους τὸν | * κύριον. * | οἶδε γὰρ ὅτι ἐν ᾗ ἡμέρᾳ πιστεύσει Ἰσραὴλ |
| TDan | 6 | 6 | ἐν καιρῷ ἀνομίας τοῦ Ἰσραὴλ ἀφιστάμενος ἀπ' αὐτῶν | * κύριος * | καὶ μετελεύσεται ἐπὶ ἔθνη ποιοῦντα τὸ θέλημα |
| TDan | 6 | 10 | ἀδικίας καὶ κολλήθητε τῇ δικαιοσύνῃ τοῦ νόμου | * κυρίου * | καὶ ἔσται τὸ γένος μου εἰς σωτηρίαν ἕως τοῦ |
| TNep. | 1 | 4 | ὅτι ἀποθνήσκω καὶ οὐκ ἐπίστευον αὐτῷ. καὶ εὐλογῶν | * κύριον * | ἐκραταίωσεν ὅτι μετὰ τὸ δεῖπνον τὸ χθὲς |
| TNep. | 2 | 2 | πόσον χωρεῖ καὶ πρὸς αὐτὸ φέρει πηλὸν οὕτω καὶ ὁ | * κύριος * | πρὸς ὁμοίωσιν τοῦ πνεύματος ποιεῖ τὸ σῶμα καὶ |
| TNep. | 2 | 4 | ἑνὸς ἑκάστου τὴν χρῆσιν ὡς ἱκανὴ οὕτω καὶ ὁ | * κύριος * | οἶδε τὸ σῶμα ἕως τίνος διαρκέσει ἐν ἀγαθῷ καὶ |
| TNep. | 2 | 5 | οὐκ ἔστι πᾶν πλάσμα καὶ πᾶσα ἔννοια ἣν οὐκ ἔγνω | * κύριος * | πάντα γὰρ ἄνθρωπον ἔκτισε κατ' εἰκόνα ἑαυτοῦ. ὡς |
| TNep. | 2 | 6 | ὡς ἡ ψυχὴ αὐτοῦ οὕτω καὶ ὁ λόγος αὐτοῦ ἢ ἐν νόμῳ | * κυρίου * | ἢ ἐν νόμῳ Βελιάρ. καὶ ὡς κεχώρισται ἀνάμεσον |
| TNep. | 3 | 3 | πράξεων ὑμῶν. ἔθνη πλανηθέντα καὶ ἀφέντα τὸν | * κύριον * | ἠλλοίωσαν τάξιν αὐτῶν καὶ ἐπηκολούθησαν λίθοις |
| TNep. | 3 | 4 | ἐν γῇ καὶ ἐν θαλάσσῃ καὶ πᾶσι τοῖς δημιουργήμασι | * κύριον * | τὸν ποιήσαντα ταῦτα πάντα ἵνα μὴ γένησθε ὡς |
| TNep. | 3 | 5 | ἐνήλλαξαν τάξιν φύσεως αὐτῶν οὓς καὶ κατηράσατο | * κύριος * | ἐπὶ τοῦ κατακλυσμοῦ δι' αὐτοὺς ἀπὸ κατοικεσίας |
| TNep. | 4 | 1 | ἁγίᾳ Ἐνὼχ ὅτι καίγε καὶ ὑμεῖς ἀποστήσεσθε ἀπὸ | * κυρίου * | πορευόμενοι κατὰ πᾶσαν πονηρίαν ἐθνῶν καὶ |
| TNep. | 4 | 2 | κατὰ πᾶσαν ἀνομίαν Σοδόμων. καὶ ἐπάξει ὑμῖν | * κύριος * | αἰχμαλωσίαν καὶ δουλεύσετε ἐκεῖ τοῖς ἐχθροῖς ὑμῶν |
| TNep. | 4 | 2 | κακώσει καὶ θλίψει συγκαλυφθήσεσθε ἕως ἂν ἀναλώσῃ | * κύριος * | πάντας ὑμᾶς. καὶ μετὰ τὸ ὀλιγωθῆναι ὑμᾶς καὶ |
| TNep. | 4 | 3 | ὑμᾶς καὶ σμικρυνθῆναι ἐπιστρέψετε καὶ ἐπιγνώσεσθε | * κύριον * | τὸν θεὸν ὑμῶν καὶ ἐπιστρέψει ὑμᾶς εἰς τὴν γῆν |
| TNep. | 4 | 4 | ὅταν ἥξουσιν ἐν γῇ πατέρων αὐτῶν πάλιν ἐπιλάθωνται | * κυρίου * | καὶ ἀσεβήσουσιν καὶ διασπείρει αὐτοὺς κύριος ἐπὶ |
| TNep. | 4 | 5 | κυρίου καὶ ἀσεβήσουσιν καὶ διασπείρει αὐτοὺς | * κύριος * | ἐπὶ προσώπου πάσης τῆς γῆς ἄχρι τοῦ ἐλθεῖν τὸ |
| TNep. | 4 | 5 | πάσης τῆς γῆς ἄχρι τοῦ ἐλθεῖν τὸ σπλάγχνον | * κυρίου * | ἄνθρωπος ποιῶν δικαιοσύνην καὶ ποιῶν ἔλεος εἰς |
| TNep. | 6 | 8 | περιβαλόμενος σάκκον περὶ πάντων ἡμῶν ἐδέετο τοῦ | * κυρίου. * | ὡς δὲ ἐπαύσατο ὁ χειμὼν τὸ σκάφος ἔφθασεν ἐπὶ |
| TNep. | 7 | 2 | μου πιστεύω ὅτι ζῇ Ἰωσὴφ ὁρῶ γὰρ πάντοτε ὅτι | * κύριος * | συγκαταριθμεῖ αὐτὸν μεθ' ὑμῶν. καὶ κλαίων ἔλεγε |
| TNep. | 8 | 4 | ἀφ' ὑμῶν καὶ τὰ θηρία φοβηθήσονται ὑμᾶς καὶ ὁ | * κύριος * | ἀγαπήσει ὑμᾶς καὶ οἱ ἄγγελοι ἀνθέξονται ὑμῶν. ὡς |
| TNep. | 8 | 6 | σκεῦος καὶ πᾶν θηρίον κατακυριεύσει αὐτοῦ καὶ ὁ | * κύριος * | μισήσει αὐτόν. καὶ γὰρ αἱ ἐντολαὶ τοῦ νόμου |
| TNep. | 8 | 10 | ἐντολῶν αὐτοῦ καὶ θεσμοὺς παντὸς πράγματος ὅπως ὁ | * κύριος * | ἀγαπήσει ὑμᾶς. καὶ πολλὰ τοιαῦτα ἐντειλάμενος |
| TGad | 3 | 2 | πᾶν ὃ ἐὰν ποιῇ ὁ μισῶν βδελύσσεται ἐὰν ποιῇ νόμον | * κυρίου * | τοῦτον οὐκ ἐπαινεῖ ἐὰν φοβῆται κύριον καὶ θέλῃ |
| TGad | 3 | 2 | ποιῇ νόμον κυρίου τοῦτον οὐκ ἐπαινεῖ ἐὰν φοβῆται | * κύριον * | καὶ θέλῃ δίκαια τοῦτον οὐκ ἀγαπᾷ τὴν ἀλήθειαν |
| TGad | 4 | 1 | οὖν τέκνα μου ἀπὸ τοῦ μίσους ὅτι εἰς αὐτὸν τὸν | * κύριον * | ἀνομίαν ποιεῖ. οὐ γὰρ θέλει ἀκούειν λόγων ἐντολῶν |
| TGad | 4 | 4 | ἀποθάνῃ. ἐὰν δὲ ᾖ δοῦλος συμβάλλει αὐτὸν πρὸς τὸν | * κύριον * | αὐτοῦ καὶ ἐν πάσῃ θλίψει ἐπιχειρεῖ κατ' αὐτοῦ εἴ |
| TGad | 5 | 2 | ὅπως φεύξησθε τὸ μῖσος καὶ κολληθῆτε τῇ ἀγάπῃ τοῦ | * κυρίου. * | ἡ δικαιοσύνη ἐκβάλλει τὸ μῖσος ἡ ταπείνωσις |
| TGad | 5 | 3 | καταγινωσκόμενος ἀλλ' ὑπὸ τῆς ἰδίας καρδίας ὅτι | * κύριος * | ἐπισκέπτει τὸ διαβούλιον αὐτοῦ. οὐ καταλαλεῖ |
| TGad | 5 | 5 | νικᾷ τὸ μῖσος. φοβούμενος γὰρ μὴ προσκρούσῃ | * κυρίῳ * | οὐ θέλει τὸ καθόλου οὐδὲ ἕως ἐννοιῶν ἀδικῆσαι |
| TGad | 7 | 2 | φθονεῖτε μνημονεύοντες ὅτι πᾶσα σάρξ ἀποθανεῖται | * κυρίῳ * | δὲ ὕμνον προσφέρετε τῷ παρέχοντι τὰ καλὰ καὶ |
| TGad | 7 | 3 | καὶ συμφέροντα πᾶσιν ἀνθρώποις. ἐξέτασον κρίματα | * κυρίου * | καὶ οὕτος οὐ καταλείψει καὶ ἡσυχάσει τὸ |
| TGad | 7 | 4 | ὡς Ἡσαῦ ὁ πατράδελφός μου μὴ ζηλώσητε ὅρον γὰρ | * κυρίου * | ἐκδέξασθε. ἢ γὰρ ἀφαιρεῖται αὐτὰ ἐν κακοῖς ἢ |
| TGad | 7 | 6 | τὴν κόλασιν. ὁ γὰρ πένης καὶ ἄφθονος ἐπὶ πᾶσι | * κυρίῳ * | εὐχαριστῶν αὐτὸς παρὰ πάντας πλουτεῖ ὅτι οὐκ ἔχει |
| TGad | 8 | 1 | Ἰουδὰν καὶ τὸν Λευὶ ὅτι ἐξ αὐτῶν ἀνατελεῖ | * κύριος * | σωτῆρα τῷ Ἰσραήλ. ἔγνων γὰρ ὅτι ἐπὶ τέλει |
| TGad | 8 | 2 | πονηρίᾳ καὶ κακώσει καὶ διαφθορᾷ ἔσονται ἐνώπιον | * κυρίου. * | καὶ ὀλίγον ἡσυχάσας πάλιν εἶπεν αὐτοῖς τέκνα μου |
| TAser | 2 | 6 | ἐπιορκεῖ καὶ τὸν πτωχὸν ἐλεᾷ τὸν ἐντολέα τοῦ νόμου | * κύριον * | ἀθετεῖ καὶ παροξύνει καὶ τὸν πένητα ἀναπαύει τὴν |
| TAser | 4 | 3 | ἀλλὰ τὸ πᾶν ἔργον ἀγαθόν ἐστιν ὅτι μιμεῖται | * κύριον * | μὴ προσδεχόμενος τὸ δοκοῦν καλὸν μετὰ τοῦ |
| TAser | 5 | 4 | ἐν τῇ ζωῇ μου καὶ οὐκ ἐπλανήθην ἀπὸ τῆς ἀληθείας | * κυρίου * | καὶ τὰς ἐντολὰς τοῦ ὑψίστου ἐξεζήτησα κατὰ πᾶσαν |
| TAser | 6 | 1 | προσέχετε οὖν τέκνα καὶ ὑμεῖς τὰς ἐντολὰς τοῦ | * κυρίου * | μονοπροσώπως ἀκολουθοῦντες τῇ ἀληθείᾳ ὅτι οἱ |
| TAser | 6 | 3 | τὰ κατὰ τῶν ἀνθρώπων ἀγωνιζόμενα. τὸν νόμον | * κυρίου * | φυλάξατε καὶ μὴ προσέχετε τὸ κακὸν ὡς καλὸν ἀλλ' |
| TAser | 6 | 3 | ἀποβλέπετε καὶ διατηρεῖτε αὐτὸ ἐν πάσαις ἐντολαῖς | * κυρίου * | εἰς αὐτὸ ἀναστρεφόμενοι καὶ ἐν αὐτῷ καταπαύοντες. |
| TAser | 6 | 4 | τὴν δικαιοσύνην αὐτῶν γνωρίζοντες τοὺς ἀγγέλους | * κυρίου * | καὶ τοῦ σατανᾶ. ἐὰν γὰρ τεταραγμένη ἡ ψυχὴ |
| TAser | 7 | 1 | γίνεσθε τέκνα ὡς Σόδομα ἥτις ἠγνόησε τοὺς ἀγγέλους | * κυρίου * | καὶ ἀπώλετο ἕως αἰῶνος. οἶδα γὰρ ὅτι ἁμαρτήσετε |
| TAser | 7 | 7 | καὶ φυλὴν καὶ γλῶσσαν αὐτῶν. ἀλλ' ἐπισυνάξει ὑμᾶς | * κύριος * | ἐν πίστει δι' ἐλπίδα εὐσπλαγχνίας αὐτοῦ διὰ |
| TJos. | 1 | 3 | καὶ τὸν θάνατον καὶ οὐκ ἐπλανήθην ἐν τῇ ἀληθείᾳ | * κυρίου. * | οἱ ἀδελφοί μου οὗτοι ἐμίσησάν με καὶ ὁ κύριος |
| TJos. | 1 | 4 | κυρίου. οἱ ἀδελφοί μου οὗτοι ἐμίσησάν με καὶ ὁ | * κύριος * | ἠγάπησέ με αὐτοὶ ἤθελόν με ἀνελεῖν καὶ ὁ θεὸς τῶν |
| TJos. | 1 | 5 | καὶ ὁ ὕψιστος ἀνήγαγέ με ἐπράθην εἰς δοῦλον καὶ ὁ | * κύριος * | ἐλευθέρωσέ με εἰς αἰχμαλωσίαν ἐλήφθην καὶ ἡ |
| TJos. | 1 | 5 | χεὶρ ἐβοήθησέ μοι ἐν λιμῷ συνεσχέθην καὶ αὐτὸς ὁ | * κύριος * | διέθρεψέ με μόνος ἤμην καὶ ὁ θεὸς παρεκάλεσέ με |
| TJos. | 2 | 3 | ἐφυλακίσθην ἐτυπτήθην ἐμυκτηρίσθην καὶ ἔδωκέ με | * κύριος * | εἰς οἰκτιρμοὺς ἐνώπιον τοῦ δεσμοφύλακος. οὐ μὴ |
| TJos. | 3 | 3 | καὶ εἰσερχόμενος εἰς τὸ ταμιεῖον προσηυχόμην | * κυρίῳ * | καὶ ἐνήστευον ἐν τοῖς ἑπτὰ ἔτεσιν ἐκείνοις καὶ |
| TJos. | 3 | 6 | αὐτὴν πένησι καὶ ἀσθενοῦσιν. καὶ ὤρθριζον πρὸς | * κύριον * | καὶ ἔκλαιον περὶ Μεμφίας τῆς Αἰγυπτίας ὅτι σφόδρα |
| TJos. | 3 | 7 | προσεποιεῖτο ἔχειν με ὡς υἱὸν καὶ ηὐξάμην πρὸς | * κύριον * | καὶ ἔτεκεν ἄρρεν. ἕως οὖν χρόνου ὡς υἱόν με |
| TJos. | 4 | 3 | ἐν σάκκῳ καὶ ἐδεόμην τοῦ θεοῦ ὅπως ῥύσεταί με ὁ | * κύριος * | ἐκ τῆς Αἰγυπτίας. ὡς δὲ οὐδὲν ἴσχυσε πάλιν ἐπὶ |
| TJos. | 4 | 4 | ἐπὶ λόγῳ κατηχήσεως ἤρχετο πρός με μαθεῖν λόγον | * κυρίου. * | καὶ ἔλεγέ μοι εἰ θέλεις ἵνα καταλίπω τὰ εἴδωλα |
| TJos. | 4 | 5 | τὸν Αἰγύπτιον πείσω ἀποστῆναι τῶν εἰδώλων ἐν νόμῳ | * κυρίου * | σου πορευόμενοι. λέγω δὲ πρὸς αὐτὴν οὐκ ἐν |
| TJos. | 4 | 6 | λέγω δὲ πρὸς αὐτὴν οὐκ ἐν ἀκαθαρσίᾳ θέλει | * κύριος * | τοὺς σεβομένους αὐτὸν οὐδὲ ἐν τοῖς μοιχεύουσιν |
| TJos. | 4 | 8 | προσετίθουν νηστείαν καὶ προσευχὴν ὅπως ῥύσεταί με | * κύριος * | ἀπ' αὐτῆς. πάλιν δὲ ἐν ἑτέρῳ χρόνῳ λέγει μοι εἰ |
| TJos. | 5 | 2 | τὴν στολήν μου καὶ εἶπον γύναι αἰδέσθητι τὸν | * κύριον * | καὶ μὴ ποιήσῃς τὴν πρᾶξιν τὴν πονηρὰν ταύτην ἵνα |
| TJos. | 6 | 5 | θανάτου καὶ πῶς εἶπας ὅτι οὐκ ἐγγίζω εἰδώλοις ἀλλὰ | * κυρίῳ * | μόνῳ; νῦν οὖν γνῶθι ὅτι ὁ θεὸς τοῦ πατρός μου δι' |
| TJos. | 7 | 4 | τὸ πνεῦμα τοῦ Βελιὰρ αὐτὴν ἐνοχλεῖ προσευξάμενος | * κυρίῳ * | εἶπον αὐτῇ ἵνα τί ταράσσῃ καὶ θορυβῇ ἐν ἁμαρτίαις |
| TJos. | 8 | 1 | ἕκτῃ ὅτε ἐξῆλθεν ἀπ' ἐμοῦ κἀγὼ γόνυ κλίνας πρὸς | * κύριον * | ὅλην τὴν ἡμέραν καὶ ὅλην τὴν νύκτα συνάψας περὶ |
| TJos. | 8 | 5 | ἠσθένει ἀπὸ τῆς λύπης καὶ ἐπηκροᾶτό μου πῶς ὕμνουν | * κύριον * | ὢν ἐν οἴκῳ σκότους καὶ ἐν ἱλαρᾷ φωνῇ χαίρων |
| TJos. | 9 | 5 | ὡραία μάλιστα κοσμουμένη πρὸς ἀπάτησίν μου. καὶ ὁ | * κύριος * | ἐφύλαξέ με ἀπὸ τῶν ἐγχειρημάτων αὐτῆς. ὁρᾶτε οὖν |
| TJos. | 10 | 2 | μετέλθητε ἐν ὑπομονῇ καὶ ταπεινώσει καρδίας | * κύριος * | κατοικήσει ἐν ὑμῖν ὅτι ἠγάπησε τὴν σωφροσύνην. |
| TJos. | 10 | 3 | τις περιπέσῃ φθόνῳ ἢ δουλείᾳ ἢ συκοφαντίᾳ ἢ σκοτίᾳ | * κύριος * | ὁ ἐν αὐτῷ κατοικῶν διὰ τὴν σωφροσύνην οὐ μόνον ἐκ |
| TJos. | 11 | 1 | τιμᾶτε τοὺς ἀδελφοὺς ὑμῶν πᾶς γὰρ ὁ ποιῶν νόμον | * κυρίου * | ἀγαπηθήσεται ὑπ' αὐτοῦ. ἐλθὼν δὲ εἰς |
| TJos. | 11 | 6 | αὐτῶν ἕως ἐπιστρέψωσι φέροντες ἐμπορίαν. καὶ ὁ | * κύριος * | ἔδωκέ μοι χάριν ἐν ὀφθαλμοῖς τοῦ μεταβόλου καὶ |
| TJos. | 11 | 7 | ἐπίστευσέ μοι τὸν οἶκον αὐτοῦ. καὶ εὐλόγησεν αὐτὸν | * κύριος * | ἐν χειρί μου καὶ ἐπλήθυνεν αὐτὸν ἐν ἀργυρίῳ καὶ |
| TJos. | 13 | 2 | πρόσωπον αὐτοῦ ὁ μετάβολος ἐδέετο λέγων δέομαί σου | * κύριε * | οὐκ οἶδα ὃ λέγεις. ὁ δὲ ἔφη πόθεν οὖν σοι ὁ παῖς |
| TJos. | 14 | 2 | ἐκέλευσε φυλακισθῆναί με ἕως οὗ ἔλθωσι φησίν οἱ | * κύριοι * | τοῦ παιδός. καὶ ἡ γυνὴ αὐτοῦ λέγει πρὸς αὐτὸν διά |
| TJos. | 15 | 5 | ἐκδίκησιν κινδύνου ἠκούσθη γὰρ ὅτι μέγας ἐστὶ παρὰ | * κυρίῳ * | καὶ ἀνθρώποις. τότε λέγει ὁ μετάβολος αὐτοῖς |
| TJos. | 18 | 1 | ἐὰν οὖν καὶ ὑμεῖς πορευθῆτε ἐν ταῖς ἐντολαῖς | * κυρίου * | τέκνα μου ὑψώσει ὑμᾶς ἐνταῦθα καὶ εὐλογήσει ἐν |
| TJos. | 18 | 2 | ὑπὲρ αὐτοῦ καὶ ἀπὸ παντὸς κακοῦ λυτρωθήσεσθε διὰ | * κυρίου. * | ἰδοὺ γὰρ ὁρᾶτε ὅτι διὰ τὴν μακροθυμίαν καὶ |
| TJos. | 18 | 3 | γὰρ ὁρᾶτε ὅτι διὰ τὴν μακροθυμίαν καὶ θυγατέρα | * κυρίων * | μου ἔλαβον εἰς γυναῖκα καὶ ἑκατὸν τάλαντά μοι |
| TJos. | 18 | 3 | ἑκατὸν τάλαντά μοι χρυσίου δέδοται σὺν αὐτῇ ὅτι | * κύριός * | μοι αὐτοὺς ἐδούλωσεν. καίγε ὡραιότητα ἔδωκέ μοι |

| | | | | | |
|---|---|---|---|---|---|
| TJos. | 19 | 6 | ἡμέραις. ὑμεῖς οὖν τέκνα μου φυλάξατε τὰς ἐντολὰς | * κυρίου * | καὶ τιμᾶτε τὸν Ἰούδαν καὶ τὸν Λευὶ ὅτι ἐξ αὐτῶν |
| TJos. | 20 | 2 | ὀστᾶ μου μεθ' ὑμῶν ὅτι ἀναγομένων τῶν ὀστέων μου | * κύριος * | ἐν φωτὶ ἔσται μεθ' ὑμῶν καὶ Βελιὰρ ἐν σκότει |
| TBen. | 1 | 4 | τὸν Ἰωσὴφ δώδεκα ἔτη ἐστείρευσεν καὶ προσηύξατο | * κυρίῳ * | μετὰ νηστείας δώδεκα ἡμέρας καὶ συλλαβοῦσα ἔτεκέ |
| TBen. | 3 | 1 | ἑταίροις αὐτῶν. καὶ ὑμεῖς οὖν τέκνα μου ἀγαπήσατε | * κύριον * | τὸν θεὸν τοῦ οὐρανοῦ καὶ φυλάξατε ἐντολὰς αὐτοῦ |
| TBen. | 3 | 3 | τὴν διάνοιαν ἀγαθὴν πάντα βλέπει ὀρθῶς. φοβεῖσθε | * κύριον * | καὶ ἀγαπᾶτε τὸν πλησίον. καὶ ἐὰν τὰ πνεύματα τοῦ |
| TBen. | 3 | 5 | οὐ δύναται κυριευθῆναι βοηθούμενος ὑπὸ τῆς τοῦ | * κυρίου * | ἀγάπης ἧς ἔχει πρὸς τὸν πλησίον. καὶ γὰρ ἐδεήθη |
| TBen. | 3 | 6 | περὶ τῶν υἱῶν ἵνα μὴ λογίσηται αὐτοῖς ὁ | * κύριος * | εἴ τι ἐνεθυμήθησαν πονηρὸν περὶ αὐτοῦ. καὶ οὕτως |
| TBen. | 6 | 3 | τρυφῆς οὐ πλανᾶται μετεωρισμοῖς ὀφθαλμῶν | * κύριος * | γάρ ἐστι μερὶς αὐτοῦ. τὸ ἀγαθὸν διαβούλιον οὐκ |
| TBen. | 6 | 4 | πάντα δόλον ἢ ψεῦδος μάχην καὶ λοιδορίαν οὐκ οἶδεν | * κύριος * | γὰρ ἐν αὐτῷ κατοικεῖ καὶ φωτίζει τὴν ψυχὴν αὐτοῦ |
| TBen. | 6 | 6 | διπλῆν πᾶν γὰρ ὃ ποιεῖ ἢ λαλεῖ ἢ ὁρᾷ οἶδεν ὅτι | * κύριος * | ἐπισκέπτει ψυχὴν αὐτοῦ καὶ καθαίρει τὴν διάνοιαν |
| TBen. | 7 | 3 | κατὰ γὰρ ἑκατὸν ἔτη μίαν πληγὴν ἐπήγαγεν αὐτῷ ὁ | * κύριος. * | διακοσίων ἐτῶν πάσχει καὶ ἐνακοσιοστῷ ἔτει |
| TBen. | 9 | 1 | καὶ ἀνανεώσεσθε ἐν γυναιξὶ στρήνους καὶ ἡ βασιλεία | * κυρίου * | οὐκ ἔσται ἐν ὑμῖν ὅτι εὐθὺς αὐτὸς λήψεται αὐτήν. |
| TBen. | 9 | 3 | καὶ εἰσελεύσεται εἰς τὸν πρῶτον ναὸν καὶ ἐκεῖ | * κύριος * | ὑβρισθήσεται καὶ ἐξουθενωθήσεται καὶ ἐπὶ ξύλου |
| TBen. | 10 | 3 | αὐτοῦ καὶ κρίμα εἰς πιστοποίησιν καὶ τὸν νόμον | * κυρίου * | καὶ τὰς ἐντολὰς αὐτοῦ φυλάξατε. ταῦτα γὰρ ὑμᾶς |
| TBen. | 10 | 5 | εἰπόντες φυλάξατε τὰς ἐντολὰς τοῦ θεοῦ ἕως ὅτε ὁ | * κύριος * | ἀποκαλύψῃ τὸ σωτήριον αὐτοῦ πᾶσι τοῖς ἔθνεσιν. |
| TBen. | 10 | 8 | οἱ μὲν εἰς δόξαν οἱ δὲ εἰς ἀτιμίαν. καὶ κρινεῖ | * κύριος * | ἐν πρώτοις τὸν Ἰσραὴλ περὶ τῆς εἰς αὐτὸν ἀδικίας |
| TBen. | 10 | 10 | θεοῦ γενόμενοι οὐ τέκνα ἐν μερίδι φοβουμένων | * κύριον. * | ὑμεῖς δὲ ἐὰν πορεύησθε ἐν ἁγιασμῷ κατὰ πρόσωπον |
| TBen. | 10 | 11 | ὑμεῖς δὲ ἐὰν πορεύησθε ἐν ἁγιασμῷ κατὰ πρόσωπον | * κυρίου * | πάλιν κατοικήσετε ἐπ' ἐλπίδι ἐν ἐμοὶ καὶ |
| TBen. | 10 | 11 | ἐλπίδι ἐν ἐμοὶ καὶ συναχθήσεται πᾶς Ἰσραὴλ πρὸς | * κύριον. * | καὶ οὐκέτι κληθήσομαι λύκος ἅρπαξ διὰ τὰς |
| TBen. | 11 | 1 | λύκος ἅρπαξ διὰ τὰς ἁρπαγὰς ὑμῶν ἀλλ' ἐργάτης | * κυρίου * | διαδιδῶν τροφὴν τοῖς ἐργαζομένοις τὸ ἀγαθόν. καὶ |
| TBen. | 11 | 2 | ἐκ τοῦ σπέρματός μου ἐν ὑστέροις καιροῖς ἀγαπητὸς | * κυρίου * | ἀκούων ἐπὶ γῆς φωνὴν αὐτοῦ καὶ ποιῶν εὐδοκίαν |
| Asen. | 3 | 3 | καὶ ἐχάρη χαρὰν μεγάλην σφόδρα καὶ εἶπεν εὐλογητὸς | * κύριος * | ὁ θεὸς τοῦ Ἰωσὴφ ὅτι ἄξιόν με ἡγήσατο ὁ κύριός |
| Asen. | 3 | 3 | κύριος ὁ θεὸς τοῦ Ἰωσὴφ ὅτι ἄξιόν με ἡγήσατο ὁ | * κύριός * | μου Ἰωσὴφ ἔρχεσθαι πρὸς ἡμᾶς. καὶ ἐκάλεσε |
| Asen. | 4 | 3 | αὐτοῦ Ἀσενὲθ τέκνον μου. ἡ δὲ εἶπεν ἰδοὺ ἐγὼ | * κύριε. * | καὶ εἶπεν αὐτῇ κάθισον δὴ ἀνάμεσον ἡμῶν καὶ |
| Asen. | 4 | 6 | αὐτῇ τέκνον μου Ἀσενέθ. καὶ αὕτη εἶπεν ἰδοὺ ἐγὼ | * κύριε. * | λαλησάτω δὴ ὁ κύριός μου καὶ πατήρ μου. καὶ εἶπεν |
| Asen. | 4 | 6 | καὶ αὕτη εἶπεν ἰδοὺ ἐγὼ κύριε. λαλησάτω δὴ ὁ | * κύριός * | μου καὶ πατήρ μου. καὶ εἶπεν αὐτῇ Πεντεφρῆς ὁ |
| Asen. | 4 | 7 | ἐπιστήμη καὶ πνεῦμα θεοῦ ἐστιν ἐπ' αὐτῷ καὶ χάρις | * κυρίου * | μετ' αὐτοῦ. δεῦρο δὴ τέκνον μου καὶ παραδώσω σε |
| Asen. | 4 | 9 | τοῖς ὀφθαλμοῖς αὐτῆς καὶ εἶπεν ἵνα τί λαλεῖ ὁ | * κύριός * | μου καὶ πατήρ μου κατὰ τὰ ῥήματα ταῦτα παραδοῦναί |
| Asen. | 4 | 10 | αὐτὸς κατελήφθη ἐπ' αὐτοφώρῳ κοιμώμενος μετὰ τῆς | * κυρίας * | αὐτοῦ καὶ ὁ κύριος αὐτοῦ ἐνέβαλεν αὐτὸν εἰς τὴν |
| Asen. | 4 | 10 | αὐτοφώρῳ κοιμώμενος μετὰ τῆς κυρίας αὐτοῦ καὶ ὁ | * κύριος * | αὐτοῦ ἐνέβαλεν αὐτὸν εἰς τὴν φυλακὴν τοῦ σκότους |
| Asen. | 6 | 7 | τὸ φῶς τὸ μέγα τὸ ὂν ἐν αὐτῷ; καὶ νῦν ἵλεώς μοι | * κύριε * | ὁ θεὸς τοῦ Ἰωσὴφ διότι λελάληκα ἐγὼ κατ' αὐτοῦ |
| Asen. | 7 | 4 | ὕβρεως διότι ἔλεγεν Ἰωσὴφ οὐχ ἁμαρτήσω ἐνώπιον | * κυρίου * | τοῦ θεοῦ τοῦ πατρός μου Ἰσραὴλ οὐδὲ κατὰ |
| Asen. | 7 | 7 | ἐκ τῆς οἰκίας ταύτης. καὶ εἶπεν αὐτῷ Πεντεφρῆς | * κύριε * | ἐκείνη ἣν ἑώρακας ἑστῶσαν ἐν τῷ ὑπερῴῳ οὐκ ἔστι |
| Asen. | 8 | 2 | ἀλλότριον. καὶ εἶπεν Ἀσενὲθ τῷ Ἰωσὴφ χαίροις | * κύριέ * | μου εὐλογημένε τῷ θεῷ τῷ ὑψίστῳ. καὶ εἶπεν Ἰωσὴφ |
| Asen. | 8 | 3 | ὑψίστῳ. καὶ εἶπεν Ἰωσὴφ τῇ Ἀσενὲθ εὐλογήσει σε | * κύριος * | ὁ θεὸς ὁ ζωοποιήσας τὰ πάντα. καὶ εἶπε Πεντεφρῆς |
| Asen. | 8 | 7 | ἄνδρα ἀλλότριον διότι βδέλυγμά ἐστι τοῦτο ἐνώπιον | * κυρίου * | τοῦ θεοῦ. καὶ ὡς ἤκουσεν Ἀσενὲθ τὰ ῥήματα ταῦτα |
| Asen. | 8 | 9 | καὶ ἔθηκεν ἐπάνω τῆς κεφαλῆς αὐτῆς καὶ εἶπεν | * κύριε * | ὁ θεὸς τοῦ πατρός μου Ἰσραὴλ ὁ ὕψιστος ὁ δυνατὸς |
| Asen. | 8 | 9 | τὴν ἀλήθειαν καὶ ἀπὸ τοῦ θανάτου εἰς τὴν ζωὴν σὺ | * κύριε * | εὐλόγησον τὴν παρθένον ταύτην καὶ ἀνακαίνισον |
| Asen. | 9 | 4 | εἶπε Πεντεφρῆς πρὸς Ἰωσὴφ αὐλισθήτω δὴ ἐνταῦθα ὁ | * κύριός * | μου σήμερον καὶ τὸ πρωῒ ἀπελεύσῃ τὴν ὁδόν σου. |
| Asen. | 11 | 7 | με καὶ ἐπιχαίρουσι τῇ θλίψει μου ταύτῃ. καὶ | * κύριος * | ὁ θεὸς τοῦ δυνατοῦ Ἰωσὴφ ὁ ὕψιστος μισεῖ πάντας |
| Asen. | 11 | 9 | αὐτῶν καὶ οὐκ ἔστι μοι τόλμη ἐπικαλέσασθαι | * κύριον * | τὸν θεὸν τοῦ οὐρανοῦ τὸν ὕψιστον τὸν κραταιὸν τοῦ |
| Asen. | 11 | 17 | τὸ ἅγιον αὐτοῦ ὄνομα τὸ φοβερὸν μήποτε ὀργισθῇ μοι | * κύριος * | διότι ἐν ταῖς ἀνομίαις μου ἐγὼ ἐπεκαλεσάμην τὸ |
| Asen. | 11 | 18 | αὐτὸν καὶ ⟨ἐπικαλέσω⟩ τὸ ὄνομα αὐτοῦ. καὶ εἰ θυμῷ | * κύριος * | πατάξει με αὐτὸς πάλιν ἰάσεταί με καὶ ἐὰν |
| Asen. | 12 | 1 | καὶ ἤνοιξε τὸ στόμα αὐτῆς πρὸς τὸν θεὸν καὶ εἶπεν | * κύριε * | ὁ θεὸς τῶν αἰώνων ὁ κτίσας τὰ πάντα καὶ ζωοποιήσας |
| Asen. | 12 | 2 | καὶ εἰσι λίθοι ζῶντες καὶ τῆς φωνῆς σου ἀκούουσι | * κύριε * | καὶ φυλάσσουσι τὰς ἐντολάς σου ἃς ἐνετείλω αὐτοῖς |
| Asen. | 12 | 2 | εἰσὶν ἕως τέλους ποιοῦντες τὸ θέλημά σου. ὅτι σὺ | * κύριε * | ἐλάλησας καὶ ἐζωογονήθησαν ὅτι ὁ λόγος σου κύριε |
| Asen. | 12 | 2 | κύριε ἐλάλησας καὶ ἐζωογονήθησαν ὅτι ὁ λόγος σου | * κύριε * | ζωή ἐστι πάντων τῶν κτισμάτων σου. πρός σέ |
| Asen. | 12 | 3 | ἐστι πάντων τῶν κτισμάτων σου. πρός σέ καταφεύγω | * κύριε * | καὶ πρός σέ κεκράξομαι κύριε σοὶ προσχέω τὴν |
| Asen. | 12 | 3 | πρός σέ καταφεύγω κύριε καὶ πρός σέ κεκράξομαι | * κύριε * | σοὶ προσχέω τὴν δέησίν μου σοὶ ἐξομολογήσομαι τὰς |
| Asen. | 12 | 4 | καὶ πρός σέ ἀποκαλύψω τὰς ἀνομίας μου. φεῖσαί μου | * κύριε * | ὅτι ἥμαρτον ἐνώπιόν σου πολλὰ ἠνόμησα καὶ ἠσέβησα |
| Asen. | 12 | 5 | ἀπὸ τῆς τραπέζης τῶν θεῶν τῶν Αἰγυπτίων. ἥμαρτον | * κύριε * | ἐνώπιόν σου πολλὰ ἥμαρτον ἐν ἀγνοίᾳ καὶ ἐσεβάσθην |
| Asen. | 12 | 5 | καὶ νῦν οὐκ εἰμὶ ἀξία ἀνοῖξαι τὸ στόμα μου πρός σέ | * κύριε. * | κἀγὼ Ἀσενὲθ θυγάτηρ Πεντεφρῆ τοῦ ἱερέως ἡ |
| Asen. | 12 | 6 | ἀπὸ πάντων ἀνθρώπων. σοὶ προσφεύγω | * κύριε * | καὶ σοὶ προσφέρω τὴν δέησίν μου καὶ πρός σέ |
| Asen. | 12 | 8 | ἐπὶ τῇ ταραχῇ τῆς νηπιότητος αὐτοῦ οὕτως καὶ σὺ | * κύριε * | ἔκτεινον τὰς χεῖράς σου ἐπ' ἐμὲ ὡς πατὴρ |
| Asen. | 12 | 11 | λέων ὁ πατὴρ αὐτῶν θυμωθεὶς καταδιώκει με ἀλλὰ σὺ | * κύριε * | ῥῦσαί με ἐκ τῶν χειρῶν αὐτοῦ καὶ ἐκ τοῦ στόματος |
| Asen. | 12 | 12 | καὶ ἀπολοῦμαι εἰς τὸν αἰῶνα χρόνον. ῥῦσαί με | * κύριε * | πρὶν ἔλθῃ ἐπ' ἐμὲ ταῦτα πάντα. ῥῦσαί με κύριε τὴν |
| Asen. | 12 | 12 | με κύριε πρὶν ἔλθῃ ἐπ' ἐμὲ ταῦτα πάντα. ῥῦσαί με | * κύριε * | τὴν ἔρημον καὶ ἀπερίστατον διότι ὁ πατήρ μου καὶ ἡ |
| Asen. | 12 | 13 | ἔρημος καὶ ἄλλη ἐλπὶς οὐκ ἔστι μοι εἰ μὴ ἐπὶ σοὶ | * κύριε * | οὐδὲ ἑτέρα καταφυγὴ πλὴν τοῦ ἐλέους σου κύριε |
| Asen. | 12 | 13 | σοὶ κύριε οὐδὲ ἑτέρα καταφυγὴ πλὴν τοῦ ἐλέους σου | * κύριε * | διότι σὺ εἶ ὁ πατὴρ τῶν ὀρφανῶν καὶ τῶν |
| Asen. | 12 | 14 | καὶ τῶν τεθλιμμένων βοηθός. ἐλέησόν με | * κύριε * | καὶ φύλαξόν με ⟨τὴν⟩ παρθένον ἁγνὴν τὴν |
| Asen. | 12 | 14 | τὴν ἐγκαταλελειμμένην καὶ ὀρφανὴν διότι σὺ εἶ | * κύριε * | πατὴρ γλυκὺς καὶ ἀγαθὸς καὶ ἐπιεικής. τίς πατὴρ |
| Asen. | 12 | 15 | καὶ ἐπιεικής. τίς πατὴρ οὕτω γλυκύς ἐστιν ὡς σὺ | * κύριε * | καὶ τίς οὕτω ταχὺς ἐν ἐλέει ὡς σὺ κύριε καὶ τίς |
| Asen. | 12 | 15 | ὡς σὺ κύριε καὶ τίς οὕτω ταχὺς ἐν ἐλέει ὡς σὺ | * κύριε * | καὶ τίς μακρόθυμος ἐπὶ ταῖς ἁμαρτίαις ἡμῶν ὡς σὺ |
| Asen. | 12 | 15 | καὶ τίς μακρόθυμος ἐπὶ ταῖς ἁμαρτίαις ἡμῶν ὡς σὺ | * κύριε; * | ἰδοὺ γὰρ πάντα τὰ ⟨δόματα⟩ τοῦ πατρός μου |
| Asen. | 12 | 15 | εἰσι καὶ ἄφαντα τὰ δὲ ⟨δόματα⟩ τῆς κληρονομίας σου | * κύριε * | ἄφθαρτά εἰσι καὶ αἰώνια. ἐπίσκεψαι κύριε τὴν |
| Asen. | 13 | 1 | σου κύριε ἄφθαρτά εἰσι καὶ αἰώνια. ἐπίσκεψαι | * κύριε * | τὴν ταπείνωσίν μου καὶ ἐλέησόν με. ἐπίβλεψον ἐπὶ |
| Asen. | 13 | 1 | γὰρ ἐγὼ ἀπέφυγον ἐκ πάντων καὶ πρός σέ κατέφυγον | * κύριε * | τὸν μόνον φιλάνθρωπον. ἰδοὺ πάντα τὰ ἀγαθὰ τῆς γῆς |
| Asen. | 13 | 2 | τὰ ἀγαθὰ τῆς γῆς κατέλιπον καὶ πρός σέ κατέφυγον | * κύριε * | ἐν τῷ σάκκῳ τούτῳ καὶ τῷ σποδῷ γυμνὴ καὶ ὀρφανὴ |
| Asen. | 13 | 7 | δάκρυσί μου καὶ ἠτιμάσθη κατεσποδωμένον ὄν. ἰδοὺ | * κύριέ * | μου ἐκ τῶν δακρύων μου καὶ τῆς τέφρας πηλὸς γέγονε |
| Asen. | 13 | 8 | πολὺς ἐν τῷ θαλάμῳ μου ὡς ἐν ὁδῷ πλατείᾳ. ἰδοὺ | * κύριε * | τὸ δεῖπνόν μου τὸ βασιλικὸν καὶ τὰ σιτία δέδωκα |
| Asen. | 13 | 12 | ἦσαν ἀργυροῖ καὶ χρυσοῖ. καὶ πρός σέ κατέφυγον | * κύριε * | ὁ θεός μου. ἀλλὰ σὺ ῥῦσαί με ἀπὸ τῶν πολλῶν μου |
| Asen. | 13 | 13 | καὶ ἀδαὴς πεπλάνημαι καὶ λελάληκα βλάσφημα εἰς τὸν | * κύριόν * | μου Ἰωσὴφ διότι οὐκ ᾔδειν ἐγὼ ἡ ἀθλία ὅτι υἱὸς |
| Asen. | 13 | 15 | καὶ ἀρετὴν καὶ δύναμιν ὡς ὁ πάγκαλος Ἰωσήφ; | * κύριε * | παρατίθημί σοι αὐτὸν ὅτι ἐγὼ ἀγαπῶ αὐτὸν ὑπὲρ τὴν |
| Asen. | 13 | 15 | αὐτὸν ἐν τῇ σοφίᾳ τῆς χάριτός σου. καὶ σὺ | * κύριε * | παράθου με αὐτῷ εἰς παιδίσκην καὶ δούλην. κἀγὼ |
| Asen. | 14 | 1 | χρόνον. καὶ ὡς ἐπαύσατο Ἀσενὲθ ἐξομολογουμένη τῷ | * κυρίῳ * | ἰδοὺ ὁ ἑωσφόρος ἀστὴρ ἀνέτειλεν ἐκ τοῦ οὐρανοῦ |
| Asen. | 14 | 1 | αὐτὸν Ἀσενὲθ καὶ ἐχάρη καὶ εἶπεν ἄρα ἐπήκουσε | * κύριος * | ὁ θεὸς τῆς προσευχῆς μου διότι ὁ ἀστὴρ οὗτος |
| Asen. | 14 | 7 | καὶ εἶπεν Ἀσενὲθ Ἀσενέθ. καὶ εἶπεν ἰδοὺ ἐγὼ | * κύριε. * | τίς εἶ σὺ ἀνάγγειλόν μοι. καὶ εἶπεν ὁ ἄνθρωπος |
| Asen. | 14 | 8 | καὶ εἶπεν ὁ ἄνθρωπος ἐγώ εἰμι ὁ ἄρχων τοῦ οἴκου | * κυρίου * | καὶ στρατιάρχης πάσης στρατιᾶς τοῦ ὑψίστου. |
| Asen. | 15 | 7 | διότι ἐν σοὶ καταφεύξονται ἔθνη πολλὰ ἐπὶ | * κύριον * | τὸν θεὸν τὸν ὕψιστον καὶ ὑπὸ τὰς πτέρυγάς σου |
| Asen. | 15 | 7 | σου σκεπασθήσονται λαοὶ πολλοὶ πεποιθότες ἐπὶ | * κυρίῳ * | τῷ θεῷ καὶ ἐν τῷ τείχει σου διαφυλαχθήσονται οἱ |
| Asen. | 15 | 12 | πρόσωπον εἰς τὴν γῆν καὶ εἶπεν αὐτῷ εὐλογημένος | * κύριος * | ὁ θεός σου ὁ ὕψιστος ὃς ἐξαπέστειλέ σε τοῦ |
| Asen. | 15 | 12B | τὸ ὄνομά σου εἰς τὸν αἰῶνα. τί ἐστι τὸ ὄνομά σου | * κύριε * | ἀνάγγειλόν μοι ἵνα ὑμνήσω καὶ δοξάσω σε εἰς τὸν |
| Asen. | 15 | 13 | καὶ εἶπεν Ἀσενὲθ εἰ εὗρον χάριν ἐνώπιόν σου | * κύριε * | καὶ γνώσομαι ὅτι ποιήσεις πάντα τὰ ῥήματά σου ὅσα |
| Asen. | 15 | 14 | ἐπὶ τῶν γονάτων αὐτοῦ καὶ εἶπεν αὐτῷ δέομαί σου | * κύριε * | κάθισον δὴ μικρὸν ἐπὶ τῆς κλίνης ταύτης διότι ἡ |
| Asen. | 16 | 4 | ἐκεῖθεν ταχέως κηρίον μελίσσης καὶ παραθήσω σοι | * κύριε. * | καὶ εἶπεν αὐτῇ ὁ ἄνθρωπος βάδιζε καὶ εἴσελθε εἰς |
| Asen. | 16 | 6 | ἆρον αὐτὸ καὶ κόμισον ὧδε. καὶ εἶπεν Ἀσενὲθ | * κύριε * | κηρίον μελίσσης ἐν τῷ ταμιείῳ μου οὐκ ἔστιν. καὶ |
| Asen. | 16 | 11 | μελίσσης θαυμαστόν. καὶ ἐφοβήθη Ἀσενὲθ καὶ εἶπεν | * κύριε * | ἐγὼ οὐκ εἶχον κηρίον μέλιτος ἐν τῷ ταμιείῳ μου |
| Asen. | 16 | 14 | τοῦ ὑψίστου καὶ μακάριοι πάντες οἱ προσκείμενοι | * κυρίῳ * | τῷ θεῷ ἐν μετανοίᾳ ὅτι ἐκ τούτου τοῦ κηρίου |
| Asen. | 16 | 16 | πάντων τῶν καταφευγόντων ἐπὶ τῷ ὀνόματι | * κυρίου * | τοῦ θεοῦ ⟨τοῦ βασιλέως τῶν αἰώνων⟩. καὶ ἐξέτεινε |
| Asen. | 17 | 1 | Ἀσενὲθ ἑώρακας τὸ ῥῆμα τοῦτο; καὶ αὐτὴ εἶπεν ναὶ | * κύριε * | ἑώρακα ταῦτα πάντα. καὶ εἶπεν αὐτῇ ὁ ἄνθρωπος |
| Asen. | 17 | 4 | τὸν θάλαμον. καὶ εἶπεν Ἀσενὲθ πρὸς τὸν ἄνθρωπον | * κύριέ * | εἰσι σὺν ἐμοὶ ἑπτὰ παρθένοι ὑπηρετοῦσαί μοι |
| Asen. | 17 | 6 | αὐτὰς ὁ ἄνθρωπος καὶ εἶπεν εὐλογήσει ὑμᾶς | * κύριος * | ὁ θεὸς ὁ ὕψιστος. καὶ ἔσεσθε κίονες ἑπτὰ τῆς |
| Asen. | 17 | 10 | εἰς τὸν τόπον αὐτοῦ. καὶ εἶπεν ἐν ἑαυτῇ ἵλεως ἔσο | * κύριε * | τῇ δούλῃ σου καὶ φεῖσαι τῆς παιδίσκης σου διότι |
| Asen. | 18 | 11 | ἐστιν ἡ καλλονὴ αὕτη ἡ μεγάλη καὶ θαυμαστή; μήτιγε | * κύριος * | ὁ θεὸς τοῦ οὐρανοῦ ἐξελέξατό σε εἰς νύμφην τῷ υἱῷ |
| Asen. | 19 | 5 | ἀλλὰ κληθήσεται τὸ ὄνομά σου πόλις καταφυγῆς καὶ | * κύριος * | ὁ θεὸς βασιλεύσει ἐθνῶν πολλῶν εἰς τοὺς αἰῶνας |
| Asen. | 19 | 5 | αἰῶνας διότι ἐν σοὶ καταφεύξονται ἔθνη πολλὰ ἐπὶ | * κύριον * | τὸν θεὸν τὸν ὕψιστον. καὶ εἶπέ μοι ὁ ἄνθρωπος |
| Asen. | 19 | 7 | αὐτοῦ περὶ σου τὰ ῥήματά μου. καὶ νῦν σὺ γινώσκεις | * κύριέ * | μου εἰ ἐλήλυθε πρός σε ὁ ἄνθρωπος ἐκεῖνος καὶ |
| Asen. | 19 | 8 | καὶ εὐλογημένον τὸ ὄνομά σου εἰς τοὺς αἰῶνας διότι | * κύριος * | ὁ θεὸς ἐθεμελίωσε τὰ τείχη σου ⟨ἐν τοῖς ὑψίστοις |
| Asen. | 19 | 8 | ἐνοικήσουσιν ἐν τῇ πόλει τῆς καταφυγῆς σου καὶ | * κύριος * | ὁ θεὸς βασιλεύσει αὐτῶν εἰς τοὺς αἰῶνας τῶν |
| Asen. | 20 | 1 | χειρῶν αὐτῶν. καὶ εἶπεν Ἀσενὲθ τῷ Ἰωσὴφ δεῦρο | * κύριέ * | μου καὶ εἴσελθε εἰς τὴν οἰκίαν ἡμῶν διότι ἐγὼ |
| Asen. | 20 | 4 | τοὺς πόδας μου. καὶ εἶπε πρὸς αὐτὸν Ἀσενὲθ οὐχὶ | * κύριέ * | μου ὅτι σύ μου εἶ κύριος ἀπὸ τοῦ νῦν καὶ ἐγὼ |
| Asen. | 20 | 4 | πρὸς αὐτὸν Ἀσενὲθ οὐχὶ κύριέ μου ὅτι σύ μου εἶ | * κύριος * | ἀπὸ τοῦ νῦν καὶ ἐγὼ παιδίσκη σου. καὶ ἵνα τί σὺ |
| Asen. | 21 | 4 | ἐπὶ τῷ κάλλει αὐτῆς καὶ εἶπεν εὐλογήσει σε | * κύριος * | ὁ θεὸς τοῦ Ἰωσὴφ τέκνον καὶ διαμείνῃ τὸ κάλλος |

| | | | | | |
|---|---|---|---|---|---|
| Asen. | 21 | 4 | κάλλος σου τοῦτο εἰς τοὺς αἰῶνας διότι ⟨δικαίως⟩ | * κύριος * | ὁ θεὸς τοῦ Ἰωσὴφ ἐξελέξατό σε εἰς νύμφην τῷ |
| Asen. | 21 | 6 | τῆς κεφαλῆς Ἀσενὲθ καὶ εἶπε Φαραὼ εὐλογήσει ὑμᾶς | * κύριος * | ὁ θεὸς ὁ ὕψιστος καὶ πληθυνεῖ ὑμᾶς καὶ μεγαλυνεῖ |
| Asen. | 21 | 10 | Ἰωσήφ. ⟨καὶ τότε ἤρξατο Ἀσενὲθ ἐξομολογεῖσθαι | * κυρίῳ * | τῷ θεῷ καὶ ἐχαρίτωσε δεομένη ἐπὶ πᾶσιν οἷς ἠξίωται |
| Asen. | 21 | 10 | δεομένη ἐπὶ πᾶσιν οἷς ἠξίωται ἀγαθοῖς παρὰ | * κυρίου⟩ * | ἥμαρτον κύριε ⟨ἥμαρτον ἐνώπιόν σου πολλὰ |
| Asen. | 21 | 11 | ἐπὶ πᾶσιν οἷς ἠξίωται ἀγαθοῖς παρὰ κυρίου⟩ ἥμαρτον | * κύριε * | ⟨ἥμαρτον ἐνώπιόν σου πολλὰ ἥμαρτον⟩ ἐγὼ Ἀσενὲθ |
| Asen. | 21 | 12 | Ἡλιουπόλεως ὃς ἐστιν ἐπίσκοπος πάντων⟩. ⟨ἥμαρτον | * κύριε⟩ * | ἥμαρτον ἐνώπιόν σου ⟨πολλὰ⟩ ἥμαρτον ⟨ἐγὼ ἤμην⟩ |
| Asen. | 21 | 13 | καὶ ἤμην παρθένος ἀλαζὼν καὶ ὑπερήφανος. ⟨ἥμαρτον | * κύριε * | ἥμαρτον ἐνώπιόν σου πολλὰ ἥμαρτον⟩ καὶ ἐσεβόμην |
| Asen. | 21 | 14 | καὶ ἤσθιον ἄρτον ἐκ ⟨τῶν⟩ θυσι⟨ῶν⟩ αὐτῶν. ⟨ἥμαρτον | * κύριε * | ἥμαρτον ἐνώπιόν σου πολλὰ ἥμαρτον ἄρτον ἀγχόνης |
| Asen. | 21 | 15 | ἔπιον ἀπὸ τῆς τραπέζης τοῦ θανάτου.⟩ ⟨ἥμαρτον | * κύριε * | ἥμαρτον ἐνώπιόν σου πολλὰ ἥμαρτον⟩ καὶ οὐκ ᾔδειν |
| Asen. | 21 | 15 | ἥμαρτον ἐνώπιόν σου πολλὰ ἥμαρτον⟩ καὶ οὐκ ᾔδειν | * κύριον * | τὸν θεὸν τοῦ οὐρανοῦ οὐδὲ ἐπεποίθειν ἐπὶ τῷ θεῷ |
| Asen. | 21 | 16 | ἐπεποίθειν ἐπὶ τῷ θεῷ τῷ ὑψίστῳ τῆς ζωῆς. ἥμαρτον | * κύριε * | ⟨ἥμαρτον ἐνώπιόν σου⟩ πολλὰ ἥμαρτον ἐπεποίθειν γὰρ |
| Asen. | 21 | 17 | μου καὶ ἤμην ἀλαζὼν καὶ ὑπερήφανος. ⟨ἥμαρτον | * κύριε * | ἥμαρτον ἐνώπιόν σου πολλὰ ἥμαρτον⟩ καὶ ἐξουθένουν |
| Asen. | 21 | 18 | ⟨ἄνθρωπος⟩ ὃς +ἄν τι ποιήσει+ ἐνώπιόν μου. ἥμαρτον | * κύριε * | ⟨ἥμαρτον ἐνώπιόν σου⟩ πολλὰ ἥμαρτον καὶ ⟨μεμίσηκα⟩ |
| Asen. | 21 | 19 | ἐξουθένουν αὐτοὺς καὶ κατέπτυον αὐτούς. ⟨ἥμαρτον | * κύριε * | ἥμαρτον ἐνώπιόν σου πολλὰ ἥμαρτον καὶ λελάληκα |
| Asen. | 21 | 20 | ὃς ἂν λύσῃ τὴν ζώνην τῆς παρθενίας μου. ἥμαρτον | * κύριε * | ἥμαρτον ἐνώπιόν σου πολλὰ ἥμαρτον ἀλλ' ἐγὼ ἔσομαι |
| Asen. | 21 | 21 | τοῦ μεγάλου βασιλέως τοῦ πρωτοτόκου.⟩ ⟨ἥμαρτον | * κύριε * | ἥμαρτον ἐνώπιόν σου πολλὰ ἥμαρτον⟩ ἕως οὗ ἦλθεν |
| Asen. | 22 | 13 | τοὺς ἀδελφοὺς Ἰωσὴφ ὅτι ἦν προσκείμενος πρὸς τὸν | * κύριον * | καὶ ἦν ἀνὴρ συνίων καὶ προφήτης ὑψίστου καὶ ὀξέως |
| Asen. | 23 | 10 | πραότητι καρδίας ⟨εἶπε πρὸς αὐτὸν⟩ ἵνα τί λαλεῖ ὁ | * κύριος * | ἡμῶν κατὰ τὰ ῥήματα ταῦτα; καὶ ἡμεῖς ἐσμὲν ἄνδρες |
| Asen. | 23 | 14 | ταύτας; ἐν ταύταις ταῖς δυσὶ ῥομφαίαις ἐξεδίκησε | * κύριος * | ὁ θεὸς τὴν ὕβριν τῶν Σικημιτῶν ἣν ὕβρισαν τοὺς |
| Asen. | 24 | 4 | Δὰν καὶ Γὰδ οἱ πρεσβύτεροι ἀδελφοὶ λαλησάτω δὴ ὁ | * κύριος * | ἡμῶν τοῖς παισὶν αὐτοῦ ὃ βούλεται καὶ ἀκούσονται |
| Asen. | 24 | 11 | καὶ εἶπον πρὸς τὸν υἱὸν Φαραὼ δεόμεθά σου | * κύριε * | βοήθησον ἡμῖν. καὶ εἶπεν αὐτοῖς ὁ υἱὸς Φαραὼ ἐγὼ |
| Asen. | 24 | 16 | καὶ νῦν ἄκουσον ἡμῶν καὶ λαλήσομεν πρὸς τὸν | * κύριον * | ἡμῶν. καὶ ἐλάλησαν αὐτῷ πάντας τοὺς ἐν κρυφῇ |
| Asen. | 25 | 1 | τὸν πατέρα αὐτοῦ καὶ εἶπον αὐτῷ τί προστάσσεις | * κύριε; * | καὶ εἶπεν αὐτοῖς ὁ υἱὸς Φαραὼ ὄψεσθαι βούλομαι |
| Asen. | 25 | 5 | τοῦ ἀδελφοῦ ἡμῶν Ἰωσήφ; καὶ αὐτὸν διαφυλάσσει ὁ | * κύριος * | ὡς κόρην ὀφθαλμοῦ. οὐκ ἰδοὺ ἅπαξ πεπράκατε αὐτὸν |
| Asen. | 26 | 2 | αὐτῇ Ἰωσὴφ θάρσει καὶ μὴ φοβοῦ ἀλλὰ πορεύου διότι | * κύριος * | μετὰ σοῦ ἐστι καὶ αὐτὸς διαφυλάξει σε ὡς κόρην |
| Asen. | 26 | 3 | τοῖς ἀνθρώποις καὶ οὐ μὴ φθαρήσεται ἀπὸ προσώπου | * κυρίου * | πᾶσα ἡ γῆ. καὶ ἀπῆλθεν Ἀσενὲθ ἐπὶ τὴν ὁδὸν αὐτῆς |
| Asen. | 26 | 8 | ὅλον τὸ σῶμα αὐτῆς. καὶ ἐπεκαλέσατο τὸ ὄνομα | * κυρίου * | τοῦ θεοῦ αὐτῆς. καὶ Βενιαμὶν ἐκάθητο ἐξ εὐωνύμων |
| Asen. | 27 | 1 | καὶ ἰσχὺς ὡς σκύμνος λέοντος καὶ ἦν φοβούμενος τὸν | * κύριον * | σφόδρα. καὶ κατεπήδησε Βενιαμὶν ἀπὸ τοῦ ὀχήματος |
| Asen. | 27 | 10 | εἶδεν αὐτοὺς Ἀσενὲθ καὶ ἐφοβήθη σφόδρα καὶ εἶπεν | * κύριε * | ὁ θεός μου ὁ ἀναζωοποιήσας με καὶ ῥυσάμενός με ἐκ |
| Asen. | 27 | 11 | χειρῶν τῶν ἀνδρῶν τῶν πονηρῶν τούτων. καὶ ἤκουσε | * κύριος * | ὁ θεὸς τῆς φωνῆς Ἀσενὲθ καὶ εὐθέως ἔπεσον αἱ |
| Asen. | 28 | 1 | ῥῆμα τὸ μέγα τοῦτο καὶ ἐφοβήθησαν σφόδρα καὶ εἶπον | * κύριος * | πολεμεῖ καθ' ἡμῶν ὑπὲρ Ἀσενέθ. καὶ ἔπεσον ἐπὶ |
| Asen. | 28 | 3 | εἴς σε κακὰ καὶ κατὰ τοῦ ἀδελφοῦ ἡμῶν Ἰωσὴφ καὶ | * κύριος * | ἀνταπέδωκεν ἡμῖν κατὰ τὰ ἔργα ἡμῶν. καὶ νῦν |
| Asen. | 28 | 7 | αὐτῶν. θαρσεῖτε οὖν καὶ μὴ φοβεῖσθε πλὴν κρινεῖ | * κύριος * | ἀνάμεσον ἐμοῦ καὶ ὑμῶν. καὶ ἔφυγον εἰς τὴν ὕλην |
| Asen. | 28 | 10 | ὑμῶν καὶ μὴ ποιήσητε αὐτοῖς κακὸν ἀντὶ κακοῦ διότι | * κύριος * | ὑπερήσπισέ με ἀπ' αὐτῶν καὶ ἔθραυσε τὰς ῥομφαίας |
| Asen. | 28 | 10 | προσώπου πυρός. καὶ ἔστι τοῦτο ἱκανὸν αὐτοῖς ὅτι | * κύριος * | πολεμεῖ πρὸς αὐτοὺς ὑπὲρ ἡμῶν. καὶ ὑμεῖς φείσασθε |
| Asen. | 28 | 14 | ποιήσεις κακὸν ἀντὶ κακοῦ τῷ πλησίον σου. τῷ | * κυρίῳ * | δώσεις ἐκδικήσειν τὴν ὕβριν αὐτῶν. καὶ αὐτοὶ |
| Sal. | 1 | 1 | ψαλμοὶ σολομωντος. ἐβόησα πρὸς | * κύριον * | ἐν τῷ θλίβεσθαί με εἰς τέλος πρὸς τὸν θεὸν ἐν τῷ |
| Sal. | 1 | 8 | αὐτῶν ὑπὲρ τὰ πρὸ αὐτῶν ἔθνη ἐβεβήλωσαν τὰ ἅγια | * κυρίου * | ἐν βεβηλώσει. ψαλμὸς τῷ Σαλωμων περὶ Ιερουσαλημ. |
| Sal. | 2 | 3 | ἀνθ' ὧν οἱ υἱοὶ Ιερουσαλημ ἐμίαναν τὰ ἅγια | * κυρίου * | ἐβεβηλοῦσαν τὰ δῶρα τοῦ θεοῦ ἐν ἀνομίαις. ἕνεκεν |
| Sal. | 2 | 22 | τὴν γῆν. καὶ ἐγὼ εἶδον καὶ ἐδεήθην τοῦ προσώπου | * κυρίου * | καὶ εἶπον ἱκάνωσον κύριε τοῦ βαρύνεσθαι χεῖρά σου |
| Sal. | 2 | 22 | καὶ ἐδεήθην τοῦ προσώπου κυρίου καὶ εἶπον ἱκάνωσον | * κύριε * | τοῦ βαρύνεσθαι χεῖρά σου ἐπὶ Ιερουσαλημ ἐν ἐπαγωγῇ |
| Sal. | 2 | 23 | θυμῷ μετὰ μηνίσεως καὶ συντελεσθήσονται ἐὰν μὴ σὺ | * κύριε * | ἐπιτιμήσῃς αὐτοῖς ἐν ὀργῇ σου. ὅτι οὐκ ἐν ζήλει |
| Sal. | 2 | 29 | ἐστιν καὶ τὸ ὕστερον οὐκ ἐλογίσατο εἶπεν ἐγὼ | * κύριος * | γῆς καὶ θαλάσσης ἔσομαι καὶ οὐκ ἐπέγνω ὅτι ὁ θεὸς |
| Sal. | 2 | 32 | καὶ νῦν ἴδετε οἱ μεγιστᾶνες τῆς γῆς τὸ κρίμα τοῦ | * κυρίου * | ὅτι μέγας βασιλεὺς καὶ δίκαιος κρίνων τὴν ὑπ' |
| Sal. | 2 | 33 | ὑπ' οὐρανόν. εὐλογεῖτε τὸν θεόν οἱ φοβούμενοι τὸν | * κύριον * | ἐν ἐπιστήμῃ ὅτι τὸ ἔλεος κυρίου ἐπὶ τοὺς |
| Sal. | 2 | 33 | οἱ φοβούμενοι τὸν κύριον ἐν ἐπιστήμῃ ὅτι τὸ ἔλεος | * κυρίου * | ἐπὶ τοὺς φοβουμένους αὐτὸν μετὰ κρίματος τοῦ |
| Sal. | 2 | 36 | ἁμαρτωλῷ ἀνθ' ὧν ἐποίησεν δικαίῳ. ὅτι χρηστὸς ὁ | * κύριος * | τοῖς ἐπικαλουμένοις αὐτὸν ἐν ὑπομονῇ ποιῆσαι κατὰ |
| Sal. | 2 | 37 | διὰ παντὸς ἐνώπιον αὐτοῦ ἐν ἰσχύι. εὐλογητὸς | * κύριος * | εἰς τὸν αἰῶνα ἐνώπιον δούλων αὐτοῦ. ψαλμὸς τῷ |
| Sal. | 3 | 1 | δικαίων. ἵνα τί ὑπνοῖς ψυχὴ καὶ οὐκ εὐλογεῖς τὸν | * κύριον; * | ὕμνον καινὸν ψάλατε τῷ θεῷ τῷ αἰνετῷ. ψάλλε καὶ |
| Sal. | 3 | 3 | καρδίας. δίκαιοι μνημονεύουσιν διὰ παντὸς τοῦ | * κυρίου * | ἐν ἐξομολογήσει καὶ δικαιώσει τὰ κρίματα κυρίου. |
| Sal. | 3 | 3 | κυρίου ἐν ἐξομολογήσει καὶ δικαιώσει τὰ κρίματα | * κυρίου. * | οὐκ ὀλιγωρήσει δίκαιος παιδευόμενος ὑπὸ κυρίου ἡ |
| Sal. | 3 | 4 | κυρίου. οὐκ ὀλιγωρήσει δίκαιος παιδευόμενος ὑπὸ | * κυρίου * | ἡ εὐδοκία αὐτοῦ διὰ παντὸς ἔναντι κυρίου. |
| Sal. | 3 | 4 | ὑπὸ κυρίου ἡ εὐδοκία αὐτοῦ διὰ παντὸς ἔναντι | * κυρίου. * | προσέκοψεν ὁ δίκαιος καὶ ἐδικαίωσεν τὸν κύριον |
| Sal. | 3 | 5 | κυρίου. προσέκοψεν ὁ δίκαιος καὶ ἐδικαίωσεν τὸν | * κύριον * | ἔπεσεν καὶ ἀποβλέπει τί ποιήσει αὐτῷ ὁ θεὸς |
| Sal. | 3 | 8 | ἐν νηστείᾳ καὶ ταπεινώσει ψυχῆς αὐτοῦ καὶ ὁ | * κύριος * | καθαρίζει πᾶν ἄνδρα ὅσιον καὶ τὸν οἶκον αὐτοῦ. |
| Sal. | 3 | 12 | τῶν ἁμαρτωλῶν εἰς τὸν αἰῶνα οἱ δὲ φοβούμενοι τὸν | * κύριον * | ἀναστήσονται εἰς ζωὴν αἰώνιον καὶ ἡ ζωὴ αὐτῶν ἐν |
| Sal. | 3 | 12 | εἰς ζωὴν αἰώνιον καὶ ἡ ζωὴ αὐτῶν ἐν φωτὶ | * κυρίου * | καὶ οὐκ ἐκλείψει ἔτι. διαλογὴ τοῦ Σαλωμων τοῖς |
| Sal. | 4 | 1 | ὁσίων καὶ ἡ καρδία σου μακρὰν ἀφέστηκεν ἀπὸ τοῦ | * κυρίου * | ἐν παρανομίαις παροργίζων τὸν θεὸν Ισραηλ; |
| Sal. | 4 | 14 | ἡ ψυχὴ αὐτοῦ ὡς ᾅδης ἐν πᾶσι τούτοις. γένοιτο | * κύριε * | ἡ μερὶς αὐτοῦ ἐν ἀτιμίᾳ ἐνώπιόν σου ἡ ἔξοδος αὐτοῦ |
| Sal. | 4 | 15 | ἐν ἀρᾷ ἐν ὀδύναις καὶ πενίᾳ καὶ ἀπορίᾳ ἡ ζωὴ αὐτοῦ | * κύριε * | ὁ ὕπνος αὐτοῦ ἐν λύπαις καὶ ἡ ἐξέγερσις αὐτοῦ ἐν |
| Sal. | 4 | 23 | ὑπεκρίνοντο. μακάριοι οἱ φοβούμενοι τὸν | * κύριον * | ἐν ἀκακίᾳ αὐτῶν ὁ κύριος ῥύσεται αὐτοὺς ἀπὸ |
| Sal. | 4 | 23 | οἱ φοβούμενοι τὸν κύριον ἐν ἀκακίᾳ αὐτῶν ὁ | * κύριος * | ῥύσεται αὐτοὺς ἀπὸ ἀνθρώπων δολίων καὶ ἁμαρτωλῶν |
| Sal. | 4 | 24 | πᾶσαν ἀδικίαν ὅτι κριτὴς μέγας καὶ κραταιὸς | * κύριος * | ὁ θεὸς ἡμῶν ἐν δικαιοσύνῃ. γένοιτο κύριε τὸ ἔλεός |
| Sal. | 4 | 25 | κραταιὸς κύριος ὁ θεὸς ἡμῶν ἐν δικαιοσύνῃ. γένοιτο | * κύριε * | τὸ ἔλεός σου ἐπὶ πάντας τοὺς ἀγαπῶντάς σε. ψαλμὸς |
| Sal. | 5 | 1 | ἐπὶ πάντας τοὺς ἀγαπῶντάς σε. ψαλμὸς τῷ Σαλωμων. | * κύριε * | ὁ θεὸς αἰνέσω τῷ ὀνόματί σου ἐν ἀγαλλιάσει ἐν μέσῳ |
| Sal. | 5 | 11 | καὶ πτωχοῦ καὶ πένητος ἡ ἐλπὶς τίς ἐστιν εἰ μὴ σὺ | * κύριε; * | καὶ σὺ ἐπακούσῃ ὅτι τίς χρηστὸς καὶ ἐπιεικὴς ἀλλ' |
| Sal. | 5 | 15 | φείσεται ἐν δόματι. ἐπὶ πᾶσαν τὴν γῆν τὸ ἔλεός σου | * κύριε * | ἐν χρηστότητι. μακάριος οὗ μνημονεύει ὁ θεὸς ἐν |
| Sal. | 5 | 17 | τὸ μέτριον ἐν δικαιοσύνῃ καὶ ἐν τούτῳ ἡ εὐλογία | * κυρίου * | εἰς πλησμονὴν ἐν δικαιοσύνῃ. εὐφρανθείησαν οἱ |
| Sal. | 5 | 18 | ἐν δικαιοσύνῃ. εὐφρανθείησαν οἱ φοβούμενοι | * κύριον * | ἐν ἀγαθοῖς καὶ ἡ χρηστότης σου ἐπὶ Ισραηλ ἐν τῇ |
| Sal. | 5 | 19 | ἐπὶ Ισραηλ ἐν τῇ βασιλείᾳ σου. εὐλογημένη ἡ δόξα | * κυρίου * | ὅτι αὐτὸς βασιλεὺς ἡμῶν. ἐν ἐλπίδι τῷ Σαλωμων. |
| Sal. | 6 | 1 | οὗ ἡ καρδία αὐτοῦ ἑτοίμη ἐπικαλέσασθαι τὸ ὄνομα | * κυρίου * | ἐν τῷ μνημονεύειν αὐτὸν τὸ ὄνομα κυρίου |
| Sal. | 6 | 1 | τὸ ὄνομα κυρίου ἐν τῷ μνημονεύειν αὐτὸν τὸ ὄνομα | * κυρίου * | σωθήσεται. αἱ ὁδοὶ αὐτοῦ κατευθύνονται ὑπὸ κυρίου |
| Sal. | 6 | 2 | κυρίου σωθήσεται. αἱ ὁδοὶ αὐτοῦ κατευθύνονται ὑπὸ | * κυρίου * | καὶ πεφυλαγμένα ἔργα χειρῶν αὐτοῦ ὑπὸ κυρίου θεοῦ |
| Sal. | 6 | 2 | ὑπὸ κυρίου καὶ πεφυλαγμένα ἔργα χειρῶν αὐτοῦ ὑπὸ | * κυρίου * | θεοῦ αὐτοῦ. ἀπὸ ὁράσεως πονηρῶν ἐνυπνίων αὐτοῦ οὐ |
| Sal. | 6 | 4 | ἐξανέστη ἐξ ὕπνου αὐτοῦ καὶ ηὐλόγησεν τῷ ὀνόματι | * κυρίου * | ἐπ' εὐσταθείᾳ καρδίας αὐτοῦ ἐξύμνησεν τῷ ὀνόματι |
| Sal. | 6 | 5 | τῷ ὀνόματι τοῦ θεοῦ αὐτοῦ καὶ ἐδεήθη τοῦ προσώπου | * κυρίου * | περὶ παντὸς τοῦ οἴκου αὐτοῦ καὶ κύριος εἰσήκουσεν |
| Sal. | 6 | 5 | προσώπου κυρίου περὶ παντὸς τοῦ οἴκου αὐτοῦ καὶ | * κύριος * | εἰσήκουσεν προσευχὴν παντὸς ἐν φόβῳ θεοῦ. καὶ πᾶν |
| Sal. | 6 | 6 | πᾶν αἴτημα ψυχῆς ἐλπιζούσης πρὸς αὐτὸν ἐπιτελεῖ ὁ | * κύριος * | εὐλογητὸς κύριος ὁ ποιῶν ἔλεος τοῖς ἀγαπῶσιν |
| Sal. | 6 | 6 | ἐλπιζούσης πρὸς αὐτὸν ἐπιτελεῖ ὁ κύριος εὐλογητὸς | * κύριος * | ὁ ποιῶν ἔλεος τοῖς ἀγαπῶσιν αὐτὸν ἐν ἀληθείᾳ. τῷ |
| Sal. | 8 | 12 | κληρονόμου λυτρουμένου. ἐπατοῦσαν τὸ θυσιαστήριον | * κυρίου * | ἀπὸ πάσης ἀκαθαρσίας καὶ ἐν ἀφέδρῳ αἵματος |
| Sal. | 8 | 24 | τοῦ θεοῦ ὡς ἀρνία ἐν ἀκακίᾳ ἐν μέσῳ αὐτῶν. αἰνετὸς | * κύριος * | ὁ κρίνων πᾶσαν τὴν γῆν ἐν δικαιοσύνῃ αὐτοῦ. ἰδοὺ |
| Sal. | 8 | 31 | σὺ ὁ θεὸς ἡμῶν ἀπ' ἀρχῆς καὶ ἐπὶ σὲ ἡ ἐλπὶς ἡμῶν | * κύριε * | καὶ ἡμεῖς οὐκ ἀφεξόμεθά σου ὅτι χρηστὰ τὰ κρίματά |
| Sal. | 8 | 33 | ἡμῖν καὶ τοῖς τέκνοις ἡμῶν ἡ εὐδοκία εἰς τὸν αἰῶνα | * κύριε * | σωτὴρ ἡμῶν οὐ σαλευθησόμεθα ἔτι τὸν αἰῶνα χρόνον. |
| Sal. | 8 | 34 | οὐ σαλευθησόμεθα ἔτι τὸν αἰῶνα χρόνον. αἰνετὸς | * κύριος * | ἐν τοῖς κρίμασιν αὐτοῦ ἐν στόματι ὁσίων καὶ |
| Sal. | 8 | 34 | αὐτοῦ ἐν στόματι ὁσίων καὶ εὐλογημένος Ισραηλ ὑπὸ | * κυρίου * | εἰς τὸν αἰῶνα. τῷ Σαλωμων εἰς ἔλεγχον. ἐν τῷ |
| Sal. | 9 | 1 | εἰς γῆν ἀλλοτρίαν ἐν τῷ ἀποστῆναι αὐτοὺς ἀπὸ | * κυρίου * | τοῦ λυτρωσαμένου αὐτοὺς ἀπερρίφησαν ἀπὸ |
| Sal. | 9 | 1 | ἀπερρίφησαν ἀπὸ κληρονομίας ἧς ἔδωκεν αὐτοῖς | * κύριος. * | ἐν παντὶ ἔθνει ἡ διασπορὰ τοῦ Ισραηλ κατὰ τὸ |
| Sal. | 9 | 3 | ἄδικα καὶ αἱ δικαιοσύναι τῶν ὁσίων σου ἐνώπιόν σου | * κύριε * | καὶ ποῦ κρυβήσεται ἄνθρωπος ἀπὸ τῆς γνώσεώς σου ὁ |
| Sal. | 9 | 5 | ὁ ποιῶν δικαιοσύνην θησαυρίζει ζωὴν αὐτῷ παρὰ | * κυρίῳ * | καὶ ὁ ποιῶν ἀδικίαν αὐτὸς αἴτιος τῆς ψυχῆς ἐν |
| Sal. | 9 | 5 | αὐτὸς αἴτιος τῆς ψυχῆς ἐν ἀπωλείᾳ τὰ γὰρ κρίματα | * κυρίου * | ἐν δικαιοσύνῃ κατ' ἄνδρα καὶ οἶκον. τίνι |
| Sal. | 9 | 6 | χρηστεύσῃ ὁ θεὸς εἰ μὴ τοῖς ἐπικαλουμένοις τὸν | * κύριον; * | καθαριεῖς ἐν ἁμαρτίαις ψυχὴν ἐν ἐξομολογήσει ἐν |
| Sal. | 9 | 9 | παρὰ πάντα τὰ ἔθνη καὶ ἔθου τὸ ὄνομά σου ἐφ' ἡμᾶς | * κύριε * | καὶ οὐκ ἀπώσῃ εἰς τὸν αἰῶνα. ἐν διαθήκῃ διέθου |
| Sal. | 9 | 11 | ἐλπιοῦμεν ἐπὶ σὲ ἐν ἐπιστροφῇ ψυχῆς ἡμῶν. τοῦ | * κυρίου * | ἡ ἐλεημοσύνη ἐπὶ οἶκον Ισραηλ εἰς τὸν αἰῶνα καὶ |
| Sal. | 10 | 1 | καὶ ἔτι. ἐν ὕμνοις τῷ Σαλωμων. μακάριος ἀνὴρ οὗ ὁ | * κύριος * | ἐμνήσθη ἐν ἐλεγμῷ καὶ ἐκυκλώθη ἀπὸ ὁδοῦ πονηρᾶς |
| Sal. | 10 | 2 | νῶτον εἰς μάστιγας καθαρισθήσεται χρηστὸς γὰρ ὁ | * κύριος * | τοῖς ὑπομένουσιν παιδείαν. ὀρθώσει γὰρ ὁδοὺς |
| Sal. | 10 | 3 | δικαίων καὶ οὐ διαστρέψει ἐν παιδείᾳ καὶ τὸ ἔλεος | * κυρίου * | ἐπὶ τοὺς ἀγαπῶντας αὐτὸν ἐν ἀληθείᾳ. καὶ |
| Sal. | 10 | 4 | τοὺς ἀγαπῶντας αὐτὸν ἐν ἀληθείᾳ. καὶ μνησθήσεται | * κύριος * | τῶν δούλων αὐτοῦ ἐν ἐλέει ἡ γὰρ μαρτυρία ἐν νόμῳ |
| Sal. | 10 | 4 | ἡ γὰρ μαρτυρία ἐν νόμῳ διαθήκης αἰωνίου ἡ μαρτυρία | * κυρίου * | ἐπὶ ὁδοὺς ἀνθρώπων ἐν ἐπισκοπῇ. δίκαιος καὶ ὅσιος |
| Sal. | 10 | 5 | ὁδοὺς ἀνθρώπων ἐν ἐπισκοπῇ. δίκαιος καὶ ὅσιος ὁ | * κύριος * | ἡμῶν ἐν κρίμασιν αὐτοῦ εἰς τὸν αἰῶνα καὶ Ισραηλ |
| Sal. | 10 | 5 | αὐτοῦ εἰς τὸν αἰῶνα καὶ Ισραηλ αἰνέσει τῷ ὀνόματι | * κυρίου * | ἐν εὐφροσύνῃ. καὶ ὅσιοι ἐξομολογήσονται ἐν |
| Sal. | 10 | 7 | τὸν αἰῶνα καὶ συναγωγαὶ Ισραηλ δοξάσουσιν τὸ ὄνομα | * κυρίου. * | τοῦ κυρίου ἡ σωτηρία ἐπὶ οἶκον Ισραηλ εἰς |
| Sal. | 10 | 8 | συναγωγαὶ Ισραηλ δοξάσουσιν τὸ ὄνομα κυρίου. τοῦ | * κυρίου * | ἡ σωτηρία ἐπὶ οἶκον Ισραηλ εἰς εὐφροσύνην |
| Sal. | 11 | 2 | σου ἀπὸ ἀνατολῶν καὶ δυσμῶν συνηγμένα εἰς ἅπαξ ὑπὸ | * κυρίου. * | ἀπὸ βορρᾶ ἔρχονται τῇ εὐφροσύνῃ τοῦ θεοῦ αὐτῶν |

| | | | | | |
|---|---|---|---|---|---|
| Sal. | 11 | 8 | ἀγαθὰ Ισραηλ εἰς τὸν αἰῶνα καὶ ἔτι. ποιήσαι | * κύριος * | ἃ ἐλάλησεν ἐπὶ Ισραηλ καὶ Ιερουσαλημ ἀναστήσαι |
| Sal. | 11 | 8 | ἃ ἐλάλησεν ἐπὶ Ισραηλ καὶ Ιερουσαλημ ἀναστήσαι | * κύριος * | τὸν Ισραηλ ἐν ὀνόματι δόξης αὐτοῦ τοῦ κυρίου τὸ |
| Sal. | 11 | 9 | κύριος τὸν Ισραηλ ἐν ὀνόματι δόξης αὐτοῦ τοῦ | * κυρίου * | τὸ ἔλεος ἐπὶ τὸν Ισραηλ εἰς τὸν αἰῶνα καὶ ἔτι. τῷ |
| Sal. | 12 | 1 | τὸν αἰῶνα καὶ ἔτι. τῷ Σαλωμων ἐν γλώσσῃ παρανόμων. | * κύριε * | ῥῦσαι τὴν ψυχήν μου ἀπὸ ἀνδρὸς παρανόμου καὶ |
| Sal. | 12 | 4 | καὶ σκορπισθείησαν ὀστᾶ ψιθύρων ἀπὸ φοβουμένων | * κύριον * | ἐν πυρὶ φλογὸς γλῶσσα ψίθυρος ἀπόλοιτο ἀπὸ ὁσίων. |
| Sal. | 12 | 5 | φλογὸς γλῶσσα ψίθυρος ἀπόλοιτο ἀπὸ ὁσίων. φυλάξαι | * κύριος * | ψυχὴν ἡσύχιον μισοῦσαν ἀδίκους καὶ κατευθύναι |
| Sal. | 12 | 5 | ψυχὴν ἡσύχιον μισοῦσαν ἀδίκους καὶ κατευθύναι | * κύριος * | ἄνδρα ποιοῦντα εἰρήνην ἐν οἴκῳ. τοῦ κυρίου ἡ |
| Sal. | 12 | 6 | κύριος ἄνδρα ποιοῦντα εἰρήνην ἐν οἴκῳ. τοῦ | * κυρίου * | ἡ σωτηρία ἐπὶ Ισραηλ παῖδα αὐτοῦ εἰς τὸν αἰῶνα |
| Sal. | 12 | 6 | τὸν αἰῶνα καὶ ἀπόλοιντο οἱ ἁμαρτωλοὶ ἀπὸ προσώπου | * κυρίου * | ἅπαξ καὶ ὅσιοι κυρίου κληρονομήσαισαν ἐπαγγελίας |
| Sal. | 12 | 6 | οἱ ἁμαρτωλοὶ ἀπὸ προσώπου κυρίου ἅπαξ καὶ ὅσιοι | * κυρίου * | κληρονομήσαισαν ἐπαγγελίας κυρίου. τῷ Σαλωμων |
| Sal. | 12 | 6 | ἅπαξ καὶ ὅσιοι κυρίου κληρονομήσαισαν ἐπαγγελίας | * κυρίου. * | τῷ Σαλωμων ψαλμὸς παράκλησις τῶν δικαίων. δεξιὰ |
| Sal. | 13 | 1 | τῷ Σαλωμων ψαλμὸς παράκλησις τῶν δικαίων. δεξιὰ | * κυρίου * | ἐσκέπασέν με δεξιὰ κυρίου ἐφείσατο ἡμῶν ὁ βραχίων |
| Sal. | 13 | 1 | τῶν δικαίων. δεξιὰ κυρίου ἐσκέπασέν με δεξιὰ | * κυρίου * | ἐφείσατο ἡμῶν ὁ βραχίων κυρίου ἔσωσεν ἡμᾶς ἀπὸ |
| Sal. | 13 | 2 | ἐσκέπασέν με δεξιὰ κυρίου ἐφείσατο ἡμῶν ὁ βραχίων | * κυρίου * | ἔσωσεν ἡμᾶς ἀπὸ ῥομφαίας διαπορευομένης ἀπὸ λιμοῦ |
| Sal. | 13 | 4 | ὀστᾶ αὐτῶν καὶ ἐκ τούτων ἁπάντων ἐρρύσατο ἡμᾶς | * κύριος. * | ἐταράχθη ὁ εὐσεβὴς διὰ τὰ παραπτώματα αὐτοῦ |
| Sal. | 13 | 10 | καὶ ἡ παιδεία αὐτοῦ ὡς πρωτοτόκου. ὅτι φείσεται | * κύριος * | τῶν ὁσίων αὐτοῦ καὶ τὰ παραπτώματα αὐτῶν |
| Sal. | 13 | 12 | μνημόσυνον αὐτῶν ἔτι ἐπὶ δὲ τοὺς ὁσίους τὸ ἔλεος | * κυρίου * | καὶ ἐπὶ τοὺς φοβουμένους αὐτὸν τὸ ἔλεος αὐτοῦ. |
| Sal. | 14 | 1 | αὐτὸν τὸ ἔλεος αὐτοῦ. ὕμνος τῷ Σαλωμων. πιστὸς | * κύριος * | τοῖς ἀγαπῶσιν αὐτὸν ἐν ἀληθείᾳ τοῖς ὑπομένουσιν |
| Sal. | 14 | 3 | ἐν νόμῳ ᾧ ἐνετείλατο ἡμῖν εἰς ζωὴν ἡμῶν. ὅσιοι | * κυρίου * | ζήσονται ἐν αὐτῷ εἰς τὸν αἰῶνα ὁ παράδεισος τοῦ |
| Sal. | 14 | 3 | ζήσονται ἐν αὐτῷ εἰς τὸν αἰῶνα ὁ παράδεισος τοῦ | * κυρίου * | τὰ ξύλα τῆς ζωῆς ὅσιοι αὐτοῦ. ἡ φυτεία αὐτῶν |
| Sal. | 14 | 10 | εὑρεθήσονται ἐν ἡμέρᾳ ἐλέους δικαίων οἱ δὲ ὅσιοι | * κυρίου * | κληρονομήσουσιν ζωὴν ἐν εὐφροσύνῃ. ψαλμὸς τῷ |
| Sal. | 15 | 1 | ᾠδῆς. ἐν τῷ θλίβεσθαί με ἐπεκαλεσάμην τὸ ὄνομα | * κυρίου * | εἰς βοήθειαν ἤλπισα τοῦ θεοῦ Ιακωβ καὶ ἐσώθην ὅτι |
| Sal. | 15 | 5 | αὐτοῦ ὅταν ἐξέλθῃ ἐπὶ ἁμαρτωλοὺς ἀπὸ προσώπου | * κυρίου * | ὀλεθρεῦσαι πᾶσαν ὑπόστασιν ἁμαρτωλῶν ὅτι τὸ |
| Sal. | 15 | 8 | καὶ οὐκ ἐκφεύξονται οἱ ποιοῦντες ἀνομίαν τὸ κρίμα | * κυρίου * | ὡς ὑπὸ πολεμίων ἐμπείρων καταλημφθήσονται τὸ γὰρ |
| Sal. | 15 | 12 | καὶ ἀπολοῦνται ἁμαρτωλοὶ ἐν ἡμέρᾳ κρίσεως | * κυρίου * | εἰς τὸν αἰῶνα ὅταν ἐπισκέπτηται ὁ θεὸς τὴν γῆν ἐν |
| Sal. | 15 | 13 | θεὸς τὴν γῆν ἐν κρίματι αὐτοῦ οἱ δὲ φοβούμενοι τὸν | * κύριον * | ἐλεηθήσονται ἐν αὐτῇ καὶ ζήσονται ἐν τῇ |
| Sal. | 16 | 1 | εἰς ἀντίληψιν ὁσίοις. ἐν τῷ νυστάξαι ψυχήν μου ἀπὸ | * κυρίου * | παρὰ μικρὸν ὠλίσθησα ἐν καταφορᾷ ὑπνούντων μακρὰν |
| Sal. | 16 | 3 | μετὰ ἁμαρτωλοῦ ἐν τῷ διενεχθῆναι ψυχήν μου ἀπὸ | * κυρίου * | θεοῦ Ισραηλ εἰ μὴ ὁ κύριος ἀντελάβετό μου τῷ |
| Sal. | 16 | 3 | ψυχήν μου ἀπὸ κυρίου θεοῦ Ισραηλ εἰ μὴ ὁ | * κύριος * | ἀντελάβετό μου τῷ ἐλέει αὐτοῦ εἰς τὸν αἰῶνα. |
| Sal. | 16 | 15 | ἐν τῷ ὑπομεῖναι δίκαιον ἐν τούτοις ἐλεηθήσεται ὑπὸ | * κυρίου. * | ψαλμὸς τῷ Σαλωμων μετὰ ᾠδῆς τῷ βασιλεῖ. κύριε σὺ |
| Sal. | 17 | 1 | κυρίου. ψαλμὸς τῷ Σαλωμων μετὰ ᾠδῆς τῷ βασιλεῖ. | * κύριε * | σὺ αὐτὸς βασιλεὺς ἡμῶν εἰ- τὸν αἰῶνα καὶ ἔτι ὅτι |
| Sal. | 17 | 4 | θεοῦ ἡμῶν εἰς τὸν αἰῶνα ἐπὶ τὰ ἔθνη ἐν κρίσει. σὺ | * κύριε * | ᾑρετίσω τὸν Δαυιδ βασιλέα ἐπὶ Ισραηλ καὶ σὺ ὤμοσας |
| Sal. | 17 | 10 | τὸ σπέρμα αὐτῶν καὶ οὐκ ἀφῆκεν αὐτῶν ἕνα. πιστὸς ὁ | * κύριος * | ἐν πᾶσι τοῖς κρίμασιν αὐτοῦ οἷς ποιεῖ ἐπὶ τὴν |
| Sal. | 17 | 21 | ὁ κριτὴς ἐν ἀπειθείᾳ καὶ ὁ λαὸς ἐν ἁμαρτίᾳ. ἰδὲ | * κύριε * | καὶ ἀνάστησον αὐτοῖς τὸν βασιλέα αὐτῶν υἱὸν Δαυιδ |
| Sal. | 17 | 26 | ἐν δικαιοσύνῃ καὶ κρινεῖ φυλὰς λαοῦ ἡγιασμένου ὑπὸ | * κυρίου * | θεοῦ αὐτοῦ καὶ οὐκ ἀφήσει ἀδικίαν ἐν μέσῳ αὐτῶν |
| Sal. | 17 | 30 | ἐθνῶν δουλεύειν αὐτῷ ὑπὸ τὸν ζυγὸν αὐτοῦ καὶ τὸν | * κύριον * | δοξάσει ἐν ἐπισήμῳ πάσης τῆς γῆς καὶ καθαριεῖ |
| Sal. | 17 | 31 | τοὺς ἐξησθενηκότας υἱοὺς αὐτῆς καὶ ἰδεῖν τὴν δόξαν | * κυρίου * | ἣν ἐδόξασεν αὐτὴν ὁ θεός. καὶ αὐτὸς βασιλεὺς |
| Sal. | 17 | 32 | αὐτῶν ὅτι πάντες ἅγιοι καὶ βασιλεὺς αὐτῶν χριστὸς | * κυρίου. * | οὐ γὰρ ἐλπιεῖ ἐπὶ ἵππον καὶ ἀναβάτην καὶ τόξον |
| Sal. | 17 | 34 | ⟨λαοῖς⟩ οὐ συνάξει ἐλπίδας εἰς ἡμέραν πολέμου. | * κύριος * | αὐτὸς βασιλεὺς αὐτοῦ ἐλπὶς τοῦ δυνατοῦ ἐλπίδι |
| Sal. | 17 | 35 | λόγῳ τοῦ στόματος αὐτοῦ εἰς αἰῶνα εὐλογήσει λαὸν | * κυρίου * | ἐν σοφίᾳ μετ' εὐφροσύνης καὶ αὐτὸς καθαρὸς ἀπὸ |
| Sal. | 17 | 38 | συνέσεως μετὰ ἰσχύος καὶ δικαιοσύνης. καὶ εὐλογία | * κυρίου * | μετ' αὐτοῦ ἐν ἰσχύι καὶ οὐκ ἀσθενήσει. ἡ ἐλπὶς |
| Sal. | 17 | 39 | ἐν ἰσχύι καὶ οὐκ ἀσθενήσει. ἡ ἐλπὶς αὐτοῦ ἐπὶ | * κύριον * | καὶ τίς δύναται πρὸς αὐτόν; ἰσχυρὸς ἐν ἔργοις |
| Sal. | 17 | 40 | καὶ κραταιὸς ἐν φόβῳ θεοῦ ποιμαίνων τὸ ποίμνιον | * κυρίου * | ἐν πίστει καὶ δικαιοσύνῃ καὶ οὐκ ἀφήσει ἀσθενῆσαι |
| Sal. | 17 | 46 | αὐτοῦ ῥύσαιτο ἡμᾶς ἀπὸ ἀκαθαρσίας ἐχθρῶν βεβήλων. | * κύριος * | αὐτὸς βασιλεὺς ἡμῶν εἰς τὸν αἰῶνα καὶ ἔτι. ψαλμὸς |
| Sal. | 18 | | αἰῶνα καὶ ἔτι. ψαλμὸς τῷ Σαλωμων ἔτι τοῦ χριστοῦ | * κυρίου. * | κύριε τὸ ἔλεός σου ἐπὶ τὰ ἔργα τῶν χειρῶν σου |
| Sal. | 18 | 1 | καὶ ἔτι. ψαλμὸς τῷ Σαλωμων ἔτι τοῦ χριστοῦ κυρίου. | * κύριε * | τὸ ἔλεός σου ἐπὶ τὰ ἔργα τῶν χειρῶν σου εἰς τὸν |
| Sal. | 18 | 6 | γενόμενοι ἐν ταῖς ἡμέραις ἐκείναις ἰδεῖν τὰ ἀγαθὰ | * κυρίου * | ἃ ποιήσει γενεᾷ τῇ ἐρχομένῃ ὑπὸ ῥάβδον παιδείας |
| Sal. | 18 | 7 | γενεᾷ τῇ ἐρχομένῃ ὑπὸ ῥάβδον παιδείας χριστοῦ | * κυρίου * | ἐν φόβῳ θεοῦ αὐτοῦ ἐν σοφίᾳ πνεύματος καὶ |
| Sal. | 18 | 8 | φόβῳ θεοῦ καταστῆσαι πάντας αὐτοὺς ἐνώπιον | * κυρίου * | γενεὰ ἀγαθὴ ἐν φόβῳ θεοῦ ἐν ἡμέραις ἐλέους. |
| Jer. | 1 | 4 | αὐτήν. καὶ ἀπεκρίθη Ἱερεμίας λέγων παρακαλῶ σε | * κύριε * | ἐπίτρεψόν μοι τῷ δούλῳ σου λαλῆσαι ἐνώπιόν σου. |
| Jer. | 1 | 4 | τῷ δούλῳ σου λαλῆσαι ἐνώπιόν σου. εἶπεν δὲ αὐτῷ ὁ | * κύριος * | λάλει ὁ ἐκλεκτός μου Ἱερεμίας. καὶ ἐλάλησεν |
| Jer. | 1 | 5 | μου Ἱερεμίας. καὶ ἐλάλησεν Ἱερεμίας λέγων | * κύριε * | παντοκράτωρ παραδίδως τὴν πόλιν τὴν ἐκλεκτὴν εἰς |
| Jer. | 1 | 6 | εἴπῃ ὅτι ἴσχυσα ἐπὶ τὴν ἱερὰν πόλιν τοῦ θεοῦ; μὴ | * κύριέ * | μου ἀλλ' εἰ θέλημά σού ἐστιν ἐκ τῶν χειρῶν σου |
| Jer. | 1 | 7 | σού ἐστιν ἐκ τῶν χειρῶν σου ἀφανισθήτω. καὶ εἶπε | * κύριος * | τῷ Ἱερεμίᾳ ἐπειδὴ σὺ ἐκλεκτός μου εἶ ἀνάστα καὶ |
| Jer. | 1 | 11 | οὐ δύνανται εἰσελθεῖν εἰς αὐτήν. ταῦτα εἰπὼν ὁ | * κύριος * | ἀπῆλθεν ἀπὸ τοῦ Ἱερεμίου. δραμὼν δὲ Ἱερεμίας |
| Jer. | 2 | 5 | καὶ γεμίσωμεν αὐτὰς δακρύων ὅτι οὐ μὴ ἐλεήσῃ | * κύριος * | τὸν λαὸν τοῦτον. καὶ εἶπε Βαροὺχ πάτερ Ἱερεμία |
| Jer. | 3 | 1 | ὡς δὲ ἐγένετο ἡ ὥρα τῆς νυκτὸς καθὼς εἶπεν ὁ | * κύριος * | τῷ Ἱερεμίᾳ ἦλθον ὁμοῦ ἐπὶ τὰ τείχη τῆς πόλεως |
| Jer. | 3 | 4 | μὴ ἀπολέσθαι τὴν πόλιν ἄρτι ἕως ἂν λαλήσω πρὸς | * κύριον * | ῥῆμα. ἐλάλησεν δὲ κύριος τοῖς ἀγγέλοις λέγων μὴ |
| Jer. | 3 | 4 | ἄρτι ἕως ἂν λαλήσω πρὸς κύριον ῥῆμα. ἐλάλησεν δὲ | * κύριος * | τοῖς ἀγγέλοις λέγων μὴ ἀπολέσητε τὴν πόλιν ἕως ἂν |
| Jer. | 3 | 4 | Ἱερεμίαν. τότε Ἱερεμίας ἐλάλησεν λέγων δέομαι | * κύριε * | κέλευσόν με λαλῆσαι ἐνώπιόν σου. καὶ εἶπε κύριος |
| Jer. | 3 | 5 | κύριε κέλευσόν με λαλῆσαι ἐνώπιόν σου. καὶ εἶπε | * κύριος * | λάλει ὁ ἐκλεκτός μου Ἱερεμίας. καὶ εἶπεν |
| Jer. | 3 | 6 | μου Ἱερεμίας. καὶ εἶπεν Ἱερεμίας ἰδοὺ νῦν | * κύριε * | ἐγνώκαμεν ὅτι παραδίδως τὴν πόλιν εἰς χεῖρας τῶν |
| Jer. | 3 | 8 | τὰ ἅγια σκεύη τῆς λειτουργίας; καὶ εἶπεν αὐτῷ ὁ | * κύριος * | ἆρον αὐτὰ καὶ παράδος αὐτὰ τῇ γῇ λέγων ἄκουε γῆ |
| Jer. | 3 | 9 | ἠγαπημένου. ἐλάλησε δὲ Ἱερεμίας λέγων παρακαλῶ σε | * κύριε * | δεῖξόν μοι τί ποιήσω Ἀβιμέλεχ τῷ Αἰθίοπι ὅτι |
| Jer. | 3 | 10 | ἀλλ' ἵνα ἐλεήσῃς αὐτὸν καὶ μὴ λυπηθῇ. καὶ εἶπε | * κύριος * | τῷ Ἱερεμίᾳ ἀπόστειλον αὐτὸν εἰς τὸν ἀμπελῶνα τοῦ |
| Jer. | 3 | 13 | τὸν Βαροὺχ ὧδε ἕως οὗ λαλήσω αὐτῷ. ταῦτα εἰπὼν ὁ | * κύριος * | ἀνέβη ἀπὸ Ἱερεμίου εἰς τὸν οὐρανόν. Ἱερεμίας δὲ |
| Jer. | 3 | 14 | παρέδωκαν αὐτὰ τῇ γῇ καθὼς ἐλάλησεν αὐτοῖς ὁ | * κύριος. * | καὶ εὐθέως κατέπιεν αὐτὰ ἡ γῆ. ἐκάθισαν δέ οἱ |
| Jer. | 3 | 15 | τοῖς νοσοῦσι τοῦ λαοῦ ὅτι ἐπί σέ ἡ εὐφρασία τοῦ | * κυρίου * | καὶ ἐπὶ τὴν κεφαλήν σου ἡ δόξα. καὶ ταῦτα εἰπὼν |
| Jer. | 4 | 4 | θεοῦ καὶ φύλαξον αὐτὰς ἕως ἡμέρας ἐν ᾗ ἐξετάσει σε | * κύριος * | περὶ αὐτῶν. διότι ἡμεῖς οὐχ εὑρέθημεν ἄξιοι τοῦ |
| Jer. | 4 | 11 | πρὸς αὐτὸν καὶ ἐκδιηγουμένων αὐτῷ περὶ πάντων ὧν ὁ | * κύριος * | ἐμήνυεν αὐτῷ δι' αὐτῶν. ὁ δὲ Ἀβιμέλεχ ἤνεγκε τὰ |
| Jer. | 5 | 8 | οὔτε τινὰ τῶν γνωρίμων εὗρεν. καὶ εἶπεν εὐλογητὸς | * κύριος * | ὅτι μεγάλη ἔκστασις ἐπέπεσεν ἐπ' ἐμὲ σήμερον. οὐκ |
| Jer. | 5 | 14 | καὶ οὐδένα εὗρε τῶν ἰδίων καὶ εἶπεν εὐλογητὸς | * κύριος * | ὅτι μεγάλη ἔκστασις ἐπέπεσεν ἐπ' ἐμέ. καὶ πάλιν |
| Jer. | 5 | 16 | καὶ ἀπέθηκε τὸν κόφινον λέγων καθέζομαι ὧδε ἕως ὁ | * κύριος * | ἄρῃ τὴν ἔκστασιν ταύτην ἀπ' ἐμοῦ. καθημένου δὲ |
| Jer. | 6 | 1 | Ἀβιμέλεχ ἔξω τῆς πόλεως καὶ προσηύξατο πρὸς | * κύριον. * | καὶ ἰδοὺ ἄγγελος κυρίου ἦλθε καὶ κρατήσας αὐτοῦ |
| Jer. | 6 | 1 | καὶ προσηύξατο πρὸς κύριον. καὶ ἰδοὺ ἄγγελος | * κυρίου * | ἦλθε καὶ κρατήσας αὐτοῦ τῆς δεξιᾶς χειρὸς |
| Jer. | 6 | 8 | Ἀβιμέλεχ ἀνάστηθι καὶ εὐξώμεθα ἵνα γνωρίσῃ ἡμῖν ὁ | * κύριος * | πῶς δυνησώμεθα ἀποστεῖλαι τὴν φάσιν τῷ Ἱερεμίᾳ |
| Jer. | 6 | 9 | ὁδῷ. καὶ ηὔξατο Βαροὺχ λέγων ἡ δύναμις ἡμῶν ὁ θεὸς | * κύριε * | τὸ ἐκλεκτὸν φῶς τὸ ἐξελθὸν ἐκ στόματός σου. |
| Jer. | 6 | 11 | ἔτι δὲ προσευχομένου τοῦ Βαροὺχ ἰδοὺ ἄγγελος | * κυρίου * | ἦλθε καὶ λέγει τῷ Βαροὺχ ἅπαντας τοὺς λόγους |
| Jer. | 6 | 13 | μετὰ ταῦτα εἰσάξω ὑμᾶς εἰς τὴν πόλιν ὑμῶν λέγει | * κύριος. * | ὁ μὴ ἀφοριζόμενος ἐκ τῆς Βαβυλῶνος οὐ μὴ εἰσέλθῃ |
| Jer. | 6 | 14 | ἀποδεχθῆναι αὐτοὺς αὖθις ὑπὸ τῶν Βαβυλωνιτῶν λέγει | * κύριος. * | καὶ ταῦτα εἰπὼν ὁ ἄγγελος ἀπῆλθεν ἀπὸ τοῦ |
| Jer. | 6 | 18 | καὶ ὑβρισθεῖσαν. διὰ τοῦτο ἐσπλαγχνίσθη ὁ | * κύριος * | ἐπὶ τῶν δακρύων ἡμῶν καὶ ἐμνήσθη τῆς διαθήκης ἧς |
| Jer. | 6 | 20 | πρός σε. οὗτοι οὖν εἰσίν οἱ λόγοι οὓς εἶπε | * κύριος * | ὁ θεὸς Ἰσραὴλ ὁ ἐξαγαγὼν ἡμᾶς ἐκ γῆς Αἰγύπτου ἐκ |
| Jer. | 6 | 22 | εἰς Βαβυλῶνα. ἐὰν οὖν ἀκούσητε τῆς φωνῆς μου λέγει | * κύριος * | ἐκ στόματος Ἱερεμίου τοῦ παιδός μου ὁ ἀκούων |
| Jer. | 7 | 12 | καὶ βούλωνται πολεμῆσαι μετὰ σοῦ ἀγώνισαι ὁ | * κύριος * | δώῃ σοι δύναμιν. καὶ μὴ ἐκκλίνῃς εἰς τὰ δεξιὰ |
| Jer. | 7 | 12 | ἄπελθε ἐν τῇ δυνάμει τοῦ θεοῦ καὶ ἔσται ἡ δόξα | * κυρίου * | μετὰ σοῦ ἐν πάσῃ τῇ ὁδῷ ᾗ πορεύσῃ. τότε ὁ ἀετὸς |
| Jer. | 7 | 22 | τῆς ἐπιστολῆς ἠκούσατε φυλάξατε καὶ εἰσάξει ἡμᾶς | * κύριος * | εἰς τὴν πόλιν ἡμῶν. ἔγραψε δὲ καὶ ἐπιστολὴν ὁ |
| Jer. | 7 | 30 | ἄπελθε ἐν εἰρήνῃ καὶ ἐπισκέψηται ἡμᾶς ἀμφοτέρους ὁ | * κύριος. * | καὶ ἐπετάσθη ὁ ἀετὸς καὶ ἦλθεν εἰς Ἱερουσαλὴμ |
| Jer. | 8 | 1 | τῆς Βαβυλῶνος. ἐγένετο δὲ ἡ ἡμέρα ἐν ᾗ ἐξέφερε | * κύριος * | τὸν λαὸν ἐκ Βαβυλῶνος. καὶ εἶπεν ὁ κύριος πρὸς |
| Jer. | 8 | 2 | ἐξέφερε κύριος τὸν λαὸν ἐκ Βαβυλῶνος. καὶ εἶπεν ὁ | * κύριος * | πρὸς Ἱερεμίαν ἀνάστηθι σὺ καὶ ὁ λαὸς καὶ δεῦτε |
| Jer. | 8 | 2 | ἐπὶ τὸν Ἰορδάνην καὶ ἐρεῖς τῷ λαῷ ὁ θέλων τὸν | * κύριον * | καταλειψάτω τὰ ἔργα τῆς Βαβυλῶνος. καὶ τοὺς |
| Jer. | 8 | 4 | τοῦ περᾶσαι. καὶ λέγων αὐτοῖς τὰ ῥήματα ἃ εἶπε | * κύριος * | πρὸς αὐτὸν τὸ ἥμισυ τῶν γαμησάντων ἐξ αὐτῶν οὐκ |
| Jer. | 9 | 6 | ἕως ἂν εἰσενέγκῃ τοὺς δικαίους. παρακαλῶ σε | * κύριε * | παντοκράτωρ πάσης κτίσεως ὁ ἀγέννητος καὶ |
| Bar. | 1 | 2 | ὁ βασιλεὺς ὑπὸ θεοῦ πορθῆσαι τὴν πόλιν αὐτοῦ λέγων | * κύριε * | ἵνα τί ἐξέκαυσας τὸν ἀμπελῶνά σου καὶ ἠρήμωσας |
| Bar. | 1 | 2 | καὶ ἠρήμωσας αὐτόν; τί ἐποίησας τοῦτο; καὶ ἵνα τί | * κύριε * | οὐκ ἀπέδωκας ἡμᾶς ἐν ἄλλῃ παιδείᾳ ἀλλὰ παρέδωκας |
| Bar. | 1 | 3 | ἐν τῷ κλαίειν με καὶ λέγειν τοιαῦτα ὁρῶ ἄγγελον | * κυρίου * | ἐλθόντα καὶ λέγοντά μοι σύνες ὦ ἄνθρωπε ἄνερ |
| Bar. | 1 | 3 | μέλη περὶ τῆς σωτηρίας Ἱερουσαλὴμ ὅτι τάδε λέγει | * κύριος * | ὁ θεὸς ὁ παντοκράτωρ. ἀπέστειλε γάρ με πρὸ |
| Bar. | 1 | 5 | σου ἠκούσθη ἐνώπιον αὐτοῦ καὶ εἰσῆλθεν εἰς τὰ ὦτα | * κυρίου * | τοῦ θεοῦ. καὶ ταῦτα εἰπών μοι ἡσύχασα. καὶ λέγει |
| Bar. | 1 | 7 | μυστήρια τούτων μείζονα. καὶ εἶπον ἐγὼ Βαροὺχ ζῇ | * κύριος * | ὁ θεὸς ὅτι ἐὰν ὑποδείξῃς μοι καὶ ἀκούσω παρά σου |
| Bar. | 2 | 7 | θεομαχίας οἰκοδομήσαντες καὶ ἐξετόπησεν αὐτοὺς ὁ | * κύριος. * | καὶ λαβών με ὁ ἄγγελος κυρίου ἤγαγέν με εἰς |
| Bar. | 3 | 1 | ἐξετόπησεν αὐτοὺς ὁ κύριος. καὶ λαβών με ὁ ἄγγελος | * κυρίου * | ἤγαγέν με εἰς δεύτερον οὐρανόν. καὶ ὑπέδειξέν μοι |
| Bar. | 3 | 4 | πόδες ἐλάφων. καὶ ἠρώτησα τὸν ἄγγελον δέομαί σου | * κύριε * | εἰπέ μοι τίνες εἰσίν οὗτοι; καὶ εἶπεν οὗτοί εἰσιν |
| Bar. | 3 | 6 | ἐβάσταζεν καὶ ἐπλίνθευεν. καὶ ὀφθεὶς αὐτοῖς ὁ | * κύριος * | ἐνήλλαξεν αὐτῶν τὰς γλώσσας ἀφ' οὗ τὸν πύργον |
| Bar. | 4 | 1 | αὐτοὺς ὡς ὁρᾷς. καὶ εἶπον ἐγὼ Βαροὺχ ἰδοὺ | * κύριε * | μεγάλα καὶ θαυμαστὰ ἔδειξάς μοι καὶ νῦν δεῖξόν μοι |

| | | | | | |
|---|---|---|---|---|---|
| Bar. | 4 | 1 | ἔδειξάς μοι καὶ νῦν δεῖξόν μοι πάντα διὰ τὸν | * κύριον. * | καὶ εἶπέν μοι ἄγγελος δεῦρο διέλθωμεν. <καὶ |
| Bar. | 4 | 7 | Βαροὺχ εἶπεν καὶ πῶς; καὶ εἶπεν ὁ ἄγγελος ἄκουσον | * κύριος * | ὁ θεὸς ἐποίησεν τριακοσίους ἑξήκοντα ποταμοὺς ὧν |
| Bar. | 4 | 8 | ἐστιν ἣν ἐφύτευσεν ὁ ἄγγελος Σαμαὴλ ὅτινη ὠργίσθη | * κύριος * | ὁ θεὸς καὶ ἐκατηράσατο αὐτὸν καὶ τὴν φυτείαν |
| Bar. | 4 | 14 | ἐκτελέσαντος καὶ πολλὰ δεηθεὶς καὶ κλαύσας εἶπεν | * κύριε * | παρακαλῶ ὅπως ἀποκαλύψῃς μοι τί ποιήσω περὶ τοῦ |
| Bar. | 4 | 15 | αὐτῷ ἀναστὰς Νῶε φύτευσον τὸ κλῆμα ὅτι τάδε λέγει | * κύριος * | τὸ πικρὸν τούτου μεταβληθήσεται εἰς γλυκὺ καὶ ἡ |
| Bar. | 5 | 1 | ἐγὼ Βαροὺχ πρὸς τὸν ἄγγελον ἐπερωτῶ σε ἕνα λόγον | * κύριε * | ἐπειδὴ εἶπές μοι ὅτι πίνει ὁ δράκων ἐκ τῆς |
| Bar. | 6 | 4 | μοι τοῦτό ἐστιν ὁ φύλαξ τῆς οἰκουμένης. καὶ εἶπον | * κύριε * | πῶς ἐστὶν φύλαξ τῆς οἰκουμένης; δίδαξόν με. καὶ |
| Bar. | 6 | 9 | οὐρανὸς ἀλλὰ τίκτουσί με πτέρυγες πυρός. καὶ εἶπον | * κύριε * | τί ἐστι τὸ ὄρνεον τοῦτο καὶ τί τὸ ὄνομα αὐτοῦ; καὶ |
| Bar. | 6 | 13 | ὁ τόπος ἐν ᾧ ἱστάμεθα. καὶ ἠρώτησα τὸν ἄγγελον | * κύριέ * | μου τί ἐστιν ἡ φωνὴ αὕτη; καὶ εἶπέν μοι ὁ ἄγγελος |
| Bar. | 6 | 15 | τὸ φέγγος. καὶ ἀκούσας τὸν κτύπον τοῦ ὀρνέου εἶπον | * κύριε * | τί ἐστιν ὁ κτύπος οὗτος; καὶ εἶπεν τοῦτό ἐστι τὸ |
| Bar. | 8 | 3 | τὰς πτέρυγας αὐτοῦ. καὶ ταῦτα ἰδὼν ἐγὼ εἶπον | * κύριε * | διά τί ἦραν τὸν στέφανον ἀπὸ τῆς κεφαλῆς τοῦ ἡλίου |
| Bar. | 8 | 5 | ἡμέραν οὕτως ἀνακαινίζεται. καὶ εἶπον ἐγὼ Βαροὺχ | * κύριε * | καὶ διά τί μολύνονται αἱ ἀκτῖνες αὐτοῦ ἐπὶ τῆς |
| Bar. | 9 | 2 | σελήνης καὶ μετὰ τῶν ἀστέρων. καὶ εἶπον ἐγὼ Βαροὺχ | * κύριε * | δεῖξόν μοι καὶ ταύτην παρακαλῶ πῶς ἐξέρχεται; καὶ |
| Bar. | 9 | 4 | ἐν τῷ ἅρματι καὶ πλῆθος ἀγγέλων ὁμοίως. καὶ εἶπον | * κύριε * | τί εἰσιν οἱ βόες καὶ οἱ ἀμνοί; καὶ εἶπέν μοι |
| Bar. | 10 | 7 | αὐξάνουσιν οἱ καρποί. καὶ εἶπον πάλιν τὸν ἄγγελον | * κυρίου * | τὰ δὲ ὄρνεα; καὶ εἶπέν μοι αὐτά εἰσιν ἃ διαπαντὸς |
| Bar. | 10 | 7 | καὶ εἶπέν μοι αὐτά εἰσιν ἃ διαπαντὸς ἀνυμνοῦσι τὸν | * κύριον. * | καὶ εἶπον ἐγὼ Βαροὺχ κύριε καὶ πῶς λέγουσιν οἱ |
| Bar. | 10 | 8 | ἀνυμνοῦσι τὸν κύριον. καὶ εἶπον ἐγὼ Βαροὺχ | * κύριε * | καὶ πῶς λέγουσιν οἱ ἄνθρωποι ὅτι ἀπὸ τῆς θαλάσσης |
| Bar. | 11 | 2 | οὐρανόν. καὶ ἦν ἡ πύλη κεκλεισμένη. καὶ εἶπον | * κύριε * | οὐκ ἀνοίγεται ὁ πυλὼν οὗτος ὅπως εἰσέλθωμεν; καὶ |
| Bar. | 11 | 3 | θεοῦ. καὶ ἐγένετο φωνὴ μεγάλη ὡς βροντή. καὶ εἶπον | * κύριε * | τί ἐστιν ἡ φωνὴ αὕτη; καὶ εἶπέν μοι ἄρτι |
| Bar. | 11 | 8 | καὶ τὸ πλάτος ὅσον ἀπὸ βορρᾶ ἕως νότου. καὶ εἶπον | * κύριε * | τί ἐστιν ὃ κρατεῖ Μιχαὴλ ὁ ἀρχάγγελος; καὶ εἶπέν |
| Bar. | 12 | 2 | αὐτὰ πρὸς τὸν Μιχαήλ. καὶ ἠρώτησα τὸν ἄγγελον | * κύριε * | τίνες εἰσὶν οὗτοι καὶ τί τὰ προσκομιζόμενα παρ' |
| Bar. | 13 | 1 | καὶ μετὰ φόβου λέγοντες ἴδε ἡμᾶς μεμελανωμένους | * κύριε * | ὅτι πονηροῖς ἀνθρώποις παρεδόθημεν καὶ θέλομεν |
| Bar. | 13 | 5 | Μιχαὴλ τοὺς ἀγγέλους ἐκδέξασθε ἕως οὗ μάθω παρὰ | * κυρίου * | τό τί γένηται. καὶ αὐτῇ τῇ ὥρᾳ ἀπῆλθεν ὁ Μιχαὴλ |
| Bar. | 15 | 4 | τοὺς φίλους ἡμῶν καὶ εἴπατε αὐτοῖς ὅτι τάδε λέγει | * κύριος * | ἐπὶ ὀλίγῃ ἐστέ πιστοὶ ἐπὶ πολλῶν ὑμᾶς καταστήσει |
| Bar. | 15 | 4 | πολλῶν ὑμᾶς καταστήσει εἰσέλθατε εἰς τὴν χαρὰν τοῦ | * κυρίου * | ὑμῶν. καὶ στραφεὶς λέγει καὶ τοῖς μηδὲν |
| Bar. | 16 | 1 | λέγει καὶ τοῖς μηδὲν ἐνεγκοῦσιν τάδε λέγει | * κύριος * | μὴ ἔστε σκυθρωποὶ καὶ μὴ κλαίετε μηδὲ ἐάσατε τοὺς |
| Prop. | 2 | 10 | ἐν πέτρᾳ καὶ εἶπε τοῖς παρεστῶσιν ἀπεδήμησε | * κύριος * | ἐκ Σιὼν εἰς οὐρανὸν καὶ πάλιν ἐλεύσεται ἐν |
| Prop. | 2 | 12 | οἱ ἅγιοι πρὸς αὐτὸν συναχθήσονται ἐκεῖ ἐκδεχόμενοι | * κύριον * | καὶ τὸν ἐχθρὸν φεύγοντες ἀνελεῖν αὐτοὺς θέλοντα. |
| Prop. | 3 | 17 | τὴν φυλὴν Δὰν καὶ τοῦ Γὰδ ὅτι ἠσέβουν εἰς τὸν | * κύριον * | διώκοντες τοὺς τὸν νόμον φυλάσσοντας καὶ ἐποίησεν |
| Prop. | 4 | 9 | ἐν καρδίᾳ ἀνθρωπίνῃ γενόμενος ἔκλαιε καὶ ἠξίου | * κύριον * | πᾶσαν ἡμέραν καὶ νύκτα τεσσαρακοντάκις δεόμενος. |
| Prop. | 4 | 15 | ἑπτὰ μησὶ τὰ ἓξ ἔτη καὶ ἓξ μῆνας ὑπέπιπτε | * κυρίῳ * | καὶ ὡμολόγει τὴν ἀσέβειαν αὐτοῦ καὶ μετὰ ἄφεσιν |
| Prop. | 4 | 16 | ἐν ὀσπρίοις βρεκτοῖς καὶ χλόαις ἐξιλεοῦσθαι | * κύριον. * | διὰ τοῦτο ἐκάλεσεν αὐτὸν Βαλτάσαρ ὅτι ἠθέλησεν |
| Prop. | 5 | 2 | ἐν τῇ γῇ αὐτοῦ ἐν εἰρήνῃ. καὶ ἔδωκε τέρας ἥξειν | * κύριον * | ἐπὶ τῆς γῆς ἐὰν ἡ δρῦς ἡ ἐν Σηλὼμ μερισθῇ ἀφ' |
| Prop. | 10 | 6B | καὶ γενόμενος υἱὸς Ἰωνᾶς μέγας ἐπέμφθη ὑπὸ | * κυρίου * | εἰς Νινευΐ τὴν πόλιν Ἀσσυρίων. καὶ ἐζήτησεν |
| Prop. | 10 | 6B | τὴν πόλιν Ἀσσυρίων. καὶ ἐζήτησεν Ἰωνᾶς ἀποδρᾶσαι | * κυρίου * | καὶ κατεπόθη ὑπὸ τοῦ κήτους καὶ ἐκβρασθεὶς |
| Prop. | 10 | 8B | οὗτός ἐστιν Ἰωνᾶς ὁ γενόμενος εἰς τύπον τῆς τοῦ | * κυρίου * | ἀναστάσεως καὶ ἔδωκε τέρας ἐπὶ Ἰσραὴλ λέγων ὅτι |
| Prop. | 12 | 14 | τοῦ μαρτυρίου. καὶ ἐν αὐτοῖς γνωσθήσεται ἐπὶ τέλει | * κύριος * | ὅτι φωτίσουσι τοὺς διωκομένους ὑπὸ τοῦ ὄφεως ἐν |
| Prop. | 12 | 15 | ὄφεως ἐν σκότει ὡς ἐξ ἀρχῆς. <καὶ διασώσει αὐτοὺς | * κύριος * | ἐκ σκότους καὶ σκιᾶς θανάτου καὶ ἔσονται ἐν σκηνῇ |
| Prop. | 17 | 1 | ἦν ἐκ Γαβᾶ καὶ αὐτὸς ἦν ὁ διδάξας αὐτὸν νόμον | * κυρίου * | Ναθὰν ὁ προφήτης τοῦ Δαυὶδ ἐκ φυλῆς ἱερωσύνης ἦν. |
| Prop. | 17 | 1B | δὲ ἐν Γαβαῷ καὶ αὐτὸς ἐδίδαξε τὸν Δαυὶδ νόμον | * κυρίου * | καὶ εἶδεν ὅτι Δαυὶδ ἐν τῇ Βηρσαβεὲ παραβήσεται |
| Prop. | 17 | 4 | τὴν ἀνομίαν. καὶ ὡς ἀνεῖλε τὸν ἄνδρα αὐτῆς ἔπεμψε | * κύριος * | ἐλέγξαι αὐτὸν καὶ γνοὺς τῷ πνεύματι ὁ ὅσιος |
| Prop. | 17 | 4B | δι' ἐμοῦ γέγονεν ἡ ἀσέβεια αὕτη. καὶ προσέσχεν ὁ | * κύριος * | ἐπὶ τὸν στεναγμὸν αὐτοῦ καὶ εἶπε πρὸς αὐτὸν |
| Prop. | 17 | 4B | καὶ ἐποίησεν αὐτὸς καθὼς ἐνετείλατο αὐτῷ ὁ | * κύριος. * | καὶ αὐτὸς πάνυ γηράσας ἀπέθανε καὶ ἐτάφη εἰς τὴν |
| Prop. | 18 | 2 | ὁ Ἠλεὶ οὗτος εἶπε περὶ Σολομὼν ὅτι προσκρούσει | * κυρίῳ * | ἐν ἀρχῇ τῆς ἱερωσύνης προεφήτευσε περὶ Σολομῶντος |
| Prop. | 18 | 2B | γυναῖκες ἐκστήσουσι καὶ διαστρέψουσιν αὐτὸν ἀπὸ | * κυρίου * | καὶ ἅπαν τὸ γένος αὐτοῦ καὶ ἤλεγξε τὸν Ἱεροβοὰμ |
| Prop. | 18 | 3 | καὶ ἤλεγξε τὸν Ἱεροβοὰμ ὅτι δόλῳ πορεύσεται μετὰ | * κυρίου * | εἶδε ζεῦγος βοῶν πατοῦν τὸν λαὸν καὶ κατὰ τῶν |
| Prop. | 18 | 3B | περὶ τοῦ Ἱεροβοὰμ εἶπεν ὅτι δόλῳ πορεύσεται μετὰ | * κυρίου * | καὶ μετὰ Ἰσραὴλ εἶδε ζεῦγος βοῶν θηλειῶν |
| Prop. | 21 | 5 | ἐν Σαρεφθοῖς τῆς Σιδωνίας ἐποίησε διὰ ῥήματος | * κυρίου * | τὴν ὑδρίαν τῆς χήρας μὴ ἐκλεῖψαι καὶ τὴν καψάκην |
| Prop. | 21 | 10 | παρὰ Ὀχοζίου τοῦ βασιλέως Ἰσραὴλ ἐπεκαλέσατο τὸν | * κύριον * | καὶ πῦρ ἀπ' οὐρανοῦ κατέβη κἀκείνους ἀνήλωσε τὸ |
| Prop. | 21 | 10 | κατέβη κἀκείνους ἀνήλωσε τὸ πῦρ ἐκ προστάγματος | * κυρίου. * | κόρακες ἔφερον αὐτῷ ἄρτους τὸ πρωΐ δείλης δὲ |
| Prop. | 25 | 1 | παραυτίκα. Σίμων ὁ υἱὸς τοῦ Κλωπᾶ ὁ ἀνεψιὸς τοῦ | * κυρίου * | συκοφαντηθεὶς ὑπὸ τῶν αἱρέσεων κατηγορήθη ἐπὶ |
| Esdr. | 1 | 2 | ἐν τῷ οἴκῳ μου καὶ κράξας λέγων πρὸς τὸν ὕψιστον | * κύριε * | δὸς τὴν δόξαν ἵνα ἴδω τὰ μυστήριά σου. καὶ νυκτὸς |
| Esdr. | 1 | 13 | παραδείσῳ καὶ ἐλεήμων καθέστηκα. καὶ εἶπεν Ἐσδρὰμ | * κύριε * | τοὺς δικαίους τί χαρίζεις; ὥσπερ γὰρ μίσθιος |
| Esdr. | 1 | 14 | καὶ πορεύεται καὶ πάλιν δοῦλος δουλεύσει τοῖς | * κυρίοις * | αὐτοῦ ἐπιτυχεῖν οὕτως καὶ ὁ δίκαιος ἀπέλαβεν τὸν |
| Esdr. | 2 | 3 | <καὶ εἶπεν Ἐσδρὰμ> ἀνάστα καὶ δεῦρο μετ' ἐμοῦ | * κύριε * | εἰς κρίσιν. καὶ εἶπεν ὁ θεὸς ἰδοὺ δίδωμί σοι τὴν |
| Esdr. | 2 | 7 | καὶ δεῦρο δικάζου μεθ' ἡμῶν. καὶ εἶπεν Ἐσδρὰμ ζῇ | * κύριος * | οὐ μὴ παύσομαι δικαζόμενός σε ὑπὲρ τὸ γένος τῶν |
| Esdr. | 2 | 8 | τῶν Χριστιανῶν ποῦ εἰσιν τὰ ἐλέη σου τὰ ἀρχαῖα | * κύριε; * | ποῦ σου ἡ μακροθυμία; καὶ εἶπεν ὁ θεὸς ὡς ἐποίησα |
| Esdr. | 2 | 18 | ἀπολεῖς. καὶ εἶπεν ὁ προφήτης δευτέραν διέλθωμεν | * κύριέ * | μου εἰς κρίσιν. καὶ εἶπεν ὁ θεὸς πῦρ βάλλω ἐπὶ |
| Esdr. | 2 | 20 | βάλλω ἐπὶ Σόδομα καὶ Γόμορρα. καὶ εἶπεν ὁ προφήτης | * κύριε * | ἀξίως ἐπάγεις ἐφ' ἡμᾶς. καὶ εἶπεν ὁ θεὸς αἱ |
| Esdr. | 3 | 1 | καὶ μετ' ἐμοῦ δικάζεσθαι. καὶ εἶπεν ὁ προφήτης | * κύριε * | οἶδας ὅτι σάρκα φορῶ ἀνθρωπίνην καὶ πῶς δύναμαι |
| Esdr. | 3 | 5 | τὴν δὲ ὥραν οὐκ εἶπόν σοι. καὶ εἶπεν ὁ προφήτης | * κύριε * | εἰπέ μοι καὶ τὰ ἔτη. καὶ <εἶπεν ὁ θεὸς> ἐὰν ἴδω |
| Esdr. | 3 | 9 | ὑπὸ τῶν ἀγγέλων μου. καὶ εἶπεν ὁ προφήτης | * κύριε * | εἰ ἐλογίζου ταῦτα διά τί ἔπλασας τὸν ἄνθρωπον; σὺ |
| Esdr. | 3 | 14 | οὐ τέκνα γονεῖς οὐ φίλοι φίλους οὐ δοῦλος τὸν | * κύριον * | αὐτὸς ἀναβήσεται γὰρ ὁ ἐπικείμενος τοῖς ἀνθρώποις |
| Esdr. | 4 | 1 | Ἐσδρὰμ καὶ δικάζῃ μετ' ἐμοῦ; καὶ εἶπεν ὁ προφήτης | * κύριε * | οὐ μὴ παύσομαι τοῦ δικάζεσθαί σε. καὶ εἶπεν ὁ θεὸς |
| Esdr. | 4 | 4 | καὶ μετ' ἐμοῦ δικάζεσθαι. καὶ εἶπεν ὁ προφήτης | * κύριε * | ἐγὼ οὐ δύναμαι ἐξαριθμῆσαι σάρκα ἀνθρωπίνην φορῶ |
| Esdr. | 4 | 28 | ποιήσας καὶ τὸ ὕδωρ οἶνον. καὶ εἶπεν ὁ προφήτης | * κύριε * | γνώρισόν μοι ποῖον σχῆμά ἐστιν κἀγὼ παραγγέλλω τὸ |
| Esdr. | 4 | 34 | παιδίον ποτέ δὲ γέρων. καὶ εἶπεν ὁ προφήτης | * κύριε * | καὶ πῶς σὺ ἀφεὶς καὶ πλανᾶται τὸ γένος τῶν |
| Esdr. | 4 | 42 | ἐπειδή--- ἐστὶν τὸ κακόν. καὶ εἶπεν ὁ προφήτης | * κύριε * | καὶ ἡ γῆ τί ἥμαρτεν; καὶ εἶπεν ὁ θεὸς ἐπειδὴ |
| Esdr. | 5 | 6 | γυνὴ μετὰ ἀνδρός. καὶ ἔκλαυσα καὶ εἶπον ὦ δέσποτα | * κύριε * | ἐλέησον τοὺς ἁμαρτωλούς. καὶ ἐν τῷ λέγειν μου |
| Esdr. | 5 | 14 | γεννᾶται ὑγιὴς εἰς τὴν γῆν. καὶ εἶπεν ὁ προφήτης | * κύριε * | εἰ καλὸν τοῦ μὴ γεννηθῆναι τὸν ἄνθρωπον οὐαὶ τὸ |
| Esdr. | 5 | 16 | ὅταν εἰς κρίσιν ἔλθῃς. καὶ εἶπον πρὸς τὸν δεσπότην | * κύριε * | τί ἔπλασας τὸν ἄνθρωπον καὶ εἰς κρίσιν παρέδωκας; |
| Esdr. | 5 | 18 | τὴν διαθήκην μου. καὶ εἶπεν ὁ προφήτης | * κύριε * | ποῦ ἐστιν ἡ ἀγαθότης σου; καὶ εἶπεν ὁ θεὸς ἐγὼ |
| Esdr. | 5 | 20 | τὰς ἐντολάς μου οὐ φυλάττει. καὶ εἶπεν ὁ προφήτης | * κύριε * | ἀποκάλυψόν μοι τὰς κρίσεις καὶ τὸν παράδεισον. καὶ |
| Esdr. | 5 | 26 | κριτήρια καὶ εἶπον πρὸς τὸν δεσπότην ὦ δέσποτα | * κύριε * | καὶ τίς ἄρα ἄνθρωπος γεννηθεὶς οὐχ ἥμαρτε; καὶ |
| Esdr. | 6 | 15 | καὶ ἀπῆλθον οἱ ἄγγελοι ἄπρακτοι λέγοντες | * κύριε * | οὐ δυνάμεθα παραλαβεῖν τὴν ψυχὴν αὐτοῦ. τότε λέγει |
| Esdr. | 6 | 17 | τὴν ψυχὴν τοῦ ἀγαπητοῦ μου Ἐσδράμ. λαβὼν γὰρ ὁ | * κύριος * | στρατιὰν ἀγγέλων πολλὴν λέγει τῷ προφήτῃ δός μοι |
| Esdr. | 6 | 18 | ὁ στέφανός σοι ἡτοίμασται. καὶ εἶπεν ὁ προφήτης | * κύριε * | ἐὰν ἄρῃς τὴν ψυχήν μου ἀπ' ἐμοῦ τίς σοι λείψει |
| Sedr. | | 1 | Χριστιανῶν καὶ περὶ δευτέρας παρουσίας τοῦ | * κυρίου * | ἡμῶν Ἰησοῦ Χριστοῦ. δέσποτα εὐλόγησον. καὶ φωνὴν |
| Sedr. | 2 | 2 | αὐτῷ ἅπερ βούλῃ ἐρωτᾶν. καὶ εἶπεν Σεδράχ τί | * κύριέ * | μου; καὶ εἶπεν αὐτῷ ἡ φωνὴ ἐγὼ ἀπεστάλην πρός σε |
| Sedr. | 2 | 3 | λαλῆσαι στόμα ὑπὸ στόματος θεοῦ οὐκ εἰμί ἱκανὸς | * κύριε * | τοῦ ἀνελθεῖν εἰς τοὺς οὐρανούς. καὶ ἐκτείνας ταῖς |
| Sedr. | 3 | 1 | ἐν αὐτῷ ἡ φλὸξ τῆς θεότητος. καὶ λέγει αὐτὸν ὁ | * κύριος * | καλῶς ἦλθες ἀγαπητέ μου Σεδράχ τί δίκην ἔχεις |
| Sedr. | 3 | 2 | αὐτῷ Σεδρὰχ ναὶ ἔχει ὁ υἱὸς δίκην μέ τὸν πατέρα | * κύριέ * | μου διά τί ἐποίησας τὴν γῆν; λέγει αὐτῷ ὁ κύριος |
| Sedr. | 3 | 3 | κύριέ μου διά τί ἐποίησας τὴν γῆν; λέγει αὐτῷ ὁ | * κύριος * | διὰ τὸν ἄνθρωπον. λέγει Σεδρὰχ καὶ διά τί |
| Sedr. | 3 | 5 | διά τί ἔσπειρας πᾶν ἀγαθὸν ἐπὶ τῆς γῆς; λέγει ὁ | * κύριος * | διὰ τὸν ἄνθρωπον. λέγει αὐτῷ Σεδρὰχ εἰ ταῦτα |
| Sedr. | 3 | 7 | ταῦτα ἐποίησας διά τί ἀπώλεσας αὐτόν; εἶπεν δὲ ὁ | * κύριος * | ὁ ἄνθρωπος ἔργον μου ἐστίν καὶ πλάσμα τῶν χειρῶν |
| Sedr. | 4 | 1 | κόλασις καὶ πῦρ ἐστιν ἡ παίδευσίς σου πικροί εἰσιν | * κύριέ * | μου καλὸν ἦν τοῦ ἀνθρώπου εἰ οὐκ ἐγεννήθη τί τάχα |
| Sedr. | 4 | 2 | ἦν τοῦ ἀνθρώπου εἰ οὐκ ἐγεννήθη τί τάχα ἐποίησας | * κύριέ * | μου; διά τί ἐκοπίασας τὰς ἀχράντους σοῦ χεῖρας καὶ |
| Sedr. | 5 | 8 | ποῦ εἰσιν τὰ ἐλέη σου; ποῦ ἡ εὐσπλαγχνία σου | * κύριε; * | λέγει αὐτὸν ὁ θεὸς γνωστὸν ἔστω σοι ὅτι πάντα |
| Sedr. | 7 | 3 | τὰ ἐπουράνια; εἰ <δὲ μὴ> καὶ τὸν ἄνθρωπον σῶσον | * κύριε * | σοῦ θελήματος ἥμαρτεν κύριε ἐλεεινὸς ἄνθρωπος. |
| Sedr. | 7 | 3 | καὶ τὸν ἄνθρωπον σῶσον κύριε σοῦ θελήματος ἥμαρτεν | * κύριε * | ἐλεεινὸς ἄνθρωπος. <λέγει αὐτῷ ὁ θεός> τί ἀπέβαλες |
| Sedr. | 7 | 7 | τὰ κάλλη ἐὰν εἰς γῆν μαραίνωνται; πῶς εἶπας | * κύριε * | κακὸν ἀντὶ κακοῦ μὴ ἀποδώσῃς; πῶς ἐστιν δέσποτα; |
| Sedr. | 8 | 6 | τινος ἐπείραζες τὸν πλάσαντά σε. λέγει Σεδρὰχ εἰπὲ | * κύριε * | ὁ θεός. <λέγει αὐτῷ κύριος ὁ θεὸς> ἀφ' ἧς ἐποίησα |
| Sedr. | 8 | 7 | σε. λέγει Σεδρὰχ εἰπὲ κύριε ὁ θεός. <λέγει αὐτῷ | * κύριος * | ὁ θεὸς> ἀφ' ἧς ἐποίησα τὰ πάντα πόσοι ἄνθρωποι |
| Sedr. | 8 | 11 | καὶ εἶπεν Σεδρὰχ μόνος σὺ γινώσκεις ταῦτα πάντα | * κύριε * | μόνος σὺ ἐπίστασαι ταῦτα πάντα μόνον δέομαί σου |
| Sedr. | 10 | 6 | ἐξέστη λίαν καὶ εἶπεν Σεδρὰχ τὸν θεὸν δός μοι | * κύριε * | ἴασιν ὀλίγην ἵνα κλαύσω ὅτι ἤκουσα πολλὰ δύνανται |
| Sedr. | 11 | 16 | ἀπ' αὐτοῦ καὶ ἀνέρχεσαι ἔνθα καλεῖ <σε> ὁ | * κύριος * | καὶ τὸ σῶμα τὸ ταλαίπωρον ἀπέρχεται εἰς κρίσιν. ὦ |
| Sedr. | 12 | 2 | ζήσεις. λέγει αὐτῷ Σεδρὰχ ἔτι ἅπαξ λαλήσω σοι | * κύριε * | ἕως πότε ζῶ πρὶν ἀποθανεῖν με; καὶ μὴ παρακούσῃς |
| Sedr. | 12 | 3 | καὶ μὴ παρακούσῃς τῆς αἰτήσεώς μου. λέγει αὐτῷ ὁ | * κύριος * | λέγε ὦ Σεδράχ. <λέγει ὁ Σεδρὰχ> ἔτη ὀγδοήκοντα |
| Sedr. | 13 | 1 | αὐτοῦ. λέγει αὐτῷ Σεδρὰχ πολλά εἰσιν τὰ τρία ἔτη | * κύριέ * | μου μὴ φθάσῃ ὁ θάνατος αὐτοῦ καὶ οὐ πληρώσῃ τὴν |
| Sedr. | 13 | 2 | αὐτοῦ καὶ οὐ πληρώσῃ τὴν μετάνοιαν αὐτοῦ ἐλέησον | * κύριε * | τὴν εἰκόνα σου καὶ σπλαγχνίσθητι ὅτι πολλά εἰσιν |
| Sedr. | 13 | 4 | πάσας τὰς ἁμαρτίας αὐτοῦ. λέγει πάλιν ὁ Σεδρὰχ | * κύριε * | τὴν εὐσπλαγχνίαν σου καὶ πάλιν παρακαλῶ τὸ πλάσμα |
| Sedr. | 14 | 2 | ἐπὶ πρόσωπον παρακαλοῦντες τὸν θεὸν καὶ εἶπον | * κύριε * | δίδαξον ἡμᾶς πῶς δεῖ καὶ ἐν ποίᾳ μετανοίᾳ |
| Sedr. | 15 | 1 | οὔτε οἱ ἄγγελοί μου. λέγει Σεδρὰχ πρὸς τὸν θεὸν | * κύριε * | σὺ μόνος εἶ ἀναμάρτητος καὶ πολὺ εὔσπλαγχνος ὁ |

Sedr. 15 3 καλέσαι ἀλλὰ ἁμαρτωλοὺς εἰς μετάνοιαν. καὶ εἶπεν ὁ * κύριος * τὸν Σεδρὰχ οὐκ οἶδας Σεδρὰχ τὸν λῃστὴν μιᾷ ῥοπῇ
Sedr. 15 6 καὶ ἀπολύμενοι μετὰ τοῦ ἀντιχρίστου. λέγει Σεδρὰχ * κύριέ * μου καὶ εἶπας ὅτι τὸ θεῖόν μου πνεῦμα ἐνέβη εἰς τὰ
Sedr. 15 7 καὶ οἱ λοιποὶ οἱ πταίσαντες τὴν βασιλείαν σου * κύριέ * μου οὕτως καὶ τοὺς ἐπ' ἐσχάτων ἁμαρτήσαντάς σοι
Sedr. 15 8 καὶ τοὺς ἐπ' ἐσχάτων ἁμαρτήσαντάς σοι συγχώρησον * κύριε * ὅτι ὁ βίος πολύμοχθός ἐστιν καὶ ἀμετανόητος. λέγει
Sedr. 16 1 ὅτι ὁ βίος πολύμοχθός ἐστιν καὶ ἀμετανόητος. λέγει * κύριος * τὸν Σεδρὰχ ἐποίησα τὸν ἄνθρωπον ἐν τρισὶ τάξεσιν
Sedr. 16 3 γηράσῃ καὶ τηρῶ αὐτὸν ὅπως μετανοήσῃ. λέγει Σεδρὰχ * κύριε * σὺ ταῦτα πάντα οἶδας καὶ ἐπίστασαι μόνον
Sedr. 16 4 μόνον συμπαθῆσαι τοὺς ἁμαρτωλούς. λέγει αὐτὸν ὁ * κύριος * Σεδρὰχ ἀγαπητέ μου ὑπόσχομαι συμπαθῆσαι καὶ
Sedr. 16 7 αὐτοῦ εἰς τὸν αἰῶνα τοῦ αἰῶνος. καὶ λέγει Σεδρὰχ * κύριε * καὶ εἴ τις ποιήσει φωταγωγίαν τοῦ δούλου σου ῥῦσαι
Sedr. 16 7 τις ποιήσει φωταγωγίαν τοῦ δούλου σου ῥῦσαι αὐτὸν * κύριε * ἀπὸ παντὸς κακοῦ. καὶ λέγει ὁ δοῦλος τοῦ θεοῦ
Job 1 4 μου περικυκλώσατέ με ἵνα ὑποδείξω ὑμῖν ἃ ἐποίησεν * κύριος * μετ' ἐμοῦ καὶ τὰ γενάμενά μοι πάντα ἐγὼ γάρ εἰμι
Job 2 1 μοι. ἐγὼ γάρ εἰμι Ιωβαβ πρὶν ἢ ὀνομάσαι με ὁ * κύριος * Ιωβ. ὅτε Ιωβαβ ἐκαλούμην, ᾤκουν τὸ πρὶν ἔγγιστα
Job 3 5 κατέπεσα ἐπὶ τὴν κλίνην μου προσκυνῶν καὶ λέγων * κύριέ * μου ὁ ἐπὶ τῇ σωτηρίᾳ τῆς ἐμῆς ψυχῆς ἐλθών, δέομαί
Job 4 1 ἀλλὰ ὑποδείκνυμί σοι πάντα ἅπερ ἐνετείλατό μοι * κύριος * μεταδιδόναι σοι. κἀγὼ εἶπον ὅτι πάντα ὅσα
Job 4 3 ἀκούσομαι καὶ πράξω. καὶ πάλιν εἶπεν τάδε λέγει * κύριος * ἐὰν ἐπιχειρήσεις καθαρίσαι τὸν τόπον τοῦ Σατανᾶ,
Job 4 11 τότε γνώσει ὅτι δίκαιος καὶ ἀληθινὸς καὶ ἰσχυρὸς ὁ * κύριος, * ἐνισχύων τοὺς ἐκλεκτοὺς αὐτοῦ. καὶ ἐγὼ τεκνία
Job 7 9 τὸν κεκαυμένον ἄρτον λέγουσα αὐτῷ τάδε λέγει ὁ * κύριός * μου ὅτι οὐκέτι οὐ μὴ φάγῃς ἐκ τῶν ἄρτων μου διότι
Job 8 2 ἀπ' ἐμοῦ, ἀπελθὼν ὑπὸ τὸ στερέωμα ὥρκωσεν τὸν * κύριον * ἵνα λάβῃ ἐξουσίαν κατὰ τῶν ὑπαρχόντων μου. καὶ
Job 14 3 ἀνεμίμνησκον αὐτὰς τοῦ θεοῦ ἵνα δοξάσωσιν τὸν * κύριον. * καὶ εἴ ποτε διεγόγγυζον αἱ θεράπαιναί μου
Job 15 6 τῶν τέκνων μου μὴ ἄρα οἱ υἱοί μου ἥμαρτον ἐνώπιον * κυρίου * καυχώμενοι λέγοντες μετὰ καταφρονήσεως ὅτι ἡμεῖς
Job 18 5 μάλιστα τοῦ προσημανθέντος μοι πολέμου ὑπὸ τοῦ * κυρίου * διὰ τοῦ ἀγγέλου αὐτοῦ καὶ τῶν ἐγκωμίων τῶν
Job 19 4 καὶ τότε ἐγὼ συνιδὼν τὸ γενόμενον ἀνεβόησα λέγων ὁ * κύριος * ἔδωκεν, ὁ κύριος ἀφείλατο ὡς τῷ κυρίῳ ἔδοξεν,
Job 19 4 τὸ γενόμενον ἀνεβόησα λέγων ὁ κύριος ἔδωκεν, ὁ * κύριος * ἀφείλατο ὡς τῷ κυρίῳ ἔδοξεν, οὕτως καὶ ἐγένετο
Job 19 4 λέγων ὁ κύριος ἔδωκεν, ὁ κύριος ἀφείλατο ὡς τῷ * κυρίῳ * ἔδοξεν, οὕτως καὶ ἐγένετο εἴη τὸ ὄνομα κυρίου
Job 19 4 ὡς τῷ κυρίῳ ἔδοξεν, οὕτως καὶ ἐγένετο εἴη τὸ ὄνομα * κυρίου * εὐλογημένον. τῶν οὖν ὑπαρχόντων μοι πάντων
Job 20 2 τρέψαι καὶ ἀπελθὼν ᾐτήσατο τὸ σῶμά μου παρὰ τοῦ * κυρίου * ἵνα ἐπενέγκῃ μοι πληγὴν καὶ τότε παρέδωκέν με ὁ
Job 20 3 ἵνα ἐπενέγκῃ μοι πληγὴν καὶ τότε παρέδωκέν με ὁ * κύριος * εἰς χεῖρας αὐτοῦ χρήσασθαι τῷ σώματι ὡς ἠβούλετο,
Job 25 10 τοὺς ἄρτους χορτάσθητι, καὶ εἰπόν τι ῥῆμα πρὸς * κύριον * καὶ τελεύτα καὶ ἐγὼ δὲ ἀπαλλαγήσομαι ἀκηδίας διὰ
Job 26 2 ὅσον διὰ τὸ ῥῆμα ὃ εἶπας ὅτι εἰπόν τι ῥῆμα πρὸς * κύριον * καὶ τελεύτα. ὅλως καὶ ταῦτα ὑποφέρω καὶ ὑποφέρεις
Job 26 3 τῶν ὑπαρχόντων +βουλόμενος+ ἡμᾶς λαλῆσαί τι πρὸς * κύριον, * ἵνα ἀπαλλοτριωθῶμεν τοῦ μεγάλου πλούτου; διά τί
Job 26 4 οἷς ὑπήρχομεν; εἰ οὖν τὰ ἀγαθὰ ἐδεξάμεθα ἐκ χειρὸς * κυρίου * τὰ κακὰ πάλιν οὐχ ὑπομένομεν; ἀλλὰ μακροθυμήσωμεν
Job 26 5 πάλιν οὐχ ὑπομένομεν; ἀλλὰ μακροθυμήσωμεν ἕως ἂν ὁ * κύριος * σπλαγχνισθεὶς ἐλεήσῃ ἡμᾶς. ἆρα σὺ οὐχ ὁρᾷς τὸν
Job 37 6 δορυφοροῦντα ἢ τίς ποτε καταλήψεται τὰ βάθη τοῦ * κυρίου * καὶ τῆς σοφίας αὐτοῦ, ἢ κατατολμᾷ τις προσάπτειν
Job 37 6 τῆς σοφίας αὐτοῦ, ἢ κατατολμᾷ τις προσάπτειν τῷ * κυρίῳ * ἀδίκημα; ἀποκρίνου μοι, Ιωβ, πρὸς ταῦτα. καὶ πάλιν
Job 38 1 ἡ καρδία μου διά τί οὖν μὴ λαλήσω τὰ μεγαλεῖα τοῦ * κυρίου; * ἢ ὅλως ἂν πταίσῃ μου τὸ στόμα εἰς τὸν δεσπότην;
Job 38 8 δὲ εἶπον ἡ ἐμὴ ἴασις καὶ ἡ ἐμὴ θεραπεία παρὰ * κυρίου * ἐστίν, τοῦ καὶ τοὺς ἰατροὺς κτίσαντος. καὶ ἐμοῦ
Job 40 4 εἶπεν νῦν ἔγνων ὅτι ὑπάρχει μοι μνημόσυνον παρὰ * κυρίου * ἀναστήσομαι δὴ καὶ εἰσελεύσομαι εἰς τὴν πόλιν καὶ
Job 42 1 αὐτὸν τῆς μεγαλορημοσύνης αὐτοῦ, ἀναφανείς μοι ὁ * κύριος * διὰ λαίλαπος καὶ νεφῶν εἶπεν, καὶ τὸν μὲν Ελιους
Job 42 3 λαλήσαντα μὴ εἶναι ἄνθρωπον ἀλλὰ θηρίον. τοῦ δὲ * κυρίου * λαλήσαντός μοι διὰ τῆς νεφέλης, ἤκουον τῆς φωνῆς
Job 42 4 καὶ οἱ τέσσαρες βασιλεῖς καὶ μετὰ τὸ παύσασθαι τὸν * κύριον * λαλοῦντά μοι εἶπεν πρὸς Ελιφαν τί ἤ, Ελιφα,
Job 42 8 θυσίαν καὶ ἐγὼ λαβὼν ἀνήνεγκα ὑπὲρ αὐτῶν καὶ ὁ * κύριος * προσδεξάμενος ἀφῆκεν αὐτοῖς τὴν ἁμαρτίαν. τότε
Job 43 1 Βαλδαδ καὶ Σοφαρ γνόντες ὅτι ἐχαρίσατο αὐτοῖς ὁ * κύριος * τὴν ἁμαρτίαν αὐτῶν, τὸν δὲ Ελιους οὐ κατηξίωσεν,
Job 43 9 ὁ ἰὸς αὐτοῦ ἔσται εἰς βορὰν οὐκ ἐκτήσατο ἑαυτῷ τὸν * κύριον * οὐδὲ ἐφοβήθη αὐτόν, ἀλλὰ καὶ τοὺς ἐντίμους αὐτοῦ
Job 43 10 τοὺς ἐντίμους αὐτοῦ παρώργισεν ἐπελάθετο αὐτοῦ ὁ * κύριος, * καὶ οἱ ἅγιοι ἐγκατέλειψαν αὐτὸν ἡ δὲ ὀργὴ καὶ ὁ
Job 43 13 ἀσπίδων ἔσχεν ἐν τῇ γλώσσῃ αὐτοῦ. δίκαιός ἐστιν * κύριος, * ἀληθινὰ αὐτοῦ τὰ κρίματα παρ' ᾧ οὐκ ἔστιν
Job 43 14 ἔστιν προσωποληψία κρινεῖ ἡμᾶς ὁμοθυμαδόν. ἰδοὺ ὁ * κύριος * παρεγένετο, ἰδού οἱ ἅγιοι ἡτοιμάσθησαν,
Job 44 2 πεποιήκαμεν μεγάλας εὐωχίας ἐν τῇ τερπνότητι τοῦ * κυρίου. * πάλιν ἐπεζήτησα εὐεργεσίας ποιεῖν τοῖς πτωχοῖς,
Job 44 5 ἀμνάδα μίαν καὶ τετράδραχμον χρυσίου καὶ ηὐλόγησεν * κύριος * πάντα ὅσα μοι ὑπῆρχεν, καὶ πεποίηκέν με εἶναι ἐν
Job 45 1 τέκνα μου ἴδε ἐγὼ τελευτῶ μόνον μὴ ἐπιλάθεσθε τοῦ * κυρίου * εὐποιήσατε τοῖς πτωχοῖς, μὴ παρίδητε τοὺς
Job 46 2 ταῖς θηλείαις αἱ δὲ λυπηθεῖσαι εἶπον τῷ πατρὶ * κύριε * πάτερ ἡμῶν, μὴ καὶ ἡμεῖς οὐκ ἐσμὲν τέκνα σου;
Job 47 4 τιμὴν τῶν σπαρτῶν τούτων; τούτων με κατηξίωσεν ὁ * κύριος * ἐν ἡμέρᾳ ᾗ ἠβουλήθη με ἐλεῆσαι καὶ περιγραφῆναι
Job 47 7 καὶ αἱ πληγαὶ καὶ λοιπὸν τὸ σῶμά μου ἐνίσχυσεν διὰ * κυρίου * ὡς οὐδὲν ὅλως πεπονθὼς ἀλλὰ καὶ τῶν ἐν καρδίᾳ
Job 47 9 ἀλλὰ καὶ τῶν ἐν καρδίᾳ ὀδυνῶν λήθην ἔσχον ὁ δὲ * κύριος * ἐλάλησέν μοι ἐν δυνάμει, ὑποδείξας μοι τὰ
Job 51 2 παύσασθαι τὰς τρεῖς ὑμνολογούσας, ἐπικειμένου τοῦ * κυρίου * καὶ ἐμοῦ Νηρείου ἀδελφοῦ ὄντος τοῦ Ιωβ,
Job 53 9 προυπῆρχε ὄνομα τῷ Ιωβ Ιωβαβ, μετονομάσθη δὲ παρὰ * κυ * Ιωβ. ἔζησε δὲ πρὶν τῆς πληγῆς ἔτη π ε' μετὰ δὲ τὴν
Job 53 10 γενεᾶς. γέγραπται δὲ ἀναστῆναι αὐτὸν μεθ' ὧν ὁ * κς * ἀνέστησε. τῷ δὲ θῷ εἴη δόξα.
Aris. 2 5 διάθεσις ἀναλαβοῦσα τὰ κάλλιστα καὶ πρὸς τὸ πάντων * κυριώτατον * νενευκυῖα τὴν εὐσέβειαν ἀπλανεῖ κεχρημένη
Aris. 25 4 τῶν ἀπειθησάντων ἐφ' ᾧ τοῦ φανέντος ἐνόχου τὴν * κυρίαν * ἕξειν τὰ δὲ ὑπάρχοντα τῶν τοιούτων εἰς τὸ
Aris. 155 3 καὶ διὰ τῆς γραφῆς ὁ λέγων οὕτως μνείᾳ μνησθήσῃ * κυρίου * τοῦ ποιήσαντος ἐν σοὶ τὰ μεγάλα καὶ θαυμαστά.
Aris. 253 6 ἀλγεινόν ἐστιν εἰ τὸ ζῆν ἀφελεῖται πολλῶν διὰ τὸ * κύριον * εἶναι. πάντων δ' ὑπηκόων ὄντων καὶ μηδενὸς
FJos. 190 ὄγδοος ἐμοῦ κἀγὼ Ἰσραὴλ ἀρχάγγελος δυνάμεως * κυρίου * καὶ ἀρχιχιλίαρχός εἰμι ἐν υἱοῖς θεοῦ; οὐχὶ ἐγὼ
FMos. 9 1 ἐπενεγκεῖν βλασφημίας ἀλλὰ εἶπεν ἐπιτιμήσαι σοι * κύριος. * τελευτήσαντος ἐν τῷ ὄρει Μωϋσέως ὁ Μιχαὴλ
FEld. 7 3 ἐγγὺς * κύριος * τοῖς ἐπιστρεφομένοις.
FJub. 10 7 καὶ εὐξαμένου τοῦ Νῶε ἵνα ἀποστῶσιν ἀπ' αὐτῶν ὁ * κύριος * ἐκέλευσε τῷ ἀρχαγγέλῳ Μιχαὴλ βαλεῖν αὐτοὺς εἰς
FEll. 10 94 4 ἀνθρώπου ἀνέβη καὶ χαρήσονται ἐπὶ τῇ βασιλείᾳ τοῦ * κυρίου * αὐτῶν εἰς τοὺς αἰῶνας. τοῦ Ἀντιχρίστου οἶος
FIsa. 1 8 <ἐπ' αὐτὸν τὸν μέλλοντά> με τιμωρεῖν βασάνοις. ζῇ * κύριος * καὶ ὁ ἀγαπητὸς καὶ τὸ πνεῦμα τὸ λαλοῦν ἐν ἐμοί
FMan. 2 22 11 σφόδρα. καὶ ὡς βιαίως ἐθλίβη ἐζήτησεν τὸ πρόσωπον * κυρίου * τοῦ θεοῦ αὐτοῦ καὶ ἐταπεινώθη σφόδρα ἀπὸ προσώπου
FMan. 2 22 11 τοῦ θεοῦ αὐτοῦ καὶ ἐταπεινώθη σφόδρα ἀπὸ προσώπου * κυρίου * τοῦ θεοῦ τῶν πατέρων αὐτοῦ καὶ προσηύξατο πρὸς
FMan. 2 22 11 τοῦ θεοῦ τῶν πατέρων αὐτοῦ καὶ προσηύξατο πρὸς * κύριον * τὸν θεὸν λέγων. κύριε παντοκράτορ ὁ θεὸς τῶν
FMan. 2 22 12 αὐτοῦ καὶ προσηύξατο πρὸς κύριον τὸν θεὸν λέγων. * κύριε * παντοκράτορ ὁ θεὸς τῶν πατέρων ἡμῶν τοῦ Ἀβραὰμ
FMan. 2 22 12 τὸ ἔλεος τῆς ἐπαγγελίας σου. ὅτι σὺ εἶ * κύριος * μακρόθυμος εὔσπλαγχνος πολυέλεος καὶ μετανοῶν ἐπὶ
FMan. 2 22 13 ὥρισας μετάνοιαν ἁμαρτωλοῖς εἰς σωτηρίαν. σὺ οὖν * κύριε * ὁ θεὸς τῶν δικαίων οὐκ ἔθου μετάνοιαν δικαίοις τῷ
FMan. 2 22 13 ἀριθμὸν ψάμμου θαλάσσης. ἐπλήθυναν αἱ ἀνομίαι μου * κύριε * ἐπλήθυναν αἱ ἀνομίαι μου καὶ οὐκέτι εἰμὶ ἄξιος
FMan. 2 22 14 μου δεόμενος τῆς παρὰ σοῦ χρηστότητος ἡμάρτηκα * κύριε * ἡμάρτηκα καὶ τὰς ἀνομίας μου ἐγὼ γινώσκω ἀλλ'
FMan. 2 22 14 ἐγὼ γινώσκω ἀλλ' αἰτοῦμαι δεόμενός σου ἄνες μοι * κύριε * ἄνες μοι καὶ μὴ συναπολέσῃς με ταῖς ἀνομίαις μου
FMan. 2 22 15 τοὺς αἰῶνας ἀμήν. καὶ ἐπήκουσεν τῆς φωνῆς αὐτοῦ * κύριος * καὶ ᾤκτείρησεν αὐτὸν καὶ ἐγένετο περὶ αὐτὸν φλὸξ
FMan. 2 22 15 καὶ ἐτάκησαν πάντα τὰ περὶ αὐτὸν σίδηρα καὶ ἰάσατο * κύριος * τὸν Μανασσῆν ἐκ τῆς θλίψεως αὐτοῦ. καὶ
FMan. 2 23 3 ἐπιθυμεῖ ἡ ψυχή μου καὶ ὕστερον ἐπιστρέψω πρὸς * κύριον. *
FEz. 64 70 13 μὴ σὺ κατῆλθες εἰς τὸν παράδεισον; ὁ δὲ ἔφη οἴμοι * κύριε * ὁρᾷς ἡμῶν τὴν ἀδυναμίαν οἶδας ὅτι <οὐχ> ὁρῶ ποῦ
FEz. 64 70 14 εἰς τὸν παράδεισόν μου; ὁ δὲ ἀποκριθεὶς εἶπεν ὦ * κύριε * πικρᾶναί μου τὴν ψυχὴν ἐν τῷ μέρει τῆς ἀδυναμίας
FEz. 185 4 μετα εμου> <επι γ>ης ζωης ω ιημ ε<ιπον προς τον * κν * κε μ>η με ελλεγξης τ<ω θυμω σου μη δε π>εδευσης με εν
FEz. 185 11 τον πατερα ημ<ων και ισακ' κα>ι ιακωβ' αλλα σε τον * κν * <τον θν η>μων εγνωκαμεν και<--- >ενεσι και
FEz. 186 19 παρειμι εαν διαβαι>νωσιν ο<υκ ολισθησουσιν λεγει * κς> * εκο< >ανις< >πυρος β< >ει εκ'μειαινοντ<ες >ετι
FEz. 187 5 τω δεδουλευ<μενω >καρδια καθαρα κα<ι >ται επι * κν * τον θν< >αι τα συντετριμ'με<να >οι ϋμας και στησε<ται
FSop. 5 77 2 οὐρανὸν πέμπτον καὶ ἐθεώρουν ἀγγέλους καλουμένους * κυρίους * καὶ τὸ διάδημα αὐτῶν ἐπικείμενον ἐν πνεύματι
FAch. 106 ἕτερος δέ τις δειλὸς λέγει ἀποκρινόμενος * κύριε * βασιλεῦ ἡμεῖς θέλομεν πάντα τὰ ὑπὸ σοῦ κελευόμενα
FAch. 109 ἐπιμελοῦ μεταδιδοὺς αὐτοῖς ἀφ' ὧν ἔχεις ἵνα μὴ ὡς * κύριον * μόνον ἐντρέπωνταί σε ἀλλὰ καὶ ὡς εὐεργέτην
IDip. 5 133 3 διότι τὸν ὄντα * κύριον * πάντων ἀεὶ καὶ πατέρα τοῦτον διὰ τέλους τιμᾶν
HAri. 9 25 4 αὐτοῦ τῆς τε νόσου αὐτὸν ἀπολῦσαι καὶ πολλῶν * κύριον * ὑπάρξεων ποιῆσαι.
HCal. 24 48 ἔστωσαν ταῦτα τὰ δῶρα καὶ ἐμοὶ ἀφωρισμένος φόρος * κυρίῳ * τῷ θεῷ. ἐγὼ δὲ οὐ λήψομαι ἐξ ὑμῶν οὐδέν. διατρίψας
LAri. 8 10 8 φησὶ τῷ βασιλεῖ τῶν Αἰγυπτίων λέγων ἰδοὺ χεὶρ * κυρίου * ἐπέσται ἐν τοῖς κτήνεσί σου καὶ ἐν πᾶσι τοῖς ἐν
FrAn. 2 10 θλίψεις ἔσχεν ἔπειτα ἀπολήψεται τὰ ἀγαθά. θυσία τῷ * κυρίῳ * καρδία συντετριμμένη ὀσμὴ εὐωδίας τῷ κυρίῳ καρδία
FrAn. 2 10 τῷ κυρίῳ καρδία συντετριμμένη ὀσμὴ εὐωδίας τῷ * κυρίῳ * καρδία δοξάζουσα τὸν πεπλακότα αὐτήν. οὐ τὰ νῦν
FrAn. 1 217 20 καὶ σφόδρα πλουτήσεις. τοῦ δὲ ἀπερχομένου ἄγγελος * κυρίου * εἶπε πρὸς τὸν ἀρχιερέα νῦν ἐλεύσεται ἄνθρωπος
FrAn. 1 218 7 ἐάσας ἐν τῷ ναῷ ἐξῆλθεν εὐχαριστῶν καὶ πιστεύων * κυρίῳ * καὶ ἐν τῇ θείᾳ γραφῇ πάντα διηγορευμένα. ε>τερος

Κύρνος 1
SIb. 3 477 λιμὸν πουλυετεῖς δὲ (ἀποιμώξασα τοκῆα). * Κύρνος * καὶ Σαρδὼ μεγάλαις χειμῶνος ἀέλλαις καὶ πληγαῖς

Κῦρος 1
Prop. 15 4 υἱῷ ηὐλόγησε καὶ ὄνομα Ζοροβάβελ ἐπέθηκε καὶ ἐπὶ * Κύρου * τέρας ἔδωκεν εἰς νῖκος καὶ περὶ τῆς λειτουργίας

κυρόω 1
Aris. 27 1 ταγμάτων καὶ βασιλικοῖς τραπεζίταις. οὕτω δοχθὲν * ἐκεκύρωτο * ἐν ἡμέραις ἑπτὰ πλεῖον δὲ ταλάντων ἑξακοσίων

Κύρρος 1
SIb. 4 142 ἡνίκ' ἂν ἀφροσύνῃσι τεαῖς ὑπὸ δούρασι πίπτῃς. καὶ * Κύρρον * τότε λοιμὸς ὀλεῖ καὶ φύλοπις αἰνή. αἰαῖ Κύπρε

κύτος 1
IOrp. 7 βλέψας τούτῳ προσέδρευε ἰθύνων κραδίης νοερὸν * κύτος * εὖ δ' ἐπίβαινε ἀτραπιτοῦ μοῦνον δ' ἐσόρα κόσμοιο

## κύων — 21

Hen. 89 42 δένδρον φρονήσεως ἐξ οὗ ἔφαγεν ὁ πατήρ σου. καὶ οἱ × κύνες × ἤρξαντο κατεσθίειν τὰ πρόβατα καὶ οἱ ὕες καὶ οἱ
Hen. 89 43 ὕας πολλοὺς καὶ μετ' αὐτοὺς ⟨ἐλυμήναντο τοὺς × κύνας. × καὶ τὰ πρόβατα ὧν οἱ ὀφθαλμοὶ ἠνοίγησαν ἐθεάσαντο
Hen. 89 46 εἰς ἄρχοντα καὶ εἰς ἡγούμενον τῶν προβάτων καὶ οἱ × κύνες × ἐπὶ πᾶσιν τούτοις ἔθλιβον τὰ πρόβατα. ⟨καὶ⟩ ὁ
Hen. 89 47 τὸν κριὸν τὸν πρῶτον ἕως οὗ ἔπεσεν ἔμπροσθεν τῶν × κυνῶν. × καὶ ὁ κριὸς ὁ δεύτερος ἀναπηδήσας ἀφηγήσατο τῶν
Hen. 89 49 πρόβατα ηὐξήθησαν καὶ ἐπληθύνθησαν καὶ πάντες οἱ × κύνες × καὶ οἱ ἀλώπεκες ἔφυγον ἀπ' αὐτοῦ καὶ ἐφοβοῦντο
TJud. 2 4 πᾶν θηρίον εἰ ἐπέστρεφε πρός με διέσπων αὐτὸ ὡς × κύνα. × τῷ χοίρῳ τῷ ἀγρίῳ συνέδραμον καὶ προλαβὼν ἐν τῷ
TJud. 2 6 αὐτοῦ. πάρδαλις ἐν Χεβρὼν προσεπήδησεν ἐπὶ τὸν × κύνα × καὶ πιάσας αὐτὴν ἀπὸ τῆς οὐρᾶς ἀπηκόντισα αὐτὴν καὶ
TJud. 23 3 θάνατον καὶ ῥομφαίαν ἐκδικοῦσαν πολιορκίαν καὶ × κύνας × εἰς διασπασμὸν ἐχθρῶν καὶ φίλων ὀνειδισμοὺς
Asen. 10 13 τῆς βλεπούσης πρὸς βορρᾶν καὶ ἔδωκε πάντα τοῖς × κυσὶ × τοῖς ἀλλοτρίοις. εἶπε γὰρ ἐν ἑαυτῇ Ἀσενὲθ οὐ μὴ
Asen. 10 13 εἶπε γὰρ ἐν ἑαυτῇ Ἀσενὲθ οὐ μὴ φάγωσιν αἱ × κύνες × μου ἐκ τοῦ δείπνου μου καὶ ἐκ τῆς θυσίας τῶν
Asen. 10 13 ἐκ τῆς θυσίας τῶν εἰδώλων ἀλλὰ φαγέτωσαν αὐτὰ οἱ × κύνες × οἱ ἀλλότριοι. καὶ μετὰ ταῦτα ἔλαβεν Ἀσενὲθ τὴν
Asen. 11 1 ἰδοὺ ὄρθρου ἦν καὶ τὰ ὄρνεα ἐλάλουν ἤδη καὶ αἱ × κύνες × ὕλαττον ἐπὶ τοὺς διοδεύοντας καὶ ἀνένευσε μικρὸν
Asen. 13 8 δεῖπνον μου τὸ βασιλικὸν καὶ τὰ σιτία δέδωκα τοῖς × κυσὶ × τοῖς ἀλλοτρίοις. καὶ ἰδοὺ ἐγὼ ἑπτὰ ἡμέρας καὶ ἑπτὰ
Bar. 3 3 καὶ ἦν πλῆρες ἀνθρώπων ἡ δὲ θεωρία αὐτῶν ὁμοία × κυνῶν × οἱ δὲ πόδες ἐλάφων. καὶ ἠρώτησα τὸν ἄγγελον δέομαί
Job 9 3 καὶ χηρῶν καὶ πενήτων καὶ ἀδυνάτων ἦν δέ μοι ἀγέλη × κυνῶν × ὀκτακόσιοι φυλάσσοντές μου τὸν οἶκον εἶχον δὲ
Sib. 5 279 ἀνθρώπους θνητοὺς καὶ μηκέτι θνητὰ γεραίρειν μηδὲ × κύνας × καὶ γῦπας ἃ Αἴγυπτος κατέδειξεν σεμνύνειν
Sib. 5 526 Σκορπίος +οὐρὰν ἐπῆλθε+ διὰ δεινοῖο Λέοντος ἠδὲ × Κύων × ὤλισθεν ἀπὸ φλογὸς Ἠελίοιο Ὑδροχόον δ' ἐπύρωσε
FAch. 110 κοινὸς γίνου τοῖς συναντῶσί σοι εἰδὼς ὅτι καὶ τῷ × κυνὶ × ἡ οὐρὰ ἄρτον πορίζει τὸ στόμα πληγάς. ἐπὶ
FPho. 148 θηρόβορον δαίσῃ κρέας ἀργίποσιν δὲ λείψανα λεῖπε × κυσὶν × θηρῶν ἄπο θῆρες ἔδονται. φάρμακα μὴ τεύχειν
FPho. 185 φθείρῃ βρέφος ἔμβρυον ἔνδοθι γαστρὸς μηδὲ τεκοῦσα × κυσὶν × ῥίψῃ καὶ γυψὶν ἕλωρα. μηδ' ἐπὶ σῇ ἀλόχῳ
HArt. 9 27 4 γράμματα τοῖς ἱερεῦσιν εἶναι δὲ καὶ αἰλούρους καὶ × κύνας × καὶ ἴβεις ἀπονεῖμαι δὲ καὶ τοῖς ἱερεῦσιν ἐξαίρετον

## κώδων — 3

Aris. 96 4 φορεῖ χιτῶνος καὶ τῶν περὶ αὐτὸν λίθων χρυσοῖ γὰρ × κώδωνες × περὶ τὸν ποδήρη εἰσὶν αὐτοῦ μέλους ἦχον ἀνιέντες
HEup. 9 34 11 παντὸς τοῦ ἱεροῦ καὶ προσκρεμάσαι ἑκάστῃ δικτυΐ × κώδωνας × χαλκοῦς ταλαντιαίους τετρακοσίους καὶ ποιῆσαι
HEup. 9 34 11 καὶ ποιῆσαι ὅλας τὰς δίκτυας πρὸς τὸ ψοφεῖν τοὺς × κώδωνας × καὶ ἀποσοβεῖν τὰ ὄρνεα ὅπως μὴ καθίζῃ ἐπὶ τοῦ

## κώθων — 1

TNep. 1 2 μηνὸς ὑγιαίνοντος αὐτοῦ ἐποίησε δεῖπνον αὐτοῖς καὶ × κώθωνα. × καὶ μετὰ τὸ ἐξυπνισθῆναι αὐτὸν τὸ πρωὶ εἶπεν

## κωλύω — 15

Hen. 100 12 ταῖς ἁμαρτίαις ὑμῶν. δίδοτε οὖν ὄμβρῳ δῶρα ἵνα μὴ × ⟨κωλυθῇ × κα⟩ταβῆναι ὑμῖν καὶ δρόσῳ κα⟨ὶ νεφέλῃ⟩ καὶ
Hen. 101 2 αὐτοῦ. ἐὰν ἀποκλείσῃ τὰς θυρίδας τοῦ οὐρανοῦ καὶ × κωλύσῃ × τὴν δρόσον καὶ τὸν ὄμβρον καταβῆναι εἵνεκα ὑμῶν
TSim. 2 12 ἐπὶ τῷ λόγῳ τούτῳ. καίγε συνεπόδισέ με ὁ θεὸς καὶ × ἐκώλυσεν × ἀπ' ἐμοῦ δρᾶσιν χειρῶν ὅτι ἡ χείρ μου ἡ δεξιὰ
TLevi 6 8 τρόπον ἐποίησαν Διναν τὴν ἀδελφήν ἡμῶν καὶ κύριος × ἐκώλυσεν × αὐτούς. καὶ οὕτως ἐδίωξαν Ἀβραὰμ τὸν πατέρα
TZab. 2 8 οἱ πατέρες ἡμῶν καὶ οὐχ εὗρον ὕδωρ. διὰ γὰρ τοῦτο × ἐκώλυσε × κύριος τοῦ ἀναβῆναι ὕδωρ ἐν αὐτοῖς ἵνα γένηται
Sal. 2 1 τὸν ἁμαρτωλὸν ἐν κριῷ κατέβαλε τείχη ὀχυρὰ καὶ οὐκ × ἐκώλυσας. × ἀνέβησαν ἐπὶ τὸ θυσιαστήριόν σου ἔθνη ἀλλότρια
Prop. 2 6 αὐτοῦ τὰ λείψανα περιθεὶς αὐτὰ ἐνδόξως κύκλῳ καὶ × ἐκωλύθη × ἐκ τῆς γῆς τὸ γένος τῶν ἀσπίδων καὶ ἐκ τοῦ
Job 3 7 ποιήσῃ μηκέτι σπένδεσθαι αὐτόν. καὶ τίς ἐστιν ὁ × κωλύων × με βασιλεύοντα ταύτης τῆς χώρας; καὶ ἀποκριθεὶς
Job 39 2 ἐκ τῆς τοῦ οἰκοδεσπότου δουλείας ᾧ ἐδούλευεν, ἐπεὶ × ἐκωλύετο × ἐξελθεῖν ἵνα μὴ ἰδόντες οἱ συμβασιλεῖς
Job 39 11 καὶ εἰ μὲν ἀπῆλθον εἰς τὸ σκάπτειν, ἐγὼ δὲ × ἐκωλύομαι × λέγων αἱ κάμπτε εἰκῇ, οὐ γὰρ εὑρήσετε τὰ παιδία
Job 53 6 τάφον, περιεκύκλωσαν πᾶσαι αἱ χῆραι καὶ ὀρφανοὶ × κωλύοντες × μὴ εἰσαχθῆναι αὐτὸν ἐν τῷ τάφῳ καὶ μετὰ τρεῖς
Aris. 11 2 ἄξια καὶ τῆς παρὰ σοὶ βιβλιοθήκης εἶναι. τί τὸ × κωλῦον × οὖν εἶπεν ἐστί σε τοῦτο ποιῆσαι; πάντα γὰρ
Aris. 278 1 τὸ τῆς πλεονεξίας χύμα. τὸ δὲ τῆς ἀρετῆς κατάστημα × κωλύει × τοὺς ἐπιφερομένους ἐπὶ τὴν ἡδονοκρασίαν
Aris. 321 3 τῶν ἀνδρῶν προαιρῶνται πρὸς αὐτὸν ἀνακομισθῆναι μὴ × κωλύσῃ × περὶ πολλοῦ ποιούμενος τοῖς πεπαιδευμένοις
HDem. 9 19 4 νῆσαι καὶ ἐπιθεῖναι τὸν Ἰσαὰκ σφάζειν δὲ μέλλοντα × κωλυθῆναι × ὑπὸ ἀγγέλου κριὸν αὐτῷ πρὸς τὴν κάρπωσιν

## κώμη — 5

TNep. 1 11 καὶ ἐκάλεσεν τὸ ὄνομα αὐτῆς Ζέλφαν ἐπ' ὀνόματι τῆς × κώμης × ἐν ᾗ ᾐχμαλωτεύθη ἑξῆς ἔτεκε τὴν Βάλλαν λέγουσα
Job 9 5 ἀγαθῶν ἀπέστειλα εἰς τὰς πόλεις καὶ εἰς τὰς × κώμας, × ἐντειλάμενος ἀπελθεῖν καὶ ἐπιδιδόναι τοῖς
Job 30 5 τὰ πολλὰ ἀγαθὰ τὰ ἀποστελλόμενα ὑπ' αὐτοῦ εἰς τὰς × κώμας × καὶ εἰς τὰς κύκλῳ πόλεις διαδίδοσθαι τοῖς πτωχοῖς,
Aris. 113 3 προσδέονται καὶ τὴν κατασκευὴν τῆς πόλεως καὶ τῶν × κωμῶν × ἔθεντο κατὰ λόγον. πολὺ δὲ πλῆθος καὶ τῶν ἀρμάτων
HHec. 1 22 197 τὰ μὲν πολλὰ ὀχυρώματα κατὰ τὴν χώραν καὶ × κῶμαι × μία δὲ πόλις ὀχυρὰ πεντήκοντα μάλιστα σταδίων τὴν

## κῶμος — 2

Sib. 5 317 ἐξαπολεῖται. αἰαῖ σοι +Κέρκυρα+ καλὴ πόλι παύεο × κώμου. × καὶ Ἱεράπολι γαῖα μόνη Πλούτ⟨ωνι⟩ μιγεῖσα ἕξεις
Sib. 5 394 κοίτῃ κακοὶ ἄνδρες. σίγησον πανόδυρτε κακὴ πόλι × κῶμον × ἔχουσα οὐκέτι γὰρ +παρὰ σοῖο τὴν τῆς+

## κώπη — 1

Asen. 23 7 καὶ ἐνεθυμήθη βαλεῖν τὴν χεῖρα αὐτοῦ ἐπὶ τὴν × κώπην × τῆς ῥομφαίας αὐτοῦ καὶ ἑλκύσαι αὐτὴν ἐκ τοῦ κολεοῦ

## κωφός — 7

Asen. 8 5 ἥτις εὐλογεῖ τῷ στόματι αὐτῆς εἴδωλα νεκρὰ καὶ × κωφὰ × καὶ ἐσθίει ἐκ τῆς τραπέζης αὐτῶν ἄρτον ἀγχόνης καὶ
Asen. 11 8 μεμίσηκε διότι κἀγὼ ἐσεβάσθην εἴδωλα νεκρὰ καὶ × κωφὰ × καὶ εὐλόγησα αὐτὰ καὶ ἔφαγον ἐκ τῆς θυσίας αὐτῶν
Asen. 12 5 ἥμαρτον ἐν ἀγνοίᾳ καὶ ἐσεβάσθην εἴδωλα νεκρὰ καὶ × κωφά. × καὶ νῦν οὐκ εἰμὶ ἀξία ἀνοῖξαι τὸ στόμα μου πρός σέ
Asen. 13 11 τὸ πρότερον ἀγνοοῦσα νῦν ἔγνων ὅτι ἦσαν εἴδωλα × κωφὰ × καὶ νεκρὰ καὶ ἔδωκα αὐτοὺς καταπατεῖσθαι ὑπὸ τῶν
Sib. 4 9 ὅμοιεν. οὐδὲ γὰρ οἶκον ἔχει ναῷ λίθον ἐλκυσθέντα × κωφότατον × νωδόν τε βροτῶν πολυαλγέα λώβην ἀλλ' ὃν ἰδεῖν
Sib. 4 28 ἰδόντες καὶ βωμοὺς εἰκαῖα λίθων ἀφιδρύματα × κωφῶν × καὶ λίθινα ξόανα καὶ ἀγάλματα χειροποίητα. αἵμασιν
Sib. 5 84 τε χρυσοῦς τε καὶ ἀργυρέους τε ματαίους ἀψύχους × κωφοὺς × καὶ ἐν πυρὶ χωνευθέντας ποιήσαντο μάτην γε

## Λαβάν — 9

TLevi 18 2B062 Ἀβραὰμ τοῦ πατρός μου Μελχὰ θυγατέρα Βαθουὴλ υἱοῦ × Λαβὰν × ἀδελφοῦ μητρός μου. καὶ ἐν γαστρὶ λαβοῦσα ἐξ ἐμοῦ
TJud. 9 1 μεθ' ἡμῶν μετὰ τὸ ἐλθεῖν ἡμᾶς ἐκ Μεσοποταμίας ἀπὸ × Λαβάν. × καὶ πληρωθέντων τῶν δεκαοκτὼ ἐτῶν ἐν τεσσαρακοστῷ
TNep. 1 11 καὶ εὐγενής. καὶ αἰχμαλωτισθεὶς ἠγοράσθη ὑπὸ × Λαβὰν × καὶ ἔδωκεν αὐτῷ Αἰναν τὴν παιδίσκην αὐτοῦ εἰς
HDem. 9 21 3 ἑπτά. διατρίψας οὖν αὐτὸν ἐκεῖ ἑπτὰ ἔτη × Λαβὰν × τοῦ μητρῴου δύο θυγατέρας γῆμαι Λείαν καὶ Ῥαχήλ
HDem. 9 21 5 Ἰωσὴφ ὥστε γεγονέναι ἐν τοῖς ἑπτὰ ἔτεσι τοῖς παρὰ × Λαβὰν × δώδεκα παιδία. θέλοντα δὲ τὸν Ἰακὼβ πρὸς τὸν
HDem. 9 21 6 πρὸς τὸν πατέρα εἰς Χαναὰν ἀπιέναι ἀξιωθέντα ὑπὸ × Λαβὰν × ἄλλα ἔτη ἓξ μεῖναι ὥστε τὰ πάντα αὐτὸν μεῖναι ἐν
HDem. 9 21 6 μεῖναι ὥστε τὰ πάντα αὐτὸν μεῖναι ἐν Χαρρὰν παρὰ × Λαβὰν × ἔτη εἴκοσι. πορευομένῳ δ' αὐτῷ εἰς Χαναὰν ἄγγελος
HDem. 9 21 19 ἐλθεῖν ἔτη σ ι ε'. Ἰακὼβ δὲ εἰς Χαρρὰν πρὸς × Λαβὰν × ἐλθεῖν ἐτῶν ὄντα π' καὶ γεννῆσαι Λευὶν Λευὶν δὲ ἐν
LThe. 9 22 3 ἐνιὴν αὐτοκασιγνήτοιο πρόφρων ὑπέδεκτο δόμονδε × Λαβάν × ὅς οἱ ἔην μὲν ἀνεψιὸς ἀλλὰ τότ' οἷος ἤνασσεν

## λαβρεία — 1

FrAn. 574 3029 ἅγιον θεὸν ἐπὶ αμμωνιψενταυχω. λόγος ὁρκίζω σε × λαβρεία × ιακουθ αβλαναθαναλβα ακραμμ. λόγος αωθ ιαθαβαθρα

## Λᾶγος — 2

Aris. 13 7 τῷ πλήθει παρεγενήθησαν ὅσους Πτολεμαῖος ὁ τοῦ × Λάγου × μετήγαγε καθὼς δὲ προείπομεν ἐπιλέξας τοὺς
HHec. 1 22 185 ἐπὶ ταύτης Πτολεμαῖος ὁ × Λάγου × ἐνίκα κατὰ Γάζαν μάχῃ Δημήτριον τὸν Ἀντιγόνου τὸν

## λαγχάνω — 11

Adam 15 2 ἡμᾶς τὸν παράδεισον ἐφυλάττομεν ἕκαστος ἡμῶν τὸ × λαχόν × τι αὐτῷ μέρος ἀπὸ τοῦ θεοῦ. ἐγὼ δὲ ἐφύλαττον ἐν τῷ
Sib. 3 45 πολλαὶ διὰ κέρδος οὐ σπάρτην κατέχουσι βίου ἀνδρῶν × λελαχοῦσαι. × αὐτὰρ ἐπεὶ Ῥώμη καὶ Αἰγύπτου βασιλεύσει
Sib. 3 434 πολλὰ φυτεύσει. Χαλκηδὼν στεινοῖο πόρον πόντοιο × λαχοῦσα × καὶ σε μολὼν ποτε παῖς Αἰτώλιος ἐξεναρίξει.
Sib. 3 580 ὁλοκαρπεύοντες. ἐν δὲ δικαιοσύνῃ νόμῳ Ὑψίστοιο × λαχόντες × ὄλβιοι οἰκήσουσι πόλεις καὶ πίονας ἀγροὺς αὐτοὶ
Sib. 5 15 τύπον ὥστε μετ' αὐτὸν ἄρχειν στοιχείων ὅστις × λάχε × γράμματος ἀρχὴν ὃν Θρήκη πήξει καὶ Σικελίη μετὰ
Sib. 5 24 δὴ τότε Μήδους. εἶτα τριῶν ἀριθμῶν κεφαλὴν ὅστις × λάχεν × ἄρξει. δὶς δέκα δ' ὅς⟨τις⟩ ἔπειτ' ἄρξει κεφαλὴν
Sib. 5 28 ὑπ' οὐσονίαιν+ αἴξας. πεντήκοντα δ' ὅτις κεφαλὴν × λάχε × κοίρανος ἔσται δεινὸς ὄφις φυσῶν πόλεμον βαρὺν ὃς
Sib. 5 42 βρετός. αὐτὰρ ἐπ' αὐτῷ ὥστε τρίηκοσίην κεφαλῆς × λάχεν × ἔντυπον ἀρχὴν Κελτὸς ὀρειοβάτης σπεύδων ἐπ'
Sib. 5 101 ἐχάρη πίπτουσ' ἐπὶ γαίης. αὐτὸς δ' ὃς Περσῶν × ἔλαχεν × γαῖαν πτολεμίξει κτείνας τ' ἄνδρα ἕκαστον ὅλον
LPhi. 9 20 1 φάτιν ἐξότε κεῖνον ἔκγονος αἰνογόνοιο πολύμνιον × Ἕλλας × κῦδος. ἀρτίχερος θηκτοῖο ξιφηφόρον ἐντύνοντο
LThe. 9 22 3 ἀλλὰ τότ' οἷος ἤνασσεν Συρίης νειηγενὲς αἷμα × λελογχώς. × τῷ δὲ γάμου κούρην μὲν ὑπέσχετο καὶ κατένευσεν

## λαγών — 1

TRub. 1 7 γὰρ ὑμῖν ὅτι ἐνέπληξέ με πληγὴν μεγάλην ἐν ταῖς × λαγῶσί × μου ἐπὶ μῆνας ἑπτὰ εἰ μὴ Ἰακὼβ ὁ πατὴρ ἡμῶν

## λαεργέω — 2

Hen. 99 9 ὑμεῖς καὶ τὰ ἔργα ὑμῶν τὰ ψευδῆ ἃ ἐποιήσατε καὶ × ἐλαεργ⟨ήσατε⟩ × καὶ ἐπὶ μιᾶς ἀπολεῖσθε. καὶ τότε μακάριοι

## λάθρα — 2

TJud. 5 4 ἡμεῖς μόνοι ἐσμὲν ἐφελκύσθησαν ἐφ' ἡμᾶς καὶ οὕτως × λάθρα × οἱ ἀδελφοὶ ἐξ ἑκατέρων πασσάλοις ἐπανέβησαν τῷ
Sib. 3 139 ἔπειτα Ῥῆι τέκεν ἄρσενα παῖδα τὸν ταχέως διέπεμψε × λάθρῃ × ἰδίῃ τε τρέφεσθαι ἐς Φρυγίην τρεῖς ἄνδρας ἐνόρκους

## λαθραῖος — 2

Sib. 3 142 ὅτιη διεπέμφθη. ὡς δ' αὕτως διέπεμψε Ποσειδάωνα × λαθραίως. × τὸ τρίτον αὖ Πλούτωνα Ῥῆι τέκε δῖα γυναικῶν
LPhi. 9 24 1 σκηπτοῦχος ἐν Αἰγύπτοιο θρόνοισι δινεύσας × λαθραῖα × χρόνου πλημμυρίδι μοίρης. κρήνην εἶναι ταύτην δὲ

## λάθριος — 2

Sib. 3 148 καλέουσιν. ἡνίκα δ' ἤκουσαν Τιτῆνες παῖδας ἐόντας × λάθριον × οὓς ἔσπειρε Κρόνος Ῥείη τε σύνευνος ἑξήκοντα δὲ

## λαῖλαψ

TNep. 6 4 ἡμῶν. ὡς δὲ εἰσήλθομεν γίνεται χειμὼν σφοδρὸς καὶ × λαῖλαψ × ἀνέμου μεγάλου καὶ ἀφίπταται ὁ πατὴρ ἀφ' ἡμῶν ὁ

Job 42 1 μεγαλορημοσύνης αὐτοῦ, ἀναφανείς μοι ὁ κύριος διὰ * λαίλαπος * καὶ νεφῶν εἶπεν, καὶ τὸν μὲν Ελιους ἐμέμψατο,
λαιός, ά, όν
                  2
Prop. 2 6 καὶ ἀργόλαι καλοῦνται τοῦτ᾽ ἔστιν "Αργους δεξιοὶ * λαιὰν * γὰρ λέγουσι πᾶν εὐώνυμον. οὗτος ὁ Ἱερεμίας
LThe. 9 22 11 αὐτὸν πλῆξέ τέ οἱ κεφαλὴν δειρὴν δ᾽ ἕλεν ἐν χερὶ * λαιῇ * λεῖψε δ᾽ ἔτι σπαίρουσαν ἐπεὶ πόνος ἄλλος ὀρώρει.
λαιφάσσω *
                  1
Sib. 5 469 κατέδουσι γονῆας λιμῷ τειρόμενοι καὶ ἐδέσματα * λαιφάσσονται. * πάντων δ᾽ ἐκ μελάθρων θῆρες κατέδουσι
λακάω
                  1
FrAn. 574 3074 γέννα πυρὸς καὶ φλόγες περιφλογίζουσι καὶ σίδηρος * λακᾷ * καὶ πᾶν ὄρος ἐκ θεμελίου φοβεῖται. ὁρκίζω σε πᾶν
λάκκος
                  7
TZab. 2 7 ἀποκτείνωμεν αὐτὸν ἀλλὰ ῥίψωμεν αὐτὸν εἰς ἕνα τῶν * λάκκων * τῶν ξηρῶν τούτων ὧν ὤρυξαν οἱ πατέρες ἡμῶν καὶ
TZab. 4 2 καὶ Ἰούδας οὐ συνέτρωγεν αὐτοῖς προσεῖχε δὲ τῷ * λάκκῳ * ὅτι ἐφοβεῖτο μὴ ἀποπηδήσαντες Συμεὼν καὶ Γὰδ
TZab. 4 4 με τηρεῖν αὐτὸν ἕως οὗ ἐπράθη. ἐποίησε δὲ ἐν τῷ * λάκκῳ * τρεῖς ἡμέρας καὶ τρεῖς νύκτας καὶ οὕτως ἐπράθη.
TJos. 1 4 ἀνελεῖν καὶ ὁ θεὸς τῶν πατέρων μου ἐφύλαξέ με εἰς * λάκκον * καὶ ἐχάλασαν καὶ ὁ ὑψιστος ἀνήγαγέ με ἐπράθην εἰς
TJos. 9 2 ἔκλινα πρὸς αὐτήν. ἀγαπᾷ γὰρ ὁ θεὸς μᾶλλον τὸν ἐν * λάκκῳ * σκότους νηστεύοντα ἐν σωφροσύνῃ ἢ τὸν ἐν ταμιείοις
Jer. 3 9 δούλῳ σου Ἱερεμία. ὅτι αὐτὸς ἀνέσπασέ με ἐκ τοῦ * λάκκου * τοῦ βορβόρου καὶ οὐ θέλω αὐτὸν ἵνα ἴδῃ τὸν
Prop. 1 3 καὶ ἐπὶ τοῦ Ἐζεκία πρὸ τοῦ ποιῆσαι τοὺς * λάκκους * καὶ τὰς κολυμβήθρας ἐπὶ εὐχῇ τοῦ Ἡσαΐου μικρὸν
λαλέω
                 150
Adam 16 1 ἐμοί. καὶ ἕκαστος ἡμῶν τὸ ἑαυτοῦ ἐτήρει. καὶ * ἐλάλησε * τῷ ὄφει ὁ διάβολος λέγων ἀνάστα ἐλθὲ πρός με καὶ
Adam 16 5 αὐτῷ ὁ διάβολος μὴ φοβοῦ γενοῦ μοι σκεῦος κἀγὼ * λαλήσω * διὰ στόματός σου ῥήματα πρὸς τὸ ἐξαπατῆσαι
Adam 21 3 ἅμα γὰρ ἦλθεν ἤνοιξα τὸ στόμα καὶ ὁ διάβολος * ἐλάλει * καὶ ἠρξάμην νουθετεῖν αὐτὸν λέγουσα δεῦρο κύριέ
Adam 23 4 τοῦ φυλάξαι αὐτήν; τότε Ἀδὰμ ἐμνήσθη τοῦ λόγου οὗ * ἐλάλησα * αὐτῷ ὅτε ἤθελον ἀπατῆσαι αὐτὸν ὅτι ἀκίνδυνόν σε
Adam 28 3 ζωῆς ἵνα φάγω πρὶν ἢ ἐκβληθῆναί με. τότε ὁ κύριος * ἐλάλησεν * πρὸς τὸν Ἀδὰμ οὐ λήψει νῦν ἀπ᾽ αὐτοῦ. ὡρίσθη
Adam 31 1 κατάλειψόν με καὶ μηδείς μου ἅψηται ἕως οὗ ἄγγελος * λαλήσει * τι περὶ ἐμοῦ. οὐ γὰρ ἐπιλήσεταί μου ὁ θεὸς ἀλλὰ
Adam 38 2 τὸν πατέρα ὁ ἀρχάγγελος Μιχαὴλ διὰ τὸν Ἀδάμ. καὶ * ἐλάλησεν * ὁ πατὴρ πρὸς αὐτὸν ἵνα συναχθῶσιν πάντες οἱ
Adam 43 2 ἦν τὸ σῶμα τοῦ Ἀδὰμ καὶ τοῦ Ἀβελ. καὶ μετὰ ταῦτα * ἐλάλησεν * ὁ Μιχαὴλ τῷ Σὴθ λέγων οὕτως κήδευσον πάντα
Hen. 1 1 τὴν νῦν γενεὰν διενοούμην ἀλλὰ ἐπὶ πόρρω οὖσαν ἐγὼ * λαλῶ. * καὶ περὶ τῶν ἐκλεκτῶν νῦν λέγω καὶ περὶ αὐτῶν
Hen. 1 9 τῆς ἀσεβείας αὐτῶν ὧν ἠσέβησαν καὶ σκληρῶν ὧν * ἐλάλησαν * λόγων (καὶ περὶ πάντων ὧν κατελάλησαν) κατ᾽
Hen. 10 1 τότε "Ὑψιστος εἶπεν περὶ τούτων ὁ μέγας "Αγιος καὶ * ἐλάλησεν * καὶ εἶπεν καὶ ἔπεμψεν Ἰστραὴλ πρὸς τὸν υἱὸν
Hen. 10B 1 αἰῶνος. τότε ὁ ὑψιστος εἶπε καὶ ὁ ἅγιος ὁ μέγας * ἐλάλησε * καὶ ἔπεμψε τὸν Οὐριὴλ πρὸς τὸν υἱὸν Λάμεχ λέγων
Hen. 13 5 κυρίου τοῦ οὐρανοῦ ὅτι αὐτοὶ οὐκ ἔτι δύνανται * λαλῆσαι * οὐδὲ ἀπᾶραι αὐτῶν τοὺς ὀφθαλμοὺς εἰς τὸν οὐρανὸν
Hen. 13 10 τὰς ὁράσεις ἃς λέγον κατὰ τοὺς ὕπνους καὶ ἠρξάμην * λαλεῖν * τοὺς λόγους τῆς δικαιοσύνης ἐλέγχων τοὺς
Hen. 14 2 τοῦ στόματός μου ὃ ἔδωκεν ὁ μέγας τοῖς ἀνθρώποις * λαλεῖν * ἐν αὐτοῖς καὶ νόησαι καρδίας ὃς ἔκτισεν καὶ
Hen. 14 7 περὶ ὑμῶν καὶ ὑμεῖς κλαίοντες καὶ δεόμενοι καὶ μὴ * λαλοῦντες * πᾶν ῥῆμα ἀπὸ τῆς γραφῆς ἧς ἔγραψα. καὶ ἐμοὶ
Hen. 27 2 φωνὴν ἀπρεπῆ καὶ περὶ τῆς δόξης αὐτοῦ σκληρὰ * λαλήσουσιν. * ὧδε ἐπισυναχθήσονται καὶ ὧδε ἔσται τὸ
Hen. 89 46 τὴν ὁδὸν αὐτοῦ. καὶ ἐπορεύθη πρὸς αὐτὸν καὶ * ἐλάλησεν * αὐτῷ σιγῇ κατὰ μόνας καὶ ἤγειρεν αὐτὸν εἰς
Hen. 101 3 ἔργα ὑμῶν οὐχὶ ἔσεσθε δεόμενοι αὐτοῦ; διὰ τί ὑμεῖς * λαλεῖτε * τῷ στόματι ὑμῶν μεγάλα καὶ σκληρὰ ἐπὶ τῇ
Abr.1 6 1 εὐθέως ἐγνώρισεν ὅτι ἄγγελος κυρίου. ἦν ὁ * λαλῶν. * συνηνέχθη οὖν Σάρρα τὸν Ἀβραὰμ ἐπὶ πρὸς τὴν θύραν
Abr.1 12 1 μία ψυχὴ σωζομένη καὶ ἀμόλυντος. ἔτι δὲ ἡμῖν ταῦτα * λαλοῦντος * ἰδοὺ δύο ἄγγελοι πύρινοι τῇ ὄψει καὶ ἀνηλεεῖς
Abr.2 1 1 ἐγένετο ἡνίκα ἤγγισαν αἱ ἡμέραι Ἀβραὰμ παραστῆναι * ἐλάλησεν * κύριος πρὸς Μιχαὴλ λέγων ἀνάστα πορεύου πρὸς
Abr.2 3 8 πρὸς ἡμᾶς. καὶ ἀκούσας Ἰσαὰκ τοῦ πατρὸς αὐτοῦ * λαλοῦντος * δακρύων ἤνεγκεν τὴν λεκάνην λέγων ὦ πάτερ τί
Abr.2 6 6 οὐκ ἤνεγκα φάσιν περὶ Λὼτ καὶ ὡς ἤκουσεν Σάρρα * λαλοῦντος * τοῦ Μιχαὴλ ἔγνω τὴν διαφορὰν τῆς ὁμιλίας αὐτοῦ
Abr.2 8 1 πάντα. καὶ ἀπηλθεν Μιχαὴλ εἰς τοὺς οὐρανοὺς καὶ * ἐλάλησεν * ἐνώπιον τοῦ θεοῦ περὶ τοῦ Ἀβραάμ. καὶ
Abr.2 12 12 θηρία ἐκ τῆς ἐρήμου καὶ κατέφαγον αὐτούς). καὶ * ἐλάλησεν * κύριος πρὸς Μιχαὴλ λέγων μετάστρεψον τὸν
TRub. 4 2 οὐκ εἶχον παρρησίαν ἀτενίσαι εἰς πρόσωπον Ἰακὼβ ἢ * λαλῆσαί * τινι τῶν ἀδελφῶν διὰ τοὺς ὀνειδισμούς. καὶ ἕως
TSim. 1 1 Συμεων. περὶ φθόνου. ἀντίγραφον λόγων Συμεὼν ἃ * ἐλάλησε * τοῖς υἱοῖς αὐτοῦ πρὸ τοῦ θανεῖν αὐτὸν ἑκατοστῷ
TLevi 2 3B003 ᾖρα πρὸς τὸν οὐρανὸν καὶ τὸ στόμα μου ἤνοιξα καὶ * ἐλάλησα * καὶ τοὺς δακτύλους τῶν χειρῶν μου καὶ τὰς χεῖράς
TLevi 17 2 ὁ πρῶτος χριόμενος εἰς ἱερωσύνην μέγας ἔσται καὶ * λαλήσει * θεῷ ὡς πατρὶ καὶ ἡ ἱερωσύνη αὐτοῦ πλήρης μετὰ
TJud. 1 1 καὶ πορνείας. ἀντίγραφον λόγων Ἰουδὰ ὅσα * ἐλάλησεν * τοῖς υἱοῖς αὐτοῦ πρὸ τοῦ ἀποθανεῖν αὐτόν.
TJud. 12 6 λόγους οὓς καθεύδων σὺν αὐτῇ ἐν τῇ μέθῃ μου * ἐλάλησα * καὶ οὐκ ἠδυνήθην ἀνελεῖν αὐτὴν ὅτι παρὰ κυρίου
TJud. 18 5 ἐμποδίζει καὶ εὐλογίας οὐ μέμνηται καὶ προφήτῃ * λαλοῦντι * οὐχ ὑπακούει καὶ λόγῳ εὐσεβείας προσοχθίζει.
TDan. 4 3 διεγείρει ἐν θυμῷ μεγάλῳ τὴν ψυχὴν αὐτοῦ. ὅτε οὖν * λαλεῖ * τις καθ᾽ ὑμῶν ὑμεῖς μὴ κινεῖσθε εἰς θυμὸν καὶ ἐὰν
TGad. 1 1 Γὰδ. περὶ μισους. ἀντίγραφον διαθήκης Γὰδ ἃ * ἐλάλησεν * αὐτὸς τοῖς υἱοῖς αὐτοῦ ἐν ἔτει ἑκατοστῷ εἰκοστῷ
TGad. 5 1 κακὸν τὸ μῖσος ὅτι ἐνδελεχεῖ συνεχῶς τῷ ψεύδει * λαλῶν * κατὰ τῆς ἀληθείας καὶ τὰ μικρὰ μεγάλα ποιεῖ τὸ
TGad. 6 2 ἐγὼ γὰρ κατὰ πρόσωπον τοῦ πατρὸς ἡμῶν εἰρηνικὰ * ἐλάλουν * τῷ Ἰωσὴφ καὶ ἐξελθόντος μου τὸ πνεῦμα τοῦ
TAser. 1 1 κακίας καὶ ἀρετῆς. ἀντίγραφον διαθήκης Ἀσὴρ ἃ * ἐλάλησεν * τοῖς υἱοῖς αὐτοῦ ἑκατοστῷ εἰκοστῷ ἕκτῳ ἔτει ζωῆς
TBen. 6 6 ἔχει ὅρασιν οὐδὲ ἀκοὴν διπλῆν πᾶν γὰρ ὃ ποιεῖ ἢ * λαλεῖ * ἢ ὁρᾷ οἶδεν ὅτι κύριος ἐπισκέπτει ψυχὴν αὐτοῦ καὶ
Asen. 4 4 κύριε. καὶ εἶπεν αὐτῇ κάθισον δὴ ἀνάμεσον ἡμῶν καὶ * λαλήσω * πρός σε τὰ ῥήματά μου. καὶ εἶπεν Ἀσενὲθ
Asen. 4 7 τέκνον μου Ἀσενέθ. καὶ αὕτη εἶπεν ἰδοὺ ἐγὼ κύριε. * λαλησάτω * δὴ ὁ κύριός μου καὶ πατήρ μου. καὶ εἶπεν αὐτῇ
Asen. 4 9 πλαγίως τοῖς ὀφθαλμοῖς αὐτῆς καὶ εἶπεν ἵνα τί * λαλεῖ * ὁ κύριός μου καὶ πατήρ μου κατὰ τὰ ῥήματα ταῦτα
Asen. 4 12 γῆς Αἰγύπτου. ταῦτα ἀκούσας Πεντεφρῆς ἤσθη ἐπὶ τῇ * λαλήσαι * τῇ θυγατρὶ αὐτοῦ Ἀσενὲθ περὶ Ἰωσὴφ διότι
Asen. 6 1 καρδία αὐτῆς τί νῦν ἐγὼ ποιήσω ἡ ταλαίπωρος; οὐχὶ * λελάληκα * λέγουσα ὅτι Ἰωσὴφ ἔρχεται ὁ υἱὸς τοῦ ποιμένος
Asen. 6 3 γῆς. ἐγὼ δὲ ἄφρων καὶ θρασεῖα ἐξουδένωσα αὐτὸν καὶ * ἐλάλησα * ῥήματα πονηρὰ περὶ αὐτοῦ καὶ οὐκ ᾔδειν ὅτι
Asen. 6 4 τέξεται τοιοῦτον φῶς; ταλαίπωρος ἐγὼ καὶ ἄφρων ὅτι * λελάληκα * τῷ πατρί μου περὶ αὐτοῦ ῥήματα πονηρά. καὶ νῦν
Asen. 6 6 ὅπως μὴ ὄψηταί με Ἰωσὴφ ὁ υἱὸς τοῦ θεοῦ διότι * λελάληκα * πονηρὰ περὶ αὐτοῦ; καὶ ποῦ ἀπελεύσομαι καὶ
Asen. 6 7 καὶ νῦν ἵλεώς μοι κύριε ὁ θεὸς τοῦ Ἰωσὴφ διότι * λελάληκα * ἐγὼ κατ᾽ αὐτοῦ ῥήματα πονηρὰ ἐν ἀγνοίᾳ. καὶ νῦν
Asen. 9 1 ἰδρὼς συνεχὴς ὡς ἥκουσε πάντα τὰ ῥήματα Ἰωσὴφ ὅσα * ἐλάλησεν * αὐτῇ ἐπὶ τῷ ὀνόματι τοῦ θεοῦ τοῦ ὑψίστου. καὶ
Asen. 11 1 καὶ τῇ ἡμέρᾳ τῇ ὀγδόῃ ἰδοὺ ὄρθρος ἦν καὶ τὰ ὄρνεα * ἐλάλουν * ἤδη καὶ οἱ κύνες ὕλαττον ἐπὶ τοὺς διοδεύοντας
Asen. 11 3 ἐγὼ ἡ ταπεινὴ ἢ ποῦ ἀπέλθω πρὸς τίνα καταφύγω ἢ τί * λαλήσω * ἐγὼ ἡ παρθένος καὶ ὀρφανὴ καὶ ἔρημος καὶ
Asen. 12 2 ἕως τέλους ποιοῦντές τε θέλημά σου. ὅτι σὺ κύριε * λελάληκας * καὶ ἐζωογονήθησαν ὅτι ὁ λόγος σου κύριε ζωή
Asen. 12 5 ἥμαρτον ἐνώπιόν σου πολλὰ ἠνόμησα καὶ ἠσέβησα καὶ * λελάληκα * πονηρὰ καὶ ἄρρητα ἐνώπιόν σου. μεμίαται τὸ
Asen. 13 13 ἐν ἀγνοίᾳ παρθένος οὖσα καὶ ἀδαὴς πεπλάνημαι καὶ * λελάληκα * βλάσφημα εἰς τὸν κύριόν μου Ἰωσὴφ διότι οὐκ
Asen. 13 13 αὐτοῖς πεπλάνημαι. καὶ ἐξουδένωσα αὐτὸν καὶ * λελάληκα * περὶ αὐτοῦ πονηρὰ καὶ οὐκ ᾔδειν ὅτι υἱὸς τοῦ
Asen. 14 8 ὑψίστου. ἀνάστηθι καὶ στῆθι ἐπὶ τοὺς πόδας σου καὶ * λαλήσω * πρός σέ τὰ ῥήματά μου. καὶ ἐπῆρε τὴν κεφαλὴν
Asen. 14 11 ἀλλ᾽ ἀνάστηθι καὶ στῆθι ἐπὶ τοὺς πόδας σου καὶ * λαλήσω * πρός σέ τὰ ῥήματά μου. καὶ ἀνέστη Ἀσενὲθ καὶ
Asen. 14 13 τὴν διπλῆν τῆς παρθενίας σου. καὶ ἐλθὲ πρός με καὶ * λαλήσω * σοι τὰ ῥήματά μου. καὶ ἔσπευσεν Ἀσενὲθ καὶ
Asen. 15 9 ὑμᾶς ἀγαπῶ. καὶ ἰδοὺ ἐγὼ ἀπέρχομαι πρὸς Ἰωσὴφ καὶ * λαλήσω * αὐτῷ περὶ σοῦ πάντα τὰ ῥήματά μου. καὶ ἐλεύσεται
Asen. 15 11 σε καὶ χαρήσεται. καὶ ὡς ἐτέλεσεν ὁ ἄνθρωπος * λαλῶν * τὰ ῥήματα ταῦτα ἐχάρη Ἀσενὲθ χαρὰν μεγάλην ἐπὶ
Asen. 15 13 ὅτι ποιήσεις πάντα τὰ ῥήματά σου ὅσα εἶπας πρός με * λαλήσων. * καὶ ἐξέτεινεν Ἀσενὲθ τὴν χεῖρα αὐτῆς τὴν
Asen. 15 14 σου ἐνώπιόν σου. καὶ εἶπεν αὐτῇ ὁ ἄνθρωπος * λελάληκα * πρός σε σήμερον. καὶ ἐξέτεινε τρίτον τὴν δεξιὰν
Asen. 16 11 κηρίον μέλιτος ἐν τῷ ταμιείῳ μου πώποτε ἀλλὰ σὺ * ἐλάλησας * καὶ γέγονε. μήτιγε τοῦτο ἐκ τοῦ στόματός σου
Asen. 17 2 αὐτῇ ὁ ἄνθρωπος λέγουσα ἔστιν οὕτω τὰ ῥήματά μου ἃ * λελάληκα * πρός σε σήμερον. καὶ εἶπον ὅτι ἄνθρωπος ἦλθεν εἰς τὸν
Asen. 17 10 καὶ εἶπεν Ἀσενὲθ ἄφρων ἐγὼ καὶ τολμηρὰ διότι * λελάληκα * παρρησίᾳ καὶ εἶπον ὅτι ἄνθρωπος ἦλθεν εἰς τὸν
Asen. 18 1 δούλη σου καὶ φεῖσαι τῆς παιδίσκης σου διότι ἐγὼ * λελάληκα * τολμηρῶς ἐνώπιόν σου ἐν ἀγνοίᾳ πάντα τὰ ῥήματά
Asen. 19 1 σου ἐν ἀγνοίᾳ πάντα τὰ ῥήματά μου. καὶ ὡς ἔτι * ἐλάλει * Ἀσενὲθ ταῦτα ἐν ἑαυτῇ ἰδοὺ εἰσεπήδησε νεανίσκος
Asen. 19 6 εἶπέ μοι ὁ ἄνθρωπος πορεύσομαι καὶ πρὸς Ἰωσὴφ καὶ * λαλήσω * εἰς τὰ ὦτα αὐτοῦ περὶ σοῦ τὰ ῥήματά μου. καὶ νῦν
Asen. 19 7 μου. εἰ ἐλήλυθας πρός σε ὁ ἄνθρωπος ἐκεῖνος καὶ * λελάληκέ * σοι περὶ ἐμοῦ. καὶ εἶπεν Ἰωσὴφ πρὸς Ἀσενὲθ
Asen. 20 4 τοῦ νῦν καὶ ἐγὼ παιδίσκη σου. καὶ ἵνα τί σὺ τοῦτο * λαλεῖς * ἄλλην παρθένον νίψαι τοὺς πόδας σου. διότι οἱ
Asen. 20 9 με ἄρχοντα ἐπὶ πάσης τῆς γῆς Αἰγύπτου καὶ * λελάληκα * περὶ Ἀσενὲθ εἰς τὰ ὦτα αὐτοῦ καὶ αὐτός δώσει μοι
Asen. 21 19 κύριε ἥμαρτον ἐνώπιόν σου πολλὰ ἥμαρτον καὶ * λελάληκα * τολμηρὰ ἐν ματαιότητι καὶ εἶπον ὅτι οὐκ ἔστιν
Asen. 23 6 Λευὶς κατενύγησαν σφόδρα διότι σχήματι τυραννικῷ * ἐλάλησε * πρὸς αὐτοὺς ὁ υἱὸς Φαραώ. καὶ ἦν Συμεὼν ἀνὴρ
Asen. 23 7 αὐτῆς καὶ πατάξαι τὸν υἱὸν Φαραὼ διότι σκληρὰ * ἐλάλησεν * αὐτοῖς. καὶ εἶπεν Λευὶς τὴν ἐνθύμησιν τῆς
Asen. 23 10 ἀλλ᾽ > ἐν πραότητι καρδίας (εἶπε πρὸς αὐτοὺς ἵνα εἰ * λαλεῖ * ὁ κύριος ἡμῶν κατὰ τὰ ῥήματα ταῦτα; καὶ ἡμεῖς
Asen. 23 13 ἐν ταῖς χερσὶν αὐτοῦ. καὶ σὺ μὲν φύλαξαι ἔτι τοῦ * λαλῆσαι * περὶ τοῦ ἀδελφοῦ ἡμῶν Ἰωσὴφ κατὰ τὰ ῥήματα
Asen. 23 16 ἀνάστηθι καὶ μὴ φοβηθῇς πλὴν φύλαξαι ἔτι τοῦ μὴ * λαλῆσαι * περὶ τοῦ ἀδελφοῦ ἡμῶν Ἰωσὴφ ῥῆμα πονηρόν. καὶ
Asen. 24 1 καὶ εἶπον αὐτῷ Δὰν καὶ Γὰδ οἱ πρεσβύτεροι ἀδελφοὶ * λαλήσομεν * πρὸς τὸν κύριον ἡμῶν. καὶ ἐλάλησαν αὐτῷ πάντα
Asen. 24 16 πεντήκοντα προδρόμους. καὶ νῦν ἄκουσον ἡμῶν καὶ * λαλήσομεν * πρὸς τὸν κύριον ἡμῶν. καὶ ἐλάλησαν αὐτῷ πάντα
Asen. 24 17 ἡμῶν καὶ λαλήσομεν πρὸς τὸν κύριον ἡμῶν. καὶ * ἐλάλησαν * αὐτῷ πάντα τοὺς ἐν κρυφῇ αὐτῶν λόγους λέγοντες
Asen. 25 4 ἱππεῖς τοξόται. καὶ ἀπῆλθεν Ἐμπροσθεν αὐτῶν καθὰ * ἐλάλησαν * οἱ ἀδελφοὶ οἱ νεώτεροι Νεφθαλὶμ καὶ Ἀσὴρ τοῖς
Asen. 25 5 αὐτῶν καθὰ ἐλάλησεν αὐτῷ Δὰν καὶ Γὰδ. καὶ * ἐλάλησαν * οἱ ἀδελφοὶ οἱ νεώτεροι Νεφθαλὶμ καὶ Ἀσὴρ τοῖς
Asen. 28 12 καὶ εἶπεν αὐτῇ Συμεὼν ἵνα τί ἡ δέσποινα ἡμῶν * λαλεῖ * ἀγαθὰ ὑπὲρ τῶν ἐχθρῶν αὐτῆς; οὐχὶ ἀλλὰ κατακόψωμεν
Sal. 4 5 ἁμαρτωλεῖ ὡς οὐχ ὁρώμενος ἐν ὀφθαλμοῖς αὐτοῦ * λαλεῖ * πάσῃ γυναικὶ ἐν συνταγῇ κακίας ταχὺς εἰσόδῳ εἰς
Sal. 4 8 ἁμαρτωλοὺς ἀπὸ προσώπου δικαίου ἀνθρωπάρεσκον * λαλοῦντα * νόμον μετὰ δόλου. καὶ οἱ ὀφθαλμοὶ αὐτῶν ἐπ᾽

| | | | | | |
|---|---|---|---|---|---|
| Sal. | 11 | 7 | ἑτοίμασον τὴν στολὴν τοῦ ἁγιάσματός σου ὅτι ὁ θεὸς | * ἐλάλησεν * | ἀγαθὰ Ισραηλ εἰς τὸν αἰῶνα καὶ ἔτι. ποιήσαι |
| Sal. | 11 | 8 | Ισραηλ εἰς τὸν αἰῶνα καὶ ἔτι. ποιήσαι κύριος ἃ | * ἐλάλησεν * | ἐπὶ Ισραηλ καὶ Ιερουσαλημ ἀναστῆσαι κύριος τὸν |
| Sal. | 12 | 1 | καὶ πονηροῦ ἀπὸ γλώσσης παρανόμου καὶ ψιθύρου καὶ | * λαλούσης * | ψευδῆ καὶ δόλια. ἐν ποικιλίᾳ στροφῆς οἱ λόγοι |
| Jer. | 1 | 1 | οἱ υἱοὶ Ἰσραὴλ ἀπὸ τοῦ βασιλέως τῶν Χαλδαίων | * ἐλάλησεν * | ὁ θεὸς πρὸς Ἰερεμίαν λέγων Ἰερεμία ὁ ἐκλεκτός |
| Jer. | 1 | 4 | λέγων παρακαλῶ σε κύριε ἐπίτρεψόν μοι τῷ δούλῳ σου | * λαλῆσαι * | ἐνώπιόν σου. εἶπεν δὲ αὐτῷ ὁ κύριος λάλει ὁ |
| Jer. | 1 | 4 | σου λαλῆσαι ἐνώπιόν σου. εἶπεν δὲ αὐτῷ ὁ κύριος | * λάλει * | ὁ ἐκλεκτός μου Ἰερεμίας. καὶ ἐλάλησεν Ἰερεμίας |
| Jer. | 1 | 5 | αὐτῷ ὁ κύριος λάλει ὁ ἐκλεκτός μου Ἰερεμίας. καὶ | * ἐλάλησεν * | Ἰερεμίας λέγων κύριε παντοκράτωρ παραδίδως τὴν |
| Jer. | 3 | 4 | παρακαλῶ ὑμᾶς μὴ ἀπολέσθαι τὴν πόλιν ἄρτι ἕως ἂν | * λαλήσω * | πρὸς κύριον ῥῆμα. ἐλάλησεν δὲ κύριος τοῖς |
| Jer. | 3 | 4 | τὴν πόλιν ἄρτι ἕως ἂν λαλήσω πρὸς κύριον ῥῆμα. | * ἐλάλησεν * | δὲ κύριος τοῖς ἀγγέλοις λέγων μὴ ἀπολέσητε τὴν |
| Jer. | 3 | 4 | τοῖς ἀγγέλοις λέγων μὴ ἀπολέσητε τὴν πόλιν ἕως ἂν | * λαλήσω * | πρὸς τὸν ἐκλεκτόν μου Ἰερεμίαν. τότε Ἰερεμίας |
| Jer. | 3 | 4 | πρὸς τὸν ἐκλεκτόν μου Ἰερεμίαν. τότε Ἰερεμίας | * ἐλάλησεν * | λέγων δέομαι κύριε κέλευσόν με λαλῆσαι ἐνώπιόν |
| Jer. | 3 | 4 | Ἰερεμίας ἐλάλησεν λέγων δέομαι κύριε κέλευσόν με | * λαλῆσαι * | ἐνώπιόν σου. καὶ εἶπε κύριος λάλει ὁ ἐκλεκτός |
| Jer. | 3 | 5 | κέλευσόν με λαλῆσαι ἐνώπιόν σου. καὶ εἶπε κύριος | * λάλει * | ὁ ἐκλεκτός μου Ἰερεμίας. καὶ εἶπεν Ἰερεμίας ἰδοὺ |
| Jer. | 3 | 9 | λειτουργίας ἕως τῆς συνελεύσεως τοῦ ἠγαπημένου. | * ἐλάλησε * | δὲ Ἰερεμίας λέγων παρακαλῶ σε κύριε δεῖξόν μοι |
| Jer. | 3 | 12 | εἰς τὴν πόλιν. κατάλειψον δὲ τὸν Βαροὺχ ὧδε ἕως οὗ | * λαλήσω * | αὐτῷ. ταῦτα εἰπὼν ὁ κύριος ἀνέβη ἀπὸ Ἰερεμίου |
| Jer. | 3 | 14 | σκεύη τῆς λειτουργίας παρέδωκαν αὐτὰ τῇ γῇ καθὼς | * ἐλάλησεν * | αὐτοῖς ὁ κύριος. καὶ εὐθέως κατέπιεν αὐτὰ ἡ γῆ. |
| Jer. | 6 | 13 | πρὸς Ἰερεμίαν. γράψον οὖν ἐν τῇ ἐπιστολῇ ὅτι | * λάλησον * | τοῖς υἱοῖς Ἰσραὴλ ὁ γενόμενος ἐν ὑμῖν ξένος |
| Jer. | 7 | 3 | καὶ εἶπεν αὐτῷ Βαροὺχ ὅτι ἐκλεκτὸς εἶ σὺ ὁ | * λαλῶν * | ἐκ πάντων τῶν πετεινῶν τοῦ οὐρανοῦ ἐκ τῆς γὰρ |
| Jer. | 8 | 4 | σου μὴ εἰσαγάγῃς αὐτοὺς ἐκεῖ. Ἰερεμίας δὲ | * ἐλάλησεν * | πρὸς τὸν λαὸν τὰ ῥήματα ταῦτα καὶ ἀναστάντες |
| Bar. | 1 | 7 | μοι καὶ ἀκούσω παρά σου λόγον οὐ μὴ προσθήσω ἔτι | * λαλῆσαι * | προσθήσει ὁ θεὸς ἐν τῇ ἡμέρᾳ τῆς κρίσεως κρίσιν |
| Bar. | 1 | 7 | ὁ θεὸς ἐν τῇ ἡμέρᾳ τῆς κρίσεως κρίσιν ἐμοὶ ἐὰν | * λαλήσω * | τοῦ λοιποῦ. καὶ εἶπέν μοι ὁ ἄγγελος τῶν δυνάμεων |
| Prop. | 4 | 11 | ὅτι γέγονεν ἄνθρωπος ἤρθη ἡ γλῶσσα αὐτοῦ τοῦ μὴ | * λαλεῖν * | καὶ νοῶν εὐθέως ἐδάκρυσεν οἱ ὀφθαλμοὶ αὐτοῦ ἦσαν |
| Esdr. | 2 | 1 | αὐτῶν ἡ κρίσις καὶ ἡ φλὸξ ἄσβεστος. ταῦτα αὐτοῦ | * λαλοῦντός * | μου ἦλθεν Μιχαὴλ καὶ Γαβριὴλ καὶ οἱ ἀπόστολοι |
| Esdr. | 6 | 6 | αὐτήν. καὶ εἶπεν ὁ προφήτης στόμα πρὸς στόμα | * ἐλάλουν * | τοῦ θεοῦ καὶ οὐκ ἐξέρχεται ἔνθεν. καὶ εἶπον οἱ |
| Sedr. | 2 | 3 | ἀναβάσω σε ὧδε εἰς τὸν οὐρανόν. ὁ δὲ εἶπεν ἤθελον | * λαλῆσαι * | στόμα ὑπὸ στόματος θεοῦ οὐκ εἰμὶ ἱκανὸς κύριε |
| Sedr. | 3 | 1 | πρὸς τὸν θεὸν τὸν πλάσαντά σε ὅτι εἶπας ἤθελον | * λαλῆσαι * | στόμα πρὸ στόματος θεοῦ; λέγει αὐτῷ Σεδρὰχ ναὶ |
| Sedr. | 12 | 2 | καὶ ἀποθανὼν ζήσεις. λέγει αὐτῷ Σεδρὰχ ἔτι ἅπαξ | * λαλήσω * | σοι κύριε ἕως πότε ζῶ πρὶν ἀποθανεῖν με; καὶ μὴ |
| Job | 7 | 1 | ἀπῆλθεν καὶ ἐπέθετο τοῖς ὤμοις ἀσσάλιον, καὶ ἐλθὼν | * λελάληκεν * | τῇ θυρωρῷ λέγων εἰπὸν τῷ Ιωβ δός μοι ἄρτον ἐκ |
| Job | 17 | 3 | συναγαγὼν πάντας τοὺς ἐν αὐτῇ πανούργους, καὶ | * ἐλάλησεν * | μετὰ ἀπειλῆς αὐτοῖς λέγων οὗτος ὁ ἀνὴρ Ιωβαβ ὁ |
| Job | 18 | 5 | κυρίου διὰ τοῦ ἀγγέλου αὐτοῦ καὶ τῶν ἐγκωμίων τῶν | * λαληθέντων * | μοι καὶ ἐγενόμην ὡς θέλων εἰσβαλεῖν εἰς πόλιν |
| Job | 18 | 8 | τὰ ἐμὰ ἀντ' οὐδενὸς πρὸς ἐκείνην τὴν πόλιν περὶ ἧς | * λελάληκέν * | μοι ὁ ἄγγελος. ἐλθόντος δὲ τοῦ ἐσχάτου ἀγγέλου |
| Job | 26 | 3 | ἡμῶν ἀπώλειαν καὶ τῶν ὑπαρχόντων +βουλόμενος+ ἡμᾶς | * λαλῆσαί * | τι πρὸς κύριον, ἵνα ἀπαλλοτριωθῶμεν τοῦ μεγάλου |
| Job | 28 | 4 | μοι ἑπτὰ ἡμέρας καὶ ἑπτὰ νύκτας καὶ οὐθεὶς αὐτῶν | * λελάληκέν * | μοι, καὶ οὐχὶ μακροθυμοῦντες ἔμειναν μὴ |
| Job | 28 | 5 | λελάληκέν μοι, καὶ οὐχὶ μακροθυμοῦντες ἔμειναν μὴ | * λαλοῦντες * | ἀλλ' ἐπειδὴ ᾔδεισάν με πρὸ τούτων τῶν κακῶν ἐν |
| Job | 35 | 1 | Βαλδαδ ἐκράτησεν αὐτὸν λέγων ὅτι οὐχ οὕτως δεῖ | * λαλῆσαι * | ἀνθρώπῳ πενθοῦντι, οὐ μόνον ἀλλὰ καὶ ἐν πληγαῖς |
| Job | 38 | 1 | ἐν ἐμοί, καὶ συνέστηκεν ἡ καρδία μου διά τί οὖν μὴ | * λαλήσω * | τὰ μεγαλεῖα τοῦ κυρίου; ἢ ὅλως ἂν πταίσῃ μου τὸ |
| Job | 41 | 4 | τὸ αὐτοῦ ὕψωμα καὶ ἰδοὺ μεγάλως καὶ ὑπερβαλλόντως | * λελάληκεν * | λέγων ἔχειν τὸν ἑαυτοῦ θρόνον ἐν οὐρανοῖς. |
| Job | 42 | 2 | τὸν μὲν Ελιους ἐμέμψατο, ὑποδείξας μοι τὸν ἐν αὐτῷ | * λαλήσαντα * | μὴ εἶναι ἄνθρωπον ἀλλὰ θηρίον. τοῦ δὲ κυρίου |
| Job | 42 | 3 | μὴ εἶναι ἄνθρωπον ἀλλὰ θηρίον. τοῦ δὲ κυρίου | * λαλήσαντός * | μοι διὰ τῆς νεφέλης, ἤκουον τῆς φωνῆς τοῦ |
| Job | 42 | 3 | μοι διὰ τῆς νεφέλης, ἤκουον τῆς φωνῆς τοῦ | * λαλήσαντος * | καὶ οἱ τέσσαρες βασιλεῖς καὶ μετὰ τὸ |
| Job | 42 | 4 | τέσσαρες βασιλεῖς καὶ μετὰ τὸ παύσασθαι τὸν κύριον | * λαλοῦντά * | μοι εἶπεν πρὸς Ελιφαν τί ἦ, Ελιφα, ἥμαρτες σὺ |
| Job | 42 | 5 | ἦ, Ελιφα, ἥμαρτες σὺ καὶ οἱ δύο σου φίλοι; οὐ γὰρ | * λελαλήκατε * | ἀληθῶς κατὰ τοῦ θεράποντός μου Ιωβ διὸ |
| Job | 46 | 7 | χορδὰς τὰς ποικίλας ὡς μὴ δύνασθαί τινα ἄνθρωπον | * λαλῆσαι * | περὶ τῆς εἰδέας αὐτῶν, ἐπεὶ μὴ εἶναι αὐτὰς ἐκ |
| Job | 47 | 9 | καὶ τῶν ἐν καρδίᾳ ὀδυνῶν λήθην ἔσχον ὁ δὲ κύριος | * ἐλάλησέν * | μοι ἐν δυνάμει, ὑποδείξας μοι τὰ γενόμενα καὶ |
| Job | 50 | 2 | ἡ καρδία ἠλλοιοῦτο ἀφισταμένη ἀπὸ τῶν κοσμικῶν | * λελάληκεν * | γὰρ ἐν τῇ διαλέκτῳ τῶν Χερουβιμ δοξολογοῦσα |
| Aris. | 218 | 4 | ὅτι πάντες ὧν ἄρχεις περὶ σοῦ καὶ διανοοῦνται καὶ | * λαλοῦσιν. * | οὐ γὰρ ἐλάχιστόν σε δεῖ τῶν ὑποκριτῶν |
| Aris. | 299 | 2 | τῇ γὰρ ἐπιούσῃ τὰ τῇ πρότερον πεπραγμένα καὶ | * λελαλημένα * | πρὸ τοῦ χρηματισμοῦ παραναγινώσκεται καὶ εἴ |
| Sib. | 3 | 669 | λαὸν ἀπειθῆ. καὶ ῥα θεὸς φωνῇ μεγάλῃ πρὸς πάντα | * λαλήσει * | λαὸν ἀπαίδευτον κενεόφρονα καὶ κρίσις αὐτοῖς |
| Sib. | 5 | 272 | στείλαντες ἐπ' αἰθέρα γλῶσσαν ἄθεσμον παύσονται | * λαλέοντες * | ἐναντίον ἀλλήλοισιν αὐτοὺς δὲ κρύψουσιν ἕως |
| FJos. | 189 | | ὁ γὰρ | * λαλῶν * | πρὸς ὑμᾶς ἐγὼ Ἰακὼβ καὶ Ἰσραὴλ ἄγγελος θεοῦ εἰμι |
| FJub. | 3 | 28 | τοῖς πρωτοπλάστοις διότι ὁ ὄφις ἀνθρωπίνῃ φωνῇ | * ἐλάλησε * | τῇ Εὔᾳ. τῷ ἑβδόμῳ ἔτει παρέβη καὶ τῷ ὀγδόῳ |
| FJub. | 12 | 26 | Χαρρὰν εἰδωλομανῶν ἕως θανάτου αὐτοῦ. ὁ ἄγγελος ὁ | * λαλῶν * | τῷ Μωϋσῇ εἶπεν αὐτῷ ὅτι τὸν Ἀβραὰμ ἐγὼ ἐδίδαξα |
| FJub. | 12 | 26 | τὴν Ἑβραΐδα γλῶσσαν κατὰ τὴν ἀπ' ἀρχῆς κτίσεως | * λαλεῖν * | τὰ πάτρια πάντα. ἐκ τοῦ Λὼτ Μωαβῆται καὶ |
| FIsa. | 1 | 8 | ζῇ κύριος καὶ ὁ ἀγαπητὸς καὶ τὸ πνεῦμα τὸ | * λαλοῦν * | ἐν ἐμοὶ ὅτι ἐν ταῖς χερσὶ Μανασσῆ τοῦ υἱοῦ σου |
| FIsa. 1 | 3 | 4 | Ἐζεκίαν ἐφοβεῖτο. καὶ εὑρέθη ἐν τῷ χρόνῳ Ἐζεκίου | * λαλῶν * | λόγους ἀνομίας ἐν Ἰερουσαλὴμ καὶ κατηγορήθη ὑπὸ |
| FIsa. 1 | 3 | 18 | Ἡσαΐας κατάθεμά σοι ζῇ ὁ θεὸς καὶ ζῇ τὸ πνεῦμα τὸ | * λαλοῦν * | ἐν ἐμοὶ ⟨Ἰερουσαλὴμ⟩ ἐρημωθήσεται. ἔπρισαν αὐτὸν |
| FBar. | 12 | 1 | ⟨αλλα τ⟩ουτο οιο⟨ν οιομαι ερω και | * λαλη⟩σω * | προς σε την ⟨γην την ευοδουσαν ο⟩υ παντοτε |
| FEz. 64 | 70 | 8 | δὲ εἶχεν ὁ βασιλεὺς καὶ ἀπὸ μήκοθεν ὁ τυφλὸς | * ἐλάλει * | τῷ χωλῷ λέγων πόσον ἦν ἡμῶν τὸ κλάσμα τοῦ ἄρτου |
| LEze. 9 | 29 | 10 03 | ταχὺ ῷ πάντα λέξεις τάξ ἐμοῦ λελεγμένα καὶ αὐτὸς | * λαλήσει * | βασιλέως ἐναντίον σὺ μὲν πρὸς ἡμᾶς ὁ δὲ λαβὼν |
| FrAn. 1 | 218 | 6 | διατεταγμένα πάντα πεποίηκε πρὸς τὸν ἄνθρωπον καὶ | * λελάληκεν * | ὁ δὲ ἀκούσας καὶ ἔντρομος γενόμενος πάντα |
| FrAn. | 574 | 3038 | παρακούειν αὐτόν. ὁρκίζω σε πᾶν πνεῦμα δαιμόνιον | * λαλῆσαι * | ὁποῖον καὶ ἂν ἦς ὅτι ὁρκίζω σε κατὰ τῆς |
| FrAn. | 574 | 3041 | ἧς ἔθετο Σολομὼν ἐπὶ τὴν γλῶσσαν τοῦ Ἰηρεμίου καὶ | * ἐλάλησεν. * | καὶ σὺ λάλησον ὁποῖον ἐὰν ἦς ἐπουράνιον ἢ |
| FrAn. | 574 | 3041 | ἐπὶ τὴν γλῶσσαν τοῦ Ἰηρεμίου καὶ ἐλάλησεν. καὶ σὺ | * λάλησον * | ὁποῖον ἐὰν ἦς ἐπουράνιον ἢ ἀέριον εἴτε ἐπίγειον |
| FrAn. | 574 | 3044 | ἢ καταχθόνιον ἢ Ἐβουσαῖον ἢ Χερσαῖον ἢ Φαρισαῖον. | * λάλησον * | ὁποῖον ἐὰν ἦς ὅτι ὁρκίζω σε θεὸν φωσφόρον |

λαλιά 2

| | | | | | |
|---|---|---|---|---|---|
| TRub. | 2 | 6 | εἰς συνολκὴν ἀέρος καὶ πνοῆς πέμπτον πνεῦμα | * λαλιᾶς * | μεθ' ἧς γίνεται γνῶσις ἕκτον πνεῦμα γεύσεως μεθ' |
| Bar. | 6 | 16 | ὁ ἀλέκτωρ μηνύει τοῖς ἐν τῷ κόσμῳ κατὰ τὴν ἰδίαν | * λαλιάν. * | ὁ ἥλιος γὰρ ἑτοιμάζεται ὑπὸ τῶν ἀγγέλων καὶ |

λαμβάνω 299

| | | | | | |
|---|---|---|---|---|---|
| Adam | 1 | 2 | Εὔας. μετὰ τὸ ἐξελθεῖν αὐτοὺς ἐκ τοῦ παραδείσου | * ἔλαβεν * | Ἀδὰμ Εὔαν καὶ ἀνῆλθεν εἰς τὴν ἀνατολὴν καὶ |
| Adam | 1 | 3 | ἔτη δέκα καὶ ὀκτὼ καὶ μῆνας δύο. καὶ ἐν γαστρὶ | * εἴληφεν * | Εὔα καὶ ἐγέννησε δύο υἱοὺς τὸν Διάφωτον τὸν |
| Adam | 18 | 5 | δὲ αὐτῷ ὅτι ὡραῖον τοῖς ὀφθαλμοῖς. ἐφοβήθην δὲ | * λαβεῖν * | ἀπὸ τοῦ καρποῦ καὶ λέγει μοι δεῦρο δώσω σοι |
| Adam | 19 | 3 | ξύλον τῆς ζωῆς ὅτι δώσω καὶ τῷ ἀνδρί μου. ὅτε δὲ | * ἔλαβεν * | ἀπ' ἐμοῦ τὸν ὅρκον τότε ἦλθε καὶ ἐπέβη ἐπ' αὐτὸν |
| Adam | 19 | 3 | πάσης ἁμαρτίας. καὶ κλίνας τὸν κλάδον ἐπὶ τὴν γῆν | * ἔλαβον * | ἀπὸ τοῦ καρποῦ καὶ ἔφαγον. καὶ ἐν αὐτῇ τῇ ὥρᾳ |
| Adam | 20 | 5 | μέρους κατερρύη τὰ φύλλα παρὲξ τοῦ σύκου μόνου. | * λαβοῦσα * | δὲ φύλλα ἀπ' αὐτοῦ ἐποίησα ἐμαυτῇ περιζώματα καὶ |
| Adam | 28 | 3 | με. τότε ὁ κύριος ἐλάλησεν πρὸς τὸν Ἀδὰμ οὐ | * λήψει * | νῦν ἀπ' αὐτοῦ. ὡρίσθη γὰρ τῷ Χερουβὶμ καὶ τῇ |
| Adam | 29 | 5 | καὶ ἐκέλευσεν ὁ θεὸς ἐαθῆναι τὸν Ἀδὰμ ἵνα | * λάβῃ * | εὐωδίας καὶ σπέρματα εἰς διατροφὴν αὐτοῦ. καὶ |
| Adam | 29 | 6 | εἰς διατροφὴν αὐτοῦ. καὶ ἀφέντες αὐτόν οἱ ἄγγελοι | * ἔλαβεν * | τέσσαρα γένη κρόκον καὶ νάρδον καὶ κάλαμον καὶ |
| Adam | 29 | 6 | καὶ ἕτερα σπέρματα εἰς διατροφὴν αὐτοῦ. καὶ | * λαβὼν * | ταῦτα ἐξῆλθεν ἐκ τοῦ παραδείσου καὶ ἐγενόμεθα ἐπὶ |
| Adam | 29 | 10 | ἀλλ' ἀνάστα καὶ πορεύου εἰς τὸν Τίγριν ποταμὸν καὶ | * λάβε * | λίθον καὶ θὲς ὑπὸ τοὺς πόδας σου καὶ στῆθι |
| Adam | 29 | 12 | Ἀδὰμ ἐπορεύθη εἰς τὸν Τίγριν ποταμὸν πρός με. καὶ | * λαβὼν * | σχῆμα ἀγγέλου ἔστη ἐνώπιόν μου κλαίων καὶ τὰ |
| Adam | 40 | 5 | τὸ πρῶτον πλάσμα τὸ ἀρθὲν ἀπ' ἐμοῦ τὸν χοῦν ἐξ ἧς | * ἐλήφθη. * | ἔλαβον δέ οἱ ἄγγελοι ἐν τῷ καιρῷ ἐκείνῳ καὶ |
| Adam | 40 | 5 | πλάσμα τὸ ἀρθὲν ἀπ' ἐμοῦ τὸν χοῦν ἐξ ἧς ἐλήφθη. | * ἔλαβον * | δέ οἱ ἄγγελοι ἐν τῷ καιρῷ ἐκείνῳ καὶ ἔθεντο αὐτὸν |
| Adam | 40 | 7 | πολλὰς καὶ ἔθεντο αὐτὰς ἐν τῇ γῇ. καὶ μετὰ ταῦτα | * ἔλαβον * | τὰ δύο σώματα καὶ ἔθαψαν αὐτὰ εἰς τὸν τόπον εἰς |
| Hen. | 1 | 5 | ⟨γῆς⟩ καὶ σεισθήσονται πάντα τὰ ἄκρα τῆς γῆς) καὶ | * λήμψεται * | αὐτοὺς τρόμος καὶ φόβος μέγας μέχρι τῶν περάτων |
| Hen. | 7 | 1 | ιζ' Εὐμιὴλ ιη' Τυριὴλ ιθ' Ἰουμιὴλ κ' Σαριήλ. καὶ | * ἔλαβον * | ἑαυτοῖς γυναῖκας ἕκαστος αὐτῶν ἐξελέξαντο ἑαυτοῖς |
| Hen. | 7 | 2 | καὶ τὰς βοτάνας ἐδήλωσαν αὐταῖς. αἱ δὲ ἐν γαστρὶ | * λαβοῦσαι * | ἐτέκοσαν γίγαντας μεγάλους ἐκ πηχῶν τρισχιλίων |
| Hen. | 7B | 1 | τῷ χιλιοστῷ ἑκατοστῷ ἑβδομηκοστῷ ἔτει τοῦ κόσμου | * ἔλαβον * | ἑαυτοῖς γυναῖκας καὶ ἤρξαντο μιαίνεσθαι ἐν αὐταῖς |
| Hen. | 12 | 1 | τὰς γενεὰς τῶν ἀνθρώπων. πρὸ τούτων τῶν λόγων | * ἐλήμφθη * | Ἐνὼχ καὶ οὐδεὶς τῶν ἀνθρώπων ἔγνω ποῦ ἐλήμφθη |
| Hen. | 12 | 1 | ἐλήμφθη Ἐνὼχ καὶ οὐδεὶς τῶν ἀνθρώπων ἔγνω ποῦ | * ἐλήμφθη * | καὶ ποῦ ἐστιν καὶ τί ἐγένετο αὐτῷ. καὶ τὰ ἔργα |
| Hen. | 12 | 4 | υἱοὶ τῆς γῆς ποιοῦσιν οὕτως καὶ αὐτοὶ ποιοῦσιν καὶ | * ἔλαβον * | ἑαυτοῖς γυναῖκας. ἀφανισμὸν μέγαν ἠφανίσατε τὴν |
| Hen. | 13 | 3 | πᾶσιν αὐτοῖς καὶ αὐτοὶ πάντες ἐφοβήθησαν καὶ | * ἔλαβεν * | αὐτοὺς τρόμος καὶ φόβος. καὶ ἠρώτησαν ὅπως γράψω |
| Hen. | 14 | 13 | οὐκ ἦν ἐν αὐτῷ φόβος με ἐκάλυψεν καὶ τρόμος με | * ἔλαβεν. * | καὶ ἤμην σειόμενος καὶ τρέμων καὶ ἔπεσον. |
| Hen. | 15 | 3 | καὶ μετὰ τῶν θυγατέρων τῶν ἀνθρώπων ἐμιάνθητε καὶ | * ἐλάβετε * | ἑαυτοῖς γυναῖκας; ὥσπερ υἱοὶ τῆς γῆς ἐποιήσατε |
| Hen. | 99 | 1 | ποιοῦντες πλανήματα καὶ τοῖς ἔργοις τοῖς ψευδέσιν | * λαμβάνοντες * | τιμὴν καὶ δόξαν ἀπολώλατε οὐκ ἔστιν ὑμῖν |
| Hen. | 106 | 1 | αὐτῶν πάσας τὰς ὁδοὺς τῆς ἀληθείας. μετὰ δὲ χρόνον | * ἔλαβεν * | Μαθουσάλεκ τῷ υἱῷ μου γυναῖκα καὶ ἔτεκεν υἱὸν καὶ |
| Hen. | 106 | 1 | τῆς ἡμέρας ἐκείνης. καὶ ὅτε εἰς ἡλικίαν ἐπῆλθεν | * ἔλαβεν * | αὐτῷ γυναῖκα καὶ ἔτεκεν αὐτῷ παιδίον καὶ ὅτε |
| Abr.1 | 3 | 12 | τίμιοι. ἰδὼν δὲ Ἀβραὰμ τὸ γεγονὸς καὶ ἐκπλαγεὶς | * ἔλαβεν * | τοὺς λίθους κρυφαίως καὶ ἔκρυψεν τοῖς πᾶσι τὸ |
| Abr.1 | 5 | 5 | ἐπιβαρεῖς τοῦ ἀνθρώπου τούτου. τότε Ἰσαὰκ | * λαβὼν * | τὴν εὐχὴν παρ' αὐτῶν ἀπῆλθεν ἐν τῷ ἰδίῳ τρικλίνῳ |
| Abr.1 | 6 | 8 | αὐτὰ τῇ Σάρρᾳ λέγων εἰ ἀπιστεῖς μοι θέασον ταῦτα. | * λαβοῦσα * | δὲ αὐτὰ ἡ Σάρρα προσεκύνησεν καὶ ἠσπάζετο ταῦτα |
| Abr.1 | 7 | 4 | ἀστράπτοντα καὶ ἐλθὼν ἀνὴρ ὁ ἡλιόμορφος ἐκεῖνος | * ἔλαβεν * | τὸν ἥλιον ἀπὸ τῆς κεφαλῆς ⟨μου⟩ καὶ ἀνῆλθεν εἰς |
| Abr.1 | 7 | 4 | οὐρανοὺς ὅθεν καὶ ἐξῆλθεν καὶ ἐλυπήθην μεγάλως ὅτι | * ἔλαβεν * | τὸν ἥλιον ἀπ' ἐμοῦ μετ' ὀλίγον ὡς ἔτι μου |
| Abr.1 | 7 | 5 | φωτοφόρον ἐκ δευτέρου ἐκ τοῦ οὐρανοῦ ἐξελθόντα καὶ | * ἔλαβεν * | ἀπ' ἐμοῦ καὶ τὴν σελήνην ἐκ τῆς κεφαλῆς μου |
| Abr.1 | 7 | 8 | οὗτός ἐστιν ὁ ἐκ τοῦ θεοῦ ἀποσταλεὶς ὁ μέλλων | * λαβεῖν * | τὴν δικαίαν σου ψυχὴν καὶ νῦν γίνωσκε τιμιώτατε |

| | | | | |
|---|---|---|---|---|
| Abr.1 | 7 | 10 | θαυμάτων καινότερον καὶ λοιπὸν σὺ εἶ ὁ μέλλων | * λαβεῖν * τὴν ψυχήν μου ἀπ' ἐμοῦ; καὶ λέγει ὁ ἀρχιστράτηγος |
| Abr.1 | 7 | 12 | ἔγνωκα κἀγὼ ὅτι σὺ εἶ ἄγγελος κυρίου καὶ ἀπεστάλης | * λαβεῖν * τὴν ψυχήν μου ἀλλ' οὐ μή σε ἀκολουθήσω ὅπερ νῦν |
| Abr.1 | 9 | 1 | σοι τότε ἂν εἶχον ἰδεῖν κἂν ἔρχῃ κἂν οὐκ ἔρχῃ; | * λαβὼν * δὲ ὁ ἀρχιστράτηγος τὰς παραινέσεις τοῦ ὑψίστου |
| Abr.1 | 9 | 8 | κελεύει τὸν ἀρχιστράτηγον Μιχαὴλ καὶ λέγει αὐτῷ | * λαβὲ * νεφέλην φωτὸς ⟨καὶ⟩ ἀγγέλους τοὺς ἐπὶ τῷ ἅρματι τὴν |
| Abr.1 | 10 | 1 | τὴν οἰκουμένην. καὶ κατελθὼν ὁ ἀρχάγγελος Μιχαὴλ | * ἔλαβεν * τὸν Ἀβραὰμ ἐπὶ ἅρματος χερουβικοῦ καὶ ὕψωσεν |
| Abr.1 | 13 | 12 | καὶ εἴ τινος τὸ ἔργον κατακαύσει τὸ πῦρ εὐθέως | * λαμβάνει * αὐτὸν ὁ ἄγγελος τῆς κρίσεως καὶ ἀναφέρει εἰς |
| Abr.1 | 13 | 13 | δοκιμάσει καὶ μὴ ἅψεται αὐτοῦ οὗτος δικαιοῦται καὶ | * λαμβάνει * αὐτὸν ὁ τῆς δικαιοσύνης ἄγγελος καὶ ἀναφέρει |
| Abr.1 | 14 | 8 | σέσωσται διὰ τῆς εὐχῆς σου τῆς δικαίας καὶ ἰδοὺ | * ἔλαβεν * αὐτὴν ἄγγελος φωτοφόρος καὶ ἀνήνεγκεν αὐτὴν ἐν τῷ |
| Abr.1 | 16 | 5 | καὶ κάτελθε πρὸς τὸν φίλον μου τὸν Ἀβραὰμ καὶ | * λαβὲ * αὐτὸν καὶ ἄγαγε αὐτὸν πρός με ἀλλὰ καὶ νῦν λέγω σοι |
| Abr.1 | 17 | 3 | κλίνῃ μου. ὁ δὲ θάνατος λέγει οὐκ ἀναχωρῶ ἕως οὗ | * λάβω * τὸ πνεῦμά σου ἀπό σου. λέγει αὐτῷ Ἀβραὰμ κατὰ τοῦ |
| Abr.1 | 19 | 3 | καὶ ὁ θάνατος εἶπεν οὐκ ἀναχωρῶ ἀπὸ σοῦ ἕως οὗ | * λάβω * τὴν ψυχήν σου. καὶ ὁ Ἀβραὰμ στερρῷ τῷ βλέμματι καὶ |
| Abr.2 | 7 | 7 | τοῦ οὐρανοῦ ὡς φῶς καλούμενος πατὴρ τοῦ φωτὸς καὶ | * ἔλαβεν * τὸν ἥλιον ἐκ τῆς κεφαλῆς μου καὶ ἔασεν τὰς |
| Abr.2 | 7 | 10 | ὁ φωτεινὸς ἀνὴρ καὶ εἶπέν μοι μὴ κλαύσῃς ὅτι | * ἔλαβον * τὸ φῶς τοῦ οἴκου σου ἀνελήφθη γὰρ ἀπὸ καμάτου εἰς |
| Abr.2 | 7 | 12 | τὸ φῶς καὶ ἀποκριθεὶς εἶπον αὐτῷ παρακαλῶ σε κύριε | * λαβὲ * τὰς ἀκτῖνας μετ' αὐτοῦ ὁ δὲ εἶπέν μοι οὐκ ἐν τῇ ὥρᾳ |
| Abr.2 | 7 | 13 | αἱ δώδεκα ὧραι τῆς ἡμέρας ἵνα ὅλας τὰς ἀκτῖνας | * λάβωσιν * ἄνω καὶ ὡς ἦν ταῦτα λέγων ὁ φωτεινὸς ἄνθρωπος |
| Abr.2 | 13 | 19 | ποιῶ; οὐχὶ ἀλλ' ἐὰν οὖν τις δίκαιος πρὸς αὐτὸν | * λαμβάνουσιν * ὅλην τὴν δικαιοσύνην καὶ γίνεται στέφανος |
| TSim. | 6 | 7 | τὸν ὕψιστον ἐν τοῖς θαυμασίοις αὐτοῦ ὅτι θεὸς σῶμα | * λαβὼν * καὶ συνεσθίων ἀνθρώποις ἔσωσεν ἀνθρώπους. καὶ νῦν |
| TLevi | 7 | 4 | ἔπραξαν ἐν Ἰσραὴλ μιᾶναι τὴν ἀδελφὴν ἡμῶν. καὶ | * λαβόντες * ἐκεῖθεν τὴν ἀδελφὴν ἡμῶν ἀπάραντες ἤλθομεν εἰς |
| TLevi | 9 | 10 | καὶ μέλλει διὰ τοῦ σπέρματός σου μιαίνειν τὰ ἅγια. | * λάβε * οὖν σεαυτῷ γυναῖκα ἔτι νέος ὢν μὴ ἔχουσαν μῶμον |
| TLevi | 11 | 1 | καθὼς περιέχει βίβλος Ἐνὼχ τοῦ δικαίου. ὅτε οὖν | * ἔλαβον * γυναῖκα ἤμην ἐτῶν εἰκοσιοκτὼ ᾗ ὄνομα Μελχά. καὶ |
| TLevi | 12 | 1 | ἔνδοξος γὰρ ἤμην τότε ἐν μέσῳ τῶν ἀδελφῶν μου. καὶ | * ἔλαβε * Γηρσὰμ γυναῖκα καὶ ἔτεκεν αὐτῷ τὸν Λομνὶ καὶ τὸν |
| TLevi | 12 | 4 | Μοολὶ καὶ Ὁμουσί. καὶ ἐνενηκοστῷ τετάρτῳ ἔτει μου | * ἔλαβεν * ὁ Ἀμβρὰμ τὴν Ἰωχάβεδ θυγατέρα μου αὐτῷ εἰς |
| TLevi | 12 | 5 | ἐννεακαίδεκα ἐτῶν ἱεράτευσα καὶ εἰκοσιοκτὼ ἐτῶν | * ἔλαβον * γυναῖκα καὶ τεσσαράκοντα ἐτῶν εἰσῆλθον εἰς |
| TLevi | 14 | 5 | μερίδων αὐτοῦ κλέψετε καὶ πρὸ τοῦ θυσιάσαι κυρίῳ | * λήψεσθε * τὰ ἐκλεκτὰ ἐν καταφρονήσει ἐσθίοντες μετὰ πορνῶν |
| TLevi | 14 | 6 | πόρναις καὶ μοιχαλίσι συναφθήσεσθε θυγατέρας ἐθνῶν | * λήψεσθε * εἰς γυναῖκας καθαρίζοντες αὐτὰς καθαρισμῷ |
| TLevi | 15 | 2 | πάντα τὰ ἔθνη καὶ ἔσεσθε βδέλυγμα ἐν αὐτοῖς καὶ | * λήψεσθε * ὀνειδισμὸν καὶ αἰσχύνην αἰώνιον παρὰ τῆς |
| TLevi | 18 | 2B017 | ἀπὸ πάσης πορνείας. σὺ +πρῶτος+ ἀπὸ τοῦ σπέρματος | * λάβε * σεαυτῷ καὶ μὴ βεβηλώσῃς τὸ σπέρμα σου μετὰ +πολλῶν+ |
| TLevi | 18 | 2B062 | τοῖς ἔτεσιν τῆς ζωῆς μου ἐν ἔτει ὀγδόῳ καὶ εἰκοστῷ | * ἔλαβον * γυναῖκα ἐμαυτῷ ἐκ τῆς συγγενείας Ἀβραὰμ τοῦ |
| TLevi | 18 | 2B063 | υἱοῦ Λαβὰν ἀδελφοῦ μητρός μου. καὶ ἐν γαστρὶ | * λαβοῦσα * ἐξ ἐμοῦ ἔτεκεν υἱὸν πρῶτον καὶ ἐκάλεσα τὸ ὄνομα |
| TLevi | 18 | 2B069 | ἡλίου. καὶ πάλιν συνεγενόμην αὐτῇ καὶ ἐν γαστρὶ | * ἔλαβεν * καὶ ἔτεκέν μοι υἱὸν τρίτον καὶ ἐκάλεσα τὸ ὄνομα |
| TJud. | 2 | 4 | καὶ ἀφελόμην ἔριφον ἐκ τοῦ στόματος αὐτοῦ. ἄρκον | * λαβὼν * ἐκ τοῦ ποδὸς ἀπεκύλισα εἰς κρημνὸν καὶ πᾶν θηρίον |
| TJud. | 4 | 3 | ἀνεῖλον καὶ οὕτως ἐλευθερώσαμεν τὴν Χεβρὼν καὶ | * ἐλάβομεν * πᾶσαν τὴν αἰχμαλωσίαν τῶν βασιλέων. τῇ ἑξῆς |
| TJud. | 5 | 5 | καὶ εἰσῆλθον εἰς τὴν πόλιν ἀγνοούντων αὐτῶν. καὶ | * ἐλάβομεν * αὐτὴν ἐν στόματι μαχαίρας καὶ τοὺς ἐν τῷ πύργῳ |
| TJud. | 5 | 5 | καταφυγόντας ἐμπρήσαντες τὸν πύργον σὺν αὐτοῖς | * ἐλάβομεν. * καὶ ἐν τῷ ἀπιέναι ἡμᾶς ἄνδρες Θαφφοῦ ἐπέβαλον |
| TJud. | 6 | 3 | καὶ οἱ ἀπὸ Μαχὶρ ἐπῆλθον ἡμῖν τῇ πέμπτῃ ἡμέρᾳ | * λαβεῖν * τὴν αἰχμαλωσίαν καὶ προσάξαντες αὐτοῖς ἐν καρτερᾷ |
| TJud. | 11 | 3 | συνέπεσα πρὸς αὐτήν. αὐτῇ ἀπόντος μου ἐπορεύθη καὶ | * ἔλαβε * τῷ Σηλὼμ γυναῖκα ἐκ γῆς Χανάαν. γνοὺς δὲ ὃ ἐποίησε |
| TJud. | 12 | 7 | ἔλεγον δὲ μήποτε ἐν δολιότητι ἐποίησε παρὰ ἄλλης | * λαβοῦσα * τὸν ἀρραβῶνα. ἀλλ' οὐδὲ ἤγγισα αὐτῇ ἔτι ἕως |
| TJud. | 13 | 4 | πενθερῷ μου συμβουλεύσομαι τῷ πατρί μου καὶ οὕτως | * λήψομαι * τὴν θυγατέρα σου. καὶ ἔδειξέ μοι ἐπ' ὀνόματι τῆς |
| TJud. | 13 | 7 | παρέβην ἐντολὴν κυρίου καὶ ἐντολὴν πατέρων μου καὶ | * ἔλαβον * αὐτὴν εἰς γυναῖκα. καὶ ἀνταπέδωκέ μοι κύριος κατὰ |
| TJud. | 14 | 6 | μου. πιὼν οἶνον οὐκ αἰσχύνθην ἐντολὴν θεοῦ καὶ | * ἔλαβον * γυναῖκα Χαναναίαν. διὸ συνέσεως χρῄζει ὁ πίνων |
| TJud. | 15 | 4 | καίγε μετανοήσας ἐπὶ τούτοις οἶνον καὶ κρέας οὐκ | * ἔλαβον * ἕως γήρως καὶ πᾶσαν εὐφροσύνην οὐκ εἶδον. καὶ |
| TIss. | 1 | 3 | μανδραγόρους ἐκ τοῦ ἀγροῦ καὶ προαπαντήσασα Ῥαχὴλ | * ἔλαβεν * αὐτούς. ἔκλαιε δὲ Ῥουβὴμ καὶ ἐπὶ τῇ φωνῇ αὐτοῦ |
| TIss. | 1 | 7 | ἦσαν δὲ μῆλα δύο. καὶ εἶπε Λεία ἱκανούσθω σοι ὅτι | * ἔλαβες * τὸν ἄνδρα παρθενίας μου μὴ καὶ ταῦτα λήψῃ; ἡ δὲ |
| TIss. | 1 | 7 | ὅτι ἔλαβες τὸν ἄνδρα παρθενίας μου μὴ καὶ ταῦτα | * λήψῃ; * ἡ δὲ εἶπεν ἰδοὺ ἔστω σοι Ἰακὼβ τὴν νύκτα ταύτην |
| TIss. | 1 | 14 | εἰ ἤμην ἐκεῖ οὐκ ἐγίνετο τοῦτο. καὶ εἶπε Ῥαχὴλ | * λάβε * ἕνα μανδραγόραν καὶ ἀντὶ τοῦ ἑνὸς ἐκμισθῶ σοι αὐτὸν |
| TIss. | 2 | 4 | γὰρ καὶ τῇ ἐπαύριον ἀπέδοτο τὸν Ἰακὼβ ἵνα | * λάβῃ * καὶ τὸν ἄλλον μανδραγόραν. διὰ τοῦτο ἐν τοῖς |
| TIss. | 3 | 5 | ἐν ἁπλότητι ὀφθαλμῶν. διὰ τοῦτο τριάκοντα ἐτῶν | * ἔλαβον * ἐμαυτῷ γυναῖκα ὅτι ὁ κάματος κατήσθιε τὴν ἰσχύν |
| TZab. | 3 | 2 | ἀλλὰ Συμεὼν καὶ Γὰδ καὶ οἱ ἄλλοι ἓξ ἀδελφοὶ ἡμῶν | * λαβόντες * τὴν τιμὴν τοῦ Ἰωσὴφ ἐπριάσαντο ὑποδήματα |
| TZab. | 4 | 1 | πάντα τὰ κακὰ ἃ ἐποιήσαμεν τῷ Ἰωσήφ. μετὰ ταῦτα | * ἔλαβον * ἐσθίειν ἐκεῖνοι. ἐγὼ γὰρ δύο ἡμέρας καὶ δύο |
| TZab. | 4 | 6 | πῶς ὄψομαι τὸ πρόσωπον Ἰακὼβ τοῦ πατρός μου; καὶ | * λαβὼν * τὸ ἀργύριον κατέδραμε τοῖς ἐμπόροις καὶ οὐδένα |
| TZab. | 6 | 6 | ἐποίησέ μοι θήραν. ὁ γὰρ μεταδιδοὺς τῷ πλησίον | * λαμβάνει * πολλαπλασίονα παρὰ κυρίου. πέντε ἔτη ἡλίευσα |
| TDan | 1 | 7 | καὶ ἓν τῶν πνευμάτων τοῦ Βελιὰρ συνήργει μοι λέγων | * λάβε * τὸ ξίφος τοῦτο καὶ ἐν αὐτῷ ἄνελε τὸν Ἰωσὴφ καὶ |
| TDan | 5 | 11 | νίκους δώσει πατράσιν ἡμῶν. καὶ τὴν αἰχμαλωσίαν | * λάβῃ * ἀπὸ τοῦ Βελιὰρ ψυχὰς ἁγίων καὶ ἐπιστρέψει καρδίας |
| TNep. | 5 | 7 | πιάσαι αὐτὸν οὐκ ἠδυνήθημεν. φθάσας γὰρ Ἰωσὴφ | * ἔλαβεν * αὐτὸν καὶ συνανῆλθεν αὐτῷ εἰς ὕψος. καὶ εἶδον ὅτι |
| TGad | 6 | 5 | πολλάκις δολοφωνεῖ σε ἢ περιεργάζεταί σε ἐν κακῷ | * λαβὼν * ἀπὸ σοῦ τὸν ἰόν. ἐὰν οὖν ἀρνεῖται καὶ αἰδεσθῇ |
| TJos. | 1 | 5 | δοῦλον καὶ ὁ κύριος ἐλευθέρωσέ με εἰς αἰχμαλωσίαν | * ἐλήφθην * καὶ ἡ κραταιὰ αὐτοῦ χεὶρ ἐβοήθησέ μοι ἐν λιμῷ |
| TJos. | 3 | 4 | οἱ διὰ τὸν θεὸν νηστεύοντες τοῦ προσώπου τὴν χάριν | * λαμβάνουσιν. * ἐὰν δὲ ἀπεδήμει οἶνον οὐκ ἔπινον καὶ |
| TJos. | 3 | 5 | ἐὰν δὲ ἀπεδήμει οἶνον οὐκ ἔπινον καὶ τριημερίζων | * ἐλάμβανόν * μου τὴν δίαιταν καὶ ἐδίδουν αὐτὴν πένησι καὶ |
| TJos. | 5 | 1 | οὐ θέλεις ἐγὼ ἀναιρῶ τὸν Αἰγύπτιον καὶ οὕτως νόμῳ | * λήψομαί * σε εἰς ἄνδρα. ἐγὼ οὖν ὡς ἤκουσα τοῦτο διέρρηξα |
| TJos. | 6 | 7 | θεοσεβούντων οὐ κατισχύει κακία ἀσεβούντων | * λαβὼν * ἐνώπιον αὐτῆς ἐξαυτῆς ἔφαγον εἰπὼν ὁ θεὸς τῶν |
| TJos. | 11 | 4 | Αἴγυπτον περὶ ἐμοῦ ἐμάχοντο τίς προσδοὺς χρυσίον | * λάβῃ * με. διὸ πᾶσιν ἔδοξεν εἶναί με εἰς Αἴγυπτον πρὸς |
| TJos. | 18 | 3 | ὅτι διὰ τὴν μακροθυμίαν καὶ θυγατέρα κυρίων μου | * ἔλαβον * εἰς γυναῖκα καὶ ἑκατὸν τάλαντά μοι χρυσίου |
| TBen. | 2 | 3 | σου οὗτος. καὶ λέγει μοι ναὶ ἀδελφὲ καὶ γὰρ ὅτε | * ἔλαβόν * με οἱ Ἰσμαηλῖται εἷς ἐξ αὐτῶν ἀποδύσας με τὸν |
| TBen. | 9 | 1 | βασιλεία κυρίου οὐκ ἔσται ἐν ὑμῖν ὅτι εὐθὺς αὐτὸς | * λήψεται * αὐτήν. πλὴν ἐν μερίδι ὑμῶν γενήσεται ναὸς θεοῦ |
| Asen. | 1 | 9 | καὶ αὕτη ἐστὶ βασίλισσα καὶ καλὴ σφόδρα; ταύτην | * λαβὲ * σεαυτῷ εἰς γυναῖκα. καὶ ἦν Ἀσενὲθ ἐξουθενοῦσα καὶ |
| Asen. | 10 | 9 | Ἀσενὲθ καὶ ἐπένθησε τὸν ἀδελφὸν αὐτῆς. καὶ | * ἔλαβε * τὸν χιτῶνα αὐτῆς τὸν μελανὸν καὶ ἤνεγκεν αὐτὸν εἰς |
| Asen. | 10 | 11 | τῶν ποδῶν αὐτῆς καὶ ἔθηκε πάντα εἰς τὸ ἔδαφος. καὶ | * ἔλαβε * τὴν στολὴν αὐτῆς τὴν ἐκλεκτὴν καὶ τὴν ζώνην τὴν |
| Asen. | 10 | 12 | πρὸς βορρᾶν τοῖς πένησιν. καὶ ἔσπευσεν Ἀσενὲθ καὶ | * ἔλαβε * πάντας τοὺς θεοὺς αὐτῆς τοὺς ὄντας ἐν τῷ θαλάμῳ |
| Asen. | 10 | 13 | ἀπὸ τοῦ ὑπερῴου αὐτῆς πτωχοῖς καὶ δεομένοις. καὶ | * ἔλαβεν * Ἀσενὲθ τὸ δεῖπνον αὐτῆς τὸ βασιλικὸν καὶ τὰ |
| Asen. | 10 | 14 | αὐτά οἱ κύνες οἱ ἀλλότριοι. καὶ μετὰ ταῦτα | * ἔλαβεν * Ἀσενὲθ τὴν δέρριν τῆς τέφρας καὶ κατέχεεν αὐτὴν |
| Asen. | 10 | 14 | τῆς τέφρας καὶ κατέχεεν αὐτὴν ἐπὶ τὸ ἔδαφος. καὶ | * ἔλαβε * τὴν δέρριν τοῦ σάκκου καὶ περιεζώσατο περὶ τὴν |
| Asen. | 14 | 14 | τοῦ κόσμου αὐτῆς καὶ ἠνέῳξε τὸ κιβώτιον αὐτῆς καὶ | * ἔλαβε * στολὴν λινῆν καινὴν ἐπίσημον ἄθικτον καὶ ἀπεδύσατο |
| Asen. | 14 | 15 | αὐτῆς καὶ τὸ πρόσωπον αὐτῆς ὕδατι ζῶντι. καὶ | * ἔλαβε * θέριστρον λινοῦν ἄθικτον καὶ ἐπίσημον καὶ |
| Asen. | 16 | 10 | πνοὴ τοῦ στόματος τοῦ ἀνθρώπου τούτου ἐστίν. καὶ | * ἔλαβεν * Ἀσενὲθ τὸ κηρίον ἐκεῖνο καὶ ἤνεγκε τῷ ἀνθρώπῳ |
| Asen. | 18 | 3 | τῶν ἑπτὰ ἡμερῶν καὶ ἐλυπήθη καὶ ἔκλαυσε καὶ | * ἔλαβε * τὴν χεῖρα αὐτῆς τὴν δεξιὰν καὶ κατεφίλησεν αὐτὴν |
| Asen. | 18 | 6 | θεριστρῳ κατεκάλυψε τὴν κεφαλὴν αὐτῆς ὡς νύμφη καὶ | * ἔλαβε * σκῆπτρον ἐν τῇ χειρὶ αὐτῆς. καὶ ἐμνήσθη Ἀσενὲθ |
| Asen. | 20 | 8 | πάσης γῆς Αἰγύπτου καὶ ποιήσω ὑμῖν γάμους καὶ | * λήψῃ * τὴν θυγατέρα μου Ἀσενὲθ εἰς γυναῖκα. καὶ εἶπεν |
| Asen. | 21 | 5 | νύμφη Ἰωσὴφ ἀπὸ τοῦ νῦν καὶ ἕως τοῦ αἰῶνος. καὶ | * ἔλαβε * Φαραὼ τὸν Ἰωσὴφ καὶ τὴν Ἀσενὲθ καὶ ἐπέθηκε |
| Asen. | 23 | 3 | χιλιάδες ἀνδρῶν πολεμιστῶν. καὶ ἰδοὺ ἐγὼ σήμερον | * λήψομαι * ὑμᾶς ἐμαυτῷ εἰς ἑταίρους καὶ δώσω ὑμῖν χρυσίον |
| Asen. | 23 | 3 | ἐγὼ πάνυ παρὰ τοῦ ἀδελφοῦ ὑμῶν Ἰωσὴφ διότι | * ἔλαβεν * αὐτὸς τὴν Ἀσενὲθ τὴν γυναῖκά μου τὴν ἐμοὶ |
| Asen. | 24 | 7 | εἶπεν ἰδοὺ εὐλογία καὶ θάνατος πρὸ προσώπου ὑμῶν. | * λάβετε * οὖν μᾶλλον ὑμεῖς τὴν εὐλογίαν καὶ μὴ τὸν θάνατον |
| Asen. | 24 | 10 | μου καὶ εἶπεν αὐτῷ καλῶς εἴρηκας τέκνον. λοιπὸν | * λαβὲ * παρ' ἐμοῦ ἄνδρας δυνατοὺς εἰς πόλεμον καὶ ὑπέξελθε |
| Asen. | 24 | 14 | ὑμῶν. καὶ ὑμεῖς ἀποκτείνατε τὸν Ἰωσὴφ καὶ | * λήψομαι * ἐμαυτῷ τὴν Ἀσενὲθ εἰς γυναῖκα καὶ ὑμεῖς ἔσεσθέ |
| Asen. | 24 | 19 | καὶ κρυβησόμεθα εἰς τὴν ὕλην τοῦ καλάμου. καὶ σὺ | * λαβὲ * μετά σου πεντήκοντα ἄνδρας τοξότας ἐφ' ἵπποις καὶ |
| Asen. | 25 | 4 | ὡς ἤκουσε ταῦτα ἀπῆλθε σπεύδων ὁ υἱὸς Φαραὼ καὶ | * ἔλαβε * μετ' αὐτοῦ πεντήκοντα ἄνδρας ἱππεῖς τοξότας καὶ |
| Asen. | 26 | 6 | τοῖς υἱοῖς Λίας τὸν κίνδυνον τῆς Ἀσενέθ. καὶ | * ἔλαβεν * ἕκαστος τὴν ῥομφαίαν αὐτοῦ καὶ ἔθηκεν ἐπὶ τὸν |
| Asen. | 26 | 6 | ῥομφαίαν αὐτοῦ καὶ ἔθηκεν ἐπὶ τὸν μηρὸν αὐτοῦ καὶ | * ἔλαβον * τὰς ἀσπίδας αὐτῶν καὶ ἔθηκαν ἐπὶ τοὺς βραχίονας |
| Asen. | 26 | 6 | αὐτῶν καὶ ἔθηκαν ἐπὶ τοὺς βραχίονας αὐτῶν καὶ | * ⟨ἔλαβον⟩ * τὰ δόρατα αὐτῶν ἐν ταῖς δεξιαῖς χερσὶν αὐτῶν |
| Asen. | 27 | 2 | καὶ κατεπήδησε Βενιαμὶν ἀπὸ τοῦ ὀχήματος καὶ | * ἔλαβε * λίθον στρογγύλον ἐκ τοῦ χειμάρρου καὶ ἐπλήρωσε τὴν |
| Asen. | 29 | 2 | στόματι αὐτοῦ. καὶ ἔδραμεν ἐπ' αὐτὸν Βενιαμὶν καὶ | * ἔλαβε * τὴν ῥομφαίαν αὐτοῦ καὶ εἵλκυσεν αὐτὴν ἐκ τοῦ |
| Sal. | 5 | 3 | με πρὸς σέ μὴ παρασιωπήσῃς ἀπ' ἐμοῦ. οὐ γὰρ | * λήψεται * ⟨τις⟩ σκῦλα παρὰ ἀνδρὸς δυνατοῦ καὶ τίς λήψεται |
| Sal. | 5 | 3 | λήψεταί ⟨τις⟩ σκῦλα παρὰ ἀνδρὸς δυνατοῦ καὶ τίς | * λήψεται * ἀπὸ πάντων ὧν ἐποίησας ἐὰν μὴ σὺ δῷς; ὅτι |
| Jer. | 3 | 8 | ἐν ἑπτὰ σφραγῖσιν ἐν ἑπτὰ καιροῖς καὶ μετὰ ταῦτα | * λήψῃ * τὴν ὡραιότητά σου φύλαξον τὰ σκεύη τῆς λειτουργίας |
| Jer. | 4 | 3 | αὐτὰς ἐνώπιον τοῦ ἡλίου λέγων σοὶ λέγω ἥλιε | * λάβε * τὰς κλεῖδας τοῦ ναοῦ τοῦ θεοῦ καὶ φύλαξον αὐτὰς ἕως |
| Jer. | 4 | 7 | καυχάσθωσαν οἱ παράνομοι καὶ εἴπωσιν ὅτι ἰσχύσαμεν | * λαβεῖν * τὴν πόλιν τοῦ θεοῦ ἐν τῇ δυνάμει ἡμῶν ἀλλὰ διὰ |
| Jer. | 5 | 27 | ὅτι ᾐχμαλωτεύθη ὁ λαὸς εἰς Βαβυλῶνα. ἵνα δὲ γνῷς | * λάβε * ἴδε τὰ σῦκα. καὶ ἀνεκάλυψε τὸν κόφινον τῶν σύκων τῷ |
| Jer. | 8 | 2 | τὰ ἔργα τῆς Βαβυλῶνος. καὶ τοὺς ἄρρενας τοὺς | * λαβόντας * ἐξ αὐτῶν γυναῖκας καὶ τὰς γυναῖκας τὰς λαβούσας |
| Jer. | 8 | 2 | λαβόντας ἐξ αὐτῶν γυναῖκας καὶ τὰς γυναῖκας τὰς | * λαβούσας * ἐξ αὐτῶν ἄνδρας διαπεράσωσιν οἱ ἀκούοντές σου |
| Jer. | 9 | 32 | καὶ ἐλθόντες Βαροὺχ καὶ Ἀβιμέλεχ ἔθαψαν αὐτὸν καὶ | * λαβόντες * τὸν λίθον ἔθηκαν ἐπὶ τὸ μνῆμα αὐτοῦ |
| Bar. | 2 | 1 | δεῦρο καὶ ὑποδείξω σοι τὰ μυστήρια τοῦ θεοῦ. καὶ | * λαβών * με ἤγαγέν με ὅπου ἐστήρικται ὁ οὐρανὸς καὶ ὅπου ἦν |
| Bar. | 2 | 2 | αὐτὸν οὐδὲ ξένη πνοὴ ἐκ πασῶν ὧν ἔθετο ὁ θεός. καὶ | * λαβών * με ἤγαγέν με ἐπὶ τὸν πρῶτον οὐρανὸν καὶ ἔδειξέ μοι |
| Bar. | 3 | 1 | οἰκοδομήσαντες καὶ ἐξετόπησεν αὐτοὺς ὁ κύριος. καὶ | * λαβὼν * με ὁ ἄγγελος κυρίου ἤγαγέν με εἰς δεύτερον |
| Bar. | 3 | 7 | ἐπὶ πήχεις τετρακοσίας ἑξήκοντα τρεῖς. καὶ | * λαβόντες * τρύπανον ἔσπευδον τρυπῆσαι τὸν οὐρανὸν λέγοντες |

| | | | | | |
|---|---|---|---|---|---|
| Bar. | 4 | 12 | τῶν εὑρισκομένων φυτῶν. εὗρε δὲ καὶ τὸ κλῆμα καὶ | * λαβὼν * | ἐλογιζετο ἐν ἑαυτῷ τί ἄρα ἐστίν. καὶ ἐλθὼν ἐγὼ |
| Bar. | 4 | 15 | αἷμα θεοῦ καὶ ὥσπερ ὑπ' αὐτοῦ τὴν καταδίκην | * ἔλαβεν * | τὸ γένος τῶν ἀνθρώπων πάλιν διὰ Ἰησοῦ Χριστοῦ |
| Bar. | 4 | 16 | ὥσπερ ὁ Ἀδὰμ δι' αὐτοῦ τοῦ ξύλου τὴν καταδίκην | * ἔλαβεν * | καὶ τῆς δόξης θεοῦ ἐγυμνώθη οὕτως καὶ οἱ νῦν |
| Bar. | 6 | 1 | οὖν ὅπως δείξω σοι καὶ μείζονα τούτων ἔργα. καὶ | * λαβών * | με ἤγαγέν με ὅπου ὁ ἥλιος ἐκπορεύεται. καὶ ἔδειξέ |
| Bar. | 8 | 1 | ἀλλ' ἔκδεξαι καὶ ὄψει καὶ τὴν δύσιν αὐτῶν. καὶ | * λαβών * | με ἤγαγέν με ἐπὶ δυσμάς. καὶ ὅταν ἦλθεν ὁ καιρὸς |
| Bar. | 8 | 4 | ὁ στέφανος τοῦ ἡλίου ὅταν τὴν ἡμέραν διαδράμη | * λαμβάνουσι * | τέσσαρες ἄγγελοι τοῦτον καὶ ἀναφέρουσιν εἰς |
| Bar. | 9 | 7 | τοῦ πρώτου Ἀδὰμ παρῆψε τῷ Σαμαὴλ ὅτε τὸν ὄφιν | * ἔλαβεν * | ἔνδυμα οὐκ ἀπεκρύβη ἀλλὰ παρηύξησε. καὶ ὠργίσθη |
| Bar. | 10 | 1 | καὶ ταῦτα πάντα μαθὼν παρὰ τοῦ ἀρχαγγέλου | * λαβὼν * | ἤγαγέν με εἰς τρίτον οὐρανόν. καὶ εἶδον πεδίον |
| Bar. | 10 | 6 | χοροὶ χοροί. τὸ δὲ ὕδωρ ἐστὶν ὅπερ τὰ νέφη | * λαμβάνοντα * | βρέχουσιν ἐπὶ τῆς γῆς καὶ αὐξάνουσιν οἱ |
| Bar. | 11 | 1 | ἐστὶν ὃ λέγεται δρόσος τοῦ οὐρανοῦ. καὶ ἀπὸ τούτου | * λαβών * | με ὁ ἄγγελος ἤγαγέν με εἰς πέμπτον οὐρανόν. καὶ ἦν |
| Bar. | 12 | 4 | μοι οὗτοί εἰσιν ἄγγελοι ἐπὶ τῶν ἐξουσιῶν. καὶ | * λαβὼν * | ὁ ἀρχάγγελος τοὺς κανίσκους ἔβαλεν αὐτοὺς εἰς τὴν |
| Bar. | 17 | 2 | λόγῳ ἐκλείσθη ἡ θύρα καὶ ἡμεῖς ἀνεχωρήσαμεν. καὶ | * λαβὼν * | με ὁ ἄγγελος ἀπεκατέστησέν με εἰς τὸ ἀπ' ἀρχῆς. |
| Prop. | 2 | 4 | πιστοὶ θεοῦ ἕως σήμερον εὔχονται ἐν τῷ τόπῳ καὶ | * λαμβάνοντες * | τοῦ χοὸς τοῦ τόπου δήγματα ἀσπίδων |
| Prop. | 12 | 6 | καὶ ἐλειτούργει θερισταῖς τοῦ ἀγροῦ αὐτοῦ. ὡς δὲ | * ἔλαβε * | τὸ ἔδεσμα προεφήτευσε τοῖς ἰδίοις εἰπὼν πορεύομαι |
| Prop. | 23 | 1 | αὐτοῦ ὁ οἶκος Δαυὶδ ἀνὰ μέσον ἐπὶ τοῦ Αἰλὰμ καὶ | * λαβόντες * | αὐτόν οἱ ἱερεῖς ἔθαψαν αὐτὸν μετὰ τοῦ πατρὸς |
| Esdr. | 5 | 13 | καὶ τὸ ἕκτον μὲν ἕτοιμον γίνεται καὶ | * λαμβάνει * | τὴν ψυχὴν τὸ ἕβδομον παρασκευάζεται τὸ ἔννατον |
| Esdr. | 6 | 16 | υἱέ μου ἀγαπητὲ μετὰ στρατιὰν ἀγγέλων πολλὴν | * λαβὼν * | τὴν ψυχὴν τοῦ ἀγαπητοῦ μου Ἐσδράμ. λαβὼν γὰρ ὁ |
| Esdr. | 6 | 17 | πολλὴν λαβὼν τὴν ψυχὴν τοῦ ἀγαπητοῦ μου Ἐσδράμ. | * λαβὼν * | γὰρ ὁ κύριος στρατιὰν ἀγγέλων πολλὴν λέγει τῷ |
| Esdr. | 7 | 3 | τῆς γῆς ἧγουν τὸ σῶμα ἀπέρχεται εἰς τὴν γῆν ἐξ ἧς | * ἐλήφθη. * | καὶ εἶπεν ὁ προφήτης οἴμμοι οἴμμοι τί ποιήσω; τί |
| Sedr. | 2 | 4 | καὶ ἐκτείνας ταῖς πτέρυξιν αὐτοῦ ὁ ἄγγελος | * ἔλαβεν * | αὐτὸν καὶ ἀνῆλθεν εἰς τοὺς οὐρανοὺς καὶ ἔστησεν |
| Sedr. | 6 | 4 | ἀπ' αὐτοῦ καὶ ἀπὸ προσώπου αὐτοῦ ἀλλ' αὐτὸς τὰ ἐμὰ | * λαβὼν * | ἀλλότριος ἐγένετο μοιχαλὶς καὶ ἁμαρτωλός. ποῖος |
| Sedr. | 6 | 5 | ποῖος πατὴρ προικίσας εἰπέ μοι τῷ υἱῷ αὐτοῦ καὶ | * λαβὼν * | τὴν οὐσίαν καταλιπὼν τὸν πατέρα ἀπῆλθεν καὶ |
| Sedr. | 6 | 7 | καπνίζεται ἡ καρδία αὐτοῦ. καὶ ἀπελθὼν ὁ πατὴρ | * λαμβάνει * | τὴν οὐσίαν αὐτοῦ καὶ ἐξορίζει αὐτὸν ἐκ τῆς |
| Sedr. | 6 | 8 | καὶ ζηλωτὴς θεὸς τὰ πάντα δέδωκα αὐτῷ καὶ αὐτὸς | * λαβὼν * | ταῦτα ἐγένετο μοιχαλὶς καὶ ἁμαρτωλός. λέγει αὐτῷ |
| Sedr. | 9 | 1 | καὶ εἶπεν ὁ θεὸς τὸν υἱὸν αὐτοῦ τὸν μονογενῆ ὕπαγε | * λαβὲ * | τὴν ψυχὴν τοῦ ἠγαπημένου μου Σεδρὰχ καὶ ἀπόθου |
| Sedr. | 9 | 5 | ἐγὼ παρηγγέλθην παρὰ τοῦ πατρός μου μὴ ἀναισχύντως | * λάβω * | τὴν ψυχήν σου εἰ ⟨δὲ⟩ μὴ δός μοι τὴν ποθεινοτάτην |
| Sedr. | 10 | 1 | σου. καὶ εἶπεν Σεδρὰχ τὸν θεὸν καὶ πόθεν μέλλεις | * λαβεῖν * | τὴν ψυχήν μου καὶ ἐκ ποίου μέλους; καὶ λέγει |
| Sedr. | 16 | 8 | κακοῦ. καὶ λέγει ὁ δοῦλος τοῦ θεοῦ Σεδρὰχ ἄρτι | * λαβὲ * | τὴν ψυχήν μου δέσποτα. καὶ ἔλαβεν αὐτὸν ὁ θεὸς καὶ |
| Sedr. | 16 | 9 | θεοῦ Σεδρὰχ ἄρτι λαβὲ τὴν ψυχήν μου δέσποτα. καὶ | * ἔλαβεν * | αὐτὸν ὁ θεὸς καὶ ἔθηκεν αὐτὸν ἐν τῷ παραδείσῳ |
| Job | 7 | 7 | τῶν ἑαυτῆς ἕνα ἄρτον καλὸν καὶ ἔδωκεν αὐτῷ. ὁ δὲ | * λαβὼν * | καὶ γνοὺς τὸ γεγονός, εἶπεν τῇ παιδὶ ἀπελθοῦσα, |
| Job | 8 | 2 | ἀπελθὼν ὑπὸ τὸ στερέωμα ὥρκωσεν τὸν κύριον ἵνα | * λάβη * | ἐξουσίαν κατὰ τῶν ὑπαρχόντων μου. καὶ τότε λαβὼν |
| Job | 8 | 3 | λάβη ἐξουσίαν κατὰ τῶν ὑπαρχόντων μου. καὶ τότε | * λαβὼν * | τὴν ἐξουσίαν ἦλθεν καὶ ἦρέν μου σύμπαντα τὸν |
| Job | 9 | 8 | τῇ θύρᾳ, καὶ αἰδεσθέντες ἀποστραφῶσιν μηδὲν | * λαβόντες * | ἀλλ' ὅταν ἴδωσίν με πρὸς μίαν θύραν καθήμενον, |
| Job | 9 | 8 | καθήμενον, δυνηθῶσιν διὰ τῆς ἄλλης ἐπανελθεῖν καὶ | * λάβωσιν * | ὅσον χρήζουσιν. ἦσαν δέ μοι καὶ τράπεζαι |
| Job | 10 | 3 | ἀνάγκην εἶχεν τρέφεσθαι ἐν τῇ τραπέζῃ πρὶν ἢ | * λαβεῖν * | τὴν χρείαν καὶ οὐδὲ ἐπέτρεπον ἐξελθεῖν τὴν θύραν |
| Job | 11 | 5 | καὶ ἐγὼ ταῦτα ἀκούων ἠγαλλιώμην ὅτι ὅλως παρ' ἐμοῦ | * λαμβάνουσιν * | εἰς οἰκονομίαν τῶν πτωχῶν καὶ προθύμως |
| Job | 11 | 7 | τὸ γραμματεῖον ἐδίδουν αὐτοῖς ὅσον ἤθελον μὴ | * λαμβάνων * | παρ' αὐτῶν ἐνέχυρα εἰ μὴ μόνον ἔγγραφον. καὶ |
| Job | 11 | 11 | ὅσον προφάσει τῶν πενήτων ἐπίστευσα ὑμῖν, οὐδὲν | * λήψομαι * | παρ' ὑμῶν. οὐδὲ ἐδεχόμην τι παρὰ τοῦ ὀφειλέτου |
| Job | 12 | 2 | γινομένης ἐξερχόμενος ἀπελθεῖν εἰς τὸν οἶκον αὐτοῦ | * λαμβάνειν * | ἠναγκάζετο παρ' ἐμοῦ λέγοντος ἐπίσταμαι ὅτι |
| Job | 12 | 3 | καὶ ἀναμένων σου τὸν μισθὸν ἀνάγκην ἔχεις | * λαβεῖν. * | καὶ οὐκ ἔων μισθὸν μισθωτοῦ ἀπομεῖναι παρ' ἐμοὶ |
| Job | 14 | 2 | τὸ καθ' ἡμέραν μετὰ τὸ τρέφεσθαι τὰς χήρας, καὶ | * ἐλάμβανον * | τὴν κιθάραν καὶ ἔψαλλον αὐτοῖς, καὶ αὗται |
| Job | 15 | 5 | τοῖς πτωχοῖς, καὶ ἔλεγον αὐτοῖς ταῦτα | * λαμβάνετε * | περισσὰ μετὰ τὴν σύνταξιν ἵνα δεηθῆτε ὑπὲρ τῶν |
| Job | 16 | 2 | μετὰ τὸ τὸν ἄγγελον ὑποδεῖξαί μοι, εἶτα μετὰ τὸ | * εἰληφέναι * | τὴν ἐξουσίαν τὸν Σατανᾶν, τότε λοιπὸν ἀνηλεῶς |
| Job | 16 | 4 | τῶν βοῶν. ταῦτα πάντα ἀνήλισκεν δι' ἑαυτοῦ καθ' ἣν | * εἴληφεν * | ἐξουσίαν κατ' ἐμοῦ. καὶ τὰ λοιπὰ τῶν κτηνῶν μου |
| Job | 21 | 2 | εἰς οἶκον τινὸς εὐσχήμονος ὡς παιδίσκην ἕως ἂν | * λάβη * | ἄρτον καὶ προσενέγκῃ μοι καὶ ἐγὼ κατανενυγμένος |
| Job | 22 | 2 | ἐπιτρέψαντες ἔχειν αὐτὴν τὴν ἰδίαν τροφὴν καὶ αὐτὴ | * λαμβάνουσα * | διεμέριζεν αὐτῇ τε καὶ ἐμοί, λέγουσα μετ' |
| Job | 23 | 3 | καὶ ὁ Σατανᾶς ἔλεγεν αὐτῇ παράσχου τὸ τίμημα καὶ | * λάβε * | ὃ θέλεις. ἀποκριθεῖσα δὲ αὐτῷ λέγει πόθεν μοι |
| Job | 23 | 7 | ἀργύριον, ὑποθοῦ μοι τὴν τρίχα τῆς κεφαλῆς σου καὶ | * λάβε * | τρεῖς ἄρτους ἴσως δυνήσεσθε ζῆσαι ἐν τρισίν |
| Job | 23 | 10 | τῆς τριχὸς εἶπεν αὐτῷ ἀνάστα, ἆρον αὐτήν. τότε | * λαβὼν * | ψαλίδα ἔκειρεν τὴν τρίχα τῆς κεφαλῆς αὐτῆς καὶ |
| Job | 23 | 11 | καὶ ἔδωκεν αὐτῇ τρεῖς ἄρτους πάντων βλεπόντων ἡ δὲ | * λαβοῦσα * | ἦλθεν καὶ προσφέρει μοι καὶ ὁ Σατανᾶς ἠκολούθει |
| Job | 24 | 5 | προσενέγκω σοι οὐκέτι γὰρ δὴ μόλις τὴν ἐμὴν τροφὴν | * λαμβάνω * | καὶ διαμερίζω σοί τε καὶ ἐμοί, ἐννοουμένη ἐν τῇ |
| Job | 24 | 8 | μου ὅτι οὐκ ἀρκετὸν πράττειν+ δὸς τὸ ἀργύριον καὶ | * λήψει. * | καὶ ἐμὲ δὲ δεῖξαι τὴν ἀπορίαν ἡμῶν αὐτῷ καὶ |
| Job | 24 | 9 | ἀργύριον, παράσχου τὴν τρίχα τῆς κεφαλῆς σου καὶ | * λάμβανε * | τρεῖς ἄρτους ἴσως ζήσεσθε ἐν τρισὶν ἡμέραις. |
| Job | 25 | 10 | τῆς καρδίας μου συνετρίβη μου τὰ ὀστᾶ ἀνάστηθι σύ, | * λαβὼν * | τοὺς ἄρτους χορτάσθητι, καὶ εἰπόν τι ῥῆμα πρὸς |
| Job | 42 | 8 | αὐτοὶ δὲ προσανήνεγκάν μοι τὰ πρὸς θυσίαν καὶ ἐγὼ | * λαβὼν * | ἀνήνεγκα ὑπὲρ αὐτῶν καὶ ὁ κύριος προσδεξάμενος |
| Job | 45 | 3 | τοῖς πτωχοῖς, μὴ παρίδητε τοὺς ἀδυνάτους, μὴ | * λάβετε * | ἑαυτοῖς γυναῖκας ἐκ τῶν ἀλλοτρίων ἰδοὺ οὖν τεκνία |
| Job | 46 | 5 | θυγατέρα αὐτοῦ τὴν λεγομένην Ἡμέραν λέγει αὐτῇ | * λαβοῦσα * | τὸ δακτύλιον ὕπαγε εἰς τὴν κρυπτὴν καὶ ἔνεγκε τὰ |
| Job | 46 | 9 | ἀκτῖνας τοῦ ἡλίου. καὶ δέδωκεν χορδὴν μίαν εἰπὼν | * λάβετε * | αὐτὰς περὶ τὸ στῆθος ὑμῶν ἵνα εὖ ὑμῖν γένηται |
| Job | 47 | 6 | σου ἐρωτήσω δέ σε, σὺ δέ μοι ἀποκρίνου. ἐγὼ δὲ | * λαβὼν * | περιεζωσάμην καὶ εὐθέως ἀφανεῖς ἐγένοντο ἀπὸ τότε |
| Job | 52 | 3 | ἐλθόντας ἐπὶ τὴν ψυχὴν αὐτοῦ καὶ εὐθέως ἀναστὰς | * ἔλαβεν * | κιθάραν καὶ ἔδωκεν τῇ θυγατρὶ αὐτοῦ Ἡμέρᾳ τῇ δὲ |
| Job | 52 | 6 | τοὺς ἐλθόντας ἐπὶ τὴν ψυχὴν αὐτοῦ αἱ δὲ | * λαβοῦσαι * | εἶδον τὰ φωτεινὰ ἅρματα τὰ ἐλθόντα ἐπὶ τὴν |
| Job | 52 | 10 | τοῦ πατρὸς βλέποντος, ἄλλων δέ τινων μὴ βλεπόντων | * λαβὼν * | δὲ τὴν ψυχὴν ἀνεπετάσθη ἐναγκαλισάμενος αὐτὴν καὶ |
| Job | 53 | 8 | ἡμέρας ἐνέθεντο αὐτὸν εἰς τὸν τάφον ἐν καλῷ ὕπνῳ, | * λαβόντα * | ὄνομα ὀνομαστὸν ἐν πάσαις ταῖς γενεαῖς τοῦ |
| Job | 53 | 9 | δὲ πρὶν τῆς πληγῆς ἔτη π ε' μετὰ δὲ τὴν πληγὴν | * λαβὼν * | πάντα διπλὰ ἔλαβε καὶ τὰ ἔτη διπλὰ τουτέστιν ρ ο'. |
| Job | 53 | 9 | ἔτη π ε' μετὰ δὲ τὴν πληγὴν λαβὼν πάντα διπλὰ | * ἔλαβε * | καὶ τὰ ἔτη διπλὰ τουτέστιν ρ ο'. τὰ δὲ πάντα ἔτη |
| Aris. | 4 | 1 | γράμμασιν. ἣν δὴ καὶ ἐποιησάμεθα ἡμεῖς σπουδῇ | * λαβόντες * | καιρὸν πρὸς τὸν βασιλέα περὶ τῶν μετοικισθέντων |
| Aris. | 11 | 9 | τῶν Ἰουδαίων ὅπως τὰ προειρημένα τελείωσιν | * λάβῃ. * | νομίσας δὲ ἐγὼ καιρὸν εἶναι περὶ ὧν πολλάκις |
| Aris. | 32 | 6 | ὅπως τὸ σύμφωνον ἐκ τῶν πλειόνων ἐξετάσαντες καὶ | * λαβόντες * | τὸ κατὰ τὴν ἑρμηνείαν ἀκριβὲς ἀξίως καὶ τῶν |
| Aris. | 42 | 1 | ἂν ἔχοι καὶ ὡς βουλόμεθα καὶ αὐτοὶ δὲ ὑγιαίνομεν. | * λαβόντες * | τὴν παρὰ σοῦ ἐπιστολὴν μεγάλως ἐχάρημεν διὰ τὴν |
| Aris. | 68 | 2 | ἔχοντας κρινωτὰς ἀνάκλασιν κρίνων ὑπὸ τὴν τράπεζαν | * λαμβανόντων * | τὰ δὲ τῆς ἐντὸς προσόψεως ὀρθὴν ἔχοντα τὴν |
| Aris. | 86 | 4 | τὴν τοῦ πνεύματος ὑποδρομὴν ἀδιάλειπτον κίνησιν | * λαμβανούσης * | τῆς διυφῆς διὰ τὸ ἀπ' ἐδάφους γίνεσθαι τὴν |
| Aris. | 111 | 3 | ὑπηρέτας ἐπέταξε κατὰ νομοὺς ὅπως μὴ πορισμὸν | * λαμβάνοντες * | οἱ γεωργοὶ καὶ προστάται τῆς πόλεως ἐλαττῶσι |
| Aris. | 120 | 4 | τὴν ἐκείνων δυναστείαν ἀλλοτριωθῆναι παρεύρεσιν | * λαβόντων * | εἰς τοὺς τόπους εἰσόδου διὰ τοῦτο τὴν διαβολὴν |
| Aris. | 136 | 2 | ἐξεύρεσιν παντελῶς ἀνόητον τῶν γὰρ ἐν τῇ κτίσει | * λαβόντες * | τινὰ συνέθηκαν καὶ προσυπέδειξαν εὔχρηστα τὴν |
| Aris. | 142 | 2 | συναλισγούμενοι μηδ' ὁμιλοῦντες φαύλοις διαστροφὰς | * λαμβάνωμεν * | πάντοθεν ἡμᾶς περιέφραξεν ἁγνείαις καὶ διὰ |
| Aris. | 166 | 3 | τῶν ἀνθρώπων ἀκάθαρτός ἐστιν ὅσα γὰρ δι' ἀκοῆς | * λαβόντες * | ταῦτα τῷ λόγῳ σωματοποιήσαντες κακοῖς ἑτέρους |
| Aris. | 170 | 4 | χιμάρων ὅτι δεῖ ταῦτα ἐκ βουκολίων καὶ ποιμνίων | * λαμβάνοντας * | ἥμερα θυσιάζειν καὶ μηθὲν ἄγριον ὅπως οἱ |
| Aris. | 187 | 1 | καὶ τῶν τιμωμένων ὑπὸ τοῦ βασιλέως. ὅτε δὲ καιρὸν | * ἔλαβεν * | ἐκ διαστήματος ἠρώτησε τὸν ἔχοντα τὴν πρώτην |
| Aris. | 189 | 5 | πᾶν ἐννόημα σαφές ἐστι θεῷ καταρχὴν δὲ θείου φόβου | * λαμβάνων * | ἐν οὐδενὶ διαπίπτοις. καὶ τοῦτον δὲ εὖ μάλα |
| Aris. | 196 | 4 | εἶπεν εὐχόμενος ἀεὶ πρὸς τὸν θεὸν ἀγαθὰς ἐπινοίας | * λαμβάνειν * | πρὸς τὰ μέλλοντα πράσσεσθαι καὶ τοῖς ἐγγόνοις |
| Aris. | 197 | 3 | μετρίως φέροι; ἐκεῖνος δὲ ἔφησεν εἰ πρόληψιν | * λαμβάνοις * | ὅτι γέγοναν ὑπὸ τοῦ θεοῦ πάντες ἄνθρωποι |
| Aris. | 200 | 5 | πλεῖον οἵτινες ἐκ τοῦ καιροῦ τοιαύτας ἐρωτήσεις | * λαμβάνοντες * | ὡς δέον ἐστὶν ἀποκέκρινται πάντες ἀπὸ θεοῦ |
| Aris. | 223 | 4 | ἐν πᾶσι μετριότης καλόν. ἃ δὲ ὁ θεὸς δίδωσι ταῦτα | * λαμβάνων * | σύνεχε τῶν δ' ἀνεφίκτων μὴ ἐπιθύμει. τοῖς δὲ |
| Aris. | 225 | 6 | κεχαριτῶσθαι πρὸς πάντας ἀνθρώπους καὶ καλὸν δῶρον | * εἰληφέναι * | παρὰ θεοῦ τοῦτ' ἔστι κράτιστον. συναινέσας δὲ |
| Aris. | 248 | 1 | ἐπὶ τὸ μέλπειν ἐτράπησαν. τῇ δὲ ἐχομένῃ τὸν καιρὸν | * λαβὼν * | ἐπηρώτα τὸν ἑξῆς τίς ἐστιν ἀμέλεια μεγίστη; πρὸς |
| Aris. | 256 | 7 | μετριοπαθῆ καθεστῶτα. ἵνα δ' ἐπίστασιν τούτων | * λαμβάνωμεν * | θεραπεύειν δεῖ τὸν θεόν. ἐπισημήνας δὲ καὶ |
| Aris. | 261 | 6 | καὶ μετὰ ταῦτα πρὸς τὸ προπιεῖν ὁ βασιλεὺς | * (λαμβάνειν) * | ἐτράπη χαρᾷ πεπληρωμένος. τῇ δ' ἑξῆς καθὼς |
| Aris. | 266 | 4 | τάξεως τὰς βλάβας ἐπιδεικνύντα. οὕτω γὰρ | * λήψῃ * | τὸν ἀκροατὴν οὐκ ἀντικείμενος συγχρώμενος δὲ ἐπαίνῳ |
| Aris. | 267 | 4 | τὸ πρέπον ἑκάστῳ συνυποκρινόμενος εἶπε καθηγεμόνα | * λαμβάνων * | δικαιοσύνην ὡς καὶ ποιεῖς θεοῦ σοι διδόντος εὖ |
| Aris. | 293 | 3 | ἐπὶ πλείονα χρόνον. ὡς δὲ ἐπαύσατο ὁ βασιλεὺς | * λαβὼν * | ποτήριον ἐπεχέατο καὶ τῶν παρόντων ἁπάντων καὶ τῶν |
| Aris. | 308 | 1 | τινα τοῦ τοιούτου γεγενημένου. τελείωσιν δὲ ὅτε | * ἔλαβε * | συναγαγὼν ὁ Δημήτριος τὸ πλῆθος τῶν Ἰουδαίων εἰς |
| Aris. | 314 | 3 | ἐπισφαλέστερον ἐκ τοῦ νόμου προσιστορεῖν ταραχὴν | * λάβοι * | τῆς διανοίας πλεῖον ἡμερῶν τριάκοντα κατὰ δὲ τὴν |
| Aris. | 316 | 4 | τῇ βίβλῳ πρός τι δρᾶμα τὰς ὄψεις ἀπεγλαυκώθη καὶ | * λαβὼν * | ὑπόνοιαν ὅτι διὰ τοῦτ' αὐτῷ τὸ σύμπτωμα γέγονεν |
| Sib. | 3 | 211 | δὴ καθ' ἓν ἐξαγορεύω; ἀλλ' ὁπόταν τὰ πρῶτα τέλος | * λάβῃ * | αὐτίκα δ' ἔσται δεύτερ' ἐπ' ἀνθρώπους. καί τοι |
| Sib. | 3 | 438 | +Ἄρη Βυζάντιον Ἀσίδι στέρξῃ+ καὶ δὴ καὶ στοναχὰς | * λήψῃ * | καὶ ἀνήριθμον αἷμα. καὶ Κράγος ὑψηλὸν Λυκίης ὄρος |
| Sib. | 3 | 511 | κακὸν ἔσται+ γαίῃ δ' ἀλλοτρίῃ δώσεις --- οὐδέ τι | * λήψῃ. * | αἰαῖ +σοι Γὼγ καὶ πᾶσιν ἐφεξῆς ἅμα Μαγὼγ μαρσῶν |
| Sib. | 3 | 635 | δίκης ⟨τε⟩τύχωσι δαμέντες καὶ βασιλεὺς βασιλῆα | * λάβῃ * | χώραν τ' ἀφέληται ἔθνη δ' ἔθνεα πορθήσῃ καὶ φῦλα |
| Sib. | 3 | 741 | θεῷ μεγάλῳ ἵνα τῶνδε μετάσχῃς. ὁππότε δὴ καὶ τοῦτο | * λάβῃ * | τέλος αἴσιμον ἦμαρ [εἰς δὲ βροτοὺς ἥξει κρίσις |
| Sib. | 5 | 190 | ἄγριος ἀνὴρ ἐξολέσει λαὸν σὺ δὲ εἵματα φαιὰ | * λαβοῦσα * | θρηνήσεις δύστηνε μόνη καὶ πάντ' ἀποτίσεις ὅσσα |
| Sib. | 5 | 417 | ἀπέδωκεν τοῖς ἀγαθοῖς τὸν πλοῦτον ὃν οἱ πρότεροι | * λάβον * | ἄνδρες. πᾶσαν δ' ἐκ βάθρων εἷλεν πόλιν ἐν πυρὶ |
| FJub. | 3 | 5 | ἕκτη κατὰ δὲ Αἰγυπτίους Φαρμουθὶ ἑνδεκάτη | * λαβὼν * | ὁ θεὸς μέρος τι τῆς πλευρᾶς τοῦ Ἀδὰμ ἔπλασε τὴν |
| FJub. | 3 | 33 | τῇ ὀγδοηκοστῇ ἡμέρᾳ τῆς πλάσεως αὐτῆς. ἣν ὁ Ἀδὰμ | * λαβὼν * | ὠνόμασεν Εὔαν ὃ ἑρμηνεύεται ζωὴ διὰ τοῦτο |
| FJub. | 3 | 21 | ἤσθιεν αὐτόν. τὸν Ἀδὰμ ἀπροόπτως ἀπὸ τοῦ ξύλου | * λαβεῖν * | καὶ φαγεῖν καὶ μὴ προσχεῖν ὅλως τῷ λόγῳ τῆς Εὔας |

FJub. 3 23 εἰσελθεῖν καὶ διὰ τὸ πρῶτος ἀπὸ τοῦ ξύλου * λαβεῖν * καὶ φαγεῖν. τὰ θηρία καὶ τὰ τετράποδα καὶ τὰ
FJub. 4 9 τὸ πένθος. τῷ ἑκατοστῷ τριακοστῷ πέμπτῳ ἔτει * ἔλαβεν * ὁ Κάϊν τὴν ἰδίαν ἀδελφὴν Ἀσαυνᾶν οὖσαν ἐτῶν ν΄.
FJub. 10 8 ἄχρι ἡμέρας τῆς κρίσεως ὁ δὲ διάβολος ᾐτήσατο * λαβεῖν * μοῖραν ἀπ᾽ αὐτῶν πρὸς πειρασμὸν τῶν ἀνθρώπων καὶ
FIsa. 1 3 2 βασιλέα καὶ αἰχμαλωτίσαι τὴν Σαμαρίαν καὶ * λαβεῖν * τὰς ἐν⟨νέ⟩α ἥμισυ φυλὰς ἐν αἰχμαλωσίᾳ καὶ
FAch. 101 τοῖς ἀκροατηρίοις διελέγετο. τιμήματα δὲ ἀργυρικὰ * λαμβάνων * πᾶσάν τε χώραν περιελθὼν ὁ Αἴσωπος ἐγένετο (δὲ)
FAch. 102 καιροῖς ἔθος εἶχον οἱ βασιλεῖς παρ᾽ ἀλλήλων φόρους * λαμβάνειν * διὰ τῆς ἐναρέτου μάχης οὔτε γὰρ ἐν πολέμοις
FAch. 105 ⟨τὸν⟩ ἀποκριθησόμενον ὅ,τι ἂν αὐτὸν ἐρωτήσω καὶ * λάβε * φόρους ἐτῶν δέκα ὑπέρ--- ὅλης τῆς χώρας. ἀναγνοὺς
FAch. 108 δὲ ὁ βασιλεὺς ἐκείνῳ τὸ ζῆν ἔφη τῷ Αἰσώπῳ * λαβὼν * τὴν ἐπιστολὴν τοῦ τῶν Αἰγυπτίων βασιλέως ἀνάγνωθι.
FAch. 108 ἐχαρίσατο τὸν δὲ Ἥλιον αὐτῷ παρέσχεν. ὁ δὲ * λαβὼν * τὸν νεανίσκον διέθηκεν διὰ λόγων (ἐνουθέτει)
FAch. 109 χάριτας. τὴν καθημερινὴν τροφὴν χρησίμην * λάμβανε * καθόσον δύνῃ ἵνα καὶ εἰς αὔριον ἐργατικώτερος ᾖς
FAch. 109 σου χρηστὰ ὁμίλει ὅπως ἀνδρὸς ἄλλου πεῖραν μὴ θέλῃ * λαβεῖν * κοῦφον γὰρ τὸ γένος τοῦτό ἐστιν καὶ κολακευόμενον
FAch. 110 κυριεύσει. τὸν καθημερινόν σου βίον ζήτει πρὸς τὸ * λαμβανόμενον * καὶ εἰς αὔριον ἀποθησαυρίζειν βέλτιον γὰρ
FPho. 227 δοῦλον μὴ βλάψῃς τι κακηγορέων παρ᾽ ἄνακτι. * λάμβανε * καὶ βουλὴν παρὰ οἰκέτου εὖ φρονέοντος. ἀγνείη
IOrp. 42 ἀρχαίων ὡς ὑδογενὴς διέταξεν ἐκ θεόθεν γνώμῃσι * λαβὼν * κατὰ δίπλακα θεσμόν. ἄλλως οὐ θεμιτὸν δὲ λέγειν
HDem. 9 21 1 αὐτὸν τὸν πατέρα δοκοῦντα εἶναι τὸν Ἠσαῦ καὶ ὅπως * λάβῃ * ἐκεῖθεν γυναῖκα. ἀφορμῆσαι οὖν τὸν Ἰακὼβ εἰς
HDem. 9 21 5 μηνὶ ὀγδόῳ τεκεῖν υἱὸν ὄνομα Δάν. ἐν ᾧ καὶ Ῥαχὴλ * λαβεῖν * ἐν γαστρὶ τῷ αὐτῷ χρόνῳ ᾧ καὶ Λείαν τεκεῖν
HDem. 9 21 14 τῷ Βενιαμὶν πέντε μερίδας παραθεῖναι καὶ αὐτὸν * λαβεῖν * δύο γενέσθαι οὖν ἑπτὰ ὅσας καὶ τοὺς ἐκ τῆς Λείας
HDem. 9 21 14 γενέσθαι οὖν ἑπτὰ ὅσας καὶ τοὺς ἐκ τῆς Λείας υἱοὺς * λαβεῖν. * ὡσαύτως δὲ καὶ ἐπὶ τοῦ τὰς στολὰς δοῦναι ἑκάστῳ
HDem. 9 21 19 γενόμενον ἐτῶν ἑκατὸν λ γ΄ τελευτῆσαι. Ἀμβρὰμ δὲ * λαβεῖν * γυναῖκα τὴν τοῦ θείου θυγατέρα Ἰωχαβὲτ καὶ ὄντα
HEup. 9 34 7 δέκα τάλαντα ἑκάστην ὁλκὴν ἀγούσας ὑπόδειγμα * λαβόντα * τὴν ὑπὸ Μωυσέως ἐν τῇ σκηνῇ τοῦ μαρτυρίου
HEup. 9 34 14 τῷ θεῷ εἰς ὁλοκάρπωσιν προσαγαγεῖν βοῦς χιλίους. * λαβόντα * δὲ τὴν σκηνὴν καὶ τὸ θυσιαστήριον καὶ τὰ σκεύη ἃ
HArt. 9 27 14 αὐτοῦ τὸν δὲ ὀνειδισθέντα ὑποσχέσθαι τὴν ἐπίθεσιν * λαβόντα * καιρόν. ὑπὸ δὲ τοῦτον τὸν καιρὸν τῆς Μέρριδος
HArt. 9 27 19 καὶ Ῥαγουήλῳ τῷ τῶν τόπων ἄρχοντι συμβιοῦν * λαβόντα * τὴν ἐκείνου θυγατέρα τὸν δὲ Ῥαγουῆλον βούλεσθαι
HAno. 9 17 5 πρέσβεων δὲ παραγενομένων πρὸς αὐτὸν ὅπως χρήματα * λαβὼν * ἀπολυτρώσῃ ταῦτα μὴ προελέσθαι τοῖς δυστυχοῦσιν
HAno. 9 17 5 τοῖς δυστυχοῦσιν ἐπεμβαίνειν ἀλλὰ τὰς τροφὰς * λαβόντα * τῶν νεανίσκων ἀποδοῦναι τὰ αἰχμάλωτα ξενισθῆναί
HAno. 9 17 6 Μελχισεδὲκ ἱερέως ὄντος τοῦ θεοῦ καὶ βασιλεύοντος * λαβεῖν * δῶρα. λιμοῦ δὲ γενομένου τὸν Ἀβραὰμ ἀπαλλαγῆναι
HHec. 1 22 188 ἱερεῖς τῶν Ἰουδαίων οἱ τὴν δεκάτην τῶν γινομένων * λαμβάνοντες * καὶ τὰ κοινὰ διοικοῦντες περὶ χιλίους
HHec. 1 22 204 αὐτῷ τί μαίνεσθε ἔφη κακοδαίμονες; εἶτα τὸν ὄρνιθα * λαβὼν * εἰς τὰς χεῖρας πῶς γὰρ οὗτος ἔφη τὴν αὐτοῦ
HCal. 24 45 λοιποῖς ἔθνεσιν ὅτι θεῷ ζῶντι ὑμεῖς δεδουλεύκατε. * λαβόντες * δὲ χρημάτων πλήθη ἔν τε χρυσῷ καὶ ἀργύρῳ ἤγαγον
HCal. 24 46 ἤγαγον πρὸς τὸν Ἀλέξανδρον. ὁ δὲ οὐκ ἠθέλησε * λαβεῖν * εἶπεν αὐτοῖς. ἔστωσαν ταῦτα τὰ δῶρα καὶ ἐμοί
HCal. 24 48 καὶ ἐμοὶ ἀφωρισμένος φόρος κυρίῳ τῷ θεῷ. ἐγὼ δὲ οὐ * λήψομαι * ἐξ ὑμῶν οὐδέν. διατρίψας οὖν ἐκεῖσε χρόνον τινὰ
LThe. 9 22 1 τὰ δὲ Σίκιμὰ ἀπὸ Σικιμίου τοῦ Ἑρμοῦ * λαβεῖν * τὴν ὀνομασίαν τοῦτον γὰρ καὶ κτίσαι τὴν πόλιν. ἡ
LThe. 9 22 8 ταῦτα δὲ διαγνόντα Λευὶν τῷ ἀδελφῷ κοινώσασθαι * λαβόντα * δ᾽ αὐτὸν συγκάταινον ἐπὶ τὴν πρᾶξιν παρορμῆσαι
LThe. 9 22 11 ἄλλος ὀρώρει. τόφρα δὲ καὶ Λευὶν μένος ἄσχετος * ἔλλαβε * χαίτης γούνων ἁπτόμενον Συχὲμ ἄσπετα μαργήναντα.
LEze. 9 28 2 21 λουτροῖς χρῶτα φαιδρῦναι νέον ἰδοῦσα δ᾽ εὐθὺς καὶ * λαβοῦσ᾽ * ἀνείλετο ἔγνω δ᾽ Ἑβραῖον ὄντα καὶ λέγει τάδε
LEze. 9 28 2 27 δ᾽ εἶπε μητρὶ καὶ παρῆν ταχὺ αὐτή τε μήτηρ καὶ * ἔλαβέν * μ᾽ ἐς ἀγκάλας. εἶπεν δὲ θυγάτηρ βασιλέως τοῦτον
LEze. 9 28 3 25 ἀπήγγειλεν ταχὺ ζητεῖ δὲ Φαραὼ τὴν ἐμὴν ψυχὴν * λαβεῖν * ἐγὼ δ᾽ ἀκούσας ἐκποδὼν μεθίσταμαι καὶ νῦν
LEze. 9 29 10 04 λαλήσει βασιλέως ἐναντίον σὺ μὲν πρὸς ἡμᾶς ὁ δὲ * λαβὼν * σέθεν πάρα. (Θ). τί δ᾽ ἐν χεροῖν σοῖν τοῦτ᾽ ἔχεις;
LEze. 9 29 11 08 τρέμει. (Θ). μηδὲν φοβηθῇς χεῖρα δ᾽ ἐκτείνας * λαβὲ * οὐρὰν πάλιν δὲ ῥάβδος ἔσσεθ᾽ ὥσπερ ἦν. ἔνθες δὲ
LEze. 9 29 12 32 ἀποτρέχειν δώσω χάριν λαῷ γυνή τε παρὰ γυναικὸς * λήψεται * σκεύη κόσμον τε πάνθ᾽ ὃν ἄνθρωπος φέρει χρυσόν
LEze. 9 29 13 01 μήτρας μητέρων. ἀνδρῶν Ἑβραίων τοῦδε τοῦ μηνὸς * λαβὼν * κατὰ συγγενείας πρόβατα καὶ μόσχους βοῶν ἄμωμα
LEze. 9 29 13 11 κεκλήσεται δὲ πᾶς. καὶ ὅταν θύσητε δὲ δέσμην * λαβόντες * χερσὶν ὑσσώπου κόμης εἰς αἷμα βάψαι καὶ θιγεῖν
LEze. 9 29 14 32 καὶ Ἑβραίων μέσος. κἄπειθ᾽ ὁ κείνων ἡγεμὼν Μωσῆς * λαβὼν * ῥάβδον θεοῦ τῇ δὴ πρὶν Αἰγύπτῳ κακὰ σημεῖα καὶ
LAri. 8 10 2 οὐδέν. παρακαλέσαι δέ σε βούλομαι πρὸς τὸ φυσικῶς * λαμβάνειν * τὰς ἐκδοχὰς καὶ τὴν ἁρμόζουσαν ἔννοιαν περὶ
LAri. 8 10 4 ἕτεροι καὶ ποιηταὶ παρ᾽ αὐτοῦ μεγάλας ἀφορμὰς * εἰληφότες * καθὸ καὶ θαυμάζονται. τοῖς δὲ μὴ μετέχουσι
LAri. 8 10 6 οὐ φαίνεται μεγαλεῖόν τι διασαφῶν. ἄρξομαι δὲ * λαμβάνειν * καθ᾽ ἕκαστον σημαινόμενον καθ᾽ ὅσον ἂν ᾦ
LAri. 8 10 10 ἐπὶ πάντων ὁ θεὸς καὶ πάνθ᾽ ὑποτέτακται καὶ στάσιν * εἴληφεν * ὥστε τοὺς ἀνθρώπους καταλαμβάνειν ἀκίνητα εἶναι
LAri. 8 10 11 ἀμετάβλητα μέν ἐστι τὰς αὐτὰς δ᾽ ἐν αὐτοῖς τροπὰς * λαμβάνει * καὶ φθοράς. ἡ στάσις οὖν ἡ θεία κατὰ ταῦτα ἂν
LAri. 13 12 1 ὡς εὔδηλον εἶναι τὸν προειρημένον φιλόσοφον * εἰληφέναι * πολλὰ γέγονε γὰρ πολυμαθὴς καθὼς καὶ Πυθαγόρας
LAri. 13 12 3 Φαληρέως πραγματευσαμένου τὰ περὶ τούτων. δεῖ γὰρ * λαμβάνειν * τὴν θείαν φωνὴν οὐ ῥητὸν λόγον ἀλλ᾽ ἔργων
LAri. 13 12 15 καταλιμπάνεται τὰ προειρημένα καὶ γνῶσιν ἀληθείας * λαμβάνομεν * καθὼς προείρηται. Λίνος δέ φησιν οὕτως
FrAn. 2 11 3 τούτων ἑωράκαμεν. ἀνόητοι συμβάλετε ἑαυτοὺς ξύλῳ * λάβετε * ἄμπελον πρῶτον μὲν φυλλοροεῖ εἶτα βλαστὸς γίνεται
FrAn. 1 217 11 αὐτοὺς ἵνα τί ἀδελφοὶ μάχεσθε; δότε μοι αὐτὸν καὶ * λάβετε * νομίσματα δύο. τῶν δὲ μετὰ χαρᾶς τοῦτον
FrAn. 1 217 23 λίθον ἐκ τῆς διπλοΐδος Ἀαρὼν τοῦ ἀρχιερέως ἔχων. * λαβὼν * αὐτὸν δὸς τῷ ἐνέγκαντι αὐτὸν χρυσίον πολὺ καὶ
FrAn. 1 218 3 ὑπὲρ ὧν ἐδάνεισάς μοι. καὶ εἰ πιστεύεις * λήψῃ * καὶ ἐν τῷ μέλλοντι πλοῦτον ἀνυπέρβλητον. καὶ ὁ μὲν
FrAn. 1 226 21 αυτην παροδευε<ι – >νη ποτε φθανει δε το α< >ντας * λαβων * το προστασσ<ομενον – – >παντος παντος του σιτου
FrAn. 1 227 24 >κατε νυν απαγαγε<τε – – το>ν συγγονον πρ<ος >μοι * ελαβε< * – >ας ενωπιον αυτω< – – >αυτοις< – >ως δικαιως
FrAn. 574 3008 >εστιν κα< πρὸς δαιμονιαζομένους Πιβήχεως δόκιμον * λαβὼν * ἔλαιον ὀμφακίζοντα μετὰ βοτάνης μαστιγίας καὶ

Λάμεχ 11
Hen. 10B 1 μέγας ἐλάλησε καὶ ἔπεμψε τὸν Οὐριὴλ πρὸς τὸν υἱὸν * Λάμεχ * λέγων πορεύου πρὸς τὸν Νῶε καὶ εἶπον αὐτῷ τῷ ἐμῷ
Hen. 10B 3 τῆς γῆς. δίδαξον τὸν δίκαιον τί ποιήσει τὸν υἱὸν * Λάμεχ * καὶ τὴν ψυχὴν αὐτοῦ εἰς ζωὴν συντηρήσει καὶ
Hen. 106 1 καὶ ἔτεκεν υἱὸν καὶ ἐκάλεσεν τὸ ὄνομα αὐτοῦ * Λάμεχ. * ἐταπεινώθη ἡ δικαιοσύνη μέχρι τῆς ἡμέρας ἐκείνης.
Hen. 106 4 τὸ στόμα καὶ εὐλόγησεν τῷ κυρίῳ καὶ ἐφοβήθη * Λάμεχ * ἀπ᾽ αὐτοῦ καὶ ἔφυγεν καὶ ἦλθεν πρὸς Μαθουσάλεκ τὸν
Hen. 106 10 μεγάλην ἦλθον ὧδε πάτερ καὶ νῦν ἐγεννήθη τέκνον * Λάμεχ * τῷ υἱῷ μου καὶ ὁ τύπος αὐτοῦ καὶ ἡ εἰκὼν αὐτοῦ
Hen. 106 12 τὸν κύριον τοῦ αἰῶνος καὶ ἐφοβήθη ὁ υἱός μου * Λάμεχ * καὶ ἔφυγεν πρὸς ἐμὲ καὶ οὐ πιστεύει ὅτι υἱὸς αὐτοῦ
Hen. 106 18 τὴν γῆν ἀπὸ τῆς οὔσης ἐν αὐτῇ φθορᾶς. καὶ νῦν λέγε * Λάμεχ * ὅτι τέκνον σού ἐστιν δικαίως καὶ ὁσίως ⟨καί⟩
Hen. 107 2 ἐπ᾽ αὐτούς. καὶ νῦν ἀπότρεχε τέκνον καὶ σήμανον * Λάμεχ * τῷ υἱῷ σου ὅτι τὸ παιδίον τοῦτο τὸ γεννηθὲν τέκνον
TBen. 7 4 αὐτοῦ. ἐν τοῖς ἑπτὰ κακοῖς ὁ Κάϊν ἐκρίνετο ὁ δὲ * Λάμεχ * ἐν τοῖς ἑβδομηκοντάκις ἑπτὰ ὅτι ἕως τοῦ αἰῶνος οἱ
FJub. 4 28 Ἑδνὰ θυγάτηρ Ἐζριὴλ πατραδέλφου αὐτοῦ. γυνὴ * Λάμεχ * Βεθενως θυγάτηρ Βαραχιὴλ πατραδέλφου αὐτοῦ. τῷ
FJub. 4 31B ἐνιαυτοῦ μετὰ θάνατον τοῦ Ἀδὰμ τέθνηκεν. ὑπὸ τοῦ * Λάμεχ * τὸν Κάϊν ἀνῃρῆσθαι ἀκουσίως τοῖχον γὰρ οἰκοδομῶν

λαμνεῖον 1
FrAn. 574 3014 ἔξελθε ἀπὸ τοῦ δεῖνα κοινὰ τὸ δὲ φυλακτήριον ἐπὶ * λαμνίῳ * κασσιτερίνῳ γράφε ϊαηω αβραωθιωχ φθα μεσενψινιαω

λαμπάς 3
Jer. 3 2 καὶ ἐξῆλθον ἄγγελοι ἐκ τοῦ οὐρανοῦ κατέχοντες * λαμπάδας * ἐν ταῖς χερσὶν αὐτῶν καὶ ἔστησαν ἐπὶ τὰ τείχη
Job 43 6 αὐτοῦ σβεσθεὶς ἠφάνισεν τὸ φέγγος αὐτοῦ, ἡ δὲ τῆς * λαμπάδος * αὐτοῦ δόξα ἀποβήσεται αὐτῷ εἰς κρίμα ὅτι οὗτός
SIb. 3 673 οὐρανόθεν δὲ πεσοῦνται ῥομφαῖαι πύρινοι κατὰ γαῖαν * λαμπάδες * αὐγαὶ ἵξονται μεγάλαι λάμπουσαι εἰς μέσον

λαμπετάω 1
SIb. 3 22 ἠέλιόν τ᾽ ἀκάμαντα σελήνην τε πλήθουσαν ἄστρα τε * λαμπετόωντα * κραταιὰν μητέρα Τηθὺν πηγὰς καὶ ποταμοὺς πῦρ

λαμπήνη 1
TJos. 12 1 πέντε. κατ᾽ ἐκεῖνον τὸν καιρὸν παρῄει ἡ Μεμφία ἐν * λαμπήνῃ * ἡ γυνὴ τοῦ Πετεφρῆ μετὰ δόξης πολλῆς καὶ

λαμπρός 15
Adam 33 2 ἴδεν ἅρμα φωτὸς ἐρχόμενον ὑπὸ τεσσάρων ἀετῶν * λαμπρῶν * ὃ οὐκ ἦν δυνατὸν γεννηθῆναι ἀπὸ κοιλίας ἢ εἰπεῖν
Hen. 14 20 ἐπ᾽ αὐτῷ τὸ περιβόλαιον αὐτοῦ ὡς εἶδος ἡλίου * λαμπρότερον * καὶ λευκότερον πάσης χιόνος. καὶ οὐκ ἐδύνατο
Abr.1 16 6 ἀπὸ προσώπου τοῦ ὑψίστου καὶ περιεβάλετο στολὴν * λαμπροτάτην * ⟨καὶ ἐποίησεν ὄψιν ἡλιόμορφον⟩ καὶ γέγονεν
TLevi 13 8 ὅτι γενήσεται αὐτῷ αὕτη καὶ παρὰ τοῖς πολεμίοις * λαμπρὰ * καὶ ἐπὶ γῆς ἀλλοτρίας πατρὶς καὶ ἐν μέσῳ ἐχθρῶν
TNep. 5 4 αὐτῷ βάϊα φοινίκων δώδεκα καὶ Ἰούδας ἦν * λαμπρὸς * ὡς ἡ σελήνη καὶ ὑπὸ τοὺς πόδας αὐτοῦ ἦσαν δώδεκα
Asen. 13 6 καταρραινόμενον μύροις καὶ ἐξεμάσσετο ὀθονίοις * λαμπροῖς * νυνὶ καταρραίνεται τοῖς δάκρυσί μου καὶ
SIb. 3 65 ὕψος στήσει δὲ θάλασσαν ἠέλιον πυρόεντα μέγαν * λαμπράν * τε σελήνην καὶ νέκυας στήσει καὶ σήματα πολλὰ
SIb. 5 238 σε καὶ εἴ τί σε μέμφομαι αὐδῶ ἦν ποτ᾽ ἐν ἀνθρώποις * λαμπρὸν * σέλας ἠελίοιο σπειρομένης ἀκτῖνος ὁμοσπόνδοιο
SIb. 5 347 αὐτοῦ φλόγες ἄφθιτοι οὐκέτ᾽ ἔσονται οὐδὲ σεληναίης * λαμπρὸν * φάος ἔσσεται αὖτις ὑστατίῳ καιρῷ ὁπόταν θεὸς
FAch. 110 ἀποκαρτερήσας τοῦ βίου ἀπέληξεν. ὁ δὲ Αἴσωπος * λαμπρῶς * αὐτὸν ἔθαψε πενθήσας. μετὰ δὲ ταῦτα
FAch. 115 ἡλίῳ καὶ οἱ περὶ σέ ταῖς ἀκτῖσι ὥσπερ γὰρ ὁ ἥλιος * ⟨λαμπρὸς⟩ * καὶ ἀμίαντος ὑπάρχει οὕτως καὶ σὺ καθαρὸν
FAch. 115 τοῖς βουλομένοις κατοπτεύειν παρέστησας φέρων καὶ * λαμπρὸς * μὲν εἶ ὡς ὁ ἥλιος οὗτοι δὲ διάπυροι ⟨ὡς⟩ αἱ
IMen. 5 120 2 τὴν ἡμέραν. θεῷ δὲ θῦε διὰ τέλους δίκαιος ὢν μὴ * λαμπρὸς * ὢν ταῖς χλαμύσιν ὡς τῇ καρδίᾳ. +βροντῆς ἐὰν+
HEup. 9 32 1 ἀναγνῶναι τὴν παρὰ σοῦ ἐπιστολὴν σφόδρα ἐχάρην καὶ * λαμπρὰν * ἡμέραν ἤγαγον ἐγώ τε καὶ ἡ δύναμίς μου πᾶσα ἐπὶ
LAri. 13 12 13 ἱερὸν ἦμαρ καὶ πάλιν λέγει ἑβδομάτῃ δ᾽ αὖτις * λαμπρὸν * φάος ἠελίοιο. Ὅμηρος δὲ οὕτω λέγει ἑβδομάτη

λαμπρότης 3
Aris. 16 7 καὶ κυριεύειν. ὑπερηρκὼς δὲ σύμπαντας ἀνθρώπους τῇ * λαμπρότητι * τῆς ψυχῆς ἀπόλυσιν ποίησαι τῶν ἐνεχομένων
FAch. 115 καὶ σείσας σεισμούς. ὁμοίως καὶ Λυκοῦργος τῇ * λαμπρότητι * τῆς βασιλείας ⟨αὐτοῦ τὴν ὑμῶν λαμπρότητα⟩
FAch. 115 τῇ λαμπρότητι τῆς βασιλείας ⟨αὐτοῦ τὴν ὑμῶν * λαμπρότητα⟩ * (φωτεινὴν) σκοτεινὴν ποιεῖ καὶ ἀφανῆ ⟨πάντ⟩α

λαμπρύνω 1
TAser 2 7 τὸν πένητα ἀναπαύει τὴν ψυχὴν σπιλοῖ καὶ τὸ σῶμα * λαμπρύνει * πολλοὺς ἀναιρεῖ καὶ ὀλίγους ἐλεεῖ καὶ τοῦτο

λαμπτήρ 1
LAri. 13 12 10 τῶν ἐκ τῆς αἱρέσεως ὄντες ⟨τῆς⟩ ἐκ τοῦ Περιπάτου * λαμπτῆρος * αὐτὴν ἔχειν τάξιν ἀκολουθοῦντες γὰρ αὐτῇ

λάμπω
12

Hen. 14 18 εἶδος αὐτοῦ ὡσεὶ κρυστάλλινον καὶ τροχὸς ὡς ἡλίου * λάμποντος * καὶ ὄρος χερουβὶν. καὶ ὑποκάτω τοῦ θρόνου
Hen. 106 2 οὖλον καὶ ἔνδοξον. καὶ ὅτε ἀνέῳξεν τοὺς ὀφθαλμοὺς * ἔλαμψεν * ἡ οἰκία ὡσεὶ ἥλιος. καὶ ἀνέστη ἐκ τῶν χειρῶν τῆς
Abr.2 7 6 τὴν κεφαλὴν ἐγένετο καὶ ἰδοὺ ἀνὴρ παμμεγέθης λίαν * λάμπων * ἐκ τοῦ οὐρανοῦ ὡς φῶς καλούμενος πατὴρ τοῦ φωτὸς
Abr.2 7 13 μετ' αὐτοῦ ὁ δὲ εἶπέν μοι οὐκ ἐν τῇ ὥρᾳ ταύτῃ * λάμπουσί * μοι αἱ ἀκτῖνες πᾶσαι εἰ μὴ πληρωθῶσιν αἱ δώδεκα
Asen. 6 2 αὐτοῦ καὶ εἰσῆλθεν εἰς τὴν οἰκίαν ἡμῶν σήμερον καὶ * λάμπει * εἰς αὐτὴν ὡς φῶς ἐπὶ τῆς γῆς. ἐγὼ δὲ ἄφρων καὶ
Bar. 7 5 οὐκ ἠδυνήθημεν ἀντοφθαλμῆσαι καὶ ἰδεῖν. καὶ ἅμα τῷ * λάμψαι * τὸν ἥλιον ἐξέτεινε καὶ ὁ φοῖνιξ τὰς αὐτοῦ
Bar. 9 8 ἐκολόβωσεν τὰς ἡμέρας αὐτῆς. καὶ εἶπον καὶ πῶς οὐ * λάμπει * καὶ ἐν παντὶ ἀλλ' ἐν τῇ νυκτὶ μόνον; καὶ εἶπεν ὁ
Sib. 3 334 ἅπασα σέθεν καὶ ἔρημα πόληες. ἐν δὲ δύσει ἀστὴρ * λάμψει * ὃν ἐροῦσι κομήτην ῥομφαίας λιμοῦ θανάτοιό τε σῆμα
Sib. 3 674 πύρινοι κατὰ γαῖαν λαμπάδες αὔγαι ἕξονται μεγάλαι * λάμπουσαι * εἰς μέσον ἀνδρῶν. γαῖα δὲ παγγενέτειρα
Sib. 5 155 πόλιν λαόν τε δίκαιον. ἀλλ' ὅταν ἐκ τετράτου ἔτεος * λάμψῃ * μέγας ἀστὴρ ὃς πᾶσαν γαῖαν καθελεῖ μόνος εἵνεκα
FBar. 12 2 ἀποκαίει οὐδὲ τὸ διηνεκὲς αἱ ἀκτῖνες τοῦ ἡλίου * λαμπουσιν * και συ μη προσδόκα χαιρησειν⟩ μηδε επ(ι)
LAri. 8 10 10 γέγονεν οὐρανὸς γῇ γῆ δ' οὐρανὸς οὐδ' ἥλιος σελήνη * λάμπουσιν * οὐδὲ σελήνη πάλιν ἥλιος οὐδὲ ποταμοὶ θάλασσα

λανθάνω
13

TJud. 20 4 κύριος. καὶ οὐκ ἔστι καιρὸς ἐν ᾧ δυνήσεται * λαθεῖν * ἀνθρώπων ἔργα ὅτι ἐν στήθει ὀστέων αὐτοῦ
Asen. 6 6 ὅτι πᾶσαν ἀποκρυβὴν αὐτὸς ὁρᾷ καὶ οὐδὲν κρυπτὸν * λέληθεν * αὐτὸν διὰ τὸ φῶς τὸ μέγα τὸ ὂν ἐν αὐτῷ; καὶ νῦν
Prop. 4 10 δεόμενος. Βεημῶθ ἐπεγίνετο αὐτῷ καὶ * ἐλάνθανεν * ὅτι γέγονεν ἄνθρωπος ἤρθη ἡ γλῶσσα αὐτοῦ τοῦ
Aris. 132 3 παντὸς τόπου τῆς δυναστείας καὶ οὐθὲν αὐτὸν * λανθάνει * τῶν ἐπὶ γῆς γινομένων ὑπ' ἀνθρώπων κρυφίως ἀλλ'
Aris. 133 2 ὅτι κἂν ἐννοηθῇ τις κακίαν ἐπιτελεῖν οὐκ ἂν * λάθοι * μὴ ὅτι καὶ πράξας διὰ πάσης τῆς νομοθεσίας τὸ τοῦ
Aris. 210 4 παντὸς ὁ θεὸς ἐνεργεῖ καὶ γινώσκει καὶ οὐθὲν ἂν * λάθοι * ἄδικον ποιήσας ἢ κακὸν ἐργασάμενος ἄνθρωπος ὡς γὰρ
Sib. 3 260 ἢ νόμῳ τίσειε δίκην ἢ χερσὶ βροτείαις ἠὲ * λαθὼν * θνητοὺς πάσῃ δίκῃ ἐξαπολεῖται. πᾶσι γὰρ Οὐράνιος
Sib. 3 550 πρόσωπον; οὔνομα παγγενέταο σέβας δ' ἔχε μηδὲ * λάθῃ * σε. χίλια δ' ἔστ' ἔτεα καὶ πένθ' ἑκατοντάδες ἄλλαι
IDip. 5 121 1 ὡς ἀπὸ τοῦ πάντ' εἰς χρόνον πεφευγέναι τὸ θεῖον ὡς * λεληθότας; * ἔστιν Δίκης ὀφθαλμὸς ὃς τὰ πάντα ὁρᾷ. καὶ γὰρ
IDip. 5 121 2 οἴεται τὸ ὑφ' ἡμέραν κακῶν τι πράσσων τοὺς θεοὺς * λεληθέναι * δοκεῖ πονηρὰ καὶ δοκῶν ἁλίσκεται ὅταν σχολὴν
HCal. 24 ὡς δῆθεν πρέσβεις εἶναι τούτους. ταῦτα δὲ ὅμως οὐκ * ἔλαθεν * Ἀλεξάνδρῳ. καὶ προστάσσει τινὰς τῆς Μακεδονικῆς
LThe. 9 22 3 πέμπε Λείαν ἢ οἱ ἔην προγενεστέρη. οὐδέ μιν ἔμπης * ἔλλαθεν * ἀλλ' ἐνόησε κακορραφίην καὶ ἔδεκτο παῖδ' ἑτέρην
LEze. 9 28 2 15 ἡ τεκοῦσ' ἔκρυπτέ με τρεῖς μῆνας ὡς ἔφασκεν. οὐ * λαθοῦσα * δὲ ὑπεξέθηκε κόσμον ἀμφιθεῖσά μοι παρ' ἄκρα

Λαοδίκεια
3

Sib. 3 471 ἀλλ' ὅτ' ἀπ' Ἰταλίης λυμήτης ἥξεται ἀνὴρ τῆμος * Λαοδίκεια * καταπρηνὴς ἐριποῦσα Καρῶν ἀγλαὸν ἄστυ Λύκου
Sib. 4 107 καὶ σεῖο χαμαὶ γόνυ πύργος ἐρείσει. τλῆμον * Λαοδίκεια * σὲ δὲ στρώσει ποτὲ σεισμὸς πρηνίξας στήσῃ δὲ
Sib. 5 290 αἰαῖ ⟨σοι⟩ Σάρδεις αἰαῖ πολυήρατε Τράλλις αἰαῖ * Λαοδίκεια * καλὴ πόλι ὡς ἀπολεῖσθε σεισμοῖς ὀλλύμεναί τε

λαός
138

Adam 13 3 ἕως τῆς ἡμέρας ἐκείνης τῆς μεγάλης ὅσοι ἔσονται * λαὸς * ἅγιος. τότε αὐτοῖς δοθήσεται πᾶσα εὐφροσύνη τοῦ
Hen. 10 21 γῆς ἐξάλειψον. καὶ ἔσονται πάντες λατρεύοντες οἱ * λαοὶ * καὶ εὐλογοῦντες πάντες ἐμοὶ καὶ προσκυνοῦντες. καὶ
Hen. 20 5 Μιχαὴλ ὁ εἷς τῶν ἁγίων ἀγγέλων ὁ ἐπὶ τῶν τοῦ * λαοῦ * ἀγαθῶν τεταγμένος καὶ ἐπὶ τῷ χάῳ. Σαριὴλ ὁ εἷς τῶν
Hen. 20B 5 Μιχαὴλ ὁ εἷς τῶν ἁγίων ἀγγέλων ὃς ἐπὶ τῶν τοῦ * λαοῦ * ἀγαθῶν τέτακται καὶ ἐπὶ τῷ λαῷ. Σαριὴλ ὁ εἷς τῶν
Hen. 20B 5 ὃς ἐπὶ τῶν τοῦ λαοῦ ἀγαθῶν τέτακται καὶ ἐπὶ τῷ * λαῷ. * Σαριὴλ ὁ εἷς τῶν ἁγίων ἀγγέλων ὁ ἐπὶ τῶν πνευμάτων
TRub. 6 11 ὅτι ἐν αὐτῷ ἐξελέξατο κύριος βασιλεῦσαι πάντων τῶν * λαῶν. * καὶ προσκυνήσατε τῷ σπέρματι αὐτοῦ ὅτι ὑπὲρ ἡμῶν
TSim. 6 4 λαὸς ἐκκλείψει, ἡ γῆ Χὰμ καὶ πᾶς ὁ * λαὸς * ἀπολεῖται. τότε καταπαύσει ἡ γῆ πᾶσα ἀπὸ ταραχῆς
TLevi 18 ZB067 ἑώρακα ὅτι ἐπ' αὐτῷ ἔσται ἡ συναγωγὴ παντὸς τοῦ * λαοῦ * καὶ ὅτι αὐτοῦ ἔσται ἡ ἀρχιερωσύνη ἡ μεγάλη αὐτὸς
TJud. 3 1 Χαναναίων τεθωρακισμένοι ἐπὶ τὰ ποίμνια καὶ πολὺς * λαὸς * μετ' αὐτῶν κἀγὼ μόνος δραμὼν ἐπὶ τὸν βασιλέα Ἀσοὺρ
TJud. 3 2 ἐπὶ τοῦ ἵππου ἀνεῖλον αὐτὸν καὶ οὕτως πάντα τὸν * λαὸν * διεσκόρπισα. τὸν Ἀχὼρ βασιλέα ἄνδρα γιγάντων
TJud. 9 2 μου ἐπῆλθεν ἡμῖν. Ἠσαῦ ὁ ἀδελφὸς τοῦ πατρός μου ἐν * λαῷ * βαρεῖ καὶ ἰσχυρῷ καὶ ἔπεσεν ἐν τόξῳ Ἰακὼβ καὶ ἤρθη
TJud. 25 3 ὁ ἥλιος τὸν Γὰδ ἐλαία τὸν Ἀσὴρ καὶ ἔσται εἷς * λαὸς * κυρίου καὶ γλῶσσα μία καὶ οὐκ ἔσται ἔτι πνεῦμα
TJud. 25 5 οἱ δ' ἁμαρτωλοὶ κλαύσονται καὶ πάντες οἱ * λαοὶ * δοξάσουσι κύριον εἰς αἰῶνας. φυλάξετε οὖν τέκνα μου
Asen. 8 9 ποτήριον εὐλογίας σου καὶ συγκαταρίθμησον αὐτὴν τῷ * λαῷ * σου ὃν ἐξελέξω πρὶν γενέσθαι τὰ πάντα καὶ εἰσελθέτω
Asen. 15 7 ὕψιστον καὶ ὑπὸ τὰς πτέρυγάς σου σκεπασθήσονται * λαοὶ * πολλοὶ πεποιθότες ἐπὶ κυρίῳ τῷ θεῷ καὶ ἐν τῷ τείχει
Sal. 5 11 πρόσωπον αὐτῶν. τοὺς βασιλεῖς καὶ ἄρχοντας καὶ * λαοὺς * σὺ τρέφεις ὁ θεὸς καὶ πτωχοῦ καὶ πένητος ἡ ἐλπίς
Sal. 8 2 φωνὴν σάλπιγγος ἠχούσης σφαγὴν καὶ ὄλεθρον φωνῇ * λαοῦ * πολλοῦ ὡς ἀνέμου πολλοῦ σφόδρα ὡς καταιγὶς πυρὸς
Sal. 9 2 ἡμῶν ὅτι σὺ κριτὴς δίκαιος ἐπὶ πάντας τοὺς * λαοὺς * τῆς γῆς. οὐ γὰρ κρυβήσεται ἀπὸ τῆς γνώσεώς σου πᾶς
Sal. 9 8 ἐν μεταμελείᾳ. καὶ νῦν σὺ ὁ θεὸς καὶ ἡμεῖς * λαὸς * ὃν ἠγάπησας ἰδὲ καὶ οἰκτίρησον ὁ θεὸς Ἰσραὴλ ὅτι
Sal. 10 6 εὐφροσύνη. καὶ ὅσιοι ἐξομολογήσονται ἐν ἐκκλησίᾳ * λαοῦ * καὶ πτωχοὺς ἐλεήσει ὁ θεὸς ἐν εὐφροσύνῃ Ἰσραὴλ ὅτι
Sal. 12 2 οἱ λόγοι τῆς γλώσσας ἀνδρὸς πονηροῦ ὥσπερ ἐν * λαῷ * πῦρ ἀνάπτον καλλονὴν αὐτοῦ. ἡ παροικία αὐτοῦ
Sal. 17 20 δικαιοσύνην καὶ κρίμα. ἀπὸ ἄρχοντος αὐτῶν καὶ * λαοῦ * ἐλαχίστου ἐν πάσῃ ἁμαρτίᾳ ὁ βασιλεὺς ἐν παρανομίᾳ
Sal. 17 20 ἐν παρανομίᾳ καὶ ὁ κριτὴς ἐν ἀπειθείᾳ καὶ ὁ * λαὸς * ἐν ἁμαρτίᾳ. ἰδὲ κύριε καὶ ἀνάστησον αὐτοῖς τὸν
Sal. 17 26 ἁμαρτωλοὺς ἐν λόγῳ καρδίας αὐτῶν. καὶ συνάξει * λαὸν * ἅγιον οὗ ἀφηγήσεται ἐν δικαιοσύνῃ καὶ κρινεῖ φυλὰς
Sal. 17 26 ἅγιον οὗ ἀφηγήσεται ἐν δικαιοσύνῃ καὶ κρινεῖ φυλὰς * λαοῦ * ἡγιασμένου ὑπὸ κυρίου θεοῦ αὐτοῦ καὶ οὐκ ἀφήσει
Sal. 17 29 καὶ ἀλλογενὴς οὐ παροικήσει αὐτοῖς ἔτι κρινεῖ * λαοὺς * καὶ ἔθνη ἐν σοφίᾳ δικαιοσύνης αὐτοῦ. διάψαλμα. καὶ
Sal. 17 30 ἐν σοφίᾳ δικαιοσύνης αὐτοῦ. διάψαλμα. * λαὸν * ἐθνῶν δουλεύειν αὐτῷ ὑπὸ τὸν ζυγὸν αὐτοῦ καὶ κύριος
Sal. 17 33 αὐτῷ χρυσίον οὐδὲ ἀργύριον εἰς πόλεμον καὶ πολλοῖς * ⟨λαοῖς⟩ * οὐ συνάξει ἐλπίδας εἰς ἡμέραν πολέμου. κύριος
Sal. 17 35 γῆν τῷ λόγῳ τοῦ στόματος αὐτοῦ εἰς αἰῶνα εὐλογήσει * λαὸν * κυρίου ἐν σοφίᾳ μετ' εὐφροσύνης καὶ αὐτὸς καθαρὸς
Sal. 17 36 καὶ αὐτὸς καθαρὸς ἀπὸ ἁμαρτίας τοῦ ἄρχειν * λαοῦ * μεγάλου ἐλέγξαι ἄρχοντας καὶ ἐξᾶραι ἁμαρτωλοὺς ἐν
Sal. 17 43 χρυσίον τὸ πρῶτον τίμιον ἐν συναγωγαῖς διακρινεῖ * λαοῦ * φυλὰς ἡγιασμένου οἱ λόγοι αὐτοῦ ὡς λόγοι ἁγίων ἐν
Sal. 17 43 ἡγιασμένου οἱ λόγοι αὐτοῦ ὡς λόγοι ἁγίων ἐν μέσῳ * λαῶν * ἡγιασμένων. μακάριοι οἱ γενόμενοι ἐν ταῖς ἡμέραις
Jer. 1 5 ἵνα καυχήσηταί ὁ βασιλεὺς μετὰ τοῦ πλήθους τοῦ * λαοῦ * αὐτοῦ καὶ εἶπα ὅτι ἴσχυσα ἐπὶ τὴν ἱερὰν πόλιν τοῦ
Jer. 2 2 Ἰερεμία τί ἔστι σοι ἢ ποῖον ἁμάρτημα ἐποίησεν ὁ * λαός; * ἐπειδὴ ὅταν ἡμάρτανεν ὁ λαὸς χοῦν ἔπασσεν ἐπὶ τὴν
Jer. 2 3 ἁμάρτημα ἐποίησεν ὁ λαός; ἐπειδὴ ὅταν ἡμάρτανεν ὁ * λαὸς * χοῦν ἔπασσεν ἐπὶ τὴν κεφαλὴν αὐτοῦ ὁ Ἰερεμίας καὶ
Jer. 2 3 τὴν κεφαλὴν αὐτοῦ ὁ Ἰερεμίας καὶ ηὔχετο ὑπὲρ τοῦ * λαοῦ * ἕως ἂν ἀφεθῇ αὐτῷ ἡ ἁμαρτία. ἠρώτησε δὲ αὐτὸν ὁ
Jer. 2 7 αὐτὸς δακρύων ὅτι οὐ μὴ ἐλέησῃ κύριος τὸν * λαὸν * τοῦτον. καὶ εἶπε Βαρούχ πάτερ Ἰερεμία τί γέγονε;
Jer. 3 6 τοῦ βασιλέως τῶν Χαλδαίων τοῦ αἰχμαλωτεῦσαι τὸν * λαὸν * εἰς Βαβυλῶνα. ἀκούσας δὲ ταῦτα Βαρούχ διέρρηξε καὶ
Jer. 3 10 πόλιν τὰς χεῖρας τῶν ἐχθρῶν αὐτῆς ἕως οὗ ἐπιστρέψω τὸν * λαὸν * εἰς Βαβυλῶνα. τί θέλεις ποιήσω τὰ ἅγια σκεύη τοῦ
Jer. 3 11 εἰς τὴν πόλιν. σὺ δὲ Ἰερεμία ἄπελθε μετὰ τοῦ λαοῦ * λαὸν * εἰς τὴν πόλιν. σὺ δὲ Ἰερεμία ἄπελθε μετὰ τοῦ λαοῦ
Jer. 3 11 εἰς τὴν πόλιν. σὺ δὲ Ἰερεμία ἄπελθε μετὰ τοῦ * λαοῦ * σου εἰς Βαβυλῶνα καὶ μεῖνον μετ' αὐτῶν
Jer. 3 15 καὶ ἐνεγκὼν ὀλίγα σῦκα δίδου τοῖς νοσοῦσί τοῦ * λαοῦ * ὅτι ἐπὶ σὲ ἡ εὐφρασία τοῦ κυρίου καὶ ἐπὶ τὴν
Jer. 4 2 τοῦ πλήθους αὐτοῦ καὶ αἰχμαλωτευσάτω πάντα τὸν * λαόν. * Ἰερεμίας δὲ ἄρας τὰς κλεῖδας τοῦ ναοῦ ἐξῆλθεν ἔξω
Jer. 4 5 ψεύδους ἐγενήθημεν. ἔτι κλαίοντος Ἰερεμίου τὸν * λαὸν * ἐξήνεγκαν αὐτὸν μετὰ τοῦ λαοῦ ἕλκοντες εἰς
Jer. 4 5 Ἰερεμίου τὸν λαὸν ἐξήνεγκαν αὐτὸν μετὰ τοῦ * λαοῦ * ἕλκοντες εἰς Βαβυλῶνα. ὁ δὲ Βαρούχ ἐπέθηκε χοῦν ἐπὶ
Jer. 4 6 Ἰερουσαλήμ; διὰ τὰς ἁμαρτίας τοῦ ἠγαπημένου * λαοῦ * παρεδόθη εἰς χεῖρας ἐχθρῶν διὰ τὰς ἁμαρτίας ἡμῶν.
Jer. 4 6 εἰς χεῖρας ἐχθρῶν διὰ τὰς ἁμαρτίας ἡμῶν καὶ τοῦ * λαοῦ. * ἀλλὰ μὴ καυχιάσθωσαν οἱ παράνομοι καὶ εἴπωσιν ὅτι
Jer. 5 18 ὁ ἱερεὺς καὶ Βαροὺχ ὁ ἀναγνώστης καὶ πᾶς ὁ * λαὸς * τῆς πόλεως ταύτης ὅτι οὐχ εὗρον αὐτούς; καὶ εἶπεν
Jer. 5 21 χρόνον; Ἰερεμίας γὰρ ἐν Βαβυλῶνί ἐστι μετὰ τοῦ * λαοῦ * ἠχμαλωτεύθησαν γὰρ ὑπὸ Ναβουχοδονόσορ τοῦ βασιλέως
Jer. 5 23 σοι καὶ ἔλεγον ὅτι μαίνῃ ὅτι εἶπας ἠχμαλωτεύθη ὁ * λαὸς * εἰς Βαβυλῶνα. εἰ ἦσαν οἱ καταρράκται τοῦ οὐρανοῦ
Jer. 5 25 ἐνέγκαι ὀλίγα σῦκα ἵνα δίδωμεν τοῖς νοσοῦσι τοῦ * λαοῦ; * καὶ ἀπελθὼν ἤνεγκεν αὐτὰ καὶ ἐλθὼν ἐπὶ τι δένδρον
Jer. 5 26 συνέλεξα αὐτά. σὺ δὲ λέγεις ὅτι ἠχμαλωτεύθη ὁ * λαὸς * εἰς Βαβυλῶνα. ἵνα δὲ γνῷς λάβε ἴδε τὰ σῦκα. καὶ
Jer. 5 30 καὶ ἓξ ἔτη σήμερον εἰσιν ἀφ' οὗ ἠχμαλωτεύθη ὁ * λαὸς * εἰς Βαβυλῶνα. καὶ ἵνα μάθῃς τέκνον ὅτι ἀληθές ἐστιν
Jer. 7 11 ἵνα εὖ σοι γένηται ᾆρον τὸν χάρτην τοῦτον τῷ * λαῷ * καὶ τῷ ἐκλεκτῷ τοῦ θεοῦ. ἐὰν κυκλώσωσί σε πάντα τὰ
Jer. 7 14 οὗ διῆλθεν Ἰερεμίας αὐτὸς γὰρ καὶ ἄλλοι τινὲς τοῦ * λαοῦ * ἐξήρχοντο θάψαι νεκρὸν ἔξω τῆς πόλεως. ᾐτήσατο γὰρ
Jer. 7 15 λέγων δός μοι τόπον ποῦ θάψω τοὺς νεκροὺς τοῦ * λαοῦ * μου καὶ ἔδωκεν αὐτῷ ὁ βασιλεύς. πορευομένων δὲ
Jer. 7 15 Ἰερεμία ὁ ἐκλεκτὸς τοῦ θεοῦ ἄπελθε σύναξον τὸν * λαὸν * καὶ ἐλθὲ ἐνταῦθα ἵνα ἀκούσωσι ἐπιστολῆς ἧς ἤνεγκά
Jer. 7 16 Ἰερεμίας ἐδόξασε τὸν θεὸν καὶ ἀπελθὼν συνῆξε τὸν * λαὸν * σὺν γυναιξὶ καὶ τέκνοις καὶ ἦλθεν ὅπου ἦν ὁ ἀετός.
Jer. 7 18 γέγονε δὲ τοῦτο ἵνα πιστεύσωσιν. ἐθύμασε δὲ πᾶς ὁ * λαὸς * ἐπὶ τῷ γεγονότι λέγοντες ὅτι μὴ οὗτος ὁ θεός ὁ
Jer. 7 19 λῦσον τὴν ἐπιστολὴν ταύτην καὶ ἀνάγνωθι αὐτὴν τῷ * λαῷ. * λύσας οὖν τὴν ἐπιστολὴν ἀνέγνω αὐτὴν τῷ λαῷ. καὶ
Jer. 7 19 τῷ λαῷ λύσας οὖν τὴν ἐπιστολὴν ἀνέγνω αὐτὴν τῷ * λαῷ. * καὶ ἀκούσας ὁ λαὸς ἔκλαυσαν καὶ ἐπέθηκαν χοῦν ἐπὶ
Jer. 7 20 τὴν ἐπιστολὴν ἀνέγνω αὐτὴν τῷ λαῷ. καὶ ἀκούσας ὁ * λαὸς * ἔκλαυσαν καὶ ἐπέθηκαν χοῦν ἐπὶ τὰς κεφαλὰς αὐτῶν
Jer. 7 23 ἐνταῦθα ὅπως μὴ ἴδῃς τὴν κάκωσιν τὴν γενομένην τῷ * λαῷ * ὑπὸ τῶν Βαβυλωνίων. ὥσπερ γὰρ πατὴρ υἱὸν μονογενῆ
Jer. 7 24 σε ἐλθεῖν εἰς Βαβυλῶνα ἵνα μὴ ἴδῃς τὴν κάκωσιν τοῦ * λαοῦ. * ἀφ' ἧς γὰρ εἰσήλθομεν ἐνταῦθα οὐκ ἐπαύσατο ἡ λύπη
Jer. 7 25 σήμερον, πολλάκις γὰρ ἐξερχόμενος εὑρίσκω ἐκ τοῦ * λαοῦ * κρεμαμένου ὑπὸ Ναβουχοδονόσορ βασιλέως κλαίοντας
Jer. 7 28 εἰς τὸν τόπον ὅπου εἶ σὺ καὶ Ἀβιμέλεχ ὑπὲρ τοῦ * λαοῦ * τούτου ὅπως εἰσακούσωσιν τῆς φωνῆς μου καὶ τῶν
Jer. 7 31 ἔκλαυσε ἀκούσας διὰ τὰς λύπας καὶ τὰς κακώσεις τοῦ * λαοῦ. * Ἰερεμίας δὲ ἄρας τὰ σῦκα διέδωκε τοῖς νοσοῦσι τοῦ
Jer. 7 32 Ἰερεμίας δὲ ἄρας τὰ σῦκα διέδωκε τοῖς νοσοῦσι τοῦ * λαοῦ * ἐκ Βαβυλῶνος. καὶ εἶπεν ὁ κύριος πρὸς Ἰερεμίαν
Jer. 8 1 ἐγένετο δὲ ἡ ἡμέρα ἐν ᾗ ἐξέφερε κύριος τὸν * λαὸν * ἐκ Βαβυλῶνος. καὶ εἶπεν ὁ κύριος πρὸς Ἰερεμίαν
Jer. 8 2 εἶπεν ὁ κύριος πρὸς Ἰερεμίαν ἀνάστηθι σὺ καὶ ὁ * λαὸς * καὶ δεῦτε ἐπὶ τὸν Ἰορδάνην καὶ ἐρεῖς τῷ λαῷ
Jer. 8 2 ὁ λαὸς καὶ δεῦτε ἐπὶ τὸν Ἰορδάνην καὶ ἐρεῖς τῷ * λαῷ * ὁ θέλων τὸν κύριον καταλειψάτω τὰ ἔργα τῆς

| | | | left context | | keyword | | right context |
|---|---|---|---|---|---|---|---|

Jer. 8 4 αὐτοὺς ἐκεῖ. Ἰερεμίας δὲ ἐλάλησεν πρὸς τὸν * λαὸν * τὰ ῥήματα ταῦτα καὶ ἀναστάντες ἦλθον ἐπὶ τὸν

Jer. 9 1 χαίροντες καὶ ἀναφέροντες θυσίας ὑπὲρ τοῦ * λαοῦ * ἐννέα ἡμέρας. τῇ δὲ δεκάτῃ ἀνήνεγκεν Ἰερεμίας

Jer. 9 9 ὁ ἱερεὺς τοῦ θεοῦ καὶ ἀπῆλθεν. ἤκουσε δὲ πᾶς ὁ * λαὸς * τοῦ κλαυθμοῦ αὐτῶν καὶ ἔδραμον ἐπ᾽ αὐτοὺς πάντες

Jer. 9 19 υἱοῦ τοῦ θεοῦ ὅτι ἔρχεται εἰς τὸν κόσμον ὥργισθη ὁ * λαὸς * καὶ εἶπε ταῦτα πάλιν ἐστί τὰ ῥήματα τὰ ὑπὸ Ἡσαΐου

Jer. 9 29 καὶ τῷ Ἀβιμέλεχ καὶ εἶθ᾽ οὕτως ἔστη ἐν μέσῳ τοῦ * λαοῦ * καὶ ὅπως συνεχωρήθη Ναβουχοδονόσωρ ὁ βασιλεὺς ὑπὸ

Bar. 1 1 Βαροὺχ κλαίων ἐν τῇ συνέσει μου καὶ ἔχων περὶ τοῦ * λαοῦ * ἐν συγκλεισμῷ ἀλλοφύλων καὶ ἵνα μὴ διαφθαρῇ ἡ πόλις

Prop. 1 3 εὐχῇ τοῦ Ἡσαΐου μικρὸν ὕδωρ ἐξελήλυθεν ὅτι ἦν ὁ * λαὸς * πλησίον αὐτὸν ἐπιμελῶς ἔθαψε καὶ ἐνδόξως ἵνα δι᾽

Prop. 1 5 διὰ τοῦ Ἡσαΐου τοῦτο γέγονε μνήμης χάριν καὶ ὁ * λαοῦ. * ἐκεῖ εἶχεν ὁ βασιλεὺς τὸ χρυσίον τὸ ἐξ Αἰθιοπίας

Prop. 1 7 τῆς σήμερον τοῖς πολλοῖς ἀγνοουμένη ὅλου δὲ τοῦ * λαοῦ. * ἀποθνήσκει. κεῖται δὲ ἐν τῷ τόπῳ τῆς οἰκήσεως Φαραὼ

Prop. 2 1 καὶ ἐν Τάφναις Αἰγύπτου λίθοις βληθεὶς ὑπὸ τοῦ * λαοῦ * Ἰσραὴλ ἐκεῖ ἐλεγχόμενος ὑπ᾽ αὐτοῦ ἐπὶ εἰδώλων

Prop. 3 2 τῇ Ἰουδαίᾳ. ἀπέκτειναν δὲ αὐτὸν ὁ ἡγούμενος τοῦ * λαοῦ * ὥστε προσέχειν τῷ ποταμῷ Χοβὰρ ὅτε ἐκλείποι

Prop. 3 6 πέτρᾳ κρεμάμενον. οὗτος ὁ προφήτης τέρας ἔδωκε τῷ * λαῷ * ὥστε προσέχειν τῷ ποταμῷ Χοβὰρ ὅτε ἐκλείποι

Prop. 3 12 ἐλθεῖν ἐκ θεοῦ παρεκάλεσεν. οὗτος ἀπολλυμένου τοῦ * λαοῦ * ὑπὸ τῶν ἐχθρῶν προσῆλθε τοῖς ἡγουμένοις καὶ διὰ

Prop. 3 14 καὶ ἐπὶ τοῦ μέλλοντος. οὗτος ἐκεῖ ὢν ἐδείκνυ τῷ * λαῷ * Ἰσραὴλ τὰ ἐν Ἰερουσαλὴμ καὶ ἐν τῷ ναῷ γινόμενα.

Prop. 3 19 καὶ προείρηκεν ὅτι δι᾽ αὐτοὺς οὐκ ἐπιστρέψει ὁ * λαὸς * εἰς τὴν γῆν αὐτοῦ ἀλλὰ ἐν Μηδίᾳ ἔσονται.

Prop. 4 21B ὑπὸ τῶν ἱερέων τοῦ νόμου ⟨καὶ πρεσβυτέρων τοῦ * λαοῦ * Ἰσραὴλ. τότε φόνος ἔσται τοῦ Βελίαρ⟩. εὐθέως δὲ

Prop. 4 22 γῆς. ἐὰν δὲ τὸ ἐν τῷ νότῳ ῥεύσῃ ὕδατα ἐπιστρέψει ὁ * λαὸς * εἰς γῆν αὐτοῦ καὶ ἐὰν αἷμα ῥεύσῃ φόνος ἔσται τοῦ

Prop. 12 8 τὸ γενόμενον συνῆκε δὲ ὅτι τάχιον ἐπιστρέψει ὁ * λαὸς * ὑπὸ Βαβυλῶνος. καὶ πρὸ δύο ἐτῶν ἀποθνήσκει τῆς

Prop. 12 17 προεφήτευσε. καὶ πρὸ δύο ἐτῶν τῆς ἐπιστροφῆς τοῦ * λαοῦ * τῆς ἀπὸ Βαβυλῶνος ἐτελεύτησε καὶ ἐτάφη ἐν τῷ ἰδίῳ

Prop. 14 1 Ἰερουσαλὴμ καὶ φανερῶς περὶ τῆς ἐπιστροφῆς τοῦ * λαοῦ * προεφήτευσε καὶ εἶδεν ἐκ μέρους τὴν οἰκοδομὴν τοῦ

Prop. 15 1 ἦλθεν ἀπὸ Χαλδαίων ἤδη προβεβηκὼς κἀκεῖ πολλὰ τῷ * λαῷ * προεφήτευσε καὶ τέρατα ἔδωκεν εἰς ἀπόδειξιν. οὗτος

Prop. 16 2 ἔτι πάνυ νέος καλὸν βίον ἔσχηκε. καὶ ἐπειδὴ πᾶς ὁ * λαὸς * ἐτίμα αὐτὸν ὡς ὅσιον καὶ πρᾶον ἐκάλεσεν αὐτὸν

Prop. 18 3 πορεύσεται μετὰ κυρίου εἶδε ζεῦγος βοῶν πατοῦν τὸν * λαὸν * καὶ κατὰ τῶν ἱερέων ἐπιτρέχον καὶ περὶ τοῦ

Prop. 18 3B Ἰσραὴλ εἶδε ζεῦγος βοῶν θηλείων καταπατοῦν τὸν * λαὸν * καὶ κατὰ τῶν ἱερέων ἐπιτρέχον προεῖπε καὶ τῷ

Prop. 23 2 ἐν τῷ Ἐφοὺδ οὔτε διὰ δήλων ἀποκριθῆναι τῷ * λαῷ * ὡς τὸ πρίν. ⟨(Ἰαδώκ]. ἄνθρωπος τοῦ θεοῦ ὁ ἐλθὼν ἐκ

Slb. 3 249 ἡνίκα δ᾽ Αἴγυπτον λείψει καὶ ἀτάρβον δδεύσει * λαὸς * ὁ δωδεκάφυλος ἐν ἡγεμόσιν θεοπέμπτοις ἐν στύλῳ

Slb. 3 255 θρεψαμένη δ᾽ υἱὸν ἐκαλέσσατο. ἡνίκα δ᾽ ἦλθεν * λαὸν * ὅδ᾽ ἡγεμονῶν ἐν ἀπ᾽ Αἰγύπτου θεὸς ἦγεν εἰς τὸ ὄρος

Slb. 3 668 μιαροὶ βασιλῆες τὸν θρόνον αὐτοῦ ἕκαστος ἔχων καὶ * λαὸν * ἀπειθῆ. καὶ ῥα θεὸς φωνῇ μεγάλῃ πρὸς πάντα λαλήσει

Slb. 3 670 ἀπειθῆ. καὶ ῥα θεὸς φωνῇ μεγάλῃ πρὸς πάντα λαλήσει * λαὸν * ἀπαίδευτον κενόφρονα καὶ κρίσις αὐτοῖς ἔσσεται ἐκ

Slb. 3 734 καὶ προφύλαξαι στεῖλον μὴ ἐπὶ τήνδε πόλιν ⟨σὸν⟩ * λαὸν * ἄβουλον ὥστε μὴ ἐξ ὁσίης γαίης πέληται Μεγάλοιο. μὴ

Slb. 5 19 ἀδουλάτου ἐπὶ κῦμα πεσούσης. καὶ θεσμοὺς θῆκεν * λαοῖς * καὶ πάνθ᾽ ὑποτάξει ἐν μακρῷ δὲ χρόνῳ ἑτέρῳ

Slb. 5 151 ἀληθὲς ὃς ναὸν θεότευκτον ἔλεν καὶ ἔφλεξε πολίτας * λαούς * εἰσανιόντας ὅσους ὕμνησα δικαίως τούτου γὰρ

Slb. 5 154 καὶ ἐν τοῖσιν μένεν ἀρχὴ ἐξόλεσαν μεγάλην τε πόλιν * λαῶν * τε δικαιον. ἀλλ᾽ ὅταν ἐκ τετράτου ἔτεος λάμψῃ μέγας

Slb. 5 161 ᾗς εἵνεκα πολλοὶ ὄλοντο Ἑβραίων ἅγιοι πιστοὶ καὶ * λαὸς * ἀληθῆς. ἔσσεαι ἐν θνητοῖσι κακοῖς κακὰ μοχθήσασα

Slb. 5 190 Θῆβαι ποῦ σοι τὸ μέγα σθένος; ἄγριος ἀνὴρ ἐξολέσει * λαοῦ * σὺ δὲ εἵματα φαιὰ λαβοῦσα θρηνήσεις δύστηνε μόνη

Slb. 5 226 φόνος καὶ δείματα κεῖται εἵνεκα τῆς μεγάλης πόλεως * λαοῦ * τε δικαίου σῳζομένου διὰ παντὸς ὃν ἔχθον εἶχε

Slb. 5 384 ᾗ μὴ θέμις ἔσσεται αὐτῆς. εἰρήνη δ᾽ ἕξει * λαὸς * σοφὸς ὥσπερ ἐλείφθη πειραθεὶς κακότητος ἵν᾽ ὕστερον

Slb. 5 502 ναὸς μέγας ἔσσεται ἁγνὸς κεῖς αὐτὸν θυσίας οἴσει * λαὸς * θεότευκτος κεῖνοισιν δώσει θεὸς ἄφθιτος

FJub. 2 20 καὶ ἐκλέξομαι ἐμαυτῷ ἐκ τοῦ σπέρματος τὸν * λαὸν * περιοσίαν ἀπὸ πάντων τῶν ἐθνῶν. ἠυλογήθη καὶ αὕτη

FIsa. 1 3 10 ἐκάλεσεν κ⟨αὶ τοὺς⟩ ἄρχοντα⟨ς Ἰούδα⟩ καὶ Ἰσραὴλ * ⟨λαὸν⟩ * Γο⟩μόρρας πρ⟨οσηγό⟩ρευσεν. ⟨κ⟩α⟨ὶ πολλὰ⟩ κατηγόρει

FEz. 1 8 3 Ἰσραὴλ ἀπὸ τῆς ἀνομίας ὑμῶν. εἶπον τοῖς υἱοῖς τοῦ * λαοῦ * μου ἐὰν ὦσιν αἱ ἁμαρτίαι ὑμῶν ἀπὸ τῆς γῆς ἕως τοῦ

FEz. 1 8 3 τῆς καρδίας καὶ εἴπητε πάτερ ἐπακούσομαι ὑμῶν ὡς * λαοῦ * ἁγίου. ἐφ᾽ οἷς γὰρ ἂν εὕρω ὑμᾶς ἐπὶ τούτοις καὶ

FEz. 186 ἐνοχλούμε⟩ν οὐκ ἐθ⟨ε⟩ράπευσατε ⟨καὶ ποιεῖτε τὸν⟩ * λαον * μου πλαν⟨ασθαι απο νομης της⟩ καλης καὶ πορευ⟨εσθαι

FPho. 95 ἀχθόμενοι δ᾽ ὀλίγοις καὶ πολλοῖς πάντες ἄπληστοι. * λαῶι * μὴ πίστευε πολύτροπός ἐστιν ὅμιλος λαὸς ⟨γὰρ⟩ καὶ

FPho. 96 ἄπληστοι. λαῶι μὴ πίστευε πολύτροπός ἐστιν ὅμιλος * λαὸς * ⟨γὰρ⟩ καὶ ὕδωρ καὶ πῦρ ἀκατάσχετα πάντα. μὴ δὲ

HEup. 9 31 1 ἅμα δέ σοι γράψαι ἀποστελῖαί μοι τῶν παρὰ σοῦ * λαῶν * οἳ παραστήσονται μοι μέχρι τοῦ ἐπιτελέσαί πάντα

HEup. 9 32 1 θεοῦ. περὶ δὲ ὧν γράψαι μοι περὶ τῶν κατὰ τοὺς * λαοὺς * τοὺς παρ᾽ ἡμῖν ἀπέσταλκά σοι μυριάδας ὀκτὼ ὧν καὶ

HEup. 9 33 1 ἅμα δὲ καὶ σοὶ γράψαι ἀποστελῖαί μοι τῶν παρὰ σοῦ * λαῶν * οἳ συμπαραστήσονται ἡμῖν μέχρι τοῦ ἐπιτελέσαί τὴν

HEup. 9 34 2 περὶ δὲ ὧν γράψαι μοι περὶ τῶν κατὰ τοὺς * λαοὺς * τοὺς παρ᾽ ἡμῖν ἀπέσταλκά σοι Τυρίων καὶ Φοινίκων

HEup. 9 34 10 ὁ βασιλεὺς ὅταν προσεύχηται ὅπως ὀπτάνηται τῷ * λαῷ * τῶν Ἰουδαίων. οἰκοδομῆσαι δὲ καὶ τὸ θυσιαστήριον

HArt. 9 27 21 αὐτοῦ. τὸν δὲ Μώϊσον εὔχεσθαι τῷ θεῷ ἤδη ποτὲ τοὺς * λαοὺς * παῦσαι τῶν κακοπαθειῶν. ἱλασκομένου δ᾽ αὐτοῦ

HArt. 9 27 28 ἐποξέσαι καὶ τὰ ποτάμια διαφθεῖραι ζῷα τούς τε * λαοὺς * διὰ τὴν δίψαν φθείρεσθαι. τὸν δὲ βασιλέα τούτων

HArt. 9 27 29 τούτων γενομένων τῶν τεράτων φάναι μετὰ μῆνα τοὺς * λαοὺς * ἀπολύειν ἐὰν ἀποκαταστήσῃ τὸν ποταμὸν τὸν δὲ

HAno. 9 17 7 αὐτῇ συγγενέσθαι καὶ συνέβη φθείρεσθαι αὐτοῦ τὸν * λαὸν * καὶ τὸν φθόνον μαντεῖς δὲ αὐτὸν καλέσαντος τούτους

LPhl. 9 37 2 κρήνης τηλεφαῆ δείκνυσιν ὑπέρτατα θάμβεα * λαῶν. * αἶπὺ δ᾽ ἄρ᾽ ἐκπτύουσι διὰ χθονὸς ὑδροχόοισι

LEze. 9 28 2 04 ἑπτάκις δέκα ψυχὰς σὺν αὐτῷ καὶ ἐπεγέννησεν πολὺν * λαὸν * κακῶς πράσσοντα καὶ τεθλιμμένον ἐς ἄχρι τούτων τῶν

LEze. 9 29 8 12 δ᾽ ἐκείνων καὶ ἔτ᾽ ἐμῶν δωρημάτων πάρειμι σῶσαι * λαὸν * Ἑβραίων ἰδὼν κάκωσιν καὶ πόνον δούλων ἐμῶν.

LEze. 9 29 8 17 ὁμοῦ ἔπειτα βασιλεῖ τὰ ὑπ᾽ ἐμοῦ τεταγμένα ὅπως σὺ * λαὸν * τὸν ἐμὸν ἐξάγοις χθονός. οὐκ εὔλογος πέφυκα γλώσσα

LEze. 9 29 12 20 αὐτοῦ πρωτόγονον ἕξει νεκρὸν καὶ τότε φοβηθεὶς * λαὸν * ἐκπέμψει ταχὺ πρὸς τοῖσδε λέξεις πᾶσιν Ἑβραίοις

LEze. 9 29 12 23 μεὶς ὅδ᾽ ὑμῖν πρῶτος ἐνιαυτῶν πέλει ἐν τῷδ᾽ ἀπάξω * λαὸν * ἐς ἄλλην χθόνα εἰς ἣν ὑπέστην πατράσιν Ἑβραίων

LEze. 9 29 12 25 εἰς ἣν ὑπέστην πατράσιν Ἑβραίων γένους. λέξεις δὲ * λαῷ * παντὶ μηνὸς οὗ λέγω διχομηνίᾳ τὸ πάσχα θύσαντας θεῷ

LEze. 9 29 12 32 ὄχλον. ὅταν δὲ μέλλητ᾽ ἀποτρέχειν δώσω χάριν * λαῷ * γυνὴ τε παρὰ γυναικὸς λήψεται σκεύη κόσμον τε πάνθ᾽

LEze. 9 29 14 27 προσῆν ἐπέσχομεν θέλοντες ὄρθριον μάχην πεποιθότες * λαοῖσι * καὶ φρικτοῖς ὅπλοις. ἔπειτα θείων ἄρχεται

LAri. 13 12 6 γένος ἐσμὲν ὁ δ᾽ ἤπιος ἀνθρώποισι δεξιὰ σημαίνει * λαούς * δ᾽ ἐπὶ ἔργον ἐγείρει μιμνήσκων βιότοιο λέγει δ᾽

FrAn. 2 11 4 ταῦτα ὁμφαξ εἶτα σταφυλὴ παρεστηκυῖα. οὕτως καὶ ὁ * λαὸς * μου ἀκαταστασίας καὶ θλίψεις ἔσχεν ἔπειτα

FrAn. 1 226 16 Ἰωσὴφ μνησθεὶς τ⟨ου Ιακωβ⟩ - ⟩θεις βασιλευς του * λαου * κα⟨ - ⟩ευθυς σιτου πονο⟨λλου - ειπε⟩ν

FrAn. 574 3035 φωτινῷ καὶ νεφέλῃ ἡμερινῇ καὶ ῥυσάμενον αὐτοῦ τὸν * λαὸν * ἔργου ἀμεληθῇ καὶ ἐπενέγκαντα ἐπὶ Φαραὼ τὴν

**Λαπίθης** [1]

Slb. 5 133 πόντος ὀλεῖ Ταύρων γενεὴν καὶ βάρβαρον ἔθνος +καὶ * Λαπίθας * δάπεδον κατὰ γῆν ἐναρίξει. Θεσσαλίην χώρην

**λάρυγξ** [1]

Sedr. 10 3 πάντα τὰ μέλη σου; ἀναφέρυσται διὰ φάρυγγος καὶ * λάρυγγος * καὶ τοῦ στόματος καὶ οἵαν ὥραν μέλλει

**λάσιος** [1]

LEze. 9 28 Z 17 ὑπεξέθηκε κόσμον ἀμφιθεῖσά μοι παρ᾽ ἄκρα ποταμοῦ * λάσιον * εἰς ἕλος δασὺ Μαριὰμ δ᾽ ἀδελφή μου κατώπτευεν

**Λατινίδης** [1]

Slb. 5 1 λόγος πέμπτος. ἀλλ᾽ ἄγε μοι στονόεντα χρόνον κλύε * Λατινιδάων. * ἦ τοι μὲν πρώτιστα μετ᾽ ὀλλυμένους βασιλῆας

**Λατινίς** [2]

Slb. 3 356 πενίῃ ἀνὰ μυρία δ᾽ ὀφλήσουσιν. ὦ χλιδανὴ ζάχρυσε * Λατινίδος * ἔκγονε Ῥώμη παρθένε πολλάκι σοῖσι

Slb. 5 168 κακὴ πόλι δύσμορε πασῶν. αἰαῖ πάντ᾽ ἀκάθαρτε πόλι * Λατινίδος * αἴης μαινὰς ἐχιδνοχαρὴς χήρη καθεδοῖο παρ᾽

**Λατῖνος** [2]

Slb. 3 51 εἰς αἰῶνας ἅπαντας ἐπειγομένοιο χρόνοιο. καὶ τότε * Λατίνων * ἀπαραίτητος χόλος ἀνδρῶν τρεῖς Ῥώμην οἰκτρῇ

Slb. 3 597 μίγνυνται ἀνάγνως ὅσσα τε Φοίνικες Αἰγύπτιοι ἠδὲ * Λατῖνοι * Ἑλλάς τ᾽ εὐρύχορος καὶ ἄλλων ἔθνεα πολλὰ Περσῶν

**λατομέω** [1]

HArt. 9 27 11 ἕτερον δὲ λίθινον κατασκευάσαι τὸ πλησίον ὄρος * λατομήσαντας * τάξαι δὲ ἐπὶ τῆς οἰκοδομίας ἐπιστάτην

**λατρεία** [3]

Slb. 3 763 κατασπεύσαντες ἑὰς φρένας ἐν στήθεσσιν φεύγετε * λατρείας * ἀνόμους τῷ ζῶντι λάτρευε μοιχείας πεφύλαξο καὶ

FIsa. 3 2 τοῦ πατρὸς αὐτοῦ ἀλλ᾽ ἐπελάθετο καὶ ἀφῆκεν τὴν * λατρείαν * τοῦ θεοῦ καὶ ἐλάτρευσεν τῷ σατανῷ καὶ τοῖς

FIsa. 3 3 τὸν οἶκον τοῦ πατρὸς αὐτοῦ ἀπὸ τῆς τοῦ θεοῦ * λατρείας * καὶ ἐλάτρευσαν τῷ διαβόλῳ. ⟨Μ⟩ανασσῆ καὶ

**λατρεύω** [12]

Adam 13 5 δοθήσεται αὐτοῖς καρδία συνετιζομένη τὸ ἀγαθὸν καὶ * λατρεύειν * θεῷ μόνῳ. σὺ δὲ πάλιν πορεύου πρὸς τὸν πατέρα

Hen. 10 21 ἐπὶ τῆς γῆς ἐξάλειψον. καὶ λατρεύσουσιν αὐτῷ πάντες * λατρεύοντες * οἱ λαοὶ καὶ εὐλογοῦντες πάντες ἐμοὶ καὶ

Hen. 99 7 χρυσᾶς ξυλίνας τε ⟨καὶ λιθίνας⟩ καὶ ὀστρακίνας καὶ * λατρεύοντες * φαν⟩τάσμασιν καὶ δαιμονίοι⟨ς καὶ

TLevi 2 3B011 ἐλέησόν με καὶ προσάγαγέ με εἶναί σου δοῦλος καὶ * λατρεῦσαί * σοι καλῶς· τεῖχος εἰρήνης σου γενέσθαι κύκλω

Slb. 3 277 ἀθανάτοιο θεοῦ ἁγνῷ νόμῳ ἀλλὰ πλανηθεὶς εἰδώλοις * ἐλάτρευσας * ἀεικέσιν οὐδὲ φοβηθεὶς ἀθάνατον γενετῆρα θεῶν

Slb. 3 763 ἐν στήθεσσιν φεύγετε λατρείας ἀνόμους τῷ ζῶντι * λάτρευε * μοιχείας πεφύλαξο καὶ ἄρσενος ἄκριτον εὐνὴν τὴν

Slb. 4 104 δυσμῶν Ἰταλὸς ἀνθήσει πόλεμος μέγας ᾧ ὕπο κόσμος * λατρεύσει * δούλειον ἔχων ζυγόν Ἰταλίδῃσιν. καὶ σὺ

FIsa. 3 2 ἐπελάθετο καὶ ἀφῆκεν τὴν λατρείαν τοῦ θεοῦ καὶ * ἐλάτρευσεν * τῷ σατανῷ καὶ τοῖς ἀγγέλοις αὐτοῦ καὶ ταῖς

FIsa. 3 3 τοῦ πατρὸς αὐτοῦ ἀπὸ τῆς τοῦ θεοῦ λατρείας καὶ * ἐλάτρευσαν * τῷ διαβόλῳ. ⟨Μ⟩ανασσῆ καὶ κατε⟨δυ⟩νάμου αὐτὸν

FPho. 121 καὶ ἀχθομένοισι κακοῦ λύσις ἤλυθεν θρέψαι. καιρῷ * λατρεύειν * μὴ δ᾽ ἀντινπνέειν ἀνέμοισιν. μὴ μεγαληγορίῃ

FPho. 200 μὴ δὲ γυναῖκα κακὴν πολυμήτορα οἶκαδ᾽ ἄγεσθαι * λατρεύσεις * ἀλόχου λυγρῆς χάριν εἵνεκα φερνῆς. ἵππους

LEze. 9 29 12 40 τοσαύτας ἡμέρας ἔτος κατὰ ἄξυμα ἔδεσθε καὶ θεῷ * λατρεύσετε * τὰ πρωτότευκτα ζῷα θύοντες θεῷ ὅσ᾽ ἂν τέκωσι

**λάτρις** [2]

Job 24 2 τὴν ἐλπίδα τῆς σωτηρίας σου; καὶ ἐγὼ πλανῆτις καὶ * λάτρις * τόπον ἐκ τόπου περιερχομένη διὸ ἀπώλετο ἀπὸ γῆς

Slb. 3 358 πολλάκι σοῖσι πολυμνήστοισι γάμοισιν οἰνωθεῖσα * λάτρις * νυμφεύσεαι οὐκ ἐνὶ κόσμῳ πολλάκι δ᾽ ἀβρὴν σεῖο

| | | | |
|---|---|---|---|
| λαχνήεις | | | 1 |
| LThe. | 9 | 22 | 1 δολιχὴ πόλιν εἰσαφικέσθαι ἀγρόθεν οὐδέ ποτε δρία * λαχνήεντα * πονεῦσιν. ἐξ αὐτῆς δὲ μάλ' ἄγχι δύ' οὔρεα |
| λέγω | | | 598 (cf.+ ἔρω, εἶπον) |
| Adam | 3 | 2 | τὸν Ἄβελ ἀπὸ χειρὸς Κάϊν τοῦ ἀδελφοῦ αὐτοῦ. καὶ * λέγει * ὁ θεὸς Μιχαὴλ τῷ ἀρχαγγέλῳ εἰπὲ τῷ Ἀδὰμ ὅτι τὸ |
| Adam | 4 | 2 | καὶ ἐν γαστρὶ ἔσχεν καὶ ἐγέννησεν τὸν Σήθ. καὶ * λέγει * Ἀδὰμ τῇ Εὔᾳ ἰδοὺ ἐγεννήσαμεν υἱὸν ἀντὶ Ἄβελ ὃν |
| Adam | 5 | 2 | καὶ περιπεσὼν εἰς νόσον ἐβόησεν φωνῇ μεγάλῃ * λέγων * ἐλθέτωσαν πρός με οἱ υἱοί μου πάντες ὅπως ὄψομαι |
| Adam | 5 | 5 | ὁ υἱὸς αὐτοῦ πάτερ Ἀδὰμ τί σοί ἐστιν νόσος; καὶ * λέγει * τεκνία μου πόνος πολὺς συνέχει με. καὶ λέγουσιν |
| Adam | 5 | 5 | καὶ λέγει τεκνία μου πόνος πολὺς συνέχει με. καὶ * λέγουσιν * αὐτῷ τί ἐστιν πόνος καὶ νόσος; καὶ ἀποκριθεὶς |
| Adam | 6 | 1 | αὐτῷ τί ἐστιν πόνος καὶ νόσος; καὶ ἀποκριθεὶς Σὴθ * λέγει * αὐτῷ μὴ ἐμνήσθης πάτερ τοῦ παραδείσου ἐξ ὧν ἤσθιες |
| Adam | 6 | 3 | καὶ ἐνέγκω σοι ἵνα καταπαύσῃ ὁ πόνος ἀπὸ σοῦ. * λέγει * αὐτῷ ὁ Ἀδὰμ οὐχὶ υἱέ μου Σὴθ ἀλλὰ νόσον καὶ |
| Adam | 6 | 3 | Ἀδὰμ οὐχὶ υἱέ μου Σὴθ ἀλλὰ νόσον καὶ πόνους ἔχω. * λέγει * αὐτῷ Σὴθ καὶ πῶς σοι ἐγένοντο; εἶπε δὲ αὐτῷ ὁ |
| Adam | 8 | 1 | ἔθηκε τὸν θρόνον αὐτοῦ καὶ ἐκάλησε φωνῇ φοβερᾷ * λέγων * Ἀδὰμ ποῦ εἶ καὶ ἵνα τί κρύβῃ σε ἀπὸ προσώπου μου; |
| Adam | 8 | 2 | κρυβῆναι οἰκία τῷ οἰκοδομήσαντι αὐτήν; καὶ * λέγει * ἐπειδὴ ἐγκατέλιπας τὴν διαθήκην μου ὑπήνεγκα τῷ |
| Adam | 9 | 1 | αἱ πληγαὶ παρακολουθοῦσαι τῷ σώματι. ταῦτα δὲ * λέγων * ὁ Ἀδὰμ τοῖς υἱοῖς αὐτοῦ ἀνεστέναξε μέγα καὶ εἶπεν |
| Adam | 9 | 2 | ποιήσω ὅτι ἐν μεγάλῃ λύπῃ εἰμί; ἔκλαυσε δὲ ἡ Εὔα * λέγουσα * κύριέ μου Ἀδὰμ δός μοι τὸ ἥμισυ τῆς νόσου σου |
| Adam | 10 | 2 | καὶ θηρίον πολεμοῦντα αὐτόν. ἔκλαυσε δὲ ἡ Εὔα * λέγουσα * οἴμμοι οἴμμοι ὅτι ἐὰν ἔλθω εἰς τὴν ἡμέραν τῆς |
| Adam | 10 | 2 | ἀναστάσεως πάντες οἱ ἁμαρτήσαντες καταράσονταί με * λέγοντες * ὅτι οὐκ ἐφύλαξεν ἡ Εὔα τὴν ἐντολὴν τοῦ θεοῦ. |
| Adam | 11 | 1 | ὑπετάγης τῇ εἰκόνι τοῦ θεοῦ; τότε τὸ θηρίον ἐβόησε * λέγων * ὦ Εὔα οὐ πρὸς ἡμᾶς ἡ πλεονεξία σου οὔτε κλαυθμὸς |
| Adam | 12 | 1 | οὐ δυνήσει ὑπενεγκεῖν ἐὰν ἀπάρξομαι ἐλέγχειν σε. * λέγει * ὁ Σὴθ πρὸς τὸ θηρίον κλεῖσαί σου τὸ στόμα καὶ σίγα |
| Adam | 12 | 2 | τῆς εἰκόνος τοῦ θεοῦ ἕως ἡμέρας τῆς κρίσεως. τότε * λέγει * τὸ θηρίον τῷ Σὴθ ἰδοὺ ἀφίσταμαι ἀπὸ τῆς εἰκόνος |
| Adam | 14 | 2 | Σὴθ καὶ ἡ Εὔα εἰς τὴν σκηνὴν ὅπου ἔκειτο ὁ Ἀδάμ. * λέγει * δὲ Ἀδὰμ τῇ Εὔᾳ ὦ Εὔα τί κατειργάσω ἐν ἡμῖν; |
| Adam | 14 | 3 | ἐστὶ θάνατος κατακυριεύων παντὸς τοῦ γένους ἡμῶν. * λέγει * Ἀδὰμ τῇ Εὔᾳ κάλεσον πάντα τὰ τέκνα ἡμῶν καὶ τὰ |
| Adam | 15 | 1 | αὐτοῖς τὸν τρόπον τῆς παραβάσεως ἡμῶν. τότε * λέγει * ἡ Εὔα πρὸς αὐτοὺς ἀκούσατε πάντα τὰ τέκνα μου καὶ |
| Adam | 16 | 1 | τὸ ἑαυτοῦ ἐτήρει. καὶ ἐλάλησε τῷ ὄφει ὁ διάβολος * λέγων * ἀνάστα ἐλθὲ πρός με καὶ εἴπω σοι ῥῆμα ἐν ᾧ |
| Adam | 16 | 2 | ἐν ᾧ ὠφεληθῇς. καὶ ἀναστὰς ἦλθε πρὸς αὐτὸν καὶ * λέγει * αὐτῷ ὁ διάβολος ἀκούω ὅτι φρονιμώτερος εἶ ὑπὲρ |
| Adam | 16 | 4 | τοῦ παραδείσου ὡς καὶ ἡμεῖς ἐξεβλήθημεν δι' αὐτοῦ. * λέγει * αὐτῷ ὁ ὄφις φοβοῦμαι μήποτε ὀργισθῇ μοι ὁ θεός. |
| Adam | 16 | 5 | αὐτῷ ὁ ὄφις φοβοῦμαι μήποτε ὀργισθῇ μοι ὁ θεός. * λέγει * αὐτῷ ὁ διάβολος μὴ φοβοῦ γενοῦ μοι σκεῦος κἀγὼ |
| Adam | 17 | 2 | ἐκ τοῦ τείχους καὶ ἴδον αὐτὸν ὅμοιον ἀγγέλου. καὶ * λέγει * μοι σὺ εἶ ἡ Εὔα; καὶ εἶπον αὐτῷ ἐγώ εἰμι. καὶ |
| Adam | 17 | 2 | μοι σὺ εἶ ἡ Εὔα; καὶ εἶπον αὐτῷ ἐγώ εἰμι. καὶ * λέγει * μοι τί ποιεῖς ἐν τῷ παραδείσῳ; καὶ εἶπον αὐτῷ ὁ |
| Adam | 18 | 1 | μὴ ἐσθίειν ἐξ αὐτοῦ ἐπεὶ θανάτῳ ἀποθανεῖσθε. τότε * λέγει * μοι ὁ ὄφις ζῇ ὁ θεὸς ὅτι λυποῦμαι περὶ ὑμῶν ὅτι ὡς |
| Adam | 18 | 3 | μήποτε ὀργισθῇ μοι ὁ θεὸς καθὼς εἶπεν ἡμῖν. καὶ * λέγει * μοι μὴ φοβοῦ. ἅμα γὰρ φάγῃς ἀνοιχθήσονταί σου οἱ |
| Adam | 18 | 5 | ὀφθαλμοῖς. ἐφοβήθην δὲ λαβεῖν ἀπὸ τοῦ καρποῦ καὶ * λέγει * μοι δεῦρο δώσω σοι ἀκολούθει μοι. ἤνοιξα δὲ καὶ |
| Adam | 19 | 1 | ἔμπροσθέν μου. καὶ περιπατήσας ὀλίγον ἐστράφη καὶ * λέγει * μοι μεταμεληθεὶς οὐ δώσω σοι φαγεῖν. ταῦτα εἶπε |
| Adam | 19 | 1 | ταῦτα εἶπε θέλων εἰς τέλος δελεάσαι με. καὶ * λέγει * μοι ἐὰν μὴ ὀμόσῃς μοι ὅτι δίδῃς καὶ τῷ ἀνδρί σου. |
| Adam | 19 | 2 | ὅτι οὐ γινώσκω ποίῳ ὅρκῳ ὀμόσω σοι. πλὴν ὃ οἶδα * λέγω * σοι μὰ τὸν θρόνον τοῦ δεσπότου καὶ τὰ Χερουβὶμ καὶ |
| Adam | 20 | 2 | τῆς δικαιοσύνης ἧς ἤμην ἐνδεδυμένη. καὶ ἔκλαυσα * λέγουσα * τί τοῦτο ἐποίησας ὅτι ἀπηλλοτριώθην ἐκ τῆς δόξης |
| Adam | 21 | 1 | παρὰ τὸ φυτὸν ἐξ οὗ ἔφαγον. καὶ ἐβόησα αὐτῇ τῇ ὥρᾳ * λέγουσα * Ἀδὰμ Ἀδὰμ ποῦ εἶ; ἀνάστα ἐλθὲ πρός με καὶ |
| Adam | 21 | 3 | καὶ ὁ διάβολος ἐλάλει καὶ ἠρξάμην νουθετεῖν αὐτὸν * λέγουσα * δεῦρο κύριέ μου Ἀδὰμ ἐπάκουσόν μου καὶ φάγε ἀπὸ |
| Adam | 21 | 6 | αὐτοῦ οἱ ὀφθαλμοὶ καὶ ἔγνω τὴν γύμνωσιν αὐτοῦ. καὶ * λέγει * μοι ὦ γύναι πονηρά τί κατειργάσω ἐν ἡμῖν; |
| Adam | 22 | 1 | τῇ σάλπιγγι αὐτοῦ καὶ καλοῦντος τοὺς ἀγγέλους καὶ * λέγοντος * τάδε λέγει κύριος ἔλθατε μετ' ἐμοῦ εἰς τὸν |
| Adam | 22 | 2 | καὶ καλοῦντος τοὺς ἀγγέλους καὶ λέγοντος τάδε * λέγει * κύριος ἔλθατε μετ' ἐμοῦ εἰς τὸν παράδεισον καὶ |
| Adam | 23 | 1 | τὸ ξύλον τῆς ζωῆς. καὶ ἐκάλεσεν ὁ θεὸς τὸν Ἀδὰμ * λέγων * Ἀδὰμ ποῦ ἐκρύβης; νομίζεις ὅτι οὐχ εὑρίσκω σε; μὴ |
| Adam | 23 | 3 | ὅτι γυμνός εἰμι καὶ ᾐδέσθην τὸ κράτος σου δέσποτα. * λέγει * αὐτῷ ὁ θεὸς τίς σοι ὑπέδειξεν ὅτι γυμνὸς εἶ εἰ μὴ |
| Adam | 24 | 1 | ἐποίησας; κἀγὼ εἶπον ὅτι ὁ ὄφις ἠπάτησέ με. καὶ * λέγει * ὁ θεὸς τῷ Ἀδὰμ ἐπειδὴ παρήκουσας τὴν ἐντολήν μου |
| Adam | 25 | 1 | μου οὐκ ἐφύλαξας. στραφεὶς δὲ πρός με ὁ κύριος * λέγει * ἐπειδὴ ἐπήκουσας τοῦ ὄφεως καὶ παρήκουσας τὴν |
| Adam | 26 | 1 | τὸ εἰπεῖν μοι ταῦτα εἶπεν τῷ ὄφει ἐν ὀργῇ μεγάλῃ * λέγων * ἐπειδὴ ἐποίησας τοῦτο καὶ ἐγένου σκεῦος ἀχάριστον |
| Adam | 27 | 2 | παρεκάλεσεν ὁ πατὴρ ὑμῶν Ἀδὰμ τοὺς ἀγγέλους * λέγων * ἐάσατέ με μικρὸν ὅπως παρακαλέσω τὸν θεὸν καὶ |
| Adam | 27 | 3 | τοῦ ἐλαύνειν αὐτόν. ἐβόησεν δὲ Ἀδὰμ μετὰ κλαυθμοῦ * λέγων * συγχώρησόν μοι κύριε ὃ ἐποίησα. τότε λέγει ὁ |
| Adam | 27 | 4 | λέγων συγχώρησόν μοι κύριε ὃ ἐποίησα. τότε * λέγει * ὁ κύριος τοῖς ἀγγέλοις αὐτοῦ τί ἐπαύσασθε |
| Adam | 27 | 5 | ἄγγελοι πεσόντες ἐπὶ τὴν γῆν προσεκύνησαν τῷ κυρίῳ * λέγοντες * δίκαιος εἶ κύριε καὶ εὐθύτητας κρίνεις. |
| Adam | 29 | 2 | ἔμπροσθεν τῶν ἀγγέλων ἀπέναντι τοῦ παραδείσου καὶ * λέγουσιν * οἱ ἄγγελοι αὐτῷ τί θέλεις ποιήσωμέν σοι Ἀδάμ; |
| Adam | 29 | 11 | αὐτοῦ ἐν τῷ ὕδατι. καὶ ἔκραξε φωνῇ μεγάλῃ * λέγων * σοί λέγω τῷ ὕδατι τοῦ Ἰορδάνου στῆθι καὶ εὖχου |
| Adam | 29 | 11 | ἐν τῷ ὕδατι. καὶ ἔκραξε φωνῇ μεγάλῃ λέγων σοί * λέγω * τῷ ὕδατι τοῦ Ἰορδάνου στῆθι καὶ εὖχου ὁμοῦ καὶ |
| Adam | 29 | 12 | κλαίων καὶ τὰ δάκρυα αὐτοῦ ἔρρεεν ἐπὶ τὴν γῆν. καὶ * λέγει * μοι ἔξελθε ἐκ τοῦ ὕδατος καὶ παῦσαι τοῦ κλαυθμοῦ. |
| Adam | 31 | 2 | μίαν ἡμέραν ἐξελθεῖν ἐκ τοῦ σώματος αὐτοῦ. καὶ * λέγει * τῷ Ἀδὰμ ἡ Εὔα διά τί ἀποθνήσκεις κἀγὼ ζῶ ἢ πόσον |
| Adam | 31 | 3 | ἔχω ποιῆσαι μετὰ θάνατόν σου ἀνάγγειλόν μοι; τότε * λέγει * ὁ Ἀδὰμ τῇ Εὔᾳ μὴ θέλε φροντίζειν περὶ πραγμάτων |
| Adam | 32 | 1 | ἡ Εὔα καὶ ἐξῆλθεν ἔξω. καὶ πεσοῦσα ἐπὶ τὴν γῆν * ἔλεγεν * ἥμαρτον ὁ θεὸς ἥμαρτον ὁ πατὴρ τῶν ἁπάντων |
| Adam | 32 | 3 | ὁ ἄγγελος τῆς ἀνθρωπότητος καὶ ἀνέστησεν αὐτὴν * λέγων * ἀνάστα Εὔα ἐκ τῆς μετανοίας σου. ἰδοὺ γὰρ ὁ Ἀδὰμ |
| Adam | 33 | 1 | τὴν χεῖρα αὐτῆς ἐπὶ τὸ πρόσωπον αὐτοῦ. καὶ * λέγει * αὐτῇ ὁ ἄγγελος ἆρον καὶ αὐτὴν ἀπὸ τῶν γηΐνων. καὶ |
| Adam | 33 | 5 | καὶ προσέπεσαν οἱ ἄγγελοι τῷ θεῷ βοῶντες καὶ * λέγοντες * Ἰαὴλ ἅγιε συγχώρησον ὅτι εἰκών σού ἐστιν καὶ |
| Adam | 34 | 1 | ἐκ τοῦ φόβου καὶ ἐβόησα πρὸς τὸν υἱόν μου Σὴθ * λέγουσα * ἀνάστα Σὴθ ἐκ τοῦ σώματος τοῦ πατρός σου καὶ |
| Adam | 35 | 1 | ἀνέστη Σὴθ καὶ ἦλθεν πρὸς τὴν μητέρα αὐτοῦ καὶ * λέγει * αὐτῇ διά τί κλαίεις; καὶ λέγει αὐτῷ ἀνάβλεψον τοῖς |
| Adam | 35 | 2 | μητέρα αὐτοῦ καὶ λέγει αὐτῇ διά τί κλαίεις; καὶ * λέγει * αὐτῷ ἀνάβλεψον τοῖς ὀφθαλμοῖς σου καὶ ἴδε τὰ ἑπτὰ |
| Adam | 35 | 2 | οἱ ἄγγελοι μετ' αὐτοῦ εὐχόμενοι ὑπὲρ αὐτοῦ καὶ * λέγοντες * συγχώρησον αὐτῷ ὁ πατὴρ τῶν ὅλων ὅτι εἰκών σού |
| Adam | 36 | 1 | οἱ παριστάμενοι ἐπὶ τὴν προσευχὴν τοῦ πατρός σου; * λέγει * δὲ Σὴθ τῇ μητρὶ αὐτοῦ ὅτι εἰσὶν ὁ ἥλιος καὶ ἡ |
| Adam | 36 | 2 | καὶ εὐχόμενοι ὑπὲρ τοῦ πατρός μου Ἀδάμ. * λέγει * αὐτῷ ἡ Εὔα καὶ ποῦ ἐστιν τὸ φῶς αὐτῶν καὶ διά τί |
| Adam | 36 | 3 | τὸ φῶς αὐτῶν καὶ διά τί γεγόνασι μελανοειδεῖς; καὶ * λέγει * αὐτῇ Σὴθ οὐκ ἀπέστη τὸ φῶς αὐτῶν ἀλλ' οὐ δύνανται |
| Adam | 37 | 1 | τῶν φωτῶν καὶ διὰ τοῦτο ἐκρύβη τὸ φῶς ἀπ' αὐτῶν. * λέγοντος * δὲ τοῦ Σὴθ ταῦτα πρὸς τὴν μητέρα αὐτοῦ Εὔαν |
| Adam | 37 | 1 | οἱ ἐπ' ὄψεσιν κείμενοι καὶ ἐβόησαν φωνὴν φοβερὰν * λέγοντες * εὐλογημένη ἡ δόξα κυρίου ἀπὸ ποιημάτων αὐτοῦ |
| Adam | 37 | 4 | τὸν Ἀδὰμ καὶ παρέδωκεν αὐτὸν τῷ ἀρχαγγέλῳ Μιχαὴλ * λέγων * ἆρον αὐτὸν εἰς τὸν παράδεισον ἕως τρίτου οὐρανοῦ |
| Adam | 39 | 1 | τὸ σῶμα τοῦ Ἀδὰμ καὶ ἐλυπήθη σφόδρα ἐπ' αὐτῷ. καὶ * λέγει * αὐτῷ ὁ θεὸς Ἀδὰμ τί τοῦτο ἐποίησας; εἰ ἐφύλαξας |
| Adam | 39 | 2 | οἱ κατάγοντές σε εἰς τὸν τόπον τοῦτον. πλὴν * λέγω * σοι ὅτι τὴν χαρὰν αὐτῶν ἐπιστρέψω εἰς λύπην τὴν δὲ |
| Adam | 40 | 4 | αὐτοῦ ἀπὸ τῆς γῆς. καὶ ἐξήρχετο φωνὴ ἀπὸ τῆς γῆς * λέγουσα * οὐ κρυβήσεται εἰς τὴν γῆν ἕτερον πλάσμα ἕως οὗ |
| Adam | 42 | 4 | ὁ ἀνὴρ αὐτῆς. μετὰ δὲ τὸ τελέσαι αὐτῆς τὴν εὐχὴν * λέγει * κύριε δέσποτα θεὲ πάσης ἀρετῆς μὴ ἀπαλλοτριώσῃς με |
| Adam | 42 | 8 | οὐρανὸν ἀνεστέναξεν τύπτουσα τὸ στῆθος αὐτῆς καὶ * λέγουσα * θεὲ τῶν ἁπάντων δέξαι τὸ πνεῦμά μου. καὶ |
| Adam | 43 | 2 | τοῦ Ἄβελ. καὶ μετὰ ταῦτα ἐλάλησεν ὁ Μιχαὴλ τῷ Σὴθ * λέγων * οὕτως κήδευσον πάντα ἄνθρωπον ἀποθνήσκοντα ἕως |
| Adam | 43 | 4 | ὁ ἄγγελος ἀνῆλθεν εἰς τὸν οὐρανὸν δοξάζων καὶ * λέγων * ἀλληλούϊα. ἅγιος ἅγιος ἅγιος κύριος εἰς δόξαν θεοῦ |
| Hen. | 1 | 3 | πόρρω οὖσαν ἐγὼ λαλῶ. καὶ περὶ τῶν ἐκλεκτῶν νῦν * λέγω * καὶ περὶ αὐτῶν ἀνέλαβον τὴν παραβολήν μου. καὶ |
| Hen. | 9 | 3 | τοῦ οὐρανοῦ. ἐντυγχάνουσιν αἱ ψυχαὶ τῶν ἀνθρώπων * λεγόντων * εἰσαγάγετε τὴν κρίσιν ἡμῶν πρὸς τὸν ὕψιστ‹ον›. |
| Hen. | 9 | 11 | καὶ σὺ ὁρᾷς ταῦτα καὶ ἐᾷς αὐτοὺς καὶ οὐδὲ ἡμῖν * λέγεις * τί δεῖ ποιεῖν αὐτοὺς περὶ τούτων. καὶ ἀκούσαντες |
| Hen. | 9B | 3 | αἱ ψυχαὶ τῶν ἀνθρώπων στενάζουσιν ἐντυγχάνοντα καὶ * λέγοντα * ὅτι εἰσαγάγετε τὴν κρίσιν ἡμῶν πρὸς τὸν ὕψιστον |
| Hen. | 9B | 11 | γενέσθαι καὶ ὁρᾷς αὐτοὺς καὶ ἐᾷς αὐτοὺς καὶ οὐδὲν * λέγεις. * τί δεῖ ποιῆσαι αὐτοὺς περὶ τούτου; τότε Ὕψιστος |
| Hen. | 10B | 1 | ἐλάλησε καὶ ἔπεμψε τὸν Οὐριὴλ πρὸς τὸν υἱὸν Λάμεχ * λέγων * πορεύου πρὸς τὸν Νῶε καὶ εἶπον αὐτῷ τῷ ἐμῷ ὀνόματι |
| Hen. | 13 | 8 | ἐπέπιπτον καὶ ἴδον ὁράσεις ὀργῆς καὶ ἦλθεν φωνὴ * λέγουσα * εἶπον τοῖς υἱοῖς τοῦ οὐρανοῦ τοῦ ἐλέγξαι αὐτούς. |
| Hen. | 14 | 2 | τῇ ὁράσει. ἐγὼ εἶδον κατὰ τοὺς ὕπνους μου ὃ νῦν * λέγω * ἐν γλώσσῃ σαρκίνῃ ἐν τῷ πνεύματι τοῦ στόματός μου ὃ |
| Hen. | 22 | 7 | καὶ ἐντυγχάνει ἕως τοῦ οὐρανοῦ; καὶ ἀπεκρίθη μοι * λέγων * τοῦτο τὸ πνεῦμά ἐστιν τὸ ἐξελθὸν ἀπὸ Ἄβελ ὃν |
| Hen. | 22 | 9 | τί ἐχωρίσθησαν ἓν ἀπὸ τοῦ ἑνός; καὶ ἀπεκρίθη μοι * λέγων * οὗτοι οἱ τρεῖς ἐποιήθησαν χωρίζεσθαι τὰ πνεύματα |
| Hen. | 23 | 3 | δρόμου ἡμέρας καὶ νυκτὸς ἅμα διαμένον. καὶ ἠρώτησα * λέγων * τί ἐστιν τὸ μὴ ἔχον ἀνάπαυσιν; τότε ἀπεκρίθη μοι |
| Hen. | 25 | 3 | δὲ περὶ τοῦ δένδρου τούτου σφόδρα. καὶ ἀπεκρίθη * λέγων * τοῦτο τὸ ὄρος τὸ ὑψηλὸν οὗ ἡ κορυφὴ ὁμοία θρόνου |
| Hen. | 90 | 3 | περὶ πάντων τῶν ἔργων αὐτοῦ. καὶ νῦν ἐγὼ * λέγω * ὑμῖν υἱοῖς ἀνθρώπων ὀργὴ μεγάλη καθ' ὑμῶν κατὰ τῶν |
| Hen. | 106 | 9 | διά τί ἐλήλυθας πρὸς ἐμὲ τέκνον; καὶ ἀπεκρίθη * λέγων * δι' ἀνάγκην μεγάλην ἦλθον ὧδε πάτερ καὶ νῦν |
| Hen. | 106 | 13 | ἣν +ἔχεις+ καὶ τὴν ἀλήθειαν. τότε ἀπεκρίθην * λέγων * ἀνακαινίσει ὁ κύριος πρόσταγμα ἐπὶ τῆς γῆς καὶ τὸν |
| Hen. | 106 | 18 | τὴν γῆν ἀπὸ τῆς οὔσης ἐν αὐτῇ φθορᾶς. καὶ νῦν * λέγε * Λάμεχ ὅτι τέκνον σού ἐστιν δικαίως καὶ ὁσίως ‹καὶ› |
| Abr.1 | 4 | 7 | πρὸς τὸν φίλον μου τὸν Ἀβραὰμ καὶ ὅτι ἂν * λέγῃ * σοι τοῦτο καὶ ποίει καὶ ὅτι ἂν ἐσθίῃ συνέσθιε καὶ |
| Abr.1 | 5 | 8 | φθάσας οὖν Ἰσαὰκ πρὸς τὴν θύραν ἔκραξε * λέγων * πάτερ πάτερ ἀνάστα οὖν ἄνοιξόν μοι ταχέως ὅπως |
| Abr.1 | 5 | 14 | εἶπε πρὸς Σάρρα ἀδελφὴ Σάρρα οὐκ ἔστιν οὕτως ὃ σὺ * λέγεις * ἀλλ' ὁ υἱός σου Ἰσαὰκ ὡς ἐμοὶ δοκεῖ ὄνειρον |
| Abr.1 | 6 | 2 | Σάρρα τὸν Ἀβραὰμ τὰ πρὸς τὴν θύραν ἔξω ἐλθεῖν καὶ * λέγει * αὐτὸν κύριέ μου Ἀβραὰμ οὐ γινώσκεις τίς ἐστιν |
| Abr.1 | 6 | 7 | ἐκβαλὼν ἐκ τοῦ κόλπου αὐτοῦ δέδωκεν αὐτὰ τῇ Σάρρᾳ * λέγων * εἰ ἀπιστεῖς μοι θέασον ταῦτα. λαβοῦσα δὲ αὐτὰ ἡ |
| Abr.1 | 7 | 2 | οὕτως ἐν ὀλιγωρίᾳ πολλῇ; ὑπολαβὼν δὲ Ἰσαὰκ ἤρξατο * λέγειν * ἰδοὺ ἐγὼ κύριέ μου ‹εἶδον› τῇ νυκτὶ ταύτῃ τὸν |
| Abr.1 | 7 | 11 | σὺ εἶ ὁ μέλλων λαβεῖν τὴν ψυχήν μου ἀπ' ἐμοῦ; καὶ * λέγει * ὁ ἀρχιστράτηγος ἐγώ εἰμι Μιχαὴλ ὁ ἀρχιστράτηγος ‹ὁ |
| Abr.1 | 8 | 2 | ὁ ἀρχιστράτηγος πρὸς τὸν δεσπότην ὅτι καὶ τοῦτο * λέγει * ὁ φίλος σου Ἀβραὰμ ὅτι οὐ μή σε ἀκολουθήσω ἀλλ' |
| Abr.1 | 8 | 5 | τὸν Ἀβραὰμ ‹ἔτι ἅπαξ› καὶ εἶπε αὐτὸν οὕτως τάδε * λέγει * ὁ θεός σου τί σε ἐγκατέλειπα ἐπὶ τῆς γῆς; ἐγώ εἰμι |
| Abr.1 | 8 | 7 | σοι καρπὸν κοιλίας ἐν γήρει υἱὸν τὸν Ἰσαὰκ ἀμὴν * λέγω * σοι εὐλογῶν εὐλογήσω σε καὶ πληθύνων πληθυνῶ τὸ |

| | | | | | |
|---|---|---|---|---|---|
| Abr.1 | 9 | 2 | τοῖς ποσὶν τοῦ ἀσωμάτου καὶ ἱκέτευεν αὐτὸν | * λέγων * | δέομαί σου ἀρχιστράτηγε τῶν ἄνω δυνάμεων ἐπειδὴ |
| Abr.1 | 9 | 4 | ἔτι ἅπαξ πρὸς τὸν ὕψιστον καὶ ἐρεῖς αὐτῷ ὅτι τάδε | * λέγει * | ὁ Ἀβραὰμ ὅτι κύριε κύριε ἐν παντὶ ἔργῳ καὶ λόγῳ ὃ |
| Abr.1 | 9 | 7 | τοῦ ἀοράτου πατρὸς καὶ ἀνήγγειλεν αὐτῷ πάντα | * λέγων * | τάδε λέγει ὁ φίλος σου Ἀβραὰμ ὅτι ἤθελον |
| Abr.1 | 9 | 7 | πατρὸς καὶ ἀνήγγειλεν αὐτῷ πάντα λέγων τάδε | * λέγει * | ὁ φίλος σου Ἀβραὰμ ὅτι ἤθελον θεάσασθαι πᾶσαν τὴν |
| Abr.1 | 9 | 8 | ὁ ὕψιστος κελεύει τὸν ἀρχιστράτηγον Μιχαὴλ καὶ | * λέγει * | αὐτῷ λαβὲ νεφέλην φωτὸς <καὶ> ἀγγέλους τοὺς ἐπὶ τῷ |
| Abr.1 | 10 | 12 | φωνὴ ἐκ τοῦ οὐρανοῦ πρὸς τὸν ἀρχιστράτηγον οὕτως | * λέγων * | κέλευσον Μιχαὴλ ἀρχιστράτηγε στῆναι τὸ ἅρμα καὶ |
| Abr.1 | 12 | 15 | ἠρώτησεν δὲ Ἀβραὰμ τὸν ἀρχιστράτηγον καὶ | * λέγει * | τί ἐστι ταῦτα ἃ θεωροῦμεν; καὶ εἶπεν ὁ |
| Abr.1 | 14 | 13 | ἐπὶ πολλὴν δὲ ὥραν παρακαλούντων αὐτῶν ἦλθεν φωνὴ | * λέγουσα * | ἐκ τοῦ οὐρανοῦ Ἀβραὰμ Ἀβραὰμ εἰσήκουσε κύριος |
| Abr.1 | 15 | 4 | περιεπλάκη τοῖς ποσὶν τοῦ ἀσωμάτου ἱκετεύουσα καὶ | * λέγουσα * | εὐχαριστῶ σοι κύριέ μου ὅτι ἀνήνεγκας τὸν κύριον |
| Abr.1 | 15 | 8 | δὲ Ἀβραὰμ ὁ κύριος εἶπεν ἢ ἀφ᾽ ἑαυτοῦ σὺ τοῦτο | * λέγεις; * | ὁ δὲ ἀρχιστράτηγος εἶπεν ἅπερ ὁ δεσπότης |
| Abr.1 | 15 | 9 | εἶπεν ἅπερ ὁ δεσπότης ἐκέλευσεν κἀγώ σοι | * λέγω. * | εἶπεν δὲ Ἀβραὰμ οὐ μή σε ἀκολουθήσω. ἀκούσας δὲ ὁ |
| Abr.1 | 15 | 12 | διὰ νεφέλης καὶ ἁρμάτων ἔδειξα αὐτῷ καὶ πάλιν | * λέγει * | οὐκ ἀκολουθῶ σε. καὶ ὁ ὕψιστος ἔφη πρὸς τὸν |
| Abr.1 | 15 | 13 | ὁ ὕψιστος ἔφη πρὸς τὸν ἀρχιστράτηγον πάλιν οὕτως | * λέγει * | ὁ φίλος μου Ἀβραὰμ ὅτι οὐκ ἀκολουθῶ σε; καὶ <ὁ |
| Abr.1 | 15 | 14 | εἶπεν ἐκ προσώπου κυρίου τοῦ θεοῦ ἡμῶν <οὕτως | * λέγει * | ὁ φίλος σου Ἀβραὰμ καὶ ἐγὼ φείδομαι τοῦ ἅψασθαι |
| Abr.1 | 16 | 4 | τρέμων ἀπεκδεχόμενος> τὴν κέλευσιν τοῦ δεσπότου. | * λέγει * | οὖν ὁ ἀόρατος θεὸς τὸν θάνατον δεῦρο οὖν τὸ πικρὸν |
| Abr.1 | 16 | 5 | λαβὲ αὐτὸν καὶ ἄγαγε αὐτὸν πρός με ἀλλὰ καὶ νῦν | * λέγω * | σοι μὴ ἐκφοβήσῃς τὴν ψυχὴν αὐτοῦ καὶ ἔλθῃς ἐνθάδε |
| Abr.1 | 16 | 9 | εἶναι. καὶ ἰδὼν αὐτὸν ὁ θάνατος προσεκύνησεν | * λέγων * | χαίροις τίμιε Ἀβραὰμ δικαία ψυχὴ φίλε τοῦ θεοῦ |
| Abr.1 | 16 | 11 | πόθεν ἥκεν ἡ σὴ ἐνδοξότης πρὸς ἡμᾶς καὶ τίς εἶ σύ; | * λέγει * | αὐτῷ ὁ θάνατος Ἀβραὰμ πάτερ δικαιότατε ἰδοὺ λέγω |
| Abr.1 | 16 | 11 | λέγει αὐτῷ ὁ θάνατος Ἀβραὰμ πάτερ δικαιότατε ἰδοὺ | * λέγω * | σοι τὴν ἀλήθειαν ἐγώ εἰμι τὸ πικρὸν τοῦ θανάτου |
| Abr.1 | 16 | 12 | ἀλήθειαν ἐγώ εἰμι τὸ πικρὸν τοῦ θανάτου ποτήριον. | * λέγει * | οὖν Ἀβραὰμ οὐχὶ ἀλλὰ σὺ <εἶ> ἡ εὐπρέπεια τοῦ |
| Abr.1 | 16 | 12 | τῶν ἀνθρώπων σὺ εἶ πάσης <μορφῆς> εὐμορφότερος καὶ | * λέγεις * | ὅτι ἐγώ εἰμι τὸ πικρὸν τοῦ θανάτου ποτήριον καὶ |
| Abr.1 | 16 | 12 | ὅτι ἐγώ εἰμι τὸ πικρὸν τοῦ θανάτου ποτήριον καὶ οὐ | * λέγεις * | <μᾶλλον> ὅτι ἐγώ εἰμι παντὸς ἀγαθοῦ εὐμορφότερος. |
| Abr.1 | 16 | 13 | ἀγαθοῦ εὐμορφότερος. εἶπεν δὲ ὁ θάνατος ἐγὼ πάτερ | * λέγω * | σοι τὴν ἀλήθειαν ὁποῖον ὄνομα ὠνόμασέν με ὁ θεὸς |
| Abr.1 | 16 | 13 | ὁποῖον ὄνομα ὠνόμασέν με ὁ θεὸς ἐκεῖνο καὶ | * λέγω * | σοι. εἶπεν δὲ Ἀβραὰμ εἰς τί ἐλήλυθας ὧδε; εἶπεν δὲ |
| Abr.1 | 16 | 16 | δὲ ὁ θάνατος διὰ τῆς δικαίας σου ψυχῆς παραγέγονα. | * <λέγει * | αὐτῷ Ἀβραὰμ> οἶδα τί λέγεις ἀλλ᾽ οὐ μή σε |
| Abr.1 | 16 | 16 | σου ψυχῆς παραγέγονα. <λέγει αὐτῷ Ἀβραὰμ> οἶδα τί | * λέγεις * | ἀλλ᾽ οὐ μή σε ἀκολουθήσω. ὁ δὲ θάνατος ἐσιώπα καὶ |
| Abr.1 | 17 | 3 | ὅτι θέλω ἀναπαύεσθαι ἐν τῇ κλίνῃ μου. ὁ δὲ θάνατος | * λέγει * | οὐκ ἀναχωρῶ ἕως οὗ λάβω τὸ πνεῦμά σου ἀπό σου. |
| Abr.1 | 17 | 4 | οὐκ ἀναχωρῶ ἕως οὗ λάβω τὸ πνεῦμά σου ἀπό σου. | * λέγει * | αὐτῷ Ἀβραὰμ κατὰ τοῦ θεοῦ τοῦ ἀθανάτου σοι λέγω |
| Abr.1 | 17 | 4 | λέγει αὐτῷ Ἀβραὰμ κατὰ τοῦ θεοῦ τοῦ ἀθανάτου σοι | * λέγω * | εἰπὲ ἡμῖν τὸ ἀληθὲς σὺ εἶ ὁ θάνατος; λέγει αὐτῷ ὁ |
| Abr.1 | 17 | 5 | σοι λέγω εἰπὲ ἡμῖν τὸ ἀληθὲς σὺ εἶ ὁ θάνατος; | * λέγει * | αὐτῷ ὁ θάνατος ἐγώ εἰμι ὁ τὸν κόσμον λυμαίνων. |
| Abr.1 | 18 | 4 | θάνατος εἶπεν οὐχὶ κύριέ μου οὐκ ἔστιν οὕτως ὡς σὺ | * λέγεις * | ἐγὼ δὲ διά σὲ ἀπεστάλην ἕως ὧδε. εἶπεν δὲ Ἀβραὰμ |
| Abr.1 | 18 | 6 | ὅτι οὐκ ἂν καὶ σὺ μετ᾽ αὐτοὺς ἀφηρπάγης ἀλλὰ ὅμως | * λέγω * | σοι τὴν ἀλήθειαν καὶ γὰρ εἰ μὴ ἡ δεξιὰ χεὶρ τοῦ |
| Abr.1 | 19 | 4 | εἶπεν πρὸς τὸν θάνατον τίς ὁ προστάξας σοι τοῦτο | * λέγειν; * | σὺ ἀφ᾽ ἑαυτοῦ ταῦτα λέγεις τοιαῦτα ῥήματα |
| Abr.1 | 19 | 4 | ὁ προστάξας σοι τοῦτο λέγειν; σὺ ἀφ᾽ ἑαυτοῦ ταῦτα | * λέγεις * | τοιαῦτα ῥήματα καυχώμενος καὶ οὐ μή σε ἀκολουθήσω |
| Abr.1 | 19 | 5 | Μιχαὴλ ἔλθῃ καὶ ἀπέλθω μετ᾽ αὐτοῦ ἀλλὰ καὶ τοῦτο | * λέγω * | σοι εἴ περ θέλεις ἀκολουθήσω σοι δίδαξόν με πάσας |
| Abr.1 | 20 | 2 | σου ἔστιν καὶ παράλογος θάνατος; ἀνάγγειλόν μοι. | * λέγει * | ὁ θάνατος ἀμὴν ἀμὴν λέγω σοι ἐν ἀληθείᾳ θεοῦ λόγου |
| Abr.1 | 20 | 2 | θάνατος; ἀνάγγειλόν μοι. λέγει ὁ θάνατος ἀμὴν ἀμὴν | * λέγω * | σοι ἐν ἀληθείᾳ θεοῦ λόγου ὅτι ἑβδομήκοντα δύο εἰσίν |
| Abr.1 | 20 | 3 | ἰδοὺ γὰρ ἀνήγγειλά σοι πάντα ὅσα ἂν ᾐτήσω ἄρτι | * λέγω * | σοι δικαιότατε τί γὰρ οὖν; πᾶσαν βουλὴν κατάλιπε |
| Abr.1 | 20 | 13 | ἦλθεν ἡ ἄχραντος φωνὴ τοῦ θεοῦ καὶ πατρὸς | * λέγουσα * | οὕτως ἄρατε οὖν τὸν φίλον μου τὸν Ἀβραὰμ εἰς |
| Abr.2 | 1 | 1 | Ἀβραὰμ παραστῆναι ἐλάλησεν κύριος πρὸς Μιχαὴλ | * λέγων * | ἀναστὰς πορεύου πρὸς Ἀβραὰμ λέγων πρὸς αὐτὸν |
| Abr.2 | 1 | 2 | πρὸς Μιχαὴλ λέγων ἀναστὰς πορεύου πρὸς Ἀβραὰμ | * λέγων * | πρὸς αὐτὸν ἐξερχόμενος ἐξελεύσει τοῦ βίου τούτου |
| Abr.2 | 2 | 5 | καὶ ἀπεκρίθη αὐτῷ Μιχαὴλ φιλάνθρωπος <εἶ σύ>. | * λέγει * | αὐτῷ Ἀβραὰμ ἐλθὲ ἔγγιστά μου καὶ καθέζου ὀλίγην |
| Abr.2 | 2 | 7 | καὶ ταραχθῇς. ἠρώτησεν δὲ Μιχαὴλ τὸν Ἀβραὰμ | * λέγων * | λέγε μοι τί ἐστιν τὸ ὄνομά σου πρὶν εἰσελθεῖν με |
| Abr.2 | 2 | 7 | καὶ ταραχθῇς. ἠρώτησεν δὲ Μιχαὴλ τὸν Ἀβραὰμ λέγων | * λέγε * | μοι τί ἐστιν τὸ ὄνομά σου πρὶν εἰσελθεῖν με εἰς τὸν |
| Abr.2 | 2 | 8 | σου καὶ ἐπιβαρής σοι γενήσωμαι. ἀπεκρίθη Ἀβραὰμ | * λέγων * | αὐτῷ οἱ γονεῖς μου ὠνόμασάν με Ἀβρὰμ καὶ ὁ κύριος |
| Abr.2 | 2 | 8 | μου ὠνόμασάν με Ἀβρὰμ καὶ ὁ κύριος ἐκάλεσέν με | * λέγων * | ἀνάστηθι καὶ πορεύου ἐκ τοῦ οἴκου τοῦ πατρός σου |
| Abr.2 | 2 | 9 | γῆν ἣν εἶπέν μοι κύριος καὶ ἤλλαξεν τὸ ὄνομά μου | * λέγων * | οὐκέτι κληθήσει Ἀβρὰμ ἀλλ᾽ ἔσται τὸ ὄνομά σου |
| Abr.2 | 2 | 12 | Ἐλεέζερ τὸν υἱὸν ἕνα τῶν οἰκοτρόφων αὐτοῦ | * λέγων * | ἄπαγε κτῆνος ἵνα καθίσῃ ἐπ᾽ αὐτῷ ὁ ξένος ὅτι |
| Abr.2 | 3 | 3 | ἐρεικίνου ἤκουον δὲ φωνὴν ἐκ τῶν κλάδων αὐτῆς | * λεγούσης * | ἅγιος ὁ τὴν φάσιν ἐνέγκας. καὶ ἤκουσεν Ἀβραὰμ |
| Abr.2 | 3 | 4 | αὐτοῦ καὶ ἔκρυψεν τὸ μυστήριον ἐν τῇ καρδίᾳ αὐτοῦ | * λέγων * | ἄρα τί ἐστιν τὸ μυστήριον τοῦτο; ὅτε δὲ ἦλθεν ἐν |
| Abr.2 | 3 | 5 | ἐστιν τὸ μυστήριον τοῦτο; ὅτε δὲ ἦλθεν ἐν τῷ οἴκῳ | * λέγει * | Ἀβραὰμ τοῖς παισὶν αὐτοῦ ἀναστάντες ἐξέλθατε εἰς |
| Abr.2 | 3 | 6 | Ἀβραὰμ ἐκάλεσεν δὲ τὸν υἱὸν αὐτοῦ Ἰσαὰκ | * λέγων * | αὐτῷ ἀγαπητέ μου υἱὲ Ἰσαὰκ ἀνάστηθι πλῆσον ὕδωρ |
| Abr.2 | 3 | 7 | τοὺς πόδας τοῦ ξένου τοῦ ἐπιξενωθέντος εἰς ἡμᾶς | * λέγω * | γὰρ ἐν τῇ ψυχῇ μου ὅτι τοῦτο ὕστερόν μοι γενήσεται |
| Abr.2 | 3 | 8 | πατρὸς αὐτοῦ λαλοῦντος δακρύων ἤνεγκεν τὴν λεκάνην | * λέγων * | ὦ πάτερ τί ἐστιν τοῦτο ὃ εἶπας ὅτι ἔσχατόν μοι |
| Abr.2 | 4 | 8 | ἐνώπιον> τῆς μεγάλης δόξης σου. καὶ εἶπεν ὁ κύριος | * λέγε * | Μιχαήλ. καὶ εἶπεν κύριε σύ με ἀπέστειλας πρὸς |
| Abr.2 | 4 | 14 | ἐξ ἀρχῆς ἐποίησας τοῦ ἐλεᾶν τὰς ψυχὰς ἡμῶν. τότε | * λέγει * | ὁ κύριος τῷ Μιχαὴλ Μιχαὴλ ὁ ἐμὸς ἀνάστηθι καὶ |
| Abr.2 | 5 | 2 | τὸ δεῖπνον καὶ ἔφαγον καὶ ἔπιον καὶ εὐφράνθησαν. | * λέγει * | δὲ Ἀβραὰμ Ἰσαὰκ τῷ υἱῷ αὐτοῦ ἀνάστηθι στρῶσον |
| Abr.2 | 6 | 1 | Ἰσαὰκ ἦλθεν πρὸς τὴν θύραν τοῦ πατρὸς αὐτοῦ | * λέγων * | πάτερ ἄνοιξόν μοι ἵνα συναπολαύσω πρίν σε ἀροῦσιν |
| Abr.2 | 6 | 4 | τοῦ ταμείου ὅπου Ἀβραὰμ ἐκάθευδεν καὶ ἔκραξεν | * λέγουσα * | κύριέ μου Ἀβραάμ τί ἔχετε κλαίοντες ὀψέ; καὶ |
| Abr.2 | 6 | 9 | οἶκον ἡμῶν; ἡ γὰρ σήμερον ἡμέρα εὐφρασία ἐστίν. | * λέγει * | Ἀβραὰμ πόθεν γινώσκεις ὅτι ὁ ἄνθρωπος οὗτος τοῦ |
| Abr.2 | 6 | 10 | ἀπεκρίθη Σάρρα καὶ εἶπεν ἦ ἄρα ὅτι παραφρενοῦσα | * λέγω * | ὅτι εἷς ἐστιν τῶν τριῶν τῶν ὑπὸ τῶν δένδρων Μαμβρῆ |
| Abr.2 | 6 | 11 | καὶ ἤνεγκας τὸν μόσχον καὶ ἔθυσας καὶ ἔδωκάς μοι | * λέγων * | ἀναστᾶσα ποίησον ἵνα φάγωμεν μετὰ τῶν ἀνθρώπων |
| Abr.2 | 7 | 4 | δὲ αὐτῷ Μιχαὴλ ὁ υἱός σου Ἰσαὰκ δηλώσει σοι. | * λέγει * | Ἀβραὰμ Ἰσαὰκ τῷ υἱῷ αὐτοῦ υἱέ μου ἀγαπητὲ εἰπέ |
| Abr.2 | 7 | 9 | δὲ καὶ ὁ ἥλιος καὶ ἡ σελήνη καί οἱ ἀστέρες | * λέγοντες * | μὴ ἐπάρῃς τὴν δόξαν τῆς δυνάμεως ἡμῶν καὶ |
| Abr.2 | 7 | 14 | ἵνα ὅλας τὰς ἀκτῖνας λάβωσιν ἄνω καὶ ὡς ἦν ταῦτα | * λέγων * | ὁ φωτεινὸς ἄνθρωπος εἶδον καὶ τὸν ἥλιον τοῦ οἴκου |
| Abr.2 | 9 | 1 | στενὴν πύλην οὐ δύναται εἰσελθεῖν εἰς τὴν ζωήν; | * λέγει * | αὐτῷ Μιχαὴλ ναί. ἔκλαυσεν δὲ Ἀβραὰμ λέγων οὐαί |
| Abr.2 | 9 | 2 | ζωήν; λέγει αὐτῷ Μιχαὴλ ναί. ἔκλαυσεν δὲ Ἀβραὰμ | * λέγων * | οὐαί μοι τί ποιήσω ἐγὼ ὅτι μὲν γάρ εἰμι ἄνθρωπος |
| Abr.2 | 9 | 6 | εἰς τὴν πύλην τὴν ἀπάγουσαν εἰς τὴν ἀπώλειαν. | * λέγει * | δὲ Ἀβραὰμ μὴ οὗτοι ἀπέρχονται εἰς τὴν ἀπώλειαν; |
| Abr.2 | 10 | 1 | τὸν τόπον τοῦ κριτηρίου ἵνα ὁ κριτὴς κρίνῃ αὐτούς. | * λέγει * | Ἀβραὰμ τῷ Μιχαὴλ θέλω ἵνα ἀπάξῃς με εἰς τὸν τόπον |
| Abr.2 | 10 | 5 | καὶ ἤκουσεν ψυχῆς κραζούσης ἐλέησόν με κύριε. | * λέγει * | αὐτῷ ὁ κριτὴς πῶς σε ἐλεήσω ὡς σὺ αὐτὴν οὐκ |
| Abr.2 | 10 | 10 | εἶχεν ὁ ἀνὴρ ἐν τῇ χειρὶ αὐτοῦ κάλαμον χρυσοῦν καὶ | * λέγει * | αὐτῷ ὁ κριτὴς σύστησον τὴν ἁμαρτίαν τῆς ψυχῆς |
| Abr.2 | 10 | 12 | καὶ ἀποκριθεὶς ὁ ἀνὴρ εἶπεν ὦ ταλαίπωρε ψυχὴ πῶς | * λέγεις * | ὅτι φόνος οὐ γέγονεν δι᾽ ἐμοῦ οὐχὶ σὺ ἀπελθοῦσα |
| Abr.2 | 10 | 14 | θυγατέρα σου ἀπέκτεινας>; καὶ τὰς ἄλλας ἁμαρτίας | * ἔλεγεν * | αὐτῇ ἐν ποίᾳ ὥρᾳ ἔπραξεν. ἀκούσασα δὲ ἡ ψυχὴ |
| Abr.2 | 10 | 15 | δὲ ἡ ψυχὴ ταῦτα ἤνοιξεν τὸ στόμα αὐτῆς βοῶσα καὶ | * λέγουσα * | οἴμοι ὅτι πάσας τὰς ἁμαρτίας ἃς ἐποίησα ἐν τῷ |
| Abr.2 | 11 | 2 | ὅτι οὐ κρίνει πρὶν ὁ ἀποφαινόμενος ἀνώρθωσε; καὶ | * λέγει * | Μιχαὴλ τῷ Ἀβραὰμ θεωρεῖς σὺ τὸν κριτήν; οὗτός |
| Abr.2 | 11 | 8 | ἐστιν τὸ γράψαι. ἐπειδὴ ηὔξατο Ἐνὼχ τῷ κυρίῳ | * λέγων * | οὐ θέλω δοῦναι ψυχῆς ἀπόφασιν ὅπως μή τινος |
| Abr.2 | 11 | 9 | ψυχῆς ἀπόφασιν ὅπως μή τινος ἐπίβαρυς γένωμαι. καὶ | * λέγει * | ὁ κύριος τῷ Ἐνὼχ τίθημι σημεῖον πρός σε ἵνα |
| Abr.2 | 12 | 12 | κατέφαγον αὐτούς>. καὶ ἐλάλησεν κύριος πρὸς Μιχαὴλ | * λέγων * | μετάστρεψον τὸν Ἀβραὰμ κάτω εἰς τὴν γῆν καὶ μὴ |
| Abr.2 | 13 | 9 | τοῦ κόσμου τούτου. καὶ εἶπεν ὁ θάνατος τῷ Ἀβραὰμ | * λέγω * | σοι ἐν ὅλῳ τῷ κτίσματι ὃ ἔκτισεν ὁ θεὸς οὐχ εὑρέθη |
| Abr.2 | 13 | 14 | ὁ θάνατος τῷ Ἀβραὰμ οὐδεὶς ἐστιν σαπρότερός μου. | * λέγει * | αὐτῷ Ἀβραὰμ δεῖξόν μοι τίς εἶ. εἶπεν δὲ ὁ θάνατος |
| Abr.2 | 13 | 16 | ἐγώ εἰμι ὁ κλαυθμὸς ἐγώ εἰμι ἡ πτῶσις πάντων. | * λέγει * | αὐτῷ Ἀβραὰμ καὶ τίς εἶ σύ; καὶ λέγει ὁ θάνατος |
| Abr.2 | 13 | 16 | πάντων. λέγει αὐτῷ Ἀβραὰμ καὶ τίς εἶ σύ; καὶ | * λέγει * | ὁ θάνατος ἐγώ εἰμι ὁ θάνατος ὁ ἐκφέρων τὰς ψυχὰς |
| Abr.2 | 13 | 17 | ὁ θάνατος ὁ ἐκφέρων τὰς ψυχὰς ἐκ τοῦ σώματος. καὶ | * λέγει * | Ἀβραὰμ σὺ εἶ ὁ θάνατος; δύνασαι προτρέψασθαι |
| TRub. | 1 | 7 | ἐγὼ καὶ ἐμίανα τὴν κοίτην τοῦ πατρός μου Ἰακώβ. | * λέγω * | γὰρ ὑμῖν ὅτι ἐνέπληξέ με πληγὴν μεγάλην ἐν ταῖς |
| TSim. | 4 | 1 | ἐρωτῶν ὁ πατὴρ περὶ ἐμοῦ ὅτι ἑώρα με σκυθρωπὸν καὶ | * ἔλεγον * | τὰ ἧπατά μου κακοῦμαι ἐγώ. ἐπένθουν γὰρ παρὰ |
| TSim. | 8 | 4 | οἱ Αἰγύπτιοι ἐν τοῖς ταμιείοις τῶν βασιλείων. | * ἔλεγον * | γὰρ αὐτοῖς οἱ ἐπαοιδοὶ ὅτι ἐν ἐξόδῳ ὀστῶν Ἰωσὴφ |
| TLevi | 7 | 2 | σπέρματί σου μετά σε. ἔσται γὰρ ἀπὸ σήμερον Σίκιμα | * λεγομένη * | πόλις ἀσυνέτων ὅτι ὡσεί τις χλευάσαι μωρὸν |
| TLevi | 8 | 2 | καὶ εἶδον ἑπτὰ ἀνθρώπους ἐν ἐσθῆτι λευκῇ | * λέγοντάς * | μοι ἀναστὰς ἔνδυσαι τὴν στολὴν τῆς ἱερατείας |
| TLevi | 9 | 9 | με καὶ εἰς ἐμὲ ἀσχολούμενος ἦν ἐνώπιον κυρίου. καὶ | * ἔλεγεν * | πρόσεχε τέκνον ἀπὸ τοῦ πνεύματος τῆς πορνείας |
| TLevi | 18 | 2B058 | τοῦ αἵματος. καὶ νῦν ὡς σοί τέκνον ἀγαπητὸν ἐγὼ | * λέγω * | ἠγαπημένος σὺ τῷ πατρί σου καὶ ἅγιος κυρίου ὑψίστου |
| TLevi | 19 | 2 | ἢ ἔργα Βελιάρ. καὶ ἀπεκρίθημεν ἡμεῖς τῷ πατρὶ | * λέγοντες * | ἐνώπιον κυρίου πορευσόμεθα κατὰ τὸν νόμον |
| TJud. | 1 | 3 | τῷ πατρί μου καὶ ἡ μήτηρ μου ὠνόμασέ με Ἰουδὰ | * λέγουσα * | ἀνθομολογοῦμαι τῷ κυρίῳ ὅτι ἔδωκέ μοι καὶ |
| TJud. | 1 | 6 | ὡς ἠνδρώθην καὶ ὁ πατήρ μου Ἰακὼβ ηὔξατό μοι | * λέγων * | βασιλεὺς ἔσῃ κατευοδούμενος ἐν πᾶσι. καὶ ἔδωκέ μοι |
| TJud. | 12 | 7 | καὶ οὐκ ἠδυνήθην ἀνελεῖν αὐτὴν ὅτι παρὰ κυρίου ἦν. | * ἔλεγον * | δὲ μήποτε ἐν δολιότητι ἐποίησε παρὰ ἄλλης λαβοῦσα |
| TJud. | 12 | 9 | τοῦτο ἐν παντὶ Ἰσραήλ. καίγε οἱ ἐν τῇ πόλει | * ἔλεγον * | μὴ εἶναι ἐν τῇ πύλῃ τελισκομένην ὅτι ἐξ ἄλλου |
| TJud. | 13 | 4 | καὶ εἰς Θαμὰρ τὴν νυμφευθεῖσαν τοῖς υἱοῖς μου. καὶ | * ἔλεγον * | τῷ πενθερῷ μου συμβουλεύσομαι τῷ πατρί μου καὶ |
| TIss. | 2 | 1 | Ἰσαχάρ. τότε ὤφθη τῷ Ἰακὼβ ἄγγελος κυρίου | * λέγων * | ὅτι δύο τέκνα Ῥαχὴλ τέξεται ὅτι διέπτυσε |
| TZab. | 2 | 1 | τοῦ ἀνελεῖν αὐτὸν καὶ πεσὼν ἐπὶ πρόσωπον Ἰωσὴφ | * ἔλεγεν * | αὐτοῖς ἐλεήσατέ με ἀδελφοί μου οἰκτιρήσατε τὰ |
| TZab. | 2 | 4 | μὴ ἐπενέγκητε διὰ Ἰακὼβ τὸν πατέρα ἡμῶν. ὡς δὲ | * ἔλεγε * | τὰ ῥήματα ταῦτα εἰς οἶκτον ἦλθον ἐγὼ καὶ ἠρξάμην |
| TZab. | 4 | 5 | ὅτι ἐπράθη ἀπόντος αὐτοῦ περισχισάμενος ἐθρήνει | * λέγων * | πῶς ὄψομαι τὸ πρόσωπον Ἰακὼβ τοῦ πατρός μου; καὶ |
| TDan | 1 | 6 | ἠγάπα. τὸ γὰρ πνεῦμα τοῦ ζήλου καὶ τῆς ἀλαζονείας | * ἔλεγέ * | μοι καίγε σὺ υἱὸς αὐτοῦ. καὶ ἓν τῶν πνευμάτων τοῦ |
| TDan | 1 | 7 | καὶ ἓν τῶν πνευμάτων τοῦ Βελιὰρ συνήργει μοι | * λέγων * | λάβε τὸ ξίφος τοῦτο καὶ ἐν αὐτῷ ἄνελε τὸν Ἰωσὴφ |
| TDan | 2 | 1 | καὶ νῦν τέκνα μου ἐγὼ ἀποθνήσκω καὶ ἐν ἀληθείᾳ | * λέγω * | ὑμῖν ὅτι ἐὰν μὴ διαφυλάξητε ἑαυτοὺς ἀπὸ τοῦ |

| | | | | | |
|---|---|---|---|---|---|
| TNep. | 1 | 5 | μετὰ τὸ δεῖπνον τὸ χθὲς ἀποθανεῖται. ἤρξατο οὖν | * λέγειν * | τοῖς υἱοῖς αὐτοῦ ἀκούσατε τέκνα μου υἱοὶ Νεφθαλιμ |
| TNep. | 1 | 7 | αὐτῆς ἐγεννήθην καὶ εἶδει ἁπαλὸν ὄντα κατεφίλει με | * λέγουσα * | ἴδοιμι ἀδελφόν σου ἐκ τῆς κοιλίας μου κατά σέ. |
| TNep. | 1 | 12 | τῆς κώμης ἐν ᾗ ᾐχμαλωτεύθη ἐξῆς ἔτεκε τὴν Βάλλαν | * λέγουσα * | καινόσπουδός μου ἡ θυγάτηρ εὐθὺς γὰρ τεχθεῖσα |
| TNep. | 4 | 1 | καὶ καρπῶν τάξας τὴν γῆν ἀοίκητον. ταῦτα | * λέγω * | τέκνα μου ὅτι ἀνέγνων ἐν γραφῇ ἁγίᾳ Ἐνὼχ ὅτι καίγε |
| TNep. | 5 | 2 | ἔστηκαν. καὶ ἰδοὺ Ἰσαὰκ ὁ πατὴρ τοῦ πατρός μου | * λέγει * | ἡμῖν προσδραμόντες κρατήσατε ἕκαστος κατὰ δύναμιν |
| TNep. | 5 | 8 | ὅτι ἤμην ἐν κήποις καὶ ἰδοὺ γραφὴ ἁγία ὤφθη ἡμῖν | * λέγουσα * | Ἀσσύριοι Μῆδοι Πέρσαι Ἐλυμαῖοι Γελαχαῖοι |
| TNep. | 6 | 3 | ἐπεγέγραπτο δὲ τὸ πλοῖον πλοῖον Ἰακώβ. καὶ | * λέγει * | ἡμῖν ὁ πατὴρ ἡμῶν ἐμβῶμεν εἰς τὸ πλοῖον ἡμῶν. ὡς |
| TNep. | 7 | 2 | καιρὸν αὐτῶν πολλὰ τοῦ Ἰσραὴλ ὑπομείναντος. τότε | * λέγει * | μοι ὁ πατήρ μου πιστεύω ὅτι ζῇ Ἰωσὴφ ὁρῶ γὰρ |
| TNep. | 7 | 3 | κύριος συγκαταριθμεῖ αὐτὸν μεθ' ὑμῶν. καὶ κλαίων | * ἔλεγε * | ζῇς Ἰωσὴφ τέκνον μου καὶ οὐ βλέπω σέ καὶ σὺ οὐχ |
| TGad | 1 | 1 | αὐτοῦ ἐν ἔτει ἑκατοστῷ εἰκοστῷ ἑβδόμῳ ζωῆς αὐτοῦ | * λέγων * | ἔνατος υἱὸς ἐγενόμην τῷ Ἰακὼβ καὶ ἤμην ἀνδρεῖος |
| TGad | 1 | 9 | ὅτι ἄνευ Ἰουδὰ ἠσθίομεν τὰ θρέμματα καὶ πάντα ὅσα | * ἔλεγε * | τῷ πατρὶ ἐπείθετο αὐτῷ. ὁμολογῶ νῦν τὴν ἁμαρτίαν |
| TGad | 5 | 1 | ποιεῖ τὸ σκότος φῶς προσέχει τὸ γλυκὺ πικρὸν | * λέγει * | καὶ συκοφαντίαν ἐκδιδάσκει καὶ ὀργὴν καὶ πόλεμον |
| TGad | 5 | 2 | διαβολικοῦ τὴν καρδίαν πληροῖ. καὶ ταῦτα ἐκ πείρας | * λέγω * | ὑμῖν τέκνα μου ὅπως φεύξησθε τὸ μῖσος καὶ κολληθῆτε |
| TAser | 2 | 1 | ἰοῦ πονηροῦ πνεύματος πεπλήρωται. ἔστιν οὖν ψυχὴ | * λέγουσα * | φησί τὸ καλὸν ὑπὲρ τοῦ κακοῦ καὶ τὸ τέλος τοῦ |
| TAser | 8 | 1 | Ἰακώβ. καὶ εἰπὼν αὐτοῖς ταῦτα ἐνετείλατο αὐτοῖς | * λέγων * | θάψατέ με εἰς Χεβρών. καὶ ἀπέθανεν ὕπνῳ καλῷ |
| TJos. | 3 | 1 | με καὶ ἠπείλησέ μοι μὴ θέλοντι συνελθεῖν αὐτῇ | * ἔλεγε * | δέ μοι κυριεύσεις μου καὶ πάντων τῶν ἐμῶν ἐὰν |
| TJos. | 3 | 10 | ὅτι ἔγνων τὸν δόλον αὐτῆς καὶ τὴν πλάνην. καὶ | * ἔλεγον * | αὐτῇ ῥήματα ὑψίστου εἰ ἄρα ἀποστρέψει ἀπὸ τῆς |
| TJos. | 4 | 2 | με. ἐδόξαζέ με ὡς σώφρονα φανερῶς καὶ ἐν κρυφῇ | * ἔλεγέ * | μοι μὴ φοβηθῇς τὸν ἄνδρα μου καὶ γὰρ πέπεισται |
| TJos. | 4 | 5 | κατηχήσεως ἤρχετο πρός με μαθεῖν λόγον κυρίου. καὶ | * ἔλεγέ * | μοι εἰ θέλεις ἵνα καταλίπω τὰ εἴδωλα συμπείσθητι |
| TJos. | 4 | 6 | τῶν εἰδώλων ἐν νόμῳ κυρίου σου πορευόμενοι. | * λέγω * | δὲ πρὸς αὐτὴν οὐκ ἐν ἀκαθαρσίᾳ θέλει κύριος τοὺς |
| TJos. | 5 | 1 | με κύριος ἀπ' αὐτῆς. πάλιν δὲ ἐν ἑτέρῳ χρόνῳ | * λέγει * | μοι εἰ μοιχεῦσαι οὐ θέλεις ἐγὼ ἀναιρῶ τὸν |
| TJos. | 6 | 4 | μίαν ἡμέραν ἐλθοῦσα πρός με ἐπέγνω τὸ βρῶμα καὶ | * λέγει * | πρός με τί τοῦτο ὅτι οὐκ ἔφαγες ἀπὸ τοῦ βρώματος; |
| TJos. | 7 | 2 | στενάζουσα προσέπιπτεν. ἰδὼν δὲ αὐτὴν ὁ Αἰγύπτιος | * λέγει * | πρὸς αὐτήν τί συνέπεσε τὸ πρόσωπόν σου; ἡ δὲ εἶπε |
| TJos. | 7 | 3 | πρός με ἔτι ὄντος ἔξω τοῦ ἀνδρὸς αὐτῆς καὶ | * λέγει * | μοι ἄγχομαι ἢ εἰς φρέαρ ἢ εἰς κρημνὸν ῥίπτω |
| TJos. | 7 | 6 | καὶ ἀπολέσει τὸ μνημόσυνόν σου ἀπὸ τῆς γῆς. καὶ | * λέγει * | πρός με ἴδε οὖν ἀγαπᾷς με ἀρκεῖ μοι μόνον ὅτι |
| TJos. | 8 | 1 | ὃ ἡττᾶται ἐκλαμβάνει αὐτὸ πρὸς ἐπιθυμίαν πονηράν. | * λέγω * | ὑμῖν τέκνα ὅτι ὥρα ἦν ὡσεὶ ἕκτη ὅτε ἐξῆλθεν ἀπ' |
| TJos. | 9 | 1 | ἀπηλλάγην τῆς Αἰγυπτίας. πολλάκις ἔπεμψε πρός με | * λέγουσα * | εὐδόκησον πληρῶσαι τὴν ἐπιθυμίαν μου καὶ λυτρώσω |
| TJos. | 11 | 3 | εἰμι ἐξ οἴκου ἵνα μὴ αἰσχύνω τοὺς ἀδελφούς μου. | * λέγει * | δέ μοι ὁ μείζων αὐτῶν οὐκ εἶ δοῦλος σὺ ὅτι καὶ ἡ |
| TJos. | 11 | 3 | δηλοῖ περὶ σου καὶ ἠπείλει μοι ἕως θανάτου. ἐγὼ δὲ | * ἔλεγον * | ὅτι δοῦλος αὐτῶν εἰμι. ὡς δὲ ἤλθομεν εἰς Αἴγυπτον |
| TJos. | 12 | 2 | αὐτῆς ὅτι εἶπον αὐτῇ οἱ εὐνοῦχοι περὶ ἐμοῦ. καὶ | * λέγει * | τῷ ἀνδρὶ αὐτῆς περὶ τοῦ μεταβόλου ὅτι ἐπλούτησεν |
| TJos. | 12 | 2 | ὅτι ἐπλούτησεν ἐν χειρὶ νέου τινὸς Ἑβραίου | * λέγουσι * | δὲ ὅτι καὶ κλοπῇ ἔκλεψαν αὐτὸν ἐκ γῆς Χανάαν νῦν |
| TJos. | 13 | 1 | λόγοις αὐτῆς ἐκέλευσεν ἀχθῆναι τὸν μετάβολον καὶ | * λέγει * | αὐτῷ τί ταῦτα ἀκούω ὅτι κλέπτεις τὰς ψυχὰς ἐκ γῆς |
| TJos. | 13 | 2 | πεσὼν οὖν ἐπὶ πρόσωπον αὐτοῦ ὁ μετάβολος ἐδέετο | * λέγων * | δέομαί σου κύριε οὐκ οἶδα ὃ λέγεις. ὁ δὲ ἔφη πόθεν |
| TJos. | 13 | 2 | μετάβολος ἐδέετο λέγων δέομαί σου κύριε οὐκ οἶδα ὃ | * λέγεις. * | ὁ δὲ ἔφη πόθεν οὖν σοι ὁ παῖς ὁ Ἑβραῖος; καὶ |
| TJos. | 13 | 4 | τύπτεσθαι αὐτόν. ἐπιμένοντος δὲ αὐτοῦ τοῖς λόγοις | * λέγει * | ὁ Πετεφρῆς ἀχθήτω ὁ νεανίσκος. καὶ εἰσαχθεὶς |
| TJos. | 13 | 7 | μοι δοῦλος εἶ ἢ ἐλεύθερος; καὶ εἶπον δοῦλος. καὶ | * λέγει * | πρός με τίνος εἶ δοῦλος; καὶ λέγω αὐτῷ τῶν |
| TJos. | 13 | 7 | δοῦλος. καὶ λέγει πρός με τίνος εἶ δοῦλος; καὶ | * λέγω * | αὐτῷ τῶν Ἰσμαηλιτῶν. καὶ πάλιν λέγει μοι πῶς αὐτῶν |
| TJos. | 13 | 8 | δοῦλος; καὶ λέγω αὐτῷ τῶν Ἰσμαηλιτῶν. καὶ πάλιν | * λέγει * | μοι πῶς αὐτῶν ἐγένου δοῦλος; καὶ εἶπον ὅτι ἐκ γῆς |
| TJos. | 13 | 9 | εἶπον ὅτι ἐκ γῆς Χανάαν ἐπρίαντό με. ὁ δὲ ἠπίστησε | * λέγων * | ὅτι ψεύδῃ καὶ γυμνόν με ἐκέλευσε τύπτεσθαι. ἡ δὲ |
| TJos. | 14 | 1 | τυπτομένου μου καὶ ἀποστέλλει πρὸς τὸν ἄνδρα αὐτῆς | * λέγουσα * | ἄδικός ἐστιν ἡ κρίσις σου ὅτι καὶ τὸν κλαπέντα |
| TJos. | 14 | 3 | φησίν οἱ κύριοι τοῦ παιδός. καὶ ἡ γυνὴ αὐτοῦ | * λέγει * | πρὸς αὐτὸν διά τί συνέχεις τὸν αἰχμάλωτον καὶ |
| TJos. | 15 | 6 | γὰρ ὅτι μέγας ἐστὶ παρὰ κυρίῳ καὶ ἀνθρώποις. τότε | * λέγει * | ὁ μετάβολος αὐτοῖς λύσατέ με ἀπὸ τῆς κρίσεως |
| TJos. | 15 | 7 | τῆς κρίσεως Πετεφρῆ. προσελθόντες οὖν αἰτοῦνταί με | * λέγοντες * | ὅτι ἐν ἀργυρίῳ ἠγοράσθη ἡμῖν. κἀκεῖνος ἀπέλυσεν |
| TJos. | 16 | 4 | τιμὴν τοῦ παιδός. ἡ δὲ ἀπέστειλεν ἕτερον εὐνοῦχον | * λέγουσα * | ἐὰν καὶ δύο μνᾶς χρυσίου ζητοῦσι πρόσεχε μὴ |
| TBen. | 2 | 1 | Αἴγυπτον καὶ ἀνεγνώρισέ με Ἰωσὴφ ὁ ἀδελφός μου | * λέγει * | μοι τί εἶπον τῷ πατρί μου ὅτε ἐπώλησάν με; καὶ |
| TBen. | 2 | 3 | εἶπον ἐπίγνωθι εἰ ὁ χιτὼν τοῦ υἱοῦ σου οὗτος. καὶ | * λέγει * | μοι ναὶ ἀδελφὲ καὶ γὰρ ὅτε ἔλαβόν με οἱ |
| TBen. | 3 | 7 | σου. καὶ περιλαβὼν αὐτὸν ἐπὶ δύο ὥρας κατεφίλει | * λέγων * | πληρωθήσεται ἐν σοὶ προφητεία οὐρανοῦ περὶ τοῦ |
| TBen. | 11 | 5 | καὶ δι' αὐτὸν συνέτισέ με Ἰακὼβ ὁ πατήρ μου | * λέγων * | αὐτὸς ἀναπληρώσει τὰ ὑστερήματα τῆς φυλῆς σου. καὶ |
| Asen. | 3 | 2 | αὐτοῦ δώδεκα ἄνδρας πρὸς Πεντεφρῆ τὸν ἱερέα | * λέγων * | πρός σε καταλύσω ὅτι ὥρα μεσημβρίας ἐστὶ καὶ |
| Asen. | 5 | 1 | εἰσεπήδησε νεανίσκος ἐκ τῆς θεραπείας Πεντεφρῆ καὶ | * λέγει * | ἰδοὺ Ἰωσὴφ πρὸ τῶν θυρῶν τῆς αὐλῆς ἡμῶν ἕστηκε. |
| Asen. | 5 | 2 | καὶ τῆς μητρὸς αὐτῆς ὡς ἤκουσε τὰ ῥήματα ταῦτα | * +λεγόντων+ * | περὶ Ἰωσὴφ καὶ ἀνέβη εἰς τὸ ὑπερῷον καὶ |
| Asen. | 6 | 2 | τί νῦν ἐγὼ ποιήσω ἡ ταλαίπωρος; οὐχὶ λελάληκα | λέγουσα * | ὅτι Ἰωσὴφ ἔρχεται ὁ υἱὸς τοῦ ποιμένος ἐκ γῆς |
| Asen. | 7 | 2 | Ἰωσὴφ τῷ Πεντεφρῇ καὶ πάσῃ τῇ συγγενείᾳ αὐτοῦ | * λέγων * | τίς ἐστιν ἡ γυνὴ ἐκείνη ἡ ἑστῶσα ἐν τῷ ὑπερῴῳ πρὸς |
| Asen. | 7 | 2 | δὴ ἐκ τῆς οἰκίας ταύτης. διότι ἐφοβεῖτο Ἰωσὴφ | * λέγων * | μήποτε καὶ αὕτη ἐνοχλήσῃ με. ὅτι ἠνόχλουν αὐτὸν |
| Asen. | 7 | 4 | ἀπέπεμπεν Ἰωσὴφ μετὰ ἀπειλῆς καὶ ὕβρεως διότι | * ἔλεγεν * | Ἰωσὴφ οὐχ ἁμαρτήσω ἐνώπιον κυρίου τοῦ θεοῦ τοῦ |
| Asen. | 7 | 5 | καὶ ἐμέμνητο τῶν ἐντολῶν τοῦ πατρὸς αὐτοῦ. διότι | * ἔλεγεν * | Ἰακὼβ τῷ υἱῷ αὐτοῦ Ἰωσὴφ καὶ πᾶσι τοῖς υἱοῖς |
| Asen. | 11 | 10 | μου ἀπὸ τῶν θυσιῶν τῶν εἰδώλων. ἀλλ' ἀκήκοα πολλῶν | * λεγόντων * | ὅτι ὁ θεὸς τῶν Ἑβραίων θεὸς ἀληθινός ἐστι καὶ |
| Asen. | 18 | 1 | εἰσεπήδησε νεανίσκος ἐκ τῆς θεραπείας Πεντεφρῆ καὶ | * λέγει * | ἰδοὺ Ἰωσὴφ ὁ δυνατὸς τοῦ θεοῦ ἔρχεται πρὸς ⟨ἡμᾶς⟩ |
| Asen. | 21 | 8 | βασιλεῖς τῶν ἐθνῶν καὶ ἐκήρυξε πάσῃ τῇ γῇ Αἰγύπτου | * λέγων * | πᾶς ἄνθρωπος ὃς ποιήσει ἔργον ἐν ταῖς ἑπτὰ ἡμέραις |
| Asen. | 23 | 6 | ἡ ῥομφαία μου ἡτοίμασται πρὸς ὑμᾶς. καὶ ἅμα ταῦτα | * λέγων * | ἐγύμνωσε τὴν ῥομφαίαν αὐτοῦ καὶ ἔδειξεν αὐτοῖς. ὡς |
| Asen. | 24 | 2 | καὶ εἶπον αὐτῷ οἱ παῖδες αὐτοῦ εἰς τὸ οὖς | * λέγοντες * | ἰδού οἱ υἱοὶ Βάλλας καὶ οἱ υἱοὶ Ζέλφας |
| Asen. | 24 | 8 | ὑμῶν. διότι ἤκουσα ἐγὼ Ἰωσὴφ τοῦ ἀδελφοῦ ὑμῶν | * λέγοντος * | πρὸς Φαραὼ τὸν πατέρα μου περὶ ὑμῶν ὅτι τέκνα |
| Asen. | 24 | 15 | ἡμῖν. καὶ ἡμεῖς ἀκηκόαμεν σήμερον τοῦ Ἰωσὴφ | * λέγοντος * | πρὸς τὴν Ἀσενὲθ πορεύου αὔριον εἰς τὸν ἀγρὸν |
| Asen. | 24 | 17 | ἐλάλησαν αὐτῷ πάντας τοὺς ἐν κρυφῇ αὐτῶν λόγους | * λέγοντες * | δὸς ἡμῖν ἄνδρας ⟨δυνατοὺς εἰς πόλεμον⟩. καὶ |
| Asen. | 25 | 5 | ἀδελφοῖς αὐτῶν τοῖς πρεσβυτέροις τῷ Δὰν καὶ τῷ Γὰδ | * λέγοντες * | ἵνα τί ὑμεῖς πονηρεύεσθε πάλιν κατὰ τοῦ πατρὸς |
| Jer. | 1 | 1 | τῶν Χαλδαίων ἐλάλησεν ὁ θεὸς πρὸς Ἰερεμίαν | * λέγων * | Ἰερεμία ὁ ἐκλεκτός μου ἀνάστα καὶ ἔξελθε ἐκ τῆς |
| Jer. | 1 | 4 | Χαλδαίων κυκλώσει αὐτήν. καὶ ἀπεκρίθη Ἰερεμίας | * λέγων * | παρακαλῶ σε κύριε ἐπίτρεψόν μοι τῷ δούλῳ σου |
| Jer. | 1 | 5 | ὁ ἐκλεκτός μου Ἰερεμίας. καὶ ἐλάλησεν Ἰερεμίας | * λέγων * | κύριε παντοκράτωρ παραδίδως τὴν πόλιν τὴν ἐκλεκτὴν |
| Jer. | 2 | 2 | καὶ τὰ ἱμάτια αὐτοῦ διερρωγότα ἔκραξε φωνῇ μεγάλῃ | * λέγων * | πάτερ Ἰερεμία τί ἔστι σοι ἢ ποῖον ἁμάρτημα |
| Jer. | 2 | 4 | ἂν ἀφεθῇ αὐτῷ ἡ ἁμαρτία. ἠρώτησε δὲ αὐτὸν ὁ Βαρούχ | * λέγων * | πάτερ τί ἔστι τοῦτο; εἶπε δὲ αὐτῷ Ἰερεμίας |
| Jer. | 3 | 3 | ἰδόντες δὲ αὐτοὺς Ἰερεμίας καὶ Βαροὺχ ἔκλαυσαν | * λέγοντες * | νῦν ἐγνώκαμεν ὅτι ἀληθές ἐστι τὸ ῥῆμα. |
| Jer. | 3 | 4 | τὸ ῥῆμα. παρεκάλεσε δὲ Ἰερεμίας τοὺς ἀγγέλους | * λέγων * | παρακαλῶ ὑμᾶς μὴ ἀπολέσθαι τὴν πόλιν ἄρτι ἕως ἂν |
| Jer. | 3 | 4 | πρὸς κύριον ῥῆμα. ἐλάλησεν δὲ κύριος τοῖς ἀγγέλοις | * λέγων * | μὴ ἀπολέσητε τὴν πόλιν ἕως ἂν λαλήσω πρὸς τὸν |
| Jer. | 3 | 4 | ἐκλεκτόν μου Ἰερεμίαν. τότε Ἰερεμίας ἐλάλησεν | * λέγων * | δέομαι κύριε κέλευσόν με λαλῆσαι ἐνώπιόν σου. καὶ |
| Jer. | 3 | 8 | αὐτῷ ὁ κύριος ἆρον αὐτὰ καὶ παράδος αὐτὰ τῇ γῇ | * λέγων * | ἄκουε γῆ τῆς φωνῆς τοῦ κτίσαντός σε ὁ πλάσας σε ἐν |
| Jer. | 3 | 9 | συνελεύσεως τοῦ ἠγαπημένου. ἐλάλησε δὲ Ἰερεμίας | * λέγων * | παρακαλῶ σε κύριε δεῖξόν μοι τί ποιήσω Ἀβιμέλεχ |
| Jer. | 3 | 15 | δὲ γενομένης ἀπέστειλεν Ἰερεμίας τὸν Ἀβιμέλεχ | * λέγων * | ἆρον τὸν κόφινον καὶ ἄπελθε εἰς τὸ χωρίον τοῦ |
| Jer. | 4 | 1 | ἐκύκλωσε τὴν πόλιν. ἐσάλπισεν δὲ ὁ μέγας ἄγγελος | * λέγων * | εἰσέλθατε εἰς τὴν πόλιν ἡ δύναμις τῶν Χαλδαίων |
| Jer. | 4 | 3 | ἔξω τῆς πόλεως καὶ ἔρριψεν αὐτὰς ἐνώπιον τοῦ ἡλίου | * λέγων * | σοὶ λέγω ἥλιε λάβε τὰς κλεῖδας τοῦ ναοῦ τοῦ θεοῦ |
| Jer. | 4 | 3 | καὶ ἔρριψεν αὐτὰς ἐνώπιον τοῦ ἡλίου λέγων σοὶ | * λέγω * | ἥλιε λάβε τὰς κλεῖδας τοῦ ναοῦ τοῦ θεοῦ καὶ φύλαξον |
| Jer. | 4 | 6 | αὐτοῦ καὶ ἐκάθισε καὶ ἔκλαυσε τὸν θρῆνον τοῦτον | * λέγων * | διά τί ἠρημώθη Ἰερουσαλήμ; διὰ τὰς ἁμαρτίας τοῦ |
| Jer. | 4 | 10 | εἰπὼν Βαροὺχ ἐξῆλθεν ἔξω τῆς πόλεως κλαίων καὶ | * λέγων * | ὅτι λυπούμενος διά σέ Ἰερουσαλὴμ ἐξῆλθον ἀπὸ σοῦ. |
| Jer. | 5 | 16 | μὴ εἰδὼς ποῦ ἀπέλθῃ. καὶ ἀπέθηκε τὸν κόφινον | * λέγων * | καθέζομαι ὧδε ἕως ὁ κύριος ἄρῃ τὴν ἔκστασιν ταύτην |
| Jer. | 5 | 17 | δὲ αὐτοῦ εἶδέ τινα γηραιὸν ἐρχόμενον ἐξ ἀγροῦ καὶ | * λέγει * | αὐτῷ Ἀβιμέλεχ σοί λέγω πρεσβῦτα ποία ἐστίν ἡ |
| Jer. | 5 | 17 | ἐρχόμενον ἐξ ἀγροῦ καὶ λέγει αὐτῷ Ἀβιμέλεχ σοί | * λέγω * | πρεσβῦτα ποία ἐστίν ἡ πόλις αὕτη; καὶ εἶπεν αὐτῷ |
| Jer. | 5 | 18 | ἡ πόλις αὕτη; καὶ εἶπεν αὐτῷ Ἰερουσαλὴμ ἐστι. καὶ | * λέγει * | αὐτῷ Ἀβιμέλεχ ποῦ ἔστιν ὁ Ἰερεμίας ὁ ἱερεὺς καὶ |
| Jer. | 5 | 23 | ὑβρίσαι τὸν μείζονα αὐτοῦ ἐπικατεγέλων ἄν σοι καὶ | * ἔλεγον * | ὅτι μαίνῃ ὅτι εἶπας ᾐχμαλωτεύθη ὁ λαὸς εἰς |
| Jer. | 5 | 26 | τὰ σῦκα στάζοντα γάλα καθὼς συνέλεξα αὐτά. σὺ δὲ | * λέγεις * | ὅτι ᾐχμαλωτεύθη ὁ λαὸς εἰς Βαβυλῶνα. ἵνα δὲ γνῷς |
| Jer. | 5 | 31 | καὶ ἵνα μάθῃς τέκνον ὅτι ἀληθές ἐστιν ἅπερ | * λέγω * | σοι ἀνάβλεψον εἰς τὸν ἀγρὸν καὶ ἴδε ὅτι οὐκ ἐφάνη ἡ |
| Jer. | 5 | 32 | ἔστι καὶ γνῶθι. τότε ἔκραξε μεγάλῃ φωνῇ Ἀβιμέλεχ | * λέγων * | εὐλογήσω σε ὁ θεὸς τοῦ οὐρανοῦ καὶ τῆς γῆς ἡ |
| Jer. | 5 | 33 | τῶν ψυχῶν τῶν δικαίων ἐν παντὶ τόπῳ. εἶτα | * λέγει * | τῷ γηραιῷ ἀνθρώπῳ ποῖός ἐστιν ὁ μὴν οὗτος; ὁ δὲ |
| Jer. | 5 | 34 | ἐπάρας ἐκ τῶν σύκων ἔδωκε τῷ γηραιῷ ἀνθρώπῳ καὶ | * λέγει * | αὐτῷ ὁ θεὸς φωταγωγήσει σε εἰς τὴν ἄνω πόλιν |
| Jer. | 6 | 2 | τοὺς ὀφθαλμοὺς αὐτοῦ εἰς τὸν οὐρανὸν προσηύξατο | * λέγων * | σὺ ὁ θεὸς ὁ παρέχων μισθαποδοσίαν τοῖς ἀγαπῶσί σε. |
| Jer. | 6 | 3 | μου καὶ εὐφραίνου καὶ ἀγάλλου ἐν τῷ σκηνώματί σου | * λέγων * | τῷ σαρκικῷ οἴκῳ σου τὸ πένθος σου μετεστράφη εἰς |
| Jer. | 6 | 8 | σε ἐν τῇ δυνάμει αὐτοῦ. ταῦτα εἰπὼν ὁ Βαρούχ | * λέγει * | τῷ Ἀβιμέλεχ ἀνάστηθι καὶ εὐξώμεθα ἵνα γνωρίσῃ |
| Jer. | 6 | 9 | τὴν γενομένην σοι ἐν τῇ ὁδῷ. καὶ ηὔξατο Βαρούχ | * λέγων * | ἡ δύναμις ἡμῶν ὁ θεὸς κύριε τὸ ἐκλεκτὸν φῶς τὸ |
| Jer. | 6 | 11 | τοῦ Βαροὺχ ἰδοὺ ἄγγελος κυρίου ἦλθε καὶ | * λέγει * | τῷ Βαροὺχ ἅπαντας τοὺς λόγους τούτους ὁ σύμβουλος |
| Jer. | 6 | 13 | καὶ μετὰ ταῦτα εἰσάξω ὑμᾶς εἰς τὴν πόλιν ὑμῶν | * λέγει * | κύριος. ὁ μὴ ἀφοριζόμενος ἐκ τῆς Βαβυλῶνος οὐ μὴ |
| Jer. | 6 | 14 | μὴ ἀποδεχθῆναι αὐτοὺς αὖθις ὑπὸ τῶν Βαβυλωνιτῶν | * λέγει * | κύριος. καὶ ταῦτα εἰπὼν ὁ ἄγγελος ἀπῆλθεν ἀπὸ τοῦ |
| Jer. | 6 | 22 | εἰς Βαβυλῶνα. ἐὰν οὖν ἀκούσητε τῆς φωνῆς μου | * λέγει * | κύριος ἐκ στόματος Ἰερεμίου τοῦ παιδός μου ὁ |
| Jer. | 7 | 9 | αὐτὰ εἰς τὸν τράχηλον τοῦ ἀετοῦ καὶ εἶπεν αὐτῷ σοὶ | * λέγω * | βασιλεῦ τῶν πετεινῶν ἄπελθε ἐν εἰρήνῃ μεθ' ὑγείας |
| Jer. | 7 | 14 | γὰρ Ἰερεμίας παρὰ τοῦ βασιλέως Ναβουχοδονόσορ | * λέγων * | δός μοι τόπον ποῦ θάψω τοὺς νεκροὺς τοῦ λαοῦ μου |
| Jer. | 7 | 15 | τοῦ ἀετοῦ. καὶ ἔκραξεν ὁ ἀετὸς μεγάλῃ φωνῇ | * λέγων * | σοὶ λέγω Ἰερεμία ὁ ἐκλεκτὸς τοῦ θεοῦ ἄπελθε |

| | | | | |
|---|---|---|---|---|
| Jer. | 7 | 15 | ἀετοῦ. καὶ ἔκραξεν ὁ ἀετὸς μεγάλῃ φωνῇ λέγων σοί | * λέγω * Ἱερεμία ὁ ἐκλεκτὸς τοῦ θεοῦ ἄπελθε σύναξον τὸν |
| Jer. | 7 | 18 | ἐθαύμασε δὲ πᾶς ὁ λαὸς ἐπὶ τῷ γεγονότι | * λέγοντες * ὅτι μὴ οὗτος ὁ θεὸς ὁ ὀφθεὶς τοῖς πατράσιν ἡμῶν |
| Jer. | 7 | 19 | ἡμῖν διὰ τοῦ ἀετοῦ τούτου; καὶ εἶπεν ὁ ἀετός σοί | * λέγω * Ἱερεμία δεῦρο λῦσον τὴν ἐπιστολὴν ταύτην καὶ |
| Jer. | 7 | 21 | καὶ ἐπέθηκαν χοῦν ἐπὶ τὰς κεφαλὰς αὐτῶν καὶ | * ἔλεγον * τῷ Ἱερεμίᾳ σῶσον ἡμᾶς καὶ ἀπάγγειλον ἡμῖν τί |
| Jer. | 7 | 23 | ἔγραψε δὲ καὶ ἐπιστολὴν ὁ Ἱερεμίας τῷ Βαροὺχ | * λέγων * οὕτως υἱέ μου ἀγαπητὲ μὴ ἀμελήσῃς ἐν ταῖς |
| Jer. | 7 | 25 | ὑπὸ Ναβουχοδονόσορ βασιλέως κλαίοντας καὶ | * λέγοντας * ἐλέησον ἡμᾶς ὁ θεὸς Ζάρ. ἀκούων ταῦτα ἐλυπούμην |
| Jer. | 7 | 26 | ὅτι ἐκρέμαντο ἀλλ' ὅτι ἐπεκαλοῦντο θεὸν ἀλλότριον | * λέγοντες * ἐλέησον ἡμᾶς. ἐμνημόνευον δὲ ἡμέρας ἑορτῆς ἃς |
| Jer. | 7 | 29 | κριμάτων τοῦ στόματός μου καὶ ἐξέλθωμεν ἐντεῦθεν. | * λέγω * γάρ σοι ὅτι ὅλον τὸν χρόνον ὃν ἐποιήσαμεν ἐνταῦθα |
| Jer. | 7 | 29 | τὸν χρόνον ὃν ἐποιήσαμεν ἐνταῦθα κατέχουσιν ἡμᾶς | * λέγοντες * ὅτι εἴπατε ἡμῖν ᾠδὴν ἐκ τῶν ᾠδῶν Σιὼν τὴν ᾠδὴν |
| Jer. | 7 | 29 | ᾠδὴν ἐκ τῶν ᾠδῶν Σιὼν τὴν ᾠδὴν τοῦ θεοῦ ὑμῶν. καὶ | * λέγομεν * αὐτοῖς πῶς ᾄσωμεν ὑμῖν ἐπὶ γῆς ἀλλοτρίας ὄντες; |
| Jer. | 7 | 30 | τὴν ἐπιστολὴν εἰς τὸν τράχηλον τοῦ ἀετοῦ Ἱερεμίας | * λέγων * ἄπελθε ἐν εἰρήνῃ καὶ ἐπισκέψηται ἡμᾶς ἀμφοτέρους ὁ |
| Jer. | 8 | 4 | ἦλθον ἐπὶ τὸν Ἰορδάνην τοῦ περᾶσαι. καὶ | * λέγων * αὐτοῖς τὰ ῥήματα ἃ εἶπε κύριος πρὸς αὐτὸν τὸ ἥμισυ |
| Jer. | 8 | 5 | καὶ ἔστη Ἱερεμίας καὶ Βαροὺχ καὶ Ἀβιμέλεχ | * λέγοντες * ὅτι πᾶς ἄνθρωπος κοινωνῶν Βαβυλωνίταις οὐ μὴ |
| Jer. | 8 | 7 | ἐξῆλθον οἱ Βαβυλωνῖται εἰς συνάντησιν αὐτῶν | * λέγοντες * οὐ μὴ εἰσέλθητε εἰς τὴν πόλιν ἡμῶν ὅτι |
| Jer. | 8 | 9 | Σαμάρειαν. ἀπέστειλε δὲ πρὸς αὐτοὺς Ἱερεμίας | * λέγων * μετανοήσατε ἔρχεται γὰρ ἄγγελος τῆς δικαιοσύνης |
| Jer. | 9 | 3 | ἀνήνεγκεν Ἱερεμίας μόνος θυσίαν. καὶ ηὔξατο εὐχὴν | * λέγων * ἅγιος ἅγιος ἅγιος τὸ θυμίαμα τῶν δένδρων τῶν |
| Jer. | 9 | 7 | κέκρυπται ἐν αὐτῷ πρὸ τοῦ ταῦτα γενέσθαι. ταῦτα | * λέγοντος * τοῦ Ἱερεμίου καὶ ἱσταμένου ἐν τῷ θυσιαστηρίῳ |
| Jer. | 9 | 11 | ἑαυτοὺς ἵνα κηδεύσωσιν αὐτόν. καὶ ἰδοὺ φωνὴ ἦλθε | * λέγουσα * μὴ κηδεύετε τὸν ἔτι ζῶντα ὅτι ἡ ψυχὴ αὐτοῦ |
| Jer. | 9 | 12 | περικύκλῳ τοῦ σκηνώματος αὐτοῦ ἡμέρας τρεῖς | * λέγοντες * ποίᾳ ὥρᾳ μέλλει ἀναστῆναι; μετὰ δὲ τρεῖς ἡμέρας |
| Jer. | 9 | 15 | τὰ δένδρα τὰ βεβλαστηκότα καὶ μεγαλαυχοῦντα καὶ | * λέγοντα * ἐδώκαμεν τὸ τέλος ἡμῶν τῷ ἀέρι ποιήσει αὐτὰ |
| Jer. | 9 | 19 | τῶν ἐλαιῶν καὶ ἐμπλήσει τὰς πεινώσας ψυχάς. ταῦτα | * λέγοντος * τοῦ Ἱερεμίου περὶ τοῦ υἱοῦ τοῦ θεοῦ ὅτι |
| Jer. | 9 | 20 | τὰ ῥήματα τὰ ὑπὸ Ἡσαΐου τοῦ υἱοῦ Ἀμὼς εἰρημένα | * λέγοντος * ὅτι εἶδον τὸν θεὸν καὶ τὸν υἱὸν τοῦ θεοῦ. δεῦτε |
| Jer. | 9 | 23 | ὅτι ἤθελον ἀκοῦσαι πλήρης τὰ μυστήρια ἃ εἶδε. | * λέγει * δὲ αὐτοῖς Ἱερεμίας σιωπήσατε καὶ μὴ κλαίετε οὐ μὴ |
| Jer. | 9 | 30 | τὴν οἰκονομίαν αὐτοῦ. τότε ἐβόησε ὁ λίθος | * λέγων * ὦ μωροὶ υἱοὶ Ἰσραὴλ διά τί λιθοβολεῖτέ με |
| Bar. | 1 | 1 | ὁ βασιλεὺς ὑπὸ θεοῦ πορθῆσαι τὴν πόλιν αὐτοῦ | * λέγων * κύριε ἵνα τί ἐξέκαυσας τὸν ἀμπελῶνά σου καὶ |
| Bar. | 1 | 2 | παρέδωκας ἡμᾶς εἰς ἔθνη τοιαῦτα ὅπως ὀνειδίζοντες | * λέγουσιν * ποῦ ἐστιν ὁ θεὸς αὐτῶν; καὶ ἰδοὺ ἐν τῷ κλαίειν |
| Bar. | 1 | 3 | ἐστιν ὁ θεὸς αὐτῶν; καὶ ἰδοὺ ἐν τῷ κλαίειν με καὶ | * λέγειν * τοιαῦτα ὁρῶ ἄγγελον κυρίου ἐλθόντα καὶ λέγοντά |
| Bar. | 1 | 3 | καὶ λέγειν τοιαῦτα ὁρῶ ἄγγελον κυρίου ἐλθόντα καὶ | * λέγοντά * μοι σύνες ὦ ἄνθρωπε ἄνερ ἐπιθυμιῶν καὶ μὴ |
| Bar. | 1 | 3 | σε μέλῃ περὶ τῆς σωτηρίας Ἱερουσαλὴμ ὅτι τάδε | * λέγει * κύριος ὁ θεὸς ὁ παντοκράτωρ. ἀπέστειλε γάρ με πρὸ |
| Bar. | 1 | 6 | κυρίου τοῦ θεοῦ. καὶ ταῦτα εἰπών μοι ἡσύχασα. καὶ | * λέγει * μοι ὁ ἄγγελος παῦσον τὸν θεὸν παροξύνειν καὶ |
| Bar. | 2 | 6 | ἐστί καὶ τὸ τοῦ πεδίου μῆκος οὗ εἶδας. καὶ πάλιν | * λέγει * μοι ὁ ἄγγελος τῶν δυνάμεων δεῦρο καὶ ὑποδείξω σοι |
| Bar. | 3 | 7 | λαβόντες τρύπανον ἔσπευδον τρυπῆσαι τὸν οὐρανὸν | * λέγοντες * ἴδωμεν ὀστράκινός ἐστιν ὁ οὐρανὸς ἢ χαλκοῦς ἢ |
| Bar. | 4 | 13 | καὶ αὐτὸς ὀργῆς θεοῦ ἐπιτύχω δι' αὐτοῦ. καὶ ταῦτα | * λέγων * προσηύξατο ὅπως ἀποκαλύψῃ αὐτῷ ὁ θεὸς περὶ αὐτοῦ |
| Bar. | 4 | 15 | εἶπεν αὐτῷ ἀναστὰς Νῶε φύτευσον τὸ κλῆμα ὅτι τάδε | * λέγει * κύριος τὸ πικρὸν τούτου μεταβληθήσεται εἰς γλυκὺ |
| Bar. | 6 | 3 | καὶ εἶπον τὸν ἄγγελον τί ἐστι τὸ ὄρνεον τοῦτο; καὶ | * λέγει * μοι τοῦτό ἐστιν ὁ φύλαξ τῆς οἰκουμένης. καὶ εἶπον |
| Bar. | 6 | 8 | μοι ὁ ἄγγελος ἀνάγνωθι ταῦτα. καὶ ἀνέγνων. καὶ | * ἔλεγον * οὕτως οὔτε γῆ με τίκτει οὔτε οὐρανὸς ἀλλὰ |
| Bar. | 6 | 14 | τὸ φῶς ἀπὸ τοῦ σκότους. καὶ ἦλθεν φωνὴ | * λέγουσα * φωτόδοτα δὸς τῷ κόσμῳ τὸ φέγγος. καὶ ἀκούσας τὸν |
| Bar. | 10 | 8 | τὸν κύριον. καὶ εἶπον ἐγὼ Βαροὺχ κύριε καὶ πῶς | * λέγουσιν * οἱ ἄνθρωποι ὅτι ἀπὸ τῆς θαλάσσης ἐστὶ τὸ ὕδωρ |
| Bar. | 10 | 10 | ἐστίν. ἴσθι οὖν τοῦ λοιποῦ ὅτι ἐκ τούτου ἐστίν ὃ | * λέγεται * δρόσος τοῦ οὐρανοῦ. καὶ ἀπὸ τούτου λαβὼν με ὁ |
| Bar. | 12 | 5 | τοὺς κανίσκους ἔβαλεν αὐτοὺς εἰς τὴν φιάλην. καὶ | * λέγει * μοι ὁ ἄγγελος ταῦτα τὰ ἄνωθέν εἰσιν αἱ ἀρεταὶ τῶν |
| Bar. | 12 | 7 | οὐκ εἶχον τέλεια τὰ βραβεῖα. καὶ ἐβόησε Μιχαὴλ | * λέγων * δεῦτε καὶ ὑμεῖς ἄγγελοι φέρετε ὃ ἠνέγκατε. καὶ |
| Bar. | 13 | 1 | ἄγγελοι κλαίοντες καὶ ὀδυρόμενοι καὶ μετὰ φόβου | * λέγοντες * ἴδε ἡμᾶς μεμελανωμένους κύριε ὅτι πονηροῖς |
| Bar. | 15 | 2 | ἐνεγκόντας τὰ κανίσκια πλήρη ἐπλήρωσεν αὐτὰ ἐλαίῳ | * λέγων * ἀπενέγκατε δότε ἑκατονταπλασίονα τὸν μισθὸν τοῖς |
| Bar. | 15 | 3 | γὰρ καλῶς σπείραντες καὶ καλῶς ἐπισυνάγουσιν. καὶ | * λέγει * καὶ τοὺς ἀποκένους φέροντας τοὺς κανίσκους δεῦτε |
| Bar. | 15 | 4 | ἠνέγκατε καὶ ἀπόδοτε τοῖς υἱοῖς τῶν ἀνθρώπων. εἶτα | * λέγει * καὶ τοῖς τὰ γέμοντα ἐνεγκοῦσι καὶ τοῖς τὰ ἀπόκενα |
| Bar. | 15 | 4 | τοὺς φίλους ἡμῶν καὶ εἴπατε αὐτοῖς ὅτι τάδε | * λέγει * κύριος ἐπὶ ὀλίγῃ ἐστέ πιστοὶ ἐπὶ πολλῶν ὑμᾶς |
| Bar. | 16 | 1 | εἰς τὴν χαρὰν τοῦ κυρίου ὑμῶν. καὶ στραφεὶς | * λέγει * καὶ τοῖς μηδὲν ἐνεγκοῦσιν τάδε λέγει κύριος μὴ |
| Bar. | 16 | 1 | καὶ στραφεὶς λέγει καὶ τοῖς μηδὲν ἐνεγκοῦσιν τάδε | * λέγει * κύριος μὴ ἔστε σκυθρωποὶ καὶ μὴ κλαίετε μηδὲ |
| Prop. | 2 | 6 | κροκοδείλους καὶ οὕτως ἐνέβαλε τοὺς ὄφεις τοὺς | * λεγομένους * ἀργόλας ὅ ἐστιν ὀφιομάχους οὓς ἤνεγκεν ἐκ τοῦ |
| Prop. | 2 | 6 | καλοῦνται τοῦτ' ἔστιν Ἄργους δεξιοὶ λαιὰν γὰρ | * λέγουσι * πᾶν εὐώνυμον. οὗτος ὁ Ἱερεμίας σημεῖον δέδωκε |
| Prop. | 2 | 8 | καὶ Πτολεμαίῳ τῷ βασιλεῖ τὴν αἰτίαν πυνθανομένῳ | * ἔλεγον * ὅτι πατροπαράδοτόν ἐστι μυστήριον ὑπὸ ὁσίου |
| Prop. | 3 | 5 | αὐτοῦ ἐποίησε τὸν τάφον Σάρρας. διπλοῦν δὲ | * λέγεται * ὅτι εἱλικτόν ἐστι καὶ ἀπόκρυφον ἐξ ἐπιπέδου |
| Prop. | 3 | 13 | καὶ διὰ τεραστίων φοβηθέντες ἐπαύσαντο. τοῦτο | * ἔλεγεν * αὐτοῖς ὅτι διαπεφωνήκαμεν ἀπώλετο ἡ ἐλπὶς ἡμῶν |
| Prop. | 4 | 13 | τῆς ἀλλοιώσεως αὐτοῦ ἐν προσευχῇ ἣν περὶ αὐτοῦ | * ἔλεγεν * ὅτι πάλιν ἄνθρωπος γενήσεται καὶ ἠπίστουν αὐτῷ. ὁ |
| Prop. | 10 | 3 | αὐτοῦ παρῴκησε τὴν Σοὺρ χώραν ἀλλοφύλων ἐθνῶν | * ἔλεγε * γὰρ ὅτι οὕτως ἀφελῶ ὄνειδός μου ὅτι ἐψευσάμην |
| Prop. | 10 | 6B | μητέρα αὐτοῦ παρῴκησε τὴν Σοὺρ χώραν ἀλλοφύλων. | * ἔλεγε * γὰρ ὅτι οὕτως ἀφελῶ τὸ ὄνειδός μου ὅτι ἐψευσάμην |
| Prop. | 10 | 8B | τοῦ κυρίου ἀναστάσεως καὶ ἔδωκε τέρας ἐπὶ Ἰσραὴλ | * λέγων * ὅτι ὅτε ἴδωσιν ἐπὶ Ἱερουσαλὴμ πολλὰ ἔθνη ὅτι ἡ |
| Prop. | 17 | 4B | ἐπειδὴ γὰρ ἔβλεπεν ὁ θεὸς πενθοῦντα τὸν Ναθὰν | * ἔλεγε * γὰρ ὅτι δι' ἐμοῦ γέγονεν ἡ ἀσέβεια αὕτη. καὶ |
| Prop. | 22 | 16 | ἀπὸ τῆς λέπρας. τὸν παῖδα αὐτοῦ Ἐλισαῖος | * λεγόμενον * Γιεζεὶ ἀπελθόντα κρύφα παρὰ γνώμην αὐτοῦ πρὸς |
| Esdr. | 1 | 2 | εἰκάδι τοῦ μηνὸς ἤμην ἐν τῷ οἴκῳ μου καὶ κράξας | * λέγων * πρὸς τὸν ὕψιστον κύριε δὸς τὴν δόξαν ἵνα ἴδω τὰ |
| Esdr. | 1 | 3 | γεναμένης ἦλθεν ἄγγελος Μιχαὴλ ὁ ἀρχάγγελος καὶ | * λέγει * μοι ἄρτι τὸν προφήτην Ἐσδρὰμ ἄφησον ⟨ἑβδομάδας⟩ |
| Esdr. | 1 | 8 | καὶ ἀπήγαγόν με εἰς τὰς κρίσεις. καὶ ἤκουσα φωνῆς | * λεγούσης * μοι ἐλέησον ἡμᾶς ἐκλεκτὲ τοῦ θεοῦ Ἐσδράμ. τότε |
| Esdr. | 1 | 9 | ἡμᾶς ἐκλεκτὲ τοῦ θεοῦ Ἐσδράμ. τότε ἠρξάμην | * λέγειν * οὐαὶ τοὺς ἁμαρτωλοὺς ὅταν ἴδωσιν τὸν δίκαιον ὑπὲρ |
| Esdr. | 2 | 15 | παραγενέσθαι παντὸς καὶ πρόσεχε τὰ ὑπ' ἐμοῦ | * λεγόμενα. * ἀλλ' ἐὰν μὴ σὺ ἐδωρήσω αὐτῷ τὴν Εὔαν οὐ μὴ |
| Esdr. | 2 | 24 | σου. τότε ἐμνήσθη ὁ θεὸς τῶν ποιημάτων αὐτοῦ καὶ | * λέγει * ⟨πρὸς⟩ τὸν προφήτην πῶς ἔχω αὐτοὺς ἐλεήσω; ὄξος |
| Esdr. | 4 | 27 | τίς ἐστιν οὗτος; καὶ εἶπέν μοι οὗτός ἐστιν ὁ | * λέγων * ἐγώ εἰμι ὁ υἱὸς τοῦ θεοῦ καὶ τοὺς λίθους ἄρτους |
| Esdr. | 5 | 7 | ὦ δέσποτα κύριε ἐλέησον τοὺς ἁμαρτωλούς. καὶ ἐν τῷ | * λέγειν * μου ταῦτα ἦλθεν νεφέλη καὶ ἥρπασέν με καὶ |
| Esdr. | 5 | 10 | μητρὸς αὐτοῦ. οἱ δὲ ὄντες ἐν τῇ κολάσει ἔκραξαν | * λέγοντες * ἀφ' οὗ ἦλθες ὧδε ἅγιε τοῦ θεοῦ εὕραμεν ὀλίγην |
| Esdr. | 6 | 1 | τὸ γένος τῶν ἀνθρώπων οὕτως κολαζομένους. τότε | * λέγει * μοι ὁ θεὸς γινώσκεις Ἐσδρὰμ τὰ ὀνόματα τῶν |
| Esdr. | 6 | 15 | περιεπάτησαν. καὶ ἀπῆλθον οἱ ἄγγελοι ἄπρακτοι | * λέγοντες * κύριε οὐ δυνάμεθα παραλαβεῖν τὴν ψυχὴν αὐτοῦ. |
| Esdr. | 6 | 16 | κύριε οὐ δυνάμεθα παραλαβεῖν τὴν ψυχὴν αὐτοῦ. τότε | * λέγει * πρὸς τὸν μονογενῆν αὐτοῦ υἱὸν κάτελθε υἱέ μου |
| Esdr. | 6 | 17 | λαβὼν γὰρ ὁ κύριος στρατιὰν ἀγγέλων πολλὴν | * λέγει * τῷ προφήτῃ δός μοι τὴν παρακαταθήκην ἣν παρεθέμην |
| Esdr. | 6 | 23 | δεῦρο τελεύτα ἵνα ἐπιτύχῃς αὐτοῦ. τότε ἤρξατο | * λέγειν * ὁ προφήτης μετὰ δακρύων ὦ δέσποτα τί ὠφέλησα |
| Esdr. | 7 | 5 | τί ποιήσω; τί πράξω; οὐκ οἶδα. καὶ τότε ἤρξατο | * λέγειν * ὁ μακάριος Ἐσδρὰμ ὁ θεὸς ὁ αἰώνιος ὁ πάσης τῆς |
| Esdr. | 7 | 13 | ὡς τὰ Σόδομα καὶ Γόμορρα. καὶ ἦλθεν αὐτῷ φωνὴ | * λέγουσα * Ἐσδρὰμ ἀγαπητέ μου πάντα ὅσα ᾐτήσω ἀποδώσω ἐνὶ |
| Sedr. | 3 | 1 | οὐρανοῦ καὶ ἔστη ἐν αὐτῷ ἡ φλὸξ τῆς θεότητος. καὶ | * λέγει * αὐτὸν ὁ κύριος καλῶς ἦλθες ἀγαπητέ μου Σεδράχ τί |
| Sedr. | 3 | 2 | ὅτι εἶπας ἤθελον λαλῆσαι στόμα πρὸ στόματος θεοῦ; | * λέγει * αὐτῷ Σεδρὰχ ναὶ ἔχει ὁ υἱὸς δίκην μέ τὸν πατέρα |
| Sedr. | 3 | 3 | μέ τὸν πατέρα κύριέ μου διά τί ἐποίησας τὴν γῆν; | * λέγει * αὐτῷ ὁ κύριος διὰ τὸν ἄνθρωπον. λέγει Σεδρὰχ καὶ |
| Sedr. | 3 | 4 | τὴν γῆν; λέγει αὐτῷ ὁ κύριος διὰ τὸν ἄνθρωπον. | * λέγει * Σεδρὰχ καὶ διά τί ἐποίησας τὴν θάλασσαν; διά τί |
| Sedr. | 3 | 5 | θάλασσαν; διά τί ἔσπειρας πᾶν ἀγαθὸν ἐπὶ τῆς γῆς; | * λέγει * ὁ κύριος διὰ τὸν ἄνθρωπον. λέγει αὐτῷ Σεδρὰχ εἰ |
| Sedr. | 3 | 6 | ἐπὶ τῆς γῆς; λέγει ὁ κύριος διὰ τὸν ἄνθρωπον. | * λέγει * αὐτῷ Σεδρὰχ εἰ ταῦτα ἐποίησας διά τί ἀπώλεσας |
| Sedr. | 4 | 1 | τῶν χειρῶν μου καὶ παιδεύω αὐτὸν καθὼς εὑρίσκω. | * λέγει * αὐτῷ Σεδρὰχ κόλασις καὶ πῦρ ἐστιν ἡ παίδευσίς σου |
| Sedr. | 4 | 4 | τὸν ἄνθρωπον ἐπεὶ οὐκ ἤθελες ἐλεῆσαι αὐτόν; | * λέγει * αὐτὸν ὁ θεὸς ἐγὼ ἐποίησα τὸν πρωτόπλαστον Ἀδὰμ |
| Sedr. | 5 | 1 | ὑπὸ τοῦ διαβόλου ἀπατηθεὶς ἔφαγεν ἀπὸ τοῦ ξύλου. | * λέγει * αὐτῷ Σεδρὰχ σοῦ θελήματος ἠπατήθη δέσποτά μου ὁ |
| Sedr. | 6 | 1 | εἰσιν τὰ ἐλέη σου; ποῦ ἡ εὐσπλαγχνία σου κύριε; | * λέγει * αὐτὸν ὁ θεὸς γνωστὸν ἔστω σοι ὅτι πάντα |
| Sedr. | 7 | 1 | αὐτὸς λαβὼν ταῦτα ἐγένετο μοιχαλὶς καὶ ἁμαρτωλός. | * λέγει * αὐτῷ Σεδρὰχ σὺ δέσποτα ἔπλασας τὸν ἄνθρωπον οἶδας |
| Sedr. | 7 | 4 | σοῦ θελήματος ἥμαρτεν κύριε ἐλεεινὸς ἄνθρωπος. | * ⟨λέγει * αὐτῷ ὁ θεός⟩ τί ἀπέβαλες λόγους πρός με Σεδράχ; |
| Sedr. | 7 | 6 | κάλλει τῆς σελήνης καὶ τὴν ζωὴν ἐχαρίσατο αὐτῆς. | * λέγει * Σεδρὰχ καὶ τί ὠφελοῦν τὰ κάλλη ἐὰν εἰς γῆν |
| Sedr. | 8 | 1 | ἕνα κρατῆσαι καὶ οὐ μὴ πορεύεται ὅπου δὲ θέλει. | * λέγει * αὐτῷ ὁ θεὸς ἐὰν κρατήσω αὐτοῦ τὸν πόδα λέγει ὅτι |
| Sedr. | 8 | 1 | λέγει αὐτῷ ὁ θεὸς ἐὰν κρατήσω αὐτοῦ τὸν πόδα | * λέγει * ὅτι οὐκ ἐποίησάς μοι χάριν εἰς τὸν κόσμον ἀλλὰ |
| Sedr. | 8 | 3 | ἀπέστειλα τοῦ φυλάσσειν αὐτὸν ἐν νυκτὶ καὶ ἡμέρᾳ. | * λέγει * Σεδρὰχ οἶδα δέσποτα ὅτι εἰς τὰ κτήματά σου πρῶτον |
| Sedr. | 8 | 5 | καὶ ταῦτα πάντα ἀγαπᾷ καὶ ὁ ἄνθρωπος δέσποτά μου. | * λέγει * ὁ θεὸς τὸν Σεδρὰχ ἐρωτῶ σε ἕνα λόγον Σεδρὰχ ἐάν |
| Sedr. | 8 | 6 | συμαχᾶ σε εἰ καί τινος ἐπείραζες τὸν πλάσαντά σε. | * λέγει * Σεδρὰχ εἰπὲ κύριε ὁ θεός. ⟨λέγει αὐτῷ κύριος ὁ |
| Sedr. | 8 | 7 | τὸν πλάσαντά σε. λέγει Σεδρὰχ εἰπὲ κύριε ὁ θεός. | * ⟨λέγει * αὐτῷ κύριος ὁ θεὸς⟩ ἀφ' ἧς ἐποίησα τὰ πάντα πόσοι |
| Sedr. | 9 | 2 | μου Σεδρὰχ καὶ ἀπόθου αὐτὴν ἐν τῷ παραδείσῳ. | * λέγει * ὁ μονογενὴς υἱὸς τὸν Σεδρὰχ ⟨δός μοι τὴν |
| Sedr. | 9 | 3 | μητρός σου ἐν τῷ ἁγίῳ σου σκηνώματι ἐκ βρέφους. | * λέγει * Σεδρὰχ οὐ δίδωμί σοι τὴν ψυχήν μου. λέγει αὐτὸν ὁ |
| Sedr. | 9 | 4 | βρέφους. λέγει Σεδρὰχ οὐ δίδωμί σοι τὴν ψυχήν μου. | * λέγει * αὐτὸν ὁ υἱὸς καὶ διά τί ἀπεστάλην ἐγὼ καὶ ἦλθα ὧδε |
| Sedr. | 10 | 2 | λαβεῖν τὴν ψυχήν μου καὶ ἐκ ποίου μέλους; καὶ | * λέγει * αὐτὸν ὁ θεὸς ἡ ψυχή σου οὐκ οἶδας ὅτι χορηγεῖται |
| Sedr. | 11 | 1 | πλάσματός σου. καὶ ἤρξατο κλαίων καὶ ὀδυρόμενος | * λέγειν * ὦ κεφαλὴ παράδοξε οὐρανοκόσμητε ὦ ἡλιοφώτιστε |
| Sedr. | 12 | 1 | πεσὸν εἰς τὴν γῆν ὕπαγε κάλλος σου ἀφανὲς γίνεται. | * λέγει * αὐτὸν ὁ Χριστὸς παῦσον Σεδρὰχ ἕως πότε δακρύζεις |
| Sedr. | 12 | 2 | ὁ παράδεισός σοι ἠνοίγη καὶ ἀποθανὼν ζήσεις. | * λέγει * αὐτῷ Σεδρὰχ ἔτι ἅπαξ λαλήσω σοι κύριε ἕως πότε ζῶ |
| Sedr. | 12 | 3 | ἀποθανεῖν με; καὶ μὴ παρακούσῃς τῆς αἰτήσεώς μου. | * λέγει * αὐτῷ ὁ κύριος λέγε ὦ Σεδράχ. ⟨λέγει ὁ Σεδρὰχ⟩ ἔτη |
| Sedr. | 12 | 3 | παρακούσῃς τῆς αἰτήσεώς μου. λέγει αὐτῷ ὁ κύριος | * λέγε * ὦ Σεδράχ. ⟨λέγει ὁ Σεδρὰχ⟩ ἔτη ὀγδοήκοντα ⟨ἤ⟩ |

| | | | |
|---|---|---|---|
| Sedr. | 12 | 4 | αἰτήσεώς μου. λέγει αὐτῷ ὁ κύριος λέγε ὦ Σεδράχ. * ⟨λέγει * ὁ Σεδρὰχ⟩ ἔτη ὀγδοήκοντα ⟨ἢ⟩ ἐνενήκοντα ἐὰν ζήσῃ |
| Sedr. | 12 | 5 | πόσας ἡμέρας μετανοήσας ἀφίεις αὐτοῦ τὰς ἁμαρτίας; * λέγει * αὐτὸν ὁ θεὸς ἐὰν ἐπιστρέψας ζῶν τὰ ἑκατὸν ⟨ἢ⟩ |
| Sedr. | 13 | 1 | ὁ θάνατος οὐ μὴ μνησθῶ πάσας τὰς ἁμαρτίας αὐτοῦ. * λέγει * αὐτῷ Σεδρὰχ πολλά εἰσιν τὰ τρία ἔτη κύριέ μου μὴ |
| Sedr. | 13 | 3 | σου καὶ σπλαγχνίσθητι ὅτι πολλά εἰσιν τὰ τρία ἔτη. * λέγει * αὐτὸν ὁ θεὸς ἐὰν μετὰ ἑκατὸν ἔτη ζήσῃ ἄνθρωπος καὶ |
| Sedr. | 13 | 4 | αὐτὸν μετὰ χρόνον ἀφίω πάσας τὰς ἁμαρτίας αὐτοῦ. * λέγει * πάλιν ὁ Σεδρὰχ κύριε τὴν εὐσπλαγχνίαν σου καὶ |
| Sedr. | 13 | 6 | ὁ θάνατος αὐτοῦ φθάσῃ καὶ ἁρπάσῃ αὐτὸν συντόμως. * λέγει * αὐτὸν ὁ σωτὴρ ἐρωτῶ σε ἕνα λόγον Σεδρὰχ ἀγαπητέ |
| Sedr. | 14 | 1 | μνησθῶ πάσας τὰς ἁμαρτίας αὐτοῦ ἃς ἐποίησεν. καὶ * λέγει * Σεδρὰχ πρὸς τὸν ἀρχάγγελον Μιχαὴλ ἐπάκουσόν μου |
| Sedr. | 14 | 3 | μετανοίᾳ σωθήσεται ὁ ἄνθρωπος καὶ ἐν ποίῳ κόπῳ; * ⟨λέγει * ὁ θεὸς⟩ ἐν μετανοίαις ἐν παρακλήσεσιν ἐν |
| Sedr. | 14 | 8 | μου ἡ θεότης καὶ οὐκ ἤκουσαν τὸν σοφὸν ἐρωτῶντα * λέγων * δικαιοῦμεν οὐδαμῶς ἁμαρτωλόν. παντελῶς οὐκ οἶδας |
| Sedr. | 15 | 1 | ἃ οὐ δέχομαι ἐγὼ οὔτε οἱ ἄγγελοί μου. * λέγει * Σεδρὰχ πρὸς τὸν θεὸν κύριε σὺ μόνος εἶ ἀναμάρτητος |
| Sedr. | 15 | 6 | ὁδοῖς καὶ ἀπολύμενοι μετὰ τοῦ ἀντιχρίστου. * λέγει * Σεδρὰχ κύριέ μου καὶ εἶπας ὅτι τὸ θεῖόν μου πνεῦμα |
| Sedr. | 16 | 1 | κύριε ὅτι ὁ βίος πολύμοχθός ἐστιν καὶ ἀμετανόητος. * λέγει * κύριος τὸν Σεδρὰχ ἐποίησα τὸν ἄνθρωπον ἐν τρισί |
| Sedr. | 16 | 3 | δὲ πάλιν γηράσῃ καὶ τηρῶ αὐτὸν ὅπως μετανοήσῃ. * λέγει * Σεδρὰχ κύριε σὺ ταῦτα πάντα οἶδας καὶ ἐπίστασαι |
| Sedr. | 16 | 4 | καὶ ἐπίστασαι μόνον συμπαθῆσαι τοὺς ἁμαρτωλούς. * λέγει * αὐτὸν ὁ κύριος Σεδρὰχ ἀγαπητέ μου ὑπόσχομαι |
| Sedr. | 16 | 7 | ἁμαρτία αὐτοῦ εἰς τὸν αἰῶνα τοῦ αἰῶνος. καὶ * λέγει * Σεδρὰχ κύριε καὶ εἴ τις ποιήσει φωταγωγίαν τοῦ |
| Sedr. | 16 | 8 | δούλου σου ῥῦσαι αὐτὸν κύριε ἀπὸ παντὸς κακοῦ. καὶ * λέγει * ὁ δοῦλος τοῦ θεοῦ Σεδρὰχ ἄρτι λαβὲ τὴν ψυχήν μου |
| Job | 2 | 3 | αὐτῷ ἀναφερόμενα διελογιζόμην ἐν ἑαυτῷ * λέγων * ἆρα οὗτός ἐστιν ὁ θεὸς ὁ ποιήσας τὸν οὐρανὸν καὶ |
| Job | 3 | 1 | μου ἦλθέν μοι μεγάλη φωνὴ ἐν μείζονι φωτὶ * λέγουσα * Ιωβαβ Ιωβαβ. καὶ εἶπον ἰδοὺ ἐγώ. καὶ εἶπεν |
| Job | 3 | 4 | ἀκούσας κατέπεσα ἐπὶ τὴν κλίνην μου προσκυνῶν καὶ * λέγων * κύριέ μου ὁ ἐπὶ τῇ σωτηρίᾳ τῆς ἐμῆς ψυχῆς ἐλθών, |
| Job | 4 | 3 | αὐτοῦ ἀκούσομαι καὶ πράξω. καὶ πάλιν εἶπεν τάδε * λέγει * κύριος ἐὰν ἐπιχειρήσεις καθαρίσαι τὸν τόπον τοῦ |
| Job | 6 | 5 | εἰς ἐπαίτην ἔκρουσεν τὴν θύραν καὶ * λέγει * τῇ θυρωρῷ σήμανον τῷ Ιωβ λέγουσα ὅτι βούλομαι |
| Job | 6 | 5 | τὴν θύραν καὶ λέγει τῇ θυρωρῷ σήμανον τῷ Ιωβ * λέγουσα * ὅτι βούλομαι συντυχεῖν σοι. καὶ ἡ θυρωρὸς |
| Job | 6 | 6 | βούλομαι συντυχεῖν σοι. καὶ ἡ θυρωρὸς εἰσελθοῦσα * λέγει * μοι ταῦτα, καὶ ἤκουσεν παρ' ἐμοῦ δηλῶσαι μὴ |
| Job | 7 | 1 | τοῖς ὤμοις ἀσσάλιον, καὶ ἐλθὼν λελάληκεν τῇ θυρωρῷ * λέγων * εἰπὸν τῷ Ιωβ δός μοι ἄρτον ἐκ τῶν χειρῶν σου ἵνα |
| Job | 7 | 8 | μοι ἄρτον. καὶ ἔκλαυσεν μετὰ λύπης μεγάλης ἡ παῖς * λέγουσα * ἀληθῶς καλῶς σὺ λέγεις εἶναί με κακὴν δούλην εἰ |
| Job | 7 | 8 | μετὰ λύπης μεγάλης ἡ παῖς λέγουσα ἀληθῶς καλῶς σὺ * λέγεις * εἶναί με κακὴν δούλην εἰ γὰρ μὴ ἤμην, ἐποίησα ἂν |
| Job | 7 | 9 | ὑποστρέψασα προσήνεγκεν αὐτῷ τὸν κεκαυμένον ἄρτον * λέγουσα * αὐτῷ τάδε λέγει ὁ κύριός μου ὅτι οὐκέτι οὐ μὴ |
| Job | 7 | 9 | αὐτῷ τὸν κεκαυμένον ἄρτον λέγουσα αὐτῷ τάδε * λέγει * ὁ κύριός μου ὅτι οὐκέτι οὐ μὴ φάγῃς ἐκ τῶν ἄρτων |
| Job | 7 | 12 | ταῦτα ἀκούσας ὁ Σατανᾶς ἀντέπεμψέν μοι τὴν παῖδα * λέγων * ὅτι ὡς ὁλόκαυστός ἐστιν ὁ ἄρτος οὗτος, οὕτως |
| Job | 11 | 2 | μηδὲν δυνάμενοι ἀναλῶσαι ἤρχοντο παρακαλοῦντες καὶ * λέγοντες * δεόμεθά σου, καὶ ἡμεῖς δυνάμεθα ταύτην τὴν |
| Job | 11 | 10 | δὲ πάλιν ἀπεσυλοῦντο καὶ ἤρχοντο καὶ παρεκάλουν με * λέγοντες * δεόμεθά σου, μακροθύμησον ἐφ' ἡμᾶς ἴδωμεν πῶς |
| Job | 11 | 11 | καὶ ἀνεγίνωσκον στέφανον ἐπιφερόμενος ἀφαιρήσεως * λέγων * ὅσον προφάσει τῶν πενήτων ἐπίστευσα ὑμῖν, οὐδὲν |
| Job | 12 | 1 | καὶ εἴ ποτέ μοι ἤρχετο ἀνὴρ ἱλαρὸς τὴν καρδίαν * λέγων * οὔτε ἐγὼ εὐπορῶ ἐπικουρῆσαι τοῖς πένησιν βούλομαι |
| Job | 12 | 2 | εἰς τὸν οἶκον αὐτοῦ λαμβάνειν ἠναγκάζετο παρ' ἐμοῦ * λέγοντος * ἐπίσταμαι ὅτι ἐργάτης εἶ ἄνθρωπος προσδοκῶν καὶ |
| Job | 13 | 5 | καὶ τῶν πενήτων ὀλιγωρούντων κατηρῶντό μοι * λέγοντες * τίς ἂν δῴη ἡμῖν ἐκ τῶν σαρκῶν αὐτοῦ |
| Job | 15 | 5 | ἐκέλευον κατασκευασθῆναι τοῖς πτωχοῖς, καὶ * ἔλεγον * αὐτοῖς ταῦτα λαμβάνετε περισσὰ μετὰ τὴν σύνταξιν |
| Job | 15 | 6 | ἄρα οἱ υἱοί μου ἥμαρτον ἐνώπιον κυρίου καυχώμενοι * λέγοντες * μετὰ καταφρονήσεως ὅτι ἡμεῖς τέκνα ἐσμέν τοῦ |
| Job | 17 | 3 | αὐτῇ πανούργους, καὶ ἐλάλησεν μετὰ ἀπειλῆς αὐτοῖς * λέγων * οὗτος ὁ ἀνὴρ Ιωβαβ ὁ ἀναλώσας πάντα τὰ ἀγαθὰ τῆς |
| Job | 18 | 1 | καὶ ἰδοὺ καὶ τὰ τέκνα αὐτοῦ ἀπολέσω. ταῦτα δὲ * λέγων * αὐτοῖς ἀπῆλθεν καὶ κατέβαλεν τὴν οἰκίαν ἐπὶ τὰ |
| Job | 18 | 7 | τῶν ἀνέμων ἔρριψεν εἰς θάλασσαν τὸ φορτίον * λέγων * θέλω ἀπολέσθαι τὰ πάντα, μόνον εἰσελθεῖν εἰς τὴν |
| Job | 19 | 2 | ἐν μεγάλῃ ταραχῇ καὶ διέρρηξά μου τὰ ἱμάτια * λέγων * τῷ ἀπαγγέλλοντι πῶς οὖν σὺ ἐσώθης; καὶ τότε ἐγὼ |
| Job | 19 | 3 | ἐσώθης; καὶ τότε ἐγὼ συνιδὼν τὸ γενόμενον ἀνεβόησα * λέγων * ὁ κύριος ἔδωκεν, ὁ κύριος ἀφείλατο ὡς τῷ κυρίῳ |
| Job | 20 | 9 | σκώληξ, ἦρον καὶ κατήγγιζον εἰς τὸν αὐτὸν τόπον * λέγων * παράμεινον ἐν τῷ αὐτῷ τόπῳ ἐν ᾧ ἐτέθης ἄχρις οὗ |
| Job | 21 | 3 | ἄρτον καὶ προσενέγκῃ μοι καὶ ἐγὼ κατανενυγμένος * ἔλεγον * ὢ τῆς ἀλαζονείας τῶν ἀρχόντων τῆς πόλεως ταύτης |
| Job | 22 | 2 | καὶ αὐτὴ λαμβάνουσα διεμέριζεν αὐτῇ τε καὶ ἐμοί, * λέγουσα * μετ' ὀδύνης οὐαί μοι, τάχα οὔτε ἄρτου |
| Job | 23 | 3 | νομίζουσα εἶναι αὐτὸν ἄνθρωπον. καὶ ὁ Σατανᾶς * ἔλεγεν * αὐτῇ παράσχου τὸ τίμημα καὶ λάβε ὃ θέλεις. |
| Job | 23 | 4 | τὸ τίμημα καὶ λάβε ὃ θέλεις. ἀποκριθεῖσα δὲ αὐτῷ * λέγει * πόθεν μοι ἀργύριον; ἀγνοεῖς τὰ συμβεβηκότα ἡμῖν |
| Job | 23 | 6 | ἐλέησον, εἰ δὲ μὴ σὺ ὄψει. καὶ ἀπεκρίθη αὐτῇ * λέγων * εἰ μὴ ἄξιοι ἦτε τῶν κακῶν, οὐκ ἂν ἀπελάβετε αὐτὰ |
| Job | 23 | 8 | ἴσως δυνήσεσθε ζῆσαι ἐν τρισὶν ἡμέραις. τότε * λέγει * ἐν ἑαυτῇ τί γάρ μοι ἡ θρὶξ τῆς κεφαλῆς πρὸς τὸν |
| Job | 24 | 1 | ἅμα τε ἤγγισεν ἡ γυνή μου ἀνακράξασα μετὰ κλαυθμοῦ * λέγει * μοι Ιωβ Ιωβ, ἄχρι τίνος καθέζῃ ἐπὶ τῆς κοπρίας |
| Job | 25 | 9 | Ιωβ, Ιωβ, πολλῶν ὄντων τῶν εἰρημένων, συντόμως * λέγω * σοι ἐπὶ ἀσθενείᾳ τῆς καρδίας μου συνετρίβη μου τὰ |
| Job | 27 | 2 | τῆς γυναικός μου ἐξῆλθεν καὶ σταθεὶς ἔκλαυσεν * λέγων * ἴδε, Ιωβ, διαφωνῶ καὶ ὑποχωρῶ σοι σαρκίνῳ ὄντι, |
| Job | 28 | 5 | λίθους, ἀπεθαύμαζον καὶ τύπτοντες τὰς χεῖρας * ἔλεγον * ὅτι ἡμῶν τῶν τριῶν βασιλέων τὰ χρήματα, ἐὰν |
| Job | 29 | 2 | πολῖταί μου ὑπέδειξάν με αὐτοῖς, οἱ δὲ ἀντέτειναν * λέγοντες * μὴ εἶναί με τὸν Ιωβαβ. ἀπαξαπλῶς ἔτι |
| Job | 30 | 4 | ἐμέ, διαλογιζόμενοι τὰ κτήνη καὶ τὰ ὑπάρχοντά μου * λέγοντες * μὴ οὐκ οἴδαμεν τὰ πολλὰ ἀγαθὰ τὰ ἀποστελλόμενα |
| Job | 34 | 1 | ἐν τοῖς ἅρμασιν τοῦ πατρὸς ὑπάρχει. καὶ ἐμοῦ ταῦτα * λέγοντος * πρὸς αὐτοὺς ἵνα σιωπήσωσιν, ὀργισθεὶς Ελιφας |
| Job | 34 | 5 | ταραχῇ Ελιφας ἔκλινεν ἀπ' αὐτῶν ἐν μεγάλῃ λύπῃ * λέγων * ἐγὼ πορεύσομαι ἐληλύθαμεν γὰρ ἵνα παραμυθησώμεθα |
| Job | 35 | 1 | τῶν στρατιωτῶν ἡμῶν. τότε Βαλδαδ ἐκράτησεν αὐτὸν * λέγων * ὅτι οὐχ οὕτως δεῖ λαλῆσαι ἀνθρώπῳ πενθοῦντι, οὐ |
| Job | 36 | 1 | τίνι ἐστίν. τότε ἐγερθεὶς ὁ Βαλδαδ προσήγγισέν μοι * λέγων * σὺ εἶ Ιωβ; καὶ εἶπον αὐτῷ ναί. καὶ εἶπεν ἆρα ἐν τῷ |
| Job | 36 | 4 | οὐχ ὑπάρχει ἐν οὐρανῷ ταραχή. ὑπολαβὼν δὲ Βαλδαδ * λέγει * ὅτι μὲν γινώσκομεν τὴν γῆν ἀκατάστατον οὖσαν, ἐπεὶ |
| Job | 37 | 8 | ἀδίκημα; ἀποκρίνου μοι, Ιωβ, πρὸς ταῦτα. καὶ πάλιν * λέγω * σοι, εἰ ἐν τῷ καθεστηκότι ὑπάρχεις, δεῖξον, εἰ |
| Job | 39 | 1 | τοὺς ἰατροὺς κτίσαντος. καὶ ἐμοῦ ταῦτα πρὸς αὐτοὺς * λέγοντος, * ἦλθεν ἡ γυνή μου Σίτιδος ἐν ἱματίοις |
| Job | 39 | 3 | ἔρριψεν ἑαυτὴν παρὰ τοὺς πόδας αὐτῶν, καὶ κλαίουσα * ἔλεγεν * μνήσθητί μου ὁ Ελιφας καὶ οἱ δύο φίλοι σου, ὅτι |
| Job | 39 | 8 | καὶ περιβαλεῖν τὴν γυναῖκά μου. ἡ δὲ ἐδέετο αὐτῶν * λέγουσα * παρακαλῶ, κελεύσατε τοῖς στρατιώταις ὑμῶν ἵνα |
| Job | 39 | 11 | καὶ οἱ μὲν ἀπῆλθον εἰς τὸ σκάπτειν, ἐγὼ δὲ ἐκώλυσα * λέγων * μὴ κάμητε εἰκῇ, οὐ γὰρ εὑρήσετε τὰ παιδία μου |
| Job | 40 | 13 | καὶ κοπετὸν μέγαν ἐποίησαν οἱ πτωχοὶ τῆς πόλεως * λέγοντες * ἴδετε, ἡ Σίτιδός ἐστιν αὕτη, ἡ τοῦ καυχήματος |
| Job | 41 | 3 | τὴν ἑαυτῶν χώραν, καὶ ὁρκωθῆναι αὐτοὺς ὑπὸ Ελιου * λέγοντος * μείνατέ με, ἕως καὶ τὸ περὶ τούτου δείξω αὐτῷ, |
| Job | 41 | 4 | ὕψωμα καὶ ἰδοὺ μεγάλως καὶ ὑπερβαλλόντως λελάληκεν * λέγων * ἔχειν τὸν ἑαυτοῦ θρόνον ἐν οὐρανοῖς. τοίνυν ἐμοῦ |
| Job | 43 | 4 | καὶ τῶν στρατευμάτων πλησίον τοῦ θυσιαστηρίου * ἔλεγεν * οὕτως Ελιφας περιῄρηνται ἡμῶν αἱ ἁμαρτίαι, καὶ |
| Job | 44 | 4 | μου καὶ ὅσοι ᾔδεισαν εὐποιεῖν, καὶ ἠρώτησάν με * λέγοντες * τί παρ' ἡμῶν νῦν αἰτεῖς; ἐγὼ δὲ ἀναμνησθεὶς τῶν |
| Job | 44 | 4 | ἀναμνησθεὶς τῶν πτωχῶν τοῦ πάλιν εὐποιεῖν ᾐτησάμην * λέγων * δότε μοι ἕκαστος ἀμνάδα μίαν εἰς ἔνδυσιν τῶν |
| Job | 46 | 5 | ἀδελφῶν ὑμῶν. τότε καλέσας τὴν θυγατέρα αὐτοῦ τὴν * λεγομένην * Ἡμέραν λέγει αὐτῇ λαβοῦσα τὸ δακτύλιον ὕπαγε |
| Job | 46 | 5 | καλέσας τὴν θυγατέρα αὐτοῦ τὴν λεγομένην Ἡμέραν * λέγει * αὐτῇ λαβοῦσα τὸ δακτύλιον ὕπαγε εἰς τὴν κρυπτὴν |
| Job | 47 | 1 | τῆς ζωῆς ὑμῶν. εἶπεν δὲ αὐτῷ ἡ ἄλλη θυγάτηρ ἡ * λεγομένη * Κασία πάτερ, αὕτη ἐστὶν ἡ κληρονομία ἣν ἔλεγες |
| Job | 47 | 1 | ἡ λεγομένη Κασία πάτερ, αὕτη ἐστὶν ἡ κληρονομία ἣν * ἔλεγες * εἶναι κρείττονα τῆς τῶν ἀδελφῶν ἡμῶν; τίς οὖν |
| Job | 47 | 5 | καλέσας με παρέσχετό μοι ταύτας τὰς τρεῖς χορδὰς * λέγων * μοι ἀνάστα, ζῶσαι ὥσπερ ἀνὴρ τὴν ὀσφῦν σου ἐρωτήσω |
| Job | 53 | 2 | ὀρφανοῖς καὶ πᾶσιν τοῖς ἀδυνάτοις κλαίουσιν καὶ * λέγουσιν * οὐαὶ ἡμῖν σήμερον, διπλῶς τὸ οὐαί, ὅτι σήμερον |
| Aris. | 30 | 3 | τυγχάνει γὰρ Ἑβραϊκοῖς γράμμασι καὶ φωνῇ * λεγόμενα * ἀμελέστερον δὲ καὶ οὐχ ὡς ὑπάρχει σεσήμανται |
| Aris. | 38 | 5 | γράμμασιν Ἑλληνικοῖς ἐκ τῶν παρ' ὑμῶν * λεγομένων * Ἑβραϊκῶν γραμμάτων ἵν' ὑπάρχῃ καὶ ταῦτα παρ' |
| Aris. | 53 | 3 | τινὲς μὲν οὖν καὶ τῶν ἱερέων καὶ τῶν ἄλλων * ἔλεγον * μηδὲν ἐπικωλύειν. ὁ δὲ εἶπε βούλεσθαι καὶ |
| Aris. | 57 | 3 | δοκίμου στερεὰν πάντοθεν τὴν ποίησιν ἐργασάμενοι * λέγω * δὲ οὐ περί τι περιεπτυγμένου τοῦ χρυσοῦ τὸν δὲ |
| Aris. | 67 | 3 | ἀνὰ μέσον θεωρίαν ἐφ' ᾗ κρυστάλλου λίθος καὶ τὸ * λεγόμενον * ἤλεκτρον ἐντετύπωτο ἀμίμητον θεωρίαν ἀποτελοῦν |
| Aris. | 77 | 4 | τεθέντων τῶν κατασκευασμάτων ἑτέρου παρ' ἕτερον * λέγω * δὲ πρῶτον ἀργυροῦ κρατῆρος εἶτα χρυσοῦ πάλιν |
| Aris. | 97 | 3 | καλλίστοις χρώμασιν. ἐπὶ δὲ τοῦ στήθους φορεῖ τὸ * λεγόμενον * λόγιον ἐν ᾧ συνεσφιγμένοι λίθοι δεκαδύο |
| Aris. | 98 | 1 | τὴν φυσικὴν χρόαν. ἐπὶ δὲ τῆς κεφαλῆς ἔχει τὴν * λεγομένην * κίδαριν ἐπὶ δὲ ταύτης τὴν ἀμίμητον μίτραν τὸ |
| Aris. | 104 | 1 | δύο παρεδέξαντο πρὸς τὸ κατανοῆσαι τὰ τῶν θυσιῶν. * ἔλεγον * δὲ καὶ δι' ὅρκων πεπιστῶσθαι τὸ τοιοῦτον τοὺς γὰρ |
| Aris. | 107 | 4 | καί τινων μὲν πεδινῶν τῶν κατὰ τὴν Σαμαρεῖτιν * λεγομένην * καὶ τῶν συναπτόντων τῇ τῶν Ἰδουμαίων χώρᾳ |
| Aris. | 111 | 4 | καὶ προστάται τῆς πόλεως ἐλαττῶσι τὰ ταμιεῖα * λέγω * δὲ τὰ τῆς γεωργίας πρόσφορα. παρεξέβημεν δὲ ταῦτα |
| Aris. | 116 | 1 | καὶ μεγάλην ἀσφάλειαν ἔχουσα. περιρρεῖ δ' αὐτὴν ὁ * λεγόμενος * Ἰορδάνης ποταμὸς ἀείρρους. ⟨τῆς δὲ χώρας⟩ οὐκ |
| Aris. | 117 | 3 | οὗτος δὲ ἔξεισιν εἰς θάλασσαν. ἄλλοι δὲ χειμάρροι * λεγόμενοι * κατίασι περιλαμβάνοντες τὰ πρὸς τὴν Γάζαν μέρη |
| Aris. | 119 | 1 | πάσης τῆς περιεχούσης πᾶσαν τὴν χώραν ὀρεινῆς. * ἐλέγετο * δὲ καὶ ἐκ τῶν παρακειμένων ὀρέων τῆς Ἀραβίας |
| Aris. | 125 | 1 | φρονήσει παρ' ἑτέρους. μετείληφα γὰρ καλῶς αὐτὸν * λέγειν * ὅτι περὶ ἑαυτὸν ἔχων ἄνδρας δικαίους καὶ σώφρονας |
| Aris. | 138 | 2 | καθεστάναι. τῶν γὰρ ἄλλων πολυματαίων τί δεῖ καὶ * λέγειν * Αἰγυπτίων τε καὶ τῶν παραπλησίων οἵτινες ἐπὶ |
| Aris. | 155 | 2 | νομίζει. διὸ παρακελεύεται καὶ διὰ τῆς γραφῆς ὁ * λέγων * οὕτως μνείᾳ μνησθήσῃ κυρίου τοῦ ποιήσαντος ἐν σοί |
| Aris. | 167 | 1 | ἐγὼ δ' εἶπα τοὺς ἐμφανιστὰς οἴομαί σε * λέγειν * καὶ γὰρ αἰκίαις καὶ θανάτοις ἐπαλγέσιν αὐτοὺς |
| Aris. | 167 | 3 | αὐτοὺς περιβάλλει συνεχῶς. ὁ δὲ τούτους γὰρ καὶ * λέγω * ἡ γὰρ ἐπαγρύπνησις ἀνθρώπων ἀπωλείᾳ ἀνόσιος. ὁ δὲ |
| Aris. | 170 | 2 | ἑκάστων ἀπολογεῖσθαι καὶ γὰρ ἐπὶ τῶν προσφερομένων * ἔλεγε * μόσχων τε καὶ κριῶν καὶ χιμάρων ὅτι δεῖ ταῦτα ἐκ |
| Aris. | 196 | 1 | δυναστεύων. ἐπιφωνήσας δὲ καὶ τούτῳ καλῶς * λέγειν * τὸν ἕτερον ἠρώτα πῶς ἂν ἀκέραια συντηρήσας ἅπαντα |
| Aris. | 215 | 2 | οὕτω διείληφα κατὰ πάντα τρόπον σέ βασιλεῦ καὶ τὰ * λεγόμενα * καὶ τὰ πραττόμενα πρὸς εὐσέβειαν ἐπανάγειν ὅπως |
| Aris. | 218 | 3 | δόξαν καὶ τὴν ὑπεροχὴν ἵνα τούτοις ἀκόλουθα καὶ * λέγῃς * καὶ διανοῇ γινώσκων ὅτι πάντες ὧν ἄρχεις περὶ σοῦ |
| Aris. | 233 | 2 | μὴ τὰ παρὰ τὴν προαίρεσιν ἡμῶν ἀνακύπτοντα βλάπτῃ * λέγω * δὴ οἷον θάνατοί τε καὶ νόσοι καὶ λῦπαι καὶ τὰ |
| Aris. | 252 | 4 | πειθόμενος διαβολαῖς ἀλλ' αὐτὸς ὢν δοκιμαστὴς τῶν * λεγομένων * καὶ κρίσει κατευθύνων τὰ τῶν ἐντεύξεων καὶ διὰ |
| Aris. | 267 | 2 | πεῖσαι. θεοῦ δὲ ἐνεργείᾳ κατευθύνεται πειθώ. εὖ δὲ * λέγειν * φήσας αὐτὸν ἕτερον ἠρώτα πῶς ἂν παμμιγῶν ὄχλων |

Aris. 276 2 εἴη; ἐκεῖνος δὲ ἔφη δοκιμάζων καὶ τὸν * λέγοντα * καὶ τὸ λεγόμενον καὶ περὶ τίνος λέγει καὶ ἐν
Aris. 276 2 ἐκεῖνος δὲ ἔφη δοκιμάζων καὶ τὸν λέγοντα καὶ τὸ * λεγόμενον * καὶ περὶ τίνος λέγει καὶ ἐν πλείονι χρόνῳ τὰ
Aris. 276 3 καὶ τὸν λέγοντα καὶ τὸ λεγόμενον καὶ περὶ τίνος * λέγει * καὶ ἐν πλείονι χρόνῳ τὰ αὐτὰ δι' ἑτέρων τρόπων
Aris. 280 1 κατακολουθῶν. εἰπὼν δὲ καὶ τοῦτον καλῶς * λέγειν * τὸν ἐχόμενον ἠρώτα τίνας δεῖ καθιστάνειν
Aris. 298 4 μέχρις οὗ κατακοιμηθῇ πάντα ἀναγράφεσθαι τὰ * λεγόμενα * καὶ πρασσόμενα καλῶς γινομένου καὶ συμφερόντως.
Aris. 300 2 πάντ' οὖν ἀκριβῶς παρὰ τῶν ἀναγεγραμμένων ὡς * ἐλέχθη * μεταλαβόντες κατακεχωρίκαμεν εἰδότες ἣν ἔχεις
Sib. 3 196 ἔσονται. ἀλλά τί μοι καὶ τοῦτο θεὸς νόῳ ἔνθετο * λέξαι * τί πρῶτον τί δ' ἔπειτα τί δ' ὑστάτιον κακὸν ἔσται
Sib. 3 300 φρεσὶ θεῖναι. καί μοι τοῦτο θεὸς πρῶτον νόῳ ἔνθετο * λέξαι * ὅσσα γέ τοι Βαβυλῶνι ἐμήσατο ἄλγεα λυγρὰ ἀθάνατος
Sib. 3 823 προφητεύειν με τά τ' ἐσσόμενα πρό τ' ἐόντα καὶ * λέξαι * θνητοῖς. ὅτε γὰρ κατεκλύζετο κόσμος ὕδασι καί τις
Sib. 3 829 ὥστ' ἀπ' ἐμοῦ στόματος τάδ' ἀληθινὰ πάντα * λελέχθω. * λόγος τέταρτος. κλῦτε λεὼς Ἀσίης μεγαλαυχέος
Sib. 4 48 τελεῖται νῦν δ' ὅσ' ἀπὸ πρώτης γενεῆς ἔσται τάδε * λέξω. * πρῶτα μὲν Ἀσσύριοι θνητῶν ἄρξουσιν ἁπάντων ἓξ
Sib. 5 173 οὐκ ἔγνως τί θεὸς δύναται τί δὲ μηχανάαται; ἀλλ' * ἔλεγες * μόνη εἰμὶ καὶ οὐδείς μ' ἐξαλαπάξει. νῦν δέ σέ καὶ
Sib. 5 237 ἔριν ἡμετέρην τυχὸν ὕστατα ταῦτα προβάλλου πῶς τί * λέγεις; * πεῖσω σε καὶ εἴ τί σε μέμφομαι αὐδῶ ἦν ποτ' ἐν
FJos. 190 ἐζήλωσε καὶ ἐμαχέσατό μοι καὶ ἐπάλαιε πρός με * λέγων * προτερήσειν ἐπάνω τοῦ ὀνόματός μου τὸ ὄνομα αὐτοῦ
FJub. 4 11 ὁ δὲ Σὴθ τρίτος υἱὸς μετὰ τὸν Ἅβελ γεννηθεὶς τῇ * λεγομένῃ * αὐτοῦ ἀδελφῇ Ἀζουρᾷ. γεγόνασι δὲ τῷ Ἀδὰμ καὶ
FIsa. 1 3 6 κατηγόρησεν Μελχειρὰ τοῦ Ἠσαίου καὶ τῶν προφητῶν * λέγων * ὅτι Ἠσαίας καὶ οἱ προφῆται οἱ μετὰ Ἠσαίου
FIsa. 1 3 17 πριζομένου αὐτοῦ ἔστη Μελχίας κατὰ πρόσωπον αὐτοῦ * λέγων. * καὶ εἶπεν Ἠσαίας κατάθεμά σοι ζῇ ὁ θεὸς καὶ ζῇ
FMan. 2 22 11 πατέρων αὐτοῦ καὶ προσηύξατο πρὸς κύριον τὸν θεὸν * λέγων. * κύριε παντοκράτορ ὁ θεὸς τῶν πατέρων ἡμῶν τοῦ
FBar. 14 1 μ<ο>ι <οτι υπ εθνων> υπενεχθησε<ται η υπο σου * λεχθεισα> * πραξις και νυν <οιδα οτι πολλοι---> εισιν οι
FEz. 64 70 8 ὁ βασιλεὺς καὶ ἀπὸ μήκοθεν ὁ τυφλὸς ἐλάλει τῷ χωλῷ * λέγων * πόσον ἦν ἡμῶν τὸ κλάσμα τοῦ ἄρτου μετὰ τῶν ὄχλων
FEz. 64 70 10 πρός με. ὡς δὲ ἐποίησεν ὃ προετράπη ὅτε ἔφθασε * λέγει * δεῦρό μοι γενοῦ πόδες καὶ βάστασόν με καὶ γίνομαι
FEz. 64 70 12 ἐν τῷ παραδείσῳ καὶ ταῦτα ἀνήγγειλαν τῷ βασιλεῖ * λέγοντες * ἅπαντες στρατιῶται ἐν τῇ βασιλείᾳ σου καὶ
FEz. 64 70 16 ἑκάτεροι ἀλλήλους ἐλέγχουσιν ὁ μὲν χωλὸς * λέγων * τῷ τυφλῷ οὐ σύ με ἐβάστασας καὶ ἀπήνεγκας; καὶ ὁ
FEz. 186 19 ιδου παρειμι εαν διαβαι>νωσιν ο<υκ ολισθησουσιν * λεγει * κς> εκο< >ανις< >πυρος β< >ει εκ'μειαινοντ<ες >ετι
FAch. 104 τῷ τοῦ Αἰσώπου δακτυλίῳ ἐπέδωκεν τῷ Λυκούργῳ * λέγων * ὁ πιστὸς φίλος σου ἴδε πῶς κατὰ τῆς βασιλείας σου
FAch. 106 οὐρανοῦ μήτε γῆς ἁπτόμενος. ἕτερος δέ τις δειλὸς * λέγει * ἀποκρινόμενος κύριε βασιλεῦ ἡμεῖς θέλομεν πάντα τὰ
FAch. 106 κατατίλλεσθαι καὶ ὀδύρεσθαι τὸν Αἴσωπον. καὶ * ἔλεγεν * στενάζων τὸν κίονά μου τῆς βασιλείας ἀπώλεσα διὰ
FAch. 107 καὶ ἔφη πρὸς τὸν Ἕρμιππον ὄφελον ἠδυνάμην ἦν * λέγεις * σεαυτοῦ ἐσχάτην ἡμέραν αἰῶνα ποιῆσαι ἐὰν
FAch. 110 ἕνεκα τοῦ εὐνοεῖν τοῦτο ποιεῖ ἀλλ' ὡς τὰ ὑπὸ σοῦ * λεγόμενα * ἢ πραττόμενα ἑτέροις ἀναθήσεται. ἐπὶ μεγάλῃ
FAch. 113 ἐθαύμασεν. ὁ δὲ Νεκταναβὼν πρὸς τὸν Αἴσωπον * λέγει * τίνι ἴκελός εἰμι. πῶς βλέπεις τοὺς περὶ ἐμὲ
FAch. 114 τὸν Αἴσωπον εἰσελθεῖν. εἰσελθόντος δὲ ἐπηρώτησε * λέγων * τίνι ἴκελόν με βλέπεις καὶ τοὺς περὶ ἐμέ; ὁ δὲ ἔφη
FAch. 115 Λυκοῦργον μηδὲν εἶναι. ὁ Αἴσωπος μειδιάσας * λέγει * <μὴ> εὐχερῶς (μὲν ἀληθοῦς) πρόσφερε ἐκεῖνον
FAch. 116 μοι τοὺς μέλλοντας οἰκοδομεῖν τὸν πύργον; ὁ δὲ * λέγει * ἕτοιμοί εἰσιν ἐπὰν σὺ τὸν τόπον δείξῃς. ὁ δὲ
FAch. 116 τὸ δὲ ἐπερωτώμενον ἀποκρίνου μοι. ὁ δὲ Αἴσωπος * λέγει * λέγε εἴ τι βούλει. Νεκταναβὼν εἶπεν μετεπεμψάμην
FAch. 116 δὲ ἐπερωτώμενον ἀποκρίνου μοι. ὁ δὲ Αἴσωπος λέγει * λέγε * εἴ τι βούλει. Νεκταναβὼν εἶπεν μετεπεμψάμην (τοὺς)
FAch. 119 σε ἀναγγεῖλαι <ὅπως αὐτοὺς διαλύσῃς>. ὁ δὲ Αἴσωπος * λέγει * κατηγορεῖτε ἑαυτῶν καὶ τοῦ θεοῦ ὀφείλει γὰρ θεὸς
FAch. 119 ὑπάρχων τὴν ἑνὸς ἑκάστου διάνοιαν εἰδέναι. πλὴν * λέγετε * ὃ θέλετε. οἱ δὲ εἶπον ἔστιν ναός τις καὶ στῦλος
FAch. 121 Νεκταναβὼν συμβούλιον ποιησάμενος μετὰ τῶν ἰδίων * λέγει * ὡς ὁρῶ διὰ τὸν σαπρόμορφον καὶ κατάρατον τοῦτον
FAch. 121 ἔτι ἓν ἡμῖν ἐπίλυσον κἀγὼ παράσχω φόρους Λυκούργῳ * λέξον * ἡμῖν ὃ οὔτε εἴδομεν οὔτε ἠκούσαμέν ποτε. ὁ δὲ
IOrp. 43 λαβὼν κατὰ δίπλακα θεσμόν. ἄλλως οὐ θεμιτὸν δὲ * λέγειν * τρομέω δέ γε γυῖα ἐν νόῳ ἐξ ὑπάτου κραίνει περὶ
HDem. 9 21 13 ὑπὸ τοῦ βασιλέως καὶ ἐρωτῶνται τί διαπράσσονται * λέγειν * κτηνοτρόφους αὐτοὺς εἶναι. διαπορεῖσθαι δὲ διά τί
HEup. 9 34 13 ὑπὸ δὲ τῶν Ἑλλήνων φερωνύμως Ἱεροσόλυμα * λέγεσθαι. * συντελέσαντα δὲ τὸ ἱερὸν καὶ τὴν πόλιν
HArt. 9 27 8 χώρας οὓς δὴ πλεονεκτεῖν ἐπιφανῶς κατὰ τὰς μάχας * λέγειν * δὲ Ἡλιουπολίτας γενέσθαι τὸν πόλεμον τοῦτον ἔτη
HArt. 9 27 35 τριταίους ἐλθεῖν Θάλασσαν. Μεμφίτας μὲν οὖν * λέγειν * ἔμπειρον ὄντα τὸν Μώϋσον τῆς χώρας τὴν ἄμπωτιν
HArt. 9 27 35 τῆς θαλάσσης τὸ πλῆθος περαιῶσαι. Ἡλιουπολίτας δὲ * λέγειν * ἐπικαταδραμεῖν τὸν βασιλέα μετὰ πολλῆς δυνάμεως
HCle. 1 15 241 δὲ γενέσθαι Σόφωνα ἀφ' οὗ τοὺς βαρβάρους Σόφακας * λέγεσθαι. *
HAno. 9 17 3 δὲ γενεᾷ ἐν πόλει τῆς Βαβυλωνίας Καμαρίνῃ ἥν τινας * λέγειν * πόλιν Οὐρίην εἶναι δὲ μεθερμηνευομένην Χαλδαίων
HAno. 9 17 9 τὴν ἀστρολογίαν οὐκ Αἰγυπτίους. Βαβυλωνίους γὰρ * λέγειν * πρῶτον γενέσθαι Βῆλον ὃν εἶναι Κρόνον ἐκ τούτου
HAno. 9 17 9 τούτου δὲ Χοὺμ υἱὸν γενέσθαι ὃν ὑπὸ τῶν Ἑλλήνων * λέγεσθαι * Ἄσβολον πατέρα δὲ Αἰθιόπων ἀδελφὸν δὲ τοῦ
HAno. 9 17 9 δὲ τοῦ Μεστραειμ πατρὸς Αἰγυπτίων Ἕλληνας δὲ * λέγειν * τὸν Ἄτλαντα εὑρηκέναι ἀστρολογίαν εἶναι δὲ τὸν
HHec. 1 22 187 μέγας καὶ τὴν ψυχὴν οὐκ ἀνόητος ἔτι δὲ καὶ * λέγειν * δυνατὸς καὶ τῶν πραγμάτων εἴπερ τις ἄλλος
HCal. 24 35 ἀναστρέφεσθαι. προσκαλεσάμενος δὲ ἕνα τῶν ἱερέων * λέγει * αὐτῷ. ὡς θεοειδὲς ὑμῶν τὸ σχῆμα. φράσον δή μοι καὶ
LEze. 9 28 2 22 καὶ λαβοῦσ' ἀνείλετο ἔγνω δ' Ἑβραῖον ὄντα καὶ * λέγει * τάδε Μαριὰμ ἀδελφὴ προσδραμοῦσα βασιλίδι θέλεις
LEze. 9 28 3 03 μήτηρ βασιλίδος πρὸς δώματα ἅπαντα μυθεύσασα καὶ * λέξασά * μοι γένος πατρῷον καὶ θεοῦ δωρήματα. ἕως μὲν οὖν
LEze. 9 28 3 19 ἄνδρας δύο μάλιστα δ' αὐτοὺς συγγενεῖς πατουμένους * λέγω * τί τύπτεις ἀσθενέστερον σέθεν; ὁ δ' εἶπεν ἡμῖν τίς
LEze. 9 28 3 23 σύ με ὥσπερ τὸν ἐχθὲς ἄνδρα; καὶ δείσας ἐγὼ * ἔλεξα * πῶς ἐγένετο συμφανὲς τόδε; καὶ πάντα βασιλεῖ ταῦτ'
LEze. 9 29 8 09 ἐμῶν ἀκούειν τῶν ἕκατ' ἐλήλυθα. ἐγὼ θεὸς σῶν ὧν * λέγεις * γεννητόρων Ἀβραάμ τε καὶ Ἰσαὰκ καὶ Ἰακώβου
LEze. 9 29 10 02 Ἀάρωνα πέμψω σὸν κασίγνητον ταχὺ ᾧ πάντα * λέξεις * τάξ ἐμοῦ λελεγμένα καὶ αὐτὸς λαλήσει βασιλέως
LEze. 9 29 10 02 πέμψω σὸν κασίγνητον ταχὺ ᾧ πάντα λέξεις τάξ ἐμοῦ * λελεγμένα * καὶ αὐτὸς λαλήσει βασιλέως ἐναντίον σὺ μὲν
LEze. 9 29 11 01 σέθεν πάρα. (Θ). τί δ' ἐν χεροῖν σοῖν τοῦτ' ἔχεις; * λέξον * τάχος. (Μ). ῥάβδον τετραπόδων καὶ βροτῶν
LEze. 9 29 12 18 ἀνθρώπων κακῶν. Φαραὼ δὲ βασιλεὺς πείσετ' οὐδὲν ὧν * λέγω * πλὴν τέκνον αὐτοῦ πρωτόγονον ἕξει νεκρὸν καὶ τότε
LEze. 9 29 12 21 καὶ τότε φοβηθεὶς λαὸν ἐκπέμψει ταχὺ πρὸς τοῖσδε * λέξεις * πᾶσιν Ἑβραίοις ὁμοῦ ὁ μεὶς ὅδ' ὑμῖν πρῶτος
LEze. 9 29 12 25 χθόνα εἰς ἣν ὑπέστην πατράσιν Ἑβραίων γένους. * λέξεις * δὲ λαῷ παντὶ μηνὸς οὗ λέγω διχομηνίᾳ τὸ πάσχα
LEze. 9 29 12 25 Ἑβραίων γένους. λέξεις δὲ λαῷ παντὶ μηνὸς οὗ * λέγω * διχομηνίᾳ τὸ πάσχα θύσαντας θεῷ τῇ πρόσθε νυκτὶ
LAri. 8 10 3 καὶ ἀνθρώπινον κατάστημα. πολλαχῶς γὰρ ὃ βούλεται * λέγειν * ὁ νομοθέτης ἡμῶν Μωσῆς ἐφ' ἑτέρων πραγμάτων
LAri. 8 10 3 ἡμῶν Μωσῆς ἐφ' ἑτέρων πραγμάτων λόγους ποιούμενος * λέγω * δὲ τῶν κατὰ τὴν ἐπιφάνειαν φυσικὰς διαθέσεις
LAri. 8 10 7 σὺ βασιλεὺς ὢν βουλόμενός τι κατεργάσασθαι * λέγομεν * μεγάλην χεῖρα ἔχει ὁ βασιλεὺς φερομένων τῶν
LAri. 8 10 8 ἐπισημαίνεται δὲ τοῦτο καὶ διὰ τῆς νομοθεσίας ἡμῶν * λέγων * ὁ Μωσῆς οὕτως ἐν χειρὶ κραταιᾷ ἐξήγαγεν ὁ θεός σε
LAri. 8 10 8 κτηνῶν καὶ τῶν ἄλλων φησὶ τῷ βασιλεῖ τῶν Αἰγυπτίων * λέγων * ἰδοὺ χεὶρ κυρίου ἐπέσται ἐν τοῖς κτήνεσί σου καὶ
LAri. 8 10 9 καλῶς ὁ νομοθέτης ἐπὶ τὸ μεγαλεῖον μετενήνοχε * λέγων * τὰς συντελείας χεῖρας εἶναι θεοῦ. στάσις δὲ θεία
LAri. 8 10 9 χεῖρας εἶναι θεοῦ. στάσις δὲ θεία καλῶς ἂν * λέγοιτο * κατὰ τὸ μεγαλεῖον ἡ τοῦ κόσμου κατασκευή. καὶ
LAri. 8 10 10 τοὺς ἀνθρώπους καταλαμβάνειν ἀκίνητα εἶναι ταῦτα. * λέγω * δὲ τὸ τοιοῦτον ὡς οὐδέποτε γέγονεν οὐρανὸς γῆ γῆ δ'
LAri. 8 10 12 καὶ φθορᾶς. ἡ στάσις οὖν ἡ θεία κατὰ ταῦτα ἂν * λέγοιτο * πάντων ὑποκειμένων τῷ θεῷ. λέγεται δὲ καὶ
LAri. 8 10 12 κατὰ ταῦτα ἂν λέγοιτο πάντων ὑποκειμένων τῷ θεῷ. * λέγεται * δὲ καὶ κατάβασις ἐπὶ τὸ ὄρος θεία γεγονέναι διὰ
LAri. 13 12 4 τούτῳ Πυθαγόρας τε καὶ Σωκράτης καὶ Πλάτων * λέγοντες * ἀκούειν φωνῆς θεοῦ τὴν κατασκευὴν τῶν ὅλων
LAri. 13 12 4 Ὀρφεὺς ἐν ποιήμασι τῶν κατὰ τὸν Ἱερὸν Λόγον αὐτῷ * λεγομένων * οὕτως ἐκτίθεται περὶ τοῦ διακρατεῖσθαι θείᾳ
LAri. 13 12 4 καὶ γενητὰ ὑπάρχειν καὶ ἐπὶ πάντων εἶναι τὸν θεόν. * λέγει * δ' οὕτως. καὶ Ἄρατος δὲ περὶ τῶν αὐτῶν φησιν
LAri. 13 12 6 λαοὺς δ' ἐπὶ ἔργον ἐγείρει μιμνήσκων βιότοιο * λέγει * δ' ὅτε βῶλος ἀρίστη βουσί τε καὶ μακέλῃσι λέγει δ'
LAri. 13 12 6 λέγει δ' ὅτε βῶλος ἀρίστη βουσί τε καὶ μακέλῃσι * λέγει * δ' ὅτε δεξιαὶ ὧραι καὶ φυτὰ γυρῶσαι καὶ σπέρματα
LAri. 13 12 9 βιοτὴν ἑβδόμην ἡμέραν ἣ δὴ καὶ πρώτη φυσικῶς ἂν * λέγοιτο * φωτὸς γένεσις ἐν ᾧ τὰ πάντα συνθεωρεῖται.
LAri. 13 12 13 ἔνη τετρὰς τε καὶ ἑβδόμη ἱερὸν ἦμαρ καὶ πάλιν * λέγει * ἑβδομάτη δ' αὖτις λαμπρὸν φάος ἠελίοιο. Ὅμηρος δὲ
LAri. 13 12 14 δ' αὖτις λαμπρὸν φάος ἠελίοιο. Ὅμηρος δὲ οὕτω * λέγει * ἑβδομάτη δήπειτα κατήλυθεν. ἱερὸν ἦμαρ. καὶ πάλιν
FrAn. 2 11 2 εἰσιν οἱ δίψυχοι οἱ διστάζοντες τῇ καρδίᾳ οἱ * λέγοντες * ταῦτα πάλαι ἠκούσαμεν καὶ ἐπὶ τῶν πατέρων ἡμῶν
FrAn. 1 217 6 ἐκ θείας δοκιμασίας ἐλεούμενος ὕστερον ἐν ἑαυτῷ * λέγει * μικροψυχήσας ἀπελεύσομαι εἰς Ἰερουσαλὴμ καὶ
FrAn. 1 218 1 τῇ καρδίᾳ σου μηδὲ ἀπίστει τῷ θεῷ διὰ τῆς γραφῆς * λέγοντι * ὁ ἐλεῶν πτωχὸν θεῷ δανείζει. ἰδοὺ γὰρ ἐν τῷ νῦν
FrAn. 574 3010 καὶ λωτομήτρας ἔψει μετὰ σαμψούχου ἀχρωτίστου * λέγων * ϊωηλ ωσσαρθιωμι εμωρι θεωχιψοϊθ σιθεμεωχ σωθη ιωη

λεηλασία 1

FPho. 46 γενέσθαι πῆμα ποθεινὸν σεῦ γὰρ ἕκητι μάχαι τε * λεηλασίαι * τε φόνοι τε ἔχθρα δὲ τέκνα γονεῦσιν ἀδελφειοί

Λεία 22

TSim. 2 2 ἐξ Ἰακὼβ τοῦ πατρός μου υἱὸς δεύτερος καὶ * Λεία * ἡ μήτηρ μου ἐκάλεσέ με Συμεῶνα ὅτι ἤκουσε κύριος
TIss. 1 4 ἔκλαιε δὲ Ῥουβὴμ καὶ ἐπὶ τῇ φωνῇ αὐτοῦ ἐξῆλθε * Λεία * ἡ μήτηρ μου. ταῦτα δὲ ἦσαν μῆλα εὐώδημα ἃ ἐποίει ἡ
TIss. 1 7 μοι ἀντὶ τέκνων. ἦσαν δὲ μῆλα δύο. καὶ εἶπε * Λεία * ἱκανούσθω σοι ὅτι ἔλαβες τὸν ἄνδρα παρθενίας μου μὴ
TIss. 1 9 ταύτην ἀντὶ τῶν μανδραγόρων τοῦ υἱοῦ σου. εἶπε δὲ * Λεία * πρὸς αὐτὴν μὴ καυχῶ καὶ μὴ δοξάζου ἐμὸς γάρ ἐστιν ὁ
TIss. 1 15 σοι αὐτὸν ἐν μιᾷ νυκτί. καὶ ἔγνω Ἰακὼβ τὴν * Λείαν * καὶ συλλαβοῦσά με ἔτεκε καὶ διὰ τὸν μισθὸν ἐκλήθην
TIss. 2 2 ἀνδρὸς καὶ ἐξελέξατο ἐγκράτειαν. καὶ εἰ μὴ * Λεία * ἡ μήτηρ μου ἀντὶ συνουσίας ἀπέδω τὰ δύο μῆλα ὀκτὼ
Asen. 22 11 αὐτοὺς Συμεὼν καὶ Λευὶς οἱ ἀδελφοὶ Ἰωσὴφ οἱ υἱοὶ * Λίας * μόνον οἱ δὲ υἱοὶ Ζέλφας καὶ Βάλλας τῶν παιδισκῶν
Asen. 22 11 μόνον οἱ δὲ υἱοὶ Ζέλφας καὶ Βάλλας τῶν παιδισκῶν * Λίας * καὶ Ῥαχὴλ οὐ συμπροέπεμψαν αὐτοὺς διότι ἐφθόνουν
Asen. 24 2 ἰδού οἱ υἱοὶ Βάλλας καὶ οἱ υἱοὶ Ζέλφας παιδισκῶν * Λίας * καὶ Ῥαχὴλ γυναικῶν Ἰακὼβ ἐχθραίνονται τῷ Ἰωσὴφ
Asen. 26 6 ὀχήματος αὐτῆς ἔμπροσθεν. καὶ ἔγνω Λευὶς ὁ υἱὸς * Λίας * ταῦτα πάντα τῷ πνεύματι ὡς προφήτης καὶ ἀνήγγειλε
Asen. 26 6 καὶ ἀνήγγειλε τοῖς ἀδελφοῖς αὐτοῦ τοῖς υἱοῖς * Λίας * τὸν κίνδυνον τῆς Ἀσενέθ. καὶ ἔλαβεν ἕκαστος τὴν
Asen. 27 6 οἱ λίθοι διὰ τῶν κροτάφων αὐτῶν. καὶ οἱ υἱοὶ * Λίας * Ῥουβὴμ καὶ Συμεὼν Λευὶς καὶ Ἰούδας Ἰσάχαρ καὶ
Asen. 28 8 Δὰν καὶ Γὰδ καὶ οἱ ἀδελφοὶ αὐτῶν. καὶ ἰδού οἱ υἱοὶ * Λίας * ἦλθον τρέχοντες ὡς ἔλαφοι τριέτεις κατ' αὐτῶν. καὶ
HDem. 9 21 3 ἑπτὰ ἔτη Λάβαν τοῦ μητρῴου δύο θυγατέρας γῆμαι * Λείαν * καὶ Ῥαχὴλ ὄντα ἐτῶν ὀγδοήκοντα τεσσάρων καὶ

HDem.  9  21   3   τεκεῖν τῷ δωδεκάτῳ ἔτει μηνὶ δευτέρῳ υἱὸν ὃν ὑπὸ  ✶ Λείας ✶ Γὰδ ὀνομασθῆναι καὶ ἐκ τῆς αὐτῆς τοῦ αὐτοῦ ἔτους
HDem.  9  21   3   ἕτερον τεκεῖν ὃν καὶ αὐτὸν προσαγορευθῆναι ὑπὸ  ✶ Λείας ✶ Ἀσήρ. καὶ Λείαν πάλιν ἀντὶ τῶν μήλων τῶν
HDem.  9  21   4   ὃν καὶ αὐτὸν προσαγορευθῆναι ὑπὸ Λείας Ἀσήρ. καὶ  ✶ Λείαν ✶ πάλιν ἀντὶ τῶν μήλων τῶν μανδραγόρου ἃ Ῥουβὴλ
HDem.  9  21   5   υἱὸν καὶ ὄνομα αὐτῷ θέσθαι Ἰσσάχαρ. καὶ πάλιν  ✶ Λείαν ✶ τῷ τρισκαιδεκάτῳ ἔτει μηνὶ δεκάτῳ υἱὸν ἄλλον
HDem.  9  21   5   ᾧ καὶ Ῥαχὴλ λαβεῖν ἐν γαστρὶ τῷ αὐτῷ χρόνῳ ᾧ καὶ  ✶ Λείαν ✶ τεκεῖν θυγατέρα Δείναν καὶ τεκεῖν τῷ
HDem.  9  21  14   κρέα. τοῦτο οὖν αὐτὸν πεποιηκέναι διὰ τὸ ἐκ τῆς  ✶ Λείας ✶ τῷ πατρὶ αὐτοῦ γεγονέναι υἱοὺς ἑπτὰ ἐκ δὲ Ῥαχὴλ
HDem.  9  21  14   λαβεῖν δύο γενέσθαι οὖν ἑπτὰ ὅσας καὶ τοὺς ἐκ τῆς  ✶ Λείας ✶ υἱοὺς λαβεῖν. ὡσαύτως δὲ καὶ ἐπὶ τοῦ τὰς στολὰς
LThe.  9  22   3   ἀλλὰ δόλον τολύπευσε καὶ εἰς λέχος ἄνέρι πέμπε  ✶ Λείαν ✶ ἥ οἱ ἔην προγενεστέρη. οὐδέ μιν ἔμπης ἔλλαθεν ἀλλ'
                                                     1
LEze.  9  29 16 06  νῦν κατ' εὐφρόνης σημεῖον ὡς στῦλος πυρός. ἐνταῦθα  ✶ λειμῶν· ✶ εὕρομεν κατάσκιον ὑγράς τε λιβάδας δαψιλῆς χῶρος
λεῖος                                                 3
Hen.      22   2   τόποι ἐν αὐτῷ κοῖλοι βάθος ἔχοντες καὶ λίαν  ✶ λεῖοι ✶ τρεῖς αὐτῶν σκοτινοὶ καὶ εἰς φωτινὸς καὶ πηγὴ
Hen.      22   2   καὶ πηγὴ ὕδατος ἀνὰ μέσον αὐτοῦ. καὶ εἶπον πῶς  ✶ λεῖα ✶ τὰ κοιλώματα ταῦτα καὶ ὀλοβαθῆ καὶ σκοτινὰ τῇ
Arls.     76   3   χωροῦντες ὑπὲρ δύο μετρητάς οἱ δ' ἀργυροῖ  ✶ λεῖαν ✶ εἶχον τὴν διασκευὴν ἐνοπτρον δὴ γεγονυῖαν πρὸς
λειποθυμέω                                            1
FJub.      3  21   φαγεῖν καὶ μὴ προσχεῖν ὅλως τῷ λόγῳ τῆς Εὔας ὅτι  ✶ λειποθυμῶν ✶ ἦν ἀπό τε μόχθου καὶ πείνης. ὁ ὄφις ἀπὸ
λείπω                                                 22
Abr.1     14   3   καὶ θεὸς τῶν ἀπάντων. εἶπεν δὲ Ἀβραὰμ καὶ τί ἔτι  ✶ λείπεται ✶ ἢ ψυχὴ εἰς τὸ σώζεσθαι; ⟨εἶπεν δὲ ὁ ἀσώματος⟩
TNep.      2   3   τοῦ σώματος τὸ πνεῦμα ἐντίθησι καὶ οὐκ ἔστι  ✶ λεῖπον ✶ ἓν ἐκ τοῦ ἑνὸς τρίτον τριχὸς σταθμῷ γὰρ καὶ μέτρῳ
Esdr.      6  18   κύριε ἐὰν ἄρῃς τὴν ψυχήν μου ἀπ' ἐμοῦ τίς σοι  ✶ λείψει ✶ δικάζεσθαι ὑπὲρ τοῦ γένους τῶν ἀνθρώπων; καὶ
Sib.       3 248   κοινὴν ἐτελέσσατο γαῖαν. ἡνίκα δ' Αἴγυπτον  ✶ λείψει ✶ καὶ ἀταρπὸν ὁδεύσει λαὸς ὁ δωδεκάφυλος ἐν
Sib.       3 266   ἔσσεται οὐδὲ φύγονται λοιμοί. καὶ σὺ δὲ κάρτα  ✶ λιπὼν ✶ περικαλλέα σηκὸν φεύξῃ ἐπεὶ σοι μοῖρα λιπεῖν πέδον
Sib.       3 267   κάρτα λιπὼν περικαλλέα σηκὸν φεύξῃ ἐπεὶ σοι μοῖρα  ✶ λιπεῖν ✶ πέδον ἀγνὸν ὑπάρχει. ἀχθήσῃ δὲ πρὸς Ἀσσυρίους
Sib.       3 339   μέγιστα καὶ γὰρ Μαιῶτιν λίμνην Τάναϊς βαθυδίνης  ✶ λείψει ✶ κἀδ δὲ ῥόον βαθὺν ἀὔλακος ἔσσεται ὁλκὸς
Sib.       3 416   ἔρνος ἄριστον Ἀσίλος Εὐρώπης τε πολυσπερὲς οἴδμα  ✶ λιποῦσα ✶ σοὶ δὲ μάλιστα γόους μόχθους στοναχάς τε φέρουσα
Sib.       3 507   πᾶσα χθὼν ὄψεται αὔτις κοῦ σε δι' αἰῶνος  ✶ λείψει ✶ πῦρ ἀλλὰ καήσῃ. αἰαῖ σοι Θρήκη ζυγὸν ὡς εἰς
Sib.       3 824   κόσμος ὕδασι καὶ τις ἀνὴρ μόνος εἰδοκίμητος  ✶ ἐλείφθη ✶ ὑλοτόμῳ ἐνὶ οἴκῳ ἐπιπλώσας ὑδάτεσσιν σὺν θηρσὶν
Sib.       4  57   μέσῃ ἐνὶ ἥματος ὥρῃ ἄστρα δ' ἀπ' οὐρανόθεν  ✶ λείψει ✶ καὶ κύκλα σελήνης γῆ δὲ κλόνῳ σεισμοῖο
Sib.       5  89  καὶ σέ δ' Ἀλεξάνδρεια κλυτὴ θρέπτειρα ⟨πολήων⟩ οὐ  ✶ λείψει ✶ πόλεμός τ' οὐ --- τῆς ὑπερηφανίης δώσεις ὅσα
Sib.       5 384   ἔσσεται αὔτις. εἰρήνην δ' ἕξει λαὸς σοφὸς ὥσπερ  ✶ ἐλείφθη ✶ πειραθεὶς κακότητος ἵν' ὕστερον εὐφρανθείη.
FPho.    148   δέ τι θηρόβορον δαίσῃ κρέας ἀργίποσιν δὲ λείψανα  ✶ λεῖπε ✶ κυσὶν θηρῶν ἄπο θῆρες Ἔδονται. φάρμακα μὴ τεύχειν
LPhl.  9  20   1   πλήμμυρε μεγαυχήτοισι λογισμοῖς θεοφιλῆ θέλητρα.  ✶ λιπόντι ✶ γὰρ ἀγλαὸν ἕρκος αἰνοφύτων ἔκκαυμα βριήπυος
LThe.  9  22   3   Συρίην κτηνοτρόφον ἴκτο καὶ εὐρὺ ῥέεθρον Εὐφρήταο  ✶ λίπεν ✶ ποταμοῦ κελάδοντος. ἤλυθε γὰρ κἀκεῖθι λιπὼν
LThe.  9  22   3   λίπεν ποταμοῦ κελάδοντος. ἤλυθε γὰρ κἀκεῖθι  ✶ λιπὼν ✶ δριμεῖαν ἐνιπὴν αὐτοκασιγνήτοιο πρόφρων ὑπέδεκτο
LThe.  9  22  11   πλῆξέ τέ οἱ κεφαλὴν δειρὴν δ' ἔλεν ἐν χερὶ λαιῇ  ✶ λεῖψε ✶ δ' ἔτι σπαίρουσαν ἐπεὶ πόνος ἄλλος ὀρώρει, τόφρα
LThe.  9  22  11   κληῖδα μέσην δῦ δὲ ξίφος ὀξὺ σπλάγχνα διὰ στέρνων  ✶ λῖπε ✶ ᾧ ψυχὴ δέμας εὐθύς. πυθομένοιο δὲ καὶ τοὺς ἑτέρους
LEze.  9  28  2 01   ἀφ' οὗ δ' Ἰακὼβ γῆν  ✶ λιπὼν ✶ Χαναναίαν κατῆλθ' ἔχων Αἴγυπτον ἑπτάκις δέκα ψυχὰς
LArl. 13  12  14   ἔην καὶ τῷ τετέλεστο ἅπαντα καὶ ἑβδόμῃ δ' ἠοῖ  ✶ λίπομεν ✶ ῥόον ἐξ Ἀχέροντος. τοῦτο δὴ σημαίνων ὡς ἀπὸ τῆς
FrAn.  1 226  45   του Ἰα⟨κωβ - - ⟩δε κρατησας τοτε εαυτο⟨ν - ⟩ν  ✶ λειπων ✶ προς βραχυ απεβ⟨η - ⟩ς τοις συγγινοις αυτου κ⟨ -
λειτουργέω                                            5
TLevl      3   5   μετ' αὐτῶν οἱ ἄγγελοι εἰσι τοῦ προσώπου κυρίου οἱ  ✶ λειτουργοῦντες ✶ καὶ ἐξιλασκόμενοι πρὸς κύριον ἐπὶ πάσαις
TAser      2   2   κακίαν ἄγει. ἔστιν ἄνθρωπος--- ὅτι οὐκ οἰκτίρει  ✶ λειτουργοῦντα ✶ αὐτῷ ἐν κακῷ καίγε τοῦτο διπρόσωπον ἀλλὰ
Prop.     12   5   εἰς Αἴγυπτον ἦν παροικῶν τὴν γῆν αὐτοῦ καὶ  ✶ ἐλειτούργει ✶ θερισταῖς τοῦ ἀγροῦ αὐτοῦ. ὡς δὲ ἔλαβε τὸ
Arls.     87   5   ἔχοντος τοῦ τόπου καθηκόντως τὸ κλίμα τῶν  ✶ λειτουργουμένων ✶ ἱερέων κεκαλυμμένων μέχρι τῶν σφυρῶν
FJub.      2   2   καὶ χάλαζα καὶ παγετοὶ καὶ δρόσος τὰ πνεύματα τὰ  ✶ λειτουργοῦντα ✶ ἐνώπιον αὐτοῦ ἅτινά ἐστι τάδε ἄγγελοι πρὸ
λειτουργία                                            16
Jer.       3   7   εἰς Βαβυλῶνα. τί θέλεις ποιήσω τὰ ἅγια σκεύη τῆς  ✶ λειτουργίας; ✶ καὶ εἶπεν αὐτῷ ὁ κύριος ἄρον αὐτὰ καὶ
Jer.       3   8   ταῦτα λήψῃ τὴν ὡραιότητά σου φύλαξον τὰ σκεύη τῆς  ✶ λειτουργίας ✶ ἔως τῆς συνελεύσεως τοῦ ἠγαπημένου. ἐλάλησε
Jer.       3  14   εἰς τὸ ἁγιαστήριον καὶ ἐπάραντες τὰ σκεύη τῆς  ✶ λειτουργίας ✶ παρέδωκαν αὐτὰ τῇ γῇ καθὼς ἐλάλησεν αὐτοῖς ὁ
Prop.      9   4   καὶ πολλὰ παθὼν δι' αὐτὸν μετὰ ταῦτα ἀπολιπὼν τὴν  ✶ λειτουργίαν ✶ τοῦ βασιλέως προεφήτευσε καὶ ἀπέθανε ταφείς
Prop.      9  4B   ταφεὶς μετὰ τῶν πατέρων αὐτοῦ. καὶ καταλιπὼν τὴν  ✶ λειτουργίαν ✶ τοῦ βασιλέως ἠκολούθει τῷ Ἠλίᾳ καὶ
Prop.     15   4   καὶ ἐπὶ Κύρου τέρας ἔδωκεν εἰς νῖκος καὶ περὶ τῆς  ✶ λειτουργίας ✶ αὐτοῦ προηγόρευσεν ἣν ποιήσει ἐπὶ
Sedr.     14   3   ⟨λέγει ὁ θεὸς⟩ ἐν μετανοίαις ἐν παρακλήσεσιν ἐν  ✶ λειτουργίαις ✶ ἐν δάκρυσιν ὄχετοῖ ἐν στεναγμοῖς θερμοῖς.
Sedr.     14  11   μου καὶ ᾖ μὴν ἐν ταῖς συνάξεσιν καὶ ἐν ταῖς  ✶ λειτουργίαις ✶ μου οὐ προσέχουσιν τὸν ἄγγελόν μου καὶ οὐχ
Arls.     53   5   διστάζειν δὲ μήποτε ἄχρηστος γένηται πρὸς τὰς  ✶ λειτουργίας. ✶ οὐ γὰρ αἱρεῖσθαι τὸ κεῖσθαι μόνον ἐν τῷ
Arls.     54   3   πολὺ δὲ μᾶλλον χάριν ἔχειν αὐτὰς τὰς καθηκούσας  ✶ λειτουργίας ✶ ἐπὶ τῶν ἰδί' αὐτοῦ κατεσκευασμένων οἷς καθῆκε
Arls.     90   5   ἀοράτως ἔχοντα τοῖς πᾶσι πλὴν αὐτὸς οἷς ἐστιν ἡ  ✶ λειτουργία ✶ ὡς ῥοπῇ καὶ νεύματι πάντα καθαρίζεσθαι τὰ
Arls.     92   1   τῶν ἀγγείων καθὼς δεδήλωται. τῶν δὲ ἱερέων ἡ  ✶ λειτουργία ✶ κατὰ πᾶν ἀνυπέρβλητός ἐστι τῇ ῥώμῃ καὶ τῇ τῆς
Arls.     94   4   ἐγείρονται πρόθυμοι οὐδενὸς ἐπιτάσσοντος ἡ  ✶ λειτουργία. ✶ ἡ τε πᾶσα σιγὴ καθέστηκεν ὥσθ' ὑπολαμβάνειν
Arls.     96   2   ἡμῖν παρέχον ὡς ἐθεασάμεθα τὸν Ἐλεάζαρον ἐν τῇ  ✶ λειτουργίᾳ ✶ τά τε τοῦ στολισμοῦ καὶ τῆς δόξης ἢ
Arls.     98   5   δόξῃ πεπληρωμένον ὁ κριθεὶς ἄξιος τούτων ἐν ταῖς  ✶ λειτουργίαις. ✶ ἡ δὲ συμφάνεια τούτων ἐμποιεῖ φόβον καὶ
Arls.    186   4   τὸ τέρπεσθαι διὰ τῶν ἡτοιμασμένων ἐτράπησαν τῶν  ✶ λειτουργιῶν ✶ ἀπασῶν διὰ τῆς τοῦ Δωροθέου συντάξεως
λειτουργός                                           5
Abr.1     15   1   ἡ φωνὴ τοῦ κυρίου Μιχαὴλ Μιχαὴλ ὁ ἐμὸς  ✶ λειτουργὸς ✶ ἀπόστρεψον ⟨τὸν Ἀβραὰμ⟩ εἰς τὸν οἶκον αὐτοῦ
TLevl      2  10   ὅτε ἀνέλθῃς ἐκεῖ ὅτι σὺ ἐγγὺς κυρίου στήσῃ καὶ  ✶ λειτουργὸς ✶ αὐτοῦ ἔσῃ καὶ μυστήρια αὐτοῦ ἐξαγγελεῖς τοῖς
TLevl      4   2   ἀδικίας καὶ γενεάσαι αὐτῷ υἱὸν καὶ θεράποντα καὶ  ✶ λειτουργὸν ✶ τοῦ προσώπου αὐτοῦ. φῶς γνώσεως φωτεινὸν
Arls.     95   3   τόπῳ παρεῖναι πρὸς τοὺς ἑπτακοσίους παρόντων τῶν  ✶ λειτουργῶν ✶ καὶ τῶν προσαγόντων δὲ τὰ θύματα πολύ τι
FJos.    190   ἐν υἱοῖς θεοῦ; οὐχὶ ἐγὼ Ἰσραὴλ ὁ ἐν προσώπῳ θεοῦ  ✶ λειτουργὸς ✶ πρῶτος καὶ ἐπεκαλεσάμην ἐν ὀνόματι ἀσβέστῳ
λείψανον                                             4
Prop.      2   5   μυστήρια εἰς Ἀλεξάνδρειαν μετέστησεν αὐτοῦ τὰ  ✶ λείψανα ✶ περιθεὶς αὐτὰ ἐνδόξας κύκλῳ καὶ ἐκωλύθη ἐκ τῆς
Sib.       3 646   γαίης σάρκας δηλήσονται ἐπὰν δὴ ταῦτα τελεσθῇ  ✶ λείψαν· ✶ ἀποιχομένων ὀπίσω δὲ θεοὶ τελέθονσι. ψυχαὶ γὰρ
FPho.    104   καὶ τάχα δ' ἐκ γαίης ἐλπίζομεν ἐς φάος ἐλθεῖν  ✶ λείψανα ✶ γαῖα πέλωρος ἀναλώσειε θανόντων. αὕτη δ'
FPho.    148   μὴ δέ τι θηρόβορον δαίσῃ κρέας ἀργίποσιν δὲ  ✶ λείψανα ✶ λεῖπε κυσὶν θηρῶν ἄπο θῆρες Ἔδονται. φάρμακα μὴ
λεκάνη                                               8
Abr.1      3   7   ὕδωρ ἐκ τοῦ φρέατος καὶ ἔνεγκέ μοι ὧδε ἐπὶ τῆς  ✶ λεκάνης ✶ ἵνα νίψωμεν τοῦ ἀνθρώπου τούτου τοῦ ἐπιξένου
Abr.1      3   8   δραμὼν Ἰσαὰκ εἰς τὸ φρέαρ ἤντλησεν ὕδωρ ἐπὶ τῆς  ✶ λεκάνης ✶ ἀνήνεγκεν ⟨πρὸς⟩ αὐτόν. προσελθὼν οὖν Ἀβραὰμ
Abr.1      3  11   ἔπιπτον δὲ τὰ δάκρυα τοῦ ἀρχιστρατήγου ἐπὶ τῆς  ✶ λεκάνης ✶ καὶ ἐγένοντο λίθοι τίμιοι. ἰδὼν δὲ Ἀβραὰμ τὸ
Abr.1      6   6   τῇ ὄψε βραδείᾳ ὅτε ἔνιπτον τοὺς πόδας αὐτοῦ ἐν τῇ  ✶ λεκάνῃ ✶ τοῦ νιπτῆρος εἶπον ἐν τῇ καρδίᾳ μου οὗτοι οἱ
Abr.2      3   6   μου υἱὲ Ἰσαὰκ ἀνάστηθι πλῆσον ὕδωρ ἐπὶ τῆς  ✶ λεκάνης ✶ καὶ φέρε ἵνα νίψωμεν τοὺς πόδας τοῦ ξένου τοῦ
Abr.2      3   8   τοῦ πατρὸς αὐτοῦ λαλοῦντος δακρύων ἤνεγκεν τὴν  ✶ λεκάνην ✶ λέγων ὦ πάτερ τί ἐστιν τοῦτο ὃ εἶπας ὅτι ἔσχατόν
Abr.2      3  11   αὐτοῖς καὶ ἔπεσαν τὰ δάκρυα Μιχαὴλ ἐπὶ τῆς  ✶ λεκάνης ✶ καὶ ἐγένοντο λίθος. ἤκουσε δὲ Σάρρα τοὺς
Asen.     18   9   ὕδωρ καθαρὸν ἀπὸ τῆς πηγῆς καὶ ἐνέχεεν αὐτὸ ἐν τῇ  ✶ λεκάνῃ ✶ καὶ ἔκυψεν Ἀσενὲθ νίψασθαι τὸ πρόσωπον αὐτῆς
λεκτροκλόπος ✶                                        1
Sib.       3  38   ἀσεβῶν τε ψευδῶν διγλώσσων ἀνθρώπων καὶ κακοήθων  ✶ λεκτροκλόπων ✶ εἰδωλολατρῶν δόλια φρονεόντων οἷς κακὸν ἐν
λέκτρον                                               3
FPho.    178  τέκνα μιαίνων οὐ γὰρ τίκτει παῖδας ὁμοίους μοιχικὰ  ✶ λέκτρα. ✶ μητρυιῆς μὴ ψαῦε τὰ δεύτερα λέκτρα γονῆος μητέρα
FPho.    179   μοιχικὰ λέκτρα. μητρυιῆς μὴ ψαῦε τὰ δεύτερα  ✶ λέκτρα ✶ γονῆος μητέρα δ' ὡς τίμα τὴν μητέρος ἴχνια βᾶσαν.
ISop.  5 111   6   μοιχός. ὃ δ' οὔτε δαιτὸς οὔτε χέρνιβος θιγὼν πρὸς  ✶ λέκτρον ✶ ἥξει καρδίαν ὠδαγμένος ὅλην δ' ἐκείνην εὐφρόνην
Λέμεχ                                                 1
Hen.      10   1   καὶ εἶπεν καὶ ἔπεμψεν Ἰστραὴλ πρὸς τὸν υἱὸν  ✶ Λέμεχ ✶ εἶπον αὐτῷ ἐπὶ τῷ ἐμῷ ὀνόματι κρύψον σεαυτὸν καὶ
λέντιον                                               1
Bar.       3   5   ἀλλὰ πλινθεύουσα ἔτεκεν καὶ τὸ τέκνον αὐτῆς ἐν τῷ  ✶ λεντίῳ ✶ ἐβάσταζεν καὶ ἐπλίνθευεν. καὶ ὀφθεὶς ὁ
Λεοντοπολίτης                                         1
HEup.  9  32   1   τοῦ Μενδησίου καὶ Σεβεννύτου δισμυρίους Βουσιρίτου  ✶ Λεοντοπολίτου ✶ καὶ Ἀθριβίτου ἀνὰ μυρίους. φρόντισον δὲ
λεπίς                                                 1
Job       43   8   ἤδη τυγχάνει ἠγάπησεν τὸ τοῦ ὄφεως κάλλος, καὶ τὰς  ✶ λεπίδας ✶ τοῦ δράκοντος ἡ δὲ χολὴ αὐτοῦ καὶ ὁ ἰὸς αὐτοῦ
λέπρα                                                 1
Prop.     22  15   Ναιμὰν ὁ Σύρος δι' αὐτοῦ ἐκαθερίσθη ἀπὸ τῆς  ✶ λέπρας. ✶ τὸν παῖδα αὐτοῦ Ἐλισαῖος λεγόμενον Γιεζεῖ
λεπρός                                                1
Prop.     22  16   ἀρνούμενον ἤλεγξε καὶ κατηράσατο αὐτὸν καὶ γέγονε  ✶ λεπρός. ✶ βασιλέως Συρίας πολεμοῦντος τὸν Ἰσραὴλ
λεπτός                                                3
Asen.     10  12   ὧν οὐκ ἦν ἀριθμὸς καὶ συνέτριψεν αὐτοὺς εἰς  ✶ λεπτὰ ✶ καὶ ἔρριψε πάντα τὰ εἴδωλα τῶν Αἰγυπτίων διὰ τῆς
Asen.     20   5   καὶ ἦσαν ὡς χεῖρες ζωῆς ⟨καὶ οἱ δάκτυλοι αὐτῆς  ✶ λεπτοὶ ✶ ὡς δάκτυλοι γραφέως ὀξυγράφου⟩. καὶ μετὰ ταῦτα

λεπτός 517

FEll. 4 228 δὲ χεῖλος αὐτοῦ τὸ κάτω μέγα ὁ δεξιὸς αὐτοῦ μηρὸς * λεπτὸς * καὶ οἱ πόδες αὐτοῦ πλατεῖς τέθλασται δὲ ὁ μέγας
Λέσβος 2
Sib. 5 121 καὶ Πιτάνη πανέρημος ἐν ἀνθρώποισι φανεῖται. * Λέσβος * ὅλη δύσει βαθὺν εἰς βυθὸν ὥστ' ἀπολέσθαι. Σμύρνα
Sib. 5 316 εἶθ' ὅτ' ἀναιάξουσι κακὴν χθόνα τεφρωθεῖσαν * Λέσβος * ὑπ' Ἠριδανοῦ αἰώνιον ἐξαπολεῖται. αἰαῖ σοι
Λευι 73
TRub. 6 5 τῇ ἐπιθυμίᾳ αὐτῆς. διὰ τοῦτο ζηλώσετε τοὺς υἱοὺς * Λευι * καὶ ζητήσετε ὑψωθῆναι ὑπὲρ αὐτοὺς ἀλλ' οὐ
TRub. 6 7 αὐτῶν καὶ ἀποθανεῖσθε θανάτῳ πονηρῷ. τῷ γὰρ * Λευι * ἔδωκε κύριος τὴν ἀρχὴν καὶ τῷ Ἰούδᾳ μετ' αὐτῶν
TRub. 6 8 ἄρχοντας. διὰ τοῦτο ἐντέλλομαι ὑμῖν ἀκούειν τοῦ * Λευι * ὅτι αὐτὸς γνώσεται νόμον κυρίου καὶ διαστελεῖ εἰς
TRub. 6 10 ἀγάπην ἕκαστος πρὸς τὸν ἀδελφὸν αὐτοῦ καὶ πρὸς τὸν * Λευι * ἐγγίσατε ἐν ταπεινώσει καρδίας ἵνα δέξησθε εὐλογίαν
TSim. 5 4 υἱοὶ ὑμῶν μεθ' ὑμῶν ἐν πορνείᾳ φθαρήσονται καὶ ἐν * Λευι * ἀδικήσουσιν ἐν ῥομφαίᾳ. ἀλλ' οὐ δυνήσονται πρὸς
TSim. 5 5 ἀδικήσουσιν ἐν ῥομφαίᾳ. ἀλλ' οὐ δυνήσονται πρὸς * Λευι * ὅτι πόλεμον κυρίου πολεμήσει καὶ νικήσει πᾶσαν
TSim. 5 6 ὑμῶν καὶ ἔσονται ὀλιγοστοὶ ἐπιμεριζόμενοι ἐν τῷ * Λευι * καὶ Ἰούδᾳ καὶ οὐκ ἔσται ἐξ ὑμῶν εἰς ἡγεμονίαν
TSim. 7 1 ἔσωσεν ἀνθρώπους. καὶ νῦν τεκνία μου ὑπακούετε * Λευι * καὶ ἐν Ἰούδᾳ λυτρωθήσεσθε καὶ μὴ ἐπαίρεσθε ἐπὶ τὰς
TSim. 7 2 τὸ σωτήριον τοῦ θεοῦ. ἀναστήσει γὰρ κύριος ἐκ τοῦ * Λευι * ὡς ἀρχιερέα καὶ ἐκ τοῦ Ἰούδα ὡς βασιλέα θεὸν καὶ
TLevi διαθηκη * Λευι. * περι ιερωσυνης και υπερηφανιας. ἀντίγραφον λόγων
TLevi 1 1 περι ιερωσυνης και υπερηφανιας. ἀντίγραφον λόγων * Λευι * ὅσα διέθετο τοῖς υἱοῖς αὐτοῦ πρὸ τῆς τελευτῆς αὐτοῦ
TLevi 2 1 καὶ ὅτε συνήχθησαν εἶπε πρὸς αὐτοὺς ἐγὼ * Λευι * ἐν Χαρρὰν συνελήφθην καὶ ἐτέχθην ἐκεῖ καὶ μετὰ
TLevi 2 3B017 αἰῶνας. εἰσάκουσον δὲ καὶ τῆς φωνῆς τοῦ παιδός σου * Λευι * γενέσθαι σοι ἐγγὺς καὶ μέτοχον ποίησον τοῖς λόγοις
TLevi 2 6 οἱ οὐρανοὶ καὶ ἄγγελος θεοῦ εἶπε πρός με * Λευι * εἴσελθε. καὶ εἰσῆλθον ἐκ τοῦ πρώτου οὐρανοῦ εἰς τὸν
TLevi 5 2 καὶ ἐπὶ θρόνου δόξης τὸν ὕψιστον. καὶ εἶπέ μοι * Λευι * σοὶ δέδωκα τὰς εὐλογίας τῆς ἱερατείας ἕως οὗ ἐλθὼν
TLevi 8 11 ὥστε ἱερατεύειν με κυρίῳ. εἶπαν δὲ πρός με * Λευι * εἰς τρεῖς ἀρχὰς διαιρεθήσεται τὸ σπέρμα σου εἰς
TLevi 18 2B014 διδάσκειν με τὴν κρίσιν ἱερωσύνης καὶ εἶπεν τέκνον * Λευι * πρόσεχε σεαυτῷ ἀπὸ πάσης ἀκαθαρσίας ἡ κρίσις σου
TLevi 18 2B061 τοῦ σπέρματός σου ἕως τῶν αἰώνων. καὶ νῦν τέκνον * Λευι * εὐλογημένον ἔσται τὸ σπέρμα σου ἐπὶ τῆς γῆς εἰς
TLevi 19 4 ὑμῶν. καὶ εἴπομεν μάρτυρες. καὶ οὕτως ἐπαύσατο * Λευι * ἐντελλόμενος τοῖς υἱοῖς αὐτοῦ καὶ ἐξέτεινε τοὺς
TJud. 5 2 προσήξαμεν ἀπὸ ἀνατολῶν τῆς πόλεως Ῥουβὴμ δὲ καὶ * Λευι * ἀπὸ δυσμῶν καὶ νότου. καὶ νομίσαντες οἱ ἐπὶ τοῦ
TJud. 21 1 πρὸς τὸν κριτήν. καὶ νῦν τέκνα ἀγαπήσατε τὸν * Λευι * ἵνα διαμείνητε καὶ μὴ ἐπαίρεσθε ἐπ' αὐτὸν ἵνα μὴ
TJud. 25 1 μου ἔξαρχοι σκήπτρων ἡμῶν ἐν Ἰσραὴλ ἐσόμεθα * Λευι * πρῶτος δεύτερος ἐγὼ τρίτος Ἰωσὴφ τέταρτος Βενιαμὶν
TJud. 25 2 καὶ οὕτως καθεξῆς πάντες. καὶ κύριος εὐλογήσει τὸν * Λευι * ὁ ἄγγελος τοῦ προσώπου ἐμὲ αἱ δυνάμεις τῆς δόξης
TIss. 5 7 γῆς καὶ ἀπαρχῶν καρπῶν εὐλόγησέ με. καὶ ὁ * Λευι * καὶ ὁ Ἰουδὰς ἐδοξάσθη παρὰ κυρίου ἐν υἱοῖς Ἰακὼβ
TDan 5 4 ἡμέραις ἀποστήσεσθε τοῦ κυρίου καὶ προσοχθιεῖτε τῷ * Λευι * καὶ πρὸς Ἰουδὰν ἀντιτάξεσθε ἀλλ' οὐ δυνήσεσθε πρὸς
TDan 5 6 τὰ πνεύματα τῆς πορνείας καὶ τῆς ὑπερηφανίας τῷ * Λευι * ὑπακούσονται τοῦ παρεδρεύειν τοῖς υἱοῖς Λευι τοῦ
TDan 5 6 τῷ Λευι ὑπακούσονται τοῦ παρεδρεύειν τοῖς υἱοῖς * Λευι * τοῦ ποιεῖν αὐτοὺς ἐξαμαρτάνειν ἐνώπιον κυρίου. καὶ
TDan 5 7 ἐνώπιον κυρίου. καὶ υἱοί μου ἐγγίζοντές εἰσι τῷ * Λευι * καὶ συνεξαμαρτάνοντες αὐτοῖς ἐν πᾶσιν καὶ υἱοὶ
TDan 5 10 εἰρήνην. καὶ ἀνατελεῖ ὑμῖν ἐκ τῆς φυλῆς Ἰουδὰ καὶ * Λευι * τὸ σωτήριον κυρίου καὶ αὐτὸς ποιήσει πρὸς τὸν
TNep. 5 3 καὶ ἡ σελήνη. καὶ πάντες ὁμοῦ ἐπεδράμομεν καὶ ὁ * Λευι * ἐκράτησε τὸν ἥλιον καὶ ὁ Ἰούδας φθάσας ἐπίασε τὴν
TNep. 5 4 καὶ ὑψώθησαν ἀμφότεροι σὺν αὐτοῖς. καὶ ὄντος τοῦ * Λευι * ὡς ἡλίου νεανίας τις ἐπιδίδωσιν αὐτῷ βάϊα φοινίκων
TNep. 5 5 ἦσαν δώδεκα ἀκτῖνες. καὶ προσδραμόντες ἀλλήλοις ὁ * Λευι * καὶ Ἰούδας ἐκράτησαν ἑαυτούς. καὶ ἰδοὺ ταῦρος ἐπὶ
TNep. 6 6 φεύγει χωριζόμεθα δὲ καὶ ἡμεῖς ἐπὶ σανίδων δέκα * Λευι * δὲ καὶ Ἰούδας ἦσαν ἐπὶ τὸ αὐτό. διεσπάρημεν οὖν οἱ
TNep. 6 8 διεσπάρημεν οὖν οἱ πάντες ἕως εἰς τὰ πέρατα. ὁ δὲ * Λευι * περιβαλόμενος σάκκον περὶ πάντων ἡμῶν ἐδέετο τοῦ
TNep. 8 2 οὖν ἐντείλασθε τοῖς τέκνοις ὑμῶν ἵνα ἑνοῦνται τῷ * Λευι * καὶ τῷ Ἰούδᾳ. διὰ γὰρ τοῦ Ἰουδὰ ἀνατελεῖ σωτηρία
TGad 8 1 τοῖς τέκνοις ὑμῶν ὅπως τιμήσωσιν Ἰουδὰν καὶ τὸν * Λευι * ὅτι ἐξ αὐτῶν ἀνατελεῖ κύριος σωτῆρα τῷ Ἰσραήλ.
TJos. 19 6 τὰς ἐντολὰς κυρίου καὶ τιμᾶτε τὸν Ἰούδαν καὶ τὸν * Λευι * ὅτι ἐξ αὐτῶν ἀνατελεῖ ὑμῖν ὁ ἀμνὸς τοῦ θεοῦ χάριτι
Asen. 22 11 οἶκον αὐτῶν. καὶ συμπροέπεμψαν αὐτοὺς Συμεὼν καὶ * Λευίς * οἱ ἀδελφοὶ Ἰωσὴφ οἱ υἱοὶ Λίας μόνον οἱ δὲ υἱοὶ
Asen. 22 12 αὐτοὺς διότι ἐφθόνουν καὶ ἤχθραινον αὐτοῖς. καὶ ἦν * Λευίς * ἐκ δεξιῶν τῆς Ἀσενὲθ καὶ Ἰωσὴφ ἐξ εὐωνύμων. καὶ
Asen. 22 13 ἐξ εὐωνύμων. καὶ ἐκράτησεν Ἀσενὲθ τὴν χεῖρα * Λευί. * καὶ ἠγάπησεν Ἀσενὲθ τὸν Λευι σφόδρα ὑπὲρ πάντας
Asen. 22 13 Ἀσενὲθ τὴν χεῖρα Λευί. καὶ ἠγάπησεν Ἀσενὲθ τὸν * Λευι * σφόδρα ὑπὲρ πάντας τοὺς ἀδελφοὺς Ἰωσὴφ ὅτι ἦν
Asen. 22 13 ἀπεκάλυπτεν αὐτὰ τῇ Ἀσενὲθ κρυφῇ διότι καὶ αὐτὸς * Λευίς * ἠγάπα τὴν Ἀσενὲθ πάνυ καὶ ἑώρα τὸν τόπον τῆς
Asen. 23 2 ὁ υἱὸς Φαραὼ καὶ ἐκάλεσε πρὸς ἑαυτὸν Συμεὼν καὶ * Λευί. * καὶ ἦλθον πρὸς αὐτόν οἱ ἄνδρες καὶ ἔστησαν ἐνώπιον
Asen. 23 6 ὡς δὲ ἤκουσαν τὰ ῥήματα ταῦτα οἱ ἄνδρες Συμεὼν καὶ * Λευίς * κατενύγησαν σφόδρα διότι σχήματι τυραννικῷ ἐλάλησε
Asen. 23 8 υἱὸν Φαραὼ διότι σκληρὰ ἐλάλησεν αὐτοῖς. καὶ εἶδε * Λευίς * τὴν ἐνθύμησιν τῆς καρδίας αὐτοῦ διότι ἦν Λευίς
Asen. 23 8 Λευίς τὴν ἐνθύμησιν τῆς καρδίας αὐτοῦ διότι ἦν * Λευίς * ἀνὴρ προφήτης καὶ ἐθεώρει ὀξέως τῇ διανοίᾳ αὐτοῦ
Asen. 23 8 γεγραμμένα> ἐν τῇ καρδίᾳ τῶν ἀνθρώπων. καὶ ἐπάτησε * Λευίς * τῷ ποδὶ αὐτοῦ τὸν δεξιὸν πόδα τοῦ Συμεὼν καὶ
Asen. 23 9 αὐτῷ τοῦ παύσασθαι ἀπὸ τῆς ὀργῆς αὐτοῦ. καὶ εἶπε * Λευίς * τῷ Συμεὼν ἡσύχως ἵνα τί σὺ ὀργῇ θυμοῦσαι πρὸς τὸν
Asen. 23 10 προσήκει ἡμῖν ἀποδοῦναι κακὸν ἀντὶ κακοῦ. καὶ εἶπε * Λευίς * τῷ υἱῷ Φαραὼ μετὰ παρρησίας ἱλαρῷ προσώπῳ <καὶ
Asen. 23 14 σου. καὶ εἵλκυσαν τὰς ῥομφαίας αὐτῶν Συμεὼν καὶ * Λευίς * ἐκ τῶν κολεῶν αὐτῶν καὶ εἶπον ἰδοὺ ἑώρακας τὰς
Asen. 23 16 ἐπὶ τὴν γῆν ὑποκάτω τῶν ποδῶν αὐτῶν. καὶ ἐξέτεινε * Λευίς * τὴν χεῖρα αὐτοῦ τὴν δεξιὰν καὶ ἐκράτησεν αὐτὸν καὶ
Asen. 23 17 καὶ ἐξῆλθον ἀπὸ προσώπου τοῦ υἱοῦ Φαραὼ Συμεὼν καὶ * Λευίς. * καὶ ἦν ὁ υἱὸς Φαραὼ πλήρης φόβου καὶ λύπης διότι
Asen. 24 1 διότι ἐφοβεῖτο τοὺς ἀδελφοὺς Ἰωσὴφ Συμεὼν καὶ * Λευίς * καὶ ἐβαρεῖτο ἀπὸ τοῦ κάλλους Ἀσενὲθ καὶ ἐλυπεῖτο
Asen. 26 6 μετὰ τοῦ ὀχήματος αὐτῆς ἔμπροσθεν. καὶ ἔγνω * Λευίς * ὁ υἱὸς Λίας ταῦτα πάντα τῷ πνεύματι ὡς προφήτης
Asen. 27 6 αὐτῶν. καὶ οἱ υἱοὶ Λίας Ῥουβὴμ καὶ Συμεὼν * Λευίς * καὶ Ἰούδας Ἰσάχαρ καὶ Ζαβουλὼν κατεδίωξαν ὀπίσω
Asen. 28 15 συγγνώμην αὐτοῖς ἀπονείματε. καὶ ἦλθε πρὸς αὐτὴν * Λευίς * καὶ κατεφίλησε τὴν χεῖρα αὐτῆς τὴν δεξιὰν καὶ ἔγνω
Asen. 28 17 αὐτοὶ ἦσαν ἐγγὺς ἐν τῇ ὕλῃ τοῦ καλάμου. καὶ ἔγνω * Λευίς * ὁ ἀδελφὸς αὐτῶν καὶ οὐκ ἀνήγγειλε τοῖς ἀδελφοῖς
Asen. 29 3 τὸ στῆθος τοῦ υἱοῦ Φαραώ. καὶ ἔδραμεν ἐπ' αὐτὸν * Λευίς * καὶ ἐκράτησε τῆς χειρὸς αὐτοῦ καὶ εἶπεν μηδαμῶς
Asen. 29 5 αὐτοῦ Φαραὼ ἔσται ὡς πατὴρ ἡμῶν. καὶ ἀνέστησε * Λευίς * τὸν υἱὸν Φαραὼ ἐκ τῆς γῆς καὶ ἀπένιψε τὸ αἷμα ἀπὸ
Asen. 29 6 Φαραὼ ἀπὸ τοῦ θρόνου αὐτοῦ καὶ προσεκύνησε τῷ * Λευι * ἐπὶ τὴν γῆν καὶ εὐλόγησεν αὐτόν. καὶ ἐν τῇ τρίτῃ
Aris. 48 3 πέμπτης Ἴσακος Ἰάκωβος Ἰησοῦς Σαββαταῖος Σίμων * Λευίς. * ἕκτης Ἰούδας Ἰώσηφος Σίμων Ζαχαρίας Σομόηλος
FJub. 31 14 Ἰσαὰκ καὶ ἰδὼν τοὺς υἱοὺς Ἰακὼβ ηὐλόγησε τὸν * Λευι * ὡς ἀρχιερέα καὶ τὸν Ἰούδαν ὡς βασιλέα καὶ ἄρχοντα.
HDem. 9 21 3 ὀγδόῳ Συμεὼν καὶ τῷ ἔτει δὲ τῷ δεκάτῳ μηνὶ ἕκτῳ * Λευιν * τῷ δὲ ἑνδεκάτῳ ἔτει μηνὶ τετάρτῳ Ἰούδαν. Ῥαχὴλ
HDem. 9 21 8 μηνῶν δυοῖν Συμεῶνα ἐτῶν ἕνδεκα μηνῶν τεσσάρων * Λευιν * ἐτῶν δέκα μηνῶν ἓξ Ἰούδαν ἐτῶν ἐννέα μηνῶν ὀκτὼ
HDem. 9 21 9 Συμεῶνα μὲν ὄντα ἐτῶν εἰκοσιενὸς μηνῶν τεσσάρων * Λευιν * δὲ ἐτῶν εἴκοσι μηνῶν ἓξ ἀποκτεῖναι τόν τε Ἐμμὼρ
HDem. 9 21 17 τριάκοντα Ῥουβὶν ἐτῶν μ ε' Συμεῶνα ἐτῶν μ δ' * Λευιν * ἐτῶν μ γ' Ἰούδαν ἐτῶν μ β' μηνῶν δύο Νεφθαλειμ
HDem. 9 21 19 Χαρρὰν πρὸς Λάβαν ἐλθεῖν ἐτῶν ὄντα π' καὶ γεννῆσαι * Λευιν * Λευιν δὲ ἐν Αἰγύπτῳ ἐπιγενέσθαι ἔτη ιζ' ἀφ' οὗ ἐκ
HDem. 9 21 19 πρὸς Λάβαν ἐλθεῖν ἐτῶν ὄντα π' καὶ γεννῆσαι Λευιν * Λευιν * δὲ ἐν Αἰγύπτῳ ἐπιγενέσθαι ἔτη ιζ' ἀφ' οὗ ἐκ Χαναὰν
HDem. 9 21 19 ἐτῶν ρ μ ζ' καταλιπόντα Ἰωσὴφ ὄντα ἐτῶν ν ς'. * Λευιν * δὲ γενόμενον ἐτῶν ρ λ ζ' τελευτῆσαι Κλὰθ δὲ ὄντα
HDem. 1 141 1 χρήσασθαι. τὴν Ἰούδα φυλὴν καὶ Βενιαμειν καὶ * Λευι * μὴ αἰχμαλωτισθῆναι ὑπὸ τοῦ Σεναχηρειμ ἀλλ' εἶναι
LThe. 9 22 8 βουληθέντα πολιτικῶς ἐνεγκεῖν ταῦτα δὲ διαγνόντα * Λευιν * τῷ ἀδελφῷ κοινώσασθαι λαβόντα δ' αὐτὸν συγκάταινον
LThe. 9 22 10 λοίγια δ' ὠρώρει τοῖσιν μεμελημένα ἔργα. τὸν οὖν * Λευιν * καὶ τὸν Συμεῶνα εἰς τὴν πόλιν καθωπλισμένους
LThe. 9 22 11 σπαίρουσαν ἐπεὶ πόνος ἄλλος ὀρώρει. τόφρα δὲ καὶ * Λευιν * μένος ἄσχετος ἔλλαβε χαίτης γούνων ἁπτόμενον Συχὲμ
Λευιτικός 1
FJub. 3 10 ζωὴ διὰ τοῦτο προσέταξεν ὁ θεὸς διὰ Μωϋσέως ἐν τῷ * Λευιτικῷ * ἤτοι διὰ τὰς μετὰ τὴν πλάσιν τοῦ χωρισμοῦ αὐτῶν
λευκαίνω 1
FrAn. 15 καὶ οὓς οὐ κεκλήκει πορεύσονται μετ' αὐτοῦ. * λευκανεῖ * τὴν θάλασσαν ἀπὸ τῶν ἱστίων τῶν πλοίων αὐτοῦ
λευκός 23
Hen. 14 20 περιβόλαιον αὐτοῦ ὡς εἶδος ἡλίου λαμπρότερον καὶ * λευκότερον * πάσης χιόνος. καὶ οὐκ ἐδύνατο πᾶς ἄγγελος
Hen. 106 2 παιδίον καὶ ὅτε ἐγεννήθη τὸ παιδίον ἦν τὸ σῶμα * λευκότερον * χιόνος καὶ πυρρότερον ῥόδου τὸ τρίχωμα πᾶν
Hen. 106 2 χιόνος καὶ πυρρότερον ῥόδου τὸ τρίχωμα πᾶν * λευκὸν * καὶ ὡς ἔρια λευκὰ καὶ οὖλον καὶ ἔνδοξον. καὶ ὅτε
Hen. 106 2 πυρρότερον ῥόδου τὸ τρίχωμα πᾶν λευκὸν καὶ ὡς ἔρια * λευκὰ * καὶ οὖλον καὶ ἔνδοξον. καὶ ὅτε ἀνέῳξεν τοὺς
Hen. 106 10 αὐτοῦ (οὐχ ὅμοιος ἀνθρώποις καὶ τὸ χρῶμα αὐτοῦ) * λευκότερον * χιόνος καὶ πυρρότερον ῥόδου καὶ τὸ τρίχωμα
Hen. 106 10 πυρρότερον ῥόδου καὶ τὸ τρίχωμα τῆς κεφαλῆς αὐτοῦ * λευκότερον * ἐρίων λευκῶν καὶ τὰ ὄμματα αὐτοῦ ἀφόμοια ταῖς
Hen. 106 10 καὶ τὸ τρίχωμα τῆς κεφαλῆς αὐτοῦ λευκότερον ἐρίων * λευκῶν * καὶ τὰ ὄμματα αὐτοῦ ἀφόμοια ταῖς τοῦ ἡλίου
TLevi 8 2 ἑβδομήκοντα. καὶ εἶδον ἑπτὰ ἀνθρώπους ἐν ἐσθῆτι * λευκῇ * λέγοντάς μοι ἀναστὰς ἔνδυσαι τὴν στολὴν τῆς
Asen. 5 4 τοῦ Φαραὼ καὶ ἦσαν ἐζευγμένοι ἵπποι τέσσαρες * λευκοὶ * ὡσεὶ χιὼν χρυσοχάλινοι καὶ τὸ ἅρμα κατεσκεύαστο
Asen. 5 5 χρυσίου καθαροῦ. καὶ ἦν Ἰωσὴφ ἐνδεδυμένος χιτῶνα * λευκὸν * καὶ ἔξαλλον καὶ ἡ στολὴ τῆς περιβολῆς αὐτοῦ ἦν
Asen. 16 8 ἐπὶ τῆς τραπέζης. καὶ ἦν τὸ κηρίον μέγα καὶ * λευκὸν * ὡσεὶ χιὼν καὶ πλήρης μέλιτος. καὶ ἦν τὸ μέλι
Asen. 16 18 καὶ χιλιάδες χιλιάδων. καὶ ἦσαν αἱ μέλισσαι * λευκαὶ * ὡσεὶ χιὼν καὶ τὰ πτερὰ αὐτῶν ὡς πορφύρα καὶ ὡς
Asen. 22 7 νεότης ἀνδρὸς ὡραίου καὶ ἦν ἡ κεφαλὴ αὐτοῦ πᾶσα * λευκὴ * ὡσεὶ χιὼν καὶ αἱ τρίχες τῆς κεφαλῆς αὐτοῦ ἦσαν
Asen. 22 7 καὶ πυκναὶ σφόδρα <ὡς Αἰθίοπος> καὶ ὁ πώγων αὐτοῦ * λευκὸς * καθειμένος μέχρι τοῦ στήθους αὐτοῦ καὶ οἱ
Jer. 9 15 τὸ δένδρον τὸ στηριχθέν. καὶ τὸ κόκκινον ὡς ἔριον * λευκὸν * γενήσεται ἡ χιὼν μελανθήσεται τὰ γλυκέα ὕδατα
Sib. 3 176 αὐτὰρ ἔπειτ' ἄλλης βασιληίδος ἔσσεται ἀρχὴ * λευκὴ * καὶ πολύκρανος ἀφ' ἑσπερίοιο θαλάσσης ἣ πολλῆς
Sib. 3 617 τότε δὴ κάμψουσι θεῷ μεγάλῳ βασιλῆι ἀθανάτῳ γόνυ * λευκὸν * ἐπὶ χθονὶ πουλυβοτείρῃ ἔργα δὲ χειροποίητα πυρὸς
Sib. 3 622 ἀληθινὸν ἀνθρώποισιν οἴνου καὶ μέλιτος γλυκεροῦ * λευκοῦ * τε γάλακτος καὶ σίτου ὅπερ ἐστὶ βροτοῖς κάλλιστον
Sib. 3 749 ἄρνας αἰγῶν τε χιμάρους) πηγάς τε ῥήξει γλυκερὰς * λευκοῖο * γάλακτος πλήρεις δ' αὖτε πόλεις ἀγαθῶν καὶ
Sib. 5 188 ἀλλ' ὅταν ἡ Βάρκη τὸ κυπάσσιον ἀμφιβάληται * λευκὸν * ἐπὶ ῥυπαρῷ μήτ' εἴην μήτε γενοίμαν. ὦ Θῆβαι ποῦ

```
FEll.      4    228      χαροπὸς ἔχων δύο κόρας τὰ δὲ βλέ⟨φαρα⟩ αὐτοῦ ✳ λευκὰ ✳ τὸ δὲ χεῖλος αὐτοῦ τὸ κάτω μέγα ὁ δεξιὸς αὐτοῦ
FAch.    112             ἑαυτὸν στρατηγοὺς καὶ νομάρχας ἀναλαβεῖν στολὰς ✳ ⟨λευκάς⟩ ✳ ὁμοίως καὶ αὐτὸς περιβεβλημένος σινδόνα καθαρὰν
FAch.    115             δῶρα ἐπέδωκε. καὶ τῇ ἑξῆς ἡμέρᾳ ἐνδυσάμενος στολὴν ✳ λευκὴν ✳ ὅ τε Νεκταναβὼν καὶ τοῖς φίλοις αὐτοῦ κοκκίνας
   λευκοφανής ✳                                                                   1
Prop.     21      2      εἶχε τεχθῆναι εἶδε Σοβαχὰ ὁ πατὴρ αὐτοῦ ὅτι ἄνδρες ✳ λευκοφανεῖς ✳ αὐτὸν προσηγόρευον καὶ ὅτι ἐν πυρὶ αὐτὸν
   λεύσσω
Sib.      4     30       αἵμασιν ἐμψύχων μεμιασμένα καὶ θυσίησιν τετραπόδων ✳ λεύσουσι ✳ δ᾽ ἑνὸς θεοῦ εἰς μέγα κῦδος οὔτε φόνον ῥέξαντες
   λέχος                                                                          5
FPho.           181      τὴν μητέρος ἴχνια βᾶσαν. μηδέ τι παλλακίσιν πατρὸς ✳ λεχέεσσι ✳ μιγείης. μηδὲ κασιγνήτης ἐς ἀπότροπον ἐλθέμεν
FPho.           188      ἄρσενα κούρου. μηδ᾽ ἀλόγοις ζώιοισι βατήριον ἐς ✳ λέχος ✳ ἐλθεῖν. μηδ᾽ ὕβριζε γυναῖκα ἐπ᾽ αἰσχυντοῖς
FPho.           189      λέχος ἐλθεῖν. μηδ᾽ ὕβριζε γυναῖκα ἐπ᾽ αἰσχυντοῖς ✳ λεχέεσσιν. ✳ μὴ παραβῇς εὐνᾶς φύσεως ἐς Κύπριν ἄθεσμον
FPho.           192      θήρεσσι συνεύαδον ἄρσενες εὐναί. μηδέ τι θηλύτεραι ✳ λέχος ✳ ἀνδρῶν μιμήσαιντο. μηδ᾽ ἐς ἔρωτα γυναικὸς ἄπας
LThe.     9     22     3 ἐπεμαίετο πάμπαν ἀλλὰ δόλον τολύπευσε καὶ εἰς ✳ λέχος ✳ ἀνέρι πέμπε Λείαν ἥ οἱ ἔην προγενεστέρη. οὐδέ μιν
   λέων                                                                          20
Abr.1     17    14       ⟨καὶ πρόσωπον ἀσπίδος ἀγριώτερον⟩ καὶ πρόσωπον ✳ λέοντος ✳ φοβεροῦ καὶ πρόσωπον κεράστου καὶ βασιλίσκου
Abr.1     19    14       ἰοβόλα ἀσπίδας καὶ βασιλίσκους⟩ καὶ παρδάλεις καὶ ✳ λέοντας ✳ καὶ σκύμνους καὶ ἄρκους καὶ ἐχίδνας καὶ ἁπλῶς
TJud.      2     4       φοράδα ἀγρίαν κατέλαβον καὶ πιάσας ἡμέρωσα καὶ ✳ λέοντα ✳ ἀπέκτεινα καὶ ἀφελόμην ἔριφον ἐκ τοῦ στόματος
TDan       5     7       ἔσονται ἐν πλεονεξίᾳ ἁρπάζοντες τὰ ἀλλότρια ὡς ✳ λέοντες. ✳ διὰ τοῦτο ἀπαχθήσεσθε σὺν αὐτοῖς ἐν αἰχμαλωσίᾳ
TGad       1     3 ἐγὼ ἐφύλαττον ἐν νυκτὶ τὸ ποίμνιον καὶ ὅταν ἤρχετο ✳ λέων ✳ ἢ λύκος ἢ πάρδαλις ἢ ἄρκος ἢ πᾶν θηρίον ἐπὶ τὴν
TJos.     19     3       προῆλθεν ἀμνὸς ἄμωμος καὶ ἐξ ἀριστερῶν αὐτοῦ ὡς ✳ λέων ✳ καὶ πάντα τὰ θηρία ὥρμουν κατ᾽ αὐτοῦ καὶ ἐνίκησεν
TBen.      2     4 ὑπάγειν αὐτὸν κρύψαι τὸ ἱμάτιόν μου ὑπήντησεν αὐτῷ ✳ λέων ✳ καὶ ἀνεῖλεν αὐτόν. καὶ οὕτως οἱ μέτοχοι φοβηθέντες
Asen.     12     9       φιλότεκνος καὶ ἅρπασόν με ἐκ τῆς γῆς. ἰδοὺ γὰρ ὁ ✳ λέων ✳ ὁ ἄγριος ὁ παλαιὸς καταδιώκει με διότι αὐτός ἐστι
Asen.     12     9       εἰδωλομανῶν. κἀγὼ μεμίσηκα αὐτοὺς ὅτι τέκνα τοῦ ✳ λέοντός ✳ εἰσι καὶ ἔρριψα πάντας ἀπ᾽ ἐμοῦ καὶ ἀπώλεσα
Asen.     12    10       ἔρριψα πάντας ἀπ᾽ ἐμοῦ καὶ ἀπώλεσα αὐτούς. καὶ ὁ ✳ λέων ✳ ὁ πατὴρ αὐτῶν θυμωθεὶς καταδιώκει με ἀλλὰ σὺ κύριε
Asen.     12    11       τοῦ στόματος αὐτοῦ ἐξελοῦ με μήποτε ἁρπάσῃ με ὡς ✳ λέων ✳ καὶ διασπαράξῃ με καὶ βάλῃ με εἰς τὴν φλόγα τοῦ
Asen.     27     1       καὶ ἦν κάλλος ἐν αὐτῷ ἄρρητον καὶ ἰσχὺς ὡς σκύμνος ✳ λέοντος ✳ καὶ ἦν φοβούμενος τὸν κύριον σφόδρα. καὶ
Prop.      4     5       βοῦς σὺν τῇ κεφαλῇ καὶ οἱ πόδες σὺν τοῖς ὀπισθίοις ✳ λέων. ✳ ἀπεκαλύφθη τῷ ὁσίῳ περὶ τοῦ μυστηρίου τούτου ὅτι
Prop.     19     1       Ἰωὰβ ἐκ τῆς Σαμαρείμ. οὗτός ἐστιν ὃν ἐπάταξεν ὁ ✳ λέων ✳ καὶ ἀπέθανεν ὅτε ἤλεγχε τὸν Ἱεροβοὰμ ἐπὶ ταῖς
Job       27     1       μου ἐλθὲ ἐπὶ τὰ ἔμπροσθεν, παῦσαι κρυπτόμενος μὴ ὁ ✳ λέων ✳ τὴν ἰσχὺν δείκνυσιν ἐν γαλεάγρᾳ; μὴ τὸ πετεινὸν
Sib.       3   791       σὺν μόσχοις νομάδας αὐλισθήσονται σαρκοβόρος τε ✳ λέων ✳ φάγεται ἄχυρον παρὰ φάτνῃ ὡς βοῦς καὶ παῖδες μάλα
Sib.       5   516       ἐστασίαζον Φωσφόρος ἔσχε μάχην ἐπιβὰς ἐς νῶτα ✳ Λέοντος ✳ ἠδὲ Σεληναίης δικερως ἠλλάξατο ῥοῖζος Αἰγόκερως
Sib.       5   523       δ᾽ ἠρνήσατο ζώνην Ἰχθύες εἰσεδύοντο κατὰ ζωστῆρα ✳ Λέοντος ✳ Καρκίνος οὐκ ἐνέμεινεν ἔδεισε γὰρ Ὠρίωνα
Sib.       5   525       γὰρ Ὠρίωνα Σκορπίος +οὐρὰν ἐπῆλθε+ διὰ θαλεροῖο ✳ Λέοντος ✳ ἠδὲ Κύων ὠλίσθεν ἀπὸ φλογὸς Ἠελίοιο Ὑδροχόον
FPho.           126      φύσιν ἠερόφοιτον ὄρνισιν πώλοις ταχυτῆτ᾽ ἀλκήν τε ✳ λέουσιν ✳ ταύρους δ᾽ αὐτοχύτως κέρα ἔσσεν κέντρα μελίσσαις
   λεώς
Sib.       3   460       σεισμῷ καταλύσει τείχεά τ᾽ εὐποίητ᾽ ἀνδρῶν τε ✳ λεών ✳ βαρυθύμων ὀμβρήσει δέ τε γαῖα ὕδωρ ζεστὸν ποτὶ δ᾽
Sib.       4     1       τάδ᾽ ἀληθινὰ πάντα λελέχθω. λόγος τέταρτος. κλῦτε ✳ λεώς ✳ Ἀσίης μεγαλαυχέος Εὐρώπης τε ὅσσα μελιφθέγκτοιο
Sib.       4    22       ἅπαντα γὰρ αὐτὸς ἐλέγξει ἐξανύων. σὺ δὲ πάντα ✳ λεὼς ✳ ἐπάκουε Σιβύλλης ἐξ ὁσίου στόματος φωνὴν προχέοντος
LEze.     9    29 14 11  ἐγὼ ⟨στατοῦ⟩ μυριάδες ⟨ἦσαν⟩ ἑκατὸν εὐάνδρου ✳ λεώ⟨ς⟩. ✳ ἐπεὶ δ᾽ Ἑβραίων οὐμὸς ᾔτησε στρατός οἱ μὲν
   λήγω
Bar.       9     5       ἠρώτησα καὶ τί ἐστιν ὅτι ποτὲ μὲν αὔξει ποτὲ δὲ ✳ λήγει; ✳ ἄκουσον ὦ Βαροὺχ ταύτην ἣν βλέπεις ὡραία ἦν
Aris.    202             τοῦ δὲ βασιλέως ἐπινεύσαντος τὰ περὶ τούτων ✳ ἔληξεν ✳ ἐτράπησαν δὲ πρὸς εὐφροσύνην. ἐπιλαβούσης δὲ τῆς
Aris.    220     4       καθυπνοῦν παρεκάλουν. καὶ τὰ μὲν πρὸς τούτους ὡς ✳ ἔληξεν ✳ ἐπὶ τὴν ἑξῆς ἐτράπησαν τῆς συμποσίας διάταξιν. τῇ
   ληθαργέω
Abr.2     10    15 ὅτι πάσας τὰς ἁμαρτίας ἃς ἐποίησα ἐν τῷ κόσμῳ οὖσα ✳ ἐληθάργησα ✳ ἐνταῦθα δὲ οὐκ ἐληθαργήθησαν. ἦραν οὖν αὐτὴν
Abr.2     10    15 ἐποίησα ἐν τῷ κόσμῳ οὖσα ἐληθάργησα ἐνταῦθα δὲ οὐκ ✳ ἐληθαργήθησαν. ✳ ἦραν οὖν αὐτὴν οἱ ὑπηρέται τῆς ὀργῆς καὶ
   λήθη
Job       47     8       οὐδὲν ὅλως πεπονθὼς ἀλλὰ καὶ τῶν ἐν καρδίᾳ ὀδυνῶν ✳ λήθην ✳ ἔσχον ὁ δὲ κύριος ἐλάλησέν μοι ἐν δυνάμει,
LAri.     13    12    15 τοῦτο δὴ σημαίνων ὡς ἀπὸ τῆς κατὰ ψυχὴν ✳ λήθης ✳ καὶ κακίας ἐν τῷ κατὰ ἀλήθειαν ἑβδόμῳ λόγῳ
   λήϊον
FPho.           166      οἴκους ἔρχονται βιότου κεχρημένοι ὁππότ᾽ ἄρουραι ✳ λήϊα ✳ κειράμεναι καρπῶν πλήθωσιν ἁλωάς. οἱ δ᾽ αὐτοὶ
   λῆμα                                                                          2
Sib.       5    67       αὐτὴν ἀΐδιον θεὸν ἄμβροτον ἐν νεφέεσσιν. ποῦ σοι ✳ λῆμα ✳ κραταιὸν ἐν ἀνθρώποισι τέτυκται; ἀνθ᾽ ὧν ἐξεμάνης
LPhi.      9    20     1 κῦδος. ἀρτίχερος θηκτοῖο ξιφηφόρον ἐντύνοντος ✳ λήματι ✳ καὶ σφαράγοιο παρακλιδὸν ἀθροισθέντος ἀλλ᾽ ὁ μὲν
   ληνός                                                                          1
Asen.      2    12 ὕδατος πλουσίου ζῶντος καὶ ὑποκάτωθεν τῆς πηγῆς ἦν ✳ ληνὸς ✳ μεγάλη δεχομένη τὸ ὕδωρ τῆς πηγῆς ἐκείνης. ἔνθα
   ληστεύω                                                                        2
TLevi      9    14     5 τοῖς τοῦ θεοῦ δικαιώμασι τὰς προσφορὰς κυρίου ✳ ληστεύσετε ✳ καὶ ἀπὸ τῶν μερίδων αὐτοῦ κλέψετε καὶ πρὸ τοῦ
HArt.      9    27    19 διακωλύοντα στρατεύειν τοῖς Ἄραψι προστάξαι ✳ ληστεύειν ✳ τὴν Αἴγυπτον. ὑπὸ δὲ τὸν αὐτὸν χρόνον καὶ τὸν
   ληστής                                                                         4
Sedr.     15     3 καὶ εἶπεν ὁ κύριος τὸν Σεδρὰχ οὐκ οἶδας Σεδρὰχ τὸν ✳ ληστὴν ✳ μιᾷ ῥοπῇ ἐσώθη μεταγνῶναι; οὐκ οἶδας ὅτι
Sedr.     15     7       ἔχοντα ⟨καὶ τὰ⟩ τοῦ νόμου ποιοῦσιν ὁμῶς δὲ καὶ ὁ ✳ ληστὴς ✳ καὶ ὁ ἀπόστολος καὶ εὐαγγελιστὴς καὶ οἱ λοιποὶ οἱ
HAri.      9    25     3 μὲν γὰρ αὐτοῦ τούς τε ὄνους καὶ τοὺς βοῦς ὑπὸ ✳ ληστῶν ✳ ἀπολέσθαι εἶτα τὰ πρόβατα ὑπὸ πυρὸς ἐκ τοῦ
HAri.      9    25     3 τοῖς ποιμέσι μετ᾽ οὐ πολὺ δὲ καὶ τὰς καμήλους ὑπὸ ✳ ληστῶν ✳ ἀπελαθῆναι εἶτα τὰ τέκνα αὐτοῦ ἀποθανεῖν πεσούσης
   λίαν                                                                          12
Hen.      22     2       τέσσαρες τόποι ἐν αὐτῷ κοῖλοι βάθος ἔχοντες καὶ ✳ λίαν ✳ λεῖοι τρεῖς αὐτῶν σκοτεινοὶ καὶ εἷς φωτινὸς καὶ πηγὴ
Hen.      26     6       ἐπ᾽ αὐτάς. καὶ ἐθαύμασα περὶ τῆς φάραγγος καὶ ✳ λίαν ✳ ἐθαύμασα. καὶ εἶπον διὰ τί ἡ γῆ αὕτη ἡ εὐλογημένη
Hen.      32     4       ὁ δὲ καρπὸς αὐτοῦ ὡσεὶ βότρυες ἀμπέλου ἱλαροὶ ✳ λίαν ✳ ἦ δὲ ὀσμὴ αὐτοῦ διέτρεχεν πόρρω ἀπὸ τοῦ δένδρου.
Abr.2      7     6       ἐπὶ τὴν κεφαλὴν ἐγένετο καὶ ἰδοὺ ἀνὴρ παμμεγέθης ✳ λίαν ✳ λάμπων ἐκ τοῦ οὐρανοῦ ὡς φῶς καλούμενος πατὴρ τοῦ
Sedr.     10     6       καὶ ἐνθυμηθεὶς τοῦ θανάτου τὴν μνήμην ἐξέστη ✳ λίαν ✳ καὶ εἶπεν Σεδρὰχ τὸν θεὸν δός μοι κύριε ἴασιν
Sedr.     11     9       ὧ πόδες καλοπεριπατητοί αὐτόδρομοι ταχύτατοι ✳ λίαν ✳ ἀνίκητοί. ὦ γόνατα πιο πλὴν σου τὸ
Job       13     6       τίς ἂν δῴη ἡμῖν ἐκ τῶν σαρκῶν αὐτοῦ ἐμπλησθῆναι; ✳ λίαν ✳ μου χρηστοῦ ὄντος. εἶχον δὲ ἐξ ψαλμοὺς καὶ
Aris.    124     2       ἐπαγγελλομένων εὖ φροντίσειν περὶ τούτων ἔφη καὶ ✳ λίαν ✳ διαγωνιῶν εἰδέναι γὰρ ὅτι φιλάγαθος ὢν ὁ βασιλεὺς
Aris.    230     1       καὶ σὺ κέκτησαι πάντα περιέχων ἐν αὐτῇ διὰ ἀγαθά. ✳ λίαν ✳ δὲ φιλοφρόνως ἐπικροτήσας εἶπε πρὸς τὸν ἕτερον πῶς
Aris.    312     3       τετελειῶσθαι. παρανεγνώσθη δὲ αὐτῷ καὶ πάντα καὶ ✳ λίαν ✳ ἐξεθαύμασε τὴν τοῦ νομοθέτου διάνοιαν. καὶ πρὸς τὸν
HCal.     24     5       τινὰς τῆς Μακεδονικῆς φάλαγγος νεανίσκους ✳ λίαν ✳ μαχιμωτάτους ἐν τῇ παρακειμένῃ φάραγγι ἑαυτοὺς
HCal.     24    18       ὁ θάνατος τοῖς Μακεδόσι οὐχ οὕτως ἀλλὰ καὶ ✳ λίαν ✳ εὐκαταφρόνητος. οἶμαι δὲ τούτοις ἐριστικῶς ἔχειν τὸ
   λίβανος                                                                        7
Adam      33     4       καὶ τρεῖς φιάλας. καὶ ἰδοὺ πάντες οἱ ἄγγελοι μετὰ ✳ λίβανον ✳ καὶ θυμιατήρια ἦλθον ἐν σπουδῇ ἐπὶ τὸ
Hen.      29     2       ᾠχόμην καὶ ἴδον κρίσεως δένδρα πνέοντα ἀρωμάτων ✳ λιβάνων ✳ καὶ ζμύρνα. καὶ τὰ δένδρα αὐτῶν ὅμοια καρύαις.
TLevi     18 2B030      καὶ μετὰ ταῦτα οἶνον σπεῖσον καὶ θυμίασον ἐπάνω ✳ λίβανον ✳ +τὸ ηεεσθαι+ τὸ ἔργον σου ἐν τάξει καὶ πᾶσα
TLevi     18 2B046      μόνον οὐκ ἐπὶ τῶν στέατος προσχωθήσεται ἐπ᾽ αὐτῇ ✳ λιβάνου ✳ ὁλκὴ σίκλων δύο καὶ τὸ τρίτον τοῦ σάτου τὸ
TLevi     18 2B052      τὸ ἄλας καὶ τὴν σεμίδαλιν καὶ τὸν οἶνον καὶ τὸν ✳ λίβανον ✳ ἐπιδέχου ἐκ τῶν χειρῶν αὐτῶν ἐπὶ πάντα κτῆνα.
Job       32    10       τοῦ θρόνου σου; σὺ εἶ ὁ τὸ ἄλειμμα ἔχων ἐκ τοῦ ✳ λιβάνου, ✳ νυνὶ δὲ ἐν ἀπορίᾳ ὢν ποῦ οὖν τυγχάνει ἡ δόξα
Sib.       3   772       ἀθάνατον αἰώνιον εὐφροσύνην τε. πάσης δ᾽ ἐκ γαίης ✳ λίβανον ✳ καὶ δῶρα πρὸς οἴκους οἴσουσιν μεγάλοιο θεοῦ κοὐκ
   Λίβανος                                                                        3
Hen.      13     9       πενθοῦντες ἐν Ἑβελσατὰ ἥτις ἐστὶν ἀνὰ μέσον τοῦ ✳ Λιβάνου ✳ καὶ Σενισὴλ περικεκαλυμμένοι τὴν ὄψιν. ἐνώπιον
TSim.      6     2       ἡ σάρξ μου ἐν Ἰακὼβ ἔσται ἡ ὀσμή μου ὡς ὀσμὴ ✳ Λιβάνου ✳ καὶ πληθυνθήσονται ὡς κέδροι ἅγιοι ἐξ ἐμοῦ ἕως
HEup.      9    34     4 ἔχων τοὺς πατρικοὺς φίλους ἐπὶ τὸ ὄρος τὸ τοῦ ✳ Λιβάνου ✳ μετὰ τῶν Σιδωνίων καὶ Τυρίων μετήνεγκε τὰ ξύλα
   λιβανωτός                                                                      1
TLevi     18 2B045      καὶ τῷ κριῷ καὶ τῷ ἐρίφῳ κατασπεῖσαι σπονδήν. ✳ λιβανωτοῦ ✳ σίκλοι ἓξ τῷ ταύρῳ καὶ τὸ ἥμισυ αὐτοῦ τῷ κριῷ
   λιβάς                                                                          1
LEze.     9    29 16 07  πυρός. ἐνταῦθα λειμῶν᾽ εὕρομεν κατάσκιον ὑγράς τε ✳ λιβάδας ✳ δαψιλὴς χῶρος βαθὺς πηγὰς ἀφύσσων δώδεκ᾽ ἐκ μιᾶς
   Λιβύη
Sib.       3   208       Πέρσῃσι καὶ Ἀσσυρίοις κακὸν ἥξει πάσῃ τ᾽ Αἰγύπτῳ ✳ Λιβύῃ ✳ τ᾽ ἠδ᾽ Αἰθιόπεσσιν Καρσὶ τε Παμφύλοις τε κακὸν
Sib.       3   323       πίεταί σου γαῖα πολύδροσος αἷμα κελαινόν. αἰαῖ σοι ✳ Λιβύη ✳ αἰαῖ δὲ θάλασσά τε καὶ γῆ θυγατέρες δυσμῶν ὡς
Sib.       5   197       κλαύσεις σέ δ᾽ ὀλεῖ μεγαλόσθενος ἀνήρ. ὦ ✳ Λιβύη ✳ πάγκλαυστε τίς ἐξηγήσεται ἄτας; τίς δέ σε Κυρήνη
HCle.      1    15   241 ὀνομασθῆναι τούτους γὰρ Ἡρακλεῖ συστρατεύσαι ἐπὶ ✳ Λιβύην ✳ καὶ Ἀνταῖον γήμαντά τε τὴν Ἄφρα θυγατέρα
LEze.     9    28  4 02  ἀλλοτέρμονα. ὁρῶ δὲ ταύτας ἑπτὰ παρθένους τινάς. ✳ Λιβύη ✳ μὲν ἡ γῆ πᾶσα κλήζεται ξένε οἰκοῦσι δ᾽ αὐτὴν φῦλα
   λίθινος                                                                        12
Hen.      99     7       εἰκόνα⟨ς⟩ ἀργυρᾶς καὶ χρυσᾶς ξυλίνας τε ⟨καὶ ✳ λιθίνας⟩ ✳ καὶ ὀστρακίνας καὶ λατρεύ⟨ον⟩τες φαν⟨τ⟩άσμασιν
Sib.       3    31       τε καὶ αἰλούροισι θύοντες εἰδώλοις τ᾽ ἀλάλοις ✳ λιθίνοις ✳ θ᾽ ἱδρύμασι φωτῶν καὶ ναοῖς ἀθέοισι καθεζόμενοι
Sib.       3    59       καὶ σταξείοις ἀγοραῖς χρυσοῖς ξοάνοις τε ἀργυρέοις ✳ λιθίνοις ✳ τε ἵν᾽ ἔλθητ᾽ εἰς πικρὸν ἦμαρ. ἥξει γὰρ ὁπόταν
```

Sib. 3 588 καὶ χάλκεια καὶ ἀργύρου ἠδ' ἐλέφαντος καὶ ξυλίνων * λιθίνων * τε θεῶν εἴδωλα καμόντων πήλινα μιλτόχριστα
Sib. 4 28A καὶ βωμοὺς εἰκαῖα λίθων ἀφιδρύματα κωφῶν καὶ * λίθινα * ξόανα καὶ ἀγάλματα χειροποίητα. αἵμασιν ἐμψύχων
Sib. 5 82 ἐπινοιῶν ἄνθρωποι δέξαντο θεοὺς ξυλίνους * λιθίνους * τε χαλκοῦς τε χρυσοῦς τε καὶ ἀργυρέους τε
Sib. 5 356 μεγάλων κεροχρύσων ἀψύχοις θ' Ἑρμαῖς καὶ τοῖς * λιθίνοισι * θεοῖσιν. ἡγείσθω δὲ θέμις σοφίη καὶ δόξα
Sib. 5 495 ἐκ προγόνων δεινὸν νόμον ἀλλάξωμεν τοῦ χάριν οἱ * λιθίνοις * καὶ ὀστρακίνοισι θεοῖσιν πομπὰς καὶ τελετὰς
HEup. 9 34 5 τὸν προφήτην τοῦ θεοῦ. οἰκοδομεῖν δὲ ἐναλλὰξ δόμον * λίθινον * καὶ ἔνδεσμον κυπαρίσσινον πελεκίνοις χαλκοῖς
HEup. 9 34 5 ἔσωθεν κεδρίνοις ξύλοις καὶ κυπαρισσίνοις ὥστε τὴν * λιθίνην * οἰκοδομὴν μὴ φαίνεσθαι χρυσῶσαί τε τὸν ναὸν
HArt. 9 27 11 ὀπτῆς πλίνθου κατεσκευασμένον καθαιρεῖν ἕτερον δὲ * λίθινον * κατασκευάσαι τὸ πλησίον ὄρος λατομήσαντας τάξαι
HHec. 1 22 198 δ' ἔστι κατὰ μέσον μάλιστα τῆς πόλεως περίβολος * λίθινος * μῆκος ὡς πεντάπλεθρος εὖρος δὲ πηχῶν ἑκατὸν ἔχων

λιθοβολέω 3
Jer. 9 21 ἀποκτείνωμεν αὐτὸν τῷ ἐκείνου θανάτῳ ἀλλὰ λίθοις * λιθοβολήσωμεν * αὐτόν. ἐλυπήθησαν οὖν σφόδρα Βαροὺχ καὶ
Jer. 9 27 θεοῦ ἀνέλαβεν ὁμοιότητα τοῦ Ἰερεμίου. καὶ * ἐλιθοβόλουν * τὸν λίθον νομίζοντες ὅτι Ἰερεμίας ἐστίν. ὁ
Jer. 9 30 ἐβόησε ὁ λίθος λέγων ὦ μωροὶ υἱοὶ Ἰσραὴλ διά τί * λιθοβολεῖτέ * με νομίζοντες ὅτι ἐγὼ Ἰερεμίας; ἰδοὺ

λιθοθεσία 1
HArt. 9 27 4 παραδοῦναι καὶ γὰρ πλοῖα καὶ μηχανὰς πρὸς τὰς * λιθοθεσίας * καὶ τὰ Αἰγύπτια ὅπλα καὶ τὰ ὄργανα τὰ

λιθόξεστος * 1
Sib. 4 7 τὸν οὐ χέρες ἔπλασαν ἀνδρῶν εἰδώλοις ἀλάλοισι * λιθοξέστοισιν * ὅμοιον. οὐδὲ γὰρ οἶκον ἔχει ναῷ λίθον

λιθοξόος 1
Sib. 3 13 ἀόρατος ὁρώμενος αὐτὸς ἅπαντα ὃν χεὶρ οὐκ ἐποίησε * λιθοξόος * οὐδ' ἀπὸ χρυσοῦ τέχνησ' ἀνθρώπου φαίνει τύπος

λιθόπλαξ * 1
Hen. 14 10 ἐν λίθοις χαλάζης καὶ οἱ τοῖχοι τοῦ οἴκου ὡς * λιθόπλακες * καὶ πᾶσαι ἦσαν ἐκ χιόνος καὶ ἐδάφη χιονικὰ

λίθος 104
Adam 29 10 ἀνάστα καὶ πορεύου εἰς τὸν Τίγριν ποταμὸν καὶ λάβε * λίθον * καὶ θὲς ὑπὸ τοὺς πόδας σου καὶ στῆθι ἐνδεδυμένη ἐν
Hen. 8 1 καὶ στίβεις καὶ τὸ καλλιβλέφαρον καὶ παντοίους * λίθους * ἐκλεκτοὺς καὶ τὰ βαφικά. καὶ ἐγένετο ἀσέβεια
Hen. 8B 1 τὸ στίλβειν καὶ τὸ καλλωπίζειν καὶ τοὺς ἐκλεκτοὺς * λίθους * καὶ τὰ βαφικά. καὶ ἐποίησαν ἑαυτοῖς οἱ υἱοὶ τῶν
Hen. 10 5 ἐν τῷ Δαδουὴλ κἀκεῖ βάλε αὐτὸν καὶ ὑπόθες αὐτῷ * λίθους * τραχεῖς καὶ ὀξεῖς καὶ ἐπικάλυψον αὐτῷ τὸ σκότος.
Hen. 10B 5 καὶ ἐκεῖ πορευθεὶς βάλε αὐτόν. καὶ ὑπόθες αὐτῷ * λίθους * ὀξεῖς καὶ λίθους τραχεῖς καὶ ἐπικάλυψον αὐτῷ
Hen. 10B 5 βάλε αὐτόν. καὶ ὑπόθες αὐτῷ λίθους ὀξεῖς καὶ * λίθους * τραχεῖς καὶ ἐπικάλυψον αὐτῷ σκότος καὶ οἰκησάτω
Hen. 14 9 καὶ εἰσῆλθον μέχρις ἤγγισα τείχους οἰκοδομῆς ἐν * λίθοις * χαλάζης καὶ γλώσσης πυρὸς κύκλῳ αὐτῶν καὶ ἤρξαντο
Hen. 14 10 πυρὸς καὶ ἤγγισα εἰς οἶκον μέγαν οἰκοδομημένον ἐν * λίθοις * χαλάζης καὶ οἱ τοῖχοι τοῦ οἴκου ὡς λιθόπλακες καὶ
Hen. 18 1 πάσας τὰς κτίσεις καὶ τὸν θεμέλιον τῆς γῆς καὶ τὸν * λίθον * ἴδον τῆς γωνίας τῆς γῆς. ἴδον τοὺς τέσσαρας
Hen. 18 6 καιόμενον νυκτὸς καὶ ἡμέρας ὅπου τὰ ἑπτὰ ὄρη ἀπὸ * λίθων * πολυτελῶν ⟨τρία⟩ εἰς ἀνατολὰς καὶ τρία εἰς νότον
Hen. 18 7 εἰς νότον βάλλοντα. καὶ τὰ μὲν πρὸς ἀνατολὰς ἀπὸ * λίθου * χρώματος τὸ δὲ ἦν ἀπὸ λίθου μαργαρίτου καὶ τὸ ἀπὸ
Hen. 18 7 μὲν πρὸς ἀνατολὰς ἀπὸ λίθου χρώματος τὸ δὲ ἦν ἀπὸ * λίθου * μαργαρίτου καὶ τὸ ἀπὸ λίθου ταθὲν τὸ δὲ κατὰ νότον
Hen. 18 7 χρώματος τὸ δὲ ἦν ἀπὸ λίθου μαργαρίτου καὶ τὸ ἀπὸ * λίθου * ταθὲν τὸ δὲ κατὰ νότον ἀπὸ λίθου πυρροῦ τὸ δὲ
Hen. 18 7 καὶ τὸ ἀπὸ λίθου ταθὲν τὸ δὲ κατὰ νότον ἀπὸ * λίθου * πυρροῦ τὸ δὲ μέσον αὐτῶν ἦν εἰς οὐρανὸν ὥσπερ
Hen. 18 8 μέσον αὐτῶν ἦν εἰς οὐρανὸν ὥσπερ θρόνος θεοῦ ἀπὸ * λίθου * φουκὰ καὶ ἡ κορυφὴ τοῦ θρόνου ἀπὸ λίθου σαφφείρου
Hen. 18 8 θεοῦ ἀπὸ λίθου φουκὰ καὶ ἡ κορυφὴ τοῦ θρόνου ἀπὸ * λίθου * σαφφείρου καὶ πῦρ καιόμενον ἴδον. κἀπέκεινα τῶν
Hen. 24 2 πάντα ἑκάτερα τοῦ ἑκατέρου διαλλάσσοντα ὧν οἱ * λίθοι * ἔντιμοι τῇ καλλονῇ καὶ πάντα ἔντιμα καὶ ἔνδοξα καὶ
Hen. 99 13 τὰς οἰκοδομὰς αὐτῶν οὐκ ἐκ κόπων ἰδίων καὶ ἐκ * λίθων * καὶ ἐκ πλίνθων πᾶσαν οἰκοδομὴν ποιεῖτε οἷς οὐκ
Abr.1 3 11 τοῦ ἀρχιστρατήγου ἐπὶ τῆς λεκάνης καὶ ἐγένοντο * λίθοι * τίμιοι. ἰδὼν δὲ Ἀβραὰμ τὸ γεγονὸς καὶ ἐκπλαγεὶς
Abr.1 3 12 δὲ Ἀβραὰμ τὸ γεγονὸς καὶ ἐκπλαγεὶς ἔλαβεν τοὺς * λίθους * κρυφαίως καὶ ἔκρυψεν τοῖς πᾶσι τὸ μυστήριον μόνον
Abr.1 6 7 αὐτοῦ ὀψὲ ἐν τῷ νιπτῆρι πίπτοντα ἐγένοντο τίμιοι * λίθοι * καὶ ἐκβαλὼν ἐκ τοῦ κόλπου αὐτοῦ δέδωκεν αὐτὰ τῇ
Abr.2 3 11 τὰ δάκρυα Μιχαὴλ ἐπὶ τῆς λεκάνης καὶ ἐγένοντο * λίθος. * ἤκουσε δὲ Σάρρα τοὺς κλαυθμοὺς αὐτῶν οὖσα ἐν τῇ
TJud. 3 3 τόξα ἔμπροσθε καὶ ὄπισθεν ἐφ' ἵππου ἀνελόμενος * λίθον * λιτρῶν ξ' ἀκοντίσας ἔδωκα τῷ ἵππῳ καὶ ἀπέκτεινα
TJud. 3 6 με. ἐνειλήσας οὖν τὴν στολήν μου ἐν τῇ χειρί μου * λίθοις * σφενδονίσας αὐτοὺς τέσσαρας ἐξ αὐτῶν ἀνεῖλον οἱ
TJud. 6 4 τῇ πόλει αὐτῶν αἱ γυναῖκες αὐτῶν ἐκύλιον ἐφ' ἡμᾶς * λίθους * ἀπὸ τῆς κορυφῆς τοῦ ὄρους ἐν ᾗ ἦν ἡ πόλις. καὶ
TJud. 7 5 ἐπὶ τὴν κορυφὴν κἀκεῖνοι ἐσφενδόνουν ἐπ' ἐμὲ * λίθοις * καὶ τόξοις καὶ εἰ μὴ Δὰν ὁ ἀδελφός μου συνεμάχησέ
TJud. 9 5 ἐπὶ τῆς κεφαλῆς μου καὶ ἀνῆλθον ἀποδεχόμενος * λίθους * ἕως ταλάντων τριῶν καὶ ἀνελθὼν ἀνεῖλον τέσσαρες
TZab. 9 1 προσέχετε τὰ ὕδατα ὅτι ὅτε ἐπὶ τὸ αὐτὸ πορεύεται * λίθους * ξύλα γῆν ἄμμον κατασύρει ἐὰν δὲ εἰς πολλὰ
TNep. 3 3 τὸν κύριον ἠλλοίωσαν τάξιν αὐτῶν καὶ ἐπηκολούθησαν * λίθοις * καὶ ξύλοις ἐξακολουθήσαντες πνεύμασι πλάνης.
Asen. 2 2 δέκα. καὶ ἦν ὁ πρῶτος θάλαμος μέγας καὶ εὐπρεπὴς * λίθοις * πορφυροῖς κατεστρωμένος καὶ οἱ τοῖχοι αὐτοῦ
Asen. 2 2 λίθοις πορφυροῖς κατεστρωμένος καὶ οἱ τοῖχοι αὐτοῦ * λίθοις * ποικίλοις καὶ τιμίοις πεπλακωμένοι καὶ ἦν ἡ ὀροφὴ
Asen. 2 4 ἐν αὐτῷ καὶ ἄργυρος καὶ ἱματισμὸς χρυσοϋφὴς καὶ * λίθοι * ἐκλεκτοὶ καὶ πολυτελεῖς καὶ ὀθόναι ἐπίσημοι καὶ
Asen. 2 10 καὶ ἦν τεῖχος κύκλῳ τῆς αὐλῆς ὑψηλὸν σφόδρα * λίθοις * τετραγώνοις μεγάλοις ᾠκοδομημένον. καὶ ἦσαν πύλαι
Asen. 3 6 τὸν τράχηλον αὐτῆς περιέθετο κόσμον πολύτιμον καὶ * λίθους * πολυτελεῖς οἵτινες ἦσαν περιηρτημένοι πάντοθεν
Asen. 3 6 πανταχοῦ ἐπί τε τοῖς ψελίοις καὶ τοῖς * λίθοις * καὶ τὰ πρόσωπα τῶν εἰδώλων πάντων ἦσαν
Asen. 5 5 κεφαλῆς αὐτοῦ καὶ κύκλῳ τοῦ στεφάνου ἦσαν δώδεκα * λίθοι * ἐκλεκτοὶ καὶ ἐπάνω τῶν δώδεκα λίθων ἦσαν δώδεκα
Asen. 5 5 ἦσαν δώδεκα λίθοι ἐκλεκτοὶ καὶ ἐπάνω τῶν δώδεκα * λίθων * ἦσαν δώδεκα ἀκτῖνες χρυσαῖ. καὶ ῥάβδος βασιλικὴ ἐν
Asen. 12 2 ἀνέμων ὁ θεμελιώσας τὴν γῆν ἐπὶ τῶν ὑδάτων ὁ θεὶς * λίθους * μεγάλους ἐπὶ τῆς ἀβύσσου τοῦ ὕδατος καὶ οἱ λίθοι
Asen. 12 2 λίθους μεγάλους ἐπὶ τῆς ἀβύσσου τοῦ ὕδατος καὶ οἱ * λίθοι * οὐ βυθισθήσονται ἀλλ' εἰσὶν ὡς φύλλα δρυὸς ἐπάνω
Asen. 12 2 εἰσὶν ὡς φύλλα δρυὸς ἐπάνω τῶν ὑδάτων καὶ εἰσι * λίθοι * ζῶντες καὶ τῆς φωνῆς σου ἀκούουσι κύριε καὶ
Asen. 13 6 ἰδοὺ τὸ ἔδαφος τοῦ θαλάμου μου τὸ κατεστρωμένον * λίθοις * ποικίλοις καὶ πορφυροῖς ὃ ἦν τὸ πρότερον
Asen. 18 6 περιεζώσατο ζώνην χρυσῆν καὶ βασιλικὴν ἥτις ἦν διὰ * λίθων * τιμίων. καὶ περιέθηκεν ἐν ταῖς χερσὶν αὐτῆς ψέλια
Asen. 18 6 τίμιον περιέθηκε περὶ τὸν τράχηλον αὐτῆς ἐν ᾧ ἦσαν * λίθοι * πολυτελεῖς τίμιοι ἠρτημένοι ἀναρίθμητοι καὶ
Asen. 18 6 καὶ ἐν τῷ στεφάνῳ ἔμπροσθεν ἐπὶ τῷ μετώπῳ αὐτῆς ἦν * λίθος * ὑάκινθος μέγας καὶ κύκλῳ τοῦ λίθου τοῦ μεγάλου
Asen. 18 6 μετώπῳ αὐτῆς ἦν λίθος ὑάκινθος μέγας καὶ κύκλῳ τοῦ * λίθου * τοῦ μεγάλου ἦσαν ἓξ λίθοι πολυτελεῖς. καὶ θερίστρῳ
Asen. 18 6 μέγας καὶ κύκλῳ τοῦ λίθου τοῦ μεγάλου ἦσαν ἓξ * λίθοι * πολυτελεῖς. καὶ θερίστρῳ κατεκάλυψε τὴν κεφαλὴν
Asen. 27 2 καὶ κατεπήδησε Βενιαμὶν ἀπὸ τοῦ ὀχήματος καὶ ἔλαβε * λίθον * στρογγύλον ἐκ τοῦ χειμάρρου καὶ ἐπλήρωσε τὴν χεῖρα
Asen. 27 4 τὴν πέτραν καὶ εἶπε τῷ ἡνιόχῳ τῆς Ἀσενὲθ δός μοι * λίθους * ἐκ τοῦ χειμάρρου. καὶ ἔδωκεν αὐτῷ λίθους
Asen. 27 5 δός μοι λίθους ἐκ τοῦ χειμάρρου. καὶ ἔδωκεν αὐτῷ * λίθους * πεντήκοντα. καὶ ἠκόντισε Βενιαμὶν τοὺς πεντήκοντα
Asen. 27 5 πεντήκοντα. καὶ ἠκόντισε Βενιαμὶν τοὺς πεντήκοντα * λίθους * καὶ ἀπέκτεινε τοὺς πεντήκοντα ἄνδρας τοὺς ὄντας
Asen. 27 5 μετὰ τοῦ υἱοῦ τοῦ Φαραώ. καὶ ἔδυσαν πάντας οἱ * λίθοι * διὰ τῶν κροτάφων αὐτῶν. καὶ οἱ υἱοὶ Λίας Ῥουβὴμ
Asen. 29 7 ἡμέρᾳ ἀπέθανεν ὁ υἱὸς Φαραὼ ἐκ τοῦ τραύματος τοῦ * λίθου * Βενιαμὶν τοῦ παιδαρίου. καὶ Φαραὼ ἐπένθησε τὸν
Jer. 9 21 καὶ μὴ ἀποκτείνωμεν αὐτὸν τῷ ἐκείνου θανάτῳ ἀλλὰ * λίθοις * λιθοβολήσωμεν αὐτόν. ἐλυπήθησαν οὖν σφόδρα Βαροὺχ
Jer. 9 24 εἶδον διηγήσωμαι ὑμῖν. εἶπε δὲ αὐτοῖς ἐνέγκατέ μοι * λίθον * ὧδε καὶ ἔστησεν αὐτὸν καὶ εἶπεν τὸ φῶς τῶν αἰώνων
Jer. 9 25 αὐτὸν καὶ εἶπεν τὸ φῶς τῶν αἰώνων ποίησον τὸν * λίθον * τοῦτον καθ' ὁμοιότητά μου γενέσθαι ἕως οὗ πάντα
Jer. 9 26 διηγήσωμαι τῷ Βαροὺχ καὶ τῷ Ἀβιμέλεχ. τότε ὁ * λίθος * διὰ προστάγματος θεοῦ ἀνέλαβεν ὁμοιότητα τοῦ
Jer. 9 27 ὁμοιότητα τοῦ Ἰερεμίου. καὶ ἐλιθοβόλουν τὸν * λίθον * νομίζοντες ὅτι Ἰερεμίας ἐστίν. ὁ δὲ Ἰερεμίας
Jer. 9 30 βουλόμενος τὴν οἰκονομίαν αὐτοῦ. τότε ἐβόησε ὁ * λίθος * λέγων ὦ μωροὶ υἱοὶ Ἰσραὴλ διά τί λιθοβολεῖτέ με
Jer. 9 31 εἶδον αὐτὸν εὐθέως ἔδραμον πρὸς αὐτὸν μετὰ πολλῶν * λίθων * καὶ ἐπληρώθη αὐτοῦ οἰκονομία. καὶ ἐλθόντες Βαροὺχ
Jer. 9 32 Βαροὺχ καὶ Ἀβιμέλεχ ἔθαψαν αὐτὸν καὶ λαβόντες τὸν * λίθον * ἔθηκαν ἐπὶ τὸ μνῆμα αὐτοῦ ἐπιγράψαντες ἐν αὐτῷ
Jer. 9 32 αὐτοῦ ἐπιγράψαντες ἐν αὐτῷ οὕτως οὗτός ἐστιν ὁ * λίθος * ὁ βοηθὸς τοῦ Ἰερεμίου.
Prop. 2 1 Ἰερεμίας ἦν ἐξ Ἀναθὼθ καὶ ἐν Τάφναις Αἰγύπτου * λίθοις * βληθεὶς ὑπὸ τοῦ λαοῦ ἀποθνήσκει. κεῖται δὲ ἐν τῷ
Prop. 10 8 τέρας ἐπὶ Ἰερουσαλὴμ καὶ ὅλην τὴν γῆν ὅτε ἴδωσι * λίθον * βοῶντα οἰκτρῶς ἐγγίζειν τὸ τέλος. καὶ ὅτε ἴδωσιν
Esdr. 4 27 ἐστιν ὁ λέγων ἐγώ εἰμι ὁ υἱὸς τοῦ θεοῦ καὶ τοὺς * λίθους * ἄρτους ποιήσας καὶ τὸ ὕδωρ οἶνον. καὶ εἶπεν ὁ
Sedr. 15 5 οὐ σωθήσονται⟩ ὅτι εἰσὶν αἱ καρδίαι αὐτῶν ὡς * λίθος * σαθρὸς οὗτοί εἰσιν οἱ πορεύοντες ἀσεβέσιν ὁδοῖς
Job 28 5 γὰρ ὅτε ἠρξάμην αὐτοῖς ἀναφέρειν τοὺς πολυτελεῖς * λίθους, * ἀπεθαύμαζον καὶ τύπτοντες τὰς χεῖρας ἔλεγον ὅτι
Job 28 5 συναχθῇ εἰς ἓν ἐπὶ τὸ αὐτό, οὐ μὴ ἀναλογήσῃ τοὺς * λίθους * τοὺς ἐνδόξους τῆς βασιλείας σου. εὐγενέστερος γὰρ
Job 32 5 ἡ δόξα τοῦ θρόνου σου; σὺ εἶ ὁ τὸν θρόνον ἐκ * λίθων * πολυτελῶν ἔχων, νυνὶ δὲ ἐν σποδῷ καθήμενος ποῦ νῦν
Aris. 33 6 πεντήκοντα καὶ ἀργυρίου τάλαντα ἑβδομήκοντα καὶ * λίθων * ἱκανόν τι πλῆθος ἐκέλευσε δὲ τοὺς ῥισκοφύλακας
Aris. 60 4 κατεσκευασμένου καθ' ὃ ἂν μέρος στρέφοιτο. * λίθων * τε πολυτελῶν ἐν αὐτῷ διαθέσεις ὑπῆρχον ἀνὰ μέσον
Aris. 63 2 περὶ ὅλην τὴν τράπεζαν. ὑπὸ δὲ τὴν ἐκτύπωσιν τῶν * λίθων * τῆς ᾠοθεσίας στέφανον ἐποίησαν οἱ τεχνῖται
Aris. 63 5 ἐλαίας τε καὶ ῥοῶν καὶ τῶν παραπλησίων. τοὺς δὲ * λίθους * ἐργασάμενοι πρὸς τὴν τῶν προειρημένων καρπῶν
Aris. 66 2 τῆς τραπέζης μαίανδρον ἔκτυπον ἐποίησαν ἐν ὑπεροχῇ * λίθους * ἔχοντα κατὰ μέσον πολυτελεῖς τῶν πολυειδῶν
Aris. 67 3 ἀποτελοῦσα τὴν ἀνὰ μέσον θεωρίαν ἐφ' ᾗ κρυστάλλου * λίθος * καὶ τὸ λεγόμενον ἤλεκτρον ἐντετύπωτο ἀμίμητον
Aris. 69 1 ἡ δὲ ἐπ' ἐδάφους ἔρεισις τοῦ ποδὸς ἄνθρακος * λίθου * πάντοθεν παλαιστιαία κρηπῖδος ἔχουσα τάξιν κατὰ
Aris. 70 2 δὲ ἐκφύοντα κισσὸν ἀκάνθῳ πλεκόμενον ἐκ τοῦ * λίθου * σὺν ἀμπέλῳ περιειλούμενον κυκλόθεν τῷ ποδὶ σὺν
Aris. 73 3 τοῦ μέσου τὴν διασκευὴν τῇ τορείᾳ καὶ τὴν τῶν * λίθων * ἀνὰ μέσον τῶν φολίδων σύνδεσιν πολυτέχνως ἔχοντες.
Aris. 75 2 ἕως ἐπὶ τὸ στόμα. τὸ δ' ἀνὰ μέσον ἀσπιδίσκοι * λίθων * ἑτέρων παρ' ἑτέροις τοῖς γένεσι παραλλαγὴν ἐχόντων
Aris. 79 4 ἀνέπλεξαν στέφανον ἔκτυπον πολυτελεῖς ἐνέντες * λίθους * καὶ τὰς λοιπὰς δὲ τορείας διηλλαγμένως ἐπετέλεσαν
Aris. 82 2 προστατοῦντος ἀρχιερέως τοῦ τόπου. καὶ γὰρ τὸ τῶν * λίθων * πλῆθος ἄφθονον καὶ μεγάλοι τοῖς μεγέθεσιν οὐκ
Aris. 82 5 πενταπλασίως τοῦ χρυσοῦ τιμιωτέραν εἶναι τὴν τῶν * λίθων * δόσιν καὶ τὴν τῶν τεχνῶν ἐνέργειαν. ὑπολαμβάνων

| | | | |
|---|---|---|---|
| Aris. | 96 | 4 | τὴν ἔνδυσιν οὗ φορεῖ χιτῶνος καὶ τῶν περὶ αὐτὸν * λίθων * χρυσοῖ γὰρ κώδωνες περὶ τὸν ποδήρη εἰσὶν αὐτοῦ |
| Aris. | 97 | 3 | φορεῖ τὸ λεγόμενον λόγιον ἐν ᾧ συνεσφιγμένοι * λίθοι * δεκαδύο διαλλάσσοντες τοῖς γένεσι χρυσῷ |
| Aris. | 100 | 4 | ἐξησφαλισμένη πλείοσι μέχρι κορυφῆς εὐμήκεσι * λίθοις * ἀνῳκοδομημένων αὐτῶν ὡς μεταλαμβάνομεν πρὸς |
| Aris. | 114 | 1 | κατὰ λόγον. πολὺ δὲ πλῆθος καὶ τῶν ἀρωμάτων καὶ * λίθων * πολυτελῶν καὶ χρυσοῦ παρακομίζεται διὰ τῶν Ἀράβων |
| Aris. | 135 | 1 | ὧν σέβονται ματαίως ἀγάλματα γὰρ ποιήσαντες ἐκ * λίθων * καὶ ξύλων εἰκόνας φασὶν εἶναι τῶν ἐξευρόντων τι |
| Sib. | 3 | 34 | ἐόντα θεὸν ὃς πάντα φυλάσσει τερπόμενοι κακότητι * λίθων * κρίσιν ἐκλαθέοντες ἀθανάτου σωτῆρος ὃς οὐρανὸν |
| Sib. | 3 | 691 | κατακλύζοντι καὶ ἔσται θεῖον ἀπ' οὐρανόθεν αὐτὰρ * λίθος * ἠδὲ χάλαζα πολλὴ καὶ χαλεπὴ θάνατος δ' ἐπὶ |
| Sib. | 4 | 8 | λιθοξέστοισιν ὅμοιον. οὐδὲ γὰρ οἶκον ἔχει ναῷ * λίθον * ἑλκυσθέντα κωφότατον νωδόν τε βροτῶν πολυαλγέα |
| Sib. | 4 | 28 | μὲν ἅπαντας ἀπαρνήσονται ἰδόντες καὶ βωμοὺς εἰκαῖα * λίθων * ἀφιδρύματα κωφῶν καὶ λίθινα ξόανα καὶ ἀγάλματα |
| Sib. | 5 | 77 | ὀργὴν ἀθανάτοιο βαρυκτύπου οὐρανίωνος ἀντὶ θεοῦ δὲ * λίθους * καὶ κνώδαλα θρησκεύοντες πολλὰ μάλ' ἄλλυδις ἄλλα |
| Sib. | 5 | 487 | μνεία γε μενεῖ κατὰ γαῖαν ἅπασαν. καὶ σὺ Σάραπι * λίθους * ἀργοὺς ἐπικείμενε πολλοὺς κείσῃ πτῶμα μέγιστον ἐν |
| FJub. | 4 | 31 | καὶ Κάϊν ἀπέθανεν ἐμπεσόντος ἐπ' αὐτὸν τοῦ οἴκου. * λίθοις * γὰρ καὶ αὐτὸς τὸν Ἄβελ ἀνεῖλε. πληρωθέντος οὖν |
| ISop. | 5 113 | 2 | ἱδρυσάμεσθα πημάτων παραψυχὴν θεῶν ἀγάλματα ἐκ * λίθων * ἢ χαλκέων ἢ χρυσοτεύκτων ἢ ἐλεφαντίνων τύπους |
| HEup. | 9 30 | 6 | τὴν κατασκευὴν ἀνήκοντα χρυσίον ἀργύριον χαλκὸν * λίθους * ξύλα κυπαρίσσινα καὶ κέδρινα. ἀκούσαντα δὲ τὸν |
| HEup. | 9 30 | 8 | αὐτῷ τόν τε χρυσὸν καὶ ἄργυρον καὶ χαλκὸν καὶ * λίθον * καὶ ξύλα κυπαρίσσινα καὶ κέδρινα. καὶ αὐτὸν μὲν |
| HHec. | 1 22 | 198 | τετράγωνος οὐκ ἐκ τμητῶν ἀλλ' ἐκ συλλέκτων ἀργῶν * λίθων * οὕτω συγκείμενος πλευρὰν μὲν ἑκάστην εἴκοσι πήχεων |
| FrAn. | 1 217 | 10 | εἶδεν ἄνδρας δύο μαχομένους πρὸς ἀλλήλους εὑρόντας * λίθον * τίμιον καὶ φησι πρὸς αὐτοὺς ἵνα τί ἀδελφοὶ |
| FrAn. | 1 217 | 13 | δὲ μετὰ χαρᾶς τοῦτον παρασχόντων οὐ γὰρ ᾔδεσαν τοῦ * λίθου * τὸ ὑπέρτιμον ἀπῆλθεν εἰς Ἱερουσαλὴμ τὸν λίθον |
| FrAn. | 1 217 | 14 | τοῦ λίθου τὸ ὑπέρτιμον ἀπῆλθεν εἰς Ἱερουσαλὴμ τὸν * λίθον * ἐπιφερόμενος καὶ δείξας αὐτὸν χρυσοχόῳ παραχρῆμα |
| FrAn. | 1 217 | 15 | καὶ δείξας αὐτὸν χρυσοχόῳ παραχρῆμα τὸν * λίθον * ἐκεῖνος ἰδὼν ἀναστὰς προσεκύνησε καὶ ἔκθαμβος |
| FrAn. | 1 217 | 17 | γενόμενος ἐπυνθάνετο. ποῦ τὸν πολύτιμον καὶ θεῖον * λίθον * τοῦτον εὗρες; ἰδοὺ γὰρ ἔτη τρία σήμερον |
| FrAn. | 1 217 | 19 | δονεῖται καὶ ἀκαταστατεῖ διὰ τὸν περιβόητον * λίθον * τοῦτον. ἀλλ' ἀπελθὼν δὸς αὐτὸν τῷ ἀρχιερεῖ καὶ |
| FrAn. | 1 217 | 22 | ἄνθρωπος πρός σε τὸν ἀπολεσθέντα πολυθρύλλητον * λίθον * ἐκ τῆς διπλοΐδος Ἀαρὼν τοῦ ἀρχιερέως ἔχων. λαβὼν |
| λιθόστρωτος | | | 1 |
| Aris. | 88 | 2 | τὰ δ' ὀπίσθια αὐτοῦ πρὸς ἑσπέραν τὸ δὲ πᾶν ἔδαφος * λιθόστρωτον * καθέστηκε καὶ κλίματα πρὸς τοὺς καθήκοντας |
| λιθουργής | | | 1 |
| Aris. | 70 | 3 | κυκλόθεν τῷ ποδὶ σὺν τοῖς βότρυσιν οἱ * λιθουργεῖς * ἦσαν μέχρι τῆς κεφαλῆς. ἡ δ' αὐτὴ διάθεσις ἦν |
| λίθωσις | | | 1 |
| Aris. | 74 | 2 | πηχυαῖος ὕψει τὴν δ' ἐκτύπωσιν ἐνυπῆρχε διὰ * λιθώσεως * ποικίλης ἐμφαίνων σὺν ὡραιότητι τὸ τῆς τέχνης |
| λιμήν | | | 2 |
| Aris. | 115 | 2 | τῶν διακομιζομένων διὰ τῆς θαλάσσης. ἔχει γὰρ καὶ * λιμένας * εὐκαίρους χορηγοῦντας τόν τε κατὰ τὴν Ἀσκαλῶνα |
| LAri. | 13 12 | 6 | πᾶσαι δ' ἀνθρώπων ἀγοραί μεστὴ δὲ θάλασσα καὶ * λιμένες * πάντη δὲ θεοῦ κεχρήμεθα πάντες. τοῦ γὰρ καὶ |
| λιμνάζω | | | 1 |
| FJub. | 46 | 14 | καὶ χώματα ἀνεγεῖραι ἵνα δι' αὐτῶν ὁ ποταμὸς * λιμνάζειν * ἀνείργοιτο καὶ ἀνιστᾶν πυραμίδας καὶ τούτοις |
| λίμνη | | | 8 |
| Adam | 37 | 3 | τὸν Ἀδὰμ καὶ ἀπήγαγεν αὐτὸν εἰς τὴν Ἀχερουσίαν * λίμνην * καὶ ἀπέλουσεν αὐτὸν τρίτον καὶ ἤγαγεν αὐτὸν |
| Bar. | 10 | 2 | οὐρανόν. καὶ εἶδον πεδίον ἁπλοῦν καὶ ἐν μέσῳ αὐτοῦ * λίμνην * ὑδάτων. καὶ ἦσαν ἐν αὐτῷ πλήθη ὀρνέων ἐκ πασῶν |
| Bar. | 10 | 4 | ἠρώτησα τὸν ἄγγελον. τί ἐστι τὸ πεδίον καὶ τίς ἡ * λίμνη * καὶ τί τὸ περὶ αὐτὴν πλῆθος τῶν ὀρνέων; καὶ εἶπεν |
| Bar. | 10 | 5 | ἄκουσον Βαροὺχ τὸ μὲν πεδίον ἐστὶ τὸ περιέχον τὴν * λίμνην * καὶ ἄλλα θαυμαστὰ ἐν αὐτῷ οὗπερ ἔρχονται αἱ ψυχαὶ |
| Prop. | 11 | 3 | ἀπολεῖται ὃ καὶ γέγονεν. ἡ γὰρ περιέχουσα αὐτὴν * λίμνη * κατέκλυσεν αὐτὴν ἐν σεισμῷ καὶ πῦρ ἐκ τῆς ἐρήμου |
| Sib. | 3 | 338 | αὖτις ἐν ἀνθρώποισι μέγιστα καὶ γὰρ Μαιῶτιν * λίμνην * Τάναϊς βαθυδίνης λείψει κὰδ δὲ ῥόον βαθὺν αὔλακος |
| Sib. | 5 | 465 | ῥιπὴ στάξῃ χιονώδης πηγνυμένου μεγάλου ποταμοῦ * λιμνῶν * τε μεγίστων εὐθὺς βάρβαρος ὄχλος ἐς Ἀσίδα γαῖαν |
| FJub. | 2 | 7 | δὲ ἡμέρᾳ τὰς θαλάσσας τοὺς ποταμοὺς τὰς πηγὰς καὶ * λίμνας * τὰ σπέρματα τοῦ σπόρου τὰ βλαστήματα τὰ ξύλα τὰ |
| λιμός | | | 28 |
| TJud. | 12 | 11 | ταῦτα ἤλθομεν εἰς Αἴγυπτον πρὸς Ἰωσὴφ διὰ τὸν * λιμόν. * τεσσαράκοντα ἓξ ἐτῶν ἤμην καὶ ἑβδομήκοντα τρία |
| TJud. | 23 | 3 | ἐν βδελύγμασιν ἐθνῶν ἀνθ' ὧν ἄξει κύριος ἐφ' ὑμᾶς * λιμὸν * καὶ λοιμὸν θάνατον καὶ ῥομφαίαν ἐκδικοῦσαν |
| TJos. | 1 | 5 | ἐλήφθην καὶ ἡ κραταιὰ αὐτοῦ χεὶρ ἐβοήθησέ μοι ἐν * λιμῷ * συνεσχέθην καὶ αὐτὸς ὁ κύριος διέθρεψέ με μόνος |
| Asen. | 4 | 7 | πᾶσαν τὴν γῆν καὶ σῴζει αὐτὴν ἐκ τοῦ ἐπερχομένου * λιμοῦ. * καὶ ἔστιν Ἰωσὴφ ἀνὴρ θεοσεβὴς καὶ σώφρων καὶ |
| Asen. | 22 | 1 | τῆς εὐθηνίας καὶ ἤρξαντο ἔρχεσθαι τὰ ἑπτὰ ἔτη τοῦ * λιμοῦ. * καὶ ἤκουσεν Ἰακὼβ περὶ Ἰωσὴφ τοῦ υἱοῦ αὐτοῦ καὶ |
| Asen. | 22 | 2 | σὺν πάσῃ τῇ συγγενείᾳ αὐτοῦ ἐν τῷ δευτέρῳ ἔτει τοῦ * λιμοῦ * ἐν τῷ δευτέρῳ μηνὶ μιᾷ καὶ εἰκάδι τοῦ μηνὸς καὶ |
| Sal. | 13 | 2 | κυρίου ἔσωσεν ἡμᾶς ἀπὸ ῥομφαίας διαπορευομένης ἀπὸ * λιμοῦ * καὶ θανάτου ἁμαρτωλῶν. θηρία ἐπεδράμοσαν αὐτοῖς |
| Sal. | 15 | 7 | ὅτι τὸ σημεῖον τοῦ θεοῦ ἐπὶ δικαίους εἰς σωτηρίαν. * λιμὸς * καὶ ῥομφαία καὶ θάνατος ἀπὸ δικαίων μακρὰν |
| Prop. | 8 | 1 | τοῦ Ῥουβὴν ἐν ἀγρῷ Βεθωμόρων ⟨προφητεύσας περὶ * λιμοῦ * καὶ ἐκθλίψεως θυσιῶν καὶ πάθους προφήτου δικαίου |
| Prop. | 10 | 4 | τότε Ἠλίας ἐλέγχων τὸν οἶκον Ἀχαὰβ καὶ καλέσας * λιμὸν * ἐπὶ τὴν γῆν ἔφυγεν. καὶ ἐλθὼν εὗρε τὴν χήραν μετὰ |
| Prop. | 10 | 4B | ἐλέγχων τὸν Ἀχαὰβ βασιλέα Σαμαρείας καὶ ἐκάλεσε * λιμὸν * μέγαν ἐπὶ τῆς γῆς ἔφυγεν ἐν τῇ ἐρήμῳ καὶ ἐτρέφετο |
| Prop. | 10 | 6 | διὰ τὴν φιλοξενίαν αὐτῆς. καὶ ἀναστὰς μετὰ τὸν * λιμὸν * ἦλθεν ἐν γῇ Ἰούδα. καὶ ἀποθανοῦσαν τὴν μητέρα |
| Sib. | 3 | 236 | κακὰ μυρία τίκτει θνητοῖς ἀνθρώποις πόλεμον καὶ * λιμὸν * ἄπειρον. τοῖσι δὲ μέτρα δίκαια πέλει κατ' ἀγρούς |
| Sib. | 3 | 317 | διὰ μέσον σεῖο+ σκορπισμὸς δέ τε καὶ θάνατος καὶ * λιμὸς * ἐφέξει ἑβδομάτῃ γενεῇ βασιλήων καὶ τότε παύσῃ. |
| Sib. | 3 | 332 | τοὺς μὲν ὑπὸ πτολέμου καὶ πάσης δαίμονος ὁρμῆς * λιμοῦ * καὶ λοιμοῦ ὑπό τ' ἐχθρῶν βαρβαροθύμων. γαῖα ⟨δ'⟩ |
| Sib. | 3 | 335 | δὲ δύσει ἀστὴρ λάμψει ὃν ἐροῦσι κομήτην ῥομφαίας * λιμοῦ * θανάτοιό τε σῆμα βροτοῖσιν ἡγεμόνων τε +φθορὰν+ |
| Sib. | 3 | 476 | Καμπανοῖς ἄραβος πέλεται διὰ τὸν +πολύκαρπον+ * λιμὸν * πουλυετεῖς δὲ (ἀποιμώξασα τοκῆα). Κύρνος καὶ Σαρδὼ |
| Sib. | 3 | 602 | ἀνθ' ὧν ἀθάνατος θήσει πάντεσσι βροτοῖσιν ἄτην καὶ * λιμὸν * καὶ πήματά τε στοναχάς τε καὶ πόλεμον καὶ λοιμὸν |
| Sib. | 3 | 754 | πόλεμος οὐδ' αὖτε κατὰ χθονὸς αὐχμὸς ἔτ' ἔσται οὐ * λιμὸς * καρπῶν τε κακορρέκτειρα χάλαζα ἀλλὰ μὲν εἰρήνη |
| Sib. | 4 | 73 | φέρουσα. αὐτὰρ ἐς Αἴγυπτον πολυαύλακα πυροφόρον τε * λιμὸς * ἀκαρπίη τε περιπλομένων ἐνιαυτῶν εἴκοσι φοιτήσει |
| Sib. | 4 | 151 | ὅσσα πεπύργωνται περικαλλέα πικρὸς ὀλέσσει * λιμὸς * ὅταν Μαίανδρος ἀποκρύψῃ μέλαν ὕδωρ. ἀλλ' ὅταν |
| Sib. | 5 | 469 | καὶ τότε θυμοβόροι μέροπες κατέδουσι γονῆας * λιμῷ * τειρόμενοι καὶ ἐδέσματα λαιφάσσονται. πάντων δ' ἐκ |
| FPho. | | 155 | χειρῶν. ⟨τέχνη ⟨γὰρ⟩ τρέφει ἄνδρα ἀεργὸν δ' ἴψατο * λιμός.⟩ * μὴ δ' ἄλλου παρὰ δαιτὸς ἔδοις σκυβάλισμα |
| HDem. | 9 21 | 12 | θυγατρὶ καὶ γεννῆσαι Μανασσῆν καὶ Ἐφραΐμ καὶ τοῦ * λιμοῦ * ἐπιγενέσθαι ἔτη δύο. τὸν δὲ Ἰωσὴφ ἔτη ἐννέα |
| HDem. | 9 21 | 17 | πάντα ἔτη ἐν γῇ Χαναὰν σ ι ε'. καὶ τῷ τρίτῳ ἔτει * λιμοῦ * οὔσης ἐν Αἰγύπτῳ ἐλθεῖν εἰς Αἴγυπτον τὸν Ἰακὼβ |
| HAno. | 9 17 | 6 | ὄντος τοῦ θεοῦ καὶ βασιλεύοντος λαβεῖν δῶρα. * λιμοῦ * δὲ γενομένου τὸν Ἀβραὰμ ἀπαλλαγῆναι εἰς Αἴγυπτον |
| FrAn. | 1 226 | 19 | πο⟨λλου - ειπε⟩ν συναγαγετε μοι τιχι οθε⟨ν - - * ⟩λιμος * δε αυτην παροδευε⟨ι - ⟩νη ποτε φθανει δε το α⟨ |
| FrAn. | 1 226 | 26 | μνησθεις του Ιακ⟨ωβ - - τη⟩ν γην εκαλυψε⟨ - - το⟩ν * λιμον * ευθυν⟨ - Φα⟩ραω επι του Ιω⟨σηφ - - μ⟩ακαρια⟨ - - |
| λίνεος | | | 4 |
| Asen. | 14 | 12 | καὶ τὰς χεῖράς σου ὕδατι ζῶντι καὶ ἔνδυσαι στολὴν * λινῆν * καινὴν ἄθικτον καὶ ἐπίσημον καὶ ζῶσαι τὴν ὀσφύν |
| Asen. | 14 | 14 | καὶ ἠνέῳξε τὸ κιβώτιον αὐτῆς καὶ ἔλαβε στολὴν * λινῆν * καινὴν ἐπίσημον ἄθικτον καὶ ἀπεδύσατο τὸν χιτῶνα |
| Asen. | 14 | 14 | ὀσφύος αὐτῆς καὶ ἐνεδύσατο τὴν στολὴν αὐτῆς τὴν * λινῆν * τὴν ἐπίσημον τὴν ἄθικτον καὶ ἐζώσατο τὴν ζώνην |
| Asen. | 14 | 15 | τὸ πρόσωπον αὐτῆς ὕδατι ζῶντι. καὶ ἔλαβε θέριστρον * λινοῦν * ἄθικτον καὶ ἐπίσημον καὶ κατεκάλυψε τὴν κεφαλὴν |
| λίνον | | | 1 |
| Sal. | 8 | 5 | μου ἐφοβήθη ἡ καρδία μου ἐταράχθη τὰ ὀστᾶ μου ὡς * λίνον. * εἶπα κατευθυνοῦσιν ὁδοὺς αὐτῶν ἐν δικαιοσύνῃ. |
| Λῖνος | | | 2 |
| FAch. | 109 | | ἀρξάμενος οὕτως. ἐπάκουσον τῶν ἐμῶν λόγων τέκνον * Λῖνε * δι' ὧν καὶ πρότερον παιδευθεὶς οὐ δικαίας μοι |
| FAch. | 110 | | ὁ Αἴσωπος πρὸς τὸν νεανίσκον ἀπεχωρίσθη. ὁ δὲ * Λῖνος * λυπούμενος ἐπὶ τῷ ἠδικηκέναι αὐτὸν καὶ διὰ λόγων |
| Λίνος | | | 1 |
| LAri. | 13 12 | 16 | καὶ γνῶσιν ἀληθείας λαμβάνομεν καθὼς προείρηται. * Λίνος * δέ φησιν οὕτως ἑβδομάτῃ δ' ἠοῖ τετελεσμένα πάντα |
| λινόστολος | | | 1 |
| Sib. | 5 | 492 | θεὸν ἐξύμνησαν. καὶ ⟨ποτε⟩ τῶν ἱερέων τις ἐρεῖ * λινόστολος * ἀνὴρ δεῦτε θεοῦ τέμενος καλὸν στήσωμεν |
| λιπαρός | | | 1 |
| Asen. | 22 | 6 | τῆς κλίνης αὐτοῦ καὶ αὐτὸς ἦν πρεσβύτης ἐν γήρει * λιπαρῷ. * καὶ εἶδεν αὐτὸν Ἀσενὲθ καὶ ἐθαμβήθη ἐπὶ τῷ |
| λίσσομαι | | | 4 |
| Sib. | 3 | 2 | μάκαρ οὐράνιε ὃς ἔχεις τὰ Χερουβὶμ+ ἱδρυμένος * λίτομαι * παναληθέα φημίξασαν παῦσον βαιόν με κέκμηκε γὰρ |
| Sib. | 3 | 296 | ἦεν. ἡνίκα δή μοι θυμὸς ἐπαύσατο ἔνθεον ὕμνον καὶ * λιτόμην * γενετῆρα μέγαν παύσασθαι ἀνάγκης καὶ πάλι μοι |
| Sib. | 3 | 716 | ἄξουσιν ἐν ὕμνοις δεῦτε πεσόντες ἅπαντες ἐπὶ χθονὶ * λισσώμεσθα * ἀθάνατον βασιλῆα θεὸν μέγαν ἀέναόν τε. |
| Sib. | 3 | 733 | ἀλλὰ τάλαιν' Ἑλλὰς ὑπερήφανα παῦε φρονοῦσα * λίσσεο * δ' ἀθάνατον μεγαλήτορα καὶ προφύλαξαι στεῖλον μὴ |
| λισσός | | | 1 |
| LThe. | 9 22 | 1 | ἄστυ νέρθεν ὑπὸ ῥίζῃ δεδμημένον ἀμφὶ δὲ τεῖχος * λισσὸν * ὑπώρειαν ὑποδέδρομεν αἰπύθεν ἕρκος. ἐνθένδε ξένε |
| λιτανεύω | | | 1 |
| Aris. | 227 | 6 | τὸ καθῆκον καὶ συμφέρον ἑαυτοῖς. δεῖ δὲ τὸν θεὸν * λιτανεύειν * ἵνα ταῦτ' ἐπιτελῆται τὰς γὰρ ἁπάντων διανοίας |
| λιτός | | | 1 |
| FPho. | | 81 | ἐπὶ πλεόνεσσι καθήκει. καλὸν ξεινίζειν ταχέως * λιταῖσι * τραπέζαις ἢ πλείσταις δολίαισι βραδυνούσαις παρὰ |
| λίτρα | | | 1 |
| TJud. | 3 | 3 | ἔμπροσθε καὶ ὄπισθεν ἐφ' ἵππου ἀνελόμενος λίθον * λιτρῶν * ξ' ἀκοντίσας ἔδωκα τῷ ἵππῳ καὶ ἀπέκτεινα αὐτόν. |
| λογίζομαι | | | 17 |
| Hen. | 99 | 2 | καὶ διαστρέφοντες τὴν αἰωνίαν διαθήκην καὶ * λογιζόμενοι * ἑαυτοὺς ἀναμαρτήτους ἐν τῇ γῇ |

TZab. 8 5 γίνεσθε τέκνα μου καὶ ἀγαπᾶτε ἀλλήλους καὶ μὴ * λογίζεσθε * ἕκαστος τὴν κακίαν τοῦ ἀδελφοῦ αὐτοῦ ὅτι τοῦτο
TZab. 9 7 ὑμᾶς ὅτι ἐλεήμων ἐστὶ καὶ εὔσπλαγχνος μὴ * λογιζόμενος * κακίαν τοῖς υἱοῖς τῶν ἀνθρώπων διότι σάρξ
TAser 1 7 δικαιοσύνη κἂν ἁμάρτῃ εὐθὺς μετανοεῖ. δίκαια γὰρ * λογιζόμενος * καὶ ἀπορρίπτων τὴν πονηρίαν ἀνατρέπει εὐθὺς
TBen. 3 6 ἡμῶν Ἰωσὴφ ἵνα προσεύξηται περὶ τῶν υἱῶν ἵνα μὴ * λογίσηται * αὐτοῖς ὁ κύριος εἴ τι ἐνεθυμήθησαν πονηρὸν
Asen. 11 10 καὶ μακρόθυμος καὶ πολυέλεος καὶ ἐπιεικὴς καὶ μὴ * λογιζόμενος * ἁμαρτίαν ἀνθρώπου ταπεινοῦ καὶ μὴ ἐλέγχων
Sal. 1 3 ⟨εἶπα⟩ ἐπακούσεταί μου ὅτι ἐπλήσθην δικαιοσύνης. * ἐλογισάμην * ἐν καρδίᾳ μου ὅτι ἐπλήσθην δικαιοσύνης ἐν τῷ
Sal. 2 28 ἦν ὁ θάπτων ὅτι ἐξουθένωσεν αὐτὸν ἐν ἀτιμίᾳ. οὐκ * ἐλογίσατο * ὅτι ἄνθρωπός ἐστιν καὶ τὸ ὕστερον οὐκ
Sal. 2 28 ἐλογίσατο ὅτι ἄνθρωπός ἐστιν καὶ τὸ ὕστερον οὐκ * ἐλογίσατο * εἶπεν ἐγὼ κύριος γῆς καὶ θαλάσσης ἔσομαι καὶ
Sal. 16 5 σοι ὁ θεὸς ὅτι ἀντελάβου μου εἰς σωτηρίαν καὶ οὐκ * ἐλογίσω * με μετὰ τῶν ἁμαρτωλῶν εἰς ἀπώλειαν. μὴ ἀποστήσῃς
Bar. 4 12 εὑρισκομένων φυτῶν. εὗρε δὲ καὶ τὸ κλῆμα καὶ λαβὼν * ἐλογίζετο * ἐν ἑαυτῷ τί ἄρα ἐστίν. καὶ ἐλθὼν ἐγὼ εἶπον
Esdr. 3 9 ὑπὸ τῶν ἀγγέλων μου. καὶ εἶπεν ὁ προφήτης κύριε εἰ * ἐλογίζου * ταῦτα διά τί ἔπλασας τὸν ἄνθρωπον; σὺ εἶπας
Sedr. 16 6 τις συγγράψει τὸν λόγον τοῦτον τὸν θαυμαστὸν οὐ μὴ * λογισθῇ * ἁμαρτία αὐτοῦ εἰς τὸν αἰῶνα τοῦ αἰῶνος. καὶ
Job 24 1 τίνος καθέζῃ ἐπὶ τῆς κοπρίας ἔξωθεν τῆς πόλεως * λογιζόμενος * ἔτι μικρὸν καὶ ἐκδεχόμενος τὴν ἐλπίδα τῆς
Aris. 141 2 καταφεύγει. τοῖς δὲ παρ' ἡμῶν ἐν οὐδενὶ ταῦτα * λελόγισται * περὶ δὲ τῆς τοῦ θεοῦ δυναστείας δι' ὅλου τοῦ
Aris. 211 4 ὑπερήφανον καὶ ἄσχημόν τι ἐπιθυμῆσαι εἰ καλῶς * λογίζοιο * πάντα γάρ σοι πάρεστιν ὅσα δέον. ὁ θεὸς δὲ
Aris. 267 5 δικαιοσύνην ὡς καὶ ποιεῖς θεοῦ σοι διδόντος εὖ * λογίζεσθαι. * φιλοφρονηθεὶς δὲ τούτῳ πρὸς τὸν ἕτερον εἶπεν

λογικός 1

TLevi 3 6 τῶν δικαίων. προσφέρουσι δὲ κυρίῳ ὀσμὴν εὐωδίας * λογικὴν * καὶ ἀναίμακτον προσφοράν. ἐν δὲ τῷ ὑποκάτω εἰσίν

λόγιον 5

TLevi 8 2 ἱερατείας καὶ τὸν στέφανον τῆς δικαιοσύνης καὶ τὸ * λόγιον * τῆς συνέσεως καὶ τὸν ποδήρη τῆς ἀληθείας καὶ τὸ
Aris. 97 3 χρώμασιν. ἐπὶ δὲ τοῦ στήθους φορεῖ τὸ λεγόμενον * λόγιον * ἐν ᾧ συνεσφιγμένοι λίθοι δεκαδύο διαλλάσσοντες
Aris. 158 5 τῶν πυλῶν καὶ θυρῶν προστέταχε μὲν ἡμῖν τιθέναι τὰ * λόγια * πρὸς τὸ μνείαν εἶναι θεοῦ καὶ ἐπὶ τῶν χειρῶν δὲ
Aris. 177 5 μᾶλλον μέγιστον δὲ τῷ θεῷ οὗτινός ἐστι τὰ * λόγια * ταῦτα. ὁμοθυμαδὸν δὲ πάντων εἰπόντων ὑπὸ μίαν
LThe. 9 22 8 δ' αὐτὸν συγκάταινον ἐπὶ τὴν πρᾶξιν παρορμῆσαι * λόγιον * προφερόμενον τὸν θεὸν ἀνελεῖν φάμενον τοῖς

λόγιος 2

Aris. 6 3 τὴν ἀναγραφὴν ἣν μετελάβομεν παρὰ τῶν κατὰ τὴν * λογιωτάτην * Αἴγυπτον λογιωτάτων ἀρχιερέων περὶ τοῦ γένους
Aris. 6 3 μετελάβομεν παρὰ τῶν κατὰ τὴν λογιωτάτην Αἴγυπτον * λογιωτάτων * ἀρχιερέων περὶ τοῦ γένους τῶν Ἰουδαίων.

λογισμός 4

TLevi 18 2B052 ποιεῖν ἔναντι κυρίου ἀπὸ πάσης σαρκὸς κατὰ τὸν * λογισμὸν * τῶν ξύλων ἐπιδέχου οὕτως ὡς σοὶ ἐντέλλομαι καὶ
Job 21 4 γαμετῇ μου ὡς δουλίδι. καὶ μετὰ ταῦτα ἀνελάμβανον * λογισμὸν * μακρόθυμον. καὶ μετὰ ἕνδεκα ἔτη καὶ αὐτὸν τὸν
FMan. 2 23 3 ἐκ τῆς θλίψεως αὐτοῦ. καὶ παρελογίσατο Ἀμὼς * λογισμὸν * παραβάσεως κακὸν καὶ εἶπεν ὁ πατήρ μου ἐκ
LPhi. 9 20 1 ἅμματι δεσμῶν παμφαὲς πλήμμυρε μεγαυχήτοισι * λογισμοῖς * θειοφιλῆ θέλγητρα. λιπόντι γὰρ ἀγλαὸν ἕρκος

λόγος 211

Adam 21 2 μυστήριον. ὅτε δὲ ἦλθεν ὁ πατὴρ ὑμῶν εἶπον αὐτῷ * λόγους * παρανομίας οἵτινες κατήγαγον ἡμᾶς ἀπὸ μεγάλης
Adam 23 4 σοι τοῦ φυλάξαι αὐτήν; τότε Ἀδὰμ ἐμνήσθη τοῦ * λόγου * οὗ ἐλάλησα αὐτῷ ὅτε ἤθελον ἀπατῆσαι αὐτὸν ὅτι
Adam 25 4 ἀλλὰ καὶ πάλιν ἐπιστρέψεις. διὰ τοῦτο ἐκ τῶν * λόγων * σου κρινῶ σε διὰ τὴν ἔχθραν ἣν ἔθετο ὁ ἐχθρὸς ἐν
Adam 29 10 ἐν τῷ ὕδατι ἕως τοῦ τραχήλου. καὶ μὴ ἐξέλθῃ * λόγος * ἐκ τοῦ στόματός σου ἀνάξιοι γὰρ ἔσμεν καὶ τὰ χείλα
Hen. 1 1 * λόγος * εὐλογίας Ἑνὼχ καθὼς εὐλόγησεν ἐκλεκτοὺς δικαίους
Hen. 1 2 τοῦ ἁγίου (καὶ) τοῦ οὐρανοῦ. ἔδειξέν μοι καὶ ἀπὸ * λόγων * ἁγίων ἤκουσα ἐγὼ καὶ ὡς ἤκουσα παρ' αὐτῶν πάντα
Hen. 1 9 ἀσεβείας αὐτῶν ὧν ἠσέβησαν καὶ σκληρῶν ὧν ἐλάλησαν * λόγων * (καὶ περὶ πάντων ὧν κατελάλησαν) κατ' αὐτοῦ
Hen. 5 3 καὶ οὐκ ἀλλοιοῦσιν αὐτῶν τὰ ἔργα ἀπὸ τῶν * λόγων * αὐτοῦ. ὑμεῖς δὲ οὐκ ἐνεμείνατε οὐδὲ ἐποιήσατε κατὰ
Hen. 5 4 ἀπέστητε καὶ κατελαλήσατε μεγάλους καὶ σκληροὺς * λόγους * ἐν στόματι ἀκαθαρσίας ὑμῶν κατὰ τῆς μεγαλωσύνης
Hen. 12 1 εἰς πάσας τὰς γενεὰς τῶν ἀνθρώπων. πρὸ τούτων τῶν * λόγων * ἐλήμφθη Ἑνὼχ καὶ οὐδεὶς τῶν ἀνθρώπων ἔγνω ποῦ
Hen. 13 10 ἃς εἶδον κατὰ τοὺς ὕπνους καὶ ἠρξάμην λαλεῖν τοὺς * λόγους * τῆς δικαιοσύνης ἐλέγχων τοὺς ἐγρηγόρους τοῦ
Hen. 14 1 ἐλέγχων τοὺς ἐγρηγόρους τοῦ οὐρανοῦ. βίβλος * λόγων * δικαιοσύνης καὶ ἐλέγξεως ἐγρηγόρων τῶν ἀπὸ τοῦ
Hen. 14 22 μυρίαι μυριάδες ἑστήκασιν ἐνώπιον αὐτοῦ καὶ πᾶς * λόγος * αὐτοῦ ἔργον. καὶ οἱ ἅγιοι τῶν ἀγγέλων οἱ
Hen. 14 24 με καὶ εἶπέν μοι πρόσελθε ὧδε Ἑνὼχ καὶ τὸν * λόγον * μου ἄκουσον. καὶ προσελθών μοι εἷς τῶν ἁγίων
Hen. 97 6 ταῦτα. ⟨καὶ ἀναγνωσθήσο⟩νται ⟨πάντες⟩ οἱ * λόγοι * τῶν ἀνομιῶν ὑμῶν ἐν⟨ώπιον⟩ τοῦ μεγάλου ἁγίου κατὰ
Hen. 98 14 οὐ μὴ ὀρυγῇ. οὐαὶ ὑμῖν οἱ βουλόμενοι ἀκυρῶσαι τοὺς * λόγους * τῶν δικαίων οὐ μὴ γένηται ὑμῖν ἐλπὶς σωτηρίας.
Hen. 98 15 ὑμῖν ἐλπὶς σωτηρίας. οὐαὶ ὑμῖν οἱ γράφοντες * λόγους * ψευδεῖς καὶ λόγους πλανήσεως αὐτοὶ γράφουσιν καὶ
Hen. 98 15 οὐαὶ ὑμῖν οἱ γράφοντες λόγους ψευδεῖς καὶ * λόγους * πλανήσεως αὐτοὶ γράφουσιν καὶ πολλοὺς
Hen. 99 2 εἰς ἀγαθόν. οὐαὶ ὑμῖν οἱ ἐξαλλοιοῦντες τοὺς * λόγους * τοὺς ἀληθινοὺς καὶ διαστρέφοντες τὴν αἰωνίαν
Hen. 99 10 καὶ τότε μακάριοι πάντες οἱ ἀκούσαντες φρονίμων * λόγους * καὶ μαθήσονται αὐτοὺς ποιῆσαι τὰς ἐντολὰς τοῦ
Hen. 100 6 καὶ κατανοήσουσιν οἱ υἱοὶ τῆς γῆς ἐπὶ τοὺς * λόγους * τούτους τῆς ἐπιστολῆς ταύτης καὶ γνώσονται ὅτι οὐ
Hen. 100 9 ὑμῶν. οὐαὶ ὑμῖν πᾶσιν τοῖς ἁμαρτωλοῖς ἐπὶ τοῖς * λόγοις * τοῦ στόματος ὑμῶν καὶ ἐπὶ τοῖς ⟨ἔργοις⟩ τῶν
Hen. 104 9 καρδίᾳ ὑμῶν μηδὲ ψεύδεσθε μηδὲ ἐξαλλοιώσητε τοὺς * λόγους * τῆς ἀληθείας μηδὲ καταψεύδεσθε τῶν ⟨λόγων τοῦ⟩
Hen. 104 9 τοὺς λόγους τῆς ἀληθείας μηδὲ καταψεύδεσθε τῶν * ⟨λόγων * τοῦ⟩ ἁγίου καὶ μὴ δότε ἔπαινον ταῖς ⟨εἰκόσιν
Hen. 104 11 ἐπὶ τοῖς ὀνόμασιν αὐτῶν καὶ ὄφελον πάντας τοὺς * λόγους * μου γράφωσιν ἐπ' ἀληθείας ἐπὶ τὰ ὀνόματα αὐτῶν
Hen. 104 11 αὐτῶν καὶ μήτε ἀφέλωσιν μήτε ἀλλοιώσωσιν τῶν * λόγων * τούτων ἀλλὰ πάντα ἐπ' ἀληθείας γράφωσιν ἃ ἐγὼ
Hen. 106 13 γὰρ τῇ γενεᾷ Ἰάρεδ τοῦ πατρός μου παρέβησαν τὸν * λόγον * κυρίου ἀπὸ τῆς διαθήκης τοῦ οὐρανοῦ. καὶ ἰδοὺ
Hen. 107 3 καὶ οὐ ψευδῶς. καὶ ὅτε ἤκουσεν Μαθουσάλεκ τοὺς * λόγους * Ἑνὼχ τοῦ πατρὸς αὐτοῦ μυστηριακῶς γὰρ ἐδήλωσεν
Abr.1 5 13 ὁ ἀδελφὸς ὁ ἐπιξενισθεὶς ἡμῖν σήμερον μήτι φάσιν * λόγου * ἤνεγκε περὶ Λὼτ τοῦ ἀδελφοῦ σου ⟨τοῦ οἰκοῦντος ἐν
Abr.1 9 4 λέγει ὁ Ἀβραὰμ ὅτι κύριε κύριε ἐν παντὶ ἔργῳ καὶ * λόγῳ * ὃ ᾐτησάμην παρά σου ἐποίησας καὶ ἔδωκάς μοι κατὰ
Abr.1 9 6 τὴν οἰκουμένην καὶ τὰ ποιήματα ⟨πάντα⟩ ὅσα διὰ * λόγου * ἑνὸς συνεστήσω δέσποτα καὶ ὅτε ἴδω ταῦτα τότε καὶ
Abr.1 10 7 ἐκ τοῦ δρυμοῦ καὶ καταφάγωσιν αὐτούς. καὶ ἅμα τῷ * λόγῳ * αὐτοῦ ἐξῆλθον θηρία ἐκ τοῦ δρυμοῦ καὶ κατέφαγον
Abr.1 10 11 ἐκ τοῦ οὐρανοῦ καὶ καταφάγηται αὐτοὺς καὶ ἅμα τῷ * λόγῳ * αὐτοῦ κατῆλθεν πῦρ ἐκ τοῦ οὐρανοῦ καὶ κατέφαγεν
Abr.1 13 8 καὶ νῦν ἐπὶ ἑνὸς ἢ δύο μαρτύρων οὐκ ἀσφαλίζεται * λόγος * ἀλλ' ἐπὶ τριῶν μαρτύρων σταθήσεται πᾶν ῥῆμα οἱ δὲ
Abr.1 14 11 θηρία καὶ οὓς ποτε κατέφαγεν τὸ πῦρ διὰ τοὺς ἐμοὺς * λόγους * νῦν ἔγνωκα ἐγὼ ὅτι ἥμαρτον ἐνώπιον τοῦ θεοῦ δεῦρο
Abr.1 15 11 μή σε ἀκολουθήσω. ἀκούσας δὲ ὁ ἀρχιστράτηγος τοὺς * λόγους * τούτους εὐθέως ἐξῆλθεν ἐκ προσώπου τοῦ Ἀβραὰμ
Abr.1 20 2 λέγει ὁ θάνατος ἀμὴν ἀμὴν λέγω σοι ἐν ἀληθείᾳ θεοῦ * λόγου * ὅτι ἑβδομήκοντα δύο εἰσὶν θάνατοι καὶ εἷς μὲν
Abr.2 4 10 σώματος αὐτοῦ κἀγὼ κύριε οὐκ ἐτόλμησα αὐτῷ ἐκφάναι * λόγον * ὅτι φίλος σού ἐστιν καὶ δίκαιος ἄνθρωπος ξένους
Abr.2 4 12 μὴ ἐγὼ αὐτῷ εἴπω μεγάλη γὰρ συντομή ἐστιν οὗτος ὁ * λόγος * ὅτι οὐκ ἐξέρχῃ ἐν σώματι μάλιστα σὺ κύριε ἐξ ἀρχῆς
TRub. 3 5 πνεῦμα ψεύδους ἐν ἀπωλείᾳ καὶ ζήλῳ τοῦ πλάττειν * λόγους * καὶ κρύπτειν λόγους αὐτοῦ ἀπὸ γένους καὶ οἰκείων
TRub. 3 5 ἀπωλείᾳ καὶ ζήλῳ τοῦ πλάττειν λόγους καὶ κρύπτειν * λόγους * αὐτοῦ ἀπὸ γένους καὶ οἰκείων ἕβδομον πνεῦμα
TSim. 1 1 διαθηκη Συμεων. περι φθονου. ἀντίγραφον * λόγων * Συμεὼν ἃ ἐλάλησε τοῖς υἱοῖς αὐτοῦ πρὸ τοῦ θανεῖν
TSim. 2 11 καὶ ἐποίησα μῆνας πέντε ὀργιζόμενος αὐτῷ ἐπὶ τῷ * λόγῳ * τούτῳ. καίγε συνεπόδισέ με ὁ θεὸς καὶ ἐκώλυσεν ἀπ'
TSim. 4 6 αὐτῷ. πάσας τὰς ἡμέρας οὐκ ὠνείδισεν ἡμᾶς περὶ τοῦ * λόγου * τούτου ἀλλ' ἠγάπησεν ἡμᾶς ὡς τὴν ψυχὴν αὐτοῦ καὶ
TLevi 1 1 Λευι. περι ιερωσυνης και υπερηφανιας. ἀντίγραφον * λόγων * Λευὶ ὅσα διέθετο τοῖς υἱοῖς αὐτοῦ πρὸ τῆς τελευτῆς
TLevi 2 3B009 σοι καὶ εὑρεῖν χάριν ἐνώπιόν σου καὶ αἰνεῖν τοὺς * λόγους * σου μετ' ἐμοῦ κύριε καὶ μὴ κατισχυσάτω με πᾶς
TLevi 2 3B018 Λευὶ γενέσθαι σοι ἐγγὺς καὶ μέτοχον ποίησον τοῖς * λόγοις * σου ποιεῖν κρίσιν ἀληθινὴν εἰς πάντα τὸν αἰῶνα
TLevi 6 2 ἐγγὺς Γεβὰλ ἐκ δεξιῶν Ἀβιλὰ καὶ συνετήρουν τοὺς * λόγους * τούτους ἐν τῇ καρδίᾳ μου. ἐγὼ συνεβούλευσα τῷ
TLevi 9 2 με ὁ πατὴρ τοῦ πατρός μου κατὰ πάντας τοὺς * λόγους * τῶν ὁράσεών μου ὧν εἶδον καὶ οὐκ ἠθέλησε
TLevi 16 2 τὰς θυσίας μιανεῖτε καὶ τὸν νόμον ἀφανίσετε καὶ * λόγους * προφητῶν ἐξουθενώσετε ἐν διαστροφῇ διώξετε ἄνδρας
TLevi 16 2 ἄνδρας δικαίους καὶ εὐσεβεῖς μισήσετε ἀληθινῶν * λόγους * βδελύξεσθε καὶ ἄνδρα ἀνακαινοποιοῦντα νόμον ἐν
TLevi 18 2 τότε ἐγερεῖ κύριος ἱερέα καινὸν ᾧ πάντες οἱ * λόγοι * κυρίου ἀποκαλυφθήσονται καὶ αὐτὸς ποιήσει κρίσιν
TLevi 18 2B048 καὶ ὁλκῆς μιᾶς. καὶ νῦν τέκνον μου ἄκουσον τοὺς * λόγους * μου καὶ ἐνωτίσαι τὰς ἐντολάς μου καὶ μὴ
TLevi 18 2B048 καὶ ἐνωτίσαι τὰς ἐντολάς μου καὶ μὴ ἀποστήτωσαν οἱ * λόγοι * μου οὗτοι ἀπὸ τῆς καρδίας σου ἐν πάσαις ταῖς
TLevi 19 3 αὐτοῦ καὶ μάρτυς ἐγὼ καὶ μάρτυρες ὑμεῖς περὶ τοῦ * λόγου * τοῦ στόματος ὑμῶν. καὶ εἴπομεν μάρτυρες. καὶ οὕτως
TJud. 1 1 ανδρειας και φιλαργυριας και πορνειας. ἀντίγραφον * λόγων * Ἰουδὰ ὅσα ἐλάλησε τοῖς υἱοῖς αὐτοῦ πρὸ τοῦ
TJud. 1 4 νεότητί μου καὶ ὑπήκουον τῷ πατρί μου κατὰ πάντα * λόγον * καὶ εὐλόγουν τὴν μητέρα μου καὶ τὴν ἀδελφὴν τῆς
TJud. 12 1 αὕτη ἀπέθανεν ἐν πονηρίᾳ υἱῶν αὐτῆς. μετὰ δὲ τοὺς * λόγους * τούτους χηρευούσης τῆς Θαμὰρ μετὰ δύο ἔτη
TJud. 12 6 με. καλέσας δὲ αὐτὴν ἤκουσα καὶ τοὺς ἐν μυστηρίῳ * λόγους * οὓς καθεύδων σὺν αὐτῇ ἐν τῇ μέθῃ μου ἐλάλησα καὶ
TJud. 13 1 τέκνα τοῦ πατρὸς ὑμῶν καὶ φυλάξατε πάντας τοὺς * λόγους * μου τοῦ ποιεῖν τὰ δικαιώματα κυρίου καὶ ὑπακούειν
TJud. 16 3 εἰ δὲ ⟨μὴ⟩ μηδὲ ὅλως πίετε ἵνα μὴ ἁμάρτητε ἐν * λόγοις * ὕβρεως καὶ μάχης καὶ συκοφαντίας καὶ παραβάσεως
TJud. 17 4 μοι κύριος ἐν ὑπακοῇ πατρός. οὐδέποτε γὰρ ἐλύπησα * λόγον * Ἰακὼβ τοῦ πατρός μου ὅτι πάντα ὅσα εἶπεν ἐποίουν.
TJud. 18 5 οὐ μέμνηται καὶ προφήτῃ λαλοῦντι οὐχ ὑπακούει καὶ * λόγῳ * εὐσεβείας προσοχθίζει. δύο γὰρ πάθη ἐναντία τῶν
TIss. 1 1 διαθηκη Ισαχαρ. περι απλοτητος. ἀντίγραφον * λόγων * Ἰσαχάρ. καλέσας τοὺς υἱοὺς αὐτοῦ εἶπεν αὐτοῖς
TZab. 9 9 Ἰερουσαλὴμ ὄνομα αὐτῷ. καὶ πάλιν ἐν πονηρίᾳ * λόγων * ὑμῶν παροργίσετε αὐτὸν καὶ ἀπορριφήσεσθε ἕως
TDan 1 1 διαθηκη Δαν. περι θυμου και ψευδους. ἀντίγραφον * λόγων * Δὰν ὧν εἶπε τοῖς υἱοῖς αὐτοῦ ἐπ' ἐσχάτων τῶν
TDan 1 2 καλέσας τὴν πατριὰν αὐτοῦ εἶπεν ἀκούσατε υἱοὶ Δὰν * λόγων * μου προσέχετε ῥήμασι στόματος τοῦ πατρὸς ὑμῶν.
TDan 4 2 τὴν δύναμιν τοῦ θυμοῦ ὅτι ματαία ἐστίν. ἐν γὰρ * λόγῳ * παροξύνει πρῶτον εἶτα ἐν ἔργοις δυναμοῖ τὸν
TNep. 1 5 αὐτοῦ ἀκούσατε τέκνα μου υἱοὶ Νεφθαλὶμ ἀκούσατε * λόγους * πατρὸς ὑμῶν. ἐγὼ ἐγεννήθην ἀπὸ Βάλλας καὶ ὅτι ἐν
TNep. 2 6 οὕτω καὶ ὁ ὕπνος αὐτοῦ ὡς ἡ ψυχὴ αὐτοῦ οὕτω καὶ ὁ * λόγος * αὐτοῦ ἢ ἐν νόμῳ κυρίου ἢ ἐν νόμῳ Βελιάρ. καὶ ὡς

| | | | | | | |
|---|---|---|---|---|---|---|
| TNep. | | 3 | 1 | ἐν πλεονεξίᾳ διαφθεῖραι τὰς πράξεις ὑμῶν ἢ ἐν | * λόγοις * | κενοῖς ἀπατᾶν τὰς ψυχὰς ὑμῶν ὅτι σιωπῶντες ἐν |
| TNep. | | 7 | 4 | σε. ἐποίησε δὲ καὶ ἡμᾶς δακρῦσαι ἐπὶ τοῖς | * λόγοις * | αὐτοῦ τούτοις. καὶ ἐκαιόμην τοῖς σπλάγχνοις |
| TGad | | 1 | 8 | τῷ πατρὶ ἡμῶν. καὶ ἐνεκότουν τῷ Ἰωσὴφ περὶ τοῦ | * λόγου * | τούτου ἕως ἡμέρας διαπράσεως αὐτοῦ εἰς Αἴγυπτον. |
| TGad | | 3 | 1 | ἀνόμημα ἐν Ἰσραήλ. καὶ νῦν ἀκούσατε τέκνα μου | * λόγους * | ἀληθείας τοῦ ποιεῖν δικαιοσύνην καὶ πάντα νόμον |
| TGad | | 4 | 2 | τὸν κύριον ἀνομίαν ποιεῖ. οὐ γὰρ θέλει ἀκούειν | * λόγων * | ἐντολῶν αὐτοῦ περὶ ἀγάπης τοῦ πλησίον καὶ εἰς τὸν |
| TGad | | 6 | 1 | τῶν καρδιῶν ὑμῶν ἀγαπῶντες ἀλλήλους ἐν ἔργῳ καὶ | * λόγῳ * | καὶ διανοίᾳ ψυχῆς. ἐγὼ γὰρ κατὰ πρόσωπον τοῦ πατρὸς |
| TJos. | | 1 | 7 | καὶ ἔλυσέ με ἐν διαβολαῖς καὶ συνηγόρησέ μοι ἐν | * λόγοις * | Αἰγυπτίων πικροῖς καὶ ἐρρύσατό με ἐν φθόνοις |
| TJos. | | 3 | 3 | ἐμὲ καὶ ἔσῃ ὡς δεσπότης ἡμῶν. ἐγὼ οὖν ἐμνησκόμην | * λόγους * | πατρός μου Ἰακὼβ καὶ εἰσερχόμενος εἰς τὸ |
| TJos. | | 3 | 6 | σφόδρα ἀδιαλείπτως ἐνόχλει μοι καὶ ἐν νυκτὶ εἰσῄει | * λόγῳ * | ἐπισκέψεως πρός με. καὶ τὰ μὲν πρῶτα ὅτι τέκνον |
| TJos. | | 4 | 1 | αὐτῆς τῆς πονηρᾶς. ποσάκις ὡς ἁγίῳ ἀνδρὶ ἐν | * λόγοις * | ἐκολάκευσέ με μετὰ δόλου διὰ ῥημάτων ἐπαινοῦσα |
| TJos. | | 4 | 4 | ἐκ τῆς Αἰγυπτίας. ὡς δὲ οὐδὲν ἴσχυσε πάλιν ἐπὶ | * λόγῳ * | κατηχήσεως ἤρχετο πρός με μαθεῖν λόγον κυρίου. καὶ |
| TJos. | | 4 | 4 | πάλιν ἐπὶ λόγῳ κατηχήσεως ἤρχετο πρός με μαθεῖν | * λόγον * | κυρίου. καὶ ἔλεγέ μοι εἰ θέλεις ἵνα καταλίπω τὰ |
| TJos. | | 10 | 4 | ὡς κἀμέ. πάντως γὰρ ὁ ἄνθρωπος ἢ ἐν ἔργῳ ἢ ἐν | * λόγῳ * | ἢ ἐν διανοίᾳ συνέχεται. γινώσκουσιν οἱ ἀδελφοί μου |
| TJos. | | 13 | 1 | ἐστιν ἐπ᾽ αὐτῷ. ὁ δὲ Πετεφρῆς πεισθεὶς τοῖς | * λόγοις * | αὐτῆς ἐκέλευσεν ἀχθῆναι τὸν μετάβολον καὶ λέγει |
| TJos. | | 13 | 4 | γυμνὸν τύπτεσθαι αὐτόν. ἐπιμένοντος δὲ αὐτοῦ τοῖς | * λόγοις * | λέγει ὁ Πετεφρῆς ἀχθήτω ὁ νεανίσκος. καὶ |
| TJos. | | 14 | 2 | ἐλεύθερον τιμωρεῖς ὡς ἀδικήσαντα. ὡς δὲ οὐκ ἤλλαξα | * λόγον * | τυπτόμενος ἐκέλευσε φυλακισθῆναί με ἕως οὗ ἔλθωσι |
| TBen. | | 1 | 1 | Βενιαμιν. περι διανοιας καθαρας. ἀντίγραφον | * λόγων * | Βενιαμὶν ὧν διέθετο τοῖς υἱοῖς αὐτοῦ ζήσας ἔτη |
| TBen. | | 9 | 1 | ὑπονοῶ δὲ καὶ πράξεις ἐν ὑμῖν οὐ καλὰς ἔσεσθαι ἀπὸ | * λόγων * | Ἐνὼχ τοῦ δικαίου. πορνεύσετε γὰρ πορνείαν Σοδόμων |
| TBen. | | 11 | 4 | ἁγίαις ἔσται ἀναγραφόμενος καὶ τὸ ἔργον καὶ ὁ | * λόγος * | αὐτοῦ καὶ ἔσται ἐκλεκτὸς θεοῦ ἕως τοῦ αἰῶνος. καὶ |
| TBen. | | 12 | 1 | τὰ ὑστερήματα τῆς φυλῆς σου. καὶ ὡς ἐπλήρωσε τοὺς | * λόγους * | αὐτοῦ εἶπεν ἐντέλλομαι ὑμῖν τέκνα μου ἀνενέγκατε |
| Asen. | | 12 | 2 | σου. ὅτι σὺ κύριε ἐλάλησας καὶ ἐζωογονήθησαν ὅτι ὁ | * λόγος * | σου κύριε ζωή ἐστι πάντων τῶν κτισμάτων σου. πρός |
| Asen. | | 24 | 5 | παισὶν αὐτοῦ ἀπόστητε δὴ μικρὸν ἀπ᾽ ἐμοῦ διότι | * λόγος * | μοί ἐστι κρυπτὸς πρὸς τοὺς ἄνδρας τούτους. καὶ |
| Asen. | | 24 | 17 | ἡμῶν. καὶ ἐλάλησαν αὐτῷ πάντας τοὺς ἐν κρυφῇ αὐτῶν | * λόγους * | λέγοντες δὸς ἡμῖν ἄνδρας <δυνατοὺς εἰς πόλεμον>. |
| Asen. | | 29 | 5 | πατρὶ αὐτοῦ Φαραὼ καὶ διηγήσατο αὐτῷ πάντας τοὺς | * λόγους * | τούτους. καὶ ἀνέστη Φαραὼ ἀπὸ τοῦ θρόνου αὐτοῦ |
| Sal. | | 4 | 2 | παροργίζων τὸν θεὸν Ισραηλ; περισσὸς ἐν | * λόγοις * | περισσὸς ἐν σημειώσει ὑπὲρ πάντας ὁ σκληρὸς ἐν |
| Sal. | | 4 | 2 | περισσὸς ἐν σημειώσει ὑπὲρ πάντας ὁ σκληρὸς ἐν | * λόγοις * | κατακρῖναι ἁμαρτωλοὺς ἐν κρίσει καὶ ἡ χεὶρ αὐτοῦ |
| Sal. | | 4 | 9 | ἐν εὐσταθείᾳ ὡς ὄφις διαλῦσαι σοφίαν ἀλλήλων ἐν | * λόγοις * | παρανόμων. οἱ λόγοι αὐτοῦ παραλογισμοὶ εἰς πρᾶξιν |
| Sal. | | 4 | 10 | διαλῦσαι σοφίαν ἀλλήλων ἐν λόγοις παρανόμων. οἱ | * λόγοι * | αὐτοῦ παραλογισμοὶ εἰς πρᾶξιν ἐπιθυμίας ἀδίκου οὐκ |
| Sal. | | 4 | 11 | οἶκον ἕνεκεν ἐπιθυμίας παρανόμου παρελογίσατο ἐν | * λόγοις * | ὅτι οὐκ ἔστιν ὁρῶν καὶ κρίνων ἐπλήσθη ἐν |
| Sal. | | 4 | 12 | οἱ ὀφθαλμοὶ αὐτοῦ ἐπ᾽ οἶκον ἕτερον ὀλεθρεῦσαι ἐν | * λόγοις * | ἀναπτερώσεως. οὐκ ἐμπίπλαται ἡ ψυχὴ αὐτοῦ ὡς ᾅδης |
| Sal. | | 12 | 2 | λαλούσης ψευδῆ καὶ δόλια. ἐν ποικιλίᾳ στροφῆς οἱ | * λόγοι * | τῆς γλώσσης ἀνδρὸς πονηροῦ ὥσπερ ἐν λαῷ πῦρ |
| Sal. | | 16 | 10 | διαφύλαξον. τὴν γλῶσσάν μου καὶ τὰ χείλη μου ἐν | * λόγοις * | ἀληθείας περίστειλον ὀργὴν καὶ θυμὸν ἄλογον |
| Sal. | | 17 | 24 | πᾶσαν ὑπόστασιν αὐτῶν ὀλεθρεῦσαι ἔθνη παράνομα ἐν | * λόγῳ * | στόματος αὐτοῦ ἐν ἀπειλῇ αὐτοῦ φυγεῖν ἔθνη ἀπὸ |
| Sal. | | 17 | 25 | ἔθνη ἀπὸ προσώπου αὐτοῦ καὶ ἐλέγξαι ἁμαρτωλοὺς ἐν | * λόγῳ * | καρδίας αὐτῶν. καὶ συνάξει λαὸν ἅγιον οὗ ἀφηγήσεται |
| Sal. | | 17 | 35 | τὰ ἔθνη ἐνώπιον αὐτοῦ ἐν φόβῳ. πατάξει γὰρ γῆν τῷ | * λόγῳ * | τοῦ στόματος αὐτοῦ εἰς αἰῶνα εὐλογήσει λαὸν κυρίου |
| Sal. | | 17 | 36 | ἐλέγξαι ἄρχοντας καὶ ἐξᾶραι ἁμαρτωλοὺς ἐν ἰσχύι | * λόγου. * | καὶ οὐκ ἀσθενήσει ἐν ταῖς ἡμέραις αὐτοῦ ἐπὶ θεῷ |
| Sal. | | 17 | 43 | ἐν συναγωγαῖς διακρινεῖ λαοῦ φυλὰς ἡγιασμένου οἱ | * λόγοι * | αὐτοῦ ὡς λόγοι ἁγίων ἐν μέσῳ λαῶν ἡγιασμένων. |
| Sal. | | 17 | 43 | διακρινεῖ λαοῦ φυλὰς ἡγιασμένου οἱ λόγοι αὐτοῦ ὡς | * λόγοι * | ἁγίων ἐν μέσῳ λαῶν ἡγιασμένων. μακάριοι οἱ |
| Jer. | | 5 | 21 | εὐαγγελίσασθαι αὐτοῖς καὶ κατηχῆσαι αὐτοὺς τὸν | * λόγον. * | εὐθὺς δὲ ἀκούσας Ἀβιμέλεχ παρὰ τοῦ γηραιοῦ |
| Jer. | | 6 | 11 | κυρίου ἦλθε καὶ λέγει τῷ Βαροὺχ ἅπαντας τοὺς | * λόγους * | τούτους ὁ σύμβουλος τοῦ φωτὸς μὴ μεριμνήσῃς τὸ |
| Jer. | | 6 | 19 | πρός με τὸν ἄγγελον αὐτοῦ καὶ εἶπέ μοι τοὺς | * λόγους * | τούτους οὓς ἀπέστειλα πρός σε. οὗτοι οὖν εἰσὶν οἱ |
| Jer. | | 6 | 20 | τούτους οὓς ἀπέστειλα πρός σε. οὗτοι οὖν εἰσὶν οἱ | * λόγοι * | οὓς εἶπε κύριος ὁ θεὸς Ἰσραὴλ ὁ ἐξαγαγὼν ἡμᾶς ἐκ |
| Jer. | | 9 | 17 | καὶ εὐλογήσει τὰς νήσους τοῦ ποιῆσαι καρπὸν ἐν τῷ | * λόγῳ * | τοῦ στόματος τοῦ χριστοῦ αὐτοῦ. αὐτὸς γὰρ ἐλεύσεται |
| Bar. | | 1 | 7 | ὁ θεὸς ὅτι ἐὰν ὑποδείξῃς μοι καὶ ἀκούσω παρά σου | * λόγον * | οὐ μὴ προσθήσω ἔτι λαλῆσαι προσθήσει ὁ θεὸς ἐν τῇ |
| Bar. | | 5 | 1 | εἶπον ἐγὼ Βαροὺχ πρὸς τὸν ἄγγελον ἐπερωτῶ σε ἕνα | * λόγον * | κύριε ἐπειδὴ εἶπές μοι ὅτι πίνει ὁ δράκων ἐκ τῆς |
| Bar. | | 16 | 4 | τῶν ἐκκλησιῶν μου καὶ ὕβρισται τῶν ἱερέων τῶν τοὺς | * λόγους * | μου κηρυττόντων αὐτοῖς. καὶ ἅμα τῷ λόγῳ ἐκλείσθη |
| Bar. | | 17 | 1 | τῶν τοὺς λόγους μου κηρυττόντων αὐτοῖς. καὶ ἅμα τῷ | * λόγῳ * | ἐκλείσθη ἡ θύρα καὶ ἡμεῖς ἀνεχωρήσαμεν. καὶ λαβὼν |
| Prop. | | 21 | 3 | μὴ δειλιάσῃς ἔσται γὰρ ἡ οἴκησις αὐτοῦ φῶς καὶ ὁ | * λόγος * | αὐτοῦ ἀπόφασις καὶ κρινεῖ τὸν Ἰσραήλ. τὰ δὲ |
| Esdr. | | 1 | 1 | αποκαλυψις Εσδραμ. | * λόγος * | καὶ ἀποκάλυψις τοῦ ἁγίου προφήτου Ἔσδρὰμ καὶ |
| Sedr. | | | 1 | αποκαλυψις Σεδραχ. τοῦ ἁγίου καὶ μακαρίου Σεδρὰχ | * λόγος * | περὶ ἀγάπης καὶ περὶ μετανοίας καὶ ὀρθοδόξων |
| Sedr. | | 7 | 4 | ἐλεεινὸς ἄνθρωπος. <λέγει αὐτῷ ὁ θεός> τί ἀπέβαλες | * λόγους * | πρός με Σεδράχ; ἐγὼ ἔπλασα τὸν Ἀδὰμ καὶ τὴν |
| Sedr. | | 7 | 8 | μὴ ἀποδώσῃς; πῶς ἐστιν δέσποτα; τῆς θεότητός σου ὁ | * λόγος * | οὐδέποτε ψεύδεται καὶ διά τί ἀποδίδως τὸν |
| Sedr. | | 8 | 5 | δέσποτά μου. λέγει ὁ θεὸς τὸν Σεδρὰχ ἐρωτῶ σε ἕνα | * λόγον * | Σεδρὰχ ἐάν μοι εἴπῃς καλῶς με συμαχᾷ σε εἰ καί |
| Sedr. | | 13 | 6 | αὐτὸν συντόμως. λέγει αὐτὸν ὁ σωτὴρ ἐρωτῶ σε ἕνα | * λόγον * | Σεδρὰχ ἀγαπητέ μου εἶτα ἀναιτήσεις με ἐὰν |
| Sedr. | | 14 | 10 | τὴν κόλασιν; καὶ <οὐκ ἤκουσαν> ἀποστόλων οὔτε ἐμοῦ | * λόγου * | ἐν τοῖς εὐαγγελίοις καὶ λυποῦσιν τοὺς ἀγγέλους μου |
| Sedr. | | 16 | 6 | ἀναψύξεως καὶ ἀναπαύσεως καὶ εἴ τις συγγράψει τὸν | * λόγον * | τοῦτον τὸν θαυμαστὸν οὐ μὴ λογισθῇ ἁμαρτία αὐτοῦ |
| Job | | 1 | 1 | διαθηκη ιωβ. βιβλος | * λόγων * | Ιωβ τοῦ καλουμένου Ιωβαβ. ἐν ᾗ γὰρ ἡμέρᾳ νοσήσας |
| Job | | 36 | 5 | ἀλλ᾽ εἰ ἀληθῶς ἐν τούτῳ τυγχάνεις, ἐρωτήσω σε | * λόγον, * | καὶ ἐὰν ἀποκριθῇς μοι πρὸς τὸ πρῶτον νουνεχῶς, |
| Job | | 41 | 5 | τότε Ἐλιους ἐμπνευσθεὶς ἐν τῷ Σατανᾷ ἐξεῖπέν μοι | * λόγους * | θρασεῖς, οἵτινες ἀναγεγραμμένοι εἰσὶν ἐν τοῖς |
| Aris. | | 14 | 8 | ἀπελάβομεν καθὼς προδεδήλωται τοιούτοις ἐχρησάμεθα | * λόγοις * | πρὸς τὸν βασιλέα μήποτε ἄλογον ᾖ ἐλέγχεσθαι ὑπ᾽ |
| Aris. | | 15 | 4 | μεταγράψαι ἐπινοοῦμεν ἀλλὰ καὶ διερμηνεῦσαι τίνα | * λόγον * | ἕξομεν πρὸς ἀποστολὴν ἐν οἰκετίαις ὑπαρχόντων ἐν |
| Aris. | | 18 | 2 | εἶχον ἐλπίδα περὶ σωτηρίας ἀνθρώπων προτιθέμενος | * λόγον * | ὅτι τὴν ἐπιτέλειαν ὁ θεὸς ποιήσει τῶν ἀξιουμένων ϐ |
| Aris. | | 55 | 3 | βραχύμετρα καθέστηκεν ἀλλὰ φαίνεται πρός τινα | * λόγον * | εἶπεν οὕτως συνεστηκέναι τοῖς μέτροις. ἔτι γὰρ |
| Aris. | | 113 | 3 | κατασκευὴν τῆς πόλεως καὶ τῶν κωμῶν ἔθεντο κατὰ | * λόγον. * | πολὺ δὲ πλῆθος καὶ τῶν ἀρωμάτων καὶ λίθων |
| Aris. | | 143 | 2 | νομικῶς. τὸ γὰρ καθόλου πάντα πρὸς τὸν φυσικὸν | * λόγον * | ὅμοια καθέστηκεν ὑπὸ μιᾶς δυνάμεως οἰκονομούμενα |
| Aris. | | 143 | 3 | δυνάμεως οἰκονομούμενα καὶ καθ᾽ ἓν ἕκαστον ἔχει | * λόγον * | βαθὺν ἀφ᾽ ὧν ἀπεχόμεθα κατὰ τὴν χρῆσιν καὶ οἷς |
| Aris. | | 144 | 2 | ἐπιδραμών σοι σημανῶ. μὴ γὰρ εἰς τὸν καταπεπτωκότα | * λόγον * | ἔλθῃς ὅτι μυῶν καὶ γαλῆς ἢ τῶν τοιούτων χάριν |
| Aris. | | 160 | 3 | μελετᾶν τὰς τοῦ θεοῦ κατασκευὰς οὐ μόνον | * λόγῳ * | ἀλλὰ καὶ διαλήψει θεωροῦντας τὴν κίνησιν καὶ |
| Aris. | | 161 | 5 | νενομοθέτηται πρὸς δ᾽ ἀλήθειαν καὶ σημείωσιν ὀρθοῦ | * λόγου. * | διατάξας γὰρ ἐπὶ βρωτῶν καὶ ποτῶν καὶ τῶν κατὰ |
| Aris. | | 162 | 3 | μηθὲν εἰκῇ μήτε πράσσειν μήτε ἀκούειν μήτε τῇ τοῦ | * λόγου * | δυναστείᾳ συγχρωμένους ἐπὶ τὴν ἀδικίαν τρέπεσθαι. |
| Aris. | | 166 | 3 | ἐστιν ὅσα γὰρ δι᾽ ἀκοῆς λαβόντες ταῦτα τῷ | * λόγῳ * | σωματοποιήσαντες κακοῖς ἑτέρους ἐνεκύλισαν |
| Aris. | | 168 | 2 | ἀπωλείᾳ ἀνόσιος. ὁ δὲ νόμος ἡμῶν κελεύει μήτε | * λόγῳ * | μήτε ἔργῳ μηδένα κακοποιεῖν. καὶ περὶ τούτων οὖν |
| Aris. | | 169 | 3 | οὖν καὶ τῶν ἀκαθάρτων ἑρπετῶν καὶ κνωδάλων καὶ πᾶς | * λόγος * | ἀνατείνει πρὸς δικαιοσύνην καὶ τὴν τῶν ἀνθρώπων |
| Aris. | | 171 | 2 | καὶ περὶ τούτων οὖν νομίζω τὰ τῆς ὁμιλίας ἄξια | * λόγου * | καθεστάναι διὸ τὴν σεμνότητα καὶ φυσικὴν διάνοιαν |
| Aris. | | 191 | 4 | ἀποτυγχανόντων; ὁ δὲ εἶπεν εἰ πᾶσιν ἴσος γένοιο τῷ | * λόγῳ * | καὶ μηδὲν ὑπερηφάνως μηδὲ τῇ περὶ σεαυτὸν ἰσχύι |
| Aris. | | 200 | 6 | ὡς δέον ἐστὶν ἀποκέκρινται πάντες ἀπὸ θεοῦ τοῦ | * λόγου * | τὴν καταρχὴν ποιούμενοι. Μενέδημος δὲ ὁ Ἐρετριεὺς |
| Aris. | | 201 | 4 | ἐστιν ἄνθρωπος ἀκολουθεῖ πᾶσαν δυναστείαν καὶ | * λόγου * | καλλονὴν ἀπὸ θεοῦ κατάρχεσθαι. τοῦ δὲ βασιλέως |
| Aris. | | 215 | 5 | κατ᾽ ἀρετὴν συντηρῶν οὔτε χαρίζεσθαι προαιρῇ παρὰ | * λόγον * | οὐδὲ ἐξουσίᾳ χρώμενος τὸ δίκαιον αἴρεις. ἐπὶ |
| Aris. | | 225 | 4 | πάντας ἀνθρώπους εὔνοιαν καὶ κατεργασάμενος φιλίας | * λόγον * | οὐθενὸς ἂν ἔχοις τὸ δὲ κεχαριτῶσθαι πρὸς πάντας |
| Aris. | | 235 | 4 | δὲ τῶν φιλοσόφων. καὶ γὰρ ταῖς ἀγωγαῖς καὶ τῷ | * λόγῳ * | πολὺ προέχοντες αὐτῶν ἦσαν ὡς ἂν ἀπὸ θεοῦ τὴν |
| Aris. | | 244 | 2 | πρὸς ἄλλον εἶπε πῶς ἂν προχείρως ἔχοι τὸν ὀρθὸν | * λόγον; * | ὁ δὲ εἶπεν εἰ τὰ τῶν ἀνθρώπων ἀτυχήματα διὰ |
| Aris. | | 255 | 5 | καὶ <τὰ> βλαβερὰ τῶν κατὰ τὸ ἐναντίον τοῦ | * λόγου * | διάστημα ἵνα πρὸς ἕκαστον ἐπινοήσαντες ὦμεν εὖ |
| Aris. | | 266 | 2 | δὲ αὐτὸν ἑτέρου διεπυνθάνετο τί πέρας ἐστὶ | * λόγου; * | κἀκεῖνος δὲ ἔφησε τὸ πεῖσαι τὸν ἀντιλέγοντα διὰ |
| Aris. | | 268 | 6 | γὰρ καὶ κακῶν ἀπολελυμένοις οὐχ ὑπογράφει λύπην ὁ | * λόγος * | ἀλλὰ ἐφ᾽ ἑαυτοὺς ἀναφέροντες καὶ τὸ πρὸς ἑαυτοὺς |
| Aris. | | 293 | 4 | καὶ τῶν παρόντων ἁπάντων καὶ τῶν εἰρημένων | * λόγων. * | ἐπὶ πᾶσι δὲ εἶπε τὰ μέγιστά μοι γέγονεν ἀγαθὰ |
| Aris. | | 297 | 5 | διόπερ ἐπειράθην ἀποδεξάμενος αὐτῶν τὴν τοῦ | * λόγου * | δύναμιν παρὰ τῶν ἀναγραφομένων ἕκαστα τῶν |
| Sib. | | 3 | | ἐκ τοῦ δευτέρου | * λόγου * | περὶ θεοῦ. +ὑψιβρεμέτα μάκαρ οὐράνιε ὃς ἔχεις τὰ |
| Sib. | | 3 | 20 | οὐρανίου μεγάλοιο θεοῦ κόσμον κρατέοντος; ὃς | * λόγῳ * | ἔκτισε πάντα καὶ οὐρανὸν ἠδὲ θάλασσαν ἠέλιόν τ᾽ |
| Sib. | | 3 | 70 | ἀνόμους τε καὶ ἄλλους ἀνέρας οἵτινες +οὔπω θεοῦ | * λόγον+ * | εἰσήκουσαν. ἀλλ᾽ ὁπόταν μεγάλοιο θεοῦ πελάσωσιν |
| Sib. | | 3 | 365 | πάντα τελεῖται. Σμύρνης δ᾽ ὀλλυμένης οὐδεὶς | * λόγος. * | ἔκδικος ἔσται ἀλλὰ κακαῖς βουλῇσι καὶ ἡγεμόνων |
| Sib. | | 3 | 498 | ἀνοίγοντες στόμ᾽ ἄναγνον καὶ δεινοὺς διέθεντο | * λόγους * | ψευδεῖς τ᾽ ἀδίκους τε κάστησαν κατέναντι θεοῦ |
| Sib. | | 3 | 715 | σαλεύσεται ἤμασι κείνοις ἡδὺν ἀπὸ στομάτων δὲ | * λόγον * | ἄξουσιν ἐν ὕμνοις δεῦτε πεσόντες ἅπαντες ἐπὶ χθονὶ |
| Sib. | | 4 | | ὥστ᾽ ἀπ᾽ ἐμοῦ στόματος τάδ᾽ ἀληθινὰ πάντα λελέχθω. | * λόγος * | τέταρτος. κλῦτε λεὼς Ἀσίης μεγαλαυχέος Εὐρώπης τε |
| Sib. | | 4 | 156 | ἀτάσθαλα καὶ κακὰ ἔργα εὐσεβέων δ᾽ οὐδεὶς ποιῇ | * λόγον * | ἀλλὰ καὶ αὐτοὺς πάντας ὑπ᾽ ἀφροσύνης μέγα νήπιοι |
| Sib. | | 5 | | ὦ μακαριστὸς ἐκεῖνον ὃς ἐς χρόνον ἔσσεται ἀνήρ. | * λόγος * | πέμπτος. ἀλλ᾽ ἄγε μοι στονόεντα χρόνον κλύε |
| Sib. | | 5 | 78 | πολλὰ μάλ᾽ ἄλλυδις ἄλλα φοβούμενοι οἷς | * λόγος * | οὐδεὶς οὐ νοῦς οὐκ ἀκοὴ ἅτε μοι θέμις οὐδ᾽ |
| Sib. | | 5 | 446 | ἥξεις ὧν εἵνεκα λύτρα πέπομφας+ δώσεις δ᾽ ἀντὶ | * λόγων * | σκολιῶν πικρὸν λόγον ἐχθροῖς. ἔσται δ᾽ ὑστατίῳ |
| Sib. | | 5 | 446 | πέπομφας+ δώσεις δ᾽ ἀντὶ λόγων σκολιῶν πικρὸν | * λόγον * | ἐχθροῖς. ἔσται δ᾽ ὑστατίῳ καιρῷ ξηρός ποτε πόντος |
| FMos. | 1 | 154 | 1 | τρίτον ὄνομα ἐν οὐρανῷ μετὰ τὴν ἀνάληψιν Μελχί. | * λόγῳ * | μόνῳ ἀνελεῖν τὸν Αἰγύπτιον. καὶ διαδοχεύσει <ἐπ᾽> |
| FJub. | | 3 | 21 | ξύλου λαβεῖν καὶ φαγεῖν καὶ μὴ προσχεῖν ὅλως τῷ | * λόγῳ * | τῆς Εὔας ὅτι λειποθυμῶν ἦν ἀπό τε μόχθου καὶ |
| FIsa. | | 1 | 2 | καὶ Ἰασοὺμ τοῦ υἱοῦ αὐτοῦ. παρέδωκεν αὐτῷ τοὺς | * λόγους * | οὓς αὐτὸς εἶδεν καὶ τὴν κατάβασιν καὶ ἐξέλευσιν |
| FIsa. | | 1 | 2 | ᾅδην καὶ τὴν μεταμόρφωσιν ἣν μετεμορφώθη καὶ τοὺς | * λόγους * | οὓς αὐτὸς ὁ βασιλεὺς εἶδεν ἐν τῇ ἀρρωστίᾳ αὐτοῦ. |
| FIsa. | 1 | 2 | 6 | Σαδὼκ τοῦ ἐπὶ τῶν πραγματειῶν. καὶ οἱ λοιποὶ | * λόγοι * | ἰδοὺ γεγραμμένοι εἰσ<ὶν ἐ>ν τοῖς βίβλοις τῶν |

FIsa. 1 3 4 ἐφοβεῖτο. καὶ εὑρέθη ἐν τῷ χρόνῳ Ἐζεκίου λαλῶν * λόγους * ἀνομίας ἐν Ἰερουσαλὴμ καὶ κατηγορήθη ὑπὸ τῶν
FIsa. 1 3 7 τὸν Ἰούδαν καὶ τὸν Βενιαμεὶν αὐτοὶ μισοῦσιν καὶ ὁ * λόγος * αὐτῶν κακὸς ἐπὶ τὸν Ἰούδαν καὶ τὸν Ἰσραήλ. καὶ
FIsa. 1 3 12 καὶ τῶν συμβούλων τοῦ βασιλέως καὶ ἤρεσαν αὐτῷ οἱ * λόγοι * τοῦ Βελχειρὰ καὶ ἀπέστειλεν καὶ ἐκράτησεν τὸν
FMan. 2 22 12 σὺν παντὶ τῷ κόσμῳ αὐτῶν ὁ πεδήσας τὴν θάλασσαν τῷ * λόγῳ * τοῦ προστάγματός σου ὁ κλείσας τὴν ἄβυσσον καὶ
FBar. 13 2 ανα)στα επι τους πο(δας σου Βαρουχ και ακουε) τον * λογον * ἴσχυ(ρου θεου) )οπη(-- )τα εθνη κα(--
FBar. 14 2 εθνη εν εκεινοις) τοις καιροις οι(ς--- ους ειπες) * λογους * και τι π(λεον εν τουτω η τινα χει)ρονα
FEsd. 7 103 ἀδίκων ἀλλ' ἕκαστος ὑπὲρ τοῦ οἰκείου ἔργου τὸν * λόγον * ἀπαιτηθήσεται. οὗ τὸ βλέμμα ξηραίνει ἀβύσσους καὶ
FAch. 104 ἐνακμᾶται. ὁ δὲ νεανίσκος βαρέως φέρων τοὺς * λόγους * τοῦ Αἰσώπου καταπεισθεὶς ὑπὸ τῶν φίλων ψεῦδος
FAch. 108 παρέσχεν. ὁ δὲ λαβὼν τὸν νεανίσκον διέθηκεν διὰ * λόγων * (ἐνουθέτει) ἀρξάμενος οὕτως. ἐπάκουσον τῶν ἐμῶν
FAch. 109 (ἐνουθέτει) ἀρξάμενος οὕτως. ἐπάκουσον τῶν ἐμῶν * λόγων * τέκνον Λῖνε δι' ὧν καὶ πρότερον παιδευθεὶς σὺ
FAch. 110 Λῖνος λυπούμενος ἐπὶ τῷ ἠδικηκέναι αὐτὸν καὶ διὰ * λόγων * μεμαστιγῶσθαι ἀποκαρτερήσας τοῦ βίου ἀπέληξεν. ὁ
FAch. 119 πρὸς τὸν Αἴσωπον ἡμεῖς ἀπεστάλημεν ἀπὸ τοῦ θεοῦ * λόγους * τινὰς πρός σε ἀναγγεῖλαι (ὅπως αὐτοὺς διαλύσῃς).
FPho. 20 δίδου μὴ θλῖβε πένητα. γλώσσῃ νοῦν ἐχέμεν κρυπτὸν * λόγον * ἐν φρεσὶν ἴσχειν. μήτ' ἀδικεῖν ἐθέλῃς μήτ' οὖν
FPho. 124 εὐεπίην ἀσκεῖν ἥτις μάλα πάντας ὀνήσει. ὅπλον τοι * λόγος * ἀνδρὶ τομώτερόν ἐστι σιδήρου ὅπλον ἑκάστωι νεῖμε
FPho. 128 κέρα ἔσσεν κέντρα μελίσσαις ἔμφυτον ἄλκαρ ἔδωκε * λόγον * δ' ἔρυμ' ἀνθρώποισιν. (τῆς δὲ θεοπνεύστου σοφίης
FPho. 129 δ' ἔρυμ' ἀνθρώποισιν. (τῆς δὲ θεοπνεύστου σοφίης * λόγος * ἐστὶν ἄριστος.) βέλτερος ἀλκήεντος ἔφυ
IOrp. 6 ἐν στήθεσσι φανέντα φίλης αἰῶνος ἀμέρσῃ εἰς δὲ * λόγον * θεῖον βλέψας τούτῳ προσέδρευε ἰθύνων κραδίης
IOrp. 9 δ' ἐσόρα κόσμοιο ἄνακτα ἀθάνατον. παλαιὸς δὲ * λόγος * περὶ τοῦδε φαείνει εἷς ἔστ' αὐτογενὴς ἑνὸς ἔκγονα
IOrp. 41 ἀρχὴν αὐτὸς ἔχων καὶ μέσσην ἠδὲ τελευτὴν ὡς * λόγος * ἀρχαίων ὡς ὑδογενὴς διέταξεν ἐκ θεόθεν γνώμησι
HArt. 9 27 11 ἅπαντας. τὸν δὲ Χενεφρῆν λυθέντος τοῦ πολέμου * λόγῳ * μὲν αὐτὸν ἀποδέξασθαι ἔργῳ δὲ ἐπιβουλεύειν.
LEze. 9 29 8 04 ἐφέστηκας πέλει ὁ δ' ἐκ βάτου σοι θεῖος ἐκλάμπει * λόγος. * θάρσησον ὦ παῖ καὶ λόγων ἄκου' ἐμῶν ἰδεῖν γὰρ
LEze. 9 29 8 05 βάτου σοι θεῖος ἐκλάμπει λόγος. θάρσησον ὦ παῖ καὶ * λόγων * ἄκου' ἐμῶν ἰδεῖν γὰρ ὄψιν τὴν ἐμὴν ἀμήχανον θνητὸν
LEze. 9 29 8 07 ἰδεῖν γὰρ ὄψιν τὴν ἐμὴν ἀμήχανον θνητὸν γεγῶτα τῶν * λόγων * δ' ἔξεστί σοι ἐμῶν ἀκούειν τῶν ἕκατ' ἐλήλυθα. ἐγὼ
LEze. 9 29 8 14 δούλων ἐμῶν. ἀλλ' ἕρπε καὶ σήμαινε τοῖς ἐμοῖς * λόγοις * πρῶτον μὲν αὐτοῖς πᾶσιν Ἑβραίοις ὁμοῦ ἔπειτα
LEze. 9 29 9 02 γλῶσσα δ' ἐστί μοι δύσφραστος ἰσχνόφωνος ὥστε μὴ * λόγους * ἐμοὺς γενέσθαι βασιλέως ἐναντίον. Ἀάρωνα πέμψω
LAri. 8 10 1 καὶ περίπατος ἐπὶ τῆς θείας δυνάμεως ἃ τεύξεται * λόγου * καθήκοντος καὶ οὐκ ἀντιδοξήσει τοῖς προειρημένοις
LAri. 8 10 3 λέγειν ὁ νομοθέτης ἡμῶν Μωσῆς ἐφ' ἑτέρων πραγμάτων * λόγους * ποιούμενος λέγω δὲ τῶν κατὰ τὴν ἐπιφάνειαν
LAri. 8 10 11 ποταμοί. καὶ πάλιν ἐπὶ τῶν ζῴων ὁ αὐτός ἐστι * λόγος. * οὐ γὰρ ἄνθρωπος ἔσται θηρίον οὐδὲ θηρίον
LAri. 8 10 12 τις ἐξηγήσαιτο βουλόμενος συντηρεῖν τὸν περὶ θεοῦ * λόγον. * δηλοῦται γὰρ ὡς τὸ ὄρος ἐκαίετο πυρὶ καθώς φησιν
LAri. 13 12 3 τούτων. δεῖ γὰρ λαμβάνειν τὴν θείαν φωνὴν οὐ ῥητὸν * λόγον * ἀλλ' ἔργων κατασκευὰς καθὼς καὶ διὰ τῆς νομοθεσίας
LAri. 13 12 3 νομοθεσίας ἡμῖν ὅλην τὴν γένεσιν τοῦ κόσμου θεοῦ * λόγους * εἴρηκεν ὁ Μωσῆς. συνεχῶς γάρ φησιν ἐφ' ἑκάστου
LAri. 13 12 4 ἔτι δὲ καὶ Ὀρφεὺς ἐν ποιήμασι τῶν κατὰ τὸν Ἱερὸν * Λόγον * αὐτῷ λεγομένων οὕτως ἐκτίθεται περὶ τοῦ
LAri. 13 12 12 αὐτὴν ἔννομον ἕνεκεν σημείου τοῦ περὶ ἡμᾶς ἑβδόμου * λόγου * καθεστῶτος ἐν ᾧ γνῶσιν ἔχομεν ἀνθρωπίνων καὶ θείων
LAri. 13 12 15 ψυχὴν λήθης καὶ κακίας ἐν τῷ κατὰ ἀλήθειαν ἑβδόμῳ * λόγῳ * καταλιμπάνεται τὰ προειρημένα καὶ γνῶσιν ἀληθείας
FrAn. 574 3029 ὅτι ἐπεύχομαι ἅγιον θεὸν ἐπὶ αμμωνιψεντανχω. * λόγος * ὁρκίζω σε λαβρειᾳ ιακουθ αβλαναθαναλβα ακραμμ.
FrAn. 574 3030 ὁρκίζω σε λαβρειᾳ ιακουθ αβλαναθαναλβα ακραμμ. * λόγος * αωθ ιαθαβαθρα χαχθαβραθα χαμυνχελ αβρωωθ σὺ
FrAn. 574 3072 τῷ ὀνόματι αὐτοῦ τῷ ἁγίῳ ιαεωβαφρενεμουν. * λόγος * ὃν τρέμει γέννα πυρὸς καὶ φλόγες περιφλογίζουσι
FrAn. 574 3084 προσώπου καὶ ἐκκριθήσεται. φύλασσε καθαρός. ὁ γὰρ * λόγος * ἐστὶν ἑβραϊκὸς καὶ φυλασσόμενος παρὰ καθαροῖς

λόγχη 1
SIb. 3 688 ἄφρονι θυμῷ πάντες ἐφορμηθέντες ἐφ' Ἱερὸν ἦρατε * λόγχας. * καὶ κρινεῖ πάντας πολέμῳ θεὸς ἠδὲ μαχαίρῃ καὶ

λοιβή 1
SIb. 3 576 Ὑψίστοιο οἳ ναὸν μεγάλοιο θεοῦ περικυδανέουσιν * λοιβῇ * τε κνίσσῃ τ' ἠδ' αὖθ' ἱεραῖς ἑκατόμβαις ταύρων

λοίγιος 1
LThe. 9 22 9 οὐδὲ δίκας ἐδίκαζον ἀνὰ πτόλιν οὐδὲ θέμιστας * λοίγια * δ' ὠρώρει τοῖσιν μεμελημένα ἔργα. τὸν οὖν Λευὶν

λοιδορία 1
TBen. 6 4 ἀνθρώπων καὶ πάντα δόλον ἢ ψεῦδος μάχην καὶ * λοιδορίαν * οὐκ οἶδεν κύριος γὰρ ἐν αὐτῷ κατοικεῖ καὶ

λοίδορος 1
TBen. 5 4 τις ἄνδρα ὅσιον μετανοεῖ ἐλεεῖ γὰρ ὁ ὅσιος τὸν * λοίδορον * καὶ σιωπᾷ. κἂν τις ψυχὴν δικαίαν προδοίη καὶ ὁ

λοιμός 10
TJud. 23 3 ἐθνῶν ἀνθ' ὧν ἄξει κύριος ἐφ' ὑμᾶς λιμὸν καὶ * λοιμὸν * θάνατον καὶ ῥομφαίαν ἐκδικοῦσαν πολιορκίαν καὶ
SIb. 3 266 ἀλλ' ἄρα καὶ τούτοις κακὸν ἔσσεται οὐδὲ φύγονται * λοιμόν. * καὶ σὺ δὲ κάρτα λιπὼν περικαλλέα σηκὸν φεύξῃ
SIb. 3 332 ὑπὸ πτολέμου καὶ πάσης δαίμονος ὁρμῆς λιμοῦ καὶ * λοιμοῦ * ὑπό τ' ἐχθρῶν βαρβαροθύμων. γαῖα (δ') ἔρημος
SIb. 3 538 Ἑλλάδι πάσῃ πᾶσι δ' ὁμοῦ πόλεμός τε βροτοῖς καὶ * λοιμὸς * ἐπέσται χάλκειόν τε μέγαν τεύξει θεὸς οὐρανὸν
SIb. 3 567 ἐκφεύξῃ πολέμοιο δυσηχέος ἠδὲ φόβοιο καὶ * λοιμοῦ * καὶ δοῦλον ὑπεκφεύξῃ ζυγὸν αὖτις. ἀλλὰ μέχρις γε
SIb. 3 603 λιμὸν καὶ πήματά τε στοναχάς τε καὶ πόλεμον καὶ * λοιμὸν * ἰδ' ἄλγεα δακρυόεντα οὕνεκεν ἀθάνατον γενέτην
SIb. 3 633 θεοῦ μήνιμα φύλαξαι ὁππότε κεν πάντεσσι βροτοῖς * λοιμοῖο * τελευτὴ ἔλθῃ καὶ φοβεροῖο δίκης (τε)τύχωσι
SIb. 4 142 τεαῖς ὑπὸ δούρασι πίπτῃς. καὶ Κύρρον τότε * λοιμὸς * ὀλεῖ καὶ φύλοπις αἰνή. αἰαῖ Κύπρε τάλαινα σέ δὲ
SIb. 5 248 πῆμα. ἀλλ' ὁπόταν Περσὶς γαῖ' ἀπόσχηται πτολέμοιο * λοιμοῦ * τε στοναχῆς τε τότ' ἔσσεται ἤματι κείνῳ Ἰουδαίων
LEze. 9 29 12 09 πολλοὺς κακώσει. μετὰ δὲ ταῦτ' ἔσται πάλιν * λοιμὸς * θανοῦνται δ' οἷς ἔνεστι καρδία σκληρά. πικράνω δ'

λοιπός 56
Hen. 7B 1 τότε ἡ γῆ ἐνέτυχεν κατὰ τῶν ἀνόμων. οὗτοι καὶ οἱ * λοιποὶ * πάντες ἐν τῷ χιλιοστῷ ἑκατοστῷ ἑβδομηκοστῷ ἔτει
Hen. 10 11 εἶπεν Μιχαὴλ πορεύου καὶ δήλωσον Σεμιαζᾷ καὶ τοῖς * λοιποῖς * τοῖς σὺν αὐτῷ ταῖς γυναιξὶν μιγεῖσιν μιανθῆναι
Abr.1 7 10 τὸν ἀρχιστράτηγον ὦ θαῦμα θαυμάτων καινότερον καὶ * λοιπὸν * σὺ εἶ ὁ μέλλων λαβεῖν τὴν ψυχήν μου ἀπ' ἐμοῦ; καὶ
Abr.1 13 7 θεοῦ τῶν ἁπάντων κριθήσεται πᾶς ἄνθρωπος καὶ τότε * λοιπὸν * τῆς κρίσεως ἐκείνης τὸ τέλος ἐγγὺς καὶ φοβερὰ ἡ
Abr.1 13 8 ἐγγὺς καὶ φοβερὰ ἡ ἀπόφασις καὶ ὁ λύων οὐδεὶς καὶ * λοιπὸν * διὰ τριῶν βημάτων γίνεται ἡ κρίσις τοῦ κόσμου καὶ
TRub. 3 6 καρδίας αὐτοῦ ἡ γὰρ ἀδικία συνεργεῖ τοῖς * λοιποῖς * πνεύμασι διὰ τῆς δωροληψίας. ἐπὶ πᾶσι τούτοις τὸ
TSim. 3 6 πνεῦμα ἀπ' αὐτοῦ καὶ γίνεται ἡ διάνοια κούφη καὶ * λοιπὸν * συμπαθεῖ τῷ φθονουμένῳ καὶ οὐ καταγινώσκει τῶν
TJud. 16 2 πίνητε μὴ αἰδούμενοι καὶ ἀποστῇ ὁ τοῦ θεοῦ φόβος * λοιπὸν * γίνεται μέθη καὶ παρεισέρχεται ἡ ἀναισχυντία. εἰ
TNep. 8 9 αὐτῶν ἁμαρτίαν παρέχουσιν. οὕτως ἐστὶ καὶ ἐπὶ τῶν * λοιπῶν * ἐντολῶν. γίνεσθε οὖν σοφοὶ ἐν θεῷ καὶ φρόνιμοι
Asen. 2 6 καὶ ἦν ἐν αὐτῷ πάντα τὰ ἀγαθὰ τῆς γῆς. καὶ τοὺς * λοιποὺς * ἑπτὰ θαλάμους εἶχον ἑπτὰ παρθένοι μία ἑκάστη ἕνα
Asen. 24 10 ὁ πατήρ μου καὶ εἶπεν αὐτῷ καλῶς εἴρηκας τέκνον. * λοιπὸν * λαβὲ παρ' ἐμοῦ ἄνδρας δυνατοὺς εἰς πόλεμον καὶ
Asen. 24 20 ἄνδρες καὶ ἐντεῦθεν τοῦ χειμάρρου ἐπανέμειναν οἱ * λοιποὶ * καὶ ἐκάθισαν καὶ αὐτοὶ ἐν τῇ ὕλῃ τοῦ καλάμου
Asen. 28 6 καὶ μὴ ἀποδιδόντες κακὸν ἀντὶ κακοῦ τινι ἀνθρώπῳ. * λοιπὸν * γενοῦ ἵλεως τοῖς δούλοις σου δέσποινα ἐνώπιον
Asen. 28 14 ὑμῶν Ἰσραὴλ καὶ ἔφυγον μηκόθεν ἀπὸ προσώπου ὑμῶν. * λοιπὸν * συγγνώμην αὐτοῖς ἀπονείματε. καὶ ἦλθε πρὸς αὐτὴν
Bar. 1 7 ἐν τῇ ἡμέρᾳ τῆς κρίσεως κρίσιν ἐμοὶ ἐὰν λαλήσω τοῦ * λοιποῦ. * καὶ εἶπέν μοι ὁ ἄγγελος τῶν δυνάμεων δεῦρο καὶ
Bar. 8 4 αὐτὸν καὶ τὰς ἀκτῖνας αὐτοῦ ἐπὶ τῆς γῆς. καὶ * λοιπὸν * καθ' ἑκάστην ἡμέραν οὕτως ἀνακαινίζεται. καὶ
Bar. 10 10 καρποὺς ἐνεργοῦν ἐκ τούτου ἐστίν. ἴσθι οὖν τοῦ * λοιποῦ * ὅτι ἐκ τούτου ἐστὶν ὃ λέγεται δρόσος τοῦ οὐρανοῦ.
Sedr. 14 4 οἶδας ὅτι ὁ προφήτης μου Δαυὶδ ἐκ δακρύων καὶ οἱ * λοιποὶ * οἶδας ὅτι ἐσώθησαν ἐν μιᾷ ῥοπῇ; οἶδας Σεδρὰχ ὅτι
Sedr. 15 7 ὁ λῃστὴς καὶ ὁ ἀπόστολος καὶ εὐαγγελιστὴς καὶ οἱ * λοιποὶ * οἱ πταίσαντες τὴν βασιλείαν σου κύριέ μου οὕτως
Job 16 2 μετὰ τὸ εἰληφέναι τὴν ἐξουσίαν τὸν Σατανᾶν, τότε * λοιπὸν * ἀνηλεῶς κατῆλθεν καὶ ἐφλόγισεν τὰς ἑπτὰ χιλιάδας
Job 16 5 ἑαυτοῦ καθ' ἣν εἴληφεν ἐξουσίαν κατ' ἐμοῦ. καὶ τὰ * λοιπὰ * τῶν κτηνῶν μου ᾐχμαλώτισται ὑπὸ τῶν συμπολιτῶν μου
Job 17 5 χώρας καὶ ἐντύχωσιν καθ' ἡμῶν ὡς τυραννούντων, καὶ * λοιπὸν * ἐπαναστάντες ἀποκτείνωσιν ἡμᾶς. καὶ εἶπεν αὐτοῖς
Job 30 4 συνελάλουν ἀλλήλοις ὅτι οὗτός ἐστιν. καὶ * λοιπὸν * ἐκάθισαν ἐν ταῖς ἑπτὰ ἡμέραις διακρίνοντες τὰ
Job 41 1 εὑρήσετε ἐν τοῖς παραλειπομένοις. Ελιφας δὲ καὶ οἱ * λοιποὶ * μετὰ ταῦτα παρεκάθισάν μοι ἀνταποκρινόμενοι καὶ
Job 47 7 ἀπὸ τοῦ σώματός μου ὁμοίως καὶ αἱ πληγαὶ καὶ * λοιπὸν * τὸ σῶμά μου ἐνίσχυσεν διὰ κυρίου ὡς οὐδὲν ὅλως
Job 50 3 ἐνδειξαμένη τὴν δόξαν αὐτῶν καὶ ὁ βουλόμενος * λοιπὸν * ἴχνος ἡμέρας καταλαβεῖν τῆς πατρικῆς δόξης
Job 53 4 ξένων ξενοδόχος, ἦρται ἡ ἔνδυσις τῶν χηρῶν. τίς * λοιπὸν * οὐ κλαύσει ἐπὶ τὸν ἄνθρωπον τοῦ θεοῦ; ἅμα τε
Aris. 10 5 χρόνῳ πρὸς τὸ πληρωθῆναι πεντήκοντα μυριάδας τὰ * λοιπά. * προσήγγελται δέ μοι καὶ τῶν Ἰουδαίων νόμιμα
Aris. 14 3 ταῖς ἡλικίαις καὶ ῥώμῃ διαφέροντας καθώπλισε τὸ δὲ * λοιπὸν * χύμα πρεσβυτέρων καὶ νεωτέρων ἔτι δὲ γυναικῶν
Aris. 22 10 τοὺς μὲν στρατιώτας τῇ τῶν ὀψωνίων δόσει τοὺς δὲ * λοιποὺς * ἀπὸ τῆς βασιλικῆς τραπέζης. νομίζομεν γὰρ καὶ
Aris. 64 3 τὴν τῆς ᾠοθεσίας διασκευὴν (ἣ) κατεσκεύαστο καὶ τὰ * λοιπὰ * τῆς ῥαβδώσεως καὶ διαγλυφῆς (διὰ τὸ) (καὶ) κατ'
Aris. 79 4 στέφανον ἔκτυπον πολυτελεῖς ἐνέντες λίθους καὶ τὰς * λοιπὰς * δὲ τορείας διηλλαγμένως ἐπετέλεσαν ἅπαντα
Aris. 134 2 οὖν τὴν καταρχὴν ταύτην καὶ δείξας ὅτι πάντες οἱ * λοιποὶ * παρ' ἡμᾶς ἄνθρωποι πολλοὺς θεοὺς εἶναι νομίζουσιν
Aris. 140 4 ἀνθρώπους θεοῦ προσονομάζουσιν ἡμᾶς ὃ τοῖς * λοιποῖς * οὐ πρόσεστιν εἰ μή τις σέβεται τὸν κατὰ ἀλήθειαν
Aris. 146 3 καὶ καταδυναστεύοντα τῇ περὶ ἑαυτὰ δυνάμει τὰ * λοιπὰ * καὶ τὴν τροφὴν ἔχοντα δαπάνησιν τῶν προειρημένων
Aris. 152 2 πάντας ἀνθρώπους διεστάλμεθα. οἱ γὰρ πλείονες τῶν * λοιπῶν * ἀνθρώπων ἑαυτοὺς μολύνουσιν ἐπιμισγόμενοι
Aris. 174 3 τοῖς ἀπεσταλμένοις ἀνδράσιν ἐντυχεῖν ἐκέλευσε τοὺς * λοιποὺς * πάντας ἀπολῦσαι τοὺς ἐπὶ τῶν χρειῶν καλεῖν δὲ
Aris. 183 6 γὰρ ἡμίσεις ἐκέλευσεν ἀνὰ χεῖρα κατακλῖναι τοὺς δὲ * λοιποὺς * μετὰ τὴν ἑαυτοῦ κλισίαν οὐδὲν ἐλλιπὼν εἰς τὸ
Aris. 190 6 ἀνθρώπων γένος ὁ ὑγείαν αὐτοῖς καὶ τροφὴν καὶ τὰ * λοιπὰ * κατὰ καιρὸν παρασκευάζων ἅπαντα. συνεπιμαρτυρήσας
Aris. 198 4 δὲ ταῖς μετὰ ταῦτα ἓξ (ἑξῆς) ἡμέραις καὶ παρὰ τῶν * λοιπῶν * ἑξῆς μαθήσομαί τι πλέον. εἶτ' ἐπηρώτα τὸν ἄνδρα
Aris. 246 5 ἐν τοῖς ἀσπασμοῖς καὶ συμβουλίαις καὶ τῇ * λοιπῇ * συναναστροφῇ τῶν σὺν αὐτῷ καὶ μηθὲν ὑπερτείνοντας
Aris. 246 7 τοῦ δέοντος ἐν ταῖς φιλοφρονήσεσι καὶ τοῖς * λοιποῖς * τοῖς κατὰ τὴν ἀγωγήν. θεὸς δὲ τὴν διάνοιαν ἄξει
Aris. 259 3 χορηγῶν αὐτοῖς καὶ ὑγείαν καὶ εὐαισθησίαν καὶ τὰ * λοιπὰ * καὶ αὐτὸς ἀκόλουθόν τι πράξει τῶν κακοπαθειῶν

| | | | | | | |
|---|---|---|---|---|---|---|
| Aris. | | 322 | 5 | τὸν πλείονα χρόνον διατελεῖς. πειράσομαι δὲ καὶ τὰ | * λοιπὰ * | τῶν ἀξιολόγων ἀναγράφειν ἵνα διαπορευόμενος αὐτὰ |
| FJub. | | 10 | 9 | δοκιμὴν τῆς ἑκάστου πρὸς θεὸν προαιρέσεως τὰ δὲ | * λοιπὰ * | ἐννέα μέρη ἐβλήθη εἰς τὴν ἄβυσσον. γυνὴ Φαλεχ |
| FIsa. | 1 | 2 | 6 | ἐν χερσὶν Σαδὼκ τοῦ ἐπὶ τῶν πραγματειῶν. καὶ οἱ | * λοιποὶ * | λόγοι ἰδοὺ γεγραμμένοι εἰσ⟨ὶν ἐ⟩ν τοῖς βίβλοις |
| FEz. | 64 | 70 | 11 | δὲ ποιήσαντες κατέβησαν εἰς τὸν παράδεισον. εἶτα | * λοιπὸν * | εἴτε ἠδίκησαν εἴτε καὶ οὐκ ἠδίκησαν ὅμως τὰ ἴχνη |
| FEz. | 64 | 70 | 14 | τὴν ψυχὴν ἐν τῷ μέρει τῆς ἀδυναμίας βούλει. καὶ | * λοιπὸν * | ἡ κρίσις ἀργεῖ. τί οὖν ποιεῖ ὁ κριτὴς ὁ δίκαιος; |
| FAch. | | 113 | | σέ τοῖς ἄστροις ὥσπερ γὰρ ἡ σελήνη διαφέρει τῶν | * λοιπῶν * | ἄστρων οὕτω καὶ σὺ τῇ κερατοειδεῖ μορφῇ σελήνης |
| FAch. | | 121 | | τί ἐστιν ὃ οὔτε εἴδομεν οὔτε ἠκούσαμεν; ⟨καὶ⟩ ὅ,τι | * λοιπὸν * | ἐὰν σοφίσηται ἐροῦμεν αὐτῷ ἀκηκοέναι καὶ εἰδέναι |
| IOrp. | | | 25 | ἀσθενέες δ' ἰδέειν Δία τὸν πάντων μεδέοντα. | * λοιπὸν * | ἐμοὶ 'στᾶσιν δὲ δεκάπτυχον ἀνθρώποισιν. οὐ γὰρ |
| HAno. | 9 | 17 | 8 | μεταδιδάξαι αὐτοὺς καὶ τὴν ἀστρολογίαν καὶ τὰ | * λοιπὰ * | τοῦτον αὐτοῖς εἰσηγήσασθαι φάμενον Βαβυλωνίους |
| HCal. | | 24 | 26 | κέρδος ἐλπίσουσι οὐκ ἄν τις ἀντιστῆναι δυνήσεται. | * λοιπὸν * | γὰρ ἡμεῖς ἅπερ ἐθεασάμεθα εἴπομεν ὑμῖν. γενέσθω |
| HCal. | | 24 | 44 | ὑμῶν καὶ οὐ μὴ διεξέλθω ὑμᾶς καθὼς καὶ ἐν τοῖς | * λοιποῖς * | ἔθνεσιν ὅτι θεῷ ζῶντι ὑμεῖς δεδουλεύκατε. |
| LAri. | 8 | 10 | 11 | ἔσται θηρίον οὐδὲ θηρίον ἄνθρωπος. καὶ ἐπὶ τῶν | * λοιπῶν * | δὲ ταὐτὸν ὑπάρχει φυτῶν τε καὶ ἐπὶ τῶν ἄλλων. |
| LAri. | 13 | 12 | 8 | τέτακται καὶ δικαιοσύνης καὶ ἐγκρατείας καὶ τῶν | * λοιπῶν * | ἀγαθῶν τῶν κατὰ ἀλήθειαν. ἐχομένως δ' ἐστὶν ὡς ὁ |
| Λοκρός | | | | 1 | | |
| SIb. | | 3 | 433 | ἀλλὰ καὶ αὐτὸς ἀμοιβαῖα δέξεται ἔργα. καὶ Λυκίη | * Λοκροῖο * | γένος κακὰ πολλὰ φυτεύσει. Χαλκηδὼν στεινοῖο |
| Λομνί | | | | 1 | | |
| TLevi | | 12 | 1 | μου. καὶ ἔλαβε Γηρσὰμ γυναῖκα καὶ ἔτεκεν αὐτῷ τὸν | * Λομνὶ * | καὶ τὸν Σεμεΐ. καὶ υἱοὶ Καὰθ Ἀμβρὰμ Ἰσαὰρ Χεβρὼν |
| λοξός | | | | 1 | | |
| FPho. | | | 211 | ἐπὶ χαίτης. μὴ κορυφὴν πλέξῃς μήθ' ἄμματα | * λοξὰ * | κορύμβων. ἄρσεσιν οὐκ ἐπέοικε κομᾶν χλιδαναῖς δὲ |
| Λουβάρ | | | | 1 | | |
| FJub. | | 7 | 1 | τῷ ' β σ ν α' ἔτει Νῶε ἐφύτευσεν ἀμπελῶνα ἐν ὄρει | * Λουβὰρ * | τῆς Ἀρμενίας. τῷ ' β φ π ε' ἔτει Καϊνᾶν διοδεύων |
| Λουζά | | | | 1 | | |
| HDem. | 9 | 21 | 10 | εἶναι ἐτῶν ἑκατὸν ἑπτά. ἐλθόντα τε οὖν αὐτὸν εἰς | * Λουζὰ * | τῆς Βαιθὴλ φάναι τὸν θεὸν μηκέτι Ἰακὼβ ἀλλ' |
| Λουκᾶς | | | | 1 | | |
| Esdr. | | 5 | 22 | καὶ Ἠλίαν καὶ Μωυσῆ καὶ Πέτρον καὶ Παῦλον καὶ | * Λουκᾶν * | καὶ Ματθεῖαν καὶ ὅλους τοὺς δικαίους καὶ τοὺς |
| λουτήρ | | | | 5 | | |
| HEup. | 9 | 34 | 9 | αὐτῇ ὑποστῆσαι χαλκοῦς μ η' κατασκευάσαι δὲ καὶ | * λουτῆρα * | χαλκοῦν μῆκος πηχῶν κ' καὶ πλάτος πηχῶν κ' τὸ δὲ |
| HEup. | 9 | 34 | 9 | ἐπιβαίνοντας ποιῆσαι δὲ καὶ τὰς βάσεις τοῦ | * λουτῆρος * | τορευτὰς χωνευτὰς δώδεκα καὶ τῷ ὕψει |
| HEup. | 9 | 34 | 9 | ἀνδρομήκεις καὶ στῆσαι ἐξ ὑστέρου μέρους ὑπὸ τὸν | * λουτῆρα * | ἐκ δεξιῶν τοῦ θυσιαστηρίου. ποιῆσαι δὲ καὶ βάσιν |
| HEup. | 9 | 34 | 10 | δὲ καὶ βάσιν χαλκῆν τῷ ὕψει πηχῶν δυοῖν κατὰ τὸν | * λουτῆρα * | ἵν' ἐφεστήκῃ ἐπ' αὐτῆς ὁ βασιλεὺς ὅταν |
| HEup. | 9 | 34 | 16 | τριάκοντα δύο χαλκοῦ δὲ εἰς τοὺς κίονας καὶ τὸν | * λουτῆρα * | καὶ τὴν στοὰν τάλαντα μύρια ὀκτακισχίλια |
| λουτρόν | | | | 3 | | |
| SIb. | | 5 | 530 | ἐπὶ γαῖαν. ῥίμφα μὲν οὖν πληγέντες ἐπ' Ὠκεανοῖο | * λοετρὰ * | ἧψαν γαῖαν ἅπασαν ἔμεινε δ' ἀνάστερος αἰθήρ. |
| LPhl. | 9 | 37 | 1 | θαμβηέστατον ἄλλο δέρκηθρον συναοιδὰ μεγιστούχοιο | * λοετροῖς * | ῥεύματος ἐμπίπλησι βαθὺν ῥόον ἐξανιείσης. ῥεῦμα |
| LEze. | 9 | 28 | 2 20 | κἄπειτα θυγάτηρ βασιλέως ἄβραις ὁμοῦ κατῆλθε | * λουτροῖς * | χρῶτα φαιδρῦναι νέον ἰδοῦσα δ' εὐθὺς καὶ |
| λούω | | | | 8 | | |
| TRub. | | 3 | 11 | πρᾶξιν γυναικῶν. εἰ μὴ γὰρ εἶδον ἐγὼ Βάλλαν | * λουομένην * | ἐν σκεπεινῷ τόπῳ οὐκ ἐνέπιπτον εἰς τὴν ἀνομίαν |
| TLevi | | 2 | 3B002 | μου καὶ καθαρίσας αὐτὰ ἐν ὕδατι καθαρῷ καὶ ὅλος | * ἐλουσάμην * | ἐν ὕδατι ζῶντι καὶ πάσας τὰς ὁδούς μου ἐποίησα |
| TLevi | | 8 | 5 | ἁγίῳ καὶ ἔδωκέ μοι ῥάβδον κρίσεως. ὁ δεύτερος | * ἔλουσέ * | με ὕδατι καθαρῷ καὶ ἐψώμισέ με ἄρτον καὶ οἶνον |
| TLevi | | 9 | 11 | ἢ ἐθνῶν. καὶ πρὸ τοῦ εἰσελθεῖν εἰς τὰ ἅγια | * λούου * | καὶ ἐν τῷ θύειν νίπτου καὶ ἀπαρτίζων πάλιν τὴν |
| TLevi | | 18 | 2B019 | παντὸς ἀνθρώπου. καὶ ὅταν εἰσπορεύῃ ἐν τοῖς ἁγίοις | * λούου * | ὕδατι πρῶτον καὶ τότε ἐνδιδύσκου τὴν στολὴν τῆς |
| SIb. | | 3 | 696 | ἵξεται ὀλλυμένων ἀνδρῶν καὶ πάντες ἄναγνοι αἵματι | * λούσονται * | πίεται δέ τε γαῖα καὶ αὐτὴ αἵματος ὀλλυμένων |
| SIb. | | 4 | 165 | στοναχὰς ἀνδροκτασίας τε καὶ ὕβρεις ἐν ποταμοῖς | * λούσασθε * | ὅλον δέμας ἀενάοισιν χεῖράς τ' ἐκτανύσαντες ἐς |
| FMos. | 9 | 4 | 13 | οἱ ἄγγελοι τὸ σῶμα Μωυσέως τοῦ ἁγίου καὶ οὐκ | * ἐλούσαντο * | ἀλλ' οὔτε ἐκοινώθησαν οἱ ἄγγελοι ἀπὸ τοῦ ἁγίου |
| λοχεύω | | | | 2 | | |
| Job | | 13 | 2 | ἐν ταῖς πέτραις καὶ τοῖς ὄρεσιν ἐκοιτάζοντο διὰ τὰ | * λοχευόμενα. * | καὶ διὰ ταῦτα τὰ μὲν ὄρη ἐκλύζοντο γάλακτι |
| FPho. | | | 176 | ὕλῃαι δός τι φύσει καὐτὸς τέκε δ' ἔμπαλιν ὡς | * ἐλοχεύθης. * | μὴ προαγωγεύσῃς ἄλοχον σέο τέκνα μιαίνων οὐ |
| λοχός | | | | 1 | | |
| Prop. | | 2 | 8 | ἐν φάτνῃ). δι' ὃ καὶ ἕως νῦν τιμῶσι παρθένον | * λοχὸν * | καὶ βρέφος ἐν φάτνῃ τιθέντες προσκυνοῦσι καὶ |
| λυγρός | | | | 4 | | |
| SIb. | | 3 | 301 | ἔνθετο λέξαι ὅσσα γέ τοι Βαβυλῶνι ἐμήσατο ἄλγεα | * λυγρὰ * | ἀθάνατος ὅτι οἱ ναὸν μέγαν ἐξαλάπαξεν. αἰαῖ σοι |
| SIb. | | 3 | 379 | ἀνάγκη+ καὶ φόνος οὐλόμεναί τ' ἔριδες καὶ νείκεα | * λυγρὰ * | καὶ νυκτοκλοπίαι καὶ πᾶν κακὸν ἤμασι κείνοις. ἀλλὰ |
| SIb. | | 5 | 214 | γῆν Αἰθιοπήων. μύρεο καὶ σὺ Κόρινθε τὸν ἐν σοί | * λυγρὸν * | ὄλεθρον ἡνίκα γὰρ στρεπτοῖσι μίτοις Μοῖραι |
| FPho. | | | 200 | πολυχρήματον οἶκαδ' ἄγεσθαι λατρεύσεις ἀλόχωι | * λυγρῆς * | χάριν εἵνεκα φερνῆς. ἵππους εὐγενέας διζήμεθα |
| Λύδιος | | | | 1 | | |
| SIb. | | 3 | 449 | κάλλεσιν ἠδ' ὄλβῳ δεινὸν ζυγὸν αὐχένι θήσῃ. | * Λύδιος * | αὖ σεισμὸς δὲ τὰ Περσίδος ἐξεναρίξει Εὐρώπης |
| Λυδός | | | | 5 | | |
| SIb. | | 3 | 170 | τε γένος Περσῶν τε Φρυγῶν τε Καρῶν καὶ Μυσῶν | * Λυδῶν * | τε γένος πολυχρύσων. αὐτὰρ ἔπειθ' Ἕλληνες |
| SIb. | | 3 | 515 | υἱοῖς Μυσῶν τε Φρυγῶν τε. πολλὰ δὲ Παμφύλων ἔθνη | * Λυδῶν * | τε πεσεῖται Μαύρων τ' Αἰθιόπων τε καὶ ἐθνῶν |
| SIb. | | 5 | 288 | Ἀσίη κατοδύρομαι οἰκτρῶς καὶ γένος Ἰώνων Καρῶν | * Λυδῶν * | πολυχρύσων. αἰαῖ ⟨σοι⟩ Σάρδεις αἰαῖ πολυήρατε |
| SIb. | | 5 | 292 | τε καὶ εἰς κόνιν ἀλλαχθεῖσαι. Ἀσίδι τῇ δνοφερῇ | * (Λυδῶν * | τε--- πολυχρύσων) --- Ἀρτέμιδος σηκὸς Ἐφέσου |
| SIb. | | 5 | 340 | αἱρεῖ καὶ κλίμα βαρβαρικὸν ῥίψει σθένος ἡγεμονήων. | * Λυδοὶ * | καὶ Γαλάται Πάμφυλοι σὺν Πισίδαισι πανδημεὶ |
| λύθρον | | | | 2 | | |
| SIb. | | 5 | 32 | καὶ μυρία τολμῶν καὶ τμήξει τὸ δίκυμον ὄρος | * λύθρῳ * | τε παλάξει ἀλλ' ἔσται καὶ ἄιστος ὀλοίιος εἶτ' |
| LEze. | 64 | 29 | 6 07 | ὁπλίσαντες ὠλένας Κάϊν μολῦναι φοινίῳ πρῶτον | * λύθρῳ * | ἐπείσατον γῆν καὶ τὸν ἐξ ἀκηράτων πεσεῖν αἰώνων |
| Λυκία | | | | 5 | | |
| SIb. | | 3 | 433 | Ἰλίῳ ἀλλὰ καὶ αὐτὸς ἀμοιβαῖα δέξεται ἔργα. καὶ | * Λυκίη * | Λοκροῖο γένος κακὰ πολλὰ φυτεύσει. Χαλκηδὼν |
| SIb. | | 3 | 439 | λήψῃ καὶ ἀνήριθμον αἷμα. καὶ Κράγος ὑψηλὸν | * Λυκίης * | ὄρος ἐκ κορυφάων χάσματ' ἀνοιγομένης πέτρης |
| SIb. | | 4 | 109 | πρηνίξας στήσῃ δὲ πάλιν πόλις ἱδρυνθεῖσα. ὦ | * Λυκίης * | Μύρα καλά σέ δ' οὔποτε βρασσομένη χθὼν στηρίξει |
| SIb. | | 5 | 126 | Συρίην μεγάλην καὶ Φοινίκην πολύφυλον. αἰαῖ σοι | * Λυκίη * | ὅσα σοι κακὰ μηχανάαται πόντος ἀπ' αὐτομάτου |
| SIb. | | 5 | 129 | ὥστε κλύσαι σεισμῷ τε κακῷ καὶ νάμασι πικροῖς τὴν | * Λυκίης * | ἄμυρον καὶ τὴν μυρίπνουν ποτε χέρσον. ἔσται καὶ |
| Λύκιος | | | | 2 | | |
| SIb. | | 3 | 514 | ἀγγὼν ὅσα σοι κακὰ μοῖρα πελάζει+ (πολλὰ δὲ) καὶ | * Λυκίων * | υἱοῖς Μυσῶν τε Φρυγῶν τε. πολλὰ δὲ Παμφύλων ἔθνη |
| SIb. | | 5 | 461 | καθεδοῦνται ἔν τε Μακηδονίῃ καὶ ἐν Ἀσίδι καὶ | * +Λυκίοισιν+ * | κοσμομανὴς πόλεμος πολυαίματος ἐν κονίῃσιν |
| λύκος | | | | 5 | | |
| TGad | | 1 | 3 | ἐν νυκτὶ τὸ ποίμνιον καὶ ὅταν ἤρχετο λέων ἢ | * λύκος * | ἢ πάρδαλις ἢ ἄρκος ἢ πᾶν θηρίον ἐπὶ τὴν ποίμνην |
| TBen. | | 11 | 1 | πᾶς Ἰσραὴλ πρὸς κύριον. καὶ οὐκέτι κληθήσομαι | * λύκος * | ἅρπαξ διὰ τὰς ἁρπαγὰς ὑμῶν ἀλλ' ἐργάτης κυρίου |
| TBen. | | 11 | 2 | ἐπεμβαίνων τῷ Ἰσραὴλ ἐν σωτηρίᾳ καὶ ἁρπάζων ὡς | * λύκος * | ἀπ' αὐτῶν καὶ διδοὺς τῇ συναγωγῇ τῶν ἐθνῶν. καὶ |
| SIb. | | 3 | 472 | Λαοδίκεια καταπρηνὴς ἐριποῦσα Καρῶν ἀγλαὸν ἄστυ | * Λύκου * | παρὰ θέσκελον ὕδωρ σιγήσεις μεγάλαυχον ἀποιμώξασα |
| SIb. | | 3 | 788 | ἐν σοὶ δ' οἰκήσει σοὶ δ' ἔσσεται ἀθάνατον φῶς ἠδὲ | * λύκοι * | τε καὶ ἄρνες ἐν οὔρεσιν ἄμμιγ' ἔδονται χόρτον |
| λυκουργόν * | | | | 1 | | |
| SIb. | | 5 | 306 | πλέονας ψαμάθοιο. ἥξει γὰρ καὶ Σμύρνα ἑὸν κλαίουσα | * +λυκουργὸν+ * | εἰς + Ἐφέσοιο+ πύλας καὶ αὐτὴ μᾶλλον |
| Λυκοῦργος | | | | 23 | | |
| FAch. | | 101 | | ὁ Αἴσωπος ἐγένετο (δὲ) ἐν Βαβυλῶνι ἐν ᾗ ἐβασίλευεν | * Λυκοῦργος. * | ἐπιδειξάμενος δὲ αὐτοῦ τὴν φιλοσοφίαν μέγας |
| FAch. | | 102 | | ἐτέλει τῷ πέμψαντι. ὁ δὲ Αἴσωπος τὰ ἐκπεμπόμενα τῷ | * Λυκούργῳ * | λύων προβλήματα εὐδοκεῖν ἠνάγκαζεν τὸν βασιλέα |
| FAch. | | 102 | | εὐδοκεῖν ἠνάγκαζεν τὸν βασιλέα αὐτὸς δὲ διὰ τοῦ | * Λυκούργου * | ἔπεμπεν τοῖς βασιλεῦσιν καὶ μὴ εὑρίσκοντες |
| FAch. | | 104 | | ἐπιστολὴν τῷ αὐτοῦ ὀνόματι πρὸς τοὺς ἀντιδίκους | * Λυκούργου * | (πιστοὺς) ὡς μέλλοντα αὐτοῖς τὸν Αἴσωπον |
| FAch. | | 104 | | καὶ σφραγίσας τῷ τοῦ Αἰσώπου δακτυλίῳ ἐπέδωκεν τῷ | * Λυκούργῳ * | λέγων ὁ πιστὸς φίλος σου ἴδε πῶς κατὰ τῆς |
| FAch. | | 105 | | Αἴσωπον τεθνηκέναι πρεσβείαν ἀπέστειλεν πρὸς τὸν | * Λυκοῦργον * | μετὰ ἐπιστολῶν καὶ προβλημάτων ἵνα διαλύσῃ |
| FAch. | | 105 | | δὲ τὸ πρόβλημα τοῦτο Νεκταναβὼν βασιλεὺς Αἰγύπτου | * Λυκούργῳ * | Βαβυλωνίῳ χαίρειν. θέλω οἰκοδομῆσαι πύργον μήτε |
| FAch. | | 106 | | ἐτῶν δέκα ὑπέρ--- ὅλης τῆς χώρας. ἀναγνοὺς δὲ ὁ | * Λυκοῦργος * | τὴν ἐπιστολὴν περίλυπος ἐγένετο ἐπὶ τῷ |
| FAch. | | 107 | | βασιλεῦ ἡ σήμερον ἐσχάτη εἶναί μοι οἶδα. ὁ δὲ | * Λυκοῦργος * | πρὸς αὐτόν τί φῄς; ὁ δὲ ἐπιταγὴν βασιλέως μὴ |
| FAch. | | 107 | | ὁ δὲ εἶπεν Αἴσωπος ζῇ. ἐξ ἀνελπίστου δὲ ἀκούσας ὁ | * Λυκοῦργος * | περιχαρὴς ἐγένετο καὶ ἔφη πρὸς τὸν Ἕρμιππον |
| FAch. | | 112 | | ἀκούσας Αἴσωπον τεθνάναι προσεκάλεσα τὸν | * Λυκοῦργον * | δι' ἐπιστολῶν. ταῦτα εἰπὼν ἐκέλευσεν τὸν |
| FAch. | | 115 | | ἔφη οὕτως τῆς βασιλείας περιμενούσης συμβαίνει | * Λυκοῦργον * | μηδὲν εἶναι. ὁ Αἴσωπος μειδιάσας λέγει ⟨μὴ⟩ |
| FAch. | | 115 | | πρόσφερε ἐκεῖνον ὀνομάζων τοσοῦτον γὰρ διαφέρει | * Λυκοῦργος * | ὡς Ζεὺς τῶν ἐπὶ τὸν κόσμον ποιεῖ γὰρ ⟨ἐκεῖνος⟩ |
| FAch. | | 115 | | δεινὸν ἀστράψας καὶ σείσας σεισμούς. ὁμοίως καὶ | * Λυκοῦργος * | τῇ λαμπρότητι τῆς βασιλείας ⟨αὐτοῦ τὴν ὑμῶν |
| FAch. | | 116 | | ἐμοὶ πτηνοὺς ἀνθρώπους; ὁ δὲ Αἴσωπός φησιν ἀλλὰ | * Λυκοῦργος * | ἔχει πτηνοὺς ἀνθρώπους. σὺ δὲ θέλεις ἄνθρωπος |
| FAch. | | 118 | | ὃ σέβονται οἱ Αἰγύπτιοι; ὁ δὲ Αἴσωπος ἔφη ἀλλὰ | * Λυκοῦργος * | ἠδικήθη ὑπ' αὐτῆς ταύτῃ τῇ νυκτὶ εἶχεν γὰρ |
| FAch. | | 118 | | ἐφοβήθη μὴ νικηθεὶς μέλλῃ φόρους τελεῖν τῷ βασιλεῖ | * Λυκούργῳ. * | αὐτίκα οὖν τοὺς ἀπὸ Ἡλιουπόλεως μετεπέμψατο |
| FAch. | | 121 | | τοῦτον μέ⟨λλω⟩ φόρους στέλλειν τῷ βασιλεῖ | * Λυκούργῳ. * | εἷς δέ τις τῶν φίλων αὐτοῦ εἶπεν ἐρωτήσωμεν |
| FAch. | | 121 | | ἔτι ἓν ἡμῖν ἐπίλυσον κἀγὼ παράσχω φόρους | * Λυκούργῳ * | λέξον ἡμῖν ὃ οὔτε εἴδομεν οὔτε ἠκούσαμέν ποτε. |
| FAch. | | 122 | | γραφὴν τοιαύτην τῷ Νεκταναβῷ δεδανεισμένα παρὰ | * Λυκούργου * | χίλια τάλαντα χρυσίου χρόνον ἑνεὶς τὸν |

FAch. 123 λέλυται τὸ πρόβλημα. ὁ δὲ Νεκταναβὼν ἔφη μακάριος * Λυκοῦργος * ἐν τῇ βασιλείᾳ αὐτοῦ τοιαύτην σοφίαν
FAch. 123 δὲ Αἴσωπος παραγενάμενος εἰς Βαβυλῶνα διηγήσατο τῷ * Λυκούργῳ * πάντα τὰ πραχθέντα ἐν Αἰγύπτῳ καὶ ἀποδέδωκεν
FAch. 123 καὶ ἀποδέδωκεν αὐτῷ τὰ χρήματα. ἐκέλευσεν οὖν ὁ * Λυκοῦργος * ἀνδριάντα χρυσοῦν ἀνατεθῆναι τῷ Αἰσώπῳ μετὰ

λυμαίνομαι (-ω) 6
Hen. 19 1 στήσονται καὶ τὰ πνεύματα αὐτῶν πολύμορφα γενόμενα * λυμαίνεται * τοὺς ἀνθρώπους καὶ πλανήσει αὐτοὺς ἐπιθύειν
Hen. 89 43 τοὺς ὕας καὶ ἀπώλεσεν ὕας πολλοὺς καὶ μετ' αὐτοὺς * <ἐλυμήνα>το * τοὺς κύνας. καὶ τὰ πρόβατα ὧν οἱ ὀφθαλμοὶ
Abr.1 17 5 λέγει αὐτῷ ὁ θάνατος ἐγώ εἰμι ὁ τὸν κόσμον * λυμαίνων. * εἶπεν δὲ Ἀβραὰμ δέομαί σου ἐπειδὴ σὺ εἶ ὁ
Abr.1 19 7 θάνατος εἶπεν ἄκουσον δίκαιε τοὺς ἑπτὰ αἰῶνας ἐγὼ * λυμαίνω * τὸν κόσμον καὶ πάντας εἰς ᾅδην κατάγω βασιλεῖς
Aris. 164 1 καὶ τῶν τούτοις ὁμοίων ὅσα διηγόρευται. πάντα γὰρ * λυμαίνονται * καὶ κακοποιοῦσι μύες οὐ μόνον πρὸς τὴν
HArt. 9 27 31 πατάξαντα τὴν γῆν τῇ ῥάβδῳ ζῷόν τι πτηνὸν ἀνεῖναι * λυμαίνεσθαι * τοὺς Αἰγυπτίους πάντας τε ἐξελκωθῆναι τὰ

λυμαντικός 1
Aris. 165 2 γένος ἰδιάζον ἐστὶ χωρὶς γὰρ τοῦ προειρημένου ἔχει * λυμαντικὸν * κατάστημα διὰ γὰρ τῶν ὤτων συλλαμβάνει

λυμήτης 1
Sib. 3 470 μήτηρ θηρῶν δὲ τιθήνη. ἀλλ' ὅτ' ἀπ' Ἰταλίης * λυμήτης * ἵξεται ἀνὴρ τῆμος Λαοδίκεια καταπρηνὴς ἐριποῦσα

λυπέω 45
Adam 3 2 Κάϊν τῷ υἱῷ σου ὅτι ὀργῆς υἱός ἐστιν. ἀλλὰ μὴ * λυποῦ * δώσω σοι γὰρ ἀντ' αὐτοῦ ἕτερον υἱὸν οὗτος δηλώσει
Adam 6 1 μὴ ἐμνήσθης πάτερ τοῦ παραδείσου ἐξ ὧν ἤσθιες καὶ * ἐλυπήθης * ἐπιθύμησας αὐτῶν; ἐὰν οὕτως ἐστὶν ἀνάγγειλόν
Adam 18 1 ἀποθανεῖσθε. τότε λέγει μοι ὁ ὄφις ζῇ ὁ θεὸς ὅτι * λυποῦμαι * περὶ ὑμῶν ὅτι ὡς κτήνη ἐστέ. οὐ γὰρ θέλω ὑμᾶς
Adam 39 1 τοῦ θεοῦ. καὶ ἦλθεν πρὸς τὸ σῶμα τοῦ Ἀδὰμ καὶ * ἐλυπήθη * σφόδρα ἐπ' αὐτῷ. καὶ λέγει αὐτῷ ὁ θεὸς Ἀδὰμ τί
Adam 39 3 κατακριθήσεται αὐτὸς καὶ οἱ ἀκούσαντες αὐτοῦ καὶ * λυπηθήσεται * ὁρῶν σε καθήμενον ἐπὶ τοῦ θρόνου αὐτοῦ. μετὰ
Hen. 102 5 τῶν ἀποθανόντων τῶν δικαίων καὶ τῶν εὐσεβῶν καὶ μὴ * λυπεῖσθε * ὅτι κατέβησαν αἱ ψυχαὶ ὑμῶν εἰς ᾅδου μετὰ λύπης
Abr.1 7 4 καὶ ἀνῆλθεν εἰς τοὺς οὐρανοὺς ὅθεν καὶ ἐξῆλθεν καὶ * ἐλυπήθην * μεγάλως ὅτι ἔλαβεν τὸν ἥλιον ἀπ' ἐμοῦ μετ'
Abr.1 7 5 ἔλαβεν τὸν ἥλιον ἀπ' ἐμοῦ μετ' ὀλίγον ὡς ἔτι μου * λυπουμένου * καὶ ἀδημονοῦντος εἶδον τὸν ἄνδρα ἐκεῖνον τὸν
Abr.1 8 11 σου < Ἰσαάκ> καὶ νῦν γνώρισον ὅτι οὐ μὴ θέλω * λυπῆσαί * σε ταῦτα πεποίηκα ἵνα τί σὺ εἶπας τὸν
TSim. 2 10 αὐτὸν τοῖς Ἰσμαηλίταις. καὶ ἐλθὼν Ῥουβὴμ * ἐλυπήθη * ἤθελε γὰρ αὐτὸν διασῶσαι πρὸς τὸν πατέρα. ἐγὼ δὲ
TSim. 4 3 με ὡς κατάσκοπον ἔγνων ὅτι δικαίως πάσχω καὶ οὐκ * ἐλυπούμην. * Ἰωσὴφ δὲ ἦν ἀνὴρ ἀγαθὸς καὶ ἔχων πνεῦμα θεοῦ
TLevi 2 4 ἡμέρας τοῦ αἰῶνος. καὶ ἐσιώπησα ἔτι δεόμενος. καὶ * ἐλυπούμην * περὶ τοῦ γένους τῶν υἱῶν τῶν ἀνθρώπων καὶ
TLevi 6 6 ῥομφαίας. καὶ ἤκουσεν ὁ πατὴρ καὶ ὠργίσθη καὶ * ἐλυπήθη * ὅτι κατεδέξαντο τὴν περιτομὴν καὶ μετὰ τοῦτο
TLevi 18 2B069 μοι υἱὸν τρίτον καὶ ἐκάλεσα τὸ ὄνομα αὐτοῦ Μεραρὶ * ἐλυπήθην * γὰρ περὶ αὐτοῦ καὶ ἀνατελεῖ ἄστρον αὐτοῦ ἐν
TJud. 17 4 ἣν ἔδωκέ μοι κύριος ἐν ὑπακοῇ πατρός. οὐδέποτε γὰρ * ἐλύπησα * λόγον Ἰακὼβ τοῦ πατρός μου ὅτι πάντα ὅσα εἶπεν
TZab. 10 1 ἕως καιροῦ συντελείας. καὶ νῦν τέκνα μου μὴ * λυπεῖσθε * ὅτι ἀποθνήσκω ἐγὼ μηδὲ συμπίπτετε ὅτι ἀπολείπω.
TDan 4 6 θυμωθῇ διὰ τοῦ πόθου. ἐὰν ζημιωθῆτε ἑκουσίως μὴ * λυπεῖσθε * ἀπὸ γὰρ λύπης ἐγείρει θυμὸν μετὰ ψεύδους. ἔστι
TGad 1 7 κἀκείνην ἐθανάτωσα καὶ τὸν ἀρνὸν ἔθυσα περὶ οὗ * ἐλυπούμην * ὅτι οὐκ ἠδύνατο ζῆν καὶ ἐφάγομεν αὐτὸν καὶ
TGad 7 1 θεῷ τὴν ἐκδίκησιν. ἐάν τις ὑπὲρ ὑμᾶς εὐοδοῦται μὴ * λυπεῖσθε * ἀλλὰ καὶ εὔχεσθε ὑπὲρ αὐτοῦ ἵνα τελείως
TJos. 3 9 ἔσχατον εἰς πορνείαν με ἐφελκύσατο. καὶ νοήσας * ἐλυπήθην * ἕως θανάτου καὶ ἐξελθούσης αὐτῆς ἦλθον εἰς
TBen. 6 3 πλοῦτον εἰς φιληδονίαν οὐ τέρπεται ἡδονῇ οὐ * λυπεῖ * τὸν πλησίον οὐκ ἐμπίπλαται τρυφῆς οὐ πλανᾶται
Asen. 8 8 τὰ ῥήματα ταῦτα τοῦ Ἰωσὴφ κατενύγη ἰσχυρῶς καὶ * ἐλυπήθη * σφόδρα καὶ ἀνεστέναξε καὶ ἦν ἀτενίζουσα εἰς τὸν
Asen. 16 2 δή μοι καὶ κηρίον μελίσσης. καὶ ἔστη Ἀσενὲθ καὶ * ἐλυπήθη * διότι οὐκ εἶχε κηρίον μελίσσης ἐν τῷ ταμιείῳ
Asen. 18 3 τοῦ κλαυθμοῦ καὶ τῆς ἐνδείας τῶν ἑπτὰ ἡμερῶν καὶ * ἐλυπήθη * καὶ ἔκλαυσε καὶ ἔλαβε τὴν χεῖρα αὐτῆς τὴν δεξιὰν
Asen. 18 7 ὅτι συμπέπτωκε τὸ πρόσωπόν σου. καὶ ἀνεστέναξε καὶ * ἐλυπήθη * σφόδρα καὶ εἶπεν οἴμοι τῇ ταπεινῇ <ὅτι> τὸ
Asen. 24 1 καὶ Λευὶς καὶ ἐβαρεῖτο ἀπὸ τοῦ κάλλους Ἀσενὲθ καὶ * ἐλυπεῖτο * λύπην μεγάλην ὑπερμεγέθη. καὶ εἶπον αὐτῷ οἱ
Asen. 24 11 τῶν ῥημάτων τοῦ υἱοῦ Φαραὼ ἐταράχθησαν σφόδρα καὶ * ἐλυπήθησαν * καὶ εἶπον πρὸς τὸν υἱὸν Φαραὼ δεόμεθά σου
Asen. 24 19 ἡ ψυχή σου. καὶ μετὰ ταῦτα ἀποκτενοῦμεν τὸν Ἰωσὴφ * λυπούμενον * περὶ Ἀσενὲθ καὶ τὰ τέκνα αὐτοῦ ἀποκτενοῦμεν
Jer. 3 9 καὶ τὴν ἐρήμωσιν ἀλλ' ἵνα ἐλεήσῃς αὐτὸν καὶ μὴ * λυπηθῇ. * καὶ εἶπε κύριος τῷ Ἱερεμίᾳ ἀπόστειλον αὐτὸν εἰς
Jer. 4 10 Βαροὺχ ἐξῆλθεν ἔξω τῆς πόλεως κλαίων καὶ λέγων ὅτι * λυπούμενος * διά σέ Ἱερουσαλὴμ ἐξῆλθον ἀπὸ σοῦ. καὶ
Jer. 5 15 ἐμέ. καὶ πάλιν ἐξῆλθεν ἔξω τῆς πόλεως καὶ ἔμεινε * λυπούμενος * μὴ εἰδὼς ποῦ ἀπέλθῃ. καὶ ἀπέθηκε τὸν κόφινον
Jer. 6 17 οὐκ ἀφῆκεν ἡμᾶς ἐξελθεῖν ἐκ τοῦ σώματος τούτου * λυπουμένους * διὰ τὴν πόλιν τὴν ἐρημωθεῖσαν καὶ
Jer. 7 26 καὶ λέγοντας ἐλέησον ἡμᾶς ὁ θεὸς Ζάρ. ἀκούων ταῦτα * ἐλυπούμην * καὶ ἔκλαιον δισσὸν κλαυθμὸν οὐ μόνον ὅτι
Jer. 9 22 τῷ ἐκείνου θανάτῳ ἀλλὰ λίθοις λιθοβολήσωμεν αὐτόν. * ἐλυπήθησαν * οὖν σφόδρα Βαροὺχ καὶ Ἀβιμέλεχ ὅτι ἤθελον
Bar. 12 6 φέροντας κανίσκια κενὰ οὐ γέμοντα. καὶ ἤρχοντο * λυπούμενοι * καὶ οὐκ ἐτόλμησαν ἐγγίσαι διότι οὐκ εἶχον
Bar. 12 8 δεῦτε καὶ ὑμεῖς ἄγγελοι φέρετε ὃ ἠνέγκατε. καὶ * ἐλυπήθη * Μιχαὴλ σφόδρα καὶ ὁ μετ' ἐμοῦ ἄγγελος διὸ οὐκ
Prop. 10 6B οἱ ἄνδρες οἱ Νινευῖται καὶ ἠλεήθησαν. καὶ * ἐλυπήθη * Ἰωνᾶς καὶ ἀνακάμψας οὐκ ἔμεινεν εἰς τὴν γῆν
Sedr. 14 10 ἀποστόλων οὔτε ἐμοῦ λόγου ἐν τοῖς εὐαγγελίοις καὶ * λυποῦσιν * τοὺς ἀγγέλους μου καὶ ἦ μὴν ἐν ταῖς συνάξεσιν
Job 46 2 γὰρ τῶν χρημάτων οὐ παρέσχετο ταῖς θηλείαις αἱ δὲ * λυπηθεῖσαι * εἶπον τῷ πατρὶ κύριε πάτερ ἡμῶν, μὴ καὶ ἡμεῖς
Aris. 238 3 τὰς ἀξίας ἀποδῷ χάριτας; ὃς δὲ εἶπε μηδὲν αὐτοὺς * λυπήσας * τοῦτο δ' οὐκ ἔστιν εἰ μὴ θεὸς τῆς διανοίας
Aris. 268 3 δὲ τούτῳ πρὸς τὸν ἕτερον εἶπεν ἐπὶ τίσι δεῖ * λυπεῖσθαι; * πρὸς ταῦτα ἀπεκρίθη τὰ συμβαίνοντα τοῖς
Aris. 268 7 ἑαυτοὺς ἀναφέροντες καὶ τὸ πρὸς ἑαυτοὺς συμφέρον * λυποῦνται * πάντες ἄνθρωποι. τὸ δ' ἐκφυγεῖν πᾶν κακὸν θεοῦ
Sib. 3 241 αἴρει οὐδὲ πολὺ πλουτῶν τις ἀνὴρ τὸν ἐλάττονα * λυπεῖ * +οὐδέ γε χήρας θλίβει μᾶλλον δ' αὖτε+ βοηθεῖ αἰεὶ
FAch. 110 ἐπὶ μεγάλῃ κτήσει μὴ χαῖρε μηδὲ ἐπὶ μικρᾷ * λυποῦ. * ταῦτα δὴ εἰπὼν ὁ Αἴσωπος πρὸς τὸν νεανίσκον
FAch. 110 Αἴσωπος πρὸς τὸν νεανίσκον ἀπεχωρίσθη. ὁ δὲ Λῖνος * λυπούμενος * ἐπὶ τῷ ἠδικηκέναι αὐτὸν καὶ διὰ λόγων

λύπη 27
Adam 3 3 τῇ καρδίᾳ αὐτοῦ μετ' αὐτοῦ καὶ ἡ Εὔα ἔχοντες τὴν * λύπην * περὶ Ἄβελ τοῦ υἱοῦ αὐτῶν. μετὰ δὲ ταῦτα ἔγνω
Adam 9 1 ἀνεστέναξε μέγα καὶ εἶπεν τί ποιήσω ὅτι ἐν μεγάλῃ * λύπῃ * εἰμί; ἔκλαυσε δὲ ἡ Εὔα λέγουσα κύριέ μου Ἀδὰμ δός
Adam 39 2 πλὴν λέγω σοι ὅτι τὴν χαρὰν αὐτῶν ἐπιστρέψω εἰς * λύπην * τὴν δὲ λύπην σου ἐπιστρέψω εἰς χαρὰν καὶ ἐπιστρέψω
Adam 39 2 σοι ὅτι τὴν χαρὰν αὐτῶν ἐπιστρέψω εἰς λύπην τὴν δὲ * λύπην * σου ἐπιστρέψω εἰς χαρὰν καὶ ἐπιστρέψω σε εἰς τὴν
Hen. 102 5 λυπεῖσθε ὅτι κατέβησαν αἱ ψυχαὶ ὑμῶν εἰς ᾅδου μετὰ * λύπης * καὶ οὐκ ἀπηντήθη τῷ σώματι τῆς σαρκὸς ὑμῶν ἐν τῇ
Hen. 102 7 ἡμῖν ἀπεθάνοσαν. ἴδετε οὖν ὡς ἀποθνήσκουσιν μετὰ * λύπης * καὶ σκότους καὶ τί αὐτοῖς ἐγένετο περισσόν; ἀπὸ
Abr.1 8 8 ἄλλος σὺ δέ τί ἀνθέστηκας ἀπ' ἐμοῦ καὶ τί ἐν σοί * λύπη * ἀνάγγειλόν μοι <καὶ ἵνα τί ἀνθέστηκας τὸν ἄγγελόν
Abr.1 20 14 Ἰακὼβ ἐν τῷ κόλπῳ αὐτοῦ ἔνθα οὐκ ἔστιν πόνος οὐ * λύπη * οὐ στεναγμὸς ἀλλ' εἰρήνη καὶ ἀγαλλίασις καὶ ζωὴ
TLevi 17 4 καὶ παρὰ πᾶσι δοξασθήσεται. ὁ δὲ τρίτος ἱερεὺς ἐν * λύπῃ * παραληφθήσεται. καὶ ὁ τέταρτος ἐν ὀδύνῃ ἔσται ὅτι
TJud. 23 1 μου πάσας τὰς ἡμέρας ἕως τοῦ αἰῶνος. πολλὴ δὲ * λύπη * μοί ἐστι τέκνα μου διὰ τὰς ἀσελγείας καὶ γοητείας
TJud. 25 4 ἐν τῷ πυρὶ εἰς τὸν αἰῶνα καὶ ἐπέκεινα. καὶ οἱ ἐν * λύπῃ * τελευτήσαντες ἀναστήσονται ἐν χαρᾷ καὶ οἱ ἐν
TDan 4 6 πόθου. ἐὰν ζημιωθῆτε ἑκουσίως μὴ λυπεῖσθε ἀπὸ γὰρ * λύπης * ἐγείρει θυμὸν μετὰ ψεύδους. ἔστι δὲ διπρόσωπον
TJos. 8 5 ὡς οὖν ἤμην ἐν πέδαις ἡ Αἰγυπτία ἠσθένει ἀπὸ τῆς * λύπης * καὶ ἐπηκροᾶτό μου πῶς ὕμνουν κύριον ὢν ἐν οἴκῳ
TBen. 6 5 δύο γλώσσας εὐλογίας καὶ κατάρας ὕβρεως καὶ τιμῆς * λύπης * καὶ χαρᾶς ἡσυχίας καὶ ταραχῆς ὑποκρίσεως καὶ
Asen. 9 1 κλίνης αὐτῆς ἀσθενοῦσα διότι ἦν ἐν αὐτῇ χαρὰ καὶ * λύπη * καὶ φόβος πολὺς καὶ τρόμος καὶ ἱδρὼς συνεχὴς ὡς
Asen. 24 1 καὶ Λευίς. καὶ ἦν ὁ υἱὸς Φαραὼ πλήρης φόβου καὶ * λύπης * διότι ἐφοβεῖτο τοὺς ἀδελφοὺς Ἰωσὴφ Συμεὼν καὶ
Asen. 24 1 καὶ ἐβαρεῖτο ἀπὸ τοῦ κάλλους Ἀσενὲθ καὶ ἐλυπεῖτο * λύπην * μεγάλην ὑπερμεγέθη. καὶ εἶπον αὐτῷ οἱ παῖδες αὐτοῦ
Sal. 4 15 καὶ ἀπορίᾳ ἡ ζωὴ αὐτοῦ κύριε ὁ ὕπνος αὐτοῦ ἐν * λύπαις * καὶ ἡ ἐξέγερσις αὐτοῦ ἐν ἀπορίαις. ἀφαιρεθείη
Jer. 7 24 τιμωρεῖται αὐτὸς ὁ υἱὸς καὶ πλείονα φθαρῇ ἀπὸ τῆς * λύπης. * οὕτως γάρ σε ἐλέησεν ὁ θεὸς καὶ οὐκ ἔασέν σε
Jer. 7 24 λαοῦ. ἀφ' ἧς γὰρ εἰσήλθομεν ἐνταῦθα οὐκ ἐπαύσατο ἡ * λύπη * ἀφ' ἡμῶν ἑξήκοντα καὶ ἓξ ἔτη σήμερον. πολλάκις γὰρ
Jer. 7 31 καὶ κατεφίλησεν αὐτὴν καὶ ἔκλαυσε ἀκούσας διὰ τὰς * λύπας * καὶ τὰς κακώσεις τοῦ λαοῦ. Ἱερεμίας δὲ ἄρας τὰ
Job 7 8 δοθέντα σοι δοθῆναί μοι ἄρτον. καὶ ἔκλαυσεν μετὰ * λύπης * μεγάλης ἡ παῖς λέγουσα ἀληθῶς καλῶς σὺ λέγεις
Job 34 5 μεγάλῃ ταραχῇ Ελιφας ἔκλινεν ἀπ' αὐτῶν ἐν μεγάλῃ * λύπῃ * λέγων ἐγὼ πορεύσομαι ἐληλύθαμεν γὰρ ἵνα
Aris. 232 2 τούτοις πρὸς τὸν ἕτερον εἶπε πῶς ἂν ἐκτὸς γένοιτο * λύπης; * ὁ δὲ ἔφησεν εἰ μηδένα βλάπτοι πάντας δὲ ὠφελοῖ τῇ
Aris. 233 3 βλάπτῃ λέγω δὴ οἷον θάνατοί τε καὶ νόσοι καὶ * λῦπαι * καὶ τὰ τοιαῦτα. εὐσεβεῖ δέ σοι καθεστῶτι τούτων
Aris. 268 5 μὲν γὰρ καὶ κακῶν ἀπολελυμένοις οὐχ ὑπογράφει * λύπην * ὁ λόγος ἀλλὰ ἐφ' ἑαυτοὺς ἀναφέροντες καὶ τὸ πρὸς
Sib. 5 130 ποτε χέρσον. ἔσται καὶ Φρυγίῃ δεινὸς χόλος εἵνεκα * λύπης * ἧς χάριν ἡ Διὸς ἦλθε Ῥέη κἀκεῖ προσέμεινεν.

λυπρός 1
Sib. 5 62 πρόσθε γὰρ ἡ μεγάλως γαίης κρατέουσα γενήσῃ * λυπρὴ * ὥστε βοῆσαι καὶ αὐτὸν τερπικέραυνον οὐρανόθεν φωνῇ

λύσις 3
Hen. 5 6 πάντες οἱ ἀναμάρτητοι χαρήσονται καὶ ἔσται αὐτοῖς * λύσις * ἁμαρτιῶν καὶ πᾶν ἔλεος καὶ εἰρήνη καὶ ἐπιείκεια
TSim. 3 4 ἐκάκωσα ἐν νηστείᾳ τὴν ψυχήν μου καὶ ἔγνων ὅτι ἡ * λύσις * τοῦ φθόνου διὰ φόβου θεοῦ γίνεται. ἐάν τις ἐπὶ
FPho. 120 θαρσαλέοισιν ἄπιστον πῆμα καὶ ἀχθομένοισι κακοῦ * λύσις * ἤλυθεν ἄφνω. καιρῷ λατρεύειν μὴ δ' ἀντιπνέειν

λυσσάω 2
Sib. 5 96 τε βωμοῖς+ βαρβαρόφρων σθεναρὸς πολυαίματος ἄφρονα * λυσσῶν * παμπληθεῖ ψαμαθηδὸν +ἀπαίξων σὸν ὄλεθρον+. καὶ
FPho. 214 δ' εὐμόρφου φρουρεῖν νεοτήσιον ὥρην πολλοὶ γὰρ * λυσσῶσι * πρὸς ἄρσενα μεῖξιν ἔρωτος. παρθενικὴν δὲ φύλασσε

λυσσόω 1
FPho. 122 ἀντιπνέειν ἀνέμοισιν. μὴ μεγαληγορίῃ τρυφῶν φρένα * λυσσωθείης. * εὐεπίην ἀσκεῖν ἥτις μάλα πάντας ὀνήσει.

λυτήριος 2
Hen. 8 3 ἐπα<ο>ιδὰς καὶ ῥιζοτομίας Ἀρμαρὼς ἐπαοιδῶν * λυτήριον * Βαρακιὴλ ἀστρολογίας Χωχιὴλ τὰ σημειωτικὰ
Hen. 8B 3 ἐδίδαξε φαρμακείας ἐπαοιδίας σοφίας καὶ ἐπαοιδῶν * λυτήρια. * ὁ ἔνατος ἐδίδαξεν ἀστροσκοπίαν. ὁ δὲ τέταρτος

λύτρον 1
Sib. 5 445 φρονέουσ' εἰς κρίσιν ἀντιδίκων ἥξεις ὧν εἵνεκα * λύτρα * πέπομφας+ δώσεις δ' ἀντὶ λόγων σκολιῶν πικρὸν

λυτρόω    (8)
```
TSim.    7   1   καὶ νῦν τεκνία μου ὑπακούετε Λευὶ καὶ ἐν Ἰούδᾳ  * λυτρωθήσεσθε *  καὶ μὴ ἐπαίρεσθε ἐπὶ τὰς δύο φυλὰς ταύτας
TLevi    2  10   ἐξαγγελεῖς τοῖς ἀνθρώποις καὶ περὶ τοῦ μέλλοντος  * λυτροῦσθαι *  τὸν Ἰσραὴλ κηρύξεις καὶ διὰ σοῦ καὶ Ἰουδὰ
TZab.    9   8   καὶ εὐσπλαγχνία ἐπὶ ταῖς πτέρυξιν αὐτοῦ. αὐτὸς  * λυτρώσεται *  πᾶσαν αἰχμαλωσίαν υἱῶν ἀνθρώπων ἐκ τοῦ Βελιὰρ
TJos.    9   1   λέγουσα εὐδόκησον πλήρωσαι τὴν ἐπιθυμίαν μου καὶ  * λυτρώσω *  σε τῶν δεσμῶν καὶ ἀπαλλάξω σε τοῦ σκότους. καὶ
TJos.   18   2   ἀγαθοποιΐα εὔχεσθε ὑπὲρ αὐτοῦ καὶ ἀπὸ παντὸς κακοῦ  * λυτρωθήσεσθε *  διὰ κυρίου. ἰδοὺ γὰρ ὁρᾶτε ὅτι διὰ τὴν
Sal.     8  11   ἅγια τοῦ θεοῦ διηρπάζοσαν ὡς μὴ ὄντος κληρονόμου  * λυτρουμένου. *  ἐπατοῦσαν τὸ θυσιαστήριον κυρίου ἀπὸ πάσης
Sal.     8  30   θεὸς ἡμῶν ἵνα μὴ καταπίωσιν ἡμᾶς ἔθνη ὡς μὴ ὄντος  * λυτρουμένου. *  καὶ σὺ ὁ θεὸς ἡμῶν ἀπ' ἀρχῆς καὶ ἐπὶ σέ ἡ
Sal.     9   1   ἀλλοτρίαν ἐν τῷ ἀποστῆναι αὐτοὺς ἀπὸ κυρίου τοῦ  * λυτρωσαμένου *  αὐτοὺς ἀπερρίφησαν ἀπὸ κληρονομίας ἧς
```

λύτρωσις
```
TJos.    8   1   συνάψας περὶ τὸν ὄρθρον ἀνέστην δακρύων καὶ αἰτῶν  * λύτρωσιν *  ἀπὸ τῆς Αἰγυπτίας. τέλος οὖν ἐπιλαμβάνεται μου
```

λυχνία    (5)
```
Abr.1    4   2   ἡμῖν σήμερον ἑτοίμασον δὲ ἡμῖν ἐκεῖ δίφρον καὶ  * λυχνίαν *  καὶ τράπεζαν ἐν ἀφθονίᾳ παντὸς ἀγαθοῦ καλλώπισον
Job     32   9   σὺ εἶ ὁ τοὺς χρυσέους λύχνους ἐπὶ τὰς ἀργυρᾶς  * λυχνίας *  ἔχων, νυνὶ δὲ προσδοκᾷς τὴν φαῦσιν τῆς σελήνης
HEup. 9 34   7   ὃν μὲν ἐκ δεξιῶν ὃν δὲ ἐξ εὐωνύμων. ποιῆσαι δὲ καὶ  * λυχνίας *  χρυσᾶς ⟨δέκα⟩ δέκα τάλαντα ἑκάστην ὁλκὴν ἀγούσας
HEup. 9 34   8   καὶ λύχνους χρυσοῦς ο' ὥστε καίεσθαι ἐφ' ἑκάστῃ  * λυχνίας *  ἑπτά. οἰκοδομῆσαι δὲ καὶ τὰς πύλας τοῦ ἱεροῦ καὶ
HEup. 9 34  15   τὴν κιβωτὸν δὲ καὶ τὸν βωμὸν τὸν χρυσοῦν καὶ τὴν  * λυχνίαν *  καὶ τὴν τράπεζαν καὶ τὰ ἄλλα σκεύη ἐκεῖ
```

λυχνίον    (1)
```
HHec.    1  22  198   καὶ παρ' αὐτὸν οἴκημα μέγα οὗ βωμός ἐστι καὶ  * λυχνίον *  ἀμφότερα χρυσᾶ δύο τάλαντα τὴν ὁλκήν. ἐπὶ δὲ
```

λύχνος    (7)
```
Abr.1    4   3   παραδείσου ἐνέγκας πλήρωσον τὸν οἶκον ἄναψον δὲ  * λύχνους *  ἑπτὰ διὰ ἐλαίου ὅπως εὐφρανθῶμεν ὅτι ὁ ἄνθρωπος
Abr.2    5   2   κλίνην τοῦ ἀνθρώπου σπεύδει γὰρ ἀναπαῆναι καὶ ἄψον  * λύχνον *  ἐπὶ τῆς οἰκίας. καὶ ἐποίησεν Ἰσαὰκ καθὼς
TSim.    8   4   καὶ πληγὴ μεγάλη σφόδρα τοῖς Αἰγυπτίοις ὥστε μετὰ  * λύχνου *  μὴ ἐπιγινώσκειν ἕκαστος τὸν ἀδελφὸν αὐτοῦ. καὶ
Jer.     9  13   Χριστὸν τὸ φῶς τῶν αἰώνων πάντων ὁ ἄσβεστος  * λύχνος *  ἡ ζωὴ τῆς πίστεως. γίνεται δὲ μετὰ τοὺς καιροὺς
Job     32   9   νυνὶ ἐν δυσωδίᾳ ὑπάρχεις σὺ εἶ ὁ τοὺς χρυσέους  * λύχνους *  ἐπὶ τὰς ἀργυρᾶς λυχνίας ἔχων, νυνὶ δὲ προσδοκᾷς
Job     43   5   πονηρὸς μνημόσυνον οὐχ ἕξει ἐν τοῖς ζῶσιν. καὶ ὁ  * λύχνος *  αὐτοῦ σβεσθεὶς ἡφάνισεν τὸ φέγγος αὐτοῦ, ἡ δὲ τῆς
HEup. 9 34   8   ἐκ δεξιῶν τὰς δὲ ἐξ εὐωνύμων. ποιῆσαι δ' αὐτὸν καὶ  * λύχνους *  χρυσοῦς ο' ὥστε καίεσθαι ἐφ' ἑκάστης λυχνίας
```

λύω    (21)
```
Abr.1   13   7   ἐκείνης τὸ τέλος ἐγγὺς καὶ φοβερὰ ἡ ἀπόφασις καὶ ὁ  * λύων *  οὐδεὶς καὶ λοιπὸν διὰ τριῶν βημάτων γίνεται ἡ
TIss.    7   5   μετέδωκα τὸν ἄρτον μου. οὐκ ἔφαγον μόνος ὅριον οὐκ  * ἔλυσα *  εὐσέβειαν ἐποίησα ἐν πάσαις ταῖς ἡμέραις μου καὶ
TDan.    1   9   μόνον οὐδὲ ἕως με τὸ ἀνόμημα τοῦτο ποιῆσαι ἵνα  * λυθῶσι *  δύο σκῆπτρα ἐν Ἰσραήλ. καὶ νῦν τέκνα μου ἐγὼ
TJos.    1   6   ἤμην καὶ ὁ σωτὴρ ἐχαρίτωσέ με ἐν δεσμοῖς καὶ  * ἔλυσέ *  με ἐν διαβολαῖς καὶ συνηγόρησέ μοι ἐν λόγοις
TJos.   15   6   κυρίῳ καὶ ἀνθρώποις. τότε λέγει ὁ μετάβολος αὐτοῖς  * λύσατέ *  με ἀπὸ τῆς κρίσεως Πετεφρῆ. προσελθόντες οὖν
Asen.   10  10   καὶ ἐνεδύσατο τὸν χιτῶνα μελανὸν πένθους καὶ  * ἔλυσε *  τὴν ζώνην αὐτῆς τὴν χρυσῆν καὶ περιεζώσατο
Asen.   10  14   σάκκου καὶ περιεζώσατο περὶ τὴν ὀσφὺν αὐτῆς. καὶ  * ἔλυσε *  τὸ ἐμπλόκιον τοῦ τριχώματος τῆς κεφαλῆς αὐτῆς καὶ
Asen.   13   4   καὶ ἐνεδυσάμην χιτῶνα μελανὸν καὶ πενθικόν. ἰδοὺ  * λέλυκα *  τὴν ζώνην μου τὴν χρυσῆν καὶ ἔρριψα αὐτὴν ἀπ'
Asen.   21  19   ὅτι οὐκ ἔστιν ἀνὴρ δυνάστης ἐπὶ τῆς γῆς ὃς ἂν  * λύσῃ *  τὴν ζώνην τῆς παρθενίας μου. ἥμαρτον κύριε ἥμαρτον
Jer.     7  19   τούτου; καὶ εἶπεν ὁ ἀετός σοι λέγω Ἱερεμία δεῦρο  * λῦσον *  τὴν ἐπιστολὴν ταύτην καὶ ἀνάγνωθι αὐτὴν τῷ λαῷ
Jer.     7  19   τὴν ἐπιστολὴν καὶ ἀνάγνωθι αὐτὴν τῷ λαῷ  * λύσας *  οὖν τὴν ἐπιστολὴν ἀνέγνω αὐτὴν τῷ λαῷ. καὶ ἀκούσας
Jer.     7  31   Ἱερουσαλὴμ καὶ ἔδωκε τὴν ἐπιστολὴν τῷ Βαροὺχ καὶ  * λύσας *  ἀνέγνω καὶ κατεφίλησεν αὐτὴν καὶ ἔκλαυσε ἀκούσας
Aris.  202   3   ἐπιλαβούσης δὲ τῆς ἑσπέρας τὸ συμπόσιον  * ἐλύθη. *  τῇ δὲ μετὰ ταῦτα πάλιν κατὰ τὴν αὐτὴν διάταξιν τὰ
Sib.     3 409   ἐνοσίχθων κευθμῶνας γαίης σκεδάσει καὶ τείχεα  * λύσει. *  σήματα δ' οὐκ ἀγαθοῖο κακοῖο δὲ κύσματος ἀρχή.
FAch.  102       πέμψαντι. ὁ δὲ Αἴσωπος τὰ ἐκπεμπόμενα τῷ Λυκούργῳ  * λύων *  προβλήματα εὐδοκεῖν ἠνάγκαζεν τὸν βασιλέα αὐτός δὲ
FAch.  106       ἐν οἷς καὶ Ἕρμιππον ἔφη τε αὐτοῖς δύνασθε  * λῦσαι *  τὸ τοῦ πύργου ζήτημα ἢ πάντας τραχηλοκοπήσω; οἱ δὲ
FAch.  120       δὲ Αἴσωπος ἔφη τοῦτο τὸ πρόβλημα παρ' ἡμῖν παῖδες  * λύουσιν. *  ἱοἱ γὰρ παιδείας μετέχοντες καταγελῶσι τῶν τὰ
FAch.  122       ποτε. ὁ δὲ Αἴσωπος ἔφη εἰ ταῦτα ὑμῖν οὕτως δοκεῖ  * λέλυται *  τὸ πρόβλημα. ὁ δὲ Νεκταναβὼν ἔφη μακάριος
FPho.  108   εἰκὼν σῶμα γὰρ ἐκ γαίης ἔχομεν κἄπειτα πρὸς αὖ γῆν  * λυόμενοι *  κόνις ἐσμὲν ἀήρ δ' ἀνὰ πνεῦμα δέδεκται. πλουτῶν
HArt. 9 27  11   ἀλλὰ καὶ τοὺς ἱερεῖς ἅπαντας. τὸν δὲ Χενεφρὴν  * λυθέντος *  τοῦ πολεμίου λόγῳ μὲν αὐτὸν ἀποδέξασθαι ἔργῳ δὲ
LEze. 9 29 8 02  ὦ φέριστε μὴ προσεγγίσῃς Μωσῆ πρὶν ἢ τῶν σῶν ποδῶν  * λῦσαι *  δέσιν ἅγια γὰρ ἣ σὺ γῆς ἐφέστηκας πέλει ὁ δ' ἐκ
```

λωβάομαι    (1)
```
FPho.   38   ἀδίκων δὲ πονηρά.⟩ μηδὲ τιν' αὐξόμενον καρπὸν  * λωβήσῃ *  ἀρούρης. ἔστωσαν δ' ὁμότιμοι ἐπήλυδες ἐν
```

λώβη    (1)
```
Sib.     4   9   ἑλκυσθέντα κωφότατον νωδόν τε βροτῶν πολυαλγέα  * λώβην *  ἀλλ' ὃν ἰδεῖν οὐκ ἔστιν ἀπὸ χθονὸς οὐδὲ μετρῆσαι
```

λωβητός    (1)
```
FPho.  145   ἀθέσφατος αἴθεται ὕλη. ἐγκρατὲς ἦτορ ἔχειν καὶ  * λωβητῶν *  δ' ἀπέχεσθαι. φεῦγε κακὴν φήμην φεῦγ' ἀνθρώπους
```

λωνα *    (1)
```
FrAn.  574 3022  ελε ελω αηω εου ιιιβαεχ αβαρμας ϊαβαραου αβελβελ  * λωνα *  αβρα μαροια βρακιλων πυριφανη ὁ ἐν μέσῃ ἀρούρης καὶ
```

λώπη    (1)
```
Sib.     3 389   ἄπιστος ἐς Ἀσίδος ὄλβιον οὖδας ἀνὴρ πορφυρέην  * λώπην *  ἐπιειμένος ὤμοις ἄγριος ἀλλοδίκης φλογόεις ἤγειρε
```

λωποδυτέω    (1)
```
Hen.   102   9   καὶ πεῖν. τοιγαροῦν ἁρπάσαι καὶ ἁμαρτάνειν καὶ  * λωποδυτεῖν *  καὶ ἐγκτᾶσθαι καὶ ⟨ἰδεῖν⟩ ἡμέρας ἀγαθάς.
```

Λώτ    (6)
```
Abr.1    5  13   ἡμῖν σήμερον μήτι φάσιν λόγου ἤνεγκε περὶ  * Λώτ *  τοῦ ἀδελφοῦ σου ⟨τοῦ οἰκοῦντος ἐν Σοδόμοις ὅτι
Abr.2    6   5   ἤνεγκας τῷ κυρίῳ μου Ἀβραὰμ περὶ τοῦ ἀδελφοῦ  * Λώτ *  ⟨ὅτι ἀπέθανεν ἢ ἄλλο τι συνέβη ἐφ' ἡμᾶς⟩; ἀπεκρίθη
Abr.2    6   6   ἢ τοῖς δικαίοις ὑπηρετοῦσα οὐκ ἤνεγκα φάσιν περὶ  * Λώτ *  καὶ ὡς ἤκουσεν Σάρρα λαλούντος τοῦ Μιχαὴλ ἔγνω τὴν
Abr.2    6  13   τῶν δένδρων Μαμβρῆ ὑπάγοντες ῥύσασθαι τὸν ἀδελφόν  * Λώτ *  ἀπὸ Σοδόμων τότε ἐγνωρίσαμοι τὸ μυστήριον. τότε
FJub.   12   9   θυγάτηρ ἦν τοῦ Αρραν ἀδελφὴ τῆς Μελχας καὶ τοῦ  * Λωτ. *  τῷ 'γ τ ο γ' ἔτει τοῦ κόσμου Ἀβραὰμ δὲ ξ α'
FJub.   16   9   ἀπ' ἀρχῆς κτίσεως λαλεῖν τὰ πάτρια πάντα. ἐκ τοῦ  * Λώτ *  Μωαβῖται καὶ Ἀμανῖται σπέρμα κατάρατον ἐκ παρανόμου
```

λωτομήτρα    (1)
```
FrAn.  574 3009  ἔλαιον ὀμφακίζοντα μετὰ βοτάνης μαστιγίας καὶ  * λωτομήτρας *  ἕψει μετὰ σαμψούχου ἀχρωτίστου λέγων ἴωηλ
```

μά    (1)
```
Adam    19   2   γινώσκω ποίῳ ὅρκῳ ὁμόσω σοι. πλὴν ὃ οἶδα λέγω σοι  * μά *  τὸν θρόνον τοῦ δεσπότου καὶ τὰ Χερουβὶμ καὶ τὸ ξύλον
```

μαβρινός *    (1)
```
Abr.1   16   7   αὐτοῦ καὶ ἐκαθέσθη ὑποκάτω τῶν δένδρων τῶν  * μαβρινῶν *  τὴν σιαγόνα αὐτοῦ τῇ χειρὶ κατέχων καὶ
```

μαγγανεία    (1)
```
TRub.    3   4   τῷ ἥπατι καὶ τῇ χολῇ τέταρτον πνεῦμα ἀρεσκείας καὶ  * μαγγανείας *  ἵνα διὰ περιεργίας ὡραῖος ὀφθῇ πέμπτον πνεῦμα
```

μάγγανον    (1)
```
HArt. 9 27  30   αὐτοὶ τερατουργήσωσί τι. τοὺς δὲ τότε διά τινων  * μαγγάνων *  καὶ ἐπαοιδῶν δράκοντα ποιῆσαι καὶ τὸν ποταμὸν
```

μαγεία    (2)
```
FJub.    1  15   ἐν χρόνοις τοῦ Ἰάρεδ καὶ ἐπέκεινα φαρμακεία καὶ  * μαγεία *  ἀσέλγεια μοιχεία τε καὶ ἀδικία. οὗτος ⟨Ἐνὼχ⟩
FIsa.  1  2   5   ⟨Ἱ⟩ερουσαλήμ. κα⟨ὶ⟩ ἐπλήθυνεν ⟨ἡ⟩ φαρμακεία καὶ ἡ  * μαγεία *  καὶ ἡ μαντεία καὶ οἱ κληδονισμοὶ καὶ ἡ πορνεία
```

μαγικός    (1)
```
FPho.  149   κυσὶν θηρῶν ἄπο θῆρες ἔδονται. φάρμακα μὴ τεύχειν  * μαγικῶν *  βίβλων ἀπέχεσθαι. νηπιάχοις ἀταλοῖς μὴ ἅψῃ
```

Μαγνησία    (1)
```
Sib.     3 347   δὲ +Κύαγρα κλύτος+ βασιλὶς Μερόπεια Ἀντιγόνη  * Μαγνησίη *  +Μυκήνη πάνθεια+. ἴσθι τότ' Αἰγύπτου ὀλοὸν
```

μάγος (ὁ)    (1)
```
TRub.    4   9   καὶ γὰρ πολλὰ ἐποίησεν αὐτῷ ἡ Αἰγυπτία καὶ  * μάγους *  παρεκάλεσε καὶ φάρμακα αὐτῷ προσήνεγκεν καὶ οὐκ
```

Μαγώγ    (2)
```
Sib.     3 319   βασιλήων καὶ τότε παύσῃ. αἰαῖ σοι χώρα Γὼγ ἠδὲ  * Μαγώγ *  μέσον οὖσα Αἰθιόπων ποταμῶν πόσον αἵματος ἔκχυμα
Sib.     3 512   οὐδέ τι λήψῃ. αἰαῖ +σοι Γὼγ καὶ πᾶσιν ἐφεξῆς ἅμα  * Μαγὼγ *  μαρσῶν ἠδ' ἀγγῶν ὅσα σοι κακὰ μοῖρα πελάζει+
```

Μαδαί    (1)
```
FJub.    8   5   καὶ ἔκρυψε παρ' ἑαυτῷ. γυνὴ Καιναν Μελχα θυγάτηρ  * Μαδαι *  υἱοῦ Ιαφεθ. γυνὴ Σαλα Μωαχα θυγάτηρ Χεεδαμ
```

Μαδιάμ    (2)
```
HDem. 9 29   1   ρ λ ς' τελευτῆσαι. φυγεῖν μέντοι γε τὸν Μωσῆν εἰς  * Μαδιάμ *  καὶ συνοικῆσαι ἐκεῖ τῇ Ἰοθὼρ θυγατρὶ Σεπφώρᾳ ἣν
HDem. 9 29   3   τοὺς αὐτοὺς γεγονέναι χρόνους. κατοικεῖν δὲ αὐτοὺς  * Μαδιάμ *  πόλιν ἣν ἀπὸ ἑνὸς τῶν Ἀβραὰμ παίδων ὀνομασθῆναι.
```

Μαδιναῖος    (1)
```
TBen.   10  10   ἐθνῶν τὸν Ἰσραὴλ ὥσπερ ἤλεγξε τὸν Ἡσαῦ ἐν τοῖς  * Μαδιναίοις *  τοῖς ἀπειθήσασιν ἀδελφοὺς αὐτῶν γενέσθαι διὰ
```

μαζηρεοι    (1)
```
Hen.    10   9   καὶ τῷ Γαβριὴλ εἶπεν ὁ κύριος πορεύου ἐπὶ τοὺς  * μαζηρέους *  ἐπὶ τοὺς κιβδήλους καὶ τοὺς υἱοὺς τῆς πορνείας
```

μαζός    (1)
```
FJub.   38   2   Ἰούδα ἐνέτεινε τόξον καὶ πλήξας κατὰ τοῦ δεξιοῦ  * μαζοῦ *  τὸν Ἡσαῦ κατέβαλε. τοῦ δὲ θανόντος ἀνοίξαντες τὰς
```

μαθητής    (2)
```
Prop.    9   2   Ἀβδιοῦ ἦν ἐκ γῆς Συχὲμ ἀγροῦ Βηθαχαράμ. οὗτος ἦν  * μαθητὴς *  Ἠλία καὶ πολλὰ ὑπομείνας δι' αὐτὸν περιεσώθετο.
```

Prop. 9 3B τοῦ Ἀχαὰβ δεηθεὶς τοῦ Ἠλία ἐγένετο αὐτοῦ ✻ μαθητής ✻ καὶ πολλὰ παθὼν δι' αὐτὸν μετὰ ταῦτα ἀπολιπὼν

**Μαθουσάλα**

FJub. 4 27 αὐτοῦ. ⟨ Ἐνὼχ⟩ εἰς τὸν παράδεισον ἡρπᾶσθαι. γυνὴ ✻ Μαθουσάλα ✻ Ἐδνὰ θυγάτηρ Ἐζριὴλ πατραδέλφου αὐτοῦ. γυνὴ

HAno. 9 17 9 τὸν αὐτὸν καὶ Ἐνὼχ τοῦ δὲ Ἐνὼχ γενέσθαι υἱὸν ✻ Μαθουσάλαν ✻ ὃν πάντα δι' ἀγγέλων θεοῦ γνῶναι καὶ ἡμᾶς

**Μαθουσάλεκ**

Hen. 106 1 τὰς ὁδοὺς τῆς ἀληθείας. μετὰ δὲ χρόνον ἔλαβεν ✻ Μαθουσάλεκ ✻ τῷ υἱῷ μου γυναῖκα καὶ ἔτεκεν υἱὸν καὶ

Hen. 106 4 ἐφοβήθη Λάμεχ ἀπ' αὐτοῦ καὶ ἔφυγεν καὶ ἦλθεν πρὸς ✻ Μαθουσάλεκ ✻ τὸν πατέρα αὐτοῦ καὶ εἶπεν αὐτῷ τέκνον

Hen. 107 3 αὐτοῦ ἐστιν δικαίως καὶ οὐ ψευδῶς. καὶ ὅτε ἤκουσεν ✻ Μαθουσάλεκ ✻ τοὺς λόγους Ἐνὼχ τοῦ πατρὸς αὐτοῦ

**μαῖα**

Hen. 106 3 ἡ οἰκία ὡσεὶ ἥλιος. καὶ ἀνέστη ἐκ τῶν χειρῶν τῆς ✻ μαίας ✻ καὶ ἀνέῳξεν τὸ στόμα καὶ εὐλόγησεν τῷ κυρίῳ καὶ

Hen. 106 11 ταῖς τοῦ ἡλίου ἀκτῖσιν καὶ ἀνέστη ἀπὸ τῶν τῆς ✻ μαίας ✻ χειρῶν καὶ ἀνοίξας τὸ στόμα εὐλόγησεν τὸν κύριον

**μαίανδρος**

Aris. 66 1 τῆς κατασκευῆς οὔσης. ἐπ' αὐτῆς δὲ τῆς τραπέζης ✻ μαίανδρον ✻ ἔκτυπον ἐποίησαν ἐν ὑπεροχῇ λίθους ἔχοντα κατὰ

Aris. 67 1 τῶν διαφερόντων ἐν ὡραιότητι. μετὰ δὲ τὴν τοῦ ✻ μαιάνδρου ✻ διάθεσιν ἐπέκειτο σχιστὴ πλοκὴ θαυμασίως

Aris. 74 1 τῶν φολίδων σύνδεσιν πολυτέχνως ἔχοντες. εἶτα ✻ μαίανδρος ✻ ἐπέκειτο πηχυαῖος ὕψει τὴν δ' ἐκτύπωσιν

**Μαίανδρος**

Sib. 4 149 ὑπέρκτησις πολέμοιο. Καρῶν δὲ πτολίεθρα παρ' ὕδασι ✻ Μαιάνδροιο ✻ ὅσσα πεπύργωνται περικαλλέα πικρὸς ὀλέσσει

Sib. 4 151 πεπύργωνται περικαλλέα πικρὸς ὀλέσσει λιμὸς ὅταν ✻ Μαίανδρος ✻ ἀποκρύψῃ μέλαν ὕδωρ. ἀλλ' ὅταν εὐσεβίης μὲν

Sib. 5 321 θερμώδοντος. πετροφυὴς Τρίπολίς τε παρ' ὕδασι ✻ Μαιάνδροιο ✻ κύμασι νυκτερινοῖσι ὑπ' ἠόνι κληρωθεῖσα ἄρδην

**μαινάς**

Sib. 5 55 πρῶτον μὲν περὶ σεῖο βάσιν ναοῦ πολυκλαύστου ✻ μαινάδες ✻ ἀΐξουσι καὶ ἐν παλάμῃσι κακῆσιν ἔσσεαι ἤματι

Sib. 5 169 πασῶν. αἰαῖ πάντ' ἀκάθαρτε πόλι Λατινίδος αἴης ✻ μαινάς ✻ ἐχιδνοχαρὴς χήρα καθεδοῖ παρ' ὄχθας καὶ ποταμὸς

Sib. 5 184 ὅπως παύσῃ κακότητος. ὕβρι κακῶν θησαυρὲ πόνων ✻ μαινάς ✻ πολύθρηνε αἰνοπαθὴς πολύδακρυ μενεῖς χήρη διὰ

Sib. 5 485 θεὰ τριτάλαινα μενεῖς ἐπὶ χεύμασι Νείλου μούνη ✻ μαινάς ✻ ἄναυδος ἐπὶ ψαμάθοις Ἀχέροντος κούκέτι σου μνεία

**μαίνομαι**

TJos. 8 3 βίας ἐφελκομένη με εἰς συνουσίαν. ὡς οὖν εἶδον ὅτι ✻ μαινομένη ✻ βίᾳ κρατεῖ τὰ ἱμάτιά μου γυμνὸς ἔφυγον.

Jer. 5 23 μείζονα αὐτοῦ ἐπικατεγέλων ἄν σοι καὶ ἔλεγον ὅτι ✻ μαίνῃ ✻ ὅτι εἰς γῆς ἠχμαλωτεύθη ὁ λαὸς εἰς Βαβυλῶνα. εἰ ἦσαν

Job 35 4 μνήσεται αὐτοῦ τῆς εὐδαιμονίας τῆς προτέρας, καὶ ✻ ἐμάνη ✻ κατὰ ψυχήν; τίς γὰρ οὐκ ἂν ἐκπλαγείη καὶ μανῇ

Job 35 5 καὶ ἐμάνη κατὰ ψυχήν; τίς γὰρ οὐκ ἂν ἐκπλαγείη καὶ ✻ μανῇ ✻ ὑπάρχων ἐν πληγαῖς; ἀλλ' ἔασόν με προσεγγίσαι αὐτῷ,

Job 39 13 εἶπάν μοι τίς πάλιν οὐκ ἐρεῖ ὅτι ἐξεστήκεις καὶ ✻ μαίνει, ✻ εἶπας ὅτι ἀνελήφθη τὰ τέκνα μου εἰς τὸν οὐρανόν;

Sib. 3 39 δόλια φρονεόντων οἷς κακὸν ἐν στέρνοισιν ἔνι ✻ μεμανημένος ✻ οἶστρος αὐτοῖς ἁρπάζοντες ἀναιδέα θυμὸν

Sib. 3 816 Κίρκης μητρὸς καὶ Γνωστοῖο πατρὸς φήσουσι Σίβυλλαν ✻ μαινομένην ✻ ψεύστειραν ἐπὴν δὲ γένηται ἅπαντα τηνίκα μου

Sib. 3 818 τηνίκα μου μνήμην ποιήσετε κούκέτι μ' οὐδεὶς ✻ μαινομένην ✻ φήσειε θεοῦ μεγάλοιο προφῆτιν. οὐ γὰρ ἐμοὶ

Sib. 4 83 βαθὺ χεῦμα. ἔσται δ' Ἑλλάδι νεῖκος ἐν ἀλλήλοις δὲ ✻ μανέντες ✻ πολλὰς πρηνίξουσι πόλεις πολλοὺς δ' ὀλέσουσιν

Sib. 5 254 οὐκέτι συρίξει σάλπιγξ πολεμόκλονον ἦχον οὐδ' ἔτι ✻ μαινομέναις ✻ παλάμαις ἐχθραῖς διολοῦνται +ἀλλ' ἐπι+στήσει

ISop. 5 121 4 φλὸξ ἅπαντα τάπίγεια καὶ μετάρσια φλέξει ✻ μανεῖσα. ✻ ἐπὰν δὲ ἐκλίπῃ τὸ πᾶν φροῦδος μὲν ἔσεαι κυμάτων

HHec. 1 22 204 μάντεας καὶ τινων ἄλλων καὶ καταρωμένων αὐτῷ τί ✻ μαίνεσθε ✻ ἔφη κακοδαίμονες; εἶτα τὸν ὄρνιθα λαβὼν εἰς τὰς

**Μάϊος**

FJub. 3 9 τῆς ἑβδόμης ἑβδομάδος Παχὼν τεσσαρεσκαιδεκάτῃ ✻ Μαΐου ✻ ἐνάτῃ ἡλίου ὄντος ταύρῳ καὶ σελήνης σκορπίῳ κατὰ

FJub. 3 9 τοῦ Ἀδὰμ ἡμέρα κυριακῇ Παχὼν ὀκτωκαιδεκάτῃ ✻ Μαΐου ✻ τρισκαιδεκάτῃ μετὰ τρεῖς ἡμέρας τῆς ἐν τῷ

FJub. 3 32 σὺν τῇ γυναικὶ Εὔα διὰ τὴν παράβασιν τῇ δεκάτῃ τοῦ ✻ Μαΐου ✻ μηνός. τῷ ὀγδόῳ ἔτει ἔγνω ὁ Ἀδὰμ Εὔαν τὴν γυναῖκα

**Μαιῶτις**

Sib. 3 338 11 δ' ἔσσεται αὖτις ἐν ἀνθρώποισι μέγιστα καὶ γὰρ ✻ Μαιῶτιν ✻ λίμνην Τάναϊς βαθυδίνης λείψει κὰδ δὲ ῥόον βαθὺν

**μάκαρ**

Sib. 3 1 ἐκ τοῦ δευτέρου λόγου περὶ θεοῦ. +ὑψιβρεμέτα ✻ μάκαρ ✻ οὐράνιε ὃς ἔχεις τὰ Χερουβὶμ+ ἱδρυμένος λίτομαι

Sib. 3 368 δὲ γαληνὸς ἐς Ἀσίδα γαῖαν ὁδεύσει Εὐρώπη δὲ ✻ μάκαιρα ✻ τότ' ἔσσεται εὔβοτος αἰθὴρ πουλυετὴς εὔρωστος

Sib. 3 372 ἐκεῖνον ὃς ἐς χρόνον ἔσσεται ἀνὴρ ἠὲ γυνὴ ✻ μακάρων ✻ +κενεήφατος ὅσσον ἄγραυλος+ εὐνομίη γὰρ πᾶσα ἀπ'

Sib. 3 483 νήπια τέκν' ἀλιγχέα καὶ βαρὺν ὄλβον. Μυσῶν γαῖα ✻ μακάρων ✻ γένος βασιλήων ἄφνω +τεύξεται. οὐ μὴν πουλὺν

Sib. 3 770 τοῖς πᾶσιν ὑπέσχετο γαῖαν ἀνοίξειν καὶ κόσμον ✻ μακάρων ✻ τε πύλας καὶ χάρματα πάντα καὶ νοῦν ἀθάνατον

Sib. 5 71 εἵνεκα ποινῆς. οὐκέτι σοι +φανερῶς+ θέμις ἔσται ἐν ✻ μακάρεσσιν ✻ ἐξ ἄστρων πέπτωκας ἐς οὐρανὸν οὐκ ἀναβήσῃ.

Sib. 5 107 ὅταν ὕψος ἔχῃ κρατερόν καὶ θάρσος +ἀηδὲς+ ἥξει καὶ ✻ μακάρων ✻ ἐθέλων πόλιν ἐξαλαπάξαι. καὶ κέν τις θεόθεν

Sib. 5 249 τε στοναχῇ τε τότ' ἔσσεται ἤματι κείνῳ Ἰουδαίων ✻ μακάρων ✻ θεῖον γένος οὐράνιόν τε οἳ περιναιετάουσι θεοῦ

Sib. 5 260 χείλεσιν ἁγνοῖς. μηκέτι τείρεο θυμὸν ἐνὶ στήθεσσι ✻ μάκαιρα ✻ θειογενὲς πάμπλουτε μόνον πεποθημένον ἄνθος φῶς

FPho. 75 πελάγεσσιν. ἀεὶ δ' ὁμόνοιαν ἔχουσιν εἰ γὰρ ἔρις ✻ μακάρεσσι ✻ ἔην οὐκ ἂν πόλος ἔστη. σωφροσύνην ἀσκεῖν

FPho. 163 καμάτου πέλει ἀνδράσιν εὐπετὲς ἔργον οὐδ' αὐτοῖς ✻ μακάρεσσι ✻ πόνος δ' ἀρετὴν μέγ' ὀφέλλει. μύρμηκος γαίης

**μακαρίζω**

FrAn. 1 226 11 ηθελησα ο Φαραω⟨ – ⟩ου καμε σωσον μη φ⟨ ⟩λως-- ει ✻ μακαρισωσιν ✻ με⟨ – – ⟩εν τη νοσω⟨ – ⟩ευμαρων μεν το πλ⟨

**μακάριος**

Hen. 99 10 καὶ ἐλαεργ⟨ήσατε⟩ καὶ ἐπὶ μιᾶς ἀπολεῖσθε. καὶ τότε ✻ μακάριοι ✻ πάντες οἱ ἀκούσαντες φρονίμων λόγους καὶ

Hen. 103 5 τῶν ἁμαρτωλῶν ὅταν ἀποθάνητε ἐροῦσιν ἐφ' ὑμῖν ✻ μακάριοι ✻ ἁμαρτωλοὶ πάσας τὰς ἡμέρας αὐτῶν ὅσας εἴδοσαν

Asen. 16 14 καὶ εἶδεν ὁ ἄνθρωπος καὶ ἐμειδίασε καὶ εἶπεν ✻ μακαρία ✻ εἶ σὺ Ἀσενὲθ διότι ἀπεκαλύφθη σοι τὰ ἀπόρρητα

Asen. 16 14 σοι τὰ ἀπόρρητα μυστήρια τοῦ ὑψίστου καὶ ✻ μακάριοι ✻ πάντες οἱ προσκείμενοι κυρίῳ τῷ θεῷ ἐν μετανοίᾳ

Sal. 4 23 τῆς γῆς ὅτι ψυχὰς ἀκάκων παραλογισμῷ ὑπεκρίνοντο. ✻ μακάριοι ✻ οἱ φοβούμενοι τὸν κύριον ἐν ἀκακίᾳ αὐτῶν ὁ

Sal. 5 16 πᾶσαν τὴν γῆν τὸ ἔλεός σου κύριε ἐν χρηστότητι. ✻ μακάριος ✻ οὗ μνημονεύει ὁ θεὸς ἐν συμμετρίᾳ αὐταρκείας

Sal. 6 1 ὅτι αὐτὸς βασιλεὺς ἡμῶν. ἐν ἐλπίδι τῷ Σαλωμων. ✻ μακάριος ✻ ἀνὴρ οὗ ἡ καρδία αὐτοῦ ἑτοίμη ἐπικαλέσασθαι τὸ

Sal. 10 1 εἰς τὸν αἰῶνα καὶ ἔτι. ἐν ὕμνοις τῷ Σαλωμων. ✻ μακάριος ✻ ἀνὴρ οὗ ὁ κύριος ἐμνήσθη ἐν ἐλεγχῷ καὶ ἐκυκλώθη

Sal. 17 44 αὐτοῦ ὡς λόγοι ἁγίων ἐν μέσῳ λαῶν ἡγιασμένων. ✻ μακάριοι ✻ οἱ γενόμενοι ἐν ταῖς ἡμέραις ἐκείναις ἰδεῖν τὰ

Sal. 18 6 εἰς ἡμέραν ἐκλογῆς ἐν ἀνάξει χριστοῦ αὐτοῦ. ✻ μακάριοι ✻ οἱ γενόμενοι ἐν ταῖς ἡμέραις ἐκείναις ἰδεῖν τὰ

Jer. 4 9 ἡμᾶς εἰς τὴν πόλιν ἡμῶν ὑμεῖς δὲ ζωὴν οὐχ ἕξετε. ✻ μακάριοι ✻ εἰσιν οἱ πατέρες ἡμῶν Ἀβραὰμ Ἰσαὰκ καὶ Ἰακὼβ

Esdr. 5 11 θεοῦ εὕραμεν ὀλίγην ἄνεσιν. καὶ εἶπεν ὁ προφήτης ✻ μακάριοι ✻ οἱ κλαίοντες τὰς ἑαυτῶν ἁμαρτίας. καὶ εἶπεν ὁ

Esdr. 7 5 τί πράξω; οὐκ οἶδα. καὶ τότε ἤρξατο λέγειν ὁ ✻ μακάριος ✻ Ἔσδρἀμ ὁ θεὸς ὁ αἰώνιος ὁ πάσης τῆς κτίσεως

Sedr. 1 ἀποκαλυψις Σεδραχ. τοῦ ἁγίου καὶ ✻ μακαρίου ✻ Σεδρὰχ λόγος περὶ ἀγάπης καὶ περὶ μετανοίας καὶ

FAch. 123 δοκεῖ λέλυται τὸ πρόβλημα. ὁ δὲ Νεκτανεβῶν ἔφη ✻ μακάριος ✻ Λυκοῦργος ἐν τῇ βασιλείᾳ αὐτοῦ τοιαύτην σοφίαν

FrAn. 1 226 28 - - το⟩ν λιμον ευθυνς - Φαραω επι του Ιωσηφ - - ✻ μ⟩ακαρια⟨ ✻ - - Ιωσηφ μνησθεις του Ιακωβ⟩ - αν⟩τιστας δε

**μακαριστός**

Sib. 3 371 πάντα φέρων καὶ πτηνὰ καὶ ἑρπετὰ θηρία γαίης. ὦ ✻ μακαριστὸς ✻ ἐκεῖνον ὃς ἐς χρόνον ἔσσεται ἀνὴρ ἠὲ γυνὴ

Sib. 4 192 ἑαυτοὺς νήδυμον ἡελίου τερπνὸν φάος εἰσοράωντες. ὦ ✻ μακαριστός ✻ ὃς ἐς χρόνον ἔσσεται ἀνήρ. λόγος

LPhl. 9 24 1 ἐν χείρεσσι κερασφόρον ὦπασε κριόν. τοῖσιν ἔδος ✻ μακαριστὸν ✻ ὅλης μέγας ἔκτισεν ἄκτωρ ὑψίστοιο καὶ πρόσθεν

**μακαρίτης**

Sib. 3 414 πόλιν ἐξαλαπάξει. ἦλθε γὰρ οὐρανίων νώτων ἀνὴρ ✻ μακαρίτης ✻ σκῆπτρον ἔχων ἐν χερσὶν ὅ οἱ θεὸς ἐγγυάλιξεν

**Μακεδονία**

Sib. 3 172 ἔπειθ' Ἕλληνες ὑπερφίαλοι καὶ ἄναγνοι +ἄλλοι+ ✻ Μακεδονίης ✻ ἔθνος μέγα ποικίλον ἄρξει οἳ φοβερῶν πολέμοιο

Sib. 3 190 φιλοχρημοσύνῃ κακοκερδεῖ πλούτῳ ἐν πολλαῖς χώρῃσι ✻ Μακεδονίη ✻ δὲ μάλιστα. μῖσος δ' ἐξεγερεῖ καὶ πᾶς δόλος

Sib. 3 381 καὶ νυκτοκλοπίαι καὶ πᾶν κακὸν ἤμασι κείνοις. ἀλλὰ ✻ Μακεδονίη ✻ βαρὺ τέξεται Ἀσίδι πῆμα Εὐρώπη δὲ μέγιστον

Sib. 4 102 καὶ Ῥοδίοις κακὸν ὕστατον ἀλλὰ μέγιστον. οὐδὲ ✻ Μακεδονίη ✻ ἔσται κράτος ἀλλ' ἀπὸ δυσμῶν Ἰταλὸς ἀνθήσει

Sib. 5 338 σέ μάχῃ Θρηκῶν κρατερῶν σθένος ἐξαλαπάξει. τήν τε ✻ Μακεδονίη ✻ βασιλεὺς Αἰγύπτου αἱρεῖ καὶ κλίμα βαρβαρικὸν

Sib. 5 461 Παμφύλων γενεὰ δ' εἰς Αἴγυπτον καθεδοῦνται ἔν τε ✻ Μακεδονίη ✻ καὶ ἐν Ἀσίδι καὶ +Λυκίοισιν+ κοσμομανὴς

**Μακεδονικός**

HCal. 24 4 οὐκ ἔλαθεν Ἀλεξάνδρῳ. καὶ προστάσσει τινὰς τῆς ✻ Μακεδονικῆς ✻ φάλαγγος νεανίσκους λίαν μαχιμωτάτους ἐν τῇ

HCal. 24 7 προσταχθὲν αὐτοῦ σπουδαίως ἐπλήρωσαν. ὀξὺ γὰρ τὸ ✻ Μακεδονικὸν ✻ στῖφος εἰς τὸ κελευόμενον ὑπὸ Ἀλεξάνδρου.

**Μακεδόνιος**

Sib. 3 161 Μήδων Αἰθιόπων τε καὶ Ἀσσυρίης Βαβυλῶνος εἶτα ✻ Μακεδονίων ✻ πάλιν Αἰγύπτου τότε Ῥώμης. καὶ τότε μοι

HCal. 28 20 δὲ Αἰγυπτίων ἡγεῖσθαι προστέτακτο Ἀλέξανδρος δὲ ✻ Μακεδονίοις ✻ ἐπεστήρικτο καὶ ψυχαὶ Μακεδόνων Ἀλεξάνδρῳ

**Μακεδών**

Prop. 2 5 καὶ Πτολεμαίου γερόντων ἀνδρῶν ὅτι Ἀλέξανδρος ὁ ✻ Μακεδὼν ✻ ἐπιστὰς τῷ τόπῳ τοῦ προφήτου καὶ ἐπιγνοὺς αὐτοῦ

Sib. 3 610 γαίης ἀριθμούμενος ἐξ Ἑλλήνων ἀρχῆς ἧς ἄρξουσι ✻ Μακηδόνες ✻ ἄσπετοι ἄνδρες ἔλθη δ' Ἀσίης βασιλεὺς

Sib. 4 88 ζυγὰ δούλια καὶ φόβος ἔσται. αὐτὰρ ἐπεὶ σκήπτοισι ✻ Μακηδόνες ✻ αὐχήσουσιν καὶ Θήβησι κακὴ μετόπισθεν

Sib. 4 95 ἐπ' ἐλπίσι τειχισθεῖσα. Βάκτρα κατοικήσουσι ✻ Μακηδόνες ✻ οἳ δ' ὑπὸ Βάκτρων καὶ Σούσων φεύξονται ἐς

HCal. 24 10 ἔθνους πρέσβεις πῶς ἀντ' οὐδένος ὡς στρατῷ ✻ Μακεδόνων ✻ ὁ θάνατος. ἄπιτε οὖν τὸ συμφέρον ὑμῖν

HCal. 24 14 ἡμῖν ἐλπὶς σωτηρίας. Ἔξω γὰρ φύσεως ἀνθρώπων ✻ Μακεδόνων ✻ στρατὸς ὡς γὰρ ἐν ἡμῖν φοβερὸς καθέστηκεν ὁ

HCal. 24 18 ὡς γὰρ ἐν ἡμῖν φοβερὸς καθέστηκεν ὁ θάνατος τοῖς ✻ Μακεδόσι ✻ οὐχ οὕτως ἀλλὰ καὶ λίαν εὐκαταφρόνητος. οἶμαι

HCal. 24 22 τῇ μεγάλῃ ὡς ὑποβρύχιον ἑαυτοὺς ποιήσαντες οἱ τῶν ✻ Μακεδόνων ✻ παῖδες. ἅμα γὰρ Ἀλέξανδρος ἐκέλευσεν τὸ ἔργον

HCal. 28 21 Ἀλέξανδρος δὲ Μακεδονίοις ἐπεστήρικτο καὶ ψυχαὶ * Μακεδόνων * Ἀλεξάνδρῳ ἐκρέμαντο.

μακέλη 1
LAri. 13 12 6 βιότοιο λέγει δ' ὅτε βῶλος ἀρίστη βουσί τε καὶ * μακέλῃσι * λέγει δ' ὅτε δεξιαὶ ὧραι καὶ φυτὰ γυρῶσαι καὶ

μακρόθεν 6
Hen. 32 3 ἦλθον πρὸς τὸν παράδεισον τῆς δικαιοσύνης καὶ ἴδον * μακρόθεν * τῶν δένδρων τούτων δένδρα πλείονα καὶ μεγάλα
Asen. 19 9 πρός με ἡ παρθένος ἁγνὴ καὶ ἵνα τί σὺ ἕστηκας ἀπὸ * μακρόθεν * μου; καὶ ἐξέτεινε τὰς χεῖρας αὐτοῦ Ἰωσὴφ καὶ
Asen. 24 19 ἐφ' ἵπποις καὶ πορεύου ἔμπροσθεν ⟨ἡμῶν⟩ ἀπὸ * μακρόθεν. * καὶ ἐλεύσεται Ἀσενὲθ καὶ ἐμπεσεῖται εἰς τὰς
Sal. 11 3 ἔρχονται τῇ εὐφροσύνῃ τοῦ θεοῦ αὐτῶν ἐκ νήσων * μακρόθεν * συνήγαγεν αὐτοὺς ὁ θεός. ὄρη ὑψηλὰ ἐταπείνωσεν
Jer. 8 8 ἐπιγνόντες ὑπέστρεψαν καὶ ἦλθον εἰς τόπον ἔρημον * μακρόθεν * τῆς Ἱερουσαλὴμ καὶ ᾠκοδόμησαν ἑαυτοῖς πόλιν
Job 28 3 ἐπισκεψάμενοι παραμυθήσονταί με ἡνίκα δὲ ἤγγισαν * μακρόθεν, * οὐκ ἐπεγίνωσκόν με κράξαντες δὲ ἔκλαυσαν,

μακροθυμέω 7
TJos. 2 7 πειρασμοῖς δόκιμόν με ἀνέδειξε καὶ ἐν πᾶσιν αὐτοῖς * ἐμακροθύμησα * ὅτι μέγα φάρμακόν ἐστιν ἡ μακροθυμία καὶ
Esdr. 3 6 ἐὰν ἴδω τὴν δικαιοσύνην τοῦ κόσμου ὅτι ἐπλεόνασεν * μακροθυμήσω * ἐπ' αὐτοὺς εἰ δὲ μὴ ἐκτενῶ τὴν χεῖρά μου καὶ
Job 11 10 ἤρχοντο καὶ παρεκάλουν με λέγοντες δεόμεθά σου, * μακροθύμησον * ἐφ' ἡμᾶς ἴδωμεν πῶς ἀποκαταστῆσαί σοι
Job 26 5 χειρὸς κυρίου τὰ κακὰ πάλιν οὐχ ὑπομένομεν; ἀλλὰ * μακροθυμήσωμεν * ἕως ἂν ὁ κύριος σπλαγχνισθεὶς ἐλεήσῃ
Job 27 7 ἀπ' ἐμοῦ ἐν τρισὶν ἔτεσιν. νῦν οὖν τέκνα μου * μακροθυμήσατε * καὶ ὑμεῖς ἐν παντὶ συμβαίνοντι ὑμῖν ὅτι
Job 28 5 νύκτας καὶ οὐθεὶς αὐτῶν λελάληκέν μοι, καὶ οὐχὶ * μακροθυμοῦντες * ἔμειναν μὴ λαλοῦντες ἀλλ' ἐπειδὴ ᾔδεισάν
Job 35 4 πῶς ἐγένου νοσήσας ἐν ταῖς δυσὶν ἡμέραις; νῦν οὖν * μακροθυμήσωμεν * ἵνα γνῶμεν ἐν τίνι ἐστὶν μήτι ἄρα ἐξέστη

μακροθυμία 10
TDan 2 1 καὶ τοῦ θυμοῦ καὶ ἀγαπήσητε τὴν ἀλήθειαν καὶ τὴν * μακροθυμίαν * ἀπολεῖσθε. τύφλωσίς ἐστιν ἐν τῷ θυμῷ τέκνα
TDan 6 8 καὶ πᾶν ψεῦδος καὶ ἀγαπήσατε τὴν ἀλήθειαν καὶ τὴν * μακροθυμίαν * καὶ ἃ ἠκούσατε παρὰ τοῦ πατρὸς ὑμῶν μετάδοτε
TGad 4 7 θάνατον τῶν ἀνθρώπων τὸ δὲ πνεῦμα τῆς ἀγάπης ἐν * μακροθυμίᾳ * συνεργεῖ τῷ νόμῳ τοῦ θεοῦ εἰς σωτηρίαν
TJos. 2 7 αὐτοῖς ἐμακροθύμησα ὅτι μέγα φάρμακόν ἐστιν ἡ * μακροθυμία * καὶ πολλὰ ἀγαθὰ δίδωσιν ἡ ὑπομονή. ποσάκις ἡ
TJos. 17 2 μου. καὶ ὑμεῖς οὖν ἀγαπᾶτε ἀλλήλους καὶ ἐν * μακροθυμίᾳ * συγκρύπτετε ἀλλήλων τὰ ἐλαττώματα. τέρπεται
TJos. 18 3 διὰ κυρίου. ἰδοὺ γὰρ ὁρᾶτε ὅτι διὰ τὴν * μακροθυμίαν * καὶ θυγατέρα κυρίων μου ἔλαβον εἰς γυναῖκα
Esdr. 2 8 ποῦ εἰσιν τὰ ἐλέη σου τὰ ἀρχαῖα κύριε; ποῦ σου ἡ * μακροθυμία; * καὶ εἶπεν ὁ θεὸς ὡς ἐποίησα νύκτα καὶ ἡμέραν
Job 27 7 παντὶ συμβαίνοντι ὑμῖν ὅτι κρείττων ἐστὶν παντὸς ἡ * μακροθυμία. * καὶ ὅτε ἐπλήρωσα εἴκοσι ἔτη τυγχάνων ἐν τῇ
Aris. 188 3 μιμούμενος τὸ τοῦ θεοῦ διὰ παντὸς ἐπιεικές. * μακροθυμίᾳ * γὰρ χρώμενος καὶ κολάζων τοὺς αἰτίους
FBar. 12 4 εξυπνισθησεται ⟨προς σε η οργη η νυν υπο τ⟩ης * μακροθυμ⟨ιας * ως χαλινω κατεχεται και⟩ ειπων ταυτα

μακρόθυμος 5
TDan 6 9 δέξηται ὑμᾶς ὁ σωτὴρ τῶν ἐθνῶν ἔστι γὰρ ἀληθὴς καὶ * μακρόθυμος * πρᾶος καὶ ταπεινὸς καὶ ἐκδιδάσκων διὰ τῶν
Asen. 11 10 καὶ θεὸς ζῶν καὶ θεὸς ἐλεήμων καὶ οἰκτίρμων καὶ * μακρόθυμος * καὶ πολυέλεος καὶ ἐπιεικὴς καὶ μὴ λογιζόμενος
Asen. 12 15 καὶ τίς οὕτω ταχὺς ἐν ἐλέει ὡς σὺ κύριε καὶ τίς * μακρόθυμος * ἐπὶ ταῖς ἁμαρτίαις ἡμῶν ὡς σὺ κύριε; ἰδοὺ γὰρ
Job 21 4 ὡς δουλίδι. καὶ μετὰ ταῦτα ἀνελάμβανον λογισμὸν * μακρόθυμον. * καὶ μετὰ ἕνδεκα ἔτη καὶ αὐτὸν τὸν ἄρτον
FMan. 2 22 12 τὸ ἔλεος τῆς ἐπαγγελίας σου. ὅτι σὺ εἶ κύριος * μακρόθυμος * εὔσπλαγχνος πολυέλεος καὶ μετανοῶν ἐπὶ ταῖς

μακρός 27
Hen. 30 1 καρύαις. καὶ ἐπέκεινα τούτων ᾠχόμην πρὸς ἀνατολὰς * μακρὰν * καὶ ἴδον τόπον ἄλλον μέγαν φάραγγα ὕδατος ἐν ᾧ
Hen. 32 2 ἐφώδευσα ἐπὶ τὰς ἀρχὰς πάντων τῶν ὀρέων τούτων * μακρὰν * ἀπέχων πρὸς ἀνατολὰς τῆς γῆς καὶ διέβην ἐπάνω τῆς
Hen. 104 6 καὶ εὐοδουμένους καὶ μὴ μέτοχοι αὐτῶν γίνεσθε ἀλλὰ * μακρὰν * ἀπέχεσθε ἀπὸ πάντων τῶν ἀδικημάτων αὐτῶν. μὴ γὰρ
Abr.1 3 7 ἀνθρώπου τούτου τοῦ ἐπιξένου τοὺς πόδας ὅτι ἀπὸ * μακρᾶς * ὁδοῦ πρὸς ἡμᾶς ἐκοπίασεν. καὶ δραμὼν Ἰσαὰκ εἰς
TSlm. 6 2 ἐξ ἐμοῦ ἕως αἰῶνος καὶ οἱ κλάδοι αὐτῶν ἕως εἰς * μακρὰν * ἔσονται. τότε ἀπολεῖται σπέρμα Χανάαν καὶ
TIss. 4 3 οὐκ ἐφίεται ἐσθῆτα διάφορον οὐ θέλει χρόνους * μακροὺς * οὐχ ὑπογράφει ζῆν ἀλλὰ μόνον ἐκδέχεται τὸ θέλημα
TNep. 4 5 ποιῶν δικαιοσύνην καὶ ποιῶν ἔλεος εἰς πάντας τοὺς * μακρὰν * καὶ τοὺς ἐγγύς. ἐν γὰρ ἔτει τεσσαρακοστῷ ζωῆς μου
Sal. 2 4 ἐν ἀνομίαις. ἕνεκεν τούτων εἶπεν ἀπορρίψατε αὐτὰ * μακρὰν * ἀπ' ἐμοῦ οὐκ εὐδοκῶ ἐν αὐτοῖς. τὸ κάλλος τῆς
Sal. 4 1 βέβηλε κάθησαι ἐν συνεδρίῳ ὁσίων καὶ ἡ καρδία σου * μακρὰν * ἀφέστηκεν ἀπὸ τοῦ κυρίου ἐν παρανομίαις
Sal. 15 7 λιμὸς καὶ ῥομφαία καὶ θάνατος ἀπὸ δικαίων * μακρὰν * φεύξονται γὰρ ὡς διωκόμενοι πολέμου ἀπὸ ὁσίων
Sal. 16 1 κυρίου παρὰ μικρὸν ὠλίσθησα ἐν καταφορᾷ ὑπνούντων * μακρὰν * ἀπὸ θεοῦ παρ' ὀλίγον ἐξεχύθη ἡ ψυχή μου εἰς
Sal. 16 10 λόγοις ἀληθείας περίστειλον ὀργὴν καὶ θυμὸν ἄλογον * μακρὰν * ποίησον ἀπ' ἐμοῦ. γογγυσμὸν καὶ ὀλιγοψυχίαν ἐν
Bar. 4 16 τὴν παράβασιν ἀπεργάζονται καὶ τῆς τοῦ θεοῦ δόξης * μακρὰν * γίνονται καὶ τῷ αἰωνίῳ πυρὶ ἑαυτοὺς προξενοῦσιν.
Prop. 12 6 προεφήτευσε τοῖς ἰδίοις εἰπὼν πορεύομαι εἰς γῆν * μακρὰν * καὶ ταχέως ἐλεύσομαι. εἰ δὲ βραδύνω ἀπενέγκατε
Prop. 15 6 περὶ διπλῆς κρίσεως ἐξέθετο καὶ ἀπέθανεν ἐν γήρει * μακρῷ * καὶ ἐκλειπὼν ἐτάφη σύνεγγυς Ἀγγαίου. ⟨ἀλληλούϊα
Job 11 3 καὶ πρόχρησον ἡμῖν χρυσίον ἵνα ἀπέλθωμεν εἰς τὰς * μακρὰς * πόλεις ἐμπορευόμενοι καὶ τοῖς πένησιν δυνηθῶμεν
Job 31 2 αὐτὸν ἀκριβῶς εἰ ὅλως αὐτός ἐστιν ἢ οὔ. οἱ δὲ * μακρὰ * μου ὄντες ὡς ἥμισυ σταδίου διὰ τὴν δυσωδίαν τοῦ
Sib. 3 274 βωμὸς ἐρυμνὸς καὶ ναὸς μεγάλοιο θεοῦ καὶ τείχεα * μακρὰ * πάντα χαμαὶ πεσέονται ὅτι φρεσὶν οὐκ ἐπίθησας
Sib. 3 313 τε δικαίων ὧν ἔτι καὶ νῦν αἷμα βοᾷ εἰς αἰθέρα * μακρόν. * ἥξει σοι πληγὴ μεγάλη Αἴγυπτε πρὸς οἶκους δεινὴ
Sib. 3 809 βασιλῆι. ταῦτά σοι Ἀσσυρίης Βαβυλώνια τείχεα * μακρὰ * οἰστρομανὴς προλιποῦσα ἐς Ἑλλάδα πεμπόμενον πῦρ
Sib. 5 20 καὶ θεσμοὺς θήσει λαοῖς καὶ πάνθ' ὑποτάξει ἐν * μακρῷ * δὲ χρόνῳ ἑτέρῳ παραδώσεται ἀρχὴν ὅς τε τριηκοσίων
Sib. 5 515 ὤδινε θεὸς δ' ἐπέτρεψε μάχεσθαι. ἀντὶ γὰρ Ἡελίου * μακραὶ * φλόγες ἐστασίαζον Φωσφόρος ἔσχε μάχην ἐπιβὰς ἐς
FPho. 161 ἐθέλεις εὐρεῖα θάλασσα εἰ δὲ γεηπονίην μεθέπειν * μακραὶ * τοι ἄρουραι. οὐδὲν ἄνευ καμάτου πέλει ἀνδράσιν
ISop. 5 113 2 εἷς ἐστι⟨ν⟩ θεὸς ὃς οὐρανόν τε ἔτευξε καὶ γαῖαν * μακρήν * πόντου τε χαροπὸν οἶδμα καὶ ἀνέμων βίαν. θνητοὶ
IOrp. 36 ὠκεανοῖο πάντοθεν ἐκτέτακεν περὶ γὰρ τρέμει οὔρεα * μακρὰ * καὶ ποταμοὶ πολιῆς τε βάθος χαροποῖο θαλάσσης οὐδὲ
HArt. 9 27 37 παραπλήσιον τὴν χρόαν. γεγονέναι δὲ τὸν Μώϋσον * μακρὸν * πυρρακῆ πολιὸν κομήτην ἀξιωματικόν. ταῦτα δὲ
FrAn. 9 17 4 ἀνεῖλεν ὁ Ἰωὰς ὁ τῆς Ἰουδαίας βασιλεὺς οὐκ εἰς * μακρὰν * περὶ τὸν οἶκον ἐχρήσατο χαλεπῇ συμφορᾷ. ἑβδόμῃ

μακρότης 3
Hen. 10 9 ἀπὸ τῶν ἀνθρώπων πέμψον αὐτοὺς ἐν πολέμῳ ἀπωλείας. * μακρότης * γὰρ ἡμερῶν οὐκ ἔστιν αὐτῶν καὶ πᾶσα ἐρώτησις
Hen. 10B 9 ἐξ αὐτῶν εἰς αὐτοὺς ἐν πολέμῳ καὶ ἐν ἀπωλείᾳ. καὶ * μακρότης * ἡμερῶν οὐκ ἔσται αὐτοῖς καὶ πᾶσα ἐρώτησις οὐκ
Hen. 13 6 καὶ περὶ ὧν δέονται ὅπως αὐτῶν γένωνται ἄφεσις καὶ * μακρότης. * καὶ πορευθεὶς ἐκάθισα ἐπὶ τῶν ὑδάτων Δὰν ἐν γῇ

μακρύνω 4
TLevi 2 3B007 μου μετ' ἐμοῦ. καὶ δός μοι πάσας ὁδοὺς ἀληθείας * μάκρυνον * ἀπ' ἐμοῦ κύριε τὸ πνεῦμα τὸ ἄδικον καὶ
Sal. 12 4 συγχέαι οἴκους ἐν πολέμῳ χείλεσιν ψιθύροις. * μακρύναι * ὁ θεὸς ἀπὸ ἀκάκων χείλη παρανόμων ἐν ἀπορίᾳ καὶ
Sal. 16 11 ἀπ' ἐμοῦ. γογγυσμὸν καὶ ὀλιγοψυχίαν ἐν θλίψει * μάκρυνον * ἀπ' ἐμοῦ ἐὰν ἁμαρτήσω ἐν τῷ σε παιδεύειν εἰς
Job 33 1 νῦν τυγχάνει ἡ δόξα τοῦ θρόνου σου; τοῦ δὲ Ἐλιοῦ * μακρύναντος * τὸν κλαυθμὸν ὑποφωνούντων αὐτῷ τῶν

μάλα 68 μᾶλλον μάλιστα μάλα μάλ'

μαλακία 1
TJos. 17 7 ψυχή μου καὶ πᾶν ἄλγημα αὐτῶν ἄλγημά μου καὶ πᾶσα * μαλακία * αὐτῶν ἀσθένειά μου ἡ γῆ μου γῆ αὐτῶν ἡ βουλὴ

μαλακίζω 4
TRub. 1 8 ἔπραξα τὸ πονηρὸν ἐνώπιον κυρίου καὶ ἑπτὰ μῆνας * ἐμαλακίσθην * ἕως θανάτου. καὶ ἐν προαιρέσει ψυχῆς μου
TLevi 6 7 γὰρ ὅτι παρὰ γνώμην αὐτοῦ τοῦτο πεποιήκαμεν καίγε * ἐμαλακίσθη * ἐν τῇ ἡμέρᾳ ἐκείνῃ. ἀλλ' ἐγὼ εἶδον ὅτι
TGad 1 4 μεθ' ἡμῶν ὡς ἡμέρας τριάκοντα καὶ τρυφερὸς ὢν * ἐμαλακίσθη * ἀπὸ τοῦ καύματος καὶ ὑπέστρεψεν εἰς Χεβρὼν
Asen. 29 8 αὐτοῦ τὸν πρωτότοκον σφόδρα καὶ ἐκ τοῦ πένθους * ἐμαλακίσθη * καὶ ἀπέθανε Φαραὼ ἐτῶν ἑκατὸν ἐννέα καὶ

Μαλαχί 1
Prop. 16 2 λαὸς ἐτίμα αὐτὸν ὡς ὅσιον καὶ πρᾶον ἐκάλεσεν αὐτὸν * Μαλαχὶ * ὃ ἑρμηνεύεται ἄγγελος ἦν γὰρ καὶ τῷ ἰδεῖν

Μαλαχίας 1
Prop. 16 1 καὶ χοροῖς περὶ τῆς ἐπανόδου ἀπὸ Βαβυλῶνος.⟩ * Μαλαχίας. * οὗτος μετὰ τὴν ἐπιστροφὴν τίκτεται ἐν Σωφᾷ καὶ

Μαλελεήλ 1
FJub. 4 15 αὐτοῦ. γυνὴ Καϊνὰν Μαωλὶθ ἀδελφὴ αὐτοῦ. γυνὴ * Μαλελεὴλ * Δινὰ θυγάτηρ Βαραχιὴλ πατραδέλφου αὐτοῦ.

μαλερός 1
Sib. 3 84 πόλος ἐν χθονὶ δίῃ καὶ πελάγει ῥεύσει δὲ πυρὸς * μαλεροῦ * καταράκτης ἀκάματος φλέξει δὲ γαῖαν φλέξει δὲ

μαλλός 1
LEze. 9 29 16 18 σκέλη δὲ μιλτόχρωτα καὶ κατ' αὐχένων κροκωτίνοις * μαλλοῖσιν * εὐτρεπίζετο. κάρα δὲ κοττοῖς ἡμέροις

Μαμβρή 8
Abr.1 1 2 δὲ τὴν σκηνὴν αὐτοῦ ἐν τετραόδῳ τῆς δρυὸς τῆς * Μαβρῆς * τοὺς πάντας ἐδέχετο πλουσίους καὶ πένητας
Abr.1 2 1 θεοῦ κατῆλθε πρὸς τὸν Ἀβραὰμ εἰς τὴν δρῦν τὴν * Μαβρὴν * καὶ εὗρε τὸν Ἀβραὰμ ἐν τῇ χώρᾳ ἔγγιστα ζεύγη
Abr.1 6 4 ἐπιξενισθέντας ἐν τῇ σκηνῇ ἡμῶν παρὰ τὴν δρῦν τὴν * Μαβρὴν * καὶ θυσάντες ἡμεῖς τὸν μόσχον παρέθηκας αὐτοῖς
Abr.1 20 11 ἔθαψαν αὐτὸν ἐν τῇ γῇ τῆς ἐπαγγελίας ἐν τῇ δρυῒ τῇ * Μαβρῇ * τὴν δὲ τιμίαν αὐτοῦ ψυχὴν ὀψικεύοντες ἄγγελοι
Abr.2 6 10 λέγω ὅτι εἷς ἐστιν τῶν τριῶν τῶν ὑπὸ τῶν δένδρων * Μαμβρὴ * τῶν ἐπιξενωθέντων ἡμῖν ὅτε συναπήλθες ⟨ἐν τῷ
Abr.2 6 13 οὗτοί εἰσιν οἱ πόδες οὓς ἔπλυνα ὑπὸ τῶν δένδρων * Μαμβρὴ * ὑπάγοντες ῥύσασθαι τὸν ἀδελφὸν Λὼτ ἀπὸ Σοδόμων
FJub. 16 10 ἐτῶν ρ' ἐγέννησεν τὸν Ἰσαάκ. μετὰ ταῦτα τῆς κατὰ * Μαβρῆ * δρυὸς ἀπαναστὰς ὁ Ἀβραὰμ ἐπὶ τὸ φρέαρ κατασκηνοῖ
HDem. 9 21 11 ἔτη εἴκοσι τρία. αὐτόθεν δὲ ἐλθεῖν τὸν Ἰακὼβ εἰς * Μαμβρὶ * τῆς Χεβρὼν πρὸς Ἰσαὰκ τὸν πατέρα. εἶναι δὲ τότε

Μανασσῆς 16
Asen. 21 9 καὶ συνέλαβεν Ἀσενὲθ ἐκ τοῦ Ἰωσὴφ καὶ ἔτεκε τὸν * Μανασσῆ * καὶ τὸν Ἐφραὶμ τὸν ἀδελφὸν αὐτοῦ ἐν τῷ οἴκῳ
Prop. 1 1 που κεινται. Ἠσαΐας ἀπὸ Ἱερουσαλὴμ θνήσκει ὑπὸ * Μανασσῆ * πρισθεὶς εἰς δύο καὶ ἐτέθη ὑποκάτω δρυὸς Ῥωγὴλ
FIsa. 1 1 καὶ εἰκοστῷ ἔτει βασιλεύοντος Ἐζεκίου καλέσαι * Μανασσῆν * τὸν υἱὸν αὐτοῦ ὄντα ἐτῶν ἕνδεκα ἔμπροσθεν

FIsa. 1 8 καὶ τὸ πνεῦμα τὸ λαλοῦν ἐν ἐμοὶ ὅτι ἐν ταῖς χερσὶ * Μανασσῆ * τοῦ υἱοῦ σου βασάνοις ἀπαλλαγήσομαι. κατοικήσει
FIsa. 1 9 ἀπαλλαγήσομαι. κατοικήσει ὁ Σατανᾶς ἐν <καρδίᾳ> * Μανασσῆ * πρισθήσομαι ὑπ' αὐτοῦ πρίωνι ξυλίνῳ εἰς δύο καὶ
FIsa. 1 11 οὐδὲν <δεῖ> πληρωθῆναι τὴν βουλὴν τοῦ σατανᾶ ἐν τῷ * Μανασσῆ. * ἐν ἐκείνῃ δὲ τῇ ὥρᾳ διελογίζετο Ἐζεκίας τοῦ
FIsa. 1 12 διελογίζετο Ἐζεκίας τοῦ ἀποκτεῖναι τὸν υἱὸν αὐτοῦ * Μανασσῆν. * καὶ εἶπεν Ἡσαΐας πρὸς Ἐζεκίαν κατήργησεν ὁ
FIsa. 1 13 βουλήν σου οὐ μὴ γὰρ ἔσται δεῖ <με> ἐν ταῖς χερσὶ * Μανασσῆ * ἐξελθεῖν. ἐτελεύτησεν δὲ Ἐζεκίας καὶ Μανασσῆς
FIsa. 3 1 Μανασσῆ ἐξελθεῖν. ἐτελεύτησεν δὲ Ἐζεκίας καὶ * Μανασσῆς * παρέλαβεν τὴν βασιλείαν αὐτοῦ. οὐκ ἐμνήσθη τῶν
FIsa. 1 2 4 τῆς τοῦ θεοῦ λατρείας καὶ ἐλάτρευσαν τῷ διαβόλῳ. * <Μ>ανασσῆ * καὶ κατε<δυ>νάμου αὐτὸν ἐν <τῇ> ἀποστάσει καὶ
FIsa. 1 2 5 καὶ ἡ πορνεία καὶ ὁ διωγμὸς τῶν δικαίων ἐν χερσὶ * Μανασσῆ * καὶ ἐν χερσὶν τοῦ Τουβὶ τοῦ Χανανίτου καὶ ἐν
FIsa. 1 3 1 γὰρ ἦν οἰκῶν ἐν τῇ χώρᾳ Βηθλεὲμ καὶ ἐκολλήθη τῷ * Μανασσῆ. * καὶ αὐτὸς ἦν ψευδοπροφητεύων ἐν Ἰερουσαλὴμ καὶ
FIsa. 1 3 10 πρ<οσηγό>ρευσεν. <κ>α<ὶ πολλὰ> κατηγόρει ἐπὶ τοῦ * Μανασσῆ * καὶ τῶν προφητῶν. καὶ ἐκάθισεν Βελιὰρ ἐν τῇ
FIsa. 1 3 11 προφητῶν. καὶ ἐκάθισεν Βελιὰρ ἐν τῇ καρ<δ>ίᾳ τοῦ * Μανασσῆ * καὶ ἐν τῇ καρδίᾳ τῶν ἀρχόντων Ἰούδα καὶ
FMan. 2 22 15 πάντα τὰ περὶ αὐτὸν σίδηρα καὶ ἰάσατο κύριος τὸν * Μανασσῆν * ἐκ τῆς θλίψεως αὐτοῦ. καὶ παρελογίσατο Ἀμὼς
HDem. 9 21 12 τοῦ Ἡλιουπόλεως ἱερέως θυγατρὶ καὶ γεννῆσαι * Μανασσῆν * καὶ Ἐφραΐμ καὶ τοῦ λιμοῦ ἐπιγενέσθαι ἔτη δύο.

Μανδοβαρά 1
Hen. 28 1 μεγαλοπρεπῶς. καὶ ἐκεῖθεν ἐπορεύθην εἰς τὸ μέσον * Μανδοβαρὰ * καὶ ἴδον αὐτὸ ἔρημον καὶ αὐτὸ μόνον πλήρης

μανδραγόρας 8
TIss. 1 2 ἐγὼ ἐτέχθην πέμπτος υἱὸς τῷ Ἰακὼβ ἐν μισθῷ τῶν * μανδραγόρων. * Ῥουβὴμ γὰρ ἤνεγκε μανδραγόρους ἐκ τοῦ
TIss. 1 3 ἐν μισθῷ τῶν μανδραγόρων. Ῥουβὴμ γὰρ ἤνεγκε * μανδραγόρους * ἐκ τοῦ ἀγροῦ καὶ προαπαντήσασα Ῥαχὴλ
TIss. 1 8 ἰδοὺ ἔστω σοι Ἰακὼβ τὴν νύκτα ταύτην ἀντὶ τῶν * μανδραγόρων * τοῦ υἱοῦ σου. εἶπε δὲ Λεία πρὸς αὐτὴν μὴ
TIss. 1 14 ἐκεῖ οὐκ ἐγίνετο τοῦτο. καὶ εἶπε Ῥαχὴλ λάβε ἕνα * μανδραγόραν * καὶ ἀντὶ τοῦ ἑνὸς ἐκμισθῶ σοι αὐτὸν ἐν μιᾷ
TIss. 2 2 διὰ τοῦτο ἓξ ἔτεκε τοὺς δὲ δύο Ῥαχὴλ ὅτι ἐν τοῖς * μανδραγόροις * ἐπεσκέψατο αὐτὴν κύριος. εἶδε γὰρ ὅτι διὰ
TIss. 2 4 ἐπαύριον ἀπέδοτο τὸν Ἰακὼβ ἵνα λάβῃ καὶ τὸν ἄλλον * μανδραγόραν. * διὰ τοῦτο ἐν τοῖς μανδραγόροις ἐπήκουσε
TIss. 2 4 λάβῃ καὶ τὸν ἄλλον μανδραγόραν. διὰ τοῦτο ἐν τοῖς * μανδραγόροις * ἐπήκουσε κύριος τῆς Ῥαχὴλ ὅτι καίγε
HDem. 9 21 4 Λείας Ἀσήρ. καὶ Λείαν πάλιν ἀντὶ τῶν μήλων τῶν * μανδραγόρου * ἃ Ῥουβὴλ εἰσενεγκεῖν παρὰ Ῥαχὴλ συλλαβεῖν

μανθάνω 19
Hen. 25 1 τῇ ὀσμῇ τοῦ δένδρου καὶ διά τί θέλεις τὴν ἀλήθειαν * μαθεῖν; * τότε ἀπεκρίθην αὐτῷ περὶ πάντων εἰδέναι θέλω
Hen. 99 10 μακάριοι πάντες οἱ ἀκούσαντες φρονίμων λόγους καὶ * μαθήσονται * αὐτοὺς ποιῆσαι τὰς ἐντολὰς τοῦ ὑψίστου καὶ
Hen. 104 13 χαρήσονται καὶ ἀγαλλιάσονται πάντες οἱ δίκαιοι * μαθεῖν * ἐξ αὐτῶν πάσας τὰς ὁδοὺς τῆς ἀληθείας. μετὰ δὲ
TGad 5 8 καὶ ὁδηγεῖ τὸ διαβούλιον πρὸς σωτηρίαν καὶ ἃ οὐκ * ἔμαθεν * ἀπὸ ἀνθρώπων οἶδε διὰ τῆς μετανοίας. ἐπήγαγε γάρ
TJos. 4 4 ἴσχυσε πάλιν ἐπὶ λόγῳ κατηχήσεως ἤρχετο πρός με * μαθεῖν * λόγον κυρίου. καὶ ἔλεγέ μοι εἰ θέλεις ἵνα
TJos. 6 7 ἔλεγχόν σου εἰ ἄρα ἰδοῦσα αὐτὸ μετανοήσεις. ἵνα δὲ * μάθῃς * ὅτι τῶν ἐν σωφροσύνῃ θεοσεβούντων οὐ κατισχύει
Jer. 5 31 ἀφ' οὗ ᾐχμαλωτεύθη ὁ λαὸς εἰς Βαβυλῶνα. καὶ ἵνα * μάθῃς * τέκνον ὅτι ἀληθές ἐστιν ἅπερ λέγω σοι ἀνάβλεψον
Bar. 10 1 τῆς τοῦ ἡλίου θέρμης ἐκδαπανᾶται. καὶ ταῦτα πάντα * μαθὼν * παρὰ τοῦ ἀρχαγγέλου λαβὼν ἤγαγέν με εἰς τρίτον
Bar. 13 5 καὶ εἶπεν Μιχαὴλ τοὺς ἀγγέλους ἐκδέξασθε ἕως οὗ * μάθω * παρὰ κυρίου τό τί γένηται. καὶ αὐτῇ τῇ ὥρᾳ ἀπῆλθεν
Prop. 22 18 ἀπαγγέλλων αὐτῷ τὰς σκέψεις τοῦ ἐχθροῦ τοῦτο * μαθὼν * ὁ βασιλεὺς Συρίας πέμπει δύναμιν ἀγαγεῖν τὸν
Prop. 22 19 τε αὐτοὺς φυλάξας διέσωσε καὶ ἔθρεψεν τοῦτο * μαθὼν * ὁ βασιλεὺς Συρίας ἐπαύσατο τοῦ πολεμεῖν. μετὰ
Job 20 1 τῶν οὖν ὑπαρχόντων μοι πάντων ἀπολομένων * ἔμαθεν * ὁ Σατανᾶς ὅτι οὐδὲν δύναταί με εἰς ὀλιγωρίαν
Aris. 198 5 ταῦτα ἐξ (ἑξῆς) ἡμέραις καὶ παρὰ τῶν λοιπῶν ἑξῆς * μαθήσομαί * τι πλέον. εἶτ' ἐπηρώτα τὸν ἄνδρα τί πέρας
Sib. 3 562 ῥυστῆρα χόλου μεγάλοιο τίς ἔσται. ἀλλ' ἄγε καὶ * μάθε * τοῦτο καὶ ἐν φρεσὶ κάτθεο σῇσιν ὅσσα περιπλομένων
FJub. 4 18 τε καὶ ἀδικία. οὗτος <Ἐνὼχ> πρῶτος γράμματα * μανθάνει * καὶ διδάσκει καὶ θείων μυστηρίων ἀποκαλύψεως
FAch. 109 εὐεργέτην τιμῶσιν. θυμοῦ κράτει. ἐάν τι παρηκμακὼς * μανθάνῃς * μὴ αἰσχυνθῇς βέλτιον γὰρ ὀψιμαθῆ μᾶλλον ἢ ἀμαθῆ
FAch. 111 τε αὐτοὺς ἐκέλευσεν τρέφεσθαι καὶ βαστάζειν παιδία * μανθάνειν. * γενάμενοι δὲ τέλειοι ἔφερον τοὺς παῖδας. οἱ
FPho. 90 ἀκουὴ οὐ γὰρ δὴ νοέουσ' οἱ μηδέποτ' ἐσθλὰ * μαθόντες. * μὴ δὲ τραπεζοκόρους κόλακας ποιεῖσθαι ἑταίρους
HArt. 9 27 10 ὥστε καὶ τὴν περιτομὴν τῶν αἰδοίων παρ' ἐκείνου * μαθεῖν * οὐ μόνον δὲ τούτους ἀλλὰ καὶ τοὺς ἱερεῖς ἅπαντας.

μανία 1
FPho. 63 πλοῦτος καὶ ἐς ὕβριν ἀέξει. θυμὸς ὑπερχόμενος * μανίην * ὀλοόφρονα τεύχει. ὀργὴ δ' ἐστὶν ὄρεξις

μάννα 1
Bar. 6 11 τὸ ὄνομα αὐτοῦ. καὶ τί ἐσθίει; καὶ εἶπέν μοι τὸ * μάννα * τοῦ οὐρανοῦ καὶ τὴν δρόσον τῆς γῆς. καὶ εἶπον

μαντεία 4
Bar. 8 5 ἔρεις ζῆλη καταλαλιὰς γογγυσμοὺς ψιθυρισμοὺς * μαντείας * καὶ τὰ τούτων ὅμοια ἅτινα οὐκ εἰσὶ τῷ θεῷ
Bar. 13 4 ἔρεις ζῆλος γογγυσμὸς ψιθυρισμὸς εἰδωλολατρισμὸς * μαντεία * καὶ τὰ τούτοις ὅμοια ἐκεῖ εἰσιν ἐργάται τῶν
FJub. 11 8 καὶ τῶν ἐπὶ γῆς ἁπάντων καὶ πᾶσαν Χαλδαϊκὴν * μαντείαν. * Ναχὼρ δὲ γενόμενος ο θ' ἐτῶν ἐγέννησε τὸν
FIsa. 1 2 5 κα<ὶ> ἐπλήθυνεν <ἡ> φαρμακεία καὶ ἡ μαγεία καὶ ἡ * μαντεία * καὶ οἱ κληδονισμοὶ καὶ ἡ πορνεία καὶ ὁ διωγμὸς

μαντεῖος 1
Sib. 3 441 πέτρης κελαρύξεται ὕδωρ μέχρι κε καὶ Πατάρων * μαντήια * σήματα παύσῃ. Κύζικος οἰκήτειρα Προποντίδος

μαντεύομαι (-ω) 2
Prop. 21 9 πεντήκοντα. τῷ βασιλεῖ Ὀζίᾳ ἀποστείλαντι * μαντεύσασθαι * παρὰ εἰδώλων προεφήτευσε θάνατον καὶ
Sib. 4 3 διὰ στόματος μεγάροιο μέλλω ἀφ' ἡμετέρου παναληθέα * μαντεύεσθαι * οὐ ψευδοῦς Φοίβου χρησμηγόρος ὄντε μάταιοι

μάντις 6
Sib. 3 225 οὐ πταρμῶν σημεῖ' οἰωνοπόλων τε πετεινὰ οὐ * μάντεις * οὐ φαρμακοὺς οὐ μὴν ἐπαοιδοὺς οὐ μύθων μωρῶν
Sib. 4 5 ὄντε μάταιοι ἄνθρωποι θεὸν εἶπον ἐπεψεύσαντο δὲ * μάντιν * ἀλλὰ θεοῦ μεγάλοιο τὸν οὐ χέρες ἔπλασαν ἀνδρῶν
HAno. 9 17 7 καὶ συνέβη φθείρεσθαι αὐτοῦ τὸν λαὸν καὶ τὸν οἶκον * μάντεις * δὲ αὐτοῦ καλέσαντος τούτους φάναι μὴ εἶναι χήραν
HHec. 1 22 202 ὁ ἄνθρωπος διαβαδιζόντων πολλῶν κατὰ τὴν ὁδὸν καὶ * μάντεώς * τινος ὀρνιθευομένου καὶ πάντας ἐπισχεῖν
HHec. 1 22 203 ἠρώτησε διά τί προσμένουσι. δείξαντος δὲ τοῦ * μάντεως * αὐτῷ τὸν ὄρνιθα καὶ φήσαντος ἐὰν μὲν αὐτοῦ μένῃ
HHec. 1 22 204 ὄρνιθα πατάξας ἀπέκτεινεν. ἀγανακτούντων δὲ τοῦ * μάντεως * καί τινων ἄλλων καὶ καταρωμένων αὐτῷ τί μαίνεσθε

Μαούρ 1
Prop. 3 3 ἐπὶ εἰδώλων σεβάσμασι. καὶ ἔθαψαν αὐτὸν ἐν ἀγρῷ * Μαοὺρ * ἐν τάφῳ Σὴμ καὶ Ἀρφαξὰδ πατέρων Ἀβραὰμ καὶ ἔστιν

μαραίνω 3
TSim. 3 3 καὶ ὁ μὲν φθονούμενος πάντοτε ἀνθεῖ ὁ δὲ φθονῶν * μαραίνεται. * δύο ἔτη ἡμερῶν ἐν φόβῳ κυρίου ἐκάκωσα ἐν
Jer. 6 5 τῶν σύκων ἰδοὺ γὰρ ἑξηκονταὲξ ἔτη ἐποίησαν καὶ οὐκ * ἐμαράνθησαν * οὐδὲ ὦζεσαν ἀλλὰ στάζουσι τοῦ γάλακτος.
Sedr. 7 6 λέγει Σεδρὰχ καὶ τί ὠφελοῦν τὰ κάλλη ἐὰν εἰς γῆν * μαραίνωνται; * πῶς εἶπας κύριε κακὸν ἀντὶ κακοῦ μὴ

μαργαίνω 1
LThe. 9 22 11 ἔλλαβε χαίτης γούνων ἀπτόμενον Συχὲμ ἄσπετα * μαργήναντα. * ἤλασε δὲ κληῖδα μέσην δῦ δὲ ξίφος ὀξὺ

μαργαρίτης 2
Hen. 18 7 ἀνατολὰς ἀπὸ λίθου χρώματος τὸ δὲ ἦν ἀπὸ λίθου * μαργαρίτου * καὶ τὸ ἀπὸ λίθου ταθὲν τὸ δὲ κατὰ νότον ἀπὸ
TJud. 13 5 ἦν γὰρ βασιλεύς. καὶ αὐτὴν κοσμήσας ἐν χρυσῷ καὶ * μαργαρίταις * ἐποίησεν ἡμῖν οἰνοχοεῖν ἐν τῷ δείπνῳ ἐν

Μαρία 3
HDem. 9 29 3 ἐπὶ κατοικίαν πέμψαι διὰ τοῦτο δὲ καὶ Ἀαρὼν καὶ * Μαριὰμ * ἐν Ἀσηρὼθ Μωσῆν Αἰθιοπίδα γῆμαι γυναῖκα. ἐκεῖθεν
LEze. 9 28 2 18 μοι παρ' ἄκρα ποταμοῦ λάσιον εἰς ἕλος δασὺ * Μαριὰμ * δ' ἀδελφή μου κατώπτευεν πέλας. κἄπειτα θυγάτηρ
LEze. 9 28 2 23 ἀνείλετο ἔγνω δ' Ἑβραῖον ὄντα καὶ λέγει τάδε * Μαριὰμ * ἀδελφὴ προσδραμοῦσα βασιλίδι θέλεις τροφόν σοι

μάρναμαι 1
Sib. 4 85 πολλὰς πρηνίξουσι πόλεις πολλοὺς δ' ὀλέσουσιν * μαρνάμενοι * τὸ δὲ νεῖκος ἰσόρροπον ἀλλήλοισιν. ἀλλ' ὅταν

μαροια * 1
FrAn. 574 3022 αηω εου ιιιβαεχ αβαρμας ϊαβαραου αβελβελ λωνα αβρα * μαροια * βρακιιων πυριφανῆ ὁ ἐν μέσῃ ἀρούρης καὶ χιόνος

Μάρος 1
Sib. 3 344 Ἔφεσος Νίκαια Ἀντιόχεια Τάναγρα Σινώπη Σμύρνη * +Μάρος+ * Γάζα πανολβίστη Ἱεράπολις Ἀστυπάλαια Εὐρώπης

Μαρσός 1
Sib. 3 513 τι λήψῃ. αἰαῖ +σοὶ Γὼγ καὶ πᾶσιν ἐφεξῆς ἅμα Μαγὼγ * μαρσῶν * ἠδ' ἀγγὼν ὅσα σοὶ κακὰ μοῖρα πελάζει+ (πολλὰ δὲ)

Μάρτιος 1
FJub. 48 5 Ἰανουαρίῳ ἀκρὶς Φεβρουαρίῳ σκότος ἡμέρας τρεῖς * Μαρτίῳ * τὰ πρωτότοκα. τῇ ιδ' τούτου τοῦ μηνὸς

μαρτυρέω 6
Hen. 9B 4 ἕως τῆς κρίσεως καὶ τὰ ἑξῆς. καὶ ταῦτα μὲν ὁ Ἐνὼχ * μαρτυρεῖ.) * σὺ γὰρ εἶ ὁ ποιήσας τὰ πάντα καὶ πάντων τὴν
Abr.2 11 2 σὺ τὸν κριτήν; οὗτός ἐστιν ὁ Ἄβελ ὁ πρῶτος * μαρτυρήσας * καὶ ἠνέχθη εἰς τὸν τόπον τοῦτον ἵνα κρίνῃ
TJud. 20 5 ἐνώπιον κυρίου. καὶ τὸ πνεῦμα τῆς ἀληθείας * μαρτυρεῖ * πάντα καὶ κατηγορεῖ πάντων καὶ ἐμπεπύρισται ὁ
Prop. 25 1 ὑπατικοῦ. καὶ ἐπὶ πολλὰς ἡμέρας αἰκιζόμενος * ἐμαρτύρησεν * ὡς πάντας ὑπερθαυμάσαι καὶ τὸν ὑπατικὸν πῶς
FAch. 122 καὶ ἀκηκόαμεν πολλάκις. ὁ δὲ Αἴσωπος ἔφη χαίρω * μαρτυρούντων. * ἀποδοθήτω παραυτὰ τὰ χρήματα ἢ γὰρ
FAch. 122 ὁ δὲ βασιλεὺς Νεκταναβὼν ἀκούσας ἔφη πόθεν * μαρτυρεῖτε * περὶ τῶν ἐγὼ οὐκ ἐποφείλω; οἱ δὲ εἶπον οὔτε

μαρτυρία 3
Sal. 10 4 μνησθήσεται κύριος τῶν δούλων αὐτοῦ ἐν ἐλέει ἡ γὰρ * μαρτυρία * ἐν νόμῳ διαθήκης αἰωνίου ἡ μαρτυρία κυρίου ἐπὶ
Sal. 10 4 ἐν ἐλέει ἡ γὰρ μαρτυρία ἐν νόμῳ διαθήκης αἰωνίου ἡ * μαρτυρία * κυρίου ἐπὶ ὁδοὺς ἀνθρώπων ἐν ἐπισκοπῇ. δίκαιος
FPho. 12 ἢν σὺ κακῶς δικάσῃς σέ θεὸς μετέπειτα δικάσσει. * μαρτυρίην * ψευδῆ φεύγειν τὰ δίκαια βραβεύειν. παρθεσίην

μαρτύριον 3
Prop. 12 13 ὑπὸ ἀγγέλων ὅπου ἐν ἀρχῇ ἐπάγη ἡ σκηνὴ τοῦ * μαρτυρίου. * καὶ ἐν αὐτοῖς γνωσθήσεται ἐπὶ τέλει κύριος

Aris. 306 3 τὰς χεῖρας τὸ τηνικαῦτα εὔχονται; διεσάφουν δὲ ὅτι * μαρτύριόν * ἐστι τοῦ μηδὲν εἰργάσθαι κακὸν πᾶσα γὰρ
HEup. 9 34 7 ὑπόδειγμα λαβόντα τὴν ὑπὸ Μωυσέως ἐν τῇ σκηνῇ τοῦ * μαρτυρίου * τεθεῖσαν στῆσαι δ' ἐξ ἑκατέρου μέρους τοῦ

μάρτυς 8
Abr.1 13 8 ἀνταπόδοσις καὶ διὰ τοῦτο καὶ νῦν ἐπὶ ἑνὸς ἢ δύο * μαρτύρων * οὐκ ἀσφαλίζεται λόγος ἀλλ' ἐπὶ τριῶν μαρτύρων
Abr.1 13 8 δύο μαρτύρων οὐκ ἀσφαλίζεται λόγος ἀλλ' ἐπὶ τριῶν * μαρτύρων * σταθήσεται πᾶν ῥῆμα οἱ δὲ δύο ἄγγελοι οἱ (ἐκ
Abr.2 10 9 τοῦ ἑτέρου στεφάνου οὗτοι δέ οἱ καλούμενοι * μάρτυρες. * καὶ εἶχεν ὁ ἀνὴρ ἐν τῇ χειρὶ αὐτοῦ κάλαμον
TLevi 19 3 κατὰ τὸν νόμον αὐτοῦ. καὶ εἶπεν ὁ πατὴρ ἡμῶν * μάρτυς * κύριος καὶ μάρτυρες οἱ ἄγγελοι αὐτοῦ καὶ μάρτυς
TLevi 19 3 αὐτοῦ. καὶ εἶπεν ὁ πατὴρ ἡμῶν μάρτυς κύριος καὶ * μάρτυρες * οἱ ἄγγελοι αὐτοῦ καὶ μάρτυς ἐγὼ καὶ μάρτυρες
TLevi 19 3 μάρτυς κύριος καὶ μάρτυρες οἱ ἄγγελοι αὐτοῦ καὶ * μάρτυς * ἐγὼ καὶ μάρτυρες ὑμεῖς περὶ τοῦ λόγου τοῦ
TLevi 19 3 καὶ μάρτυρες οἱ ἄγγελοι αὐτοῦ καὶ μάρτυς ἐγὼ καὶ * μάρτυρες * ὑμεῖς περὶ τοῦ λόγου τοῦ στόματος ὑμῶν. καὶ
TLevi 19 3 περὶ τοῦ λόγου τοῦ στόματος ὑμῶν. καὶ εἴπομεν * μάρτυρες. * καὶ οὕτως ἐπαύσατο Λευὶ ἐντελλόμενος τοῖς

μασάομαι 1
Sib. 3 329 μέγαν διεδηλήσασθε οἶκον ὀδοῦσι σιδηρείοις τ' * ἐμασήσατε * δεινῶς. τοὔνεκα δὴ νεκρῶν πλήρη σὴν γαῖαν

Μασέκ 2
Abr.1 2 1 βοῶν ἀροτριασμοῦ προεδρεύοντα μετὰ τοὺς υἱοὺς * Μασὲκ * καὶ ἑτέροις παισὶν τὸν ἀριθμὸν δώδεκα. καὶ ἰδοὺ ὁ
Abr.1 2 9 εἶπεν δὲ Ἀβραὰμ τοῖς παισὶν αὐτοῦ τοῖς υἱοῖς * Μασὲκ * ἀπέλθατε εἰς τὴν ἀγέλην τῶν ἵππων καὶ ἐνέγκατε δύο

Μασσαγέτης 1
Sib. 5 117 καὶ Πέρσας ὀλέσει καὶ Ἴβηρας καὶ Βαβυλῶνας * Μασσαγέτας * τε φιλοπτολέμους τόξοισι τε πιστούς. Ἀσίς

μαστιγία 1
FrAn. 574 3009 δόκιμον λαβὼν ἔλαιον ὀμφακίζοντα μετὰ βοτάνης * μαστιγίας * καὶ λωτομήτρας ἕψει μετὰ σαμψούχου ἀχρωτίστου

μαστιγόω 1
FAch. 110 λυπούμενος ἐπὶ τῷ ἠδικηκέναι αὐτὸν καὶ διὰ λόγων * μεμαστιγῶσθαι * ἀποκαρτερήσας τοῦ βίου ἀπέληξεν. ὁ δὲ

μαστίζω 2
TJos. 8 4 εἰς φυλακὴν ἐν οἴκῳ αὐτοῦ ὁ Αἰγύπτιος καὶ τῇ ἑξῆς * μαστίξας * με ἔπεμψέ με εἰς τὴν εἱρκτὴν τοῦ Φαραώ. ὡς οὖν
Esdr. 4 22 ἄνθρωπον κρεμάμενον ἐκ τῶν βλεφάρων καὶ οἱ ἄγγελοι * ἐμάστιζον * αὐτόν. καὶ ἐπηρώτησα τίς ἐστιν οὗτος καὶ τί τὸ

μάστιξ 12
Hen. 10 22 μιάσματος καὶ ἀπὸ πάσης ἀκαθαρσίας καὶ ὀργῆς καὶ * μάστιγος * καὶ οὐκέτι πέμψω ἐπ' αὐτοὺς εἰς πάσας τὰς
Hen. 22 11 ταύτην μέχρι τῆς μεγάλης ἡμέρας τῆς κρίσεως τῶν * μαστίγων * καὶ τῶν βασάνων τῶν κατηραμένων μέχρι αἰῶνος ἣν
Hen. 25 6 ἐν ταῖς ἡμέραις αὐτῶν καὶ βάσανοι καὶ πληγαὶ καὶ * μάστιγες * οὐχ ἅψονται αὐτῶν. τότε ηὐλόγησα τὸν θεὸν τῆς
Hen. 100 13 καὶ οἱ ἄνεμοι καὶ ὁ παγετὸς αὐτῶν καὶ πᾶσαι αἱ * μάστιγες * αὐτῶν οὐ δύνασθε ὑποστῆναι ἔμπροσθεν ψύχους καὶ
Hen. 100 13 οὐ δύνασθε ὑποστῆναι ἔμπροσθεν ψύχους καὶ τῶν * μαστίγων * αὐτῶν. κατανοήσατε τοίνυν υἱοὶ τῶν ἀνθρώπων τὰ
Asen. 11 18 αὐτὸς πάλιν ἰάσεταί με καὶ ἐὰν παιδεύσῃ με ἐν ταῖς * μάστιξιν * αὐτοῦ αὐτὸς ἐπιβλέψει ἐπ' ἐμοὶ πάλιν ἐν τῷ
Sal. 7 9 οὐκ ἀπώσῃ. καὶ ἡμεῖς ὑπὸ ζυγόν σου τὸν αἰῶνα καὶ * μάστιγα * παιδείας σου. κατευθυνεῖς ἡμᾶς ἐν καιρῷ
Sal. 10 1 ἐμνήσθη ἐν ἐλεγμῷ καὶ ἐκυκλώθη ἀπὸ ὁδοῦ πονηρᾶς ἐν * μάστιγι * καθαρισθῆναι ἀπὸ ἁμαρτίας τοῦ μὴ πληθῦναι. ὁ
Sal. 10 2 ἁμαρτίας τοῦ μὴ πληθῦναι. ὁ ἑτοιμάζων νῶτον εἰς * μάστιγας * καθαρισθήσεται χρηστὸς γὰρ ὁ κύριος τοῖς
Sib. 3 5 μοι κραδίη πάλι πάλλεται ἠδέ γε θυμὸς τυπτόμενος * μάστιγι * βιάζεται ἔνδοθεν αὐδὴν ἀγγέλλειν πᾶσιν; αὐτὰρ
Sib. 4 18 καὶ δένδρα καὶ ἄμπελον ἠδέ τ' ἐλαίην. οὗτός μοι * μάστιγα * διὰ φρενὸς ἤλασεν εἴσω ἀνθρώποις ὅσα νῦν τε καὶ
FEz. 64 70 15 τὸν χωλὸν τῷ πηρῷ καὶ τοὺς ἀμφοτέρους ἐτάζει * μάστιξι * καὶ οὐ δύνανται ἀρνήσασθαι. ἑκάτεροι ἀλλήλους

Μαστιφάμ 1
FJub. 17 16 τὸν Ἰσαὰκ ἐτῶν κ ε' εἶναι ὅτε πρὸς θυσίαν ἀνήχθη. * Μαστιφὰμ * ὁ ἄρχων τῶν δαιμονίων προσελθὼν τῷ θεῷ εἶπεν εἰ

μαστοειδής 1
HEup. 9 34 5 προσηλοῦντα ἥλοις ἀργυροῖς ταλαντιαίοις τὴν ὁλκὴν * μαστοειδέσι * τὸν ῥυθμὸν τέσσαρσι δὲ τὸν ἀριθμόν. οὕτω δ'

μαστός 5
Asen. 8 5 καὶ ἔθηκε πρὸς τὸ στῆθος αὐτῆς ἀνάμεσον τῶν δύο * μασθῶν * αὐτῆς καὶ ἦσαν οἱ μασθοὶ αὐτῆς ἤδη ἑστῶτες ὥσπερ
Asen. 8 5 αὐτῆς ἀνάμεσον τῶν δύο μασθῶν αὐτῆς καὶ ἦσαν οἱ * μασθοὶ * αὐτῆς ἤδη ἑστῶτες ὥσπερ μῆλα ὡραῖα. καὶ εἶπεν
Asen. 18 9 ὁ τράχηλος αὐτῆς ὡς κυπάρισσος παμποίκιλος (καὶ οἱ * μασθοὶ * αὐτῆς ὡς τὰ ὄρη τοῦ θεοῦ τοῦ ὑψίστου). καὶ ὡς
Asen. 29 9 τὸ διάδημα τῷ ἐκγόνῳ Φαραὼ τῷ νεωτέρῳ ὃς ἦν ἐπὶ * μασθῷ * ὅτε ἀπέθανε Φαραώ. καὶ ἦν Ἰωσὴφ ὡς πατὴρ τοῦ υἱοῦ
Esdr. 5 2 κρεμαμένην καὶ τέσσαρα θηρία θηλάζοντα τοὺς * μαστοὺς * αὐτῆς. καὶ εἶπόν μοι οἱ ἄγγελοι αὕτη τὸ γάλα

μάταιος 12
Abr.1 1 7 αὐτὸν ὅτι μέλλει ἔρχεσθαι ἐν τῷ καιρῷ τούτῳ ἐκ τοῦ * ματαίου * κόσμου τούτου καὶ μέλλει ἐκδημεῖν ἐκ τοῦ σώματος
TDan 4 1 αὐτοῦ. οὐκοῦν σύνετε τὴν δύναμιν τοῦ θυμοῦ ὅτι * ματαία * ἐστίν. ἐν γὰρ λόγῳ παροξύνει πρῶτον εἶτα ἐν
Aris. 134 4 αὐτοὶ δυναμικώτεροι πολλῷ καθεστῶτες ὧν σέβονται * ματαίως * ἀγάλματα γὰρ ποιήσαντες ἐκ λίθων καὶ ξύλων
Aris. 137 1 κατασκευὴν αὐτῶν οὐ ποιήσαντες αὐτοὶ διὸ κενὸν καὶ * μάταιον * τοὺς ὁμοίους ἀποθεοῦν. καὶ γὰρ ἔτι καὶ νῦν
Aris. 139 6 καθεστῶτες κατὰ σῶμα καὶ κατὰ ψυχὴν ἀπολελυμένοι * ματαίων * δοξῶν τὸν μόνον θεὸν καὶ δυνατὸν σεβόμενοι παρ'
Aris. 205 3 μηδὲ ἀσελγὲς πράσσοι μηδὲ δαπάνην εἰς τὰ κενὰ καὶ * μάταια * συντελοῖ τοὺς (δὲ) ὑποτεταγμένους εὐεργεσίᾳ πρὸς
Aris. 321 5 τὸν πλοῦτον κατατίθεσθαι δαψιλῶς καὶ οὐκ εἰς * μάταια. * σὺ δὲ καθὼς ἐπηγγειλάμην ἀπέχεις τὴν διήγησιν ὦ
Sib. 3 29 ἑρπετὰ καὶ πετεηνά. οὐ σέβετ' οὐδὲ φοβεῖσθε θεὸν * ματαίως * δὲ πλανᾶσθε προσκυνέοντες ὄφεις τε καὶ
Sib. 3 547 οὐκ ἔστι φυγεῖν θανάτοιο τελευτήν; πρός τί τε δῶρα * μάταια * καταφθιμένοισι πορίζεις θύεις τ' εἰδώλοις; τίς
Sib. 3 555 θεῶν εἴδωλα καταφθιμένων +θανεόντων+ ὧν ἕνεκεν τὰ * μάταια * φρονεῖν ὑμῖν ὑπεδείχθη. ἀλλ' ὁπόταν μεγάλοιο θεοῦ
Sib. 4 4 μαντεύεσθαι οὐ ψευδοῦς Φοίβου χρησμηγόρος ὅντε * μάταιοι * ἄνθρωποι θεὸν εἶπον ἐπεψεύσαντο δὲ μάντιν ἀλλὰ
Sib. 5 83 λιθίνους τε χαλκοῦς τε χρυσοῦς τε καὶ ἀργυρέους τε * ματαίους * ἀψύχους κωφοὺς καὶ ἐν πυρὶ χωνευθέντας

ματαιότης 1
Asen. 21 19 ἐνώπιόν σου πολλὰ ἥμαρτον καὶ λελάληκα τολμηρὰ ἐν * ματαιότητι * καὶ εἶπον ὅτι οὐκ ἔστιν ἀνὴρ δυνάστης ἐπὶ τῆς

μάτη (ματάω) 3
Sib. 3 9 ἄνθρωποι θεόπλαστον ἔχοντες ἐν εἰκόνι μορφὴν τίπτε * μάτην * πλάζεσθε καὶ οὐκ εὐθεῖαν ἀταρπὸν βαίνετε ἀθανάτου
Sib. 5 85 ἀψύχους κωφοὺς καὶ ἐν πυρὶ χωνευθέντας ποιήσαντο * μάτην * γε πεποιθότες ἐν τοιούτοις. Θμουῒς καὶ Ξουῒς
FPho. 97 (γὰρ) καὶ ὕδωρ καὶ πῦρ ἀκατάσχετα πάντα. μὴ δὲ * μάτην * ἐπὶ πῦρ καθίσας μινύθῃς φίλον ἦτορ. μέτρα δὲ

Ματθείας 1
Esdr. 5 22 καὶ Μωυσῆ καὶ Πέτρον καὶ Παῦλον καὶ Λουκᾶν καὶ * Ματθείαν * καὶ ὅλους τοὺς δικαίους καὶ τοὺς πατριάρχας.

Ματταθίας 1
Aris. 47 3 δευτέρας Ἰούδας Σίμων Σομόηλος Ἀδαῖος * Ματταθίας * Ἐσχλεμίας. τρίτης Νεεμίας Ἰώσηφος Θεοδόσιος

Μαῦρος 1
Sib. 3 516 τε. πολλὰ δὲ Παμφύλων ἔθνη Λυδῶν τε πεσεῖται * Μαύρων * τ' Αἰθιόπων τε καὶ ἐθνῶν βαρβαροφώνων Καππαδοκῶν

μάχαιρα 13
Hen. 8 1 καὶ ἐπαοιδίας. ἐδίδαξεν τοὺς ἀνθρώπους Ἀζαὴλ * μαχαίρας * ποιεῖν καὶ ὅπλα καὶ ἀσπίδας καὶ θώρακας
Hen. 8B 1 Ἀζαὴλ ὁ δέκατος τῶν ἀρχόντων ἐδίδαξε ποιεῖν * μαχαίρας * καὶ θώρακας καὶ πᾶν σκεῦος πολεμικὸν καὶ τὰ
Hen. 14 6 ὑμῖν ὄνησις αὐτῶν ἀλλὰ πεσοῦνται ἐνώπιον ὑμῶν ἐν * μαχαίρᾳ. * καὶ ἡ ἐρώτησις ὑμῶν περὶ αὐτῶν οὐκ ἔσται οὐδὲ
TJud. 5 5 ἀγνοούντων αὐτῶν. καὶ ἐλάβομεν αὐτὴν ἐν στόματι * μαχαίρας * καὶ τοὺς ἐν τῷ πύργῳ καταφυγόντας ἐμπρήσαντες
TZab. 1 6 ὁμοῦ εἴ τις ἐξείποι τὸ μυστήριον ἀναιρεθῆναι αὐτὸν * μαχαίρᾳ. * πλὴν ὅτε ἐβούλοντο ἀνελεῖν αὐτὸν πολλὰ
TJos. 6 2 ἄνδρα φοβερὸν ἐπιδιδόντα μοι μετὰ τοῦ τρυβλίου * μάχαιραν. * καὶ συνῆκα ὅτι ἡ περιεργία αὐτῆς εἰς
TBen. 7 1 τοῦτο τέκνα μου φεύγετε τὴν κακίαν τοῦ Βελιὰρ ὅτι * μάχαιραν * δίδωσι τοῖς πειθομένοις αὐτῇ. ἡ δὲ μάχαιρα ἑπτὰ
TBen. 7 2 ὅτι μάχαιραν δίδωσι τοῖς πειθομένοις αὐτῇ. ἡ δὲ * μάχαιρα * ἑπτὰ κακῶν μήτηρ ἐστί. πρῶτον συλλαμβάνει ἡ
Bar. 16 3 ἀστραπῶν καὶ ὀργῆς. καὶ διχοτομήσατε αὐτοὺς ἐν * μαχαίρᾳ * καὶ ἐν θανάτῳ καὶ τὰ τέκνα αὐτῶν ἐν δαιμονίοις.
Sib. 3 689 ἤρατε λόγχας. καὶ κρινεῖ πάντας πολέμῳ θεὸς ἠδὲ * μαχαίρῃ * καὶ πυρὶ καὶ ὑετῷ τε κατακλύζοντι καὶ ἔσται
Sib. 3 751 αὖτε πόλεις ἀγαθῶν καὶ πίονες ἀγροὶ ἔσσοντ' οὐδὲ * μάχαιρα * κατὰ χθονὸς οὐδὲ κυδοιμὸς οὐδὲ βαρὺ στενάχουσα
HArt. 9 27 18 ὡς ἀναιρήσοντα ἰδόντα δὲ ἐρχόμενον σπάσασθαι τὴν * μάχαιραν * ἐπ' αὐτὸν τὸν δὲ Μώϋσον προκαταταχήσαντα τήν τε
FrAn. 15 ὅπλων καὶ πᾶς ὃς ἂν συναντήσει αὐτῷ ἐν πολέμῳ ἐν * μαχαίρᾳ * πεσεῖται. ἃ οὐκ ἔφαγον ἅγιοι ταῦτα φάγονται

μάχη 17
TRub. 3 4 πνεῦμα ἀπληστίας ἐν τῇ γαστρὶ τρίτον πνεῦμα * μάχης * ἐν τῷ ἥπατι καὶ τῇ χολῇ τέταρτον πνεῦμα ἀρεσκείας
TJud. 6 3 τὴν αἰχμαλωσίαν καὶ προσάξαντες αὐτοῖς ἐν καρτερᾷ * μάχῃ * περιεγενόμεθα ὅτι ἦσαν πλῆθος δυνατῶν ἐν αὐτοῖς καὶ
TJud. 16 3 ὅλως πίετε ἵνα μὴ ἁμάρτητε ἐν λόγοις ὕβρεως καὶ * μάχης * καὶ συκοφαντίας καὶ παραβάσεως ἐντολῶν θεοῦ καὶ
TGad 6 5 ὀμόσαντος αὐτοῦ δισσῶς ἁμαρτήσῃς. μὴ ἀκούσῃ ἐν * μάχῃ * ἀλλότριος μυστήριον ὑμῶν ἵνα μὴ μισήσας σε ἔχθρανῇ
TBen. 6 4 καὶ ἀτιμίας ἀνθρώπων καὶ πάντα δόλον ἢ ψεῦδος * μάχην * καὶ λοιδορίαν οὐκ οἶδεν κύριος γὰρ ἐν αὐτῷ
Sib. 3 805 πετρῶν δ' ἄπο σῆμα γένηται ἐν νεφέλῃ δ' ὄψεσθε * μάχην * πεζῶν (τε) καὶ ἱππέων οἷα κυνηγεσίην θηρῶν
Sib. 5 337 τάλαν ζεύξει ποτέ σ' Ἀσσυρίων παῖς +εἰς σέ * μάχη+ * Θρηκῶν κρατερὸν σθένος ἐξαλαπάξει. τὴν τε
Sib. 5 514 ἠδὲ Σεληναίης δεινὸν χόλον ἐν στεροπῇσιν ἄστρα * μάχην * ὤδινε θεὸς δ' ἐπέτρεψε μάχεσθαι. ἀντὶ γὰρ Ἡελίου
Sib. 5 516 γὰρ Ἡελίου μακραὶ φλόγες ἐστασίαζον Φωσφόρος ἔσχε * μάχην * ἐπιβὰς ἐς νῶτα Λέοντος ἠδὲ Σεληναίης δίκερως
FAch. 102 παρ' ἀλλήλων φόρους λαμβάνειν διὰ τῆς ἐναρέτου * μάχης * οὔτε γὰρ ἐν πολέμοις συνίσταντο οὔτε μάχαις
FAch. 102 μάχης οὔτε γὰρ ἐν πολέμοις συνίσταντο οὔτε * μάχαις * ἔγραφον γὰρ προβλήματα φιλοσοφίας δι' ἐπιστολῶν
FPho. 46 μὴ θνητοῖσι γενέσθαι πῆμα ποθεινὸν σεῦ γὰρ ἕκητι * μάχαι * τε λεηλασίαι τε φόνοι τε ἐχθρὰ δὲ τέκνα γονεῦσιν
HArt. 9 27 8 τῆς χώρας οὓς δὴ πλεονεκτεῖν ἐπιφανῶς κατὰ τὰς * μάχας * λέγειν δὲ Ἡλιουπολίτας γενέσθαι τὸν πόλεμον
HHec. 1 22 185 ἐπὶ ταύτης Πτολεμαῖος ὁ Λάγου ἐνίκα κατὰ Γάζαν * μάχῃ * Δημήτριον τὸν Ἀντιγόνου τὸν ἐπικληθέντα
HHec. 1 22 186 τὸν ἐπικληθέντα Πολιορκητήν. μετὰ τὴν ἐν Γάζῃ * μάχην * ὁ Πτολεμαῖος ἐγένετο τῶν περὶ Συρίαν τόπων

LEze.  9  29 14 18   καὶ δόμων ἀποσκευῇ αὐτοὶ δ' ἄνοπλοι πάντες εἰς ✳ μάχην ✳ χέρας ἰδόντες ἡμᾶς ἠλάλαξαν ἔνδακρυν φωνὴν πρὸς
LEze.  9  29 14 26   ἥλιος δυσμαῖς προσῆν ἐπέσχομεν θέλοντες ὄρθριον ✳ μάχην ✳ πεποιθότες λαοῖσι καὶ φρικτοῖς ὅπλοις. ἔπειτα

μαχητής
                                                                  2
Sib.   3     398   ἄλλο φυτεύσει+ κόψει πορφυρῆς γενεῆς γενετῆρα ✳ μαχητήν ✳ καὐτὸς ὑφ' +υἱῶν ὧν ἐς ὁμόφρονα αἴσιον ἄρρης+
Sib.   5     528   Φαεινοῦ ὦρτο μὲν Οὐρανὸς αὐτὸς ἕως ἐτίναξε ✳ μαχητὰς ✳ θυμωθεὶς δ' ἔρριψε καταπρηνεῖς ἐπὶ γαῖαν. ῥίμφα

μάχιμος
                                                                  4
TLevi  17    11    ἑβδοματικῷ ἥξουσιν οἱ ἱερεῖς εἰδωλολατροῦντες ✳ μάχιμοι ✳ φιλάργυροι ὑπερήφανοι ἄνομοι ἀσελγεῖς
Sib.   5     212   ἐμπρησμὸς μέγας αἰθέριος κατὰ γαῖαν +ἄστρων δ' ἐν ✳ μαχίμοις+ ✳ καινὴ φύσις ὥστ' ἀπολέσθαι ἐν πυρὶ καὶ
FAch.  118         αὐτῆς ταύτῃ τῇ νυκτὶ εἶχεν γὰρ ἀλεκτρυόνα νέον καὶ ✳ μάχιμον ✳ ἔτι δὲ καὶ τὰς ὥρας αὐτῷ ἐσήμαινεν καὶ
HCal.  24    5     τινὰς τῆς Μακεδονικῆς φάλαγγος νεανίσκους λίαν ✳ μαχιμωτάτους ✳ ἐν τῇ παρακειμένῃ φάραγγι ἑαυτοὺς

Μαχίρ
                                                                  1
TJud.  6     3     διέξοδον τοῦ εἰσελθεῖν πρὸς ἡμᾶς. καὶ οἱ ἀπὸ ✳ Μαχίρ ✳ ἐπῆλθον ἡμῖν τῇ πέμπτῃ ἡμέρᾳ λαβεῖν τὴν

μάχομαι
                                                                  9
TJos.  11    4     αὐτῶν εἰμι. ὡς δὲ ἤλθομεν εἰς Αἴγυπτον περὶ ἐμοῦ ✳ ἐμάχοντο ✳ τίς προσδοὺς χρυσίον λάβῃ με. διὸ πᾶσιν ἔδοξεν
Aris.  13    5     ἐξαπεσταλμένων πρὸς τὸν τῶν Αἰθιόπων βασιλέα ✳ μάχεσθαι ✳ σὺν Ψαμμιτίχῳ ἀλλ' οὐ τοσοῦτοι τῷ πλήθει
Sib.   3     115   ἑκάστου καὶ βασίλευσεν ἕκαστος ἔχων μέρος οὐδ' ✳ ἐμάχοντο ✳ ὅρκοι γὰρ τ' ἐγένοντο πατρὸς μερίδες τε
Sib.   3     121   πάντεσσι βροτοῖσιν ἔχων βασιληίδα τιμὴν ἄρξει καὶ ✳ μαχέσαντο ✳ Κρόνος Τιτάν τε πρὸς αὐτούς. τοὺς δὲ 'Ρέη καὶ
Sib.   4     93    τὰ Δήλου. καὶ Βαβυλὼν μεγάλη μὲν ἰδεῖν μικρὴ δὲ ✳ μάχεσθαι ✳ στήσεται ἀχρήστοισιν ἐπ' ἐλπίσι τειχισθεῖσα.
Sib.   5     514   ἐν στεροπῇσιν ἄστρα μάχην ὥδινε θεὸς δ' ἐπέτρεψε ✳ μάχεσθαι. ✳ ἀντὶ γὰρ 'Ηελίου μακραὶ φλόγες ἐστασίαζον
FJos.  190         καὶ ὅτι ἐκλήθην ὀνόματι 'Ιακὼβ ἐξήλωσε καὶ ✳ ἐμαχέσατό ✳ μοι καὶ ἔπάλαιε πρός με λέγων προτερήσειν
FrAn.  1  217  9   μου. πορευομένου δὲ αὐτοῦ εἶδεν ἄνδρας δύο ✳ μαχομένους ✳ πρὸς ἀλλήλους εὑρόντας λίθον τίμιον καὶ φησι
FrAn.  1  217  11  λίθον τίμιον καὶ φησι πρὸς αὐτοὺς ἵνα τί ἀδελφοὶ ✳ μάχεσθε; ✳ δότε μοι αὐτὸν καὶ λάβετε νομίσματα δύο. τῶν δὲ

Μαωλίθ
                                                                  4
FJub.  4     14    τῷ βίῳ. γυνὴ 'Ενὼς Νωα ἡ ἀδελφὴ αὐτοῦ. γυνὴ Καϊνὰν ✳ Μαωλίθ ✳ ἀδελφὴ αὐτοῦ. γυνὴ Μαλελεὴλ Δινα θυγάτηρ Βαραχιὴλ

μεγάθυμος
                                                                  1
Sib.   5     206   φόνον ἡγεμονεύσει. 'Ινδοὶ μὴ θαρσεῖτε καὶ Αἰθίοπες ✳ μεγάθυμοι ✳ ἡνίκα γὰρ +τούτους+ τροχὸς "Αξονος

μεγαλαυχέω
                                                                  1
Jer.   9     15    καὶ βλαστήσουσι. καὶ τὰ δένδρα τὰ βεβλαστηκότα καὶ ✳ μεγαλαυχοῦντα ✳ καὶ λέγοντα ἐδώκαμεν τὸ τέλος ἡμῶν τῷ ἀέρι

μεγαλαυχής
                                                                  1
Sib.   4     1     πάντα λελέχθω. λόγος τέταρτος. κλῦτε λεὼς 'Ασίης ✳ μεγαλαυχέος ✳ Εὐρώπης τε ὅσσα μελιφθέγκτοιο διὰ στόματος

μεγάλαυχος
                                                                  2
Sib.   3     473   ἀγλαὸν ἄστυ Λύκου παρὰ θέσκελον ὕδωρ σιγήσεις ✳ μεγάλαυχον ✳ ἀποιμώξασα τοκῆα. Θρήικες δὲ Κρόβυζοι
Sib.   4     70    τε πρηνισμοὶ ἀναστασίαι τε πολήων 'Ελλὰς ὅταν ✳ μεγάλαυχος ✳ ἐπὶ πλατὺν 'Ελλήσποντον πλεύσει Φρυξὶ βαρεῖαν

μεγαλεῖος
                                                                  8
TLevi  11    6     διὰ τοῦτο ἐκάλεσα τὸ ὄνομα αὐτοῦ Καὰθ ὅ ἐστιν ἀρχὴ ✳ μεγαλείου ✳ καὶ συμβιβασμός. καὶ τρίτον ἔτεκέ μοι τὸν
Job    38    1     συνέστηκεν ἡ καρδία μου διὰ τί οὖν μὴ λαλήσω τὰ ✳ μεγαλεῖα ✳ τοῦ κυρίου; ἢ ὅλως ἂν πταίσῃ μου τὸ στόμα εἰς
Job    51    3     πλησίον τοῦ Ιωβ ἐπὶ τῆς κλίνης μου ἤκουσα ἐγὼ τὰ ✳ μεγαλεῖα ✳ μιᾶς ὑποσημειουμένης τῇ μιᾷ καὶ ἀνεγραψάμην τὸ
Job    51    4     μου σωτήριον ταῦτα εἶναι, ὅτι ταῦτά ἐστιν τὰ ✳ μεγαλεῖα ✳ τοῦ θεοῦ. καὶ μετὰ τρεῖς ἡμέρας ποιουμένου τοῦ
Aris.  20    4     πρόσταγμα τὰς δὲ ἀπογραφὰς ποιεῖσθαι παρ' αὐτὰ ✳ μεγαλεῖα ✳ χρησάμενος τῇ προθυμίᾳ τοῦ θεοῦ τὴν ὁλίαν
LAri.  8  10  5    ἀλλὰ τῷ γραπτῷ μόνον προσκειμένοις οὐ φαίνεται ✳ μεγαλεῖόν ✳ τι διασαφῶν. ἄρξομαι δὲ λαμβάνειν καθ' ἕκαστον
LAri.  8  10  9    ταῖς χερσὶν εἶναι. διόπερ καλῶς ὁ νομοθέτης ἐπὶ τὸ ✳ μεγαλεῖον ✳ μετενήνοχε λέγων τὰς συντελείας χεῖρας εἶναι
LAri.  8  10  9    θεοῦ. στάσις δὲ θεῖα καλῶς ἂν λέγοιτο κατὰ τὸ ✳ μεγαλεῖον ✳ ἢ τοῦ κόσμου κατασκευή. καὶ γὰρ ἐπὶ πάντων ὁ

μεγαλειότης
                                                                  2
Hen.   7Β    2     ἐγεννήθησαν 'Ελιούδ. καὶ ἦσαν αὐξανόμενοι κατὰ τὴν ✳ μεγαλειότητα ✳ αὐτῶν καὶ ἐδίδαξαν ἑαυτοὺς καὶ τὰς γυναῖκας
LAri.  8  10  17   δὲ θεὸν ἄνευ τινὸς δεικνύναι τὴν ἑαυτοῦ διὰ πάντων ✳ μεγαλειότητα. ✳ φανερὸν ὅτι κατηκολούθησεν ὁ Πλάτων τῇ

μεγαληγορία
                                                                  1
FPho.  122         καιρῶι λατρεύειν μὴ δ' ἀντιπνέειν ἀνέμοισιν. μὴ ✳ μεγαληγορίηι ✳ τρυφῶν φρένα λυσσωθείης. εὐεπίην ἀσκεῖν

μεγαλήτωρ
                                                                  1
Sib.   3     733   'Ελλὰς ὑπερήφανα παῦε φρονοῦσα λίσσεο δ' ἀθάνατον ✳ μεγαλήτορα ✳ καὶ προφύλαξαι στεῖλον μὴ ἐπὶ τήνδε πόλιν

μεγαλομέρεια
                                                                  4
Aris.  21    3     οὐκ ἄχρηστον οἴομαι κατακεχωρίσθαι. πολλῷ γὰρ ἡ ✳ μεγαλομέρεια ✳ φανερωτέρα καὶ εὔδηλος ἔσται τοῦ βασιλέως
Aris.  26    4     τῶν τοιούτων αὐτὸς τοῦτο ὁ βασιλεὺς προσέθηκε ✳ μεγαλομερείᾳ ✳ καὶ μεγαλοψυχίᾳ χρησάμενος ἐκέλευσέ τε τὴν
Aris.  28    7     πλῆθος καὶ τὴν ἑκάστου κατασκευὴν διὰ τὸ ✳ μεγαλομερείᾳ ✳ καὶ τέχνῃ διαφέρειν ἕκαστον αὐτῶν. τῆς δὲ
Aris.  84    4     καὶ τὸ μῆκος τῆς κατὰ τὸν οἶκον διασκευῆς ὑπῆρχε ✳ μεγαλομερείᾳ ✳ καὶ χορηγίᾳ κατὰ πάντα ὑπερβαλλούσῃ

μεγαλομερής
                                                                  1
Aris.  226   4     ταῖς χάρισι πρὸς τοὺς ἄλλους μεταδοτικὸς ὢν καὶ ✳ μεγαλομερὴς ✳ οὐδέποτ' ἂν ἀπολίποι δόξης ἵνα δὲ τὰ
Aris.  319   2     τὰ δὲ πρὸς τὴν ἐκπομπὴν αὐτῶν ἐκέλευσεν ἑτοιμάζειν ✳ μεγαλομερῶς ✳ τοῖς ἀνδράσι χρησάμενος. ἑκάστῳ γὰρ στολὰς

μεγαλοπρέπεια
                                                                  1
FMan.  Ζ  22  12   τρέμει ἀπὸ προσώπου δυνάμεώς σου ὅτι ἄστεκτος ἡ ✳ μεγαλοπρέπεια ✳ τῆς δόξης σου καὶ ἀνυπόστατος ἡ ὀργὴ τῆς

μεγαλοπρεπής
                                                                  2
Hen.   27    5     τῆς δόξης καὶ τὴν δόξαν αὐτοῦ ἐδήλωσα καὶ ὕμνησα ✳ μεγαλοπρεπῶς. ✳ καὶ ἐκεῖθεν ἐπορεύθην εἰς τὸ μέσον
Hen.   32    5     δύο μὲν ἐκεῖ μεγάλα σφόδρα καλὰ καὶ ἔνδοξα καὶ ✳ μεγαλοπρεπῆ ✳ καὶ τὸ δένδρον τῆς φρονήσεως οὗ ἐσθίουσιν

μεγαλορρημονέω
                                                                  2
Sedr.  14    12    καὶ οὐ προσκυνοῦσιν ἐν φόβῳ καὶ ἐν τρόμῳ ἀλλὰ ✳ μεγαλορημονοῦσιν ✳ ἃ οὐ δέχομαι ἐγὼ οὔτε οἱ ἄγγελοί μου.
Job    41    1     μετὰ ταῦτα παρεκάθισάν μοι ἀνταποκρινόμενοι καὶ ✳ μεγαλορημονοῦντες ✳ κατ' ἐμοῦ, ὡς μετὰ εἴκοσι ἑπτὰ ἡμέρας

μεγαλορρημοσύνη
                                                                  1
Job    42    1     τοῦ Ελιφα. μετὰ δὲ τὸ παύσασθαι αὐτὸν τῆς ✳ μεγαλορημοσύνης ✳ αὐτοῦ, ἀναφανείς μοι ὁ κύριος διὰ

μεγαλόσθενος
                                                                  2
Sib.   5     63    καὶ αὐτὸν τερπικέραυνον οὐρανόθεν φωνῇ μεγάλῃ ✳ μεγαλόσθενε ✳ Μέμφι ἢ τὸ πάλαι δειλοῖσι βροτοῖς αὐχοῦσα
Sib.   5     196   μελανόχροες 'Ινδοί. Πεντάπολι κλαύσεις σέ δ' ὀλεῖ ✳ μεγαλόσθενος ✳ ἀνήρ. σὰς Λιβύη πάγκλαυστε τίς ἐξηγήσεται

μεγαλοφρονέω
                                                                  2
TRub.  3     5     ὤφθη πέμπτον πνεῦμα ὑπερηφανίας ἵνα καυχᾶται καὶ ✳ μεγαλοφρονῇ ✳ ἔκτον πνεῦμα ψεύδους ἐν ἀπωλείᾳ καὶ ζήλῳ τοῦ
FAch.  110         ἄρτον πορίζει τὸ δὲ στόμα πληγάς. ἐπὶ σωφροσύνῃ ✳ μεγαλοφρόνει ✳ μὴ ἐπὶ χρήμασι τὰ μὲν γὰρ καιρὸς ἀφείλετο ἡ

μεγαλοψυχία
                                                                  2
Aris.  19    6     τινὲς τοῦτ' εἶπον καὶ γὰρ ἄξιόν ἐστι τῆς σῆς ✳ μεγαλοψυχίας ✳ ὅπως χαριστήριον ἀναθῇ τῷ μεγίστῳ θεῷ τὴν
Aris.  26    4     αὐτὸς τοῦτο ὁ βασιλεὺς προσέθηκε μεγαλομερείᾳ καὶ ✳ μεγαλοψυχίᾳ ✳ χρησάμενος ἐκέλευσέ τε τὴν τῶν διαφόρων

μεγαλύνω
                                                                  2
TLevi  18    3     βασιλεὺς φωτίζων φῶς γνώσεως ὡς ἐν ἡλίῳ ἡμέρας καὶ ✳ μεγαλυνθήσεται ✳ ἐν τῇ οἰκουμένῃ ἕως ἀναλήψεως αὐτοῦ.
Asen.  21    6     ὑμᾶς κύριος ὁ θεὸς ὁ ὕψιστος καὶ πληθυνεῖ ὑμᾶς καὶ ✳ μεγαλυνεῖ ✳ καὶ δοξάσει ὑμᾶς εἰς τοὺς αἰῶνας. καὶ

μεγαλωστί
                                                                  1
Sib.   3     705   τε μόναρχος. αὐτὸς γὰρ σκεπάσειε μόνος ✳ μεγαλωστὶ ✳ παραστὰς κύκλοθεν ὡσεὶ τεῖχος ἔχων πυρὸς

μεγαλωσύνη
                                                                  11
Hen.   5     4     λόγους ἐν στόματι ἀκαθαρσίας ὑμῶν κατὰ τῆς ✳ μεγαλωσύνης ✳ αὐτοῦ. ὅτι κατελαλήσατε ἐν τοῖς ψεύμασιν
Hen.   9Β    3     καὶ τὴν ἀπώλειαν ἡμῶν ἐνώπιον τῆς δόξης τῆς ✳ μεγαλωσύνης ✳ ἐνώπιον τοῦ κυρίου τῶν κυρίων πάντων τῇ
Hen.   9Β    3     ἐνώπιον τοῦ κυρίου τῶν κυρίων πάντων τῇ ✳ μεγαλωσύνῃ. ✳ καὶ εἶπον τῷ κυρίῳ τῶν αἰώνων σὺ εἶ ὁ θεὸς
Hen.   12    9     αὐτοῦ. καὶ ἐστὸς ἤμην 'Ενὼχ εὐλογῶν τῷ κυρίῳ τῆς ✳ μεγαλωσύνης ✳ τῷ βασιλεῖ τῶν αἰώνων. καὶ ἰδοὺ οἱ ἐγρήγοροι
Hen.   14    16    πυρὸς καὶ ὅλος διαφέρων ἐν δόξῃ καὶ ἐν τιμῇ καὶ ἐν ✳ μεγαλωσύνῃ ✳ ὥστε μὴ δύνασθαί με ἐξειπεῖν ὑμῖν περὶ τῆς
Hen.   14    16    με ἐξειπεῖν ὑμῖν περὶ τῆς δόξης καὶ περὶ τῆς ✳ μεγαλωσύνης ✳ αὐτοῦ. τὸ ἔδαφος αὐτοῦ ἦν πυρὸς τὸ δὲ
Hen.   98    2     <καὶ> χρῶμα αὐτῶν ὑπὲρ παρθένους ἐν βασιλείᾳ καὶ ✳ μεγαλωσύνῃ ✳ ἢ ἐν ἐξουσίᾳ. ἔσονται δὲ ἀργύριον καὶ
Hen.   101   3     λαλεῖτε τῷ στόματι ὑμῶν μεγάλα καὶ σκληρὰ ἐπὶ τῇ ✳ μεγαλωσύνῃ ✳ αὐτοῦ; ὁρᾶτε τοὺς ναυκλήρους τοὺς
TLevi  3     9     οὐρανοὶ καὶ ἡ γῆ καὶ αἱ ἄβυσσοι ἀπὸ προσώπου τῆς ✳ μεγαλωσύνης ✳ αὐτοῦ σαλεύονται οἱ δὲ υἱοὶ τῶν ἀνθρώπων ἐπὶ
TLevi  18    8     καταπαύσει ἐπ' αὐτὸν ἐν τῷ ὕδατι. αὐτὸς δώσει τὴν ✳ μεγαλωσύνην ✳ κυρίου τοῖς υἱοῖς αὐτοῦ ἐν ἀληθείᾳ εἰς τὸν
Aris.  192   5     βλαβερὸν αὐτοῖς οὐ κατὰ τὰς ἁμαρτίας οὐδὲ κατὰ τὴν ✳ μεγαλωσύνην ✳ τῆς ἰσχύος τύπτοντος αὐτούς ἀλλ' ἐπιεικείᾳ

μέγαρον
                                                                  1
Sib.   4     2     Εὐρώπης τε ὅσσα μελιφθέγκτοιο διὰ στόματος ✳ μεγάροιο ✳ μέλλω ἀφ' ἡμετέρου παναληθέα μαντεύσεσθαι οὐ

μέγας
                                                                  490
Adam   5     2     τριάκοντα. καὶ περιπεσὼν εἰς νόσον ἐβόησεν φωνῇ ✳ μεγάλῃ ✳ λέγων ἐλθέτωσαν πρός με οἱ υἱοί μου πάντες ὅπως
Adam   9     1     ταῦτα δὲ λέγων ὁ 'Αδὰμ τοῖς υἱοῖς αὐτοῦ ἀνεστέναξε ✳ μεγάλα ✳ καὶ εἶπεν τί ποιήσω ἐν μεγάλῃ λύπῃ εἰμί;
Adam   9     1     αὐτοῦ ἀνεστέναξε μέγα καὶ εἶπεν τί ποιήσω ὅτι ἐν ✳ μεγάλῃ ✳ λύπῃ εἰμί; ἔκλαυσε δὲ ἡ Εὔα λέγουσα κύριέ μου
Adam   13    3     πᾶσα σὰρξ ἀπὸ 'Αδὰμ ἕως τῆς ἡμέρας ἐκείνης τῆς ✳ μεγάλης ✳ ὅσοι ἔσονται λαὸς ἅγιος. τότε αὐτοῖς δοθήσεται
Adam   14    2     τί κατειργάσω ἐν ἡμῖν; κατενόησαί σε. εὗρον δέ σε ✳ μεγάλα ✳ ἥτις ἐστὶ θάνατος κατακυριεύων παντὸς τοῦ γένους
Adam   16    2     τὰ θηρία. ἐγὼ δὲ ἦλθον κατανοῆσαί σε. εὗρον δέ σε ✳ μείζονα ✳ πάντων τῶν θηρίων. καὶ ὁμιλῶ σοι. ὅμως
Adam   18    5     ἐξ αὐτοῦ. σὺ δὲ πρόσχες τῷ φυτῷ καὶ ὄψει δόξαν ✳ μεγάλην. ✳ ἐγὼ δὲ προσέσχον τῷ φυτῷ καὶ ἴδον δόξαν μεγάλην

| | | | |
|---|---|---|---|
| Adam | 18 | 5 | μεγάλην. ἐγὼ δὲ προσέσχον τῷ φυτῷ καὶ ἴδον δόξαν * μεγάλην * περὶ αὐτοῦ. εἶπον δὲ αὐτῷ ὅτι ὡραῖον τοῖς |
| Adam | 21 | 1 | Ἀδὰμ ποῦ εἶ; ἀνάστα ἐλθὲ πρός με καὶ δείξω σοι * μέγα * μυστήριον. ὅτε δὲ ἦλθεν ὁ πατὴρ ὑμῶν εἶπον αὐτῷ |
| Adam | 21 | 2 | αὐτῷ λόγους παρανομίας οἵτινες κατήγαγον ἡμᾶς ἀπὸ * μεγάλης * δόξης. ἅμα γὰρ ἦλθεν ἤνοιξα τὸ στόμα καὶ ὁ |
| Adam | 25 | 2 | καὶ ἀπολέσεις τὴν ζωήν σου ἐκ τῆς ἀνάγκης σου τῆς * μεγάλης * καὶ τῶν ὀδυνῶν. ἐξομολογήσει δὲ καὶ εἴπεις κύριε |
| Adam | 26 | 1 | μετὰ δὲ τὸ εἰπεῖν μοι ταῦτα εἶπεν τῷ ὄφει ἐν ὀργῇ * μεγάλῃ * λέγων ἐπειδὴ ἐποίησας τοῦτο καὶ ἐγένου σκεῦος |
| Adam | 29 | 11 | εὐχομένου αὐτοῦ ἐν τῷ ὕδατι. καὶ ἔκραξε φωνῇ * μεγάλῃ * λέγων σοὶ λέγω τῷ ὕδατι τοῦ Ἰορδάνου στῆθι καὶ |
| Adam | 34 | 1 | χειρῶν σου τῶν ἁγίων. καὶ αὖθις ἴδον ἐγὼ Εὔα δύο * μεγάλα * καὶ φοβερὰ μυστήρια ἐνώπιον τοῦ θεοῦ καὶ ἔκλαυσα |
| Adam | 37 | 5 | καὶ ἄφες αὐτὸν ἐκεῖ ἕως τῆς ἡμέρας ἐκείνης τῆς * μεγάλης * τῆς οἰκονομίας ἧς ποιήσω εἰς τὸν κόσμον. τότε ὁ |
| Adam | 40 | 2 | ἐκχέατε ἐπ' αὐτόν. καὶ ἐκήδευσαν αὐτόν οἱ τρεῖς * μεγάλοι * ἄγγελοι. ὅτε δὲ ἐτέλεσαν κηδεύοντες τὸν Ἀδὰμ |
| Hen. | 1 | 3 | τὴν παραβολήν μου. καὶ ἐξελεύσεται ὁ ἅγιός μου ὁ * μέγας * ἐκ τῆς κατοικήσεως αὐτοῦ καὶ ὁ θεὸς τοῦ αἰῶνος ἐπὶ |
| Hen. | 1 | 5 | ἄκρα τῆς γῆς) καὶ λήμψεται αὐτοὺς τρόμος καὶ φόβος * μέγας * μέχρι τῶν περάτων τῆς γῆς. καὶ σεισθήσονται καὶ |
| Hen. | 5 | 4 | τὰς ἐντολὰς αὐτοῦ ἀλλὰ ἀπέστητε καὶ κατελαλήσατε * μεγάλους * καὶ σκληροὺς λόγους ἐν στόματι ἀκαθαρσίας ὑμῶν |
| Hen. | 6 | 3 | τοῦτο καὶ ἔσομαι ἐγὼ μόνος ὀφειλέτης ἁμαρτίας * μεγάλης. * ἀπεκρίθησαν οὖν αὐτῷ πάντες ὀμόσωμεν ὅρκῳ |
| Hen. | 6B | 3 | τοῦτο καὶ ἔσομαι ἐγὼ μόνος ὀφειλέτης ἁμαρτίας * μεγάλης. * καὶ ἀπεκρίθησαν αὐτῷ πάντες καὶ εἶπον, ὀμόσωμεν |
| Hen. | 7 | 2 | αὐταῖς. αἱ δὲ ἐν γαστρὶ λαβοῦσαι ἐτέκοσαν γίγαντας * μεγάλους * ἐκ πηχῶν τρισχιλίων οἵτινες κατησθίοσαν τοὺς |
| Hen. | 7B | 1 | καὶ ἔτεκον αὐτοῖς γένη τρία πρῶτον γίγαντας * μεγάλους. * οἱ δὲ γίγαντες ἐτέκνωσαν Ναφηλειμ καὶ τοῖς |
| Hen. | 9 | 4 | γενεὰς τοῦ αἰῶνος καὶ τὸ ὄνομά σου τὸ ἅγιον καὶ * μέγα * καὶ εὐλογητὸν εἰς πάντας τοὺς αἰῶνας. σὺ γὰρ |
| Hen. | 9B | 1 | αὐτοὺς περὶ τούτων. καὶ ἀκούσαντες οἱ τέσσαρες * μεγάλοι * ἀρχάγγελοι Μιχαὴλ καὶ Οὐριὴλ καὶ Ῥαφαὴλ καὶ |
| Hen. | 10 | 1 | περὶ τούτου; τότε Ὕψιστος εἶπεν περὶ τούτων ὁ * μέγας * Ἅγιος καὶ ἐλάλησεν καὶ εἶπεν καὶ ἔπεμψεν Ἰστραὴλ |
| Hen. | 10 | 6 | πώλασον καὶ φῶς μὴ θεωρείτω καὶ ἐν τῇ ἡμέρᾳ τῆς * μεγάλης * τῆς κρίσεως ἀπαχθήσεται εἰς τὸν ἐνπυρισμόν. καὶ |
| Hen. | 10B | 1 | τοῦ αἰῶνος. τότε ὁ ὕψιστος εἶπε καὶ ὁ ἅγιος ὁ * μέγας * ἐλάλησε καὶ ἔπεμψε τὸν Οὐριὴλ πρὸς τὸν υἱὸν Λάμεχ |
| Hen. | 12 | 3 | τῶν αἰώνων. καὶ ἰδού οἱ ἐγρήγοροι τοῦ ἁγίου τοῦ * μεγάλου * ἐκάλουν με Ἐνὼχ ὁ γραμματεὺς τῆς δικαιοσύνης |
| Hen. | 12 | 4 | ποιοῦσιν καὶ ἔλαβον ἑαυτοῖς γυναῖκας. ἀφανισμὸν * μέγαν * ἠφανίσατε τὴν γῆν καὶ οὐκ ἔσται ὑμῖν εἰρήνη οὔτε |
| Hen. | 13 | 1 | Ἀζαὴλ εἶπεν πορεύου οὐκ ἔσται σοι εἰρήνη. κρίμα * μέγα * ἐξῆλθεν κατὰ σοῦ δῆσαί σε καὶ ἀνοχὴ καὶ ἐρώτησίς |
| Hen. | 14 | 1 | τῶν ἀπὸ τοῦ αἰῶνος κατὰ τὴν ἐντολὴν τοῦ ἁγίου τοῦ * μεγάλου * ἐν ταύτῃ τῇ ὁράσει. ἐγὼ εἶδον κατὰ τοὺς ὕπνους |
| Hen. | 14 | 2 | σαρκίνῃ ἐν τῷ πνεύματι τοῦ στόματός μου ὃ ἔδωκεν ὁ * μέγας * τοῖς ἀνθρώποις λαλεῖν ἐν αὐτοῖς καὶ νοήσει καρδίας |
| Hen. | 14 | 10 | εἰς τὰς γλώσσας τοῦ πυρὸς καὶ ἤγγισα εἰς οἶκον * μέγαν * οἰκοδομημένον ἐν λίθοις χαλάζης καὶ οἱ τοῖχοι τοῦ |
| Hen. | 14 | 15 | ἰδοὺ ἄλλη θύρα ἀνεῳγμένη κατέναντί μου καὶ ὁ οἶκος * μείζων * τούτου καὶ ὅλος οἰκοδομημένος ἐν γλώσσαις πυρὸς |
| Hen. | 14 | 20 | φλεγόμενοι καὶ οὐκ ἐδυνάσθην ἰδεῖν. καὶ ἡ δόξα ἡ * μεγάλη * ἐκάθητο ἐπ' αὐτῷ τὸ περιβόλαιον αὐτοῦ ὡς εἶδος |
| Hen. | 14 | 22 | σάρξ ἰδεῖν αὐτοῦ τὸ πῦρ φλεγόμενον κύκλῳ καὶ πῦρ * μέγα * παρειστήκει αὐτῷ καὶ οὐδεὶς ἐγγίζει αὐτῷ. κύκλῳ |
| Hen. | 16 | 1 | μέχρις ἡμέρας τελειώσεως τῆς κρίσεως τῆς * μεγάλης * ἐν ᾗ ὁ αἰὼν ὁ μέγας τελεσθήσεται. καὶ νῦν |
| Hen. | 16 | 1 | τελειώσεως τῆς κρίσεως τῆς μεγάλης ἐν ᾗ ὁ αἰὼν ὁ * μέγας * τελεσθήσεται. καὶ νῦν ἐγρηγόροις τοῖς πέμψασίν σε |
| Hen. | 16B | 1 | τῶν γιγάντων Ναφηλειμ οἱ ἰσχυροὶ τῆς γῆς οἱ * μεγάλοι * ὀνομαστοὶ τὰ πνεύματα τὰ ἐκπορευόμενα ἀπὸ τῆς |
| Hen. | 16B | 1 | μέχρις ἡμέρας τῆς τελειώσεως ἕως τῆς κρίσεως τῆς * μεγάλης * ἐν ᾗ ὁ αἰὼν ὁ μέγας τελεσθήσεται ἐφ' ἅπαξ ὁμοῦ |
| Hen. | 16B | 1 | ἕως τῆς κρίσεως τῆς μεγάλης ἐν ᾗ ὁ αἰὼν ὁ * μέγας * τελεσθήσεται ἐφ' ἅπαξ ὁμοῦ τελεσθήσονται. καὶ |
| Hen. | 17 | 5 | ᾧ κατατρέχει τὸ πῦρ ὡς ὕδωρ καὶ ῥέει εἰς θάλασσαν * μεγάλην * δύσεως. ἴδον τοὺς μεγάλους ποταμοὺς καὶ μέχρι |
| Hen. | 17 | 6 | καὶ ῥέει εἰς θάλασσαν μεγάλην δύσεως. ἴδον τοὺς * μεγάλους * ποταμοὺς καὶ μέχρι τοῦ μεγάλου ποταμοῦ καὶ |
| Hen. | 17 | 6 | δύσεως. ἴδον τοὺς μεγάλους ποταμοὺς καὶ μέχρι τοῦ * μεγάλου * ποταμοῦ καὶ μέχρι τοῦ μεγάλου σκότους κατήντησα |
| Hen. | 17 | 6 | καὶ μέχρι τοῦ μεγάλου ποταμοῦ καὶ μέχρι τοῦ * μεγάλου * σκότους κατήντησα καὶ ἀπῆλθον ὅπου πᾶσα σάρξ οὐ |
| Hen. | 18 | 10 | κἀπέκεινα τῶν ὀρέων τούτων τόπος ἐστὶν πέρας τῆς * μεγάλης * γῆς ἐκεῖ συντελεσθήσονται οἱ οὐρανοί. καὶ ἴδον |
| Hen. | 18 | 11 | ἐκεῖ συντελεσθήσονται οἱ οὐρανοί. καὶ ἴδον χάσμα * μέγα * εἰς τοὺς στύλους τοῦ πυρὸς καταβαίνοντας καὶ οὐκ ἦν |
| Hen. | 18 | 13 | ἔρημος καὶ φοβερός. ἐκεῖ ἴδον ἑπτὰ ἀστέρας ὡς ὄρη * μεγάλα * καιόμενα περὶ ὧν πυνθανομένῳ μοι εἶπεν ὁ ἄγγελος |
| Hen. | 19 | 1 | πλανήσει αὐτοὺς ἐπιθύειν τοῖς δαιμονίοις μέχρι τῆς * μεγάλης * κρίσεως ἐν ᾗ κριθήσονται εἰς ἀποτελείωσιν. καὶ |
| Hen. | 21 | 3 | δεδεμένους καὶ ἐρριμμένους ἐν αὐτῷ ὁμοίους ὄρεσιν * μεγάλοις * καὶ ἐν πυρὶ καιομένους. τότε εἶπον διὰ ποίαν |
| Hen. | 21 | 7 | φοβερώτερον καὶ τεθέαμαι ἔργα φοβερώτερα πῦρ * μέγα * ἐκεῖ καιόμενον καὶ φλεγόμενον καὶ διακοπὴν εἶχεν ὁ |
| Hen. | 21 | 7 | εἶχεν ὁ τόπος ἕως τῆς ἀβύσσου πλήρης στύλων πυρὸς * μεγάλου * καταφερομένων οὔτε μέτρον οὔτε πλάτος ἠδυνήθην |
| Hen. | 21B | 3 | καὶ ἐριμμένους ἐν αὐτῷ ὁμοῦ ὁμοίους ὁράσει * μεγάλῃ * καὶ ἐν πυρὶ καιομένους. τότε εἶπον διὰ ποίαν |
| Hen. | 22 | 1 | ἄλλον τόπον καὶ ἔδειξέν μοι πρὸς δυσμὰς ἄλλο ὄρος * μέγα * καὶ ὑψηλὸν πέτρας στερεάς. καὶ τέσσαρες τόποι ἐν |
| Hen. | 22 | 4 | διορισμοῦ καὶ διορισμένου χρόνου ἐν ᾧ ἡ κρίσις ἡ * μεγάλη * ἔσται ἐν αὐτοῖς. τεθέαμαι ἀνθρώπους νεκροὺς |
| Hen. | 22 | 11 | ζωῇ αὐτῶν. ὧδε χωρίζεται τὰ πνεύματα αὐτῶν εἰς τὴν * μεγάλην * βάσανον ταύτην μέχρι τῆς μεγάλης ἡμέρας τῆς |
| Hen. | 22 | 11 | αὐτῶν εἰς τὴν μεγάλην βάσανον ταύτην μέχρι τῆς * μεγάλης * ἡμέρας τῆς κρίσεως τῶν μαστίγων καὶ τῶν βασάνων |
| Hen. | 25 | 3 | ὁμοία θρόνου θεοῦ καθέδρα ἐστὶν οὗ καθίζει ὁ * μέγας * κύριος ὁ ἅγιος τῆς δόξης ὁ βασιλεὺς τοῦ αἰῶνος |
| Hen. | 25 | 4 | οὐδεμία σάρξ ἐξουσίαν ἔχει ἅψασθαι αὐτοῦ μέχρι τῆς * μεγάλης * κρίσεως ἐν ᾗ ἐκδίκησις πάντων καὶ τελείωσις |
| Hen. | 30 | 1 | ᾠχόμην πρὸς ἀνατολὰς μακρὰν καὶ ἴδον τόπον ἄλλον * μέγαν * φάραγγα ὕδατος ἐν ᾧ καὶ δένδρον χρόα ἀρωμάτων |
| Hen. | 32 | 3 | μακρόθεν τῶν δένδρων τούτων δένδρα πλείονα καὶ * μεγάλα * δύο μὲν ἐκεῖ μεγάλα σφόδρα καλὰ καὶ ἔνδοξα καὶ |
| Hen. | 32 | 3 | τούτων δένδρα πλείονα καὶ μεγάλα δύο μὲν ἐκεῖ * μεγάλα * σφόδρα καλὰ καὶ ἔνδοξα καὶ μεγαλοπρεπῆ καὶ τὸ |
| Hen. | 32 | 3 | ἅγιοι τοῦ καρποῦ αὐτοῦ καὶ ἐπίστανται φρόνησιν * μεγάλην. * ὅμοιον τὸ δένδρον ἐκεῖνο στροβιλέᾳ τὸ ὕψος τὰ |
| Hen. | 90 | 1 | καταβήσεται ἐπ' αὐτὸ μέχρις ἡμέρας κρίσεως τῆς * μεγάλης. * ἐν τῷ καιρῷ ἐκείνῳ κατακαυθήσεται καὶ |
| Hen. | 90 | 3 | αὐτοῦ. καὶ νῦν ἐγὼ λέγω ὑμῖν υἱοῖς ἀνθρώπων ὀργὴ * μεγάλη * καθ' ὑμῶν κατὰ τῶν υἱῶν ὑμῶν καὶ οὐ παύσεται ἡ |
| Hen. | 97 | 6 | ⟨πάντες⟩ οἱ λόγοι τῶν ἀνομιῶν ὑμῶν ἐν⟨ώπιον⟩ τοῦ * μεγάλου * ἁγίου κατὰ πρόσωπον ὑμῶν εἶτ' ἀναφελεῖ τὰ πάντα |
| Hen. | 97 | 10 | ὅτι ἀδίκως πάντα κέκτησθε καὶ ὑμεῖς εἰς κατάραν * μεγάλην * παραδοθήσεσθε. καὶ νῦν ὀμνύω ὑμῖν τοῖς φρονίμοις |
| Hen. | 98 | 3 | ⟨ὑμῶν καὶ⟩ εἰς ἀτιμίαν καὶ ἐρήμωσιν ⟨καὶ σφαγὴν⟩ * μεγάλην * τ⟨ὰ πνεύματα ὑμῶν εἰς τὴν κάμινον τοῦ πυρὸς |
| Hen. | 98 | 4 | οἱ ἄνθρω⟩ποι ἀφ' ἑαυτῶν ⟨ἔκτισαν καὶ εἰς κατάραν⟩ * μεγάλην * ἀφίξονται οἱ ποιοῦντες ⟨αὐτήν⟩. καὶ δουλεία |
| Hen. | 98 | 6 | ὀμνύω ὑμῖν ἁμαρτωλοὶ κατὰ τοῦ ἁγίου τοῦ * μεγάλου * ὅτι τὰ ἔργα ὑμῶν τὰ πονηρὰ ἔσται ἀνακεκαλυμμένα |
| Hen. | 98 | 10 | γινώσκοντε⟨ς ὅτι ἡτοίμασ⟩ται εἰς ἡμέραν κρίσεως * μ⟨εγάλης * καὶ στε⟩νοχωρίας μείζονος τ⟨οῖς πνεύμασιν |
| Hen. | 98 | 10 | εἰς ἡμέραν κρίσεως μ⟨εγάλης καὶ στε⟩νοχωρίας * μείζονος * τ⟨οῖς πνεύμασιν ὑμῶν.⟩ οὐαὶ ὑμῖν οἱ |
| Hen. | 99 | 15 | τὸν πλησίον αὐτῶ⟨ν ἕως τῆς⟩ ἡμέρας τῆς κρίσεως τῆς * ⟨μεγάλης⟩ * ὅτι τότε ἐκτρίψει τὴν δόξ⟨αν ὑμῶν⟩ καὶ |
| Hen. | 100 | 4 | ἐν ἡμέρᾳ κρίσεως ποιῆσαι ἐκ πάντων κρίσιν * μεγάλην * καὶ τάξει φυλακὴν ἐπὶ πάντας τοὺς δικαίους καὶ |
| Hen. | 101 | 3 | αὐτοῦ; διά τί ὑμεῖς λαλεῖτε τῷ στόματι ὑμῶν * μεγάλα * καὶ σκληρὰ ἐπὶ τῇ μεγαλωσύνῃ αὐ⟨τοῦ; ὁρᾶ⟩τε τοὺς |
| Hen. | 102 | 2 | φωνὴν αὐτοῦ ἔσεσθε συνσειόμενοι καὶ φοβούμενοι ἤχῳ * μεγάλῳ * (καὶ) τὴν γῆν σύμπασαν σειομένην καὶ τρέμουσαν |
| Hen. | 103 | 4 | πνεύματα αὐτῶν οὐδὲ τὸ μνημόσυνον ἀπὸ προσώπου τοῦ * μεγάλου * εἰς πάσας τὰς γενεὰς τῶν αἰώνων. μὴ οὖν φοβεῖσθε |
| Hen. | 103 | 8 | τὰς ψυχὰς ὑμῶν καὶ ἐκεῖ ἔσονται ἐν ἀνάγκῃ * μεγάλῃ * καὶ ἐν σκότει καὶ ἐν παγίδι καὶ ἐν φλογὶ καιομένῃ |
| Hen. | 103 | 8 | καὶ ἐν παγίδι καὶ ἐν φλογὶ καιομένῃ καὶ εἰς κρίσιν * μεγάλην * εἰσελεύσονται αἱ ψυχαὶ ὑμῶν ἐν πάσαις ταῖς |
| Hen. | 104 | 1 | ⟨ὑμῶν⟩ εἰς ἀγαθὸν ἐνώπιον τῆς δόξης τοῦ * μεγάλου. * θαρσεῖτε δὴ ὅτι ἐπαλαιώθητε ἐν τοῖς κακοῖς καὶ |
| Hen. | 104 | 5 | ⟨μὴ φοβεῖσθε⟩ τὰ κακὰ ἐν τῇ ἡμέρᾳ τῆς κρίσεως τῆς * μεγάλης * καὶ οὐ μὴ εὑρεθῆτε ὡς οἱ ἁμαρτωλοί. ⟨ἀλλ' ὑμεῖς |
| Hen. | 104 | 10 | τοὺς πολλοὺς καὶ ψεύδονται καὶ πλάσσουσιν πλάσματα * μεγάλα * καὶ τὰς γραφὰς ἀναγράφουσιν ἐπὶ τοῖς ὀνόμασιν |
| Hen. | 106 | 9 | πρὸς ἐμὲ τέκνον; καὶ ἀπεκρίθη λέγων δι' ἀνάγκην * μεγάλην * ἦλθον ὧδε πάτερ καὶ νῦν ἐγεννήθη τέκνον Λάμεχ τῷ |
| Hen. | 106 | 15 | ὁμοίους πνεύμασιν ἀλλὰ σαρκίνους καὶ ἔσται ὀργὴ * μεγάλη * ἐπὶ τῆς γῆς καὶ κατακλυσμὸς καὶ ἔσται ἀπώλεια |
| Hen. | 106 | 15 | ἐπὶ τῆς γῆς καὶ κατακλυσμὸς καὶ ἔσται ἀπώλεια * μεγάλη * ἐπὶ ἐνιαυτὸν ἕνα καὶ τόδε τὸ παιδίον τὸ γεννηθὲν |
| Abr.1 | 2 | 6 | ὁ δὲ ἀρχιστράτηγος ἔφη ἐγὼ δίκαιε ἄνθρωπε ἐκ τῆς * μεγάλης * πόλεως ἔρχομαι παρὰ τοῦ μεγάλου βασιλέως |
| Abr.1 | 2 | 6 | ἄνθρωπε ἐκ τῆς μεγάλης πόλεως ἔρχομαι παρὰ τοῦ * μεγάλου * βασιλέως ἀπεστάλην διαδοχὴν φίλου αὐτοῦ γνησίου |
| Abr.1 | 5 | 9 | ἐπὶ τὸν τράχηλον αὐτοῦ καὶ ἤρξατο κλαίειν φωνὴν * μεγάλην. * συγκινηθεὶς οὖν τὰ σπλάγχνα ὁ Ἀβραὰμ ἔκλαυσεν |
| Abr.1 | 5 | 10 | οὖν τὰ σπλάγχνα ὁ Ἀβραὰμ ἔκλαυσεν οὖν καὶ αὐτὸς * μεγάλως * ἰδὼν δὲ ὁ ἀρχιστράτηγος αὐτοὺς κλαίοντας ἔκλαυσε |
| Abr.1 | 7 | 4 | εἰς τοὺς οὐρανοὺς ὅθεν καὶ ἐξῆλθεν καὶ ἐλυπήθην * μεγάλως * ὅτι ἔλαβεν τὸν ἥλιον ἀπ' ἐμοῦ μετ' ὀλίγον ὡς ἔτι |
| Abr.1 | 7 | 6 | ἐμοῦ καὶ τὴν σελήνην ἐκ τῆς κεφαλῆς μου ἔκλαυσα δὲ * μεγάλως * καὶ παρεκάλεσα τὸν ἄνδρα ἐκεῖνον καὶ εἶπον μὴ |
| Abr.1 | 13 | 4 | αὐτῷ ἔδωκε κρίσιν κρῖναι τὸν κόσμον μέχρι τῆς * μεγάλης * ἐνδόξου αὐτοῦ παρουσίας καὶ τότε δικαιότατε |
| Abr.1 | 17 | 8 | οὕτως ἀπέρχομαι ἐν πολλῇ σαπρίᾳ καὶ ἀγριότητι καὶ * μεγίστῃ * πικρίᾳ καὶ ἀγρίῳ τῷ βλέμματι καὶ ἀνίλεως |
| Abr.1 | 19 | 5 | καὶ τίς ἡ ῥομφαία ἡ ἀπότομος καὶ τίς ὁ ποταμὸς ὁ * μεγάλα * κοχλάζων καὶ τίς ἡ βεβορβορωμένη θάλασσα ἡ ἀγρίως |
| Abr.1 | 19 | 11 | ἐν ῥομφαίᾳ τὸν θάνατον τὸ δὲ πρόσωπον τοῦ * μεγάλου * ποταμοῦ τοῦ κοχλάζοντος ἔδειξά σοι διότι πολλοὶ |
| Abr.1 | 19 | 11 | ὑπὸ ἐμβάσεως ὑδάτων πολλῶν ἁρπαζόμενοι καὶ ὑπὸ * μεγίστων * ποταμῶν ἐπαιρόμενοι ἀποπνίγονται καὶ τελευτῶσιν |
| Abr.1 | 19 | 12 | ἔδειξά σοι διότι πολλοὶ ἐν θαλάσσῃ κλυδωνίῳ * μεγάλῃ * περιπεσόντες ⟨ἐν τοῖς⟩ ναυαγίοις γεγονότες |
| Abr.2 | 3 | 2 | τῆς πόλεως ὡς ἀπὸ σταδίων δύο καὶ ηὗρον δένδρον * μέγαν * ἐν τῇ ὁδῷ παμμεγέθει ἔχοντα κλάδους τριακοσίους |
| Abr.2 | 4 | 7 | εἶπεν κύριε κέλευσόν ⟨με ἐρωτῆσαι ἐνώπιον⟩ τῆς * μεγάλης * δόξης σου. καὶ εἶπεν ὁ κύριος λέγε Μιχαήλ. καὶ |
| Abr.2 | 4 | 12 | αὐτοῦ ἵνα εἰδῇ Ἀβραὰμ ἑαυτῷ καὶ μὴ ἐγὼ αὐτῷ εἴπω * μεγάλη * γὰρ συντομή ἐστιν οὗτος ὁ λόγος ὅτι οὐκ ἐξέρχῃ ἐν |
| Abr.2 | 8 | 4 | εἶδεν δύο πύλας μίαν μὲν μικρὰν τὴν δὲ ἑτέραν * μεγάλην * ἀνὰ μέσον δὲ τῶν πυλῶν ἐκαθέζετο ἀνὴρ ⟨ἐπὶ |
| Abr.2 | 8 | 5 | δὲ τῶν πυλῶν ἐκαθέζετο ἀνὴρ ⟨ἐπὶ θρόνου δόξης * μεγάλης * καὶ πλῆθος ἀγγέλων κύκλῳ αὐτοῦ⟩ καὶ ἔκλαιεν καὶ |
| Abr.2 | 8 | 10 | θεωρεῖς τὰς δύο πύλας ταύτας τὴν μικρὰν καὶ τὴν * μεγάλην; * αὗταί εἰσιν αἱ δύο πύλαι αἱ ἀπάγουσαι εἰς τὴν |
| Abr.2 | 13 | 4 | τὸν θάνατον ἔγγιστα αὐτοῦ καθήμενον ἐφοβήθη φόβον * μέγαν. * καὶ ἀποκριθεὶς Ἀβραὰμ εἶπεν παρακαλῶ σε δήλωσόν |
| Abr.2 | 13 | 20 | αὐτοῦ ἐὰν δὲ ἁμαρτωλὸς ᾖ ἀπέρχομαι πρὸς αὐτὸν ἐν * μεγάλῃ * σαπρότητι ἀλλὰ καὶ τὰς ἁμαρτίας αὐτοῦ πάσας |
| Abr.2 | 13 | 20 | πάσας ποιοῦσιν στέφανον ἐπὶ τὴν κεφαλήν μου ἐν * μεγάλῳ * φόβῳ καὶ ταράσσω αὐτὸν σφόδρα. καὶ εἶπεν αὐτῷ |
| TRub. | 1 | 7 | μου Ἰακώβ. λέγω γὰρ ὑμῖν ὅτι ἐνέπληξέ με πληγὴν * μεγάλην * ἐν ταῖς λαγῶσί μου ἐπὶ μῆνας ἑπτὰ καὶ εἰ μὴ |
| TRub. | 1 | 10 | ἐπιθυμίας οὐκ ἐγευσάμην πενθῶν ἐπὶ τῇ ἁμαρτίᾳ μου * μεγάλῃ * γὰρ ἦν καὶ οὐ μὴ γένηται ἐν τῷ Ἰσραὴλ οὕτως. καὶ |
| TRub. | 3 | 11 | ἐν σκεπεινῷ τόπῳ οὐκ ἐνέπιπτον εἰς τὴν ἀνομίαν τὴν * μεγάλην. * συλλαβοῦσα γὰρ ἡ διάνοιά μου τὴν γυναικείαν |

| | | | | | |
|---|---|---|---|---|---|
| TSim. | 6 | 5 | πολέμου. τότε Σὴμ ἐνδοξασθήσεται ὅτι κύριος ὁ θεὸς | * μέγας * | τοῦ Ἰσραὴλ φαινόμενος ἐπὶ γῆς ὡς ἄνθρωπος καὶ |
| TSim. | 8 | 4 | ἐν πάσῃ γῇ Αἰγύπτῳ σκότος καὶ γνόφος καὶ πληγὴ | * μεγάλη * | σφόδρα τοῖς Αἰγυπτίοις ὥστε μετὰ λύχνου μὴ |
| TLevi | 3 | 4 | ἅγιοί εἰσιν ὅτι ἐν τῷ ἀνωτέρῳ πάντων καταλύει ἡ | * μεγάλη * | δόξα ἐν ἁγίῳ ἁγίων ὑπεράνω πάσης ἁγιότητος. ἐν τῷ |
| TLevi | 8 | 12 | ἐπερχομένου καὶ ὁ πιστεύσας πρῶτος ἔσται κλῆρος | * μέγας * | ὑπὲρ αὐτὸν οὐ γενήσεται. ὁ δεύτερος ἔσται ἐν |
| TLevi | 10 | 2 | πλανῶντες τὸν Ἰσραὴλ καὶ ἐπεγείροντες αὐτῷ κακὰ | * μεγάλα * | παρὰ κυρίου. καὶ ἀνομήσετε σὺν τῷ Ἰσραὴλ ὥστε μὴ |
| TLevi | 17 | 2 | τῷ πρώτῳ ἰωβηλαίῳ ὁ πρῶτος χριόμενος εἰς ἱερωσύνην | * μέγας * | ἔσται καὶ λαλήσει θεῷ ὡς πατρὶ καὶ ἡ ἱερωσύνη |
| TLevi | 18 | 2B014 | πρόσεχε σεαυτῷ ἀπὸ πάσης ἀκαθαρσίας ἡ κρίσις σου | * μεγάλη * | ἀπὸ πάσης σαρκός. καὶ νῦν τὴν κρίσιν τῆς ἀληθείας |
| TLevi | 18 | 2B037 | ἥμισυ μνᾶν. καὶ ἅλας +ἀποδεδεικτω+ τῷ ταύρῳ τῷ | * μεγάλῳ * | ἁλῖσαι τὸ κρέας αὐτοῦ καὶ ἀνένεγκε ἐπὶ τὸν βωμόν. |
| TLevi | 18 | 2B041 | σάτου καὶ σεμίδαλις καθήκουσα αὐτοῖς τῷ ταύρῳ τῷ | * μεγάλῳ * | καὶ τῷ ταύρῳ τῷ β' καὶ τῷ μοσχαρίῳ σάτον |
| TLevi | 18 | 2B067 | τοῦ λαοῦ καὶ ὅτι αὐτοῦ ἔσται ἡ ἀρχιερωσύνη ἡ | * μεγάλη * | αὐτὸς καὶ τὸ σπέρμα αὐτοῦ ἔσονται ἀρχὴ βασιλέων |
| TJud. | 4 | 1 | μὴ ἡττᾶσθαι. καὶ κατὰ νότον γέγονεν ἡμῖν πόλεμος | * μείζων * | τοῦ ἐν Σικίμοις καὶ παραταξάμενος μετὰ τῶν |
| TJud. | 14 | 5 | ἐξέκλινα πρὸς τὴν Θαμὰρ καὶ ἐποίησα ἁμαρτίαν | * μεγάλην * | καὶ ἀνεκάλυψα κάλυμμα ἀκαθαρσίας υἱῶν μου. πιὼν |
| TZab. | 4 | 6 | ἐμπόροις καὶ οὐδένα εὗρεν ἀφέντες γὰρ τὴν ὁδὸν τὴν | * μεγάλην * | ἐπορεύθησαν διὰ Τρωγλοκολπιτῶν ἐν τῇ συντόμῳ |
| TDan | 4 | 2 | τὸ διαβούλιον αὐτοῦ καὶ οὕτως διεγείρει ἐν θυμῷ | * μεγάλῳ * | τὴν ψυχὴν αὐτοῦ. ὅτε οὖν λαλεῖ τις καθ' ὑμῶν |
| TNep. | 5 | 6 | καὶ ἰδοὺ ταῦρος ἐπὶ τῆς γῆς ἔχων δύο κέρατα | * μεγάλα * | καὶ πτέρυγες ἀετοῦ ἐπὶ τοῦ νώτου αὐτοῦ καὶ |
| TNep. | 6 | 4 | γίνεται χειμὼν σφοδρὸς καὶ λαῖλαψ ἀνέμου | * μεγάλου * | καὶ ἀφίπταται ὁ πατὴρ ἀφ' ἡμῶν ὁ κρατῶν τοὺς |
| TGad | 5 | 1 | τῷ ψεύδει λαλῶν κατὰ τῆς ἀληθείας καὶ τὰ μικρὰ | * μεγάλα * | ποιεῖ τὸ σκότος φῶς προσέχει τὸ γλυκὺ πικρὸν |
| TGad | 6 | 5 | μυστήριον ὑμῶν ἵνα μὴ μισήσας σε ἐχθράνῃ καὶ | * μεγάλην * | ἁμαρτίαν ἐργάσηται κατά σου ὅτι πολλάκις |
| TJos. | 2 | 7 | με ἀνέδειξε καὶ ἐν πᾶσιν αὐτοῖς ἐμακροθύμησα ὅτι | * μέγα * | φάρμακόν ἐστιν ἡ μακροθυμία καὶ πολλὰ ἀγαθὰ δίδωσιν |
| TJos. | 10 | 6 | τὸ γένος μου ὅτι υἱός εἰμι Ἰακὼβ ἀνδρὸς | * μεγάλου * | καὶ δυνατοῦ. καὶ ὑμεῖς οὖν ἔχετε ἐν πάσῃ πράξει |
| TJos. | 11 | 3 | ἵνα μὴ αἰσχύνω τοὺς ἀδελφούς μου. λέγει δέ μοι ὁ | * μείζων * | αὐτῶν οὐκ εἶ δοῦλος σὺ ὅτι καὶ ἡ ὄψις σου δηλοῖ |
| TJos. | 15 | 2 | δοῦλον εἶναι; καὶ ἰδοὺ ἔγνωμεν ὅτι υἱὸς εἶ ἀνδρὸς | * μεγάλου * | ἐν γῇ Χανάαν καὶ πενθεῖ ὁ πατήρ σου ἐν σάκκῳ. |
| TJos. | 15 | 5 | ἐν αὐτοῖς ἐκδίκησιν κινδύνου ἠκούσθη γὰρ ὅτι | * μέγας * | ἐστὶ παρὰ κυρίῳ καὶ ἀνθρώποις. τότε λέγει ὁ |
| TJos. | 20 | 5 | αὐτὸν πᾶς Ἰσραὴλ καὶ πᾶσα ἡ Αἴγυπτος πένθος | * μέγα. * | καὶ γὰρ καὶ τοῖς Αἰγυπτίοις ὡς ἰδίοις μέλεσι |
| Asen. | 1 | 4 | καὶ ἦν θυγάτηρ αὐτῷ παρθένος ἐτῶν ὀκτωκαίδεκα | * μεγάλη * | καὶ ὡραία καὶ καλὴ τῷ εἴδει σφόδρα ὑπὲρ πάσας τὰς |
| Asen. | 1 | 5 | πάντα ὁμοία ταῖς θυγατράσι τῶν Ἑβραίων καὶ ἦν | * μεγάλη * | ὡς Σάρρα καὶ ὡραία ὡς Ῥεβέκκα καὶ καλὴ ὡς |
| Asen. | 2 | 1 | ἦν πύργος τῷ Πεντεφρῇ παρακείμενος τῇ οἰκίᾳ αὐτοῦ | * μέγας * | καὶ ὑψηλὸς σφόδρα καὶ ἐπάνω τοῦ πύργου ἐκείνου ἦν |
| Asen. | 2 | 2 | ἔχον θαλάμους δέκα. καὶ ἦν ὁ πρῶτος θάλαμος | * μέγας * | καὶ εὐπρεπὴς λίθοις πορφυροῖς κατεστρωμένος καὶ οἱ |
| Asen. | 2 | 7 | παιδίον ἄρρεν. καὶ ἦσαν θυρίδες τρεῖς τῷ θαλάμῳ τῷ | * μεγάλῳ * | τῆς Ἀσενὲθ ὅπου ἡ παρθενία αὐτῆς ἐτρέφετο. καὶ |
| Asen. | 2 | 7 | αὐτῆς ἐτρέφετο. καὶ ἦν ἡ μία θυρὶς ἡ πρώτη | * μεγάλη * | σφόδρα ἀποβλέπουσα ἐπὶ τὴν αὐλὴν εἰς ἀνατολὰς καὶ |
| Asen. | 2 | 10 | ἐπ' αὐτῇ πλὴν τῆς Ἀσενὲθ μόνης. καὶ ἦν αὐλὴ | * μεγάλη * | παρακειμένη τῇ οἰκίᾳ κυκλόθεν καὶ ἦν τεῖχος κύκλῳ |
| Asen. | 2 | 10 | κύκλῳ τῆς αὐλῆς ὑψηλὸν σφόδρα λίθοις τετραγώνοις | * μεγάλοις * | ᾠκοδομημένον. καὶ ἦσαν πύλαι τῇ αὐλῇ τέσσαρες |
| Asen. | 2 | 12 | πλουσίου ζῶντος καὶ ὑποκάτωθεν τῆς πηγῆς ἦν ληνὸς | * μεγάλη * | δεχομένη τὸ ὕδωρ τῆς πηγῆς ἐκείνης. ἔνθα |
| Asen. | 3 | 2 | ὥρα μεσημβρίας ἐστὶ καὶ καιρὸς ἄριστου καὶ καῦμα | * μέγα * | ἐστὶ τοῦ ἡλίου καὶ ἵνα καταψύξω ὑπὸ τὴν σκιὰν τοῦ |
| Asen. | 3 | 3 | σου. καὶ ἤκουσε ταῦτα Πεντεφρῆς καὶ ἐχάρη χαρὰν | * μεγάλην * | σφόδρα καὶ εἶπεν εὐλογητὸς κύριος ὁ θεὸς τοῦ |
| Asen. | 3 | 4 | σπεῦσον καὶ εὐτρέπισον τὴν οἰκίαν μου καὶ δεῖπνον | * μέγα * | ἑτοίμασον διότι Ἰωσὴφ ὁ δυνατὸς τοῦ θεοῦ ἔρχεται |
| Asen. | 4 | 1 | ἡ γυνὴ αὐτοῦ ἐπὶ τῇ θυγατρὶ αὐτῶν Ἀσενὲθ χαρὰν | * μεγάλην * | διότι ἑώρων αὐτὴν κεκοσμημένην ὡς νύμφην θεοῦ. |
| Asen. | 4 | 9 | πολὺς ἐπὶ τοῦ προσώπου αὐτῆς καὶ ἐθυμώθη ἐν ὀργῇ | * μεγάλῃ * | καὶ ἐνέβλεψε τῷ πατρὶ αὐτῆς πλαγίως τοῖς |
| Asen. | 5 | 2 | εἰς τὸν θάλαμον αὐτῆς καὶ ἔστη ἐπὶ τὴν θυρίδα τὴν | * μεγάλην * | τὴν βλέπουσαν κατὰ ἀνατολὰς τοῦ ἰδεῖν τὸν Ἰωσὴφ |
| Asen. | 6 | 1 | καὶ ἐτρόμαξεν ὅλον τὸ σῶμα αὐτῆς καὶ ἐφοβήθη φόβον | * μέγαν. * | καὶ ἀνεστέναξε καὶ εἶπεν ἐν τῇ καρδίᾳ αὐτῆς τί |
| Asen. | 6 | 6 | ὁρᾷ καὶ οὐδὲν κρυπτὸν λέληθεν αὐτὸν διὰ τὸ φῶς τὸ | * μέγα * | τὸ ὂν ἐν αὐτῷ; καὶ νῦν ἵλεώς μοι κύριε ὁ θεὸς τοῦ |
| Asen. | 7 | 8 | ἡμῶν ὡς ἀδελφή σού ἐστιν. καὶ ἐχάρη Ἰωσὴφ χαρὰν | * μεγάλην * | σφόδρα διότι εἶπε Πεντεφρῆς ὅτι παρθένος ἐστὶ |
| Asen. | 9 | 1 | καὶ ἐχάρη Ἀσενὲθ ἐπὶ τῇ εὐλογίᾳ τοῦ Ἰωσὴφ χαρὰν | * μεγάλην * | σφόδρα καὶ ἔσπευσε καὶ ἀπῆλθεν εἰς τὸ ὑπερῷον |
| Asen. | 9 | 2 | ὀνόματι τοῦ θεοῦ τοῦ ὑψίστου. καὶ ἔκλαυσε κλαυθμῷ | * μεγάλῳ * | καὶ πικρῷ καὶ μετενόει ἀπὸ τῶν θεῶν αὐτῆς ὧν |
| Asen. | 10 | 1 | τῇ χειρὶ τὸ στῆθος αὐτῆς πυκνῶς καὶ ἐφοβεῖτο φόβον | * μέγαν * | καὶ ἔτρεμε τρόμον βαρύν. καὶ ἀνέστη Ἀσενὲθ ἀπὸ |
| Asen. | 10 | 3 | σιδηροῦν καθῆκεν ἐκ πλαγίου καὶ ἐστέναξε στεναγμῷ | * μεγάλῳ * | μετὰ κλαυθμοῦ πικροῦ. καὶ ἤκουσεν ἡ παρθένος ἡ |
| Asen. | 10 | 15 | καὶ πέπτωκεν ἐπὶ τὴν τέφραν καὶ ἔκλαυσε κλαυθμῷ | * μεγάλῳ * | καὶ πικρῷ ὅλην τὴν νύκτα μετὰ στεναγμοῦ καὶ |
| Asen. | 11 | 1B | ἐκ τῶν δακρύων αὐτῆς καὶ ἐστέναξε μετὰ στεναγμοῦ | * μεγάλου * | καὶ τὰς τρίχας αὐτῆς εἵλκυσεν ἀπὸ τῆς κεφαλῆς |
| Asen. | 12 | 2 | ὁ θεμελιώσας τὴν γῆν ἐπὶ τῶν ὑδάτων ὁ θεὶς λίθους | * μεγάλους * | ἐπὶ τῆς ἀβύσσου τοῦ ὕδατος καὶ οἱ λίθοι οὐ |
| Asen. | 12 | 11 | βυθὸν τῆς θαλάσσης καὶ καταπίεται με τὸ κῆτος τὸ | * μέγα * | τὸ ἀπ' αἰῶνος καὶ ἀπολοῦμαι εἰς τὸν αἰῶνα χρόνον. |
| Asen. | 14 | 1 | ὁ ἀστὴρ οὗτος ἄγγελος καὶ κῆρυξ τοῦ φωτὸς τῆς | * μεγάλης * | ἡμέρας ἀνέτειλεν. καὶ ἔτι ἑώρα Ἀσενὲθ καὶ ἰδοὺ |
| Asen. | 14 | 2 | ἐγγὺς τοῦ ἑωσφόρου ἐσχίσθη ὁ οὐρανὸς καὶ ἐφάνη φῶς | * μέγα * | καὶ ἀνεκλάλητον. καὶ εἶδεν Ἀσενὲθ καὶ ἔπεσεν ἐπὶ |
| Asen. | 14 | 10 | πόδας αὐτοῦ ἐπὶ τὴν γῆν. καὶ ἐφοβήθη Ἀσενὲθ φόβον | * μέγαν * | καὶ ἐτρόμαξε πάντα τὰ μέλη αὐτῆς. καὶ εἶπεν αὐτῇ ὁ |
| Asen. | 15 | 11 | ἄνθρωπος λαλῶν τὰ ῥήματα ταῦτα ἐχάρη Ἀσενὲθ χαρὰν | * μεγάλην * | ἐπὶ πᾶσι τοῖς ῥήμασιν αὐτοῦ καὶ ἔπεσεν ἐπὶ τοὺς |
| Asen. | 15 | 12B | οὔτε ἀκοῦσαι ἐν τῷ κόσμῳ τούτῳ ἐγκεχώρηται ὅτι | * μεγάλα * | ἐστὶ τὰ ὀνόματα ἐκεῖνα καὶ θαυμαστὰ καὶ ἐπαινετὰ |
| Asen. | 16 | 8 | κείμενον ἐπὶ τῆς τραπέζης. καὶ ἦν τὸ κηρίον | * μέγα * | καὶ λευκὸν ὡσεὶ χιὼν καὶ πλήρης μέλιτος. καὶ ἦν τὸ |
| Asen. | 16 | 19 | ἀπὸ ποδῶν ἕως κεφαλῆς. καὶ ἄλλαι μέλισσαι ἦσαν | * μεγάλαι * | καὶ ἐκλεκταὶ ὡς βασίλισσαι αὐτῶν καὶ ἐξανέστησαν |
| Asen. | 18 | 5 | τοῦ κόσμου αὐτῆς καὶ ἤνοιξε τὴν κιβωτὸν αὐτῆς τὴν | * μεγάλην * | καὶ ἐξήνεγκε τὴν στολὴν αὐτῆς τὴν πρώτην τοῦ |
| Asen. | 18 | 6 | ἔμπροσθεν ἐπὶ τῷ μετώπῳ αὐτῆς ἦν λίθος ὑάκινθος | * μέγας * | καὶ κύκλῳ τοῦ λίθου τοῦ μεγάλου ἦσαν ἓξ λίθοι |
| Asen. | 18 | 6 | ἦν λίθος ὑάκινθος μέγας καὶ κύκλῳ τοῦ λίθου τοῦ | * μεγάλου * | ἦσαν ἓξ λίθοι πολυτελεῖς. καὶ θερίστρῳ |
| Asen. | 18 | 10 | ἐν τῷ ὕδατι ἐθαμβήθη ἐπὶ τῇ ὁράσει καὶ ἐχάρη χαρὰν | * μεγάλην * | καὶ οὐκ ἔνιψε τὸ πρόσωπον αὐτῆς εἶπε γὰρ μήποτε |
| Asen. | 18 | 10 | αὐτῆς εἶπε γὰρ μήποτε ἀποπλύνω τὸ κάλλος τὸ | * μέγα * | τοῦτο. καὶ ἦλθεν ὁ τροφεὺς αὐτῆς τοῦ εἰπεῖν αὐτῇ |
| Asen. | 18 | 11 | ἐπτοήθη καὶ ἔστη ἄφωνος ἐπιπολὺ καὶ ἐφοβήθη φόβον | * μέγαν * | καὶ ἔπεσεν ἐπὶ τοὺς πόδας αὐτῆς καὶ εἶπεν τί ἐστι |
| Asen. | 18 | 11 | τοῦτο δέσποινά μου καὶ τίς ἐστιν ἡ καλλονὴ αὕτη ἡ | * μεγάλη * | καὶ θαυμαστή; μήτιγε κύριος ὁ θεὸς τοῦ οὐρανοῦ |
| Asen. | 20 | 1 | διότι ἐγὼ ἡτοίμασα τὴν οἰκίαν ἡμῶν καὶ δεῖπνον | * μέγα * | πεποίηκα. καὶ ἐκράτησε τὴν χεῖρα αὐτοῦ τὴν δεξιὰν |
| Asen. | 21 | 3 | Ἡλιουπόλεως εἰς γυναῖκα. καὶ ἐχάρη Φαραὼ χαρὰν | * μεγάλην * | καὶ εἶπε τῷ Ἰωσὴφ οὐκ ἰδοὺ αὕτη κατεγγυήταί σοι |
| Asen. | 21 | 8 | καὶ μετὰ ταῦτα ἐποίησε Φαραὼ γάμους καὶ δεῖπνον | * μέγα * | καὶ πότον πολὺν ἐν ἑπτὰ ἡμέραις. καὶ συνεκάλεσε |
| Asen. | 21 | 20 | πολλὰ ἥμαρτον ἀλλ' ἐγὼ ἔσομαι νύμφη τοῦ υἱοῦ τοῦ | * μεγάλου * | βασιλέως τοῦ πρωτοτόκου.) (ἥμαρτον κύριε ἥμαρτον |
| Asen. | 23 | 3 | παῖδας καὶ παιδίσκας καὶ οἴκους καὶ κληρονομίας | * μεγάλας. * | πλὴν τὸ ῥῆμα τοῦτο ποιήσατε καὶ ποιήσατε μετ' |
| Asen. | 24 | 1 | ἀπὸ τοῦ κάλλους Ἀσενὲθ καὶ ἐλυπεῖτο λύπην | * μεγάλην * | ὑπερμεγέθη. καὶ εἶπον αὐτῷ οἱ παῖδες αὐτοῦ εἰς |
| Asen. | 24 | 5 | κατὰ τὸ θέλημά σου. καὶ ἐχάρη ὁ υἱὸς Φαραὼ χαρὰν | * μεγάλην * | σφόδρα καὶ εἶπε τοῖς παισὶν αὐτοῦ ἀπόστητε δὴ |
| Asen. | 27 | 1 | αὐτῆς. καὶ ἦν Βενιαμὶν παιδάριον ὀκτωκαίδεκα ἐτῶν | * μέγα * | καὶ ἰσχυρὸν καὶ πρυτανικὸν καὶ ἦν κάλλος ἐν αὐτῷ |
| Asen. | 28 | 1 | καὶ εἶδον οἱ υἱοὶ Βάλλας καὶ Ζέλφας τὸ ῥῆμα τὸ | * μέγα * | τοῦτο καὶ ἐφοβήθησαν σφόδρα καὶ εἶπον κύριος |
| Asen. | 28 | 7 | ὑμῶν καὶ καταπαύσω τὴν ὀργὴν αὐτῶν διότι ὑμεῖς | * μεγάλα * | τετολμήκατε κατέναντι αὐτῶν. θαρσεῖτε οὖν καὶ μὴ |
| Asen. | 28 | 9 | αὐτοῦ ἐπὶ τὴν γῆν καὶ ἔκλαυσαν μετὰ φωνῆς | * μεγάλης * | καὶ ἐζήτουν τοὺς ἀδελφοὺς αὐτῶν τοὺς υἱοὺς τῶν |
| Sal. | 2 | 29 | γῆς καὶ θαλάσσης ἔσομαι καὶ οὐκ ἐπέγνω ὅτι ὁ θεὸς | * μέγας * | κραταιὸς ἐν ἰσχύι αὐτοῦ τῇ μεγάλῃ. αὐτὸς βασιλεὺς |
| Sal. | 2 | 29 | ἐπέγνω ὅτι ὁ θεὸς μέγας κραταιὸς ἐν ἰσχύι αὐτοῦ τῇ | * μεγάλῃ. * | αὐτὸς βασιλεὺς ἐπὶ τῶν οὐρανῶν καὶ κρίνων |
| Sal. | 2 | 32 | οἱ μεγιστᾶνες τῆς γῆς τὸ κρίμα τοῦ κυρίου ὅτι | * μέγας * | βασιλεὺς καὶ δίκαιος κρίνων τὴν ὑπ' οὐρανόν. |
| Sal. | 4 | 24 | ποιοῦντας ἐν ὑπερηφανίᾳ πᾶσαν ἀδικίαν ὅτι κριτὴς | * μέγας * | καὶ κραταιὸς κύριος ὁ θεὸς ἡμῶν ἐν δικαιοσύνῃ. |
| Sal. | 17 | 36 | καὶ αὐτὸς καθαρὸς ἀπὸ ἁμαρτίας τοῦ ἄρχειν λαοῦ | * μεγάλου * | ἐλέγξαι ἄρχοντας καὶ ἐξᾶραι ἁμαρτωλοὺς ἐν ἰσχύι |
| Sal. | 18 | 10 | ἀγαθῇ ἐν φόβῳ θεοῦ ἐν ἡμέραις ἐλέους. διάψαλμα. | * μέγας * | ἡμῶν ὁ θεὸς καὶ ἔνδοξος ἐν ὑψίστοις κατοικῶν ὁ |
| Jer. | 2 | 2 | αὐτοῦ καὶ τὰ ἱμάτια αὐτοῦ διερρωγότα ἔκραξε φωνῇ | * μεγάλῃ * | λέγων πάτερ Ἰερεμία τί ἔστι σοι ἢ ποῖον ἁμάρτημα |
| Jer. | 4 | 1 | τῶν Χαλδαίων ἐκύκλωσε τὴν πόλιν. ἐσάλπισεν δὲ ὁ | * μέγας * | ἄγγελος λέγων εἰσέλθατε εἰς τὴν πόλιν αἱ δύναμις |
| Jer. | 5 | 8 | τῶν γνωρίμων εὗρεν. καὶ εἶπεν εὐλογητὸς κύριος ὅτι | * μεγάλη * | ἔκστασις ἐπέπεσεν ἐπ' ἐμὲ σήμερον. οὐκ ἔστιν αὕτη |
| Jer. | 5 | 14 | εὗρε τῶν ἰδίων καὶ εἶπεν εὐλογητὸς κύριος ὅτι | * μεγάλη * | ἔκστασις ἐπέπεσεν ἐπ' ἐμέ. καὶ πάλιν ἐξῆλθεν ἔξω |
| Jer. | 5 | 23 | ἧς πρεσβύτης καὶ ὅτι οὐκ ἐξὸν ἄνθρωπον ὑβρίσαι τὸν | * μείζονα * | ἐπικατεγέλων ἂν σοι καὶ ἔλεγον ὅτι μαίνῃ |
| Jer. | 5 | 32 | ὅτι καιρὸς αὐτῶν οὐκ ἔστι καὶ γνῶθι. τότε ἔκραξε | * μεγάλῃ * | φωνῇ Ἀβιμέλεχ λέγων εὐλογήσω σε ὁ θεὸς τοῦ |
| Jer. | 6 | 9 | παρακαλοῦμεν καὶ δεόμεθά σου τῆς ἀγαθότητος τὸ | * μέγα * | ὄνομα ὃ οὐδεὶς δύναται γνῶναι ἄκουσον τῆς φωνῆς τῶν |
| Jer. | 6 | 20 | Ἰσραὴλ ὁ ἐξαγαγὼν ἡμᾶς ἐκ γῆς Αἰγύπτου ἐκ τῆς | * μεγάλης * | καμίνου ὅτι οὐκ ἐφυλάξατε τὰ δικαιώματά μου ἀλλὰ |
| Jer. | 6 | 23 | ἀκούων φανερὸς γενήσεται τοῦτο τὸ σημεῖον ἐστὶ τῆς | * μεγάλης * | σφραγῖδος. καὶ ἀνέστη Βαροὺχ καὶ ἐξῆλθεν ἐκ τοῦ |
| Jer. | 7 | 15 | ἦλθον κατέναντι τοῦ ἀετοῦ. καὶ ἔκραξεν ὁ ἀετὸς | * μεγάλῃ * | φωνῇ λέγων σοὶ λέγω Ἰερεμία ὁ ἐκλεκτὸς τοῦ θεοῦ |
| Jer. | 9 | 8 | Βαροὺχ καὶ Ἀβιμέλεχ κλαίοντες καὶ κράζοντες | * μεγάλῃ * | τῇ φωνῇ οὐαὶ ἡμῖν ὅτι ὁ πατὴρ ἡμῶν Ἰερεμίας |
| Jer. | 9 | 16 | ὕδατα ἁλμυρὰ γενήσονται καὶ τὰ ἁλμυρὰ γλυκέα ἐν τῷ | * μεγάλῳ * | φωτὶ τῆς εὐφροσύνης τοῦ θεοῦ. καὶ εὐλογήσει τὰς |
| Bar. | 1 | 6 | παροξύνειν καὶ ὑποδείξω σοι ἄλλα μυστήρια τούτων | * μείζονα. * | καὶ εἶπον ἐγὼ Βαροὺχ ζῇ κύριος ὁ θεὸς ὅτι ἐὰν |
| Bar. | 2 | 6 | μοι ὁ ἄγγελος τῶν δυνάμεων δεῦρο καὶ ὑποδείξω σοι | * μείζονα * | μυστήρια. εἶπον δὲ ἐγὼ δέομαί σου δεῖξόν μοι τί |
| Bar. | 4 | 1 | αὐτοὺς ὡς ὁρᾷς. καὶ εἶπον ἐγὼ Βαροὺχ ἰδοὺ κύριε | * μεγάλα * | καὶ θαυμαστὰ ἔδειξάς μοι καὶ νῦν δεῖξόν μοι πάντα |
| Bar. | 5 | 3 | ἐστὶν ἡ κοιλία αὐτοῦ. ἐλθὲ οὖν ὅπως δείξω σοι καὶ | * μείζονα * | τούτων ἔργα. καὶ λαβών με ἤγαγέν με ὅπου ὁ ἥλιος |
| Bar. | 7 | 5 | ἐγὼ δὲ ἰδὼν τὴν τοιαύτην δόξαν ἐταπεινώθην φόβῳ | * μεγάλῳ * | καὶ ἐξέφυγον καὶ ὑπεκρύβην ἐν ταῖς πτέρυξι τοῦ |
| Bar. | 10 | 3 | ὅμοια τῶν ἐνταῦθα. ἀλλ' ἴδον τὸν γέρανον ὡς βόας | * μεγάλους. * | καὶ πάντα μεγάλα ὑπερέχοντα τῶν ἐν κόσμῳ. καὶ |
| Bar. | 10 | 3 | ἀλλ' ἴδον τὸν γέρανον ὡς βόας μεγάλους. καὶ πάντα | * μεγάλα * | ὑπερέχοντα τῶν ἐν κόσμῳ. καὶ ἠρώτησα τὸν ἄγγελον. |
| Bar. | 11 | 3 | καὶ ὄψει τὴν δόξαν τοῦ θεοῦ. καὶ ἐγένετο φωνὴ | * μεγάλη * | ὡς βροντή. καὶ εἶπον κύριε τί ἐστιν ἡ φωνὴ αὕτη; |
| Bar. | 11 | 8 | καὶ ἴδον τὸν ἀρχιστράτηγον Μιχαὴλ κρατοῦντα φιάλην | * μεγάλην * | σφόδρα τὸ βάθος αὐτῆς ὅσον ἀπὸ οὐρανοῦ ἕως τῆς |
| Prop. | 3 | 18 | τὸν νόμον φυλάσσοντας καὶ ἐποίησεν αὐτοῖς τέρας | * μέγα * | ὅτι οἱ ὄφεις ἀνήλισκον τὰ βρέφη αὐτῶν καὶ πάντα τὰ |

| | | | | | |
|---|---|---|---|---|---|
| Prop. | 10 | 3 | μου ὅτι ἐψευσάμην προφητεύσας κατὰ Νινευῆ τῆς | * μεγάλης * | πόλεως. ἦν τότε Ἠλίας ἐλέγχων τὸν οἶκον Ἀχαὰβ |
| Prop. | 10 | 4B | τὸν Ἀχαὰβ βασιλέα Σαμαρείας καὶ ἐκάλεσε λιμὸν | * μέγαν * | ἐπὶ τῆς γῆς ἔφυγεν ἐν τῇ ἐρήμῳ καὶ ἐτρέφετο ἐκ τῶν |
| Prop. | 10 | 6B | τῆς βαλάνου Δεββώρας. καὶ γενόμενος υἱὸς Ἰωνᾶς | * μέγας * | ἐπέμφθη ὑπὸ κυρίου εἰς Νινευῒ τὴν πόλιν Ἀσσυρίων. |
| Prop. | 10 | 6B | μου ὅτι ἐψευσάμην προφητεύσας κατὰ Νινευῒ τῆς | * μεγάλης * | πόλεως Ἀσσυρίων ἠθέλησε γὰρ ὁ θεὸς δεῖξαι αὐτῷ |
| Esdr. | 1 | 7 | καὶ ἴδον ἐν τῷ πρώτῳ οὐρανῷ στρατηγίαν ἀγγέλων | * μεγάλην * | καὶ ἀπήγαγόν με εἰς τὰς κρίσεις. καὶ ἤκουσα |
| Esdr. | 3 | 3 | οὐδεὶς ἄνθρωπος γνώσεται τὴν ἡμέραν ἐκείνην τὴν | * μεγάλην * | καὶ ἐπιφάνειαν τὴν κατέχουσαν κρῖναι τὸν κόσμον |
| Esdr. | 5 | 26 | εἶπόν μοι οὗτος ὅρους μετέθηκεν. καὶ εἶδον ἐκεῖ | * μεγάλα * | κριτήρια καὶ εἶπον πρὸς τὸν δεσπότην ὦ δέσποτα |
| Esdr. | 7 | 14 | καὶ εὐθέως παρέδωκεν τὴν τιμίαν αὐτοῦ ψυχὴν μετὰ | * μεγάλης * | τιμῆς μηνὶ ὀκτωβρίῳ εἰς τὰς ιη'. καὶ κηδεύσαντες |
| Sedr. | 10 | 4 | ἀπὸ τῶν ἀκρονύχων καὶ ἀπὸ πάντων μελῶν καὶ ἔστι | * μεγάλη * | ἀνάγκη τοῦ χωρισθῆναι ἀπὸ τοῦ σώματος καὶ |
| Sedr. | 11 | 7 | καὶ ὑπὸ τῶν χρυσῶν καὶ ἀργυρῶν ἐστολισμένοι καὶ | * μεγάλα * | κτίσματα ὑπὸ τῶν δακτύλων ἄγονται. τὰς παλάμας |
| Job | 3 | 1 | γνώσομαι; καὶ ἐν τῇ νυκτὶ κοιμωμένου μου ἦλθέν μοι | * μεγάλη * | φωνὴ ἐν μείζονι φωτὶ λέγουσα Ιωβαβ Ιωβαβ. καὶ |
| Job | 3 | 1 | τῇ νυκτὶ κοιμωμένου μου ἦλθέν μοι μεγάλη φωνὴ ἐν | * μείζονι * | φωτὶ λέγουσα Ιωβαβ Ιωβαβ. καὶ εἶπον ἰδοὺ ἐγώ. |
| Job | 7 | 8 | σοι δοθῆναί μοι ἄρτον. καὶ ἔκλαυσεν μετὰ λύπης | * μεγάλης * | ἡ παῖς λέγουσα ἀληθῶς καλῶς σὺ λέγεις εἶναί με |
| Job | 17 | 4 | καὶ τυφλοῖς καὶ χωλοῖς, καὶ τὸν μὲν ναὸν τοῦ | * μεγάλου * | θεοῦ καθελὼν καὶ ἀφανίσας τὸν τόπον τῆς σπονδῆς |
| Job | 19 | 1 | μοι τὴν τῶν ἐμῶν τέκνων ἀπώλειαν, ἐταράχθην ἐν | * μεγάλῃ * | ταραχῇ καὶ διέρρηξά μου τὰ ἱμάτια λέγων τῷ |
| Job | 20 | 5 | πενθοῦντι τὴν τῶν τέκνων μου ἀπώλειαν καὶ ὁμοιώθη | * μεγάλῃ * | καταιγίδι καὶ τὸν θρόνον μου κατέστρεψεν, καὶ |
| Job | 20 | 7 | με πληγὴν σκληρὰν ἀπὸ ποδῶν ἕως κεφαλῆς καὶ ἐν | * μεγάλῃ * | ταραχῇ καὶ ἀδημονίᾳ ἐξῆλθον τὴν πόλιν, καὶ |
| Job | 26 | 3 | λαλῆσαί τι πρὸς κύριον, ἵνα ἀπαλλοτριωθῶμεν τοῦ | * μεγάλου * | πλούτου; διά τί δὲ οὐκ ἀνεμνήσθης τῶν μεγάλων |
| Job | 26 | 4 | τοῦ μεγάλου πλούτου; διά τί δὲ οὐκ ἀνεμνήσθης τῶν | * μεγάλων * | ἐκείνων ἀγαθῶν ἐν οἷς ὑπήρχομεν; εἰ οὖν τὰ ἀγαθὰ |
| Job | 27 | 2 | σὺ μὲν ἐν πληγῇ ὑπάρχεις, ἐγώ εἰμι ἐν ὀχλήσει | * μεγάλῃ * | ἐγένου γὰρ ὃν τρόπον ἀθλητὴς μετὰ ἀθλητοῦ, καὶ |
| Job | 27 | 4 | αὐτοῦ τὴν καρτερίαν καὶ μὴ διαφωνήσαντος | * μέγα * | ἐφώνησεν ἀκμὴν ὁ ἐπάνω. οὕτω καὶ σύ, Ιωβ, ὑποκάτω |
| Job | 31 | 5 | εἶ Ιωβαβ ὁ συμβασιλεὺς ἡμῶν; σὺ εἶ ὁ τότε ἔχων τὴν | * μεγάλην * | δόξαν; σὺ εἶ ὁ ὡς ὁ ἥλιος τῆς ἡμέρας ἐν πάσῃ τῇ |
| Job | 31 | 7 | εἶπον αὐτῷ ἐγώ εἰμι. καὶ οὕτως κλαύσας κλαυθμὸν | * μέγαν * | σὺν θρήνῳ βασιλικῷ ἀνεφώνησεν ὑποφωνούντων καὶ τῶν |
| Job | 32 | 12 | τυγχάνει ἡ δόξα τοῦ θρόνου σου; σὺ εἶ Ιωβ ὁ τὴν | * μεγάλην * | δόξαν ἔχων ποῦ νῦν τυγχάνει ἡ δόξα τοῦ θρόνου |
| Job | 33 | 1 | ὑποφωνούντων αὐτῷ τῶν συμβασιλέων ὥστε γενέσθαι | * μεγάλην * | ταραχήν, καὶ καταπαυσάσης τῆς κραυγῆς εἶπεν |
| Job | 34 | 5 | ἰδοὺ ἡμῖν, φησίν, ἔσται ἕως αἰῶνος. ἀναστὰς δὲ ἐν | * μεγάλῃ * | ταραχῇ Ελιφας ἔκλινεν ἀπ' αὐτῶν ἐν μεγάλῃ λύπῃ |
| Job | 34 | 5 | δὲ ἐν μεγάλῃ ταραχῇ Ελιφας ἔκλινεν ἀπ' αὐτῶν ἐν | * μεγάλῃ * | λύπῃ λέγων ἐγὼ πορεύσομαι ἐληλύθαμεν γὰρ ἵνα |
| Job | 39 | 6 | μου ἢ τί ἐνδύομαι. τότε κλαύσαντες κλαυθμὸν | * μέγαν, * | γενόμενοι ἐν διπλῇ ἀκηδίᾳ ἐσιώπησαν, ὡς τὸν |
| Job | 40 | 13 | τὴν συμπεπτωκυῖαν ἐπὶ τὰ τέκνα αὐτῆς καὶ κοπετὸν | * μέγαν * | ἐποίησαν οἱ πτωχοὶ τῆς πόλεως λέγοντες ἴδετε, ἡ |
| Job | 41 | 4 | ἐποίησεν ἑαυτὸν ἀθρόως εἰς τὸ αὐτοῦ ὕψωμα καὶ ἰδοὺ | * μεγάλως * | καὶ ὑπερβαλλόντως λελάληκεν λέγων ἔχειν τὸν |
| Job | 44 | 2 | πόλιν εἰς ἣν νῦν οἰκοῦμεν οἰκίαν, καὶ πεποιήκαμεν | * μεγάλας * | εὐωχίας ἐν τῇ τερπνότητι τοῦ κυρίου. πάλιν |
| Job | 47 | 3 | ζῆν, ἀλλ' αὗται αἱ χορδαὶ εἰσάξουσιν ὑμᾶς εἰς τὸν | * μείζονα * | αἰῶνα, ζῆσαι ἐν τοῖς οὐρανοῖς ἀγνοεῖτε οὖν |
| Job | 52 | 8 | διαλέκτῳ. καὶ μετὰ ταῦτα ἐξῆλθεν ὁ ἐπικαθήμενος τῷ | * μεγάλῳ * | ἅρματι, καὶ ἠσπάσατο τὸν Ιωβ, βλεπουσῶν τῶν τριῶν |
| Aris. | 2 | 1 | σοι κατειληφὼς ἣν ἔχεις φιλομαθῆ διάθεσιν ὅπερ | * μέγιστόν * | ἐστιν ἀνθρώπῳ προσμανθάνειν ἀεί τι καὶ |
| Aris. | 3 | 5 | τε τῶν πολιτῶν καὶ τῶν ἄλλων καὶ κατακεκτημένον | * μεγίστην * | ὠφέλειαν τοῖς σὺν ἑαυτῷ καὶ τοῖς κατὰ τοὺς |
| Aris. | 18 | 1 | καρδίαν ἵνα συναναγκασθῇ καθὼς ἠξίουν ἐπιτελέσαι | * μεγάλην * | γὰρ εἶχον ἐλπίδα περὶ σωτηρίας ἀνθρώπων |
| Aris. | 19 | 7 | τῆς σῆς μεγαλοψυχίας ὅπως χαριστήριον ἀναθῇ τῷ | * μεγίστῳ * | θεῷ τὴν τούτων ἀπόλυσιν. μεγίστως γὰρ |
| Aris. | 19 | 7 | ἀναθῇ τῷ μεγίστῳ θεῷ τὴν τούτων ἀπόλυσιν. | * μεγίστως * | γὰρ τετιμημένος ὑπὸ τοῦ κρατοῦντος τὰ πάντα καὶ |
| Aris. | 19 | 9 | πάντα καὶ δεδοξασμένος ὑπὲρ τοὺς προγόνους εἰ καὶ | * μέγιστα * | ποιήσεις χαριστήρια καθῆκόν ἐστί σοι. διαχυθεὶς |
| Aris. | 28 | 3 | βιβλίων ἀντιγραφῆς. πάντα γὰρ διὰ προσταγμάτων καὶ | * μεγάλης * | ἀσφαλείας τοῖς βασιλεῦσι τούτοις διῳκεῖτο καὶ |
| Aris. | 29 | 1 | τῆς δὲ εἰσδόσεώς ἐστιν ἀντίγραφον τόδε βασιλεῖ | * μεγάλῳ * | παρὰ Δημητρίου. προστάξαντός σου βασιλεῦ περὶ τῶν |
| Aris. | 36 | 2 | εἰς τὸ στρατιωτικὸν σύνταγμα κατεχώρισεν ἐπὶ | * μείζοσι * | μισθοφορίαις ὁμοίως δὲ καὶ τοὺς προόντας κρίνας |
| Aris. | 37 | 4 | ὁρμὰς διειληφότες εὐσεβῶς τοῦτο πρᾶξαι καὶ τῷ | * μεγίστῳ * | θεῷ χαριστικὸν ἀνατιθέντες ὃς ἡμῖν τὴν βασιλείαν |
| Aris. | 39 | 5 | ἐκ τῶν πλειόνων τὸ σύμφωνον εὑρεθῇ διὰ τὸ περὶ | * μειζόνων * | εἶναι τὴν σκέψιν. οἰόμεθα γὰρ ἐπιτελεσθέντος |
| Aris. | 39 | 6 | τὴν σκέψιν. οἰόμεθα γὰρ ἐπιτελεσθέντος τούτου | * μεγάλην * | ἀποίσεσθαι δόξαν. ἀπεστάλκαμεν δὲ περὶ τούτων |
| Aris. | 42 | 1 | δὲ ὑγιαίνομεν. λαβόντες τὴν παρὰ σοῦ ἐπιστολὴν | * μεγάλως * | ἐχάρημεν διὰ τὴν προαίρεσίν σου καὶ τὴν καλὴν |
| Aris. | 44 | 3 | τοῦτο γὰρ φιλίας καὶ ἀγαπήσεως σημεῖόν ἐστι. | * μεγάλα * | γὰρ καὶ σὺ καὶ ἀνεπίληστα τοὺς πολίτας ἡμῶν κατὰ |
| Aris. | 53 | 2 | ἀπεφήναντο τὰ μέτρα προσεπηρώτησεν εἰ κατασκευάσει | * μείζονα. * | τινὲς μὲν οὖν καὶ τῶν ἱερέων καὶ τῶν ἄλλων |
| Aris. | 72 | 3 | ὁ βασιλεὺς ὅσον ἔδει δαπανηθῆναι κατασκευαζομένων | * μειζόνων * | ταῦτα ἀποδέδωκε πλείονα καὶ κατὰ τὴν προαίρεσιν |
| Aris. | 78 | 7 | κυκλόθεν ὡς ἄν τις ἐστήκῃ καὶ διάχυσιν ἐποίει | * μείζονα * | τοῖς θεωμένοις ὥστε παντελῶς ἀνεξήγητον εἶναι |
| Aris. | 82 | 2 | τοῦ τόπου. καὶ γὰρ τὸ τῶν λίθων πλῆθος ἄφθονον καὶ | * μεγάλοι * | τοῖς μεγέθεσιν οὐκ ἔλαττον πεντακισχιλίων καὶ |
| Aris. | 95 | 5 | δὲ τὰ θύματα πολύ τι πλῆθος ἀλλὰ φόβῳ καὶ καταξίως | * μεγάλης * | θειότητος ἅπαντ' ἐπιτελεῖται. μεγάλην δὲ |
| Aris. | 96 | 1 | καὶ καταξίως μεγάλης θειότητος ἅπαντ' ἐπιτελεῖται. | * μεγάλην * | δὲ ἔκπληξιν ἡμῖν παρέσχεν ὡς ἐθεασάμεθα τὸν |
| Aris. | 102 | 3 | πύργων ὑπὸ τῶν πιστοτάτων ἀνδρῶν καὶ τῇ πατρίδι | * μεγάλας * | ἀποδείξεις δεδωκότων οἵτινες οὐκ εἶχον ἐξουσίαν |
| Aris. | 112 | 2 | ἡμῖν τὸν Ἐλεάζαρον ὑποδεδειχέναι τὰ προειρημένα. | * μεγάλη * | γάρ ἐστιν ἡ τῶν γεωργουμένων φιλοπονία. καὶ γὰρ |
| Aris. | 115 | 6 | δὲ πάντα δαψιλῆ κάθυγρος οὖσα πάντοθεν ἡ χώρα καὶ | * μεγάλην * | ἀσφάλειαν ἔχουσα. περιρρεῖ δ' αὐτὴν ὁ λεγόμενος |
| Aris. | 122 | 3 | τὰς ὁμιλίας καὶ τὰς ἐπερωτήσεις τὰς διὰ τοῦ νόμου | * μεγάλην * | εὐφυΐαν εἶχον τὸ μέσον ἐζηλωκότες κατάστημα |
| Aris. | 124 | 3 | εἰδέναι γὰρ ὅτι φιλάγαθος ὢν ὁ βασιλεὺς πάντων | * μέγιστον * | ἡγεῖται τὸ μεταπέμπεσθαι καθ' ὃν ἂν τόπον |
| Aris. | 125 | 2 | περὶ ἑαυτὸν ἔχων ἄνδρας δικαίους καὶ σώφρονας τὴν | * μεγίστην * | ἂν φυλακὴν τῆς βασιλείας ἕξειν συμβουλευόντων |
| Aris. | 152 | 3 | ἑαυτοὺς μολύνουσιν ἐπιμισγόμενοι συντελοῦντες | * μεγάλην * | ἀδικίαν καὶ χῶραι καὶ πόλεις ὅλαι σεμνύνονται |
| Aris. | 155 | 3 | μνείᾳ μνησθήσῃ κυρίου τοῦ ποιήσαντος ἐν σοὶ τὰ | * μεγάλα * | καὶ θαυμαστά. κατανοούμενα γὰρ καὶ μεγάλα καὶ |
| Aris. | 155 | 4 | σοὶ τὰ μεγάλα καὶ θαυμαστά. κατανοούμενα γὰρ καὶ | * μεγάλα * | καὶ ἔνδοξα φαίνεται πρῶτον μὲν ἡ σύμπηξις τοῦ |
| Aris. | 175 | 6 | τὴν αὐλὴν παρίεσθαι τοὺς δὲ ἥκοντας τιμῆς καταξιῶν | * μείζονος * | καὶ τὴν ὑπεροχὴν κρίνων τοῦ πέμψαντος ἀπολύσας |
| Aris. | 177 | 4 | μὲν ἄνδρες ὑμῖν τῷ δ' ἀποστείλαντι μᾶλλον | * μέγιστον * | δὲ τῷ θεῷ οὗτινός ἐστι τὰ λόγια ταῦτα. |
| Aris. | 180 | 1 | δεξιὰν ὑμῖν προτεῖναι διὸ πεποίηκα τοῦτο πρῶτον. | * μεγάλην * | δὲ τέθειμαι τὴν ἡμέραν ταύτην ἐν ᾗ παραγεγόνατε |
| Aris. | 197 | 4 | γέγοναν ὑπὸ τοῦ θεοῦ πάντες ἄνθρωποι μετασχεῖν τῶν | * μεγίστων * | κακῶν ὡσαύτως δὲ καὶ ἀγαθῶν καὶ οὐκ ἔστιν |
| Aris. | 206 | 3 | διατηροῖ; ὁ δὲ πρὸς τοῦτο ἀπεκρίθη γινώσκων ὅτι | * μεγάλην * | αἰσχύνην ἐπιφέρει τὸ ψεῦδος πᾶσιν ἀνθρώποις |
| Aris. | 208 | 3 | ἔφη θεωρῶν ὡς ἐν πολλῷ χρόνῳ καὶ κακοπαθείαις | * μεγίσταις * | αὔξει τε καὶ γεννᾶται τὸ τῶν ἀνθρώπων γένος |
| Aris. | 212 | 5 | ὁ θεὸς διὰ παντὸς τοῖς δικαίοις ἀγαθὰ προσημαίνει | * μέγιστα. * | τοῦτον δὲ ἐπαινέσας εἶπε πρὸς τὸν ἑξῆς πῶς ἂν |
| Aris. | 228 | 4 | διὰ παντὸς καὶ γὰρ ὁ θεὸς πεποίηται ἐντολὴν | * μεγίστην * | περὶ τῆς τῶν γονέων τιμῆς. ἑπομένως δὲ τὴν τῶν |
| Aris. | 230 | 5 | γὰρ χάριτας ἔσπαρκας αἳ βλαστάνουσιν εὔνοιαν ἣ τὰ | * μέγιστα * | τῶν ὅπλων κατισχύουσα περιλαμβάνει τὴν μεγίστην |
| Aris. | 230 | 6 | τὰ μέγιστα τῶν ὅπλων κατισχύουσα περιλαμβάνει τὴν | * μεγίστην * | ἀσφάλειαν εἰ δέ τινες πταίουσιν ἐφ' οἷς |
| Aris. | 234 | 2 | καλῶς δὲ καὶ τοῦτον ἐπαινέσας τὸν δέκατον ἠρώτα τί | * μέγιστόν * | ἐστι δόξης; ὁ δὲ εἶπε τὸ τιμᾶν τὸν θεὸν τοῦτο |
| Aris. | 235 | 1 | ὑπὸ σοῦ συντετελεσμένων καὶ συντελουμένων. μετὰ | * μείζονος * | δὲ φωνῆς πάντας αὐτοὺς ὁ βασιλεὺς ἠσπάζετο καὶ |
| Aris. | 245 | 4 | τὰς ἡδονὰς τρέποιτο; ὁ δὲ προχείρως ἔχων εἶπεν ὅτι | * μεγάλης * | βασιλείας κατάρχει καὶ πολλῶν ὄχλων ἀφηγεῖται |
| Aris. | 248 | 2 | καιρὸν λαβὼν ἐπηρώτα τὸν ἑξῆς τίς ἐστιν ἀμέλεια | * μεγίστη; * | πρὸς τοῦτ' ἔφη εἰ τέκνων ἀφροντίς τις εἴη καὶ |
| Aris. | 258 | 3 | καὶ μετὰ τοῦτο διαμένῃ; πρὸς τοῦτ' εἶπεν εἰ | * μεγάλα * | καὶ σεμνὰ ταῖς ποιήσεσιν ἐπιτελοῖ πρὸς τὸ |
| Aris. | 261 | 3 | γὰρ κρατίστη χαρὰ καὶ ψυχῆς εὐστάθειά σοι γίνεται | * μέγιστε * | βασιλεῦ καὶ ἐλπίδες ἐπὶ θεῷ καλαὶ κρατοῦντί σοι |
| Aris. | 280 | 5 | τὰ δίκαια πράσσουσι καθὼς σὺ τοῦτο ἐπιτελεῖς εἶπε | * μέγιστε * | βασιλεῦ θεοῦ σοι στέφανον δικαιοσύνης δεδωκότος. |
| Aris. | 290 | 2 | κεκοινωνηκὸς δυνατὸν ἄρχειν ἐστὶ καθὼς σὺ βασιλεὺς | * μέγας * | ὑπάρχεις οὐ τοσοῦτον τῇ δόξῃ τῆς ἀρχῆς καὶ πλούτῳ |
| Aris. | 291 | 2 | χρόνον καὶ τοῦτον ἐπαινέσας τὸν ἐπὶ πᾶσιν ἠρώτα τί | * μέγιστόν * | ἐστι βασιλείας; πρὸς τοῦτο εἶπε τὸ διὰ παντὸς |
| Aris. | 292 | 3 | ποιούμενος ψυχὴν ἀνθρώπου σῴζειν καθὼς καὶ σὺ | * μέγιστον * | κακὸν ἥγησαι τὴν ἀδικίαν δικαίως δὲ πάντα |
| Aris. | 293 | 4 | καὶ τῶν εἰρημένων λόγων. ἐπὶ πᾶσι δὲ εἶπε τὰ | * μέγιστά * | μοι γέγονεν ἀγαθὰ παραγενηθέντων ὑμῶν πολλὰ γὰρ |
| Aris. | 308 | 4 | πᾶσι παρόντων καὶ τῶν διερμηνευσάντων οἵτινες | * μεγάλης * | ἀποδοχῆς καὶ παρὰ τοῦ πλήθους ἔτυχον ὡς ἂν |
| Aris. | 308 | 5 | μεγάλης ἀποδοχῆς καὶ παρὰ τοῦ πλήθους ἔτυχον ὡς ἂν | * μεγάλων * | ἀγαθῶν παραίτιοι γεγονότες. ὡσαύτως δὲ καὶ τὸν |
| Aris. | 312 | 1 | προσφωνηθέντων δὲ καὶ τούτων τῷ βασιλεῖ | * μεγάλως * | ἐχάρη τὴν γὰρ πρόθεσιν ἣν εἶχεν ἀσφαλῶς ἔδοξε |
| Aris. | 317 | 2 | τούτων τὰ παρὰ τοῦ Δημητρίου προσκυνήσας ἐκέλευσε | * μεγάλην * | ἐπιμέλειαν ποιεῖσθαι τῶν βιβλίων καὶ συντηρεῖν |
| Aris. | 318 | 5 | δὲ ὡς θέμις ἕξειν αὐτοὺς φίλους καὶ πολυδωρίας τῆς | * μεγίστης * | τεύξεσθαι παρ' αὐτοῦ. τὰ δὲ πρὸς τὴν ἐκπομπὴν |
| Sib. | 3 | 19 | ἢ τίς χωρήσει κἂν τοὔνομα μοῦνον ἀκοῦσαι οὐρανίου | * μεγάλοιο * | θεοῦ κόσμον κρατέοντος; ὃς λόγῳ ἔκτισε πάντα |
| Sib. | 3 | 47 | βασιλεύσει εἰσέτι δηθύνουσα +τότε δὴ+ βασιλεία | * μεγίστη * | ἀθανάτου βασιλῆος ἐπ' ἀνθρώποισι φανεῖται. ἥξει |
| Sib. | 3 | 56 | ἐλεύσεται ἦμαρ ἐκεῖνο καὶ κρίσις ἀθανάτοιο θεοῦ | * μεγάλου * | βασιλῆος; ἄρτι δ' ἔτι κτίζεσθε πόλεις κοσμεῖσθέ |
| Sib. | 3 | 65 | ὀρέων ὕψος στήσει δὲ θάλασσαν ἠέλιον πυρόεντα | * μέγαν * | λαμπράν τε σελήνην καὶ νέκυας στήσει καὶ σήματα |
| Sib. | 3 | 71 | οἵτινες +οὔπω θεοῦ λόγον+ εἰσήκουσαν. ἀλλ' ὁπόταν | * μεγάλοιο * | θεοῦ πελάσωσιν ἀπειλαὶ καὶ δύναμις φλογέουσα |
| Sib. | 3 | 91 | οὐχὶ θέρος οὐ χειμῶν' οὐ μετόπωρον. καὶ τότε δὴ | * μεγάλοιο * | θεοῦ κρίσις εἰς μέσον ἥξει αἰῶνος μεγάλοιο ὅταν |
| Sib. | 3 | 92 | τότε δὴ μεγάλοιο θεοῦ κρίσις εἰς μέσον ἥξει αἰῶνος | * μεγάλοιο * | ὅταν τάδε πάντα γένηται. Ὦ ὦ δὴ πλωτῶν ὑδάτων |
| Sib. | 3 | 97 | αὐτὸς πρῶτος ἐπέγνω καὶ κράτος αὐτοῦ. ἀλλ' ὁπόταν | * μεγάλοιο * | θεοῦ τελέωνται ἀπειλαὶ ἅς ποτ' ἐπηπείλησε |
| Sib. | 3 | 101 | ἀναβῆν' εἰς οὐρανὸν ἀστερόεντα αὐτίκα δ' ἀθάνατος | * μεγάλην * | ἐπέθηκεν ἀνάγκην πνεύμασιν αὐτὰρ ἔπειτ' ἄνεμοι |
| Sib. | 3 | 102 | ἐπέθηκεν ἀνάγκην πνεύμασιν αὐτὰρ ἔπειτ' ἄνεμοι | * μέγαν * | ὑψόθι πύργον ῥίψαν καὶ θνητοῖσιν ἐπ' ἀλλήλους ἔριν |
| Sib. | 3 | 129 | ἔην καὶ εἶδος ἄριστος. ὅρκους δ' αὖτε Κρόνῳ | * μεγάλους * | Τιτὰν ἐπέθηκεν μὴ θρέψ' ἀρσενικῶν παίδων γένος |
| Sib. | 3 | 153 | υἱοὶ κρατεροῖο Κρόνοιο καὶ οἱ ἐπήγειραν πόλεμον | * μέγαν * | ἠδὲ κυδοιμόν. αὕτη δ' ἔστ' ἀρχὴ πολέμου πάντεσσι |
| Sib. | 3 | 162 | πάλιν Αἰγύπτου τότε Ῥώμης. καὶ τότε μοι | * μεγάλοιο * | θεοῦ φάτις ἐν στήθεσσιν ἵστατο καί μ' ἐκέλευσε |
| Sib. | 3 | 172 | ὑπερφίαλοι καὶ ἄναγνοι +ἄλλο+ Μακηδονίης ἔθνος | * μέγα * | ποικίλον ἄρξει οἷ φοβερὸν πολέμοιο νέφος ἥξουσι |
| Sib. | 3 | 182 | καὶ ἄργυρος ἠδέ τε κόσμος. καὶ θλίψουσι βροτούς. | * μέγα * | δ' ἔσσεται ἀνδράσι κείνοις πτῶμ' ὁπόταν ἄρξωνθ' |

| | | | | |
|---|---|---|---|---|
| Sib. | 3 | 187 | καὶ ἔσσεται ἤμασι κείνοις θλῖψις ἐν ἀνθρώποις | * μεγάλη * καὶ πάντα ταράξει πάντα δὲ συγκόψει καὶ πάντα |
| Sib. | 3 | 194 | ὅς ἀφ' Ἑλλήνων γένος ἔσται.) καὶ τότ' ἔθνος | * μεγάλοιο * θεοῦ πάλι καρτερὸν ἔσται οἵ πάντεσσι βροτοῖσι |
| Sib. | 3 | 214 | εὐσεβέσιν ἥξει κακὸν οἵ περὶ ναὸν οἰκείουσι | * μέγαν * Σολομώνιον οἵ τε δικαίων ἀνδρῶν ἔκγονοί εἰσιν ὁμῶς |
| Sib. | 3 | 246 | πενιχρομένοισι θέρους ἀπόμοιραν ἰάλλει πληροῦντες | * μεγάλοιο * θεοῦ φάτιν ἔννομον ὕμνον πᾶσι γὰρ Οὐράνιος |
| Sib. | 3 | 252 | +πᾶν ἠὼς ἦμαρ ὁδεύσει+ τούτῳ δ' ἡγητῆρα καταστήσει | * μέγαν * ἄνδρα Μωσῆν ὃν παρ' ἕλους βασιλὶς εὑροῦσ' ἐκόμιζεν |
| Sib. | 3 | 274 | δ' ἔρημος ἅπασα σέθεν καὶ βωμὸς ἐρυμνὸς καὶ ναὸς | * μεγάλοιο * θεοῦ καὶ τείχεα μακρὰ πάντα χαμαὶ πεσέονται ὅτι |
| Sib. | 3 | 282 | σηκοῦ. ἀλλὰ μένει σ' ἀγαθοῖο τέλος καὶ δόξα | * μεγίστη * ὡς ἐπέκρανε θεός σοι ἄμβροτος. ἀλλὰ σὺ μίμνε |
| Sib. | 3 | 284 | ἐπέκρανε θεός σοι ἄμβροτος. ἀλλὰ σὺ μίμνε πιστεύων | * μεγάλοιο * θεοῦ ἁγνοῖσι νόμοισιν ὁππότε σεῖο καμὸν ὀρθὸν |
| Sib. | 3 | 296 | θυμὸς ἐπαύσατο ἔνθεον ὕμνον καὶ λιτόμην γενετῆρα | * μέγαν * παύσασθαι ἀνάγκης καὶ πάλι μοι μεγάλοιο θεοῦ φάτις |
| Sib. | 3 | 297 | γενετῆρα μέγαν παύσασθαι ἀνάγκης καὶ πάλι μοι | * μεγάλοιο * θεοῦ φάτις ἐν στήθεσσιν ἵστατο καί μ' ἐκέλευσε |
| Sib. | 3 | 302 | Βαβυλῶνι ἐμήσατο ἄλγεα λυγρὰ ἀθάνατος ὅτι οἱ ναὸν | * μέγαν * ἐξαλάπαξεν. αἰαῖ σοι Βαβυλὼν ἠδ' Ἀσσυρίων γένος |
| Sib. | 3 | 306 | πᾶσαν χώραν μερόπων ἀλαλαγμὸς ὀλέσσει καὶ πληγὴ | * μεγάλοιο * θεοῦ ἡγήτορος ὕμνων. ἀέριος γάρ σοι Βαβυλὼν |
| Sib. | 3 | 314 | καὶ νῦν αἷμα βοᾷ εἰς αἰθέρα μακρόν. ἥξει σοι πληγὴ | * μεγάλη * Αἴγυπτε πρὸς οἴκους δεινὴ ἣν οὔπω ποτ' ἐπήλπισας |
| Sib. | 3 | 328 | ἐλεύσεσθ' εἰς ⟨τὸν⟩ ὄλεθρον ἀνθ' ὧν ἀθανάτοιο | * μέγαν * διεδηλήσασθε οἶκον ὀδοῦσι σιδηρείοις τ' ἐμασήσατε |
| Sib. | 3 | 336 | τε σῆμα βροτοῖσιν ἡγεμόνων τε +φθορὰν+ ἀνδρῶν | * μεγάλων * τ' ἐπισήμων. σήματα δ' ἔσσεται αὖτις ἐν |
| Sib. | 3 | 337 | τ' ἐπισήμων. σήματα δ' ἔσσεται αὖτις ἐν ἀνθρώποισι | * μέγιστα * καὶ γὰρ Μαιῶτιν λίμνην Τάναϊς βαθυδίνης λείψει |
| Sib. | 3 | 382 | ἀλλὰ Μακηδονίη βαρὺ τέξεται Ἀσίδι πῆμα Εὐρώπῃ δὲ | * μέγιστον * ἀνασταχυώσεται ἄλγος ἐκ γενεῆς Κρονίδαο νόθων |
| Sib. | 3 | 477 | πουλυετεῖς δὲ (ἀποιμώξασα τοκῆα). Κύρνος καὶ Σαρδὼ | * μεγάλαις * χειμῶνος ἀέλλαις καὶ πληγαῖς ἁγίοιο θεοῦ κατὰ |
| Sib. | 3 | 486 | ἔσσεται οἶκτος. ἥξει καὶ Τενέδῳ κακὸν ἔσχατον ἀλλὰ | * μέγιστον. * καὶ Σικυὼν χάλκειος ὑλάγμασι καί σέ Κόρινθε |
| Sib. | 3 | 490 | δή μοι θυμὸς ἐπαύσατο ἔνθεον ὕμνον καὶ πάλι μοι | * μεγάλοιο * θεοῦ φάτις ἐν στήθεσσιν ἵστατο καί μ' ἐκέλευσε |
| Sib. | 3 | 499 | ψευδεῖς τ' ἀδίκους τε κάστησαν κατέναντι θεοῦ | * μεγάλου * βασιλῆος κήνοιξαν ψευδῶς μυσαρὸν στόμα. τοὔνεκ' |
| Sib. | 3 | 539 | πόλεμός τε βροτοῖς καὶ λοιμὸς ἐπέσται χάλκειόν τε | * μέγαν * τεύξει θεὸς οὐρανὸν ὑψοῦ ἀβροχίην τ' ἐπὶ γαῖαν |
| Sib. | 3 | 549 | πλάνον ἐν φρεσὶ θῆκεν ταῦτα τελεῖν προλιποῦσα θεοῦ | * μεγάλοιο * πρόσωπον; οὔνομα παγγενέταο σέβας δ' ἔχε μηδὲ |
| Sib. | 3 | 556 | τὰ μάταια φρονεῖν ὑμῖν ὑπεδείχθη. ἀλλ' ὁπόταν | * μεγάλοιο * θεοῦ χόλος ἔσσεται ὑμῖν δὴ τότ' ἐπιγνώσεσθε |
| Sib. | 3 | 557 | θεοῦ χόλος ἔσσεται ὑμῖν δὴ τότ' ἐπιγνώσεσθε θεοῦ | * μεγάλοιο * πρόσωπον. πᾶσαι δ' ἀνθρώπων ψυχαὶ μεγάλα |
| Sib. | 3 | 558 | θεοῦ μεγάλοιο πρόσωπον. πᾶσαι δ' ἀνθρώπων ψυχαὶ | * μεγάλα * στενάχουσαι ἄντα πρὸς οὐρανὸν εὐρὺν ἀνασχόμεναι |
| Sib. | 3 | 560 | εὐρὺν ἀνασχόμεναι χέρας αὐτῶν ἄρξονται βασιλῆα | * μέγαν * ἐπαμύντορα κλήζειν καὶ ζητεῖν ῥυστῆρα χόλου |
| Sib. | 3 | 561 | μέγαν ἐπαμύντορα κλήζειν καὶ ζητεῖν ῥυστῆρα χόλου | * μεγάλοιο * τίς ἔσται. ἀλλ' ἄγε καὶ μάθε τοῦτο καὶ ἐν φρεσὶ |
| Sib. | 3 | 565 | ἑλλὰς ἔρεξε+ βοῶν ταύρων τ' ἐριμύκων πρὸς ναὸν | * μεγάλοιο * θεοῦ ὁλοκαρπώσασα ἐκφεύξῃ πολέμοιο δυσηχέος ἠδὲ |
| Sib. | 3 | 575 | βουλαῖς ἠδὲ νόῳ προσκείμενοι Ὑψίστοιο οἵ ναὸν | * μεγάλοιο * θεοῦ περικυδανέουσιν λοιβῇ τε κνίσσῃ τ' ἠδ' |
| Sib. | 3 | 579 | πρωτοτόκων ὀίων τε καὶ ἀρνῶν πίονα μῆλα βωμῷ ἐπὶ | * μεγάλῳ * ἁγίως ὁλοκαρπεύοντες. ἐν δὲ δικαιοσύνῃ νόμου |
| Sib. | 3 | 583 | αὐτοὶ δ' ὑψωθέντες ὑπ' ἀθανάτοιο προφῆται +καὶ+ | * μέγα * χάρμα βροτοῖς πάντεσσι φέροντες. μούνοις γάρ σφιν |
| Sib. | 3 | 584 | πάντεσσι φέροντες. μούνοις γάρ σφιν δῶκε θεὸς | * μέγας * εὔφρονα βουλὴν καὶ πίστιν καὶ ἄριστον ἐνὶ στήθεσσι |
| Sib. | 3 | 594 | μόνον τὸν ἀεὶ μεδέοντα ἀθάνατον καὶ ἔπειτα γονεῖς | * μέγα * δ' ἔξοχα πάντων ἀνθρώπων ὁσίης εὐνῆς μεμνημένοι |
| Sib. | 3 | 611 | ἄσπετοι ἄνδρες ἔλθῃ δ' ἐξ Ἀσίης βασιλεὺς | * μέγας * αἰετὸς αἴθων ὃς πᾶσαν σκεπάσει γαῖαν πεζῶν τε καὶ |
| Sib. | 3 | 616 | ἐπ' εὐρέα νῶτα θαλάσσης. καὶ τότε δὴ κάμψουσι θεῷ | * μεγάλῳ * βασιλῆι ἀθανάτῳ γόνυ λευκὸν ἐπὶ χθονὶ |
| Sib. | 3 | 619 | πυρὸς φλογὶ πάντα πεσεῖται. καὶ τότε δὴ χάρμην | * μεγάλην * θεὸς ἀνδράσι δώσει καὶ γὰρ γῆ καὶ δένδρα καὶ |
| Sib. | 3 | 632 | ἀθάνατος κέλεται δειλοῖσι βροτοῖσιν. ἀλλὰ σὺ τοῦ | * μεγάλοιο * θεοῦ μήνιμα φύλαξαι ὁππότε κεν πάντεσσι βροτοῖς |
| Sib. | 3 | 656 | ταῖς ἰδίαις βουλαῖς τάδε πάντα ποιήσει ἀλλὰ θεοῦ | * μεγάλοιο * πιθήσας δόγμασιν ἐσθλοῖς. --- ναὸς δ' αὖ |
| Sib. | 3 | 657 | μεγάλοιο πιθήσας δόγμασιν ἐσθλοῖς. --- ναὸς δ' αὖ | * μεγάλοιο * θεοῦ περικαλλέι πλούτῳ βεβριθὼς χρυσῷ τε καὶ |
| Sib. | 3 | 665 | ἀθρόοι ὁρμήσονται ἑαυτοῖς κῆρα φέροντες σηκὸν γὰρ | * μεγάλοιο * θεοῦ καὶ φῶτας ἀρίστους πορθεῖν βουλήσονται |
| Sib. | 3 | 669 | ἕκαστος ἔχων καὶ λαὸν ἀπειθῆ. καί ῥα θεὸς φωνῇ | * μεγάλῃ * πρὸς πάντα λαλήσει λαὸν ἀπαίδευτον κενεόφρονα καὶ |
| Sib. | 3 | 671 | ἀπαίδευτον κενεόφρονα καὶ κρίσις αὐτοῖς ἔσσεται ἐκ | * μεγάλοιο * θεοῦ καὶ πάντες ὀλοῦνται χειρὸς ἀπ' ἀθανάτοιο |
| Sib. | 3 | 674 | ῥομφαῖαι πύρινοι κατὰ γαῖαν λαμπάδες αὐγαὶ ἵξονται | * μεγάλαι * λάμπουσαι εἰς μέσον ἀνδρῶν. γαῖα δὲ παγγενέτειρα |
| Sib. | 3 | 687 | δυσμενέων ὅτι τὸν νόμον οὐκ ἔγνωσαν οὐδὲ κρίσιν | * μεγάλοιο * θεοῦ ἀλλ' ἄφρονι θυμῷ πάντες ἐφορμηθέντες ἐφ' |
| Sib. | 3 | 698 | κορέσονται θηρία σαρκῶν. αὐτός μοι τάδε πάντα θεὸς | * μέγας * ἀέναός τε εἶπε προφητεῦσαι τάδε δ' ἔσσεται οὐκ |
| Sib. | 3 | 702 | γὰρ πνεῦμα θεοῦ πέλεται κατὰ κόσμον. υἱοὶ δ' αὖ | * μεγάλοιο * θεοῦ περὶ ναὸν ἅπαντες ἡσυχίως ζήσοντ' |
| Sib. | 3 | 717 | ἅπαντες ἐπὶ χθονὶ λισσώμεσθα ἀθάνατον βασιλῆα θεὸν | * μέγαν * ἀέναόν τε. πέμπωμεν πρὸς ναὸν ἐπεὶ μόνος ἐστὶ |
| Sib. | 3 | 735 | ⟨σὸν⟩ λαὸν ἄβουλον ὅστε μὴ ἐξ ὁσίης γαίης πέλεται | * Μεγάλοιο. * μὴ κίνει Καμάριναν ἀκίνητος γὰρ ἀμείνων |
| Sib. | 3 | 740 | στείλας πρὸς ἀγῶνα κραταιόν. καὶ δούλευε θεῷ | * μεγάλῳ * ἵνα τῶνδε μετάσχῃς. ὁππότε δὴ καὶ τοῦτο λάβῃ |
| Sib. | 3 | 743 | ἥξει κρίσις ἀθανάτοιο θεοῖο) ἥξει ἐπ' ἀνθρώπους | * μεγάλη * κρίσις ἠδὲ καὶ ἀρχή. γῆ γὰρ παγγενέτειρα βροτοῖς |
| Sib. | 3 | 755 | καρπῶν τε κακορρέκτειρα χάλαζα ἀλλὰ μὲν εἰρήνη | * μεγάλη * κατὰ γαῖαν ἅπασαν καὶ βασιλεὺς βασιλῆι φίλος |
| Sib. | 3 | 773 | δ' ἐκ γαίης λίβανον καὶ δῶρα πρὸς οἴκους οἴσουσιν | * μεγάλοιο * θεοῦ κοὐκ ἔσσεται ἄλλος οἶκος ἐπ' ἀνθρώποισι |
| Sib. | 3 | 776 | ἄνδρεσσι γεραίρειν. (υἱὸν γὰρ καλέουσι βροτοὶ | * μεγάλοιο * θεοῖο) καὶ πᾶσαι πεδίοιο τρίβοι καὶ τρηχέες |
| Sib. | 3 | 781 | ἐπὶ γαῖαν ἱκνεῖται ῥομφαίαν δ' ἀφελοῦσι θεοῦ | * μεγάλοιο * προφῆται αὐτοὶ γὰρ κριταί εἰσι βροτῶν βασιλεῖς |
| Sib. | 3 | 784 | δὴ καὶ πλοῦτος ἐν ἀνθρώποισι δίκαιος αὕτη γὰρ | * μεγάλοιο * θεοῦ κρίσις ἠδὲ καὶ ἀρχή. εὐφράνθητι κόρη καὶ |
| Sib. | 3 | 808 | τελεῖ θεὸς οὐρανὸν οἰκῶν. ἀλλὰ χρὴ πάντας θύειν | * μεγάλῳ * βασιλῆι. ταῦτά σοι Ἀσσυρίης Βαβυλώνια τείχεα |
| Sib. | 3 | 818 | ποιήσετε κοὐκέτι μ' οὐδεὶς μαινομένην φήσειε θεοῦ | * μεγάλοιο * προφῆτιν. οὐ γὰρ ἐμοὶ δήλωσεν ἃ πρὶν γενετῆρσιν |
| Sib. | 4 | 6 | θεὸν εἶπον ἐπεψεύσαντο δὲ μάντιν ἀλλὰ θεοῦ | * μεγάλοιο * τὸν οὐ χέρες ἔπλασαν ἀνδρῶν εἰδώλοις ἀλάλοισι |
| Sib. | 4 | 25 | κεῖνοι κατὰ γαῖαν ἔσονται ὅσσοι δὴ στέρξουσι | * μέγαν * θεὸν εὐλογέοντες πρὶν πιέειν φαγέειν τε πεποιθότες |
| Sib. | 4 | 30 | καὶ θυσίῃσιν τετραπόδων λεύσουσι δ' ἑνὸς θεοῦ εἰς | * μέγα * κῦδος οὔτε φόνον ῥέξαντες ἀτάσθαλον οὔτε κλοπαῖον |
| Sib. | 4 | 58 | καὶ κύκλα σελήνης γῆ δὲ κλόνῳ σεισμοῖο τινασσομένη | * μεγάλοιο * πολλὰς πρηνίξει πόλιας καὶ ἔργ' ἀνθρώπων ἐκ δὲ |
| Sib. | 4 | 61 | νῆσοι ὑπερκύψουσι θαλάσσης. ἀλλ' ὅταν Εὐφρήτης | * μέγας * αἵματι πλημμύρηται καὶ τότε δὴ Μήδοις Πέρσαισί τε |
| Sib. | 4 | 64 | δ' ὑπὸ δούρασι Μῆδοι πίπτοντες φεύξονται ὑπὲρ | * μέγα * Τίγριδος ὕδωρ. Περσῶν δὲ κράτος ἔσται ὅλου κόσμοιο |
| Sib. | 4 | 65 | Τίγριδος ὕδωρ. Περσῶν δὲ κράτος ἔσται ὅλου κόσμοιο | * μέγιστον * οἷς γενεὴ μία κεῖται ἀνακτορίης πολυόλβου. |
| Sib. | 4 | 76 | ἀποκρύψει μέλαν ὕδωρ. ἥξει δ' ἐξ Ἀσίης βασιλεὺς | * μέγα * ἔγχος ἀείρας νηυσὶν ἀμετρήτοισιν τὰ μὲν βυθοῦ ὑγρὰ |
| Sib. | 4 | 81 | δὲ τάλαιναν ἐπιφλέξει μάλα πᾶσαν χεῦμα πυρὸς | * μεγάλοιο * ἐρευγομένης φλογὸς Αἴτνης ἠδὲ Κρότων πέσεται |
| Sib. | 4 | 82 | ἐρευγομένης φλογὸς Αἴτνης ἠδὲ Κρότων πέσεται | * μεγάλη * πόλις εἰς βαθὺ χεῦμα. ἔσται δ' Ἑλλάδι νεῖκος ἐν |
| Sib. | 4 | 93 | οὐκέτι δῆλος ἄδηλα δὲ πάντα τὰ Δήλου. καὶ Βαβυλὼν | * μεγάλη * μὲν ἰδεῖν μικρὴ δὲ μάχεσθαι στήσεται ἀχρήστοισιν |
| Sib. | 4 | 101 | πόληες. ἥξει καὶ Ῥοδίοις κακὸν ὕστατον ἀλλὰ | * μέγιστον. * οὐδὲ Μακηδονίης ἔσται κράτος ἀλλ' ἀπὸ δυσμῶν |
| Sib. | 4 | 103 | κράτος ἀλλ' ἀπὸ δυσμῶν Ἰταλὸς ἀνθήσει πόλεμος | * μέγας * ᾧ ὕπο κόσμος λατρεύσει δούλειον ἔχων ζυγὸν |
| Sib. | 4 | 116 | κακὴ πολέμοιο θύελλα Ἰταλόθεν νηὸν δὲ θεοῦ | * μέγαν * ἐξαλαπάξει ἠνίκ' ἂν ἀφροσύνῃσι πεποιθότες εὐσεβίην |
| Sib. | 4 | 119 | τελέωσι πρὸ νηοῦ καὶ τότ' ἀπ' Ἰταλίης βασιλεὺς | * μέγας * οἷά τε δράστης φεύξετ' ἄφαντος ἄπυστος ὑπὲρ πόρον |
| Sib. | 4 | 127 | πολλοὺς δ' ἅμα ἀνδροφονήσας Ἰουδαίων ὀλέσει | * μεγάλην * χθόνα εὐρυάγυιαν. καὶ τότε δὴ Σαλαμῖνα Πάφον δ' |
| Sib. | 4 | 133 | πόλιας καὶ ἄνδρας ὀλέσσῃ πολλὴ δ' αἰθαλόεσσα τέφρη | * μέγαν * αἰθέρα πλήσῃ καὶ ψεκάδες πίπτωσιν ἀπ' οὐρανοῦ οἷά |
| Sib. | 4 | 138 | ἐγειρομένου πολέμοιο ἥξει καὶ Ῥώμης ὁ φυγὰς | * μέγα * ἔγχος ἀείρας Εὐφρήτην διαβὰς πολλαῖς ἅμα |
| Sib. | 4 | 145 | ἀναρριφθεῖσαν ἀέλλαις. ἥξει δ' εἰς Ἀσίην πλοῦτος | * μέγας * ὅν ποτε Ῥώμη αὐτὴ συλήσασα πολυκτέανον κατὰ δῶμα |
| Sib. | 4 | 157 | ποιῇ λόγον ἀλλὰ καὶ αὐτοὺς πάντας ὑπ' ἀφροσύνης | * μέγα * νήπιοι ἐξολέσωσιν ὕβρεσι χαίροντες καὶ ἐφ' αἵμασι |
| Sib. | 4 | 161 | γενέθλην ἀνθρώπων ἅμα πᾶσαν ὑπ' ἐμπρησμοῦ | * μεγάλοιο. * ἆ μέλεοι μετάθεσθε βροτοὶ τάδε μηδὲ πρὸς ὀργὴν |
| Sib. | 4 | 163 | βροτοὶ τάδε μηδὲ πρὸς ὀργὴν παντοίην ἀγάγητε θεὸν | * μέγαν * ἀλλὰ μεθέντες φάσγανα καὶ στοναχὰς ἀνδροκτασίας τε |
| Sib. | 4 | 173 | ἀκουαῖς πῦρ ἔσται κατὰ κόσμον ὅλον καὶ σῆμα | * μέγιστον * ῥομφαίᾳ σάλπιγγι ἅμ' ἠελίῳ ἀνιόντι κόσμος ἅπας |
| Sib. | 4 | 188 | δ' εὐσεβέουσι πάλιν ζήσοντ' ἐπὶ γαῖαν ἀθανάτου | * μεγάλοιο * θεοῦ καὶ ἄφθιτον ὄλβον πνεῦμα θεοῦ δόντος ζωὴν |
| Sib. | 5 | 36 | ἀλλήλων ἀπολοῦνται. εἶτά τις εὐσεβέων ὀλετὴρ ἥξει | * μέγας * ἀνδρῶν ἑπτάκις ὃς δεκάτην κεραίην δείκνυσι |
| Sib. | 5 | 60 | προσώπου. Μέμφι σὺ μὲν κλαύσῃ ὑπὲρ Αἰγύπτου τὰ | * μέγιστα * πρόσθε γὰρ ἡ μεγάλως γαίης κρατέουσα γενήσῃ |
| Sib. | 5 | 61 | μὲν κλαύσῃ ὑπὲρ Αἰγύπτου τὰ μέγιστα πρόσθε γὰρ ἡ | * μεγάλως * γαίης κρατέουσα γενήσῃ λυπρὴ ὥστε βοῆσαι καὶ |
| Sib. | 5 | 63 | ὥστε βοῆσαι καὶ αὐτὸν τερπικέραυνον οὐρανόθεν φωνῇ | * μεγάλῃ * μεγαλόσθενε Μέμφι ἡ τὸ πάλαι δειλοῖσι βροτοῖς |
| Sib. | 5 | 64 | Μέμφι ἡ τὸ πάλαι δειλοῖσι βροτοῖς αὐχοῦσα | * μέγιστα * κλαύσεαι ἀργαλέη καὶ πάμμορος ὥστε νοῆσαι αὐτὴν |
| Sib. | 5 | 109 | βασιλεὺς πεμφθεὶς ἐπὶ τοῦτον πάντας ὀλεῖ βασιλεῖς | * μεγάλους * καὶ φῶτας ἀρίστους. εἶθ' οὕτως κρίσις ἔσται ὑπ' |
| Sib. | 5 | 125 | κλαύσουσιν ἐὴν χθόνα τεφρωθεῖσαν καὶ Συρίην | * μεγάλην * καὶ Φοινίκην πολύφυλον. αἰαῖ σοι Λυκίη ὅσα σοι |
| Sib. | 5 | 139 | ἡνίκ' ἀπ' Ἰταλίης ἰσθμοῦ πλήξειε τένοντα τῆς | * μεγάλης * Ῥώμης βασιλεὺς μέγας ἰσόθεος φὼς ὃν φάσ' αὐτὸς |
| Sib. | 5 | 139 | ἰσθμοῦ πλήξειε τένοντα τῆς μεγάλης Ῥώμης βασιλεὺς | * μέγας * ἰσόθεος φὼς ὃν φάσ' αὐτὸς ὁ Ζεὺς ἔτεκεν καὶ πότνια |
| Sib. | 5 | 154 | βασιλεῖς ὤλοντο καὶ ἐν τοῖσιν μένεν ἀρχὴ ἐξόλεσαν | * μεγάλην * τε πόλιν λαόν τε δίκαιον. ἀλλ' ὅταν ἐκ τετράτου |
| Sib. | 5 | 155 | λαόν τε δίκαιον. ἀλλ' ὅταν ἐκ τετράτου ἔτεος λάμψῃ | * μέγας * ἀστὴρ ὃς πᾶσαν γαῖαν καθελεῖ μόνος εἵνεκα τιμῆς |
| Sib. | 5 | 158 | τ' εἰναλίῳ Ποσειδῶνι+ ἥξει δ' οὐρανόθεν ἀστὴρ | * μέγας * εἰς ἅλα δῖαν καὶ φλέξει πόντον βαθὺν αὐτήν τε |
| Sib. | 5 | 176 | ἔτ' ἔσσεται ἐν χθονὶ κείνῃ ὡς τὸ πάλαι ὅτε σὰς ὁ | * μέγας * θεὸς εὕρατο τιμάς. μεῖνον ἄθεσμε μόνη πυρὶ δὲ |
| Sib. | 5 | 189 | ῥυπαρῷ μήτ' εἴην μήτε γενοίμαν. ὦ Θῆβαι ποῦ σοι τὸ | * μέγα * σθένος; ἄγριος ἀνὴρ ἐξολέσει λαὸν σὺ δὲ εἵματα φαιὰ |
| Sib. | 5 | 194 | ὄψονται ἀθέσμων εἵνεκα ἔργων.+ Συήνην δ' ὀλέσειε | * μέγας * φὼς Αἰθιοπήων Τεύχιραν οἰκήσουσι βίῃ μελανόχροες |
| Sib. | 5 | 211 | ζώνην +περιπάμπολον+ ἡγεμονεύσῃ ἔσσεται ἐμπρησμὸς | * μέγας * αἰθέριος κατὰ γαῖαν +ἄστρων δ' ἐν μαχίμοις+ καινὴ |
| Sib. | 5 | 223 | ἐκ τρισσῶν κεφαλῶν σὺν πληγάδι ῥίζας +στησάμενος+ | * μεγάλως * ἑτέροις δώσειε πάσασθαι ὥστε φαγεῖν σάρκας |
| Sib. | 5 | 226 | γὰρ ἀνθρώποισι φόνος καὶ δείματα κεῖται εἵνεκα τῆς | * μεγάλης * πόλεως λαοῦ τε δικαίου σῳζομένου διὰ παντὸς ὃν |
| Sib. | 5 | 229 | περικείμενε κῆρας ἀρχὴ καὶ καμάτοιο καὶ ἀνθρώποις | * μέγα * τέρμα βλαπτομένης κτίσεως καὶ σῳζομένης πάλι |
| Sib. | 5 | 231 | πάλι Μοίραις ὕβρι κακῶν ἀρχηγὲ καὶ ἀνθρώποις | * μέγα * πῆμα τίς σε βροτῶν ἐπόθησε τίς ἔνδοθεν οὐ χαλέπηνεν |
| Sib. | 5 | 242 | ἔτελλεν. τοῦδ' ἕνεκεν στενόβουλε κακῶν ἀρχηγὲ | * μεγίστων * καὶ ῥαμφὴ καὶ πένθος ἐλεύσεται ἤματι κείνῳ. |

Sib. 5 244 ἤματι κείνῳ. ἀρχὴ καὶ καμάτοιο καὶ ἀνθρώποις * μέγα * τέρμα βλαπτομένης κτίσεως καὶ σῳζομένης πάλι
Sib. 5 251 θεοῦ πόλιν ἐν μεσογαίοις ἄχρι δὲ καὶ Ἰόπης τεῖχος * μέγα * κυκλώσαντες ὑψόσ' ἀείρονται ἄχρι καὶ νεφέων
Sib. 5 285 γενετῆρα θεὸν μόνον ἔξοχον ὄντα ἤλπισαν εὐσεβίην * μεγάλην * καὶ πίστιν ἔχοντες. ἀλλά τί δή μοι ταῦτα νόος
Sib. 5 329 παγγενέτωρ τρυφερῇ χθονὶ τῇ πολυκάρπῳ Ἰουδαίᾳ * μεγάλη * ἵνα σὰς γνώμας ἐπίδωμεν. ταύτην γὰρ πρώτην ἔγνως
Sib. 5 355 ταύρων τ' ἀγέλας ἐριμύκων ἐκθυσιάζοντας μόσχων * μεγάλων * κεροχρύσων ἀψύχοις θ' Ἑρμαῖς καὶ τοῖς λιθίνοισι
Sib. 5 368 ἑλεῖ ταύτην παραχρῆμα. ἄνδρας τ' ἐξολέσει πολλοὺς * μεγάλους * τε τυράννους πάντας τ' ἐμπρήσει ὡς οὐδέποτ'
Sib. 5 406 οὐ χρυσοῦ κόσμον ἀπάτην ψυχῶν ἐσεβάσθη. ἀλλὰ * μέγαν * γενετῆρα θεὸν πάντων θεοπνεύστων ἐν θυσίαις ἁγίαις
Sib. 5 410 ταύτην ἔρριψεν καὶ ἀνοικοδόμητον ἀφῆκεν σὺν πλήθει * μεγάλῳ * καὶ ἀνδράσι κυδαλίμοισιν. αὐτὸς δ' ὤλετο +χέρσον
Sib. 5 413 ἐπ' ἀνθρώποισι τέτυκτο ὥστε δοκεῖν ἑτέρους * μεγάλην * πόλιν ἐξαλαπάξαι. ἦλθε γὰρ οὐρανίων νώτων ἀνὴρ
Sib. 5 424 καλὸν περικαλλέα ἠδὲ ἔπλασσεν πολλοῖς ἐν σταδίοισι * μέγαν * καὶ ἀπείρονα πύργον αὐτῶν ἁπτόμενον νεφέων καὶ
Sib. 5 433 ὅτε ταῦτα περαίνει θεὸς ὑψιβρεμέτης κτίστης ναοῖο * μεγίστου. * αἰαῖ σοι Βαβυλὼν χρυσόθρονε χρυσοπέδιλε
Sib. 5 436 βασίλεια μόνη κόσμοιο κρατοῦσα ἡ τὸ πάλαι * μεγάλη * καὶ πάμπολις οὐκέτι κείσῃ οὔρεσιν ἐν χρυσέοις καὶ
Sib. 5 449 πλωτεύσουσιν ἐς Ἰταλίην τότε νῆες Ἄσις δ' ἡ * μεγάλη * τότε πάμφορον ἔσσεται ὕδωρ καὶ Κρήτη πεδίον.
Sib. 5 450 ἔσσεται ὕδωρ καὶ Κρήτη πεδίον. Κύπρος δ' ἕξει * μέγα * πῆμα καὶ Πάφος αἰάξει δεινὸν μόρον ὥστε νοῆσαι καὶ
Sib. 5 452 αἰάξει δεινὸν μόρον ὥστε νοῆσαι καὶ Σαλαμῖνα πόλιν * μεγάλην * μέγα πῆμα παθοῦσαν νῦν μὲν χέρσος ἄκαρπος ἐπ'
Sib. 5 452 μόρον ὥστε νοῆσαι καὶ Σαλαμῖνα πόλιν μεγάλην * μέγα * πῆμα παθοῦσαν νῦν μὲν χέρσος ἄκαρπος ἐπ' ἠόνος
Sib. 5 465 χειμερίη ὁπόταν ῥιπὴ στάξῃ χιονώδης πηγνυμένου * μεγάλου * ποταμοῦ λιμνῶν τε μεγίστων εὐθὺς βάρβαρος ὄχλος
Sib. 5 465 χιονώδης πηγνυμένου μεγάλου ποταμοῦ λιμνῶν τε * μεγίστων * εὐθὺς βάρβαρος ὄχλος ἐς Ἀσίδα γαῖαν ὁδεύσει
Sib. 5 480 εἶδεν κακότητας ἀνάγνους. ἔσται δὲ σκοτόμαινα περὶ * μέγαν * οὐρανὸν αὐτὸν ἀχλὺς δ' οὐκ ὀλίγη κόσμου πτύχας
Sib. 5 488 λίθους ἀργοὺς ἐπικείμενε πολλοὺς κείσῃ πτῶμα * μέγιστον * ἐν Αἰγύπτῳ τριταλαίνῃ. ὅσσοι δ' Αἰγύπτου πόθον
Sib. 5 500 τὸν ἀληθέα τὸν βασιλῆα ψυχοτρόφον γενετῆρα θεὸν * μέγαν * αἰὲν ἐόντα. καὶ τότ' ἐν Αἰγύπτῳ ναὸς μέγας ἔσσεται
Sib. 5 501 θεὸν μέγαν αἰὲν ἐόντα. καὶ τότ' ἐν Αἰγύπτῳ ναὸς * μέγας * ἔσσεται ἁγνὸς κεἰς αὐτὸν θυσίας οἴσει λαὸς
Sib. 5 507 ἵν' ὕστερα πάντα γένηται. νηὸν γὰρ καθελοῦσι * μέγαν * Αἰγυπτιάδος γῆς ἐν δὲ θεὸς βρέξει κατὰ γῆς δεινὸν
FJub. 2 3 καὶ νὺξ τὸ φῶς ἡμέρας τε καὶ ὄρθρου. ταῦτα τὰ ἑπτὰ * μέγιστα * ἔργα ἐποίησεν ὁ θεὸς ἐν τῇ πρώτῃ ἡμέρᾳ. ἐν δὲ τῇ
FJub. 2 7 πάντα τὰ φυτὰ κατὰ γένος. ταῦτα τὰ τέσσαρα ἔργα τὰ * μέγιστα * ἐποίησεν ὁ θεὸς ἐν τῇ τρίτῃ ἡμέρᾳ. τῇ δὲ τετάρτῃ
FJub. 2 10 τὴν σελήνην τοὺς ἀστέρας ταῦτα τὰ τρία ἔργα τὰ * μεγάλα * ἐποίησεν ὁ θεὸς ἐν τῇ τετάρτῃ ἡμέρᾳ. τῇ δὲ πέμπτῃ
FJub. 2 11 θεὸς ἐν τῇ τετάρτῃ ἡμέρᾳ. τῇ δὲ πέμπτῃ τὰ κήτη τὰ * μεγάλα * τοὺς ἰχθύας καὶ τὰ ἄλλα ἑρπετὰ τὰ ἐν τοῖς ὕδασι
FJub. 2 12 ὕδασι τὰ πετεινὰ τὰ πτερωτά. ταῦτα τὰ τρία ἔργα τὰ * μεγάλα * ἐποίησεν ὁ θεὸς ἐν τῇ πέμπτῃ ἡμέρᾳ. τῇ δὲ ἕκτῃ
FJub. 2 14 τὰ ἑρπετὰ τῆς γῆς τὸν ἄνθρωπον. ταῦτα τὰ τέσσαρα * μεγάλα * ἔργα ἐποίησεν ὁ θεὸς ἐν τῇ ἕκτῃ ἡμέρᾳ καὶ ἐγένετο
FJub. 4 9 δὲ ἦν ἐτῶν ἑξήκοντα πέντε. ὁ μὲν Κάϊν τῇ ἀδελφῇ τῇ * μείζονι * Σαυὴ οὕτω καλουμένῃ. ὁ δὲ Σὴθ τρίτος υἱὸς μετὰ
FEll. 4 228 βλέ<φαρα> αὐτοῦ λευκὰ τὸ δὲ χεῖλος αὐτοῦ τὸ κάτω * μέγα * ὁ δεξιὸς αὐτοῦ μηρὸς λεπτὸς καὶ οἱ πόδες αὐτοῦ
FEll. 4 228 λεπτὸς καὶ οἱ πόδες αὐτοῦ πλατεῖς τέθλασται δὲ ὁ * μέγας * δάκτυλος τοῦ ποδὸς αὐτοῦ.
FIsa. 1 2 10 μετ' αὐτῶν ἀλλὰ γυμνοὶ ἦσαν πενθοῦντες πένθος * μέγα * περὶ τῆς πλ<ά>νης τοῦ Ἰσραήλ. καὶ οὗτοι οὐκ ἤσθιον
FAch. 101 Λυκοῦργος. ἐπιδειξάμενος δὲ αὐτοῦ τὴν φιλοσοφίαν * μέγας * παρὰ τοῖς Βαβυλωνίοις ἀνεδείχθη ὥστε καὶ τὸν
FAch. 103 ἐποιήσατο ἐπιμέλειαν τῆς παιδείας. ὁ δὲ νεανίσκος * μέγα * ποιήσας ἅμα τῇ τοῦ βασιλέως παλλακίδι περιπλακεὶς
FAch. 110 σοῦ λεγόμενα ἢ πραττόμενα ἑτέροις ἀναθήσεται. ἐπὶ * μεγάλῃ * κτήσει μὴ χαῖρε μηδὲ ἐπὶ μικρᾷ λυποῦ. ταῦτα δὴ
FAch. 123 τῷ Αἰσώπῳ μετὰ καὶ τῶν Μουσῶν καὶ ἐποίησεν ἑορτὴν * μεγάλην * ὁ βασιλεὺς ἐπὶ τῇ τοῦ Αἰσώπου σοφίᾳ.
FPho. 59 ἀέκων φόνον ἐξετέλεσσεν. ἔστω κοινὰ πάθη μηδὲν * μέγα * μηδ' ὑπέροπλον. οὐκ ἀγαθὸν πλεονάζον ἔφυ θνητοῖσιν
FPho. 66 ἐσθλὸς φαύλων δ' ὑπέρογκος. τόλμα κακῶν ὀλοὴ * μέγ' * ὀφέλλει δ' ἐσθλὰ πονεῦντα. σεμνὸς ἔρως ἀρετῆς ὁ δὲ
FPho. 89 σοφίην σοφὸς εὐθύνει τέχνας δ' ὁμότεχνος. οὐ χωρεῖ * μεγάλην * διδαχὴν ἀδίδακτος ἀκουή οὐ γὰρ δὴ νοέουσ' οἱ
FPho. 163 ἔργον οὐδ' αὐτοῖς μακάρεσσι πόνος δ' ἀρετὴν * μέγ' * ὀφέλλει. μύρμηκες γαίης μυχάτους προλελοιπότες
IEsc. 5 131 3 γαῖα καὶ πελώριος βυθὸς θαλάσσης καὶ ὀρέων ὕψος * μέγα * ἐπὰν ἐπιβλέψῃ γοργὸν ὄμμα δεσπότου. πάντα δυνατὴ
IOrp. 17 καὶ ἄλγεα δακρυόεντα. οὐδέ τις ἔσθ' ἕτερος χωρὶς * μεγάλου * βασιλῆος. αἴ κεν ἴδῃς αὐτὸν πρὶν δή ποτε δεῦρ'
IOrp. 49 σοι δίχα ταῦτ' ἀγορεύω;) (οὐρανὸν ὀρκίζω σε θεοῦ * μεγάλου * σοφὸν ἔργον) (αὐδὴν ὀρκίζω σε πατρὸς τὴν
HEup. 9 31 1 βασιλείαν παρὰ Δαβὶδ τοῦ πατρὸς διὰ τοῦ θεοῦ τοῦ * μεγίστου * <καὶ> ἐπιτεταχότος μοι οἰκοδομῆσαι ἱερὸν τῷ θεῷ
HEup. 9 32 1 αντιγραφος. βασιλεὺς Οὐαφρῆς Σολομῶνι βασιλεῖ * μεγάλῳ * χαίρειν. ἅμα τῷ ἀναγνῶναι τὴν παρὰ σοῦ ἐπιστολὴν
HEup. 9 33 1 βασιλείαν παρὰ Δαβὶδ τοῦ πατρὸς διὰ τοῦ θεοῦ τοῦ * μεγίστου * ἐπιτεταχότος μοι οἰκοδομῆσαι ἱερὸν τῷ θεῷ ὅς
HEup. 9 34 1 επιστολη Σουρωνος. Σούρων Σολομῶνι βασιλεῖ * μεγάλῳ * χαίρειν. εὐλογητὸς ὁ θεὸς ὃς τὸν οὐρανὸν καὶ τὴν
HArt. 9 23 3 ἀποκληρῶσαι. τοῦτον δὲ καὶ μέτρα εὑρεῖν καὶ * μεγάλως * αὐτὸν ὑπὸ τῶν Αἰγυπτίων διὰ ταῦτα ἀγαπηθῆναι.
HAri. 9 25 3 ὀνομάζεσθαι. πειράζοντα δ' αὐτὸν τὸν θεὸν ἐμμεῖναι * μεγάλαις * δὲ περιβαλεῖν αὐτὸν ἀτυχίαις. πρῶτον μὲν γὰρ
HHec. 1 22 187 ἐξ ἐτῶν τῷ δ' ἀξιώματι τῷ παρὰ τοῖς ὁμοέθνοις * μέγας * καὶ τὴν ψυχὴν οὐκ ἀνόητος ἔτι δὲ καὶ λέγειν
HHec. 1 22 192 καὶ πολλὰς ὑπομεῖναι πληγὰς καὶ ζημίας ἀποτῖσαι * μεγάλας * ἕως αὐτοῖς συγγνόντα τὸν βασιλέα δοῦναι τὴν
HHec. 1 22 198 πήχεων ὕψος δὲ δεκάπηχυ. καὶ παρ' αὐτὸν οἴκημα * μέγα * οὗ βωμός ἐστι καὶ λυχνίον ἀμφότερα χρυσᾶ δύο
HCal. 24 21 ἀπέρχεσθαι. ἐξέστησαν γὰρ ἡμᾶς ἐν τῇ φάραγγι τῇ * μεγάλῃ * ὡς ὑποβρύχιον ἑαυτοὺς ποιήσαντες οἱ τῶν Μακεδόνων
LPhl. 9 24 1 ὤπασε κριόν. τοῖσιν ἕδος μακαριστὸν ὅλης * μέγας * ἔκτισεν ἄκτωρ ὕψιστος καὶ πρόσθεν ἀφ' Ἀβραάμοιο
LEze. 9 29 5 02 εὐνέτιν. ἔδοξ' ὄρους κατ' ἄκρα Σιναίου θρόνον * μέγαν * τιν' εἶναι μέχρις οὐρανοῦ πτυχὸς ἐν τῷ καθῆσθαι
LEze. 9 29 5 04 τῷ καθῆσθαι φῶτα γενναῖόν τινα διάδημ' ἔχοντα καὶ * μέγα * σκῆπτρον χερὶ εὐωνύμῳ μάλιστα. δεξιᾷ δέ μοι ἔνευσε
LEze. 9 29 5 07 θρόνου. σκῆπτρον δέ μοι παρέδωκε καὶ εἰς θρόνον * μέγαν * εἶπεν καθῆσθαι βασιλικὸν δ' ἔδωκέ μοι διάδημα καὶ
LEze. 9 29 6 03 ζώην δ' ὅταν σοι ταῦτα συμβαί<ν>ῃ ποτέ. ἆρά γε * μέγαν * τιν' ἐξαναστήσεις θρόνον καὶ αὐτὸς βραβεύσεις καὶ
LEze. 9 29 7 06 τὸ βλαστάνον. τί δή; προελθὼν ὄψομαι τεράστιον * μέγιστον * οὐ γὰρ πίστιν ἀνθρώποις φέρει. ἐπίσχες ὦ
LEze. 9 29 14 29 τεραστίων θαυμάστ' ἰδέσθαι. καί τις ἐξαίφνης * μέγας * στῦλος νεφώδης ἐστάθη πρὸ γῆς μέγας παρεμβολῆς
LEze. 9 29 14 30 τις ἐξαίφνης μέγας στῦλος νεφώδης ἐστάθη πρὸ γῆς * μέγας * παρεμβολῆς ἡμῶν τε καὶ Ἑβραίων μέσος. κἄπειθ' ὁ
LEze. 9 29 14 42 δ' ὡς ἥρμοσαν. ἀπ' οὐρανοῦ δὲ φέγγος ὡς πυρὸς * μέγα * ὤφθη τι ἡμῖν ὡς μὲν εἰκάζειν παρῆν αὐτοῖς ἀρωγὸς ὁ
LEze. 9 29 14 45 ὡς δ' ἤδη πέραν ἦσαν θαλάσσης κῦμα δ' ἐρροίβδει * μέγα * σύνεγγυς ἡμῶν. καί τις ἠλάλαξ' ἰδὼν φεύγωμεν οἴκοι
LAri. 8 10 3 τὴν ἐπιφάνειαν φυσικὰς διαθέσεις ἀπαγγέλλει καὶ * μεγάλων * πραγμάτων κατασκευάς. οἷς μὲν οὖν πάρεστι τὸ
LAri. 8 10 4 καὶ πλείονες ἕτεροι καὶ ποιηταὶ παρ' αὐτοῦ * μεγάλας * ἀφορμὰς εἰληφότες καθὸ καὶ θαυμάζονται. τοῖς δὲ
LAri. 8 10 7 σὺ βασιλεὺς ὢν βουλόμενός τι κατεργάσασθαι λέγομεν * μεγάλην * χεῖρα ἔχει ὁ βασιλεὺς φερομένων τῶν ἀκουόντων
LAri. 8 10 8 σου καὶ ἐν πᾶσι τοῖς ἐν τοῖς πεδίοις θάνατος * μέγας * ὥστε δηλοῦσθαι τὰς χεῖρας ἐπὶ δυνάμεως εἶναι θεοῦ
LAri. 13 12 2 βασιλέως σοῦ δὲ προγόνου προσενεγκαμένου * μείζονα * φιλοτιμίαν Δημητρίου τοῦ Φαληρέως
FrAn. 17 2069 7 – >και εθεωρουν< – – >εκ του ουρανου< – – >ων των * μεγαλω<ν * – – >το μετα< – – >ετερος< – – >ηρξατο πας α<
FrAn. 574 3052 ἐνουράνιος δύναμις ἡ ἀγγέλων ἀρχαγγέλων. ὁρκίζω σε * μέγαν * θεὸν Σαβαὼθ δι' ὃν ὁ Ἰορδάνης ποταμὸς ἀνεχώρησεν

μεγαύχητος 1
LPhl. 9 20 1 κλυτοηχὲς ὑπερτέρῳ ἅμματι δεσμῶν παμφαὲς πλήμμυρε * μεγαυχήτοισι * λογισμοῖς θειοφιλῆ θέλγητρα. λιπόντι γὰρ

μέγεθος 11
Abr.1 17 7 σου καὶ τὸ ἄμετρον τῆς φιλοξενίας σου καὶ τὸ * μέγεθος * τῆς ἀγάπης σου τῆς πρὸς θεὸν ἐγένετο στέφανος
Aris. 53 4 ἐπικωλύειν. ὁ δὲ εἶπε βούλεσθαι καὶ πενταπλῆν τοῖς * μεγέθεσι * ποιῆσαι διστάζειν δὲ μήποτε ἄχρηστος γένηται
Aris. 72 2 τὴν ὅλην διασκευήν. ἐπεὶ γὰρ οὐ προήρητο τοῖς * μεγέθεσιν * οὐδὲν προσθεῖναι ὁ βασιλεὺς ὅσον ἔδει
Aris. 82 2 γὰρ τὸ τῶν λίθων πλῆθος ἄφθονον καὶ μεγάλοι τοῖς * μεγέθεσιν * οὐκ ἔλαττον πεντακισχιλίων καὶ ταῖς τέχναις
Aris. 84 3 οἱ περίβολοι τρεῖς ὑπὲρ ἑβδομήκοντα δὲ πήχεις τῷ * μεγέθει * καὶ τὸ πλάτος ἀκόλουθον καὶ τὸ μῆκος τῆς κατὰ
Aris. 91 6 τῶν ὑδάτων ὥστε συμφανές μοι γεγονέναι τὸ * μέγεθος * τῶν ἀγγείων καθὼς δεδήλωται. τῶν δὲ ἱερέων ἡ
Aris. 108 2 ἐν πάσῃ τῇ προειρημένῃ χώρᾳ. τῶν δὲ πόλεων ὅσαι * μέγεθος * ἔχουσι καὶ τὴν ἀκόλουθον εὐδαιμονίαν ταύταις
Aris. 109 2 περὶ τὴν Ἀλεξάνδρειαν ὑπερβάλλουσαν πάσας τῷ * μεγέθει * καὶ εὐδαιμονίᾳ τὰς πόλεις. οἱ γὰρ ἀπὸ τῆς χώρας
Aris. 223 3 βασιλεῦσιν ἐπὶ χώρας κατάκτησιν κατὰ τὸ τῆς δόξης * μέγεθος * πλὴν ἐν πᾶσι μετριότης καλόν. ἃ δὲ ὁ θεὸς δίδωσι
Aris. 224 4 ὅτι ὁ θεὸς πᾶσι μερίζει δόξαν τε καὶ πλούτου * μέγεθος * τοῖς βασιλεῦσι καὶ οὐδεὶς παρ' ἑαυτοῦ βασιλεύς
HArt. 9 27 9 τοῦτον ἔτη δέκα. τοὺς οὖν περὶ τὸν Μώϋσον διὰ τὸ * μέγεθος * τῆς στρατιᾶς πόλιν ἐν τούτῳ κτίσαι τῷ τόπῳ καὶ

μεγιστάν 7
Asen. 1 3 καὶ οὗτος ἦν ἄρχων πάντων τῶν σατραπῶν καὶ τῶν * μεγιστάνων * τοῦ Φαραώ. καὶ ἦν ὁ ἀνὴρ οὗτος πλούσιος
Asen. 1 3 καὶ ἦν σύμβουλος τοῦ Φαραὼ ὅτι ἦν ὑπὲρ πάντας τοὺς * μεγιστᾶνας * Φαραὼ συνίων. καὶ ὄνομα τῷ ἀνδρὶ ἐκείνῳ
Asen. 1 6 καὶ ἐμνηστεύοντο αὐτὴν πάντες οἱ υἱοὶ τῶν * μεγιστάνων * καὶ υἱοὶ τῶν σατραπῶν καὶ υἱοὶ πάντων τῶν
Asen. 7 3 αὐτὸν πᾶσαι αἱ γυναῖκες καὶ αἱ θυγατέρες τῶν * μεγιστάνων * καὶ τῶν σατραπῶν πάσης γῆς Αἰγύπτου τοῦ
Asen. 20 8 Πεντεφρῆς τῷ Ἰωσὴφ αὔριον ἐγὼ καλέσω πάντας τοὺς * μεγιστάνους * καὶ τοὺς σατράπας πάσης γῆς Αἰγύπτου καὶ
Sal. 2 32 ἐν ἀτιμίᾳ ὅτι οὐκ ἔγνωσαν αὐτόν. καὶ νῦν ἴδετε οἱ * μεγιστᾶνες * τῆς γῆς τὸ κρίμα τοῦ κυρίου ὅτι μέγας
Prop. 26 3 τῶν ἱερέων καὶ βασιλέων καὶ προφητῶν καὶ τῶν * μεγιστάνων * καὶ ὁσίων ἀνδρῶν>. καὶ ταῦτα μὲν μέχρι

μεγιστοῦχος * 1
LPhl. 9 37 1 ἐφύπερθε τὸ θαμβηέστατον ἄλλο δέρκηθρον συναοιδὰ * μεγιστούχοιο * λοετροῖς ῥεύματος ἐμπίπλησι βαθὺν ῥόον

μεδέω 2
Sib. 3 593 χρόα ἁγνίζοντες ὕδατι καὶ τιμῶσι μόνον τὸν ἀεὶ * μεδέοντα * ἀθάνατον καὶ ἔπειτα γονεῖς μέγα δ' ἔξοχα πάντων
IOrp. 24 ὀστέα ἐμπεφύασιν ἀσθενέες δ' ἰδέειν Δία τὸν πάντων * μεδέοντα. * λοιπὸν ἐμοὶ 'στᾶσιν δὲ δεκάπτυχον ἀνθρώποισιν.

μεθέπω 1
FPho. 161 εἰ πλώειν ἐθέλεις εὐρεῖα θάλασσα εἰ δὲ γεηπονίην * μεθέπειν * μακραί τοι ἄρουραι. οὐδὲν ἄνευ καμάτου πέλει

μεθερμηνεύω 4
Aris. 38 4 καὶ τοῖς μετέπειτα προηρήμεθα τὸν νόμον ὑμῶν * μεθερμηνευθῆναι * γράμμασιν Ἑλληνικοῖς ἐκ τῶν παρ' ὑμῶν
HArt. 9 18 1 τοὺς μὲν Ἰουδαίους ὀνομάζεσθαι Ἑρμιοὺθ ὅ εἶναι * μεθερμηνευθὲν * κατὰ τὴν Ἑλληνίδα φωνὴν Ἰουδαῖοι

```
HAno.    9   17    3    Καμαρίνη ἣν τινας λέγειν πόλιν Οὐρίην εἶναι δὲ * μεθερμηνευομένη * Χαλδαίων πόλιν ⟨ἣ⟩ ἐν τρισκαιδεκάτῃ
HAno.    9   17    5    τε αὐτὸν ὑπὸ πόλεως ἱερὸν Ἀργαρίζιν ϑ εἶναι * μεθερμηνευόμενον * ὄρος ὑψίστου παρὰ δὲ τοῦ Μελχισεδὲκ
       μέθη
                                                                 7
TJud.   11    2    τὴν καρδίαν μου. καὶ ἰδὼν αὐτὴν οἰνοχοοῦσαν ἐν * μέθῃ * οἴνου ἠπατήθην καὶ συνέπεσα πρὸς αὐτήν. αὐτὴ
TJud.   12    6    ἐν μυστηρίῳ λόγους οὓς καθεύδων σὺν αὐτῇ ἐν τῇ * μέθῃ * μου ἐλάλησα καὶ οὐκ ἠδυνήθην ἀνελεῖν αὐτὴν ὅτι παρὰ
TJud.   14    3    δύναμιν τοῦ ἀνθρώπου. ἐὰν γάρ τις πίῃ οἶνον εἰς * μέθην * ἐν διαλογισμοῖς ῥυπαροῖς συνταράσσει τὸν νοῦν εἰς
TJud.   16    2    καὶ ἀποστῇ ὁ τοῦ θεοῦ φόβος λοιπὸν γίνεται * μέθη * καὶ παρεισέρχεται ἡ ἀναισχυντία. εἰ δὲ ⟨μὴ⟩ μηδὲ
Sal.     8   14    ἐπότισεν αὐτοὺς ποτήριον οἴνου ἀκράτου εἰς * μέθην. * ἤγαγεν τὸν ἀπ᾽ ἐσχάτου τῆς γῆς τὸν παίοντα
Bar.     8    5    πορνείας μοιχείας κλοπὰς ἁρπαγὰς εἰδωλολατρείας * μέθας * φόνους ἔρεις ζῆλα καταλαλιὰς γογγυσμοὺς
Bar.    13    4    μοιχεῖαι κλεψίαι καταλαλιαὶ ἐπιορκίαι φθόνοι * μέθαι * ἔρεις ζῆλος γογγυσμὸς ψιθυρισμὸς εἰδωλολατρισμὸς
       μεθίημι
                                                                 1
Sib.     4   163    μηδὲ πρὸς ὀργὴν παντοίην ἀγάγητε θεὸν μέγαν ἀλλὰ * μεθέντες * φάσγανα καὶ στοναχὰς ἀνδροκτασίας τε καὶ ὕβρεις
       μεθίστημι
Adam    43    3    οἱ ἄγγελοι ἡμεῖς εὐφραινόμεθα μετὰ τῆς ψυχῆς τῆς * μεταστάσης * ἀπὸ τῆς γῆς. ταῦτα εἰπὼν ὁ ἄγγελος ἀνῆλθεν
Abr.1   20    5    φαίνονται καὶ τὸ πνεῦμά μου ἐν πολλῷ ταλανίζεται * μεταστῆθι * ἐν ὀλίγοις οὐχ ὑποφέρω γὰρ θεωρῶν σου τὸ εἶδος
TIss.    1   13    ἐμοῦ εἰσήχθης. καὶ ἐπλάνησέ με ὁ πατήρ μου καὶ * μεταστήσας * με τῇ νυκτὶ ἐκείνῃ οὐκ εἴασέ με ἰδεῖν ὅτι εἰ
Prop.    2    5    καὶ ἐπιγνοὺς αὐτοῦ μυστήρια εἰς Ἀλεξάνδρειαν * μετέστησεν * αὐτοῦ τὰ λείψανα περιθεὶς αὐτὰ ἐνδόξως κύκλῳ
FAch.  106         ὀργισθεὶς ἐκέλευσεν τῷ φύλακι τοῦ ζῆν πάντας * μεταστῆναι. * ἐπελάβετο δὲ τὴν ὄψιν ἑαυτοῦ τύπων καὶ
HHec.    1   22   194  τὸν Ἀλεξάνδρου θάνατον εἰς Αἴγυπτον καὶ Φοινίκην * μετέστησαν * διὰ τὴν ἐν Συρίᾳ στάσιν. τριακοσίας μυριάδας
LEze.    9   28  3 26  Φαραὼ τὴν ἐμὴν ψυχὴν λαβεῖν ἐγὼ δ᾽ ἀκούσας ἐκποδὼν * μεθίσταμαι * καὶ νῦν πλανῶμαι γῆν ἐπ᾽ ἀλλοτέρμονα. ὁρῶ δὲ
       μεθύσκω
                                                                 2
TJud.   12    3    προκαθίσαι ἐν πορνείᾳ ἑπτὰ ἡμέρας παρὰ τὴν πύλην. * μεθυσθεὶς * οὖν ἐγὼ ἐν ὕδασι Χοζηβὰ οὐκ ἐπέγνων αὐτὴν ἀπὸ
TJud.   14    1    ἐπὶ τοῖς τέκνοις αὐτῆς. καὶ νῦν τέκνα μου μὴ * μεθύσκεσθε * οἴνῳ ὅτι ὁ οἶνος διαστρέφει τὸν νοῦν ἀπὸ τῆς
       μέθυσος
TJud.   14    8    εἰς τὸν νοῦν τὸ πνεῦμα τῆς πλάνης καὶ ποιεῖ τὸν * μέθυσον * αἰσχρορρημονεῖν καὶ παρανομεῖν καὶ μὴ
       μεθύω
                                                                 2
TRub.    3   13    ἐν Γάδερ πλησίον Ἐφραθὰ οἴκου Βηθλέεμ Βάλλα ἦν * μεθύουσα * καὶ κοιμωμένη ἀκάλυφος κατέκειτο ἐν τῷ κοιτῶνι
TJud.   14    4    αἰσχύναται. τοιοῦτός ἐστιν ὁ οἶνος τέκνα μου ὅτι ὁ * μεθύων * οὐδένα αἰδεῖται. ἰδοὺ γὰρ κἀμὲ ἐπλάνησε μὴ
       μειδιάω
                                                                 5
Asen.   12    8    πρὸς τὸ στῆθος τοῦ πατρὸς αὐτοῦ ὁ δὲ πατὴρ ⟨μειδιᾷ⟩ * ἐπὶ τῇ ταραχῇ τῆς νηπιότητος αὐτοῦ οὕτως καὶ σὺ
Asen.   16   12    ἡ πνοὴ αὐτοῦ ὡς πνοὴ τοῦ στόματός σού ἐστιν. καὶ * ἐμειδίασεν * ὁ ἄνθρωπος ἐπὶ τῇ συνέσει Ἀσενὲθ καὶ
Asen.   16   14    τὴν χεῖρα τοῦ ἀνθρώπου. καὶ εἶδεν ὁ ἄνθρωπος καὶ * ἐμειδίασε * καὶ εἶπεν μακαρία εἶ σὺ Ἀσενὲθ διότι
FAch.  108         βασιλέως ἀνάγνωθι. ὁ δὲ γνοὺς τὸ ζήτημα καὶ * μειδιάσας * φησὶν ἀντίγραφον αὐτῷ οὕτως πέμψω σοι τοὺς
FAch.  115         συμβαίνει Λυκοῦργον μηδὲν εἶναι. ὁ Αἴσωπος * μειδιάσας * λέγει ⟨σὲ μὴ⟩ εὐχερῶς ⟨μὲν ἀληθοῦς⟩ πρόσφερε
       μέτξις
TLevi   14    6    αὐτὰς καθαρισμῷ παρανόμῳ καὶ γενήσεται ἡ * μέτξις * ὑμῶν Σόδομα καὶ Γόμορρα ἐν ἀσεβείᾳ καὶ
TJud.   14    3    τὸν νοῦν εἰς πορνείαν καὶ ἐκθερμαίνει τὸ σῶμα πρὸς * μέτξιν * καὶ εἰ πάρεστι τὸ τῆς ἐπιθυμίας αἴτιον πράσσει
FPho.  214         νεοτήσιον ὥρην πολλοὶ γὰρ λυσσῶσι πρὸς ἄρσενα * μέτξιν * ἔρωτος. παρθενικὴν δὲ φύλασσε πολυκλείστοις
       μειράκιον
FrAn.    9   17    5    παθήματι περιπεσεῖν ὑπὸ τοὺς πόδας αὐτοῦ τὸ * μειράκιον * ἔθαψεν ἀπολογούμενος ταύτῃ ὑπὲρ ὧν εἰς αὐτὸν
                       cf. μήν (μεῖς)
       μεῖς
                       cf. μήν (μεῖς)
       μέλαθρον
Sib.     3   53    οἰκτρῇ μοίρῃ καταδηλήσονται. πάντες δ᾽ ἄνθρωποι * μελάθροις * ἰδίοισιν ὀλοῦνται ὁπόταν οὐρανόθεν πύρινος
Sib.     5  470    τειρόμενοι καὶ ἐδέσματα λαιφάσσονται. πάντων δ᾽ ἐκ * μελάθρων * θῆρες κατέδουσι τράπεζαν αὐτοί τ᾽ οἰωνοί τε
FPho.  112         πάντες ἴσον νέκυες ψυχῶν δὲ θεὸς βασιλεύει. κοινὰ * μέλαθρα * δόμων αἰώνια καὶ πατρὶς Ἅιδης ξυνὸς χῶρος ἅπασι
       μελαίνω
Jer.     9   16    καὶ τὸ κόκκινον ὡς ἔριον λευκὸν γενήσεται ἡ χιὼν * μελανθήσεται * τὰ γλυκέα ὕδατα ἁλμυρὰ γενήσονται καὶ τὰ
Sib.     5  349    αὖτις ὑστατίῳ καιρῷ ὁπόταν θεὸς ἡγεμονεύσῃ. πάντα * μελανθείη * σκοτίῃ δ᾽ ἔσται κατὰ γαῖαν καὶ τυφλοὶ μέροπες
FrAn.   15         τὴν θάλασσαν ἀπὸ τῶν ἱστίων τῶν πλοίων αὐτοῦ καὶ * μελανεῖ * τὸ πεδίον ἀπὸ τῶν θυρεῶν καὶ τῶν ὅπλων καὶ πᾶς
       μελανοειδής
                                                                 1
Adam    36    2    Εὖα καὶ ποῦ ἐστιν τὸ φῶς αὐτῶν καὶ διὰ τί γεγόνασι * μελανοειδές; * καὶ λέγει αὐτῇ Σὴθ οὐκ ἀπέστη τὸ φῶς αὐτῶν
       μελανός
                                                                 6
Asen.   10    8    καὶ ἤνοιξε τὸ κιβώτιον αὐτῆς καὶ ἐξήνεγκε χιτῶνα * μελανὸν * καὶ ζοφώδη. καὶ οὗτος ἦν ὁ χιτὼν τοῦ πένθους
Asen.   10    9    τὸν ἀδελφὸν αὐτῆς. καὶ ἔλαβε τὸν χιτῶνα αὐτῆς τὸν * μελανὸν * καὶ ἤνεγκεν αὐτὸν εἰς τὸν θάλαμον αὐτῆς καὶ
Asen.   10   10    βυσσίνην καὶ χρυσοϋφῆ καὶ ἐνεδύσατο τὸν χιτῶνα * μελανὸν * καὶ πένθους καὶ ἔλυσε τὴν ζώνην αὐτῆς τὴν χρυσῆν καὶ
Asen.   13    3    ἐξ ὑακίνθου χρυσοϋφῆ καὶ ἐνεδυσάμην χιτῶνα * μελανὸν * καὶ πενθήρα. ἰδοὺ λέλυκα τὴν ζώνην μου τὴν
Asen.   14   12    ἐν τῷ δευτέρῳ σου θαλάμῳ καὶ ἀπόθου τὸν χιτῶνα τὸν * μελανὸν * τοῦ πένθους σου καὶ τὸν σάκκον ἀπόθου ἀπὸ τῆς
Asen.   14   14    ἐπίσημον ἄθικτον καὶ ἀπεδύσατο τὸν χιτῶνα τὸν * μελανὸν * τοῦ πένθους καὶ ἀπέθετο τὸν σάκκον ἀπὸ τῆς
       μελανόχροος
                                                                 1
Sib.     5  195    ὀλέσειε μέγας φὼς Αἰθιοπήων Τεύχιραν οἰκήσουσι βίῃ * μελανόχροες * Ἰνδοί. Πεντάπολι κλαύσεις σέ δ᾽ ὀλεῖ
       μελανόω
Bar.    13    1    καὶ ὀδυρόμενοι καὶ μετὰ φόβου λέγοντες ἴδε ἡμᾶς * μεμελανωμένους * κύριε ὅτι πονηροῖς ἀνθρώποις παρεδόθημεν
       μέλας
                                                                 8
Abr.1   12    8    ἵσταντο δύο ἄγγελοι κρατοῦντες χάρτην καὶ * μέλαν * καὶ κάλαμον πρὸ προσώπου δὲ τῆς τραπέζης ἐκάθητο
Jer.     6   16    εἰς τὴν ἀγορὰν τῶν ἐθνῶν καὶ ἤνεγκε χάρτην καὶ * μέλανα * καὶ ἔγραφεν ἐπιστολὴν περιέχουσαν οὕτως Βαροὺχ ὁ
Sib.     4   75    ἡνίκα Νεῖλος ἄλλοθι που ὑπὸ γαῖαν ἀποκρύψει * μέλαν * ὕδωρ. ἥξει δ᾽ ἐξ Ἀσίης βασιλεὺς μέγα ἔγχος ἀείρας
Sib.     4  113    δυσσεβίησιν βρονταῖς καὶ σεισμοῖσιν ἁλὸς πετάσει * μέλαν * ὕδωρ+. Ἀρμενίη καὶ σοὶ δὲ μένει δούλειος ἀνάγκη
Sib.     4  129    σεισμὸς ὀλέσσει Κύπρον ὅταν πολύκλυστον ὑπερκλονέῃ * μέλαν * ὕδωρ. ἀλλ᾽ ὁπόταν χθονίης ἀπὸ ῥωγάδος Ἰταλίδος
Sib.     4  151    πικρὸς ὀλέσσει λιμὸς ὅταν Μαίανδρος ἀποκρύψῃ * μέλαν * ὕδωρ. ἀλλ᾽ ὅταν εὐσεβίης μὲν ἀπ᾽ ἀνθρώπων ἀπόληται
FEz.     1    8    3    ἕως τοῦ οὐρανοῦ καὶ ἐὰν ὦσιν πυρρότεραι κόκκου τοῦ * μελανώτεραι * σάκκου καὶ ἐπιστραφῆτε πρός με ἐξ ὅλης τῆς
LEze.    9   28  4 04    δ᾽ αὐτὴν φῦλα παντοίων γενῶν Αἰθίοπες ἄνδρες * μέλανες * ἄρχων δ᾽ ἐστὶ γῆς εἷς καὶ τύραννος καὶ
       μέλεος
                                                                 1
Sib.     4  162    ἀνθρώπων ἅμα πᾶσαν ὑπ᾽ ἐμπρησμοῦ μεγάλοιο. ἃ * μέλεοι * μετάθεσθε βροτοὶ τάδε μηδὲ πρὸς ὀργὴν παντοίην
       μελετάω
Abr.1    4   10    εἶπε ⟨κάτελθε⟩ πρὸς αὐτόν καὶ περὶ τούτου μὴ σὺ * μελετῶ * καθεζομένου γάρ σου μετ᾽ αὐτοῦ ἐγὼ ἀποστελῶ ἐπὶ
Aris.  160    2    κελεύει δὲ καὶ κοιταζομένους καὶ διανισταμένους * μελετᾶν * τὰς τοῦ θεοῦ κατασκευὰς οὐ μόνον λόγῳ ἀλλὰ καὶ
       μελέτη
Jer.     9    5    παρακαλῶ περὶ ἄλλης εὐωδίας θυμιάματος. καὶ ἡ * μελέτη * μου Μιχαὴλ ὁ ἀρχάγγελος τῆς δικαιοσύνης ὁ ἀνοίγων
Sib.     5  327    τὴν Φοίβου δολόεσσαν ἀοιδὴν +τήν τε σοφὴν ἀνδρῶν * μελέτην * καὶ σώφρονα βουλήν+. ἵλαθι παγγενέτωρ τρυφερῇ
       μέλι
                                                                 7
Asen.   16    8    ἦν τὸ κηρίον μέγα καὶ λευκὸν ὡσεὶ χιὼν καὶ πλήρης * μέλιτος. * καὶ ἦν τὸ μέλι ἐκεῖνο ὡς δρόσος τοῦ οὐρανοῦ καὶ
Asen.   16    8    καὶ λευκὸν ὡσεὶ χιὼν καὶ πλήρης μέλιτος. καὶ ἦν τὸ * μέλι * ἐκεῖνο ὡς δρόσος τοῦ οὐρανοῦ καὶ ἡ πνοὴ αὐτοῦ ὡς
Asen.   16   11    Ἀσενὲθ καὶ εἶπεν κύριε ἐγὼ οὐκ ἔχω κηρίον * μέλιτος * ἐν τῷ ταμείῳ μου πώποτε ἀλλὰ σὺ ἐλάλησας καὶ
Aris.  112    5    αὐτῶν ἡ χώρα καὶ ὀσπρίοις ἔτι δὲ ἀμπέλῳ καὶ * μέλιτι * πολλῷ. τὰ μὲν τῶν ἄλλων ἀκροδρύων καὶ φοινίκων
Sib.     3  622    δώσουσιν καρπὸν τὸν ἀληθινὸν ἀνθρώποισιν οἴνου καὶ * μέλιτος * γλυκεροῦ λευκοῦ τε γάλακτος καὶ σίτου ὅπερ ἐστὶ
Sib.     3  746    σίτου οἴνου καὶ ἐλαίου ἰαυτάρ ἀπ᾽ οὐρανόθεν * μέλιτος * γλυκεροῦ ποτὸν ἡδὺ δένδρεά τ᾽ ἀκροδρύων καρπὸν
HEup.    9   34   17    μετρητὰς μυρίους φοινικοβαλάνων ἀρτάβας χιλίας * μέλιτος * δὲ ἀγγεῖνα ἑκατὸν καὶ ἀρώματα πέμψαι τῷ δὲ
       μελιηδής
                                                                 1
Sib.     5  141    Ζεὺς ἔτεκεν καὶ πότνια Ἥρη ὅστις παμμούσῳ φθόγγῳ * μελιηδέας * ὕμνους θεατροκοπῶν ἀπολεῖ πολλοὺς σὺν μητρὶ
       μέλισσα
                                                                20
Asen.   16    1    καὶ εἶπεν αὐτῇ ὁ ἄνθρωπος φέρε δή μοι καὶ κηρίον * μελίσσης. * καὶ ἔστη Ἀσενὲθ καὶ ἐλυπήθη διότι οὐκ εἶχε
Asen.   16    2    καὶ ἔστη Ἀσενὲθ καὶ ἐλυπήθη διότι οὐκ εἶχε κηρίον * μελίσσης * ἐν τῷ ταμείῳ αὐτῆς. καὶ εἶπεν αὐτῇ ὁ ἄνθρωπος
Asen.   16    4    ἡμῶν καὶ εἶπεν σοι ἐκεῖθεν ταχέως κηρίον * μελίσσης * καὶ παραθήσω σοι κύριε. καὶ εἶπεν αὐτῇ
Asen.   16    5    εἴσελθε εἰς τὸ ταμιεῖόν σου καὶ εὑρήσεις κηρίον * μελίσσης * ἐπὶ τῆς τραπέζης κείμενον. ἆρον αὐτὸ καὶ
Asen.   16    6    καὶ κόμισον αὐτὸ καὶ εἶπεν Ἀσενὲθ κύριε κηρίον * μελίσσης * ἐν τῷ ταμείῳ μου οὐκ ἔστιν. καὶ εἶπεν ὁ
Asen.   16    8    Ἀσενὲθ εἰς τὸ ταμιεῖον αὐτῆς καὶ εὗρε κηρίον * μελίσσης * κείμενον ἐπὶ τῆς τραπέζης. καὶ ἦν τὸ κηρίον
Asen.   16   10    αὐτῇ ὁ ἄνθρωπος τί ὅτι εἶπας ὅτι οὐκ ἔστι κηρίον * μελίσσης * ἐν τῷ ταμείῳ μου; καὶ ἰδοὺ ἐνήνοχας κηρίον
Asen.   16   10    ἐν τῷ ταμείῳ μου; καὶ ἰδοὺ ἐνήνοχας κηρίον * μελίσσης * θαυμαστόν. καὶ ἐφοβήθη Ἀσενὲθ καὶ εἶπεν κύριε
Asen.   16   14    κηρίον ἐστὶ πνεῦμα ζωῆς. καὶ τοῦτο πεποιήκασιν αἱ * μέλισσαι * τοῦ παραδείσου τῆς τρυφῆς ἐκ τῆς δρόσου τῶν
Asen.   16   17C   καὶ εἶπεν ὁ ἄνθρωπος τῷ κηρίῳ δεῦρο. καὶ ἀνέστησαν * μέλισσαι * ἐκ τῶν σίμβλων τοῦ κηρίου ἐκείνου καὶ οἱ
Asen.   16   18    μυριάδαι καὶ χιλιάδες χιλιάδων. καὶ ἦσαν αἱ * μέλισσαι * λευκαὶ ὡσεὶ χιὼν καὶ τὰ πτερὰ αὐτῶν ὡς πορφύρα
Asen.   16   19    καὶ οὐκ ἠδίκουν τινά. καὶ περιεπλάκησαν πᾶσαι αἱ * μέλισσαι * ἐκεῖναι τῇ Ἀσενὲθ ἀπὸ ποδῶν ἕως κεφαλῆς. καὶ
Asen.   16   19    τῇ Ἀσενὲθ ἀπὸ ποδῶν ἕως κεφαλῆς. καὶ ἄλλαι * μέλισσαι * ἦσαν μεγάλαι καὶ ἐκλεκταὶ ὡς βασίλισσαι αὐτῶν
```

Asen. 16 20 τῷ κηρίῳ τῷ παρακειμένῳ τῷ ἀνθρώπῳ. καὶ πᾶσαι αἱ * μέλισσαι * ἐκεῖναι ἤσθιον ἀπὸ τοῦ κηρίου τοῦ ὄντος ἐπὶ τῷ
Asen. 16 20 ἐπὶ τῷ στόματι Ἀσενέθ. καὶ εἶπεν ὁ ἄνθρωπος ταῖς * μελίσσαις * ὑπάγετε δὴ εἰς τὸν τόπον ὑμῶν. καὶ ἀνέστησαν
Asen. 16 21 δὴ εἰς τὸν τόπον ὑμῶν. καὶ ἀνέστησαν πᾶσαι αἱ * μέλισσαι * καὶ ἐπετάσθησαν καὶ ἀπῆλθον εἰς τὸν οὐρανόν.
Asen. 16 22 καὶ ἐξέτεινεν ὁ ἄνθρωπος τὴν ῥάβδον αὐτοῦ ἐπὶ τὰς * μελίσσας * τὰς νεκρὰς καὶ εἶπεν αὐταῖς ἀνάστητε καὶ ὑμεῖς
Asen. 16 23 εἰς τὸν τόπον ὑμῶν. καὶ ἀνέστησαν αἱ τεθνηκυῖαι * μέλισσαι * καὶ ἀπῆλθον εἰς τὴν αὐλὴν τὴν παρακειμένην τῇ
FPho. 127 τε λέουσιν ταύρους δ' αὐτοχύτως κέρα ἔσσεν κέντρα * μελίσσαις * ἔμφυτον ἄλκαρ ἔδωκε λόγον δ' ἔρυμ'
FPho. 171 πολύμοχθον. κάμνει δ' ἠεροφοῖτις ἀριστοπόνος τε * μέλισσα * ἠὲ πέτρης κοίλης κατὰ χηραμὸν ἢ δονάκεσσιν ἢ

μελίσσιον 1
Sedr. 8 3 εἰς τοὺς καρποὺς τὸ κλῆμα εἰς τὰ πετόμενα τὸ * μελίσσιον * εἰς τοὺς ποταμοὺς τὸν Ἰορδάνην εἰς τὰς πόλεις

μελισταγέω 1
Sib. 5 240 σπειρομένης ἀκτῖνος ὁμοσπόνδοιο προφητῶν γλῶσσα * μελισταγέουσα * καλὸν πόμα πᾶσι βροτοῖσιν φαινέ τε καὶ

μελισταγής 1
Sib. 5 282 εὐσεβέων δὲ μόνων ἁγία χθὼν πάντα τάδ' οἴσει νᾶμα * μελισταγέος * ἀπὸ πέτρης ἠδ' ἀπὸ πηγῆς καὶ γλάγος

μελίφθεγκτος 1
Sib. 4 2 κλῦτε λεὼς Ἀσίης μεγαλαυχέος Εὐρώπης τε ὅσσα * μελιφθέγκτοιο * διὰ στόματος μεγάροιο μέλλω ἀφ' ἡμετέρου

μέλλω 54
Adam 13 6 εἴσω τριῶν ἡμερῶν. ἐξερχομένης δὲ τῆς ψυχῆς αὐτοῦ * μέλλεις * θεάσασθαι τὴν ἄνοδον αὐτῆς φοβεράν. εἰπὼν δὲ
Hen. 10 2 ὅτι ἡ γῆ ἀπόλλυται πᾶσα καὶ κατακλυσμὸς * μέλλει * γίνεσθαι πάσης τῆς γῆς καὶ ἀπολέσει πάντα ὅσα
Hen. 10B 2 ἡ γῆ ἀπόλλυται πᾶσα καὶ εἶπον αὐτῷ ὅτι κατακλυσμὸς * μέλλει * γίνεσθαι πάσης τῆς γῆς ἀπολέσαι πάντα ἀπὸ
Abr.1 1 7 αὐτὸν περὶ τοῦ θανάτου καὶ πληροφόρησον αὐτὸν ὅτι * μέλλει * ἔρχεσθαι ἐν τῷ καιρῷ τούτῳ ἐκ τοῦ ματαίου κόσμου
Abr.1 1 7 ἐν τῷ καιρῷ τούτῳ ἐκ τοῦ ματαίου κόσμου τούτου καὶ * μέλλει * ἐκδημεῖν ἐκ τοῦ σώματος καὶ πρὸς τὸν ἴδιον
Abr.1 7 8 καταβὰς οὗτός ἐστιν ὁ ἐκ τοῦ θεοῦ ἀποσταλεὶς ὁ * μέλλων * λαβεῖν τὴν δικαίαν σου ψυχὴν καὶ νῦν γίνωσκε
Abr.1 7 9 σου ψυχὴν καὶ νῦν γίνωσκε τιμιώτατε Ἀβραὰμ ὅτι * μέλλεις * καταλιπεῖν ἐν τῷ καιρῷ τούτῳ τὸν κοσμικὸν βίον
Abr.1 7 10 ὢ θαῦμα θαυμάτων καινότερον καὶ λοιπὸν σὺ εἶ ὁ * μέλλων * λαβεῖν τὴν ψυχήν μου ἀπ' ἐμοῦ; καὶ λέγει ὁ
Abr.1 15 7 περὶ πάντων ὧν ἐὰν βούλῃ ὅτι ἤγγισεν ἡ ἡμέρα ἐν ᾗ * μέλλεις * ἐκδημεῖν ἐκ τοῦ σώματος ἔτι ἅπαξ πρὸς τὸν κύριον
Abr.2 4 3 γένῃ τῷ ξένῳ τούτῳ ἀνθρώπῳ. ἀνεχώρησεν δὲ Σάρρα ὡς * ἤμελλεν * ἑτοιμάζειν τὸ ἄριστον. ἤγγισεν δὲ ὁ ἥλιος δύνειν
TLevi 1 2 ὅτε ἐκάλεσεν αὐτοὺς πρὸς ἑαυτὸν ὤφθη γὰρ αὐτῷ ὅτι * μέλλει * ἀποθνήσκειν. καὶ ὅτε συνήχθησαν εἶπε πρὸς αὐτοὺς
TLevi 2 10 αὐτοῦ ἐξαγγελεῖς τοῖς ἀνθρώποις καὶ περὶ τοῦ * μέλλοντος * λυτροῦσθαι τὸν Ἰσραὴλ κηρύξεις καὶ διὰ σοῦ
TLevi 9 9 πνεύματος τῆς πορνείας τοῦτο γὰρ ἐνδελεχιεῖ καὶ * μέλλει * διὰ τοῦ σπέρματός σου μιαίνειν τὰ ἅγια. λάβε οὖν
TLevi 18 2B021 πρὸς τὸν βωμὸν προσενέγκαι ὁλοκάρπωσιν καὶ ὅταν * μέλλῃς * προσφέρειν ὅσα δεῖ ἀνενέγκαι ἐπὶ τὸν βωμὸν πάλιν
TJud. 26 3 ἐσθῆτι ἢ τὴν κοιλίαν μου ἀναρρήξει ὅτι ταῦτα * μέλλουσι * ποιεῖν οἱ βασιλεύοντες καὶ ἀναγάγετέ με εἰς
TZab. 4 10 χιτῶνα τοῦ πατρὸς ἡμῶν ἐξέδυσαν τὸν Ἰωσὴφ ἐν τῷ * μέλλειν * πιπράσκειν αὐτὸν καὶ ἐνέδυσαν αὐτὸν ἱμάτιον
TJos. 1 1 περι σωφροσυνης. ἀντίγραφον διαθήκης Ἰωσήφ. ἐν τῷ * μέλλειν * αὐτὸν ἀποθνήσκειν καλέσας τοὺς υἱοὺς αὐτοῦ καὶ
Asen. 29 2 Βενιαμιν ῥομφαίαν οὐκ εἶχεν ἐπὶ τῷ μηρῷ αὐτοῦ καὶ * ἤμελλε * πατάξαι τὸ στῆθος τοῦ υἱοῦ Φαραώ. καὶ ἔδραμεν ἐπ'
Jer. 9 12 σκηνώματος αὐτοῦ ἡμέρας τρεῖς λέγοντες ποίᾳ ὥρᾳ * μέλλει * ἀναστῆναι; μετὰ δὲ τρεῖς ἡμέρας εἰσῆλθεν ἡ ψυχὴ
Bar. 4 15 πάλιν διὰ Ἰησοῦ Χριστοῦ τοῦ Ἐμμανουὴλ ἐν αὐτῷ * μέλλουσιν * τὴν ἀνάκλησιν προσλαβεῖν καὶ τὴν εἰς
Prop. 3 13 ὅτι ἔσται ἐλπὶς τῷ Ἰσραὴλ καὶ ὧδε καὶ ἐπὶ τοῦ * μέλλοντος. * οὗτος ἐκεῖ ὧν ἐδείκνυ τῷ λαῷ Ἰσραὴλ τὰ ἐν
Esdr. 1 24 εἰς κρίσιν παρέδωκας. οὐαὶ τοὺς ἁμαρτωλοὺς ἐν τῷ * μέλλοντι * αἰῶνι ὅτι ἀτελεύτητος αὐτῶν ἡ κρίσις καὶ ἡ φλὸξ
Esdr. 6 23 δακρύων ὦ δέσποτα τί ὠφέλησα δικαζόμενός σε καὶ * μέλλω * εἰς γῆν καταπίπτειν; οἴμμοι οἴμμοι ὅτι ὑπὸ
Esdr. 6 24 γῆν καταπίπτειν; οἴμμοι οἴμμοι ὅτι ὑπὸ σκωλήκων * μέλλω * ἀναλίσκεσθαι. κλαύσατέ με πάντες οἱ ἅγιοι καὶ
Sedr. 8 9 πόσα κύματα ἤγειραν καὶ πόσα ὑποδιέβησαν καὶ πόσα * μέλλουν * ἐγεῖραι καὶ πόσοι ἄνεμοι πνέουσιν παρὰ τὸ χεῖλος
Sedr. 8 10 πόσα σταλάγματα ἔπεσον εἰς τὸν κόσμον καὶ πόσα * μέλλουν * πεσεῖν; καὶ εἶπεν Σεδρὰχ μόνος σὺ γινώσκεις
Sedr. 10 1 ψυχήν σου. καὶ εἶπεν Σεδρὰχ τὸν θεὸν καὶ πόθεν * μέλλεις * λαβεῖν τὴν ψυχήν μου καὶ ἐκ ποίου μέλους; καὶ
Sedr. 10 3 καὶ λάρυγγος καὶ τοῦ στόματος καὶ οἵαν ὥραν * μέλλει * ἐξέρχεσθαι ἀρχὴν σπάρνατaι καὶ συνάζεται ἀπὸ τῶν
Sedr. 14 7 γίνονται ἀπογνωστοὶ τὴν τέλειαν ἀπόγνωσιν καὶ οὐ * μέλλουσιν * μεταγνῶναι καὶ ἀναμένω αὐτοὺς μετὰ πολλῆς
Job 47 9 μοι ἐν δυνάμει, ὑποδεῖξας μοι τὰ γενόμενα καὶ τὰ * μέλλοντα. * νῦν οὖν, τεκνία μου ἔχουσαι ταύτας οὐχ ἕξετε
Aris. 132 5 ἀλλ' ὅσα ποιεῖ τις αὐτῷ φανερὰ καθέστηκε καὶ τὰ * μέλλοντα * γίνεσθαι ταῦτ' οὖν ἐξεργαζόμενος ἀκριβῶς καὶ
Aris. 196 5 πρὸς τὸν θεὸν ἀγαθὰς ἐπινοίας λαμβάνειν πρὸς τὰ * μέλλοντα * πράσσεσθαι καὶ τοῖς ἐγγόνοις παρακελευόμενος μὴ
Aris. 314 2 καὶ γὰρ ἔφησεν ἀκηκοέναι Θεοπόμπου διότι * μέλλων * τινὰ τῶν προηρμηνευμένων ἐπισφαλέστερον ἐκ τοῦ
Aris. 316 3 τραγῳδιῶν ποιητοῦ μετέλαβον ἐγὼ διότι παραφέρειν * μέλλοντός * τι τῶν ἀναγεγραμμένων ἐν τῇ βίβλῳ πρός τι
Sib. 3 624 ὅπερ ἐστὶ βροτοῖς κάλλιστον ἁπάντων. ἀλλὰ σὺ μὴ * μέλλων * βροτὲ ποικιλόμητι βράδυνε ἀλλὰ παλίμπλαγκτος
Sib. 4 3 τε ὅσσα μελιφθέγκτοιο διὰ στόματος μεγάροιο * μέλλω * ἀφ' ἡμετέρου παναληθέα μαντεύεσθαι οὐ ψευδοῦς
Sib. 5 114 γενεὰς ἀνοήτους καὶ δήλου τοῖσιν τὸ παρὸν τό τε * μέλλον * ἔσεσθαι. Εὐφρήτου ποταμοῦ ῥεῖθρον κατακλυσμὸν
Sib. 5 505 ὅταν ἐκπρολιπόντες ἀναιδέα φῦλα Τριβαλλῶν Αἰθίοπες * μέλλωσ' * +Αἴγυπτον ἐὴν τε+ ἀροῦσθαι ἄρξονται κακότητος
FJub. 1 1 μέχρις αὐτοῦ χρόνων καὶ περὶ τῆς νομοθεσίας τῆς * μελλούσης * παρ' αὐτοῦ δίδοσθαι τῷ Ἰουδαίων ἔθνει καὶ τὰς
FEli. 4 228 αὐτῶν εἰς τοὺς αἰῶνας. τοῦ Ἀντιχρίστου οἷος * μέλλῃ * τότε φαίνεσθαι ἡ κεφαλὴ αὐτοῦ φλὸξ πυρὸς ὁ
FIsa. 1 6 βασιλέως. ἐπιθήσῃ τὰς χεῖρας αὐτοῦ <ἐπ' αὐτὸν τὸν * μέλλοντά> * με τιμωρεῖν βασάνοις. ζῇ κύριος καὶ ὁ ἀγαπητὸς
FBar. 14 1 ειπο<ν ιδου απεδει>ξας μοι καιρων ταξεις κ<αι το * μελλον * εσ>εσθαι και ειπ<ε>ς μ<ο>ι <οτι υπ εθνων>
FAch. 104 πρὸς τοὺς ἀντιδίκους Λυκούργου (πιστοὺς) ὡς * μέλλοντα * αὐτοῖς τὸν Αἴσωπον βοηθεῖν καὶ σφραγίσας τῷ τοῦ
FAch. 110 οἷον ἄνδρα ἠδίκουν. δυνάμενος ἐλεεῖν μὴ * μέλλε * ἀλλὰ κοπίᾳ διδοὺς ἐπιστάμενος τὴν τύχην μὴ οὖσαν
FAch. 116 γλώττης (διάλεκτον) ἔφη πρὸς αὐτὸν ἤγαγές μοι τοὺς * μέλλοντας * οἰκοδομεῖν τὸν πύργον; ὁ δὲ λέγει ἕτοιμοί
FAch. 118 βασιλεὺς ἰδὼν αὐτοῦ τὸν νοῦν ἐφοβήθη μὴ νικηθεὶς * μέλλῃ * φόρους τελεῖν τῷ βασιλεῖ Λυκούργῳ. αὐτίκα οὖν τοὺς
FAch. 121 ὡς ὁρῶ διὰ τὸν σαπρόμορφον καὶ κατάρατον τοῦτον * μέ<λλω> * φόρους στέλλειν τῷ βασιλεῖ Λυκούργῳ. εἷς δέ τις
FPho. 117 ἢ τί μεθ' ὥραν. ἄσκοπός ἐστι βροτῶν θάνατος τὸ δὲ * μέλλον * ἄδηλον.> μήτε κακοῖσ' ἄχθου μήτ' οὖν ἐπαγάλλεο
HDem. 9 19 4 πυρὰν νῆσαι καὶ ἐπιθεῖναι τὸν Ἰσαὰκ σφάζειν δὲ * μέλλοντα * κωλυθῆναι ὑπὸ ἀγγέλου κριὸν αὐτῷ πρὸς τὴν
HEup. 9 39 3 χρυσῷ ᾧ εἶναι ὄνομα Βάαλ. τοῦτον δὲ αὐτοῖς τὴν * μέλλουσαν * ἀτυχίαν δηλῶσαι. τὸν δὲ Ἰωναχειμ ζῶντα αὐτὸν
HHec. 1 22 204 ὑγιὲς ἀπήγγελλεν; εἰ γὰρ ἠδύνατο προγιγνώσκειν τὸ * μέλλον * εἰς τὸν τόπον τοῦτον οὐκ ἂν ἦλθε φοβούμενος μὴ
HCal. 28 17 ὁρατῶν καὶ ἀοράτων συνεργός μοι φάνηθι ὧν πράττειν * μέλλω. * κατιὼν δὲ τοῦ πύργου εἰς τὰ βασίλεια ᾤχετο καὶ
LEze. 9 29 12 31 σπουδῇ δὲ βασιλεὺς ἐκβαλεῖ πρόπαντ' ὄχλον. ὅταν δὲ * μέλλητ' * ἀποτρέχειν δώσω χάριν λαῷ γυνή τε παρὰ γυναικὸς
FrAn. 1 218 4 ὧν ἐδάνεισάς μοι. καὶ εἰ πιστεύεις λήψῃ καὶ ἐν τῷ * μέλλοντι * πλοῦτον ἀνυπέρβλητον. καὶ ὁ μὲν ἀρχιερεὺς τὰ

μέλος 18
Adam 26 3 σου. οὐκ ἀφεθήσεταί σοι ὠτίον οὔτε πτέρυξ οὔτε ἓν * μέλος * τούτων ὧν σὺ ἐδελέασας ἐν τῇ κακίᾳ σου καὶ
Adam 42 5 με τοῦ σώματος Ἀδὰμ ἐξ οὗ ἦρές με ἐκ τῶν * μελῶν * αὐτοῦ. ἀλλὰ ἀξίωσον κἀμὲ τὴν ἀναξίαν καὶ ἁμαρτωλὴν
Abr.1 20 5 ὀφθαλμοῖς μου καὶ ἡ ἰσχύς μου ἐκλείπει πάντα δὲ τὰ * μέλη * τῆς σαρκός μου δίκην μολύβδου βάρος μοι φαίνονται
TLevi 18 2B026 χεῖρας καὶ τοὺς πόδας ἀπὸ τοῦ αἵματος καὶ ἄρξῃ τὰ * μέλη * ἀναφέρειν ἡλισμένα τὴν κεφαλὴν ἀνάφερε πρῶτον καὶ
TIss. 7 9 πόδας αὐτοῦ καὶ ἀπέθανε πέμπτος ἐν γήρει καλῷ πᾶν * μέλος * ἔχων ὑγιὲς καὶ ἰσχύων ὕπνωσεν ὕπνον αἰώνιον.
TZab. 9 4 ἔχει. ἔδωκε δύο ὤμους χεῖρας πόδας ἀλλὰ πάντα τὰ * μέλη * τῇ μιᾷ κεφαλῇ ὑπακούει. ἔγνων ἐν γραφῇ πατέρων μου
TJos. 20 6 πένθος μέγα. καὶ γὰρ καὶ τοῖς Αἰγυπτίοις ὡς ἰδίοις * μέλεσι * συνέπασχε καὶ εὐεργέτει παντὶ ἔργῳ καὶ βουλῇ καὶ
TBen. 11 3 ἐθνῶν καὶ ἐν τοῖς ἄρχουσιν αὐτῶν ὡς μουσικὸν * μέλος * ἐν στόματι πάντων καὶ ἐν βίβλοις ἁγίαις ἔσται
Asen. 10 6 ὑμῖν οὐκ ἰσχύω διότι ἠσθένησα ἀπὸ πάντων τῶν * μελῶν * μου. ἀλλὰ πορεύεσθε ἑκάστη ὑμῶν εἰς τὸν θάλαμον
Asen. 11 1 ὅτι ἦν κεκμηκυῖα σφόδρα καὶ παρειμένη τοῖς * μέλεσι * διὰ τὴν ἔνδειαν τῶν ἑπτὰ ἡμερῶν. καὶ ἀνέστη ἐπὶ
Asen. 14 10 ἐφοβήθη Ἀσενὲθ φόβον μέγαν καὶ ἐτρόμαξε πάντα τὰ * μέλη * αὐτῆς. καὶ εἶπεν αὐτῇ ὁ ἄνθρωπος θάρσει Ἀσενὲθ καὶ
Sedr. 10 1 πόθεν μέλλεις λαβεῖν τὴν ψυχήν μου καὶ ἐκ ποίου * μέλους; * καὶ λέγει αὐτὸν ὁ θεὸς ἡ ψυχή σου οὐκ οἶδας ὅτι
Sedr. 10 2 καρδίας σου <καὶ> ἔστι διεσπορισμένη εἰς πάντα τὰ * μέλη * σου; ἀναφέρυσται διὰ φάρυγγος καὶ λάρυγγος καὶ τοῦ
Sedr. 10 3 καὶ συνάζεται ἀπὸ τῶν ἀκρονύχων καὶ ἀπὸ πάντων * μελῶν * καὶ ἔστι μεγάλη ἀνάγκη τοῦ χωρισθῆναι ἀπὸ τοῦ
Job 27 4 ἐφίμωσεν πλήσας τὸ στόμα αὐτοῦ ἄμμου καὶ πᾶν * μέλος * συγκλάσας ὑποκάτω αὐτοῦ ὄντος, καὶ ἐνέγκαντος
Aris. 96 5 χρυσοῖ γὰρ κώδωνες περὶ τὸν ποδήρη εἰσὶν αὐτοῦ * μέλους * ἦχον ἀνιέντες ἰδιάζοντα παρ' ἑκάτερον δὲ τούτων
Aris. 155 6 καὶ ἡ τῆς τροφῆς διοίκησις καὶ ἡ περὶ ἕκαστον * μέλος * διαστολὴ πολλῷ δὲ μᾶλλον ἡ τῶν αἰσθήσεων
LEze. 9 29 11 07 ὡς φοβερὸς ὡς πέλωρος οἴκτειρον σύ με πέφρικ' ἰδὼν * μέλη * δὲ σώματος τρέμει. (Θ). μηδὲν φοβηθῇς χεῖρα δ'

μέλπω 1
Aris. 247 3 κατ' ὄνομα καὶ τῶν παρόντων ταὐτὰ ποιούντων ἐπὶ τὸ * μέλπειν * ἐτράπησαν. τῇ δὲ ἐχομένῃ τὸν καιρὸν λαβὼν

Μελχά 5
TLevi 11 1 οὖν ἔλαβον γυναῖκα ἤμην ἐτῶν εἰκοσιοκτὼ ᾗ ὄνομα * Μελχά. * καὶ συλλαβοῦσα ἔτεκε καὶ ἐκάλεσε τὸ ὄνομα αὐτοῦ
TLevi 18 2B062 ἐμαυτῷ ἐκ τῆς συγγενείας Ἀβραὰμ τοῦ πατρός μου * Μελχὰ * θυγατέρα Βαθουὴλ υἱοῦ Λαβὰν ἀδελφοῦ μητρός μου.
FJub. 8 5 τῶν γιγάντων καὶ ἔκρυψε παρ' ἑαυτῷ. γυνὴ Καιναν * Μελχα * θυγάτηρ Μαδαι υἱοῦ Ιαφεθ. γυνὴ Σαλα Μωαχα θυγάτηρ
FJub. 11 7 ὄργανα πολεμεῖν ἀλλήλοις ἐνήρξαντο. γυνὴ Σερουχ * Μελχα * θυγάτηρ Χαβερ πατραδέλφου αὐτοῦ. γυνὴ Ναχωρ Ιεσθα
FJub. 12 9 τῇ πατρίδι. Σαρα θυγάτηρ ἦν τοῦ Αρραν ἀδελφὴ τῆς * Μελχας * καὶ τοῦ Λωτ. τῷ ' γ τ ο γ' ἔτει τοῦ κόσμου Ἀβραὰμ

Μελχειρά 1
FIsa. 1 3 6 εἰς τὴν χώραν Βηθλεέμ. καὶ ἔπεισαν καὶ κατηγόρησεν * Μελχειρὰ * τοῦ Ἡσαίου καὶ τῶν προφητῶν λέγων ὅτι Ἡσαίας

Μελχί 1
FMos. 1 153 1 δὲ καὶ τρίτον ὄνομα ἐν οὐρανῷ μετὰ τὴν ἀνάληψιν * Μελχί. * λόγῳ μόνῳ ἀνελεῖν τὸν Αἰγύπτιον. καὶ διαδοχεύσει

Μελχίας 1
FIsa. 1 3 17 ξυλίνῳ πρισθῆναι αὐτόν. καὶ πριζομένου αὐτοῦ ἔστη * Μελχίας * κατὰ πρόσωπον αὐτοῦ λέγων. καὶ εἶπεν Ἡσαίας

Μελχισεδέκ `1`
HAno. 9 17 6 ὃ εἶναι μεθερμηνευόμενον ὄρος ὑψίστου παρὰ δὲ τοῦ * Μελχισεδέκ * ἱερέως ὄντος τοῦ θεοῦ καὶ βασιλεύοντος λαβεῖν

μέλω `6`
Abr.2 2 10 αὐτῷ κύριε ἄφες μοι ὅτι ἐπιξενοῦμαι πατὴρ ἀνθρώπων * μεμελημένων * ἤκουσα δὲ ὅτι ἀπῆλθες σταδίους τεσσεράκοντα
Bar. 1 3 σύνες ὦ ἄνθρωπε ἄνερ ἐπιθυμιῶν καὶ μὴ τοσοῦτόν σε * μέλη * περὶ τῆς σωτηρίας Ἰερουσαλὴμ ὅτι τάδε λέγει κύριος
Aris. 92 4 γινομένης κακοπαθείας καὶ ἑκάστῳ τὸ διατεταγμένον * μέλει. * καὶ ἀδιαλείπτως ὑπηρετοῦσιν οἱ μὲν τὴν ξυλείαν οἱ
Sib. 3 220 ἀνθρώπων οἷσιν ἀεὶ βουλή τ' ἀγαθὴ καλά τ' ἔργα * μέμηλεν. * οὔτε γὰρ ἠελίοιο κύκλιον δρόμον οὔτε σελήνης
Sib. 3 428 Πηλείωνα τούς τ' ἄλλους ὁπόσοις πολεμήϊα ἔργα * μέμηλεν. * καὶ γε θεοὺς τούτοισι παρίστασθαί γε ποιήσει
LThe. 9 22 9 ἀνὰ πτόλιν οὐδὲ θέμιστας λοίγια δ' ὥρωρει τοῖσιν * μεμελημένα * ἔργα. τὸν οὖν Λευὶν καὶ τὸν Συμεῶνα εἰς τὴν

Μεμφία `2`
TJos. 3 6 καὶ ὤρθριζον πρὸς κύριον καὶ ἔκλαιον περὶ * Μεμφίας * τῆς Αἰγυπτίας ὅτι σφόδρα ἀδιαλείπτως ἐνόχλει μοι
TJos. 12 1 καὶ ἡμέρας πέντε. κατ' ἐκεῖνον τὸν καιρὸν παρῆει ἡ * Μεμφία * ἐν λαμπήνῃ ἡ γυνὴ τοῦ Πετεφρῆ μετὰ δόξης πολλῆς

Μέμφις `13`
TJos. 14 1 ὅτι ψεύδῃ καὶ γυμνόν με ἐκέλευσε τύπτεσθαι. ἡ δὲ * Μέμφις * ἑώρα διὰ θυρίδος τυπτομένου μου καὶ ἀποστέλλει
TJos. 14 5 καὶ ἠγνόουν ἐπὶ πᾶσι τούτοις. ὁ δὲ εἶπε πρὸς τὴν * Μέμφιν * οὐκ ἔστι παρ' Αἰγυπτίοις πρὸ ἀποδείξεως
TJos. 16 1 ἠγοράσθη ἡμῖν. κἀκεῖνος ἀπέλυσεν ἡμᾶς. ἡ δὲ * Μέμφις * ἐδήλωσε τῷ ἀνδρὶ αὐτῆς πρίασθαί με ἀκούω γάρ
Sib. 5 16 γράμματος ἀρχὴν ὃν Θρήκη πήξει καὶ Σικελὴ μετὰ * Μέμφις * Μέμφις πρηνιχθεῖσα δι' ἡγεμόνων κακότητα ἠδὲ
Sib. 5 17 ἀρχὴν ὃν Θρήκη πήξει καὶ Σικελὴ μετὰ Μέμφις * Μέμφις * πρηνιχθεῖσα δι' ἡγεμόνων κακότητα ἠδὲ γυναικὸς
Sib. 5 60 ῥόοισιν σιγήσει δὲ χάρις γαίης καὶ δόξα προσώπου. * Μέμφι * σὺ μὲν κλαύσῃ ὑπὲρ Αἰγύπτου τὰ μέγιστα πρόσθε γὰρ
Sib. 5 63 τερπικέραυνον οὐρανόθεν φωνῇ μεγάλῃ μεγαλόσθενε * Μέμφι * ἢ τὸ πάλαι δειλοῖσι βροτοῖς αὔχουσα μέγιστα
Sib. 5 180 ἄθεσμον. νῦν δὲ πάλιν Αἴγυπτε τεὴν ὀλοφύρομαι ἄτην * Μέμφι * πόνων ἀρχηγὸς ἔσῃ πληχθεῖσα τένοντας ἐν σοὶ
FAch. 112 τῶν Αἰγυπτίων. ἀφικομένου δὲ αὐτοῦ εἰς τὴν * Μέμφιν * ἐδηλώθη τῷ βασιλεῖ Νεκταναβῷ τὸν Αἴσωπον
HArt. 9 27 3 Μέρριν ἣν Χενεφρῆ τινι κατεγγύησε τῶν ὑπὲρ * Μέμφιν * τόπων βασιλευόντι πολλοὺς γὰρ τότε τῆς Αἰγύπτου
HArt. 9 27 12 ἐπιστάτην Ναχέρωτα. τὸν δὲ ἐλθόντα μετὰ Μωύσου εἰς * Μέμφιν * πυθέσθαι παρ' αὐτοῦ εἴ τι ἄλλο ἐστὶν εὔχρηστον
HArt. 9 27 17 φυγεῖν εἰς τὴν Ἀραβίαν τὸν δὲ πεισθέντα ἀπὸ * Μέμφεως * τὸν Νεῖλον διαπλεύσαντα ἀπαλλάσσεσθαι εἰς τὴν
HArt. 9 27 30 δὲ γενομένου τὸν βασιλέα τοὺς ἱερεῖς τοὺς ὑπὲρ * Μέμφιν * καλέσαι καὶ φάναι αὐτοὺς ἀναιρήσειν καὶ τὰ ἱερὰ

Μεμφίτης `1`
HArt. 9 27 35 τόπον ἐπὶ τὴν Ἐρυθρὰν τριταίους ἐλθεῖν θάλασσαν. * Μεμφίτας * μὲν οὖν λέγειν ἔμπειρον ὄντα τὸν Μώϋσον τῆς

μέμφομαι `2`
Job 42 2 διὰ λαίλαπος καὶ νεφῶν εἶπεν, καὶ τὸν μὲν Ἐλιοὺς * ἐμέμψατο, * ὑποδείξας μοι τὸν ἐν αὐτῷ λαλήσαντα μὴ εἶναι
Sib. 5 237 προβάλλου πῶς τι λέγεις; πείσω σε καὶ εἴ τί σε * μέμφομαι * αὐδῶ ἥν ποτ' ἐν ἀνθρώποις λαμπρὸν σέλας ἠελίοιο

Μεμψασθενώθ `1`
HArt. 9 27 1 γενέσθαι. Ἀβραὰμ τελευτήσαντος καὶ τοῦ υἱοῦ αὐτοῦ * Μεμψασθενώθ * ὁμοίως δὲ καὶ τοῦ βασιλέως τῶν Αἰγυπτίων τὴν

μέν `229` μέν μεν

Μενδήσιος `1`
HEup. 9 32 1 σοι ἐκ μὲν τοῦ Σεβριθίτου νομοῦ μυρίους ἐκ δὲ τοῦ * Μενδησίου * καὶ Σεβεννύτου δισμυρίους Βουσιρίτου

Μενέδημος `1`
Aris. 201 1 πάντες ἀπὸ θεοῦ τοῦ λόγου τὴν καταρχὴν ποιούμενοι. * Μενέδημος * δὲ ὁ Ἐρετριεὺς φιλόσοφος εἶπε ναὶ βασιλεῦ

μένος `4`
Sib. 5 220 καὶ κόψει ὡς προτέθειται. τούτῳ γάρ τοι δῶκε θεὸς * μένος * ἐς τὸ ποιῆσαι οἷά τις οὐ πρότερος τῶν συμπάντων
Sib. 5 527 ὤλισθεν ἀπὸ φλογὸς Ἠελίοιο Ὑδροχόον δ' ἐπύρωσε * μένος * κρατεροῖο Φαεινοῦ ἄρτο μὲν Οὐρανὸς αὐτὸς ἕως
IOrp. 38 χαροποῖο θαλάσσης οὐδὲ φέρειν δύναται κρατερὸν * μένος. * ἔστι δὲ πάντη αὐτὸς ἐπουράνιος καὶ ἐπὶ χθονὶ
LThe. 9 22 11 ἐπεὶ πόνος ἄλλος ὀρώρει. τόφρα δὲ καὶ Λευὶν * μένος * ἄσχετος ἔλαβε χαίτης γούνων ἁπτόμενον Συχὲμ

μέντοι `3`
Job 12 1 οὔτε ἐγὼ εὐπορῶ ἐπικουρῆσαι τοῖς πένησιν βούλομαι * μέντοι * κἂν διακονῆσαι τοῖς πτωχοῖς σήμερον ἐν τῇ σῇ
Job 52 1 τοῦ Ἰὼβ νοσεῖν ἐπὶ τῆς κλίνης, ἄνευ πόνου * μέντοι * καὶ ὀδύνης, ἐπεὶ μηκέτι πόνος ἴσχυεν ἅπτεσθαι
HDem. 9 29 1 γενόμενον Ἀμβρὰμ ἐτῶν ρ λ ς' τελευτῆσαι. φυγεῖν * μέντοι * γε τὸν Μωσῆν εἰς Μαδιὰμ καὶ συνοικῆσαι ἐκεῖ τῇ

μένω `59`
Adam 1 2 ἔλαβεν Ἀδὰμ Εὔαν καὶ ἀνῆλθεν εἰς τὴν ἀνατολὴν καὶ * ἔμεινεν * ἐκεῖ ἔτη δέκα καὶ ὀκτὼ καὶ μῆνας δύο. καὶ ἐν
Adam 2 3 οὐκ ἤκουσεν αὐτοῦ ἀλλ' ὅλον κατέπιεν αὐτό. καὶ οὐκ * ἔμεινεν * ἐπὶ τὴν κοιλίαν αὐτοῦ ἀλλ' ἐξῆλθεν ἔξω τοῦ
Hen. 10 3 ἐστὶν ⟨ἐν⟩ αὐτῇ. καὶ δίδαξον αὐτὸν ὅπως ἐκφύγῃ καὶ * μενεῖ * τὸ σπέρμα αὐτοῦ εἰς πάσας τὰς γενεὰς τοῦ αἰῶνος.
Hen. 26 1 τόπον ηὐλογημένον ἐν ᾧ δένδρα ἔχοντα παραφυάδας * μενούσας * καὶ βλαστούσας τοῦ δένδρου ἐκκοπέντος. ἐκεῖ
Abr.2 7 17 ἀναλαμβάνεται εἰς τοὺς οὐρανοὺς τὸ δὲ σῶμα αὐτοῦ * μένει * ἐπὶ τῆς γῆς ἕως πληρωθῶσιν ἑξακισχίλια ἔτη ἐν ᾧ
Asen. 5 6 αἱ πύλαι τῆς αὐλῆς καὶ πᾶς ἀνὴρ καὶ γυνὴ ἀλλότριοι * ἔμειναν * ἔξω τῆς αὐλῆς διότι οἱ φύλακες τῶν πυλῶν
Asen. 21 1 καὶ εἶπεν αὐτῷ Πεντεφρῆς πορεύου μετ' εἰρήνης. καὶ * ἔμειναν * Ἰωσὴφ ἐν ἡμέρᾳ ἐκείνῃ παρὰ τῷ Πεντεφρῆ καὶ
Jer. 2 10 τῆς νυκτὸς ἵνα γνῷς ὅτι ἀληθές ἐστι τὸ ῥῆμα τοῦτο. * ἔμειναν * οὖν ἀμφότεροι ἐν τῷ θυσιαστηρίῳ κλαίοντες καὶ
Jer. 3 11 ἄπελθε μετὰ τοῦ λαοῦ σου εἰς Βαβυλῶνα καὶ * μεῖνον * μετ' αὐτῶν εὐαγγελιζόμενος αὐτοῖς ἕως οὗ
Jer. 4 11 λυπούμενος διὰ σέ Ἱερουσαλὴμ ἐξῆλθον ἀπὸ σοῦ. καὶ * ἔμεινεν * ἐν μνημείῳ καθεζόμενος τῶν ἀγγέλων ἐρχομένων
Jer. 5 15 ἐπ' ἐμέ. καὶ πάλιν ἐξῆλθεν ἔξω τῆς πόλεως καὶ * ἔμεινε * λυπούμενος μὴ εἰδὼς ποῦ ἀπέλθῃ. καὶ ἀπέθηκε τὸν
Jer. 7 32 δὲ ἄρας τὰ σῦκα διέδωκε τοῖς νοσοῦσι τοῦ λαοῦ καὶ * ἔμεινε * διδάσκων αὐτοὺς τοῦ ἀπέχεσθαι ἐκ τῶν ἀλισγημάτων
Jer. 9 1 καὶ εἰσάξει ὑμᾶς εἰς τὸν τόπον ὑμῶν τὸν ὑψηλόν. * ἔμεινεν * δέ οἱ τοῦ Ἱερεμίου χαίροντες καὶ ἀναφέροντες
Jer. 9 8 ὡς εἷς τῶν παραδιδόντων τὴν ψυχὴν αὐτοῦ. καὶ * ἔμειναν * Βαροὺχ καὶ Ἀβιμέλεχ κλαίοντες καὶ κράζοντες
Jer. 9 12 καὶ ἀκούσαντες τῆς φωνῆς οὐκ ἐκήδευσαν αὐτὸν ἀλλ' * ἔμειναν * περικύκλῳ τοῦ σκηνώματος αὐτοῦ ἡμέρας τρεῖς
Bar. 6 12 κινάμωμον ᾧπερ χρῶνται βασιλεῖς καὶ ἄρχοντες. * μεῖνον * δὲ καὶ ὄψει δόξαν θεοῦ. καὶ ἐν τῷ διαλιπεῖν αὐτὸν
Prop. 10 2 ἐκ τοῦ κήτους καὶ ἀπελθὼν ἐν Νινευῇ ἀνακάμψας οὐκ * ἔμεινε * εἰς τὴν γῆν αὐτοῦ ἀλλὰ παραλαβὼν τὴν μητέρα
Prop. 10 4 εὗρε τὴν χήραν μετὰ τοῦ υἱοῦ αὐτῆς οὐ γὰρ ἠδύνατο * μένειν * μετὰ ἀπεριτμήτων καὶ εὐλόγησεν αὐτήν. ἣν τότε
Prop. 10 4Β Ἰωνᾶν καὶ εὐλόγησεν αὐτῇ σίτῳ καὶ ἐλαίῳ καὶ * μεῖναι * μετ' αὐτοῦ. οὐ γὰρ ἠδύνατο μένειν μετὰ
Prop. 10 4Β καὶ ἐλαίῳ καὶ ἔμεινε μετ' αὐτοῦ. οὐ γὰρ ἠδύνατο * μένειν * μετὰ ἀπεριτμήτων καὶ θανόντα τὸν υἱὸν αὐτῆς πάλιν
Prop. 10 6Β ἠλεήθησαν. καὶ ἐλυπήθη Ἰωνᾶς καὶ ἀνακάμψας οὐκ * ἔμεινε * εἰς τὴν γῆν αὐτῶν ἀλλὰ παραλαβὼν τὴν μητέρα
Prop. 22 11 εἰς διατροφὴν τῶν παιδίων. εἰς Σουμὰν ἀνακάμψας * ἔμεινε * παρά τινι γυναικὶ καὶ μὴ πολυσαλεύων τὸ παιδίον
Sedr. 11 13 καὶ παρακαλοῦντες τοὺς ἁγίους καὶ ἄρτι ἀκίνητοι * μένετε. * ὦ κεφαλὴ καὶ χεῖρες καὶ πόδες ἕως ἄρτι σῴζω σε.
Job 28 5 αὐτῶν λελάληκέν μοι, καὶ οὐχὶ μακροθυμοῦντες * ἐμείνας * μὴ λαλοῦντες ἀλλ' ἐπειδὴ ᾔδεισάν με πρὸ τούτων
Job 41 3 χώραν, καὶ ὀρκωθῆναί με αὐτοὺς ὑπὸ Ἐλίου λέγοντος * μείνατέ * με, ἕως καὶ τὸ περὶ τούτου δείξω αὐτῷ, ὅτι
Aris. 182 4 ἦν γὰρ οὕτω διατεταγμένον ὑπὸ τοῦ βασιλέως ὃ * μένον * ἔτι καὶ νῦν ὁρᾷς ὅσαι γὰρ πόλεις ἔθεσιν ἰδίοις
Aris. 311 5 καλῶς τοῦτο πράσσοντες ἵνα διὰ παντὸς ἀέναα καὶ * μένοντα * φυλάσσεται. προσφωνηθέντων δὲ καὶ τούτων τῷ
Sib. 3 282 ἔσσετ' Ἔρημος ἅπασα σέθεν καὶ θαύματα σηκοῦ. ἀλλὰ * μένει * σ' ἀγαθοῖο τέλος καὶ δόξα μεγίστη ὡς ἐπέκρανε θεός
Sib. 4 45 ἐπιγνώσονται ὅσην ἀσέβειαν ἔρεξαν) εὐσεβέες δὲ * μενοῦσιν * ἐπὶ ζείδωρον ἄρουραν πνεῦμα θεοῦ δόντος ζωήν θ'
Sib. 4 114 ἁλὸς πετάσει μέλαν ὕδωρ+. Ἀρμενίη καὶ σοὶ δὲ * μένει * δούλειος ἀνάγκη ἥξει καὶ Σολύμοισι κακὴ πολέμοιο
Sib. 5 75 ἄνδρες ἔσονται. ἀλλὰ ταλαιπωρίσαι κακοὶ κακότητα * μένοντες * ὀργὴν ἀθανάτοιο βαρυκτύπου οὐρανίωνος ἀντὶ θεοῦ
Sib. 5 103 κτείνας τ' ἄνδρα ἕκαστον ὅλον βίον ἐξαπάξει ὥστε * μένειν * μοῖραν τριτάτην δειλοῖσι βροτοῖσιν. αὐτὸς δ' ἐκ
Sib. 5 153 ἐξετινάχθη καὶ βασιλεῖς ὤλοντο καὶ ἐν τοῖσιν * μένεν * ἀρχὴ ἐξόλεσαν μεγάλην τε πόλιν λαόν τε δίκαιον.
Sib. 5 163 ἔσσεαι ἐν θνητοῖσι κακοῖς κακὰ μοχθήσουσα ἀλλὰ * μενεῖς * πανέρημος ὅλους αἰῶνας ἐσαῦτις (ἔσσεται ἀλλὰ
Sib. 5 164 πανέρημος ὅλους αἰῶνας ἐσαῦτις (ἔσσεται ἀλλὰ * μενεῖ * εἰς αἰῶνα πανέρημος) σὸν στυγέουσ' ἔδαφος ὅτι
Sib. 5 177 ὡς τὸ πάλαι ὅτε σὰς ὁ μέγας θεὸς εὕρατο τιμάς. * μεῖνον * ἄθεσμε μόνη πυρὶ δὲ φλεγέθοντι μιγεῖσα ταρτάρεον
Sib. 5 185 θησαυρὲ πόνων μαινὰς πολύθρηνε ἀηδοσύνη πολύδακρυ * μενεῖς * χήρη ὅλου παντός. πουλυετὴς ἐγένου σὺ μόνη κόσμοιο
Sib. 5 276 βροτοὶ στάχυν ἀγλαὸν ἐκ γῆς πάντ' ἄσπαρτα * μενεῖ * καὶ ἀνήροτα ἄχρι νοήσας τὸν πρύτανιν πάντων θεὸν
Sib. 5 305 ἀνδράσι δυσμενέεσσι καὶ ὡς ἀσεβεῖς ὀλοθρεύσει ὥστε * μένει * νέκυας κατὰ γῆς πλέονας ψαμάθοιο. ἥξει γὰρ καὶ
Sib. 5 311 ἄνδρες ἔσονται ἐς αἰθέρα +ἄρμα προδώσει+ ἀλλ' * μενεῖ * νεκρὰ ἐν νάμασι +κυμήοισιν+ καὶ τότ' ἀναιάξουσιν
Sib. 5 312 +κυμήοισιν+ καὶ τότ' ἀναιάξουσιν ὁμοῦ κακότητα * μένοντες, * εἰδήσει σημεῖον ἔχων ἀνθ' ὧν ἐμόγησαν Κυμαίων
Sib. 5 342 κακὴν ἔριν ὁπλισθέντες. Ἰταλίη τριτάλαινα * μενεῖς * πανέρημος ἄκλαυστος ἐν γαίῃ θαλερῇ ὀλοὸν δάκος
Sib. 5 456 μέροπες κλαύσονσε βλέποντες. Φοινίκη δεινός σε * μενεῖ * χόλος ἄχρι πρέσῃν σε πτῶμα κακὸν Σειρῆνος ὅπως
Sib. 5 478 ἠελίου δύνοντος ἵν' ἔμπαλι μηκέτ' ἀνέλθῃ ὠκεανοῖο * μείνας * ἵν' ἐφ' ὕδασι βαπτισθείη πολλῶν γὰρ μερόπων εἶδεν
Sib. 5 484 ἀγαθοῖσιν ὅσοι θεὸν ἐξύμνησαν. Ἶσι θεὰ τριτάλαινα * μενεῖς * ἐπὶ χεύμασι Νείλου μούνη μαινὰς ἄναυδος ἐπὶ
Sib. 5 486 ἐπὶ ψαμάθοις Ἀχέροντος κούκέτι σου μνεῖά γε * μενεῖ * κατὰ γαῖαν ἅπασαν. καὶ σὺ Σάραπι λίθους ἀργοὺς
Sib. 5 520 νόστιμον ἦμαρ. καὶ Ζυγὸν Ἥρλων ἀπενόσφισε μηκέτι * μεῖναι * Παρθένος ἐν Κριῷ Διδύμων ἠλλάξατο μοῖραν Πλειάς
Sib. 5 531 πληγέντες ἐπ' Ὠκεανοῖο λοετρὰ ἦψαν γαῖαν ἄπασαν * ἔμεινε * δ' ἀνάστερος αἰθήρ.
FJub. 10 21 γυνὴ Φαλεχ Δυμνα θυγάτηρ Σενναὰρ. ἐπὶ μ γ' ἔτη * ἔμεινεν * οἰκοδομοῦντες. τὸ ὕψος 'ε υ λ γ' πήχεις καὶ δύο
FJub. 10 24 εἰς πολυγλωσσίαν ὑπὸ τοῦ θεοῦ. ἐκεῖνος δὲ * ἔμεινεν * οἰκεῖ κατοικῶν καὶ μὴ ἀφιστάμενος τοῦ πύργου
FEsd. 8 23 ἀβύσσους καὶ ἡ ἀπειλὴ τήκει ὄρη καὶ ἡ ἀλήθεια * μένει * εἰς τὸν αἰῶνα. θαυμαρεσινω τῶν γραφῶν ἐπίπονος
FPho. 175 σμήνεσσι μυριότρητα κατ' ἄγγεα κηρόδομοῦσα. μὴ * μείνῃς * ἄγαμος μή πως νώνυμος ὄλῃαι δός τι φύσει καύτος
HDem. 9 21 6 εἰς Χαναὰν ἀπιέναι ἀξιωθέντα ὑπὸ Λάβαν ἄλλα ἔτη ἓξ * μεῖναι * ὥστε τὰ πάντα αὐτὸν μεῖναι ἐν Χαρρὰν παρὰ Λάβαν
HDem. 9 21 6 ὑπὸ Λάβαν ἄλλα ἔτη ἓξ μεῖναι ὥστε τὰ πάντα αὐτὸν * μεῖναι * ἐν Χαρρὰν παρὰ Λάβαν ἔτη εἴκοσι. πορευομένῳ δ'
HDem. 9 21 11 πραθῆναι αὐτὸν εἰς Αἴγυπτον καὶ ἐν τῷ δεσμωτηρίῳ * μεῖναι * ἔτη δεκατρία ὥστ' εἶναι αὐτὸν ἐτῶν τριάκοντα

HArt. 9 18 1 Φαρεθώθην καὶ τὴν ἀστρολογίαν αὐτὸν διδάξαι * μείναντα * δὲ ἔτη ἐκεῖ εἴκοσι πάλιν εἰς τοὺς κατὰ Συρίαν
HHec. 1 22 203 μάντεως αὐτῷ τὸν ὄρνιθα καὶ φήσαντος ἐὰν μὲν αὐτοῦ * μένῃ * προσμένειν συμφέρειν πᾶσιν ἐὰν δ' ἀναστὰς εἰς
LEze. 9 29 7 04 βάτος μὲν καίεται πολλῷ πυρὶ αὐτοῦ δὲ χλωρὸν πᾶν * μένει * τὸ βλαστάνον. τί δή; προελθὼν ὄψομαι τεράστιον
LAri. 8 10 16 τόπων φλεγομένων σφοδρῶς οὐδὲν ἐξανάλωσεν ἀλλ' * ἔμεινε * τῶν ἀπάντων ἡ χλόη πυρὸς ἄθικτος σαλπίγγων τε

Μεραρί 4
TLevi 11 7 καὶ συμβιβασμός. καὶ τρίτον ἔτεκέ μοι τὸν * Μεραρὶ * τεσσαρακοστῷ ἔτει ζωῆς μου. καὶ ἐπειδὴ
TLevi 11 7 ἐπειδὴ ἐδυστόκησεν ἡ μήτηρ αὐτοῦ ἐκάλεσεν αὐτὸν * Μεραρὶ * ὅ ἐστι πικρία μου ὅτι καίγε αὐτὸς ἀπέθανεν. ἡ δὲ
TLevi 12 3 υἱοὶ Καὰθ Ἀμβρὰμ Ἰσαὰρ Χεβρὼν Ὀζιήλ. καὶ υἱοὶ * Μεραρὶ * Μοολὶ καὶ Ὁμουσί. καὶ ἐνενηκοστῷ τετάρτῳ ἔτει
TLevi 18 2B069 ἔτεκέν μοι υἱὸν τρίτον καὶ ἐκάλεσα τὸ ὄνομα αὐτοῦ * Μεραρὶ * ἐλυπήθην γὰρ περὶ αὐτοῦ καὶ ἀνατελεῖ ἄστρον αὐτοῦ

μερίζω 5
Adam 15 3 κλῆρον τοῦ Ἀδὰμ ὅπου ἦν τὰ θηρία ἐπειδὴ τὰ θηρία * ἐμέρισεν * ὁ θεός. τὰ ἀρσενικὰ πάντα δέδωκε τῷ πατρὶ ὑμῶν
Hen. 27 4 ἡμέραις τῆς κρίσεως αὐτῶν εὐλογήσουσιν ἐν ἐλέει ὡς * ἐμέρισεν * αὐτοῖς. τότε ηὐλόγησα τὸν κύριον τῆς δόξης καὶ
Prop. 5 2 ἥξειν κύριον ἐπὶ τῆς γῆς ἐὰν ἡ δρῦς ἡ ἐν Σηλὼμ * μερισθῇ * ἀφ' ἑαυτῆς καὶ γένωνται δρύες δώδεκα. Μιχαίας ὁ
Aris. 224 3 δὲ ἐκεῖνος ἔφη πρῶτον εἰ νοήσαι ὅτι ὁ θεὸς πᾶσι * μερίζει * δόξαν τε καὶ πλούτου μέγεθος τοῖς βασιλεῦσι καὶ
Sib. 3 107 διέστρεφον αὐτὰρ ἅπασα γαῖα βροτῶν πληροῦτο * μεριζομένων * βασιλειῶν καὶ τότε δὴ δεκάτη γενεὴ μερόπων

μερικός 1
FJub. 10 24 κατοικῶν καὶ μὴ ἀφιστάμενος τοῦ πύργου βασιλεύων * μερικοῦ * τινος πλήθους ἐφ' ὃν ὁ πύργος ἀνέμῳ βιαίῳ

μέριμνα 1
Aris. 271 3 ἑτέρῳ εἶπε τί βασιλείαν διατηρεῖ; πρὸς τοῦτ' ἔφη * μέριμνα * καὶ φροντὶς ὡς οὐδὲν κακουργηθήσεται διὰ τῶν

μεριμνάω 6
Jer. 6 12 τοὺς λόγους τούτους ὁ σύμβουλος τοῦ φωτὸς μὴ * μεριμνήσῃς * τὸ πῶς ἀποστείλῃς πρὸς Ἰερεμίαν ἔρχεται γὰρ
Aris. 296 1 πολλοῦ χρόνου δεομένας καὶ τοῦ μὲν ἐρωτῶντος * μεμεριμνηκότος * ἕκαστα τῶν δὲ ἀποκρινομένων καταλλήλως
Sib. 3 89 καγχαλόωντα οὐ νὺξ οὐκ ἠὼς οὐκ ἤματα πολλὰ * μεριμνᾶς * οὐκ ἔαρ οὐχὶ θέρος οὐ χειμῶν' οὐ μετόπωρον. καὶ
Sib. 3 222 κύκλιον δρόμον οὔτε σελήνης οὔτε πελώρια ἔργα * μεριμνῶσιν * κατὰ γαίης οὔτε βάθος χαροποῖο θαλάσσης
Sib. 3 234 πεπλανῆσθαι ὁδούς τ' ἀγαθὰς καὶ ἔργα δίκαια. οἳ δὲ * μεριμνῶσίν * τε δικαιοσύνην τ' ἀρετήν τε κού
Sib. 5 440 στόμα φιμῷ ἄναγνε Χαλδαίων γενεὴ μήτ' εἴρεο μηδὲ * μερίμνα * πῶς Περσῶν ἄρξεις ἢ πῶς Μήδων +τε+ κρατήσεις

μερίς 17
TLevi 2 12 σῴζων ἐν αὐτοῖς πᾶν γένος ἀνθρώπων καὶ ἐκ * μερίδος * κυρίου ἡ ζωή σου καὶ αὐτὸς ἔσται σου ἀγρὸς
TLevi 14 5 τὰς προσφορὰς κυρίου λῃστεύσετε καὶ ἀπὸ τῶν * μερίδων * αὐτοῦ κλέψετε καὶ πρὸ τοῦ θυσιάσαι κυρίῳ λήψεσθε
TJud. 3 4 τὸν Ἀχὼρ ἐπὶ ὥρας δύο ἀπέκτεινα αὐτὸν καὶ εἰς δύο * μερίδας * ποιήσας τὴν ἀσπίδα αὐτοῦ συνέκοψα τοὺς πόδας
TIss. 5 5 ἀπὸ Ἄβελ ἕως τοῦ νῦν. οὐ γὰρ δέδοταί σοι ἄλλη * μερὶς * ἢ τῆς πιότητος τῆς γῆς ἧς ἐν πόνοις οἱ καρποὶ ὅτι
TBen. 6 3 οὐ πλανᾶται μετεωρισμοῖς ὀφθαλμῶν κύριος γάρ ἐστι * μερὶς * αὐτοῦ. τὸ ἀγαθὸν διαβούλιον οὐκ ἐπιδέχεται δόξης
TBen. 9 2 ἐν ὑμῖν ὅτι εὐθὺς αὐτὸς λήψεται αὐτήν. πλὴν ἐν * μερίδι * ὑμῶν γενήσεται ναὸς θεοῦ καὶ ἔνδοξος ἔσται ὁ
TBen. 10 10 καὶ ἀπηλλοτριώθησαν θεοῦ γενόμενοι οὐ τέκνα ἐν * μερίδι * φοβουμένων κύριον. ὑμεῖς δὲ ἐὰν πορεύησθε ἐν
Sal. 3 12 οὐ μνησθήσεται ὅταν ἐπισκέπτηται δικαίους. αὕτη ἡ * μερὶς * τῶν ἁμαρτωλῶν εἰς τὸν αἰῶνα οἱ δὲ φοβούμενοι τὸν
Sal. 4 14 αὐτοῦ ὡς ᾅδης ἐν πᾶσι τούτοις. γένοιτο κύριε ἡ * μερὶς * αὐτοῦ ἐν ἀτιμίᾳ ἐνώπιόν σου ἡ ἔξοδος αὐτοῦ ἐν
Sal. 5 4 ὧν ἐποίησας ἐὰν μὴ σὺ δῷς; ὅτι ἄνθρωπος καὶ ἡ * μερὶς * αὐτοῦ παρὰ σοῦ ἐν σταθμῷ οὐ προσθήσει τοῦ
Sal. 14 5 ἐκτιλήσονται πάσας τὰς ἡμέρας τοῦ οὐρανοῦ ὅτι ἡ * μερὶς * καὶ κληρονομία τοῦ θεοῦ ἐστιν Ισραηλ. καὶ οὐχ
Job 38 2 τὰ οὐράνια σάρκινοι ὄντες, ἔχοντες τὴν * μερίδα * ἐν γῇ καὶ σποδῷ; ἵνα οὖν γνῶτε ὅτι συνέστηκεν ἡ
Job 41 5 τοίνυν ἐμοῦ ἀκούσατε καὶ γνωρίσω ὑμῖν τὴν * μερίδα * αὐτοῦ οὐχ ὑπάρχουσαν. τότε Ελιους ἐμπνευσθεὶς ἐν
Sib. 3 114 τοι πρώτιστοι ἔσαν μερόπων ἀνθρώπων. τρισσαὶ δὴ * μερίδες * γαίης κατὰ κλῆρον ἑκάστου καὶ βασίλευσεν ἕκαστος
Sib. 3 116 μέρος οὐδ' ἐμάχοντο ὅρκοι γάρ τ' ἐγένοντο πατρὸς * μερίδες * τε δίκαιαι. τηνίκα δὴ πατρὸς τέλεος χρόνος ἵκετο
HDem. 9 21 14 ὁ Ἰωσὴφ Βενιαμὶν ἐπὶ τοῦ ἀρίστου πενταπλασίονα * μερίδα * ἔδωκε μὴ δυναμένου αὐτοῦ τοσαῦτα καταναλῶσαι
HDem. 9 21 14 τῆς μητρὸς αὐτοῦ δύο διὰ τοῦτο τῷ Βενιαμὶν πέντε * μερίδας * παραθεῖναι καὶ αὐτὸν λαβεῖν δύο γενέσθαι οὖν

μερισμός 1
Job 46 1 ἑαυτοῦ ἀκωλύτως. οἱ δὲ παρήνεγκαν τὰ ὄντα εἰς * μερισμὸν * αὐτοῖς τοῖς ἑπτὰ ἄρρεσιν ἀπὸ γὰρ τῶν χρημάτων

μερμηρίζω 1
Sib. 5 364 γαίης μητροκτόνος ἀνὴρ φεύγων ἠδὲ νόῳ ὀξύστομα * μερμηρίζων * ὃς πᾶσαν γαῖαν καθελεῖ καὶ πάντα κρατήσει

Μερόη 1
HArt. 9 27 16 θάψαι τὸν δὲ ποταμὸν καὶ τὴν ἐν ἐκείνῳ πόλιν * Μερόην * προσαγορεῦσαι τιμᾶσθαι δὲ τὴν Μέρριν ταύτην ὑπὸ

Μερόπεια 1
Sib. 3 346 Ἀστυπάλαια Εὐρώπης δὲ +Κύαγρα κλύτος+ βασιλὶς * Μερόπεια * Ἀντιγόνη Μαγνησίη +Μυκήνη πάνθεια+. ἴσθι τότ'

μέρος 45
Adam 5 3 συνήχθησαν πάντες. ἦν γὰρ οἰκισθεῖσα ἡ γῆ εἰς τρία * μέρη. * καὶ ἦλθον πάντες ἐπὶ τὴν θύραν τοῦ οἴκου ἐν ᾧ
Adam 10 1 τὸ πρότερον. ἐπορεύθη δὲ Σὴθ καὶ ἡ Εὔα εἰς τὰ * μέρη * τοῦ παραδείσου καὶ πορευομένων αὐτῶν εἶδεν ἡ Εὔα
Adam 15 2 ἐφυλάττομεν ἕκαστος ἡμῶν τὸ λαχόν τι αὐτῷ * μέρος * ἀπὸ τοῦ θεοῦ. ἐγὼ δὲ ἐφύλαττον ἐν τῷ κλήρῳ μου
Adam 20 4 φυτοῦ καὶ ἄφαντος ἐγένετο. ἐγὼ δὲ ἐζήτουν ἐν τῷ * μέρει * μου φύλλα ὅπως καλύψω τὴν αἰσχύνην μου καὶ οὐχ
Adam 20 4 μου καὶ οὐχ εὗρον. ἅπαντα γὰρ τὰ φυτὰ τοῦ ἐμοῦ * μέρους * κατερρύη τὰ φύλλα παρὲξ τοῦ σύκου μόνου. λαβοῦσα
Adam 40 6 μετὰ τὸ κηδεῦσαι καὶ τὸν Ἄβελ ἆραι αὐτοὺς εἰς τὰ * μέρη * τοῦ παραδείσου εἰς τὸν τόπον ὅπου ἦρεν χοῦν ὁ θεὸς
Abr.Z 10 2 καὶ τὸν Ἀβραὰμ ἐν τόπῳ ᾧ ἐστιν παράδεισος ἐκ * μέρους * αὐτοῦ. ὅτε οὖν ἔφθασεν εἰς τὸν τόπον ὅπου ἦν ὁ
Abr.Z 11 5 εἶπεν Ἀβραὰμ τῷ Μιχαὴλ δύναται Ἐνὼχ βαστάσαι τὸ * μέρος * τῶν ψυχῶν; ἢ δυνήσεται δοῦναι πάσης ψυχῆς
TLevi 18 2B038 ἐν αὐτῷ τὸ δέρμα καὶ τῷ ταύρῳ τῷ δευτέρῳ τὰ πέντε * μέρη * ἀπὸ τῶν ἓξ μερῶν τοῦ σάτου καὶ τοῦ μόσχου τὸ
TLevi 18 2B038 καὶ τῷ ταύρῳ τῷ δευτέρῳ τὰ πέντε μέρη ἀπὸ τῶν ἓξ * μερῶν * τοῦ σάτου καὶ τοῦ μόσχου τὸ δίμοιρον τοῦ σάτου καὶ
TLevi 18 2B042 σάτον σεμίδαλιν καὶ τῷ κριῷ καὶ τῷ τράγῳ τὰ δύο * μέρη * τοῦ σάτου καὶ τῷ ἀρνίῳ καὶ τῷ ἐρίφῳ ἐξ αἰγῶν τὸ
TLevi 18 2B047 τοῦ σάτου τὸ τρίτον τοῦ ὑφή ἐστιν καὶ τὰ δύο * μέρη * τοῦ βάτου καὶ ὁλκῆς τῆς μνᾶς ν' σίκλων ἐστὶν καὶ
Asen. 16 15 αὐτοῦ τὴν δεξιὰν καὶ ἀπέκλασεν ἀπὸ τοῦ κηρίου * μέρος * μικρὸν καὶ ἔφαγεν αὐτὸς καὶ τὸ κατάλοιπον ἐνέβαλε
Asen. 24 20 καὶ ἐκάθισαν ἐκεῖθεν τοῦ χειμάρρου ὡς πρὸς τὸ * μέρος * τὸ ἔμπροσθεν ἔνθεν κἀκεῖθεν τῆς ὁδοῦ ἀνὰ
Prop. 1 6 τῶν βασιλέων ὄπισθεν τοῦ τάφου τῶν ἱερέων ἐπὶ τὸ * μέρος * τὸ πρὸς νότον. Σολομὼν γὰρ ἐποίησε τοὺς τάφους τοῦ
Prop. 11 3 καὶ πῦρ ἐκ τῆς ἐρήμου ἐπελθὸν τὸ ὑψηλότερον αὐτῆς * μέρος * ἐνέπρησεν. ἀπέθανε δὲ ἐν εἰρήνῃ καὶ ἐτάφη ἐν τῇ γῇ
Prop. 14 1 τῆς ἐπιστροφῆς τοῦ λαοῦ προεφήτευσε καὶ εἶδεν ἐκ * μέρους * τὴν οἰκοδομὴν τοῦ ναοῦ. καὶ θανὼν ἐτάφη πλησίον
Esdr. 4 5 δικαζόμενός σε. θέλω δέσποτα ἰδεῖν καὶ τὰ κατώτερα * μέρη * τοῦ ταρτάρου. καὶ εἶπεν ὁ θεὸς κάτελθε καὶ ἴδε. καὶ
Job 18 6 πόλιν τινὰ ἰδεῖν τὸν αὐτῆς πλοῦτον καὶ κληρονομεῖν * μέρος * τῆς δόξης αὐτῆς, καὶ ὡς φορτίον ἐμβαλλόμενος ἐν
Job 45 4 ὅσα μοι ὑπάρχει, πρὸς τὸ δεσπόζειν ἕκαστον τοῦ * μέρους * ἑαυτοῦ ἀκωλύτως. οἱ δὲ παρήνεγκαν τὰ ὄντα εἰς
Aris. 58 4 ἔκτυπον τῇ τορείᾳ θαυμαστῶς ἔχουσαν ἐκ τῶν τριῶν * μερῶν * ἦν γὰρ τρίγωνα. καὶ καθ' ἕκαστον μέρος ἡ
Aris. 59 1 τῶν τριῶν μερῶν ἦν γὰρ τρίγωνα. καὶ καθ' ἕκαστον * μέρος * ἡ διατύπωσις τῆς ἐνεργείας τὴν αὐτὴν διάθεσιν
Aris. 59 3 ἐνεργείας τὴν αὐτὴν διάθεσιν εἶχεν ὥστε καθ' ὃ ἂν * μέρος * στρέφοιτο τὴν πρόσοψιν εἶναι τὴν αὐτὴν κειμένου δὲ
Aris. 60 4 ὡς προειρήκαμεν τριγώνου κατεσκευασμένου καθ' ὃ ἂν * μέρος * στρέφοιτο. λίθων τε πολυτελῶν ἐν αὐτῷ διαθέσεις
Aris. 64 4 καὶ διαγλυφῆς ⟨διὰ τὸ⟩ (καὶ) κατ' ἀμφότερα τὰ * μέρη * τὴν τράπεζαν πρὸς τὴν χρῆσιν πεποιῆσθαι καθ' ὃ ἂν
Aris. 64 5 τὴν τράπεζαν πρὸς τὴν χρῆσιν πεποιῆσθαι καθ' ὃ ἂν * μέρος * αἱρῶνται ὥστε καὶ τὴν τῶν κυμάτων θέσιν καὶ τὴν
Aris. 64 7 θέσιν καὶ τὴν τῆς στεφάνης εἶναι κατὰ τὸ τῶν ποδῶν * μέρος. * ἔλασμα γὰρ ἐποίησαν καθ' ὅλου τοῦ πλάτους τῆς
Aris. 65 4 ἐσφίγχθαι κατὰ τὴν στεφάνην ἵνα καθ' ὃ ἂν αἱρῶνται * μέρος * ἡ χρῆσις ᾖ τὸ αὐτὸ δὲ κατὰ ἐπιφάνειαν θεωρεῖται
Aris. 89 6 ἑκάστου τούτων σύριγγας ἀναριθμους καθ' ἕκαστον * μέρος * ἑαυτὰ συναπτόντων τῶν ῥευμάτων. καὶ πάντα ταῦτα
Aris. 102 4 ἐξιέναι τῆς ἄκρας εἰ μὴ ταῖς ἑορταῖς καὶ τοῦτο ἐκ * μέρους * οὐδὲ εἰσοδεύειν εἴων οὐδένα. μετὰ ἀκριβείας δὲ
Aris. 117 4 κατίασι περιλαμβάνοντες τὰ πρὸς τὴν Γάζαν * μέρη * καὶ τὴν Ἀζωτίων χώραν. περιέχεται δὲ ἀσφαλείαις
Aris. 209 4 εἶπεν αὐτὸν ἀδωροδόκητον καὶ νήφειν τὸ πλεῖον * μέρος * τοῦ βίου καὶ δικαιοσύνην προτιμᾶν καὶ τοὺς
Aris. 301 4 διαβὰς τὴν γέφυραν καὶ προσελθὼν ὡς ἐπὶ τὰ βόρεια * μέρη * συνέδριον ποιησάμενος εἰς κατεσκευασμένον οἶκον
Sib. 3 115 κατὰ κλῆρον ἑκάστου καὶ βασίλευσεν ἕκαστος ἔχων * μέρος * οὐδ' ἐμάχοντο ὅρκοι γάρ τ' ἐγένοντο πατρὸς μερίδες
Sib. 3 544 ἔκτισε καὶ γῆν πάντων δ' ἀνθρώπων τὸ τρίτον * μέρος * ἔσσεται αὖτις. Ἑλλὰς δὴ τί πέποιθας ἐπ' ἀνδράσιν
FJub. 3 5 κατὰ δὲ Αἰγυπτίους Φαρμουθὶ ἑνδεκάτῃ λαβὼν ὁ θεὸς * μέρος * τι τῆς πλευρᾶς τοῦ Ἀδὰμ ἔπλασε τὴν γυναῖκα. τῇ
FJub. 10 9 ἑκάστου πρὸς θεὸν προαιρέσεως τὰ δὲ λοιπὰ ἐννέα * μέρη * ἐβλήθη εἰς τὴν ἄβυσσον. γυνὴ Φαλεκ Δυμνα θυγάτηρ
FEz. 64 70 14 εἶπεν ὦ κύριε πικρᾶναί μου τὴν ψυχὴν ἐν τῷ * μέρει * τῆς ἀδυναμίας βούλει. καὶ λοιπὸν ἡ κρίσις ἀργεῖ.
FAch. 102 βάρβαρα τῶν ἐθνῶν κατειληφέναι ἀλλὰ καὶ τὰ πλείονα * μέρη * ἕως Ἑλλάδος ὑποτέτακται. ὁ δὲ Αἴσωπος ἐπιγνούς
FAch. 111 δὲ ὑπήκοοι ἦσαν τοῖς παισὶν πρὸς τὸ ἐν ᾧ ἠβούλοντο * ⟨μέρος⟩ * (βούλημα) φερόμενοι. τῷ δὲ θέρει ἀποταξάμενος ὁ
HEup. 9 34 8 σκηνῇ τοῦ μαρτυρίου τεθεῖσαν στῆσαι δ' ἐξ ἑκατέρου * μέρους * τοῦ σηκοῦ τὰς μὲν ἐκ δεξιῶν τὰς δὲ ἐξ εὐωνύμων.
HEup. 9 34 9 κυπαρισσίνοις. ποιῆσαι δὲ καὶ κατὰ τὸ πρὸς βορρᾶν * μέρος * τοῦ ἱεροῦ στοὰν καὶ στύλους αὐτῇ ὑποστῆσαι χαλκοῦς
HEup. 9 34 9 καὶ τῷ ὕψει ἀνδρομήκεις καὶ στῆσαι ἐξ ὑστέρου * μέρους * ὑπὸ τὸν λουτῆρα ἐκ δεξιῶν τοῦ θυσιαστηρίου.
LThe. 9 22 4 τὰ Σίκιμα πρὸς Ἐμμὼρ τὸν δὲ ὑποδέξασθαι αὐτὸν καὶ * μέρος * τι τῆς χώρας δοῦναι. καὶ αὐτὸν μὲν τὸν Ἰακὼβ
LEze. 9 29 14 22 δ' ἀνδρῶν ὄχλος. ἡμᾶς δὲ χάρμα πάντας εἶχεν ἐν * μέρει. * ἔπειθ' ὑπ' αὐτοὺς θήκαμεν παρεμβολὴν (Βεελζεφῶν

μέροψ 16
Sib. 3 27 τε καὶ ἄρκτον αὐτὸς δ' ἐστήριξε τύπον μορφῆς * μερόπων * τε καὶ θῆρας ποίησε καὶ ἑρπετὰ καὶ πετεηνά. οὐ
Sib. 3 62 ἀτὰρ τὰ ἕκαστ' ἀγορεύσω ὅσσαις ἐν πόλεσιν * μέροπες * κακότητα φέρουσιν. ἐκ δὲ Σεβαστηνῶν ἥξει Βελίαρ
Sib. 3 68 οὐχὶ τελεσφόρα ἔσσετ' ἐν αὐτῷ ἀλλὰ πλανᾷ καὶ δὴ * μέροπας * πολλούς τε πλανήσει πιστούς τ' ἐκλεκτούς θ'
Sib. 3 108 μεριζομένων βασιλειῶν καὶ τότε δὴ δεκάτη γενεὴ * μερόπων * ἀνθρώπων ἐξ οὗ περ κατακλυσμὸς ἐπὶ προτέρους

| | | | | | |
|---|---|---|---|---|---|

Slb.   3   113   οὐρανὸν οὔνομα θέντες οὕνεκά τοι πρώτιστοι ἔσαν * μερόπων * ἀνθρώπων. τρισσαὶ δὴ μερίδες γαίης κατὰ κλῆρον
Slb.   3   305   γαῖαν ῥοῖζός ποθ' ἱκνεῖται καὶ πᾶσαν χώραν * μερόπων * ἀλαλαγμὸς ὀλέσσει καὶ πληγὴ μεγάλοιο θεοῦ
Slb.   3   430   γε ποιήσει ψευδογράφων κατὰ πάντα τρόπον * μέροπας * κενοκράνους. καὶ θανέειν μᾶλλον τοῖσιν κλέος
Slb.   4   40   ἀτάσθαλα καὶ κακὰ ἔργα. δύσπιστον γὰρ ἅπαν * μερόπων * γένος. ἀλλ' ὅταν ἤδη κόσμου καὶ θνητῶν ἔλθη
Slb.   4   86   ἰσόρροπον ἀλλήλοισι. ἀλλ' ὅταν ἐς δεκάτην γενεὴν * μερόπων * γένος ἔλθη καὶ τότε Πέρσησιν ζυγὰ δούλια καὶ
Slb.   5   198   πάγκλαυστε τίς ἐξηγήσεται ἄτας; τίς δέ σε Κυρήνη * μερόπων * ἐλεεινὰ δακρύσει; οὐ παύση θρήνου στυγεροῦ πρὸς
Slb.   5   350   μελανθείη σκοτίη δ' ἔσται κατὰ γαῖαν καὶ τυφλοὶ * μέροπες * θῆρές τε κακοὶ καὶ διζύς. ἔσσεται ἦμαρ ἐκεῖνο
Slb.   5   377   αὖτις. πῦρ γὰρ ἀπ' οὐρανίων δαπέδων βρέξει * μερόπεσσιν * πῦρ καὶ αἷμα ὕδωρ πρηστὴρ γνόφος οὐράνιη νὺξ
Slb.   5   455   χθόνα Κύπριον ἐξολοθρεύσει. εἰς Τύρον αἰνόμοροι * μέροπες * κλαύσεσθε βλέποντες. Φοινίκη δεινός σε μένει
Slb.   5   468   δεινῶν γένος ὡς ἀλαπαδνόν. καὶ τότε θυμοβόροι * μέροπες * κατέδουσι γονῆας λιμῷ τειρόμενοι καὶ ἐδέσματα
Slb.   5   479   ὠκεανοῦ μέλας ἵν' ἐφ' ὕδασι βαπτισθείη πολλῶν γὰρ * μερόπων * εἶδεν κακότητας ἀνάγνους. ἔσται δὲ σκοτόμαινα
IOrp.   26   δεκάπτυχον ἀνθρώποισιν. οὐ γάρ κέν τις ἴδοι θνητῶν * μερόπων * κραίνοντα εἰ μὴ μουνογενής τις ἀπορρὼξ φύλου

Μέρρις
4

HArt.   9   27   3   ναὸν κατασκευάσαι. τοῦτον δὲ γεννῆσαι θυγατέρα * Μέρριν * ἣν Χενεφρῆ τινι κατεγγυῆσαι τῶν ὑπὲρ Μέμφιν τόπων
HArt.   9   27   15   λαβόντα καιρόν. ὑπὸ δὲ τούτου τὸν καιρὸν τῆς * Μέρριδος * τελευτησάσης ὑποσχέσθαι τὸν Χενεφρῆν τῷ τε
HArt.   9   27   16   ἐξαγγελεῖ τινα τὸν δὲ φυλάσσοντα αὐτὸν τὴν μὲν * Μέρριν * θάψαι τὸν δὲ ποταμὸν καὶ τὴν ἐν ἐκείνῳ πόλιν
HArt.   9   27   16   ἐκείνῳ πόλιν Μερόην προσαγορεῦσαι τιμᾶσθαι δὲ τὴν * Μέρριν * ταύτην ὑπὸ τῶν ἐγχωρίων οὐκ ἐλαχίστως ἢ τὴν

μεσενψινιαω *
1

FrAn.   574   3015   ἐπὶ λαμνίῳ κασσιτερίνῳ γράφε ἴαηω αβραωθιωχ φθα * μεσενψινιαω * φεωχ ιαηω χαρσοκ καὶ περίαπτε τὸν πάσχοντα

μεσηγύ
1

LThe.   9   22   1   φαίνετ' ἐρυμνὰ ποίης τε πλήθοντα καὶ ὕλης τῶν δὲ * μεσηγὺ * ἀτραπιτὸς τέτμηται ἀραιὰ ⟨αὐλῶπις⟩ ἐν δ' ἑτέρωθι

μεσημβρία
2

Asen.   2   7   εἰς ἀνατολὰς καὶ ἡ δευτέρα ἦν ἀποβλέπουσα εἰς * μεσημβρίαν * καὶ ἡ τρίτη ἦν ἀποβλέπουσα εἰς βορρᾶν ἐπὶ τὸ
Asen.   3   2   Πεντεφρῆ τὸν ἱερέα λέγων πρός σε καταλύσω ὅτι ὥρα * μεσημβρίας * ἐστὶ καὶ καιρὸς ἀρίστου καὶ καῦμα μέγα ἐστὶ
Asen.   16   17   βορρᾶν ⟨καὶ εἵλκυσεν ἐπὶ τὸ ἄκρον τὸ βλέπον πρὸς * μεσημβρίαν * καὶ ἡ ὁδὸς τοῦ δακτύλου αὐτοῦ ἐγένετο ὡς
Esdr.   4   22   δωδεκάπληγον τῆς ἀβύσσου. καὶ ἀπήγαγόν με ἐπὶ τὴν * μεσημβρίαν * καὶ ἴδον ἐκεῖ ἄνθρωπον κρεμάμενον ἐκ τῶν
Slb.   3   26   καὶ οὔνομα πληρώσαντα ἀντολίην τε δύσιν τε * μεσημβρίην * τε καὶ ἄρκτον αὐτὸς δ' ἐστήριξε τύπον μορφῆς
FBar.   12   2   λαλήσω πρὸς σε τὴν ⟨γῆν τὴν εὐοδοῦσαν ὀ⟩υ παντότε * μεσεμ⟨βρία * ἀποκαίει οὐδ⟩ε τo διηνεκες αι ακτι⟨νες του

μεσίτης
2

TDan   6   2   καὶ τῷ ἀγγέλῳ τῷ παραιτουμένῳ ὑμᾶς ὅτι οὗτός ἐστι * μεσίτης * θεοῦ καὶ ἀνθρώπων ἐπὶ τῆς εἰρήνης Ἰσραὴλ καὶ
FMos.   2   17   17   πρὸ καταβολῆς κόσμου εἶναι με τῆς διαθήκης αὐτοῦ * μεσίτην. * ἀπὸ γὰρ πνεύματος ἁγίου αὐτοῦ πάντες ἐκτίσθημεν

μεσόγαιος
1

Slb.   5   250   γένος οὐράνιόν τε οἳ περιναιετάουσι θεοῦ πόλιν ἐν * μεσογαίοις * ἄχρι δὲ καὶ Ἰόπης τεῖχος μέγα κυκλώσαντες

μεσονύκτιος
1

Job   31   5   σὺ εἶ ὁ ὡς ἡ σελήνη καὶ οἱ ἀστέρες οἱ ἐν τῷ * μεσονυκτίῳ * φαίνοντες; καὶ εἶπον αὐτῷ ἐγώ εἰμι. καὶ οὕτως

μεσοπελαγίζω *
1

Job   18   7   καὶ ὡς φορτίον ἐμβαλλόμενος ἐν θαλασσίῳ πλοίῳ καὶ * μεσοπελαγίσας * ἰδὼν τὴν τρικυμίαν καὶ τὴν ἐναντίωσιν τῶν

Μεσοποταμία
6

TJud.   9   1   καὶ οἱ υἱοὶ αὐτοῦ μεθ' ἡμῶν μετὰ τὸ ἐλθεῖν ἡμᾶς ἐκ * Μεσοποταμίας * ἀπὸ Λάβαν. καὶ πληρωθέντων τῶν δεκαοκτὼ
TJud.   10   1   μετὰ ταῦτα Ἢρ ὁ υἱός μου ἄγεται τὴν Θαμάρ ἐκ * Μεσοποταμίας * θυγατέρα Ἀράμ. ἦν δὲ Ἢρ πονηρὸς καὶ
FJos.   190   ζῴου ζωουμένου ὑπὸ θεοῦ. ἐγὼ δὲ ὅτε ἠρχόμην ἀπὸ * Μεσοποταμίας * τῆς Συρίας ἐξῆλθεν Οὐριὴλ ὁ ἄγγελος τοῦ
FJub.   29   12   γ' ἔτει τοῦ Ἰσαὰκ ἐπανῆλθεν Ἰακὼβ πρὸς αὐτὸν ἀπὸ * Μεσοποταμίας. * καὶ ἀναβλέψας Ἰσαὰκ ἰδὼν τοὺς υἱοὺς
HDem.   9   21   1   ἐτῶν ἑβδομήκοντα πέντε φυγεῖν εἰς Χαρρὰν τῆς * Μεσοποταμίας * ἀποσταλέντα ὑπὸ τῶν γονέων διὰ τὴν πρὸς τὸν
HDem.   9   21   2   γυναῖκα. ἀφορμῆσαι οὖν τὸν Ἰακὼβ εἰς Χαρρὰν τῆς * Μεσοποταμίας * τὸν μὲν πατέρα καταλιπόντα Ἰσαὰκ ἐτῶν

μέσος
80

Adam   13   4   πᾶσα εὐφροσύνη τοῦ παραδείσου. καὶ ἔσται ὁ θεὸς ἐν * μέσῳ * αὐτῶν καὶ οὐκ ἔσονται ἔτι ἐξαμαρτάνοντες ἐνώπιον
Adam   17   5   ναὶ ἀπὸ πάντων ἐσθίομεν παρὲξ ἑνὸς μόνου ὅ ἐστι * μέσον * τοῦ παραδείσου περὶ οὗ ἐνετείλατο ἡμῖν ὁ θεὸς μὴ
Adam   26   4   ἐκβληθῆναι ἐκ τοῦ παραδείσου. καὶ θήσω ἔχθραν ἀνὰ * μέσον * σοῦ καὶ ἀνὰ μέσον τοῦ σπέρματος αὐτῶν. αὐτὸς σοῦ
Adam   26   4   παραδείσου. καὶ θήσω ἔχθραν ἀνὰ μέσον σοῦ καὶ ἀνὰ * μέσον * τοῦ σπέρματος αὐτῶν. αὐτὸς σοῦ τηρήσει κεφαλὴν καὶ
Adam   31   1   μὴ ἐγκαταλιπεῖν τὸ ἀγαθόν. ταῦτα δὲ εἰποῦσα ἐν * μέσῳ * τῶν υἱῶν αὐτῆς κοιμωμένου τοῦ Ἀδὰμ ἐν τῇ νόσῳ
Adam   33   3   ὁ πατὴρ ὑμῶν Ἀδὰμ ἔστη τὸ ἄρμα καὶ τὰ Σεραφὶμ ἀνὰ * μέσον * τοῦ ἅρματος. ἴδον δὲ ἐγὼ θυμιατήρια
Hen.   13   9   ἐκάθηντο πενθοῦντες ἐν Ἑβελσατὰ ἥτις ἐστὶν ἀνὰ * μέσον * τοῦ Λιβάνου καὶ Σενισὴλ περικεκαλυμμένοι τὴν ὄψιν.
Hen.   18   8   ταθὲν τὸ δὲ κατὰ νότον ἀπὸ λίθου πυρροῦ τὸ δὲ * μέσον * αὐτῶν ἦν εἰς οὐρανὸν ὥσπερ θρόνος θεοῦ ἀπὸ λίθου
Hen.   22   2   αὐτῶν σκοτινοὶ καὶ εἰς φωτινὸς καὶ πηγὴ ὕδατος ἀνὰ * μέσον * αὐτοῦ. καὶ εἶπον πῶς λεῖα τὰ κοιλώματα ταῦτα καὶ
Hen.   24   3   τῇ μιᾷ οὐκ ἐγγίζουσαι καὶ τῷ ὄρει ἕβδομον ὄρος ἀνὰ * μέσον * τούτων καὶ ὑπερεῖχεν τῷ ὕψει ὅμοιον καθέδρα θρόνου
Hen.   26   1   εἶπεν δοῦναι αὐτοῖς. καὶ ἐκεῖθεν ἐφώδευσα εἰς τὸ * μέσον * τῆς γῆς καὶ ἴδον τόπον ηὐλογημένον ἐν ᾧ δένδρα
Hen.   26   3   πρὸς ἀνατολὰς ἄλλο ὄρος ὑψηλότερον τούτου καὶ ἀνὰ * μέσον * αὐτοῦ φάραγγα βαθεῖαν οὐκ ἔχουσαν πλάτος καὶ δι'
Hen.   26   3   οὐκ ἔχον ὕψος καὶ φάραγγα βαθεῖαν καὶ ξηρὰν ἀνὰ * μέσον * αὐτῶν καὶ ἄλλην φάραγγα βαθεῖαν καὶ ξηρὰν ἐπ'
Hen.   28   1   ὕμνησα μεγαλοπρεπῶς. καὶ ἐκεῖθεν ἐπορεύθην εἰς τὸ * μέσον * Μανδοβαρὰ καὶ ἴδον αὐτὸ ἔρημον καὶ αὐτὸ μόνον
Hen.   97   7   ἐν τῇ ἀνομίᾳ. οὐαὶ ὑμῖν οἱ ἁμαρτωλοὶ ⟨οἱ⟩ ἐν * μέσῳ * τῆς θαλάσσης καὶ ἐπὶ τῆς ξηρᾶς ὄντες μνημόσυνον εἰς
Abr.1   4   4   καὶ ἐκαθέσθησαν ἀμφότεροι ἐπὶ τὰ κλινάρια * μέσον * αὐτῶν ⟨ὑπῆρχε⟩ τράπεζα ἐν ἀφθονίᾳ παντὸς ἀγαθοῦ.
Abr.1   12   4   ἔσωθεν τῆς εἰκόνης ἐκείνης τῆς πλατείας καὶ ἐν * μέσῳ * τῶν δύο πυλῶν ἵσταται θρόνος φοβερὸς ἐν ᾧ
Abr.1   12   18   οὔτε τοῖς σωζομένοις ἀλλ' ἔστησεν αὐτὴν εἰς τὸ * μέσον. * καὶ εἶπεν Ἀβραὰμ κύριέ μου ἀρχιστράτηγε τίς
Abr.1   14   1   ὁ ἄγγελος ἐν τῇ χειρὶ αὐτοῦ πῶς κατεδικάσθη ἐν τῷ * μέσῳ; * εἶπεν δὲ ὁ ἀρχιστράτηγος ἄκουσον δίκαιε Ἀβραὰμ
Abr.2   7   7   ἥλιον ἐκ τῆς κεφαλῆς μου καὶ ἔασεν τὰς ἀκτῖνας ἐν * μέσῳ * μου ἔκλαυσα δὲ ἐγὼ καὶ εἶπον παρακαλῶ σε κύριε μὴ
Abr.2   8   6   πύλας μίαν μὲν μικρὰν τὴν δὲ ἑτέραν μεγάλην ἀνὰ * μέσον * δὲ τῶν πυλῶν ἐκαθέζετο ἀνὴρ ⟨ἐπὶ θρόνου δόξης
Abr.2   8   7   ἐστιν κύριε οὗτος ὁ καθήμενος ἐπὶ τὸν θρόνον ἀνὰ * μέσον * τῶν δύο πυλώνων τούτων ἐν τηλικαύτη δόξη καὶ
Abr.2   8   12   εἰς τὴν ἀπώλειαν οὗτος ὁ ἀνήρ ὁ καθεζόμενος ἐν * μέσῳ * αὐτῶν οὗτός ἐστιν Ἀδὰμ ὁ πρῶτος ἄνθρωπος ὃν
TLevi   5   2   εὐλογίας τῆς ἱερατείας ἕως οὗ ἔλθων παροικήσω ἐν * μέσῳ * τοῦ Ἰσραήλ. τότε ὁ ἄγγελος ἤγαγέ με ἐπὶ τὴν γῆν
TLevi   11   5   ἔτει πρὸς ἀνατολὰς ἡλίου. εἶδον δὲ ἐν ὁράματι ὅτι * μέσος * ἐν ὑψηλοῖς ἵστατο πάσης τῆς συναγωγῆς διὰ τοῦτο
TLevi   11   8   ἔτει ἐτέχθη ἐν Αἰγύπτῳ ἔνδοξος γὰρ ἤμην τότε ἐν * μέσῳ * τῶν ἀδελφῶν μου. καὶ ἔλαβε Γηρσὰμ γυναῖκα καὶ
TLevi   13   8   λαμπρὰ καὶ ἐν γῆς ἀλλοτρίας πατρὶς καὶ ἐν * μέσῳ * ἐχθρῶν εὑρεθήσεται φίλος. ἐὰν διδάσκῃς ταῦτα καὶ
TJud.   20   2   τῷ ἀνθρώπῳ τὸ τῆς ἀληθείας καὶ τὸ τῆς πλάνης καὶ * μέσον * ἐστὶ τὸ τῆς συνέσεως τοῦ νοὸς οὗ ἐὰν θέλη κλῖναι.
TZab.   6   2   ὅπισθεν αὐτοῦ καὶ ὄθονην ἐξέτεινα ἐν ὀρθῷ ξύλῳ ἐν * μέσῳ * καὶ ἐν ὕδατι διαπορευόμενος τοὺς αἰγιαλοὺς ἤλιευον
TZab.   10   2   συμπίπτετε ὅτι ἀπολείπω. ἀναστήσομαι γὰρ πάλιν ἐν * μέσῳ * ὑμῶν ὡς ἡγούμενος ἐν μέσῳ υἱῶν αὐτοῦ καὶ
TZab.   10   2   ἀναστήσομαι γὰρ πάλιν ἐν μέσῳ ὑμῶν ὡς ἡγούμενος ἐν * μέσῳ * υἱῶν αὐτοῦ καὶ εὐφρανθήσομαι ἐν μέσῳ τῆς φυλῆς μου
TZab.   10   2   ἡγούμενος ἐν μέσῳ υἱῶν αὐτοῦ καὶ εὐφρανθήσομαι ἐν * μέσῳ * τῆς φυλῆς μου καὶ ἐφύλαξαν νόμον κυρίου καὶ
TDan   5   13   οὐδὲ αἰχμαλωτίζεται Ἰσραὴλ ὅτι κύριος ἔσται ἐν * μέσῳ * αὐτῆς τοῖς ἀνθρώποις συναναστρεφόμενος καὶ ἅγιος
Asen.   2   12   ὕδωρ τῆς πηγῆς ἐκείνης. ἔνθα ἐπορεύετο ποταμὸς διὰ * μέσης * τῆς αὐλῆς καὶ ἐπότιζε πάντα τὰ δένδρα τῆς αὐλῆς
Sal.   2   34   φοβουμένους αὐτῶν μετὰ κρίματος τοῦ διαστεῖλαι ἀνὰ * μέσον * δικαίου καὶ ἁμαρτωλοῦ ἀποδοῦναι ἁμαρτωλοῖς εἰς τὸν
Sal.   5   1   ὁ θεὸς αἰνέσω τῷ ὀνόματί σου ἐν ἀγαλλιάσει ἐν * μέσῳ * ἐπισταμένων τὰ κρίματά σου τὰ δίκαια ὅτι σὺ χρηστὸς
Sal.   7   6   συντελέσαι ἡμᾶς. ἐν τῷ κατασκηνοῦν τὸ ὄνομά σου ἐν * μέσῳ * ἡμῶν ἐλεηθησόμεθα καὶ οὐκ ἰσχύσει πρὸς ἡμᾶς ἔθνος.
Sal.   8   23   γῆς καὶ οἱ ὅσιοι τοῦ θεοῦ ὡς ἀρνία ἐν ἀκακίᾳ ἐν * μέσῳ * αὐτῶν. αἰνέσεις κύριος ὁ κρίνων πᾶσαν τὴν γῆν ἐν
Sal.   17   15   καὶ ἐπεκράτουσαν αὐτῶν οἱ υἱοὶ τῆς διαθήκης ἐν * μέσῳ * ἐθνῶν συμμίκτων οὐκ ἦν ἐν αὐτοῖς ὁ ποιῶν ἐν
Sal.   17   27   ὑπὸ κυρίου θεοῦ αὐτοῦ καὶ οὐκ ἀφήσει ἀδικίαν ἐν * μέσῳ * αὐτῶν αὐλισθῆναι ἔτι καὶ οὐ κατοικήσει πᾶς ἄνθρωπος
Sal.   17   32   καὶ οὐκ ἔστιν ἀδικία ἐν ταῖς ἡμέραις αὐτοῦ ἐν * μέσῳ * αὐτῶν ὅτι πάντες ἅγιοι καὶ βασιλεὺς αὐτῶν χριστὸς
Sal.   17   43   φυλᾶς ἡγιασμένου ὁ λόγοι αὐτοῦ ὡς λόγοι ἁγίων ἐν * μέσῳ * λαῶν ἡγιασμένων. μακάριοι οἱ γενόμενοι ἐν ταῖς
Jer.   1   2   αἱ γὰρ προσευχαὶ ὑμῶν ὡς στῦλος ἑδραῖός ἐστιν ἐν * μέσῳ * αὐτῆς καὶ ὡς τεῖχος ἀδαμάντινον περικυκλοῦν αὐτήν.
Jer.   9   13   εἰς τὸ μέσον αὐτῆς εἶπε δοξάσαι τὸν θεὸν ἐν μιᾷ φωνῇ * μέσον * πάντων καὶ εἶπε δοξάσαι τὸν θεὸν ἐν μιᾷ φωνῇ
Jer.   9   14   ἔρχεται εἰς τὴν γῆν. καὶ τὸ δένδρον τῆς ζωῆς τὸ ἐν * μέσῳ * τοῦ παραδείσου φυτευθὲν ποιήσει πάντα τὰ δένδρα τὰ
Jer.   9   29   τῷ Βαροὺχ καὶ τῷ Ἀβιμέλεχ καὶ εἶθ' οὕτως ἔστη ἐν * μέσῳ * τοῦ λαοῦ ἐκτελέσαι βουλόμενος τὴν οἰκονομίαν αὐτοῦ.
Jer.   9   30   ἐν νομίζοντες ὅτι ἐγὼ Ἱερεμίας; ἰδοὺ Ἱερεμίας ἐν * μέσῳ * ἡμῶν ἵσταται. ὅτε δὲ εἶδον αὐτὸν εὐθέως ἔδραμον ἐπὶ
Bar.   10   2   εἰς τρίτον οὐρανόν. καὶ εἶδον πεδίον ἁπλοῦν καὶ ἐν * μέσῳ * αὐτοῦ λίμνην ὑδάτων. καὶ ἦσαν ἐν αὐτῷ πλήθη ὀρνέων
Bar.   13   4   οὐδὲ εἰς ἀγαθὸν ἕν. ἀλλ' ὅπου φόνος καὶ αὐτοὶ ἐν * μέσῳ * ἐκεῖ καὶ ὅπου πορνεῖαι μοιχεῖαι κλεψίαι καταλαλιαὶ
Prop.   23   1   καὶ ἐξέχεεν τὸ αἷμα τὸ ἀθῷον οἴκου Δαυὶδ ἀνὰ * μέσον * τοῦ ναοῦ ἐπὶ τοῦ Αἰλὰμ καὶ λαβόντες αὐτὸν οἱ ἱερεῖς Ἐθαψαν
Sedr.   4   4   Ἀδὰμ καὶ ἔθηκα αὐτὸν ἐν τῷ παραδείσῳ ἐν * μέσῳ * ἐπὶ φυτοῦ τῆς ζωῆς καὶ εἶπα αὐτῷ ἀπὸ πάντων τῶν
Sedr.   10   2   ὁ θεὸς ἡ ψυχή σου οὐκ οἶδας ὅτι χορηγεῖται ἐν * μέσῳ * τῶν πνευμόνων σου καὶ τῆς καρδίας σου ⟨καὶ⟩ ἐστι
Job   32   6   τυγχάνει ἐν δόξα τοῦ θρόνου σου; τίς γὰρ καυᾶ ἐν * μέσῳ * τῶν τέκνων σου; ὡς γὰρ φυτὸν ἧς εὐώδους μῆλου
Aris.   60   5   λίθων τε πολυτελῶν ἐν αὐτῷ διαθέσεις ὑπῆρχον ἀνὰ * μέσον * τῶν σχοινίδων ἕτερος παρὰ ἕτερον πλοκὴν εἶχον
Aris.   66   2   ἔκτυπον ἐποίησεν ἐν ὑπεροχῇ λίθους ἔχοντα κατὰ * μέσον * πολυτελεῖς λίθους ἐν ἀνθράκων τε καὶ σμαράγδων
Aris.   67   3   πλοκὴ θαυμασίως ἔχουσα ῥομβωτὴ ἀποτελοῦσα τὴν ἐν * μέσῳ * θεωρίαν ἐφ' ᾗ κρυστάλλου λίθου καὶ τὸ λεγόμενον
Aris.   73   2   φολιδωτὴ ἔχοντες ἀπὸ τῆς βάσεως μέχρι τοῦ * μέσον * τὴν διασκευὴν τῇ τορείᾳ καὶ τὴν τῶν λίθων ἀνὰ
Aris.   73   3   τὴν διασκευὴν τῇ τορείᾳ καὶ τὴν τῶν λίθων ἀνὰ * μέσον * τῶν φολίδων σύνδεσιν πολυτέχνως ἔχοντες. εἶτα

Aris.   75   2   ἔχουσα τὴν πρόσοψιν ἕως ἐπὶ τὸ στόμα. τὸ δ' ἀνὰ ✳ μέσον ✳ ἀσπιδίσκοι λίθων ἑτέρων παρ' ἑτέροις τοῖς γένεσι
Aris.   79   2   χρυσᾶς φιάλας διετόρευσαν στεφάνοις ἀμπέλου κατὰ ✳ μέσον ✳ περὶ δὲ τὰ χείλη κισσοῦ τε καὶ μυρσίνης ἔτι δ'
Aris.   83   5   παρεγενήθημεν ἐπὶ τοὺς τόπους ἐθεωροῦμεν τὴν πόλιν ✳ μέσην ✳ κειμένην τῆς ὅλης Ἰουδαίας ἐπ' ὄρους ὑψηλὴν
Aris.   98   4   χρυσῷ γράμμασιν ἁγίοις τὸ ὄνομα τοῦ θεοῦ κατὰ ✳ μέσον ✳ τῶν ὀφρύων δόξῃ πεπληρωμένον ὁ κριθεὶς ἄξιος
Aris.   107  5   τῇ τῶν Ἰδουμαίων χώρᾳ τινῶν δὲ ὀρεινῶν τῶν <πρὸς ✳ μέσην ✳ τὴν χώραν χρὴ> πρὸς τὴν γεωργίαν καὶ τὴν
Aris.   115  4   δὲ καὶ Πτολεμαΐδα τὴν ὑπὸ τοῦ βασιλέως ἐκτισμένην. ✳ μέση ✳ δὲ κεῖται πρὸς τοὺς προειρημένους τόπους οὐκ
Aris.   122  4   τὰς διὰ τοῦ νόμου μεγάλην εὐφυΐαν εἶχον τὸ ✳ μέσον ✳ ἐξηλωκότες κατάστημα τοῦτο γὰρ κάλλιστόν ἐστιν
Sib.   3   91   οὐ μετόπωρον. καὶ τότε δὴ μεγάλοιο θεοῦ κρίσις εἰς ✳ μέσον ✳ ἥξει αἰῶνος μεγάλοιο ὅταν τάδε πάντα γένηται. Ὦ Ὦ
Sib.   3   316  ἐρχομένην σοι. ῥομφαία γὰρ +διελεύσεται διὰ ✳ μέσον ✳ σεῖο+ σκορπισμὸς δέ τε καὶ θάνατος καὶ λιμὸς
Sib.   3   319  καὶ τότε παύσῃ. αἰαῖ σοι χώρα Γὼγ ἠδὲ Μαγὼγ ✳ μέσον ✳ οὖσα Αἰθιόπων ποταμῶν πόσον αἵματος ἔκχυμα δέξῃ
Sib.   3   674  γαῖαν λαμπάδες αὐγαὶ ἵξονται μεγάλαι λάμπουσαι εἰς ✳ μέσον ✳ ἀνδρῶν. γαῖα δὲ παγγενέτειρα σαλεύσεται ἤμασι
Sib.   3   802  γαῖαν +ἅπαν καὶ οἱ+ σέλας ἠελίοιο ἐκλείψει κατὰ ✳ μέσον ✳ ἀπ' οὐρανοῦ ἠδὲ σελήνης ἀκτῖνες προφανοῦσι καὶ ἂψ
Sib.   4   56   ἐφ' ὧν τάδε ἔσσεται ἔργα νὺξ ἔσται σκοτόεσσα ✳ μέσῃ ✳ ἐνὶ ἤματος ὥρῃ ἄστρα δ' ἀπ' οὐρανόθεν λείψει καὶ
Sib.   5   208  τροχὸς Ἄξονος Αἰγοκεράστης Ταῦρός τ' ἐν Διδύοις ✳ μέσον ✳ οὐρανὸν ἀμφιελίξῃ Παρθένος ἐξαναβᾶσα καὶ Ἥλιος
FJub.   2   4   τῇ πρώτῃ ἡμέρᾳ. ἐν δὲ τῇ δευτέρᾳ τὸ στερέωμα τὸ ἐν ✳ μέσῳ ✳ τῶν ὑδάτων καὶ τὴν διαμέρισιν τῶν ἐπάνω τοῦ
IOrp.   40   καὶ ἐπὶ χθονὶ πάντα τελευτᾷ ἀρχὴν αὐτὸς ἔχων καὶ ✳ μέσσην ✳ ἠδὲ τελευτὴν ὡς λόγος ἀρχαίων ὡς ὑδογενὴς
HHec.   1   22  198  καλοῦσι δ' αὐτὴ Ἱεροσόλυμα. ἐνταῦθα δ' ἔστι κατὰ ✳ μέσον ✳ μάλιστα τῆς πόλεως περίβολος λίθινος μήκος ὡς
LThe.   9   22  11   ἁπτόμενον Συχὲμ ἄσπετα μαργήναντα. ἤλασε δὲ κληΐδα ✳ μέσῃ ✳ δῦ δὲ ξίφος ὀξὺ σπλάγχνα διὰ στέρνων λίπε δὲ ψυχὴ
LEze.   9   29  14  06   ἦν φρικτὸς ἀνδρῶν ἐκτεταμένων ὄχλος. πεζοὶ μὲν ἐν ✳ μέσοισι ✳ καὶ φαλαγγικοὶ διεκδρομὰς ἔχοντες ἅρμασιν τόπους
LEze.   9   29  14  31   πρὸ γῆς μέγας παρεμβολῆς ἡμῶν τε καὶ Ἑβραίων ✳ μέσος. ✳ κἄπειθ' ὁ κείνων ἡγεμὼν Μωσῆς λαβὼν ῥάβδον θεοῦ
LEze.   9   29  14  35   τεράατ' ἐξεμήσατο ἔτυψ' Ἐρυθρᾶς νῶτα καὶ ἔσχισεν ✳ μέσον ✳ βάθος θαλάσσης οἱ δὲ σύμπαντες σθένει ὥρουσαν
FrAn.   574  3023  αβελβελ λωνα αβρα μαροια βρακιιων πυριφανη ὁ ἐν ✳ μέσῃ ✳ ἀρούρης καὶ χιόνος καὶ ὁμίχλης ταννητις καταβάτω

**μεσότης**
Abr.2   9   8   αὐτὴ ἐν μόχθῳ οὐδὲ ἐν ἀναπαύσει ἀλλ' ἐν τόπῳ ✳ μεσότητος ✳ ἐκείνας μὲν τὰς ψυχὰς ᾗρεν εἰς ἀπώλειαν. καὶ

**μεσόω**
LArI.   7   32  17   θύειν ἐπ' ἴσης ἅπαντας μετὰ ἰσημερίαν ἐαρινὴν ✳ μεσοῦντος ✳ τοῦ πρώτου μηνὸς τοῦτο δὲ εὑρίσκεσθαι τὸ
[3]
**μεστός**
TNep.   6   2   αὐτοῦ σὺν αὐτῷ. καὶ ἰδοὺ πλοῖον ἤρχετο ἀρμενίζον ✳ μεστὸν ✳ ταρίχων ἐκτὸς ναυτῶν καὶ κυβερνήτου ἐπεγέγραπτο
LArI.   13  12  6   θεοῦ ἀρχώμεσθα τὸν αὐτόπατ' ἄνδρες ἑῶσιν ἄρρητον ✳ μεσταὶ ✳ δὲ θεοῦ πᾶσαι μὲν ἀγυιαὶ πᾶσαι δ' ἀνθρώπων ἀγοραὶ
LArI.   13  12  6   δὲ θεοῦ πᾶσαι μὲν ἀγυιαὶ πᾶσαι δ' ἀνθρώπων ἀγοραὶ ✳ μεστὴ ✳ δὲ θάλασσα καὶ λιμένες πάντη δὲ θεοῦ κεχρήμεθα

**μεστόω**
Abr.1   17  16   καὶ δράκοντα τρικέφαλον φοβερὸν καὶ ποτήρια ✳ μεμεστωμένα ✳ φαρμάκων καὶ ἁπλῶς εἰπεῖν ἔδειξεν αὐτὸν
Abr.1   19  6   ἀστραπῆς καὶ τί τὰ ποτήρια τὰ δυσώδη φάρμακα καὶ ✳ μεμεστωμένα ✳ δίδαξόν μοι περὶ πάντων. καὶ ὁ θάνατος εἶπεν
Abr.1   19  16   ἔδειξά σοι δὲ καὶ ποτήρια δηλητήρια φάρμακα ✳ μεμεστωμένα ✳ διότι πολλοὶ τῶν ἀνθρώπων ὑπὸ ἑτέρων τινῶν

**Μεστραείμ**
HAno.   9   17  9   Ἄσβολον πατέρα δὲ Αἰθιόπων ἀδελφὸν δὲ τοῦ ✳ Μεστραείμ ✳ πατρὸς Αἰγυπτίων Ἕλληνας δὲ λέγει τὸν
542   **μετά** μετ' μεθ' μέ μέτα μετα μετ
[1]
**μεταβαίνω**
TBen.   9   4   καὶ ἔσται τὸ ἄπλωμα τοῦ ναοῦ σχιζόμενον καὶ ✳ μεταβήσεται ✳ τὸ πνεῦμα τοῦ θεοῦ ἐπὶ τὰ ἔθνη ὡς πῦρ
[3]
**μεταβάλλω**
TDan.   4   3   ἐάν τις ἐπαινῇ ὑμᾶς ὡς ἀγαθοὺς μὴ ἐπαίρεσθε μηδὲ ✳ μεταβάλλεσθε ✳ μήτε εἰς τέρψιν μήτε εἰς ἀηδίαν. πρῶτον γὰρ
Bar.   4   15   τὸ κλῆμα ὅτι τάδε λέγει κύριος τὸ πικρὸν τούτου ✳ μεταβληθήσεται ✳ εἰς γλυκὺ καὶ ἡ κατάρα αὐτοῦ γενήσεται
FJub.   48  5   τὴν δεκάπληγον. ἐν μηνὶ Ἰουνίῳ τὰ ὕδατα εἰς αἷμα ✳ μετεβλήθη ✳ Ἰουλίῳ βάτραχοι Αὐγούστῳ σκνῖπες Σεπτεμβρίῳ
[7]
**μετάβολος**
TJos.   11  5   με. διὸ πᾶσιν ἔδοξεν εἶναί με εἰς Αἴγυπτον πρὸς ✳ μετάβολον ✳ ἐμπορίας αὐτῶν ἕως ἐπιστρέψωσι φέροντες
TJos.   11  6   καὶ ὁ κύριος ἔδωκέ μοι χάριν ἐν ὀφθαλμοῖς τοῦ ✳ μεταβόλου ✳ καὶ ἐπίστευσέ μοι τὸν οἶκον αὐτοῦ. καὶ
TJos.   12  2   περὶ ἐμοῦ. καὶ λέγει τῷ ἀνδρὶ αὐτῆς περὶ τοῦ ✳ μεταβόλου ✳ ὅτι ἐπλούτησεν ἐν χειρὶ νέου τινὸς Ἑβραίου
TJos.   13  1   πεισθεὶς τοῖς λόγοις αὐτῆς ἐκέλευσεν ἀχθῆναι τὸν ✳ μετάβολον ✳ καὶ λέγει αὐτῷ τί ταῦτα ἀκούω ὅτι κλέπτεις τὰς
TJos.   13  2   παῖδας ἐμπολῶν; πεσὼν οὖν ἐπὶ πρόσωπον αὐτοῦ ὁ ✳ μετάβολος ✳ ἐδέετο λέγων δέομαί σου κύριε οὐκ οἶδα ὃ
TJos.   14  6   ἀφαιρεῖσθαι τὰ ἀλλότρια. ταῦτα εἶπε περὶ τοῦ ✳ μεταβόλου ✳ καὶ περὶ ἐμοῦ ὅτι ὤφειλα ἐγκατάκλειστος εἶναι.
TJos.   15  6   μέγας ἐστὶ παρὰ κυρίῳ καὶ ἀνθρώποις. τότε λέγει ὁ ✳ μετάβολος ✳ αὐτοῖς λύσατέ με ἀπὸ τῆς κρίσεως Πετεφρῆ.
[4]
**μεταγιγνώσκω**
Sedr.   14  7   ἀπόγνωστοι τὴν τέλειαν ἀπόγνωσιν καὶ οὐ μέλλουσιν ✳ μεταγνῶναι ✳ καὶ ἀναμένω αὐτοὺς μετὰ πολλῆς εὐσπλαγχνίας
Sedr.   15  3   Σεδρὰχ οὐκ οἶδας Σεδρὰχ τὸν λῃστὴν μιᾷ ῥοπῇ ἐσώθη ✳ μεταγνῶναι; ✳ οὐκ οἶδας ὅτι ἀπόστολοι μου καὶ εὐαγγελιστὴς
FJub.   12  14   θαρὰ σὺν Ἀβρὰμ τοῦ ἐλθεῖν εἰς γῆν Χαναὰν καὶ ✳ μεταγνοὺς ✳ φήσειεν ἐν Χαρρὰν εἰδωλομανῶν ἕως θανάτου
FMan.   2   23  3   μου ἐκ νεότητος πολλὰ παρηνόμησεν καὶ ἐν γήρᾳ ✳ μετέγνω ✳ καὶ νῦν ἐγὼ πορεύσομαι καθὰ ἐπιθυμεῖ ἡ ψυχή μου
[5]
**μεταγραφή**
Aris.   9   4   οἰκουμένην βιβλία καὶ ποιούμενος ἀγορασμοὺς καὶ ✳ μεταγραφὰς ✳ ἐπὶ τέλος ἤγαγεν ὅσον ἐφ' ἑαυτῷ τὴν τοῦ
Aris.   10  5   προσάγγελται δέ μοι καὶ τῶν Ἰουδαίων νόμιμα ✳ μεταγραφῆς ✳ ἄξια καὶ τῆς παρὰ σοὶ βιβλιοθήκης εἶναι. τί
Aris.   45  7   συμφερόντως καὶ μετὰ ἀσφαλείας ἡ τοῦ ἁγίου νόμου ✳ μεταγραφή. ✳ παρόντων δὲ πάντων ἐπελεξάμεθα ἄνδρας καλοὺς
Aris.   46  4   οὖν ποιήσεις βασιλεῖ δίκαιε προστάξας ὡς ἂν ἡ ✳ μεταγραφὴ ✳ γένηται τῶν βιβλίων ἵνα πάλιν ἀποκατασταθῶσι
Aris.   307 5   ἐν ἡμέραις ἑβδομήκοντα δυσὶ τελειωθῆναι τὰ τῆς ✳ μεταγραφῆς ✳ οἱονεὶ κατὰ πρόθεσίν τινα τοῦ τοιούτου
[3]
**μεταγράφω**
Esdr.   7   9   μου τὸν πολλά σοι δικασάμενον καὶ δὸς πᾶσι τοῖς ✳ μεταγράφουσιν ✳ τὸ βιβλίον τοῦτο καὶ ἔχουσιν αὐτὸ καὶ
Aris.   15  3   κειμένης πᾶσι τοῖς Ἰουδαίοις ἣν ἡμεῖς οὐ μόνον ✳ μεταγράψαι ✳ ἐπινοοῦμεν ἀλλὰ καὶ διερμηνεῦσαι τινὰ λόγον
Aris.   309 2   παρεκάλεσαν μεταδοῦναι τοῖς ἡγουμένοις αὐτῶν ✳ μεταγράψαντα ✳ τὸν πάντα νόμον. καθὼς δὲ ἀνεγνώσθη τὰ
[5]
**μετάγω**
Abr.2   1   3   αἱ ἡμέραι ὅπως διοικήσεις τὸν οἶκόν σου πρὸ τοῦ ✳ μεταχθῆναί ✳ σε ἀπὸ τοῦ κόσμου. τότε Μιχαὴλ ἐπορεύθη καὶ
Aris.   12  3   τοὺς ἀρχισωματοφύλακας περὶ τῆς ἀπολυτρώσεως τῶν ✳ μετηγμένων ✳ ἐκ τῆς Ἰουδαίας ὑπὸ τοῦ πατρὸς τοῦ βασιλέως
Aris.   12  9   μυριάδας ἐκ τῆς τῶν Ἰουδαίων χώρας εἰς Αἴγυπτον ✳ μετήγαγεν ✳ ἀφ' ὧν ὡσεὶ τρεῖς μυριάδας καθοπλίσας ἀνδρῶν
Aris.   13  7   πλήθει παρεγενήθησαν ὅσους Πτολεμαῖος ὁ τοῦ Λάγου ✳ μετήγαγε ✳ καθὼς δὲ προείπομεν ἐπιλέξας τοὺς ἀρίστους ταῖς
Aris.   227 5   δεῖν χαριστικὴν ἔχειν ἵνα τούτῳ τῷ τρόπῳ ✳ μετάγωμεν ✳ αὐτοὺς ἐπὶ τὸ καθῆκον καὶ συμφέρον ἑαυτοῖς.
[1]
**μεταγωγή**
Aris.   23  4   τε χώραν αὐτῶν καταφθάρθαι καὶ τὴν τῶν Ἰουδαίων ✳ μεταγωγὴν ✳ εἰς τὴν Αἴγυπτον γεγονέναι ἱκανὴ γὰρ ἦν ἡ παρὰ
[1]
**μεταδιδάσκω**
HAno.   9   17  8   ἐν Ἡλιουπόλει τοῖς Αἰγυπτίων ἱερεῦσι πολλὰ ✳ μεταδιδάξαι ✳ αὐτοὺς καὶ τὴν ἀστρολογίαν καὶ τὰ λοιπὰ
[10]
**μεταδίδωμι**
TIss.   7   5   μου. παντὶ ἀνθρώπῳ ὀδυνωμένῳ συνεστέναξα καὶ πτωχῷ ✳ μετέδωκα ✳ τὸν ἄρτον μου. οὐκ ἔφαγον μόνος ὅριον οὐκ ἔλυσα
TZab.   6   6   καὶ ὁ κύριος πολὺν ἰχθὺν ἐποίησέ μοι θήραν. ὁ γὰρ ✳ μεταδιδοὺς ✳ τῷ πλησίον λαμβάνει πολλαπλάσιονα παρὰ
TZab.   6   7   πέντε ἔτη ἠλέυσα παντὶ ἀνθρώπῳ ὃν ἑωράκειν ✳ μεταδιδοὺς ✳ καὶ παντὶ τῷ οἴκῳ τοῦ πατρός μου ἐξαρκῶν. τὸ
TDan.   6   9   μακροθυμίαν καὶ ἃ ἠκούσατε παρὰ τοῦ πατρὸς ὑμῶν ✳ μετάδοτε ✳ καὶ ὑμεῖς τοῖς τέκνοις ὑμῶν ἵνα δέξηται ὑμᾶς ὁ
Job   4   1   ὑποδείκνυμί σοι πάντα ἅπερ ἐνετείλατό μοι κύριος ✳ μεταδιδόναι ✳ σοι. κἀγὼ εἶπον ὅτι πάντα ὅσα ἐνετείλατό μοι
Aris.   7   2   σοι περὶ τῶν δυναμένων ὠφελῆσαι διάνοιαν δέον ἐστὶ ✳ μεταδιδόναι ✳ μάλιστα μὲν πᾶσι τοῖς ὁμοίοις πολλῷ δὲ
Aris.   43  4   σῆς ἀγωγῆς καὶ δικαιοσύνης ἄξιοι καθ' ἃ πάντα οἳ καὶ ✳ μεταδῶναι ✳ ἡμῖν τὰ παρὰ σοῦ πρὸς ἃ καὶ περ' ἡμῶν
Aris.   309 2   δὲ καὶ τὸν Δημήτριον ἀποδεξάμενοι παρεκάλεσαν ✳ μεταδοῦναι ✳ τοῖς ἡγουμένοις αὐτῶν μεταγράψαντα τὸν πάντα
Sib.   3   41   θυμὸν ἔχοντες οὐδείς γὰρ πλουτῶν καὶ ἔχων ἄλλῳ ✳ μεταδώσει ✳ ἀλλ' ἔσσεται κακίη δεινὴ πάντεσσι βροτοῖσιν
FAch.   109  φθονῶν ἀγνοῶν ἑαυτὸν βλάπτει. δούλων σου ἐπιμελοῦ ✳ μεταδιδοὺς ✳ αὐτοῖς ἀφ' ὧν ἔχεις ἵνα μὴ ὡς κύριον μόνον
[1]
**μεταδοτικός**
Aris.   226 3   δὲ τῇ προθυμίᾳ καὶ ταῖς χάρισι πρὸς τοὺς ἄλλους ✳ μεταδοτικὸς ✳ ὢν καὶ μεγαλομερὴς οὐδέποτ' ἂν ἀπολίποι
[1]
**μετάθεσις**
Aris.   160 5   ἔγερσιν ὡς θεία τίς ἐστι καὶ ἀκατάληπτος τούτων ἡ ✳ μετάθεσις. ✳ δέδεικται δέ σοι καὶ τὸ περισσὸν τῆς εὐλογίας
[1]
**μετακαλέω**
FAch.   112  Νεκταναβῷ τὸν Αἴσωπον παραστῆναι. ἀηδῶς δὲ ἀκούσας ✳ μετεκαλέσατο ✳ τοὺς φίλους καὶ φησιν ἄνδρες ἐνεδρεύθην
[1]
**μετακινέω**
Sib.   3   209  τ' ἠδ' Αἰθιόπεσσιν Καρσί τε Παμφύλοις τε κακὸν ✳ +μετακινηθῆναι+ ✳ καὶ πάντεσσι βροτοῖσι. τί δὴ καθ' ἓν
[2]
**μετακομίζω**
TNep.   9   1   πολλὰ τοιαῦτα ἐντειλάμενος αὐτοῖς παρεκάλεσεν ἵνα ✳ μετακομίσωσι ✳ τὰ ὀστᾶ αὐτοῦ εἰς Χεβρὼν καὶ θάψωσι μετὰ
HEup.   9   30  7   μέταλλα χρυσικὰ ἔχουσαν καὶ τὸ χρυσίον ἐκεῖθεν ✳ μετακομίσαι ✳ τοὺς μεταλλευτὰς εἰς τὴν Ἰουδαίαν.

**μεταλαμβάνω**
Aris.   6   2   ὧν ἐνόμιζον ἀξιομνημονεύτων εἶναι τὴν ἀναγραφὴν ἣν ✳ μετελάβομεν ✳ παρὰ τῶν κατὰ τὴν λογιωτάτην Αἴγυπτον
Aris.   11  7   χρῆσθαι τὸ δ' οὐκ ἔστιν ἀλλ' ἕτερος τρόπος. ✳ μεταλαβὼν ✳ δὲ ἕκαστα ὁ βασιλεὺς εἶπε γραφῆναι πρὸς τὸν
Aris.   100 4   κορυφῆς εὐμήκεσι λίθοις ἀνῳκοδομημένων αὐτῶν ὡς ✳ μεταλαμβάνομεν ✳ πρὸς φυλακὴν τῶν περὶ τὸ ἱερὸν τόπων ἵνα
Aris.   125 1   ἄνθρωπος διαφέρων ἀγωγῇ καὶ φρονήσει παρ' ἑτέρους. ✳ μετείληφα ✳ γὰρ καλῶς αὐτὸν λέγειν ὅτι περὶ ἑαυτὸν ἔχων

Aris. 166 7 ποιῶν ὁ βασιλεὺς ὑμῶν τοὺς τοιούτους ἀναιρεῖ καθὼς ✕ μεταλαμβάνομεν. ✕ ἐγὼ δ' εἶπα τοὺς ἐμφανιστὰς οἴομαί σε

Aris. 297 7 τοῖς χρηματισμοῖς τοῦ βασιλέως καὶ ταῖς συμποσίαις ✕ μεταλαβεῖν. ✕ ἔθος γάρ ἐστι καθὼς καὶ σὺ γινώσκεις ἀφ' ἧς

Aris. 300 2 οὖν ἀκριβῶς παρὰ τῶν ἀναγεγραμμένων ὡς ἐλέχθη ✕ μεταλαβόντες ✕ κατακεχωρίκαμεν εἰδότες ἣν ἔχεις

Aris. 316 2 καὶ παρὰ Θεοδέκτου δὲ τοῦ τῶν τραγῳδιῶν ποιητοῦ ✕ μετέλαβον ✕ ἐγὼ διότι παραφέρειν μέλλοντός τι τῶν

Aris. 317 1 τὸν θεὸν ἐν πολλαῖς ἡμέραις ἀποκατέστη. ✕ μεταλαβὼν ✕ δὲ ὁ βασιλεὺς καθὼς προεῖπον περὶ τούτων τὰ

FAch. 106 διὰ τὴν ἐμὴν ἀβουλίαν. καὶ οὔτε βρωτοῦ οὔτε ποτοῦ ✕ μετέλαβεν. ✕ ἐπιγνοὺς οὖν ὁ στρατοφύλαξ τὰς ἀναγκαίας

IDIp. 5 121 1 οἴει σὺ τοὺς θανόντας ὦ Νικήρατε τρυφῆς ἁπάσης ✕ μεταλαβόντας ✕ ἐν βίῳ καὶ γῆν καλύψειν ὡς ἀπὸ τοῦ πάντ'

HHec. 1 22 193 σατράπαις ἐξέτινον περί τινων δὲ καὶ συγγνώμης ✕ μετελάμβανον. ✕ πολλὰς μὲν γὰρ ἡμῶν ἀνασπάστους εἰς

LAri. 13 12 13 οὖσα. διασαφεῖ δὲ καὶ Ὅμηρος καὶ Ἡσίοδος ✕ μετειληφότες ✕ ἐκ τῶν ἡμετέρων βιβλίων ἱερῶν εἶναι.

**μεταλλάσσω**

Adam 11 2 μὴ φαγεῖν ἐξ αὐτοῦ; διὰ τοῦτο καὶ ἡμῶν αἱ φύσεις ✕ μετηλλάγησαν. ✕ νῦν οὖν οὐ δυνήσει ὑπενεγκεῖν ἐὰν

HArt. 9 27 20 Χενεφρῆν πρῶτον ἁπάντων ἀνθρώπων ἐλεφαντιάσαντα ✕ μεταλλάξαι ✕ τούτῳ δὲ τῷ πάθει περιπεσεῖν διὰ τὸ τοὺς
    1

**μεταλλεία**

Aris. 120 2 κατεργασία γίνεται καὶ πολυδάπανος ὅπως μὴ διὰ τὴν ✕ μεταλλείαν ✕ τῶν εἰρημένων συμβῇ καὶ τὴν χώραν
    2

**μεταλλευτής**

HEup. 9 30 7 ἐν Ἐλάνοις πόλει τῆς Ἀραβίας καὶ πέμψαι ✕ μεταλλευτὰς ✕ εἰς τὴν Οὐρφῆ νῆσον κειμένην ἐν τῇ Ἐρυθρᾷ

HEup. 9 30 7 ἔχουσαν καὶ τὸ χρυσίον ἐκεῖθεν μετακομίσαι τοὺς ✕ μεταλλευτὰς ✕ εἰς τὴν Ἰουδαίαν. βασιλεύσαντα δὲ τὸν Δαβὶδ
    1

**μεταλλοιόω**

Aris. 17 4 κτίσμα γὰρ ὃν θεοῦ τὸ γένος τῶν ἀνθρώπων καὶ ✕ μεταλλοιοῦται ✕ καὶ τρέπεται πάλιν ὑπ' αὐτοῦ διὸ πολλαχῶς

**μέταλλον**

Hen. 8 1 θώρακας διδάγματα ἀγγέλων καὶ ὑπέδειξεν αὐτοῖς τὰ ✕ μέταλλα ✕ καὶ τὴν ἐργασίαν αὐτῶν καὶ ψέλια καὶ κόσμους καὶ

Hen. 8B 1 καὶ θώρακας καὶ πᾶν σκεῦος πολεμικὸν καὶ τὰ ✕ μέταλλα ✕ τῆς γῆς καὶ τὸ χρυσίον πῶς ἐργάωνται καὶ

Aris. 119 2 δὲ καὶ ἐκ τῶν παρακειμένων ὀρέων τῆς Ἀραβίας ✕ μέταλλα ✕ χαλκοῦ καὶ σιδήρου συνίστασθαι πρότερον.

HEup. 9 30 7 εἰς τὴν Οὐρφῆ νῆσον κειμένην ἐν τῇ Ἐρυθρᾷ θαλάσσῃ ✕ μέταλλα ✕ χρυσικὰ ἔχουσαν καὶ τὸ χρυσίον ἐκεῖθεν
    1

**μεταμέλεια**

Sal. 9 7 ἡμάρτοσαν καὶ ἡ χρηστότης σου ἐπὶ ἁμαρτάνοντας ἐν ✕ μεταμελείᾳ. ✕ καὶ νῦν σὺ ὁ θεὸς καὶ ἡμεῖς λαὸς ὃν ἠγάπησας

**μεταμέλομαι** (-έομαι) 3

Adam 19 1 μου. καὶ περιπατήσας ὀλίγον ἐστράφη καὶ λέγει μοι ✕ μεταμεληθείς ✕ οὐ δώσω σοι φαγεῖν. ταῦτα εἶπε θέλων εἰς

TJud. 23 5 καὶ ὡς ἂν ἐπιστρέψητε πρὸς κύριον ἐν τελείᾳ καρδίᾳ ✕ μεταμελούμενοι ✕ καὶ πορευόμενοι ἐν πάσαις ταῖς ἐντολαῖς

FAch. 110 τοῖς ἐχθροῖς μᾶλλον δὲ αὐτοὺς εὖ ποιεῖ ἵνα ✕ μεταμέλωνται ✕ γνωρίζοντες οἷον ἄνδρα ἠδίκουν. δυνάμενος

**μεταμορφόω**

FIsa. 1 2 οὐρανοῦ εἰς τὸν ᾅδην καὶ τὴν μεταμόρφωσιν ἣν ✕ μετεμορφώθη ✕ καὶ τοὺς λόγους οὓς αὐτὸς ὁ βασιλεὺς εἶδεν

**μεταμόρφωσις** 2

Abr.1 19 5 περ θέλεις ἀκολουθήσω σοι δίδαξόν με πάσας σου τὰς ✕ μεταμορφώσεις ✕ τὰς ἑπτὰ κεφαλὰς τῶν δρακόντων τὰς πονηρὰς

FIsa. 1 2 ἐκ τοῦ ἑβδόμου οὐρανοῦ εἰς τὸν ᾅδην καὶ τὴν ✕ μεταμόρφωσιν ✕ ἣν μετεμορφώθη καὶ τοὺς λόγους οὓς αὐτὸς ὁ
    31

**μετανοέω**

Adam 29 9 ἐπενέγκω χεῖρα τῇ εἰκόνι τοῦ θεοῦ ἣν ἔπλασεν; ἀλλὰ ✕ μετανοήσωμεν ✕ ἡμέρας τεσσαράκοντα ὅπως σπλαγχνισθῇ ἡμῖν ὁ

Abr.1 10 15 θεάσηται ἐκεῖ τὰς κρίσεις καὶ ἀνταποδόσεις καὶ ✕ μετανοήσῃ ✕ ἐπὶ τὰς ψυχὰς ⟨τῶν ἁμαρτωλῶν⟩ ἃς ἀπώλεσεν.

Abr.2 12 13 σπλαγχνίζομαι ἐπ' αὐτοὺς τάχα εἰ ἐπιστρέψουσιν καὶ ✕ μετανοήσωσιν ✕ ἐκ τῶν ἁμαρτιῶν αὐτῶν καὶ σωθήσονται. ἐν

TRub. 1 9 ἕως θανάτου. καὶ ἐν προαιρέσει ψυχῆς μου ἐπτὰ ἔτη ✕ μετενόησα ✕ ἐνώπιον κυρίου οἶνον καὶ σίκερα οὐκ ἔπιον καὶ

TRub. 4 4 ἡ ὀργὴ κυρίου καθὼς ἔδειξέ μοι κύριος. ἀπὸ τότε ✕ μετανοῶν ✕ παρεφυλαξάμην καὶ οὐχ ἥμαρτον. διὰ τοῦτο τέκνα

TSim. 2 13 ἔγνων τέκνα ὅτι περὶ Ἰωσὴφ τοῦτό μοι συνέβη καὶ ✕ μετανοήσας ✕ ἔκλαυσα καὶ ηὐξάμην κυρίῳ ἵνα ἀποκατασταθῶ

TJud. 15 4 τουτέστι τὴν δόξαν τῆς βασιλείας μου. καίγε ✕ μετανοήσας ✕ ἐπὶ τούτοις οἶνον καὶ κρέας οὐκ ἔλαβον ἕως

TZab. 9 7 ψυχῆς. καὶ μετὰ ταῦτα μνησθήσεσθε κυρίου καὶ ✕ μετανοήσετε ✕ καὶ ἐπιστρέψει ὑμᾶς ὅτι ἐλεήμων ἐστὶ καὶ

TGad 5 6 ἀδικῆσαι ἄνθρωπον. ταῦτα ἐγὼ ἔσχατον ἔγνων μετὰ τὸ ✕ μετανοῆσαί ✕ με περὶ τοῦ Ἰωσήφ. ἡ γὰρ κατὰ θεὸν ἀληθὴς

TGad 6 3 ἐν ψυχῇ σου μὴ κρατήσῃς δόλον καὶ ἐὰν ὁμολογήσας ✕ μετανοήσῃ ✕ ἄφες αὐτῷ ἐάν τε ἀρνεῖται μὴ φιλονείκει αὐτῷ

TGad 6 6 ἡσύχασον μὴ ἐξάξῃς αὐτόν. ὁ γὰρ ἀρνούμενος ✕ μετανοεῖ ✕ τοῦ μηκέτι πλημμελῆσαι εἰς σε ἀλλὰ καὶ τιμήσει

TGad 7 5 ἐκδέξασθε. ἢ γὰρ ἀφαιρεῖται αὐτὰ ἐν κακοῖς ἢ ✕ μετανοοῦσιν ✕ ἀφίησιν ἢ ἀμετανοήτῳ τηρεῖ εἰς αἰῶνα τὴν

TAser 1 6 πρᾶξις αὐτῆς ἐστιν ἐν δικαιοσύνῃ κἂν ἁμάρτῃ εὐθὺς ✕ μετανοεῖ. ✕ δίκαια γὰρ λογιζόμενος καὶ ἀπορρίπτων τὴν

TJos. 6 6 ἐτήρησα αὐτὸ εἰς ἔλεγχόν σου εἰ ἄρα ἰδοῦσα αὐτὸ ✕ μετανοήσεις. ✕ ἵνα δὲ μάθῃς ὅτι τῶν ἐν σωφροσύνῃ

TBen. 5 4 ἀποδιδράσκει αὐτοῦ. ἐὰν γὰρ ὑβρίσῃ τις ἄνδρα ὅσιον ✕ μετανοεῖ ✕ ἐλεεῖ γὰρ ὁ ὅσιος τὸν λοίδορον καὶ σιωπᾷ. κἂν

Asen. 9 2 ὑψίστου. καὶ ἔκλαυσε κλαυθμῷ μεγάλῳ καὶ πικρῷ καὶ ✕ μετενόει ✕ ἀπὸ τῶν θεῶν αὐτῆς ὧν ἐσέβετο καὶ προσώχθισε

Asen. 15 7 ὕψιστον ὑπὲρ σοῦ πᾶσαν ὥραν καὶ ὑπὲρ πάντων τῶν ✕ μετανοούντων ✕ ἐν ὀνόματι θεοῦ τοῦ ὑψίστου ἐπειδὴ πατήρ

Asen. 15 7 ὑμῶν ἐρωτᾷ πᾶσαν ὥραν τὸν ὕψιστον καὶ πᾶσι τοῖς ✕ μετανοοῦσι ✕ τόπον ἀναπαύσεως ἡτοίμασεν ἐν τοῖς οὐρανοῖς.

Asen. 15 7 ἐν τοῖς οὐρανοῖς. καὶ ἀνακαινιεῖ πάντας τοὺς ✕ μετανοήσαντας ✕ καὶ αὕτη διακονήσει αὐτοῖς εἰς τὸν αἰῶνα

Jer. 8 9 ἀπέστειλε δὲ πρὸς αὐτοὺς Ἱερεμίας λέγων ✕ μετανοήσατε ✕ ἔρχεται γὰρ ἄγγελος τῆς δικαιοσύνης καὶ

Prop. 10 6B καὶ ἐκβρασθεὶς ἐκήρυξε τὴν ἀπώλειαν Νινευῒ τοῦ ✕ μετενόησαν ✕ οἱ ἄνδρες οἱ Νινευῖται καὶ ἠλεήθησαν. καὶ

Esdr. 2 25 ὄξος καὶ χολὴν με ἐπότισαν καὶ ὡς οὐδὲ τοῦτοι ✕ ἐμετενόησαν. ✕ καὶ εἶπεν ὁ προφήτης ἀποκάλυψόν σου τὰ

Sedr. 12 4 καὶ ζήσῃ ἄνθρωπος ἐν μετανοίᾳ πόσας ἡμέρας ✕ μετανοήσας ✕ ἀφείς αὐτοῦ τὰς ἁμαρτίας; λέγει αὐτὸν ὁ θεὸς

Sedr. 12 5 ὁ θεὸς ἐὰν ἐπιστρέψῃ ζῶν τὰ ἑκατὸν ⟨ἢ⟩ ὀγδοήκοντα ✕ μετανοήσῃ ✕ τρία ἔτη καὶ ποιήσῃ καρπὸν δικαιοσύνης καὶ

Sedr. 13 6 λόγον Σεδρὰχ ἀγαπητέ μου εἶτα ἀναιτιεῖς με ἐὰν ✕ μετανοήσῃ ✕ ὁ ἁμαρτωλὸς εἰς ἡμέρας τεσσαράκοντα οὐ μὴ

Sedr. 14 8 εὐσπλαγχνίας καὶ πολλοῦ ἐλέους καὶ πλούτους ἵνα ✕ μετανοήσωσιν ✕ ἀλλὰ ποιοῦσιν ἃ μισεῖ μου ἡ θεότης καὶ οὐκ

Sedr. 14 8 ἁμαρτωλόν. παντελῶς οὐκ οἶδας ὅτι γέγραπται καὶ οἱ ✕ μετανοήσαντες ✕ οὐ μὴ ἴδουν τὴν κόλασιν; καὶ ⟨οὐκ ἥκουσαν⟩

Sedr. 16 2 διάνοιαν ὅταν δὲ πάλιν γηράσῃ καὶ τηρῶ αὐτὸν ὅπως ✕ μετανοήσῃ. ✕ λέγει Σεδρὰχ κύριε σὺ ταῦτα πάντα οἶδας καὶ

FMan. 2 22 12 σὺ εἶ κύριος μακρόθυμος εὔσπλαγχνος πολυέλεος καὶ ✕ μετανοῶν ✕ ἐπὶ ταῖς κακίαις τῶν ἀνθρώπων ὅτι σὺ ὁ θεὸς

FMan. 2 22 14 με ἐν τοῖς κακωτάτοις τῆς γῆς ὅτι σὺ εἶ ὁ θεὸς τῶν ✕ μετανοούντων ✕ καὶ ἐν ἐμοὶ δείξεις τὴν ἀγαθωσύνην σου ὅτι

FEz. 1 8 3 καὶ τέξεται ἡ δάμαλις καὶ ἐροῦσιν οὐ τέτοκεν. ✕ μετανοήσατε ✕ οἶκος Ἰσραὴλ ἀπὸ τῆς ἀνομίας ὑμῶν. εἶπον
    23

**μετάνοια**

Adam 32 4 καὶ ἀνέστησεν αὐτὴν λέγων ἀνάστα Εὔα ἐκ τῆς ✕ μετανοίας ✕ σου. ἰδοὺ γὰρ ὁ Ἀδὰμ ὁ ἀνήρ σου ἐξῆλθεν ἀπὸ

TRub. 2 1 ἃ εἶδον περὶ τῶν ἑπτὰ πνευμάτων τῆς πλάνης ἐν τῇ ✕ μετανοίᾳ ✕ μου. ἑπτὰ πνεύματα ἐδόθη κατὰ τοῦ ἀνθρώπου ἀπὸ

TJud. 19 2 διὰ ἀργύριον ἐγὼ ἀπώλεσα τὰ τέκνα μου καὶ εἰ μὴ ἡ ✕ μετάνοια ✕ σαρκός μου καὶ ἡ ταπείνωσις ψυχῆς μου καὶ αἱ

TGad 5 7 με περὶ τοῦ Ἰωσήφ. ἡ γὰρ κατὰ θεὸν ἀληθὴς ✕ μετάνοια ✕ ἀναιρεῖ τὴν ἄγνοιαν καὶ φυγαδεύει τὸ σκότος καὶ

TGad 5 8 καὶ ἃ οὐκ ἔμαθεν ἀπὸ ἀνθρώπων οἶδε διὰ τῆς ✕ μετανοίας. ✕ ἐπήγαγε γάρ μοι ὁ θεὸς νόσον ἥπατος καὶ εἰ μὴ

Asen. 15 7 οἱ προσκείμενοι τῷ θεῷ τῷ ὑψίστῳ ἐν ὀνόματι τῆς ✕ μετανοίας. ✕ διότι ἡ μετάνοιά ἐστιν ἐν τοῖς οὐρανοῖς

Asen. 15 7 τῷ θεῷ τῷ ὑψίστῳ ἐν ὀνόματι τῆς μετανοίας. διότι ἡ ✕ μετάνοιά ✕ ἐστιν ἐν τοῖς οὐρανοῖς θυγάτηρ ὑψίστου καλὴ καὶ

Asen. 15 7 ἐν ὀνόματι θεοῦ τοῦ ὑψίστου ἐπειδὴ πατήρ ἐστι τῆς ✕ μετανοίας. ✕ καὶ αὕτη ἐστὶν ἐπίσκοπος πάντων τῶν παρθένων

Asen. 15 8 αὐτοῖς εἰς τὸν αἰῶνα χρόνον. καὶ ἔστιν ἡ ✕ μετάνοια ✕ καλὴ σφόδρα παρθένος καθαρὰ καὶ γελῶσα πάντοτε

Asen. 16 14 μακάριοι πάντες οἱ προσκείμενοι κυρίῳ τῷ θεῷ ἐν ✕ μετανοίᾳ ✕ ὅτι ἐκ τούτου τοῦ κηρίου φάγονται. διότι τούτῳ

Sedr. 1 καὶ μακαρίου Σεδρὰχ λόγος περὶ ἀγάπης καὶ περὶ ✕ μετανοίας ✕ καὶ ὀρθοδόξων Χριστιανῶν καὶ περὶ δευτέρας

Sedr. 11 13 τὸ σῶμα βαστάζοντες εἰς τοὺς ναοὺς ἀνατρέχοντες ✕ μετανοίας ✕ ποιοῦντες καὶ παρακαλοῦντες τοὺς ἁγίους καὶ

Sedr. 12 4 ἁμαρτίαις καὶ πάλιν ἐπιστρέψῃ καὶ ζήσῃ ἄνθρωπος ἐν ✕ μετανοίᾳ ✕ πόσας ἡμέρας μετανοήσας ἀφίεις αὐτοῦ τὰς

Sedr. 13 1 μου μὴ φθάσῃ ὁ θάνατος αὐτοῦ καὶ οὐ πληρώσῃ τὴν ✕ μετάνοιαν ✕ αὐτοῦ ἐλέησον κύριε τὴν εἰκόνα σου καὶ

Sedr. 14 2 καὶ εἶπον κύριε δίδαξον ἡμᾶς πῶς δεῖ καὶ ἐν ποίᾳ ✕ μετανοίᾳ ✕ σωθήσεται ὁ ἄνθρωπος καὶ ἐν ποίῳ κόπῳ; ⟨λέγει ὁ

Sedr. 14 3 ὁ ἄνθρωπος καὶ ἐν ποίῳ κόπῳ; ⟨λέγει ὁ θεὸς⟩ ἐν ✕ μετανοίαις ✕ ἐν παρακλήσεσιν ἐν λειτουργίαις ἐν δάκρυσιν

Sedr. 15 2 οὐκ ἦλθον δικαίους καλέσαι ἀλλὰ ἁμαρτωλοὺς εἰς ✕ μετάνοιαν. ✕ καὶ εἶπεν ὁ κύριος τὸν Σεδρὰχ οὐκ οἶδας

Aris. 188 5 καθὼς εἰσὶν ἄξιοι μετατιθεὶς ἐκ τῆς κακίας καὶ εἰς ✕ μετάνοιαν ✕ ἄξεις. ἐπαινέσας δὲ ὁ βασιλεὺς τὸν ἐχόμενον

Sib. 4 168 καὶ εὐλογίαις ἀσέβειαν πικρὰν ἱλάσκεσθε θεὸς δώσει ✕ μετάνοιαν ✕ οὐδ' ὀλέσει παύσει δὲ χόλον πάλιν ἤνπερ

FMan. 2 22 12 κατὰ τὴν χρηστότητα τῆς ἀγαθωσύνης σου ἐπηγγείλω ✕ μετάνοιαν ✕ ἄφεσιν τοῖς ἡμαρτηκόσιν καὶ τῷ πλήθει τῶν

FMan. 2 22 12 ἡμαρτηκόσιν καὶ τῷ πλήθει τῶν οἰκτιρμῶν σου ὥρισας ✕ μετάνοιαν ✕ ἁμαρτωλοῖς εἰς σωτηρίαν. σὺ οὖν κύριε ὁ θεὸς

FMan. 2 22 13 σωτηρίαν. σὺ οὖν κύριε ὁ θεὸς τῶν δικαίων οὐκ ἔθου ✕ μετάνοιαν ✕ δικαίοις τῷ Ἀβραὰμ καὶ Ἰσαὰκ καὶ Ἰακὼβ τοῖς

FMan. 2 22 13 καὶ Ἰακὼβ τοῖς οὐχ ἡμαρτηκόσιν σοι ἀλλ' ἔθου ✕ μετάνοιαν ✕ ἐπ' ἐμοὶ τῷ ἁμαρτωλῷ διότι ἥμαρτον πλείω

**μεταξύ**

Hen. 14 11 αἱ στέγαι ὡς διαδρομαὶ ἀστέρων καὶ ἀστραπαὶ καὶ ✕ μεταξὺ ✕ αὐτῶν χερουβὶν πύρινα καὶ οὐρανὸς αὐτῶν ὕδωρ καὶ

Hen. 18 3 καὶ τὸ στερέωμα τοῦ οὐρανοῦ καὶ αὐτοὶ ἵστασιν ✕ μεταξὺ ✕ γῆς καὶ οὐρανοῦ. ἰδὸν ἀνέμους τῶν οὐρανῶν

Prop. 2 14 ἡ πέτρα ἐν τῇ ἐρήμῳ ὅπου πρώτως ἡ κιβωτὸς γέγονε ✕ μεταξὺ ✕ τῶν δύο ὀρέων ἐν οἷς κεῖνται Μωϋσῆς καὶ Ἀαρών.

**μεταπείθω**

FIsa. 1 2 16 ἦν ⟨ὁ⟩ Βεχειρ⟨ὰ⟩ ἀδελφὸς τοῦ Σεδεκίου ἀκούσαν⟨τ⟩ες ✕ μετέπεισαν ✕ τὸν Ὀχοζείαν βασιλέα Γομόρρων καὶ

HHec. 1 22 191 ὑπὸ τῶν Περσικῶν βασιλέων καὶ σατραπῶν οὐ δύνανται ✕ μεταπεισθῆναι ✕ τῇ διανοίᾳ ἀλλὰ γεγυμνωμένος περὶ τούτων
    4

**μεταπέμπω**

Aris. 124 3 φιλάγαθος ὢν ὁ βασιλεὺς πάντων μέγιστον ἡγεῖται τὸ ✕ μεταπέμπεσθαι ✕ καθ' ὃν ἂν τόπον ὀνομασθῇ τις ἄνθρωπος

Aris. 179 4 εἶπε δίκαιον ἦν θεοσεβεῖς ἄνδρες ὧν χάριν ὑμᾶς ✕ μετεπεμψάμην ✕ ἐκείνοις πρῶτον σεβασμὸν ἀποδοῦναι μετὰ

FAch. 117 Αἴσωπος λέγει λέγε εἴ τι βούλει. Νεκταναβὼν εἶπεν ✕ μετεπεμψάμην ✕ ⟨τοὺς⟩ ἀπὸ τῆς Ἑλλάδος ἵππους ἐπιτοκίους

FAch. 119 βασιλεῖ Λυκούργῳ. αὐτίκα οὖν τοὺς ἀπὸ Ἡλιουπόλεως ✕ μετεπέμψατο ✕ προφήτας ἐπισταμένους καὶ φυσικὰ ἐρωτήματα.

μεταπίπτω 1
Aris. 250 4 θῆλυ γένος καὶ δραστικὸν ἐφ' ὃ βούλεται πρᾶγμα καὶ * μεταπίπτον * εὐκόπως διὰ παραλογισμοῦ καὶ τῇ φύσει

μεταποιέω 1
LAri. 13 12 12 τίνος προτερεῖ. τάξας γὰρ οὕτως αὐτὰ συνέχει καὶ * μεταποιεῖ. * διασεσάφηκε δ' ἡμῖν αὐτὴν ἔννομον ἕνεκεν

μετάρσιος 3
ISop. 5 121 4 αἰθὴρ ἡ δὲ βοσκηθεῖσα φλὸξ ἅπαντα τἀπίγεια καὶ * μετάρσια * φλέξει μανεῖσα. ἐπὰν δὲ ἐκλίπῃ τὸ πᾶν φροῦδος
HCal. 28 3 κατακοσμήσας καὶ τὰ τείχη πύργοις εὐμήκεσι καὶ * μεταρσίοις * κατοχυρώσας ἐν δὲ τῇ κατὰ ἀνατολὴν πύλῃ
HCal. 28 4 μεταρσίοις κατοχυρώσας ἐν δὲ τῇ κατὰ ἀνατολὴν πύλῃ * μεταρσιώτατον * πάντων ἕνα πύργον οἰκοδομήσας ἐν αὐτῷ τὴν

μετάστασις 1
Abr.1 8 11 ἀπέστειλα πρός σε ἵνα γνώσῃς τὴν ἐκ τοῦ κόσμου * μετάστασιν * καὶ ποιήσῃς διάταξιν περὶ τοῦ οἴκου σου καὶ

μεταστέλλω 1
FEz. 64 70 13 ἴχνη παγανῶν ἐν τῷ παραδείσῳ; ὁ δὲ ἐθαύμασε. ὡς * μετεστείλατο * τὸν χωλὸν καὶ τὸν τυφλὸν καὶ ἠρώτησε τὸν

μεταστρέφω 3
Abr.2 12 12 αὐτούς). καὶ ἐλάλησεν κύριος πρὸς Μιχαὴλ λέγων * μετάστρεψον * τὸν Ἀβραὰμ κάτω εἰς τὴν γῆν καὶ μὴ ἐάσῃς
TAser 1 8 ὑπὸ τοῦ Βελιὰρ κἂν ἀγαθὸν πράξῃ ἐν πονηρίᾳ αὐτὸ * μεταστρέφει. * ὅταν γὰρ ἐνάρξηται ὡς ἀγαθὸν ποιῶν τὸ τέλος
Jer. 6 3 σου λέγων τῷ σαρκικῷ οἴκῳ σου τὸ πένθος σου * μετεστράφη * εἰς χαρὰν ἔρχεται γὰρ ὁ ἱκανὸς καὶ ἀρεῖ σε ἐν

μετασχηματίζω 4
TRub. 5 6 ἀλλήλων καὶ συνέλαβον τῇ διανοίᾳ τὴν πρᾶξιν καὶ * μετεσχηματίζοντο * εἰς ἀνθρώπους καὶ ἐν τῇ συνουσίᾳ τῶν
Job 6 4 ἔνδον ἐστίν. καὶ ἐμοῦ ἔνδον ὄντος, ὁ Σατανᾶς * μετασχηματισθεὶς * εἰς ἐπαίτην ἔκρουσεν τὴν θύραν καὶ
Job 17 2 ἐγνωκώς μου τὴν καρδίαν κατεμηχανήσατό με καὶ * μετασχηματισθεὶς * εἰς βασιλέα τῶν Περσῶν ἐπέστη τῇ ἐμῇ
Job 23 1 μοι καὶ φάγομαι. καὶ ὁ Σατανᾶς τοῦτο γνοὺς * μετεσχηματίσθη * εἰς πράτην καὶ ἐγένετο κατὰ συντυχίαν

μετατίθημι 7
Asen. 17 7 τὸν αἰῶνα χρόνον. καὶ εἶπεν ὁ ἄνθρωπος τῇ Ἀσενὲθ * μετάθες * τὴν τράπεζαν ταύτην. καὶ ἐπεστράφη Ἀσενὲθ τοῦ
Asen. 17 8 τὴν τράπεζαν ταύτην. καὶ ἐπεστράφη Ἀσενὲθ τοῦ * μετατεθῆναι * τὴν τράπεζαν καὶ εὐθέως ἀπῆλθεν ἐξ ὀφθαλμῶν
Bar. 13 3 καὶ εἶπον δεόμεθά σου Μιχαὴλ ὁ ἀρχιστράτηγος ἡμῶν * μετάθες * ἡμᾶς ἀπ' αὐτῶν ὅτι οὐ δυνάμεθα ἀνθρώποις
Esdr. 5 25 εἶπον τίς ἐστιν οὗτος; καὶ εἶπόν μοι οὗτος ὅρους * μετέθηκεν. * καὶ εἶδον ἐκεῖ μεγάλα κριτήρια καὶ εἶπον πρὸς
Aris. 188 4 τοὺς αἰτίους ἐπιεικέστερον (ἢ) καθὼς εἰσιν ἄξιοι * μετατιθεὶς * ἐκ τῆς κακίας καὶ εἰς μετάνοιαν ἄξεις.
Sib. 4 162 ἅμα πᾶσαν ὑπ' ἐμπρησμοῦ μεγάλοιο. ἆ μέλεοι * μετάθεσθε * βροτοὶ τάδε μηδὲ πρὸς ὀργὴν παντοίην ἀγάγητε
FMos. 8 163 20 ἐν τῷ ὄρει Μωϋσέως ὁ Μιχαὴλ ἀποστέλλεται * μεταθήσων * τὸ σῶμα εἶτα τοῦ διαβόλου κατὰ τοῦ Μωϋσέως

μετατρέπω 1
Aris. 99 6 εἰς ἔκπληξιν ἥξειν καὶ θαυμασμὸν ἀνεκδιήγητον * μετατραπέντα * τῇ διανοίᾳ διὰ τὴν περὶ ἕκαστον ἁγίαν

μεταῦθις 2
Sib. 3 413 Αἰνεάδας +διδοὺς+ αὐτόχθονος ἐγγενὲς αἷμα. ἀλλὰ * μεταῦτις * ἕλωρ ἔσῃ ἀνθρώποισιν ἐρασταῖς. Ἴλιον οἰκτείρω
Sib. 3 447 ἐν πόντῳ δ' ἕξεις κράτος ἔξοχον ἄλλων. ἀλλὰ * μεταῦτις * ἕλωρ ἔσῃ ἀνθρώποισιν ἐρασταῖς κάλλεσιν ἠδ' ὄλβῳ

μεταφέρω 8
Abr.2 7 19 ἔκτισεν ὁ κύριος ἐν οὐρανῷ καὶ ἐπὶ γῆς πρὸ τοῦ * μετενεχθῆναί * με. καὶ ἀπεκρίθη Μιχαὴλ καὶ εἶπεν τοῦτο οὐκ
Aris. 306 5 ἐνέργεια διὰ τῶν χειρῶν γίνεται καλῶς καὶ ὁσίως * μεταφέροντες * ἐπὶ τὴν δικαιοσύνην καὶ τὴν ἀλήθειαν πάντα.
Aris. 311 3 ἔθος αὐτοῖς ἐστιν εἴ τις διασκευάσει προστιθεὶς ἢ * μεταφέρων * τι τὸ σύνολον τῶν γεγραμμένων ἢ ποιούμενος
HEup. 9 34 4 ὅρος τὸ τοῦ Λιβάνου μετὰ τῶν Σιδωνίων καὶ Τυρίων * μετήνεγκε * τὰ ξύλα τὰ προκεκομμένα ὑπὸ τοῦ πατρὸς αὐτοῦ
LAri. 8 10 8 τὰς χεῖρας ἐπὶ δυνάμεως εἶναι θεοῦ καὶ γὰρ ἔστι * μεταφέροντας * νοῆσαι τὴν πᾶσαν ἰσχὺν τῶν ἀνθρώπων καὶ τὰς
LAri. 8 10 9 εἶναι. διόπερ καλῶς ὁ νομοθέτης ἐπὶ τὸ μεγαλεῖον * μετενήνοχε * λέγων τὰς συντελείας χεῖρας εἶναι θεοῦ.
LAri. 13 12 1 πολυμαθὴς καθὼς καὶ Πυθαγόρας πολλὰ τῶν παρ' ἡμῖν * μετενέγκας * εἰς τὴν ἑαυτοῦ δογματοποιίαν κατεχώρισεν. ἡ
LAri. 13 12 9 λέγοιτο φωτὸς γένεσις ἐν ᾧ τὰ πάντα συνθεωρεῖται. * μεταφέροιτο * δ' ἂν τὸ αὐτὸ καὶ ἐπὶ τῆς σοφίας τὸ γὰρ πᾶν

μεταφορά 1
Job 32 2 σου; σὺ εἶ ὁ τὰς τρισχιλίας καμήλους ἐκτάξας εἰς * μεταφορὰν * τῶν ἀγαθῶν τοῖς πένησιν ποῦ οὖν τυγχάνει ἡ

μεταφυτεύω 1
Hen. 25 5 αὐτοῦ τοῖς ἐκλεκτοῖς εἰς ζωὴν εἰς βορρᾶν καὶ * μεταφυτευθήσεται * ἐν τόπῳ ἁγίῳ παρὰ τὸν οἶκον τοῦ θεοῦ

μεταχρώννυμι 1
HArt. 9 27 30 καὶ ἐπαοιδῶν δράκοντα ποιῆσαι καὶ τὸν ποταμὸν * μεταχρῶσαι. * τὸν δὲ βασιλέα φρονηματισθέντα ἐπὶ τῷ

μετεγείρω 1
Hen. 22 13 οὐ τιμωρηθήσονται ἐν ἡμέρᾳ τῆς κρίσεως οὐδὲ μὴ * μετεγερθῶσιν * ἐντεῦθεν. τότε ηὐλόγησα τὸν κύριον τῆς

μετεμπολάω * 1
TJos. 13 1 ὅτι κλέπτεις τὰς ψυχὰς ἐκ γῆς Ἑβραίων εἰς παῖδας * μετεμπολῶν; * πεσὼν οὖν ἐπὶ πρόσωπον αὐτοῦ ὁ μετάβολος

μετέπειτα 10
Aris. 38 3 πᾶσι τοῖς κατὰ τὴν οἰκουμένην Ἰουδαίοις καὶ τοῖς * μετέπειτα * προῃρήμεθα τὸν νόμον ὑμῶν μεθερμηνευθῆναι
Aris. 116 3 μυριάδων ἀρουρῶν κατὰ τὸ ἀρχαῖον οὔσης * μετέπειτα * δέ οἱ γειτνιῶντες ἐπέβησαν αὐτῆς ἑξήκοντα
Aris. 229 1 παρακαλέσας δὲ καὶ τοῦτον ἐπυνθάνετο καὶ τοῦ * μετέπειτα * τί καλλονῆς ἄξιόν ἐστιν; ὁ δὲ εἶπεν εὐσέβεια.
Aris. 255 2 καλῶς δὲ ἀποκεκρίσθαι φήσας τοῦτον ἐπυνθάνετο τοῦ * μετέπειτα * τί ἐστιν εὐβουλία; τὸ καλῶς ἅπαντα πράσσειν
Aris. 288 2 διαχυθεὶς δὲ ἐπὶ τοῖς εἰρημένοις ἐπυνθάνετο τοῦ * μετέπειτα * τί κάλλιστόν ἐστι τοῖς ὄχλοις ἐξ ἰδιώτου
Sib. 3 16 αὐτὸς ἑαυτὸν ὄντα τε καὶ πρὶν ἐόντα ἀτὰρ πάλι καὶ * μετέπειτα. * τίς γὰρ θνητὸς ἐὼν κατιδεῖν δύναται θεὸν
Sib. 3 821 ὅσσα δὲ πρῶτ' ἐγένοντο τά μοι +θεὸς+ κατέλεξε τῶν * μετέπειτα * δὲ πάντα θεὸς νόῳ ἐγκατέθηκεν ὥστε προφητεύειν
Sib. 5 301 δὲ χειμῶνος θέρος ἔσσεται ἤματι τῷδε. καὶ τότε δὴ * +μετέπειτ'+ * ἔσται +ἀνδρεσσι+ βροτοῖσιν ἐξολέσει γὰρ
FPho. 8 τὰ δ' ἐτήτυμα πάντ' ἀγορεύειν. πρῶτα θεὸν τιμᾶν * μετέπειτα * δὲ σεῖο γονῆας. πάντα δίκαια νέμειν μὴ δὲ
FPho. 11 μὴ κρῖνε πρόσωπον ἢν σὺ κακῶς δικάσῃς σέ θεὸς * μετέπειτα * δικάσσει. μαρτυρίην ψευδῆ φεύγειν τὰ δίκαια

μετέρχομαι 5
Abr.1 9 6 δέσποτα καὶ ὅτε ἴδω ταῦτα τότε καὶ νῦν ἐὰν * μετέλθω * τοῦ βίου ἄλυπός εἰμι. ἀπῆλθεν πάλιν ὁ
TDan 6 6 τοῦ Ἰσραὴλ ἀφιστάμενος ἀπ' αὐτῶν κύριος καὶ * μετελεύσεται * ἐπὶ ἔθνη ποιοῦντα τὸ θέλημα αὐτοῦ ὅτι
TJos. 10 2 καὶ ὑμεῖς οὖν ἐὰν τὴν σωφροσύνην καὶ τὴν ἁγνείαν * μετέλθητε * ἐν ὑπομονῇ καὶ ταπεινώσει καρδίας κύριος
Bar. 4 5 ὁ μὲν δράκων ἐστὶν ὁ τὰ σώματα τῶν κακῶς τὸν βίον * μετερχομένων * ἐσθίων καὶ ὑπ' αὐτῶν τρέφεται καὶ οὗτός
HDem. 9 21 16 Χαναὰν ἀφ' οὗ ἐκλεγῆναι Ἀβραὰμ ἐκ τῶν ἐθνῶν καὶ * μετελθεῖν * εἰς Χαναὰν Ἀβραὰμ ἐτῶν εἴκοσι πέντε Ἰσαὰκ

μετέχω 12
Hen. 97 6 κατὰ πρόσωπον ὑμῶν εἶτ' ἀναφελεῖ τὰ πάντα ἔργα τὰ * μετασχόντα * ἐν τῇ ἀνομίᾳ. οὐαὶ ὑμῖν οἱ ἁμαρτωλοὶ (οἱ) ἐν
Hen. 104 3 ὑμῖν περὶ τῆς θλίψεως ὑμῶν καὶ ἐκ πάντων ὅστις * μετέσχεν * τῶν βιαζομένων καὶ κατεσθόντων ὑμᾶς. (μὴ
Aris. 140 3 καθηγεμόνες ἱερεῖς ἐγκεκυφότες εἰς πολλὰ καὶ * μετεσχηκότες * πραγμάτων ἀνθρώπους θεοῦ προσονομάζουσιν
Aris. 197 4 λαμβάνοις ὅτι γέγοναν ὑπὸ τοῦ θεοῦ πάντες ἄνθρωποι * μετασχεῖν * τῶν μεγίστων κακῶν ὡσαύτως δὲ καὶ ἀγαθῶν καὶ
Aris. 224 5 παρ' ἑαυτοῦ βασιλεύς ἐστι πάντες γὰρ θέλουσι * μετασχεῖν * ταύτης τῆς δόξης ἀλλ' οὐ δύνανται θεοῦ γὰρ
Aris. 248 6 τὰ ἀγαθά. τὸ δὲ ἐπιδεῖσθαι παιδία σωφροσύνης * μετασχεῖν * θεοῦ δυνάμει τοῦτο γίνεται. φήσας δὲ εὐλογεῖν
Aris. 264 4 ἀκέραιον πρὸς αὐτὸν καὶ τῶν τρόπων ὅσοι * μετέχουσιν * αὐτῷ. θεοῦ δὲ ἐπιφάνεια γίνεται πρὸς τὰ
Aris. 289 4 τῶν ἰδιωτῶν καὶ κακῶν πεπειραμένοι καὶ πενίας * μετεσχηκότες * ἄρξαντες ὄχλων χαλεπώτεροι τῶν ἀνοσίων
Sib. 3 740 ἀγῶνα κραταιόν. καὶ δούλευε θεῷ μεγάλῳ ἵνα τῶνδε * μετάσχῃς. * ὁππότε δὴ καὶ τοῦτο λάβῃ τέλος αἴσιμον ἦμαρ
FAch. 109 τοῖς εὖ πράττουσι μὴ φθόνει ἀλλὰ σύγχαιρε καὶ * μεθέξεις * αὐτῶν τῆς εὐπραξίας ὁ γὰρ φθονῶν ἀγνοῶν ἑαυτὸν
FAch. 120 παρ' ἡμῖν παῖδες λύουσιν. (οἱ γὰρ παιδείας * μετέχοντες * καταγελῶσι τῶν τὰ τοιαῦτα προβαλλόντων).
LAri. 8 10 5 ἀφορμὰς εἰληφότες καθὸ καὶ θαυμάζονται. τοῖς δὲ μὴ * μετέχουσι * δυνάμεως καὶ συνέσεως ἀλλὰ τῷ γραπτῷ μόνον

μετεωρίζω 2
Abr.1 2 12 ἀπέλθωμεν δικαία ψυχὴ πεζεύοντες ἕως τοῦ οἴκου σου * μετεωριζόμενοι. * καὶ εἶπεν Ἀβραὰμ ἀμὴν γένοιτο κύριε.
Abr.2 2 13 εἶπεν μὴ σκύλου τὸ παιδάριον ἀλλὰ περιπατήσωμεν * μετεωριζόμενοι * μέχρις οὗ φθάσωμεν εἰς τὸν οἶκόν σου.

μετεωρισμός 2
TIss. 7 2 τῆς γυναικός μου οὐκ ἔγνων ἄλλην οὐκ ἐπόρνευσα ἐν * μετεωρισμῷ * ὀφθαλμῶν μου οἶνον εἰς ἀποπλάνησιν οὐκ ἔπιον
TBen. 6 3 τὸν πλησίον οὐκ ἐμπίπλαται τρυφῆς οὐ πλανᾶται * μετεωρισμοῖς * ὀφθαλμῶν κύριος γάρ ἐστι μερὶς αὐτοῦ. τὸ

μετέωρος 3
Aris. 60 3 ὑπεροχὴν ὀξεῖαν εἶναι τῶν δύο κλιμάτων συνέβαινε * μετέωρον * ἐπικειμένην ὡς προειρήκαμεν τριγώνου
Aris. 106 2 εἰσὶ δὲ καὶ διαβάθραι πρὸς τὰς διόδους. οἱ μὲν γὰρ * μετέωροι * τὴν ὁδεῖαν οἱ δ' ὑπ' αὐτὰς ποιοῦνται καὶ
Sib. 5 217 φεύγοντα δόλῳ ἰσθμοῖο παρ' ὄχθην ἄξουσιν * μετέωρον * ἕως ἐσίδωσιν ἑ πάντες τὸν πάλαι ἐκκόψαντα

μετοικίζω 2
Aris. 4 2 σπουδῇ λαβόντες καιρὸν πρὸς τὸν βασιλέα περὶ τῶν * μετοικισθέντων * εἰς Αἴγυπτον ἐκ τῆς Ἰουδαίας ὑπὸ τοῦ
Aris. 12 6 ἅπαντα συγχρώμενος εὐημερίᾳ μετὰ ἀνδρείας τοὺς μὲν * μετῴκιζεν * οὓς δὲ ᾐχμαλώτιζε φόβῳ πάντα ὑποχείρια

μέτοικος 1
Sib. 4 111 ἐπὶ γαίης εἰς ἑτέρην εὔξῃ προφυγεῖν χθόνα οἷα * μέτοικος * ἡνίκα δὴ Πατάρων +ὁμαδόν ποτε δυσσεβίῃσιν

μετονομάζω 1
Job 53 9 ἐν τοῖς ὑπ' οὐνόν. προυπῆρχε ὄνομα τῷ Ιωβ Ιωβαβ, * μετονομάσθη * δὲ παρὰ κυ Ιωβ. ἔζησε δὲ πρὶν τῆς πληγῆς **ἔτη**

μετόπισθε 3
Sib. 3 63 κακότητα φέρουσιν. ἐκ δὲ Σεβαστηνῶν ἥξει Βελιαρ * μετόπισθεν * καὶ στήσει ὀρέων ὕψος στήσει δὲ θάλασσαν
Sib. 3 178 πολλοὺς δὲ σαλεύσει καὶ πᾶσιν βασιλεῦσι φόβον * μετόπισθε * ποιήσει πολλὸν δ' αὖ χρυσόν τε καὶ ἄργυρον

| | | | |
|---|---|---|---|
| Slb. | 4 | 89 | Μακηδόνες αὐχήσουσιν ἔσται καὶ Θήβησι κακὴ * μετόπισθεν * ἅλωσις Κᾶρες δ᾽ οἰκήσουσι Τύρον Τύριοι δ᾽ |

μετοπωρινός
1

| LAri. | 7 | 32 | 18 | τμημάτων ὄντων δύο τοῦ μὲν ἐαρινοῦ τοῦ δὲ * μετοπωρινοῦ * καὶ διαμετρούντων ἄλληλα δοθείσης τε τῆς τῶν |

μετόπωρον
1

| Slb. | 3 | 90 | πολλὰ μεριμνᾷς οὐκ ἔαρ οὐχὶ θέρος οὐ χειμῶν᾽ οὐ * μετόπωρον. * καὶ τότε δὴ μεγάλοιο θεοῦ κρίσις εἰς μέσον |

μετοχή
1

| Sal. | 14 | 6 | οἱ ἁμαρτωλοὶ καὶ παράνομοι οἳ ἠγάπησαν ἡμέραν ἐν * μετοχῇ * ἁμαρτίας αὐτῶν ἐν μικρότητι σαπρίας ἢ ἐπιθυμία |

μέτοχος
5

| Hen. | 22 | 13 | ἁμαρτωλοὶ ὅσοι ἀσεβεῖς καὶ μετὰ τῶν ἀνόμων ἔσονται * μέτοχοι. * τὰ δὲ πνεύματα ὅτι οἱ ἐνθάδε θλιβέντες ἔλαττον |
| Hen. | 104 | 6 | ἁμαρτωλοὺς κατισχύοντας καὶ εὐδουμένους καὶ μὴ * μέτοχοι * αὐτῶν γίνεσθε ἀλλὰ μακρὰν ἀπέχεσθε ἀπὸ πάντων |
| TLevi | 2 | 3B018 | φωνῆς τοῦ παιδός σου Λευὶ γενέσθαι σοι ἐγγὺς καὶ * μέτοχον * ποίησον τοῖς λόγοις σου ποιεῖν κρίσιν ἀληθινὴν |
| TBen. | 2 | 5 | αὐτῷ λέων καὶ ἀνεῖλεν αὐτόν. καὶ οὕτως οἱ * μέτοχοι * φοβηθέντες διαπωλοῦσί με τοῖς ἑταίροις αὐτῶν. |
| Aris. | 207 | 3 | ἀπεφήνατο καθὼς οὐ βούλει σεαυτῷ τὰ κακὰ παρεῖναι * μέτοχος * δὲ τῶν ἀγαθῶν ὑπάρχειν ἁπάντων εἰ πράσσοις τοῦτο |

μετρέω
4

| TJos. | 10 | 6 | μου +ᾔδειν γὰρ ὅτι τὰ πάντα παρελεύσεται+ καὶ * ἐμέτρουν * ἐμαυτὸν καὶ ἐτίμων τοὺς ἀδελφούς μου καὶ διὰ |
| Esdr. | 4 | 15 | με κατώτερον βαθμοὺς πολλοὺς οὓς οὐκ ἠδυνήθην * μετρῆσαι. * καὶ ἴδον ἐκεῖ ἀνθρώπους γεραιοὺς καὶ |
| Esdr. | 7 | 5 | ὁ πάσης τῆς κτίσεως δημιουργὸς ὁ τὸν οὐρανὸν * μετρήσας * σπιθαμὴν καὶ τὴν γῆν κατέχων δρακὶ ὁ ἡνιοχῶν τὰ |
| Slb. | 4 | 10 | λώβην ἀλλ᾽ ὃν ἰδεῖν οὐκ ἔστιν ἀπὸ χθονὸς οὐδὲ * μετρῆσαι * ὄμμασιν ἐν θνητοῖς οὐ πλασθέντα χερὶ θνητῇ ὃς |

μετρητής
2

| Aris. | 76 | 3 | τοιαύτην εἶχον τὴν κατασκευὴν χωροῦντες ὑπὲρ δύο * μετρητάς * οἱ δ᾽ ἀργυροῖ λείαν εἶχον τὴν διασκευὴν |
| HEup. | 9 | 34 | 17 | σίκλον. καὶ τῷ μὲν Αἰγύπτου βασιλεῖ Οὐαφρῇ ἐλαίου * μετρητὰς * μυρίους φοινικοβαλάνων ἀρτάβας χιλίας μέλιτος |

μετριοπαθής
1

| Aris. | 256 | 6 | καὶ τὰ πρὸς τὸν καιρὸν πράσσειν δεόντως * μετριοπαθῆ * καθεστῶτα. ἵνα δ᾽ ἐπίστασιν τούτων λαμβάνωμεν |

μέτριος
3

| Sal. | 5 | 17 | ἐὰν ὑπερπλεονάσῃ ὁ ἄνθρωπος ἐξαμαρτάνει. ἱκανὸν τὸ * μέτριον * ἐν δικαιοσύνῃ καὶ ἐν τούτῳ ἡ εὐλογία κυρίου εἰς |
| Aris. | 197 | 2 | τοῦ μετὰ ταῦτα ἐπυνθάνετο πῶς ἂν τὰ συμβαίνοντα * μετρίως * φέροι; ἐκεῖνος δὲ ἔφησεν εἰ πρόληψιν λαμβάνοις |
| FrAn. | 1 | 217 | 25 | χρυσίον πολὺ καὶ ἀργύριον ἅμα δὲ καὶ ῥαπίσας αὐτὸν * μετρίως * εἰπέ. μὴ δίσταζε ἐν τῇ καρδίᾳ σου μηδὲ ἀπίστει |

μετριότης
1

| Aris. | 223 | 3 | κατάκτησιν κατὰ τὸ τῆς δόξης μέγεθος πλὴν ἐν πᾶσι * μετριότης * καλόν. ὃ δὲ ὁ θεὸς δίδωσι ταῦτα λαμβάνων |

μέτρον
31

| Adam | 13 | 6 | πορεύου πρὸς τὸν πατέρα σου ἐπειδὴ ἐπληρώθη τὸ * μέτρον * τῆς ζωῆς αὐτοῦ εἴσω τριῶν ἡμερῶν. ἐξερχομένης δὲ |
| Hen. | 10 | 19 | καὶ ὑπ᾽ ὁροῦ (σπόρου) ποιήσει καθ᾽ ἕκαστον * μέτρον * ἐλαίας ποιήσει ἀνὰ βάτους δέκα. καὶ σὺ καθάρισον |
| Hen. | 18 | 11 | τοὺς στύλους τοῦ πυρὸς καταβαίνοντας καὶ οὐκ ἦν * μέτρον * οὔτε εἰς βάθος οὔτε εἰς ὕψος. καὶ ἐπέκεινα τοῦ |
| Hen. | 21 | 7 | πλήρης στύλων πυρὸς μεγάλου καταφερομένων οὔτε * μέτρον * οὔτε πλάτος ἠδυνήθην ἰδεῖν οὐδὲ εἰκάσαι. τότε |
| Abr.1 | 1 | 1 | ἕκαστος ἐτελεύτησεν. εὐλόγησαν. ἔξζησεν Ἀβραὰμ * μέτρον * τῆς ζωῆς αὐτοῦ ἔτη ἐννακόσια ἐνενήκοντα ἐννέα |
| TLevi | 18 | 2B031 | καὶ ὅσα ἂν ποιῇς ἐν τάξει ποιεῖ ἃ ποιῇς ἐν * μέτρῳ * καὶ σταθμῷ καὶ μὴ περισσεύσῃς μηθὲν ὅσα οὐ |
| TLevi | 18 | 2B044 | τὸ ὄγδοον τοῦ σάτου καὶ ἀμνοῦ καὶ οἴνου κατὰ τὸ * μέτρον * τοῦ ἐλαίου τῷ ταύρῳ καὶ τῷ κριῷ καὶ τῷ ἐρίφῳ |
| TJud. | 9 | 8 | μέτρῳ πυροῦ κόρους διακοσίους ἐλαίου βεθ φ᾽ οἴνου * μέτρα * χίλια πεντακόσια ἕως ὅτε κατήλθομεν εἰς Αἴγυπτον. |
| TNep. | 2 | 3 | λεῖπον ἓν ἐκ τοῦ ἑνὸς τρίτον τριχὸς σταθμῷ γὰρ καὶ * μέτρῳ * καὶ κανόνι πᾶσα κτίσις ὑψίστου. καὶ καθάπερ οἶδεν |
| Bar. | 6 | 7 | αὐτοῦ γράμματα παμμεγέθη ὡς ἅλωνος τόπον ἔχων * μέτρον * ὡσεὶ μοδίων τετρακισχιλίων καὶ ἦσαν γράμματα |
| Aris. | 52 | 2 | μὲν οὖν ὁ βασιλεὺς ὑπερβολὴν εἰς ποιήσαι τοῖς * μέτροις * τὸ κατασκεύασμα. προσέταξε δὲ πυθέσθαι τῶν ἀνὰ |
| Aris. | 53 | 1 | τὸ ἱερὸν ἐν Ἱεροσολύμοις. ὡς δὲ ἀπεφήναντο τὰ * μέτρα * προσεπηρώτησεν εἰ κατασκευάσει μείζονα. τινὲς μὲν |
| Aris. | 55 | 3 | πρός τινα λόγον εἶπεν οὕτως συνεστηκέναι τοῖς * μέτροις. * ἔτι γὰρ ἐπιταγῆς οὔσης οὐθὲν ἂν ἐσπάνιζε διόπερ |
| Aris. | 56 | 5 | πρὸς καλλονὴν ἐκέλευσε ποιεῖν ὅσα δὲ διὰ γραπτῶν * μέτρα * αὐτοῖς κατακολουθῆσαι. δύο γὰρ πήχεων τὸ μῆκος |
| Slb. | 3 | 237 | ἀνθρώποις πόλεμον καὶ λιμὸν ἄπειρον. τοῖσι δὲ * μέτρα * δίκαια πέλει κατ᾽ ἀγρούς τε πόλεις τε οὐδὲ κατ᾽ |
| Slb. | 3 | 264 | ζείδωρος ἄρουρα ἐξ ἑνὸς εἰς ἑκατὸν τελέθοντό τε * μέτρα * θεοῖο. ἀλλ᾽ ἄρα καὶ τούτοις κακὸν ἔσσεται οὐδὲ |
| Slb. | 3 | 424 | Ἴλιον οὐ μὲν ἀληθῶς ἀλλὰ σοφῶς ἐπέων γὰρ ἐμῶν * μέτρων * τε κρατήσει πρῶτος γὰρ χείρεσσιν ἐμᾶς βίβλους |
| Slb. | 5 | 475 | ἔσται κατὰ γαῖαν ὥστε νοεῖν ἀνδρῶν τ᾽ ἀριθμὸν * μέτρων * τε γυναικῶν. μυρία δ᾽ οἰμώξει δειλὴ γενεὰ κατὰ |
| FMan. | 2 | 22 | 10 | ἄρτος ἐν σταθμῷ βραχὺς καὶ ὕδωρ σὺν ὄξει ὀλίγον ἐν * μέτρῳ * ὥστε ζῆν αὐτὸν καὶ ἦν συνεχόμενος καὶ ὀδυνώμενος |
| FAch. | 116 | | θαυμάσας ἔξω τῆς πόλεως ἀφίκετο σὺν τῷ Αἰσώπῳ καὶ * μέτρα * ἔδωκεν εἰς τὴν οἰκοδομήν. ὁ δὲ Αἴσωπος στήσας κατὰ |
| FAch. | 116 | | ὁ δὲ Αἴσωπος στήσας κατὰ γωνίας τοῦ δοθέντος * μέτρου * τοὺς ἀετοὺς ἐκέλευσεν ⟨τοὺς παῖδας⟩ ἀναβῆναι τοὺς |
| FPho. | 14 | | παρθεσίην τηρεῖν πίστιν δ᾽ ἐν πᾶσι φυλάσσειν. * μέτρα * νέμειν τὰ δίκαια καλὸν δ᾽ ἐπίμετρον ἁπάντων. |
| FPho. | 36 | | γειτονεύοντος ἀπόχρεω μὴ δ᾽ ἄρ᾽ ὑπερβῇς. πάντων * μέτρον * ἄριστον ὑπερβασίαι δ᾽ ἀλεγειναί. ⟨κτῆσις ὀνήσιμος |
| FPho. | 69 | | ὀφέλλει. ἡδὺς ἄγαν ἄφρων κικλήσκεται ἐν πολιήταις. * μέτρωι * ἔδειν μέτρωι δὲ πιεῖν καὶ μυθολογεύειν. πάντων |
| FPho. | 69 | | ἄγαν ἄφρων κικλήσκεται ἐν πολιήταις. μέτρωι ἔδειν * μέτρωι * δὲ πιεῖν καὶ μυθολογεύειν. πάντων μέτρον ἄριστον |
| FPho. | 69B | | ἔδειν μέτρωι δὲ πιεῖν καὶ μυθολογεύειν. πάντων * μέτρον * ἄριστον ὑπερβασίαι δ᾽ ἀλεγειναί. μὴ φθονέοις |
| FPho. | 98 | | μὴ δὲ μάτην ἐπὶ πῦρ καθίσας μινύθης φίλον ἦτορ. * μέτρα * δὲ τεύχ᾽ ἔθ᾽ ἐσσὶ τὸ γὰρ μέτρον ἐστὶν ἄριστον. |
| FPho. | 98 | | φίλον ἦτορ. μέτρα δὲ τεύχ᾽ ἔθ᾽ ἐσσὶ τὸ γὰρ * μέτρον * ἐστὶν ἄριστον. γαῖαν ἐπιμοιρᾶσθαι ἀταρχύτοις |
| FPho. | 139 | | μὴ τέρμ᾽ ἐπιδεύτης. μὴ κτήνου θνητοῖο βορὴν κατὰ * μέτρον * ἔλῃαι. κτῆνος δ᾽ ἣν ἐχθροῖο πέσῃ καθ᾽ ὁδὸν |
| HEup. | 9 | 33 | 1 | καὶ οἴνου κόρους μυρίους ὁ δὲ κόρος τοῦ οἴνου ἐστὶ * μέτρα * δέκα. τὸ δὲ ἔλαιον καὶ τὰ ἄλλα χορηγηθήσεται |
| HArt. | 9 | 23 | 3 | ἀρουρῶν τοῖς ἱερεῦσιν ἀποκληρῶσαι. τοῦτον δὲ καὶ * μέτρα * εὑρεῖν καὶ μεγάλως αὐτὸν ὑπὸ τῶν Αἰγυπτίων διὰ |

μέτωπον
4

| Asen. | 18 | 6 | κεφαλὴν αὐτῆς καὶ ἐν τῷ στεφάνῳ ἔμπροσθεν ἐπὶ τῷ * μετώπῳ * αὐτῆς ἦν λίθος ὑάκινθος μέγας καὶ κύκλῳ τοῦ λίθου |
| Sal. | 15 | 9 | τὸ γὰρ σημεῖον τῆς ἀπωλείας ἐπὶ τοῦ * μετώπου * αὐτῶν. καὶ ἡ κληρονομία τῶν ἁμαρτωλῶν ἀπώλεια |
| Esdr. | 4 | 31 | τὸ ἴχνος τῶν ποδῶν αὐτοῦ σπιθαμῶν δύο καὶ εἰς τὸ * μετώπῳ * αὐτοῦ γραφὴ ἀντίχριστος. ἕως τοῦ οὐρανοῦ ὑψώθη |
| Slb. | 5 | 209 | ἀμφιελίξῃ Παρθένος ἐξαναβᾶσα καὶ Ἥλιος ἀμφὶ * μετώπῳ * πηξάμενος ζώνην +περιπάμπολον+ ἡγεμονεύση ἔσσεται |

μέχρι
71                 μέχρι μέχρις μέρχι

μή
634                 μή μη

μήγε
1

| Sedr. | 8 | 12 | σου ἐλευθέρωσον τὸν ἄνθρωπον ἐκ τὴν κόλασιν εἰ δὲ * μήγε * ἀπέρχομαι καὶ ἐγὼ εἰς τὴν κόλασιν καὶ οὐ χωρίζομαι |

μηδαμός
2

| Asen. | 28 | 14 | τοῦ Συμεὼν καὶ κατεφίλησεν αὐτὸν καὶ εἶπεν * μηδαμῶς * ἄδελφε ποιήσεις κακὸν ἀντὶ κακοῦ τῷ πλησίον σου. |
| Asen. | 29 | 3 | Λευὶς καὶ ἐκράτησε τῆς χειρὸς αὐτοῦ καὶ εἶπεν * μηδαμῶς * ἄδελφε ποιήσεις τὸ πρᾶγμα τοῦτο διότι ἡμεῖς |

μηδέ
68                 μηδέ μηδ᾽ μηδε

μηδείς
62                 μηδέν μηδείς μηδεμίαν μηθὲν μηδενί μηδένα μηθείς μηδενός μηθενί μηθένα μηδεμία

μηδέποτε
3

| FPho. | 83 | | ἢ πλείσταις δολίσαισι βραδυνούσαις παρὰ καιρόν. * μηδέποτε * χρήστης πικρὸς γένῃ ἀνδρὶ πένητι. μηδέ τις |
| FPho. | 86 | | δ᾽ ἐκπρολίποις ἵν᾽ ἔχῃς πάλι τῆσδε νεοσσούς. * μηδέποτε * κρίνειν ἀδαήμονας ἄνδρας ἐάσῃς. ⟨μηδὲ δίκην |
| FPho. | 90 | | διδαχῇ ἀδίδακτος ἀκούῃ οὐ γὰρ δὴ νοέουσ᾽ οἱ * μηδέποτ᾽ * ἐσθλὰ μαθόντες. μὴ δὲ τραπεζοκόρους κόλακας |

Μηδία
1

| Prop. | 3 | 19 | οὐκ ἐπιστρέψει ὁ λαὸς εἰς τὴν γῆν αὐτοῦ ἀλλὰ ἐν * Μηδίᾳ * ἔσονται ἕως συντελείας πλάνης αὐτῶν. καὶ ἐξ αὐτῶν |

μήδομαι
11

| Slb. | 3 | 301 | θεὸς πρῶτον νόῳ ἔνθετο λέξαι ὅσσα γέ τοι Βαβυλῶνι * ἐμήσατο * ἄλγεα λυγρὰ ἀθάνατος ὅτι οἱ ναὸν μέγαν |

Μῆδος
17

| TNep. | 5 | 8 | καὶ ἰδοὺ γραφὴ ἁγία ὤφθη ἡμῖν λέγουσα Ἀσσύριοι * Μῆδοι * Πέρσαι Ἐλυμαῖοι Γελαχαῖοι Χαλδαῖοι Σύροι |
| Slb. | 3 | 160 | Αἰγύπτου βασίλειον ἐγείρατο εἶτα τὸ Περσῶν * Μήδων * Αἰθιόπων τε καὶ Ἀσσυρίης Βαβυλῶνος εἶτα |
| Slb. | 4 | 54 | γῆν ἐκάλυψε θάλασσα κατακλυσμοῖο ῥαγέντος. οὓς * Μῆδοι * καθελόντες ἐπαυχήσουσιν θρόνοισιν οἷς γενεαὶ δύο |
| Slb. | 4 | 62 | ὅταν Εὐφράτης μέγας αἵματι πλημμυρῆται καὶ τότε δὴ * Μήδοις * Περσαίοισί τε φύλοπις αἰνὴ σ⟨ή⟩σεται ἐν πολέμῳ |
| Slb. | 4 | 63 | αἰνὴ στήσεται ἐν πολέμῳ Περσῶν δ᾽ ὑπὸ δούρασι * Μῆδοι * πίπτοντες φεύξονται ὑπὲρ μένα Τιγρίδος ὕδωρ. |
| Slb. | 5 | 23 | ἐπὶ Πέρσας ἄρξει καὶ Βαβυλῶνα βαλεῖ δορὶ δὴ τότε * Μήδους. * εἶτα τριῶν ἀριθμῶν κεφαλὴν ὅστις λάχεν ἄρξει. |
| Slb. | 5 | 147 | ἀλόχους ἥμαρτε καὶ ἐκ μιαρῶν ἐτέτυκτο. ἥξει δ᾽ εἰς * Μήδους * καὶ Πέρσηων πρὸς ἀσίλης πρώτους οὓς ἐπόθησε καὶ |
| Slb. | 5 | 441 | μήτ᾽ εἴρεο μηδὲ μερίμνα πῶς Περσῶν ἄρξεις ἢ πῶς * Μήδων * +τε+ κρατήσεις εἵνεκα γὰρ σῆς σῆς ἀρχῆς ἧς ἔσχες |
| FIsa. | 1 | 3 | 2 | φυλὰς ἐν αἰχμαλωσίᾳ καὶ ἀπενέγκαι αὐτοὺς εἰς ὄρη * Μήδων * καὶ ποταμῶν (καὶ) Γωζάν. οὗτος ἦν νεώτερος καὶ |
| HEup. | 9 | 39 | 4 | προμαντευθέντα παρακαλέσας Ἀστιβάρην τὸν * Μήδων * βασιλέα συστρατεύειν αὐτῷ. παραλαβόντα δὲ |
| HEup. | 9 | 39 | 5 | συστρατεύειν αὐτῷ. παραλαβόντα δὲ Βαβυλωνίους καὶ * Μήδους * καὶ συναγαγόντα πεζῶν μὲν ὀκτωκαίδεκα ἱππέων δὲ |

μηκέτι
17

| Hen. | 14 | 5 | ἐδείχθη καὶ οὔτε ἡ ἐρώτησις ὑμῶν παρεδέχθη ἵνα * μηκέτι * εἰς τὸν οὐρανὸν ἀναβῆτε ἐπὶ πάντας τοὺς αἰῶνας |
| Hen. | 103 | 10 | συντετριμμένοι καὶ ἀπολώλαμεν καὶ ἀπηλπίσμεθα καὶ * μηκέτι * εἰδέναι σωτηρίαν ἡμέραν ἐξ ἡμέρας. ἠλπίσαμεν |
| TRub. | 3 | 15 | περὶ τῆς ἀσεβείας μου καὶ ἐλθὼν ἐπένθει ἐπ᾽ ἐμοὶ * μηκέτι * ἁψάμενος αὐτῆς. μὴ οὖν προσέχετε κάλλος γυναικῶν |
| TGad. | 6 | 6 | μὴ ἐξάρῃς αὐτόν. ὁ δὲ ἀρνούμενος μετανοεῖ τοῦ * μηκέτι * πλημμελῆσαι αὐτόν. καὶ τίς ἐστιν ὁ κωλύων με |
| Job | 3 | 7 | ἵνα ἀπελθὼν καθαρίσω αὐτοῦ τὸν τόπον, ἵνα ποιήσω * μηκέτι * σπένδεσθαι αὐτῷ. καὶ τίς ἐστιν ὁ κωλύων με |
| Job | 7 | 4 | δέδωκα τῇ παιδὶ διδόναι αὐτῷ, καὶ εἶπον αὐτῷ ὅτι * μηκέτι * προσδόκα φαγεῖν ἐκ τῶν ἐμῶν ἄρτων, ὅτι |
| Job | 48 | 2 | καθὼς εἶπεν ὁ πατὴρ καὶ ἀνέλαβεν ἄλλην καρδίαν, * μηκέτι * τὰ τῆς γῆς φρονεῖν, ἀπεφθέγξατο δὲ τῇ ἀγγελικῇ |

Job 49 1 περιεζώσατο καὶ ἔσχεν τὴν καρδίαν ἀλλοιωθεῖσαν ὡς * μηκέτι * ἐνθυμεῖσθαι τὰ κοσμικὰ καὶ τὸ μὲν στόμα αὐτῆς
Job 52 1 ἐπὶ τῆς κλίνης, ἄνευ πόνου μέντοι καὶ ὀδύνης, ἐπεὶ * μηκέτι * πόνος ἴσχυεν ἅπτεσθαι αὐτοῦ διὰ τὸ σημεῖον τῆς
Sib. 5 260 στήσει φωνήσας ῥήσει τε καλῇ καὶ χείλεσιν ἁγνοῖς. * μηκέτι * τείρεο θυμὸν ἐνὶ στήθεσσι μάκαιρα θειογενὲς
Sib. 5 278 θεὸν ἄμβροτον αἰὲν ἐόντα ἀνθρώπους θνητοὺς καὶ * μηκέτι * θνητὰ γεραίρειν μηδὲ κύνας καὶ γῦπας ἃ Αἴγυπτος
Sib. 5 477 δειλὴ γενεὴ κατὰ τέρμα ἠελίου δύνοντος ἵν' ἔμπαλι * μηκέτ' * ἀνέλθῃ ὠκεανοῦ μείνας ἵν' ἐφ' ὕδασι βαπτισθείη
Sib. 5 520 νόστιμον ἦμαρ. καὶ Ζυγὸν Ὠρίων ἀπενόσφισε * μηκέτι * μεῖναι Παρθένος ἐν Κριῷ Διδύμων ἠλλάξατο μοῖραν
HDem. 9 21 7 νεῦρον. καὶ φάναι αὐτῷ τὸν ἄγγελον ἀπὸ τοῦδε * μηκέτι * Ἰακὼβ ἀλλ' Ἰσραὴλ ὀνομασθήσεσθαι. καὶ ἐλθεῖν
HDem. 9 21 10 τε οὖν αὐτὸν εἰς Λουζὰ τῆς Βαιθὴλ φάναι τὸν θεὸν * μηκέτι * Ἰακὼβ ἀλλ' Ἰσραὴλ ὀνομάζεσθαι. ἐκεῖθεν δὲ
HCal. 24 33 Ἀλέξανδρος ἰδὼν ἐδεδίει τοῦ σχήματος καὶ τούτους * μηκέτι * προσεγγίσαι αὐτῷ ἐκέλευσεν ἀλλ' ἐν τῇ πόλει
LAri. 13 12 11 τὸν θεὸν ἐν αὐτῇ τοῦτο οὐχ ὥς τινες ὑπολαμβάνουσι * μηκέτι * ποιεῖν τι τὸν θεὸν καθέστηκεν ἀλλ' ἐπὶ τῷ

μηκόθεν 4
Abr.1 2 2 ἰδὼν δὲ Ἀβραὰμ τὸν ἀρχιστράτηγον Μιχαὴλ ἀπὸ * μηκόθεν * ἐρχόμενον δίκην στρατιώτου εὐπρεπεστάτου ἀναστὰς
Asen. 28 14 εἰσὶ καὶ γένος τοῦ πατρὸς ὑμῶν Ἰσραὴλ καὶ ἔφυγον * μηκόθεν * ἀπὸ προσώπου ὑμῶν. λοιπὸν συγγνώμην αὐτοῖς
Prop. 1 7 ἀνατολὰς τῆς Σιὼν ἥτις ἔχει εἴσοδον ἀπὸ Γαβαὼν * μήκοθεν * τῆς πόλεως σταδίους εἴκοσι. καὶ ἐποίησε σκολιὰν
FEz. 64 70 8 ἐπενόουν. παράδεισον δὲ εἶχεν ὁ βασιλεὺς καὶ ἀπὸ * μήκοθεν * ὁ τυφλὸς ἐλάλει τῷ χωλῷ λέγων πόσον ἦν ἡμῶν τὸ

μῆκος 10
Bar. 2 5 πάχος αὐτοῦ καὶ ὅσον πάλιν ἐστὶ καὶ τὸ τοῦ πεδίου * μῆκος * οὗ εἶδας. καὶ πάλιν λέγει μοι ὁ ἄγγελος τῶν
Aris. 57 1 μέτρα αὐτοῖς κατακολουθῆσαι. δύο γὰρ πήχεων τὸ * μῆκος * ⟨πήχεος δὲ τὸ εὖρος⟩ τὸ δὲ ὕψος πήχεος καὶ ἡμίσους
Aris. 84 3 πήχεις τῷ μεγέθει καὶ τὸ πλάτος ἀκόλουθον καὶ τὸ * μῆκος * τῆς κατὰ τὸν οἶκον διασκευῆς ὑπῆρχε μεγαλομερείᾳ
Sib. 3 649 τάλαινα μύσος μυρίων ἀνθρώπων --- πολλὰ χρόνων * μήκη * περιτελλομένων ἐνιαυτῶν πέλτας καὶ θυρεοὺς γαισοὺς
Sib. 3 728 ὅπλα ποριζόμενοι κατὰ γαῖαν ἅπασαν ἑπτὰ χρόνων * μήκη * περιτελλομένων ἐνιαυτῶν πέλτας καὶ θυρεοὺς κόρυθας
IDip. 5 121 1 οὐδ' ἂν ὀνομάσαιμι ἐγώ. ὃς τοῖς ἁμαρτάνουσι πρὸς * μῆκος * βίον δίδωσιν. εἴ τις δὲ θνητῶν οἴεται τὸ ὑφ'
HEup. 9 34 4 μῆνα φυλὴν μίαν. θεμελιῶσαί τε τὸν ναὸν τοῦ θεοῦ * μῆκος * πηχῶν ξ' πλάτος πηχῶν ξ' τὸ δὲ πλάτος τῆς
HEup. 9 34 9 χαλκοῦς μ η' κατασκευάσαι δὲ καὶ λουτῆρα χαλκοῦν * μῆκος * πηχῶν κ' καὶ πλάτος πηχῶν κ' τὸ δὲ ὕψος πηχῶν ε'
HHec. 1 22 198 κατὰ μέσον μάλιστα τῆς πόλεως περίβολος λίθινος * μῆκος * ὡς πεντάπλεθρος εὖρος δὲ πηχῶν ἑκατὸν ἔχων διπλᾶς
LEze. 9 29 16 14 θαυμαστὸν οἷον οὐδέπω ὡρακέ τις. διπλοῦν γὰρ ἦν τὸ * μῆκος * ἀετοῦ σχεδὸν πτεροῖσι ποικίλοισιν ἠδὲ χρώμασι.

μηκύνω 1
Aris. 8 4 τούτων φροντίς. ἵνα δὲ μὴ περὶ τῶν προλεγομένων * μηκύνοντες * ἀδόλεσχόν τι ποιῶμεν ἐπὶ τὸ συνεχὲς τῆς

μήλινος 1
LEze. 9 29 16 20 κάρα δὲ κοττοῖς ἡμέροις παρεμφερὲς καὶ * μηλίνῃ * μὲν τῇ κόρῃ προσέβλεπε κύκλῳ κόρη δὲ κόκκος ὡς

μῆλον 11
TIss. 1 5 φωνὴ αὐτοῦ ἐξῆλθε Λεία ἡ μήτηρ μου. ταῦτα δὲ ἦσαν * μῆλα * εὐώδημα ἃ ἐποίει ἡ γῆ Ἀρὰμ ἐν ὕψει ὑποκάτω
TIss. 1 7 δώσω αὐτά σοι ὅτι ἔσονταί μοι ἀντὶ τέκνων. ἦσαν δὲ * μῆλα * δύο. καὶ εἶπε Λεία ἱκανούσθω σοι ὅτι ἔλαβες τὸν
TIss. 2 2 εἰ μὴ Λεία ἡ μήτηρ μου ἀντὶ συνουσίας ἀπέδω τὰ δύο * μῆλα * ὀκτὼ υἱοὺς εἶχε τεκεῖν διὰ τοῦτο ἔξ ἔτεκε τοὺς δὲ
Asen. 8 5 αὐτῆς καὶ ἦσαν οἱ μασθοὶ αὐτῆς ἤδη ἑστῶτες ὥσπερ * μῆλα * ὡραῖα. καὶ εἶπεν Ἰωσὴφ οὐκ ἔστι προσῆκον ἀνδρὶ
Job 32 6 σε ἐν μέσῳ τῶν τέκνων σου; ὡς γὰρ φυτὸν ἧς εὐώδους * μήλου * συνανθῶν ποῦ νῦν τυγχάνει ἡ δόξα τοῦ θρόνου σου;
Aris. 63 4 ἔχοντα βοτρύων καὶ σταχύων ἔτι δὲ φοινίκων καὶ * μήλων * ἐλαίας τε καὶ ῥοῶν καὶ τῶν παραπλησίων. τοὺς δὲ
Sib. 3 522 μὲν ἐκλεκτῶν ἀνδρῶν ὀλέσειε κάρηνα πολλὰ δὲ πίονα * μῆλα * βροτῶν διαδιδήσονται ἵππων θ' ἡμιόνων τε βοῶν τ'
Sib. 3 578 τε τελείων πρωτοτόκων ὀίων τε καὶ ἀρνῶν πίονα * μῆλα * βωμῷ ἐπὶ μεγάλῳ ἁγίως ὁλοκαρπεύοντες. ἐν δὲ
Sib. 3 620 δώσει καὶ γὰρ γῆ καὶ δένδρα καὶ ἄσπετα ποίμνια * μήλων * δώσουσιν καρπὸν τὸν ἀληθινὸν ἀνθρώποισιν οἴνου καὶ
Sib. 3 747 ποτὸν ἡδὺ δένδρεά τ' ἀκροδρύων καρπὸν καὶ πίονα * μῆλα * καὶ βόας ἔκ τ' οἴων ἄρνας αἰγῶν τε χιμάρους) πηγάς
HDem. 9 21 4 ὑπὸ Λείας Ἀσήρ. καὶ Λείαν πάλιν ἀντὶ τῶν * μήλων * τῶν μανδραγόρου ἃ Ῥουβὴλ εἰσενεγκεῖν παρὰ Ῥαχὴλ

μηλοφάγος 1
Sib. 5 11 μετὰ φῶτας καὶ μετὰ νηπιάχους θηρὸς τέκνα * μηλοφάγοιο * ἔσσετ' ἄναξ πρώτιστος ὅ τις δέκα δὶς

μηλωτή 2
Prop. 21 12 ἔφερον αὐτῷ ἄρτους τὸ πρωὶ δείλης δὲ κρέα τῇ * μηλωτῇ * ἐπάταξε τὸν Ἰορδάνην καὶ διηρέθη καὶ διέβησαν
Prop. 22 5 εἰσὶ ταῦτα ἐπάταξε καὶ αὐτὸς τὸν Ἰορδάνην τῇ * μηλωτῇ * τῇ Ἡλίου καὶ διηρέθη τὸ ὕδωρ καὶ διέβη καὶ αὐτὸς

μήν (μεις) 78
Adam 1 2 ἀνατολὴν καὶ ἔμεινεν ἐκεῖ ἔτη δέκα καὶ ὀκτὼ καὶ * μῆνας * δύο. καὶ ἐν γαστρὶ εἴληφεν Εὔα καὶ ἐγέννησε δύο
TRub. 1 7 ἐνέπληξέ με πληγὴν μεγάλην ἐν ταῖς λαγῶσί μου ἐπὶ * μῆνας * ἑπτὰ καὶ εἰ μὴ Ἰακὼβ ὁ πατὴρ ἡμῶν προσηύξατο περὶ
TRub. 1 8 ὅτε ἔπραξα τὸ πονηρὸν ἐνώπιον κυρίου καὶ ἑπτὰ * μῆνας * ἐμαλακίσθην ἕως θανάτου. καὶ ἐν προαιρέσει ψυχῆς
TSim. 2 11 τὸν Ἰούδαν ὅτι ζῶντα αὐτὸν ἀπέλυσε καὶ ἐποίησα * μῆνας * πέντε ὀργιζόμενος αὐτῷ ἐπὶ τῷ λόγῳ τούτῳ. καίγε
TLevi 18 2B065 ἐτῶν ἤμην ὅτε ἐγεννήθη ἐν τῇ ζωῇ μου καὶ ἐν τῷ ι' * μηνὶ * ἐγεννήθη ἐπὶ δυσμὰς ἡλίου. καὶ πάλιν συλλαβοῦσα
TLevi 18 2B068 ἐν τῷ τετάρτῳ καὶ λ' ἔτει ἐγεννήθη ἐν τῷ πρώτῳ * μηνὶ * μιᾷ τοῦ μηνὸς ἐπ' ἀνατολῆς ἡλίου. καὶ πάλιν
TLevi 18 2B068 καὶ λ' ἔτει ἐγεννήθη ἐν τῷ πρώτῳ μηνὶ μιᾷ τοῦ * μηνὸς * ἐπ' ἀνατολῆς ἡλίου. καὶ πάλιν συνεγενόμην αὐτῇ καὶ
TNep. 1 2 ζωῆς αὐτοῦ. συνελθόντων τῶν υἱῶν αὐτοῦ ἐν ἑβδόμῳ * μηνὶ * τετάρτῃ τοῦ μηνὸς ὑγιαίνοντος αὐτοῦ ἐποίησε δεῖπνον
TNep. 1 2 τῶν υἱῶν αὐτοῦ ἐν ἑβδόμῳ μηνὶ τετάρτῃ τοῦ * μηνὸς * ὑγιαίνοντος αὐτοῦ ἐποίησε δεῖπνον αὐτοῖς καὶ
TNep. 6 1 τὰ δώδεκα σκῆπτρα τοῦ Ἰσραήλ. καὶ πάλιν μετὰ * μῆνας * ἑπτὰ εἶδον τὸν πατέρα ἡμῶν Ἰακὼβ ἑστηκότα ἐν τῇ
TGad 5 11 τοῦ Ἰωσὴφ τῷ ἥπατι πάσχων ἀνηλεῶς ἐκρινόμην ἐπὶ * μῆνας * ἕνδεκα καθ' ὅσον χρόνον ἐνεῖχον τῷ Ἰωσὴφ ἕως ἵνα
TJos. 11 8 αὐτὸν ἐν ἀργυρίῳ καὶ χρυσίῳ καὶ ἤμην μετ' αὐτοῦ * μῆνας * τρεῖς καὶ ἡμέρας πέντε. κατ' ἐκεῖνον τὸν καιρὸν
Asen. 1 1 ἐν τῷ πρώτῳ ἔτει τῶν ἑπτὰ ἐτῶν τῆς εὐθηνίας ἐν τῷ * μηνὶ * τῷ δευτέρῳ πέμπτῃ τοῦ μηνὸς ἐξαπέστειλε Φαραὼ τὸν
Asen. 1 1 ἐτῶν τῆς εὐθηνίας ἐν τῷ μηνὶ τῷ δευτέρῳ πέμπτῃ τοῦ * μηνὸς * ἐξαπέστειλε Φαραὼ τὸν Ἰωσὴφ κυκλεῦσαι πᾶσαν τὴν
Asen. 1 2 τὴν γῆν Αἰγύπτου. καὶ ἦλθεν Ἰωσὴφ ἐν τῷ τετάρτῳ * μηνὶ * τοῦ πρώτου ἔτους ὀκτωκαιδεκάτῃ τοῦ μηνὸς εἰς τὰ
Asen. 1 2 τῷ τετάρτῳ μηνὶ τοῦ πρώτου ἔτους ὀκτωκαιδεκάτῃ τοῦ * μηνὸς * εἰς τὰ ὅρια Ἡλιουπόλεως καὶ ἦν συνάγων τὸν σῖτον
Asen. 3 1 τῶν ἑπτὰ ἐτῶν τῆς εὐθηνίας ἐν τῷ τετάρτῳ * μηνὶ * ὀκτωκαιδεκάτῃ τοῦ μηνὸς ἦλθεν Ἰωσὴφ εἰς τὰ ὅρια
Asen. 3 1 τῆς εὐθηνίας ἐν τῷ τετάρτῳ μηνὶ ὀκτωκαιδεκάτῃ τοῦ * μηνὸς * ἦλθεν Ἰωσὴφ εἰς τὰ ὅρια Ἡλιουπόλεως καὶ ἦν
Asen. 22 2 αὐτοῦ ἐν τῷ δευτέρῳ ἔτει τοῦ λιμοῦ ἐν τῷ δευτέρῳ * μηνὶ * μιᾷ καὶ εἰκάδι τοῦ μηνὸς καὶ κατῴκησεν ἐν γῇ Γεσέμ.
Asen. 22 2 τοῦ λιμοῦ ἐν τῷ δευτέρῳ μηνὶ μιᾷ καὶ εἰκάδι τοῦ * μηνὸς * καὶ κατῴκησεν ἐν γῇ Γεσέμ. καὶ εἶπεν Ἀσενὲθ τῷ
Jer. 5 33 τόπῳ. εἶτα λέγει τῷ γηραιῷ ἀνθρώπῳ ποῖός ἐστιν ὁ * μὴν * οὗτος; ὁ δὲ εἶπε νισσὰν ὅ ἐστιν Ἀβίβ. καὶ ἐπάρας ἐκ
Prop. 4 14 ἔτη ἃ εἶπεν ἑπτὰ καιροὺς ἐποίησε γενέσθαι ἑπτὰ * μῆνας * τὸ μυστήριον τῶν ἑπτὰ καιρῶν ἐτελέσθη ἐπ' αὐτὸν
Prop. 4 15 καιρῶν ἐτελέσθη ἐπ' αὐτὸν ὅτι ἀποκατέστησεν ἑπτὰ * μησὶ * τὰ ἒξ ἔτη καὶ ἒξ μῆνας ὑπέπιπτε κυρίῳ καὶ ὡμολόγει
Prop. 4 15 αὐτὸν ὅτι ἀποκατέστησεν ἑπτὰ μησὶ τὰ ἒξ ἔτη καὶ ἒξ * μῆνας * ὑπέπιπτε κυρίῳ καὶ ὡμολόγει τὴν ἀσέβειαν αὐτοῦ καὶ
Esdr. 1 2 ἐν τῷ τριακοστῷ ἔτει δευτέρᾳ καὶ εἰκάδι τοῦ * μηνὸς * ἤμην ἐν τῷ οἴκῳ μου καὶ κράξας λέγων πρὸς τὸν
Esdr. 7 14 τὴν τιμίαν αὐτοῦ ψυχὴν μετὰ μεγάλης τιμῆς * μηνὶ * ὀκτωβρίῳ εἰς τὰς ιη'. καὶ κηδεύσαντες αὐτὸν μετὰ
FJub. 3 1 ἡμέρα τῆς πλάσεως τοῦ Ἀδὰμ ὀγδόη δὲ τοῦ πρώτου * μηνὸς * Νισὰν πρώτῃ δὲ τοῦ Ἀπριλλίου μηνὸς καὶ ἕκτῃ τοῦ
FJub. 3 1 δὲ τοῦ πρώτου μηνὸς Νισὰν πρώτῃ δὲ τοῦ Ἀπριλλίου * μηνὸς * καὶ ἕκτῃ τοῦ παρ' Αἰγυπτίοις Φαρμουθὶ ὠνόμασεν
FJub. 3 9 καὶ σελήνης καρκίνῳ τῇ εἰκοστῇ πέμπτῃ τοῦ Ἰουνίου * μηνὸς * Ἐπιφὶ πρώτῃ εἰσήχθη ὑπὸ τοῦ θεοῦ ἐν τῷ παραδείσῳ
FJub. 3 32 γυναικὶ Εὔᾳ διὰ τὴν παράβασιν τῇ δεκάτῃ τοῦ Μαΐου * μηνός. * τῷ ὀγδόῳ ἔτει ἔγνω ὁ Ἀδὰμ Εὔαν τὴν γυναῖκα
FJub. 4 1 δεύτερον ἔτος ἄγων κατὰ τὴν πανσέληνον τοῦ ἑβδόμου * μηνὸς * παρ' Ἑβραίοις ἤγουν ἐν τῇ σκηνοπηγίᾳ. τὴν Κάϊν
FJub. 5 22 πρὸς ἡμᾶς ἡ κιβωτὸς τοῦ θεοῦ τῇ πέμπτῃ τοῦ * μηνὸς * τοῦ πέμπτου. τούτῳ τῷ ' β σ ν α' ἔτει Νῶε ἐφύτευσεν
FJub. 47 3 καὶ τούτοις τοὺς Ἑβραίους ἐξέτρυχον. μόνους δέκα * μῆνας * ῥιφῆναι τὰ βρέφη τῶν Ἰσραηλιτῶν ἐν τῷ ποταμῷ ἕως
FJub. 48 5 ἤρξαντο Αἰγύπτιοι δέχεσθαι τὴν δεκάπληγον. ἐν * μηνὶ * Ἰουνίῳ τὰ ὕδατα εἰς αἷμα μετεβλήθη Ἰουλίῳ
FJub. 48 5 τρεῖς Μαρτίῳ τὰ πρωτότοκα. τῇ ιδ' τούτου τοῦ * μηνὸς * σκυλεύσαντες τοὺς Αἰγυπτίους ἐξῆλθον προστάξει
FAch. 120 αὐτὸν βεβηκέναι αἱ δὲ ἐπὶ τούτου πόλεις δεκαδύο οἱ * μῆνες * διὰ τὸ διηνεκῶς αὐτοὺς πολιτεύεσθαι οἱ δὲ
HDem. 9 21 3 ἑπτὰ ἔτεσιν ἄλλοις αὐτῷ παιδία ιβ' ὀγδόῳ μὲν ἔτει * μηνὶ * δεκάτῳ Ῥουβὶν καὶ τῷ ἔτει δὲ τῷ ἐνάτῳ μηνὶ ὀγδόῳ
HDem. 9 21 3 ἔτει μηνὶ δεκάτῳ Ῥουβὶν καὶ τῷ ἔτει δὲ τῷ ἐνάτῳ * μηνὶ * ὀγδόῳ Συμεὼν καὶ τῷ ἔτει δὲ τῷ δεκάτῳ μηνὶ ἕκτῳ
HDem. 9 21 3 ἐνάτῳ μηνὶ ὀγδόῳ Συμεὼν καὶ τῷ ἔτει δὲ τῷ δεκάτῳ * μηνὶ * ἕκτῳ Λευὶν τῷ δὲ ἑνδεκάτῳ ἔτει μηνὶ τετάρτῳ
HDem. 9 21 3 δὲ τῷ δεκάτῳ μηνὶ ἕκτῳ Λευὶν τῷ δὲ ἑνδεκάτῳ ἔτει * μηνὶ * τετάρτῳ Ἰούδαν. Ῥαχὴλ τε μὴ τίκτουσαν ζηλῶσαι τὴν
HDem. 9 21 3 Βάλλαν συλλαβεῖν τὸν Νεφθαλεὶμ τῷ ἑνδεκάτῳ ἔτει * μηνὶ * πέμπτῳ καὶ τεκεῖν τῷ δωδεκάτῳ ἔτει μηνὶ δευτέρῳ
HDem. 9 21 3 ἔτει μηνὶ πέμπτῳ καὶ τεκεῖν τῷ δωδεκάτῳ ἔτει * μηνὶ * δευτέρῳ υἱὸν ὃν ὑπὸ Λείας Γὰδ ὀνομασθῆναι καὶ ἐκ
HDem. 9 21 3 ὀνομασθῆναι καὶ ἐκ τῆς αὐτῆς τοῦ αὐτοῦ ἔτους καὶ * μηνὸς * δωδεκάτου ἕτερον τεκεῖν ὃν καὶ αὐτὸν
HDem. 9 21 4 παιδίσκην Ζελφὰν τῷ αὐτῷ χρόνῳ τῷ δωδεκάτῳ ἔτει * μηνὶ * τρίτῳ καὶ τεκεῖν τοῦ αὐτοῦ ἔτους μηνὸς δωδεκάτου
HDem. 9 21 4 ἔτει μηνὶ τρίτῳ καὶ τεκεῖν τοῦ αὐτοῦ ἔτους * μηνὸς * δωδεκάτου υἱὸν καὶ ὄνομα αὐτῷ θέσθαι Ἰσσάχαρ. καὶ
HDem. 9 21 5 Ἰσσάχαρ. καὶ πάλιν Λείαν τῷ τρισκαιδεκάτῳ ἔτει * μηνὶ * δεκάτῳ υἱὸν ἄλλον τεκεῖν ᾧ ὄνομα Ζαβουλὼν καὶ τὴν
HDem. 9 21 5 Ζαβουλὼν καὶ τὴν αὐτὴν τῷ τεσσαρεσκαιδεκάτῳ ἔτει * μηνὶ * ὀγδόῳ τεκεῖν υἱὸν ὄνομα Δάν. ἐν ᾧ καὶ Ῥαχὴλ λαβεῖν
HDem. 9 21 5 Δεῖναν καὶ τεκεῖν τῷ τεσσαρεσκαιδεκάτῳ ἔτει * μηνὶ * ὀγδόῳ υἱὸν ὃν ὀνομασθῆναι Ἰωσὴφ ὥστε γεγονέναι ἐν
HDem. 9 21 8 πόλιν Σικίμων ἔχοντα παιδία Ῥουβὶμ ἐτῶν ἕνδεκα * μηνῶν * δυοῖν Συμεῶνα ἐτῶν ἕνδεκα μηνῶν τεσσάρων Λευὶν
HDem. 9 21 8 ἐτῶν δώδεκα μηνῶν δυοῖν Συμεῶνα ἐτῶν ἕνδεκα * μηνῶν * τεσσάρων Λευὶν ἐτῶν δέκα μηνῶν ἒξ Ἰούδαν ἐτῶν
HDem. 9 21 8 Συμεῶνα ἐτῶν ἕνδεκα μηνῶν τεσσάρων Λευὶν ἐτῶν δέκα * μηνῶν * ἒξ Ἰούδαν ἐτῶν ἐννέα μηνῶν ὀκτὼ Νεφθαλεὶμ ἐτῶν
HDem. 9 21 8 Λευὶν ἐτῶν δέκα μηνῶν ἒξ Ἰούδαν ἐτῶν ἐννέα * μηνῶν * ὀκτὼ Νεφθαλεὶμ ἐτῶν ὀκτὼ μηνῶν δέκα Γὰδ ἐτῶν ὀκτὼ
HDem. 9 21 8 Ἰούδαν ἐτῶν ἐννέα μηνῶν ὀκτὼ Νεφθαλεὶμ ἐτῶν ὀκτὼ * μηνῶν * δέκα Γὰδ ἐτῶν ὀκτὼ μηνῶν δέκα Ἀσὴρ ἐτῶν ὀκτὼ
HDem. 9 21 8 ὀκτὼ Νεφθαλεὶμ ἐτῶν ὀκτὼ μηνῶν δέκα Γὰδ ἐτῶν ὀκτὼ * μηνῶν * δέκα Ἀσὴρ ἐτῶν ὀκτὼ Ἰσσάχαρ ἐτῶν ὀκτὼ Ζαβουλὼν
HDem. 9 21 8 ἐτῶν ὀκτὼ Ἰσσάχαρ ἐτῶν ὀκτὼ Ζαβουλὼν ἐτῶν ἑπτὰ * μηνῶν * δυοῖν Δεῖναν ἐτῶν ἒξ μηνῶν τεσσάρων Ἰωσὴφ ἐτῶν ἒξ

```
HDem.  9   21     8  ὀκτὼ Ζαβουλὼν ἐτῶν ἑπτὰ μηνῶν δυοῖν Δείναν ἐτῶν ἓξ * μηνῶν * τεσσάρων Ἰωσὴφ ἐτῶν ἓξ μηνῶν τεσσάρων. παροικῆσαι
HDem.  9   21     8  δυοῖν Δείναν ἐτῶν ἓξ μηνῶν τεσσάρων Ἰωσὴφ ἐτῶν ἓξ * μηνῶν * τεσσάρων. παροικῆσαι δὲ Ἰσραὴλ παρὰ Ἑμμὼρ ἔτη
HDem.  9   21     9  Δείναν ὑπὸ Συχὲμ τοῦ Ἑμμὼρ υἱοῦ ἐτῶν οὖσαν δεκαὲξ * μηνῶν * τεσσάρων. ἐξαλλομένους δὲ τοὺς Ἰσραὴλ υἱοὺς
HDem.  9   21     9  Ἰσραὴλ υἱοὺς Συμεὼν μὲν ὄντα ἐτῶν εἰκοσινὸς * μηνῶν * τεσσάρων Λευὶν δὲ ἐτῶν εἴκοσι μηνῶν ἓξ ἀποκτεῖναι
HDem.  9   21     9  εἰκοσινὸς μηνῶν τεσσάρων Λευὶ δὲ ἐτῶν εἴκοσι * μηνῶν * ἓξ ἀποκτεῖναι τόν τε Ἑμμὼρ καὶ Συχὲμ τὸν υἱὸν
HDem.  9   21    17  ἐτῶν μ δ' Λευὶ ἐτῶν μ γ' Ἰούδαν ἐτῶν μ β' * μηνῶν * δύο Νεφθαλεὶμ ἐτῶν μ α' μηνῶν ζ' Γὰδ ἐτῶν μ α'
HDem.  9   21    17  γ' Ἰούδαν ἐτῶν μ β' μηνῶν δύο Νεφθαλεὶμ ἐτῶν μ α' * μηνῶν * ζ' Γὰδ ἐτῶν μ α' μηνῶν γ' Ἀσὴρ ἐτῶν μ' μηνῶν ὀκτὼ
HDem.  9   21    17  δύο Νεφθαλεὶμ ἐτῶν μ α' μηνῶν ζ' Γὰδ ἐτῶν μ α' * μηνῶν * γ' Ἀσὴρ ἐτῶν μ' μηνῶν ὀκτὼ Ζαβουλὼν ἐτῶν μ'
HDem.  9   21    17  α' μηνῶν ζ' Γὰδ ἐτῶν μ α' μηνῶν γ' Ἀσὴρ ἐτῶν μ' * μηνῶν * ὀκτὼ Ζαβουλὼν ἐτῶν μ' Δείναν ἐτῶν λ θ' Βενιαμὶν
HDem.  1  141     1  ἐξ Ἱεροσολύμων ἔτη ἑκατὸν εἴκοσι ὀκτὼ * μήνας * ἓξ. ἀφ' οὗ δὲ αἱ φυλαὶ αἱ δέκα ἐκ Σαμαρείας
HDem.  1  141     2  τετάρτου ἔτη πεντακόσια ἑβδομήκοντα τρία * μήνας * ἐννέα ἀφ' οὗ δὲ ἐξ Ἱεροσολύμων ἔτη τριακόσια
HDem.  1  141     2  οὗ δὲ ἐξ Ἱεροσολύμων ἔτη τριακόσια τριάκοντα ὀκτὼ * μήνας * τρεῖς.
HEup.  9   33     1  χορηγεῖσθαι αὐτοῖς τὰ δέοντα ἐκ τῆς χώρας κατὰ * μῆνα * κόρους σίτου μυρίους ὁ δὲ κόρος ἐστὶν ἀρταβῶν ἓξ
HEup.  9   34     4  ταῖς ἑκκαίδεκα μυριάσι τὰ δέοντα πάντα κατὰ * μῆνα * φυλὴν μίαν. θεμελιῶσαι τε τὸν ναὸν τοῦ θεοῦ μῆκος
HArt.  9   27    29  δὲ βασιλέα τούτων γενομένων τῶν τεράτων φάναι μετὰ * μῆνα * τοὺς λαοὺς ἀπολύσειν ἐὰν ἀποκαταστήσῃ τὸν ποταμὸν
LEze.  9   28  2 15  ἐνταῦθα μήτηρ ἡ τεκοῦσ' ἔκρυπτέ με τρεῖς * μῆνας * ὡς Ἐφασκεν. οὐ λαθοῦσα δὲ ὑπεξέθηκε κόσμον
LEze.  9   29 12 22  ταχὺ πρὸς τοῖσδε λέξεις πᾶσιν Ἑβραίοις ὁμοῦ ὁ * μεὶς * ὅδ' ὑμῖν πρῶτος ἐνιαυτῶν πέλει ἐν τῷδ' ἀπάξω λαὸν
LEze.  9   29 12 25  πατράσιν Ἑβραίων γένους. λέξεις δὲ λαῷ παντὶ * μηνὸς * οὗ λέγω διχομηνίᾳ τὸ πάσχα θύσαντας θεῷ τῇ πρόσθε
LEze.  9   29 13 01  μήτρας μητέρων. ἀνδρῶν Ἑβραίων τοῦδε τοῦ * μηνὸς * λαβὼν κατὰ συγγενείας πρόβατα καὶ μόσχους βοῶν
LEze.  9   29 13 17  ζύμῃ. κακὸν γὰρ τῶνδ' ἀπαλλαγήσεται καὶ τοῦδε * μηνὸς * ἔξοδον διδοῖ θεὸς ἀρχὴ δὲ μηνῶν καὶ χρόνων οὗτος
LEze.  9   29 13 18  καὶ τοῦδε μηνὸς ἔξοδον διδοῖ θεὸς ἀρχὴ δὲ * μηνῶν * καὶ χρόνων οὗτος πέλει. ὡς γὰρ σὺν ὄχλῳ τῷδ'
LAri.  7   32    17  μετὰ ἰσημερίαν ἐαρινὴν μεσονύκτιος τοῦ πρώτου * μηνὸς * τοῦτο δὲ εὑρίσκεσθαι τὸ πρῶτον τμῆμα τοῦ ἡλιακοῦ ἢ
LAri.  7   32    18  τῶν διαβατηρίων ἡμέρα τῇ τεσσαρεσκαιδεκάτῃ τοῦ * μηνὸς * μεθ' ἑσπέραν ἐνστήξεται μὲν ἡ σελήνη τὴν ἐναντίαν

                     μήν (μέν)                                                   6
Sedr.  14   10  εὐαγγελίοις καὶ λυποῦσιν τοὺς ἀγγέλους μου καὶ ἦ * μὴν * ἐν ταῖς συνάξεσιν καὶ ἐν ταῖς λειτουργίαις μου οὐ
Aris. 158    2  ἀπαρξαμένους εὐθέως τότε συγχρῆσθαι κελεύει. καὶ * μὴν * καὶ ἐκ τῶν περιβολαίων παράσημον ἡμῖν μνείας δέδωκεν
Sib.    3  225  οἰωνοπόλους τε πετεινὰ οὐ μάντεις οὐ φαρμακοὺς οὐ * μὴν * ἐπαοιδοὺς οὐ μύθων μωρῶν ἀπάτας ἐγγαστεριμύθων οὐδέ
Sib.    3  484  γαῖα μάκαιρα γένος βασιλήϊον ἄφνω + τεύξεται. οὐ * μὴν * πουλὺν ἐπὶ χρόνον ἔσσετ' ἀληθῶς Καρχηδών+. Γαλάτιας
HHec.   1   22 193 συγγνόντα τὸν βασιλέα δοῦναι τὴν ἄδειαν. τῶν γε * μὴν * εἰς. τὴν χώραν πρὸς αὐτοὺς ἀφικνουμένων καὶ νεὼς καὶ
LThe.   9   22   3  κούρης μὲν ὑπέσχετο καὶ κατένευσεν ὁπλοτάτης οὐ * μὴν * τελέθειν ἐπεμαίετο πάμπαν ἀλλὰ δόλῳ τολύπευσε καὶ

                     μήνη                                                        2
FPho.         72  Οὐρανίδαι καὶ ἐν ἀλλήλοις τελέθουσιν. οὐ φθονέει * μήνη * πολὺ κρείσσοσιν ἡλίου αὐγαῖς οὐ χθὼν οὐρανίοισ'
IOrp.          3  τιθέντος πάντες ὁμῶς σὺ δ' ἄκουε φαεσφόρου ἔκγονε * Μήνης * Μουσαῖ'. ἐξερέω γὰρ ἀληθέα μηδέ σε τὰ πρὶν ἐν

                     μήνιμα                                                      2
Sib.    3  632  δειλοῖσι βροτοῖσιν. ἀλλὰ σὺ τοῦ μεγάλοιο θεοῦ * μήνιμα * φύλαξαι ὁππότε κεν πάντεσσι βροτοῖς λοιμοῖο
Sib.    3  811  ἐς Ἑλλάδα πεμπόμενον πῦρ πᾶσι προφητεύουσα θεοῦ * μηνίματα * θνητοῖς --- ὥστε προφητεῦσαί με βροτοῖς

                     μῆνις
Sib.    4  135  πίπτωσιν ἀπ' οὐρανοῦ οἷά τε μίλτος γινώσκειν τότε * μῆνιν * ἐπουρανίοιο θεοῖο εὐσεβέων ὅτι φῦλον ἀναίτιον
FPho.      64  τεύχει. ὀργὴ δ' ἐστίν ὄρεξις ὑπερβαίνουσα δὲ * μῆνις. * ζῆλος τῶν ἀγαθῶν ἐσθλὸς φαύλων δ' ὑπέρογκος.

                     μήνισις *                                                  1
Sal.    2   23  ἐνέπαιξαν καὶ οὐκ ἐφείσαντο ἐν ὀργῇ καὶ θυμῷ μετὰ * μηνίσεως * καὶ συντελεσθήσονται ἐὰν μὴ σὺ κύριε ἐπιτιμήσῃς

                     μηνίω                                                       2
Sib.    4   51  ἓξ γενεὰς κόσμοιο διακρατέοντες ἐν ἀρχῇ ἓξ οὗ * μηνίσαντος * ἐπουρανίοιο θεοῖο αὐτῆσιν πολίεσσι καὶ
FMan.   2   22   14  με ταῖς ἀνομίαις μου μηδὲ εἰς τὸν αἰῶνα * μηνίσας * τηρήσῃς τὰ κακά μοι μηδὲ καταδικάσῃς με ἐν τοῖς

                     μηνύω                                                       5
Hen.   16    3  τὸ ἐκ τοῦ θεοῦ γεγενημένον ἔγνωτε καὶ τοῦτο * ἐμηνύσατε * ταῖς γυναιξὶν ἐν ταῖς σκληροκαρδίαις ὑμῶν καὶ
Hen.  106   19  τῶν συντελειῶν ἐπὶ τῆς γῆς--- ὑπέδειξέν μοι καὶ * ἐμήνυσεν * καὶ ἐν ταῖς πλαξὶν τοῦ οὐρανοῦ ἀνέγνων αὐτά.
Jer.    4   11  καὶ ἐκδιηγουμένων αὐτῷ περὶ πάντων ὧν ὁ κύριος * ἐμήνυεν * αὐτοῖς δι' αὐτῶν. ὁ δὲ Ἀβιμέλεχ ἤνεγκε τὰ σῦκα τῷ
Bar.    6   16  ἀλέκτωρ ὡς γὰρ τὰ δίστομα οὕτως καὶ ὁ ἀλέκτωρ * μηνύει * τοῖς ἐν τῷ κόσμῳ κατὰ τὴν ἰδίαν λαλιάν. ὁ ἥλιος
Job    28    7  πόλει ποῦ Ἰωβάβ ὁ τῆς Αἰγύπτου ὅλης βασιλεύων; καὶ * ἐμήνυσαν * αὐτοῖς περὶ ἐμοῦ ὅτι κάθηται ἐπὶ τῆς κοπρίας

                     μήποτε                                                     16
Adam    2    4  πορευθῶμεν καὶ ἴδωμεν τί ἐστι τὸ γεγονὸς αὐτοῖς * μήποτε * ὁ ἐχθρὸς πολεμῇ τι πρὸς αὐτούς. πορευθέντες δὲ
Adam   16    4  ἐξεβλήθημεν δι' αὐτοῦ. λέγει αὐτῷ ὁ ὄφις φοβοῦμαι * μήποτε * ὀργισθῇ μοι ὁ θεός. λέγει αὐτῷ ὁ διάβολος μὴ
Adam   18    2  τὴν τιμὴν τοῦ ξύλου. εἶπον δὲ ἐγὼ φοβοῦμαι * μήποτε * ὀργισθῇ μοι ὁ θεὸς καθὼς εἶπεν ἡμῖν. καὶ λέγει
Adam   21    4  θεός. καὶ ἀποκριθεὶς ὁ πατὴρ ὑμῶν εἶπεν φοβοῦμαι * μήποτε * ὀργισθῇ μοι ὁ θεός. ἐγὼ δὲ εἶπον μὴ φοβοῦ ἅμα γὰρ
Hen.  106    6  ἔστιν ἐξ ἐμοῦ ἀλλὰ ἐξ ἀγγέλου καὶ εὐλαβοῦμαι αὐτόν * μήποτέ * τι ἔσται ἐν ταῖς ἡμέραις αὐτοῦ ἐν τῇ γῇ. καὶ
TJud.  12    7  ἀνελεῖν αὐτήν ὅτι παρὰ κυρίου ἦν. Ἔλεγον δὲ * μήποτε * ἐν δολιότητι ἐποίησε παρὰ ἄλλης λαβοῦσα τὴν
TGad    6    4  ἄφες αὐτῷ ἐάν τε ἀρνεῖται μὴ φιλονείκει αὐτῷ * μήποτε * ὁμόσαντος αὐτοῦ δισσῶς ἁμαρτήσῃς. μὴ ἀκούσῃ ἐν
Asen.   7    2  ἐκ τῆς οἰκίας ταύτης. διότι ἐφοβεῖτο Ἰωσὴφ λέγων * μήποτε * καὶ αὕτη ἐνοχλήσῃ με. ὅτι ἠνόχλουν αὐτὸν πᾶσαι αἱ
Asen.  11   17  καὶ πῶς ὀνομάσω τὸ ἅγιον ὄνομα τὸ φοβερόν * μήποτε * ὀργισθῇ μοι κύριος διότι ἐν ταῖς ἀνομίαις μου ἐγὼ
Asen.  12   11  χειρῶν αὐτοῦ καὶ ἐκ τοῦ στόματος αὐτοῦ ἐξελοῦ με * μήποτε * ἁρπάσῃ με ὡς λέων καὶ διασπαράξῃ με καὶ βάλῃ με
Asen.  18   10  μεγάλη καὶ οὐκ ἔνιψε τὸ πρόσωπον αὐτῆς εἶπε γὰρ * μήποτε * ἀπολύνω τὸ κάλλος τὸ μέγα τοῦτο. καὶ ἦλθεν ὁ
Asen.  24    8  ἐκτρίψω αὐτοὺς δὲ ὑμῖν καὶ πᾶσαν τὴν γενεὰν αὐτῶν * μήποτε * συγκληρονομήσωσι μεθ' ἡμῶν διότι τέκνα παιδίσκων
Asen.  28   17  καὶ οὐκ ἀνήγγειλε τοῖς ἀδελφοῖς αὐτοῦ. ἐφοβήθη γὰρ * μήποτε * ἐν τῇ ὀργῇ αὐτῶν κατακόψωσιν αὐτούς. καὶ ὁ υἱὸς
Sal.   13    5  ἐταράχθη ὁ εὐσεβὴς διὰ τὰ παραπτώματα αὐτοῦ * μήποτε * συμπαραληφθῇ μετὰ τῶν ἁμαρτωλῶν ὅτι δεινὴ ἡ
Aris.  15    1  τοιούτοις ἐχρησάμεθα λόγοις πρὸς τὸν βασιλέα * μήποτε * ἄλογον ᾖ ἐλέγχεσθαι ὑπ' αὐτῶν τῶν πραγμάτων ὦ
Aris.  53    5  καὶ πενταπλῆν τοῖς μεγέθεσι ποιῆσαι διστάζειν δὲ * μήποτε * ἄχρηστον γένηται πρὸς τὰς λειτουργίας. οὐ γὰρ

                     μήπως                                                       3
Abr.2   2    6  ἐστιν καὶ ἀναστὰς τῷ πρωῒ πορεύου ὅπου ἂν βούλῃ * μήπως * συναντήσῃ σοι θηρίον πονηρὸν καὶ ταραχθῇς.
Jer.    5    5  ὅτι βεβαρημένη ἐστὶν ἡ κεφαλή μου ἀλλὰ φοβοῦμαι * μήπως * κοιμηθῶ καὶ βραδυνῶ τοῦ ἐξυπνισθῆναι καὶ ὀλιγωρήσῃ
Job    15    9  μόσχον ἀνέφερον ἐπὶ τὸ θυσιαστήριον τοῦ θεοῦ, * μήπως * οἱ υἱοί μου ἐνενόησαν κακὰ ἐν τῇ καρδίᾳ αὐτῶν

                     μηρίον                                                      1
LPhi.   9   20    1  Φίλωνος περὶ τοῦ αὐτοῦ. Ἔκλυον ἀρχεγόνοισι τὸ * μηρίον * ὥς ποτε θεσμοῖς Ἀβραὰμ κλυτοηχὲς ὑπερτέρῳ ἄμματι

                     μηρός                                                       8
TNep.   1    6  ἀνθ' ἑαυτῆς τὴν Βάλλαν τῷ Ἰακὼβ καὶ ἐπὶ τῶν * μηρῶν * Ῥαχὴλ ἔτεκέ με διὰ τοῦτο ἐκλήθην Νεφθαλίμ. καὶ
TNep.   1    7  Νεφθαλίμ. καὶ ἠγάπησέ με Ῥαχὴλ ὅτι ἐπὶ τῶν * μηρῶν * αὐτῆς ἐγεννήθην καὶ εἴδει ἁπαλὸν ὄντα κατεφίλει με
Asen.  22    7  οἱ ὦμοι αὐτοῦ καὶ οἱ βραχίονες ὡς ἀγγέλου <καὶ> οἱ * μηροὶ * αὐτοῦ καὶ αἱ κνῆμαι <αὐτοῦ> καὶ οἱ πόδες αὐτοῦ
Asen.  26    6  ἕκαστος τὴν ῥομφαίαν αὐτοῦ καὶ ἔθηκεν ἐπὶ τοῦ * μηροῦ * αὐτοῦ καὶ Ἔλαβον τὰς ἀσπίδας αὐτῶν καὶ ἔθηκαν ἐπὶ
Asen.  29    2  αὐτῆς διότι Βενιαμὶν ῥομφαίαν οὐκ εἶχεν ἐπὶ τῷ * μηρῷ * αὐτοῦ καὶ ἤμελλε πατάξαι τὸ στῆθος τοῦ υἱοῦ Φαραώ.
FEll.   4  228  τὸ δὲ χεῖλος αὐτοῦ τὸ κάτω μέγα ὁ δεξιὸς αὐτοῦ * μηρὸς * λεπτός καὶ οἱ πόδες αὐτοῦ πλατεῖς τέθλασται δὲ ὁ
HDem.   9   21    7  τοῦ θεοῦ παλαῖσαι καὶ ἄψασθαι τοῦ πλάτους τοῦ * μηροῦ * τοῦ Ἰακὼβ τὸν δὲ ναρκήσαντα ἐπισκάζειν ὅθεν οὐκ
HDem.   9   21    7  ὅθεν οὐκ ἐσθίεσθαι τῶν κτηνῶν τὸ ἐν τοῖς * μηροῖς * νεῦρον. καὶ φάναι αὐτῷ τὸν ἄγγελον ἀπὸ τοῦδε

                     μηρυκισμός
Aris. 153    3  μνήμης κεχαρακτήρικεν. πάντα γὰρ ὅσα διχηλεῖ καὶ * μηρυκισμὸν * ἀνάγει σαφῶς τοῖς νοοῦσιν ἐκτίθεται τὸ τῆς
Aris. 161    3  καὶ μνείαν ὡς ἐξεθέμεθα τὴν διχηλίαν καὶ τὸν * μηρυκισμόν. * οὐ γὰρ εἰκῆ καὶ κατὰ τὸ ἐμπεσὸν εἰς ψυχὴν

                     μήτε                                                       42
                     μήτε μηθ' μήτ' μηθ'
                     μήτηρ                                                      75
Adam    7    1  ὁ Ἀδὰμ ὅτε ἐποίησεν ἡμᾶς ὁ θεὸς ἐμέ τε καὶ τὴν * μητέρα * ὑμῶν δι' ἧς καὶ ἀποθνήσκω ἔδωκεν ἡμῖν πᾶν φυτὸν
Adam    7    2  ἤγγισε δὲ ἡ ὥρα τῶν ἀγγέλων τὴν διατρεφόντων τὴν * μητέρα * ὑμῶν τοῦ ἀναβῆναι καὶ προσκυνῆσαι τὸν κύριον. καὶ
Adam   35    1  σου Ἀδάμ. τότε ἀνέστη Σὴθ καὶ ἦλθεν πρὸς τὴν * μητέρα * αὐτοῦ καὶ λέγει αὐτῇ διὰ τί κλαίεις; καὶ λέγει
Adam   36    1  ἐπὶ τὴν προσευχὴν τοῦ πατρός σου; λέγει δὲ Σὴθ τῇ * μητρὶ * αὐτοῦ ὅτι εἰσὶν ὁ ἥλιος καὶ ἡ σελήνη καὶ αὐτοὶ
Adam   37    1  φῶς δι' αὐτήν. λέγοντος δὲ τοῦ Σὴθ ταῦτα πρὸς τὴν * μητέρα * αὐτοῦ Εὔαν ἰδοὺ ἐσάλπισεν ὁ ἄγγελος καὶ ἀνέστησαν
Abr.1   3    5  τὴν πρόσοψιν τοῦ ἀγγέλου εἶπεν πρὸς Σάρραν τὴν * μητέρα * αὐτοῦ κυρία μου ὦ μήτηρ ἰδοὺ ὁ ἄνθρωπος ὁ
Abr.1   3    5  εἶπεν πρὸς Σάρραν τὴν μητέρα αὐτοῦ κυρία μου ὦ * μήτηρ * ἰδοὺ ὁ ἄνθρωπος ὁ καθεζόμενος μετὰ τοῦ πατρός μου
Abr.1   3    6  σοι καὶ τὴν τιμίαν ἐπὶ τοῦ πατρός σου καὶ τῆς * μητρός * σου. εἶπεν δὲ Ἀβραὰμ πρὸς Ἰσαὰκ τὸν υἱὸν αὐτοῦ
Abr.1   6    5  κρεάτων εἰσῆλθεν πάλιν ὁ μόσχος καὶ ἐθήλαξεν τῇ * μητρὶ * αὐτοῦ ἐν ἀγαλλιάσει οὐκ οἶδας κυρίε μου Ἀβραὰμ
Abr.1   7    8  ὁ παῖς σὺ εἶ ὁ πατὴρ αὐτοῦ καὶ ἡ σελήνη ὁμοίως ἡ * μήτηρ * αὐτοῦ Σάρρα ὑπάρχουσα ὁ δὲ <ἀνὴρ ὁ> φωτοφόρος ἐκ
Abr.2  14    7  Ἰσαὰκ τὸν πατέρα αὐτοῦ Ἀβραὰμ ἡ δὲ μήτηρ τῆς * μητρός * αὐτοῦ τὸν υἱὸν Ὕψιστον θεὸν ᾧ ἡ δόξα εἰς τοὺς
TSim.   2    2  ἐξ Ἰακὼβ τοῦ πατρός μου υἱὸς δεύτερος καὶ Λεία ἡ * μήτηρ * μου ἐκάλεσέ με Συμεὼν ὅτι ἤκουσε κύριος μου
TSim.   5    3  καὶ φυλάσσεσθε τοῦ μὴ πορνεύειν ὅτι ἡ πορνεία * μήτηρ * ἐστὶ πάντων τῶν κακῶν χωρίζουσα θεοῦ καὶ
TLevi   2 3B015 κύριε εὐλόγησον τὸν Ἀβραὰμ πατέρα μου καὶ Σάρραν * μητέρα * μου καὶ εἶπας δοῦναί μοι σπέρμα δίκαιον
TLevi  11    1  ἔτει ζωῆς μου. καὶ ἐπειδὴ ἐδυστόκησεν ἡ * μήτηρ * αὐτοῦ ἐκάλεσεν αὐτὸν Μεραρὶ ὅ ἐστι πικρία μου ὅτι
TLevi  18 2B062 μου Μελχὰ θυγατέρα Βαθουὴλ υἱοῦ Λαβὰν ἀδελφοῦ * μητρός * μου. καὶ ἐν γαστρὶ λαβοῦσα ἐξ ἐμοῦ ἔτεκεν υἱὸν
```

TJud. 1 3 αὐτοῖς τέταρτος υἱὸς ἐγενόμην τῷ πατρί μου καὶ ἡ * μήτηρ * μου ὠνόμασέ με Ἰουδὰ λέγουσα ἀνθομολογοῦμαι τῷ
TJud. 1 5 τῷ πατρί μου κατὰ πάντα λόγον καὶ εὐλόγουν τὴν * μητέρα * μου καὶ τὴν ἀδελφὴν τῆς μητρός μου. καὶ ἐγένετο
TJud. 1 5 καὶ εὐλόγουν τὴν μητέρα μου καὶ τὴν ἀδελφὴν τῆς * μητρός * μου. καὶ ἐγένετο ὡς ἠνδρώθην καὶ ὁ πατήρ μου
TJud. 10 3 νυκτὶ καὶ αὐτὸς οὐκ ἔγνω αὐτὴν κατὰ πανουργίαν τῆς * μητρὸς * αὐτοῦ οὐ γὰρ ἤθελεν ἔχειν τέκνα ἀπ᾽ αὐτῆς. ἐν
TJud. 10 5 δὲ τὸ σπέρμα ἐπὶ τὴν γῆν κατὰ τὴν ἐντολὴν τῆς * μητρὸς * αὐτοῦ καίγε οὗτος ἐν πονηρίᾳ ἀπέθανεν. ἤθελον δὲ
TIss. 1 4 δὲ Ῥουβὴμ καὶ ἐπὶ τῇ φωνῇ αὐτοῦ ἐξῆλθε Λεία ἡ * μήτηρ * μου. ταῦτα δὲ ἦσαν μῆλα εὐώδημα ἃ ἐποίει ἡ γῆ
TIss. 2 2 ἀνδρὸς καὶ ἐξελέξατο ἐγκράτειαν. καὶ εἰ μὴ Λεία ἡ * μήτηρ * μου ἀντὶ συνουσίας ἀπέδω τὰ δύο μῆλα ὀκτὼ υἱοὺς
TDan 2 3 τις ὁρῶν πρόσωπον ἐν ἀληθείᾳ ὅτι κἂν πατὴρ κἂν * μήτηρ * ἐστὶν ὡς πολεμίοις προσέχει αὐτοῖς ἐὰν ᾖ ἀδελφὸς
TNep. 1 9 ἦν ἐν πᾶσιν ὁ Ἰωσὴφ κατὰ τὰς εὐχὰς Ῥαχήλ. ἡ δὲ * μήτηρ * μού ἐστι Βάλλα θυγάτηρ Ῥωθέου ἀδελφοῦ Δεβόρρας
TJos. 20 3 ἐν σκότει ἔσται μετὰ τῶν Αἰγυπτίων. καὶ Ζέλφαν τὴν * μητέρα * ὑμῶν ἀναγάγετε καὶ ἐγγὺς Βάλλας παρὰ τὸν
TBen. 7 2 τοῖς πειθομένοις αὐτῇ. ἡ δὲ μάχαιρα ἑπτὰ κακῶν * μήτηρ * ἐστί. πρῶτον συλλαμβάνει ἡ διάνοια διὰ τοῦ Βελιὰρ
Asen. 3 5 ἐξ ἀγροῦ τῆς κληρονομίας αὐτῶν ὁ πατὴρ καὶ ἡ * μήτηρ * αὐτῆς καὶ ἐχάρη καὶ εἶπεν πορεύσομαι καὶ ὄψομαι
Asen. 3 5 εἶπεν πορεύσομαι καὶ ὄψομαι τὸν πατέρα μου καὶ τὴν * μητέρα * μου ὅτι ἥκασιν ἐξ ἀγροῦ τῆς κληρονομίας ἡμῶν.
Asen. 4 1 τοῦ ὑπερῴου καὶ ἦλθε πρὸς τὸν πατέρα αὐτῆς καὶ τὴν * μητέρα * καὶ ἠσπάσατο αὐτοὺς καὶ κατεφίλησεν αὐτούς. καὶ
Asen. 4 5 ἐκάθισεν Ἀσενὲθ ἀνάμεσον τοῦ πατρὸς αὐτῆς καὶ τῆς * μητρός. * καὶ ἐκράτησε Πεντεφρῆς ὁ πατὴρ αὐτῆς τῇ χειρὶ
Asen. 5 2 καὶ ἔφυγεν Ἀσενὲθ ἀπὸ προσώπου τοῦ πατρὸς καὶ τῆς * μητρὸς * αὐτῆς ὡς ἤκουσε τὰ ῥήματα ταῦτα +λεγόντων+ περὶ
Asen. 8 1 αὐτὴν ἀπὸ τῆς σήμερον ὡς ἀδελφήν μου. καὶ ἀνέβη ἡ * μήτηρ * τῆς Ἀσενὲθ εἰς τὸ ὑπερῷον καὶ ἤγαγε αὐτὴν καὶ
Asen. 8 6 χρίσματι ἀπωλείας. ἀλλ᾽ ἀνὴρ θεοσεβὴς φιλήσει τὴν * μητέρα * αὐτοῦ καὶ τὴν ἀδελφὴν τὴν ἐκ τῆς μητρὸς αὐτοῦ καὶ
Asen. 8 6 τὴν μητέρα αὐτοῦ καὶ τὴν ἀδελφὴν τὴν ἐκ τῆς * μητρὸς * αὐτοῦ καὶ τὴν ἀδελφὴν τὴν ἐκ τῆς φυλῆς καὶ τῆς
Asen. 11 4 μεμισήκασί με καὶ σὺν τούτοις ὁ πατήρ μου καὶ ἡ * μήτηρ * μου διότι κἀγὼ μεμίσηκα τοὺς θεοὺς αὐτῶν καὶ
Asen. 11 5 καὶ διὰ τοῦτο μεμισήκασί με ὁ πατήρ μου καὶ ἡ * μήτηρ * μου καὶ πᾶσα ἡ συγγένειά μου καὶ εἶπον οὐκ ἔστι
Asen. 12 12 τὴν ἔρημον καὶ ἀπερίστατον διότι ὁ πατήρ μου καὶ ἡ * μήτηρ * μου ἠρνήσαντό με καὶ εἶπον οὐκ ἔστιν ἡμῶν θυγάτηρ
Asen. 20 6 ἐκάθισεν ἐκ δεξιῶν αὐτοῦ. καὶ ἦλθον ὁ πατὴρ καὶ ἡ * μήτηρ * αὐτῆς καὶ πᾶσα ἡ συγγένεια αὐτῆς ἐκ τοῦ ἀγροῦ τῆς
Sal. 3 9 ζωὴν αὐτοῦ τὴν ἡμέραν γενέσεως αὐτοῦ καὶ ὠδῖνας * μητρός. * προσέθηκεν ἁμαρτίας ἐφ᾽ ἁμαρτίας τῇ ζωῇ αὐτοῦ
Sal. 8 9 αἱ παρανομίαι αὐτῶν ἐν παροργισμῷ υἱὸς μετὰ * μητρὸς * καὶ πατὴρ μετὰ θυγατρὸς συνεφύροντο. ἐμοιχῶντο
Prop. 10 2 οὐκ ἔμεινεν εἰς τὴν γῆν αὐτοῦ ἀλλὰ παραλαβὼν τὴν * μητέρα * αὐτοῦ παρῴκησε τὴν Σοὺρ χώραν ἀλλοφύλων ἐθνῶν
Prop. 10 5B ἐκ νεκρῶν διὰ τοῦ Ἠλία. καὶ ἀπέδωκεν αὐτὸν τῇ * μητρὶ * αὐτοῦ διὰ τὴν φιλοξενίαν αὐτῆς. καὶ ἀναστὰς μετὰ
Prop. 10 6 τὸν λιμὸν ἦλθεν ἐν γῇ Ἰούδα. καὶ ἀποθανούσαν τὴν * μητέρα * αὐτοῦ κατὰ τὴν ὁδὸν ἔθαψεν αὐτὴν ἐχόμενα τῆς
Prop. 10 6B οὐκ ἔμεινεν εἰς τὴν γῆν αὐτῶν ἀλλὰ παραλαβὼν τὴν * μητέρα * αὐτοῦ παρῴκησε τὴν Σοὺρ χώραν ἀλλοφύλων. ἔλεγε
Esdr. 5 5 ἐκεῖ νέος ἢ παλαιὸς οὐδὲ ἀδελφὸς μετὰ ἀδελφοῦ οὐ * μήτηρ * μετὰ τέκνου οὐ γυνὴ μετὰ ἀνδρός. καὶ ἔκλαυσα καὶ
Esdr. 5 9 καλὸν τοῦ μὴ ἐξελθεῖν τὸν ἄνθρωπον ἐκ κοιλίας * μητρὸς * αὐτοῦ. οἱ δὲ ὄντες ἐν τῇ κολάσει ἔκραξαν λέγοντες
Sedr. 9 2 ἣν παρέθετο ὁ πατὴρ ἡμῶν ἐν τῇ κοιλίᾳ τῆς * μητρός * σου ἐν τῷ ἁγίῳ σου σκηνώματι ἐκ βρέφους. λέγει
Job 1 5 ἐκλεκτὸν ἔντιμον ἐκ σπέρματος Ιακωβ τοῦ πατρὸς τῆς * μητρὸς * ὑμῶν ἐγὼ γάρ εἰμι ἐκ τῶν υἱῶν Ησαυ ἀδελφοῦ Ιακωβ,
Job 1 6 ἐγὼ γάρ εἰμι ἐκ τῶν υἱῶν Ησαυ ἀδελφοῦ Ιακωβ, οὗ ἡ * μήτηρ * ὑμῶν ἐστιν Δινα, ἐξ ἧς ἐγέννησα ὑμᾶς ἡ γὰρ προτέρα
Aris. 27 4 πολλὰ γὰρ καὶ τῶν ἐπιμαστιδίων τέκνων σὺν ταῖς * μητράσιν * ἐλευθεροῦντο. προσανενεχθέντος εἰ καὶ περὶ
Sib. 3 22 σελήνην τε πλήθουσαν ἄστρα τε λαμπετόωντα κραταιὰν * μητέρα * Τηθὺν πηγὰς καὶ ποταμοὺς πῦρ ἄφθιτον ἤματα νύκτας
Sib. 3 134 διέσπων ἄρσενα πάντα θήλεα δὲ ζώοντ᾽ εἴων παρὰ * μητρὶ * τρέφεσθαι. ἀλλ᾽ ὅτε τὴν τριτάτην γενεὴν τέκε
Sib. 3 201 τίσουσι Κρόνιοιο οὕνεκά τοι δῆσάν τε Κρόνον καὶ * μητέρα * κεδνήν. δεύτερον αὖθ᾽ Ἕλλησι τυραννίδες ἠδ᾽
Sib. 3 469 στήθεσσιν ἑοῖς ἐναρίξεαι αὐτήν. ἔσσῃ δ᾽ οὐκ ἀγαθῶν * μήτηρ * θηρῶν δὲ τιθήνη. ἀλλ᾽ ὅτ᾽ ἀπ᾽ Ἰταλίης λυμήτης
Sib. 3 815 ἄλλης ἐξ Ἐρυθρῆς γεγαυῖαν ἀναιδέα οἵ δέ με Κίρκης * μητρὸς * καὶ Γνωστοῖο πατρὸς φήσουσι Σίβυλλαν μαινομένην
Sib. 5 142 μελιηδέας ὕμνους θεατροκοπῶν ἀπολεῖ πολλοὺς σὺν * μητρὶ * ταλαίνῃ. φεύξεται ἐκ Βαβυλῶνος ἄναξ φοβερὸς καὶ
Sib. 5 390 καὶ κολάσει κἀσχημοσύνῃ πολυμόχθῳ. --- ἐν σοὶ γὰρ * μήτηρ * τέκνῳ ἐμίγη ἀθεμίστως καὶ θυγάτηρ γενετῆρι ἐῷ
FJan. 9 2 ἐν ἕλκεσι κολασάμενος καὶ τὴν θατέρου τούτων * μητέρα * τῷ θανάτῳ παρεπέμψατο.
FJub. 11 14 Ἀβραὰμ πατραδέλφου αὐτοῦ τὸν Ἀβραὰμ ὄντινα ἡ * μήτηρ * ἐκάλεσεν ἐπ᾽ ὀνόματι τοῦ ἑαυτῆς πατρὸς ἔφθη γὰρ
FEsd. 5 35 διὰ τί γὰρ οὐκ ἐγένετο ἡ μήτρα τῆς * μητρός * μου τάφος ἵνα μὴ ἴδω τὸν μόχθον τοῦ Ἰακὼβ καὶ
FPho. 42 τι βέβαιον ἔχει πέδον ἀνθρώποισιν. ἡ φιλοχρημοσύνη * μήτηρ * κακότητος ἁπάσης. χρυσὸς ἀεὶ δόλος ἐστὶ καὶ
FPho. 85 πένητι. μηδέ τις ὄρνιθας καλιῆς ἅμα πάντας ἑλέσθω * μητέρα * δ᾽ ἐκπρολίποις ἵν᾽ ἔχῃς πάλι τῆσδε νεοσσούς.
FPho. 180 λέκτρα. μητρυιῆς μὴ ψαῦε τὰ δεύτερα λέκτρα γονῆος * μητέρα * δ᾽ ὡς τίμα τὴν μητέρος ἴχνια βᾶσαν. μηδέ τι
FPho. 180 τὰ δεύτερα λέκτρα γονῆος μητέρα δ᾽ ὡς τίμα τὴν * μητέρος * ἴχνια βᾶσαν. μηδέ τι παλλακίσιν πατρὸς λεχέεσσι
FPho. 208 ἤπιος εἴης. ἢν δέ τι παῖς ἀλίτῃ σε κολουέτω υἱέα * μήτηρ * ἢ καὶ πρεσβύτατοι γενεῆς ἢ δημογέροντες. μὴ μὲν
ISop. 5 111 4 ἃ πρόσθ⟨εν⟩ ἀπώλεσεν. τὴν τοῦδε γάρ τοι Ζεὺς ἔγημε * μητέρα * οὐ χρυσόμορφος οὐδ᾽ ἐπημφιεσμένος πτίλον κύκνειον
HDem. 9 21 14 πατρὶ αὐτοῦ γεγονέναι υἱοὺς ἑπτὰ ἐκ δὲ Ῥαχὴλ τῆς * μητρὸς * αὐτοῦ δύο διὰ τοῦτο τῷ Βενιαμὶν πέντε μερίδας
HDem. 9 21 15 δὲ ἀποστεῖλαι κατὰ ταὐτὰ ὥστε τὸν οἶκον αὐτοῦ τῆς * μητρὸς * εἶναι ἴσον. οἰκῆσαι δὲ αὐτοὺς ἐν γῇ Χαναὰν ἀφ᾽ οὗ
HEup. 9 34 2 καὶ ἀρχιτέκτονά σοι ἀπέσταλκα ἄνθρωπον Τύριον ἐκ * μητρὸς * Ἰουδαίας ἐκ τῆς φυλῆς τῆς Δαβίδ. ὑπὲρ ὧν ἂν
LEze. 9 28 2 14 τάρσενικὰ ῥίπτειν ποταμὸν ἐς βαθύρροον. ἐνταῦθα ἡ * μήτηρ * ἡ τεκοῦσ᾽ ἔκρυπτέ με τρεῖς μῆνας ὡς ἔφασκεν. οὐ
LEze. 9 28 2 26 Ἑβραίων; ἡ δ᾽ ἐπέσπευσεν κόρην. μολοῦσα δ᾽ εἶπε * μητρὶ * καὶ παρῆν ταχὺ αὐτή τε μήτηρ καὶ ἔλαβέν μ᾽ ἐς
LEze. 9 28 2 27 μολοῦσα δ᾽ εἶπε μητρὶ καὶ παρῆν ταχὺ αὐτή τε * μήτηρ * καὶ ἔλαβέν μ᾽ ἐς ἀγκάλας. εἶπεν δὲ θυγάτηρ
LEze. 9 28 3 02 ἤνος. ἐπεὶ δὲ καιρὸς νηπίων παρῆλθέ μοι ἤγαγέ με * μήτηρ * βασιλίδος πρὸς δώματα ἅπαντα μυθεύσασα καὶ λέξασά
LEze. 9 29 12 43 παρθένοι πρώτως τέκνα τάρσενικὰ διανοίγοντα μήτρας * μητέρων. * ἀνδρῶν Ἑβραίων τοῦδε τοῦ μηνὸς λαβὼν κατὰ

μήτι 3
Abr.1 5 13 μου μὴ οὗτος ὁ ἀδελφὸς ὁ ἐπιξενισθεὶς ἡμῖν σήμερον * μήτι * φάσιν λόγου ἤνεγκε περὶ Λὼτ τοῦ ἀδελφοῦ σου ⟨τοῦ
Job 35 4 νῦν οὖν μακροθυμήσωμεν ἵνα γνῶμεν ἐν τίνι ἐστὶν * μήτι * ἄρα ἐξέστη αὐτοῦ ἡ καρδία, μήτι ἄρα μνήσκεται αὐτοῦ
Job 35 4 ἐν τίνι ἐστὶν μήτι ἄρα ἐξέστη αὐτοῦ ἡ καρδία, * μήτι * ἄρα μνήσκεται αὐτοῦ τῆς εὐδαιμονίας τῆς προτέρας,

μήτιγε 2
Asen. 16 11 τῷ ταμιείῳ μου πώποτε ἀλλὰ σὺ ἐλάλησας καὶ γέγονε. * μήτιγε * τοῦτο ἐκ τοῦ στόματός σου ἐξῆλθε διότι ἡ πνοὴ
Asen. 18 11 τίς ἐστιν ἡ καλλονὴ αὕτη ἡ μεγάλη καὶ θαυμαστή; * μήτιγε * κύριος ὁ θεὸς τοῦ οὐρανοῦ ἐξελέξατό σε εἰς νύμφην

μήτρα (μήτηρ) 3
Abr.1 8 6 καὶ ὡς τοὺς ἀστέρας τοῦ οὐρανοῦ ὁ διαλύσας * μήτραν * Σάρρας τῆς στειρώσεως καὶ χαρισάμενός σοι καρπὸν
FEsd. 5 35 διὰ τί γὰρ οὐκ ἐγένετο ἡ * μήτρα * τῆς μητρός μου τάφος ἵνα μὴ ἴδω τὸν μόχθον τοῦ
LEze. 9 29 12 43 τέκωσι παρθένοι πρώτως τέκνα τάρσενικὰ διανοίγοντα * μήτρας * μητέρων. ἀνδρῶν Ἑβραίων τοῦδε τοῦ μηνὸς λαβὼν

μητροκοίτης 1
Esdr. 4 24 αὐτου; καὶ εἶπέν μοι Μιχαὴλ ὁ ἀρχιστράτηγος οὗτος * μητροκοίτης * ἐστὶν μικρὸν θέλημα πράξας ἐκελεύσθη οὗτος

μητροκτόνος 1
Sib. 5 363 ἐπίκλοπος ἐν δολότητι. ἥξει δ᾽ ἐκ περάτων γαίης * μητροκτόνος * ἀνὴρ φεύγων ἠδὲ νόῳ ὀξύστομα μερμηρίζων ὃς

μητρολέτης * 1
Sib. 5 386 πειραθεὶς κακότητος ἵν᾽ ὕστερον εὐφρανθείη. * μητρολέται * παύσασθε θράσους τόλμης τε κακούργου οἳ τὸ

μητρόπολις 1
Asen. 16 16 κάλλος σου εἰς τὸν αἰῶνα οὐκ ἐκλείψει. καὶ ἔσῃ ὡς * μητρόπολις * τετειχισμένη πάντων τῶν καταφευγόντων ἐπὶ τῷ

μητρυιά 1
FPho. 179 οὐ γὰρ τίκτει παῖδας ὁμοίους μοιχικὰ λέκτρα. * μητρυιῆς * μὴ ψαῦε τὰ δεύτερα λέκτρα γονῆος μητέρα δ᾽ ὡς

μητρῷος 2
Sib. 4 121 ἄφαντος ἄπυστος ὑπὲρ πόρον Εὐφρήταο ὁππότε δὴ * μητρῷον * ἄγος στυγεροῖο φόνοιο τλήσεται ἄλλα τε πολλὰ
HDem. 9 21 3 διατρίψαντα οὖν αὐτὸν ἐκεῖ ἑπτὰ ἔτη Λάβαν τοῦ * μητρῴου * δύο θυγατέρας γῆμαι Λείαν καὶ Ῥαχὴλ ὄντα ἐτῶν

μηχανάομαι 5
TRub. 5 3 τῆς πορνείας ὑπὲρ τὸν ἄνθρωπον καὶ ἐν καρδίᾳ * μηχανῶνται * κατὰ τῶν ἀνθρώπων καὶ διὰ τῆς κοσμήσεως
Sib. 5 126 Φοινίκην πολύφυλον. αἰαῖ σοι Λυκίη ὅσα σοι κακὰ * μηχανᾶται * πόντος ἀπ᾽ αὐτομάτου ἐπιβὰς χώρης ἀλεγεινῆς
Sib. 5 172 ἀσεβῆ δέ τε θυμόν. οὐκ ἔγνως τί θεὸς δύναται τί δὲ * μηχανᾶται; * ἀλλ᾽ ἔλεγες μόνη εἰμὶ καὶ οὐδείς μ᾽
FAch. 109 τὴν συμβίωσιν ὅλην τὴν ἡμέραν καθημένη ὁπλίζεται * μηχανωμένη * πῶς σου κυριεύσει. τὸν καθημερινόν σου βίον
LEze. 9 28 2 08 ἡμῶν γέννᾳν ἄλις ηὐξημένην δόλον καθ᾽ ἡμῶν πολὺν * ἐμηχανήσατο * βασιλεὺς Φαραὼ τοὺς μὲν ἐν πλινθεύμασιν

μηχανή 1
HArt. 9 27 4 ἀνθρώποις εὔχρηστα παραδοῦναι καὶ γὰρ πλοῖα καὶ * μηχανὰς * πρὸς τὰς λιθοθεσίας καὶ τὰ Αἰγύπτια ὅπλα καὶ τὰ

μηχάνημα 1
HEup. 9 34 11 δύο χαλκοῦς ἁλυσιδωτοὺς καὶ στῆσαι αὐτοὺς ἐπὶ * μηχανημάτων * ὑπερεχόντων τῷ ὕψει τὸν ναὸν πήχεις κ᾽ καὶ

μιαίνω 33
Hen. 7 1 γυναῖκας καὶ ἤρξαντο εἰσπορεύεσθαι πρὸς αὐτὰς καὶ * μιαίνεσθαι * ἐν αὐταῖς καὶ ἐδίδαξαν αὐτὰς φαρμακείας καὶ
Hen. 7B 1 τοῦ κόσμου ἔλαβον ἑαυτοῖς γυναῖκας καὶ ἤρξαντο * μιαίνεσθαι * ἐν αὐταῖς ἕως τοῦ κατακλυσμοῦ καὶ ἔτεκον
Hen. 9 8 τῶν ἀνθρώπων τῆς γῆς καὶ συνεκοιμήθησαν αὐταῖς καὶ * ἐμιάνθησαν * καὶ ἐδήλωσαν αὐταῖς πάσας τὰς ἁμαρτίας. καὶ
Hen. 9B 8 καὶ συνεκοιμήθησαν μετ᾽ αὐτῶν καὶ ἐν ταῖς θηλείαις * ἐμιάνθησαν * καὶ ἐδήλωσαν αὐταῖς πάσας τὰς ἁμαρτίας καὶ
Hen. 10 11 τοῖς λοιποῖς τοῖς σὺν αὐτῷ ταῖς γυναιξὶν μιγεῖσιν * μιανθῆναι * ἐν αὐταῖς ἐν ἀκαθαρσίᾳ αὐτῶν καὶ ὅταν
Hen. 10B 11 τοὺς συμμιγέντας ταῖς θυγατράσι τῶν ἀνθρώπων τοῦ * μιανθῆναι * ἐν αὐταῖς ἐν τῇ ἀκαθαρσίᾳ αὐτῶν. καὶ ὅταν
Hen. 12 4 ἁγίασμα τῆς στάσεως τοῦ αἰῶνος μετὰ τῶν γυναικῶν * ἐμιάνθησαν * καὶ ὥσπερ οἱ υἱοὶ τῆς γῆς ποιοῦσιν οὕτως καὶ
Hen. 15 3 ἐκοιμήθητε καὶ μετὰ τῶν θυγατέρων τῶν ἀνθρώπων * ἐμιάνθητε * καὶ ἐλάβετε ἑαυτοῖς γυναῖκας; ὥσπερ υἱοὶ τῆς
Hen. 15 4 πνεύματα ζῶντα αἰώνια ἐν τῷ αἵματι τῶν γυναικῶν * ἐμιάνθητε * καὶ ἐν αἵματι σαρκὸς ἐγεννήσατε καὶ ἐν αἵματι

TRub. 1 6 ἀγνοίᾳ νεότητος καὶ πορνείᾳ ἐν ᾗ ἐξεχύθην ἐγὼ καὶ * ἐμίανα * τὴν κοίτην τοῦ πατρός μου Ἰακώβ. λέγω γὰρ ὑμῖν
TLevi 7 3 αὐτοὺς ὅτι καίγε ἀφροσύνην ἔπραξαν ἐν Ἰσραὴλ * μιᾶναι * τὴν ἀδελφὴν ἡμῶν. καὶ λαβόντες ἐκεῖθεν τὴν
TLevi 9 9 γὰρ ἐνδελεχιεῖ καὶ μέλλει διὰ τοῦ σπέρματός σου * μιαίνειν * τὰ ἅγια. λάβε οὖν σεαυτῷ γυναῖκα ἔτι νέος ὢν μὴ
TLevi 14 6 τὰς ὑπάνδρους βεβηλώσετε καὶ παρθένους Ἰερουσαλὴμ * μιανεῖτε * καὶ πόρναις καὶ μοιχαλίσι συναφθήσεσθε
TLevi 16 1 καὶ τὴν ἱερωσύνην βεβηλώσετε καὶ τὰς θυσίας * μιανεῖτε * καὶ τὸν νόμον ἀφανίσετε καὶ λόγους προφητῶν
TLevi 16 4 δι' αὐτὸν ἔσται τὰ ἅγια ὑμῶν ἔρημα ἕως ἐδάφους * μεμιαμμένα * καὶ οὐκ ἔσται τόπος ὑμῶν καθαρὸς ἀλλ' ἐν τοῖς
TIss. 4 4 ἐπιδέξασθαι κάλλος θηλείας ἵνα μὴ ἐν διαστροφῇ * μιάνῃ * τὸν νοῦν αὐτοῦ οὐ ζῆλος ἐν διαβουλίοις αὐτοῦ
TBen. 8 3 ἐν αὐτῷ τὸ πνεῦμα τοῦ θεοῦ. ὥσπερ γὰρ ὁ ἥλιος οὐ * μιαίνεται * προσέχων ἐπὶ κόπρον καὶ βόρβορον ἀλλὰ μᾶλλον
TBen. 8 3 τῆς γῆς συνεχόμενος μᾶλλον οἰκοδομεῖ αὐτὸς δὲ οὐ * μιαίνεται. * ὑπονοῶ δὲ καὶ πράξεις ἐν ὑμῖν οὐ καλὰς
Asen. 11 9 καὶ ἔφαγον ἐκ τῆς θυσίας αὐτῶν καὶ τὸ στόμα μου * μεμίαται * ἐκ τῆς τραπέζης αὐτῶν καὶ οὐκ ἔστι μοι τόλμη
Asen. 11 9 τὸν ὕψιστον τὸν κραταιὸν τοῦ δυνατοῦ Ἰωσὴφ διότι * ἐμιάνθη * τὸ στόμα μου ἀπὸ τῶν θυσιῶν τῶν εἰδώλων. ἀλλ'
Asen. 11 16 ταλαίπωρος ἐγὼ καὶ ὀρφανὴ καὶ ἔρημος τὸ στόμα μου * μεμίαται * ἀπὸ τῶν θυσιῶν τῶν εἰδώλων καὶ ἀπὸ τῶν εὐλογιῶν
Asen. 12 5 καὶ λελάληκα πονηρὰ καὶ ἄρρητα ἐνώπιόν σου. * μεμίαται * τὸ στόμα μου ἀπὸ τῶν θυσιῶν τῶν εἰδώλων καὶ ἀπὸ
Asen. 23 14 τοὺς υἱοὺς Ἰσραὴλ διὰ τὴν ἀδελφὴν ἡμῶν Δίναν ἣν * ἐμίανε * Συχὲμ ὁ υἱὸς Ἐμμώρ. καὶ εἶδεν ὁ υἱὸς Φαραὼ τὰς
Sal. 2 3 αὐτῶν ἐν ὑπερηφανίᾳ ἀνθ' ὧν οἱ υἱοὶ Ιερουσαλημ * ἐμίαναν * τὰ ἅγια κυρίου ἐβεβηλοῦσαν τὰ δῶρα τοῦ θεοῦ ἐν
Sal. 2 13 Ιερουσαλημ βέβηλοι κατὰ τὸ κρίμα σου ἀνθ' ὧν αὐταὶ * ἐμιαίωσαν * αὐτὰς ἐν φυρμῷ ἀναμείξεως. τὴν κοιλίαν μου καὶ
Sal. 8 12 κυρίου ἀπὸ πάσης ἀκαθαρσίας καὶ ἐν ἀφέδρῳ αἵματος * ἐμίαναν * τὰς θυσίας ὡς κρέα βέβηλα. οὐ παρέλιπον ἁμαρτίαν
Sal. 8 22 κατὰ τὰς ἀκαθαρσίας αὐτῶν καθὼς οἱ πατέρες αὐτῶν * ἐμίαναν * Ιερουσαλημ καὶ τὰ ἡγιασμένα τῷ ὀνόματι τοῦ θεοῦ.
Prop. 1 9 τοῖς ἔθνεσι τὸ μυστήριον Δαυὶδ καὶ Σολομῶντος καὶ * ἐμίανεν * ὀστᾶ τόπου πατέρων αὐτοῦ διὰ τοῦτο ὁ θεὸς
Aris. 166 5 ἐνεκύλισαν ἀκαθαρσίαν οὐ τὴν τυχοῦσαν ἐπετέλεσαν * μιανθέντες * αὐτοὶ παντάπασι τῷ τῆς ἀσεβείας μολυσμῷ.
Sib. 4 29 ξόανα καὶ ἀγάλματα χειροποίητα. αἵμασιν ἐμψύχων * μεμιασμένα * καὶ θυσίῃσιν τετραπόδων λεύσουσι δ' ἑνὸς θεοῦ
FPho. 4 ὁρίνειν μήτε δόλους ῥάπτειν μήθ' αἵματι χεῖρα * μιαίνειν. * μὴ πλουτεῖν ἀδίκως ἀλλ' ἐξ ὁσίων βιοτεύειν.
FPho. 34 μήτε δικαίως ἣν γὰρ ἀποκτείνῃς ἐχθρὸν σέο χεῖρα * μιαίνεις. * ἀγροῦ γειτονέοντος ἀπόσχεο μὴ δ' ἄρ' ὑπερβῇς.
FPho. 177 ὡς ἐλοχεύθης. μὴ προαγωγεύσῃς ἄλοχον σέο τέκνα * μιαίνων * οὐ γὰρ τίκτει παῖδας ὁμοίους μοιχικὰ λέκτρα.

μιαιφόνος 1
Sib. 5 171 καὶ ποταμὸς Τίβερις σε κλαύσεται ἣν παράκοιτιν ἧτε * μιαιφόνον * ἦτορ ἔχεις ἀσεβῆ δέ τε θυμόν. οὐκ ἔγνως τί

μιαρός 3
Sib. 3 402 Φρυγίῃ δὲ φερεσβίῳ αὐτίκα τέκμαρ ὁππότε κεν Ῥείης * μιαρὸν * γένος ἐν χθονὶ κῦμα ἀέναον ῥίζῃσιν ἀδιψήτοισι
Sib. 3 667 ὁππηνίκα γαῖαν ἵκωνται. θήσουσιν κύκλῳ πόλεως * μιαροὶ * βασιλῆες τὸν θρόνον αὐτοῦ ἕκαστος ἔχων καὶ λαὸν
Sib. 5 146 γαστέρι χεῖρας ἔθηκεν εἰς ἀλόχους ἥμαρτε καὶ ἐκ * μιαρῶν * ἐτέτυκτο. ἥξει δ' εἰς Μήδοις καὶ Περσῶν πρὸς

μίασμα 1
Hen. 10 22 καὶ καθαρισθήσεται πᾶσα ἡ γῆ ἀπὸ παντὸς * μιάσματος * καὶ ἀπὸ πάσης ἀκαθαρσίας καὶ ὀργῆς καὶ

μιασμός 3
TLevi 17 8 καὶ ὁ ἕκτος καὶ ὁ ἕβδομος. ἐν δὲ τῷ ἑβδόμῳ ἔσται * μιασμὸς * ὃν οὐ δύναμαι εἰπεῖν ἐνώπιον κυρίου καὶ ἀνθρώπων
TBen. 8 2 ἐν ἀγάπῃ οὐχ ὁρᾷ γυναῖκα εἰς πορνείαν οὐ γὰρ ἔχει * μιασμὸν * ἐν καρδίᾳ ὅτι ἀναπαύεται ἐν αὐτῷ τὸ πνεῦμα τοῦ
TBen. 8 3 τὴν δυσωδίαν οὕτω καὶ ὁ καθαρὸς νοῦς ἐν τοῖς * μιασμοῖς * τῆς γῆς συνεχόμενος μᾶλλον οἰκοδομεῖ αὐτὸς δὲ

μίγνυμι 10
Hen. 10 11 καὶ τοῖς λοιποῖς τοῖς σὺν αὐτῷ ταῖς γυναιξὶν * μιγεῖσιν * μιανθῆναι ἐν αὐταῖς ἐν ἀκαθαρσίᾳ αὐτῶν καὶ ὅταν
Hen. 19 1 ἐνιαυτῶν μυρίων. καὶ εἶπέν μοι Οὐριὴλ ἐνθάδε οἱ * μιγέντες * ἄγγελοι ταῖς γυναιξὶν στήσονται καὶ τὰ πνεύματα
Sib. 3 596 μεμνημένοι εἰσὶν κοὐδὲ πρὸς ἀρσενικοὺς παῖδας * μίγνυνται * ἁάγνως ὅσσα τε Φοίνικες Αἰγύπτιοι ἠδὲ Λατῖνοι
Sib. 5 177 τιμάς. μεῖνον ἄθεσμε μόνη πυρὶ δὲ φλεγέθοντι * μιγεῖσα * ταρτάρεον οἴκησον ἐς Ἅιδου χῶρον ἄθεσμον. νῦν
Sib. 5 318 παύεο κώμου. καὶ Ἱεράπολι γαῖα μόνη Πλούτω(νι) * μιγεῖσα * ἕξεις ὃν πεπόθηκας ἔχειν χῶρον πολύδακρυν ἐς γῆν
Sib. 5 390 κἀσχημοσύνη πολυμόχθῳ. --- ἐν σοὶ γὰρ μήτηρ τέκνῳ * ἐμίγη * ἀθεμίστως καὶ θυγάτηρ γενετῆρι ἑῷ συζεύξατο νύμφη
Sib. 5 459 γενεῇ ὅτε παύσετ' ὄλεθρος Αἰγύπτου βασιλῆες ὅταν * μιχθῶσιν * ἀναιδεῖς Παμφύλων γενεαὶ δ' εἰς Αἴγυπτον
FPho. 181 ἴχνια βᾶσαν. μηδέ τι παλλακίσιν πατρὸς λεχέεσσι * μιγείης. * μηδὲ κασιγνήτης ἐς ἀπότροπον ἐλθέμεν εὐνήν.
FPho. 198 ἄνδιχα νεῖκος; μὴ δέ τις ἀμνήστευτα βίῃ κούρῃσι * μιγείη. * μὴ δὲ γυναῖκα κακὴν πολυχρήματον οἴκαδ' ἄγεσθαι
LThe. 9 22 3 κακορραφίην καὶ ἔδεκτο παῖδ' ἑτέρην ἀμφοῖν δ' * ἐμίγη * σὺν ὁμαίμοσιν ἦσι. τῷ δ' υἱεῖς ἐγένοντο νόῳ

μικρός 29 (cf.+ ἐλαχύς, ὀλίγος)
Adam 27 2 ὁ πατὴρ ὑμῶν Ἀδὰμ τοὺς ἀγγέλους λέγων ἐάσατέ με * μικρὸν * ὅπως παρακαλέσω τὸν θεὸν καὶ σπλαγχνισθῇ καὶ
Abr.1 20 4 δὲ Ἀβραὰμ πρὸς τὸν θάνατον ἄπελθε ἀπ' ἐμοῦ ἔτι * μικρὸν * ἵνα ἀναπαύσωμαι ἐν τῇ κλίνῃ μου ὅτι ἀθυμία πολλή
Abr.2 8 4 καὶ ἀτενίσας Ἀβραὰμ εἶδεν δύο πύλας μίαν μὲν * μικρὰν * τὴν δὲ ἑτέραν μεγάλην ἀνὰ μέσον δὲ τῶν πυλῶν
Abr.2 8 10 καὶ εἶπεν Μιχαὴλ θεωρεῖς τὰς δύο πύλας ταύτας τὴν * μικρὰν * καὶ τὴν μεγάλην; αὗταί εἰσιν αἱ δύο πύλαι αἱ
TGad 5 1 συνεχῶς τῷ ψεύδει λαλῶν κατὰ τῆς ἀληθείας καὶ τὰ * μικρὰ * μεγάλα ποιεῖ τὸ σκότος φῶς προσέχει τὸ γλυκὺ
TJos. 17 6 καὶ ἐθαύμαζον. οὐκ ἀφῆκα γὰρ αὐτοὺς θλιβῆναι ἕως * μικροῦ * πράγματος καίγε πᾶν ὃ ἦν ἐν χειρί μου αὐτοῖς
Asen. 11 1 οἱ κύνες ὕλαττον ἐπὶ τοὺς διοδεύοντας καὶ ἀνένευσε * μικρὸν * τὴν κεφαλὴν αὐτῆς Ἀσενὲθ ἐκ τοῦ ἐδάφους καὶ τῆς
Asen. 11 18 ἔθηκε τὴν χεῖρα αὐτῆς ἐπὶ τὸ ἔδαφος καὶ ἀνένευσε * μικρὸν * ἀπὸ τῆς γῆς καὶ τῇ κεφαλῇ κατανεύουσα καὶ αἱ
Asen. 15 14 αὐτοῦ καὶ εἶπεν αὐτῷ δέομαί σου κύριε κάθισον δὴ * μικρὸν * ἐπὶ τῆς κλίνης ταύτης διότι ἡ κλίνη αὕτη ἐστί
Asen. 16 15 τὴν δεξιὰν καὶ ἀπέκλασεν ἀπὸ τοῦ κηρίου μέρος * μικρὸν * καὶ ἔφαγεν αὐτὸς καὶ τὸ κατάλοιπον ἐνέβαλε τῇ
Asen. 24 5 σφόδρα καὶ εἶπε τοῖς παισὶν αὐτοῦ ἀπόστητε δὴ * μικρὸν * ἀπ' ἐμοῦ διότι λόγος μοί ἐστι κρυπτὸς πρὸς τοὺς
Asen. 25 3 σου καὶ ἠγρύπνησεν ὅλην τὴν νύκτα καὶ νῦν ἡσυχάζει * μικρόν. * καὶ εἶπεν ἡμῖν μηδεὶς ἐγγισάτω μου μηδὲ ὁ υἱός
Sal. 16 1 ὁσίοις. ἐν τῷ νυστάξαι ψυχήν μου ἀπὸ κυρίου παρὰ * μικρὸν * ὠλίσθησα ἐν καταφορᾷ ὑπνούντων μακρὰν ἀπὸ θεοῦ
Jer. 2 9 ἐδήλωσε τοῦτο; καὶ εἶπεν αὐτῷ Ἱερεμίας ἔκδεξαι * μικρὸν * μετ' ἐμοῦ ἕως ὥρας ἕκτης τῆς νυκτὸς ἵνα γνῷς ὅτι
Bar. 7 3 αὐτῷ ὁρῶ τὸ ὄρνεον καὶ ἀνεφάνη ἔμπροσθεν καὶ πρὸς * μικρὸν * μικρὸν ηὔξανε καὶ ἀνεπληροῦτο. καὶ ὄπισθεν τούτου
Bar. 7 3 τὸ ὄρνεον καὶ ἀνεφάνη ἔμπροσθεν καὶ πρὸς μικρὸν * μικρὸν * ηὔξανε καὶ ἀνεπληροῦτο. καὶ ὄπισθεν τούτου τὸν
Prop. 1 3 λάκκους καὶ τὰς κολυμβήθρας ἐπὶ εὐχῇ τοῦ Ἡσαΐου * μικρὸν * ὕδωρ ἐξελήλυθεν ὅτι ἦν ὁ λαὸς ἐν συγκλεισμῷ
Prop. 12 12 δυτικοῦ γενήσεται. τότε ἅπλωμά φησι τοῦ Δαβὴρ εἰς * μικρὰ * ῥαγήσεται καὶ τὰ ἐπίκρανα τῶν δύο στύλων
Esdr. 4 24 μοι Μιχαὴλ ὁ ἀρχιστράτηγος οὗτος μητροκοίτης ἐστὶν * μικρὸν * θέλημα πράξας ἐκελεύσθη οὗτος κρεμασθῆναι. καὶ
Sedr. 11 3 γλῶσσά σου ἐκ σάλπιγγος καὶ ὁ ἐγκέφαλός σου ἐστὶν * μικρὸν * κτίσμα κεφαλὴ ὅλου τοῦ σώματος κίνησις καλόπιστε
Job 24 1 ἐπὶ τῆς κοπρίας ἔξωθεν τῆς πόλεως λογιζόμενος ἔτι * μικρὸν * καὶ ἐκδεχόμενος τὴν ἐλπίδα τῆς σωτηρίας σου; καὶ
Aris. 19 4 ἀπεφήνατο βραχεῖ πλεῖον μυριάδων δέκα. ὃ δὲ * μικρόν * γε εἶπεν Ἀριστέας ἡμᾶς ἀξιοῖ πρᾶγμα. Σωσίβιος δὲ
Aris. 80 3 καὶ τεχνουργίᾳ οὔτ' ἔν τινι ἄλλῳ. πρόνοιαν γὰρ οὐ * μικρὰν * ἐποιεῖτο ὁ βασιλεὺς φιλοδοξῶν εἰς τὰ καλῶς
Sib. 3 530 πᾶσαν ὕβριν δεινὴν πάσχοντας κοὐκ ἔσετ' αὐτοῖς * μικρὸν * ἐπαρκέσσων πόλεμον ζωῆς τ' ἐπαρωγός. ὄψονταί τ'
Sib. 4 93 δὲ πάντα τὰ Δήλου. καὶ Βαβυλὼν μεγάλη μὲν ἰδεῖν * μικρὴ * δὲ μάχεσθαι στήσεται ἀχρήστοισιν ἐπ' ἐλπίσι
Sib. 5 269 παντοίαις θυσίαισι καὶ εὐχαῖς ἐν θεοτίμοις ἐκ * μικρᾶς * στενότητος ὅσοι καμάτους ὑπέμειναν πλείονα καὶ
FAch. 110 ἀναθήσεται. ἐπὶ μεγάλῃ κτήσει μὴ χαῖρε μηδὲ ἐπὶ * μικρᾷ * λυποῦ. ταῦτα δὴ εἰπὼν ὁ Αἴσωπος πρὸς τὸν νεανίσκον
IOrp. 23 πᾶσιν γὰρ θνητοῖς θνηταὶ κόραι εἰσὶν ἐν ὄσσοις * μικραὶ * ἐπεὶ σάρκες τε καὶ ὀστέα ἐμπεφύασιν ἀσθενέες δ'
HArt. 9 27 28 ἀνελέσθαι καὶ πάλιν ῥάβδον ποιῆσαι προελθόντα δὲ * μικρὸν * τὸν Νεῖλον τῇ ῥάβδῳ πατάξαι τὸν δὲ ποταμὸν

μικρότης 1
Sal. 14 7 οἳ ἠγάπησαν ἡμέραν ἐν μετοχῇ ἁμαρτίας αὐτῶν ἐν * μικρότητι * σαπρίας ἡ ἐπιθυμία αὐτῶν καὶ οὐκ ἐμνήσθησαν

μικροψυχέω 1
FrAn. 1 217 7 θείας δοκιμασίας ἐλεούμενος ὕστερον ἐν ἑαυτῷ λέγει * μικροψυχήσας * ἀπελεύσομαι εἰς Ἱερουσαλὴμ καὶ

μικρύνω 2
TJud. 17 3 τῶν υἱῶν μου ἀλλοιώσουσι καὶ βασιλείαν Ἰουδὰ * σμικρυνθῆναι * ποιήσουσιν ἣν ἔδωκέ μοι κύριος ἐν ὑπακοῇ
TNep. 4 3 πάντας ὑμᾶς. καὶ μετὰ τὸ ὀλιγωθῆναι ὑμᾶς καὶ * σμικρυνθῆναι * ἐπιστρέψετε καὶ ἐπιγνώσεσθε κύριον τὸν θεὸν

Μίλητος 1
Sib. 5 325 μή μ' ἐθέλουσαν ἑλεῖν Φοίβου τὴν γείτονα χώραν * Μίλητον * τρυφερὴν ἀπολεῖ πρηστήρ ποτ' ἄνωθεν ἀνθ' ὧν

μίλτος 1
Sib. 4 134 πλήσῃ καὶ ψεκάδες πίπτωσιν ἀπ' οὐρανοῦ οἷά τε * μίλτος * γινώσκειν τότε μῆνιν ἐπουρανίοιο θεοῖο εὐσεβέων

μιλτόχριστος * 1
Sib. 3 589 καὶ ξυλίνων λιθίνων τε θεῶν εἴδωλα καμόντων πήλινα * μιλτόχριστα * ζωογραφίας τυποειδεῖς τιμῶσιν ὅσα πέρ τε

μιλτόχρως * 1
LEze. 9 29 16 17 στῆθος μὲν αὐτοῦ πορφυροῦν ἐφαίνετο σκέλη δὲ * μιλτόχρωτα * καὶ κατ' αὐχένων κροκωτίνοις μαλλοῖσιν

μιμέομαι 10
TAser 4 3 ἐστι διπρόσωπον ἀλλὰ τὸ πᾶν ἔργον ἀγαθόν ἐστιν ὅτι * μιμεῖται * κύριον μὴ προσδεχόμενος τὸ δοκοῦν καλὸν μετὰ
TBen. 3 1 τὸν θεὸν τοῦ οὐρανοῦ καὶ φυλάξατε ἐντολὰς αὐτοῦ * μιμούμενοι * τὸν ἀγαθὸν καὶ ὅσιον ἄνδρα Ἰωσήφ. καὶ ἔστω ἡ
TBen. 4 1 αὐτῷ. ἴδετε τέκνα τοῦ ἀγαθοῦ ἀνδρὸς τὸ τέλος * μιμήσασθε * οὖν ἐν ἀγαθῇ διανοίᾳ τὴν εὐσπλαγχνίαν αὐτοῦ
Aris. 188 2 βραχὺ δὲ ἐπισχὼν εἶπεν οὕτως ἂν μάλιστα διευθύνοις * μιμούμενος * τὸ τοῦ θεοῦ διὰ παντὸς ἐπιεικές. μακροθυμίᾳ
Aris. 210 6 ὡς γὰρ θεὸς εὐεργετεῖ τὸν ὅλον κόσμον οὕτως καὶ σὺ * μιμούμενος * ἀπρόσκοπος ἂν εἴης. ἐπιφωνήσας δὲ τούτῳ πρὸς
Aris. 280 3 ὅσοι μισοπονηρίαν ἔχουσι καὶ τὴν ἀγωγὴν αὐτοῦ * μιμούμενοι * πρὸς τὸ διὰ παντὸς εὐδοξίαν ἔχειν αὐτοὺς τὰ
Aris. 281 7 ζῆν. ὡς γὰρ ὁ θεὸς εὖ ἐργάζεται πᾶσι καὶ σὺ τοῦτον * μιμούμενος * εὐεργετεῖς τοὺς ὑπὸ σεαυτόν. ὁ δὲ
Sib. 4 36 ὧν τρόπον εὐσεβίην τε καὶ ἤθεα ἀνέρες ἄλλοι οὔποτε * μιμήσονται * ἀναιδείην ποθέοντες ἀλλ' αὐτοὺς χλεύῃ τε
FPho. 77 σωφροσύνην ἀσκεῖν αἰσχρῶν δ' ἔργων ἀπέχεσθαι. μὴ * μιμοῦ * κακότητα Δίκῃ δ' ἀπόλειψον ἄμυναν. Πειθὼ μὲν γὰρ
FPho. 192 ἄρσενες εὐναί. μηδέ τι θηλύτεραι λέχος ἀνδρῶν * μιμήσαιντο. * μηδ' ἐς ἔρωτα γυναικὸς ἅπας ῥεύσῃς

| | | | | |
|---|---|---|---|---|
| μιμιψωθιωωφ * | | | 1 | |
| FrAn. | 574 | 3012 | ϊωηλ ωσσαρθιωμι εμωρι θεωχιψοϊθ σιθεμεωχ σωθη ιωη | * μιμιψωθιωωφ * φερσωθι αεηιουω ιωη εωχαριφθα ἔξελθε ἀπὸ τοῦ |
| μιμνήσκω | | | 44 | |
| Adam | 6 | 1 | πόνος καὶ νόσος; καὶ ἀποκριθεὶς Σὴθ λέγει αὐτῷ μὴ | * ἐμνήσθης * πάτερ τοῦ παραδείσου ἐξ ὧν ἤσθιες καὶ ἐλυπήθης |
| Adam | 10 | 3 | στόμα σου; πῶς ἐνίσχυσαν οἱ ὀδόντες σου; πῶς οὐκ | * ἐμνήσθης * τῆς ὑποταγῆς σου ὅτι πρότερον ὑπετάγης τῇ |
| Adam | 23 | 4 | μου ἣν παρέδωκά σοι τοῦ φυλάξαι αὐτήν; τότε Ἀδὰμ | * ἐμνήσθη * τοῦ λόγου οὗ ἐλάλησα αὐτῷ ὅτε ἤθελον ἀπατῆσαι |
| Adam | 29 | 9 | σοι δι᾽ ἐμοῦ. τότε ἀποκριθεὶς ὁ Ἀδὰμ εἶπεν μοι τί | * ἐμνήσθης * τῆς κακίας ταύτης ἵνα φόνον ποιήσω καὶ ἐνέγκω |
| TJud. | 18 | 5 | αὐτοῦ καὶ θυσίας θεοῦ ἐμποδίζει καὶ εὐλογίας οὐ | * μέμνηται * καὶ προφήτῃ λαλοῦντι οὐχ ὑπακούει καὶ λόγῳ |
| TZab. | 1 | 5 | ἥμαρτον ἐν ταῖς ἡμέραις μου παρεκτὸς ἐννοίας. οὐδὲ | * μιμνήσκομαι * ὅτι παρανομίαν ἐποίησα πλὴν τὴν ἄγνοιαν ἣν |
| TZab. | 9 | 7 | καὶ θλίψεσι καὶ ὀδύναις ψυχῆς. καὶ μετὰ ταῦτα | * μνησθήσεσθε * κυρίου καὶ μετανοήσετε καὶ ἐπιστρέψει ὑμᾶς |
| TJos. | 3 | 3 | σεαυτὸν εἰς ἐμὲ καὶ ἔσῃ ὡς δεσπότης ἡμῶν. ἐγὼ οὖν | * ἐμνησκόμην * λόγους πατρός μου Ἰακὼβ καὶ εἰσερχόμενος εἰς |
| TJos. | 7 | 5 | τί ταράσσῃ καὶ θορυβῇ ἐν ἁμαρτίαις τυφλώττουσα; | * μνήσθητι * ὅτι ἐὰν ἀνελῇς σεαυτὴν ἡ Σηθων ἡ παλλακὴ τοῦ |
| Asen. | 7 | 5 | Ἰακὼβ πρὸ ὀφθαλμῶν αὐτοῦ εἶχεν Ἰωσὴφ πάντοτε καὶ | * ἐμέμνητο * τῶν ἐντολῶν τοῦ πατρὸς αὐτοῦ. διότι ἔλεγεν |
| Asen. | 18 | 5 | αὐτῆς καὶ ἡτοίμασε τὴν οἰκίαν καὶ τὸ δεῖπνον. καὶ | * ἐμνήσθη * Ἀσενὲθ τοῦ ἀνθρώπου καὶ τῶν ἐντολῶν αὐτοῦ καὶ |
| Asen. | 18 | 7 | ὡς νύμφη καὶ ἔλαβε σκῆπτρον ἐν τῇ χειρὶ αὐτῆς. καὶ | * ἐμνήσθη * Ἀσενὲθ τῶν ῥημάτων τοῦ τροφέως αὐτῆς διότι |
| Sal. | 3 | 11 | ἡ ἀπώλεια τοῦ ἁμαρτωλοῦ εἰς τὸν αἰῶνα καὶ οὐ | * μνησθήσεται * ὅταν ἐπισκέπτηται δικαίους. αὕτη ἡ μερὶς τῶν |
| Sal. | 4 | 21 | ἐν ἀτιμίᾳ καὶ ἐσκόρπισαν ἐν ἐπιθυμίᾳ καὶ οὐκ | * ἐμνήσθησαν * θεοῦ καὶ οὐκ ἐφοβήθησαν τὸν θεὸν ἐν ἅπασι |
| Sal. | 10 | 1 | ἐν ὕμνοις τῷ Σαλωμων. μακάριος ἀνὴρ οὗ ὁ κύριος | * ἐμνήσθη * ἐν ἐλεγμῷ καὶ ἐκυκλώθη ἀπὸ ὁδοῦ πονηρᾶς ἐν |
| Sal. | 10 | 4 | κυρίου ἐπὶ τοὺς ἀγαπῶντας αὐτὸν ἐν ἀληθείᾳ. καὶ | * μνησθήσεται * κύριος τῶν δούλων αὐτοῦ ἐν ἐλέει ἡ γὰρ |
| Sal. | 14 | 7 | ἐν μικρότητι σαπρίας ἡ ἐπιθυμία αὐτῶν καὶ οὐκ | * ἐμνήσθησαν * τοῦ θεοῦ. ὅτι ὁδοὶ ἀνθρώπων γνωσταὶ ἐνώπιον |
| Jer. | 5 | 19 | ὁ πρεσβύτης οὐκ εἶ σὺ ἐκ τῆς πόλεως ταύτης σήμερον | * μνησθεὶς * τοῦ Ἱερεμίου ὅτι ἐπερωτᾷς περὶ αὐτοῦ μετὰ |
| Jer. | 6 | 18 | ἐσπλαγχνίσθη ὁ κύριος ἐπὶ τῶν δακρύων ἡμῶν καὶ | * ἐμνήσθη * τῆς διαθήκης ἧς ἔστησε μετὰ τῶν πατέρων ἡμῶν |
| Jer. | 7 | 27 | ἐν Ἱερουσαλὴμ πρὸ τοῦ ἡμᾶς αἰχμαλωτευθῆναι καὶ | * μνησκόμενος * ἐστέναζον καὶ ἐπέστρεφον εἰς τὸν οἶκόν μου |
| Esdr. | 2 | 24 | τὴν σὴν πλάσιν οἰκτείρησον τὰ ἔργα σου. τότε | * ἐμνήσθη * ὁ θεὸς τῶν ποιημάτων αὐτοῦ καὶ λέγει ⟨πρὸς⟩ τὸν |
| Esdr. | 7 | 11 | αὐτοῦ πάντα ὥσπερ καὶ τὰ ἔσχατα τοῦ Ἰωσὴφ καὶ μὴ | * μνησθῇς * ἀνομιῶν ἀρχαίων αὐτοῦ ἐν ἡμέρᾳ κρίσεως αὐτοῦ. |
| Sedr. | 12 | 5 | καρπὸν δικαιοσύνης καὶ φθάσῃ ὁ θάνατος οὐ μὴ | * μνησθῶ * πάσας τὰς ἁμαρτίας αὐτοῦ. λέγει αὐτῷ Σεδρὰχ πολλά |
| Sedr. | 13 | 3 | αὐτὸν ὁ θεὸς ἐὰν μετὰ ἑκατὸν ἔτη ζήσῃ ἄνθρωπος καὶ | * μνησθῇ * τὸν θάνατον αὐτοῦ καὶ ὁμολογήσῃ ἔμπροσθεν τῶν |
| Sedr. | 13 | 6 | ὁ ἁμαρτωλὸς εἰς ἡμέρας τεσσαράκοντα οὐ μὴ | * μνησθῶ * πάσας τὰς ἁμαρτίας αὐτοῦ ἃς ἐποίησεν. καὶ λέγει |
| Sedr. | 16 | 5 | τῶν τεσσαράκοντα ἡμερῶν ἕως εἴκοσι καὶ ὅστις | * μνησθῇ * τοῦ ὀνόματός σου οὐ μὴ ἴδῃ κολαστήριον ἀλλὰ ἔσται |
| Job | 18 | 5 | παρειμένη τὰς ὀσφύας ἀπὸ τοῦ πλήθους τῶν ὠδίνων, | * μνησθεὶς * μάλιστα τοῦ προσημανθέντος μοι πολέμου ὑπὸ τοῦ |
| Job | 35 | 4 | ἐστὶν μήτι ἄρα ἐξέστη αὐτοῦ ἡ καρδία, μήτι ἄρα | * μνήσκεται * αὐτοῦ τῆς εὐδαιμονίας τῆς προτέρας, καὶ ἐμάνη |
| Job | 39 | 4 | ἑαυτὴν παρὰ τοὺς πόδας αὐτῶν, καὶ κλαίουσα ἔλεγεν | * μνήσθητί * μου ὁ Ελιφας καὶ οἱ δύο φίλοι σου, ὅτι ὁποία |
| Aris. | 155 | 3 | καὶ διὰ τῆς γραφῆς ὁ λέγων οὕτως μνείᾳ | * μνησθήσῃ * κυρίου τοῦ ποιήσαντος ἐν σοί τὰ μεγάλα καὶ |
| Aris. | 168 | 7 | πράξεσιν ἀσκῶμεν δικαιοσύνην πρὸς πάντας ἀνθρώπους | * μεμνημένοι * τοῦ δυναστεύοντος θεοῦ. περὶ βρωτῶν οὖν καὶ |
| Sib. | 3 | 10 | καὶ οὐκ εὐθεῖαν ἀταρπὸν βαίνετε ἀθανάτου κτίστου | * μεμνημένοι * αἰεί; εἷς θεός ἐστι μόναρχος ἀθέσφατος αἰθέρι |
| Sib. | 3 | 595 | γονεῖς μέγα δ᾽ ἔξοχα πάντων ἀνθρώπων ὁσίης εὐνῆς | * μεμνημένοι * εἰσίν κοὐδὲ πρὸς ἀρσενικοὺς παῖδας μίγνυνται |
| FJub. | 37 | 17 | τὰς πύλας τῆς βάρεως παρεκάλει τὸν Ἡσαῦ | * μνησθῆναι * τῶν γονικῶν ἐντολῶν. τοῦ δὲ μὴ ἀνεχομένου ἀλλ᾽ |
| FIsa. | 3 | 2 | καὶ Μανασσῆς παρέλαβεν τὴν βασιλείαν αὐτοῦ. οὐκ | * ἐμνήσθη * τῶν ἐντολῶν τοῦ πατρὸς αὐτοῦ ἀλλ᾽ ἐπελάθετο καὶ |
| FPho. | | 109 | ἀὴρ δ᾽ ἀνὰ πνεῦμα δέδεκται. πλουτῶν μὴ φείδου | * μέμνησ᾽ * ὅτι θνητὸς ὑπάρχεις οὐκ ἔνι εἰς Ἅιδην ὄλβον καὶ |
| LEze. 9 | 29 | 8 11 | Ἀβραάμ τε καὶ Ἰσαὰκ καὶ Ἰακώβου τρίτου. | * μνησθεὶς * δ᾽ ἐκείνων καὶ ἔτ᾽ ἐμῶν δωρημάτων πάρειμι σῶσαι |
| LAri. 13 | 12 | 6 | δεξιὰ σημαίνει λαοὺς δ᾽ ἐπὶ ἔργον ἐγείρει | * μιμνήσκων * βιότοιο λέγει δ᾽ ὅτε βῶλος ἀρίστη βουσί τε καὶ |
| FrAn. 1 | 226 | 7 | – ⟩τον ως εμε ημετε⟨ ⟩ου και φθορας ραλε της⟨ – – | * μνησθ⟩εις * του Ιακωβ⟨ – ⟩ες της γης και εκτος σου⟨ – ⟩λης |
| FrAn. 1 | 226 | 15 | ⟩ευμαρων μεν το πλ⟨ ⟩υκας φυλακας⟨ – ⟩ευσεν Ιωσηφ | * μνησθεις * τ⟨ου Ιακωβ⟩ – ⟩θεις βασιλευς του λαου κα⟨ – |
| FrAn. 1 | 226 | 24 | του σιτου υπ⟨ ⟩του εφανη τροφευς κ⟨ – Ιωση⟩φ | * μνησθεις * του Ιακ⟨ωβ – – τη⟩ν γην εκαλυψε⟨ – – το⟩ν λιμον |
| FrAn. 1 | 226 | 33 | – Φα⟩ραω επι του Ιω⟨σηφ – – μ⟩ακαρια⟨ – – Ιωσ⟩ηφ | * μνησ⟨θεις * του Ιακωβ⟩ – αν⟩τιστας δε τη πρεσβεια τ⟨ – |
| FrAn. 1 | 226 | 43 | η του ν⟨ – ⟩γνωσθεις παρ᾽ αυτων κα⟨ – ⟩Ιωσηφ | * μνησθεις * του Ια⟨κωβ – – ⟩δε κρατησας τοτε εαυτο⟨ν – ⟩ν |
| FrAn. 1 | 227 | 28 | – – ⟩αυτοις⟨ – ⟩ως δικαιως ταυτα⟨ – – ⟩ο θς Ιωσηφ | * μνησ⟨θεις * – – ⟩υμων βοησω ο Ρουβη⟨ν – – δο⟩υλευων υμιν |
| μίμνω | | | 2 | |
| Sib. | 3 | 283 | μεγίστη ὡς ἐπέκρανε θεός σοι ἄμβροτος. ἀλλὰ σὺ | * μίμνε * πιστεύων μεγάλοιο θεοῦ ἁγνοῖσι νόμοισιν ὁππότε |
| FPho. | | 105 | ἀποιχομένων ὀπίσω δὲ θεοὶ τελέθονται. ψυχαὶ γὰρ | * μίμνουσιν * ἀκήριοι ἐν φθιμένοισιν. πνεῦμα γάρ ἐστι θεοῦ |
| μιν | | | 8 | |
| Sib. | 3 | 146 | ποταμοῖο καὶ εἰς ἅλα μύρατο ὕδωρ ἄμμιγα Πηνειῷ καὶ | * μιν * στύγιον καλέουσιν. ἡνίκα δ᾽ ἤκουσαν Τιτῆνες παῖδας |
| Sib. | 3 | 152 | ἐν γαίῃ καὶ ἐν +ζωσμοῖς+ ἐφύλασσεν. καὶ τότε +δή | * μιν+ * ἄκουσαν υἱοὶ κρατεροῖο Κρόνοιο καὶ οἱ ἐπήγειραν |
| Sib. | 3 | 174 | οἳ φοβερὸν πολέμοιο νέφος ἥξουσι βροτοῖσιν. ἀλλά | * μιν * οὐράνιος θεὸς ἐκ βυθοῦ ἐξαλαπάξει. αὐτὰρ ἔπειτ᾽ |
| Sib. | 3 | 628 | πρωτοτόκων αἰγῶν τε περιπλομένaισιν ἐν ὥραις. ἀλλά | * μιν * ἱλάσκου θεὸν ἄμβροτον αἴ κ᾽ ἐλεήσῃ. αὐτὸς γὰρ μόνος |
| Sib. | 5 | 34 | εἶτ᾽ ἀνακάμψει ἰσάζων θεῷ αὐτὸν ἐλέγξει δ᾽ οὔ | * μιν * ἐόντα. τρεῖς δὲ μετ᾽ αὐτὸν ἄνακτες ὑπ᾽ ἀλλήλων |
| Sib. | 5 | 511 | ἔτ᾽ ἔσσεται ἐν χθονὶ κείνῃ ἀνθ᾽ ὧν οὐκ ἐφύλαξαν ὅ | * μιν * θεὸς ἐγγυάλιξεν. Ἡελίου φαέθοντος ἐν ἀστράσιν εἶδον |
| FPho. | | 216 | δὲ φύλασσε πολυκλείστοις θαλάμοισιν μὴ δέ | * μιν * ἄχρι γάμων πρὸ δόμων ὀφθῆμεν ἐάσῃς. κάλλος |
| LThe. 9 | 22 | 3 | ἀνέρι πέμπε Λειαν ἣ οἱ ἔην προγενεστέρη. οὐδέ | * μιν * ἔμπης ἔλλαθεν ἀλλ᾽ ἐνόησε κακορραφίην καὶ ἔδεκτο |
| Μινναῖος | | | 1 | |
| HAri. 9 | 25 | 4 | καὶ Βαλδὰδ τὸν Σαυχαίων τύραννον καὶ Σωφὰρ τὸν | * Μινναίων * βασιλέα ἐλθεῖν δὲ καὶ Ἐλιοῦν τὸν Βαραχιὴλ τὸν |
| μινύθω | | | 1 | |
| FPho. | | 97 | πῦρ ἀκατάσχετα πάντα. μὴ δὲ μάτην ἐπὶ πῦρ καθίσας | * μινύθῃς * φίλον ἦτορ. μέτρα δὲ τεῦχ᾽ ἔθ᾽ ἑοῖσι τὸ γὰρ |
| μῖξις | | | 2 | |
| Sib. | 5 | 166 | φαρμακίην ἐπόθησας μοιχεῖαι παρά σοι καὶ παίδων | * μῖξις * ἄθεσμος θηλυγενὴς ἄδικός τε κακὴ πόλι δύσμορε |
| FJub. | 16 | 9 | καὶ Ἀμανῖται σπέρμα κατάρατον ἐκ παρανόμου | * μίξεως. * οὗτος ὁ Ἀβραὰμ ἐτῶν ρ᾽ ἐγέννησεν τὸν Ἰσαάκ. |
| μισαδελφία | | | 2 | |
| TBen. | 7 | 5 | τοῦ αἰῶνος οἱ ὁμοιούμενοι τῷ Κάιν ἐν φθόνῳ εἰς τὴν | * μισαδελφίαν * τῇ αὐτῇ κολάσει κριθήσονται. καὶ ὑμεῖς οὖν |
| TBen. | 8 | 1 | τέκνα μου ἀποδράσατε τὴν κακίαν φθόνον τε καὶ τὴν | * μισαδελφίαν * καὶ προσκολλᾶσθε τῇ ἀγαθότητι καὶ τῇ ἀγάπῃ. |
| μισάδελφος | | | 1 | |
| LEze. 64 | 29 | 6 06 | βροτῶν ὑμεῖς ἀθέσμους εἰς ὕβρεις ὁμοσπόρων τὰς | * μισαδέλφους * ὁπλίσαντες ὠλένας Κάϊν μολῦναι φοινίῳ πρῶτον |
| μίσγω | | | 1 | |
| Sib. | 3 | 422 | καὶ ἔπος διανοίαις ἔμμετρον ἕξει οὐνόμασιν δυσὶ | * μισγόμενον * Χῖον δὲ καλέσσει αὐτὸν καὶ γράψει τὰ κατ᾽ |
| μισέω | | | 32 | |
| TLevi | 16 | 2 | ἐν διαστροφῇ διώξετε ἄνδρας δικαίους καὶ εὐσεβεῖς | * μισήσετε * ἀληθινῶν λόγους βδελύξεσθε καὶ ἄνδρα |
| TLevi | 17 | 5 | ἐπ᾽ αὐτὸν ἡ ἀδικία εἰς πλῆθος καὶ πᾶς Ἰσραὴλ | * μισήσουσιν * ἕκαστος τὸν πλησίον αὐτοῦ. ὁ πέμπτος ἐν |
| TDan | 5 | 1 | τὸν νόμον αὐτοῦ τηρήσατε ἀπόστητε δὲ ἀπὸ θυμοῦ καὶ | * μισήσατε * τὸ ψεῦδος ἵνα κύριος κατοικήσῃ ἐν ὑμῖν καὶ φύγῃ |
| TNep. | 8 | 6 | καὶ πᾶν θηρίον κατακυριεύσει αὐτοῦ καὶ ὁ κύριος | * μισήσει * αὐτόν. καὶ γὰρ αἱ ἐντολαὶ τοῦ νόμου διπλαῖ εἰσι |
| TGad | 2 | 1 | ὅτι πλειστάκις ἤθελον ἀνελεῖν αὐτὸν ὅτι ἕως ψυχῆς | * ἐμίσουν * αὐτὸν καὶ ὅλως οὐκ ἦν ἐν ἐμοὶ ἥπατα ἐλέους εἰς |
| TGad | 3 | 2 | ἐπὶ πάσαις πράξεσιν ἀνθρώπων. πᾶν ὃ ἐὰν ποιῇ ὁ | * μισῶν * βδελύσσεται ἐὰν ποιῇ νόμον κυρίου τοῦτον οὐκ |
| TGad | 6 | 5 | μὴ ἀκούσῃ ἐν μάχῃ ἀλλότριος μυστήριον ὑμῶν ἵνα μὴ | * μισήσας * σε ἐχθράνῃ καὶ μεγάλην ἁμαρτίαν ἐργάσηται κατά |
| TAser | 4 | 3 | δὲ καλὸν ὅτι τὸ κακὸν ἐκριζώσας ἀπώλεσεν. ἔστι τις | * μισῶν * τὸν ἐλεήμονα καὶ ἄδικον τὸν μοιχὸν καὶ νηστεύοντα |
| TAser | 4 | 5 | ἀπεχόμενοι ὧν καὶ ὁ θεὸς διὰ τῶν ἐντολῶν | * μισῶν * ἀπαγορεύει ἀπείργων τὸ κακὸν τοῦ ἀγαθοῦ. ὁρᾶτε οὖν |
| TAser | 6 | 2 | δισσῶς κολάζονται. τὰ πνεύματα τῆς πλάνης | * μισήσατε * τὰ κατὰ τῶν ἀνθρώπων ἀγωνιζόμενα. τὸν νόμον |
| TJos. | 1 | 4 | ἐν τῇ ἀληθείᾳ κυρίου. οἱ ἀδελφοί μου οὗτοι | * ἐμίσησάν * με καὶ ὁ κύριος ἠγάπησέ με αὐτοὶ ἤθελόν με |
| Asen. | 7 | 7 | ἔστι γυνὴ ἀλλοτρία ἀλλ᾽ ἔστι θυγάτηρ ἡμῶν παρθένος | * μισοῦσα * πάντα ἄνδρα καὶ οὐκ ἔστιν ἀνὴρ ἄλλος ὃς ἑώρακεν |
| Asen. | 7 | 8 | σφόδρα διότι εἶπε Πεντεφρῆς ὅτι παρθένος ἐστί | * μισοῦσα * πάντα ἄνδρα. καὶ εἶπεν Ἰωσὴφ ἐν ἑαυτῷ εἰ |
| Asen. | 7 | 8 | ἄνδρα. καὶ εἶπεν Ἰωσὴφ ἐν ἑαυτῷ εἰ παρθένος ἐστί | * μισοῦσα * πάντα ἄνδρα οὐ μὴ ἐνοχλήσῃ μοι αὕτη. καὶ εἶπεν |
| Asen. | 8 | 1 | διότι καὶ αὐτὸς παρθένος ἐστὶν ὡς σὺ σήμερον καὶ | * μισεῖ * πᾶσαν γυναῖκα ἀλλοτρίαν ὡς καὶ σὺ πάντα ἄνδρα |
| Asen. | 11 | 3 | καὶ ὀρφανὴ καὶ ἔρημος καὶ ἐγκαταλελειμμένη καὶ | * μεμισημένη; * πάντες γὰρ μεμισήκασί με καὶ σὺν τούτοις ὁ |
| Asen. | 11 | 4 | καὶ ἐγκαταλελειμμένη καὶ μεμισημένη; πάντες γὰρ | * μεμισήκασί * με καὶ σὺν τούτοις ὁ πατήρ μου καὶ ἡ μήτηρ |
| Asen. | 11 | 4 | σὺν τούτοις ὁ πατήρ μου καὶ ἡ μήτηρ μου διότι κἀγὼ | * μεμίσηκα * τοὺς θεοὺς αὐτῶν καὶ ἀπώλεσα αὐτοὺς καὶ ἔδωκα |
| Asen. | 11 | 5 | καταπατεῖσθαι ὑπὸ τῶν ἀνθρώπων. καὶ διὰ τοῦτο | * μεμισήκασί * με ὁ πατήρ μου καὶ ἡ μήτηρ μου καὶ πᾶσα ἡ |
| Asen. | 11 | 6 | τοὺς θεοὺς ἡμῶν ἀπώλεσεν. καὶ πάντες ἄνθρωποι | * μισοῦσί * με διότι κἀγὼ μεμίσηκα πάντα ἄνδρα καὶ πάντας |
| Asen. | 11 | 6 | καὶ πάντες ἄνθρωποι μισοῦσί με διότι κἀγὼ | * μεμίσηκα * πάντα ἄνδρα καὶ πάντας τοὺς μνηστευομένους με. |
| Asen. | 11 | 6 | με. καὶ νῦν ἐν τῇ ταπεινώσει μου ταύτῃ πάντες | * μεμισήκασί * με καὶ ἐπιχαίρουσι τῇ θλίψει μου ταύτῃ. καὶ |
| Asen. | 11 | 7 | καὶ κύριος ὁ θεὸς τοῦ δυνατοῦ Ἰωσὴφ ὁ ὕψιστος | * μισεῖ * πάντας τοὺς σεβομένους τὰ εἴδωλα διότι θεὸς |
| Asen. | 11 | 8 | τοὺς σεβομένους θεοὺς ἀλλοτρίους. διὰ τοῦτο κἀμὲ | * μεμίσηκε * διότι κἀγὼ ἐσεβάσθην εἴδωλα νεκρὰ καὶ κωφὰ καὶ |
| Asen. | 12 | 9 | τὰ τέκνα αὐτοῦ εἰσιν οἱ θεοὶ τῶν εἰδωλομανῶν. κἀγὼ | * μεμίσηκα * αὐτοὺς ὅτι τέκνα τοῦ λέοντός εἰσι καὶ ἔρριψα |
| Asen. | 12 | 12 | διότι ἀπώλεσα καὶ συνέτριψα τοὺς θεοὺς αὐτῶν καὶ | * μεμίσηκα * αὐτούς. καὶ εἰμί νῦν ὀρφανὴ καὶ ἔρημος καὶ ἄλλη |
| Asen. | 21 | 18 | κύριε ⟨ἥμαρτον ἐνώπιόν σου⟩ πολλὰ ἥμαρτον καὶ | * ⟨μεμίσηκα⟩ * πάντας τοὺς μεμνηστευομένους με ⟨καὶ⟩ |
| Sal. | 7 | 1 | ἀφ᾽ ἡμῶν ὁ θεὸς ἵνα μὴ ἐπιθῶνται ἡμῖν οἳ | * ἐμίσησαν * ἡμᾶς δωρεάν. ὅτι ἀπώσω αὐτοὺς ὁ θεὸς μὴ |
| Sal. | 12 | 5 | ἀπόλοιτο ἀπὸ ὁσίων. φυλάξαι κύριος ψυχὴν ἡσύχιον | * μισοῦσαν * ἀδίκους καὶ κατευθῦναι κύριος ἄνδρα ποιοῦντα |

Jer. 8 7 λέγοντες οὐ μὴ εἰσέλθητε εἰς τὴν πόλιν ἡμῶν ὅτι * ἐμισήσατε * ἡμᾶς καὶ κρυφῇ ἐξήλθετε ἀφ' ἡμῶν διὰ τοῦτο οὐκ
Sedr. 14 8 καὶ πλούτους ἵνα μετανοήσωσιν ἀλλὰ ποιοῦσιν ἃ * μισεῖ * μου ἡ θεότης καὶ οὐκ ἤκουσαν τὸν σοφὸν ἐρωτῶντα
FIsa. 1 3 7 Ἰσραὴλ καὶ τὸν Ἰούδαν καὶ τὸν Βενιαμειν αὐτοὶ * μισοῦσιν * καὶ ὁ λόγος αὐτῶν κακὸς ἐπὶ τὸν Ἰούδαν καὶ τὸν
μίσητρον 1
Hen. 9B 8 αὐταῖς πάσας τὰς ἁμαρτίας καὶ ἐδίδαξαν αὐτὰς * μίσητρα * ποιεῖν. καὶ νῦν ἰδοὺ αἱ θυγατέρες τῶν ἀνθρώπων
μισθαποδοσία 1
Jer. 6 2 τὸν οὐρανὸν προσηύξατο λέγων σὺ ὁ θεὸς ὁ παρέχων * μισθαποδοσίαν * τοῖς ἀγαπῶσί σε. ἑτοίμασον σεαυτὴν ἡ
μίσθιος 1
Esdr. 1 14 Ἐσδρὰμ κύριε τοὺς δικαίους τί χαρίζεις; ὥσπερ γὰρ * μίσθιος * ἐξυπηρετησάμενος τὸν χρόνον αὐτοῦ καὶ πορεύεται
μισθός 12
TIss. 1 2 ὑπὸ κυρίου. ἐγὼ ἐτέχθην πέμπτος υἱὸς τῷ Ἰακὼβ ἐν * μισθῷ * τῶν μανδραγόρων. Ῥουβὴμ γὰρ ἤνεγκε μανδραγόρους
TIss. 1 15 τὴν Λειαν καὶ συλλαβοῦσά με ἔτεκε καὶ διὰ τὸν * μισθὸν * ἐκλήθην Ἰσαχάρ. τότε ὤφθη τῷ Ἰακὼβ ἄγγελος
Bar. 15 2 ἐλαίῳ λέγων ἀπενέγκατε δότε ἑκατονταπλασίονα τὸν * μισθὸν * τοῖς φίλοις ἡμῶν καὶ τοῖς ἐμπόνως ἐργασαμένοις τὰ
Bar. 15 3 τοὺς κανίσκους δεῦτε καὶ ὑμεῖς ἀπολάβετε τὸν * μισθὸν * καθὼς ἠνέγκατε καὶ ἀπόδοτε τοῖς υἱοῖς τῶν
Esdr. 1 14 αὐτοῦ ἐπιτυχεῖν οὕτως καὶ ὁ δίκαιος ἀπέλαβεν τὸν * μισθὸν * αὐτοῦ ἐν οὐρανοῖς. ἀλλὰ τοὺς ἁμαρτωλοὺς ἐλέησον
Job 12 3 ἐργάτης εἶ ἄνθρωπος προσδοκῶν καὶ ἀναμένων σου τὸν * μισθὸν * ἀνάγκην ἔχεις λαβεῖν. καὶ οὐκ ἔων μισθὸν μισθωτοῦ
Job 12 4 σου τὸν μισθὸν ἀνάγκην ἔχεις λαβεῖν. καὶ οὐκ ἔων * μισθὸν * μισθωτοῦ ἀπομεῖναι παρ' ἐμοὶ ἐν τῇ οἰκίᾳ μου.
Job 14 4 αἱ θεράπαιναί μου ἀνελάμβανον τὸ ψαλτήριον καὶ τὸν * μισθὸν * τῆς ἀνταποδόσεως ἔψαλλον, καὶ κατέπαυον αὐτὰς τῆς
FPho. 19 σπέρματα μὴ κλέπτειν ἐπαράσιμος ὅστις ἕληται. * μισθὸν * μοχθήσαντι δίδου μὴ θλῖβε πένητα. γλώσσῃ νοῦν
FPho. 157 ἔδοις σκυβάλισμα τραπέζης ἀλλ' ἀπὸ τῶν ἰδίων * μισθῶν * φαγέοις ἀνυβρίστως. εἰ δέ τις οὐ δεδάηκε τέχνης
LEze. 9 28 2 29 δὲ θυγάτηρ βασιλέως τοῦτον γύναι τρόφευε κἀγὼ * μισθὸν * ἀποδώσω σέθεν. ὄνομα δὲ Μωσῆν ὠνόμαζε τοῦ χάριν
LEze. 9 29 12 35 τε καὶ ⟨τὸν⟩ ἄργυρον ἠδὲ καὶ στολὰς ἵν' ὧν ἔπραξαν * μισθὸν * ἀποδῶσι βροτοῖς. ὅταν δ' ἐς ἴδιον χῶρον εἰσέλθηθ'
μισθοφορία 1
Aris. 36 2 τὸ στρατιωτικὸν σύνταγμα κατεχώρισεν ἐπὶ μείζοσι * μισθοφορίαις * ὁμοίως δὲ καὶ τοὺς προόντας κρίνας πιστοὺς
μισθωτός 1
Job 12 4 μισθὸν ἀνάγκην ἔχεις λαβεῖν. καὶ οὐκ ἔων μισθὸν * μισθωτοῦ * ἀπομεῖναι παρ' ἐμοὶ ἐν τῇ οἰκίᾳ μου. διεφώνουν
μισοπονηρία 1
Aris. 280 3 τίνας δεῖ καθιστάνειν στρατηγούς; ὃς δὲ εἶπεν ὅσοι * μισοπονηρίαν * ἔχουσι καὶ τὴν ἀγωγὴν αὐτοῦ μιμούμενοι πρὸς
μισοπόνηρος 1
Aris. 292 2 ταῦτα δὲ γίνεται διὰ τὸν ἡγούμενον ὅταν * μισοπόνηρος * ᾖ καὶ φιλάγαθος καὶ περὶ πολλοῦ ποιούμενος
μῖσος 21
TDan 2 5 ἐν τίνι δὲ περιβάλλει τοὺς ὀφθαλμοὺς αὐτοῦ; ἐν * μίσει * καρδίας καὶ δίδωσιν αὐτῷ καρδίαν ἰδίαν κατὰ τοῦ
TGad 1 διαθηκη Γαδ. περι * μισους. * ἀντίγραφον διαθήκης Γὰδ ἃ ἐλάλησεν αὐτὸς τοῖς
TGad 1 9 διαπράσεως αὐτοῦ εἰς Αἴγυπτον. καὶ τὸ πνεῦμα τοῦ * μίσους * ἦν ἐν ἐμοὶ καὶ οὐκ ἤθελον οὔτε δι' ὀφθαλμῶν οὔτε
TGad 2 2 ἐλέους εἰς αὐτόν. καίγε διὰ τὰ ἐνύπνια προσεθέμην * μῖσος * καὶ ἤθελον αὐτὸν ἐκλεῖξαι ἐκ γῆς ζώντων ὃν τρόπον
TGad 3 1 νόμον ὑψίστου καὶ μὴ πλανᾶσθαι τῷ πνεύματι τοῦ * μίσους * ὅτι κακόν ἐστιν ἐπὶ πάσαις πράξεσιν ἀνθρώπων. πᾶν
TGad 3 3 καταλαλιὰν ἀσπάζεται ὑπερηφανίαν ἀγαπᾷ ὅτι τὸ * μῖσος * ἐτύφλωσε τὴν ψυχὴν αὐτοῦ καθὼς κἀγὼ ἔβλεπον ἐν τῷ
TGad 4 1 ἐν τῷ Ἰωσήφ. φυλάξασθε οὖν τέκνα μου ἀπὸ τοῦ * μίσους * ὅτι εἰς αὐτὸν τὸν κύριον ἀνομίαν ποιεῖ. οὐ γὰρ
TGad 4 5 κατ' αὐτοῦ εἴ πως θανατώσει αὐτόν. τὸ γὰρ * μῖσος * ἐνεργεῖ τῷ φθόνῳ καὶ κατὰ τῶν εὐπραγούντων τὴν
TGad 4 6 ἐν ἀποφάσει θανάτου θελήσει ἀνακαλέσασθαι οὕτως τὸ * μῖσος * τοὺς ζῶντας θέλει ἀποκτεῖναι καὶ τοὺς ἐν ὀλίγῳ
TGad 4 7 ὀλίγῳ ἁμαρτήσαντας οὐ θέλει ζῆν. τὸ γὰρ πνεῦμα τοῦ * μίσους * διὰ τῆς ὀλιγοψυχίας συνεργεῖ τῷ σατανᾷ ἐν πᾶσιν
TGad 5 1 τῷ νόμῳ τοῦ θεοῦ εἰς σωτηρίαν ἀνθρώπων. κακὸν τὸ * μῖσος * ὅτι ἐνδελεχεῖ συνεχῶς τῷ ψεύδει λαλῶν κατὰ τῆς
TGad 5 2 ἐκ πείρας λέγω ὑμῖν τέκνα μου ὅπως φεύξησθε τὸ * μῖσος * καὶ κολληθῆτε τῇ ἀγάπῃ τοῦ κυρίου. ἡ δικαιοσύνη
TGad 5 3 τῇ ἀγάπῃ τοῦ κυρίου. ἡ δικαιοσύνη ἐκβάλλει τὸ * μῖσος * ἡ ταπείνωσις ἀναιρεῖ τὸ μῖσος. ὁ γὰρ δίκαιος καὶ
TGad 5 3 ἐκβάλλει τὸ μῖσος ἡ ταπείνωσις ἀναιρεῖ τὸ * μῖσος. * ὁ γὰρ δίκαιος καὶ ταπεινὸς αἰδεῖται ποιῆσαι
TGad 5 4 ἀνδρὸς ἐπειδὴ ὁ φόβος τοῦ ὑψίστου νικᾷ τὸ * μῖσος. * φοβούμενος γὰρ μὴ προσκρούσῃ κυρίῳ οὐ θέλει τὸ
TGad 6 1 ἀγαπήσατε ἕκαστος τὸν ἀδελφὸν αὐτοῦ καὶ ἐξάρατε τὸ * μῖσος * ἀπὸ τῶν καρδιῶν ὑμῶν ἀγαπῶντες ἀλλήλους ἐν ἔργῳ
TGad 6 2 ἐλάλουν τῷ Ἰωσὴφ καὶ ἐξελθόντος μου τὸ πνεῦμα τοῦ * μίσους * ἐσκότιζέ μου τὸν νοῦν καὶ ἐτάρασσε τὴν ψυχήν μου
TGad 6 3 εἴς σε εἰπὲ αὐτῷ ἐν εἰρήνῃ ἐξορίσας τὸν ἰὸν τοῦ * μίσους * καὶ ἐν ψυχῇ σου μὴ κρατήσῃς δόλον καὶ ἐὰν
TGad 7 7 πονηρὸν περισπασμὸν τῶν ἀνθρώπων. ἐξάρατε οὖν τὸ * μῖσος * ἀπὸ τῶν ψυχῶν ὑμῶν καὶ ἀγαπᾶτε ἀλλήλους ἐν
Sib. 3 191 πλούτῳ ἐν πολλαῖς χώρησι Μακηδονίῃ δὲ μάλιστα. * μῖσος * δ' ἐξεγερεῖ καὶ πᾶς δόλος ἔσσεται αὐτοῖς. ἰάχρι
IOrp. 15 κακὸν θνητοῖσι δίδωσι ἀνθρώποις αὐτῷ δὲ χάρις καὶ * μῖσος * ὀπηδεῖ καὶ πόλεμον κρυόεντα καὶ ἄλγεα δακρυόεντα.
μίτος 1
Sib. 5 215 τὸν ἐν σοὶ λυγρὸν ὄλεθρον ἡνίκα γὰρ στρεπτοῖσι * μίτοις * Μοῖραι τριάδελφοι κλωσάμεναι φεύγοντα δόλῳ
μίτρα 3
TLevi 8 2 τῆς ἀληθείας καὶ τὸ πέταλον τῆς πίστεως καὶ τὴν * μίτραν * τοῦ σημείου καὶ τὸ ἐφοὺδ τῆς προφητείας. καὶ εἷς
Sal. 2 21 περὶ τὴν κεφαλὴν αὐτῆς ἀντὶ στεφάνου. περιείλατο * μίτραν * δόξης ἣν περιέθηκεν αὐτῇ ὁ θεὸς ἐν ἀτιμίᾳ τὸ
Aris. 98 2 τὴν λεγομένην κίδαριν ἐπὶ δὲ ταύτης τὴν ἀμίμητον * μίτραν * τὸ καθηγιασμένον βασίλειον ἐκτυποῦν ἐπὶ πετάλῳ
Μιχάας 1
FIsa. 1 2 9 Βηθλεὲμ ἐκά⟨θι⟩σεν ἐν τῷ ὄρει ἐν τόπῳ ἐρήμῳ. καὶ * Μιχάας * ὁ προφήτης καὶ Ἀνανίας ὁ γέρων καὶ ⟨Ἰ⟩ωὴλ καὶ
Μιχαήλ 121
Adam 1 χειρὸς αὐτοῦ ἐδέξατο διδαχθεὶς παρὰ τοῦ ἀρχαγγέλου * Μιχαήλ. * κύριε εὐλόγησον. αὕτη ἡ διήγησις Ἀδὰμ καὶ Εὔας.
Adam 3 2 χειρὸς Κάϊν τοῦ ἀδελφοῦ αὐτοῦ. καὶ λέγει ὁ θεὸς * Μιχαὴλ * τῷ ἀρχαγγέλῳ εἰπὲ τῷ Ἀδὰμ ὅτι τὸ μυστήριον ὃ
Adam 13 2 αὐτοῖς τὸ ἔλαιον τοῦ ἐλέου. καὶ ἀπέστειλε ὁ θεὸς * Μιχαὴλ * τὸν ἀρχάγγελον. καὶ εἶπεν αὐτῷ Σὴθ ἄνθρωπε τοῦ
Adam 22 1 τοῦ θεοῦ. καὶ αὐτῇ τῇ ὥρᾳ ἠκούσαμεν τοῦ ἀρχαγγέλου * Μιχαὴλ * σαλπίζοντος ἐν τῇ σάλπιγγι αὐτοῦ καὶ καλοῦντος
Adam 37 4 ἦρεν τὸν Ἀδὰμ καὶ παρέδωκεν αὐτὸν τῷ ἀρχαγγέλῳ * Μιχαὴλ * λέγων ἆρον αὐτὸν εἰς τὸν παράδεισον ἕως τρίτου
Adam 37 6 τῆς οἰκονομίας ἧς ποιήσω εἰς τὸν κόσμον. τότε ὁ * Μιχαὴλ * ἦρεν τὸν Ἀδὰμ καὶ ἀφῆκεν αὐτὸν ὅπου εἶπεν αὐτῷ ὁ
Adam 38 1 τοῦ Ἀδὰμ ἐβόησεν πρὸς τὸν πατέρα ὁ ἀρχάγγελος * Μιχαὴλ * διὰ τὸν Ἀδάμ. καὶ ἐλάλησεν ὁ πατὴρ πρὸς αὐτὸν
Adam 40 1 θρόνου αὐτοῦ. μετὰ ταῦτα εἶπεν ὁ θεὸς τῷ ἀρχαγγέλῳ * Μιχαὴλ * ἄπελθε εἰς τὸν παράδεισον ἐν τῷ τρίτῳ οὐρανῷ καὶ
Adam 40 2 σινδόνας βυσσίνας καὶ συρικάς. καὶ εἶπεν ὁ θεὸς τῷ * Μιχαὴλ * καὶ τῷ Γαβριὴλ καὶ τῷ Οὐριὴλ στρώσατε σινδόνας
Adam 43 1 μου. καὶ ἀπέδωκεν τὴν ψυχὴν αὐτῆς. καὶ ἦλθεν * Μιχαὴλ * καὶ ἐδίδαξεν τὸν Σὴθ πῶς κηδεύσῃ τὴν Εὔαν. καὶ
Adam 43 2 τοῦ Ἀδὰμ καὶ τοῦ Ἄβελ. καὶ μετὰ ταῦτα ἐλάλησεν ὁ * Μιχαὴλ * τῷ Σὴθ λέγων οὕτως κήδευσον πάντα ἄνθρωπον
Hen. 9 1 ἐλαττοῦσθαι ἐπὶ τῆς γῆς. τότε παρ⟨α⟩κύψαντες * Μιχαὴλ * καὶ Οὐ⟨ρι⟩ὴλ καὶ Ῥαφαὴλ καὶ Γαβριή⟨λ⟩ οὗτοι ἐκ
Hen. 9B 1 καὶ ἀκούσαντες οἱ τέσσαρες μεγάλοι ἀρχάγγελοι * Μιχαὴλ * καὶ Οὐριὴλ καὶ Ῥαφαὴλ καὶ Γαβριὴλ παρέκυψαν ἐπὶ
Hen. 10 11 ζήσεται ἕκαστος αὐτῶν ἔτη πεντακόσια. καὶ εἶπεν * Μιχαὴλ * πορεύου καὶ δήλωσον Σεμιαζᾷ καὶ τοῖς λοιποῖς τοῖς
Hen. 10B 11 ὅτι ζήσεται ἕκαστος αὐτῶν ἔτη πεντακόσια. καὶ τῷ * Μιχαὴλ * εἶπε πορεύου Μιχαὴλ δῆσον Σεμιαζᾶν καὶ τοὺς
Hen. 10B 11 αὐτῶν ἔτη πεντακόσια. καὶ τῷ Μιχαὴλ εἶπε πορεύου * Μιχαὴλ * δῆσον Σεμιαζᾶν καὶ τοὺς ἄλλους σὺν αὐτῷ τοὺς
Hen. 20 5 ἁγίων ἀγγέλων ὁ ἐκδικῶν τὸν κόσμον τῶν φωστήρων. * Μιχαὴλ * ὁ εἷς τῶν ἁγίων ἀγγέλων ὁ ἐπὶ τῶν τοῦ λαοῦ ἀγαθῶν
Hen. 20B 5 ἁγίων ἀγγέλων ὁ ἐκδικῶν τὸν κόσμον τῶν φωστήρων. * Μιχαὴλ * ὁ εἷς τῶν ἁγίων ἀγγέλων ὃς ἐπὶ τῶν τοῦ λαοῦ
Hen. 24 6 τὰ ἄνθη αὐτοῦ ὡραῖα τῇ ὁράσει. τότε ἀπεκρίθη μοι * Μιχαὴλ * εἷς τῶν ἁγίων ἀγγέλων ὃς μετ' ἐμοῦ ἦν καὶ αὐτὸς
Abr.1 1 4 τοίνυν ὁ δεσπότης θεὸς τὸν ἀρχάγγελον * Μιχαὴλ * αὐτοῦ καὶ εἶπεν πρὸς αὐτὸν κάτελθε Μιχαὴλ
Abr.1 1 4 Μιχαὴλ αὐτοῦ καὶ εἶπεν πρὸς αὐτὸν κάτελθε * Μιχαὴλ * ἀρχιστράτηγε ⟨πρὸς τὸν φίλον μου Ἀβραάμ⟩ καὶ
Abr.1 1 6 καὶ φιλόχρηστος μέχρι τέλους σὺ δὲ ἀρχάγγελε * Μιχαὴλ * ἄπελθε πρὸς τὸν φίλον μου τὸν Ἀβραὰμ τὸν
Abr.1 2 2 πρὸς αὐτόν. ἰδὼν δὲ Ἀβραὰμ τὸν ἀρχιστράτηγον * Μιχαὴλ * ἀπὸ μηκόθεν ἐρχόμενον δίκην στρατιώτου
Abr.1 3 9 οὖν Ἀβραὰμ ἔνιπτεν τοὺς πόδας τοῦ ἀρχιστρατήγου * Μιχαὴλ * ἐκινήθησαν δὲ τὰ σπλάγχνα τοῦ Ἀβραὰμ καὶ
Abr.1 4 4 ἡτοίμασεν πάντα καλῶς παραλαβὼν δὲ Ἀβραὰμ τὸν * Μιχαὴλ * ἀνῆλθεν ἐν τῷ οἰκήματι τοῦ τρικλίνου καὶ
Abr.1 4 7 ἀναγγεῖλαι οὐ δύναμαι. ὁ δὲ κύριος εἶπεν ἄπελθε * Μιχαὴλ * ἀρχιστράτηγε πρὸς τὸν φίλον μου τὸν Ἀβραὰμ καὶ
Abr.1 5 1 παρὰ τὸ χεῖλος τῆς θαλάσσης. τότε ὁ ἀρχιστράτηγος * Μιχαὴλ * κατῆλθεν εἰς τὸν οἶκον τοῦ Ἀβραὰμ καὶ ἐκαθέσθη
Abr.1 5 2 δείπνου ἐποίησεν Ἀβραὰμ κατὰ τὸ ἔθος εὐχὴν καὶ * Μιχαὴλ * μετ' αὐτοῦ καὶ ἀνεπαύσαντο ἕκαστος ἐν τῇ κλίνῃ
Abr.1 7 11 μου ἀπ' ἐμοῦ; καὶ λέγει ὁ ἀρχιστράτηγος ἐγώ εἰμι * Μιχαὴλ * ὁ ἀρχιστράτηγος ⟨ὁ παρεστηκὼς ἐνώπιον τοῦ θεοῦ⟩
Abr.1 8 4 δόξα καὶ βασιλεία ἡ ἀθάνατος. εἶπεν δὲ ὁ θεὸς τὸν * Μιχαὴλ * ἄπελθε πρὸς τὸν φίλον μου τὸν Ἀβραὰμ ⟨ἔτι ἅπαξ⟩
Abr.1 9 8 δὲ ταῦτα ὁ ὕψιστος κελεύει τὸν ἀρχιστράτηγον * Μιχαὴλ * καὶ λέγει αὐτῷ λαβὲ νεφέλην φωτὸς ⟨καὶ⟩ ἀγγέλους
Abr.1 10 1 πᾶσαν τὴν οἰκουμένην. καὶ κατελθὼν ὁ ἀρχάγγελος * Μιχαὴλ * ἔλαβεν τὸν Ἀβραὰμ ἐπὶ ἅρματος χερουβικοῦ καὶ
Abr.1 10 12 πρὸς τὸν ἀρχιστράτηγον οὕτως λέγων κέλευσον * Μιχαὴλ * ἀρχιστράτηγε στῆναι τὸ ἅρμα καὶ ἀπόστρεψον τὸν
Abr.1 11 1 ψυχὰς ⟨τῶν ἁμαρτωλῶν⟩ ἃς ἀπώλεσεν. ἔστρεψεν δὲ ὁ * Μιχαὴλ * τὸ ἅρμα καὶ ἤνεγκεν τὸν Ἀβραὰμ ⟨εἰς τὴν ἀνατολὴν
Abr.1 14 5 ⟨εἶπεν δὲ Ἀβραὰμ πρὸς τὸν ἀρχιστράτηγον⟩ δεῦρο * Μιχαὴλ * ἀρχιστράτηγε ποιήσωμεν εὐχὴν ὑπὲρ τῆς ψυχῆς καὶ
Abr.1 14 12 νῦν ἔγνωκα ἐγὼ ὅτι ἥμαρτον ἐνώπιον τοῦ θεοῦ δεῦρο * Μιχαὴλ * ἀρχιστράτηγε τῶν ἄνω δυνάμεων δεῦρο παρακαλέσωμεν
Abr.1 15 1 εἶπεν δὲ καὶ τὸν ἀρχιστράτηγον ἡ φωνὴ τοῦ κυρίου * Μιχαὴλ * Μιχαὴλ ὁ ἐμὸς λειτουργὸς ἀπόστρεψον ⟨τὸν Ἀβραάμ⟩
Abr.1 15 1 δὲ καὶ τὸν ἀρχιστράτηγον ἡ φωνὴ τοῦ κυρίου Μιχαὴλ * Μιχαὴλ * ὁ ἐμὸς λειτουργὸς ἀπόστρεψον ⟨τὸν Ἀβραάμ⟩ εἰς
Abr.1 16 2 πρόσωπον καὶ ἀνέλεον βλέμμα. καὶ ἀπελθὼν * Μιχαὴλ * εἶπεν τὸν θάνατον δεῦρο καλεῖ σε ὁ δεσπότης τῆς
Abr.1 19 4 καὶ οὐ μή σε ἀκολουθήσω ἕως οὗ ὁ ἀρχιστράτηγος * Μιχαὴλ * ἔλθῃ καὶ ἀπέλθω μετ' αὐτοῦ ἀλλὰ καὶ τοῦτο λέγω
Abr.1 20 10 αὐτοῦ ἐν τῇ χειρὶ τοῦ θανάτου. καὶ εὐθέως παρέστη * Μιχαὴλ * ὁ ἀρχάγγελος μετὰ πλήθους ἀγγέλων καὶ ἦραν τὴν
Abr.2 1 ἀποκάλυψις ἀποκαλυφθεῖσα τῷ πατρὶ ἡμῶν Ἀβραὰμ ὑπὸ * Μιχαὴλ * τοῦ ἀρχαγγέλου περὶ τῆς διαθήκης αὐτοῦ. κύριε

Abr.Z 1 1 αἱ ἡμέραι Ἀβραὰμ παραστῆναι ἐλάλησεν κύριος πρὸς * Μιχαὴλ * λέγων ἀναστὰς πορεύου πρὸς Ἀβραὰμ λέγων πρὸς
Abr.Z 2 1 σου πρὸ τοῦ μεταχθῆναί σε ἀπὸ τοῦ κόσμου. τότε * Μιχαὴλ * ἐπορεύθη καὶ ἦλθεν πρὸς Ἀβραὰμ συνήντησεν δὲ
Abr.Z 2 2 ἦν δὲ γηραλέος τῇ ἡλικίᾳ ἠσπάσατο δὲ Ἀβραὰμ τὸν * Μιχαὴλ * μὴ γινώσκων τίς ἐστιν καὶ εἶπεν πόθεν εἶ σὺ
Abr.Z 2 4 ἄνθρωπε ὁ πορευόμενος τὴν ὁδόν; καὶ ἀπεκρίθη αὐτῷ * Μιχαὴλ * φιλάνθρωπος ‹εἶ σύ›. λέγει αὐτῷ Ἀβραὰμ ἐλθὲ
Abr.Z 2 7 σοι θηρίον πονηρὸν καὶ ταραχῆς. ἠρώτησεν δὲ * Μιχαὴλ * τὸν Ἀβραὰμ λέγων λέγε μοι τί ἐστιν τὸ ὄνομά σου
Abr.Z 2 10 Ἀβρὰμ ἀλλ' ἔσται τὸ ὄνομά σου Ἀβραάμ. ἀπεκρίθη * Μιχαὴλ * καὶ εἶπεν αὐτῷ κύριε ἄφες μοι ὅτι ἐπιξενοῦμαι
Abr.Z 2 13 ἐπ' αὐτῷ ὁ ξένος ὅτι ἔκαμεν ἐν τῇ ὁδῷ. ἀπεκρίθη * Μιχαὴλ * καὶ εἶπεν μὴ σκύλου τὸ παιδάριον ἀλλὰ
Abr.Z 3 10 Ἰσαὰκ κλαίοντα ἔκλαυσεν καὶ αὐτὸς σφοδρῶς ἰδὼν δὲ * Μιχαὴλ * κλαίοντας αὐτοὺς συνέκλαυσεν αὐτοῖς καὶ ἔπεσαν τὰ
Abr.Z 3 11 αὐτοὺς συνέκλαυσεν αὐτοῖς καὶ ἔπεσαν τὰ δάκρυα * Μιχαὴλ * ἐπὶ τῆς λεκάνης καὶ ἐγένοντο λίθος. ἤκουσε δὲ
Abr.Z 4 4 τὸ ἄριστον. ἤγγισεν δὲ ὁ ἥλιος δύνειν καὶ ἐξῆλθεν * Μιχαὴλ * καὶ ἀνελήφθη εἰς τοὺς οὐρανοὺς προσκυνῆσαι
Abr.Z 4 5 πάντες οἱ ἄγγελοι τὸν θεὸν πρῶτος δὲ αὐτῶν ἐστιν * Μιχαὴλ * καὶ προσεκύνησεν πρῶτος τὸν θεὸν καὶ ἐπορεύθησαν
Abr.Z 4 7 οἱ ἄγγελοι εἰς τοὺς τόπους αὐτῶν. ἀποκριθεὶς δὲ * Μιχαὴλ * ἐνώπιον τοῦ θεοῦ εἶπεν κύριε κέλευσόν ‹με
Abr.Z 4 8 τῆς μεγάλης δόξης σου. καὶ εἶπεν ὁ κύριος λέγε * Μιχαήλ. * καὶ εἶπεν κύριε σύ με ἀπέστειλας πρὸς Ἀβραὰμ
Abr.Z 4 14 τοῦ ἐλεᾶν τὰς ψυχὰς ἡμῶν. τότε λέγει ὁ κύριος τῷ * Μιχαὴλ * Μιχαὴλ ὁ ἐμὸς ἀνάστηθι καὶ πορεύου πρὸς Ἀβραὰμ
Abr.Z 4 14 τὰς ψυχὰς ἡμῶν. τότε λέγει ὁ κύριος τῷ Μιχαὴλ * Μιχαὴλ * ὁ ἐμὸς ἀνάστηθι καὶ πορεύου πρὸς Ἀβραὰμ καὶ εἶ
Abr.Z 5 1 τὴν καρδίαν τοῦ υἱοῦ αὐτοῦ Ἰσαὰκ κατ' ὄναρ. τότε * Μιχαὴλ * ἦλθεν εἰς τὸν οἶκον Ἀβραὰμ καὶ εὗρεν αὐτὸν
Abr.Z 6 3 δὲ Ἀβραὰμ σὺν τῷ υἱῷ αὐτοῦ εἶδεν δὲ αὐτοὺς * Μιχαὴλ * καὶ συνέκλαυσεν αὐτοῖς ἤκουσεν δὲ καὶ ἡ Σάρρα ἐν
Abr.Z 6 6 ‹ὅτι ἀπέθανεν ἢ ἄλλο τι συνέβη ἐφ' ἡμᾶς›; ἀπεκρίθη * Μιχαὴλ * καὶ εἶπεν οὐχὶ Σάρρα ἡ τοῖς δικαίοις ὑπηρετοῦσα
Abr.Z 6 6 φάσιν περὶ Λὼτ καὶ ὡς ἤκουσεν Σάρρα λαλοῦντος τοῦ * Μιχαὴλ * ἔγνω τὴν διαφορὰν τῆς ὁμιλίας αὐτοῦ ὅτι διαφέρει
Abr.Z 7 1 ἐγνώρισάν μοι τὸ μυστήριον. τότε Ἀβραὰμ εἶπεν τῷ * Μιχαὴλ * δήλωσόν μοι τίς εἶ σύ. ἀπεκρίθη Μιχαὴλ καὶ εἶπεν
Abr.Z 7 2 εἶπεν τῷ Μιχαὴλ δήλωσόν μοι τίς εἶ σύ. ἀπεκρίθη * Μιχαὴλ * καὶ εἶπεν ἐγώ εἰμι Μιχαήλ. καὶ εἶπεν αὐτῷ Ἀβραὰμ
Abr.Z 7 2 μοι τίς εἶ σύ. ἀπεκρίθη Μιχαὴλ καὶ εἶπεν ἐγώ εἰμι * Μιχαήλ. * καὶ εἶπεν αὐτῷ Ἀβραὰμ φράσον τί ἦλθες. εἶπεν δὲ
Abr.Z 7 3 εἶπεν αὐτῷ Ἀβραὰμ φράσον τί ἦλθες. εἶπεν δὲ αὐτῷ * Μιχαὴλ * ὁ υἱός σου Ἰσαὰκ δηλώσει σοι. λέγει Ἀβραὰμ
Abr.Z 7 16 γενόμενον ‹ὅμοιον› τοῦ πατρός μου. καὶ ἀπεκρίθη * Μιχαὴλ * καὶ εἶπεν ἐν ἀληθείᾳ ἀληθῶς ἐγένετο ὁ ἥλιος
Abr.Z 7 19 οἰκονομίαν σου. καὶ ἀποκριθεὶς Ἀβραὰμ εἶπεν τῷ * Μιχαὴλ * παρακαλῶ σε κύριε εἰ ἐξέρχομαι ἐκ τοῦ σώματος
Abr.Z 7 20 καὶ ἐπὶ γῆς πρὸ τοῦ μετενεχθῆναί με. καὶ ἀπεκρίθη * Μιχαὴλ * καὶ εἶπεν τοῦτο οὐκ ἔστιν ἐμὸν ποιῆσαι ἀλλὰ
Abr.Z 8 1 ἂν κελεύσῃ μοι καὶ ὑποδείξω σοι πάντα. καὶ ἀπῆλθεν * Μιχαὴλ * εἰς τοὺς οὐρανοὺς καὶ ἐλάλησεν ἐνώπιον τοῦ θεοῦ
Abr.Z 8 2 περὶ τοῦ Ἀβραάμ. καὶ ἀποκριθεὶς ὁ κύριος εἶπεν τῷ * Μιχαὴλ * ἄπελθε καὶ ἀνάλαβε σωματικῶς τὸν Ἀβραὰμ καὶ
Abr.Z 8 3 σοι ποίησον αὐτῷ ὅτι φίλος μού ἐστιν. ἦλθεν οὖν * Μιχαὴλ * καὶ ἀνέλαβεν τὸν Ἀβραὰμ σώματι ἐπὶ νεφέλης καὶ
Abr.Z 8 7 ὑπερβῆναι τὸν γέλωτα. καὶ εἶπεν Ἀβραὰμ τῷ * Μιχαὴλ * τί ἐστιν κύριε οὗτος ὁ καθήμενος ἐπὶ τὸν θρόνον
Abr.Z 8 8 ὑπερβῆναι τῷ γέλωτι ἑπταπλασίως; καὶ εἶπεν * Μιχαὴλ * τῷ Ἀβραὰμ οὐκ ἐπέγνως αὐτόν; καὶ εἶπεν Ἀβραὰμ
Abr.Z 8 10 αὐτόν; καὶ εἶπεν Ἀβραὰμ οὐχὶ κύριε. καὶ εἶπεν * Μιχαὴλ * θεωρεῖς τὰς δύο πύλας ταύτας τὴν μικρὰν καὶ τὴν
Abr.Z 9 1 τὸν γέλωτα ἑπταπλασίως. καὶ εἶπεν Ἀβραὰμ τῷ * Μιχαὴλ * ὥστε οὖν τὸν μὴ δυνάμενον εἰσελθεῖν εἰς τὴν
Abr.Z 9 1 σύ δύναται εἰσελθεῖν εἰς τὴν ζωήν; λέγει αὐτῷ * Μιχαὴλ * ναί. ἔκλαυσεν δὲ Ἀβραὰμ λέγων οὐαί μοι τί ποιήσω
Abr.Z 9 4 ἐν αὐτῇ εἰ μὴ παιδία ὡς δέκα ἐτῶν. καὶ εἶπεν * Μιχαὴλ * σὺ ὅλως εἰσέρχει ἐν αὐτῇ καὶ πάντες ὅσοι ὅμοιοί
Abr.Z 9 7 οὗτοι ἀπέρχονται εἰς τὴν ἀπώλειαν; καὶ ἀποκριθεὶς * Μιχαὴλ * εἶπεν τῷ Ἀβραὰμ ἀπελθόντες ἀναζητήσωμεν ἐν ταῖς
Abr.Z 9 8 εἰς τὴν ζωὴν ἐνέγκωμεν αὐτήν. καὶ ἀπελθόντες * Μιχαὴλ * καὶ Ἀβραὰμ ἐζήτησαν καὶ οὐκ εὗρον ἀξίαν ζωῆς εἰ
Abr.Z 9 10 τὰς ψυχὰς ἦρεν εἰς ἀπώλειαν. καὶ εἶπεν Ἀβραὰμ τῷ * Μιχαὴλ * εἰπέ μοι κύριε τὰς ἓξ μυριάδας τῶν ψυχῶν ἃς
Abr.Z 9 11 ἐστιν ὁ φέρων αὐτὰς ἀπὸ τοῦ σώματος ἢ οὔ; ἀπεκρίθη * Μιχαὴλ * καὶ εἶπεν ὁ θάνατος ἄγει αὐτοὺς εἰς τὸν τόπον τοῦ
Abr.Z 10 1 ἵνα ὁ κριτὴς κρίνῃ αὐτούς. λέγει Ἀβραὰμ τῷ * Μιχαὴλ * θέλω ἵνα ἀπάξῃς με εἰς τὸν τόπον τοῦ κριτηρίου
Abr.Z 10 2 τοῦ κριτηρίου ὅπως κἀγὼ θεάσωμαι πῶς κρίνει. τότε * Μιχαὴλ * ἐποίησεν τὴν νεφέλην ἀναγαγεῖν τὸν Μιχαὴλ καὶ τὸν
Abr.Z 10 2 τότε Μιχαὴλ ἐποίησεν τὴν νεφέλην ἀναγαγεῖν τὸν * Μιχαὴλ * καὶ τὸν Ἀβραὰμ ἐν τόπῳ ᾧ ἐστιν παράδεισος ἐκ
Abr.Z 11 1 ἐβασάνισαν αὐτήν. καὶ ἀποκριθεὶς Ἀβραὰμ εἶπεν τῷ * Μιχαὴλ * κύριε τίς ἐστιν οὗτος ὁ κρίνων ὅτι οὐ κρίνει πρὶν
Abr.Z 11 2 οὐ κρίνει πρὶν ὁ ἀποφαινόμενος ἀνώρθωσε; καὶ λέγει * Μιχαὴλ * τῷ Ἀβραὰμ θεωρεῖς σὺ τὸν κριτήν; οὗτός ἐστιν ὁ
Abr.Z 11 5 καὶ τὰς δικαιοσύνας ἑκάστου. καὶ εἶπεν Ἀβραὰμ τῷ * Μιχαὴλ * δύναται Ἐνὼχ βαστάσαι τὸ μέρος τῶν ψυχῶν; ἢ
Abr.Z 11 6 ἢ δυνήσεται δοῦναι πάσης ψυχῆς ἀπόφασιν; καὶ εἶπεν * Μιχαὴλ * ἐὰν ἡ ἀπόφασις παρὰ τύπον οὐ συγχωρεῖται ἀλλ'
Abr.Z 12 3 μοιχεύοντα γυναῖκα ὕπανδρον. καὶ εἶπεν Ἀβραὰμ τῷ * Μιχαὴλ * θεωρεῖς τὴν ἀνομίαν ταύτην; εἰπὲ κατελθεῖν πῦρ ἐκ
Abr.Z 12 5 καὶ κατέφαγεν αὐτούς. ἐπειδὴ εἶπεν ὁ κύριος τῷ * Μιχαὴλ * εἴ τι δ' ἂν εἴπῃ Ἀβραὰμ ἄκουσον αὐτοῦ ὅτι φίλος
Abr.Z 12 10 τόπον τοῦ ποιῆσαι φόνον. καὶ εἶπεν Ἀβραὰμ πρὸς * Μιχαὴλ * θεωρεῖς τὴν ἀνομίαν αὐτῶν; καὶ εἶπεν ἐλθέτωσαν
Abr.Z 12 12 καὶ κατέφαγον αὐτούς›. καὶ ἐλάλησεν κύριος πρὸς * Μιχαὴλ * λέγων μετάστρεψον τὸν Ἀβραὰμ κάτω εἰς τὴν γῆν
Abr.Z 12 14 αὐτῶν καὶ σωθήσονται. ἐν ἐκείνῃ τῇ ὥρᾳ ἐπέστρεψεν * Μιχαὴλ * τὸν Ἀβραὰμ ἐπὶ τὴν γῆν. ἐγένετο δὲ ἡνίκα
Abr.Z 13 1 ψυχὴν αὐτοῦ ἐκ τοῦ σώματος εἶπεν δὲ κύριος πρὸς * Μιχαὴλ * ἀπελθὼν κόσμησον τὸν θάνατον ἐν πολλῇ ὡραιότητι
Abr.Z 13 3 ὅπως θεάσηται τοῖς ὀφθαλμοῖς αὐτοῦ. καὶ ἀπελθὼν * Μιχαὴλ * ἐκόσμησεν τὸν θάνατον ἐν πολλῇ ὡραιότητι καὶ
Jer. 9 5 περὶ ἄλλης εὐωδίας θυμιάματος. καὶ ἡ μελέτη μου * Μιχαὴλ * ὁ ἀρχάγγελος τῆς δικαιοσύνης ὁ ἀνοίγων τὰς πύλας
Bar. 11 2 εἶπέν μοι ὁ ἄγγελος οὐ δυνάμεθα εἰσελθεῖν ἕως ἔλθῃ * Μιχαὴλ * ὁ κλειδοῦχος τῆς βασιλείας τῶν οὐρανῶν. ἀλλ'
Bar. 11 4 καὶ εἶπέν μοι ἄρτι κατέρχεται ὁ ἀρχιστράτηγος * Μιχαὴλ * ἵνα δέξηται τὰς δεήσεις τῶν ἀνθρώπων. καὶ ἰδοὺ
Bar. 11 6 ἤνοιξαν καὶ ἐγένετο τρισμὸς ὡς βροντῆς. καὶ ἦλθεν * Μιχαὴλ * καὶ συνήντησεν αὐτῷ ὁ ἄγγελος ὁ ὢν μετ' ἐμοῦ καὶ
Bar. 11 7 τοῦ ἡμετέρου τάγματος. καὶ εἶπεν ὁ ἀρχιστράτηγος * Μιχαὴλ * χαίροις καὶ σὺ ὁ ἡμέτερος ἀδελφὸς καὶ ὁ τὰς
Bar. 11 8 κατασπασάμενοι ἔστησαν. καὶ ἴδον τὸν ἀρχιστράτηγον * Μιχαὴλ * κρατοῦντα φιάλην μεγάλην σφόδρα τὸ βάθος αὐτῆς
Bar. 11 8 βορρᾶ ἕως νότου. καὶ εἶπον κύριε τί ἐστιν ὃ κρατεῖ * Μιχαὴλ * ὁ ἀρχάγγελος; καὶ εἶπέν μοι τοῦτό ἐστιν ἔνθα
Bar. 12 1 κανίσκια γέμοντα ἀνθῶν καὶ ἔδωκαν αὐτὰ πρὸς τὸν * Μιχαήλ. * καὶ ἠρώτησα τὸν ἄγγελον κύριε τίνες εἰσὶν οὗτοι
Bar. 12 7 διότι οὐκ εἶχον τέλεια τὰ βραβεῖα. καὶ ἐβόησε * Μιχαὴλ * λέγων δεῦτε καὶ ὑμεῖς ἄγγελοι φέρετε ὃ ἠνέγκατε.
Bar. 12 8 καὶ ὑμεῖς ἄγγελοι φέρετε ὃ ἠνέγκατε. καὶ ἐλυπήθη * Μιχαὴλ * σφόδρα καὶ ὁ μετ' ἐμοῦ ἄγγελος διὸ οὐκ ἐγέμισαν
Bar. 13 2 καὶ θέλομεν ὑποχωρῆσαι ὑπ' αὐτῶν. καὶ εἶπεν * Μιχαὴλ * οὐ δύνασθε ὑποχωρεῖν ὑπ' αὐτῶν ἵνα μὴ εἰς τέλος
Bar. 13 3 ἀλλ' εἴπατέ μοι τί αἰτεῖσθε. καὶ εἶπον δεόμεθά σου * Μιχαὴλ * ὁ ἀρχιστράτηγος ἡμῶν μετάθες ἡμᾶς ἀπ' αὐτῶν ὅτι
Bar. 13 5 διὸ δεόμεθα ἐξελθεῖν ἡμᾶς ἀπ' αὐτῶν. καὶ εἶπεν * Μιχαὴλ * τοὺς ἀγγέλους ἐκδέξασθε ἕως οὗ μάθω παρὰ κυρίου
Bar. 14 1 κυρίου τό τί γένηται. καὶ αὐτῇ τῇ ὥρᾳ ἀπῆλθεν ὁ * Μιχαὴλ * καὶ ἐκλείσθησαν αἱ θύραι. καὶ ἐγένετο φωνὴ ὡς
Bar. 14 2 τί ἐστιν ἡ φωνή; καὶ εἶπέν μοι ἄρτι προσφέρει * Μιχαὴλ * τὰς τῶν ἀνθρώπων ἀρετὰς τῷ θεῷ. καὶ αὐτῇ τῇ ὥρᾳ
Bar. 15 1 ἀνθρώπων ἀρετὰς τῷ θεῷ. καὶ αὐτῇ τῇ ὥρᾳ κατῆλθεν ὁ * Μιχαὴλ * καὶ ἠνοίγη ἡ πύλη καὶ ἤνεγκεν ἔλαιον. καὶ τοὺς
Esdr. 1 3 μυστήριά σου. καὶ νυκτὸς γεναμένης ἦλθεν ἄγγελος * Μιχαὴλ * ὁ ἀρχάγγελος καὶ λέγει μοι ἄρτι τὸν προφήτην
Esdr. 2 1 ἡ φλὸξ ἄσβεστος. ταῦτα αὐτοῦ λαλοῦντός μου ἦλθεν * Μιχαὴλ * καὶ Γαβριὴλ καὶ οἱ ἀπόστολοι πάντες καὶ εἶπον
Esdr. 4 7 καὶ εἶπεν ὁ θεὸς κάτελθε καὶ ἴδε. καὶ ἔδωκέν μοι * Μιχαὴλ * καὶ Γαβριὴλ καὶ ἄλλους τριάκοντα τέσσαρας
Esdr. 4 24 οὗτος καὶ τί τὸ ἁμάρτημα αὐτοῦ; καὶ εἶπέν μοι * Μιχαὴλ * ὁ ἀρχιστράτηγος οὗτος μητροκοίτης ἐστὶν μικρὸν
Esdr. 6 2 τὰ ὀνόματα τῶν ἀγγέλων τῶν ἐπὶ τῆς συντελείας; * Μιχαὴλ * Γαβριὴλ Οὐριὴλ Ῥαφαὴλ Γαβουθελὼν Ἀκήρ
Sedr. 14 1 ἃς ἐποίησεν. καὶ λέγει Σεδρὰχ πρὸς τὸν ἀρχάγγελον * Μιχαὴλ * ἐπάκουσόν μου πρόστατα δυνατὲ καὶ βοήθει μοι καὶ
FMos. 9 1 ἐκοινώθησαν οἱ ἄγγελοι ἀπὸ τοῦ ἁγίου σώματος. ὁ δὲ * Μιχαὴλ * ὁ ἀρχάγγελος ὅτε τῷ διαβόλῳ διακρινόμενος
FMos. 8 163 20 σοι κύριος. τελευτήσαντος ἐν τῷ ὄρει Μωϋσέως ὁ * Μιχαὴλ * ἀποστέλλεται μεταθήσων τὸ σῶμα εἶτα τοῦ διαβόλου
FMos. 2 629 5 ἐπιτιμήσαι σοι ὁ θεὸς πρὸς τὸν διάβολον ἔφη. τὸν * Μιχαὴλ * τὸν ἀρχάγγελον τῇ τοῦ Μωϋσέως ταφῇ
FJub. 10 7 ἀποστῶσιν ἀπ' αὐτῶν ὁ κύριος ἐκέλευσε τῷ ἀρχαγγέλῳ * Μιχαὴλ * βαλεῖν αὐτοὺς εἰς τὴν ἄβυσσον ἄχρι ἡμέρας τῆς

Μιχαίας 4

Prop. 6 1 μερισθῇ ἀφ' ἑαυτῆς καὶ γένωνται δρύες δώδεκα. * Μιχαίας * ὁ Μωραθὶ ἦν ἐκ φυλῆς Ἐφραΐμ. πολλὰ ποιήσας τῷ
FIsa. 1 2 12 τοῦ Βαὰλ καὶ αὐτό‹ς› ἐράπισεν καὶ ὕβρισεν τὸν * Μιχαίαν * υἱὸν Ἰεμμαδὰ τὸν προφήτην. καὶ αὐτὸς δὲ
FIsa. 1 2 13 καὶ αὐτὸς δὲ ὑβρ‹ίσ›θη ὑπὸ Ἀχαὰβ καὶ ἐβλήθη * Μιχαίας * εἰς φυλακήν. ‹καὶ ἦν› μ‹ε›τὰ Σεδεκίου τοῦ
FIsa. 1 2 16 τὸν Ὀχοζεῖαν βασιλέα Γομόρρων καὶ ἐφό‹ν›ευσαν τὸν * Μιχαί‹α›ν. * καὶ Βεχειρὰ ἔγνω ‹κ›αὶ εἶδεν τὸν τό‹π›ον τοῦ

μνᾶ 12

TLevi 18 2B032 ἐν σταθμῷ καὶ εἰς τὸ στέαρ μόνον ἀναφέρεσθαι ἓξ * μνᾶς * καὶ τῷ ταύρῳ τῷ δευτέρῳ πεντήκοντα μνᾶς καὶ εἰς τὸ
TLevi 18 2B032 ἓξ μνᾶς καὶ τῷ ταύρῳ τῷ δευτέρῳ πεντήκοντα * μνᾶς * καὶ εἰς τὸ στέαρ αὐτοῦ μόνον πέντε μνᾶς καὶ εἰς
TLevi 18 2B032 πεντήκοντα μνᾶς καὶ εἰς τὸ στέαρ αὐτοῦ μόνον πέντε * μνᾶς * καὶ εἰς μόσχον τέλειον μ' μναῖ καὶ εἰ κριὸς ἐκ
TLevi 18 2B033 αὐτοῦ μόνον πέντε μνᾶς καὶ εἰς μόσχον τέλειον μ' * μναῖ * καὶ εἰ κριὸς ἐκ προβάτων ἢ τράγος ἐξ αἰγῶν τὸ
TLevi 18 2B034 ἢ τράγος ἐξ αἰγῶν τὸ προσφερόμενον ἢ καὶ τούτῳ λ' * μναῖ * καὶ τῷ στέατι τρεῖς μναῖ καὶ εἰ ἄρνα ἐκ προβάτων ἢ
TLevi 18 2B034 ἢ καὶ τούτῳ λ' μναῖ καὶ τῷ στέατι τρεῖς * μναῖ * καὶ εἰ ἄρνα ἐκ προβάτων ἢ ἔριφον ἐξ αἰγῶν κ' μναῖ
TLevi 18 2B035 μναῖ καὶ εἰ ἄρνα ἐκ προβάτων ἢ ἔριφον ἐξ αἰγῶν κ' * μναῖ * καὶ τῷ στέατι β' μναῖ καὶ εἰ ἀμνὸς τέλειος
TLevi 18 2B035 ἢ ἔριφον ἐξ αἰγῶν κ' μναῖ καὶ τῷ στέατι β' * μναῖ * καὶ εἰ ἀμνὸς τέλειος ἐνιαύσιος ἢ ἔριφος ἐξ αἰγῶν
TLevi 18 2B036 εἰ ἀμνὸς τέλειος ἐνιαύσιος ἢ ἔριφος ἐξ αἰγῶν ιε' * μναῖ * καὶ τῷ στέατι μίαν ἥμισυ μνᾶν. καὶ ἅλας
TLevi 18 2B036 ἔριφος ἐξ αἰγῶν ιε' μναῖ καὶ τῷ στέατι μίαν ἥμισυ * μνᾶν. * καὶ ἅλας +ἀποδεδεικτω+ τῷ ταύρῳ τῷ μεγάλῳ ἅλισαι
TLevi 18 2B047 ὑφή ἐστιν καὶ τὰ δύο μέρη τοῦ βάτου καὶ ὁλκῆς τῆς * μνᾶς * ν' σίκλων ἐστὶν καὶ τοῦ σικλίου τὸ τέταρτον ὁλκή
TJos. 16 4 δὲ ἀπέστειλεν ἕτερον εὐνοῦχον λέγουσα ἐὰν καὶ δύο * μνᾶς * χρυσίου ζητοῦσι πρόσεχε μὴ φείσασθαι χρυσίου μόνον

μνεία 7

TNep. 8 5 ὑμῶν. ὡς ἄν τις γὰρ τέκνον ἐκθρέψῃ καλῶς * μνείαν * ἔχει ἀγαθὴν οὕτως καὶ ἐπὶ τοῦ καλοῦ ἔργου μνήμη
Aris. 155 2 διὸ παρακελεύεται καὶ διὰ τῆς γραφῆς ὁ λέγων οὕτως * μνείᾳ * μνησθήσῃ κυρίου τοῦ ποιήσαντος ἐν σοὶ τὰ μεγάλα
Aris. 157 2 ἀπέραντον περιέχει τρόπον. διὸ παρακελεύεται * μνείαν * ἔχειν ὡς συντηρεῖται τὰ προειρημένα θείᾳ δυνάμει
Aris. 158 3 καὶ μὴν καὶ ἐκ τῶν περιβολαίων παράσημον ἡμῖν * μνείας * δέδωκεν ὡσαύτως δὲ καὶ ἐπὶ τῶν πυλῶν καὶ θυρῶν
Aris. 158 5 θυρῶν προστέταχε μὲν ἡμῖν τιθέναι τὰ λόγια πρὸς τὸ * μνείαν * εἶναι θεοῦ καὶ ἐπὶ τῶν χειρῶν δὲ διαρρήδην τὸ

Aris. 161 2 περισσὸν τῆς εὐλογίας τῆς κατὰ τὴν διαστολὴν καὶ * μνείαν * ὡς ἐξεθέμεθα τὴν διχηλίαν καὶ τὸν μηρυκισμόν. οὐ
Sib. 5 486 μαινὰς ἄναυδος ἐπὶ ψαμάθοις Ἀχέροντος κοὐκέτι σου * μνεία * γε μενεῖ κατὰ γαῖαν ἅπασαν. καὶ σὺ Σάραπι λίθοις
μνῆμα 2
Abr.1 10 2 ἀλλαχοῦ κλαίοντας ἔπειτα καὶ τεθνεῶτας ἐν * μνήματι * ἀγομένους εἶδεν δὲ καὶ νεονύμφους ὀψικευομένους
Jer. 9 32 ἔθαψαν αὐτὸν καὶ λαβόντες τὸν λίθον ἔθηκαν ἐπὶ τὸ * μνῆμα * αὐτοῦ ἐπιγράψαντες ἐν αὐτῷ οὕτως οὗτός ἐστιν ὁ
μνημεῖον 6
Adam 42 1 ὁ θεὸς σφραγῖδα τρίγωνον καὶ ἐσφράγισεν τὸ * μνημεῖον * ἵνα μηδεὶς τι ποιήσῃ αὐτῷ ἐν ταῖς ἓξ ἡμέραις
Jer. 4 11 διὰ σέ Ἱερουσαλὴμ ἐξῆλθον ἀπὸ σοῦ. καὶ ἔμεινεν ἐν * μνημείῳ * καθεζόμενος τῶν ἀγγέλων ἐρχομένων πρὸς αὐτὸν καὶ
Jer. 6 1 τόπον ὅπου ἦν Βαροὺχ καθεζόμενος εὗρε δὲ αὐτὸν ἐν * μνημείῳ. * καὶ ἐν τῷ θεωρῆσαι ἀλλήλους ἔκλαυσαν ἀμφότεροι
Jer. 7 1 σφραγῖδος. καὶ ἀνέστη Βαροὺχ καὶ ἐξῆλθεν ἐκ τοῦ * μνημείου * καὶ εὗρεν τὸν ἀετὸν καθεζόμενον ἐκτὸς τοῦ
Jer. 7 1 μνημείου καὶ εὗρεν τὸν ἀετὸν καθεζόμενον ἐκτὸς τοῦ * μνημείου. * καὶ ἀποκριθεὶς ἀνθρωπίνῃ φωνῇ εἶπεν αὐτῷ ὁ
Esdr. 4 36 ὁ ἀγαπητός. καὶ μετὰ ταῦτα σαλπίσει σάλπιγξ καὶ τὰ * μνημεῖα * ἀνοιχθήσονται καὶ οἱ νεκροὶ ἀναστήσονται
μνήμη 18
Abr.1 4 6 κύριε κύριε ἵνα γινώσκῃ τὸ σὸν κράτος ὅτι ἐγὼ τὴν * μνήμην * τοῦ θανάτου πρὸς τὸν δίκαιον ἄνδρα ἐκεῖνον
Abr.1 4 8 τῷ ἁγίῳ ἐπὶ τὸν υἱὸν αὐτοῦ τὸν Ἰσαὰκ καὶ ῥίψω τὴν * μνήμην * τοῦ θανάτου εἰς τὴν καρδίαν τοῦ Ἰσαὰκ ὡς ἐν
Abr.1 5 6 ⟨ἐπὶ τῆς κλίνης αὐτοῦ⟩. ἔρριψε δὲ ὁ θεὸς τὴν * μνήμην * τοῦ θανάτου εἰς τὴν καρδίαν Ἰσαὰκ ὡς ἐν ὀνείροις
Abr.1 7 11 θεοῦ⟩ καὶ ἀπεστάλην πρός σε ὅπως ἀναγγείλω σοι τὴν * μνήμην * τοῦ θανάτου καὶ εἶθ' οὕτως ἀπελεύσομαι πρὸς αὐτὸν
Abr.2 4 11 παρακαλῶ οὖν κύριε κέλευσον ἀποστεῖλαι τὴν * μνήμην * τοῦ θανάτου Ἀβραὰμ ἐν τῇ καρδίᾳ αὐτοῦ ἵνα εἰδῇ
Abr.2 4 16 κοιμηθῇ κοιμήθητι καὶ σὺ μετ' αὐτοῦ ῥίψον δὲ τὴν * μνήμην * τοῦ θανάτου Ἀβραὰμ εἰς τὴν καρδίαν τοῦ υἱοῦ
TNep. 8 5 μνείαν ἔχει ἀγαθὴν οὕτως καὶ ἐπὶ τοῦ καλοῦ ἔργου * μνήμη * παρὰ θεῷ ἀγαθή. τὸν δὲ μὴ ποιοῦντα τὸ καλὸν
Sal. 16 6 μὴ ἀποστήσῃς τὸ ἔλεός σου ἀπ' ἐμοῦ ὁ θεὸς μηδὲ τὴν * μνήμην * σου ἀπὸ καρδίας μου ἕως θανάτου. ἐπικράτησόν μου
Sal. 16 9 κατεύθυνον ἐν τόπῳ σου καὶ τὰ διαβήματά μου ἐν τῇ * μνήμῃ * σου διαφύλαξον. τὴν γλῶσσάν μου καὶ τὰ χείλη μου
Prop. 1 5 μυστήριον. καὶ ἐπειδὴ διὰ τοῦ Ἡσαΐου τοῦτο γέγονε * μνήμης * χάριν καὶ ὁ λαὸς πλησίον αὐτὸν ἐπιμελῶς ἔθαψε καὶ
Esdr. 7 9 μνημονεύουσιν τοῦ ὀνόματός μου καὶ ἐπιτελοῦσιν τὴν * μνήμην * μου δὸς αὐτοῖς εὐλογίαν οὐρανόθεν καὶ εὐλόγησον
Sedr. 10 5 ἀκούσας ὁ Σεδρὰχ καὶ ἐνθυμηθεὶς τοῦ θανάτου τὴν * μνήμην * ἐξέστη λίαν καὶ εἶπεν Σεδρὰχ τὸν θεὸν δός μοι
Job 39 8 τέκνοις μου ἵνα καὶ τὰ ὀστᾶ αὐτῶν ἀσφαλίσασθαι ἐπὶ * μνήμης, * ἐπεὶ ἡμεῖς οὐκ ἰσχύσαμεν διὰ τὰ ἀναλώματα ὅπως
Aris. 153 2 τῆς διαστολῆς τρόπος περὶ τούτων εἶναι καὶ τὸν τῆς * μνήμης * κεχαρακτήρικεν. πάντα γὰρ ὅσα διχηλεῖ καὶ
Aris. 153 4 ἀνάγει σαφῶς τοῖς νοοῦσιν ἐκτίθεται τὸ τῆς * μνήμης. * ἡ γὰρ ἀναμηρύκησις οὐθὲν ἕτερον ἀλλὰ τῆς ζωῆς
Aris. 159 4 ὅτι πᾶσαν ἐνέργειαν μετὰ δικαιοσύνης ἐπιτελεῖν δεῖ * μνήμην * ἔχοντας τῆς ἑαυτῶν κατασκευῆς ἐπὶ πᾶσι δὲ τὸν
Aris. 279 5 βίους τῶν ἀνθρώπων καθὼς σὺ τοῦτο πράσσων ἀέναον * μνήμην * καταβέβλησαι σεαυτοῦ θείῳ προστάγματι
Sib. 3 817 ψεύστειραν ἐπὴν δὲ γένηται ἅπαντα τηνίκα μου * μνήμην * ποιήσετε κοὐκέτι μ' οὐδεὶς μαινομένην φήσειε θεοῦ
μνημονεύω 7
TGad 7 2 οὕτως. καὶ ἐὰν ἐπὶ πλεῖον ὑψοῦται μὴ φθονεῖτε * μνημονεύοντες * ὅτι πᾶσα σάρξ ἀποθανεῖται κυρίῳ δὲ ὕμνον
Sal. 3 3 ἀγαθὸς ψαλμὸς τῷ θεῷ ἐξ ἀγαθῆς καρδίας. δίκαιοι * μνημονεύουσιν * διὰ παντὸς τοῦ κυρίου ἐν ἐξομολογήσει καὶ
Sal. 5 16 γῆν τὸ ἔλεός σου κύριε ἐν χρηστότητι. μακάριος οὗ * μνημονεύει * ὁ θεὸς ἐν συμμετρίᾳ αὐταρκείας ἐὰν
Sal. 6 1 αὐτοῦ ἑτοίμη ἐπικαλέσασθαι τὸ ὄνομα κυρίου ἐν τῷ * μνημονεύειν * αὐτὸν τὸ ὄνομα κυρίου σωθήσεται. αἱ ὁδοὶ
Jer. 7 26 ἐπεκαλοῦντο θεὸν ἀλλότριον λέγοντες ἐλέησον ἡμᾶς. * ἐμνημόνευον * δὲ ἡμέρας ἑορτῆς ἃς ἐποιοῦμεν ἐν Ἱερουσαλὴμ
Esdr. 7 9 τὸ βιβλίον τοῦτο καὶ ἔχουσιν αὐτὸ καὶ * μνημονεύουσιν * τοῦ ὀνόματός μου καὶ ἐπιτελοῦσιν τὴν
Aris. 157 4 γὰρ χρόνον καὶ τόπον ὥρικε πρὸς τὸ διὰ παντὸς * μνημονεύειν * τοῦ κρατοῦντος θεοῦ καὶ συντηροῦντος. καὶ
μνημονέω 1
Hen. 99 16 πάντας ὑ⟨μᾶς ἐν ῥομ⟩φαίᾳ καὶ πάντες οἱ δί⟨καιοι * μνημο⟩νήσουσιν * τὰς ἀδικίας ⟨ὑμῶν.⟩ καὶ τότε ἐν ἐνὶ
μνημόσυνον 13
Hen. 97 7 ⟨οἱ⟩ ἐν μέσῳ τῆς θαλάσσης καὶ ἐπὶ τῆς ξηρᾶς ὄντες * μνημόσυνον * εἰς ὑμᾶς κακόν. οὐαὶ ὑμῖν οἱ κτώμενοι χρυσίον
Hen. 99 3 οἱ δίκαιοι καὶ προέχεσθε τὰς ἐντεύξεις ὑμῶν εἰς * μνημόσυνον * δίδοτε αὐτὰς ἐν διαμαρτυρίᾳ ἐνώπιον τῶν
Hen. 99 3 ἁμαρτήματα τῶν ἀδίκων ἐνώπιον τοῦ ὑψίστου θεοῦ εἰς * μνημόσυνον * καὶ τότε συν⟨ταραχ⟩θήσονται καὶ
Hen. 103 4 καὶ οὐ μὴ ἀπόλωνται τὰ πνεύματα αὐτῶν οὐδὲ τὸ * μνημόσυνον * ἀπὸ προσώπου τοῦ μεγάλου εἰς πάσας τὰς γενεὰς
TLevi 18 2B059 σου ἕως πάντων τῶν αἰώνων ἐνεχθήσεται ἐν βιβλίῳ * μνημοσύνου * ζωῆς καὶ οὐκ ἐξαλειφθήσεται τὸ ὄνομά σου καὶ
TJos. 7 5 σου κολαφίσει τὰ τέκνα σου καὶ ἀπολέσει τὸ * μνημόσυνόν * σου ἀπὸ τῆς γῆς. καὶ λέγει πρός με ἴδε οὖν
Sal. 2 17 ἁμαρτίας αὐτῶν ἵνα φανῇ τὸ κρίμα σου ἐξήλειψας τὸ * μνημόσυνον * αὐτῶν ἀπὸ τῆς γῆς. ὁ θεὸς κριτὴς δίκαιος καὶ
Sal. 13 11 δὲ ἁρθήσονται εἰς ἀπώλειαν καὶ οὐχ εὑρεθήσεται * μνημόσυνον * αὐτῶν ἔτι ἐπὶ δὲ τοὺς ὁσίους τὸ ἔλεος κυρίου
Prop. 26 3 τὰ ἀξιώματα αὐτῶν καὶ πότε ἀπέθνησκον καὶ ἦν εἰς * μνημόσυνον * τῶν ἱερέων καὶ βασιλέων καὶ προφητῶν καὶ τῶν
Job 24 2 τόπον ἐκ τόπου περιερχομένη διὸ ἀπώλετο ἀπὸ γῆς τὸ * μνημόσυνόν * σου, οἱ υἱοί μου καὶ αἱ θυγατέρες τῆς ἐμῆς
Job 40 4 προσκυνοῦσα καὶ εἶπεν νῦν ἔγνων ὅτι ὑπάρχει μοι * μνημόσυνον * παρὰ κυρίου ἀναστήσομαι δὴ καὶ εἰσελεύσομαι
Job 43 5 ἡμῶν ἡ ἀνομία Ελιους, Ελιους ὁ μόνος πονηρὸς * μνημόσυνον * οὐχ ἕξει ἐν τοῖς ζῶσιν. καὶ ὁ λύχνος αὐτοῦ
Job 43 17 κεκαθάρισται ἡμῶν ἡ ἀνομία ὁ δὲ πονηρὸς Ελιους * μνημόσυνον * ἐν τοῖς ζῶσιν οὐκ ἔσχεν. μετὰ δὲ τὸ παύσασθαι
μνησικακέω 3
TSim. 4 4 πνεῦμα θεοῦ ἐν ἑαυτῷ εὔσπλαγχνος καὶ ἐλεήμων οὐκ * ἐμνησικάκησέ * μοι ἀλλὰ καὶ ἠγάπησέ με ὡς τοὺς ἄλλους
TZab. 8 4 αὐτόν. ὅτε γὰρ κατήλθομεν εἰς Αἴγυπτον Ἰωσὴφ οὐκ * ἐμνησικάκησεν * εἰς ἡμᾶς ἐμὲ δὲ ἰδὼν ἐσπλαγχνίσθη. εἰς ὃν
FAch. 110 ἀφείλετο ἡ δὲ ἀπόρθητος διαμένει. ἐὰν εὐτυχήσῃς μὴ * μνησικακήσῃς * τοῖς ἐχθροῖς μᾶλλον δὲ αὐτοὺς εὖ ποίει ἵνα
μνησίκακος 1
TZab. 8 6 τὴν ψυχὴν ταράσσει καὶ τὴν ὕπαρξιν ἀφανίζει. ὁ γὰρ * μνησίκακος * σπλάγχνα ἐλέους οὐκ ἔχει. προσέχετε τὰ ὕδατα
μνηστεύω 3
Asen. 1 6 γῆν ἐκείνην καὶ ἕως περάτων τῆς οἰκουμένης. καὶ * ἐμνηστεύοντο * αὐτὴν πάντες οἱ υἱοὶ τῶν μεγιστάνων καὶ
Asen. 11 6 με διότι κἀγὼ μεμίσηκα πάντα ἄνδρα καὶ πάντας τοὺς * μνηστευομένους * με. καὶ νῦν ἐν τῇ ταπεινώσει μου ταύτῃ
Asen. 21 18 σου⟩ πολλὰ ἥμαρτον καὶ ⟨μεμίσηκα⟩ πάντας τοὺς * μεμνηστευομένους * με ⟨καὶ⟩ ἐξουθένουν αὐτοὺς καὶ
μογέω 1
Sib. 5 313 κακότητα μένοντες. εἰδήσει σημεῖον ἔχων ἀνθ' ὧν * ἐμόγησεν * Κυμαίων δῆμος χαλεπὸς καὶ φῦλον ἀναιδές. εἶθ'
μόδιος 1
Bar. 6 7 παμμεγέθη ὡς ἅλωνος τόπον ἔχων μέτρον ὡσεὶ * μοδίων * τετρακισχιλίων καὶ ἦσαν γράμματα χρυσᾶ. καὶ εἶπεν
μοῖρα 15
Sib. 3 52 ἀπαραίτητος χόλος ἀνδρῶν τρεῖς Ῥώμην οἰκτρῇ * μοίρῃ * καταδηλήσονται. πάντες δ' ἄνθρωποι μελάθροις
Sib. 3 131 γένος ὡς βασιλεύσῃ αὐτὸς ὅταν γῆράς τε Κρόνῳ καὶ * μοῖρα * πέληται. ὁππότε κεν δὲ Ῥέη τίκτῃ παρὰ τὴνδ'
Sib. 3 267 σὺ δὲ κάρτα λιπὼν περικαλλέα σηκὸν φεύξῃ ἐπεί σοι * μοῖρα * λιπεῖν πέδον ἁγνὸν ὑπάρχει. ἀχθήσῃ δὲ πρὸς
Sib. 3 502 πληγαῖσι δαμάσσειεν παρὰ πᾶσαν γαῖαν καὶ πικρὴν * μοίρην * πέμψει θεὸς αὐτοῖς ἐξ ἐδάφους φλέξας πόλιας καὶ
Sib. 3 513 ἐφεξῆς ἅμα Μαγὼγ μαρσῶν ἠδ' ἀγγὼν ὅσα σοι κακὰ * μοῖρα * πελάζει+ (πολλὰ δὲ) καὶ Λυκίων υἱοῖς Μυσῶν τε
Sib. 3 517 βαρβαροφώνων Καππαδοκῶν τ' Ἀράβων τε τὶ δὴ κατὰ * μοῖραν * ἕκαστον ἐξαυδῶ; πᾶσιν γὰρ ὅσοι χθόνα ναιετάουσιν
Sib. 5 44 ἀρχὴν Κελτὸς ὀρειοβάτης σπεύδων δ' ἐπὶ δῆριν ἑῷαν * μοῖραν * ἀεικελίην οὐ φεύξεται ἀλλὰ καμεῖται ὃν κόνις
Sib. 5 103 τ' ἄνδρα ἕκαστον ὅλον βίον ἐξαλαπάξει ὥστε μένειν * μοῖραν * τριτάτην δειλοῖσι βροτοῖσιν. αὐτὸς δ' ἐκ δυσμῶν
Sib. 5 215 ἐν σοὶ λυγρὸν ὄλεθρον ἠνίκα γὰρ στρεπτοῖσι μίτοις * Μοῖραι * τριάδελφοι κλωσάμεναι φεύγοντα δόλῳ ἰσθμοῖο παρ'
Sib. 5 230 μέγα τέρμα βλαπτομένης κτίσεως καὶ σῳζομένης πάλι * Μοίραις * ὕβρι κακῶν ἀρχηγὲ καὶ ἀνθρώποις μέγα πῆμα τίς σε
Sib. 5 245 μέγα τέρμα βλαπτομένης κτίσεως καὶ σῳζομένης πάλι * Μοίραις * κλῦθι πικρᾶς φήμης δυσηχέος ἀνδράσι πῆμα. ἀλλ'
Sib. 5 521 μηκέτι μεῖναι Παρθένος ἐν Κριῷ Διδύμων ἠλλάξατο * μοῖραν * Πλειὰς δ' οὐκέτ' ἔφαινε Δράκων δ' ἠρνήσατο ζώνην
FJub. 10 8 ἡμέρας τῆς κρίσεως ὁ δὲ διάβολος ᾐτήσατο λαβεῖν * μοῖραν * ἀπ' αὐτῶν πρὸς πειρασμὸν τῶν ἀνθρώπων καὶ ἐδόθη
FPho. 137 ἀμφότεροι κλῶπες καὶ ὁ δεξάμενος καὶ ὁ κλέψας. * μοίρας * πᾶσι νέμειν ἰσότης δ' ἐν πᾶσιν ἄριστον. ἀρχόμενος
LPhi. 9 24 1 θρόνοισι δινεύσας λαθραῖα χρόνου πλημμυρίδι * μοίρης. * κρήνην εἶναι ταύτην δὲ ἐν μὲν τῷ χειμῶνι
μοιχαλίς 3
TLevi 14 6 καὶ παρθένους Ἱερουσαλὴμ μιανεῖτε καὶ πόρναις καὶ * μοιχαλίσι * συναφθήσεσθε θυγατέρας ἐθνῶν λήψεσθε εἰς
Sedr. 6 4 αὐτὸς δὲ ἀλλ' αὐτὸς τὰ ἐμὰ λαβὼν ἀλλότριος ἐγένετο * μοιχαλὶς * καὶ ἁμαρτωλός. ποῖος πατὴρ προικίσας εἰπέ μοι
Sedr. 6 8 τὰ πάντα δέδωκα αὐτῷ καὶ αὐτὸς λαβὼν ταῦτα ἐγένετο * μοιχαλὶς * καὶ ἁμαρτωλός. λέγει αὐτῷ Σεδρὰχ σὺ δέσποτα
μοιχάω 2
Sal. 8 10 μετὰ μητρὸς καὶ πατὴρ μετὰ θυγατρὸς συνεφύροντο. * ἐμοιχῶντο * ἕκαστος τὴν γυναῖκα τοῦ πλησίον αὐτοῦ
IMen. 5 119 2 χρήσιμον πεφυκέναι μὴ παρθένους φθείροντα καὶ * μοιχώμενον * κλέπτοντα καὶ σφάττοντα χρημάτων χάριν
μοιχεία 6
Bar. 4 17 τῆς πτώσεως τοῦ οἴνου πάντα γίνονται οἷον φόνοι * μοιχεῖαι * πορνεῖαι ἐπιορκεῖαι κλοπαὶ καὶ τὰ τούτων ὅμοια.
Bar. 8 5 καὶ τὰς ἀδικίας τῶν ἀνθρώπων ἤγουν πορνείας * μοιχείας * κλοπὰς ἁρπαγὰς εἰδωλολατρείας μέθας φόνους
Bar. 13 4 φόνος καὶ αὐτοὶ ἐν μέσῳ ἐκεῖ καὶ ὅπου πορνεῖαι * μοιχεῖαι * κλεψίαι καταλαλιαὶ ἐπιορκίαι φθόνοι μέθαι ἔρεις
Sib. 3 764 φεύγετε λατρείας ἀνόμους τῷ ζῶντι λάτρευε * μοιχείας * πεφύλαξο καὶ ἄρσενος ἄκριτον εὐνήν τὴν δ' ἰδίαν
Sib. 5 166 σὸν στυγέουσ' ἔδαφος ὅτι φαρμακίην ἐπόθησας * μοιχεῖαι * παρὰ σοὶ καὶ παίδων μῖξις ἄθεσμος θηλυγενής
FJub. 4 15 Ἰάρεδ καὶ ἐπέκεινα φαρμακεία καὶ μαγεία ἀσέλγεια * μοιχεία * τε καὶ ἀδικία. οὗτος ⟨Ἑνὼχ⟩ πρῶτος γράμματα
μοιχεύω 5
Abr.2 10 13 οὐχὶ σὺ ἀπελθοῦσα τελευτήσαντος τοῦ ἀνδρός σου καὶ * ἐμοίχευσας * μετὰ τοῦ ἀνδρὸς τῆς θυγατρός σου ⟨καὶ τὴν
Abr.2 12 2 καὶ κατανοήσας Ἀβραὰμ ἐπὶ τὴν γῆν εἶδεν ἄνθρωπον * μοιχεύοντα * γυναῖκα ὕπανδρον. καὶ εἶπεν Ἀβραὰμ τῷ Μιχαὴλ
TAser 2 8 μὲν διπρόσωπόν ἐστιν ὅλον δὲ πονηρόν ἐστιν. ἄλλος * μοιχεύει * καὶ πορνεύει καὶ ἀπέχεται ἐδεσμάτων καὶ

TJos. 4 6 θέλει κύριος τοὺς σεβομένους αὐτὸν οὐδὲ ἐν τοῖς * μοιχεύουσιν * εὐδοκεῖ. κἀκείνη ἐσιώπησε ποθοῦσα ἐκτελέσαι
TJos. 5 1 ἀπ' αὐτῆς. πάλιν δὲ ἐν ἑτέρῳ χρόνῳ λέγει μοι εἰ * μοιχεῦσαι * οὐ θέλεις ἐγὼ ἀναιρῶ τὸν Αἰγύπτιον καὶ οὕτως

μοιχικός 1
FPho. 178 σέο τέκνα μιαίνων οὐ γὰρ τίκτει παῖδας ὁμοίους * μοιχικὰ * λέκτρα. μητρυιῆς μὴ ψαῦε τὰ δεύτερα λέκτρα

μοιχός 2
TAser 4 3 ἔστι τις μισῶν τὸν ἐλεήμονα καὶ ἄδικον τὸν * μοιχὸν * καὶ νηστεύοντα καὶ αὐτό ἐστι διπρόσωπον ἀλλὰ τὸ
ISop. 5 111 5 ἀνήρ. ταχὺς δὲ βαθμοῖς νυμφικοῖς ἐπεστάθη ὁ * μοιχός. * ὃ δ' οὔτε δαιτὸς οὔτε χέρνιβος θιγὼν πρὸς

μολιβόομαι 1
Aris. 90 1 ἑαιτὰ συναπτόντων τῶν ῥευμάτων. καὶ πάντα ταῦτα * μεμολιβῶσθαι * κατ' ἐδάφους καὶ τῶν τοίχων ἐπὶ δὲ τούτων

μόλις 5
Abr.1 11 12 δέ οἱ σῳζόμενοι εἰς γὰρ τὰς ἑπτακισχιλίας ψυχὰς * μόλις * εὑρίσκεται μία ψυχὴ σῳζομένη καὶ ἀμόλυντος. ἔτι δὲ
Job 22 1 αὐτὸν τὸν ἄρτον ἀφείλαντο μὴ προσενεχθῆναί μοι, * μόλις * ἐπιτρέψαντες ἔχειν αὐτὴν τὴν ἰδίαν τροφὴν καὶ αὐτὴ
Job 24 5 ἂν εὐπορήσασα ἄρτον προσενέγκω σοι οὐκέτι γὰρ δὴ * μόλις * τὴν ἐμὴν τροφὴν λαμβάνω καὶ διαμερίζω σοί τε καὶ
Aris. 103 4 εἰσδέξασθαί τινας οἷον καὶ καθ' ἡμᾶς ἐγεγόνει. * μόλις * γὰρ ἀνόπλους ὄντας ἡμᾶς δύο παρεδέξαντο πρὸς τὸ
Aris. 175 4 τοὺς δὲ παρὰ βασιλέων ἢ πόλεων ἐν ὑπεροχαῖς * μόλις * ἐν τριάκοντα εἰς τὴν αὐλὴν παρίεσθαι τοὺς δὲ

μόλυβδος 2
Abr.1 20 5 μου ἐκλείπει πάντα δὲ τὰ μέλη τῆς σαρκός μου δικην * μολύβδου * βάρος μοι φαίνονται καὶ τὸ πνεῦμά μου ἐν πολλῷ
Bar. 5 3 τούτου ὁ Ἅιδης ἐστίν. καὶ ὅσον ἀνδρῶν τριακοσίων * μόλιβδος * ἀκοντίζεται τοσαύτη ἐστὶν ἡ κοιλία αὐτοῦ. ἔλθε

μολύνω 8
TAser 4 4 ἀγαθὴν ἰδεῖν μετὰ ἀσώτων ἵνα μὴ χράνῃ τὸ στόμα καὶ * μολύνῃ * τὴν ψυχὴν καίγε τοῦτο διπρόσωπον ὅλον δὲ καλόν
Bar. 8 4 εἰς τὸν οὐρανὸν καὶ ἀνακαινίζουσιν αὐτὸν διὰ τὸ * μεμολύνθαι * αὐτὸν καὶ τὰς ἀκτῖνας αὐτοῦ ἐπὶ τῆς γῆς. καὶ
Bar. 8 5 καὶ εἶπον ἐγὼ Βαροὺχ κύριε καὶ διά τί * μολύνονται * αἱ ἀκτῖνες αὐτοῦ ἐπὶ τῆς γῆς; καὶ εἶπέν μοι ὁ
Bar. 8 5 ὅμοια ἅτινα οὐκ εἰσὶ τῷ θεῷ ἀρεστὰ διὰ ταῦτα * μολύνεται * καὶ διὰ τοῦτο ἀνακαινίζεται. περὶ δὲ τοῦ
Aris. 152 2 οἱ γὰρ πλείονες τῶν λοιπῶν ἀνθρώπων ἑαυτοὺς * μολύνουσιν * ἐπιμισγόμενοι συντελοῦντες μεγάλην ἀδικίαν
Aris. 152 5 προσάγουσιν ἀλλὰ καὶ τεκούσας ἔτι δὲ καὶ θυγατέρας * μολύνουσιν. * ἡμεῖς δὲ ἀπὸ τούτων διεστάλμεθα. περὶ δὲ
HEup. 9 34 11 νοσσεύῃ ἐπὶ τοῖς φατνώμασι τῶν πυλῶν καὶ στοῶν καὶ * μολύνῃ * τοῖς ἀποπατήμασι τὸ ἱερόν. περιβαλεῖν δὲ καὶ τὰ
LEze. 64 29 6 07 ὁμοσπόρων τὰς μισαδέλφους ὁπλίσαντες ὠλένας Κάϊν * μολῦναι * φοινίῳ πρῶτον λύθρῳ ἐπείσατον γῆν καὶ τὸν ἐξ

μολυσμός 3
TSim. 2 13 κυρίῳ ἵνα ἀποκατασταθῶ καὶ ἀπόσχωμαι ἀπὸ παντὸς * μολυσμοῦ * καὶ φθόνου καὶ ἀπὸ πάσης ἀφροσύνης. ἔγνων γὰρ
TLevi 18 2B022 ⟨ἐ⟩σχισμένα ἐπισκοπῶν αὐτὰ πρῶτον ἀπὸ παντὸς * μολυσμοῦ * ιβ' ξύλα εἰρηκέν μοι ἐπὶ τὸν βωμὸν προσφέρε⟨ιν⟩
Aris. 166 5 μιανθέντες αὐτοὶ παντάπασι τῷ τῆς ἀσεβείας * μολυσμῷ. * καλῶς δὲ ποιῶν ὁ βασιλεὺς ὑμῶν τοὺς τοιούτους

μοναρχία 1
HArt. 9 27 5 χώραν. ταῦτα δὲ πάντα ποιῆσαι χάριν τοῦ τὴν * μοναρχίαν * βεβαίαν τῷ Χενεφρῇ διαφυλάξαι. πρότερον γὰρ

μόναρχος 2
SIb. 3 11 ἀθανάτου κτίστου μεμνημένοι αἰεί; εἷς θεός ἐστι * μόναρχος * ἀθέσφατος αἰθέρι ναίων αὐτοφυὴς ἀόρατος
SIb. 3 704 ἐπὶ τούτοις οἷς δώσει κτίστης ὁ δικαιοκρίτης τε * μόναρχος. * αὐτὸς γὰρ σκεπάσειε μόνος μεγαλωστὶ παραστὰς

μονή 1
Abr.1 20 14 ἔνθα εἰσὶν αἱ σκηναὶ τῶν δικαίων μου καὶ * μοναὶ * τῶν ἁγίων μου Ἰσαὰκ καὶ Ἰακὼβ ἐν τῷ κόλπῳ αὐτοῦ

μονογενής 7
TBen. 9 2 ὁ ὕψιστος ἀποστείλῃ τὸ σωτήριον αὐτοῦ ἐν ἐπισκοπῇ * μονογενοῦς * προφήτου. καὶ εἰσελεύσεται εἰς τὸν πρῶτον
Sal. 18 4 Ἰσραηλ. ἡ παιδεία σου ἐφ' ἡμᾶς ὡς υἱὸν πρωτότοκον * μονογενῆ * ἀποστρέψαι ψυχὴν εὐήκοον ἀπὸ ἀμαθίας ἐν ἀγνοίᾳ.
Jer. 7 24 τῷ λαῷ ὑπὸ τῶν Βαβυλωνίων. ὥσπερ γὰρ πατὴρ υἱὸν * μονογενῆ * ἔχων τούτου δὲ παραδοθέντος εἰς τιμωρίαν οἱ
Esdr. 6 16 παραλαβεῖν τὴν ψυχὴν αὐτοῦ. τότε λέγει πρὸς τὸν * μονογενῆν * αὐτοῦ υἱὸν κάτελθε υἱέ μου ἀγαπητὲ μετὰ
Sedr. 9 1 τὸ γένος ἡμῶν. καὶ εἶπεν ὁ θεὸς τὸν υἱὸν αὐτοῦ τὸν * μονογενῆ * ὕπαγε λαβὲ τὴν ψυχὴν τοῦ ἠγαπημένου μου Σεδρὰχ
Sedr. 9 2 Σεδρὰχ καὶ ἀπόθου αὐτὴν ἐν τῷ παραδείσῳ. λέγει ὁ * μονογενὴς * υἱὸς τὸν Σεδρὰχ ⟨δός μοι τὴν παρακαταθήκην⟩ ἣν
IOrp. 27 οὐ γὰρ κέν τις ἴδοι θνητῶν μερόπων κραίνοντα εἰ μὴ * μουνογενὴς * τις ἀπορρὼξ φύλου ἄνωθεν Χαλδαίων ἴδρις γὰρ

μονοπρόσωπος 3
TAser 4 1 ὁμοίοις αὐτῶν ἀνθρώποις. οἱ γὰρ ἀγαθοὶ ἄνδρες καὶ * μονοπρόσωποι * κἂν νομισθῶσι παρὰ τῶν διπροσώπων
TAser 5 4 ὑψίστου ἐξεζήτησα κατὰ πᾶσαν ἰσχύν μου πορευόμενος * μονοπροσώπως * εἰς τὸ ἀγαθόν. προσέχετε οὖν τέκνα καὶ
TAser 6 1 οὖν τέκνα καὶ ὑμεῖς τὰς ἐντολὰς τοῦ κυρίου * μονοπροσώπως * ἀκολουθοῦντες τῇ ἀληθείᾳ ὅτι οἱ διπρόσωποι

μόνος 117
Adam 13 5 καρδία συνετιζομένη τὸ ἀγαθὸν καὶ λατρεύειν θεῷ * μόνῳ. * σὺ δὲ πάλιν πορεύου πρὸς τὸν πατέρα σου ἐπειδὴ
Adam 17 5 κἀγὼ εἶπον ναὶ ἀπὸ πάντων ἐσθίομεν παρὲξ ἑνὸς * μόνου * ὅ ἐστι μέσον τοῦ παραδείσου περὶ οὗ ἐνετείλατο
Adam 20 4 τοῦ ἐμοῦ μέρους κατερρύη τὰ φύλλα παρὲξ τοῦ σύκου * μόνου. * λαβοῦσα δὲ φύλλα ἀπ' αὐτοῦ ἐποίησα ἐμαυτῇ
Adam 27 2 τὸν θεὸν καὶ σπλαγχνισθῇ καὶ ἐλεήσῃ με ὅτι ἐγὼ * μόνος * ἥμαρτον. αὐτοὶ δὲ ἐπαύσαντο τοῦ ἐλαύνειν αὐτόν.
Adam 38 4 τοῦ Ἀδὰμ νυστάξαι ἀπὸ τῆς εὐωδίας χωρὶς τοῦ Σὴθ * μόνου * ὅτι ἐγένετο καθορῶν τοῦ θεοῦ. καὶ ἦλθεν πρὸς τὸ
Adam 42 3 οὐ ἐτέλεσεν τοῦ κηδεῦσαι τὸν Ἀδὰμ πλὴν τοῦ Σὴθ * μόνου * καὶ οὐδεὶς ἐγίνωσκεν ἐπὶ τῆς γῆς πλὴν τοῦ υἱοῦ
Hen. 6 3 οὐ θελήσετε ποιῆσαι τὸ πρᾶγμα τοῦτο καὶ ἔσομαι ἐγὼ * μόνος * ὀφειλέτης ἁμαρτίας μεγάλης. ἀπεκρίθησαν οὖν αὐτῷ
Hen. 6B 3 οὐ θελήσητε ποιῆσαι τὸ πρᾶγμα τοῦτο καὶ ἔσομαι ἐγὼ * μόνος * ὀφειλέτης ἁμαρτίας μεγάλης. καὶ ἀπεκρίθησαν αὐτῷ
Hen. 19 3 σειρῆνας γενήσονται. κἀγὼ Ἐνὼχ ἴδον τὰ θεωρήματα * μόνος * τὰ πέρατα πάντων καὶ οὐ μὴ ἴδῃ οὐδὲ εἷς ἀνθρώπων
Hen. 28 1 τὸ μέσον Μανδοβαρὰ καὶ ἴδον αὐτὸ ἔρημον καὶ αὐτὸ * μόνον * πλήρης δένδρων καὶ ἀπὸ τῶν σπερμάτων ὕδωρ ἀνομβρον
Hen. 89 46 ἐπορεύθη πρὸς αὐτὸν καὶ ἐλάλησεν αὐτῷ σιγῇ κατὰ * μόνας * καὶ ἤγειρεν αὐτὸν εἰς κριὸν καὶ εἰς ἄρχοντα καὶ
Abr.1 3 12 λίθους κρυφαίως καὶ ἔκρυψεν τοῖς πᾶσι τὸ μυστήριον * μόνον * ἔχων ἐν τῇ καρδίᾳ αὐτοῦ. ⟨εἶπεν δὲ Ἀβραὰμ πρὸς
Abr.1 4 11 τῆς τραπέζης καὶ συνευφράνθητι καὶ σὺ μετ' αὐτοῦ * μόνον * δὲ τὰ τοῦ ὁράματος διακρινεῖς καλῶς ὅπως ἂν γνώσῃ
Abr.2 9 8 Ἀβραὰμ ἐζήτησαν καὶ οὐκ εὗρον ἄξιον ζωῆς εἰ μὴ * μόνον * ἐκείνην ἣν κατεῖχεν ὁ ἄγγελος ἐν τῇ χειρὶ αὐτοῦ
TLevi 2 3B005 καρδίας καὶ πάντας τοὺς διαλογισμοὺς ἐννοιῶν σὺ * μόνος * ἐπίστασαι. καὶ νῦν τέκνα μου μετ' ἐμοῦ. καὶ δός
TLevi 14 7 ἐπὶ τῇ ἱερωσύνῃ κατὰ τῶν ἀνθρώπων ἐπαιρόμενοι οὐ * μόνον * δὲ ἀλλὰ καὶ κατὰ τῶν ἐντολῶν τοῦ θεοῦ φυσιούμενοι
TLevi 18 2B032 ξύλων καθήκει αὐτῷ ἐν σταθμῷ καὶ εἰς τὸ στέαρ * μόνον * ἀναφέρεσθαι ἐξ μνᾶς καὶ τῷ ταύρῳ τῷ δευτέρῳ
TLevi 18 2B032 τῷ δευτέρῳ πεντήκοντα μνᾶς καὶ εἰς τὸ στέαρ αὐτοῦ * μόνον * πέντε μνᾶς καὶ εἰς μόσχον τέλειον μ' μναῖ καὶ εἰ
TLevi 18 2B046 πᾶσα ἡ σεμίδαλις ἀναπεποιημένη ἡ⟨ν⟩ ἂν προσαγάγῃς * μόνον * οὐκ ἐπὶ στέατος προσχωθήσεται ἐπ' αὐτὴν λιβάνου
TJud. 3 1 ἐπὶ τὰ ποίμνια καὶ πολὺς λαὸς μετ' αὐτῶν κἀγὼ * μόνος * δραμὼν ἐπὶ τὸν βασιλέα Ἀσοὺρ συνέσχον αὐτὸν καὶ
TJud. 5 3 νότου. καὶ νομίσαντες οἱ ἐπὶ τοῦ τείχους ὅτι ἡμεῖς * μόνοι * ἐσμὲν ἐφελκύσθησαν ἐφ' ἡμᾶς καὶ οὕτως λάθρᾳ οἱ
TIss. 4 3 οὐ θέλει χρόνους μακροὺς οὐχ ὑπογράφει ζῆν ἀλλὰ * μόνον * ἐκδέχεται τὸ θέλημα τοῦ θεοῦ. καίγε τὰ πνεύματα
TIss. 7 5 καὶ πτωχῷ μετέδωκα τὸν ἄρτον μου. οὐκ ἔφαγον * μόνος * ὅριον οὐκ ἔλυσα εὐσέβειαν ἐποίησα ἐν πάσαις ταῖς
TZab. 3 7 τῷ Ἰωσὴφ κατὰ τὸν τύπον τοῦ Φαραώ. οὐ * μόνον * δὲ προσεκύνησαν αὐτῷ ἀλλὰ καὶ ἐνεπτύσθησαν
TZab. 4 12 πάντες ὁμοῦ εἴπομεν ὅτι ἐὰν μὴ δῷς ἐροῦμεν ὅτι σὺ * μόνος * ἐποίησας τὸ πονηρὸν ἐν Ἰσραήλ. καὶ οὕτως δίδωσιν
TZab. 5 1 τὸν πλησίον καὶ εὐσπλαγχνίαν πρὸς πάντας ἔχειν οὐ * μόνον * πρὸς ἀνθρώπους ἀλλὰ καὶ εἰς ἄλογα. διὰ γὰρ ταῦτα
TDan 1 9 ἐνέβαλεν αὐτὸν εἰς τὰς χεῖράς μου ἵνα εὕρω αὐτὸν * μόνον * οὐδὲ ἔασέ με τὸ ἀνόμημα τοῦτο ποιῆσαι ἵνα λυθῶσι
TAser 3 1 διπρόσωποι ἀγαθότητος καὶ κακίας ἀλλὰ τῇ ἀγαθότητι * μόνῃ * κολλήθητε ὅτι ὁ θεὸς ἀναπαύεται εἰς αὐτὴν καὶ οἱ
TJos. 1 6 ἐν λιμῷ συνεσχέθην καὶ αὐτὸς ὁ κύριος διέθρεψέ με * μόνος * ἤμην καὶ ὁ θεὸς παρεκάλεσέ με ἐν ἀσθενείᾳ ἤμην καὶ
TJos. 6 5 καὶ πῶς εἶπας ὅτι οὐκ ἐγγίζω εἰδώλοις ἀλλὰ κυρίῳ * μόνῳ; * νῦν οὖν γνῶθι ὅτι ὁ θεὸς τοῦ πατρός μου δι'
TJos. 7 6 γῆς. καὶ λέγει πρός με ἴδε οὖν ἀγαπᾷς με ἀρκεῖ μοι * μόνον * ὅτι ἀντιποιῇ τῆς ζωῆς μου καὶ τῶν τέκνων μου ἔχω
TJos. 8 5 καὶ ἐν ἱλαρᾷ φωνῇ χαίρων ἐδόξαζον τὸν θεὸν μου * μόνον * ὅτι διὰ προφάσεως ἀπηλλάγην τῆς Αἰγυπτίας.
TJos. 10 3 κύριος ὁ ἐν αὐτῷ κατοικῶν διὰ τὴν σωφροσύνην οὐ * μόνον * ἐκ τῶν κακῶν ῥύεται ἀλλὰ καὶ ὑψοῖ καὶ δοξάζει
TJos. 16 4 μνᾶς χρυσίου ζητοῦσι πρόσεχε μὴ φείσασθαι χρυσίου * μόνον * πριάμενος τὸν παῖδα ἄγαγε. καὶ δίδει αὐτοῖς
TBen. 5 1 ὑμᾶς ἐπιστρέψουσιν εἰς ἀγαθὸν καὶ οἱ πλεονέκται οὐ * μόνον * ἀποστήσονται τοῦ πάθους ἀλλὰ καὶ τὰ τῆς πλεονεξίας
Asen. 2 9 καὶ ἐν ταύτῃ τῇ κλίνῃ ἐκάθευδεν Ἀσενὲθ * μόνη * καὶ ἀνὴρ ἢ γυνὴ ἑτέρα οὐδέποτε ἐκάθισεν ἐπ' αὐτῇ
Asen. 2 9 ἑτέρα οὐδέποτε ἐκάθισεν ἐπ' αὐτῇ πλὴν τῆς Ἀσενὲθ * μόνης. * καὶ ἦν αὐλὴ μεγάλη παρακειμένη τῇ οἰκίᾳ κυκλόθεν
Asen. 7 7 ἔστιν ἀνὴρ ἄλλος ὃς ἑώρακεν αὐτὴν πώποτε εἰ μὴ σὺ * μόνος * σήμερον. καὶ εἰ βούλῃ ἐλεύσεται καὶ προσαγορεύσει
Asen. 10 1 εἰς τὸν κλῆρον αὐτῶν. καὶ κατελείφθη Ἀσενὲθ * μόνη * μετὰ τῶν ἑπτὰ παρθένων καὶ ἐβαρυθύμει καὶ ἔκλαιεν
Asen. 10 1 πάντες οἱ ἐν τῇ οἰκίᾳ καὶ ἦν αὐτὴ γρηγοροῦσα * μόνη * καὶ ἐνεθυμεῖτο καὶ ἔκλαιε καὶ ἐπάτασσε τῇ χειρὶ τὸ
Asen. 13 1 ἀπέφυγον ἐκ πάντων καὶ πρὸς σὲ κατέφυγον κύριε τὸν * μόνον * φιλάνθρωπον. ἰδοὺ πάντα τὰ ἀγαθὰ τῆς γῆς κατέλιπον
Asen. 22 11 Συμεὼν καὶ Λευὶς οἱ ἀδελφοὶ Ἰωσὴφ οἱ υἱοὶ Λίας * μόνον * οἱ δὲ υἱοὶ Ζέλφας καὶ Βάλλας τῶν παιδισκῶν Λίας
Asen. 24 9 κατὰ πᾶσαν ὕβριν αὐτῶν ἣν ἐπονηρεύσαντο κατ' ἐμοῦ. * μόνον * ἀποθανεῖται ὁ πατήρ μου. καὶ ἐπήνεσεν αὐτὸν Φαραὼ
Jer. 7 26 ταῦτα ἐλυπούμην καὶ ἔκλαιον δισσὸν κλαυθμὸν οὐ * μόνον * ὅτι ἐκρέμαντο ἀλλ' ὅτι ἐπεκαλοῦντο θεὸν ἀλλότριον
Jer. 9 2 ἐννέα ἡμέρας. τῇ δὲ δεκάτῃ ἀνήνεγκεν Ἰερεμίας * μόνος * θυσίαν. καὶ ηὔξατο εὐχὴν λέγων ἅγιος ἅγιος ἅγιος
Bar. 9 8 καὶ πῶς οὐ λάμπει καὶ ἐν παντὶ ἀλλ' ἐν τῇ νυκτὶ * μόνον; * καὶ εἶπεν ὁ ἄγγελος ἄκουσον ὥσπερ ἐνώπιον
Prop. 4 12 γὰρ ἐξιόντες ἐκ τῆς πόλεως ἑώρων αὐτόν. ὁ Δανιὴλ * μόνος * οὐκ ἠθέλησεν αὐτὸν ἰδεῖν ὅτι πάντα τὸν χρόνον τῆς
Prop. 4 20 ἐκεῖ ἀπέθανε καὶ ἐτάφη ἐν τῷ σπηλαίῳ τῷ βασιλικῷ * μόνος * ἐνδόξως. καὶ αὐτὸς ἔδωκε τέρας ἐν ὄρεσι τοῖς
Prop. 6 2 τῶν πατέρων αὐτοῦ. καὶ ἐτάφη ἐν τῇ γῇ αὐτοῦ * μόνος * σύνεγγυς πολυανδρίου Ἐνακείμ. Ἀμὼς ἦν ἐκ Θεκουέ.
Prop. 12 9 ἀποθνήσκει τῆς ἐπιστροφῆς. καὶ ἐτάφη ἐν ἀγρῷ ἰδίῳ * μόνος. * ἔδωκε δὲ τέρας τοῖς ἐν τῇ Ἰουδαίᾳ ὅτι ὄψονται ἐν
Prop. 12 17 ἀπὸ Βαβυλῶνος ἐτελεύτησε καὶ ἐτάφη ἐν τῷ ἰδίῳ ἀγρῷ * μονώτατος * ἐνδόξως.⟩ Σοφονίας ἐκ φυλῆς ἦν Συμεὼν ἀγροῦ
Prop. 22 20 τις καὶ θαπτόμενος ἐρρίφη ἐπὶ τὰ ὀστᾶ αὐτοῦ καὶ * μόνον * ὡς ἥψατο τῶν ὀστέων τοῦ Ἐλισαίου ὁ νεκρὸς εὐθὺς

Sedr. 4 5 τῆς ζωῆς καὶ εἶπα αὐτῷ ἀπὸ πάντων τῶν καρπῶν φάγε * μόνον * τὸ ξύλον τῆς ζωῆς φύλαξον ἐὰν γὰρ φάγῃς ἀπ' αὐτοῦ
Sedr. 7 2 εἰς τὴν κόλασιν ἀλλ' ἔκβαλον αὐτὸν μὴ γὰρ ἐγὼ * μόνος * γεμίσω τὰ ἐπουράνια; εἰ ⟨δὲ μὴ⟩ καὶ τὸν ἄνθρωπον
Sedr. 8 11 κόσμον καὶ πόσα μέλλουν πεσεῖν; καὶ εἶπεν Σεδρὰχ * μόνος * σὺ γινώσκεις ταῦτα πάντα κύριε μόνος σὺ ἐπίστασαι
Sedr. 8 11 εἶπεν Σεδρὰχ μόνος σὺ γινώσκεις ταῦτα πάντα κύριε * μόνος * σὺ ἐπίστασαι ταῦτα πάντα μόνον δέομαί σου
Sedr. 8 12 ταῦτα πάντα κύριε μόνος σὺ ἐπίστασαι ταῦτα πάντα * μόνον * δέομαί σου ἐλευθέρωσον τὸν ἄνθρωπον ἐκ τὴν κόλασιν
Sedr. 15 1 ἄγγελοί μου. λέγει Σεδρὰχ πρὸς τὸν θεὸν κύριε σὺ * μόνος * εἶ ἀναμάρτητος καὶ πολὺ εὔσπλαγχνος ὁ ἁμαρτωλοὺς
Sedr. 16 3 Σεδρὰχ κύριε σὺ ταῦτα πάντα οἶδας καὶ ἐπίστασαι * μόνον * συμπαθῆσαι τοὺς ἁμαρτωλούς. λέγει αὐτὸν ὁ κύριος
Job 4 4 Σατανᾶ, ἐπαναστήσεταί σοι μετὰ ὀργῆς εἰς πόλεμον. * μόνον * ὅτι θάνατόν σοι οὐ δυνήσεται ἐπενεγκεῖν ἐπιφέρει
Job 10 1 ἐν τῷ οἴκῳ μου ἀκίνητοι πάσας ὥρας τοῖς ξένοις * μόνοις * εἶχον δὲ καὶ τῶν χηρῶν ἄλλας δώδεκα τραπέζας
Job 11 7 ὅσον ἤθελον μὴ λαμβάνων παρ' αὐτῶν ἐνέχυρα εἰ μὴ * μόνον * ἔγγραφον. καὶ οὕτως ἐνεπορεύοντο ἐν τοῖς ἐμοῖς.
Job 18 7 θάλασσαν τὸ φορτίον λέγων θέλω ἀπολέσθαι τὰ πάντα, * μόνον * εἰσελθεῖν εἰς τὴν πόλιν ταύτην ἵνα κληρονομήσω τὰ
Job 35 1 ὅτι οὐχ οὕτως δεῖ λαλῆσαι ἀνθρώπῳ πενθοῦντι, οὐ * μόνον * ἀλλὰ καὶ ἐν πληγαῖς πολλαῖς ὄντι ἰδοὺ ἡμεῖς ὅλως
Job 43 5 καὶ τέθαπται ἡμῶν ἡ ἀνομία Ελιους, Ελιους ὁ * μόνος * πονηρὸς μνημόσυνον οὐχ ἕξει ἐν τοῖς ζῶσιν. καὶ ὁ
Job 45 1 ἐν τῷ διπλῷ. καὶ νῦν τέκνα μου ἴδε ἐγὼ τελευτῶ * μόνον * μὴ ἐπιλάθεσθε τοῦ κυρίου εὐποιήσατε τοῖς πτωχοῖς,
Job 47 2 τούτων ἕξομεν τοῦ ζῆν; καὶ εἶπεν αὐταῖς ὁ πατὴρ οὐ * μόνον * ἐκ τούτων ἕξετε τοῦ ζῆν, ἀλλ' αὗται αἱ χορδαὶ
Aris. 7 4 πολλῷ δὲ μᾶλλον σοὶ γνησίαν ἔχοντι τὴν αἵρεσιν οὐ * μόνον * κατὰ τὸ συγγενὲς ἀδελφῷ καθεστῶτι τὸν τρόπον ἀλλὰ
Aris. 15 3 κειμένης πᾶσι τοῖς Ἰουδαίοις ἣν ἡμεῖς οὐ * μόνον * μεταγράψαι ἐπινοοῦμεν ἀλλὰ καὶ διερμηνεῦσαι τίνα
Aris. 20 6 καὶ συναναγκάσαντος αὐτὸν ἀπολυτρῶσαι μὴ * μόνον * τοὺς συνεληλυθότας τῷ στρατοπέδῳ τοῦ πατρὸς ἀλλὰ
Aris. 54 1 πρὸς τὰς λειτουργίας. οὐ γὰρ αἱρεῖσθαι τὸ κεῖσθαι * μόνον * ἐν τῷ τόπῳ ⟨τὰ⟩ παρ' αὐτοῦ πολὺ δὲ μᾶλλον χάριν
Aris. 121 3 ἅτε δὴ γονέων τετευχότας ἐνδόξων οἵτινες οὐ * μόνον * τὴν τῶν Ἰουδαϊκῶν γραμμάτων ἕξιν περιεποίησαν
Aris. 131 4 καὶ διδάξας ἕκαστα περὶ τούτων οὐκ ἀπαγορευτικῶς * μόνον * ἀλλ' ἐνδεικτικῶς καὶ τὰς βλάβας προδηλώσας καὶ τὰς
Aris. 132 1 τοῖς αἰτίοις προϋπέδειξε γὰρ πάντων πρῶτον ὅτι * μόνος * ὁ θεός ἐστι καὶ διὰ πάντων ἡ δύναμις αὐτοῦ φανερὰ
Aris. 139 6 σῶμα καὶ κατὰ ψυχὴν ἀπολελυμένοι ματαίων δοξῶν τὸν * μόνον * θεὸν καὶ δυνατὸν σεβόμενοι παρ' ὅλην τὴν πᾶσαν
Aris. 146 5 δαπάνησιν τῶν προειρημένων ἡμέρων μετὰ ἀδικίας οὐ * μόνον * δὲ ταῦτα ἀλλὰ καὶ τοὺς ἄρνας καὶ ἐρίφους
Aris. 152 4 χῶραι καὶ πόλεις ὅλαι σεμνύνονται ἐπὶ τούτοις. οὐ * μόνον * γὰρ πρὸς ἄρσενας προσάγουσιν ἀλλὰ καὶ τεκούσας ἔτι
Aris. 160 2 διανισταμένους μελετᾶν τὰς τοῦ θεοῦ κατασκευὰς οὐ * μόνον * λόγῳ ἀλλὰ καὶ διαλήψει θεωροῦντας τὴν κίνησιν καὶ
Aris. 164 1 πάντα γὰρ λυμαίνονται καὶ κακοποιοῦσι μύες οὐ * μόνον * πρὸς τὴν ἑαυτῶν τροφὴν ἀλλὰ καὶ εἰς τὸ παντελῶς
Sib. 3 18 δύναται θεὸν ὅσσοις; ἢ τίς χωρήσει κἂν τοὔνομα * μοῦνον * ἀκοῦσαι οὐρανίου μεγάλοιο θεοῦ κόσμον κρατέοντος;
Sib. 3 263 καὶ πίστιν καὶ ἄριστον ἐνὶ στήθεσσι νόημα. τοῖσι * μόνοις * καρπὸν τελέθει ζείδωρος ἄρουρα ἐξ ἑνὸς εἰς ἑκατὸν
Sib. 3 571 γὰρ μὴ θύσητε θεῷ μέχρι πάντα γένηται ὅσσα θεός γε * μόνος * βουλεύσεται οὐκ ἀτέλεστα. πάντα τελεσθῆναι κρατερὴ
Sib. 3 584 +καὶ+ μέγα χάρμα βροτοῖς πάντεσσι φέροντες. * μούνοις * γάρ σφιν δῶκε θεὸς μέγας εὔφρονα βουλὴν καὶ
Sib. 3 593 ἐξ εὐνῆς αἰεὶ χρόα ἁγνίζοντες ὕδατι καὶ τιμῶσι * μόνον * τὸν ἀεὶ μεδέοντα ἀθάνατον καὶ ἔπειτα γονεῖς μέγα
Sib. 3 629 μιν ἱλάσκου θεὸν ἄμβροτον αἴ κ' ἐλεήσῃ. αὐτὸς γὰρ * μόνος * ἐστὶ θεὸς κοὐκ ἔστιν ἔτ' ἄλλος. τὴν δὲ δικαιοσύνην
Sib. 3 700 δ' ἔσσεται οὐκ ἀτέλεστα οὐδ' ἀτελεύτητον ὅ,τι κεν * μόνον * ἐν φρεσὶ θείῃ ἄψευστον γὰρ πνεῦμα θεοῦ πέλεται
Sib. 3 705 ὁ δικαιοκρίτης τε μόναρχος. αὐτὸς γὰρ σκεπάσειε * μόνος * μεγαλωστὶ παραστὰς κύκλοθεν ὡσεὶ τεῖχος ἔχων πυρὸς
Sib. 3 718 θεὸν μέγαν ἀέναόν τε. πέμπωμεν πρὸς ναὸν ἐπεὶ * μόνος * ἐστὶ δυνάστης καὶ νόμον ὑψίστοιο θεοῦ φραζώμεθα
Sib. 3 760 ὅσα πέπρακται δειλοῖσι βροτοῖσιν. αὐτὸς γὰρ * μόνος * ἐστὶ θεὸς κοὐκ ἔστιν ἔτ' ἄλλος αὐτὸς καὶ πυρὶ
Sib. 3 824 ὅτε γὰρ κατεκλύζετο κόσμος ὕδασι καί τις ἀνὴρ * μόνος * εὐδοκίμητος ἐλείφθη ὑλοτόμῳ ἐνὶ οἴκῳ ἐπιπλώσας
Sib. 4 55 καθελόντες ἐπαυχήσουσι θρόνοισιν οἷς γενεαὶ δύο * μοῦναι * ἐφ' ὧν τάδε ἔσσεται ἔργα νὺξ ἔσται σκοτόεσσα μέσῃ
Sib. 5 156 ἔτεος λάμψῃ μέγας ἀστὴρ ὃς πᾶσαν γαῖαν καθελεῖ * μόνος * εἵνεκα τιμῆς +αὐτοὶ πρῶτον ἔθηκάν τ' εἰναλίῳ
Sib. 5 173 τί θεὸς δύναται τί δὲ μηχανάαται; ἀλλ' ἔλεγες * μόνη * εἰμὶ καὶ οὐδείς μ' ἐξαλαπάξει. νῦν δέ σέ καὶ σοὺς
Sib. 5 177 ὅτε σὰς ὁ μέγας θεὸς εὕρατο τιμάς. μεῖνον ἄθεσμε * μόνη * πυρὶ δὲ φλεγέθοντι μιγεῖσα ταρτάρεον οἴκησον ἐς
Sib. 5 186 μενεῖς χήρη διὰ παντός. πουλυετὴς ἐγένου σὺ * μόνη * κόσμοιο κρατοῦσα. ἀλλ' ὅταν ἡ Βάρκη τὸ κυπάσσιον
Sib. 5 191 λαὸν σὺ δὲ εἵματα φαιὰ λαβοῦσα θρηνήσεις δύστηνε * μόνη * καὶ πάντ' ἀποτίσεις ὅσσα τὸ πρόσθεν ἔρεξας ἀναιδέα
Sib. 5 261 θυμὸν ἐνὶ στήθεσσι μάκαιρα θειογενὲς πάμπλουτε * μόνον * πεποθημένον ἄνθος φῶς ἀγαθὸν σεμνόν τε τέλος
Sib. 5 281 στομάτεσσι κενοῖς καὶ χείλεσι μωροῖς. εὐσεβέων δὲ * μόνων * ἁγία χθὼν πάντα τάδ' οἴσει νᾶμα μελισταγέος ἀπὸ
Sib. 5 284 ῥεύσει πάντεσσι δικαίοις εἰς ἕνα γὰρ γενετῆρα θεὸν * μόνον * ἔξοχον ὄντα ἤλπισαν εὐσεβίην μεγάλην καὶ πίστιν
Sib. 5 318 καλὴ πόλι παύεο κώμου. καὶ Ἱεράπολι γαῖα * μόνη * Πλούτω⟨νι⟩ μιγεῖσα ἕξεις ὃν πεπόθηκας ἔχειν χῶρον
Sib. 5 435 Βαβυλὼν χρυσόθρονε χρυσοπέδιλε πουλυετὴς βασίλεια * μόνη * κόσμοιο κρατοῦσα ἡ τὸ πάλαι μεγάλη καὶ πάμπολις
Sib. 5 485 Ἶσι θεὰ τριτάλαινα μενεῖς ἐπὶ χεύμασι Νείλου * μούνη * μαινὰς ἄναυδος ἐπὶ ψαμάθοις Ἀχέροντος κοὐκέτι σου
FMos. 1 154 1 ὄνομα ἐν οὐρανῷ μετὰ τὴν ἀνάληψιν Μελχί. λόγῳ * μόνῳ * ἀνελεῖν τὸν Αἰγύπτιον. καὶ διαδοχεύσει ⟨ἐπ'⟩ αὐτὸν
FJub. 2 4 τοῦ στερεώματος ἐπὶ πρόσωπον πάσης τῆς γῆς. τοῦτο * μόνον * τὸ ἔργον ἐποίησεν ὁ θεὸς ἐν τῇ δευτέρᾳ ἡμέρᾳ.
FJub. 47 3 πυραμίδας καὶ τούτοις τοὺς Ἑβραίους ἐξέτρυχον. * μόνους * δέκα μῆνας ῥιφῆναι τὰ βρέφη τῶν Ἰσραηλιτῶν ἐν τῷ
FEz. 64 70 6 εἶχεν ἐστρατευμένους παγανὸν δὲ οὐκ εἶχεν ἀλλ' ἢ * μόνον * δύο ἕνα χωλὸν καὶ ἕνα τυφλὸν καὶ ἕκαστος ⟨αὐτῶν⟩
FAch. 102 ἡ τῶν Βαβυλωνίων βασιλεία προέβαινεν. ὥστε οὐ * μόνον * τὰ βάρβαρα τῶν ἐθνῶν κατειληφέναι ἀλλὰ καὶ τὰ
FAch. 109 μεταδιδοὺς αὐτοῖς ἀφ' ὧν ἔχεις ἵνα μὴ ὡς κύριον * μόνον * ἐντρέπωνταί σε ἀλλὰ καὶ ὡς εὐεργέτην τιμῶσιν.
IOrp. 8 κραδίης νοερὸν κύτος εὖ δ' ἐπίβαινε ἀτραπιτοῦ * μοῦνον * δ' ἐσόρα κόσμοιο ἄνακτα ἀθάνατον. παλαιὸς δὲ
IPyt. 134 κόσμον ἴσον τούτῳ στήσας εἰπεῖν ἐμὸς οὗτος κοὐχὶ * μόνον * στήσας εἰπεῖν ἐμὸς ἀλλὰ κατοικεῖν αὐτὸς ἐν ᾧ
IDip. 5 133 3 πάντων ἀεὶ καὶ πατέρα τοῦτον διὰ τέλους τιμᾶν * μόνον * ἀγαθῶν τοσούτων εὑρετὴν καὶ κτίστορα. οἴει σὺ τοὺς
HArt. 9 27 10 τὴν περιτομὴν τῶν αἰδοίων παρ' ἐκείνου μαθεῖν οὐ * μόνον * δὲ τούτους ἀλλὰ καὶ τοὺς ἱερεῖς ἅπαντας. τὸν δὲ
HHec. 1 22 192 στρατιώταις ὁμοίως φέρειν τὸν χοῦν προστάξαντος * μόνους * τοὺς Ἰουδαίους οὐ προσσχεῖν ἀλλὰ καὶ πολλὰς
HCal. 28 13 στὰς πάντας ἐξουθένησεν τοὺς θεοὺς τῆς γῆς ⟨καὶ * μόνον * θεὸν ἀληθινὸν ἀνεκήρυξεν ἀκατανόητον ἀθεώρητον
LEze. 9 28 4 05 ἄρχων δ' ἐστὶ γῆς εἷς καὶ τύραννος καὶ στρατηλάτης * μόνος. * ἄρχει δὲ πόλεως τῆσδε καὶ κρίνει βροτοὺς ἱερεὺς
LAri. 8 10 5 μὴ μετέχουσι δυνάμεως καὶ συνέσεως ἀλλὰ τῷ γραπτῷ * μόνον * προσκειμένοις οὐ φαίνεται μεγαλεῖόν τι διασαφῶν.
LAri. 7 32 17 ἡλίου. ἐξ ἀνάγκης τῇ τῶν διαβατηρίων ἑορτῇ μὴ * μόνον * τὸν ἥλιον ἰσημερινὸν διαπορεύεσθαι τμῆμα καὶ τὴν

μονόω 1

Asen. 13 2 τῷ σάκκῳ τούτῳ καὶ τῷ σποδῷ γυμνὴ καὶ ὀρφανὴ καὶ * μεμονωμένη. * ἰδοὺ ἀπεθέμην μου τὴν βασιλικὴν στολὴν τὴν

μόνωσις 1

Sal. 4 18 οἶκος αὐτοῦ ἀπὸ παντὸς οὐ ἐμπλήσει ψυχὴν αὐτοῦ ἐν * μονώσει * ἀτεκνίας τὸ γῆρας αὐτοῦ εἰς ἀνάλημψιν.

Μοολι 1

TLevi 12 3 Καὰθ Ἀμβρὰμ Ἰσαὰρ Χεβρὼν Ὀζιήλ. καὶ υἱοὶ Μεραρὶ * Μοολι * καὶ Ὁμουσί. καὶ ἐνενηκοστῷ τετάρτῳ ἔτει μου

μόρος (μοῖρα) 2

Sib. 5 40 αὐτὸν κοίρανος ἔσται τετράδος ἐκ κεραίης +τ' ἔφθος * μόρος+ * αὐτὰρ ἔπειτα πεντήκοντ' ἀριθμῶν γεραρὸς βροτός.
Sib. 5 451 Κύπρος δ' ἕξει μέγα πῆμα καὶ Πάφος αἰάξει δεινὸν * μόρον * ὥστε νοῆσαι καὶ Σαλαμῖνα πόλιν μεγάλην μέγα πῆμα

μορφή 12

Abr.1 16 6 υἱοὺς τῶν ἀνθρώπων ἀρχαγγέλου δὲ περιβαλόμενος * μορφὴν * τὰς παρειὰς αὐτοῦ πῦρ ἀπαυγάζων καὶ ἀπῆλθεν πρὸς
Abr.1 16 12 τὸ κάλλος τῶν ἀγγέλων καὶ τῶν ἀνθρώπων σὺ εἶ πάσης * ⟨μορφῆς⟩ * εὐμορφότερος καὶ λέγεις ὅτι ἐγώ εἰμι τὸ πικρὸν
Abr.1 17 12 τὰ κάλλη καὶ πᾶσαν τὴν δόξαν καὶ τὴν ἡλιόμορφον * μορφὴν * ἣν περιεκέκτητο καὶ περιεβάλετο στολὴν τυραννικὴν
Abr.1 18 1 σου τὴν ἀγριότητα καὶ περιβαλοῦ τὴν ὡραιότητα καὶ * μορφὴν * ἣν εἶχες τὸ πρότερον. εὐθέως δὲ ὁ θάνατος ἔκρυψεν
TBen. 10 1 ἐν Αἰγύπτῳ ἐπεθύμουν ἰδεῖν τὴν ἰδέαν αὐτοῦ καὶ τὴν * μορφὴν * τῆς ὄψεως αὐτοῦ καὶ δι' εὐχῶν Ἰακὼβ τοῦ πατρός
TBen. 10 7 τὸν βασιλέα τῶν οὐρανῶν τὸν ἐπὶ γῆς φανέντα * μορφῇ * ἀνθρώπου ταπεινώσεως καὶ ὅσοι ἐπίστευσαν αὐτῷ ἐπὶ
Esdr. 4 14 πλῆθος ἁμαρτωλῶν καὶ τὴν φωνὴν αὐτῶν ἤκουον τὰς δὲ * μορφὰς * οὐκ ἔβλεπον. καὶ κατήγαγόν με κατώτερον βαθμοὺς
Sib. 3 8 ἀνθρώποισιν. ἄνθρωποι θεόπλαστον ἔχοντες ἐν εἰκόνι * μορφὴν * τίπτε μάτην πλάζεσθε καὶ οὐκ εὐθεῖαν ἀταρπὸν
Sib. 3 27 μεσημβρίην τε καὶ ἄρκτον αὐτὸς δ' ἐστήριξε τύπον * μορφῆς * μερόπων τε καὶ θῆρας ποίησε καὶ ἑρπετὰ καὶ
Sib. 5 135 χώρην ἀπολεῖ ποταμὸς βαθυδίνης Πηνειὸς βαθύρους * μορφὰς * θηρῶν ἀπὸ γαίης Ἠπιδανὸς φάσκων θηρῶν μορφάς
Sib. 5 136 μορφὰς θηρῶν ἀπὸ γαίης Ἠπιδανὸς φάσκων θηρῶν * μορφάς * ποτε γεννᾶν+. Ἑλλάδα τὴν τριτάλαιναν ἀναιάξουσι
FAch. 113 τῶν λοιπῶν ἄστρων οὕτω καὶ σὺ τῇ κερατοειδεῖ * μορφῇ * σελήνης τρόπον ἔχεις οἱ δὲ ἄρχοντές σου τοῖς περὶ

μορφόω 1

Sib. 4 182 ἀνῆψεν ὀστέα καὶ σποδιὴν αὐτὸς θεὸς ἔμπαλιν ἀνδρῶν * μορφώσει * στήσει δὲ βροτοὺς πάλιν ὡς πάρος ἦσαν. καὶ τότε

Μοσόλλαμος 2

HHec. 1 22 201 τῶν παραπεμπόντων ἡμᾶς ἱππέων Ἰουδαίων ὄνομα * Μοσόλλαμος * ἄνθρωπος ἱκανὸς κατὰ ψυχὴν εὔρωστος καὶ
HHec. 1 22 204 οὐκ ἂν ἦλθε φοβούμενος μὴ τοξεύσας αὐτὸν ἀποκτείνῃ * Μοσόλλαμος * ὁ Ἰουδαῖος. διὰ τὴν ἐπιείκειαν καὶ πίστιν ἣν

μοσχάριον 1

TLevi 18 2B041 τῷ ταύρῳ τῷ μεγάλῳ καὶ τῷ ταύρῳ τῷ β' καὶ τῷ * μοσχαρίῳ * σάτον σεμίδαλιν καὶ τῷ κριῷ καὶ τῷ τράγῳ τὰ δύο

μόσχος 16

Abr.1 6 4 παρὰ τὴν δρῦν τὴν Μαβρὴν καὶ θυσάντες ἡμεῖς τὸν * μόσχον * παρέθηκας αὐτοῖς τράπεζαν δαπανηθέντων δὲ τῶν
Abr.1 6 5 δαπανηθέντων δὲ τῶν κρεάτων εἰσῆλθεν πάλιν ὁ * μόσχος * καὶ ἐθήλαξεν τῇ μητρὶ αὐτοῦ ἐν ἀγαλλιάσει οὐκ
Abr.2 2 10 δὲ ὅτι ἀπῆλθες σταδίους τεσσεράκοντα καὶ ἤνεγκας * μόσχον * καὶ ἔθυσας ἀγγέλοις ξενιζομένοις ἐν τῷ οἴκῳ σου
Abr.2 6 10 ἡμῖν ὅτε συναπῆλθες ⟨ἐν τῷ πεδίῳ⟩ καὶ ἤνεγκας τὸν * μόσχον * καὶ ἔθυσας καὶ ἔδωκάς μοι λέγων ἀναστᾶσα ποίησον
TLevi 18 2B033 καὶ εἰς τὸ στέαρ αὐτοῦ μόνον πέντε μνᾶς καὶ εἰς * μόσχον * τέλειον μ' μναῖ καὶ εἰ κριὸς ἐκ προβάτων ἢ τράγος
TLevi 18 2B038 τὰ πέντε μέρη ἀπὸ τῶν ἓξ μερῶν τοῦ σάτου καὶ τοῦ * μόσχου * τὸ δίμοιρον τοῦ σάτου καὶ τῷ κριῷ τὸ ἥμισυ τοῦ
TGad 2 2 αὐτὸν ἐκλεῖξαι ἐκ γῆς ζώντων ὃν τρόπον ἐκλείχει ὁ * μόσχος * τὰ χλωρὰ ἀπὸ τῆς γῆς. διὸ ἐγὼ καὶ Ἰούδας
Job 15 9 τοῦ θεοῦ ἡ ὑπερηφανία. καὶ πάλιν ἐξαίρετον * μόσχον * ἀνέφερον ἐπὶ τὸ θυσιαστήριον τοῦ θεοῦ, μήπως οἱ

Aris. 93 2 συγχρώμενοι διαλαβόντες γὰρ ἀμφοτέραις τῶν * μόσχων * τὰ σκέλη πλεῖον ὄντα ταλάντων δύο σχεδὸν ἑκάστου
Aris. 170 2 ἀπολογεῖσθαι καὶ γὰρ ἐπὶ τῶν προσφερομένων ἔλεγε * μόσχων * τε καὶ κριῶν καὶ χιμάρων ὅτι δεῖ ταῦτα ἐκ
Sib. 3 790 παρδάλιές τ' ἐρίφοις ἅμα βοσκήσονται ἄρκτοι σὺν * μόσχοις * νομάδες αὐλισθήσονται σαρκοβόρος τε λέων φάγεται
Sib. 5 355 ἠδ' οἴων ταύρων τ' ἀγέλας ἐριμύκων ἐκθυσιάζοντας * μόσχων * μεγάλων κεροχρύσων ἀψύχοις θ' Ἑρμαῖς καὶ τοῖς
FEz. 186 10 αλ>λα ειδου εγω διακριν<ω κριον προς κριον> και * μοσχον * προς μοσχ<ον και το χωλο>ν κατεδησω και το
FEz. 186 10 εγω διακριν<ω κριον προς κριον> και μοσχον προς * μοσχ<ον * και το χωλο>ν κατεδησω και το ενο<χλουμενον
HEup. 9 34 16 δὲ τῷ θεῷ θυσίαν μυρίαν πρόβατα δισχίλια * μόσχους * τρισχιλίους πεντακοσίους. τὸ δὲ σύμπαν χρυσίον
LEze. 9 29 13 02 τοῦδε τοῦ μηνὸς λαβὼν κατὰ συγγενείας πρόβατα καὶ * μόσχους * βοῶν ἄμωμα δεκάτῃ καὶ φυλαχθήτω μέχρι τετράς

μοῦσα 2
Sib. 5 267 νοῦν ἀλλὰ σε κυδάλιμοι παῖδες περιτιμήσουσιν καὶ * μούσαις * ἁγίαισι τράπεζαν ἐπιστήσονται παντοίαις θυσίαισι
FAch. 123 χρυσοῦν ἀνατεθῆναι τῷ Αἰσώπῳ μετὰ καὶ τῶν * Μουσῶν * καὶ ἐποίησεν ἑορτὴν μεγάλην ὁ βασιλεὺς ἐπὶ τῇ τοῦ

Μουσαῖος 2
IOrp. 4 πάντες ὁμῶς σὺ δ' ἄκουε φαεσφόρου ἔκγονε Μήνης * Μουσαῖ'. * ἐξερέω γὰρ ἀληθέα μηδέ σε τὰ πρὶν ἐν στήθεσσι
HArt. 9 27 3 ὀνομάσαι ὑπὸ δὲ τῶν Ἑλλήνων αὐτὸν ἀνδρωθέντα * Μουσαῖον * προσαγορευθῆναι. γενέσθαι δὲ τὸν Μώϋσον τοῦτον

μουσικός 3
TJud. 23 2 κληδόσι καὶ δαίμοσι πλάνης. τὰς θυγατέρας ὑμῶν * μουσικὰς * καὶ δημοσίας ποιήσετε καὶ ἐπιμιγήσεσθε ἐν
TBen. 11 3 ἐν συναγωγαῖς ἐθνῶν καὶ ἐν τοῖς ἄρχουσιν αὐτῶν ὡς * μουσικὸν * μέλος ἐν στόματι πάντων καὶ ἐν βιβλίοις ἁγίαις
Aris. 286 5 καὶ τοῖς τῶν ἀρχομένων βίοις ἐμμελέστερον ἢ * μουσικώτερον * οὐκ ἂν εὕροις τι τούτων οὗτοι γὰρ θεοφιλεῖς

μοχθέω 5
TRub. 4 1 πορεύεσθε ἐν ἁπλότητι καρδίας ἐν φόβῳ κυρίου καὶ * μοχθοῦντες * ἐν ἔργοις καὶ ἀποπλανώμενοι ἐν γράμμασι καὶ
Sib. 5 162 καὶ λαὸς ἀληθής. ἔσσεαι ἐν θνητοῖσι κακοῖς κακὰ * μοχθήσασα * ἀλλὰ μενεῖς πανέρημος ὅλους αἰῶνας ἐσαῦτις
FPho. 19 μὴ κλέπτειν ἐπαράσιμος ὅστις ἔληται. μισθὸν * μοχθήσαντι * δίδου μὴ θλῖβε πένητα. γλώσσῃ νοῦν ἐχέμεν
FPho. 153 εὖ ἔρξῃς σπείρειν ἴσον ἔστ' ἐνὶ πόντωι. ἐργάζευ * μοχθῶν * ὡς ἐξ ἰδίων βιοτεύσῃς πᾶς γὰρ ἀεργὸς ἀνὴρ ζώει
FPho. 159 σκάπτοιτο δικέλληι. ἔστι βίωι πᾶν ἔργον ἐπὴν * μοχθεῖν * ἐθέλῃσθα. ναυτίλος εἰ πλώειν ἐθέλεις εὐρεῖα

μοχθηρός 1
FEz. 187 15 >λις και< ---< >ον< >ι νυν υμ< >ται απο του ν< * μο>χθηρων * και< >χωρας< >ης καλυπ< >γεινεται ε<

μόχθος 6
Abr.2 9 8 τῶν ἀγαθῶν ἔργων αὐτῆς καὶ οὐκ εἴασεν αὐτὴν ἐν * μόχθῳ * οὐδὲ ἐν ἀναπαύσει ἀλλ' ἐν τόπῳ μεσότητος ἐκείνας
TJud. 18 4 αὐτοῦ ἀπὸ πάσης ἀγαθοσύνης καὶ συνέχει αὐτὸν ἐν * μόχθοις * καὶ πόνοις καὶ ἀφιστᾷ ὕπνον αὐτοῦ καὶ καταδαπανᾷ
Job 24 2 τῆς ἐμῆς κοιλίας οὓς εἰς κενὸν ἐκοπίασα μετὰ * μόχθων * σὺ δὲ αὐτὸς κάθῃ ἐν σαπρίᾳ σκωλήκων διανυκτερεύων
Sib. 3 417 τε πολυσπερὲς οἶδμα λιποῦσα σοὶ δὲ μάλιστα γόους * μόχθους * στοναχάς τε φέρουσα θήσει ἀγήρατον δ' ἔσται
FJub. 3 21 ὅλως τῷ λόγῳ τῆς Εὔας ὅτι λειποθυμῶν ἦν ἀπό τε * μόχθου * καὶ πείνης. ὁ ὄφις ἀπὸ κτήνους ἑρπετὸν ἐγένετο
FEsd. 5 35 ἡ μήτρα τῆς μητρός μου τάφος ἵνα μὴ ἴδω τὸν * μόχθον * τοῦ Ἰακὼβ καὶ τὸν κόπον τοῦ γένους Ἰσραήλ; εἰ

μοχλός 3
Asen. 10 3 τὸ ἔδαφος. καὶ ἔκλεισε τὴν θύραν ἀσφαλῶς καὶ τὸν * μοχλὸν * τὸν σιδηροῦν καθῆκεν ἐκ πλαγίου καὶ ἐστέναξε
Asen. 10 9 αὐτῆς καὶ ἔκλεισε πάλιν τὴν θύραν ἀσφαλῶς καὶ τὸν * μοχλὸν * καθῆκεν ἐκ πλαγίου. καὶ ἔσπευσεν Ἀσενὲθ καὶ
Esdr. 4 25 με ἐπὶ βορρᾶν καὶ ἴδον ἐκεῖ ἄνθρωπον σιδηροῖς * μοχλοῖς * κατεχόμενον. καὶ ἐπηρώτησα τίς ἐστιν οὗτος; καὶ

μυθεύω 1
LEze. 9 28 3 03 μοι ἤγαγέ με μήτηρ βασιλίδος πρὸς δώματα ἅπαντα * μυθεύσασα * καὶ λέξασά μοι γένος πατρῷον καὶ θεοῦ

μυθολογεύω 1
FPho. 69 ἐν πολιήταις. μέτρωι ἔδειν μέτρωι δὲ πιεῖν καὶ * μυθολογεύειν. * πάντων μέτρον ἄριστον ὑπερβασίαι δ'

μυθολόγος 1
Aris. 322 2 ὦ Φιλόκρατες. τέρπειν γὰρ οἴομαί σε ταῦτα ἢ τὰ τῶν * μυθολόγων * βιβλία. νένευκας γὰρ πρὸς περιεργίαν τῶν

μυθοποιέω 1
Aris. 137 5 καὶ νομίζουσιν οἱ ταῦτα διαπλάσαντες καὶ * μυθοποιήσαντες * τῶν Ἑλλήνων οἱ σοφώτατοι καθεστάναι. τῶν

μῦθος 3
Sib. 3 226 οὐ μάντεις οὐ φαρμακοὺς οὐ μὴν ἐπαοιδοὺς οὐ * μύθων * μωρῶν ἀπάτας ἐγγαστεριμύθων οὐδέ τε Χαλδαιων τὰ
FPho. 87 ἄνδρας ἐάσῃς. <μηδὲ δίκην δικάσῃς πρὶν <ἂν> ἄμφω * μῦθον * ἀκούσῃς.> τὴν σοφίην σοφὸς εὐθύνει τέχνας δ'
LThe. 9 22 9 Ἀβραὰμ ἀπογόνοις δέκα ἔθνη δώσειν. εὖ γὰρ ἐγὼ * μῦθόν * <γε> πεπυσμένος εἰμὶ θεοῖο δώσειν γάρ ποτ' ἔφησε

μυθώδης 2
Aris. 168 5 καὶ οὐδὲν εἰκῇ κατατέτακται διὰ τῆς γραφῆς οὐδὲ * μυθωδῶς * ἀλλ' ἵνα δι' ὅλου τοῦ ζῆν καὶ ἐν ταῖς πράξεσιν
LAri. 8 10 2 ἔννοιαν περὶ θεοῦ κρατεῖν καὶ μὴ ἐκπίπτειν εἰς τὸ * μυθῶδες * καὶ ἀνθρώπινον κατάστημα. πολλαχῶς γὰρ ὁ

μύκημα 2
Job 40 9 ἠπλωμένην καὶ ἅπαντες ἰδόντες ἀνέκραξαν μετὰ * μυκήματος * κλαυθμοῦ ἐπ' αὐτήν, καὶ ἡ φωνὴ ἔδωκεν διὰ
Sib. 4 175 ῥομφαίᾳ σάλπιγγι ἅμ' ἠελίῳ ἀνιόντι κόσμος ἅπας * μύκημα * καὶ ὄμβριμον ἦχον ἀκούσει. φλέξει δὲ χθόνα πᾶσαν

Μυκήνη 1
Sib. 3 347 κλύτος+ βασιλὶς Μερόπεια Ἀντιγόνη Μαγνησίη * +Μυκήνη * πάνθεια+. ἴσθι τότ' Αἰγύπτου ὀλοὸν γένος ἐγγὺς

μυκτηρίζω 1
TJos. 2 3 με ἀπὸ φλογὸς καιομένης. ἐφυλακίσθην ἐτυπτήθην * ἐμυκτηρίσθην * καὶ ἔδωκέ με κύριος εἰς οἰκτιρμοὺς ἐνώπιον

μυκτηρισμός 1
Sal. 4 7 τὰ ἔργα ἀνθρώπων ἀνθρωπαρέσκων ἐν καταγέλωτι καὶ * μυκτηρισμῷ * τὰ ἔργα αὐτοῦ. καὶ δικαιώσαισαν ὅσιοι τὸ

μύλη 1
Sal. 13 3 ὀδοῦσιν αὐτῶν ἐτίλλοσαν σάρκας αὐτῶν καὶ ἐν ταῖς * μύλαις * ἔθλων ὀστᾶ αὐτῶν καὶ ἐκ τούτων ἁπάντων ἐρρύσατο

Μύρα 1
Sib. 4 109 πρηνίξας στήσῃ δὲ πάλιν πόλις ἱδρυνθεῖσα. ὦ Λυκίης * Μύρα * καλά σέ δ' οὔποτε βρασσομένη χθὼν στηρίξει πρηνής

μυριάς 29
Hen. 1 9 ποιήσει ἐπ' αὐτοὺς εἰρήνην. ὅτι ἔρχεται σὺν ταῖς * μυριάσιν * αὐτοῦ καὶ τοῖς ἁγίοις αὐτοῦ ποιῆσαι κρίσιν κατὰ
Hen. 14 22 αὐτῷ καὶ οὐδεὶς ἐγγίζει αὐτῷ. κύκλῳ μυρίαι * μυριάδες * ἑστήκασιν ἐνώπιον αὐτοῦ καὶ πᾶς λόγος αὐτοῦ
Abr.1 12 1 τῇ γνώμῃ καὶ ἀπότομοι τῷ βλέμματι καὶ ἤλαυνον * μυριάδας * ψυχὰς ἀνηλεῶς τύπτοντες ἐν πυρίναις χαρζαναῖς
Abr.2 9 5 ἐν τῇ ὥρᾳ ἐκείνῃ καὶ ἰδοὺ ἄγγελος ἐλαύνων ψυχὰς ὡς * μυριάδας * ἐξ μίαν δὲ ψυχὴν κρατῶν ἐν τῇ χειρὶ αὐτοῦ καὶ
Abr.2 9 5 δὲ ψυχὴν κρατῶν ἐν τῇ χειρὶ αὐτοῦ καὶ ἀπῆξεν τὰς * μυριάδας * τῶν ψυχῶν εἰς τὴν πύλην τὴν ἀπάγουσαν εἰς τὴν
Abr.2 9 10 καὶ εἶπεν Ἀβραὰμ τῷ Μιχαὴλ εἰπέ μοι κύριε τὰς ἐξ * μυριάδας * τῶν ψυχῶν ἃς ἐλαύνει ὁ ἄγγελος αὐτός ἐστιν ὁ
Asen. 16 17C τοῦ κηρίου ἐκείνου καὶ οἱ σίμβλοι ἦσαν ἀναρίθμητοι * μυριάδες * μυριάδων καὶ χιλιάδες χιλιάδων. καὶ ἦσαν αἱ
Asen. 16 17C ἐκείνου καὶ οἱ σίμβλοι ἦσαν ἀναρίθμητοι μυριάδες * μυριάδων * καὶ χιλιάδες χιλιάδων. καὶ ἦσαν αἱ μέλισσαι
Aris. 10 2 πρόθεσιν. παρόντων οὖν ἡμῶν ἐρωτηθεὶς πόσαι τινὲς * μυριάδες * τυγχάνουσι βιβλίων; εἶπεν ὑπὲρ τὰς εἴκοσι
Aris. 10 4 δ' ἐν ὀλίγῳ χρόνῳ πρὸς τὸ πληρωθῆναι πεντήκοντα * μυριάδας * τὰ λοιπά. προσήγγελται δέ μοι καὶ τῶν Ἰουδαίων
Aris. 12 8 πάντα ὑποχείρια ποιούμενος ἐν ὅσῳ καὶ πρὸς δέκα * μυριάδας * ἐκ τῆς τῶν Ἰουδαίων χώρας εἰς Αἴγυπτον
Aris. 13 1 χώρας εἰς Αἴγυπτον μετήγαγεν ἀφ' ὧν ὡσεὶ τρεῖς * μυριάδας * καθοπλίσας ἀνδρῶν ἐκλεκτῶν εἰς τὴν χώραν
Aris. 19 2 καὶ προσβλέψας ἱλαρῷ τῷ προσώπῳ πόσας ὑπολαμβάνεις * μυριάδας * ἔσεσθαι; ἔφη. παρεστὼς δὲ Ἀνδρέας ἀπεφήνατο
Aris. 19 3 ἔφη. παρεστὼς δὲ Ἀνδρέας ἀπεφήνατο βραχεῖ πλεῖον * μυριάδων * δέκα. ὃ δὲ μικρόν γε εἶπεν Ἀριστέας ἡμᾶς ἀξιοῖ
Aris. 37 1 πᾶσι πολὺ δὲ μᾶλλον τοῖς σοῖς πολίταις ὑπὲρ δέκα * μυριάδας * αἰχμαλώτων ἠλευθερώκαμεν ἀποδόντες τοῖς
Aris. 88 5 τὴν σμῆξιν τῶν ἀπὸ τῶν θυσιῶν αἱμάτων. πολλαὶ γὰρ * μυριάδες * κτηνῶν προσάγονται κατὰ τὰς τῶν ἑορτῶν ἡμέρας.
Aris. 116 3 ἀείρρους. <τῆς δὲ χώρας> οὐκ ἔλαττον ἑξακισχιλίων * μυριάδων * ἀρουρῶν τὸ ἀρχαῖον οὔσης μετέπειτα δὲ οἱ
Aris. 116 4 δέ οἱ γειτνιῶντες ἐπέβησαν αὐτῆς ἑξήκοντα * μυριάδες * ἀνδρῶν ἔγκληροι καθειστήκεισαν ἑκατοντάρουροι.
Sib. 4 139 μέγα ἔγχος ἀείρας Εὐφρήτην διαβὰς πολλαῖς ἅμα * μυριάδεσσιν. * τλῆμον Ἀντιόχεια σέ δὲ πτόλιν οὔποτ'
HEup. 9 32 1 τῶν κατὰ τοὺς λαοὺς τοὺς παρ' ἡμῖν ἀπέσταλκα σοὶ * μυριάδας * ὀκτὼ ὧν καὶ τὰ πλήθη ἐξ ὧν εἰσι διασεσάφηκά σοι
HEup. 9 34 4 δώδεκα τῶν Ἰουδαίων καὶ παρέχειν ταῖς ἑκκαίδεκα * μυριάσι * τὰ δέοντα πάντα κατὰ μῆνα φυλὴν μίαν. θεμελιῶσαί
HEup. 9 34 16 δύο στύλους καὶ τὸν ναὸν καταχρησθὲν εἶναι τάλαντα * μυριάδων * υ ξ'. εἰς δὲ τοὺς ἥλους καὶ τὴν ἄλλην
HEup. 9 39 5 καὶ συναγαγόντα πεζῶν μὲν ὀκτωκαίδεκα ἱππέων δὲ * μυριάδας * δώδεκα καὶ πεζῶν ἅρματα μυρία πρῶτον μὲν τὴν
HArt. 9 27 8 Ἑρμοπολίτην ὀνομαζόμενον νομὸν ἔχοντα περὶ δέκα * μυριάδας * γεωργῶν αὐτοῦ καταστρατοπεδεῦσαι πέμψαι δὲ
HHec. 1 22 194 εἰς Βαβυλῶνα Πέρσαι πρότερον αὐτῶν ἐποίησαν * μυριάδας * οὐκ ὀλίγαι δὲ καὶ μετὰ τὸν Ἀλεξάνδρου θάνατον
HHec. 1 22 195 μετέστησαν διὰ τὴν ἐν Συρίᾳ στάσιν. τριακοσίας * μυριάδας * ἀρουρῶν σχεδὸν τῆς ἀρίστης καὶ παμφορωτάτης
HHec. 1 22 197 τὴν περίμετρον ἣν οἰκοῦσι μὲν ἀνθρώπων περὶ δώδεκα * μυριάδες * καλοῦσι δ' αὐτὴν Ἱεροσόλυμα. ἐνταῦθα δ' ἔστι
LEze. 9 29 14 11 τὸν πάντα δ' αὐτῶν ἀριθμὸν ἠρόμην ἐγὼ <στρατοῦ> * μυριάδες * <ἦσαν> ἑκατὸν εὐάνδρου λεώ<ς>. ἐπεὶ δ' Ἑβραίων
LAri. 8 10 14 ἀνυποστάτως εἶναι. τοῦ γὰρ παντὸς πλήθους * μυριάδων * οὐκ ἔλαττον ἑκατὸν χωρὶς τῶν ἀφηλίκων

μυρίζω 1
Sedr. 14 7 τὸ ἐμὸν βάπτισμα καὶ τὸ θεῖόν μου μύρον * μυρισθέντες * καὶ γίνονται ἀπογνωστοὶ τὴν τέλειαν

μυριος 18
Hen. 14 22 παρειστήκει αὐτῷ καὶ οὐδεὶς ἐγγίζει αὐτῷ. κύκλῳ * μυρίαι * μυριάδες ἑστήκασιν ἐνώπιον αὐτοῦ καὶ πᾶς λόγος
Hen. 18 16 καιροῦ τελειώσεως αὐτῶν ἁμαρτίας (αὐτῶν) ἐνιαυτῶν * μυρίων. * καὶ εἶπέν μοι Οὐριὴλ ἐνθάδε οἱ μιγέντες ἄγγελοι
Hen. 21 6 τοῦ κυρίου καὶ ἐδέθησαν ὧδε μέχρι τοῦ πληρῶσαι * μυρία * ἔτη τὸν χρόνον τῶν ἁμαρτημάτων αὐτῶν. κἀκεῖθεν
Sib. 3 235 τ' ἀρετήν τε κοὐ φιλοχρημοσύνην ἥτις κακὰ * μυρία * τίκτει θνητοῖς ἀνθρώποις πόλεμον καὶ λιμὸν
Sib. 3 340 αὔλακος ἔσσεται ὁλκὸς καρποφόρου τὸ δὲ ῥεῦμα τὸ * μυρίον * αὐχέν' ἐφέξει. χάσματα ἠδὲ βάραθρ' ἀχανῆ πολλαί

| SIb. | | 3 | 355 | | ἐν Ἀσίδι θητεύσουσιν Ἰταλοὶ ἐν πενίῃ ἀνὰ * μυρία * δ' ὀφλήσουσιν. ὦ χλιδανὴ ζάχρυσε Λατινίδος ἔκγονε |
| SIb. | | 3 | 648 | | καὶ ἄνηρότος ἔσται ἅπασα κηρύσσουσα τάλαινα μύσος * μυρίων * ἀνθρώπων --- πολλὰ χρόνων μήκη περιτελλομένων |
| SIb. | | 5 | 31 | | ὀλέσει καὶ πάντα ταράξει ἀθλεύων ἐλάων κτείνων καὶ * μυρία * τολμῶν καὶ τμήξει τὸ δίκυμον ὄρος λύθρῳ τε παλάξει |
| SIb. | | 5 | 476 | | ὥστε νοεῖν ἀνδρῶν τ' ἀριθμόν μέτρον τε γυναικῶν. * μυρία * δ' οἰμώξει δειλὴ γενεὴ κατὰ τέρμα ἠελίου δύνοντος |
| HEup. | 9 | 32 | 1 | | εἰσὶ διεσάφηκά σοι ἐκ μὲν τοῦ Σεβριθίτου νομοῦ * μυρίους * ἐκ δὲ τοῦ Μενδησίου καὶ Σεβεννύτου δισμυρίους |
| HEup. | 9 | 32 | 1 | | Βουσιρίτου Λεοντοπολίτου καὶ Ἀθριβίτου ἀνὰ * μυρίους. * φρόντισον δὲ καὶ τὰ δέοντα αὐτοῖς καὶ τὰ ἄλλα |
| HEup. | 9 | 33 | 1 | | τὰ δέοντα ἐκ τῆς χώρας κατὰ μῆνα κόρους σίτου * μυρίους * ὁ δὲ κόρος ἐστὶν ἀρτάβων ἕξ καὶ οἴνου κόρους |
| HEup. | 9 | 33 | 1 | | ὁ δὲ κόρος ἐστὶν ἀρτάβων ἕξ καὶ οἴνου κόρους * μυρίους * ὁ δὲ κόρος τοῦ οἴνου ἐστὶ μέτρα δέκα. τὸ δὲ |
| HEup. | 9 | 34 | 16 | | αὐτῷ τὸν προφήτην. προσαγαγεῖν δὲ τῷ θεῷ θυσίαν * μυρίαν * πρόβατα δισχίλια μόσχους τρισχιλίους |
| HEup. | 9 | 34 | 16 | | τοὺς κίονας καὶ τὸν λουτῆρα καὶ τὴν στοὰν τάλαντα * μύρια * ὀκτακισχίλια πεντήκοντα. ἀποπέμψαι δὲ τὸν Σολομῶνα |
| HEup. | 9 | 34 | 17 | | καὶ τῷ μὲν Αἰγύπτου βασιλεῖ Οὐαφρῇ ἐλαίου μετρητὰς * μυρίους * φοινικοβαλάνων ἀρτάβας χιλίας μέλιτος δὲ ἀγγεῖνα |
| HEup. | 9 | 39 | 5 | | ἱππέων δὲ μυριάδας δώδεκα καὶ πεζῶν ἄρματα * μύρια * πρῶτον μὲν τὴν Σαμαρεῖτιν καταστρέψασθαι καὶ |
| LEze. | 9 | 29 14 02 | | | γὰρ σὺν ὄχλῳ τῷδ' ἀφώρμησεν δόμων βασιλεὺς Φαραὼ * μυρίων * ὅπλων μετὰ ἵππου τε πάσης καὶ ἁρμάτων τετραόρων |

**μυριότρητος**
             1

| FPho. | | | 174 | | δρυὸς ὠγυγίης κατὰ κοιλάδος ἔνδοθι σίμβλων σμήνεσι * μυριότρητα * κατ' ἄγγεα κηροδομοῦσα. μὴ μείνῃς ἄγαμος μὴ |

**μυρίπνους**
             1

| SIb. | | 5 | 129 | | κακῷ καὶ νάμασι πικροῖς τὴν Λυκίης ἄμυρον καὶ τὴν * μυρίπνουν * ποτε χέρσον. ἔσται καὶ Φρυγίη δεινὸς χόλος |

**μύρισμα**

| Abr.1 | | | 20 | 11 | ἐν ταῖς χερσὶν αὐτῶν ἐν σινδόνι θεοϋφάντῳ. καὶ * μυρίσμασι * θεοπνεύστοις καὶ ἀρώμασιν ἐκήδευσαν δὲ τὸ σῶμα |

**μύρμηξ**
             1

| FPho. | | | 164 | | αὐτοῖς μακάρεσσι πόνος δ' ἀρετὴν μέγ' ὀφέλλει. * μύρμηκες * γαίης μυχάτους προλελοιπότες οἴκους ἔρχονται |

**μύρον**
             2

| Asen. | | 13 | 6 | | καὶ πορφυροῖς ὃ ἦν τὸ πρότερον καταρραινόμενον * μύροις * καὶ ἐξεμάσσετο ὀθονίοις λαμπροῖς νυνὶ |
| Sedr. | | 14 | 7 | | οἱ βαπτισθέντες τὸ ἐμὸν βάπτισμα καὶ τὸ θεῖόν μου * μύρον * μυρισθέντες καὶ γίνονται ἀπόγνωστοι τὴν τέλειαν |

**μυρσίνη**
             2

| TLevi | | 18 2B024 | | | βερωθα +καν+ θεχακ καὶ κυπάρισσον καὶ δάφνην καὶ * μυρσίνην * καὶ ἀσφάλαθον. ταῦτα εἴρηκεν ὅτι ταῦτά ἐστιν ἃ |
| Aris. | | 79 | 2 | | ἀμπέλου κατὰ μέσον περὶ δὲ τὰ χείλη κισσοῦ τε καὶ * μυρσίνης * ἔτι δ' ἐλαίας ἀνέπλεξαν στέφανον ἔκτυπον |

**μύρω**
             2

| SIb. | | 3 | 145 | | ῥέεν ὑγρὰ κέλευθα Εὐρώπου ποταμοῖο καὶ εἰς ἅλα * μύρατο * ὕδωρ ἄμμιγα Πηνειῷ καὶ μιν στύγιον καλέουσιν. |
| SIb. | | 5 | 214 | | ἐν πυρὶ καὶ στοναχαῖσιν ὅλην γῆν Αἰθιοπήων. * μύρεο * καὶ σὺ Κόρινθε τὸν ἐν σοὶ λυγρὸν ὄλεθρον ἡνίκα γὰρ |

**μῦς**
             3

| Aris. | | 144 | 2 | | μὴ γὰρ εἰς τὸν καταπεπτωκότα λόγον ἔλθῃς ὅτι * μυῶν * καὶ γαλῆς ἢ τῶν τοιούτων χάριν περιεργίαν |
| Aris. | | 163 | 3 | | κακοποιητικὸς γὰρ ὁ τρόπος ἐστὶ καὶ γαλῆς καὶ * μυῶν * καὶ τῶν τούτοις ὁμοίων ὅσα διηγόρευται. πάντα γὰρ |
| Aris. | | 164 | 1 | διηγόρευται. πάντα γὰρ λυμαίνονται καὶ κακοποιοῦσι * μύες * οὐ μόνον πρὸς τὴν ἑαυτῶν τροφὴν ἀλλὰ καὶ εἰς τὸ |

**μυσαρός**
             1

| SIb. | | 3 | 500 | | κατέναντι θεοῦ μεγάλου βασιλῆος κήνοιξαν ψευδῶς * μυσαρὸν * στόμα. τοὔνεκ' ἄρ' αὐτοὺς ἐκπάγλως πληγαῖσι |

**μύσος**
             1

| SIb. | | 3 | 648 | | καὶ ἄνηρότος ἔσται ἅπασα κηρύσσουσα τάλαινα * μύσος * μυρίων ἀνθρώπων --- πολλὰ χρόνων μήκη |

**Μυσός**
             3

| SIb. | | 3 | 170 | | Παμφύλων τε γένος Περσῶν τε Φρυγῶν τε Καρῶν καὶ * Μυσῶν * Λυδῶν τε γένος πολυχρύσων. αὐτὰρ ἔπειθ' Ἕλληνες |
| SIb. | | 3 | 483 | | αἶαῖ νήπια τέκν' ἀλινηχέα καὶ βαρὺν ὄλβον. * Μυσῶν * γαῖα μάκαιρα γένος βασιλήιον ἄφνω +τεύξεται. οὐ |
| SIb. | | 3 | 514 | | κακὰ μοῖρα πελάζει+ (πολλὰ δὲ) καὶ Λυκίων υἱοῖς * Μυσῶν * τε Φρυγῶν τε. πολλὰ δὲ Παμφύλων ἔθνη Λυδῶν τε |

**μυστηριακός**
             1

| Hen. | | 107 | 3 | | Μαθουσάλεκ τοὺς λόγους Ἐνὼχ τοῦ πατρὸς αὐτοῦ * μυστηριακῶς * γὰρ ἐδήλωσεν αὐτῷ ⟨ἐπέστρεψεν καὶ ἐδήλωσεν |

**μυστήριον (μύω)**
             43

| Adam | | 3 | 2 | | ὁ θεὸς Μιχαὴλ τῷ ἀρχαγγέλῳ εἰπὲ τῷ Ἀδὰμ ὅτι τὸ * μυστήριον * ὃ οἶδας μὴ ἀναγγείλῃς Κάϊν τῷ υἱῷ σου ὅτι |
| Adam | | 21 | 1 | | ποῦ εἶ; ἀνάστα ἐλθὲ πρός με καὶ δείξω σοι μέγα * μυστήριον. * κ ἄτε δὲ ἦλθεν ὁ πατὴρ εἶπον αὐτῷ λόγους |
| Adam | | 34 | 1 | | καὶ αὖθις ἴδον ἐγὼ Εὔα δύο μεγάλα καὶ φοβερὰ * μυστήρια * ἐνώπιον τοῦ θεοῦ καὶ ἔκλαυσα ἐκ τοῦ φόβου καὶ |
| Hen. | | 8B | 3 | | τῆς σελήνης. πάντες οὗτοι ἤρξαντο ἀνακαλύπτειν τὰ * μυστήρια * ταῖς γυναιξὶν αὐτῶν καὶ τοῖς τέκνοις αὐτῶν. |
| Hen. | | 9 | 6 | | πάσας τὰς ἀδικίας ἐπὶ τῆς γῆς καὶ ἀπεκάλυψε τὰ * μυστήρια * τοῦ αἰῶνος τὰ ἐν τῷ οὐρανῷ ἃ ἐπιτηδεύουσιν |
| Hen. | | 9B | 6 | | γῆς καὶ πάντα δόλον ἐπὶ τῆς ξηρᾶς. ἐδίδαξε γὰρ τὰ * μυστήρια * καὶ ἀπεκάλυψε τῷ αἰῶνι τὰ ἐν οὐρανῷ. |
| Hen. | | 9B | 6 | | ἐπιτηδεύουσιν δὲ τὰ ἐπιτηδεύματα αὐτοῦ εἰδέναι τὰ * μυστήρια * οἱ υἱοὶ τῶν ἀνθρώπων. τῷ Σεμιαζᾷ τὴν ἐξουσίαν |
| Hen. | | 10 | 7 | ἵνα μὴ ἀπόλωνται πάντες οἱ υἱοὶ τῶν ἀνθρώπων ἐν τῷ * μυστηρίῳ * ὅλῳ ᾧ ἐπάταξαν οἱ ἐγρήγοροι καὶ ἐδίδαξαν τοὺς |
| Hen. | | 10B | 7 | καὶ μὴ ἀπόλωνται πάντες οἱ υἱοὶ τῶν ἀνθρώπων ἐν τῷ * μυστηρίῳ * ᾧ εἶπον οἱ ἐγρήγοροι καὶ ἐδίδαξαν τοὺς υἱοὺς |
| Hen. | | 16 | 3 | | ἐν οὐρανῷ ἦσαν. ὑμεῖς ἐν τῷ οὐρανῷ ἦτε καὶ πᾶν * μυστήριον * ὃ οὐκ ἀνεκαλύφθη ὑμῖν καὶ μυστήριον τὸ ἐκ τοῦ |
| Hen. | | 16 | 3 | | ἦτε καὶ πᾶν μυστήριον ὃ οὐκ ἀνεκαλύφθη ὑμῖν καὶ * μυστήριον * τὸ ἐκ τοῦ θεοῦ γεγενημένον ἔγνωτε καὶ τοῦτο |
| Hen. | | 16 | 3 | | γυναιξὶν ἐν ταῖς σκληροκαρδίαις ὑμῶν καὶ ἐν τῷ * μυστηρίῳ * τούτῳ πληθύνουσιν αἱ θήλειαι καὶ οἱ ἄνθρωποι τὰ |
| Hen. | | 103 | 2 | | ὀδύνης εἰς ᾅδου--- ἐγὼ ὀμνύω ὑμῖν--- ἐπίσταμαι τὸ * μυστήριον * τοῦτο ἀνέγνων⟩ γὰρ τὰς πλάκας τοῦ οὐρανοῦ καὶ |
| Hen. | | 104 | 12 | ἃ ἐγὼ διαμαρτυρούμαι αὐτοῖς. καὶ πάλιν ἐγὼ γινώσκω * μυστήριον * δεύτερον ὅτι δικαίοις καὶ ὁσίοις καὶ φρονίμοις |
| Abr.1 | | 3 | 4 | | ἑαυτοῦ τοῖς ἀγαπῶσιν αὐτόν. ἔκρυψεν Ἀβραὰμ τὸ * μυστήριον * νομίσας ὅτι ὁ ἀρχιστράτηγος τὴν φωνήν τοῦ |
| Abr.1 | | 3 | 12 | | τοὺς λίθους κρυφαίως καὶ ἔκρυψεν τοῖς πᾶσι τὸ * μυστήριον * μόνον ἔχων ἐν τῇ καρδίᾳ αὐτοῦ. ⟨εἶπεν δὲ |
| Abr.2 | | 3 | 4 | | φωνῆς καὶ ἡσύχασεν ἐνόπιον αὐτοῦ καὶ ἔκρυψεν τὸ * μυστήριον * ἐν τῇ καρδίᾳ αὐτοῦ λέγων ἄρα τί ἐστιν τὸ |
| Abr.2 | | 3 | 4 | μυστήριον ἐν τῇ καρδίᾳ αὐτοῦ λέγων ἄρα τί ἐστιν τὸ * μυστήριον * τοῦτο; ὅτε δὲ ἦλθεν ἐν τῷ οἴκῳ λέγει Ἀβραὰμ |
| Abr.2 | | 6 | 13 | τὸν ἀδελφὸν Λὼτ ἀπὸ Σοδόμων τότε ἐγνώρισάν μοι τὸ * μυστήριον. * κ τότε Ἀβραὰμ εἶπεν τῷ Μιχαὴλ δήλωσόν μοι τίς |
| TLevi | | 2 | 10 | σὺ ἐγγὺς κυρίου στήσῃ καὶ λειτουργήσεις αὐτοῦ ἔσῃ καὶ * μυστήρια * αὐτοῦ ἐξαγγελεῖς τοῖς ἀνθρώποις καὶ περὶ τοῦ |
| TJud. | | 12 | 6 | | κατήσχυνέ με. καλέσας δὲ αὐτὴν ἤκουσα καὶ τοὺς ἐν * μυστηρίῳ * λόγους οὓς καθεύδων σὺν αὐτῇ ἐν τῇ μέθῃ μου |
| TJud. | | 16 | 4 | | θεοῦ καὶ ἀπολεῖται οὐκ ἐν καιρῷ ὑμῶν. καίγε * μυστήρια * θεοῦ καὶ ἀνθρώπων ἀλλοτρίοις ἀποκαλύπτει ὁ |
| TJud. | | 16 | 4 | | ἀποκαλύπτει ὁ οἶνος ὡς κἀγὼ ἐντολὰς θεοῦ καὶ * μυστήρια * Ἰακὼβ τοῦ πατρός μου ἀπεκάλυψα τῇ Χανανίτιδι |
| TZab. | | 1 | 6 | | μου ὅτι συνέθεντο πάντες ὁμοῦ εἴ τις ἐξείποι τὸ * μυστήριον * ἀναιρεθῆναι αὐτὸν μαχαίρᾳ. πλὴν ὅτε ἐβούλοντο |
| TGad. | | 6 | 5 | | δισσῶς ἁμαρτήσῃς. μὴ ἀκούῃ ἐν μάχῃ ἀλλότριος τὰ * μυστήρια * ὑμῶν ἵνα μὴ μισήσας σε ἐχθρανῇ καὶ μεγάλη |
| Asen. | | 16 | 14 | εἶ σὺ Ἀσενὲθ διότι ἀπεκαλύφθη σοι τὰ ἀπόρρητα * μυστήρια * τοῦ ὑψίστου καὶ μακάριοι πάντες οἱ προσκείμενοι |
| Jer. | | 9 | 22 | | Βαροὺχ καὶ Ἀβιμέλεχ ὅτι ἤθελον ἀκοῦσαι πλήρης τὰ * μυστήρια * ἃ εἶδε. λέγει δὲ αὐτοῖς Ἱερεμίας σιωπήσατε καὶ |
| Jer. | | 9 | 28 | | Ἱερεμίας ἐστίν. ὁ δὲ Ἱερεμίας πάντα παρέδωκε τὰ * μυστήρια * ἃ εἶδε τῷ Βαροὺχ καὶ τῷ Ἀβιμέλεχ καὶ εἶπεν |
| Bar. | | 1 | 6 | | παύσων τὸν θεὸν παροξύνειν καὶ ὑποδείξω σοι ἄλλα * μυστήρια * τούτων μείζονα. καὶ εἶπον ἐγὼ Βαροὺχ ζῇ κύριος |
| Bar. | | 1 | 8 | | ὁ ἄγγελος τῶν δυνάμεων δεῦρο καὶ ὑποδείξω σοι τὰ * μυστήρια * τοῦ θεοῦ. καὶ λαβών με ἤγαγέν με ὅπου |
| Bar. | | 2 | 6 | | τῶν δυνάμεων δεῦρο καὶ ὑποδείξω σοι μείζονα * μυστήρια. * κ εἶπον δὲ ἐγὼ δέομαί σου δεῖξόν μοι τί εἰσιν οἱ |
| Prop. | | 1 | 4 | | διὸ ἕως σήμερον αἰφνιδίως ἐξέρχεται ἵνα δειχθῇ τὸ * μυστήριον. * καὶ ἐπειδὴ διὰ τοῦ Ἡσαΐου τοῦτο γέγονε |
| Prop. | | 1 | 9 | | καὶ ἐπειδὴ ὁ Ἐζεκίας ἔδειξε τοῖς ἔθνεσι τὸ * μυστήριον * Δαυὶδ καὶ Σολομῶντος καὶ ἐμίανεν ὀστᾶ τόπου |
| Prop. | | 2 | 5 | | ἐπιστὰς τῷ τόπῳ τοῦ προφήτου καὶ ἐπιγνοὺς αὐτοῦ * μυστήρια * εἰς Ἀλεξάνδρειαν μετέστησεν αὐτοῦ τὰ λείψανα |
| Prop. | | 2 | 8 | | αἰτίαν πυνθανομένῳ ἔλεγον ὅτι πατροπαράδοτόν ἐστι * μυστήριον * ὑπὸ ὁσίου προφήτου τοῖς πατράσιν ἡμῶν |
| Prop. | | 2 | 8 | | ἡμῶν παραδοθὲν καὶ ἐκδεχόμεθα τὸ πέρας φησὶν τοῦ * μυστηρίου * αὐτοῦ. οὗτος ὁ προφήτης πρὸ τῆς ἁλώσεως τοῦ |
| Prop. | | 2 | 15 | | ἔδωκεν ὁ θεὸς τῷ Ἱερεμίᾳ χάριν ἵνα τὸ τοῦτο * μυστήριον * αὐτοῦ αὐτὸς ποιήσειεν ἵνα γένηται συγκοινωνὸς |
| Prop. | | 4 | 5 | | τοῖς ὀπισθίοις λέων. ἀπεκαλύφθη τῷ ὁσίῳ περὶ τοῦ * μυστηρίου * τούτου ὅτι κτῆνος γέγονε διὰ τὴν φιλανθρωπίαν |
| Prop. | | 4 | 15 | | εἶπεν ἑπτὰ καιροὺς ἐποίησε γενέσθαι ἑπτὰ μῆνας τὸ * μυστήριον * τῶν ἑπτὰ καιρῶν ἐτελέσθη ἐπ' αὐτὸν ὅτι |
| Esdr. | | 1 | 2 | | πρὸς τὸν ὕψιστον κύριε δεῖζόν μοι τὴν δόξαν ἵνα τὰ * μυστήρια * σου. καὶ νυκτὸς γεναμένης ἦλθεν ἄγγελος Μιχαὴλ |
| Esdr. | | 1 | 5 | | καὶ ἐνήστευσα δὶς ἑξήκοντα ἑβδομάδας. καὶ ἴδον τὰ * μυστήρια * τοῦ θεοῦ καὶ τοὺς ἀγγέλους αὐτοῦ. καὶ εἶπον |
| FJub. | | 4 | 18 | | πρῶτος γράμματα μανθάνει καὶ διδάσκει καὶ θείων * μυστηρίων * ἀποκαλύψεως ἀξιοῦται. γυνὴ Ἰάρεδ Βαραχὰ |
| FPho. | | | 229 | | ψυχῆς οὐ σώματός εἰσι καθαρμοί. ταῦτα δικαιοσύνης * μυστήρια * τοῖα βιεῦντες ζωὴν ἐκτελέοιτ' ἀγαθὴν μέχρι |

**μύχατος**
             1

| FPho. | | | 164 | | πόνος δ' ἀρετὴν μέγ' ὀφέλλει. μύρμηκες γαίης * μυχάτους * προλελοιπότες οἴκους ἔρχονται βιότου κεχρημένοι |

**μυχθίζω**
             1

| SIb. | | 4 | 37 | | ἀναίδειην ποθέοντες ἀλλ' αὐτοὺς χλεύῃ τε γέλωτί τε * μυχθίζοντες * νήπιοι ἀφροσύνῃσιν ἐπιψεύσονται ἐκείνοις |

**μυχός**
             1

| SIb. | | 4 | 186 | δ' αὖτε χυτὴ κατὰ γαῖα καλύψει Τάρταρά τ' εὐρώεντα * μυχοὶ * στύγιοί τε γεέννης. ὅσσοι δ' εὐσεβέουσι πάλιν |

**Μωάβ**

| Asen. | | 1 | 9 | | τῆς γῆς Αἰγύπτου; οὐκ ἰδοὺ ἡ θυγάτηρ τοῦ βασιλέως * Μωὰβ * Ἰωακεὶμ κατεγγύαται σοι καὶ αὕτη ἐστὶ βασίλισσα |

**Μωαβίτης**

| FJub. | | 16 | 9 | | ἀρχῆς κτίσεως λαλεῖν τὰ πάτρια πάντα. ἐκ τοῦ Λὼτ * Μωαβῆται * καὶ Ἀμμανῖται σπέρμα κατάρατον ἐκ παρανόμου |
| HEup. | 9 | 30 | 3 | | δ' αὐτὸν καὶ ἐπὶ Ἰδουμαίους καὶ Ἀμμανίτας καὶ * Μωαβίτας * καὶ Ἰτουραίους καὶ Ναβαταίους καὶ Ναβδαίους |

**Μωαβῖτις**
             1

| HEup. | 9 | 33 | 1 | | δὲ καὶ εἰς τὴν Γαλιλαίαν καὶ Σαμαρεῖτιν καὶ * Μωαβῖτιν * καὶ Ἀμμανῖτιν καὶ Γαλαδῖτιν χορηγεῖσθαι αὐτοῖς |

**Μωαχα**

| FJub. | | 8 | 6 | | Καιναν Μελχα θυγάτηρ Μαδαι υἱοῦ Ιαφεθ. γυνὴ Σαλα * Μωαχα * θυγάτηρ Χεεδαμ πατραδέλφου αὐτοῦ. γυνὴ Εβερ Αζουρα |

μῶμος 3
TLevi 9 10 λέβε οὖν σεαυτῷ γυναῖκα ἔτι νέος ὢν μὴ ἔχουσαν * μῶμον * μηδὲ βεβηλωμένην μηδὲ ἀπὸ γένους ἀλλοφύλων ἢ
Sib. 3 377 πίστις φιλίη ξείνων ἄπο καὐτῶν +ἠδέ τε δυσνομίη * μῶμος * φθόνος ὀργὴ ἄνοια φεύξετ' ἀπ' ἀνθρώπων πενίη καὶ
FPho. 70 δ' ἀλεγειναί. μὴ φθονέοις ἀγαθῶν ἑτάροις μὴ * μῶμον * ἀνάψῃς. ἄφθονοι Οὐρανίδαι καὶ ἐν ἀλλήλοις
Μωραθί 1
Prop. 6 1 ἀφ' ἑαυτῆς καὶ γένωνται δρύες δώδεκα. Μιχαίας ὁ * Μωραθί * ἦν ἐκ φυλῆς Ἐφραΐμ. πολλὰ ποιήσας τῷ Ἀχαὰβ ὑπὸ
μωρός 5
TLevi 7 2 λεγομένη πόλις ἀσυνέτων ὅτι ὡσεί τις χλευάσαι * μωρὸν * οὕτως ἐχλευάσαμεν αὐτοὺς ὅτι καίγε ἀφροσύνην
Jer. 9 30 τὴν οἰκονομίαν αὐτοῦ. τότε ἐβόησε ὁ λίθος λέγων ὦ * μωροὶ * υἱοὶ Ἰσραὴλ διά τί λιθοβολεῖτέ με νομίζοντες ὅτι
Sib. 3 226 οὐ μάντεις οὐ φαρμακοὺς οὐ μὴν ἐπαοιδοὺς οὐ μύθων * μωρῶν * ἀπάτας ἐγγαστεριμύθων οὐδέ τε Χαλδαίων τὰ
Sib. 5 280 κατέδειξεν σεμνύνειν στομάτεσσι κενοῖς καὶ χείλεσι * μωροῖς. * εὐσεβέων δὲ μόνων ἁγία χθὼν πάντα τάδ' οἴσει
Sib. 5 308 πύλας καὶ αὐτὴ μᾶλλον ὀλεῖται. Κύμη δ' ἡ * μωρὰ * σὺν νάμασι τοῖς θεοπνεύστοις ἐν παλάμαις ἀθέων
Μωϋσῆς 88
Adam 1 καὶ Εὔας τῶν πρωτοπλάστων ἀποκαλυφθεῖσα παρὰ θεοῦ * Μωϋσῇ * τῷ θεράποντι αὐτοῦ ὅτε τὰς πλάκας τοῦ νόμου ἐκ
TSim. 9 1 ἕως ἡμέρας ἐξόδου αὐτῶν ἀπ' Αἰγύπτου ἐν χειρὶ * Μωυσῆ. *
Jer. 7 18 ὁ θεὸς ὁ ὀφθεὶς τοῖς πατράσιν ἡμῶν ἐν τῇ ἐρήμῳ διὰ * Μωϋσέως * καὶ νῦν ἐφάνη ἡμῖν διὰ τοῦ ἀετοῦ τούτου; καὶ
Prop. 2 11 οὐδεὶς ἀναπτύξει οὐκέτι ἱερέων ἢ προφητῶν εἰ μὴ * Μωϋσῆς * ὁ ἐκλεκτὸς τοῦ θεοῦ καὶ ἐν τῇ ἀναστάσει πρώτη ἡ
Prop. 2 14 κιβωτὸς γέγονε μεταξὺ τῶν δύο ὀρέων ἐν οἷς κεῖνται * Μωϋσῆς * καὶ Ἀαρών. καὶ ἐν νυκτὶ νεφέλη ὡς πῦρ γίνεται
Prop. 2 15 αὐτοῦ αὐτὸς ποιήσειεν ἵνα γένηται συγκοινωνὸς * Μωϋσέως * καὶ ὁμοῦ εἰσιν ἕως σήμερον. Ἰεζεκιήλ. οὗτος
Prop. 3 16 εἰς ἔλεγχον τῶν ἀπίστων. οὗτος κατὰ τὸν * Μωϋσῆν * εἶδε τὸν τύπον οὗ τὸ τεῖχος καὶ περίτειχος πλατὺ
Esdr. 5 22 τῆς ζωῆς. καὶ ἴδον ἐκεῖ τὸν Ἐνὼχ καὶ Ἠλίαν καὶ * Μωυσῆ * καὶ Πέτρον καὶ Παῦλον καὶ Λουκᾶν καὶ Ματθείαν καὶ
Esdr. 6 12 ἔχομεν αὐτὴν ἐξενέγκαι. καὶ εἶπεν ὁ προφήτης μετὰ * Μωσῆ * καὶ ἐν τῷ ὄρει ἐπεριπάτησα καὶ οὐκ ἐξέρχεται ἔνθεν.
Aris. 144 4 χάριν περιεργίαν ποιούμενος ἐνομοθέτει ταῦτα * Μωϋσῆς * ἀλλὰ πρὸς ἁγνὴν ἐπίσκεψιν καὶ τρόπων ἐξαρτισμὸν
Sib. 3 253 ὁδεύσει+ τούτῳ δ' ἡγητῆρα καταστήσει μέγαν ἄνδρα * Μωσῆν * ὃν παρ' ἕλους βασιλὶς εὑροῦσ' ἐκόμιζεν θρεψαμένη
FMos. 2 17 17 * Μωσῆς * προσκαλεσάμενος Ἰησοῦν υἱὸν Ναυῆ καὶ διαλεγόμενος
FMos. 6 132 2 τὸν οἶκον τοῦ θεοῦ. εἰκότως ἄρα καὶ τὸν * Μωυσέα * ἀναλαμβανόμενον διττὸν εἶδεν Ἰησοῦς ὁ τοῦ Ναυῆ
FMos. 9 4 13 γενόμενος. ἐνεταφίασαν οἱ ἄγγελοι τὸ σῶμα * Μωυσέως * τοῦ ἁγίου καὶ οὐκ ἐλούσαντο ἀλλ' οὔτε
FMos. 9 1 ὅτε τῷ διαβόλῳ διακρινόμενος διελέγετο περὶ τοῦ * Μωϋσέως * σώματος οὐκ ἐτόλμησεν κρίσιν ἐπενεγκεῖν
FMos. 8 163 20 ἐπιτιμήσαι σοι κύριος. τελευτήσαντος ἐν τῷ ὄρει * Μωϋσέως * ὁ Μιχαὴλ ἀποστέλλεται μεταθήσων τὸ σῶμα εἶτα τοῦ
FMos. 8 163 20 μεταθήσων τὸ σῶμα εἶτα τοῦ διαβόλου κατὰ τοῦ * Μωϋσέως * βλασφημοῦντος καὶ φονέα ἀναγορεύοντος διὰ τὸ
FMos. 2 629 5 τὸν διάβολον ἔφη. τὸν Μιχαὴλ τὸν ἀρχάγγελον τῇ τοῦ * Μωϋσέως * ταφῇ δεδιηκονηκέναι. τοῦ γὰρ διαβόλου τοῦτο μὴ
FMos. 2 629 5 διὰ τὸν τοῦ Αἰγυπτίου φόνον ὡς αὐτοῦ ὄντος τοῦ * Μωϋσέως * καὶ διὰ τοῦτο μὴ συγχωρεῖσθαι αὐτῷ τυχεῖν τῆς
FJan. 9 2 * Μωσῆς * τοὺς περὶ Ἰαννὴν καὶ Ἰαμβρῆν ἐν ἕλκεσι
FJub. 48 1 νόμους δὲ πρῶτον * Μωϋσῆς * γράφει τοῖς Ἰουδαίοις. καταλιπὼν δὲ Μωϋσῆς τὰς
FJub. 48 1 πρῶτον Μωϋσῆς γράφει τοῖς Ἰουδαίοις. καταλιπὼν δὲ * Μωϋσῆς * τὰς κατ' Αἴγυπτον διατριβὰς εἰς τὴν ἔρημον
FJub. 2 19 αὐτὴν καὶ ἡγίασεν αὐτὴν καὶ ἐδήλωσε δι' ἀγγέλου τῷ * Μωυσῇ * ὅτι καὶ εἰκοσιδύο κεφάλαια ἀπὸ Ἀδὰμ ἄχρι τοῦ
FJub. 3 10 ὃ ἑρμηνεύεται ζωὴ διὰ τοῦτο προσέταξεν ὁ θεὸς διὰ * Μωϋσέως * ἐν τῷ Λευιτικῷ ἤτοι διὰ τὰς μετὰ τὴν πλάσιν τοῦ
FJub. 12 26 ἕως θανάτου αὐτοῦ. ὁ ἄγγελος ὁ λαλῶν τῷ * Μωυσῇ * εἶπεν αὐτῷ ὅτι τὸν Ἀβραὰμ ἐγὼ ἐδίδαξα τὴν
FJub. 47 3 βρέφη τῶν Ἰσραηλιτῶν ἐν τῷ ποταμῷ ἕως οὗ ἀνελήφθη * Μωϋσῆς * ὑπὸ τῆς βασιλίσσης. ὁ δ' αὐτὸς υἱὸς τῇ θυγατρὶ
FJub. 48 κατὰ κόσμον βασιλεὺς ἐξ ὕδατος. καταλιπὼν δὲ * Μωϋσῆς * τὰς κατ' Αἴγυπτον διατριβὰς εἰς τὴν ἔρημον
FIsa. 1 3 8 καὶ αὐτὸς Ἡσαίας εἶπεν (αὐτοῖς) βλέπω πλέον * Μωυσῆ * τοῦ προφήτου. εἶπεν γὰρ Μωυσῆς ὅτι οὐκ ὄψεται
FIsa. 1 3 9 (αὐτοῖς) βλέπω πλέον Μωυσῆ τοῦ προφήτου. εἶπεν γὰρ * Μωυσῆς * ὅτι οὐκ ὄψεται ἄνθρωπος τὸν θεὸν καὶ ζήσεται⟨ι⟩
HDem. 9 21 19 καὶ ὄντα ἐνιαυτῶν ο ε' γεννῆσαι Ἀαρὼν ⟨καὶ * Μωσῆν⟩ * γεννῆσαι δὲ Μωσῆν τὸν Ἀμβρὰμ ὄντα ἐτῶν ο η' καὶ
HDem. 9 21 19 ο ε' γεννῆσαι Ἀαρὼν ⟨καὶ Μωσῆν⟩ γεννῆσαι δὲ * Μωσῆν * τὸν Ἀμβρὰμ ὄντα ἐτῶν ο η' καὶ γενόμενον Ἀμβρὰμ
HDem. 9 29 1 ἐτῶν ρ λ ς' τελευτῆσαι. φυγεῖν μέντοι γε τὸν * Μωσῆν * εἰς Μαδιὰμ καὶ συνοικῆσαι ἐκεῖ τῇ Ἰοθὼρ θυγατρὶ
HDem. 9 29 1 καὶ Ὀβὰβ ἐκ δὲ τοῦ Ἰοθὼρ Σεπφώραν ἣν γῆμαι * Μωσῆν. * καὶ τὰς γενεὰς δὲ συμφωνεῖν τὸν γὰρ Μωσῆν εἶναι
HDem. 9 29 2 γῆμαι Μωσῆν. καὶ τὰς γενεὰς δὲ συμφωνεῖν τὸν γὰρ * Μωσῆν * εἶναι ἀπὸ Ἀβραὰμ ἕβδομον τὴν δὲ Σεπφώραν ἕκτην.
HDem. 9 29 2 ἕκτην. συνοικοῦντος γὰρ ἤδη τοῦ Ἰσαὰκ ἀφ' οὗ * Μωσῆν * εἶναι γῆμαι Ἀβραὰμ τὴν Χεττούραν ὄντα ἐτῶν ρ μ'
HDem. 9 29 3 Σεπφώραν γεγενεαλογῆσθαι. οὐδὲν οὖν ἀντιπίπτει τὸν * Μωσῆν * καὶ τὴν Σεπφώραν κατὰ τοὺς αὐτοὺς γεγονέναι
HDem. 9 29 3 διὰ τοῦτο δὲ καὶ Ἀαρὼν καὶ Μαριὰμ ἐν Ἀσηρὼθ * Μωσῆν * Αἰθιοπίδα γῆμαι γυναῖκα. ἐκεῖθεν ἦλθον ἡμέρας
HEup. 9 26 1 τὸν * Μωσῆν * πρῶτον σοφὸν γενέσθαι καὶ γράμματα παραδοῦναι τοῖς
HEup. 9 26 1 Ἕλληνας δὲ παρὰ Φοινίκων νόμους τε πρῶτον γράψαι * Μωσῆν * τοῖς Ἰουδαίοις. Μωσῆν προφητεῦσαι ἔτη μ' εἶτα
HEup. 9 30 1 νόμους τε πρῶτον γράψαι Μωσῆν τοῖς Ἰουδαίοις. * Μωσῆν * προφητεῦσαι ἔτη μ' εἶτα Ἰησοῦν τὸν τοῦ Ναυῆ υἱὸν
HEup. 9 34 7 ἑκάστην ὁλκὴν ἀγούσας ὑπόδειγμα λαβόντα τὴν ὑπὸ * Μωυσέως * ἐν τῇ σκηνῇ τοῦ μαρτυρίου τεθεῖσαν στῆσαι δ' ἐξ
HEup. 9 34 14 σκηνὴν καὶ τὸ θυσιαστήριον καὶ τὰ σκεύη ἃ ἐποίησε * Μωσῆς * εἰς Ἱεροσόλυμα ἐνεγκεῖν καὶ ἐν τῷ οἴκῳ θεῖναι.
HEup. 1 141 5 συνάγεσθαι ἔτη ͵ε ρ μ θ'. ἀφ' οὗ δὲ χρόνου ἐξήγαγε * Μωσῆς * τοὺς Ἰουδαίους ἐξ Αἰγύπτου ἐπὶ τὴν προειρημένην
HArt. 9 27 3 ὑποβαλέσθαι τινὸς τῶν Ἰουδαίων παιδίον τοῦτο δὲ * Μώϋσον * ὀνομάσαι ὑπὸ δὲ τῶν Ἑλλήνων αὐτὸν ἀνδρωθέντα
HArt. 9 27 4 Μουσαῖον προσαγορευθῆναι. γενέσθαι δὲ τὸν * Μώϋσον * τοῦτον Ὀρφέως διδάσκαλον. ἀνδρωθέντα δ' αὐτὸν
HArt. 9 27 6 τοὺς αὐτοὺς ἐνιάκις δὲ ἄλλους. διὰ ταῦτα οὖν τὸν * Μώϋσον * ὑπὸ τῶν ὄχλων ἀγαπηθῆναι καὶ ὑπὸ τῶν ἱερέων
HArt. 9 27 7 ἑρμηνείαν. τὸν δὲ Χενεφρῆν ὁρῶντα τὴν ἀρετὴν τοῦ * Μωύσου * φθονῆσαι αὐτῷ καὶ ζητεῖν αὐτὸν ἐπ' εὐλόγῳ αἰτίᾳ
HArt. 9 27 7 ὑπολαβόντα εὑρηκέναι καιρὸν εὔθετον πέμψαι τὸν * Μώϋσον * ἐπ' αὐτοὺς στρατηγὸν μετὰ δυνάμεως τὸ δὲ τῶν
HArt. 9 27 8 ἀσθένειαν ὑπὸ τῶν πολεμίων ἀναιρεθήσεσθαι. τὸν δὲ * Μώϋσον * ἐλθόντα ἐπὶ τὸν Ἑρμοπολίτην ὀνομαζόμενον νομὸν
HArt. 9 27 9 τὸν πόλεμον τοῦτον ἔτη δέκα. τοὺς οὖν περὶ τὸν * Μώϋσον * διὰ τὸ μέγεθος τῆς στρατιᾶς πόλιν ἐν τούτῳ κτίσαι
HArt. 9 27 10 τοὺς Αἰθίοπας καίπερ ὄντας πολεμίους στέρξαι τὸν * Μώϋσον * ὥστε καὶ τὴν περιτομὴν τῶν αἰδοίων παρ' ἐκείνου
HArt. 9 27 12 οἰκοδομίας ἐπιστάτην Ναχέρωτα. τὸν δὲ ἐλθόντα μετὰ * Μωύσου * εἰς Μέμφιν πυθέσθαι παρ' αὐτοῦ εἴ τι ἄλλο ἐστὶν
HArt. 9 27 12 καθιδρύσασθαι καὶ τὰ ζῷα τὰ καθιερωθέντα ὑπὸ τοῦ * Μωύσου * κελεύειν ἐκεῖ φέροντας θάπτειν κατακρύπτειν
HArt. 9 27 12 ἐκεῖ φέροντας θάπτειν κατακρύπτειν θέλοντα τὰ τοῦ * Μωύσου * ἐπινοήματα. ἀποξενωσάντων δὲ αὐτὸν τῶν Αἰγυπτίων
HArt. 9 27 13 Αἰγυπτίων ὁρκωμοτῆσαι τοὺς φίλους μὴ ἐξαγγεῖλαι τῷ * Μωύσῳ * τὴν ἐπισυνισταμένην αὐτῷ ἐπιβουλὴν καὶ προβαλέσθαι
HArt. 9 27 15 τελευτησάσης ὑποσχέσθαι τὸν Χενεφρῆν τῷ τε * Μωύσῳ * καὶ τῷ Χανεθώθῃ τὸ σῶμα διακομίσαντας εἰς τοὺς
HArt. 9 27 15 εἰς τοὺς ὑπὲρ Αἴγυπτον τόπους θάψαι ὑπολαβόντα τὸν * Μώϋσον * ὑπὸ τοῦ Χανεθώθου ἀναιρεθήσεσθαι. πορευομένων δὲ
HArt. 9 27 16 πορευομένων δὲ αὐτῶν τὴν ἐπιβουλὴν τῷ * Μωύσῳ * τῶν συνειδότων ἐξαγγεῖλαί τινα τὸν δὲ φυλάσσοντα
HArt. 9 27 17 οὐκ ἐλαχίστως ἢ τὴν Ἶσιν. Ἀάρωνα δὲ τὸν τοῦ * Μωύσου * ἀδελφὸν τὰ περὶ τὴν ἐπιβουλὴν ἐπιγνόντα
HArt. 9 27 18 εἰς τὴν Ἀραβίαν. τὸν δὲ Χανεθώθην πυθόμενον τοῦ * Μωύσου * τὴν φυγὴν ἐνεδρεύειν ὡς ἀναιρήσοντα ἰδόντα δὲ
HArt. 9 27 18 ἐρχόμενον σπάσασθαι τὴν μάχαιραν ἐπ' αὐτὸν τὸν δὲ * Μώϋσον * προκαταταχήσαντα τὴν τε χεῖρα κατασχεῖν αὐτοῦ καὶ
HArt. 9 27 19 ἐπὶ τοὺς Αἰγυπτίους κατάγειν βουλόμενον τὸν * Μώϋσον * καὶ τὴν δυναστείαν τῇ τε θυγατρὶ καὶ τῷ γαμβρῷ
HArt. 9 27 19 τῇ τε θυγατρὶ καὶ τῷ γαμβρῷ κατασκευάσαι τὸν δὲ * Μώϋσον * ἀποκωλῦσαι στοχαζόμενον τῶν ὁμοφύλων τὸν δὲ
HArt. 9 27 21 ὅπως ὄντες ἐπίσημοι κολάζωνται ὑπ' αὐτοῦ. τὸν δὲ * Μώϋσον * εὔχεσθαι τῷ θεῷ ἤδη ποτὲ τοὺς λαοὺς παῦσαι τῶν
HArt. 9 27 21 μήτε ἄλλης τινὸς ξυλείας οὔσης ἐν τῷ τόπῳ. τὸν δὲ * Μώϋσον * δείσαντα τὸ γεγονὸς φεύγειν φωνὴν δ' αὐτῷ θείαν
HArt. 9 27 22 τὸν δὲ βασιλέα τῶν Αἰγυπτίων πυθόμενον τὴν τοῦ * Μωύσου * παρουσίαν καλέσαι πρὸς αὐτὸν καὶ πυνθάνεσθαι ἐφ'
HArt. 9 27 22 παρεθῆναι τά τε ὅπλα κατεαγῆναι. ἐξελθόντα δὲ τὸν * Μώϋσον * ἐπὶ τὰ βασίλεια ἐλθεῖν εὑρόντα δὲ ἀνεῳγμένας τὰς
HArt. 9 27 24 τὸν δὲ ἐκπλαγέντα ἐπὶ τῷ γεγονότι κελεῦσαι τῷ * Μωύσῳ * τὸ τοῦ πέμψαντος αὐτὸν θεοῦ εἰπεῖν ὄνομα
HArt. 9 27 25 τὸν βασιλέα πεσεῖν ἄφωνον διακρατηθέντα δὲ ὑπὸ τοῦ * Μωύσου * πάλιν ἀναβιῶσαι γράψαντα δὲ τοὔνομα εἰς δέλτον
HArt. 9 27 26 τε τὸν βασιλέα σημεῖόν τι αὐτῷ ποιῆσαι τὸν δὲ * Μώϋσον * ἣν εἶχε ῥάβδον ἐκβαλόντα ὄφιν ποιῆσαι πτοηθέντων
HArt. 9 27 29 ἀπολύσειν ἐὰν ἀποκαταστήσῃ τὸν ποταμὸν τὸν δὲ * Μώϋσον * πάλιν τῇ ῥάβδῳ πατάξαντα τὸ ὕδωρ συστεῖλαι τὸ
HArt. 9 27 31 καὶ κολάσει κατακλείειν τοὺς Ἰουδαίους. τὸν δὲ * Μώϋσον * ταῦτα ὁρῶντα ἄλλα τε σημεῖα ποιῆσαι καὶ πατάξαντα
HArt. 9 27 32 πάλιν ἀνέσεως τυχεῖν τοὺς Ἰουδαίους. πάλιν τε τὸν * Μώϋσον * βάτραχον διὰ τῆς ῥάβδου ἀνεῖναι πρὸς δὲ τούτοις
HArt. 9 27 33 ἀνεῖναι. τοῦ δὲ βασιλέως ἔτι ἀφρονουμένου τὸν * Μώϋσον * χάλαζάν τε καὶ σεισμοὺς διὰ νυκτὸς ἀποτελέσαι
HArt. 9 27 35 Μεμφίτας μὲν οὖν λέγειν ἔμπειρον ὄντα τὸν * Μώϋσον * τῆς χώρας τὴν ἄμπωτιν τηρήσαντα διὰ ξηρᾶς τῆς
HArt. 9 27 36 τῶν Αἰγυπτίων χρησαμένους διακομίζειν. τῷ δὲ * Μωύσῳ * φωνὴν θείαν γενέσθαι πατάξαι τὴν θάλασσαν τῇ ῥάβδῳ
HArt. 9 27 36 τὴν θάλασσαν τῇ ῥάβδῳ καὶ διαστῆσαι. τὸν δὲ * Μώϋσον * ἀκούσαντα ἐπιθιγεῖν τῇ ῥάβδῳ τοῦ ὕδατος καὶ οὕτως
HArt. 9 27 37 χιόνι παραπλήσιον τὴν χρόαν. γεγονέναι δὲ τὸν * Μώϋσον * μακρὸν πυρρακῆ πολιὸν κομήτην ἀξιωματικόν. ταῦτα
LEze. 9 28 2 30 γύναι τρόφευε κἀγὼ μισθὸν ἀποδώσω σέθεν. ὄνομα δὲ * Μωσῆν * ὠνόμαζε τοῦ χάριν ὑγρᾶς ἀνεῖλε ποταμίας ἀπ' ᾐόνος.
LEze. 9 29 8 02 ἀνθρώποις φέρει. ἐπίσχες ὦ φέριστε μὴ προσεγγίσῃς * Μωσῆ * πρὶν ἢ τῶν σῶν ποδῶν λῦσαι δέσιν ἁγία γὰρ ἧς σὺ γῆς
LEze. 9 29 11 02 τί δ' ἐν χεροῖν σοὶ τοῦτ' ἔχεις; λέξον τάχος. * (Μ). * ῥάβδον τετραπόδων καὶ βροτῶν κολάστριαν. (Θ). ῥῖψον
LEze. 9 29 11 05 ταχύ. δράκων γὰρ ἔσται φοβερὸς ὥστε θαυμάσαι. * (Μ). * ἰδοὺ βέβληται δέσποθ' ἵλεως γενοῦ ὡς φοβερὸς ὡς
LEze. 9 29 11 11 ὥσπερ ἦν. ἔνθες δὲ χεῖρ' εἰς κόλπον ἐξένεγκέ τε. * (Μ). * ἰδοὺ τὸ ταχθὲν γέγονεν ὡσπερεὶ χιών. (Θ). ἔνθες
LEze. 9 29 14 32 τε καὶ Ἑβραίων μέσος. κἄπειθ' ὁ κείνων ἡγεμὼν * Μωσῆς * λαβὼν ῥάβδον θεοῦ τῇ δὴ πρὶν Αἰγύπτῳ κακὰ σημεῖα
LEze. 9 29 16 01 Ἐρυθρᾶς Θαλάσσης καὶ στρατὸν διώλεσε. κράτιστε * Μωσῆ * πρόσχες οἷον εὕρομεν τόπον πρὸς αὐτῇ τῇδε γ' εὐαεῖ
LAri. 8 10 3 πολλαχῶς γὰρ ὃ βούλεται λέγειν ὁ νομοθέτης ἡμῶν * Μωσῆς * ἐφ' ἑτέρων πραγμάτων λόγους ποιούμενος λέγω δὲ τῶν
LAri. 8 10 8 δὲ τοῦτο καὶ διὰ τῆς νομοθεσίας ἡμῶν λέγων ὁ * Μωσῆς * οὕτως ἐν χειρὶ κραταιᾷ ἐξήγαγεν ὁ θεός σε ἐξ
LAri. 13 12 3 ὅλην τὴν γένεσιν τοῦ κόσμου θεοῦ λόγους εἴρηκεν ὁ * Μωσῆς. * συνεχῶς γὰρ φησιν ἐφ' ἑκάστου καὶ εἶπεν ὁ θεὸς
Ναβαταῖος 1
HEup. 9 30 3 καὶ Ἀμμανίτας καὶ Μωαβίτας καὶ Ἰτουραίους καὶ * Ναβαταίους * καὶ Ναβδαίους αὖθις δὲ ἐπιστρατεῦσαι ἐπὶ

**Ναβδαῖος** (1)
HEup. 9 30 3   καὶ Μωαβίτας καὶ Ἰτουραίους καὶ Ναβαταίους καὶ × Ναβδαίους × αὖθις δὲ ἐπιστρατεῦσαι ἐπὶ Σούρωνα βασιλέα

**Ναβουχοδονόσορ** (9)
Jer. 5 21   Βαβυλῶνί ἐστι μετὰ τοῦ λαοῦ ἠχμαλωτεύθησαν γὰρ ὑπὸ × Ναβουχοδονόσορ × τοῦ βασιλέως καὶ μετ' αὐτῶν ἐστιν
Jer. 7 14   πόλεως. ᾐτήσατο γὰρ Ἰερεμίας παρὰ τοῦ βασιλέως × Ναβουχοδονόσορ × λέγων δός μοι τόπον ποῦ θάψω τοὺς νεκροὺς
Jer. 7 25   ἐξερχόμενος ηὕρισκεν ἐκ τοῦ λαοῦ κρεμαμένους ὑπὸ × Ναβουχοδονόσορ × βασιλέως κλαίοντας καὶ λέγοντας ἐλέησον
Bar. 1 1   μου καὶ ἔχων περὶ τοῦ λαοῦ καὶ ὅπως συνεχωρήθη × Ναβουχοδονόσωρ × ὁ βασιλεὺς ὑπὸ θεοῦ πορθῆσαι τὴν πόλιν
Prop. 4 4   ἐν χάριτι ὑψίστου. οὗτος πολλὰ ηὔξατο ὑπὲρ τοῦ × Ναβουχοδονόσορ × παρακαλοῦντος αὐτὸν Βαλτάσαρ τοῦ υἱοῦ
Prop. 4 9   ἐγένετο ἀνθρωπίνης φύσεως τροφή. διὰ τοῦτο καὶ ὁ × Ναβουχοδονόσορ × μετὰ τὴν πέψιν ἐν καρδίᾳ ἀνθρωπίνη
Prop. 12 3   Ἰερουσαλὴμ καὶ ἐπένθησε σφόδρα. καὶ ὅτε ἦλθε × Ναβουχοδονόσορ × ἐν Ἰερουσαλὴμ ἔφυγεν εἰς Ὀστρακίνην καὶ
HDem. 1 141 1   αἰχμαλωσίας ταύτης εἰς τὴν ἐσχάτην ἣν ἐποιήσατο × Ναβουχοδονόσορ × ἐξ Ἱεροσολύμων ἔτη ἑκατὸν εἴκοσι ὀκτὼ
HEup. 9 39 4   τὸν δὲ τῶν Βαβυλωνίων βασιλέα ἀκούσαντα × Ναβουχοδονόσορ × τὰ ὑπὸ τοῦ Ἱερεμίου προμαντευθέντα

**Νάθαν** (4)
Prop. 17 1   προσετέθη πρὸς τοὺς πατέρας αὐτοῦ ἐν ἀγρῷ αὐτοῦ. × Ναθὰν × προφήτης Δαυὶδ ἦν ἐκ Γαβὰ καὶ αὐτὸς ἦν ὁ διδάξας
Prop. 17 1B   ἐκ Γαβὰ καὶ αὐτὸς ἦν ὁ διδάξας αὐτὸν νόμον κυρίου × Ναθὰν × ὁ προφήτης τοῦ Δαυὶδ ἐκ φυλῆς ἱερωσύνης ἦν.
Prop. 17 4B   τὸν Δαυὶδ ἐπειδὴ γὰρ ἔβλεπεν ὁ θεὸς πενθοῦντα τὸν × Ναθὰν × ἔλεγε γὰρ ὅτι δι' ἐμοῦ γέγονεν ἡ ἀσέβεια αὕτη. καὶ
HEup. 9 34 4   καὶ τῶν θεμελίων πηχῶν ι' οὕτω γὰρ αὐτῷ προστάξαι × Νάθαν × τὸν προφήτην τοῦ θεοῦ. οἰκοδομεῖν δὲ ἐναλλὰξ δόμον

**Ναθώθ**
FIsa. 1 2 5   τοῦ Τουβὶ τοῦ Χανανίτου καὶ ἐν χερσὶν Ἰωνὰν τοῦ × Ναθὼθ × καὶ ἐν χερσὶν Σαδὼκ τοῦ ἐπὶ τῶν πραγματειῶν. καὶ

**ναί** (8)
Adam 17 5   ἀλλ' οὐκ ἐσθίετε ἀπὸ παντὸς φυτοῦ. κἀγὼ εἶπον ναί × ἀπὸ πάντων ἐσθίομεν παρὲξ ἑνὸς μόνου ὅ ἐστι μέσον
Abr.1 17 11   τὴν ἐμὴν ἀγριότητα δικαιότατε. εἶπεν δὲ Ἀβραάμ ναί × δυνήσομαι θεάσασθαί σου πᾶσαν τὴν ἀγριότητα ἕνεκεν
Abr.2 9 1   δύναται εἰσελθεῖν εἰς τὴν ζωήν; λέγει αὐτῷ Μιχαήλ ναί. × ἔκλαυσεν δὲ Ἀβραὰμ λέγων οὐαί μοι τί ποιήσω ἐγὼ
TBen. 2 3   ἢ ὁ χιτὼν τοῦ υἱοῦ σου οὗτος. καὶ λέγει μοι ναί × ἀδελφέ καὶ γὰρ ὅτε ἔλαβόν με οἱ Ἰσμαηλῖται εἰς ἐξ
Asen. 17 1   τῇ Ἀσενὲθ ἑώρακας τὸ ῥῆμα τοῦτο; καὶ αὕτη εἶπεν ναί × κύριε ἑώρακα ταῦτα πάντα. καὶ εἶπεν αὐτῇ ὁ ἄνθρωπος
Sedr. 3 2   λαλῆσαι στόμα πρὸ στόματος θεοῦ; λέγει αὐτῷ Σεδράχ ναί × ἔχει ὁ υἱὸς δίκην μὲ τὸν πατέρα κύριέ μου διὰ τί
Job 36 1   προσήγγισέν μοι λέγων σὺ εἶ Ἰωβ; καὶ εἶπον αὐτῷ ναί. × καὶ εἶπεν ἄρα ἐν τῷ καθεστηκότι ἡ καρδία σου; κἀγὼ
Aris. 201 2   Μενέδημος δὲ ὁ Ἐρετριεὺς φιλόσοφος εἶπε ναί × βασιλεῖ προνοίᾳ γὰρ τῶν ὅλων διοικουμένων καὶ

**ναιετάω** (2)
Sib. 3 518   κατὰ μοῖραν ἕκαστον ἐξαυδῶ; πᾶσιν γὰρ ὅσοι χθόνα × ναιετάουσιν × Ὕψιστος δεινὴν ἐπιπέμψει ἔθνεσι πληγήν.
Sib. 5 297   κλαίουσα παρ' ὄχθαις καὶ νηὸν ζητοῦσα τὸν οὐκέτι × ναιετάοντα. × καὶ τότε θυμωθεὶς θεὸς ἄφθιτος αἰθέρι ναίων

**Ναιμᾶν** (2)
Prop. 22 15   εὐχόμενος πεποίηκεν ἐπιπολάσαι τὸ δρέπανον. × Ναιμᾶν × ὁ Σύρος δι' αὐτοῦ ἐκαθερίσθη ἀπὸ τῆς λέπρας. τὸν
Prop. 22 16   Γιεζεὶ ἀπελθόντα κρύφα παρὰ γνώμην αὐτοῦ πρὸς × Ναιμᾶν × καὶ αἰτήσαντα ἀργύριον ὕστερον ἐλθόντα καὶ

**ναίω** (3)
Sib. 3 11   ἀεί; εἷς θεός ἐστι μόναρχος ἀθέσφατος αἰθέρι × ναίων × αὐτοφυὴς ἀόρατος ὁρώμενος αὐτὸς ἅπαντα ὃν χεὶρ οὐκ
Sib. 3 81   πρόπαντα χηρεύσει κόσμου ὁπόταν θεὸς αἰθέρι × ναίων × οὐρανὸν εἰλίξῃ καθ' ἅπερ βιβλίον εἰλεῖται καὶ
Sib. 5 298   ναιετάοντα. καὶ τότε θυμωθεὶς θεὸς ἄφθιτος αἰθέρι × ναίων × οὐρανόθεν πρηστῆρα βαλεῖ κατὰ κρατὸς ἀνάγνου. ἀντὶ

**νᾶμα** (7)
Sib. 5 128   χώρης ἀλεγεινῆς ὥστε κλύσαι σεισμῷ τε κακῷ καὶ × νάμασι × πικροῖς τὴν Λυκίης ἄμυρον καὶ τὴν μυρίπνουν ποτε
Sib. 5 282   εὐσεβέων δὲ μόνων ἄγια χθὼν πάντα τάδ' οἴσει × νᾶμα × μελισταγέος ἀπὸ πέτρης ἠδ' ἀπὸ πηγῆς καὶ γλάγος
Sib. 5 308   πύλας καὶ αὐτὴ μᾶλλον ὀλεῖται. Κύμη δ' ἡ μωρὰ σὺν × νάμασι × τοῖς θεοπνεύστοις ἐν παλάμαις ἀθέων ἀνδρῶν ἀδίκων
Sib. 5 311   ἐς αἰθέρα +ἄμρα προδώσει+ ἀλλὰ μενεῖ νεκρὰ ἐν × νάμασι × +κυμηοισιν+ καὶ τότ' ἀναιάξουσιν ὁμοῦ κακότητα
Sib. 5 437   καὶ πάμπολις οὐκέτι κείσῃ οὔρεσιν ἐν χρυσέοις × νάμασιν × Εὐφρήταο στρωθήσῃ σεισμοῖο κλόνῳ Πάρθοι δέ σε
IOrp. 32   πνεύματα δ' ἠνιοχεῖ περί τ' ἠέρα καὶ περὶ χεῦμα × νάματος × ἐκφαίνει δὲ πυρὸς σέλας ἰφιγενήτου. οὗτος γὰρ
HArt. 9 27 36   ἐπιθιγεῖν τῇ ῥάβδῳ τοῦ ὕδατος καὶ οὕτως τὸ μὲν × νᾶμα × διαστῆναι τὴν δὲ δύναμιν διὰ ξηρᾶς ὁδοῦ πορεύεσθαι.

**ναός** (59)
TLevi 5 1   μοι ὁ ἄγγελος τὰς πύλας τοῦ οὐρανοῦ καὶ εἶδον τὸν × ναὸν × τὸν ἅγιον καὶ ἐπὶ θρόνου δόξης τὸν Ὕψιστον. καὶ
TLevi 10 3   προσώπου πονηρίας ὑμῶν ἀλλὰ σχίσαι τὸ ἔνδυμα τοῦ × ναοῦ × ὥστε μὴ κατακαλύπτειν ἀσχημοσύνην ὑμῶν. καὶ
TLevi 15 1   τὰ ἅγια ἣν καταφρονήσει γελοιάζοντες. διὰ ταῦτα ὁ × ναὸς × ὃν ἂν ἐκλέξηται κύριος ἔρημος ἔσται ἐν ἀκαθαρσίᾳ
TLevi 18 6   ἐν αὐτῷ. οἱ οὐρανοὶ ἀνοιγήσονται καὶ ἐκ τοῦ × ναοῦ × τῆς δόξης ἥξει ἐπ' αὐτὸν ἁγίασμα μετὰ φωνῆς
TJud. 23 3   ἀναίρεσιν καὶ συμβίων ἀφαίρεσιν ὑπαρχόντων ἁρπαγὴ × ναοῦ × θεοῦ ἐμπυρισμὸν γῆς ἐρήμωσιν ὑμῶν αὐτῶν δουλείαν ἐν
TZab. 9 8   αὐτοῦ καὶ ὄψεσθε θεὸν ἐν σχήματι ἀνθρώπου ⟨ἐν × ναῷ⟩ × ὃν ἂν ἐκλέξηται κύριος Ἱερουσαλὴμ ὄνομα αὐτῷ. καὶ
TBen. 9 2   αὐτὸς λήψεται αὐτήν. πλὴν ἐν μερίδι ὑμῶν γενήσεται × ναὸς × θεοῦ καὶ ἔνδοξος ἔσται ὁ ἔσχατος ὑπὲρ τὸν πρῶτον.
TBen. 9 3   προφήτου. καὶ εἰσελεύσεται εἰς τὸν πρῶτον × ναὸν × καὶ ἐκεῖ κύριος ὑβρισθήσεται καὶ ἐξουθενωθήσεται
TBen. 9 4   καὶ ἐπὶ ξύλου ὑψωθήσεται. καὶ ἔσται τὸ ἅπλωμα τοῦ × ναοῦ × σχιζόμενον καὶ μεταβήσεται τὸ πνεῦμα τοῦ θεοῦ ἐπὶ
Jer. 2 1   ἀνήγγειλε ταῦτα τῷ Βαροὺχ καὶ ἐλθόντες εἰς τὸν × ναὸν × τοῦ θεοῦ διέρρηξεν ὁ Ἱερεμίας τὰ ἱμάτια αὐτοῦ καὶ
Jer. 4 3   πάντα τὸν λαόν. Ἱερεμίας δὲ ἄρας τὰς κλεῖδας τοῦ × ναοῦ × ἐξῆλθεν ἔξω τῆς πόλεως καὶ ἔρριψεν αὐτὰς ἐνώπιον
Jer. 4 3   τοῦ ἡλίου λέγων σοὶ λέγω ἥλιε λάβε τὰς κλεῖδας τοῦ × ναοῦ × τοῦ θεοῦ καὶ φύλαξον αὐτὰς ἕως ἡμέρας ἐν ᾗ ἐξετάσει
Prop. 2 9   αὐτοῦ. οὗτος ὁ προφήτης πρὸ τῆς ἁλώσεως τοῦ × ναοῦ × ἥρπαξε τὴν κιβωτὸν τοῦ νόμου καὶ τὰ ἐν αὐτῇ καὶ
Prop. 3 14   ἐδείκνυ τῷ λαῷ Ἰσραὴλ τὰ ἐν Ἱερουσαλὴμ καὶ ἐν τῷ × ναῷ × γινόμενα. οὗτος ἡρπάγη ἐκεῖθεν καὶ ἦλθεν εἰς
Prop. 12 10   δὲ τέρας τοῖς ἐν τῇ Ἰουδαίᾳ ὅτι ὄψονται ἐν τῷ × ναῷ × φῶς καὶ οὕτως ἴδωσι τὴν δόξαν τοῦ ναοῦ. καὶ περὶ
Prop. 12 10   ἐν τῷ ναῷ φῶς καὶ οὕτως ἴδωσι τὴν δόξαν τοῦ × ναοῦ. × καὶ περὶ συντελείας τοῦ ναοῦ προεῖπεν ὅτι ὑπὸ
Prop. 12 11   ἴδωσι τὴν δόξαν τοῦ ναοῦ. καὶ περὶ συντελείας τοῦ × ναοῦ × προεῖπεν ὅτι ὑπὸ ἔθνους δυτικοῦ γενήσεται. τότε
Prop. 14 1   προεφήτευσε περὶ ἐλέσεν ἐκ μέρους τῆς οἰκοδομῆς τοῦ × ναοῦ. × καὶ θάνον ἐτάφη πλησίον τοῦ τάφου τῶν ἱερέων
Prop. 15 5   καὶ περὶ τέλους ἐθνῶν καὶ Ἰσραὴλ καὶ τοῦ × ναοῦ. × καὶ ἀργίας προφητῶν καὶ ἱερέων καὶ περὶ διπλῆς
Prop. 23 2   μετὰ τοῦ πατρὸς αὐτοῦ ἔκτοτε ἐγένοντο τέρατα ἐν τῷ × ναῷ × φαντασίας καὶ οὐκ ἴσχυον οἱ ἱερεῖς ἰδεῖν ὀπτασίαν
Sedr. 11 13   ἀγαθοῦ. ὧ πόδες ὅλον τὸ σῶμα βαστάζοντες εἰς τοὺς × ναοὺς × ἀνατρέχουσιν μετανοίας ποιοῦντες καὶ παρακαλοῦντες
Job 5 2   μεθ' ἑαυτοῦ πεντήκοντα παῖδας, καὶ εἰς τὸν × ναὸν × τοῦ εἰδωλίου ἀπελθὼν κατήνεγκα αὐτὸ εἰς τὸ ἔδαφος,
Job 17 4   ἐπιδεομένοις καὶ τυφλοῖς καὶ χωλοῖς, καὶ τὸν μὲν × ναὸν × τοῦ μεγάλου θεοῦ καθελὼν καὶ ἀφανίσας τὸν τόπον τῆς
Sib. 3 32   εἰδώλοις τ' ἀψάλοις λιθίνοις θ' ἱδρύμασι φωτῶν καὶ × ναοῖς × ἀθέοισι καθεζόμενοι πρὸ θυράων +τηρεῖτε+ τὸν ἑόντα
Sib. 3 58   ἄρτι δ' ἔτι κτιζομένᾳ πόλεις κοσμεῖσθαί τε πᾶσαι × ναοῖς × καὶ σταδίοις ἀγοραῖς χρυσοῖς ξοάνοις τε ἀργυρέοις
Sib. 3 213   βοήσω ἀνδράσιν εὐσεβέσιν ἥξει κακόν οἳ περὶ × ναὸν × οἰκείουσι μέγαν Σολομώνιον οἵ τε δικαίων ἀνδρῶν
Sib. 3 274   γαῖα δ' ἔρημος ἅπασα σέθεν καὶ βωμὸς ἐρυμνὸς καὶ × ναὸς × μεγάλοιο θεοῦ καὶ τείχεα μακρὰ πάντα χαμαὶ
Sib. 3 294   γὰρ δώσει θεὸς ἔννυχον ἁγνὸν ὄνειρον. καὶ τότε δὴ × ναὸς × πάλιν ἔσσεται ὡς πάρος ἦεν. ἡνίκα δή μοι θυμὸς
Sib. 3 302   τοι Βαβυλῶνι ἐμήσατο ἄλγεα λυγρὰ ἀθάνατος ὅτι οἱ × ναὸν × μέγαν ἐξαλάπαξεν. αἰαῖ σοι Βαβυλὼν ἠδ' Ἀσσυρίων
Sib. 3 565   τοὺς ἑλλὰς ἔρεξε+ ῥόων ταύρων τ' ἐριμύκων πρὸς × ναὸν × μεγάλοιο θεοῦ δολοκαρπισσαν ἐκφεύξῃ πᾶλιν οὔ
Sib. 3 575   αὖτις βουλὰς ἠδὲ νόῳ προσκείμενοι Ὑψίστοιο οἳ × ναὸν × μεγάλοιο θεοῦ περικυδανέουσιν λοιβῇ τε κνίσῃ τ'
Sib. 3 657   ἀλλὰ θεοῦ μεγάλοιο πιθήσας δόγμασιν ἐσθλοῖς. --- × ναὸς × δ' αὖ μεγάλοιο θεοῦ περικαλλὴς πλούτῳ βεβριθὼς
Sib. 3 702   πέλεται κατὰ κόσμον. υἱοὶ δ' αὖ μεγάλοιο θεοῦ περὶ × ναὸν × ἅπαντες ἡσυχίως ζήσουσ' εὐφραινόμενοι ἐπὶ τούτοις
Sib. 3 718   βασιλῆα θεὸν μέγαν ἀέναόν τε. πέμπωμεν πρὸς × ναὸν × ἐπεὶ μόνος ἐστὶ δυνάστης καὶ νόμον ὑψίστοιο θεοῦ
Sib. 4 8   ἀλάλοισι λιθοξέστοισιν ὅμοιον. οὐδὲ γὰρ οἶκον ἔχει × ναῷ × λίθον ἑλκυσθέντα κωφότατον νωδόν τε βροτῶν πολυαλγέα
Sib. 4 27   πρὶν πιέειν φαγέειν τε πεποιθότες εὐσεβίησιν οἳ × νηοὺς × δὲ θεοῦ μέγαν ἐξαλαπάξει ἡνίκ' ἂν ἀφροσύνῃσι
Sib. 4 116   ἥξει καὶ Σολύμοισι κακὴ πολέμοιο θύελλα Ἰταλόθεν × νηὸν × δὲ θεοῦ μέγαν ἐξαλαπάξει ἡνίκ' ἂν ἀφροσύνῃσι
Sib. 4 118   μὲν ῥίψωσιν στυγεροὺς δὲ φόνους τελέωσι πρὸ × νηοῦ × καὶ τότ' ἀπ' Ἰταλίης βασιλεὺς μέγας οἷά τε δράστης
Sib. 4 125   γαῖαν. εἰς Συρίην δ' ἥξει Ῥώμης πρόμος ὃς πυρὶ × ναὸν × συμφλέξας Σολύμων πολλοὺς δ' ἅμα ἀπολέσσας
Sib. 5 54   χρησμῶν ἔνθεον ὕμνον. πρῶτον μὲν περὶ σεῖο βάσιν × ναοῦ × πολυκλαύστου μαινάδες ἄιξουσαι καὶ ἐν παλάμῃσι
Sib. 5 150   φωλεύων μετὰ τῶνδε κακῶν εἰς ἔθνος ἀληθὲς ὃς × ναὸν × θεότευκτον ἔλεν καὶ ἔφλεξε πολίτας λαούς
Sib. 5 297   δ' οἰμώξει+ Ἔφεσος κλαίουσα παρ' ὄχθαις καὶ × ναὸν × ζητοῦσα τὸν οὐκέτι ναιετάοντα. καὶ τότε θυμωθεὶς
Sib. 5 400   χειρὸς ἀνάγνου οἶκον ἀεὶ θάλλοντα θεοῦ τηρήμονα × ναὸν × ἐξ ἁγίων γεγαῶτα καὶ ἄφθιτον αἰὲν ἐόντα ἐκ ψυχῆς
Sib. 5 433   καιρὸς ὅτε ταῦτα περαίνει θεὸς ὑψιβρεμέτης κτίστης × ναοῖο × μεγίστου. αἰαῖ σοι Βαβυλὼν χρυσόθρονε χρυσοπέδιλε
Sib. 5 501   θεὸν μέγαν αἰδῶ Ἰσραήλ καὶ τότ' ἐν Αἰγύπτῳ × ναὸν × μέγαν ἔσσεται αἰεὶς ἀστῶν θεοῦ μέγαν ἔσσεται λαός
Sib. 5 507   ἄρξονται κακότητος ἵν' ὕστερα πάντα γένηται. × ναὸν × γὰρ καθελοῦσι μέγαν Αἰγυπτιάδος γῆς ἐν δὲ θεὸς
FSop. 5 77 2   ἐπταπλασίων φωτὸς ἡλίου ἀνατέλλοντος οἰκοῦντας ἐν × ναοῖς × σωτηρίας καὶ ὑμνοῦντας θεὸν ἄρρητον Ὕψιστον.
FAch. 120   εἰδέναι. πλὴν λέγετε ὃ θέλετε. οἱ δὲ εἶπον ἔστιν × ναὸς × ἡ οἰκουμένη διὰ τὸ περιέχειν ἅπαντα ὁ δὲ στύλος ὁ
FAch. 120   τῶν τὰ τοιαῦτα προβαλλόντων). ἔστιν οὖν ὁ × ναὸς × ἡ οἰκουμένη διὰ τὸ περιέχειν ἅπαντα ὁ δὲ στύλος ὁ
HEup. 9 34 4   πάντα κατὰ μῆνα φυλὴν μίαν. θεμελιῶσαί τε τὸν × ναὸν × τοῦ θεοῦ μήκος πηχῶν ξ' πλάτος πηχῶν ξ' τὸ δὲ
HEup. 9 34 5   τὴν λιθίνην οἰκοδομῇ μὴ φαίνεσθαι χρυσὸᾳ τε τὸν × ναὸν × χωννύντα πλίνθια χρυσᾶ πενταπήχη καὶ
HEup. 9 34 7   ἀδόλου δακτύλου τὸ πάχος. εἶναι δὲ τοὺς στύλους τῷ × ναῷ × ἰσομεγέθεις τὸ δὲ πλάτος κύκλῳ ἕκαστον κίονα πηχῶν
HEup. 9 34 11   αὐτοὺς ἐπὶ μηχανημάτων ὑπερεχόντων τῷ ὕψει τὸν × ναὸν × πήχεις κ' καὶ σκιάζειν ἐπάνω παντὸς τοῦ ἱεροῦ καὶ
HEup. 9 34 16   δὲ σύμπαν χρυσίον τὸ εἰς τοὺς δύο στύλους καὶ τὸν × ναὸν × καταχρυσθὲν εἶναι τάλαντα μυριάδων υ ξ', εἶ-
HArt. 9 27 2   αὐτῇ ἱερὸν καθιδρύσασθαι εἶτα τὸν ἐν Ἡλιουπόλει × ναὸν × κατασκευάσαι. τοῦτον δὲ γεννῆσαι θυγατέρα Μέρριν ἣν
HArt. 9 27 11   χάριν τοῖς δὲ προστάξαι τὸν ἐν Διὸς πόλει × ναὸν × ἐξ ὀπτῆς πλίνθου κατεσκευασμένον καθαιρεῖν ἕτερον

HArt. 9 27 33 συμπεσεῖν δὲ τότε τὰς μὲν οἰκίας πάσας τῶν τε * ναῶν * τοὺς πλείστους. τελευταῖον τοιαύταις συμφοραῖς
HHec. 1 22 193 γε μὴν εἰς τὴν χώραν πρὸς αὐτοὺς ἀφικνουμένων καὶ * νεὼς * καὶ βωμοὺς κατασκευασάντων ἅπαντα ταῦτα κατέσκαπτον
FrAn. 1 218 7 ἀκούσας καὶ ἔντρομος γενόμενος πάντα ἐάσας ἐν τῷ * ναῷ * ἐξῆλθεν εὐχαριστῶν καὶ πιστεύων κυρίῳ καὶ ἐν τῇ θείᾳ
Ναούμ 1
Prop. 11 1 πολλὰ ἔθνη ὅτι ἡ πόλις ἕως ἐδάφους ἀφανισθήσεται. * Ναοὺμ * ἀπὸ Ἐλκεσὶ πέραν τοῦ Ἰσβηγαβαρὶν φυλῆς Συμεών.
νάπη 3
Hen. 10 12 καὶ δῆσον αὐτοὺς ἑβδομήκοντα γενεὰς εἰς τὰς * νάπας * τῆς γῆς μέχρι ἡμέρας κρίσεως αὐτῶν καὶ συντελεσμοῦ
Hen. 10B 12 αὐτῶν δῆσον αὐτοὺς ἐπὶ ἑβδομήκοντα γενεὰς εἰς τὰς * νάπας * τῆς γῆς μέχρι ἡμέρας κρίσεως αὐτῶν μέχρι ἡμέρας
LEze. 9 29 16 02 πρόσχες οἷον εὕρομεν τόπον πρὸς αὐτῇ τῇδέ γ' εὐαεῖ * νάπῃ. * ἔστιν γὰρ ὥς που καὶ σὺ τυγχάνεις ὁρῶν ἐκεῖ τόθεν
νάρδος 2
Adam 29 6 αὐτόν οἱ ἄγγελοι ἔλαβεν τέσσαρα γένη κρόκον καὶ * νάρδον * καὶ κάλαμον καὶ κινάμωμον καὶ ἕτερα σπέρματα εἰς
Hen. 32 1 εἰς βορρᾶν πρὸς ἀνατολὰς τεθέαμαι ἑπτὰ ὄρη πλήρη * νάρδου * χρηστοῦ καὶ σχίνου καὶ κινναμώμου καὶ πιπέρεως.
ναρκάω 1
HDem. 9 21 7 ἅψασθαι τοῦ πλάτους τοῦ μηροῦ τοῦ Ἰακὼβ τὸν δὲ * ναρκήσαντα * ἐπισκάζειν ὅθεν οὐκ ἐσθίεσθαι τῶν κτηνῶν τὸ
Νατθαῖος 1
Aris. 49 2 Σαββαταῖος Σεδεκίας Ἰάκωβος Ἴσαχος Ἠσίας * Νατθαῖος. * ὀγδόης Θεοδόσιος Ἰάσων Ἰησοῦς Θεόδοτος
ναυάγιον 1
Abr.1 19 12 ἐν θαλάσσῃ κλυδωνίῳ μεγάλῃ περιπεσόντες ⟨ἐν τοῖς⟩ * ναυαγίοις * γεγονότες ὑποβρύχιοι γίνονται θαλάσσιον
ναυαγός (ἄγνυμι) 1
FPho. 25 ἄστεγον εἰς οἶκον δέξαι καὶ τυφλὸν ὁδήγει. * ναυηγοὺς * οἴκτιρον ἐπεὶ πλόος ἐστὶν ἄδηλος. χεῖρα πεσόντι
Ναυή 3
FMos. 2 17 17 Μωσῆς προσκαλεσάμενος Ἰησοῦν υἱὸν * Ναυῆ * καὶ διαλεγόμενος πρὸς αὐτὸν ἔφη καὶ προεθεάσατό με
FMos. 6 132 2 Μωυσέα ἀναλαμβανόμενον διττὸν εἶδεν Ἰησοῦς ὁ τοῦ * Ναυῆ * καὶ τὸν μὲν μετ' ἀγγέλων τὸν δὲ ἐπὶ τὰ ὄρη περὶ τὰς
HEup. 9 30 1 Μωσῆν προφητεῦσαι ἔτη μ' εἶτα Ἰησοῦν τὸν τοῦ * Ναυῆ * υἱὸν ἔτη λ' βιῶσαι δ' αὐτὸν ἔτη ρ ι' πῆξαί τε τὴν
ναύκληρος 2
Hen. 101 4 καὶ σκληρὰ ἐπὶ τῇ μεγαλωσύνῃ αὐ⟨τοῦ; ὁρᾶ⟩τε τοὺς * ναυκλήρους * τοὺς πλωιζομένους τὴν θάλασσαν ὑπὸ τοῦ
Hen. 101 8 ἐπιστήμην πᾶσιν τοῖς κινουμένοις ἐν τῇ θαλάσσῃ; οἱ * ναύκληροι * τὴν θάλασσαν φοβοῦνται. καὶ ὅταν ἐκβάλῃ ἐφ'
ναυμαχία 1
Aris. 180 4 τὴν νίκην ἡμῖν προσπεπτωκέναι τῆς πρὸς Ἀντίγονον * ναυμαχίας. * διὸ καὶ δειπνῆσαι σήμερον μεθ' ὑμῶν
ναυπηγέω 1
HEup. 9 30 7 καὶ κέδρινα. ἀκούσαντα δὲ τὸν Δαβὶδ πλοῖα * ναυπηγήσασθαι * ἐν Ἐλάνοις πόλει τῆς Ἀραβίας καὶ πέμψαι
ναῦς 5
SIb. 4 77 ὕδωρ. ἥξει δ' ἐξ Ἀσίης βασιλεὺς μέγα ἔγχος ἀείρας * νηυσὶν * ἀμετρήτοισιν τὰ μὲν βυθοῦ ὑγρὰ κέλευθα πεζεύσει
SIb. 5 295 καὶ σεισμοῖσι ποθ' ἵξεται εἰς ἅλα δῖαν πρηνὴς ἠΰτε * νῆας * ἐπικλύζουσιν ἄελλαι. +ὕπτια δ' οἰμώξει+ Ἔφεσος
SIb. 5 448 ποτε πόντος κοὐκέτι πλωτεύσουσιν ἐς Ἰταλίην τότε * νῆες * Ἀσὶς δ' ἡ μεγάλη τότε πάμφορον ἔσσεται ὕδωρ καὶ
FAch. 112 ταῦτα εἰπὼν ἐκέλευσεν τὸν Αἴσωπον ἀποβῆναι τῆς * νηός. * καὶ τῇ ἐπαύριον ἐλθὼν ὁ Αἴσωπος ἠσπάσατο τὸν
FPho. 131 ἔφυ σεσοφισμένος ἀνὴρ ἀγροὺς καὶ πόλιας σοφίη καὶ * νῆα * κυβερνᾶι. οὐχ ὅσιον κρύπτειν τὸν ἀτάσθαλον ἄνδρ'
ναύτης 1
TNep. 6 2 ἰδοὺ πλοῖον ἤρχετο ἁρμενίζον μεστὸν ταρίχων ἐκτὸς * ναυτῶν * καὶ κυβερνήτου ἐπεγέγραπτο δὲ τὸ πλοῖον πλοῖον
ναυτίλος 1
FPho. 160 ἔστι βίωι πᾶν ἔργον ἐπὴν μοχθεῖν ἐθέλησθα. * ναυτίλος * εἰ πλώειν ἐθέλεις εὐρεῖα θάλασσα εἰ δὲ
Ναφηλειμ 3
Hen. 7B 2 πρῶτον γίγαντας μεγάλους. οἱ δὲ γίγαντες ἐτέκνωσαν * Ναφηλειμ * καὶ τοῖς Ναφηλειμ ἐγεννήθησαν Ἐλιούδ. καὶ ἦσαν
Hen. 7B 2 οἱ δὲ γίγαντες ἐτέκνωσαν Ναφηλειμ καὶ τοῖς * Ναφηλειμ * ἐγεννήθησαν Ἐλιούδ. καὶ ἦσαν αὐξανόμενοι κατὰ
Hen. 16B 1 σφαγῆς καὶ ἀπωλείας καὶ θανάτου τῶν γιγάντων * Ναφηλειμ * οἱ ἰσχυροὶ τῆς γῆς οἱ μεγάλοι ὀνομαστοὶ τὰ
Ναχέρωτας 1
HArt. 9 27 11 λατομήσαντας τάξαι δὲ ἐπὶ τῆς οἰκοδομίας ἐπιστάτην * Ναχέρωτα. * τὸν δὲ ἐλθόντα μετὰ Μωύσου εἰς Μέμφιν πυθέσθαι
Ναχώρ 3
FJub. 11 9 Σερουχ Μελχα θυγάτηρ Χαβερ πατραδέλφου αὐτοῦ. γυνὴ * Ναχωρ * Ιεσθα θυγάτηρ Νεσθα τοῦ Χαλδαίου. αὐξηθέντα δὲ τὸν
FJub. 11 8 Ιεσθα θυγάτηρ Νεσθα τοῦ Χαλδαίου. αὐξηθέντα δὲ τὸν * Ναχὼρ * ἐδίδαξεν ὁ πατὴρ πάντων ἐπίλυσιν οἰωνῶν τῶν τε ἐν
FJub. 11 14 τῶν ἐπὶ γῆς ἁπάντων καὶ πᾶσαν Χαλδαϊκὴν μαντείαν. * Ναχὼρ * δὲ γενόμενος ο θ' ἐτῶν ἐγέννησε τὸν Θάρρα. Νίνου
νεανίας 2
TNep. 5 4 ἀμφότεροι σὺν αὐτοῖς. καὶ ὄντος τοῦ Λευὶ ὡς ἡλίου * νεανίας * τις ἐπιδίδωσιν αὐτῷ βάϊα φοινίκων δώδεκα καὶ
TJos. 12 3 νῦν οὖν ποίησον μετ' αὐτοῦ κρίσιν καὶ ἀφελοῦ τὸν * νεανίαν * εἰς οἰκονόμον σου καὶ εὐλογήσει σε ὁ θεὸς τῶν
νεανίσκος 13
TRub. 4 6 ἐστὶ πλανῶσα τὸν νοῦν καὶ τὴν διάνοιαν καὶ κατάγει * νεανίσκους * εἰς ᾅδην οὐκ ἐν καιρῷ αὐτῶν. καὶ γὰρ πολλοὺς
TJos. 13 4 δὲ αὐτοῦ τοῖς λόγοις λέγει ὁ Πετεφρῆς ἀχθήτω ὁ * νεανίσκος. * καὶ εἰσαχθεὶς προσεκύνησα τῷ ἀρχιευνούχῳ
Asen. 1 6 υἱοὶ τῶν σατραπῶν καὶ υἱοὶ πάντων τῶν βασιλέων καὶ * νεανίσκοι * πάντες καὶ δυνατοὶ καὶ ἦν ἔρις πολλὴ ἐν αὐτοῖς
Asen. 2 11 καὶ ταύτας ἐφύλαττον ἀνὰ δεκαοκτὼ ἄνδρες δυνατοὶ * νεανίσκοι * ἔνοπλοι. καὶ ἦσαν πεφυτευμένα ἐντὸς τῆς αὐλῆς
Asen. 5 1 ἀλαζονείας καὶ ὀργῆς ἀπεκρίθη αὐτῷ. καὶ εἰσεπήδησε * νεανίσκος * ἐκ τῆς θεραπείας Πεντεφρῆ καὶ λέγει ἰδοὺ
Asen. 15 1 ἁγνὴ σήμερον καὶ ἡ κεφαλή σού ἐστιν ὡς ἀνδρὸς * νεανίσκου. * καὶ ἀπέστειλεν Ἀσενὲθ τὸ θέριστρον ἀπὸ τῆς
Asen. 18 1 ἔτι ἐλάλει Ἀσενὲθ ταῦτα ἐν ἑαυτῇ ἰδοὺ εἰσεπήδησε * νεανίσκος * ἐκ τῆς θεραπείας Πεντεφρῆ καὶ λέγει ἰδοὺ
FAch. 103 δὲ αὐτοῦ ἐποιήσατο ἐπιμέλειαν τῆς παιδείας. ὁ δὲ * νεανίσκος * μέγα ποιήσας ἅμα τῇ τοῦ βασιλέως παλλακίδι
FAch. 104 ὁ παρὰ νόμον ἁπτόμενος θάνατον ἐνακμᾶται. ὁ δὲ * νεανίσκος * βαρέως φέρων τοὺς λόγους τοῦ Αἰσώπου
FAch. 108 τὸν δὲ Ἥλιον αὐτῷ παρέσχεν. ὁ δὲ λαβὼν τὸν * νεανίσκον * διέθηκεν διὰ λόγων (ἐνουθέτει) ἀρξάμενος
FAch. 110 ἐπὶ μικρᾷ λυποῦ. ταῦτα δὴ εἰπὼν ὁ Αἴσωπος πρὸς τὸν * νεανίσκον * ἀπεχωρίσθη. ὁ δὲ Λῖνος λυπούμενος ἐπὶ τῷ
HAno. 9 17 5 ἐπεμβαίνειν ἀλλὰ τὰς τροφὰς λαβόντα τῶν * νεανίσκων * ἀποδοῦναι τὰ αἰχμάλωτα ξενισθῆναί τε αὐτὸν ὑπὸ
HCal. 24 4 καὶ προστάσσει τινὰς τῆς Μακεδονικῆς φάλαγγος * νεανίσκους * λίαν μαχιμωτάτους ἐν τῇ παρακειμένῃ φάραγγι
Νεβρώδ 2
FJub. 8 7 Χεεδαμ πατραδέλφου αὐτοῦ. γυνὴ Εβερ Αζουρα θυγάτηρ * Νεβρωδ. * μετὰ τὸν κατακλυσμὸν τῷ ͵β φ π β' ἔτει τοῦ
FJub. 10 21 ἐπὶ γὰρ ἔτη τεσσαράκοντα οἰκοδομήσαντες ἐκείνου * ⟨Νεβρὼδ⟩ * μάλιστα παρορμῶντος αὐτοὺς εἰς ἀποστασίαν
Νεεμίας 1
Aris. 47 3 Σομόηλος Ἀδαῖος Ματταθίας Ἐσχλεμίας. τρίτης * Νεεμίας * Ἰώσηφος Θεοδόσιος Βασέας Ὀρνίας Δάκις.
νειηγενής * 1
LThe. 9 22 3 οἱ ἔην μὲν ἀνεψιὸς ἀλλὰ τότ' οἷος ἤνασσεν Συρίης * νειηγενὲς * αἷμα λελογχώς. τῷ δὲ γάμον κούρης μὲν ὑπέσχετο
νεῖκος 6
Sal. 8 εἰς ἡμέραν ἐν ᾗ ἐπηγγείλω αὐτοῖς. τῷ Σαλωμων εἰς * νεῖκος. * θλῖψιν καὶ φωνὴν πολέμου ἤκουσεν τὸ οὖς μου
SIb. 3 379 φεύξετ' ἀνάγκη+ καὶ φόνος οὐλόμεναί τ' ἔριδες καὶ * νείκεα * λυγρὰ καὶ νυκτοκλοπίαι καὶ πᾶν κακὸν ἤμασι
SIb. 4 83 μεγάλη πόλις εἰς βαθὺ χεῦμα. ἔσται δ' Ἑλλάδι * νεῖκος * ἐν ἀλλήλοις δὲ μανέντες πολλὰς πρηνίξουσι πόλεις
SIb. 4 85 πόλεις πολλοὺς δ' ὀλέσουσιν μαρνάμενοι τὸ δὲ * νεῖκος * ἰσόρροπον ἀλλήλοισιν. ἀλλ' ὅταν ἐς δεκάτην γενεὴν
SIb. 4 137 ὅτι φῦλον ἀναίτιον ἐξολέσουσιν. ἐς δὲ δύσιν τότε * νεῖκος * ἐγειρομένου πολέμοιο ἥξει καὶ Ῥώμης ὁ φυγὰς μέγα
FPho. 197 ἄχρις καὶ πόσις ἧι ἀλόχωι μηδ' ἐμπέσηι ἄνδιχα * νεῖκος; * μὴ δέ τις ἀμνήστευτα βίηι κούρῃσι μιγείη. μὴ δὲ
Νεῖλος 6
Aris. 116 6 ἑκατοντάρουροι. πληρούμενος δὲ ὁ ποταμὸς καθὼς ὁ * Νεῖλος * ἐν ταῖς πρὸς τὸν θερισμὸν ἡμέραις πολλὴν ἀρδεύει
SIb. 4 74 ἐνιαυτῶν εἴκοσι φοιτήσει σταχυητρόφος ἡνίκα * Νεῖλος * ἄλλοθί που ὑπὸ γαῖαν ἀποκρύψει μέλαν ὕδωρ. ἥξει
SIb. 5 56 ἐν παλάμῃσι κακῇσιν ἔσσεαι ἤματι τῷδε ὅταν ποτέ * Νεῖλος * ὁδεύσῃ γαῖαν ὅλην Αἴγυπτον ἕως πηχῶν δέκα καὶ ἕξ
SIb. 5 484 ἐξύμνησαν. Ἶσι θεὰ τριτάλαινα μενεῖς ἐπὶ χεύμασι * Νείλου * μούνη μαινὰς ἄναυδος ἐπὶ ψαμάθοις Ἀχέροντος
HArt. 9 27 17 εἰς τὴν Ἀραβίαν τὸν δὲ πεισθέντα ἀπὸ Μέμφεως τὸν * Νεῖλον * διαπλεύσαντα ἀπαλλάσσεσθαι εἰς τὴν Ἀραβίαν. τὸν
HArt. 9 27 28 καὶ πάλιν ῥάβδον ποιῆσαι προελθόντα δὲ μικρὸν τὸν * Νεῖλον * τῇ ῥάβδῳ πατάξαι τὸν δὲ ποταμὸν πολύχουν
νεκρός 34
Hen. 22 3 ἐπισυνάγωνται εἰς αὐτοὺς τὰ πνεύματα τῶν ψυχῶν τῶν * νεκρῶν. * εἰς αὐτὸ τοῦτο ἐκρίθησαν ὧδε ἐπισυνάγεσθαι πάσας
Hen. 22 5 ἡ μεγάλη ἔσται ἐν αὐτοῖς. τεθέαμαι ἀνθρώπους * νεκροὺς * ἐντυγχάνοντας καὶ ἡ φωνὴ αὐτοῦ μέχρι τοῦ οὐρανοῦ
Hen. 22 9 οἱ τρεῖς ἐποιήθησαν χωρίζεσθαι τὰ πνεύματα τῶν * νεκρῶν * καὶ οὕτως ἐχωρίσθη εἰς τὰ πνεύματα τῶν δικαίων οὗ
Hen. 103 5 οὖν φοβεῖσθε τοὺς ὀνειδισμοὺς αὐτῶν. καὶ ὑμεῖς οἱ * νεκροὶ * τῶν ἁμαρτωλῶν ὅταν ἀποθάνητε ἐροῦσιν ἐφ' ὑμῖν
Abr.1 9 1 ἔπεσεν ἐπὶ πρόσωπον εἰς τὸ ἔδαφος τῆς γῆς ὡς * νεκρός. * ὁ δὲ ἀρχιστράτηγος εἶπεν αὐτῷ πάντα ὅσα ἤκουσεν
TJud. 9 3 καὶ ἰσχυρῷ καὶ ἔπεσεν ἐν τόξῳ Ἰακὼβ καὶ ἤρθη * νεκρὸς * ἐν ὄρει Σηιρ καὶ πορευόμενος ἐπάνω Ειρραμνα
TGad 4 6 ὁρῶν πάντοτε ἀσθενεῖ. ὥσπερ γὰρ ἡ ἀγάπη καὶ τοὺς * νεκροὺς * θέλει ζωοποιῆσαι καὶ τοὺς ἐν ἀποφάσει θανάτου
Asen. 8 5 ἀλλοτρίαν ἥτις εὐλογεῖ τῷ στόματι αὐτῆς εἴδωλα * νεκρὰ * καὶ κωφὰ καὶ ἐσθίει ἐκ τῆς τραπέζης αὐτῶν ἄρτον
Asen. 11 8 τοῦτο κἀμὲ μεμίσηκε διότι κἀγὼ ἐσεβάσθην εἴδωλα * νεκρὰ * καὶ κωφὰ καὶ εὐλόγησα αὐτὰ καὶ ἔφαγον ἐκ τῆς
Asen. 12 5 σου πολλὰ ἥμαρτον ἐν ἀγνοίᾳ καὶ ἐσεβάσθην εἴδωλα * νεκρὰ * καὶ κωφά. καὶ νῦν οὐκ εἰμὶ ἀξία ἀνοῖξαι τὸ στόμα
Asen. 13 11 ἀγνοοῦσα νῦν ἔγνων ὅτι ἦσαν εἴδωλα κωφὰ καὶ * νεκρὰ * καὶ δέδωκα αὐτοὺς καταπατεῖσθαι ὑπὸ τῶν ἀνθρώπων
Asen. 16 22 ὁ ἄνθρωπος τὴν ῥάβδον αὐτοῦ ἐπὶ τὰς μελίσσας τὰς * νεκρὰς * καὶ εἶπεν αὐταῖς ἀνάστητε καὶ ὑμεῖς καὶ ἀπέλθετε
Asen. 20 7 καὶ ἔδωκαν δόξαν τῷ θεῷ τῷ ζωοποιοῦντι τοὺς * νεκρούς. * καὶ μετὰ ταῦτα ἔφαγον καὶ ἔπιον καὶ

Jer. 7 14 αὐτὸς γὰρ καὶ ἄλλοι τινὲς τοῦ λαοῦ ἐξήρχοντο θάψαι ✶ νεκρὸν ✶ ἔξω τῆς πόλεως. ᾐτήσατο γὰρ Ἰερεμίας παρὰ τοῦ
Jer. 7 14 Ναβουχοδονόσορ λέγων δός μοι τόπον ποῦ θάψω τοὺς ✶ νεκροὺς ✶ τοῦ λαοῦ μου καὶ ἔδωκεν αὐτῷ ὁ βασιλεύς.
Jer. 7 15 ἀπερχομένων δὲ αὐτῶν καὶ κλαιόντων μετὰ τοῦ ✶ νεκροῦ ✶ ἦλθον κατέναντι τοῦ ἀετοῦ. καὶ ἔκραξεν ὁ ἀετὸς
Prop. 3 13 ἀπώλετο ἡ ἐλπὶς ἡμῶν καὶ ἐν τέρατι τῶν ὀστέων τῶν ✶ νεκρῶν ✶ αὐτοὺς ἔπεισεν ὅτι ἔσται ἐλπὶς τῷ Ἰσραὴλ καὶ ὧδε
Prop. 10 5 καὶ θανόντα τὸν υἱὸν αὐτῆς πάλιν ἤγειρεν ἐκ ✶ νεκρῶν ✶ ὁ θεὸς διὰ τοῦ Ἠλία ἠθέλησε γὰρ δεῖξαι αὐτῷ ὅτι
Prop. 10 5B υἱὸν αὐτῆς Ἰωνᾶν πάλιν ἤγειρεν αὐτὸν ὁ θεὸς ἐκ ✶ νεκρῶν ✶ διὰ τοῦ Ἠλία. καὶ ἀπέδωκεν αὐτὸν τῇ μητρὶ αὐτοῦ
Prop. 17 2 αὐτῷ ἐνεπόδισεν ὁ Βελίαρ ὅτι κατὰ τὴν ὁδὸν εὗρε ✶ νεκρὸν ✶ κείμενον γυμνὸν ἐσφαγμένον καὶ γνοὺς ὅτι ἐν
Prop. 17 2B αὐτὸν ὁ Βελίαρ. ἐρχόμενος γὰρ εἰς Ἰερουσαλὴμ εὗρε ✶ νεκρὸν ✶ ἐσφαγμένον παρεσκευασμένον γυμνὸν καὶ
Prop. 17 3B καὶ περιβαλὼν αὐτῷ ἐπέμεινεν ἐκεῖ θέλων θάψαι τὸν ✶ νεκρὸν ✶ καὶ μὴ φθάσας ἐλθεῖν πρὸς Δαυὶδ τῇ νυκτὶ ἐκείνῃ
Prop. 21 5 τὸν υἱὸν αὐτῆς ἀποθανόντα ἤγειρεν ὁ θεὸς ἐκ ✶ νεκρῶν ✶ εὐξαμένου αὐτοῦ. προβλήματος γενομένου παρ' αὐτοῦ
Prop. 22 12 ἀποθανόντα τὸν παῖδα εὐξάμενος πάλιν ἤγειρεν ἐκ ✶ νεκρῶν. ✶ εἰς Γάλγαλα ἐλθὼν κατήχθη παρὰ τοῖς υἱοῖς τῶν
Prop. 22 20 καὶ μόνον ὡς ἥψατο τῶν ὀστέων τοῦ Ἐλισαίου ὁ ✶ νεκρὸς ✶ εὐθὺς ἀνέζησεν. Ζαχαρίας ἐξ Ἰερουσαλὴμ υἱὸς
Esdr. 4 36 σάλπιγξ καὶ τὰ μνημεῖα ἀνοιχθήσονται καὶ οἱ ✶ νεκροὶ ✶ ἀναστήσονται ἄφθαρτοι. τότε ὁ ἀντικείμενος
Job 30 2 κατερρημένους ἐν τῇ γῇ ἐπὶ ὥρας τρεῖς ὡσεὶ ✶ νεκρούς, ✶ τότε ἀναστάντες συνελάλουν ἀλλήλοις ὅτι οὗτός
Job 40 8 οὔσης εἰς τὴν ἔπαυλιν τῶν κτηνῶν, καὶ εὗρεν αὐτὴν ✶ νεκρῶν ✶ ἠπλωμένην καὶ ἅπαντες ἰδόντες ἀνέκραξαν μετὰ
Job 40 11 εἰσεπήδησαν γνῶναι τὸ γεγονός, καὶ εὗρον αὐτὴν ✶ νεκράν, ✶ τὰ δὲ περιεστῶτα ζῷα κλαίοντα ἐπ' αὐτῇ. καὶ
Aris. 146 6 ἐρίφους ἀναρπάζουσι καὶ τοὺς ἀνθρώπους δὲ ἀδικοῦσι ✶ νεκρούς ✶ τε καὶ ζῶντας. παράσημον οὖν ἔθετο διὰ τούτων
Sib. 3 330 ὁδοῦσι σιδηρείοις τ' ἐμασήσατε δεινῶς. τοὕνεκα δὴ ✶ νεκρῶν ✶ πλήρη σὴν γαῖαν ἐπόψει τοὺς μὲν ὑπὸ πτολέμοιο καὶ
Sib. 5 311 οὐκέτι τόσσον ἐς αἰθέρα +ἄρμα προδώσει+ ἀλλὰ μενεῖ ✶ νεκρὰ ✶ ἐν νάμασι +κυμήοισιν+ καὶ τότ' ἀναιάξουσιν ὁμοῦ
LEze. 9 29 12 11 δ' οὐρανὸν χάλαζα νῦν σὺν πυρὶ πεσεῖται καὶ ✶ νεκροὺς ✶ θήσει βροτούς. καρποί τ' ὀλοῦνται τετραπόδων τε
LEze. 9 29 12 19 οὐδὲν ὧν λέγω πλὴν τέκνον αὐτοῦ πρωτόγονον ἕξει ✶ νεκρὸν ✶ καὶ τότε φοβηθεὶς λαὸν ἐκπέμψει ταχὺ πρὸς τοῖσδε

**νεκρότης** 1

Job 30 5 αὐτοῦ ἐρρημένων; πῶς οὖν νῦν εἰς τὴν τοσαύτην ✶ νεκρότητα ✶ κατέπεσεν; ἐγένετο δὲ μετὰ τὰς ἑπτὰ ἡμέρας

**Νεκταναβῶν** 20

FAch. 105 τὴν διοίκησιν τοῦ Αἰσώπου. μετὰ δὲ χρόνον ἀκούσας ✶ Νεκταναβῶν ✶ ὁ τῶν Αἰγυπτίων βασιλεὺς τὸν Αἴσωπον
FAch. 105 ὁ δυνάμενος διαλῦσαι. ἦν δὲ τὸ πρόβλημα τοῦτο ✶ Νεκταναβῶν ✶ βασιλεὺς Αἰγύπτου Λυκούργῳ Βαβυλωνίῳ χαίρειν.
FAch. 112 δὲ αὐτοῦ εἰς τὴν Μέμφιν ἐδηλώθη τῷ βασιλεῖ ✶ Νεκταναβῷ ✶ τὸν Αἴσωπον παραστῆναι. ἀηδῶς δὲ ἀκούσας
FAch. 112 ἐλθὼν ὁ Αἴσωπος ἠσπάσατο τὸν βασιλέα. ὁ δὲ ✶ Νεκταναβῶν ✶ ἐκέλευσεν τοὺς ὑφ' ἑαυτοῦ στρατηγοὺς καὶ
FAch. 113 ὁ δὲ θεασάμενος τὴν παρασκευὴν ἐθαύμασεν. ὁ δὲ ✶ Νεκταναβῶν ✶ πρὸς τὸν Αἴσωπον λέγει τίνι ἴκελός εἰμι. πῶς
FAch. 113 σου τοῖς περὶ ἐκείνων ἄστροις. ταῦτα ἀκούσας ✶ Νεκτεναβῶ ✶ καὶ θαυμάσας ἔδωκεν αὐτῷ δῶρα. τῇ δὲ ἐχομένῃ
FAch. 114 ἔδωκεν αὐτῷ δῶρα. τῇ δὲ ἐχομένῃ ἡμέρᾳ ἐνδυσάμενος ✶ Νεκταναβῶ ✶ πορφύραν ἐμφανῆ ἔστη σὺν τοῖς περὶ αὐτὸν ἔχων
FAch. 115 καὶ τῇ ἑξῆς ἡμέρᾳ ἐνδυσάμενος στολὴν λευκὴν ὅ τε ✶ Νεκταναβῶν ✶ καὶ τοῖς φίλοις αὐτοῦ κοκκίνας περιβαλὼν
FAch. 116 καὶ ἀφανῆ ⟨πάντ⟩α γὰρ ἐν ὑπεροχῇ καταπαύει. ὁ δὲ ✶ Νεκταναβῶν ✶ ⟨τὴν⟩ εὐστοχίαν αὐτοῦ εἰδὼς καὶ τὸ εὔθετον
FAch. 116 ξύλα καὶ ὅσα πρὸς τὴν οἰκοδομὴν χρεία ἐστίν. ὁ δὲ ✶ Νεκταναβῶν ✶ ἔφη πόθεν ἐμοὶ πτηνοὺς ἀνθρώπους; ὁ δὲ
FAch. 116 ἄνθρωπος ὑπάρχων ἰσοθέῳ βασιλεῖ ἐρίζειν; ὁ δὲ ✶ Νεκταναβῶν ✶ ἔφη Αἴσωπε ᾕτημαι. τὸ δὲ ἐπερωτώμενον
FAch. 117 μοι. ὁ δὲ Αἴσωπος λέγει λέγε εἴ τι βούλει. ✶ Νεκταναβῶν ✶ εἶπεν μετεπεμψάμην ⟨τοὺς⟩ ἀπὸ τῆς Ἑλλάδος
FAch. 118 καὶ ἀπέκτεινεν αὐτὸν ἡ αἴλουρος τῇδε τῇ νυκτί. ὁ ✶ Νεκταναβῶν ✶ ἔφη τῷ Αἰσώπῳ οὐκ αἰσχύνει φανερῶς
FAch. 121 ἀνέστησαν τοῦ δείπνου. τῇ δὲ ἑξῆς ἡμέρᾳ ὁ βασιλεὺς ✶ Νεκταναβῶν ✶ συμβούλιον ποιησάμενος μετὰ τῶν ἰδίων λέγει
FAch. 121 καὶ παραγεναμένου τοῦ Αἰσώπου ἔφη αὐτῷ ὁ βασιλεὺς ✶ Νεκταναβῶν ✶ ἔτι ἐν ἡμῖν ἐπίλυσον κἀγώ παράσχω φόρους
FAch. 122 καὶ τυποῖ ἑαυτῷ δανείου γραφὴν τοιαύτην τῷ ✶ Νεκταναβῷ ✶ δεδανεισμένα παρὰ Λυκούργου χίλια τάλαντα
FAch. 122 τὰς τρεῖς ἡμέρας ἦλθεν ὁ Αἴσωπος πρὸς τὸν βασιλέα ✶ Νεκταναβῶν ✶ καὶ εὗρεν αὐτὸν μετὰ τῶν φίλων προσδεχόμενον
FAch. 122 τὸν κοινὸν τούτου. οἱ δὲ φίλοι τοῦ βασιλέως ✶ Νεκταναβῶν ✶ ἔφησαν ψευδόμενοι τοῦτου καὶ ἑωράκαμεν καὶ
FAch. 122 προθεσμία παρῆλθεν τῆς ἀποδόσεως. ὁ δὲ βασιλεὺς ✶ Νεκταναβῶν ✶ ἀκούσας ἔφη πόθεν μαρτυρεῖτε περὶ τῶν ἐγὼ οὐκ
FAch. 123 ταῦτα ὑμῖν οὕτως δοκεῖ λέλυται τὸ πρόβλημα. ὁ δὲ ✶ Νεκταναβῶν ✶ ἔφη μακάριος Λυκοῦργος ἐν τῇ βασιλείᾳ αὐτοῦ

**νέκταρ** 1

Hen. 31 1 ἐν αὐτοῖς ἄλση δένδρων καὶ ἐκπορευόμενον ἐξ αὐτῶν ✶ νέκταρ ✶ τὸ καλούμενον σαρράν καὶ χαλβάνη. καὶ ἐπέκεινα

**νέκυς** 9

Sib. 3 66 ἥλιον πυρόεντα μέγαν λαμπράν τε σελήνην καὶ ✶ νέκυας ✶ στήσει καὶ σήματα πολλὰ ποιήσει ἀνθρώποις ἀλλ'
Sib. 3 456 ὕβριν ἀεικελίην ἰδίην ἀποθωΰξουσιν ταὶ μὲν ὑπὲρ ✶ +νεκύων+ ✶ ταὶ δ' ὀλλυμένων ὑπὲρ υἱῶν. σημεῖον Κύπρου
Sib. 3 683 δὲ φάραγγες ἐν οὔρεσιν ὑψηλοῖσιν ἔσσονται πλήρεις ✶ νεκύων ✶ ῥεύσουσι δὲ πέτραι αἵματι καὶ πεδίον πληρώσει
Sib. 5 6 βεβόλητο καὶ ἑσπερίη πολύολβος ὃν Βαβυλὼν ἤλεγξε ✶ νέκυν ✶ δ' ὤρεξε Φιλίππῳ οὗ Διὸς οὐκ Ἄμμωνος ἀληθέα
Sib. 5 45 οὐ φεύξεται ἀλλὰ καμεῖται ὃν κόνις ἀλλοτρίη κρύψει ✶ νέκυν ✶ ἀλλὰ Νεμέης ἄνθεος οὔνομ' ἔχουσα μετ' αὐτὸν δ'
Sib. 5 95 γαῖαν ὀλεῖ καὶ ἀνθρώπους κακοτέχνους αἵματι καὶ ✶ νεκύεσσι ✶ +παρ' ἐκπάλοισι τε βωμοῖς+ βαρβαρόφρων
Sib. 5 305 δυσμενέεσσι καὶ ὡς ἀσεβεῖς ὀλοθρεύσει ὥστε μένειν ✶ νέκυας ✶ κατὰ γῆς πλέονας ψαμάθοιο. ἥξει γὰρ καὶ Σμύρνα
FPho. 99 ἐστὶν ἄριστον. γαῖαν ἐπιμοιρᾶσθαι ἀταρχύτοις ✶ νεκύεσσιν. ✶ μὴ τύμβον φθιμένων ἀνορύξῃς μηδ' ἄθέατα
FPho. 111 εἰς Ἅιδην ὄλβον καὶ χρήματ' ἄγεσθαι. πάντες ἴσον ✶ νέκυες ✶ ψυχῶν δὲ θεὸς βασιλεύει. κοινὰ μέλαθρα δόμων

**Νεμέα** 1

Sib. 5 45 ἀλλὰ καμεῖται ὃν κόνις ἀλλοτρίη κρύψει νέκυν ἀλλὰ ✶ Νεμείης ✶ ἄνθεος οὔνομ' ἔχουσα μετ' αὐτὸν δ' ἄλλος ἀνάξει

**νέμω** 11

Hen. 15B 11 ἐπὶ τῆς γῆς ἔσονται τὰ πνεύματα τῶν γιγάντων ✶ νεμόμενα ✶ ἀδικοῦντα ἀφανίζοντα ἐμπίπτοντα καὶ
TJud. 2 7 ἐρράγη ἐν τοῖς ὁρίοις Γάζης. βοῦν ἄγριον ἐν χώρᾳ ✶ νεμόμενον ✶ ἐκράτησα ἐκ τῶν κεράτων καὶ ἐν κύκλῳ συσσείσας
TJos. 19 2 τέκνα μου καὶ ὧν εἶδον ἐνυπνίων. δώδεκα ἔλαφοι ✶ ἐνέμοντο ✶ καὶ οἱ ἐννέα διαιρέθησαν καὶ διεσπάρησαν τῇ γῇ
Esdr. 7 15 καὶ ψαλμῶν τὸ τίμιον καὶ ἅγιον αὐτοῦ σῶμα ✶ νέμει ✶ ῥῶσιν ψυχῶν καὶ σωμάτων ἀεννάως τοῖς προστρέχουσιν
FPho. 9 θεὸν τιμᾶν μετέπειτα δὲ σεῖο γονῆας. πάντα δίκαια ✶ νέμειν ✶ μὴ δὲ κρίσιν ἐς χάριν ἕλκειν. μὴ ῥίψῃς πενίην
FPho. 14 τηρεῖν πίστιν δ' ἐν πᾶσι φυλάσσειν. μέτρα ✶ νέμειν ✶ τὰ δίκαια καλὸν δ' ἐπίμετρον ἁπάντων. σταθμὸν μὴ
FPho. 125 λόγος ἀνδρὶ τομώτερόν ἐστι σιδήρου ὅπλον ἑκάστῳ ✶ νεῖμε ✶ θεὸς φύσιν ἠερόφων ὄρνισιν πώλοις ταχυτῆτ'
FPho. 137 κλῶπες καὶ ὁ δεξάμενος καὶ ὁ κλέψας. μοίρας πᾶσι ✶ νέμειν ✶ ἰσότης δ' ἐν πᾶσιν ἄριστον. ἀρχόμενος φειδοῦ
FPho. 219 θανάτου πίστις γὰρ ἀμείνων.⟩ συγγενέσιν φιλότητα ✶ νέμοις ✶ ὁσίην θ' ὁμόνοιαν. αἰδεῖσθαι πολιοκροτάφους
FPho. 224 δασμὸν παρέχειν θεράποντι. δούλοι τακτὰ ✶ νέμοις ✶ ἵνα τοι καταθύμιος εἴη. στίγματα μὴ γράψῃς
HHec. 1 22 195 ἀρουρῶν σχεδὸν τῆς ἀρίστης καὶ παμφορωτάτης χώρας ✶ νέμονται ✶ ἢ γὰρ Ἰουδαία τοσαύτη πλάτος ἐστίν. ἔστι τῶν

**νεόνυμφος** 1

Abr. 1 10 3 καὶ τεθνεῶτας ἐν μνήματι ἀγομένους εἶδεν δὲ καὶ ✶ νεονύμφους ✶ ὀφικευομένους καὶ ἁπλῶς εἰπεῖν εἶδεν πάντα τὰ

**νέος** 26

Abr. 1 2 5 χάριν αἰτοῦμαι τῆς σῆς παρουσίας ὅθεν ἔοικεν τὸ ✶ νέον ✶ τῆς ἡλικίας σου; δίδαξόν με τῷ σῷ ἱκέτῃ πόθεν καὶ
TRub. 2 9 τῆς νεότητος ὅτι ἀγνοίας πεπλήρωται καὶ αὕτη τὸν ✶ νεώτερον ✶ ὁδηγεῖ ὡς τυφλὸν ἐπὶ βόθρον καὶ ὡς κτῆνος ἐπὶ
TRub. 3 8 πλάνη καὶ φαντασία. καὶ οὕτως ἀπόλλυται ὁ ✶ νεώτερος ✶ σκοτίζων τὸν νοῦν ἀπὸ τῆς ἀληθείας καὶ μὴ
TLevi 2 2 μετὰ ταῦτα ἦλθον σὺν τῷ πατρὶ εἰς Σίκιμα. ἤμην δὲ ✶ νεώτερος ✶ ὡσεὶ ἐτῶν εἴκοσιν ὅτε ἐποίησα μετὰ Συμεὼν τὴν
TLevi 8 14 ἐκ τοῦ Ἰουδὰ ἀναστήσεται καὶ ποιήσει ἱερατείαν ✶ νέαν ✶ κατὰ τὸν τύπον τῶν ἐθνῶν εἰς πάντα τὰ ἔθνη. ἡ δὲ
TLevi 9 10 σου μιαίνεις τὰ ἅγια. λάβε οὖν σεαυτῷ γυναῖκα ἔτι ✶ νέος ✶ ὢν μὴ ἔχουσαν μῶμον μηδὲ βεβηλωμένην μηδὲ ἀπὸ
TDan 5 12 καὶ ἀναπαύσονται ἐν Ἐδὲμ ἅγιοι καὶ ἐπὶ τῆς ✶ νέας ✶ Ἰερουσαλὴμ εὐφρανθήσονται δίκαιοι ἥτις ἔσται εἰς
TJos. 12 2 αὐτῆς περὶ τοῦ μεταβόλου ὅτι ἐπλούτησεν ἐν χειρὶ ✶ νέου ✶ τινὸς Ἑβραίου λέγουσι δὲ ὅτι καὶ κλοπῇ ἔκλεψαν
Asen. 10 8 τοῦ πένθους αὐτῆς ὅτε ἀπέθανεν ὁ ἀδελφὸς αὐτῆς ὁ ✶ νεώτερος ✶ καὶ τοῦτον ἐνεδύσατο Ἀσενὲθ καὶ ἐπένθησε τὸν
Asen. 25 5 αὐτῷ Δὰν καὶ Γάδ. καὶ ἐλάλησαν οἱ ἀδελφοὶ οἱ ✶ νεώτεροι ✶ Νεφθαλὶμ καὶ Ἀσὴρ τοῖς ἀδελφοῖς αὐτῶν τοῖς
Asen. 29 9 ἀπέδωκεν Ἰωσὴφ τὸ διάδημα τῷ ἐκγόνῳ Φαραὼ τῷ ✶ νεωτέρῳ ✶ ὃς ἦν ἐπὶ μασθῷ ὅτε ἀπέθανε Φαραώ. καὶ ἦν Ἰωσὴφ
Asen. 29 9 Φαραώ. καὶ ἦν Ἰωσὴφ ὡς πατὴρ τοῦ υἱοῦ Φαραὼ τοῦ ✶ νεωτέρου ✶ ἐν γῇ Αἰγύπτου ⟨πάσας τὰς ἡμέρας τῆς ζωῆς
Sal. 2 8 ἀπέστρεψεν γὰρ τὸ πρόσωπον αὐτοῦ ἀπ' ἐλέους αὐτῶν ✶ νέον ✶ καὶ πρεσβύτην καὶ πᾶσαν αὐτῶν εἰς ἅπαξ ὅτι πονηρὰ
Sal. 17 11 ἄνομος τὴν γῆν ἡμῶν ἀπὸ ἐνοικούντων αὐτὴν ἠφάνισαν ✶ νέον ✶ καὶ πρεσβύτην καὶ τέκνα αὐτῶν ἅμα ἐν ὀργῇ κάλλος
Prop. 14 1 ἑτάρη ἐν ἀγρῷ αὐτοῦ. Ἀγγαῖος ὁ καὶ ἄγγελος τάχα ✶ νέος ✶ ἦλθεν ἐκ Βαβυλῶνος εἰς Ἰερουσαλὴμ καὶ φανερῶς περὶ
Prop. 16 1 μετὰ τὴν ἐπιστροφὴν τίκτεται ἐν Σωφᾷ ἔτι πάνυ ✶ νέος ✶ καλὸν βίον ἔσχηκε. καὶ ἐνθάδε πᾶς ὁ λαὸς ἐτίμα
Prop. 16 4 ἐν Σφαρωτὶμ τουτέστιν ἐν βίβλῳ κριτῶν. καὶ ἔτι ✶ νέος ✶ προσετέθη πρὸς τοὺς πατέρας αὐτοῦ ἐν ἀγρῷ αὐτοῦ.
Esdr. 5 5 οὐκ ἔχουσαν ἄστρα οὐδὲ λαμπτῆρα οὐδὲ ἀνατολὴν ἐκεῖ ✶ νέος ✶ ἢ παλαιὸς ἀπὸ ἀδελφοῦ οὐ μήτηρ μετὰ
Sedr. 16 2 ἐποίησα τὸν ἄνθρωπον ἐν τρισὶ τάξεσιν ὅτε ἐστὶν ✶ νέος ✶ ὡς νέου αὐτοῦ ἐπαράβλεπον τὰ πταίσματα αὐτοῦ ὅτε δὲ
Sedr. 16 2 τὸν ἄνθρωπον ἐν τρισὶ τάξεσιν ὅτε ἐστὶν νέος ὡς ✶ νέου ✶ αὐτοῦ ἐπαράβλεπον τὰ πταίσματα αὐτοῦ ὅτε δὲ πάλιν
Aris. 14 3 καθώπλισε τὸ ἐκ λοιπὸν χύμα πρεσβυτέρων οὐχ ✶ νέων ✶ ἦσαν μετ' ἐμοῦ ἐργάζοντες ταῖς ἡμέραις εἰς τὴν οἰκεῖίαν οὐχ
Sib. 3 608 δι' ὄνειδος ὁππόταν Αἰγύπτου βασιλεὺς ✶ νέος ✶ ἕβδομος ἄρχῃ τῆς ἰδίης γαίης ἀριθμούμενος ἐξ
Sib. 5 518 δίκερως ἠλλάξατο ῥοίζος Αἰγόκερως δ' ἔπληξε ✶ νέου ✶ Ταύροιο τένοντα Ταῦρος δ' Αἰγοκέρωτος ἀφήρπασε
FIsa. 1 3 3 εἰς ὄρη Μήδων καὶ ποταμῶν ⟨καὶ⟩ Γωζάν, ✶ νέορος ✶ καὶ ἔφυγεν καὶ ἦλθεν εἰς ⟨Ἱερου⟩σαλὴμ
FAch. 118 ὑπ' αὐτῆς ταύτῃ τῇ νυκτὶ εἶχεν γὰρ ἀλεκτρυόνα ✶ νέον ✶ καὶ μάχιμον ἔτι δὲ καὶ τὰς ὥρας αὐτῷ ἐσήμαινεν καὶ
LEze. 9 28 2 20 ἄβραις ὁμοῦ κατῆλθε λουτροῖς χρῶτα φαιδρῦναι ✶ νέον ✶ ἰδοῦσα δ' εὐθὺς καὶ λαβοῦσ' ἀνείλετο ἔγνω δ'

**νεοσσός** 12

FPho. 85 ἐλέσθω μητέρα δ' ἐκπρολίποις ἵν' ἔχῃς πάλι τῆσδε ✶ νεοσσούς. ✶ μηδέποτε κρίνειν ἀδαήμονας ἄνδρας ἐάσῃς.

**νεότης** 

Hen. 10 17 ζῶντες ἕως γεννήσωσιν χιλιάδας καὶ πᾶσαι αἱ ἡμέραι ✶ νεότητος ✶ αὐτῶν καὶ τὰ σάββατα αὐτῶν μετὰ εἰρήνης

| | | | | | |
|---|---|---|---|---|---|
| TRub. | 1 | | 6 | τοῦ οὐρανοῦ σήμερον τοῦ μὴ πορευθῆναι ἐν ἀγνοίᾳ ✶ νεότητος ✶ καὶ πορνείᾳ ἐν ᾗ ἐξεχύθην ἐγὼ καὶ ἐμίανα τὴν |
| TRub. | 2 | | 9 | διὰ τοῦτο ἔσχατόν ἐστι τῆς κτίσεως καὶ πρῶτον τῆς ✶ νεότητος ✶ ὅτι ἀγνοίας πεπλήρωται καὶ αὕτη τὸν νεώτερον |
| TJud. | 1 | | 4 | μοι καὶ τέταρτον υἱόν. ὀξὺς ἤμην καὶ σπουδαῖος ἐν ✶ νεότητί ✶ μου καὶ ὑπήκουον τῷ πατρί μου κατὰ πάντα λόγον |
| TJud. | 11 | | 1 | ὅτι πονηρὸν τὸ γένος Χανάαν ἀλλὰ τὸ διαβούλιον τῆς ✶ νεότητος ✶ ἐτύφλωσε τὴν καρδίαν μου. καὶ ἰδὼν αὐτὴν |
| TJud. | 13 | | 2 | καρδίας ὑμῶν καὶ μὴ καυχᾶσθε ἐν ἔργοις ἰσχύος ✶ νεότητος ✶ ὑμῶν ὅτι καίγε τοῦτο πονηρὸν ἐν ὀφθαλμοῖς |
| TIss. | 1 | | 9 | καὶ μὴ δοξάζου ἐμός γάρ ἐστιν ὁ Ἰακὼβ κἀγὼ γυνὴ ✶ νεότητος ✶ αὐτοῦ. ἡ δὲ Ῥαχὴλ εἶπεν τί οὖν; ὅτι ἐμοὶ |
| Asen. | 16 | | 16 | θεοῦ καὶ δυνάμεις ἀκάματοι περισχήσουσί σε καὶ ἡ ✶ νεότης ✶ σου γῆρας οὐκ ὄψεται καὶ τὸ κάλλος σου εἰς τὸν |
| Asen. | 17 | | 4 | παρθένοι ὑπηρετοῦσαί μοι συντεθραμμέναι μοι ἐκ ✶ νεότητός ✶ μου τεχθεῖσαι σὺν ἐμοὶ ἐν μιᾷ νυκτὶ κἀγὼ ἀγαπῶ |
| Asen. | 22 | | 7 | καλὸς τῷ εἴδει σφόδρα καὶ τὸ γῆρας αὐτοῦ ὥσπερ ✶ νεότης ✶ ἀνδρὸς ὡραίου καὶ ἦν ἡ κεφαλὴ αὐτοῦ πᾶσα λευκὴ |
| Prop. | 4 | | 7 | γίνονται τοῦ Βελίαρ. ταῦτα ἔχουσιν οἱ δυνάσται ἐν ✶ νεότητι ✶ ἐπὶ τέλει δὲ θῆρες γίνονται ἁρπάζοντες |
| FMan. | 2 23 | | 3 | λογισμὸν παραβάσεως κακὸν καὶ εἶπεν ὁ πατήρ μου ἐκ ✶ νεότης ✶ πολλὰ παρηνόμησα καὶ ἐν γήρᾳ μετέγνω καὶ νῦν |

**νεοτήσιος** 1

| FPho. | 213 | χλιδαναῖς δὲ γυναιξίν. παιδὸς δ' εὐμόρφου φρουρεῖν ✶ νεοτήσιον ✶ ὥρην πολλοὶ γὰρ λυσσῶσι πρὸς ἄρσενα μεῖξιν |
|---|---|---|

**νεοτριβής** 1

| FPho. | 167 | καρπῶν πλήθωσιν ἅλωας. οἱ δ' αὐτοὶ πυροῖο ✶ νεοτριβὲς ✶ ἄχθος ἔχουσιν ἢ κριθῶν αἰεὶ δὲ φέρων φορέοντα |
|---|---|---|

**νεόφυτος** 1

| Asen. | 25 | 2 | μου διότι πορεύομαι τρυγῆσαι τὴν ἄμπελόν μου τὴν ✶ νεόφυτον. ✶ καὶ εἶπον αὐτῷ οἱ φύλακες κεφαλῆς πόνον πονεῖ |
|---|---|---|---|

**νέρθεν**  cf. ἔνερθε

**Νεσθά**

| FJub. | 11 | 9 | Χαβερ πατραδέλφου αὐτοῦ. γυνὴ Ναχωρ Ιεσθα θυγάτηρ ✶ Νεσθα ✶ τοῦ Χαλδαίου. αὐξηθέντα δὲ τὸν Ναχὼρ ἐδίδαξεν ὁ |
|---|---|---|---|

**νεῦμα** 2

| Asen. | 19 | 10 | χεῖρας αὐτοῦ Ἰωσὴφ καὶ ἐκάλεσε τὴν Ἀσενὲθ ⟨ἐν ✶ νεύματι ✶ τῶν ὀφθαλμῶν αὐτοῦ⟩. καὶ ἐξέτεινε καὶ Ἀσενὲθ |
|---|---|---|---|
| Aris. | 90 | 5 | πλὴν αὐτὸς οἷς ἐστιν ἡ λειτουργία ὡς ῥοπῇ καὶ ✶ νεύματι ✶ πάντα καθαρίζεσθαι τὰ συναγόμενα παμπληθῆ τῶν |

**νεῦρον** 1

| HDem. | 9 21 | 7 | ὅθεν οὐκ ἐσθίεσθαι τῶν κτηνῶν τὸ ἐν τοῖς μηροῖς ✶ νεῦρον. ✶ καὶ φάναι αὐτῷ τὸν ἄγγελον ἀπὸ τοῦδε μηκέτι |
|---|---|---|---|

**νεύω** 4

| Aris. | 2 | 6 | τὰ κάλλιστα καὶ πρὸς τὸ πάντων κυριώτατον ✶ νενευκυῖα ✶ τὴν εὐσέβειαν ἁπλανεῖ κεχρημένη κανόνι |
|---|---|---|---|
| Aris. | 108 | 4 | δὲ τῆς χώρας πάντων ἐπὶ τὸ κατὰ ψυχὴν ἱλαροῦσθαι ✶ νενευκότων ✶ καὶ τῇ κατασκευῇ πάντας ἀνθρώπους ἐπὶ τὰς |
| Aris. | 322 | 3 | γὰρ οἴομαί σε ταῦτα ἢ τὰ τῶν μυθολόγων βιβλία. ✶ νένευκας ✶ γὰρ πρὸς περιεργίαν τῶν δυναμένων ὠφελεῖν |
| LEze. | 9 29 5 06 | | μέγα σκῆπτρον χερὶ εὐωνύμῳ μάλιστα. δεξιᾷ δέ μοι ✶ ἔνευσε ✶ κἀγὼ πρόσθεν ἐστάθην θρόνου. σκῆπτρον δέ μοι |

**νεφέλη** 25

| Hen. | 14 | 8 | ἧς ἔγραψα. καὶ ἐμοὶ ἐφ' ὁράσει οὕτως ἐδείχθη ἰδοὺ ✶ νεφέλαι ✶ ἐν τῇ ὁράσει ἐκάλουν καὶ ὁμίχλαι με ἐφώνουν καὶ |
|---|---|---|---|
| Hen. | 15 | 11 | αὐτῶν ἔσται. καὶ τὰ πνεύματα τῶν γιγάντων ✶ νεφέλας ✶ ἀδικοῦντα ἀφανίζοντα καὶ ἐνπίπτοντα καὶ |
| Hen. | 18 | 5 | ἴδον τοὺς ἐπὶ τῆς γῆς ἀνέμους βαστάζοντας ἐν ✶ νεφέλη. ✶ ἴδον πέρατα τῆς γῆς τὸ στήριγμα τοῦ οὐρανοῦ |
| Hen. | 100 | 11 | τῶν ἁγίων ἔργων ἀπεπλα⟨νήθητε⟩ -->φλεγομ⟨---⟩ πᾶσα ✶ νεφέλη ✶ καὶ ὁμίχλη καὶ δρόσος καὶ ὄμβρος--- ἐπὶ ταῖς |
| Hen. | 100 | 12 | δῶρα ἵνα μὴ ⟨κωλυθῇ κα⟩ταβῆναι ὑμῖν καὶ δρόσῳ κα⟨ὶ ✶ νεφέλη⟩ ✶ καὶ ὁμίχλη χρυσίου διαγράψα⟨τε ἵνα κα⟩ταβῶσιν |
| Abr.1 | 9 | 8 | τὸν ἀρχιστράτηγον Μιχαὴλ καὶ λέγει αὐτῷ λαβὲ ✶ νεφέλην ✶ φωτὸς ⟨καὶ⟩ ἀγγέλους τοὺς ἐπὶ τῷ ἅρματι τὴν |
| Abr.1 | 10 | 1 | τὸν αἰθέρα τοῦ οὐρανοῦ⟩ καὶ ἤγαγεν αὐτὸν ἐπὶ τῆς ✶ νεφέλης ✶ καὶ ἑξήκοντα ἀγγέλους καὶ ἀνήρχετο ὁ Ἀβραὰμ ἐπὶ |
| Abr.1 | 15 | 2 | αὐτῶν πρός με. διαστρέψας δὲ ὁ ἀρχιστράτηγος τὴν ✶ νεφέλης ✶ ἤγαγεν τὸν Ἀβραὰμ τῶν ἱερωτάτων εἰς τὸν οἶκον |
| Abr.1 | 15 | 12 | γῆν τε καὶ θάλασσαν κρίσιν καὶ ἀνταπόδοσιν διὰ ✶ νεφέλης ✶ καὶ ἁρμάτων ἔδειξα αὐτῷ καὶ πάλιν λέγει οὐκ |
| Abr.2 | 8 | 3 | οὖν Μιχαὴλ καὶ ἀνέλαβεν τὸν Ἀβραὰμ σώματι ἐπὶ ✶ νεφέλης ✶ καὶ ἀπήνεγκεν αὐτὸν ἡ νεφέλη ἐπὶ τὸν Ὠκεανὸν |
| Abr.2 | 8 | 3 | Ἀβραὰμ σώματι ἐπὶ νεφέλης καὶ ἀπήνεγκεν αὐτὸν ἡ ✶ νεφέλη ✶ ἐπὶ τὸν Ὠκεανὸν ποταμόν. καὶ ἀτενίσας Ἀβραὰμ |
| Abr.2 | 10 | 2 | κἀγὼ θεάσωμαι πῶς κρίνει. τότε Μιχαὴλ ἐποίησεν τὴν ✶ νεφέλην ✶ ἀναγαγεῖν τὸν Μιχαὴλ καὶ τὸν Ἀβραὰμ ἐν τόπῳ ᾧ |
| Abr.2 | 12 | 1 | Ἀβραὰμ τὸν τόπον τοῦ κριτηρίου ἀπήγαγεν αὐτὸν ἡ ✶ νεφέλη ✶ ἐν τῷ στερεώματι καὶ κατανοήσας Ἀβραὰμ ἐπὶ τὴν |
| Abr.2 | 12 | 6 | αὐτοῦ ὅτι φίλος μού ἐστιν. καὶ ✶ νεφέλη ✶ ἀτενίσας πάλιν Ἀβραὰμ εἶδεν ἀνθρώπους ἐπὶ |
| Abr.2 | 12 | 9 | αὐτοὺς ζῶντας ἡ γῆ. καὶ πάλιν ἤγαγεν αὐτοὺς ἡ ✶ νεφέλη ✶ καὶ εἶδεν Ἀβραὰμ τινας ἐρχομένους εἰς ἔρημον |
| TLevi | 18 | 5 | ἐν ταῖς ἡμέραις αὐτοῦ καὶ ἡ γῆ χαρήσεται καὶ αἱ ✶ νεφέλαι ✶ εὐφρανθήσονται καὶ ἡ γνῶσις κυρίου χυθήσεται ἐπὶ |
| Prop. | 2 | 13 | τοῦ θεοῦ καὶ γέγονεν ὁ τύπος ὡς γλυφὴ σιδήρου καὶ ✶ νεφέλη ✶ ἐσκέπασε τὸ ὄνομα καὶ οὐδεὶς νοεῖ τὸν τόπον οὔτε |
| Prop. | 2 | 14 | ἐν οἷς κεῖται Μωϋσῆς καὶ Ἀαρών. καὶ ἐν νυκτὶ ✶ νεφέλη ✶ ὡς πῦρ γίνεται κατὰ τὸν τύπον τὸν ἀρχαῖον ὅτι οὐ |
| Esdr. | 5 | 7 | τοὺς ἁμαρτωλούς. καὶ ἐν τῷ λέγειν μου ταῦτα ἦλθεν ✶ νεφέλη ✶ καὶ ἥρπασέν με καὶ ἀπήνεγκέν με πάλιν εἰς τοὺς |
| Job | 42 | 3 | ἀλλὰ θηρίον. τοῦ δὲ κυρίου λαλήσαντός μοι διὰ τῆς ✶ νεφέλης, ✶ ἤκουον τῆς φωνῆς τοῦ λαλήσαντος καὶ οἱ τέσσαρες |
| Sib. | 3 | 251 | ἐν στύλῳ πυρόεντι τὸ νυκτερινὸν διοδεύων καὶ στύλῳ ✶ νεφέλης ✶ +πᾶν ἧος ἦμαρ ὁδεύσει+ τούτῳ δ' ἡγητῆρα |
| Sib. | 3 | 805 | καὶ σταγόνεσσι πετρῶν δ' ἀπὸ σῆμα γένηται ἐν ✶ νεφέλη ✶ δ' ὄψεσθε μάχην πεζῶν ⟨τε⟩ καὶ ἱππέων οἷα |
| FJub. | 2 | 2 | τῆς δόξης καὶ ἄγγελοι πνευμάτων πνεόντων ἄγγελοι ✶ νεφελῶν ✶ καὶ γνόφων χιόνος καὶ χαλάζης καὶ πάγου ἄγγελοι |
| IEsc. | 5 131 | 2 | γνόφου καὶ θηρῶν αὐτὸς γίνεται παρεμφερὴς ἀνέμῳ ✶ νεφέλῃ ✶ τε καὶ ἀστραπῇ βροντῇ βροχῇ. ὑπηρετεῖ δὲ αὐτῷ |
| FrAn. | 574 | 3034 | σε τὸν ὀπτανθέντα τῷ Ἰσραὴλ ἐν στύλῳ φωτινῷ καὶ ✶ νεφέλῃ ✶ ἡμερινῇ καὶ ῥυσάμενον αὐτοῦ τὸν λαὸν ἔργου Φαραὼ |

**νεφελοειδής** 1

| FrAn. | 574 | 3068 | ἀπὸ τῶν ἱερῶν Αἰώνων οὐρανοειδῆ θαλασσοειδῆ ✶ νεφελοειδῆ ✶ φωσφόρον ἀδάμαστον. ὁρκίζω σε τὸν ἐν τῇ |
|---|---|---|---|

**Νεφθαλείμ** 11

| TJud. | 25 | 2 | σκηνῇ τὸν Βενιαμὶν οἱ φωστῆρες τὸν Δὰν ἡ τρυφὴ τὸν ✶ Νεφθαλιμ ✶ ὁ ἥλιος τὸν Γὰδ ἐλαία τὸν Ἀσὴρ καὶ ἔσται εἰς |
|---|---|---|---|
| | | | διαθηκη ✶ Νεφθαλιμ. ✶ περι φυσικης αγαθοτητος. αντιγραφον διαθηκης |
| TNep. | 1 | 1 | περι φυσικης αγαθοτητος. αντιγραφον διαθήκης ✶ Νεφθαλιμ ✶ ἧς διέθετο ἐν καιρῷ τέλους αὐτοῦ ἐν ἔτει |
| TNep. | 1 | 5 | λέγειν τοῖς υἱοῖς αὐτοῦ ἀκούσατε τέκνα μου υἱοὶ ✶ Νεφθαλιμ ✶ ἀκούσατε λόγους πατρὸς ὑμῶν. ἐγὼ ἐγεννήθην ἀπὸ |
| TNep. | 1 | 6 | ἐπὶ τῶν μηρῶν Ῥαχὴλ ἔτεκέ με διὰ τοῦτο ἐκλήθην ✶ Νεφθαλιμ ✶ καὶ ἠγάπησέ με Ῥαχὴλ ὅτι ἐπὶ τῶν μηρῶν αὐτῆς |
| TNep. | 9 | 3 | οἱ υἱοὶ αὐτοῦ κατὰ πάντα ὅσα ἐνετείλατο αὐτοῖς ✶ Νεφθαλιμ ✶ ὁ πατὴρ αὐτῶν. |
| Asen. | 24 | 8 | παιδισκῶν τοῦ πατρός μού εἰσι Δὰν καὶ Γὰδ καὶ ✶ Νεφθαλιμ ✶ καὶ Ἀσὴρ καὶ οὐκ εἰσὶν ἀδελφοί μου καὶ ἀναμενῶ |
| Asen. | 25 | 5 | Δὰν καὶ Γάδ. καὶ ἐλάλησαν οἱ ἀδελφοὶ οἱ νεώτεροι ✶ Νεφθαλιμ ✶ καὶ Ἀσὴρ τοῖς ἀδελφοῖς αὐτῶν τοῖς πρεσβυτέροις |
| HDem. | 9 21 | 3 | Ζελφὰν τῷ αὐτῷ χρόνῳ ᾧ καὶ Βάλλαν συλλαβεῖν τὸν ✶ Νεφθαλειμ ✶ τῷ ἐνδεκάτῳ ἔτει μηνὶ πέμπτῳ καὶ τεκεῖν τῷ |
| HDem. | 9 21 | 8 | ἐτῶν δέκα μηνῶν ἕξ Ἰούδαν ἐτῶν ἐννέα μηνῶν ὀκτὼ ✶ Νεφθαλειμ ✶ ἐτῶν ὀκτὼ μηνῶν δέκα Γὰδ ἐτῶν ὀκτὼ μηνῶν δέκα |
| HDem. | 9 21 | 17 | μ δ' Λευὶν ἐτῶν μ γ' Ἰούδαν ἐτῶν μ β' μηνῶν δύο ✶ Νεφθαλειμ ✶ ἐτῶν μ α' μηνῶν ζ' Γὰδ ἐτῶν μ α' μηνῶν γ' |

**νέφος** 10

| Bar. | 10 | 6 | συνδιάγοντες χοροὶ χοροί. τὸ δὲ ὕδωρ ἐστὶν ὅπερ τὰ ✶ νέφη ✶ λαμβάνοντα βρέχουσιν ἐπὶ τῆς γῆς καὶ αὐξάνουσιν οἱ |
|---|---|---|---|
| Job | 42 | 1 | αὐτοῦ, ἀναφανεὶς μοι ὁ κύριος διὰ λαίλαπος καὶ ✶ νέφων ✶ εἶπεν, καὶ τὸν μὲν Ελιους ἐμέμψατο, ὑποδείξας μοι |
| Sib. | 3 | 173 | ἔθνος μέγα ποικίλον ἄρξει οἳ φοβερὸν πολέμοιο ✶ νέφος ✶ ἥξουσι βροτοῖσιν. ἀλλὰ μὴν οὐρανίου θεὸς ἐκ βυθοῦ |
| Sib. | 5 | 66 | πάμμορος ὥστε νοῆσαι αὐτὴ ἀΐδιον θεὸν ἄμβροτον ἐν ✶ νεφέεσσιν. ✶ ποῦ σοι λῆμα κραταιὸν ἐν ἀνθρώποισι τέτυκται; |
| Sib. | 5 | 252 | τεῖχος μέγα κυκλώσαντες ὑψοῦ' ἀείρονται ἄχρι καὶ ✶ νεφέων ✶ ἐρεβεννῶν. οὐκέτι συρίξει σάλπιγξ πολεμόκλονον |
| Sib. | 5 | 274 | δὲ κρύψουσιν ἕως +κόσμος ἀλλαγῇ+. ἔσται δ' ἐκ ✶ νεφέων ✶ ὄμβρος πυρὸς αἰθομένοιο κούκέτι καρπεύσουσι |
| Sib. | 5 | 425 | μέγαν καὶ ἀπείρονα πύργον αὐτῶν ἁπτόμενον ✶ νεφέων ✶ καὶ πᾶσιν ὁρατὸν ὥστε βλέπειν πάντας πιστοὺς |
| IOrp. | 13 | | δέ γε πάντας ὁρᾶται. αὐτὸν δ' οὐχ ὁρόωσι περὶ γὰρ ✶ νέφος ✶ ἐστήρικται οὗτος δ' ἐξ ἀγαθοῖο κακὸν θνητοῖσι |
| IOrp. | 21 | | κρατεροῖο θεοῖο. αὐτὸν δ' οὐχ ὁρόω πέπλῳ γὰρ ✶ νέφος ✶ ἐστήρικται. πᾶσιν γὰρ θνητοῖς θνητοὶ κόραι εἰσὶν |
| FrAn. | 574 | 3049 | ἀνθρώπων τὸν ἑξαγόντα ἐξ ἀδήλων καὶ πυκνοῦντα τὰ ✶ νέφη ✶ καὶ ὑετίζοντα τὴν γῆν καὶ εὐλογοῦντα τοὺς καρποὺς |

**νεφρός** 2

| TNep. | 2 | 8 | πρὸς θυμὸν χολὴν πρὸς πικρίαν εἰς γέλωτα σπλῆνα ✶ νεφροὺς ✶ εἰς πανουργίαν ψύας εἰς δύναμιν πλευρὰς εἰς |
|---|---|---|---|
| FEz. | 185 | 7 | πλεδεύσης με εν τη ⟨οργη σου δοκιμαζο⟩μαι εως των ✶ νεφρων ✶ μου διαλελυμαι εως της κοιλιας μου δος μοι το⟩ |

**νεφώδης** 1

| LEze. | 9 29 14 30 | | θαυμάστ' ἰδέσθαι. καὶ τις ἐξαίφνης μέγας στῦλος ✶ νεφώδης ✶ ἐστάθη πρὸ γῆς μέγας παρεμβολῆς ἡμῶν τε καὶ |
|---|---|---|---|

**νεφώθ** 1

| Prop. | 2 | 3 | τῶν ὑδάτων οἱ θῆρες οὓς καλοῦσιν οἱ Αἰγύπτιοι μὲν ✶ νεφώθ ✶ Ἕλληνες δὲ κροκοδείλους. καὶ ὅσοι εἰσὶ πιστοὶ |
|---|---|---|---|

**νέω (νηέω)** 3

| HDem. | 9 19 | 4 | τὸν δὲ ἀναγαγόντα τὸν παῖδα ἐπὶ τὸ ὄρος πυρὰν ✶ νῆσαι ✶ καὶ ἐπιθεῖναι τὸν Ἰσαὰκ σφάξειν δὲ μέλλοντα |
|---|---|---|---|

**νεωτερισμός** 3

| TRub. | 2 | 2 | ἀπὸ τοῦ Βελιὰρ καὶ αὐτά ἐστι κεφαλὴ τῶν ἔργων τοῦ ✶ νεωτερισμοῦ ✶ καὶ ἑπτὰ πνεύματα ἐδόθη αὐτῷ ἐπὶ τῆς κτίσεως |
|---|---|---|---|
| TRub. | 3 | 8 | νουθεσίας πατέρος αὐτοῦ ὥσπερ κἀγὼ ἔπαθον ἐν τῷ ✶ νεωτερισμῷ ✶ μου. καὶ νῦν τέκνα τὴν ἀλήθειαν ἀγαπήσατε καὶ |
| Aris. | 101 | 2 | τῶν περὶ τὸ ἱερὸν τόπων ἵνα ἐὰν ἐπίθεσίς τις ἢ ✶ νεωτερισμὸς ✶ ἢ πολεμίων ἔφοδος γένηται μηθεὶς δύναται |

**νή** 1

| IMen. | 5 119 | 2 | προσφέρων ὦ Πάμφιλε ταύρων τι πλῆθος ἢ ἐρίφων ἢ ✶ νὴ ✶ Δία ἑτέρων τοιούτων ἢ κατασκευάσματα χρυσᾶς ποιήσας |
|---|---|---|---|

**νήδυμος** 1

| Sib. | 4 | 191 | αὐτοῖς εὐσεβέσιν πάντες δὲ τότ' εἰσόψονται ἑαυτοὺς ✶ νήδυμον ✶ ἠελίου τερπνὸν φάος εἰσορόωντες. ὦ μακαριστὸς |
|---|---|---|---|

**νηκτός** 1

| FJub. | 3 | 1 | τῇ πέμπτῃ ἡμέρᾳ τῆς δευτέρας ἑβδομάδος ὠνόμασε τὰ ✶ νηκτά. ✶ τῇ ἕκτῃ ἡμέρᾳ τῆς δευτέρας ἑβδομάδος ἥτις ἦν κατὰ |
|---|---|---|---|

**νηπίαχος**

| Sib. | 5 | 11 | δ' αὖ μετ' ἄνακτας ἀρηιφίλους μετὰ φῶτας καὶ μετὰ ✶ νηπιάχους ✶ θηρὸς τέκνα μηλοφάγοιο ἔσσετ' ἄναξ πρώτιστος ὃ |
|---|---|---|---|
| FPho. | 150 | | φάρμακα μὴ τεύχειν μαγικῶν βίβλων ἀπέχεσθαι. ✶ νηπιάχοις ✶ ἀταλοῖς μὴ ἅψῃ χεῖρα βιαίως. φεῦγε |

νήπιος 14
Hen. 99 5 ἐκβαλοῦσιν καὶ ἐκσπάσουσιν καὶ ἐγκαταλείψουσιν <τὸ * νήπιο>ν * βρέφος καὶ αἱ ἐν γαστρὶ ἔχου<σαι ἐκτρώσο>υσιν
Hen. 99 5 τὰ τέκ>να αὐτῶν καὶ οὐ μὴ ἐπι<στρέψου>σιν ἐπὶ τὰ * νήπια * αὐτῶν οὐ<δὲ ἐπὶ τὰ θηλά>ζοντα οὐδὲ μὴ φείσονται---
TJud. 23 3 ὀνειδισμοὺς ἀπώλειαν καὶ σφακελισμὸν ὀφθαλμῶν * νηπίων * ἀναίρεσιν καὶ συμβίων ἀφαίρεσιν ὑπαρχόντων
TJos. 10 5 πατήρ μου καὶ οὐχ ὑψούμην ἐν τῇ καρδίᾳ μου. καίπερ * νήπιος * ὢν εἶχον τὸν φόβον τοῦ θεοῦ ἐν τῇ διανοίᾳ μου
Asen. 12 8 με ὑπὸ τῶν καταδιωκόντων με. ὡς γὰρ παιδίον * νήπιον * φοβούμενον φεύγει πρὸς τὸν πατέρα αὐτοῦ καὶ ὁ
Prop. 4 1 τῶν ἐξεχόντων τῆς βασιλικῆς ὑπηρεσίας ἀλλ' ἔτι * νήπιος * ἤχθη ἐκ τῆς Ἰουδαίας εἰς γῆν Χαλδαίων ἐγεννήθη
Esdr. 5 3 αὐτὴ τὸ γάλα ἐφθόνησεν τοῦ δοῦναι ἀλλὰ καὶ τὰ * νήπια * ἐν τοῖς ποταμοῖς ἔρριψεν. καὶ ἴδον σκότος δεινὸν
Sib. 3 268 πέδον ἁγνὸν ὑπάρχει. ἀχθήσῃ δὲ πρὸς Ἀσσυρίους καὶ * νήπια * τέκνα ὄψει δουλεύοντα παρ' ἀνδράσι δυσμενέεσσιν
Sib. 3 482 δ' ἀκτερέας <ὁπόσους> βυθὸς ἀμφιπολεύσει αἰαῖ * νήπια * τέκν' ἀλινηχέα καὶ βαρὺν ὄλβον. Μυσῶν γαῖα μάκαιρα
Sib. 3 792 φάγεται ἄχυρον παρὰ φάτνῃ ὡς βοῦς καὶ παῖδες μάλα * νήπιοι * ἐν δεσμοῖσιν ἄξουσιν πηρὸν γὰρ ἐπὶ χθονὶ θῆρα
Sib. 4 38 ἀλλ' αὐτοὺς χλεύῃ τε γέλωτί τε μυχθίζοντες * νήπιοι * ἀφροσύνῃσιν ἐπιψεύσονται ἐκείνοις ὅσσ' αὐτοὶ
Sib. 4 157 λόγον ἀλλὰ καὶ αὐτοὺς πάντας ὑπ' ἀφροσύνης μέγα * νήπιοι * ἐξολέσωσιν ὕβρεσι χαίροντες καὶ ἐφ' αἵμασι χεῖρας
LEze. 9 28 3 01 ὑγρᾶς ἀνεῖλε ποταμίας ἀπ' ᾐόνος. ἐπεὶ δὲ καιρὸς * νηπίων * παρῆλθέ μοι ἤγαγέ με μήτηρ βασιλίδος πρὸς δώματα
LEze. 9 29 14 15 θαλάσσης ᾔεσαν ἠθροϊσμένοι οἱ μὲν τέκνοισι * νηπίοις * διδοῦν βορὰν ὁμοῦ τε καὶ δάμαρσιν ἔμπονοι κόπῳ
νηπιότης 1
Asen. 12 8 πατρὸς αὐτοῦ ὁ δὲ πατὴρ <μειδιᾷ> ἐπὶ τῇ ταραχῇ τῆς * νηπιότητος * αὐτοῦ οὕτως καὶ σὺ κύριε ἔκτεινον τὰς χεῖρας
Νηρεύς 2
Job 51 2 ὑμνολογούσας, ἐπικειμένου τοῦ κυρίου καὶ ἐμοῦ * Νηρείου * ἀδελφοῦ ὄντος τοῦ Ιωβ, ἐπικειμένου δὲ καὶ τοῦ
Job 53 1 ὑμνολογουσῶν ἐν ὕμνοις τοῦ πατρός. καὶ ἐγὼ * Νηρεὺς * ὁ ἀδελφὸς αὐτοῦ μετὰ τῶν ἑπτὰ τέκνων τῶν
νῆσος 10
Sal. 11 3 ἀπὸ βορρᾶ ἔρχονται τῇ εὐφροσύνῃ τοῦ θεοῦ αὐτῶν ἐκ * νήσων * μακρόθεν συνήγαγεν αὐτοὺς ὁ θεός. ὄρη ὑψηλὰ
Jer. 9 17 φωτὶ τῆς εὐφροσύνης τοῦ θεοῦ. καὶ εὐλογήσει τὰς * νήσους * τοῦ ποιῆσαι καρπὸν ἐν τῷ λόγῳ τοῦ στόματος τοῦ
Aris. 5 5 σε ἀκούσεσθαι προσφάτως παραγεγενημένον ἐκ τῆς * νήσου * πρὸς ἡμᾶς καὶ βουλόμενον συνακούειν ὅσα πρὸς
Aris. 301 3 τὸ τῶν ἑπτὰ σταδίων ἀνάχωμα τῆς θαλάσσης πρὸς τὴν * νῆσον * καὶ διαβὰς τὴν γέφυραν καὶ προσελθὼν ὡς ἐπὶ τὰ
Sib. 3 169 ἄρξει Φοίνικές τ' Ἀσίης ἐπιβήτορες ἠδὲ καὶ ἄλλων * νήσων * Παμφύλων τε γένος Περσῶν τε Φρυγῶν τε Καρῶν καὶ
Sib. 3 710 ὑπέρμαχος ἀθάνατος καὶ χεὶρ Ἁγίοιο. καὶ τότε δὴ * νῆσοι * πᾶσαι πόλιές τ' ἐρέουσιν ὁππόσον ἀθάνατος φιλέει
Sib. 4 60 πρηνίζει πόλιας καὶ ἔργ' ἀνθρώπων ἐκ δὲ βυθοῦ τότε * νῆσοι * ὑπερκύψουσι θαλάσσης. ἀλλ' ὅταν Εὐφρήτης μέγας
Sib. 4 98 ὅτε Πύραμος ἀργυροδίνης ἠιόνα προχέων ἱερὴν ἐς * νῆσον * ἵκηται. καὶ σὺ Βάρις πέσεαι καὶ Κύζικος ἡνίκα
Sib. 5 118 τόξοισι τε πιστούς. Ἀσὶς ὅλη πυρίφλεκτος ἕως * νήσων * σελαγήσει. Πέργαμος ἡ τὸ πάλαι σεμνὴ βοτρυδὸν
HEup. 9 30 7 τῆς Ἀραβίας καὶ πέμψαι μεταλλευτὰς εἰς τὴν Οὐρφῆ * νῆσον * κειμένην ἐν τῇ Ἐρυθρᾷ Θαλάσσῃ μέταλλα χρυσικά
νηστεία 6
TSim. 3 4 δύο ἔτη ἡμερῶν ἐν φόβῳ κυρίου ἐκάκωσα ἐν * νηστείᾳ * τὴν ψυχήν μου καὶ ἔγνων ὅτι ἡ λύσις τοῦ φθόνου
TJos. 4 8 ἐκτελέσαι τὴν ἐπιθυμίαν αὐτῆς. κἀγὼ προσετίθουν * νηστείαν * καὶ προσευχὴν ὅπως ῥύσεταί με κύριος ἀπ' αὐτῆς.
TJos. 10 1 μου πόσα κατεργάζεται ἡ ὑπομονὴ καὶ προσευχὴ μετὰ * νηστείας. * καὶ ὑμεῖς οὖν ἐὰν τὴν σωφροσύνην καὶ τὴν
TBen. 1 4 δώδεκα ἔτη ἐστείρευσεν καὶ προσηύξατο κυρίῳ μετὰ * νηστείας * δώδεκα ἡμέρας καὶ συλλαβοῦσα ἔτεκέ με. σφόδρα
Sal. 3 8 ἐν παραπτώματι αὐτοῦ. ἐξιλάσατο περὶ ἀγνοίας ἐν * νηστείᾳ * καὶ ταπεινώσει ψυχῆς αὐτοῦ καὶ ὁ κύριος
Prop. 4 3 πολλὰ ἐπένθησεν οὗτος ἐπὶ τὴν πόλιν καὶ ἐν * νηστείαις * ἤσκησεν ἀπὸ πάσης τροφῆς ἐπιθυμητῆς καὶ ἦν
νηστεύω 8
TAser 2 8 μοιχεύει καὶ πορνεύει καὶ ἀπέχεται ἐδεσμάτων καὶ * νηστεύων * κακοποιεῖ καὶ τῇ δυναστείᾳ καὶ τῷ πλούτῳ
TAser 4 3 τις μισῶν τὸν ἐλεήμονα καὶ ἄδικον τὸν μοιχὸν καὶ * νηστεύοντα * καὶ αὐτό ἐστι διπρόσωπον ἀλλὰ τὸ πᾶν ἔργον
TJos. 3 4 εἰσερχόμενος εἰς τὸ ταμιεῖον προσηυχόμην κυρίῳ καὶ * ἐνήστευον * ἐν τοῖς ἑπτὰ ἔτεσιν ἐκείνοις καὶ ἐφαινόμην τῷ
TJos. 3 4 τῷ Αἰγυπτίῳ ὡς ἐν τρυφῇ διάγων ὅτι οἱ διὰ τὸν θεὸν * νηστεύοντες * τοῦ προσώπου τὴν χάριν λαμβάνουσιν. ἐὰν δὲ
TJos. 9 2 ἀγαπᾷ γὰρ ὁ θεὸς μᾶλλον τὸν ἐν λάκκῳ σκότους * νηστεύοντα * ἐν σωφροσύνῃ ἢ τὸν ἐν ταμιείοις βασιλείων
Esdr. 1 3 Ἔσδρᾶμ ἄφησον <ἑβδομάδας> ἑβδομήκοντα. καὶ * ἐνήστευσα * καθὼς εἶπέν μοι. καὶ ἦλθεν Ῥαφαὴλ ὁ
Esdr. 1 5 ἀρχιστράτηγος καὶ ἔδωκέν μοι ῥάβδον στηράκην. καὶ * ἐνήστευσα * δὶς ἑξήκοντα ἑβδομάδας. καὶ ἴδον τὰ μυστήρια
FBar. 12 5 μακροθυμ<ιας ως χαλινω κατεχεται και> ειπων ταυτα * ενηστευσα * ημε>ρας ζ' και εγενετο με<τα ταυτα οτι εγω>
νήστης 1
Asen. 13 9 καὶ ἰδοὺ ἐγὼ ἑπτὰ ἡμέρας καὶ ἑπτὰ νύκτας ἤμην * νήστης * καὶ ἄρτον οὐκ ἔφαγον καὶ ὕδωρ οὐκ ἔπιον καὶ τὸ
νήφω 1
Aris. 209 4 τὸ συντηρεῖν εἶπεν αὐτὸν ἀδωροδόκητον καὶ * νήφειν * τὸ πλεῖον μέρος τοῦ βίου καὶ δικαιοσύνην προτιμᾶν
νήχω 1
LPhi. 9 37 1 τῷ χειμῶνι ξηραίνεσθαι ἐν δὲ τῷ θέρει πληροῦσθαι. * νηχόμενος * δ' ἐφύπερθε τὸ θαμβηέστατον ἄλλο δέρκηθρον
Νίκαια 1
Sib. 3 343 μὲν Ἰασσὸς Κεβρὴν +Πανδονίη+ Κολοφὼν Ἔφεσος * Νίκαια * Ἀντιόχεια Τάναγρα Σινώπη Σμύρνη +Μάρος+ Γάζα
Νικάνωρ 1
Aris. 182 1 τὰ κατὰ τὸ συμπόσιον ἑτοιμάζειν. ὁ δὲ ἀρχεδέατρος * Νικάνωρ * Δωρόθεον προσκαλεσάμενος ὃς ἦν ἐπὶ τούτων
νικάω 14
TSim. 5 5 πρὸς Λευὶ ὅτι πόλεμον κυρίου πολεμήσει καὶ * νικήσει * πᾶσαν παρεμβολὴν ὑμῶν καὶ ἔσονται ὀλιγοστοὶ
TDan 3 4 δεύτερον δὲ διὰ τοῦ πλούτου παραπείθων καὶ * νικῶν * ἐν ἀδίκῳ τρίτην τὴν φυσικὴν ἔχων τοῦ σώματος καὶ
TGad 5 4 οὐ καταλαλεῖ ἀνδρὸς ἐπειδὴ ὁ φόβος τοῦ ὑψίστου * νικᾷ * τὸ μῖσος. φοβούμενος γὰρ μὴ προσκρούσῃ κυρίῳ οὐ
TJos. 19 3 ὡς λέων καὶ πάντα τὰ θηρία ὥρμουν κατ' αὐτοῦ καὶ * ἐνίκησεν * αὐτὰ ὁ ἀμνὸς καὶ ἀπώλεσεν εἰς καταπάτησιν. καὶ
TBen. 3 7 οὕτως ἐβόα Ἰακὼβ ὦ τέκνον Ἰωσὴφ ὦ τέκνον χρηστὸν * ἐνίκησας * τὰ σπλάγχνα Ἰακὼβ τοῦ πατρός σου. καὶ
TBen. 4 3 βουλεύωνται περὶ αὐτοῦ εἰς κακὰ οὗτος ἀγαθοποιῶν * νικᾷ * τὸ κακὸν σκεπαζόμενος ὑπὸ τοῦ ἀγαθοῦ τοὺς δὲ
Sal. 4 10 εἰς πράξεις ἐπιθυμίας ἀδίκου οὐκ ἀπέστη ἕως * ἐνίκησεν * σκορπίσαι ὡς ἐν ὀρφανίᾳ καὶ ἠρήμωσεν οἶκον
Job 27 5 οὕτω καὶ σύ, Ιωβ, ὑποκάτω ἧς καὶ ἐν πληγῇ, ἀλλ' * ἐνίκησας * τὰ παλαιστρικά μου ἃ ἐπήγαγόν σοι. τότε
Aris. 281 5 περὶ πολλοῦ ποιουμένους τὸ σῴζειν τοὺς ἄνδρας ἢ τὸ * νικᾶν * τῷ θράσει παραβάλλοντας τὸ ζῆν. ὡς γὰρ ὁ θεὸς εὖ
FAch. 118 ὁ δὲ βασιλεὺς ἰδὼν αὐτοῦ τὸν νοῦν ἐφοβήθη μὴ * νικηθεὶς * μέλλῃ φόρους τελεῖν τῷ βασιλεῖ Λυκούργῳ. αὐτίκα
FAch. 121 ἀκηκοέναι καὶ εἰδέναι καὶ ἐπὶ τούτοις ἀπορηθεὶς * νικηθήσεται. * ὁ δὲ βασιλεὺς ἀκούσας περιχαρὴς ἐγένετο
FPho. 80 μὴ πίστευε τάχιστα πρὶν ἀτρεκέως πέρας ὄψει. * νικᾶν * εὖ ἔρδοντας ἐπὶ πλεόνεσσι καθήκει. καλὸν ξεινίζειν
HAno. 9 17 4 ὕστερον δὲ Ἀρμενίους ἐπιστρατεῦσαι τοῖς Φοινιξι * νικησάντων * δὲ καὶ αἰχμαλωτισαμένων τὸν ἀδελφιδοῦν αὐτοῦ
HHec. 1 22 185 ἐπὶ ταύτης Πτολεμαῖος ὁ Λάγου * ἐνίκα * κατὰ Γάζαν μάχῃ Δημήτριον τὸν Ἀντιγόνου τὸν
νίκη 2
Aris. 180 4 τῆς ζωῆς ἡμῶν χρόνον συντέτυχε γὰρ καὶ τὰ κατὰ τὴν * νίκην * ἡμῖν προσπεπτωκέναι τῆς πρὸς Ἀντίγονον ναυμαχίας.
FAch. 121 βασιλεὺς ἀκούσας περιχαρὴς ἐγένετο δόξας εὑρηκέναι * νίκας. * καὶ παραγεναμένου τοῦ Αἰσώπου ἔφη αὐτῷ ὁ βασιλεὺς
Νικη 1
Job 1 3 αὐτοῦ ὧν εἰσιν τὰ ὀνόματα Τερσι Χορος Υων * Νικη * Φορος Φιφη Φρουων Ἡμέρα Κασία Ἀμαλθείας κέρας
Νικήρατος 1
IDip. 5 121 1 εὑρετὴν καὶ κτίστορα. οἴει σὺ τοὺς θανόντας ὦ * Νικήρατε * τρυφῆς ἁπάσης μεταλαβόντας ἐν βίῳ καὶ γῆν
νῖκος 2
TDan 5 10 πρὸς τὸν Βελιὰρ πόλεμον καὶ τὴν ἐκδίκησιν τοῦ * νίκους * δώσει πατράσιν ἡμῶν. καὶ τὴν αἰχμαλωσίαν λάβῃ ἀπὸ
Prop. 15 4 Ζοροβάβελ ἐπέθηκε καὶ ἐπὶ Κύρου τέρας ἔδωκεν εἰς * νῖκος * καὶ περὶ τῆς λειτουργίας αὐτοῦ προηγόρευσεν ἦν
Νινευή 6
Prop. 10 2 καὶ ἐκβρασθεὶς ἐκ τοῦ κήτους καὶ ἀπελθὼν ἐν * Νινευῇ * ἀνακάμψας οὐκ ἔμεινεν εἰς τὴν γῆν αὐτοῦ ἀλλὰ
Prop. 10 3 ἀφελῶ ὄνειδός μου ὅτι ἐψευσάμην προφητεύσας κατὰ * Νινευῆ * τῆς μεγάλης πόλεως. ἦν τότε Ἠλίας ἐλέγχων τὸν
Prop. 10 6B γενόμενος υἱὸς Ἰωνᾶς μέγας ἐπέμφθη ὑπὸ κυρίου εἰς * Νινευὶ * τὴν πόλιν Ἀσσυρίων. καὶ ἐζήτησεν Ἰωνᾶς
Prop. 10 6B ὑπὸ τοῦ κήτους καὶ ἐκβρασθεὶς ἐκήρυξε τὴν ἀπώλειαν * Νινευῒ * καὶ μετενόησαν οἱ ἄνδρες οἱ Νινευῖται καὶ
Prop. 10 6B τὸ ὄνειδος μου ὅτι ἐψευσάμην προφητεύσας κατὰ * Νινευῒ * τῆς μεγάλης πόλεως Ἀσσυρίων ἠθέλησε γὰρ ὁ θεὸς
Prop. 11 2 φυλῆς Συμεών. οὗτος μετὰ τὸν Ἰωνᾶν τῇ * Νινευῒ * τέρας ἔδωκεν ὅτι ὑπὸ ὑδάτων γλυκέων καὶ πυρὸς
Νινευίτης 1
Prop. 10 6B τὴν ἀπώλειαν Νινευῒ καὶ μετενόησαν οἱ ἄνδρες οἱ * Νινευῖται * καὶ ἠλεήθησαν. καὶ ἐλυπήθη Ἰωνᾶς καὶ
Νῖνος 1
FJub. 11 14 Ναχὼρ δὲ γενόμενος ο θ' ἐτῶν ἐγέννησε τὸν Θάρρα. * Νίνου * δὲ τοῦ πρώτου βασιλέως τῶν Ἀσσυρίων τεσσαρακοστὸν
νιπτήρ 4
Abr.1 6 6 ὅτε ἔνιπτον τοὺς πόδας αὐτοῦ ἐν τῇ λεκάνῃ τοῦ * νιπτῆρος * εἶπον ἐν τῇ καρδίᾳ μου οὗτοι οἱ πόδες ἐκ τῶν
Abr.1 6 7 οὓς ἔνιψα τότε καὶ γὰρ τὰ δάκρυα αὐτοῦ ὀψὲ ἐν τῷ * νιπτῆρι * πίπτοντα ἐγένοντο τίμιοι λίθοι καὶ ἐκβαλὼν ἐκ
Abr.2 3 7 τοῦτο ὕστερόν μοι γενήσεται τὸ ἐπιπλῆσαι ὕδωρ εἰς * νιπτῆρα * καὶ πλῦναι πόδας ἀνθρώπου ξενιζομένου πρὸς ἡμᾶς.
Job 25 6 τὴν τρίχα ἀντὶ ἄρτων. βλέπε τίς εἶχεν τὸν * νιπτῆρα * τῶν ποδῶν χρυσοῦ καὶ ἀργύρου, νυνὶ δὲ ποσὶν
νίπτω 26
Abr.1 3 7 τοῦ φρέατος καὶ ἔνεγκέ μοι ὧδε ἐπὶ τῆς λεκάνης ἵνα * νίψωμεν * τοῦ ἀνθρώπου τούτου τοῦ ἐπιξένου τοὺς πόδας ὅτι
Abr.1 3 9 ἀνήνεγκεν <πρὸς> αὐτόν. προσελθὼν οὖν Ἀβραὰμ * ἔνιπτεν * τοὺς πόδας τοῦ ἀρχιστρατήγου Μιχαὴλ ἐκινήθησαν
Abr.1 6 6 θεοῦ καὶ πατρὸς καὶ γὰρ ἐγὼ τῇ ὀψὲ βραδείᾳ ὅτε * ἔνιπτον * τοὺς πόδας αὐτοῦ ἐν τῇ λεκάνῃ τοῦ νιπτῆρος εἶπον
Abr.1 6 6 μου οὗτοι οἱ πόδες ἐκ τῶν τριῶν ἀνδρῶν εἰσιν οὓς * ἔνιψα * τότε καὶ γὰρ τὰ δάκρυα αὐτοῦ ὀψὲ ἐν τῷ νιπτῆρι

Abr.2 3 6 ἀνάστηθι πλῆσον ὕδωρ ἐπὶ τῆς λεκάνης καὶ φέρε ἵνα * νίψωμεν * τοὺς πόδας τοῦ ξένου τοῦ ἐπιξενωθέντος εἰς ἡμᾶς
Abr.2 3 9 τοῦτο δ εἶπας ὅτι ἔσχατόν μοι ἐγένετο τοῦτο τοῦ * νίψαι * πόδας ἀνθρώπου ξενιζομένου ἐν τῷ οἴκῳ ἡμῶν; καὶ
TLevi 9 11 τοῦ εἰσελθεῖν εἰς τὰ ἅγια λούου καὶ ἐν τῷ θύειν * νίπτου * καὶ ἀπαρτίζων πάλιν τὴν θυσίαν νίπτου. δώδεκα
TLevi 9 11 ἐν τῷ θύειν νίπτου καὶ ἀπαρτίζων πάλιν τὴν θυσίαν * νίπτου. * δώδεκα δένδρων ἀεὶ ἐχόντων φύλλα ἄναγε κυρίῳ ὡς
TLevi 18 2B020 τὴν στολὴν τῆς ἱερωσύνης καὶ ὅταν ἐνδιδύσκῃ * νίπτου * πάλιν τὰς χεῖράς σου καὶ τοὺς πόδας σου πρὸ τοῦ
TLevi 18 2B021 προσφέρειν ὅσα δεῖ ἀνένεγκαι ἐπὶ τὸν βωμὸν πάλιν * νίπτου * τὰς χεῖράς σου καὶ τοὺς πόδας σου. καὶ ἀνάφερε τὰ
TLevi 18 2B026 τὸ αἷμα ἐπὶ τὸν τοῖχον τοῦ θυσιαστηρίου. καὶ πάλιν * νίψαι * σου τὰς χεῖρας καὶ τοὺς πόδας ἀπὸ τοῦ αἵματος καὶ
TLevi 18 2B053 χειρῶν αὐτῶν ἐπὶ πάντα κτήνη. καὶ ἐπὶ πᾶσαν ὥραν * νίπτου * τὰς χεῖρας καὶ τοὺς πόδας ὅταν πορεύῃ πρὸς τὸ
TLevi 18 2B054 αὐτῷ αὐθημερόν. καὶ τὰς χεῖρας καὶ τοὺς πόδας * νίπτου * διὰ παντὸς ἀπὸ πάσης σαρκὸς καὶ μὴ ὀφθήτω ἐπί σοι
Asen. 7 1 οἰκίαν Πεντεφρῆ καὶ ἐκάθισεν ἐπὶ τοῦ θρόνου. καὶ * ἔνιψαν * τοὺς πόδας αὐτοῦ καὶ παρέθηκαν αὐτῷ τράπεζαν κατ'
Asen. 13 15 καὶ δούλην. κἀγὼ στρώσω τὴν κλίνην αὐτοῦ καὶ * νίψω * τοὺς πόδας αὐτοῦ καὶ διακονήσω αὐτῷ καὶ ἔσομαι αὐτῷ
Asen. 14 12 ἀπὸ τῆς κεφαλῆς σου τὴν τέφραν ταύτην καὶ * νίψαι * τὸ πρόσωπόν σου καὶ τὰς χεῖράς σου ὕδατι ζῶντι καὶ
Asen. 14 15 καὶ ἀπεσείσατο τὴν τέφραν ἐκ τῆς κεφαλῆς αὐτῆς καὶ * ἐνίψατο * τὰς χεῖρας αὐτῆς καὶ τὸ πρόσωπον αὐτῆς ὕδατι
Asen. 18 8 αὐτῆς ἐξένεγκέ μοι ὕδωρ καθαρὸν ἀπὸ τῆς πηγῆς καὶ * νίψομαι * τὸ πρόσωπόν μου. καὶ ἤνεγκεν αὐτῇ ὕδωρ καθαρὸν
Asen. 18 9 καὶ ἐνέχεεν αὐτὸ ἐν τῇ λεκάνῃ. καὶ ἔκυψεν Ἀσενὲθ * νίψασθαι * τὸ πρόσωπον αὐτῆς καὶ ὁρᾷ τὸ πρόσωπον αὐτῆς ἐν
Asen. 18 10 ἐπὶ τῇ ὁράσει καὶ ἐχάρη χαρὰν μεγάλην καὶ οὐκ * ἔνιψε * τὸ πρόσωπον αὐτῆς εἶπε γὰρ μήποτε ἀποπλύνω τὸ
Asen. 20 2 Πεντεφρῆ τοῦ πατρὸς αὐτῆς. καὶ ἤνεγκεν ὕδωρ τοῦ * νίψαι * τοὺς πόδας αὐτοῦ. καὶ εἶπεν Ἰωσὴφ ἐλθάτω δὴ μία
Asen. 20 3 καὶ εἶπεν Ἰωσὴφ ἐλθάτω δὴ μία τῶν παρθένων καὶ * νιψάτω * τοὺς πόδας μου. καὶ εἶπε πρὸς αὐτὸν Ἀσενὲθ οὐχί
Asen. 20 4 σου. καὶ ἵνα τί σὺ τοῦτο λαλεῖς ἄλλην παρθένον * νίψαι * τοὺς πόδας σου. διότι οἱ πόδες σου πόδες μού εἰσι
Asen. 20 4 μού εἰσι καὶ ἡ ψυχή σου ψυχή μου καὶ οὐ μὴ σοῦ * νίψῃ * ἄλλη τοὺς πόδας. καὶ ἐβιάσατο αὐτὸν καὶ ἔνιψε τοὺς
Asen. 20 5 σοῦ νίψῃ ἄλλη τοὺς πόδας. καὶ ἐβιάσατο αὐτὸν καὶ * ἔνιψε * τοὺς πόδας αὐτοῦ. καὶ ἐθεώρει Ἰωσὴφ τὰς χεῖρας
HEup. 9 34 9 ἱερεῖς τούς τε πόδας προσκλύζεσθαι καὶ τὰς χεῖρας * νίπτεσθαι * ἐπιβαίνοντας ποιῆσαι δὲ καὶ τὰς βάσεις τοῦ

Νισάν 2
Jer. 5 33 γηραιῷ ἀνθρώπῳ ποῖός ἐστιν ὁ μὴν οὗτος; ὁ δὲ εἶπε * νισσὰν * ὅ ἐστιν Ἀβίβ. καὶ ἐπάρας ἐκ τῶν σύκων ἔδωκε τῷ
FJub. 3 1 τῆς πλάσεως τοῦ Ἀδὰμ ὀγδόῃ δὲ τοῦ πρώτου μηνὸς * Νισὰν * πρώτῃ δὲ τοῦ Ἀπριλλίου μηνὸς καὶ ἕκτῃ τοῦ παρ'

νιφετός 1
LPhi. 9 37 2 ῥόον ἐξανιείσης. ῥεῦμα γὰρ ὑψιφάεννον ἐν ὑετίοις * νιφετοῖσιν * ἱέμενον πολυηθὲς ὑπαὶ πύργοις συνόροισιν

Νοέμβριος 1
FJub. 48 5 Σεπτεμβρίῳ κυνόμυια Ὀκτωβρίῳ κτηνῶν πτῶσις * Νοεμβρίῳ * φλυκτίδες καὶ ἕλκη Δεκεμβρίῳ χάλαζα Ἰανουαρίῳ

νοερός 2
FAch. 114 ἀναλαμβάνεις. ὁ δὲ βασιλεὺς θαυμάσας αὐτοῦ τὸ * νοερὸν * δῶρα ἐπέδωκε. καὶ τῇ ἑξῆς ἡμέρᾳ ἐνδυσάμενος
IOrp. 7 λόγον θεῖον βλέψας τούτῳ προσέδρευε ἰθύνων κραδίης * νοερὸν * κύτος εὖ δ' ἐπίβαινε ἀτραπιτοῦ μοῦνον δ' ἐσόρα

νοέω 30
Adam 18 1 οὐ γὰρ θέλω ὑμᾶς ἀγνοεῖν. δεῦρο οὖν καὶ φάγε καὶ * νόησον * τὴν τιμὴν τοῦ ξύλου. ἐγὼ δὲ εἶπον αὐτῷ φοβοῦμαι
Hen. 5 1 καὶ γνῶτε περὶ πάντων τῶν ἔργων αὐτοῦ καὶ * νοήσατε * ὅτι θεὸς ζῶν ἐποίησεν αὐτὰ οὕτως καὶ ζῇ εἰς
Hen. 14 2 ἔδωκεν ὁ μέγας τοῖς ἀνθρώποις λαλεῖν ἐν αὐτοῖς καὶ * νοῆσαι * καρδίας ὃς ἔκτισεν καὶ ἔδωκεν ἐλέγξασθαι
Hen. 100 8 τὰ ἔργα ὑμῶν. οὐαὶ ὑμῖν σκληροκάρδιοι ἀγρυπνοῦντες * νοῆσαι * τὸ κακὸν περιέχει ὑμᾶς φόβος καὶ οὐκ ἔστιν ὁ
Abr.2 6 12 ἡμῶν. καὶ ἀπεκρίθη αὐτῇ Ἀβραὰμ καλῶς κυρὰ Σάρρα * ἐνόησας * ὅτι κἀγὼ τοὺς πόδας αὐτῶν ἔπλυνα καὶ ἐγνώρισα ἐν
TDan 4 4 γὰρ τέρπει τὴν ἀκοὴν καὶ οὕτως ὀξύνει τὸν νοῦν * νοῆσαι * τὸ ἐρεθισθὲν καὶ τότε θυμωθεὶς νομίζει δικαίως
TJos. 3 9 ἠγνόουν ἔσχατον εἰς πορνείαν με ἐφελκύσατο. καὶ * νοήσας * ἐλυπήθην ἕως θανάτου καὶ ἐξελθούσης αὐτῆς ἦλθον
TJos. 7 4 κρημνὸν ῥίπτω ἐμαυτὴν ἐὰν μή μοι συμπεισθῇς. καὶ * νοήσας * ὅτι τὸ πνεῦμα τοῦ Βελιὰρ αὐτὴν ἐνοχλεῖ
Prop. 2 13 σιδήρου καὶ νεφέλη ἐσκέπασε τὸ ὄνομα καὶ οὐδεὶς * νοεῖ * τὸν τόπον οὔτε ἀναγνῶναι αὐτὸ ⟨δύναται⟩ ἕως
Prop. 4 11 ἄνθρωπος ἤρθη ἡ γλῶσσα αὐτοῦ τοῦ μὴ λαλεῖν καὶ * νοῶν * εὐθέως ἐδάκρυσεν οἱ ὀφθαλμοὶ αὐτοῦ ἦσαν ὡς κρέας ἐκ
Aris. 123 1 πάντες ἄξιοι καὶ τῆς περὶ αὐτὸν ἀρετῆς. * νοῆσαι * δ' ἦν ὡς ἠγάπησαν τὸν Ἐλεάζαρον δυσαποσπάστως
Aris. 153 4 γὰρ ὅσα διχηλεῖ καὶ μηρυκισμὸν ἀνάγει σαφῶς τοῖς * νοοῦσιν * ἐκτίθεται τὸ τῆς μνήμης. ἡ γὰρ ἀναμηρύκησις
Aris. 224 3 εἴη φθόνου; διαλιπὼν δὲ ἐκεῖνος ἔφη πρῶτον εἰ * νοήσαι * ὅτι ὁ θεὸς πᾶσι μερίζει δόξαν τε καὶ πλοῦτον
Sib. 3 796 ἐπ' αὐτούς. σῆμα δέ τοι ἐρέω μάλ' ἀριφραδὲς ὥστε * νοῆσαι * ἡνίκα δὴ πάντων τὸ τέλος γαίηφι γένηται. ὁππότε
Sib. 5 48 οὔνομα πόντου ἔσται ἀνὴρ πανάριστος καὶ πάντα * νοήσει. * καὶ ἐπὶ σοί πανάριστε πανέξοχε κυανοχαῖτα καὶ
Sib. 5 65 αὐχοῦσα μέγιστα κλαύσεαι ἀργαλέη καὶ πάμμορος ὥστε * νοῆσαι * αὐτὴν ἀίδιον θεὸν ἄμβροτον ἐν νεφέεσσιν. ποῦ σοι
Sib. 5 276 ἀγλαὸν ἐκ γῆς πάντ' ἄσπαρτα μενεῖ καὶ ἀνήροτα ἄχρι * νοῆσαι * τὸν πρύτανιν πάντων θεὸν ἄμβροτον αἰὲν ἐόντα
Sib. 5 351 καὶ διζύς. ἔσσεται ἦμαρ ἐκεῖνο χρόνον πολὺν ὥστε * νοῆσαι * αὐτὸν ἄνακτα θεὸν πανεπίσκοπον οὐρανόθ πρό.
Sib. 5 366 κρατήσει πάντων τ' ἀνθρώπων φρονιμώτερα πάντα * νοήσει * ἧς χάριν ὤλετό τ' αὐτὸς ἑλεῖ ταύτην παραχρῆμα.
Sib. 5 451 ἕξει μέγα πῆμα καὶ Πάφος αἰάξει δεινὸν μόρον ὥστε * νοῆσαι * καὶ Σαλαμῖνα πόλιν μεγάλην μέγα πῆμα παθοῦσαν νῦν
Sib. 5 475 εἴθ' οὕτως ὀλιγηπελίη ἔσται κατὰ γαῖαν ὥστε * νοεῖν * ἀνδρῶν τ' ἀριθμὸν μέτρον τε γυναικῶν. μυρία δ'
Sib. 5 496 θεοῖσιν πομπὰς καὶ τελετὰς ποιούμενοι οὐκ * ἐνόησαν. * στρέψωμεν ψυχὰς θεὸν ἄφθιτον ἐξυμνοῦντες αὐτὸν
FPho. 90 οὐ χωρεῖ μεγάλην διδαχὴν ἀδίδακτος ἀκουὴ οὐ γὰρ δὴ * νοέουσ' * οἱ μηδέποτ' ἐσθλὰ μαθόντες. μὴ δὲ τραπεζοκόρους
IEur. 6 68 3 θεὸν δὲ ποῖον εἰπέ μοι * νοητέον; * τὸν πάνθ' ὁρῶντα καὐτὸν οὐχ ὁρώμενον. ποῖος δ'
LThe. 9 22 3 ἥ οἱ ἐὴν προγενεστέρη. οὐδέ μιν ἔμπης ἔλλαθεν ἀλλ' * ἐνόησε * κακορραφίην καὶ ἔδεκτο παῖδ' ἑτέρην ἀμφοῖν δ'
LEze. 9 29 16 24 βασιλεὺς δὲ πάντων ὀρνέων ἐφαίνετο ὡς ἦν * νοῆσαι * πάντα γὰρ τὰ πτήν' ὁμοῦ ὄπισθεν αὐτοῦ δειλιῶντ'
LAri. 8 10 4 πραγμάτων κατασκευάς. οἷς μὲν οὖν πάρεστι τὸ καλῶς * νοεῖν * θαυμάζουσι τὴν περὶ αὐτὸν σοφίαν καὶ τὸ θεῖον
LAri. 8 10 6 ἀλλ' ἐμοὶ τῷ μὴ δυναμένῳ διαιρεῖσθαι τὰ ἐκείνῳ * νενοημένα. * χεῖρες μὲν οὖν νοοῦνται προδήλως καὶ ἐφ' ἡμῶν
LAri. 8 10 7 διαιρεῖσθαι τὰ ἐκείνῳ νενοημένα. χεῖρες μὲν οὖν * νοοῦνται * προδήλως καὶ ἐφ' ἡμῶν κοινότερον. ὅταν γὰρ
LAri. 8 10 8 ἐπὶ δυνάμεως εἶναι θεοῦ καὶ γὰρ ἔστι μεταφέροντας * νοῆσαι * τὴν πᾶσαν ἰσχὺν τῶν ἀνθρώπων καὶ τὰς ἐνεργείας ἐν

νόημα 3
Hen. 5 8 ἐν ἀνθρώπῳ πεφωτισμένῳ φῶς καὶ ἀνθρώπῳ ἐπιστήμονι * νόημα * καὶ οὐ μὴ πλημμελήσουσιν οὐδὲ μὴ ἁμάρτωσιν πάσας
Sib. 3 262 γαῖαν καὶ πίστιν καὶ ἄριστον ἐνὶ στήθεσσι * νόημα. * τοῖσι μόνοις καρπὸν τελέθει ζείδωρος ἄρουρα ἐξ
Sib. 3 585 εὔφρονα βουλὴν καὶ πίστιν καὶ ἄριστον ἐνὶ στήθεσσι * νόημα * οἵτινες οὐκ ἀπάτῃσι κεναῖς οὐδ' ἔργ' ἀνθρώπων

νόθος 1
Sib. 3 383 μέγιστον ἀναστάχυώσεται ἄλγος ἐκ γενεῆς Κρονίδαο * νόθων * δούλων τε γενέθλης. κείνη καὶ Βαβυλῶνα πόλιν

νομάρχης 1
FAch. 112 Νεκταναβὼ ἐκέλευσεν τοὺς ὑφ' ἑαυτὸν στρατηγοὺς καὶ * νομάρχας * ἀναλαβεῖν στολὰς ⟨λευκὰς⟩ ὁμοίως καὶ αὐτὸς

νομάς 3
Job 9 6 πάσαις εἶχον δὲ ἑκατὸν τεσσαράκοντα χιλιάδας ὄνων * νομάδων, * καὶ ἀφώρισα ἐξ αὐτῶν πεντακοσίας, καὶ τὴν ἐξ
Sib. 3 790 τ' ἐρίφοις ἅμα βοσκήσονται ἄρκτοι σὺν μόσχοις * νομάδες * αὐλισθήσονται σαρκοβόρος τε λέων φάγεται ἄχυρον
HAri. 9 25 2 δὲ τρισχιλίας ζεύγη βοῶν πεντακόσια ὄνους θηλείας * νομάδας * πεντακοσίας εἶχε δὲ καὶ γεωργίας ἱκανάς. τοῦτον

νομή 5
Sal. 17 40 καὶ οὐκ ἀφήσει ἀσθενῆσαι ἐν αὐτοῖς ἐν τῇ * νομῇ * αὐτῶν. ἐν ἰσότητι πάντας αὐτοὺς ἄξει καὶ οὐκ ἔσται
Esdr. 2 11 καὶ ἔθέμην αὐτὸν ἐν τῷ παραδείσῳ φυλάττειν τὴν * νομὴν * τοῦ ξύλου τῆς ζωῆς ἐπειδὴ οὖν παρακοὴν κτησάμενος
Aris. 112 7 κτήνη τε πολλὰ παμμιγῆ καὶ δαψιλὴς ἡ τούτων * νομή. * διὸ καλῶς ἔβλεψαν ὅτι πολυανθρωπίας οἱ τόποι
FEz. 186 4 ⟨και ποιειτε τον⟩ λαον ἀπὸ πλαν⟨ασθαι απο * νομης * της⟩ καλης και πορευ⟨εσθαι εις τριβολους κ⟩αι
FrAn. 17 2069 19 - - o⟩ραματι και⟨ - ⟩εκ του ουρανου⟨ - - την * νομην⟨ * - - ⟩και ηρξαν⟨το - - ⟩της χειρος μ⟨ - - ⟩ϋϊων

νομίζω 44
Adam 23 1 ἐκάλεσεν ὁ θεὸς τὸν Ἀδὰμ λέγων Ἀδὰμ ποῦ ἐκρύβης; * νομίζεις * ὅτι οὐχ εὑρίσκω σε; μὴ κρυβήσεται οἶκος τῷ
Adam 23 2 πατὴρ ὑμῶν εἶπεν οὐχὶ κύριέ μου οὐ κρυβόμεθά σε ὡς * νομίζοντες * ὅτι οὐχ εὑρισκόμεθα ὑπὸ σοῦ ἀλλὰ φοβοῦμαι ὅτι
Hen. 90 5 ἣν ὠργίσθη ὑμῖν ὁ βασιλεὺς πάντων τῶν αἰώνων μὴ * νομίσητε * ὅτι ἐκφεύξεσθε ταῦτα. ⟨καὶ ἀναγνωσθήσο⟩νται
Abr.1 3 4 τοῖς ἀγαπῶσιν αὐτόν. ἔκρυψεν Ἀβραὰμ τὸ μυστήριον * νομίσας * ὅτι ὁ ἀρχιστράτηγος τὴν φωνὴν τοῦ δένδρου οὐκ
Abr.1 14 14 δεήσεώς σου καὶ ἀφίεταί σοι ἡ ἁμαρτία καὶ οὓς ποτε * νομίζεις * ὅτι ἀπώλεσας ἐγὼ αὐτοὺς ἀνεκαλεσάμην καὶ εἰς
Abr.1 15 4 μου ὅτι ἀνήνεγκας τὸν κύριον τὸν Ἀβραὰμ ἰδοὺ γὰρ * ἐνομίζομεν * ἀναληφθέντα αὐτὸν ἀφ' ἡμῶν. ἦλθεν δὲ Ἰσαὰκ ὁ
Abr.1 16 8 δόξῃ καὶ ὡραιότητι καὶ ἀναστὰς ὑπήντησεν αὐτὸν * νομίζων * τὸν ἀρχιστράτηγον εἶναι. καὶ ἰδὼν αὐτὸν ὁ
Abr.2 13 12 τοῦ κόσμου τούτου. καὶ εἶπεν ὁ θάνατος τῷ Ἀβραὰμ * νομίζεις * ὅτι ἡ ὡραιότης αὕτη ἐμή ἐστιν; καὶ ὅτι ποιῶ τὴν
Abr.2 13 18 ἐκ τοῦ σώματος; εἶπεν δὲ ὁ θάνατος τῷ Ἀβραὰμ * νομίζεις * ὅτι ἐμή ἐστιν ἡ ὡραιότης αὕτη; ἢ μετὰ πάντων
TLevi 16 3 δυνάμει ὑψίστου πλάνον προσαγορεύσετε καὶ τέλος ὡς * νομίζετε * ἀποκτενεῖτε αὐτὸν οὐκ εἰδότες αὐτοῦ τὸ ἀνάστημα
TLevi 18 2B063 ἐγεννήθην πάροικοί ἐσμεν ὡς τούτῳ ἐν τῇ γῇ ἡμετέρᾳ * νομιζομένῃ. * καὶ ἐπὶ τοῦ παιδαρίου εἶδον ἐγὼ ἐν τῷ
TJud. 5 3 Ῥουβὴμ δὲ καὶ Λευὶ ἀπὸ δυσμῶν καὶ νότου. καὶ * νομίσαντες * οἱ ἐπὶ τοῦ τείχους ὅτι ἡμεῖς μόνοι ἐσμέν
TJud. 12 10 χωρίου ἐλθοῦσα πρὸς βραχὺ ἐκάθισεν ἐν πύλῃ καὶ * ἐνόμιζον * ὅτι οὐδεὶς ἔγνω ὅτι εἰσῆλθον πρὸς αὐτήν. καὶ
TJud. 14 8 καὶ μὴ αἰσχύνεσθαι ἀλλὰ καὶ ἐγκαυχᾶσθαι τῇ ἀτιμίᾳ * νομίζοντα * εἶναι καλόν. ὁ πορνεύων ζημιούμενος οὐκ
TJud. 19 4 φθαρεὶς καὶ ἐπέγνων τὴν ἐμαυτοῦ ἀσθένειαν * νομίζων * ἀκαταμάχητος εἶναι. ἐπίγνωτε οὖν τέκνα μου ὅτι
TDan 4 4 τὸν νοῦν νοῆσαι τὸ ἐρεθισθὲν καὶ τότε θυμωθεὶς * νομίζει * δικαίως ὀργίζεσθαι. ἐὰν ζημίᾳ ἐὰν ἀπωλείᾳ τινί
TAser 4 1 οἱ γὰρ ἀγαθοὶ ἄνδρες καὶ μονοπρόσωποι κἂν * νομισθῶσι * παρὰ τῶν διπροσώπων ἁμαρτάνειν δίκαιοί εἰσι
Jer. 5 26 καὶ ἐξυπνισθεὶς ἀπεκάλυψα τὸν κόφινον τῶν σύκων * νομίζων * ὅτι ἐβράδυνα καὶ εὗρον τὰ σῦκα στάζοντα γάλα
Jer. 9 27 ὁμοιότητα τοῦ Ἱερεμίου. καὶ ἐλιθοβόλουν τὸν λίθον * νομίζοντες * ὅτι Ἱερεμίας ἐστίν. ὁ δὲ Ἱερεμίας πάντα
Jer. 9 30 λέγων ὦ μωροὶ υἱοὶ Ἰσραὴλ διὰ τί λιθοβολεῖτέ με * νομίζοντες * ὅτι ἐγὼ Ἱερεμίας; ἰδοὺ Ἱερεμίας ἐν μέσῳ
Prop. 17 4B στεναγμὸν αὐτοῦ καὶ εἶπε πρὸς αὐτὸν ἐπειδὴ διὰ σοῦ * νομίζεις * γεγενῆσθαι τὸ τραῦμα διὰ σοῦ καὶ ἡ θεραπεία

| | | | | | |
|---|---|---|---|---|---|
| Job | | 23 | 2 | πρὸς αὐτὸν τὴν γυναῖκά μου καὶ αἰτῆσαι ἄρτον, | * νομίζουσα * εἶναι αὐτὸν ἄνθρωπον. καὶ ὁ Σατανᾶς ἔλεγεν |
| Aris. | | 6 | 1 | ὑπάρχει. καὶ πρότερον δὲ διεπεμψάμην σοι περὶ ὧν | * ἐνόμιζον * ἀξιομνημονεύτων εἶναι τὴν ἀναγραφὴν ἣν |
| Aris. | | 12 | 1 | τῶν Ἰουδαίων ὅπως τὰ προειρημένα τελείωσιν λάβῃ. | * νομίσας * δὲ ἐγὼ καιρὸν εἶναι περὶ ὧν πολλάκις ἠξιώκειν |
| Aris. | | 18 | 4 | δικαιοσύνην καὶ καλῶν ἔργων ἐπιμέλειαν ἐν ὁσιότητι | * νομίζουσιν * ἄνθρωποι ποιεῖν κατευθύνει τὰς πράξεις καὶ |
| Aris. | | 23 | 1 | δόσει τοὺς δὲ λοιποὺς ἀπὸ τῆς βασιλικῆς τραπέζης. | * νομίζομεν * γὰρ καὶ παρὰ τὴν τοῦ πατρὸς ἡμῶν βούλησιν καὶ |
| Aris. | | 99 | 2 | δὲ συμφάνεια τούτων ἐμποιεῖ φόβον καὶ ταραχὴν ὥστε | * νομίζειν * εἰς ἕτερον ἐληλυθέναι ἐκτὸς τοῦ κόσμου καὶ |
| Aris. | | 122 | 6 | τῆς διανοίας ὁμοίως δὲ καὶ τὸ κατοίεσθαι καὶ | * νομίζειν * ὑπερφρονεῖν ἑτέρους ὑπερβεβηκότες τὴν δ' |
| Aris. | | 128 | 2 | ὑπ' αὐτοῦ πρὸς τὰ δι' ἡμῶν ἐπιζητηθέντα. | * νομίζω * γὰρ τοὺς πολλοὺς περιεργίαν ἔχειν τινὰ τῶν ἐν τῇ |
| Aris. | | 128 | 4 | τῇ νομοθεσίᾳ περί τε τῶν βρωτῶν καὶ ποτῶν καὶ τῶν | * νομιζομένων * ἀκαθάρτων εἶναι κνωδάλων. πυνθανομένων γὰρ |
| Aris. | | 129 | 2 | ἡμῶν διά τί μιᾶς καταβολῆς οὔσης τὰ μὲν ἀκάθαρτα | * νομίζεται * πρὸς βρῶσιν τὰ δὲ καὶ πρὸς τὴν ἀφὴν |
| Aris. | | 134 | 3 | οἱ λοιποὶ παρ' ἡμᾶς ἄνθρωποι πολλοὺς θεοὺς εἶναι | * νομίζουσιν * αὐτοὶ δυναμικώτεροι πολλῷ καθεστῶτες ὧν |
| Aris. | | 137 | 4 | καὶ οὐκ ἂν φθάνοιεν αὐτοὺς προσκυνοῦντες. καὶ | * νομίζουσιν * οἱ ταῦτα διαπλάσαντες καὶ μυθοποιήσαντες τῶν |
| Aris. | | 154 | 3 | ἐπίμνησις. τὸ γὰρ ζῆν διὰ τῆς τροφῆς συνεστάναι | * νομίζει. * διὸ παρακελεύεται καὶ διὰ τῆς γραφῆς ὁ λέγων |
| Aris. | | 170 | 1 | ἀνθρώπων συναναστροφὴν δικαίαν. ἐμοὶ μὲν οὖν καλῶς | * ἐνόμιζε * περὶ ἑκάστων ἀπολογεῖσθαι καὶ γὰρ ἐπὶ τῶν |
| Aris. | | 171 | 1 | ὁ τὴν θυσίαν προσάγων. καὶ περὶ τούτων οὖν | * νομίζω * τὰ τῆς ὁμιλίας ἄξια λόγου καθεστάναι διὸ τὴν |
| Aris. | | 175 | 7 | καὶ τὴν ὑπεροχὴν κρίνων τοῦ πέμψαντος ἀπολύσας οὓς | * ἐνόμιζε * περισσοὺς ὑπέμενε περιπατῶν ἕως ἄν |
| Aris. | | 203 | 2 | τῆς ἀναπτώσεως καὶ συμποσίας ἐπετελεῖτο. καθὸ δὲ | * ἐνόμιζεν * ὁ βασιλεὺς εὔκαιρον εἶναι πρὸς τὸ πυνθάνεσθαι |
| Aris. | | 212 | 4 | εἰ τὸ δίκαιον ἐπὶ παντὸς προβάλλοι συνεχῶς καὶ | * νομίζοι * τὴν ἀδικίαν τοῦ ζῆν στέρησιν εἶναι καὶ γὰρ ὁ |
| Aris. | | 241 | 3 | ἐστιν; ὁ δὲ ἀπεφήνατο ἐὰν τοῖς συμβαίνουσι | * νομίζωμεν * ἀτυχοῦσι μὲν ἐλαττοῦσθαι καὶ κακοπαθῶμεν ὡς |
| ISop. | 5 | 113 | 2 | καὶ κακὰς πανηγύρεις στέφοντες οὕτως εὐσεβεῖν | * νομίζομεν. * ἔσται γὰρ ἔσται κεῖνος αἰῶνος χρόνος ὅταν |
| ISop. | 5 | 122 | 1 | βαστάσει πυρουμένη καὶ γὰρ καθ' ᾅδην δύο τρίβους | * νομίζομεν * μίαν δικαίων χἀτέραν τῶν ἀδίκων. κἄπειτα σώσει |
| IDip. | 5 | 121 | 1 | ὃς τὰ πάντα ὁρᾷ. καὶ γὰρ καθ' Ἅιδην δύο τρίβους | * νομίζομεν * μίαν δικαίων ἑτέραν δὲ ἀσεβῶν εἶναι ὁδόν. εἰ |
| IMen. | 5 | 119 | 2 | πορφυρᾶς ἢ δι' ἐλέφαντος ἢ σμαράγδου ζῴδια εὔνουν | * νομίζει * τὸν θεὸν καθιστάναι πεπλάνηται ἐκεῖνος καὶ |
| νομικός | | | | 1 | |
| Aris. | | 142 | 4 | βρωτῶν καὶ ποτῶν καὶ ἀφῶν καὶ ἀκοῆς καὶ ὁράσεως | * νομικῶς. * τὸ γὰρ καθόλου πάντα πρὸς τὸν φυσικὸν λόγον |
| νόμιμος | | | | 2 | |
| Aris. | | 10 | 5 | τὰ λοιπά. προσήγγελται δέ μοι καὶ τῶν Ἰουδαίων | * νόμιμα * μεταγραφῆς ἄξια καὶ τῆς παρά σοὶ βιβλιοθήκης |
| Aris. | | 127 | 2 | ἐξαποστέλλειν αὐτούς. τὸ γὰρ καλῶς ζῆν ἐν τῷ τὰ | * νόμιμα * συντηρεῖν εἶναι τοῦτο δὲ ἐπιτελεῖσθαι διὰ τῆς |
| νόμισμα | | | | 3 | |
| Aris. | | 33 | 8 | ὧν ἂν προαιρῶνται τὴν ἐκλογὴν διδόναι καὶ | * νομίσματος * εἰς θυσίας καὶ ἄλλα πρὸς τάλαντα ἑκατόν. |
| FrAn. | 1 | 217 | 5 | καὶ διένειμε πτωχοῖς μηδὲν ἑαυτῷ καταλείψας πλὴν | * νομισμάτων * δύο. καὶ πτωχεύσας πάνυ καὶ ὑπὸ μηδενὸς ἐκ |
| FrAn. | 1 | 217 | 12 | ἵνα τί ἀδελφοὶ μάχεσθε; δότε μοι αὐτὸν καὶ λάβετε | * νομίσματα * δύο. τῶν δὲ μετὰ χαρᾶς τοῦτον παρασχόντων οὐ |
| νομοθεσία | | | | 16 | |
| Aris. | | 5 | 3 | καὶ τὴν τῶν ἀνθρώπων διάθεσιν τῶν κατὰ τὴν σεμνὴν | * νομοθεσίαν * διεξαγόντων περὶ ὧν προαιρούμεθα δηλοῦν |
| Aris. | | 15 | 2 | ὑπ' αὐτῶν τῶν πραγμάτων ὦ βασιλεῦ. τῆς γὰρ | * νομοθεσίας * κειμένης πᾶσι τοῖς Ἰουδαίοις ἣν ἡμεῖς οὐ |
| Aris. | | 31 | 3 | διὰ τὸ καὶ φιλοσοφωτέραν εἶναι καὶ ἀκέραιον τὴν | * νομοθεσίαν * ταύτην ὡς ἂν οὖσαν θείαν. διὸ πόρρω γεγόνασιν |
| Aris. | | 128 | 3 | γὰρ τοὺς πολλοὺς περιεργίαν ἔχειν τινὰ τῶν ἐν τῇ | * νομοθεσίᾳ * περί τε τῶν βρωτῶν καὶ ποτῶν καὶ τῶν |
| Aris. | | 129 | 3 | καὶ πρὸς τὴν ἀφὴν δεισιδαιμόνως γὰρ τὰ πλεῖστα τὴν | * νομοθεσίαν * ἔχειν ἐν δὲ τούτοις πάλιν δεισιδαιμόνως πρὸς |
| Aris. | | 133 | 3 | οὐκ ἂν λάθοι μὴ ὅτι καὶ πράξας διὰ πάσης τῆς | * νομοθεσίας * τὸ τοῦ θεοῦ δυνατὸν ἐνδεικνύμενος. |
| Aris. | | 147 | 2 | προσονομάσας ὅτι δέον ἐστὶ κατὰ ψυχὴν οἷς ἡ | * νομοθεσία * διατέτακται δικαιοσύνῃ συγχρῆσθαι καὶ μηδένα |
| Aris. | | 176 | 3 | δώροις καὶ ταῖς διαφόροις διφθέραις ἐν αἷς ⟨ἦν⟩ ἡ | * νομοθεσία * γεγραμμένη χρυσογραφίᾳ τοῖς Ἰουδαϊκοῖς |
| Aris. | | 313 | 2 | ἐκεῖνος δὲ ἔφη διὰ τὸ σεμνὴν εἶναι τὴν | * νομοθεσίαν * καὶ διὰ θεοῦ γεγονέναι καὶ τῶν ἐπιβαλλομένων |
| FJub. | | 1 | 1 | ἄνθρωπον καὶ τῶν μέχρις αὐτοῦ χρόνων καὶ περὶ τῆς | * νομοθεσίας * τῆς μελλούσης παρ' αὐτοῦ δίδοσθαι τῷ |
| LAri. | 8 | 10 | 8 | ἣν ἔχεις. ἐπισημαίνεται δὲ τοῦτο καὶ διὰ τῆς | * νομοθεσίας * ἡμῶν λέγων ὁ Μωσῆς οὕτως ἐν χειρὶ κραταιᾷ |
| LAri. | 8 | 10 | 13 | δηλοῦται γὰρ ὡς τὸ ὄρος ἐκαίετο πυρὶ καθώς φησιν ἡ | * νομοθεσία * διὰ τὸ τὸν θεὸν καταβεβηκέναι σαλπίγγων τε |
| LAri. | 13 | 12 | 1 | φανερὸν ὅτι κατηκολούθησεν ὁ Πλάτων τῇ καθ' ἡμᾶς | * νομοθεσίᾳ * καὶ φανερός ἐστι περιειργασμένος ἕκαστα τῶν ἐν |
| LAri. | 13 | 12 | 1 | ἐπιφάνεια καὶ κράτησις τῆς χώρας καὶ τῆς ὅλης | * νομοθεσίας * ἐπεξήγησις ὡς εὔδηλον εἶναι τὸν προειρημένον |
| LAri. | 13 | 12 | 3 | λόγον ἀλλ' ἔργων κατασκευὰς καθὼς καὶ διὰ τῆς | * νομοθεσίας * ἡμῖν ὅλην τὴν γένεσιν τοῦ κόσμου θεοῦ λόγους |
| LAri. | 13 | 12 | 11 | ἐστι τῷ προειρημένῳ. τὸ δὲ διασαφούμενον διὰ τῆς | * νομοθεσίας * ἀποπεπαυκέναι τὸν θεὸν ἐν αὐτῇ τοῦτο οὐχ ὡς |
| νομοθετέω | | | | 4 | |
| Aris. | | 144 | 3 | γαλῆς ἢ τῶν τοιούτων χάριν περιεργίαν ποιούμενος | * ἐνομοθέτει * ταῦτα Μωϋσῆς ἀλλὰ πρὸς ἁγνὴν ἐπίσκεψιν καὶ |
| Aris. | | 161 | 4 | οὐ γὰρ εἰκῇ καὶ κατὰ τὸ ἐμπεσὸν εἰς ψυχὴν | * νενομοθέτηται * πρὸς δ' ἀλήθειαν καὶ σημείωσιν ὀρθοῦ |
| Aris. | | 240 | 4 | ἔφησε γινώσκων ὅτι τὰς ἐπινοίας ὁ θεὸς ἔδωκε τοῖς | * νομοθετήσασι * πρὸς τὸ σῴζεσθαι τοὺς βίους τῶν ἀνθρώπων |
| LAri. | 8 | 10 | 12 | θεία γεγονέναι διὰ τῆς γραφῆς τοῦ νόμου καθ' ὃν | * ἐνομοθέτει * καιρὸν ἵνα πάντες θεωρήσωσι τὴν ἐνέργειαν τοῦ |
| νομοθέτης | | | | 7 | |
| Aris. | | 131 | 3 | οὖν τὰ τῆς εὐσεβείας καὶ δικαιοσύνης πρῶτον ὁ | * νομοθέτης * ἡμῶν καὶ διδάξας ἕκαστα περὶ τούτων οὐκ |
| Aris. | | 139 | 2 | καὶ τελευτήσασι; συνθεωρήσας οὖν ἕκαστα σοφὸς ὢν ὁ | * νομοθέτης * ὑπὸ θεοῦ κατεσκευασμένος εἰς ἐπίγνωσιν τῶν |
| Aris. | | 148 | 1 | τῶν συγγενικῶν. διὰ τῶν τοιούτων οὖν παραδέδωκεν ὁ | * νομοθέτης * σημειοῦσθαι τοῖς συνετοῖς εἶναι δικαίους τε |
| Aris. | | 312 | 4 | δὲ αὐτῷ καὶ πάντα καὶ λίαν ἐξεθαύμασε τὴν τοῦ | * νομοθέτου * διάνοιαν. καὶ πρὸς τὸν Δημήτριον εἶπε πῶς |
| LAri. | 8 | 10 | 3 | κατάστημα. πολλαχῶς γὰρ ὃ βούλεται λέγειν ὁ | * νομοθέτης * ἡμῶν Μωσῆς ἐφ' ἑτέρων πραγμάτων λόγους |
| LAri. | 8 | 10 | 6 | εἰ δὲ μὴ τεύξομαι τοῦ πράγματος μηδὲ πείσω μὴ τῷ | * νομοθέτῃ * προσάψῃς τὴν ἀλογίαν ἀλλ' ἐμοὶ τῷ μὴ δυναμένῳ |
| LAri. | 8 | 10 | 9 | τὰς ἐνεργείας ἐν ταῖς χερσὶν εἶναι. διόπερ καλῶς ὁ | * νομοθέτης * ἐπὶ τὸ μεγαλεῖον μετενήνοχε λέγων τὰς |
| νομός | | | | 5 | |
| Aris. | | 111 | 2 | χρηματιστὰς καὶ τοὺς τούτων ὑπηρέτας ἐπέταξε κατὰ | * νομοὺς * ὅπως μὴ πορισμὸν λαμβάνοντες οἱ γεωργοὶ καὶ |
| HEup. | 9 | 32 | 1 | ἐξ ὧν εἰσι διασεσάφηκά σοι ἐκ μὲν τοῦ Σεβριθίτου | * νομοῦ * μυρίους ἐκ δὲ τοῦ Μενδησίου καὶ Σεβεννύτου |
| HArt. | 9 | 27 | 4 | τὴν φιλοσοφίαν ἐξευρεῖν ἔτι δὲ τὴν πόλιν εἰς λ ϛ' | * νομοὺς * διελεῖν καὶ ἑκάστῳ τῶν νομῶν ἀποτάξαι τὸν θεὸν |
| HArt. | 9 | 27 | 4 | τὴν πόλιν εἰς λ ϛ' νομοὺς διελεῖν καὶ ἑκάστῳ τῶν | * νομῶν * ἀποτάξαι τὸν θεὸν σεφθήσεσθαι τά τε ἱερὰ γράμματα |
| HArt. | 9 | 27 | 8 | Μώϋσον ἐλθόντα ἐπὶ τὸν Ἑρμοπολίτην ὀνομαζόμενον | * νομὸν * ἔχοντα περὶ δέκα μυριάδας γεωργῶν αὐτοῦ |
| νόμος | | | | 89 | |
| Adam | | | 1 | θεοῦ Μωϋσῇ τῷ θεράποντι αὐτοῦ ὅτε τὰς πλάκας τοῦ | * νόμου * ἐκ χειρὸς αὐτοῦ ἐδέξατο διδαχθεὶς παρὰ τοῦ |
| Adam | | 43 | 3 | ἕως ἡμέρας τῆς ἀναστάσεως. μετὰ δὲ τὸ δοῦναι αὐτὸν | * νόμον * εἶπεν παρ' ἓξ ἡμερῶν μὴ πενθήσετε τῇ δὲ ἑβδόμῃ |
| TRub. | | 3 | 8 | τὸν νοῦν ἀπὸ τῆς ἀληθείας καὶ μὴ συνίων ἐν τῷ | * νόμῳ * τοῦ θεοῦ μήτε ὑπακούων νουθεσίας πατέρων αὐτοῦ |
| TRub. | | 6 | 8 | ὑμῖν ἀκούειν τοῦ Λευὶ ὅτι αὐτὸς γνώσεται | * νόμον * κυρίου καὶ διαστελεῖ εἰς κρίσιν καὶ θυσίας ὑπὲρ |
| TSim. | | 9 | 1 | καὶ ἔκλαυσαν υἱοὶ Συμεὼν τὸν πατέρα αὐτῶν κατὰ τὸν | * νόμον * τοῦ πένθους καὶ ἦσαν εἰς Αἴγυπτον ἕως ἡμέρας |
| TLevi | | 9 | 6 | καὶ Ἰσαὰκ ἐκάλει με συνεχῶς τοῦ ὑπομνῆσαί με | * νόμον * κυρίου καθὼς ἔδειξέ μοι ὁ ἄγγελος τοῦ θεοῦ. καὶ |
| TLevi | | 9 | 7 | ἔδειξέ μοι ὁ ἄγγελος τοῦ θεοῦ. καὶ ἐδίδασκέ με | * νόμον * ἱερωσύνης θυσιῶν ὁλοκαυτωμάτων ἀπαρχῶν ἑκουσίων |
| TLevi | | 13 | 1 | καρδίας καὶ πορεύεσθε ἐν ἁπλότητι κατὰ πάντα τὸν | * νόμον * αὐτοῦ. διδάξατε δὲ καὶ ὑμεῖς τὰ τέκνα ὑμῶν |
| TLevi | | 13 | 2 | πάσῃ τῇ ζωῇ αὐτῶν ἀναγινώσκοντες ἀδιαλείπτως τὸν | * νόμον * τοῦ θεοῦ ὅτι πᾶς ὃς γνώσεται νόμον θεοῦ |
| TLevi | | 13 | 3 | ἀδιαλείπτως τὸν νόμον τοῦ θεοῦ ὅτι πᾶς ὃς γνώσεται | * νόμον * θεοῦ τιμηθήσεται καὶ οὐκ ἔσται ξένος ὅπου ὑπάγει. |
| TLevi | | 13 | 4 | πολλοὶ τῶν ἀνθρώπων δουλεῦσαι αὐτῷ καὶ ἀκοῦσαι | * νόμον * ἐκ τοῦ στόματος αὐτοῦ. ποιήσατε δικαιοσύνην τέκνα |
| TLevi | | 14 | 4 | κατάραν ἐπὶ τὸ γένος ἡμῶν ὑπὲρ ὧν τὸ φῶς τοῦ | * νόμου * τὸ δοθὲν ἐν ὑμῖν εἰς φωτισμὸν παντὸς ἀνθρώπου |
| TLevi | | 16 | 2 | βεβηλώσετε καὶ τὰς θυσίας μιανεῖτε καὶ τὸν | * νόμον * ἀφανίσετε καὶ λόγους προφητῶν ἐξουθενώσετε ἐν |
| TLevi | | 16 | 3 | λόγους βδελύξεσθε καὶ ἄνδρα ἀνακαινοποιοῦντα | * νόμον * ἐν δυνάμει ὑψίστου πλάνον προσαγορεύσετε καὶ τέλος |
| TLevi | | 19 | 1 | ἠκούσατε ἕλεσθε οὖν ἑαυτοῖς ἢ τὸ σκότος ἢ τὸ φῶς ἢ | * νόμον * κυρίου ἢ ἔργα Βελιάρ. καὶ ἀπεκρίθημεν ἡμεῖς τῷ |
| TLevi | | 19 | 2 | πατρὶ λέγοντες ἐνώπιον κυρίου πορευσόμεθα κατὰ τὸν | * νόμον * αὐτοῦ. καὶ εἶπεν ὁ πατὴρ ἡμῶν μάρτυς κύριος καὶ |
| TJud. | | 12 | 2 | νυμφικῷ ἐκάθισεν ἐν Ἐνὰν τῇ πόλει πρὸς τὴν πύλην. | * νόμος * γὰρ Ἀμορραίων τὴν γαμοῦσαν προκαθῖσαι ἐν πορνείᾳ |
| TJud. | | 18 | 3 | ἀκούσατε Ἰουδὰ τοῦ πατρὸς ὑμῶν ὅτι ταῦτα ἀφιστᾷ | * νόμου * θεοῦ καὶ τυφλοῖ τὸ διαβούλιον τῆς ψυχῆς καὶ |
| TJud. | | 26 | 1 | κύριον εἰς αἰῶνας. φυλάξατε οὖν τέκνα μου πάντα | * νόμον * κυρίου ὅτι ἐστὶν ἐλπὶς πᾶσι τοῖς κατευθύνουσι τὰς |
| TIss. | | 5 | 1 | τι τῶν ἐντολῶν τοῦ κυρίου. φυλάξατε οὖν | * νόμον * θεοῦ τέκνα μου καὶ τὴν ἁπλότητα κτήσασθε καὶ ἐν |
| TZab. | | 3 | 4 | τί ἔσται τὰ ἐνύπνια αὐτοῦ. διὰ τοῦτο ἐν γραφῇ | * νόμου * Ἐνὼχ γέγραπται τὸν μὴ θέλοντα ἀναστῆσαι σπέρμα τῷ |
| TZab. | | 10 | 2 | εὐφρανθήσομαι ἐν μέσῳ τῆς φυλῆς μου ὅσοι ἐφύλαξαν | * νόμον * κυρίου καὶ ἐντολὰς Ζαβουλὼν πατρὸς αὐτῶν. ἐπὶ δὲ |
| TDan | | 5 | 1 | οὖν τέκνα μου τὰς ἐντολὰς τοῦ κυρίου καὶ τὸν | * νόμον * αὐτοῦ τηρήσατε ἀπόστητε δὲ ἀπὸ θυμοῦ καὶ μισήσατε |
| TDan | | 6 | 9 | πρᾶος καὶ ταπεινὸς καὶ ἐκδιδάσκων διὰ τῶν ἔργων | * νόμον * θεοῦ. ἀπόστητε οὖν ἀπὸ πάσης ἀδικίας καὶ κολλήθητε |
| TDan | | 6 | 10 | ἀπὸ πάσης ἀδικίας καὶ κολλήθητε τῇ δικαιοσύνῃ τοῦ | * νόμου * κυρίου καὶ ἔσται τὸ γένος μου εἰς σωτηρίαν ἕως τοῦ |
| TDan | | 7 | 3 | πλὴν ὡς ἐπροφήτευσεν αὐτοῖς Δὰν ὅτι ἐπιλάθωνται | * νόμου * θεοῦ αὐτῶν καὶ ἀλλοτριωθήσονται γῆς κλήρου αὐτῶν |
| TNep. | | 2 | 6 | αὐτοῦ ὡς ἡ ψυχὴ αὐτοῦ οὕτω καὶ ὁ λόγος αὐτοῦ ἢ ἐν | * νόμῳ * κυρίου ἢ ἐν νόμῳ Βελιάρ. καὶ ὡς κεχώρισται ἀνάμεσον |
| TNep. | | 2 | 6 | αὐτοῦ οὕτω καὶ ὁ λόγος αὐτοῦ ἢ ἐν νόμῳ κυρίου ἢ ἐν | * νόμῳ * Βελιάρ. καὶ ὡς κεχώρισται ἀνάμεσον φωτὸς καὶ |
| TNep. | | 3 | 2 | τάξιν αὐτῶν οὕτως καὶ ὑμεῖς μὴ ἀλλοιώσητε | * νόμον * θεοῦ ἐν ἀταξίᾳ πράξεων ὑμῶν. ἔθνη πλανηθέντα καὶ |
| TNep. | | 8 | 7 | καὶ ὁ κύριος μισήσει αὐτόν. καὶ γὰρ αἱ ἐντολαὶ τοῦ | * νόμου * διπλαῖ εἰσι καὶ μετὰ τέχνης πληροῦνται. καιρὸς γὰρ |
| TGad | | 3 | 1 | λόγους ἀληθείας τοῦ ποιεῖν δικαιοσύνην καὶ πάντα | * νόμον * ὑψίστου καὶ μὴ πλανᾶσθαι τῷ πνεύματι τοῦ μίσους |
| TGad | | 3 | 2 | πᾶν ὃ ἐὰν ποιῇ ὁ μισῶν βδελύσσεται ἐὰν ποιῇ | * νόμον * κυρίου τοῦτον οὐκ ἐπαινεῖ ἐὰν φοβῆται κύριον καὶ |
| TGad | | 4 | 7 | τὸ δὲ πνεῦμα τῆς ἀγάπης ἐν μακροθυμίᾳ συνεργεῖ τῷ | * νόμῳ * τοῦ θεοῦ εἰς σωτηρίαν ἀνθρώπων. κακὸν τὸ μῖσος ὅτι |
| TAser | | 2 | 6 | ἐπιορκεῖ καὶ τὸν πτωχὸν ἐλεᾷ τὸν ἐντολέα τοῦ | * νόμου * κύριον ἀθετεῖ καὶ παροξύνει καὶ τὸν πένητα |

| | | | |
|---|---|---|---|
| TAser 6 3 | μισήσατε τὰ κατὰ τῶν ἀνθρώπων ἀγωνιζόμενα. τὸν | * νόμον * | κυρίου φυλάξατε καὶ μὴ προσέχετε τὸ κακὸν ὡς καλὸν |
| TAser 7 5 | ἀσεβοῦντες ἀσεβήσετε εἰς αὐτὸν μὴ προσέχοντες τὸν | * νόμον * | τοῦ θεοῦ ἀλλ' ἐντολαῖς ἀνθρώπων. διὰ τοῦτο |
| TJos. 4 5 | καὶ τὸν Αἰγύπτιον πείσω ἀποστῆναι τῶν εἰδώλων ἐν | * νόμῳ * | κυρίου σου πορευόμενοι. λέγω δὲ πρὸς αὐτὴν οὐκ ἐν |
| TJos. 5 1 | οὐ θέλεις ἐγὼ ἀναιρῶ τὸν Αἰγύπτιον καὶ οὕτως | * νόμῳ * | λήψομαί σε εἰς ἄνδρα. ἐγὼ οὖν ὡς ἤκουσα τοῦτο |
| TJos. 11 1 | καὶ τιμᾶτε τοὺς ἀδελφοὺς ὑμῶν πᾶς γὰρ ὁ ποιῶν | * νόμον * | κυρίου ἀγαπηθήσεται ὑπ' αὐτοῦ. ἐλθὼν δὲ εἰς |
| TBen. 10 3 | πλησίον αὐτοῦ καὶ κρίμα εἰς πιστοποίησιν καὶ τὸν | * νόμον * | κυρίου καὶ τὰς ἐντολὰς αὐτοῦ φυλάξατε. ταῦτα γὰρ |
| Sal. 4 8 | ἀπὸ προσώπου δικαίου ἀνθρωπάρεσκον λαλοῦντα | * νόμον * | μετὰ δόλου. καὶ οἱ ὀφθαλμοὶ αὐτῶν ἐπ' οἶκον ἀνδρὸς |
| Sal. 10 4 | κύριος τῶν δούλων αὐτοῦ ἐν ἐλέει ἡ γὰρ μαρτυρία ἐν | * νόμῳ * | διαθήκης αἰωνίου ἡ μαρτυρία κυρίου ἐπὶ ὁδοὺς |
| Sal. 14 2 | πορευομένοις ἐν δικαιοσύνῃ προσταγμάτων αὐτοῦ ἐν | * νόμῳ * | ᾧ ἐνετείλατο ἡμῖν εἰς ζωὴν ἡμῶν. ὅσιοι κυρίου |
| Prop. 2 9 | πρὸ τῆς ἁλώσεως τοῦ ναοῦ ἥρπαξε τὴν κιβωτὸν τοῦ | * νόμου * | καὶ τὰ ἐν αὐτῷ καὶ ἐποίησεν αὐτὰ καταποθῆναι ἐν |
| Prop. 2 14 | ἀρχαῖον ὅτι οὐ μὴ παύσηται ἡ δόξα τοῦ θεοῦ ἐκ τοῦ | * νόμου * | αὐτοῦ. καὶ ἔδωκεν ὁ θεὸς τῷ Ἱερεμίᾳ χάριν ἵνα τὸ |
| Prop. 3 17 | Γὰδ ὅτι ἠσέβουν εἰς τὸν κύριον διώκοντες τοὺς τὸν | * νόμον * | φυλάσσοντας καὶ ἐποίησεν αὐτοῖς τέρας μέγα ὅτι οἱ |
| Prop. 4 21B | ἐν τῷ ἀνασκολοπίζεσθαι αὐτὸν ὑπὸ τῶν ἱερέων τοῦ | * νόμου * | ⟨καὶ πρεσβυτέρων τοῦ λαοῦ Ἰσραήλ. τότε φόνος |
| Prop. 17 1 | Δαυὶδ ἦν ἐκ Γαβᾶ καὶ αὐτὸς ἦν ὁ διδάξας αὐτὸν | * νόμον * | κυρίου Ναθὰν ὁ προφήτης τοῦ Δαυὶδ ἐκ φυλῆς |
| Prop. 17 1B | ἐγεννήθη δὲ ἐν Γαβαῷ καὶ αὐτὸς ἐδίδαξε τὸν Δαυὶδ | * νόμον * | κυρίου καὶ εἶδεν ὅτι Δαυὶδ ἐν τῇ Βηρσαβεὲ |
| Prop. 18 4B | πᾶν τὸ γένος αὐτοῦ καὶ ὅτι παραβήσεται Σολομὼν τὸν | * νόμον * | τοῦ ὑψίστου ταῦτα προεῖπεν Ἠλεὶ πρὸς τοὺς υἱοὺς |
| Sedr. 14 5 | ἐν μιᾷ ῥοπῇ; οἶδας Σεδρὰχ ὅτι εἰσὶν ἔθνη τὰ μὴ | * νόμον * | ἔχοντα ⟨καὶ τὰ⟩ τοῦ νόμου ποιοῦσιν ὅτι ⟨εἴ⟩ εἰσιν |
| Sedr. 14 5 | ὅτι εἰσὶν ἔθνη τὰ μὴ νόμον ἔχοντα ⟨καὶ τὰ⟩ τοῦ | * νόμου * | ποιοῦσιν ὅτι ⟨εἴ⟩ εἰσιν ἀβάπτιστοι καὶ ἐνέβη τὸ |
| Sedr. 15 6 | ὅτι τὸ θεῖόν μου πνεῦμα ἐνέβη εἰς τὰ ἔθνη τὰ μὴ | * νόμον * | ἔχοντα ⟨καὶ τὰ⟩ τοῦ νόμου ποιοῦσιν ὁμῶς δὲ καὶ ὁ |
| Sedr. 15 6 | ἐνέβη εἰς τὰ ἔθνη τὰ μὴ νόμον ἔχοντα ⟨καὶ τὰ⟩ τοῦ | * νόμου * | ποιοῦσιν ὁμῶς δὲ καὶ ὁ λῃστὴς καὶ ὁ ἀπόστολος καὶ |
| Aris. 3 6 | τόπους πολίταις πρὸς τὴν ἑρμηνείαν τοῦ θείου | * νόμου * | διὰ τὸ γεγράφθαι παρ' αὐτοῖς ἐν διφθέραις |
| Aris. 15 8 | σοι τὴν βασιλείαν τοῦ τεθεικότος αὐτοῖς θεοῦ τὸν | * νόμον * | καθὼς περιείργασμαι. τὸν γὰρ πάντων ἐπόπτην καὶ |
| Aris. 30 2 | ἐν τούτοις ἐπιμέλειαν προσαναφέρω σοι τάδε. τοῦ | * νόμου * | τῶν Ἰουδαίων βιβλία σὺν ἑτέροις ὀλίγοις τισὶν |
| Aris. 32 4 | πρεσβυτέρους ὄντας ἄνδρας ἐμπείρους τῶν κατὰ τὸν | * νόμον * | τὸν ἑαυτῶν ἀφ' ἑκάστης φυλῆς ἓξ ὅπως τὸ σύμφωνον |
| Aris. 38 3 | Ἰουδαίοις καὶ τοῖς μετέπειτα προῃρήμεθα τὸν | * νόμον * | ὑμῶν μεθερμηνευθῆναι γράμμασιν Ἑλληνικοῖς ἐκ τῶν |
| Aris. 39 3 | βεβιωκότας πρεσβυτέρους ἐμπειρίαν ἔχοντας τοῦ | * νόμου * | καὶ δυνατοὺς ἑρμηνεῦσαι ἀφ' ἑκάστης φυλῆς ἓξ ὅπως |
| Aris. 45 7 | σοι συμφερόντως καὶ μετὰ ἀσφαλείας ἡ τοῦ ἁγίου | * νόμου * | μεταγραφή. παρόντων δὲ πάντων ἐπελεξάμεθα ἄνδρας |
| Aris. 46 3 | ἑκάστης φυλῆς ἓξ οὓς καὶ ἀπεστείλαμεν ἔχοντας τὸν | * νόμον. * | καλῶς οὖν ποιήσεις βασιλεῦ δίκαιε προστάξας ὡς ἂν |
| Aris. 122 3 | πρὸς τὰς ὁμιλίας καὶ τὰς ἐπερωτήσεις τὰς διὰ τοῦ | * νόμου * | μεγάλην εὐφυΐαν εἶχον τὸ μέσον ἐζηλωκότες |
| Aris. 168 1 | ἡ γὰρ ἐπαγρύπνησις ἀνθρώπων ἀπωλείᾳ ἀνόσιος. ὁ δὲ | * νόμος * | ἡμῶν κελεύει μήτε λόγῳ μήτε ἔργῳ μηδένα |
| Aris. 171 3 | διὸ τὴν σεμνότητα καὶ φυσικὴν διάνοιαν τοῦ | * νόμου * | προῆγμαι διασαφῆσαί σοι Φιλόκρατες δι' ἣν ἔχεις |
| Aris. 279 3 | δεῖ κατακολουθεῖν τοὺς βασιλεῖς; ὁ δὲ ἔφη τοῖς | * νόμοις * | ἵνα δικαιοπραγοῦντες ἀνακτῶνται τοὺς βίους τῶν |
| Aris. 309 3 | τοῖς ἡγουμένοις αὐτῶν μεταγράψαντα τὸν πάντα | * νόμον. * | καθὼς δὲ ἀνεγνώσθη τὰ τεύχη στάντες οἱ ἱερεῖς καὶ |
| Aris. 314 3 | τινὰ τῶν προηρμηνευμένων ἐπισφαλέστερον ἐκ τοῦ | * νόμου * | προσιστορεῖν ταραχὴν λάβοι τῆς διανοίας πλεῖον |
| Sib. 3 256 | ὃν ἀπ' Αἰγύπτου θεὸς ἦγεν εἰς τὸ ὄρος Σινᾶ καὶ τὸν | * νόμον * | οὐρανόθι πρὸ δῶκε θεὸς γράψας πλαξὶν δυσὶ πάντα |
| Sib. 3 259 | καὶ προσέταξε ποιεῖν καὶ ἣν ἄρα τις παρακούσῃ ἠὲ | * νόμῳ * | τίσειε δίκην ἢ χερσὶ βροτείαις ἠὲ λαθὼν θνητοὺς |
| Sib. 3 276 | ὅτι φρεσὶν οὐκ ἐπίθησας ἀθανάτοιο θεοῦ ἁγνῷ | * νόμῳ * | ἀλλὰ πλανηθεὶς εἰδώλοις ἐλάτρευσας ἀεικέσιν οὐδὲ |
| Sib. 3 284 | ἀλλὰ σὺ μίμνε πιστεύων μεγάλοιο θεοῦ ἁγνοῖσι | * νόμοισιν * | ὁππότε σεῖο καμὸν ὀρθὸν γόνυ πρὸς φάος ἄρῃ. καὶ |
| Sib. 3 580 | ἐπὶ μεγάλῳ ἁγίως ὁλοκαρπεύοντες. ἐν δὲ δικαιοσύνῃ | * νόμου * | Ὑψίστοιο λαχόντες ὄλβιοι οἰκήσουσι πόλεις καὶ |
| Sib. 3 600 | πάσης τ' Ἀσίης παραβάντες ἀθανάτοιο θεοῦ ἁγνὸν | * νόμον * | +ὃν παρέβησαν+. ἀνθ' ὧν ἀθάνατος θήσει πάντεσσι |
| Sib. 3 686 | χαμαὶ πεσέονται ἅπαντα ἀνδρῶν δυσμενέων ὅτι τὸν | * νόμον * | οὐκ ἔγνωσαν οὐδὲ κρίσιν μεγάλοιο θεοῦ ἀλλ' ἄφρονι |
| Sib. 3 719 | πέμπωμεν πρὸς ναὸν ἐπεὶ μόνος ἐστὶ δυνάστης καὶ | * νόμον * | ὑψίστοιο θεοῦ φραζώμεθα πάντες ὅστε δικαιότατος |
| Sib. 3 757 | φίλος μέχρι τέρματος ἔσται αἰῶνος κοινόν τε | * νόμον * | κατὰ γαῖαν ἅπασαν ἀνθρώποις τελέσειεν ἐν οὐρανῷ |
| Sib. 3 768 | βασιλήιον εἰς αἰῶνας πάντας ἐπ' ἀνθρώπους ἅγιον | * νόμον * | ὅς ποτ' ἔδωκεν εὐσεβέσιν τοῖς πᾶσιν ὑπέσχετο γαῖαν |
| Sib. 5 494 | στήσωμεν ἀληθοῦς δεῦτε τὸν ἐκ προγόνων δεινὸν | * νόμον * | ἀλλάξωμεν τοῦ χάριν οἱ λιθίνοις καὶ ὀστρακίνοισι |
| FJub. 48 1 | | * νόμους * | δὲ πρῶτον Μωϋσῆς γράφει τοῖς Ἰουδαίοις. |
| FJub. 3 11 | τεσσαρακοστῇ ἡμέρᾳ εἰσφέρουσιν ἐν τῷ ἱερῷ κατὰ τὸν | * νόμον. * | ἐπὶ δὲ θήλεος ἀκάθαρτον εἶναι αὐτὴν ἐπὶ ἡμέρας |
| FJub. 3 13 | ἕως ἑπτὰ ἡμέρας ἐν τῷ ἱερῷ κατὰ τὸν θεῖον | * νόμον. * | ὁ Ἀδὰμ ἀπεσόβει τὰ πετεινὰ καὶ ἑρπετὰ συνῆγε τὸν |
| FAch. 103 | πυκνὸν αὐτῷ ἠπείλησεν εἰπὼν βασιλικῆς ὁ παρὰ | * νόμον * | ἁπτόμενος θάνατον ἐνακμᾶται. ὁ δὲ νεανίσκος βαρέως |
| HEup. 9 26 1 | Φοίνικας παραλαβεῖν Ἕλληνας δὲ παρὰ Φοινίκων | * νόμους * | τε πρῶτον γράψαι Μωσῆν τοῖς Ἰουδαίοις. Μωσῆν |
| LEze. 9 28 3 11 | τέχνασμα βασιλέως. ὁρῶ δὲ πρῶτον ἄνδρας ἐν χειρῶν | * νόμῳ * | τὸν μέν γ' Ἑβραῖον τὸν δὲ γένος Αἰγύπτιον. ἰδὼν δ' |
| LAri. 8 10 1 | ἐπεφώνησας καὶ σὺ βασιλεῦ διότι σημαίνεται διὰ τοῦ | * νόμου * | τοῦ παρ' ἡμῖν καὶ χεῖρες καὶ βραχίων καὶ πρόσωπον |
| LAri. 8 10 12 | ἐπὶ τὸ ὄρος θεία γεγονέναι διὰ τῆς γραφῆς τοῦ | * νόμου * | καθ' ὃν ἐνομοθέτει καιρὸν ἵνα πάντες θεωρήσωσι τὴν |
| LAri. 13 12 2 | κατεχώρισεν. ἡ δ' ὅλη ἑρμηνεία τῶν διὰ τοῦ | * νόμου * | πάντων ἐπὶ τοῦ προσαγορευθέντος Φιλαδέλφου |
| LAri. 13 12 8 | παρακελεύεται καλῶς ἡ καθ' ἡμᾶς αἵρεσις. ἡ δὲ τοῦ | * νόμου * | κατασκευὴ πᾶσα τοῦ καθ' ἡμᾶς περὶ εὐσεβείας |
| **νόος** | 37 | | |
| Hen. 8B 3 | αὐτῶν Σεμιαζᾶς ἐδίδαξεν εἶναι ὀργὰς κατὰ τοῦ | * νοὸς * | καὶ ῥίζας βοτανῶν τῆς γῆς. ὁ δὲ ἑνδέκατος Φαρμαρὸς |
| TRub. 3 8 | καὶ οὕτως ἀπόλλυται πᾶς νεώτερος σκοτίζων τὸν | * νοῦν * | ἀπὸ τῆς ἀληθείας καὶ μὴ συνίων ἐν τῷ νόμῳ τοῦ θεοῦ |
| TRub. 4 6 | τοῖς εἰδώλοις ὅτι αὕτη ἐστὶ πλανῶσα τὸν | * νοῦν * | καὶ τὴν διάνοιαν καὶ κατάγει νεανίσκους εἰς ᾅδην |
| TSim. 2 7 | ἀποστείλας τὸ πνεῦμα τοῦ ζήλου ἐτύφλωσέ μου τὸν | * νοῦν * | μὴ προσέχειν αὐτῷ ὡς ἀδελφῷ καὶ μὴ φείσασθαι Ἰακὼβ |
| TSim. 4 9 | τὸ σῶμα ποιεῖ καὶ ἐν ταραχῇ διυπνίζεσθαι τὸν | * νοῦν * | καὶ ὡς πνεῦμα πονηρὸν καὶ ἰοβόλον ἔχων οὕτως |
| TJud. 14 1 | μου μὴ μεθύσκεσθε οἴνῳ ὅτι ὁ οἶνος διαστρέφει τὸν | * νοῦν * | ἀπὸ τῆς ἀληθείας καὶ ἐμβάλλει ὀργὴν ἐπιθυμίας καὶ |
| TJud. 14 2 | τὸν οἶνον ὡς διάκονον πρὸς τὰς ἡδονὰς ἔχει τοῦ | * νοὸς * | ὅτι καίγε τὰ δύο ταῦτα ἀφιστῶσι τὴν δύναμιν τοῦ |
| TJud. 14 3 | εἰς μέθην ἐν διαλογισμοῖς ῥυπαροῖς συνταράσσει τὸν | * νοῦν * | εἰς πορνείαν καὶ ἐκθερμαίνει τὸ σῶμα πρὸς μεῖξιν |
| TJud. 14 8 | ἐὰν δὲ παρέλθῃ τὸν ὅρον τοῦτον ἐμβάλλει εἰς τὸν | * νοῦν * | τὸ πνεῦμα τῆς πλάνης καὶ ποιεῖ τὸν μέθυσον |
| TJud. 20 2 | τὸ τῆς πλάνης καὶ μέσον ἐστὶ τὸ τῆς συνέσεως τοῦ | * νοὸς * | οὗ ἐὰν θέλῃ κλῖναι. καίγε τὰ τῆς ἀληθείας καὶ τὰ |
| TIss. 4 4 | κάλλος θηλείας ἵνα μὴ ἐν διαστροφῇ μιάνῃ τὸν | * νοῦν * | αὐτοῦ οὐ ζῆλος ἐν διαβουλίοις αὐτοῦ ἐπελεύσεται οὐ |
| TDan 4 4 | πρῶτον γὰρ τέρπει τὴν ἀκοὴν καὶ οὕτως ὀξύνει τὸν | * νοῦν * | νοῆσαι τὸ ἐρεθισθὲν καὶ τότε θυμωθεὶς νομίζει |
| TNep. 2 6 | ὡς ἡ ἰσχὺς αὐτοῦ οὕτω καὶ τὸ ἔργον αὐτοῦ καὶ ὡς ὁ | * νοῦς * | αὐτοῦ οὕτω καὶ ἡ τέχνη αὐτοῦ καὶ ὡς ἡ προαίρεσις |
| TNep. 2 7 | οὐκ ἔστιν εἰπεῖν ὅτι ἓν τῷ ἑνὶ τοῖς προσώποις ἢ τῷ | * νοΐ * | ὅμοιον. πάντα γὰρ ἐν τάξει ἐποίησεν ὁ θεὸς καλὰ τὰς |
| TGad 6 2 | μου τὸ πνεῦμα τοῦ μίσους ἐσκότιζέ μου τὸν | * νοῦν * | καὶ ἐτάρασσε τὴν ψυχήν μου τοῦ ἀνελεῖν αὐτόν. |
| TBen. 8 3 | καὶ ἀπελαύνει τὴν δυσωδίαν οὕτω καὶ ὁ καθαρὸς | * νοῦς * | ἐν τοῖς μιασμοῖς τῆς γῆς συνεχόμενος μᾶλλον |
| Aris. 276 4 | χρόνῳ τὰ αὐτὰ δι' ἑτέρων τρόπων ἐπερωτῶν. τὸ δὲ | * νοῦν * | ἔχειν ὀξὺν καὶ δύνασθαι κρίνειν ἕκαστα θεοῦ δώρημα |
| Sib. 3 165 | ἐν φρεσὶ θεῖναι. καί μοι τοῦτο θεὸς πρῶτον | * νόῳ * | ἐγγυάλιξεν ὅσσαι ἀνθρώπων βασιληίδες ἠγερέθονται. |
| Sib. 3 196 | βίου καθοδηγοὶ ἔσονται. ἀλλά τί μοι καὶ τοῦτο θεὸς | * νόῳ * | ἔνθετο λέξαι τί πρῶτον τί δ' ἔπειτα τί δ' ὑστάτιον |
| Sib. 3 300 | ἐν φρεσὶ θεῖναι. καί μοι τοῦτο θεὸς πρῶτον | * νόῳ * | ἔνθετο λέξαι ὅσσα γέ τοι Βαβυλῶνι ἐμήσατο ἄλγεα |
| Sib. 3 421 | αὖτις ψευδόπατρις δύσει δὲ φάος ἐν ὀπῇσιν ἑῇσιν | * νοῦν * | δὲ πολὺν καὶ ἔπος διανοίαις ἔμμετρον ἕξει οὐνόμασιν |
| Sib. 3 574 | ἀνδρῶν ἱερὸν γένος ἔσσεται αὖτις βουλαῖς ἠδὲ | * νόῳ * | προσκείμενοι Ὑψίστοιο οἳ ναὸν μεγάλοιο θεοῦ |
| Sib. 3 771 | καὶ κόσμον μακάρων τε πύλας καὶ χάρματα πάντα καὶ | * νοῦν * | ἀθάνατον αἰώνιον εὐφροσύνην τε. πάσης δ' ἐκ γαίης |
| Sib. 3 821 | τά μοι +θεὸς+ κατέλεξε τῶν μετέπειτα δὲ πάντα θεὸς | * νόῳ * | ἐγκατέθηκεν ὥστε προφητεύειν με τά τ' ἐσσόμενα πρό |
| Sib. 5 79 | μάλ' ἄλλυδις ἄλλα φοβούμενοι οἷς λόγος οὐδεὶς οὐ | * νοῦς * | οὐκ ἀκοὴ ἅτε μοι θέμις οὐδ' ἀγορεύειν εἰδώλων τὰ |
| Sib. 5 265 | ἀκάθαρτος Ἑλλήνων ὁμόθεσμον ἐνὶ στήθεσσιν ἔχων | * νοῦν * | ἀλλὰ σε κυδάλιμοι παῖδες περιτιμήσουσιν καὶ μούσαις |
| Sib. 5 286 | μεγάλην καὶ πίστιν ἔχοντες. ἀλλὰ τί δή μοι ταῦτα | * νόος * | σοφὸς ἐγγυαλίζει; ἄρτι δέ σε τλήμων Ἀσίη |
| Sib. 5 364 | δ' ἐκ περάτων γαίης μητροκτόνος ἀνὴρ φεύγων ἠδὲ | * νόῳ * | ὀξύστομα μερμηρίζων ὃς πᾶσαν γαῖαν καθελεῖ καὶ πάντα |
| FJub. 11 16 | θεοφιλὴς δὲ ὢν καὶ τοῖς κτίσμασι τὸν | * νοῦν * | ἑαυτοῦ μὴ καταδεξάμενος ἐᾶσαι ἐνδιατρίβειν ἀλλ' ἐπὶ |
| FAch. 101 | βασιλέα ἐραστὴν αὐτοῦ γενέσθαι τῶν ἠθῶν διὰ τὸν | * νοῦν * | αὐτὸν ἔχειν καὶ ἐποίησεν αὐτὸν ἐπὶ τῆς διοικήσεως. |
| FAch. 118 | καὶ ἐκτιτρώσκειν; ὁ δὲ βασιλεὺς ἰδὼν αὐτοῦ τὸν | * νοῦν * | ἐφοβήθη μὴ νικηθεὶς μέλλῃ φόρους τελεῖν τῷ βασιλεῖ |
| FPho. 20 | μισθὸν μοχθήσαντι δίδου μὴ θλῖβε πένητα. γλώσσῃ | * νοῦν * | ἐχέμεν κρυπτὸν λόγον ἐν φρεσὶν ἴσχειν. μήτ' ἀδικεῖν |
| FPho. 48 | τε συναίμοις. μὴ δ' ἕτερον κεύθῃς κραδίῃ | * νόον * | ἄλλ' ἀγορεύων μηδ' ὡς πετροφυὴς πολύπους κατὰ χῶρον |
| IOrp. 44 | ἄλλως οὐ θεμιτὸν δὲ λέγειν τρομέω δέ γε γυῖα ἐν | * νόῳ * | ἐξ ὑπάτου κραίνει περὶ πάντ' ἐνὶ τάξει. ὦ τέκνον σὺ |
| IOrp. 45 | κραίνει περὶ πάντ' ἐνὶ τάξει. ὦ τέκνον σὺ δὲ τοῖσι | * νόοισι * | πελάζευ γλώσσης εὖ μάλ' ἐπικρατέων στέρνοισι δὲ |
| LThe. 9 22 3 | δ' ἐμίγη σὺν ὁμαίμοσιν ᾗσι. τῷ δ' υἱεῖς ἐγένοντο | * νόῳ * | πεπνυμένοι αἰνῶς ἕνδεκα καὶ κούρη Δεῖνα περικαλλὲς |
| LThe. 9 22 9 | παισὶν Ἀβραάμ. τὸν δὲ θεὸν αὐτοῖς τοῦτον τὸν | * νοῦν * | ἐμβαλεῖν διὰ τὸ τοὺς ἐν Σικίμοις ἀσεβεῖς εἶναι. |
| **νοσέω** | 7 | | |
| TZab. 6 5 | ξένῳ σπλαγχνιζόμενος ἐδίδουν. εἰ δὲ ἦν ξένος ἢ | * νοσῶν * | ἢ γηράσας ἑψήσας τοὺς ἰχθύας καὶ ποιήσας αὐτὰ |
| Jer. 3 15 | ὁδοῦ τοῦ ὄρους καὶ ἐνεγκὼν ὀλίγα σῦκα δίδου τοῖς | * νοσοῦσι * | τοῦ λαοῦ ὅτι ἐπὶ σέ ἡ εὐφρασία τοῦ κυρίου καὶ |
| Jer. 5 25 | τοῦ Ἀγρίππα ἐνέγκαι ὀλίγα σῦκα ἵνα δίδωμεν τοῖς | * νοσοῦσι * | τοῦ λαοῦ; καὶ ἀπελθὼν ἤνεγκον αὐτὰ καὶ ἐλθὼν ἐπὶ |
| Jer. 7 32 | τοῦ λαοῦ. Ἱερεμίας δὲ ἄρας τὰ σῦκα διέδωκε τοῖς | * νοσοῦσι * | τοῦ λαοῦ καὶ ἔμεινε διδάσκων αὐτοὺς τοῦ |
| Job 1 2 | λόγων Ιωβ τοῦ καλουμένου Ιωβαβ. ἐν ᾗ γὰρ ἡμέρᾳ | * νοσήσας * | ἐξετέλει αὐτοῦ τὴν οἰκονομίαν, ἐκάλεσεν τοὺς |
| Job 35 3 | εὐωδίας σὺ ὅλως, Ελιφα, ἀμνημονεῖς πῶς ἐγένου | * νοσήσας * | ἐν ταῖς δυσὶν ἡμέραις; νῦν οὖν μακροθυμήσωμεν |
| Job 52 1 | τοῦ θεοῦ. καὶ μετὰ τρεῖς ἡμέρας ποιουμένου τοῦ Ιωβ | * νοσεῖν * | ἐπὶ τῆς κλίνης, ἄνευ πόνου μέντοι καὶ ὀδύνης, |
| **νόσος** | 14 | | |
| Adam 5 2 | δὲ Ἀδὰμ ἔτη ἐνακόσια τριάκοντα. καὶ περιπεσὼν εἰς | * νόσον * | ἐβόησεν φωνῇ μεγάλῃ λέγων ἐλθέτωσαν πρός με οἱ |

Adam 5 4 δὲ αὐτῷ Σὴθ ὁ υἱὸς αὐτοῦ πάτερ Ἀδὰμ τί σοί ἐστιν * νόσος; * καὶ λέγει τεκνία μου πόνος πολὺς συνέχει με. καὶ
Adam 5 5 συνέχει με. καὶ λέγουσιν αὐτῷ τί ἐστιν πόνος καὶ * νόσος; * καὶ ἀποκριθεὶς Σὴθ λέγει αὐτῷ μὴ ἐμνήσθης πάτερ
Adam 6 3 ἀπὸ σοῦ. λέγει αὐτῷ ὁ Ἀδὰμ οὐχὶ υἱέ μου Σὴθ ἀλλὰ * νόσον * καὶ πόνους ἔχω. λέγει αὐτῷ Σὴθ καὶ πῶς σοι
Adam 8 2 ὑπήνεγκα τῷ σώματί σου ἑβδομήκοντα πληγάς. πρῶτον * νόσος * πληγῆς ὁ βιασμὸς τῶν ὀφθαλμῶν. δεύτερον πληγῆς
Adam 9 2 ἡ Εὔα λέγουσα κύριέ μου Ἀδὰμ δός μοι τὸ ἥμισυ τῆς * νόσου * σου καὶ ὑπενέγκω αὐτὸ ὅτι δι' ἐμὲ τοῦτό σοι
Adam 9 3 ἐνέγκης μοι καὶ ἀλείψομαι καὶ ἀναπαύσομαι ἀπὸ τῆς * νόσου * μου καὶ δηλώσω σοι τὸν τρόπον ἐν ᾧ ἠπατήθημεν τὸ
Adam 31 1 ἐν μέσῳ τῶν υἱῶν αὐτῆς κοιμωμένου τοῦ Ἀδὰμ ἐν τῇ * νόσῳ * αὐτοῦ ἄλλην δὲ εἶχεν μίαν ἡμέραν ἐξελθεῖν ἐκ τοῦ
Abr.1 17 17 ἀγριότητα καὶ πικρίαν ἀβάστακτον (καὶ) πᾶσαν * νόσον * θανατηφόρον (ἀώρως θνήσκοντα) ὡς τῆς ὀσμῆς τοῦ
TRub. 6 3 συντυχίαι κἂν μὴ πραχθῇ τὸ ἀσέβημα αὐταῖς μέν ἐστι * νόσος * ἀνίατος ἡμῖν δὲ ὄνειδος τοῦ Βελιὰρ αἰώνιον ὅτι ἡ
TGad 5 9 οἶδε διὰ τῆς μετανοίας. ἐπήγαγε γάρ μοι ὁ θεὸς * νόσον * ἥπατος καὶ εἰ μὴ αἱ εὐχαὶ Ἰακὼβ τοῦ πατρός μου
Aris. 233 3 ἀνακύπτοντα βλάπτη λέγω δὴ οἷον θάνατοί τε καὶ * νόσοι * καὶ λῦπαι καὶ τὰ τοιαῦτα. εὐσεβεῖ δέ σοι καθεστῶτι
HAri. 9 25 4 τὸν δὲ θεὸν ἀγασθέντα τὴν εὐψυχίαν αὐτοῦ τῆς τε * νόσου * αὐτὸν ἀπολῦσαι καὶ πολλῶν κύριον ὑπάρξεων ποιῆσαι.
FrAn. 1 226 12 σωσον μη φ( )λως-- ει μακαρισωσιν με( - - )εν τη * νοσω( * - )ευμαρων μεν το πλ( )υκας φυλακας( - )ευσεν

νοσσεύω 1
HEup. 9 34 11 τὰ ὄρνεα ὅπως μὴ καθίζῃ ἐπὶ τοῦ ἱεροῦ μηδὲ * νοσσεύῃ * ἐπὶ τοῖς φατνώμασι τῶν πυλῶν καὶ στοῶν καὶ

νόστιμος 2
SIb. 5 91 ὅσα πρόσθεν ἔρεξας. σιγήσεις αἰῶνα πολὺν καὶ * νόστιμον * ἦμαρ --- κοὐκέτι σοι ῥεύσει τρυφερὸν πόμα---
SIb. 5 519 Ταύροιο τένοντα Ταῦρος δ' Αἰγοκέρωτος ἀφήρπασε * νόστιμον * ἦμαρ. καὶ Ζυγὸν Ὠρίων ἀπενόσφισε μηκέτι μεῖναι

νότος 11
Adam 15 2 ἀπὸ τοῦ θεοῦ. ἐγὼ δὲ ἐφύλαττον ἐν τῷ κλήρῳ μου * νότον * καὶ δύσιν. ἐπορεύθη δὲ ὁ διάβολος εἰς τὸν κλῆρον
Hen. 18 6 λίθων πολυτελῶν (τρία) εἰς ἀνατολὰς καὶ τρία εἰς * νότον * βάλλοντα. καὶ τὰ μὲν πρὸς ἀνατολὰς ἀπὸ λίθου
Hen. 18 7 λίθου μαργαρίτου καὶ τὸ ἀπὸ λίθου ταθὲν τὸ δὲ κατὰ * νότον * ἀπὸ λίθου πυρροῦ τὸ δὲ μέσον αὐτῶν ἦν εἰς οὐρανὸν
Hen. 24 2 ἐπ' ἀνατολὰς ἐστηριγμένα ἐν τῷ ἑνὶ καὶ τρία ἐπὶ * νότον * ἐν τῷ ἑνὶ καὶ φάραγγες βαθεῖαι καὶ τραχεῖαι μία τῇ
Hen. 26 2 ὄρους ὕδωρ ἐξ ἀνατολῶν καὶ τὴν δύσιν εἶχεν πρὸς * νότον. * καὶ ἴδον πρὸς ἀνατολὰς ἄλλο ὄρος ὑψηλότερον
TJud. 4 1 ἕπεταί μοι ἐν πᾶσι τοῦ μὴ ἡττᾶσθαι. καὶ κατὰ * νότον * γέγονεν ἡμῖν πόλεμος μείζων τοῦ ἐν Σικίμοις καὶ
TJud. 5 2 τῆς πόλεως Ῥουβὴμ δὲ καὶ Λευὶ ἀπὸ δυσμῶν καὶ * νότου. * καὶ νομίσαντες οἱ ἐπὶ τοῦ τείχους ὅτι ἡμεῖς μόνοι
Bar. 11 8 ἕως τῆς γῆς καὶ τὸ πλάτος ὅσον ἀπὸ βορρᾶ ἕως * νότου. * καὶ εἶπον κύριε τί ἐστιν ὃ κρατεῖ Μιχαὴλ ὁ
Prop. 1 6 ὄπισθεν τοῦ τάφου τῶν ἱερέων ἐπὶ τὸ μέρος τὸ πρὸς * νότον. * Σολομὼν γὰρ ἐποίησε τοὺς τάφους τοῦ Δαυίδ
Prop. 4 21B δὲ χαρὰ ἐκχυθήσεται εἰς πάντα τὰ ἔθνη ὅτε δὲ κατὰ * νότον * ἐν πυρὶ καίεται τὸ τέλος ἔσται πάσης τῆς γῆς. ἐὰν
Prop. 4 22 τὸ τέλος ἔσται πάσης τῆς γῆς. ἐὰν δὲ τὸ ἐν τῷ * νότῳ * ῥεύσῃ ὕδατα ἐπιστρέψει ὁ λαὸς εἰς γῆν αὐτοῦ καὶ ἐὰν

νουθεσία 1
TRub. 3 8 καὶ μὴ συνίων ἐν τῷ νόμῳ τοῦ θεοῦ μήτε ὑπακούων * νουθεσίας * πατέρων αὐτοῦ ὥσπερ κἀγὼ ἔπαθον ἐν τῷ

νουθετέω 7
Adam 21 3 ἤνοιξα τὸ στόμα καὶ ὁ διάβολος ἐλάλει καὶ ἠρξάμην * νουθετεῖν * αὐτὸν λέγουσα δεῦρο κύριέ μου Ἀδὰμ ἐπάκουσόν
TJos. 6 8 εἰς τοὺς πόδας μου καὶ ἔκλαυσε καὶ ἀναστήσας αὐτὴν * ἐνουθέτησα * καὶ συνέθετο τοῦ μὴ ποιῆσαι ἔτι τὴν ἀσέβειαν
TBen. 4 5 τὸν θεὸν συνεργεῖ τὸν ἀθετοῦντα τὸν ὕψιστον * νουθετῶν * ἐπιστρέφει καὶ τὸν ἔχοντα χάριν πνεύματος
Sal. 13 9 δίκαιος ἵνα μὴ ἐπιχαρῇ ὁ ἁμαρτωλὸς τῷ δικαίῳ ὅτι * νουθετήσει * δίκαιον ὡς υἱὸν ἀγαπήσεως καὶ ἡ παιδεία αὐτοῦ
Job 37 8 εὑρίσκομεν τὸν αὐτὸν ἐν ἀνατολαῖς ἀνατέλλοντα; * νουθετήσόν * με πρὸς ταῦτα εἰ σὺ εἶ ὁ θεράπων τοῦ θεοῦ.
Aris. 207 6 τοὺς καλοὺς καὶ ἀγαθοὺς τῶν ἀνθρώπων ἐπιεικέστερον * νουθετοῖς * καὶ γὰρ ὁ θεὸς τοὺς ἀνθρώπους ἅπαντας
FAch. 108 ὁ δὲ λαβὼν τὸν νεανίσκον διέθηκεν διὰ λόγων * (ἐνουθέτει) * ἀρξάμενος οὕτως. ἐπάκουσον τῶν ἐμῶν λόγων

νουνεχής 1
Job 36 6 σε λόγον, καὶ ἐὰν ἀποκριθῇς μοι πρὸς τὸ πρῶτον * νουνεχῶς, * ἐρωτήσω σε ἐν τῷ δευτέρῳ καὶ ἐὰν ἀποκριθῇς μοι

νυκτερινός 2
SIb. 3 250 ἐν ἡγεμόσιν θεοπέμπτοις ἐν στύλῳ πυρόεντι τὸ * νυκτερινὸν * διοδεύων καὶ στύλῳ νεφέλης +πᾶν ἠὼς ἦμαρ
SIb. 5 322 πετροφυὴς Τρίπολίς τε παρ' ὕδασι Μαιάνδροιο κύμασι * νυκτερινοῖσι * ὑπ' ἠόνι κληρωθεῖσα ἄρδην ἐξολέσει σε θεοῖό

νυκτοκλοπία * 2
SIb. 3 238 πέλει κατ' ἀγρούς τε πόλεις τε οὐδὲ κατ' ἀλλήλων * νυκτοκλοπίας * τελέουσιν οὐδ' ἀγέλας ἐλάουσι βοῶν οἴων τε
SIb. 3 380 καὶ φόνος οὐλόμεναί τ' ἔριδες καὶ νείκεα λυγρὰ καὶ * νυκτοκλοπίαι * καὶ πᾶν κακὸν ἤμασι κείνοις. ἀλλὰ Μακηδονίη

νυμφεύω 3
TJud. 13 3 εἰς Βησσουὲ τὴν Χαναναίαν καὶ εἰς Θαμὰρ τὴν * νυμφευθεῖσαν * τοῖς υἱοῖς μου. καὶ ἔλεγον τῷ πενθερῷ μου
SIb. 3 358 σοῖσι πολυμνήστοισι γάμοισιν οἰνωθεῖσα λάτρις * νυμφεύσεαι * οὐκ ἐνὶ κόσμῳ πολλάκι δ' ἁβρὴν σεῖο κόμην
SIb. 3 480 κῦμα θαλασσείοις τεκέεσσιν. αἰαῖ παρθενικὰς ὁπόσας * νυμφεύσεται * Ἅιδης κούρους δ' ἀκτερέας (ὁπόσους) βυθὸς

νύμφη 15
Asen. 4 1 χαρὰν μεγάλην διότι ἑώρων αὐτὴν κεκοσμημένην ὡς * νύμφην * θεοῦ. καὶ ἐξήνεγκαν πάντα τὰ ἀγαθὰ ὅσα ἐνήνοχαν
Asen. 4 8 μου καὶ παραδώσω σε αὐτῷ εἰς γυναῖκα καὶ ἔσῃ αὐτῷ * νύμφη * καὶ αὐτὸς ἔσται σου νυμφίος εἰς τὸν αἰῶνα χρόνον.
Asen. 15 6 Ἀσενὲθ ἡ παρθένος ἁγνή. ἰδοὺ δέδωκά σε σήμερον * νύμφην * τῷ Ἰωσὴφ καὶ αὐτὸς ἔσται σοῦ νυμφίος εἰς τὸν
Asen. 15 9 ἀγαπήσει σε καὶ ἔσται σου νυμφίος καὶ σὺ ἔσῃ αὐτῷ * νύμφη * εἰς τὸν αἰῶνα χρόνον. καὶ νῦν ἄκουσόν μου Ἀσενὲθ
Asen. 15 10 τοῦ γάμου σου περίθου καὶ κατακόσμησον σεαυτὴν ὡς * νύμφην * ἀγαθὴν καὶ πορεύου εἰς συνάντησιν τῷ Ἰωσήφ. ἰδοὺ
Asen. 18 6 καὶ θερίστρῳ κατεκάλυψε τὴν κεφαλὴν αὐτῆς ὡς * νύμφη * καὶ ἔλαβε σκῆπτρον ἐν τῇ χειρὶ αὐτῆς. καὶ ἐμνήσθη
Asen. 18 11 μήτιγε κύριος ὁ θεὸς τοῦ οὐρανοῦ ἐξελέξατό σε εἰς * νύμφην * τῷ υἱῷ αὐτοῦ τῷ πρωτοτόκῳ Ἰωσήφ; καὶ ἔτι
Asen. 19 5 εὐλογίας καὶ ἔπιον καὶ εἶπέ μοι δέδωκά σε εἰς * νύμφην * τῷ Ἰωσὴφ σήμερον καὶ αὐτὸς ἔσται σου νυμφίος εἰς
Asen. 21 4 κύριος ὁ θεὸς τοῦ Ἰωσὴφ ἐξελέξατό σε εἰς * νύμφην * τῷ Ἰωσὴφ ὅτι αὐτὸς ἐστιν ὁ υἱὸς τοῦ θεοῦ ὁ
Asen. 21 4 ὁ πρωτότοκος καὶ σὺ θυγάτηρ ὑψίστου κληθήσῃ καὶ * νύμφη * Ἰωσὴφ ἀπὸ τοῦ νῦν καὶ ἕως τοῦ αἰῶνος. καὶ ἔλαβε
Asen. 21 20 ἥμαρτον ἐνώπιόν σου πολλὰ ἥμαρτον ἀλλ' ἐγὼ ἔσομαι * νύμφη * τοῦ υἱοῦ τοῦ μεγάλου βασιλέως τοῦ πρωτοτόκου.)
Asen. 21 21 καὶ (πιεῖν) ποτήριον σοφίας καὶ ἐγενόμην αὐτοῦ * νύμφη * εἰς τοὺς αἰῶνας (τῶν αἰώνων). καὶ ἐγένετο μετὰ
Asen. 22 8 τὴν γῆν. καὶ εἶπεν Ἰακὼβ πρὸς Ἰωσὴφ αὕτη ἐστὶν ἡ * νύμφη * μου ἡ γυνή σου; εὐλογημένη ἔσται τῷ θεῷ τῷ ὑψίστῳ.
SIb. 3 827 πτηνοῖσι θ' ἵν' ἐμπλησθῇ πάλι κόσμος τοῦ μὲν ἐγὼ * νύμφη * καὶ ἀφ' αἵματος αὐτοῦ ἐτύχθην τῷ τὰ πρῶτ' ἐγένοντο
SIb. 5 391 ἐμίγη ἀθεμίστως καὶ θυγάτηρ γενετῆρι ἐῷ συζεύξατο * νύμφη * ἐν σοὶ καὶ βασιλεῖς στόμα δύσμορον ἐξεμίηναν ἐν

νυμφικός 2
TJud. 12 1 ὅτι ἀνέρχομαι κεῖραι τὰ πρόβατα κοσμηθεῖσα κόσμῳ * νυμφικῷ * ἐκάθισεν ἐν Ἐνὰν τῇ πόλει πρὸς τὴν πύλην. νόμος
ISop. 5 111 5 ὑπημβρύωσεν ἀλλ' ὁλοσχερὴς ἀνήρ. ταχὺς δὲ βαθμοῖς * νυμφικοῖς * ἐπεστάθη ὁ μοιχός. ὁ δ' οὔτε δαιτὸς οὔτε

νυμφίος 4
Asen. 4 8 εἰς γυναῖκα καὶ ἔσῃ αὐτῷ νύμφη καὶ αὐτὸς ἔσται σου * νυμφίος * εἰς τὸν αἰῶνα χρόνον. καὶ ὡς ἤκουσεν Ἀσενὲθ τὰ
Asen. 15 6 σε σήμερον νύμφην τῷ Ἰωσὴφ καὶ αὐτὸς ἔσται σοῦ * νυμφίος * εἰς τὸν αἰῶνα χρόνον. καὶ τὸ ὄνομά σου οὐκέτι
Asen. 15 9 καὶ χαρήσεται ἐπὶ σε καὶ ἀγαπήσει σε καὶ ἔσται σου * νυμφίος * καὶ σὺ ἔσῃ αὐτῷ νύμφη εἰς τὸν αἰῶνα χρόνον. καὶ
Asen. 19 5 εἰς νύμφην τῷ Ἰωσὴφ σήμερον καὶ αὐτὸς ἔσται σου * νυμφίος * εἰς τὸν αἰῶνα χρόνον. καὶ εἶπέ μοι οὐ κληθήσεται

νῦν 178 νῦν νυνί νυν νυνι

νύν 1
LEze. 9 29 16 04 σὺ τυγχάνεις ὁρῶν ἐκεῖ τόθεν δὲ φέγγος ἐξέλαμψέ * νυν * κατ' εὐφρόνης σημεῖον ὡς στῦλος πυρός. ἐνταῦθα

νύξ 72
Adam 2 2 κυρίῳ αὐτῆς Ἀδὰμ κύριέ μου ἴδον ἐγὼ κατ' ὄναρ τῇ * νυκτὶ * ταύτῃ τὸ αἷμα τοῦ υἱοῦ μου Ἀμιλαβὲς τοῦ
Hen. 14 23 τῶν ἀγγέλων οἱ ἐγγίζοντες αὐτῷ οὐκ ἀποχωροῦσιν * νυκτὸς * οὔτε ἀφίστανται αὐτοῦ. κἀγὼ ἤμην ἕως τούτου ἐπὶ
Hen. 18 6 οὐρανοῦ ἐπάνω. παρῆλθον καὶ ἴδον τόπον καιόμενον * νυκτὸς * καὶ ἡμέρας ὅπου τὰ ἑπτὰ ὄρη ἀπὸ λίθων πολυτελῶν
Hen. 23 2 ἀναπαυόμενον οὐδὲ ἐλλεῖπον τοῦ δρόμου ἡμέρας καὶ * νυκτὸς * ἅμα διαμένον. καὶ ἠρώτησα λέγων τί ἐστιν τὸ μὴ
Hen. 24 1 τοῦ οὐρανοῦ. καὶ ἔδειξέν μοι ὄρη καιόμενα * νυκτός. * καὶ ἐπέκεινα αὐτῶν ἐπορεύθην καὶ ἐθεασάμην ἑπτὰ
Hen. 104 8 νῦν ἀποδεικνύω ὑμῖν ὅτι φῶς καὶ σκότος ἡμέρα καὶ * νὺξ * ἐποπτεύουσιν τὰς ἁμαρτίας ὑμῶν πάσας. μὴ πλανᾶσθε τῇ
Abr.1 5 6 καρδίαν Ἰσαὰκ ὡς ἐν ὀνείροις περὶ ὥραν τρίτην τῆς * νυκτός. * διϋπνισθεὶς δὲ Ἰσαὰκ ἀνέστη ἐπὶ τῆς κλίνης
Abr.1 7 2 Ἰσαὰκ ἤρξατο λέγειν ἰδοὺ ἐγὼ κύριέ μου (εἶδον) τῇ * νυκτὶ * ταύτῃ τὸν ἥλιον καὶ τὴν σελήνην ὑπεράνω τῆς
Abr.2 6 1 τοῦ πατρὸς αὐτοῦ. ἐγένετο δὲ ὡς ὥρα ἑβδόμη τῆς * νυκτὸς * καὶ διυπνισθεὶς Ἰσαὰκ ἦλθεν πρὸς τὴν θύραν τοῦ
TJud. 7 3 ὡς σύμμαχοι ἤλθομεν εἰς τὴν πόλιν αὐτῶν. * νυκτὶ * δὲ βαθείᾳ ἐλθοῦσι τοῖς ἀδελφοῖς ἠνοίξαμεν τὰς
TJud. 10 2 καὶ ἄγγελος κυρίου ἀνεῖλεν αὐτὸν τῇ τρίτῃ ἡμέρᾳ τῇ * νυκτὶ * καὶ αὐτὸ οὐκ ἔγνω αὐτὴν κατὰ πανουργίαν τῆς
TJud. 18 6 ὅτι ἐτύφλωσαν τὴν ψυχὴν αὐτοῦ καὶ ἐν ἡμέρᾳ ὡς ἐν * νυκτὶ * πορεύεται. τέκνα μου ἡ φιλαργυρία πρὸς εἴδωλα
TIss. 1 8 ταῦτα λήψῃ; ἡ δὲ εἶπεν ἰδοὺ ἔστω σοι Ἰακὼβ τὴν * νύκτα * ταύτην ἀντὶ τῶν μανδραγόρων τοῦ υἱοῦ σου. εἶπε δὲ
TIss. 1 13 καὶ ἐπλάνησέ με ὁ πατὴρ μου καὶ μεταστήσας με τῇ * νυκτὶ * ἐκείνῃ οὐκ εἴασέ με ἰδεῖν ὅτι εἰ ἤμην ἐκεῖ οὐκ
TIss. 1 14 καὶ ἀντὶ τοῦ ἑνὸς ἐκμισθῶ σοι αὐτὸν ἐν μιᾷ * νυκτί. * καὶ ἔγνω Ἰακὼβ τὴν Λείαν καὶ συλλαβοῦσά με ἔτεκε
TZab. 4 2 ἔλαβον ἐσθίειν ἐκεῖνοι. ἐγὼ γὰρ δύο ἡμέρας καὶ δύο * νύκτας * οὐκ ἐγευσάμην σπλαγχνιζόμενος ἐπὶ Ἰωσήφ. καὶ
TZab. 4 4 ἐποίησε δὲ ἐν τῷ λάκκῳ τρεῖς ἡμέρας καὶ τρεῖς * νύκτας * καὶ οὕτως ἐπράθη ἄσιτος. καὶ ἀκούσας Ῥουβὴμ ὅτι
TGad 1 3 ἤμην ἀνδρεῖος ἐπὶ τῶν ποιμνίων. ἐγὼ ἐφύλαττον ἐν * νυκτὶ * τὸ ποίμνιον καὶ ὅταν ἤρχετο λέων ἢ λύκος ἢ
TAser 5 2 θάνατος διαδέχεται τὴν δόξαν ἡ ἀτιμία τὴν ἡμέραν ἡ * νὺξ * καὶ τὸ φῶς τὸ σκότος τὰ δὲ πάντα ὑπὸ ἡμέραν εἰσὶ καὶ
TJos. 3 6 ὅτι σφόδρα ἀδιαλείπτως ἐνόχλει μοι καὶ ἐν * νυκτὶ * εἰσῄει λόγῳ ἐπισκέψεως πρός με. καὶ τὰ μὲν πρῶτα
TJos. 8 1 κλίνας πρὸς κύριον ὅλην τὴν ἡμέραν καὶ ὅλην τὴν * νύκτα * συνάψας περὶ τὸν ὄρθρον ἀνέστην δακρύων καὶ αἰτῶν
Asen. 2 6 τῇ Ἀσενὲθ καὶ ἦσαν πᾶσαι ὁμήλικαι ἐν μιᾷ * νυκτὶ * τεχθεῖσαι σὺν τῇ Ἀσενὲθ καὶ ἠγάπα αὐτὰς πάνυ. καὶ
Asen. 10 1 ἄρτον οὐκ ἔφαγε καὶ ὕδωρ οὐκ ἔπιεν καὶ ἐπῆλθεν ἡ * νὺξ * καὶ ἐκάθευδον πάντες οἱ ἐν τῇ οἰκίᾳ καὶ ἦν αὐτη

|  |  | | |  |
|---|---|---|---|---|
| Asen. | 10 | 15 | | καὶ ἔκλαυσε κλαυθμῷ μεγάλῳ καὶ πικρῷ ὅλην τὴν * **νύκτα** * μετὰ στεναγμοῦ καὶ βριμήματος ἕως πρωΐ. καὶ ἀνέστη |
| Asen. | 11 | 2 | | ἤνοιξεν αὐτὸ ἐν ταῖς ἑπτὰ ἡμέραις καὶ ἐν ταῖς ἑπτὰ * **νυξὶ** * τῆς ταπεινώσεως αὐτῆς. καὶ εἶπεν ἐν τῇ καρδίᾳ αὐτῆς |
| Asen. | 13 | 9 | | τοῖς ἀλλοτρίοις. καὶ ἰδοὺ ἐγὼ ἑπτὰ ἡμέρας καὶ ἑπτὰ * **νύκτας** * ἤμην νήστης καὶ ἄρτον οὐκ ἔφαγον καὶ ὕδωρ οὐκ |
| Asen. | 17 | 4 | | μοι ἐκ νεότητός μου τεχθεῖσαι σὺν ἐμοὶ ἐν μιᾷ * **νυκτὶ** * κἀγὼ ἀγαπῶ αὐτὰς ὡς ἀδελφάς μου. καλέσω δὴ αὐτὰς |
| Asen. | 24 | 3 | | πρὸς ἑαυτόν. καὶ ἦλθον πρὸς αὐτὸν ὥρᾳ πρώτῃ τῆς * **νυκτὸς** * καὶ ἔστησαν ἐνώπιον αὐτοῦ. καὶ εἶπεν αὐτοῖς ὁ |
| Asen. | 24 | 14 | | ὁ υἱὸς Φαραὼ ἐγὼ ἀποκτενῶ τὸν πατέρα μου Φαραὼ τῇ * **νυκτὶ** * ταύτῃ διότι Φαραὼ τοὺς πατήρ μου ὡς πατήρ ἐστι του |
| Asen. | 24 | 19 | | πάντα ἃ προστέταχας ἡμῖν. ἡμεῖς πορευσόμεθα * **νυκτὸς** * καὶ ἐνεδρεύσομεν εἰς τὸν χειμάρρουν καὶ |
| Asen. | 25 | 1 | | καὶ εὐρύχωρος. καὶ ἀνέστη ὁ υἱὸς Φαραὼ ἐν τῇ * **νυκτὶ** * ταύτῃ καὶ ἦλθεν ἐπὶ τὸν θάλαμον τοῦ πατρὸς αὐτοῦ |
| Asen. | 25 | 3 | | πόνον πονεῖ ὁ πατήρ σου καὶ ἠγρύπνησεν ὅλην τὴν * **νύκτα** * καὶ νῦν ἡσυχάζει μικρόν. καὶ εἶπεν ἡμῖν μηδεὶς |
| Sal. | 4 | 5 | | γλῶσσα αὐτοῦ ψευδῆς ἐν συναλλάγματι μεθ' ὅρκου. ἐν * **νυκτὶ** * καὶ ἐν ἀποκρύφοις ἁμαρτάνει ὡς οὐχ ὁρώμενος ἐν |
| Sal. | 4 | 16 | | ἀπορίαις. ἀφαιρεθείη ὕπνος ἀπὸ κροτάφων αὐτοῦ ἐν * **νυκτὶ** * ἀποπέσοι ἀπὸ παντὸς ἔργου χειρῶν αὐτοῦ ἐν ἀτιμίᾳ. |
| Jer. | 1 | 10 | | τὰ ῥήματα ταῦτα. καὶ ἀναστάντες ἕκτην ὥραν τῆς * **νυκτὸς** * ἔλθετε ἐπὶ τὰ τείχη τῆς πόλεως καὶ δείξω ὑμῖν ὅτι |
| Jer. | 2 | 9 | | ἐκδέξαι μικρὸν μετ' ἐμοῦ ἕως ὥρας ἕκτης τῆς * **νυκτὸς** * ἵνα γνῷς ὅτι ἀληθές ἐστι τὸ ῥῆμα τοῦτο. ἔμειναν |
| Jer. | 3 | 1 | | τὰ ἱμάτια αὐτῶν. ὡς δὲ ἐγένετο ἡ ὥρα τῆς * **νυκτὸς** * καθὼς εἶπεν ὁ κύριος τῷ Ἱερεμίᾳ ἦλθον ὁμοῦ ἐπὶ |
| Bar. | 9 | 1 | | ἂν ἐσώθη πᾶσα πνοή. καὶ τούτων συσταλέντων καὶ ἡ * **νὺξ** * κατέλαβεν καὶ ἅμα ταύτῃ καὶ τῆς σελήνης καὶ |
| Bar. | 9 | 8 | | εἶπον καὶ πῶς οὐ λάμπει καὶ ἐν παντὶ ἀλλ' ἐν τῇ * **νυκτὶ** * μόνον; καὶ εἶπεν ὁ ἄγγελος ἄκουσον ὥσπερ ἐνώπιον |
| Prop. | 2 | 14 | | δύο ὀρέων ἐν οἷς κεῖνται Μωϋσῆς καὶ Ἀαρών. καὶ ἐν * **νυκτὶ** * νεφέλη ὡς πῦρ γίνεται κατὰ τὸν τύπον τὸν ἀρχαῖον |
| Prop. | 4 | 9 | | γενόμενος ἔκλαιε καὶ ἠξίου κύριον πᾶσαν ἡμέραν καὶ * **νύκτα** * τεσσαρακοντάκις δεόμενος. Βενιὼθ ἐπεγίνετο αὐτῷ |
| Prop. | 17 | 3 | | ἀποδυσάμενος τὴν στολὴν καὶ ἐπέμεινεν ἐκεῖ καὶ τῇ * **νυκτὶ** * ἐκείνῃ ἔγνω ὅτι ἐποίησε τὴν ἁμαρτίαν. καὶ |
| Prop. | 17 | 3B | | τὸν νεκρὸν καὶ μὴ φθάσας ἐλθεῖν πρὸς Δαυὶδ τῇ * **νυκτὶ** * ἐκείνῃ ἐποίησε τὴν ἀνομίαν. καὶ ὡς ἀνεῖλε τὸν |
| Esdr. | 1 | 3 | | κύριε δὸς τὴν δόξαν ἵνα ἴδω τὰ μυστήριά σου. καὶ * **νυκτὸς** * γεναμένης ἦλθεν ἄγγελος Μιχαὴλ ὁ ἀρχάγγελος καὶ |
| Esdr. | 2 | 9 | | ποῦ σου ἡ μακροθυμία; καὶ εἶπεν ὁ θεὸς ὡς ἐποίησα * **νύκτα** * καὶ ἡμέραν ἐποίησα τὸν δίκαιον καὶ τὸν ἁμαρτωλὸν |
| Esdr. | 5 | 4 | | τοῖς ποταμοῖς ἔρριψεν. καὶ ἰδοὺ σκότος δεινὸν καὶ * **νύκταν** * οὐκ ἔχουσαν ἄστρα οὐδὲ σελήνην οὐδὲ ἔστιν ἐκεῖ |
| Sedr. | 8 | 2 | | μου ἀγγέλους ἀπέστειλα τοῦ φυλάσσειν αὐτὸν ἐν * **νυκτὶ** * καὶ ἡμέρᾳ. λέγει Σεδρὰχ οἶδα δέσποτα ὅτι εἰς τὰ |
| Sedr. | 11 | 11 | | οἱ πόδες συντρέχουσιν τὸν ἥλιον καὶ τὴν σελήνην ἐν * **νυκτὶ** * καὶ ἐν ἡμέρᾳ τὰ πάντα σωρεύοντες τὰς τρυφάς καὶ |
| Job | 3 | 1 | | καὶ ἡμᾶς αὐτούς;. ἆρα πῶς γνώσομαι; καὶ ἐν τῇ * **νυκτὶ** * κοιμωμένου μου ἦλθέν μοι μεγάλη φωνὴ ἐν μείζονι |
| Job | 5 | 2 | | ἀπ' ἐμοῦ, τότε ἐγὼ τέκνια μου ἀναστὰς ἐν τῇ ἑξῆς * **νυκτί,** * παραλαβὼν ἐπ' ἐμαυτοῦ πεντήκοντα παῖδας, καὶ εἰς |
| Job | 24 | 4 | | ἡ παναθλία ἐργαζομένη ἡμέραν ὀδυνωμένη καὶ ἐν * **νυκτὶ** * ἕως ἂν εὐπορήσασα ἄρτον προσενέγκω σοι οὐκέτι γὰρ |
| Job | 28 | 4 | | γῆν παρεκάθισάν μοι ἑπτὰ ἡμέρας καὶ ἑπτὰ * **νύκτας** * καὶ οὐθεὶς αὐτῶν λελάληκέν μοι, καὶ οὐχὶ |
| Sib. | 3 | 23 | | μητέρα Τηθὺν πηγὰς καὶ ποταμοὺς πῦρ ἄφθιτον ἤματα * **νύξ** * ὡς αὐτὸς δὴ θεὸς ἐσθ' ὁ πλάσσας τετραγράμματον Ἀδὰμ |
| Sib. | 3 | 89 | | κοὐκέτι φωστήρων σφαιρώματα καγχαλόωντα οὐ * **νὺξ** * οὐκ ἠὼς οὐκ ἤματα πολλὰ μεριμνῆς οὐκ ἔαρ οὐχὶ θέρος |
| Sib. | 3 | 404 | | ἀδιψήτοισι τεθηλὸς αὐτόπρεμνον ἄϊστον ἵῇ ἐν * **νυκτὶ** * γένηται ἐν πόλει αὐτάνδρῳ σεισίχθονος ἐννοσιγαίου |
| Sib. | 4 | 13 | | ὃς καθορῶν ἅμα πάντας ὑπ' οὐδενὸς αὐτὸς ὁρᾶται οὗ * **νύξ** * τε ὀνοφερή τε καὶ ἡμέρη ἠελίοιο τε ἄστρα σεληναίη τε |
| Sib. | 4 | 56 | | οἷς γενεαὶ δύο μοῦναι ἐφ' ὧν τάδε ἔσσεται ἔργα * **νὺξ** * ἔσται σκοτόεσσα μέση ἐνὶ ἤματος ὥρῃ ἄστρα δ' ἀπ' |
| Sib. | 5 | 378 | | πῦρ καὶ αἷμα ὕδωρ πρηστὴρ γνόφος οὐρανίη * **νὺξ** * καὶ φθίσις ἐν πολέμῳ καὶ ἐπὶ σφαγῇσιν ὁμίχλη πάντας |
| FJub. | 2 | 2 | | τῆς γῆς καὶ τοῦ ἄγχους καὶ σκότος ἑσπέρᾳ καὶ * **νὺξ** * τὸ δὲ φῶς ἡμέρᾳ τε καὶ ὄρθρον. ταῦτα τὰ ἑπτὰ μέγιστα |
| FJub. | 12 | 14 | | συγκατεκαύθη αὐτοῖς Ἀρρὰν θέλων σβέσαι τὸ πῦρ ἐν * **νυκτί.** * καὶ ἐξῆλθε Θαρὰ σὺν Ἀβρὰμ τοῦ ἐλθεῖν εἰς γῆν |
| FAch. | 118 | | | ἔφη ἀλλὰ Λυκοῦργος ἠδικήθη ὑπ' αὐτῆς ταύτῃ τῇ * **νυκτὶ** * εἶχεν γὰρ ἀλεκτρυόνα νέον καὶ μάχιμον ἔτι δὲ καὶ |
| FAch. | 118 | | | ἐσήμαινεν καὶ ἀπέκτεινεν αὐτὸν ἡ αἴλουρος τῇδε τῇ * **νυκτί.** * ὁ Νεκταναβὼν ἔφη τῷ Αἰσώπῳ οὐκ αἰσχύνει φανερῶς |
| FAch. | 118· | | | ψευδόμενος; πῶς γὰρ ἠδύνατο παραγενέσθαι ἐν μιᾷ * **νυκτὶ** * αἴλουρος ἀπὸ Αἰγύπτου εἰς Βαβυλῶνα; ὁ δὲ Αἴσωπος |
| FAch. | 120 | | | τὸν χρόνον ⟨καὶ δὲ⟩ περιερχόμενος δύο γυναῖκες * **νὺξ** * καὶ ἡμέρα ἄλλη μὲν παρ' ἄλλην πορεύεται. μετὰ τοῦτο |
| IMen. | 5 | 120 | 2 | δὲ ἐῷ τὸν ἴδιον ὑψώσαι βίον τὴν γῆν ἀρούντα * **νύκτα** * καὶ τὴν ἡμέραν. θεῷ δὲ θῦε διὰ τέλους δίκαιος ὢν |
| HArt. | 9 | 27 | 23 | τὸν δὲ πυθόμενον εἰς φυλακὴν αὐτὸν καθεῖρξαι * **νυκτὸς** * δὲ ἐπιγενομένης τάς τε θύρας πάσας αὐτομάτως |
| HArt. | 9 | 27 | 33 | τὸν Μώϋσον χάλαζαν τε καὶ σεισμοὺς διὰ * **νυκτὸς** * ἀποτελέσαι ὥστε τοὺς ἐν τοῖς σεισμοῖς φεύγοντας ἀπὸ |
| HHec. | 1 | 22 | 199 | ἐπὶ δὲ τούτων φῶς ἐστιν ἀναπόσβεστον καὶ τὰς * **νύκτας** * καὶ τὰς ἡμέρας. ἄγαλμα δ' οὐκ ἔστιν οὐδ' ἀνάθημα |
| HHec. | 1 | 22 | 199 | ἤ τι τοιοῦτον. διατρίβουσι δ' ἐν αὐτῷ καὶ τὰς * **νύκτας** * καὶ τὰς ἡμέρας ἱερεῖς ἀγνείας τινὰς ἀγνεύοντες |
| LEze. | 9 | 29 12 | 27 | οὗ λέγω διχομηνία τὸ πάσχα θύσαντας θεῷ τῇ πρόσθε * **νυκτὶ** * αἵματι ψαύσαντας θύρας ὅπως παρέλθῃ σῆμα δεινὸς |
| LEze. | 9 | 29 12 | 29 | θύρας ὅπως παρέλθῃ σῆμα δεινὸν ἄγγελος. ὑμεῖς δὲ * **νυκτὸς** * ὀπτὰ δαίσεσθε κρέα. σπουδῇ δὲ βασιλεὺς ἐκβαλεῖ |
| LEze. | 9 | 29 14 | 39 | δ' ἐπ' αὐτῆς ᾠχόμεσθα συντόμως κατ' ἴχνος αὐτῶν * **νυκτὸς** * εἰσεκύρσαμεν βοηδρομοῦντες ἁρμάτων δ' ἄφνω τροχοὶ |

**νυός** (1)

| LThe. | 9 | 22 | 6 | τόδ' Ἑβραίοισι τέτυκται γαμβροὺς ἄλλοθεν εἴς γε * **νυούς** * τ' ἀγέμεν ποτὶ δῶμα ἀλλ' ὅστις γενεῆς ἐξεύχεται |

**νύσσω** (1)

| Sal. | 16 | 4 | | ἀντελάβετό μου τῷ ἐλέει αὐτοῦ εἰς τὸν αἰῶνα. * **ἔνυξέν** * με ὡς κέντρον ἵππου ἐπὶ τὴν γρηγόρησιν αὐτοῦ ὁ |

**νυστάζω** (2)

| Adam | 38 | 4 | | ὡς πάντας ἀνθρώπους γεγεννημένους ἐκ τοῦ Ἀδὰμ * **νυστάξαι** * ἀπὸ τῆς εὐωδίας χωρὶς τοῦ Σὴθ μόνον ὅτι ἐγένετο |
| Sal. | 16 | 1 | | ὕμνος τῷ Σαλωμων εἰς ἀντίληψιν ὁσίοις. ἐν τῷ * **νυστάξαι** * ψυχήν μου ἀπὸ κυρίου παρὰ μικρὸν ὠλίσθησα ἐν |

**Νωά**

| FJub. | 4 | 13 | | ἕνδεκα δὲ περιλειφθέντας τῷ βίῳ. γυνὴ Ἑνὼς * **Νωα** * ἡ ἀδελφὴ αὐτοῦ. γυνὴ Καϊνὰν Μαωλιθ ἀδελφὴ αὐτοῦ. |

**νωδός** (12)

| Sib. | 4 | 9 | | οὐδὲ γὰρ οἶκον ἔχει ναῷ λίθον ἑλκυσθέντα κωφότατον * **νωδόν** * τε βροτῶν πολυαλγέα λώβην ἀλλ' ὃν ἰδεῖν οὐκ ἔστιν |

**Νῶε**

| Hen. | 10B | 2 | | Οὐριὴλ πρὸς τὸν υἱὸν Λάμεχ λέγων πορεύου πρὸς τὸν * **Νῶε** * καὶ εἶπον αὐτῷ τῷ ἐμῷ ὀνόματι κρύψον σεαυτὸν καὶ |
| Hen. | 106 | 18 | | δικαίως καὶ ὁσίως ⟨καὶ⟩ κάλεσον αὐτοῦ τὸ ὄνομα * **⟨Νῶε⟩** * αὐτὸς γὰρ ἔσται ὑμῶν κατάλειμμα ἐφ' οὗ ἂν |
| Hen. | 107 | 3 | | καὶ ἐδήλωσεν αὐτῷ.⟩ καὶ ἐκλήθη τὸ ὄνομα αὐτοῦ * **Νῶε** * εὐφραινίων τὴν γῆν ἀπὸ τῆς ἀπωλείας. ΕΠΙΣΤΟΛΗ ΕΝΩΧ. |
| TLevi | 18 | 2B057 | | Ἀβραὰμ ὅτι οὕτως εὗρεν ἐν τῇ γραφῇ τῆς βίβλου τοῦ * **Νῶε** * περὶ τοῦ αἵματος. καὶ νῦν ἧς σοὶ τέκνον ἀγαπητὸν ἐγὼ |
| TBen. | 10 | 6 | | ἔνεγκόν μοι. μὴ ὁμοιωθῇς τῷ κόρακι ὃν ἐξαπέστειλε * **Νῶε** * καὶ οὐκ ἀπεστράφη ἔτι πρὸς αὐτὸν εἰς τὴν κιβωτὸν |
| Jer. | 7 | 10 | | Ἔξω, καὶ ὅταν ἐφάνη ἡ γῆ ἀπὸ τοῦ ὕδατος καὶ ἐξῆλθε * **Νῶε** * τῆς κιβωτοῦ ἤρξατο φυτεύειν ἐκ τῶν εὑρισκομένων |
| Bar. | 4 | 11 | | ἄγγελον αὐτοῦ τὸν Σαρασαὴλ καὶ εἶπεν αὐτῷ ἀναστὰς * **Νῶε** * φύτευσον τὸ κλῆμα ὅτι τάδε λέγει κύριος τὸ πικρὸν |
| Bar. | 4 | 15 | | ὄντος τοῦ Κάϊν ὃς καὶ ἠγρέθη ἀκουσίως. γυνὴ * **Νῶε** * Ἐμζαρα θυγάτηρ Βαραχιὴλ πατραδέλφου αὐτοῦ. εἰσῆλθεν |
| FJub. | 4 | 33 | | τοῦ μηνὸς τοῦ πέμπτου. τούτῳ 'β σ α' ἔτει * **Νῶε** * ἐφύτευσεν ἀμπέλων ἐν ὄρει Λουβὰρ τῆς Ἀρμενίας. τῷ |
| FJub. | 7 | 1 | | ⟨οἱ ἐγρήγοροι⟩ μετὰ θάνατον ἐπλάνησαν τοὺς υἱοὺς * **Νῶε** * καὶ εὐξαμένου τοῦ Νῶε ἵνα ἀποστῶσιν ἀπ' αὐτῶν ὁ |
| FJub. | 10 | 1 | | θάνατον ἐπλάνησαν τοὺς υἱοὺς Νῶε καὶ εὐξαμένου τοῦ * **Νῶε** * ἵνα ἀποστῶσιν ἀπ' αὐτῶν ὁ κύριος ἐκέλευσε τῷ |

**νώνυμος** (9)

| FPho. | 175 | | | κατ' ἄγγεα κηροδομοῦσα. μὴ μείνῃς ἄγαμος μή πως * **νώνυμος** * ὄληαι δός τι φύσει καὐτὸς τέκε δ' ἔμπαλιν ὡς |

**νῶτον (-ος)**

| TLevi | 18 | 2B028 | | μετὰ τῶν πλευρῶν καὶ μετὰ ταῦτα τὴν ὀσφὺν σὺν τῷ * **νώτῳ** * καὶ μετὰ ταῦτα τοὺς πόδας πεπλυμένους σὺν τοῖς |
| TIss. | 5 | 3 | | τὸν πλησίον πένητα καὶ ἀσθενῆ ἐλεᾶτε. ὑπόθετε τὸν * **νῶτον** * ὑμῶν εἰς τὸ γεωργεῖν καὶ ἐργάζεσθε ἐν ἔργοις γῆς |
| TNep. | 5 | 6 | | τῶν δύο κέρατα μεγάλα καὶ πτέρυγας ἀετοῦ ἐπὶ τοῦ * **νώτου** * αὐτοῦ καὶ θέλοντες πιᾶσαι αὐτὸν οὐκ ἠδυνήθημεν |
| Asen. | 12 | 2 | | οὐρανὸν καὶ θεμελιώσας αὐτὸν ἐν στερεώματι ἐπὶ τὸν * **νῶτον** * τῶν ἀνέμων ὁ θεμελιώσας τὴν γῆν ἐπὶ τῶν ὑδάτων ὁ |
| Sal. | 10 | 2 | | ἀπὸ ἁμαρτίας τοῦ μὴ πληθῦναι. ὁ ἑτοιμάζων * **νῶτον** * εἰς μάστιγας καθαρισθήσεται χρηστὸς γὰρ ὁ κύριος |
| Sib. | 3 | 615 | | ἐκ δέ τε πάντα κτήμαθ', ὃς φρικτὸς ἔται ἐπ' εὔρεα * **νῶτα** * θαλάσσης. καὶ τότε δὴ κάμψουσι θεῷ μεγάλῳ βασιλῆι |
| Sib. | 5 | 414 | | μεγάλην πόλιν ἐξαπάξει. ἦλθε γὰρ οὐρανίων * **νώτων** * ἀνὴρ μακαρίτης σκῆπτρον ἔχων ἐν χερσὶ ὃ οἱ θεὸς |
| Sib. | 5 | 516 | | φλόγες ἐστασίαζον Φωσφόρος ἔσχε μάχην ἐπιβὰς ἐς * **νῶτα** * Λέοντος ἠδὲ Σεληναίης δικερὼς ἠλλάξατο ῥοῖζος |
| LEze. | 9 | 29 14 | 35 | κακὰ σήμεῖα καὶ τεράτ' ἐξεμήσατο ἔτυψ' Ἐρυθρᾶς * **νῶτα** * καὶ ἔσχισεν μέσον βάθος θαλάσσης οἱ δὲ σύμπαντες |

**ξεναλατέω** (1)

| TLevi | 6 | 10 | | ἐν δυναστείᾳ ἁρπάζοντες τὰς γυναῖκας αὐτῶν καὶ * **ξεναλατοῦντες** * αὐτούς. ἔφθασε δὲ ἡ ὀργὴ κυρίου ἐπ' αὐτοὺς |

**ξενία** (5)

| Aris. | 249 | 3 | | εἶπεν ὅτι καλὸν ἐν ἰδίᾳ καὶ ζῆν καὶ τελευτᾶν. ἡ δὲ * **ξενία** * τοῖς μὲν πένησι καταφρόνησιν ἐργάζεται τοῖς δὲ |

**ξενίζω**

| Abr.2 | 2 | 10 | | καὶ ἤνεγκας μόσχον καὶ ἔθυσας ἀγγέλοις * **ξενιζομένοις** * ἐν τῷ οἴκῳ σου ὅπως εὐφρανθῶσιν. καὶ |
| Abr.2 | 3 | 7 | | ὕδωρ εἰς νιπτῆρα καὶ πλῦναι πόδας ἀνθρώπου * **ξενιζομένου** * πρὸς ἡμᾶς. καὶ ἀκούσας Ἰσαὰκ τοῦ πατρὸς |
| Abr.2 | 3 | 9 | | ἔσχατόν μοι ἐγένετο τοῦτο τοῦ νίψαι πόδας ἀνθρώπου * **ξενιζομένου** * ἐν τῷ οἴκῳ ἡμῶν; καὶ ἰδὼν Ἀβραὰμ τὸν Ἰσαὰκ |
| FPho. | 81 | | | νικᾶν εὖ ἔρδοντας ἐπὶ πλεόνεσσι καθήκει. καλὸν * **ξενίζειν** * τάχεως λιτασὶ τραπέζαις ἢ πλείσταις δολίαισι |

**ξενιτεία** (1)

| HAno. | 9 | 17 | 5 | λαβὼν τῶν νεανίσκων ἀποδοῦσαι τὰ αἰχμάλωτα * **ξενισθῆναι** * τε αὐτὸν ὑπὸ πόλεως ἱερὸν Ἀργαρίζιν ὃ εἶναι |

**ξενιτεία** (1)

| Aris. | 257 | 2 | | δὲ καὶ τοῦτον ἕτερον ἠρώτα πῶς ἂν ἀποδοχῆς ἐν * **ξενιτείᾳ** * τυγχάνοι; πᾶσιν ἴσος γινόμενος ἔφη καὶ μᾶλλον |

**ξενιτεύω** (1)

| Aris. | 257 | 4 | | καὶ μᾶλλον ἥττων ἢ καθυπερέχων φαινόμενος πρὸς οὓς * **ξενιτεύει.** * κοινῶς γὰρ ὁ θεὸς τὸ ταπεινούμενον |

**ξενοδόχος** (26)

| Job | 53 | 3 | | ἦρται ὁ πατὴρ τῶν ὀρφανῶν, ἦρται ὁ τῶν ξένων * **ξενοδόχος,** * ἦρται ἡ ἔνδυσις τῶν χηρῶν. τίς λοιπὸν οὐ |

**ξένος**

| Abr.1 | 1 | 2 | | καὶ ἄρχοντας ἀναπήρους καὶ ἀδυνάτους φίλους τε καὶ * **ξένους** * γείτονάς τε καὶ παροδίτας ἴσον ὑπεδέχετο ὁ ὅσιος |

Abr.1 3 9 δὲ τὰ σπλάγχνα τοῦ Ἀβραὰμ καὶ ἐδάκρυσεν ἐπὶ τὸν * ξένον. * καὶ ἰδὼν αὐτὸν Ἰσαὰκ κλαίοντα ἔκλαυσεν καὶ αὐτὸς
Abr.2 2 12 αὐτοῦ λέγων ἄπαγε κτῆνος ἵνα καθίσῃ ἐπ' αὐτῷ ὁ * ξένος * ὅτι ἔκαμεν ἐν τῇ ὁδῷ. ἀπεκρίθη Μιχαὴλ καὶ εἶπεν μὴ
Abr.2 3 6 τῆς λεκάνης καὶ φέρε ἵνα νίψωμεν τοὺς πόδας τοῦ * ξένου * τοῦ ἐπιξενωθέντος εἰς ἡμᾶς λέγω γὰρ ἐν τῇ ψυχῇ μου
Abr.2 4 2 σου καὶ τὰ ἴδιά σου ἐργάζου μὴ ἐπιβαρὴς γένῃ τῷ * ξένῳ * τούτῳ ἀνθρώπῳ. ἀνεχώρησεν δὲ Σάρρα ὡς ἤμελλεν
Abr.2 4 10 λόγον ὅτι φίλος σού ἐστιν καὶ δίκαιος ἄνθρωπος * ξένους * ὑποδεχόμενος παρακαλῶ οὖν κύριε κέλευσον
Abr.2 5 5 Ἀβραὰμ καὶ εἶπεν μὴ ἐπιβαρεῖς γενώμεθα τῷ * ξένῳ * ἀνθρώπῳ τῷ ἐλθόντι πρὸς ἡμᾶς ἀλλὰ ἄπελθε ἐν τῷ
TLevi 6 9 αὐτούς. καὶ οὕτως ἐδίωξαν Ἀβραὰμ τὸν πατέρα ἡμῶν * ξένον * ὄντα καὶ κατεπάτησαν τὰ ποίμνια ὀγκούμενα ὄντα ἐπ'
TLevi 6 10 σφόδρα αἰκίσαντο. καίγε οὕτως ἐποίουν πάντας τοὺς * ξένους * ἐν δυναστείᾳ ἁρπάζοντες τὰς γυναῖκας αὐτῶν καὶ
TLevi 13 3 ὃς γνώσεται νόμον θεοῦ τιμηθήσεται καὶ οὐκ ἔσται * ξένος * ὅπου ὑπάγει. καίγε πολλοὺς φίλους ὑπὲρ γονεῖς
TZab. 6 4 εἰς Αἴγυπτον καὶ ἐκ τῆς θήρας μου παντὶ ἀνθρώπῳ * ξένῳ * σπλαγχνιζόμενος ἐδίδουν. εἰ δὲ ἦν ξένος ἢ νοσῶν ἢ
TZab. 6 5 ἀνθρώπῳ ξένῳ σπλαγχνιζόμενος ἐδίδουν. εἰ δὲ ἦν * ξένος * ἢ νοσῶν ἢ γηράσας ἑψήσας τοὺς ἰχθύας καὶ ποιήσας
Jer. 6 13 ὅτι λάλησον τοῖς υἱοῖς Ἰσραὴλ ὁ γενόμενος ἐν ὑμῖν * ξένος * ἀφορισθήτω καὶ ποιήσωσι ιε' ἡμέρας καὶ μετὰ ταῦτα
Jer. 6 22 ἀναφέρω αὐτὸν ἐκ τῆς Βαβυλῶνος ὁ δὲ μὴ ἀκούων * ξένος * γενήσεται τῆς Ἰερουσαλὴμ καὶ τῆς Βαβυλῶνος.
Bar. 2 1 ἣν ποταμὸς ὃν οὐδεὶς δύναται περᾶσαι αὐτὸν οὐδὲ * ξένη * πνοὴ ἐκ πασῶν ὧν ἔθετο ὁ θεός. καὶ λαβών με ἤγαγέν
Job 10 1 τριάκοντα ἐν τῷ οἴκῳ μου ἀκίνητοι πάσας ὥρας τοῖς * ξένοις * μόνοις εἶχον δὲ καὶ τῶν χηρῶν ἄλλας δώδεκα
Job 10 3 χηρῶν ἄλλας δώδεκα τραπέζας κειμένας καὶ εἴ τις * ξένος * προήρχετο αἰτῆσαι ἐλεημοσύνην, ἀνάγκην εἶχεν
Job 11 1 τὴν ὑπηρεσίαν τῆς τῶν πτωχῶν τραπέζης. ἦσαν δὲ καὶ * ξένοι * τινὲς ἰδόντες τὴν ἐμὴν προθυμίαν, καὶ ἐπεθύμησαν
Job 25 5 ἐπὶ τῆς οἰκίας, εἰς ἃς ἤσθιον οἱ πτωχοὶ καὶ πᾶς * ξένος, * ὅτι νῦν καταπιπράσκει τὴν τρίχα ἀντὶ ἄρτων. βλέπε
Job 53 3 τῶν τυφλῶν, ἦρται ὁ πατὴρ τῶν ὀρφανῶν, ἦρται ὁ τῶν * ξένων * ξενοδόχος, ἦρται ἡ ἔνδυσις τῶν χηρῶν. τίς λοιπὸν
Sib. 3 376 βροτοῖς ὁμόνοια σαόφρων καὶ στοργὴ πίστις φιλίη * ξείνων * ἄπο καὐτῶν +ἠδέ τε δυσνομίη μῶμος φθόνος ὀργὴ
LThe. 9 22 2 λισσὸν ὑπώρειαν ὑποδέδρομεν αἰπύθεν ἕρκος. ἔνθένδε * ξένε * ποιμενόφι πτόλιν ἦλυθ' Ἰακὼβ εὑρεῖαν Σικίμων ἐπὶ
LEze. 9 28 4 02 ἑπτὰ παρθένους τινάς. Λιβύη μὲν ἡ γῆ πᾶσα κλῄζεται * ξένε * οἰκοῦσι δ' αὐτὴν φῦλα παντοίων γενῶν Αἰθίοπες
LEze. 9 28 4 09 (Χ.) ὅμως κατειπεῖν χρή σε Σεπφώρα τάδε. (Σ). * ξένῳ * πατήρ με τῷδ' ἔδωκεν εὐνέτιν. ἔδοξ' ὄρους κατ' ἄκρα
LEze. 9 29 6 01 βροτῶν. εἶτ' ἐμφοβηθεὶς ἐξανίσταμ' ἐξ ὕπνου. ὦ * ξένε * καλόν σοι τοῦτ' ἐσήμηνεν θεὸς ζώην δ' ὅταν σοι
LEze. 9 29 16 12 χορτάσματα. ἕτερον δὲ πρὸς τοισδ' εἴδομεν ζῷον * ξένον * θαυμαστὸν οἷον οὐδέπω ὤρακέ τις. διπλοῦν γὰρ ἦν τὸ

ξηραίνω 9

Hen. 101 7 (καὶ ἀπὸ τῆς) ἐμβριμήσεως αὐτοῦ (φοβοῦνται καὶ * ξη)ραίνονται * καὶ οἱ ἰχθύες--- (--γῆν) καὶ πάντα τὰ ἐν
TLevi 4 1 καὶ τοῦ ἡλίου σβεννυμένου καὶ τῶν ὑδάτων * ξηραινομένων * καὶ τοῦ πυρὸς καταπτήσσοντος καὶ πάσης
Jer. 9 15 ἐδώκαμεν τὸ τέλος ἡμῶν τῷ ἀέρι ποιήσει αὐτὰ * ξηρανθῆναι * μετὰ τοῦ ὕψους τῶν κλάδων αὐτῶν καὶ ποιήσει
Prop. 10 4B τῆς ἐρήμου καὶ ἔπιεν ὕδωρ ἐκ τοῦ χειμάρρου καὶ ὡς * ἐξηράνθη * ὁ χειμάρρους εἰσήγαγεν ὁ προφήτης καὶ ἦλθεν εἰς
Prop. 24 3 ὁ βασιλεὺς τὴν χεῖρα αὐτοῦ συλλαβεῖν αὐτὸν καὶ * ἐξηράνθη * ἡ χεὶρ τοῦ βασιλέως παραυτίκα. Σίμων ὁ υἱὸς τοῦ
Job 33 6 ἐν τῷ αἰῶνί ἐστιν τοῦ ἀπαραλλάκτου. οἱ μὲν ποταμοὶ * ξηρανθήσονται * καὶ τὸ γαυρίαμα τῶν κυμάτων αὐτῶν
Job 33 7 δὲ ποταμοὶ τῆς ἐμῆς γῆς ἐν ᾗ ἐστιν ὁ θρόνος μου οὐ * ξηραίνονται * οὐδὲ ἀφανισθήσονται, ἀλλ' ἔσονται εἰς τὸ
FEsd. 8 23 ἔργου τὸν λόγον ἀπαιτηθήσεται. οὗ τὸ βλέμμα * ξηραίνει * ἀβύσσους καὶ ἡ ἀπειλὴ τήκει ὄρη καὶ ἡ ἀλήθεια
LPhi. 9 37 1 μοίρης. κρήνην εἶναι ταύτην δὲ ἐν μὲν τῷ χειμῶνι * ξηραίνεσθαι * ἐν δὲ τῷ θέρει πληροῦσθαι. νηχόμενος δ'

ξηρός 13

Hen. 98 6 καὶ ἁμαρτίας ἐπὶ τῆς γῆς καὶ πάντα δόλον ἐπὶ τῆς * ξηρᾶς. * ἐδίδαξε γὰρ τὰ μυστήρια καὶ ἀπεκάλυψε τῷ αἰῶνι τὰ
Hen. 26 4 αὐτοῦ καὶ οὐκ ἔχον ὕψος καὶ φάραγγα βαθεῖαν καὶ * ξηρὰν * ἀνὰ μέσον αὐτῶν καὶ ἄλλην φάραγγα βαθεῖαν καὶ
Hen. 26 4 ἀνὰ μέσον αὐτῶν καὶ ἄλλην φάραγγα βαθεῖαν καὶ * ξηρὰν * ἐπ' ἄκρων τῶν τριῶν ὀρέων. καὶ πᾶσαι φάραγγές
Hen. 97 7 οἱ ἁμαρτωλοὶ (οἱ) ἐν μέσῳ τῆς θαλάσσης καὶ ἐπὶ τῆς * ξηρᾶς * ὄντες μνημόσυνον εἰς ὑμᾶς κακόν. οὐαὶ ὑμῖν οἱ
TZab. 2 7 αὐτὸν ἀλλὰ ῥίψωμεν αὐτὸν εἰς ἕνα τῶν λάκκων τῶν * ξηρῶν * τούτων ὧν ὤρυξαν οἱ πατέρες ἡμῶν καὶ οὐχ εὗρον
Asen. 13 9 ἔφαγον καὶ ὕδωρ οὐκ ἔπιον καὶ τὸ στόμα μου γέγονε * ξηρὸν * ὡς τύμπανον καὶ ἡ γλῶσσά μου ὡς κέρας καὶ τὰ χείλη
Prop. 4 3 ἤσκησεν ἀπὸ πάσης τροφῆς ἐπιθυμητῆς καὶ ἦν ἀνὴρ * ξηρὸς * τὴν ἰδέαν ἀλλὰ ὡραῖος ἐν χάριτι ὑψίστου. οὗτος
Prop. 21 12 ἐπάταξε τὸν Ἰορδάνην καὶ διῃρέθη καὶ διέβησαν * ξηρῷ * τῷ ποδὶ αὐτός τε καὶ Ἐλισαῖος τὸ τελευταῖον
Prop. 22 5 τῇ Ἡλίου καὶ διῃρέθη τὸ ὕδωρ καὶ διέβη καὶ αὐτὸς * ξηρῷ * τῷ ποδὶ τὰ ὕδατα ἐν Ἱεριχὼ πονηρὰ ἦν καὶ ἄγονα καὶ
Sib. 5 447 πικρὸν λόγον ἐχθροῖς. ἔσται δ' ὑστατίῳ καιρῷ * ξηρὸς * ποτε πόντος κοὐκέτι πλωτεύσουσιν ἐς Ἰταλίην τότε
HArt. 9 27 35 τὸν Μώϋσον τῆς χώρας τὴν ἄμπωτιν τηρήσαντα διὰ * ξηρᾶς * τῆς θαλάσσης τὸ πλῆθος περαιῶσαι. Ἡλιουπολίτας δὲ
HArt. 9 27 36 καὶ οὕτως τὸ μὲν νᾶμα διαστῆναι τὴν δὲ δύναμιν διὰ * ξηρᾶς * ὁδοῦ πορεύεσθαι. συνεμβάντων δὲ τῶν Αἰγυπτίων καὶ
LPhi. 9 37 2 πολυηγηθὲς ὑπαὶ πύργοις συνόροισιν στρωφᾶται καὶ * ξηρὰ * πέδῳ κεκονιμένα κρήνης τηλεφαῆ δεικνυσιν ὑπέρτατα

ξιφηφόρος 3

Abr.1 10 4 καὶ πονηρά. διερχόμενος δὲ Ἀβραὰμ εἶδεν ἄνδρας * ξιφηφόρους * ἐν ταῖς χερσὶν αὐτοῦ κρατοῦντας ξίφη
Abr.1 17 15 δὲ καὶ πρόσωπον ῥομφαίας πύρινον καὶ πρόσωπον * ξιφηφόρον * καὶ πρόσωπον ἀστραπῆς φοβερῶς ἐξαστράπτον καὶ
LPhi. 9 20 1 πολύμνιον ἔλλαχε κῦδος. ἀρτίχερος θηκτοῖο * ξιφηφόρον * ἐντύνοντος λήματι καὶ σοαράγοιο παρακλιδὸν

ξίφος 6

Abr.1 10 4 ἄνδρας ξιφηφόρους ἐν ταῖς χερσὶν αὐτοῦ κρατοῦντας * ξίφη * ἠκονημένα καὶ ἠρώτησεν ( Ἀβραὰμ τὸν ἀρχιστράτηγον)
TDan 1 7 πνευμάτων τοῦ Βελιὰρ συνήργει μοι λέγων λάβε τὸ * ξίφος * τοῦτο καὶ ἐν αὐτῷ ἄνελε τὸν Ἰωσὴφ καὶ ἀγαπήσει σε
Sib. 5 382 πολέμοιο πεπαύσεται οἰκτρὸς ὄλεθρος κοὐκέτι τις * ξίφεσιν * πολεμίξεται οὐδὲ σιδήρῳ οὐδ' αὐτοῖς βελέεσσιν ἃ
FPho. 32 (αἷμα δὲ μὴ φαγέειν εἰδωλοθύτων ἀπέχεσθαι.) τὸ * ξίφος * ἀμφιβαλοῦ μὴ πρὸς φόνον ἀλλ' ἐς ἄμυναν. εἴθε δὲ μὴ
HArt. 9 27 18 τήν τε χεῖρα κατασχεῖν αὐτοῦ καὶ σπασάμενον τὸ * ξίφος * φονεῦσαι τὸν Χανεθώθην διεκδρᾶναι δὲ εἰς τὴν
LThe. 9 22 11 ἄσπετα μαργήναντα. ἤλασε δὲ κληῖδα μέσην δῦ δὲ * ξίφος * ὀξὺ σπλάγχνα διὰ στέρνων λίπε δὲ ψυχὴ δέμας εὐθύς.

ξόανον 3

Sib. 3 58 τε πᾶσαι ναοῖς καὶ σταδίοις ἀγοραῖς χρυσοῖς * ξοάνοις * τε ἀργυρέοις λιθίνοις τε ἵν' ἔλθητ' εἰς πικρὸν
Sib. 3 723 ἔργα δὲ χειροποίητα σεβάσμεθα ἄφρονι θυμῷ εἴδωλα * ξοάνά * τε καταφθιμένων ἀνθρώπων. ταῦτα βοήσουσιν ψυχαὶ
Sib. 4 28A βωμοὺς εἰκαῖα λίθων ἀφιδρύματα κωφῶν καὶ λίθινα * ξόανα * καὶ ἀγάλματα χειροποίητα. αἵμασιν ἐμψύχων

Ξόϊς 1

Sib. 5 86 μάτην γε πεποιθότες ἐν τοιούτοις. Θμοῦις καὶ * Ξοῦις * +θλίβεται κόπτεται βουλὴ+ Ἡρακλέους τε Διός τε

ξυλεία 2

Aris. 92 5 μέλει. καὶ ἀδιαλείπτως ὑπηρετοῦσιν οἱ μὲν τὴν * ξυλείαν * οἱ δὲ ἔλαιον οἱ δὲ σεμίδαλιν οἱ δὲ τὰ τῶν
HArt. 9 27 21 καὶ τοῦτο κάεσθαι μήτε ὕλης μήτε ἄλλης τινὸς * ξυλείας * οὔσης ἐν τῷ τόπῳ. τὸν δὲ Μώϋσον δείσαντα τὸ

ξύλινος 5

Hen. 99 7 (καὶ) οἱ γλύφοντες εἰκόνα(ς ἀργυ)ρᾶς καὶ χρυσᾶς * ξυλίνας * τε (καὶ λιθίνας) καὶ ὀστρακίνας καὶ λατρεύ(οντες
Sib. 3 588 χρύσεα καὶ χάλκεια καὶ ἀργύρου ἠδ' ἐλέφαντος καὶ * ξυλίνων * λιθίνων τε θεῶν εἴδωλα καμόντων πήλινα
Sib. 5 82 καὶ ἀτασθαλιῶν ἐπινοιῶν ἄνθρωποι δέξαντο θεοὺς * ξυλίνους * λιθίνους τε χαλκοῦς τε χρυσοῦς τε καὶ ἀργυρέους
FIsa. 1 9 ἐν (καρδίᾳ) Μανασσῆ πρισθήσομαι ὑπ' αὐτοῦ πρίονι * ξυλίνῳ * εἰς δύο καὶ πολλοὺς ἐξ Ἰερουσαλὴμ καὶ ἐξ Ἰούδα
FIsa. 1 3 16 Ἠσαίαν. (ἐκέλευσεν) πρισθῆναι ἐν πρίονι ἐν πρίονι * ξυλίνῳ * πρισθῆναι αὐτόν. καὶ πριζομένου αὐτοῦ ἔστη

ξύλον 46

Adam 7 2 καὶ ἔδωκεν αὐτῇ ὁ ἐχθρὸς καὶ ἔφαγεν ἀπὸ τοῦ * ξύλου * ἐγνωκὼς ὅτι οὐκ ἤμην ἔγγιστα αὐτῆς οὔτε οἱ ἅγιοι
Adam 11 2 ἐγένετο. πῶς ἠνοίγη τὸ στόμα σου φαγεῖν ἀπὸ τοῦ * ξύλου * περὶ οὗ ἐνετείλατό σοι ὁ θεὸς μὴ φαγεῖν ἐξ αὐτοῦ;
Adam 13 2 μὴ κάμῃς εὐχόμενος ἐπὶ τῇ ἱκεσίᾳ ταύτῃ περὶ τοῦ * ξύλου * ἐν ᾧ ῥέει τὸ ἔλαιον ἀλεῖψαι τὸν πατέρα σου Ἀδάμ.
Adam 18 1 δεῦρο οὖν καὶ φάγε καὶ νόησον τὴν τιμὴν τοῦ * ξύλου. * ἐγὼ δὲ εἶπον αὐτῷ φοβοῦμαι μήποτε ὀργισθῇ μοι ὁ
Adam 19 2 μὰ τὸν θρόνον τοῦ δεσπότου καὶ τὰ Χερουβὶμ καὶ τὸ * ξύλον * τῆς ζωῆς ὅτι δώσω καὶ τῷ ἀνδρί μου. ὅτε δὲ ἔλαβεν
Adam 22 4 καὶ ὁ θρόνος τοῦ θεοῦ ἐστηρίζετο ὅπου ἦν τὸ * ξύλον * τῆς ζωῆς. καὶ ἐκάλεσεν ὁ θεὸς τὸν Ἀδὰμ λέγων
Adam 28 4 γενομένης ἀναστήσω σε καὶ δοθήσεταί σοι ἐκ τοῦ * ξύλου * τῆς ζωῆς καὶ ἀθάνατος ἔσει εἰς τὸν αἰῶνα. ταῦτα
TSim. 8 2 ἑκατὸν εἴκοσιν ἐτῶν. καὶ ἔθηκαν αὐτὸν ἐν θήκῃ * ξύλων * ἀσήπτων τοῦ ἀναγαγεῖν τὰ ὀστᾶ αὐτοῦ ἐν Χεβρών. καὶ
TLevi 18 2B022 τὰς χεῖράς σου καὶ τοὺς πόδας σου. καὶ ἀνάφερε τὰ * ξύλα * πρῶτον (ἐ)σχισμένα ἐπισκοπῶν αὐτὰ πρῶτον ἀπὸ παντὸς
TLevi 18 2B023 ἐπισκοπῶν αὐτὰ πρῶτον ἀπὸ παντὸς μολυσμοῦ ιβ' * ξύλα * εἰρηκέν μοι ἐπὶ τὸν βωμὸν προσφέρε(ιν) ὧν ἐστιν ὁ
TLevi 18 2B031 μηθὲν ὅσα οὐ καθήκει. καὶ +τῷ καθηκι τῶν+ οὕτως * ξύλα * καθήκει ἀναφέρεσθαι ἐπὶ τὸν βωμὸν τῷ ταύρῳ τῷ
TLevi 18 2B032 ἐπὶ τὸν βωμὸν τῷ ταύρῳ τῷ τελείῳ τάλαντον * ξύλων * καθήκει αὐτῷ ἐν σταθμῷ καὶ εἰς τὸ στέαρ μόνον
TLevi 18 2B052 κυρίου ἀπὸ πάσης σαρκὸς κατὰ τὸν λογισμὸν τῶν * ξύλων * ἐπιδέχου οὕτως ὥς σοι ἐντέλλομαι καὶ τὸ ἅλας καὶ
TLevi 18 11 κατὰ τοῦ Ἀδὰμ καὶ δώσει τοῖς ἁγίοις φαγεῖν ἐκ τοῦ * ξύλου * τῆς ζωῆς καὶ πνεῦμα ἁγιωσύνης ἔσται ἐπ' αὐτοῖς.
TZab. 6 2 ἔδωκέ μοι σύνεσιν καὶ σοφίαν ἐν αὐτῷ καὶ καθῆκα * ξύλον * ὄπισθεν αὐτοῦ καὶ ὀθόνην ἐξέτεινα ἐν ὀρθῷ ξύλῳ ἐν
TZab. 6 2 ξύλον ὄπισθεν αὐτοῦ καὶ ὀθόνην ἐξέτεινα ἐν ὀρθῷ * ξύλῳ * ἐν μέσῳ καὶ ἐν αὐτῷ διαπορευόμενος τοὺς αἰγιαλοὺς
TZab. 9 1 τὰ ὕδατα ὅτι ὅτε ἐπὶ τὸ αὐτὸ πορεύεται λίθους * ξύλα * γῆν ἄμμον κατασύρει ἐὰν δὲ εἰς πολλὰ διαιρεθῇ ἡ γῆ
TNep. 3 3 ἠλλοίωσαν τάξιν αὐτῶν καὶ ἐπηκολούθησαν λίθοις καὶ * ξύλοις * ἐξακολουθήσαντες πνεύμασι πλάνης. ὑμεῖς δὲ μὴ
TBen. 9 3 κύριος ὑβρισθήσεται καὶ ἐξουθενωθήσεται καὶ ἐπὶ * ξύλου * ὑψωθήσεται. καὶ ἔσται τὸ ἅπλωμα τοῦ ναοῦ
Sal. 11 5 οἱ δρυμοὶ ἐσκίασαν αὐτοῖς ἐν τῇ παρόδῳ αὐτῶν πᾶν * ξύλον * εὐωδίας ἀνέτειλεν αὐτοῖς ὁ θεὸς ἵνα παρέλθῃ Ισραηλ
Sal. 14 3 ἐν αὐτῷ εἰς τὸν αἰῶνα ὁ παράδεισος τοῦ κυρίου τὰ * ξύλα * τῆς ζωῆς ὅσιοι αὐτοῦ. ἡ φυτεία αὐτῶν ἐρριζωμένη εἰς
Jer. 7 13 ἀπῆλθεν εἰς Βαβυλῶνα καὶ ἐλθὼν ἀνεπαύσατο ἐπί τι * ξύλον * ἔξω τῆς πόλεως εἰς τόπον ἔρημον. ἐσιώπησε δὲ ἕως
Bar. 4 8 θάλασσα. καὶ εἶπον ἐγὼ δέομαί σου δεῖξόν μοι τί τὸ * ξύλον * τὸ πλανῆσαν τὸν Ἀδάμ; καὶ εἶπεν ὁ ἄγγελος ἡ
Bar. 4 16 τοιγαροῦν ὦ Βαρούχ ὅτι ὥσπερ ὁ Ἀδὰμ δι' αὐτοῦ τοῦ * ξύλου * τὴν καταδίκην ἔλαβεν καὶ τῆς δόξης θεοῦ ἐγυμνώθη
Prop. 2 10 καὶ σημεῖον ὑμῖν ἔσται τῆς παρουσίας αὐτοῦ ὅτε * ξύλον * πάντα τὰ ἔθνη προσκυνοῦσιν. εἶπε δὲ ὅτι τὴν
Prop. 22 14 καὶ ἠδὺ τὸ βρῶμα τῶν υἱῶν τῶν προφητῶν κοπτόντων * ξύλα * παρὰ τὸν Ἰορδάνην ἐξέπεσε τὸ δρέπανον καὶ
Esdr. 2 11 αὐτὸν ἐν τῷ παραδείσῳ φυλάττειν τὴν νομὴν τοῦ * ξύλου * τῆς ζωῆς ἐπειδὴ οὖν παρακοὴν κτησάμενος τοῦτο ἐν

Sedr.   4    5   καὶ εἶπα αὐτῷ ἀπὸ πάντων τῶν καρπῶν φάγε μόνον τὸ ✱ ξύλον ✱ τῆς ζωῆς φύλαξον ἐὰν γὰρ φάγῃς ἀπ' αὐτοῦ θανάτῳ
Sedr.   4    6   καὶ ὑπὸ τοῦ διαβόλου ἀπατηθεὶς ἔφαγεν ἀπὸ τοῦ ✱ ξύλου. ✱ λέγει αὐτῷ Σεδρὰχ σοῦ θελήματος ἠπατήθη δέσποτά
Sedr.   8    3   τὸν ἄνθρωπον εἰς τὰ τετράποδα τὸ πρόβατον εἰς τὰ ✱ ξύλα ✱ τὴν ἐλαίαν εἰς τοὺς καρποὺς τὸ κλῆμα εἰς τὰ
Aris.   135  2   ματαίως ἀγάλματα γὰρ ποιήσαντες ἐκ λίθων καὶ ✱ ξύλων ✱ εἰκόνας φασὶν εἶναι τῶν ἐξευρόντων τι πρὸς τὸ ζῆν
Sib.    3    651 γαισοὺς παμποίκιλά θ' ὅπλα οὐδὲ μὲν ἐκ δρυμοῦ ✱ ξύλα ✱ κόψεται εἰς πυρὸς αὐγήν. καὶ τότ' ἀπ' ἠελίοιο θεὸς
Sib.    3    731 τόξων πληθὺν βελέων ἀδίκων τε οὐδὲ γὰρ ἐκ δρυμοῦ ✱ ξύλα ✱ κόψεται εἰς πυρὸς αὐγήν.) ἀλλὰ τάλαιν' Ἑλλὰς
Sib.    5    257 ἀπ' αἰθέρος ἔξοχος ἀνὴρ ὃς παλάμας ἥπλωσεν ἐπὶ ✱ ξύλου ✱ πολυκάρπου Ἑβραίων ὁ ἄριστος ὃς ἠέλιόν ποτε
FJub.   2    7   καὶ λίμνας τὰ σπέρματα τοῦ σπόρου τὰ βλαστήματα τὰ ✱ ξύλα ✱ τὰ κάρπιμά τε καὶ ἄκαρπα τοὺς δρυμοὺς καὶ πάντα τὰ
FJub.   3    9   ὁ θεὸς τῷ Ἀδὰμ ἀπέχεσθαι τῆς βρώσεως τοῦ ✱ ξύλου ✱ τῆς γνώσεως. τῇ ἐνενηκοστῇ τρίτῃ ἡμέρᾳ τῆς κτίσεως
FJub.   3    21  αὐτοῦ ᾔσθιεν αὐτόν. τὸν Ἀδὰμ ἀπροόπτως ἀπὸ τοῦ ✱ ξύλου ✱ λαβεῖν καὶ φαγεῖν καὶ μὴ προσχεῖν ὅλως τῷ λόγῳ τῆς
FJub.   3    23  τὸν παράδεισον εἰσελθεῖν καὶ διὰ τὸ πρῶτος ἀπὸ τοῦ ✱ ξύλου ✱ λαβεῖν καὶ φαγεῖν. τὰ θηρία καὶ τὰ τετράποδα καὶ
FAch.   116      γενάμενοι ἐφώνουν ἐπίδοτε πηλὸν καὶ πλίνθους καὶ ✱ ξύλα ✱ καὶ ὅσα πρὸς τὴν οἰκοδομὴν χρεία ἐστίν. ὁ δὲ
HDem.   9 29 15  δὲ ὕδωρ ἐκεῖ γλυκὺ ἀλλὰ πικρὸν τοῦ θεοῦ εἰπόντος ✱ ξύλον ✱ τι ἐμβαλεῖν εἰς τὴν πηγὴν καὶ γενέσθαι γλυκὺ τὸ
HEup.   9 30 6   κατασκευὴν ἀνήκοντα χρυσίον ἀργύριον χαλκὸν λίθους ✱ ξύλα ✱ κυπαρίσσινα καὶ κέδρινα. ἀκούσαντα δὲ τὸν Δαβὶδ
HEup.   9 30 8   τόν τε χρυσὸν καὶ ἄργυρον καὶ χαλκὸν καὶ λίθον καὶ ✱ ξύλα ✱ κυπαρίσσινα καὶ κέδρινα. καὶ αὐτὸν μὲν τελευτῆσαι
HEup.   9 34 4   Λιβάνου μετὰ τῶν Σιδωνίων καὶ Τυρίων μετήνεγκε τὰ ✱ ξύλα ✱ τὰ προκεκομμένα ὑπὸ τοῦ πατρὸς αὐτοῦ διὰ τῆς
HEup.   9 34 5   δ' αὐτὸν οἰκοδομήσαντα ξυλῶσαι ἔσωθεν κεδρίνοις ✱ ξύλοις ✱ καὶ κυπαρισσίνοις ὥστε τὴν λιθίνην οἰκοδομὴν μὴ
HEup.   9 39 3   αὐτὸν ἐπιβαλέσθαι κατακαῦσαι τὸν δὲ φάναι τοῖς ✱ ξύλοις ✱ τούτοις Βαβυλωνίοις ὀψοποιήσειν καὶ σκάψειν τὰς
FrAn.   2 11 3   οὐδὲν τούτων ἑωράκασιν. ἀνόητοι συμβάλετε ἑαυτοὺς ✱ ξύλῳ ✱ λάβετε ἄμπελον πρῶτον μὲν φυλλοροεῖ εἶτα βλαστὸς

### ξυλόω   1
HEup.   9 34 5   τοὺς δύο δόμους. οὕτω δ' αὐτὸν οἰκοδομήσαντα ✱ ξυλῶσαι ✱ ἔσωθεν κεδρίνοις ξύλοις καὶ κυπαρισσίνοις ὥστε

### ξυνός
FPho.   δ    113 κοινὰ μέλαθρα δόμων αἰώνια καὶ πατρὶς Ἅιδης ✱ ξυνὸς ✱ χῶρος ἅπασι πένησί τε καὶ βασιλεῦσιν. οὐ πολὺν

17841   τῶν τῷ τάς τοῦ ἡ τό τήν τόν τῇ ὁ οἱ αἱ τοῖς τῆς τά τούς ταῖς ἥ ἦ του τα οἵ ταῦτόν τἀναντία
        τἀναντία ταῦτά τοὔνομα τοὔνεκ' τοὔνεκά τοῖσι τοὔνεκα τοῖσιν ταί θατέρου την το αι η της
        τους τον τοις οι τω τη των ο ὅ τἀπίγεια τἀλλότρια τοὔμπροσθεν τοὔπισθεν τάρσενικά τάξ
        οὑμός ταις

### Ὀβάβ   1
HDem.   9 29 1   ἐκ δὲ Δαδὰν Ῥαγουὴλ ἐκ δὲ Ῥαγουὴλ Ἰοθὼρ καὶ ✱ Ὀβάβ ✱ ἐκ δὲ τοῦ Ἰοθὼρ Σεπφώραν ἣν γῆμαι Μωσῆν. καὶ τὰς

### ὄβριμος   1
Sib.    4    175 σάλπιγγι ἅμ' ἠελίῳ ἀνιόντι κόσμος ἅπας μύκημα καὶ ✱ ὄβριμον ✱ ἦχον ἀκούσει. φλέξει δὲ χθόνα πᾶσαν ἅπαν δ'

### ὀγδοήκοντα   15
TJos.   16   5   μόνον πριάμενος τὸν παῖδα ἄγαγε. καὶ δίδει αὐτοῖς ✱ ὀγδοήκοντα ✱ χρυσίους ἀντ' ἐμοῦ ἑκατὸν εἰπὼν τῇ Αἰγυπτίᾳ
Bar.    4    2   ἀπὸ τοῦ τόπου ἐκείνου ὦσεὶ πορείας ἡμερῶν ἑκατὸν ✱ ὀγδοήκοντα ✱ πέντε. καὶ ἔδειξέν μοι πεδίον καὶ τὴν ὄψιν ὡς
Esdr.   4    8   καὶ ἄλλους τριάκοντα τέσσαρας ἀγγέλους καὶ κατέβην ✱ ὀγδοήκοντα ✱ καὶ πέντε βαθμοὺς καὶ κατηγαγόν με κάτω
Esdr.   4    39  ἡ θάλασσα ἀπολοῦται. τότε τὸν οὐρανὸν καύσω πήχας ✱ ὀγδοήκοντα ✱ καὶ τὴν γῆν πήχας ὀκτακοσίας. καὶ εἶπεν ὁ
Sedr.   12   4   αὐτῷ ὁ κύριος λέγε ὦ Σεδράχ. ⟨λέγει ὁ Σεδρὰχ⟩ τὸν ✱ ὀγδοήκοντα ✱ ⟨ἢ⟩ ἐνενήκοντα ἐὰν ζήσῃ ἄνθρωπος ἢ ἑκατὸν καὶ
Sedr.   12   5   αὐτὸν ὁ θεὸς ἐὰν ἐπιστρέψας ζῶν τὰ ἑκατὸν ⟨ἢ⟩ ✱ ὀγδοήκοντα ✱ μετανοήσας τρία ἔτη καὶ ποιήσῃ καρπὸν
Job     53   9   δὲ παρὰ κυ Ἰωβ. Ἔζησε δὲ πρὶν τῆς πληγῆς ἔτη ✱ π ✱ ε' ✱ ἐπειδὴ δὲ τὴν πληγὴν λαβὼν πάντα διπλᾶ ἔλαβε καὶ τὰ
FJub.   3    11  τεσσαράκοντα ἡμέρας ἐπὶ δὲ θηλυτοκίας ἕως ἡμερῶν ✱ π'. ✱ ἐπειδὴ καὶ Ἀδὰμ τῇ μ' ἡμέρᾳ τῆς πλάσεως αὐτοῦ
FJub.   3    11  ἐπὶ δὲ θήλεος ἀκάθαρτον εἶναι αὐτὴν ἐπὶ ἡμέρας ✱ π' ✱ διά τε τὴν ἐν τῷ παραδείσῳ αὐτῆς εἴσοδον τῇ
FJub.   46   3   ἔτη ἐποίησεν δοῦλος καὶ γ' ἔτη ἐν τῇ φυλακῇ καὶ ✱ π' ✱ πάσης γῆς Ἐγύπτου ἄρχων. τόν τε ποταμὸν εἰς
HDem.   9 21 3   δύο θυγατέρας γῆμαι Λείαν ὄντα ἐτῶν ✱ ὀγδοήκοντα ✱ τεσσάρων καὶ γενέσθαι ἐν ἑπτὰ ἔτεσιν ἄλλοις
HDem.   9 21 11  τὸν Ἰσαὰκ ἔτει ἑνὶ ἔμπροσθεν ἐτῶν ὄντα ἑκατὸν ✱ ὀγδοήκοντα ✱ κρίναντα δὲ τῷ βασιλεῖ τὸν Ἰωσὴφ τὰ ἐνύπνια
HDem.   9 21 19  Ἰακὼβ δὲ εἰς Χαρρὰν πρὸς Λάβαν ἐλθεῖν ἐτῶν ὄντα ✱ π' ✱ καὶ γεννῆσαι Λευὶν Λευὶν δὲ ἐν Αἰγύπτῳ ἐπιγενέσθαι
HEup.   1 141 5  προθεσμίαν συνάγεσθαι ἔτη ⟨δισ⟩χίλια πεντακόσια ✱ ὀγδοήκοντα. ✱
HArt.   9 27 37  κομήτην ἀξιωματικόν. ταῦτα δὲ πράξαι περὶ ἔτη ὄντα ✱ ὀγδοήκοντα ✱ ἐννέα.

### ὀγδοηκοστός   5
FJub.   3    9   θεοῦ ἐν τῷ παραδείσῳ ᾖ τοῦ Ἀδὰμ βοηθὸς Εὔα ἐν τῇ ✱ ὀγδοηκοστῇ ✱ ἡμέρᾳ τῆς πλάσεως αὐτῆς. ἣν ὁ Ἀδὰμ λαβὼν
FJub.   3    11  διά τε τὴν ἐν τῷ παραδείσῳ αὐτῆς εἴσοδον τῇ ✱ ὀγδοηκοστῇ ✱ ἡμέρᾳ καὶ διὰ τὸ ἀκάθαρτον τοῦ θήλεος πρὸς τὸ
FJub.   4    1   ἑβδόμῳ ἔτει γεγενῆσθαι τὸν δίκαιον Ἄβελ. τῷ ✱ ὀγδοηκοστῷ ✱ πέμπτῳ ἔτει ἐγεννήθη αὐτοῖς θυγάτηρ καὶ
FJub.   8    2   ἀμπελῶνα ἐν ὄρει Λουβὰρ τῆς Ἀρμενίας. τῷ 'β φ ✱ π ✱ ε' ἔτει Καϊνᾶν διοδεύων ἐν τῷ πεδίῳ εὗρε τὴν γραφὴν
FJub.   10   1   θυγάτηρ Νεβρώδ. μετὰ τὸν κατακλυσμὸν τῷ 'β φ ✱ π ✱ β' ἔτει τοῦ κόσμου φθόνῳ κινούμενοι ⟨οἱ ἐγρήγοροι⟩

### ὄγδοος   19
Hen.    6B   7   δ' Χωβαβιὴλ ε' Ὁραμμαμὴ ϛ' Ῥαμιὴλ ζ' Σαμψὶχ ✱ η' ✱ Ζακιὴλ θ' Βαλκιὴλ ι' Ἀζαλζὴλ ια' Φαρμαρὸς ιβ'
Hen.    8B   3   ὁ δὲ τέταρτος ἐδίδαξεν ἀστρολογίαν. ὁ δὲ ✱ ὄγδοος ✱ ἐδίδαξεν ἀεροσκοπίαν. ὁ δὲ τρίτος ἐδίδαξε τὰ
TRub.   3    1   βόθρον καὶ ὡς κρηνὸς ἐπὶ κρημνῶν. ἐπὶ πᾶσι τούτοις ✱ ὄγδοον ✱ πνεῦμα τοῦ ὕπνου ἐστὶ μεθ' οὗ ἐκτίσθη ἔκστασις
TRub.   3    7   ἐπὶ πᾶσι τούτοις τὸ πνεῦμα τοῦ ὕπνου τὸ ✱ ὄγδοον ✱ πνεῦμα συνάπτεται πλάνῃ καὶ φαντασίᾳ. καὶ οὕτως
TLevi   18 2B044 καὶ τῷ κριῷ τὸ ἕκτον τοῦ σάτου καὶ τῷ ἀρνίῳ τὸ ✱ ὄγδοον ✱ τοῦ σάτου καὶ ἀμνοῦ καὶ οἶνον κατὰ τὸ μέτρον τοῦ
TLevi   18 2B062 τέσσαρα ἐν τοῖς ἔτεσιν τῆς ζωῆς μου ἐν ἔτει ✱ ὄγδόῳ ✱ καὶ εἰκοσιῷ ἔλαβον γυναῖκα ἐμαυτῷ ἐκ τῆς
Asen.   9    5   ποιεῖν πάντα τὰ κτίσματα αὐτοῦ τῇ ἡμέρᾳ τῇ ✱ ὀγδόῃ ✱ ὅταν ἐπαναστρέφῃ ἡ ἡμέρα αὕτη ἐπαναστρέψω κἀγὼ
Asen.   11   1   ἡμέραις τῆς ταπεινώσεως αὐτῆς. καὶ τῇ ἡμέρᾳ τῇ ✱ ὀγδόῃ ✱ ἰδοὺ ὄρθρος ἦν καὶ τὰ ὄρνεα ἐλάλουν ἤδη καὶ οἱ
Aris.   49   2   Σεδεκίας Ἰάκωβος Ἡσαχος Ἡσίας Ναθβαῖος ✱ ὀγδόης ✱ Θεοδόσιος Ἰάσων Ἰησοῦς Θεόδοτος Ἰωάννης
FJos.   190      αὐτοῦ καὶ πόσος ἐστὶν ἐν υἱοῖς θεοῦ οὐχὶ σὺ Οὐριὴλ ✱ ὄγδοος ✱ ἐμοῦ κἀγὼ Ἰσραὴλ ἀρχάγγελος δυνάμεις κυρίου καὶ
FJub.   3    1   ἥτις ἦν τρίτη μὲν ἡμέρᾳ τῆς πλάσεως τοῦ Ἀδὰμ ✱ ὀγδόῃ ✱ δὲ τοῦ πρώτου μηνὸς Νισὰν πρώτῃ δὲ τοῦ Ἀπριλλίου
FJub.   3    9   τὴν τεσσαρακοστὴν ἡμέραν τῆς πλάσεως αὐτοῦ. τῇ ✱ ὀγδόῃ ✱ ἡμέρᾳ τῆς κοσμοποιίας τεσσαρακοστῇ τετάρτῃ δὲ τῆς
FJub.   3    32  φωνῇ ἐλάλησε τῇ Εὔᾳ. τῷ ἑβδόμῳ ἔτει παρέβη καὶ τῷ ✱ ὀγδόῳ ✱ ἐξερρίφησαν τοῦ παραδείσου μετὰ τεσσαράκοντα πέντε
FJub.   3    34  διὰ τὴν παράβασιν τῇ δεκάτῃ τοῦ Μαΐου μηνός. τῷ ✱ ὀγδόῳ ✱ ἔτει ἔγνω ὁ Ἀδὰμ Εὔαν τὴν γυναῖκα αὐτοῦ. τῷ
HDem.   9 21 3   καὶ γενέσθαι ἐν ἑπτὰ ἔτεσιν ἄλλοις αὐτῷ παιδία ιβ' ✱ ὀγδόῳ ✱ μὲν ἔτει μηνὶ δεκάτῳ Ῥουβὶν καὶ τῷ ἔτει δὲ τῷ
HDem.   9 21 3   μηνὶ δεκάτῳ Ῥουβὶν καὶ τῷ ἔτει δὲ τῷ ἐνάτῳ μηνὶ ✱ ὀγδόῳ ✱ Συμεὼν καὶ τῷ ἔτει δὲ τῷ δεκάτῳ μηνὶ ἕκτῳ Λευὶ τῷ
HDem.   9 21 5   καὶ τὴν αὐτὴν τῷ τεσσαρεσκαιδεκάτῳ ἔτει μηνὶ ✱ ὀγδόῳ ✱ τεκεῖν υἱὸν ὃν ὀνομασθῆναι Δάν. ἐν ᾧ καὶ Ῥαχὴλ λαβεῖν ἐν
HDem.   9 21 5   Δείναν τεκεῖν τῷ τεσσαρεσκαιδεκάτῳ ἔτει μηνὶ ✱ ὀγδόῳ ✱ υἱὸν ὃν ὀνομασθῆναι Ἰωσὴφ ὥστε γεγονέναι ἐν τοῖς
FrAn.   15   8   ὃ πεποίηκα ἐν ᾧ καταπαύσας τὰ πάντα ἀρχὴν ἡμέρας ✱ ὀγδόης ✱ ποίησον ὅ ἐστιν ἄλλου κόσμου ἀρχήν. τότε γὰρ

### ὀγκόω   2
TLevi   6    9   πατέρα ἡμῶν ξένον ὄντα καὶ κατεπάτησαν τὰ ποίμνια ✱ ὀγκούμενα ✱ ὄντα ἐπ' αὐτὸν καὶ Ἰεβλαε τὸν οἰκογενῆ αὐτοῦ
Esdr.   5    13  τὸ πρῶτον μὲν σύνολόν ἐστι τὸ δεύτερον μὲν ✱ ὀγκοῦται ✱ τὸ τρίτον μὲν τριχοῦται τὸ τέταρτον μὲν

### ὀδάξω   1
ISop.   5 111 6  οὔτε χέρνιβος θιγὼν πρὸς λέκτρον ἥξει καρδίᾳ ✱ ὠδαγμένος ✱ ὅλην δ' ἐκείνην εὐφρόνην ἐθόρνυτο.

### ὅδε   63
τάδε τόδε τήνδ' τῶνδε ὅδ' τήνδε τάδ' τῷδε τοῦδ' ἥδε τῇδε τῆσδε τοῦδε τόδ' τῷδ' τοῖσδε
τῶνδ' τῇδέ τοῖσδ'

### ὀδεία   2
Aris.   106  2   πρὸς τὰς διόδους. οἱ μὲν γὰρ μετέωροι τὴν ✱ ὀδείαν ✱ οἱ δ' ὑπ' αὐτὰς ποιοῦνται καὶ μάλιστα διεστηκότες
Aris.   106  3   δ' ὑπ' αὐτὰς ποιοῦνται καὶ μάλιστα διεστηκότες τῆς ✱ ὀδείας ✱ διὰ τοὺς ἐν ταῖς ἀγγελίαις ὄντας ὅπως μηδενὸς

### ὀδεύω   8
Bar.    2    4   μοι δέομαί σου τί ἐστιν τὸ πάχος τοῦ οὐρανοῦ ἐν ᾧ ✱ ὠδεύσαμεν ✱ ἢ τί τὸ διάστημα αὐτοῦ ἢ τί τὸ πεδίον; ἵνα
Job     52   10  αὐτὴν καὶ ἀνεβίβασον ἐπὶ τὸ ἅρμα καὶ ✱ ὠδεύσεν ✱ ἐπὶ ἀνατολὰς τὸ δὲ σῶμα αὐτοῦ περιστατὸν
Sib.    3    248 γαῖαν. ἡνίκα δ' Αἴγυπτον λείψει καὶ ἀταρπὸν ✱ ὀδεύσει ✱ λαὸς ὁ δωδεκάφυλος ἐν ἡγεμόσιν θεοπέμπτοις ἐν
Sib.    3    251 διοδεύων καὶ στύλῳ νεφέλης +πᾶν ἧως ἦμαρ ✱ ὀδεύσει+ ✱ τούτῳ δ' ἡγητῆρα καταστήσει μέγαν ἄνδρα Μωσῆν
Sib.    3    367 κακότητι --- εἰρήνη δὲ γαληνὸς ἐς Ἀσίδα γαῖαν ✱ ὀδεύσει ✱ Εὐρώπη δὲ μάκαιρα τότ' ἔσσεται εὔβοτος ἀήρ
Sib.    5    56  κάκηισιν ἔσσεαι ἤματι τῷδε ὅταν ποτέ Νεῖλος ✱ ὀδεύσῃ ✱ γαῖαν ὅλην Αἴγυπτον ἕως πηχῶν δέκα καὶ ἓξ ὥστε
Sib.    5    466 τε μεγίστων εὐθὺς βάρβαρος ὄχλος ἐς Ἀσίδα γαῖαν ✱ ὀδεύσει ✱ καὶ Θρακῶν ὀλέσει δεινῶν γένος ὡς ἀλαπαδνόν. καὶ
FrAn.   574  3055 ἀνεχώρησεν εἰς τὰ ὀπίσω καὶ ἐρυθρὰ θάλασσα ἣν ✱ ὥδευσεν ✱ Εἰσραὴλ καὶ ἔστη ἀνόδευτος ὅτι ὁρκίζω σε τὸν

### ὀδηγέω   8
TRub.   2    9   ὅτι ἀγνοίας πεπλήρωται καὶ αὕτη τὸν νεώτερον ✱ ὀδηγεῖ ✱ ὡς τυφλὸν ἐπὶ βόθρον καὶ ὡς κτῆνος ἐπὶ κρημνῶν.
TJos.   14   1   ἀπὸ τῆς ἀληθείας καὶ ἐμβάλλει ὀργὴν ἐπιθυμίας καὶ ✱ ὀδηγεῖ ✱ εἰς τυφλότητα τοὺς ὀφθαλμούς. τὸ γὰρ πνεῦμα τῆς
TJud.   19   1   πορεύεται. τέκνα μου ἡ φιλαργυρία πρὸς εἴδωλα ✱ ὀδηγεῖ ✱ ὅτι ἐν πλάνῃ δι' ἀργυρίου τοὺς μὴ ὄντας θεοὺς
TDan.   5    4   ἀλλ' οὐ δυνήσεσθε πρὸς αὐτούς. ἄγγελος γὰρ κυρίου ✱ ὀδηγεῖ ✱ ἑκατέρους ὅτι ἐν αὐτοῖς στήσεται Ἰσραήλ. καὶ ὡς
TGad.   5    7   τοὺς ἀνθρώπους ἐκ τῆς ψυχῆς παρέχει τὸ σωτήριον καὶ ἃ οὐκ ἔμαθεν ἐκ ✱ ὀδηγεῖ ✱
TBen.   6    1   πλάνης πνεύματος Βελίαρ ὁ γὰρ ἄγγελος τῆς εἰρήνης ✱ ὀδηγεῖ ✱ τὴν ψυχὴν αὐτοῦ. οὐχ ὁρᾷ ἐμπαθῶς τοῖς φθαρτοῖς
FEz.    64   70 10 καὶ βαστάσον με καὶ γίνομαι σοι ὀφθαλμοὶ ἄνθεν ✱ ὀδηγῶν ✱ σε δεξιὰ καὶ εὐώνυμα. τοῦτο δὲ ποιήσαντες
FPho.   24       παράσχου. ἄστεγον εἰς οἶκον δέξαι καὶ τυφλὸν ✱ ὀδήγει. ✱ ναυηγοὺς οἴκτιρον ἐπεὶ πλόος ἐστὶν ἄδηλος. χεῖρα

### ὀδηγός   1
FEz.    186  26  αδυναμουν⟨τας ε⟩πι τα υψηλα και π⟨ ⟩δια το ✱ οδαγους ✱ μη ε⟨χειν ⟩εος εισιν οι της φωνη⟨ς ⟩ανεβλεψα δε

| | | | |
|---|---|---|---|
| ὀδμή 1 | | | |
| Slb. 3 60 | εἰς πικρὸν ἦμαρ. ἥξει γὰρ ὁπόταν θείου διαβήσεται | * ὀδμὴ * | πᾶσιν ἐν ἀνθρώποισιν. ἀτὰρ τὰ ἕκαστ' ἀγορεύσω |
| Ὀδολάμ 1 | | | |
| TJud. 8 2 | τὸν Ὀδολαμίτην πρὸς ὃν ἐλθὼν εἶδον Βάρσαν βασιλέα | * Ὀδολάμ. * | καὶ ἐποίησεν ἡμῖν πότον καὶ παρακαλέσας δίδωσί |
| Ὀδολαμίτης 1 | | | |
| TJud. 8 1 | καὶ κτήνη πολλὰ καὶ εἶχον ἀρχιποίμενα Ἴραν τὸν | * Ὀδολαμίτην * | πρὸς ὃν ἐλθὼν εἶδον Βάρσαν βασιλέα Ὀδολάμ. |
| ὁδός 80 | | | |
| Hen. 2 1 | πάντα τὰ ἔργα ἐν τῷ οὐρανῷ πῶς οὐκ ἠλλοίωσαν τὰς | * ὁδοὺς * | αὐτῶν καὶ τοὺς φωστῆρας τοὺς ἐν τῷ οὐρανῷ ὡς τὰ |
| Hen. 8 2 | καὶ ἀπεπλανήθησαν καὶ ἠφανίσθησαν ἐν πάσαις ταῖς | * ὁδοῖς * | αὐτῶν. Σεμιαζᾶς ἐδίδαξεν ἐπα<ο>ιδὰς καὶ ῥιζοτομίας |
| Hen. 8B 2 | ἐγένετο ἀσέβεια πολλὴ ἐπὶ τῆς γῆς καὶ ἠφάνισαν τὰς | * ὁδοὺς * | αὐτῶν. ἔτι δὲ καὶ ὁ πρώταρχος αὐτῶν Σεμιαζᾶς |
| Hen. 89 44 | τὸν κριὸν τὸν ἐν τοῖς προβάτοις ἕως οὗ ἀφῆκεν τὴν | * ὁδὸν * | αὐτοῦ καὶ ἤρξατο πορεύεσθαι ἀνοδίᾳ. καὶ ὁ κύριος |
| Hen. 89 45 | ἀρχῇ τῶν προβάτων ἀντὶ τοῦ κριοῦ τοῦ ἀφέντος τὴν | * ὁδὸν * | αὐτοῦ. καὶ ἐπορεύθη πρὸς αὐτὸν καὶ ἐλάλησεν αὐτῷ |
| Hen. 90 5 | ζῆσαι ἐπὶ πλείονα ἔτη οὐ γάρ ἐστιν ἐπ' αὐτοῖς πᾶσα | * ὁδὸς * | ἐκφεύξεως ἀπὸ τοῦ νῦν διὰ τὴν ὀργὴν ἣν ὠργίσθη ὑμῖν |
| Hen. 99 10 | ποιῆσαι τὰς ἐντολὰς τοῦ ὑψίστου καὶ πορεύσονται ἐν | * ὁδοῖς * | δικαιοσύνης αὐτοῦ καὶ οὐ μὴ πλανήσουσιν μετὰ τῶν |
| Hen. 104 13 | πάντες οἱ δίκαιοι μαθεῖν ἐξ αὐτῶν πάσας τὰς | * ὁδοὺς * | τῆς ἀληθείας. μετὰ δὲ χρόνον ἔλαβεν Μαθουσάλεκ τῷ |
| Abr.1 2 5 | σῷ ἱκέτῃ πόθεν καὶ ἐκ ποίας στρατιᾶς καὶ ἐκ ποίας | * ὁδοῦ * | παραγέγονας τὸ σὸν κάλλος δίδαξόν με. ὁ δὲ |
| Abr.1 3 2 | ἀπὸ τοῦ ἀγροῦ πρὸς τὸν οἶκον αὐτοῦ. κατὰ δὲ τῆς | * ὁδοῦ * | ἐκείνης ἵστατο δένδρον κυπάρισσος κατὰ πρόσταξιν |
| Abr.1 3 7 | τούτου τοῦ ἐπιξένου τοὺς πόδας ὅτι ἀπὸ μακρᾶς | * ὁδοῦ * | πρὸς ἡμᾶς ἐκοπίασεν. καὶ δραμὼν Ἰσαὰκ εἰς τὸ φρέαρ |
| Abr.1 11 2 | τοῦ οὐρανοῦ τῇ πρώτῃ καὶ εἶδεν ἐκεῖ ὁ Ἀβραάμ> δύο | * ὁδοὺς * | <ἡ> μία ὁδὸς <στενὴ καὶ τεθλιμμένη ἡ δὲ ἑτέρα> |
| Abr.1 11 2 | πρώτῃ καὶ εἶδεν ἐκεῖ ὁ Ἀβραάμ> δύο ὁδοὺς <ἡ> μία | * ὁδὸς * | <στενὴ καὶ τεθλιμμένη ἡ δὲ ἑτέρα> πλατεῖα καὶ |
| Abr.1 11 3 | δύο πύλας μία πύλη πλατεῖα> ἡ κατὰ τῆς πλατείας | * ὁδοῦ * | καὶ μία πύλη στενὴ ἡ κατὰ τῆς στενῆς ὁδοῦ. ἔξωθεν |
| Abr.1 11 3 | πλατείας ὁδοῦ καὶ μία πύλη στενὴ ἡ κατὰ τῆς στενῆς | * ὁδοῦ. * | ἔξωθεν δὲ τῶν πυλῶν τῶν ἐκεῖσε τῶν δύο εἶδον ἄνδρα |
| Abr.1 11 5 | πολλὰς ἐλαυνομένας ὑπὸ ἀγγέλων διὰ τῆς πλατείας | * ὁδοῦ * | καὶ εἰσαγομένας καὶ εἶδον ἄλλας ψυχὰς ὀλίγας καὶ |
| Abr.1 11 11 | ἑαυτὸν χαμαὶ κλαίων καὶ ὀδυρόμενος πικρῶς διότι ἡ | * ὁδὸς * | πλατεῖα τῶν ἁμαρτωλῶν ἐστὶν ἡ ἀπάγουσα εἰς τὴν |
| Abr.2 2 3 | καὶ εἶπεν πόθεν εἶ σὺ ἄνθρωπε ὁ πορευόμενος τὴν | * ὁδόν; * | καὶ ἀπεκρίθη αὐτῷ Μιχαὴλ φιλάνθρωπος <εἶ σύ>. |
| Abr.2 2 12 | ἵνα καθίσῃ ἐπ' αὐτῷ ὁ ξένος ὅτι ἔκαμεν ἐν τῇ | * ὁδῷ. * | ἀπεκρίθη Μιχαὴλ καὶ εἶπεν μὴ σκύλου τὸ παιδάριον |
| Abr.2 3 2 | ὡς ἀπὸ σταδίων δύο καὶ ηὗρον δένδρον μέγαν ἐν τῇ | * ὁδῷ * | παμμεγέθει ἔχοντα κλάδους τριακοσίους ὅμοιον |
| TRub. 1 3 | αὐτοῖς τεκνία μου ἐγὼ ἀποθνήσκω καὶ πορεύομαι | * ὁδὸν * | πατέρων μου. καὶ ἰδὼν ἐκεῖ Ἰούδαν καὶ Γὰδ καὶ |
| TSim. 5 2 | τὰς καρδίας ὑμῶν ἐνώπιον κυρίου καὶ εὐθύνατε τὰς | * ὁδοὺς * | ὑμῶν ἐνώπιον τῶν ἀνθρώπων καὶ ἔσεσθε εὑρίσκοντες |
| TLevi 2 3 | ἐπ' ἐμὲ καὶ πάντας ἑώρων ἀνθρώπους ἀφανίσαντας τὴν | * ὁδὸν * | αὐτῶν καὶ ὅτι τείχη ᾠκοδόμησεν ἑαυτῇ ἡ ἀδικία καὶ |
| TLevi 2 3B002 | καὶ ὅλος ἐλουσάμην ἐν ὕδατι ζῶντι καὶ πάσας τὰς | * ὁδούς * | μου ἐποίησα εὐθείας. τότε τοὺς ὀφθαλμούς μου καὶ |
| TLevi 2 3B006 | καὶ νῦν τέκνα μου μετ' ἐμοῦ. καὶ δός μοι πάσας | * ὁδοὺς * | ἀληθείας μάκρυνον ἀπ' ἐμοῦ κύριε τὸ πνεῦμα τὸ |
| TLevi 2 3B010 | μὴ κατισχυσάτω με πᾶς σατανᾶς πλανῆσαί με ἀπὸ τῆς | * ὁδοῦ * | σου. καὶ ἐλέησόν με καὶ προσάγαγέ με εἶναί σου |
| TJud. 7 7 | θυμοῦ καὶ πάντες ἔφυγον καὶ διελθόντες δι' ἄλλης | * ὁδοῦ * | ἐδεήθησαν τοῦ πατρός μου καὶ ἐποίησεν εἰρήνην μετ' |
| TJud. 26 1 | κυρίου ὅτι ἐστὶν ἐλπὶς πᾶσι τοῖς κατευθύνουσι τὰς | * ὁδοὺς * | αὐτῶν. καὶ εἶπε πρὸς αὐτοὺς ἑκατὸν δεκαεννέα ἐτῶν |
| TZab. 4 6 | τοῖς ἐμπόροις καὶ οὐδένα εὗρεν ἀφέντες γὰρ τὴν | * ὁδὸν * | τὴν μεγάλην ἐπορεύθησαν διὰ Τρωγλοκολπιτῶν ἐν τῇ |
| TAser 1 3 | πᾶν τὸ εὐθὲς ἐνώπιον τοῦ θεοῦ ὑποδείξω ὑμῖν. δύο | * ὁδοὺς * | ἔδωκεν ὁ θεὸς τοῖς υἱοῖς τῶν ἀνθρώπων καὶ δύο |
| TAser 1 5 | διὰ τοῦτο πάντα δύο εἰσίν ἓν κατέναντι τοῦ ἑνός. | * ὁδοὶ * | δύο καλοῦ καὶ κακοῦ ἐν οἷς εἰσι τὰ δύο διαβούλια ἐν |
| Asen. 9 4 | ὁ κύριός μου σήμερον καὶ τὸ πρωΐ ἀπελεύσῃ τὴν | * ὁδόν * | σου. καὶ εἶπεν Ἰωσὴφ οὐχὶ ἀλλ' ἀπελεύσομαι σήμερον |
| Asen. 10 1 | καὶ αὐλισθήσομαι ἐνθάδε. καὶ ἀπῆλθεν Ἰωσὴφ τὴν | * ὁδὸν * | αὐτοῦ καὶ Πεντεφρῆς καὶ πᾶσα ἡ συγγένεια αὐτοῦ |
| Asen. 13 7 | τέφρας πηλὸς γέγονε πολὺς ἐν τῷ θαλάμῳ μου ὡς ἐν | * ὁδῷ * | πλατείᾳ. ἰδοὺ κύριε τὸ δεῖπνόν μου τὸ βασιλικὸν καὶ |
| Asen. 15 14 | καὶ πίεσαι ἐξ αὐτοῦ. καὶ μετὰ ταῦτα ἀπελεύσῃ τὴν | * ὁδόν * | σου. καὶ εἶπεν αὐτῇ ὁ ἄνθρωπος σπεῦσον καὶ φέρε |
| Asen. 16 17 | εἵλκυσεν ἐπὶ τὸ ἄκρον τὸ βλέπον κατὰ δυσμὰς καὶ ἡ | * ὁδὸς * | τοῦ δακτύλου αὐτοῦ ἐγένετο ὡς αἷμα>. καὶ ἐξέτεινε |
| Asen. 16 17 | ἐπὶ τὸ ἄκρον τὸ βλέπον πρὸς μεσημβρίαν καὶ ἡ | * ὁδὸς * | τοῦ δακτύλου αὐτοῦ ἐγένετο ὡς αἷμα>. καὶ Ἀσενὲθ |
| Asen. 24 20 | ὡς πρὸς τὸ μέρος τὸ ἔμπροσθεν ἔνθεν κἀκεῖθεν τῆς | * ὁδοῦ * | ἀνὰ πεντακόσιοι ἄνδρες καὶ ἐντεῦθεν τοῦ χειμάρρου |
| Asen. 24 20 | καὶ αὐτοὶ ἐν τῇ ὕλῃ τοῦ καλάμου ἔνθεν κἀκεῖθεν τῆς | * ὁδοῦ * | ἀνὰ πεντακόσιοι ἄνδρες. καὶ ἦν ἀνάμεσον αὐτῶν ἡ |
| Asen. 24 20 | ἀνὰ πεντακόσιοι ἄνδρες. καὶ ἦν ἀνάμεσον αὐτῶν ἡ | * ὁδὸς * | πλατεῖα καὶ εὐρύχωρος. καὶ ἀνέστη ὁ υἱὸς Φαραὼ ἐν |
| Asen. 26 4 | κυρίου πᾶσα ἡ γῆ. καὶ ἀπῆλθεν Ἀσενὲθ ἐπὶ τὴν | * ὁδὸν * | αὐτῆς καὶ Ἰωσὴφ ἀπῆλθεν ἐπὶ τὴν σιτοδοσίαν αὐτοῦ. |
| Sal. 6 2 | τῷ μνημονεύειν αὐτὸν τὸ ὄνομα κυρίου σωθήσεται. αἱ | * ὁδοὶ * | αὐτοῦ κατευθύνονται ὑπὸ κυρίου καὶ πεφυλαγμένα ἔργα |
| Sal. 8 6 | ἐταράχθη τὰ ὀστᾶ μου ὡς λίνον. εἶπα κατευθυνοῦσιν | * ὁδοὺς * | αὐτῶν ἐν δικαιοσύνῃ. ἀνελογισάμην τὰ κρίματα τοῦ |
| Sal. 8 16 | ἄρχοντες τῆς γῆς μετὰ χαρᾶς εἶπαν αὐτῷ ἐπευκτὴ ἡ | * ὁδός * | σου δεῦτε εἰσέλθατε μετ' εἰρήνης. ὡμάλισαν ὁδοὺς |
| Sal. 8 17 | ἡ ὁδός σου δεῦτε εἰσέλθατε μετ' εἰρήνης. ὡμάλισαν | * ὁδοὺς * | τραχείας ἀπὸ εἰσόδου αὐτοῦ ἤνοιξαν πύλας ἐπὶ |
| Sal. 10 1 | οὗ ὁ κύριος ἐμνήσθη ἐν ἐλεγμῷ καὶ ἐκυκλώθη ἀπὸ | * ὁδοῦ * | πονηρᾶς ἐν μάστιγι καθαρισθῆναι ἀπὸ ἁμαρτίας τοῦ μὴ |
| Sal. 10 3 | ὁ κύριος τοῖς ὑπομένουσιν παιδείαν. ὀρθώσει γὰρ | * ὁδοὺς * | δικαίων καὶ οὐ διαστρέψει ἐν παιδείᾳ καὶ τὸ ἔλεος |
| Sal. 10 4 | ἐν νόμῳ διαθήκης αἰωνίου ἡ μαρτυρία κυρίου ἐπὶ | * ὁδοὺς * | ἀνθρώπων ἐν ἐπισκοπῇ. δίκαιος καὶ ὅσιος ὁ κύριος |
| Sal. 14 8 | ἡ ἐπιθυμία αὐτῶν καὶ οὐκ ἐμνήσθησαν τοῦ θεοῦ. ὅτι | * ὁδοὶ * | ἀνθρώπων γνωσταὶ ἐνώπιον αὐτοῦ διὰ παντὸς καὶ |
| Sal. 18 10 | ὡρῶν ἀφ' ἡμερῶν εἰς ἡμέρας καὶ οὐ παρέβησαν ἀπὸ | * ὁδοῦ * | ἧς ἐνετείλω αὐτοῖς ἐν φόβῳ θεοῦ ἡ ὁδὸς αὐτῶν καθ' |
| Sal. 18 11 | ἀπὸ ὁδοῦ ἧς ἐνετείλω αὐτοῖς ἐν φόβῳ θεοῦ ἡ | * ὁδὸς * | αὐτῶν καθ' ἑκάστην ἡμέραν ἀφ' ἧς ἡμέρας ἔκτισεν |
| Sal. 18 12 | ἔκτισεν αὐτοὺς ἀπὸ γενεῶν ἀρχαίων οὐκ ἀπέστησαν | * ὁδῶν * | αὐτῶν εἰ μὴ ὁ θεὸς ἐνετείλατο αὐτοῖς ἐν ἐπιταγῇ |
| Jer. 3 15 | καὶ ἄπελθε εἰς τὸ χωρίον τοῦ Ἀγρίππα διὰ τῆς | * ὁδοῦ * | τοῦ ὄρους καὶ ἐνεγκὼν ὀλίγα σῦκα δίδου τοῖς νοσοῦσι |
| Jer. 5 9 | οὐκ ἔστιν αὕτη ἡ πόλις Ἱερουσαλὴμ πεπλάνημαι τὴν | * ὁδὸν * | ὅτι διὰ τῆς ὁδοῦ τοῦ ὄρους ἦλθον ἐγερθεὶς ἀπὸ τοῦ |
| Jer. 5 9 | πόλις Ἱερουσαλὴμ πεπλάνημαι τὴν ὁδὸν ὅτι διὰ τῆς | * ὁδοῦ * | τοῦ ὄρους ἦλθον ἐγερθεὶς ἀπὸ τοῦ ὕπνου μου καὶ |
| Jer. 5 10 | διὰ τὸ μὴ κορεσθῆναί με τοῦ ὕπνου πεπλάνημαι τὴν | * ὁδόν. * | θαυμαστὸν εἰπεῖν τοῦτο ἐναντίον Ἱερεμίου ὅτι |
| Jer. 5 11 | εἰπεῖν τοῦτο ἐναντίον Ἱερεμίου ὅτι πεπλάνημαι τὴν | * ὁδόν. * | ἐξῆλθε δὲ ἀπὸ τῆς πόλεως καὶ κατανοήσας εἶδε τὰ |
| Jer. 5 12 | καὶ εἶπεν αὕτη μὲν ἔστιν ἡ πόλις πεπλάνημαι δὲ τὴν | * ὁδόν. * | καὶ πάλιν ὑπέστρεψεν εἰς τὴν πόλιν καὶ ἐζήτησε καὶ |
| Jer. 6 8 | Βαβυλῶνα διὰ τὴν σκέπην τὴν γενομένην σοι ἐν τῇ | * ὁδῷ. * | καὶ ηὔξατο Βαροὺχ λέγων ἡ δύναμις ἡμῶν ὁ θεὸς κύριε |
| Jer. 7 12 | θεοῦ καὶ ἔσται ἡ δόξα κυρίου μετὰ σοῦ ἐν πάσῃ τῇ | * ὁδῷ * | ᾗ πορεύσῃ. τότε ὁ ἀετὸς ἐπετάσθη ἔχων τὴν ἐπιστολὴν |
| Jer. 7 23 | δεόμενος τοῦ θεοῦ ὑπὲρ ἡμῶν ὅπως κατευοδώσῃ τὴν | * ὁδὸν * | ἡμῶν ἄχρις ἂν ἐξέλθωμεν ἐκ τῶν προσταγμάτων τοῦ |
| Bar. 2 2 | αὐτῆς. καὶ εἰσήλθομεν ὡς ἐν πτέρυξιν ὡσεὶ πορείας | * ὁδοῦ * | ἡμερῶν τριάκοντα. καὶ ὑπέδειξέν μοι ἔνδον τοῦ |
| Bar. 3 2 | αὐτῆς. καὶ εἰσήλθομεν ἀναπτερωμένοι ὡσεὶ πορείας | * ὁδοῦ * | ἡμερῶν ἑξήκοντα. καὶ ἔδειξέν μοι κἀκεῖ πεδίον καὶ |
| Prop. 10 6 | Ἰούδα. καὶ ἀποθανοῦσαν τὴν μητέρα αὐτοῦ κατὰ τὴν | * ὁδὸν * | ἔθαψεν αὐτὴν ἐχόμενα τῆς βαλάνου Δεββώρας. καὶ |
| Prop. 17 2 | ἀγγεῖλαι αὐτῷ ἐνεπόδισεν ὁ Βελίαρ ὅτι κατὰ τὴν | * ὁδὸν * | εὗρε νεκρὸν κείμενον γυμνὸν ἐσφαγμένον καὶ γνοὺς |
| Sedr. 15 5 | ὡς λίθος σαθρὸς οὗτοί εἰσιν οἱ πορεύοντες ἀσεβέσιν | * ὁδοῖς * | καὶ ἀπολύμενοι μετὰ τοῦ ἀντιχρίστου. λέγει Σεδρὰχ |
| Job 13 2 | ἐν τοῖς ὄρεσιν καὶ τὸ βούτυρον διεχεῖτο ἐν ταῖς | * ὁδοῖς * | μου καὶ τὰ κτήνη μου ἀπὸ τοῦ πλήθους ἐν ταῖς |
| Job 23 11 | προσφέρει μοι καὶ ὁ Σατανᾶς ἠκολούθει αὐτῇ ἐν τῇ | * ὁδῷ * | περιπατῶν κεκρυμμένως, καὶ ἐπλαγίαζεν αὐτῆς τὴν |
| Aris. 83 3 | σοι. τὰ δ' ἑξῆς περιέχει τὴν πρὸς τὸν Ἐλεάζαρον | * ὁδὸν * | ἡμῖν γενομένην τὴν δὲ θέσιν τῆς ὅλης χώρας πρῶτον |
| Aris. 101 3 | ἢ πολεμίων ἔφοδος γένηται μηθεὶς δύνηται | * ὁδὸν * | εἰς τοὺς περιβόλους ποιήσασθαι τοὺς περὶ τὸν οἶκον |
| Slb. 3 233 | πολλὰ βροτοῖς πέλεται κατὰ γαῖαν τοῦ πεπλανῆσθαι | * ὁδούς * | τ' ἀγαθὰς καὶ ἔργα δίκαια. οἳ δὲ μεριμνῶσίν τε |
| FIsa. 1 3 3 | Ἰ>ούδα. κα<ὶ οὐκ ἐ>πάτει +εἰς Σαμαρίαν ἐν | * ὁδῷ+ * | τοῦ πατρὸς αὐτοῦ ὅτι τὸν Ἐζεκίαν ἐφοβεῖτο. καὶ |
| FPho. 140 | κατὰ μέτρον ἔλῃαι. κτῆνος δ' ἢν ἐχθροῖο πέσῃ καθ' | * ὁδὸν * | συνέγειρε. πλαζόμενον δὲ βροτὸν καὶ ἀλίτροπον |
| IDip. 5 121 1 | νομίζομεν μίαν δικαίων ἑτέραν δὲ ἀσεβῶν εἶναι | * ὁδόν. * | εἰ τοὺς δύω καλύψει ἡ γῆ τῷ παντὶ χρόνῳ εἰ γὰρ |
| HDem. 9 29 16 | ἔσχον ἄνοπλοι ἐξελθόντες ἔφασαν γὰρ τριῶν ἡμερῶν | * ὁδὸν * | ἐξελθόντες καὶ θυσιάσαντες πάλιν ἀνακάμψειν. |
| HArt. 9 27 36 | τὸ μὲν νᾶμα διαστῆναι τὴν δὲ δύναμιν διὰ ξηρᾶς | * ὁδοῦ * | πορεύεσθαι. συνεμβάντων δὲ τῶν Αἰγυπτίων καὶ |
| HArt. 9 27 37 | τῶν ἔμπροσθεν ἐκλάμψαι τὴν δὲ θάλασσαν πάλιν τὴν | * ὁδὸν * | ἐπικλύσαι τοὺς δὲ Αἰγυπτίους ὑπό τε τοῦ πυρὸς καὶ |
| HHec. 1 22 202 | οὗτος οὖν ὁ ἄνθρωπος διαβαδιζόντων πολλῶν κατὰ τὴν | * ὁδὸν * | καὶ μάντεώς τινος ὀρνιθευομένου καὶ πάντας ἐπισχεῖν |
| LThe. 9 22 1 | ἀγαθή τε καὶ αἰγινόμος καὶ ὑδρηλὴ οὐδὲ μὲν ἔσκεν | * ὁδὸς * | δολιχὴ πόλιν εἰσαφικέσθαι ἀγρόθεν οὐδέ ποτε δρία |
| LEze. 9 29 12 38 | Αἰγύπτου δ' ἄπο ἑπτὰ διοδοιποροῦντες ἡμέρας | * ὁδὸν * | πάντες τοσαύτας ἡμέρας ἔτος κάτα ἄζυμα ἔδεσθε καὶ |
| ὀδούς 5 | | | |
| Adam 10 3 | αὐτήν; πῶς ἠνοίγη τὸ στόμα σου; πῶς ἐνίσχυσαν οἱ | * ὀδόντες * | σου; πῶς οὐκ ἐμνήσθης τῆς ὑποταγῆς σου ὅτι |
| Asen. 18 9 | ζωῆς <ἐξερχόμενον ἐκ τῆς κάλυκος αὐτοῦ καὶ οἱ | * ὀδόντες * | αὐτῆς ὡς πολεμισταὶ συντεταγμένοι εἰς πόλεμον> |
| Sal. 13 3 | ἁμαρτωλῶν. θηρία ἐπεδράμοσαν αὐτοῖς πονηρὰ ἐν τοῖς | * ὀδοῦσιν * | αὐτῶν ἐτίλλοσαν σάρκας αὐτῶν καὶ ἐν ταῖς μύλαις |
| Esdr. 4 30 | καὶ ὁ ἕτερος ἀσάλευτος τὸ στόμα αὐτοῦ πῆχυς μία οἱ | * ὀδόντες * | αὐτοῦ σπιθαμιαῖοι οἱ δάκτυλοι αὐτοῦ ὡς δρέπανα |
| Slb. 3 329 | ὄλεθρον ἀνθ' ὧν ἀθανάτοιο μέγαν διεδηλήσασθε οἶκον | * ὀδοῦσι * | σιδηρείοις τ' ἐμασήσατε δεινῶς. τοὔνεκα δὴ νεκρῶν |
| ὀδυνάω 4 | | | |
| TIss. 7 5 | οὐκ ἀνῆλθε διὰ τῶν χειλέων μου. παντὶ ἀνθρώπῳ | * ὀδυνωμένῳ * | συνεστέναξα καὶ πτωχῷ μετέδωκα τὸν ἄρτον μου. |
| Jer. 7 27 | ἐστέναζον καὶ ἐπέστρεφον εἰς τὸν οἶκόν μου | * ὀδυνώμενος * | καὶ κλαίων. νῦν οὖν δεήθητι εἰς τὸν τόπον |
| Job 24 4 | αἴθριος, κἀγὼ πάλιν ἡ παναθλία ἐργαζομένη ἡμέρας | * ὀδυνωμένη * | καὶ ἐν νυκτὶ ἕως ἂν εὐπορήσασα ἄρτον |
| FMan. 2 22 10 | ἐν μέτρῳ ὥστε ζῆν αὐτὸν καὶ ἦν συνεχόμενος καὶ | * ὀδυνώμενος * | σφόδρα. καὶ ὡς βιαίως ἐθλίβη ἐζήτησεν τὸ |
| ὀδύνη 10 | | | |
| Adam 25 2 | ζωήν σου ἐκ τῆς ἀνάγκης σου τῆς μεγάλης καὶ τῶν | * ὀδυνῶν. * | ἐξομολογήσει δὲ καὶ εἴπεις κύριε κύριε σῶσόν με |
| Hen. 102 11 | ὡς οὐκ ὄντες καὶ κατέβησαν αἱ ψυχαὶ αὐτῶν μετ' | * ὀδύνης * | εἰς ᾅδου--- ἐγὼ ὀμνύω ὑμῖν--- ἐπίσταμαι τὸ |
| TLevi 17 5 | ἱερεὺς ἐν λύπῃ παραληφθήσεται. καὶ ὁ τέταρτος ἐν | * ὀδύνῃ * | ἔσται ὅτι προσθήσει ἐπ' αὐτὸν ἡ ἀδικία εἰς πλῆθος |
| TJud. 11 4 | γῆς Χανάαν. γνοὺς δὲ ὃ ἐποίησε κατηρασάμην αὐτῇ ἐν | * ὀδύνῃ * | ψυχῆς μου καίγε αὐτὴ ἀπέθανεν ἐν πονηρίᾳ υἱῶν |

TZab. 9 6 τοῖς ἔθνεσιν ἐν πάσαις ἀσθενείαις καὶ θλίψεσι καὶ * ὀδύναις * ψυχῆς. καὶ μετὰ ταῦτα μνησθήσεσθε κυρίου καὶ
Sal. 4 15 αὐτοῦ ἐν στεναγμοῖς καὶ ἡ εἴσοδος αὐτοῦ ἐν ἀρᾷ ἐν * ὀδύναις * καὶ πενίᾳ καὶ ἀπορίᾳ ἡ ζωὴ αὐτοῦ κύριε ὁ ὕπνος
Job 22 2 διεμέριζεν αὐτῇ τε καὶ ἐμοί, λέγουσα μετ' * ὀδύνης * οὐαί μοι, τάχα οὔτε ἄρτου χορτάζεται. καὶ οὐκ
Job 47 8 ὡς οὐδὲν ὅλως πεπονθὼς ἀλλὰ καὶ τῶν ἐν καρδίᾳ * ὀδυνῶν * λήθην ἔσχον ὁ δὲ κύριος ἐλάλησέν μοι ἐν δυνάμει,
Job 52 1 Ιωβ νοσεῖν ἐπὶ τῆς κλίνης, ἄνευ πόνου μέντοι καὶ * ὀδύνης, * ἐπεὶ μηκέτι πόνος ἴσχυεν ἅπτεσθαι αὐτοῦ διὰ τὸ
Aris. 208 5 περιβάλλειν γινώσκων ὅτι τὸ τῶν ἀνθρώπων ζῆν ἐν * ὀδύναις * τε καὶ τιμωρίαις καθέστηκεν. ἐπινοῶν οὖν ἕκαστα

ὀδύρομαι 10

Adam 27 2 ἡμᾶς ἐκ τοῦ παραδείσου. ἐλαυνομένων δὲ ἡμῶν καὶ * ὀδυρομένων * παρεκάλεσεν ὁ πατὴρ ὑμῶν Ἀδὰμ τοὺς ἀγγέλους
Abr.1 11 6 καὶ ἔρριπτεν αὐτὸν χαμαὶ ἀπὸ τοῦ θρόνου κλαίων καὶ * ὀδυρόμενος. * καὶ ὅτε ἐθεώρει πολλὰς ψυχὰς εἰσερχομένας
Abr.1 11 8 ὁ ἐν τοιαύτῃ δόξῃ κοσμούμενος ποτὲ μὲν κλαίει καὶ * ὀδύρεται * ποτὲ δὲ χαίρεται καὶ ἀγάλλεται ἐν εὐφροσύνῃ;
Abr.1 11 11 κεφαλῆς αὐτοῦ καὶ ῥίπτει ἑαυτὸν χαμαὶ κλαίων καὶ * ὀδυρόμενος * πικρῶς διότι ἡ ὁδὸς πλατεῖα τῶν ἁμαρτωλῶν
Abr.1 11 11 Ἀδὰμ ἀνίσταται ἀπὸ τοῦ θρόνου αὐτοῦ κλαίων καὶ * ὀδυρόμενος * ἐπὶ τῇ ἀπωλείᾳ τῶν ἁμαρτωλῶν διότι πολλοί
Abr.1 20 6 γυνὴ αὐτοῦ καὶ> περιεπλάκη τοῖς ποσὶν τοῦ Ἀβραὰμ * ὀδυρομένη * πικρῶς. ἦλθοσαν δὲ πάντες οἱ δοῦλοι καὶ
Abr.1 20 7 ἦλθοσαν δὲ πάντες οἱ δοῦλοι καὶ ἔκλαιον πικρῶς * ὀδυρόμενοι * καὶ Ἀβραὰμ ἦλθεν εἰς ὀλιγωρίαν <θανάτου>.
Bar. 13 1 καὶ εἶθ' οὕτως ἦλθον ἕτεροι ἄγγελοι κλαίοντες καὶ * ὀδυρόμενοι * καὶ μετὰ φόβου λέγοντες ἴδε ἡμᾶς
Sedr. 11 1 σώματος τοῦ πλάσματός σου. καὶ ἤρξατο κλαίων καὶ * ὀδυρόμενος * λέγειν ὦ κεφαλὴ παράδοξε οὐρανοκόσμητε ὦ
FAch. 106 ὄψιν ἑαυτοῦ τύπτων καὶ <ἤρξατο> κατατίλλεσθαι καὶ * ὀδύρεσθαι * τὸν Αἴσωπον. καὶ ἔλεγεν στενάζων τὸν κίονά μου

Ὀζίας 1

Prop. 21 9 ἀνεῖλον ὄντας τετρακοσίους πεντήκοντα. τῷ βασιλεῖ * Ὀζίᾳ * ἀποστείλαντι μαντεύσασθαι παρὰ εἰδώλων προεφήτευσε

Ὀζιήλ 1

TLevi 12 2 καὶ τὸν Σεμεΐ. καὶ υἱοὶ Καὰθ Ἀμβρὰμ Ἰσαὰρ Χεβρὼν * Ὀζιήλ. * καὶ υἱοὶ Μεραρὶ Μοολὶ καὶ Ὁμουσί. καὶ

ὄζω 1

Jer. 6 5 ἑξηκονταὲξ ἔτη ἐποίησαν καὶ οὐκ ἐμαράνθησαν οὐδὲ * ὤζεσαν * ἀλλὰ στάζουσι τοῦ γάλακτος. οὕτως γίνεταί σοι ἡ

ὅθεν 13

Abr.1 2 5 ἔοικας τούτου χάριν αἰτοῦμαι τῆς σῆς παρουσίας * ὅθεν * ἔοικεν τὸ νέον τῆς ἡλικίας σου; δίδαξόν με τῷ σῷ
Abr.1 7 4 τῆς κεφαλῆς <μου> καὶ ἀνῆλθεν εἰς τοὺς οὐρανοὺς * ὅθεν * καὶ ἐξῆλθεν καὶ ἐλυπήθην μεγάλως ὅτι ἔλαβεν τὸν
TNep. 1 8 ἴδοιμι ἀδελφόν σου ἐκ τῆς κοιλίας μου κατά σέ. * ὅθεν * καὶ ὅμοιός μοι ἦν ἐν πᾶσιν ὁ Ἰωσὴφ κατὰ τὰς εὐχὰς
Asen. 11 11 ἀνθρώπου τεθλιμμένου ἐν καιρῷ θλίψεως αὐτοῦ. * ὅθεν * τολμήσω κἀγὼ καὶ ἐπιστρέψω πρὸς αὐτὸν καὶ
Sal. 3 5 καὶ ἀποβλέπει τί ποιήσει αὐτῷ ὁ θεὸς ἀποσκοπεύει * ὅθεν * ἥξει σωτηρία αὐτοῦ. ἀλήθεια τῶν δικαίων παρὰ θεοῦ
Prop. 2 6 οὓς ἤνεγκεν ἐκ τοῦ Ἄργους τῆς Πελοποννήσου * ὅθεν * καὶ ἀργόλαι καλοῦνται τοῦτ' ἔστιν Ἄργους δεξιοί
Aris. 110 1 ἐφ' ἱκανὸν εἰς ἐλάττωσιν ἦγον τὰ τῆς ἐργασίας. * ὅθεν * ὁ βασιλεὺς ἵνα μὴ καταμένωσι προσέταξε μὴ πλέον
Aris. 140 1 καὶ δυνατὸν σεβόμενοι παρ' ὅλην τὴν πᾶσαν κτίσιν. * ὅθεν * οἱ Αἰγυπτίων καθηγεμόνες ἱερεῖς ἐγκεκυφότες εἰς
Aris. 208 4 αὔξει τε καὶ γεννᾶται τὸ τῶν ἀνθρώπων γένος * ὅθεν * οὔτε εὐκόπως δεῖ κολάζειν οὔτε αἰκίαις περιβάλλειν
Sib. 3 144 Πλούτωνα Ῥέη τέκε δῖα γυναικῶν Δωδώνην παριοῦσα * ὅθεν * ῥέεν ὑγρὰ κέλευθα Εὐρώπου ποταμοῖο καὶ εἰς ἅλα
HDem. 9 21 7 τοῦ μηροῦ τοῦ Ἰακὼβ τὸν δὲ ναρκήσαντα ἐπισκάζειν * ὅθεν * οὐκ ἐσθίεσθαι τῶν κτηνῶν τὸ ἐν τοῖς μηροῖς νεῦρον.
LPhi. 9 24 1 ἀφ' Ἀβραάμοιο καὶ Ἰσὰκ Ἰακὼβ εὐτέκνοιό θ' * ὅθεν * Ἰωσὴφ ὃς ὀνείρων θεσπιστὴς σκηπτοῦχος ἐν Αἰγύπτοιο
FrAn. 1 226 18 σιτου οντος πο<λλου - ειπε>ν συναγαγετε μοι τιχι * οθε<ν * - - >λιμος δε αυτην παροδευε<ι - >νη ποτε φθανει

ὀθόνη 2

TZab. 6 2 σοφίαν ἐν αὐτῷ καὶ καθῆκα ξύλον ὄπισθεν αὐτοῦ καὶ * ὀθόνην * ἐξέτεινα ἐν ὀρθῷ ξύλῳ ἐν μέσῳ καὶ ἐν αὐτῷ
Asen. 2 4 χρυσοϋφῆς καὶ λίθοι ἐκλεκτοὶ καὶ πολυτελεῖς καὶ * ὀθόναι * ἐπίσημοι καὶ πᾶς ὁ κόσμος τῆς παρθενίας αὐτῆς.

ὀθόνιον 2

Asen. 13 6 τὸ πρότερον καταρραινόμενον μύροις καὶ ἐξεμάσσετο * ὀθονίοις * λαμπροῖς νυνὶ καταρραίνεται τοῖς δάκρυσί μου
Aris. 320 5 καὶ πορφύραν καὶ στέφανον διαπρεπῆ καὶ βυσσίνων * ὀθονίων * ἱστοὺς ἑκατὸν καὶ φιάλας καὶ τρύβλια καὶ

οἵ 1

Bar. 1 1 τὰς ὡραίας πύλας ὅπου ἔκειτο τὰ τῶν ἁγίων ἅγια. * οἵ * νῦν ἐγὼ Βαροὺχ κλαίων ἐν τῇ συνέσει μου καὶ ἔχων περὶ

οἶδα 90

Adam 3 2 τῷ ἀρχαγγέλῳ εἰπὲ τῷ Ἀδὰμ ὅτι τὸ μυστήριον ὃ * οἶδας * μὴ ἀναγγείλῃς Κάϊν τῷ υἱῷ σου ὅτι ὀργῆς υἱός
Adam 19 2 αὐτῷ ὅτι οὐ γινώσκω ποίῳ ὅρκῳ ὀμόσω σοι. πλὴν ὃ * οἶδα * λέγω σοι μὰ τὸν θρόνον τοῦ δεσπότου καὶ τὰ Χερουβὶμ
Adam 31 4 εἰς τὰς χεῖρας τοῦ δεδωκότος μοι αὐτὸ διότι οὐκ * οἴδαμεν * πῶς ἀπαντήσωμεν τοῦ ποιήσαντος ἡμᾶς ἢ ὀργισθῇ
Hen. 9 11 τῶν ἐπὶ τῆς γῆς γινομένων ἀνομημάτων. καὶ σὺ πάντα * οἶδας * πρὸ τοῦ αὐτὰ γενέσθαι καὶ σὺ ὁρᾷς ταῦτα καὶ ἐᾷς
Hen. 9B 6 ἐν οὐρανῷ. ἐπιτηδεύουσιν δὲ τὰ ἐπιτηδεύματα αὐτοῦ * εἰδέναι * τὰ μυστήρια οἱ υἱοὶ τῶν ἀνθρώπων. τῷ Σεμιαζᾷ τὴν
Hen. 9B 11 τῶν ἐπὶ τῆς γῆς γινομένων ἀδικημάτων. καὶ σὺ αὐτὰ * οἶδας * πρὸ τῶν αὐτὰ γενέσθαι καὶ ὁρᾷς αὐτοὺς καὶ ἐᾷς
Hen. 25 2 ἀλήθειαν μαθεῖν; τότε ἀπεκρίθην αὐτῷ περὶ πάντων * εἰδέναι * θέλω μάλιστα δὲ περὶ τοῦ δένδρου τούτου σφόδρα.
Hen. 103 10 καὶ ἀπολώλαμεν καὶ ἀπηλπίσμεθα καὶ μηκέτι * εἰδέναι * σωτηρίαν ἡμέραν ἐξ ἡμέρας. ἠλπίσαμεν γενέσθαι
Abr.1 6 5 καὶ ἐθήλαξεν τῇ μητρὶ αὐτοῦ ἐν ἀγαλλιάσει οὐκ * οἶδας * κύριέ μου Ἀβραὰμ ὅτι καὶ καρπὸν κοιλίας ἐξ
Abr.1 8 9 μοι <καὶ ἵνα τί ἀνθέστηκας τὸν ἄγγελόν μου>; ἢ οὐκ * οἶδας * ὅτι πάντες οἱ ἀπὸ τοῦ Ἀδὰμ <καὶ τῆς Εὔας>
Abr.1 8 12 οὐ μή σε ἀκολουθήσω; ἵνα τί τοῦτο εἴρηκας; <ἢ οὐκ * οἶδας> * ὅτι ἐὰν ἐάσω τὸν θάνατον ἀπελθεῖν σοι τότε ἂν
Abr.1 16 16 δικαίας σου ψυχῆς παραγέγονα. <λέγει αὐτῷ Ἀβραὰμ> * οἶδα * τί λέγεις ἀλλ' οὐ μή σε ἀκολουθήσω. ὁ δὲ θάνατος
Abr.2 4 11 μνήμην τοῦ θανάτου Ἀβραὰμ ἐν τῇ καρδίᾳ αὐτοῦ ἵνα * εἰδῇ * Ἀβραὰμ ἑαυτῷ καὶ μὴ ἐγὼ αὐτῷ εἴπω μεγάλη γὰρ
Abr.2 7 4 Ἰσαὰκ τῷ υἱῷ αὐτοῦ υἱέ μου ἀγαπητὲ εἰπέ μοι τί * οἶδας * κατ' ὄναρ. ἀπεκρίθη Ἰσαὰκ τῷ πατρὶ αὐτοῦ εἶδον
TLevi 16 3 καὶ τέλος ὡς νομίζετε ἀποκτενεῖτε αὐτὸν οὐκ * εἰδότες * αὐτοῦ τὸ ἀνάστημα τὸ ἀθῷον αἷμα ἐν κακίᾳ ἐπὶ
TJud. 11 1 Θαμὰρ ὅτι οὐκ ἦν ἐκ θυγατέρων Χανάαν ὡς αὐτή. κἀγὼ * ᾔδειν * ὅτι πονηρὸν τὸ γένος Χανάαν ἀλλὰ τὸ διαβούλιον τῆς
TJud. 17 2 εὐμορφίαν ἐπλανήθην εἰς Βησσουὲ τὴν Χαναναίαν. ὅτι * οἶδα * ἐγὼ ὅτι διὰ τὰ δύο ταῦτα ἔσεσθε τὸ γένος μου ἐν
TJud. 17 6 καὶ Ἰσαὰκ ἐπευλόγησέ με ὁμοίως οὕτως. καὶ ἐγὼ * οἶδα * ὅτι ἐξ ἐμοῦ στήσεται τὸ βασίλειον. ὅτι καίγε
TIss. 3 7 ἐγώ. καὶ κύριος ἐδιπλασίαζε τὰ ἀγαθὰ ἐν χερσί μου. * ᾔδει * δὲ καὶ Ἰακὼβ ὅτι ὁ θεὸς συνεργεῖ τῇ ἁπλότητί μου
TIss. 6 1 ἀπολέσαι τὰ πειρατήρια τὰ ἐπερχόμενα τῷ Ἰσραήλ. * οἶδα * τέκνα μου ὅτι ἐν ἐσχάτοις καιροῖς καταλείψουσιν οἱ
TZab. 5 2 τῶν ἀδελφῶν μου ἀσθενούντων ἐγὼ ἄνοσος παρῆλθον * οἶδε * γὰρ κύριος ἑκάστου τὴν προαίρεσιν. ἔχετε οὖν ἔλεος
TZab. 5 4 αὐτῶν οἱ δὲ ἐμοὶ υἱοὶ ἄνοσοι διεφυλάχθησαν ὡς * οἴδατε. * καὶ ὅτε ἤμην ἐν γῇ Χανάαν εἰς παράλιον ἐθήρευον
TZab. 7 4 τῷ χρήζοντι συμπάσχετε ἐν σπλάγχνοις ἐλέους. * οἶδα * ὅτι ἡ χείρ μου οὐχ εὗρε πρὸς τὸ παρὸν ἐπιδοῦναι τῷ
TDan 2 3 ὡς πολεμίοις προσέχει αὐτοῖς ἐὰν ᾖ ἀδελφὸς οὐκ * οἶδεν * ἐὰν προφήτης κυρίου παρακούει ἐὰν δίκαιος οὐ
TDan 5 4 πάσῃ τῇ ζωῇ ὑμῶν καὶ ἀλλήλους ἐν ἀληθινῇ καρδίᾳ. * οἶδα * γὰρ ὅτι ἐν ἐσχάταις ἡμέραις ἀποστήσεσθε τοῦ κυρίου
TDan 6 4 πάντας τοὺς ἐπικαλουμένους τὸν κύριον. * οἶδε * γὰρ ὅτι ἐν ᾗ ἡμέρᾳ πιστεύσει Ἰσραὴλ
TNep. 2 2 καίγε ὡς ἔλαφόν με εὐλόγησεν. καθὼς γὰρ ὁ κεραμεὺς * οἶδε * τὸ σκεῦος πόσον χωρεῖ καὶ πρὸς αὐτὸ φέρει πηλὸν
TNep. 2 4 μέτρῳ καὶ κανόνι πᾶσα κτίσις ὑψίστου. καὶ καθάπερ * οἶδεν * ὁ κεραμεὺς ἑνὸς ἑκάστου τὴν χρῆσιν ὡς ἱκανὴ οὕτω
TNep. 2 4 ἑνὸς ἑκάστου τὴν χρῆσιν ὡς ἱκανὴ οὕτω καὶ ὁ κύριος * οἶδε * τὸ σῶμα ἕως τίνος διαρκέσει ἐν ἀγαθῷ καὶ πότε
TNep. 8 10 ἐντολῶν. γίνεσθε οὖν σοφοὶ ἐν θεῷ καὶ φρόνιμοι * εἰδότες * τάξιν ἐντολῶν αὐτοῦ καὶ θεσμοὺς παντὸς πράγματος
TGad 5 8 πρὸς σωτηρίαν καὶ ἃ οὐκ ἔμαθεν ἀπὸ ἀνθρώπων * οἶδε * διὰ τῆς μετανοίας. ἐπήγαγε γάρ μοι ὁ θεὸς νόσον
TAser 7 2 τοὺς ἀγγέλους κυρίου καὶ ἀπώλετο ἕως αἰῶνος. * οἶδα * γὰρ ὅτι ἁμαρτήσετε καὶ παραδοθήσεσθε εἰς χεῖρας
TJos. 9 3 ὁ δὲ ἐν σωφροσύνῃ διάγων θέλει καὶ δόξαν καὶ εἰ * οἶδεν * ὁ ὕψιστος ὅτι συμφέρει παρέχει αὐτῷ καὶ ταῦτα ὡς
TJos. 10 5 ὧν εἶχον τὸν φόβον τοῦ θεοῦ ἐν τῇ διανοίᾳ μου * +ᾔδειν * γὰρ ὅτι τὰ πάντα παρελεύσεται+ καὶ ἐμέτρουν
TJos. 13 2 ὁ μετάβολος ἐδέετο λέγων δέομαί σου κύριε οὐκ * οἶδα * ὃ λέγεις. ὁ δὲ ἔφη πόθεν οὖν σοι ὁ παῖς ὁ Ἑβραῖος;
TJos. 15 3 ἵνα μὴ αἰσχύνω τοὺς ἀδελφούς μου. καὶ εἶπα ἐγὼ οὐκ * οἶδα * δοῦλός εἰμι. τότε βουλεύονται πωλῆσαί με ἵνα μὴ
TJos. 20 1 ὡς ὀπωροφυλάκιον ὅτι μετὰ τὸ θέρος οὐ φανήσεται. * οἶδα * ὅτι μετὰ τὴν τελευτήν μου οἱ Αἰγύπτιοι θλίψουσιν
TBen. 3 2 καὶ ἔστω ἡ διάνοια ὑμῶν εἰς τὸ ἀγαθὸν ὡς κἀμὲ * οἴδατε. * ὁ ἔχων τὴν διάνοιαν ἀγαθὴν πάντα βλέπει ὀρθῶς.
TBen. 6 4 καὶ πάντα δόλον ἢ ψεῦδος μάχην καὶ λοιδορίαν οὐκ * οἶδεν * κύριος γὰρ ἐν αὐτῷ κατοικεῖ καὶ φωτίζει τὴν ψυχὴν
TBen. 6 6 οὐδὲ ἀκοὴν διπλῆν πᾶν γὰρ ὃ ποιεῖ ἢ λαλεῖ ἢ ὁρᾷ * οἶδεν * ὅτι κύριος ἐπισκέπτει ψυχὴν αὐτοῦ καὶ καθαίρει τὴν
Asen. 6 3 αὐτὸν καὶ ἐλάλησα ῥήματα πονηρὰ περὶ αὐτοῦ καὶ οὐκ * ᾔδειν * ὅτι Ἰωσὴφ υἱὸς τοῦ θεοῦ ἐστιν. τίς γὰρ ἀνθρώπων
Asen. 11 12 μου καὶ ἐκχέω τὴν δέησίν μου ἐνώπιον αὐτοῦ. τίς * οἶδεν * εἰ ὄψεται τὴν ταπείνωσίν μου καὶ ἐλεήσει με; τυχὸν
Asen. 13 13 βλάσφημα εἰς τὸν κύριόν μου Ἰωσὴφ διότι οὐκ * ᾔδειν * ἐγὼ ἡ ἀθλία ὅτι υἱός σοῦ ἐστιν ἐπειδὴ εἶπόν μοι οἱ
Asen. 13 13 αὐτὸν καὶ λελάληκα περὶ αὐτοῦ πονηρὰ καὶ οὐκ * ᾔδειν * ὅτι υἱὸς σοῦ ἐστιν. τίς γὰρ ἀνθρώπων τέξεται
Asen. 17 9 ἦλθεν εἰς τὸν θάλαμόν μου ἐκ τοῦ οὐρανοῦ καὶ οὐκ * ᾔδειν * ὅτι θεὸς ἦλθε πρός με. καὶ ἰδοὺ νῦν πορεύεται
Asen. 21 15 κύριε ἥμαρτον ἐνώπιόν σου πολλὰ ἥμαρτον> καὶ οὐκ * ᾔδειν * κύριον τὸν θεὸν τοῦ οὐρανοῦ οὐδὲ ἐπεποίθειν ἐπὶ τῷ
Asen. 22 13 γεγραμμένα ἐν τῷ οὐρανῷ <τῷ δακτύλῳ τοῦ θεοῦ> καὶ * ᾔδει * τὰ ἄρρητα θεοῦ τοῦ ὑψίστου καὶ ἀπεκάλυπτεν αὐτὰ τῇ
Asen. 28 5 σε καὶ αἱ ῥομφαῖαι αὐτῶν κατέναντι ἡμῶν εἰσιν. καὶ * οἴδαμεν * ὅτι οἱ ἀδελφοὶ ἡμῶν ἄνδρες εἰσὶ θεοσεβεῖς καὶ μὴ
Sal. 1 7 αἱ ἁμαρτίαι αὐτῶν ἐν ἀποκρύφοις καὶ ἐγὼ οὐκ * ᾔδειν * αἱ ἀνομίαι αὐτῶν ὑπὲρ τὰ πρὸ αὐτῶν ἔθνη ἐβεβήλωσαν
Sal. 17 27 ἔτι καὶ οὐ κατοικήσει πᾶς ἄνθρωπος μετ' αὐτῶν * εἰδὼς * κακίαν γνώσεται γὰρ αὐτοὺς ὅτι πάντες υἱοὶ θεοῦ
Jer. 5 15 ἐξῆλθεν ἔξω τῆς πόλεως καὶ ἔμεινε λυπούμενος μὴ * εἰδὼς * ποῦ ἀπέλθῃ. καὶ ἀπέθηκε τὸν κόφινον λέγων
Bar. 10 10 τὸ δὲ τὸ τοὺς καρποὺς ἐνεργοῦν ἐκ τούτου ἐστίν. * ἴσθι * οὖν τοῦ λοιποῦ ὅτι ἐκ τούτου ἐστὶν ὃ λέγεται δρόσος
Esdr. 1 15 αὐτοῦ ἐν οὐρανοῖς. ἀλλὰ τοὺς ἁμαρτωλοὺς ἐλέησον * οἴδαμεν * γὰρ ὅτι ἐλεήμων εἶ. καὶ εἶπεν ὁ θεὸς οὐκ ἔχω πῶς
Esdr. 3 1 μετ' ἐμοῦ δικάζεσθαι. καὶ εἶπεν ὁ προφήτης κύριε * οἶδας * ὅτι σάρκα φορῶ ἀνθρωπίνην καὶ πῶς δύναμαι
Esdr. 7 4 ὁ προφήτης οἴμμοι οἴμμοι τί ποιήσω; τί πράξω; οὐκ * οἶδα. * καὶ τότε ἤρξατο λέγειν ὁ μακάριος Ἔσδρὰμ ὁ θεὸς ὁ
Sedr. 7 1 λέγει αὐτῷ Σεδρὰχ σὺ δέσποτα ἔπλασας τὸν ἄνθρωπον * οἶδας * ποταπῆς βουλῆς ἦν καὶ ποταπῆς γνώσεώς ἐσμεν καὶ
Sedr. 7 9 τὸν ἄνθρωπον; ἢ οὐ θέλεις κακὸν ἀντὶ κακοῦ; ἐγὼ * οἶδα * ὅτι ἄλογόν ἐστιν κακότεχνον ἡμίονος εἰς τὰ

Sedr. 8 3 φυλάσσειν αὐτὸν ἐν νυκτὶ καὶ ἡμέρᾳ. λέγει Σεδρὰχ * οἶδα * δέσποτα ὅτι εἰς τὰ κτήματά σου πρῶτον ἠγάπησας τὸν
Sedr. 10 2 μέλους; καὶ λέγει αὐτὸν ὁ θεὸς ἡ ψυχή σου οὐκ * οἶδας * ὅτι χορηγεῖται ἐν μέσῳ τῶν πνευμόνων σου καὶ τῆς
Sedr. 14 4 ἐν δάκρυσιν ὀχετοῦ ἐν στεναγμοῖς θερμοῖς. οὐκ * οἶδας * ὅτι ὁ προφήτης μου Δαυὶδ ἐκ δακρύων καὶ οἱ λοιποὶ
Sedr. 14 4 ὅτι ὁ προφήτης μου Δαυὶδ ἐκ δακρύων καὶ οἱ λοιποὶ * οἶδας * ὅτι ἐσώθησαν ἐν μιᾷ ῥοπῇ; οἶδας Σεδρὰχ ὅτι εἰσὶν
Sedr. 14 5 καὶ οἱ λοιποὶ οἶδας ὅτι ἐσώθησαν ἐν μιᾷ ῥοπῇ; * οἶδας * Σεδρὰχ ὅτι εἰσὶν ἔθνη τὰ μὴ νόμον ἔχοντα ⟨καὶ τὰ⟩
Sedr. 14 9 λέγων δικαιοῦμεν οὐδαμῶς ἁμαρτωλόν. παντελῶς οὐκ * οἶδας * ὅτι γέγραπται καὶ οἱ μετανοήσαντες οὐ μὴ ἴδουν τὴν
Sedr. 15 3 εἰς μετάνοιαν. καὶ εἶπεν ὁ κύριος τὸν Σεδρὰχ οὐκ * οἶδας * Σεδρὰχ τὸν λῃστὴν μιᾷ ῥοπῇ ἐσώθη μεταγνῶναι; οὐκ
Sedr. 15 4 Σεδρὰχ τὸν λῃστὴν μιᾷ ῥοπῇ ἐσώθη μεταγνῶναι; οὐκ * οἶδας * ὅτι ἀπόστολοί μου καὶ εὐαγγελιστὴς καὶ αὐτὸς ἐν
Sedr. 16 3 ὅπως μετανοήσῃ. λέγει Σεδρὰχ κύριε σὺ ταῦτα πάντα * οἶδας * καὶ ἐπίστασαι μόνον συμπαθῆσαι τοὺς ἁμαρτωλούς.
Job 28 5 μακροθυμοῦντες ἔμειναν μὴ λαλοῦντες ἀλλ' ἐπειδὴ * ᾔδεισάν * με πρὸ τούτων τῶν κακῶν ἐν πολλῷ πλούτῳ ὄντα,
Job 30 5 τὰ κτήνη καὶ τὰ ὑπάρχοντά μου λέγοντες μὴ οὐκ * οἴδαμεν * τὰ πολλὰ ἀγαθὰ τὰ ἀποστελλόμενα ὑπ' αὐτοῦ εἰς
Job 44 3 παρεγένοντο πρός με πάντες οἱ φίλοι μου καὶ ὅσοι * ᾔδεισαν * εὐποιεῖν, καὶ ἠρώτησάν με λέγοντες τί παρ' ἡμῶν
Aris. 30 5 δὲ καὶ οὐχ ὡς ὑπάρχει σεσήμανται καθὼς ὑπὸ τῶν * εἰδότων * προσαναφέρεται προνοίας γὰρ βασιλικῆς οὐ
Aris. 42 3 συναγαγόντες τὸ πᾶν πλῆθος παρανέγνωμεν αὐτοῖς ἵνα * εἰδῶσιν * ἣν ἔχεις πρὸς τὸν θεὸν ἡμῶν εὐσέβειαν.
Aris. 124 2 εὖ φροντίσειν περὶ τούτων ἔφη καὶ λίαν διαγωνιᾶν * εἰδέναι * γὰρ ὅτι φιλάγαθος ὢν ὁ βασιλεὺς πάντων μέγιστον
Aris. 194 4 τῇ τῶν ὅπλων καὶ δυνάμεων παρασκευῇ πολλῇ χρώμενος * εἰδείη * ταῦτα ὄντα κενὰ ἐπὶ πλείονα χρόνον πρὸς τὸ
Aris. 251 2 ἀντιπράσσειν. κατορθοῦται γὰρ βίος ὅταν ὁ κυβερνῶν * εἰδῇ * πρὸς τίνα σκοπὸν δεῖ τὴν διέξοδον ποιεῖσθαι. θεοῦ
Aris. 273 6 πάντες δὲ ἀγωνιοῦνται περὶ τῶν εὐεργετημάτων * εἰδότες * κἂν ἐκ τοῦ ζῆν ἀποτρέχωσιν ἐπιμελητὴν σε τῶν
Aris. 300 2 ὡς ἐλέχθη μεταλαβόντες κατακεχωρίκαμεν * εἰδότες * ἣν ἔχεις φιλομάθειαν εἰς τὰ χρήσιμα. μετὰ δὲ
Sib. 3 348 Μερόπεια Ἀντιγόνη Μαγνησίη +Μυκήνη πάνθεια+. * ἴσθι * τότ' Αἰγύπτου ὀλοὸν γένος ἐγγὺς ὀλέθρου καὶ τότ'
Sib. 5 313 καὶ τότ' ἀναιάξουσιν ὁμοῦ κακότητα μένοντες. * εἰδήσει * σημεῖον ἔχων ἀνθ' ὧν ἐμόγησεν Κυμαίων δῆμος
FBar. 14 2 υπενεχθησε⟨ται η υπο σου λεχθεισα⟩ πραξις και νυν * ⟨οιδα * οτι πολλοι---⟩ εισιν οι αμαρτυρησαν⟨τες και---⟩
FEz. 64 70 13 ὁ δὲ ἔφη οἶμοι κύριε ὁρᾷς ἡμῶν τὴν ἀδυναμίαν * οἶδας * ὅτι ⟨οὐχ⟩ ὁρῶ ποῦ βαδίζω. εἶτα ἐλθὼν ἐπὶ τὸν χωλὸν
FAch. 105 μετὰ ἐπιστολῶν καὶ προβλημάτων ἵνα διαλύσῃ * εἰδὼς * ὅτι μετὰ Αἴσωπον οὐδεὶς εὑρεθήσεται παρὰ
FAch. 106 ἢ πάντας τραχηλοκοπήσω; οἱ δὲ φίλοι εἶπον οὐκ * οἴδαμεν * πῶς πύργον οἰκοδομεῖται μήτε οὐρανοῦ μήτε γῆς
FAch. 107 φησιν δέσποτα βασιλεῦ ἡ σήμερον ἐσχάτη εἶναί μοι * οἶδα. * ὁ δὲ Λυκοῦργος πρὸς αὐτόν τί φῄς; ὁ δὲ ἐπιταγὴν
FAch. 110 εὐπροσήγορος καὶ κοινὸς γίνου τοῖς συναντῶσί σοι * εἰδὼς * ὅτι καὶ τῷ κυνὶ ἡ οὐρὰ ἄρτον πορίζει τὸ δὲ στόμα
FAch. 116 καταπαύει. ὁ δὲ Νεκταναβὼν ⟨τὴν⟩ εὐστοχίαν αὐτοῦ * εἰδὼς * καὶ τὸ εὔθετον τῆς γλώττης (διάλεκτον) ἔφη πρὸς
FAch. 119 ὀφείλει γὰρ θεὸς ὑπάρχων τὴν ἑνὸς ἑκάστου διάνοιαν * εἰδέναι. * πλὴν λέγετε ὃ θέλετε. οἱ δὲ εἶπον ἔστιν ναός
FAch. 121 λοιπὸν ἐὰν σοφίσηται ἐροῦμεν αὐτῷ ἀκηκοέναι καὶ * εἰδέναι * καὶ ἐπὶ τούτοις ἀπορηθεὶς νικηθήσεται. ὁ δὲ
FAch. 121 ἐν ἑαυτῷ ὁ Αἴσωπος ὅ,τι περ ἐὰν εἴπω φήσουσιν * εἰδέναι * αὐτό. πανοῦργος δὲ ὢν ὁ Αἴσωπος καθέζεται καὶ
IEsc. 5 131 2 καὶ μὴ δόκει ὅμοιον σαυτῷ σάρκινον καθεστάναι. οὐκ * οἶσθα * δ' αὐτόν ποτέ μὲν ὡς πῦρ φαίνεται ἄπλατος ὁρμή
FrAn. 1 217 13 δύο. τῶν δὲ μετὰ χαρᾶς τοῦτον παρασχόντων οὐ γὰρ * ᾔδεσαν * τοῦ λίθου τὸ ὑπέρτιμον ἀπῆλθεν εἰς Ἱερουσαλὴμ

οἶδμα 3

Sib. 3 72 θεοῦ πελάσωσιν ἀπειλαὶ καὶ δύναμις φλογέουσα δι' * οἴδματος * εἰς γαῖαν ἥξῃ καὶ Βελίαρ φλέξῃ καὶ ὑπερφιάλους
Sib. 3 416 ἔρνος ἄριστον Ἀσίδος Εὐρώπης τε πολυσπερὲς * οἶδμα * λιποῦσα σοὶ δὲ μάλιστα γόους μόχθους στοναχάς τε
ISop. 5 113 2 τε ἔτευξε καὶ γαῖαν μακρὴν πόντου τε χαροπὸν * οἶδμα * καὶ ἀνέμων βίαν. θνητοὶ δὲ πολλοὶ καρδίαν

ὀιζύς 1

Sib. 5 350 κατὰ γαῖαν καὶ τυφλοὶ μέροπες θῆρές τε κακοὶ καὶ * ὀιζύς. * ἔσσεται ἦμαρ ἐκεῖνο χρόνον πολὺν ὥστε νοῆσαι

οἴκαδε 1

FPho. 199 κούρῃσι μιγείῃ. μὴ δὲ γυναῖκα κακὴν πολυχρήματον * οἴκαδ' * ἄγεσθαι λατρεύσεις ἀλόχῳ λυγρῆς χάριν εἵνεκα

οἰκεῖος 2

TRub. 3 5 λόγους καὶ κρύπτειν λόγους αὐτοῦ ἀπὸ γένους καὶ * οἰκειων * ἕβδομον πνεῦμα ἀδικίας μεθ' ἧς κλοπὴ καὶ
FEsd. 7 103 οὔτε δίκαιοι ὑπὲρ ἀδίκων ἀλλ' ἕκαστος ὑπὲρ τοῦ * οἰκειου * ἔργου τὸν λόγον ἀπαιτηθήσεται. οὗ τὸ βλέμμα

οἰκειόω 1

TNep. 8 6 ἀδοξήσει ἐν τοῖς ἔθνεσι δι' αὐτοῦ καὶ ὁ διάβολος * οἰκειοῦται * αὐτὸν ὡς ἴδιον σκεῦος καὶ πᾶν θηρίον

οἰκέτης 7

Bar. 9 8 ἄγγελος ἄκουσον ὥσπερ ἐνώπιον βασιλέως οὐ δύνανται * οἰκέται * παρρησιασθῆναι οὕτως οὐδὲ ἐνώπιον τοῦ ἡλίου
Job 9 8 αἱ τέσσαρες θύραι τοῦ οἴκου μου ἐκέλευον δὲ τοῖς * οἰκέταις * μου ταύτας εἶναι ἀνεῳγμένας, τοῦτον τὸν σκοπὸν
FJub. 16 21 φρέαρ κατασκηνοῖ τοῦ ὅρκου. ἑαυτῷ δὲ ἰδίᾳ καὶ τοῖς * οἰκέταις * αὐτοῦ κατὰ συγγενείας πηξάμενος σκηνὰς τότε
FEsd. 7 103 Ἰσραήλ; εἰ δὲ καὶ οὔτε γυναῖκες ὑπὲρ ἀνδρῶν οὔτε * οἰκέται * ὑπὲρ δεσποτῶν οὔτε συγγενεῖς ὑπὲρ συγγενῶν οὔτε
FAch. 111 σὺν τοῖς παιδίοις καὶ τοῖς ἀετοῖς μετὰ πολλῶν * οἰκετῶν * καὶ παρασκευῆς πρὸς τὴν κατάπληξιν τῶν
FPho. 227 τι κακηγορέων παρ' ἄνακτι. λάμβανε καὶ βουλὴν παρὰ * οἰκέτου * εὖ φρονέοντος. ἁγνείη ψυχῆς οὐ σώματός εἰσι
HAno. 9 17 4 τὸν ἀδελφιδοῦν αὐτοῦ τὸν Ἀβραὰμ μετὰ * οἰκετῶν * βοηθήσαντα ἐγκρατῆ γενέσθαι τῶν αἰχμαλωτισαμένων

οἰκετία 4

Aris. 14 4 καὶ νεωτέρων ἔτι δὲ γυναικῶν εἴασεν εἰς τὴν * οἰκετίαν * οὐχ οὕτως τῇ προαιρέσει κατὰ ψυχὴν ἔχων ὡς
Aris. 15 5 διερμηνεῦσαι τίνα λόγον ἕξομεν πρὸς ἀποστολὴν ἐν * οἰκετίαις * ὑπαρχόντων ἐν τῇ σῇ βασιλείᾳ πληθῶν ἱκανῶν;
Aris. 16 8 τῆς ψυχῆς ἀπόλυσιν ποιῆσαι τῶν ἐνεχομένων ταῖς * οἰκετίαις. * οὐδὲ πολὺν χρόνον ἐπισχὼν καὶ ἡμῶν κατὰ ψυχὴν
Aris. 24 6 προστετάχαμεν ὅσα τῶν Ἰουδαϊκῶν ἐστι σωμάτων ἐν * οἰκετίαις * πανταχῇ καθ' ὀντινοῦν τρόπον ἐν τῇ βασιλείᾳ

οἰκέω 27

Hen. 10 5 καὶ ὀξεῖς καὶ ἐπικάλυψον αὐτῷ τὸ σκότος. καὶ * οἰκησάτω * ἐκεῖ εἰς τοὺς αἰῶνας καὶ τὴν ὄψιν αὐτοῦ πώμασον
Hen. 10B 5 καὶ λίθους τραχεῖς καὶ ἐπικάλυψον αὐτῷ σκότος καὶ * οἰκησάτω * ἐκεῖ εἰς τὸν αἰῶνα καὶ τὴν ὄψιν αὐτοῦ πώμασον
Abr.1 5 13 φάσιν λόγου ἤνεγκε περὶ Λὼτ τοῦ ἀδελφοῦ σου ⟨τοῦ * οἰκοῦντος * ἐν Σοδόμοις ὅτι ἀπέθανεν⟩ καὶ ⟨διὰ τοῦτο⟩
TBen. 12 4 αὐτῶν. καὶ αὐτοὶ ἐπέστρεψαν ἐκ γῆς Χαναὰν καὶ * ᾤκησαν * ἐν Αἰγύπτῳ ἕως ἡμέρας ἐξόδου αὐτῶν ἐκ γῆς
Sal. 8 20 αὐτῶν καὶ πᾶν σοφὸν ἐν βουλῇ ἐξέχεεν τὸ αἷμα τῶν * οἰκούντων * Ἱερουσαλημ ὡς ὕδωρ ἀκαθαρσίας. ἀπήγαγεν τοὺς
Prop. 21 1 αὐτοῦ. Ἠλίας Θεσβίτης ἐκ γῆς Ἀράβων φυλῆς Ἀαρὼν * οἰκῶν * ἐν Γαλαὰδ ὅτι ἡ Θέσβις δόμα ἦν τοῖς ἱερεῦσιν. ὅτε
Job 2 2 ἡ ὀνομάσαι με ὁ κύριος Ἰώβ. ὅτε Ἰωβὰβ ἐκαλούμην, * ᾤκουν * τὸ πρὶν ἔγγιστα εἰδωλίου θρησκευομένου καὶ συνεχῶς
Job 44 1 ἀναστάντες εἰσήλθομεν εἰς τὴν πόλιν εἰς ἣν νῦν * οἰκοῦμεν * οἰκίαν, καὶ πεποιήκαμεν μεγάλας εὐωχίας ἐν τῇ
Sib. 3 214 βοήσω ἀνδράσιν εὐσεβέσιν ἥξει κακὸν οἳ περὶ ναὸν * οἰκείουσι * μέγαν Σολομώνιον οἵ τε δικαίων ἀνδρῶν ἔκγονοί
Sib. 3 581 ἐν δὲ δικαιοσύνῃ νόμου Ὑψίστοιο λαχόντες ὄλβιοι * οἰκήσουσι * πόλεις καὶ πίονας ἀγροὺς αὐτοὶ δ' ὑψωθέντες
Sib. 3 787 αἰῶνος ὃς οὐρανὸν ἔκτισε καὶ γῆν. ἐν σοὶ δ' * οἰκήσει * σοὶ δ' ἔσσεται ἀθάνατον φῶς ἠδὲ λύκοι τε καὶ
Sib. 3 807 ὁμοίην. τοῦτο τέλος πολέμοιο τελεῖ θεὸς οὐρανὸν * οἰκῶν. * ἀλλὰ χρὴ πάντας θύειν μεγάλῳ βασιλῆι. ταῦτά σοι
Sib. 4 90 ἔσται καὶ Θήβῃσι κακὴ μετόπισθεν ἅλωσις Κᾶρες δ' * οἰκήσουσι * Τύρον Τύριοι δ' ἀπολοῦνται. καὶ Σάμον ἄμμος
Sib. 5 178 ἄθεσμε μόνη πυρὶ δὲ φλεγέθοντι μιγεῖσα ταρτάρεον * οἴκησον * ἐς Ἀίδου χῶρον ἄθεσμον. νῦν δὲ πάλιν Αἴγυπτε
Sib. 5 195 Συήνην δ' ὀλέσειε μέγας φὼς Αἰθιοπήων Τεύχιραν * οἰκήσουσι * βίῃ μελανόχροες Ἰνδοί. Πεντάπολι κλαύσεις σέ
FJub. 12 14 Ἀβραὰμ τοῦ ἐλθεῖν εἰς γῆν Χαναὰν καὶ μεταγνοὺς * ᾤκησεν * ἐν Χαρρὰν εἰδωλομανῶν ἕως θανάτου αὐτοῦ. ὁ
FIsa. 1 2 11 ἐκ τῶν ὀρέων καὶ----- ⟨---⟩αν μετὰ Ἠσα(ἰο)υ * οἰκοῦντες. * καὶ ἐπε(ὶ) ἦσαν ἐν τ(ο)ῖς ὄρεσιν καὶ ἐν τοῖς
FIsa. 1 3 1 τὸν προφή(τῶν τῶν) μετ' αὐ(τοῦ. οὗτο)ς γὰρ ἦν * οἰκῶν * ἐν τῇ χώρᾳ Βηθλεὲμ καὶ ἐκολλήθη τῷ Μανασσῇ. καὶ
FEz. 64 70 6 ⟨αὐτῶν⟩ κατ' ἰδίαν ἐκαθέζετο καὶ κατ' ἰδίαν * ᾤκει. * γάμους δὲ ποιήσας ὁ βασιλεὺς τῷ ἰδίῳ υἱῷ ἐκάλεσε
FSop. 5 77 2 ὁ θρόνος ἑπταπλασίων φωτὸς ἡλίου ἀνατέλλοντος * οἰκοῦντας * ἐν ναοῖς σωτηρίας καὶ ὑμνοῦντας θεὸν ἄρρητον
HDem. 9 21 16 ταῦτα ὥστε τὸν οἶκον αὐτοῦ τῆς μητρὸς εἶναι ἴσον. * οἰκῆσαι * δὲ αὐτοὺς ἐν γῇ Χαναὰν ἀφ' οὗ ἐκλεγῆναι Ἀβραὰμ
HEup. 9 30 3 ὃν καταστρέψασθαι Σύρους τοὺς παρὰ τὸν Εὐφράτην * οἰκοῦντας * ποταμὸν καὶ τὴν Κομμαγηνὴν καὶ τοὺς ἐν
HEup. 9 39 5 καὶ Σκυθόπολιν καὶ τοὺς ἐν τῇ Γαλααδίτιδι * οἰκοῦντας * Ἰουδαίους αὖθις δὲ τὰ Ἱεροσόλυμα παραλαβεῖν
HAno. 9 18 2 Ἀβραὰμ ἀναφέροντα εἰς τοὺς γίγαντας τούτους δὲ * οἰκοῦντας * ἐν τῇ Βαβυλωνίᾳ διὰ τὴν ἀσέβειαν ὑπὸ τῶν θεῶν
HHec. 1 22 197 ὀχυρὰ πεντήκοντα μάλιστα σταδίων τὴν περίμετρον ἣν * οἰκοῦσι * μὲν ἀνθρώπων περὶ δώδεκα μυριάδες καλοῦσι δ'
LThe. 9 22 5 τὸν δὲ οὐ φάναι δώσειν πρὶν ἂν ἢ πάντας τοὺς * οἰκοῦντας * τὰ Σίκιμα περιτεμνομένους Ἰουδαΐσαι τὸν δὲ
LEze. 9 28 4 03 παρθένους τινάς. Λιβύη μὲν ἡ γῆ πᾶσα κλῄζεται ξένε * οἰκοῦσι * δ' αὐτὴν φῦλα παντοίων γενῶν Αἰθίοπες ἄνδρες

οἴκημα 3

Abr.1 4 2 τράπεζαν ἐν ἀφθονίᾳ παντὸς ἀγαθοῦ καλλώπισον τὸ * οἴκημα * τέκνον καὶ ὑφάπλωσον σινδόνας καὶ πορφύραν καὶ
Abr.1 4 4 παραλαβὼν δὲ Ἀβραὰμ τὸν Μιχαὴλ ἀνῆλθεν ἐν τῷ * οἰκήματι * τοῦ τρικλίνου καὶ ἐκαθέσθησαν ἀμφότεροι ἐπὶ τὰ
HHec. 1 22 198 εἴκοσι πήχεων ὕψος δὲ δεκάπηχυ. καὶ παρ' αὐτὸν * οἴκημα * μέγα οὗ βωμός ἐστι καὶ λυχνίον ἀμφότερα χρυσᾶ δύο

οἴκησις 3

Prop. 2 2 ὑπὸ τοῦ λαοῦ ἀποθνήσκει. κεῖται δὲ ἐν τῷ τόπῳ τῆς * οἰκήσεως * Φαραὼ ὅτι οἱ Αἰγύπτιοι ἐδόξασαν αὐτὸν
Prop. 21 3 καὶ εἶπεν αὐτῷ ὁ χρησμὸς μὴ δειλιάσῃς ἔσται γὰρ ἡ * οἴκησις * αὐτοῦ φῶς καὶ ὁ λόγος αὐτοῦ ἀπόφασις καὶ κρινεῖ
Sib. 3 321 ποταμῶν πόσον αἵματος ἔκχυμα δέξῃ καὶ κρίσεως * οἴκησις * ἐν ἀνθρώποισι κεκλήσῃ καὶ πίεταί σου γαῖα

οἰκήτειρα 1

Sib. 3 442 μέχρι κε καὶ Πατάρων μαντήια σήματα παύσῃ. Κύζικος * οἰκήτειρα * Προποντίδος οἰνοπόλοιο Ῥύνδακος ἀμφί σε κῦμα

οἰκητήριον 1

Hen. 27 2 λαλήσουσιν. ὧδε ἐπισυναχθήσονται καὶ ὧδε ἔσται τὸ * οἰκητήριον. * ἐπ' ἐσχάτοις αἰῶσιν ἐν ταῖς ἡμέραις τῆς

οἰκήτωρ 1

LThe. 9 22 9 ἐν Σικιμοις ἀσεβεῖς εἶναι. βλάπτε θεὸς Σικιμων * οἰκήτορας * οὐ γὰρ ἔτιον εἰς αὐτοὺς ὅστις κε μόλῃ κακὸς

οἰκία 37

Adam 8 1 κρύβῃ σε ἀπὸ προσώπου μου; μὴ δυνήσηται κρυβῆναι * οἰκία * τῷ οἰκοδομήσαντι αὐτήν; καὶ λέγει ἐπειδὴ

Hen. 97 9 | ἐν τοῖς θησαυροῖς ἡμῶν καὶ ἀγαθὰ πολλὰ ἐν ταῖς * οἰκίαις * ἡμῶν. καὶ ὡς ὕδωρ ἐκχυθήσεται. πεπλάνησθε ὅτι οὐ

Hen. 98 2 | καὶ χρυσίον ⟨παρ'⟩ αὐτοῖς εἰς βρώματα καὶ ἐν ταῖς * οἰκίαις * αὐτῶν ὡς ὕδωρ ἐκχυθήσονται ⟨διὰ τὸ μὴ ἐπιστήμην

Hen. 106 2 | ἔνδοξον. καὶ ὅτε ἀνέῳξεν τοὺς ὀφθαλμοὺς ἔλαμψεν ἡ * οἰκία * ὡσεὶ ἥλιος. καὶ ἀνέστη ἐκ τῶν χειρῶν τῆς μαίας καὶ

Abr.2 5 2 | σπεύδει γὰρ ἀναπῆναι καὶ ἄψον λύχνον ἐπὶ τῆς * οἰκίας. * καὶ ἐποίησεν Ἰσαὰκ καθὼς ἐνετείλατο αὐτῷ ὁ

Asen. 2 1 | καθότι ἦν πύργος τῷ Πεντεφρῆ παρακείμενος τῇ * οἰκίᾳ * αὐτοῦ μέγας καὶ ὑψηλὸς σφόδρα καὶ ἐπάνω τοῦ πύργου

Asen. 2 10 | Ἀσενὲθ μόνης. καὶ ἦν αὐλὴ μεγάλη παρακειμένη τῇ * οἰκίᾳ * κυκλόθεν καὶ ἦν τεῖχος κύκλῳ τῆς αὐλῆς ὑψηλὸν

Asen. 3 4 | πρὸς ἡμᾶς. καὶ ἐκάλεσε Πεντεφρῆς τὸν ἐπάνω τῆς * οἰκίᾳ * αὐτοῦ καὶ εἶπεν αὐτῷ σπεῦσον καὶ εὐτρέπισον τὴν

Asen. 3 4 | αὐτοῦ καὶ εἶπεν αὐτῷ σπεῦσον καὶ εὐτρέπισον τὴν * οἰκίαν * μου καὶ δεῖπνον μέγα ἑτοίμασον διότι Ἰωσὴφ ὁ

Asen. 5 2 | ἀνατολὰς τοῦ ἰδεῖν τὸν Ἰωσὴφ εἰσερχόμενον εἰς τὴν * οἰκίαν * τοῦ πατρὸς αὐτῆς. καὶ ἐξῆλθον εἰς συνάντησιν τοῦ

Asen. 6 2 | πρὸς ἡμᾶς ἐν τῷ ἅρματι αὐτοῦ καὶ εἰσῆλθεν εἰς τὴν * οἰκίαν * ἡμῶν σήμερον καὶ λάμπει εἰς αὐτὴν ὡς φῶς ἐπὶ τῆς

Asen. 7 1 | εἰς τὸν αἰῶνα χρόνον. καὶ εἰσῆλθεν Ἰωσὴφ εἰς τὴν * οἰκίαν * Πεντεφρῆ καὶ ἐκάθισεν ἐπὶ τοῦ θρόνου. καὶ ἔνιψαν

Asen. 7 2 | ἐν τῷ ὑπερῴῳ πρὸς τὴν θυρίδα· ἀπελθέτω δὴ ἐκ τῆς * οἰκίας * ταύτης. διότι ἐφοβεῖτο Ἰωσὴφ λέγων μήποτε καὶ

Asen. 7 6 | τοῦτο εἶπεν Ἰωσὴφ ἀπελθέτω ἡ γυνὴ ἐκείνη ἐκ τῆς * οἰκίας * ταύτης. καὶ εἶπεν αὐτῷ Πεντεφρῆς κύριε ἐκείνη ἦν

Asen. 10 1 | καὶ ἐπῆλθεν ἡ νὺξ καὶ ἐκάθευδον πάντες οἱ ἐν τῇ * οἰκίᾳ * καὶ ἦν αὕτη γρηγοροῦσα μόνη καὶ ἐνεθυμεῖτο καὶ

Asen. 16 23 | καὶ ἀπῆλθον εἰς τὴν αὐλὴν τὴν παρακειμένην τῇ * οἰκίᾳ * τῆς Ἀσενὲθ καὶ ἐσκήνωσαν ἐπὶ τοῖς δένδροις τοῖς

Asen. 18 2 | Ἀσενὲθ ἐκάλεσε τὸν τροφέα αὐτῆς τὸν ἐπάνω τῆς * οἰκίας * αὐτῆς καὶ εἶπεν αὐτῷ σπεῦσον καὶ

Asen. 18 2 | αὐτῆς καὶ εἶπεν αὐτῷ σπεῦσον καὶ εὐτρέπισον τὴν * οἰκίαν * καὶ ἑτοίμασον δεῖπνον καλὸν ὅτι Ἰωσὴφ ὁ δυνατὸς

Asen. 18 5 | καὶ ἀπῆλθεν ὁ τροφεὺς αὐτῆς καὶ ἡτοίμασε τὴν * οἰκίαν * καὶ τὸ δεῖπνον. καὶ ἐμνήσθη Ἀσενὲθ τοῦ ἀνθρώπου

Asen. 19 2 | συνάντησιν τῷ Ἰωσὴφ καὶ ἔστη ἐν τῷ +προδρόμῳ+ τῆς * οἰκίας. * καὶ εἰσῆλθεν Ἰωσὴφ εἰς τὴν αὐλὴν καὶ

Asen. 20 1 | τῷ Ἰωσὴφ δεῦρο κύριέ μου καὶ εἴσελθε εἰς τὴν * οἰκίαν * ἡμῶν διότι ἐγὼ ἡτοίμασα τὴν οἰκίαν ἡμῶν καὶ

Asen. 20 1 | εἰσέλθε εἰς τὴν οἰκίαν ἡμῶν διότι ἐγὼ ἡτοίμασα τὴν * οἰκίαν * ἡμῶν καὶ δεῖπνον μέγα πεποίηκα. καὶ ἐκράτησε τὴν

Asen. 20 3 | χεῖρα αὐτοῦ τὴν δεξιὰν καὶ εἰσήγαγεν αὐτὸν εἰς τὴν * οἰκίαν * αὐτῆς καὶ ἐκάθισεν αὐτὸν ἐπὶ τοῦ θρόνου Πεντεφρῆ

Sal. 4 5 | γυναικὶ ἐν συνταγῇ κακίας ταχὺς εἰσόδου εἰς πᾶσαν * οἰκίαν * ἐν ἱλαρότητι ὡς ἄκακος. ἐξάραι ὁ θεὸς τοὺς ἐν

Jer. 5 7 | εἰς Ἰερουσαλὴμ καὶ οὐκ ἐπέγνω αὐτὴν οὔτε τὴν * οἰκίαν * οὔτε τὸν τόπον ἑαυτοῦ οὔτε τὸ γένος ἑαυτοῦ οὔτε

Job 12 4 | οὐκ ἔχων μισθὸν μισθωτοῦ ἀπομεῖται παρ' ἐμοὶ ἐν τῇ * οἰκίᾳ * μου. διεφώνουν δέ οἱ ἀμέλγοντες τὰς βοῦς ῥέοντος

Job 18 1 | ταῦτα δὲ λέγων αὐτοῖς ἀπῆλθεν καὶ κατέβαλεν τὴν * οἰκίαν * ἐπὶ τὰ τέκνα μου καὶ ἀνεῖλεν αὐτὰ καὶ οἱ

Job 18 2 | εἰρημένα, ἐπελθόντες ἐδίωξάν με καὶ πάντα τὰ ἐν τῇ * οἰκίᾳ * μου ἥρπαζον. οἱ ἐμοὶ ὀφθαλμοὶ ἔβλεπον ἐπάνω τῶν

Job 25 5 | ἴδε ἢ ἔχουσα ἑπτὰ τραπέζας ἀκινήτους ἐπὶ τῆς * οἰκίας, * καὶ εἰς ἃς ἤσθιον ὁ πτωχοὶ καὶ πᾶς ξένος, ὅτι νῦν

Job 30 5 | διαδίδοσθαι τοῖς πτωχοῖς, παρεκτὸς τῶν ἐν τῇ * οἰκίᾳ * αὐτοῦ ἐρρημένων· πῶς οὖν νῦν εἰς τὴν τοσαύτην

Job 39 8 | τοῖς στρατιώταις ὑμῶν ἵνα σκάψωσιν τὴν πτῶσιν τῆς * οἰκίας * τῆς ἐπιπεσούσης τοῖς τέκνοις μου ἵνα καὶ τὰ ὀστᾶ

Job 40 12 | προκομίσαντες αὐτοὺς ἐκήδευσαν θάψαντες περὶ τὴν * οἰκίαν * τὴν συμπεπτωκυῖαν ἐπὶ τὰ τέκνα αὐτῆς καὶ κοπετὸν

Job 44 1 | εἰσήλθομεν εἰς τὴν πόλιν εἰς ἣν νῦν οἰκοῦμεν * οἰκίαν, * καὶ πεποιήκαμεν μεγάλας εὐωχίας ἐν τῇ τερπνότητι

FAch. 117 | τούτου ἀποκριθήσομαι. ὁ δὲ Αἴσωπος ἐλθὼν εἰς τὴν * οἰκίαν * ἐκέλευσεν τοῖς ἰδίοις αἴλουρον συλλαμβάνεσθαι

FAch. 117 | οἱ δὲ Αἰγύπτιοι ἰδόντες συνέδραμον εἰς τὴν * οἰκίαν * τοῦ Αἰσώπου καὶ κατέκραζον. ὁ δὲ Αἴσωπος

HArt. 9 27 33 | σεισμῶν διαφθείρεσθαι. συμπεσεῖν δὲ τότε τὰς μὲν * οἰκίας * πάσας τῶν τε ναῶν τοὺς πλείστους. τελευταῖον

HArt. 9 25 3 | εἶτα τὰ τέκνα αὐτοῦ ἀποθανεῖν πεσούσης τῆς * οἰκίας * αὐθημερὸν δὲ αὐτοῦ καὶ τὸ σῶμα ἑλκῶσαι. φαύλως δὲ

### οἰκίζω (1)

Adam 5 3 | πρὶν ἀποθανεῖν με. καὶ συνήχθησαν πάντες. ἣν γὰρ * οἰκισθεῖσα * ἡ γῆ εἰς τρία μέρη. καὶ ἦλθον πάντες ἐπὶ τὴν

### οἰκογενής (1)

TLevi 6 9 | τὰ ποίμνια ὀγκούμενα ὄντα ἐπ' αὐτὸν καὶ Ἰεβλαε τὸν * οἰκογενῆ * αὐτοῦ σφόδρα ᾐκίσαντο. καίγε οὕτως ἐποίουν

### οἰκοδεσπότης (1)

Job 39 2 | ἐν ἱματίοις ῥακκώδεσιν, ἀποδράσασα ἐκ τῆς τοῦ * οἰκοδεσπότου * δουλείας ᾧ ἐδούλευεν, ἐπεὶ ἐκωλύετο

### οἰκοδομέω (38)

Adam 8 1 | ἀπὸ προσώπου μου; μὴ δυνήσεται κρυβῆναι οἰκία τῷ * οἰκοδομήσαντι * αὐτήν; καὶ λέγει ἐπειδὴ ἐγκατέλιπας τὴν

Adam 23 1 | ὅτι οὐχ εὑρίσκω σε; μὴ κρυβήσεται οἶκος τῷ * οἰκοδομήσαντι * αὐτόν; τότε ἀποκριθεὶς ὁ πατὴρ ὑμῶν εἶπεν

Adam 40 7 | καὶ ἔθαψαν αὐτὰ εἰς τὸν τόπον εἰς ὃν ᾤρμησαν καὶ * ᾠκοδόμησαν * αὐτόν. ἐκάλεσεν δὲ ὁ θεὸς τὸν Ἀδὰμ καὶ εἶπεν

Hen. 14 10 | τὰς γλώσσας τοῦ πυρὸς καὶ ἤγγισα εἰς οἶκον μέγαν * ᾠκοδομημένον * ἐν λίθοις χαλάζης καὶ οἱ τοῖχοι τοῦ οἴκου

Hen. 14 15 | κατέναντί μου καὶ ὁ οἶκος μείζων τούτου καὶ ὅλος * ᾠκοδομημένος * ἐν γλώσσαις πυρὸς καὶ ὅλος διαφέρων ἐν

Hen. 99 13 | μετὰ τῶν πλανωμένων καὶ σωθήσεται. οὐαὶ οἱ * οἰκοδομοῦντες * τὰς οἰκοδομὰς αὐτῶν οὐκ ἐκ κόπων ἰδίων καὶ

TLevi 2 3 | ἀνθρώπους ἀφανίσαντας τὴν ὁδὸν αὐτῶν καὶ ὅτι τείχη * ᾠκοδόμησεν * ἑαυτῇ ἡ ἀδικία καὶ ἐπὶ πύργους ἡ ἀνομία

TJud. 7 9 | καὶ ἀπεδώκαμεν αὐτοῖς πᾶσαν τὴν αἰχμαλωσίαν. καὶ * ᾠκοδόμησα * ἐγὼ τὴν Θάμνα καὶ ὁ πατήρ μου τὴν Ῥαμβαήλ

TBen. 8 3 | νοῦς ἐν τοῖς μιασμοῖς τῆς γῆς συνεχόμενος μᾶλλον * οἰκοδομεῖ * αὐτὸς δὲ οὐ μιαίνεται. ὑπομονὴ δὲ καὶ πράξεις

Asen. 2 10 | αὐλῆς ὑψηλὸν σφόδρα λίθοις τετραγώνοις μεγάλοις * ᾠκοδομημένον. * καὶ ἦσαν πύλαι τῇ αὐλῇ τέσσαρες

Jer. 8 8 | εἰς τόπον ἔρημον μακρόθεν τῆς Ἰερουσαλήμ * ᾠκοδόμησαν * ἑαυτοῖς πόλιν καὶ ἐπωνόμασαν τὸ ὄνομα αὐτῆς

Bar. 2 7 | εἰπέν μοι οὗτοί εἰσιν οἱ τὸν πύργον τῆς θεομαχίας * οἰκοδομήσαντες * καὶ ἐξετόπησεν αὐτοὺς ὁ κύριος. καὶ λαβὼν

Bar. 3 6 | ἐνήλλαξεν αὐτῶν τὰς γλώσσας ἀφ' οὗ τὸν πύργον (ὡς) * ᾠκοδόμησαν * ἐπὶ πήχεις τετρακοσίας ἑξήκοντα τρεῖς. καὶ

Aris. 105 6 | γὰρ ἔχει τὰ τῶν τόπων ὡς ἂν ἐπ' ὄρους τῆς πόλεως * ᾠκοδομημένης. * εἰσὶ δὲ καὶ διαβάθραι πρὸς τὰς διόδους. οἱ

FMos. 2 17 18 | σοφίαν καὶ δικαιοσύνην καὶ ἐπιστήμην πλήρη αὐτὸς * οἰκοδομήσει * τὸν οἶκον τοῦ θεοῦ. εἰκότως ἄρα καὶ τὸν

FJub. 4 31B | τοῦ Λάμεχ τὸν Κάϊν ἀνῃρῆσθαι ἀκουσίως τοῖχον γὰρ * οἰκοδομῶν * προσανέτρεψεν αὐτὸν ὄπιθεν ὄντος τοῦ Κάϊν ὃς

FJub. 10 21 | Φαλεγ Δυμνα θυγάτηρ Σεννααρ. ἐπὶ μ γ' ἔτη ἔμειναν * οἰκοδομοῦντες. * τὸ ὕψος 'ε υ β λ γ' πήχεις καὶ δύο

FJub. 10 21 | ιγ' ⟨καὶ τοῦ ἄλλου⟩ λ'. ἐπὶ γὰρ ἔτη τεσσαράκοντα * οἰκοδομοῦντες * ἐκείνου ⟨Νεβρὼδ⟩ μάλιστα παρορμῶντος

FJub. 18 13 | υἱὸν αὐτοῦ. εἰς ἐκεῖνον δὲ τὸν τόπον τὸν Ἀβραὰμ * οἰκοδομῆσαι * ἔνθα Δαβὶδ ὕστερον ἱδρύσατο τὸ ἱερόν.

FJub. 46 14 | ἐδιώρυξας πλείστας κατατεμεῖν αὐτοῖς ἐπέταξαν καὶ * οἰκοδομῆσαι * τείχη ταῖς πόλεσι καὶ χώματα ἀνεγεῖραι ἵνα

FAch. 105 | βασιλεὺς Αἰγύπτου Λυκούργῳ Βαβυλωνίῳ χαίρειν. θέλω * οἰκοδομῆσαι * πύργον μήτε γῆς μήτε οὐρανοῦ ἀπτόμενον

FAch. 105 | μήτε οὐρανοῦ ἀπτόμενον ὑψηλόν. ἀπόστειλόν μοι τοὺς * οἰκοδομοῦντας * αὐτὸν καὶ ⟨τὸν⟩ ἀποκριθησόμενον ὅ,τι ἂν

FAch. 106 | οἱ δὲ φίλοι εἶπον οὐκ οἴδαμεν πῶς πύργος * οἰκοδομεῖται * μήτε οὐρανοῦ μήτε γῆς ἁπτόμενος. ἕτερος δέ

FAch. 108 | φησὶν ἀντίγραφον αὐτῷ οὕτως πέμψω σοι τοὺς * οἰκοδομοῦντας * τὸν πύργον καὶ τὸν ἀποκριθησόμενον τὰ

FAch. 116 | ἔφη πρὸς αὐτὸν ἤγαγές μοι τοὺς μέλλοντας * οἰκοδομεῖν * τὸν πύργον; ὁ δὲ λέγει ἕτοιμοί εἰσιν ἐὰν σὺ

HEup. 9 30 5 | βασιλέα φιλίαν συνθέσθαι. βουλόμενος τῷ τε Δαβὶδ * οἰκοδομῆσαι * ἱερὸν τῷ θεῷ ἀξιοῦντι θεὸν τόπον αὐτῷ

HEup. 9 31 1 | διὰ τοῦ θεοῦ τοῦ μεγίστου ⟨καὶ⟩ ἐπιτετραχότι μοι * οἰκοδομῆσαι * ἱερὸν τῷ θεῷ ὃς τὸν οὐρανὸν καὶ τὴν γῆν

HEup. 9 33 1 | πατρός διὰ τοῦ θεοῦ τοῦ μεγίστου ἐπιτετραχότι μοι * οἰκοδομῆσαι * ἱερὸν τῷ θεῷ ὃς τὸν οὐρανὸν καὶ τὴν γῆν

HEup. 9 34 1 | ἐκεῖθεν δὲ πεζῇ εἰς Ἰεροσόλυμα. καὶ ἄρξασθαι * οἰκοδομεῖν * τὸ ἱερὸν τοῦ θεοῦ ὄντα ἐτῶν τρισκαίδεκα

HEup. 9 34 5 | γὰρ αὐτῷ προστάξαι Νάθαν τὸν προφήτην τοῦ θεοῦ. * οἰκοδομεῖν * δὲ ἐναλλὰξ δόμον λίθινον καὶ ἔνδεσμον

HEup. 9 34 5 | καταλαμβάνοντα⟨ς⟩ τοὺς δύο δόμους. οὕτω δ' αὐτὸν * οἰκοδομήσαντα * ξυλῶσαι ἔσωθεν κεδρίνας ξύλοις καὶ

HEup. 9 34 8 | χρυσοῦς ο'. ὥστε καιεσθαι ἐφ' ἑκάστης λυχνίας ἑπτά. * οἰκοδομῆσαι * δὲ καὶ τὰς πύλας τοῦ ἱεροῦ καὶ κατακοσμῆσαι

HEup. 9 34 10 | προσεύχηται ὅπως ὁπόταν τῷ λαῷ τῶν Ἰουδαίων. * οἰκοδομῆσαι * δὲ καὶ τὸ θυσιαστήριον πηχῶν κ ε' ἐπὶ πήχεις

HEup. 9 34 12 | τὴν πόλιν τείχεσιν καὶ πύργοις καὶ τάφροις. * οἰκοδομῆσαι * δὲ καὶ βασίλεια ἑαυτῷ. προσαγορευθῆναι δὲ τὰ

HArt. 9 27 | φαύλως προσφέρεσθαι καὶ πρῶτον μὲν τήν τε Σάϊν * οἰκοδομῆσαι * τό τε ἐπ' αὐτῇ ἱερὸν καθιδρύσασθαι εἶτα τὸν

HAno. 9 17 2 | ἐκ τοῦ κατακλυσμοῦ εἶναι δὲ αὐτοὺς γίγαντας * οἰκοδομεῖν * δὲ τὸν ἱστορούμενον πύργον. πεσόντος δὲ

HCal. 28 | οὐδέν. διατρίψας οὖν ἐκεῖσε χρόνον τινὰ τὴν πόλιν * οἰκοδομῆσαι * ἐγχειρίζεται κίοσί τε πλείστοις αὐτὴν

HCal. 28 5 | κατὰ ἀνατολὴν πύλη μεταρσιώτατον πάντων ἕνα πύργον * οἰκοδομήσας * ἐν αὐτῷ τὴν ἑαυτοῦ στήλην ποιήσας ἵδρυσε

### οἰκοδομή (8)

Hen. 14 9 | εἰς τὸν οὐρανὸν καὶ εἰσῆλθον μέχρις ἤγγισα τείχους * οἰκοδομῆς * ἐν λίθοις χαλάζης καὶ γλώσσης πυρὸς κύκλῳ

Hen. 99 13 | καὶ σωθήσονται. οὐαὶ οἱ οἰκοδομοῦντες τὰς * οἰκοδομὰς * αὐτῶν οὐκ ἐκ κόπων ἰδίων καὶ ἐκ λίθων καὶ ἐκ

Hen. 99 13 | ἐκ κόπων ἰδίων καὶ ἐκ λίθων καὶ ἐκ πλίνθων πᾶσαν * οἰκοδομὴν * ποιεῖτε οἷς οὐκ ἔστιν ὑμῖν χάρις). οὐαὶ οἱ

Prop. 14 1 | τοῦ λαοῦ προσεφήτευσε εἶδεν ἐκ μέρους τὴν * οἰκοδομὴν * τοῦ ναοῦ. ἦλθεν ἑτέρα πλησίον τοῦ τάφου

FAch. 116 | ἀφίκετο σὺν τῷ Αἰσώπῳ καὶ μέτρα ἔδωκεν εἰς τὴν * οἰκοδομήν. * ὁ δὲ Αἴσωπος στήσας κατὰ γωνίας τοῦ δοθέντος

FAch. 116 | πηλὸν καὶ πλίνθους καὶ ξύλα καὶ ὅσα πρὸς τὴν * οἰκοδομὴν * χρεία ἐστίν. ὁ δὲ Νεκταναβὼν ἔφη πόθεν ἐμοὶ

HEup. 9 34 4 | μῆκος πηχῶν ξ' πλάτος πηχῶν ξ' τὸ δὲ πλάτος τῆς * οἰκοδομῆς * καὶ τῶν θεμελίων πηχῶν ι' οὕτω γὰρ αὐτῷ

HEup. 9 34 | ξύλοις καὶ κυπαρισσίνοις ὥστε τὴν λιθίνην * οἰκοδομὴν * μὴ φαίνεσθαι χρυσᾶσαι εἰς τὸν ναὸν ἔσωθεν

### οἰκοδομία (3)

HEup. 9 30 6 | προστάξαι τε αὐτῷ τούτου ὅπως τῷ υἱῷ ἐπιτρέψῃ τὴν * οἰκοδομίαν * αὐτὸν δὲ εὐτρεπίζειν τὰ πρὸς τὴν κατασκευὴν

HArt. 9 27 11 | τὸ πλησίον ὄρος λατομήσαντας τάξαι δὲ ἐπὶ τῆς * οἰκοδομίας * ἐπιστάτην Ναχέρωτα. τὸν δὲ ἐλθόντα μετὰ

LEze. 9 28 2 10 | βασιλεὺς Φαραὼ τοὺς μὲν ἐν πλινθεύμασι * οἰκοδομίαις * τε βαρεσὶν αἰκίζων βροτοὺς πόλεις τ' ἐπύργου

### οἶκοι (2)

LEze. 9 29 14 47 | μέγα σύνεγγυς ἡμῶν. καὶ τίς ἠλάλαξ' ἰδὼν φεύγωμεν * οἶκοι * πρόσθεν Ὑψίστου χέρας οἷς μὲν γάρ ἐστ' ἀρωγὸς

### οἰκονομέω (6)

Aris. 24 8 | ἀπολύειν καὶ μηδὲ κακοσχόλως περὶ τούτων μηδὲν * οἰκονομεῖν * τὰς δ' ἀπογραφὰς ἐν ἡμέραις τρισὶν ἀφ' ἧς

Aris. 143 3 | φυσικὸν λόγον ὅμοια καθέστηκεν ὑπὸ μιᾶς δυνάμεως * οἰκονομούμενα * καὶ καθ' ἓν ἕκαστον ἔχει λόγον βαθὺν ἀφ'

### οἰκονομία (6)

Adam 37 5 | αὐτὸν ἐκεῖ ἕως τῆς ἡμέρας ἐκείνης τῆς μεγάλης τῆς * οἰκονομίας * ἧς ποιήσω εἰς τὸν κόσμον. τότε ὁ Μιχαὴλ ἦρεν

Abr.2 7 18 | περὶ τῶν παίδων σου τελειώσις σε ἔχει εἰς τὴν * οἰκονομίαν * σου. καὶ ἀποκριθεὶς Ἀβραὰμ εἶπεν τῷ Μιχαὴλ

Jer. 9 29 | ἔστη ἐν μέσῳ τοῦ λαοῦ ἐκτελέσαι βουλόμενος τὴν * οἰκονομίαν * αὐτοῦ. τότε ἐβόησε ὁ λίθος λέγων ὦ μωροὶ υἱοὶ

| | | | | | |
|---|---|---|---|---|---|
| Jer. | 9 | 31 | πρὸς αὐτὸν μετὰ πολλῶν λίθων καὶ ἐπληρώθη αὐτοῦ | * οἰκονομία. * | καὶ ἐλθόντες Βαροὺχ καὶ Ἀβιμέλεχ ἔθαψαν |
| Job | 1 | 2 | Ιωβαβ. ἐν ᾗ γὰρ ἡμέρᾳ νοσήσας ἐξετέλει αὐτοῦ τὴν | * οἰκονομίαν, * | ἐκάλεσεν τοὺς ἑπτὰ υἱοὺς αὐτοῦ καὶ τὰς τρεῖς |
| Job | 11 | 5 | ἠγαλλιώμην ὅτι ὅλως παρ᾽ ἐμοῦ λαμβάνουσιν εἰς | * οἰκονομίαν * | τῶν πτωχῶν καὶ προθύμως δεξάμενος τὸ |

οἰκονόμος 2

| | | | | | |
|---|---|---|---|---|---|
| TJos. | 12 | 3 | μετ᾽ αὐτοῦ κρίσιν καὶ ἀφελοῦ τὸν νεανίαν εἰς | * οἰκονόμον * | σου καὶ εὐλογήσει σε ὁ θεὸς τῶν Ἑβραίων ὅτι |
| Jer. | 7 | 2 | ἀνθρωπίνῃ φωνῇ εἶπεν αὐτῷ ὁ ἀετὸς χαῖρε Βαροὺχ ὁ | * οἰκονόμος * | τῆς πίστεως. καὶ εἶπεν αὐτῷ Βαροὺχ ὅτι |

οἶκος 126

| | | | | | |
|---|---|---|---|---|---|
| Adam | 5 | 3 | εἰς τρία μέρη. καὶ ἦλθον πάντες ἐπὶ τὴν θύραν τοῦ | * οἴκου * | ἐν ᾧ εἰσήρχετο εὔξασθαι τῷ θεῷ. εἶπε δὲ αὐτῷ Σὴθ ὁ |
| Adam | 23 | 1 | νομίζεις ὅτι οὐχ εὑρίσκω σε; μὴ κρυβήσεται | * οἶκος * | τῷ οἰκοδομήσαντι αὐτόν; τότε ἀποκριθεὶς ὁ πατὴρ |
| Hen. | 14 | 10 | εἰσῆλθον εἰς τὰς γλώσσας τοῦ πυρὸς καὶ ἤγγισα εἰς | * οἶκον * | μέγαν οἰκοδομημένον ἐν λίθοις χαλάζης καὶ οἱ |
| Hen. | 14 | 10 | οἰκοδομημένον ἐν λίθοις χαλάζης καὶ οἱ τοῖχοι τοῦ | * οἴκου * | ὡς λιθόπλακες καὶ πᾶσαι ἦσαν ἐκ χιόνος καὶ ἐδάφη |
| Hen. | 14 | 13 | τειχῶν καὶ θύραι πυρὶ καιόμεναι. εἰσῆλθον εἰς τὸν | * οἶκον * | ἐκεῖνον θερμὸν ὡς πῦρ καὶ ψυχρὸν ὡς χιὼν καὶ πᾶσα |
| Hen. | 14 | 15 | καὶ ἰδοὺ ἄλλη θύρα ἀνεῳγμένη κατέναντί μου καὶ ὁ | * οἶκος * | μείζων τούτου καὶ ὅλος οἰκοδομημένος ἐν γλώσσαις |
| Hen. | 14 | 21 | καὶ οὐκ ἐδύνατο πᾶς ἄγγελος παρελθεῖν εἰς τὸν | * οἶκον * | τοῦτον καὶ ἰδεῖν τὸ πρόσωπον αὐτοῦ διὰ τὸ ἔντιμον |
| Hen. | 25 | 5 | βορρᾶν καὶ μεταφυτευθήσεται ἐν τόπῳ ἁγίῳ παρὰ τὸν | * οἶκον * | τοῦ θεοῦ βασιλέως τοῦ αἰῶνος. τότε εὐφρανθήσονται |
| Abr.1 | 2 | 12 | ποτέ ἀπέλθωμεν δικαία ψυχὴ πεζεύοντες ἕως τοῦ | * οἴκου * | σου μετεωριζόμενοι. καὶ εἶπεν Ἀβραὰμ ἀμὴν γένοιτο |
| Abr.1 | 3 | 1 | γένοιτο κύριε. ἀπέρχονται ἀπὸ τοῦ ἀγροῦ πρὸς τὸν | * οἶκον * | αὐτοῦ. κατὰ δὲ τῆς ὁδοῦ ἐκείνης ἵστατο δένδρον |
| Abr.1 | 3 | 5 | τοῦ δένδρου οὐκ ἤκουσεν. ἐλθόντες δὲ πλησίον ⟨τοῦ | * οἴκου * | ἐν τῇ αὐλῇ⟩ ἐκαθέσθησαν καὶ ἰδὼν Ἰσαὰκ τὴν |
| Abr.1 | 4 | 2 | εὐόσμους ἐκ τοῦ παραδείσου ἐνέγκας πλήρωσον τὸν | * οἶκον * | ἄναψον δὲ λύχνους ἑπτὰ διὰ ἐλαίου ὅπως εὐφρανθῶμεν |
| Abr.1 | 5 | 1 | τότε ὁ ἀρχιστράτηγος Μιχαὴλ κατῆλθεν εἰς τὸν | * οἶκον * | τοῦ Ἀβραὰμ καὶ ἐκαθέσθη μετ᾽ αὐτοῦ ἐν τῇ τραπέζῃ |
| Abr.1 | 8 | 1 | τοῦ θεοῦ καὶ ἀνήγγειλεν πάντα ἅπερ εἶδεν ἐν τῷ | * οἴκῳ * | τοῦ Ἀβραάμ. εἶπεν δὲ καὶ τοῦτο ὁ ἀρχιστράτηγος |
| Abr.1 | 8 | 11 | κόσμου μετάστασιν καὶ ποιήσῃς διάταξιν περὶ τοῦ | * οἴκου * | σου καὶ περὶ πάντων τῶν ὑπαρχόντων σοι καὶ ὅπως |
| Abr.1 | 10 | 10 | καὶ εἶδεν εἰς ἕτερον τόπον ἀνθρώπους διορύττοντας | * οἴκους * | καὶ ἁρπάζοντας τὰ ἀλλότρια πράγματα καὶ εἶπεν |
| Abr.1 | 15 | 1 | ὁ ἐμὸς λειτουργὸς ἀπόστρεψον ⟨τὸν Ἀβραὰμ⟩ εἰς τὸν | * οἶκον * | αὐτοῦ ὅτι ἰδοὺ ἤγγικεν τὸ τέλος αὐτοῦ καὶ τὸ |
| Abr.1 | 15 | 1 | αὐτοῦ τελειοῦται καὶ ποιήσει διάταξιν περὶ τοῦ | * οἴκου * | αὐτοῦ καὶ πάντα ὅσα βούλεται καὶ εἶθ᾽ οὕτως |
| Abr.1 | 15 | 2 | νεφέλην ἤγαγεν τὸν Ἀβραὰμ τὸν ἱερώτατον εἰς τὸν | * οἶκον * | αὐτοῦ καὶ ἀπελθὼν ἐν τῷ τρικλίνῳ αὐτοῦ ἐκάθισεν |
| Abr.1 | 17 | 1 | οὐκ ἀπεκρίθη. ἀνέστη δὲ Ἀβραὰμ καὶ ἦλθεν εἰς τὸν | * οἶκον * | αὐτοῦ ἠκολούθει δὲ καὶ ὁ θάνατος ἕως ἐκεῖ ἀνέβη δὲ |
| Abr.2 | 1 | 3 | ὅτι ἤγγισάν σου αἱ ἡμέραι ὅπως διοικήσεις τὸν | * οἶκόν * | σου πρὸ τοῦ μεταχθῆναί σε ἀπὸ τοῦ κόσμου. τότε |
| Abr.2 | 2 | 5 | ποιήσω ἐνεχθῆναι ἡμῖν ζῷον ἵνα ἀπελθόντες ἐν τῷ | * οἴκῳ * | ἡμῶν ταύτην τὴν ὥραν πρός με διϊέναι ὅτι πρὸς |
| Abr.2 | 2 | 7 | τί ἐστιν τὸ ὄνομά σου πρὶν εἰσελθεῖν με εἰς τὸν | * οἶκόν * | σου καὶ ἐπιβαρής σοι γενήσωμαι. ἀπεκρίθη Ἀβραὰμ |
| Abr.2 | 2 | 8 | ἐκάλεσέν με λέγων ἀνάστηθι καὶ πορεύου ἐκ τοῦ | * οἴκου * | τοῦ πατρός σου καὶ τῆς γῆς σου καὶ τῶν συγγενῶν |
| Abr.2 | 2 | 10 | μόσχον καὶ ἔθυσας ἀγγέλοις ξενιζομένοις ἐν τῷ | * οἴκῳ * | σου ὅπως εὐφρανθῶσιν. καὶ ἀναστάντων καὶ |
| Abr.2 | 2 | 13 | μετεωριζόμενοι μέχρις οὗ φθάσωμεν εἰς τὸν | * οἶκόν * | σου. ἐπορεύθησαν δέ οἱ ἀμφότεροι καὶ ἤγγισαν |
| Abr.2 | 3 | 5 | τί ἐστιν τὸ μυστήριον τοῦτο; ὅτε δὲ ἦλθεν ἐν τῷ | * οἴκῳ * | λέγει Ἀβραὰμ τοῖς παισὶν αὐτοῦ ἀναστάντες ἐξέλθατε |
| Abr.2 | 3 | 9 | τοῦτο τοῦ νίψαι πόδας ἀνθρώπου ξενιζομένου ἐν τῷ | * οἴκῳ * | ἡμῶν; καὶ ἰδὼν Ἀβραὰμ τὸν Ἰσαὰκ κλαίοντα ἔκλαυσεν |
| Abr.2 | 5 | 1 | αὐτοῦ Ἰσαὰκ κατ᾽ ὄναρ. τότε Μιχαὴλ ἦλθεν εἰς τὸν | * οἶκον * | Ἀβραὰμ καὶ εὗρεν αὐτὸν ἑτοιμάσαντα τὸ δεῖπνον καὶ |
| Abr.2 | 6 | 7 | κλαῦσαι εἰσελθόντος τοῦ ἀνθρώπου πρὸς ἡμᾶς εἰς τὸν | * οἶκον * | ἡμῶν; ἢ πῶς ἐδάκρυσάν σου οἱ ὀφθαλμοὶ τῶν βημάτων |
| Abr.2 | 6 | 8 | τῶν βημάτων τοῦ φωτὸς ἀνατείλαντος εἰς τὸν | * οἶκον * | ἡμῶν; ἡ γὰρ σήμερον ἡμέρα εὐφρασία ἐστίν. λέγει |
| Abr.2 | 6 | 11 | ποίησον ἵνα φάγωμεν μετὰ τῶν ἀνθρώπων τούτων ἐν τῷ | * οἴκῳ * | ἡμῶν. καὶ ἀπεκρίθη αὐτῇ Ἀβραὰμ καλῶς κυρὰ Σάρρα |
| Abr.2 | 7 | 8 | μὴ ἐπάρῃς τὴν δόξαν τῆς κεφαλῆς μου καὶ τὸ φῶς τοῦ | * οἴκου * | μου καὶ πᾶσαν τὴν δόξαν τὴν ἐμὴν ἐπένθησεν δὲ καὶ |
| Abr.2 | 7 | 10 | καὶ εἶπέν μοι μὴ κλαύσῃς ὅτι ἔλαβον τὸ φῶς τοῦ | * οἴκου * | σου ἀνελήφθη γὰρ ἀπὸ καμάτου εἰς ἀνάπαυσιν |
| Abr.2 | 7 | 14 | λέγων ὁ φωτεινὸς ἄνθρωπος εἶδον καὶ τὸν ἥλιον τοῦ | * οἴκου * | μου ἀναβαίνοντα εἰς τοὺς οὐρανοὺς καὶ εἶδον τὸν |
| TRub. | 3 | 13 | πατέρα αὐτοῦ ὄντων ἡμῶν ἐν Γάδερ πλησίον Ἐφραθὰ | * οἴκου * | Βηθλέεμ Βάλλα ἦν μεθύουσα καὶ κοιμωμένη ἀκάλυφος |
| TLevi | 10 | 5 | καὶ εἰς κατάραν καὶ εἰς καταπάτημα. ὁ γὰρ | * οἶκος * | ὃν ἂν ἐκλέξηται κύριος Ἱερουσαλὴμ κληθήσεται |
| TLevi | 17 | 10 | εἰς γῆν ἐρημώσεως αὐτῶν καὶ ἀνακαινοποιήσουσιν | * οἶκον * | κυρίου. ἐν δὲ τῷ ἑβδόμῳ ἑβδοματικῷ ἥξουσιν οἱ |
| TLevi | 18 | 2B056 | τὸ γὰρ αἷμα ψυχή ἐστιν ἐν τῇ σαρκί. καὶ ὃ ἐὰν ἐν | * οἴκῳ * | +ουσης+ σεαυτὸν πᾶν κρέας φαγεῖν κάλυπτε τὸ αἷμα |
| TJud. | 2 | 1 | ἐν πᾶσι τοῖς ἔργοις μου ἔν τε τῷ ἀγρῷ καὶ ἐν τῷ | * οἴκῳ * | ὡς εἶδον ὅτε συνέδραμον τῇ ἐλάφῳ καὶ πιάσας αὐτὴν |
| TJud. | 21 | 7 | θυγατέρας καὶ υἱοὺς ἐλευθέρους καταδουλώσουσιν | * οἴκους * | ἀγροὺς ποίμνια χρήματα ἁρπάσουσι καὶ πολλῶν |
| TIss. | 2 | 5 | ποθήσασα αὐτοὺς οὐκ ἔφαγεν ἀλλὰ ἀνέθηκεν αὐτοὺς ἐν | * οἴκῳ * | κυρίου προσενέγκασα ἱερεῖ ὑψίστου τῷ ὄντι ἐν τῷ |
| TZab. | 6 | 3 | αὐτῷ διαπορευόμενος τοὺς αἰγιαλοὺς ἡλίευον ἰχθύας | * οἴκῳ * | τοῦ πατρός μου ἕως ἤλθομεν εἰς Αἴγυπτον καὶ ἐκ τῆς |
| TZab. | 6 | 7 | παντὶ ἀνθρώπῳ ὃν ἑωράκειν μεταδιδοὺς καὶ παντὶ τῷ | * οἴκῳ * | τοῦ πατρός μου ἐξαρκῶν. τὸ θέρος ἡλίευον καὶ ἐν |
| TZab. | 7 | 1 | καὶ σπλαγχνισθεὶς ἐπ᾽ αὐτὸν κλέψας ἱμάτιον ἐκ τοῦ | * οἴκου * | μου κρυφαίως ἔδωκα τῷ θλιβομένῳ. καὶ ὑμεῖς οὖν |
| TJos. | 2 | 1 | Φωτιμὰρ ὁ ἀρχιμάγειρος Φαραὼ ἐπίστευσέ μοι τὸν | * οἶκον * | αὐτοῦ. καὶ ἠγωνισάμην πρὸς γυναῖκα ἀναιδῆ |
| TJos. | 8 | 4 | ἐσυκοφάντησέ με καὶ ἐνέβαλέ με εἰς φυλακὴν ἐν | * οἴκῳ * | αὐτοῦ ὁ Αἰγύπτιος καὶ τῇ ἑξῆς μαστίξας με ἔπεμψέ με |
| TJos. | 8 | 5 | λύπης καὶ ἐπηκροᾶτό μου πῶς ὕμνουν κύριον ὢν ἐν | * οἴκῳ * | σκότους καὶ ἐν ἱλαρᾷ φωνῇ χαίρων ἐδόξαζον τὸν θεόν |
| TJos. | 9 | 5 | στεναγμοὺς αὐτῆς ἐσιώπων. καὶ γὰρ ὅτε ἤμην ἐν τῷ | * οἴκῳ * | αὐτῆς ἐγύμνου τοὺς βραχίονας αὐτῆς καὶ τὰ στέρνα |
| TJos. | 11 | 2 | ἠρώτων με κἀγὼ εἶπον ὅτι δοῦλος αὐτῶν εἰμι ἐξ | * οἴκου * | ἵνα μὴ αἰσχύνω τοὺς ἀδελφούς μου. λέγει δέ μοι ὁ |
| TJos. | 11 | 6 | ἐν ὀφθαλμοῖς τοῦ μεταβόλου καὶ ἐπίστευσέ μοι τὸν | * οἶκον * | αὐτοῦ. καὶ εὐλόγησεν αὐτὸν κύριος ἐν χειρί μου καὶ |
| Asen. | 3 | 2 | ἐστὶ τοῦ ἡλίου καὶ ἵνα καταψύξω ὑπὸ τὴν σκιὰν τοῦ | * οἴκου * | σου. καὶ ἤκουσε ταῦτα Πεντεφρῆς καὶ ἐχάρη χαρὰν |
| Asen. | 14 | 8 | μοι. καὶ εἶπεν ὁ ἄνθρωπος ἐγώ εἰμι ὁ ἄρχων τοῦ | * οἴκου * | κυρίου καὶ στρατιάρχης πάσης στρατιᾶς τοῦ ὑψίστου. |
| Asen. | 15 | 12B | ἀρχῇ τῆς βίβλου πρὸ πάντων ὅτι ἐγὼ ἄρχων εἰμὶ τοῦ | * οἴκου * | τοῦ ὑψίστου. καὶ πάντα τὰ ὀνόματα τὰ γεγραμμένα ἐν |
| Asen. | 21 | 5 | χρυσοῦς εἰς τὰς κεφαλὰς αὐτῶν οἵτινες ἦσαν ἐν τῷ | * οἴκῳ * | αὐτοῦ ἐξ ἀρχῆς καὶ ἄνωθεν καὶ ἔστησε Φαραὼ τὴν |
| Asen. | 21 | 9 | Μανασσῆ καὶ τὸν Ἐφραὶμ τὸν ἀδελφὸν αὐτοῦ ἐν τῷ | * οἴκῳ * | Ἰωσήφ. ⟨καὶ τότε ἤρξατο Ἀσενὲθ ἐξομολογεῖσθαι |
| Asen. | 21 | 12 | σου ⟨πολλὰ⟩ ἥμαρτον ⟨ἐγὼ ἤμην⟩ εὐθηνοῦσα ἐν τῷ | * οἴκῳ * | τοῦ πατρός μου καὶ ἤμην παρθένος ἀλαζὼν καὶ |
| Asen. | 21 | 21 | καὶ ἤγαγέ με τῷ θεῷ τῶν αἰώνων καὶ τῷ ἄρχοντι τοῦ | * ⟨οἴκου⟩ * | τοῦ ὑψίστου καὶ ἔδωκέ μοι φαγεῖν ἄρτον ζωῆς καὶ |
| Asen. | 22 | 9 | τοῦ πατρὸς αὐτοῦ ὅταν ἐκ πολέμου ἐπανέλθῃ εἰς τὸν | * οἶκον * | αὐτοῦ⟩ καὶ κατεφίλησεν αὐτόν. καὶ μετὰ ταῦτα |
| Asen. | 22 | 10 | ἔπιον. καὶ ἐπορεύθησαν Ἰωσὴφ καὶ Ἀσενὲθ εἰς τὸν | * οἶκον * | αὐτῶν. καὶ συμπροέπεμψαν αὐτοὺς Συμεὼν καὶ Λευίς |
| Asen. | 23 | 3 | καὶ ἀργύριον πολὺν καὶ παῖδας καὶ παιδίσκας καὶ | * οἴκους * | καὶ κληρονομίας μεγάλας. πλὴν τὸ ῥῆμα τοῦτο |
| Sal. | 3 | 6 | δικαίων παρὰ θεοῦ σωτῆρος αὐτῶν οὐκ αὐλίζεται ἐν | * οἴκῳ * | δικαίου ἁμαρτία ἐφ᾽ ἁμαρτίαν ἐπισκέπτεται διὰ |
| Sal. | 3 | 7 | ἁμαρτία ἐφ᾽ ἁμαρτίαν ἐπισκέπτεται διὰ παντὸς τὸν | * οἶκον * | αὐτοῦ ὁ δίκαιος τοῦ ἐξᾶραι ἀδικίαν ἐν παραπτώματι |
| Sal. | 3 | 8 | καὶ ὁ κύριος καθαρίζει πᾶν ἄνδρα ὅσιον καὶ τὸν | * οἶκον * | αὐτοῦ. προσέκοψεν ἁμαρτωλὸς καὶ καταρᾶται ζωὴν |
| Sal. | 4 | 9 | νόμον μετὰ δόλου. καὶ οἱ ὀφθαλμοὶ αὐτῶν ἐπ᾽ | * οἶκον * | ἀνδρὸς ἐν εὐσταθείᾳ ὡς ὄφις διαλῦσαι σοφίαν |
| Sal. | 4 | 11 | ἕως ἐνίκησεν σκορπίσαι ὡς ἐν ὀρφανίᾳ καὶ ἠρήμωσεν | * οἶκον * | ἕνεκεν ἐπιθυμίας παρανόμου παρελογίσατο ἐν λόγοις |
| Sal. | 4 | 12 | ἐν παρανομίᾳ ἐν ταύτῃ καὶ οἱ ὀφθαλμοὶ αὐτοῦ ἐπ᾽ | * οἶκον * | ἕτερον ὀλεθρεῦσαι ἐν λόγοις ἀναπτερώσεως. οὐκ |
| Sal. | 4 | 17 | ἐν ἀτιμίᾳ. κενὸς χερσὶν αὐτοῦ εἰσέλθοι εἰς τὸν | * οἶκον * | αὐτοῦ καὶ ἐλλιπὴς ὁ οἶκος αὐτοῦ ἀπὸ παντὸς οὗ |
| Sal. | 4 | 17 | αὐτοῦ εἰσέλθοι εἰς τὸν οἶκον αὐτοῦ καὶ ἐλλιπὴς ὁ | * οἶκος * | αὐτοῦ ἀπὸ παντὸς οὗ ἐμπλήσει ψυχὴν αὐτοῦ ἐν |
| Sal. | 4 | 20 | ἐκκόψαισαν κόρακες ὑποκρινομένων ὅτι ἠρήμωσαν | * οἴκους * | πολλοὺς ἀνθρώπων ἐν ἀτιμίᾳ καὶ ἐσκόρπισαν ἐν |
| Sal. | 6 | 5 | καὶ ἐδεήθη τοῦ προσώπου κυρίου περὶ παντὸς τοῦ | * οἴκου * | αὐτοῦ καὶ κύριος εἰσήκουσεν προσευχὴν παντὸς ἐν |
| Sal. | 7 | 10 | ἡμᾶς ἐν καιρῷ ἀντιλήψεώς σου τοῦ ἐλεῆσαι τὸν | * οἶκον * | Ιακωβ εἰς ἡμέραν ἐν ᾗ ἐπηγγείλω αὐτοῖς. τῷ Σαλωμων |
| Sal. | 8 | 18 | ἐστεφάνωσαν τείχη αὐτῆς. εἰσῆλθεν ὡς πατὴρ εἰς | * οἶκον * | υἱῶν αὐτοῦ μετ᾽ εἰρήνης ἔστησεν τοὺς πόδας αὐτοῦ |
| Sal. | 9 | 5 | τὰ γὰρ κρίματα κυρίου ἐν δικαιοσύνῃ κατ᾽ ἄνδρα καὶ | * οἶκον. * | τίνι χρηστεύσῃ ὁ θεὸς εἰ μὴ τοῖς ἐπικαλουμένοις |
| Sal. | 9 | 11 | ἐπιστροφῇ ψυχῆς ἡμῶν. τοῦ κυρίου ἡ ἐλεημοσύνη ἐπὶ | * οἶκον * | Ισραηλ εἰς τὸν αἰῶνα καὶ ἔτι. ἐν ὕμνοις τῷ |
| Sal. | 10 | 8 | τὸ ὄνομα κυρίου. τοῦ κυρίου ἡ σωτηρία ἐπὶ | * οἶκον * | Ισραηλ εἰς εὐφροσύνην αἰώνιον. τῷ Σαλωμων εἰς |
| Sal. | 12 | 3 | ἀνάπτον καλλονὴν αὐτοῦ. ἡ παροικία αὐτοῦ ἐμπρῆσαι | * οἴκους * | ἐν γλώσσῃ ψευδεῖ ἐκκόψαι δένδρα εὐφροσύνης |
| Sal. | 12 | 3 | δένδρα εὐφροσύνης φλογιζούσης παρανόμους συγχέαι | * οἴκους * | ἐν πολέμῳ χείλεσιν ψιθύροις. μακρύναι ὁ θεὸς ἀπὸ |
| Sal. | 12 | 5 | καὶ κατευθύναι κύριος ἄνδρα ποιοῦντα εἰρήνην ἐν | * οἴκῳ. * | τοῦ κυρίου ἡ σωτηρία ἐπὶ Ισραηλ παῖδα αὐτοῦ εἰς |
| Sal. | 15 | 11 | τοῖς τέκνοις αὐτῶν αἱ γὰρ ἁμαρτίαι ἐξερημώσουσιν | * οἴκους * | ἁμαρτωλῶν καὶ ἀπολοῦνται ἁμαρτωλοὶ ἐν ἡμέρᾳ |
| Sal. | 17 | 42 | βασιλέως Ισραηλ ἣν ἔγνω ὁ θεὸς ἀναστῆσαι αὐτὸν ἐπ᾽ | * οἶκον * | Ισραηλ παιδεῦσαι αὐτόν. τὰ ῥήματα αὐτοῦ πεπυρωμένα |
| Jer. | 6 | 3 | καὶ ἀγάλλου ἐν τῷ σκηνώματί σου λέγων τῷ σαρκικῷ | * οἴκῳ * | σου τὸ πένθος σου μετεστράφη εἰς χαρὰν ἔρχεται γὰρ |
| Jer. | 7 | 27 | καὶ μνησκόμενος ἐστέναζον καὶ ἐπέστρεφον εἰς τὸν | * οἶκόν * | μου ὀδυνώμενος καὶ κλαίων. νῦν οὖν δεήθητι εἰς τὸν |
| Prop. | 10 | 4 | τῆς μεγάλης πόλεως. ἦν τότε Ἠλίας ἐλέγχων τὸν | * οἶκον * | Ἀχαὰβ καὶ καλέσας λιμὸν ἐπὶ τὴν γῆν ἔφυγεν. καὶ |
| Prop. | 23 | 1 | τοῦ θυσιαστηρίου καὶ ἐξέχεεν τὸ αἷμα αὐτοῦ ὁ | * οἶκος * | Δαυὶδ ἀνὰ μέσον ἐπὶ τοῦ Αἰλὰμ καὶ λαβόντες αὐτόν |
| Esdr. | 1 | 2 | ἔτει δευτέρᾳ καὶ εἰκάδι τοῦ μηνὸς ἤμην ἐν τῷ | * οἴκῳ * | μου καὶ κράξας λέγων πρὸς τὸν ὕψιστον κύριε δὸς τὴν |
| Sedr. | 11 | 6 | ὦ χεῖρες εὔστοχοι ἀπὸ πάντων οἱ σωρεύοντες τοὺς | * οἴκους * | ἐστολίσατε. ὦ δάκτυλοι καλλωπισμένοι καὶ ὑπὸ τῶν |
| Sedr. | 11 | 12 | καλόδρομοι ἐπὶ προσώπου τῆς γῆς ταρασσόμενοι τοὺς | * οἴκους * | εὐτρεπίζοντες παντὸς ἀγαθοῦ. ὦ πόδες ὅλον τὸ σῶμα |
| Job | 5 | 3 | αὐτὸ εἰς τὸ ἔδαφος, καὶ οὕτως ἀνεχώρησα εἰς τὸν | * οἶκόν * | μου κελεύσας ἀσφαλισθῆναι τὰς θύρας. ἀκούσατέ μου |
| Job | 6 | 2 | μου τεκνία καὶ θαυμάσατε ἅμα γὰρ εἰσῆλθον εἰς τὸν | * οἶκόν * | μου καὶ τὰς θύρας μου ἀσφαλισάμενος ἐνετειλάμην |
| Job | 9 | 3 | δέ μοι ἀγέλη κυνῶν ὀκτακόσιοι φυλάσσοντές μου τὸν | * οἶκον * | εἶχον δὲ καμήλους ἐννακισχιλίους, καὶ ἐξ αὐτῶν |
| Job | 9 | 7 | ἅπαντες. ἀνεῳγμέναι δὲ ἦσαν αἱ τέσσαρες θύραι τοῦ | * οἴκου * | μου ἐκέλευον δὲ τοῖς οἰκέταις μου ταύτας εἶναι |
| Job | 10 | 1 | ἦσαν δέ μοι καὶ τράπεζαι ἱδρυμέναι τριάκοντα ἐν τῷ | * οἴκῳ * | μου ἀκίνητοι πάσας ὥρας τοῖς ξένοις μόνοις εἶχον δὲ |
| Job | 12 | 2 | καὶ ἑσπέρας γινομένης ἐξερχόμενος ἀπελθεῖν εἰς τὸν | * οἶκον * | αὐτοῦ λαμβάνειν ἠναγκάζετο παρ᾽ ἐμοῦ λέγοντος |
| Job | 17 | 4 | διὸ κἀγὼ ἀνταποδώσω αὐτῷ καθὰ ἔπραξεν κατὰ τοῦ | * οἴκου * | τοῦ θεοῦ. συνέλθατε οὖν καὶ σκυλεύσατε ἑαυτοῖς |
| Job | 21 | 2 | ὀφθαλμοῖς τὴν πρώτην μου γυναῖκα ὑδροφοροῦσαν εἰς | * οἶκον * | τινὸς εὐσχήμονος ὡς παιδίσκην ἕως ἂν λάβῃ ἄρτον |

Aris.    84     4   καὶ τὸ πλάτος ἀκόλουθον καὶ τὸ μῆκος τῆς κατὰ τὸν * οἶκον * διασκευῆς ὑπῆρχε μεγαλομερείᾳ καὶ χορηγίᾳ κατὰ
Aris.    88     1   μέχρι τῶν σφυρῶν βυσσίνοις χιτῶσιν. ὁ δὲ * οἶκος * βλέπει πρὸς ἕω τὰ δ' ὀπίσθια αὐτοῦ πρὸς ἑσπέραν τὸ
Aris.   101     4   ὁδὸν εἰς τοὺς περιβόλους ποιήσασθαι τοὺς περὶ τὸν * οἶκον * ἐπικειμένων καὶ ὀξυβελῶν ἐπὶ τῶν πύργων τῆς ἄκρας
Aris.   301     5   μέρη συνέδριον ποιησάμενος εἰς κατεσκευασμένον * οἶκον * παρὰ τὴν ἠϊόνα διαπρεπῶς ἔχοντα καὶ πολλῆς ἡσυχίας
Sib.      3   167   ἐγγυάλιξεν ὅσσαι ἀνθρώπων βασιληΐδες ἡγερέθονται. * οἶκος * μὲν γὰρ πρώτιστος Σολομώνιος ἄρξει Φοινίκες τ'
Sib.      3   314   αἰθέρα μακρόν. ἥξει σοι πληγὴ μεγάλη Αἴγυπτε πρὸς * οἴκους * δεινὴ ἣν οὔπω ποτ' ἐπήλπισας ἐρχομένην σοι.
Sib.      3   329   ⟨τὸν⟩ ὄλεθρον ἀνθ' ὧν ἀθανάτοιο μέγαν διεδηλήσασθε * οἶκον * ὁδοῦσι σιδηρείοις τ' ἐμασήσατε δεινῶς. τοὔνεκα δὴ
Sib.      3   726   πεσόντες τέρψωμεν ὕμνοισι θεὸν γενετῆρα κατ' * οἴκους * ἐχθρῶν ὅπλα ποριζόμενοι κατὰ γαῖαν ἅπασαν ἑπτὰ
Sib.      3   772   τε. πάσης δ' ἐκ γαίης λίβανον καὶ δῶρα πρὸς * οἴκους * οἴσουσιν μεγάλοιο θεοῦ κοὐκ ἔσσεται ἄλλος οἶκος
Sib.      3   774   οἴκους οἴσουσιν μεγάλοιο θεοῦ κοὐκ ἔσσεται ἄλλος * οἶκος * ἐπ' ἀνθρώποισι καὶ ἐσσομένοισι πυθέσθαι ἀλλ' ὃν
Sib.      3   825   καὶ τις ἀνὴρ μόνος εὐδόκιμος ἐλείφθη ὑλοτόμῳ ἐνὶ * οἴκῳ * ἐπιπλώσας ὑδάτεσσιν σὺν θηρσὶν πτηνοῖσί θ' ἵν'
Sib.      4     8   εἰδώλοις ἀλάλοισι λιθοξέστοισιν ὅμοιον. οὐδὲ γὰρ * οἶκον * ἔχει ναῷ λίθον ἑλκυσθέντα κωφότατον νωδόν τε
Sib.      5   397   ὡρήσουσιν. ἔσβεσται παρὰ σεῖο πάλαι πεπόθημένος * οἶκος * ἡνίκα δεύτερον εἶδον ἐγὼ ῥιπτούμενον οἶκον
Sib.      5   398   οἶκος ἡνίκα δεύτερον εἶδον ἐγὼ ῥιπτούμενον * οἶκον * πρηνηδὸν πυρὶ τεγγόμενον διὰ χειρὸς ἀνάγνου οἶκον
Sib.      5   400   οἶκον πρηνηδὸν πυρὶ τεγγόμενον διὰ χειρὸς ἀνάγνου * οἶκον * ἀεὶ θάλλοντα θεοῦ τηρήμονα ναὸν ἐξ ἁγίων γεγαῶτα
FMos.  2   17    18   καὶ ἐπιστήμην πλήρη αὐτὸς οἰκοδομήσει τὸν * οἶκον * τοῦ θεοῦ. εἰκότως ἄρα καὶ τὸν Μωυσέα
FJub.     4    31   λ' ἔτει καὶ Κάϊν ἀπέθανεν ἐμπεσόντος ἐπ' αὐτὸν τοῦ * οἴκου. * λίθοις γὰρ καὶ αὐτὸς τὸν "Αβελ ἀνεῖλε.
FIsa.     3     3   αὐτοῦ καὶ ταῖς δυνάμεσιν αὐτοῦ. καὶ ἐξέκλινε τὸν * οἶκον * τοῦ πατρὸς αὐτοῦ ἀπὸ τῆς τοῦ θεοῦ λατρείας καὶ
FMan.  2   22    10   καὶ ἦν δεδεμένος καὶ κατασεσιδηρωμένος ὅλος ἐν * οἴκῳ * φυλακῆς καὶ ἐδίδοτο αὐτῷ ἐκ πιτύρων ἄρτος ἐν σταθμῷ
FEz.    1    8     3   ἡ δάμαλις καὶ ἐροῦσιν οὐ τέτοκεν. μετανοήσατε * οἶκος * Ἰσραὴλ ἀπὸ τῆς ἀνομίας ὑμῶν. εἶπον τοῖς υἱοῖς τοῦ
FPho.       24   σέο χεῖρ'. ἔλεον χρηΐζοντι παράσχου. ἄστεγον εἰς * οἶκον * δέξαι καὶ τυφλὸν ὁδήγει. ναυηγοὺς οἰκτίρον ἐπεὶ
FPho.      164   ὀφέλλει. μύρμηκες γαίης μυχάτους προλελοιπότες * οἴκους * ἔρχονται βιότου κεχρημένοι ὁππότ' ἄρουραι λήϊα
IEur.   5   75     1   τὸν πάνθ' ὁρῶντα καὐτὸν οὐχ ὁρώμενον. ποῖος δ' ἂν * οἶκος * τεκτόνων πλασθεὶς ὑπὸ δέμας τὸ θεῖον περιβάλοι
HDem.  9   21    15   καὶ τῷ πατρὶ δὲ ἀποστεῖλαι κατὰ ταῦτα ὥστε τὸν * οἶκον * αὐτοῦ τῆς μητρὸς εἶναι ἴσον. οἰκῆσαι δὲ αὐτοὺς ἐν
HEup.  9   34     7   ἕκαστον κίονα πηχῶν δέκα στῆσαι δὲ αὐτοὺς τοῦ * οἴκου * ὃν μὲν ἐκ δεξιῶν ὃν δὲ ἐξ εὐωνύμων. ποιῆσαι δὲ καὶ
HEup.  9   34    14   ἃ ἐποίησε Μωσῆς εἰς Ἱεροσόλυμα ἐνεγκεῖν καὶ ἐν τῷ * οἴκῳ * θεῖναι. καὶ τὴν κιβωτὸν δὲ καὶ τὸν βωμὸν τὸν
HAno.  9   17     7   καὶ συνέβη φθείρεσθαι αὐτοῦ τὸν λαὸν καὶ τὸν * οἶκον * μάντεις δὲ αὐτοῦ καλέσαντος τούτους φάναι μὴ εἶναι
LThe.  9   22     7   'Αβραὰμ αὐτὸς ἀπ' οὐρανόθεν κάλεσ' ἀνέρα παντὶ σὺν * οἴκῳ * σάρκ' ἀποσυλῆσαι πόσθην ἄπο καὶ ῥ' ἐτέλεσσεν
LEze.  9   28   3 09   ἑῶν ἐπεὶ δὲ πλήρης κόλπος ἡμερῶν παρῆν ἐξῆλθον * οἴκων * βασιλικῶν πρὸς ἔργα γὰρ θυμός μ' ἄνωγε καὶ
FrAn.  9   17     4   ὁ τῆς Ἰουδαίας βασιλεὺς οὐκ εἰς μακρὰν περὶ τὸν * οἶκον * ἐχρήσατο χαλεπῇ συμφορᾷ. ἑβδόμη γὰρ ἡμέρᾳ τῆς

### οἰκότροφος
###### 1
Abr. 2    2    12   'Αβραὰμ Δαμασκὸν 'Ελεέζερ τὸν υἱὸν ἕνα τῶν * οἰκοτρόφων * αὐτοῦ λέγων ἄπαγε κτῆνος ἵνα καθίσῃ ἐπ' αὐτῷ

### οἰκουμένη
###### 17
Abr. 1    9     6   ἔτι ἐν τούτῳ ⟨τῷ σώματι ὢν⟩ θέλω ἰδεῖν πᾶσαν τὴν * οἰκουμένην * καὶ τὰ ποιήματα ⟨πάντα⟩ ὅσα διὰ λόγου ἑνὸς
Abr. 1    9     7   ὁ φίλος σου 'Αβραὰμ ὅτι ἤθελον θεάσασθαι πᾶσαν τὴν * οἰκουμένην * ἐν τῇ ζωῇ μου πρὸ τοῦ ἀποθανεῖν με. ἀκούσας
Abr. 1    9     8   εἰς τὸν αἰθέρα τοῦ οὐρανοῦ ⟨ὅπως ἴδῃ πᾶσαν τὴν * οἰκουμένην. * καὶ κατελθὼν ὁ ἀρχάγγελος Μιχαὴλ ἔλαβεν τὸν
Abr. 1   10     1   καὶ ἀνήρχετο ὁ 'Αβραὰμ ἐπὶ ὀχήματος ἐφ' ὅλην τὴν * οἰκουμένην. * ἑώρα δὲ 'Αβραὰμ τὸν κόσμον καθὼς ἦγεν ἡ
Abr. 1   10    12   καὶ ἀπόστρεψον τὸν 'Αβραὰμ ἵνα μὴ ἴδῃ πᾶσαν τὴν * οἰκουμένην * εἰ γὰρ ἴδῃ πάντας τοὺς ἐν ἁμαρτίᾳ διάγοντας
TLevi    18     3   γνώσεως ὡς ἐν ἡλίῳ μεγάλῃ καὶ μεγαλυνθήσεται ἐν τῇ * οἰκουμένῃ * ἕως ἀναλήψεως αὐτοῦ. οὗτος ἀναλάμψει ὡς ὁ
Asen.     1     9   εἰς πᾶσαν τὴν γῆν ἐκείνην καὶ ἕως περάτων τῆς * οἰκουμένης. * καὶ ἐμνηστεύοντο αὐτὴν πάντες οἱ υἱοὶ τῶν
Bar.      6     3   τοῦτο; καὶ λέγει μοι τοῦτό ἐστιν ὁ φύλαξ τῆς * οἰκουμένης. * καὶ εἶπον κύριε πῶς ἐστιν φύλαξ τῆς
Bar.      6     4   οἰκουμένης. καὶ εἶπον κύριε πῶς ἐστιν φύλαξ τῆς * οἰκουμένης; * διδαξόν με. καὶ εἶπέν μοι ὁ ἄγγελος τοῦτο τὸ
Esdr.     3     6   μου καὶ ἀπὸ τῶν τεσσάρων περάτων δράξομαι τὴν * οἰκουμένην * καὶ συνάξω πάντας εἰς τὴν κοιλάδα τοῦ
Aris.     9     3   πρὸς τὸ συναγαγεῖν εἰ δυνατὸν ἅπαντα τὰ κατὰ τὴν * οἰκουμένην * βιβλία καὶ ποιούμενος ἀγορασμοὺς καὶ
Aris.    37     6   ἐν εἰρήνῃ καὶ δόξῃ πᾶς κρατίστη παρ' ὅλην τὴν * οἰκουμένην * διατετήρηκεν εἰς τε τὸ στράτευμα τοὺς
Aris.    38     2   ἡμῶν καὶ τούτοις χαρίζεσθαι καὶ πᾶσι τοῖς κατὰ τὴν * οἰκουμένην * Ἰουδαίοις καὶ τοῖς μετέπειτα προῃρήμεθα τὸν
FAch.   101         πολλῶν τιμῶν καταξιωθεὶς ἠβουλήθη περιελθεῖν τὴν * οἰκουμένην * καὶ ἐν τοῖς ἀκροατηρίοις διελέγετο. τιμήματα
FAch.   120         τῶν τὰ τοιαῦτα προβαλλόντων). ἔστιν οὖν ὁ ναὸς ἡ * οἰκουμένη * διὰ τὸ περιέχειν ἅπαντα ὁ δὲ στῦλος ὁ ἐνιαυτὸς
HArt.   9   27    22   ἥκοι τὸν δὲ φάναι διότι προστάσσειν αὐτῷ τὸν τῆς * οἰκουμένης * δεσπότην ἀπολῦσαι τοὺς Ἰουδαίους. τὸν δὲ
LEze.  9   29   6 05   καὶ καθηγήσῃ βροτῶν; τὸ δ' εἰσθεάσθαι γῆν ὅλην τ' * οἰκουμένην * καὶ τὰ ὑπένερθε καὶ ὑπὲρ οὐρανὸν θεοῦ ὄψει τὰ

### οἰκτιρμός
###### 3
Abr. 1   14    10   παρακαλέσωμεν ἔτι τὸν κύριον καὶ προσπέσωμεν τοῖς * οἰκτιρμοῖς * αὐτοῦ καὶ δεηθῶμεν αὐτοῦ τὸ ἔλεος ὑπὲρ τῶν
TJos.     2     3   ἐτυπτήθην ἐμυκτηρίσθην καὶ ἔδωκέ με κύριος εἰς * οἰκτιρμοὺς * ἐνώπιον τοῦ δεσμοφύλακος. οὐ μὴ γὰρ
FMan.  2   22    12   αὐτὸς τοῖς ἡμαρτηκόσιν καὶ τῷ πλήθει τῶν * οἰκτιρμῶν * σου ὥρισας μετάνοιαν ἁμαρτωλοῖς εἰς σωτηρίαν.

### οἰκτίρμων
###### 2
TJud.    19     5   εἶχον ἀποθανεῖν. ἀλλ' ὁ θεὸς τῶν πατέρων μου ὁ * οἰκτίρμων * καὶ ἐλεήμων συνέγνω ὅτι ἐν ἀγνοίᾳ ἐποίησα.
Asen.    11    10   ἀληθινός ἐστι καὶ θεὸς ζῶν καὶ θεὸς ἐλεήμων καὶ * οἰκτίρμων * καὶ μακρόθυμος καὶ πολυέλεος καὶ ἐπιεικὴς καὶ

### οἰκτίρω
###### 15
TLevi    16     5   εἰς διασκορπισμὸν ἕως αὐτὸς πάλιν ἐπισκέψηται καὶ * οἰκτιρήσας * προσδέξηται ὑμᾶς ἐν πίστει καὶ ὕδατι. καὶ ὅτι
TZab.     2     2   Ἰωσὴφ ἔλεγεν αὐτοῖς ἐλεήσατέ με ἀδελφοί μου * οἰκτιρήσατε * τὰ σπλάγχνα Ἰακὼβ τοῦ πατρὸς ἡμῶν. μὴ
TAser     2     2   εἰς κακίαν ἄγει. ἔστιν ἄνθρωπος——— ὅτι οὐκ * οἰκτίρει * λειτουργοῦντα αὐτῷ ἐν κακῷ καίγε τοῦτο
Asen.    11    12   με; τυχὸν ὄψεταί τὴν ἐρήμωσίν μου ταύτην καὶ * οἰκτιρήσει * με ἢ ὄψεταί τὴν ὀρφανίαν μου καὶ ὑπερασπιεῖ
Asen.    13     1   καὶ ἐλεήσόν με. ἐπίβλεψον ἐπὶ τὴν ὀρφανίαν μου καὶ * οἰκτείρησόν * με τὴν τεθλιμμένην. ἰδοὺ γὰρ ἐγὼ ἀπέφυγον ἐκ
Sal.      7     8   ἐπικαλεσόμεθά σε καὶ σὺ ἐπακούσῃ ἡμῶν. ὅτι σὺ * οἰκτιρήσεις * τὸ γένος Ισραηλ εἰς τὸν αἰῶνα καὶ οὐκ ἀπώσῃ
Sal.      8    27   ἐπιστρέφον ὁ θεὸς εἰς ἡμᾶς ἔλεος σου ἐφ' ἡμᾶς καὶ * οἰκτιρήσῃ * ἡμᾶς συναγαγε τὴν διασπορὰν Ισραηλ μετὰ
Sal.      9     8   νῦν σὺ ὁ θεὸς καὶ ἡμεῖς λαὸς ὃν ἠγάπησας ἴδε καὶ * οἰκτίρησον * ὁ θεὸς Ισραηλ ὅτι σοὶ ἐσμεν καὶ μὴ ἀποστήσῃς
Jer.      4     8   τὰς ἁμαρτίας ἡμῶν παρεδόθη ὑμῖν. ὁ δὲ θεὸς ἡμῶν * οἰκτειρήσει * ἡμᾶς καὶ ἐπιστρέψει ἡμᾶς εἰς τὴν πόλιν ἡμῶν
Esdr.     2    23   δέσποτα τοὺς ἀμαρτωλοὺς ἐλεῶν τὴν σὴν πλάσιν * οἰκτείρησον * τὰ ἔργα σου. τότε ἐμνήσθη ὁ θεὸς τῶν
Sedr.    15     1   καὶ πολὺ εὔσπλαγχνος ὁ ἁμαρτωλὸς ἐλεῶν καὶ * οἰκτείρων * ἀλλ' ἡ σὴ θεότης εἶπεν οὐκ ἦλθον δικαίους
Sib.      3   414   μεταῦτις ἕλωρ ἔσῃ ἀνθρώποισιν ἐρασταῖς. "Ιλιον * οἰκτείρω * σε κατὰ Σπάρτην γὰρ Ἐρινὺς βλαστήσει
FMan.  2   22    15   ἀμήν. καὶ ἐπήκουσεν τῆς φωνῆς αὐτοῦ κύριος καὶ * φκτείρησεν * αὐτὸν καὶ ἐγένετο περὶ αὐτὸν φλὸξ πυρὸς καὶ
FPho.       25   εἰς οἶκον δέξαι καὶ τυφλὸν ὁδήγει. ναυηγοὺς * οἰκτίρον * ἐπεὶ πλόος ἐστὶν ἄδηλος. χεῖρα πεσόντι δίδου
LEze.  9   29   11 06   βέβληται δέσποθ' ἵλεως γενοῦ ὡς φοβερὸς ὡς πέλωρος * οἴκτειρον * σύ με πέφρικ' ἰδὼν μέλη δὲ σώματος τρέμει.

### οἶκτος
###### 2
TZab.     2     4   τὸν πατέρα ἡμῶν. ὡς δὲ ἔλεγε τὰ ῥήματα ταῦτα εἰς * οἶκτον * ἦλθον ἐγὼ καὶ ἠρξάμην κλαίειν καὶ τὰ ἥπατά μου
Sib.      3   485   ἀληθῶς Καρχηδών+. Γαλάταις δὲ πολύστονος ἔσσεται * οἶκτος. * ἥξει καὶ Τενέδῳ κακὸν ἔσχατον ἀλλὰ μέγιστον. καὶ

### οἰκτρός
###### 4
Prop.    10     8   καὶ ὅλην τὴν γῆν ὅτε ἴδωσι λίθον βοῶντα * οἰκτρῶς * ἐγγίζειν τὸ τέλος. καὶ ὅτε ἴδωσιν ἐν Ἱερουσαλὴμ
Sib.      3    52   τότε Λατίνων ἀπαραίτητος χόλος ἀνδρῶν τρεῖς Ῥώμην * οἰκτρῇ * μοίρῃ καταδηλήσονται. πάντες δ' ἄνθρωποι
Sib.      5   287   ἐγγυαλίζει· ἄρτι δὲ σε τλήμων Ἀσίη κατοδύρομαι * οἰκτρῶς * καὶ γένος Ἰώνων Καρῶν Λυδῶν πολυχρύσων. αἰαῖ
Sib.      5   381   καὶ φῶτας ἀρίστους. εἶθ' οὕτως πολέμοιο πεπαύσεται * οἰκτρὸς * ὄλεθρος κοὐκέτι τις ξίφεσιν πολεμίξεται οὐδὲ

### οἴμοι
###### 10
Adam     10     2   θηρίον πολεμοῦντα αὐτόν. ἔκλαυσε δὲ ἡ Εὔα λέγουσα * οἴμμοι * οἴμμοι ὅτι ἐὰν ἔλθω εἰς τὴν ἡμέραν τῆς ἀναστάσεως
Adam     10     2   πολεμοῦντα αὐτόν. ἔκλαυσε δὲ ἡ Εὔα λέγουσα οἴμμοι * οἴμμοι * ὅτι ἐὰν ἔλθω εἰς τὴν ἡμέραν τῆς ἀναστάσεως πάντες
Abr. 2   10    15   ταῦτα ἤνοιξεν τὸ στόμα αὐτῆς βοῶσα καὶ λέγουσα * οἴμοι * ὅτι πάσας τὰς ἁμαρτίας ἃς ἐποίησα ἐν τῷ κόσμῳ οὖσα
Asen.    18     7   σου. καὶ ἀνεστέναξε καὶ ἐλυπήθη σφόδρα καὶ εἶπεν * οἴμοι * τῇ ταπεινῇ ⟨ὅτι⟩ τὸ πρόσωπόν μου συμπέπτωκεν.
Esdr.     6    24   δικαζόμενός σε καὶ μέλλω εἰς γῆν καταπίπτειν; * οἴμμοι * ὅτι ὑπὸ σκωλήκων μέλλω ἀναλίσκεσθαι.
Esdr.     6    24   σε μέλλω εἰς γῆν καταπίπτειν; οἴμμοι * οἴμμοι * ὅτι ὑπὸ σκωλήκων μέλλω ἀναλίσκεσθαι. κλαύσατέ με
Esdr.     7     4   εἰς τὴν γῆν ἐξ ἧς ἐλήφθη. καὶ εἶπεν ὁ προφήτης * οἴμμοι * ὅτι τί ποιήσω; τί πράξω; οὐκ οἶδα. καὶ τότε ἤρξατο
Esdr.     7     4   τὴν γῆν ἐξ ἧς ἐλήφθη. καὶ εἶπεν ὁ προφήτης οἴμμοι * οἴμμοι * τί ποιήσω; τί πράξω; οὐκ οἶδα. καὶ τότε ἤρξατο
Sib.      3    55   ὁππόταν οὐρανόθεν πύρινος ῥεύσῃ καταράκτης. * οἴμοι * δειλαίῃ πότ' ἐλεύσεται ἦμαρ ἐκεῖνο καὶ κρίσις
FEz.    64   70    13   τυφλὸν μὴ σὺ κατῆλθες εἰς τὸν παράδεισον; ὁ δὲ ἔφη * οἴμοι * κύριε ὁρᾷς ἡμῶν τὴν ἀδυναμίαν οἶδας ὅτι ⟨οὐχ⟩ ὁρῶ

### οἰμωγή
###### 1
Sib.      3   694   καὶ τότε γνώσονται θεὸν ἄμβροτον ὃς τάδε κρίνει * οἰμωγή * τε καὶ ἀλαλαγμὸς κατ' ἀπείρονα γαῖαν ἵξεται

### οἰμώζω
###### 2
Sib.      5   296   πρηνὴς ἠύτε νῆας ἐπικλύζουσιν ἄελλαι. †ὕπτια δ' * οἰμώξει† * Ἔφεσος κλαίουσα παρ' ὄχθαις καὶ νηὸν ζητοῦσα
Sib.      5   476   ἀνδρῶν τ' ἀριθμὸν μέτρον τε γυναικῶν. μυρία δ' * οἰμώξει * δειλὴ γενεὴ κατὰ τέρμα ἡελίου δύνοντος ἵν'

### οἰνοπόλος *
###### 1
Sib.      3   442   σήματα παύσῃ. Κύζικος οἰκήτειρα Προποντίδος * οἰνοπόλοιο * Ῥύνδακος ἀμφί σε κῦμα κορυσσόμενον

### οἰνοποσία
###### 1
TJud.    14     7   πίνων οἶνον τέκνα μου καὶ αὕτη ἐστὶν ἡ σύνεσις τῆς * οἰνοποσίας * ἵνα ἕως ὅτε ἔχει αἰδῶ πίνῃ ἐὰν δὲ παρέλθῃ τὸν

### οἶνος
###### 39
Hen.     10    19   καὶ ἡ ἄμπελος ἣν ἂν φυτεύσωσιν ποιήσουσιν πρόχους * οἴνου * χιλιάδας καὶ ὑπ' ὅρου ⟨σπόρου⟩ ποιήσει καθ'

TRub. 1 10 ψυχῆς μου ἑπτὰ ἔτη μετενόησα ἐνώπιον κυρίου * οἶνον * καὶ σίκερα οὐκ ἔπιον καὶ κρέας οὐκ εἰσῆλθεν εἰς τὸ
TLevi 8 5 ἔλουσέ με ὕδατι καθαρῷ καὶ ἐψώμισέ με ἄρτον καὶ * οἶνον * ἅγια ἁγίων καὶ περιέθηκέ μοι στολὴν ἁγίαν καὶ
TLevi 9 14 θυσίαν κυρίῳ. καὶ παντὸς πρωτογενήματος καὶ * οἶνου * πρόσφερε ἀπαρχάς. καὶ πᾶσαν θυσίαν ἅλατι ἁλιεῖς.
TLevi 18 2B030 σεμίδαλιν ἀναπεποιημένον ἐν ἐλαίῳ καὶ μετὰ ταῦτα * οἶνον * σπεῖσον καὶ θυμίασον ἐπάνω λίβανον +τὸ ἠεεσθαι+ καὶ
TLevi 18 2B044 καὶ τῷ ἀρνίῳ τὸ ὄγδοον τοῦ σάτου καὶ ἀμνοῦ καὶ * οἶνον * κατὰ τὸ μέτρον τοῦ ἐλαίου τῷ ταύρῳ καὶ τῷ κριῷ καὶ
TLevi 18 2B052 ἐντέλλομαι καὶ τὸ ἅλας καὶ τὴν σεμίδαλιν καὶ τὸν * οἶνον * καὶ τὸν λίβανον ἐπιδέχου ἐκ τῶν χειρῶν αὐτῶν ἐπὶ
TJud. 9 8 ἡμῖν πυροῦ κόρους διακοσίους ἐλαίου βεθ φ᾽ * οἶνον * μέτρα χίλια πεντακόσια ἕως ὅτε κατήλθομεν εἰς
TJud. 11 2 καρδίαν μου. καὶ ἰδὼν αὐτὴ οἰνοχοοῦσαν ἐν μέθῃ * οἶνου * ἠπατήθην καὶ συνέπεσα πρὸς αὐτήν. αὕτη ἀπόντος μου
TJud. 12 3 οὖν ἐγὼ ἐν ὕδασι Χωζηβᾶ οὐκ ἐπέγνων αὐτὴν ἀπὸ τοῦ * οἶνου * καὶ ἠπάτησέ με τὸ κάλλος αὐτῆς διὰ τοῦ σχήματος
TJud. 13 6 οἰνοχοεῖν ἐν τῷ δείπνῳ ἐν κάλλει γυναικῶν. καὶ ὁ * οἶνος * διέστρεψέ μου τοὺς ὀφθαλμοὺς καὶ ἡμαύρωσέ μου τὴν
TJud. 14 1 τέκνοις αὐτῆς. καὶ νῦν τέκνα μου μὴ μεθύσκεσθε * οἴνῳ * ὅτι ὁ οἶνος διαστρέφει τὸν νοῦν ἀπὸ τῆς ἀληθείας
TJud. 14 1 αὐτῆς. καὶ νῦν τέκνα μου μὴ μεθύσκεσθε οἴνῳ ὅτι ὁ * οἶνος * διαστρέφει τὸν νοῦν ἀπὸ τῆς ἀληθείας καὶ ἐμβάλλει
TJud. 14 2 τοὺς ὀφθαλμούς. τὸ γὰρ πνεῦμα τῆς πορνείας τὸν * οἶνον * ὡς διάκονον πρὸς τὰς ἡδονὰς ἔχει τοῦ νοὸς ὅτι
TJud. 14 3 ἀφιστῶσι τὴν δύναμιν τοῦ ἀνθρώπου. ἐὰν γάρ τις πίῃ * οἶνον * εἰς μέθην ἐν διαλογισμοῖς ῥυπαροῖς συνταράσσει τὸν
TJud. 14 4 τὴν ἁμαρτίαν καὶ οὐκ αἰσχύνεται. τοιοῦτός ἐστιν ὁ * οἶνος * τέκνα μου ὅτι ὁ μεθύων οὐδένα αἰδεῖται. ἰδοὺ γὰρ
TJud. 14 6 καὶ ἀνεκάλυψα κάλυμμα ἀκαθαρσίας υἱῶν μου. πιὼν * οἶνον * οὐκ αἰσχύνθην ἐντολὴν θεοῦ καὶ ἔλαβον γυναῖκα
TJud. 14 7 γυναῖκα Χαναναίαν. διὸ συνέσεως χρῄζει ὁ πίνων * οἶνον * τέκνα μου καὶ αὕτη ἐστὶν ἡ σύνεσις τῆς οἰνοποσίας
TJud. 15 4 τῆς βασιλείας μου. καίγε μετανοήσας ἐπὶ τούτοις * οἶνον * καὶ κρέας ἕως γήρως καὶ πᾶσαν
TJud. 16 1 ἐλάχιστον στήριγμα. φυλάσσεσθε οὖν τέκνα μου ὅρον * οἴνου. * ἔστι γὰρ ἐν αὐτῷ τέσσαρα πνεύματα πονηρὰ
TJud. 16 2 πυρώσεως ἀσωτίας αἰσχροκερδίας. ἐὰν πίνητε * οἶνον * ἐν εὐφροσύνῃ μετὰ φόβου θεοῦ αἰδούμενοι ἐὰν γὰρ
TJud. 16 4 θεοῦ καὶ ἀνθρώπων ἀλλοτρίους ἀποκαλύπτει ὁ * οἶνος * ὡς κἀγὼ ἐντολὰς θεοῦ καὶ μυστήρια Ἰακὼβ τοῦ
TJud. 16 4 καὶ πολέμου δὲ καὶ ταραχῆς αἴτιος γίνεται ὁ * οἶνος. * ἐντέλλομαι οὖν ὑμῖν τέκνα μου μὴ ἀγαπᾶν ἀργύριον
TIss. 7 3 ἄλλην οὐκ ἐπόρνευσα ἐν μετεωρισμῷ ὀφθαλμῶν μου * οἶνον * εἰς ἀποπλάνησιν οὐκ ἔπιον πᾶν ἐπιθύμημα τοῦ
TJos. 3 5 προσώπου τὴν χάριν λαμβάνουσιν. ἐὰν δὲ ἀπεδήμει * οἶνον * οὐκ ἔπινον καὶ τριημερίζων ἐλάμβανόν μου τὴν
Asen. 10 13 πάσας τὰς θυσίας τῶν θεῶν αὐτῆς καὶ τὰ σκεύη τοῦ * οἴνου * τῆς σπονδῆς αὐτῶν καὶ ἔρριψε πάντα διὰ τῆς θυρίδος
Asen. 15 14 ἄρτον καὶ φάγεσαι καὶ οἴσω σοι ἐκ τοῦ ταμιείου μου * οἶνον * παλαιὸν καὶ καλὸν οὗ ἡ πνοὴ αὐτοῦ ἐλεύσεται ἕως
Sal. 8 14 ὁ θεὸς πνεῦμα πλανήσεως ἐπότισεν αὐτοὺς ποτήριον * οἴνου * ἀκράτου εἰς μέθην. ἤγαγεν τὸν ἀπ᾽ ἐσχάτου τῆς γῆς
Bar. 4 16 οὕτως καὶ οἱ νῦν ἄνθρωποι τὸν ἐξ αὐτοῦ γεννώμενον * οἶνον * ἀπλήστως δρῶντες χεῖρον τοῦ Ἀδὰμ τὴν παράβασιν
Bar. 4 17 υἱὸν οὕτε) τέκνα γονεῖς ἀλλὰ διὰ τῆς πτώσεως τοῦ * οἴνου * πάντα γίνονται οἷον φόνοι μοιχεῖαι πορνεῖαι
Prop. 4 16 αὐτῷ τὴν βασιλείαν. οὔτε ἄρτον ἢ κρέα ἔφαγεν οὔτε * οἶνον. * ἔπιεν ἐξομολογούμενος ὅτι ὁ Δανιὴλ αὐτῷ προσέταξεν
Esdr. 4 27 θεοῦ καὶ τοὺς λίθους ἄρτους ποιήσας καὶ τὸ ὕδωρ * οἶνον. * καὶ εἶπεν ὁ προφήτης κύριε γνώρισόν μοι ποῖον
Sib. 3 243 θλίβει μᾶλλον δ᾽ αὐτε+ βοηθεῖ αἰεὶ ἐπαρκείων σίτῳ * οἴνῳ * καὶ ἐλαίῳ αἰεὶ δ᾽ ὄλβιος ἐν δήμῳ τοῖς μηδὲν ἔχουσιν
Sib. 3 622 μήλων δώσουσιν καρπὸν τὸν ἀληθινὸν ἀνθρώποισιν * οἴνου * καὶ μέλιτος γλυκεροῦ λευκοῦ τε γάλακτος καὶ σίτου
Sib. 3 745 βροτοῖς δώσει τὸν ἄριστον καρπὸν ἀπειρέσιον σίτου * οἴνου * καὶ ἐλαίου ἰαύταρ ἀπ᾽ οὐρανόθεν μέλιτος γλυκεροῦ
FAch. 109 καὶ κολακευόμενον ἐλάττονα φρονεῖ ἁμαρτάνει. ἐν * οἴνῳ * μὴ φιλολόγει ἐπιδεικνύμενος παιδείαν ἀκαίρως γὰρ
HEup. 9 33 1 σίτου μυρίους ὁ δὲ κόρος ἐστὶν ἀρταβῶν ἑξ καὶ * οἴνου * κόρους μυρίους ὁ δὲ κόρος τοῦ οἴνου ἐστὶ μέτρα
HEup. 9 33 1 ἀρταβῶν ἑξ καὶ οἴνου κόρους μυρίους ὁ δὲ κόρος τοῦ * οἴνου * ἐστὶ μέτρα δέκα. τὸ δὲ ἔλαιον καὶ τὰ ἄλλα
HHec. 1 22 199 ἱερεῖς ἁγνείας τινὰς ἁγνεύοντες καὶ τὸ παράπαν * οἶνον * οὐ πίνοντες ἐν τῷ ἱερῷ. ἐμοῦ ( Ἑκαταίου) γοῦν ἐπὶ

### οἰνοχοέω
### 2
TJud. 11 2 νεότητος ἐτύφλωσε τὴν καρδίαν μου. καὶ ἰδὼν αὐτὴν * οἰνοχοοῦσαν * ἐν μέθῃ οἴνου ἠπατήθην καὶ συνέπεσα πρὸς
TJud. 13 5 κοσμήσας ἐν χρυσῷ καὶ μαργαρίταις ἐποίησεν ἡμῖν * οἰνοχοεῖν * ἐν τῷ δείπνῳ ἐν κάλλει γυναικῶν. καὶ ὁ οἶνος

### οἰνόω
### 1
Sib. 3 358 Ῥώμη παρθένε πολλάκι σόσσι πολυμνήστοισι γάμοισιν * οἰνωθεῖσα * λάτρις νυμφεύσεαι οὐκ ἔνι κόσμῳ πολλάκι δ᾽

### οἴομαι
### 12
Aris. 21 2 καὶ τοῦ προστάγματος δὲ τὸ ἀντίγραφον οὐκ ἄχρηστον * οἴομαι * κατακεχωρίσθαι. πολλῷ γὰρ ἡ μεγαλομέρεια
Aris. 39 5 εὑρεθῇ διὰ τὸ περὶ μειζόνων εἶναι τὴν σκέψιν. * οἰόμεθα * γὰρ ἐπιτελεσθέντος τούτου μεγάλην ἀπίσεσθαι
Aris. 167 1 καθὼς μεταλαμβάνομεν. ἐγὼ δ᾽ εἶπα τοὺς ἐμφανιστὰς * οἴομαί * σε λέγειν καὶ γὰρ αἰκίαις καὶ θανάτοις ἐπαλγέσιν
Aris. 200 3 εἶπεν ὁ βασιλεύς οὐκ ὀλίγοι γὰρ παρῆσαν τούτοις * οἴομαι * διαφέρειν τὸν ἄνδρας ἀρετῇ καὶ συνιέναι πλεῖον
Aris. 227 3 ἐκεῖνος δὲ ἔφη πρὸς τοὺς φιλικῶς ἔχοντας ἡμῖν * οἴονται * πάντες ὅτι πρὸς τούτοις δέον ἐγὼ δ᾽ ὑπολαμβάνω
Aris. 296 4 μοι καὶ τοῖς παροῦσι μάλιστα δὲ τοῖς φιλοσόφοις. * οἴομαι * δὲ καὶ πᾶσι τοῖς παραληψομένοις τὴν ἀναγραφὴν
Aris. 322 2 ἀπέχεις τὴν διήγησιν ὦ Φιλόκρατες. τέρπειν γὰρ * οἴομαί * σε ταῦτα ἢ τὰ τῶν μυθολόγων βιβλία. νεύουσας γὰρ
FBar. 12 1 ⟨αλλα τ⟩ουτο οιο⟨ν⟩ * οιομαι * ερω και λαλησω προς σε την ⟨γην την ευοδουσαν
IDip. 5 121 1 τιμᾶν μόνον ἀγαθῶν τοσούτων εὑρετὴν καὶ κτίστορα. * οἴει * σὺ τοὺς θανόντας ὦ Νικήρατε τρυφῆς ἅπασης
IDip. 5 121 2 πρὸς μήκος βίον δίδωσιν. εἴ τις δὲ θνητῶν * οἴεται * τι ὑφ᾽ ἡμέραν κακόν τι πράσσων τοὺς θεοὺς
HCal. 24 18 Μακεδόσι οὐχ οὕτως ἀλλὰ καὶ λίαν εὐκαταφρόνητος. * οἶμαι * δὲ τούτους ἐριστικῶς ἔχειν τὸ θανεῖν ὡς ἄν τις
LAri. 13 12 7 φυτὰ γυρῶσαι καὶ σπέρματα πάντα βαλέσθαι. σαφῶς * οἴομαι * δεδεῖχθαι διότι διὰ πάντων ἐστὶν ἡ δύναμις τοῦ

### οἱονεί
### 2
Aris. 71 1 ἐποίησαν δὲ τριμερὲς τὸ στόμα τῆς τραπέζης * οἱονεί * τρίπτυχον πελεκίνοις συναρμοζόμενα γομφωτοῖς πρὸς
Aris. 307 5 ἑβδομήκοντα δυσὶ τελειωθῆναι τὰ τῆς μεταγραφῆς * οἱονεί * κατὰ πρόθεσίν τινα τοῦ τοιούτου γεγενημένου.

### οἷος
### 24
TBen. 5 5 ταπεινωθῇ μετ᾽ οὐ πολὺ φαιδρότερος ἀναφαίνεται * οἷος * γέγονεν Ἰωσὴφ ὁ ἀδελφός μου. τὸ διαβούλιον τοῦ
TBen. 9 5 ᾄδου ἔσται ἀναβαίνων ἀπὸ γῆς εἰς οὐρανόν. ἔγνων δὲ * οἷος * ἔσται ταπεινὸς ἐπὶ γῆς καὶ οἷος ἔνδοξος ἐν οὐρανῷ.
TBen. 9 5 οὐρανόν. ἔγνων δὲ οἷος ἔσται ταπεινὸς ἐπὶ γῆς καὶ * οἷος * ἔνδοξος ἐν οὐρανῷ. ὅτε δὲ Ἰωσὴφ ἦν ἐν Αἰγύπτῳ
Bar. 4 17 ἀλλὰ διὰ τῆς πτώσεως τοῦ οἴνου πάντα γίνονται * οἷον * φόνοι μοιχεῖαι πορνεῖαι ἐπιορκεῖαι κλοπαὶ καὶ τὰ
Sedr. 10 3 διὰ φάρυγγος καὶ λάρυγγος καὶ τοῦ στόματος καὶ * οἷαν * ὥραν ἐκλέκται ἐξέργασαθαι ἀρχὴ σπάργαναι καὶ
Aris. 103 3 τοῦ προκαθηγουμένου πρὸς θεωρίαν εἰσδέξασθαί τινας * οἷον * καὶ καθ᾽ ἡμᾶς ἐγεγόνει. μόλις γὰρ ἀνόπλους ὄντας
Aris. 105 1 τῆς δὲ πόλεώς ἐστι τὸ χύμα συμμέτρως ἔχον * οἷον * τεσσαράκοντα σταδίων ὄντος τοῦ περιβόλου καθόσον
Aris. 127 5 καὶ τὰ τούτοις παραπλήσια φανερὸς ἦν ὑπὸ διαθέσεις * οἷος * ἦν οἱ ἄνθρωποι. ἄξιον δὲ ἐπιμνησθῆναι ⟨διὰ⟩ βραχέων
Aris. 130 3 θεωρεῖς ἔφη τὰς ἀναστροφὰς καὶ τὰς ὁμιλίας * οἷον * ἐνεργάζονται πρᾶγμα διότι κακῶς ὁμιλήσαντες
Aris. 145 4 πυροῖς καὶ ὀσπρίοις χρώμενα πρὸς τὴν τροφὴν * οἷον * περιστεραὶ τρυγόνες ἄτταικοι πέρδικες ἔτι δὲ χῆνες
Aris. 233 2 τὴν προαίρεσιν ἄφθαρτον ἀνακύπτοντα βλάπτει λέγω δὴ * οἷον * θανάτοι τε καὶ νόσοι καὶ λῦπαι καὶ τὰ τοιαῦτα.
Sib. 3 806 ἐν νεφέλῃ δ᾽ ὄψεσθε μάχην πεζῶν ⟨τε⟩ καὶ ἱππέων * οἷα * κυνηγεσίην θηρῶν ὁμίχλησιν ὁμοίην. τοῦτο τέλος
Sib. 4 111 πίπτουσ᾽ ἐπὶ γαίης εἰς ἑτέρην εὔξῃ προφυγεῖν χθόνα * οἷα * μέτοικος ἡνίκα δὴ Πατάρων +ὁμαδόν ποτε δυσσεβίησιν
Sib. 4 119 πρὸ νηοῦ καὶ τότ᾽ ἀπ᾽ Ἰταλίης βασιλεὺς μέγας * οἷά * τε δράστης φεύξεαι ἄφαντος ἄπυστος ὑπὲρ πόρον.
Sib. 4 134 αἰθέρα πλήσῃ καὶ ψεκάδες πίπτωσιν ἀπ᾽ οὐρανοῦ * οἷά * τε μίλτος γινώσκειν τότε μῆνιν ἐπουρανίοιο θεοῖο
Sib. 5 221 τούτῳ γάρ τοι δῶκε θεὸς μένος ἐς τὸ ποιῆσαι * οἷά * τις οὐ πρότερος τῶν συμπάντων βασιλήων πρῶτα μὲν ἐκ
Sib. 5 332 πᾶσιν ὁμῶς πάντεσσι βροτοῖσιν εἶναι καὶ προσέχειν * οἷον * θεὸς ἐγγυάλιξεν. ἱμείρω τριτάλαινα τὰ θρηκῶν ἔργα
FEll. 4 228 τοῦ κυρίου αὐτῶν εἰς τοὺς αἰῶνας. τοῦ Ἀντιχρίστου * οἷος * μέλλῃ τότε φαίνεσθαι ἡ κεφαλὴ αὐτοῦ φλὸξ πυρὸς ὁ
FBar. 12 1 ⟨αλλα τ⟩ουτο * οιο⟨ν⟩ * οιομαι ερω και λαλησω προς σε την ⟨γην την
FAch. 110 δὲ αὐτοὺς εὖ ποιεῖ ἵνα μεταμέλωνται γνωρίζοντες * οἷον * ἄνδρα ἠδίκουν. δυνάμενος ἐλεεῖν μὴ μέλλε ἀλλὰ κοπία
HHec. 1 22 199 ἀνάθημα τὸ παράπαν οὐδὲ φύτευμα παντελῶς οὐδὲν * οἷον * ἀλσῶδες ἤ τι τοιοῦτον. διατρίβουσι δ᾽ ἐν αὐτῷ καὶ
LThe. 9 22 3 δόμονδε Λάβαν ὅς οἱ ἔην μὲν ἀνεψιὸς ἀλλὰ τότ᾽ * οἷος * ἥνασσεν Συρίης νειηγενὲς αἷμα λελοχώς. τῷ δὲ γάμῳ
LEze. 9 29 16 01 καὶ στρατὸν διώκεαι. κράτιστε Μωϋῆ πρόσχες * οἷος * εὕρομεν τόπον πρὸς αὐτῇ τῇδέ γ᾽ εὐαεῖ νάπῃ. ἔστιν
LEze. 9 29 16 13 ἕτερον δὲ πρὸς τοῖσδ᾽ εἴδομεν ζῷον ξένον θαυμάσιον * οἷον * οὐδέπω ὥρακέ τις. διπλοῦν γὰρ ἦν τὸ μῆκος ἀετοῦ

### δῖς
### 4
Sib. 3 239 νυκτοκλοπίας τελέουσιν οὐδ᾽ ἀγέλας ἐλάουσι βοῶν * δίων * τε καὶ αἰγῶν οὐδὲ ὅρους γαίης γείτων τοῦ γείτονος
Sib. 3 578 ζατρεφέων θυσίας κριῶν τε τελείων πρωτοτόκων * δίων * τε καὶ ἀρνῶν πίονα μῆλα βωμῷ ἐπὶ μεγάλῳ ἀγίως
Sib. 3 748 τ᾽ ἀκροδρύων καρπὸν καὶ πίονα μῆλα καὶ βόας ἔκ τ᾽ * δίων * ἄρνας αἰγῶν τε χιμάρους) πηγάς τε ῥήξει γλυκεράς
Sib. 3 354 δυσμενέας ἄνδρας τότε δὲ οὐκ ἐλεήσει ἀρνῶν ἠδ᾽ * δίων * ταύρων τ᾽ ἀγέλας ἐριμύκων ἐκθυσιάζοντας μόσχων

### οἰστρομανής
### 1
Sib. 3 810 ταῦτά σοι Ἀσσυρίης Βαβυλώνια τείχεα μακρὰ * οἰστρομανὴς * προλιποῦσα ἐς Ἑλλάδα πεμπόμενον πῦρ πᾶσι

### οἶστρος
### 1
Sib. 3 39 φρονεόντων οἷς κακὸν ἐν στέρνοισιν ἔνι μεμανημένος * οἶστρος * αὐτοῖς ἁρπάζοντες ἀναιδέα θυμὸν ἔχοντες οὐδές

### οἴχομαι
### 7
Hen. 29 1 ἐν τῷ Βαβδηρᾷ καὶ πρὸς ἀνατολὰς τοῦ ὄρους τούτου * ᾠχόμην * καὶ ἴδον κρίσεως δένδρα πνέοντα ἀρωμάτων λιβάνων
Hen. 30 1 τὰ δένδρα αὐτῶν ὅμοια καρύαις. καὶ ἐπέκεινα τούτων * ᾠχόμην * πρὸς ἀνατολὰς μακρὰν καὶ ἴδον τόπον ἄλλον μέγαν
Hen. 30 3 ἴδον κιννάμωμον ἀρωμάτων καὶ ἐπέκεινα τούτων * ᾠχόμην * πρὸς ἀνατολάς. καὶ ἴδον ἄλλα ὄρη καὶ ἐν αὐτοῖς
Hen. 32 2 τῆς γῆς καὶ διέβην ἐπάνω τῆς ἐρυθρᾶς θαλάσσης καὶ * ᾠχόμην * ἐπ᾽ ἄκρων καὶ ἀπὸ τούτου διέβην ἐπάνω τοῦ Ζωτιήλ.
Sib. 3 137 Ἥρην πρώτην καὶ ἐπεὶ ἴδον ὀφθαλμοῖσιν θῆλυ γένος * ᾤχοντο * πρὸς αὐτοὺς ἄγριοι ἄνδρες Τιτῆνες. καὶ ἔπειτα
HCal. 28 18 μέλλω. κατιὼν δὲ τοῦ πύργου εἰς τὰ βασίλεια * ᾤχετο * καὶ Σέλευκον μὲν ἄρχοντα τῶν Περσῶν καθίστησι
LEze. 9 29 14 38 ᾠκεῖς ἁλμυρᾶς δι᾽ ἀτραποῦ. ἡμεῖς δ᾽ ἐπ᾽ αὐτῆς * ᾠχόμεθα * συντόμως κατ᾽ ἴχνος αὐτῶν νυκτὸς εἰσεκύρσαμεν

### οἰωνοπόλος
### 1
Sib. 3 224 χαροποῖο θαλάσσης Ὠκεανοῖο οὐ πταρμῶν σημεῖ᾽ * οἰωνοπόλων * τε πετεινὰ οὐ μάντεις οὐ φαρμακοὺς οὐ μὴν

οἰωνός 2
Sib. 5 471 δ' ἐκ μελάθρων θῆρες κατέδουσι τράπεζαν αὐτοί τ' * οἰωνοί * τε βροτοὺς κατέδουσιν ἅπαντας ὠκεανός τε κακοῦ
FJub. 11 8 δὲ τὸν Ναχὼρ ἐδίδαξεν ὁ πατὴρ πάντων ἐπίλυσιν * οἰωνῶν * τῶν τε ἐν οὐρανῷ σημείων διακρίσεις καὶ τῶν ἐπὶ
ὀκνέω 1
Asen. 23 5 πιστούς. πλὴν τὸ ῥῆμα τοῦτο ποιήσατε. εἰ δὲ ὑμεῖς * ὀκνήσητε * ποιῆσαι τὸ ῥῆμα τοῦτο καὶ ἐξουθενήσητε τὴν
ὀκτακισμύριοι 1
HEup. 9 34 2 τοὺς παρ' ἡμῖν ἀπέσταλκά σοι Τυρίων καὶ Φοινίκων * ὀκτακισμυρίους * καὶ ἀρχιτέκτονά σοι ἀπέσταλκα ἄνθρωπον
ὀκτακισχίλιοι 1
HEup. 9 34 16 κίονας καὶ τὸν λουτῆρα καὶ τὴν στοὰν τάλαντα μύρια * ὀκτακισχίλια * πεντήκοντα. ἀποπέμψαι δὲ τὸν Σολομῶνα καὶ
ὀκτακόσιοι 2
Esdr. 4 39 οὐρανὸν καύσω πήχας ὀγδοήκοντα καὶ τὴν γῆν πήχας * ὀκτακοσίας. * καὶ εἶπεν ὁ προφήτης καὶ ὁ οὐρανός τί
Job 9 3 καὶ πενήτων καὶ ἀδυνάτων ἦν δέ μοι ἀγέλη κυνῶν * ὀκτακόσιοι * φυλάσσοντές μου τὸν οἶκον εἶχον δὲ καμήλους
ὀκτώ 21
Adam 1 2 εἰς τὴν ἀνατολὴν καὶ ἔμεινεν ἐκεῖ ἔτη δέκα καὶ * ὀκτὼ * καὶ μῆνας δύο. καὶ ἐν γαστρὶ εἴληφεν Εὔα καὶ
TLevi 12 5 ἐν μιᾷ ἡμέρᾳ ἐγεννήθησαν αὐτὸς καὶ ἡ θυγάτηρ μου. * ὀκτὼ * ἐτῶν ἤμην ὅτε εἰσῆλθον εἰς γῆν Χανάαν καὶ
TJud. 3 5 αὐτοῦ. ἐν δὲ τῷ ἐκδύειν με αὐτοῦ τὸν θώρακα ἰδοὺ * ὀκτὼ * ἄνδρες ἑταῖροι αὐτοῦ ἤρξαντο πολεμεῖν πρός με.
TIss. 2 2 Λεία ἡ μήτηρ μου ἀντὶ συνουσίας ἀπέδω τὰ δύο μῆλα * ὀκτὼ * υἱοὺς εἶχε τεκεῖν διὰ τοῦτο ἐξ ἔτεκε τοὺς δὲ δύο
Asen. 29 9 καὶ ἐβασίλευσεν Ἰωσὴφ ἐν Αἰγύπτῳ ἔτη τεσσαράκοντα * ὀκτὼ * καὶ μετὰ ταῦτα ἀπέδωκεν Ἰωσὴφ τὸ διάδημα τῷ ἐκγόνῳ
Job 21 1 τοῦ κελεύσαντός σε. καὶ ἐποίησα ἔτη τεσσαράκοντα * ὀκτὼ * ἐν τῇ κοπρίᾳ ἐκτὸς τῆς πόλεως ἐν ταῖς πληγαῖς ὥστε
Job 53 9 τουτέστιν ρ ο'. τὰ δὲ πάντα ἔτη τῆς ζωῆς αὐτοῦ σ μ * η'. * καὶ ἴδεν υἱοὺς τῶν υἱῶν αὐτοῦ ἕως τετάρτης γενεᾶς.
Aris. 69 3 κρηπῖδος ἔχουσα τάξιν κατὰ τὴν πρόσοψιν * ὀκτὼ * δὲ δακτύλων τὸ πλάτος ἔχουσα ἐφ' ὃν ἐπίκειται τὸ
FJub. 4 2 ἐβδομαδικοὺς τέσσαρας ἤγουν ἔτη εἴκοσι * ὀκτώ. * τῷ ἑκατοστῷ εἰκοστῷ ἑβδόμῳ ἔτει ὁ Ἀδὰμ καὶ ἡ Εὔα
HDem. 9 21 8 Λευὶν ἐτῶν δέκα μηνῶν ἓξ Ἰούδαν ἐτῶν ἐννέα μηνῶν * ὀκτὼ * Νεφθαλεὶμ ἐτῶν ὀκτὼ μηνῶν δέκα Γὰδ ἐτῶν ὀκτὼ μηνῶν
HDem. 9 21 8 ἓξ Ἰούδαν ἐτῶν ἐννέα μηνῶν ὀκτὼ Νεφθαλεὶμ ἐτῶν * ὀκτὼ * μηνῶν δέκα Γὰδ ἐτῶν ὀκτὼ μηνῶν δέκα Ἀσὴρ ἐτῶν ὀκτὼ
HDem. 9 21 8 μηνῶν ὀκτὼ Νεφθαλεὶμ ἐτῶν ὀκτὼ μηνῶν δέκα Γὰδ ἐτῶν * ὀκτὼ * μηνῶν δέκα Ἀσὴρ ἐτῶν ὀκτὼ Ἰσσάχαρ ἐτῶν ὀκτὼ
HDem. 9 21 8 μηνῶν δέκα Γὰδ ἐτῶν ὀκτὼ μηνῶν δέκα Ἀσὴρ ἐτῶν * ὀκτὼ * Ἰσσάχαρ ἐτῶν ὀκτὼ Ζαβουλὼν ἐτῶν ἑπτὰ μηνῶν δυοῖν
HDem. 9 21 8 ἐτῶν ὀκτὼ μηνῶν δέκα Ἀσὴρ ἐτῶν ὀκτὼ Ἰσσάχαρ ἐτῶν * ὀκτὼ * Ζαβουλὼν ἐτῶν ἑπτὰ μηνῶν δυοῖν Δεῖναν ἐτῶν ἓξ μηνῶν
HDem. 9 21 17 ζ' Γὰδ ἐτῶν μ α' μηνῶν γ' Ἀσὴρ ἐτῶν μ' μηνῶν * ὀκτὼ * Ζαβουλὼν ἐτῶν μ' Δεῖναν ἐτῶν λ θ' Βενιαμὶν ἐτῶν κ
HDem. 9 21 17 Ζαβουλὼν ἐτῶν μ' Δεῖναν ἐτῶν λ θ' Βενιαμὶν ἐτῶν κ * η'. * τὸν δὲ Ἰωσὴφ γενέσθαι ἐν Αἰγύπτῳ ἔτη λ θ'. εἶναι δὲ
HDem. 9 21 19 Μωσῆν> γεννῆσαι δὲ Μωσῆν τὸν Ἀμβρὰμ ὄντα ἐτῶν ο * η' * καὶ γενόμενον Ἀμβρὰμ ἐτῶν ρ λ ς' τελευτῆσαι. φυγεῖν
HDem. 1 141 1 Ναβουχοδονόσορ ἐξ Ἱεροσολύμων ἔτη ἑκατὸν εἴκοσι * ὀκτὼ * μῆνας ἕξ. ἀφ' οὗ δὲ αἱ φυλαὶ αἱ δέκα ἐκ Σαμαρείας
HDem. 1 141 2 ἀφ' οὗ δὲ ἐξ Ἱεροσολύμων ἔτη τριακόσια τριάκοντα * ὀκτὼ * μῆνας τρεῖς.
HEup. 9 32 1 τοὺς λαοὺς τοὺς παρ' ἡμῖν ἀπέσταλκά σοι μυριάδας * ὀκτὼ * ὧν καὶ τὰ πλήθη ἐξ ὧν εἰσι διασεσάφηκά σοι ἐκ μὲν
HEup. 9 34 9 ἱεροῦ στοὰν καὶ στύλους αὐτῇ ὑποστῆσαι χαλκοῦς μ * η' * κατασκευάσαι δὲ καὶ λουτῆρα χαλκοῦν μῆκος πηχῶν κ'
Ὀκτώβριος 2
Esdr. 7 14 τὴν τιμίαν αὐτοῦ ψυχὴν μετὰ μεγάλης τιμῆς μηνὶ * ὀκτωβρίῳ * εἰς τὰς ιη'. καὶ κηδεύσαντες αὐτὸν μετὰ
FJub. 48 5 βάτραχοι Αὐγούστῳ σκνῖπες Σεπτεμβρίῳ κυνόμυια * Ὀκτωβρίῳ * κτηνῶν πτῶσις Νοεμβρίῳ φλυκτίδες καὶ ἕλκη
ὀκτωκαίδεκα 5
TLevi 12 5 ὀκτὼ ἐτῶν ἤμην ὅτε εἰσῆλθον εἰς γῆν Χανάαν καὶ * ὀκτωκαίδεκα * ἐτῶν ὅτε ἀπέκτεινα τὸν Συχὲμ καὶ
Asen. 1 4 Ἡλιουπόλεως. καὶ ἦν θυγάτηρ αὐτῷ παρθένος ἐτῶν * ὀκτωκαίδεκα * μεγάλη καὶ ὡραία καὶ καλὴ τῷ εἴδει σφόδρα
Asen. 27 1 ἐν τῷ ὀχήματι αὐτῆς. καὶ ἦν Βενιαμὶν παιδάριον * ὀκτωκαίδεκα * ἐτῶν μέγα καὶ ἰσχυρὸν καὶ πρυτανικὸν καὶ ἦν
Esdr. 7 14 ψυχὴν μετὰ μεγάλης τιμῆς μηνὶ ὀκτωβρίῳ εἰς τὰς * ιη'. * καὶ κηδεύσαντες αὐτὸν μετὰ θυμιαμάτων καὶ ψαλμῶν τὸ
HEup. 9 39 5 Βαβυλωνίους καὶ Μήδους καὶ συναγαγόντα πεζῶν μὲν * ὀκτωκαίδεκα * ἱππέων δὲ μυριάδας δώδεκα καὶ πεζῶν ἅρματα
ὀκτωκαιδέκατος 5
Hen. 6B 7 ιδ' Θαυσαὴλ ιε' Σαμιὴλ ις' Σαρινὰς ιζ' Εὐμιὴλ * ιη' * Τυριὴλ ιθ' Ἰουμιὴλ κ' Σαριήλ. καὶ ἔλαβον ἑαυτοῖς
TLevi 12 7 ἰδοὺ ἔστε τέκνα μου τρίτη γενεά. Ἰωσὴφ ἑκατοστῷ * ὀκτωκαιδεκάτῳ * ἔτει ἀπέθανεν. καὶ νῦν τέκνα μου
Asen. 1 2 ἦλθεν Ἰωσὴφ ἐν τῷ τετάρτῳ μηνὶ τοῦ πρώτου ἔτους * ὀκτωκαιδεκάτῃ * τοῦ μηνὸς εἰς τὰ ὅρια Ἡλιουπόλεως καὶ ἦν
Asen. 3 1 ἔτει τῶν ἑπτὰ ἐτῶν τῆς εὐθηνίας ἐν τῷ τετάρτῳ μηνὶ * ὀκτωκαιδεκάτῃ * τοῦ μηνὸς ἦλθεν Ἰωσὴφ εἰς τὰ ὅρια
FJub. 3 9 δὲ τῆς πλάσεως τοῦ Ἀδὰμ ἡμέρᾳ κυριακῇ Παχὼν * ὀκτωκαιδεκάτῃ * Μαΐου τρισκαιδεκάτῃ μετὰ τρεῖς ἡμέρας τῆς
ὄλβιος 5
Sib. 3 244 βοηθεῖ αἰεὶ ἐπαρκείων σίτῳ οἴνῳ καὶ ἐλαίῳ αἰεὶ δ' * ὄλβιος * ἐν δήμῳ τοῖς μηδὲν ἔχουσιν ἀλλὰ πενιχρομένοισι
Sib. 3 388 ἔχουσα. ἥξει καί ποτ' ἄπιστος ἐς Ἀσίδος * ὄλβον * οὐδὸς ἀνὴρ πορφυρέην λῶπην ἐπιειμένος ὤμοις
Sib. 3 581 ἐν δὲ δικαιοσύνῃ νόμου Ὑψίστοιο λαχόντες * ὄλβιοι * οἰκήσουσι πόλεις καὶ πίονας ἀγροὺς αὐτοὶ δ'
Sib. 4 24 Σιβύλλης ἐξ ὁσίου στόματος φωνὴν προχέοντος ἀληθῆ. * ὄλβιοι * ἀνθρώπων κεῖνοι κατὰ γαῖαν ἔσονται ὅσσοι δὴ
FPho. 2 βουλεύματα φαίνει Φωκυλίδης ἀνδρῶν ὁ σοφώτατος * ὄλβια * δῶρα. μήτε γαμοκλοπέειν μήτ' ἄρσενα Κύπριν ὀρίνειν
ὄλβος 7
Sib. 3 436 ἐξεναρίξει. Κύζικε καὶ σοὶ πόντος ἀπορρήξει βαρὺν * ὄλβον. * καὶ σύ ποτ' +Ἄρη Βυζάντιον Ἀσίδι στέρξη+ καὶ δὴ
Sib. 3 445 ἀδούλωτος χρόνον ἔσσῃ ἡμερίῃ θυγάτηρ πουλὺς δέ τοι * ὄλβος * ὄπισθεν ἔσσεται ἐν πόντῳ δ' ἕξεις κράτος ἔξοχον
Sib. 3 448 ἕλωρ ἔσῃ ἀνθρώποισιν ἐρασταῖς κάλλεσιν ἠδ' * ὄλβῳ * δεινὸν ζυγὸν αὐχένι θήσῃ. Λύδιος αὖ σεισμὸς δὲ τὰ
Sib. 3 482 ἀμφιπολεύσει αἰαῖ νήπια τέκν' ἀλινηχέα καὶ βαρὺν * ὄλβον. * Μυσῶν γαῖα μάκαιρα γένος βασιλήιον ἄφνω
Sib. 4 188 ἐπὶ γαῖαν ἀθανάτου μεγάλοιο θεοῦ καὶ ἄφθιτον * ὄλβον * πνεῦμα θεοῦ δόντος ζωήν θ' ἅμα καὶ χάριν αὐτοῖς
FPho. 27 ἄνδρα. κοινὰ πάθη πάντων ὁ βίος τροχὸς ἄστατος * ὄλβος. * πλοῦτον ἔχων σὴν χεῖρα πενητεύουσιν ὄρεξον ὧν σοὶ
FPho. 110 μέμνησ' ὅτι θνητὸς ὑπάρχεις οὐκ ἔνι εἰς Ἅιδην * ὄλβον * καὶ χρήματ' ἄγεσθαι. πάντες ἴσον νέκυες ψυχῶν δὲ
ολδινα * 1
TLevi 18 2B024 ουεδεφωνα καὶ σχῖνον καὶ στρόβιλον καὶ πίτυν καὶ * ολδινα * καὶ βερωθα +καν+ θεχακ καὶ κυπάρισσον καὶ δάφνην
ὀλεθρεύω 3
Sal. 4 12 ἐν ταύτῃ καὶ οἱ ὀφθαλμοὶ αὐτοῦ ἐπ' οἶκον ἕτερον * ὀλεθρεῦσαι * ἐν λόγοις ἀναπτερώσεως. οὐκ ἐμπίπλαται ἡ ψυχὴ
Sal. 15 5 ὅταν ἐξέλθῃ ἐπὶ ἁμαρτωλοὺς ἀπὸ προσώπου κυρίου * ὀλεθρεῦσαι * πᾶσαν ὑπόστασιν ἁμαρτωλῶν ὅτι τὸ σημεῖον τοῦ
Sal. 17 24 ἐν ῥάβδῳ σιδηρᾷ συντρῖψαι πᾶσαν ὑπόστασιν αὐτῶν * ὀλεθρεῦσαι * ἔθνη παράνομα ἐν λόγῳ στόματος αὐτοῦ ἐν
ὄλεθρος 12
TRub. 4 6 πάντα ὅσα ἐντέλλομαι ὑμῖν καὶ οὐ μὴ ἁμαρτήσητε. * ὄλεθρος * γὰρ ψυχῆς ἐστιν ἡ πορνεία χωρίζουσα θεοῦ καὶ
Sal. 8 1 τὸ οὖς μου φωνὴν σάλπιγγος ἠχούσης σφαγὴν καὶ * ὄλεθρον * φωνὴ λαοῦ πολλοῦ ὡς ἀνέμου πολλοῦ σφόδρα ὡς
Sib. 3 327 αὖτις καὶ κατ' ἀνάγκην πάντες ἐλεύσεσθ' εἰς (τὸν) * ὄλεθρον * ἀνθ' ὧν ἀθανάτοιο μέγαν διεδηλήσασθε οἶκον
Sib. 3 348 πάνθεια+. ἴσθι τότ' Αἰγύπτου ὀλοὸν γένος ἐγγὺς * ὀλέθρου * καὶ τότ' Ἀλεξανδρεῦσιν ἔτος τὸ παρελθὸν ἄμεινον
Sib. 3 452 +φύλοπις ἄλλων ποντοπόρον σαμίοις ὀλοὸν δ' ἴξουσιν * ὄλεθρον+ * +αἴματι μὲν δάπεδον+ κελαρύξεται εἰς ἅλα φωτῶν
Sib. 5 97 ἄφρονα λυσσῶν παμπληθεῖ ψαμαθηδὸν +ἀπαίξων σὸν * ὄλεθρον+. * καὶ τότ' ἔσῃ πόλεων πολύολβος πολλὰ καμοῦσα.
Sib. 5 199 δακρύσει; οὐ παύσῃ θρήνου στυγεροῦ πρὸς καιρὸν * ὀλέθρου. * ἔσσεται ἐν Βρύγεσσι καὶ ἐν Γάλλοις πολυχρύσοις
Sib. 5 214 Αἰθιοπήων. μύρεο καὶ σὺ Κόρινθε τὸν ἐν σοὶ λυγρὸν * ὄλεθρον * ἡνίκα γὰρ στρεπτοῖσι μίτοις Μοῖραι τριάδελφοι
Sib. 5 374 --- συμμαχίην +δῶ δ'+ ἐκ δυσμῶν βασιλῆι δ' * ὄλεθρον. * καὶ τότε χειμερίη πνοιὴ πνεύσει κατὰ γαῖαν καὶ
Sib. 5 381 ἀρίστους. εἶθ' οὕτως πολέμοιο πεπαύσεται οἰκτρὸς * ὄλεθρος * κοὐκέτι τις ξίφεσιν πολεμίξεται οὐδὲ σιδήρῳ οὐδ'
Sib. 5 458 ἀληθῶς. ἔσται δ' ἐν πέμπτῃ γενεῇ ὅτε παύσετ' * ὄλεθρος * Αἰγύπτου βασιλῆς ὅταν μιχθῶσιν ἀναιδεῖς
LEze. 9 29 14 49 χέρας οἷς μὲν γὰρ ἐστ' ἀρωγὸς ἡμῖν δ' ἀθλίοις * ὄλεθρον * ἔρδει. καὶ συνεκλύσθη πόρος Ἐρυθρᾶς Θαλάσσης
ὀλετήρ 1
Sib. 5 36 ἄνακτες ὑπ' ἀλλήλων ἀπολοῦνται. εἶτά τις εὐσεβέων * ὀλετὴρ * ἥξει μέγας ἀνδρῶν ἑπτάκις ὃς δεκάτην κεραίην
ὀλιγηπελία 1
Sib. 5 474 σάρκας τε καὶ αἵματα τῶν ἀνοήτων. εἶθ' οὕτως * ὀλιγηπελίη * ἔσται κατὰ γαῖαν ὥστε νοεῖν ἀνδρῶν τ' ἀριθμὸν
ὀλίγος 42 (cf.+ ἐλαχύς, μικρός)
Adam 2 2 ἀνελεημόνως. παρεκάλει δὲ αὐτὸν συγχωρῆσαι αὐτῷ * ὀλίγον * ἐξ αὐτοῦ. αὐτὸς δὲ οὐκ ἤκουσεν αὐτοῦ ἀλλ' ὅλον
Adam 19 1 καὶ διώδευσεν ἔμπροσθέν μου. καὶ περιπατήσας * ὀλίγον * ἐστράφη καὶ λέγει μοι μεταμεληθεὶς οὐ δώσω σοι
Hen. 103 9 τῆς θλίψεως κόπους ἐκοπιάσαμεν καὶ ἀνηλώμεθα καὶ * ὀλίγοι * ἐγενήθημεν καὶ ἀντιλήμπτορα οὐχ εὑρήκαμεν
Hen. 103 15 στερεοῦσιν αὐτοὺς ἐφ' ἡμᾶς ἀπέκτειναν ἡμᾶς καὶ εἰς * ὀλίγους * ἤγαγον. καὶ οὐχ ὑποδεικνύουσιν περὶ τῶν
Abr.1 7 5 μεγάλως ὅτι ἔλαβεν τὸν ἥλιον ἀπ' ἐμοῦ μετ' * ὀλίγον * ὡς ἔτι μου λυπουμένου καὶ ἀδημονοῦντος εἶδον τὸν
Abr.1 11 5 ὁδοῦ καὶ εἰσαγομένας καὶ εἶδον ἄλλας ψυχὰς * ὀλίγας * καὶ ἐφέροντο ὑπὸ ἀγγέλων διὰ τῆς στενῆς πύλης.
Abr.1 11 6 ὁ ἐπὶ χρυσοῦ θρόνου καθήμενος διὰ τῆς στενῆς πύλης * ὀλίγας * ψυχὰς προσερχομένας καὶ διὰ τῆς πλατείας πύλης
Abr.1 11 11 τῶν ἁμαρτωλῶν διότι πολλοὶ εἰσιν οἱ ἀπολλύμενοι * ὀλίγοι * δὲ οἱ σωζόμενοι εἰς γὰρ τὰς ἑπτακισχιλίας ψυχὰς
Abr.1 20 5 τὸ πνεῦμά μου ἐν πολλῷ ταλανίζεται μετασπῆθι ἐν * ὀλίγοις * οὐχ ὑποφέρω γὰρ θεωρῶν σου τὸ εἶδος (κατῆλθε γὰρ
Abr.2 2 5 λέγει αὐτῷ Ἀβραὰμ ἐλθὲ ἔγγιστά μου καὶ καθέζου * ὀλίγην * ὥραν καὶ ποιήσω ἐνεχθῆναι ἡμῖν ζῷον ἵνα
Abr.2 8 15 ἀπώλειαν καὶ ἐὰν ἴδῃς αὐτὸν γελῶντα ἐθεάσατο ψυχὰς * ὀλίγας * ἀπαγομένας εἰς τὴν ζωὴν θεώρησον οὖν αὐτὸν πῶς
TGad 4 6 τὸ μῖσος τοὺς ζῶντας θέλει ἀποκτεῖναι καὶ τοὺς ἐν * ὀλίγῳ * ἁμαρτήσαντας οὐ θέλει ζῆν. τὸ γὰρ πνεῦμα τοῦ
TGad 5 9 ἤπατος καὶ εἰ μὴ αἱ εὐχαὶ Ἰακὼβ τοῦ πατρός μου * ὀλίγου * διεφώνησεν ἀπ' ἐμοῦ τὸ πνεῦμά μου. δι' ὧν γὰρ
TGad 8 3 κακώσει καὶ διαφθορᾷ ἔσονται ἐνώπιον κυρίου. καὶ * ὀλίγον * ἡσυχάσας πάλιν εἶπεν αὐτοῖς τέκνα μου ὑπακούσατε
TAser 2 7 σπιλοῖ καὶ τὸ σῶμα λαμπρύνει πολλοὺς ἀναιρεῖ καὶ * ὀλίγους * ἐλεεῖ καὶ τοῦτο μὲν διπρόσωπόν ἐστιν ὅλον δὲ
TBen. 5 5 δικαίαν προδοίη καὶ ὁ δίκαιος προσευχόμενος πρὸς * ὀλίγον * ταπεινωθῇ μετ' οὐ πολὺ φαιδρότερος ἀναφαίνεται

Sal. 16 2 ἐν καταφορᾷ ὑπνούντων μακρὰν ἀπὸ θεοῦ παρ' * ὀλίγον * ἐξεχύθη ἡ ψυχή μου εἰς θάνατον σύνεγγυς πυλῶν
Jer. 3 15 τοῦ Ἀγρίππα διὰ τῆς ὁδοῦ τοῦ ὄρους καὶ ἐνεγκὼν * ὀλίγα * σῦκα δίδου τοῖς νοσοῦσι τοῦ λαοῦ ὅτι ἐπὶ σέ ἡ
Jer. 5 1 δένδρον ἐκάθισεν ὑπὸ τὴν σκιὰν αὐτοῦ τοῦ ἀναπαῆναι * ὀλίγον. * καὶ κλίνας τὴν κεφαλὴν αὐτοῦ ἐπὶ τὸν κόφινον τῶν
Jer. 5 2 ἀπὸ τοῦ ὕπνου αὐτοῦ εἶπεν ὅτι ἡδέως ἐκοιμήθην * ὀλίγον * ἀλλὰ βεβαρημένη ἐστίν ἡ κεφαλή μου ὅτι οὐκ
Jer. 5 4 στάζοντα γάλα. καὶ εἶπεν ἤθελον κοιμηθῆναι ἔτι * ὀλίγον * ὅτι βεβαρημένη ἐστίν ἡ κεφαλή μου ἀλλὰ φοβοῦμαι
Jer. 5 25 μου Ἱερεμίας εἰς τὸ χωρίον τοῦ Ἀγρίππα ἐνέγκαι * ὀλίγα * σῦκα ἵνα δίδωμεν τοῖς νοσοῦσι τοῦ λαοῦ; καὶ
Jer. 5 26 ἐπί τι δένδρον τῷ καύματι ἐκάθισα τοῦ ἀναπαῆναι * ὀλίγον * καὶ ἔκλινα τὴν κεφαλήν μου ἐπὶ τὸν κόφινον καὶ
Bar. 9 3 ὁ ἄγγελος ἀνάμεινον καὶ ὄψει καὶ ταύτην ὡς μετ' * ὀλίγον. * καὶ τῇ ἐπαύριον ὁρῶ καὶ ταύτην ἐν σχήματι
Bar. 15 4 ἡμῶν καὶ εἴπατε αὐτοῖς ὅτι τάδε λέγει κύριος ἐπὶ * ὀλίγῃ * ἐστέ πιστοὶ ἐπὶ πολλῶν ὑμᾶς καταστήσει εἰσέλθατε
Prop. 22 9 συναγαγεῖν ἀγγεῖα καινὰ ὅσα δύναται καὶ τὸ ἔχον * ὀλίγιστον * ἔλαιον ἐκκενοῦν εἰς αὐτὰ ἕως ἀποσχῇ τὰ ἀγγεῖα
Prop. 22 13 βοτάνης συνεψεθείσης τῷ προσφαγίῳ καὶ παρ' * ὀλίγον * κινδυνευόντων πάντων πεποίηκεν ἀβλαβὲς καὶ ἡδὺ τὸ
Esdr. 5 10 λέγοντες ἀφ' οὗ ἦλθες ὧδε ἅγιε τοῦ θεοῦ εὕραμεν * ὀλίγην * ἄνεσιν. καὶ εἶπεν ὁ προφήτης μακάριοι οἱ
Sedr. 10 6 λίαν καὶ εἶπεν Σεδρὰχ τὸν θεὸν δός μοι κύριε ἴασιν * ὀλίγην * ἵνα κλαύσω ὅτι ἤκουσα πολλὰ δύνανται τὰ δάκρυα
Job 40 4 δὴ καὶ εἰσελεύσομαι εἰς τὴν πόλιν καὶ καμμύσω * ὀλίγον * καὶ ἀνακτήσομαι πρὸ τῆς ὑπουργείας τῆς δουλείας
Aris. 10 4 εἶπεν ὑπὲρ τὰς εἴκοσι βασιλεῦ σπουδάσω δ' ἐν * ὀλίγῳ * χρόνῳ πρὸς τὸ πληρωθῆναι πεντήκοντα μυριάδας τὰ
Aris. 30 2 τάδε. τοῦ νόμου τῶν Ἰουδαίων βιβλία σὺν ἑτέροις * ὀλίγοις * τισὶν ἀπολείπει τυγχάνει γὰρ Ἑβραϊκοῖς γράμμασι
Aris. 200 3 πρὸς τοὺς φιλοσόφους εἶπεν ὁ βασιλεὺς οὐκ * ὀλίγοι * γὰρ παρῆσαν τούτοις οἴομαι διαφέρειν τοὺς ἄνδρας
Sib. 5 454 ἄκαρπος ἐπ' ἠόνος ἔσσεται αὖθις. ἀκρὶς δ' οὐκ * ὀλίγη * χθόνα Κύπριον ἐξολοθρεύσει. εἰς Τύρον αἰνόμοροι
Sib. 5 481 σκοτόμαινα περὶ μέγαν οὐρανὸν αὐτὸν ἀχλὺς δ' οὐκ * ὀλίγη * κόσμου πτύχας ἀμφικαλύψει δεύτερον αὐτὰρ ἔπειτα
FMan. 2 22 10 πιτύρων ἄρτος ἐν σταθμῷ βραχὺς καὶ ὕδωρ σὺν ὄξει * ὀλίγον * ἐν μέτρῳ ὥστε ζῆν αὐτὸν καὶ ἦν συνεχόμενος καὶ
FBar. 14 2 και---> εζησαν και επορευθη<σαν εκ κοσμου> * ολιγα * δε περι<εσται εθνη εν εκεινοις> τοις καιροις
FPho. 94 θωπεύοντες ἐπὴν κορέσασθαι ἔχωσιν ἀχθόμενοι δ' * ὀλίγοις * καὶ πολλοῖς πάντες ἄπληστοι. λαῷ μὴ πίστευε
FPho. 144 ἀρχόμενον τὸ κακὸν κόπτειν ἕλκος τ' ἀκέσασθαι. <ἐξ * ὀλίγου * σπινθῆρος ἀθέσφατος αἴθεται ὕλη. ἐγκρατὲς ἦτορ
FPho. 170 χεῖμα βορῆν σφετέρην ἐπάγοντες ἄτρυτοι φῦλον δ' * ὀλίγον * τελέθει πολύμοχθον. κάμνει δ' ἠεροφοῖτις
HArt. 9 27 34 παρὰ τῶν Αἰγυπτίων πολλὰ μὲν ἐκπώματα οὐκ * ὀλίγον * δὲ ἱματισμὸν ἄλλην τε παμπληθῆ γάζαν διαβάντας
HHec. 1 22 194 Πέρσαι πρότερον αὐτῶν ἐποίησαν μυριάδας οὐκ * ὀλίγαι * δὲ καὶ μετὰ τὸν Ἀλεξάνδρου θάνατον εἰς Αἴγυπτον

ὀλιγοστός 1
TSim. 5 6 καὶ νικήσει πᾶσαν παρεμβολὴν ὑμῶν καὶ ἔσονται * ὀλιγοστοὶ * ἐπιμεριζόμενοι ἐν τῷ Λευὶ καὶ Ἰούδᾳ καὶ οὐκ

ὀλιγοψυχέω 1
Asen. 11 1C ἐπάνω τῆς κεφαλῆς αὐτῆς. καὶ ἔκαμεν Ἀσενὲθ καὶ * ὠλιγοψύχησε * καὶ ἐξέλιπε τῇ δυνάμει αὐτῆς. καὶ ἀπεστράφη

ὀλιγοψυχία 2
TGad 4 7 οὐ θέλει ζῆν. τὸ γὰρ πνεῦμα τοῦ μίσους διὰ τῆς * ὀλιγοψυχίας * συνεργεῖ τῷ σατανᾷ ἐν πᾶσιν εἰς θάνατον τῶν
Sal. 16 11 ἄλογον μακρὰν ποίησον ἀπ' ἐμοῦ. γογγυσμὸν καὶ * ὀλιγοψυχίαν * ἐν θλίψει μάκρυνον ἀπ' ἐμοῦ ἐὰν ἁμαρτήσω ἐν

ὀλιγόω 1
TNep. 4 3 ἕως ἂν ἀναλώσῃ κύριος πάντας ὑμᾶς. καὶ μετὰ τὸ * ὀλιγωθῆναι * ὑμᾶς καὶ σμικρυνθῆναι ἐπιστρέψετε καὶ

ὀλιγωρέω 4
Sal. 3 4 ἐξομολογήσει καὶ δικαιώσει τὰ κρίματα κυρίου. οὐκ * ὀλιγωρήσει * δίκαιος παιδευόμενος ὑπὸ κυρίου ἡ εὐδοκία
Jer. 5 5 μήπως κοιμηθῶ καὶ βραδυνῶ τοῦ ἐξυπνισθῆναι καὶ * ὀλιγωρήσῃ * Ἱερεμίας ὁ πατήρ μου εἰ μὴ γὰρ ἐσπούδαζεν οὐκ
Prop. 1 2 διὰ τὸν προφήτην ἐποίησεν ὅτι πρὸ τοῦ θανεῖν * ὀλιγωρήσας * ηὔξατο πιεῖν ὕδωρ καὶ εὐθέως ἀπεστάλη αὐτῷ ἐξ
Job 13 5 οἱ τὰ τῶν χηρῶν ἐδέσματα ἐψοῦντες, καὶ τῶν πενήτων * ὀλιγωρούντων * κατηρῶντό μοι λέγοντες τίς ἂν δῴη ἡμῖν ἐκ

ὀλιγωρία 7
Abr.1 7 1 ὅτι οὕτως εἰσῆλθες πρὸς ἡμᾶς κλαίων οὕτως ἐν * ὀλιγωρίᾳ * πολλῇ; ὑπολαβὼν δὲ Ἰσαὰκ ἤρξατο λέγειν ἰδοὺ
Abr.1 17 19 καὶ παιδίσκαι ἑπτὰ καὶ ὁ δίκαιος Ἀβραὰμ ἦλθεν εἰς * ὀλιγωρίαν * θανάτου ὥστε ἐκλείπειν τὸ πνεῦμα αὐτοῦ. καὶ
Abr.1 18 8 εἶχες. καὶ ὁ δίκαιος εἶπεν νῦν ἔγνων κἀγὼ ὅτι εἰς * ὀλιγωρίαν * θανάτου ἦλθον ὥστε ἐκλείπειν τὸ πνεῦμά μου
Abr.1 19 2 αὐτὸν ἔξελθε ἀπ' ἐμοῦ ὅτι θέλω ἀναπαύεσθαι ὅτι ἐν * ὀλιγωρίᾳ * περίκειται τὸ πνεῦμά μου. καὶ ὁ θάνατος εἶπεν
Abr.1 20 7 ἔκλαιον πικρῶς ὀδυρόμενοι καὶ Ἀβραὰμ ἦλθεν εἰς * ὀλιγωρίαν * <θανάτου>. εἶπεν δὲ ὁ θάνατος <πρὸς> τὸν
Job 14 5 τῆς ἀνταποδόσεως ἔψαλλον, καὶ κατέπαυον αὐτὰς τῆς * ὀλιγωρίας * τοῦ γογγυσμοῦ. καὶ τὰ ἐμὰ τέκνα μετὰ τὴν
Job 20 1 ἔμαθεν ὁ Σατανᾶς ὅτι οὐδὲν δύναταί με εἰς * ὀλιγωρίαν * τρέψαι καὶ ἀπελθὼν ᾐτήσατο τὸ σῶμά μου παρὰ

ὀλισθαίνω 4
Sal. 16 1 ἐν τῷ νυστάξαι ψυχήν μου ἀπὸ κυρίου παρὰ μικρὸν * ὠλίσθησα * ἐν καταφορᾷ ὑπνούντων μακρὰν ἀπὸ θεοῦ παρ'
Sib. 4 100 καὶ Κύζικος ἡνίκα γαίης βρασσομένης σεισμοῖσιν * ὀλισθαίνουσι * πόληες. ἥξει καὶ Ῥοδίοις κακὸν ὕστατον
Sib. 5 526 +οὐρὰν ἐπῆλθε+ διὰ δεινοῖο Λέοντος ἠδὲ Κύων * ὤλισθεν * ἀπὸ φλογὸς Ἠελίοιο Ὑδροχόον δ' ἐπύρωσε μένος
FEz. 186 18 με <και ερω ιδου παρειμι εαν διαβαι>νωσιν ο<υκ * ολισθησουσιν * λεγει κς> εκο< >ανις< >πυρος β< >ει

ὁλκή 8
TLevi 18 2B046 οὐκ ἐπὶ στέατος προσχωθήσεται ἐπ' αὐτὴν λιβάνου * ὁλκὴ * σίκλων δύο καὶ τὸ τρίτον τοῦ σάτου τὸ τρίτον τοῦ
TLevi 18 2B047 τρίτον τοῦ ὑφὴ ἐστιν καὶ τὰ δύο μέρη τοῦ βάτου καὶ * ὁλκῆς * τῆς μνᾶς ν' σίκλων ἐστὶν καὶ τοῦ σικλίου τὸ
TLevi 18 2B047 μνᾶς ν' σίκλων ἐστὶν καὶ τοῦ σικλίου τὸ τέταρτον * ὁλκὴ * θερμῶν δ' ἐστὶν γίνεται ὁ σίκλος ὡσεὶ ις' θερμοὶ
TLevi 18 2B047 δ' ἐστὶν γίνεται ὁ σίκλος ὡσεὶ ις' θερμοὶ καὶ * ὁλκῆς * μιᾶς. καὶ νῦν τέκνον μου ἄκουσον τοὺς λόγους μου
Aris. 33 5 καὶ φιαλῶν καὶ τραπέζης καὶ σπονδείων χρυσίου μὲν * ὁλκῆς * τάλαντα πεντήκοντα καὶ ἀργυρίου τάλαντα
HEup. 9 34 5 προσηλοῦντα ἥλοις ἀργυροῖς ταλαντιαίοις τὴν * ὁλκὴν * μαστοειδέσι τὸν ῥυθμὸν τέσσαρσι δὲ τὸν ἀριθμόν.
HEup. 9 34 7 δὲ καὶ λυχνίας χρυσᾶς <δέκα> δέκα τάλαντα ἑκάστην * ὁλκὴν * ἀγούσας ὑπόδειγμα λαβόντα τὴν ὑπὸ Μωυσέως ἐν τῇ
HHec. 1 22 198 ἔστι καὶ λυχνίον ἀμφότερα χρυσᾶ δύο τάλαντα τὴν * ὁλκήν. * ἐπὶ δὲ τούτων φῶς ἐστιν ἀναπόσβεστον καὶ τὰς

ὁλκός 1
Sib. 3 339 βαθυδίνης λείψει κὰδ δὲ ῥόον βαθὺν αὔλακος ἔσσεται * ὁλκὸς * καρποφόρου τὸ δὲ ῥεῦμα τὸ μυρίον αὐχέν' ἐφέξει.

ὄλλυμι 46
Sib. 3 53 πάντες δ' ἄνθρωποι μελάθροις ἰδίοισιν * ὀλοῦνται * ὁππόταν οὐρανόθεν πύρινος ῥεύσῃ καταράκτης.
Sib. 3 205 θνητοῖς ἄμπαυσις πολέμοιο. Φρύγες δ' ἔκπαγλοι * ὀλοῦνται * πάντες καὶ Τροίῃ κακὸν ἔσσεται ἤματι κείνῳ.
Sib. 3 270 ἠδ' ἀλόχους καὶ πᾶς βίοτος καὶ πλοῦτος * ὀλεῖται * πᾶσα δὲ γαῖα σέθεν πλήρης καὶ πᾶσα θάλασσα πᾶς
Sib. 3 305 ποθ' ἱκνεῖται καὶ πᾶσαν χώραν μερόπων ἀλαλαγμὸς * ὀλέσσει * καὶ πληγὴ μεγάλοιο θεοῦ ἡγήτορος ὕμνων. ἀέριος
Sib. 3 365 ῥύμη τὰ δὲ θέσφατα πάντα τελεῖται. Σμύρνης δ' * ὀλλυμένης * οὐδεὶς λόγος. ἔκδικος ἔσται ἀλλὰ κακαῖς
Sib. 3 379 ἀπ' ἀνθρώπων πενίη καὶ φεύξετ' ἀνάγκη+ καὶ φόνος * οὐλόμεναί * τ' ἔριδες καὶ νείκεα λυγρὰ καὶ νυκτοκλοπίαι
Sib. 3 386 ἠέλιος γῆν δεσπότις αὐδηθεῖσα κακαῖς ἄτῃσιν * ὀλεῖται * οὔνομ' ἐν ὀψιγόνοισι πολυπλάγκτοισιν ἔχουσα.
Sib. 3 454 +αἵματι μὲν δάπεδον+ κελαρύξεται εἰς ἅλα φωτῶν * ὀλλυμένων * ἄλοχοι δὲ σὺν ἀγλαοφαρέσι κούραις ὕβριν
Sib. 3 456 ἰδίην ἀποθωΰξουσιν ταὶ μὲν ὑπὲρ +νεκύων+ ταὶ δ' * ὀλλυμένων * ὑπὲρ υἱῶν. σημεῖον Κύπρου σεισμὸς φθίσει δὲ
Sib. 3 521 βάρβαρον ἔθνος ἐπέλθῃ πολλὰ μὲν ἐκλεκτῶν ἀνδρῶν * ὀλέσειε * κάρηνα πολλὰ δὲ πίονα μῆλα βροτῶν διαδηλήσονται
Sib. 3 533 ἔσται. φεύξονται δ' ἑκατὸν εἷς δ' αὐτοὺς πάντας * ὀλέσσει * πέντε δὲ κινήσουσι βαρὺν χόλον οἳ δὲ πρὸς αὐτοὺς
Sib. 3 671 κρίσις αὐτοῖς ἔσσεται ἐκ μεγάλοιο θεοῦ καὶ πάντες * ὀλοῦνται * χειρὸς ἀπ' ἀθανάτοιο ἀπ' οὐρανόθεν δὲ πεσοῦνται
Sib. 3 695 οἰμωγή τε καὶ ἀλαλαγμὸς κατ' ἀπείρονα γαῖαν ἵξεται * ὀλλυμένων * ἀνδρῶν καὶ πάντες ἄναγνοι αἵματι λούσονται
Sib. 3 697 λούσονται πίεται δέ τε γαῖα καὶ αὐτὴ αἵματος * ὀλλυμένων * κορέσονται θηρία σαρκῶν. αὐτός μοι τάδε πάντα
Sib. 4 84 δὲ μανέντες πολλὰς πρηνίξουσι πόλεις πολλοὺς δ' * ὀλέσουσιν * μαρνάμενοι τὸ δὲ νεῖκος ἰσόρροπον ἀλλήλοισιν.
Sib. 4 127 Σολύμων πολλοὺς δ' ἅμα ἀνδροφονήσας Ἰουδαίων * ὀλέσει * μεγάλην χθόνα εὐρυάγυιαν. καὶ τότε δὴ Σαλαμῖνα
Sib. 4 128 καὶ τότε δὴ Σαλαμῖνα Πάφον δ' ἅμα σεισμὸς * ὀλέσσει * Κύπρον ὅταν πολύκλυστον ὑπερκλονέῃ μέλαν ὕδωρ.
Sib. 4 132 εὐρὺν ἵκηται πολλὰς δὲ φλέξῃ πόλιας καὶ ἄνδρας * ὀλέσσῃ * πολλὴ δ' αἰθαλόεσσα τέφρη μέγαν αἰθέρα πλήσῃ καὶ
Sib. 4 142 τεαῖς ὑπὸ δούρασι πίπτῃς. καὶ Κύρρον τότε λοιμὸς * ὀλεῖ * καὶ φύλοπις αἰνή. αἰαῖ Κύπρε τάλαινα σὲ δὲ πλατὺ
Sib. 4 150 Μαιάνδροιο ὅσσα πεπύργωνται περικαλλέα πικρὸς * ὀλέσσει * λιμὸς ὅταν Μαίανδρος ἀποκρύψῃ μέλαν ὕδωρ. ἀλλ'
Sib. 4 169 πικρὰν ἱλάσκεσθε θεὸς δώσει μετάνοιαν οὐδ' * ὀλέσει * παύσει δὲ χόλον πάλιν ἤνπερ ἅπαντες εὐσεβίην
Sib. 4 176 ἦχον ἀκούσει. φλέξει δὲ χθόνα πᾶσαν ἅπαν δ' * ὀλέσει * γένος ἀνδρῶν καὶ πάσας πόλιας ποταμούς θ' ἅμα ἠδὲ
Sib. 5 2 χρόνον κλύε Λατινιδάων. ἤ τοι μὲν πρώτιστα μετ' * ὀλλυμένους * βασιλῆας Αἰγύπτου τοὺς πάντας ἴση κατὰ γαῖα
Sib. 5 30 πόλεμον βαρὺν ὅς ποτε χεῖρας ἧς γενεῆς τανύσας * ὀλέσει * καὶ πάντα ταράξει ἀθλεύων ἐλάων κτείνων καὶ μυρία
Sib. 5 94 Πέρσης ἐπὶ σὸν +δάπος+ ὥστε χάλαζα καὶ σὴν γαῖαν * ὀλεῖ * καὶ ἀνθρώπους κακοτέχνους αἵματι καὶ νεκύεσσι +παρ'
Sib. 5 109 κέν τις θεόθεν βασιλεὺς πεμφθεὶς ἐπὶ τοῦτον πάντας * ὀλεῖ * βασιλεῖς μεγάλους καὶ φῶτας ἀρίστους. εἶθ' οὕτως
Sib. 5 116 ποταμοῦ ῥεῖθρον κατακλυσμὸν ἐποίσει καὶ Πέρσας * ὀλέσει * καὶ Ἴβηρας καὶ Βαβυλῶνας Μασσαγέτας τε
Sib. 5 119 σελαγήσει. Πέργαμος ἡ τὸ πάλαι σεμνὴ βοτρυδὸν * ὀλεῖται * καὶ Πιτάνη πανέρημος ἐν ἀνθρώποισι φανεῖται.
Sib. 5 132 χάριν ἡ Διὸς ἦλθε Ῥέη κἀκεῖ προσέμεινεν. πόντος * ὀλεῖ * Ταύρων γενεὴν καὶ βάρβαρον ἔθνος +καὶ Λαπίθας
Sib. 5 145 ὃν πάντες στυγέουσι βροτοὶ καὶ φῶτες ἄριστοι * ὤλεσε * γὰρ πολλοὺς καὶ γαστέρι χεῖρας ἔθηκεν εἰς ἀλόχους
Sib. 5 153 +φανέντος+ <ὅλ>η κτίσις ἐξετινάχθη καὶ βασιλεῖς * ὤλοντο * καὶ ἐν τοῖσιν μένεν ἀρχὴ ἐξόλεσαν μεγάλην τε
Sib. 5 160 τε Βαβυλῶνα Ἰταλίης γαῖάν θ' ἧς εἵνεκα πολλοὶ * ὄλοντο * Ἑβραίων ἅγιοι πιστοὶ καὶ λαὸς ἀληθής. ἔσσεαι ἐν
Sib. 5 174 οὐδεὶς μ' ἐξαλαπάξει. νῦν δέ σὲ καὶ σοὺς πάντας * ὀλεῖ * θεὸς αἰὲν ὑπάρχων κοὐκέτι σου σημεῖον ἔτ' ἔσσεται
Sib. 5 194 κοπετὸν ὄψονται ἀθέσμων εἵνεκα ἔργων.+ Συήνην δ' * ὀλέσειε * μέγας φὼς Αἰθιοπήων Τεύχιραν οἰκήσουσι βίῃ
Sib. 5 196 βίῃ μελανόχροες Ἰνδοί. Πεντάπολι κλαύσεις σέ δ' * ὀλεῖ * μεγαλόσθενος ἀνήρ. σὰς Λιβύη πάγκλαυστε τίς
Sib. 5 219 ἐκκόψαντα πέτρην πολυήλατι χαλκῷ καὶ σὴν γαῖαν * ὀλεῖ * καὶ κόψει ὡς προτέθειται. τούτῳ γάρ τοι δῶκε θεὸς
Sib. 5 233 οὐ χαλέπηνεν ἐν σοί τις βασιλεὺς σεμνὸν βίον * ὤλεσε * ῥιφθείς. πάντα κακῶς διέθηκας ὅλον τε κακὸν
Sib. 5 291 αἰαῖ Λαοδίκεια καλὴ πόλι ὡς ἀπολεῖσθε σεισμοῖς * ὀλλύμεναί * τε καὶ εἰς κόνιν ἀλλαχθεῖσαι. Ἀσίδι τῇ

Sib. 5 307 +λυκουργὸν+ εἰς + Ἐφέσοιο+ πύλας καὶ αὐτὴ μᾶλλον * ὀλεῖται. * Κύμη δ' ἡ μωρὰ σὺν νάμασι τοῖς θεοπνεύστοις ἐν
Sib. 5 367 τ' ἀνθρώπων φρονιμώτερα πάντα νοήσει ἧς χάριν * ὤλετό * τ' αὐτὸς ἐλεῖ ταύτην παραχρῆμα. ἄνδρας τ' ἐξελέσει
Sib. 5 380 ἐν πολέμῳ καὶ ἐπὶ σφαγῆσιν ὀμίχλη πάντας ὁμοῦ τ' * ὀλέσει * βασιλεῖς καὶ φῶτας ἀρίστους. εἶθ' οὕτως πολέμοιο
Sib. 5 411 πλήθει μεγάλῳ καὶ ἀνδράσι κυδαλίμοισιν. αὐτὸς δ' * ὤλετο * +χέρσον ἀπ' ἀθανάτην ἐπιβὰς γῆν+ κοὐκέτι σῆμα
Sib. 5 467 βάρβαρος ὄχλος ἐς Ἀσίδα γαῖαν ὀδεύσει καὶ Θρακῶν * ὀλέσει * δεινῶν γένος ὡς ἀλαπαδνόν. καὶ τότε θυμοβόροι
Sib. 5 509 δὲ θεὸς βρέξει κατὰ γῆς δεινὸν χόλον αὐτὸς ὥστ' * ὀλέσαι * πάντας τε κακοὺς πάντας τ' +ἀνόμους τε+. κοὐκέτι
FPho. 175 κηροδομοῦσα. μὴ μείνῃς ἄγαμος μή πως νώνυμος * ὄληαι * δός τι φύσει καὐτὸς τέκε δ' ἐμπαλιν ὡς ἐλοχεύθης
LEze. 9 29 12 12 πυρὶ πεσεῖται καὶ νεκροὺς θήσει βροτούς. καρποὶ τ' * ὀλοῦνται * τετραπόδων τε σώματα σκότος τε θήσω τρεῖς ἐφ'

**ὀλοβαθής *** 1
Hen. 22 2 αὐτοῦ. καὶ εἶπον πῶς λεῖα τὰ κοιλώματα ταῦτα καὶ * ὀλοβαθῆ * καὶ σκοτινὰ τῇ ὁράσει; τότε ἀπεκρίθη Ῥαφαὴλ ὁ

**ὀλοήμερος**
Bar. 8 6 τὰς τοῦ ἡλίου ἀκτῖνας διὰ τοῦ πυρὸς καὶ τῆς * ὀλοημέρου * καύσεως ὡς δι' αὐτοῦ ταπεινοῦται. εἰ μὴ γὰρ αἱ

**ὀλοθρεύω** 5
TLevi 13 7 μετὰ σπουδῆς ὅτι ἐὰν γένηται αἰχμαλωσία καὶ πόλεις * ὀλοθρευθῶσι * καὶ χῶραι καὶ χρυσὸς καὶ ἄργυρος καὶ πᾶσα
TJud. 6 5 ἐπελαβόμεθα τῶν ὑψηλῶν καὶ ὅλην τὴν πόλιν * ὀλοθρεύσαμεν. * καὶ τῇ ἑξῆς ἐρρέθη πρὸς ἡμᾶς ὅτι Γαὰς
TJud. 7 3 ἠνοίξαμεν τὰς πύλας καὶ πάντας αὐτοὺς καὶ τὰ αὐτῶν * ὀλοθρεύσαμεν * καὶ πάντα τὰ αὐτῶν προνομεύσαντες τὰ τρία
Prop. 4 7 ἐν νεότητι ἐπὶ τέλει δὲ θῆρες γίνονται ἁρπάζοντες * ὀλοθρεύοντες * ἀναιροῦντες καὶ πατάσσοντες. ἔγνω διὰ θεοῦ
Sib. 5 304 τε φλεγέθουσιν ἀνδράσι δυσμενέεσσι καὶ ὡς ἀσεβεῖς * ὀλοθρεύσει * ὥστε μένειν νέκυας κατὰ γῆς πλέονας ψαμάθοιο.

**ὀλοκαρπεύω ***
Sib. 3 579 ὄϊων τε καὶ ἀρνῶν πίονα μῆλα βωμῷ ἐπὶ μεγάλῳ ἁγίως * ὀλοκαρπεύοντες. * ἐν δὲ δικαιοσύνῃ νόμου Ὑψίστοιο

**ὀλοκαρπόω** 2
Sib. 3 565 βοῶν ταύρων τ' ἐριμύκων πρὸς ναὸν μεγάλοιο θεοῦ * ὀλοκαρπώσασα * ἐκφεύξῃ πολέμοιο δυσηχέος ἠδὲ φόβοιο καὶ
HDem. 9 19 4 τὸν θεὸν τῷ Ἀβραὰμ προστάξαι Ἰσαὰκ τὸν υἱὸν * ὀλοκαρπῶσαι * αὐτῷ. τὸν δὲ ἀναγαγόντα τὸν παῖδα ἐπὶ τὸ

**ὀλοκάρπωσις** 2
TLevi 18 2B020 σου πρὸ τοῦ ἐγγίσαι πρὸς τὸν βωμὸν προσενέγκαι * ὀλοκάρπωσιν * καὶ ὅταν μέλλῃς προσφέρειν ὅσα δεῖ ἀνενέγκαι
HEup. 9 34 14 τειχίσαντα ἐλθεῖν εἰς Σηλὼμ καὶ θυσίαν τῷ θεῷ εἰς * ὀλοκάρπωσιν * προσαγαγεῖν βοῦς χιλίους. λαβόντα δὲ τὴν

**ὀλόκαυστος** 1
Job 7 12 ὁ Σατανᾶς ἀντέπεμψέν μοι τὴν παῖδα λέγων ὅτι ὡς * ὁλόκαυστός * ἐστιν ὁ ἄρτος οὗτος, οὕτως ποιήσω καὶ τὸ σῶμά

**ὀλοκαυτέω** 1
Aris. 92 6 οἱ δὲ τὰ τῶν ἀρωμάτων ἕτεροι τὰ τῆς σαρκὸς * ὀλοκαυτοῦντες * ἰσχύι διαφερόντως συγχρώμενοι διαλαβόντες

**ὀλοκαύτωμα** 3
TLevi 9 7 τοῦ θεοῦ. καὶ ἐδίδασκέ με νόμον ἱερωσύνης θυσιῶν * ὀλοκαυτωμάτων * ἀπαρχῶν ἑκουσίων σωτηρίων. καὶ ἦν καθ'
Job 2 3 ἔγγιστα εἰδωλίου θρησκευομένου καὶ συνεχῶς βλέπων * ὁλοκαυτώματα * αὐτῷ ἀναφερόμενα διελογιζόμην ἐν ἑαυτῷ
Job 2 3 σοι τίς ἐστιν οὗτος ὃν γνῶναι θέλεις οὗτος οὗ τὰ * ὁλοκαυτώματα * προσφέρουσιν καὶ σπένδουσιν οὐκ ἔστιν θεός,

**ὀλοκαύτωσις** 1
TLevi 18 2B025 εἴρηκεν ὅτι ταῦτά ἐστιν ἅ σε ἀναφέρειν ὑποκάτω τῆς * ὀλοκαυτώσεως * ἐπὶ τοῦ θυσιαστηρίου. καὶ τὸ πῦρ τότε ἄρξῃ

**ὀλόκληρος** 7
Asen. 16 16B καὶ ἀπεκατεστάθη καὶ ἐπληρώθη καὶ εὐθὺς ἐγένετο * ὁλόκληρον * ὡς ἦν ἐν ἀρχῇ. καὶ πάλιν ὁ ἄνθρωπος ἐξέτεινε

**ὀλοός**
Sib. 3 348 Μαγνησίη +Μυκήνη πάνθεια+. ἴσθι τότ' Αἰγύπτου * ὀλοὸν * γένος ἐγγὺς ὀλέθρου καὶ τότ' Ἀλεξανδρεῦσιν ἔτος
Sib. 3 352 κεν τρὶς τόσσα δεδέξεται ἔμπαλιν Ἀσὶς ἐκ Ῥώμης * ὀλοὴν * δ' ἀποτίσεται ὕβριν ἐς αὐτήν. ὅσσοι δ' ἐξ Ἀσίης
Sib. 3 451 Ἀσίης τελέων ῥιγιστά περ ἄλγη. Σιδονίευς * ὀλοὸς * βασιλεὺς καὶ +φύλοπις ἄλλων ποντοπόρων σαμίοις
Sib. 3 452 βασιλεὺς. καὶ +φύλοπις ἄλλων ποντοπόρων σαμίοις * ὀλοὸν * δ' ἵξουσιν ὄλεθρον +αἵματι μὲν δάπεδον+
Sib. 5 33 ὄρος λύθρῳ τε παλάξει ἀλλ' ἔσται καὶ ἄϊστος * ὀλοῖος * εἶτ' ἀνακάμψει ἰσάζων θεῷ αὐτὸν ἐλέγξει δ' οὐ
Sib. 5 343 μενεῖς πανέρημος ἄκλαυστος ἐν γαίῃ θαλερῇ * ὀλοὸν * δάκος ἐξαπολέσσαι. ἔσται δ' +αἰθέρος+ οὐρανὸς
FPho. 66 τῶν ἀγαθῶν ἐσθλὸς φαύλων δ' ὑπέρογκος. τόλμα κακῶν * ὀλοὴ * μέγ' ὀφέλλει δ' ἐσθλὰ πονεῦντα. σεμνὸς ἔρως ἀρετῆς

**ὀλοόφρων** 1
FPho. 63 καὶ ἐς ὕβριν ἀέξει. θυμὸς ὑπερχόμενος μανίην * ὀλοόφρονα * τεύχει. ὀργὴ δ' ἐστὶν ὄρεξις ὑπερβαίνουσα δὲ

**ὅλος** 113
Adam 2 3 ὀλίγον ἐξ αὐτοῦ. αὐτὸς δὲ οὐκ ἤκουσεν αὐτοῦ ἀλλ' * ὅλον * κατέπιεν αὐτό. καὶ οὐκ ἔμεινεν ἐπὶ τὴν κοιλίαν
Adam 35 2 αὐτοῦ καὶ λέγοντες συγχώρησον αὐτῷ ὁ πατὴρ τῶν * ὅλων * ὅτι εἰκών σού ἐστιν. ἄρα δὲ τέκνον μου Σὴθ τί ἐστιν
Adam 36 3 ἀλλ' οὐ δύναται φαίνειν ἐνώπιον τοῦ φωτὸς τῶν * ὅλων * τοῦ πατρὸς τῶν φώτων καὶ διὰ τοῦτο ἐκρύβη τὸ φῶς
Adam 37 4 μετὰ ταῦτα ἐξέτεινεν τὴν χεῖρα αὐτοῦ ὁ πατὴρ τῶν * ὅλων * καθήμενος ἐπὶ θρόνου αὐτοῦ καὶ ἦρεν τὸν Ἀδὰμ καὶ
Hen. 9 9 ἁμαρτίας. καὶ αἱ γυναῖκες ἐγέννησαν τιτᾶνας ὑφ' * ὅλη * ἡ γῆ ἐπλήσθη αἵματος καὶ ἀδικίας. καὶ νῦν ἰδοὺ
Hen. 9B 9 κίβδηλα ἐπὶ τῆς γῆς τῶν ἀνθρώπων ἐκκέχυται καὶ * ὅλη * ἡ γῆ ἐπλήσθη ἀδικίας. καὶ νῦν ἰδοὺ τὰ πνεύματα τῶν
Hen. 10 7 πάντες οἱ υἱοὶ τῶν ἀνθρώπων ἐν τῷ μυστηρίῳ * ὅλῳ * ᾧ ἐπέταξαν οἱ ἐγρήγοροι καὶ ἐδίδαξαν τοὺς υἱοὺς
Hen. 14 15 κατέναντί μου καὶ ὁ οἶκος μείζων τούτου καὶ * ὅλος * οἰκοδομημένος ἐν γλώσσαις πυρὸς καὶ ὅλος διαφέρων
Hen. 14 16 καὶ ὅλος οἰκοδομημένος ἐν γλώσσαις πυρὸς καὶ * ὅλος * διαφέρων ἐν δόξῃ καὶ ἐν τιμῇ καὶ ἐν μεγαλοσύνῃ ὥστε
Abr.1 9 3 τῶν ἄνω δυνάμεων ἐπειδὴ οὐκ ἀπηξίωσας αὐτὸν * ὅλως * πρὸς ἐμὲ τὸν ἁμαρτωλὸν καὶ ἀνάξιον ἱκέτην σου
Abr.1 10 1 ἀγγέλους καὶ ἀνήρχετο ὁ Ἀβραὰμ ἐπὶ ὀχήματος ἐφ' * ὅλην * τὴν οἰκουμένην. ἑώρα δὲ Ἀβραὰμ τὸν κόσμον καθὼς
Abr.1 12 6 ἔμπροσθεν δὲ αὐτοῦ ἵστατο τράπεζα κρυσταλλοειδὴς * ὅλη * διὰ χρυσοῦ ἐπάνω δὲ τῆς τραπέζης ⟨ἦν⟩ βιβλίον
Abr.1 16 4 πάσας ἀποβαλοῦ περιβαλοῦ δὲ τὴν ὡραιότητά σου καὶ * ὅλην * τὴν ἐνδοξότητα καὶ κάτελθε πρὸς τὸν φίλον μου τὸν
Abr.1 20 12 ψάλλοντες τὸν τρισάγιον ὕμνον τῷ δεσπότῃ τῶν * ὅλων * θεῷ καὶ ἔστησαν αὐτὸν εἰς προσκύνησιν τοῦ θεοῦ καὶ
Abr.2 7 13 εἰ μὴ πληρωθῶσιν αἱ δώδεκα ὥραι τῆς ἡμέρας ἵνα * ὅλας * τὰς ἀκτῖνας λάβωσιν ἄνω καὶ ὡς ἦν ταῦτα λέγων ὁ
Abr.2 7 19 σώματος ἐθέλω ἀναληφθῆναι ἵνα θεάσωμαι ὅτι κτῆμα * ὅλος * ἔκτισεν ὁ κύριος ἐν οὐρανῷ καὶ ἐπὶ γῆς πρὸ τοῦ
Abr.2 9 4 εἰ μὴ παιδία ὡς δέκα ἐτῶν. καὶ εἶπεν Μιχαὴλ σὺ * ὅλος * εἰσέρχει ἐν αὐτῇ καὶ πάντες ὅσοι ὀσμοί σου εἰσὶν
Abr.2 12 12 κυκλῶσαι πᾶσαν τὴν κτίσιν εἰ δὲ μή ἐν ἀπόλλει * ὅλην * τὴν κτίσιν ἣν ἐποίησα οὐ σπλαχνίζεται γὰρ ἐπ'
Abr.2 13 9 τούτου. καὶ εἶπεν ὁ θάνατος τῷ Ἀβραὰμ λέγω σοι ἐν * ὅλῳ * τῷ κτίσματι ὃ ἔκτισεν ὁ θεὸς οὐχ εὑρέθη ὅμοιός σου
Abr.2 13 19 ἀλλ' ἐὰν οὖν τις δικαίως πρὸς αὐτὸν λαμβάνωνται * ὅλην * τὴν δικαιοσύνην καὶ γίνεται στέφανος ἐπὶ τῆς
TLevi 2 3B002 ἱμάτιά μου καὶ καθάρισας αὐτὰ ἐν ὕδατι καθαρῷ καὶ * ὅλος * ἐλουσάμην ἐν ὕδατι ζῶντι καὶ πάσας τὰς ὁδούς μου
TLevi 13 1 ἐντέλλομαι ὑμῖν ἵνα φοβεῖσθε τὸν κύριον ἡμῶν ἐξ * ὅλης * καρδίας καὶ πορεύεσθε ἐν ἁπλότητι κατὰ πάντα τὰ
TJud. 6 5 καὶ Συμεὼν ἐξόπισθεν ἐπελαβόμεθα τῶν ὑψηλῶν καὶ * ὅλην * τὴν πόλιν ὁλοθρεύσαμεν. καὶ τῇ ἑξῆς ἐρρέθη πρὸς
TJud. 16 3 καὶ παρεισέρχεται ἡ ἀναισχυντία. εἰ δὲ ⟨μὴ⟩ μηδὲ * ὅλως * πίετε ἵνα μὴ ἁμάρτητε ἐν λόγοις ὕβρεως καὶ μάχης
TGad 2 1 ἀνελεῖν αὐτὸν διὰ τῆς ψυχῆς ἐμίσουν αὐτὸν καὶ * ὅλως * οὐκ ἦν ἐν ἐμοὶ ἤπατα ἐλέους εἰς αὐτόν. καίγε διὰ τὰ
TAser 2 1 αὐτῷ ἐν κακῷ καίγε τοῦτο διπρόσωπον ἀλλὰ τὸ * ὅλον * πονηρόν ἐστιν. καὶ ἔστιν ἄνθρωπος ἀγαπῶν τὸν
TAser 2 5 καὶ ἐλεεῖ τοὺς πτωχοὺς διπρόσωπον μὲν καὶ τοῦτο * ὅλον * δὲ πονηρόν ἐστιν. πλεονεκτῶν τὸν πλησίον παροργίζει
TAser 2 7 καὶ ὀλίγους ἐλεεῖ καὶ τοῦτο μὲν διπρόσωπον ὅλον δὲ * ὅλον * δὲ πονηρόν ἐστιν. ἄλλος μοιχεύει καὶ πορνεύει καὶ
TAser 2 8 κακίας ποιεῖ ἐντολὰς καὶ τοῦτο διπρόσωπόν ἐστιν * ὅλον * δὲ κακόν ἐστιν. οἱ τοιοῦτοι ὡς ὕες εἰσὶ δασύποδες
TAser 4 3 τοὺς πονηροὺς δύο ποιοῦσιν ἔργα καλὸν διὰ κακοῦ * ὅλον * ἔστι δὲ καλὸν ὅτι τὸ κακὸν ἐκρίζωσας ἀπώλεσεν. ἔστι
TAser 4 4 στόμα καὶ μολύνει τὴν ψυχὴν καίγε τοῦτο διπρόσωπον * ὅλον * δὲ κακόν ἐστιν ὅτι οἱ τοιοῦτοι δόρκοις καὶ ἐλάφοις
TJos. 8 1 ὅτε ἐξῆλθεν ἀπ' ἐμοῦ κἀγὼ γόνυ κλίνας πρὸς κύριον * ὅλην * τὴν ἡμέραν καὶ ὅλην τὴν νύκτα συνάψας περὶ τὸν
TJos. 8 1 κἀγὼ γόνυ κλίνας πρὸς κύριον· ὅλην τὴν ἡμέραν καὶ * ὅλην * τὴν νύκτα συνάψας περὶ τὸν ὄρθρον ἀνέστην δακρύων
Asen. 5 4 ὡσεὶ χιὼν ὑψοσχάλινοι καὶ τὸ ἅρμα κατεσκεύαστο * ὅλον * ἐκ χρυσίου καθαροῦ. καὶ ἦν Ἰωσὴφ ἐνδεδυμένος
Asen. 6 1 αὕτης καὶ παρελθεῖ τὰ γόνατα αὐτῆς καὶ ἐτρόμαξεν * ὅλον * τὸ σῶμα αὐτῆς καὶ ἐφοβήθη φόβον μέγαν. καὶ
Asen. 10 15 τὴν τέφραν καὶ ἔκλαυσε κλαυθμῷ μεγάλῳ καὶ πικρῷ * ὅλην * τὴν νύκτα μετὰ στεναγμοῦ καὶ βριμήματος ἕως πρωΐ.
Asen. 22 7 ὡσεὶ χιὼν καὶ αἱ τρίχες τῆς κεφαλῆς αὐτοῦ ἦσαν * ὅλαι * δασεῖαι καὶ πυκναὶ σφόδρα ⟨ὡς Αἰθίοπα⟩ καὶ ὁ πώγων
Asen. 23 15 αὐτῶν ἐσπασμένας καὶ ἐφοβήθη σφόδρα καὶ ἐτρόμαξεν * ὅλῳ * τῷ σώματι αὐτοῦ διότι ἤστραντο αἱ ῥομφαῖαι αὐτῶν ὡς
Asen. 25 3 κεφαλῆς πόνον πονεῖ ὁ πατήρ σου καὶ ἠγρύπνησεν * ὅλην * τὴν νύκτα καὶ νῦν ἡσυχάζει μικρόν. καὶ εἶπεν ἡμῖν
Asen. 26 4 καὶ ἐφοβήθη καὶ ἐταράχθη σφόδρα καὶ ἐτρόμαξεν * ὅλον * τὸ σῶμα αὐτῆς. καὶ ἐπεκαλέσατο τὸ ὄνομα κυρίου τοῦ
Jer. 7 29 μου καὶ ἐξέλθωμεν ἐντεῦθεν. λέγω γάρ σοι ὅτι * ὅλον * τὸν χρόνον ὃν ἐποιήσαμεν ἐνταῦθα κατέχουσιν ἡμᾶς
Prop. 1 7 καὶ ἔστιν ἕως τῆς σήμερον τοῖς πολλοῖς ἀγνοουμένη * ὅλου * δὲ τοῦ λαοῦ. ἐκεῖ εἶχεν ὁ βασιλεὺς τὸ χρυσίον τὸ ἐξ
Prop. 10 8 τοῦ κριτοῦ. καὶ ἔδωκε τέρας ἐπὶ Ἱερουσαλὴμ καὶ * ὅλην * τὴν πόλιν λίθον βοῶντα οἰκτρᾶς ἐγγίζειν τῇ
Prop. 10 8 πάντα τὰ ἔθνη ὅτι ἡ πόλις ἕως ἐδάφους ἠφάνισται * ὅλη * · οὗτός ἐστιν Ἰωνᾶς ὁ γενόμενος εἰς τύπον τῆς τοῦ
Esdr. 1 11 συμφέρει γὰρ μίαν ψυχὴν κολάσασθαι καὶ μὴ * ὅλον * τὸν κόσμον εἰς ἀπώλειαν ἀπάγειν. καὶ εἶπεν ὁ θεὸς
Esdr. 5 22 καὶ Πέτρου καὶ Παῦλου καὶ Λουκᾶ καὶ Ματθαῖαν καὶ * ὅλους * τοὺς δικαίους καὶ τοὺς πατριάρχας, καὶ εἶδον ἐκεῖ
Sedr. 11 3 καὶ ὁ ἐγκέφαλός σου ἐστιν μικρὰ κτίσμα κεφαλὴ * ὅλου * τοῦ σώματος κίνησις καλόπιστε καὶ καλλίστατε ἀπὸ
Sedr. 11 13 τοὺς οἴκους εὐτρεπίζοντες παντὸς ἀγαθοῦ. ὦ πόδες * ὅλον * τὸ σῶμα βαστάζοντες εἰς τοὺς ναοὺς ἀνατρέχοντες
Job 11 5 σοι τὶς ἐστι ὅταν ἀκούσῃ ἀγαλλιᾶσαι καὶ * ὅλως * παρ' ἐμοῦ λαμβάνουσι ἐκ οἰκονομίαν τῶν πτωχῶν καὶ
Job 17 6 ἀποκτείνωσιν ἡμᾶς. καὶ εἶπεν αὐτοῖς μὴ φοβηθῆτε * ὅλως * τὰ πλείονα τῶν κτημάτων αὐτοῦ ἤδη ἀπώλεσα ἐν πυρὶ
Job 25 2 βήλα δεκατέσσαρα, καὶ θύραν ἔνδοθεν θυρῶν ἕως ἂν * ὅλως * καταξιωθῇ τις εἰσαχθῆναι πρὸς αὐτήν; νυνὶ
Job 26 3 εἶπας ὅτι εἶπον τὶ ῥῆμα πρὸς κύριον καὶ τελευτᾶ. * ὅλως * οὐχ οὕτως ἀλλὰ ὑποφέρεις καὶ τὴν τῶν τέκνων
Job 28 7 ἐρωτήσαντες ἐν τῇ πόλει ποῦ Ιωβαβ ὁ τῆς Αἰγύπτου * ὅλης * βασιλεύων; καὶ ἐμήνυσαν αὐτοῖς περὶ ἐμοῦ ὅτι
Job 31 1 προσεγγίουμεν αὐτῷ καὶ ἐξετάσωμεν αὐτὸν ἀκριβῶς εἰ * ὅλως * αὐτός ἐστιν ἢ οὔ. οἱ δὲ μακρὰ μου ὄντες ὡς ἥμισυ

Job 33 4 ἡ εὐπρέπεια ἐκ δεξιῶν τοῦ πατρός ἐστιν. ὁ κόσμος * ὅλος * παρελεύσεται καὶ ἡ δόξα αὐτοῦ φθαρήσεται καὶ οἱ
Job 35 2 μόνον ἀλλὰ καὶ ἐν πληγαῖς πολλαῖς ὄντι ἰδοὺ ἡμεῖς * ὅλως * ὑγιαίνοντες οὐκ ἰσχύσαμεν προσεγγίσαι αὐτῷ διὰ τὴν
Job 35 3 διὰ τὴν δυσωδίαν εἰ μὴ διὰ πλείονος εὐωδίας σὺ * ὅλως, * Ελιφα, ἀμνημονεῖς πῶς ἐγένου νοσήσας ἐν ταῖς δυσὶν
Job 37 6 τὰ ὑπάρχοντα. εἰ ἐδίδου καὶ ἀφείλατο, ἐχρῆν αὐτὸν * ὅλως * μὴ δεδωκέναι τι οὐδέποτε βασιλεὺς ἀτιμάσει
Job 38 1 μου διὰ τί οὖν μὴ λαλήσω τὰ μεγαλεῖα τοῦ κυρίου; ἢ * ὅλως * ἂν πταίσῃ μου τὸ στόμα εἰς τὸν δεσπότην; μὴ γένοιτο
Job 47 7 λοιπὸν τὸ σῶμά μου ἐνίσχυσεν διὰ κυρίου ὡς οὐδὲν * ὅλως * πεπονθὼς ἀλλὰ καὶ τῶν ἐν καρδίᾳ ὀδυνῶν λήθην ἔσχον
Job 47 10 νῦν οὖν, τεκνία μου ἔχουσαι ταύτας οὐχ ἕξετε * ὅλως * ἀντιτασσόμενον τὸν ἐχθρόν, ἀλλ' οὐδὲ τὰς ἐνθυμήσεις
Job 51 4 ὑποσημειουμένης τῇ μιᾷ καὶ ἀνεγραψάμην τὸ βιβλίον * ὅλον * πλείστων σημειώσεων τῶν ὕμνων παρὰ τῶν τριῶν
Aris. 37 6 τὴν βασιλείαν ἐν εἰρήνῃ καὶ δόξῃ κρατίστῃ παρ' * ὅλην * τὴν οἰκουμένην διατετήρηκεν εἴς τε τὸ στράτευμα
Aris. 62 5 πυκνὴν ἐχούσαις τὴν πρὸς ἄλληλα θέσιν περὶ * ὅλην * τὴν τράπεζαν. ὑπὸ δὲ τὴν ἐκτύπωσιν τῶν λίθων τῆς
Aris. 63 7 γένους τὴν χρόαν ἀνέδησαν τῷ χρυσίῳ κύκλῳ περὶ * ὅλην * τὴν τῆς τραπέζης κατασκευὴν κατὰ κρόταφον. μετὰ δὲ
Aris. 65 1 κατὰ τὸ τῶν ποδῶν μέρος. ἔλασμα γὰρ ἐποίησαν καθ' * ὅλου * τοῦ πλάτους τῆς τραπέζης στερεὸν δακτύλων τεσσάρων
Aris. 71 5 ἡμιπηχίου δὲ οὐκ ἐλάσσονος ἦν τὸ πάχος τῆς * ὅλης * τραπέζης ὥστε πολλῶν εἶναι ταλάντων τὴν ὅλην
Aris. 71 6 τῆς ὅλης τραπέζης ὥστε πολλῶν εἶναι ταλάντων τὴν * ὅλην * διασκευήν. ἐπεὶ γὰρ οὐ προῄρητο τοῖς μεγέθεσιν
Aris. 83 3 Ἐλεάζαρον ὁδὸν ἡμῖν γενομένην τὴν δὲ θέσιν τῆς * ὅλης * χώρας πρῶτον δηλώσω. ὡς γὰρ παρεγενήθημεν ἐπὶ τοὺς
Aris. 83 5 τόπους ἐθεωροῦμεν τὴν πόλιν μέσην κειμένην τῆς * ὅλης * Ἰουδαίας ἐπ' ὄρους ὑψηλὴν ἔχοντος τὴν ἀνάτασιν.
Aris. 130 4 ἐπιλαμβάνουσιν ἄνθρωποι καὶ ταλαίπωροι δι' * ὅλου * τοῦ ζῆν εἰσιν ἐὰν δὲ σοφοῖς καὶ φρονίμοις συζῶσιν
Aris. 139 7 δοξῶν τὸν μόνον θεὸν καὶ δυνατὸν σεβόμενοι παρ' * ὅλην * τὴν πᾶσαν κτίσιν. ὅθεν οἱ Αἰγυπτίων καθηγεμόνες
Aris. 141 3 λελόγισται περὶ δὲ τῆς τοῦ θεοῦ δυναστείας δι' * ὅλου * τοῦ ζῆν ἡ σκέψις αὐτοῖς ἐστιν. ὅπως οὖν μηθενὶ
Aris. 151 2 τῶν πράξεων ἐπὶ τὸ καλῶς ἔχον ἡ γὰρ ἰσχὺς τῶν * ὅλων * σωμάτων μετ' ἐνεργείας ἀπέρεισιν ἐπὶ τοὺς ὤμους
Aris. 152 4 συντελοῦντες μεγάλην ἀδικίαν καὶ χῶραι καὶ πόλεις * ὅλαι * σεμνύνονται ἐπὶ τούτοις. οὐ μόνον γὰρ πρὸς ἄρσενας
Aris. 168 5 διὰ τῆς γραφῆς οὐδὲ μυθωδῶς ἀλλ' ἵνα δι' * ὅλου * τοῦ ζῆν καὶ ἐν ταῖς πράξεσιν ἀσκῶμεν δικαιοσύνην
Aris. 201 2 φιλόσοφος εἶπε ναὶ βασιλεῦ προνοίᾳ γὰρ τῶν * ὅλων * διοικουμένων καὶ ὑπειληφότων ὀρθῶς τοῦτο ὅτι
Aris. 210 6 ἐργασάμενος ἄνθρωπος ὡς γὰρ θεὸς εὐεργετεῖ τὸν * ὅλον * κόσμον οὕτως καὶ σὺ μιμούμενος ἀπρόσκοπος ἂν εἴης.
Sib. 3 43 δεινὴ πάντεσσι βροτοῖσιν πίστιν δ' οὐ σχήσουσιν * ὅλως * χῆραί τε γυναῖκες στέρξουσιν κρυφίως ἄλλους πολλοί
Sib. 3 83 καθ' ἅπερ βιβλίον εἱλεῖται καὶ πέσεται πολύμορφος * ὅλος * πόλος ἐν χθονὶ δίῃ καὶ πελάγει ῥεύσει δὲ πυρὸς
Sib. 3 540 τεύξει θεὸς οὐρανὸν ὑψοῦ ἄβροχίην τ' ἐπὶ γαῖαν * ὅλην * αὐτὴν δὲ σιδηρᾶν. αὐτὰρ ἔπειτα βροτοὶ δεινῶς
Sib. 4 65 ὑπὲρ μέγα Τίγριδος ὕδωρ. Περσῶν δὲ κράτος ἔσται * ὅλου * κόσμοιο μέγιστον οἷς γενεὴ μία κεῖται ἀνακτορίης
Sib. 4 165 ἀνδροκτασίας τε καὶ ὕβρεις ἐν ποταμοῖς λούσασθε * ὅλον * δέμας ἀενάοισιν χεῖράς τ' ἐκτανύσαντες ἐς αἰθέρα
Sib. 4 173 κακαῖς δέξαισθε ἀκουαῖς πῦρ ἔσται κατὰ κόσμον * ὅλον * καὶ σῆμα μέγιστον ῥομφαίᾳ σάλπιγγι ἅμ' ἠελίῳ
Sib. 5 57 ἔσσεαι ἤματι τῷδε ὅταν ποτὲ Νεῖλος ὁδεύσῃ γαῖαν * ὅλην * Αἴγυπτον ἕως πηχῶν δέκα καὶ ἓξ ὥστε κλύσαι γῆν
Sib. 5 99 πόλεων πολύολβος πολλὰ καμοῦσα. κλαύσεται Ἀσὶς * ὅλη * δώρων χάριν ὧν ἀπὸ σεῖο στεψαμένη κεφαλὴν ἐχάρη
Sib. 5 102 ἔλαχεν γαῖαν πτολεμίξει κτείνας τ' ἄνδρα ἕκαστον * ὅλον * βίον ἐξαλαπάξει ὥστε μένειν μοῖραν τριτάτην
Sib. 5 118 τε φιλοπτολέμους τόξοισί τε πιστούς. Ἀσὶς * ὅλη * πυρίφλεκτος ἕως νήσων σελαγήσει. Πέργαμος ἡ τὸ πάλαι
Sib. 5 121 Πιτάνη πανέρημος ἐν ἀνθρώποισι φανεῖται. Λέσβος * ὅλη * δύσει βαθὺν εἰς βυθὸν ὥστ' ἀπολέσθαι. Σμύρνα κατὰ
Sib. 5 152 ὅσους ὕμνησα δικαίως τούτου γὰρ +φανέντος+ * ‹ὅλ›η * κτίσις ἐξετινάχθη καὶ βασιλεῖς ὤλοντο καὶ ἐν
Sib. 5 163 κακοῖς κακὰ μοχθήσασα ἀλλὰ μενεῖς πανέρημος * ὅλους * αἰῶνας ἐσαῦτις (ἔσσεται ἀλλὰ μενεῖ εἰς αἰῶνας
Sib. 5 213 καινὴ φύσις ὥστ' ἀπολέσθαι ἐν πυρὶ καὶ στοναχαῖσιν * ὅλην * γῆν Αἰθιοπήων. μύρεο καὶ σὺ Κόρινθε τὸν ἐν σοὶ
Sib. 5 234 σεμνὸν βίον ὤλεσε ῥιφθείς. πάντα κακῶς διέθηκας * ὅλον * τε κακὸν κατέκλυσσας καὶ διὰ σοῦ κόσμοιο καλοὶ
FJub. 3 21 ἀπὸ τοῦ ξύλου λαβεῖν καὶ φαγεῖν καὶ μὴ προσχεῖν * ὅλως * τῷ λόγῳ τῆς Εὔας ὅτι λειποθυμῶν ἦν ἀπό τε μόχθου
FMan. 2 22 10 καὶ ἦν δεδεμένος καὶ κατασεσιδηρωμένος * ὅλος * ἐν οἴκῳ φυλακῆς καὶ ἐδίδοτο αὐτῷ ἐκ πιτύρων ἄρτος
FEz. 1 8 3 καὶ μελανωτέραι σάκκου καὶ ἐπιστραφῆτε πρός με ἐξ * ὅλης * τῆς καρδίας καὶ εἴπητε πάτερ ἐπακούσομαι ὑμῶν ὡς
FAch. 105 ἂν αὐτὸν ἐρωτήσω καὶ λάβε φόρους ἐτῶν δέκα ὑπέρ--- * ὅλης * τῆς χώρας. ἀναγνοὺς δὲ ὁ Λυκοῦργος τὴν ἐπιστολὴν
FAch. 109 τίθει τὸ γὰρ γένος ἀντίπαλον ὂν πρὸς τὴν συμβίωσιν * ὅλην * τὴν ἡμέραν καθημένη ὁπλίζεται μηχανωμένη πῶς σου
ISop. 5 111 6 χέρνιβος θιγὼν πρὸς λέκτρον ἧκε καρδίαν ὠδαγμένος * ὅλην * δ' ἐκείνην εὐφρόνην ἐθόρνυτο.
HEup. 9 34 11 χαλκοῦς ταλαντιαίους τετρακοσίους καὶ ποιῆσαι * ὅλας * τὰς δικτυας πρὸς τὸ ψοφεῖν τοὺς κώδωνας καὶ
HArt. 9 23 2 Αἴγυπτον καὶ συσταθέντα τῷ βασιλεῖ διοικητὴν τῆς * ὅλης * γενέσθαι χώρας. καὶ πρότερον ἀτάκτως τῶν Αἰγυπτίων
HArt. 9 27 28 τὸν δὲ ποταμὸν πολύχουν γενόμενον κατακλύζειν * ὅλην * τὴν Αἴγυπτον ἀπὸ τότε δὲ καὶ τὴν κατάβασιν αὐτοῦ
HAno. 9 17 3 τοῦ θεοῦ ἐνεργείας τοὺς γίγαντας διασπαρῆναι καθ' * ὅλην * τὴν γῆν. δεκάτῃ δὲ γενεᾷ ἐν πόλει τῆς Βαβυλωνίας
LPhi. 9 24 1 κερασφόρον ὤπασε κριόν. τοῖσιν ἔδος μακαριστὸν * ὅλης * μέγας ἔκτισεν ἄκτωρ ὕψιστος καὶ πρόσθεν ἀφ'
LEze. 9 29 6 05 καὶ καθηγήσῃ βροτῶν; τὸ δ' εἰσθεᾶσθαι γῆν * ὅλην * τ' οἰκουμένην καὶ τὰ ὑπένερθε καὶ ὑπὲρ οὐρανὸν θεοῦ
LEze. 9 29 12 13 τε σώματα σκότος τε θήσω τρεῖς ἐφ' ἡμέρας * ὅλας * ἀκρίδας τε πέμψω καὶ περισσὰ βρώματα ἅπαντ'
LAri. 13 12 1 αὐτοῖς ἐπιφάνεια καὶ κράτησις τῆς χώρας καὶ τῆς * ὅλης * νομοθεσίας ἐπεξήγησις ὡς εὔδηλον εἶναι τὸν
LAri. 13 12 2 εἰς τὴν ἑαυτοῦ δογματοποιίαν κατεχώρισεν. ἡ δ' * ὅλη * ἑρμηνεία τῶν διὰ τοῦ νόμου πάντων ἐπὶ τοῦ
LAri. 13 12 3 ἔργων κατασκευὰς καθὼς καὶ διὰ τῆς νομοθεσίας ἡμῖν * ὅλην * τὴν γένεσιν τοῦ κόσμου θεοῦ λόγους εἴρηκεν ὁ Μωσῆς.
LAri. 13 12 4 λέγοντες ἀκούειν φωνῆς θεοῦ τὴν κατασκευὴν τῶν * ὅλων * συνθεωροῦντες ἀκριβῶς ὑπὸ θεοῦ γεγονυῖαν καὶ
LAri. 13 12 9 ἀλήθειαν. ἐχομένως δ' ἐστὶν ὡς ὁ θεὸς ‹ὃς› τὸν * ὅλον * κόσμον κατεσκεύακε καὶ δέδωκεν ἀνάπαυσιν ἡμῖν διὰ
LAri. 13 12 10 γὰρ αὐτῇ συνεχῶς ἀτάραχοι καταστήσονται δι' * ὅλου * τοῦ βίου. σαφέστερον δὲ καὶ κάλλιον τῶν ἡμετέρων
FrAn. 17 2069 28 >ϋϊων της< - - >ημερα το‹υ - - και εν τ‹ - * >ολου * του‹ - - >ημερα τ‹- - ε›βδομον ου‹ρανον - -

ὁλοσχερής 2
Aris. 27 6 δοθήσεται καὶ τοῦτ' ἐκέλευσεν ὁ βασιλεὺς ποιεῖν * ὁλοσχερῶς * περὶ τοῦ δόξαντος ἅπαντ' ἐπιτελῶν. ὡς δὲ
ISop. 5 111 4 κύκνειον ὡς κόρην Πλευρωνίαν ὑπημβρύωσεν ἀλλ' * ὁλοσχερὴς * ἀνήρ. ταχὺς δὲ βαθμοῖς νυμφικοῖς ἐπεστάθη ὁ

ὁλοσώματος 1
HThe. 9 34 19 βασιλεῖ πέμψαι τὸν δὲ εἰκόνα τῆς θυγατρὸς ζῷον * ὁλοσώματον * κατασκευάσαι καὶ ἔλυτρον τῷ ἀνδριάντι τὸν

ὀλοφύρομαι 1
Sib. 5 179 ἐς Ἄιδου χῶρον ἄθεσμον. νῦν δὲ πάλιν Αἴγυπτε τεὴν * ὀλοφύρομαι * ἄτην Μέμφι πόνων ἀρχηγὸς ἔσῃ πληχθεῖσα

ὅμαδος 1
Sib. 4 112 εὐξῇ προφυγεῖν χθόνα οἷα μέτοικος ἡνίκα δὴ Πατάρων * +ὅμαδόν * ποτε δυσσεβίῃσιν βρονταῖς καὶ σεισμοῖσιν ἁλὸς

ὅμαιμων 1
LThe. 9 22 3 καὶ ἔδεκτο παῖδ' ἑτέρην ἀμφοῖν δ' ἔμιγη σὺν * ὁμαίμοσιν * ἧσι. τῷ δ' υἱεῖς ἐγένοντο νόῳ πεπνυμένοι αἰνῶς

ὁμαλίζω 1
Sal. 8 17 ἐπευκτὴ ἡ ὁδός σου δεῦτε εἰσέλθατε μετ' εἰρήνης. * ὡμάλισαν * ὁδοὺς τραχείας ἀπὸ εἰσόδου αὐτοῦ ἤνοιξαν πύλας

ὁμαλισμός 1
Sal. 11 4 συνήγαγεν αὐτοὺς ὁ θεός. ὄρη ὑψηλὰ ἐταπείνωσεν εἰς * ὁμαλισμὸν * αὐτοῖς οἱ βουνοὶ ἐφύγοσαν ἀπὸ εἰσόδου αὐτῶν οἱ

ὀμβρέω 2
Sib. 3 392 Ἀσίῃ ζυγὸν ἕξει πᾶσα πολὺν δὲ χθὼν πίεται φόνον * ὀμβρηθεῖσα. * ἀλλὰ καὶ ὣς πανάιστον ἅπαντ' Ἀίδης
Sib. 3 461 τείχεά τ' εὔποιητ' ἀνδρῶν τε λεὼν βαρυθύμων * ὀμβρήσει * δέ τε γαῖα ὕδωρ ζεστὸν ποτὶ δ' αὐτῆς γαῖα

ὄμβρος 5
Hen. 100 11 πᾶσα νεφέλη καὶ ὁμίχλη καὶ δρόσος καὶ * ὄμβρος--- * ἐπὶ ταῖς ἁμαρτίαις ὑμῶν. δίδοτε οὖν ὄμβρῳ δῶρα
Hen. 100 12 καὶ ὄμβρος--- ἐπὶ ταῖς ἁμαρτίαις ὑμῶν. δίδοτε οὖν * ὄμβρῳ * δῶρα ἵνα μὴ ‹κωλυθῇ κα›ταβῆναι ὑμῖν καὶ δρόσῳ κα‹ὶ
Hen. 101 2 θυρίδας τοῦ οὐρανοῦ καὶ κωλύσῃ τὴν δρόσον καὶ τὸν * ὄμβρον * καταβῆναι ἕνεκα ὑμῶν τί ποιήσετε; ἐὰν
Sib. 4 16 τε καὶ ἀενάων στόμα πηγῶν κτίσματα πρὸς ζωὴν * ὄμβροι * θ' ἅμα καρπὸν ἀρούρης τίκτοντες καὶ δένδρα καὶ
Sib. 5 274 κρύψουσιν ἕως +κόσμος ἀλλαγῇ+. ἔσται δ' ἐκ νεφέων * ὄμβρος * πυρὸς αἰθομένοιο κοὐκέτι καρπεύσουσι βροτοὶ

ὁμήλικος 1
Asen. 2 6 αὗται ἦσαν διακονοῦσαι τῇ Ἀσενὲθ καὶ ἦσαν πᾶσαι * ὁμήλικαι * ἐν μιᾷ νυκτὶ τεχθεῖσαι σὺν τῇ Ἀσενὲθ καὶ ἠγάπα

ὁμῆλιξ 1
FPho. 222 καὶ γεράων πάντων γενεῇ δ' ἀτάλαντον πρέσβυν * ὁμήλικα * πατρὸς ἴσαις τιμαῖσι γέραιρε. γαστρὸς

ὅμηρος 1
Sib. 5 442 +τε+ κρατήσεις εἵνεκα γὰρ τῆς σῆς ἀρχῆς ἧς ἔσχες * ὅμηρα * εἰς Ῥώμην πέμψασα καὶ Ἀσίδι θητεύοντας

Ὅμηρος 2
LAri. 13 12 13 διερμηνεύεται ἀνάπαυσις οὖσα. διασαφεῖ δὲ καὶ * Ὅμηρος * καὶ Ἡσίοδος μετειληφότες ἐκ τῶν ἡμετέρων
LAri. 13 12 14 λέγει ἑβδομάτῃ δ' αὖτις λαμπρὸν φάος ἠελίοιο. * Ὅμηρος * δὲ οὕτω λέγει ἑβδομάτη δήπειτα κατήλυθεν. ἱερὸν

ὁμιλέω 10
Adam 16 2 σε. εὗρον δέ σε μείζονα πάντων τῶν θηρίων. καὶ * ὁμιλῶ * σοι. ὅμως προσκυνεῖς τὸν ἐλαχιστότερον. διά τι
Asen. 2 6 καλαὶ σφόδρα ὡς τὰ ἄστρα τοῦ οὐρανοῦ καὶ ἀνὴρ οὐχ * ὡμίλει * αὐταῖς οὐδὲ παιδίον ἄρρεν. καὶ ἦσαν θυρίδες τρεῖς
Bar. 6 13 ἄρχοντες. μεῖνον δὲ καὶ ὄψει δόξαν θεοῦ. καὶ ἐν τῷ * ὁμιλεῖν * αὐτὸν ἐγένετο βροντὴ ὡς ἦχος βροντῆς καὶ
Bar. 7 3 ἀλλ' ἔκδεξαι καὶ ὄψει δόξαν θεοῦ. καὶ ἐν τῷ * ὁμιλεῖν * με αὐτῷ ὁρῶ τὸ ὄρνεον καὶ ἐνεφάνη ἔμπροσθεν καὶ
Bar. 10 5 ἐν αὐτῷ οὕπερ ἔρχονται αἱ ψυχαὶ τῶν δικαίων ὅταν * ὁμιλῶσι * συνδιάγοντες χοροὶ χοροί. τὸ δὲ ὕδωρ ἐστὶν ὅπερ
Bar. 12 1 ἔμπροσθεν τοῦ ἐπουρανίου θεοῦ. καὶ ἐν τῷ * ὁμιλεῖν * με αὐτοῖς ἰδοὺ ἦλθον ἄγγελοι φέροντες κανίσκια
Sedr. 2 1 ἀκοαῖς αὐτοῦ ὧδε Σεδρὰχ ὅτι βούλῃ καὶ ἐπιθυμεῖς * ὁμιλῆσαι * σὺν θεῷ καὶ αἰτῆσαι παρ' αὐτοῦ ἵνα ἀποκαλύψῃ
Aris. 130 2 τὰς ὁμιλίας οἷον ἐνεργάζονται πρᾶγμα διότι κακοῖς * ὁμιλήσαντες * διαστροφὰς ἐπιλαμβάνουσιν ἄνθρωποι καὶ
Aris. 142 1 αὐτοῖς ἐστιν. ὅπως οὖν μηθενὶ συναλισγούμενοι μηδ' * ὁμιλοῦντες * φαύλοις διαστροφὰς λαμβάνωμεν πάντοθεν ἡμᾶς
FAch. 109 σοὶ μὴ σὺ ἐν τάχει ἀποθάνῃς. τῇ γυναικί σου χρηστὰ * ὁμίλει * ὅπως ἀνδρὸς ἄλλου πεῖραν μὴ θέλῃ λαβεῖν κοῦφον

| | | | | | |
|---|---|---|---|---|---|
| ὁμιλία | | | 8 | | |
| Abr.1 | 2 | 8 | δὲ ἐν τῇ χώρᾳ) τοῦ ἀροτριασμοῦ ἐκαθέσθησαν πρὸς | * ὁμιλίαν. * | εἶπεν δὲ Ἀβραὰμ τοῖς παισὶν αὐτοῦ τοῖς υἱοῖς |
| Abr.1 | 5 | 3 | ἔγγιστα ὑμῶν ἀγαπῶ γὰρ ἀκούειν τὴν διαφορὰν τῆς | * ὁμιλίας * | αὐτοῦ τοῦ ἐναρέτου ἀνδρὸς τούτου. εἶπε δὲ |
| Abr.1 | 6 | 1 | ἐκλαύσαμεν. ἀκούσασα δὲ Σάρρα τὴν διαφορὰν τῆς | * ὁμιλίας * | τοῦ ἀρχιστρατήγου εὐθέως ἐγνώρισεν ὅτι ἄγγελος |
| Abr.2 | 6 | 6 | Σάρρα λαλοῦντος τοῦ Μιχαὴλ ἔγνω τὴν διαφορὰν τῆς | * ὁμιλίας * | αὐτοῦ ὅτι διαφέρει πάντα ἄνθρωπον τῶν |
| Aris. | 122 | 3 | καὶ τοῦτ' ἐπετέλουν ὅτε δέοι καὶ πρὸς τὰς | * ὁμιλίας * | καὶ τὰς ἐπερωτήσεις τὰς διὰ τοῦ νόμου μεγάλην |
| Aris. | 122 | 7 | νομίζειν ὑπερφρονεῖν ἑτέρους ὑπερβεβηκότες τὴν δ' | * ὁμιλίαν * | καὶ τὸ συνακούειν καὶ πρὸς ἕκαστον ἀποκρίνεσθαι |
| Aris. | 130 | 2 | οὕτως ἐνήρξατο θεωρεῖς ἔφη τὰς ἀναστροφὰς καὶ τὰς | * ὁμιλίας * | οἷον ἐνεργάζονται πρᾶγμα διότι κακοῖς |
| Aris. | 171 | 2 | θυσίαν προσάγων. καὶ περὶ τούτων οὖν νομίζω τὰ τῆς | * ὁμιλίας * | ἄξια λόγου καθεστάναι διὸ τὴν σεμνότητα καὶ |
| ὅμιλος | | | 1 | | |
| FPho. | | 95 | πάντες ἄπληστοι. λαῶι μὴ πίστευε πολύτροπός ἐστιν | * ὅμιλος * | λαὸς (γὰρ) καὶ ὕδωρ καὶ πῦρ ἀκατάσχετα πάντα. μὴ |
| ὁμίχλη | | | 6 | | |
| Hen. | 14 | 8 | ἐδείχθη ἰδοὺ νεφέλαι ἐν τῇ ὁράσει ἐκάλουν καὶ | * ὁμίχλαι * | με ἐφώνουν καὶ διαδρομαὶ τῶν ἀστέρων καὶ |
| Hen. | 100 | 11 | ἀπεπλα(νήθητε) -->φλεγομ(--->) πᾶσα νεφέλη καὶ | * ὁμίχλη * | καὶ δρόσος καὶ ὄμβρος--- ἐπὶ ταῖς ἁμαρτίαις ὑμῶν. |
| Hen. | 100 | 12 | (κωλυθῇ κα)ταβῆναι ὑμῖν καὶ δρόσῳ κα(ὶ νεφέλη) καὶ | * ὁμίχλη * | χρυσίον διαγράψα(τε ἵνα κα)ταβῶσιν ὅτι ἐὰν |
| Sib. | 3 | 806 | μάχην πεζῶν (τε) καὶ ἱππέων οἷα κυνηγεσίην θηρῶν | * ὁμίχλῃσιν * | ὁμοίην. τοῦτο τέλος πολέμοιο τελεῖ θεός |
| Sib. | 5 | 379 | οὐρανίη νὺξ καὶ φθίσις ἐν πολέμῳ καὶ ἐπὶ σφαγῇσιν | * ὁμίχλη * | πάντας ὁμοῦ τ' ὀλέσει βασιλεῖς καὶ φῶτας |
| FrAn. | 574 | 3024 | βρακιων πυριφανῆ ὁ ἐν μέσῃ ἀρούρης καὶ χιόνος καὶ | * ὁμίχλης * | ταννητις καταβάτω σου ὁ ἄγγελος ὁ ἀπαραίτητος |
| ὄμμα | | | 4 | | |
| Hen. | 106 | 5 | οὐρανοῦ καὶ ὁ τύπος ἀλλοιότερος οὐχ ὅμοιος ἡμῖν τὰ | * ὄμματά * | ἐστιν ὡς ἀκτῖνες τοῦ ἡλίου καὶ ἔνδοξον τὸ |
| Hen. | 106 | 10 | τῆς κεφαλῆς αὐτοῦ λευκότερον ἐρίων λευκῶν καὶ τὰ | * ὄμματα * | αὐτοῦ ἀφόμοια ταῖς τοῦ ἡλίου ἀκτῖσιν καὶ ἀνέστη |
| Sib. | 4 | 11 | ἀλλ' ὃν ἰδεῖν οὐκ ἔστιν ἀπὸ χθονὸς οὐδὲ μετρῆσαι | * ὄμμασιν * | ἐν θνητοῖς οὐ πλασθέντα χερὶ θνητῇ ὃς καθορῶν |
| IEsc. 5 | 131 | 3 | θαλάσσης καὶ ὀρέων ὕψος μέγα ἐπὰν ἐπιβλέψῃ γοργὸν | * ὄμμα * | δεσπότου. πάντα δυνατὴ γὰρ δόξα ὑψίστου (θεοῦ). |
| ὄμνυμι | | | 14 | | |
| Adam | 19 | 1 | θέλων εἰς τέλος δελεάσαι με. καὶ λέγει μοι ἐὰν μὴ | * ὀμόσῃς * | μοι ὅτι δίδῃς καὶ τῷ ἀνδρί σου. ἐγὼ δὲ εἶπον αὐτῷ |
| Adam | 19 | 2 | σου. ἐγὼ δὲ εἶπον αὐτῷ ὅτι οὐ γινώσκω ποίῳ ὅρκῳ | * ὀμόσω * | σοι. πλὴν ὃ οἶδα λέγω σοι μὰ τὸν θρόνον τοῦ |
| Hen. | 5 | 6 | καὶ πάντες οἱ ἁμαρτωλοὶ καὶ ἀσεβεῖς ἐν ὑμῖν | * ὀμοῦνται * | καὶ πάντες οἱ ἀναμάρτητοι χαρήσονται καὶ ἔσται |
| Hen. | 6 | 4 | ἁμαρτίας μεγάλης. ἀπεκρίθησαν οὖν αὐτῷ πάντες | * ὀμόσωμεν * | ὅρκῳ πάντες καὶ ἀναθεματίσωμεν πάντες ἀλλήλους |
| Hen. | 6 | 5 | αὐτὴν καὶ ποιήσωμεν τὸ πρᾶγμα τοῦτο. τότε | * ὤμοσαν * | πάντες ὁμοῦ καὶ ἀνεθεμάτισαν ἀλλήλους ἐν |
| Hen. | 6B | 4 | μεγάλης. καὶ ἀπεκρίθησαν αὐτῷ πάντες καὶ εἶπον, | * ὀμόσωμεν * | ἅπαντες ὅρκῳ καὶ ἀναθεματίσωμεν ἀλλήλους τοῦ μὴ |
| Hen. | 6B | 5 | ταύτην μέχρις οὗ ἀποτελέσωμεν αὐτήν. τότε πάντες | * ὤμοσαν * | ὁμοῦ καὶ ἀνεθεμάτισαν ἀλλήλους. ἦσαν δὲ οὗτοι |
| Hen. | 6B | 6 | ὄρους καὶ ἐκάλεσαν τὸ ὄρος Ἑρμὼμ καθότι | * ὤμοσαν * | καὶ ἀνεθεμάτισαν ἀλλήλους ἐν αὐτῷ. καὶ ταῦτα τὰ |
| Hen. | 90 | 1 | αὐτοῦ καὶ ἐφοβοῦντο αὐτόν. παρὰ δὲ τοῦ ὄρους ἐν ᾧ | * ὤμοσαν * | καὶ ἀνεθεμάτισαν πρὸς τὸν πλησίον αὐτῶν ὅτι εἰς |
| TJud. | 22 | 3 | κράτος βασιλείας μου ἕως τοῦ αἰῶνος. ὅρκῳ γὰρ | * ὤμοσέ * | μοι κύριος μὴ ἐκλεῖψαι τὸ βασίλειόν μου ἐκ τοῦ |
| TGad | 6 | 4 | αὐτῷ ἐάν τε ἀρνεῖται μὴ φιλονείκει αὐτῷ μήποτε | * ὀμόσαντος * | αὐτοῦ δισσῶς ἁμαρτήσῃς. μὴ ἀκούσῃ ἐν μάχῃ |
| Sal. | 17 | 4 | κύριε ἡρετίσω τὸν Δαυιδ βασιλέα ἐπὶ Ισραηλ καὶ σὺ | * ὤμοσας * | αὐτῷ περὶ τοῦ σπέρματος αὐτοῦ εἰς τὸν αἰῶνα τοῦ |
| Aris. | 104 | 2 | δι' ὅρκων πεπιστῶσθαι τὸ τοιοῦτον τοὺς γὰρ πάντας | * ὀμωμοκέναι * | κατ' ἀνάγκην ἐπιτελουμένους θείως τὸ κατὰ τὸν |
| FPho. | | 17 | μήτε ἑκοντὶ ψεύδορκον στυγέει θεὸς ἄμβροτος ὅστις | * ὀμόσσῃ. * | σπέρματα μὴ κλέπτειν ἐπαράσιμος ὅστις ἕληται. |
| ὀμνύω | | | 4 | | |
| Hen. | 98. | 1 | ὑμεῖς εἰς κατάραν μεγάλην παραδοθήσεσθε. καὶ νῦν | * ὀμνύω * | ὑμῖν τοῖς φρονίμοις καὶ οὐχὶ τοῖς ἄφροσι ὅτι |
| Hen. | 98 | 6 | ἐπετιμήθη ἀτεκνίᾳ (καὶ) ἄτεκνος ἀποθανεῖται. | * ὀμνύω * | ὑμῖν ἁμαρτωλοὶ κατὰ τοῦ ἁγίου τοῦ μεγάλου ὅτι τὰ |
| Hen. | 103 | 1 | αἱ ψυχαὶ αὐτῶν μετ' ὀδύνης εἰς ᾄδου--- ἐγὼ | * ὀμνύω * | ὑμῖν--- ἐπίσταμαι τὸ μυστήριον τοῦτο ἀν(έγνων) γὰρ |
| Hen. | 104 | 1 | περὶ τῶν ἁμαρτωλῶν αὐτῶν τὰς ἁμαρτίας αὐτῶν. | * ὀμνύω * | ὑμῖν ὅτι οἱ ἄγγελοι ἐν τῷ οὐρανῷ ἀναμιμνήσκουσιν |
| ὁμόεθνος | | | 1 | | |
| HHec. 1 | 22 | 187 | ὡς ἑξήκοντα ἓξ ἐτῶν τῷ δ' ἀξιώματι τῷ παρὰ τοῖς | * ὁμοέθνοις * | μέγας καὶ τὴν ψυχὴν οὐκ ἀνόητος ἔτι δὲ καὶ |
| ὁμόθεσμος * | | | 1 | | |
| Sib. | 5 | 265 | βακχεύσει περὶ σὴν χθόνα ποὺς ἀκάθαρτος Ἑλλήνων | * ὁμόθεσμον * | ἐνὶ στήθεσσιν ἔχων νοῦν ἀλλά σε κυδάλιμοι |
| ὁμοθυμαδόν | | | 4 | | |
| TNep. | 6 | 10 | ἐν εἰρήνῃ. καὶ ἰδοὺ ἦλθεν Ἰακὼβ ὁ πατὴρ ἡμῶν καὶ | * ὁμοθυμαδὸν * | ἠγαλλιώμεθα. τὰ δύο ἐνύπνια εἶπον τῷ πατρί |
| Job | 43 | 13 | κρίματα παρ' ᾧ οὐκ ἔστιν προσωποληψία κρινεῖ ἡμᾶς | * ὁμοθυμαδόν. * | ἰδοὺ ὁ κύριος παρεγένετο, ἰδού οἱ ἅγιοι |
| Aris. | 178 | 1 | μέγιστον δὲ τῷ θεῷ οὗτινός ἐστι τὰ λόγια ταῦτα. | * ὁμοθυμαδὸν * | δὲ πάντων εἰπόντων ὑπὸ μίαν φωνὴν τῶν τε |
| Sib. | 3 | 458 | σεισμὸς φθίσει δὲ φάραγγας καὶ πολλὰς ψυχὰς Ἀίδης | * ὁμοθυμαδὸν * | ἕξει. Τράλλις δ' ἡ γείτων Ἐφέσου σεισμῷ |
| ὅμοιος | | | 80 | | |
| Adam | 17 | 2 | καὶ παρέκυψεν ἐκ τοῦ τείχους καὶ ἴδον αὐτὸν | * ὅμοιον * | ἀγγέλου. καὶ λέγει μοι σὺ εἶ ἡ Εὔα; καὶ εἶπον |
| Adam | 18 | 4 | τί πονηρόν. τοῦτο δὲ γινώσκων ὁ θεὸς ὅτι ἔσεσθε | * ὅμοιοι * | αὐτοῦ ἐφθόνησεν ὑμῖν καὶ εἶπεν οὐ φάγεσθαι ἐξ |
| Hen. | 5 | 3 | γίνεται. ἴδετε πῶς ἡ θάλασσα καὶ οἱ ποταμοὶ ὡς | * ὁμοίως * | ἀποτελοῦσιν καὶ οὐκ ἀλλοιοῦσιν αὐτῶν τὰ ἔργα ἀπὸ |
| Hen. | 21 | 3 | τοῦ οὐρανοῦ δεδεμένους καὶ ἐρριμμένους ἐν αὐτῷ | * ὁμοίους * | ὄρεσιν μεγάλοις καὶ ἐν πυρὶ καιομένους. τότε |
| Hen. | 21B | 3 | τοῦ οὐρανοῦ δεδεμένους καὶ ἐριμμένους ἐν αὐτῷ ὁμοῦ | * ὁμοίους * | ὁράσει μεγάλῃ καὶ ἐν πυρὶ καιομένους. τότε εἶπον |
| Hen. | 24 | 3 | ὄρος ἀνὰ μέσον τούτων καὶ ὑπερεῖχεν τῷ ὕψει | * ὅμοιον * | καθέδρᾳ θρόνου καὶ περιεκύκλου δένδρα αὐτῷ |
| Hen. | 24 | 4 | καὶ οὐδεὶς ἕτερος αὐτῷ ηὐφράνθη καὶ οὐδὲν ἕτερον | * ὅμοιον * | αὐτῷ ὀσμὴν εἶχεν εὐωδεστέραν πάντων ἀρωμάτων καὶ |
| Hen. | 25 | 3 | ἀπεκρίθη λέγων τοῦτο τὸ ὄρος τὸ ὑψηλὸν οὗ ἡ κορυφὴ | * ὁμοία * | θρόνου θεοῦ καθέδρα ἐστὶν οὗ καθίζει ὁ μέγας |
| Hen. | 29 | 2 | ἀρωμάτων λιβάνων καὶ ζμύρνας καὶ τὰ δένδρα αὐτῶν | * ὅμοια * | καρύαις. καὶ ἐπέκεινα τούτων ᾠχόμην πρὸς ἀνατολὰς |
| Hen. | 30 | 2 | φάραγγα ὕδατος ἐν ᾧ καὶ δένδρον χρόα ἀρωμάτων | * ὁμοίων * | σχίνῳ καὶ τὰ παρὰ τὰ χείλη τῶν φαράγγων τούτων |
| Hen. | 32 | 4 | τοῦ καρποῦ αὐτοῦ καὶ ἐπίστανται φρόνησιν μεγάλην. | * ὅμοιον * | τὸ δένδρον ἐκεῖνο στροβιλέᾳ τὸ ὕψος τὰ δὲ φύλλα |
| Hen. | 32 | 4 | ἐκεῖνο στροβιλέᾳ τὸ ὕψος τὰ δὲ φύλλα αὐτοῦ κερατίᾳ | * ὅμοια * | ὁ δὲ καρπὸς αὐτοῦ ὡσεὶ βότρυες ἀμπέλου ἱλαροὶ λίαν |
| Hen. | 98 | 5 | ἄνωθεν οὐκ ἐδόθη ἀλλὰ ἐκ καταδυναστείας ἐγένετο. | * ὁ(μοίως) * | οὐδὲ ἡ ἀνομία ἄνωθεν ἐδόθη ἀλλ' ἐκ παραβάσεως. |
| Hen. | 98 | 5 | οὐδὲ ἡ ἀνομία ἄνωθεν ἐδόθη ἀλλ' ἐκ παραβάσεως. | * ὁμοίως * | οὐδὲ στεῖρα γυνὴ ἐκτίσθη ἀλλ' ἐξ ἰδίων ἀδικημάτων |
| Hen. | 102 | 7 | περιεγένετο ἐπὶ τοῖς ἔργοις αὐτῶν; καὶ αὐτοὶ | * ὁμοίως * | ἡμῖν ἀπεθάνοσαν. ἴδετε οὖν ὡς ἀποθνήσκουσιν μετὰ |
| Hen. | 106 | 5 | καὶ εἶπεν αὐτῷ τέκνον ἐγεννήθη μου ἀλλοῖον οὐχ | * ὅμοιον * | τοῖς ἀνθρώποις ἀλλὰ τοῖς τέκνοις τῶν ἀγγέλων τοῦ |
| Hen. | 106 | 5 | ἀγγέλων τοῦ οὐρανοῦ καὶ ὁ τύπος ἀλλοιότερος οὐχ | * ὅμοιος * | ἡμῖν τὰ ὄμματά ἐστιν ὡς ἀκτῖνες τοῦ ἡλίου καὶ |
| Hen. | 106 | 10 | υἱῷ μου καὶ ὁ τύπος αὐτοῦ καὶ ἡ εἰκὼν αὐτοῦ (οὐχ | * ὅμοιος * | ἀνθρώποις καὶ τὸ χρῶμα αὐτοῦ) λευκότερον χιόνος |
| Hen. | 106 | 17A | ἁμαρτάνουσιν καὶ ἔγημαν ἐξ αὐτῶν καὶ τίκτουσιν οὐχ | * ὁμοίους * | πνεύμασιν ἀλλὰ σαρκίνους καὶ ἔσται ὀργὴ μεγάλη |
| Abr.1 | 7 | 8 | ὃν ἑώρακεν ὁ παῖς σὺ εἶ ὁ πατὴρ αὐτοῦ καὶ ἡ σελήνη | * ὁμοίως * | ἡ μήτηρ αὐτοῦ Σάρρα ὑπάρχουσα ὁ δὲ (ἀνὴρ ὁ) |
| Abr.1 | 11 | 4 | καὶ ἦν ἡ ἰδέα τοῦ ἀνδρὸς ἐκείνου φοβερὰ | * ὁμοία * | τοῦ δεσπότου καὶ εἶδον ψυχὰς πολλὰς ἐλαυνομένας |
| Abr.1 | 12 | 5 | πῦρ καὶ ἐπ' αὐτῷ ἐκάθητο ἀνὴρ θαυμαστὸς ἡλιόρατος | * ὅμοιος * | υἱῷ θεοῦ ἔμπροσθεν δὲ αὐτοῦ ἵστατο τράπεζα |
| Abr.1 | 15 | 5 | ὁ υἱὸς αὐτοῦ καὶ περιεπλάκη ἐπὶ τὸν τράχηλον αὐτοῦ | * ὁμοίως * | καὶ πάντες οἱ δοῦλοι αὐτοῦ καὶ αἱ δουλίδες αὐτοῦ |
| Abr.1 | 15 | 15 | (ἐνώπιόν) σου ἐποίησεν καὶ οὐκ ἔστιν (ἄνθρωπος) | * ὅμοιος * | αὐτοῦ ἐπὶ τῆς γῆς οὐ κἂν Ἰακὼβ ὁ θαυμάσιος |
| Abr.2 | 3 | 2 | ἐν τῇ ὁδῷ παμμεγέθει ἔχοντα κλάδους τριακοσίους | * ὅμοιον * | ἐρεικίνου ἤκουον δὲ φωνὴν ἐκ τῶν κλάδων αὐτῆς |
| Abr.2 | 7 | 15 | εἰς τοὺς οὐρανοὺς καὶ εἶδον τὸν ἥλιον γενόμενον | * (ὅμοιον) * | τοῦ πατρός μου. καὶ ἀπεκρίθη Μιχαὴλ καὶ εἶπεν |
| Abr.2 | 9 | 4 | Μιχαὴλ σὺ ὅλως εἰσέρχει ἐν αὐτῇ καὶ πάντες ὅσοι | * ὅμοιοί * | σου εἰσίν ἀλλά οἱ πλείονες εἰσάγονται τοῦ κόσμου |
| Abr.2 | 13 | 9 | σοι ἐν ὅλῳ τῷ κτίσματι ὃ ἔκτισεν ὁ θεὸς οὐχ εὑρέθη | * ὅμοιός * | σου ἐζήτει γὰρ ἐν τοῖς ἀγγέλοις καὶ ἀρχαγγέλοις |
| Abr.2 | 13 | 10 | ἐν ὕδασιν μέχρι ἕως τοῦ οὐρανοῦ καὶ οὐχ εὑρέθη | * ὅμοιός * | σου. καὶ εἶπεν τῷ θανάτῳ Ἀβραὰμ ἐτόλμησας |
| Abr.2 | 14 | 4 | τινες ὑπὸ ἀσπίδων τελευτῶσιν (ἄλλαι δὲ κεφαλαὶ | * ὅμοιαι * | ῥομφαιῶν διὰ τοῦτό τινες ἐν ῥομφαίᾳ τελευτῶσιν ὡς |
| TLevi | 8 | 6 | ἁγίαν καὶ ἔνδοξον. ὁ τρίτος βυσσίνην με περιέβαλεν | * ὁμοίαν * | ἐφούδ. ὁ τέταρτος ζώνην μοι περιέθηκεν ὁμοίαν |
| TLevi | 8 | 7 | ὁμοίαν ἐφούδ. ὁ τέταρτος ζώνην μοι περιέθηκεν | * ὁμοίαν * | πορφύρᾳ. ὁ πέμπτος κλάδον μοι ἐλαίας ἔδωκε |
| TLevi | 8 | 18 | τὸ ἅγιον. καὶ ἐξυπνισθεὶς συνῆκα ὅτι τοῦτο | * ὅμοιον * | ἐκείνου ἐστίν. καὶ ἔκρυψα καίγε τοῦτο ἐν τῇ |
| TJud. | 17 | 5 | με βασιλεύειν ἐν Ἰσραὴλ καὶ Ἰσαὰκ ἐπευλόγησέ με | * ὁμοίως * | οὕτως. καὶ ἐγὼ οἶδα ὅτι ἐξ ἐμοῦ στήσεται τὸ |
| TIss. | 7 | 6 | ἀλήθειαν. τὸν κύριον ἠγάπησα ἐν πάσῃ τῇ ἰσχύι μου | * ὁμοίως * | καὶ πάντα ἄνθρωπον ἠγάπησα ὡς τέκνα μου. ταῦτα |
| TNep. | 1 | 8 | ἀδελφόν σου ἐκ τῆς κοιλίας μου κατά σέ. ὅθεν καὶ | * ὅμοιός * | μοι ἦν ἐν πᾶσιν ὁ Ἰωσὴφ κατὰ τὰς εὐχὰς Ῥαχήλ. ἡ |
| TNep. | 2 | 7 | ἔστιν εἰπεῖν ὅτι ἓν τῷ ἑνὶ τοῖς προσώποις ἢ τῷ νοΐ | * ὅμοιον. * | πάντα γὰρ ἐν τάξει ἐποίησεν ὁ θεὸς καλὰ τὰς |
| TNep. | 3 | 5 | ὡς Σόδομα ἥτις ἐνήλλαξε τάξιν φύσεως αὐτῆς. | * ὁμοίως * | δὲ καὶ οἱ ἐγρήγοροι ἐνήλλαξαν τάξιν φύσεως αὐτῶν |
| TAser | 3 | 2 | αὐτῶν δουλεύουσιν ἵνα τῷ Βελιὰρ ἀρέσωσι καὶ τοῖς | * ὁμοίοις * | αὐτῶν ἀνθρώποις. οἱ γὰρ ἀγαθοὶ ἄνδρες καὶ |
| TAser | 4 | 5 | δὲ καλόν ἐστιν ὅτι οἱ τοιοῦτοι δόρκοις καὶ ἐλάφοις | * ὅμοιοί * | εἰσιν ὅτι ἐν ἤθει ἀγρίῳ δοκοῦσιν ἀκάθαρτοι εἶναι |
| TJos. | 18 | 4 | με ἕως γήρως ἐν δυνάμει καὶ ἐν κάλλει ὅτι ἐγὼ | * ὅμοιος * | ἐν πᾶσι τῷ Ἰακώβ. ἀκούσατε τέκνα μου καὶ ὧν |
| TJos. | 19 | 2 | καί οἱ ἐννέα διαιρέθησαν καὶ διεσπάρησαν τῇ γῇ | * ὁμοίως * | καὶ οἱ τρεῖς. καὶ εἶδον ὅτι ἐκ τοῦ Ἰουδὰ |
| Asen. | 1 | 5 | τὰς παρθένους ἐπὶ τῆς γῆς. καὶ αὕτη οὐδὲν εἶχεν | * ὅμοιον * | τῶν παρθένων τῶν Αἰγυπτίων ἀλλὰ ἦν κατὰ πάντα |
| Asen. | 1 | 5 | τῶν παρθένων τῶν Αἰγυπτίων ἀλλὰ ἦν κατὰ πάντα | * ὁμοία * | ταῖς θυγατράσι τῶν Ἑβραίων καὶ ἦν μεγάλη ὡς Σάρρα |
| Asen. | 8 | 7 | εὐλογοῦσι τῷ στόματι αὐτῶν τὸν θεὸν τὸν ζῶντα. | * ὁμοίως * | καὶ γυναικὶ θεοσεβεῖ οὐκ ἔστι προσῆκον φιλῆσαι |
| Asen. | 14 | 9 | αὐτῆς Ἀσενὲθ καὶ εἶδε καὶ ἰδοὺ ἀνὴρ κατὰ πάντα | * ὅμοιος * | τῷ Ἰωσὴφ τῇ στολῇ καὶ τῷ στεφάνῳ καὶ τῇ ῥάβδῳ τῇ |
| Asen. | 16 | 19 | ἐπὶ τῷ στόματι αὐτῆς καὶ ἐπὶ τὰ χείλη αὐτῆς κηρίον | * ὅμοιον * | τῷ κηρίῳ τῷ παρακειμένῳ τῷ ἀνθρώπῳ. καὶ πᾶσαι αἱ |
| Sal. | 13 | 7 | οὐχ ἅψεται δικαίου οὐδὲν ἐκ πάντων τούτων. ὅτι οὐχ | * ὁμοία * | ἡ παιδεία τῶν δικαίων ἐν ἀγνοίᾳ καὶ ἡ καταστροφὴ |
| Bar. | 3 | 1 | οὐρανόν. καὶ ὑπέδειξέν μοι (ἐν) κἀκεῖ θύραν | * ὁμοίαν * | τῆς πρώτης. καὶ εἶπεν εἰσέλθωμεν δι' αὐτῆς. καὶ |
| Bar. | 3 | 3 | πεδίον καὶ ἦν πλῆρες ἀνθρώπων ἡ δὲ θεωρία αὐτῶν | * ὁμοία * | κυνῶν οἱ δὲ πόδες ἐλάφων. καὶ ἠρώτησα τὸν ἄγγελον |

Bar.　4　17　μοιχεῖαι πορνεῖαι ἐπιορκεῖαι κλοπαὶ καὶ τὰ τούτων ✶ ὅμοια. ✶ καὶ οὐδὲν ἀγαθὸν δι᾿ αὐτοῦ κατορθοῦται. καὶ εἶπον
Bar.　8　5　γογγυσμοὺς ψιθυρισμοὺς μαντείας καὶ τὰ τούτων ✶ ὅμοια ✶ ἅτινα οὔκ εἰσι τῷ θεῷ ἀρεστὰ διὰ ταῦτα μολύνεται
Bar.　9　3　βόες καὶ ἀμνοὶ ἐν τῷ ἅρματι καὶ πλῆθος ἀγγέλων ✶ ὅμοια. ✶ καὶ εἶπον κύριε τί εἰσιν οἱ βόες καὶ οἱ ἀμνοί;
Bar.　10　3　ἦσαν ἐν αὐτῷ πλήθη ὀρνέων ἐκ πασῶν γενεῶν ἀλλ᾿ οὐχ ✶ ὅμοια ✶ τῶν ἐνταῦθα. ἀλλ᾿ ἴδον τὸν γέρανον ὡς βόας
Bar.　13　4　ψιθυρισμὸς εἰδωλολατρισμὸς μαντεία καὶ τὰ τούτοις ✶ ὅμοια ✶ ἐκεῖ εἰσιν ἐργάται τῶν τοιούτων καὶ ἑτέρων
Job　47　6　ἐγένοντο ἀπὸ τότε οἱ σκώληκες ἀπὸ τοῦ σώματός μου ✶ ὅμοιως ✶ καὶ αἱ πληγαὶ καὶ λοιπὸν τὸ σῶμά μου ἐνίσχυσεν
Aris.　7　3　δέον ἐστὶ μεταδιδόναι μάλιστα μὲν πᾶσι τοῖς ✶ ὁμοίοις ✶ πολλῷ δὲ μᾶλλον σοὶ γνησίαν ἔχοντι τὴν αἵρεσιν
Aris.　22　6　τὴν πόλιν καὶ τὴν χώραν ἢ καὶ πεπράκασιν ἑτέροις ✶ ὁμοίως ✶ δὲ καὶ εἴ τινες προῆσαν ἢ καὶ μετὰ ταῦτά εἰσιν
Aris.　36　2　σύνταγμα κατεχώρισεν ἐπὶ μείζοσι μισθοφορίαις ✶ ὁμοίως ✶ δὲ καὶ τοὺς προόντας κρίνας πιστοὺς φρούρια
Aris.　64　2　κατὰ κρόταφον. μετὰ δὲ τὴν τοῦ στεφάνου διάθεσιν ✶ ὁμοίως ✶ ⟨κάτω τὰ⟩ κατὰ τὴν τῆς φθεσίας διασκευὴν (ἢ)
Aris.　86　2　τε καταπετάσματος ἡ διατύπωσις θυρώσει κατὰ πᾶν ✶ ὁμοιοτάτη ✶ ὑπῆρχε καὶ μάλιστα διὰ τὴν τοῦ πνεύματος
Aris.　93　4　ὕψος ἱκανὸν καὶ οὐχ ἁμαρτάνουσι τῆς ἐπιθέσεως. ✶ ὁμοίως ✶ δὲ καὶ τὰ τῶν προβάτων ἔτι δ᾿ αἰγῶν τοῖς βάρεσι
Aris.　110　3　ἡμερῶν παρεπιδημεῖν καὶ τοῖς ἐπὶ τῶν χρειῶν ✶ ὁμοίως ✶ δι᾿ ἐγγράπτων διαστολὰς ἔδωκεν ἐὰν ἀναγκαῖον ἢ
Aris.　115　3　τόν τε κατὰ τὴν Ἀσκάλωνα καὶ Ἰόππην καὶ Γάζαν ✶ ὁμοίως ✶ δὲ καὶ Πτολεμαΐδα τὴν ὑπὸ τοῦ βασιλέως
Aris.　122　6　ἀποτεθειμένοι τὸ τραχὺ καὶ βάρβαρον τῆς διανοίας ✶ ὁμοίως ✶ δὲ καὶ τὸ κατοίεσθαι καὶ νομίζειν ὑπερφρονεῖν
Aris.　137　2　οὐ ποιήσαντες αὐτοὶ διὸ κενὸν καὶ μάταιον τοὺς ✶ ὁμοίους ✶ ἀποθεοῦν. καὶ γὰρ ἔτι καὶ νῦν εὑρεματικώτεροι
Aris.　143　2　τὸ γὰρ καθόλου πάντα πρὸς τὸν φυσικὸν λόγον ✶ ὅμοια ✶ καθέστηκεν ὑπὸ μιᾶς δυνάμεως οἰκονομούμενα καὶ
Aris.　163　3　ὁ τρόπος ἐστὶ καὶ γαλῆς καὶ μυῶν καὶ τῶν τούτοις ✶ ὁμοίων ✶ ὅσα διηγόρευται. πάντα γὰρ λυμαίνονται καὶ
Sib.　3　806　⟨τε⟩ καὶ ἱππέων οἷα κυνηγεσίην θηρῶν ὁμίχλησιν ✶ ὁμοίην. ✶ τοῦτο τέλος πολέμοιο τελεῖ θεὸς οὐρανὸν οἰκῶν.
Sib.　4　7　ἔπλασαν ἀνδρῶν εἰδώλοις ἀλάλοισι λιθοξέστοισιν ✶ ὅμοιον. ✶ οὐδὲ γὰρ οἶκον ἔχει ναῷ λίθον ἑλκυσθέντα
FMos.　6　132　3　κάτω πνεύματι ἐπαρθεὶς σὺν καὶ τῷ Χαλὲβ ἀλλ᾿ οὐχ ✶ ὁμοίως ✶ ἄμφω θεῶνται ἀλλ᾿ ὃ μὲν καὶ θᾶττον κατῆλθεν πολὺ
FAch.　112　στρατηγοὺς καὶ νομάρχας ἀναλαβεῖν στολὰς ⟨λευκὰς⟩ ✶ ὁμοίως ✶ καὶ αὐτὸς περιβεβλημένος σινδόνα καθαρὰν καὶ ἐπὶ
FAch.　115　βροντήσας καὶ δεινὸν ἀστράψας καὶ σείσας σεισμούς. ✶ ὁμοίως ✶ καὶ Λυκοῦργος τῇ λαμπρότητι τῆς βασιλείας ⟨αὐτοῦ
FPho.　178　ἄλοχον σέο τέκνα μιαίνων οὐ γάρ τικτει λέκτρα ✶ ὁμοίους ✶ μοιχικὰ λέκτρα. μητρυιῆς μὴ ψαῦε τὰ δεύτερα
IEsc.　5　131　2　χώριζε θνητῶν τὸν θεὸν καὶ μὴ δόκει ✶ ὅμοιον ✶ σαυτῷ σάρκινον καθεστάναι. οὐκ οἶσθα δ᾿ αὐτόν
HArt.　9　27　1　τελευτήσαντος καὶ τοῦ υἱοῦ αὐτοῦ Μεμφασθενώθ ✶ ὁμοίως ✶ δὲ καὶ τοῦ βασιλέως τῶν Αἰγυπτίων τὴν δυναστείαν
HArt.　9　27　32　Αἰγυπτίους τὴν ῥάβδον ἀνατιθέναι εἰς ἱερὸν ✶ ὁμοίως ✶ δὲ τὴν Ἴσιδι διὰ τὸ τὴν ὑγίην εἶναι Ἴσιν
HArt.　9　27　37　ἐρήμῳ διατρῖψαι βρέχοντος αὐτοῖς τοῦ θεοῦ κρίμνον ✶ ὁμοίως ✶ ἐλύμῳ χιόνι παραπλησίαν τὴν χρόαν. γεγονέναι δὲ
HHec.　1　22　192　ἱερὸν ἀνακαθῆραι καὶ πᾶσιν αὐτοῦ τοῖς στρατιώταις ✶ ὁμοίως ✶ φέρειν τὸν χοῦν προστάξαντος μόνους τοὺς
LThe.　9　22　6　ἀγέμεν ποτὶ δῶμα ἀλλ᾿ ὅστις γενεῆς ἐξεύχεται εἶναι ✶ ὁμοίης. ✶ ὅς ποτ᾿ ἐπεὶ πάτρης ἐξήγαγε δῖον Ἀβραὰμ αὐτὸς
　　ὁμοιότης　　3
Jer.　9　25　τὸ φῶς τῶν αἰώνων ποίησον τὸν λίθον τοῦτον καθ᾿ ✶ ὁμοιότητά ✶ μου γενέσθαι ἕως οὗ πάντα ὅσα εἶδον διηγήσωμαι
Jer.　9　26　τότε ὁ λίθος διὰ προστάγματος θεοῦ ἀνέλαμψεν ✶ ὁμοιότητα ✶ τοῦ Ἱερεμίου. τοῦ ἐλιθοβόλουν τὸν λίθον
Prop.　3　4　διπλοῦν ὅτι καὶ Ἀβραὰμ ἐν Χεβρὼν πρὸς τὴν ✶ ὁμοιότητα ✶ αὐτοῦ ἐποίησε τὸν τάφον Σάρρας. διπλοῦν δὲ
　　ὁμοιόω　　4
TBen.　7　5　ἐν τοῖς ἑβδομηκοντάκις ἑπτὰ ὅτι ἕως τοῦ αἰῶνος οἱ ✶ ὁμοιούμενοι ✶ τῷ Κάϊν ἐν φθόνῳ εἰς τὴν μισαδελφίαν τῇ αὐτῇ
Jer.　7　10　εἰρήνη μεθ᾿ ὑγείας καὶ τὴν φάσιν ἔνεγκόν μοι. μὴ ✶ ὁμοιωθῇς ✶ τῷ κόρακι ὃν ἐξαπέστειλε Νῶε καὶ οὐκ ἀπεστράφη
Jer.　7　10　οὐκ ἀπεστράφη ἔτι πρὸς αὐτὸν εἰς τὴν κιβωτὸν ἀλλὰ ✶ ὁμοιώθητι ✶ τῇ περιστερᾷ ἥτις ἐκ τρίτου φάσιν ἤνεγκε τῷ
Job　20　5　καὶ πενθοῦντι καὶ τὴν τῶν τέκνων μου ἀπώλειαν καὶ ✶ ὁμοιώθη ✶ μεγάλῃ καταιγίδι καὶ τὸν θρόνον μου κατέστρεψεν,
　　ὁμοίωμα　　1
Hen.　31　2　τῆς γῆς καὶ πάντα τὰ δένδρα πλήρη ἐξαυτῆς ἐν ✶ ὁμοιώματι ✶ ἀμυγδάλων ὅταν τριβῶσιν διὸ εὐωδέστερον ὑπὲρ
　　ὁμοίωσις　　1
TNep.　2　2　καὶ πρὸς αὐτὸ φέρει πηλὸν οὕτω καὶ ὁ κύριος πρὸς ✶ ὁμοίωσιν ✶ τοῦ πνεύματος ποιεῖ τὸ σῶμα καὶ πρὸς τὴν
　　ὁμολογέω　　8
TDan.　1　4　καὶ ὁ θυμὸς ὅτι πᾶσαν κακίαν ἄνθρωπον ἐκδιδάσκει. ✶ ὁμολογῶ ✶ σήμερον ὑμῖν τέκνα μου ὅτι ἐν καρδίᾳ μου ἡδόμην
TGad.　2　1　καὶ πάντα ὅσα ἔλεγε τῷ πατρὶ ἐπείθετο αὐτῷ. ✶ ὁμολογῶ ✶ νῦν τὴν ἁμαρτίαν μου τέκνα ὅτι πλειστάκις ἤθελον
TGad.　6　3　μίσους καὶ ἐν ψυχῇ σου μὴ κρατήσῃς δόλον καὶ ἐὰν ✶ ὁμολογήσας ✶ μετανοήσῃ ἄφες αὐτῷ ἐάν τε ἀρνεῖται μὴ
Prop.　4　15　μηαὶ τὰ ἓξ ἔτη καὶ ἓξ μῆνας ὑπέπιπτε κυρίῳ καὶ ✶ ὡμολόγει ✶ τὴν ἀσέβειαν αὐτοῦ καὶ μετὰ ἄφεσιν τῆς ἀνομίας
Sedr.　13　3　ἔτη ζήσῃ ἄνθρωπος καὶ μνησθῇ τὸν θάνατον αὐτοῦ καὶ ✶ ὁμολογήσῃ ✶ ἔμπροσθεν τῶν ἀνθρώπων καὶ εὕρω αὐτὸν μετὰ
Aris.　24　2　πᾶσιν οὖν ἀνθρώποις τὸ δίκαιον ἀπονέμειν ✶ ὁμολογούμενοι ✶ πολλῷ δὲ μᾶλλον τοῖς ἀλόγοις
HHec.　1　22　201　κατὰ ψυχὴν εὕρωστος καὶ τοξότην ὑπὸ δὴ πάντων ✶ ὁμολογούμενος ✶ καὶ τῶν Ἑλλήνων καὶ τῶν βαρβάρων ἄριστος.
LAri.　13　12　8　προενηνέγμεθα ταῦτα. πᾶσι γὰρ τοῖς φιλοσόφοις ✶ ὁμολογεῖται ✶ διότι δεῖ περὶ θεοῦ διαλήψεις ὁσίας ἔχειν ὃ
　　ὁμονοέω　　1
Aris.　185　3　σοι ταῦτ᾿ ἔχειν καὶ γυναικὶ καὶ τέκνοις καὶ τοῖς ✶ ὁμονοοῦσι ✶ πάντα ἀνέκλειπτα τὸν τῆς ζωῆς χρόνον. εἰπόντος
　　ὁμόνοια　　4
TJos.　17　3　ἀλλήλων τὰ ἐλαττώματα. τέρπεται γὰρ ὁ θεὸς ἐπὶ ✶ ὁμονοίᾳ ✶ ἀδελφῶν καὶ ἐπὶ προαιρέσει καρδίας εὐδοκιμούσης
Sib.　3　375　εὐδικίη μετὰ δ᾿ αὐτῆς ἡ πάντων προφέρουσα βροτοῖς ✶ ὁμόνοια ✶ σαόφρων καὶ στοργὴ πίστις φιλίη ξείνων ἄπο
FPho.　74　ὑψώμασι νέρθεν ἐοῦσα οὐ ποταμοὶ πελάγεσσιν. ἀεὶ δ᾿ ✶ ὁμόνοιαν ✶ ἔχουσιν εἰ γὰρ Ἔρις μακάρεσσιν ἔην οὐκ ἂν πόλος
FPho.　219　γὰρ ἀμείνων.⟩ συγγενέσιν φιλότητα νέμοις ὁσίην θ᾿ ✶ ὁμόνοιαν. ✶ αἰδεῖσθαι πολιοκροτάφους εἴκειν δὲ γέρουσιν
　　ὁμός　　3
Sedr.　15　7　τὰ μὴ νόμον ἔχοντα ⟨καὶ τὰ⟩ τοῦ νόμου ποιοῦσιν ✶ ὁμῶς ✶ δὲ καὶ ὁ λῃστὴς καὶ ὁ ἀπόστολος καὶ εὐαγγελιστὴς
Sib.　3　215　Σολομώνιον οἵ τε δικαίων ἀνδρῶν ἔκγονοί εἰσιν ✶ ὁμῶς ✶ καὶ τῶνδε βοήων φῦλον καὶ γενεὴν πατέρων καὶ δῆμον
IOrp.　3　φεύγοντες δικαίων θεσμοὺς θείοιο τιθέντος πάντες ✶ ὁμῶς ✶ σὺ δ᾿ ἄκουε φαεσφόρου ἔκγονε Μήνης Μουσαῖ᾿. ἐξερέω
　　ὁμόσκηνος　　1
Abr.1　16　9　ψυχὴ φίλε τοῦ θεοῦ τοῦ ὑψίστου καὶ τῶν ἀγγέλων ✶ ὁμόσκηνε. ✶ εἶπεν δὲ ὁ Ἀβραὰμ πρὸς τὸν θάνατον χαίροις
　　ὁμόσπονδος　　1
Sib.　5　239　λαμπρὸν σέλας ἠελίοιο σπειρομένης ἀκτῖνος ✶ ὁμοσπόνδοιο ✶ προφητῶν γλῶσσα μελισταγέουσα καλὸν πόμα
　　ὁμόσπορος　　1
LEze.　64　29　6 05　καὶ στενάγμασι βροτῶν ὑμεῖς ἀθέσμους εἰς ὕβρεις ✶ ὁμοσπόρων ✶ τὰς μισαδέλφους ὁπλίσαντες ὠλένας Κάϊν μολῦναι
　　ὁμότεχνος　　1
FPho.　88　ἀκούσῃς.⟩ τὴν σοφίην σοφὸς εὐθύνει τέχνας δ᾿ ✶ ὁμότεχνος. ✶ οὐ χωρεῖ μεγάλην διδαχὴν ἀδίδακτος ἀκουή οὐ
　　ὁμότιμος　　1
FPho.　39　τιν᾿ αὐξόμενον καρπὸν λωβήσῃ ἀρούρης. ἔστωσαν δ᾿ ✶ ὁμότιμοι ✶ ἐπήλυδες ἐν πολιήταις πάντες γὰρ πενίης
　　ὁμοῦ　22　ὁμοῦ
　　Ὁμουσί　1
TLevi　12　3　Ἰσαὰρ Χεβρὼν Ὀζιήλ. καὶ υἱοὶ Μεραρὶ Μοολὶ καὶ ✶ Ὁμουσί. ✶ καὶ ἐνενηκοστῷ τετάρτῳ ἔτει μου ἔλαβεν ὁ
　　ὁμόφρων　2
Sib.　3　399　γενεῆς γενετῆρα μαχητὴν καὐτὸς ὑφ᾿ +υἱῶν ὧν ἐς ✶ ὁμόφρονα ✶ αἴσιον ἄρρης+ φθεῖται καὶ τότε δὴ παραφυόμενον
FPho.　30　χρήιζουσι παράσχου. ἔστω κοινὸς ἅπας ὁ βίος καὶ ✶ ὁμόφρονα ✶ πάντα. ⟨αἷμα δὲ μὴ φαγέειν εἰδωλοθύτων
　　ὁμόφυλος　1
HArt.　9　27　19　τὸν δὲ Μώϋσον ἀποκωλῦσαι στοχαζόμενον τῶν ✶ ὁμοφύλων ✶ τὸν δὲ Ῥαγουῆλον διακωλύοντα στρατεύειν τοῖς
　　ὁμόφωνος　2
Sib.　3　99　βροτοῖς ὅτε πύργον ἔτευξαν χώρῃ ἐν Ἀσσυρίῃ ✶ ὁμόφωνοι ✶ δ᾿ ἦσαν ἅπαντες καὶ βούλοντ᾿ ἀναβῆν᾿ εἰς
FJub.　3　28　φαγεῖν. τὰ θηρία καὶ τὰ τετράποδα καὶ τὰ ἑρπετὰ ✶ ὁμόφωνα ✶ εἶναι πρὸ τῆς παραβάσεως τοῖς πρωτοπλάστοις
　　ὀμφακίζω　1
FrAn.　574　3008　δαιμονιαζομένους Πιβήχεως δόκιμον λαβὼν ἔλαιον ✶ ὀμφακίζοντα ✶ μετὰ βοτάνης μαστιγίας καὶ λωτομήτρας ἕψει
　　ὄμφαξ　1
FrAn.　2　11　3　μὲν φυλλοροεῖ εἶτα βλαστὸς γίνεται μετὰ ταῦτα ✶ ὄμφαξ ✶ εἶτα σταφυλὴ παρεστηκυῖα. οὕτως καὶ ὁ λαός μου
　　ὅμως　5
Adam.　16　2　δέ σε μείζονα πάντων τῶν θηρίων. καὶ ὁμιλῶ σοι. ✶ ὅμως ✶ προσκυνεῖς τὸν ἐλαχιστότερον. διὰ τί ἐσθίεις ἐκ τῶν
Abr.1　18　6　ἐστιν ὅτι οὐκ ἂν καὶ σὺ μετ᾿ αὐτοὺς ἀφηρπάγης ἀλλὰ ✶ ὅμως ✶ λέγω σοι τὴν ἀλήθειαν καὶ γὰρ εἰ μὴ ἡ δεξιὰ χείρ
FEz.　64　70　11　εἶτα λοιπὸν εἴτε ἠδίκησαν εἴτε καὶ οὐκ ἠδίκησαν ✶ ὅμως ✶ τὰ ἴχνη πέφηνεν εἴτε τῷ παραδείσῳ. καταλύσαντες δὲ ἐκ
HCal.　24　3　ὡς δῆθεν πρέσβεις εἶναι τούτους. ταῦτα δὲ ✶ ὅμως ✶ οὐκ ἔλαβεν Ἀλεξάνδρῳ. καὶ προστάσαι τινὰς τῆς
LEze.　9　28　4 08　ἱερεὺς ὅς ἐστ᾿ ἐμοῦ τε καὶ τούτων πατήρ. (Χ.) ✶ ὅμως ✶ κατειπεῖν χρή σε Σεπφόρα τάδε. (Σ.) ξένῳ πατήρ με
　　ὄναρ　2
Adam.　2　2　Εὖα τῷ κυρίῳ αὐτῆς Ἀδὰμ κύριέ μου ἴδον ἐγὼ κατ᾿ ✶ ὄναρ ✶ τῇ νυκτὶ ταύτῃ τὸ αἷμα τοῦ υἱοῦ μου Ἀμιλαβὲς τοῦ
Abr.2　4　16　Ἀβραὰμ εἰς τὴν καρδίαν τοῦ υἱοῦ αὐτοῦ Ἰσαὰκ κατ᾿ ✶ ὄναρ. ✶ τότε Μιχαὴλ ἦλθεν εἰς τὸν οἶκον Ἀβραὰμ καὶ εὗρεν
Abr.2　7　4　υἱῷ αὐτοῦ μέλλειν εἰπέ μοι τί εἶδες κατ᾿ ✶ ὄναρ. ✶ ἀπεκρίθη Ἰσαὰκ τῷ πατρὶ αὐτοῦ εἶδον κατ᾿ ὄναρ
Abr.2　7　5　ὄναρ. ἀπεκρίθη Ἰσαὰκ τῷ πατρὶ αὐτοῦ εἶδον κατ᾿ ✶ ὄναρ ✶ ἐμαυτὸν ὡς τὸν ἥλιον καὶ τὴν σελήνην καὶ στέφανος
　　ὄνειαρ (ὄναρ)　2
FPho.　60　μηδ᾿ ὑπέροπλον. οὐκ ἀγαθὸν πλεονάζον ἔφυ θνητοῖσιν ✶ ὄνειαρ ✶ ἡ πολλὴ δὲ τρυφὴ πρὸς ἀμέτρους ἕλκετ᾿ ἔρωτας
FPho.　78　κακότητα Δίκῃ δ᾿ ἀπόλειψον ἄμυναν. Πειθὼ μὲν γὰρ ✶ ὄνειαρ ✶ Ἔρις δ᾿ ἔριν ἀντιφυτεύει. μὴ πίστευε τάχιστα
　　ὀνειδίζω　8
TSim.　4　6　ὑμῶν καθὼς εἴδετε ἐν αὐτῷ. πάσας τὰς ἡμέρας οὐκ ✶ ὠνείδισεν ✶ ἡμᾶς περὶ τοῦ λόγου τούτου ἀλλ᾿ ἠγάπησεν ἡμᾶς

| | | | | | |
|---|---|---|---|---|---|
| TJud. | 13 | 3 | πολέμεις οὐκ ἠπάτησέ με πρόσωπον γυναικὸς εὐμόρφου | * ὠνείδιζον * | Ῥουβὴμ τὸν ἀδελφόν μου περὶ Βάλλας γυναικὸς |
| TJos. | 17 | 4 | ἔγνωσαν ὅτι ἀπέστρεψα τὸ ἀργύριον αὐτοῖς καὶ οὐκ | * ὠνείδισα * | ἀλλὰ καὶ παρεκάλεσα αὐτούς. καὶ μετὰ θάνατον |
| Sal. | 2 | 19 | ὁ θεὸς κριτὴς δίκαιος καὶ οὐ θαυμάσει πρόσωπον | * ὠνείδισαν * | γὰρ ἔθνη Ιερουσαλημ ἐν καταπατήσει κατεσπάσθη |
| Bar. | 1 | 2 | παιδείᾳ ἀλλὰ παρέδωκας ἡμᾶς εἰς ἔθνη τοιαῦτα ὅπως | * ὀνειδίζοντες * | λέγουσιν ποῦ ἐστιν ὁ θεὸς αὐτῶν; καὶ ἰδοὺ |
| FJub. | 37 | 18 | ἐντολῶν. τοῦ δὲ μὴ ἀνεχομένου ἀλλ' ὑβρίζοντος καὶ | * ὀνειδίζοντος * | βιασθεὶς Ἰακὼβ ὑπὸ τοῦ Ἰούδα ἐνέτεινε |
| HArt. 9 | 27 | 14 | τοὺς ἀναιρήσοντας αὐτόν. μηδενὸς δ' ὑπακούσαντος | * ὀνειδίσαι * | τὸν Χενεφρῆν Χανεθώθην τὸν μάλιστα |
| HArt. 9 | 27 | 14 | τὸν μάλιστα προσαγορευόμενον ὑπ' αὐτοῦ τὸν δὲ | * ὀνειδισθέντα * | ὑποσχέσθαι τὴν ἐπίθεσιν λαβόντα καιρόν. ὑπὸ |
| ὀνειδισμός | | | 5 | | |
| Hen. | 103 | 4 | πάσας τὰς γενεὰς τῶν αἰώνων. μὴ οὖν φοβεῖσθε τοὺς | * ὀνειδισμοὺς * | αὐτῶν. καὶ ὑμεῖς οἱ νεκροὶ τῶν ἁμαρτωλῶν |
| TRub. | 4 | 2 | Ἰακὼβ ἢ λαλῆσαί τινι τῶν ἀδελφῶν διὰ τοὺς | * ὀνειδισμούς. * | καὶ ἕως νῦν ἡ συνείδησίς μου συνέχει με |
| TLevi | 10 | 4 | αἰχμάλωτοι ἐν τοῖς ἔθνεσι καὶ ἔσεσθε εἰς | * ὀνειδισμὸν * | καὶ εἰς κατάραν καὶ εἰς καταπάτημα. ὁ γὰρ |
| TLevi | 15 | 2 | τὰ ἔθνη καὶ ἔσεσθε βδέλυγμα ἐν αὐτοῖς καὶ λήψεσθε | * ὀνειδισμὸν * | καὶ αἰσχύνην αἰώνιον παρὰ τῆς δικαιοκρισίας |
| TJud. | 23 | 3 | καὶ κύνας εἰς διασπασμὸν ἐχθρῶν καὶ φίλων | * ὀνειδισμοὺς * | ἀπώλειαν καὶ σφακελισμὸν ὀφθαλμῶν νηπίων |
| ὄνειδος | | | 6 | | |
| TRub. | 4 | 7 | ἀπώλεσεν ἡ πορνεία ὅτι κἂν ᾖ τις γέρων ἢ εὐγενὴς | * ὄνειδος * | αὐτὸν ποιεῖ καὶ γέλωτα παρὰ τῷ Βελιὰρ καὶ τοῖς |
| TRub. | 6 | 3 | τὸ ἀσέβημα αὐταῖς μέν ἐστι νόσος ἀνίατος ἡμῖν δὲ | * ὄνειδος * | τοῦ Βελιὰρ αἰώνιον ὅτι ἡ πορνεία οὔτε σύνεσιν |
| Prop. | 10 | 3 | χώραν ἀλλοφύλων ἐθνῶν ἔλεγε γὰρ ὅτι οὕτως ἀφελῶ | * ὄνειδός * | μου ὅτι ἐψευσάμην προφητεύσας κατὰ Νινευῆ τῆς |
| Prop. | 10 | 6B | Σοὺρ χώραν ἀλλοφύλων. ἔλεγε γὰρ ὅτι οὕτως ἀφελῶ τὸ | * ὄνειδός * | μου ὅτι ἐψευσάμην προφητεύσας κατὰ Νινευΐ τῆς |
| Aris. | 249 | 4 | πένησι καταφρόνησιν ἐργάζεται τοῖς δὲ πλουσίοις | * ὄνειδος * | ὡς διὰ κακίαν ἐκπεπτωκόσιν. εὐεργετῶν οὖν |
| Sib. | 3 | 607 | βροτοὶ αὐτοὶ ἐν σχισμαῖς πετρῶν κατακρύψαντες δι' | * ὄνειδος * | ὁππόταν Αἰγύπτου βασιλεὺς νέος ἕβδομος ἄρχη τῆς |
| ὄνειρος | | | 9 | | |
| Hen. | 13 | 8 | ὑπόμνημα τῶν δεήσεων αὐτῶν. ὡς ἐκοιμήθην καὶ ἰδοὺ | * ὄνειροι * | ἐπ' ἐμὲ ἦλθον καὶ ὁράσεις ἐπ' ἐμὲ ἐπέπιπτον καὶ |
| Abr.1 | 4 | 8 | καρδίαν τοῦ Ἰσαὰκ ὡς ἐν ὁράματι ἵνα καὶ αὐτὸς ἐν | * ὀνείρῳ * | θεάσῃ τὸν θάνατον τοῦ πατρὸς αὐτοῦ καὶ Ἰσαὰκ δὲ |
| Abr.1 | 5 | 6 | μνήμην τοῦ θανάτου εἰς τὴν καρδίαν Ἰσαὰκ ὡς ἐν | * ὀνείροις * | περὶ ὥραν τρίτην τῆς νυκτός. διϋπνισθεὶς δὲ |
| Abr.1 | 5 | 14 | ὃ σὺ λέγεις ἀλλ' ὁ υἱός σου Ἰσαὰκ ὡς ἐμοὶ δοκεῖ | * ὄνειρον * | ἐθεάσατο καὶ ἦλθεν πρὸς ἡμᾶς κλαίων καὶ ἡμεῖς |
| Abr.2 | 14 | 6 | Ἀβραὰμ ἐξήνεγκεν ὁ θάνατος τὴν ψυχὴν αὐτοῦ ὡς ἐν | * ὀνείροις * | ἦλθον δὲ ἅρματα κυρίου τοῦ θεοῦ καὶ ἦραν τὴν |
| Aris. | 192 | 4 | τοῖς ἀξίοις τοῖς δὲ ἀποτυγχάνουσιν ἢ δι' | * ὀνείρων * | ἢ πράξεων σημαίνεσθαι τὸ βλαβερὸν αὐτοῖς οὐ κατὰ |
| Aris. | 315 | 1 | αὐτῷ γενέσθαι τίνος χάριν τὸ συμβαῖνόν ἐστι. δι' | * ὀνείρου * | δὲ σημανθέντος ὅτι τὰ θεῖα βούλεται |
| Sib. | 3 | 293 | τε σίδηρον. αὐτὸς γὰρ δώσει θεὸς ἔννυχον ἁγνὸν | * ὄνειρον. * | καὶ τότε δὴ ναὸς πάλιν ἔσσεται ὡς πάρος ἦεν. |
| LPhi. 9 | 24 | 1 | καὶ Ἰσὰκ Ἰακὼβ εὐτέκνοιό θ' ὅθεν Ἰωσὴφ ὃς | * ὀνείρων * | θεσπιστὴς σκηπτοῦχος ἐν Αἰγύπτοιο θρόνοισι |
| ὀνήσιμος | | | 1 | | |
| FPho. | | 37 | μέτρον ἄριστον ὑπερβασίαι δ' ἀλεγειναί. ⟨κτῆσις | * ὀνήσιμὸς * | ἐσθ' ὁσίων ἀδίκων δὲ πονηρά.⟩ μηδὲ τιν' |
| ὄνησις | | | 1 | | |
| Hen. | 14 | 6 | τῶν υἱῶν ὑμῶν τῶν ἀγαπητῶν καὶ ὅτι οὐκ ἔσται ὑμῖν | * ὄνησις * | αὐτῶν ἀλλὰ πεσοῦνται ἐνώπιον ὑμῶν ἐν μαχαίρᾳ. καὶ |
| ὀνίνημι | | | 1 | | |
| FPho. | | 123 | φρένα λυσσωθεὶης. εὐεπίην ἀσκεῖν ἥτις μάλα πάντας | * ὀνήσει. * | ὅπλον τοι λόγος ἀνδρὶ τομώτερόν ἐστι σιδήρου |
| ὄνομα | | | 140 | | |
| Hen. | 5 | 6 | καὶ οὐκ ἔσται ὑμῖν ἔλεος καὶ εἰρήνη. τότε ἔσται τὰ | * ὀνόματα * | ὑμῶν εἰς κατάραν αἰώνιον πᾶσιν τοῖς δικαίοις καὶ |
| Hen. | 6 | 7 | ἀνεθεμάτισαν ἀλλήλους ἐν αὐτῷ----- καὶ ταῦτα τὰ | * ὀνόματα * | τῶν ἀρχόντων αὐτῶν Σεμιαζὰ οὗτος ἦν ἄρχων αὐτῶν |
| Hen. | 6B | 7 | καὶ ἀνεθεμάτισαν ἀλλήλους ἐν αὐτῷ. καὶ ταῦτα τὰ | * ὀνόματα * | τῶν ἀρχόντων αὐτῶν. α' Σεμιαζᾶς ὁ ἄρχων αὐτῶν β' |
| Hen. | 9 | 4 | δόξης σου εἰς πάσας τὰς γενεὰς τοῦ αἰῶνος καὶ τὸ | * ὄνομά * | σου τὸ ἅγιον καὶ μέγα καὶ εὐλογητὸν εἰς πάντας |
| Hen. | 9B | 4 | δόξης σου εἰς πάσας τὰς γενεὰς τῶν αἰώνων καὶ τὸ | * ὄνομά * | σου ἅγιον καὶ εὐλογημένον εἰς πάντας τοὺς αἰῶνας |
| Hen. | 10 | 2 | Ἰστραὴλ πρὸς τὸν υἱὸν Λέμεχ εἶπον αὐτῷ ἐπὶ τῷ ἐμῷ | * ὀνόματι * | κρύψον σεαυτὸν καὶ δήλωσον αὐτῷ τέλος |
| Hen. | 10B | 2 | λέγων πορεύου πρὸς τὸν Νῶε καὶ εἶπον αὐτῷ τῷ ἐμῷ | * ὀνόματι * | κρύψον σεαυτὸν καὶ δήλωσον αὐτῷ τέλος |
| Hen. | 20 | 7 | καὶ τῶν δρακόντων καὶ χερουβείν. ἀρχαγγέλων | * ὀνόματα * | ἑπτά. ὁ εἷς τῶν ἁγίων ἀγγέλων ὁ ἐπὶ τοῦ κόσμου |
| Hen. | 20B | 7 | ἀγγέλων ὃν ἔταξεν ὁ θεὸς ἐπὶ τῶν ἀνισταμένων. | * ὀνόματα * | ζ' ἀρχαγγέλων. καὶ ἐφώδευσα ἕως τῆς |
| Hen. | 104 | 10 | μεγάλα καὶ τὰς γραφὰς ἀναγράφουσιν ἐπὶ τοῖς | * ὀνόμασιν * | αὐτῶν καὶ ὄφελον πάντας τοὺς λόγους μου |
| Hen. | 104 | 11 | τοὺς λόγους μου γράφωσιν ἐπ' ἀληθείας ἐπὶ τὰ | * ὀνόματα * | αὐτῶν καὶ μήτε ἀφέλωσιν μήτε ἀλλοιώσωσιν τῶν |
| Hen. | 106 | 1 | τῷ υἱῷ μου γυναῖκα καὶ ἔτεκεν υἱὸν καὶ ἐκάλεσεν τὸ | * ὄνομα * | αὐτοῦ Λάμεχ. ἐταπεινώθη ἡ δικαιοσύνη μέχρι τῆς |
| Hen. | 106 | 18 | σού ἐστιν δικαίως καὶ ὁσίως ⟨καὶ⟩ κάλεσον αὐτοῦ τὸ | * ὄνομα * | ⟨Νῶε⟩ αὐτὸς γὰρ ἔσται ὑμῶν κατάλειμμα ἐφ' οὗ ἂν |
| Hen. | 107 | 3 | αὐτῷ ⟨ἐπέστρεψεν καὶ ἐδήλωσεν αὐτῷ.⟩ καὶ ἐκλήθη τὸ | * ὄνομα * | αὐτοῦ Νῶε εὐφραίνων τὴν γῆν ἀπὸ τῆς ἀπωλείας. |
| Abr.1 | 14 | 9 | αὐτὴν ἐν τῷ παραδείσῳ. εἶπεν δὲ Ἀβραὰμ δοξάζω τὸ | * ὄνομα * | τοῦ θεοῦ τοῦ ὑψίστου καὶ τὸ ἔλεος αὐτοῦ τὸ |
| Abr.1 | 16 | 4 | θάνατον δεῦρο οὖν τὸ πικρὸν καὶ ἄγριον τοῦ κόσμου | * ὄνομα * | κρῦψαι σου τὴν ἀγριότητα καὶ πάσας σου τὰς παρειὰς |
| Abr.1 | 16 | 13 | ὁ θάνατος ἐγὼ πάτερ λέγω σοι τὴν ἀλήθειαν ὁποῖον | * ὄνομα * | ὠνόμασέν με ὁ θεὸς ἐκεῖνο καὶ λέγω σοι. εἶπεν δὲ |
| Abr.1 | 17 | 11 | θεάσασθαί σου πᾶσαν τὴν ἀγριότητα ἕνεκεν τοῦ | * ὀνόματος * | τοῦ θεοῦ τοῦ ζῶντος ὅτι ἡ δύναμις τοῦ θεοῦ μου |
| Abr.2 | 2 | 7 | δὲ Μιχαὴλ τὸν Ἀβραὰμ λέγων λέγε μοι τί ἐστιν τὸ | * ὄνομά * | σου πρὶν εἰσελθεῖν με εἰς τὸν οἶκόν σου καὶ |
| Abr.2 | 2 | 9 | εἰς τὴν γῆν ἣν εἶπέν μοι κύριος καὶ ἤλλαξεν τὸ | * ὄνομά * | μου λέγων οὐκέτι κληθήσει Ἀβρὰμ ἀλλ' ἔσται τὸ |
| Abr.2 | 2 | 9 | μου λέγων οὐκέτι κληθήσει Ἀβρὰμ ἀλλ' ἔσται τὸ | * ὄνομά * | σου Ἀβραάμ. ἀπεκρίθη Μιχαὴλ καὶ εἶπεν αὐτῷ κύριε |
| Abr.2 | 13 | 15 | τίς εἶ. εἶπεν δὲ ὁ θάνατος ἐγώ εἰμι τὸ πικρότερον | * ὄνομα * | ἐγώ εἰμι ὁ κλαυθμὸς ἐγώ εἰμι ἡ πτῶσις πάντων. |
| TLevi | 5 | 5 | οὐρανῶν. εἶπον δὲ αὐτῷ δέομαι κύριε εἰπέ μοι τὸ | * ὄνομά * | σου ἵνα ἐπικαλέσωμαί σε ἐν ἡμέρᾳ θλίψεως. καὶ |
| TLevi | 6 | 1 | πρὸς τὸν πατέρα μου εὗρον ἀσπίδα χαλκῆν διὸ καὶ τὸ | * ὄνομα * | τοῦ ὄρους Ἀσπὶς ὅ ἐστιν ἐγγὺς Γεβὰλ ἐκ δεξιῶν |
| TLevi | 8 | 14 | ἔσται ἐν ἱερωσύνῃ. ὁ τρίτος ἐπικληθήσεται αὐτῷ | * ὄνομα * | καινὸν ὅτι βασιλεὺς ἐκ τοῦ Ἰουδὰ ἀναστήσεται καὶ |
| TLevi | 11 | 1 | ὅτε οὖν ἔλαβον γυναῖκα ἤμην ἐτῶν εἰκοσιοκτὼ ᾗ | * ὄνομα * | Μελχά. καὶ συλλαβοῦσα ἔτεκε καὶ ἐκάλεσε τὸ ὄνομα |
| TLevi | 11 | 2 | ᾗ ὄνομα Μελχά. καὶ συλλαβοῦσα ἔτεκε καὶ ἐκάλεσε τὸ | * ὄνομα * | αὐτοῦ Γηρσὰμ ὅτι ἐν τῇ γῇ ἡμῶν πάροικοι ἦμεν |
| TLevi | 11 | 6 | ἵστατο πάσης τῆς συναγωγῆς διὰ τοῦτο ἐκάλεσα τὸ | * ὄνομα * | αὐτοῦ Καὰθ ὅ ἐστιν ἀρχὴ μεγαλείου καὶ συμβιβασμός. |
| TLevi | 18 | 2B024 | ἐστιν ὁ καπνὸς αὐτῶν ἡδὺς ἀναβαίνων. καὶ ταῦτα τὰ | * ὀνόματα * | αὐτῶν κέδρον καὶ ουεδεφωνα καὶ σχῖνον καὶ |
| TLevi | 18 | 2B060 | βιβλίῳ μνημοσύνου ζωῆς καὶ οὐκ ἐξαλειφθήσεται τὸ | * ὄνομά * | σου καὶ τὸ ὄνομα τοῦ σπέρματός σου ἕως τῶν αἰώνων. |
| TLevi | 18 | 2B060 | ζωῆς καὶ οὐκ ἐξαλειφθήσεται τὸ ὄνομά σου καὶ τὸ | * ὄνομα * | τοῦ σπέρματός σου ἕως τῶν αἰώνων. καὶ νῦν τέκνον |
| TLevi | 18 | 2B063 | λαβοῦσα ἐξ ἐμοῦ ἔτεκεν υἱὸν πρῶτον καὶ ἐκάλεσα τὸ | * ὄνομα * | αὐτοῦ Γηρσὰμ εἶπα γὰρ ὅτι πάροικον ἔσται τὸ σπέρμα |
| TLevi | 18 | 2B066 | καιρὸν τὸν καθήκοντα τῶν γυναικῶν καὶ ἐκάλεσα τὸ | * ὄνομα * | αὐτοῦ Καάθ. καὶ ὅτε ἐγεννήθη ἑώρακα ὅτι ἐπ' αὐτῷ |
| TLevi | 18 | 2B069 | ἔλαβεν καὶ ἔτεκέν μοι υἱὸν τρίτον καὶ ἐκάλεσα τὸ | * ὄνομα * | αὐτοῦ Μεραρὶ ἐλυπήθην γὰρ περὶ αὐτοῦ καὶ ἀνατελεῖ |
| TJud. | 13 | 4 | οὕτως λήψομαι τὴν θυγατέρα σου. καὶ ἔδειξέ μοι ἐπ' | * ὀνόματι * | τῆς θυγατρὸς αὐτοῦ χρυσοῦ πλῆθος ἄπειρον ἦν γὰρ |
| TZab. | 9 | 8 | ⟨ἐν ναῷ⟩ ὃν ἂν ἐκλέξηται κύριος Ἰερουσαλὴμ | * ὄνομα * | αὐτῷ. καὶ πάλιν ἐν πονηρίᾳ λόγων ὑμῶν παροργίσετε |
| TDan | 6 | 7 | ὅτι οὐδεὶς τῶν ἀγγέλων ἔσται ἴσος αὐτῷ. τὸ δὲ | * ὄνομα * | αὐτοῦ ἔσται ἐν παντὶ τόπῳ Ἰσραὴλ καὶ ἐν τοῖς |
| TNep. | 1 | 11 | εἰς γυναῖκα ἥτις ἔτεκε θυγατέρα καὶ ἐκάλεσεν τὸ | * ὄνομα * | αὐτῆς Ζέλφαν ἐπ' ὀνόματι τῆς κώμης ἐν ᾗ |
| TNep. | 1 | 11 | θυγατέρα καὶ ἐκάλεσεν τὸ ὄνομα αὐτῆς Ζέλφαν ἐπ' | * ὀνόματι * | τῆς κώμης ἐν ᾗ ᾐχμαλωτεύθη ἐξῆς ἔτεκε τὴν Βάλλαν |
| TAser | 2 | 4 | πονηρία ἐστὶ συγκρύπτουσα τὸ κακὸν ὅπερ ἐστὶ τῷ | * ὀνόματι * | ὡς καλὸν τὸ δὲ τέλος τῆς πράξεως ἔρχεται εἰς |
| Asen. | 1 | 3 | ἦν ὑπὲρ πάντας τοὺς μεγιστᾶνας Φαραὼ συνίων. καὶ | * ὄνομα * | τῷ ἀνδρὶ ἐκείνῳ Πεντεφρῆς ἱερεὺς Ἡλιουπόλεως. καὶ |
| Asen. | 1 | 5 | ὡραία ὡς Ῥεβέκκα καὶ καλὴ ὡς Ῥαχήλ. καὶ ἦν τὸ | * ὄνομα * | τῆς παρθένου ἐκείνης Ἀσενέθ. καὶ ἀπῆλθεν ἡ φήμη |
| Asen. | 3 | 6 | οἵτινες ἦσαν περιηρτημένοι πάντοθεν καὶ ἦσαν τὰ | * ὀνόματα * | τῶν θεῶν τῶν Αἰγυπτίων ἐγκεκολαμμένα πανταχοῦ |
| Asen. | 9 | 1 | πάντα τὰ ῥήματα Ἰωσὴφ ὅσα ἐλάλησεν αὐτῇ ἐν τῷ | * ὀνόματι * | τοῦ θεοῦ τοῦ ὑψίστου. καὶ ἔκλαυσε κλαυθμῷ μεγάλῳ |
| Asen. | 11 | 15 | καὶ ἐφοβήθη ἀνοῖξαι τὸ στόμα αὐτῆς καὶ ὀνομάσαι τὸ | * ὄνομα * | τοῦ θεοῦ. καὶ ἀπεστράφη πάλιν πρὸς τὸν τοῖχον καὶ |
| Asen. | 11 | 17 | πρὸς τὸν ὕψιστον καὶ πῶς ὀνομάσω τὸ ἅγιον αὐτοῦ | * ὄνομα * | τὸ φοβερὸν μήποτε ὀργισθῇ μοι κύριος διότι ἐν ταῖς |
| Asen. | 11 | 17 | διότι ἐν ταῖς ἀνομίαις μου ἐγὼ ἐπεκαλεσάμην τὸ | * ὄνομα * | τὸ ἅγιον αὐτοῦ; τί νῦν ποιήσω ἡ ταλαίπωρος ἐγώ; |
| Asen. | 11 | 18 | ἀνοίξω τὸ στόμα μου πρὸς αὐτὸν καὶ ⟨ἐπικαλέσω⟩ τὸ | * ὄνομα * | αὐτοῦ. καὶ εἰ θυμῷ κύριος πατάξει με αὐτὸς πάλιν |
| Asen. | 15 | 4 | θάρσει Ἀσενὲθ ἡ παρθένος ἁγνή. ἰδοὺ γὰρ ἐγράφη τὸ | * ὄνομά * | σου ἐν τῇ βίβλῳ τῶν ζώντων ἐν τῷ οὐρανῷ ἐν ἀρχῇ |
| Asen. | 15 | 4 | οὐρανῷ ἐν ἀρχῇ τῆς βίβλου πρῶτον πάντων ἐγράφη τὸ | * ὄνομά * | σου τῷ δακτύλῳ μου καὶ οὐκ ἐξαλειφθήσεται εἰς τὸν |
| Asen. | 15 | 7 | ἔσται σοῦ νυμφίος εἰς τὸν αἰῶνα χρόνον. καὶ τὸ | * ὄνομά * | σου οὐκέτι κληθήσεται Ἀσενὲθ ἀλλ' ἔσται τὸ ὄνομά |
| Asen. | 15 | 7 | ὄνομά σου οὐκέτι κληθήσεται Ἀσενὲθ ἀλλ' ἔσται τὸ | * ὄνομά * | σου πόλις καταφυγῆς διότι ἐν σοὶ καταφεύξονται |
| Asen. | 15 | 7 | οἱ προσκείμενοι τῷ θεῷ τῷ ὑψίστῳ ἐν | * ὀνόματι * | τῆς μετανοίας. διότι ἡ μετάνοιά ἐστιν ἐν τοῖς |
| Asen. | 15 | 7 | σοῦ πᾶσαν ὥραν καὶ ὑπὲρ πάντων τῶν μετανοούντων ἐν | * ὀνόματι * | θεοῦ τοῦ ὑψίστου ἐπειδὴ πατήρ ἐστι τῆς |
| Asen. | 15 | 12 | με ἀπὸ τῶν θεμελίων τῆς ἀβύσσου καὶ εὐλογημένον τὸ | * ὄνομά * | σου εἰς τὸν αἰῶνα. τί ἐστι τὸ ὄνομά σου κύριε |
| Asen. | 15 | 12B | εὐλογημένον τὸ ὄνομά σου εἰς τὸν αἰῶνα. τί ἐστι τὸ | * ὄνομά * | σου κύριε ἀνάγγειλόν μοι ἵνα ὑμνήσω καὶ δοξάσω σε |
| Asen. | 15 | 12B | καὶ εἶπεν αὐτῇ ὁ ἄνθρωπος ἵνα τί τοῦτο ζητεῖς τὸ | * ὄνομά * | μου Ἀσενέθ; τὸ ἐμὸν ὄνομα ἐν τοῖς οὐρανοῖς ἐστίν |
| Asen. | 15 | 12B | ἵνα τί τοῦτο ζητεῖς τὸ ὄνομά μου Ἀσενέθ; τὸ ἐμὸν | * ὄνομα * | ἐν τοῖς οὐρανοῖς ἐστιν ἐν τῇ βίβλῳ τοῦ ὑψίστου |
| Asen. | 15 | 12B | ἐγὼ ἄρχων εἰμί τοῦ οἴκου τοῦ ὑψίστου. καὶ πάντα τὰ | * ὀνόματα * | τὰ γεγραμμένα ἐν τῇ βίβλῳ τοῦ ὑψίστου ἄρρητά |
| Asen. | 15 | 12B | ἐν τῷ κόσμῳ τούτῳ ἐγκεχώρηται ὅτι μεγάλα ἐστὶ τὰ | * ὀνόματα * | ἐκεῖνα καὶ θαυμαστὰ καὶ ἐπαινετὰ σφόδρα. καὶ |
| Asen. | 16 | 16 | τετειχισμένη πάντων τῶν καταφευγόντων ἐπὶ τῷ | * ὀνόματι * | κυρίου τοῦ θεοῦ ⟨τοῦ βασιλέως τῶν αἰώνων⟩. καὶ |
| Asen. | 19 | 5 | αἰῶνα χρόνον. καὶ εἶπέ μοι οὐ κληθήσεται ἔτι τὸ | * ὄνομά * | σου Ἀσενὲθ ἀλλὰ κληθήσεται τὸ ὄνομά σου πόλις |
| Asen. | 19 | 5 | ἔτι τὸ ὄνομά σου Ἀσενὲθ ἀλλὰ κληθήσεται τὸ | * ὄνομά * | σου πόλις καταφυγῆς καὶ κύριος ὁ θεὸς βασιλεύσει |
| Asen. | 19 | 8 | εἶ σὺ τῷ θεῷ τῷ ὑψίστῳ καὶ εὐλογημένον τὸ | * ὄνομά * | σου εἰς τοὺς αἰῶνας διότι κύριος ὁ θεὸς ἐθεμελίωσε |
| Asen. | 26 | 8 | ἐτρόμαξεν ὅλον τὸ σῶμα αὐτῆς. καὶ ἐπεκαλέσατο τὸ | * ὄνομα * | κυρίου τοῦ θεοῦ αὐτῆς. καὶ Βενιαμιν ἐκάθητο ἐξ |
| Sal. | 5 | 1 | σε. ψαλμὸς τῷ Σαλωμων. κύριε ὁ θεὸς αἰνέσω τῷ | * ὀνόματί * | σου ἐν ἀγαλλιάσει ἐν μέσῳ ἐπισταμένων τὰ κρίματά |

| | | | | | | |
|---|---|---|---|---|---|---|
| Sal. | 6 | 1 | ἀνὴρ οὗ ἡ καρδία αὐτοῦ ἑτοίμη ἐπικαλέσασθαι τὸ | * ὄνομα * | κυρίου ἐν τῷ μνημονεύειν αὐτὸν τὸ ὄνομα κυρίου | |
| Sal. | 6 | 1 | τὸ ὄνομα κυρίου ἐν τῷ μνημονεύειν αὐτὸν τὸ | * ὄνομα * | κυρίου σωθήσεται. αἱ ὁδοὶ αὐτοῦ κατευθύνονται ὑπὸ | |
| Sal. | 6 | 4 | ἐξανέστη ἐξ ὕπνου αὐτοῦ καὶ ηὐλόγησεν τῷ | * ὀνόματι * | κυρίου ἐπ' εὐσταθείᾳ καρδίας αὐτοῦ ἐξύμνησεν τῷ | |
| Sal. | 6 | 4 | κυρίου ἐπ' εὐσταθείᾳ καρδίας αὐτοῦ ἐξύμνησεν τῷ | * ὀνόματι * | τοῦ θεοῦ αὐτοῦ καὶ ἐδεήθη τοῦ προσώπου κυρίου | |
| Sal. | 7 | 6 | τοῦ συντελέσαι ἡμᾶς. ἐν τῷ κατασκηνοῦν τὸ | * ὄνομά * | σου ἐν μέσῳ ἡμῶν ἐλεηθησόμεθα καὶ οὐκ ἰσχύσει πρὸς | |
| Sal. | 8 | 22 | αὐτῶν ἐμίαναν Ιερουσαλημ καὶ τὰ ἡγιασμένα τῷ | * ὀνόματι * | τοῦ θεοῦ. ἐδικαιώθη ὁ θεὸς ἐν τοῖς κρίμασιν | |
| Sal. | 8 | 26 | ἡμῶν τὰ κρίματά σου ὁ θεός. ἐδικαιώσαμεν τὸ | * ὄνομά * | σου τὸ ἔντιμον εἰς αἰῶνας ὅτι σὺ ὁ θεὸς τῆς | |
| Sal. | 9 | 9 | τὸ σπέρμα Αβρααμ παρὰ πάντα τὰ ἔθνη καὶ ἔθου τὸ | * ὄνομά * | σου ἐφ' ἡμᾶς κύριε καὶ οὐκ ἀπώσῃ εἰς τὸν αἰῶνα. ἐν | |
| Sal. | 10 | 5 | κρίμασιν αὐτοῦ εἰς τὸν αἰῶνα καὶ Ισραηλ αἰνέσει τῷ | * ὀνόματι * | κυρίου ἐν εὐφροσύνῃ. καὶ ὅσιοι ἐξομολογήσονται | |
| Sal. | 10 | 7 | εἰς τὸν αἰῶνα καὶ συναγωγαὶ Ισραηλ δοξάσουσιν τὸ | * ὄνομα * | κυρίου. τοῦ κυρίου ἡ σωτηρία ἐπὶ οἶκον Ισραηλ εἰς | |
| Sal. | 11 | 8 | καὶ Ιερουσαλημ ἀναστῆσαι κύριος τὸν Ισραηλ ἐν | * ὀνόματι * | δόξης αὐτοῦ τοῦ κυρίου τὸ ἔλεος ἐπὶ τὸν Ισραηλ | |
| Sal. | 15 | 1 | μετὰ ᾠδῆς. ἐν τῷ θλίβεσθαί με ἐπεκαλεσάμην τὸ | * ὄνομα * | κυρίου εἰς βοήθειαν ἤλπισα τοῦ θεοῦ Ιακωβ καὶ | |
| Sal. | 15 | 2 | καὶ τί δυνατὸς ἄνθρωπος εἰ μὴ ἐξομολογήσασθαι τῷ | * ὀνόματί * | σου; ψαλμὸν καινὸν μετὰ ᾠδῆς ἐν εὐφροσύνῃ | |
| Sal. | 17 | 5 | ἐπηγγείλω μετὰ βίας ἀφείλαντο καὶ οὐκ ἐδόξασαν τὸ | * ὄνομά * | σου τὸ ἔντιμον. ἐν δόξῃ ἔθεντο βασίλειον ἀντὶ | |
| Jer. | 6 | 9 | καὶ δεόμεθά σου τῆς ἀγαθότητος τὸ μέγα | * ὄνομα * | ὃ οὐδεὶς δύναται γνῶναι ἄκουσον τῆς φωνῆς τῶν | |
| Jer. | 8 | 7 | πρὸς ἡμᾶς. ὅρκῳ γὰρ ὡρκίσαμεν ἀλλήλους κατὰ τοῦ | * ὀνόματος * | τοῦ θεοῦ ἡμῶν μήτε ὑμᾶς μήτε τέκνα ὑμῶν | |
| Jer. | 8 | 8 | καὶ ᾠκοδόμησαν ἑαυτοῖς πόλιν καὶ ἐπωνόμασαν τὸ | * ὄνομα * | αὐτῆς Σαμάρειαν. ἀπέστειλε δὲ πρὸς αὐτοὺς | |
| Bar. | 2 | 5 | υἱοῖς τῶν ἀνθρώπων. καὶ εἶπέν μοι ὁ ἄγγελος οὗ τὸ | * ὄνομα * | αὐτοῦ Φαμαὴλ ἡ θύρα αὕτη ἣν ὁρᾷς ἐστὶν τοῦ οὐρανοῦ | |
| Bar. | 6 | 9 | καὶ εἶπον κύριε τί ἐστι τὸ ὄρνεον τοῦτο καὶ τί τὸ | * ὄνομα * | αὐτοῦ; καὶ εἶπέν μοι ὁ ἄγγελος φοῖνιξ καλεῖται τὸ | |
| Bar. | 6 | 10 | αὐτοῦ; καὶ εἶπέν μοι ὁ ἄγγελος φοῖνιξ καλεῖται τὸ | * ὄνομα * | αὐτοῦ. καὶ τί ἐσθίει; καὶ εἶπέν μοι τὸ μάννα τοῦ | |
| Prop. | | 1 | | * ονοματα * | προφητων και ποθεν εισι και που απεθανον και πως | |
| Prop. | 2 | 13 | θέλοντα. ἐν τῇ πέτρᾳ ἐσφράγισε τῷ δακτύλῳ τὸ | * ὄνομα * | τοῦ θεοῦ καὶ γέγονεν ὁ τύπος ὡς γλυφὴ σιδήρου καὶ | |
| Prop. | 2 | 13 | ὁ τύπος ὡς γλυφὴ σιδήρου καὶ νεφέλη ἐσκέπασε τὸ | * ὄνομα * | καὶ οὐδεὶς νοεῖ τὸν τόπον οὔτε ἀναγνῶναι αὐτὸν | |
| Prop. | 15 | 3 | οὗτος καὶ τὸν Σαλαθιὴλ ἐφ' υἱῷ ηὐλόγησε καὶ | * ὄνομα * | Ζοροβάβελ ἐπέθηκε καὶ ἐπὶ Κύρου τέρας ἔδωκεν εἰς | |
| Prop. | 26 | 1 | καὶ ἄλλοι προφῆται ἐγένοντο κρυπτοὶ ὧν τὰ | * ὀνόματα * | ἐμφέρονται ἐν ταῖς γενεαλογίαις αὐτῶν ἐπὶ βίβλων | |
| Prop. | 26 | 1 | ἐμφέρονται ἐν ταῖς γενεαλογίαις αὐτῶν ἐπὶ βίβλων | * ὀνομάτων * | Ἰσραὴλ ἐγράφοντο γὰρ πᾶν τὸ γένος Ἰσραὴλ κατ' | |
| Prop. | 26 | 2 | Ἰσραὴλ ἐγράφοντο γὰρ πᾶν τὸ γένος Ἰσραὴλ κατ' | * ὄνομα * | ⟨τῶν προφητῶν καὶ ὁσίων ἀνδρῶν καὶ ὁ θάνατος αὐτῶν | |
| Esdr. | 6 | 1 | τότε λέγει μοι ὁ θεὸς γινώσκεις Ἔσδρᾶμ τὰ | * ὀνόματα * | τῶν ἀγγέλων τῶν ἐπὶ τῆς συντελείας; Μιχαὴλ | |
| Esdr. | 7 | 9 | τοῦτο καὶ ἔχουσιν αὐτὸ καὶ μνημονεύουσιν τοῦ | * ὀνόματός * | μου καὶ ἐπιτελοῦσιν τὴν μνήμην μου δὸς αὐτοῖς | |
| Sedr. | 16 | 5 | ἡμερῶν ἕως εἴκοσι καὶ ὅστις μνησθῇ τοῦ | * ὀνόματός * | σου οὐ μὴ ἴδῃ κολαστήριον ἀλλὰ ἔσται μετὰ τῶν | |
| Job | 1 | 3 | αὐτοῦ καὶ τὰς τρεῖς θυγατέρας αὐτοῦ ὧν εἰσιν τὰ | * ὀνόματα * | Τερσι Χορος Υων Νικη Φορος Φιφη Φρουων Ἡμέρα | |
| Job | 4 | 6 | σου ἀναιρήσει ἀλλ' ἐὰν ὑπομείνῃς, ποιήσω σου τὸ | * ὄνομα * | ὀνομαστὸν ἐν πάσαις ταῖς γενεαῖς τῆς γῆς ἄχρι τῆς | |
| Job | 19 | 4 | ὡς τῷ κυρίῳ ἔδοξεν, οὕτως καὶ ἐγένετο εἴη τὸ | * ὄνομα * | κυρίου εὐλογημένον. τῶν οὖν ὑπαρχόντων μοι πάντων | |
| Job | 53 | 8 | ἐνέθεντο αὐτὸν εἰς τὸν τάφον ἐν καλῷ ὕπνῳ, λαβόντα | * ὄνομα * | ὀνομαστὸν ἐν πάσαις ταῖς γενεαῖς τοῦ αἰῶνος, ἀμήν | |
| Job | 53 | 9 | Ιωβ βελτίους αὐτῶν ἐν τοῖς ὑπ' οὐνόν. προυπῆρχε | * ὄνομα * | τῷ Ιωβ Ιωβαβ, μετονομάσθη δὲ παρὰ κυ Ιωβ. ἔζησε δὲ | |
| Aris. | 97 | 5 | τοῖς γένεσι χρυσῷ κεκολλημένοι τὰ τῶν φυλάρχων | * ὀνόματα * | κατὰ τὴν ἐξ ἀρχῆς διάταξιν γενηθεῖσαν | |
| Aris. | 98 | 4 | ἐκτυποῦν ἐπὶ πετάλῳ χρυσῷ γράμμασιν ἁγίοις τὸ | * ὄνομα * | τοῦ θεοῦ κατὰ μέσον τῶν ὀφρύων δόξῃ πεπληρωμένον ὁ | |
| Aris. | 247 | 2 | ὁ δὲ βασιλεὺς συγκροτήσας πάντας τ' ἐπαινέσας κατ' | * ὄνομα * | καὶ τῶν παρόντων ταὐτὰ ποιούντων ἐπὶ τὸ μέλπειν | |
| Sib. | 3 | 18 | κατιδεῖν δύναται θεὸν ὄσσοις; ἢ τίς χωρήσει κἂν | * τοὔνομα * | μοῦνον ἀκοῦσαι οὐρανίου μεγάλοιο θεοῦ κόσμον | |
| Sib. | 3 | 25 | τετραγράμματον Ἀδὰμ τὸν πρῶτον πλασθέντα καὶ | * οὔνομα * | πληρώσαντα ἀντολίην τε δύσιν τε μεσημβρίην τε καὶ | |
| Sib. | 3 | 104 | ἔριν ὦρσαν τοὔνεκά τοι Βαβυλῶνα βροτοὶ πόλει | * οὔνομ' * | ἔθεντο. αὐτὰρ ἐπεὶ πύργος τ' ἔπεσεν γλῶσσαί τ' | |
| Sib. | 3 | 112 | οὓς ἐκάλεσσαν ἄνθρωποι γαῖάν τε καὶ οὐρανὸν | * οὔνομα * | θέντες οὕνεκά τοι πρώτιστοι ἔσαν μερόπων | |
| Sib. | 3 | 387 | γῆν δεσπότις αὐδηθεῖσα κακαῖς ἄτῃσιν ὀλεῖται | * οὔνομ' * | ἐν ὀψιγόνοισι πολυπλάγκτοισιν ἔχουσα. ἥξει καὶ | |
| Sib. | 3 | 422 | νοῦν δὲ πολὺν καὶ ἔπος διανοίαις ἔμμετρον ἕξει | * οὐνόμασιν * | δυσὶ μισγόμενον Χῖον δὲ καλέσσει αὐτὸν καὶ | |
| Sib. | 3 | 550 | ταῦτα τελεῖν προλιποῦσα θεοῦ μεγάλοιο πρόσωπον; | * οὔνομα * | παγγενέταο σέβας δ' ἔχε μηδὲ λάθῃ σε. χίλια δ' | |
| Sib. | 5 | 22 | ἀριθμῶν κεραίην ἐπὶ πρώτην ἕξει καὶ ποταμοῦ φίλον | * οὔνομα * | ὃς τ' ἐπὶ Πέρσας ἄρξει καὶ Βαβυλῶνα βαλεῖ δορὶ δὴ | |
| Sib. | 5 | 46 | ὃν κόνις ἀλλοτρίη κρύψει νέκυν ἀλλὰ Νεμείης ἄνθεος | * οὔνομ' * | ἔχουσα μετ' αὐτὸν δ' ἄλλος ἀνάξει ἀργυρόκρανος | |
| Sib. | 5 | 47 | δ' ἄλλος ἀνάξει ἀργυρόκρανος ἀνὴρ τῷ δ' ἔσσεται | * οὔνομα * | πόντου ἔσται καὶ πανάριστος ἀνὴρ καὶ πάντα | |
| FJos. | 189 | | ἐγὼ δὲ Ἰακὼβ ὁ κληθεὶς ὑπὸ ἀνθρώπων Ἰακὼβ τὸ δὲ | * ὄνομά * | μου Ἰσραὴλ ὁ κληθεὶς ὑπὸ θεοῦ Ἰσραὴλ ἀνὴρ ὁρῶν | |
| FJos. | 190 | | γῆν καὶ κατεσκήνωσα ἐν ἀνθρώποις καὶ ὅτι ἐκλήθην | * ὀνόματι * | Ἰακὼβ ἐζήλωσε καὶ ἐμαχέσατό μοι καὶ ἐπάλαιε | |
| FJos. | 190 | | καὶ ἐπάλαιε πρός με λέγων προτερήσειν ἐπάνω τοῦ | * ὀνόματός * | μου τὸ ὄνομα αὐτοῦ καὶ τοῦ πρὸ παντὸς ἀγγέλου. | |
| FJos. | 190 | | με λέγων προτερήσειν ἐπάνω τοῦ ὀνόματός μου τὸ | * ὄνομα * | αὐτοῦ καὶ τοῦ πρὸ παντὸς ἀγγέλου. καὶ εἶπα αὐτῷ τὸ | |
| FJos. | 190 | | αὐτοῦ καὶ τοῦ πρὸ παντὸς ἀγγέλου. καὶ εἶπα αὐτῷ τὸ | * ὄνομα * | αὐτοῦ καὶ πόσος ἐστὶν ἐν υἱοῖς θεοῦ οὐχὶ σὺ Οὐριὴλ | |
| FJos. | 190 | | προσώπῳ θεοῦ λειτουργὸς πρῶτος καὶ ἐπεκαλεσάμην ἐν | * ὀνόματι * | ἀσβέστῳ τὸν θεόν μου; ἀνέγνων γὰρ ἐν ταῖς πλαξὶ | |
| FMos. 1 | 153 | 1 | αὐτοῦ καὶ ὁ κόσμος ἐγένετο. ἔσχεν δὲ τρίτον | * ὄνομα * | ἐν οὐρανῷ μετὰ τὴν ἀνάληψιν Μελχί. λόγῳ μόνῳ | |
| FJub. | 11 | 14 | αὐτοῦ τὸν Ἀβραὰμ ὄντινα ἡ μήτηρ ἐκάλεσεν ἐπ' | * ὀνόματι * | τοῦ ἑαυτῆς πατρὸς ἔφθη γὰρ ἐκεῖνος πρὸ τῆς | |
| FIsa. 1 | 2 | 12 | αὐτοὺς ⟨ἐν⟩ τοῖς ἐρήμ⟨ο⟩ις καὶ----- ἐν Σαμαρίᾳ ᾧ | * ⟨ὄ⟩νομα * | ἦν Βελιχειὰρ ἐκ τῆς συγγενίας Σεδεκίου υἱοῦ | |
| FMan. 2 | 22 | 12 | καὶ σφραγισάμενος αὐτὴν τῷ φοβερῷ καὶ ἐνδόξῳ | * ὀνόματί * | σου ὃ πάντα φρίσσει καὶ τρέμει ἀπὸ προσώπου | |
| FEz. | 185 | 16 | απο⟩καθημενης μεμ⟨---- ⟩ς εβδελοιχθημε⟨ν--- ⟩το | * ονομα * | απ⟨ ⟩μενω⟨ ⟩πλατεια⟨ το πλανωμενο⟩ν ουκ | |
| FAch. | 104 | | πρὸς τὸν βασιλέα γράψας πλαστὴν ἐπιστολὴν τῷ αὐτοῦ | * ὀνόματι * | πρὸς τοὺς ἀντιδίκους Λυκούργου (πιστοὺς) ὡς | |
| IDip. 5 | 121 | 1 | ἥνπερ ποιήσει ⟨ὁ⟩ θεὸς ὁ πάντων δεσπότης οὗ τὸ | * ὄνομα * | φοβερόν ⟨ἐστιν⟩ οὐδ' ἂν ὀνομάσαιμι ἐγώ. ὃς τοῖς | |
| HDem. 9 | 21 | 4 | τεκεῖν τοῦ αὐτοῦ ἔτους μηνὸς δωδεκάτου υἱὸν καὶ | * ὄνομα * | αὐτῷ θέσθαι Ἰσσάχαρ. καὶ πάλιν Λείαν τῷ | |
| HDem. 9 | 21 | 5 | τρισκαιδεκάτῳ ἔτει μηνὶ δεκάτῳ υἱὸν ἄλλον τεκεῖν ᾧ | * ὄνομα * | Ζαβουλὼν καὶ τὴν αὐτὴν τῷ τεσσαρεσκαιδεκάτῳ ἔτει | |
| HDem. 9 | 21 | 5 | τῷ τεσσαρεσκαιδεκάτῳ ἔτει μηνὶ ὀγδόῳ τεκεῖν υἱὸν | * ὄνομα * | Δάν. ἐν ᾧ καὶ Ῥαχὴλ λαβεῖν ἐν γαστρὶ τῷ αὐτῷ | |
| HDem. 9 | 29 | 1 | θυγατρὶ Σεπφώρᾳ ἣν εἶναι ὅσα στοχάζεσθαι ἀπὸ τῶν | * ὀνομάτων * | τῶν γενομένων ἐκ Χεττούρας τοῦ Ἀβραὰμ γένους | |
| HEup. 9 | 30 | 5 | πεφύρθαι καὶ πολλὰ ἔτη πεπολεμηκέναι εἶναι δ' αὐτῷ | * ὄνομα * | Διαναθὰν προστάξαι τε αὐτῷ τοῦτον ὅπως τῷ υἱῷ | |
| HEup. 9 | 39 | 2 | τοὺς Ἰουδαίους θυσιάζοντας εἰδώλῳ χρυσῷ ᾧ εἶναι | * ὄνομα * | Βάαλ. τοῦτον δὲ αὐτοῖς τὴν μέλλουσαν ἀτυχίαν | |
| HArt. 9 | 27 | 24 | τῷ Μωϋσῷ τὸ τοῦ πέμψαντος αὐτὸν θεοῦ εἰπεῖν | * ὄνομα * | διαχλευάσαντα αὐτὸν τὸν δὲ προσκύψαντα πρὸς τὸ οὖς | |
| HArt. 9 | 27 | 26 | δὲ ὑπὸ τοῦ Μωΰσου πάλιν ἀναβιῶσαι γράψαντα δὲ | * τοὔνομα * | εἰς δέλτον κατασφραγίσασθαι τῶν τε ἱερέων τὸν | |
| HCle. 1 | 15 | 241 | Ἀβράμῳ ἐγένοντο παῖδες ἱκανοί. αὐτῶν καὶ τὰ | * ὀνόματα * | τρεῖς Ἀφέραν Σουρειμ Ἰάφραν. ἀπὸ Σουρειμ μὲν | |
| HHec. 1 | 22 | 201 | τῶν ἄλλων τῶν παραπεμπόντων ἡμᾶς ἱππέων Ἰουδαῖον | * ὄνομα * | Μοσόλλαμος ἄνθρωπος ἱκανὸς κατὰ ψυχὴν εὔρωστος καὶ | |
| LThe. 9 | 22 | 8 | παρακαλοῦντος περιτέμνεσθαι ἕνα τῶν Ἰακὼβ υἱῶν τὸ | * ὄνομα * | Συμεῶνα διαγνῶναι τόν τε Ἑμμὼρ καὶ τὸν Συχὲμ | |
| LEze. 9 | 28 | 2 30 | τοῦτον γύναι τρόφευε κἀγὼ μισθὸν ἀποδώσω σέθεν. | * ὄνομα * | δὲ Μωσῆν ὠνόμαζε τοῦ χάριν ὑγρᾶς ἀνεῖλε ποταμίας | |
| FrAn. | 574 | 3071 | ἄσβεστον πῦρ διὰ παντὸς αἰῶνος προσπαράκειται τῷ | * ὀνόματι * | αὐτοῦ τῷ ἁγίῳ ιαεωβαφρενεμουν. λόγος ὃν τρέμει | |

ὀνομάζω 32

| | | | | | |
|---|---|---|---|---|---|
| Abr.1 | 16 | 13 | ἐγὼ πάτερ λέγω σοι τὴν ἀλήθειαν ὁποῖον ὄνομα | * ὠνόμασέν * | με ὁ θεὸς ἐκεῖνο καὶ λέγω σοι. εἶπεν δὲ Ἀβραὰμ |
| Abr.2 | 2 | 8 | ἀπεκρίθη Ἀβραὰμ λέγων αὐτῷ οἱ γονεῖς μου | * ὠνόμασάν * | με Ἀβρὰμ καὶ ὁ κύριος ἐκάλεσέν με λέγων |
| TJud. | 1 | 3 | υἱὸς ἐγενόμην τῷ πατρί μου καὶ ἡ μήτηρ μου | * ὠνόμασέ * | με Ἰουδὰ λέγουσα ἀνθομολογοῦμαι τῷ κυρίῳ ὅτι |
| TJud. | 19 | 1 | ὅτι ἐν πλάνῃ δι' ἀργυρίου τοὺς μὴ ὄντας θεοὺς | * ὀνομάζουσι * | καὶ ποιεῖ τὸν ἔχοντα αὐτὴν εἰς ἔκστασιν |
| Asen. | 11 | 15 | οὐρανόν. καὶ ἐφοβήθη ἀνοῖξαι τὸ στόμα αὐτῆς καὶ | * ὀνομάσαι * | τὸ ὄνομα τοῦ θεοῦ. καὶ ἀπεστράφη πάλιν πρὸς τὸν |
| Asen. | 11 | 17 | ἐγὼ ἀνοίξω τὸ στόμα μου πρὸς τὸν ὕψιστον καὶ πῶς | * ὀνομάσω * | τὸ ἅγιον αὐτοῦ ὄνομα τὸ φοβερὸν μήποτε ὀργισθῇ |
| Job | 2 | 1 | ὑμῖν τὰ συμβεβηκότα μοι. ἐγὼ γάρ εἰμι Ιωβαβ πρὶν ἢ | * ὀνομάσαι * | με ὁ κύριος Ιωβ. ὅτε Ιωβαβ ἐκαλούμην, ᾤκουν τὸ |
| Aris. | 124 | 4 | μέγιστον ἡγεῖται τὸ μεταπέμπεσθαι καθ' ὃν ἂν τόπον | * ὀνομασθῇ * | τις ἄνθρωπος διαφέρων ἀγωγῇ καὶ φρονήσει παρ' |
| FJub. | 3 | 1 | μηνὸς καὶ ἕκτη τοῦ παρ' Αἰγυπτίοις Φαρμουθὶ | * ὠνόμασεν * | Ἀδὰμ τὰ ἄγρια θηρία θείῳ τινὶ χαρίσματι. τῇ |
| FJub. | 3 | 1 | χαρίσματι. τῇ δευτέρᾳ ἡμέρᾳ τῆς δευτέρας ἑβδομάδος | * ὠνόμασε * | τὰ κτήνη. τῇ τρίτῃ ἡμέρᾳ τῆς δευτέρας ἑβδομάδος |
| FJub. | 3 | 1 | τὰ κτήνη. τῇ τρίτῃ ἡμέρᾳ τῆς δευτέρας ἑβδομάδος | * ὠνόμασε * | τὰ πετεινά. τῇ τετάρτῃ ἡμέρᾳ τῆς δευτέρας |
| FJub. | 3 | 1 | πετεινά. τῇ τετάρτῃ ἡμέρᾳ τῆς δευτέρας ἑβδομάδος | * ὠνόμασε * | τὰ ἑρπετά. τῇ πέμπτῃ ἡμέρᾳ τῆς δευτέρας |
| FJub. | 3 | 1 | τὰ ἑρπετά. τῇ πέμπτῃ ἡμέρᾳ τῆς δευτέρας ἑβδομάδος | * ὠνόμασε * | τὰ νηκτά. τῇ ἕκτῃ ἡμέρᾳ τῆς δευτέρας ἑβδομάδος |
| FJub. | 3 | 33 | ἡμέρᾳ τῆς πλάσεως αὐτῆς. ἣν ὁ Ἀδὰμ λαβὼν | * ὠνόμασεν * | Εὔαν ὃ ἑρμηνεύεται ζωή διὰ τοῦτο προσέταξεν ὁ |
| FJub. | 4 | 1 | ὀγδοηκοστῷ πέμπτῳ ἔτει ἐγεννήθη αὐτοῖς θυγάτηρ καὶ | * ὠνόμασαν * | αὐτὴν Ἀσουάμ. τῷ ἐνενηκοστῷ ἑβδόμῳ ἔτει |
| FAch. | 115 | | λέγει ⟨μὴ⟩ εὐχερῶς (μὲν ἀληθοῦς) πρόσφερε ἐκεῖνον | * ὀνομάζων * | τοσοῦτον γὰρ διαφέρει Λυκοῦργος ὡς Ζεὺς τῶν ἐπὶ |
| IDip. 5 | 121 | 1 | δεσπότης οὗ τὸ ὄνομα φοβερόν ⟨ἐστιν⟩ οὐδ' ἂν | * ὀνομάσαιμι * | ἐγώ. ὃς τοῖς ἁμαρτάνουσι πρὸς μῆκος βίον |
| HDem. 9 | 21 | 3 | δωδεκάτῳ ἔτει μηνὶ δευτέρῳ υἱὸν ὃν ὑπὸ Λείας Γὰδ | * ὀνομασθῆναι * | καὶ ἐκ τῆς αὐτῆς τοῦ αὐτοῦ ἔτους καὶ μηνὸς |
| HDem. 9 | 21 | 5 | τῷ τεσσαρεσκαιδεκάτῳ ἔτει μηνὶ ὀγδόῳ υἱὸν ὃν | * ὀνομασθῆναι * | Ἰωσήφ ὥστε γεγονέναι ἐν τοῖς ἑπτὰ ἔτεσι |
| HDem. 9 | 21 | 7 | τὸν ἄγγελον ἀπὸ τοῦδε μηκέτι Ἰακὼβ ἀλλ' Ἰσραὴλ | * ὀνομασθήσεσθαι. * | καὶ ἐλθεῖν αὐτὸν τῆς Χαναὰν γῆς εἰς |
| HDem. 9 | 21 | 10 | Βαιθὴλ φάναι τὸν θεὸν μηκέτι Ἰακὼβ ἀλλ' Ἰσραὴλ | * ὀνομάζεσθαι. * | ἐκεῖθεν δὲ ἐλθεῖν εἰς Χαφραθὰ ἔνθεν |
| HDem. 9 | 29 | 3 | αὐτοὺς Μαδιὰμ πόλιν ἣν ἀπὸ ἑνὸς τῶν Ἀβραὰμ παίδων | * ὀνομασθῆναι. * | τὸν Ἀβραὰμ τοὺς παῖδας πρὸς ἀνατολὰς ἐπὶ |
| HEup. 9 | 34 | 13 | παρεφθαρμένως τὴν πόλιν ἀπὸ τοῦ ἱεροῦ Ἱερουσαλὴμ | * ὀνομασθῆναι * | ὑπὸ δὲ τῶν Ἑλλήνων φερωνύμως Ἱεροσόλυμα |
| HArt. 9 | 18 | 1 | τοὺς μὲν Ἰουδαίους | * ὀνομάζεσθαι * | Ἑρμιοὺθ ὃ εἶναι μεθερμηνευθὲν κατὰ τὴν |
| HArt. 9 | 23 | 4 | τὸ ἐν Ἡλιουπόλει ἱερὸν κατασκευάσαι τοὺς Ἑρμιοὺθ | ὀνομαζομένους. * | μετὰ δὲ ταῦτα τελευτῆσαι τόν τε Ἰωσὴφ |
| HArt. 9 | 27 | 3 | τινὸς τῶν Ἰουδαίων παιδίον τοῦτο δὲ Μώϋσον | * ὀνομάσαι * | ὑπὸ δὲ τῶν Ἑλλήνων αὐτὸν ἀνδρωθέντα Μουσαῖον |
| HArt. 9 | 27 | 8 | τὸν δὲ Μώϋσον ἐλθόντα ἐπὶ τὸν Ἑρμοπολίτην | * ὀνομαζόμενον * | νομὸν ἔχοντα περὶ δέκα μυριάδας γεωργῶν |
| HAri. 9 | 25 | 2 | ἱκανάς. τοῦτον δὲ τὸν Ἰὼβ πρότερον Ἰωβὰβ | * ὀνομάζεσθαι. * | πειράζοντα δ' αὐτὸν τὸν θεὸν ἐμμεῖναι |

HCle.   1   15   241   καὶ Ἰάφρα πόλιν τε Ἄφραν καὶ τὴν χώραν Ἀφρικήν   *   ὀνομασθῆναι   *   τούτους γὰρ Ἡρακλεῖ συστρατεῦσαι ἐπὶ Λιβύην
HAno.   9   18     2          ὃν δὴ ἀπὸ τοῦ κατασκευάσαντος Βήλου Βῆλον   *   ὀνομασθῆναι.   *   τὸν δὲ Ἄβραμον τὴν ἀστρολογικὴν ἐπιστήμην
LEze.   9   28   2 30   τρόφευε κἀγὼ μισθὸν ἀποδώσω σέθεν. ὄνομα δὲ Μωσῆν   *   ὠνόμαζε   *   τοῦ χάριν ὑγρᾶς ἀνεῖλε ποταμίας ἀπ' ἠόνος. ἐπεὶ
LArl.   7   32    17          τὸ πρῶτον τμῆμα τοῦ ἡλιακοῦ ἢ ὥς τινες αὐτῶν   *   ὠνόμασαν   *   ζωοφόρου κύκλου διεξιόντος ἡλίου. ἐξ ἀνάγκης τῇ
ὀνομασία
LThe.   9   22     1          τὰ δὲ Σικιμὰ ἀπὸ Σικιμίου τοῦ Ἑρμοῦ λαβεῖν τὴν   *   ὀνομασίαν   *   τοῦτον γὰρ καὶ κτίσαι τὴν πόλιν. ἣ δ' ἄρ' ἔην
ὀνομαστός
Hen.      16Β     1          γιγάντων Ναφηλείμ οἱ ἰσχυροὶ τῆς γῆς οἱ μεγάλοι   *   ὀνομαστοὶ   *   τὰ πνεύματα τὰ ἐκπορευόμενα ἀπὸ τῆς ψυχῆς
Job       4       6   ἀναιρήσει ἀλλ' ἐὰν ὑπομείνῃς, ποιήσω σου τὸ ὄνομα   *   ὀνομαστὸν   *   ἐν πάσαις ταῖς γενεαῖς τῆς γῆς ἄχρι τῆς
Job      53       8   αὐτὸν εἰς τὸν τάφον ἐν καλῷ ὕπνῳ, λαβόντα ὄνομα   *   ὀνομαστὸν   *   ἐν πάσαις ταῖς γενεαῖς τοῦ αἰῶνος, ἀμὴν
ὄνος
Job       9       6          πάσαις εἶχον δὲ ἑκατὸν τεσσαράκοντα χιλιάδας   *   ὄνων   *   νομάδων, καὶ ἀφώρισα ἐξ αὐτῶν πεντακοσίας, καὶ τὴν
Job      16       3   καὶ τὰς τρισχιλίας καμήλους καὶ τὰς πεντακοσίας   *   ὄνους   *   καὶ τὰ πεντακόσια ζεύγη τῶν βοῶν. ταῦτα πάντα
HArl.   9   25     2          καμήλους δὲ τρισχιλίας ζεύγη βοῶν πεντακόσια   *   ὄνους   *   θηλείας νομάδας πεντακοσίας εἶχε δὲ καὶ γεωργίας
HArl.   9   25     3          αὐτὸν ἀτυχίαις. πρῶτον μὲν γὰρ αὐτοῦ τούς τε   *   ὄνους   *   καὶ τοὺς βοῦς ὑπὸ λῃστῶν ἀπολέσθαι εἶτα τὰ πρόβατα
ὄντως
TAser     6       3          καὶ μὴ προσέχετε τὸ κακὸν ὡς καλὸν ἀλλ' εἰς τὸ   *   ὄντως   *   καλὸν ἀποβλέπετε καὶ διατηρεῖτε αὐτὸ ἐν πάσαις
Prop.    21       6   τῶν προφητῶν τοῦ Βάαλ τίς ἂν εἴη ὁ ἀληθινὸς καὶ   *   ὄντως   *   θεὸς ᾔρησε γενέσθαι θυσίαν παρά τε αὐτοῦ κἀκείνων
ὄνυξ
Arls.    66       4   τῶν πολυειδῶν ἀνθράκων τε καὶ σμαράγδων ἔτι δὲ   *   ὄνυχος   *   καὶ τῶν ἄλλων γενῶν τῶν διαφερόντων ἐν ὡραιότητι.
Arls.   150       3          τὸ γὰρ διχηλεύειν καὶ διαστέλλειν ὁπλῆς   *   ὄνυχας   *   σημεῖόν ἐστι τοῦ διαστέλλειν ἕκαστα τῶν πράξεων
ὀνυχόω
Esdr.     5      13   ὀγκοῦται τὸ τρίτον μὲν τριχοῦται τὸ τέταρτον μὲν   *   ὀνυχοῦται   *   τὸ πέμπτον μὲν ἀπογαλακτοῦται καὶ τὸ ἕκτον μὲν
ὄξος
Esdr.     2      25   λέγει ⟨πρὸς⟩ τὸν προφήτην πῶς ἔχω αὐτοὺς ἐλεήσω;   *   ὄξος   *   καὶ χολήν με ἐπότισαν καὶ ὡς οὐδὲ τοῦτοι
Esdr.     7       1   ἀγαπητέ μου ἐγὼ ἀθάνατος ὢν σταυρὸν κατεδεξάμην   *   ὄξος   *   καὶ χολὴν ἐγευσάμην ἐν τάφῳ κατετέθην καὶ τοὺς
FMan.   2   22    10   ἐκ πιτύρων ἄρτος ἐν σταθμῷ βραχὺς καὶ ὕδωρ σὺν   *   ὄξει   *   ὀλίγον ἐν μέτρῳ ὥστε ζῆν αὐτὸν καὶ ἦν συνεχόμενος
ὀξυβελής
Arls.   101       4   ποιήσασθαι τοὺς περὶ τὸν οἶκον ἐπικειμένων καὶ   *   ὀξυβελῶν   *   ἐπὶ τῶν πύργων τῆς ἄκρας καὶ ὀργάνων ποικίλων
ὀξυγράφος
Asen.    20       5   ⟨καὶ οἱ δάκτυλοι αὐτῆς λεπτοὶ ὡς δάκτυλοι γραφέως   *   ὀξυγράφου⟩.   *   καὶ μετὰ ταῦτα ἐκράτησεν Ἰωσὴφ τὴν χεῖρα
ὀξύνω
TDan      4       4   εἰς ᾀηδίαν. πρῶτον γὰρ τέρπει τὴν ἀκοὴν καὶ οὕτως   *   ὀξύνει   *   τὸν νοῦν νοῆσαι τὸ ἐρεθισθὲν καὶ τότε θυμωθεὶς
ὀξύς
Hen.     10       5          βάλε αὐτὸν καὶ ὑπόθες αὐτῷ λίθους τραχεῖς καὶ   *   ὀξεῖς   *   καὶ ἐπικάλυψον αὐτῷ τὸ σκότος. καὶ οἰκησάτω ἐκεῖ
Hen.     10Β      5   ἐκεῖ πορευθεὶς βάλε αὐτόν. καὶ ὑπόθες αὐτῷ λίθους   *   ὀξεῖς   *   καὶ λίθους τραχεῖς καὶ ἐπικάλυψον αὐτῷ σκότος καὶ
TJud.     1       4          τῷ κυρίῳ ὅτι ἔδωκέ μοι καὶ τέταρτόν μοι υἱόν.   *   ὀξὺς   *   ἤμην καὶ σπουδαῖος ἐν νεότητί μου καὶ ὑπήκουσον τῷ
Asen.    16      18   χρυσᾶ ἐπὶ τὰς κεφαλὰς αὐτῶν καὶ κέντρα ἦσαν αὐταῖς   *   ὀξέα   *   καὶ οὐκ ἠδίκουν τινά. καὶ περιεπλάκησαν πᾶσαι αἱ
Asen.    22      13   κύριον καὶ ἦν ἀνὴρ συνίων καὶ προφήτης ὑψίστου καὶ   *   ὀξέως   *   βλέπων τοῖς ὀφθαλμοῖς αὐτοῦ καὶ αὐτὸς ἑώρα
Asen.    23       8          αὐτοῦ διότι ἦν Λευὶς ἀνὴρ προφήτης καὶ ἐθεώρει   *   ὀξέως   *   τῇ διανοίᾳ αὐτοῦ καὶ τοῖς ὀφθαλμοῖς αὐτοῦ καὶ
Prop.    22       2   ὅτι ἡνίκα ἐτέχθη ἐν Γαλγάλοις ἡ δάμαλις ἡ χρυσῆ   *   ὀξὺν   *   ἐβόησεν ὥστε ἀκουσθῆναι εἰς Ἱερουσαλὴμ καὶ εἶπεν ὁ
Arls.    60       2          τοῦ προσαύοντος εἶναι θεωρίαν. διὸ τὴν ὑπεροχὴν   *   ὀξεῖαν   *   εἶναι τῶν δύο κλιμάτων συνέδαμε μετέωρον
Arls.   276       4   αὐτὰ δι' ἑτέρων τρόπων ἐπερωτῶν. τὸ δὲ νοῦν ἔχειν   *   ὀξὺν   *   καὶ δύνασθαι κρίνειν ἕκαστα θεοῦ δώρημα καλὸν ἐστιν
FAch.   109          ἀκαίρως γὰρ κατασοφιζόμενος καταγελασθήσῃ.   *   ὀξύτερα   *   βάδιζε τῆς γλώττης. τοῖς εὖ πράττουσι μὴ φθόνει
HCal.    24       7   οἱ δὲ τὸ προσταχθὲν αὐτοῦ σπουδαίως ἐπλήρωσαν.   *   ὀξὺ   *   γὰρ τὸ Μακεδονικὸν στῖφος εἰς τὸ κελευόμενον ὑπὸ
LThe.   9   22    11   μαργήναντα. ἦλασε δὲ κληῖδα μέσην δῦ δὲ ξίφος   *   ὀξὺ   *   σπλάγχνα διὰ στέρνων λῖπε δὲ ψυχὴ δέμας εὐθύς.
ὀξύστομος
Slb.      5     364   ἐκ περάτων γαίης μητροκτόνος ἀνὴρ φεύγων ἠδὲ νόῳ   *   ὀξύστομα   *   μερμηρίζων ὃς πᾶσαν γαῖαν καθελεῖ καὶ πάντα
ὀξύτης
Arls.   156       3          διανοίας ἐνέργημα καὶ κίνησις ἀόρατος ἥ τε   *   ὀξύτης   *   τοῦ πρὸς ἕκαστόν τι πράσσειν καὶ τεχνῶν εὕρεσις
ὀπάζω
LPhl.   9   20     1   ἀθροισθέντος ἀλλ' ὁ μὲν ἐν χείρεσσι κερασφόρον   *   ὤπασε   *   κριόν. τοῖσιν ἕδος μακαριστὸν ὅλης μέγας ἔκτισεν
ὀπή
Slb.      3     420   βροτὸς ἔσσεται αὖτις ψευδόπατρις δύσει δὲ φάος ἐν   *   ὀπῆσιν   *   ἔῃσιν νοῦν δὲ πολὺν καὶ ἔπος διανοίαις ἔμμετρον
ὀπηδέω
IOrp.    15   θνητοῖσι δίδωσι ἀνθρώποις αὐτῷ δὲ χάρις καὶ μῖσος   *   ὀπηδεῖ   *   καὶ πόλεμον κρυόεντα καὶ ἄλγεα δακρυόεντα. οὐδέ
ὀπηνίκα
Job      28       7   σου. εὐγενέστερος γὰρ ἤμην τῶν ἀφ' ἡλίου ἀνατολῶν.   *   ὀπηνίκα   *   δὲ ἦλθον εἰς τὴν Αὐσῖτιδα ἐρωτήσαντες ἐν τῇ
Slb.      3     666          θεοῦ καὶ φῶτας ἀρίστους πορθεῖν βουλήσονται   *   ὀπηνίκα   *   γαῖαν ἵκωνται. θήσουσιν κύκλῳ πόλεως μιαροὶ
IOrp.    19   πρὶν δή ποτε δεῦρ' ἐπὶ γαῖαν τέκνον ἐμὸν δείξω σοι   *   ὀπηνίκα   *   δέρκομαι αὐτοῦ ἴχνια καὶ χεῖρα στιβαρὴν
ὄπισθεν
TJud.     3       3   βασιλέα ἄνδρα γιγάντων βάλλοντα τόξα ἔμπροσθε καὶ   *   ὄπισθεν   *   ἐφ' ἵππου ἀνελόμενος λίθων λιτρῶν ξ' ἀκοντίσας
TZab.     6       2   μοι σύνεσιν καὶ σοφίαν ἐν αὐτῷ καὶ καθῆκα ξύλον   *   ὄπισθεν   *   αὐτοῦ καὶ ὄδθυην ἐξέτεινα ἐν ὀρθῷ ξύλῳ ἐν μέσῳ
Bar.      7       4   καὶ πρὸς μικρὸν μικρὸν ηὔξανε καὶ ἀνεπληροῦτο. καὶ   *   ὄπισθεν   *   τούτου τὸν ἥλιον ἐξαστράπτοντα καὶ τοὺς ἀγγέλους
Prop.     1       6   ἔστι δὲ ὁ τάφος ἐχόμενα τοῦ τάφου τῶν βασιλέων   *   ὄπισθεν   *   τοῦ τάφου τῶν ἱερέων ἐπὶ τὸ μέρος τὸ πρὸς νότον.
Job      26       6          ἐλεηνῇ ἡμᾶς. ἆρα σὺ οὐχ ὁρᾷς τὸν διάβολον   *   ὄπισθεν   *   σου στήκοντα καὶ ταράσσοντα τοὺς διαλογισμούς;
Job      27       1          ἐγὼ δὲ πάλιν στραφεὶς πρὸς τὸν Σατανᾶν εἶπον,   *   ὄπισθεν   *   ὄντα τῆς γυναικός μου ἐλθὲ ἐπὶ τὰ ἔμπροσθεν,
Slb.      3     445   χρόνον ἔσσῃ ἡμερίη θυγάτηρ πουλὺς δέ τοι ὄλβος   *   ὄπισθεν   *   ἔσσεται ἐν πόντῳ δ' ἕξεις κράτος ἔξοχον ἄλλων.
FJub.     4     31Β   ἀκουσίως τοῖς ὅσοι τὸν οἰκοδομῶν προσανέτρεψεν αὐτὸν   *   ὄπισθεν   *   ὄντος τοῦ Κάϊν ὃς καὶ ἀνῃρέθη ἀκουσίως. γυνὴ Νῶε
HHec.   1   22   203   εἰς τοὔμπροσθεν πέτηται προάγειν ἐὰν δὲ εἰς   *   τοὔπισθεν   *   ἀναχωρεῖν αὖθις σιωπήσας καὶ παρελκύσας τὸ
LEze.   9   29   16 25   ἐφαίνετο ὡς ἦν νοῆσαι πάντα γὰρ τὰ πτήν· ὁμοῦ   *   ὄπισθεν   *   αὐτοῦ δειλιῶντ' ἐπέσσυτο αὐτὸς δὲ πρόσθεν ταῦρος
ὀπίσθιος
Prop.     4       5          ὡς βοῦς σὺν τῇ κεφαλῇ καὶ οἱ πόδες σὺν τοῖς   *   ὀπισθίοις   *   λέων. ἀπεκαλύφθη τῷ ὁσίῳ περὶ τοῦ μυστηρίου
Esdr.     6      10   καὶ εἶπεν ὁ προφήτης οἱ ὀφθαλμοί μου ἴδον τὰ   *   ὀπίσθια   *   τοῦ θεοῦ. καὶ εἶπον οἱ ἄγγελοι διὰ τὴν κορυφὴν
Arls.    88       1   βυσσίνοις χιτῶσιν. ἡ δὲ οἶκος βλέπει πρὸς ἕω τὰ δ'   *   ὀπίσθια   *   αὐτοῦ πρὸς ἑσπέραν τὸ δὲ πᾶν ἔδαφος λιθόστρωτον
ὀπίσω
Hen.     6Β       2   ἐπεθύμησαν αὐτὰς οἱ ἐγρήγοροι καὶ ἀπεπλανήθησαν   *   ὀπίσω   *   αὐτῶν καὶ εἶπον πρὸς ἀλλήλους ἐκλεξώμεθα ἑαυτοῖς
TJud.    13       2   ὑπακούειν ἐντολῆς κυρίου θεοῦ. καὶ μὴ πορεύεσθε   *   ὀπίσω   *   τῶν ἐπιθυμιῶν ὑμῶν μηδὲ ἐν ἐνθυμήσεσι διαβουλίων
TZab.     2       6   κἀκείνους ἐπερχομένους ἀνελεῖν αὐτῶν κατέφυγεν   *   ὀπίσω   *   μου δεόμενος αὐτῶν. ἀναστὰς δὲ Ῥουβὴμ εἶπεν
Asen.    26       6   αὐτῶν ἐν ταῖς δεξιαῖς χερσὶν αὐτῶν καὶ κατεδίωξαν   *   ὀπίσω   *   τῆς Ἀσενὲθ δρόμῳ ταχεῖ. καὶ ἔφυγεν Ἀσενὲθ
Asen.    27       6   Λευὶς καὶ Ἰούδας Ἰσάχαρ καὶ Ζαβουλὼν κατεδίωξαν   *   ὀπίσω   *   τῶν ἀνδρῶν τῶν ἐνεδρευόντων τῇ Ἀσενὲθ καὶ
FPho.   104   γαίης ἐλπίζομεν ἐς φάος ἐλθεῖν λείψαν' ἀποιχομένων   *   ὀπίσω   *   δὲ θεοὶ τελέθονται. ψυχαὶ γὰρ μίμνουσιν ἀκήριοι ἐν
FrAn.   574   3054   δι' ὃν ὁ Ἰορδάνης ποταμὸς ἀνεχώρησεν εἰς τὰ   *   ὀπίσω   *   καὶ ἐρυθρὰ θάλασσα ἣν ὥδευσεν Εἰσραὴλ καὶ ἔστη
ὁπλή
Arls.   150       3   ἐκτέθειται. τὸ γὰρ διχηλεύειν καὶ διαστέλλειν   *   ὁπλῆς   *   ὄνυχας σημεῖόν ἐστι τοῦ διαστέλλειν ἕκαστα τῶν
ὁπλίζω
Slb.      5     341          σὺν Πισιδαῖσι πανδημεὶ κρατέουσι κακὴν ἔριν   *   ὁπλισθέντες.   *   Ἰταλίη τριτάλαινα μενεῖς πανέρημος
FAch.   109          ὃν πρὸς τὴν συμβίωσιν ὅλην τὴν ἡμέραν καθημένη   *   ὁπλίζεται   *   καὶ μηχανωμένη πῶς σου κυριεύσει. τὸν καθημερινόν
LEze.  64   29   6 06   ἀθέσμους εἰς ὕβρεις ὁμοσπόρων τὰς μισαδέλφους   *   ὁπλίσαντες   *   ὠλένας Κάϊν μολῦναι φοινίῳ πρώτῳ λύθρῳ
ὅπλον
Hen.      8       1   ἐδίδαξεν τοὺς ἀνθρώπους Ἀζαὴλ μαχαίρας ποιεῖν καὶ   *   ὅπλα   *   καὶ ἀσπίδας καὶ θώρακας διδάγματα ἀγγέλων καὶ
TLevi     5       3   τότε ὁ ἄγγελος ἤγαγέ με ἐπὶ τὴν γῆν καὶ ἔδωκέ μοι   *   ὅπλον   *   καὶ ῥομφαίαν καὶ εἶπε ποίησον ἐκδίκησιν ἐν Συχὲμ
Arls.   194       3   ἂν φοβερὸς εἴη τοῖς ἐχθροῖς; ὁ δὲ εἶπεν εἰ τῇ τῶν   *   ὅπλων   *   καὶ δυνάμεων παρασκευῇ πολλῇ χρώμενος εἰδείη ταῦτα
Arls.   230       5   ἔσπαρκας αἳ βλαστάνουσιν εὔνοιαν ἢ τὰ μέγιστα τῶν   *   ὅπλων   *   κατισχούσας περιλαμβάνει τὴν μεγίστην ἀσφάλειαν εἰ
Slb.      3     650   ἐνιαυτῶν πέλτας καὶ θυρεοὺς γαίσοισι παμποικίλα θ'   *   ὅπλα   *   οὐδὲ μὲν ἐκ δρυμοῦ ξύλα κόψεται εἰς πυρὸς αὐγήν.
Slb.      3     727   τέρψωμεν ὕμνοισι θεὸν γενετῆρα κατ' οἴκους ἐχθρῶν   *   ὅπλα   *   ποριζόμενοι κατὰ γαῖαν ἄπασαν ἑπτὰ χρόνων μήκη
Slb.      3     729   ἐνιαυτῶν πέλτας καὶ θυρεοὺς κόρυθας παμποικίλα θ'   *   ὅπλα   *   πολλά τε καὶ τόξων πληθὺν βελέων ἀδίκων τε οὐδὲ γὰρ
FPho.   124   εὐεπίην ἀσκεῖτ' ἥτις μάλα πάντας ὀνήσει.   *   ὅπλον   *   τοι λόγος ἀνδρὶ τομώτερόν ἐστι σιδήρου ὅπλον
FPho.   125   ὅπλον τοι λόγος ἀνδρὶ τομώτερόν ἐστι σιδήρου   *   ὅπλον   *   ἑκάστῳ νεῖμε θεὸς φύσιν ἠερόφοιτον ὀρνίσιν πώλοις
HDem.   9   29    16   φοινίκων. ἐπιζητεῖν δέ τινα πῶς οἱ Ἰσραηλῖται   *   ὅπλα   *   ἔσχον ἄνοπλοι ἐξελθόντες ἔφασαν γὰρ τριῶν ἡμερῶν
HDem.   9   29    16   φαίνεται οὖν τοὺς μὴ κατακλυσθέντας τότε ἐκείνων   *   ὅπλοις   *   χρήσασθαι. τὴν Ἰούδα φυλὴν καὶ Βενιαμὶν καὶ
HArt.   9   27     4   καὶ μηχανὰς πρὸς τὰς λιθοβολίας καὶ τὰ Αἰγύπτια   *   ὅπλα   *   καὶ τὰ ὄργανα τὰ ὑδρευτικὰ καὶ πολεμικὰ καὶ τὴν
HArt.   9   27    23   τελευτῆσαι τινὰς δὲ ὑπὸ τοῦ ὕπνου παρεθῆναι τά τε   *   ὅπλα   *   κατεαγῆναι. ἐξελθόντα δὲ τὸν Μώϋσον ἐπὶ τὰ βασίλεια

| | | | |
|---|---|---|---|
| LEze. 9 | 29 14 02 | ὄχλῳ τῷδ' ἀφώρμησεν δόμων βασιλεὺς Φαραὼ μυρίων ж | ὅπλων | ж μετὰ ἵππου τε πάσης καὶ ἁρμάτων τετραόρων καὶ |
| LEze. 9 | 29 14 27 | ὄρθριον μάχην πεποιθότες λαοῖσι καὶ φρικτοῖς ж | ὅπλοις. | ж ἔπειτα θείων ἄρχεται τεραστίων θαυμάστ' ἰδέσθαι. |
| FrAn. | 15 | αὐτοῦ καὶ μελανεῖ τὸ πεδίον ἀπὸ τῶν θυρεῶν καὶ τῶν ж | ὅπλων | ж καὶ πᾶς ὃς ἂν συναντήσῃ αὐτῷ ἐν πολέμῳ ἐν μαχαίρᾳ |

**ὁπλότερος** 1
| | | | |
|---|---|---|---|
| LThe. 9 | 22 3 | τῷ δὲ γάμον κούρης μὲν ὑπέσχετο καὶ κατένευσεν ж | ὁπλοτάτης | ж οὐ μὴν τελέθειν ἐπεμαίετο πάμπαν ἀλλὰ δόλον |

**ὁποῖος** 7
| | | | |
|---|---|---|---|
| Hen. | 102 10 | ἡμέρας ἀγαθάς. ἴδετε οὖν οἱ δικαιοῦντες ⟨ἑαυτ⟩οὺς ж | ὁποία | ж ἐγένετο αὐτῶν ἡ καταστροφὴ ὅτι πᾶσα δικαιοσύνη οὐχ |
| Abr.1 | 16 13 | εἶπεν δὲ ὁ θάνατος ἐγὼ πάτερ λέγω σοι τὴν ἀλήθειαν ж | ὁποῖον | ж ὄνομα ὠνόμασέν με ὁ θεὸς ἐκεῖνο καὶ λέγω σοι. |
| Job | 39 4 | μνήσθητί μου ὁ Ελιφας καὶ οἱ δύο φίλοι σου, ὅτι ж | ὁποία | ж τις ἤμην μεθ' ὑμῶν, καὶ πῶς ἐστολιζόμην. νυνὶ δὲ |
| FrAn. | 574 3038 | αὐτόν. ὁρκίζω σε πᾶν πνεῦμα δαιμόνιον λαλῆσαι ж | ὁποῖον | ж καὶ ἂν ᾖς ὅτι ὁρκίζω σε κατὰ τῆς σφραγῖδος ἧς |
| FrAn. | 574 3042 | γλῶσσαν τοῦ Ἰηρεμίου καὶ ἐλάλησεν. καὶ σὺ λάλησον ж | ὁποῖον | ж ἐὰν ᾖς ἐπουράνιον ἢ ἀέριον εἴτε ἐπίγειον εἴτε |
| FrAn. | 574 3045 | ἢ Ἑβουσαῖον ἢ Χερσαῖον ἢ Φαρισαῖον. λάλησον ж | ὁποῖον | ж ἐὰν ᾖς ὅτι ὁρκίζω σε θεὸν φωσφόρον ἀδάμαστον τὸν |
| FrAn. | 574 3081 | καὶ ὑποταγήσεται σ⟨ο⟩ι πᾶν πνεῦμα καὶ δαιμόνιον ж | ὁποῖον | ж ἐὰν ᾖν. ὁρκίζων δὲ φύσα ἀπὸ τῶν ἄκρων καὶ τῶν |

**ὁπόσος** 7
| | | | |
|---|---|---|---|
| Sib. | 3 350 | καὶ τότ' Ἀλεξανδρεῦσιν ἔτος τὸ παρελθὸν ἄμεινον ж | ὁππόσα | ж δασμοφόρου Ἀσίης ὑπεδέξατο Ῥώμη χρήματά κεν |
| Sib. | 3 385 | καὶ Βαβυλῶνα πόλιν δεδομήσει ἐρυμνὴν καὶ πάσης ж | ὁπόσην | ж ἐπιδέρκεται ἥλιος γῆν δεσπότις αὐδηθεῖσα κακαῖς |
| Sib. | 3 428 | Πριαμίδην καὶ Ἀχιλλέα Πηλείωνα τούς τ' ἄλλους ж | ὁπόσοις | ж πολεμήια ἔργα μέμηλεν. καὶ γε θεοὺς τούτοισι |
| Sib. | 3 480 | κατὰ κῦμα θαλασσείοις τεκέεσσιν. αἰαῖ παρθενικὰς ж | ὁπόσας | ж νυμφεύσεται Ἄιδης κούρους δ' ἀκτεράας ⟨ὁπόσους⟩ |
| Sib. | 3 481 | ὁπόσας νυμφεύσεται Ἄιδης κούρους δ' ἀκτεράας ж | ⟨ὁπόσους⟩ | ж βυθὸς ἀμφιπολεύσει αἰαῖ νήπια τέκν' ἀλινηχέα |
| Sib. | 3 711 | καὶ τότε δὴ νῆσοι πᾶσαι πόλιές τ' ἐρέουσιν ж | ὁππόσον | ж ἀθάνατος φιλέει τοὺς ἄνδρας ἐκείνους. πάντα γὰρ |
| Sib. | 4 19 | διὰ φρενὸς ἤλασεν εἴσω ἀνθρώποις ὅσα νῦν τε καὶ ж | ὁππόσα | ж ἔσσεται αὖτις ἐκ πρώτης γενεῆς ἄχρις ἐς δεκάτην |

**ὁπόταν** 15
| | | | |
|---|---|---|---|
| Sib. | 3 54 | πάντες δ' ἄνθρωποι μελάθροις ἰδίοισιν ὀλοῦνται ж | ὁππόταν | ж οὐρανόθεν πύρινος ῥεύσῃ καταράκτης. οἴμοι |
| Sib. | 3 60 | λιθίνοις τε ἵν' ἔλθῃ εἰς πικρὸν ἦμαρ. ἥξει γὰρ ж | ὁπόταν | ж θείου διαβήσεται ὀδμὴ πᾶσιν ἐν ἀνθρώποισιν. ἀτὰρ |
| Sib. | 3 71 | ἀνέρας οἵτινες +οὔπω θεοῦ λόγον+ εἰσήκουσαν. ἀλλ' ж | ὁπόταν | ж μεγάλοιο θεοῦ πελάσωσιν ἀπειλαὶ καὶ δύναμις |
| Sib. | 3 77 | ἔσσεται ἀρχόμενος καὶ πειθόμενος περὶ παντός. ἔνθ' ж | ὁπόταν | ж κόσμου παντὸς χήρη βασιλεύσῃ καὶ ῥίψῃ χρυσόν τε |
| Sib. | 3 81 | ῥίψῃ τότε δὴ στοιχεῖα πρόπαντα χηρεύσει κόσμου ж | ὁπόταν | ж θεὸς αἰθέρι ναίων οὐρανὸν εἰλίξῃ καθ' ἅπερ |
| Sib. | 3 97 | ἄρ' αὐτὸς πρῶτος ἐπέγνω καὶ κράτος αὐτοῦ. ἀλλ' ж | ὁπόταν | ж μεγάλοιο θεοῦ τελέωνται ἀπειλαὶ ἅς ποτ' |
| Sib. | 3 183 | βροτούς. μέγα δ' ἔσσεται ἀνδράσι κείνοις πτῶμ' ж | ὁπόταν | ж ἄρξωνθ' ὑπερηφανίης ἀδίκοιο. αὐτίκα δ' ἐν τούτοις |
| Sib. | 3 211 | πάντεσσι βροτοῖσι. τί δὴ καθ' ἓν ἐξαγορεύσω; ἀλλ' ж | ὁπόταν | ж τὰ πρῶτα τέλος λάβῃ αὐτίκα δ' ἔσται δεύτερ' ἐπ' |
| Sib. | 3 520 | δεινὴν ἐπιπέμψει ἔθνεσι πληγήν. Ἕλλησιν δ' ж | ὁπόταν | ж πολὺ βάρβαρον ἔθνος ἐπέλθῃ πολλὰ μὲν ἐκλεκτῶν |
| Sib. | 3 556 | ὃν ἕνεκεν τὰ μάταια φρονεῖν ὑμῖν ὑπεδείχθη. ἀλλ' ж | ὁπόταν | ж μεγάλοιο θεοῦ χόλος ἔσσεται ὑμῖν δὴ τότ' |
| Sib. | 3 608 | αὐτοὶ ἐν σχισμαῖς πετρῶν κατακρύψωντες δι' ὄνειδος ж | ὁππόταν | ж Αἰγύπτου βασιλεὺς νέος ἕβδομος ἄρχῃ τῆς ἰδίης |
| Sib. | 4 130 | ὅταν πολύκλυστον ὑπερκλονέῃ μέλαν ὕδωρ. ἀλλ' ж | ὁπόταν | ж χθονίης ἀπὸ ῥωγάδος Ἰταλίδος γῆς πυρσὸς |
| Sib. | 5 247 | κλῦθι πικρᾶς φήμης δυσηχέος ἀνδράσι πῆμα. ἀλλ' ж | ὁπόταν | ж Περσὶς γαῖ' ἀπόσχηται πολέμοιο λοιμοῦ τε |
| Sib. | 5 348 | σεληναίης λαμπρὸν φάος ἔσσεται αὖτις ὑστατίῳ καιρῷ ж | ὁπόταν | ж θεὸς ἡγεμονεύσῃ. πάντα μελανθείη σκοτίη δ' ἔσται |
| Sib. | 5 464 | Ῥώμης βασιλεὺς δυσμῶν τε δυνάσται. χειμερίη ж | ὁπόταν | ж ῥιπὴ στάξῃ χιονώδης πηγνυμένου μεγάλοιο ποταμοῦ |

**ὁπότε** 9
| | | | |
|---|---|---|---|
| Sib. | 3 132 | αὐτὸς ὅταν γήρας τε Κρόνου καὶ μοῖρα πέληται. ж | ὁππότε | ж κεν δὲ Ῥέη τίκτῃ παρὰ τήνδ' ἐκάθηντο Τιτῆνες καὶ |
| Sib. | 3 285 | σὺ μίμνε πιστεύων μεγάλοιο θεοῦ ἀγνοῖσι νόμοισιν ж | ὁππότε | ж σεῖο καμὼν ὀρθὸν γόνυ πρὸς φάος ἄρῃ. καὶ τότε δὴ |
| Sib. | 3 402 | ἄρξει. ἔσται καὶ Φρυγίη δὲ φερεσβίῳ αὐτίκα τέκμαρ ж | ὁππότε | ж κεν Ῥείης μιαρὸν γένος ἐν χθονὶ κῦμα ἀέναον |
| Sib. | 3 569 | ἀλλὰ μέχρις γε τοσοῦδ' ἀσεβῶν γένος ἔσσεται ἀνδρῶν ж | ὁππότε | ж κεν τούτο προλάβῃ τέλος αἴσιμον ἦμαρ. οὐ γὰρ μὴ |
| Sib. | 3 633 | ἀλλὰ σὺ τοῦ μεγάλοιο θεοῦ μήνιμα φύλαξαι ж | ὁππότε | ж κεν πάντεσσι βροτοῖς λοιμοῖο τελευτὴ ἔλθῃ καὶ |
| Sib. | 3 741 | καὶ δούλευε θεῷ μεγάλῳ ἵνα τῶνδε μετάσχῃς. ж | ὁππότε | ж δὴ καὶ τοῦτο λάβῃ τέλος αἴσιμον ἦμαρ (εἰς δὲ |
| Sib. | 3 798 | νοῆσαι ἡνίκα δὴ πάντων τὸ τέλος γαίηφι γένηται. ж | ὁππότε | ж κεν δορρᾶται ἐν οὐρανῷ ἀστερόεντι πλάσεται ὀφθῶσι |
| Sib. | 4 121 | φεύξετ' ἄφαντος ἄπυστος ὑπὲρ πόρον Εὐφρήταο ж | ὁππότε | ж δὴ μητρῷον ἄγος στυγεροῖο φόνοιο τλήσεται ἄλλα τε |
| FPho. | 165 | προλελοιπότες οἴκους ἔρχονται βιότου κεχρημένοι ж | ὁππότ' | ж ἄρουραι λήια κειράμεναι καρπῶν πλήθωσιν ἀλωάς. οἱ |

**ὅπου** 43
**ὁπτάνομαι** 3
| | | | |
|---|---|---|---|
| TLevi | 18 ZB027 | ἀνάφερε πρῶτον καὶ κάλυπτε αὐτὴν τῷ στέατι καὶ μὴ ж | ὀπτανέσθω | ж τὸ αἷμα ἐπὶ τῆς κεφαλῆς αὐτῆς καὶ μετὰ τοῦτο |
| HEup. 9 | 34 10 | ἐπ' αὐτῆς ὁ βασιλεὺς ὅταν προσεύχηται ὅπως ж | ὀπτάνηται | ж τῷ λαῷ τῶν Ἰουδαίων. οἰκοδομῆσαι δὲ καὶ τὸ |
| FrAn. | 574 3033 | σὺ ἀβρασιλωθ αλληλω ἴελωσαϊ ιαηλ. ὁρκίζω σε τὸν ж | ὀπτανθέντα | ж τῷ Ἰσραὴλ ἐν στύλῳ φωτινῷ καὶ νεφέλῃ ἡμερινῇ |

**ὀπτασία** 1
| | | | |
|---|---|---|---|
| Prop. | 23 2 | ἐν τῷ ναῷ φαντασίας καὶ οὐκ ἴσχυον οἱ ἱερεῖς ἰδεῖν ж | ὀπτασίαν | ж ἀγγέλων θεοῦ οὔτε δοῦναι χρησμοὺς ἐκ τοῦ Δαβεὶρ |

**ὀπτός (ὀπτάω)** 3
| | | | |
|---|---|---|---|
| HArt. 9 | 27 11 | χάριν τοῖς δὲ προστάξαι τὸν ἐν Διὸς πόλει ναὸν ἐξ ж | ὀπτῆς | ж πλίνθου κατεσκευασμένον καθαιρεῖν ἕτερον δὲ |
| LEze. 9 | 29 12 29 | ὅπως παρέλθῃ σῆμα δεινὸν ἀγγέλος. ὑμεῖς δὲ νυκτὸς ж | ὀπτὰ | ж δαίσεσθε κρέα. σπουδῇ δὲ βασιλεὺς ἐκβαλεῖ πρόπαντ' |
| LEze. 9 | 29 13 05 | τετρὰς ἐπιλάμψει δεκάδι καὶ πρὸς ἑσπέραν θύσαντες ж | ὀπτὰ | ж πάντα σὺν τοῖς ἔνδοθεν οὕτως φάγεσθε ταῦτα |

**ὀπώρα** 2
| | | | |
|---|---|---|---|
| TIss. | 3 6 | ἁπλότητί μου ὁ πατήρ μου. εἴ τι γὰρ ἔκαμνον πᾶσαν ж | ὀπώραν | ж καὶ πᾶν πρωτογέννημα πρῶτον διὰ τοῦ ἱερέως κυρίῳ |
| Asen. | 4 2 | καὶ ἐχάρη ἐπὶ πᾶσι τοῖς ἀγαθοῖς Ἀσενὲθ ἐπί τε τῇ ж | ὀπώρᾳ | ж καὶ τῇ σταφυλῇ καὶ τοῖς φοίνιξι καὶ ταῖς |

**ὀπωροφυλάκιον** 1
| | | | |
|---|---|---|---|
| TJos. | 19 7 | ἡ δὲ ἐμὴ βασιλεία ἐν ὑμῖν ἐπιτελεῖται ὡς ж | ὀπωροφυλάκιον | ж ὅτι μετὰ τὸ θέρος οὐ φανήσεται. οἶδα ὅτι |

**ὅπως** 97
**ὅραμα** 9
| | | | |
|---|---|---|---|
| Hen. | 99 8 | πλανηθήσονται ἐν ἀφροσύνῃ τῆς καρδίας αὐτῶν καὶ τὰ ж | ὁράματα | ж τῶν ἐνυπνίων καταπλανήσουσιν ὑμᾶς ὑμεῖς καὶ τὰ |
| Abr.1 | 4 8 | τοῦ θανάτου εἰς τὴν καρδίαν τοῦ Ἰσαὰκ ὡς ἐν ж | ὁράματι | ж ἵνα καὶ αὐτὸς ἐν ὀνείρῳ θεάσῃ τὸν θάνατον τοῦ |
| Abr.1 | 4 8 | τοῦ πατρὸς αὐτοῦ καὶ Ἰσαὰκ δὲ ἀναγγελεῖ ἐν ж | ὁράματι | ж σὺ δὲ διακρινεῖς καὶ αὐτὸς γνώσεται τὸ τέλος |
| Abr.1 | 4 11 | συνευφράνθητι καὶ σὺ μετ' αὐτοῦ μόνον δὲ τὰ τοῦ ж | ὁράματος | ж διακρινεῖς καλῶς ὅπως ἂν γνώσῃ ὁ Ἀβραὰμ τὴν |
| TLevi | 9 3 | δὲ ἤλθομεν εἰς Βεθὴλ εἶδεν ὁ πατήρ μου Ἰακὼβ ἐν ж | ὁράματι | ж περὶ ἐμοῦ ὅτι ἔσομαι αὐτοῖς εἰς ἱερέα πρὸς τὸν |
| TLevi | 11 5 | πέμπτῳ ἔτει πρὸς ἀνατολὴς ἡλίου. εἶδον γὰρ ἐν ж | ὁράματι | ж ὅτι μέσος ἐν ὑψηλοῖς ἵστατο πάσης τῆς συναγωγῆς |
| TLevi | 18 ZB064 | νομιζομένη. καὶ ἐπὶ τοῦ παιδαρίου εἶδον ἐγὼ ἐν τῷ ж | ὁράματι | ж μου ὅτι ἐκβεβλημένος ἔσται αὐτὸς καὶ τὸ σπέρμα |
| TJud. | 3 10 | ὅτι ἐγὼ ἤμην ἐν τοῖς ἀδελφοῖς μου. εἶδε γὰρ ἐν ж | ὁράματι | ж περὶ ἐμοῦ ὅτι ἄγγελος δυνάμεως ἕπεταί μοι ἐν |
| FrAn. 17 | 2069 14 | πας ασ - ⟩αναβλεψασ⟨ - - ε⟨ι⟩ς τον ουρανον⟨ - - ж | ο⟩ραματι | ж και⟨ - ⟩εκ του ουρανου⟨ - - ⟩την νομην⟨ - - ⟩και |

**Ὁραμμαμή** 1
| | | | |
|---|---|---|---|
| Hen. | 6B 7 | αὐτῶν β' Ἀταρκούφ γ' Ἀρακιὴλ δ' Χωβαβιὴλ ε' ж | Ὁραμμαμή | ж ς' Ῥαμιὴλ ζ' Σαμψὶχ η' Ζακιὴλ θ' Βαλκιὴλ ι' |

**ὅρασις** 29
| | | | |
|---|---|---|---|
| Hen. | 1 2 | αὐτοῦ εἶπεν Ἑνὼχ ἄνθρωπος δίκαιός ἐστιν ⟨ᾧ⟩ ж | ὅρασις | ж ἐκ θεοῦ αὐτῷ ἀνεῳγμένη ἦν ἔχων τὴν ὅρασιν τοῦ |
| Hen. | 1 2 | ⟨ᾧ⟩ ὅρασις ἐκ θεοῦ αὐτῷ ἀνεῳγμένη ἦν ἔχων τὴν ж | ὅρασιν | ж τοῦ ἁγίου (καὶ) τοῦ οὐρανοῦ. ἔδειξέν μοι καὶ ἀπὸ |
| Hen. | 13 8 | ὡς ἐκοιμήθην καὶ ἰδοὺ ὄνειροι ἐπ' ἐμὲ ἦλθον καὶ ж | ὁράσεις | ж ἐπ' ἐμὲ ἐπέπιπτον καὶ ἴδον ὁράσεις ὀργῆς καὶ |
| Hen. | 13 8 | ἐμὲ ἦλθον καὶ ὁράσεις ἐπ' ἐμὲ ἐπέπιπτον καὶ ἴδον ж | ὁράσεις | ж ὀργῆς καὶ ἦλθεν φωνὴ λέγουσα εἶπον τοῖς υἱοῖς |
| Hen. | 13 10 | ὄψιν. ἐνώπιον αὐτῶν καὶ ἀνήγγειλα αὐτοῖς πάσας τὰς ж | ὁράσεις | ж ἃς εἶδον κατὰ τοὺς ὕπνους καὶ ἠρξάμην λαλεῖν |
| Hen. | 14 1 | κατὰ τὴν ἐντολὴν τοῦ ἁγίου τοῦ μεγάλου ἐν ταύτῃ τῇ ж | ὁράσει | ж ἐγὼ εἶδον κατὰ τοὺς ὕπνους μου ὃ νῦν λέγω ἐν |
| Hen. | 14 4 | ἐγὼ τὴν ἐρώτησιν ὑμῶν τῶν ἀγγέλων ἔγραψα καὶ ἐν τῇ ж | ὁράσει | ж μου τοῦτο ἐδείχθη καὶ οὔτε ἡ ἐρώτησις ὑμῶν |
| Hen. | 14 8 | πᾶν ῥῆμα ἀπὸ τῆς γραφῆς ἧς ἔγραψα. καὶ ἐμοὶ ἐφ' ж | ὁράσει | ж οὕτως ἐδείχθη ἰδοὺ νεφέλαι ἐν τῇ ὁράσει ἐκάλουν |
| Hen. | 14 8 | ἐμοὶ ἐφ' ὁράσει οὕτως ἐδείχθη ἰδοὺ νεφέλαι ἐν τῇ ж | ὁράσει | ж ἐκάλουν καὶ ὀμίχλαι καὶ διαδρομαὶ τῶν |
| Hen. | 14 8 | κατεσπούδαζον καὶ ἐθορύβαζόν με καὶ ἄνεμοί ἐν τῇ ж | ὁράσει | ж μου ἐξεπέτασάν με καὶ ἐπῆράν με ἄνω καὶ |
| Hen. | 14 14 | σειόμενος καὶ τρέμων καὶ ἔπεσον. ἐθεώρουν ἐν τῇ ж | ὁράσει | ж μου καὶ ἰδοὺ ἄλλη θύρα ἀνεῳγμένη κατέναντί μου |
| Hen. | 21 8 | τότε εἶπον ὡς φοβερὸν ὁ τόπος καὶ ὡς δεινὸς τῇ ж | ὁράσει | ж τότε ἀπεκρίθη μοι ὁ εἷς τῶν ἁγίων ἀγγέλων ὃς |
| Hen. | 21B 8 | δεδεμένους καὶ ἐριμμένους ἐν αὐτῷ ὁμοῦ ὁμοίους ж | ὁράσει | ж μεγάλη καὶ ἐν πυρὶ καιομένους. τότε εἶπον διὰ |
| Hen. | 22 2 | λεῖα τὰ κοιλώματα ταῦτα καὶ ὁλοβαθῆ καὶ σκοτινὰ τῇ ж | ὁράσει; | ж τότε ἀπεκρίθη Ῥαφαὴλ ὁ εἷς τῶν ἁγίων ἀγγέλων ὃς |
| Hen. | 24 5 | καὶ ὡραῖα τὰ δ' ἄνθη καὶ φύλλον ὡραῖα τῇ ж | ὁράσει | ж μου καὶ Μιχαὴλ ὁ εἷς τῶν ἁγίων ἀγγέλων |
| Hen. | 32 5 | τότε εἶπον ὡς καλὸν τὸ δένδρον καὶ ὡς ἐπίχαρι τῇ ж | ὁράσει | ж τότε ἀπεκρίθη Ῥαφαὴλ ὁ ἅγιος ἄγγελος ὁ μετ' |
| Abr.1 | 4 3 | ὑπάρχει βασιλέων καὶ ἀρχόντων ὅτι καὶ ἡ ж | ὅρασις | ж αὐτοῦ ὑπερφέρει πάντας τοὺς υἱοὺς τῶν ἀνθρώπων. ὁ |
| TRub. | 2 4 | ζωῆς μεθ' ἧς ἡ σύστασις κτίζεται δεύτερον πνεῦμα ж | ὁράσεως | ж μεθ' ἧς γίνεται ἐπιθυμία τρίτον πνεῦμα ἀκοῆς |
| TLevi | 8 16 | ἔσται καὶ τῷ σπέρματί σου ἔδεσθε πᾶν ὡραῖον ж | ὁράσει | ж καὶ τὴν τράπεζαν κυρίου διανεμήσεται τὸ σπέρμα |
| TLevi | 9 2 | ὁ πατὴρ τοῦ πατρός μου κατὰ πάντας τοὺς λόγους τῶν ж | ὁράσεων | ж μου ὧν εἶδον καὶ οὐκ ἠθέλησε πορευθῆναι μεθ' |
| TDan | 2 4 | ψεύδους σκοτοῖ τὴν διάνοιαν αὐτοῦ καὶ τὴν ὑπόσχ- ж | ὅρασιν | ж παρέχει αὐτῷ. ὡς δὲ περιβάλλει τοὺς |
| TNep. | 2 7 | καὶ ὡς κεχώρισται ἀνάμεσον φωτὸς καὶ σκότους ж | ὁράσεως | ж καὶ ἀκοῆς οὕτω κεχώρισται ἀνάμεσον ἀνδρὸς καὶ |
| TBen. | 6 6 | πάντας εἰλικρινῆ καὶ καθαρὰν διάθεσιν. οὐκ ἔχει ж | ὅρασιν | ж οὐδὲ ἀκοὴν διπλῆν πᾶν γὰρ ὃ ποιεῖ ἢ λαλεῖ ἢ ὁρᾷ |
| Asen. | 18 10 | εἶδεν Ἀσενὲθ ἑαυτὴν ἐν τῷ ὕδατι ἐθαύμηθη ἐπὶ τῇ ж | ὁράσει | ж καὶ ἐχάρη χαρὰν μεγάλην καὶ οὐκ ἔνιψε τὸ πρόσωπον |
| Sal. | 6 3 | ἔργα χειρῶν αὐτοῦ ὑπὸ κυρίου θεοῦ αὐτοῦ. ἀπὸ ж | ὁράσεως | ж πονηρῶν ἐνυπνίων αὐτοῦ οὐ ταραχθήσεται ἡ ψυχὴ |
| Bar. | 4 3 | πέντε. καὶ ἔδειξέν μοι πεδίον καὶ ὄφιν ὡς ж | ὁράσεως | ж πέτρας. καὶ ἔδειξέν μοι τὸν Ἅιδην καὶ ἦν ἡ |

| | | | | | |
|---|---|---|---|---|---|
| Aris. | 142 | 4 | καὶ διὰ βρωτῶν καὶ ποτῶν καὶ ἀφῶν καὶ ἀκοῆς καὶ | * ὁράσεως * | νομικῶς. τὸ γὰρ καθόλου πάντα πρὸς τὸν φυσικὸν |
| FAch. | 114 | | ὡς γὰρ βασιλεὺς πορφυρίζουσαν ἔχεις τὴν ἀπὸ τῆς | * ὁράσεως * | τέρψιν καὶ τοὺς καρποὺς εὐανθεῖς ἀναλαμβάνεις. ὁ |
| LArl. 8 | 10 | 14 | οὔσης τῆς περιόδου περὶ αὐτὸ κατὰ πάντα τόπον τῆς | * ὁράσεως * | πᾶσιν αὐτοῖς κυκλόθεν ὡς ἦσαν παρεμβεβληκότες τὸ |
| ὁρατός | 4 | | | | |
| TRub. | 4 | 10 | ὁ θεὸς τῶν πατέρων μου ἐρρύσατο αὐτὸν ἀπὸ παντὸς | * ὁρατοῦ * | καὶ κεκρυμμένου θανάτου. ἐὰν γὰρ μὴ κατισχύσῃ ἡ |
| TRub. | 6 | 12 | αὐτοῦ ὅτι ὑπὲρ ἡμῶν ἀποθανεῖται ἐν πολέμοις | * ὁρατοῖς * | καὶ ἀοράτοις καὶ ἔσται ἐν ὑμῖν βασιλεὺς αἰώνων. |
| Sib. | 5 | 425 | ἀπείρονα πύργον αὐτῶν ἁπτόμενον νεφέων καὶ πᾶσιν | * ὁρατὸν * | ὥστε βλέπειν πάντας πιστοὺς πάντας τε δικαίους |
| HCal. | 28 | 16 | ηὔξατο καὶ ὦ θεὲ θεῶν εἶπε καὶ δημιουργὲ | * ὁρατῶν * | καὶ ἀοράτων συνεργός μοι φάνηθι ὧν πράττειν |
| ὁράω | 147 (cf.+ εἶδον) | | | | |
| Adam | 5 | 2 | λέγων ἐλθέτωσαν πρός με οἱ υἱοί μου πάντες ὅπως | * ὄψομαι * | αὐτοὺς πρὶν ἀποθανεῖν με. καὶ συνήχθησαν πάντες. |
| Adam | 18 | 5 | οὐ φάγεσθαι ἐξ αὐτοῦ. σὺ δὲ πρόσχες τῷ φυτῷ καὶ | * ὄψει * | δόξαν μεγάλην. ἐγὼ δὲ προσέσχον τῷ φυτῷ καὶ ἴδον |
| Adam | 39 | 3 | αὐτὸς καὶ οἱ ἀκούσαντες αὐτοῦ καὶ λυπηθήσεται | * ὁρῶν * | σε καθήμενον ἐπὶ τοῦ θρόνου αὐτοῦ. μετὰ ταῦτα εἶπεν |
| Hen. | 9 | 6 | ἐνώπιόν σου φανερὰ καὶ ἀκάλυπτα. καὶ πάντα σὺ | * ὁρᾷς * | ἃ ἐποίησεν Ἀζαὴλ ὃς ἐδίδαξεν πάσας τὰς ἀδικίας ἐπὶ |
| Hen. | 9 | 11 | καὶ σὺ πάντα οἶδας πρὸ τοῦ αὐτὰ γενέσθαι καὶ σὺ | * ὁρᾷς * | ταῦτα καὶ ἐᾷς αὐτοὺς καὶ οὐδὲ ἡμῖν λέγεις τί δεῖ |
| Hen. | 9B | 5 | πάντα ἐνώπιόν σου φανερὰ καὶ ἀκάλυπτα καὶ πάντα | * ὁρᾷς * | καὶ οὐκ ἔστιν ὃ κρυβῆναί σε δύναται. ὁρᾷς ὅσα |
| Hen. | 9B | 6 | πάντα ὁρᾷς καὶ οὐκ ἔστιν ὃ κρυβῆναί σε δύναται. | * ὁρᾷς * | ὅσα ἐποίησεν Ἀζαὴλ καὶ ὅσα εἰσήνεγκεν ὅσα ἐδίδαξεν |
| Hen. | 9B | 11 | καὶ σὺ αὐτὰ οἶδας πρὸ τῶν αὐτὰ γενέσθαι καὶ | * ὁρᾷς * | αὐτοὺς καὶ ἐᾷς αὐτοὺς καὶ οὐδὲν λέγεις. τί δεῖ |
| Hen. | 12 | 6 | τῶν υἱῶν αὐτῶν τὸν φόνον τῶν ἀγαπητῶν αὐτῶν | * ὄψονται * | καὶ ἐπὶ τῇ ἀπωλείᾳ τῶν υἱῶν αὐτῶν στενάξουσιν |
| Hen. | 21 | 2 | τῆς ἀκατασκευάστου. κἀκεῖ ἐθεασάμην ἔργον φοβερὸν | * ἑώρακα * | οὔτε οὐρανὸν ἐπάνω οὔτε γῆν τεθέαμαι |
| Hen. | 21B | 2 | ἀκατασκευάστου. καὶ ἐκεῖ ἐθεασάμην ἔργον φοβερόν. | * ἑώρακα * | οὔτε οὐρανὸν ἐπάνω οὔτε γῆν τεθεμελιωμένην ἀλλὰ |
| Hen. | 98 | 1 | τοῖς φρονίμοις καὶ οὐχὶ τοῖς ἄφροσι ὅτι πολλὰς | * ὄψεσθε * | ἐπὶ τῆς γῆς ἀνομίας ὅτι κάλλος περιθήσονται |
| Hen. | 100 | 6 | ἡδὺν καὶ οὐκ ἔσται οὐκέτι ὁ ἐκφοβῶν αὐτούς. τότε | * ὄψονται * | οἱ φρόνιμοι τῶν ἀνθρώπων καὶ κατανοήσουσιν οἱ |
| Hen. | 101 | 4 | ὑμῶν μεγάλα καὶ σκληρὰ ἐπὶ τῇ μεγαλωσύνῃ αὐ⟨τοῦ⟩; | * ὁρᾶ⟩τε * | τοὺς ναυκλήρους τοὺς πλωιζομένους τὴν θάλασσαν |
| Hen. | 102 | 8 | ἀπὸ τοῦ νῦν ἀναστήτωσαν καὶ σωθήτωσαν καὶ | * ὄψονται * | εἰς τὸν αἰῶνα ἡμᾶς φαγεῖν καὶ πεῖν. τοιγαροῦν |
| Abr.1 | 7 | 1 | υἱέ μου ἀγαπητὲ ἀνάγγειλόν μοι τὴν ἀλήθειαν τί τὰ | * ὁραθέντα * | σοι καὶ τί πέπονθας ὅτι οὕτως εἰσῆλθες πρὸς |
| Abr.1 | 7 | 8 | ἄκουσον δίκαιε Ἀβραὰμ ὁ μὲν ἥλιος ὃν | * ἑώρακεν * | ὁ παῖς σὺ εἶ ὁ πατὴρ αὐτοῦ καὶ ἡ σελήνη ὁμοίως ἡ |
| Abr.1 | 10 | 2 | ὁ Ἀβραὰμ ἐπὶ ὀχήματος ἐφ' ὅλην τὴν οἰκουμένην. | * ἑώρα * | δὲ Ἀβραὰμ τὸν κόσμον καθὼς ἦγεν ἡ ἡμέρα ἐκείνη |
| Abr.2 | 13 | 11 | καὶ εἶπεν τῷ θανάτῳ Ἀβραὰμ ἐτόλμησας ψεύσασθαι | * ὁρῶ * | τὴν ὡραιότητά σου ὅτι οὐκ ἔστιν ἐκ τοῦ κόσμου |
| TRub. | 3 | 4 | ἀρεσκείας καὶ μαγγανείας ἵνα διὰ περιεργίας ὡραῖος | * ὠφθῇ * | πέμπτον πνεῦμα ὑπερηφανίας ἵνα καυχᾶται καὶ |
| TRub. | 5 | 6 | ἐγρηγόρους πρὸ τοῦ κατακλυσμοῦ κἀκεῖνοι συνεχῶς | * ὁρῶντες * | αὐτὰς ἐγένοντο ἐν ἐπιθυμίᾳ ἀλλήλων καὶ συνέλαβον |
| TSim. | 4 | 1 | τοῦ φθόνου. καὶ ἦν ἐρωτῶν ὁ πατὴρ περὶ ἐμοῦ ὅτι | * ἑώρα * | με σκυθρωπὸν καὶ ἔλεγον τὰ ἥπατά μου κακοῦμαι ἐγώ. |
| TSim. | 5 | 4 | κακῶν χωρίζουσα θεοῦ καὶ προσεγγίζουσα τῷ Βελιάρ. | * ἑώρακα * | γὰρ ἐν χαρακτῆρι γραφῆς Ἐνὼχ ὅτι υἱοὶ ὑμῶν μεθ' |
| TLevi | 1 | 2 | ὑγιαίνων ἦν ὅτε ἐκάλεσεν αὐτοὺς πρὸς ἑαυτὸν | * ὤφθη * | γὰρ αὐτῷ ὅτι μέλλει ἀποθνήσκειν. καὶ ὅτε συνήχθησαν |
| TLevi | 2 | 3 | πνεῦμα συνέσεως κυρίου ἦλθεν ἐπ' ἐμὲ καὶ πάντας | * ἑώρων * | ἀνθρώπους ἀφανίσαντας τὴν ὁδὸν αὐτῶν καὶ ὅτι τείχη |
| TLevi | 2 | 9 | θαύμαζε ἐπὶ τούτοις ἄλλους γὰρ τέσσαρας οὐρανοὺς | * ὄψει * | φαιδροτέρους καὶ ἀσυγκρίτους ὅτε ἀνέλθῃς ἐκεῖ ὅτι |
| TLevi | 2 | 11 | τὸν Ἰσραὴλ κηρύξεις καὶ διὰ σοῦ καὶ Ἰουδὰ | * ὀφθήσεται * | κύριος ἐν ἀνθρώποις σῴζων ἐν αὐτοῖς πᾶν γένος |
| TLevi | 3 | 1 | κατώτερος διὰ τοῦτο στυγνότερός ἐστιν ἐπειδὴ οὗτος | * ὁρᾷ * | πάσας ἀδικίας ἀνθρώπων. ὁ δεύτερος ἔχει πῦρ χιόνα |
| TLevi | 18 | 2B055 | πόδας νίπτου διὰ παντὸς ἀπὸ πάσης σαρκὸς καὶ μὴ | * ὀφθήτω * | ἐπὶ σοὶ πᾶν αἷμα καὶ πᾶσα ψυχὴ τὸ γὰρ αἷμα ψυχή |
| TLevi | 18 | 2B067 | καὶ ἐκάλεσα τὸ ὄνομα αὐτοῦ Καάθ. καὶ ὅτε ἐγεννήθη | * ἑώρακα * | ὅτι ἐπ' αὐτῷ ἔσται ἡ συναγωγὴ παντὸς τοῦ λαοῦ καὶ |
| TJud. | 9 | 5 | αὐτούς. καὶ ὡς οὐκ ἤνοιγον μετὰ ἡμέρας εἴκοσιν | * ὁρώντων * | αὐτῶν προσάγω κλίμακα καὶ τὴν ἀσπίδα ἐπὶ τῆς |
| TIss. | 1 | 11 | δόλος προχωρεῖ ἐπὶ τῆς γῆς. εἰ δὲ μὴ οὐκ ἂν ἧς σὺ | * ὁρῶσα * | πρόσωπον Ἰακὼβ οὐ γὰρ γυνὴ αὐτοῦ σὺ εἶ ἀλλ' ἐν |
| TIss. | 2 | 1 | με ἔτεκε καὶ διὰ τὸν μισθὸν ἐκλήθην Ἰσαχάρ. τότε | * ὤφθη * | τῷ Ἰακὼβ ἄγγελος κυρίου λέγων ὅτι δύο τέκνα Ῥαχὴλ |
| TIss. | 4 | 6 | ἐννοεῖ πορεύεται γὰρ ἐν εὐθύτητι ζωῆς καὶ πάντα | * ὁρᾷ * | ἐν ἁπλότητι μὴ ἐπιδεχόμενος ὀφθαλμοῖς πονηρίας ἀπὸ |
| TZab. | 4 | 3 | ἀποπηδήσαντες Συμεὼν καὶ Γὰδ ἀνέλωσιν αὐτόν. καὶ | * ὁρῶντες * | κἀμὲ μὴ ἐσθίοντα ἔθεντό με τηρεῖν αὐτὸν ἕως οὗ |
| TZab. | 4 | 5 | ἀπόντος αὐτοῦ περισχισάμενος ἐθρήνει λέγων πῶς | * ὄψομαι * | τὸ πρόσωπον Ἰακὼβ τοῦ πατρός μου; καὶ λαβὼν τὸ |
| TZab. | 6 | 7 | παρὰ κυρίου. πέντε ἔτη ἡλίευσα παντὶ ἀνθρώπῳ ὃν | * ἑωράκειν * | μεταδιδοὺς καὶ παντὶ τῷ οἴκῳ τοῦ πατρός μου |
| TZab. | 9 | 8 | ἐπιστρέψει πάντα τὰ ἔθνη εἰς παραζήλωσιν αὐτοῦ καὶ | * ὄψεσθε * | θεὸν ἐν σχήματι ἀνθρώπου ⟨ἐν ναῷ⟩ ὃν ἂν ἐκλέξηται |
| TDan | 2 | 2 | ἐστιν ἐν τῷ θυμῷ τέκνα μου καὶ οὐκ ἔστι τις | * ὁρῶν * | πρόσωπον ἐν ἀληθείᾳ ὅτι κἂν πατὴρ κἂν μήτηρ ἐστίν |
| TNep. | 5 | 8 | καὶ εἶδον ὅτι ἤμην ἐν κήποις καὶ ἰδοὺ γραφὴ ἁγία | * ὤφθη * | ἡμῖν λέγουσα Ἀσσύριοι Μῆδοι Πέρσαι Ἐλυμαῖοι |
| TNep. | 7 | 2 | τότε λέγει μοι ὁ πατήρ μου πιστεύω ὅτι ζῇ Ἰωσὴφ | * ὁρῶ * | γὰρ πάντοτε ὅτι κύριος συγκαταριθμεῖ αὐτὸν μεθ' |
| TNep. | 7 | 3 | ζῇς Ἰωσὴφ τέκνον μου καὶ οὐ βλέπω σε καὶ σὺ οὐχ | * ὁρᾷς * | Ἰακὼβ τὸν γεννήσαντά σε. ἐποίησε δὲ καὶ ἡμᾶς |
| TNep. | 8 | 3 | εὐλογηθήσεται Ἰακώβ. διὰ γὰρ τοῦ σκήπτρου αὐτοῦ | * ὀφθήσεται * | θεὸς κατοικῶν ἐν ἀνθρώποις ἐπὶ τῆς γῆς σῶσαι |
| TGad | 4 | 5 | καὶ κατὰ τῶν εὐπραγούντων τὴν προκοπὴν ἀκούων καὶ | * ὁρῶν * | πάντοτε ἀσθενεῖ. ὥσπερ γὰρ ἡ ἀγάπη καὶ τοὺς νεκροὺς |
| TAser | 5 | 1 | μισῶν ἀπαγορεύει ἀπείργων τὸ κακὸν τοῦ ἀγαθοῦ. | * ὁρᾶτε * | οὖν τέκνα πῶς δύο εἰσὶν ἐν πᾶσιν ἓν κατέναντι τοῦ |
| TJos. | 10 | 1 | ὁ κύριος ἐφύλαξέ με ἀπὸ τῶν ἐγχειρημάτων αὐτῆς. | * ὁρᾶτε * | οὖν τέκνα μου πόσα κατεργάζεται ἡ ὑπομονὴ καὶ |
| TJos. | 14 | 1 | καὶ γυμνόν με ἐκέλευσε τύπτεσθαι. ἡ δὲ Μέμφις | * ἑώρα * | διὰ θυρίδος τυπτομένου μου καὶ ἀποστέλλει πρὸς τὸν |
| TJos. | 14 | 4 | μᾶλλον ἄνετον καὶ ὑπηρετεῖν σοι; ἤθελε γάρ με | * ὁρᾶν * | ἐν πόθῳ ἁμαρτίας καὶ ἠγνόουν ἐπὶ πᾶσι τούτοις. ὁ δὲ |
| TJos. | 17 | 1 | καὶ ἰδὼν ἐγὼ ἐσιώπησα ἵνα μὴ ἐτασθῇ ὁ εὐνοῦχος. | * ὁρᾶτε * | τέκνα πόσα ὑπέμεινα ἵνα μὴ καταισχύνω τοὺς |
| TJos. | 18 | 3 | ἀπὸ παντὸς κακοῦ λυτρωθήσεσθε διὰ κυρίου. ἰδοὺ γὰρ | * ὁρᾶτε * | ὅτι διὰ τὴν μακροθυμίαν καὶ θυγατέρα κυρίων μου |
| TBen. | 6 | 2 | ἄγγελος τῆς εἰρήνης ὁδηγεῖ τὴν ψυχὴν αὐτοῦ. οὐχ | * ὁρᾷ * | ἐμπαθῶς τοῖς φθαρτοῖς οὐδὲ συνάγει πλοῦτον εἰς |
| TBen. | 6 | 6 | ὅρασιν οὐδὲ ἀκοὴν διπλῆν πᾶν γὰρ ὃ ποιεῖ ἢ λαλεῖ ἢ | * ὁρᾷ * | οἶδεν ὅτι κύριος ἐπισκέπτει ψυχὴν αὐτοῦ καὶ καθαίρει |
| TBen. | 8 | 2 | καὶ τῇ ἀγάπῃ. ὁ ἔχων διάνοιαν καθαρὰν ἐν ἀγάπῃ οὐχ | * ὁρᾷ * | γυναῖκα εἰς πορνείαν οὐ γὰρ ἔχει μιασμὸν ἐν καρδίᾳ |
| TBen. | 10 | 6 | τὸ σωτήριον αὐτοῦ πᾶσι τοῖς ἔθνεσιν. τότε | * ὄψεσθε * | Ἐνὼχ Νῶε καὶ Σὴμ καὶ Ἀβραὰμ καὶ Ἰσαὰκ καὶ |
| Asen. | 2 | 1 | ὑπερήφανος πρὸς πάντα ἄνθρωπον. καὶ οὐδεὶς ἀνὴρ | * ἑώρακεν * | αὐτὴν πώποτε καθότι ἦν πύργος τῷ Πεντεφρῇ |
| Asen. | 3 | 5 | ἡ μήτηρ αὐτῆς καὶ ἐχάρη καὶ εἶπεν πορεύσομαι καὶ | * ὄψομαι * | τὸν πατέρα μου καὶ τὴν μητέρα μου ὅτι ἥκασιν ἐξ |
| Asen. | 4 | 1 | ἐπὶ τῇ θυγατρὶ αὐτῶν Ἀσενὲθ χαρὰν μεγάλην διότι | * ἑώρων * | αὐτὴν κεκοσμημένην ὡς νύμφην θεοῦ. καὶ ἐξήνεγκαν |
| Asen. | 6 | 5 | καὶ ἀποκρυβήσομαι ἀπὸ προσώπου αὐτοῦ ὅπως μὴ | * ὄψηταί * | με Ἰωσὴφ ὁ υἱὸς τοῦ θεοῦ διότι λελάληκα πονηρὰ |
| Asen. | 6 | 6 | καὶ κρυβήσομαι ὅτι πᾶσαν ἀποκρυβὴν αὐτὸς | * ὁρᾷ * | καὶ οὐδὲν κρυπτὸν λέληθεν αὐτὸν διὰ τὸ φῶς τὸ μέγα |
| Asen. | 7 | 3 | πᾶσαι αἱ γυναῖκες καὶ θυγατέρες τῶν Αἰγυπτίων ὡς | * ἑώρων * | τὸν Ἰωσὴφ κακῶς ἔπασχον ἐπὶ τῷ κάλλει αὐτοῦ. ὁ δὲ |
| Asen. | 7 | 7 | ταύτης. καὶ εἶπεν αὐτῷ Πεντεφρῆς κύριε ἐκείνη ἣν | * ἑώρακας * | ἑστῶσαν ἐν τῷ ὑπερῴῳ οὐκ ἔστι γυνὴ ἀλλοτρία ἀλλ' |
| Asen. | 7 | 7 | μισοῦσα πάντα ἄνδρα καὶ οὐκ ἔστιν ἀνὴρ ἄλλος ὃς | * ἑώρακεν * | αὐτὴν πώποτε εἰ μὴ σὺ μόνος σήμερον. καὶ εἰ |
| Asen. | 10 | 5 | καὶ τί ἐστι τὸ ἐνοχλοῦν σοι; ἄνοιξον ἡμῖν καὶ | * ὀψόμεθα * | τί σοί ἐστιν. καὶ οὐκ ἤνοιξεν Ἀσενὲθ τὴν θύραν |
| Asen. | 11 | 12 | ἐκχέω τὴν δέησίν μου ἐνώπιον αὐτοῦ. τίς οἶδεν εἰ | * ὄψεται * | τὴν ταπείνωσίν μου καὶ ἐλεήσει με; τυχὸν ὄψεται |
| Asen. | 11 | 12 | εἰ ὄψεται τὴν ταπείνωσίν μου καὶ ἐλεήσει με; τυχὸν | * ὄψεται * | τὴν ἐρήμωσίν μου ταύτην καὶ οἰκτειρήσει με ἢ |
| Asen. | 11 | 13 | τὴν ἐρήμωσίν μου ταύτην καὶ οἰκτειρήσει με ἢ | * ὄψεται * | τὴν ὀρφανίαν μου καὶ ὑπερασπιεῖ μου διότι αὐτός |
| Asen. | 14 | 2 | τοῦ φωτὸς τῆς μεγάλης ἡμέρας ἀνέτειλεν. καὶ ἔτι | * ἑώρα * | Ἀσενὲθ καὶ ἰδοὺ ἐγγὺς τοῦ ἑωσφόρου ἐσχίσθη ὁ |
| Asen. | 15 | 3 | τῆς ἐξομολογήσεώς σου καὶ τῆς προσευχῆς σου. ἰδοὺ | * ἑώρακα * | καὶ τὴν ταπείνωσιν καὶ τὴν θλῖψιν τῶν ἑπτὰ ἡμερῶν |
| Asen. | 15 | 9 | μου. καὶ ἐλεύσεται πρός σε Ἰωσὴφ σήμερον καὶ | * ὄψεταί * | σε καὶ χαρήσεται ἐπὶ σε καὶ ἀγαπήσει σε καὶ ἔσται |
| Asen. | 15 | 10 | ἰδοὺ γὰρ αὐτὸς παραγίνεται πρός σε σήμερον καὶ | * ὄψεταί * | σε καὶ χαρήσεται. καὶ ὡς ἐτέλεσεν ὁ ἄνθρωπος |
| Asen. | 16 | 16 | περισχήσουσί σε καὶ ἡ νεότης σου γῆρας οὐκ | * ὄψεται * | καὶ τὸ κάλλος σου εἰς τὸν αἰῶνα οὐκ ἐκλείψει. καὶ |
| Asen. | 17 | 1 | τοῖς καρποφόροις. καὶ εἶπεν ὁ ἄνθρωπος τῇ Ἀσενὲθ | * ἑώρακας * | τὸ ῥῆμα τοῦτο; καὶ αὐτὴ εἶπεν ναὶ κύριε ἑώρακα |
| Asen. | 17 | 1 | ἑώρακας τὸ ῥῆμα τοῦτο; καὶ αὐτὴ εἶπεν ναὶ κύριε | * ἑώρακα * | ταῦτα πάντα. καὶ εἶπεν αὐτῇ ὁ ἄνθρωπος οὕτως |
| Asen. | 18 | 7 | τῇ ταπεινῇ ⟨ὅτι⟩ τὸ πρόσωπόν μου συμπέπτωκεν. | * ὄψεταί * | με Ἰωσὴφ καὶ ἐξουδενώσει με. καὶ εἶπε τῇ |
| Asen. | 18 | 9 | καὶ ἔκυψεν Ἀσενὲθ νίψασθαι τὸ πρόσωπον αὐτῆς καὶ | * ὁρᾷ * | τὸ πρόσωπον αὐτῆς ἐν τῷ ὕδατι καὶ ἦν ὡς ὁ ἥλιος καὶ |
| Asen. | 22 | 3 | Γεσέμ. καὶ εἶπεν Ἀσενὲθ τῷ Ἰωσὴφ πορεύσομαι καὶ | * ὄψομαι * | τὸν πατέρα σου διότι ὁ πατήρ σου Ἰσραὴλ ὡς πατήρ |
| Asen. | 22 | 4 | θεός. καὶ εἶπεν αὐτῇ Ἰωσὴφ πορεύσῃ σὺν ἐμοὶ καὶ | * ὄψῃ * | τὸν πατέρα μου. καὶ ἦλθεν Ἰωσὴφ καὶ Ἀσενὲθ ἐν γῇ |
| Asen. | 22 | 13 | καὶ ὀξέως βλέπων τοῖς ὀφθαλμοῖς αὐτοῦ καὶ αὐτὸς | * ἑώρα * | γράμματα γεγραμμένα ἐν τῷ οὐρανῷ ⟨τῷ δακτύλῳ τοῦ |
| Asen. | 22 | 13 | διότι καὶ αὐτὸς Λευὶς ἠγάπα τὴν Ἀσενὲθ πάνυ καὶ | * ἑώρα * | τὸν τόπον τῆς καταπαύσεως αὐτῆς ἐν τοῖς ὑψίστοις |
| Asen. | 23 | 14 | καὶ Λευὶς ἐκ τῶν κολεῶν αὐτῶν καὶ εἶπον ἰδοὺ | * ἑώρακας * | τὰς ῥομφαίας ταύτας; ἐν ταύταις ταῖς δυσὶ |
| Asen. | 25 | 2 | προστάσσεις κύριε; καὶ εἶπεν αὐτῷ ὁ υἱὸς Φαραὼ | * ὄψεσθαι * | βούλομαι τὸν πατέρα μου διότι πορεύομαι τρυγῆσαι |
| Sal. | 4 | 5 | ὅρκοι. ἐν νυκτὶ καὶ ἐν ἀποκρύφοις ἁμαρτάνει ὡς οὐχ | * ὁρώμενος * | ἐν ὀφθαλμοῖς αὐτοῦ λαλεῖ πάσῃ γυναικὶ ἐν |
| Sal. | 4 | 11 | παρανόμου παρελογίσατο ἐν λόγοις ὅτι οὐκ ἔστιν | * ὁρῶν * | καὶ κρίνων ἐπλήσθη ἐν παρανομίᾳ ἐν ταύτῃ καὶ οἱ |
| Jer. | 7 | 18 | ἐπὶ τῷ γεγονότι λέγοντες ὅτι μὴ οὗτος ὁ θεὸς ὁ | * ὀφθεὶς * | τοῖς πατράσιν ἡμῶν ἐν τῇ ἐρήμῳ διὰ Μωϋσέως καὶ |
| Jer. | 9 | 18 | ἵνα εὐαγγελίζωνται ἐν τοῖς ἔθνεσιν ὅτι ἐγὼ | * ἑώρακα * | κεκοσμημένον ὑπὸ τοῦ πατρὸς αὐτοῦ καὶ ἐρχόμενον |
| Bar. | 1 | 3 | καὶ ἰδοὺ ἐν τῷ κλαίειν με καὶ λέγειν τοιαῦτα | * ὁρῶ * | ἄγγελον κυρίου ἐλθόντα καὶ λέγοντά μοι σύνες ὦ |
| Bar. | 2 | 5 | ὁ ἄγγελος οὗ τὸ ὄνομα αὐτοῦ Φαμαὴλ ἡ θύρα αὕτη ἣν | * ὁρᾷς * | ἐστὶν τοῦ οὐρανοῦ καὶ ὅσον διαφέρει ἀπὸ τῆς γῆς ἕως |
| Bar. | 3 | 5 | δόντες τοῦ ποιῆσαι τὸν πύργον. αὐτοὶ γὰρ οὓς | * ὁρᾷς * | ἐξέβαλλον πλήθη ἀνδρῶν τε καὶ γυναικῶν εἰς τὸ |
| Bar. | 3 | 6 | αὐτῆς ἐν τῷ λεντίῳ ἐβάσταζεν καὶ ἐπλίνθευεν. καὶ | * ὀφθεὶς * | αὐτοῖς ὁ κύριος ἐνήλλαξεν αὐτῶν τὰς γλώσσας ἀφ' |
| Bar. | 3 | 8 | καὶ ἐν γλωσσαλλαγῇ καὶ κατέστησεν αὐτοὺς ὡς | * ὁρᾷς. * | καὶ εἶπον ἐγὼ Βαροὺχ ἰδοὺ κύριε μεγάλα καὶ |
| Bar. | 6 | 12 | ᾧπερ χρῶνται βασιλεῖς καὶ ἄρχοντες. μεῖνον δὲ καὶ | * ὄψει * | δόξαν θεοῦ. καὶ ἐν τῷ ὁμιλεῖν αὐτὸν ἐγένετο βροντὴ |
| Bar. | 7 | 2 | καὶ διδοῖ τῷ κόσμῳ τὸ φέγγος. ἀλλ' ἔκδεξαι καὶ | * ὄψει * | δόξαν θεοῦ. καὶ ἐν τῷ ὁμιλεῖν με αὐτῷ ὁρῶ τὸ ὄρνεον |
| Bar. | 7 | 3 | καὶ ὄψει δόξαν θεοῦ. καὶ ἐν τῷ ὁμιλεῖν με αὐτῷ | * ὁρῶ * | τὸ ὄρνεον καὶ ἀνεφάνη ἔμπροσθεν καὶ πρὸς μικρὸν |
| Bar. | 7 | 6 | μοι ὁ ἄγγελος μὴ φοβοῦ Βαροὺχ ἀλλ' ἔκδεξαι καὶ | * ὄψει * | καὶ τὴν δύσιν αὐτῶν. καὶ λαβών με ἤγαγέν με ἐπὶ |

| Reference | Left context | Keyword | Right context |
|---|---|---|---|
| Bar. 8 1 | με ἐπὶ δυσμάς. καὶ ὅταν ἦλθεν ὁ καιρὸς τοῦ δῦσαι | * ὁρῶ * | πάλιν ἔμπροσθεν τὸ ὄρνεον ἐρχόμενον καὶ τὸν ἥλιον |
| Bar. 8 1 | τῶν ἀγγέλων ἐρχόμενον. καὶ ἅμα τῷ ἐλθεῖν αὐτὸν | * ὁρῶ * | τοὺς ἀγγέλους καὶ ἦραν τὸν στέφανον ἀπὸ τῆς κορυφῆς |
| Bar. 9 3 | περιπατεῖ; καὶ εἶπεν ὁ ἄγγελος ἀνάμεινον καὶ | * ὄψει * | καὶ ταύτην ὡς μετ' ὀλίγον. καὶ τῇ ἐπαύριον ὁρῶ καὶ |
| Bar. 9 3 | ὄψει καὶ ταύτην ὡς μετ' ὀλίγον. καὶ τῇ ἐπαύριον | * ὁρῶ * | καὶ ταύτην ἐν σχήματι γυναικὸς καὶ καθημένην ἐπὶ |
| Bar. 11 2 | τῆς βασιλείας τῶν οὐρανῶν. ἀλλ' ἀνάμεινον καὶ | * ὄψει * | τὴν δόξαν τοῦ θεοῦ. καὶ ἐγένετο φωνὴ μεγάλη ὡς |
| Prop. 4 12 | ἐκ τοῦ κλαίειν. πολλοὶ γὰρ ἐξιόντες ἐκ τῆς πόλεως | * ἑώρων * | αὐτόν. ὁ Δανιὴλ μόνος οὐκ ἠθέλησεν αὐτὸν ἰδεῖν ὅτι |
| Prop. 12 10 | ἰδίῳ μόνος. ἔδωκε δὲ τέρας τοῖς ἐν τῇ Ἰουδαίᾳ ὅτι | * ὄψονται * | ἐν τῷ ναῷ φῶς καὶ οὕτως ἴδωσι τὴν δόξαν τοῦ |
| Prop. 16 3 | καὶ ὅσα εἶπεν αὐτὸς ἐν προφητείᾳ αὐτῇ τῇ ἡμέρᾳ | * ὀφθεὶς * | ἄγγελος θεοῦ ἐπεδευτέρωσεν ὡς ἐγένετο ἐν ἡμέραις |
| Esdr. 5 28 | καὶ κακὸν πένθος τοὺς ἁμαρτωλοὺς ἔκλαυσα κἀγὼ | * ὁρῶν * | τὸ γένος τῶν ἀνθρώπων οὕτως κολαζομένους. τότε |
| Job 23 5 | ἡμῖν πονηρά; εἰ μὲν ἐλεεῖς ἐλέησον, εἰ δὲ μὴ σὺ | * ὄψει. * | καὶ ἀπεκρίθη αὐτῇ λέγων εἰ μὴ ἄξιοι ἦτε τῶν κακῶν, |
| Job 26 6 | ἂν ὁ κύριος σπλαγχνισθεὶς ἐλεήσῃ ἡμᾶς. ἆρα σὺ οὐχ | * ὁρᾷς * | τὸν διάβολον ὄπισθέν σου στήκοντα καὶ ταράσσοντα |
| Job 37 8 | δεῖξον, εἰ ἔστιν σοι φρόνησις, διά τι ἥλιον μὲν | * ὁρῶμεν * | ἀνατέλλοντα ἐν ἀνατολαῖς, δύνοντα δὲ ἐν τῇ δύσει, |
| Job 39 5 | τις ἤμην μεθ' ὑμῶν, καὶ πῶς ἐστολιζόμην. νυνὶ δὲ | * ὁρᾶτε * | τὴν προέλευσίν μου ἢ τί ἐνδύομαι. τότε κλαύσαντες |
| Aris. 182 4 | διατεταγμένον ὑπὸ τοῦ βασιλέως ὃ μένον ἔτι καὶ νῦν | * ὁρᾷς * | ὅσαι γὰρ πόλεις ἔθεσιν ἰδίοις συγχρῶνται πρὸς τὰ |
| Sib. 3 12 | μόναρχος ἀθέσφατος αἰθέρι ναίων αὐτοφυὴς ἀόρατος | * ὁρώμενος * | αὐτὸς ἅπαντα ὃν χεὶρ οὐκ ἐποίησε λιθοξόος οὐδ' |
| Sib. 3 269 | ὑπάρχει. ἀχθήσῃ δὲ πρὸς Ἀσσυρίους καὶ νήπια τέκνα | * ὄψει * | δουλεύοντα παρ' ἀνδράσι δυσμενέεσσιν ἠδ' ἀλόχους |
| Sib. 3 506 | αἰώνιος +ἐξαλαπάξει+ καί σε καπνιζομένην πᾶσα χθὼν | * ὄψεται * | αὖτις κοὐ σε δι' αἰῶνος λείψει πῦρ ἀλλὰ καήσῃ. |
| Sib. 3 528 | ἐκ θαλάμων ἀπαλὰς τρυφεροῖς ποσὶ πρόσθε πεσούσας | * ὄψονται * | δεσμοῖσιν ὑπ' ἐχθρῶν βαρβαροφώνων πᾶσαν ὕβριν |
| Sib. 3 531 | αὐτοῖς μικρὸν ἐπαρκέσσων πόλεμον ζωῆς τ' ἐπαρωγός. | * ὄψονταί * | τ' ἰδίας κτήσεις καὶ πλοῦτον ἅπαντα ἐχθρὸν |
| Sib. 3 799 | ὁππότε κεν ῥομφαῖαι ἐν οὐρανῷ ἀστερόεντι ἐννύχιαι | * ὀφθῶσι * | πρὸς ἕσπερον ἠδὲ πρὸς ἠῶ αὐτίκα καὶ κονιορτὸς ἀπ' |
| Sib. 3 805 | σταγόνεσσι πετρῶν δ' ἄπο σῆμα γένηται ἐν νεφέλῃ δ' | * ὄψεσθε * | μάχην πεζῶν <τε> καὶ ἱππέων οἷα κυνηγεσίην θηρῶν |
| Sib. 4 12 | χερὶ θνητῇ ὃς καθορῶν ἅμα πάντας ὑπ' οὐδενὸς αὐτὸς | * ὁρᾶται * | οὗ νύξ τε δνοφερή τε καὶ ἡμέρη ἠέλιός τε ἄστρα |
| Sib. 5 193 | πρόσθεν ἔρεξας ἀναιδέα θυμὸν ἔχουσα. +καὶ κοπετὸν | * ὄψονται * | ἀθέσμων εἵνεκα ἔργων.+ Συήνην δ' ὀλέσειε μέγας |
| FJos. 189 | ὄνομά μου Ἰσραὴλ ὁ κληθεὶς ὑπὸ θεοῦ Ἰσραὴλ ἀνὴρ | * ὁρῶν * | θεὸν ὅτι ἐγὼ πρωτόγονος παντὸς ζῴου ζωουμένου ὑπὸ |
| FIsa. 1 3 9 | πλέον Μωυσῆ τοῦ προφήτου. εἶπεν γὰρ Μωυσῆς ὅτι οὐκ | * ὄψεται * | ἄνθρωπος τὸν θεὸν καὶ ζήσετα<ι> Ἡσαίας δὲ εἶπεν |
| FEz. 64 70 9 | ὁ δὲ τυφλὸς ἔφη αὐτὸς ἐγὼ δύναμαί τι πράττειν μὴ | * ὁρῶν * | ποῦ ἀπέρχομαι; ἀλλὰ τεχνασώμεθα. τίλας χόρτον τὸν |
| FEz. 64 70 13 | κατῆλθες εἰς τὸν παράδεισον; ὁ δὲ ἔφη οἴμοι κύριε | * ὁρᾷς * | ἡμῶν τὴν ἀδυναμίαν οἶδας ὅτι <οὐχ> ὁρῶ ποῦ βαδίζω. |
| FEz. 64 70 13 | κύριε ὁρᾷς ἡμῶν τὴν ἀδυναμίαν οἶδας ὅτι <οὐχ> | * ὁρῶ * | ποῦ βαδίζω. εἶτα ἐλθὼν ἐπὶ τὸν χωλὸν καὶ αὐτὸν ἠρώτα |
| FAch. 121 | συμβούλιον ποιησάμενος μετὰ τῶν ἰδίων λέγει ὡς | * ὁρῶ * | διὰ τὸν σαπρόμορφον καὶ κατάρατον τοῦτον μέ<λλω> |
| FAch. 122 | βασιλέως Νεκταναβὼν ἔφησαν ψευδόμενοι τοῦτον καὶ | * ἑωράκαμεν * | καὶ ἀκηκόαμεν πολλάκις. ὁ δὲ Αἴσωπος ἔφη χαίρω |
| FPho. 79 | μὴ πίστευε τάχιστα πρὶν ἀτρεκέως πέρας | * ὄψει. * | νικᾶν εὖ ἔρδοντας ἐπὶ πλεόνεσσι καθήκει. καλὸν |
| FPho. 216 | θαλάμοισιν μὴ δέ μιν ἄχρι γάμων πρὸ δόμων | * ὀφθῆμεν * | ἐάσῃς. κάλλος δυστήρητον ἔφυ παίδων τοκέεσσιν. |
| IEur. 6 68 3 | θεὸν δὲ ποῖον εἰπέ μοι νοητέον; τὸν πάνθ' | * ὁρῶντα * | καὐτὸν οὐχ ὁρώμενον. ποῖος δ' ἂν οἶκος τεκτόνων |
| IEur. 6 68 3 | εἰπέ μοι νοητέον; τὸν πάνθ' ὁρῶντα καὐτὸν οὐχ | * ὁρώμενον. * | ποῖος δ' ἂν οἶκος τεκτόνων πλασθεὶς ὕπο δέμας |
| IOrp. 12 | οὐδέ τις αὐτὸν εἰσοράᾳ θνητῶν αὐτὸς δέ γε πάντας | * ὁρᾶται. * | αὐτὸν δ' οὐχ ὁρόωσι περὶ γὰρ νέφος ἐστήρικται |
| IOrp. 13 | θνητῶν αὐτὸς δέ γε πάντας ὁρᾶται. αὐτὸν δ' οὐχ | * ὁρόωσι * | περὶ γὰρ νέφος ἐστήρικται οὗτος δ' ἐξ ἀγαθοῖο |
| IOrp. 21 | καὶ χεῖρα στιβαρὴν κρατεροῖο θεοῖο. αὐτὸν δ' οὐχ | * ὁρόω * | περὶ γὰρ νέφος ἐστήρικται. πᾶσιν γὰρ θνητοῖς θνηταὶ |
| IDip. 5 121 1 | ὡς λεληθότας; ἔστιν Δίκης ὀφθαλμὸς ὃς τὰ πάντα | * ὁρᾷ. * | καὶ γὰρ καθ' Ἅιδην δύο τρίβους νομίζομεν μίαν |
| IDip. 5 121 3 | δοκῶν ἁλίσκεται ὅταν σχολὴν ἄγουσα τυγχάνῃ Δίκη. | * ὁρᾶτε * | ὅσοι δοκεῖτε οὐκ εἶναι θεόν. δὶς ἐξαμαρτάνοντες |
| HEup. 9 30 5 | αὐτῷ δεῖξαι τοῦ θυσιαστηρίου. ἔνθα δὴ ἄγγελον αὐτῷ | * ὀφθῆναι * | ἑστῶτα ἐπάνω τοῦ τόπου οὗ τὸν βωμὸν ἱδρῦσθαι ἐν |
| HArt. 9 27 7 | τὴν τῶν ἱερῶν γραμμάτων ἑρμηνείαν. τὸν δὲ Χενεφρῆν | * ὁρῶντα * | τὴν ἀρετὴν τοῦ Μωΰσου φθονῆσαι αὐτῷ καὶ ζητεῖν |
| HArt. 9 27 31 | καταικίζειν τοὺς Ἰουδαίους. τὸν δὲ Μώϋσον ταῦτα | * ὁρῶντα * | ἄλλα τε σημεῖα ποιῆσαι καὶ πατάξαντα τὴν γῆν τῇ |
| HCal. 24 9 | στραφεὶς πρὸς τοὺς κατασκοπεῦσαι βουλομένους εἶπεν | * ὁρᾶτε * | οἱ τοῦ Ἰουδαϊκοῦ ἔθνους πρέσβεις πῶς ἀντ' οὐδενὸς |
| HCal. 24 39 | ὃς ἐποίησεν οὐρανὸν καὶ γῆν καὶ πάντα τὰ | * ὁρώμενά * | τε καὶ ἀόρατα. οὐδεὶς δὲ αὐτὸν ἑρμηνεῦσαι |
| LEze. 9 28 3 11 | ἔργα γὰρ θυμός μ' ἄνωγε καὶ τέχνασμα βασιλέως. | * ὁρῶ * | δὲ πρῶτον ἄνδρας ἐν χειρῶν νόμῳ τὸν μὲν γ' Ἑβραῖον |
| LEze. 9 28 4 01 | μεθίσταμαι καὶ νῦν πλανῶμαι γῆν ἐπ' ἀλλοτέρμονα. | * ὁρῶ * | δὲ ταύτας ἑπτὰ παρθένους τινάς. Λιβύη μὲν ἡ γῆ πᾶσα |
| LEze. 9 29 6 07 | οἰκουμένην καὶ τὰ ὑπένερθε καὶ ὑπὲρ οὐρανὸν θεοῦ | * ὄψει * | τά τ' ὄντα τά τε προτοῦ τά θ' ὕστερον. ἔα τί μοι |
| LEze. 9 29 7 05 | δὲ χλωρὸν πᾶν μένει τὸ βλαστάνον. τί δή; προελθὼν | * ὄψομαι * | τεράστιον μέγιστον οὐ γὰρ πίστιν ἀνθρώποις φέρει. |
| LEze. 9 29 14 43 | δ' ὡς ἥρμοσαν. ἀπ' οὐρανοῦ δὲ φέγγος ὡς πυρὸς μέγα | * ὤφθη * | τι ἡμῖν ὡς μὲν εἰκάζειν παρῆν αὐτοῖς ἀρωγὸς ὁ θεός. |
| LEze. 9 29 16 03 | γ' εὐαεῖ νάπῃ. ἔστιν γὰρ ὥς που καὶ σὺ τυγχάνεις | * ὁρῶν * | ἐκεῖ τόθεν δὲ φέγγος ἐξέλαμψέ νυν κατ' εὐφρόνης |
| LEze. 9 29 16 13 | τοιόσδ' εἴδομεν ζῷον ξένον θαυμαστὸν οἷον οὐδέπω | * ὥρακέ * | τις. διπλοῦν γὰρ ἦν τὸ μῆκος ἀετοῦ σχεδὸν πτεροῖσι |
| LAri. 7 32 18 | ἡλίῳ στάσιν ὥσπερ οὖν ἔξεστιν ἐν ταῖς πανσελήνοις | * ὁρᾶν * | ἔσονται δὲ ὃ μὲν κατὰ τὸ ἐαρινὸν ἰσημερινὸν ὁ ἥλιος |
| FrAn. 2 11 2 | δὲ ἡμέραν ἐξ ἡμέρας προσδεχόμενοι οὐδὲν τούτων | * ἑωράκαμεν. * | ἀνόητοι συμβάλετε ἑαυτοὺς ξύλῳ λάβετε ἄμπελον |
| **ὄργανον** 6 | | | |
| Sal. 15 3 | μετὰ ᾠδῆς ἐν εὐφροσύνῃ καρδίας καρπὸν χειλέων ἐν | * ὀργάνῳ * | ἡρμοσμένῳ γλώσσης ἀπαρχὴν χειλέων ἀπὸ καρδίας |
| Aris. 101 5 | καὶ ὀξυβελῶν ἐπὶ τῶν πύργων τῆς ἄκρας καὶ | * ὀργάνων * | ποικίλων καὶ τοῦ τόπου κατὰ κορυφὴν ὄντος τῶν |
| FJub. 11 2 | βασιλεῖς. καὶ τότε πρώτως πολεμικὰ κατασκευάσαντες | * ὄργανα * | πολεμεῖν ἀλλήλοις ἐνήρξαντο. γυνὴ Σερουχ Μελχα |
| HArt. 9 27 4 | πρὸς τὰς λιθοθεσίας καὶ τὰ Αἰγύπτια ὅπλα καὶ τὰ | * ὄργανα * | τὰ ὑδρευτικὰ καὶ πολεμικὰ καὶ τὴν φιλοσοφίαν |
| LAri. 8 10 16 | τῇ τοῦ πυρὸς ἀστραπηδὸν ἐκφάνσει μὴ προκειμένων | * ὀργάνων * | τοιούτων μηδὲ τοῦ φωνήσοντος ἀλλὰ θείᾳ κατασκευῇ |
| LAri. 8 10 17 | φωνὰς δι' ἀνθρωπίνης ἐνεργείας ἢ κατασκευῆς | * ὀργάνων * | γίνεσθαι τὸν δὲ θεὸν ἄνευ τινὸς δεικνύναι τὴν |
| **ὀργή** 47 | | | |
| Adam 3 2 | ὃ οἶδας μὴ ἀναγγείλῃς Κάϊν τῷ υἱῷ σου ὅτι | * ὀργῆς * | υἱός ἐστιν. ἀλλὰ μὴ λυποῦ δώσω σοι γὰρ ἀντ' αὐτοῦ |
| Adam 14 2 | Ὦ Εὔα τί κατειργάσω ἐν ἡμῖν; ἐπήνεγκας ἐφ' ἡμᾶς | * ὀργὴν * | μεγάλην ἥτις ἐστὶ θάνατος κατακυριεύων παντὸς τοῦ |
| Adam 26 1 | μετὰ δὲ τὸ εἰπεῖν μοι ταῦτα εἶπεν τῷ ὄφει ἐν | * ὀργῇ * | μεγάλῃ λέγων ἐπειδὴ ἐποίησας τοῦτο καὶ ἐγένου |
| Hen. 5 9 | τὰς ἡμέρας τῆς ζωῆς αὐτῶν καὶ οὐ μὴ ἀποθάνωσιν ἐν | * ὀργῇ * | θυμοῦ ἀλλὰ τὸν ἀριθμὸν αὐτῶν ζωῆς ἡμερῶν |
| Hen. 8B 3 | δὲ καὶ ὁ πρώταρχος αὐτῶν Σεμιαζᾶς ἐδίδαξεν εἶναι | * ὀργὰς * | κατὰ τοῦ νοὸς καὶ ῥίζας βοτανῶν τῆς γῆς. ὁ δὲ |
| Hen. 10 22 | ἀπὸ παντὸς μιάσματος καὶ ἀπὸ πάσης ἀκαθαρσίας καὶ | * ὀργῆς * | καὶ μάστιγος καὶ οὐκέτι πέμψω ἐπ' αὐτοὺς εἰς πάσας |
| Hen. 13 8 | καὶ ὁράσεις ἐπ' ἐμὲ ἐπέπιπτον καὶ ἴδον ὁράσεις | * ὀργῆς * | καὶ ἦλθεν φωνὴ λέγουσα εἶπον τοῖς υἱοῖς τοῦ |
| Hen. 90 3 | ἔργων αὐτοῦ. καὶ νῦν ἐγὼ λέγω ὑμῖν υἱοῖς ἀνθρώπων | * ὀργὴ * | μεγάλη καθ' ὑμῶν κατὰ τῶν υἱῶν ὑμῶν καὶ οὐ παύσεται |
| Hen. 90 3 | καθ' ὑμῶν κατὰ τῶν υἱῶν ὑμῶν καὶ οὐ παύσεται ἡ | * ὀργὴ * | αὕτη ἀφ' ὑμῶν μέχρι καιροῦ σφαγῆς τῶν υἱῶν ὑμῶν. |
| Hen. 90 5 | ἐπ' αὐτοῖς πᾶσα ὁδὸς ἐκφεύξεως ἀπὸ τοῦ νῦν διὰ τὴν | * ὀργὴν * | ἣν ὠργίσθη ὑμῖν ὁ βασιλεὺς πάντων τῶν αἰώνων μὴ |
| Hen. 106 15 | οὐχ ὁμοίους πνεύμασιν ἀλλὰ σαρκίνους καὶ ἔσται | * ὀργὴ * | μεγάλη ἐπὶ τῆς γῆς καὶ κατακλυσμὸς καὶ ἔσται |
| Abr.Z 10 16 | οὐκ ἐληθαργήθησαν. ἦραν οὖν αὐτήν οἱ ὑπηρέται τῆς | * ὀργῆς * | καὶ ἐβασάνισαν αὐτήν. καὶ ἀποκριθεὶς Ἀβραὰμ εἶπεν |
| TRub. 4 4 | περὶ ἐμοῦ πρὸς κύριον ἵνα παρέλθῃ ἀπ' ἐμοῦ ἡ | * ὀργὴ * | κυρίου καθὼς ἔδειξέ μοι κύριος. ἀπὸ τότε μετανοῶν |
| TSim. 4 8 | ὅτι ἀγριοῖ τοῦτο τὴν ψυχὴν καὶ φθείρει τὸ σῶμα | * ὀργὴν * | καὶ πόλεμον παρέχει τῷ διαβουλίῳ καὶ εἰς αἵματα |
| TLevi 6 11 | αὐτῶν καὶ ξενηλατοῦντες αὐτούς. ἔφθασε δὲ ἡ | * ὀργὴ * | κυρίου ἐπ' αὐτοὺς εἰς τέλος. καὶ εἶπον τῷ πατρὶ μὴ |
| TJud. 14 1 | διαστρέφει τὸν νοῦν ἀπὸ τῆς ἀληθείας καὶ ἐμβάλλει | * ὀργὴν * | ἐπιθυμίας καὶ ὁδηγεῖ εἰς πλάνην τοὺς ὀφθαλμούς. τὸ |
| TZab. 2 1 | ἦλθον γὰρ Συμεὼν καὶ Γὰδ ἐπὶ τὸν Ἰωσὴφ μετ' | * ὀργῆς * | τοῦ ἀνελεῖν αὐτὸν καὶ πεσὼν ἐπὶ πρόσωπον Ἰωσὴφ |
| TGad 5 1 | γλυκὺ πικρὸν λέγει καὶ συκοφαντίαν ἐκδιδάσκει καὶ | * ὀργὴν * | καὶ πόλεμον καὶ ὕβριν καὶ πᾶσαν πλεονεξίαν κακῶν |
| Asen. 4 9 | πολὺς ἐπὶ τοῦ προσώπου αὐτῆς καὶ ἐθυμώθη ἐν | * ὀργῇ * | μεγάλῃ καὶ ἐνέβλεψε τῷ πατρὶ αὐτῆς πλαγίως τοῖς |
| Asen. 4 12 | περὶ Ἰωσὴφ διότι θρασέως καὶ μετὰ ἀλαζονείας καὶ | * ὀργῆς * | ἀπεκρίθη αὐτῷ. καὶ εἰσεπήδησε νεανίσκος ἐκ τῆς |
| Asen. 23 8 | αὐτὸν καὶ ἐσήμανεν αὐτῷ τοῦ παύσασθαι ἀπὸ τῆς | * ὀργῆς * | αὐτοῦ. καὶ εἶπε Λευὶς τῷ Συμεὼν ἡσύχως ἵνα τί σὺ |
| Asen. 23 9 | αὐτοῦ. καὶ εἶπε Λευὶς τῷ Συμεὼν ἡσύχως ἵνα τί σὺ | * ὀργῇ * | θυμοῦσαι πρὸς τὸν ἄνδρα τοῦτον; καὶ ἡμεῖς ἐσμέν |
| Asen. 23 10 | τῷ υἱῷ Φαραὼ μετὰ παρρησίας ἱλαρῷ προσώπῳ <καὶ | * ὀργὴ * | οὐκ ἦν ἐν αὐτῷ οὐδὲ ἐλαχίστη ἀλλ' > ἐν πραότητι |
| Asen. 28 7 | ἕως ἐξιλεώσομαι αὐτοὺς περὶ ὑμῶν καὶ καταπαύσω τὴν | * ὀργὴν * | αὐτῶν διότι ὑμεῖς μεγάλα τετολμήκατε κατέναντι |
| Asen. 28 15 | δεξιὰν καὶ ἔγνω ὅτι σῶσαι ἤθελε τοὺς ἄνδρας ἐκ τῆς | * ὀργῆς * | τῶν ἀδελφῶν αὐτῶν τοῦ μὴ ἀποκτεῖναι αὐτούς. καὶ |
| Asen. 28 17 | τοῖς ἀδελφοῖς αὐτοῦ. ἐφοβήθη γὰρ μήποτε ἐν τῇ | * ὀργῇ * | αὐτῶν κατακόψωσιν αὐτούς. καὶ ὁ υἱὸς Φαραὼ ἀνέστη |
| Sal. 2 23 | ἐπαγωγῇ ἐθνῶν ὅτι ἐνέπαιξαν καὶ οὐκ ἐφείσαντο ἐν | * ὀργῇ * | καὶ θυμῷ μετὰ μηνίσεως καὶ συντελεσθήσονται ἐὰν μὴ |
| Sal. 2 23 | ἐὰν μὴ σὺ κύριε ἐπιτιμήσῃς αὐτοῖς ἐν | * ὀργῇ * | σου. ὅτι οὐκ ἐν ζήλει ἐποίησαν ἀλλ' ἐν ἐπιθυμίᾳ |
| Sal. 2 24 | ζήλει ἐποίησαν ἀλλ' ἐν ἐπιθυμίᾳ ψυχῆς ἐκχέαι τὴν | * ὀργὴν * | αὐτῶν εἰς ἡμᾶς ἐν ἁρπάγματι. μὴ χρονίσῃς ὁ θεὸς |
| Sal. 15 4 | εἰς τὸν αἰῶνα ἀπὸ κακοῦ φλὸξ πυρὸς καὶ | * ὀργὴ * | ἀδίκων οὐχ ἅψεται αὐτοῦ ὅταν ἐξέλθῃ ἐπὶ ἁμαρτωλοὺς |
| Sal. 16 10 | καὶ τὰ χείλη μου ἐν λόγοις ἀληθείας περίστειλον | * ὀργὴν * | καὶ θυμὸν ἄλογον μακρὰν ποίησον ἀπ' ἐμοῦ. |
| Sal. 17 12 | ἠφάνισαν νέον καὶ πρεσβύτην καὶ τέκνα αὐτῶν ἅμα ἐν | * ὀργῇ * | κάλλους αὐτοῦ ἐξαπέστειλεν αὐτὰ ἕως ἐπὶ δυσμῶν καὶ |
| Jer. 6 21 | ἡ καρδία ὑμῶν καὶ ἐτραχηλιάσατε ἐνώπιόν μου ἐν | * ὀργῇ * | καὶ θυμῷ παρέδωκα ὑμᾶς τῇ καμίνῳ εἰς Βαβυλῶνα. ἐὰν |
| Bar. 4 13 | ἢ τί; ἐπεὶ Ἀδὰμ δι' αὐτοῦ ἀπώλετο μὴ καὶ αὐτὸς | * ὀργῆς * | θεοῦ ἐπιτύχω δι' αὐτοῦ. καὶ ταῦτα λέγων προσηύξατο |
| Bar. 16 3 | ἐρυσίβην καὶ ἀκρίδα χάλαζαν μετ' ἀστραπῶν καὶ | * ὀργῆς. * | καὶ διχοτομήσατε αὐτοὺς ἐν μαχαίρᾳ καὶ ἐν θανάτῳ |
| Esdr. 1 17 | ἔχω πῶς αὐτοὺς ἐλεήσω. καὶ εἶπεν Ἐσδρὰμ ὅτι τὴν | * ὀργὴν * | σου οὐχ ὑποφέρουσιν καὶ εἶπεν ὁ θεὸς ὅτι τῶν |
| Job 4 4 | τὸν τόπον τοῦ Σατανᾶ, ἐπαναστήσεταί σοι μετὰ | * ὀργῆς * | εἰς πόλεμον. μόνον ὅτι θάνατόν σοι οὐ δυνήσεται |
| Job 43 11 | ὁ κύριος, καὶ οἱ ἅγιοι ἐγκατέλειψαν αὐτὸν ἡ δὲ | * ὀργὴ * | καὶ ὁ θυμὸς ἔσται αὐτῷ εἰς σκήνωμα οὐκ ἔχει ἔλεος |
| Aris. 254 4 | τὸν πάντα κόσμον διοικεῖ μετ' εὐμενείας καὶ χωρὶς | * ὀργῆς * | ἁπάσης τούτῳ δὲ κατακολουθεῖν ἀναγκαῖόν ἐστί σε |
| Sib. 3 377 | ξεινων ἄπο καὐτῶν +ἠδέ τε δυσνομίη μῶμος φθόνος | * ὀργὴ * | ἄνοια φεύξετ' ἀπ' ἀνθρώπων πενίη καὶ φεύξετ' |
| Sib. 4 162 | μεγάλοιο. ἆ μέλεοι μετάθεσθε βροτοὶ τάδε μηδὲ πρὸς | * ὀργὴν * | παντοίην ἀγάγητε θεὸν μέγαν ἀλλὰ μεθέντες φάσγανα |
| Sib. 5 76 | ἔσονται. ἀλλὰ ταλαιπωροῦσι κακοὶ κακότητα μένοντες | * ὀργὴν * | ἀθανάτοιο βαρυκτύπου οὐρανίωνος ἀντὶ θεοῦ δὲ |

| | | | | | |
|---|---|---|---|---|---|
| FMan. 2 | 22 | 12 | ἡ μεγαλοπρέπεια τῆς δόξης σου καὶ ἀνυπόστατος ἡ | * ὀργὴ * | τῆς ἐπὶ ἁμαρτωλοὺς ἀπειλῆς σου ἀμέτρητόν τε καὶ |
| FBar. | 12 | 4 | αληθως γαρ εν> καιρω εξϋπνισθησεται <προς σε η | * οργη * | η νυν υπο τ>ης μακροθυμ<ιας ως χαλινω κατεχεται |
| FEz. | 185 | 6 | με ελλεγξης τ<ω θυμω σου μη δε π>εδευσης με εν τη | * <οργη * | σου δοκιμαζο>μαι εως των νεφ<ρων μου διαλελ>υμαι |
| FPho. | | 57 | ἄτυκτον. μὴ προπετὴς ἐς χεῖρα χαλίνου δ' ἄγριον | * ὀργὴν * | πολλάκι γὰρ πλήξας ἀέκων φόνον ἐξετέλεσσεν. ἔστω |
| FPho. | | 64 | ἀέξε.. θυμὸς ὑπερχόμενος μανίην ὀλοόφρονα τεύχει. | * ὀργὴ * | δ' ἐστὶν ὄρεξις ὑπερβαίνουσα δὲ μῆνις. ζῆλος τῶν |
| ὀργίζω | | | 27 | | |
| Adam | 8 | 1 | οἱ ἅγιοι ἄγγελοι. ἔπειτα ἔδωκε κἀμοὶ φαγεῖν. καὶ | * ὀργίσθη * | ἡμῖν ὁ θεός. καὶ ἐλθὼν ἐν τῷ παραδείσῳ ὁ |
| Adam | 16 | 4 | δι' αὐτοῦ. λέγει αὐτῷ ὁ ὄφις φοβοῦμαι μήποτε | * ὀργισθῇ * | μοι ὁ θεός. λέγει αὐτῷ ὁ διάβολος μὴ φοβοῦ γενοῦ |
| Adam | 18 | 2 | τιμὴν τοῦ ξύλου. ἐγὼ δὲ εἶπον αὐτῷ φοβοῦμαι μήποτε | * ὀργισθῇ * | μοι ὁ θεὸς καθὼς εἶπεν ἡμῖν. καὶ λέγει μοι μὴ |
| Adam | 21 | 4 | καὶ ἀποκριθεὶς ὁ πατὴρ ὑμῶν εἶπεν φοβοῦμαι μήποτε | * ὀργισθῇ * | μοι ὁ θεός. ἐγὼ δὲ εἶπον μὴ φοβοῦ ἅμα γὰρ φάγης |
| Adam | 29 | 8 | καὶ ἀπὸ προσώπου τῶν ἀγγέλων ὅπως παύσωνται τοῦ | * ὀργίζεσθαί * | σοι δι' ἐμοῦ. τότε ἀποκριθεὶς ὁ Ἀδὰμ εἶπεν |
| Adam | 31 | 4 | οὐκ οἴδαμεν πῶς ἀπαντήσωμεν τοῦ ποιήσαντος ἡμᾶς ἢ | * ὀργισθῇ * | ἡμῖν ἢ ἐπιστρέψῃ τοῦ ἐλεῆσαι ἡμᾶς. τότε ἀνέστη ἡ |
| Hen. | 18 | 16 | ἐστιν ὅτι οὐκ ἐξῆλθαν ἐν τοῖς καιροῖς αὐτῶν. καὶ | * ὀργίσθη * | αὐτοῖς καὶ ἔδησεν αὐτοὺς μέχρι καιροῦ τελειώσεως |
| Hen. | 90 | 5 | πᾶσα ὁδὸς ἐκφεύξεως ἀπὸ τοῦ νῦν διὰ τὴν ὀργὴν ἣν | * ὠργίσθη * | ὑμῖν ὁ βασιλεὺς πάντων τῶν αἰώνων μὴ νομίσητε |
| TSim. | 2 | 11 | ἤθελε γὰρ αὐτὸν διασῶσαι πρὸς τὸν πατέρα. ἐγὼ δὲ | * ὠργίσθην * | πρὸς τὸν Ἰούδαν ὅτι ζῶντα αὐτὸν ἀπέλυσε καὶ |
| TSim. | 2 | 11 | ὅτι ζῶντα αὐτὸν ἀπέλυσε καὶ ἐποίησα μῆνας πέντε | * ὀργιζόμενος * | αὐτῷ ἐπὶ τῷ λόγῳ τούτῳ. καίγε συνεπόδισέ με |
| TLevi | 6 | 6 | πόλιν ἐν στόματι ῥομφαίας. καὶ ἤκουσεν ὁ πατὴρ καὶ | * ὠργίσθη * | καὶ ἐλυπήθη ὅτι κατεδέξαντο τὴν περιτομὴν καὶ |
| TLevi | 7 | 1 | κυρίου ἐπ' αὐτοὺς εἰς τέλος. καὶ εἶπον τῷ πατρὶ μὴ | * ὀργίζου * | κύριε ὅτι ἐν σοὶ ἐξουδενώσει κύριος τοὺς |
| TZab. | 4 | 11 | αὐτὸν θέλων τῇ ῥομφαίᾳ αὐτοῦ κατακόψαι αὐτὸν | * ὀργιζόμενος * | ὅτι ἔζησε καὶ οὐκ ἀνεῖλεν αὐτόν. ἀναστάντες |
| TDan | 4 | 4 | τὸ ἐρεθισθὲν καὶ τότε θυμωθεὶς νομίζει δικαίως | * ὀργίζεσθαι. * | ἐὰν ζημίᾳ ἐὰν ἀπωλείᾳ τινὶ περιπέσητε τέκνα |
| Asen. | 11 | 17 | πῶς ὀνομάσω τὸ ἅγιον αὐτοῦ ὄνομα τὸ φοβερὸν μήποτε | * ὀργισθῇ * | μοι κύριος διότι ἐν ταῖς ἀνομίαις μου ἐγὼ |
| Asen. | 25 | 7 | τοῦ θεοῦ πολεμήσουσι καθ' ὑμῶν ὑπὲρ αὐτοῦ. καὶ | * ὠργίσθησαν * | αὐτοῖς οἱ ἀδελφοὶ αὐτῶν οἱ πρεσβύτεροι Δὰν |
| Sal. | 7 | 5 | σὺ ἐντελῆ αὐτῷ περὶ ἡμῶν ὅτι σὺ ἐλεήμων καὶ οὐκ | * ὀργισθήσῃ * | τοῦ συντελέσαι ἡμᾶς. ἐν τῷ κατασκηνοῦν τὸ |
| Jer. | 9 | 19 | περὶ τοῦ υἱοῦ τοῦ θεοῦ ὅτι ἔρχεται εἰς τὸν κόσμον | * ὠργίσθη * | ὁ λαὸς καὶ εἶπε ταῦτα πάλιν ἐστὶ τὰ ῥήματα τὰ |
| Bar. | 4 | 8 | ἄμπελός ἐστιν ἣν ἐφύτευσεν ὁ ἄγγελος Σαμαὴλ ὅτινη | * ὠργίσθη * | κύριος ὁ θεὸς καὶ ἐκατηράσατο αὐτὸν καὶ τὴν |
| Bar. | 9 | 7 | ἔλαβεν ἔνδυμα οὐκ ἀπεκρύβη ἀλλὰ παρηύξησε. καὶ | * ὠργίσθη * | αὐτῇ ὁ θεὸς καὶ ἔθλιψεν αὐτὴν καὶ ἐκολόβωσεν τὰς |
| Job | 34 | 2 | ἐμοῦ ταῦτα λέγοντος πρὸς αὐτοὺς ἵνα σιωπήσωσιν, | * ὀργισθεὶς * | Ελιφας εἶπεν τοῖς ἄλλοις φίλοις τί χρήσιμον |
| FAch. | 104 | | βουλεύεται. ὁ δὲ βασιλεὺς πεισθεὶς τῇ σφραγῖδι καὶ | * ὀργισθεὶς * | προσέταξεν Ἑρμίππῳ τινὶ στρατοφύλακι ἀνελεῖν |
| FAch. | 106 | | συγγνώμης τοίνυν τυχεῖν ἀξιοῦμεν. ὁ δὲ βασιλεὺς | * ὀργισθεὶς * | ἐκέλευσεν τῷ φύλακι τοῦ ζῆν πάντας μεταστῆναι. |
| FAch. | 115 | | σελήνην φαίνειν καὶ τὰς ὥρας εὐσταθεῖν. ἐὰν θέλῃ | * ὀργίζεσθαι * | τὸ ἴδιον ἱερὸν τρέμειν ποιεῖ καὶ φοβερὰ |
| FrAn. 1 | 226 | 54 | δε τον φοβον προς βραχ<υ - - βα>σιλει Ιωσηφ μη | * οργιζου * | β<ασιλευ - - ηλ>θαμεν γαρ ουκ ιχν<ευσαι - >ηδες |
| FrAn. 1 | 227 | 7 | >ι δε φησιν ακουσον< - >υν καθ ημων κα< - - >και | * οργιζομεν< * | - - απ>οκτιναι ημας ομ< αμαρ>τιαις ταις σαις |
| FrAn. 1 | 227 | 31 | βοησω ο Ρουβη<ν - - δο>υλευων υμιν μη< - - >μη | * οργιζεσθαι * | σαρξ< - - >ως αφρονουντα κα< >μους δε του< - |
| ὀργίλος | | | 1 | | |
| Abr.1 | 19 | 4 | ψυχήν σου. καὶ ὁ Ἀβραὰμ στερρῷ τῷ βλέμματι καὶ | * ὀργίλῳ * | τῷ προσώπῳ εἶπεν πρὸς τὸν θάνατον τίς ὁ προστάξας |
| ὀρέγω | | | 3 | | |
| Aris. | 211 | 6 | καὶ σὺ καθόσον ἄνθρωπος ἐννόει καὶ μὴ πολλῶν | * ὀρέγου * | τῶν δὲ ἱκανῶν πρὸς τὸ βασιλεύειν. κατεπαινέσας δὲ |
| Sib. | 5 | 6 | καὶ ἑσπερίη πολύολβος ὃν Βαβυλὼν ἤλεγξε νέκυν δ' | * ὤρεξε * | Φιλίππῳ οὐ Διὸς οὐκ Ἄμμωνος ἀληθέα φημιχθέντα καὶ |
| FPho. | | 28 | ἄστατος ὄλβος. πλοῦτον ἔχων σὴν χεῖρα πενητεύουσιν | * ὄρεξον * | ὧν σοι ἔδωκε θεὸς τούτων χρήιζουσι παράσχου. ἔστω |
| ὀρειβάτης | | | 1 | | |
| Sib. | 5 | 43 | ὥστε τριηκοσίης κεραίης λάχεν ἔντυπον ἀρχὴν Κελτὸς | * ὀρειοβάτης * | σπεύδων δ' ἐπὶ δῆριν ἑῴαν μοῖραν ἀεικελίην οὐ |
| ὀρεινός | | | 2 | | |
| Aris. | 107 | 5 | τῶν συναπτόντων τῇ τῶν Ἰδουμαίων χώρᾳ τινῶν δὲ | * ὀρεινῶν * | τῶν <πρὸς μέσην τὴν χώραν χρὴ> πρὸς τὴν γεωργίαν |
| Aris. | 118 | 5 | οὔσης πάσης τῆς περιεχούσης πᾶσαν τὴν χώραν | * ὀρεινῆς. * | ἐλέγετο δὲ καὶ ἐκ τῶν παρακειμένων ὀρέων τῆς |
| ὄρεξις | | | 1 | | |
| FPho. | | 64 | ὑπερχόμενος μανίην ὀλοόφρονα τεύχει. ὀργὴ δ' ἐστὶν | * ὄρεξις * | ὑπερβαίνουσα δὲ μῆνις. ζῆλος τῶν ἀγαθῶν ἐσθλὸς |
| ὀρθόδοξος | | | 1 | | |
| Sedr. | | 1 | Σεδρὰχ λόγος περὶ ἀγάπης καὶ περὶ μετανοίας καὶ | * ὀρθοδόξων * | Χριστιανῶν καὶ περὶ δευτέρας παρουσίας τοῦ |
| ὀρθός | | | 10 | | |
| TZab. | 6 | 2 | καθῆκα ξύλον ὄπισθεν αὐτοῦ καὶ ὀθόνην ἐξέτεινα ἐν | * ὀρθῷ * | ξύλῳ ἐν μέσῳ καὶ ἐν αὐτῷ διαπορευόμενος τοὺς |
| TBen. | 3 | 2 | οἴδατε. ὁ ἔχων τὴν διάνοιαν ἀγαθὴν πάντα βλέπει | * ὀρθῶς. * | φοβεῖσθε κύριον καὶ ἀγαπᾶτε τὸν πλησίον. καὶ ἐὰν |
| Jer. | 7 | 12 | τὰ δεξιὰ μήτε εἰς τὰ ἀριστερὰ ἀλλ' ὡς βέλος ὕπαγον | * ὀρθῶς * | ἄπελθε ἐν τῇ δυνάμει τοῦ θεοῦ καὶ ἔσται ἡ δόξα |
| Bar. | 4 | 10 | εἰς τοσαύτην χρείαν ἐστίν; καὶ εἶπεν ὁ ἄγγελος | * ὀρθῶς * | ἐρωτᾷς ὅτε ἐποίησεν ὁ θεὸς τὸν κατακλυσμὸν ἐπὶ τῆς |
| Aris. | 68 | 3 | τὴν τράπεζαν λαμβανόντων τὰ δὲ τῆς ἐντὸς προσόψεως | * ὀρθὴν * | ἔχοντα τὴν πετάλωσιν. ἡ δὲ ἐπ' ἐδάφους ἔρεισις τοῦ |
| Aris. | 161 | 4 | ψυχὴν νενομοθέτηται πρὸς δ' ἀλήθειαν καὶ σημείωσιν | * ὀρθοῦ * | λόγου. διατάξας γὰρ ἐπὶ βρωτῶν καὶ ποτῶν καὶ τῶν |
| Aris. | 199 | 3 | πέρας ἀνδρείας ἐστίν; ὁ δὲ εἶπεν εἰ τὸ βουλευθὲν | * ὀρθῶς * | ἐν ταῖς τῶν κινδύνων πράξεσιν ἐπιτελοῖτο κατὰ |
| Aris. | 201 | 3 | προνοίᾳ γὰρ τῶν ὅλων διοικουμένων καὶ ὑπειληφότων | * ὀρθῶς * | τοῦτο ὅτι θεόκτιστόν ἐστιν ἄνθρωπος ἀκολουθεῖ |
| Aris. | 244 | 2 | πρὸς ἄλλον εἶπε πῶς ἂν προχείρως ἔχοι τὸν | * ὀρθὸν * | λόγον; ὁ δὲ εἶπεν εἰ τὰ τῶν ἀνθρώπων ἀτυχήματα διὰ |
| Sib. | 3 | 285 | μεγάλοιο θεοῦ ἀγνοῖσι νόμοισιν ὁππότε σεῖο καμὸν | * ὀρθὸν * | γόνυ πρὸς φάος ἄρῃ. καὶ τότε δὴ θεὸς οὐράνιος |
| ὀρθόω | | | 1 | | |
| Sal. | 10 | 3 | χρηστὸς γὰρ ὁ κύριος τοῖς ὑπομένουσιν παιδείαν. | * ὀρθώσει * | γὰρ ὁδοὺς δικαίων καὶ οὐ διαστρέψει ἐν παιδείᾳ |
| ὀρθρίζω | | | 1 | | |
| TJos. | 3 | 6 | καὶ ἐδίδουν αὐτὴν πένησι καὶ ἀσθενοῦσιν. καὶ | * ὤρθριζον * | πρὸς κύριον καὶ ἔκλαιον περὶ Μεμφίας τῆς |
| ὄρθριος | | | 2 | | |
| Sib. | 3 | 592 | βουλῇ ἀλλὰ γὰρ ἀείρουσι πρὸς οὐρανὸν ὠλένας ἁγνὰς | * ὄρθριοι * | ἐξ εὐνῆς αἰεὶ χρόα ἁγνίζοντες ὕδατι καὶ τιμῶσι |
| LEze. 9 | 29 | 14 26 | δὲ Τιτὰν ἥλιος δυσμαῖς προσῆν ἐπέσχομεν θέλοντες | * ὄρθριον * | μάχην πεποιθότες λαοῖσι καὶ φρικτοῖς ὅπλοις. |
| ὄρθρος | | | 5 | | |
| Hen. | 100 | 2 | ἀπὸ τοῦ ἐντίμου οὔτε ἀπὸ τοῦ ἀδελφοῦ αὐτοῦ ἐξ | * ὄρθρων * | μέχρις οὗ δῦναι τὸν ἥλιον φονευθήσονται ἐπὶ τὸ |
| TJos. | 8 | 1 | τὴν ἡμέραν καὶ ὅλην τὴν νύκτα συνάψας περὶ τὸν | * ὄρθρον * | ἀνέστην δακρύων καὶ αἰτῶν λύτρωσιν ἀπὸ τῆς |
| Asen. | 11 | 1 | τῆς ταπεινώσεως αὐτῆς. καὶ τῇ ἡμέρᾳ τῇ ὀγδόῃ ἰδοὺ | * ὄρθρος * | ἦν καὶ τὰ ὄρνεα ἐλάλουν ἤδη καὶ οἱ κύνες ὕλαττον |
| Jer. | 5 | 5 | πατήρ μου εἰ μὴ γὰρ ἐσπούδαζεν οὐκ ἂν ἀπέστειλέ με | * ὄρθρου * | σήμερον. ἀναστὰς οὖν πορεύσομαι τῷ καύματι οὐ γὰρ |
| FJub. | 2 | 2 | καὶ σκότος ἑσπέρα καὶ νὺξ τὸ φῶς ἡμέρας τε καὶ | * ὄρθρου. * | ταῦτα τὰ ἑπτὰ μέγιστα ἔργα ἐποίησεν ὁ θεὸς ἐν τῇ |
| ὁρίζω | | | 4 | | |
| Adam | 28 | 3 | ἐλάλησεν πρὸς τὸν Ἀδὰμ οὐ λήψει νῦν ἀπ' αὐτοῦ. | * ὡρίσθη * | γὰρ τῷ Χερουβὶμ καὶ τῇ φλογίνῃ ῥομφαίᾳ τῇ |
| Hen. | 98 | 5 | οὐκ ἐδόθη ἀλλὰ διὰ τὰ ἔργα τῶν χειρῶν ὅτι οὐχ | * ὡρίσθη * | δούλην εἶναι δούλην ἄνωθεν οὐκ ἐδόθη ἀλλὰ ἐκ |
| Aris. | 157 | 4 | δυνάμει σὺν κατασκευῇ. πάντα γὰρ χρόνον καὶ τόπον | * ὥρικε * | πρὸς τὸ διὰ παντὸς μνημονεύειν τοῦ κρατοῦντος θεοῦ |
| FMan. 2 | 22 | 12 | τοῖς ἡμαρτηκόσιν καὶ τῷ πλήθει τῶν οἰκτιρμῶν σου | * ὥρισας * | μετάνοιαν ἁμαρτωλοῖς εἰς σωτηρίαν. σὺ οὖν κύριε ὁ |
| ὀρίνω | | | 1 | | |
| FPho. | | 3 | ὄλβια δῶρα. μήτε γαμοκλοπέειν μήτ' ἄρσενα Κύπριν | * ὀρίνειν * | μήτε δόλους ῥάπτειν μήθ' αἵματι χεῖρα μιαίνειν. |
| ὅριον | | | 5 | | |
| TJud. | 2 | 6 | ἀπὸ τῆς οὐρᾶς ἀπηκόντισα αὐτὴν καὶ ἐρράγη ἐν τοῖς | * ὁρίοις * | Γάζης. βοῦν ἄγριον ἐν χώρᾳ νεμόμενον ἐκράτησα ἐκ |
| TIss. | 7 | 5 | καὶ πτωχῷ μετέδωκα τὸν ἄρτον μου. οὐκ ἔφαγον μόνος | * ὅριον * | οὐκ ἔλυσα εὐσέβειαν ἐποίησα ἐν πάσαις ταῖς ἡμέραις |
| Asen. | 1 | 2 | τοῦ πρώτου ἔτους ὀκτωκαιδεκάτῃ τοῦ μηνὸς εἰς τὰ | * ὅρια * | Ἡλιουπόλεως καὶ ἦν συνάγων τὸν σῖτον τῆς χώρας |
| Asen. | 3 | 1 | μηνὶ ὀκτωκαιδεκάτῃ τοῦ μηνὸς ἦλθεν Ἰωσὴφ εἰς τὰ | * ὅρια * | Ἡλιουπόλεως καὶ ἦν συνάγων τὸν σῖτον τῆς εὐθηνίας |
| HArt. 9 | 27 | 11 | παρελόμενον γοῦν αὐτοῦ τοὺς ὄχλους τοὺς μὲν ἐπὶ τὰ | * ὅρια * | τῆς Αἰθιοπίας πέμψαι προφυλακῆς χάριν τοῖς δὲ |
| ὁρκίζω | | | 19 | | |
| Jer. | 8 | 7 | διὰ τοῦτο οὐκ εἰσελεύσεσθε πρὸς ἡμᾶς. ὅρκῳ γὰρ | * ὡρκίσαμεν * | ἀλλήλους κατὰ τοῦ ὀνόματος τοῦ θεοῦ ἡμῶν μήτε |
| IOrp. | | 49 | ἐν πάντεσσι. τί σοι δίχα ταῦτ' ἀγορεύω;) (οὐρανὸν | * ὁρκίζω * | σε θεοῦ μεγάλου σοφὸν ἔργον) (αὐδὴν ὁρκίζω σε |
| IOrp. | | 50 | ὁρκίζω σε θεοῦ μεγάλου σοφὸν ἔργον) (αὐδὴν | * ὁρκίζω * | σε πατρὸς τὴν φθέγξατο πρῶτον) (ἡνίκα κόσμον |
| FrAn. | 574 | 3018 | δαιμονος φρικτὸν ὃ φοβεῖται. στήσας ἄντικρυς | * ὅρκιζε. * | ἔστιν δὲ ὁ ὁρκισμὸς οὗτος ὁρκίζω σε κατὰ τοῦ |
| FrAn. | 574 | 3019 | στήσας ἄντικρυς ὅρκιζε. ἔστιν δὲ ὁ ὁρκισμὸς οὗτος | * ὁρκίζω * | σε κατὰ τοῦ θεοῦ τῶν Ἑβραίων Ἰησοῦ ιαβα ιαη |
| FrAn. | 574 | 3029 | ὅτι ἐπεύχομαι ἅγιον θεὸν ἐπὶ αμμωνιψεντανχω. λόγος | * ὁρκίζω * | σε λαβρείᾳ ιακουθ αβλαναθαναλβα ακραμμ. λόγος αωθ |
| FrAn. | 574 | 3033 | χαμυνχελ αβρωωθ σὺ αβρασιλωθ αλληλου ϊελωσαϊ ιαηλ. | * ὁρκίζω * | σε τὸν ὀπτανθέντα τῷ Ἰσραὴλ ἐν στύλῳ φωτινῷ καὶ |
| FrAn. | 574 | 3037 | ἐπὶ Φαραὼ τὴν δεκάπληγον διὰ τὸ παρακούειν αὐτόν. | * ὁρκίζω * | σε πᾶν πνεῦμα δαιμόνιον λαλῆσαι ὁποῖον καὶ ἂν ἧς |
| FrAn. | 574 | 3039 | πᾶν πνεῦμα δαιμόνιον λαλῆσαι ὁποῖον καὶ ἂν ἧς ὅτι | * ὁρκίζω * | σε κατὰ τῆς σφραγῖδος ἧς ἔθετο Σολομὼν ἐπὶ τὴν |
| FrAn. | 574 | 3045 | ἢ Χερσαῖον ἢ Φαρισαῖον. λάλησον ὁποῖον ἐὰν ἧς ὅτι | * ὁρκίζω * | σε θεὸν φωσφόρον ἀδάμαστον τὸν τὰ ἐν καρδίᾳ πάσης |
| FrAn. | 574 | 3052 | πᾶσα ἐνουράνιος δύναμις ἡ ἀγγέλων ἀρχαγγέλων. | * ὁρκίζω * | σε μέγαν θεὸν Σαβαὼθ δι' ὃν ὁ Ἰορδάνης ποταμὸς |
| FrAn. | 574 | 3056 | θάλασσα ἣν ὥδευσεν Εἰσραὴλ καὶ ἔστη ἀνόδευτος ὅτι | * ὁρκίζω * | σε τὸν καταδείξαντα τὰς ἑκατὸν τεσσαράκοντα |
| FrAn. | 574 | 3058 | γλώσσας καὶ διαμερίσαντα τῷ ἰδίῳ προστάγματι. | * ὁρκίζω * | σε τὸν τῶν αὐχενίων γιγάντων τοῖς πρηστῆρσι |
| FrAn. | 574 | 3062 | οὐρανῶν ὃν ὑμνοῦσι τὰ πτερυγώματα τοῦ χερουβίμ. | * ὁρκίζω * | σε τὸν περιθέντα ὄρη τῇ θαλάσσῃ τεῖχος ἐξ ἄμμου |
| FrAn. | 574 | 3065 | ἄβυσσος. καὶ σὺ ἐπάκουσον πᾶν πνεῦμα δαιμόνιον ὅτι | * ὁρκίζω * | σε τὸν συνσείοντα τοὺς τέσσαρας ἀνέμους ἀπὸ τῶν |
| FrAn. | 574 | 3069 | θαλασσοειδῆ νεφελοειδῆ φωσφόρον ἀδάμαστον. | * ὁρκίζω * | σε τὸν ἐν τῇ καθαρᾷ Ἱεροσολύμῳ ᾧ τὸ ἄσβεστον πῦρ |
| FrAn. | 574 | 3075 | σίδηρος λακᾷ καὶ πᾶν ὄρος ἐκ θεμελίου φοβεῖται. | * ὁρκίζω * | σε πᾶν πνεῦμα δαιμόνιον τὸν ἐφορῶντα ἐπὶ γῆς καὶ |

FrAn. 574 3078 ποιήσαντα τὰ πάντα ἐκ τῶν οὐκ ὄντων εἰς τὸ εἶναι. * ὁρκίζω * δέ σε τὸν παραλαμβάνοντα τὸν ὁρκισμὸν τοῦτον
FrAn. 574 3081 σ(ο)ι πᾶν πνεῦμα καὶ δαιμόνιον ὁποῖον ἐὰν ἦν. * ὁρκίζων * δὲ φύσα ἀπὸ τῶν ἄκρων καὶ τῶν ποδῶν ἀπαίρων τὸ

ὅρκιον 1
Sib. 3 654 παύσει πολέμοιο κακοῖο οὓς μὲν ἄρα κτείνας οἷς δ' * ὅρκια * πιστὰ τελέσσας. οὐδέ γε ταῖς ἰδίαις βουλαῖς τάδε

ὁρκισμός 3
Aris. 104 3 κατ' ἀνάγκην ἐπιτελουμένους θείως τὸ κατὰ τὸν * ὁρκισμὸν * πρᾶγμα ὄντας πεντακοσίους μὴ παραδέξασθαι
FrAn. 574 3018 ὃ φοβεῖται. στήσας ἄντικρυς ὅρκιζε. ἔστιν δὲ ὁ * ὁρκισμὸς * οὗτος ὁρκίζω σε κατὰ τοῦ θεοῦ τῶν Ἑβραίων
FrAn. 574 3079 εἰς τὸ εἶναι. ὁρκίζω δέ σε τὸν παραλαμβάνοντα τὸν * ὁρκισμὸν * τοῦτον χοίρειον μὴ φαγεῖν καὶ ὑποταγήσεται

ὅρκος 16
Adam 19 2 ἀνδρί σου. ἐγὼ δὲ εἶπον αὐτῷ ὅτι οὐ γινώσκω ποίῳ * ὅρκῳ * ὀμόσω σοι. πλὴν ὃ οἶδα λέγω σοι μὰ τὸν θρόνον τοῦ
Adam 19 3 δώσω καὶ τῷ ἀνδρί μου. ὅτε δὲ ἔλαβεν ἀπ' ἐμοῦ τὸν * ὅρκον * τότε ἦλθε καὶ ἐπέβη ἐπ' αὐτὸν καὶ ἔθετο ἐπὶ τὸν
Adam 20 3 μου ἧς ἤμην ἐνδεδυμένη. ἔκλαιον δὲ καὶ περὶ τοῦ * ὅρκου. * ἐκεῖνος δὲ κατῆλθεν ἀπὸ τοῦ φυτοῦ καὶ ἄφαντος
Hen. 6 4 μεγάλης. ἀπεκρίθησαν οὖν αὐτῷ πάντες ὀμόσωμεν * ὅρκῳ * πάντες καὶ ἀναθεματίσωμεν πάντες ἀλλήλους μὴ
Hen. 6B 4 αὐτῷ πάντες καὶ εἶπον, ὀμόσωμεν ἅπαντες * ὅρκῳ * καὶ ἀναθεματίσωμεν ἀλλήλους τοῦ μὴ ἀποστρέψαι τὴν
TJud. 22 3 αὐτὸς φυλάξει κράτος βασιλείας μου ἕως τοῦ αἰῶνος. * ὅρκῳ * γὰρ ὤμοσέ μοι κύριος μὴ ἐκλεῖψαι τὸ βασίλειόν μου
Sal. 4 4 ἡ γλῶσσα αὐτοῦ ψευδὴς ἐν συναλλάγματι μεθ' * ὅρκου. * ἐν νυκτὶ καὶ ἐν ἀποκρύφοις ἁμαρτάνει ὡς οὐχ
Sal. 8 10 τοῦ πλησίον αὐτοῦ συνέθεντο αὐτοῖς συνθήκας μετὰ * ὅρκου * περὶ τούτων. τὰ ἅγια τοῦ θεοῦ διηρπάζοσαν ὡς μὴ
Jer. 8 7 ἀφ' ἡμῶν διὰ τοῦτο οὐκ εἰσελεύσεσθε πρὸς ἡμᾶς. * ὅρκῳ * γὰρ ὡρκίσαμεν ἀλλήλους κατὰ τοῦ ὀνόματος τοῦ θεοῦ
Aris. 104 2 τὸ κατανοῆσαι τὰ τῶν θυσιῶν. ἔλεγον δὲ καὶ δι' * ὅρκων * πεπιστῶσθαι τὸ τοιοῦτον τοὺς γὰρ πάντας ὀμωμοκέναι
Aris. 126 1 δὴ σύνεστι τοῖς ἀποστελλομένοις ὑπ' αὐτοῦ. καὶ δι' * ὅρκων * ἐπιστοῦτο μὴ προΐεσθαι τοὺς ἀνθρώπους εἴ τις ἑτέρα
Sib. 3 116 καὶ βασίλευσεν ἕκαστος ἔχων μέρος οὐδ' ἐμάχοντο * ὅρκοι * γάρ τ' ἐγένοντο πατρὸς μερίδες τε δίκαιαι. τηνίκα
Sib. 3 118 ἵκετο γῆρας καὶ ῥ' ἔθανεν καὶ παῖδες ὑπερβασίην * ὅρκοισιν * δεινὴν ποιήσαντες ἐπ' ἀλλήλους ἔριν ὦρσαν ὃς
Sib. 3 129 οὕνεκά τοι πρέσβιστος ἔην καὶ εἶδος ἄριστος. * ὅρκους * δ' αὖτε Κρόνῳ μεγάλους Τιτὰν ἐπέθηκεν μὴ θρέψ'
FJub. 16 10 ἀπαναστὰς ὁ Ἀβραὰμ ἐπὶ τὸ φρέαρ κατασκηνοῖ τοῦ * ὅρκου. * ἑαυτῷ δὲ ἰδίᾳ καὶ τοῖς οἰκέταις αὐτοῦ κατὰ
FAch. 108 κατηγόρησεν ὁ υἱοποιητὸς καὶ τὴν ἀλήθειαν μεθ' * ὅρκου * παρεστήσατο. τοῦ βασιλέως θέλοντος ἀνελεῖν τὸν

ὁρκόω 3
TRub. 6 9 χρόνων ἀρχιερέως χριστοῦ ὃν εἶπε κύριος. * ὁρκῶ * ὑμᾶς τὸν θεὸν τοῦ οὐρανοῦ ποιῆσαι ἀλήθειαν ἕκαστος
Job 8 2 ὅτε δὲ ἀπέστη ἀπ' ἐμοῦ, ἀπελθὼν ὑπὸ τὸ στερέωμα * ὅρκωσεν * τὸν κύριον ἵνα λάβῃ ἐξουσίαν κατὰ τῶν ὑπαρχόντων
Job 41 3 αὐτοὺς καὶ πορευθῆναι εἰς τὴν ἑαυτῶν χώραν, καὶ * ὁρκωθῆναι * αὐτοὺς ὑπὸ Ελιου λέγοντος μείνατέ με, ἕως καὶ

ὁρκωμοτέω 1
HArt. 9 27 13 ἐπινοήματα. ἀποξενωσάντων δὲ αὐτὸν τῶν Αἰγυπτίων * ὁρκωμοτῆσαι * τοὺς φίλους μὴ ἐξαγγεῖλαι τῷ Μωΰσῳ τὴν

ὁρμάω 5
TJud. 7 5 πολεμίων βασιλέων. τότε ὑβριζόμενος ἐθυμώθην καὶ * ὥρμησα * ἐπ' αὐτοὺς ἐπὶ τὴν κορυφὴν κἀκεῖνοι ἐσφενδόνουν
TJos. 19 3 καὶ ἐξ ἀριστερῶν αὐτοῦ ὡς λέων καὶ πάντα τὰ θηρία * ὥρμουν * κατ' αὐτοῦ καὶ ἐνίκησεν αὐτὰ ὁ ἀμνὸς καὶ ἀπώλεσεν
Aris. 270 6 καὶ καιροτηρησίας ὃς γὰρ ἐπὶ τὸ πλεονεκτεῖν * ὁρμᾶται * προδότης πέφυκε. σὺ δὲ πάντας εὐνόους ἔχεις θεοῦ
Sib. 3 664 πάλιν βασιλῆες ἐθνῶν ἐπὶ τήνδε γε γαῖαν ἀθρόοι * ὁρμήσονται * ἑαυτοῖς κῆρα φέροντες σηκὸν γὰρ μεγάλοιο θεοῦ
HAno. 9 17 3 καὶ Χαλδαϊκὴν εὑρεῖν ἐπί τε τὴν εὐσέβειαν * ὁρμήσαντα * εὐαρεστῆσαι τῷ θεῷ. τοῦτον δὲ διὰ τὰ

ὁρμή 7
Aris. 7 5 καθεστῶτι τὸν τρόπον ἀλλὰ καὶ τῇ πρὸς τὸ καλὸν * ὁρμῇ * τὸν αὐτὸν ὄντα ἡμῖν. χρυσοῦ γὰρ χάρις ἡ κατασκευὴ
Aris. 37 3 καὶ εἴ τι κακῶς ἐπράχθη διὰ τὰς τῶν ὄχλων * ὁρμὰς * διειληφότες εὐσεβῶς τοῦτο πρᾶξαι καὶ τῷ μεγίστῳ
Aris. 222 2 ἔφη τὸ κρατεῖν ἑαυτοῦ καὶ μὴ συγκαταφέρεσθαι ταῖς * ὁρμαῖς. * πᾶσι γὰρ ἀνθρώποις φυσικὸν εἶναι τὸ πρός τι τὴν
Aris. 256 4 τῶν συμβαινόντων ἀπεφήνατο καὶ μὴ ἐκφέρεσθαι ταῖς * ὁρμαῖς * ἀλλὰ τὰς βλάβας καταμελετᾶν τὰς ἐκ τῶν ἐπιθυμιῶν
Sib. 3 331 ἐπόψει τοὺς μὲν ὑπὸ πτολέμου καὶ πάσης δαίμονος * ὁρμῆς * λιμοῦ καὶ λοιμοῦ ὑπό τ' ἐχθρῶν βαρβαροθύμων. γαῖα
Sib. 5 9 Ἀσσαράκου ὃς μόλεν ἐκ Τροίης ὅστις πυρὸς ἔσχισεν * ὁρμὴν * πολλοὺς δ' αὖ μετ' ἄνακτας ἀρηιφίλους μετὰ φῶτας
IEsc. 5 131 2 οἶσθα δ' αὐτόν ποτὲ μὲν ὡς πῦρ φαίνεται ἄπλατος * ὁρμή * ποτὲ δὲ ὕδωρ ποτὲ (δὲ) γνόφος καὶ θηρσὶν αὐτὸς

ὄρνεον 18
Asen. 11 1 αὐτῆς. καὶ τῇ ἡμέρᾳ τῇ ὀγδόῃ ἰδοὺ ὄρθρος ἦν καὶ τὰ * ὄρνεα * ἐλάλουν ἤδη καὶ οἱ κύνες ὕλαττον ἐπὶ τοὺς
Bar. 6 2 τὸ ἅρμα ὑπ' ἀγγέλων τεσσαράκοντα. καὶ ἰδοὺ * ὄρνεον * περιτρέχον ἔμπροσθεν τοῦ ἡλίου ὡς ὄρη ἐννέα. καὶ
Bar. 6 3 ὡς ὄρη ἐννέα. καὶ εἶπον τὸν ἄγγελον τί ἐστι τὸ * ὄρνεον * τοῦτο; καὶ λέγει μοι τοῦτό ἐστιν ὁ φύλαξ τῆς
Bar. 6 5 δίδαξόν με. καὶ εἶπέν μοι ὁ ἄγγελος τοῦτο τὸ * ὄρνεον * παρατρέχει τῷ ἡλίῳ καὶ τὰς πτέρυγας ἐφαπλῶν
Bar. 6 6 ἕτερόν τι ζῷον ἀλλὰ προσέταξεν ὁ θεὸς τοῦτο τὸ * ὄρνεον. * καὶ ἥπλωσε τὰς πτέρυγας αὐτοῦ καὶ εἶδον εἰς τὸ
Bar. 6 9 με πτέρυγες πυρός. καὶ εἶπον κύριε τί ἐστι τὸ * ὄρνεον * τοῦτο καὶ τί τὸ ὄνομα αὐτοῦ; καὶ εἶπέν μοι ὁ
Bar. 6 12 καὶ τὴν δρόσον τῆς γῆς. καὶ εἶπον ἀφοδεύει τὸ * ὄρνεον; * καὶ εἶπέν μοι ἀφοδεύει σκώληκα καὶ τὸ τοῦ
Bar. 6 15 δὸς τῷ κόσμῳ τὸ φέγγος. καὶ ἀκούσας τὸν κτύπον τοῦ * ὀρνέου * εἶπον κύριε τί ἐστιν ὁ κτύπος οὗτος; καὶ εἶπεν
Bar. 7 3 ὄψει δόξαν θεοῦ. καὶ ἐν τῷ ὁμιλεῖν με αὐτῷ ὁρῶ τὸ * ὄρνεον * καὶ ἀνεφάνη ἔμπροσθεν καὶ πρὸς μικρὸν μικρὸν
Bar. 8 1 ἦλθεν ὁ καιρὸς τοῦ δῦσαι ὁρῶ πάλιν ἔμπροσθεν τὸ * ὄρνεον * ἐρχόμενον καὶ τὸν ἥλιον μετὰ τῶν ἀγγέλων
Bar. 8 2 καὶ ἦραν τὸν στέφανον ἀπὸ τῆς κορυφῆς αὐτοῦ. τὸ δὲ * ὄρνεον * ἔστη τεταπεινωμένον καὶ συστέλλον τὰς πτέρυγας
Bar. 8 3 ἀπὸ τῆς κεφαλῆς τοῦ ἡλίου καὶ διὰ τί ἐστι τὸ * ὄρνεον * τοσοῦτον τεταπεινωμένον; καὶ εἶπέν μοι ὁ ἄγγελος
Bar. 8 6 μολύνεται καὶ διὰ τοῦτο ἀνακαινίζεται. περὶ δὲ τοῦ * ὀρνέου * τὸ πῶς ἐταπεινώθη εἰπὲ διὰ τὸ κατέχειν τὰς τοῦ
Bar. 10 3 μέσῳ αὐτοῦ λίμνην ὑδάτων. καὶ ἦσαν ἐν αὐτῷ πλήθη * ὀρνέων * ἐκ πασῶν γενεῶν ἀλλ' οὐχ ὅμοια τῶν ἐνταῦθα. ἀλλ'
Bar. 10 4 καὶ τίς ἡ λίμνη καὶ τί τὸ περὶ αὐτὴν πλῆθος τῶν * ὀρνέων; * καὶ εἶπεν ὁ ἄγγελος ἄκουσον Βαροὺχ τὸ μὲν πεδίον
Bar. 10 7 καρποί. καὶ εἶπον πάλιν τὸν ἄγγελον κυρίου τὰ δὲ * ὄρνεα; * καὶ εἶπέν μοι αὐτά εἰσιν ἃ διαπαντὸς ἀνυμνοῦσι
HEup. 9 34 11 πρὸς τὸ ψοφεῖν τοὺς κώδωνας καὶ ἀποσοβεῖν τὰ * ὄρνεα * ὅπως μὴ καθίζῃ ἐπὶ τοῦ ἱεροῦ μηδὲ νοσσεύῃ ἐπὶ τοῖς
LEze. 9 29 16 23 δὲ πάντων εἶχεν ἐκπρεπεστάτην. βασιλεὺς δὲ πάντων * ὀρνέων * ἐφαίνετο ὡς ἦν νοῆσαι πάντα γὰρ πτήν' ὁμοῦ

Ὀρνίας 1
Aris. 47 4 τρίτης Νεεμίας Ἰώσηφος Θεοδόσιος Βασέας * Ὀρνίας * Δάκις. τετάρτης Ἰωνάθας Ἀβραῖος Ἐλισσαῖος

ὀρνιθεύω 1
HHec. 1 22 202 πολλῶν κατὰ τὴν ὁδὸν καὶ μάντεώς τινος * ὀρνιθευομένου * καὶ πάντας ἐπισχεῖν ἀξιοῦντος ἠρώτησε διὰ

ὄρνις 5
FPho. 84 χρήστης πικρὸς γένηι ἀνδρὶ πένητι. μηδέ τις * ὄρνιθας * καλιῆς ἅμα πάντας ἑλέσθω μητέρα δ' ἐκπρολίποις
FPho. 126 σιδήρου ὅπλον ἑκάστωι νεῖμε θεὸς φύσιν ἠερόφοιτον * ὄρνισιν * πώλοις ταχυτῆτ' ἀλκήν τε λέουσιν ταύρους δ'
HHec. 1 22 203 τί προσμένουσι. δείξαντος δὲ τοῦ μάντεως αὐτῷ τὸν * ὄρνιθα * καὶ φήσαντος ἐὰν μὲν αὐτοῦ μένῃ προσμένειν
HHec. 1 22 203 σιωπήσας καὶ παρελκύσας τὸ τόξον ἔβαλε καὶ τὸν * ὄρνιθα * πατάξας ἀπέκτεινεν. ἀγανακτούντων δὲ τοῦ μάντεως
HHec. 1 22 204 αὐτῷ τί μαίνεσθε ἔφη κακοδαίμονες; εἶτα τὸν * ὄρνιθα * λαβὼν εἰς τὰς χεῖρας πῶς γὰρ οὗτος ἔφη τὴν αὑτοῦ

ὄρνυμι 6
Sib. 3 103 ὑψόθι πύργον ῥίψαν καὶ θνητοῖσιν ἐπ' ἀλλήλους ἔριν * ὦρσαν * τοὔνεκά τοι Βαβυλῶνα βροτοὶ πόλει οὔνομ' ἔθεντο.
Sib. 3 119 ὅρκοισιν δεινὴν ποιήσαντες ἐπ' ἀλλήλους ἔριν * ὦρσαν * ὃς πάντεσσι βροτοῖσιν ἔχων βασιληίδα τιμὴν ἄρξει
Sib. 5 528 Ὑδροχόον δ' ἐπύρωσε μένος κρατεροῖο Φαεινοῦ * ὦρτο * μὲν Οὐρανὸς αὐτὸς ἕως ἐτίναξε μαχητὰς θυμωθεὶς δ'
FPho. 101 μηδ' ἀθέατα δείξῃς ἠελίωι καὶ δαιμόνιον χόλον * ὄρσῃς. * οὐ καλὸν ἁρμονίην ἀναλυέμεν ἀνθρώποιο καὶ τάχα
LThe. 9 22 9 δίκας ἐδίκαζον ἀνὰ πτόλιν οὐδὲ θέμ:στας λοίγια δ' * ὤρωρει * τοῖσιν μεμελημένα ἔργα. τὸν οὖν Λευιν καὶ τὸν
LThe. 9 22 11 χερὶ λαιῇ λεῖψε δ' ἔτι σπαίρουσαν ἐπεὶ πόνος ἄλλος * ὀρώρει. * τόφρα δὲ καὶ Λευιν μένος ἄσχετος ἔλλαβε χαίτης

ὀρός 1
Hen. 10 19 ποιήσουσιν πρόχους οἴνου χιλιάδας καὶ ὑπ' * ὀροῦ * (σπόρου) ποιήσει καθ' ἕκαστον μέτρον ἐλαίας ποιήσει

ὄρος 93
Hen. 1 4 καὶ ὁ θεὸς τοῦ αἰῶνος ἐπὶ γῆν πατήσει ἐπὶ τὸ Σεινὰ * ὄρος * καὶ φανήσεται ἐκ τῆς παρεμβολῆς αὐτοῦ καὶ φανήσεται
Hen. 1 6 καὶ σεισθήσονται καὶ πεσοῦνται καὶ διαλυθήσονται * ὄρη * ὑψηλὰ καὶ ταπεινωθήσονται βουνοὶ ὑψηλοὶ τοῦ
Hen. 1 6 καὶ ταπεινωθήσονται βουνοὶ ὑψηλοὶ τοῦ διαρυῆναι * ὄρη * καὶ τακήσονται ὡς κηρὸς ἀπὸ προσώπου πυρὸς ἐν φλογί.
Hen. 6B 6 ταῖς ἡμέραις Ἰάρεδ εἰς τὴν κορυφὴν τοῦ Ἑρμονιεὶμ * ὄρους * καὶ ἐκάλεσαν τὸ ὄρος Ἑρμὼμ καθότι ὤμοσαν καὶ
Hen. 6B 6 τὴν κορυφὴν τοῦ Ἑρμονιεὶμ ὄρους καὶ ἐκάλεσαν τὸ * ὄρος * Ἑρμὼμ καθότι ὤμοσαν καὶ ἀνεθεμάτισαν ἀλλήλους ἐν
Hen. 14 18 κρυστάλλινον καὶ τροχὸς ὡς ἡλίου λάμποντος καὶ * ὄρος * χερουβίν. καὶ ὑποκάτω τοῦ θρόνου ἐξεπορεύοντο
Hen. 17 2 ἄνθρωποι. καὶ ἀπήγαγόν με εἰς ζοφώδη τόπον καὶ εἰς * ὄρος * οὗ ἡ κεφαλὴ ἀφικνεῖτο εἰς τὸν οὐρανόν. καὶ εἶδον
Hen. 18 6 τόπον καιόμενον νυκτὸς καὶ ἡμέρας ὅπου τὰ ἑπτὰ * ὄρη * ἀπὸ λίθων πολυτελῶν (τρία) εἰς ἀνατολὰς καὶ τρία εἰς
Hen. 18 9 σαφφείρου καὶ πῦρ καιόμενον ἴδον. κἀπέκεινα τῶν * ὀρέων * τούτων τόπος ἐστὶν πέρας τῆς μεγάλης γῆς ἐκεῖ
Hen. 18 13 ἦν ἔρημος καὶ φοβερός. ἐκεῖ ἴδον ἑπτὰ ἀστέρας ὡς * ὄρη * μεγάλα καιόμενα περὶ ὧν πυνθανομένῳ μοι εἶπεν ὁ
Hen. 21 3 οὐρανοῦ δεδεμένους καὶ ἐρριμμένους ἐν αὐτῷ ὁμοίους * ὄρεσιν * μεγάλοις καὶ ἐν πυρὶ καιομένους. τότε εἶπον διὰ
Hen. 22 1 εἰς ἄλλον τόπον καὶ ἔδειξέν μοι πρὸς δυσμὰς ἄλλο * ὄρος * μέγα καὶ ὑψηλὸν πέτρας στερεάς. καὶ τέσσαρες τόποι
Hen. 24 1 πάντας τοὺς φωστῆρας τοῦ οὐρανοῦ. καὶ ἔδειξέν μοι * ὄρη * πυρὸς καιόμενα νυκτός. καὶ ἐπέκεινα αὐτῶν ἐπορεύθην
Hen. 24 2 καὶ ἐπέκεινα αὐτῶν ἐπορεύθην καὶ ἐθεασάμην ἑπτὰ * ὄρη * ἔνδοξα πάντα ἑκάτερα τοῦ ἑκατέρου διαλλάσσοντα ὧν οἱ
Hen. 24 3 καὶ τραχεῖαι μία τῇ μιᾷ οὐκ ἐγγίζουσαι καὶ τῷ * ὄρει * ἕβδομον ὄρος ἀνὰ μέσον τούτων καὶ ὑπερεῖχεν τῷ ὕψει
Hen. 24 3 μία τῇ μιᾷ οὐκ ἐγγίζουσαι καὶ τῷ ὄρει ἕβδομον * ὄρος * ἀνὰ μέσον τούτων καὶ ὑπερεῖχεν τῷ ὕψει ὅμοιον
Hen. 25 3 δένδρου τούτου σφόδρα. καὶ ἀπεκρίθη λέγων τοῦτο τὸ * ὄρος * τὸ ὑψηλὸν οὗ ἡ κορυφὴ ὁμοία θρόνου θεοῦ καθέδρα
Hen. 26 2 βλαστούσας τοῦ δένδρου ἐκκοπέντος. κἀκεῖ τεθέαμαι * ὄρος * ἅγιον ὑποκάτω τοῦ ὄρους ὕδωρ ἐξ ἀνατολῶν καὶ τὴν
Hen. 26 2 ἐκκοπέντος. κἀκεῖ τεθέαμαι ὄρος ἅγιον ὑποκάτω τοῦ * ὄρους * ὕδωρ ἐξ ἀνατολῶν καὶ τὴν δύσιν εἶχεν πρὸς νότον.

Hen. 26 3 εἶχεν πρὸς νότον. καὶ ἴδον πρὸς ἀνατολὰς ἄλλο * ὄρος * ὑψηλότερον τούτου καὶ ἀνὰ μέσον αὐτοῦ φάραγγα
Hen. 26 3 πλάτος καὶ δι' αὐτῆς ὕδωρ πορεύεται ὑποκάτω ὑπὸ τὸ * ὄρος. * καὶ πρὸς δυσμὰς τούτου ἄλλο ὄρος ταπεινότερον
Hen. 26 4 ὑποκάτω ὑπὸ τὸ ὄρος. καὶ πρὸς δυσμὰς τούτου ἄλλο * ὄρος * ταπεινότερον αὐτοῦ καὶ οὐκ ἔχον ὕψος καὶ φάραγγα
Hen. 26 4 φάραγγα βαθεῖαν καὶ ξηρὰν ἐπ' ἄκρων τῶν τριῶν * ὀρέων. * καὶ πᾶσαι φάραγγές εἰσιν βαθεῖαι ἐκ πέτρας
Hen. 29 1 ἄλλον τόπον ἐν τῷ Βαβδηρὰ καὶ πρὸς ἀνατολὰς τοῦ * ὄρους * τούτου ᾠχόμην καὶ ἴδον κρίσεως δένδρα πνέοντα
Hen. 31 1 τούτων ᾠχόμην πρὸς ἀνατολάς. καὶ ἴδον ἄλλα * ὄρη * καὶ ἐν αὐτοῖς ἄλση δένδρων καὶ ἐκπορευόμενον ἐξ
Hen. 31 2 τὸ καλούμενον σαρρὰν καὶ χαλβάνη. καὶ ἐπέκεινα τῶν * ὀρέων * τούτων ἴδον ἄλλο ὄρος πρὸς ἀνατολὰς τῶν περάτων
Hen. 31 2 χαλβάνη. καὶ ἐπέκεινα τῶν ὀρέων τούτων ἴδον ἄλλο * ὄρος * πρὸς ἀνατολὰς τῶν περάτων τῆς γῆς καὶ πάντα τὰ
Hen. 32 1 εἰς βορρᾶν πρὸς ἀνατολὰς τεθέαμαι ἑπτὰ * ὄρη * πλήρη νάρδου χρηστοῦ καὶ σχίνου καὶ κινναμώμου καὶ
Hen. 32 2 καὶ ἐκεῖθεν ἐφώδευσα ἐπὶ τὰς ἀρχὰς πάντων τῶν * ὀρέων * τούτων μακρὰν ἀπέχων πρὸς ἀνατολὰς τῆς γῆς καὶ
Hen. 90 1 ἔφυγον ἀπ' αὐτοῦ καὶ ἐφοβοῦντο αὐτόν. παρὰ δὲ τοῦ * ὄρους * ἐν ᾧ ὤμοσαν καὶ ἀνεθεμάτισαν πρὸς τὸν πλησίον
TLevi 2 5 σωθῶ. τότε ἐπέπεσεν ἐπ' ἐμὲ ὕπνος καὶ ἐθεασάμην * ὄρος * ὑψηλὸν τοῦτο ὄρος Ἀσπίδος ἐν Ἀβελμαούλ. καὶ ἰδοὺ
TLevi 2 5 ἐπ' ἐμὲ ὕπνος καὶ ἐθεασάμην ὄρος ὑψηλὸν τοῦτο * ὄρος * Ἀσπίδος ἐν Ἀβελμαούλ. καὶ ἰδοὺ ἠνεῴχθησαν οἱ
TLevi 6 1 μου εὗρον ἀσπίδα χαλκῆν διὸ καὶ τὸ ὄνομα τοῦ * ὄρους * Ἀσπὶς ὅ ἐστιν ἐγγὺς Γεβὰλ ἐκ δεξιῶν Ἀβιλὰ καὶ
TJud. 6 4 αὐτῶν ἐκύλιον ἐφ' ἡμᾶς λίθους ἀπὸ τῆς κορυφῆς τοῦ * ὄρους * ἐν ᾗ ἦν ἡ πόλις. καὶ ὑποκρυβέντες ἐγὼ καὶ Συμεὼν
TJud. 9 3 καὶ ἔπεσεν ἐν τόξῳ Ἰακὼβ καὶ ἤρθη νεκρὸς ἐν * ὄρει * Σηιρ καὶ πορευόμενος ἐπάνω Ειρραμνα ἀπέθανεν. ἡμεῖς
TJud. 25 2 Ῥουβὴμ τὸν Ἰσαχὰρ ἡ γῆ ἡ θάλασσα τὸν Ζαβουλὼν τὰ * ὄρη * τὸν Ἰωσὴφ ἡ σκηνὴ τὸν Βενιαμὶν οἱ φωστῆρες τὸν Δὰν
TNep. 5 1 ἐγγύς. ἐν γὰρ ἔτει τεσσαρακοστῷ ζωῆς μου εἶδον ἐν * ὄρεσιν * ἐλαίου κατὰ ἀνατολὰς Ἰερουσαλὴμ ὅτι ὁ ἥλιος καὶ
Asen. 18 9 κυπάρισσος παμποίκιλος ⟨καὶ οἱ μασθοὶ αὐτῆς ὡς τὰ * ὄρη * τοῦ θεοῦ τοῦ ὑψίστου⟩. καὶ ὡς εἶδεν Ἀσενὲθ ἑαυτὴν
Sal. 2 26 μοι ὁ θεὸς τὴν ὕβριν αὐτοῦ ἐκκεκεντημένον ἐπὶ τῶν * ὀρέων * Αἰγύπτου ὑπὲρ ἐλάχιστον ἐξουδενωμένον ἐπὶ γῆς καὶ
Sal. 11 4 αὐτῶν ἐκ νήσων μακρόθεν συνήγαγεν αὐτοὺς ὁ θεός. * ὄρη * ὑψηλὰ ἐταπείνωσεν εἰς ὁμαλισμὸν αὐτοῖς οἱ βουνοὶ
Sal. 17 19 τὴν γῆν. πηγαὶ συνεσχέθησαν αἰώνιοι ἐξ ἀβύσσων ἀπὸ * ὀρέων * ὑψηλῶν ὅτι οὐκ ἦν ἐν αὐτοῖς ποιῶν δικαιοσύνην καὶ
Jer. 3 10 εἰς τὸν ἀμπελῶνα τοῦ Ἀγρίππα καὶ ἐν τῇ σκιᾷ τοῦ * ὄρους * ἐγὼ σκεπάσω αὐτὸν ἕως οὗ ἐπιστρέψω τὸν λαὸν εἰς
Jer. 3 15 ἄπελθε εἰς τὸ χωρίον τοῦ Ἀγρίππα διὰ τῆς ὁδοῦ τοῦ * ὄρους * καὶ ἐνεγκὼν ὀλίγα σῦκα δίδου τοῖς νοσοῦσι τοῦ λαοῦ
Jer. 5 9 πεπλάνημαι τὴν ὁδὸν ὅτι διὰ τῆς ὁδοῦ τοῦ * ὄρους * ἦλθον ἐγερθεὶς ἀπὸ τοῦ ὕπνου μου καὶ βαρείας οὔσης
Jer. 9 18 πατρὸς αὐτοῦ καὶ ἐρχόμενον εἰς τὸν κόσμον ἐπὶ τὸ * ὄρος * τῶν ἐλαιῶν καὶ ἐμπλήσει τὰς πεινώσας ψυχάς. ταῦτα
Bar. 6 2 καὶ ἰδοὺ ὄρνεον περιτρέχον ἔμπροσθεν τοῦ ἡλίου ὡς * ὄρη * ἐννέα. καὶ εἶπον τὸν ἄγγελον τί ἐστι τὸ ὄρνεον
Prop. 2 12 καὶ ἐξελεύσεται ἐκ τῆς πέτρας καὶ τεθήσεται ἐν * ὄρει * Σινᾶ καὶ πάντες οἱ ἅγιοι πρὸς αὐτὸν συναχθήσονται
Prop. 2 14 ἐρήμῳ ὅπου πρώτως ἡ κιβωτὸς γέγονε μεταξὺ τῶν δύο * ὀρέων * ἐν οἷς κεῖνται Μωϋσῆς καὶ Ἀαρών. καὶ ἐν νυκτὶ
Prop. 4 21 βασιλικῷ μόνος ἐνδόξως. καὶ αὐτὸς ἔδωκε τέρας ἐν * ὄρεσι * τοῖς ὑπεράνω Βαβυλῶνος ὅτι ὅτε καπνισθήσεται τὸ ἐκ
Esdr. 6 12 καὶ εἶπεν ὁ προφήτης μετὰ Μωσῆ καὶ ἐν τῷ * ὄρει * ἐπεριπάτησα καὶ οὐκ ἐξέρχεται ἔνθεν. καὶ εἶπον οἱ
Job 13 1 ἀμέλγοντες τὰς βοῦς ῥέοντος τοῦ γάλακτος ἐν τοῖς * ὄρεσιν * καὶ τὸ βούτυρον διεχεῖτο ἐν ταῖς ὁδοῖς μου καὶ τὰ
Job 13 2 κτήνη μου ἀπὸ τοῦ πλήθους ἐν ταῖς πέτραις καὶ τοῖς * ὄρεσιν * ἐκοιτάζοντο διὰ τὰ λοχευόμενα. καὶ διὰ ταῦτα τὰ
Job 13 3 διὰ τὰ λοχευόμενα. καὶ διὰ ταῦτα τὰ μὲν * ὄρη * ἐκλύζοντο γάλακτι καὶ ὡς πεπηγμένον βούτυρον
Aris. 83 6 τὴν πόλιν μέσην κειμένην τῆς ὅλης Ἰουδαίας ἐπ' * ὄρους * ὑψηλὴν ἔχοντος τὴν ἀνάτασιν. ἐπὶ δὲ τῆς κορυφῆς
Aris. 105 6 ἀνάκλασιν γὰρ ἔχει τὰ τῶν τόπων ὡς ἂν ἐπ' * ὄρους * τῆς πόλεως ᾠκοδομημένης. εἰσὶ δὲ καὶ διαβάθραι
Aris. 119 1 χώραν ὀρεινῆς. ἐλέγετο δὲ καὶ ἐκ τῶν παρακειμένων * ὀρέων * τῆς Ἀραβίας μέταλλα χαλκοῦ καὶ σιδήρου
Sib. 3 64 ἐκ δὲ Σεβαστηνῶν ἥξει Βελίαρ μετόπισθεν καὶ στήσει * ὀρέων * ὕψος στήσει δὲ θάλασσαν ἠέλιον πυρόεντα μέγαν
Sib. 3 256 λαὸν ὅδ' ἡγεμονῶν ὃν ἀπ' Αἰγύπτου θεὸς ἦγεν εἰς τὸ * ὄρος * Σινᾶ καὶ τὸν νόμον οὐρανόθι πρὸ δῶκε θεὸς γράψας
Sib. 3 439 λήψη καὶ ἀνήριθμον αἷμα. καὶ Κράγος ὑψηλὸν Λυκίης * ὄρος * ἐκ κορυφάων χάσματ' ἀνοιγομένης πέτρης κελαρύξεται
Sib. 3 680 προσώπου καὶ φόβος ἔσται. ἠλιβάτους κορυφάς τ' * ὀρέων * βουνούς τε πελώρων ῥήξει κυάνεόν τ' ἔρεβος
Sib. 3 682 τ' ἔρεβος πάντεσσι φανεῖται. ἠέριαι δὲ φάραγγες ἐν * οὔρεσιν * ὑψηλοῖσιν ἔσσονται πλήρεις νεκύων ῥεύσουσι δὲ
Sib. 3 778 θεοῖο) καὶ πᾶσαι πεδίοιο τρίβοι καὶ τρηχέες ὄχθαι * οὔρεά * θ' ὑψήεντα καὶ ἄγρια κύματα πόντου εὔβατα καὶ
Sib. 3 788 δ' ἔσσεται ἀθάνατον φῶς ἠδὲ λύκοι τε καὶ ἄρνες ἐν * οὔρεσιν * ἄμμιγ' ἔδονται χόρτον παρδάλιές τ' ἐρίφοις ἅμα
Sib. 4 78 μὲν βυθοῦ ὑγρὰ κέλευθα πεζεύσει πλεύσει δὲ ταμὼν * ὄρος * ὑψικάρηνον ὃν φυγάδ' ἐκ πολέμου δειλὴ ὑποδέξεται
Sib. 5 32 κτείνων καὶ μυρία τολμῶν καὶ τμήξει τὸ δίκυμον * ὄρος * λύθρῳ τε παλάξει ἀλλ' ἔσται καὶ ἄϊστος ὀλοίιος εἶτ'
Sib. 5 437 ἡ τὸ πάλαι μεγάλη καὶ πάμπολις οὐκέτι κείση * οὔρεσιν * ἐν χρυσέοις καὶ νάμασιν Εὐφρήταο στρωθήση
FMos. 6 132 2 ὁ τοῦ Ναυῆ καὶ τὸν μὲν μετ' ἀγγέλων τὸν δὲ ἐπὶ τὰ * ὄρη * περὶ τὰς φάραγγας κηδείας ἀξιούμενον. εἶδεν δὲ
FMos. 8 163 20 εἶπεν ἐπιτιμήσαι σοι κύριος. τελευτήσαντος ἐν τῷ * ὄρει * Μωϋσέως ὁ Μιχαὴλ ἀποστέλλεται μεταθήσων τὸ σῶμα
FJub. 7 1 τούτῳ τῷ ͵β σ ν α' ἔτει Νῶε ἐφύτευσεν ἀμπελῶνα ἐν * ὄρει * Λουβὰρ τῆς Ἀρμενίας. τῷ ͵β φ π ε' ἔτει Καϊνᾶν
FIsa. 1 2 8 καὶ ἀναχωρήσα⟨ς⟩ ἀπὸ Βηθλεὲμ ἐκά⟨θι⟩σεν ἐν τῷ * ὄρει * ἐν τόπῳ ἐρήμῳ. καὶ Μιχάας ὁ προφήτης καὶ Ἀνανίας ὁ
FIsa. 1 2 9 οὐρανοὺς ἀναβῆναι ἀνεχώρησαν καὶ ἐκάθισαν εἰς τὸ * ὄρος * πάντε⟨ς⟩ σάκκον περιβεβλημένοι καὶ πάντες ἦσαν
FIsa. 1 2 11 οὗτοι οὐκ ἤσθιον εἰ μὴ βοτάνας τίλλον⟨τε⟩ς ἐκ τῶν * ὀρέων * καὶ----- ⟨---⟩αν μετὰ Ἠσα⟨ΐο⟩υ οἰκοῦντες. καὶ
FIsa. 1 2 11 Ἠσα⟨ΐο⟩υ οἰκοῦντες. καὶ ἐπε⟨ὶ⟩ ἦσαν ἐν τ⟨ο⟩ῖς * ὄρεσιν * καὶ ἐν τοῖς βουνοῖς ⟨δ⟩ύ⟨ο ἔ⟩τη ἡμερῶν. ⟨ἐπὶ⟩ τοῦ
FIsa. 1 2 15 υἱοῦ Ἀλὰμ καὶ ⟨ὁ⟩ διδάσκαλος αὐτῶν Ἰαλλαρίας ἐξ * ὄρους * +Ἰσαλ+ καὶ αὐτὸς ἦν ⟨ὁ⟩ Βεχειρ⟨ὰ⟩ ἀδελφὸς τοῦ
FIsa. 1 3 2 ἥμισυ φυλὰς ἐν αἰχμαλωσίᾳ καὶ ἀπενέγκαι αὐτοὺς εἰς * ὄρη * Μήδων καὶ ποταμῶν (καὶ) Γωζάν. οὗτος ἦν νεώτερος καὶ
FBar. 13 1 με⟨τα ταυτα οτι εγω⟩ Βαρουχ ϊστηκειν επι το * ⟨ορος * Σιων και ιδου φων⟩η εξηλθεν εξ ϋ⟨ψους και ειπε μοι
FEz. 186 14 κ⟩αι βοσκήσω αυτου⟨ς εγω και αναπαυσω ε⟩πι το * ορος * το αγιον ⟨μου και εσομαι αυ⟩τοις πυμην κ⟨αι εσομαι
FEsd. 8 23 οὗ τὸ βλέμμα ξηραίνει ἀβύσσους καὶ ἡ ἀπειλὴ τήκει * ὄρη * καὶ ἡ ἀλήθεια μένει εἰς τὸν αἰῶνα. διαφθαρεισῶν τῶν
IEsc. 5 131 3 καὶ πᾶσα πηγὴ καὶ ὕδατος συστήματα. τρέμει δ' * ὄρη * καὶ γαῖα καὶ πελώριος βυθὸς θαλάσσης καὶ ὀρέων ὕψος
IEsc. 5 131 3 δ' ὄρη καὶ γαῖα καὶ πελώριος βυθὸς θαλάσσης καὶ * ὀρέων * ὕψος μέγα ἐπὰν ἐπιβλέψῃ γοργὸν ὄμμα δεσπότου.
IOrp. 36 ὠκεανοῖο πάντοθεν ἐκτέτακεν περὶ γὰρ τρέμει * οὔρεα * μακρὰ καὶ ποταμοὶ πολιῆς τε βάθος χαροποῖο
HDem. 9 19 4 αὐτῷ. τὸν δὲ ἀναγαγόντα τὸν παῖδα ἐπὶ τὸ * ὄρος * πυρὰν νῆσαι καὶ ἐπιθεῖναι τὸν Ἰσαὰκ σφάζειν δὲ
HEup. 9 34 4 δὲ Σολομῶν ἔχων τοὺς πατρικοὺς φίλους ἐπὶ τὸ * ὄρος * τὸ τοῦ Λιβάνου μετὰ τῶν Σιδωνίων καὶ Τυρίων
HArt. 9 27 11 ἕτερον δὲ λίθινον κατασκευάσαι τὸ πλησίον * ὄρος * λατομήσαντας τάξαι δὲ ἐπὶ τῆς οἰκοδομίας ἐπιστάτην
HAno. 9 17 5 πόλεως ἱερὸν Ἀργαριζὶν ὅ εἶναι μεθερμηνευόμενον * ὄρος * ὑψίστου παρὰ δὲ τοῦ Μελχισεδὲκ ἱερέως ὄντος τοῦ
LThe. 9 22 1 δρία λαχνήεντα πονεῦσιν. ἐξ αὐτῆς δὲ μάλ' ἄγχι δύ' * οὔρεα * φαίνετ' ἐρυμνὰ ποίης τε πλήθοντα καὶ ὕλης τῶν δὲ
LEze. 9 29 5 01 (Σ). ξένῳ πατήρ με τῷδ' ἔδωκεν εὐνέτιν. ἔδοξ' * ὄρους * κατ' ἄκρα Σιναίου θρόνον μέγαν τιν' εἶναι μέχρις
LAri. 8 10 12 τῷ θεῷ. λέγεται δὲ καὶ κατάβασις ἐπὶ τὸ * ὄρος * θεία γεγονέναι διὰ τῆς γραφῆς τοῦ νόμου καθ' ὃν
LAri. 8 10 13 συντηρεῖν τὸν περὶ θεοῦ λόγον. δηλοῦται γὰρ ὡς τὸ * ὄρος * ἐκαίετο πυρὶ καθώς φησιν ἡ νομοθεσία διὰ τὸ τὸν
LAri. 8 10 14 χωρὶς τῶν ἀφηλίκων ἐκκλησιαζομένων κυκλόθεν τοῦ * ὄρους * οὐκ ἔλασσον ἡμερῶν πέντε οὔσης τῆς περιόδου περὶ
LAri. 8 10 16 δυναμικὸν αὐτῇ προσείη. τῶν γὰρ φυομένων κατὰ τὸ * ὄρος * τόπων φλεγομένων σφοδρῶς οὐδὲν ἐξανάλωσεν ἀλλ'
FrAn. 574 3062 πτερυγώματα τοῦ χερουβίμ. ὁρκίζω σε τὸν περιθέντα * ὄρη * τῇ θαλάσσῃ τεῖχος ἐξ ἄμμου καὶ ἐπιτάξαντα αὐτῇ μὴ
FrAn. 574 3074 καὶ φλόγες περιφλογίζουσι καὶ σίδηρος λακᾷ καὶ πᾶν * ὄρος * ἐκ θεμελίου φοβεῖται. ὁρκίζω σε πᾶν πνεῦμα

ὅρος 9

Abr.1 20 2 καὶ εἷς μὲν θάνατος ὑπάρχει ὁ δίκαιος ὁ ἔχων * ὅρον * καὶ πολλοὶ τῶν ἀνθρώπων παρὰ μίαν ὥραν εἰς θάνατον
TJud. 14 8 ἵνα ἕως ὅτε ἔχει αἰδῶ πίνῃ ἐὰν δὲ παρέλθῃ τὸν * ὅρον * τοῦτον ἐμβάλλει εἰς τὸν νοῦν τὸ πνεῦμα τῆς πλάνης
TJud. 16 1 ἐλάχιστον στήριγμα. φυλάσσεσθε οὖν τέκνα μου * ὅρον * οἴνου. ἔστι γὰρ ἐν αὐτῷ τέσσαρα πνεύματα πονηρὰ
TGad 7 4 πλουτήσῃ ὡς Ἠσαῦ ὁ πατράδελφός μου μὴ ζηλώσητε * ὅρον * γὰρ κυρίου ἐκδέξασθε. ἢ γὰρ ἀφαιρεῖται αὐτὰ ἐν
Esdr. 5 25 καὶ εἶπον τίς ἐστιν οὗτος; καὶ εἶπόν μοι οὗτος * ὅρους * μετέθηκεν. καὶ εἶδον ἐκεῖ μεγάλα κριτήρια καὶ
Aris. 211 1 εἴης. ἐπιφωνήσας δὲ τούτῳ πρὸς τὸν ἕτερον εἶπε τίς * ὅρος * τοῦ βασιλεύειν ἐστίν; ὁ δὲ ἔφη τὸ καλῶς ἄρχειν
Sib. 3 240 οὐδ' ἀγέλας ἐλάουσι βοῶν ὀΐων τε καὶ αἰγῶν οὐδὲ * ὅρους * γαίης γείτων τοῦ γείτονος αἴρει οὐδὲ πολὺ πλουτῶν
HArt. 9 23 2 ἀδικουμένων τοῦτον πρῶτον τήν τε γῆν διελεῖν καὶ * ὅροις * διασημήνασθαι καὶ πολλὴν χερσευομένην γεωργήσιμον
HAri. 9 25 1 κατοικεῖν δὲ τοῦτον ἐν τῇ Αὐσίτιδι χώρᾳ ἐπὶ τοῖς * ὅροις * τῆς Ἰδουμαίας καὶ Ἀραβίας. γενέσθαι δ' αὐτὸν

ὀρούω 2

LThe. 9 22 11 τὸν Συχὲμ φονεῦσαι. ὡς τότε δὴ Συμεὼν μὲν Ἐμὼρ * ὤρουσεν * ἐπ' αὐτὸν πλῆξέ τέ οἱ κεφαλὴν δειρὴν δ' ἕλεν ἐν
LEze. 9 29 14 37 μέσον βάθος Θαλάσσης οἱ δὲ σύμπαντες σθένει * ὤρουσαν * ὠκεῖς ἁλμυρᾶς δι' ἀτραποῦ. ἡμεῖς δ' ἐπ' αὐτῆς

ὀροφή 2

Asen. 2 2 λίθοις ποικίλοις καὶ τιμίοις πεπλακωμένοι καὶ ἦν ἡ * ὀροφὴ * τοῦ θαλάμου ἐκείνου χρυσῆ. καὶ ἦσαν ἐντὸς τοῦ
HEup. 9 34 6 οὕτω δ' αὐτὸν χρυσῶσαι ἀπὸ ἐδάφους ἕως τῆς * ὀροφῆς * τό τε ὀρόφωμα ποιῆσαι ἐκ φατνωμάτων χρυσῶν τὸ δὲ

ὀρόφωμα 1

HEup. 9 34 6 δ' αὐτὸν χρυσῶσαι ἀπὸ ἐδάφους ἕως τῆς ὀροφῆς τό τε * ὀρόφωμα * ποιῆσαι ἐκ φατνωμάτων χρυσῶν τὸ δὲ δῶμα ποιῆσαι

ὀρύσσω 4

Adam 40 6 χοῦν ὁ θεὸς καὶ ἔπλασεν τὸν Ἀδάμ. καὶ ἐποίησεν * ὀρυγῆναι * τῶν δύο τὸν τόπον. καὶ ἀπέστειλεν ὁ θεὸς ἑπτὰ
Adam 40 7 τὰ δύο σώματα καὶ ἔθαψαν αὐτὰ εἰς τὸν τόπον εἰς ὃν * ὤρυξαν * καὶ ᾠκοδόμησαν αὐτοί. ἐκάλεσεν δὲ ὁ θεὸς τὸν
Hen. 98 13 τοῖς κακοῖς τῶν δικαίων τάφος ὑμῶν οὐ μὴ * ὀρυγῇ. * οὐαὶ ὑμῖν οἱ βουλόμενοι ἀκυρῶσαι τοὺς λόγους τῶν
TZab. 2 7 αὐτὸν εἰς ἕνα τῶν λάκκων τῶν ξηρῶν τούτων ὧν * ὤρυξαν * οἱ πατέρες ἡμῶν καὶ οὐχ εὗρον ὕδωρ. διὰ γὰρ τοῦτο

ὀρφανία 3

Asen. 11 13 μου ταύτην καὶ οἰκτειρήσει με ἢ ὄψεται τὴν * ὀρφανίαν * μου καὶ ὑπερασπιεῖ μου διότι αὐτός ἐστιν ὁ
Asen. 13 1 ταπείνωσίν μου καὶ ἐλέησόν με. ἐπίβλεψον ἐπὶ τὴν * ὀρφανίαν * μου καὶ οἴκτειρόν με τὴν τεθλιμμένην. ἰδοὺ γὰρ
Sal. 4 10 ἀδίκου οὐκ ἀπέστη ἕως ἐνίκησεν σκορπίσαι ὡς ἐν * ὀρφανίᾳ * καὶ ἠρήμωσεν οἶκον ἕνεκεν ἐπιθυμίας παρανόμου

ὀρφανός 12

Asen. 11 3 πρὸς τίνα καταφύγω ἢ τί λαλήσω ἐγὼ ἡ παρθένος καὶ * ὀρφανὴ * καὶ ἔρημος καὶ ἐγκαταλελειμμένη καὶ μεμισημένη;

Asen. 11 13 καὶ ὑπερασπιεῖ μου διότι αὐτός ἐστιν ὁ πατὴρ τῶν * ὀρφανῶν * καὶ τῶν δεδιωγμένων ὑπερασπιστὴς καὶ τῶν
Asen. 11 16 οὐκ ἀνοίξασα τὸ στόμα αὐτῆς ταλαίπωρος ἐγὼ καὶ * ὀρφανὴ * καὶ ἔρημος τὸ στόμα μου μεμίαται ἀπὸ τῶν θυσιῶν
Asen. 12 5 τῷ πλούτῳ μου ὑπὲρ πάντας ἀνθρώπους νυνὶ δὲ ὑπάρχω * ὀρφανὴ * καὶ ἔρημος καὶ ἐγκαταλελειμμένη ἀπὸ πάντων
Asen. 12 13 τοὺς θεοὺς αὐτῶν καὶ μεμίσηκα αὐτούς. καὶ εἰμὶ νῦν * ὀρφανὴ * καὶ ἔρημος καὶ ἄλλη ἐλπὶς οὐκ ἔστι μοι εἰ μὴ ἐπὶ
Asen. 12 13 πλὴν τοῦ ἐλέους σου κύριε διότι σὺ εἶ ὁ πατὴρ τῶν * ὀρφανῶν * καὶ τῶν δεδιωγμένων ὑπερασπιστὴς καὶ τῶν
Asen. 12 14 με ⟨τὴν⟩ παρθένον ἁγνὴν τὴν ἐγκαταλελειμμένην καὶ * ὀρφανὴν * διότι σὺ εἶ κύριε πατὴρ γλυκὺς καὶ ἀγαθὸς καὶ
Asen. 13 2 κύριε ἐν τῷ σάκκῳ τούτῳ καὶ τῷ σποδῷ γυμνὴ καὶ * ὀρφανὴ * καὶ μεμονωμένη. ἰδοὺ ἀπεθέμην μου τὴν βασιλικὴν
Job 9 3 ἀπ' αὐτῶν χιλιάδας ἑπτὰ καρῆναι εἰς ἔνδυσιν * ὀρφανῶν * καὶ χηρῶν καὶ πενήτων καὶ ἀδυνάτων ἦν δέ μοι
Job 53 1 ἑπτὰ τέκνων τῶν ἀρρενικῶν, σὺν τοῖς πένησιν καὶ * ὀρφανοῖς * καὶ πᾶσιν τοῖς ἀδυνάτοις κλαίουσιν καὶ λέγουσιν
Job 53 3 ἦρται τὸ φῶς τῶν τυφλῶν, ἦρται ὁ πατὴρ τῶν * ὀρφανῶν, * ἦρται ὁ τῶν ξένων ξενοδόχος, ἦρται ἡ ἔνδυσις
Job 53 5 πρὸς τὸν τάφον, περιεκύκλωσαν πᾶσαι αἱ χῆραι καὶ * ὀρφανοὶ * κωλύοντες μὴ εἰσαχθῆναι αὐτὸν ἐν τῷ τάφῳ καὶ

Ὀρφεύς 2
HArt. 9 27 4 προσαγορευθῆναι. γενέσθαι δὲ τὸν Μώϋσον τοῦτον * Ὀρφέως * διδάσκαλον. ἀνδρωθέντα δ' αὐτὸν πολλὰ τοῖς
LAri. 13 12 4 γεγονυῖαν καὶ συνεχομένην ἀδιαλείπτως. ἔτι δὲ καὶ * Ὀρφεὺς * ἐν ποιήμασι τῶν κατὰ τὸν Ἱερὸν Λόγον αὐτῷ

ὀρχέομαι 1
Abr.1 10 2 δὲ τόπῳ ποιμαινεύοντας ἀλλαχοῦ ἀγραυλοῦντας καὶ * ὀρχουμένους * παίζοντας καὶ κιθαρίζοντας ἐν ἄλλῳ δὲ τόπῳ

ὅς 855 ὅ ὃν ᾧ ὧν ἧς οὗ ἣν ᾗ ἃ ὅς ἅς οἷς οἳ οὓς ἣ αἷς αἳ οὕνεκά οἷσιν οὕνεκεν ὅστις οἱς ους ἧι ἧσι
ὅς, ἥ, ὅν (ἑός) 12
Sib. 3 420 ἔσσεται αὖτις ψευδόπατρις δύσει δὲ φάος ἐν ὀπῇσιν * ἐῇσιν * νοῦν δὲ πολὺν καὶ ἔπος διανοίαις ἔμμετρον ἕξει
Sib. 3 468 θερμῇσι παρὰ σποδιῇσι ταθεῖσα ἀπροϊδῆ στήθεσσιν * ἑοῖς * ἐναρίξεαι αὐτήν. ἔσσῃ δ' οὐκ ἀγαθῶν μήτηρ θηρῶν δὲ
Sib. 3 762 φλέξειεν χαλεπῶν γένος ἀνδρῶν. ἀλλὰ κατασπεύσαντες * ἑὰς * φρένας ἐν στήθεσσιν φεύγετε λατρείας ἀνόμους τῷ
Sib. 5 124 σεμνὴ καὶ ἐπώνυμος ἐξαπολεῖται. Βιθυνοὶ κλαύσουσιν * ἑὴν * χθόνα τεφρωθεῖσαν καὶ Συρίην μεγάλην καὶ Φοινίκην
Sib. 5 306 κατὰ γῆς πλέονας ψαμάθοιο. ἥξει γὰρ καὶ Σμύρνα * ἑὸν * κλαίουσα +λυκουργὸν+ εἰς +Ἐφέσοιο+ πύλας καὶ αὐτὴ
Sib. 5 391 μήτηρ τέκνῳ ἐμίγη ἀθεμίστως καὶ θυγάτηρ γενετῆρι * ἑῷ * συζεύξατο νύμφη ἐν σοὶ καὶ βασιλεῖς στόμα δύσμορον
Sib. 5 505 ἀναιδέα φῦλα Τριβαλλῶν Αἰθίοπες μέλλωσ' +Αἴγυπτον * ἑὴν * τε+ ἀροῦσθαι ἄρξονται κακότητος ἵν' ὕστερα πάντα
FPho. 6 ἀδίκως ἀλλ' ἐξ ὁσίων βιοτεύειν. ἀρκεῖσθαι παρ' * ἑοῖσι * καὶ ἀλλοτρίων ἀπέχεσθαι. ψεύδεα μὴ βάζειν τὰ δ'
FPho. 98 καθίσας μινύθῃς φίλον ἦτορ. μέτρα δὲ τεῦχ' ἔθ' * ἑοῖσι * τὸ γὰρ μέτρον ἐστὶν ἄριστον. γαῖαν ἐπιμοιρᾶσθαι
IOrp. 51 πατρὸς τὴν φθέγξατο πρῶτον) (ἡνίκα κόσμον ἅπαντα * ἑαῖς * στηρίξατο βουλαῖς.)
LPhi. 9 20 1 ἔκκαυμα βριήπυος αἰνετὸς ἴσχων ἀθάνατον ποίησεν * ἑὴν * φάτιν ἐξότε κείνου ἔκγονος αἰνογόνοιο πολύμνιον
LEze. 9 28 3 07 καὶ παιδεύμασιν ἅπανθ' ὑπισχνεῖθ' ὡς ἀπὸ σπλάγχνων * ἑῶν * ἐπεὶ δὲ πλήρης κόλπος ἡμερῶν παρῆν ἐξῆλθον οἴκων

ὅσιος 58
Hen. 22 13 τοῖς πνεύμασιν τῶν ἀνθρώπων ὅσοι οὐκ ἔσονται * ὅσιοι * ἀλλὰ ἁμαρτωλοὶ ὅσοι ἀσεβεῖς καὶ μετὰ τῶν ἀνόμων
Hen. 25 4 καὶ τελείωσις μέχρις αἰῶνος τότε δικαίοις καὶ * ὁσίοις * δοθήσεται ὁ καρπὸς αὐτοῦ τοῖς ἐκλεκτοῖς εἰς ζωὴν
Hen. 103 9 οὐκ ἔστιν ὑμῖν χαίρειν. μὴ γὰρ εἴπητε οἱ δίκαιοι * ὅσιοι * ὄντες ἐν τῇ ζωῇ τῶν ἡμερῶν τῆς θλίψεως κόπους
Hen. 104 12 ἐγὼ γινώσκω μυστήριον δεύτερον ὅτι δικαίοις καὶ * ὁσίοις * καὶ φρονίμοις δοθήσονται αἱ βίβλοι μου εἰς χαρὰν
Hen. 106 18 νῦν λέγε Λάμεχ ὅτι τέκνον σού ἐστιν δικαίως καὶ * ὁσίως * ⟨καὶ⟩ κάλεσον αὐτοῦ τὸ ὄνομα ⟨Νῶε⟩ αὐτὸς γὰρ ἔσται
Abr.1 1 διαθήκη τοῦ * ὁσίου * πατρὸς ἡμῶν δικαίου πατριάρχου Ἀβραὰμ διαλύων δὲ
Abr.1 1 2 ξένους γείτονάς τε καὶ παροδίτας ἴσον ὑπεδέχετο ὁ * ὅσιος * καὶ πανίερος καὶ δίκαιος καὶ φιλόξενος Ἀβραάμ.
Abr.1 9 2 αὐτῷ πάντα ὅσα ἤκουσεν παρὰ τοῦ ὑψίστου τότε οὖν ὁ * ὅσιος * καὶ δίκαιος Ἀβραὰμ ἀναστὰς μετὰ πολλῶν δακρύων
Abr.1 11 6 πύλης ἀμετρήτους ἀπαγομένας εὐθέως) ὁ ἀνὴρ ὁ * ὅσιος * ἐκεῖνος ὁ θαυμάσιος ἥρπαξεν τὰς τρίχας τῆς κεφαλῆς
Abr.1 12 15 καὶ εἶπεν ὁ ἀρχιστράτηγος ταῦτα ἅπερ βλέπεις * ὅσιε * Ἀβραὰμ τοῦτο ἔστιν ἡ κρίσις καὶ ἀνταπόδοσις. καὶ
TBen. 3 1 φυλάξατε ἐντολὰς αὐτοῦ μιμούμενοι τὸν ἀγαθὸν καὶ * ὅσιον * ἄνδρα Ἰωσήφ. καὶ ἔστω ἡ διάνοια ὑμῶν εἰς τὸ
TBen. 5 4 ἀποδιδράσκει αὐτοῦ. ἐὰν γὰρ ὑβρίσῃ τις ἄνδρα * ὅσιον * μετανοεῖ ἐλεεῖ γὰρ ὁ ὅσιος τὸν λοίδορον καὶ σιωπᾷ.
TBen. 5 4 γὰρ ὑβρίσῃ τις ἄνδρα ὅσιον μετανοεῖ ἐλεεῖ γὰρ ὁ * ὅσιος * τὸν λοίδορον καὶ σιωπᾷ. κἂν τις ψυχὴν δικαίαν
Sal. 2 36 αὐτὸν ἐν ὑπομονῇ ποιῆσαι κατὰ τὸ ἔλεος αὐτοῦ τοῖς * ὁσίοις * αὐτοῦ παρεστάναι διὰ παντὸς ἐνώπιον αὐτοῦ ἐν
Sal. 3 8 ψυχῆς αὐτοῦ καὶ ὁ κύριος καθαρίζει πᾶν ἄνδρα * ὅσιον * καὶ τὸν οἶκον αὐτοῦ. προσέκοψεν ἁμαρτωλὸς καὶ
Sal. 4 1 ἵνα τί σὺ βέβηλε κάθησαι ἐν συνεδρίῳ * ὁσίων * καὶ ἡ καρδία σου μακρὰν ἀφέστηκεν ἀπὸ τοῦ κυρίου
Sal. 4 6 ἐξᾶραι ὁ θεὸς τοὺς ἐν ὑποκρίσει ζῶντας μετὰ * ὁσίων * ἐν φθορᾷ σαρκὸς αὐτοῦ καὶ πενίᾳ τὴν ζωὴν αὐτοῦ
Sal. 4 8 καὶ μυκτηρισμῷ τὰ ἔργα αὐτοῦ. καὶ δικαιώσαισαν * ὅσιοι * τὸ κρίμα τοῦ θεοῦ αὐτῶν ἐν τῷ ἐξαίρεσθαι
Sal. 8 23 τοῖς κρίμασιν αὐτοῦ ἐν τοῖς ἔθνεσιν τῆς γῆς καὶ οἱ * ὅσιοι * τοῦ θεοῦ ὡς ἀρνία ἐν ἀκακίᾳ ἐν μέσῳ αὐτῶν. αἰνετὸς
Sal. 8 34 αἰνετὸς κύριος ἐν τοῖς κρίμασιν αὐτοῦ ἐν στόματι * ὁσίων * καὶ εὐλογημένος Ισραηλ ὑπὸ κυρίου εἰς τὸν αἰῶνα.
Sal. 9 3 γνώσεώς σου πᾶς ποιῶν ἄδικα καὶ αἱ δικαιοσύναι τῶν * ὁσίων * σου ἐνώπιόν σου κύριε καὶ ποῦ κρυβήσεται ἄνθρωπος
Sal. 10 5 κυρίου ἐπὶ ὁδοὺς ἀνθρώπων ἐν ἐπισκοπῇ. δίκαιος καὶ * ὅσιος * ὁ κύριος ἡμῶν ἐν κρίμασιν αὐτοῦ εἰς τὸν αἰῶνα καὶ
Sal. 10 6 Ισραηλ αἰνέσει τῷ ὀνόματι κυρίου ἐν εὐφροσύνῃ. καὶ * ὅσιοι * ἐξομολογήσονται ἐν ἐκκλησίᾳ λαοῦ καὶ πτωχοὺς
Sal. 12 4 κύριον ἐν πυρὶ φλογὸς γλῶσσα ψίθυρος ἀπόλοιτο ἀπὸ * ὁσίων. * φυλάξαι κύριος ψυχὴν ἡσύχιον μισοῦσαν ἀδίκους καὶ
Sal. 12 6 οἱ ἁμαρτωλοὶ ἀπὸ προσώπου κυρίου ἅπαξ καὶ * ὅσιοι * κυρίου κληρονομήσαισαν ἐπαγγελίας κυρίου. τῷ
Sal. 13 10 αὐτοῦ ὡς πρωτοτόκου. ὅτι φείσεται κύριος τῶν * ὁσίων * αὐτοῦ καὶ τὰ παραπτώματα αὐτῶν ἐξαλείψει ἐν
Sal. 13 12 οὐχ εὑρεθήσεται μνημόσυνον αὐτῶν ἔτι ἐπὶ δὲ τοὺς * ὁσίους * τὸ ἔλεος κυρίου καὶ ἐπὶ τοὺς φοβουμένους αὐτὸν τὸ
Sal. 14 3 αὐτοῦ ἐν νόμῳ ᾧ ἐνετείλατο ἡμῖν εἰς ζωὴν ἡμῶν. * ὅσιοι * κυρίου ζήσονται ἐν αὐτῷ εἰς τὸν αἰῶνα ὁ παράδεισος
Sal. 14 3 τὸν αἰῶνα ὁ παράδεισος τοῦ κυρίου τὰ ξύλα τῆς ζωῆς * ὅσιοι * αὐτοῦ. ἡ φυτεία αὐτῶν ἐρριζωμένη εἰς τὸν αἰῶνα οὐκ
Sal. 14 10 καὶ οὐχ εὑρεθήσονται ἐν ἡμέρᾳ ἐλέους δικαίων οἱ δὲ * ὅσιοι * κυρίου κληρονομήσουσιν ζωὴν ἐν εὐφροσύνῃ. ψαλμὸς
Sal. 15 3 ἡρμοσμένῳ γλώσσης ἀπαρχὴν χειλέων ἀπὸ καρδίας * ὁσίας * καὶ δικαίας ὁ ποιῶν ταῦτα οὐ σαλευθήσεται εἰς τὸν
Sal. 15 7 μακρὰν φεύξονται γὰρ ὡς διωκόμενοι πολέμου ἀπὸ * ὁσίων * καταδιώξονται δὲ ἁμαρτωλοὺς καὶ καταλήμψονται καὶ
Sal. 16 τὸν αἰῶνα χρόνον. ὕμνος τῷ Σαλωμων εἰς ἀντίλημψιν * ὁσίοις. * ἐν τῷ νυστάξαι ψυχήν μου ἀπὸ κυρίου παρὰ μικρὸν
Sal. 17 16 ἐφύγοσαν ἀπ' αὐτῶν οἱ ἀγαπῶντες συναγωγὰς * ὁσίων * ὡς στρουθία ἐξεπετάσθησαν ἀπὸ κοίτης αὐτῶν.
Prop. 2 8 ἔλεγον ὅτι πατροπαράδοτόν ἐστι μυστήριον ὑπὸ * ὁσίου * προφήτου τοῖς πατράσιν ἡμῶν παραδοθὲν καὶ
Prop. 3 8 εἰς Ἱερουσαλὴμ ἐπάνοδον. καὶ γὰρ ἐκεῖ κατῴκει ὁ * ὅσιος * καὶ πολλοὶ πρὸς αὐτὸν συνεστρέφοντο. καί ποτε
Prop. 4 6 οἱ πόδες σὺν τοῖς ὀπισθίοις λέων. ἀπεκαλύφθη τῷ * ὁσίῳ * περὶ τοῦ μυστηρίου τούτου ὅτι κτῆνος γέγονε διὰ τὴν
Prop. 4 18 συγκληρονόμον καταστῆσαι τῶν τέκνων αὐτοῦ. ἀλλ' ὁ * ὅσιος * εἶπεν ἵλεώς μοι ἀφεῖναι κληρονομίαν πατέρων μου
Prop. 4 23 τοῦ Βελίαρ ἐν πάσῃ τῇ γῇ. καὶ ἐκοιμήθη ἐν εἰρήνῃ ὁ * ὅσιος. * Ὠσηέ. οὗτος ἦν ἐκ Βελεμὼθ τῆς φυλῆς Ἰσάχαρ καὶ
Prop. 16 2 βίον ἔσχηκε. καὶ ἐπειδὴ πᾶς ὁ λαὸς ἐτίμα αὐτὸν ὡς * ὅσιον * καὶ πρᾶον ἐκάλεσεν αὐτὸν Μαλαχὶ ὃ ἑρμηνεύεται
Prop. 17 4B κύριος ἐλέγξαι αὐτὸν καὶ γνοὺς τῷ πνεύματι ὁ * ὅσιος * ὑπέστρεψε πενθῶν πάσας τὰς ἡμέρας καὶ ὅτε ἀνεῖλε
Prop. 26 2 πᾶν τὸ γένος Ἰσραὴλ κατ' ὄνομα ⟨τῶν προφητῶν καὶ * ὁσίων * ἀνδρῶν καὶ ὁ θάνατος αὐτῶν καὶ τὰ ἀξιώματα αὐτῶν
Prop. 26 3 καὶ βασιλέων καὶ προφητῶν καὶ τῶν μεγιστάνων καὶ * ὁσίων * ἀνδρῶν⟩. καὶ ταῦτα μὲν μέχρι τούτων.
Aris. 234 4 οὐδὲ θυσίαις ἀλλὰ ψυχῆς καθαρότητι καὶ διαλήψεως * ὁσίας * καθὼς ὑπὸ τοῦ θεοῦ πάντα κατασκευάζεται καὶ
Aris. 297 3 περὶ τῶν ἀναγραφομένων εἰ δὲ καί τι παραβαίην οὐχ * ὅσιον * ἐν τούτοις ἀλλ' ὡς γέγονεν οὕτως διασαφοῦμεν
Aris. 306 5 πᾶσα γὰρ ἐνέργεια διὰ τῶν χειρῶν γίνεται καλῶς καὶ * ὁσίως * μεταφέροντες ἐπὶ τὴν δικαιοσύνην καὶ τὴν ἀλήθειαν
Aris. 310 4 οἵ τε ἡγούμενοι τοῦ πλήθους εἶπον ἐπεὶ καλῶς καὶ * ὁσίως * διηρμήνευται καὶ κατὰ πᾶν ἠκριβωμένως καλῶς ἔχον
Sib. 3 595 καὶ ἔπειτα γονεῖς μέγα δ' ἔξοχα πάντων ἀνθρώπων * ὁσίης * εὐνῆς μεμνημένοι εἰσὶν κοὐδὲ πρὸς ἀρσενικοὺς
Sib. 3 605 ἀθάνατον γενέτην πάντων ἀνθρώπων οὐκ ἔθελον τιμᾶν * ὁσίως * εἴδωλα δ' ἐτίμων χειροποίητα σέβοντες ἃ ῥίψουσιν
Sib. 3 735 μὴ ἐπὶ τήνδε πόλιν ⟨σὸν⟩ λαὸν ἄβουλον ὥστε μὴ ἐξ * ὁσίης * γαίης πέλεται Μεγάλοιο. μὴ κίνει Καμάριναν
Sib. 4 23 ἐξανύων. σὺ δὲ πάντα λεὼς ἐπάκουε Σιβύλλης ἐξ * ὁσίου * στόματος φωνὴν προχέοντος ἀληθῆ. ὄλβιοι ἀνθρώπων
Sib. 4 154 ἀποκρυφθῇ ἐνὶ κόσμῳ --- παλίμβολοι --- ἐπ' οὐχ * ὁσίοισι * δὲ τόλμαις ζῶντες ὕβριν ῥέξωσιν ἀτάσθαλα καὶ
FPho. 1 Φωκυλίδου γνωμαι. ταῦτα δίκῃσι' * ὁσίῃσι * θεοῦ βουλεύματα φαίνει Φωκυλίδης ἀνδρῶν ὁ
FPho. 5 αἵματι χεῖρα μιαίνειν. μὴ πλουτεῖν ἀδίκως ἀλλ' ἐξ * ὁσίων * βιοτεύειν. ἀρκεῖσθαι παρ' ἑοῖσι καὶ ἀλλοτρίων
FPho. 37 ὑπερβασίαι δ' ἀλεγειναί. ⟨κτῆσις ὀνήσιμος ἔσθ' * ὁσίων * ἀδίκων δὲ πονηρά.⟩ μηδὲ τιν' αὐξόμενον καρπὸν
FPho. 132 ἀνὴρ ἀγροὺς καὶ πόλιας σοφίη καὶ νῆα κυβερνᾶι. οὐχ * ὅσιον * κρύπτειν τὸν ἀτάσθαλον ἄνδρ' ἀνέλεγκτον ἀλλὰ χρὴ
FPho. 219 πίστις γὰρ ἀμείνων.⟩ συγγενέσιν φιλότητα νέμοις * ὁσίην * θ' ὁμόνοιαν. αἰδεῖσθαι πολιοκροτάφους εἴκειν δὲ
LAri. 13 12 8 ὁμολογεῖται διότι δεῖ περὶ θεοῦ διαλήψεις * ὁσίας * ἔχειν ὃ μάλιστα παρακελεύεται καλῶς ἡ καθ' ἡμᾶς

ὁσιότης 2
Hen. 102 5 τῷ σώματι τῆς σαρκὸς ὑμῶν ἐν τῇ ζωῇ ὑμῶν κατὰ τὴν * ὁσιότητα * ὑμῶν ἐπεὶ αἱ ἡμέραι ἃς ἦτε ἡμέραι ἦσαν
Aris. 18 4 γὰρ πρὸς δικαιοσύνην καὶ καλῶν ἔργων ἐπιμέλειαν ἐν * ὁσιότητι * νομίζουσιν ἄνθρωποι ποιεῖν κατευθύνει τὰς

ὀσμή 12
Hen. 24 4 ἕτερος αὐτῷ ηὐφράνθη καὶ οὐδὲν ἕτερον ὅμοιον αὐτῷ * ὀσμὴν * εἶχεν εὐωδεστέραν πάντων ἀρωμάτων καὶ τὰ φύλλα
Hen. 25 1 εἶπέν μοι Ἐνώχ τί ἐρωτᾷς καὶ τί ἐθαύμασας ἐν τῇ * ὀσμῇ * τοῦ δένδρου καὶ διὰ τί θέλεις τὴν ἀλήθειαν μαθεῖν;
Hen. 25 6 καὶ χαρήσονται καὶ εἰς τὸ ἅγιον εἰσελεύσονται αἱ * ὀσμαὶ * αὐτοῦ ἐν τοῖς ὀστέοις αὐτῶν καὶ ζωὴν πλείονα
Hen. 32 4 καρπὸς αὐτοῦ ὡσεὶ βότρυες ἀμπέλου ἱλαροὶ λίαν ἡ δὲ * ὀσμὴ * αὐτοῦ διέτρεχεν πόρρω ἀπὸ τοῦ δένδρου. τότε εἶπον
Abr.1 16 8 τὴν κέλευσιν τοῦ ἀρχιστρατήγου. καὶ ἰδοὺ * ὀσμὴ * εὐωδίας ἤρχετο πρὸς τὸν Ἀβραὰμ καὶ φωτὸς ἀπαύγασμα
Abr.1 17 18 πᾶσαν νόσον θανατηφόρον ⟨ἀώρως θνήσκοντα⟩ ὡς τῆς * ὀσμῆς * τοῦ θανάτου καὶ πολλῆς πικρίας καὶ ἀγριότητος
TSim. 6 2 καὶ ὡς κρίνον ἡ σάρξ μου ἐν Ἰακὼβ καὶ ἔσται ἡ * ὀσμὴ * μου ὡς ὀσμὴ Λιβάνου καὶ πληθυνθήσονται ὡς κέδροι
TSim. 6 2 ἡ σάρξ μου ἐν Ἰακὼβ καὶ ἔσται ἡ ὀσμὴ μου ὡς * ὀσμὴ * Λιβάνου καὶ πληθυνθήσονται ὡς κέδροι ἅγιοι ἐξ ἐμοῦ
TLevi 3 6 ταῖς ἀγνοίαις τῶν δικαίων. προσφέρουσι δὲ κυρίῳ * ὀσμὴν * εὐωδίας λογικὴν καὶ ἀναίμακτον προσφοράν. ἐν δὲ τῷ
TLevi 18 2B030 ἐν τάξει καὶ πᾶσα προσφορά σου εἰς εὐδόκησιν καὶ * ὀσμὴν * εὐωδίας ἔναντι κυρίου ὑψίστου. καὶ ὅσα ἂν ποιῇς ἐν

```
Sib.      3   462   Ὕδωρ ζεστὸν ποτὶ δ' αὐτῆς γαῖα βαρυνομένη πίεται × ὀσμή × δέ τε θείου. καὶ Σάμος ἐν καιρῷ βασιλήια δώματα
FrAn.     2    10   τὰ ἀγαθά. θυσία τῷ κυρίῳ καρδία συντετριμμένη × ὀσμή × εὐωδίας τῷ κυρίῳ καρδία δοξάζουσα τὸν πεπλακότα
ὄσος               152   ὅσα ὅσοι ὅσας ὅσον ὅσαι ὅσῳ ὅσους ὅσσα ὅσσαις ὅσσαι ὅσσοι ὅσσον ὄσσ' ὅσην ὄσ'
ὅσπερ               23   ὅπερ ἅπερ οὗσπερ ᾧπερ ὅσπερ ἥνπερ ἧσπερ οπερ
ὄσπριον              4
Prop.     4    16   ἐξομολογούμενος ὅτι ὁ Δανιὴλ αὐτῷ προσέταξεν ἐν × ὀσπρίοις × βρεκτοῖς καὶ χλόαις ἐξιλεοῦσθαι κύριον. διὰ
Aris.   112     4   ἐστι καὶ σιτικοῖς καρποῖς αὐτῶν ἡ χώρα καὶ × ὀσπρίοις × ἔτι δὲ ἀμπέλῳ καὶ μέλιτι πολλῷ. τὰ μὲν τῶν
Aris.   145     3   καθέστηκε καὶ διαφέρει καθαριότητι πυροῖς καὶ × ὀσπρίοις × χρώμενα πρὸς τὴν τροφὴν οἷον περιστεραὶ
Aris.   147     6   τῶν προειρημένων πτηνῶν ἥμερα ζῷα τὰ φυόμενα τῶν × ὀσπρίων × ἐπὶ γῆς δαπανᾷ καὶ οὐ καταδυναστεύει πρὸς τὴν
ὄσσε                 2
Sib.      3    17   τίς γὰρ θνητὸς ἐὼν κατιδεῖν δύναται θεὸν × ὄσσοις; × ἢ τίς χωρήσει κᾶν τοὔνομα μοῦνον ἀκοῦσαι
IOrp.          22   πᾶσιν γὰρ θνητοῖς θνηταὶ κόραι εἰσὶν ἐν × ὄσσοις × μικραὶ ἐπεὶ σάρκες τε καὶ ὀστέα ἐμπεφύασιν
ὄστε                 5
Sib.      3   720   δυνάστης καὶ νόμον ὑψίστοιο θεοῦ φραζώμεθα πάντες × ὄστε × δικαιότατος πέλεται πάντων κατὰ γαῖαν. ἡμεῖς δ'
Sib.      3   735   στεῖλον μὴ ἐπὶ τήνδε πόλιν ⟨σὸν⟩ λαὸν ἄβουλον × ὄστε × μὴ ἐξ ὁσίης γαίης πέλεται Μεγάλοιο. μὴ κίνει
Sib.      4     4   μαντεύεσθαι οὐ ψευδοῦς Φοίβου χρησμηγόρος × ὄντε × μάταιοι ἄνθρωποι θεὸν εἶπον ἐπεψεύσαντο δὲ μάντιν
Sib.      5    42   πεντήκοντ' ἀριθμῶν γεραρὸς βροτός. αὐτὰρ ἐπ' αὐτῷ × ὄστε × τρικοσίης κεραίης λάχεν ἔντυπον ἀρχὴν Κελτός
Sib.      5   171   καὶ ποταμὸς Τίβερίς σε κλαύσεται ἣν παράκοιτιν × ἥτε × μιαιφόνον ἦτορ ἔχεις ἀσεβῆ δέ τε θυμόν. οὐκ ἔγνως τί
ὀστέον              27
Hen.     25     6   εἰς τὸ ἅγιον εἰσελεύσονται αἱ ὀσμαὶ αὐτοῦ ἐν τοῖς × ὀστέοις × αὐτῶν καὶ ζωὴν πλείονα ζήσονται ἐπὶ γῆς ἣν
TSim.     6     2   καὶ πᾶσαν σκληροτραχηλίαν ὡς ῥόδον ἀνθήσει τὰ × ὀστᾶ × μου ἐν Ἰσραὴλ καὶ ὡς κρίνον ἡ σάρξ μου ἐν Ἰακὼβ
TSim.     8     2   ἀετὸν ἐν θήκῃ ξύλων ἀσήπτων τοῦ ἀναγαγεῖν τὰ × ὀστᾶ × αὐτοῦ ἐν Χεβρών. καὶ ἀνήνεγκαν αὐτὰ ἐν πολέμῳ
TSim.     8     3   ἀνήνεγκαν αὐτὰ ἐν πολέμῳ Αἰγυπτίων κρυφῇ. τὰ γὰρ × ὀστᾶ × Ἰωσὴφ ἐφύλαττον οἱ Αἰγύπτιοι ἐν τοῖς ταμείοις τῶν
TSim.     8     4   ἔλεγον γὰρ αὐτοῖς οἱ ἐπαοιδοὶ ὅτι ἐν τῇ ἐξόδῳ × ὀστῶν × Ἰωσὴφ ἔσται ἐν πάσῃ γῇ Αἰγύπτῳ σκότος καὶ γνόφος
TJud.    20     4   ἐν ᾧ δυνήσεται λαθεῖν ἄνθρωπον ἔργα ὅτι ἐν στήθει × ὀστέων × αὐτοῦ ἐγγέγραπται ἐνώπιον κυρίου. καὶ τὸ πνεῦμα
TDan      7     2   αὐτόν οἱ υἱοὶ αὐτοῦ. καὶ μετὰ ταῦτα ἀνήνεγκαν τὰ × ὀστᾶ × αὐτοῦ σύνεγγυς Ἀβραὰμ καὶ Ἰσαὰκ καὶ Ἰακώβ. πλὴν
TNep.     9     1   αὐτοῖς παρεκάλεσεν ἵνα μετακομίσωσι τὰ × ὀστᾶ × αὐτοῦ εἰς Χεβρὼν καὶ θάψωσι μετὰ τῶν πατέρων αὐτοῦ.
TJos.    20     2   ἐπαγγελίας τῶν πατέρων ὑμῶν. ἀλλὰ συναναοίσετε τὰ × ὀστᾶ × μου μεθ' ὑμῶν ὅτι ἀναγομένων τῶν ὀστέων μου κύριος
TJos.    20     2   τὰ ὀστᾶ μου μεθ' ὑμῶν ὅτι ἀναγομένων τῶν × ὀστέων × μου κύριος ἐν φωτὶ ἔσται μεθ' ὑμῶν καὶ Βελιὰρ ἐν
TBen.    12     1   εἶπεν ἐντέλλομαι ὑμῖν τέκνα μου ἀνενέγκατε τὰ × ὀστᾶ × μου ἐξ Αἰγύπτου καὶ θάψατέ με εἰς Χεβρὼν ἐγγὺς τῶν
TBen.    12     3   Αἴγυπτον αὐτοὶ καὶ οἱ ἀδελφοὶ αὐτῶν ἀνήγαγον τὰ × ὀστᾶ × τῶν πατέρων αὐτῶν ἐν κρυφῇ ἐν τῷ πολέμῳ Χανάαν. καὶ
Asen.    16    16   ὡς ἄνθη ζωῆς ἀπὸ τῆς γῆς τοῦ ὑψίστου καὶ τὰ × ὀστᾶ × σου πιανθήσονται ὡς αἱ κέδροι τοῦ παραδείσου τῆς
Sal.      4    19   σκορπισθεῖσαν σάρκας ἀνθρωπαρέσκων ὑπὸ θηρίων καὶ × ὀστᾶ × παρανόμων κατέναντι τοῦ ἡλίου ἐν ἀτιμίᾳ. ὀφθαλμοὺς
Sal.      8     5   γόνατά μου ἐφοβήθη ἡ καρδία μου ἐταράχθη τὰ × ὀστᾶ × μου ὡς λίνον. εἶπα κατευθυνοῦσιν ὁδούς αὐτῶν ἐν
Sal.     12     4   χείλη παρανόμων ἐν ἀπορίᾳ καὶ σκορπισθείησαν × ὀστᾶ × ψιθύρων ἀπὸ φοβουμένων κύριον ἐν πυρὶ φλογὸς γλῶσσα
Sal.     13     3   ἔτιλλοσαν σάρκας αὐτῶν καὶ ἐν ταῖς μύλαις ἔθλων × ὀστᾶ × αὐτῶν καὶ ἐκ τούτων ἁπάντων ἐρρύσατο ἡμᾶς κύριος.
Prop.     1     9   τὸ μυστήριον Δαυὶδ καὶ Σολομῶντος καὶ ἐμίανεν × ὀστᾶ × τόπου πατέρων αὐτοῦ διὰ τοῦτο ὁ θεὸς ἐπηράσατο εἰς
Prop.     3    13   ἀπώλετο ἡ ἐλπὶς ἡμῶν καὶ ἐν τέρατι τῶν × ὀστέων × τῶν νεκρῶν αὐτοῦς ἔπεισεν ὅτι ἔσται ἐλπὶς τῷ
Prop.    22    20   ἀποθανὼν τις καὶ θαπτόμενος ἐρρίφη ἐπὶ τὰ × ὀστᾶ × αὐτοῦ καὶ μόνον ὡς ἥψατο τῶν ὀστέων τοῦ Ἐλισαίου ὁ
Prop.    22    20   ἐρρίφη ἐπὶ τὰ ὀστᾶ αὐτοῦ καὶ μόνον ὡς ἥψατο τῶν × Ἐλισαίου ὁ νεκρός εὐθὺς ἀνέζησεν. Ζαχαρίας
Prop.    24     2   προεφήτευσε περὶ Ἰωσία τοῦ βασιλέως Ἰούδα ὅτι τὰ × ὀστᾶ × τῶν ἱερέων τοῦ Βαὰλ κατακαύσει ἐπὶ τοῦ θυσιαστηρίου
Job      25    10   σοι ἐπὶ ἀσθενείᾳ τῆς καρδίας μου συνετρίβη μου τὰ × ὀστᾶ × ἀνάστηθι σύ, λαβὼν τοὺς ἄρτους χορτάσθητι, καὶ
Job      39     8   οἰκίας τῆς ἐπιπεσούσης τοῖς τέκνοις μου ἵνα καὶ τὰ × ὀστᾶ × αὐτῶν ἀσφαλίσασθαι ἐπὶ μνήμης, ἐπεὶ ἡμεῖς οὐκ
Job      39     9   ἰσχύσαμεν διὰ τὰ ἀναλώματα ὅπως θεάσωμεν κᾶν τὰ × ὀστᾶ × αὐτῶν. μὴ ἄρα θηρίου ἐγὼ ἢ κτηνῶδὴ γαστέρα ἔχω, ὅτι
Sib.      4   181   γένηται καὶ πῦρ κοιμήσῃ θεὸς ἄσπετον ὥσπερ ἀνῆψεν × ὀστέα × καὶ σποδιὴν αὐτὸς θεὸς ἔμπαλιν ἀνδρῶν μορφώσει
IOrp.          23   κόραι εἰσὶν ἐν ὄσσοις μικραὶ ἐπεὶ σάρκες τε καὶ × ὀστέα × ἐμπεφύασιν ἀσθενέες δ' ἰδέειν Διὰ τὸν πάντων
ὅστις              71   ἧτις οἵτινες ὅστις αἵτινες ὅτινι ἅτινα ὅτι οὑτινός ὅτις ἅτινά ὅντινα
ὁστισοῦν             1
Aris.    24     6   Ἰουδαϊκῶν ἐστι σωμάτων ἐν οἰκετίαις πανταχῆ καθ' × ὁντινοῦν × τρόπον ἐν τῇ βασιλείᾳ κομιζομένους τοὺς ἔχοντας
Ὀστρακίνη            1
Prop.    12     3   ὅτε ἦλθε Ναβουχοδονόσορ ἐν Ἰερουσαλὴμ ἔφυγεν εἰς × Ὀστρακίνην × καὶ παρῴκησεν ἐν γῇ Ἰσμαήλ. ὡς δὲ
ὀστράκινος           3
Hen.     99     7   ἀργυρᾶς καὶ χρυσᾶς ξυλίνας τε ⟨καὶ λιθίνας⟩ καὶ × ὀστρακίνας × καὶ λατρεύοντες φαντάσμασιν καὶ δαιμονίοις
Bar.      3     7   ἔσπευδον τρυπῆσαι τὸν οὐρανὸν λέγοντες ἴδωμεν × ὀστράκινός × ἐστιν ὁ οὐρανὸς ἢ χαλκοῦς ἢ σιδηροῦς. ταῦτα
Sib.      5   495   δεινὸν νόμον ἀλλάξωμεν τοῦ χάριν οἱ λιθίνοις καὶ × ὀστρακίνοισι × θεοῖσιν πομπὰς καὶ τελετὰς ποιούμενοι οὐκ
ὄστρακον             1
Asen.    13     9   καὶ ἡ γλῶσσά μου ὡς κέρας καὶ τὰ χείλη μου ὡς × ὄστρακον × καὶ τὸ πρόσωπόν μου συμπέπτωκε καὶ οἱ ὀφθαλμοὶ
ὀσφραίνομαι          1
Hen.     24     4   αὐτῷ εὐειδῆ. καὶ ἦν ἐν αὐτοῖς δένδρον ὃ οὐδέποτε × ὤσφρανμαι × καὶ οὐδεὶς ἕτερος αὐτῷ ηὐφράνθη καὶ οὐδὲν
Esdr.     6     8   αὐτήν. καὶ εἶπεν ὁ προφήτης αἱ ῥῖνές μου × ὠσφράνθησαν × τὴν δόξαν τοῦ θεοῦ. καὶ εἶπον οἱ ἄγγελοι διὰ
ὄσφρησις             1
TRub.     2     5   ἀκοῆς μεθ' ἧς δίδοται διδασκαλία τέταρτον πνεῦμα × ὀσφρήσεως × μεθ' ἧς ἐστι γεῦσις δεδομένη εἰς συνολκὴν
ὀσφῦς               11
TLevi    18  2B028   τὸ στῆθος μετὰ τῶν πλευρῶν καὶ μετὰ ταῦτα τὴν × ὀσφῦν × σὺν τῷ νώτῳ καὶ μετὰ ταῦτα τοὺς πόδας πεπλυμένους
TNep.     2     8   εἰς πανουργίαν ψύας εἰς δύναμιν πλευρᾶς εἰς θήκην × ὀσφύν × εἰς ἰσχὺν καὶ τὰ ἑξῆς. οὕτως οὖν τέκνα μου ἐν
Asen.    10    14   τὴν δέρριν τοῦ σάκκου καὶ περιεζώσατο περὶ τὴν × ὀσφὺν × αὐτῆς. καὶ ἔλυσε τὸ ἐμπλόκιον τοῦ τριχώματος τῆς
Asen.    14    12   τοῦ πένθους σου καὶ τὸν σάκκον ἀπόθου ἀπὸ τῆς × ὀσφύος × σου καὶ ἀποτίναξαι ἀπὸ τῆς κεφαλῆς σου τὴν τέφραν
Asen.    14    12   λινῆν καινὴν ἄθικτον καὶ ἐπίσημον καὶ ζῶσαι τὴν × ὀσφύν × σου τὴν ζώνην τὴν καινὴν τὴν διπλῆν τῆς παρθενίας
Asen.    14    14   μελανὸν τοῦ πένθους καὶ ἀπέθετο τὸν σάκκον ἀπὸ τῆς × ὀσφύος × αὐτῆς καὶ ἐνεδύσατο τὴν στολὴν αὐτῆς τὴν λινῆν
Asen.    14    14   τὴν διπλῆν παρθενίας αὐτῆς μίαν ζώνην περὶ τὴν × ὀσφῦν × αὐτῆς καὶ ἑτέραν ζώνην ἐπὶ τῷ στήθει αὐτῆς. καὶ
Sal.      8     5   ἤκουσα εἰς Ιερουσαλημ πόλιν ἁγιάσματος συνετρίβη ἡ × ὀσφῦς × μου ἀπὸ ἀκοῆς παρελύθη γόνατά μου ἐφοβήθη ἡ καρδία
Bar.      2     3   βοῶν τὰ ὡς κέρατα ἐλάφων οἱ δὲ πόδες αἰγῶν αἱ δὲ × ὀσφύες × ἀρνῶν. καὶ ἠρώτησα ἐγὼ Βαρούχ τὸν ἄγγελον
Job      18     4   ἠτονημένος γὰρ ἤμην ὡς γυνὴ παρειμένη τὰς × ὀσφύας × ἀπὸ τοῦ πλήθους τῶν ὠδίνων, μνησθεὶς μάλιστα τοῦ
Job      47     5   χορδάς λέγων μοι ἀνάστα, ζῶσαι ὥσπερ ἀνὴρ τὴν × ὀσφῦν × σου ἐρωτήσω δέ σε, σὺ δέ μοι ἀποκρίνου. ἐγὼ δὲ
ὅταν                74   ὅταν
ὅτε                109   ὅτε ὅτ'
ὅτι                884   ὅτι ὅττι οτι
ὁτιή                 1
Sib.      3   141   Κρήτας ἑλοῦσα τοὐνεκά τοι Δί' ἐπωνομάσανθ' × ὁτιή × διεπέμφθη. Ὡς δ' αὕτως διέπεμψε Ποσειδάωνα
ὀτρύνω               1
Sib.      5    69   ἐξεμάνης ἐς ἐμοὺς παῖδας θεοχρίστους καὶ τε κάκην × Ὤτρυνας × ἐπ' ἀνδράσι τοῖς ἀγαθοῖσιν ἕξεις ἀντὶ τόσων
οὐ               1067   οὐκ οὐχὶ οὐ οὐχ οὔ οὔκ κοὐ κοῦ κοὐκ ου ουκ κοὐχί
οὖ                 31   οὖ οἱ ἑ
οὐαί               26   οὐαί
Ὀυάφρης             6
HEup.   9  30    5   καὶ ἀναγκάσαι φόρους Ἰουδαίοις ὑποτελεῖν πρός τε × Ὀυάφρην × τὸν Αἰγύπτιον βασιλέα φιλίαν συνθέσθαι.
HEup.   9  30    8   τελευτήσαι Σολομῶνα δὲ βασιλεύειν καὶ γράψαι πρὸς × Ὀυάφρην × τὸν Αἰγύπτου βασιλέα τὴν ὑπογεγραμμένην
HEup.   9  31    1   ἐπιστολήν. ἐπιστολὴ Σολομῶνος. βασιλεὺς Σολομῶν × Ὀυάφρη × βασιλεῖ Αἰγύπτου φίλῳ πατρικῷ χαίρειν. γίνωσκέ με
HEup.   9  32    1   πάντα κατὰ τὴν χρείαν καθότι ἐπιτέτακται. ἐπιστολὴ × Ουαφρη × ἀντίγραφος. βασιλεὺς Ὀυάφρης Σολομῶνι βασιλεῖ
HEup.   9  32    1   ἐπιτέτακται. ἐπιστολὴ Ουαφρη ἀντίγραφος. βασιλεὺς × Ὀυάφρης × Σολομῶνι βασιλεῖ μεγάλῳ χαίρειν. ἅμα τῷ
HEup.   9  34   17   τάλαντον εἶναι σίκλον. καὶ τῷ μὲν Αἰγύπτου βασιλεῖ × Ὀυάφρη × ἐλαίου μετρητὰς μυρίους φοινικοβαλάνων ἀρτάβας
οὐδαμός              1
Sedr.    14     8   οὐκ ἤκουσαν τὸν σοφὸν ἐρωτῶντα λέγων δικαιοῦμεν × οὐδαμῶς × ἁμαρτωλῶν. παντελῶς οὐκ οἶδας ὅτι γέγραπται καὶ
οὐδας                2
Sib.      3   388   ἔχουσα. ἥξει καὶ ποτ' ἄπιστος ἐς Ἀσίδος ὄλβιον × οὖδας × ἀνὴρ πορφυρέην λώπην ἐπιειμένος ὤμοις ἄγριος
LEze.  9  29 11 03   τετραπόδων καὶ βρωτῶν κολάστριαν. (θ). ῥῖψον πρός × οὖδας × καὶ ἀποχώρησον ταχύ. δράκων γὰρ ἔσται φοβερός ὥστε
οὐδέ              145   οὐδέ οὐδ' κοὐδέ ουδε
οὐδείς             94   οὐδεὶς οὐδέν οὐδεμία οὐδένα οὐθέν οὐδενὶ οὐδενός οὐθεὶς οὐθενός οὐθενὶ οὐδεμί'
οὐδέποτε             9
Hen.     24     4   δένδρα αὐτῷ εὐειδῆ. καὶ ἦν ἐν αὐτοῖς δένδρον ὃ × οὐδέποτε × ὤσφρανμαι καὶ οὐδεὶς ἕτερος αὐτῷ ηὐφράνθη καὶ
TJud.    17     4   ποιήσουσιν ἣν ἔδωκέ μοι κύριος ἐν ὑπακοῇ πατρός. × οὐδέποτε × γὰρ ἐλύπησα λόγον Ἰακὼβ τοῦ πατρός μου ὅτι
Asen.     2     9   κλίνη ἐκάθευδεν Ἀσενὲθ μόνη καὶ ἀνὴρ ἢ γυνὴ ἑτέρα × οὐδέποτε × ἐκάθισεν ἐπ' αὐτῇ πλὴν τῆς Ἀσενὲθ μόνης. καὶ
Sedr.     7     8   πῶς ἐστιν δέσποτα; τῆς θεότητός σου ὁ λόγος × οὐδέποτε × ψεύδεται καὶ διὰ τί ἀποδίδως τὸν ἄνθρωπον; ἢ οὐ
```

| | | | | | | |
|---|---|---|---|---|---|---|
| Job | 37 | 6 | καὶ ἀφείλατο, ἐχρῆν αὐτὸν ὅλως μὴ δεδωκέναι τι ✳ | οὐδέποτε | ✳ | βασιλεὺς ἀτιμάσει στρατιώτην ἴδιον καλῶς αὐτῷ |
| Aris. | 226 | 4 | πρὸς τοὺς ἄλλους μεταδοτικὸς ὢν καὶ μεγαλομερής ✳ | οὐδέποτ' | ✳ | ἂν ἀπολίποι δόξης ἵνα δὲ τὰ προειρημένα σοι |
| Sib. | 5 | 369 | μεγάλους τε τυράννους πάντας τ' ἐμπρήσει ὡς ✳ | οὐδέποτ' | ✳ | ἄλλος ἐποίει τοὺς δ' αὖ πεπτηῶτας ἀνορθώσει διὰ |
| LAri. | 8 | 10 | ἀκίνητα εἶναι ταῦτα. λέγω δὲ τὸ τοιοῦτον ὡς ✳ | οὐδέποτε | ✳ | γέγονεν οὐρανὸς γῇ γῆ δ' οὐρανὸς οὐδ' ἥλιος |
| LAri. | 13 | 12 | 6 περὶ τῶν αὐτῶν φησιν οὕτως ἐκ θεοῦ ἀρχώμεσθα τὸν ✳ | οὐδέποτ' | ✳ | ἄνδρες ἑῶσιν ἄρρητον μεσταὶ δὲ θεοῦ πᾶσαι μὲν |

οὐδέπω
1

| | | | | | | |
|---|---|---|---|---|---|---|
| LEze. | 9 | 29 16 13 | δὲ πρὸς τοῖσδ' εἴδομεν ζῶον ξένον θαυμαστὸν οἷον ✳ | οὐδέπω | ✳ | ὥρακέ τις. διπλοῦν γὰρ ἦν τὸ μῆκος ἀετοῦ σχεδὸν |

οὐδός
1

| | | | | | | |
|---|---|---|---|---|---|---|
| FPho. | | 230 | τοῖα βιεῦντες ζωῆν ἐκτελέοιτ' ἀγαθὴν μέχρι γήραος ✳ | οὐδοῦ. | ✳ | |

ουεδεφωνα ✳

| | | | | | | |
|---|---|---|---|---|---|---|
| TLevi | 18 | 2B024 | ἀναβαίνων. καὶ ταῦτα τὰ ὀνόματα αὐτῶν κέδρον καὶ ✳ | ουεδεφωνα | ✳ | καὶ σχῖνον καὶ στρόβιλον καὶ πίτυν καὶ ολδινα |

38 οὐκέτι κοὐκέτι οὐκέτ'

οὐκέτι

| | | | | | | |
|---|---|---|---|---|---|---|
| | | | | οὐκοῦν | | |
| TDan | 4 | 1 | ἐν ὠμότητι καὶ ψεύδει γίνωνται αἱ πράξεις αὐτοῦ. ✳ | οὐκοῦν | ✳ | σύνετε τὴν δύναμιν τοῦ θυμοῦ ὅτι ματαία ἐστίν. ἐν |

οὖλος

| | | | | | | |
|---|---|---|---|---|---|---|
| Hen. | 106 | 2 | ῥόδου τὸ τρίχωμα πᾶν λευκὸν καὶ ὡς ἔρια λευκὰ καὶ ✳ | οὖλον | ✳ | καὶ ἔνδοξον. καὶ ὅτε ἀνέῳξεν τοὺς ὀφθαλμοὺς |

οὖν
255 οὖν ουν
οὖπερ

| | | | | | | |
|---|---|---|---|---|---|---|
| Bar. | 10 | 5 | τὸ περιέχον τὴν λίμνην καὶ ἄλλα θαυμαστὰ ἐν αὐτῷ ✳ | οὖπερ | ✳ | ἔρχονται αἱ ψυχαὶ τῶν δικαίων ὅταν ὁμιλῶσι |

οὔποτε
4

| | | | | | | |
|---|---|---|---|---|---|---|
| Sib. | 4 | 36 | τελ. ὧν τρόπον εὐσεβίην τε καὶ ἤθεα ἀνέρες ἄλλοι ✳ | οὔποτε | ✳ | μιμήσονται ἀναιδείην ποθέοντες ἀλλ' αὐτοὺς χλεύῃ |
| Sib. | 4 | 109 | πάλιν πόλις ἱδρυνθεῖσα. ὦ Λυκίης Μύρα καλά σέ δ' ✳ | οὔποτε | ✳ | βρασσομένη χθὼν στηρίξει πρηνὴς δὲ κάτω πίπτους' |
| Sib. | 4 | 140 | ἅμα μυριάδεσσιν. τλήμων Ἀντιόχεια σέ δὲ πτόλιν ✳ | οὔποτ' | ✳ | ἐροῦσιν ἡνίκ' ἂν ἀφροσύνῃσι τεαῖς ὑπὸ δούρασι |
| FPho. | | 141 | ὁδὸν συνέγειρε. πλαζόμενον δὲ βροτὸν καὶ ἀλίτροπον ✳ | οὔποτ' | ✳ | ἐλέγξεις. βέλτερον ἀντ' ἐχθροῦ τεύχειν φίλον |

οὔπω
3

| | | | | | | |
|---|---|---|---|---|---|---|
| Jer. | 5 | 24 | οἱ καταρράκται τοῦ οὐρανοῦ κατελθόντες ἐπ' αὐτοὺς ✳ | οὔπω | ✳ | ἐστὶ καιρὸς ἀπελθεῖν εἰς Βαβυλῶνα. πόση γὰρ ὥρα |
| Sib. | 3 | 70 | θ' Ἑβραίους ἀνόμους τε καὶ ἄλλους ἀνέρας οἵτινες ✳ | +οὔπω | ✳ | θεοῦ λόγον+ εἰσήκουσαν. ἀλλ' ὁπόταν μεγάλοιο θεοῦ |
| Sib. | 3 | 315 | ἥξει σοι πληγὴ μεγάλη Αἴγυπτε πρὸς οἴκους δεινὴ ἦν ✳ | οὔπω | ✳ | ποτ' ἐπήλπισας ἐρχομένην σοι. ῥομφαία γὰρ |

Οὖρ
1

| | | | | | | |
|---|---|---|---|---|---|---|
| Sib. | 3 | 218 | ποικιλόμητι δολόφρον. ἔστι πόλις --- κατὰ χθονὸς ✳ | Οὖρ | ✳ | Χαλδαίων ἐξ ἧς δὴ γένος ἐστὶ δικαιοτάτων ἀνθρώπων |

'Οὖρ
5

| | | | | | | |
|---|---|---|---|---|---|---|
| FJub. | 11 | 1 | θείᾳ κρίσει τοῦτον ἐπάταξε. γυνὴ Ραγαυ Ωρα θυγάτηρ ✳ | 'Οὖρ | ✳ | υἱοῦ Χεζα. Ῥαγὰβ γενόμενος ἑκατὸν τριακονταδύο |

οὐρά

| | | | | | | |
|---|---|---|---|---|---|---|
| TJud. | 2 | 6 | προσεπήδησεν ἐπὶ τὸν κύνα καὶ πιάσας αὐτὴν ἀπὸ τῆς ✳ | οὐρᾶς | ✳ | ἀπηκόντισα αὐτὴν καὶ ἐρράγη ἐν τοῖς ὁρίοις Γάζης. |
| Sib. | 5 | 525 | Καρκίνος οὐκ ἐνέμεινεν ἔδεισε γὰρ Ὠρίωνα Σκορπίος ✳ | +οὐράν | ✳ | ἐπῆλθε+ διὰ δεινοῖο Λέοντος ἠδὲ Κύων ὤλισθεν ἀπὸ |
| FAch. | | 110 | γίνου τοῖς συναντῶσί σοι εἰδὼς ὅτι καὶ τῷ κυνὶ ἡ ✳ | οὐρά | ✳ | ἄρτον πορίζει τὸ δὲ στόμα πληγάς. ἐπὶ σωφροσύνῃ |
| HArt. | 9 | 27 | 27 ὄφιν ποιῆσαι πτοηθέντων δὲ πάντων ἐπιλαβόμενον τῆς ✳ | οὐρᾶς | ✳ | ἀνελέσθαι καὶ πάλιν ῥάβδον ποιῆσαι προελθόντα δὲ |
| LEze. | 9 | 29 11 09 | τρέμει. (Θ). μηδὲν φοβηθῇς χεῖρα δ' ἐκτείνας λαβὲ ✳ | οὐρὰν | ✳ | πάλιν δὲ ῥάβδος ἔσσεθ' ὥσπερ ἦν. ἔνθες δὲ χεῖρ' |

Οὐρανίδης

| | | | | | | |
|---|---|---|---|---|---|---|
| FPho. | | 71 | φθονέοις ἀγαθῶν ἑτάροις μὴ μῶμον ἀνάψῃς. ἄφθονοι ✳ | Οὐρανίδαι | ✳ | καὶ ἐν ἀλλήλοις τελέθουσιν. οὐ φθονέει μήνη |

οὐράνιος
14

| | | | | | | |
|---|---|---|---|---|---|---|
| Asen. | 20 | 6 | ὡς εἶδος φωτὸς καὶ ἦν τὸ κάλλος αὐτῆς ὡς κάλλος ✳ | οὐράνιον. | ✳ | καὶ εἶδον αὐτὴν καθημένην μετὰ τοῦ Ἰωσὴφ καὶ |
| Job | 38 | 2 | μὴ γένοιτο τίνες γάρ ἐσμεν πολυπραγμονοῦντες τὰ ✳ | οὐράνια | ✳ | σάρκινοι ὄντες, ἔχοντες τὴν μερίδα ἐν γῇ καὶ |
| Sib. | 3 | 1 | ἐκ τοῦ δευτέρου λόγου περὶ θεοῦ. +ὑψιβρεμέτα μάκαρ ✳ | οὐράνιε | ✳ | ὃς ἔχεις τὰ Χερουβίμ+ ἱδρυμένος λίτομαι |
| Sib. | 3 | 19 | ὅσσοις; ἢ τίς χωρήσει κἂν τοὔνομα μοῦνον ἀκούσαι ✳ | οὐρανίου | ✳ | μεγάλοιο θεοῦ κόσμον κρατέοντος; ὃς λόγῳ ἔκτισε |
| Sib. | 3 | 86 | φλέξει δὲ γαῖαν φλέξει δὲ θάλασσαν καὶ πόλον ✳ | οὐράνιον | ✳ | καὶ ἤματα καὶ κτίσιν αὐτὴν εἰς ἓν χωνεύσει καὶ |
| Sib. | 3 | 174 | φοβερὸν πολέμοιο νέφος ἥξουσι βροτοῖσιν. ἀλλά μιν ✳ | οὐράνιος | ✳ | θεὸς ἐκ βυθοῦ ἐξαλαπάξει. αὐτὰρ ἔπειτ' ἄλλης |
| Sib. | 3 | 247 | μεγάλοιο θεοῦ φάτιν ἔννομον ὕμνον πᾶσι γάρ ✳ | Οὐράνιος | ✳ | κοινὴν ἐτελέσσατο γαῖαν. ἡνίκα δ' Αἴγυπτον |
| Sib. | 3 | 261 | ἠὲ λαθὼν θνητοὺς πάσῃ δίκῃ ἐξαπολεῖται. πᾶσι γὰρ ✳ | Οὐράνιος | ✳ | κοινὴν ἐτελέσσατο γαῖαν καὶ πίστιν καὶ ἄριστον |
| Sib. | 3 | 286 | καμὸν ὀρθὸν γόνυ πρὸς φάος ἄρῃ. καὶ τότε δὴ θεὸς ✳ | οὐράνιος | ✳ | πέμψει βασιλῆα κρινεῖ δ' ἄνδρα ἕκαστον ἐν |
| Sib. | 5 | 249 | ἔσσεται ἤματι κείνῳ Ἰουδαίων μακάρων θεῖον γένος ✳ | οὐράνιος | ✳ | τε οἳ περιναιετάουσι θεοῦ πόλιν ἐν ακρογαίοις |
| Sib. | 5 | 377 | πολέμοιο κακοῦ πλησθήσεται αὖτις. πῦρ γὰρ ἀπ' ✳ | οὐρανίων | ✳ | δαπέδων βρέξει μερόπεσσιν πῦρ καὶ αἷμα ὕδωρ |
| Sib. | 5 | 378 | βρέξει μερόπεσσιν πῦρ καὶ αἷμα ὕδωρ πρηστὴρ γνόφος ✳ | οὐρανίη | ✳ | νὺξ καὶ φθίσις ἐν πολέμῳ καὶ ἐπὶ σφαγῆσιν ὀμίχλη |
| Sib. | 5 | 414 | δοκεῖν ἑτέρους μεγάλην πόλιν ἐξαλαπάξει. ἦλθε γὰρ ✳ | οὐράνιος | ✳ | νώτων ἀνὴρ μακαρίτης σκῆπτρον ἔχων ἐν χερσὶν ὃ |
| FPho. | | 73 | φθονέει μήνη πολὺ κρείσσονι ἡλίου αὐγαῖς οὐ χθὼν ✳ | οὐρανίοις' | ✳ | ὑψώμασιν νέρθεν ἐοῦσα οὐ ποταμοὶ πελάγεσσιν. |

οὐρανίων
1

| | | | | | | |
|---|---|---|---|---|---|---|
| Sib. | 5 | 76 | κακοὶ κακότητα μένοντες ὀργὴν ἀθανάτοιο βαρυκτύπου ✳ | οὐρανίωνος | ✳ | ἀντὶ θεοῦ δὲ λίθους καὶ κνώδαλα θρησκεύοντες |

οὐρανοειδής

| | | | | | | |
|---|---|---|---|---|---|---|
| FrAn. | 574 | 3067 | τοὺς τέσσαρας ἀνέμους ἀπὸ τῶν ἱερῶν Αἰώνων ✳ | οὐρανοειδῆ | ✳ | θαλασσοειδῆ νεφελοειδῆ φωσφόρον ἀδάμαστον. |

οὐρανόθεν
13

| | | | | | | |
|---|---|---|---|---|---|---|
| Esdr. | 7 | 9 | καὶ ἐπιτελοῦσιν τὴν μνήμην μου δὸς αὐτοῖς εὐλογίαν ✳ | οὐρανόθεν | ✳ | καὶ εὐλόγησον αὐτοῦ πάντα ὥσπερ καὶ τὰ ἔσχατα |
| Sib. | 3 | 54 | δ' ἄνθρωποι μελάθροις ἰδίοισιν ὀλοῦνται ὁπόταν ✳ | οὐρανόθεν | ✳ | πύρινος ῥεύσῃ καταράκτης. οἴμοι δειλαίη πότ' |
| Sib. | 3 | 308 | ἀέριος γάρ σοι Βαβυλὼν ἥξει ποτ' ἄνωθεν ἰαύταρ ἀπ' ✳ | οὐρανόθεν | ✳ | καταβήσεαι ἐξ ἁγίων σοι) καὶ θυμοῦ τέκνοις |
| Sib. | 3 | 360 | κόμην δέσποινά τε κείρει ἠδὲ δίκην διέπουσα ἀπ' ✳ | οὐρανόθεν | ✳ | ποτὶ γαῖαν ῥίψει ἐκ δὲ γαίης πάλιν οὐρανὸν εἰς |
| Sib. | 3 | 672 | θεοῦ καὶ πάντες ὀλοῦνται χειρὸς ἀπ' ἀθανάτοιο ἀπ' ✳ | οὐρανόθεν | ✳ | δὲ πεσοῦνται ῥομφαῖαι πύρινοι κατὰ γαῖαν |
| Sib. | 3 | 691 | πυρὶ καὶ ὑετῷ τε κατακλύζοντι καὶ ἔσται θεῖον ἀπ' ✳ | οὐρανόθεν | ✳ | αὐτὰρ λίθοι ἠδὲ χάλαζα πολλὴ καὶ χαλεπὴ |
| Sib. | 3 | 746 | ἀπειρέσιον σίτου οἴνου καὶ ἐλαίου ἰαύταρ ἀπ' ✳ | οὐρανόθεν | ✳ | μέλιτος γλυκεροῦ ποτὸν ἡδὺ δένδρεά τ' |
| Sib. | 3 | 800 | πρὸς Ἕσπερον ἠδὲ πρὸς ἠῶ αὐτίκα καὶ κονιορτὸς ἀπ' ✳ | οὐρανόθεν | ✳ | προφέρηται πρὸς γαῖαν +ἅπαν καὶ οἱ+ σέλας |
| Sib. | 4 | 57 | ἔσται σκοτόεσσα μέση ἐνὶ ἤματος ὥρῃ ἄστρα δ' ἀπ' ✳ | οὐρανόθεν | ✳ | λείψει καὶ κύκλα σελήνης γῆ δὲ κλόνῳ σεισμοῖο |
| Sib. | 5 | 63 | γενηθῇ λυπρὴ ὥστε βοῆσαι καὶ αὐτὸν τερπικέραυνον ✳ | οὐρανόθεν | ✳ | φωνῇ μεγάλῃ μεγαλόσθενε Μέμφι ἢ τὸ πάλαι |
| Sib. | 5 | 158 | +αὐτοὶ πρῶτον ἔθηκαν τ' εἰναλίῳ Ποσειδῶνι+ ἥξει ✳ | οὐρανόθεν | ✳ | ἀστὴρ μέγας εἰς δῖαν θάλασσαν καὶ φλέξει πόντον |
| Sib. | 5 | 299 | καὶ τότε θυμωθεὶς θεὸς ἄφθιτος αἰθέρι ναίων ✳ | οὐρανόθεν | ✳ | πρηστῆρα βαλεῖ κατὰ κρατὸς ἀνάγνου. ἀντὶ δὲ |
| LThe. | 9 | 22 | 7 ὅς ποτ' ἐπεὶ πάτρης ἐξήγαγε δῖον Ἀβραὰμ αὐτὸς ἀπ' ✳ | οὐρανόθεν | ✳ | κάλεσ' ἀνέρα παντὶ σὺν οἴκῳ σάρκ' ἀποσυλῆσαι |

οὐρανόθι
2

| | | | | | | |
|---|---|---|---|---|---|---|
| Sib. | 3 | 256 | Αἰγύπτου θεὸς ἦγεν εἰς τὸ ὄρος Σινᾶ καὶ τὸν νόμον ✳ | οὐρανόθι | ✳ | πρὸ δῶκε θεὸς γράψας πλαξὶν δυσὶ πάντα δίκαια |
| Sib. | 5 | 352 | πολὺν ὥστε νοῆσαι αὐτὸν ἄνακτα θεὸν πανεπίσκοπον ✳ | οὐρανόθι | ✳ | πρό. αὐτὸς δυσμενέας ἄνδρας τότε δ' οὐκ ἐλεήσει |

οὐρανοκόσμητος ✳

| | | | | | | |
|---|---|---|---|---|---|---|
| Sedr. | 11 | 5 | κλαίων καὶ ὀδυρόμενος λέγειν ὦ κεφαλὴ παράδοξε ✳ | οὐρανοκόσμητε | ✳ | ὦ ἡλιοφώτιστε οὐρανοῦ καὶ γῆς γνωσταὶ αἱ |
| Sedr. | 11 | 18 | ὦ σῶμα καλλωπισμένον τρίχες ἀστερόχυται κεφαλὴ ✳ | οὐρανοκόσμητε | ✳ | ἐστολισμένον. ὦ πρόσωπον καλομύριστον |

οὐρανομήκης
1

| | | | | | | |
|---|---|---|---|---|---|---|
| Sedr. | 11 | 19 | γένειον καλλωπισμένον τρίχες ἀστερόμορφοι κεφαλὴ ✳ | οὐρανομήκες | ✳ | ἐστολισμένον σῶμα τὸ φωταγωγὸν γλεύφορον |

οὐρανός
291

| | | | | | | |
|---|---|---|---|---|---|---|
| Adam | 33 | 2 | καὶ αὐτὴ ἀπὸ τῶν γηΐνων. καὶ ἀτενίσασα εἰς τὸν ✳ | οὐρανὸν | ✳ | ἴδεν ἅρμα φωτὸς ἐρχόμενον ὑπὸ τεσσάρων ἀετῶν |
| Adam | 37 | 5 | λέγων ἆρον αὐτὸν εἰς τὸν παράδεισον ἕως τρίτου ✳ | οὐρανοῦ | ✳ | καὶ ἄφες αὐτὸν ἐκεῖ ἕως τῆς ἡμέρας ἐκείνης τῆς |
| Adam | 38 | 3 | ἐπέχοντα τοῖς ἀνέμοις καὶ οἱ ἄγγελοι ἐκ τοῦ ✳ | οὐρανοῦ | ✳ | προάγοντες αὐτὸν καὶ ἐλθόντες ἐπὶ τὴν γῆν ὅπου |
| Adam | 40 | 1 | Μιχαὴλ ἀπεῖλε εἰς τὸν παράδεισον εἰς τὸ τρίτῳ ✳ | οὐρανῷ | ✳ | καὶ ἤνεγκε τρεῖς σινδόνας βυσσίνας καὶ συρικάς. |
| Adam | 42 | 8 | ἡμᾶς. μετὰ δὲ τὸ εὔξασθαι αὐτὴν ἀναβλέψασα εἰς ✳ | οὐρανὸν | ✳ | ἀνεστέναξεν τύπτουσα τὸ στῆθος αὐτῆς καὶ λέγουσα |
| Adam | 43 | 4 | ἀπὸ τῆς γῆς. ταῦτα εἰπὼν ὁ ἄγγελος ἀνῆλθεν εἰς τὸν ✳ | οὐρανὸν | ✳ | δοξάζων καὶ λέγων ἀλληλούϊα. ἅγιος ἅγιος ἅγιος |
| Hen. | 1 | 2 | ἀνεψιμένη ἣν τὴν ὅρασιν τοῦ ἁγίου (καὶ) τοῦ ✳ | οὐρανοῦ. | ✳ | ἔδειξέν μοι καὶ ἤκουσα ἀπὸ ἁγίων ἁγίων ἤκουσα ἐγὼ καὶ |
| Hen. | 1 | 4 | φανήσεται ἐν τῇ δυνάμει τῆς ἰσχύος αὐτοῦ ἀπὸ τοῦ ✳ | οὐρανῶν | ✳ | τῶν οὐρανῶν. καὶ φοβηθήσονται πάντες καὶ |
| Hen. | 1 | 4 | ἐν τῇ δυνάμει τῆς ἰσχύος αὐτοῦ ἀπὸ τοῦ οὐρανοῦ τῶν ✳ | οὐρανῶν. | ✳ | καὶ φοβηθήσονται πάντες καὶ πιστεύσουσιν οἱ |
| Hen. | 2 | 1 | ἁμαρτωλοὶ ἀσεβεῖς. κατανοήσατε πάντα τὰ ἔργα ἐν τῷ ✳ | οὐρανῷ | ✳ | πῶς οὐκ ἠλλοίωσαν τὰς ὁδοὺς αὐτῶν καὶ τοὺς |
| Hen. | 2 | 1 | τὰς ὁδοὺς αὐτῶν καὶ τοὺς φωστῆρας τοὺς ἐν τῷ ✳ | οὐρανῷ | ✳ | ὡς τὰ πάντα ἀνατέλλει καὶ δύνει τεταγμένος |
| Hen. | 6 | 2 | καὶ καλαί. καὶ ἐθεάσαντο αὐτὰς οἱ ἄγγελοι υἱοὶ ✳ | οὐρανοῦ | ✳ | καὶ ἐπεθύμησαν αὐτὰς καὶ εἶπαν πρὸς ἀλλήλους |
| Hen. | 8 | 4 | τῶν ἀνθρώπων ἀπολλυμένων ἡ βο(ὴ) εἰς ✳ | οὐρανοὺς | ✳ | ἀνέβη. πρῶτος Ἀζαὴλ ὁ δέκατος τῶν ἀρχόντων |
| Hen. | 9 | 1 | Οὐ(ρι)ὴλ καὶ Ῥαφαὴλ καὶ Γαβρι(ὴλ) οὗτοι ἐκ τοῦ ✳ | οὐρανοῦ | ✳ | ἐθεάσ(αν)το αἷμα πολὺ ἐκχυννόμεν(ον) ἐπὶ τῆς γῆς |
| Hen. | 9 | 2 | φωνὴ βοώ(ν)τω(ν) ἐπὶ τῆς γῆς μέχρι πυλῶν τοῦ ✳ | οὐρανοῦ. | ✳ | ἐντυγχάνουσιν αἱ ψυχαὶ τῶν ἀνθρώπων λεγόντων |
| Hen. | 9 | 3 | γῆς καὶ ἐδήλωσε τὰ μυστήρια τοῦ αἰῶνος τὰ ἐν τῷ ✳ | οὐρανῷ | ✳ | ἃ ἐπιτηδεύουσιν ⟨καὶ⟩ ἔγνωσαν ἄνθρωποι καὶ |
| Hen. | 9 | 10 | καὶ ἐντυγχάνουσιν μέχρι τῶν πυλῶν τοῦ ✳ | οὐρανοῦ | ✳ | καὶ ἀνέβη ὁ στεναγμὸς αὐτῶν καὶ οὐ δύναται |
| Hen. | 9B | 1 | καὶ Γαβριὴλ παρέκυψαν ἐπὶ τὴν γῆν ἐκ τῶν ἁγίων τοῦ ✳ | οὐρανοῦ. | ✳ | καὶ θεασάμενοι αἷμα πολὺ ἐκκεχυμένον ἐπὶ τῆς |
| Hen. | 9B | 6 | γὰρ τὰ μυστήρια καὶ ἀπεκάλυψε τῷ αἰῶνι τὰ ἐν ✳ | οὐρανοῖς. | ✳ | δὲ τὰ ἐπιτηδεύματα τῶν ἀνθρώπων |
| Hen. | 9B | 10 | ἀνθρώπων ἐντυγχάνουσιν καὶ μέχρι τῶν πυλῶν τοῦ ✳ | οὐρανοῦ | ✳ | ἀνέβη ὁ στεναγμὸς αὐτῶν καὶ οὐ δύναται ἐξελθεῖν |
| Hen. | 11 | 1 | τότε ἀνοίξω τὰ ταμεῖα τῆς εὐλογίας τὰ ὄντα ἐν τῷ ✳ | οὐρανῷ | ✳ | καὶ κατενεγκεῖν αὐτὰ ἐπὶ τὰ ἔργα ἐπὶ τὸν κόπον |

| | | | | | |
|---|---|---|---|---|---|
| Hen. | 12 | 4 | δικαιοσύνης πορεύου καὶ εἶπε τοῖς ἐγρηγόροις τοῦ | * οὐρανοῦ * | οἵτινες ἀπολιπόντες τὸν οὐρανὸν τὸν ὑψηλὸν τὸ |
| Hen. | 12 | 4 | ἐγρηγόροις τοῦ οὐρανοῦ οἵτινες ἀπολιπόντες τὸν | * οὐρανὸν * | τὸν ὑψηλὸν τὸ ἁγίασμα τῆς στάσεως τοῦ αἰῶνος |
| Hen. | 13 | 4 | τὸ ὑπόμνημα τῆς ἐρωτήσεως ἐνώπιον κυρίου τοῦ | * οὐρανοῦ * | ὅτι αὐτοὶ οὐκ ἔτι δύνανται λαλῆσαι οὐδὲ ἆπαραι |
| Hen. | 13 | 5 | λαλῆσαι οὐδὲ ἆπαραι αὐτῶν τοὺς ὀφθαλμοὺς εἰς τὸν | * οὐρανὸν * | ἀπὸ αἰσχύνης περὶ ὧν ἡμαρτήκεισαν καὶ |
| Hen. | 13 | 8 | ὀργῆς καὶ ἦλθεν φωνὴ λέγουσα εἶπον τοῖς υἱοῖς τοῦ | * οὐρανοῦ * | τοῦ ἐλέγξαι αὐτούς. καὶ ἔξυπνος γενόμενος ἦλθον |
| Hen. | 13 | 10 | λόγους τῆς δικαιοσύνης ἐλέγχων τοὺς ἐγρηγόρους τοῦ | * οὐρανοῦ. * | βίβλος λόγων δικαιοσύνης καὶ ἐλέγξεως ἐγρηγόρων |
| Hen. | 14 | 3 | καὶ ἔδωκεν ἐλέγξασθαι ἐγρηγόρους τοὺς υἱοὺς τοῦ | * οὐρανοῦ. * | ἐγὼ τὴν ἐρώτησιν ὑμῶν τῶν ἀγγέλων ἔγραψα καὶ ἐν |
| Hen. | 14 | 5 | οὔτε ἡ ἐρώτησις ὑμῶν παρεδέχθη ἵνα μηκέτι εἰς τὸν | * οὐρανὸν * | ἀναβῆτε ἐπὶ πάντας τοὺς αἰῶνας καὶ ἐν τοῖς |
| Hen. | 14 | 9 | με καὶ ἐπῆράν με ἄνω καὶ εἰσήνεγκάν με εἰς τὸν | * οὐρανὸν * | καὶ εἰσῆλθον μέχρις ἤγγισα τείχους οἰκοδομῆς ἐν |
| Hen. | 14 | 11 | καὶ ἀστραπαὶ καὶ μεταξὺ αὐτῶν χερουβὶν πύρινα καὶ | * οὐρανὸς * | αὐτῶν ὕδωρ καὶ πῦρ φλεγόμενον κύκλῳ τῶν τειχῶν |
| Hen. | 15 | 3 | μὴ τοὺς ἀνθρώπους περὶ ὑμῶν. διά τί ἀπελίπετε τὸν | * οὐρανὸν * | τὸν ὑψηλὸν τὸν ἅγιον τοῦ αἰῶνος καὶ μετὰ τῶν |
| Hen. | 15 | 7 | τοῦτο οὐκ ἐποίησα ἐν ὑμῖν θηλείας τὰ πνεύματα τοῦ | * οὐρανοῦ * | ἐν τῷ οὐρανῷ ἡ κατοίκησις αὐτῶν. καὶ νῦν οἱ |
| Hen. | 15 | 7 | ἐν ὑμῖν θηλείας τὰ πνεύματα τοῦ οὐρανοῦ ἐν τῷ | * οὐρανῷ * | ἡ κατοίκησις αὐτῶν. καὶ νῦν οἱ γίγαντες οἱ |
| Hen. | 15 | 10 | ἀρχὴ θεμελίου πνεύματα πονηρὰ κληθήσεται. πνεύματα | * οὐρανοῦ * | ἐν τῷ οὐρανῷ ἡ κατοίκησις αὐτῶν ἔσται καὶ τὰ |
| Hen. | 15 | 10 | πνεύματα πονηρὰ κληθήσεται. πνεύματα οὐρανοῦ ἐν τῷ | * οὐρανῷ * | ἡ κατοίκησις αὐτῶν ἔσται καὶ τὰ πνεύματα ἐπὶ τῆς |
| Hen. | 16 | 2 | τοῖς πέμψασίν σε ἐρωτῆσαι περὶ αὐτῶν οἵτινες ἐν | * οὐρανῷ * | ἦσαν. ὑμεῖς ἐν τῷ οὐρανῷ ἦτε καὶ πᾶν μυστήριον ὃ |
| Hen. | 16 | 3 | περὶ αὐτῶν οἵτινες ἐν οὐρανῷ ἦσαν. ὑμεῖς ἐν τῷ | * οὐρανῷ * | ἦτε καὶ πᾶν μυστήριον ὃ οὐκ ἀνεκαλύφθη ὑμῖν καὶ |
| Hen. | 17 | 2 | τόπον καὶ εἰς ὄρος οὗ ἡ κεφαλὴ ἀφικνεῖτο εἰς τὸν | * οὐρανόν. * | καὶ εἶδον τόπον τῶν φωστήρων καὶ τοὺς θησαυροὺς |
| Hen. | 18 | 3 | ἀνέμους τὴν γῆν βαστάζοντας καὶ τὸ στερέωμα τοῦ | * οὐρανοῦ * | καὶ αὐτοὶ ἱστᾶσιν μεταξὺ γῆς καὶ οὐρανοῦ. ἴδον |
| Hen. | 18 | 3 | τοῦ οὐρανοῦ καὶ αὐτοὶ ἱστᾶσιν μεταξὺ γῆς καὶ | * οὐρανοῦ. * | ἴδον ἀνέμους τῶν οὐρανῶν στρέφοντας καὶ |
| Hen. | 18 | 4 | ἱστᾶσιν μεταξὺ γῆς καὶ οὐρανοῦ. ἴδον ἀνέμους τῶν | * οὐρανῶν * | στρέφοντας καὶ διανεύοντας τὸν τροχὸν τοῦ ἡλίου |
| Hen. | 18 | 5 | ἐν νεφέλῃ. ἴδον πέρατα τῆς γῆς τὸ στήριγμα τοῦ | * οὐρανοῦ * | ἐπάνω. παρῆλθον καὶ ἴδον τόπον καιόμενον νυκτὸς |
| Hen. | 18 | 8 | νότον ἀπὸ λίθου πυρροῦ τὸ δὲ μέσον αὐτῶν ἦν εἰς | * οὐρανὸν * | ὥσπερ θρόνος θεοῦ ἀπὸ λίθου φουκὰ καὶ ἡ κορυφὴ |
| Hen. | 18 | 10 | πέρας τῆς μεγάλης γῆς ἐκεῖ συντελεσθήσονται οἱ | * οὐρανοί. * | καὶ ἴδον χάσμα μέγα εἰς τοὺς στύλους τοῦ πυρὸς |
| Hen. | 18 | 12 | τοῦ χάσματος τούτου ἴδον τόπον ὅπου οὐδὲ στερέωμα | * οὐρανοῦ * | ἐπάνω οὔτε γῆ ἡ τεθεμελιωμένη ὑποκάτω αὐτοῦ οὔτε |
| Hen. | 18 | 14 | εἶπεν ὁ ἄγγελος οὗτός ἐστιν ὁ τόπος τὸ τέλος τοῦ | * οὐρανοῦ * | καὶ γῆς δεσμωτήριον τοῦτο ἐγένετο τοῖς ἄστροις |
| Hen. | 18 | 14 | τοῦτο ἐγένετο τοῖς ἄστροις καὶ ταῖς δυνάμεσιν τοῦ | * οὐρανοῦ. * | καὶ οἱ ἀστέρες οἱ κυλιόμενοι ἐν τῷ πυρὶ οὗτοί |
| Hen. | 18 | 15 | ἐν ἀρχῇ τῆς ἀνατολῆς αὐτῶν ὅτι τόπος ἔξω τοῦ | * οὐρανοῦ * | κενός ἐστιν ὅτι οὐκ ἐξῆλθαν ἐν τοῖς καιροῖς |
| Hen. | 21 | 2 | κἀκεῖ ἐθεασάμην ἔργον φοβερὸν ἑώρακα οὔτε | * οὐρανὸν * | ἐπάνω οὔτε γῆν τεθέαμαι τεθεμελιωμένην ἀλλὰ |
| Hen. | 21 | 3 | φοβερόν. καὶ ἐκεῖ τεθέαμαι ἑπτὰ τῶν ἀστέρων τοῦ | * οὐρανοῦ * | δεδεμένους καὶ ἐρριμμένους ἐν αὐτῷ ὁμοίους |
| Hen. | 21 | 6 | ἀλήθειαν φιλοσπευδεῖς; οὗτοί εἰσιν τῶν ἀστέρων τοῦ | * οὐρανοῦ * | οἱ παραβάντες τὴν ἐπιταγὴν τοῦ κυρίου καὶ |
| Hen. | 21B | 2 | καὶ ἐκεῖ ἐθεασάμην ἔργον φοβερόν. ἑώρακα οὔτε | * οὐρανὸν * | ἐπάνω οὔτε γῆν τεθεμελιωμένην ἀλλὰ τόπον |
| Hen. | 21B | 3 | καὶ φοβερόν. καὶ ἐκεῖ τεθέαμαι ζ' ἀστέρας τοῦ | * οὐρανοῦ * | δεδεμένους καὶ ἐριμμένους ἐν αὐτῷ ὁμοῦ ὁμοίους |
| Hen. | 22 | 5 | νεκροὺς ἐντυγχάνοντας καὶ ἡ φωνὴ αὐτοῦ μέχρι τοῦ | * οὐρανοῦ * | προέβαινεν καὶ ἐνετύγχανεν. καὶ ἠρώτησα Ῥαφαὴλ |
| Hen. | 22 | 6 | ἡ φωνὴ αὐτοῦ προβαίνει καὶ ἐντυγχάνει ἕως τοῦ | * οὐρανοῦ; * | καὶ ἀπεκρίθη μοι λέγων τοῦτο τὸ πνεῦμά ἐστιν τὸ |
| Hen. | 23 | 4 | πῦρ τὸ ἐκδιῶκόν ἐστιν πάντας τοὺς φωστῆρας τοῦ | * οὐρανοῦ. * | καὶ ἔδειξέν μοι ὄρη πυρὸς καιόμενα νυκτός. καὶ |
| Hen. | 98 | 6 | τὰ ἔργα ὑμῶν τὰ πονηρὰ ἔσται ἀνακεκαλυμμένα ἐν τῷ | * οὐρανῷ * | οὐκ ἔσται ὑμῖν ἔργον ἀποκεκρυμμένον ἄδικον. μὴ |
| Hen. | 101 | 2 | ἐναντίον αὐτοῦ. ἐὰν ἀποκλείσῃ τὰς θυρίδας τοῦ | * οὐρανοῦ * | καὶ κωλύσῃ τὴν δρόσον καὶ τὸν ὄμβρον καταβῆναι |
| Hen. | 102 | 3 | οἱ ἄγγελοι συντελοῦντες τὸ συνταχθὲν αὐτοῖς καὶ ὁ | * οὐρανὸς * | καὶ οἱ φωστῆρες σειόμενοι καὶ τρέμοντες ἅπαντες |
| Hen. | 103 | 2 | τὸ μυστήριον τοῦτο ἀν⟨έγνων⟩ γὰρ τὰς πλάκας τοῦ | * οὐρανοῦ * | καὶ εἶδον τὴν γραφὴν ἀναγκαίαν ἔγνων τὰ |
| Hen. | 104 | 1 | ἁμαρτίας αὐτῶν. ὀμνύω ὑμῖν ὅτι οἱ ἄγγελοι ἐν τῷ | * οὐρανῷ * | ἀναμιμνήσκουσιν ⟨ὑμῶν⟩ εἰς ἀγαθὸν ἐνώπιον τῆς |
| Hen. | 104 | 2 | τοῖς κακοῖς καὶ ἐν ταῖς θλίψεσιν ὡσεὶ φωστῆρες τοῦ | * οὐρανοῦ * | ἀναλάμψετε καὶ φανεῖτε αἱ θυρίδες τοῦ οὐρανοῦ |
| Hen. | 104 | 2 | τοῦ οὐρανοῦ ἀναλάμψετε καὶ φανεῖτε αἱ θυρίδες τοῦ | * οὐρανοῦ * | ἀνοιχθήσονται ὑμῖν καὶ ἡ κραυγὴ ὑμῶν |
| Hen. | 106 | 5 | τοῖς ἀνθρώποις ἀλλὰ τοῖς τέκνοις τῶν ἀγγέλων τοῦ | * οὐρανοῦ * | καὶ ὁ τύπος ἀλλοιότερος οὐχ ὅμοιος ἡμῖν τὰ |
| Hen. | 106 | 13 | παρέβησαν τὸν λόγον κυρίου ἀπὸ τῆς διαθήκης τοῦ | * οὐρανοῦ. * | καὶ ἰδοὺ ἁμαρτάνουσιν καὶ παραβαίνουσιν τὸ ἔθος |
| Hen. | 106 | 19 | ὑπέδειξέν μοι καὶ ἐμήνυσεν καὶ ἐν ταῖς πλαξὶν τοῦ | * οὐρανοῦ * | ἀνέγνων αὐτά. τότε τεθέαμαι τὰ ἐγγεγραμμένα ἐπ' |
| Abr.1 | 1 | 5 | πραγμάτων αὐτοῦ ὅτι ηὐλόγησα αὐτὸν ὡς τὰ ἄστρα τοῦ | * οὐρανοῦ * | καὶ ὡς τὴν ἄμμον τὴν παρὰ τὸ χεῖλος τῆς θαλάσσης |
| Abr.1 | 4 | 5 | χρείᾳ ὕδατος χύσιν ποιήσας καὶ ἀνῆλθεν εἰς τοὺς | * οὐρανοὺς * | ἐν ῥιπῇ ὀφθαλμοῦ καὶ ἔστη ἐνώπιον τοῦ θεοῦ καὶ |
| Abr.1 | 4 | 11 | αὐτοῦ ὅτι ηὐλόγησα αὐτὸν ὡς τοὺς ἀστέρας τοῦ | * οὐρανοῦ * | καὶ ὡς τὴν ἄμμον τὴν παρὰ τὸ χεῖλος τῆς |
| Abr.1 | 7 | 3 | ἐμοῦ θεωροῦντος καὶ διαλογιζομένου εἶδον καὶ τὸν | * οὐρανὸν * | ἀνεῳγότα καὶ εἶδον ἄνδρα φωτοφόρον ἐκ τοῦ |
| Abr.1 | 7 | 3 | οὐρανὸν ἀνεῳγότα καὶ εἶδον ἄνδρα φωτοφόρον ἐκ τοῦ | * οὐρανοῦ * | κατελθόντα ὑπὲρ ἑπτὰ ἡλίους ἀστράπτοντα καὶ |
| Abr.1 | 7 | 4 | ἥλιον ἀπὸ τῆς κεφαλῆς ⟨μου⟩ καὶ ἀνῆλθεν εἰς τοὺς | * οὐρανοὺς * | ὅθεν καὶ ἐξῆλθεν καὶ ἐλυπήθην μεγάλως ὅτι |
| Abr.1 | 7 | 5 | τὸν ἄνδρα ἐκεῖνον τὸν φωτοφόρον ἐκ δευτέρου ἐκ τοῦ | * οὐρανοῦ * | ἐξελθόντα καὶ ἔλαβεν ἀπ' ἐμοῦ καὶ τὴν σελήνην ἐκ |
| Abr.1 | 7 | 8 | Σάρρα ὑπάρχουσα ὁ δὲ ⟨ἀνὴρ ὁ⟩ φωτοφόρος ἐκ τοῦ | * οὐρανοῦ * | καταβὰς οὗτός ἐστιν ὁ ἐκ τοῦ θεοῦ ἀποσταλεὶς ὁ |
| Abr.1 | 8 | 1 | τοῦτο εὐθέως ἀφανὴς ἐγένετο καὶ ἀνῆλθεν εἰς τοὺς | * οὐρανοὺς * | καὶ ἔστη ἐνώπιον τοῦ θεοῦ καὶ ἀνήγγειλεν πάντα |
| Abr.1 | 8 | 5 | σε ὑπὲρ ἄμμον θαλάσσης καὶ ὡς τοὺς ἀστέρας τοῦ | * οὐρανοῦ * | ὁ διαλύσας μήτραν Σάρρας τῆς στειρώσεως καὶ |
| Abr.1 | 9 | 8 | τὸ χερουβικὸν καὶ ὕψωσον αὐτὸν εἰς τὸν αἰθέρα τοῦ | * οὐρανοῦ * | ⟨ὅπως ἴδῃ πᾶσαν τὴν οἰκουμένην. καὶ κατελθὼν ὁ |
| Abr.1 | 10 | 1 | χερουβικοῦ καὶ ὕψωσεν αὐτὸν εἰς τὸν αἰθέρα τοῦ | * οὐρανοῦ⟩ * | καὶ ἤγαγεν αὐτὸν ἐπὶ τῆς νεφέλης καὶ ἑξήκοντα |
| Abr.1 | 10 | 11 | Ἀβραὰμ κύριε κέλευσον ἵνα κατέλθῃ πῦρ ἐκ τοῦ | * οὐρανοῦ * | καὶ καταφάγηται αὐτοὺς καὶ ἅμα τῷ λόγῳ αὐτοῦ |
| Abr.1 | 10 | 11 | αὐτοὺς καὶ ἅμα τῷ λόγῳ αὐτοῦ κατῆλθεν πῦρ ἐκ τοῦ | * οὐρανοῦ * | καὶ κατέφαγεν αὐτούς. καὶ εὐθέως ἦλθεν φωνὴ ἐκ |
| Abr.1 | 10 | 12 | καὶ κατέφαγεν αὐτούς. καὶ εὐθέως ἦλθεν φωνὴ ἐκ τοῦ | * οὐρανοῦ * | πρὸς τὸν ἀρχιστράτηγον οὕτως λέγων κέλευσον |
| Abr.1 | 10 | 15 | ἀνάγαγε ⟨δὲ⟩ τὸν Ἀβραὰμ ἐν τῇ πρώτῃ πύλῃ τοῦ | * οὐρανοῦ * | ὅπως θεάσηται ἐκεῖ τὰς κρίσεις καὶ ἀνταποδόσεις |
| Abr.1 | 11 | 1 | τὸν Ἀβραὰμ ⟨εἰς τὴν ἀνατολὴν ἐν τῇ πύλῃ τοῦ | * οὐρανοῦ * | τῇ πρώτῃ καὶ εἶδεν ἐκεῖ ὁ Ἀβραὰμ⟩ δύο ὁδοὺς ⟨ἡ⟩ |
| Abr.1 | 14 | 13 | ὥραν παρακαλούντων αὐτῶν ἦλθεν φωνὴ λέγουσα ἐκ τοῦ | * οὐρανοῦ * | Ἀβραὰμ Ἀβραὰμ εἰσήκουσε κύριος τῆς δεήσεώς σου |
| Abr.1 | 15 | 11 | ἐκ προσώπου τοῦ Ἀβραὰμ καὶ ἀνῆλθεν εἰς τοὺς | * οὐρανοὺς * | καὶ ἔστη ἐνώπιον τοῦ θεοῦ τοῦ ὑψίστου καὶ εἶπεν |
| Abr.1 | 15 | 12 | ἔδειξα αὐτῷ τὴν δυναστείαν σου καὶ πᾶσαν τὴν ὑπ' | * οὐρανὸν * | γῆν τε καὶ θάλασσαν κρίσιν καὶ ἀνταπόδοσιν διὰ |
| Abr.1 | 20 | 12 | αὐτοῦ ψυχὴν ὀψικεύοντες ἄγγελοι ἀνήρχοντο εἰς τὸν | * οὐρανὸν * | ψάλλοντες τὸν τρισάγιον ὕμνον τῷ δεσπότῃ τῶν |
| Abr.2 | 4 | 4 | δύνειν καὶ ἐξῆλθεν Μιχαὴλ καὶ ἀνελήφθη εἰς τοὺς | * οὐρανοὺς * | προσκυνῆσαι ἐνώπιον τοῦ θεοῦ τοῦ γὰρ ἡλίου |
| Abr.2 | 7 | 6 | καὶ ἰδοὺ ἀνὴρ παμμεγέθης λίαν λάμπων ἐκ τοῦ | * οὐρανοῦ * | ὡς φῶς καλούμενος πατὴρ τοῦ φωτὸς καὶ ἔλαβεν τὸν |
| Abr.2 | 7 | 14 | καὶ τὸν ἥλιον τοῦ οἴκου μου ἀναβαίνοντα εἰς τοὺς | * οὐρανοὺς * | καὶ εἶδον τὸν ἥλιον γενόμενον ⟨ὅμοιον⟩ τοῦ |
| Abr.2 | 7 | 16 | ὁ πατήρ σού ἐστιν Ἀβραὰμ ἀναλαμβάνεται εἰς τοὺς | * οὐρανοὺς * | τὸ δὲ σῶμα αὐτοῦ μένει ἐπὶ τῆς γῆς ἕως |
| Abr.2 | 7 | 19 | ἵνα θεάσωμαι ὅτι κτῆμα ὅλον ἔκτισεν ὁ κύριος ἐν | * οὐρανῷ * | καὶ ἐπὶ γῆς πρὸ τοῦ μετενεχθῆναί με. καὶ ἀπεκρίθη |
| Abr.2 | 8 | 1 | ὑποδείξω σοι πάντα. καὶ ἀπῆλθεν Μιχαὴλ εἰς τοὺς | * οὐρανοὺς * | καὶ ἐλάλησεν ἐνώπιον τοῦ θεοῦ περὶ τοῦ Ἀβραάμ. |
| Abr.2 | 11 | 3 | Ἐνὼχ ὁ πατήρ σου οὗτός ἐστιν ὁ διδάσκαλος τοῦ | * οὐρανοῦ * | καὶ γραμματεὺς τῆς δικαιοσύνης καὶ ἀπέστειλεν δὲ |
| Abr.2 | 12 | 3 | τὴν ἀνομίαν ταύτην; εἰπὲ κατελθεῖν πῦρ ἐκ τοῦ | * οὐρανοῦ * | καὶ καταφάγῃ αὐτούς. ἐν ἐκείνῃ τῇ ὥρᾳ κατέβη πῦρ |
| Abr.2 | 12 | 4 | αὐτούς. ἐν ἐκείνῃ τῇ ὥρᾳ κατέβη πῦρ ἐκ τοῦ | * οὐρανοῦ * | καὶ κατέφαγεν αὐτούς. ἐπειδὴ εἶπεν ὁ κύριος τῷ |
| Abr.2 | 13 | 10 | τῆς γῆς καὶ πᾶσιν τοῖς ἐν ὕδασιν μέχρι ἕως τοῦ | * οὐρανοῦ * | καὶ οὐχ εὑρέθη ὅμοιός σου. καὶ εἶπεν τῷ θανάτῳ |
| Abr.2 | 14 | 6 | κυρίου τοῦ θεοῦ καὶ ἦραν τὴν ψυχὴν αὐτοῦ εἰς τοὺς | * οὐρανοὺς * | εὐλογοῦντες τὸν φίλον κυρίου εἰσήνεγκαν δὲ |
| TRub. | 1 | 6 | ὑμῖν. καὶ ἰδοὺ ἐπιμαρτύρομαι ὑμῖν τὸν θεὸν τοῦ | * οὐρανοῦ * | σήμερον τοῦ μὴ πορευθῆναι ἐν ἀγνοίᾳ νεότητος καὶ |
| TRub. | 5 | 7 | ἐφαίνοντο γὰρ αὐταῖς οἱ ἐγρήγοροι ἕως τοῦ | * οὐρανοῦ * | φθάνοντες. φυλάσσεσθε οὖν ἀπὸ τῆς πορνείας καὶ |
| TRub. | 6 | 9 | χριστοῦ ὃν εἶπε κύριος. ὁρκῶ ὑμᾶς τὸν θεὸν τοῦ | * οὐρανοῦ * | ποιῆσαι ἀλήθειαν ἕκαστος πρὸς τὸν πλησίον αὐτοῦ |
| TSim. | 6 | 4 | καταπαύσει ἡ γῆ πᾶσα ἀπὸ ταραχῆς καὶ πᾶσα ἡ ὑπ' | * οὐρανὸν * | ἀπὸ πολέμου. τότε Σὴμ ἐνδοξασθήσεται ὅτι κύριος |
| TLevi | 2 | 3B003 | ὀφθαλμούς μου καὶ τὸ πρόσωπόν μου ἦρα πρὸς τὸν | * οὐρανὸν * | καὶ τὸ στόμα μου ἤνοιξα καὶ ἐλάλησα καὶ τοὺς |
| TLevi | 2 | 3B013 | διὸ δὴ καὶ τὴν ἀνομίαν ἐξάλειψον ὑποκάτωθεν τοῦ | * οὐρανοῦ * | καὶ συντελέσαι τὴν ἀνομίαν ἀπὸ προσώπου τῆς γῆς |
| TLevi | 2 | 6 | Ἀσπίδος ἐν Ἀβελμαούλ. καὶ ἰδοὺ ἠνεῴχθησαν οἱ | * οὐρανοὶ * | καὶ ἄγγελος θεοῦ εἶπε πρός με Λευὶ εἴσελθε. καὶ |
| TLevi | 2 | 7 | πρός με Λευὶ εἴσελθε. καὶ εἰσῆλθον ἐκ τοῦ πρώτου | * οὐρανοῦ * | εἰς τὸν δεύτερον καὶ εἶδον ἐκεῖ ὕδωρ κρεμάμενον |
| TLevi | 2 | 8 | ἀνάμεσον τούτου κἀκείνου. καὶ εἶδον τρίτον | * οὐρανὸν * | πολὺ φωτεινότερον καὶ φαιδρότερον παρὰ τοὺς δύο |
| TLevi | 2 | 9 | πρός με μὴ θαύμαζε ἐπὶ τούτοις ἄλλους γὰρ τέσσαρας | * οὐρανοὺς * | ὄψει φαιδροτέρους καὶ ἀσυγκρίτους ὅτε ἀνέλθῃς |
| TLevi | 3 | 1 | καρποὶ χρυσίον ἀργύριον. ἄκουσον οὖν περὶ τῶν ἑπτὰ | * οὐρανῶν. * | ὁ κατώτερος διὰ τοῦτο στυγνότερός ἐστιν ἐπειδὴ |
| TLevi | 3 | 9 | κύριος ἐφ' ἡμᾶς πάντες ἡμεῖς σαλευόμεθα καὶ οἱ | * οὐρανοὶ * | καὶ ἡ γῆ καὶ αἱ ἄβυσσοι ἀπὸ προσώπου τῆς |
| TLevi | 5 | 1 | ἀπολοῦνται. καὶ ἤνοιξέ μοι ὁ ἄγγελος τὰς πύλας τοῦ | * οὐρανοῦ * | καὶ εἶδον τὸν ναὸν τὸν ἅγιον καὶ ἐπὶ θρόνου |
| TLevi | 5 | 4 | υἱοὺς Ἐμμὼρ καθὼς γέγραπται ἐν ταῖς πλαξὶ τῶν | * οὐρανῶν. * | εἶπον δὲ αὐτῷ δέομαι κύριε εἰπέ μοι τὸ ὄνομά |
| TLevi | 13 | 5 | τέκνα μου ἐπὶ τῆς γῆς ἵνα εὕρητε ἐν τοῖς | * οὐρανοῖς * | καὶ σπείρετε ἐν ταῖς ψυχαῖς ὑμῶν ἀγαθὰ ἵνα |
| TLevi | 14 | 3 | χεῖρας αὐτῶν ἐπὶ τὸν σωτῆρα τοῦ κόσμου. καθαρὸς ὁ | * οὐρανὸς * | ὑπὲρ τὴν γῆν καὶ ὑμεῖς οἱ φωστῆρες τοῦ οὐρανοῦ |
| TLevi | 14 | 3 | ὁ οὐρανὸς ὑπὲρ τὴν γῆν καὶ ὑμεῖς οἱ φωστῆρες τοῦ | * οὐρανοῦ * | ὡς ὁ ἥλιος καὶ ἡ σελήνη. τί ποιήσουσι πάντα τὰ |
| TLevi | 18 | 2B013 | ὅτε ἔγνω ὅτι ἐγὼ ἱεράτευσα τῷ κυρίῳ δεσπότῃ τοῦ | * οὐρανοῦ * | ἤρξατο διδάσκειν με τὴν κρίσιν ἱερωσύνης καὶ |
| TLevi | 18 | 3 | γὰρ περὶ αὐτοῦ καὶ ἀνατελεῖ ἄστρον αὐτοῦ ἐν | * οὐρανῷ * | ὡς βασιλεὺς φωτίζων φῶς γνώσεως ὡς ἐν ἡλίῳ ἡμέρας |
| TLevi | 18 | 4 | ὁ ἥλιος ἐν τῇ γῇ καὶ ἐξαρεῖ πᾶν σκότος ἐκ τῆς ὑπ' | * οὐρανὸν * | καὶ ἔσται εἰρήνη ἐν πάσῃ τῇ γῇ. οἱ οὐρανοὶ |
| TLevi | 18 | 5 | τῆς ὑπ' οὐρανὸν καὶ ἔσται εἰρήνη ἐν πάσῃ τῇ γῇ. οἱ | * οὐρανοὶ * | ἀγαλλιάσονται ἐν ταῖς ἡμέραις αὐτοῦ καὶ ἡ γῆ |
| TLevi | 18 | 6 | δόξης τοῦ προσώπου κυρίου χαρήσονται ἐν αὐτῷ. οἱ | * οὐρανοὶ * | ἀνοιγήσονται καὶ ἐκ τοῦ ναοῦ τῆς δόξης ἥξει ἐπ' |
| TJud. | 21 | 3 | ἱερωσύνη. ἐμοὶ ἔδωκε τὰ ἐπὶ τῆς γῆς ἐκείνῳ τὰ ἐν | * οὐρανοῖς. * | ὡς ὑπερέχει οὐρανὸς τῆς γῆς οὕτως ὑπερέχει |
| TJud. | 21 | 4 | τὰ ἐπὶ τῆς γῆς ἐκείνῳ τὰ ἐν οὐρανοῖς. ὡς ὑπερέχει | * οὐρανὸς * | τῆς γῆς οὕτως ὑπερέχει θεοῦ ἱερατεία τῆς ἐπὶ γῆς |
| TJud. | 24 | 2 | εὑρηθήσεται ἐν αὐτῷ. καὶ ἀνοιγήσονται ἐπ' αὐτόν οἱ | * οὐρανοὶ * | ἐκχέαι πνεύματος εὐλογίαν πατρὸς ἁγίου καὶ αὐτὸς |

| | | | | | |
|---|---|---|---|---|---|
| TJud. | 25 | 2 | προσώπου ἐμὲ αἱ δυνάμεις τῆς δόξης τὸν Συμεὼν ὁ | * οὐρανὸς * | τὸν Ῥουβὴμ τὸν Ἰσαχὰρ ἡ γῆ ἡ θάλασσα τὸν |
| TIss. | 7 | 7 | καταδουλώσεσθε ἔχοντες μεθ᾽ ἑαυτῶν τὸν θεὸν τοῦ | * οὐρανοῦ * | συμπορευόμενον τοῖς ἀνθρώποις ἐν ἁπλότητι |
| TDan | 5 | 13 | ὁ πιστεύων ἐπ᾽ αὐτῷ βασιλεύσει ἐν ἀληθείᾳ ἐν τοῖς | * οὐρανοῖς. * | καὶ νῦν φοβήθητε τὸν κύριον τέκνα μου καὶ |
| TAser | 2 | 10 | ἀκάθαρτοί εἰσιν. καὶ γὰρ ὁ θεὸς ἐν ταῖς πλαξὶ τῶν | * οὐρανῶν * | οὕτως εἶπεν. ὑμεῖς οὖν τέκνα μου μὴ γίνεσθε κατ᾽ |
| TAser | 7 | 5 | μὴ ἀπειθεῖν αὐτῷ. ἀνέγνων γὰρ ἐν ταῖς πλαξὶ τῶν | * οὐρανῶν * | ὅτι ἀπειθοῦντες ἀπειθήσετε αὐτῷ καὶ ἀσεβοῦντες |
| TJos. | 12 | 3 | εὐλογήσει σε ὁ θεὸς τῶν Ἑβραίων ὅτι χάρις ἐκ τοῦ | * οὐρανοῦ * | ἐστιν ἐπ᾽ αὐτῷ. ὁ δὲ Πετεφρῆς πεισθεὶς τοῖς |
| TBen. | 3 | 1 | ὑμεῖς οὖν τέκνα μου ἀγαπήσατε κύριον τὸν θεὸν τοῦ | * οὐρανοῦ * | καὶ φυλάξατε ἐντολὰς αὐτοῦ μιμούμενοι τὸν ἀγαθὸν |
| TBen. | 3 | 8 | ὥρας κατεφίλει λέγων πληρωθήσεται ἐν σοὶ προφητεία | * οὐρανοῦ * | περὶ τοῦ ἀμνοῦ τοῦ θεοῦ καὶ σωτῆρος τοῦ κόσμου |
| TBen. | 9 | 5 | ἀνελθὼν ἐκ τοῦ ᾅδου ἔσται ἀναβαίνων ἀπὸ γῆς εἰς | * οὐρανόν. * | ἔγνων δὲ οἷος ἔσται ταπεινὸς ἐπὶ γῆς καὶ οἷος |
| TBen. | 9 | 5 | δὲ οἷος ἔσται ταπεινὸς ἐπὶ γῆς καὶ οἷος ἔνδοξος ἐν | * οὐρανῷ. * | ὅτε δὲ Ἰωσὴφ ἦν ἐν Αἰγύπτῳ ἐπεθύμουν ἰδεῖν τὴν |
| TBen. | 10 | 7 | ἐπὶ σκῆπτρον ἡμῶν προσκυνοῦντες τὸν βασιλέα τῶν | * οὐρανῶν * | τὸν ἐπὶ γῆς φανέντα μορφῇ ἀνθρώπου ταπεινώσεως |
| Asen. | 2 | 6 | αὐτὰς πάνυ. καὶ ἦσαν καλαὶ σφόδρα ὡς τὰ ἄστρα τοῦ | * οὐρανοῦ * | καὶ ἀνὴρ οὐχ ὡμίλει αὐταῖς οὐδὲ παιδίον ἄρρεν. |
| Asen. | 6 | 2 | ἐκ γῆς Χαναάν; καὶ νῦν ἰδοὺ ὁ ἥλιος ἐκ τοῦ | * οὐρανοῦ * | ἥκει πρὸς ἡμᾶς ἐν τῷ ἅρματι αὐτοῦ καὶ εἰσῆλθεν |
| Asen. | 11 | 9 | ἔστι μοι τόλμη ἐπικαλέσασθαι κύριον τὸν θεὸν τοῦ | * οὐρανοῦ * | τὸν ὕψιστον τὸν κραταιὸν τοῦ δυνατοῦ Ἰωσήφ |
| Asen. | 11 | 15 | αὐτῆς καὶ ἐξεπέτασε τὰς χεῖρας αὐτῆς εἰς τὸν | * οὐρανόν. * | καὶ ἐφοβήθη ἀνοῖξαι τὸ στόμα αὐτῆς καὶ ὀνομάσαι |
| Asen. | 11 | 19 | ἀνατολὰς καὶ ἀνέβλεψε τοῖς ὀφθαλμοῖς αὐτῆς εἰς τὸν | * οὐρανὸν * | καὶ ἤνοιξε τὸ στόμα αὐτῆς πρὸς τὸν θεὸν καὶ |
| Asen. | 12 | 2 | φαινόμενα ἐκ τῶν ἀφανῶν καὶ μὴ ὄντων ὁ ὑψώσας τὸν | * οὐρανὸν * | καὶ θεμελιώσας αὐτὸν ἐν στερεώματι ἐπὶ τὸν νῶτον |
| Asen. | 14 | 1 | τῷ κυρίῳ ἰδοὺ ὁ ἑωσφόρος ἀστὴρ ἀνέτειλεν ἐκ τοῦ | * οὐρανοῦ * | κατὰ ἀνατολάς. καὶ εἶδεν αὐτὸν Ἀσενὲθ καὶ ἐχάρη |
| Asen. | 14 | 2 | ἑώρα Ἀσενὲθ καὶ ἰδοὺ ἐγγὺς τοῦ ἑωσφόρου ἐσχίσθη ὁ | * οὐρανὸς * | καὶ ἐφάνη φῶς μέγα καὶ ἀνεκλάλητον. καὶ εἶδεν |
| Asen. | 14 | 3 | τὴν τέφραν. καὶ ἦλθε πρὸς αὐτὴν ἄνθρωπος ἐκ τοῦ | * οὐρανοῦ * | καὶ ἔστη ὑπὲρ κεφαλῆς Ἀσενέθ. καὶ ἐκάλεσεν |
| Asen. | 15 | 4 | ἐγράφη τὸ ὄνομά σου ἐν τῇ βίβλῳ τῶν ζώντων ἐν τῷ | * οὐρανῷ * | ἐν ἀρχῇ τῆς βίβλου πρῶτον πάντων ἐγράφη τὸ ὄνομά |
| Asen. | 15 | 7 | τῆς μετανοίας. διότι ἡ μετάνοιά ἐστιν ἐν τοῖς | * οὐρανοῖς * | θυγάτηρ ὑψίστου καλὴ καὶ ἀγαθὴ σφόδρα. καὶ αὐτη |
| Asen. | 15 | 7 | τοῖς μετανοοῦσι τόπον ἀναπαύσεως ἡτοίμασεν ἐν τοῖς | * οὐρανοῖς. * | καὶ ἀνακαινιεῖ πάντας τοὺς μετανοήσαντας καὶ |
| Asen. | 15 | 12B | ζητεῖς τὸ ὄνομά μου Ἀσενέθ; τὸ ἐμὸν ὄνομα ἐν τοῖς | * οὐρανοῖς * | ἐστὶν ἐν τῇ βίβλῳ τοῦ ὑψίστου γεγραμμένον τῷ |
| Asen. | 15 | 14 | καὶ καλὸν οὗ ἡ πνοὴ αὐτοῦ ἐλεύσεται ἕως τοῦ | * οὐρανοῦ * | καὶ πίεσαι ἐξ αὐτοῦ. καὶ μετὰ ταῦτα ἀπελεύσῃ τὴν |
| Asen. | 16 | 8 | μέλιτος. καὶ ἦν τὸ μέλι ἐκεῖνο ὡς δρόσος τοῦ | * οὐρανοῦ * | καὶ ἡ πνοὴ αὐτοῦ ὡς πνοὴ ζωῆς. καὶ ἐθαύμασεν |
| Asen. | 16 | 21 | αἱ μέλισσαι καὶ ἐπετάσθησαν καὶ ἀπῆλθον εἰς τὸν | * οὐρανόν. * | καὶ ὅσαι ἠβουλήθησαν ἀδικῆσαι τὴν Ἀσενὲθ |
| Asen. | 17 | 8 | Ἀσενὲθ ὡς ἅρμα τεσσάρων ἵππων πορευόμενον εἰς τὸν | * οὐρανὸν * | κατὰ ἀνατολάς. καὶ τὸ ἅρμα ἦν ὡς φλὸξ πυρὸς καὶ |
| Asen. | 17 | 9 | ὅτι ἄνθρωπος ἦλθεν εἰς τὸν θάλαμόν μου ἐκ τοῦ | * οὐρανοῦ * | καὶ οὐκ ᾔδειν ὅτι θεὸς ἦλθε πρός με. καὶ ἰδοὺ |
| Asen. | 17 | 9 | ἦλθε πρός με. καὶ ἰδοὺ νῦν πορεύεται πάλιν εἰς τὸν | * οὐρανὸν * | εἰς τὸν τόπον αὐτοῦ. καὶ εἶπεν ἐν ἑαυτῇ ἵλεως |
| Asen. | 18 | 11 | ἡ μεγάλη καὶ θαυμαστή; μήτιγε κύριος ὁ θεὸς τοῦ | * οὐρανοῦ * | ἐξελέξατό σε εἰς νύμφην τῷ υἱῷ αὐτοῦ τῷ |
| Asen. | 19 | 5 | καὶ ἀπώλοντο. καὶ ἄνθρωπος ἦλθε πρός με ἐκ τοῦ | * οὐρανοῦ * | σήμερον καὶ ἔδωκέ μοι ἄρτον ζωῆς καὶ ἔφαγον καὶ |
| Asen. | 21 | 15 | πολλὰ ἥμαρτον⟩ καὶ οὐκ ᾔδειν κύριον τὸν θεὸν τοῦ | * οὐρανοῦ * | οὐδὲ ἐπεποίθειν ἐπὶ τῷ θεῷ τῷ ὑψίστῳ τῆς ζωῆς. |
| Asen. | 22 | 13 | αὐτοῦ καὶ αὐτὸς ἑώρα γράμματα γεγραμμένα ἐν τῷ | * οὐρανῷ * | ⟨τῷ δακτύλῳ τοῦ θεοῦ⟩ καὶ ᾔδει τὰ ἄρρητα θεοῦ τοῦ |
| Asen. | 22 | 13 | αὐτῆς τεθεμελιωμένα ὑπὲρ πέτρας τοῦ ἑβδόμου | * οὐρανοῦ.⟩ * | καὶ ἐγένετο ἐν τῷ παριέναι τὸν Ἰωσὴφ καὶ τὴν |
| Asen. | 25 | 6 | αὐτοῦ βοήσει πρὸς τὸν ὕψιστον καὶ πέμψει πῦρ ἐξ | * οὐρανοῦ * | καὶ καταφάγεται ὑμᾶς καὶ οἱ ἄγγελοι τοῦ θεοῦ |
| Sal. | 2 | 9 | ὅτι πονηρὰ ἐποίησαν εἰς ἅπαξ τοῦ μὴ ἀκούειν. καὶ ὁ | * οὐρανὸς * | ἐβαρυθύμησεν καὶ ἡ γῆ ἐβδελύξατο αὐτοὺς ὅτι οὐκ |
| Sal. | 2 | 30 | ἐν ἰσχύι αὐτοῦ τῇ μεγάλῃ. αὐτὸς βασιλεὺς ἐπὶ τῶν | * οὐρανῶν * | καὶ κρίνων βασιλεῖς καὶ ἀρχὰς ὁ ἀνιστῶν ἐμὲ εἰς |
| Sal. | 2 | 32 | ὅτι μέγας βασιλεὺς καὶ δίκαιος κρίνων τὴν ὑπ᾽ | * οὐρανόν. * | εὐλογεῖτε τὸν θεόν οἱ φοβούμενοι τὸν κύριον ἐν |
| Sal. | 8 | 7 | ἀνελογισάμην τὰ κρίματα τοῦ θεοῦ ἀπὸ κτίσεως | * οὐρανοῦ * | καὶ γῆς ἐδικαίωσα τὸν θεὸν ἐν τοῖς κρίμασιν |
| Sal. | 14 | 4 | τὸν αἰῶνα οὐκ ἐκτιλήσονται πάσας τὰς ἡμέρας τοῦ | * οὐρανοῦ * | ὅτι ἡ μερὶς καὶ κληρονομία τοῦ θεοῦ ἐστιν |
| Sal. | 17 | 18 | ὁ σκορπισμὸς αὐτῶν ὑπὸ ἀνόμων ὅτι ἀνέσχεν ὁ | * οὐρανὸς * | τοῦ στάξαι ὑετὸν ἐπὶ τὴν γῆν. πηγαὶ συνεσχέθησαν |
| Jer. | 3 | 2 | ἐγένετο φωνὴ σαλπίγγων καὶ ἐξῆλθον ἄγγελοι ἐκ τοῦ | * οὐρανοῦ * | κατέχοντες λαμπάδας ἐν ταῖς χερσὶν αὐτῶν καὶ |
| Jer. | 3 | 13 | ταῦτα εἰπὼν ὁ κύριος ἀνέβη ἀπὸ Ἰερεμίου εἰς τὸν | * οὐρανόν. * | Ἰερεμίας δὲ καὶ Βαροὺχ εἰσῆλθον εἰς τὸ |
| Jer. | 5 | 24 | ὁ λαὸς εἰς Βαβυλῶνα. εἰ ἦσαν οἱ καταρράκται τοῦ | * οὐρανοῦ * | κατελθόντες ἐπ᾽ αὐτοὺς οὔπω ἐστὶ καιρὸς ἀπελθεῖν |
| Jer. | 5 | 32 | μεγάλῃ φωνῇ Ἀβιμέλεχ λέγων εὐλογήσω σε ὁ θεὸς τοῦ | * οὐρανοῦ * | καὶ τῆς γῆς ἡ ἀνάπαυσις τῶν ψυχῶν τῶν δικαίων ἐν |
| Jer. | 6 | 2 | Ἀβιμέλεχ. καὶ ἄρας τοὺς ὀφθαλμοὺς αὐτοῦ εἰς τὸν | * οὐρανὸν * | προσηύξατο λέγων σὺ ὁ θεὸς ὁ παρέχων |
| Jer. | 7 | 3 | ἐκλεκτὸς εἶ σὺ ὁ λαλῶν ἐκ πάντων τῶν πετεινῶν τοῦ | * οὐρανοῦ * | ἐκ τῆς γὰρ αὐγῆς τῶν ὀφθαλμῶν σου δῆλόν ἐστι |
| Jer. | 7 | 12 | τοῦ θεοῦ. ἐὰν κυκλώσωσί σε πάντα τὰ πετεινὰ τοῦ | * οὐρανοῦ * | καὶ βούλωνται πολεμῆσαι μετὰ σοῦ ἀγώνισαι ὁ |
| Bar. | 2 | 1 | τοῦ θεοῦ. καὶ λαβών με ἤγαγέν με ὅπου ἐστήρικται ὁ | * οὐρανὸς * | καὶ ὅπου ἦν ποταμὸς ὃν οὐδεὶς δύναται περᾶσαι |
| Bar. | 2 | 2 | ὁ θεός. καὶ λαβών με ἤγαγέν με ἐπὶ τὸν πρῶτον | * οὐρανὸν * | καὶ ἔδειξέ μοι θύραν παμμεγέθη. καὶ εἶπέν μοι |
| Bar. | 2 | 3 | ὁδοῦ ἡμερῶν τριάκοντα. καὶ ὑπέδειξέν μοι ἔνδον τοῦ | * οὐρανοῦ * | πεδίον. καὶ ἦσαν ἄνθρωποι κατοικοῦντες ἐν αὐτῷ |
| Bar. | 2 | 4 | ἀνάγγειλόν μοι δέομαί σου τί ἐστιν τὸ πάχος τοῦ | * οὐρανοῦ * | ἐν ᾧ ὡδεύσαμεν ἢ τί τὸ διάστημα αὐτοῦ ἢ τί τὸ |
| Bar. | 2 | 5 | ὄνομα αὐτοῦ Φαμαῆλ ἡ θύρα αὕτη ἣν ὁρᾷς ἐστίν τοῦ | * οὐρανοῦ * | καὶ ὅσον διαφέρει ἀπὸ τῆς γῆς ἕως τοῦ οὐρανοῦ |
| Bar. | 2 | 5 | τοῦ οὐρανοῦ καὶ ὅσον διαφέρει ἀπὸ τῆς γῆς ἕως τοῦ | * οὐρανοῦ * | τοσοῦτόν ἐστιν καὶ τὸ πάχος αὐτοῦ καὶ ὅσον πάλιν |
| Bar. | 3 | 1 | λαβών με ὁ ἄγγελος κυρίου ἤγαγέν με εἰς δεύτερον | * οὐρανόν. * | καὶ ὑπέδειξέν μοι (ἐν) κἀκεῖ θύραν ὁμοίαν τῆς |
| Bar. | 3 | 7 | τρεῖς. καὶ λαβόντες τρύπανον ἔσπευδον τρυπῆσαι τὸν | * οὐρανὸν * | λέγοντες ἴδωμεν ὀστράκινός ἐστιν ὁ οὐρανὸς ἢ |
| Bar. | 3 | 7 | τὸν οὐρανὸν λέγοντες ἴδωμεν ὀστράκινός ἐστιν ὁ | * οὐρανὸς * | ἢ χαλκοῦς ἢ σιδηροῦς. ταῦτα ἰδὼν ὁ θεὸς οὐ |
| Bar. | 6 | 8 | ἀνέγνων. καὶ ἔλεγον οὕτως οὔτε γῆ με τίκτει οὔτε | * οὐρανὸς * | ἀλλὰ τίκτουσί με πτέρυγες πυρός. καὶ εἶπον κύριε |
| Bar. | 6 | 11 | αὐτοῦ. καὶ τί ἐσθίει; καὶ εἶπέν μοι τὸ μάννα τοῦ | * οὐρανοῦ * | καὶ τὴν δρόσον τῆς γῆς. καὶ εἶπον ἀφοδεύει τὸ |
| Bar. | 6 | 13 | οἱ ἄγγελοι τὰς τριακοσίας ἑξήκοντα πέντε πύλας τοῦ | * οὐρανοῦ * | καὶ διαχωρίζεται τὸ φῶς ἀπὸ τοῦ σκότους. καὶ |
| Bar. | 7 | 2 | πάντα ὅσα ἔδειξά σοι ἐν τῷ πρώτῳ καὶ δευτέρῳ | * οὐρανῷ * | εἰσίν καὶ ἐν τῷ τρίτῳ οὐρανῷ διέρχεται ὁ ἥλιος |
| Bar. | 7 | 2 | τῷ πρώτῳ καὶ δευτέρῳ οὐρανῷ εἰσίν καὶ ἐν τῷ τρίτῳ | * οὐρανῷ * | διέρχεται ὁ ἥλιος καὶ διδοῖ τῷ κόσμῳ τὸ φέγγος. |
| Bar. | 8 | 4 | τέσσαρες ἄγγελοι τοῦτον καὶ ἀναφέρουσιν εἰς τὸν | * οὐρανὸν * | καὶ ἀνακαινίζουσιν αὐτὸν διὰ τὸ μεμολύνθαι αὐτὸν |
| Bar. | 10 | 1 | παρὰ τοῦ ἀρχαγγέλου λαβὼν ἤγαγέν με εἰς τρίτον | * οὐρανόν. * | καὶ εἶδον πεδίον ἁπλοῦν καὶ ἐν μέσῳ αὐτοῦ |
| Bar. | 10 | 10 | λοιποῦ ὅτι ἐκ τούτου ἐστὶν ὃ λέγεται δρόσος τοῦ | * οὐρανοῦ. * | καὶ ἀπὸ τούτου λαβών με ὁ ἄγγελος ἤγαγέν με εἰς |
| Bar. | 11 | 1 | τούτου λαβών με ὁ ἄγγελος ἤγαγέν με εἰς πέμπτον | * οὐρανόν. * | καὶ ἦν ἡ πύλη κεκλεισμένη. καὶ εἶπον κύριε οὐκ |
| Bar. | 11 | 2 | ἕως ἔλθῃ Μιχαὴλ ὁ κλειδοῦχος τῆς βασιλείας τῶν | * οὐρανῶν. * | ἀλλ᾽ ἀνάμεινον καὶ ὄψει τὴν δόξαν τοῦ θεοῦ. καὶ |
| Bar. | 11 | 8 | φιάλην μεγάλην σφόδρα τὸ βάθος αὐτῆς ὅσον ἀπὸ | * οὐρανοῦ * | ἕως τῆς γῆς καὶ τὸ πλάτος ὅσον ἀπὸ βορρᾶ ἕως |
| Prop. | 2 | 10 | εἶπε τοῖς παρεστῶσιν ἀπεδήμησε κύριος ἐκ Σιὼν εἰς | * οὐρανὸν * | καὶ πάλιν ἐλεύσεται ἐν δυνάμει. καὶ σημεῖον ὑμῖν |
| Prop. | 21 | 10 | Ἰσραὴλ ἐπεκαλέσατο τὸν κύριον καὶ πῦρ ἀπ᾽ | * οὐρανοῦ * | κατέβη κἀκείνους ἀνήλωσε τὸ πῦρ ἐκ προστάγματος |
| Esdr. | 1 | 7 | ἢ εἰσελθεῖν ἐν τῷ κόσμῳ. ἀνελήφθην οὖν εἰς τὸν | * οὐρανὸν * | καὶ ἴδον ἐν τῷ πρώτῳ οὐρανῷ στρατηγίαν ἀγγέλων |
| Esdr. | 1 | 7 | ἀνελήφθην οὖν εἰς τὸν οὐρανὸν καὶ ἴδον ἐν τῷ πρώτῳ | * οὐρανῷ * | στρατηγίαν ἀγγέλων μεγάλην καὶ ἀπήγαγόν με εἰς |
| Esdr. | 1 | 14 | οὕτως καὶ ὁ δίκαιος ἀπέλαβεν τὸν μισθὸν αὐτοῦ ἐν | * οὐρανοῖς. * | ἀλλὰ τοὺς ἁμαρτωλοὺς ἐλέησον οἴδαμεν γὰρ ὅτι |
| Esdr. | 3 | 2 | καὶ πῶς δύναμαι ἀριθμῆσαι τοὺς ἀστέρας τοῦ | * οὐρανοῦ * | καὶ τὴν ἄμμον τῆς θαλάσσης; καὶ εἶπεν ὁ θεὸς |
| Esdr. | 3 | 10 | πληθύνων πληθυνῶ τὸ σπέρμα σου ὡς τὰ ἄστρα τοῦ | * οὐρανοῦ * | καὶ ὡς τὴν ἄμμον τὴν παρὰ τὸ χεῖλος τῆς θαλάσσης |
| Esdr. | 4 | 32 | εἰς τὸ μέτωπον αὐτοῦ γραφὴ ἀντίχριστος. ἕως τοῦ | * οὐρανοῦ * | ὑψώθη ἕως τοῦ ᾅδου καταβήσει. ποτὲ μὲν γενήσεται |
| Esdr. | 4 | 38 | κρυβήσεται εἰς τὸ σκότος τὸ ἐξώτερον. τότε ὁ | * οὐρανὸς * | καὶ ἡ γῆ καὶ ἡ θάλασσα ἀπολοῦνται. τότε τὸν |
| Esdr. | 4 | 39 | καὶ ἡ γῆ καὶ ἡ θάλασσα ἀπολοῦνται. τότε τὸν | * οὐρανὸν * | καύσω πήχας ὀγδοήκοντα καὶ τὴν γῆν πήχας |
| Esdr. | 4 | 40 | γῆν πήχας ὀκτακοσίας. καὶ εἶπεν ὁ προφήτης καὶ ὁ | * οὐρανός * | τί ἥμαρτεν; καὶ εἶπεν ὁ θεὸς ἐπειδή--- ἐστίν τὸ |
| Esdr. | 5 | 7 | καὶ ἥρπασέν με καὶ ἀπήνεγκέν με πάλιν εἰς τοὺς | * οὐρανούς. * | καὶ ἴδον ἐκεῖ πολλὰς κρίσεις καὶ ἔκλαυσα |
| Esdr. | 7 | 3 | τὸ γὰρ ἐξ ἐμοῦ ἧγουν ἡ ψυχὴ ἀπέρχεται εἰς τὸν | * οὐρανὸν * | τὸ δὲ ἐκ τῆς γῆς ἧγουν τὸ σῶμα ἀπέρχεται εἰς τὴν |
| Esdr. | 7 | 5 | ὁ αἰώνιος ὁ πάσης τῆς κτίσεως δημιουργὸς ὁ τὸν | * οὐρανὸν * | μετρήσας σπιθαμὴν καὶ τὴν γῆν κατέχων δρακὶ ὁ |
| Esdr. | 7 | 6 | ὁ ἡνιοχῶν τὰ Χερουβὶμ ὁ ἅρματι πυρίνῳ εἰς τοὺς | * οὐρανοὺς * | ἄρας τὸν προφήτην Ἠλίαν ὁ διδοὺς τροφὴν πάσῃ |
| Sedr. | 2 | 2 | ἐγὼ ἀπεστάλην πρός σε ἵνα ἀναβάσω σε ὧδε εἰς τὸν | * οὐρανόν. * | ὁ δὲ εἶπεν ἤθελον λαλῆσαι στόμα ὑπὸ στόματος |
| Sedr. | 2 | 3 | θεοῦ οὐκ εἰμὶ ἱκανὸς κύριε τοῦ ἀνελθεῖν εἰς τοὺς | * οὐρανούς. * | καὶ ἐκτείνας ταῖς πτέρυξιν αὐτοῦ ὁ ἄγγελος |
| Sedr. | 2 | 4 | αὐτοῦ ὁ ἄγγελος ἔλαβεν αὐτὸν καὶ ἀνῆλθεν εἰς τοὺς | * οὐρανοὺς * | καὶ ἔστησεν αὐτὸν ἕως τρίτου οὐρανοῦ καὶ ἔστη |
| Sedr. | 2 | 4 | εἰς τοὺς οὐρανοὺς καὶ ἔστησεν αὐτὸν ἕως τρίτου | * οὐρανοῦ * | καὶ ἔστη ἐν αὐτῷ ἡ φλὸξ τῆς θεότητος. καὶ λέγει |
| Sedr. | 6 | 2 | αὐτὸν ἐποίησα αὐτὸν φρόνιμον καὶ κληρονόμον | * οὐρανοῦ * | καὶ γῆς καὶ πάντα αὐτῷ ὑπέταξα καὶ πᾶν ζῷον |
| Sedr. | 8 | 8 | τρίχας ἔχουσιν; εἰπέ μοι Σεδρὰχ ἀφ᾽ οὗ ἐκτίσθη ὁ | * οὐρανὸς * | καὶ ἡ γῆ πόσα δένδρα ἐγένοντο εἰς τὸν κόσμον καὶ |
| Sedr. | 11 | 1 | ὦ κεφαλὴ παράδοξε οὐρανοκόσμητε ὦ ἡλιοφώτιστε | * οὐρανοῦ * | καὶ γῆς γνωσταὶ αἱ τρίχες σου ἀπὸ Θαιμὰν οἱ |
| Job | 2 | 4 | ἑαυτῷ λέγων ἆρα οὗτός ἐστιν ὁ θεὸς ὁ ποιήσας τὸν | * οὐρανὸν * | καὶ τὴν γῆν καὶ τὴν θάλασσαν καὶ ἡμᾶς αὐτούς; |
| Job | 36 | 3 | συνέστηκεν ἡ καρδία μου διότι οὐχ ὑπάρχει ἐν | * οὐρανῷ * | ταραχή. ὑπολαβὼν δὲ Βαλδαδ λέγει ὅτι μὲν |
| Job | 36 | 5 | δὲ εἰρηνεύει, ἔσθ᾽ ὅτε καὶ πολεμεῖται περὶ δὲ τοῦ | * οὐρανοῦ * | ἀκούομεν ὅτι εὐσταθεῖ. ἀλλ᾽ εἰ ἀληθῶς ἐν τούτῳ |
| Job | 39 | 12 | γὰρ εὑρήσετε τὰ παιδία μου ἐπειδὴ ἀνελήφθησαν εἰς | * οὐρανοὺς * | ὑπὸ τοῦ δημιουργοῦ αὐτῶν τοῦ βασιλέως. τότε |
| Job | 39 | 13 | μαίνει, εἶπας ὅτι ἀνελήφθη τὰ τέκνα μου εἰς τὸν | * οὐρανόν; * | διὸ ἔκφανον ἡμῖν τὸ ἀληθές. ἐγὼ δὲ ὑπολαβὼν |
| Job | 41 | 4 | λελάληκεν λέγων ἔχειν τὸν ἑαυτοῦ θρόνον ἐν | * οὐρανοῖς. * | τοίνυν ἐμοῦ ἀκούσατε καὶ γνωρίσω ὑμῖν τὴν |
| Job | 46 | 8 | αὐτῶν, ἐπεὶ μὴ εἶναι αὐτὰς ἐκ τῆς γῆς, ἀλλ᾽ ἐκ τοῦ | * οὐρανοῦ * | εἰσιν, ἐξαστράπτουσαι σπινθῆρας πυρός, ὡς |
| Job | 47 | 3 | ὑμᾶς εἰς τὸν μείζονα αἰῶνα, ζῆσαι ἐν τοῖς | * οὐρανοῖς * | ἀγνοεῖτε οὖν ὑμεῖς, τέκνα, τὴν τιμὴν τῶν |
| Job | 49 | 3 | ποίημα. διότι εἴ τις βούλεται γνῶναι τὸ ποίημα τῶν | * οὐρανῶν, * | δυνήσεται εὑρεῖν ἐν τοῖς ὕμνοις Κασίας. καὶ |
| Job | 53 | 9 | κατὰ τὰς θυγατέρας Ιωβ βελτίους αὐτῶν ἐν τοῖς ὑπ᾽ | * οὐνόν. * | προυπῆρχε ὄνομα τῷ Ιωβ Ιωβαβ, μετονομάσθη δὲ παρὰ |
| Sib. | 3 | 20 | θεοῦ κόσμον κρατέοντος; ὃς λόγῳ ἔκτισε πάντα καὶ | * οὐρανὸν * | ἠδὲ θάλασσαν ἠέλιόν τ᾽ ἀκάμαντα σελήνην τε |
| Sib. | 3 | 35 | λίθων κρίσιν ἐκλαθέοντες ἀθανάτου σωτῆρος ὃς | * οὐρανὸν * | ἔκτισε καὶ γῆν. αἶ γένος αἱμοχαρὲς δόλιον κακὸν |

| | |
|---|---|
| Sib. 3 82 | πρόπαντα χηρεύσει κόσμου ὁπόταν θεὸς αἰθέρι ναίων * οὐρανὸν * εἰλίξῃ καθ' ἅπερ βιβλίον εἰλεῖται καὶ πέσεται |
| Sib. 3 100 | ὁμόφωνοι δ' ἦσαν ἅπαντες καὶ βούλοντ' ἀναβῆν' εἰς * οὐρανὸν * ἀστερόεντα αὐτίκα δ' ἀθάνατος μεγάλην ἐπέθηκεν |
| Sib. 3 111 | καὶ Τιτὰν Ἰαπετός τε Γαίης τέκνα φέριστα καὶ * Οὐρανοῦ * οὓς ἐκάλεσσαν ἄνθρωποι γαῖάν τε καὶ οὐρανὸν |
| Sib. 3 112 | καὶ Οὐρανοῦ οὓς ἐκάλεσσαν ἄνθρωποι γαῖάν τε καὶ * οὐρανὸν * οὔνομα θέντες οὕνεκά τοι πρώτιστοι ἔσαν μερόπων |
| Sib. 3 361 | ἀπ' οὐρανόθεν ποτὶ γαῖαν ῥίψει ἐκ δὲ γαίης πάλιν * οὐρανὸν * εἰς ἀνεγείρει ὅττι βροτοὶ φαύλου ζωῆς ἀδίκου τ' |
| Sib. 3 373 | +κενεήφατος ὅσσον ἄγραυλος+ εὐνομίη γὰρ πᾶσα ἀπ' * οὐρανοῦ * ἀστερόεντος ἥξει ἐπ' ἀνθρώπους ἠδ' εὐδικίη μετὰ |
| Sib. 3 539 | καὶ λοιμὸς ἐπέσται χάλκειόν τε μέγαν τεύξει θεὸς * οὐρανὸν * ὑψοῦ ἀβροχίην τ' ἐπὶ γαῖαν ὅλην αὐτὴν δὲ |
| Sib. 3 543 | καὶ πῦρ ἐπὶ γαίης κατθήσει +πολὺν ἱστὸν+ ὅς * οὐρανὸν * ἔκτισε καὶ γῆν πάντων δ' ἀνθρώπων τὸ τρίτον |
| Sib. 3 559 | δ' ἀνθρώπων ψυχαὶ μεγάλα στενάχουσαι ἄντα πρὸς * οὐρανὸν * εὐρὺν ἀνασχόμεναι χέρας αὐτῶν ἄρξονται βασιλῆα |
| Sib. 3 591 | τε βροτοὶ κενεόφρονι βουλῇ ἀλλὰ γὰρ ἀείρουσι πρὸς * οὐρανὸν * ὠλένας ἁγνὰς ὄρθριοι ἐξ εὐνῆς αἰεὶ χρόα |
| Sib. 3 713 | ἐκείνους. πάντα γὰρ αὐτοῖσιν συναγωνιᾷ ἠδὲ βοηθεῖ * οὐρανὸς * ἠέλιός τε θεήλατος ἠδὲ σελήνη. γαῖα δὲ |
| Sib. 3 758 | τε νόμον κατὰ γαῖαν ἅπασαν ἀνθρώποις τελέσειεν ἐν * οὐρανῷ * ἀστερόεντι ἀθάνατος ὅσα πέπρακται δειλοῖσι |
| Sib. 3 786 | καὶ ἀγάλλεο σοὶ γὰρ ἔδωκεν εὐφροσύνην αἰῶνος ὅς * οὐρανὸν * ἔκτισε καὶ γῆν. ἐν σοὶ δ' οἰκήσει σοὶ δ' ἔσσεται |
| Sib. 3 798 | τὸ τέλος γαίηφι γένηται. ὁππότε κεν ῥομφαῖαι ἐν * οὐρανῷ * ἀστερόεντι ἐννύχιαι ὀφθῶσι πρὸς ἕσπερον ἠδὲ πρὸς |
| Sib. 3 802 | καὶ οἱ+ σέλας ἠελίοιο ἐκλείψει κατὰ μέσσον ἀπ' * οὐρανοῦ * ἠδὲ σελήνης ἀκτῖνες προφανοῦσι καὶ ἄψ ἐπὶ γαῖαν |
| Sib. 3 807 | ὁμίχλησιν ὁμοίην. τοῦτο τέλος πολέμοιο τελεῖ θεὸς * οὐρανὸν * οἰκῶν. ἀλλὰ χρὴ πάντας θύειν μεγάλῳ βασιλῆι. |
| Sib. 4 131 | ἀπὸ ῥωγάδος Ἰταλίδος γῆς πυρσὸς ἀποστραφθεὶς εἰς * οὐρανὸν * εὐρὺν ἵκηται πολλὰς δὲ φλέξῃ πόλιας καὶ ἄνδρας |
| Sib. 4 134 | τέφρη μέγαν αἰθέρα πλήσῃ καὶ ψεκάδες πίπτωσιν ἀπ' * οὐρανοῦ * οἷά τε μίλτος γινώσκειν τότε μῆνιν ἐπουρανίοιο |
| Sib. 5 72 | θέμις ἔσται ἐν μακάρεσσιν ἐξ ἄστρων πέπτωκας ἐς * οὐρανὸν * οὐκ ἀναβήσῃ. ταῦτα μὲν Αἰγύπτῳ θεὸς ἔννεπεν |
| Sib. 5 208 | Ἄξονος Αἰγοκεράστης Ταῦρός τ' ἐν Διδύμοις μέσον * οὐρανὸν * ἀμφιελίξῃ Παρθένος ἐξαναβᾶσα καὶ Ἥλιος ἀμφὶ |
| Sib. 5 344 | θαλερῇ ὁλοὸν δάκος ἐξαπολέσθαι. ἔσται δ' +αἰθέρος+ * οὐρανὸς * εὐρὺς ὕπερθεν βροντηδὸν κελάδημα θεοῦ φωνῆν |
| Sib. 5 480 | κακότητας ἀνάγνους. ἔσται δὲ σκοτόμαινα περὶ μέγαν * οὐρανὸν * αὐτὸν ἀχλὺς δ' οὐκ ὀλίγη κόσμου πτύχας |
| Sib. 5 528 | δ' ἐπύρωσε μένος κρατεροῖο Φαεινοῦ ὦρτο μὲν * Οὐρανὸς * αὐτὸς ἕως ἐτίναξε μαχητὰς θυμωθεὶς δ' ἔρριψε |
| FJos. 23 15 | τὸν θεόν μου; ἀνέγνων γὰρ ἐν ταῖς πλαξὶ τοῦ * οὐρανοῦ * ὅσα συμβήσεται ὑμῖν καὶ τοῖς υἱοῖς ὑμῶν. |
| FMos. 1 153 1 | καὶ ὁ κόσμος ἐγένετο. ἔσχεν δὲ καὶ τρίτον ὄνομα ἐν * οὐρανῷ * μετὰ τὴν ἀνάληψιν Μελχί. λόγῳ μόνῳ ἀνελεῖν τὸν |
| FJub. 2 2 | τῇ μὲν γὰρ πρώτῃ ἡμέρᾳ ἐποίησε τοὺς ἀνωτέρους * οὐρανοὺς * τὴν γῆν τὰ ὕδατα ἐξ ὧν ἐστι χιὼν καὶ κρύσταλλος |
| FJub. 2 2 | πάντων τῶν πνευμάτων τῶν κτισμάτων αὐτοῦ τῶν ἐν * οὐρανοῖς * καὶ ἐν τῇ γῇ τὰς ἀβύσσους τήν τε ὑποκάτω τῆς |
| FJub. 2 16 | ὁ θεὸς πάντα ἐν τῇ ἕκτῃ ἡμέρᾳ ὅσα ἐν τοῖς * οὐρανοῖς * καὶ ἐν τῇ γῇ ἐν ταῖς θαλάσσαις καὶ ἐν ταῖς |
| FJub. 11 8 | ἐδίδαξεν ὁ πατὴρ πάντων ἐπίλυσιν οἰωνῶν τῶν τε ἐν * οὐρανῷ * σημείων διακρίσεις καὶ τῶν ἐπὶ γῆς ἁπάντων καὶ |
| FIsa. 1 2 | καὶ ἐξέλευσιν τοῦ ἀγαπητοῦ ἐκ τοῦ ἑβδόμου * οὐρανοῦ * εἰς τὸν ᾅδην καὶ τὴν μεταμόρφωσιν ἣν μετεμορφώθη |
| FIsa. 1 2 9 | αὐτοῦ καὶ πολλοὶ τῶν πιστῶν τῶν πιστευόντων εἰς * οὐρανοὺς * ἀναβῆναι ἀνεχώρησαν καὶ ἐκάθισαν εἰς τὸ ὄρος |
| FMan. 2 22 12 | καὶ τοῦ σπέρματος αὐτῶν τοῦ δικαίου ὁ ποιήσας τὸν * οὐρανὸν * καὶ τὴν γῆν σὺν παντὶ τῷ κόσμῳ αὐτῶν ὁ πεδήσας |
| FMan. 2 22 13 | οὐκέτι εἰμὶ ἄξιος ἀτενίσαι καὶ ἰδεῖν τὸ ὕψος τοῦ * οὐρανοῦ * ἀπὸ πλήθους τῶν ἀδικιῶν μου κατακαμπτόμενος |
| FMan. 2 22 14 | τῆς ζωῆς μου ὅτι σέ ὑμνεῖ πᾶσα ἡ δύναμις τῶν * οὐρανῶν * καὶ σοῦ ἐστιν ἡ δόξα εἰς τοὺς αἰῶνας ἀμήν. καὶ |
| FEz. 1 8 3 | μου ἐὰν ὦσιν αἱ ἁμαρτίαι ὑμῶν ἀπὸ τῆς γῆς ἕως τοῦ * οὐρανοῦ * καὶ ἐὰν ὦσιν πυρρότεραι κόκκου καὶ μελανώτεραι |
| FSop. 5 77 2 | καὶ ἀνέλαβέν με πνεῦμα καὶ ἀνήνεγκέν με εἰς * οὐρανὸν * πέμπτον καὶ ἐθεώρουν ἀγγέλους καλουμένους |
| FAch. 105 | χαίρειν. θέλω οἰκοδομῆσαι πύργον μήτε γῆς μήτε * οὐρανοῦ * ἁπτόμενον ὑψηλόν. ἀπόστειλόν μοι τοὺς |
| FAch. 106 | εἶπον οὐκ οἴδαμεν πῶς πύργος οἰκοδομεῖται μήτε * οὐρανοῦ * μήτε γῆς ἁπτόμενος. ἕτερος δέ τις δειλὸς λέγει |
| ISop. 5 113 2 | εἷς ταῖς ἀληθείαισιν εἷς ἐστι<ν> θεὸς ὅς * οὐρανόν * τε ἔτευξε καὶ γαῖαν μακρὴν πόντου τε χαροπὸν |
| IOrp. 33 | δὲ πυρὸς σέλας ἰφιγενήτου. οὗτος γὰρ χάλκειον ἐς * οὐρανὸν * ἐστήρικται χρυσέῳ εἰνὶ θρόνῳ γαίῃ δ' ὑπὸ ποσσὶ |
| IOrp. 49 | (εἷς θεὸς ἐν πάντεσσι. τί σοι δίχα ταῦτ' ἀγορεύω;) * (οὐρανὸν * ὁρκίζω σε θεοῦ μεγάλου σοφὸν ἔργον) (αὐδὴν |
| IHom. 5 107 4 | καὶ οἱ τετύκοντο ἅπαντα. ἑπτὰ δὲ πάντα τέτυκτο ἐν * οὐρανῷ * ἀστερόεντι ἐν κύκλοισι φανέντα ἐπιτελλομένοις |
| HEup. 9 31 1 | ἐπιτεταχότος μοι οἰκοδομῆσαι ἱερὸν τῷ θεῷ ὅς τὸν * οὐρανὸν * καὶ τὴν γῆν ἔκτισεν ἅμα δέ σοι γράψαι ἀποστεῖλαι |
| HEup. 9 33 1 | ἐπιτεταχότος μοι οἰκοδομῆσαι ἱερὸν τῷ θεῷ ὅς τὸν * οὐρανὸν * καὶ τὴν γῆν ἔκτισεν ἅμα δὲ καὶ σοί γράψαι |
| HEup. 9 34 1 | βασιλεῖ μεγάλῳ χαίρειν. εὐλογητὸς ὁ θεὸς ὅς τὸν * οὐρανὸν * καὶ τὴν γῆν ἔκτισεν ὅς εἵλετο ἄνθρωπον χρηστὸν |
| HEup. 9 34 2 | τῆς Δαβίδ. ὑπὲρ ὧν ἂν αὐτὸν ἐρωτήσῃς τῶν ὑπὸ τὸν * οὐρανὸν * πάντων κατ' ἀρχιτεκτονίαν ὑφηγήσεταί σοι καὶ |
| HAri. 9 25 3 | λῃστῶν ἀπολέσθαι εἶτα τὰ πρόβατα ὑπὸ πυρὸς ἐκ τοῦ * οὐρανοῦ * πεσόντος κατακαῆναι σὺν τοῖς ποιμέσι μετ' οὐ |
| HCal. 24 38 | ὁ δέ φησιν θεὸν ἡμεῖς ἕνα δουλεύομεν ὅς ἐποίησεν * οὐρανὸν * καὶ γῆν καὶ πάντα τὰ ὁράμενά τε καὶ ἀόρατα. |
| LEze. 9 29 5 02 | κατ' ἄκρα Σιναίου θρόνον μέγαν τιν' εἶναι μέχρις * οὐρανοῦ * πτυχὸς ἐν τῷ καθῆσθαι φῶτα γενναῖόν τινα διάδημ' |
| LEze. 9 29 5 11 | γῆν ἅπασαν ἔγκυκλον καὶ ἔνερθε γαίας καὶ ἐξύπερθεν * οὐρανοῦ * καὶ μοί τι πλῆθος ἀστέρων πρὸς γούνατα ἔπιπτ' |
| LEze. 9 29 6 06 | γῆν ὅλην τ' οἰκουμένην καὶ τὰ ὑπένερθε καὶ ὑπὲρ * οὐρανὸν * θεοῦ ὄψει τά τ' ὄντα τά τε προτοῦ τά θ' ὕστερον. |
| LEze. 9 29 12 10 | θανοῦνται δ' οἷς ἔνεστι καρδία σκληρά. πικράνω δ' * οὐρανὸν * χάλαζα νῦν σὺν πυρὶ πεσεῖται καὶ νεκροὺς θήσει |
| LEze. 9 29 14 42 | τροχοὶ οὐκ ἐστρέφοντο δέσμιοι δ' ὡς ἥρμοσαν. ἀπ' * οὐρανοῦ * δὲ φέγγος ὡς πυρὸς μέγα ὤφθη τι ἡμῖν ὡς μὲν |
| LAri. 8 10 10 | ταῦτα. λέγω δὲ τὸ τοιοῦτον ὡς οὐδέποτε γέγονεν * οὐρανὸς * γῆ γῆ δ' οὐρανὸς οὐδ' ἥλιος σελήνη λάμπουσα οὐδὲ |
| LAri. 8 10 10 | τὸ τοιοῦτον ὡς οὐδέποτε γέγονεν οὐρανὸς γῆ γῆ δ' * οὐρανὸς * οὐδ' ἥλιος σελήνη λάμπουσα οὐδὲ σελήνη πάλιν |
| LAri. 13 12 11 | τῶν ἡμετέρων προγόνων τις εἶπε Σολομῶν αὐτὴν πρὸ * οὐρανοῦ * καὶ γῆς ὑπάρχειν τὸ δὴ σύμφωνόν ἐστι τῷ |
| LAri. 13 12 12 | σημαίνει γὰρ ὡς ἐν ἓξ ἡμέραις ἐποίησε τόν τε * οὐρανὸν * καὶ τὴν γῆν καὶ πάντα τὰ ἐν αὐτοῖς ἵνα τοὺς |
| LAri. 13 12 16 | ἑβδόμη ἐστὶ τελείη καὶ ἑπτὰ δὲ πάντα τέτυκται ἐν * οὐρανῷ * ἀστερόεντι ἐν κύκλοισι φανέντ' ἐπιτελλομένοις |
| FrAn. 17 2069 6 | – >υπνω ειδον τον< – – >και εθεωρουν< – – >εκ του * ουρανου< * – – >ων των μεγαλω<ν – – >το μετα< – – >ετερος< |
| FrAn. 17 2069 13 | – – >ηρξατο πας α< – >αναβλεψας< – – ε<ι>ς τον * ουρανον< * – – ο>ραματι καὶ< – >εκ του ουρανου< – – την |
| FrAn. 17 2069 15 | – – ε<ι>ς τον ουρανον< – – ο>ραματι καὶ< – >εκ του * ουρανου< * – – την νομην< – – >και ηρξαν<το – – >της |
| FrAn. 17 2069 31 | και εν τ< – >ολου του< – – >ημερα τ<– – ε>βδομον * ου<ρανον * – – >ερυθραν θ<αλασσαν – – >εις την μ< >τα πολυ |
| FrAn. 574 3060 | γιγάντων τοῖς πρηστῆρσι καταφλέξαντα ὃν ὑμνεῖ ὁ * οὐρανὸς * τῶν οὐρανῶν ὃν ὑμνοῦσι τὰ πτερυγώματα τοῦ |
| FrAn. 574 3060 | τοῖς πρηστῆρσι καταφλέξαντα ὃν ὑμνεῖ ὁ οὐρανὸς τῶν * οὐρανῶν * ὃν ὑμνοῦσι τὰ πτερυγώματα τοῦ χερουβίμ. ὁρκίζω |
| Οὐρία | 1 |
| HAno. 9 17 3 | τῆς Βαβυλωνίας Καμαρίνη ἥν τινας λέγειν πόλιν * Οὐρίην * εἶναι δὲ μεθερμηνευομένην Χαλδαίων πόλιν <ἥ> ἐν |
| Οὐριήλ | 11 |
| Adam 40 2 | καὶ εἶπεν ὁ θεὸς τῷ Μιχαὴλ καὶ τῷ Γαβριὴλ καὶ τῷ * Οὐριὴλ * στρώσατε σινδόνας καὶ σκεπάσατε τὸ σῶμα τοῦ Ἀδὰμ |
| Hen. 9 1 | ἐπὶ τῆς γῆς. τότε παρ<α>κύψαντες Μιχαὴλ καὶ * Οὐ<ρι>ὴλ * καὶ Ῥαφαὴλ καὶ Γαβριή<λ> οὗτοι ἐκ τοῦ οὐρανοῦ |
| Hen. 9B 1 | οἱ τέσσαρες μεγάλοι ἀρχάγγελοι Μιχαὴλ καὶ * Οὐριὴλ * καὶ Ῥαφαὴλ καὶ Γαβριὴλ παρέκυψαν ἐπὶ τὴν γῆν ἐκ |
| Hen. 10B 1 | εἶπε καὶ ὁ ἅγιος ὁ μέγας ἐλάλησε καὶ ἔπεμψε τὸν * Οὐριὴλ * πρὸς τὸν υἱὸν Λάμεχ λέγων πορεύου πρὸς τὸν Νῶε |
| Hen. 19 1 | ἁμαρτίας (αὐτῶν) ἐνιαυτῶν μυρίων. καὶ εἶπέν μοι * Οὐριὴλ * ἐνθάδε οἱ μιγέντες ἄγγελοι ταῖς γυναιξὶν |
| Hen. 20 2 | ---ἀνθρώπων ὡς ἐγὼ εἶδον. ἄγγελοι τῶν δυνάμεων. * Οὐριὴλ * ὁ εἷς τῶν ἁγίων ἀγγέλων ὁ ἐπὶ τοῦ κόσμου καὶ τοῦ |
| Hen. 21 5 | ἐπεδέθησαν καὶ διά τί ὧδε ἐρίφησαν; τότε εἶπέν μοι * Οὐριὴλ * ὁ εἷς τῶν ἁγίων ἀγγέλων ὃς μετ' ἐμοῦ ἦν καὶ αὐτὸς |
| Hen. 21B 5 | καὶ διὰ ποίαν αἰτίαν ἐρίφησαν ὧδε; καὶ εἶπέν μοι * Οὐριὴλ * ὁ εἷς τῶν ἁγίων ἀγγέλων ὁ μετ' ἐμοῦ ὢν καὶ αὐτὸς |
| Esdr. 6 2 | τῶν ἀγγέλων τῶν ἐπὶ τῆς συντελείας; Μιχαὴλ Γαβριὴλ * Οὐριὴλ * Ῥαφαὴλ Γαβουθελῶν Ἀκὴρ Ἀρφουγιτόνος Βεβουρὸς |
| FJos. 190 | δὲ ὅτε ἠρχόμην ἀπὸ Μεσοποταμίας τῆς Συρίας ἐξῆλθεν * Οὐριὴλ * ὁ ἄγγελος τοῦ θεοῦ καὶ εἶπεν ὅτι κατέβην ἐπὶ τὴν |
| FJos. 190 | ὄνομα αὐτοῦ καὶ πόσος ἐστὶν ἐν υἱοῖς θεοῦ οὐχὶ σὺ * Οὐριὴλ * ὄγδοος ἐμοῦ κἀγὼ Ἰσραὴλ ἀρχάγγελος δυνάμεως |
| Οὐρφή | 1 |
| HEup. 9 30 7 | πόλει τῆς Ἀραβίας καὶ πέμψαι μεταλλευτὰς εἰς τὴν * Οὐρφῆ * νῆσον κειμένην ἐν τῇ Ἐρυθρᾷ Θαλάσσῃ μέταλλα |
| οὖς | 12 |
| Asen. 19 6 | πορεύσομαι καὶ πρὸς Ἰωσὴφ καὶ λαλήσω εἰς τὰ * ὦτα * αὐτοῦ περί σου τὰ ῥήματά μου. καὶ νῦν σὺ γινώσκεις |
| Asen. 20 9 | τῆς γῆς Αἰγύπτου καὶ λαλήσω περὶ Ἀσενὲθ εἰς τὰ * ὦτα * αὐτοῦ καὶ αὐτὸς δώσει μοι αὐτὴν εἰς γυναῖκα. καὶ |
| Asen. 24 2 | ὑπερμεγέθη. καὶ εἶπον αὐτῷ οἱ παῖδες αὐτοῦ εἰς τὸ * οὖς * λέγοντες ἰδού οἱ υἱοὶ Βάλλας καὶ οἱ υἱοὶ Ζέλφας |
| Sal. 8 1 | εἰς νεῖκος. θλῖψιν καὶ φωνὴν πολέμου ἤκουσεν τὸ * οὖς * μου φωνὴν σάλπιγγος ἠχούσης σφαγὴν καὶ ὄλεθρον φωνή |
| Sal. 18 2 | ἐπ' αὐτὰ καὶ οὐχ ὑστερήσει ἐξ αὐτῶν τὰ * ὦτά * σου ἐπακούει εἰς δέησιν πτωχοῦ ἐν ἐλπίδι. τὰ κρίματά |
| Bar. 1 5 | σου ἠκούσθη ἐνώπιον αὐτοῦ καὶ εἰσῆλθεν εἰς τὰ * ὦτα * κυρίου τοῦ θεοῦ. καὶ ταῦτα εἰπών μοι ἡσύχασα. καὶ |
| Esdr. 2 5 | καὶ σοῦ ἵνα παραδέξητε. καὶ εἶπεν Ἔσδρὰμ ἐπὶ τὸ * οὖς * σου δικασώμεθα. καὶ εἶπεν ὁ θεὸς ἐρώτησον Ἀβραὰμ |
| Esdr. 4 16 | ἀνθρώπους γεραιοὺς καὶ στρόφιγγες πυρώμενοι εἰς τὰ * ὦτα * αὐτῶν στρεφόμενοι. καὶ εἶπον τίνες οὗτοι καὶ τί τὸ |
| Aris. 165 2 | προειρημένου ἔχει λυμαντικὸν κατάστημα διὰ γὰρ τῶν * ὤτων * συλλαμβάνει τεκνοποιεῖ δὲ τῷ στόματι. καὶ διὰ τοῦτο |
| FEli. 1 34 8 | ἃ ὀφθαλμὸς οὐκ εἶδεν καὶ * οὖς * οὐκ ἤκουσεν καὶ ἐπὶ καρδίαν ἀνθρώπου οὐκ ἀνέβη ὅσα |
| FEli. 10 94 4 | ἀγαπῶσιν αὐτόν. δόξαν ἣν ὀφθαλμὸς οὐκ εἶδεν οὐδὲ * οὖς * ἤκουσεν οὐδὲ ἐπὶ καρδίαν ἀνθρώπου ἀνέβη καὶ |
| HArt. 9 27 25 | διαχλευάσαντα αὐτὸν τὸν δὲ προσκύψαντα πρὸς τὸ * οὖς * εἰπεῖν ἀκούσαντα δὲ τὸν βασιλέα πεσεῖν ἄφωνον |
| οὐσία | 2 |
| Sedr. 6 5 | προικίσας εἰπέ μοι τῷ υἱῷ αὐτοῦ καὶ λαβὼν τὴν * οὐσίαν * καταλιπὼν τὸν πατέρα ἀπῆλθεν καὶ ἐγένετο |
| Sedr. 6 7 | ἡ καρδία αὐτοῦ. καὶ ἀπελθὼν ὁ πατὴρ λαμβάνει τὴν * οὐσίαν * αὐτοῦ καὶ ἐξορίζει αὐτὸν ἐκ τῆς δόξης αὐτοῦ διότι |
| οὔτε | 87 οὔτε οὔτ' |
| οὔτις | 2 |
| Sib. 3 464 | ἐν καιρῷ βασιλήια δώματα τεύξει. Ἰταλίη σοὶ δ' * οὔτις * Ἄρης ἀλλότριος ἥξει ἀλλ' ἐμφύλιον αἷμα πολύστονον |
| IHes. 5 112 3 | πάντων βασιλεὺς καὶ κοίρανός ἐστιν ἀθανάτων σέο δ' * οὔτις * ἐρήρισται κράτος ἄλλος. |
| οὗτος | 1277 αὕτη ταῦτα ταύτῃ οὗτος τοῦτό τοῦτο τοῦτ' τούτων ταύτης ταύτας τοῦτον οὗτοι ταύτην οὗτοί τούτου τούτῳ οὗτός τούτοις τούτους αὗταί ταύταις ταῦτά αὗται τοῦτοι ταῦθ' ταῦτ' τούτοισι τουτο ταυτα τουτω τουτων τουτου |

| | | | |
|---|---|---|---|
| οὕτως | | 213 | οὕτως οὕτω |
| ὀφειλέτης | | 3 | |
| Hen. | 6 | 3 | ποιῆσαι τὸ πρᾶγμα τοῦτο καὶ ἔσομαι ἐγὼ μόνος * ὀφειλέτης * ἁμαρτίας μεγάλης. ἀπεκρίθησαν οὖν αὐτῷ πάντες |
| Hen. | 6B | 3 | ποιῆσαι τὸ πρᾶγμα τοῦτο καὶ ἔσομαι ἐγὼ μόνος * ὀφειλέτης * ἁμαρτίας μεγάλης. καὶ ἀπεκρίθησαν αὐτῷ πάντες |
| Job | 11 | 12 | οὐδὲν λήψομαι παρ' ὑμῶν. οὐδὲ ἐδεχόμην τι παρὰ τοῦ * ὀφειλέτου * μου. καὶ εἴ ποτέ μοι ἤρχετο ἀνὴρ ἱλαρὸς τὴν |
| ὀφείλω | | 6 | |
| Hen. | 104 | 11 | γραφὰς ἀναγράφουσιν ἐπὶ τοῖς ὀνόμασιν αὐτῶν καὶ * ὄφελον * πάντας τοὺς λόγους μου γράφωσιν ἐπ' ἀληθείας ἐπὶ |
| TJos. | 14 | 6 | ταῦτα εἶπε περὶ τοῦ μεταβόλου καὶ περὶ ἐμοῦ ὅτι * ὤφειλα * ἐγκατάκλειστος εἶναι. μετὰ δὲ εἰκοσιτέσσαρας |
| FAch. | 107 | | περιχαρὴς ἐγένετο καὶ ἔφη πρὸς τὸν Ἕρμιππον * ὄφελον * ἠδυνάμην ἣν λέγεις σεαυτοῦ ἐσχάτην ἡμέραν αἰῶνα |
| FAch. | 119 | | ὁ δὲ Αἴσωπος λέγει κατηγορεῖτε ἑαυτῶν καὶ τοῦ θεοῦ * ὀφείλει * γὰρ θεὸς ὑπάρχων τὴν ἑνὸς ἑκάστου διάνοιαν |
| FPho. | | 223 | ὁμήλικα πατρὸς ἴσαις τιμαῖσι γέραιρε. γαστρὸς * ὀφειλόμενον * δασμὸν παρέχειν θεράποντι. δούλωι τακτὰ |
| IPyt. | 134 | | εἴ τις ἐρεῖ θεός εἰμι πάρεξ ἑνὸς οὗτος * ὀφείλει * κόσμον ἴσον τούτῳ στήσας εἰπεῖν ἐμὸς οὗτος κοὐχὶ |
| ὀφέλλω | | 3 | |
| FPho. | | 66 | ἐσθλὸς φαύλων δ' ὑπέρογκος. τόλμα κακῶν ὀλοὴ μέγ' * ὀφέλλει * δ' ἐσθλὰ πονεῦντα. σεμνὸς ἔρως ἀρετῆς ὁ δὲ |
| FPho. | | 67 | πονεῦντα. σεμνὸς ἔρως ἀρετῆς ὁ δὲ Κύπριδος αἶσχος * ὀφέλλει. * ἡδὺς ἄγαν ἄφρων κικλήσκεται ἐν πολιήταις. |
| FPho. | | 163 | ἔργον οὐδ' αὐτοῖς μακάρεσσι πόνος δ' ἀρετὴν μέγ' * ὀφέλλει. * μύρμηκες γαίης μυχάτους προλελοιπότες οἴκους |
| ὀφθαλμός | | 85 | |
| Adam | 8 | 2 | πληγάς. πρῶτον νόσος πληγῆς ὁ βιασμὸς τῶν * ὀφθαλμῶν. * δεύτερον πληγῆς ἀκοῆς. καὶ οὕτως καθεξῆς πᾶσαι |
| Adam | 18 | 3 | μοι μὴ φοβοῦ. ἅμα γὰρ φάγῃς ἀνοιχθήσονταί σου οἱ * ὀφθαλμοὶ * καὶ ἔσεσθε ὡς θεοὶ γινώσκοντες τί ἀγαθὸν καὶ τί |
| Adam | 18 | 5 | μεγάλην περὶ αὐτοῦ. εἶπον δὲ αὐτῷ ὅτι ὡραῖον τοῖς * ὀφθαλμοῖς. * ἐφοβήθην δὲ λαβεῖν ἀπὸ τοῦ καρποῦ καὶ λέγει |
| Adam | 20 | 1 | καὶ ἔφαγον. καὶ ἐν αὐτῇ τῇ ὥρᾳ ἠνεῴχθησαν οἱ * ὀφθαλμοί * μου καὶ ἔγνων ὅτι γυμνὴ ἤμην τῆς δικαιοσύνης ἧς |
| Adam | 21 | 5 | πείσασα αὐτὸν ἔφαγεν. καὶ ἠνεῴχθησαν αὐτοῦ οἱ * ὀφθαλμοὶ * καὶ ἔγνω τὴν γύμνωσιν αὐτοῦ. καὶ λέγει μοι ὦ |
| Adam | 34 | 2 | πατρός σου καὶ ἐλθὲ πρός με καὶ ἴδε ἃ οὐκ εἶδεν * ὀφθαλμός * ποτε τινὸς καὶ πῶς δέονται ὑπὲρ τοῦ πατρός σου |
| Adam | 35 | 2 | αὐτῇ διά τί κλαίεις; καὶ λέγει αὐτῷ ἀνάβλεψον τοῖς * ὀφθαλμοῖς * σου καὶ ἴδε τὰ ἑπτὰ στερεώματα ἀνεῳγμένα καὶ |
| Hen. | 13 | 5 | οὐκ ἔτι δύνανται λαλῆσαι οὐδὲ ἐπᾶραι αὐτῶν τοὺς * ὀφθαλμοὺς * εἰς τὸν οὐρανὸν ἀπὸ αἰσχύνης περὶ ὧν |
| Hen. | 89 | 44 | ⟨ἐλυμήνα⟩το τοὺς κύνας. καὶ τὰ πρόβατα ὧν οἱ * ὀφθαλμοὶ * ἠνοίγησαν ἐθεάσαντο τὸν κριὸν τὸν ἐν τοῖς |
| Hen. | 100 | 5 | τῶν ἁγίων ἀγγέλων καὶ τηρηθήσονται ὡς κόριον * ὀφθαλμοῦ * ἕως οὗ ἐκλείπῃ τὰ κακὰ ἤδ' ἁμαρτία. καὶ ἀπ' |
| Hen. | 106 | 2 | λευκὰ καὶ οὖλον καὶ ἔνδοξον. καὶ ὅτε ἀνέῳξεν τοὺς * ὀφθαλμοὺς * ἔλαμψεν ἡ οἰκία ὡσεὶ ἥλιος. καὶ ἀνέστη ἐκ τῶν |
| Abr.1 | 4 | 5 | ποιήσας καὶ ἀνῆλθεν εἰς τοὺς οὐρανοὺς ἐν ῥιπῇ * ὀφθαλμοῦ * καὶ ἔστη ἐνώπιον τοῦ θεοῦ καὶ εἶπεν πρὸς τὸν |
| Abr.1 | 20 | 5 | ἀθυμία πολλή μοί ἐστιν ἀφ' ⟨οὗ⟩ ἐθεασάμην σε τοῖς * ὀφθαλμοῖς * μου καὶ ἡ ἰσχύς μου ἐκλείπει πάντα δὲ τὰ μέλη |
| Abr.2 | 6 | 8 | ἡμᾶς εἰς τὸν οἶκον ἡμῶν; ἢ πῶς ἐδάκρυσάν σου οἱ * ὀφθαλμοὶ * τῶν βημάτων τοῦ φωτὸς ἀνατείλαντος εἰς τὸν |
| Abr.2 | 13 | 2 | ἀπόστειλον αὐτὸν πρὸς Ἀβραὰμ ὅπως θεάσηται τοῖς * ὀφθαλμοῖς * αὐτοῦ. καὶ ἀπελθὼν Μιχαὴλ ἐκόσμησεν τὸν |
| TLevi | 2 | 3B003 | καὶ πάσας τὰς ὁδούς μου ἐποίησα εὐθείας. τότε τοὺς * ὀφθαλμούς * μου καὶ τὸ πρόσωπόν μου ἦρα πρὸς τὸν οὐρανὸν |
| TJud. | 13 | 2 | ἰσχύος νεότητος ὑμῶν ὅτι καίγε τοῦτο πονηρὸν ἐν * ὀφθαλμοῖς * κυρίου. ἐπειδὴ γὰρ κἀγὼ καυχησάμενος ὅτι ἐν |
| TJud. | 13 | 6 | ἐν κάλλει γυναικῶν. καὶ ὁ οἶνος διέστρεψέ μου τοὺς * ὀφθαλμοὺς * καὶ ἠμαύρωσέ μου τὴν καρδίαν ἡ ἡδονή. καὶ |
| TJud. | 14 | 1 | ὀργὴν ἐπιθυμίας καὶ ὁδηγεῖ εἰς πλάνην τοὺς * ὀφθαλμούς. * τὸ γὰρ πνεῦμα τῆς πορνείας τὸν οἶνον ὡς |
| TJud. | 14 | 5 | ἐπλάνησε μὴ αἰσχυνθῆναι πλῆθος ἐν τῇ πόλει ὅτι ἐν * ὀφθαλμοῖς * πάντων ἐξέκλινα πρὸς τὴν Θαμὰρ καὶ ἐποίησα |
| TJud. | 23 | 3 | καὶ φίλων ὀνειδισμοὺς ἀπώλειαν καὶ σφακελισμὸν * ὀφθαλμῶν * νηπίων ἀναίρεσιν καὶ συμβίων ἀφαίρεσιν |
| TJud. | 26 | 2 | ἑκατὸν δεκαεννέα ἐτῶν ἐγὼ ἀποθνήσκω σήμερον ἐν * ὀφθαλμοῖς * ὑμῶν. μηδείς με ἐνταφιάσει πολυτελεῖ ἐσθῆτι ἢ |
| TIss. | 3 | 4 | οὐδὲ ἔψεξα βίον ἀνθρώπου πορευόμενος ἐν ἁπλότητι * ὀφθαλμῶν. * διὰ τοῦτο τριάκοντα ἐτῶν ἔλαβον ἐμαυτῷ γυναῖκα |
| TIss. | 4 | 6 | ζωῆς καὶ πάντα ὁρᾷ ἐν ἁπλότητι μὴ ἐπιδεχόμενος * ὀφθαλμοῖς * πονηρίας ἀπὸ τῆς πλάνης τοῦ κόσμου ἵνα μὴ ἴδῃ |
| TIss. | 7 | 2 | μου οὐκ ἔγνων ἄλλην οὐκ ἐπόρνευσα ἐν μετεωρισμῷ * ὀφθαλμῶν * μου οἶνον εἰς ἀποπλάνησιν οὐκ ἔπιον πᾶν |
| TDan | 2 | 4 | τὰ δίκτυα τῆς πλάνης καὶ τυφλοῖ τοὺς φυσικοὺς * ὀφθαλμοὺς * αὐτοῦ διὰ τοῦ ψεύδους σκοτοῖ τὴν διάνοιαν |
| TDan | 2 | 5 | ὅρασιν παρέχει αὐτῷ. ἐν τίνι δὲ περιβάλλει τοὺς * ὀφθαλμοὺς * αὐτοῦ; ἐν μίσει καρδίας καὶ δίδωσιν αὐτῷ |
| TNep. | 2 | 6 | ὡς ἡ καρδία αὐτοῦ οὕτω καὶ τὸ στόμα αὐτοῦ ὡς ὁ * ὀφθαλμὸς * αὐτοῦ οὕτω καὶ ὁ ὕπνος αὐτοῦ ὡς ἡ ψυχὴ αὐτοῦ |
| TNep. | 2 | 10 | μηδὲ ἔξω καιροῦ αὐτοῦ. ὅτι ἐὰν εἴπῃς τῷ * ὀφθαλμῷ * ἀκοῦσαι οὐ δύναται οὕτως οὐδὲ ἐν σκότει |
| TGad | 1 | 9 | τοῦ μίσους ἦν ἐν ἐμοὶ καὶ οὐκ ἤθελον οὔτε δι' * ὀφθαλμῶν * οὔτε δι' ἀκοῆς ἰδεῖν τὸν Ἰωσήφ. καὶ κατὰ |
| TGad | 5 | 7 | ἄγνοιαν καὶ φυγαδεύει τὸ σκότος καὶ φωτίζει τοὺς * ὀφθαλμοὺς * καὶ γνῶσιν παρέχει τῇ ψυχῇ καὶ ὁδηγεῖ τὸ |
| TJos. | 11 | 1 | καὶ ὑμεῖς οὖν ἔχετε ἐν πάσῃ πράξει ὑμῶν πρὸ * ὀφθαλμῶν * τὸν τοῦ θεοῦ φόβον καὶ τιμᾶτε τοὺς ἀδελφοὺς |
| TJos. | 11 | 6 | φέροντες ἐμπορίαν. καὶ ὁ κύριος ἔδωκέ μοι χάριν ἐν * ὀφθαλμοῖς * τοῦ μεταβόλου καὶ ἐπίστευσέ μοι τὸν οἶκον |
| TJos. | 12 | 1 | μετὰ δόξης πολλῆς καὶ ἐπέβαλεν ἐπ' ἐμὲ τοὺς * ὀφθαλμοὺς * αὐτῆς ὅτι εἶπον αὐτῇ οἱ εὐνοῦχοι περὶ ἐμοῦ. |
| TBen. | 4 | 2 | φορέσητε. ὁ ἀγαθὸς ἄνθρωπος οὐκ ἔχει σκοτεινὸν * ὀφθαλμὸν * ἐλεᾷ γὰρ πάντας κἂν ὦσιν ἁμαρτωλοὶ κἂν |
| TBen. | 6 | 3 | οὐκ ἐμπίπλαται τρυφῆς οὐ πλανᾶται μετεωρισμοῖς * ὀφθαλμῶν * κύριος γάρ ἐστι μερὶς αὐτοῦ. τὸ ἀγαθὸν |
| Asen. | 4 | 9 | μεγάλῃ καὶ ἐνέβλεψε τῷ πατρὶ αὐτῆς πλαγίως τοῖς * ὀφθαλμοῖς * αὐτῆς καὶ εἶπεν ἵνα τί λαλεῖ ὁ κύριός μου καὶ |
| Asen. | 7 | 2 | βδέλυγμα ἦν αὐτῷ τοῦτο. καὶ ἀναβλέψας Ἰωσὴφ τοῖς * ὀφθαλμοῖς * αὐτοῦ εἶδε παρακύπτουσαν τὴν Ἀσενέθ. καὶ |
| Asen. | 7 | 5 | καὶ τὸ πρόσωπον τοῦ πατρὸς αὐτοῦ Ἰακὼβ πρὸ * ὀφθαλμῶν * αὐτοῦ εἶχεν Ἰωσὴφ πάντοτε καὶ ἐμέμνητο τῶν |
| Asen. | 8 | 8 | καὶ ἦν ἀτενίζουσα εἰς τὸν Ἰωσὴφ ἀνεῳγμένων τῶν * ὀφθαλμῶν * αὐτῆς καὶ ἐπλήσθησαν δακρύων οἱ ὀφθαλμοὶ αὐτῆς. |
| Asen. | 8 | 8 | τῶν ὀφθαλμῶν αὐτῆς καὶ ἐπλήσθησαν δακρύων οἱ * ὀφθαλμοὶ * αὐτῆς. καὶ εἶδεν αὐτὴν Ἰωσὴφ καὶ ἠλέησεν αὐτὴν |
| Asen. | 11 | 19 | τὰς χεῖρας αὐτῆς εἰς ἀνατολὰς καὶ ἀνέβλεψε τοῖς * ὀφθαλμοῖς * αὐτῆς εἰς τὸν οὐρανὸν καὶ ἤνοιξε τὸ στόμα |
| Asen. | 13 | 9 | ὡς ὄστρακον καὶ τὸ πρόσωπόν μου συμπέπτωκε καὶ οἱ * ὀφθαλμοί * μου ἐν αἰσχύνῃ φλεγμονῆς ἐγένοντο ἐκ τῶν |
| Asen. | 14 | 9 | πλὴν τὸ πρόσωπον αὐτοῦ ἦν ὡς ἀστραπὴ καὶ οἱ * ὀφθαλμοὶ * αὐτοῦ ὡς φέγγος ἡλίου καὶ αἱ τρίχες τῆς κεφαλῆς |
| Asen. | 16 | 13 | κοχλάζοντος. καὶ ἐπέβλεψεν Ἀσενὲθ ἀτενίζουσα τοῖς * ὀφθαλμοῖς * αὐτῆς εἰς τὴν χεῖρα τοῦ ἀνθρώπου. καὶ εἶδεν ὁ |
| Asen. | 17 | 8 | τοῦ μεταθῆναι τὴν τράπεζαν καὶ εὐθέως ἀπῆλθεν ἐξ * ὀφθαλμῶν * αὐτῆς ὁ ἄνθρωπος. καὶ εἶδεν Ἀσενὲθ ὡς ἅρμα |
| Asen. | 18 | 4 | μου πόνος γέγονε βαρὺς καὶ ὁ ὕπνος ἀπέστη ἀπὸ τῶν * ὀφθαλμῶν * μου καὶ τούτου ἕνεκα τὸ πρόσωπόν μου |
| Asen. | 18 | 9 | αὐτῆς ἐν τῷ ὕδατι καὶ ἦν ὡς ὁ ἥλιος καὶ οἱ * ὀφθαλμοὶ * αὐτῆς ὡς ἑωσφόρος ἀνατέλλων καὶ αἱ παρειαὶ |
| Asen. | 19 | 10 | Ἰωσὴφ καὶ ἐκάλεσε τὴν Ἀσενὲθ ⟨ἐν νεύματι τῶν * ὀφθαλμῶν * αὐτοῦ⟩. καὶ ἐξέτεινε καὶ Ἀσενὲθ τὰς χεῖρας |
| Asen. | 22 | 7 | λευκὸς καθειμένος μέχρι τοῦ στήθους αὐτοῦ καὶ οἱ * ὀφθαλμοὶ * αὐτοῦ χαροποιοὶ καὶ ἐξαστράπτοντες ⟨καὶ ἦσαν⟩ |
| Asen. | 22 | 13 | συνίων καὶ προφήτης ὑψίστου καὶ ὀξέως βλέπων τοῖς * ὀφθαλμοῖς * αὐτοῦ καὶ αὐτὸς ἑώρα γράμματα γεγραμμένα ἐν τῷ |
| Asen. | 23 | 8 | καὶ ἐθεώρει ὀξέως τῇ διανοίᾳ αὐτοῦ καὶ τοῖς * ὀφθαλμοῖς * αὐτοῦ καὶ ἀνεγίνωσκε ⟨τὰ γεγραμμένα⟩ ἐν τῇ |
| Asen. | 23 | 15 | ῥομφαῖαι αὐτῶν ὡς φλόγα πυρὸς καὶ ἠμαυρώθησαν οἱ * ὀφθαλμοὶ * τοῦ υἱοῦ Φαραὼ καὶ ἔπεσεν ἐπὶ πρόσωπον αὐτοῦ |
| Asen. | 24 | 19 | καὶ τὰ τέκνα αὐτοῦ ἀποκτενοῦμεν κατέναντι τῶν * ὀφθαλμῶν * αὐτοῦ. καὶ ἐχάρη ὁ υἱὸς Φαραὼ ὡς ἤκουσε τὰ |
| Asen. | 25 | 5 | Ἰωσήφ; καὶ αὐτὸν διαφυλάσσει ὁ κύριος ὡς κόρην * ὀφθαλμοῦ. * οὐκ ἰδοὺ ἅπαξ πεπράκατε αὐτὸν καὶ ἔστι σήμερον |
| Asen. | 26 | 2 | μετὰ σοῦ ἐστι καὶ αὐτὸς διαφυλάξει σε ὡς κόρην * ὀφθαλμοῦ * ἀπὸ παντὸς πράγματος πονηροῦ. διότι κἀγὼ |
| Sal. | 4 | 4 | ἔνοχος ἐν ποικιλίᾳ ἁμαρτιῶν καὶ ἐν ἀκρασίαις. οἱ * ὀφθαλμοὶ * αὐτοῦ ἐπὶ πᾶσαν γυναῖκα ἄνευ διαστολῆς ἡ γλῶσσα |
| Sal. | 4 | 5 | καὶ ἐν ἀποκρύφοις ἁμαρτάνει ὡς οὐχ ὁρώμενος ἐν * ὀφθαλμοῖς * αὐτοῦ λαλεῖ πάσῃ γυναικὶ ἐν συνταγῇ κακίας |
| Sal. | 4 | 9 | ἀνθρωπάρεσκον λαλοῦντα νόμον μετὰ δόλου. καὶ οἱ * ὀφθαλμοὶ * αὐτῶν ἐπ' οἶκον ἀνδρὸς ἐν εὐσταθείᾳ ὡς ὄφις |
| Sal. | 4 | 12 | καὶ κρίνων ἐπλήσθη ἐν παρανομίᾳ ἐν ταύτῃ καὶ οἱ * ὀφθαλμοὶ * αὐτοῦ ἐπ' οἶκον ἕτερον ὀλεθρεῦσαι ἐν λόγοις |
| Sal. | 4 | 20 | καὶ ὀστᾶ παρανόμων κατέναντι τοῦ ἡλίου ἐν ἀτιμίᾳ. * ὀφθαλμοὺς * ἐκκόψαισαν κόρακες ὑποκρινομένων ὅτι ἠρήμωσαν |
| Sal. | 8 | 25 | ἡμῖν τὸ κρίμα σου ἐν τῇ δικαιοσύνῃ σου εἴδοσαν οἱ * ὀφθαλμοὶ * ἡμῶν τὰ κρίματά σου ὁ θεός. ἐδικαιώσαμεν τὸ |
| Sal. | 17 | 17 | σωθῆναι ψυχὰς αὐτῶν ἀπὸ κακοῦ καὶ τίμιον ἐν * ὀφθαλμοῖς * παροικίας ψυχὴ σεσῳσμένη ἐξ αὐτῶν. εἰς πᾶσαν |
| Sal. | 18 | 2 | χρηστότης σου μετὰ δόματος πλουσίου ἐπὶ Ισραηλ οἱ * ὀφθαλμοί * σου ἐπιβλέποντες ἐπ' αὐτὰ καὶ οὐχ ὑστερήσει ἐξ |
| Jer. | 6 | 2 | καὶ κατεφίλησαν ἀλλήλους. ἀναβλέψας δὲ Βαροὺχ τοῖς * ὀφθαλμοῖς * αὐτοῦ εἶδε τὰ σῦκα ἐσκεπασμένα ἐν τῷ κοφίνῳ |
| Jer. | 6 | 2 | ἐν τῷ κοφίνῳ τοῦ Ἀβιμέλεχ. καὶ ἄρας τοὺς * ὀφθαλμοὺς * αὐτοῦ εἰς τὸν οὐρανὸν προσηύξατο λέγων σὺ ὁ |
| Jer. | 7 | 3 | τῶν πετεινῶν τοῦ οὐρανοῦ ἐκ τῆς γὰρ αὐγῆς τῶν * ὀφθαλμῶν * σου δῆλόν ἐστι δεῖξόν μοι οὖν τί ποιεῖς |
| Prop. | 4 | 11 | αὐτοῦ τοῦ μὴ λαλεῖν καὶ νοῶν εὐθέως ἐδάκρυσεν οἱ * ὀφθαλμοὶ * αὐτοῦ ἦσαν ὡς κρέας ἐκ τοῦ κλαίειν. πολλοὶ γὰρ |
| Esdr. | 4 | 29 | εἶπέν μοι τὸ εἶδος τοῦ προσώπου αὐτοῦ ὡσεὶ ἀγροῦ ὁ * ὀφθαλμὸς * αὐτοῦ ὁ δεξιὸς ὡς ἀστὴρ τῷ πρωὶ ἀνατέλλων καὶ ὁ |
| Esdr. | 6 | 9 | τὴν δόξαν τοῦ θεοῦ. καὶ εἶπον οἱ ἄγγελοι διὰ τῶν * ὀφθαλμῶν * σου ἔχομεν αὐτὴν ἐξενέγκαι. καὶ εἶπεν ὁ |
| Esdr. | 6 | 10 | ἔχομεν αὐτὴν ἐξενέγκαι. καὶ εἶπεν ὁ προφήτης οἱ * ὀφθαλμοί * μου ἴδον τὰ ὀπίσθια τοῦ θεοῦ. καὶ εἶπον οἱ |
| Sedr. | 11 | 2 | καὶ γῆς γνωσταὶ αἱ τρίχες σου ἀπὸ Θαιμὰν οἱ * ὀφθαλμοί * σου ἀπὸ Βοσὸρ αἱ ἀκοαί σου ἐκ βροντῆς ἡ γλῶσσά |
| Sedr. | 11 | 18 | ἐστολισμένον. ὦ πρόσωπον καλομύριστον * ὀφθαλμοὶ * φωταγωγοὶ φωνὴ σάλπιγγος ἦχος γλῶσσα |
| Job | 18 | 3 | με καὶ πάντα τὰ ἐν τῇ οἰκίᾳ μου ἥρπαζον. οἱ ἐμοὶ * ὀφθαλμοὶ * ἔβλεπον ἐπάνω τῶν τραπεζῶν μου καὶ κραββάτων |
| Job | 21 | 2 | ἐν ταῖς πληγαῖς ὥστε ἰδεῖν, τέκνα μου τοῖς ἐμοῖς * ὀφθαλμοῖς * τὴν πρώτην μου γυναῖκα ὑδροφοροῦσαν εἰς οἶκον |
| Job | 40 | 3 | καὶ μετὰ τὴν εὐχὴν εἶπον αὐτοῖς ἀναβλέψατε τοῖς * ὀφθαλμοῖς * πρὸς ἀνατολὴν καὶ ἴδετε τὰ τέκνα μου |
| Aris. | 284 | 4 | ἔφη θεωρεῖν ὅσα παίζεται μετὰ περιστολῆς καὶ πρὸ * ὀφθαλμῶν * τιθέναι τὰ τοῦ βίου μετ' εὐσχημοσύνης καὶ |
| Sib. | 3 | 136 | τέκε πότνια Ῥείη τίχθ' Ἥρην πρώτην καὶ ἐπεὶ ἴδον * ὀφθαλμοῖσιν * θῆλυ γένος ᾤχοντο πρὸς αὐτοὺς ἄγριοι ἄνδρες |
| FEll. 1 | 34 | 8 | ἃ * ὀφθαλμὸς * οὐκ εἶδεν καὶ οὖς οὐκ ἤκουσεν καὶ ἐπὶ καρδίαν |
| FEll. 10 | 94 | 4 | ὅσα ἡτοίμασεν ὁ θεὸς τοῖς ἀγαπῶσιν αὐτόν. δόξαν ἣν * ὀφθαλμὸς * οὐκ εἶδεν οὐδὲ οὖς ἤκουσεν οὐδὲ ἐπὶ καρδίαν |
| FEll. | 4 | 228 | μέλλῃ τότε φαίνεσθαι ἡ κεφαλὴ αὐτοῦ φλὸξ πυρὸς ὁ * ὀφθαλμὸς * αὐτοῦ ὁ δεξιὸς κέκραται αἵματος. ὁ δὲ εὐώνυμος |
| FEz. 64 | 70 | 10 | μοι γενοῦ πόδες καὶ βάστασόν με καὶ γίνομαί σοι * ὀφθαλμοὶ * ἄνωθεν ὁδηγῶν σε δεξιὰ καὶ εὐώνυμα. τοῦτο δὲ |
| FEz. 64 | 70 | 16 | καὶ ἀπήνεγκας; καὶ ὁ τυφλὸς τῷ χωλῷ οὐκ αὐτὸς * ὀφθαλμοί * μου γέγονας; καὶ τέξεται ἡ δάμαλις καὶ ἐροῦσιν |
| IDip. 5 | 121 | 1 | πεφευγέναι τὸ θεῖον ὡς λεληθότας; ἔστιν Δίκης * ὀφθαλμὸς * ὃς τὰ πάντα ὁρᾷ. καὶ γὰρ καθ' Ἅιδην δύο |
| HCal. | 28 | 11 | καὶ τῆς πόλεως περικαλλεστάτης ἐν παντὶ * ὀφθαλμῷ * ἀνθρώπων γεγονυίας ἄνεισιν Ἀλέξανδρος ἐν τῷ |
| ὀφιομάχος | | 1 | |
| Prop. | 2 | 6 | ἐνέβαλε τοὺς ὄφεις τοὺς λεγομένους ἀργόλας ὅ ἐστιν * ὀφιομάχους * οὓς ἤνεγκεν ἐκ τοῦ Ἄργους τῆς Πελοποννήσου |

ὄφις 22
Adam 16 1 καὶ ἕκαστος ἡμῶν τὸ ἑαυτοῦ ἐτήρει. καὶ ἐλάλησε τῷ * ὄφει * ὁ διάβολος λέγων ἀνάστα ἐλθὲ πρός με καὶ εἴπω σοι
Adam 16 4 ὡς καὶ ἡμεῖς ἐξεβλήθημεν δι' αὐτοῦ. λέγει αὐτῷ ὁ * ὄφις * φοβοῦμαι μήποτε ὀργισθῇ μοι ὁ θεός. λέγει αὐτῷ ὁ
Adam 17 4 ἐξ αὐτοῦ. ἀπεκρίθη ὁ διάβολος διὰ στόματος τοῦ * ὄφεως * καλῶς ποιεῖτε ἀλλ' οὐκ ἐσθίετε ἀπὸ παντὸς φυτοῦ.
Adam 18 1 ἐξ αὐτοῦ ἐπεὶ θανάτῳ ἀποθανεῖσθε. τότε λέγει μοι ὁ * ὄφις * ζῇ ὁ θεὸς ὅτι λυποῦμαι περὶ ὑμῶν ὅτι ὡς κτήνη ἐστέ.
Adam 23 5 πρός με εἶπεν τί τοῦτο ἐποίησας; κἀγὼ εἶπον ὅτι ὁ * ὄφις * ἠπάτησέ με. καὶ λέγει ὁ θεὸς τῷ 'Αδὰμ ἐπειδὴ
Adam 25 1 δὲ πρός με ὁ κύριος λέγει ἐπειδὴ ἐπήκουσας τοῦ * ὄφεως * καὶ παρήκουσας τὴν ἐντολήν μου ἔσει ἐν καμάτοις
Adam 26 1 κυριεύσει. μετὰ δὲ τὸ εἰπεῖν μοι ταῦτα εἶπεν τῷ * ὄφει * ἐν ὀργῇ μεγάλῃ λέγων ἐπειδὴ ἐποίησας τοῦτο καὶ
Abr.1 19 15 ὑπὸ ἐχίδνης ἀποφυσούμενοι ἐκλείπουσιν ἄλλοι δὲ ὑπὸ * ὄφεων * ἰοβόλων καὶ ἐχίδνης ἀποφυσούμενοι ἐκλείπουσιν
Sal. 4 9 οἱ ὀφθαλμοὶ αὐτῶν ἐπ' οἶκον ἀνδρὸς ἐν εὐσταθείᾳ ὡς * ὄφις * διαλῦσαι σοφίαν ἀλλήλων ἐν λόγοις παρανόμων. οἱ
Bar. 4 3 ἑγδοήκοντα πέντε. καὶ ἔδειξέν μοι πεδίον καὶ * ὄφιν * ὡς ὁράσεως πέτρας. καὶ ἔδειξέν μοι τὸν ῞Αιδην καὶ
Bar. 9 7 τοῦ πρώτου 'Αδὰμ παρῆψε τῷ Σαμαὴλ ὅτε τὸν * ὄφιν * ἔλαβεν ἔνδυμα οὐκ ἀπεκρύβη ἀλλὰ παρηύξησε. καὶ
Prop. 2 6 ὡσαύτως τοὺς κροκοδείλους καὶ οὕτως ἐνέβαλε τοὺς * ὄφεις * τοὺς λεγομένους ἀργόλας ὅ ἐστιν ὀφιομάχους οὓς
Prop. 3 18 φυλάσσοντας καὶ ἐποίησεν αὐτοῖς τέρας μέγα ὅτι οἱ * ὄφεις * ἀνήλισκον τὰ βρέφη αὐτῶν καὶ πάντα τὰ κτήνη αὐτῶν
Prop. 12 14 κύριος ὅτι φωτίσουσι τοὺς διωκομένους ὑπὸ τοῦ * ὄφεως * ἐν σκότει ὡς ἐξ ἀρχῆς. <καὶ διασώσει αὐτοὺς κύριος
Esdr. 2 16 μὴ σὺ ἐδωρήσω αὐτῷ τὴν Εὔαν οὐ μὴ ἠπάτησεν αὐτὸν ὁ * ὄφις * σὺ δὲ ὃν θέλεις σῴζεις καὶ ὃν θέλεις ἀπολεῖς. καὶ
Job 43 8 αὐτοῦ ἐν τῷ ᾅδῃ τυγχάνει ἠγάπησεν τὸ τοῦ * ὄφεως * κάλλος, καὶ τὰς λεπίδας τοῦ δράκοντος ἡ δὲ χολὴ
Sib. 3 30 φοβεῖσθε θεὸν ματαίως δὲ πλανᾶσθε προσκυνέοντες * ὄφεις * τε καὶ αἰλούροισι θύοντες εἰδώλοις τ' ἀλάλοις
Sib. 5 29 δ' ὅτις κεραίην λάχε κοίρανος ἔσται δεινὸς * ὄφις * φυσῶν πόλεμον βαρὺν ὅς ποτε χεῖρας ἧς γενεῆς
FJub. 3 23 Εὔας ὅτι λειποθυμῶν ἦν ἀπό τε μόχθου καὶ πείνης. ὁ * ὄφις * ἀπὸ κτήνους ἑρπετὸν ἐγένετο χεῖράς τε καὶ πόδας
FJub. 3 28 πρὸ τῆς παραβάσεως τοῖς πρωτοπλάστοις διότι ὁ * ὄφις * ἀνθρωπίνῃ φωνῇ ἐλάλησε τῇ Εὔᾳ. τῷ ἑβδόμῳ ἔτει
HArt. 9 27 27 ποιῆσαι τὸν δὲ Μώϋσον ἣν εἶχε ῥάβδον ἐκβαλόντα * ὄφιν * ποιῆσαι πτοηθέντων δὲ πάντων ἐπιλαβόμενον τῆς οὐρᾶς
LEze. 64 29 6 01 βῆμα βαστάζων ποδός. ὦ πᾶσιν ἀρχὴ καὶ πέρας κακῶν * ὄφις * σύ τ' ὦ βαρὺν τίκτουσα θησαυρὸν κακῶν πλάνη τυφλοῦ

ὀφλισκάνω 1
Sib. 3 355 'Ασίδι θητεύσουσιν 'Ιταλοὶ ἐν πενίῃ ἀνὰ μυρία δ' * ὀφλήσουσιν. * ὦ χλιδανὴ ζάχρυσε Λατινίδος ἔκγονε 'Ρώμη

ὀφρῦς 1
Aris. 98 4 γράμμασιν ἁγίοις τὸ ὄνομα τοῦ θεοῦ κατὰ μέσον τῶν * ὀφρύων * δόξῃ πεπληρωμένον ὁ κριθεὶς ἄξιος τούτων ἐν ταῖς

ὀχετός 1
Sedr. 14 3 ἐν παρακλήσεσιν ἐν λειτουργίαις ἐν δάκρυσιν * ὀχετοῦ * ἐν στεναγμοῖς θερμοῖς. οὐκ οἶδας ὅτι ὁ προφήτης

ὄχημα 6
Abr.1 10 1 καὶ ἑξήκοντα ἀγγέλους καὶ ἀνήρχετο ὁ 'Αβραὰμ ἐπὶ * ὀχήματος * ἐφ' ὅλην τὴν οἰκουμένην. ἑώρα δὲ 'Αβραὰμ τὸν
Asen. 24 19 αὐτῆς. καὶ φεύξεται 'Ασενὲθ ἔμπροσθεν μετὰ τοῦ * ὀχήματος * αὐτῆς καὶ ἐμπεσεῖται εἰς τὰς χεῖράς σου καὶ
Asen. 26 5 ἀπέκτειναν πάντας καὶ ἔφυγεν 'Ασενὲθ μετὰ τοῦ * ὀχήματος * αὐτῆς ἔμπροσθεν. καὶ ἔγνω Λευὶς ὁ υἱὸς Λίας
Asen. 27 1 καὶ Βενιαμὶν ἐκάθητο ἐξ εὐωνύμων τῆς 'Ασενὲθ ἐν τῷ * ὀχήματι * αὐτῆς. καὶ ἦν Βενιαμὶν παιδάριον ὀκτωκαίδεκα
Asen. 27 2 τὸν κύριον σφόδρα. καὶ κατεπήδησε Βενιαμὶν ἀπὸ τοῦ * ὀχήματος * καὶ ἔλαβε λίθον στρογγύλον ἐκ τοῦ χειμάρρου καὶ
Asen. 28 9 τριέτεις κατ' αὐτῶν. καὶ κατέβη 'Ασενὲθ ἐκ τοῦ * ὀχήματος * τῆς σκέπης αὐτῆς καὶ ἐδεξιώσατο αὐτοὺς μετὰ

ὄχθη 4
Sib. 3 777 θεοῖο) καὶ πᾶσαι πεδίοιο τρίβοι καὶ τρηχέες * ὄχθαι * οὔρεά θ' ὑψήεντα καὶ ἄγρια κύματα πόντου εὔβατα
Sib. 5 169 αἴης μαινὰς ἐχιδνοχαρὴς χήρη καθεδοῖο παρ' * ὄχθας * καὶ ποταμὸς Τίβερίς σε κλαύσεται ἣν παράκοιτιν ἧτε
Sib. 5 216 τριάδελφοι κλωσάμεναι φεύγοντα δόλῳ ἰσθμοῖο παρ' * ὄχθην * ἄξουσιν μετέωρον ἕως ἐσίδωσίν ἑ πάντες τὸν πάλαι
Sib. 5 296 ἄελλαι. +ὕπτια δ' οἰμώξει+ ῎Εφεσος κλαίουσα παρ' * ὄχθαις * καὶ νηὸν ζητοῦσα τὸν οὐκέτι ναιετάοντα. καὶ τότε

ὄχθος 1
Sib. 5 372 πόλεμος πολὺς ἀνθρώποισιν ῥεύσει δ' αἷμαθ' ἕως * ὄχθου * ποταμῶν βαθυδινῶν. τῆς τε Μακηδονίης στάξει χόλος

ὀχλέω 1
Prop. 22 8 ἐξ αὐτῶν μ β'. γυνὴ προφήτου τελευτήσαντος * ὀχλουμένη * ὑπὸ δανιστῶν καὶ μὴ ἔχουσα ἀποδοῦναι προσῆλθε

ὄχλησις 1
Job 27 2 εἰμι πνεῦμα σὺ μὲν ἐν πληγῇ ὑπάρχεις, ἐγώ εἰμι ἐν * ὀχλήσει * μεγάλῃ ἐγένου γὰρ ὃν τρόπον ἀθλητὴς μετὰ

ὄχλος 20
TJud. 7 1 ἑξῆς ἐρρέθη πρὸς ἡμᾶς ὅτι Γαὰς πόλις βασιλέων ἐν * ὄχλῳ * βαρεῖ ἔρχεται πρὸς ἡμᾶς. ἐγὼ οὖν καὶ Δὰν
Job 24 10 ἔκειρέν μου τὴν τρίχα ἐν τῇ ἀγορᾷ παρεστῶτος * ὄχλου * καὶ θαυμάζοντος. τίς οὐκ ἐξεπλάγη ὅτι αὕτη ἐστὶν
Aris. 37 3 διορθούμενοι καὶ εἴ τι κακῶς ἐπράχθη διὰ τὰς τῶν * ὄχλων * ὁρμὰς διειληφότες εὐσεβῶς τοῦτο πρᾶξαι καὶ τῷ
Aris. 190 4 θεωροίησαν πολλήν σε πρόνοιαν ποιούμενον ὧν ἄρχεις * ὄχλων * σὺ δὲ τοῦτο πράξεις ἐπιβλέπων ὡς ὁ θεὸς εὐεργετεῖ
Aris. 193 3 εἴη; ὁ δὲ εἶπεν εἰ μὴ πεποιθὼς ὑπάρχοι τοῖς * ὄχλοις * μηδὲ ταῖς δυνάμεσιν ἀλλὰ τὸν θεὸν ἐπικαλοῖτο διὰ
Aris. 245 4 εἶπεν ὅτι μεγάλης βασιλείας κατάρχει καὶ πολλῶν * ὄχλων * ἀφηγεῖται καὶ οὐ δεῖ περὶ ἕτερόν τι τὴν διάνοιαν
Aris. 267 2 δὲ λέγειν φήσας αὐτὸν ἕτερον ἠρώτα πῶς ἂν παμμιγῶν * ὄχλων * ὄντων ἐν τῇ βασιλείᾳ τούτοις ἁρμόσαι; τὸ πρέπον
Aris. 271 4 κακουργηθήσεται διὰ τῶν ἀποτεταγμένων εἰς τοὺς * ὄχλους * ταῖς χρείαις καθὼς σὺ τοῦτο πράσσεις θεοῦ σοι τὴν
Aris. 288 2 ἐπυνθάνετο τοῦ μετέπειτα τί κάλλιστόν ἐστι τοῖς * ὄχλοις * ἐξ ἰδιώτου βασιλέα κατασταθῆναι ἐπ' αὐτῶν ἢ ἐκ
Aris. 289 5 πεπειραμένοι καὶ πενίας μετεσχηκότες ἄρξαντες * ὄχλων * χαλεπώτεροι τῶν ἀνοσίων τυράννων ἐξέβησαν. ἀλλὰ ὡς
Sib. 5 466 μεγάλου ποταμοῦ λιμνῶν τε μεγίστων εὐθὺς βάρβαρος * ὄχλος * ἐς 'Ασίδα γαῖαν ὁδεύσει καὶ Θρακῶν ὀλέσει δεινῶν
FEz. 64 70 8 λέγων πόσον ἦν ἡμῶν τὸ κλάσμα τοῦ ἄρτου μετὰ τῶν * ὄχλων * τῶν κληθέντων εἰς τὴν εὐφρασίαν; δεῦρο τοίνυν
HArt. 9 27 5 διαφυλάξαι. πρότερον γὰρ ἀδιατάκτους ὄντας τοὺς * ὄχλους * ποτὲ μὲν ἐκβάλλειν ποτὲ δὲ καθιστάνειν βασιλεῖς
HArt. 9 27 6 δὲ ἄλλους. διὰ ταῦτα οὖν τὸν Μώϋσον ὑπὸ τῶν * ὄχλων * ἀγαπηθῆναι καὶ ὑπὸ τῶν ἱερέων ἰσοθέου τιμῆς
HArt. 9 27 11 ἔργῳ δὲ ἐπιβουλεύειν. παρελόμενον γοῦν αὐτοῦ τοὺς * ὄχλους * τοὺς μὲν ἐπὶ τὰ ὅρια τῆς Αἰθιοπίας πέμψαι
HArt. 9 27 12 ταῦρον ῏Απιν κελεῦσαι ἱερὸν αὐτοῦ τοὺς * ὄχλους * καθιδρύσασθαι καὶ τὰ ζῷα τὰ καθιερωθέντα ὑπὸ τοῦ
LEze. 9 29 12 30 δαίσεσθε κρέα. σπουδῇ δὲ βασιλεὺς ἐκβαλεῖ πρόπαντ' * ὄχλον. * ὅταν δὲ μέλλητ' ἀποτρέχειν δώσω χάριν λαῷ γυνή τε
LEze. 9 29 14 01 ἀρχὴ δὲ μηνῶν καὶ χρόνων οὗτος πέλει. ὡς γὰρ σὺν * ὄχλῳ * τῷδ' ἀφώρμησεν δόμων βασιλεὺς Φαραὼ μυρίων ὅπλων
LEze. 9 29 14 05 παραστάταις ὁμοῦ ἦν φρικτὸς ἀνδρῶν ἐκτεταγμένων * ὄχλος. * πεζοὶ μὲν ἐν μέσοισι καὶ φαλαγγικοὶ διεκδρομὰς
LEze. 9 29 14 21 ἐτάθησαν ἀθρόοι θεὸν πατρῷον. ἦν πολὺς δ' ἀνδρῶν * ὄχλος. * ἡμᾶς δὲ χάρμα πάντας εἶχεν ἐν μέρει. ἔπειθ' ὑπ'

'Οχοζείας 6
Prop. 9 3 πεντηκόνταρχος οὗ ἐφείσατο 'Ηλίας καὶ κατέβη πρὸς * 'Οχοζίαν. * τοῦ 'Αχαὰβ δεηθεὶς τοῦ 'Ηλία ἐγένετο αὐτοῦ
Prop. 21 10 δύο πεντηκοντάρχων ἀποσταλέντων ἐπ' αὐτὸν παρὰ * 'Οχοζίου * τοῦ βασιλέως 'Ισραὴλ ἐπεκαλέσατο τὸν κύριον καὶ
FIsa. 1 2 13 Σεδεκίου τοῦ ψευδοπροφήτο<υ> ὄντος. ἦσαν μετὰ * 'Οχοζείου * υἱοῦ 'Αλά<μ> ἐν Σεμμωμα----- καὶ 'Ηλείας <ὁ
FIsa. 1 2 14 - καὶ τὴν Σαμαρίαν καὶ αὐτὸς ἐπροφήτευεν περὶ * 'Οχοζείου * ὅτι ἐν κλίνῃ ἀρρωστίας ἀποθανεῖται καὶ ἡ
FIsa. 1 2 15 τοῦ Θ<εο>ῦ. <κα>ὶ ἀκούσαντες οἱ προφῆται <ο>ἱ μετὰ * 'Οχοζείου * υἱοῦ 'Αλὰμ καὶ <ὁ> διδάσκαλος αὐτῶν 'Ιαλλαρίας
FIsa. 1 2 16 ἀδελφὸς τοῦ Σεδεκίου ἀκούσαν<τ>ες μετέπεισαν τὸν * 'Οχοζείαν * βασιλέα Γομόρρων καὶ ἐφό<ν>ευσαν τὸν

ὀχυρός 2
Sal. 2 1 τὸν ἁμαρτωλὸν ἐν κριῷ κατέβαλε τείχη * ὀχυρὰ * καὶ οὐκ ἐκώλυσας. ἀνέβησαν ἐπὶ τὸ θυσιαστήριόν σου
HHec. 1 22 197 ὀχυρώματα κατὰ τὴν χώραν καὶ κῶμαι μία δὲ πόλις * ὀχυρὰ * πεντήκοντα μάλιστα σταδίων τὴν περίμετρον ἦν

ὀχύρωμα 1
HHec. 1 22 197 πλάτος ἐστίν. ἔστι τῶν 'Ιουδαίων τὰ μὲν πολλὰ * ὀχυρώματα * κατὰ τὴν χώραν καὶ κῶμαι μία δὲ πόλις ὀχυρὰ

ὀψέ 4
Abr.1 6 6 καὶ εἰρήνη παρὰ θεοῦ καὶ πατρὸς καὶ γὰρ ἐγὼ τῇ * ὀψὲ * βραδείᾳ ὅτε ἔνιπτον τοὺς πόδας αὐτοῦ ἐν τῇ λεκάνῃ
Abr.1 6 7 εἰσὶν οὓς ἔνιψα τότε καὶ γὰρ τὰ δάκρυα αὐτοῦ * ὀψὲ * ἐν τῷ νιπτῆρι πίπτοντα ἐγένοντο τίμιοι λίθοι καὶ
Abr.2 6 5 λέγουσα κύριέ μου 'Αβραάμ τί ἔχετε κλαίοντες * ὀψέ; * καὶ ἄρτι μή τι φάσιν ἤνεγκας τῷ κυρίῳ μου 'Αβραὰμ
Sib. 5 51 ἤματα πάντα. τὸν μέτα τρεῖς ἄρξουσιν ὁ δὲ τρίτος * ὀψὲ * κρατήσει. τείρομαι ἡ τριτάλαινα κακὴν φάτιν ἐν φρεσὶ

ὀψίγονος 1
Sib. 3 387 δεσπότις αὐδηθεῖσα κακαῖς ἄτῃσιν ὀλεῖται οὔνομ' ἐν * ὀψιγόνοισι * πολυπλάγκτοισιν ἔχουσα. ἥξει καί ποτ' ἄπιστος

ὀψικεύω * 2
Abr.1 10 3 ἐν μνήματι ἀγομένους εἶδεν δὲ καὶ νεονύμφους * ὀψικευομένους * καὶ ἁπλῶς εἰπεῖν εἶδεν πάντα τὰ τοῦ κόσμου
Abr.1 20 12 ἐν τῇ δρυῒ τῇ Μαβρῇ τὴν δὲ τιμίαν αὐτοῦ ψυχὴν * ὀψικεύοντες * ἄγγελοι ἀνήρχοντο εἰς τὸν οὐρανὸν ψάλλοντες

ὀψιμαθής 1
FAch. 109 τι παρηκμακὼς μανθάνῃς μὴ αἰσχυνθῇς βέλτιον γὰρ * ὀψιμαθῆ * μᾶλλον ἢ ἀμαθῆ καλεῖσθαι. τῇ γυναικί σου κρύπτου

ὄψις 17
Adam 37 1 ὁ ἄγγελος καὶ ἀνέστησαν πάντες οἱ ἄγγελοι οἱ ἐπ' * ὄψεσιν * κείμενοι καὶ ἐβόησαν φωνὴν φοβερὰν λέγοντες
Hen. 10 5 σκότος. καὶ οἰκησάτω ἐκεῖ εἰς τοὺς αἰῶνας καὶ τὴν * ὄψιν * αὐτοῦ πώμασον καὶ φῶς μὴ θεωρείτω καὶ ἐν τῇ ἡμέρᾳ
Hen. 10B 5 σκότος καὶ οἰκησάτω ἐκεῖ εἰς τὸν αἰῶνα καὶ τὴν * ὄψιν * αὐτοῦ πώμασον καὶ φῶς μὴ θεωρείτω. καὶ ἐν τῇ ἡμέρᾳ
Hen. 13 9 μέσον τοῦ Λιβάνου καὶ Σενισὴλ περικεκαλυμμένοι τὴν * ὄψιν. * ἐνώπιον αὐτῶν καὶ ἀνήγγειλα αὐτοῖς πάσας τὰς
Abr.1 12 1 ἡμῖν ταῦτα λαλοῦντος ἰδοὺ δύο ἄγγελοι πύρινοι τῇ * ὄψει * καὶ ἀνηλεεῖς τῇ γνώμῃ καὶ ἀπότομοι τῷ βλέμματι καὶ
Abr.1 16 6 καὶ περιεβάλετο στολὴν λαμπροτάτην <καὶ ἐποίησεν * ὄψιν * ἡλιόμορφον> καὶ γέγονεν εὐπρεπὴς ὡραῖος ὑπὲρ τοὺς
Abr.1 17 13 καὶ περιεβάλετο στολὴν τυραννικὴν καὶ ἐποίησεν * ὄψιν * ζοφερὰν παντὸς θηρίου ἀγριωτέραν καὶ πάσης
Abr.1 20 5 θεωρῶν σου τὸ εἶδος <κατῆλθε γὰρ ὁ ἱδρὼς ἐκ τῆς * ὄψεως * αὐτοῦ> ὡσεὶ θρόμβοι αἵματος. ἦλθεν δὲ 'Ισαὰκ ὁ
TRub. 3 10 ἀκούσατε 'Ρουβὴμ τοῦ πατρὸς ὑμῶν. μὴ προσέχετε ἐν * ὄψει * γυναικὸς μηδὲ ἰδιάζετε μετὰ θηλείας ὑπάνδρου μηδὲ
TRub. 5 5 θυγατράσιν ἵνα μὴ κοσμῶνται τὰς κεφαλὰς καὶ τὰς * ὄψεις * αὐτῶν ὅτι πᾶσα γυνὴ δολιευομένη ἐν τούτοις εἰς

TSlm. 5 1 διὰ τοῦτο Ἰωσὴφ ἦν ὡραῖος τῷ εἴδει καὶ καλὸς τῇ * ὄψει * ὅτι οὐκ ἐνοίκησεν ἐν αὐτῷ οὐδὲν πονηρὸν ἐκ γὰρ
TJos. 11 3 δέ μοι ὁ μείζων αὐτῶν οὐκ εἶ δοῦλος σὺ ὅτι καὶ ἡ * ὄψις * σου δηλοῖ περὶ σου καὶ ἠπείλει μοι ἕως θανάτου. ἐγὼ
TBen. 10 1 ἐπεθύμουν ἰδεῖν τὴν ἰδέαν αὐτοῦ καὶ τὴν μορφὴν τῆς * ὄψεως * αὐτοῦ καὶ δι᾽ εὐχῶν Ἰακὼβ τοῦ πατρός μου εἶδον
Aris. 77 8 ἀφίστασθαι διὰ τὴν περιαύγειαν καὶ τὸ τῆς * ὄψεως * τερπνόν. ποικίλη γὰρ ἦν ἡ τῆς ἐπιφανείας ἐνέργεια.
Aris. 316 4 τῶν ἀναγεγραμμένων ἐν τῇ βίβλῳ πρός τι δρᾶμα τὰς * ὄψεις * ἀπεγλαυκώθη καὶ λαβὼν ὑπόνοιαν ὅτι διὰ τοῦτ᾽ αὐτῷ
FAch. 106 φύλακι τοῦ ζῆν πάντας μεταστῆναι. ἐπελάβετο δὲ τὴν * ὄψιν * ἑαυτοῦ τύπτων καὶ ⟨ἤρξατο⟩ κατατίλλεσθαι καὶ
LEze. 9 29 8 06 θάρσησον ὦ παῖ καὶ λόγων ἄκου᾽ ἐμῶν ἰδεῖν γὰρ * ὄψιν * τὴν ἐμὴν ἀμήχανον θνητὸν γεγῶτα τῶν λόγων δ᾽ ἔξεστί

ὀψοποιέω 1
HEup. 9 39 3 τὸν δὲ φάναι τοῖς ξύλοις τούτοις Βαβυλωνίοις * ὀψοποιήσειν * καὶ σκάψειν τὰς τοῦ Τίγριδος καὶ Εὐφράτου

ὀψώνιον 3
Hen. 103 11 κέρ⟨κος ἐκο⟩πιάσαμεν ἐργαζόμενοι καὶ τῶν * ὀψωνίων * οὐ κεκυριεύκαμεν. ἐγενήθημεν κατάβρωμα ἁμαρτωλῶν
Aris. 20 1 καθῆκόν ἐστί σοι. διαχυθεὶς δὲ εὖ μάλα τοῖς * ὀψωνίοις * εἶπε προσθεῖναι καὶ σώματος ἑκάστου κομίζεσθαι
Aris. 22 10 σώματος δραχμὰς εἴκοσι τοὺς μὲν στρατιώτας τῇ τῶν * ὀψωνίων * δόσει τοὺς δὲ λοιποὺς ἀπὸ τῆς βασιλικῆς

παγανός 4
FEz. 64 70 6 ἐν τῇ αὐτοῦ βασιλείᾳ πάντας εἶχεν ἐστρατευμένους * παγανὸν * δὲ οὐκ εἶχεν ἀλλ᾽ ἢ μόνον δύο ἕνα χωλὸν καὶ ἕνα
FEz. 64 70 7 τοὺς ἐν τῇ αὐτοῦ βασιλείᾳ περιεφρόνησε δὲ τῶν δύο * παγανῶν * τοῦ τε χωλοῦ καὶ τοῦ τυφλοῦ οἱ δὲ ἠγανάκτησαν ἐν
FEz. 64 70 12 στρατιῶται ἐν τῇ βασιλείᾳ σου καὶ οὐδείς ἐστι * παγανός. * πόθεν τοίνυν ἴχνη παγανῶν ἐν τῷ παραδείσῳ; ὁ δὲ
FEz. 64 70 12 σου καὶ οὐδείς ἐστι παγανός. πόθεν τοίνυν ἴχνη * παγανῶν * ἐν τῷ παραδείσῳ; ὁ δὲ ἐθαύμασε. ὡς μετεστείλατο

παγγενέτειρα 3
Sib. 3 675 μεγάλαι λάμπουσαι εἰς μέσον ἀνδρῶν. γαῖα δὲ * παγγενέτειρα * σαλεύσεται ἤμασι κείνοις χειρὸς ἀπ᾽
Sib. 3 714 οὐρανὸς ἠέλιός τε θεήλατος ἠδὲ σελήνη. γαῖα δὲ * παγγενέτειρα * σαλεύσεται ἤμασι κείνοις ἡδὺν ἀπὸ στομάτων
Sib. 3 744 ἐπ᾽ ἀνθρώπους μεγάλη κρίσις ἠδὲ καὶ ἀρχή. γῆ γὰρ * παγγενέτειρα * βροτοῖς δώσει τὸν ἄριστον καρπὸν ἀπειρέσιον

παγγενέτης 1
Sib. 3 550 τελεῖν προλιποῦσα θεοῦ μεγάλοιο πρόσωπον; οὔνομα * παγγενέταο * σέβας δ᾽ ἔχε μηδὲ λάθῃ σε. χίλια δ᾽ ἔστ᾽ ἔτεα

παγγενέτωρ 1
Sib. 5 328 τε σοφὴν ἀνδρῶν μελέτην καὶ σώφρονα βουλήν+. ἵλαθι * παγγενέτωρ * τρυφερῇ χθονὶ τῇ πολυκάρπῳ Ἰουδαίᾳ μεγάλῃ

πάγγνωστος * 1
Sedr. 11 19 ἐστολισμένον σῶμα τὸ φωταγωγὸν γλεύφορον * πάγγνωστον * καὶ ἄρτι πεσὸν εἰς τὴν γῆν ὕπαγε κάλλος σου

παγετός 2
Hen. 100 13 καὶ πάχνη καὶ ψῦχος αὐτῆς καὶ οἱ ἄνεμοι καὶ ὁ * παγετὸς * αὐτῶν καὶ πᾶσαι αἱ μάστιγες αὐτῶν οὐ δύνασθε
FJub. 2 2 ἐξ ὧν ἐστι χιὼν καὶ κρύσταλλος καὶ χάλαζα καὶ * παγετοὶ * καὶ δρόσος τὰ πνεύματα τὰ λειτουργοῦντα ἐνώπιον

παγίς 1
Hen. 103 8 ἐκεῖ ἔσονται ἐν ἀνάγκῃ μεγάλῃ καὶ ἐν σκότει καὶ ἐν * παγίδι * καὶ ἐν φλογὶ καιομένῃ καὶ εἰς κρίσιν μεγάλην

πάγκακος 1
Sib. 5 74 Αἰγύπτῳ θεὸς ἔννεπεν ἐξαυδῆσαι ὑστατίῳ καιρῷ ὅτε * πάγκακοι * ἄνδρες ἔσονται. ἀλλὰ ταλαιπωροῦσι κακοὶ

πάγκαλος 1
Asen. 13 14 καὶ τοσαύτην σοφίαν καὶ ἀρετὴν καὶ δύναμιν ὡς ὁ * πάγκαλος * Ἰωσήφ; κύριε παρατίθημί σοι αὐτὸν ὅτι ἐγὼ

πάγκαρπος 1
Aris. 63 3 λίθων τῆς ᾠοθεσίας στέφανον ἐποίησαν οἱ τεχνῖται * πάγκαρπον * ἐν ὑπεροχῇ προδήλως ἔχοντα βοτρύων καὶ σταχύων

πάγκλαυστος 1
Sib. 5 197 κλαύσεις σέ δ᾽ ὀλεῖ μεγαλόσθενος ἀνήρ. σὰς Λιβύη * πάγκλαυστε * τίς ἐξηγήσεται ἄτας; τίς δέ σε Κυρήνη μερόπων

πάγος (ὁ) 1
FJub. 2 2 ἄγγελοι νεφελῶν καὶ γνόφων χιόνος καὶ χαλάζης καὶ * πάγου * ἄγγελοι φωνῶν βροντῶν ἀστραπῶν ψύχους καύματος

πάθημα 1
FrAn. 9 17 5 παῖς ἀπολώλει. συμβαλὼν δὲ κατὰ θεομηνίαν τοιούτῳ * παθήματι * περιπεσεῖν ὑπὸ τοὺς πόδας αὐτοῦ τὸ μειράκιον

πάθος 10
TLevi 4 1 τηκομένων καὶ τοῦ ᾅδου σκυλευομένου ἐπὶ τῷ * πάθει * τοῦ ὑψίστου οἱ ἄνθρωποι ἀπιστοῦντες ἐπιμενοῦσιν ἐν
TJud. 18 6 ὑπακούει καὶ λόγῳ εὐσεβείας προσοχθίζει. δύο γὰρ * πάθη * ἐναντία τῶν ἐντολῶν τοῦ θεοῦ δουλεύων θεῷ ὑπακούειν
TJos. 7 8 θεόν μου εἶπον οὕτως καὶ οὐ δι᾽ αὐτήν. ἐὰν γάρ τις * πάθει * ὑποπέσῃ ἐπιθυμίας πονηρᾶς καὶ τούτῳ δουλωθῇ ὡς
TJos. 7 8 δουλωθῇ ὡς κἀκείνη κἂν ἀγαθόν τι ἀκούσῃ εἰς τὸ * πάθος * ὃ ἡττᾶται ἐκλαμβάνει αὐτὸ πρὸς ἐπιθυμίαν πονηράν.
TBen. 5 1 ἀγαθὸν καὶ οἱ πλεονέκται οὐ μόνον ἀποστήσονται τοῦ * πάθους * ἀλλὰ καὶ τὰ τῆς πλεονεξίας δώσουσι τοῖς
Prop. 8 1 ⟨προφητεύσας περὶ λιμοῦ καὶ ἐκθλίψεως θυσιῶν καὶ * πάθους * προφήτου δικαίου καὶ δι᾽ αὐτοῦ ἀνακαινισθήσεσθαι
FPho. 27 πεσόντι δίδου σῶσον δ᾽ ἀπερίστατον ἄνδρα. κοινὰ * πάθη * πάντων ὁ βίος τροχὸς ἄστατος ὄλβος. πλοῦτον ἔχων
FPho. 59 γὰρ πλήξας ἀέκων φόνον ἐξετέλεσσεν. ἔστω κοινὰ * πάθη * μηδὲν μέγα μηδ᾽ ὑπέροπλον. οὐκ ἀγαθὸν πλεονάζον ἔφυ
FPho. 194 ἄπας ῥεύσῃς ἀκάθεκτον οὐ γὰρ ἔρως θεός ἐστι * πάθος * δ᾽ ἀίδηλον ἁπάντων. στέργε τεὴν ἄλοχον τί γὰρ
HArt. 9 27 20 ἀνθρώπων ἐλεφαντιάσαντα μεταλλάξαι τούτῳ δὲ τῷ * πάθει * περιπεσεῖν διὰ τὸ τοὺς Ἰουδαίους προστάξαι

παιδάριον 8
Abr.2 2 13 ἐν τῇ ὁδῷ. ἀπεκρίθη Μιχαὴλ καὶ εἶπεν μὴ σκύλου τὸ * παιδάριον * ἀλλὰ περιπατήσωμεν μετεωριζόμενοι μέχρις οὗ
TLevi 18 2B064 ὡς τούτῳ ἐν τῇ γῇ ἡμετέρᾳ νομιζομένῃ. καὶ ἐπὶ τοῦ * παιδαρίου * εἶδον ἐγὼ ἐν τῷ ὁράματί μου ὅτι ἐκβεβλημένος
Asen. 16 4 τίνος χάριν ἵστασαι; καὶ εἶπεν Ἀσενὲθ πέμψω δὴ * παιδάριον * εἰς τὸ προάστειον διότι ἐγγύς ἐστιν ὁ ἀγρὸς
Asen. 19 1 Ἰωσήφ; καὶ ἔτι λαλούντων αὐτῶν ταῦτα ἦλθε * παιδάριον * καὶ εἶπε πρὸς Ἀσενὲθ ἰδοὺ Ἰωσὴφ πρὸς τὰς
Asen. 27 1 τῆς Ἀσενὲθ ἐν τῷ ὀχήματι αὐτῆς. καὶ ἦν Βενιαμὶν * παιδάριον * ὀκτωκαίδεκα ἐτῶν μέγα καὶ ἰσχυρὸν καὶ
Asen. 27 7 καὶ τέθνηκεν ὁ υἱὸς Φαραὼ ἐν χειρὶ Βενιαμὶν τοῦ * παιδαρίου * καὶ πάντες οἱ μετ᾽ αὐτοῦ ἀπολώλασιν ἐν χειρὶ
Asen. 27 7 πάντες οἱ μετ᾽ αὐτοῦ ἀπολώλασιν ἐν χειρὶ μιᾷ τοῦ * παιδαρίου * Βενιαμίν. καὶ νῦν δεῦτε ἀποκτείνωμεν τὴν
Asen. 29 7 υἱὸς Φαραὼ ἐκ τοῦ τραύματος τοῦ λίθου Βενιαμὶν τοῦ * παιδαρίου. * καὶ Φαραὼ ἐπένθησε τὸν υἱὸν αὐτοῦ τὸν

παιδεία 20
TZab. 2 3 ὅτι οὐχ ἥμαρτον εἰς ὑμᾶς. εἰ δὲ καὶ ἥμαρτον ἐν * παιδείᾳ * παιδεύσατέ με τὴν δὲ χεῖρα ὑμῶν μὴ ἐπενέγκητε
Sal. 7 9 καὶ ἡμεῖς ὑπὸ ζυγόν σου τὸν αἰῶνα καὶ μάστιγα * παιδείας * σου. κατευθυνεῖς ἡμᾶς ἐν καιρῷ ἀντιλήψεώς σου
Sal. 8 26 ὅτι σὺ ὁ θεὸς τῆς δικαιοσύνης κρίνων τὸν Ισραηλ ἐν * παιδείᾳ. * ἐπίστρεψον ὁ θεὸς τὸ ἔλεός σου ἐφ᾽ ἡμᾶς καὶ
Sal. 10 2 χρηστὸς γὰρ ὁ κύριος τοῖς ὑπομένουσιν * παιδείαν. * ὀρθώσει γὰρ ὁδοὺς δικαίων καὶ οὐ διαστρέψει ἐν
Sal. 10 3 ὀρθώσει γὰρ ὁδοὺς δικαίων καὶ οὐ διαστρέψει ἐν * παιδείᾳ * καὶ τὸ ἔλεος κυρίου ἐπὶ τοὺς ἀγαπῶντας αὐτὸν ἐν
Sal. 13 7 δικαίου οὐδὲν ἐκ πάντων τούτων. ὅτι οὐχ ὁμοία ἡ * παιδεία * τῶν δικαίων ἐν ἀγνοίᾳ καὶ ἡ καταστροφὴ τῶν
Sal. 13 9 ὅτι νουθετήσει δίκαιον ὡς υἱὸν ἀγαπήσεως καὶ ἡ * παιδεία * αὐτοῦ ὡς πρωτοτόκου. ὅτι φείσεται κύριος τῶν
Sal. 13 10 ὁσίων αὐτοῦ καὶ τὰ παραπτώματα αὐτῶν ἐξαλείψει ἐν * παιδείᾳ. * ἡ γὰρ ζωὴ τῶν δικαίων εἰς τὸν αἰῶνα ἁμαρτωλοὶ
Sal. 14 1 τοῖς ἀγαπῶσιν αὐτὸν ἐν ἀληθείᾳ τοῖς ὑπομένουσιν * παιδείαν * αὐτοῦ τοῖς πορευομένοις ἐν δικαιοσύνῃ
Sal. 16 13 μοι τὸ δοθέν. ὅτι ἐὰν μὴ σὺ ἐνισχύσῃς τίς ὑφέξεται * παιδείαν * ἐν πενίᾳ; ἐν τῷ ἐλέγχεσθαι ψυχὴν ἐν χειρὶ
Sal. 18 4 καὶ ἡ ἀγάπη σου ἐπὶ σπέρμα Αβρααμ υἱοὺς Ισραηλ. ἡ * παιδεία * σου ἐφ᾽ ἡμᾶς ὡς υἱὸν πρωτότοκον μονογενῆ
Sal. 18 7 κυρίου ἃ ποιήσει γενεᾷ τῇ ἐρχομένῃ ὑπὸ ῥάβδον * παιδείας * χριστοῦ κυρίου ἐν φόβῳ θεοῦ αὐτοῦ ἐν σοφίᾳ
Bar. 1 2 τοῦτο; καὶ ἵνα τί κύριε οὐκ ἀπέδωκας ἡμᾶς ἐν ἄλλῃ * παιδείᾳ * ἀλλὰ παρέδωκας ἡμᾶς εἰς ἔθνη τοιαῦτα ὅπως
Aris. 8 3 τοῖς κενοδόξοις ὠφέλειαν οὐκ ἔχει τὴν αὐτὴν ὅσον ἡ * παιδείας * ἀγωγὴ καὶ ἡ περὶ τούτων φροντίς. ἵνα δὲ μὴ περὶ
Aris. 43 3 παρά σοι καὶ Ἀριστέας ἄνδρες καλοὶ καὶ ἀγαθοὶ καὶ * παιδείᾳ * διαφέροντες καὶ τῆς σῆς ἀγωγῆς καὶ δικαιοσύνης
Aris. 121 1 δηλώσομεν. ἐπιλέξας γὰρ τοὺς ἀρίστους ἄνδρας καὶ * παιδείᾳ * διαφέροντας ἅτε δὴ γονέων τετευχότας ἐνδόξων
Aris. 290 1 ἐξέβησαν. ἀλλὰ ὡς προεῖπον ἦθος χρηστὸν καὶ * παιδείας * κεκοινωνηκὸς δυνατὸν ἄρχειν ἐστί καθὼς σὺ
FAch. 103 σοφίας. πᾶσαν δὲ αὐτοῦ ἐποιήσατο ἐπιμέλειαν τῆς * παιδείας. * ὁ δὲ νεανίσκος μέγα ποιήσας ἅμα τῇ τοῦ
FAch. 109 ἁμαρτάνειν. ἐν οἴνῳ μὴ φιλολόγει ἐπιδεικνύμενος * παιδείαν * ἀκαίρως γὰρ κατασοφιζόμενος καταγελασθήσῃ.
FAch. 120 τὸ πρόβλημα παρ᾽ ἡμῖν παῖδες λύουσιν. [οἱ γὰρ * παιδείας * μετέχοντες καταγελῶσι τῶν τὰ τοιαῦτα

παίδευμα 1
LEze. 9 28 3 06 τὸν παιδὸς εἴχομεν χρόνον τροφαῖσι βασιλικαῖσι καὶ * παιδεύμασιν * ἅπανθ᾽ ὑπισχνεῖθ᾽ ὡς ἀπὸ σπλάγχνων ἐῶν ἐπεὶ

παίδευσις 2
Sedr. 4 1 εὑρίσκω. λέγει αὐτῷ Σεδρὰχ κόλασις καὶ πῦρ ἐστιν ἡ * παίδευσίς * σου πικροὶ εἰσιν κύριέ μου καλὸν ἦν τοῦ
FJub. 47 5 οὔσῃ εἰσποιηθεὶς καὶ πᾶσαν Αἰγυπτίων ἀσκηθεὶς * παίδευσιν * ὡς βασιλίδος υἱὸς δικαίως ἂν κληθείη κατὰ

παιδευτής 1
Sal. 8 29 καὶ ἡμεῖς ἐσκληρύναμεν τὸν τράχηλον ἡμῶν καὶ σὺ * παιδευτὴς * ἡμῶν εἶ. μὴ ὑπερίδῃς ἡμᾶς ὁ θεὸς ἡμῶν ἵνα μὴ

παιδεύω 13
TZab. 2 3 οὐχ ἥμαρτον εἰς ὑμᾶς. εἰ δὲ καὶ ἥμαρτον ἐν παιδείᾳ * παιδεύσατέ * με τὴν δὲ χεῖρα ὑμῶν μὴ ἐπενέγκητε διὰ Ἰακὼβ
Asen. 11 18 κύριος πατάξει με αὐτὸς πάλιν ἰάσεταί με καὶ ἐὰν * παιδεύσῃ * με ἐν ταῖς μάστιξιν αὐτοῦ αὐτὸς ἐπιβλέψει ἐπ᾽
Sal. 3 4 τὰ κρίματα κυρίου. οὐκ ὀλιγωρήσει δίκαιος * παιδευόμενος * ὑπὸ κυρίου ἡ εὐδοκία αὐτοῦ διὰ παντὸς
Sal. 7 3 κληρονομίαν ἁγιάσματός σου. σὺ ἐν θελήματί σου * παίδευσον * ἡμᾶς καὶ μὴ δῷς ἔθνεσιν. ἐὰν γὰρ ἀποστείλῃς
Sal. 13 8 καὶ ἡ καταστροφὴ τῶν ἁμαρτωλῶν. ἐν περιστολῇ * παιδεύεται * δίκαιος ἵνα μὴ ἐπιχαρῇ ὁ ἁμαρτωλὸς τῷ δικαίῳ
Sal. 16 11 ἐν θλίψει μάκρυνον ἀπ᾽ ἐμοῦ ἐὰν ἁμαρτήσω ἐν τῷ σε * παιδεύειν * εἰς ἐπιστροφήν. εὐδοκίᾳ δὲ μετὰ ἱλαρότητος
Sal. 17 42 ἣν ἔγνω ὁ θεὸς ἀναστῆσαι αὐτὸν ἐπ᾽ οἶκον Ισραηλ * παιδεῦσαι * αὐτόν. τὰ ῥήματα αὐτοῦ πεπυρωμένα ὑπὲρ χρυσίον
Sedr. 3 7 ἔργον μου ἐστὶν καὶ πλάσμα τῶν χειρῶν μου καὶ * παιδεύω * αὐτὸν καθὼς εὑρίσκω. λέγει αὐτῷ Σεδρὰχ κόλασις
Aris. 287 2 τούτων οὗτοι γὰρ θεοφιλεῖς εἰσι πρὸς τὰ κάλλιστα * πεπαιδευκότες * τὰς διανοίας καθὼς καὶ σὺ τοῦτο πράσσεις

Aris. 321 4 μὴ κωλύσῃ περὶ πολλοῦ ποιούμενος τοῖς * πεπαιδευμένοις * συνεῖναι καὶ εἰς τοιούτους τὸν πλοῦτον
FEz. 185 6 προς τον κν κε μ⟩η με ελλεγξης τ⟨ω θυμω σου μη δε * π⟩εδευσης * με εν τη ⟨οργη σου δοκιμαζο⟩μαι εως των
FAch. 109 τῶν ἐμῶν λόγων τέκνον Αἶνε δι' ὧν καὶ πρότερον * παιδευθεὶς * οὐ δικαίας μοι χάριτας ἀποδέδωκας. καὶ νῦν
HAno. 9 18 2 τὸν δὲ "Ἀβραμον τὴν ἀστρολογικὴν ἐπιστήμην * παιδευθέντα * πρῶτον μὲν ἐλθεῖν εἰς Φοινίκην καὶ τοὺς

παιδίον 21

Hen. 106 1 ἐπῆλθεν ἔλαβεν αὐτῷ γυναῖκα καὶ ἔτεκεν αὐτῷ * παιδίον * καὶ ὅτε ἐγεννήθη τὸ παιδίον ἦν τὸ σῶμα
Hen. 106 2 καὶ ἔτεκεν αὐτῷ παιδίον καὶ ὅτε ἐγεννήθη τὸ * παιδίον * ἦν τὸ σῶμα λευκότερον χιόνος καὶ πυρρότερον
Hen. 106 16 ἔσται ἀπώλεια μεγάλη ἐπὶ ἐνιαυτὸν ἕνα καὶ τόδε τὸ * παιδίον * τὸ γεννηθὲν καταλειφθήσεται καὶ τρία αὐτοῦ τέκνα
Hen. 107 2 τέκνον καὶ σήμανον Λάμεχ τῷ υἱῷ σου ὅτι τὸ * παιδίον * τοῦτο τὸ γεννηθὲν τέκνον αὐτοῦ ἐστιν δικαίως καὶ
Abr.2 9 3 πύλην ὅτι οὐδεὶς δύναται εἰσελθεῖν ἐν αὐτῇ εἰ μὴ * παιδία * ὡς δέκα ἐτῶν. καὶ εἶπεν Μιχαὴλ σὺ ὅλως εἰσέρχει
Asen. 2 6 ἄστρα τοῦ οὐρανοῦ καὶ ἀνὴρ οὐχ ὡμίλει αὐταῖς οὐδὲ * παιδίον * ἄρρεν. καὶ ἦσαν θυρίδες τρεῖς τῷ θαλάμῳ τῷ
Asen. 12 8 καταληφθῆναί με ὑπὸ τῶν καταδιωκόντων με. ὡς γὰρ * παιδίον * νήπιον φοβούμενον φεύγει πρὸς τὸν πατέρα αὐτοῦ
Asen. 12 8 καὶ ἐναγκαλίζεται αὐτὸ πρὸς τὸ στῆθος αὐτοῦ καὶ τὸ * παιδίον * σφίγγει τὰς χεῖρας αὐτοῦ ἐπὶ τὸν αὐχένα τοῦ
Prop. 22 10 καὶ τὸ περισσεῦον ἔσχεν εἰς διατροφὴν τῶν * παιδίων. * εἰς Σουμὰν ἀπελθὼν ἔμεινε παρά τινι γυναικὶ καὶ
Prop. 22 11 ἔμεινε παρά τινι γυναικὶ καὶ μὴ ποιοῦσαν αὐτὴν * παιδίον * ἐπιθυμοῦσαν δὲ σχεῖν εὐξάμενος πεποίηκε
Esdr. 4 33 ὑψώθη ἕως τοῦ ᾅδου καταβήσει. ποτὲ μὲν γενήσεται * παιδίον * ποτὲ δὲ γέρων. καὶ εἶπεν ὁ προφήτης κύριε καὶ
Esdr. 4 35 ἀνθρώπων; καὶ εἶπεν ὁ θεὸς ἄκουσον προφῆτά μου καὶ * παιδίον * γίνεται καὶ γέρων καὶ μηδεὶς αὐτῷ πιστεύει ὅτι
Job 4 5 σοι πληγὰς πολλὰς ἀφαιρεῖταί σου τὰ ὑπάρχοντα, τὰ * παιδία * σου ἀναιρήσει ἀλλ' ἐὰν ὑπομείνῃς, ποιήσω σου τὸ
Job 39 12 ἐκώλυσα λέγων μὴ κάμητε εἰκῇ, οὐ γὰρ εὑρήσετε τὰ * παιδία * μου ἐπειδὴ ἀνελήφθησαν εἰς οὐρανοὺς ὑπὸ τοῦ
Aris. 248 6 ἵνα παρῇ πάντα αὐτοῖς τὰ ἀγαθά. τὸ δὲ ἐπιδεῖσθαι * παιδία * σωφροσύνης μετασχεῖν θεοῦ δυνάμει τοῦτο γίνεται.
FAch. 111 οὕτως τε αὐτοὺς ἐκέλευσεν τρέφεσθαι καὶ βαστάζειν * παιδία * μανθάνειν. γενάμενοι δὲ τέλειοι ἔφερον τοὺς
FAch. 111 Αἴσωπος τῷ βασιλεῖ ἔπλευσεν εἰς Αἴγυπτον σὺν τοῖς * παιδίοις * καὶ τοῖς ἀετοῖς μετὰ πολλῶν οἰκετῶν καὶ
HDem. 9 21 3 τεσσάρων καὶ γενέσθαι ἐν ἑπτὰ ἔτεσιν ἄλλοις αὐτῷ * παιδία * ιβ' ὀγδόῳ μὲν ἔτει μηνὶ δεκάτῳ Ῥουβὶν καὶ τῷ
HDem. 9 21 5 ἐν τοῖς ἑπτὰ ἔτεσι τοῖς παρὰ Λάβαν δώδεκα * παιδία. * θέλοντα δὲ τὸν Ἰακὼβ πρὸς τὸν πατέρα εἰς Χαναὰν
HDem. 9 21 8 τῆς Χαναὰν γῆς εἰς ἑτέραν πόλιν Σικίμων ἔχοντα * παιδία * Ῥουβὶμ ἐτῶν δώδεκα μηνῶν δυοῖν Συμεῶνα ἔτη
HArt. 9 27 3 στεῖραν ὑπάρχουσαν ὑποβαλέσθαι τινὸς τῶν Ἰουδαίων * παιδίον * τοῦτο δὲ Μώϋσον ὀνομάσαι ὑπὸ δὲ τῶν Ἑλλήνων

παιδίσκη 21

Abr.1 15 6 υἱός σου ὁ ἠγαπημένος ἰδοὺ δὴ πάντες οἱ παῖδες καὶ * παιδίσκαι * σου κύκλῳ σου ποίησον διάταξιν περὶ πάντων ὧν
Abr.1 17 18 πικρίας καὶ ἀγριότητος ἐτελεύτησαν παῖδες καὶ * παιδίσκαι * ἑπτὰ καὶ ὁ δίκαιος Ἀβραὰμ ἦλθεν εἰς ὀλιγωρίαν
Abr.1 18 3 ἐποίησας ὅτι ἀπέκτεινας πάντας τοὺς παῖδας καὶ * παιδίσκας * μου; ἦ ὁ θεὸς ἐν τούτῳ σε ἀπέστειλεν; καὶ ὁ
TNep. 1 11 ἠγοράσθη ὑπὸ Λαβὰν καὶ ἔδωκεν αὐτῷ Αιναν τὴν * παιδίσκην * αὐτοῦ εἰς γυναῖκα ἥτις ἔτεκε θυγατέρα καὶ
TBen. 1 3 τέθνηκε γεννῶσά με γάλα οὐκ ἔσχον. Βάλλαν οὖν τὴν * παιδίσκην * αὐτῆς ἐθήλασα. ἡ γὰρ Ῥαχὴλ μετὰ τὸ τεκεῖν τὸν
Asen. 6 8 ἀγνοίᾳ. καὶ νῦν δότω με ὁ πατήρ μου τῷ Ἰωσὴφ εἰς * παιδίσκην * καὶ εἰς δούλην καὶ δουλεύσω αὐτῷ εἰς τὸν αἰῶνα
Asen. 13 15 τῆς χάριτός σου. καὶ σὺ κύριε παράθου με αὐτῷ εἰς * παιδίσκην * καὶ δούλην. κἀγὼ στρώσω τὴν κλίνην αὐτοῦ καὶ
Asen. 15 13 τὰ ῥήματά σου ὅσα εἶπας πρός με λαλησάτω δὴ ἡ * παιδίσκη * σου ἐνώπιόν σου. καὶ εἶπεν αὐτῇ ὁ ἄνθρωπος
Asen. 17 10 ἑαυτῇ ἵλεως ἔσο κύριε τῇ δούλῃ σου καὶ φεῖσαι τῆς * παιδίσκης * σου διότι ἐγὼ λελάληκα τολμηρῶς ἐνώπιόν σου ἐν
Asen. 19 5 ταχέως ἀνάγγειλόν μοι. καὶ εἶπεν αὐτῷ ἐγώ εἰμι ἡ * παιδίσκη * σου Ἀσενὲθ καὶ τὰ εἴδωλα πάντα ἀπέρριψα ἀπ'
Asen. 20 4 κύριέ μου ὅτι σύ μου εἶ κύριος ἀπὸ τοῦ νῦν καὶ ἐγὼ * παιδίσκη * σου. καὶ ἵνα τί σὺ τοῦτο λαλεῖς ἄλλην παρθένον
Asen. 22 11 υἱοὶ Λίας μόνον οἱ δὲ υἱοὶ Ζέλφας καὶ Βάλλας τῶν * παιδισκῶν * Λίας καὶ Ῥαχὴλ οὐ συμπροέπεμψαν αὐτοὺς διότι
Asen. 23 3 ὑμῖν χρυσίον καὶ ἀργύριον πολὺν καὶ παῖδας καὶ * παιδίσκας * καὶ οἴκους καὶ κληρονομίας μεγάλας. πλὴν τὸ
Asen. 24 2 λέγοντες ἰδοὺ οἱ υἱοὶ Βάλλας καὶ οἱ υἱοὶ Ζέλφας * παιδισκῶν * Λίας καὶ Ῥαχὴλ γυναικῶν Ἰακὼβ ἐχθραίνονται
Asen. 24 8 πρὸς Φαραὼ τὸν πατέρα μου περὶ ὑμῶν ὅτι τέκνα * παιδισκῶν * τοῦ πατρός μού εἰσι Δὰν καὶ Γὰδ καὶ Νεφθαλὶμ
Asen. 24 8 μήποτε συγκληρονομήσωσι μεθ' ἡμῶν διότι τέκνα * παιδισκῶν * εἰσιν. καὶ οὗτοί με πεπράκασι τοῖς
Asen. 28 9 καὶ ἐζήτουν τοὺς ἀδελφοὺς αὐτῶν τοὺς υἱοὺς τῶν * παιδισκῶν * τοῦ πατρὸς αὐτῶν τοῦ ἀνελεῖν αὐτούς. καὶ εἶπε
Job 21 2 γυναῖκα ὑδροφοροῦσαν εἰς οἶκον τινὸς εὐσχήμονος ὡς * παιδίσκην * ἕως ἂν λάβῃ ἄρτον καὶ προσενέγκῃ μοι καὶ ἐγὼ
IMen. 5 119 2 γυναικὸς πολυτελοῦς ἢ δώματος ἢ κτήσεως παιδός τε * παιδίσκης * θ' ἁπλῶς ἵππων βοῶν τὸ σύνολον ἢ κτηνῶν. τί
HDem. 9 21 3 τὴν ἀδελφὴν καὶ παρακοιμίσαι τῷ Ἰακὼβ τὴν ἑαυτῆς * παιδίσκην * Ζελφὰν τῷ αὐτῷ χρόνῳ ᾧ καὶ Βάλλαν συλλαβεῖν
HDem. 9 21 4 Ῥουβὴλ εἰσενεγκεῖν παρὰ Ῥαχὴλ συλλαβεῖν καὶ τὴν * παιδίσκην * Ζελφὰν τῷ αὐτῷ χρόνῳ τῷ δωδεκάτῳ ἔτει μηνὶ

παιδογόνος 1

FPho. 187 μηδ' ἐπὶ σῇ ἀλόχωι ἐγκύμονι χεῖρα βάληαι. μηδ' αὖ * παιδογόνον * τέμνειν φύσιν ἄρσενα κούρου. μηδ' ἀλόγοις

παιδοφθόρος 1

TLevi 17 11 μάχιμοι φιλάργυροι ὑπερήφανοι ἄνομοι ἀσελγεῖς * παιδοφθόροι * καὶ κτηνοφθόροι. καὶ μετὰ τὸ γενέσθαι τὴν

παίζω 2

Abr.1 10 2 ἀλλαχοῦ ἀγραυλοῦντας καὶ ὀρχουμένους * παίζοντας * καὶ κιθαρίζοντας ἐν ἄλλῳ δὲ τόπῳ παλαίοντας
Aris. 284 3 ταῖς ἀνέσεσι καὶ ῥαθυμίαις; ὁ δὲ ἔφη θεωρεῖν ὅσα * παίζεται * μετὰ περιστολῆς καὶ πρὸ ὀφθαλμῶν τιθέναι τὰ τοῦ

παῖς 90

Abr.1 2 1 προεδρεύοντα μετὰ τοὺς υἱοὺς Μασὲκ καὶ ἑτέροις * παισὶν * τὸν ἀριθμὸν δώδεκα. καὶ ἰδοὺ ὁ ἀρχιστράτηγος
Abr.1 2 9 ἐκαθέσθησαν πρὸς ὁμιλίαν. εἶπεν δὲ Ἀβραὰμ τοῖς * παισὶν * αὐτοῦ τοῖς υἱοῖς Μασὲκ ἀπέλθατε εἰς τὴν ἀγέλην
Abr.1 7 8 ἄκουσον δίκαιε Ἀβραὰμ ὁ μὲν ἥλιος ὃν ἑώρακεν ὁ * παῖς * σὺ εἶ ὁ πατὴρ αὐτοῦ καὶ ἡ σελήνη ὁμοίως ἡ μήτηρ
Abr.1 15 6 ἰδοὺ καὶ ὁ υἱός σου ὁ ἠγαπημένος ἰδοὺ δὴ πάντες οἱ * παῖδες * καὶ παιδίσκαι σου κύκλῳ σου ποίησον διάταξιν περὶ
Abr.1 17 18 καὶ πολλῆς πικρίας καὶ ἀγριότητος ἐτελεύτησαν * παῖδες * καὶ παιδίσκαι ἑπτὰ καὶ ὁ δίκαιος Ἀβραὰμ ἦλθεν
Abr.1 18 3 τί τοῦτο ἐποίησας ὅτι ἀπέκτεινας πάντας τοὺς * παῖδας * καὶ παιδίσκας μου; ἦ ὁ θεὸς ἐν τούτῳ σε
Abr.1 18 9 ἀλλὰ δέομαί σου πανώλεθρε θάνατε ἐπειδὴ (οὖν οἱ * παῖδες) * ἀώρως τεθνήκασιν δεῦρο δεηθῶμεν κυρίῳ τῷ θεῷ
Abr.2 3 5 τοῦτο; ὅτε δὲ ἦλθεν ἐν τῷ οἴκῳ λέγει Ἀβραὰμ τοῖς * παισὶν * αὐτοῦ ἀναστάντες ἐξέλθατε εἰς τὰ ποίμνια καὶ
Abr.2 3 6 ὅτι εὐφρασία γίνεται σήμερον. καὶ ἤνεγκαν οἱ * παῖδες * καθὼς παρήγγειλεν Ἀβραὰμ ἐκάλεσεν δὲ τὸν υἱὸν
Abr.2 4 9 καὶ εἶπεν κύριε σύ με ἀπέστειλας πρὸς Ἀβραὰμ τὸν * παῖδά * σου εἰπεῖν αὐτῷ ἀποχωρισθῆναι ἀπὸ τοῦ κόσμου καὶ
Abr.2 7 18 πᾶσα σάρξ νῦν οὖν Ἀβραὰμ διάθου περὶ τῶν * παίδων * σου τελείωσις σε ἔχει εἰς τὴν οἰκονομίαν σου. καὶ
Abr.2 14 5 ὡς ἐπὶ τόξου⟩. ἐν ἐκείνῃ τῇ ἡμέρᾳ ἐτελεύτησαν ἑπτὰ * παῖδες * τοῦ Ἀβραὰμ διὰ τὸν φόβον τοῦ θανάτου ηὔξατο δὲ
TLevi 2 3B015 καὶ μὴ ἀποστρέψῃς τὸ πρόσωπόν σου ἀπὸ τοῦ υἱοῦ * παιδός * σου Ἰακώβ. σὺ κύριε εὐλόγησας τὸν Ἀβραὰμ πατέρα
TLevi 2 3B017 εἰς τοὺς αἰῶνας. εἰσάκουσον δὲ καὶ τῆς φωνῆς τοῦ * παιδός * σου Λευὶ γενέσθαι σοι ἐγγὺς καὶ μέτοχον ποίησον
TLevi 2 3B019 γενεὰς τῶν αἰώνων καὶ μὴ ἀποστήσῃς τὸν υἱὸν τοῦ * παιδός * σου ἀπὸ τοῦ προσώπου σου πάσας τὰς ἡμέρας τοῦ
TZab. 3 6 καὶ γὰρ ἐλθόντες ἐν Αἰγύπτῳ ὑπελύθησαν ὑπὸ τῶν * παίδων * Ἰωσὴφ ἔμπροσθε τοῦ πυλῶνος καὶ οὕτως
TJos. 13 1 ἀκούω ὅτι κλέπτεις τὰς ψυχὰς ἐκ γῆς Ἑβραίων εἰς * παῖδας * μετεμπολῶν; πεσὼν οὖν ἐπὶ πρόσωπον αὐτοῦ ὁ
TJos. 13 3 κύριε οὐκ οἶδα ὃ λέγεις. ὁ δὲ ἔφη πόθεν οὖν σοι ὁ * παῖς * ὁ Ἑβραῖος; καὶ εἶπεν οἱ Ἰσμαηλῖται παρέθεντό μοι
TJos. 14 2 φυλακισθῆναί με ἕως οὗ ἔλθωσι φησὶν οἱ κύριοι τοῦ * παιδός. * καὶ ἡ γυνὴ αὐτοῦ λέγει πρὸς αὐτὸν διά τί
TJos. 14 3 αὐτὸν διά τί συνέχεις τὸν αἰχμάλωτον καὶ εὐγενῆ * παῖδα * ὃν ἔδει εἶναι μᾶλλον ἄνετον καὶ ὑπηρετεῖν σοι;
TJos. 16 3 ἐδήλου τῇ δεσποίνῃ ὅτι πολλὴν αἰτοῦσι τιμὴν τοῦ * παιδός. * ἡ δὲ ἀπέστειλεν ἕτερον εὐνοῦχον λέγουσα ἐὰν καὶ
TJos. 16 4 πρόσεχε μὴ φείσασθαι χρυσίου μόνον πριάμενος τὸν * παῖδα * ἄγαγε. καὶ δίδει αὐτοῖς ὀγδοήκοντα χρυσίνους ἀντ'
Asen. 9 3 ἑσπέρα⟨ν⟩. καὶ Ἰωσὴφ ἔφαγε καὶ ἔπιε καὶ εἶπε τοῖς * παισὶν * αὐτοῦ ζεύξατε τοὺς ἵππους εἰς τὰ ἅρματα εἶπε γὰρ
Asen. 23 3 καὶ δώσω ὑμῖν χρυσίον καὶ ἀργύριον πολὺν καὶ * παῖδας * καὶ παιδίσκας καὶ οἴκους καὶ κληρονομίας μεγάλας.
Asen. 24 2 λύπην μεγάλην ὑπερμεγέθη. καὶ εἶπον αὐτῷ οἱ * παῖδες * αὐτοῦ εἰς τὸ οὖς λέγοντες ἰδοὺ οἱ υἱοὶ Βάλλας καὶ
Asen. 24 4 πρεσβύτεροι ἀδελφοὶ λαλησάτω δὴ ὁ κύριος ἡμῶν τοῖς * παισὶν * αὐτοῦ ὃ βούλεται καὶ ἀκούσονται οἱ παῖδές σου καὶ
Asen. 24 4 τοῖς παισὶν αὐτοῦ ὃ βούλεται καὶ ἀκούσονται οἱ * παῖδές * σου καὶ ποιήσομεν κατὰ τὸ θέλημά σου. καὶ ἐχάρη ὁ
Asen. 24 5 ὁ υἱὸς Φαραὼ χαρὰν μεγάλην σφόδρα καὶ εἶπε τοῖς * παισὶν * αὐτοῦ ἀπόστητε δὴ μικρὸν ἀπ' ἐμοῦ διότι λόγος μοί
Asen. 24 13 ῥημάτων μου. καὶ εἶπον οἱ ἄνδρες ἰδοὺ ἡμεῖς ἐσμὲν * παῖδές * σου ἐνώπιόν σου. πρόσταξον ἡμῖν καὶ ποιήσομεν
Asen. 24 15 ποιήσατε. καὶ εἶπον αὐτῷ Δὰν καὶ Γὰδ ἡμεῖς ἐσμὲν * παῖδές * σου σήμερον καὶ ποιήσομεν πάντα ἃ προστέταχας
Asen. 24 19 ἡγεμόνας. καὶ εἶπον αὐτῷ Δὰν καὶ Γὰδ ἡμεῖς ἐσμὲν * παῖδές * σου σήμερον καὶ ποιήσομεν πάντα ἃ προστέταχας
Sal. 12 6 εἰρήνην ἐν οἴκῳ. τοῦ κυρίου ἡ σωτηρία ἐπὶ Ισραηλ * παῖδα * αὐτοῦ εἰς τὸν αἰῶνα καὶ ἀπόλοιντο οἱ ἁμαρτωλοὶ ἀπὸ
Sal. 17 21 ὃν εἵλου σύ ὁ θεὸς τοῦ βασιλεῦσαι ἐπὶ Ισραηλ * παῖδά * σου καὶ ὑπόζωσον αὐτὸν ἰσχὺν τοῦ θραῦσαι ἄρχοντας
Jer. 6 22 φωνῆς μου λέγει κύριος ἐκ στόματος Ἰερεμίου τοῦ * παιδός * μου ὁ ἀκούων ἀναφέρω αὐτὸν ἐκ τῆς Βαβυλῶνος ὁ δὲ
Prop. 2 5 ὕδατος φυγαδεύουσιν.) ἡμεῖς δὲ ἠκούσαμεν ἐκ τῶν * παίδων * Ἀντιγόνου καὶ Πτολεμαίου γερόντων ἀνδρῶν ὅτι
Prop. 22 7 καὶ ἰάθησαν τὰ ὕδατα ἕως τῆς ἡμέρας ταύτης. * παίδων * ἀτακτούντων κατ' αὐτοῦ κατηράσατο ἐν αὐτοῖς καὶ
Prop. 22 12 πεποίηκε συλλαβεῖν καὶ τεκεῖν εἶτα ἀποθανόντα τὸν * παῖδα * εὐξάμενος πάλιν ἤγειρεν ἐκ νεκρῶν. εἰς Γάλγαλα
Prop. 22 16 ὁ Σύρος δι' αὐτοῦ ἐκαθερίσθη ἀπὸ τῆς λέπρας. τὸν * παῖδα * αὐτοῦ Ἐλισαῖος λεγόμενον Γιεζεὶ ἀπελθόντα κρύφα
Job 5 2 ἐν τῇ ἑξῆς νυκτί, παραλαβὼν μεθ' ἑαυτοῦ πεντήκοντα * παῖδας, * καὶ εἰς τὸν ναὸν τοῦ εἰδωλίου ἀπελθὼν κατήνεγκα
Job 7 3 σου ἵνα φάγω. καὶ ἐγὼ ἄρτον ἐκκεκαυμένον δέδωκα τῇ * παιδὶ * διδόναι αὐτῷ, καὶ εἶπον αὐτῷ ὅτι μηκέτι προσδόκα
Job 7 7 αὐτῷ. ὁ δὲ λαβὼν καὶ γνοὺς τὸ γεγονός, εἶπεν τῇ * παιδὶ * ἀπελθοῦσα, κακὴ δούλη, φέρε τὸν δοθέντα σοι
Job 7 8 μοι ἄρτον. καὶ ἔκλαυσεν μετὰ λύπης μεγάλης ἡ * παῖς * λέγουσα ἀληθῶς καλῶς σὺ λέγεις εἶναί με κακήν
Job 7 12 ταῦτα ἀκούσας ὁ Σατανᾶς ἀντέπεμψέν μοι τὴν * παῖδα * λέγων ὅτι ὡς ὁλόκαυστός ἐστιν ὁ ἄρτος οὗτος, οὕτως
Job 32 1 οὖν τοῦ κλαυθμοῦ τοῦ Ελιου ὑποδεικνύοντος τοῖς * παισὶν * τὸν πλοῦτον τοῦ Ιωβ. σὺ εἶ ὁ τὰ ἑπτακισχίλια
Aris. 186 6 συντάξεως ἐπιτελουμένων ἐν οἷς καὶ βασιλικοὶ * παῖδες * ἦσαν καὶ τῶν τιμωμένων ὑπὸ τοῦ βασιλέως. ὅτε δὲ
Aris. 294 4 ἀργυρίου δοθῆναι καὶ τὸν ἀποκαταστήσοντα * παῖδα. * συνεπιφωνησάντων δὲ πάντων χαρᾶς ἐπλήρωθη τὸ
Sib. 3 118 πατρὸς τέλεος χρόνος ἵκετο γήρως καί ῥ' ἔθανεν καὶ * παῖδες * ὑπερβασίην ὅρκοισιν δεινὴν ποιήσαντες ἐπ'

| | | | | | |
|---|---|---|---|---|---|
| Sib. | 3 | 130 | Κρόνῳ μεγάλους Τιτᾶν ἐπέθηκεν μὴ θρέψ' ἀρσενικῶν × | παίδων × | γένος ὡς βασιλεύσῃ αὐτός ὅταν γήράς τε Κρόνῳ καὶ |
| Sib. | 3 | 138 | ἄνδρες Τιτῆνες. καὶ ἔπειτα Ῥέη τέκεν ἄρσενα × | παῖδα × | τὸν ταχέως διέπεμψε λάθρῃ ἰδίῃ τε τρέφεσθαι ἐς |
| Sib. | 3 | 147 | μιν στύγιον καλέουσιν. ἡνίκα δ' ἤκουσαν Τιτῆνες × | παῖδας × | ἐόντας λάθριον οὓς ἔσπειρε Κρόνος Ῥείη τε |
| Sib. | 3 | 149 | ἔσπειρε Κρόνος Ῥέη τε σύνευνος ἐξήκοντα δέ τοι × | παῖδας × | συνηγείρατο Τιτᾶν καὶ ῥ' εἴχ' ἐν δεσμοῖσι Κρόνον |
| Sib. | 3 | 185 | ἀνάγκη ἄρσεν δ' ἄρσενι πλησιάσει στήσουσί τε × | παῖδας × | αἰσχροῖς ἐν τεγέεσσι καὶ ἔσσεται ἥμασι κείνοις |
| Sib. | 3 | 435 | στεινοῖο πόρον πόντοιο λαχοῦσα καὶ σε μολών ποτε × | παῖς × | Αἰτώλιος ἐξεναρίξει. Κύζικε καὶ σοι πόντος |
| Sib. | 3 | 596 | ὁσίης εὐνῆς μεμνημένοι εἰσίν κοὐδὲ πρὸς ἀρσενικοὺς × | παῖδας × | μίγνυνται ἀνάγνως ὅσσα τε Φοίνικες Αἰγύπτιοι ἠδὲ |
| Sib. | 3 | 765 | καὶ ἄρσενος ἄκριτον εὐνὴν τὴν δ' ἰδίαν γένναν × | παίδων × | τρέφε μηδὲ φόνευε ταῦτα γὰρ ἀθάνατος κεχολώσεται |
| Sib. | 3 | 792 | τε λέων φάγεται ἄχυρον παρὰ φάτνῃ ὡς βοῦς καὶ × | παῖδες × | μάλα νήπιοι ἐν δεσμοῖσιν ἄξουσιν πηρὸν γὰρ ἐπί |
| Sib. | 5 | 39 | τοῦ δὲ τριηκοσίης κεραίης ὅ,τι πρῶτον ἐλέγχων × | παῖς × | κράτος ἐξαφελεῖ μετὰ δ' αὐτὸν κοίρανος ἔσται |
| Sib. | 5 | 68 | ἐν ἀνθρώποισι τέτυκται; ἀνθ' ὧν ἐξεμάνης ἐς ἐμοὺς × | παῖδας × | θεοχρίστους καὶ τε κάκην ὤτρυνας ἐπ' ἀνδράσι τοῖς |
| Sib. | 5 | 166 | ὅτι φαρμακίην ἐπόθησας μοιχεῖα παρά σοι καὶ × | παίδων × | μῖξις ἄθεσμος θηλυγενής ἄδικός τε κακὴ πόλι |
| Sib. | 5 | 266 | ἐνὶ στήθεσσιν ἔχων νοῦν ἀλλά σε κυδάλιμοι × | παῖδες × | περιτιμήσουσιν καὶ μούσαις ἀγίαισι τράπεζαν |
| Sib. | 5 | 336 | Ἑλλήσποντε τάλαν ζεύξει ποτέ σ' Ἀσσυρίων × | παῖς × | +εἰς σέ μάχη+ Θρηκῶν κρατερὸν σθένος ἐξαλαπάξει. |
| Sib. | 5 | 387 | παύσασθε θράσους τόλμης τε κακούργου οἳ τὸ πάλαι × | παίδων × | κοίτην ἐπορίζετ' ἀνάγνως καὶ τέγεσιν πόρνας |
| Sib. | 5 | 430 | +δειλοῖσι βροτοῖσιν δεινά+ οὐδὲ γαμοκλοπίαι καὶ × | παίδων × | Κύπρις ἄθεσμος οὐ φόνος οὐδὲ κυδοιμός ἔρις δ' ἐν |
| FIsa. | 1 3 | 5 | ἀνομίας ἐν Ἱερουσαλὴμ καὶ κατηγορήθη ὑπὸ τῶν × | παίδων × | Ἐζεκίου καὶ ἔφυγεν εἰς τὴν χώραν Βηθλεέμ. καὶ |
| FAch. | 111 | | παιδία μανθάνειν. γενάμενοι δὲ τέλειοι ἔφερον τοὺς × | παῖδας. × | οἱ δὲ βαστάζοντες ἀνίπταντο εἰς τὸν ἀέρα |
| FAch. | 111 | | δεδεμένοι καλῳδίοις δεδεμένοι δὲ ὑπήκοοι ἦσαν τοῖς × | παιοῖν × | πρός τὸ ἐν ᾧ ἠβούλοντο ⟨μέρος⟩ ⟨βούλημα⟩ |
| FAch. | 116 | | τοῦ δοθέντος μέτρου τοὺς ἀετούς ἐκέλευσεν ⟨τοὺς × | παῖδας⟩ × | ἀναβῆναι τοὺς ἀετούς καὶ εἰς ἀέρα ἵπτασθαι. καὶ |
| FAch. | 120 | | δύο. ὁ δὲ Αἴσωπος ἔφη τοῦτο τὸ πρόβλημα παρ' ἡμῖν × | παῖδες × | λύουσιν. (οἱ γὰρ παιδείας μετέχοντες καταγελῶσι |
| FPho. | | 178 | ἄλοχον σέο τέκνα μιαίνων οὐ γὰρ ἱκτεις × | παῖδας × | ὁμοίους μοιχικά λέκτρα. μητρυιῆς μὴ ψαῦε τά |
| FPho. | | 207 | μηδ' ἀμφὶ κτεάνων συνοαίμοσιν εἰς ἔριν ἔλθῃς. × | παισίν × | μὴ χαλέπαινε τεοῖσ' ἀλλ' ἤπιος εἴης. ἢν δέ τι |
| FPho. | | 208 | μὴ χαλέπαινε τεοῖσ' ἀλλ' ἤπιος εἴης. ἢν δέ τι × | παῖς × | ἀλίτῃ σε κολουέτω υἱέα μήτηρ ἢ καὶ πρεσβύτατοι |
| FPho. | | 210 | γενεῆς ἢ δημογέροντες. μὴ μὲν ἐπ' ἄρσενι × | παιδὶ × | τρέφειν πλοκάμους ἐπὶ χαίτης. μὴ κορυφὴν πλέξῃις |
| FPho. | | 213 | ἄρσεσιν οὐκ ἐπέοικε κομᾶν χλιδανατς δὲ γυναιξίν. × | παιδὸς × | δ' εὐμόρφου φρουρεῖν νεοτήσιον ὥρην πολλοὶ γὰρ |
| FPho. | | 217 | πρὸ δόμων ὀφθῆμεν ἐάσῃις. κάλλος δυστήρητον ἔφυ × | παίδων × | τοκέεσσιν. ⟨στέργυε φίλους ἄχρις θανάτου πίστις |
| IMen. | 5 119 | 2 | ἤτοι γυναικὸς πολυτελοῦς ἢ δώματος ἢ κτήσεως × | παιδός × | τε παιδίσκης ἢ ἁπλῶς ἵππων βοῶν τὸ σύνολον ἢ |
| HDem. | 9 19 | 4 | τὸν υἱὸν ὁλοκαρπῶσαι αὐτῷ. τὸν δὲ ἀναγαγόντα τὸν × | παῖδα × | ἐπὶ τὸ ὄρος πυρὰν νῆσαι καὶ ἐπιθεῖναι τὸν Ἰσαὰκ |
| HDem. | 9 19 | 4 | τὴν κάρπωσιν παραστήσαντος τὸν δὲ Ἀβραὰμ τὸν μὲν × | παῖδα × | καθελεῖν ἀπὸ τῆς πυρᾶς τὸν δὲ κριὸν καρπῶσαι. |
| HDem. | 9 29 | 3 | δὲ αὐτοὺς Μαδιὰμ πόλιν ἦν ἀπὸ ἑνὸς τῶν Ἀβραὰμ × | παίδων × | ὀνομασθῆναι. τὸν Ἀβραὰμ τοὺς παῖδας πρὸς |
| HDem. | 9 29 | 3 | τῶν Ἀβραὰμ παίδων ὀνομασθῆναι. τὸν Ἀβραὰμ τοὺς × | παῖδας × | πρὸς ἀνατολὰς ἐπὶ κατοικίαν πέμψας διὰ τοῦτο δὲ |
| HEup. | 9 34 | 3 | περὶ δὲ τῶν δεόντων καὶ ἀποστελλομένων σοι × | παίδων × | καλῶς ποιήσεις ἐπιστείλας τοῖς κατὰ τόπον |
| HArt. | 9 23 | 3 | ἱερέως Ἀσενέθ θυγατέρα ἐξ ἧς γεννῆσαι × | παῖδας. × | μετὰ δὲ ταῦτα παραγενέσθαι πρὸς αὐτὸν τόν τε |
| HCle. | 1 15 | 240 | ἐκ τῆς Χετούρας Ἀβράμῳ ἐγένοντο × | παῖδες × | ἱκανοί. αὐτῶν καὶ τὰ ὀνόματα τρεῖς Ἀφέραν |
| HCal. | 24 | 22 | ὡς ὑποβρύχιον ἑαυτοὺς ποιήσαντες οἱ τῶν Μακεδόνων × | παῖδες. × | ἅμα γὰρ Ἀλέξανδρος ἐκέλευσεν τὸ ἔργον ἐτελέσθη. |
| LThe. | 9 22 | 2 | ἐπὶ δ' ἀνδράσι τοῖσιν ἔτησιν ἄρχος Ἐμώρ σὺν × | παιδὶ × | Συχὲμ μάλ' ἀτειρέφε φῶτε. Ἰακὼβ Συρίην κτηνοτρόφον |
| LThe. | 9 22 | 3 | ἔμμης ἔλλαθεν ἀλλ' ἐνόησε κακορραφίην καὶ ἔδεκτο × | παῖδ' × | ἑτέρην ἀμφοτίν δ' ἐμίγη σὺν ὁμαίμοσιν ἧσι. τῷ δ' |
| LThe. | 9 22 | 9 | εἰμὶ θεοῖο δώσειν γάρ ποτ' ἔφησε δέκ' ἔθνεα × | παισίν × | Ἀβράαμ. τὸν δὲ θεὸν αὐτοῖς τοῦτον τὸν νοῦν |
| LEze. | 9 28 | 2 24 | ἀδελφή προσδραμοῦσα βασιλίδι θέλεις τροφόν σοι × | παιδὶ × | τῷδ' εὕρω ταχὺ ἐκ τῶν Ἑβραίων; ἡ δ' ἐπέσπευσεν |
| LEze. | 9 28 | 3 05 | γένος πατρῷον καὶ θεοῦ δωρήματα. ἕως μὲν οὖν τὸν × | παιδὸς × | εἴχομεν χρόνον τροφατσι βασιλικαῖσι καὶ |
| LEze. | 9 29 | 8 05 | ὁ δ' ἐκ βάτου σοι θεῖος ἐκλάμπει λόγος. θάρσησον ὦ × | παῖ × | καὶ λόγων ἄκου' ἐμῶν ἰδεῖν γὰρ ὄψιν τὴν ἐμὴν |
| FrAn. | 9 17 | 5 | τοῦ προφήτου ἐξαπίνης αὐτῷ μάλα κεχαρισμένη ὁ × | παῖς × | ἀπολύλει. συμβαλὼν δὲ κατὰ θνησίαν τοιούτῳ |
| παίω | | | | | |
| Sal. | 8 | 15 | εἰς μέθην. ἤγαγεν τὸν ἀπ' ἐσχάτου τῆς γῆς τὸν × | παίοντα × | κραταιῶς ἔκρινεν τὸν πόλεμον ἐπὶ Ἱερουσαλημ καὶ |
| HArt. | 9 27 | 32 | ὁμοίως δὲ καὶ τῇ Ἴσιδι διὰ τὸ τὴν γῆν εἶναι Ἴσιν × | παιομένην × | δὲ τῇ ῥάβδῳ τὰ τέρατα ἀνεῖναι. τοῦ δὲ βασιλέως |
| πάλαι | | 12 | | | |
| Prop. | 18 | 1Β | Ἠλί. Σηλὼμ ὁ καὶ Ἡλεί ἔνθα ἦν καὶ ἡ σκηνὴ τὸ × | πάλαι. × | Σηλὼμ δὲ ἐκαλεῖτο ὁ Ἡλεί οὗτος εἶπε περὶ Σολομῶν |
| Sib. | 5 | 64 | οὐρανόθεν φωνῇ μεγάλῃ μεγαλόσθενε Μέμφι ἡ τὸ × | πάλαι. × | δειλοῖσι βροτοῖς αὐχοῦσα μέγιστα κλαύσεαι ἀργαλέη |
| Sib. | 5 | 119 | ὅλη πυρίφλεκτος ἕως νήσων σελαγήσει. Πέργαμος ἢ τὸ × | πάλαι × | σεμνὴ βοτρυδὸν ὀλεῖται καὶ Πιτάνη πανέρημος ἐν |
| Sib. | 5 | 123 | Σμύρνα κατὰ κρημνῶν ἐλίσσομένη ποτέ κλαύσει ἢ τὸ × | πάλαι × | σεμνὴ καὶ ἐπώνυμος ἐξαπολεῖται. Βιθυνοὶ κλαύσουσιν |
| Sib. | 5 | 176 | σου σημεῖον ἔτ' ἔσσεται ἐν χθονί κεινῇ ὡς τὸ × | πάλαι × | ὅτε σάς ὁ μέγας θεὸς εὕρατο τιμάς. μεῖνον ἄθεσμε |
| Sib. | 5 | 182 | πυραμίδες φωνῇ φθέγξονται ἀναιδῆ. +Πυθῶν+ ἢ τὸ × | πάλαι × | δίπολις κληθεῖσα δικαίως αἰῶσιν σίγησον ὅπως παύσῃ |
| Sib. | 5 | 218 | ὄχθην ἄξουσιν μετέωρον ἕως ἐσίδωσίν ἢ πάντες τὸν × | πάλαι × | ἐκκόψαντα πέτρην πολυήλατι χαλκῷ καὶ σήν γαῖαν |
| Sib. | 5 | 387 | παύσασθε θράσους τόλμης τε κακούργου οἳ τὸ × | πάλαι × | παίδων κοίτην ἐπορίζετ' ἀνάγνως καὶ τέγεσιν πόρνας |
| Sib. | 5 | 388 | ἐπορίζετ' ἀνάγνως καὶ τέγεσιν πόρνας ἐστήσατε τὰς × | πάλαι × | ἀγνάς ὕβρεσι καὶ κολάσει κάσχημοσύνῃ πολυμόχθῳ. |
| Sib. | 5 | 397 | κοῦμαι πῦρ ἔνθεον ὀφήσουσιν. ἔσβεσται παρὰ σεῖο × | πάλαι × | πεποθημένος οἶκος ἡνίκα δεύτερον εἶδον ἐγώ |
| Sib. | 5 | 436 | πουλυετῆς βασίλεια μόνη κόσμοιο κρατοῦσα ἢ τὸ × | πάλαι × | μεγάλη καὶ πάμπολις οὐκέτι κείσῃ οὔρεσιν ἐν |
| FrAn. | 2 11 | 2 | δίψυχοι οἱ διστάζοντες τῇ καρδίᾳ οἱ λέγοντες ταῦτα × | πάλαι × | ἠκούσαμεν καὶ ἐπὶ τῶν πατέρων ἡμῶν ἡμεῖς δὲ ἡμέραν |
| παλαιός | | 7 | | | |
| TZab. | 4 | 10 | πιπράσκειν αὐτὸν καὶ ἐνέδυσαν αὐτὸν ἱμάτιον × | παλαιὸν × | δούλου. τὸν δὲ χιτῶνα εἶχε Συμεὼν καὶ οὐκ ἤθελε |
| Asen. | 12 | 9 | ἁρπάσόν με ἐκ τῆς γῆς. ἰδοὺ γὰρ ὁ λέων ὁ ἄγριος ὁ × | παλαιὸς × | καταδιώκει με διότι αὐτός ἐστι πατήρ τῶν θεῶν |
| Asen. | 15 | 14 | καὶ φάγεσαι καὶ οἶσω σοι ἐκ τοῦ ταμιείου μου οἶνον × | παλαιὸν × | καὶ καλὸν οὗ ἡ πνοὴ αὐτοῦ ἐλεύσεται ἕως τοῦ |
| Prop. | 18 | 1 | ἐν εἰρήνῃ. Ἀχιὰ ἀπὸ Σηλώμ ὅπου ἦν ἡ σκηνή τὸ × | παλαιὸν × | ἐκ πόλεως Ἡλί. Σηλὼμ ὁ καὶ Ἡλεί ἔνθα ἦν καὶ ἡ |
| Esdr. | 5 | 5 | ἔχουσαν ἄστρα οὐδὲ σελήνην οὐδὲ ἔστιν ἐκεῖ νέος ἢ × | παλαιὸς × | οὐδὲ ἀδελφός μετὰ ἀδελφοῦ οὐ μήτηρ μετὰ τέκνου |
| FEsd. | 14 | 22 | αἰῶνα. διαφθαρεισῶν τῶν γραφῶν ἐπίνους πάσας τὰς × | παλαιὰς × | αὖθις ἀνανεούμενος προεφήτευσε γραφάς. |
| IOrp. | | 9 | ἀτραπιτοῦ μοῦνον δ' ἑσόρα κόσμοιο ἄνακτα ἀθάνατον. × | παλαιὸς × | δὲ λόγος περὶ τοῦδε φαείνει εἷς ἔστ' αὐτογενής |
| παλαιόω | | | | | |
| Hen. | 104 | 2 | ἐνώπιον τῆς δόξης τοῦ μεγάλου. θαρσεῖτε δὴ ὅτι × | ἐπαλαιώθητε × | ἐν τοῖς κακοῖς καὶ ἐν ταῖς θλίψεσιν ὡσεὶ |
| παλαιστής | | 1 | | | |
| FJub. | 10 | 21 | οἰκοδομοῦντες. τὸ ὕψος 'ε υ λ γ' πήχεις καὶ δύο × | παλαισταί. × | τὸ πλάτος ἐπὶ σ γ' πλίνθους. τῆς πλίνθου τὸ |
| παλαιστιαῖος | | 2 | | | |
| Aris. | 58 | 1 | δὲ ἐλασμὸν αὐτὸν ἐπιδεδέσθαι. στεφάνην δὲ ἐποίησαν × | παλαιστιαίαν × | κυκλόθεν τὰ δὲ κυμάτια στρεπτὰ τὴν |
| Aris. | 69 | 2 | ἐδάφους ἔρεισις τοῦ ποδὸς ἄνθρακος λίθου πάντοθεν × | παλαιστιαία × | κρηπῖδος ἔχουσα τάξιν κατὰ τὴν πρόσοψιν ὀκτὼ |
| παλαιστρικός | | 1 | | | |
| Job | 27 | 5 | σύ, Ιωβ, ὑποκάτω ἧς καὶ ἐν πληγῇ, ἀλλ' ἐνίκησας τὰ × | παλαιστρικά × | μου ἃ ἐπήγαγόν σοι. τότε καταισχυνθείς ὁ |
| παλαίω | | 4 | | | |
| Abr.1 | 10 | 2 | παίζοντας καὶ κιθαρίζοντας ἐν ἄλλῳ δὲ τόπῳ × | παλαίοντας × | καὶ δικαζομένους ἀλλαχοῦ κλαίοντας ἔπειτα καὶ |
| Asen. | 22 | 7 | αὐτοῦ ὡσεὶ γίγαντος. ⟨καὶ ἦν Ἰακὼβ ὡς ἄνθρωπος ὃς × | ἐπάλαισε × | μετὰ θεοῦ.⟩ καὶ εἶδεν αὐτὸν Ἀσενέθ καὶ |
| FJos. | 190 | | ὀνόματι Ἰακὼβ ἐξήλωσε καὶ ἐμαχέσατό μοι καὶ × | ἐπάλαιε × | πρός με λέγων προτερήσειν ἐπάνω τοῦ ὀνόματός μου |
| HDem. | 9 21 | 7 | πορευομένῳ δ' αὐτῷ εἰς Χαναὰν ἄγγελον τοῦ θεοῦ × | παλαῖσαι × | καὶ ἄψασθαι τοῦ πλάτους τοῦ μηροῦ δ' Ἰακὼβ |
| παλάμη | | 7 | | | |
| Sedr. | 11 | 8 | καὶ μεγάλα κτίσματα ὑπὸ τῶν δακτύλων ἄγωνται. τὰς × | παλάμας × | ἁπλονοῦσιν οἱ τρεῖς ἁρμοὶ καὶ τὰ κάλλη σωρεύουν |
| Sib. | 3 | 75 | πίστιν ἐνιποιήσαντο καὶ τότε δὴ κόσμος ὑπὸ ταῖς × | παλάμῃσι × | γυναικός ἔσσεται ἀρχόμενος καὶ πειθόμενος περὶ |
| Sib. | 5 | 55 | βάσιν ναοῦ πολυκλαύστου μαινάδες ἄίξουσι καὶ ἐν × | παλάμῃσι × | κακῇσιν ἔσσεαι ἥματι τῷδε ὅταν ποτέ Νεῖλος |
| Sib. | 5 | 80 | μοι θέμις οὐδ' ἀγορεύειν εἰδώλων τὰ ἕκαστα βροτῶν × | παλάμαις × | γεγαῶτα ἐξ ἰδίων καὶ ἀτασθαλίην |
| Sib. | 5 | 254 | σάλπιγξ πολεμόκλονον ἠχὸν οὐδ' ἔτι μαινομέναις × | παλάμαις × | ἐχθραῖς διολοῦνται +ἀλλ' ἔτι+στήσει τε κακῶν |
| Sib. | 5 | 257 | δέ τις ἔσσεται αὖτις ἀπ' αἰθέρος ἔξοχος ἀνήρ ὃς × | παλάμας × | ἥπλωσεν ἐπὶ ξύλου πολυκάρπου Ἑβραίων ὁ ἄριστος |
| Sib. | 5 | 309 | Κύμη δ' ἡ μωρά σὺν νάμασι τοῖς θεοπνεύστοις ἐν × | παλάμαις × | ἀθέων ἀνδρῶν ἀδίκων καὶ ἀθέσμων ῥιφθεῖσ' οὐκέτι |
| παλάσσω | | 1 | | | |
| Sib. | 5 | 32 | μυρία τολμῶν καὶ τμήξει τὸ δίκυμον ὄρος λίθρῳ τε × | παλάξει × | ἀλλ' ἔσται καὶ ἄιστος ὀλοίιος εἶτ' ἀνακάμψει |
| παλίμβολος | | 1 | | | |
| Sib. | 4 | 154 | πίστις καὶ τὸ δίκαιον ἀποκρυφθῇ ἐνὶ κόσμῳ --- × | παλίμβολοι × | --- ἐπ' οὐχ ὁσίοισι δὲ τόλμαις ζῶντες ὕβριν |
| παλιμπλάγκτος | | 1 | | | |
| Sib. | 3 | 625 | ἀλλὰ σὺ μὴ μέλλων βροτὲ ποικιλόμητι βράδυνε ἀλλὰ × | παλιμπλάγκτος × | στρέψας θεὸν ἱλάσκοιο. θῦε θεῷ ταύρων |
| πάλιν | | 138 πάλῃ πάλι | | | |
| παλλακή | | 2 | | | |
| TJos. | 7 | 5 | μνήσθητι ὅτι ἐὰν ἀνέλῃς σεαυτὴν ἢ Σηθῶν ἢ × | παλλακὴ × | τοῦ ἀνδρός σου ἢ ἀντίζηλός σου κολαφίσει τὰ |
| TJos. | 13 | 5 | πάντων τῶν εὐνούχων ἔχων γυναῖκα καὶ τέκνα καὶ × | παλλακάς. × | καὶ διαχωρίσας με ἀπ' αὐτοῦ εἶπέ μοι δοῦλος εἶ |
| παλλακίς | | 2 | | | |
| FAch. | 103 | | ὁ δὲ νεανίσκος μέγα ποιήσας ἅμα τῇ τοῦ βασιλέως × | παλλακίδι × | περιπλακείς ἐπιχαρῆς ἐγένετο προσπαίζων. ὁ δὲ |
| FPho. | 181 | | μητέρα δ' ὡς τίμα τὴν μητέρος ἴχνια βᾶσαν. μηδέ τι × | παλλακίσιν × | πατρὸς λεχέεσσι μιγείης. μηδὲ κασιγνήτης ἐς |
| πάλλω | | 1 | | | |
| Sib. | 3 | 4 | κέκμηκε γὰρ ἔνδοθεν ἦτορ. ἀλλά τί μοι κραδίη πάλι × | πάλλεται × | ἠδέ γε θυμὸς τυπτόμενος μάστιγι βιάζεται |

```
        Παλμανώθην                                                              1
HArt.   9   27     1 Αἰγυπτίων τὴν δυναστείαν παραλαβεῖν τὸν υἱὸν αὐτοῦ ✶ Παλμανώθην. ✶ τοῦτον δὲ τοῖς Ἰουδαίοις φαύλως
        παμμεγέθης                                                              5
Abr.2   3          2 ἀπὸ σταδίων δύο καὶ ηὗρον δένδρον μέγαν ἐν τῇ ὁδῷ ✶ παμμεγέθει ✶ ἔχοντα κλάδους τριακοσίους ὅμοιον ἐρεικίνου
Abr.2   7          6 καὶ στέφανος ἐπὶ τὴν κεφαλὴν ἐγένετο καὶ ἰδοὺ ἀνὴρ ✶ παμμεγέθης ✶ λίαν λάμπων ἐκ τοῦ οὐρανοῦ ὡς φῶς καλούμενος
Abr.2   10         8 βαστάζοντα βιβλία δύο καὶ ἦν μετ' αὐτῶν ἀνὴρ ✶ παμμεγέθης ✶ σφόδρα εἶχεν δὲ τρεῖς στεφάνους ἐπὶ τῆς
Bar.    2          2 με ἐπὶ τὸν πρῶτον οὐρανὸν καὶ ἔδειξέ μοι θύραν ✶ παμμεγέθη ✶ καὶ εἶπέν μοι εἰσέλθωμεν δι' αὐτῆς. καὶ
Bar.    6          7 καὶ εἶδον εἰς τὸ δεξιὸν πτερὸν αὐτοῦ γράμματα ✶ παμμεγέθη ✶ ὡς ἅλωνος τόπον ἔχων μέτρον ὡσεὶ μοδίων
        παμμιγής                                                                2
Aris.   112        7 οὐδ' ἀριθμεῖται παρ' αὐτοῖς. κτήνη τε πολλὰ ✶ παμμιγῆ ✶ καὶ δαψιλὴς ἡ τούτων νομή. διὸ καλῶς ἔβλεψαν ὅτι
Aris.   267        2 εὖ δὲ λέγειν φήσας αὐτὸν ἕτερον ἠρώτα πῶς ἂν ✶ παμμιγῶν ✶ ὄχλων ὄντων ἐν τῇ βασιλείᾳ τούτοις ἁρμόσαι; τὸ
        πάμμορος                                                                1
Sib.    5   65     βροτοῖς αὐχοῦσα μέγιστα κλαύσεαι ἀργαλέη καὶ ✶ πάμμορος ✶ ὥστε νοῆσαι αὐτὴν ἀΐδιον θεὸν ἄμβροτον ἐν
        πάμμουσος                                                               1
Sib.    5   141    ὃν φάσ' αὐτὸς ὁ Ζεὺς ἔτεκεν καὶ πότνια Ἥρη ὅστις ✶ παμμούσῳ ✶ φθόγγῳ μελιηδέας ὕμνους θεατροκοπῶν ἀπολεῖ
        πάμπαν                                                                  3
LThe.   9   22     3 καὶ κατένευσεν ὁπλοτάτης οὐ μὴν τελέθειν ἐπεμαίετο ✶ πάμπαν ✶ ἀλλὰ δόλον τολύπευσε καὶ εἰς λέχος ἀνέρι πέμπε
        παμπληθής                                                               3
Aris.   90         6 ῥοπῇ καὶ νεύματι πάντα καθαρίζεσθαι τὰ συναγόμενα ✶ παμπληθῆ ✶ τῶν θυμάτων αἵματα. πεπυσμένος δὲ καὶ αὐτὸς τὴν
Sib.    5   97     βαρβαρόφρων σθεναρὸς πολυαίματος ἄφρονα λυσσῶν ✶ παμπληθεῖ ✶ ψαμαθηδὸν +ἀπαίξων σὸν ὄλεθρον+. καὶ τότ' ἔσῃ
HArt.   9   27     34 μὲν ἐκπώματα οὐκ ὀλίγον δὲ ἱματισμὸν ἄλλην τε ✶ παμπληθῆ ✶ γάζαν διαβάντας τοὺς κατὰ τὴν Ἀραβίαν ποταμοὺς
        πάμπλουτος                                                              1
Sib.    5   261    μηκέτι τεῖρεο θυμὸν ἐνὶ στήθεσσι μάκαιρα θειογενές ✶ πάμπλουτε ✶ μόνον πεποθημένον ἄνθος φῶς ἀγαθὸν σεμνόν τε
        παμποίκιλος                                                             3
Asen.   18         9 καρποῖς αὐτῆς καὶ ὁ τράχηλος αὐτῆς ὡς κυπάρισσος ✶ παμποίκιλος ✶ ‹καὶ οἱ μασθοὶ αὐτῆς ὡς τὰ ὄρη τοῦ θεοῦ τοῦ
Sib.    3   650    περιτελλομένων ἐνιαυτῶν πέλτας καὶ θυρεοὺς γαισοὺς ✶ παμποίκιλά ✶ θ' ὅπλα οὐδὲ μὲν ἐκ δρυμοῦ ξύλα κόψεται εἰς
Sib.    3   729    περιτελλομένων ἐνιαυτῶν πέλτας καὶ θυρεοὺς κόρυθας ✶ παμποίκιλά ✶ θ' ὅπλα πολλά τε καὶ τόξων πληθὺν βελέων
        πάμπολις                                                                1
Sib.    5   436    μόνη κόσμοιο κρατοῦσα ἡ τὸ πάλαι μεγάλη καὶ ✶ πάμπολις ✶ οὐκέτι κείσῃ οὔρεσιν ἐν χρυσέοις καὶ νάμασιν
        παμφάγος                                                                2
Abr.1   4   10     γάρ σου μετ' αὐτοῦ ἐγὼ ἀποστελῶ ἐπὶ σέ πνεῦμα ✶ παμφάγον ✶ καὶ ἀναλίσκει ἐκ τῶν χειρῶν σου καὶ διὰ
Abr.1   12  10     αὐτοῦ κατέχων σάλπιγγα ἔνδοθεν αὐτῆς ἔχων πῦρ ✶ παμφάγον ✶ δοκιμαστήριον τῶν ἁμαρτωλῶν καὶ ὁ μὲν ἀνὴρ ὁ
        παμφαής                                                                 1
LPhl.   9   20     1 θεσμοῖς Ἀβραὰμ κλυτοηχὲς ὑπερτέρῳ ἄμματι δεσμῶν ✶ παμφαὲς ✶ πλήμμυρε μεγαυχήτοισι λογισμοῖς θεοφιλῆ
        Πάμφιλος                                                                2
IMen.   5   119    2 εἴ τις δὲ θυσίαν προσφέρων ὦ ✶ Πάμφιλε ✶ ταύρων τι πλῆθος ἢ ἐρίφων ἢ νὴ Δία ἑτέρων
IMen.   5   119    2 ἢ κτηνῶν. τί δή; μηδὲ βελόνης ἔναμμα ἐπιθυμήσης ✶ ‹Πάμφιλε ✶ ὁ γὰρ θεὸς βλέπει σε πλησίον παρών. μηδὲ
        πάμφορος                                                                2
Sib.    5   449    ἐς Ἰταλίην τότε νῆες Ἀσὶς δ' ἡ μεγάλη τότε ✶ πάμφορον ✶ ἔσσεται ὕδωρ καὶ Κρήτη πεδίον. Κύπρος δ' ἕξει
HHec.   1   22     195 τριακοσίας μυριάδας ἀρουρῶν σχεδὸν τῆς ἀρίστης καὶ ✶ παμφορωτάτης ✶ χώρας νέμονται ἡ γὰρ Ἰουδαία τοσαύτη
        Πάμφυλος                                                                6
Sib.    3   169    Φοίνικές τ' Ἀσίης ἐπιβήτορες ἠδὲ καὶ ἄλλων νήσων ✶ Παμφύλων ✶ τε γένος Περσῶν τε Φρυγῶν τε Καρῶν καὶ Μυσῶν
Sib.    3   209    πάσῃ τ' Αἰγύπτῳ Λιβύη τ' ἠδ' Αἰθιόπεσσιν Καρσί τε ✶ Παμφύλοις ✶ τε κακῶν +μετακινηθῆναι+ καὶ πάντεσσι
Sib.    3   411    σήματα δ' οὐκ ἀγαθοῖο κακοῖο δὲ φύεται ἀρχή. ✶ παμφύλου ✶ πολέμοιο δαήμονας ἕξει ἄνακτας Αἰνεάδας
Sib.    3   515    δὲ) καὶ Λυκίων υἱοῖς Μυσῶν τε Φρυγῶν τε. πολλὰ δὲ ✶ Παμφύλων ✶ ἔθνη Λυδῶν δὲ πεσεῖται Μαύρων τ' Αἰθιόπων τε
Sib.    5   340    ῥίψει σθένος ἡγεμονῆων. Λυδοὶ καὶ Γαλάται ✶ Πάμφυλοι ✶ σὺν Πισίδαισι πανδημεὶ κρατέουσι κακὴν ἔριν
Sib.    5   460    ὄλεθρος Αἰγύπτου βασιλῆες ὅταν μιχθῶσιν ἀναιδεῖς ✶ Παμφύλων ✶ γενεὰ δ' εἰς Αἴγυπτον καθεδοῦνται ἔν τε
        πανάθλιος                                                               1
Job     24         4 σκωλήκων διανυκτερεύων αἴθριος, κἀγὼ πάλιν ἢ ✶ παναθλία ✶ ἐργαζομένη ἡμέρας ὀδυνωμένη καὶ ἐν νυκτὶ ἕως ἂν
        πανάϊστος                                                               1
Sib.    3   393    πολὺν δὲ χθὼν πίεται φόνον ὀμβρηθεῖσα. ἀλλὰ καὶ ὣς ✶ πανάϊστον ✶ ἅπαντ' Ἀίδης θεραπεύσει ὧν δή περ γενεὴν
        παναληθής                                                               2
Sib.    3   2      οὐράνιε ὃς ἔχεις τὰ Χερουβὶμ+ ἱδρυμένος λίτομαι ✶ παναληθέα ✶ φημίξασαν παῦσον βαιόν με κέκμηκε γὰρ ἔνδοθεν
Sib.    4   3      διὰ στόματος μεγάλοιο μέλλω ἀφ' ἡμετέρου ✶ παναληθέα ✶ μαντεύεσθαι οὐ ψευδοῦς Φοίβου χρησμηγόρος ὄντε
        πανάριστος                                                              3
Sib.    5   48     ἀνὴρ τῷ δ' ἔσσεται οὔνομα πόντου ἔσται καὶ ✶ πανάριστος ✶ ἀνὴρ καὶ πάντα νοήσει. καὶ ἐπὶ σοὶ πανάριστε
Sib.    5   49     καὶ πανάριστος ἀνὴρ καὶ πάντα νοήσει. καὶ ἐπὶ σοὶ ✶ πανάριστε ✶ πανέξοχε κυανοχαῖτα καὶ ἐπὶ σοῖσι κλάδοισι
FPho.   202        γειάρτας τε ταύρους ὑψιτένοντας ἀτὰρ σκυλάκων ✶ πανάριστον ✶ ὑῆμαι δ' οὐκ ἀγαθὴν ἐριδαίνομεν ἀφρονέοντες.
        πανδημεί                                                                1
Sib.    5   341    Λυδοὶ καὶ Γαλάται Πάμφυλοι σὺν Πισίδαισι ✶ πανδημεὶ ✶ κρατέουσι κακὴν ἔριν ὁπλισθέντες. Ἰταλίη
        Πανδονίη                                                                1
Sib.    5   343    αὔτανδροι πεσέονται ἐν Ἀσιάδι μὲν Ἰασσὸς Κεβρὴν ✶ +Πανδονίη+ ✶ Κολοφὼν Ἔφεσος Νίκαια Ἀντιόχεια Τάναγρα
        πανέξοχος                                                               1
Sib.    5   49     ἀνὴρ καὶ πάντα νοήσει. καὶ ἐπὶ σοὶ πανάριστε ✶ πανέξοχε ✶ κυανοχαῖτα καὶ ἐπὶ σοῖσι κλάδοισι τάδ' ἔσσεται
        πανεπίσκοπος                                                            1
Sib.    5   352    ἐκεῖνο χρόνον πολὺν ὥστε νοῆσαι αὐτὸν ἄνακτα θεὸν ✶ πανεπίσκοπον ✶ οὐρανόθι πρό. αὐτὸς δυσμενέας ἄνδρας τότε
        πανέρημος                                                               4
Sib.    5   120    ἢ τὸ πάλαι σεμνὴ βοτρυδὸν ὀλεῖται καὶ Πιτάνη ✶ πανέρημος ✶ ἐν ἀνθρώποισι φανεῖται. Λέσβος ὅλη δύσει βαθὺν
Sib.    5   163    ἐν θνητοῖσι κακοῖς κακὰ μοχθήσασα ἀλλὰ μενεῖς ✶ πανέρημος ✶ ὅλους αἰῶνας ἐσαῦτις (ἔσσεται ἀλλὰ μενεῖ εἰς
Sib.    5   164    αἰῶνας ἐσαῦτις (ἔσσεται ἀλλὰ μενεῖ εἰς αἰῶνας ✶ πανέρημος) ✶ σὸν στυγέουσ' ἔδαφος ὅτι φαρμακίην ἐπόθησας
Sib.    5   342    κακὴν ἔριν ὁπλισθέντες. Ἰταλίη τριτάλαινα μενεῖς ✶ πανέρημος ✶ ἄκλαυστος ἐν γαίῃ θαλερῇ ὀλοὸν δάκος
        πανευπρεπής                                                             1
Abr.1   4          χαίροις τιμιώτατε στρατιῶτα ἡλιόρατε καὶ ✶ πανευπρεπέστατε ✶ ὑπὲρ πάντας τοὺς υἱοὺς τῶν ἀνθρώπων
        πανήγυρις                                                               2
ISop.   5   113    2 ἢ ἐλεφαντίνων τύπους θυσίας τε τούτοις καὶ κακὰς ✶ πανηγύρεις ✶ στέφοντες οὕτως εὐσεβεῖν νομίζομεν. ἔσται γὰρ
LThe.   9   22     4 καὶ τὴν Δείναν παρθένον οὖσαν εἰς τὰ Σίκιμα ἐλθεῖν ✶ πανηγύρεως ✶ οὔσης βουλομένην θεάσασθαι τὴν πόλιν Συχὲμ ⟨δ⟩
        πανθαύμαστος                                                            2
Abr.1   11         8 κύριέ μου ἀρχιστράτηγε τίς ἐστιν οὗτος ὁ ἀνὴρ ✶ πανθαύμαστος ✶ ὁ ἐν τοιαύτῃ δόξῃ κοσμούμενος ποτέ μὲν
Abr.1   13         1 κύριέ μου ἀρχιστράτηγε τίς ἐστιν ὁ κριτὴς οὗτος ὁ ✶ πανθαύμαστος; ✶ καὶ τίνες οἱ ἄγγελοι οἱ ἀπογραφόμενοι; καὶ
        πάνθειος                                                                1
Sib.    3   347    βασιλὶς Μερόπεια Ἀντιγόνη Μαγνησίη +Μυκήνη ✶ πάνθεια+. ✶ ἴσθι τότ' Αἰγύπτου ὀλοὸν γένος ἐγγὺς ὀλέθρου
        πανίερος                                                                2
Abr.1   1          2 τε καὶ παροδίτας ἴσον ὑπεδέχετο ὁ ὅσιος καὶ ✶ πανίερος ✶ καὶ δίκαιος καὶ φιλόξενος Ἀβραάμ. ἔφθασε δὲ
Abr.1   18         1 ἐκλείπειν τὸ πνεῦμα αὐτοῦ. καὶ ταῦτα οὕτως ἰδὼν ὁ ✶ πανίερος ✶ Ἀβραὰμ εἶπεν πρὸς τὸν θάνατον δέομαί σου
        πανόδυρτος                                                              1
Sib.    5   394    σοὶ καὶ κτηνῶν εὗρον κοίτην κακοὶ ἄνδρες. σίγησον ✶ πανόδυρτε ✶ κακὴ πόλι κῶμον ἔχουσα οὐκέτι γὰρ +παρὰ σοῖσ⟩
        πανοικία                                                               2
HArt.   9   27     1 δὲ αὐτοὺς Ἑβραίους ἀπὸ Ἀβραάμου. τοῦτον δὲ ✶ πανοικίᾳ ✶ ἐλθεῖν εἰς Αἴγυπτον πρὸς τὸν τῶν Αἰγυπτίων
HAno.   9   17     6 δὲ γενομένου τὸν Ἀβραὰμ ἀπαλλαγῆναι εἰς Αἴγυπτον ✶ πανοικίᾳ ✶ κἀκεῖ κατοικεῖν τήν τε γυναῖκα αὐτοῦ τὸν
        πάνολβος                                                               1
Sib.    3   345    Ἀντιόχεια Τάναγρα Σινώπη Σμύρνη +Μάρος+ Γάζα ✶ πανολβίστη ✶ Ἱεράπολις Ἀστυπάλαια Εὐρώπης δὲ +Κύαγρα
        πανόσιος                                                               1
Abr.1   13         2 τὸ πῦρ δοκιμάζων; εἶπεν δὲ ὁ ἀρχιστράτηγος θεωρεῖς ✶ πανόσιε ✶ καὶ δίκαιε Ἀβραὰμ τὸν ἄνδρα τὸν φοβερὸν τὸν ἐπὶ
        πανουργία                                                              4
TJud.   10         3 τρίτῃ ἡμέρᾳ τῇ νυκτὶ καὶ αὐτὸς οὐκ ἔγνω αὐτὴν κατὰ ✶ πανουργίαν ✶ τῆς μητρὸς αὐτοῦ οὐ γὰρ ἤθελεν ἔχειν τέκνα
TIss.   1   11     τί σοι ποιήσω ὅτι ἐπλήθυνεν ὁ δόλος καὶ ἡ ✶ πανουργία ✶ τῶν ἀνθρώπων καὶ ὁ δόλος προχωρεῖ ἐπὶ τῆς γῆς.
TNep.   1   6      πατρὸς ὑμῶν. ἐγὼ ἐγεννήθην ἀπὸ Βάλλας καὶ ὅτι ἐν ✶ πανουργίᾳ ✶ ἐποίησε Ῥαχὴλ καὶ ἔδωκεν ἀνθ' ἑαυτῆς τὴν
TNep.   2   8      χολὴν πρὸς πικρίαν εἰς γέλωτα σπλῆνα νεφροὺς εἰς ✶ πανουργίαν ✶ ψύας εἰς δύναμιν πλευράν εἰς θήκην ὀσφὺν εἰς
        πανοῦργος                                                              2
Job     17         2 ἐπέστη τῇ ἐμῇ πόλει, συναγαγὼν πάντας τοὺς ἐν αὐτῇ ✶ πανούργους, ✶ καὶ ἠλάλησεν μετὰ ἀπειλῆς αὐτοῖς λέγων οὗτος
FAch.   122        ὁ Αἴσωπος ὅ,τι περ ἐὰν εἴπω φήσουσιν εἰδέναι αὐτό. ✶ πανοῦργος ✶ δὲ ὢν ὁ Αἴσωπος καθέζεται καὶ τυποῖ ἑαυτῷ
        πανσέληνος                                                             2
FJub.   4          1 θυσίαν τῷ θεῷ εἰκοστὸν δεύτερον ἔτος ἄγων κατὰ τὴν ✶ πανσέληνον ✶ τοῦ ἑβδόμου μηνὸς παρ' Ἑβραίοις ἤγουν ἐν τῇ
```

```
LArl.   7   32   18  διάμετρον τῷ ἡλίῳ στάσιν ὥσπερ οὖν ἔξεστιν ἐν ταῖς * πανσελήνοις * ὁρᾶν ἔσονται δὲ ὃ μὲν κατὰ τὸ ἐαρινὸν
     παντάπασι                                  2
Arls.      149    3       διὰ τὴν περὶ ἔκαστα διάθεσιν πῶς οὐ φυλακτέον * παντάπασι * τοὺς τρόπους εἰς τοῦτο κατακλασθῆναι; πάντα
Arls.      166    5       οὐ τὴν τυχοῦσαν ἐπετέλεσαν μιανθέντες αὐτοὶ * παντάπασι * τῷ τῆς ἀσεβείας μολυσμῷ. καλῶς δὲ ποιῶν ὁ
     πανταχῆ                                     1
Arls.       24    6       ὅσα τῶν Ἰουδαϊκῶν ἐστι σωμάτων ἐν οἰκετίαις * πανταχῆ * καθ' ὁντινοῦν τρόπον ἐν τῇ βασιλείᾳ κομιζομένους
     πανταχοῦ                                    1
Asen.       3     6       τὰ ὀνόματα τῶν θεῶν τῶν Αἰγυπτίων ἐγκεκολαμμένα * πανταχοῦ * ἐπί τε τοῖς ψελίοις καὶ τοῖς λίθοις καὶ τὰ
     παντελής                                    8
Bar.        4    10   παν ἄνθος τὸ δὲ κλῆμα τῆς ἀμπέλου ἐξώρισεν εἰς τὸ * παντελὲς * καὶ ἐξέβαλεν ἔξω. καὶ ὅταν ἐφάνη ἡ γῆ ἀπὸ τοῦ
Sedr.      14     9   σοφῶν ἐρωτῶντα λέγων δικαιοῦμεν οὐδαμῶς ἀμαρτωλόν. * παντελῶς * οὐκ οἶδας ὅτι γέγραπται καὶ οἱ μετανοήσαντες οὐ
Arls.      23     6       τό γε δέον γεγονυῖα ἐκ τῶν στρατιωτῶν ὠφέλεια διὸ * παντελῶς * ἀνεπιεικής ἐστι καὶ ἡ τῶν ἀνθρώπων
Arls.      77     5       κρατῆρος εἶτα χρυσοῦ πάλιν ἀργυροῦ καὶ χρυσοῦ * παντελῶς * ἀνεξήγητος ἐγένετο τῆς προσόψεως ἡ διάθεσις καὶ
Arls.      78     7       καὶ διάχυσιν ἐποίει μείζονα τοῖς θεωμένοις ὥστε * παντελῶς * ἀνεξήγητον εἶναι τῶν ἐνηργημένων τὴν
Arls.     136     2       εἴτε γὰρ κατ' ἐκεῖνό τις θεοῖ κατὰ τὴν ἐξεύρεσιν * παντελῶς * ἀνόητον τῶν γὰρ ἐν τῇ κτίσει λαβόντων τινὰ
Arls.     164     1       οὐ μόνον πρὸς τὴν ἑαυτῶν τροφὴν ἀλλὰ καὶ εἰς τὸ * παντελῶς * ἄχρηστον γίνεσθαι ἀνθρώπῳ ὅ,τι ἂν δὴ ποτ' οὖν
HHec.   1   22  199   δ' οὐκ ἔστιν οὐδ' ἀνάθημα τὸ παράπαν οὐδὲ φύτευμα * παντελῶς * οὐδὲν οἷον ἀλσῶδες ἤ τι τοιοῦτον. διατρίβουσι
     πάντη                                       3
IOrp.      38        οὐδὲ φέρειν δύναται κρατερὸν μένος. ἔστι δὲ * πάντη * αὐτὸς ἐπουράνιος καὶ ἐπὶ χθονὶ πάντα τελευτᾷ ἀρχὴν
LArl.   8   10   15   ἐθεωρεῖτο ὥστε τὴν κατάβασιν μὴ τοπικὴν εἶναι * πάντη * γὰρ ὁ θεός ἐστιν. ἀλλὰ τὴν τοῦ πυρὸς δύναμιν παρὰ
LArl. 13   12    6   δ' ἀνθρώπων ἀγοραὶ μεστὴ δὲ θάλασσα καὶ λιμένες * πάντη * δὲ θεοῦ κεχρήμεθα πάντες. τοῦ γὰρ καὶ γένος ἐσμέν
     παντοδαπός                                  2
Asen.       2    11       ἐντὸς τῆς αὐλῆς παρὰ τὸ τεῖχος δένδρα ὡραῖα * παντοδαπὰ * καὶ καρποφόρα πάντα. καὶ ἦν ὁ καρπὸς αὐτῶν
Slb.        3   106   αὐτὰρ ἐπεὶ πύργος τ' ἔπεσεν γλῶσσαί τ' ἀνθρώπων * παντοδαπαῖς * φωναῖσι διέστρεφον αὐτὰρ ἄπασα γαῖα βροτῶν
     πάντοθεν                                    7
Hen.       28     3       ὡς ὑδραγωγὸς δαψιλῆς ὡς πρὸς βορρᾶν ἐπὶ δυσμῶν * πάντοθεν * ἀνάγει ὕδωρ καὶ δρόσον. ἔτι ἐκεῖθεν ἐπορεύθη
Asen.       3     6   καὶ λίθους πολυτελεῖς οἵτινες ἦσαν περιηρτημένοι * πάντοθεν * καὶ ἦσαν τὰ ὀνόματα τῶν θεῶν τῶν Αἰγυπτίων τι
Arls.      57     3   ἡμίσους συνετέλουν χρυσίου δοκίμου στερεᾶς * πάντοθεν * τὴν ποίησιν εἰργασάμενοι λέγω δὲ οὐ περί τι
Arls.      69     2   ἡ δὲ ἐπ' ἐδάφους ἔρεισις τοῦ ποδὸς ἄνθρακος λίθου * πάντοθεν * παλαιστιαία κρηπῖδος ἔχουσα τάξιν κατὰ τὴν
Arls.     115     6       τούτων πολύ. ἔχει δὲ πάντα δαψιλῆ κάθυγρος οὖσα * πάντοθεν * ἡ χώρα καὶ μεγάλην ἀσφάλειαν ἔχουσα. περιρρεῖ
Arls.     142     2       μηδ' ὁμιλοῦντες φαύλοις διαστροφὰς λαμβάνωμεν * πάντοθεν * ἡμᾶς περιέφραξεν ἀγγελίαις καὶ διὰ βρωτῶν καὶ
IOrp.      36       βέβηκε χεῖρά τε δεξιτερὴν ἐπὶ τέρματος ὠκεανοῖο * πάντοθεν * ἐκτέταται περὶ γὰρ τρέμει οὔρεα μακρὰ καὶ
     παντοῖος                                    6
Hen.        8     1       καὶ κόσμους καὶ στίβεις καὶ τὸ καλλιβλέφαρον καὶ * παντοίους * λίθους ἐκλεκτοὺς καὶ τὰ βαφικά. καὶ ἐγένετο
Abr.1   2    11       πολλὴ ἔχων ἐξουσίαν καὶ ἀνθρώποις καὶ κτήσεσιν * παντοίοις; * ἀλλ' ἐγὼ ἀπέχομαι τοῦτο τοῦ μὴ καθῖσαι ἐπὶ
Abr.1   4     2       σινδόνας καὶ πορφύραν καὶ βύσσον θυμίασον δὲ * παντοῖον * καὶ καλὸν θυμίαμα καὶ βοτάνας εὐόσμους ἐκ τοῦ
Slb.        4   163   ἃ μέλεοι μετάθεσθε βροτοὶ τάδε μηδὲ πρὸς ὀργὴν * παντοίην * ἀγάγητε θεὸν μέγαν ἀλλὰ μεθέντες φάσγανα καὶ
Slb.        5   268       καὶ μούσαις ἁγίαισι τράπεζαν ἐπιστήσαντας * παντοίαις * θυσίαισι καὶ εὐχαῖς ἐν θεσῖμοις ἐκ μικρᾶς
LEze.   9   28   4 03  μὲν ἡ γῆ πᾶσα κλήζεται ξένε οἰκοῦσα δ' αὐτὴν φῦλα * παντοίων * γενῶν Αἰθίοπες ἄνδρες μέλανες ἄρχων δ' ἐστὶ γῆς
     παντοκράτωρ                                 7
Abr.1   8     3       ἀλλ' ὅτι κελεύεις ποίησον ἀρτίως δέσποτα * παντοκράτορ * ὅτι κελεύει ἡ σὴ δόξα καὶ βασιλεία ἡ
Abr.1  15    12   ἔστη ἐνώπιον τοῦ θεοῦ τοῦ ὑψίστου καὶ εἶπεν κύριε * παντοκράτωρ * ἰδοὺ εἰσήκουσα τοῦ φίλου σου Ἀβραὰμ πάντα
Jer.        1     5   μου Ἱερεμίας. καὶ ἐλάλησεν Ἱερεμίας λέγων κύριε * παντοκράτωρ * παραδίδως τὴν πόλιν τὴν ἐκλεκτὴν εἰς χεῖρας
Jer.        9     6   ἕως ἂν εἰσενέγκῃ τοὺς δικαίους. παρακαλῶ σε κύριε * παντοκράτωρ * πάσης κτίσεως ὁ ἀγέννητος καὶ ἀπερινόητος ᾧ
Bar.        1     3       Ἰερουσαλὴμ ὅτι τάδε λέγει κύριος ὁ θεὸς ὁ * παντοκράτωρ. * ἀπέστειλε γάρ με πρὸ προσώπου σου ὅπως
Arls.     185     2  πληρῶσαι σε βασιλεῦ πάντων τῶν ἀγαθῶν ὧν ἔκτισεν ὁ * παντοκράτωρ * θεὸς καὶ δῴη σοι ταῦτ' ἔχειν καὶ γυναικὶ καὶ
FMan.   2  22    12       καὶ προσηύξατο πρὸς κύριον τὸν θεὸν λέγων. κύριε * παντοκράτωρ * ὁ θεὸς τῶν πατέρων ἡμῶν τοῦ Ἀβραὰμ καὶ
     πάντοτε                                     3
TSim.      3     3       οὔτε φαγεῖν οὔτε πιεῖν οὔτε ποιῆσαί τι ἀγαθὸν * πάντοτε * ὑποβάλλει ἀνελεῖν τὸν φθονούμενον καὶ ὁ μὲν
TSim.      3     3       ἀνελεῖν τὸν φθονούμενον καὶ ὁ μὲν φθονούμενος * πάντοτε * ἀνθεῖ ὁ δὲ φθονῶν μαραίνεται. δύο ἔτη ἡμερῶν ἐν
TIss.      3     6       ἀλλὰ διὰ τοῦ κόπου ὁ ὕπνος μου περιεγένετο. καὶ * πάντοτε * ἔχαιρεν ἐπὶ τῇ ἁπλότητί μοι ὁ πατήρ μου. εἴ τι
TDan.      3     5       παρὰ τὴν τῆς φύσεως βοηθεῖ γὰρ αὐτοῖς ὁ θυμὸς * πάντοτε * ἐν παρανομίᾳ. τοῦτο τὸ πνεῦμα ἀεὶ μετὰ τοῦ
TNep.      7     2   μοι ὁ πατήρ μου πιστεύων ὅτι ζῇ Ἰωσὴφ ὁρῶ γὰρ * πάντοτε * ὅτι κύριος συγκαταριθμεῖ αὐτὸν μεθ' ὑμῶν. καὶ
TGad.      4     5  κατὰ τῶν εὐπραγούντων τὴν προκοπὴν ἀκούων καὶ βλέπων * πάντοτε * ἀσθενεῖ. ὥσπερ γὰρ ἡ ἀγάπη καὶ τοὺς νεκροὺς
Asen.       7     5       αὐτοῦ Ἰακὼβ πρὸ ὀφθαλμῶν αὐτοῦ εἶχεν Ἰωσὴφ * πάντοτε * καὶ ἐμέμνητο τῶν ἐντολῶν τοῦ πατρὸς αὐτοῦ. διότι
Asen.      15     8   ἡ μετάνοια καλὴ σφόδρα παρθένος καθαρὰ καὶ γελῶσα * πάντοτε * καὶ ἔστιν ἐπιεικὴς καὶ πραεῖα. καὶ διὰ τοῦτο ὁ
FBar.      12     2  ερω και λαλησω προς σε την ⟨γην την ευοδουσαν ο⟩υ * παντοτε * μεσεμ⟨βρια αποκαιει ουδε το διηνεκες αι
     πάντως                                      2
Abr.2  13     7       ἔγγιστά μου καθήμενον ἐταράχθη ἡ ψυχή μου ἐν ἐμοὶ * πάντως * οὐκ εἰμὶ ἄξιός σου σὺ γὰρ ὑψηλὸν πνεῦμα εἶ ἐγὼ δὲ
TJos.     10     4       ῥύεται ἀλλὰ καὶ ὑψοῖ καὶ δοξάζει αὐτὸν ὡς κἀμέ. * πάντως * γὰρ ὁ ἄνθρωπος ἢ ἐν ἔργῳ ἢ ἐν λόγῳ ἢ ἐν διανοίᾳ
     πάνυ                                        9
Abr.1   1     1       αὐτοῦ ζήσας ἐν ἡσυχίᾳ καὶ πραότητι καὶ δικαιοσύνῃ * πάνυ * ὑπῆρχεν φιλόξενος ὁ δίκαιος. πήξας δὲ τὴν σκηνὴν
Abr.1   1     5       ἐμπορίᾳ βίου πραγμάτων πολλῶν καὶ ὑπάρχει πλούσιος * πάνυ * παρὰ πάντων δὲ δίκαιος ἀγαθὸς καὶ φιλόξενος καὶ
TJos.      9     5       καὶ τὰ στέρνα καὶ τὰς κνήμας ἵνα συμπέσω εἰς αὐτήν * πάνυ * γὰρ ἦν ὡραία μάλιστα κοσμουμένη πρὸς ἀπάτησίν μου.
Asen.       2     6  μιᾷ νυκτὶ τεχθεῖσαι σὺν τῇ Ἀσενὲθ καὶ ἠγάπα αὐτὰς * πάνυ. * καὶ ἦσαν καλαὶ σφόδρα ὡς τὰ ἄστρα τοῦ οὐρανοῦ καὶ
Asen.      22    13      κρυφῇ διότι καὶ αὐτὸς Λευὶς ἠγάπα τὴν Ἀσενὲθ * πάνυ * καὶ ἑώρα τὸν τόπον τῆς ἀναπαύσεως αὐτῆς ἐν τοῖς
Asen.      23     3       καὶ ποιήσατε μετ' ἐμοῦ ἔλεος διότι ὑβρίσθην ἐγὼ * πάνυ * παρὰ τοῦ ἀδελφοῦ ὑμῶν Ἰωσὴφ διότι ἔλαβεν αὐτὸς τὴν
Prop.      16     1   οὗτος μετὰ τὴν ἐπιστροφὴν τίκτεται ἐν Σωφᾷ καὶ ἔτι * πάνυ * νέος καλὸν βίον ἔσχηκε. καὶ ἐπειδὴ πᾶς ὁ λαὸς ἐτίμα
Prop.      17     5       αὐτὸς καθὼς ἐνετείλατο αὐτῷ ὁ κύριος. καὶ ἐν * πάνυ * γηράσας ἀπέθανε καὶ ἐτάφη εἰς τὴν γῆν αὐτοῦ. οὗτος
FAn.   1  217     5       καταλείψας πλὴν νομισμάτων δύο. καὶ πτωχεύσας * πάνυ * καὶ ὑπὸ μηδενὸς ἐκ θείας δοκιμασίας ἐλεούμενος
     πανώλεθρος                                  2
Abr.1  18     1   πανίερος Ἀβραὰμ εἶπεν πρὸς τὸν θάνατον δέομαί σου * πανώλεθρε * θάνατε κρύψαί σου τὴν ἀγριότητα καὶ περιβαλοῦ
Abr.1  18     9   ἦλθον ὥστε ἐκλείπειν τὸ πνεῦμά μου ἀλλὰ δέομαί σου * πανώλεθρε * θάνατε ἐπειδὴ (οὖν οἱ παῖδες) ἀώρως τεθνήκασιν
     παρά                                 239  παρά παρ' πάρα παρ
     παραβαίνω                                  21
Adam.      42     7       ἀπ' ἀλλήλων ὥσπερ ἐν τῇ παραβάσει πλανηθέντες * παρέβημεν * τὴν ἐντολὴν σου μὴ χωρισθέντες οὕτως καὶ νῦν
Hen.        2     1       καιρῷ καὶ ταῖς ἑορταῖς αὐτῶν φαίνονται καὶ οὐ * παραβαίνουσιν * τὴν ἰδίαν τάξιν. ἴδετε τὴν γῆν καὶ
Hen.       8B     1   οἱ υἱοὶ τῶν ἀνθρώπων καὶ ταῖς θυγατράσιν αὐτῶν καὶ * παρέβησαν * καὶ ἐπλάνησαν τοὺς ἁγίους. καὶ ἐγένετο ἀσέβεια
Hen.       18    15   οἱ ἀστέρες οἱ κυλιόμενοι ἐν τῷ πυρὶ οὗτοί εἰσιν οἱ * παραβάντες * πρόσταγμα κυρίου ἐν ἀρχῇ τῆς ἀνατολῆς αὐτῶν
Hen.       19     2       εἰς ἀπολείωσιν. καὶ αἱ γυναῖκες αὐτῶν τῶν * παραβάντων * ἀγγέλων εἰς σειρῆνας γενήσονται. κἀγὼ Ἐνὼχ
Hen.       21     6       οὗτοί εἰσιν τῶν ἀστέρων τοῦ οὐρανοῦ οἱ * παραβάντες * τὴν ἐπιταγὴν τοῦ κυρίου καὶ ἐδέθησαν ὧδε
Hen.      106    13   ἐσήμανά σοι ἐν γὰρ τῇ γενεᾷ Ἰάρεδ τοῦ πατρός μου * παρέβησαν * τὸν λόγον κυρίου ἀπὸ τῆς διαθήκης τοῦ οὐρανοῦ.
Hen.      106    14       διαθήκης τοῦ οὐρανοῦ. καὶ ἰδοὺ ἁμαρτάνουσιν καὶ * παραβαίνουσιν * τὸ ἔθος καὶ μετὰ γυναικῶν συγγίνονται καὶ
TJud.      13     7   καρδία ἢ ἡδονή. καὶ ἐρασθεὶς αὐτῆς συνέπεσα καὶ * παρέβην * ἐντολὴν κυρίου καὶ προστάγματα πατέρων μου καὶ
Asen.      12     2       ἃς ἐνετείλω αὐτῷ καὶ τὰ προστάγματά σου οὐ μὴ * παραβαίνουσιν * ἀλλ' εἰσὶν ἕως τέλους ποιοῦντες τὸ θέλημά
Sal.       18    10       εἰς καιροὺς ὡρῶν ἀφ' ἡμερῶν εἰς ἡμέρας καὶ οὐ * παρέβησαν * ἀπὸ ὁδοῦ ἧς ἐνετείλω αὐτοῖς ἐν φόβῳ θεοῦ ἢ
Prop.      17     2       νόμου κυρίου καὶ εἶδεν ὅτι Δαυὶδ ἐν τῇ Βηρσαβεὲ * παραβήσεται * καὶ σπεύδοντα ἐλθεῖν ἀγγείλαι αὐτῷ
Prop.      17    2B       γυμνὴν ἐσφαγμένην καὶ γνοὺς ὅτι ἐν Βηρσαβεὲ * παραβήσεται * ὁ Δαυὶδ ἔσπευσε τοῦ ἐλθεῖν καὶ ἀναγγεῖλαι
Prop.      18    4B       αὐτὸν ἐκστήσουσι καὶ πᾶν τὸ γένος αὐτοῦ καὶ ὅτι * παραβήσεται * Σολομῶν τὸν νόμον τοῦ ὑψίστου ταῦτα προεῖπεν
Sedr.      5     3       οὐ προσκυνήσεις αὐτὸν καὶ σὺ δεξάμενος αὐτὸν διὰ τὶ * παρέβη * τὸ πρόσταγμα καὶ οὐ προσῆλθεν τῶν χειρῶν σου
Arls.      55     4   ἔτι γὰρ ἐπιταγῆς οὔσης οὔθεν ἂν ἐσπάνιζε διόπερ οὐ * παραβατέον * οὐδὲ ὑπερθετέον τὰ καλῶς ἔχοντα. τῇ μὲν οὖν
Arls.     297     3   καθῆκόν ἐστι περὶ τῶν ἀναγραφομένων εἰ δὲ καί τι * παραβαίην * οὐχ ὅσιον ἐν τούτοις ἀλλ' ὡς γέγονεν οὕτως
Slb.        3   599       ἔθνεα πολλὰ Περσῶν καὶ Γαλατῶν πάσης τ' Ἀσίης * παραβάντες * ἀθανάτοιο θεοῦ ἁγνὸν νόμον +ὃν παρέβησαν+.
Slb.        3   600   Ἀσίης παραβάντες ἀθανάτοιο θεοῦ ἁγνὸν νόμον +ὃν * παρέβησαν+. * ἀνθ' ὧν ἀθάνατος θήσει πάντεσσι βροτοῖσιν
FJub.      3    32  ὄφις ἀνθρωπίνῃ φωνῇ ἐλάλησε τῇ Εὔᾳ. τῷ ἑβδόμῳ ἔτει * παρέβη * καὶ τῷ ὀγδόῳ ἐξερρίφησαν τοῦ παραδείσου μετὰ
FPho.     190   μηδ' ὕβριζε γυναῖκα ἐπ' αἰσχυντοῖς λεχέεσσιν. μὴ * παραβῇς * εὐνὰς φύσεως ἐς Κύπριν ἄθεσμον οὐδ' αὐτοῖς
     παραβάλλω                                   1
Arls.     281     6       τὸ σῴζειν τοὺς ἄνδρας ἢ τὸ νικᾶν τῷ θράσει * παραβάλλοντας * τὸ ζῆν. ὡς γὰρ ὁ θεὸς εὖ ἐργάζεται πᾶσι
     παράβασις                                  12
Adam.      14     3       τέκνων ἡμῶν καὶ ἀνάγγειλον αὐτοῖς τὸν τρόπον τῆς * παραβάσεως * ἡμῶν. τότε λέγει ἡ Εὔα πρὸς αὐτοὺς ἀκούσατε
Adam.      42     7       ἀμφότεροι μὴ χωρισθέντες ἀπ' ἀλλήλων ὥσπερ ἐν τῇ * παραβάσει * πλανηθέντες παρέβημεν τὴν ἐντολὴν σου μὴ
Hen.       98     5       ὁμοίως) οὐδὲ ἡ ἀνομία ἄνωθεν ἐδόθη ἀλλ' ἐκ * παραβάσεως. * ὁμοίως οὐδὲ στεῖρα γυνὴ ἐκτίσθη ἀλλ' ἐξ
TLevi      10     2       ὑμῖν. ἀθῷός εἰμι ἀπὸ πάσης ἀσεβείας ὑμῶν καὶ * παραβάσεως * ἣν ποιήσετε ἐπὶ συντελείᾳ τῶν αἰώνων εἰς τὸν
```

| | | | | | |
|---|---|---|---|---|---|
| TJud. | 16 | 3 | ἐν λόγοις ὕβρεως καὶ μάχης καὶ συκοφαντίας καὶ | * παραβάσεως * | ἐντολῶν θεοῦ καὶ ἀπολεῖσθε οὐκ ἐν καιρῷ ὑμῶν. |
| Bar. | 4 | 16 | οἶνον ἀπλήστως δρῶντες χεῖρον τοῦ Ἀδὰμ τὴν | * παράβασιν * | ἀπεργάζονται καὶ τῆς τοῦ θεοῦ δόξης μακρὰν |
| Bar. | 9 | 7 | ἦν γεγραμμένη ὑπὸ θεοῦ ὡς οὐκ ἄλλη. καὶ ἐν τῇ | * παραβάσει * | τοῦ πρώτου Ἀδὰμ παρῆψε τῷ Σαμαὴλ ὅτε τὸν ὄφιν |
| Esdr. | 2 | 12 | τῆς ζωῆς ἐπειδὴ οὖν παρακοὴν κτησάμενος τοῦτο ἐν | * παραβάσει * | πεποίηκεν. καὶ εἶπεν ὁ προφήτης οὐχὶ ὑπὸ |
| FJub. | 3 | 28 | τὰ τετράποδα καὶ τὰ ἑρπετὰ ὁμόφωνα εἶναι πρὸ τῆς | * παραβάσεως * | τοῖς πρωτοπλάστοις διότι ὁ ὄφις ἀνθρωπίνῃ |
| FJub. | 3 | 32 | τοῦ παραδείσου μετὰ τεσσαράκοντα πέντε ἡμέρας τῆς | * παραβάσεως * | ἐν τῇ ἐπιτολῇ τῶν Πλειάδων. ἐποίησε δὲ ὁ |
| FJub. | 3 | 32 | πέντε. καὶ ἐξεβλήθη σὺν τῇ γυναικὶ Εὔᾳ διὰ τὴν | * παράβασιν * | τῇ δεκάτῃ τοῦ Μαΐου μηνός. τῷ ὀγδόῳ ἔτει ἔγνω |
| FMan. 2 | 23 | 3 | τῆς θλίψεως αὐτοῦ. καὶ παρελογίσατο Ἀμὼς λογισμὸν | * παραβάσεως * | κακὸν καὶ εἶπεν ὁ πατήρ μου ἐκ νεότητος πολλὰ |
| παραβλέπω | | | 1 | | |
| Sedr. | 16 | 2 | ἐν τρισὶ τάξεσιν ὅτε ἐστὶν νέος ὡς νέου αὐτοῦ | * ἐπαράβλεπον * | τὰ πταίσματα αὐτοῦ ὅτε δὲ πάλιν ἀνὴρ ἐτήρουν |
| παραβολή | | | 2 | | |
| Hen. | 1 | 2 | ἐχθροὺς καὶ σωθήσονται δίκαιοι. καὶ ἀναλαβὼν τὴν | * παραβολὴν * | αὐτοῦ εἶπεν Ἐνὼχ ἄνθρωπος δίκαιός ἐστιν ⟨ᾧ⟩ |
| Hen. | 1 | 3 | τῶν ἐκλεκτῶν νῦν λέγω καὶ περὶ αὐτῶν ἀνέλαβον τὴν | * παραβολήν * | μου. καὶ ἐξελεύσεται ὁ ἅγιός μου ὁ μέγας ἐκ |
| παραγγέλλω | | | 3 | | |
| Abr.2 | 3 | 6 | γίνεται σήμερον. καὶ ἤνεγκαν οἱ παῖδες καθὼς | * παρήγγειλεν * | Ἀβραὰμ ἐκάλεσεν δὲ τὸν υἱὸν αὐτοῦ Ἰσαὰκ |
| Esdr. | 4 | 28 | προφήτης κύριε γνώρισόν μοι ποῖον σχῆμά ἐστιν κἀγὼ | * παραγγέλλω * | τὸ γένος τῶν ἀνθρώπων ἵνα μὴ πιστεύσωσιν |
| Sedr. | 9 | 5 | ἐγὼ καὶ ἦλθα ὧδε σὺ δέ μοι προφασίζεις; ἐγὼ | * παρηγγέλθην * | παρὰ τοῦ πατρός μου μὴ ἀναισχύντως λάβω τὴν |
| παραγίγνομαι | | | 31 | | |
| Abr.1 | 2 | 5 | πόθεν καὶ ἐκ ποίας στρατιᾶς καὶ ἐκ ποίας ὁδοῦ | * παραγέγονας * | τὸ σὸν κάλλος δίδαξόν με. ὁ δὲ ἀρχιστράτηγος |
| Abr.1 | 16 | 15 | ὧδε; εἶπεν δὲ ὁ θάνατος διὰ τῆς δικαίας σου ψυχῆς | * παραγέγονα. * | ⟨λέγει αὐτῷ Ἀβραὰμ⟩ οἶδα τί λέγεις ἀλλ' οὐ |
| TBen. | 10 | 8 | πρώτοις τὸν Ἰσραὴλ περὶ τῆς εἰς αὐτὸν ἀδικίας ὅτι | * παραγενάμενον * | θεὸν ἐν σαρκὶ ἐλευθερωτὴν οὐκ ἐπίστευσαν. |
| Asen. | 15 | 10 | πορεύου εἰς συνάντησιν τῷ Ἰωσήφ. ἰδοὺ γὰρ αὐτὸς | * παραγίνεται * | πρός σε σήμερον καὶ ὄψεταί σε καὶ χαρήσεται. |
| Asen. | 28 | 4 | ἀδελφῶν ἡμῶν διότι αὐτοὶ ἔκδικοι τῆς ὕβρεώς σου | * παρεγένοντο * | πρός σε καὶ αἱ ῥομφαῖαι αὐτῶν κατέναντι ἡμῶν |
| Esdr. | 2 | 15 | πῶς ὑπατίθη ὁ ὑπ' ἀγγέλων φυλαττόμενος; ἐκέλευες | * παραγενέσθαι * | παντὸς καὶ πρόσεχε τὰ ὑπ' ἐμοῦ λεγόμενα. |
| Job | 34 | 2 | εἶπεν τοῖς ἄλλοις φίλοις τί χρήσιμον ὅτι οὕτω | * παραγεγόναμεν * | σὺν τοῖς στρατεύμασιν ἵνα παραμυθησώμεθα |
| Job | 43 | 14 | προσωποληψία κρινεῖ ἡμᾶς ὁμοθυμαδόν. ἰδοὺ ὁ κύριος | * παρεγένετο, * | ἰδοὺ οἱ ἅγιοι ἡτοιμάσθησαν, προηγουμένων τῶν |
| Job | 44 | 3 | ἐπεζήτησα εὐεργεσίας ποιεῖν τοῖς πτωχοῖς, καὶ | * παρεγένοντο * | πρός με πάντες οἱ φίλοι μου καὶ ὅσοι ᾔδεισαν |
| Aris. | 5 | 5 | δηλοῦν ἀσμένως σε ἀκούσεσθαι προσφάτως | * παραγεγενημένον * | ἐκ τῆς νήσου πρὸς ἡμᾶς καὶ βουλόμενον |
| Aris. | 13 | 6 | μάχεσθαι σὺν Ψαμμιτίχῳ ἀλλ' οὐ τοσοῦτοι τῷ πλήθει | * παρεγενήθησαν * | ὅσους Πτολεμαῖος ὁ τοῦ Λάγου μετήγαγε |
| Aris. | 83 | 4 | τὴν δὲ θέσιν τῆς ὅλης χώρας πρῶτον δηλώσω. ὡς γὰρ | * παρεγενήθημεν * | ἐπὶ τοὺς τόπους ἐθεωροῦμεν τὴν πόλιν μέσην |
| Aris. | 173 | 1 | προέπεμψεν ἡμᾶς μετὰ ἀσφαλείας πολλῆς. ὡς δὲ | * παρεγενήθημεν * | εἰς Ἀλεξάνδρειαν προσηγγέλη τῷ βασιλεῖ |
| Aris. | 175 | 8 | οὓς ἐνόμιζε περισσοὺς ὑπέμενε περιπατῶν ἕως ἂν | * παραγινομένους * | ἀσπάσηται. παρελθόντων δὲ σὺν τοῖς |
| Aris. | 178 | 2 | δὲ πάντων εἰπόντων ὑπὸ μίαν φωνὴν τῶν τε | * παραγεγονότων * | καὶ τῶν συμπαρόντων εὖ βασιλεῦ προήχθη |
| Aris. | 180 | 2 | πρῶτον. μεγάλην δὲ τέθειμαι τὴν ἡμέραν ταύτην ἐν ᾗ | * παραγεγόνατε * | καὶ κατ' ἐνιαυτὸν ἐπίσημος ἔσται πάντα τὸν |
| Aris. | 182 | 7 | ἦσαν καὶ κατὰ τοὺς ἐθισμοὺς οὕτως ἐσκευάζετο ὅταν | * παραγένοιντο * | πρὸς τοὺς βασιλεῖς ἵνα κατὰ μηθὲν |
| Aris. | 184 | 3 | τῷ Δωροθέῳ τοῖς ἐθισμοῖς οἷς χρῶνται πάντες οἱ | * παραγινόμενοι * | πρὸς αὐτὸν ἀπὸ τῆς Ἰουδαίας οὕτως |
| Aris. | 184 | 6 | ἔθος ἦν τὰς κατευχὰς ποιεῖσθαι παρῃτήσατο τῶν δὲ | * παραγεγονότων * | σὺν ἡμῖν Ἐλισσαῖον ὄντα τῶν ἱερέων |
| Aris. | 293 | 5 | ἐπὶ πᾶσι δὲ εἶπε τὰ μέγιστά μοι γέγονεν ἀγαθὰ | * παραγενηθέντων * | ὑμῶν πολλὰ γὰρ ὠφέλημαι καταβεβλημένων |
| Aris. | 304 | 3 | γὰρ ἦν αὐτῷ διὰ τοῦ βασιλέως. ἅμα δὲ τῇ πρωΐᾳ | * παρεγίνοντο * | εἰς τὴν αὐλὴν καθ' ἡμέραν καὶ ποιησάμενοι |
| Aris. | 318 | 1 | ἁγνῶς. παρακαλέσας δὲ καὶ τοὺς ἑρμηνεῖς ἵνα | * παραγίνωνται * | πυκνότερον πρὸς αὐτὸν ἐὰν ἀποκατασταθῶσιν |
| Aris. | 318 | 3 | δίκαιον γὰρ εἶπε τὴν ἐκπομπὴν αὐτῶν γενέσθαι | * παραγενηθέντας * | δὲ ὡς θέμις ἕξειν αὐτοὺς φίλους καὶ |
| FAch. | 107 | | δὲ ἡμῶν ἐπικαλέσομαι. καὶ ἐκέλευσεν αὐτὸν ἀχθῆναι. | * παραγεναμένου * | δὲ αὐτοῦ ῥυποῦντος καὶ κομῶντος καὶ |
| FAch. | 118 | | οὐκ αἰσχύνει φανερῶς ψευδόμενος; πῶς γὰρ ἠδύνατο | * παραγενέσθαι * | ἐν μιᾷ νυκτὶ αἴλουρος ἀπὸ Αἰγύπτου εἰς |
| FAch. | 121 | | περιχαρὴς ἐγένετο δόξας εὑρηκέναι νίκας. καὶ | * παραγεναμένου * | τοῦ Αἰσώπου ἔφη αὐτῷ ὁ βασιλεὺς Νεκταναβὼν |
| FAch. | 123 | | αὐτὸν μετὰ ἐπιστολῶν εἰρηνικῶν. ὁ δὲ Αἴσωπος | * παραγενάμενος * | εἰς Βαβυλῶνα διηγήσατο τῷ Λυκούργῳ πάντα |
| HDem. 9 | 21 | 10 | ὀνομάζεσθαι. ἐκεῖθεν δὲ ἐλθεῖν εἰς Χαφραθὰ ἔνθεν | * παραγενέσθαι * | εἰς Ἐφραθὰ ἣν εἶναι Βηθλεὲμ καὶ γεννῆσαι |
| HArt. 9 | 23 | 3 | θυγατέρα ἐξ ἧς γεννῆσαι παῖδας. μετὰ δὲ ταῦτα | * παραγενέσθαι * | πρὸς αὐτὸν τόν τε πατέρα καὶ τοὺς ἀδελφοὺς |
| HAno. 9 | 17 | 5 | αἰχμαλωτίσαι τέκνα καὶ γυναῖκας. πρέσβεων δὲ | * παραγενομένων * | πρὸς αὐτὸν ὅπως χρήματα λαβὼν ἀπολυτρώσῃ |
| HAno. 9 | 18 | 2 | ἀστρολογίαν διδάξαι ὕστερον δὲ εἰς Αἴγυπτον | * παραγενέσθαι. * | |
| παράγω | | | 1 | | |
| LEze. 9 29 | 5 | 14 | γούνατα ἔπιπτ' ἐγὼ δὲ πάντας ἠριθμησάμην κἀμοῦ | * παρῆγεν * | ὡς παρεμβολὴ βροτῶν. εἶτ' ἐμφοβηθεὶς ἐξανίσταμ' |
| παραδειγματίζω | | | 1 | | |
| Sal. | 2 | 12 | αὐτῶν καθὰ ἐποίουν αὐτοὶ ἀπέναντι τοῦ ἡλίου | * παρεδειγμάτισαν * | ἀδικίας αὐτῶν. καὶ θυγατέρες Ιερουσαλημ |
| παράδεισος | | | 85 | | |
| Adam | 1 | 1 | Ἀδὰμ καὶ Εὔας. μετὰ τὸ ἐξελθεῖν αὐτοὺς ἐκ τοῦ | * παραδείσου * | ἔλαβεν Ἀδὰμ Εὔαν καὶ ἀνῆλθεν εἰς τὴν |
| Adam | 6 | 1 | ἀποκριθεὶς Σὴθ λέγει αὐτῷ μὴ ἐμνήσθης πάτερ τοῦ | * παραδείσου * | ἐξ ὧν ἤσθιες καὶ ἐλυπήθης ἐπιθύμησας αὐτῶν; |
| Adam | 6 | 2 | καὶ ἐγὼ πορεύσομαι καὶ ἐνέγκω σοι καρπὸν ἀπὸ τοῦ | * παραδείσου. * | ἐπιθήσω γὰρ κόπρον ἐπὶ τὴν κεφαλήν μου καὶ |
| Adam | 7 | 1 | δι' ἧς καὶ ἀποθνήσκω ἔδωκεν ἡμῖν πᾶν φυτὸν ἐν τῷ | * παραδείσῳ. * | περὶ ἑνὸς δὲ ἐνετείλατο ἡμῖν μὴ ἐσθίειν ἐξ |
| Adam | 8 | 1 | φαγεῖν. καὶ ὀργίσθη ἡμῖν ὁ θεός. καὶ ἐλθὼν ἐν τῷ | * παραδείσῳ * | ὁ δεσπότης ἔθηκε τὸν θρόνον αὐτοῦ καὶ ἐκάλησε |
| Adam | 9 | 3 | καὶ πορεύου μετὰ τοῦ υἱοῦ ἡμῶν Σὴθ πλησίον τοῦ | * παραδείσου * | καὶ ἐπίθετε γῆν ἐπὶ τὰς κεφαλὰς ὑμῶν καὶ |
| Adam | 9 | 3 | ἐπ' ἐμοὶ καὶ ἀποστείλῃ τὸν ἄγγελον αὐτοῦ εἰς τὸν | * παράδεισον * | καὶ δώσῃ μοι ἐκ τοῦ δένδρου ἐν ᾧ ῥέει τὸ |
| Adam | 10 | 1 | ἐπορεύθη δὲ Σὴθ καὶ ἡ Εὔα εἰς τὰ μέρη τοῦ | * παραδείσου * | καὶ πορευομένων αὐτῶν εἶδεν ἡ Εὔα τὸν υἱὸν |
| Adam | 13 | 1 | αὐτοῦ. ἐπορεύθη δὲ Σὴθ μετὰ Εὔας πλησίον τοῦ | * παραδείσου. * | καὶ ἔκλαυσαν δεόμενοι τοῦ θεοῦ ὅπως |
| Adam | 13 | 4 | ἅγιος. τότε αὐτοῖς δοθήσεται πᾶσα εὐφροσύνη τοῦ | * παραδείσου. * | καὶ ἔσται ὁ θεὸς ἐν μέσῳ αὐτῶν καὶ οὐκ |
| Adam | 15 | 2 | ἡμᾶς ὁ ἐχθρός. ἐγένετο ἐν τῷ φυλάσσειν ἡμᾶς τὸν | * παράδεισον * | ἐφυλάττομεν ἕκαστος ἡμῶν τὸ λαχόν τι αὐτῷ |
| Adam | 16 | 3 | τοῦ Ἀδὰμ καὶ τῆς γυναικὸς αὐτοῦ καὶ οὐχὶ ἐκ τοῦ | * παραδείσου; * | ἀνάστα καὶ ποιήσωμεν αὐτὸν ἐκβληθῆναι ἐκ τοῦ |
| Adam | 16 | 3 | ἀνάστα καὶ ποιήσωμεν αὐτὸν ἐκβληθῆναι ἐκ τοῦ | * παραδείσου * | ὡς καὶ ἡμεῖς ἐξεβλήθημεν δι' αὐτοῦ. λέγει |
| Adam | 17 | 1 | αὐτούς. καὶ εὐθέως ἐκρεμάσθη ἐκ τῶν τειχέων τοῦ | * παραδείσου. * | καὶ ὅτε ἀνῆλθον οἱ ἄγγελοι τοῦ θεοῦ |
| Adam | 17 | 2 | εἶπον αὐτῷ ἐγώ εἰμι. καὶ λέγει μοι τί ποιεῖς ἐν τῷ | * παραδείσῳ; * | καὶ εἶπον αὐτῷ ὁ θεὸς ἔθετο ἡμᾶς ὥστε |
| Adam | 17 | 5 | πάντων ἐσθίομεν παρὲξ ἑνὸς μόνου ὅ ἐστι μέσον τοῦ | * παραδείσου * | περὶ οὗ ἐνετείλατο ἡμῖν ὁ θεὸς μὴ ἐσθίειν ἐξ |
| Adam | 19 | 1 | ἀκολούθει μοι. ἤνοιξα δὲ καὶ εἰσῆλθεν ἔσω εἰς τὸν | * παράδεισον. * | καὶ διώδευσεν ἔμπροσθέν μου. καὶ περιπατήσας |
| Adam | 22 | 2 | τάδε λέγει κύριος ἔλθατε μετ' ἐμοῦ εἰς τὸν | * παράδεισον * | καὶ ἀκούσατε τοῦ κρίματος ἐν ᾧ κρινῶ τὸν |
| Adam | 22 | 2 | ἀρχαγγέλου σαλπίζοντος εἴπομεν ἰδοὺ ὁ θεὸς εἰς τὸν | * παράδεισον * | ἔρχεται κρῖναι ἡμᾶς. ἐφοβήθημεν δὲ καὶ |
| Adam | 22 | 3 | δὲ καὶ ἐκρύβημεν. καὶ ἦλθεν ὁ θεὸς εἰς τὸν | * παράδεισον * | ἐπιβεβηκὼς ἐπὶ ἅρματος Χερουβιμ καὶ οἱ |
| Adam | 22 | 3 | ὑμνοῦντες αὐτόν. ἐν ᾧ δὲ ἦλθεν ὁ θεὸς εἰς τὸν | * παράδεισον * | ἐξήνθησαν τὰ φυτὰ τοῦ κλήρου τοῦ Ἀδὰμ καὶ τὰ |
| Adam | 26 | 3 | τῇ κακίᾳ σου καὶ ἐποίησας αὐτοὺς ἐκβληθῆναι ἐκ τοῦ | * παραδείσου. * | καὶ θήσω ἔχθραν ἀνὰ μέσον σοῦ καὶ ἀνὰ μέσον |
| Adam | 27 | 1 | κελεύει τοῖς ἀγγέλοις αὐτοῦ ἐκβληθῆναι ἡμᾶς ἐκ τοῦ | * παραδείσου. * | ἐλαυνομένων δὲ ἡμῶν καὶ ὀδυρομένων |
| Adam | 27 | 4 | αὐτοῦ τί ἐπαύσασθε ἐκβάλλοντες τὸν Ἀδὰμ ἐκ τοῦ | * παραδείσου; * | μὴ ἐμόν ἐστι τὸ ἁμάρτημα ἢ κακῶς ἔκρινα; |
| Adam | 28 | 1 | Ἀδὰμ εἶπεν οὐκ ἀφήσω σε ἀπὸ τοῦ νῦν εἶναι ἐν τῷ | * παραδείσῳ. * | καὶ ἀποκριθεὶς ὁ Ἀδὰμ εἶπεν κύριε δός μοι ἐκ |
| Adam | 28 | 4 | ἔθετο ὁ ἐχθρὸς ἐν σοί. ἀλλ' ἐξερχομένου σου ἐκ τοῦ | * παραδείσου * | ἐὰν φυλάξεις ἑαυτὸν ἀπὸ παντὸς κακοῦ ὡς |
| Adam | 29 | 1 | τοῖς ἀγγέλοις αὐτοῦ ἐκβληθῆναι ἡμᾶς ἐκ τοῦ | * παραδείσου. * | ἔκλαυσε δὲ ὁ πατὴρ ὑμῶν ἔμπροσθεν τῶν |
| Adam | 29 | 2 | δὲ ὁ πατὴρ ὑμῶν ἔμπροσθεν τῶν ἀγγέλων ἀπέναντι τοῦ | * παραδείσου * | καὶ λέγουσιν οἱ ἄγγελοι αὐτῷ τί θέλεις |
| Adam | 29 | 3 | με δέομαι ὑμῶν ἄφετέ με ἆραι εὐωδίας ἐκ τοῦ | * παραδείσου * | ἵνα μετὰ τὸ ἐξελθεῖν με ἀνενέγκω θυσίαν τῷ |
| Adam | 29 | 4 | κέλευσον δοθῆναι τῷ Ἀδὰμ θυμιάματα εὐωδίας ἐκ τοῦ | * παραδείσου. * | καὶ ἐκέλευσεν ὁ θεὸς ἐαθῆναι τὸν Ἀδὰμ ἵνα |
| Adam | 29 | 6 | διατροφὴν αὐτοῦ. καὶ λαβὼν ταῦτα ἐξῆλθεν ἐκ τοῦ | * παραδείσου * | καὶ ἐγενόμεθα ἐπὶ τῆς γῆς. ἐγένετο δὲ ἡμᾶς |
| Adam | 37 | 5 | αὐτὸν τῷ ἀρχαγγέλῳ Μιχαὴλ λέγων ἆρον αὐτὸν εἰς τὸν | * παράδεισον * | ἕως τρίτου οὐρανοῦ καὶ ἄφες αὐτὸν ἐκεῖ ἕως |
| Adam | 38 | 4 | γῆν ὅπου ἦν τὸ σῶμα τοῦ Ἀδάμ. καὶ ἦλθον εἰς τὸν | * παράδεισον * | καὶ ἐκινήθησαν πάντα τὰ φυτὰ τοῦ παραδείσου |
| Adam | 38 | 4 | τὸν παράδεισον καὶ ἐκινήθησαν πάντα τὰ φυτὰ τοῦ | * παραδείσου * | ὡς πάντας ἀνθρώπους γεγεννημένους ἐκ τοῦ |
| Adam | 40 | 1 | εἶπεν ὁ θεὸς τῷ ἀρχαγγέλῳ Μιχαὴλ ἄπελθε εἰς τὸν | * παράδεισον * | ἐν τῷ τρίτῳ οὐρανῷ καὶ ἔνεγκε τρεῖς σινδόνας |
| Adam | 40 | 6 | κηδεῦσαι καὶ τὸν Ἄβελ ἆραι αὐτοὺς εἰς τὰ μέρη τοῦ | * παραδείσου * | εἰς τὸν τόπον ὅπου ἦρεν χοῦν ὁ θεὸς καὶ |
| Adam | 40 | 7 | τόπον. καὶ ἀπέστειλεν ὁ θεὸς ἑπτὰ ἀγγέλους εἰς τὸν | * παράδεισον * | καὶ ἤγαγον εὐωδίας πολλὰς καὶ ἔθεντο αὐτὰς ἐν |
| Adam | 42 | 3 | ποῦ ἐτέθη ἐπειδὴ ἐν τῷ ἐλθεῖν τὸν κύριον ἐπὶ τὸν | * παράδεισον * | πρὸς τὸ κηδεῦσαι τὸν Ἀδὰμ ἐκοιμήθησαν |
| Adam | 42 | 6 | τοῦ σκηνώματος αὐτοῦ. ὥσπερ ἤμην μετ' αὐτοῦ ἐν τῷ | * παραδείσῳ * | ἀμφότεροι μὴ χωρισθέντες ἀπ' ἀλλήλων ὥσπερ ἐν |
| Hen. | 20 | 7 | Γαβριὴλ ὁ εἷς τῶν ἁγίων ἀγγέλων ὁ ἐπὶ τοῦ | * παραδείσου * | καὶ τῶν δρακόντων καὶ χερουβειν. ἀρχαγγέλων |
| Hen. | 20B | 7 | Γαβριὴλ ὁ εἷς τῶν ἁγίων ἀγγέλων ὁ ἐπὶ τοῦ | * παραδείσου * | καὶ τῶν δρακόντων καὶ χερουβίν. Ῥεμειὴλ ὁ |
| Hen. | 32 | 3 | τούτου διέβην ἐπάνω τοῦ Ζωτιήλ. καὶ ἦλθον πρὸς τὸν | * παράδεισον * | τῆς δικαιοσύνης καὶ ἴδον μακρόθεν τῶν δένδρων |
| Abr.1 | 4 | 2 | καὶ καλὸν θυμίαμα καὶ βοτάνας εὐόσμους ἐκ τοῦ | * παραδείσου * | ἐνέγκας πλήρωσον τὸν οἶκον ἄναψον δὲ λύχνους |
| Abr.1 | 11 | 10 | εἰς τὴν ζωὴν καὶ εἰσερχόμενοι δι' αὐτῆς εἰς τὸν | * παράδεισον * | ⟨ἀπέρχονται⟩ καὶ διὰ τοῦτο χαίρει ὁ |
| Abr.1 | 14 | 8 | αὐτὴν ἄγγελος φωτοφόρος καὶ ἀνήνεγκεν αὐτὴν ἐν τῷ | * παραδείσῳ. * | εἶπεν δὲ Ἀβραὰμ δοξάζω τὸ ὄνομα τοῦ θεοῦ τοῦ |
| Abr.1 | 20 | 14 | οὕτως ἄρατε οὖν τὸν φίλον μου τὸν Ἀβραὰμ εἰς τὸν | * παράδεισον * | ἔνθα εἰσὶν αἱ σκηναὶ τῶν δικαίων μου καὶ |
| Abr.2 | 10 | 2 | τὸν Μιχαὴλ καὶ τὸν Ἀβραὰμ ἐν τόπῳ ᾧ ἐστιν | * παράδεισος * | ἐκ μέρους αὐτοῦ. ὅτε οὖν ἔφθασεν εἰς τὸν |
| TLevi | 18 | 10 | ἐν αὐτῷ. καίγε αὐτὸς ἀνοίξει τὰς θύρας τοῦ | * παραδείσου * | καὶ στήσει τὴν ἀπειλοῦσαν ῥομφαίαν κατὰ τοῦ |
| Asen. | 16 | 14 | πνεῦμα ζωῆς. καὶ τοῦτο πεποιήκασιν αἱ μέλισσαι τοῦ | * παραδείσου * | τῆς τρυφῆς ἐκ τῆς δρόσου τῶν ῥόδων τῆς ζωῆς |

| | | | | | | |
|---|---|---|---|---|---|---|
| Asen. | | 16 | 14 | ἐκ τῆς δρόσου τῶν ῥόδων τῆς ζωῆς τῶν ὄντων ἐν τῷ | * παραδείσῳ * | τοῦ θεοῦ. καὶ πάντες οἱ ἄγγελοι τοῦ θεοῦ ἐξ |
| Asen. | | 16 | 16 | καὶ τὰ ὀστᾶ σου πιανθήσονται ὡς αἱ κέδροι τοῦ | * παραδείσου * | τῆς τρυφῆς τοῦ θεοῦ καὶ δυνάμεις ἀκάματοι |
| Asen. | | 18 | 9 | καὶ αἱ τρίχες τῆς κεφαλῆς αὐτῆς ὡς ἄμπελος ἐν τῷ | * παραδείσῳ * | τοῦ θεοῦ εὐθηνοῦσα ἐν τοῖς καρποῖς αὐτῆς καὶ ὁ |
| Sal. | | 14 | 3 | ὅσιοι κυρίου ζήσονται ἐν αὐτῷ εἰς τὸν αἰῶνα ὁ | * παράδεισος * | τοῦ κυρίου τὰ ξύλα τῆς ζωῆς ὅσιοι αὐτοῦ. ἡ |
| Jer. | | 9 | 14 | τὴν γῆν. καὶ τὸ δένδρον τῆς ζωῆς τὸ ἐν μέσῳ τοῦ | * παραδείσου * | φυτευθὲν ποιήσει πάντα τὰ δένδρα τὰ ἄκαρπα |
| Bar. | | 4 | 10 | ἐπὶ πήχεις δεκαπέντε εἰσῆλθε τὸ ὕδωρ εἰς τὸν | * παράδεισον * | καὶ ἦρεν πᾶν ἄνθος τὸ δὲ κλῆμα τῆς ἀμπέλου |
| Bar. | | 4 | 15 | μέλλουσιν τὴν ἀνάκλησιν προσλαβεῖν καὶ τὴν εἰς | * παράδεισον * | εἴσοδον. γίνωσκε τοιγαροῦν ὦ Βαροὺχ ὅτι ὥσπερ |
| Esdr. | | 1 | 12 | εἶπεν ὁ θεὸς ἐγὼ τοὺς δικαίους ἀναπαύσωμαι ἐν τῷ | * παραδείσῳ * | καὶ ἐλεήμων καθέστηκα. καὶ εἶπεν Ἔσδρὰμ κύριε |
| Esdr. | | 2 | 11 | αἱ χεῖρές μου αἱ ἄχρανται. καὶ ἐθέμην αὐτὸν ἐν τῷ | * παραδείσῳ * | φυλάττειν τὴν νομὴν τοῦ ξύλου τῆς ζωῆς ἐπειδὴ |
| Esdr. | | 5 | 20 | προφήτης κύριε ἀποκάλυψόν μοι τὰς κρίσεις καὶ τὸν | * παράδεισον. * | καὶ ἀπήγαγόν με οἱ ἄγγελοι κατὰ ἀνατολὰς καὶ |
| Sedr. | | 4 | 4 | τὸν πρωτόπλαστον Ἀδὰμ καὶ ἔθηκα αὐτὸν ἐν τῷ | * παραδείσῳ * | ἐν μέσῳ τοῦ φυτοῦ τῆς ζωῆς καὶ εἶπα αὐτῷ ἀπὸ |
| Sedr. | | 9 | 1 | τοῦ ἠγαπημένου μου Σεδρὰχ καὶ ἀπόθου αὐτὴν ἐν τῷ | * παραδείσῳ. * | λέγει ὁ μονογενὴς υἱὸς τὸν Σεδρὰχ ‹δός μοι |
| Sedr. | | 12 | 1 | παῦσον Σεδρὰχ ἕως πότε δακρύζεις καὶ στενάζεις; ὁ | * παράδεισός * | σοι ἠνοίγη καὶ ἀποθανὼν ζήσεις. λέγει αὐτῷ |
| Sedr. | | 16 | 9 | καὶ ἔλαβεν αὐτὸν ὁ θεὸς καὶ ἔθηκεν αὐτὸν ἐν τῷ | * παραδείσῳ * | μετὰ τῶν ἁγίων ἁπάντων. ᾧ ἡ δόξα καὶ τὸ κράτος |
| FJub. | | 3 | 9 | Πλειάδων ἐπιτολῇ εἰσήγαγεν ὁ θεὸς τὸν Ἀδὰμ ἐν τῷ | * παραδείσῳ * | κατὰ τὴν τεσσαρακοστὴν ἡμέραν τῆς πλάσεως |
| FJub. | | 3 | 9 | Μαΐου τρισκαιδεκάτῃ μετὰ τρεῖς ἡμέρας τῆς ἐν τῷ | * παραδείσῳ * | αὐτοῦ εἰσόδου ἡλίου ὄντος ταύρῳ καὶ σελήνης |
| FJub. | | 3 | 9 | μηνὸς Ἐπιφὶ πρώτῃ εἰσήχθη ὑπὸ τοῦ θεοῦ ἐν τῷ | * παραδείσῳ * | ἡ τοῦ Ἀδὰμ βοηθὸς Εὔα ἐν τῇ ὀγδοηκοστῇ ἡμέρᾳ |
| FJub. | | 3 | 10 | μετὰ τὴν πλάσιν τοῦ χωρισμοῦ αὐτῶν ἡμέρας ἐκ τοῦ | * παραδείσου * | ἐπὶ μὲν ἀρρενογονίας ἀκάθαρτον αὐτὴν εἶναι |
| FJub. | | 3 | 11 | Ἀδὰμ τῇ μ' ἡμέρᾳ τῆς πλάσεως αὐτοῦ εἰσήχθη ἐν τῷ | * παραδείσῳ * | οὗ χάριν καὶ τὰ γεννώμενα τῇ τεσσαρακοστῇ |
| FJub. | | 3 | 11 | εἶναι αὐτὴν ἐπὶ ἡμέρας ὀγδοήκοντα διά τε τὴν ἐν τῷ | * παραδείσῳ * | αὐτῆς εἴσοδον τῇ ὀγδοηκοστῇ ἡμέρᾳ καὶ διὰ τὸ |
| FJub. | | 3 | 16 | τὰ πετεινὰ καὶ ἑρπετὰ συνῆγε τὸν καρπὸν ἐν | * παραδείσῳ * | καὶ σὺν τῇ γυναικὶ αὐτοῦ ἤσθιεν αὐτόν. τὸν |
| FJub. | | 3 | 23 | ἐκέκτητο. ἀφῃρέθη δὲ ταῦτα διὰ τὸ τολμηρῶς εἰς τὸν | * παράδεισον * | εἰσελθεῖν καὶ διὰ τὸ πρῶτος ἀπὸ τοῦ ξύλου |
| FJub. | | 3 | 32 | τῷ ἑβδόμῳ ἔτει παρέβη καὶ τῷ ὀγδόῳ ἐξερρίφησαν τοῦ | * παραδείσου * | μετὰ τεσσαράκοντα πέντε ἡμέρας τῆς παραβάσεως |
| FJub. | | 3 | 32 | τῇ ἐπιτολῇ τῶν Πλειάδων. ἐποίησε δὲ ὁ Ἀδὰμ ἐν τῷ | * παραδείσῳ * | ἑβδομάδα ἡμερῶν τριακοσίων ἑξήκοντα πέντε. καὶ |
| FJub. | | 4 | 23 | θυγάτηρ Δανιὴλ πατραδέλφου αὐτοῦ. ‹ Ἐνὼχ› εἰς τὸν | * παράδεισον * | ἡρπᾶσθαι. γυνὴ Μαθουσάλα Ἐδνὰ θυγάτηρ |
| FEz. | 64 | 70 | 8 | καὶ ἐπιβουλὴν ἐργάσασθαι τῷ βασιλεῖ ἐπενόουν. | * παράδεισον * | δὲ εἶχεν ὁ βασιλεὺς καὶ ἀπὸ μήκοθεν ὁ τυφλὸς |
| FEz. | 64 | 70 | 9 | ἠρώτα ποίῳ τρόπῳ; ὁ δὲ εἶπεν ἀπέλθωμεν εἰς τὸν | * παράδεισον * | αὐτοῦ καὶ ἀφανίσωμεν ἐκεῖ τὰ τοῦ παραδείσου. |
| FEz. | 64 | 70 | 9 | τὸν παράδεισον αὐτοῦ καὶ ἀφανίσωμεν ἐκεῖ τὰ τοῦ | * παραδείσου. * | ὁ δὲ εἶπεν καὶ πῶς δύναμαι χωλὸς ὢν καὶ μὴ |
| FEz. | 64 | 70 | 11 | καὶ εὐώνυμα. τοῦτο δὲ ποιήσαντες κατέβησαν εἰς τὸν | * παράδεισον. * | εἶτα λοιπὸν εἴτε ἠδίκησαν εἴτε καὶ οὐκ |
| FEz. | 64 | 70 | 11 | εἴτε καὶ οὐκ ἠδίκησαν ὅμως τὰ ἴχνη πέφηνεν ἐν τῷ | * παραδείσῳ. * | καταλύσαντες δὲ ἐκ τῶν γάμων οἱ εὐφρανθέντες |
| FEz. | 64 | 70 | 12 | δὲ ἐκ τῶν γάμων οἱ εὐφρανθέντες καταβάντες εἰς τὸν | * παράδεισον * | ἐξεπλάγησαν τὰ ἴχνη εὑρόντες ἐν τῷ παραδείσῳ |
| FEz. | 64 | 70 | 12 | τὸν παράδεισον ἐξεπλάγησαν τὰ ἴχνη εὑρόντες ἐν τῷ | * παραδείσῳ * | καὶ ταῦτα ἀνήγγειλαν τῷ βασιλεῖ λέγοντες |
| FEz. | 64 | 70 | 12 | ἐστι παγανός. πόθεν τοίνυν ἴχνη παγανῶν ἐν τῷ | * παραδείσῳ; * | ὁ δὲ ἐθαύμασε. ὡς μετεστείλατο τὸν χωλὸν καὶ |
| FEz. | 64 | 70 | 13 | καὶ ἠρώτησε τὸν τυφλὸν μὴ σὺ κατῆλθες εἰς τὸν | * παράδεισον; * | ὁ δὲ ἔφη οἴμοι κύριε ὁρᾷς ἡμῶν τὴν ἀδυναμίαν |
| FEz. | 64 | 70 | 14 | ἐπὶ τὸν χωλὸν καὶ αὐτὸν ἠρώτα σὺ κατῆλθες εἰς τὸν | * παράδεισόν * | μου; ὁ δὲ ἀποκριθεὶς εἶπεν ὦ κύριε πικρᾶναι |
| FrAn. | 574 | 3027 | | τούτου ὃ ἔπλασεν ὁ θεὸς ἐν τῷ ἁγίῳ ἑαυτοῦ | * παραδείσῳ * | ὅτι ἐπεύχομαι ἄγιον θεὸν ἐπὶ αμμωνιψεντανχω. |
| παραδέχομαι | | | | 7 | | |
| Hen. | | 14 | 4 | ὁράσει μου τοῦτο ἐδείχθη καὶ οὔτε ἡ ἐρώτησις ὑμῶν | * παρεδέχθη * | ἵνα μηκέτι εἰς τὸν οὐρανὸν ἀναβῆτε ἐπὶ πάντας |
| Esdr. | | 2 | 4 | δίδωμί σοι τὴν διαθήκην μου ἐμοῦ τε καὶ σοῦ ἵνα | * παραδέξητε. * | καὶ εἶπεν Ἔσδρὰμ ἐπὶ τὸ οὖς σου δικασώμεθα. |
| Aris. | | 103 | 4 | ἡμᾶς ἐγεγόνει. μόλις γὰρ ἀνόπλους ὄντας ἡμᾶς δύο | * παρεδέξαντο * | πρὸς τὸ κατανοῆσαι τὰ τῶν θυσιῶν. ἔλεγον δὲ |
| Aris. | | 104 | 4 | τὸ κατὰ τὸν ὁρκισμὸν πρᾶγμα ὄντας πεντακοσίους μὴ | * παραδέξασθαι * | πλεῖον ἀνθρώπων πέντε κατὰ τὸ αὐτὸ τοῦ γὰρ |
| Aris. | | 122 | 8 | συνακούειν καὶ πρὸς ἕκαστον ἀποκρίνεσθαι δεόντως | * παραδεδεγμένοι * | καὶ πάντες ταῦτα συντηροῦντες καὶ μᾶλλον |
| Aris. | | 190 | 1 | ἐν οὐδενὶ διαπίπτοις. καὶ τοῦτον δὲ εὖ μάλα | * παραδεξάμενος * | ἕτερον ἐπηρώτα πῶς ἂν εὐνόους ἑαυτῷ ἔχοι |
| Aris. | | 277 | 2 | ὁ βασιλεὺς ἕτερον ἐπηρώτα διὰ τί τὴν ἀρετὴν οὐ | * παραδέχονται * | τῶν ἀνθρώπων οἱ πλείονες; ὅτι φυσικῶς |
| παραδίδωμι | | | | 43 | | |
| Adam | | 23 | 3 | γυμνὸς εἶ εἰ μὴ ὅτι ἐγκατέλιπας τὴν ἐντολήν μου ἣν | * παρέδωκά * | σοι τοῦ φυλάξαι αὐτήν; τότε Ἀδὰμ ἐμνήσθη τοῦ |
| Adam | | 35 | 3 | ἐστιν. ἄρα δὲ τέκνον μου Σὴθ τί ἐστιν μοι; πότε | * παραδοθήσεται * | εἰς τὰς χεῖρας τοῦ ἀοράτου θεοῦ ἡμῶν; |
| Adam | | 37 | 4 | καθήμενος ἐπὶ θρόνου αὐτοῦ καὶ ἦρεν τὸν Ἀδὰμ καὶ | * παρέδωκεν * | αὐτὸν τῷ ἀρχαγγέλῳ Μιχαὴλ λέγων ἆρον αὐτὸν εἰς |
| Hen. | | 97 | 10 | πάντα κέκτησθε καὶ ὑμεῖς εἰς κατάραν μεγάλην | * παραδοθήσεσθε. * | καὶ νῦν ὀμνύω ὑμῖν τοῖς φρονίμοις καὶ |
| Hen. | | 98 | 12 | νῦν γνωστὸν ὑμῖν ἔστω ὅτι εἰς ‹χεῖρας τ›ῶν δικαίων | * παραδοθήσεσθε * | καὶ ἀποκτενοῦσιν ὑμᾶς καὶ οὐ μὴ φείσονται |
| Abr.1 | | 20 | 2 | τῶν ἀνθρώπων παρὰ μίαν ὥραν εἰς θάνατον ἔρχονται | * παραδιδόμενοι * | τῷ τάφῳ ἰδοὺ γὰρ ἀνήγγειλά σοι πάντα ὅσα |
| TLevi | | 2 | 3B013 | σου τῆς δυναστείας σκεπασάτω με ἀπὸ παντὸς κακοῦ. | * παραδοὺς * | διὸ δὴ καὶ τὴν ἀνομίαν ἐξάλειψον ὑποκάτωθεν τοῦ |
| TJud. | | 5 | 6 | ἡμᾶς ἄνδρες Θαφφοῦ ἐπέβαλον τῇ αἰχμαλωσίᾳ ἡμῶν καὶ | * παραδόντες * | αὐτὴν τοῖς υἱοῖς ἡμῶν συνήψαμεν πρὸς αὐτοὺς |
| TAser | | 7 | 2 | ἀπώλετο ἕως αἰῶνος. οἶδα γὰρ ὅτι ἁμαρτήσετε καὶ | * παραδοθήσεσθε * | εἰς χεῖρας ἐχθρῶν ὑμῶν καὶ ἡ γῆ ὑμῶν |
| TJos. | | 3 | 1 | ἡ Αἰγυπτία ἠπείλησέ μοι θάνατον ποσάκις τιμωρίαις | * παραδοῦσα * | ἀνεκαλέσατό με καὶ ἠπείλησέ μοι μὴ θέλοντι |
| TBen. | | 3 | 8 | θεοῦ καὶ σωτῆρος τοῦ κόσμου ὅτι ἄμωμος ὑπὲρ ἀνόμων | * παραδοθήσεται * | καὶ ἀναμάρτητος ὑπὲρ ἀσεβῶν ἀποθανεῖται ἐν |
| TBen. | | 7 | 3 | ἐρήμωσις. διὰ τοῦτο καὶ ὁ Κάϊν εἰς τὰς ἐκδικίας | * παρεδίδοται * | ὑπὸ τοῦ θεοῦ ἑκατὸν γὰρ ἔτη μίαν πληγὴν |
| Asen. | | 4 | 8 | χάρις κυρίου μετ' αὐτοῦ. δεῦρο δὴ τέκνον μου καὶ | * παραδώσω * | σε αὐτῷ εἰς γυναῖκα καὶ ἔσῃ αὐτῷ νύμφη καὶ |
| Asen. | | 4 | 9 | ὁ κύριός μου καὶ πατήρ μου κατὰ τὰ ῥήματα ταῦτα | * παραδοῦναί * | με ὡς αἰχμάλωτον ἀνδρὶ ἀλλοφύλῳ καὶ φυγάδι |
| Jer. | | 1 | 5 | καὶ ἐλάλησεν Ἱερεμίας λέγων κύριε παντοκράτωρ | * παραδίδως * | τὴν πόλιν τὴν ἐκλεκτὴν εἰς χεῖρας τῶν Χαλδαίων |
| Jer. | | 2 | 7 | Ἱερεμία τί γέγονε; καὶ εἶπεν Ἱερεμίας ὅτι ὁ θεὸς | * παραδίδωσι * | τὴν πόλιν εἰς χεῖρας τοῦ βασιλέως τῶν |
| Jer. | | 3 | 6 | καὶ εἶπεν Ἱερεμίας ἰδοὺ νῦν κύριε ἐγνώκαμεν ὅτι | * παραδίδως * | τὴν πόλιν εἰς χεῖρας τῶν ἐχθρῶν αὐτῆς καὶ |
| Jer. | | 3 | 8 | λειτουργίας; καὶ εἶπεν αὐτῷ ὁ κύριος ἆρον αὐτὰ καὶ | * παράδος * | αὐτὰ τῇ γῇ λέγων ἄκουε γῆ τῆς φωνῆς τοῦ |
| Jer. | | 3 | 14 | ἁγιαστήριον καὶ ἐπάραντες τὰ σκεύη τῆς λειτουργίας | * παρέδωκαν * | αὐτὰ τῇ γῇ καθὼς ἐλάλησεν αὐτοῖς ὁ κύριος. καὶ |
| Jer. | | 4 | 6 | Ἱερουσαλήμ; διὰ τὰς ἁμαρτίας τοῦ ἠγαπημένου λαοῦ | * παρεδόθη * | εἰς χεῖρας ἐχθρῶν διὰ τὰς ἁμαρτίας ἡμῶν καὶ τοῦ |
| Jer. | | 4 | 7 | θεοῦ ἐν τῇ δυνάμει ἡμῶν ἀλλὰ διὰ τὰς ἁμαρτίας ἡμῶν | * παρεδόθη * | ὑμῖν. ὁ δὲ θεὸς ἡμῶν οἰκτειρήσει ἡμᾶς καὶ |
| Jer. | | 6 | 21 | καὶ ἐτραχηλιάσατε ἐνώπιόν μου ἐν ὀργῇ καὶ θυμῷ | * παρέδωκα * | ὑμᾶς τῇ καμίνῳ εἰς Βαβυλῶνα. ἐὰν οὖν ἀκούσητε |
| Jer. | | 7 | 24 | ὥσπερ γὰρ πατὴρ υἱὸν μονογενῆ ἔχων τοῦτον δὲ | * παραδοθέντος * | εἰς τιμωρίαν οἱ ἰδόντες τὸν πατέρα αὐτοῦ |
| Jer. | | 9 | 7 | μετὰ Βαροὺχ καὶ Ἀβιμέλεχ ἐγένετο ὡς εἷς τῶν | * παραδιδόντων * | τὴν ψυχὴν αὐτοῦ. καὶ ἔμειναν Βαροὺχ καὶ |
| Jer. | | 9 | 28 | ὅτι Ἱερεμίας ἐστὶν. ὁ δὲ Ἱερεμίας πάντα | * παρέδωκε * | τὰ μυστήρια ἃ εἶδε τῷ Βαροὺχ καὶ τῷ Ἀβιμέλεχ |
| Bar. | | 1 | 2 | τί κύριε οὐκ ἀπέδωκας ἡμᾶς ἐν ἄλλῃ παιδείᾳ ἀλλὰ | * παρέδωκας * | ἡμᾶς εἰς ἔθνη τοιαῦτα ὅπως ὀνειδίζοντες |
| Bar. | | 13 | 1 | ἡμᾶς μεμελανωμένους κύριε ὅτι πονηροῖς ἀνθρώποις | * παρεδόθημεν * | καὶ θέλομεν ὑποχωρῆσαι ὑπ' αὐτῶν. καὶ εἶπεν |
| Prop. | | 2 | 8 | μυστήριον ὑπὸ ὁσίου προφήτου τοῖς πατράσιν ἡμῶν | * παραδοθὲν * | καὶ ἐκδεχόμεθα τὸ πέρας φησὶν τοῦ μυστηρίου |
| Esdr. | | 1 | 23 | κόλασιν οὐκ ἔχουσιν ἡμᾶς δὲ ἔπλασας καὶ εἰς κρίσιν | * παρέδωκας. * | οὐαὶ τοὺς ἁμαρτωλοὺς ἐν τῷ μέλλοντι αἰῶνι ὅτι |
| Esdr. | | 3 | 12 | καὶ ἀνθρώπων καὶ ὅταν ἴδητε ὅτι ἀδελφὸς ἀδελφὸν | * παραδίδει * | εἰς θάνατον καὶ τέκνα ἐπὶ γονεῖς ἀναστήσονται |
| Esdr. | | 5 | 16 | κύριε τί ἔπλασας τὸν ἄνθρωπον καὶ εἰς κρίσιν | * παρέδωκας; * | καὶ εἶπεν ὁ θεὸς ὑψηλῷ τῷ κηρύγματι οὐ μὴ |
| Esdr. | | 7 | 14 | μου πάντα ὅσα ᾐτήσω ἀποδώσω ἑνὶ ἑκάστῳ. καὶ εὐθέως | * παρέδωκεν * | τὴν τιμίαν αὐτοῦ ψυχὴν μετὰ μεγάλης τιμῆς μηνὶ |
| Job | | 20 | 3 | παρὰ τοῦ κυρίου ἵνα ἐπενέγκῃ μοι πληγὴν καὶ τότε | * παρέδωκέν * | με ὁ κύριος εἰς χεῖρας αὐτοῦ χρήσασθαι τῷ |
| Aris. | | 148 | 1 | ἐπαναίρεσιν τῶν συγγενικῶν. διὰ τῶν τοιούτων οὖν | * παραδέδωκεν * | ὁ νομοθέτης σημειοῦσθαι τοῖς συνετοῖς εἶναι |
| Aris. | | 196 | 3 | ἀκέραια συντηρήσας ἅπαντα τοῖς ἐγγόνοις τὴν αὐτὴν | * παραδιδοῖ * | διάθεσιν ἐπὶ τέλει; ὁ δὲ εἶπεν εὐχόμενος ἀεὶ |
| Sib. | | 5 | 20 | λαοῖς καὶ πάνθ' ὑποτάξει ἐν μακρῷ δὲ χρόνῳ ἑτέρῳ | * παραδώσεται * | ἀρχὴν ὅς τε τριηκοσίων ἀριθμῶν κεραίην ἐπὶ |
| FIsa. | | 1 | 2 | Ἠσαΐου τοῦ προφήτου καὶ Ἰασοὺμ τοῦ υἱοῦ αὐτοῦ. | * παρέδωκεν * | αὐτῷ τοὺς λόγους οὓς αὐτὸς εἶδεν καὶ τὴν |
| FIsa. | 1 | 2 | 14 | ἀποθανεῖται καὶ ἡ Σαμαρία εἰς χεῖρας Ἀλνασὰρ | * παραδοθήσεται * | ἀνθ' ὧν ἐφόνευεν τοὺς προφήτας τοῦ θ‹εο›ῦ. |
| HEup. | 9 | 26 | 1 | τὸν Μωσῆν πρῶτον σοφὸν γενέσθαι καὶ γράμματα | * παραδοῦναι * | τοῖς Ἰουδαίοις πρῶτον παρὰ δὲ Ἰουδαίων |
| HEup. | 9 | 30 | 8 | δὲ τὸν Δαβὶδ ἔτη μ' Σολομῶνι τῷ υἱῷ τὴν ἀρχὴν | * παραδοῦναι * | ὄντι ἐτῶν ιβ' ἐνώπιον Ἠλεὶ τοῦ ἀρχιερέως καὶ |
| HEup. | 9 | 30 | 8 | Ἠλεὶ τοῦ ἀρχιερέως καὶ τῶν δώδεκα φυλάρχων καὶ | * παραδοῦναι * | αὐτῷ τόν τε χρυσὸν καὶ ἄργυρον καὶ χαλκὸν καὶ |
| HArt. | 9 | 27 | 4 | ἀνδρωθέντα δ' αὐτὸν πολλὰ τοῖς ἀνθρώποις εὔχρηστα | * παραδοῦναι * | καὶ γὰρ πλοῖα καὶ μηχανὰς πρὸς τὰς λιθοθεσίας |
| LEze. | 9 | 29 | 5 07 | κἀγὼ πρόσθεν ἐστάθην θρόνου. σκῆπτρον δέ μοι | * παρέδωκε * | καὶ εἰς θρόνον μέγαν εἶπε καθῆσθαι βασιλικόν |
| παράδοξος | | | | 2 | | |
| Sedr. | | 11 | 1 | καὶ ἤρξατο κλαίων καὶ ὀδυρόμενος λέγειν ὦ κεφαλὴ | * παράδοξε * | οὐρανοκόσμητε ὦ ἡλιοφώτιστε οὐρανοῦ καὶ γῆς |
| Aris. | | 175 | 1 | ἐπὶ τῶν χρειῶν καλεῖν δὲ τοὺς ἀνθρώπους. οὐ πᾶσι | * παραδόξου * | φανέντος διὰ τὸ κατὰ ἔθος εἶναι πεμπταίους εἰς |
| παραζηλόω | | | | 1 | | |
| Bar. | | 16 | 2 | παρώργισάν με ἐν τοῖς ἔργοις αὐτῶν πορευθέντες | * παραζηλώσατε * | αὐτοὺς καὶ παροργίσατε καὶ παραπικράνατε |
| παραζήλωσις | | | | 1 | | |
| TZab. | | 9 | 8 | πατηθήσεται καὶ ἐπιστρέψει πάντα τὰ ἔθνη εἰς | * παραζήλωσιν * | αὐτοῦ καὶ ὄψεσθε θεὸν ἐν σχήματι ἀνθρώπου |
| παραθήκη | | | | 2 | | |
| TBen. | | 12 | 2 | εἰκοσιπέντε ἐτῶν ἐν γήρει καλῷ καὶ ἔθηκαν αὐτὸν ἐν | * παραθήκῃ. * | καὶ ἐνενηκοστῷ πρώτῳ ἔτει τῆς εἰσόδου τῶν υἱῶν |
| FPho. | | | 135 | οἱ συμπαρέοντες. φωρῶν μὴ δέξῃ κλοπίμην ἄδικον | * παραθήκην * | ἀμφότεροι κλῶπες καὶ ὁ δεξάμενος καὶ ὁ κλέψας. |
| παραίνεσις | | | | 1 | | |
| Abr.1 | | 9 | 1 | ἔρχῃ κἂν οὐκ ἔρχῃ; λαβὼν δὲ ὁ ἀρχιστράτηγος τὰς | * παραινέσεις * | τοῦ ὑψίστου κατῆλθεν πρὸς τὸν Ἀβραὰμ καὶ |
| παραινέω | | | | 2 | | |
| FJub. | | 35 | 9 | ἄρχοντα. ἡ Ῥεβέκκα ᾔτησε τὸν Ἰσαὰκ ἐν τῷ γήρᾳ | * παραινέσαι * | τῷ Ἠσαῦ καὶ τῷ Ἰακὼβ ἀγαπᾶν ἀλλήλους. καὶ |
| FJub. | | 36 | 1 | τῷ Ἠσαῦ καὶ τῷ Ἰακὼβ ἀγαπᾶν ἀλλήλους. καὶ | * παραινέσας * | αὐτοῖς προεῖπεν ὅτι ἐὰν ἐπαναστῇ τῷ Ἰακὼβ ὁ |

| | | | |
|---|---|---|---|
| παραιρέω | | | 1 |
| HArt. | 9 27 | 11 | λόγῳ μὲν αὐτὸν ἀποδέξασθαι ἔργῳ δὲ ἐπιβουλεύειν. * παρελόμενον * γοῦν αὐτοῦ τοὺς ὄχλους τοὺς μὲν ἐπὶ τὰ ὅρια |
| παραιτέομαι | | | 6 |
| Hen. | 106 | 7 | τι ἔσται ἐν ταῖς ἡμέραις αὐτοῦ ἐν τῇ γῇ. καὶ * παραιτοῦμαι * π⟨άτερ καὶ⟩ δέομαι βάδισον πρὸς Ἐνώ⟨χ τὸν |
| TLevi | 5 | 6 | ἐν ἡμέρᾳ θλίψεως. καὶ εἶπεν ἐγώ εἰμι ὁ ἄγγελος ὁ * παραιτούμενος * τὸ γένος Ἰσραὴλ τοῦ μὴ πατάξαι αὐτοὺς εἰς |
| TLevi | 5 | 7 | γενόμενος εὐλόγησα τὸν ὕψιστον καὶ τὸν ἄγγελον τὸν * παραιτούμενον * τὸ γένος τοῦ Ἰσραὴλ καὶ πάντων τῶν |
| TDan | 6 | 2 | αὐτοῦ. ἐγγίζετε δὲ τῷ θεῷ καὶ τῷ ἀγγέλῳ τῷ * παραιτουμένῳ * ὑμᾶς ὅτι οὗτός ἐστι μεσίτης θεοῦ καὶ |
| Aris. | 184 | 5 | καὶ τοὺς ἄλλους οἷς ἔθος ἦν τὰς κατευχὰς ποιεῖσθαι * παρῃτήσατο * τῶν δὲ παραγεγονότων σὺν ἡμῖν Ἐλισσαῖον ὄντα |
| FAch. | 108 | | ἀνελεῖν τὸν Ἥλιον ὡς εἰς πατέρα ἀθετήσαντα * παρῃτήσατο * ὁ Αἴσωπος εἰπὼν τεθνεῶτα μὲν ἔχειν |
| παραίτιος | | | 1 |
| Aris. | 308 | 5 | καὶ παρὰ τοῦ πλήθους ἔτυχον ὡς ἂν μεγάλων ἀγαθῶν * παραίτιοι * γεγονότες. ὡσαύτως δὲ καὶ τὸν Δημήτριον |
| παρακαθέζομαι | | | 2 |
| Prop. | 1 | 4 | οἱ πολέμιοι πόθεν πίνουσιν; καὶ ἔχοντες τὴν πόλιν * παρεκαθέζοντο * τῷ Σιλωάμ. ἐὰν οὖν οἱ Ἰουδαῖοι ἤρχοντο |
| Job | 9 | 8 | ἔλθωσίν τινες αἰτοῦντες ἐλεημοσύνην καὶ ἴδωσίν με * παρακαθεζόμενον * τῇ θύρᾳ, καὶ αἰδεσθέντες ἀποστραφῶσιν |
| παρακαθίζω | | | 2 |
| Job | 28 | 4 | ῥήξαντες τὴν ἑαυτῶν στολὴν καὶ καταπασάμενοι γῆν * παρεκάθισάν * μοι ἑπτὰ ἡμέρας καὶ ἑπτὰ νύκτας καὶ οὐθεὶς |
| Job | 41 | 1 | Ελιφας δὲ καὶ οἱ λοιποὶ μετὰ ταῦτα * παρεκάθισάν * μοι ἀνταποκρινόμενοι καὶ μεγαλορημονοῦντες |
| παρακαλέω | | | 58 |
| Adam | 2 | 2 | Κάϊν τοῦ ἀδελφοῦ αὐτοῦ καὶ ἔπιεν αὐτὸ ἀνελεημόνως. * παρεκάλει * δὲ αὐτὸν συγχωρῆσαι αὐτῷ ὀλίγον ἐξ αὐτοῦ. |
| Adam | 27 | 2 | τοῦ παραδείσου. ἐλαυνομένων δὲ ἡμῶν καὶ ὀδυρομένων * παρεκάλεσεν * ὁ πατὴρ ὑμῶν Ἀδὰμ τοὺς ἀγγέλους λέγων |
| Adam | 27 | 2 | Ἀδὰμ τοὺς ἀγγέλους λέγων ἐάσατέ με μικρὸν ὅπως * παρακαλέσω * τὸν θεὸν καὶ σπλαγχνισθῇ καὶ ἐλεήσῃ με ὅτι |
| Adam | 29 | 12 | καὶ ἡμεῖς οἱ ἄγγελοι καὶ πάντα τὰ ποιήματα αὐτοῦ * παρεκαλέσαμεν * τὸν θεὸν ὑπὲρ ὑμῶν. καὶ ταῦτα εἰπὼν |
| Abr.1 | 7 | 6 | σελήνην ἐκ τῆς κεφαλῆς μου ἔκλαυσα δὲ μεγάλως καὶ * παρεκάλεσα * τὸν ἄνδρα ἐκεῖνον καὶ εἶπον μὴ κύριε μὴ ἄρῃς |
| Abr.1 | 9 | 3 | καὶ ἀνάξιον ἱκέτην σου καθεκάστην ἔρχεσθαι * παρακαλῶ * σε καὶ νῦν ἀρχιστράτηγε τοῦ διακονῆσαί μοι ἔτι |
| Abr.1 | 14 | 10 | σου ἀρχάγγελε εἰσάκουσον τῆς δεήσεώς μου καὶ * παρακαλέσωμεν * ἔτι τὸν κύριον καὶ προσπέσωμεν τοῖς |
| Abr.1 | 14 | 12 | δεῦρο Μιχαὴλ ἀρχιστράτηγε τῶν ἄνω δυνάμεων δεῦρο * παρακαλέσωμεν * τὸν θεὸν μετὰ σπουδῆς καὶ πολλῶν δακρύων |
| Abr.1 | 14 | 13 | δέησιν ἐνώπιον κυρίου τοῦ θεοῦ ἐπὶ πολλὴν δὲ ὥραν * παρακαλούντων * αὐτῶν ἦλθεν φωνὴ λέγουσα ἐκ τοῦ οὐρανοῦ |
| Abr.2 | 4 | 11 | σού ἐστιν καὶ δίκαιος ἄνθρωπος ξένους ὑποδεχόμενος * παρακαλῶ * οὖν κύριε κέλευσον ἀποστεῖλαι τὴν μνήμην τοῦ |
| Abr.2 | 7 | 8 | τὰς ἀκτῖνας ἐν μέσῳ μου ἔκλαυσα δὲ ἐγὼ καὶ εἶπον * παρακαλῶ * σε κύριε μὴ ἐπάρῃς τὴν δόξαν τῆς κεφαλῆς μου |
| Abr.2 | 7 | 12 | τοῦ σκότους εἰς τὸ φῶς καὶ ἀποκριθεὶς εἶπον αὐτῷ * παρακαλῶ * σε κύριε λαβὲ τὰς ἀκτῖνας μετ᾽ αὐτοῦ ὁ δὲ εἶπέν |
| Abr.2 | 7 | 19 | σου. καὶ ἀποκριθεὶς Ἀβραὰμ εἶπεν τῷ Μιχαὴλ * παρακαλῶ * σε κύριε εἰ ἐξέρχομαι ἐκ τοῦ σώματος ἐθέλω |
| Abr.2 | 13 | 5 | ἐφοβήθη φόβον μέγαν. καὶ ἀποκριθεὶς Ἀβραὰμ εἶπεν * παρακαλῶ * σε δήλωσόν μοι τίς εἶ ἀπόστηθι ἀπ᾽ ἐμοῦ ἀφ᾽ οὗ |
| TRub. | 4 | 4 | μου συνέχει με περὶ τῆς ἁμαρτίας μου. καίγε * παρεκάλεσέ * με ὁ πατήρ μου ὅτι ηὔξατο περὶ ἐμοῦ πρὸς |
| TRub. | 4 | 9 | καὶ γὰρ πολλὰ ἐποίησεν αὐτῷ ἡ Αἰγυπτία καὶ μάγους * παρεκάλεσε * καὶ φάρμακα αὐτῷ προσήνεγκεν καὶ οὐκ ἐδέξατο |
| TJud. | 8 | 2 | βασιλέα Ὀδολάμ. καὶ ἐποίησεν ἡμῖν πότον καὶ * παρακαλέσας * δίδωσί μοι τὴν θυγατέρα αὐτοῦ Βησσουὲ εἰς |
| TNep. | 9 | 1 | ὑμᾶς. καὶ πολλὰ τοιαῦτα ἐντειλάμενος αὐτοῖς * παρεκάλεσεν * ἵνα μετακομίσωσι τὰ ὀστᾶ αὐτοῦ εἰς Χεβρὼν |
| TAser | 6 | 6 | ἐν χαρᾷ ἐγνώρισε τὸν ἄγγελον τῆς εἰρήνης ⟨ὃς⟩ * παρακαλέσει * αὐτὸν ἐν ζωῇ. μὴ γίνεσθε τέκνα ὡς Σόδομα |
| TJos. | 1 | 6 | αὐτὸς ὁ κύριος διέθρεψέ με μόνος ἤμην καὶ ὁ θεὸς * παρεκάλεσέ * με ἐν ἀσθενείᾳ ἤμην καὶ ὁ ὕψιστος ἐπεσκέψατό |
| TJos. | 2 | 6 | πᾶσι δὲ τόποις παρίσταται καὶ ἐν διαφόροις τρόποις * παρακαλεῖ * ἐν βραχεῖ ἀφιστάμενος εἰς τὸ δοκιμάσαι τῆς |
| TJos. | 17 | 4 | τὸ ἀργύριον αὐτοῖς καὶ οὐκ ὠνείδισα ἀλλὰ καὶ * παρεκάλεσα * αὐτούς. καὶ μετὰ θάνατον Ἰακὼβ περισσοτέρως |
| Jer. | 1 | 4 | κυκλώσει αὐτήν. καὶ ἀπεκρίθη Ἱερεμίας λέγων * παρακαλῶ * σε κύριε ἐπίτρεψόν μοι τῷ δούλῳ σου λαλῆσαι |
| Jer. | 3 | 4 | λέγοντες νῦν ἐγνώκαμεν ὅτι ἀληθές ἐστι τὸ ῥῆμα. * παρεκάλεσε * δὲ Ἱερεμίας τοὺς ἀγγέλους λέγων παρακαλῶ |
| Jer. | 3 | 4 | ῥῆμα. παρεκάλεσε δὲ Ἱερεμίας τοὺς ἀγγέλους λέγων * παρακαλῶ * ὑμᾶς μὴ ἀπολέσθαι τὴν πόλιν ἄρτι ἕως ἂν λαλήσω |
| Jer. | 3 | 9 | τοῦ ἠγαπημένου. ἐλάλησε δὲ Ἱερεμίας λέγων * παρακαλῶ * σε κύριε δεῖξόν μοι τί ποιήσω Ἀβιμέλεχ τῷ |
| Jer. | 6 | 9 | κύριε τὸ ἐκλεκτὸν φῶς τὸ ἐξελθὸν ἐκ στόματός σου. * παρακαλοῦμεν * καὶ δεόμεθά σου τῆς ἀγαθότητος τὸ μέγα |
| Jer. | 9 | 3 | με ἕως οὗ ἀναληφθῶ πρός σέ περὶ τοῦ ἐλέους σου * παρακαλῶ * περὶ τῆς φωνῆς τῆς γλυκείας τῶν δύο Σεραφὶμ |
| Jer. | 9 | 4 | περὶ τῆς φωνῆς τῆς γλυκείας τῶν δύο Σεραφὶμ * παρακαλῶ * περὶ ἄλλης εὐωδίας θυμιάματος. καὶ ἡ μελέτη μου |
| Jer. | 9 | 6 | τοῖς δικαίοις ἕως ἂν εἰσενέγκῃ τοὺς δικαίους. * παρακαλῶ * σε κύριε παντοκράτωρ πάσης κτίσεως ὁ ἀγέννητος |
| Bar. | 4 | 14 | καὶ πολλὰ δεηθεὶς καὶ κλαύσας εἶπεν κύριε * παρακαλῶ * ὅπως ἀποκαλύψῃς μοι τί ποιήσω περὶ τοῦ φυτοῦ |
| Bar. | 9 | 2 | καὶ εἶπον ἐγὼ Βαροὺχ κύριε δεῖξόν μοι καὶ ταύτην * παρακαλῶ * πῶς ἐξέρχεται; καὶ ποῦ ἀπέρχεται; καὶ ἐν ποίῳ |
| Prop. | 3 | 11 | καὶ πολλοῖς ἐκλείπουσι ζωὴν ἐλθεῖν ἐκ θεοῦ * παρεκάλεσεν. * οὗτος ἀπολλυμένου τοῦ λαοῦ ὑπὸ τῶν ἐχθρῶν |
| Prop. | 4 | 4 | οὗτος πολλὰ ηὔξατο ὑπὲρ τοῦ Ναβουχοδονόσορ * παρακαλοῦντος * αὐτὸν Βαλτάσαρ τοῦ υἱοῦ αὐτοῦ ὅτε ἐγένετο |
| Sedr. | 11 | 13 | τοὺς ναοὺς ἀνατρέχοντες μετανοίας ποιοῦντες καὶ * παρακαλοῦντες * τοὺς ἁγίους καὶ ἄρτι ἀκίνητοι μένετε. ὦ |
| Sedr. | 13 | 4 | ὁ Σεδρὰχ κύριε τὴν εὐσπλαγχνίαν σου καὶ πάλιν * παρακαλῶ * τὸ πλάσμα σου πολύς ἐστιν ὁ χρόνος μὴ ὁ θάνατος |
| Sedr. | 14 | 2 | ὁ θεὸς τὸν κόσμον. καὶ πεσόντες ἐπὶ πρόσωπον * παρακαλοῦντες * τὸν θεὸν καὶ εἶπον κύριε δίδαξον ἡμᾶς πῶς |
| Job | 11 | 2 | ἀποροῦντες καὶ μηδὲν δυνάμενοι ἀναλῶσαι ἤρχοντο * παρακαλοῦντες * καὶ λέγοντες δεόμεθά σου, καὶ ἡμεῖς |
| Job | 11 | 10 | ἐνίοτε δὲ πάλιν ἀπεσυλοῦντο καὶ ἤρχοντο καὶ * παρεκάλουν * με λέγοντες δεόμεθά σου, μακροθύμησον ἐφ᾽ |
| Job | 39 | 8 | τὴν γυναῖκά μου. ἡ δὲ ἐδέετο αὐτῶν λέγουσα * παρακαλῶ, * κελεύσατε τοῖς στρατιώταις ὑμῶν ἵνα σκάψωσιν |
| Aris. | 123 | 4 | γεγραφέναι περὶ τῆς ἀποκαταστάσεως αὐτῶν πολλὰ * παρεκάλεσε * τὸν Ἀνδρέαν ποιῆσαι συναντιλαμβάνεσθαι |
| Aris. | 123 | 5 | παρεκάλεσε τὸν Ἀνδρέαν ποιῆσαι συναντιλαμβάνεσθαι * παρακαλῶν * καθ᾽ ὃ ἂν δυνώμεθα. καὶ ἡμῶν ἐπαγγελλομένων εὖ |
| Aris. | 184 | 7 | σὺν ἡμῖν Ἐλισσαῖον ὄντα τῶν ἱερέων πρεσβύτερον * παρεκάλεσε * ποιήσασθαι κατευχὴν ὃς ἀξιολόγως στὰς εἶπε |
| Aris. | 220 | 3 | ἐπὶ πλείονα χρόνον τοὺς ἀνθρώπους καθυπνοῦν * παρεκάλουν. * καὶ τὰ μὲν πρὸς τούτους ὡς ἔληξεν ἐπὶ τὴν |
| Aris. | 229 | 1 | ἅπαντας ἀνθρώπους εἰς φιλίαν πρὸς ἑαυτὸν καθιστῶν. * παρακαλέσας * δὲ καὶ τοῦτον ἐπυνθάνετο καὶ τοῦ μετέπειτα |
| Aris. | 235 | 2 | δὲ φωνῆς πάντας αὐτοὺς ὁ βασιλεὺς ἠσπάζετο καὶ * παρεκάλει * συνεπιφωνούντων τῶν παρόντων μάλιστα δὲ τῶν |
| Aris. | 238 | 1 | ἐὰν μὴ θεὸς κατασκευάσῃ τὴν διάνοιαν εἰς τοῦτο. * παρακαλέσας * δὲ τοῦτον πρὸς τὸν ἕτερον ἔφη πῶς ἂν γονεῦσι |
| Aris. | 245 | 2 | δὲ καὶ τοῦτον ἀποδεξάμενος τὸν ἑξῆς ἀποκριθῆναι * παρεκάλει * πῶς ἂν μὴ εἰς ῥᾳθυμίαν μηδὲ ἐπὶ τὰς ἡδονὰς |
| Aris. | 264 | 1 | καθαιρεῖ τοὺς δὲ ἐπιεικεῖς καὶ ταπεινοὺς ὑψοῖ. * παρακαλέσας * δὲ αὐτὸν τὸν ἑξῆς ἐπηρώτα τίσι δεῖ |
| Aris. | 301 | 6 | ἠϊόνα διαπρεπῶς ἔχοντα καὶ πολλῆς ἡσυχίας ἔφεδρον * παρεκάλει * τοὺς ἄνδρας τὰ τῆς ἑρμηνείας ἐπιτελεῖν |
| Aris. | 309 | 1 | ὡσαύτως δὲ καὶ τὸν Δημήτριον ἀποδεξάμενοι * παρεκάλεσαν * μεταδοῦναι τοῖς ἡγουμένοις αὐτῶν |
| Aris. | 318 | 1 | ποιεῖσθαι τῶν βιβλίων καὶ συντηρεῖν ἁγνῶς. * παρακαλέσας * δὲ καὶ τοὺς ἑρμηνεῖς ἵνα παραγίνωνται |
| Aris. | 321 | 2 | κρατῆρας χρυσοῦς δύο πρὸς ἀνάθεσιν. ἔγραψε δὲ καὶ * παρακαλῶν * ἵνα ἐάν τινες τῶν ἀνδρῶν προαιρῶνται πρὸς |
| FJub. | 37 | 17 | πόλεμον. Ἰακὼβ δὲ ἀποκλείσας τὰς πύλας τῆς βάρεως * παρεκάλει * τὸν Ἠσαῦ μνησθῆναι τῶν γονικῶν ἐντολῶν. τοῦ |
| HEup. | 9 39 | 4 | Ναβουχοδονόσορ τὰ ὑπὸ τοῦ Ἱερεμίου προμαντευθέντα * παρακαλέσαι * Ἀστιβάρην τὸν Μήδων βασιλέα συστρατεύειν |
| HAri. | 9 25 | 4 | ἐλθεῖν δὲ καὶ Ἐλιοῦν τὸν Βαραχιὴλ τὸν Ζωβίτην * παρακαλούμενον * δὲ φάναι καὶ χωρὶς παρακλήσεως ἐμμενεῖν |
| LThe. | 9 22 | 8 | εἰς τὴν πόλιν τοῦ Ἐμμὼρ καὶ τοὺς ὑποτασσομένους * παρακαλοῦντος * περιτέμνεσθαι ἕνα τῶν Ἰακὼβ υἱῶν τὸ ὄνομα |
| LAri. | 8 10 | 2 | οὐκ ἀντιδοξήσει τοῖς προειρημένοις ὑφ᾽ ἡμῶν οὐδέν. * παρακαλέσαι * δέ σε βούλομαι πρὸς τὸ φυσικῶς λαμβάνειν τὰς |
| παρακάλυμμα | | | 1 |
| FAch. | 108 | | παρῃτήσατο ὁ Αἴσωπος εἰπὼν τεθνεῶτα μὲν ἔχειν * παρακάλυμμα * τοῦ βίου τῆς αἰσχύνης (μετὰ) τὸν θάνατον |
| παρακαταθήκη | | | 5 |
| Esdr. | 6 | 3 | πρός με δεῦρο τελεύτα Ἐσδρὰμ ἀγαπητέ μου δοὺς τὴν * παρακαταθήκην. * καὶ εἶπεν ὁ προφήτης καὶ πόθεν τὴν ψυχήν |
| Esdr. | 6 | 17 | ἀγγέλων πολλὴν λέγει τῷ προφήτῃ δός μοι τὴν * παρακαταθήκην * ἣν παρεθέμην σοι ὁ στέφανός σοι |
| Esdr. | 6 | 21 | δικαζόμενός σε. καὶ εἶπεν ὁ θεὸς δὸς τέως τὴν * παρακαταθήκην * ὁ στέφανός σοι ἡτοίμασται δεῦρο τελεύτα |
| Sedr. | 9 | 2 | λέγει ὁ μονογενὴς υἱὸς τὸν Σεδρὰχ ⟨δός μοι τὴν * παρακαταθήκην⟩ * ἣν παρέθετο ὁ πατὴρ ἡμῶν ἐν τῇ κοιλίᾳ τῆς |
| FAch. | 109 | | χάριτας ἀποδέδωκας. καὶ νῦν οὖν φύλαξον τούτους ὡς * παρακαταθήκην. * καὶ πρῶτον μὲν θεὸν σέβου ὡς δεῖ. βασιλέα |
| παράκειμαι | | | 8 |
| Asen. | 2 | 1 | ἑώρακεν αὐτὴν πώποτε καθότι ἦν πύργος τῷ Πεντεφρῇ * παρακείμενος * τῇ οἰκίᾳ αὐτοῦ μέγας καὶ ὑψηλὸς σφόδρα καὶ |
| Asen. | 2 | 10 | αὐτῇ πλὴν τῆς Ἀσενὲθ μόνης. καὶ ἦν αὐλὴ μεγάλη * παρακειμένη * τῇ οἰκίᾳ κυκλόθεν καὶ ἦν τεῖχος κύκλῳ τῆς |
| Asen. | 16 | 19 | καὶ ἐπὶ τὰ χείλη αὐτῆς κηρίον ὅμοιον τῷ κηρίῳ τῷ * παρακειμένῳ * τῷ ἀνθρώπῳ. καὶ πᾶσαι αἱ μέλισσαι ἐκεῖναι |
| Asen. | 16 | 23 | τεθνηκυῖαι μέλισσαι καὶ ἀπῆλθον εἰς τὴν αὐλὴν τὴν * παρακειμένην * τῇ οἰκίᾳ τῆς Ἀσενὲθ καὶ ἐσκήνωσαν ἐπὶ τοῖς |
| Aris. | 100 | 1 | κατασκευήν. πρὸς γὰρ τὴν ἐπίγνωσιν ἁπάντων ἐπὶ τὴν * παρακειμένην * ἄκραν τῆς πόλεως ἀναβάντες ἐθεωροῦμεν ἤ |
| Aris. | 118 | 3 | διὰ τὸ στενὰς εἶναι τὰς παρόδους κρημνῶν * παρακειμένων * καὶ φαράγγων βαθέων ἔτι δὲ τραχείας οὔσης |
| Aris. | 119 | 1 | πᾶσαν τὴν χώραν ὀρεινῆς. ἐλέγετο δὲ καὶ ἐκ τῶν * παρακειμένων * ὀρέων τῆς Ἀραβίας μέταλλα χαλκοῦ καὶ |
| HCal. | 24 | 5 | φάλαγγος νεανίσκους λίαν μαχιμωτάτους ἐν τῇ * παρακειμένῃ * φάραγγι ἑαυτοὺς ἀκοντίσαι. οἱ δὲ τὸ |
| παρακελεύω | | | 4 |
| Aris. | 155 | 2 | τὸ γὰρ ζῆν διὰ τῆς τροφῆς συνεστάναι νομίζει. διὸ * παρακελεύεται * καὶ διὰ τῆς γραφῆς ὁ λέγων οὕτως μνείᾳ |
| Aris. | 157 | 2 | καὶ τεχνῶν εὕρεσις ἀπέραντον περιέχει τρόπον. διὸ * παρακελεύεται * μνείαν ἔχειν ὡς συντηρεῖται τὰ προειρημένα |
| Aris. | 196 | 5 | πρὸς τὰ μέλλοντα πράσσεσθαι καὶ τοῖς ἐγγόνοις * παρακελευόμενος * μὴ ἐκπλήττεσθαι τῇ δόξῃ μηδὲ τῷ πλούτῳ |
| LAri. | 13 12 | 8 | δεῖ περὶ θεοῦ διαλήψεις ὁσίας ἔχειν ὃ μάλιστα * παρακελεύεται * καλῶς ἡ καθ᾽ ἡμᾶς αἵρεσις. ἡ δὲ τοῦ νόμου |
| παρακλάομαι | | | 1 |
| Asen. | 6 | 1 | Ἰωσὴφ ἐπὶ τοῦ ἅρματος καὶ κατενύγη ἰσχυρῶς καὶ * παρεκλάσθη * ἡ ψυχὴ αὐτῆς καὶ παρείθη τὰ γόνατα αὐτῆς καὶ |
| παράκλησις | | | 4 |
| Abr.1 | 8 | 11 | σοι οὐκ ἠθέλησά τινι κακῷ συναντῆσαί σοι ἀλλὰ πρὸς * παράκλησιν * τῶν ἀγαθῶν τὸν ἐμὸν ἀρχιστράτηγον ἀπέστειλα |
| Sal. | 13 | | ἐπαγγελίας κυρίου. τῷ Σαλωμων ψαλμὸς * παράκλησις * τῶν δικαίων. δεξιὰ κυρίου ἐσκέπασέν με δεξιὰ |

Sedr.    14      3   καὶ ἐν ποίῳ κόπῳ; ⟨λέγει ὁ θεὸς⟩ ἐν μετανοίαις ἐν ✳ παρακλήσεσιν ✳ ἐν λειτουργίαις ἐν δάκρυσιν ὀχετοῦ ἐν
HArl.   9  25    4   τὸν Ζωβίτην παρακαλούμενον δὲ φάναι καὶ χωρὶς ✳ παρακλήσεως ✳ ἐμμενεῖν αὐτὸν ἔν τε τῇ εὐσεβείᾳ καὶ τοῖς
 παρακλιδόν                                                     1
LPhl.   9  20    1   θηκτοῖο ξιφηφόρον ἐντύνοντος λήματι καὶ σφαράγοιο ✳ παρακλιδὸν ✳ ἀθροισθέντος ἀλλ᾿ ὁ μὲν ἐν χείρεσσι
 παρακμάζω                                                      1
FAch.  109           καὶ ὡς εὐεργέτην τιμῶσιν. θυμοῦ κράτει. ἐάν τι ✳ παρηκμακὼς ✳ μανθάνῃς μὴ αἰσχυνθῇς βέλτιον γὰρ ὀψιμαθῆ
 παρακοή                                                        2
Esdr.    2      12  φυλάττειν τὴν νομὴν τοῦ ξύλου τῆς ζωῆς ἐπειδὴ οὖν ✳ παρακοὴν ✳ κτησάμενος τοῦτο ἐν παραβάσει πεποίηκεν. καὶ
FJub.    4      15  κόσμῳ γίνεσθαι καὶ ἀπ᾿ ἀρχῆς μὲν διὰ τῆς τοῦ Ἀδὰμ ✳ παρακοῆς ✳ ἔπειτα δὲ διὰ τῆς τοῦ Κάϊν ἀδελφοκτονίας νῦν δὲ
 παρακοιμίζω                                                    1
HDem.   9  21    3   Ῥαχήλ τε μὴ τίκτουσαν ζηλῶσαι τὴν ἀδελφὴν καὶ ✳ παρακοιμίσαι ✳ τῷ Ἰακὼβ τὴν ἑαυτῆς παιδίσκην Ζελφὰν τῷ
 παράκοιτις                                                     1
Slb.     5     170  παρ᾿ ὄχθας καὶ ποταμὸς Τίβερίς σε κλαύσεται ἣν ✳ παράκοιτιν ✳ ᾗτε μιαιφόνον ᾖτορ ἔχεις ἀσεβῇ δέ τε θυμόν.
 παρακολουθέω                                                   1
Adam     8      2   πληγῆς ἀκοῆς. καὶ οὕτως καθεξῆς πᾶσαι αἱ πληγαὶ ✳ παρακολουθοῦσαι ✳ τῷ σώματι. ταῦτα δὲ λέγων ὁ Ἀδὰμ τοῖς
 παρακομίζω                                                     1
Arls.  114      2   καὶ τῶν ἀρωμάτων καὶ λίθων πολυτελῶν καὶ χρυσοῦ ✳ παρακομίζεται ✳ διὰ τῶν Ἀράβων εἰς τὸν τόπον. ἐργάσιμος
 παρακούω                                                       9
Adam    24      1   ὄφις ἠπάτησέ με. καὶ λέγει ὁ θεὸς τῷ Ἀδὰμ ἐπειδὴ ✳ παρήκουσας ✳ τὴν ἐντολήν μου καὶ ἤκουσας τῆς γυναικός σου
Adam    25      1   με ὁ κύριος λέγει ἐπειδὴ ἐπήκουσας τοῦ ὄφεως καὶ ✳ παρήκουσας ✳ τὴν ἐντολήν μου ἔσει ἐν καμάτοις καὶ ἐν
Abr.2    5      6   Ἰσαὰκ ἐν τῷ ταμείῳ εἰσῆλθεν καὶ ἐκοιμήθη καὶ οὐ ✳ παρήκουσεν ✳ τῆς φωνῆς οὐδὲ τῆς ἐντολῆς τοῦ πατρὸς αὐτοῦ.
TDan     2      3   αὐτὸς ἐὰν ᾖ ἀδελφὸς οὐκ οἶδεν ἐὰν προφήτης κυρίου ✳ παρακούει ✳ ἐὰν δίκαιος οὐ βλέπει φίλον οὐ γνωρίζει.
Sedr.    4      6   ἐὰν γὰρ φάγῃς ἀπ᾿ αὐτοῦ θανάτῳ ἀποθανεῖ. αὐτὸς δὲ ✳ παρήκουσέ ✳ μου τὴν ἐντολήν καὶ ὑπὸ τοῦ διαβόλου ἀπατηθεὶς
Sedr.    5      2   τὸν Ἀδὰμ προσκυνεῖν αὐτὸς δὲ ὁ πρῶτος τῶν ἀγγέλων ✳ παρήκουσέν ✳ σου τὸ πρόσταγμα καὶ οὐ προσεκύνησεν αὐτὸν
Sedr.   12      2   σοι κύριε ἕως πότε ζῶ πρὶν ἀποθανεῖν με; καὶ μὴ ✳ παρακούσῃς ✳ τῆς αἰτήσεώς μου. λέγει αὐτῷ ὁ κύριος λέγε ὦ
Slb.     3     258  πάντα δίκαια καὶ προσέταξε ποιεῖν καὶ ἦν ἄρα τις ✳ παρακούσῃ ✳ ἢ ἐ νόμῳ τίσειε δίκην ἢ χερσὶ βροτείαις ἠὲ
FrAn.  574    3037  καὶ ἐπενέγκαντα ἐπὶ Φαραὼ τὴν δεκάπληγον διὰ τὸ ✳ παρακούειν ✳ αὐτόν. ὁρκίζω σε πᾶν πνεῦμα δαιμόνιον λαλῆσαι
 παρακροατής                                                    1
Esdr.    4      18  τί τὸ ἁμάρτημα αὐτῶν; καὶ εἶπόν μοι οὗτοί εἰσιν οἱ ✳ παρακροαταί. ✳ καὶ κατήγαγόν με πάλιν ἄλλους πεντακοσίους
 παρακύπτω                                                      4
Adam    17      2   ἀγγέλου καὶ ὑμνεῖ τὸν θεὸν καθάπερ οἱ ἄγγελοι. καὶ ✳ παρέκυψεν ✳ ἐκ τοῦ τείχους καὶ ἴδον αὐτὸν ὅμοιον ἀγγέλου.
Hen.     9      1   ἤρξαντο οἱ ἄνθρωποι ἐλαττοῦσθαι ἐπὶ τῆς γῆς. τότε ✳ παρα⟨α⟩κύψαντες ✳ Μιχαὴλ καὶ Οὐ⟨κ⟩ριὴλ καὶ Ῥαφαὴλ καὶ
Hen.     9B     1   Μιχαὴλ καὶ Οὐριὴλ καὶ Ῥαφαὴλ καὶ Γαβριὴλ ✳ παρέκυψαν ✳ ἐπὶ τὴν γῆν ἐκ τῶν ἁγίων τοῦ οὐρανοῦ. καὶ
Asen.    7      2   καὶ ἀναβλέψας Ἰωσὴφ τοῖς ὀφθαλμοῖς αὐτοῦ εἶδε ✳ παρακύπτουσαν ✳ τὴν Ἀσενέθ. καὶ εἶπεν Ἰωσὴφ τῷ Πεντεφρῆ
 παραλαμβάνω                                                    28
Hen.    17      1   τελεσθήσεται ἐφ᾿ ἅπαξ ὁμοῦ τελεσθήσονται. καὶ ✳ παραλαβόντες ✳ με εἴς τινα τόπον ἀπήγαγον ἐν ᾧ οἱ ὄντες
Abr.1    4      4   τῶν ἀνθρώπων. ὁ δὲ Ἰσαὰκ ἡτοίμασεν πάντα καλῶς ✳ παραλαβὼν ✳ δὲ Ἀβραὰμ τὸν Μιχαὴλ ἀνῆλθεν ἐν τῷ οἰκήματι
Abr.1   15      1   οἴκου αὐτοῦ καὶ πάντα ὅσα βούλεται καὶ εἶθ᾿ οὕτως ✳ παράλαβε ✳ αὐτὸν σὺ καὶ προσάγαγε αὐτὸν πρός με.
Abr.1   16      5   αὐτοῦ καὶ ἔλθῃς ἐνθάδε ἀλλὰ μετὰ κολακείας τούτων ✳ παράλαβε ✳ ὅτι φίλος γνήσιός ἐστιν. ταῦτα ἀκούσας ὁ
TLevi   17      4   παρὰ πᾶσι δοξασθήσεται. ὁ δὲ τρίτος ἱερεὺς ἐν λύπῃ ✳ παραληφθήσεται. ✳ καὶ ὁ τέταρτος ἐν ὀδύνῃ ἔσται ὅτι
TLevi   17      6   ἕκαστος τὸν πλησίον αὐτοῦ. ὁ πέμπτος ἐν σκότει ✳ παραληφθήσεται ✳ ὡσαύτως καὶ ὁ ἕκτος καὶ ὁ ἕβδομος. ἐν δὲ
TLevi   18  2B052  καθήκει κατὰ τὸ προστεταγμένον τοῦτο ποιεῖν. ὅταν ✳ παραλαμβάνῃς ✳ θυσίαν ποιεῖν ἔναντι κυρίου ἀπὸ πάσης
Prop.   10      2   ἀνακάμψας οὐκ ἔμεινεν εἰς τὴν γῆν αὐτοῦ ἀλλὰ ✳ παραλαβὼν ✳ τὴν μητέρα αὐτοῦ παρῴκησε τὴν Σοὺρ χώραν
Prop.   10      6B  καὶ ἀνακάμψας οὐκ ἔμεινεν εἰς τὴν γῆν αὐτοῦ ἀλλὰ ✳ παραλαβὼν ✳ τὴν μητέρα αὐτοῦ παρῴκησε τὴν Σοὺρ χώραν
Esdr.    6      15  οἱ ἄγγελοι ἄπρακτοι λέγοντες κύριε οὐ δυνάμεθα ✳ παραλαβεῖν ✳ τὴν ψυχήν αὐτοῦ. τότε λέγει πρὸς τὸν
Job      5      2   τότε ἐγὼ τεκνία μου ἀναστὰς ἐν τῇ ἑξῆς νυκτί, ✳ παραλαβὼν ✳ μεθ᾿ ἑαυτοῦ πεντήκοντα παῖδας, καὶ εἰς τὸν
Arls.    4      4   κεκτημένου τήν τε πόλιν καὶ τὰ κατὰ τὴν Αἴγυπτον ✳ παρειληφότος. ✳ ἀξίον ἐστι καὶ ταῦτά σοι δηλῶσαι.
Arls.   36      5   ἔθνος φόβον (μὴ) ἔχῃ διὰ τούτων καὶ ἡμεῖς δὲ ✳ παραλαβόντες ✳ τὴν βασιλείαν φιλανθρωπότερον ἀπαντῶμεν
Arls.  286      3   πῶς δεῖ διὰ τῶν συμποσίων διεξάγειν; ὁ δὲ ἔφησε ✳ παραλαμβάνοντα ✳ τοὺς φιλομαθεῖς καὶ δυναμένους
Arls.  296      5   δὲ τοῖς φιλοσόφοις. οἱ μαι δὲ καὶ πᾶσι τοῖς ✳ παραληψομένοις ✳ τὴν ἀναγραφήν ἄπιστον φανεῖται. ψεύσασθαι
Arls.  301      1   εἰς τὰ χρήσιμα. μετὰ δὲ τρεῖς ἡμέρας ὁ Δημήτριος ✳ παραλαβὼν ✳ αὐτοὺς καὶ διελθὼν τὸ τῶν ἑπτὰ σταδίων ἀνάχωμα
FIsa.    3      1   ἐξελθεῖν. ἐτελεύτησεν δὲ Ἐζεκίας καὶ Μανασσῆς ✳ παρέλαβεν ✳ τὴν βασιλείαν αὐτοῦ. οὐκ ἐμνήσθη τῶν ἐντολῶν
FAch.  104          τῷ βασιλεῖ ὅτι τεθανάτωκα τὸν Αἴσωπον. ὁ δὲ Ἥλιος ✳ παρέλαβεν ✳ τὴν διοίκησιν τοῦ Αἰσώπου. μετὰ δὲ χρόνον
HEup.   9  26    1   τοῖς Ἰουδαίοις πρῶτον παρὰ δὲ Ἰουδαίων Φοίνικας ✳ παραλαβεῖν ✳ Ἕλληνας δὲ παρὰ Φοινίκων νόμους τε πρῶτον
HEup.   9  31    1   βασιλεῖ Αἰγύπτου φίλῳ πατρικῷ χαίρειν. γίνωσκέ με ✳ παρειληφότα ✳ τὴν βασιλείαν παρὰ Δαβὶδ τοῦ πατρός διὰ τοῦ
HEup.   9  32    1   ἡμέραν ἤγαγον ἐγώ τε καὶ ἡ δύναμίς μου πᾶσα ἐπὶ τῷ ✳ παρειληφέναι ✳ σε τὴν βασιλείαν παρὰ χρηστοῦ ἀνδρὸς καὶ
HEup.   9  33    1   καὶ Φοινίκης φίλῳ πατρικῷ χαίρειν. γίνωσκέ με ✳ παρειληφότα ✳ τὴν βασιλείαν παρὰ Δαβὶδ τοῦ πατρός διὰ τοῦ
HEup.   9  34    1   σφόδρα ἐχάρην καὶ εὐλόγησα τὸν θεὸν ἐπὶ τῷ ✳ παρειληφέναι ✳ με ἰδοῦ καὶ περί δὲ ὧν γράφεις μοι
HEup.   9  39    5   Ἀστιβάρην τὸν Μήδων βασιλέα συστρατεύειν αὐτῷ. ✳ παραλαβόντα ✳ δὲ Βαβυλωνίους καὶ Μήδους καὶ συναγαγόντα
HEup.   9  39    5   οἰκοῦντας Ἰουδαίους αὖθις δὲ τὰ Ἱεροσόλυμα ✳ παραλαβεῖν ✳ καὶ τὸν Ἰουδαίων βασιλέα Ἰωνακεὶμ ζωγρῆσαι
HArt.   9  27    1   δὲ καὶ τοῦ βασιλέως τῶν Αἰγυπτίων τὴν δυναστείαν ✳ παραλαβεῖν ✳ τὸν υἱὸν αὐτοῦ Παλμανώθην. τοῦτον δὲ τοῖς
HHec.    1      22 189  τῆς τιμῆς ταύτης καὶ συνήθης ἡμῖν γενόμενος ✳ παραλαβὼν ✳ τινας τῶν μεθ᾿ ἑαυτοῦ τὴν διαφορὰν ἀνέγνω
FrAn.  574    3079  ἐκ τῶν οὐκ ὄντων εἰς τὸ εἶναι. ὁρκίζω δέ σε τὸν ✳ παραλαμβάνοντα ✳ τὸν ὁρκισμὸν τούτου χοίρειον μὴ φαγεῖν
 παραλείπω                                                      4
Sal.     8      13  αἵματος ἐμίαναν τὰς θυσίας ὡς κρέα βέβηλα. οὐ ✳ παρέλιπον ✳ ἁμαρτίαν ἣν οὐκ ἐποίησαν ὑπέρ τὰ ἔθνη. διὰ
Jer.            1                                                τὰ ✳ παραλειπόμενα ✳ Ἰερεμίου τοῦ προφήτου. ἐγένετο ἡνίκα
Job     40      14  οὖν θρῆνον τὸν ἐπ᾿ αὐτῇ γενόμενον εὑρήσετε ἐν τοῖς ✳ παραλειπομένοις. ✳ Ἐλίφας δὲ καὶ οἱ λοιποὶ μετὰ ταῦτα
Job     41      6   θρασεῖς, οἵτινες ἀναγεγραμμένοι εἰσὶν ἐν τοῖς ✳ παραλειπομένοις ✳ τοῦ Ἐλίφα. μετὰ δὲ τὸ παύσασθαι αὐτὸν
 παράλιος                                                       2
TZab.    5      5   ὡς οἴδατε. καὶ ὅτε ἤμην ἐν γῇ Χανάαν εἰς ✳ παράλιον ✳ ἐθήρευον θήραν ἰχθύων Ἰακὼβ τῷ πατρί μου καὶ
Slb.     3     493  γένει ἀνδρῶν ἠδὲ γυναικῶν καὶ πάσαις πόλεσιν ✳ παραλίαις ✳ οὐδεμι᾿ ὑμῶν πρὸς φάος ἠελίοιο παρέσσεται ἐν
 παραλλαγή                                                      1
Arls.   75      3   ἀσπιδίσκοι λίθων ἑτέρων παρ᾿ ἑτέροις τοῖς γένεσι ✳ παραλλαγήν ✳ ἐχόντων τετραδακτύλων οὐκ ἔλαττον ἀνεπλήρουν
 παραλογίζομαι                                                  2
Sal.     4      11  καὶ ἠρήμωσεν οἶκον ἕνεκεν ἐπιθυμίας παρανόμου ✳ παρελογίσατο ✳ ἐν λόγοις ὅτι οὐκ ἔστιν ὁρῶν καὶ κρίνων
FMan.    2  23    3   κύριος τὸν Μανασσῆν ἐκ τῆς θλίψεως αὐτοῦ. καὶ ✳ παρελογίσατο ✳ Ἀμὼς λογισμὸν παραβάσεως κακὸν καὶ εἶπεν ὁ
 παραλογισμός                                                   3
Sal.     4      10  σοφίαν ἀλλήλων ἐν λόγοις παρανόμων. οἱ λόγοι αὐτοῦ ✳ παραλογισμοὶ ✳ εἰς πρᾶξιν ἐπιθυμίας ἀδίκου οὐκ ἀπέστη ἕως
Sal.     4      22  ἐξάραι αὐτοὺς ἀπὸ τῆς γῆς ὅτι ψυχὰς ἀκάκων ✳ παραλογισμῷ ✳ ὑπεκρίνοντο. μακάριοι οἱ φοβούμενοι τὸν
Arls.  250      4   ἐφ᾿ ὃ βούλεται πρᾶγμα καὶ μεταπίπτον εὐκόπως διὰ ✳ παραλογισμοῦ ✳ καὶ τῇ φύσει κατεσκεύασται ἀσθενές δέον δ᾿
 παράλογος                                                      2
Abr.1   19      16  τινῶν φάρμακα ποτισθέντες παρευθὺς ἀπαλλάσσονται ✳ παραλόγως. ✳ εἶπεν δὲ Ἀβραὰμ δέομαί σου ἔστιν καὶ
Abr.1   20      1   παραλόγως. εἶπεν δὲ Ἀβραὰμ δέομαί σου ἔστιν καὶ ✳ παράλογος ✳ θάνατος; ἀνάγγειλόν μοι. λέγει ὁ θάνατος ἀμὴν
 παραλύω                                                        1
Sal.     8      5   πόλιν ἁγιάσματος συνετρίβη ἡ ὀσφύς μου ἀπὸ ἀκοῆς ✳ παρελύθη ✳ γόνατά μου ἐφοβήθη ἡ καρδία μου ἐταράχθη τὰ
 παραμένω                                                       2
Hen.    97      10  καὶ ὡς ὕδωρ ἐκχυθήσεται. πεπλάνησθε ὅτι οὐ μὴ ✳ παραμείνῃ ✳ ὁ πλοῦτος ὑμῶν ἀλλὰ ταχὺ ⟨ἀναπτήσεται⟩ ἀπὸ
Job     20      9   ᾖρον καὶ κατήγγιζον εἰς τὸν αὐτὸν τόπον λέγων ✳ παράμεινον ✳ ἐν τῷ αὐτῷ τόπῳ ἐν ᾧ ἐτέθης ἄχρις οὗ ἐνταλθῇ
 παράμονος                                                      1
FAch.  110          ἀλλὰ κοπιᾷ διδοὺς ἐπιστάμενος τὴν τύχην μὴ οὖσαν ✳ παράμονον. ✳ ψίθυρον καὶ διάβολον ἄνδρα εἰ καὶ ἀδελφός σού
 παραμυθέομαι                                                   4
Jer.     7      24  εἰς τιμωρίαν οἱ ἰδόντες τὸν πατέρα αὐτοῦ καὶ ✳ παραμυθούμενοι ✳ αὐτόν σκέπουσιν τὸ πρόσωπον αὐτοῦ ἵνα μὴ
Job     28      2   με ἕκαστος ἐκ τῆς ἰδίας χώρας ὅπως ἐπισκεψάμενοι ✳ παραμυθήσονται ✳ με ἡνίκα δὲ ἤγγισαν μακρόθεν, οὐκ
Job     34      2   ὅτι οὕτω παραγεγόναμεν σὺν τοῖς στρατεύμασιν ἵνα ✳ παραμυθησώμεθα ✳ αὐτόν; καὶ ἰδοὺ αὐτὸς προσεγκαλεῖ ἡμῖν
Job     34      6   λύπῃ λέγων ἐγὼ πορεύσομαι ἐληλύθαμεν γὰρ ἵνα ✳ παραμυθηθῶμεν ✳ αὐτόν καὶ ἀκμὴν κατέλυσεν ἡμᾶς ἀπέναντι
 παραναγιγνώσκω                                                 4
Arls.   42      3   τὴν καλὴν βουλὴν καὶ συναγαγόντες τὸ πᾶν πλῆθος ✳ παρανέγνωμεν ✳ αὐτοῖς ἵνα εἰδῶσιν ἣν ἔχεις πρὸς τὸν θεὸν
Arls.  299      2   πεπραγμένα καὶ λελαλημένα πρὸ τοῦ χρηματισμοῦ ✳ παραναγινώσκεται ✳ καὶ εἴ τι μὴ δεόντως γέγονε διορθώσεως
Arls.  308      3   εἰς τὸν τόπον οὗ καὶ τὰ τῆς ἑρμηνείας ἐτελέσθη ✳ παρανέγνω ✳ πᾶσι παρόντων καὶ τῶν διερμηνευσάντων οἵτινες
Arls.  312      3   γὰρ πρόθεσιν ἣν εἶχεν ἀσφαλῶς ἔδοξε τετελειῶσθαι. ✳ παρανεγνώσθη ✳ δὲ αὐτῷ καὶ πάντα καὶ λίαν ἐξεθαύμασε τὴν
 παρανομέω                                                      5
TJud.   14      8   πλάνης καὶ ποιεῖ τὸν μέθυσον αἰσχρορρημονεῖν καὶ ✳ παρανομεῖν ✳ καὶ μὴ αἰσχύνεσθαι ἀλλὰ καὶ ἐγκαυχᾶσθαι τῇ
TGad     5      10  ἀπ᾿ ἐμοῦ τὸ πνεῦμά μου. δι᾿ ὧν γὰρ ἄνθρωπος ✳ παρανομεῖ ✳ δι᾿ ἐκείνων καὶ κολάζεται. ἐπεὶ οὖν ἐνέκειτο

| | | | |
|---|---|---|---|
| TJos. | 2 | 2 | καὶ ἠγωνισάμην πρὸς γυναῖκα ἀναιδῆ ἐπείγουσάν με × παρανομεῖν × μετ' αὐτῆς ἀλλ' ὁ θεὸς Ἰσραὴλ τοῦ πατρός μου |
| Sal. | 16 | 8 | ἄφρονα. καὶ μὴ ἀπατησάτω με κάλλος γυναικὸς × παρανομούσης × καὶ παντὸς ὑποκειμένου ἀπὸ ἁμαρτίας |
| FMan. 2 | 23 | 3 | κακὸν καὶ εἶπεν ὁ πατήρ μου ἐκ νεότητος πολλὰ × παρηνόμησεν × καὶ ἐν γήρᾳ μετέγνω καὶ νῦν ἐγὼ πορεύσομαι |

παρανομία    7

| | | | |
|---|---|---|---|
| Adam | 21 | 2 | ὅτε δὲ ἦλθεν ὁ πατὴρ ὑμῶν εἶπον αὐτῷ λόγους × παρανομίας × οἵτινες κατήγαγον ἡμᾶς ἀπὸ μεγάλης δόξης. ἅμα |
| TZab. | 1 | 5 | ἡμέραις μου παρεκτὸς ἐννοίας. οὐδὲ μιμνήσκομαι ὅτι × παρανομίαν × ἐποίησα πλὴν τὴν ἄγνοιαν ἥν ἐποίησα ἐπὶ τοῦ |
| TDan | 3 | 5 | τῆς φύσεως βοηθεῖ γὰρ αὐτοῖς ὁ θυμὸς πάντοτε ἐν × παρανομίᾳ. × τοῦτο τὸ πνεῦμα ἀεὶ μετὰ τοῦ ψεύδους ἐκ |
| Sal. | 4 | 1 | ἡ καρδία σου μακρὰν ἀφέστηκεν ἀπὸ τοῦ κυρίου ἐν × παρανομίαις × παροργίζων τὸν θεὸν Ισραηλ; περισσὸς ἐν |
| Sal. | 4 | 12 | ἐν λόγοις ὅτι οὐκ ἔστιν ὁρῶν καὶ κρίνων ἐπλήσθη ἐν × παρανομίᾳ × ἐν ταύτῃ καὶ οἱ ὀφθαλμοὶ αὐτοῦ ἐπ' οἶκον |
| Sal. | 8 | 9 | τοῦ θεοῦ τὰ δίκαια. ἐν καταγαίοις κρυφίοις αἱ × παρανομίαι × αὐτῶν ἐν παροργισμῷ υἱὸς μετὰ μητρὸς καὶ |
| Sal. | 17 | 20 | καὶ λαοῦ ἐλαχίστου ἐν πάσῃ ἁμαρτίᾳ ὁ βασιλεὺς ἐν × παρανομίᾳ × καὶ ὁ κριτὴς ἐν ἀπειθείᾳ καὶ ὁ λαὸς ἐν |

παράνομος    15

| | | | |
|---|---|---|---|
| TLevi | 14 | 6 | λήψεσθε εἰς γυναῖκας καθαρίζοντες αὐτὰς καθαρισμῷ × παρανόμῳ × καὶ γενήσεται ἡ μεῖξις ὑμῶν Σόδομα καὶ Γόμορρα |
| Sal. | 4 | 9 | ὡς ὄφις διαλῦσαι σοφίαν ἀλλήλων ἐν λόγοις × παρανόμων. × οἱ λόγοι αὐτοῦ παραλογισμοὶ εἰς πρᾶξιν |
| Sal. | 4 | 11 | ὡς ἐν ὀρφανίᾳ καὶ ἠρήμωσεν οἶκον ἕνεκεν ἐπιθυμίας × παρανόμου × παρελογίσατο ἐν λόγοις ὅτι οὐκ ἔστιν ὁρῶν καὶ |
| Sal. | 4 | 19 | σάρκες ἀνθρωπαρέσκων ὑπὸ θηρίων καὶ ὀστᾶ × παρανόμων × κατέναντι τοῦ ἡλίου ἐν ἀτιμίᾳ. ὀφθαλμοὺς |
| Sal. | 4 | 23 | ἁμαρτωλῶν καὶ ῥύσεται ἡμᾶς ἀπὸ παντὸς σκανδάλου × παρανόμου. × ἐξάραι ὁ θεὸς τοὺς ποιοῦντας ἐν ὑπερηφανίᾳ |
| Sal. | 12 | 1 | Ισραηλ εἰς τὸν αἰῶνα καὶ ἔτι. τῷ Σαλωμων ἐν γλώσσῃ × παρανόμων. × κύριε ῥῦσαι τὴν ψυχήν μου ἀπὸ ἀνδρὸς |
| Sal. | 12 | 1 | παρανόμων. κύριε ῥῦσαι τὴν ψυχήν μου ἀπὸ ἀνδρὸς × παρανόμου × καὶ πονηροῦ ἀπὸ γλώσσης παρανόμου καὶ ψιθύρου |
| Sal. | 12 | 1 | μου ἀπὸ ἀνδρὸς παρανόμου καὶ πονηροῦ ἀπὸ γλώσσης × παρανόμου × καὶ ψιθύρου καὶ λαλούσης ψευδῆ καὶ δόλια. ἐν |
| Sal. | 12 | 3 | ψευδεῖ ἐκκόψαι δένδρα εὐφροσύνης φλογιζούσης × παρανόμους × συγχέαι οἴκους ἐν πολέμῳ χείλεσιν ψιθύροις. |
| Sal. | 12 | 4 | ψιθύροις. μακρύναι ὁ θεὸς ἀπὸ ἀκάκων χείλη × παρανόμων × ἐν ἀπορίᾳ καὶ σκορπισθείησαν ὀστᾶ ψιθύρων ἀπὸ |
| Sal. | 14 | 6 | θεοῦ ἐστιν Ισραηλ. καὶ οὐχ οὕτως οἱ ἁμαρτωλοὶ καὶ × παράνομοι × οἳ ἠγάπησαν ἡμέραν ἐν μετοχῇ ἁμαρτίας αὐτῶν ἐν |
| Sal. | 17 | 24 | συντρῖψαι πᾶσαν ὑπόστασιν αὐτῶν ὀλεθρεῦσαι ἔθνη × παράνομα × ἐν λόγῳ στόματος αὐτοῦ ἐν ἀπειλῇ αὐτοῦ φυγεῖν |
| Jer. | 4 | 7 | ἁμαρτίας ἡμῶν καὶ τοῦ λαοῦ. ἀλλὰ μὴ καυχάσθωσαν οἱ × παράνομον × καὶ εἴπωσιν ὅτι ἰσχύσαμεν λαβεῖν τὴν πόλιν τοῦ |
| Aris. | 240 | 2 | δὲ ἐπαινέσας πρὸς τὸν ἕτερον εἶπε πῶς ἂν μηθὲν × παράνομον × πράσσοι; πρὸς τοῦτο ἔφησε γινώσκων ὅτι τὰς |
| FJub. | 16 | 9 | τοῦ Λὼτ Μωαβῖται καὶ Ἀμμανῖται σπέρμα κατάρατον ἐκ × παρανόμου × μίξεως. οὗτος ὁ Ἀβραὰμ ἐτῶν ρ' ἐγέννησεν τὸν |

παράπαν    2

| | | | |
|---|---|---|---|
| HHec. 1 | 22 | 199 | τὰς ἡμέρας. ἄγαλμα δ' οὐκ ἔστιν οὐδ' ἀνάθημα τὸ × παράπαν × οὐδὲ φύτευμα παντελῶς οὐδὲν οἶον ἄλσοδες ἤ τι |
| HHec. 1 | 22 | 199 | τὰς ἡμέρας ἱερεῖς ἁγνείας τινὰς ἁγνεύοντες καὶ τὸ × παράπαν × οἶνον οὐ πίνοντες ἐν τῷ ἱερῷ. ἐμοῦ ⟨ Ἑκαταίου⟩ |

παραπείθω    1

| | | | |
|---|---|---|---|
| TDan | 3 | 4 | τῶν ὑπουργούντων δεύτερον δὲ διὰ τοῦ πλούτου × παραπείθων × καὶ νικῶν ἐν ἀδίκῳ τρίτην τὴν φυσικὴν ἔχων |

παραπέμπω    3

| | | | |
|---|---|---|---|
| Aris. | 258 | 5 | καλλονὴν καὶ μηθένα τῶν κατεργαζομένων τὰ τοιαῦτα × παραπέμποι × μηδὲ τοὺς ἄλλους ἀμισθὶ συντελεῖν ἀναγκάζοι |
| FJan. | 9 | 2 | καὶ τὴν θατέρου τούτων μητέρα τῷ θανάτῳ × παρεπέμψατο. × |
| HHec. 1 | 22 | 201 | βαδίζοντος συνηκολούθει τις μετὰ τῶν ἄλλων τῶν × παραπεμπόντων × ἡμᾶς ἱππέων Ἰουδαίων ὄνομα Μοσόλλαμος |

παραπικραίνω    1

| | | | |
|---|---|---|---|
| Bar. | 16 | 2 | παραζηλώσατε αὐτοὺς καὶ παροργίσατε καὶ × παραπικράνατε × ἐπ' οὐκ ἔθνει ἐπὶ ἔθνει ἀσυνέτῳ. ἔτι σὺν |

παραπλήσιος    4

| | | | |
|---|---|---|---|
| Aris. | 63 | 5 | δὲ φοινίκων καὶ μήλων ἐλαίας τε καὶ ῥοῶν καὶ τῶν × παραπλησίων. × τοὺς δὲ λίθους ἐργασάμενοι πρὸς τὴν τῶν |
| Aris. | 127 | 4 | ἀναγνώσεως. προτιθέμενος οὖν ταῦτα καὶ τὰ τούτοις × παραπλήσια × φανερὸς ἦν τὴν διάθεσιν οἷος ἦν πρὸς αὐτούς. |
| Aris. | 138 | 2 | πολυματαίων τί δεῖ καὶ λέγειν Αἰγυπτίων τε καὶ τῶν × παραπλησίων × οἵτινες ἐπὶ θηρία καὶ τῶν ἑρπετῶν τὰ πλεῖστα |
| HArt. 9 | 27 | 37 | αὐτὸς τοῦ θεοῦ κρίνων ὅμοιον ἐλύμῳ χιόνι × παραπλήσιον × τὴν χρόαν. γεγονέναι δὲ τὸν Μώϋσον μακρὸν |

παραπορεύομαι    2

| | | | |
|---|---|---|---|
| Asen. | 2 | 7 | τρίτη ἦν ἀποβλέπουσα εἰς βορρᾶν ἐπὶ τὸ ἄμφοδον τῶν × παραπορευομένων. × καὶ ἦν κλίνη χρυσῆ ἑστῶσα ἐν τῷ θαλάμῳ |
| Sal. | 2 | 11 | Ιερουσαλημ εἰς ἐμπαιγμὸν ἀντὶ πορνῶν ἐν αὐτῇ πᾶς ὁ × παραπορευόμενος × εἰσεπορεύετο κατέναντι τοῦ ἡλίου. |

παράπτω    1

| | | | |
|---|---|---|---|
| Bar. | 9 | 7 | ὡς οὐκ ἄλλη. καὶ ἐν τῇ παραβάσει τοῦ πρώτου Ἀδὰμ × παρῆψε × τῷ Σαμαῆλ ὅτε τὸν ὄφιν ἔλαβεν ἔνδυμα οὐκ ἀπεκρύβη |

παράπτωμα    3

| | | | |
|---|---|---|---|
| Sal. | 3 | 7 | τὸν οἶκον αὐτοῦ ὁ δίκαιος τοῦ ἐξᾶραι ἀδικίαν ἐν × παραπτώματι × αὐτοῦ. ἐξιλάσατο περὶ ἀγνοίας ἐν νηστείᾳ καὶ |
| Sal. | 13 | 5 | ἐρρύσατο ἡμᾶς κύριος. ἐταράχθη ὁ εὐσεβὴς διὰ τὰ × παραπτώματα × αὐτοῦ μήποτε συμπαραληφθῇ μετὰ τῶν ἁμαρτωλῶν |
| Sal. | 13 | 10 | ὅτι φείσεται κύριος τῶν ὁσίων αὐτοῦ καὶ τὰ × παραπτώματα × αὐτῶν ἐξαλείψει ἐν παιδείᾳ. ἡ γὰρ ζωὴ τῶν |

παρασαλεύω    2

| | | | |
|---|---|---|---|
| TJos. | 19 | 7 | ἡ γὰρ βασιλεία αὐτοῦ βασιλεία αἰῶνος ἥτις οὐ × παρασαλεύεται. × ἡ δὲ ἐμὴ βασιλεία ἐν ὑμῖν ἐπιτελεῖται ὡς |

παράσημος    2

| | | | |
|---|---|---|---|
| Aris. | 147 | 1 | τοὺς ἀνθρώπους δὲ ἀδικοῦσι νεκρούς τε καὶ ζῶντας. × παράσημον × οὖν ἔθετο διὰ τούτων ἀκάθαρτα προσονομάσας ὅτι |
| Aris. | 158 | 3 | συγχρῆσθαι κελεύει. καὶ μὴν καὶ ἐκ τῶν περιβολαίων × παράσημον × ἡμῖν μνείας δέδωκεν ὡσαύτως δὲ καὶ ἐπὶ τῶν |

παρασιωπάω    1

| | | | |
|---|---|---|---|
| Sal. | 5 | 2 | καταφυγὴ τοῦ πτωχοῦ ἐν τῷ κεκραγέναι με πρός σέ μὴ × παρασιωπήσῃς × ἀπ' ἐμοῦ. οὐ γὰρ λήψεται ⟨τις⟩ σκῦλα παρὰ |

παρασκευάζω    4

| | | | |
|---|---|---|---|
| Prop. | 17 | 2B | γὰρ εἰς Ἰερουσαλὴμ εὗρε νεκρὸν ἐσφαγμένον × παρεσκευασμένον × γυμνὸν καὶ ἀποδυσάμενος τὴν στολὴν καὶ |
| Esdr. | 5 | 13 | ἕτοιμον γίνεται καὶ λαμβάνει τὴν ψυχὴν τὸ ἕβδομον × παρασκευάζεται × τὸ ἔννατον μὲν ἀνοίγεται τὰ κλεῖθρα τοῦ |
| Aris. | 190 | 6 | ὑγείαν αὐτοῖς καὶ τροφὴν καὶ τὰ λοιπὰ κατὰ καιρὸν × παρασκευάζῃς × ἅπαντα. συνεπιμαρτυρήσας δὲ τούτῳ τὸν |
| Aris. | 304 | 1 | πάντων. ἐκτὸς δὲ καὶ καθ' ἡμέραν ὅσα βασιλεῖ × παρεσκευάζετο × καὶ τούτοις ὁ Δωρόθεος ἐπετέλει |

παρασκευή    4

| | | | |
|---|---|---|---|
| Aris. | 194 | 3 | ἐχθρὸς; ὁ δὲ εἶπεν εἰ τῇ τῶν ὅπλων καὶ δυνάμεων × παρασκευῇ × πολλῇ χρώμενος εἰδείη ταῦτα ὄντα κενὰ ἐπὶ |
| Aris. | 275 | 1 | χαρᾶς πλείονος. τῇ ἑβδόμῃ δὲ τῶν ἡμερῶν πλείονος × παρασκευῆς × γενομένης προσπαραγινομένων πλειόνων ἑτέρων |
| FAch. | 111 | | παιδίοις καὶ τοῖς ἀετοῖς μετὰ πολλῶν οἰκετῶν καὶ × παρασκευῆς × πρὸς τὴν κατάπληξιν τῶν Αἰγυπτίων. ἀφικομένου |
| FAch. | 113 | | εἰσελθεῖν τὸν Αἴσωπον. ὁ δὲ θεασάμενος τὴν × παρασκευὴν × ἐθαύμασεν. ὁ δὲ Νεκταναβὼν πρὸς τὸν Αἴσωπον |

παραστάτης    1

| | | | |
|---|---|---|---|
| LEze. 9 | 29 14 | 04 | τε πάσῃς καὶ ἁρμάτων τετραόρων καὶ προστάταισι καὶ × παραστάταις × ὁμοῦ ἦν φρικτὸς ἀνδρῶν ἐκτεταγμένων ὄχλος. |

παρασύρω    1

| | | | |
|---|---|---|---|
| TAser | 2 | 8 | κακοποιεῖ καὶ τῇ δυναστείᾳ καὶ τῷ πλούτῳ πολλοὺς × παρασύρει × καὶ ἐκ τῆς ὑπερόγκου κακίας ποιεῖ ἐντολὰς καὶ |

παρατάσσω    2

| | | | |
|---|---|---|---|
| TJud. | 4 | 1 | γέγονεν ἡμῖν πόλεμος μείζων τοῦ ἐν Σικίμοις καὶ × παραταξάμενος × μετὰ τῶν ἀδελφῶν μου ἐδίωξα χιλίους ἄνδρας |
| TJud. | 3 | 3 | πατρός μου τὸ πνεῦμα τοῦ ζήλου καὶ τῆς πορνείας καὶ × παρετάξατο × ἐν ἐμοὶ ἕως συνέπεσα εἰς Βησσουὲ τὴν |

παρατηρέω    15

| | | | |
|---|---|---|---|
| Aris. | 246 | 3 | αὐτὸν πράσσοντας; ὁ δὲ ἀπεφήνατο πρὸς τοῦτο εἰ × παρατηροῖτο × τὴν ἀγωγὴν ἐλευθέριον οὖσαν καὶ τὴν εὐταξίαν |

παρατίθημι    15

| | | | |
|---|---|---|---|
| Abr.1 | 4 | 9 | οὐκ ἐσθίουσιν οὐδὲ πίνουσιν καὶ οὗτος τράπεζάν μοι × παρέθετο × ἐν ἀφθονίᾳ ἀγαθῶν τῶν ἐπιγείων φθαρτῶν καὶ νῦν |
| Abr.1 | 6 | 4 | τὴν δρῦν τὴν Μαβρὴν καὶ θύσαντες ἡμεῖς τὸν μόσχον × παρέθηκας × αὐτοῖς τράπεζαν δαπανηθέντων δὲ τῶν κρεάτων |
| TJos. | 13 | 3 | σοι ὁ παῖς ὁ Ἑβραῖος; καὶ εἶπεν οἱ Ἰσμαηλῖται × παρέθεντό × μοι αὐτὸν ἕως οὗ ἐπιστρέψωσιν. καὶ οὐκ |
| Asen. | 7 | 1 | ἐπὶ τοῦ θρόνου. καὶ ἔνιψαν τοὺς πόδας αὐτοῦ καὶ × παρέθηκαν × αὐτῷ τράπεζαν κατ' ἰδίαν διότι Ἰωσὴφ οὐ |
| Asen. | 13 | 15 | καὶ ἀρετὴν καὶ δύναμιν ὡς ὁ πάγκαλος Ἰωσήφ; κύριε × παρατίθημί × σοι αὐτὸν ὅτι ἐγὼ ἀγαπῶ αὐτὸν ὑπὲρ τὴν ψυχήν |
| Asen. | 13 | 15 | αὐτὸν ὡς ἐν τῇ σοφίᾳ τῆς χάριτός σου. καὶ σὺ κύριε × παράθου × με αὐτῷ εἰς παιδίσκην καὶ δούλην. κἀγὼ στρώσω |
| Asen. | 15 | 14 | ἀνὴρ ἢ γυνὴ οὐκ ἐκάθισεν ἐπ' αὐτὴν πώποτε. καὶ × παραθήσω × σοι τράπεζαν καὶ εἰσοίσω σοι ἄρτον καὶ φάγεσαι |
| Asen. | 16 | 1 | καὶ φέρε συντόμως. καὶ ἔσπευσεν Ἀσενὲθ καὶ × παρέθηκεν × αὐτῷ τράπεζαν καινὴν καὶ ἐπορεύετο κόμισαι |
| Asen. | 16 | 4 | καὶ οἴσεις σοι ἐκεῖθεν ταχέως κηρίον μελίσσης καὶ × παρέθηκεν × αὐτῷ κύριε. καὶ εἶπεν αὐτῇ ὁ ἄνθρωπος βάδιζε καὶ |
| Asen. | 16 | 10 | Ἀσενὲθ τὸ κηρίον ἐκεῖνο ἤνεγκε τῷ ἀνθρώπῳ καὶ × παρέθηκεν × αὐτὸ ἐπὶ τῆς τραπέζης ἣν ἡτοίμασεν ἐνώπιον |
| Esdr. | 6 | 17 | λέγει τῷ προφήτῃ δός μοι τὴν παρακαταθήκην ἣν × παρεθέμην × σοι ὁ στέφανός σοι ἡτοίμασται. καὶ εἶπεν ὁ |
| Sedr. | 9 | 2 | υἱὸς τὸν Σεδραχ τὴν παρακαταθήκην ἣν × παρεθέμην × σοι ὁ πατὴρ ὑμῶν ἐν τῇ κοιλίᾳ τῆς μητρός σου ἐν τῇ |
| Aris. | 255 | 4 | ἀπεφήνατο μετὰ διαλογισμοῦ κατὰ τὴν βουλὴν × παρατιθέντα × καὶ ⟨τὰ⟩ βλαβερὰ τῶν κατὰ τὸ ἐναντίον τῶν |
| HDem. 9 | 21 | 14 | αὐτοῦ δύο διὰ τοῦτο τῷ Βενιαμὶν πέντε μερίδας × παραθεῖναι × καὶ αὐτὸν λαβεῖν δύο γενέσθαι οὖν ἑπτὰ ὅσας |
| HArt. 9 | 23 | 4 | ἑπτὰ ἐτῶν σῖτον γενόμενον κατὰ τὴν φορὰν ἄπλετον × παραθέσθαι × καὶ τῆς Αἰγύπτου δεσπότην γενέσθαι. Ἀβραὰμ |

παρατρέχω    1

| | | | |
|---|---|---|---|
| Bar. | 6 | 5 | με. καὶ εἶπέν μοι ὁ ἄγγελος τοῦτο τὸ ὄρνεον × παρατρέχει × τῷ ἡλίῳ καὶ τὰς πτέρυγας ἐφαπλῶν δέχεται τὰς |

παραυξάνω    1

| | | | |
|---|---|---|---|
| Bar. | 9 | 7 | ὅτε τὸν ὄφιν ἔλαβεν ἔνδυμα οὐκ ἀπεκρύβη ἀλλὰ × παρηύξησε. × καὶ ὠργίσθη αὐτῇ ὁ θεὸς καὶ ἔθλιψεν αὐτὴν καὶ |

παραυτά    1

| | | | |
|---|---|---|---|
| FAch. | 122 | | ὁ δὲ Αἴσωπος ἔφη χαίρω μαρτυρούντων. ἀποδοθήτω × παραυτά × τὰ χρήματα ἢ γὰρ προθεσμία παρῆλθεν τῆς |

παραυτίκα    2

| | | | |
|---|---|---|---|
| Prop. | 24 | 3 | συλλαβεῖν αὐτὸν καὶ ἐξηράνθη ἡ χεὶρ τοῦ βασιλέως × παραυτίκα. × Σίμων ὁ υἱὸς τοῦ Κλωπᾶ ὁ ἀνεψιὸς τοῦ κυρίου |

παραφέρω

| | | | |
|---|---|---|---|
| Job | 46 | 1 | ἕκαστον τοῦ μέρους ἑαυτοῦ ἀκωλύτως. οἱ δὲ × παρήνεγκαν × τὰ ὄντα εἰς μερισμὸν αὐτοῖς τοῖς ἑπτὰ ἄρρεσιν |

```
Aris.    316   3   δὲ τοῦ τῶν τραγῳδιῶν ποιητοῦ μετέλαβον ἐγὼ διότι * παραφέρειν * μέλλοντός τι τῶν ἀναγεγραμμένων ἐν τῇ βίβλῳ
  παραφρενόω *                                                                1
Abr.2     6   10 τοῦ θεοῦ ἐστιν; ἀπεκρίθη Σάρρα καὶ εἶπεν ἦ ἄρα ὅτι * παραφρενοῦσα * λέγω ὅτι εἷς ἐστιν τῶν τριῶν τῶν ὑπὸ τῶν
  παραφυάς                                                                    1
Hen.      26   1   γῆς καὶ ἴδον τόπον ηὐλογημένον ἐν ᾧ δένδρα ἔχοντα * παραφυάδας * μενούσας καὶ βλαστούσας τοῦ δένδρου
  παραφυλάσσω                                                                 1
TRub.      4   4   κυρίου καθὼς ἔδειξέ μοι κύριος. ἀπὸ τότε μετανοῶν * παρεφυλαξάμην * καὶ οὐχ ἥμαρτον. διὰ τοῦτο τέκνα μου
  παραφύω                                                                     1
Sib.       3  400   ὧν ἐς ὁμόφρονα αἴσιον ἄρρης+ φθεῖται καὶ τότε δὴ * παραφυόμενον * κέρας ἄρξει. ἔσται καὶ Φρυγίη δὲ φερεσβίῳ
  παραχρῆμα                                                                   4
TZab.      3   7   μόνον δὲ προσεκύνησαν αὐτῷ ἀλλὰ καὶ ἐνεπτύσθησαν * παραχρῆμα * πεσόντες ἔμπροσθεν αὐτοῦ καὶ οὕτως ᾐσχύνθησαν
Aris.     22   8   μετὰ ταῦτά εἰσιν εἰσηγμένοι τῶν τοιούτων ἀπολύειν * παραχρῆμα * τοὺς ἔχοντας κομιζομένους αὐτίκα ἑκάστου
Sib.       5  367   πάντα νοήσει ἧς χάριν ὤλετό τ᾽ αὐτὸς ἐλεῖ ταύτην * παραχρῆμα. * ἄνδρας τ᾽ ἐξολέσει πολλοὺς μεγάλους τε
FrAn.    1 217  15   τὸν λίθον ἐπιφερόμενος καὶ δείξας αὐτὸν χρυσοχόῳ * παραχρῆμα * τὸν λίθον ἐκεῖνος ἰδὼν ἀναστὰς προσεκύνησε καὶ
  παραχωρέω                                                                   1
Abr.1      8  10         τῇ τοῦ θανάτου δρεπάνῃ συναντῆσαί σοι οὐ * παρεχώρησα * τὰ τοῦ ᾅδου δίκτυα συμπλέξαι σοι οὐκ ἠθέλησά
  παραψυχή                                                                    1
ISop.   5 113   2   δὲ πολλοὶ καρδίαν πλανώμενοι ἱδρυσάμεσθα πημάτων * παραψυχὴν * θεῶν ἀγάλματα ἐκ λίθων ἢ χαλκέων ἢ
  πάρδαλις                                                                    6
Abr.1     19  14   σοι καὶ θηρία ἰοβόλα ἀσπίδας καὶ βασιλίσκους) καὶ * πάρδαλεις * καὶ λέοντας καὶ σκύμνους καὶ ἄρκους καὶ
TJud.      2   6   καὶ προλαβὼν ἐν τῷ τρέχειν με κατεσπάραξα αὐτόν. * πάρδαλις * ἐν Χεβρὼν προσεπήδησεν ἐπὶ τὸν κύνα καὶ πιάσας
TDan.      1   8  τοῦτό ἐστι τὸ πνεῦμα τοῦ θυμοῦ τὸ πειθόν με ἵνα ὡς * πάρδαλις * ἐκμυζᾷ ἔριφον οὕτως ἐκμυζήσω τὸν Ἰωσήφ. ἀλλ᾽ ὁ
TGad.      1   3   νυκτὶ τὸ ποίμνιον καὶ ὅταν ἤρχετο λέων ἢ λύκος ἢ * πάρδαλις * ἢ ἄρκος ἢ πᾶν θηρίον ἐπὶ τὴν ποίμνην κατεδίωκον
Sib.       3  737  Μεγάλοιο. μὴ κίνει Καμάριναν ἀκίνητος γὰρ ἀμείνων * πάρδαλιν * ἐκ κοίτης μή τοι κακὸν ἀντιβολήσῃ ἀλλ᾽ ἀπέχου
Sib.       3  789   τε καὶ ἄρνες ἐν οὔρεσιν ἄμμιγ᾽ ἔδονται χόρτον * παρδάλιές * τ᾽ ἐρίφοις ἅμα βοσκήσονται ἄρκτοι σὺν μόσχοις
  παρεδρεύω                                                                   2
TDan.      5   6         καὶ τῆς ὑπερηφανίας τῷ Λευὶ ὑπακούσονται τοῦ * παρεδρεύειν * τοῖς υἱοῖς Λευὶ τοῦ ποιεῖν αὐτοὺς
Aris.     81   3   τὸν δημόσιον χρηματισμὸν παριεὶ τοῖς δὲ τεχνίταις * παρήδρευεν * ἐπιμελῶς ἵνα καθηκόντως τῷ τόπῳ συντελέσωσιν
  παρειά                                                                      5
Abr.1     11   6         ἥρπαξεν τὰς τρίχας τῆς κεφαλῆς αὐτοῦ καὶ τὰς * παρειὰς * τοῦ πώγονος καὶ ἔρριπτεν αὐτὸν χαμαὶ ἀπὸ τοῦ
Abr.1     16   4   ὄνομα κρύψαι σου τὴν ἀγριότητα καὶ πάσας σου τὰς * παρειὰς * καὶ τὰς πικρίας σου πάσας ἀποβαλοῦ περιβαλοῦ δὲ
Abr.1     16   6   ἀνθρώπων ἀρχαγγέλου δὲ περιβαλόμενος μορφὴν τὰς * παρειὰς * αὐτοῦ πῦρ ἀπαυγάζων καὶ ἀπῆλθεν πρὸς τὸν
Asen.     18   9  καὶ οἱ ὀφθαλμοὶ αὐτῆς ὡς ἑωσφόρος ἀνατέλλων καὶ αἱ * παρειαὶ * αὐτῆς ὡς ἄρουραι τοῦ ὑψίστου καὶ ἐν ταῖς
Asen.     18   9   παρειαὶ αὐτῆς ὡς ἄρουραι τοῦ ὑψίστου καὶ ἐν ταῖς * ⟨παρειαῖς⟩ * ἐρυθρὸς ὡς αἷμα υἱοῦ ἀνθρώπου καὶ τὰ χείλη
  παρεῖδον                                                                    2
Job       45   2   ἐπιλάθεσθε τοῦ κυρίου εὐποιήσατε τοῖς πτωχοῖς, μὴ * παρίδητε * τοὺς ἀδυνάτους, μὴ λάβετε ἑαυτοῖς γυναῖκας ἐκ
Aris.     51   6   καὶ παρ᾽ ἕκαστον ἐπιθεωροῦντος τοὺς τεχνίτας. διὸ * παριδεῖν * οὐδὲ ἠδύναντο οὐδὲ εἰκῇ συντελέσαι. πρῶτον δέ
  πάρειμι (εἰμί)                                                              31
Hen.     106   8   τὴν φωνὴν αὐτοῦ καὶ ἦλθον πρὸς αὐτὸν καὶ εἶπα ἰδοὺ * πάρειμι * τέκνον διὰ τί ἐλήλυθας πρὸς ἐμὲ τέκνον; καὶ
TJud.     14   3   καὶ ἐκθερμαίνει τὸ σῶμα πρὸς μεῖξιν καὶ εἰ * πάρεστι * τὸ τῆς ἐπιθυμίας αἴτιον πράσσει τὴν ἁμαρτίαν καὶ
TZab.      7   4   ἐλέους. οἶδα ὅτι ἡ χείρ μου οὐχ εὗρε πρὸς τὸ * παρὸν * ἐπιδοῦναι τῷ χρῄζοντι καὶ ἐπὶ ἑπτὰ σταδίους
Aris.     10   1   ἤγαγεν ὅσον ἐφ᾽ ἑαυτῷ τὴν τοῦ βασιλέως πρόθεσιν. * παρόντων * οὖν ἡμῶν ἐρωτηθεὶς πόσαι τινὲς μυριάδες
Aris.     19   3   Ἀριστέας ἡμᾶς ἀξιοῖ πρᾶγμα. Σωσίβιος δὲ καὶ τῶν * παρόντων * τινὲς τοῦτ᾽ εἶπον καὶ γὰρ ἄξιόν ἐστι τῆς σῆς
Aris.     46   1   καὶ μετὰ ἀσφαλείας ἡ τοῦ ἁγίου νόμου μεταγραφή. * παρόντων * δὲ πάντων ἐπελεξάμεθα ἄνδρας καλοὺς καὶ ἀγαθοὺς
Aris.     95   3   ὥσθ᾽ ὑπολαμβάνειν μηθ᾽ ἕνα ἄνθρωπον ἐν τῷ τόπῳ * παρεῖναι * πρὸς τοὺς ἑπτακοσίους παρόντων τῶν λειτουργῶν
Aris.     95   3  ἄνθρωπον ἐν τῷ τόπῳ παρεῖναι πρὸς τοὺς ἑπτακοσίους * παρόντων * τῶν λειτουργῶν καὶ τῶν προσαγόντων δὲ τὰ θύματα
Aris.    181   1   σήμερον μεθ᾽ ὑμῶν βουλήσομαι. πάντα δ᾽ ὑμῖν εἶπε * παρέσται * καθηκόντως οἷς συγχρήσησθε κἀμοὶ μεθ᾽ ὑμῶν. τῶν
Aris.    200   3   τοὺς φιλοσόφους εἶπεν ὁ βασιλεὺς οὐκ ὀλίγοι γὰρ * παρῆσαν * τούτοις οἴομαι διαφέρειν τοὺς ἄνδρας ἀρετῇ καὶ
Aris.    207   3   (ἕτερος) ἀπεφήνατο καθὼς οὐ βούλει σεαυτῷ τὰ κακὰ * παρεῖναι * μέτοχος δὲ τῶν ἀγαθῶν ὑπάρχειν ἁπάντων εἰ
Aris.    211   5   τι ἐπιθυμήσει εἰ καλῶς λογίζοιο πάντα γὰρ σοι * πάρεστιν * ὅσα ἄνθρωπος ὁ θεὸς δὲ ἀπροσδεὴς ἐστι καὶ
Aris.    234   6   αὐτοῦ βούλησιν ἣν καὶ σὺ διατελεῖς ἔχων γνώμην ἦ * πάρεστι * σημειοῦσθαι πᾶσιν ἐκ τῶν ὑπὸ σοῦ συντετελεσμένων
Aris.    235   2   ἠσπάζετο καὶ παρεκάλει συνεπιφωνούντων τῶν * παρόντων * μάλιστα δὲ τῶν φιλοσόφων. καὶ γὰρ ταῖς ἀγωγαῖς
Aris.    247   3   συγκροτήσας πάντας τ᾽ ἐπαινέσας κατ᾽ ὄνομα καὶ τῶν * παρόντων * ταῦτα ποιούντων ἐπὶ τὸ μέλλειν ἐτράπησαν. τῇ δὲ
Aris.    248   5  θεὸν οὐχ οὕτως περὶ ἑαυτοὺς ὡς περὶ τῶν ἐγγόνων ἵνα * παρῇ * πάντα αὐτοῖς τὰ ἀγαθά. τὸ δὲ ἐπιδεῖσθαι παιδία
Aris.    293   3   ὁ βασιλεὺς λαβὼν ποτήριον ἐπεχέατο καὶ τῶν * παρόντων * ἁπάντων καὶ τῶν εἰρημένων λόγων. ἐπὶ πᾶσι δὲ
Aris.    296   4   ἄξιοι θαυμασμοῦ κατεφαίνοντό μοι καὶ τοῖς * παροῦσι * μάλιστα δὲ τοῖς φιλοσόφοις. οἴομαι δὲ καὶ πᾶσι
Aris.    301   7   παρεκάλει τοὺς ἄνδρας τὰ τῆς ἑρμηνείας ἐπιτελεῖν * παρόντων * ὅσα πρὸς τὴν χρείαν ἔδει καλῶς. οἱ δὲ ἐπετέλουν
Aris.    308   3   οὗ καὶ τὰ τῆς ἑρμηνείας ἐτελέσθη παρανέγνω πᾶσι * παρόντων * καὶ τῶν διερμηνευσάντων οἵτινες μεγάλης
Sib.       3  494   πόλεσιν παραλίαις οὐδεμί᾽ ὑμῶν πρὸς φάος ἡελίοιο * παρέσσεται * ἐν φαῖ κοινῷ οὐδ᾽ ἔτι τῆς ζωῆς ἀριθμὸς καὶ
Sib.       5  114   Περσῶν γενεᾶς ἀνόητος καὶ δῆλον τοῖσιν τὸ * παρὸν * τό τε μέλλον ἔσσεαι. Εὐφρήτου ποταμοῖο ῥείθρον
FEz.     186  17  χρ⟨ωτος αυτων και επικαλεσ⟩ονται με ⟨και ερω ιδου * παρειμι * εαν διαβαι⟩νωσιν ο⟨υκ ολισθησουσιν λεγει κς⟩
IMen.    5 119   2   ἐπιθυμήσῃς ⟨Πάμ⟩λατε ὁ γὰρ θεὸς βλέπει σε πλησίον * παρών * μηδὲ βελόνης ὦ φίλτατε ἐπιθυμήσῃς ποτὲ ἀλλοτρίας
IMen.    5 120   2   αὐτὸς αὐτῷ δέσποτα ὁ γὰρ θεὸς βλέπει σε πλησίον * παρών. *
LEze.   9  28 2 26   ἡ δ᾽ ἐπέσπευσεν κόρη. μολοῦσα δ᾽ εἶπε μητρὶ καὶ * παρῆν * ταχὺ αὐτή τε μήτηρ καὶ ἔλαβέν μ᾽ ἐς ἀγκάλας. εἶπεν
LEze.   9  28 3 08   ὡς ἀπὸ σπλάγχνων ἑῶν ἐπεὶ δὲ πλήρης κόλπος ἡμερῶν * παρῆν * ἐξῆλθον οἴκων βασιλικῶν πρὸς ἔργα γὰρ θυμός μ᾽
LEze.   9  28 3 13   τὸν δὲ γένος Αἰγύπτιον. ἰδὼν δ᾽ ἐρήμους καὶ * παρόντα * μηδένα ἐρρυσάμην ἀδελφὸν ὃν δ᾽ ἔκτειν᾽ ἐγὼ
LEze.   9  29 8 12  τρίτου. μνησθεὶς δ᾽ ἐκείνων καὶ ἔτ᾽ ἐμῶν δωρημάτων * πάρειμι * σῶσαι λαὸν Ἑβραίων ἐμὸν ἰδὼν κάκωσιν καὶ πόνον
LEze.   9  29 14 43   φέγγος ὡς πυρὸς μέγα ὤφθη τι ἡμῖν ὡς μὲν εἰκάζεις * παρῆν * αὐτοῖς ἀρωγὸς ὃ θεός. ὡς δ᾽ ἤδη πέραν ἦσαν
LArI.   8  10   4   καὶ μεγάλων πραγμάτων κατασκευάς. οἷς μὲν οὖν * πάρεστι * τὸ καλῶς νοεῖν θαυμάζουσι τὴν περὶ αὐτὸν σοφίαν
  πάρειμι (εἶμι)                                                        3  (cf.+ παρέρχομαι)
TJos.     12   1         τρεῖς καὶ ἡμέρας πέντε. κατ᾽ ἐκεῖνον τὸν καιρὸν * παρῄει * ἡ Μεμφία ἐν λαμπήνῃ ἡ γυνὴ τοῦ Πετεφρῆ μετὰ δόξης
Asen.     23   1   πέτρας τοῦ ἑβδόμου οὐρανοῦ.⟩ καὶ ἐγένετο ἐν τῷ * παριέναι * τὸν Ἰωσὴφ καὶ τὴν Ἀσενὲθ εἶδεν αὐτοὺς ἀπὸ τοῦ
Sib.       3  144   τρίτον αὖ Πλούτωνα Ῥέη τέκε δῖα γυναικῶν Δωδώνην * παριοῦσα * ὅθεν ῥέεν ὑγρὰ κέλευθα Εὐρώπου ποταμοῖο καὶ εἰς
  παρεισάγω                                                                   1
Aris.     20   8   τοῦ πατρὸς ἀλλὰ καὶ εἴ τινες προῆσαν ἢ μετὰ ταῦτα * παρεισήχθησαν * εἰς τὴν βασιλείαν. ὑπὲρ τὰ τετρακόσια
  παρεισέρχομαι                                                               1
TJud.     16   2   ἀποστῇ ὁ τοῦ θεοῦ φόβος λοιπὸν γίνεται μέθη καὶ * παρεισέρχεται * ἡ ἀναισχυντία. εἰ δὲ ⟨μὴ⟩ μηδὲ ὅλως πίετε
  παρέκ                                                                       3
Adam      17   5   παντὸς φυτοῦ. κἀγὼ εἶπον ναὶ ἀπὸ πάντων ἐσθίομεν * παρὲξ * ἑνὸς μόνου ὅ ἐστι μέσον τοῦ παραδείσου περὶ οὗ
Adam      20   4   γὰρ τὰ φυτὰ τοῦ ἐμοῦ μέρους κατερρύη τὰ φύλλα * παρὲξ * τοῦ σύκου μόνου. λαβοῦσα δὲ φύλλα ἀπ᾽ αὐτοῦ
IPyt.    134         εἴ τις ἐρεῖ θεός εἰμι * πάρεξ * ἑνὸς οὗτος ὀφείλει κόσμον ἴσον τούτῳ στήσας εἰπεῖν
  παρεκβαίνω                                                                  1
Aris.    112   1       τὰ ταμιεῖα λέγω δὲ τὰ τῆς γεωργίας πρόσφορα. * παρεξέβημεν * δὲ ταῦτα διὰ τὸ καλῶς ἡμῖν τὸν Ἐλεάζαρον
  παρεκτός                                                                    2
TZab.      1   4   ἔγνων τέκνα μου ὅτι ἥμαρτον ἐν ταῖς ἡμέραις μου * παρεκτὸς * ἐννοίας. οὐδὲ μιμνήσκομαι ὅτι παρανομίαν
Job       30   5  καὶ εἰς τὰς κύκλῳ πόλεις διαδίδοσθαι τοῖς πτωχοῖς, * παρεκτὸς * τῶν ἐν τῇ οἰκίᾳ αὐτοῦ ἐρρημένων; πῶς οὖν νῦν
  παρέλκω                                                                     1
HHec.   1  22  203  ἐὰν δὲ εἰς τοὐπίσθεν ἀναχωρεῖν αὖθις σιωπήσας καὶ * παρελκύσας * τὸ τόξον ἔβαλε καὶ τὸν ὄρνιθα πατάξας
  παρεμβάλλω                                                                  1
LArI.   8  10  14   τόπον τῆς ὁράσεως πᾶσιν αὐτοῖς κυκλόθεν ὡς ἦσαν * παρεμβεβληκότες * τὸ πῦρ φλεγόμενον ἐθεωρεῖτο ὥστε τὴν
  παρεμβολή                                                                   6
Hen.       1   4   γῆν πατήσει ἐπὶ τὸ Σεινᾶ ὄρος καὶ φανήσεται ἐκ τῆς * παρεμβολῆς * αὐτοῦ καὶ φανήσεται ἐν τῇ δυνάμει τῆς ἰσχύος
TSim.      5   3   ὅτι πόλεμον κυρίου πολεμήσει καὶ νικήσει πᾶσαν * παρεμβολὴν * ὑμῶν καὶ ἔσονται ὀλιγοστοὶ ἐπιμεριζόμενοι ἐν
TLevi      5   3   τὰ ἄνομα· ἐν τῷ τρίτῳ εἰσὶν αἱ δυνάμεις τῶν * παρεμβολῶν * αἱ ταχθέντες εἰς ἡμέραν κρίσεως ποιῆσαι
LEze.   9  29 5 14  ἔπιπτ᾽ ἐγὼ δὲ πάντας ἠριθμησάμην κἀμοῦ παρῆγεν ὡς * παρεμβολὴ * βροτῶν. εἶτ᾽ ἐμφοβηθεὶς ἐξανίσταμ᾽ ἐξ ὕπνου. ὦ
LEze.   9  29 14 23   πάντας εἶχεν ἐν μέρει. ἔπειθ᾽ ὑπ᾽ αὐτοὺς θήκαμεν * παρεμβολὴν * (Βεελζεφών τις κλήσεται πόλις βροτοῖς). ἐπεὶ
LEze.   9  29 14 31  ἐξαίφνης μέγας στῦλος νεφώδης ἐστάθη πρὸ γῆς μέγας * παρεμβολῆς * ἡμῶν τε καὶ Ἑβραίων μέσος. κἄπειθ᾽ ὁ κείνων
  παρεμφερής                                                                  2
IEsc.   5 131   2   δὲ ὕδωρ ποτὲ ⟨δὲ⟩ γνόφος καὶ θηρσὶν αὐτὸς γίνεται * παρεμφερὴς * ἀνέμῳ νεφέλῃ τε καὶ ἀστραπῇ βροντῇ βροχῇ.
LEze.   9  29 16 19   μαλλοῖσιν εὐτρεπίζετο. κάρα δὲ κοττοῖς ἡμέροις * παρεμφερὲς * καὶ μηλίνῃ μὲν τῇ κόρῃ προσέβλεπε κύκλῳ κόρη
  παρεπιδημέω                                                                 2
Aris.    110   3   μὴ καταμένωσι προσέταξε μὴ πλέον εἴκοσιν ἡμερῶν * παρεπιδημεῖν * καὶ τοῖς ἐπὶ τῶν χρειῶν ὁμοίως δι᾽
  πάρεργος                                                                    1
Aris.     29   4         τύχῃ τῆς προσηκούσης ἐπισκευῆς πεποιημένος οὐ * παρέργως * τὴν ἐν τούτοις ἐπιμέλειαν προσαναφέρω σοι τάδε.
```

Aris. 121 4 αὐτοῖς ἀλλὰ καὶ τῆς τῶν Ἑλληνικῶν ἐφρόντισαν οὐ * παρέργως * κατασκευῆς διὸ καὶ πρὸς τὰς πρεσβείας εὔθετοι

παρέρχομαι 22 (cf.+ πάρειμι (εἶμι))

Hen. 14 21 πάσης χιόνος. καὶ οὐκ ἐδύνατο πᾶς ἄγγελος * παρελθεῖν * εἰς τὸν οἶκον τοῦτον καὶ ἰδεῖν τὸ πρόσωπον
Hen. 18 6 ἴδον πέρατα τῆς γῆς τὸ στήριγμα τοῦ οὐρανοῦ ἐπάνω. * παρῆλθον * καὶ ἴδον τόπον καιόμενον νυκτὸς καὶ ἡμέρας ὅπου
TRub. 4 4 ὁ πατήρ μου ὅτι ηὔξατο περὶ ἐμοῦ πρὸς κύριον ἵνα * παρέλθῃ * ἀπ' ἐμοῦ ἡ ὀργὴ κυρίου καθὼς ἔδειξέ μοι κύριος.
TJud. 14 8 τῆς οἰνοποσίας ἵνα ἕως ὅτε ἔχει αἰδῶ πίνῃ ἐὰν δὲ * παρέλθῃ * τὸν ὅρον τοῦτον ἐμβάλλει εἰς τὸν νοῦν τὸ πνεῦμα
TZab. 5 2 καὶ πάντων τῶν ἀδελφῶν μου ἀσθενούντων ἐγὼ ἄνοσος * παρῆλθον * οἶδε γὰρ κύριος ἑκάστου τὴν προαίρεσιν. ἔχετε
TJos. 10 5 τοῦ θεοῦ ἐν τῇ διανοίᾳ μου +ᾔδειν γὰρ ὅτι τὰ πάντα * παρελεύσεται+ * καὶ ἐμέτρουν ἐμαυτὸν καὶ ἐτίμων τοὺς
Asen. 22 1 τοὺς αἰῶνας ⟨τῶν αἰώνων⟩. καὶ ἐγένετο μετὰ ταῦτα * παρῆλθον * τὰ ἑπτὰ ἔτη τῆς εὐθηνίας καὶ ἤρξαντο ἔρχεσθαι
Sal. 11 6 πᾶν ξύλον εὐωδίας ἀνέτειλεν αὐτοῖς ὁ θεὸς ἵνα * παρέλθῃ * Ισραηλ ἐν ἐπισκοπῇ δόξης θεοῦ αὐτῶν. ἔνδυσαι
Esdr. 5 17 εἶπεν ὁ θεὸς ὑψηλῷ τῷ κηρύγματι οὐ μὴ ἐλεήσω τοὺς * παρερχομένους * τὴν διαθήκην μου. καὶ εἶπεν ὁ προφήτης
Job 33 4 ἐκ δεξιῶν τοῦ πατρός ἐστιν. ὁ κόσμος ὅλος * παρελεύσεται * καὶ ἡ δόξα αὐτοῦ φθαρήσεται καὶ οἱ
Job 33 8 ἀλλ' ἔσονται εἰς τὸ διηνεκές. οὗτοι οἱ βασιλεῖς * παρελεύσονται * καὶ οἱ ἡγεμόνες παρέρχονται, ἡ δὲ δόξα καὶ
Job 33 8 οὗτοι οἱ βασιλεῖς παρελεύσονται καὶ οἱ ἡγεμόνες * παρέρχονται, * ἡ δὲ δόξα καὶ τὸ καύχημα αὐτῶν ἔσονται ὡς
Job 34 4 δυσωδίαις, καὶ ἀκμὴν ἐπαίρεται καθ' ἡμῶν Βασιλεῖαι * παρέρχονται * καὶ αἱ ἡγεμονίαι αὐτῶν καὶ ἰδοὺ ἡμῖν, φησίν,
Job 43 7 τὴν δόξαν καὶ τὴν εὐπρέπειαν ἡ βασιλεία αὐτοῦ * παρῆλθεν, * σέσηπται αὐτοῦ ὁ θρόνος καὶ ἡ τιμὴ τοῦ
Aris. 176 1 ὑπέμενε περιπατῶν ἕως ἂν παραγινομένους ἀσπάσηται. * παρελθόντων * δὲ σὺν τοῖς ἀπεσταλμένοις δώροις καὶ ταῖς
Sib. 3 349 ἐγγὺς ὀλέθρου καὶ τότ' Ἀλεξανδρεῦσιν ἔτος τὸ * παρελθὸν * ἄμεινον ὁππόσα δασμοφόρου Ἀσίης ὑπεδέξατο
FAch. 108 καὶ τὸν ἀποκριθησόμενον τὰ ἐρωτήματα ἐὰν ὁ χειμὼν * παρέλθῃ. * γράψας οὕτως ἔπεμψεν διὰ τῶν πρεσβευτῶν εἰς
FAch. 122 Λυκούργου χίλια τάλαντα χρυσίου χρόνον ἐνεὶς τὸν * παρελθόντα * ⟨μετὰ τὸ⟩ παρεσχηκέναι. μετὰ δὲ τὰς τρεῖς
FAch. 122 ἀποδοθήτω παραυτὰ τὰ χρήματα ἡ γὰρ προθεσμία * παρῆλθεν * τῆς ἀποδόσεως. ὁ δὲ βασιλεὺς Νεκταναβὼν ἀκούσας
LEze. 9 28 3 01 ἀνεῖλε ποταμίας ἀπ' ἠόνος. ἐπεὶ δὲ καιρὸς νηπίων * παρῆλθέ * μοι ἤγαγέ με μήτηρ βασιλίδος πρὸς δώματα ἅπαντα
LEze. 9 29 12 28 θεῷ τῇ πρόσθε νυκτὶ αἵματι ψαῦσαι θύρας ὅπως * παρέλθῃ * σῆμα δεινὸς ἄγγελος. ὑμεῖς δὲ νυκτὸς ὀπτὰ
LEze. 9 29 13 13 κόμης εἰς αἷμα βάψαι καὶ θιγεῖν σταθμῶν δυοῖν ὅπως * παρέλθῃ * θάνατος Ἑβραίων ἄπο. ταύτην δ' ἑορτὴν δεσπότη

παρευθύς 1

Abr.1 19 16 τῶν ἀνθρώπων ὑπὸ ἑτέρων τινῶν φάρμακα ποτισθέντες * παρευθὺς * ἀπαλλάσσονται παραλόγως. εἶπεν δὲ Ἀβραάμ

παρεύρεσις 2

Aris. 14 7 ἐν τοῖς πολεμικοῖς ἀγῶσιν ἡμεῖς δὲ ἐπεί τινα * παρεύρεσιν * εἰς τὴν ἀπόλυσιν αὐτῶν ἀπελάβομεν καθὼς
Aris. 120 4 σχεδὸν διὰ τὴν ἐκείνων δυναστείαν ἀλλοτριωθῆναι * παρεύρεσιν * λαβόντων εἰς τοὺς τόπους εἰσόδου διὰ τοῦτο

παρεφθαρμένως 1

HEup. 9 34 13 τὸ ἀνάκτορον πρῶτον μὲν ἱερὸν Σολομῶνος ὕστερον δὲ * παρεφθαρμένως * τὴν πόλιν ἀπὸ τοῦ ἱεροῦ Ἱερουσαλὴμ

παρέχω 29

Hen. 17 4 ὑδάτων ζώντων καὶ μέχρι πυρὸς δύσεως ὅ ἐστιν καὶ * παρέχον * πάσας τὰς δύσεις τοῦ ἡλίου. καὶ ἤλθομεν μέχρι
TSim. 4 8 τὴν ψυχὴν καὶ φθείρει τὸ σῶμα ὀργὴν καὶ πόλεμον * παρέχει * τῷ διαβουλίῳ καὶ εἰς αἵματα παροξύνει καὶ εἰς
TSim. 4 8 ἐνεργεῖν ἀλλὰ καὶ τὸν ὕπνον ἀφαιρεῖ καὶ κλόνον * παρέχει * τῇ ψυχῇ καὶ τρόμον τῷ σώματι ὅτι καίγε ἐν ὕπνῳ
TIss. 3 8 ἁπλότητι μου παντὶ γὰρ πένητι καὶ παντὶ θλιβομένῳ * παρεῖχον * τῆς γῆς τὰ ἀγαθὰ ἐν ἁπλότητι καρδίας. καὶ νῦν
TZab. 7 2 ἔδωκα τῷ θλιβομένῳ. καὶ ὑμεῖς οὖν τέκνα μου ἐξ ὧν * παρέχει * ὑμῖν ὁ θεὸς ἀδιακρίτως πάντας σπλαγχνιζόμενοι
TZab. 7 2 θεὸς ἀδιακρίτως πάντας σπλαγχνιζόμενοι ἐλεᾶτε καὶ * παρέχετε * παντὶ ἀνθρώπῳ ἐν ἀγαθῇ καρδίᾳ. εἰ δὲ μὴ ἔχετε
TDan 2 4 σκοτοῖ τὴν διάνοιαν αὐτοῦ καὶ τὴν ἰδίαν ὅρασιν * παρέχει * αὐτῷ. ἐν τίνι δὲ περιβάλλει τοὺς ὀφθαλμοὺς
TDan 3 2 τοῦ θυμώδους τῆς δὲ ψυχῆς κατακυριεύει καὶ * παρέχει * τῷ σώματι δύναμιν ἰδίαν ἵνα ποιήσῃ πᾶσαν ἀνομίαν
TNep. 8 9 εἰσιν καὶ εἰ μὴ γένωνται ἐν τάξει αὐτῶν ἁμαρτίαν * παρέχουσιν. * οὕτως ἐστὶ καὶ ἐπὶ τῶν λοιπῶν ἐντολῶν.
TGad 5 7 τὸ σκότος καὶ φωτίζει τοὺς ὀφθαλμοὺς καὶ γνῶσιν * παρέχει * τῇ ψυχῇ καὶ ὁδηγεῖ τὸ διαβούλιον πρὸς σωτηρίαν
TGad 7 2 πᾶσα σάρξ ἀποθανεῖται κυρίῳ δὲ ὕμνον προσφέρετε τῷ * παρέχοντι * τὰ καλὰ καὶ συμφέροντα πᾶσιν ἀνθρώποις.
TJos. 9 3 καὶ δόξαν καὶ εἰ οἶδεν ὁ ὕψιστος ὅτι συμφέρει * παρέχει * αὐτῷ καὶ ταῦτα ὡς κἀμοί. ποσάκις καίπερ
Jer. 6 2 αὐτοῦ εἰς τὸν οὐρανὸν προσηύξατο λέγων σὺ ὁ θεὸς ὁ * παρέχων * μισθαποδοσίαν τοῖς ἀγαπῶσί σε. ἑτοίμασον σεαυτὴν
Prop. 3 11 προσευχῆς αὐτομάτως αὐτοῖς δαψιλῆ τροφὴν ἰχθύων * παρέσχετο * καὶ πολλοῖς ἐκλείπουσι ζωὴν ἐλθεῖν ἐκ θεοῦ
Job 7 11 ἔδωκα ἵνα μὴ ἐγκληθῶ ὅτι τῷ αἰτήσαντι ἐχθρῷ οὐδὲν * παρέσχον. * ταῦτα ἀκούσας ὁ Σατανᾶς ἀντέπεμψέν μοι τὴν
Job 23 3 εἶναι αὐτὸν ἄνθρωπον. καὶ ὁ Σατανᾶς ἔλεγεν αὐτῇ * παράσχου * τὸ τίμημα καὶ λάβε ὃ θέλεις. ἀποκριθεῖσα δὲ
Job 24 9 ἀκοῦσαι παρ' αὐτοῦ εἰ μὴ ἔχεις, ὦ γύναι, ἀργύριον, * παράσχου * τὴν τρίχα τῆς κεφαλῆς σου καὶ λάμβανε τρεῖς
Job 46 2 αὐτοῖς τοῖς ἑπτὰ ἄρρεσιν ἀπὸ γὰρ τῶν χρημάτων οὐ * παρέσχετο * ταῖς θηλείαις αἱ δὲ λυπηθεῖσαι εἶπον τῷ πατρὶ
Job 47 5 σώματος τὰς πληγὰς καὶ τοὺς σκώληκας καλέσας με * παρέσχετό * μοι ταύτας τὰς τρεῖς χορδὰς λέγων μοι ἀνάστα,
Aris. 96 1 ἄπαντ' ἐπιτελεῖται. μεγάλην δὲ ἔκπληξιν ἡμῖν * παρέσχεν * ὡς ἐθεασάμεθα τὸν Ἐλεάζαρον ἐν τῇ λειτουργίᾳ
FAch. 108 τῶν πραγμάτων ἐχαρίσατο τὸν δὲ Ἥλιον αὐτῷ * παρέσχεν. * ὁ δὲ λαβὼν τὸν νεανίσκον διέθηκεν διὰ λόγων
FAch. 121 ὁ βασιλεὺς Νεκταναβὼν ἔτι ἓν ἡμῖν ἐπίλυσον κἀγὼ * παράσχω * φόρους Λυκούργῳ λέξον ἡμῖν ὃ οὔτε εἴδομεν οὔτε
FAch. 122 χρυσίου χρόνον ἐνεὶς τὸν παρελθόντα ⟨μετὰ τὸ⟩ * παρεσχηκέναι. * μετὰ δὲ τὰς τρεῖς ἡμέρας ἦλθεν ὁ Αἴσωπος
FPho. 23 ἐλθέμεν εἴπῃς πληρώσει σέο χεῖρ'. ἔλεον χρῄζοντι * παράσχου. * ἄστεγον εἰς οἶκον δέξαι καὶ τυφλὸν ὁδήγει.
FPho. 29 ὄρεξον ὧν σοι ἔδωκε θεὸς τούτων χρῄζουσι * παράσχου. * ἔστω κοινὸς ἅπας ὁ βίος καὶ ὁμόφρονα πάντα.
FPho. 223 ἴσαις τιμαῖσι γέραιρε. γαστρὸς ὀφειλόμενον δασμὸν * παρέχειν * θεράποντι. δούλῳ τακτὰ νέμοις ἵνα τοι
HEup. 9 34 4 τὰ προειρημένα καὶ φυλὰς δώδεκα τῶν Ἰουδαίων καὶ * παρέχειν * ταῖς ἐκκαίδεκα μυριάσι τὰ δέοντα πάντα κατὰ
HHec. 2 4 43 ὁ Ἰουδαῖος. διὰ τὴν ἐπιείκειαν καὶ πίστιν ἣν αὐτῷ * παρέσχον * Ἰουδαίοις τὴν Σαμαρεῖτιν χώραν προσέθηκεν ἔχειν
FrAn. 1 217 12 καὶ λάβετε νομίσματα δύο. τῶν δὲ μετὰ χαρᾶς τοῦτον * παρασχόντων * οὐ γὰρ ᾔδεσαν τοῦ λίθου τὸ ὑπέρτιμον ἀπῆλθεν

παρθενία 6

TIss. 1 7 καὶ εἶπε Λεία ἱκανούσθω σοι ὅτι ἔλαβες τὸν ἄνδρα * παρθενίας * μου μὴ καὶ ταῦτα λήψῃ; ἡ δὲ εἶπεν ἰδοὺ ἔστω
Asen. 2 4 καὶ ὀθόναι ἐπίσημοι καὶ πᾶς ὁ κόσμος τῆς * παρθενίας * αὐτῆς. καὶ ἦν ὁ τρίτος θάλαμος ταμιεῖον τῆς
Asen. 2 7 τρεῖς τῷ θαλάμῳ τῷ μεγάλῳ τῆς Ἀσενὲθ ὅπου ἡ * παρθενία * αὐτῆς ἐτρέφετο. καὶ ἦν ἡ μία θυρὶς ἡ πρώτη
Asen. 14 12 τὴν ὀσφύν σου τὴν ζώνην τὴν καινὴν τὴν διπλῆν τῆς * παρθενίας * σου. καὶ ἐλθὲ πρός με καὶ λαλήσω σοι τὰ ῥήματά
Asen. 14 14 τὴν ἄθικτον καὶ ἐζώσατο τὴν ζώνην αὐτῆς τὴν διπλῆν * παρθενίας * αὐτῆς μίαν ζώνην περὶ τὴν ὀσφὺν αὐτῆς καὶ
Asen. 21 19 ἀνὴρ δυνάστης ἐπὶ τῆς γῆς ὃς ἂν λύσῃ τὴν ζώνην τῆς * παρθενίας * μου. ἥμαρτον κύριε ἥμαρτον ἐνώπιόν σου πολλὰ

παρθενικός 4

Jer. 6 4 σοι ἁμαρτία. ἀνάψυξον ἐν τῷ σκηνώματι σου ἐν τῇ * παρθενικῇ * σου πίστει καὶ πίστευσον ὅτι ζήσεις. ἐπίβλεψον
Sib. 3 480 δύσονται κατὰ κῦμα θαλασσείοις τεκέεσσιν. αἰαῖ * παρθενικὰς * ὁπόσας νυμφεύσεται Ἅιδης κούρους δ' ἀκτερέας
Sib. 5 396 οὐκέτι γὰρ +παρὰ σοῖο τὴν τῆς+ φιλοβρέμμονος ὕλης * παρθενικαὶ * κοῦραι πῦρ ἔνθεον ὡρήσουσιν. ἔσβεσται παρὰ
FPho. 215 ὥρην πολλοὶ γὰρ λυσσῶσι πρὸς ἄρσενα μεῖξιν ἔρωτος. * παρθενικὴν * δὲ φύλασσε πολυκλείστοις θαλάμοισιν μή δέ μιν

παρθένος 49

Hen. 98 2 ἄνδρες ὡς γυναῖκες ⟨καὶ⟩ χρῶμα ὡραῖον ὑπὲρ * παρθένους * ἐν βασιλείᾳ καὶ μεγαλωσύνῃ καὶ ἐν ἐξουσίᾳ.
TLevi 14 6 κυρίου διδάξετε τὰς ὑπάνδρους βεβηλώσετε καὶ * παρθένους * Ἱερουσαλὴμ μιανεῖτε καὶ πόρναις καὶ μοιχαλίσι
TJos. 19 3 καὶ οἱ τρεῖς. καὶ εἶδον ὅτι ἐκ τοῦ Ἰούδα ἐγεννήθη * παρθένος * ἔχουσα στολὴν βυσσίνην καὶ ἐξ αὐτῆς προῆλθεν
Asen. 1 4 Πεντεφρῆς ἱερεὺς Ἡλιουπόλεως. καὶ ἦν θυγάτηρ αὐτῷ * παρθένος * ἐτῶν ὀκτωκαίδεκα μεγάλη καὶ ὡραία καὶ καλὴ τῷ
Asen. 1 4 καὶ ὡραία καὶ καλὴ τῷ εἴδει σφόδρα ὑπὲρ πάσας τὰς * παρθένους * ἐπὶ τῆς γῆς. καὶ αὕτη οὐδὲν εἶχεν ὅμοιον τῶν
Asen. 1 5 ἐπὶ τῆς γῆς. καὶ αὕτη οὐδὲν εἶχεν ὅμοιον τῶν * παρθένων * τῶν Αἰγυπτίων ἀλλὰ ἦν κατὰ πάντα ὅμοια ταῖς
Asen. 1 5 Ῥεβέκκα καὶ καλὴ ὡς Ῥαχήλ. καὶ ἦν τὸ ὄνομα τῆς * παρθένου * ἐκείνης Ἀσενέθ. καὶ ἀπῆλθεν ἡ φήμη τοῦ κάλλους
Asen. 2 6 τῆς γῆς. καὶ τοὺς λοιποὺς ἑπτὰ θαλάμους εἶχον ἑπτὰ * παρθένοι * μία ἑκάστη ἕνα θάλαμον κεκτημένη καὶ αὗται ἦσαν
Asen. 4 7 καί ἐστιν Ἰωσὴφ ἀνὴρ θεοσεβὴς καὶ σώφρων καὶ * παρθένος * ὡς σὺ σήμερον καί ἐστιν Ἰωσὴφ ἀνὴρ δυνατὸς ἐν
Asen. 7 7 οὐκ ἔστι γυνὴ ἀλλοτρία ἀλλ' ἔστι θυγάτηρ ἡμῶν * παρθένος * μισοῦσα πάντα ἄνδρα καὶ οὐκ ἔστιν ἀνὴρ ἄλλος ὃς
Asen. 7 8 χαρὰν μεγάλην σφόδρα διότι εἶπε Πεντεφρῆς ὅτι * παρθένος * ἐστὶ μισοῦσα πάντα ἄνδρα. καὶ εἶπεν Ἰωσὴφ ἐν
Asen. 7 8 μισοῦσα πάντα ἄνδρα. καὶ εἶπεν Ἰωσὴφ ἐν ἑαυτῷ εἰ * παρθένος * ἐστὶ μισοῦσα πάντα ἄνδρα οὐ μὴ ἐνοχλήσῃ μοι
Asen. 7 8 πάσῃ τῇ συγγενείᾳ αὐτοῦ εἰ θυγάτηρ ὑμῶν ἐστὶ καὶ * παρθένος * ὑπάρχει ἡκέτω ὅτι ἀδελφή μού ἐστι καὶ ἀγαπῶ
Asen. 8 1 Ἀσενὲθ ἄσπασαι τὸν ἀδελφόν σου διότι καὶ αὐτὸς * παρθένος * ἐστὶν ὡς σὺ σήμερον καὶ μισεῖ πᾶσαν γυναῖκα
Asen. 8 9 τοῦ θανάτου εἰς τὴν ζωὴν σὺ κύριε εὐλόγησον τὴν * παρθένον * ταύτην καὶ ἀνακαίνισον αὐτὴν τῷ πνεύματί σου
Asen. 10 1 αὐτῶν. καὶ κατελείφθη Ἀσενὲθ μόνη μετὰ τῶν ἑπτὰ * παρθένων * καὶ ἐβαρυθύμει καὶ ἔκλαιεν ἕως ἔδυ ὁ ἥλιος. καὶ
Asen. 10 4 μεγάλῳ μετὰ κλαυθμοῦ πικροῦ. καὶ ἤκουσεν ἡ * παρθένος * ἡ σύντροφος αὐτῆς ἣν ἠγάπα Ἀσενὲθ παρὰ πάσας
Asen. 10 4 ἡ σύντροφος αὐτῆς ἣν ἠγάπα Ἀσενὲθ παρὰ πάσας τὰς * παρθένους * τὸν στεναγμὸν αὐτῆς καὶ ἔσπευσε καὶ ἤγειρε τὰς
Asen. 10 4 αὐτῆς καὶ ἔσπευσε καὶ ἤγειρε τὰς ἄλλας ἓξ * παρθένους. * καὶ ἦλθον πρὸς τὴν θύραν τῆς Ἀσενὲθ καὶ
Asen. 10 8 ἀναπαύεσθε καὶ ἐμὲ ἐάσατε ἠρεμεῖν. καὶ ἀπῆλθον αἱ * παρθένοι * ἑκάστη εἰς τὸν θάλαμον αὐτῆς. καὶ ἀνέστη
Asen. 11 3 ἢ ποῦ ἀπέλθω πρὸς τίνα καταφύγω ἢ τί λαλήσω ἐγὼ ἡ * παρθένος * καὶ ὀρφανὴ καὶ ἔρημος καὶ ἐγκαταλελειμμένη καὶ
Asen. 12 5 κύριε. κἀγὼ Ἀσενὲθ θυγάτηρ Πεντεφρῆ τοῦ ἱερέως ἡ * παρθένος * καὶ βασίλισσα ἡ ποτε σοβαρὰ καὶ ὑπερήφανος καὶ
Asen. 12 14 βοηθός. ἐλέησόν με κύριε καὶ φύλαξόν με ⟨τὴν⟩ * παρθένον * ἁγνὴν τὴν ἐγκαταλελειμμένην καὶ ὀρφανὴν διότι
Asen. 13 13 καὶ σύγγνωθί μοι διότι ἥμαρτόν σοι ἐν ἀγνοίᾳ * παρθένος * οὖσα καὶ ἀδαὴς πεπλάνημαι καὶ λελάληκα βλάσφημα
Asen. 15 1 σου καὶ ἵνα τί σὺ τοῦτο πεποίηκας; διότι σὺ εἶ * παρθένος * ἁγνὴ σήμερον καὶ ἡ κεφαλή σού ἐστιν ὡς ἀνδρὸς
Asen. 15 2 αὐτῆς. καὶ εἶπεν αὐτῇ ὁ ἄνθρωπος θάρσει Ἀσενὲθ ἡ * παρθένος * ἁγνή. ἰδοὺ ἀκήκοα πάντων τῶν ῥημάτων τῆς
Asen. 15 4 πολὺς γέγονε πρὸ προσώπου σου. θάρσει Ἀσενὲθ ἡ * παρθένος * ἁγνή. ἰδοὺ γὰρ ἐγράφη τὸ ὄνομά σου ἐν τῇ βίβλῳ
Asen. 15 6 εὐλογημένη τῆς ἀφθαρσίας. θάρσει Ἀσενὲθ ἡ * παρθένος * ἁγνή. ἰδοὺ δέδωκά σε σήμερον νύμφην τῷ Ἰωσὴφ
Asen. 15 7 τῆς μετανοίας. καὶ αὕτη ἐστὶν ἐπίσκοπος πάντων τῶν * παρθένων * καὶ φιλεῖ ὑμᾶς σφόδρα καὶ περὶ ὑμῶν ἐρωτᾷ πᾶσαν

Asen. 15 8 τὸν αἰῶνα χρόνον. καὶ ἔστιν ἡ μετάνοια καλὴ σφόδρα * παρθένος * καθαρὰ καὶ γελῶσα πάντοτε καὶ ἔστιν ἐπιεικὴς
Asen. 15 8 ἀδελφή μού ἐστι καὶ αὐτη. καὶ καθότι ὑμᾶς τὰς * παρθένους * ἀγαπᾷ κἀγὼ ὑμᾶς ἀγαπῶ. καὶ ἰδοὺ ἐγὼ ἀπέρχομαι
Asen. 15 10 τὸν αἰῶνα χρόνον. καὶ νῦν ἄκουσόν μου Ἀσενὲθ ἡ * παρθένος * ἁγνὴ καὶ ἔνδυσαι τὴν στολὴν τοῦ γάμου σου τὴν
Asen. 17 4 Ἀσενὲθ πρὸς τὸν ἄνθρωπον κύριέ εἰσι σὺν ἐμοὶ ἑπτὰ * παρθένοι * ὑπηρετοῦσαί μοι συντεθραμμέναι μοι ἐκ νεότητός
Asen. 17 6 κάλεσον αὐτάς. καὶ ἐκάλεσεν Ἀσενὲθ τὰς ἑπτὰ * παρθένους * καὶ ἔστησεν αὐτὰς ἐνώπιον τοῦ ἀνθρώπου. καὶ
Asen. 19 2 κατέβη τὴν κλίμακα ἐκ τοῦ ὑπερῴου σὺν ταῖς ἑπτὰ * παρθένοις * εἰς συνάντησιν τῷ Ἰωσὴφ καὶ ἔστη ἐν τῷ
Asen. 19 9 τὰ ῥήματα ταῦτα περὶ σου. καὶ νῦν δεῦρο πρός με ἡ * παρθένος * ἁγνὴ καὶ ἵνα τί σὺ ἔστηκας ἀπὸ μακρόθεν μου;
Asen. 20 3 πόδας αὐτοῦ. καὶ εἶπεν Ἰωσὴφ ἐλθάτω δὴ μία τῶν * παρθένων * καὶ νιψάτω τοὺς πόδας μου. καὶ εἶπε πρὸς αὐτὸν
Asen. 20 4 ἐγὼ παιδίσκη σου. καὶ ἵνα τί σὺ τοῦτο λαλεῖς ἄλλην * παρθένον * νίψαι τοὺς πόδας σου. διότι οἱ πόδες σου πόδες
Asen. 21 12 ἤμην〉 εὐθηνοῦσα ἐν τῷ οἴκῳ τοῦ πατρός μου καὶ ἤμην * παρθένος * ἀλαζὼν καὶ ὑπερήφανος. 〈ἥμαρτον κύριε ἥμαρτον
Prop. 2 7 τὰ εἴδωλα αὐτῶν καὶ συμπεσεῖν (διὰ σωτῆρος ἐκ * παρθένου * γενομένου ἐν φάτνῃ). δι' ὃ καὶ ἕως νῦν τιμῶσι
Prop. 2 8 γενομένου ἐν φάτνῃ). δι' ὃ καὶ ἕως νῦν τιμῶσι * παρθένον * λοχὸν καὶ βρέφος ἐν φάτνῃ τιθέντες προσκυνοῦσι
Esdr. 1 20 ἀδιάφθορον τὸν ἀσύλητον θησαυρὸν τὸ κειμήλιον τῆς * παρθένου * τὸ τεῖχος τῶν ἀνθρώπων. καὶ εἶπεν Ἐσδρὰμ καλὸν
Sib. 3 357 ὦ χλιδανὴ ζάχρυσε Λατινίδος ἔκγονε Ῥώμη * παρθένε * πολλάκι σοῖσι πολυμνήστοισι γάμοισιν οἰνωθεῖσα
Sib. 5 209 Ταῦρός τ' ἐν Διδύμοις μέσον οὐρανὸν ἀμφιελίξῃ * Παρθένος * ἐξαναβᾶσα καὶ Ἥλιος ἀμφὶ μετώπῳ πηξάμενος
Sib. 5 521 ἦμαρ. καὶ Ζυγὸν Ὠρίων ἀπενόσφισε μηκέτι μεῖναι * Παρθένος * ἐν Κριῷ Διδύμων ἠλλάξατο μοῖραν Πλειὰς δ'
IMen. 5 119 2 ἔχει. δεῖ γὰρ τὸν ἄνδρα χρήσιμον πεφυκέναι μὴ * παρθένους * φθείροντα καὶ μοιχώμενον κλέπτοντα καὶ
LThe. 9 22 4 Δειναν καὶ τὰς γυναῖκας ἐριουργεῖν. καὶ τὴν Δειναν * παρθένον * οὖσαν εἰς τὰ Σίκιμα ἐλθεῖν πανηγύρεως οὔσης
LEze. 9 28 4 01 πλανῶμαι γῆν ἐπ' ἀλλοτέρμονα. ὁρῶ δὲ ταύτας ἑπτὰ * παρθένους * τινάς. Λιβύη μὲν ἡ γῆ πᾶσα κλῄζεται ξένε
LEze. 9 29 12 42 τὰ πρωτότευκτα ζῷα θύοντες θεῷ ὅσ' ἂν τέκωσι * παρθένοι * πρώτως τέκνα τἄρσενικὰ διανοίγοντα μήτρας

παρθεσιη 1
FPho. 13 μαρτυρίην ψευδῆ φεύγειν τὰ δίκαια βραβεύειν. * παρθεσίην * τηρεῖν πίστιν δ' ἐν πᾶσι φυλάσσειν. μέτρα

Παρθηις 1
Sib. 4 124 Ῥώμης πέδον αἱμάξουσιν κείνου ἀποδρήσαντος ὑπὲρ * Παρθηίδα * γαῖαν. εἰς Συρίην δ' ἥξει Ῥώμης πρόμος ὃς πυρὶ

Πάρθος 1
Sib. 5 438 καὶ νάμασιν Εὐφρήταο στρωθήσῃ σεισμοῖο κλόνῳ * Πάρθοι * δέ σε δεινοὶ πάντα κρατεῖν ἐποίησαν. ἔχε στόμα

παρίημι 9
Adam 26 1 καὶ ἐγένου σκεῦος ἀχάριστον ἕως ἂν πλανήσῃς τοὺς * παρειμένους * τῇ καρδίᾳ ἐπικατάρατος σὺ ἐκ πάντων τῶν
Asen. 6 1 κατενύγη ἰσχυρῶς καὶ παρεκλάσθη ἡ ψυχὴ αὐτῆς καὶ * παρείθη * τὰ γόνατα αὐτῆς καὶ ἐτρόμαξεν ὅλον τὸ σῶμα αὐτῆς
Asen. 11 1 οὗ ἦν ἐπικειμένη ὅτι ἦν κεκμηκυῖα σφόδρα καὶ * παρειμένη * τοῖς μέλεσι διὰ τὴν ἔνδειαν τῶν ἑπτὰ ἡμερῶν.
Job 18 4 ἠδυνάμην φθέγξασθαι ἡτονημένος γὰρ ἤμην ὡς γυνὴ * παρειμένη * τὰς ὀσφύας ἀπὸ τοῦ πλήθους τῶν ὠδίνων,
Aris. 81 2 ἔχοντα. πολλάκις γὰρ τὸν δημόσιον χρηματισμὸν * παριεὶ * τοῖς δὲ τεχνίταις παρήδρευεν ἐπιμελῶς ἵνα
Aris. 173 3 προσηγγέλη τῷ βασιλεῖ περὶ τῆς ἀφίξεως ἡμῶν. * παρειμένοι * δ' εἰς τὴν αὐλὴν Ἀνδρέας τε καὶ ἐγὼ
Aris. 175 5 ἐν ὑπεροχαῖς μόλις ἐν τριάκοντα εἰς τὴν αὐλὴν * παρίεσθαι * τοὺς δὲ ἥκοντας τιμῆς καταξιῶν μείζονος καὶ
HArt. 9 27 23 φυλάκων οὓς μὲν τελευτῆσαι τινὰς δὲ ὑπὸ τοῦ ὕπνου * παρεθῆναι * τά τε ὅπλα κατεαγῆναι. ἐξελθόντα δὲ τὸν Μώϋσον
HArt. 9 27 24 τὰς θύρας εἰσελθεῖν καὶ ἐνθάδε τῶν φυλάκων * παρειμένων * τὸν βασιλέα ἐξεγεῖραι. τὸν δὲ ἐκπλαγέντα ἐπὶ

παρίστημι 21
Adam 35 4 τίνες δέ εἰσιν υἱέ μου Σὴθ οἱ δύο αἰθίοπες οἱ * παριστάμενοι * ἐπὶ τὴν προσευχὴν τοῦ πατρός σου; λέγει δὲ
Hen. 14 22 ἰδεῖν αὐτοῦ τὸ πῦρ φλεγόμενον κύκλῳ καὶ πῦρ μέγα * παρειστήκει * αὐτῷ καὶ οὐδεὶς ἐγγίζει αὐτῷ. κύκλῳ μυρίαι
Abr.1 7 11 ὁ ἀρχιστράτηγος ἐγώ εἰμι Μιχαὴλ ὁ ἀρχιστράτηγος 〈ὁ * παρεστηκὼς * ἐνώπιον τοῦ θεοῦ〉 καὶ ἀπεστάλην πρός σε ὅπως
Abr.1 20 10 ἡ ψυχὴ αὐτοῦ ἐν τῇ χειρὶ τοῦ θανάτου. καὶ εὐθέως * παρέστη * Μιχαὴλ ὁ ἀρχάγγελος μετὰ πλήθους ἀγγέλων καὶ
Abr.2 1 1 εὐλόγησον. ἐγένετο ἡνίκα ἤγγισαν αἱ ἡμέραι Ἀβραὰμ * παραστῆναι * ἐλάλησεν κύριος πρὸς Μιχαὴλ λέγων ἀνάστας
Abr.2 8 7 ἐν τηλικαύτῃ δόξῃ καὶ πλῆθος ἀγγέλων κυκλόθεν αὐτῷ * παραστῆκον * οὗτος δὲ κλαίων καὶ γελῶν ὥστε τὸν κλαυθμὸν
TJos. 2 6 ὡς γηγενὴς ἀσθενεῖ ἢ ἀπωθεῖται ἀλλ' ἐπὶ πᾶσι δὲ τόποις * παρίσταται * καὶ ἐν διαφόροις τρόποις παρακαλεῖ ἐν βραχεῖ
TJos. 20 6 καὶ εὐεργέτει παντὶ ἔργῳ καὶ βουλῇ καὶ πράγματι * παριστάμενος. *
Sal. 2 36 ποιῆσαι κατὰ τὸ ἔλεος αὐτοῦ τοῖς ὁσίοις αὐτοῦ * παρεστάναι * διὰ παντὸς ἐνώπιον αὐτοῦ ἐν ἰσχύι. εὐλογητὸς
Prop. 2 9 ἐποίησεν αὐτὰ καταποθῆναι ἐν πέτρᾳ καὶ εἶπε τοῖς * παρεστῶσιν * ἀπεδήμησε κύριος ἐκ Σιὼν εἰς οὐρανὸν καὶ
Job 24 10 ψαλίδος ἀτίμως ἔκειρέν μου τὴν τρίχα ἐν τῇ ἀγορᾷ * παρεστῶτος * ὄχλου καὶ θαυμάζοντος. τίς οὐκ ἐξεπλάγη ὅτι
Aris. 19 3 προσώπῳ πόσας ὑπολαμβάνεις μυριάδας ἔσεσθαι; ἔφη. * παρεστὼς * δὲ Ἀνδρέας ἀπεφήνατο βραχεῖ πλεῖον μυριάδων
Sib. 3 429 πολεμήια ἔργα μέμηλεν. καί γε θεοὺς τούτοισι * παρίστασθαι * γε ποιήσει ψευδογραφῶν κατὰ πάντα τρόπον
Sib. 3 705 τε μόναρχος. αὐτὸς γὰρ σκεπάσει μόνος μεγαλωστὶ * παραστὰς * κύκλοθεν ὡσεὶ τεῖχος ἔχων πυρὸς αἰθομένοιο.
FAch. 103 ὑπάρχων τοῦτον υἱὸν ἐποιήσατο καὶ τῷ βασιλεῖ * παρέστησεν * ὡς διάδοχον αὐτοῦ τῆς σοφίας. πᾶσαν δὲ αὐτοῦ
FAch. 108 ὁ υἱοποίητος καὶ τὴν ἀλήθειαν μεθ' ὅρκου * παρεστήσατο. * τοῦ βασιλέως θέλοντος ἀνελεῖν τὸν Ἥλιον ὡς
FAch. 112 Μέμφιν ἐδηλώθη τῷ βασιλεῖ Νεκταναβῷ τὸν Αἴσωπον * παραστῆναι. * ἀηδὼς δὲ ἀκούσας μετεκαλέσατο τοὺς φίλους
FAch. 115 τοῖς ἀνθρώποις τοῖς βουλομένοις κατοπτεύειν * παρέστησα * φέρων καὶ λαμπρὸς μὲν εἶ ὡς ὁ ἥλιος οὗτοι δὲ
HDem. 9 19 4 κωλυθῆναι ὑπὸ ἀγγέλου κριὸν αὐτῷ πρὸς τὴν κάρπωσιν * παραστήσαντος * τὸν δὲ Ἀβραὰμ τὸν μὲν παῖδα καθελεῖν ἀπὸ
HEup. 9 31 1 δέ σοι γράψαι ἀποστεῖλαι μοι τῶν παρὰ σοῦ λαῶν οἱ * παραστήσονται * μοι μέχρι τοῦ ἐπιτελέσαι πάντα κατὰ τὴν
FrAn. 2 11 3 εἶτα βλαστὸς γίνεται μετὰ ταῦτα ὄμφαξ εἶτα σταφυλὴ * παρεστηκυῖα. * οὕτως καὶ ὁ λαός μου ἀκαταστασίας καὶ

παροδεύω 1
FrAn. 1 226 19 συναγαγετε μοι τιχι οθε〈ν - - 〉λιμος δε αυτην * παροδευε〈ι * - 〉νη ποτε φθανει δε το α〈 〉ντας λαβων το

παροδίτης 1
Abr.1 1 2 καὶ ἀδυνάτους φίλους τε καὶ ξένους γείτονάς τε καὶ * παροδίτας * ἴσον ὑπεδέχετο ὁ ὅσιος καὶ πανίερος καὶ

πάροδος (ἡ) 2
Sal. 11 5 ἀπὸ εἰσόδου αὐτῶν οἱ δρυμοὶ ἐσκίασαν αὐτοῖς ἐν τῇ * παρόδῳ * αὐτῶν πᾶν ξύλον εὐωδίας ἀνέτειλεν αὐτοῖς ὁ θεὸς
Aris. 118 3 καὶ πλήθεσιν ἀπραγμάτευτος διὰ τὸ στενὰς εἶναι τὰς * παρόδους * κρημνῶν παρακειμένων καὶ φαράγγων βαθέων ἔτι δὲ

παροικέω 7
TLevi 5 2 σοὶ δέδωκα τὰς εὐλογίας τῆς ἱερατείας ἕως οὗ ἐλθὼν * παροικήσω * ἐν μέσῳ τοῦ Ἰσραήλ. τότε ὁ ἄγγελος ἤγαγέ με
Sal. 17 28 αὐτῶν ἐπὶ τῆς γῆς καὶ πάροικος καὶ ἀλλογενὴς οὐ * παροικήσει * αὐτοῖς ἔτι κρινεῖ λαοὺς καὶ ἔθνη ἐν σοφίᾳ
Prop. 10 2 εἰς τὴν γῆν αὐτοῦ ἀλλὰ παραλαβὼν τὴν μητέρα αὐτοῦ * παρῴκησε * τὴν Σοὺρ χώραν ἀλλοφύλων ἐθνῶν ἔλεγε γὰρ ὅτι
Prop. 10 6B εἰς τὴν γῆν αὐτῶν ἀλλὰ παραλαβὼν τὴν μητέρα αὐτοῦ * παρῴκησε * τὴν Σοὺρ χώραν ἀλλοφύλων. ἔλεγε γὰρ ὅτι οὕτως
Prop. 12 3 ἐν Ἰερουσαλὴμ ἔφυγεν εἰς Ὀστρακίνην καὶ * παρῴκησεν * ἐν γῇ Ἰσραήλ. ὡς δὲ ἐπέστρεψαν οἱ Χαλδαῖοι
Prop. 12 4 κατάλοιποι οἱ ὄντες ἐν Ἰερουσαλὴμ εἰς Αἴγυπτον ἦν * παροικῶν * τὴν γῆν αὐτοῦ καὶ ἐλειτούργει θερισταῖς τοῦ
HDem. 9 21 9 ἓξ μηνῶν τεσσάρων Ἰωσὴφ ἐτῶν ἓξ μηνῶν τεσσάρων. * παροικῆσαι * δὲ Ἰσραὴλ παρὰ Ἐμμὼρ ἔτη δέκα καὶ φθαρῆναι

παροικία 3
TLevi 11 2 Γηρσὰμ ὅτι ἐν τῇ γῇ ἡμῶν πάροικοι ἦμεν Γηρσὰμ γὰρ * παροικία * γράφεται. εἶδον δὲ περὶ αὐτοῦ ὅτι οὐκ ἔσται ἐν
Sal. 12 3 πονηροῦ ὥσπερ ἐν λαῷ πῦρ ἀνάπτον καλλονὴν αὐτοῦ. ἡ * παροικία * αὐτοῦ ἐμπρῆσαι οἴκους ἐν γλώσσῃ ψευδεῖ ἐκκόψαι
Sal. 17 17 ψυχὰς αὐτῶν ἀπὸ κακοῦ καὶ τίμιον ἐν ὀφθαλμοῖς * παροικίας * ψυχὴ σεσῳσμένη ἐξ αὐτῶν. εἰς πᾶσαν τὴν γῆν

πάροικος 5
TLevi 11 2 ἐκάλεσε τὸ ὄνομα αὐτοῦ Γηρσὰμ ὅτι ἐν τῇ γῇ ἡμῶν * πάροικοι * ἦμεν Γηρσὰμ γὰρ παροικία γράφεται. εἶδον δὲ
TLevi 18 2B063 καὶ ἐκάλεσα τὸ ὄνομα αὐτοῦ Γηρσὰμ εἶπα γὰρ ὅτι * πάροικον * ἔσται τὸ σπέρμα μου ἐν γῇ ᾗ ἐγεννήθην πάροικοί
TLevi 18 2B063 ὅτι πάροικον ἔσται τὸ σπέρμα μου ἐν γῇ ᾗ ἐγεννήθην * πάροικοί * ἐσμεν ὡς τούτῳ ἐν τῇ γῇ ἡμετέρᾳ νομιζομένῃ. καὶ
Sal. 17 28 αὐτοὺς ἐν ταῖς φυλαῖς αὐτῶν ἐπὶ τῆς γῆς καὶ * πάροικος * καὶ ἀλλογενὴς οὐ παροικήσει αὐτοῖς ἔτι κρινεῖ
Sedr. 11 8 οἱ τρεῖς ἁρμοὶ καὶ τὰ κάλλη σωρεύουν καὶ ἄρτι * πάροικοι * γίνεσθε τοῦ κόσμου τούτου. ὦ πόδες

παροίχομαι 1
FPho. 55 ἐστι σοφὸς δυνατός θ' ἅμα καὶ πολύολβος. μὴ δὲ * παροιχομένοισι * κακοῖς τρύχου τεὸν ἦπαρ οὐκέτι γὰρ

παρόμοιος 1
Bar. 4 6 τρέφεται καὶ οὗτός ἐστιν ὁ Ἅιδης ὅστις καὶ αὐτὸς * παρόμοιός * ἐστιν αὐτοῦ ἐν ᾧ καὶ πίνει ἀπὸ τῆς θαλάσσης

παροξύνω 5
TSim. 4 8 καὶ πόλεμον παρέχει τῷ διαβουλίῳ καὶ εἰς αἵματα * παροξύνει * καὶ εἰς ἔκστασιν ἄγει τὴν διάνοιαν καὶ οὐκ ἐᾷ
TDan 4 2 δύναμιν τοῦ θυμοῦ ὅτι ματαία ἐστίν. ἐν γὰρ λόγῳ * παροξύνει * πρῶτον εἶτα ἐν ἔργοις δυναμοῖ τὸν ἐρεθιζόμενον
TAser 2 6 ἐλεᾷ τὸν ἐντολέα τοῦ νόμου κύριον ἀθετεῖ καὶ * παροξύνει * καὶ τὸν πένητα ἀναπαύει τὴν ψυχὴν σπιλοῖ καὶ
Sal. 4 21 θεὸν ἐν ἀπάσι τούτοις καὶ παρώργισαν τὸν θεὸν καὶ * παρώξυναν. * ἐξάραι αὐτοὺς ἀπὸ τῆς γῆς ὅτι ψυχὰς ἀκάκων
Bar. 1 6 ἡσύχασα. καὶ λέγει μοι ὁ ἄγγελος παῦσον τὸν θεὸν * παροξύνειν * καὶ ὑποδείξω σοι ἄλλα μυστήρια τούτων

παροργίζω 9
TLevi 3 10 ἐπὶ τούτοις ἀναισθητοῦντες ἁμαρτάνουσι καὶ * παροργίζουσι * τὸν ὕψιστον. νῦν οὖν γινώσκετε ὅτι ποιήσει
TZab. 9 9 ὄνομα αὐτῷ. καὶ πάλιν ἐν πονηρίᾳ λόγων ὑμῶν * παροργίσετε * αὐτὸν καὶ ἀπορριφήσεσθε ἕως καιροῦ
TAser 2 6 ὅλον δὲ πονηρόν ἐστιν. πλεονεκτῶν τὸν πλησίον * παροργίζει * τὸν θεὸν καὶ τὸν ὕψιστον ἐπιορκεῖ καὶ
Sal. 4 1 σου μακρὰν ἀφέστηκεν ἀπὸ τοῦ κυρίου ἐν παρανομίαις * παροργίζων * τὸν θεὸν Ἰσραήλ; περισσὸς ἐν λόγοις περισσὸς
Sal. 4 21 καὶ οὐκ ἐφοβήθησαν τὸν θεὸν ἐν ἅπασι τούτοις καὶ * παρώργισαν * τὸν θεὸν καὶ παρώξυναν. ἐξάραι αὐτοὺς ἀπὸ τῆς
Bar. 16 2 μηδὲ ἐάσατε τοὺς υἱοὺς τῶν ἀνθρώπων. ἀλλ' ἐπειδὴ * παρώργισάν * με ἐν τοῖς ἔργοις αὐτῶν πορευθέντες
Bar. 16 2 ἔργοις αὐτῶν πορευθέντες παραζηλώσατε αὐτοὺς καὶ * παροργίσατε * καὶ παραπικράνατε ἐπ' οὐκ ἔθνει ἐπὶ ἔθνει
Job 43 9 οὐδὲ ἐφοβήθη αὐτόν, ἀλλὰ καὶ τοὺς ἐντίμους αὐτοῦ * παρώργισεν * ἐπελάθετο αὐτοῦ ὁ κύριος, καὶ οἱ ἅγιοι
FMan. 2 22 13 μου κατακαμπτόμενος πολλῷ δεσμῷ σιδήρου διότι * παρώργισα * τὸν θυμόν σου καὶ τὸ πονηρὸν ἐνώπιόν σου

παροργισμός 1
Sal. 8 9 ἐν καταγαίοις κρυφίοις αἱ παρανομίαι αὐτῶν ἐν * παροργισμῷ * υἱὸς μετὰ μητρὸς καὶ πατὴρ μετὰ θυγατρὸς
παρορμάω 2
FJub. 10 21 οἰκοδομήσαντες ἐκείνου (Νεβρῶδ) μάλιστα * παρορμῶντος * αὐτοὺς εἰς ἀποστασίαν συνεχύθησαν
LThe. 9 22 8 λαβόντα δ' αὐτὸν συγκάταινον ἐπὶ τὴν πρᾶξιν * παρορμῆσαι * λόγιον προφερόμενον τὸν θεὸν ἀνελεῖν φάμενον
πάρος 4
Sib. 3 294 ἁγνὸν ὄνειρον. καὶ τότε δὴ ναὸς πάλιν ἔσσεται ὡς * πάρος * ἦεν. ἡνίκα δή μοι θυμὸς ἐπαύσατο ἔνθεον ὕμνον καὶ
Sib. 3 311 ὡς μὴ γεγονυῖα καὶ τότε πλησθήσῃ ἀπὸ αἵματος ὡς * πάρος * αὐτὴ ἐξέχεας ἀνδρῶν τ' ἀγαθῶν ἀνδρῶν τε δικαίων ὧν
Sib. 4 166 ἀενάοισιν χεῖρας τ' ἐκτανύσαντες ἐς αἰθέρα τῶν * πάρος * ἔργων συγγνώμην αἰτεῖσθε καὶ εὐλογίαις ἀσέβειαν
Sib. 4 182 ἔμπαλιν ἀνδρῶν μορφώσει στήσει δὲ βροτοὺς πάλιν ὡς * πάρος * ἦσαν. καὶ τότε δὴ κρίσις ἔσσετ' ἐφ' ᾗ δικάσει θεὸς
παρουσία 9
Abr.1 2 5 καλῶς ἔοικας τούτου χάριν αἰτοῦμαι τῆς σῆς * παρουσίας * ὅθεν ἔοικεν τὸ νέον τῆς ἡλικίας σου; δίδαξόν
Abr.1 13 4 κρῖναι τὸν κόσμον μέχρι τῆς μεγάλης ἐνδόξου αὐτοῦ * παρουσίας * καὶ τότε δικαιότατε Ἀβραὰμ γενήσεται τελεία
Abr.1 13 6 τοῦ τοιούτου ἀνθρώπου κρίνεται καὶ ἐν τῇ δευτέρᾳ * παρουσίᾳ * (κριθήσονται) ὑπὸ τῶν δώδεκα φυλῶν τοῦ Ἰσραὴλ
TLevi 8 15 κατὰ τὸν τύπον τῶν ἐθνῶν εἰς πάντα τὰ ἔθνη. ἡ δὲ * παρουσία * αὐτοῦ ἄφραστος ὡς προφήτου ὑψηλοῦ ἐκ σπέρματος
TJud. 22 2 μου ἕως τοῦ ἐλθεῖν τὸ σωτήριον Ἰσραὴλ ἕως * παρουσίας * τοῦ θεοῦ τῆς δικαιοσύνης τοῦ ἡσυχάσαι τὸν
Prop. 2 10 ἐλεύσεται ἐν δυνάμει. καὶ σημεῖον ὑμῖν ἔσται τῆς * παρουσίας * αὐτοῦ ὅτε ξύλον πάντα τὰ ἔθνη προσκυνοῦσιν.
Sedr. 1 καὶ ὀρθοδόξων Χριστιανῶν καὶ περὶ δευτέρας * παρουσίας * τοῦ κυρίου ἡμῶν Ἰησοῦ Χριστοῦ. δέσποτα
HDem. 9 21 18 γ χ κ δ'. ἀπὸ δὲ τοῦ κατακλυσμοῦ ἕως τῆς Ἰακὼβ * παρουσίας * εἰς Αἴγυπτον ἔτη α τ ξ' ἀφ' οὗ δὲ ἐκλεγῆναι
HArt. 9 27 22 δὲ βασιλέα τῶν Αἰγυπτίων πυθόμενον τὴν τοῦ Μωύσου * παρουσίαν * καλέσαι πρὸς αὐτὸν καὶ πυνθάνεσθαι ἐφ' ὅ,τι
παρρησία 4
TRub. 4 2 ὡς κἀγώ. ἄχρι τελευτῆς τοῦ πατρὸς ἡμῶν οὐκ εἶχον * παρρησίαν * ἀτενίσαι εἰς πρόσωπον Ἰακὼβ ἢ λαλῆσαί τινι
Asen. 17 9 εἶπεν Ἀσενὲθ ἄφρων ἐγὼ καὶ τολμηρὰ διότι λελάληκα * παρρησίᾳ * καὶ εἶπον ὅτι ἄνθρωπος ἦλθεν εἰς τὸν θάλαμόν
Asen. 23 10 κακὸν ἀντὶ κακοῦ. καὶ εἶπε Λευὶς τῷ υἱῷ Φαραὼ μετὰ * παρρησίας * ἱλαρῷ προσώπῳ (καὶ ὀργὴ οὐκ ἦν ἐν αὐτῷ οὐδὲ
Aris. 125 3 ἂν φυλακὴν τῆς βασιλείας ἕξειν συμβουλευόντων * παρρησίᾳ * πρὸς τὸ συμφέρον τῶν φίλων ὃ δὴ σύνεστι τοῖς
παρρησιάζομαι 1
Bar. 9 8 ἄκουσον ὥσπερ ἐνώπιον βασιλέως οὐ δύνανται οἰκέται * παρρησιασθῆναι * οὕτως οὐδὲ ἐνώπιον τοῦ ἡλίου δύνανται ἡ
πάρωμεν cf. ἐπαίρω
πᾶς 1517 πάντα πάντες πᾶν πᾶσαι πᾶσα παντός πάντων πάσης πάσας πᾶσαν πάντας πᾶσιν πᾶς πάσαις πασῶν
πασῶν πᾶσι παντί πάσῃ πάντ' πάντεσσι πάνθ' πᾶσαί πᾶσίν πας παντος πᾶσάν παντες
πάσσαλος 1
TJud. 5 4 ἐφ' ἡμᾶς καὶ οὕτως λάθρᾳ οἱ ἀδελφοὶ ἐξ ἑκατέρων * πασσάλοις * ἐπανέβησαν τῷ τείχει καὶ εἰσῆλθον εἰς τὴν
πάσσω 3
Jer. 2 2 ἁγιαστήριον τοῦ θεοῦ. ἰδὼν δὲ αὐτὸν ὁ Βαρούχ χοῦν * πεπασμένον * ἐπὶ τὴν κεφαλὴν αὐτοῦ καὶ τὰ ἱμάτια αὐτοῦ
Jer. 2 3 ἐποίησεν ὁ λαός; ἐπειδὴ ὅταν ἡμάρτανεν ὁ λαὸς χοῦν * ἔπασσεν * ἐπὶ τὴν κεφαλὴν αὐτοῦ ὁ Ἱερεμίας καὶ ηὔχετο
LEze. 9 29 12 05 σκνίπας ἐμβαλῶ χθονί. ἔπειτα τέφραν οἷς καμιναίαν * πάσω * ἀναβρυήσει δ' ἐν βροτοῖς ἕλκη πικρά. κυνόμυια δ'
πάσχα 1
LEze. 9 29 12 26 λέξεις δὲ λαῷ παντὶ μηνὸς οὗ λέγω διχομηνίᾳ τὸ * πάσχα * θύσαντας θεῷ τῇ πρόσθε νυκτὶ αἵματι ψαῦσαι θύρας
πάσχω 13
Abr.1 7 1 μοι τὴν ἀλήθειαν τί τὰ ὁραθέντα σοι καὶ τί * πέπονθας * ὅτι οὕτως εἰσῆλθες πρὸς ἡμᾶς κλαίων οὕτως ἐν
TRub. 3 8 μήτε ὑπακούων νουθεσίας πατέρων αὐτοῦ ὥσπερ κἀγὼ * ἔπαθον * ἐν τῷ νεωτερισμῷ μου. καὶ νῦν τέκνα τὴν ἀλήθειαν
TRub. 4 1 ὁ κύριος δῴῃ ὑμῖν σύζυγον ἣν αὐτὸς θέλει ἵνα μὴ * πάθητε * ὡς κἀγώ. ἄχρι τελευτῆς τοῦ πατρὸς ἡμῶν οὐκ εἶχον
TSim. 4 3 καὶ ἔδησέ με ὡς κατάσκοπον ἔγνων ὅτι δικαίως * πάσχω * καὶ οὐκ ἐλυπούμην. Ἰωσὴφ δὲ ἦν ἀνὴρ ἀγαθὸς καὶ
TGad 5 11 τὰ ἥπατά μου ἀνηλεῶς κατὰ τοῦ Ἰωσὴφ τῷ ἥπατι * πάσχων * ἀνηλεῶς ἐκρινόμην ἐπὶ μῆνας ἕνδεκα καθ' ὅσον
TBen. 7 4 μίαν πληγὴν ἐπήγαγεν αὐτῷ ὁ κύριος. διακοσίων ἐτῶν * πάσχει * καὶ ἐνακοσιοστῷ ἔτει ἐρημοῦται ἐπὶ τοῦ
Asen. 7 3 θυγατέρες τῶν Αἰγυπτίων ὡς ἑώρων τὸν Ἰωσὴφ κακῶς * ἔπασχον * ἐπὶ τῷ κάλλει αὐτοῦ. ὁ δὲ Ἰωσὴφ ἐξουθένει αὐτὰς
Prop. 9 3B δεηθεὶς τοῦ Ἠλία ἐγένετο αὐτοῦ μαθητὴς καὶ πολλὰ * παθὼν * δι' αὐτὸν μετὰ ταῦτα ἀπολιπὼν τὴν λειτουργίαν τοῦ
Job 47 7 τὸ σῶμά μου ἐνίσχυσεν διὰ κυρίου ὡς οὐδὲν ὅλως * πεπονθὼς * ἀλλὰ καὶ τῶν ἐν καρδίᾳ ὀδυνῶν λήθην ἔσχον ὁ δὲ
Aris. 214 1 ἀλλὰ περιεχόμεθα ἀλογίστῳ κατὰ τάδε αἰσθήσει. * πάσχομεν * γὰρ κατὰ τὴν ψυχὴν ἐπὶ τοῖς ὑποπίπτουσιν ὡς
Sib. 3 529 ὑπ' ἐχθρῶν βαρβαροφώνων πᾶσαν ὕβριν δεινὴν * πάσχοντας * κοὐκ ἔσετ' αὐτοῖς μικρὸν ἐπαρκέσσων πόλεμον
Sib. 5 452 ὥστε νοῆσαι καὶ Σαλαμῖνα πόλιν μεγάλην μέγα πῆμα * παθοῦσαν * νῦν μὲν χέρσος ἄκαρπος ἐπ' ἠόνος ἔσσεται αὖθις.
FrAn. 574 3017 φθα μεσενψινιαω φεωχ ιαηω χαρσοκ καὶ περίαπτε τὸν * πάσχοντα * παντὸς δαίμονος φρικτὸν ὃ φοβεῖται. στήσας
Πάταρα 2
Sib. 3 441 ἀνοιγομένης πέτρης κελαρύξεται ὕδωρ μέχρι κε καὶ * Πατάρων * μαντήια σήματα παύσῃ. Κύζικος οἰκήτειρα
Sib. 4 112 ἑτέρην εὔξῃ προφυγεῖν χθόνα οἷα μέτοικος ἡνίκα δὴ * Πατάρων * +ὁμαδόν ποτε δυσσεβίῃσιν βρονταῖς καὶ σεισμοῖσιν
πατάσσω 25
TLevi 5 6 ὁ ἄγγελος ὁ παραιτούμενος τὸ γένος Ἰσραὴλ τοῦ μὴ * πατάξαι * αὐτοὺς εἰς τέλος ὅτι πᾶν πνεῦμα πονηρὸν εἰς
TLevi 6 5 τὸν Ἐμμώρ. καὶ μετὰ ταῦτα ἐλθόντες οἱ ἀδελφοὶ * ἐπάταξαν * τὴν πόλιν ἐν στόματι ῥομφαίας. καὶ ἤκουσεν ὁ
Asen. 10 1 αὕτη γρηγοροῦσα μόνη καὶ ἐνεθυμεῖτο καὶ ἔκλαιε καὶ * ἐπάτασσε * τῇ χειρὶ τὸ στῆθος αὐτῆς πυκνῶς καὶ ἐφοβεῖτο
Asen. 10 15 αὐτῆς. καὶ ἔστρωσε τὴν τέφραν εἰς τὸ ἔδαφος καὶ * ἐπάτασσε * ταῖς δυσὶ χερσὶ τὸ στῆθος αὐτῆς πυκνῶς καὶ
Asen. 11 1B καὶ ἔσεισε τὴν κεφαλὴν αὐτῆς ἔνθεν καὶ ἔνθεν καὶ * ἐπάτασσε * συνεχῶς τὸ στῆθος ταῖς χερσὶν αὐτῆς καὶ ἔβαλε
Asen. 11 15 ἀπεστράφη πάλιν πρὸς τὸν τοῖχον καὶ ἐκάθισε καὶ * ἐπάτασσε * τῇ χειρὶ τὴν κεφαλὴν αὐτῆς καὶ τὸ στῆθος αὐτῆς
Asen. 11 18 καὶ (ἐπικαλέσω) τὸ ὄνομα αὐτοῦ. καὶ εἰ θυμῷ κύριος * πατάξει * με αὐτὸς πάλιν ἰάσεταί με καὶ ἐὰν παιδεύσῃ με ἐν
Asen. 23 7 αὐτοῦ καὶ ἑλκύσαι αὐτὴν ἐκ τοῦ κολεοῦ αὐτῆς καὶ * πατάξαι * τὸν υἱὸν Φαραὼ διότι σκληρὰ ἐλάλησεν αὐτοῖς. καὶ
Asen. 27 2 αὐτοῦ καὶ ἠκόντισε κατέναντι τοῦ υἱοῦ Φαραὼ καὶ * ἐπάταξε * τὸν κρόταφον αὐτοῦ τὸν εὐώνυμον καὶ ἐτραυμάτισεν
Asen. 29 2 ῥομφαίαν οὐκ εἶχεν ἐπὶ τῷ μηρῷ αὐτοῦ καὶ ἤμελλε * πατάξαι * τὸ στῆθος τοῦ υἱοῦ Φαραώ. καὶ ἔδραμεν ἐπ' αὐτὸν
Sal. 17 35 καὶ ἐλεήσει πάντα τὰ ἔθνη ἐνώπιον αὐτοῦ ἐν φόβῳ. * πατάξει * γὰρ γῆν τῷ λόγῳ τοῦ στόματος αὐτοῦ εἰς αἰῶνα
Bar. 3 8 ταῦτα ἰδὼν ὁ θεὸς οὐ συνεχώρησεν αὐτοὺς ἀλλ' * ἐπάταξεν * αὐτοὺς ἐν ἀορασίᾳ καὶ ἐν γλωσσαλλαγῇ καὶ
Prop. 4 7 γίνονται ἁρπάζοντες ὀλοθρεύοντες ἀναιροῦντες καὶ * πατάσσοντες. * ἔγνω διὰ θεοῦ ὁ ἅγιος ὅτι ὡς βοῦς ἤσθιε
Prop. 19 1 οὐκ ἀγαθῶς. Ἰωὰδ ἐκ τῆς Σαμαρείμ. οὗτός ἐστιν ὃν * ἐπάταξεν * ὁ λέων καὶ ἀπέθανεν ὅτε ἤλεγξε τὸν Ἱεροβοὰμ
Prop. 21 12 αὐτῷ ἄρτους τὸ πρωὶ δείλης δὲ κρέα τῇ μηλωτῇ * ἐπάταξε * τὸν Ἰορδάνην καὶ διῃρέθη καὶ διέβησαν ἐξηρῷ τῷ
Prop. 22 5 ἐν Σαμαρείᾳ. τὰ δὲ σημεῖα ἃ ἐποίησεν εἰσὶ ταῦτα * ἐπάταξε * καὶ αὐτὸς τὸν Ἰορδάνην τῇ μηλωτῇ τῇ Ἠλίου καὶ
Job 20 6 ὥρας ἐπὶ τὸν θρόνον μου μὴ δυνηθεὶς ἐξελθεῖν καὶ * ἐπάταξέν * με πληγὴν σκληρὰν ἀπὸ ποδῶν ἕως κεφαλῆς καὶ ἐν
FMos. 8 163 20 βλασφημοῦντος καὶ φονέα ἀναγορεύοντος διὰ τὸ * πατάξαι * τὸν Αἰγύπτιον οὐκ ἐνεγκὼν τὴν κατ' αὐτοῦ
FJub. 10 26 ὁ πύργος ἀνέμῳ βιαίῳ καταπεσὼν θείᾳ κρίσει τούτον * ἐπάταξε. * γυνὴ Ραγαυ Ωρα θυγάτηρ Οὒρ υἱοῦ Χεζα. Ῥαγὰβ
HArt. 9 27 28 ποιῆσαι προελθόντα δὲ μικρὸν τὸν Νεῖλον τῇ ῥάβδῳ * πατάξαι * τὸν δὲ ποταμὸν πολύχουν γενόμενον κατακλύζειν
HArt. 9 27 29 τὸν ποταμὸν τὸν δὲ Μώυσον πάλιν τῇ ῥάβδῳ * πατάξαντα * τὸ ὕδωρ συστεῖλαι τὸ ῥεῦμα. τούτου δὲ
HArt. 9 27 31 δὲ Μώυσον ταῦτα ὁρῶντα ἄλλα τε σημεῖα ποιῆσαι καὶ * πατάξαντα * τὴν γῆν τῇ ῥάβδῳ ζῷόν τι πτηνὸν ἀνεῖναι
HArt. 9 27 36 διακομίζειν. τῷ δὲ Μωύσῳ φωνὴν θείαν γενέσθαι * πατάξαι * τὴν θάλασσαν τῇ ῥάβδῳ καὶ διαστῆσαι. τὸν δὲ
HHec. 1 22 203 καὶ παρελκύσας τὸ τόξον ἔβαλε καὶ τὸν ὄρνιθα * πατάξας * ἀπέκτεινεν. ἀγανακτούντων δὲ τοῦ μάντεως καί
LAri. 8 10 8 αὐτῷ φησι τὸν θεὸν ἀποστελῶ τὴν χεῖρά μου καὶ * πατάξω * τοὺς Αἰγυπτίους. καὶ ἐπὶ τοῦ γεγονότος θανάτου
πατέομαι (ἐσθίω) 1 (cf.+ ἐσθίω, φαγεῖν, ἔδω, ἔσθω)
Sib. 5 223 πληγάδι ῥίζας +στησάμενος+ μεγάλως ἑτέροις δώσειε * πάσασθαι * ὥστε φαγεῖν σάρκας γονέων βασιλῆος ἀνάγνου.
πατέω 9
Hen. 1 4 κατοικήσεως αὐτοῦ καὶ ὁ θεὸς τοῦ αἰῶνος ἐπὶ γῆν * πατήσει * ἐπὶ τὸ Σεινὰ ὄρος καὶ φανήσεται ἐκ τῆς
TLevi 18 12 αὐτοῦ καὶ δώσει ἐξουσίαν τοῖς τέκνοις αὐτοῦ τοῦ * πατεῖν * ἐπὶ τὰ πονηρὰ πνεύματα. καὶ εὐφρανθήσεται κύριος
TZab. 9 8 υἱῶν ἀνθρώπων ἐκ τοῦ Βελιὰρ καὶ πᾶν πνεῦμα πλάνης * πατηθήσεται * καὶ ἐπιστρέψει πάντα τὰ ἔθνη εἰς παραζήλωσιν
Asen. 23 8 (τὰ γεγραμμένα) ἐν τῇ καρδίᾳ τῶν ἀνθρώπων. καὶ * ἐπάτησε * Λευὶς τῷ ποδὶ αὐτοῦ τὸν δεξιὸν πόδα τοῦ Συμεὼν
Sal. 7 2 ἐμίσησαν ἡμᾶς δωρεάν. ὅτι ἀπώσω αὐτοὺς ὁ θεὸς μὴ * πατησάτω * ὁ πούς αὐτῶν κληρονομίαν ἁγιάσματός σου. σὺ ἐν
Sal. 8 12 διηρπάζοσαν ὡς μὴ ὄντος κληρονόμου λυτρουμένου. * ἐπατοῦσαν * τὸ θυσιαστήριον κυρίου ἀπὸ πάσης ἀκαθαρσίας
Prop. 18 3 ὅτι δόλῳ πορεύσεται μετὰ κυρίου εἶδε ζεῦγος βοῶν * πατοῦν * τὸν λαὸν καὶ κατὰ τῶν ἱερέων ἐπιτρέχον καὶ περὶ
FIsa. 1 3 3 ἡμ(έρ)αις ( Ἐζε)κίου βασ(ιλέως Ἰ)ούδα. κα(ὶ οὐκ * ἐ)πάτει * +εἰς Σαμαρίαν ἐν ὁδῷ+ τοῦ πατρὸς αὐτοῦ ὅτι τὸν
LEze. 9 28 3 18 πάλιν ἰδὼν ἄνδρας δύο μάλιστα δ' αὐτοὺς συγγενεῖς * πατουμένους * λέγω τί τύπτεις ἀσθενέστερον σέθεν; ὁ δ'
πατήρ 409
Adam 5 4 εὔξασθαι τῷ θεῷ. εἶπε δὲ αὐτῷ Σὴθ ὁ υἱὸς αὐτοῦ * πάτερ * Ἀδὰμ τί σοί ἐστιν νόσος; καὶ λέγει τεκνία μου
Adam 6 1 νόσος; καὶ ἀποκριθεὶς Σὴθ λέγει αὐτῷ μὴ ἐμνήσθης * πάτερ * τοῦ παραδείσου ἐξ ὧν ἤσθιες καὶ ἐλυπήθης
Adam 13 2 περὶ τοῦ ξύλου ἐν ᾧ ῥέει τὸ ἔλαιον ἀλεῖψαι τὸν * πατέρα * σου Ἀδάμ. οὐ γενήσεταί σοι νῦν ἀλλ' ἐπ' ἐσχάτων
Adam 13 6 λατρεύειν θεῷ μόνῳ. σὺ δὲ πάλιν πορεύου πρὸς τὸν * πατέρα * σου ἐπειδὴ ἐπληρώθη τὸ μέτρον τῆς ζωῆς αὐτοῦ εἴσω
Adam 15 3 θηρία ἐμέρισεν ὁ θεός. τὰ ἀρσενικὰ πάντα δέδωκε τῷ * πατρὶ * ὑμῶν καὶ τὰ θηλυκὰ πάντα δέδωκεν ἐμοί. καὶ ἕκαστος
Adam 21 2 με καὶ δείξω σοι μέγα μυστήριον. ὅτε δὲ ἦλθεν ὁ * πατὴρ * ὑμῶν εἶπον αὐτῷ λόγους παρανομίας οἵτινες
Adam 21 4 ἀπ' αὐτοῦ καὶ ἔσει ὡς θεός. καὶ ἀποκριθεὶς ὁ * πατὴρ * ὑμῶν εἶπε φοβοῦμαι μήποτε ὀργισθῇ μοι ὁ θεός. ἐγὼ
Adam 23 2 οἶκος τῷ οἰκοδομήσαντι αὐτόν; τότε ἀποκριθεὶς ὁ * πατὴρ * ὑμῶν εἶπεν οὐχὶ κύριέ μου οὐ κρυβόμεθά σε ὡς
Adam 27 2 ἐλαυνομένων δὲ ἡμῶν καὶ ὀδυρομένων παρεκάλεσεν ὁ * πατὴρ * ὑμῶν Ἀδὰμ τοὺς ἀγγέλους λέγων ἐάσατέ με μικρὸν

| | | | | | |
|---|---|---|---|---|---|
| Adam | 29 | 2 | ἐκβληθῆναι ἡμᾶς ἐκ τοῦ παραδείσου. ἔκλαυσε δὲ ὁ | * πατὴρ * | ὑμῶν ἔμπροσθεν τῶν ἀγγέλων ἀπέναντι τοῦ παραδείσου |
| Adam | 29 | 3 | τί θέλεις ποιήσωμέν σοι Ἀδάμ; ἀποκριθεὶς δὲ ὁ | * πατὴρ * | ὑμῶν εἶπεν τοῖς ἀγγέλοις ἰδοὺ ἐκβάλλετέ με δέομαι |
| Adam | 32 | 2 | ἐπὶ τὴν γῆν ἔλεγεν ἥμαρτον ὁ θεὸς ἥμαρτον ὁ | * πατὴρ * | τῶν ἁπάντων ἥμαρτον σοι ἥμαρτον εἰς τοὺς ἐκλεκτούς |
| Adam | 33 | 3 | προάγοντας τὸ ἅρμα. ὅτε δὲ ἦλθεν ὅπου ἔκειτο ὁ | * πατὴρ * | ὑμῶν Ἀδὰμ ἔστη τὸ ἅρμα καὶ τὰ Σεραφὶμ ἀνὰ μέσον |
| Adam | 33 | 3 | Ἀδὰμ ἔστη τὸ ἅρμα καὶ τὰ Σεραφὶμ ἀνὰ μέσον τοῦ | * πατρὸς * | καὶ τοῦ ἅρματος. ἴδον δὲ ἐγὼ θυμιατήρια χρυσᾶ καὶ |
| Adam | 34 | 2 | υἱόν μου Σὴθ λέγουσα ἀνάστα Σὴθ ἐκ τοῦ σώματος τοῦ | * πατρός * | σου καὶ ἐλθὲ πρός με καὶ ἴδε ἃ οὐκ εἶδεν ὀφθαλμός |
| Adam | 34 | 2 | εἶδεν ὀφθαλμός ποτε τινὸς καὶ πῶς δέονται ὑπὲρ τοῦ | * πατρός * | σου Ἀδάμ. τότε ἀνέστη Σὴθ καὶ ἦλθεν πρὸς τὴν |
| Adam | 35 | 2 | στερεώματα ἀνεῳγμένα καὶ πῶς κεῖται τὸ σῶμα τοῦ | * πατρός * | σου ἐπὶ πρόσωπον καὶ πάντες οἱ ἄγγελοι μετ' αὐτοῦ |
| Adam | 35 | 2 | ὑπὲρ αὐτοῦ καὶ λέγοντες συγχώρησον αὐτῷ ὁ | * πατὴρ * | τῶν ὅλων ὅτι εἰκών σού ἐστιν. ἄρα δὲ τέκνον μου |
| Adam | 35 | 4 | δύο αἰθίοπες οἱ παριστάμενοι ἐπὶ τὴν προσευχὴν τοῦ | * πατρός * | σου; λέγει δὲ Σὴθ τῇ μητρὶ αὐτοῦ ὅτι εἰσίν ὁ |
| Adam | 36 | 1 | καὶ αὐτοὶ προσπίπτοντες καὶ εὐχόμενοι ὑπὲρ τοῦ | * πατρός * | μου Ἀδάμ. λέγει αὐτῷ ἡ Εὔα καὶ ποῦ ἐστιν τὸ φῶς |
| Adam | 36 | 3 | οὐ δύνανται φαίνειν ἐνώπιον τοῦ φωτὸς τῶν ὅλων τοῦ | * πατρὸς * | τῶν φωτῶν καὶ διὰ τοῦτο ἐκρύβη τὸ φῶς ἀπ' αὐτῶν. |
| Adam | 37 | 4 | καὶ μετὰ ταῦτα ἐξέτεινεν τὴν χεῖρα αὐτοῦ ὁ | * πατὴρ * | τῶν ὅλων καθήμενος ἐπὶ θρόνου αὐτοῦ καὶ ἦρεν τὸν |
| Adam | 38 | 1 | τὴν γεγενομένην χαρὰν τοῦ Ἀδὰμ ἐβόησεν πρὸς τὸν | * πατέρα * | ὁ ἀρχάγγελος Μιχαὴλ διὰ τὸν Ἀδάμ. καὶ ἐλάλησεν ὁ |
| Adam | 38 | 2 | ὁ ἀρχάγγελος Μιχαὴλ διὰ τὸν Ἀδάμ. καὶ ἐλάλησεν ὁ | * πατὴρ * | πρὸς αὐτὸν ἵνα συναχθῶσιν πάντες οἱ ἄγγελοι |
| Adam | 40 | 5 | ἔθεντο αὐτὸν ἐπὶ τὴν πέτραν ἕως οὗ ἐτάφη Ἀδὰμ ὁ | * πατὴρ * | αὐτοῦ. καὶ προσέταξεν ὁ θεὸς μετὰ τὸ κηδεῦσαι καὶ |
| Adam | 43 | 4 | ἀλληλούϊα. ἅγιος ἅγιος ἅγιος κύριος εἰς δόξαν θεοῦ | * πατρός. * | ἀμήν. |
| Hen. | 10 | 10 | οὐκ ἔστιν αὐτῶν καὶ πᾶσα ἐρώτησις ⟨οὐκ⟩ ἔσται τοῖς | * πατράσιν * | αὐτῶν καὶ περὶ αὐτῶν ὅτι ἐλπίζουσιν ζῆσαι ζωὴν |
| Hen. | 10B | 10 | οὐκ ἔσται αὐτοῖς καὶ πᾶσα ἐρώτησις οὐκ ἔστι τοῖς | * πατράσιν * | αὐτῶν ὅτι ἐλπίζουσι ζῆσαι ζωὴν αἰώνιον καὶ ὅτι |
| Hen. | 25 | 6 | καὶ ζωὴν πλείονα ζήσονται ἐπὶ γῆς ἣν ἔζησαν οἱ | * πατέρες * | σου καὶ ἐν ταῖς ἡμέραις αὐτῶν καὶ βάσανοι καὶ |
| Hen. | 32 | 6 | ἐμοῦ ὢν τοῦτο τὸ δένδρον φρονήσεως ἐξ οὗ ἔφαγεν ὁ | * πατήρ * | σου. καὶ οἱ κύνες ἤρξαντο κατεσθίειν τὰ πρόβατα |
| Hen. | 99 | 14 | τὴν θεμελίωσιν καὶ τὴν κληρονομίαν τῶν | * πατέρων * | αὐτῶν τὴν ἀπ' αἰῶνος ⟨ὅτι⟩ διώξεται ὑμᾶς πνεῦμα |
| Hen. | 106 | 4 | ἀπ' αὐτοῦ καὶ ἔφυγεν καὶ ἦλθεν πρὸς Μαθουσάλεκ τὸν | * πατέρα * | αὐτοῦ καὶ εἶπεν αὐτῷ τέκνον ἐγεννήθη μου ἀλλοῖον |
| Hen. | 106 | 7 | ἐν ταῖς ἡμέραις αὐτοῦ ἐν τῇ γῇ. καὶ παραιτοῦμαι | * π⟨άτερ * | καὶ⟩ δέομαι βάδισον πρὸς Ἐνώ⟨χ τὸν πατέρα ἡμῶν |
| Hen. | 106 | 7 | π⟨άτερ καὶ⟩ δέομαι βάδισον πρὸς Ἐνώ⟨χ τὸν | * πατέρα * | ἡμῶν καὶ ἐρώτησον⟩--- ⟨ἦλθ⟩εν πρὸς ἐμὲ εἰς τὰ |
| Hen. | 106 | 8 | τῆς γῆς οὗ ⟨εἶδ⟩εν τότε εἶναί με καὶ εἶπέν μοι | * πάτερ * | ⟨μου⟩ ἐπάκουσον τῆς φωνῆς μου καὶ ἧκε ⟨πρὸς⟩ ἐμέ. |
| Hen. | 106 | 9 | καὶ ἀπεκρίθη λέγων δι' ἀνάγκην μεγάλην ἦλθον ὧδε | * πάτερ * | καὶ νῦν ἐγεννήθη τέκνον Λάμεχ τῷ υἱῷ μου καὶ ὁ |
| Hen. | 106 | 13 | καὶ ἐσήμανά σοι ἐν γὰρ τῇ γενεᾷ Ἰάρεδ τοῦ | * πατρός * | μου παρέβησαν τὸν λόγον κυρίου ἀπὸ τῆς διαθήκης |
| Hen. | 107 | 3 | καὶ ὅτε ἤκουσεν Μαθουσάλεκ τοὺς λόγους Ἐνὼχ τοῦ | * πατρὸς * | αὐτοῦ μυστηριακῶς γὰρ ἐδήλωσεν αὐτῷ ⟨ἐπέστρεψεν |
| Abr.1 | | 1 | διαθήκη τοῦ ὁσίου | * πατρὸς * | ἡμῶν δικαίου πατριάρχου Ἀβραὰμ διαλύων δὲ καὶ |
| Abr.1 | 2 | 3 | τὸν δίκαιον Ἀβραὰμ εἶπεν χαίροις τιμιώτατε | * πάτερ * | δικαία ψυχὴ φίλε γνήσιε τοῦ θεοῦ τοῦ ἐπουρανίου. |
| Abr.1 | 3 | 5 | μου μήτηρ ἰδοὺ ὁ ἄνθρωπος ὁ καθεζόμενος μετὰ τοῦ | * πατρός * | μου υἱὸς οὐκ ἔστιν ἀπὸ τοῦ γένους τῶν |
| Abr.1 | 3 | 6 | ὁ θεὸς τὴν ἐπαγγελίαν αὐτοῦ ἣν ἐπηγγείλατο τῷ | * πατρί * | σου Ἀβραὰμ χαρίσεταί σοι καὶ τὴν τιμίαν εὐχὴν τοῦ |
| Abr.1 | 3 | 6 | σου Ἀβραὰμ χαρίσεταί σοι καὶ τὴν τιμίαν εὐχὴν τοῦ | * πατρός * | σου καὶ τῆς μητρός σου. εἶπεν δὲ Ἀβραὰμ πρὸς |
| Abr.1 | 4 | 8 | ἵνα καὶ αὐτὸς ἐν ὀνείρῳ θεάσῃ τὸν θάνατον τοῦ | * πατρὸς * | αὐτοῦ καὶ Ἰσαὰκ δὲ ἀναγγελεῖ τὸ ὅραμα σὺ δὲ |
| Abr.1 | 5 | 3 | ἕκαστος ἐν τῇ κλίνῃ αὐτοῦ. εἶπε δὲ Ἰσαὰκ πρὸς τὸν | * πατέρα * | αὐτοῦ πάτερ ἤθελα κἀγὼ ἀναπεσεῖν μεθ' ὑμῶν ἐν τῷ |
| Abr.1 | 5 | 3 | κλίνῃ αὐτοῦ. εἶπε δὲ Ἰσαὰκ πρὸς τὸν πατέρα αὐτοῦ | * πάτερ * | ἤθελα κἀγὼ ἀναπεσεῖν μεθ' ὑμῶν ἐν τῷ τρικλίνῳ |
| Abr.1 | 5 | 7 | αὐτοῦ καὶ ἦλθε δρομαίως ἐν τῷ τρικλίνῳ ἔνθα ὁ | * πατὴρ * | αὐτοῦ ἦν κοιμώμενος μετὰ τοῦ ἀρχαγγέλου. φθάσας |
| Abr.1 | 5 | 8 | φθάσας οὖν Ἰσαὰκ πρὸς τὴν θύραν ἔκραξε λέγων | * πάτερ * | πάτερ ἀνάστα οὖν ἄνοιξόν μοι ταχέως ὅπως εἰσέλθω |
| Abr.1 | 5 | 8 | οὖν Ἰσαὰκ πρὸς τὴν θύραν ἔκραξε λέγων πάτερ | * πάτερ * | ἀνάστα οὖν ἄνοιξόν μοι ταχέως ὅπως εἰσέλθω καὶ |
| Abr.1 | 6 | 6 | τοῦτο ἀληθὲς εἴρηκας δόξα καὶ εἰρήνη παρὰ θεοῦ καὶ | * πατρὸς * | καὶ γὰρ ἐγὼ τῇ ὀψὲ βραδείᾳ ὅτε ἔνιπτον τοὺς πόδας |
| Abr.1 | 7 | 8 | Ἀβραὰμ ὁ μὲν ἥλιος ὃν ἑώρακεν ὁ παῖς σὺ εἶ ὁ | * πατὴρ * | αὐτοῦ καὶ ἡ σελήνη ὁμοίως ἡ μήτηρ αὐτοῦ Σάρρα |
| Abr.1 | 9 | 7 | πάλιν ὁ ἀρχιστράτηγος καὶ ἔστη ἐνώπιον τοῦ ἀοράτου | * πατρὸς * | καὶ ἀνήγγειλεν αὐτῷ πάντα λέγων τάδε λέγει ὁ |
| Abr.1 | 16 | 11 | ἡμᾶς καὶ τίς εἶ σύ; λέγει αὐτῷ ὁ θάνατος Ἀβραὰμ | * πάτερ * | δικαιότατε ἰδοὺ λέγω σοι τὴν ἀλήθειαν ἐγώ εἰμι τὸ |
| Abr.1 | 16 | 13 | παντὸς ἀγαθοῦ εὐμορφότερος. εἶπεν δὲ ὁ θάνατος ἐγὼ | * πάτερ * | λέγω σοι τὴν ἀλήθειαν ὁποῖον ὄνομα ὠνόμασέν με ὁ |
| Abr.1 | 20 | 12 | θεῷ καὶ ἔστησαν αὐτὸν εἰς προσκύνησιν τοῦ θεοῦ καὶ | * πατρὸς * | καὶ δὴ πολλῆς ἀνυμνήσεως καὶ δοξολογίας γενομένης |
| Abr.1 | 20 | 13 | γενομένης ἦλθεν ἡ ἄχραντος φωνὴ τοῦ θεοῦ καὶ | * πατρὸς * | λέγουσα οὕτως ἄρατε οὖν τὸν φίλον μου τὸν Ἀβραὰμ |
| Abr.1 | 20 | 15 | ἵνα ἀξιωθῶμεν τῆς αἰωνίου ζωῆς δοξάζοντες τῷ | * πατρὶ * | καὶ τῷ υἱῷ καὶ τῷ ἁγίῳ πνεύματι νῦν καὶ ἀεὶ καὶ |
| Abr.2 | | 1 | ἀποκάλυψις ἀποκαλυφθεῖσα τῷ | * πατρὶ * | ἡμῶν Ἀβραὰμ ὑπὸ Μιχαὴλ τοῦ ἀρχαγγέλου περὶ τῆς |
| Abr.2 | 2 | 8 | με λέγων ἀνάστηθι καὶ πορεύου ἐκ τοῦ οἴκου τοῦ | * πατρός * | σου καὶ τῆς γῆς σου καὶ τῶν συγγενῶν σου καὶ ἐλθὲ |
| Abr.2 | 2 | 10 | καὶ εἶπεν αὐτῷ κύριε ἄφες μοι ὅτι ἐπιξενοῦμαι | * πατὴρ * | ἀνθρώπων μεμελημένων ἤκουσα δὲ ὅτι ἀπῆλθες |
| Abr.2 | 3 | 8 | ξενιζομένου πρὸς ἡμᾶς. καὶ ἀκούσας Ἰσαὰκ τοῦ | * πατρὸς * | αὐτοῦ λαλοῦντος δακρύων ἤνεγκεν τὴν λεκάνην λέγων |
| Abr.2 | 3 | 9 | λαλοῦντος δακρύων ἤνεγκεν τὴν λεκάνην λέγων ὦ | * πάτερ * | τί ἐστιν τοῦτο ὃ εἶπας ὅτι ἔσχατόν μοι ἐγένετο |
| Abr.2 | 5 | 3 | καὶ ἐποίησεν Ἰσαὰκ καθὼς ἐνετείλατο αὐτῷ ὁ | * πατὴρ * | αὐτοῦ καὶ ἀποκριθεὶς Ἀβραὰμ εἶπεν τῷ υἱῷ αὐτοῦ |
| Abr.2 | 5 | 4 | καθὼς εἶπόν σοι; ἀπεκρίθη Ἰσαὰκ καὶ εἶπεν τῷ | * πατρὶ * | αὐτοῦ πάτερ εἰπὲ κἀμοὶ ὅπως εἰσέλθω κἀγὼ ἔγγιστα |
| Abr.2 | 5 | 4 | σοι; ἀπεκρίθη Ἰσαὰκ καὶ εἶπεν τῷ πατρὶ αὐτοῦ | * πάτερ * | εἰπὲ κἀμοὶ ὅπως εἰσέλθω κἀγὼ ἔγγιστα ὑμῶν |
| Abr.2 | 5 | 6 | καὶ οὐ παρήκουσεν τῆς φωνῆς οὐδὲ τῆς ἐντολῆς τοῦ | * πατρὸς * | αὐτοῦ. ἐγένετο δὲ ὡς ὥρα ἑβδόμη τῆς νυκτὸς καὶ |
| Abr.2 | 6 | 1 | καὶ διυπνισθεὶς Ἰσαὰκ ἦλθεν πρὸς τὴν θύραν τοῦ | * πατρὸς * | αὐτοῦ λέγων πάτερ ἄνοιξόν μοι ἵνα συναπολαύσω |
| Abr.2 | 6 | 1 | Ἰσαὰκ ἦλθεν πρὸς τὴν θύραν τοῦ πατρὸς αὐτοῦ λέγων | * πάτερ * | ἄνοιξόν μοι ἵνα συναπολαύσω πρίν σε ἀροῦσιν ἀπ' |
| Abr.2 | 6 | 2 | Ἰσαὰκ καὶ ἐκρέμασεν ἑαυτὸν εἰς τὸν τράχηλον τοῦ | * πατρὸς * | αὐτοῦ κλαίων καὶ καταφιλῶν αὐτὸν ἔκλαυσεν δὲ |
| Abr.2 | 7 | 5 | εἰπέ μοι τί οἶδας κατ' ὄναρ. ἀπεκρίθη Ἰσαὰκ τῷ | * πατρὶ * | αὐτοῦ εἶδον κατ' ὄναρ ἐμαυτὸν ὡς τὸν ἥλιον καὶ τὴν |
| Abr.2 | 7 | 6 | λίαν λάμπων ἐκ τοῦ οὐρανοῦ ὡς φῶς καλούμενος | * πατὴρ * | τοῦ φωτὸς καὶ ἔλαβεν τὸν ἥλιον ἐκ τῆς κεφαλῆς μου |
| Abr.2 | 7 | 15 | καὶ εἶδον τὸν ἥλιον γενόμενον ⟨ὅμοιον⟩ τοῦ | * πατρός * | μου. καὶ ἀπεκρίθη Μιχαὴλ καὶ εἶπεν ἐν ἀληθείᾳ |
| Abr.2 | 7 | 16 | εἶπεν ἐν ἀληθείᾳ ἀληθῶς ἐγένετο ὁ ἥλιος Ἰσαὰκ ὁ | * πατήρ * | σού ἐστιν Ἀβραὰμ ἀναλαμβάνεται εἰς τοὺς οὐρανοὺς |
| Abr.2 | 7 | 20 | οὐκ ἔστιν ἐμὸν ποιῆσαι ἀλλὰ ἀπελθὼν ἀναγγελῶ τῷ | * πατρὶ * | μου περὶ τούτου ὅπως ἂν κελεύσῃ μοι καὶ ὑποδείξω |
| Abr.2 | 11 | 3 | ἵνα κρίνῃ οὗτος δὲ ὁ ἀποφαινόμενός ἐστιν Ἐνὼχ ὁ | * πατήρ * | σου οὗτός ἐστιν ὁ διδάσκαλος τοῦ οὐρανοῦ καὶ |
| Abr.2 | 14 | 7 | δὲ αὐτὸν εἰς τὴν ἀνάπαυσιν. ἔθαψεν δὲ Ἰσαὰκ τὸν | * πατέρα * | αὐτοῦ Ἀβραὰμ πλησίον τῆς μητρὸς αὐτοῦ δοξάζων |
| TRub. | 1 | 3 | αὐτοῖς τεκνία μου ἐγὼ ἀποθνήσκω καὶ πορεύομαι ὁδὸν | * πατέρων * | μου. καὶ ἰδὼν ἐκεῖ Ἰούδαν καὶ Γὰδ καὶ Ἀσὴρ |
| TRub. | 1 | 5 | εἶπεν ἀκούσατε ἀδελφοί μου ἐνωτίσασθε Ῥουβὴμ τοῦ | * πατρὸς * | ὑμῶν ὅσα ἐντέλλομαι ὑμῖν. καὶ ἰδοὺ ἐπιμαρτύρομαι |
| TRub. | 1 | 6 | ἐν ᾗ ἐξεχύθην ἐγὼ καὶ ἐμίανα τὴν κοίτην τοῦ | * πατρός * | μου Ἰακώβ. λέγω γὰρ ὑμῖν ὅτι ἐνέπληξέ με πληγὴν |
| TRub. | 1 | 7 | ταῖς λαγῶσί μου ἐπὶ μῆνας ἑπτὰ καὶ εἰ μὴ Ἰακὼβ ὁ | * πατὴρ * | ἡμῶν προσηύξατο περὶ ἐμοῦ πρὸς κύριον ὅτι ἤθελε |
| TRub. | 3 | 8 | συνίων ἐν τῷ νόμῳ τοῦ θεοῦ μήτε ὑπακούων νουθεσίας | * πατέρων * | αὐτοῦ ὥσπερ κἀγὼ ἔπαθον ἐν τῷ νεωτερισμῷ μου. |
| TRub. | 3 | 9 | φυλάξει ὑμᾶς. διδάσκω ὑμᾶς ἀκούσατε Ῥουβὴμ τοῦ | * πατρὸς * | ὑμῶν. μὴ προσέχετε ἐν ὄψει γυναικὸς μηδὲ ἰδιάζετε |
| TRub. | 3 | 13 | ἕως οὗ ἔπραξα τὸ βδέλυγμα. ἀπόντος γὰρ Ἰακὼβ τοῦ | * πατρὸς * | ἡμῶν πρὸς Ἰσαὰκ τὸν πατέρα αὐτοῦ ὄντων ἡμῶν ἐν |
| TRub. | 3 | 13 | ἀπόντος γὰρ Ἰακὼβ τοῦ πατρὸς ἡμῶν πρὸς Ἰσαὰκ τὸν | * πατέρα * | αὐτοῦ ὄντων ἡμῶν ἐν Γάδερ πλησίον Ἐφραθὰ οἴκου |
| TRub. | 3 | 15 | ἐξῆλθον. καὶ εὐθέως ἄγγελος τοῦ θεοῦ ἀπεκάλυψε τῷ | * πατρί * | μου Ἰακὼβ περὶ τῆς ἀσεβείας μου καὶ ἐλθὼν ἐπένθει |
| TRub. | 4 | 2 | θέλει ἵνα μὴ πάθητε ὡς κἀγώ. ἄχρι τελευτῆς τοῦ | * πατρὸς * | ἡμῶν οὐκ εἶχον παρρησίαν ἀτενίσαι εἰς πρόσωπον |
| TRub. | 4 | 4 | με περὶ τῆς ἁμαρτίας μου. καίγε παρεκάλεσέ με ὁ | * πατήρ * | μου ὅτι ηὔξατο περὶ ἐμοῦ πρὸς κύριον ἵνα παρέλθῃ |
| TRub. | 4 | 10 | αὐτοῦ ἐπιθυμίαν πονηράν. διὰ τοῦτο ὁ θεὸς τῶν | * πατέρων * | μου ἐρρύσατο αὐτὸν ἀπὸ παντὸς ὁρατοῦ καὶ |
| TRub. | 7 | 2 | ἔθαψαν ἐν Χεβρὼν ἐν τῷ σπηλαίῳ τῷ διπλῷ ὅπου οἱ | * πατέρες * | αὐτοῦ. |
| TSim. | 2 | 1 | εἶπεν αὐτοῖς ἀκούσατε τέκνα ἀκούσατε Συμεὼν τοῦ | * πατρὸς * | ὑμῶν ὅσα ἔχω ἐν τῇ καρδίᾳ μου. ἐγὼ ἐγεννήθην ἐξ |
| TSim. | 2 | 2 | ἔχω ἐν τῇ καρδίᾳ μου. ἐγὼ ἐγεννήθην ἐξ Ἰακὼβ τοῦ | * πατρός * | μου υἱὸς δεύτερος καὶ Λεία ἡ μήτηρ μου ἐκάλεσέ με |
| TSim. | 2 | 6 | καιρῷ ἐκείνῳ ἐζήλωσα τὸν Ἰωσὴφ ὅτι ἠγάπα αὐτὸν ὁ | * πατὴρ * | ἡμῶν καὶ ἐστήρισα ἐπ' αὐτὸν τὰ ἥπατά μου τοῦ |
| TSim. | 2 | 7 | αὐτῷ ὡς ἀδελφῷ καὶ μὴ φείσασθαι Ἰακὼβ τοῦ | * πατρός * | μου. ἀλλ' ὁ θεὸς αὐτοῦ καὶ ὁ θεὸς τῶν πατέρων |
| TSim. | 2 | 8 | τοῦ πατρός μου. ἀλλ' ὁ θεὸς αὐτοῦ καὶ ὁ θεὸς τῶν | * πατέρων * | αὐτοῦ ἀποστείλας τὸν ἄγγελον αὐτοῦ ἐρρύσατο |
| TSim. | 2 | 10 | Ῥουβὴμ ἐλυπήθη ἤθελε γὰρ αὐτὸν διασῶσαι πρὸς τὸν | * πατέρα. * | ἐγὼ δὲ ὠργίσθην πρὸς τὸν Ἰούδαν ὅτι ζῶντα αὐτὸν |
| TSim. | 2 | 14 | πρᾶγμα ἐνεθυμήθην ἐνώπιον κυρίου καὶ Ἰακὼβ τοῦ | * πατρός * | μου διὰ Ἰωσὴφ τὸν ἀδελφόν μου φθονήσας αὐτῷ. καὶ |
| TSim. | 4 | 1 | καὶ οὕτως παύεται τοῦ φθόνου. καὶ ἦν ἐρωτῶν ὁ | * πατὴρ * | περὶ ἐμοῦ ὅτι ἑώρα με σκυθρωπὸν καὶ ἔλεγον τὰ |
| TSim. | 5 | 6 | καὶ οὐκ ἔσται ἐξ ὑμῶν εἰς ἡγεμονίαν καθὼς καὶ ὁ | * πατήρ * | μου Ἰακὼβ προεφήτευσεν ἐν εὐλογίαις. ἰδοὺ |
| TSim. | 8 | 1 | τοῖς υἱοῖς αὐτοῦ καὶ ἐκοιμήθη μετὰ τῶν | * πατέρων * | αὐτοῦ ἑκατὸν εἴκοσιν ἐτῶν. καὶ ἔθηκαν αὐτὸν ἐν |
| TSim. | 9 | 1 | τὸν ἀδελφὸν αὐτοῦ. καὶ ἔκλαυσαν υἱοὶ Συμεὼν τὸν | * πατέρα * | αὐτῶν κατὰ τὸν νόμον τοῦ πένθους καὶ ἦσαν εἰς |
| TLevi | 2 | 1 | καὶ ἐτέχθην ἐκεῖ καὶ μετὰ ταῦτα ἦλθον σὺν τῷ | * πατρὶ * | εἰς Σίκιμα. ἤμην δὲ νεώτερος ὡσεὶ ἐτῶν εἴκοσιν ὅτε |
| TLevi | 2 | 3B015 | παιδός σου Ἰακώβ. σὺ κύριε εὐλόγησας τὸν Ἀβραὰμ | * πατέρα * | μου καὶ Σάρραν μητέρα μου καὶ εἶπας δοῦναι αὐτοῖς |
| TLevi | 6 | 1 | καὶ πάντων τῶν δικαίων. καὶ ὡς ἠρχόμην πρὸς τὸν | * πατέρα * | μου εὗρον ἀσπίδα χαλκῆν διὸ καὶ τὸ ὄνομα τοῦ |
| TLevi | 6 | 3 | τούτους ἐν τῇ καρδίᾳ μου. ἐγὼ συνεβούλευσα τῷ | * πατρί * | μου καὶ Ῥουβὴμ τῷ ἀδελφῷ μου ἵνα εἴπῃ τοῖς υἱοῖς |
| TLevi | 6 | 6 | τὴν πόλιν ἐν στόματι ῥομφαίας. καὶ ἤκουσεν ὁ | * πατὴρ * | καὶ ὠργίσθη καὶ ἐλυπήθη ὅτι κατεδέξαντο τὴν |
| TLevi | 6 | 9 | ἐκώλυσεν αὐτούς. καὶ οὕτως ἐδίωξαν Ἀβραὰμ τὸν | * πατέρα * | ἡμῶν ξένον ὄντα καὶ κατεπάτησαν τὰ ποίμνια |
| TLevi | 7 | 1 | ἡ ὀργὴ κυρίου ἐπ' αὐτοὺς εἰς τέλος. καὶ εἶπον τῷ | * πατρὶ * | μὴ ὀργίζου κύριε ὅτι ἐν σοί ἐξουδενώσει κύριος |
| TLevi | 8 | 15 | ἄφραστος ὡς προφήτου ὑψηλοῦ ἐκ σπέρματος Ἀβραὰμ | * πατρὸς * | ἡμῶν. πᾶν ἐπιθυμητὸν ἐν Ἰσραὴλ σοί ἔσται καὶ τῷ |
| TLevi | 9 | 1 | δύο ἀνέβημεν ἐγὼ καὶ Ἰούδας πρὸς Ἰσαὰκ μετὰ τοῦ | * πατρὸς * | ἡμῶν. καὶ εὐλόγησέ με ὁ πατὴρ τοῦ πατρός μου κατὰ |
| TLevi | 9 | 2 | Ἰσαὰκ μετὰ τοῦ πατρὸς ἡμῶν. καὶ εὐλόγησέ με ὁ | * πατὴρ * | τοῦ πατρός μου κατὰ πάντας τοὺς λόγους τῶν ὁράσεων |
| TLevi | 9 | 2 | μετὰ τοῦ πατρὸς ἡμῶν. καὶ εὐλόγησέ με ὁ πατὴρ τοῦ | * πατρός * | μου κατὰ πάντας τοὺς λόγους τῶν ὁράσεών μου ὧν |
| TLevi | 9 | 3 | ἡμῶν εἰς Βεθήλ. ὡς δὲ ἤλθομεν εἰς Βεθὴλ εἶδεν ὁ | * πατὴρ * | μου Ἰακὼβ ἐν ὁράματι περὶ ἐμοῦ ὅτι ἔσομαι αὐτοῖς |

| | | | |
|---|---|---|---|
| TLevi | 10 | 1 | ὅσα ἐντέλλομαι ὑμῖν τέκνα ὅτι ὅσα ἤκουσα παρὰ τῶν * πατέρων * μου ἀνήγγειλα ὑμῖν. ἀθῷός εἰμι ἀπὸ πάσης |
| TLevi | 14 | 2 | πᾶσι τοῖς ἔθνεσι γενήσεσθε χλευασμός. καὶ γὰρ ὁ * πατὴρ * ἡμῶν Ἰσραὴλ καθαρὸς ἔσται ἀπὸ τῆς ἀσεβείας τῶν |
| TLevi | 15 | 4 | καὶ εἰ μὴ δι' Ἀβραὰμ καὶ Ἰσαὰκ καὶ Ἰακὼβ τοὺς * πατέρας * ἡμῶν εἷς ἐκ τοῦ σπέρματός μου οὐ μὴ καταλειφθῇ |
| TLevi | 17 | 2 | εἰς ἱερωσύνην μέγας ἔσται καὶ λαλήσει θεῷ ὡς * πατρὶ * καὶ ἡ ἱερωσύνη αὐτοῦ πλήρης μετὰ κυρίου καὶ ἐν |
| TLevi | 18 | 2B011 | ἀπὸ Βεθὴλ καὶ κατελύσαμεν ἐν τῇ αὐλῇ Ἀβραὰμ τοῦ * πατρὸς * ἡμῶν παρὰ Ἰσαὰκ τὸν πατέρα ἡμῶν. καὶ εἶδεν |
| TLevi | 18 | 2B011 | ἐν τῇ αὐλῇ Ἀβραὰμ τοῦ πατρὸς ἡμῶν παρὰ Ἰσαὰκ τὸν * πατέρα * ἡμῶν. καὶ εἶδεν Ἰσαὰκ ὁ πατὴρ ἡμῶν πάντας ἡμᾶς |
| TLevi | 18 | 2B012 | παρὰ Ἰσαὰκ τὸν πατέρα ἡμῶν. καὶ εἶδεν Ἰσαὰκ ὁ * πατὴρ * ἡμῶν πάντας ἡμᾶς καὶ ηὐλόγησεν ἡμᾶς καὶ ηὐφράνθη. |
| TLevi | 18 | 2B050 | ταύτην ὡς σοὶ ὑπέδειξα. οὕτως γάρ μοι ἐνετείλατο ὁ * πατὴρ * Ἀβραὰμ ποιεῖν καὶ ἐντέλλεσθαι τοῖς υἱοῖς μου. καὶ |
| TLevi | 18 | 2B057 | ἐσθίων ἐπὶ τοῦ αἵματος. οὕτως γάρ μοι ἐνετείλατο ὁ * πατήρ * μου Ἀβραὰμ ὅτι οὕτως εὗρεν ἐν τῇ γραφῇ τῆς βίβλου |
| TLevi | 18 | 2B058 | ὡς σοὶ τέκνον ἀγαπητὸν ἐγὼ λέγω ἠγαπημένος σὺ τῷ * πατρὶ * σου καὶ ἅγιος κυρίου ὑψίστου καὶ ἠγαπημένος ἔσῃ |
| TLevi | 18 | 2B062 | γυναῖκα ἐμαυτῷ ἐκ τῆς συγγενείας Ἀβραὰμ τοῦ * πατρός * μου Μελχὰ θυγατέρα Βαθουὴλ υἱοῦ Λαβὰν ἀδελφοῦ |
| TLevi | 18 | 6 | αὐτὸν ἁγίασμα μετὰ φωνῆς πατρικῆς ὡς ἀπὸ Ἀβραὰμ * πατρὸς * Ἰσαάκ. καὶ δόξα ὑψίστου ἐπ' αὐτὸν ῥηθήσεται καὶ |
| TLevi | 19 | 2 | κυρίου ἢ ἔργα Βελιάρ. καὶ ἀπεκρίθημεν ἡμεῖς τῷ * πατρὶ * λέγοντες ἐνώπιον κυρίου πορευσόμεθα κατὰ τὸν νόμον |
| TLevi | 19 | 3 | πορευσόμεθα κατὰ τὸν νόμον αὐτοῦ. καὶ εἶπεν ὁ * πατὴρ * ἡμῶν μάρτυς κύριος καὶ μάρτυρες οἱ ἄγγελοι αὐτοῦ |
| TLevi | 19 | 4 | ἐξέτεινε τοὺς πόδας αὐτοῦ καὶ προσετέθη πρὸς τοὺς * πατέρας * αὐτοῦ ζήσας ἑκατὸν τριάκοντα ἑπτὰ ἔτη. καὶ |
| TJud. | 1 | 3 | αὐτὸν καὶ εἶπεν αὐτοῖς τέταρτος υἱὸς ἐγενόμην τῷ * πατρί * μου καὶ ἡ μήτηρ μου ὠνόμασέ με Ἰουδὰ λέγουσα |
| TJud. | 1 | 4 | ἤμην καὶ σπουδαῖος ἐν νεότητί μου καὶ ὑπήκουον τῷ * πατρί * μου κατὰ πάντα λόγον καὶ εὐλόγουν τὴν μητέρα μου |
| TJud. | 1 | 6 | τῆς μητρός μου. καὶ ἐγένετο ὡς ἠνδρώθην καὶ ὁ * πατήρ * μου Ἰακὼβ ηὔξατό μοι λέγων βασιλεὺς ἔσῃ |
| TJud. | 2 | 2 | τῇ ἐλάφῳ καὶ πιάσας αὐτὴν ἐποίησα βρῶμα τῷ * πατρί * μου. τὰς δορκάδας ἐκράτουν διὰ τοῦ δρόμου καὶ πᾶν |
| TJud. | 3 | 7 | ἐξ αὐτῶν ἀνεῖλον οἱ δὲ ἄλλοι ἔφυγον. καὶ Ἰακὼβ ὁ * πατὴρ * ἡμῶν ἀνεῖλε τὸν Βεελισὰ βασιλέα πάντων τῶν |
| TJud. | 3 | 9 | πολεμοῦντες ἀφ' ἡμῶν. διὰ τοῦτο ἀμέριμνος ἦν ὁ * πατήρ * μου ἐν τοῖς πολέμοις ὅτι ἐγὼ ἤμην ἐν τοῖς ἀδελφοῖς |
| TJud. | 7 | 7 | ἔφυγον καὶ διελθόντες δι' ἄλλης ὁδοῦ ἐδεήθησαν τοῦ * πατρός * μου καὶ ἐποίησεν εἰρήνην μετ' αὐτῶν καὶ οὐκ |
| TJud. | 7 | 9 | τὴν αἰχμαλωσίαν. καὶ ᾠκοδόμησα ἐγὼ τὴν Θάμνα καὶ ὁ * πατήρ * μου τὴν Ραμβαηλ. εἴκοσιν ἐτῶν ἤμην ὅτε ἐγένετο ὁ |
| TJud. | 9 | 1 | ὑμεῖς ἐστε. δεκαοκτὼ ἔτη ἐποιήσαμεν εἰρήνην ὁ * πατὴρ * ἡμῶν καὶ ἡμεῖς μετὰ τοῦ ἀδελφοῦ αὐτοῦ Ἠσαὺ καὶ οἱ |
| TJud. | 9 | 2 | ἔτει ζωῆς μου ἐπῆλθεν ἡμῖν Ἠσαὺ ὁ ἀδελφὸς τοῦ * πατρός * μου ἐν λαῷ βαρεῖ καὶ ἰσχυρῷ καὶ ἔπεσεν ἐν τόξῳ |
| TJud. | 9 | 7 | ἡμᾶς τὰ πρὸς εἰρήνην καὶ γενόμενοι βουλῆς τοῦ * πατρὸς * ἡμῶν ἐδεξάμεθα αὐτοὺς ὑποφόρους. καὶ ἦσαν |
| TJud. | 13 | 1 | καὶ νῦν ὅσα ἐγὼ ὑμῖν ἐντέλλομαι ἀκούσατε τέκνα τοῦ * πατρὸς * ὑμῶν καὶ φυλάξατε πάντας τοὺς λόγους μου τοῦ |
| TJud. | 13 | 3 | Ῥουβὴμ τὸν ἀδελφόν μου περὶ Βάλλας γυναικὸς * πατρός * μου τὸ πνεῦμα τοῦ ζήλου καὶ τῆς πορνείας |
| TJud. | 13 | 4 | μου. καὶ ἔλεγον τῷ πενθερῷ μου συμβουλεύσομαι τῷ * πατρί * μου καὶ οὕτως λήψομαι τὴν θυγατέρα σου. καὶ ἔδειξέ |
| TJud. | 13 | 7 | συνέπεσα καὶ παρέβην ἐντολὴν κυρίου καὶ ἐντολὴν * πατέρων * μου καὶ ἔλαβον αὐτὴν εἰς γυναῖκα. καὶ ἀνταπέδωκέ |
| TJud. | 16 | 4 | οἶνος ὡς κἀγὼ ἐντολὰς θεοῦ καὶ μυστήρια Ἰακὼβ τοῦ * πατρός * μου ἀπεκάλυψα τῇ Χαναναίτιδι Βησσουὲ οἷς εἶπεν ὁ |
| TJud. | 17 | 3 | ποιήσουσιν ἣν ἔδωκέ μοι κύριος ἐν ὑπακοῇ * πατρός. * οὐδέποτε γὰρ ἐλύπησα λόγον Ἰακὼβ τοῦ πατρός μου |
| TJud. | 17 | 4 | πατρός. οὐδέποτε γὰρ ἐλύπησα λόγον Ἰακὼβ τοῦ * πατρός * μου ὅτι πάντα ὅσα εἶπεν ἐποίουν. καὶ Ἀβραὰμ ὁ |
| TJud. | 17 | 5 | μου ὅτι πάντα ὅσα εἶπεν ἐποίουν. καὶ Ἀβραὰμ ὁ * πατὴρ * τοῦ πατρός μου εὐλόγησέ με βασιλεύειν ἐν Ἰσραὴλ |
| TJud. | 17 | 5 | πάντα ὅσα εἶπεν ἐποίουν. καὶ Ἀβραὰμ ὁ πατὴρ τοῦ * πατρός * μου εὐλόγησέ με βασιλεύειν ἐν Ἰσραὴλ καὶ Ἰσαὰκ |
| TJud. | 18 | 2 | πορνείας καὶ τῆς φιλαργυρίας ἀκούσατε Ἰουδὰ τοῦ * πατρὸς * ὑμῶν ὅτι ταῦτα ἀφιστᾷ νόμου θεοῦ καὶ τυφλοῖ τὸ |
| TJud. | 19 | 2 | καὶ ἡ ταπείνωσις ψυχῆς μου καὶ αἱ εὐχαὶ Ἰακὼβ τοῦ * πατρός * μου ἄτεκνος εἶχον ἀποθανεῖν. ἀλλ' ὁ θεὸς τῶν |
| TJud. | 19 | 3 | μου ἄτεκνος εἶχον ἀποθανεῖν. ἀλλ' ὁ θεὸς τῶν * πατέρων * μου ὁ οἰκτίρμων καὶ ἐλεήμων συνέγνω ὅτι ἐν |
| TJud. | 24 | 2 | ἐπ' αὐτὸν οἱ οὐρανοὶ ἐκχέαι πνεύματος εὐλογίαν * πατρὸς * ἁγίου καὶ αὐτὸς ἐκχεεῖ πνεῦμα χάριτος ἐφ' ὑμᾶς |
| TJud. | 26 | 4 | αὐτοῖς καὶ ἔθαψαν αὐτὸν ἐν Χεβρὼν μετὰ τῶν * πατέρων * αὐτοῦ. |
| TIss. | 1 | 1 | αὐτοῦ εἶπεν αὐτοῖς ἀκούσατε τέκνα Ἰσαχὰρ τοῦ * πατρὸς * ὑμῶν ἐνωτίσασθε ῥήματα ἠγαπημένοι ὑπὸ κυρίου. ἐγὼ |
| TIss. | 1 | 10 | ὅτι ἐμοὶ πρῶτον ἥρμοσται καὶ δι' ἐμὲ ἐδούλευσε τῷ * πατρὶ * ἡμῶν ἔτη δεκατέσσαρα. τί σοι ποιήσω ὅτι ἐπλήθυνεν |
| TIss. | 1 | 13 | ἀλλ' ἐν δόλῳ ἀντ' ἐμοῦ εἰσήχθης. καὶ ἐπλάνησέ με ὁ * πατήρ * μου καὶ μεταστήσας με τῇ νυκτὶ ἐκείνῃ οὐκ εἴασέ με |
| TIss. | 3 | 1 | ἐν εὐθύτητι καρδίας καὶ ἐγενόμην γεωργὸς τῶν * πατέρων * μου καὶ τῶν ἀδελφῶν μου καὶ ἔφερον καρποὺς ἐξ |
| TIss. | 3 | 2 | ἐξ ἀγρῶν κατὰ καιρὸν αὐτῶν καὶ εὐλόγησέ με ὁ * πατήρ * μου βλέπων ὅτι ἐν ἁπλότητι πορεύομαι. καὶ οὐκ ἤμην |
| TIss. | 3 | 6 | καὶ πάντοτε ἔχαιρεν ἐπὶ τῇ ἁπλότητί μου ὁ * πατήρ * μου. εἴ τι γὰρ ἔκαμνον πᾶσαν ὀπώραν καὶ πᾶν |
| TIss. | 3 | 6 | πρῶτον διὰ τοῦ ἱερέως κυρίῳ προσέφερον ἔπειτα τῷ * πατρί * μου καὶ τότε ἐγώ. καὶ κύριος ἐδιπλασίαζε τὰ ἀγαθὰ |
| TIss. | 5 | 6 | τῆς πιότητος τῆς γῆς ἧς ἐν πόνοις οἱ καρποὶ ὅτι ὁ * πατὴρ * ἡμῶν Ἰακὼβ ἐν εὐλογίαις γῆς καὶ ἀπαρχῶν καρπῶν |
| TIss. | 5 | 8 | αὐτοῖς οὖν ὑπακούσατε καὶ τῇ ἁπλότητι τοῦ * πατρὸς * ὑμῶν περιπατήσατε ὅτι καὶ τῷ Γὰδ ἐδόθη ἀπολέσαι |
| TIss. | 7 | 8 | Χεβρὼν κἀκεῖ αὐτὸν θάψωσιν ἐν τῷ σπηλαίῳ μετὰ τῶν * πατέρων * αὐτοῦ. καὶ ἐξέτεινε τοὺς πόδας αὐτοῦ καὶ ἀπέθανε |
| TZab. | 1 | 2 | αὐτοῖς ἀκούσατέ μου υἱοὶ Ζαβουλὼν προσέχετε ῥήμασι * πατρὸς * ὑμῶν. ἐγώ εἰμι Ζαβουλὼν δόσις ἀγαθὴ τοῖς γονεῦσι |
| TZab. | 1 | 3 | τοῖς γονεῦσί μου. ἐν γὰρ τῷ γεννηθῆναί με ηὐξήθη ὁ * πατὴρ * ἡμῶν ἕως σφόδρα καὶ τὰ ποίμνια καὶ τὰ βουκόλια ὅτε |
| TZab. | 1 | 5 | ὅτι ἐσκέπασα ἐπὶ τοῖς ἀδελφοῖς μου μὴ εἰπεῖν τῷ * πατρί * μου τὸ γενόμενον. καὶ ἔκλαιον πολλὰ ἐν κρυφῇ |
| TZab. | 2 | 2 | με ἀδελφοί μου οἰκτιρήσατε τὰ σπλάγχνα Ἰακὼβ τοῦ * πατρὸς * ἡμῶν. μὴ ἐπαγάγετε ἐπ' ἐμὲ τὰς χεῖρας ὑμῶν τοῦ |
| TZab. | 2 | 3 | με τὴν δὲ χεῖρα ὑμῶν μὴ ἐπενέγκητε διὰ Ἰακὼβ τὸν * πατέρα * ἡμῶν. ὡς δὲ ἔλεγε τὰ ῥήματα ταῦτα εἰς οἶκτον |
| TZab. | 2 | 7 | εἰς ἕνα τῶν λάκκων τῶν ξηρῶν τούτων ὧν ὤρυξαν οἱ * πατέρες * ἡμῶν καὶ οὐχ εὗρον ὕδωρ. διὰ γὰρ τοῦτο ἐκώλυσε |
| TZab. | 4 | 5 | ἐθρήνει λέγων πῶς ὄψομαι τὸ πρόσωπον Ἰακὼβ τοῦ * πατρός * μου; καὶ λαβὼν τὸ ἀργύριον κατέδραμε τοῖς |
| TZab. | 4 | 8 | αὐτῷ μὴ κλαῖε μηδὲ πένθει εὗρον γάρ τί εἴπωμεν τῷ * πατρὶ * ἡμῶν Ἰακώβ. θύσωμεν χίμαρον αἰγῶν καὶ ἐμβάψωμεν |
| TZab. | 4 | 10 | ἐστιν οὗτος καὶ ἐποίησαν οὕτως. τὸν γὰρ χιτῶνα τοῦ * πατρὸς * ἡμῶν ἐξέδυσαν τὸν Ἰωσὴφ ἐν τῷ μέλλειν πιπράσκειν |
| TZab. | 5 | 5 | εἰς παράλιον ἐθήρευον θήραν ἰχθύων Ἰακὼβ τῷ * πατρί * μου καὶ πολλῶν ἀγχομένων ἐν τῇ θαλάσσῃ ἐγὼ ἀβλαβὴς |
| TZab. | 6 | 3 | τοὺς αἰγιαλοὺς ἡλίευον ἰχθύας οἴκῳ τοῦ * πατρός * μου ἕως ἤλθομεν εἰς Αἴγυπτον καὶ ἐκ τῆς θήρας μου |
| TZab. | 6 | 7 | ὃν ἑωράκειν μεταδιδοὺς καὶ παντὶ τῷ οἴκῳ τοῦ * πατρός * μου ἐξαρκῶν. τὸ θέρος ἡλίευον καὶ ἐν χειμῶνι |
| TZab. | 9 | 5 | τὰ μέλη τῇ μιᾷ κεφαλῇ ὑπακούει. ἔγνων ἐν γραφῇ * πατέρων * μου ὅτι ἐν ἐσχάταις ἡμέραις ἀποστήσεσθε ἀπὸ |
| TZab. | 10 | 2 | ὅσοι ἐφύλαξαν νόμον κυρίου καὶ ἐντολὰς Ζαβουλὼν * πατρὸς * αὐτῶν. ἐπὶ δὲ τοὺς ἀσεβεῖς ἐπάξει κύριος πῦρ |
| TZab. | 10 | 4 | τέως ἐγὼ εἰς τὴν ἀνάπαυσίν μου ἀποτρέχω ὡς οἱ * πατέρες * μου ὑμεῖς δὲ φοβεῖσθε κύριον τὸν θεὸν ὑμῶν ἐν |
| TZab. | 10 | 7 | δὲ ἀναγαγόντες αὐτὸν εἰς Χεβρὼν ἔθαψαν μετὰ τῶν * πατέρων * αὐτοῦ. |
| TDan | 1 | 2 | υἱοὶ Δὰν λόγων μου προσέχετε ῥήμασι στόματος τοῦ * πατρὸς * ὑμῶν. ἐπείρασα ἐν καρδίᾳ μου καὶ ἐν πάσῃ τῇ ζωῇ |
| TDan | 1 | 5 | καὶ ἔχαιρον ἐπὶ τῇ πράσει Ἰωσὴφ ὅτι ὑπὲρ ἡμᾶς ὁ * πατὴρ * αὐτὸν ἠγάπα. τὸ γὰρ πνεῦμα τοῦ ζήλου καὶ τῆς |
| TDan | 1 | 7 | καὶ ἐν αὐτῷ ἄνελε τὸν Ἰωσὴφ καὶ ἀγαπήσει σε ὁ * πατὴρ * σου ἀποθανόντος αὐτοῦ. τοῦτό ἐστι τὸ πνεῦμα τοῦ |
| TDan | 1 | 9 | οὕτως ἐκμυζήσω τὸν Ἰωσήφ. ἀλλ' ὁ θεὸς Ἰακὼβ τοῦ * πατρὸς * ἡμῶν οὐκ ἐνέβαλεν αὐτὸν εἰς τὰς χεῖράς μου ἵνα |
| TDan | 2 | 3 | καὶ οὐκ ἔστι τις ὁρῶν πρόσωπον ἐν ἀληθείᾳ ὅτι κἂν * πατὴρ * κἂν μήτηρ ἐστὶν ὡς πολεμίοις προσέχει αὐτοῖς ἐὰν ᾖ |
| TDan | 5 | 10 | Βελιὰρ πόλεμον καὶ τὴν ἐκδίκησιν τοῦ νίκους δώσει * πατράσιν * ἡμῶν. καὶ τὴν αἰχμαλωσίαν λάβῃ ἀπὸ τοῦ Βελιὰρ |
| TDan | 6 | 9 | καὶ τὴν μακροθυμίαν καὶ ἃ ἠκούσατε παρὰ τοῦ * πατρὸς * ὑμῶν μετάδοτε καὶ ὑμεῖς τοῖς τέκνοις ὑμῶν ἵνα |
| TDan | 6 | 11 | σωτηρίαν ἕως τοῦ αἰῶνος. καὶ θάψατέ με ἐγγὺς τῶν * πατέρων * μου. καὶ ταῦτα εἰπὼν κατεφίλησεν αὐτοὺς καὶ |
| TNep. | 1 | 5 | ἀκούσατε τέκνα μου υἱοὶ Νεφθαλιμ ἀκούσατε λόγους * πατρὸς * ὑμῶν. ἐγὼ ἐγεννήθην ἀπὸ Βάλλας καὶ ὅτι ἐν |
| TNep. | 2 | 1 | κοῦφος ἤμην τοῖς ποσί μου ὡς ἔλαφος ἔταξέ με ὁ * πατήρ * μου Ἰακὼβ εἰς πᾶσαν ἀποστολὴν καὶ ἀγγελίαν καίγε |
| TNep. | 4 | 4 | τὸ πολὺ αὐτοῦ ἔλεος. καὶ ἔσται ὅταν ἥξουσιν ἐν γῇ * πατέρων * αὐτῶν πάλιν ἐπιλάθωνται κυρίου καὶ ἀσεβήσουσιν |
| TNep. | 5 | 2 | ὁ ἥλιος καὶ ἡ σελήνη ἔστηκαν. καὶ ἰδοὺ Ἰσαὰκ ὁ * πατὴρ * τοῦ πατρός μου λέγει ἡμῖν προσδραμόντες κρατήσατε |
| TNep. | 5 | 2 | καὶ ἡ σελήνη ἔστηκαν. καὶ ἰδοὺ Ἰσαὰκ ὁ πατὴρ τοῦ * πατρός * μου λέγει ἡμῖν προσδραμόντες κρατήσατε ἕκαστος |
| TNep. | 6 | 1 | τοῦ Ἰσραήλ. καὶ πάλιν μετὰ μῆνας ἑπτὰ εἶδον τὸν * πατέρα * ἡμῶν Ἰακὼβ ἑστηκότα ἐν τῇ θαλάσσῃ Ἰαμνείας καὶ |
| TNep. | 6 | 3 | δὲ τὸ πλοῖον πλοῖον Ἰακώβ. καὶ λέγει ἡμῖν ὁ * πατὴρ * ἡμῶν ἐμβῶμεν εἰς τὸ πλοῖον ἡμῶν. ὡς δὲ εἰσήλθομεν |
| TNep. | 6 | 4 | σφοδρὸς καὶ λαῖλαψ ἀνέμου μεγάλου καὶ ἀφίπταται ὁ * πατὴρ * ἀφ' ἡμῶν ὁ κρατῶν τοὺς αὐχένας. καὶ ἡμεῖς |
| TNep. | 6 | 10 | τὴν γῆν ὥσπερ ἐν εἰρήνῃ. καὶ ἰδοὺ ἦλθεν Ἰακὼβ ὁ * πατὴρ * ἡμῶν καὶ ὁμοθυμαδὸν ἠγαλλιώμεθα. τὰ δύο ἐνύπνια |
| TNep. | 7 | 1 | ὁμοθυμαδὸν ἠγαλλιώμεθα. τὰ δύο ἐνύπνια εἶπον τῷ * πατρί * μου καὶ εἶπέ μοι δεῖ ταῦτα πληρωθῆναι κατὰ καιρὸν |
| TNep. | 7 | 2 | πολλὰ τοῦ Ἰσραὴλ ὑπομείναντος. τότε λέγει μοι ὁ * πατήρ * μου πιστεύω ὅτι ζῇ Ἰωσὴφ ὁρῶ γὰρ πάντοτε ὅτι |
| TNep. | 9 | 1 | τὰ ὀστᾶ αὐτοῦ εἰς Χεβρὼν καὶ θάψωσι μετὰ τῶν * πατέρων * αὐτοῦ. καὶ φαγὼν καὶ πιὼν ἐν ἱλαρότητι ψυχῆς |
| TNep. | 9 | 3 | αὐτοῦ κατὰ πάντα ὅσα ἐνετείλατο αὐτοῖς Νεφθαλιμ ὁ * πατὴρ * αὐτῶν. |
| TGad | 1 | 5 | τοῦ καύματος καὶ ὑπέστρεψεν εἰς Χεβρὼν πρὸς τὸν * πατέρα * αὐτοῦ καὶ ἀνέκλινεν αὐτὸν πλησίον αὐτοῦ ὅτι ἠγάπα |
| TGad | 1 | 6 | πλησίον αὐτοῦ ὅτι ἠγάπα αὐτόν. καὶ εἶπεν Ἰωσὴφ τῷ * πατρὶ * ἡμῶν ὅτι υἱοὶ Ζέλφας καὶ Βάλλας θύουσι τὰ καλὰ καὶ |
| TGad | 1 | 7 | ὅτι οὐκ ἠδύνατο ζῆν καὶ ἐφάγομεν αὐτὸν καὶ εἶπε τῷ * πατρὶ * ἡμῶν. καὶ ἐνεκότουν τῷ Ἰωσὴφ περὶ τοῦ λόγου |
| TGad | 1 | 9 | Ἰουδὰ ἠσθίομεν τὰ θρέμματα καὶ πάντα ὅσα ἔλεγε τῷ * πατρὶ * ἐπείθετο αὐτῷ. ὁμολογῶ νῦν τὴν ἁμαρτίαν μου τέκνα |
| TGad | 2 | 5 | ἐπληροφορήθην τῆς ἀναιρέσεως αὐτοῦ. καὶ ὁ θεὸς τῶν * πατέρων * μου ἐρρύσατο αὐτὸν ἐκ τῶν χειρῶν μου ἵνα ποιήσω |
| TGad | 5 | 9 | ὁ θεὸς νόσον ἥπατος καὶ εἰ μὴ αἱ εὐχαὶ Ἰακὼβ τοῦ * πατρός * μου ὀλίγου διεφώνησεν ἀπ' ἐμοῦ τὸ πνεῦμά μου. δι' |
| TGad | 6 | 2 | λόγῳ καὶ διανοίᾳ ψυχῆς. ἐγὼ γὰρ κατὰ πρόσωπον τοῦ * πατρὸς * ἡμῶν εἰρηνικὰ ἐλάλουν τῷ Ἰωσὴφ καὶ ἐξελθόντος |
| TGad | 8 | 3 | πάλιν εἶπεν αὐτοῖς τέκνα μου ὑπακούσατε τοῦ * πατρὸς * ὑμῶν καὶ θάψατέ με σύνεγγυς τῶν πατέρων μου. καὶ |
| TGad | 8 | 3 | τοῦ πατρὸς ὑμῶν καὶ θάψατέ με σύνεγγυς τῶν * πατέρων * μου. καὶ ἐξάρας τοὺς πόδας αὐτοῦ ἐκοιμήθη ἐν |
| TGad | 8 | 5 | αὐτὸν καὶ ἔθαψαν αὐτὸν εἰς Χεβρὼν μετὰ τῶν * πατέρων * αὐτοῦ. |
| TAser | 1 | 2 | ὑγιαίνων εἶπε πρὸς αὐτοὺς ἀκούσατε τέκνα Ἀσὴρ τοῦ * πατρὸς * ὑμῶν καὶ πᾶν τὸ εὐθὲς ἐνώπιον τοῦ θεοῦ ὑποδείξω |
| TAser | 8 | 2 | αὐτοῖς καὶ ἀναγαγόντες αὐτὸν ἔθαψαν μετὰ τῶν * πατέρων * αὐτοῦ. |
| TJos. | 1 | 2 | τοῦ ἠγαπημένου ὑπὸ Ἰσραὴλ ἐνωτίσασθε υἱοὶ τοῦ * πατρὸς * ὑμῶν. ἐγὼ εἶδον ἐν τῇ ζωῇ μου τὸν φθόνον καὶ τὸν |
| TJos. | 1 | 4 | ἠγάπησέ με αὐτοὶ ἤθελόν με ἀνελεῖν καὶ ὁ θεὸς τῶν * πατέρων * μου ἐφύλαξέ με εἰς λάκκον με ἐχάλασαν καὶ ὁ |
| TJos. | 2 | 2 | με παρανομεῖν μετ' αὐτῆς ἀλλ' ὁ θεὸς Ἰσραὴλ τοῦ * πατρός * μου ἐφύλαξέ με ἀπὸ φλογὸς καιομένης. ἐφυλακίσθην |
| TJos. | 3 | 3 | ἔσῃ ὡς δεσπότης ἡμῶν. ἐγὼ οὖν ἐμνησκόμην λόγους * πατρός * μου Ἰακὼβ καὶ εἰσερχόμενος εἰς τὸ ταμιεῖον |

| | | | |
|---|---|---|---|
| TJos. | 6 | 6 | ἀλλὰ κυρίῳ μόνῳ; νῦν οὖν γνῶθι ὅτι ὁ θεὸς τοῦ * πατρός * μου δι' ἀγγέλου ἀπεκάλυψέ μοι τὴν κακίαν σου καὶ |
| TJos. | 6 | 7 | ἐνώπιον αὐτῆς ἐξαυτῆς ἔφαγον εἰπὼν ὁ θεὸς τῶν * πατέρων * μου καὶ ὁ ἄγγελος Ἀβραὰμ ἔσται μετ' ἐμοῦ. ἡ δὲ |
| TJos. | 10 | 5 | γινώσκουσιν οἱ ἀδελφοί μου πῶς ἠγάπησέ με ὁ * πατήρ * μου καὶ οὐχ ὑψούμην ἐν τῇ καρδίᾳ μου. καίπερ |
| TJos. | 15 | 1 | ἦλθον οἱ Ἰσμαηλῖται καὶ ἀκούσαντες ὅτι Ἰακὼβ ὁ * πατήρ * μου πενθεῖ περὶ ἐμοῦ εἶπον πρός με τί ὅτι εἶπας |
| TJos. | 15 | 2 | υἱὸς εἶ ἀνδρὸς μεγάλου ἐν γῇ Χανάαν καὶ πενθεῖ ὁ * πατήρ * σου ἐν σάκκῳ. καὶ πάλιν ἤθελον δακρῦσαι καὶ |
| TJos. | 20 | 1 | ὑμῶν καὶ εἰσάξει ὑμᾶς εἰς γῆν ἐπαγγελίας τῶν * πατέρων * ὑμῶν. ἀλλὰ συνανοίσετε τὰ ὀστᾶ μου μεθ' ὑμῶν ὅτι |
| TBen. | 1 | 5 | ἡμέρας καὶ συλλαβοῦσα ἔτεκέ με. σφόδρα γὰρ ὁ * πατὴρ * ἡμῶν ἠγάπα τὴν Ῥαχὴλ καὶ ηὔχετο δύο υἱοὺς ἰδεῖν |
| TBen. | 2 | 1 | με Ἰωσὴφ ὁ ἀδελφός μου λέγει μοι τί εἶπον τῷ * πατρί * μου ὅτε ἐπώλησάν με; καὶ εἶπον αὐτῷ ὅτι ἔφυραν τὸν |
| TBen. | 3 | 6 | ἧς ἔχει πρὸς τὸν πλησίον. καὶ γὰρ ἐδεήθη τοῦ * πατρὸς * ἡμῶν Ἰωσὴφ ἵνα προσεύξηται περὶ τῶν υἱῶν ἵνα μὴ |
| TBen. | 3 | 7 | ὦ τέκνον χρηστὸν ἐνίκησας τὰ σπλάγχνα Ἰακὼβ τοῦ * πατρός * σου. καὶ περιλαβὼν αὐτὸν ἐπὶ δύο ὥρας κατεφίλει |
| TBen. | 10 | 1 | μορφὴν τῆς ὄψεως αὐτοῦ καὶ δι' εὐχῶν Ἰακὼβ τοῦ * πατρός * μου εἶδον αὐτὸν ἐν ἡμέρᾳ γρηγορῶν καθ' ὃ ἦν πᾶσα |
| TBen. | 11 | 5 | ἕως τοῦ αἰῶνος. καὶ δι' αὐτὸν συνέτισέ με Ἰακὼβ ὁ * πατήρ * μου λέγων αὐτὸς ἀναπληρώσει τὰ ὑστερήματα τῆς |
| TBen. | 12 | 1 | μου ἐξ Αἰγύπτου καὶ θάψατέ με εἰς Χεβρὼν ἐγγὺς τῶν * πατέρων * μου. καὶ ἀπέθανε Βενιαμὶν ἑκατὸν εἰκοσιπέντε |
| TBen. | 12 | 3 | αὐτοὶ καὶ οἱ ἀδελφοὶ αὐτῶν ἀνήγαγον τὰ ὀστᾶ τῶν * πατέρων * αὐτῶν ἐν κρυφῇ ἐν τῷ πολέμῳ Χανάαν. καὶ ἔθαψαν |
| TBen. | 12 | 3 | καὶ ἔθαψαν αὐτοὺς ἐν Χεβρὼν παρὰ τοὺς πόδας τῶν * πατέρων * αὐτῶν. καὶ αὐτοὶ ἐπέστρεψαν ἐκ γῆς Χανάαν καὶ |
| Asen. | 1 | 7 | αὐτῆς ὁ υἱὸς Φαραὼ ὁ πρωτότοκος καὶ ἐξελιπάρει τὸν * πατέρα * αὐτοῦ τοῦ δοῦναι αὐτὴν αὐτῷ εἰς γυναῖκα. καὶ εἶπε |
| Asen. | 1 | 7 | εἶπε τῷ Φαραὼ ὁ υἱὸς αὐτοῦ ὁ πρωτότοκος δός μοι * πάτερ * τὴν Ἀσενὲθ τὴν θυγατέρα Πεντεφρῆ τοῦ ἱερέως |
| Asen. | 1 | 8 | Ἡλιουπόλεως εἰς γυναῖκα. καὶ εἶπεν αὐτῷ Φαραὼ ὁ * πατὴρ * αὐτοῦ ἵνα τί σὺ ζητεῖς γυναῖκα ἥττόν σου καὶ σὺ |
| Asen. | 3 | 5 | ὅτι ἥκασιν ἐξ ἀγροῦ τῆς κληρονομίας αὐτῶν ὁ * πατὴρ * καὶ ἡ μήτηρ αὐτῆς καὶ ἐχάρη καὶ εἶπεν πορεύσομαι |
| Asen. | 3 | 5 | καὶ ἐχάρη καὶ εἶπεν πορεύσομαι καὶ ὄψομαι τὸν * πατέρα * μου καὶ τὴν μητέρα μου ὅτι ἥκασιν ἐξ ἀγροῦ τῆς |
| Asen. | 4 | 1 | τὴν κλίμακα ἐκ τοῦ ὑπερῴου καὶ ἦλθε πρὸς τὸν * πατέρα * αὐτῆς καὶ τὴν μητέρα καὶ ἠσπάσατο αὐτοὺς καὶ |
| Asen. | 4 | 5 | τὰ ῥήματά μου. καὶ ἐκάθισεν Ἀσενὲθ ἀνάμεσον τοῦ * πατρὸς * αὐτῆς καὶ τῆς μητρός. καὶ ἐκράτησε Πεντεφρῆς ὁ |
| Asen. | 4 | 5 | αὐτῆς καὶ τῆς μητρός. καὶ ἐκράτησε Πεντεφρῆς ὁ * πατὴρ * αὐτῆς τῇ χειρὶ αὐτοῦ τῇ δεξιᾷ τὴν χεῖρα τὴν δεξιὰν |
| Asen. | 4 | 6 | εἶπεν ἰδοὺ ἐγὼ κύριε. λαλησάτω δὴ ὁ κύριός μου καὶ * πατήρ * μου. καὶ εἶπεν αὐτῇ Πεντεφρῆς ὁ πατὴρ αὐτῆς Ἰωσὴφ |
| Asen. | 4 | 7 | μου καὶ πατήρ μου. καὶ εἶπεν αὐτῇ Πεντεφρῆς ὁ * πατὴρ * αὐτῆς Ἰωσὴφ ὁ δυνατὸς τοῦ θεοῦ ἔρχεται πρὸς ἡμᾶς |
| Asen. | 4 | 9 | καὶ ὡς ἤκουσεν Ἀσενὲθ τὰ ῥήματα ταῦτα παρὰ τοῦ * πατρὸς * αὐτῆς περιεχύθη αὐτῇ ἱδρὼς ἐρυθρὸς πολὺς ἐπὶ τοῦ |
| Asen. | 4 | 9 | αὐτῆς καὶ ἐθυμώθη ἐν ὀργῇ μεγάλῃ καὶ ἐνέβλεψε τῷ * πατρὶ * αὐτῆς πλαγίως τοῖς ὀφθαλμοῖς αὐτῆς καὶ εἶπεν ἵνα |
| Asen. | 4 | 9 | αὐτῆς καὶ εἶπεν ἵνα τί λαλεῖ ὁ κύριός μου καὶ * πατήρ * μου κατὰ τὰ ῥήματα ταῦτα παραδοῦναί με ὡς |
| Asen. | 5 | 2 | ἡμῶν ἕστηκε. καὶ ἔφυγεν Ἀσενὲθ ἀπὸ προσώπου τοῦ * πατρὸς * καὶ τῆς μητρὸς αὐτῆς ὡς ἤκουσε τὰ ῥήματα ταῦτα |
| Asen. | 5 | 2 | ἰδεῖν τὸν Ἰωσὴφ εἰσερχόμενον εἰς τὴν οἰκίαν τοῦ * πατρὸς * αὐτῆς. καὶ ἐξῆλθον εἰς συνάντησιν τοῦ Ἰωσὴφ |
| Asen. | 6 | 4 | φῶς; ταλαίπωρος ἐγὼ καὶ ἄφρων ὅτι λελάληκα τῷ * πατρί * μου περὶ αὐτοῦ ῥήματα πονηρά. καὶ νῦν ποῦ |
| Asen. | 6 | 8 | αὐτοῦ ῥήματα πονηρὰ ἐν ἀγνοίᾳ. καὶ νῦν δότω με ὁ * πατήρ * μου τῷ Ἰωσὴφ εἰς παιδίσκην καὶ εἰς δούλην καὶ |
| Asen. | 7 | 4 | Ἰωσὴφ οὐχ ἁμαρτήσω ἐνώπιον κυρίου τοῦ θεοῦ τοῦ * πατρός * μου Ἰσραὴλ οὐδὲ κατὰ πρόσωπον τοῦ πατρός μου |
| Asen. | 7 | 4 | θεοῦ τοῦ πατρός μου Ἰσραὴλ οὐδὲ κατὰ πρόσωπον τοῦ * πατρός * μου Ἰακώβ. καὶ τὸ πρόσωπον τοῦ πατρὸς αὐτοῦ |
| Asen. | 7 | 5 | τοῦ πατρός μου Ἰακώβ. καὶ τὸ πρόσωπον τοῦ * πατρὸς * αὐτοῦ Ἰακὼβ πρὸ ὀφθαλμῶν αὐτοῦ εἶχεν Ἰωσὴφ |
| Asen. | 7 | 5 | εἶχεν Ἰωσὴφ πάντοτε καὶ ἐμέμνητο τῶν ἐντολῶν τοῦ * πατρὸς * αὐτοῦ. διότι ἔλεγεν Ἰακὼβ τῷ υἱῷ αὐτοῦ Ἰωσὴφ |
| Asen. | 8 | 9 | ἐπάνω τῆς κεφαλῆς αὐτῆς καὶ εἶπεν κύριε ὁ θεὸς τοῦ * πατρός * μου Ἰσραὴλ ὁ ὕψιστος ὁ δυνατὸς τοῦ Ἰακὼβ ὁ |
| Asen. | 11 | 4 | πάντες γὰρ μεμισήκασί με καὶ σὺν τούτοις ὁ * πατήρ * μου καὶ ἡ μήτηρ μου διότι κἀγὼ μεμίσηκα τοὺς θεοὺς |
| Asen. | 11 | 5 | ὑπὸ τῶν ἀνθρώπων. καὶ διὰ τοῦτο μεμισήκασί με ὁ * πατήρ * μου καὶ ἡ μήτηρ μου καὶ πᾶσα ἡ συγγένειά μου καὶ |
| Asen. | 11 | 13 | μου καὶ ὑπερασπιεῖ μου διότι αὐτός ἐστιν ὁ * πατὴρ * τῶν ὀρφανῶν καὶ τῶν δεδιωγμένων ὑπερασπιστὴς καὶ |
| Asen. | 12 | 8 | ὡς γὰρ παιδίον νήπιον φοβούμενον φεύγει πρὸς τὸν * πατέρα * αὐτοῦ καὶ ὁ πατὴρ ἐκτείνας τὰς χεῖρας αὐτοῦ |
| Asen. | 12 | 8 | φοβούμενον φεύγει πρὸς τὸν πατέρα αὐτοῦ καὶ ὁ * πατὴρ * ἐκτείνας τὰς χεῖρας αὐτοῦ ἁρπάζει αὐτὸ ἐκ τῆς γῆς |
| Asen. | 12 | 8 | σφίγγει τὰς χεῖρας αὐτοῦ ἐπὶ τὸν αὐχένα τοῦ * πατρὸς * αὐτοῦ καὶ ⟨ἀναπνεῖ⟩ ἀπὸ τοῦ φόβου αὐτοῦ καὶ |
| Asen. | 12 | 8 | τοῦ φόβου αὐτοῦ καὶ ἀναπαύεται πρὸς τὸ στῆθος τοῦ * πατρὸς * αὐτοῦ ὁ δὲ πατὴρ ⟨μειδιᾷ⟩ ἐπὶ τῇ ταραχῇ τῆς |
| Asen. | 12 | 8 | ἀναπαύεται πρὸς τὸ στῆθος τοῦ πατρὸς αὐτοῦ ὁ δὲ * πατὴρ * ⟨μειδιᾷ⟩ ἐπὶ τῇ ταραχῇ τῆς νηπιότητος αὐτοῦ οὕτως |
| Asen. | 12 | 8 | καὶ σὺ κύριε ἔκτεινον τὰς χεῖράς σου ἐπ' ἐμὲ ὡς * πατὴρ * φιλότεκνος καὶ ἅρπασόν με ἐκ τῆς γῆς. ἰδοὺ γὰρ ὁ |
| Asen. | 12 | 9 | ὁ ἄγριος ὁ παλαιὸς καταδιώκει με διότι αὐτός ἐστι * πατὴρ * τῶν θεῶν τῶν Αἰγυπτίων καὶ τὰ τέκνα αὐτοῦ εἰσιν οἱ |
| Asen. | 12 | 10 | πάντας ἀπ' ἐμοῦ καὶ ἀπώλεσα αὐτούς. καὶ ὁ λέων ὁ * πατὴρ * αὐτῶν θυμωθεὶς καταδιώκει με ἀλλὰ σὺ κύριε ῥῦσαί |
| Asen. | 12 | 12 | ῥῦσαί με κύριε τὴν ἔρημον καὶ ἀπερίστατον διότι ὁ * πατὴρ * μου καὶ ἡ μήτηρ μου ἠρνήσαντό με καὶ εἶπον οὐκ |
| Asen. | 12 | 13 | καταφυγὴ πλὴν τοῦ ἐλέους σου κύριε διότι σὺ εἶ ὁ * πατὴρ * τῶν ὀρφανῶν καὶ τῶν δεδιωγμένων ὑπερασπιστὴς καὶ |
| Asen. | 12 | 14 | ἐγκαταλελειμμένην καὶ ὀρφανὴν διότι σὺ εἶ κύριε * πατὴρ * γλυκὺς καὶ ἀγαθὸς καὶ ἐπιεικής. τίς πατὴρ οὕτω |
| Asen. | 12 | 15 | εἶ κύριε πατὴρ γλυκὺς καὶ ἀγαθὸς καὶ ἐπιεικής. τίς * πατὴρ * οὕτω γλυκύς ἐστιν ὡς σὺ κύριε καὶ τίς οὕτω ταχὺς |
| Asen. | 12 | 15 | ἡμῶν ὡς σὺ κύριε; ἰδοὺ γὰρ πάντα τὰ ⟨δόματα⟩ τοῦ * πατρός * μου Πεντεφρῆ ἃ δέδωκέ μοι εἰς κληρονομίαν |
| Asen. | 15 | 7 | μετανοούντων ἐν ὀνόματι θεοῦ τοῦ ὑψίστου ἐπειδὴ * πατήρ * ἐστι τῆς μετανοίας. καὶ αὕτη ἐστὶν ἐπίσκοπος |
| Asen. | 15 | 8 | καὶ ἔστιν ἐπιεικὴς καὶ πραεῖα. καὶ διὰ τοῦτο ὁ * πατὴρ * ὁ ὕψιστος ἀγαπᾷ αὐτὴν καὶ πάντες οἱ ἄγγελοι |
| Asen. | 20 | 2 | καὶ ἐκάθισεν αὐτὸν ἐπὶ τοῦ θρόνου Πεντεφρῆ τοῦ * πατρὸς * αὐτῆς. καὶ ἤνεγκεν ὕδωρ τοῦ νίψαι τοὺς πόδας |
| Asen. | 20 | 6 | αὐτοῦ καὶ ἐκάθισεν ἐκ δεξιῶν αὐτοῦ. καὶ ἦλθον ὁ * πατὴρ * καὶ ἡ μήτηρ αὐτῆς καὶ πᾶσα ἡ συγγένεια αὐτῆς ἐκ |
| Asen. | 20 | 9 | αὔριον πρὸς Φαραὼ τὸν βασιλέα διότι αὐτός ἐστιν ὡς * πατήρ * μου καὶ κατέστησέ με ἄρχοντα ἐπὶ πάσης τῆς γῆς |
| Asen. | 21 | 12 | ἥμαρτον ⟨ἐγὼ ἤμην⟩ εὐθηνοῦσα ἐν τῷ οἴκῳ τοῦ * πατρός * μου καὶ ἤμην παρθένος ἀλαζὼν καὶ ὑπερήφανος. |
| Asen. | 22 | 3 | εἶπεν Ἀσενὲθ τῷ Ἰωσὴφ πορεύσομαι καὶ ὄψομαι τὸν * πατέρα * σου διότι ὁ πατήρ σου Ἰσραὴλ ὡς πατήρ μοί ἐστι |
| Asen. | 22 | 3 | πορεύσομαι καὶ ὄψομαι τὸν πατέρα σου διότι ὁ * πατήρ * σου Ἰσραὴλ ὡς πατήρ μοί ἐστι καὶ θεός. καὶ εἶπεν |
| Asen. | 22 | 3 | ὄψομαι τὸν πατέρα σου διότι ὁ πατήρ σου Ἰσραὴλ ὡς * πατήρ * μοί ἐστι καὶ θεός. καὶ εἶπεν αὐτῇ Ἰωσὴφ πορεύσῃ |
| Asen. | 22 | 4 | καὶ εἶπεν αὐτῇ Ἰωσὴφ πορεύσῃ σὺν ἐμοὶ καὶ ὄψῃ τὸν * πατέρα * μου. καὶ ἦλθεν Ἰωσὴφ καὶ Ἀσενὲθ ἐν γῇ Γεσὲμ |
| Asen. | 22 | 9 | αὐχένος Ἰακὼβ καὶ ἐκρεμάσθη ἐπὶ τὸν τράχηλον τοῦ * πατρὸς * αὐτῆς ⟨καθὼς κρέματαί τις ἐπὶ τὸν τράχηλον τοῦ |
| Asen. | 22 | 9 | αὐτῆς ⟨καθὼς κρέματαί τις ἐπὶ τὸν τράχηλον τοῦ * πατρὸς * αὐτοῦ ὅταν ἐκ πολέμου ἐπανέλθῃ εἰς τὸν οἶκον |
| Asen. | 23 | 10 | ταῦτα; καὶ ἡμεῖς ἐσμὲν ἄνδρες θεοσεβεῖς καὶ ὁ * πατὴρ * ἡμῶν ἐστὶ φίλος τοῦ θεοῦ τοῦ ὑψίστου καὶ Ἰωσὴφ ὁ |
| Asen. | 23 | 11 | ἁμαρτήσομεν ἐνώπιον τοῦ θεοῦ ἡμῶν καὶ ἐνώπιον τοῦ * πατρὸς * ἡμῶν Ἰσραὴλ καὶ ἐνώπιον τοῦ ἀδελφοῦ ἡμῶν Ἰωσήφ; |
| Asen. | 24 | 8 | Ἰωσὴφ τοῦ ἀδελφοῦ ὑμῶν λέγοντος πρὸς Φαραὼ τὸν * πατέρα * μου περὶ ὑμῶν ὅτι τέκνα παιδισκῶν τοῦ πατρός μού |
| Asen. | 24 | 8 | τὸν πατέρα μου περὶ ὑμῶν ὅτι τέκνα παιδισκῶν τοῦ * πατρός * μού εἰσι Δὰν καὶ Γὰδ καὶ Νεφθαλὶμ καὶ Ἀσὴρ καὶ |
| Asen. | 24 | 8 | οὐκ εἴσιν ἀδελφοί μου καὶ ἀναμενῶ τὸν θάνατον τοῦ * πατρός * μου καὶ ἐκτρίψω αὐτοὺς ἐκ γῆς καὶ πᾶσαν τὴν |
| Asen. | 24 | 9 | ἣν ἐπονηρεύσαντο κατ' ἐμοῦ. μόνον ἀποθανεῖται ὁ * πατήρ * μου. καὶ ἐπῄνεσεν αὐτὸν Φαραὼ ὁ πατήρ μου καὶ |
| Asen. | 24 | 10 | ὁ πατήρ μου. καὶ ἐπῄνεσεν αὐτὸν Φαραὼ ὁ * πατήρ * μου καὶ εἶπεν αὐτῷ καλῶς εἴρηκας τέκνον. λοιπὸν |
| Asen. | 24 | 14 | καὶ εἶπεν αὐτοῖς ὁ υἱὸς Φαραὼ ἐγὼ ἀποκτενῶ τὸν * πατέρα * μου Φαραὼ τῇ νυκτὶ ταύτῃ διότι Φαραὼ ὁ πατήρ μου |
| Asen. | 24 | 14 | τὸν πατέρα μου Φαραὼ τῇ νυκτὶ ταύτῃ διότι Φαραὼ ὁ * πατήρ * μου ὡς πατήρ ἐστι του Ἰωσὴφ καὶ εἶπεν αὐτῷ τοῦ |
| Asen. | 24 | 14 | Φαραὼ τῇ νυκτὶ ταύτῃ διότι Φαραὼ ὁ πατήρ μου ὡς * πατήρ * ἐστι του Ἰωσὴφ καὶ εἶπεν αὐτῷ τοῦ βοηθῆσαι αὐτῷ |
| Asen. | 25 | 1 | ἐν τῇ νυκτὶ ταύτῃ καὶ ἦλθεν ἐπὶ τὸν θάλαμον τοῦ * πατρὸς * αὐτοῦ τοῦ ἀποκτεῖναι ἐν ῥομφαίᾳ τὸν πατέρα αὐτοῦ. |
| Asen. | 25 | 1 | τοῦ πατρὸς αὐτοῦ τοῦ ἀποκτεῖναι ἐν ῥομφαίᾳ τὸν * πατέρα * αὐτοῦ. καὶ οἱ φύλακες τοῦ πατρὸς αὐτοῦ διεκώλυον |
| Asen. | 25 | 1 | ἐν ῥομφαίᾳ τὸν πατέρα αὐτοῦ. καὶ οἱ φύλακες τοῦ * πατρὸς * αὐτοῦ διεκώλυον αὐτὸν τοῦ εἰσελθεῖν πρὸς τὸν |
| Asen. | 25 | 1 | αὐτοῦ διεκώλυον αὐτὸν τοῦ εἰσελθεῖν πρὸς τὸν * πατέρα * αὐτοῦ καὶ εἶπον αὐτῷ τί προστάσσεις κύριε; καὶ |
| Asen. | 25 | 2 | καὶ εἶπεν αὐτοῖς ὁ υἱὸς Φαραὼ ὄψεσθαι βούλομαι τὸν * πατέρα * μου διότι πορεύομαι τρυγῆσαι τὴν ἄμπελόν μου τὴν |
| Asen. | 25 | 3 | καὶ εἶπον αὐτῷ οἱ φύλακες κεφαλῆς πόνον πονεῖ ὁ * πατήρ * σου καὶ ἠγρύπνησεν ὅλην τὴν νύκτα καὶ νῦν ἡσυχάζει |
| Asen. | 25 | 5 | λέγοντες ἵνα τί ὑμεῖς πονηρεύεσθε πάλιν κατὰ τοῦ * πατρὸς * ἡμῶν Ἰσραὴλ καὶ κατὰ τοῦ ἀδελφοῦ ἡμῶν Ἰωσήφ; |
| Asen. | 28 | 9 | τοὺς ἀδελφοὺς αὐτῶν τοὺς υἱοὺς τῶν παιδισκῶν τοῦ * πατρὸς * αὐτῶν τοῦ ἀνελεῖν αὐτούς. καὶ εἶπε πρὸς αὐτοὺς |
| Asen. | 28 | 11 | αὐτῶν διότι ἀδελφοὶ ὑμῶν εἰσι καὶ αἷμα τοῦ * πατρὸς * ὑμῶν Ἰσραήλ. καὶ εἶπεν αὐτῇ Συμεὼν ἵνα τί ἡ |
| Asen. | 28 | 13 | πρῶτοι ἐβουλεύσαντο κακὰ καθ' ἡμῶν καὶ κατὰ τοῦ * πατρὸς * ἡμῶν Ἰσραὴλ καὶ κατὰ τοῦ ἀδελφοῦ ἡμῶν Ἰωσὴφ ἤδη |
| Asen. | 28 | 14 | αὐτῶν. καὶ αὐτοὶ ἀδελφοὶ ὑμῶν εἰσι καὶ γένος τοῦ * πατρὸς * ὑμῶν Ἰσραὴλ καὶ ἔφυγον μηκόθεν ἀπὸ προσώπου |
| Asen. | 29 | 4 | καὶ ἐὰν ζήσῃ ἔσται ἡμῶν φίλος μετὰ ταῦτα καὶ ὁ * πατὴρ * αὐτοῦ Φαραὼ ἔσται ὡς πατὴρ ἡμῶν. καὶ ἀνέστησε |
| Asen. | 29 | 4 | φίλος μετὰ ταῦτα καὶ ὁ πατὴρ αὐτοῦ Φαραὼ ἔσται ὡς * πατὴρ * ἡμῶν. καὶ ἀνέστησε Λευὶς τὸν υἱὸν Φαραὼ ἐκ τῆς γῆς |
| Asen. | 29 | 5 | αὐτὸν ἐπὶ τὸν ἵππον αὐτοῦ καὶ ἐκόμισεν αὐτὸν τῷ * πατρὶ * αὐτοῦ Φαραὼ καὶ διηγήσατο αὐτῷ πάντας τοὺς λόγους |
| Asen. | 29 | 9 | ἦν ἐπὶ μασθῷ ὅτε ἀπέθανε Φαραώ. καὶ ἦν Ἰωσὴφ ὡς * πατὴρ * τοῦ υἱοῦ Φαραὼ τοῦ νεωτέρου ἐν γῇ Αἰγύπτου ⟨πάσας |
| Sal. | 8 | 9 | αὐτῶν ἐν παροργισμῷ υἱὸς μετὰ μητρὸς καὶ * πατὴρ * μετὰ θυγατρὸς συνεφύροντο. ἐμοιχῶντο ἕκαστος τὴν |
| Sal. | 8 | 18 | Ιερουσαλημ ἐστεφάνωσαν τείχη αὐτῆς. εἰσῆλθεν ὡς * πατὴρ * εἰς οἶκον υἱῶν αὐτοῦ μετ' εἰρήνης ἔστησεν τοὺς |
| Sal. | 8 | 22 | ἐποίησαν κατὰ τὰς ἀκαθαρσίας αὐτῶν καθὼς οἱ * πατέρες * αὐτῶν ἐμίαναν Ιερουσαλημ καὶ τὰ ἡγιασμένα τῷ |
| Sal. | 9 | 10 | οὐκ ἀπώσῃ εἰς τὸν αἰῶνα. ἐν διαθήκῃ διέθου τοῖς * πατράσιν * ἡμῶν περὶ ἡμῶν καὶ ἡμεῖς ἐλπιοῦμεν ἐπὶ σέ ἐν |
| Jer. | 2 | 2 | ἱμάτια αὐτοῦ διερρωγότα ἔκραξε φωνῇ μεγάλῃ λέγων * πάτερ * Ἰερεμία τί ἔστι σοι ἢ ποῖον ἁμάρτημα ἐποίησεν ὁ |
| Jer. | 2 | 4 | αὐτῷ ἡ ἁμαρτία. ἠρώτησε δὲ αὐτὸν ὁ Βαροὺχ λέγων * πάτερ * τί ἔστι τοῦτο; εἶπε δὲ αὐτῷ Ἰερεμίας φύλαξαι τοῦ |
| Jer. | 2 | 6 | μὴ ἐλεήσῃ κύριος τὸν λαὸν τοῦτον. καὶ εἶπε Βαροὺχ * πάτερ * Ἰερεμία τί γέγονε; καὶ εἶπεν Ἰερεμίας ὅτι ὁ θεὸς |
| Jer. | 2 | 8 | Βαροὺχ διέρρηξε καὶ αὐτὸς τὰ ἱμάτια αὐτοῦ καὶ εἶπε * πάτερ * Ἰερεμία τίς σοι ἐδήλωσε τοῦτο; καὶ εἶπεν αὐτῷ |
| Jer. | 4 | 9 | ἡμῶν ὑμεῖς δὲ ζωὴν οὐχ ἕξετε. μακάριοί εἰσιν οἱ * πατέρες * ἡμῶν Ἀβραὰμ Ἰσαὰκ καὶ Ἰακὼβ ὅτι ἐξῆλθον ἐκ |
| Jer. | 5 | 5 | βραδυνῶ τοῦ ἐξυπνισθῆναι καὶ ὀλιγωρήσῃ Ἰερεμίας ὁ * πατήρ * μου εἰ μὴ γὰρ ἐσπούδαζεν οὐκ ἂν ἀπέστειλέ με |
| Jer. | 5 | 25 | Βαβυλῶνα. πόση γὰρ ὥρα ἐστὶν ἀφ' οὗ ἀπέστειλέ με ὁ * πατήρ * μου Ἰερεμίας εἰς τὸ χωρίον τοῦ Ἀγρίππα ἐνέγκαι |
| Jer. | 6 | 18 | ἡμῶν καὶ ἐμνήσθη τῆς διαθήκης ἧς ἔστησε μετὰ τῶν * πατέρων * ἡμῶν Ἀβραὰμ Ἰσαὰκ καὶ Ἰακώβ. καὶ ἀπέστειλε |
| Jer. | 7 | 18 | λέγοντες ὅτι μὴ οὗτος ὁ θεὸς ὁ ὀφθεὶς τοῖς * πατράσιν * ἡμῶν ἐν τῇ ἐρήμῳ διὰ Μωϋσέως καὶ νῦν ἐφάνη ἡμῖν |

Jer. 7 24 τὴν γενομένην τῷ λαῷ ὑπὸ τῶν Βαβυλωνίων. ὥσπερ γὰρ * πατὴρ * υἱὸν μονογενῆ ἔχων τούτου δὲ παραδοθέντος εἰς
Jer. 7 24 τούτου δὲ παραδοθέντος εἰς τιμωρίαν οἱ ἰδόντες τὸν * πατέρα * αὐτοῦ καὶ παραμυθούμενοι αὐτὸν σκέπουσιν τὸ
Jer. 9 8 καὶ κράζοντες μεγάλῃ τῇ φωνῇ οὐαὶ ἡμῖν ὅτι ὁ * πατὴρ * ἡμῶν Ἱερεμίας κατέλιπεν ἡμᾶς ὁ ἱερεὺς τοῦ θεοῦ
Jer. 9 18 ἐν τοῖς ἔθνεσιν ὃν ἐγὼ ἑώρακα κεκοσμημένον ὑπὸ τοῦ * πατρὸς * αὐτοῦ καὶ ἐρχόμενον εἰς τὸν κόσμον ἐπὶ τὸ ὄρος
Bar. 4 17 εἰς κόρον πίνοντες οὔτε ἀδελφὸς ἀδελφὸν ἐλεεῖ οὔτε * πατὴρ * υἱὸν οὐ<τε> τέκνα γονεῖς ἀλλὰ διὰ τῆς πτώσεως τοῦ
Bar. 13 4 εἰσελθεῖν ἐν ἐκκλησίᾳ ποτέ οὐδὲ εἰς πνευματικοὺς * πατέρας * οὐδὲ εἰς ἀγαθὸν ἕν. ἀλλ' ὅπου φόνος καὶ αὐτοὶ ἐν
Prop. 1 9 Δαυὶδ καὶ Σολομῶντος καὶ ἐμίανεν ὀστᾶ τόπου * πατέρων * αὐτοῦ διὰ τοῦτο ὁ θεὸς ἐπηράσατο εἰς δουλείαν
Prop. 2 8 ἐστι μυστήριον ὑπὸ ὁσίου προφήτου τοῖς * πατράσιν * ἡμῶν παραδοθὲν καὶ ἐκδεχόμεθα τὸ πέρας φησὶν
Prop. 3 3 αὐτὸν ἐν ἀγρῷ Μαοὺρ ἐν τάφῳ Σὴμ καὶ Ἀρφαξὰδ * πατέρων * Ἀβραὰμ καὶ ἔστιν ὁ τάφος σπήλαιον διπλοῦν ὅτι
Prop. 4 18 ἀλλ' ὁ ὅσιος εἶπεν ἵλεώς μοι ἀφεῖναι κληρονομίαν * πατέρων * μου καὶ κολληθῆναι κληρονομίαις ἀπεριτμήτων. καὶ
Prop. 6 1 κρημνῷ ὅτι ἤλεγχεν αὐτὸν ἐπὶ ταῖς ἀσεβείαις τῶν * πατέρων * αὐτοῦ. καὶ ἐτάφη ἐν τῇ γῇ αὐτοῦ μόνος σύνεγγυς
Prop. 9 4 βασιλέως προεφήτευσε καὶ ἀπέθανε ταφεὶς μετὰ τῶν * πατέρων * αὐτοῦ. καὶ καταλιπὼν τὴν λειτουργίαν τοῦ
Prop. 9 4B τῷ Ἠλίᾳ καὶ προεφήτευσε καὶ ἐτάφη μετὰ τῶν * πατέρων * αὐτοῦ. Ἰωνᾶς ἦν ἐκ γῆς Καριαθμοῦς πλησίον
Prop. 16 4 ἐν βίβλῳ κριτῶν. καὶ ἔτι νέος προσετέθη πρὸς τοὺς * πατέρας * αὐτοῦ ἐν ἀγρῷ αὐτοῦ. Ναθὰν προφήτης Δαυὶδ ἦν ἐκ
Prop. 21 2 ἦν τοῖς ἱερεῦσιν. ὅτε εἶχε τεχθῆναι εἶδε Σοβαχὰ ὁ * πατὴρ * αὐτοῦ ὅτι ἄνδρες λευκοφανεῖς αὐτὸν προσηγόρευον
Prop. 23 1 καὶ λαβόντες αὐτόν οἱ ἱερεῖς ἔθαψαν αὐτὸν μετὰ τοῦ * πατρὸς * αὐτοῦ ἔκτοτε ἐγένοντο τέρατα ἐν τῷ ναῷ φαντασίας
Esdr. 1 1 προφήτου Ἐσδρὰμ καὶ ἀγαπητοῦ τοῦ θεοῦ. εὐλόγησον * πάτερ. * ἐγένετο ἐν τῷ τριακοστῷ ἔτει δευτέρᾳ καὶ εἰκάδι
Esdr. 2 6 δικασώμεθα. καὶ εἶπεν ὁ θεὸς ἐρώτησον Ἀβραὰμ τὸν * πατέραν * ὑμῶν. ποῖον υἱὸν δικάζεσθαι ἐν πατρὶ καὶ δεῦρο
Esdr. 2 6 Ἀβραὰμ τὸν πατέραν ὑμῶν. ποῖον υἱὸν δικάζεσθαι ἐν * πατρὶ * καὶ δεῦρο δικάζου μεθ' ἡμῶν. καὶ εἶπεν Ἐσδρὰμ ζῇ
Esdr. 2 22 μου. καὶ εἶπεν ὁ προφήτης ὑπόμνησον τῶν γραφῶν ὁ * πατήρ * μου ἐκμετρήσας τὴν Ἱερουσαλὴμ καὶ ἀνορθώσας αὐτὴν
Esdr. 3 10 τί ἔπλασας τὸν ἄνθρωπον; σὺ εἶπας πρὸς Ἀβραὰμ τὸν * πατέραν * ἡμῶν πληθύνων πληθυνῶ τὸ σπέρμα σου ὡς τὰ ἄστρα
Esdr. 7 16 ᾧ πρέπει δόξα κράτος τιμὴ καὶ προσκύνησις τῷ * πατρὶ * καὶ τῷ υἱῷ καὶ τῷ ἁγίῳ πνεύματι νῦν καὶ ἀεὶ καὶ
Sedr. 3 2 λέγει αὐτῷ Σεδρὰχ ναὶ ἔχει ὁ υἱὸς δίκην μέ τὸν * πατέρα * κύριέ μου διά τί ἐποίησας τὴν γῆν; λέγει αὐτῷ ὁ
Sedr. 6 5 ἀλλότριος ἐγένετο μοιχαλὶς καὶ ἁμαρτωλός. ποῖος * πατὴρ * προικίσας εἰπέ μοι τῷ υἱῷ αὐτοῦ καὶ λαβὼν τὴν
Sedr. 6 5 τῷ υἱῷ αὐτοῦ καὶ λαβὼν τὴν οὐσίαν καταλιπὼν τὸν * πατέρα * ἀπῆλθεν καὶ ἐγένετο ἀλλότριος καὶ δουλεύει
Sedr. 6 6 ἀλλότριος καὶ δουλεύει ἀλλοτρίῳ; καὶ ἰδὼν ὁ * πατὴρ * ὅτι ἐγκατέλιπεν αὐτὸν ὁ υἱὸς καπνίζεται ἡ καρδία
Sedr. 6 7 ὁ υἱὸς καπνίζεται ἡ καρδία αὐτοῦ. καὶ ἀπελθὼν ὁ * πατὴρ * λαμβάνει τὴν οὐσίαν αὐτοῦ καὶ ἐξορίζει αὐτὸν ἐκ
Sedr. 6 7 αὐτὸν ἐκ τῆς δόξης αὐτοῦ διότι ἐγκατέλιπεν τὸν * πατέρα * αὐτοῦ πῶς δὲ ἐγὼ ὁ θαυμαστὸς καὶ ζηλωτὴς θεὸς τὰ
Sedr. 9 2 Σεδρὰχ <δός μοι τὴν παρακαταθήκην> ἣν παρέθετο ὁ * πατὴρ * ἡμῶν ἐν τῇ κοιλίᾳ τῆς μητρός σου ἐν τῷ ἁγίῳ σου
Sedr. 9 5 σὺ δέ μοι προφασίζεις; ἐγὼ παρηγγέλθην παρὰ τοῦ * πατρός * μου μὴ ἀναισχύντως λάβω τὴν ψυχήν σου εἰ <δὲ> μὴ
Job 1 5 μετ' ἐμοῦ καὶ τὰ γενάμενά μοι πάντα ἐγὼ γάρ εἰμι ὁ * πατὴρ * ὑμῶν Ιωβ ἐν πάσῃ ὑπομονῇ γενόμενος, ὑμεῖς δὲ γένος
Job 1 5 δὲ γένος ἐκλεκτὸν ἔντιμον ἐκ σπέρματος Ιακωβ τοῦ * πατρὸς * τῆς μητρὸς ὑμῶν ἐγὼ γάρ εἰμι ἐκ τῶν υἱῶν Ησαυ
Job 33 3 καὶ ἡ τούτου δόξα καὶ ἡ εὐπρέπεια ἐκ δεξιῶν τοῦ * πατρός * ἐστιν. ὁ κόσμος ὅλος παρελεύσεται καὶ ἡ δόξα
Job 33 9 ἡ δόξα καὶ ἡ εὐπρέπεια αὐτῆς ἐν τοῖς ἅρμασιν τοῦ * πατρὸς * ὑπάρχει. καὶ ἐμοῦ ταῦτα λέγοντος πρὸς αὐτοὺς ἵνα
Job 40 2 καὶ τότε σταθεὶς ἐξωμολογησάμην πρὸς τὸν * πατέρα. * καὶ μετὰ τὴν εὐχὴν εἶπον αὐτοῖς ἀναβλέψατε τοῖς
Job 46 2 παρέσχετο ταῖς θηλείαις αἱ δὲ λυπηθεῖσαι εἶπον τῷ * πατρὶ * κύριε πάτερ ἡμῶν, μὴ καὶ ἡμεῖς οὐκ ἐσμὲν τέκνα
Job 46 2 θηλείαις αἱ δὲ λυπηθεῖσαι εἶπον τῷ πατρὶ κύριε * πάτερ * ἡμῶν, μὴ καὶ ἡμεῖς οὐκ ἐσμὲν τέκνα σου; διατί οὐκ
Job 47 1 εἶπεν δὲ αὐτῷ ἡ ἄλλη θυγάτηρ ἡ λεγομένη Κασία * πάτερ, * αὕτη ἐστὶν ἡ κληρονομία ἣν ἔλεγες εἶναι κρείττονα
Job 47 2 μὴ ἐκ τούτων ἕξομεν τοῦ ζῆν; καὶ εἶπεν αὐταῖς ὁ * πατὴρ * οὐ μόνον ἐκ τούτων ἕξετε τοῦ ζῆν, ἀλλ' αὗται αἱ
Job 47 11 ἐν τῇ διανοίᾳ ὑμῶν διότι φυλακτήριόν ἐστιν τοῦ * πατρὸς * ἐγερθεῖσαι οὖν περιζώσασθε αὐτὰς πρὶν τελευτήσω,
Job 48 1 περιείληξεν τὴν ἑαυτῆς σπάρτην καθὼς εἶπεν ὁ * πατὴρ * καὶ ἀνέλαβεν ἄλλην καρδίαν, μηκέτι τὰ τῆς γῆς
Job 52 9 Ιωβ, βλεπουσῶν τῶν τριῶν θυγατέρων καὶ αὐτοῦ τοῦ * πατρὸς * βλέποντος, ἄλλων δέ τινων μὴ βλεπόντων λαβὼν δὲ
Job 52 12 καὶ περιεζωσμένων, ὑμνολογουσῶν ἐν ὕμνοις τοῦ * πατρός. * καὶ ἐγὼ Νηρεὺς ὁ ἀδελφὸς αὐτοῦ μετὰ τῶν ἑπτὰ
Job 53 3 τῶν ἀδυνάτων, ἦρται τὸ φῶς τῶν τυφλῶν, ἦρται ὁ * πατὴρ * τῶν ὀρφανῶν, ἦρται ὁ τῶν ξένων ξενοδόχος, ἦρται ἡ
Aris. 4 3 εἰς Αἴγυπτον ἐκ τῆς Ἰουδαίας ὑπὸ τοῦ * πατρὸς * τοῦ βασιλέως πρώτως κεκτημένου τήν τε πόλιν καὶ
Aris. 12 4 τῶν μετηγμένων ἐκ τῆς Ἰουδαίας ὑπὸ τοῦ * πατρὸς * τοῦ βασιλέως ἐκεῖνος γὰρ ἐπελθὼν τὰ κατὰ κοίλην
Aris. 20 7 μὴ μόνον τοὺς συνεληλυθότας τῷ στρατοπέδῳ τοῦ * πατρὸς * ἀλλὰ καὶ εἴ τινες προῆσαν ἢ μετὰ ταῦτα
Aris. 22 3 βασιλέως προστάξαντος ὅσοι τῶν συνεστρατευμένων τῷ * πατρὶ * ἡμῶν εἰς τοὺς κατὰ Συρίαν καὶ Φοινίκην τόπους
Aris. 23 1 βασιλικῆς τραπέζης. νομίζομεν γὰρ καὶ παρὰ τὴν τοῦ * πατρὸς * ἡμῶν βούλησιν καὶ παρὰ τὸ καλῶς ἔχον
Aris. 35 5 ὃν ἐπεκράτουν χρόνον ἔτι δὲ καὶ συνεληλυθέναι τῷ * πατρὶ * ἡμῶν εἰς τὴν Αἴγυπτον αἰχμαλώτους ἀφ' ὧν πλείονας
Sib. 3 116 ἔχων μέρος οὐδ' ἐμάχοντο ὅρκοι γάρ τ' ἐγένοντο * πατρὸς * μερίδες τε δίκαιαι. τηνίκα δὴ πατρὸς τέλεος
Sib. 3 117 τ' ἐγένοντο πατρὸς μερίδες τε δίκαιαι. τηνίκα δὴ * πατρὸς * τέλεος χρόνος ἵκετο γήρως καὶ ῥ' ἔθανεν καὶ
Sib. 3 216 εἰσιν ὁμῶς καὶ τῶνδε βοήσω φῦλον καὶ γενεὴν * πατέρων * καὶ δῆμον ἁπάντων πάντα περιφραδέως βροτὲ
Sib. 3 815 ἀναιδέα οἵ δέ με Κίρκης μητρὸς καὶ Γνωστοῖο * πατρὸς * φήσουσι Σίβυλλαν μαινομένην ψεύστειραν ἐπὴν δὲ
FJub. 11 8 τοῦ Χαλδαίου. αὐξηθέντα δὲ τὸν Ναχὼρ ἐδίδαξεν ὁ * πατὴρ * πάντων ἐπίλυσιν οἰωνῶν τῶν τε ἐν οὐρανῷ σημείων
FJub. 11 14 ὅντινα ἡ μήτηρ ἐκάλεσεν ἐπ' ὀνόματι τοῦ ἑαυτῆς * πατρὸς * ἔφθη γὰρ ἐκεῖνος πρὸ τῆς τούτου γεννήσεως
FJub. 12 12 Ἀβραὰμ δὲ ξ α' ἐνεπύρισεν Ἀβραὰμ τὰ εἴδωλα τοῦ * πατρὸς * αὐτοῦ καὶ συγκατεκαύθη αὐτοῖς Ἀρρὰν θέλων σβέσαι
FIsa. 3 2 τὴν βασιλείαν αὐτοῦ. οὐκ ἐμνήσθη τῶν ἐντολῶν τοῦ * πατρὸς * αὐτοῦ ἀλλ' ἐπελάθετο καὶ ἀφῆκεν τὴν λατρείαν τοῦ
FIsa. 3 3 ταῖς δυνάμεσιν αὐτοῦ. καὶ ἐξέκλινε τὸν οἶκον τοῦ * πατρὸς * αὐτοῦ ἀπὸ τῆς τοῦ θεοῦ λατρείας καὶ ἐλάτρευσαν τῷ
FIsa. 1 2 12 καὶ Σεδεκίας υἱὸς Χαναὶ ὃς ἦν ἀδελφὸς τοῦ * πατρὸς * αὐτοῦ ἐν δὲ ταῖς ἡμέραις Ἀχαὰβ βασιλέως τοῦ
FIsa. 1 3 3 κα<ὶ οὐκ ἐ>πάτει +εἰς Σαμαρίαν ἐν ὁδῷ+ τοῦ * πατρὸς * αὐτοῦ ὅτι τὸν Ἐζεκίαν ἐφοβεῖτο. καὶ εὑρέθη ἐν τῷ
FMan. 2 22 11 ἐταπεινώθη σφόδρα ἀπὸ προσώπου κυρίου τοῦ θεοῦ τῶν * πατέρων * αὐτοῦ καὶ προσηύξατο πρὸς κύριον τὸν θεὸν λέγων.
FMan. 2 22 12 τὸν θεὸν λέγων. κύριε παντοκράτωρ ὁ θεὸς τῶν * πατέρων * ἡμῶν τοῦ Ἀβραὰμ καὶ Ἰσαὰκ καὶ Ἰακὼβ καὶ τοῦ
FMan. 2 23 3 Ἀμὼς λογισμὸν παραβάσεως κακὸν καὶ εἶπεν ὁ * πατήρ * μου ἐκ νεότητος πολλὰ παρηνόμησεν καὶ ἐν γήρᾳ
FEz. 1 8 3 ἐπιστραφῆτε πρός με ἐξ ὅλης τῆς καρδίας καὶ εἴπητε * πάτερ * ἐπακούσομαι ὑμῶν ὡς λαοῦ ἁγίου. ἐφ' οἷς γὰρ ἂν
FEz. 185 2 αγαλ<λιασομαι δε εγω εν> αυτοις εαν ερουσ<ιν * πατερ * ακουσθη>σεται και εσοντ<αι μετα εμου> <επι γ>ης
FEz. 185 10 ελεος σου εις εφημ<ερον ως ηλεησας α>βρααμ' τον * πατερα * ημ<ων και ισακ' κα>ι ιακωβ' αλλα σε τον κν <τον
FAch. 108 τοῦ βασιλέως θέλοντος ἀνελεῖν τὸν Ἥλιον ὡς εἰς * πατέρα * ἀθετήσαντα παρῃτήσατο ὁ Αἴσωπος εἰπὼν τεθνεῶτα
FPho. 181 τίμα τὴν μητέρος ἴχνια βᾶσαν. μηδέ τι παλλακίσιν * πατρὸς * λεχέεσσι μιγείης. μηδὲ κασιγνήτης ἐς ἀπότροπον
FPho. 222 γεράων πάντων γενεῇ δ' ἀτάλαντον πρέσβυν ὁμήλικα * πατρὸς * ἴσαις τιμαῖσι γέραιρε. γαστρὸς ὀφειλόμενον δασμὸν
IOrp. 50 σε θεοῦ μεγάλου σοφὸν ἔργον) (αὐδὴν ὀρκίζω σε * πατρὸς * τὴν φθέγξατο πρῶτον) (ἡνίκα κόσμον ἅπαντα ἑαῖς
IDip. 5 133 3 διότι τὸν ὄντα κύριον πάντων ἀεὶ καὶ * πατέρα * τοῦτον διὰ τέλους τιμᾶν μόνον ἀγαθῶν τοσούτων
HDem. 9 21 1 κρυφίαν ἔχθραν Ἡσαῦ διὰ τὸ εὐλογῆσαι αὐτὸν τὸν * πατέρα * δοκοῦντα εἶναι τὸν Ἡσαῦ καὶ ὅπως λάβῃ ἐκεῖθεν
HDem. 9 21 2 οὖν τὸν Ἰακὼβ εἰς Χαρρὰν τῆς Μεσοποταμίας τὸν μὲν * πατέρα * καταλιπόντα Ἰσαὰκ ἐτῶν ἑκατὸν τριάκοντα ἑπτὰ
HDem. 9 21 6 δώδεκα παιδία. θέλοντα δὲ τὸν Ἰακὼβ πρὸς τὸν * πατέρα * εἰς Χαναὰν ἀπιέναι ἀξιωθέντα ὑπὸ Λάβαν ἄλλα ἔτη
HDem. 9 21 11 τὸν Ἰακὼβ εἰς Μαμβρὶ τῆς Χεβρὼν πρὸς Ἰσαὰκ τὸν * πατέρα. * εἶναι δὲ τότε Ἰωσὴφ ἐτῶν δεκαεπτὰ καὶ πραθῆναι
HDem. 9 21 13 δύο. τὸν δὲ Ἰωσὴφ ἔτη ἐννέα εὐτυχήσαντα πρὸς τὸν * πατέρα * μὴ πέμψαι διὰ τὸ ποιμένα αὐτόν τε καὶ τοὺς
HDem. 9 21 14 τοῦτο οὖν αὐτὸν πεποιηκέναι διὰ τὸ ἐκ τῆς Λείας τῷ * πατρὶ * αὐτοῦ γεγονέναι υἱοὺς ἑπτὰ ἐκ δὲ Ῥαχὴλ τῆς μητρὸς
HDem. 9 21 15 δὲ Βενιαμὶν πέντε καὶ τριακοσίους χρυσοῦς καὶ τῷ * πατρὶ * δὲ ἀποστεῖλαι κατὰ ταὐτὰ ὥστε τὸν οἶκον αὐτοῦ τῆς
HEup. 9 31 1 με παρειληφότα τὴν βασιλείαν παρὰ Δαβὶδ τοῦ * πατρὸς * διὰ τοῦ θεοῦ τοῦ μεγίστου <καὶ> ἐπιτεταχότος μοι
HEup. 9 33 1 με παρειληφότα τὴν βασιλείαν παρὰ Δαβὶδ τοῦ * πατρὸς * διὰ τοῦ θεοῦ τοῦ μεγίστου ἐπιτεταχότος μοι
HEup. 9 34 4 Τυρίων μετήνεγκε τὰ ξύλα τὰ προκεκομμένα ὑπὸ τοῦ * πατρὸς * αὐτοῦ διὰ τῆς θαλάσσης εἰς Ἰόππην ἐκεῖθεν δὲ
HArt. 9 23 3 μετὰ δὲ ταῦτα παραγενέσθαι πρὸς αὐτὸν τόν τε * πατέρα * καὶ τοὺς ἀδελφοὺς κομίζοντας πολλὴν ὕπαρξιν καὶ
HAno. 9 17 9 Βῆλον καὶ Χαναὰν τοῦτον δὲ τὸν Χαναὰν γεννῆσαι τὸν * πατέρα * τῶν Φοινίκων τούτου δὲ Χοὺμ υἱὸν γενέσθαι ὃν ὑπὸ
HAno. 9 17 9 γενέσθαι ὃν ὑπὸ τῶν Ἑλλήνων λέγεσθαι Ἄσβολον * πατέρα * δὲ Αἰθιόπων ἀδελφὸν δὲ τοῦ Μεστραεὶμ πατρὸς
HAno. 9 17 9 πατέρα δὲ Αἰθιόπων ἀδελφὸν δὲ τοῦ Μεστραεὶμ * πατρὸς * Αἰγυπτίων Ἕλληνας δὲ λέγειν τὸν Ἄτλαντα
LThe. 9 22 5 διακομίσαι καὶ φθεῖραι αὐτήν. αὖθις δὲ σὺν τῷ * πατρὶ * ἐλθόντα πρὸς τὸν Ἰακὼβ αἰτεῖν αὐτὴν πρὸς γάμου
LEze. 9 28 4 07 κρίνει βροτοὺς ἱερεὺς ὅς ἐστ' ἐμοῦ τε καὶ τούτων * πατήρ. * (Χ.) ὅμως κατειπεῖν χρή σε Σεπφώρα τάδε. (Σ).
LEze. 9 28 4 09 (Χ.) ὅμως κατειπεῖν χρή σε Σεπφώρα τάδε. (Σ). ξένῳ * πατὴρ * με τῷδ' ἔδωκεν εὐνέτιν. ἔδοξ' ὄρους κατ' ἄκρα
LEze. 9 29 12 24 ἐν τῷδ' ἀπάξω λαὸν εἰς ἄλλην χθόνα εἰς ἣν ὑπέστην * πατράσιν * Ἐβραίων γένους. λέξεις δὲ λαῷ παντὶ μηνὸς οὗ
FrAn. 2 11 2 οἱ λέγοντες ταῦτα πάλαι ἠκούσαμεν καὶ ἐπὶ τῶν * πατέρων * ἡμῶν ἡμεῖς δὲ ἡμέραν ἐξ ἡμέρας προσδεχόμενοι

πάτρα 1

LThe. 9 22 7 ὅστις γενεῆς ἐξεύχεται εἶναι ὁμοίης. ὅς ποτ' ἔπει * πάτρης * ἐξήγαγε δῖον Ἀβραὰμ αὐτὸς ἀπ' οὐρανόθεν κάλεσ'

πατράδελφος 11

TSim. 4 5 ἁπλότητι ψυχῆς καὶ ἐν ἀγαθῇ καρδίᾳ ἐννοοῦντες τὸν * πατράδελφον * ὑμῶν ἵνα δώῃ καὶ ὑμῖν ὁ θεὸς χάριν καὶ δόξαν
TGad 7 4 σου. ἐὰν δὲ καὶ ἐκ κακῶν τις πλουτήσῃ ὡς Ἡσαὺ ὁ * πατράδελφός * μου μὴ ζηλώσητε ὅρον γὰρ κυρίου ἐκδέξασθε. ἢ
FJub. 4 15 ἀδελφὴ αὐτοῦ. γυνὴ Μαλελεὴλ Δινα θυγάτηρ Βαραχιὴλ * πατραδέλφου * αὐτοῦ. ἐντεῦθεν ἤρξατο ἡ κακομηχανία ἐν
FJub. 4 16 ἀξιοῦται. γυνὴ Ἰάρεδ Βαραχα θυγάτηρ Ἀσουὴλ * πατραδέλφου * αὐτοῦ. γυνὴ Ἑνὼχ Εανι θυγάτηρ Δανιὴλ
FJub. 4 20 πατραδέλφου αὐτοῦ. γυνὴ Ἑνὼχ Εανι θυγάτηρ Δανιὴλ * πατραδέλφου * αὐτοῦ. < Ἑνὼχ> εἰς τὸν παράδεισον ἡρπᾶσθαι.
FJub. 4 27 ἡρπᾶσθαι. γυνὴ Μαθουσάλα Ἐδνὰ θυγάτηρ Ἐζριὴλ * πατραδέλφου * αὐτοῦ. γυνὴ Λάμεχ Βεθενως θυγάτηρ Βαραχιὴλ
FJub. 4 28 αὐτοῦ. γυνὴ Λάμεχ Βεθενως θυγάτηρ Βαραχιὴλ * πατραδέλφου * αὐτοῦ. τῷ αὐτῷ Σ λ' ἔτει καὶ Κάϊν ἀπέθανεν
FJub. 4 33 ἀκουσίως. γυνὴ Νῶε Ἐμζαρα θυγάτηρ Βαραχιὴλ * πατραδέλφου * αὐτοῦ. εἰσῆλθεν πρὸς ἡμᾶς ἡ κιβωτὸς τοῦ θεοῦ
FJub. 8 6 Μαδαι υἱοῦ Ιαφεθ. γυνὴ Σαλα Μωαχα θυγάτηρ Χεεδαμ * πατραδέλφου * αὐτοῦ. γυνὴ Εβερ Αζουρα θυγάτηρ Νεβρωδ. μετὰ

| | | | | |
|---|---|---|---|---|
| FJub. | 11 7 | ἐνήρξαντο. γυνὴ Σερουχ Μελχα θυγάτηρ Χαβερ | * πατραδέλφου * | αὐτοῦ. γυνὴ Ναχωρ Ιεσθα θυγάτηρ Νεσθα τοῦ |
| FJub. | 11 14 | ο' ἐγέννησεν ἐκ γυναικὸς Ἕδνας θυγατρὸς Ἀβραὰμ | * πατραδέλφου * | αὐτοῦ τὸν Ἀβραὰμ ὄντινα ἡ μήτηρ ἐκάλεσεν |
| πατριά | 2 | | | |
| TDan | 1 2 | εικοστῷ πέμπτῳ ἔτει τῆς ζωῆς αὐτοῦ. καλέσας τὴν | * πατριὰν * | αὐτοῦ εἶπεν ἀκούσατε υἱοὶ Δὰν λόγων μου |
| TDan | 7 3 | γῆς κλήρου αὐτῶν καὶ γένους Ἰσραὴλ καὶ | * πατριᾶς * | αὐτῶν καὶ σπέρματος αὐτῶν οὕτως καὶ γέγονεν. |
| πατριάρχης | 3 | | | |
| Abr.1 | 1 | διαθήκη τοῦ ὁσίου πατρὸς ἡμῶν δικαίου | * πατριάρχου * | Ἀβραὰμ διαλύων δὲ καὶ θανάτου πεῖραν τὸ πῶς |
| Abr.1 | 20 15 | μεθ' οὗ καὶ ἡμεῖς ἀδελφοὶ μου ἀγαπητοὶ τοῦ | * πατριάρχου * | Ἀβραὰμ τὴν φιλοξενίαν ζηλώσωμεν καὶ τὴν |
| Esdr. | 5 22 | καὶ Ματθεῖαν καὶ ὅλους τοὺς δικαίους καὶ τοὺς | * πατριάρχας. * | καὶ ἴδον ἐκεῖ τοῦ ἀέρος τὴν κόλασιν καὶ τὴν |
| πατρικός | 5 | | | |
| TLevi | 18 6 | ναοῦ τῆς δόξης ἥξει ἐπ' αὐτὸν ἁγίασμα μετὰ φωνῆς | * πατρικῆς * | ὡς ἀπὸ Ἀβραὰμ πατρὸς Ἰσαάκ. καὶ δόξα ὑψίστου |
| Job | 50 3 | ὁ βουλόμενος λοιπὸν ἴχνος ἡμέρας καταλαβεῖν τῆς | * πατρικῆς * | δόξης εὑρήσει ἀναγεγραμμένα ἐν ταῖς εὐχαῖς τῆς |
| HEup. 9 | 31 1 | βασιλεὺς Σολομῶν Οὐαφρῇ βασιλεῖ Αἰγύπτου φίλῳ | * πατρικῷ * | χαίρειν. γίνωσκέ με παρειληφότα τὴν βασιλείαν |
| HEup. 9 | 33 1 | τῷ βασιλεῖ Τύρου καὶ Σιδῶνος καὶ Φοινίκης φίλῳ | * πατρικῷ * | χαίρειν. γίνωσκέ με παρειληφότα τὴν βασιλείαν |
| HEup. 9 | 34 4 | χορηγῆται τὰ δέοντα. διελθὼν δὲ Σολομῶν ἔχων τοὺς | * πατρικοὺς * | φίλους ἐπὶ τὸ ὄρος τὸ τοῦ Λιβάνου μετὰ τῶν |
| πάτριος | 2 | | | |
| FJub. | 12 26 | γλῶσσαν κατὰ τὴν ἀπ' ἀρχῆς κτίσεως λαλεῖν τὰ | * πάτρια * | πάντα. ἐκ τοῦ Λὼτ Μωαβῆται καὶ Ἀμανῖται σπέρμα |
| HHec. 1 | 22 191 | μάλιστα πάντων ἀπαντῶσι μὴ ἀρνούμενοι τὰ | * πάτρια. * | Ἀλεξάνδρου ποτὲ ἐν Βαβυλῶνι γενομένου καὶ |
| πατρίς | 6 | | | |
| TLevi | 13 8 | παρὰ τοῖς πολεμίοις λαμπρὰ καὶ ἐπὶ γῆς ἀλλοτρίας | * πατρίς * | καὶ ἐν μέσῳ ἐχθρῶν εὑρεθήσεται φίλος. ἐὰν διδάσκῃ |
| Aris. | 102 2 | τῶν πύργων ὑπὸ τῶν πιστοτάτων ἀνδρῶν καὶ τῇ | * πατρίδι * | μεγάλας ἀποδείξεις δεδωκότων οἵτινες οὐκ εἶχον |
| Sib. | 3 813 | θεῖα. καὶ καλέσουσι βροτοί με καθ' Ἑλλάδα | * πατρίδος * | ἄλλης ἐξ Ἐρυθρῆς γεγαυῖαν ἀναιδέα οἱ δέ με |
| FJub. | 11 17 | θείας ἐλλάμψεως ἠξιώθη ἔτι διατρίβων ἐν τῇ | * πατρίδι. * | Σαρα θυγάτηρ ἦν τοῦ Αρραν ἀδελφὴ τῆς Μελχας καὶ |
| FPho. | 112 | δὲ θεὸς βασιλεύει. κοινὰ μέλαθρα δόμων αἰώνια καὶ | * πατρὶς * | Ἅιδης ξυνὸς χῶρος ἅπασι πένησί τε καὶ |
| HArt. 9 | 27 21 | τοὺς Ἰουδαίους διασώσαντα εἰς τὴν ἀρχαίαν ἀγαγεῖν | * πατρίδα. * | τὸν δὲ θαρρήσαντα δύναμιν πολεμίαν ἐπάγειν |
| πατροπαράδοτος | 1 | | | |
| Prop. | 2 8 | τῷ βασιλεῖ τὴν αἰτίαν πυνθανομένῳ ἔλεγον ὅτι | * πατροπαράδοτόν * | ἐστι μυστήριον ὑπὸ ὁσίου προφήτου τοῖς |
| πατρῷος | 3 | | | |
| LThe. 9 | 22 11 | ἀδελφὴν ἀναρρυσαμένους μετὰ τῶν αἰχμαλώτων εἰς τὴν | * πατρῴαν * | ἔπαυλιν διακομίσαι. |
| LEze. 9 | 28 3 04 | πρὸς δώματα ἅπαντα μυθεύσασα καὶ λέξασά μοι γένος | * πατρῷον * | καὶ θεοῦ δωρήματα. ἕως μὲν οὖν τὸν παιδὸς |
| LEze. 9 | 29 14 21 | ἔνδακρυν φωνὴν πρὸς αἰθέρα τ' ἐτάθησαν ἀθρόοι θεὸν | * πατρῷον. * | ἦν πολὺς δ' ἀνδρῶν ὄχλος. ἡμᾶς δὲ χάρμα πάντας |
| Παῦλος | 2 | | | |
| Esdr. | 1 19 | ταῦτα. καὶ εἶπεν ὁ θεὸς θέλω ἔχειν σε ὡς καὶ | * Παῦλον * | καὶ Ἰωάννην σὺ διδούς μοι ἀδιάφθορον τὸν |
| Esdr. | 5 22 | ἐκεῖ τὸν Ἐνὼχ καὶ Ἠλίαν καὶ Μωυσῆ καὶ Πέτρον καὶ | * Παῦλον * | καὶ Λουκᾶν καὶ Ματθεῖαν καὶ ὅλους τοὺς δικαίους |
| παύω | 47 | | | |
| Adam | 27 3 | καὶ ἐλεήσῃ με ὅτι ἐγὼ μόνος ἥμαρτον. αὐτοὶ δὲ | * ἐπαύσαντο * | τοῦ ἐλαύνειν αὐτόν. ἐβόησεν δὲ Ἀδὰμ μετὰ |
| Adam | 27 4 | τότε λέγει ὁ κύριος τοῖς ἀγγέλοις αὐτοῦ τί | * ἐπαύσασθε * | ἐκβάλλοντες τὸν Ἀδὰμ ἐκ τοῦ παραδείσου; μὴ |
| Adam | 29 8 | τοῦ θεοῦ καὶ ἀπὸ προσώπου τῶν ἀγγέλων ὅπως | * παύσωνται * | τοῦ ὀργίζεσθαί σοι δι' ἐμοῦ. τότε ἀποκριθεὶς ὁ |
| Adam | 29 12 | τὴν γῆν. καὶ λέγει μοι ἔξελθε ἐκ τοῦ ὕδατος καὶ | * παῦσαι * | τοῦ κλαυθμοῦ. ἤκουσε γὰρ ὁ θεὸς τῆς δεήσεώς σου |
| Hen. | 90 3 | ὀργὴ μεγάλη καθ' ὑμῶν κατὰ τῶν υἱῶν ὑμῶν καὶ οὐ | * παύσεται * | ἡ ὀργὴ αὕτη ἀφ' ὑμῶν μέχρι καιροῦ σφαγῆς τῶν |
| TSim. | 3 6 | καὶ οὐ καταγινώσκει τῶν ἀγαπώντων αὐτὸν καὶ οὕτως | * παύεται * | τοῦ φθόνου. καὶ ἦν ἐρωτῶν ὁ πατὴρ περὶ ἐμοῦ ὅτι |
| TLevi | 19 4 | τοῦ στόματος ὑμῶν. καὶ εἴπομεν μάρτυρες. καὶ οὕτως | * ἐπαύσατο * | Λευὶ ἐντελλόμενος τοῖς υἱοῖς αὐτοῦ καὶ ἐξέτεινε |
| TJud. | 3 8 | πηχῶν ιβ'. καὶ ἐπέπεσεν ἐπ' αὐτοὺς τρόμος καὶ | * ἐπαύσαντο * | πολεμοῦντες ἀφ' ἡμῶν. διὰ τοῦτο ἀμέριμνος ἦν ὁ |
| TNep. | 6 9 | σάκκον περὶ πάντων ἡμῶν ἐδέετο τοῦ κυρίου. ὡς δὲ | * ἐπαύσατο * | ὁ χειμὼν τὸ σκάφος ἔφθασεν ἐπὶ τὴν γῆν ὥσπερ ἐν |
| Asen. | 14 1 | καὶ δουλεύσω αὐτῷ εἰς τὸν αἰῶνα χρόνον. καὶ ὡς | * ἐπαύσατο * | Ἀσενὲθ ἐξομολογουμένη τῷ κυρίῳ ἰδοὺ ὁ ἑωσφόρος |
| Asen. | 23 8 | τοῦ Συμεὼν καὶ ἔθλιψεν αὐτὸν καὶ ἐσήμανεν αὐτῷ τοῦ | * παύσασθαι * | ἀπὸ τῆς ὀργῆς αὐτοῦ. καὶ εἶπε Λευὶς τῷ Συμεὼν |
| Jer. | 7 24 | τοῦ λαοῦ. ἀφ' ἧς γὰρ εἰσήλθομεν ἐνταῦθα οὐκ | * ἐπαύσατο * | ἡ λύπη ἀφ' ἡμῶν ἑξήκοντα καὶ ἓξ ἔτη σήμερον. |
| Bar. | 1 6 | ταῦτα εἰπών μοι ἡσύχασα. καὶ λέγει μοι ὁ ἄγγελος | * παῦσον * | τὸν θεὸν παροξύνειν καὶ ὑποδείξω σοι ἄλλα |
| Prop. | 2 14 | πῦρ γίνεται κατὰ τὸν τύπον τὸν ἀρχαῖον ὅτι οὐ μὴ | * παύσηται * | ἡ δόξα τοῦ θεοῦ ἐκ τοῦ νόμου αὐτοῦ. καὶ ἔδωκεν |
| Prop. | 3 12 | τοῖς ἡγουμένοις καὶ διὰ τεραστίων φοβηθέντες | * ἐπαύσαντο. * | τοῦτο ἔλεγεν αὐτοῖς ὅτι διαπεφωνήκαμεν |
| Prop. | 22 19 | διέσωσε καὶ ἔθρεψεν τοῦτο μαθὼν ὁ βασιλεὺς Συρίας | * ἐπαύσατο * | τοῦ πολεμεῖν. μετὰ θάνατον Ἐλισαίου ἀποθανὼν |
| Esdr. | 2 7 | μεθ' ἡμῶν. καὶ εἶπεν Ἔσδρὰμ ζῇ κύριος οὐ μὴ | * παύσομαι * | δικαζόμενός σε ὑπὲρ τὸ γένος τῶν Χριστιανῶν ποῦ |
| Esdr. | 2 31 | ἐλεεινὸν κριτήριον. καὶ εἶπεν ὁ προφήτης οὐ μὴ | * παύσομαι * | δικαζόμενός σε ἐὰν μὴ ἴδω τὴν ἡμέραν τῆς |
| Esdr. | 4 1 | δικάζῃ μετ' ἐμοῦ; καὶ εἶπεν ὁ προφήτης κύριε οὐ μὴ | * παύσομαι * | τοῦ δικάζεσθαί σε. καὶ εἶπεν ὁ θεὸς ἐξαρίθμησαι |
| Esdr. | 4 4 | ἐξαριθμῆσαι σάρκα ἀνθρωπίνην φορῶ ἀλλ' οὐδὲ | * παύσομαι * | δικαζόμενός σε. θέλω δέσποτα ἰδεῖν καὶ τὰ |
| Esdr. | 6 20 | ἐκ γῆς μὴ δικάζου μοι. καὶ εἶπεν ὁ προφήτης οὐ μὴ | * παύσωμαι * | δικαζόμενός σε. καὶ εἶπεν ὁ θεὸς δὸς τέως τὴν |
| Sedr. | 12 1 | κάλλος σου ἀφανὲς γίνεται. λέγει αὐτὸν ὁ Χριστὸς | * παῦσον * | Σεδρὰχ ἕως πότε δακρύζεις καὶ στενάζεις; ὁ |
| Job | 27 1 | ὄντα τῆς γυναικός μου ἐλθὲ ἐπὶ τὰ ἔμπροσθεν, | * παῦσαι * | κρυπτόμενος μὴ ὁ λέων τὴν ἰσχὺν δεικνυσιν ἐν |
| Job | 42 1 | ἐν τοῖς παραλειπομένοις τοῦ Ελιφα. μετὰ δὲ τὸ | * παύσασθαι * | αὐτὸν τῆς μεγαλορημοσύνης αὐτοῦ, ἀναφανείς μοι |
| Job | 42 4 | λαλήσαντος καὶ οἱ τέσσαρες βασιλεῖς καὶ μετὰ τὸ | * παύσασθαι * | τὸν κύριον λαλοῦντά μοι εἶπεν πρὸς Ελιφαν τί |
| Job | 44 1 | μνημόσυνον ἐν τοῖς ζῶσιν οὐκ ἔσχεν. μετὰ δὲ τὸ | * παύσασθαι * | Ελιφαν τοῦ ὕμνου, ὑποφωνούντων αὐτῷ πάντων καὶ |
| Job | 51 1 | ἐν ταῖς εὐχαῖς τῆς Ἀμαλθείας κέρας. μετὰ δὲ τὸ | * παύσασθαι * | τὰς τρεῖς ὑμνολογούσας, ἐπικειμένου τοῦ κυρίου |
| Aris. | 293 2 | μετὰ φωνῆς καὶ χαρᾶς ἐπὶ πλείονα χρόνον. ὡς δὲ | * ἐπαύσατο * | ὁ βασιλεὺς λαβὼν ποτήριον ἐπεχέατο καὶ τῶν |
| Sib. | 3 3 | τὰ Χερουβὶμ+ ἱδρυμένος λίτομαι παναληθέα φημίξασαν | * παῦσον * | βαιόν με κέκμηκε γὰρ ἔνδοθεν ἦτορ. ἀλλὰ τί μοι |
| Sib. | 3 295 | πάλιν ἔσσεται ὡς πάρος ἦεν. ἡνίκα δή μοι θυμὸς | * ἐπαύσατο * | ἔνθεον ὕμνον καὶ λιτόμην γενετῆρα μέγαν |
| Sib. | 3 296 | ἐπαύσατο ἔνθεον ὕμνον καὶ λιτόμην γενετῆρα μέγαν | * παύσασθαι * | ἀνάγκης καὶ πάλι μοι μεγάλοιο θεοῦ φάτις ἐν |
| Sib. | 3 318 | καὶ λιμὸς ἐφέξει ἑβδομάτη γενεῇ βασιλήων καὶ τότε | * παύσῃ. * | αἰαῖ σοι χώρα Γὼγ ἠδὲ Μαγὼγ μέσον οὖσα Αἰθιόπων |
| Sib. | 3 441 | ὕδωρ μέχρι κε καὶ Πατάρων μαντήια σήματα | * παύσῃ. * | Κύζικος οἰκτείρα Προποντίδος οἰνοπόλοιο |
| Sib. | 3 489 | πᾶσιν ἴσον δὲ βοήσεται αὐλός. ἡνίκα δή μοι θυμὸς | * ἐπαύσατο * | ἔνθεον ὕμνον καὶ πάλι μοι μεγάλοιο θεοῦ φάτις |
| Sib. | 3 653 | ἀπ' ἠελίοιο θεὸς πέμψει βασιλῆα ὃς πᾶσαν γαῖαν | * παύσει * | πολέμοιο κακοῖο οὓς μὲν ἄρα κτείνας οἷς δ' ὅρκια |
| Sib. | 3 732 | εἰς πυρὸς αὐγήν.) ἀλλὰ τάλαιν' Ἑλλὰς ὑπερήφανα | * παῦε * | φρονοῦσα λίσσεο δ' ἀθάνατον μεγαλήτορα καὶ |
| Sib. | 4 169 | πικρὰν ἱλάσκεσθε θεὸς δώσει μετάνοιαν οὐδ' ὀλέσει | * παύσει * | δὲ χόλον πάλιν ἤνπερ ἅπαντες εὐσεβίην περίτιμον |
| Sib. | 5 183 | πάλαι δίπολις κληθεῖσα δικαίως αἰῶσιν σίγησον ὅπως | * παύσῃ * | κακότητος. ὕβρι κακῶν θησουρὲ πόνων μαινὰς |
| Sib. | 5 199 | τίς δέ σε Κυρήνη μερόπων ἐλεεινὰ δακρύσει; οὐ | * παύσῃ * | θρήνου στυγεροῦ πρὸς καιρὸν ὀλέθρου. ἔσσεται ἐν |
| Sib. | 5 272 | οἱ δὲ κακοὶ στείλαντες ἐπ' αἰθέρα γλῶσσαν ἄθεσμον | * παύσονται * | λαλέοντες ἐναντίον ἀλλήλοισιν αὐτοὺς δὲ |
| Sib. | 5 317 | αἰώνιον ἐξαπολεῖται. αἰαῖ σοι +Κέρκυρα+ καλὴ πόλι | * παύεο * | κώμου. καὶ Ἱεράπολι γαῖα μόνη Πλούτω⟨νι⟩ μιγεῖσα |
| Sib. | 5 381 | βασιλεῖς καὶ φῶτας ἀρίστους. εἶθ' οὕτως πολέμοιο | * πεπαύσεται * | οἰκτρὸς ὄλεθρος κοὐκέτι τις ξίφεσιν |
| Sib. | 5 386 | κακότητος ἵν' ὕστερον εὐφρανθείη. μητρολεῖται | * παύσασθε * | θράσους τόλμης τε κακοέργου οἳ τὸ πάλαι παίδων |
| Sib. | 5 458 | κλαύσονται ἀληθῶς. ἔσται δ' ἐν πέμπτῃ γενεῇ ὅτε | * παύσετ' * | ὄλεθρος Αἰγύπτου βασιλῆες ὅταν μιχθῶσιν ἀναιδεῖς |
| Sib. | 5 463 | κοσμομανὴς πόλεμος πολυαίματος ἐν κονίῃσιν ὂν | * παύσει * | Ῥώμης βασιλεῦς δυσμῶν τε δυνάσται. χειμερίῃ |
| HArt. 9 | 27 21 | τὸν δὲ Μώϋσον εὔχεσθαι τῷ θεῷ ἤδη ποτὲ τοὺς λαοὺς | * παῦσαι * | τῶν κακοπαθειῶν. ἱλασκομένου δ' αὐτοῦ αἰφνιδίως |
| LEze. 9 | 29 12 17 | ἐπὶ πᾶσι τούτοις τέκν' ἀποκτενῶ βροτῶν πρωτόγονα. | * παύσω * | δ' ὕβριν ἀνθρώπων κακῶν. Φαραὼ δὲ βασιλεὺς πείσετ' |
| Πάφος | 2 | | | |
| Sib. | 4 128 | μεγάλην χθόνα εὐρυάγυιαν. καὶ τότε δὴ Σαλαμῖνα | * Πάφον * | δ' ἅμα σεισμὸς ὀλέσσει Κύπρον ὅταν πολύκλυστον |
| Sib. | 5 451 | καὶ Κρήτη πεδίον. Κύπρος δ' ἕξει μέγα πῆμα καὶ | * Πάφος * | αἰάξει δεινὸν μόρον ὥστε νοῆσαι καὶ Σαλαμῖνα πόλιν |
| πάχνη | 2 | | | |
| Hen. | 90 1 | αἰῶνα οὐ μὴ ἀποστῇ ἀπ' αὐτοῦ ψῦχος καὶ χιὼν καὶ | * πάχνη * | καὶ δρόσος οὐ μὴ καταβῇ εἰς αὐτὸ εἰ μὴ εἰς κατάραν |
| Hen. | 100 13 | κα⟩ταβῶσιν ὅτι ἐὰν ἐπιρρίψῃ ἐφ' ὑμ⟨ᾶς χι⟩ὼν καὶ | * πάχνη * | καὶ ψῦχος αὐτῆς καὶ οἱ ἄνεμοι καὶ ὁ παγετὸς αὐτῶν |
| πάχος | 6 | | | |
| Abr.1 | 12 7 | ἐπάνω δὲ τῆς τραπέζης ⟨ἦν⟩ βιβλίον κείμενον τὸ | * πάχος * | αὐτοῦ πήχεων τριῶν ⟨καὶ τὸ πλάτος αὐτοῦ πήχεων ἕξ⟩ |
| Bar. | 2 4 | τὸν ἄγγελον ἀναγγειλόν μοι δέομαί σου τί ἐστιν τὸ | * πάχος * | τοῦ οὐρανοῦ ἐν ᾧ ὡδεύσαμεν ἢ τί τὸ διάστημα αὐτοῦ |
| Bar. | 2 5 | ἀπὸ τῆς γῆς ἕως τοῦ οὐρανοῦ τοσοῦτόν ἐστιν καὶ τὸ | * πάχος * | αὐτοῦ καὶ ὅσον πάλιν ἐστὶ καὶ τὸ τοῦ πεδίου μῆκος |
| Aris. | 71 3 | συναρμοζόμενα γομφωτοῖς πρὸς ἑαυτὰ κατὰ τὸ | * πάχος * | τῆς κατασκευῆς ἀθέατον καὶ ἀνεύρετον τὴν τῶν ἁρμῶν |
| Aris. | 71 5 | συμβολήν. ἡμιπηχίου δὲ οὐκ ἐλάσσονος ἦν τὸ | * πάχος * | τῆς ὅλης τραπέζης ὥστε πολλῶν εἶναι ταλάντων τὴν |
| HEup. 9 | 34 6 | καὶ καταχρυσῶσαι αὐτοὺς χρυσίῳ ἀδόλῳ δακτύλου τὸ | * πάχος. * | εἶναι δὲ τοὺς στύλους τῷ ναῷ ἰσομεγέθεις τὸ δὲ |
| παχύνω | 1 | | | |
| Adam | 24 3 | ψύξεως. καὶ κοπιάσεις πολλὰ καὶ μὴ πλουτήσεις καὶ | * παχυνθήσει * | καὶ εἰς τέλος μὴ ὑπάρξεις. καὶ ὧν ἐκυρίευες |
| παχύτης | 1 | | | |
| Aris. | 93 7 | γὰρ ἐκλεγομένων οἷς ἐπιμελές ἐστιν ἀμώμητα καὶ τῇ | * παχύτητι * | διαφέροντα τὸ προειρημένον ἐπιτελεῖται. πρὸς δὲ |
| Παχών | 2 | | | |
| FJub. | 3 9 | κοσμοποιίας τετάρτῃ ἡμέρᾳ τῆς ἑβδόμης ἑβδομάδος | * Παχὼν * | τεσσαρεσκαιδεκάτῃ Μαΐου ἐνάτῃ ἡλίου ὄντος ταύρῳ |
| FJub. | 3 9 | τετάρτῃ δὲ τῆς πλάσεως τοῦ Ἀδὰμ ἡμέρᾳ κυριακῇ | * Παχὼν * | ὀκτωκαιδεκάτῃ Μαΐου τρισκαιδεκάτῃ μετὰ τρεῖς |
| πεδάω | 1 | | | |
| FMan. 2 | 22 12 | τὸν οὐρανὸν καὶ τὴν γῆν σὺν παντὶ τῷ κόσμῳ αὐτῶν ὁ | * πεδήσας * | τὴν θάλασσαν τῷ λόγῳ τοῦ προστάγματός σου ὁ |

πέδη 2
TJos. 8 5 με εις τὴν ειρκτὴν τοῦ Φαραώ. ὡς οὖν ἤμην ἐν * πέδαις * ἡ Αἰγυπτία ἠσθένει ἀπὸ τῆς λύπης καὶ ἐπηκροᾶτό
FIsa. 1 3 6 ὅτι <πο>ρεύ<σο>νται ἐν γαλε<άγ>ρ<αις κα>ὶ ἐν * πέδαις---- * ἀπελεύσῃ καὶ αὐτοὶ ψευδοπροφητεύουσιν καὶ τὸν
πεδινός 1
Aris. 107 3 τῆς γὰρ χώρας πολλῆς οὔσης καὶ καλῆς καὶ τινων μὲν * πεδινῶν * τῶν κατὰ τὴν Σαμαρεῖτιν λεγομένην καὶ τῶν
πεδίον 18
Abr.2 6 10 τῶν ἐπιξενωθέντων ἡμῖν ὅτε συναπῆλθες <ἐν τῷ * πεδίῳ> * καὶ ἤνεγκας τὸν μόσχον καὶ ἔθυσας καὶ ἔδωκάς μοι
TJud. 2 3 ἐκράτουν διὰ τοῦ δρόμου καὶ πᾶν ὃ ἦν ἐν τοῖς * πεδίοις * κατελάμβανον. φοράδα ἀγρίαν κατέλαβον καὶ πιάσας
Bar. 2 3 τριάκοντα. καὶ ὑπέδειξέν μοι ἔνδον τοῦ οὐρανοῦ * πεδίον. * καὶ ἦσαν ἄνθρωποι κατοικοῦντες ἐν αὐτῷ ὧν τὰ
Bar. 2 4 ἐν ᾧ ὡδεύσαμεν ἤ τί τὸ διάστημα αὐτοῦ ἤ τί τὸ * πεδίον; * ἵνα κἀγὼ ἀπαγγείλω τοῖς υἱοῖς τῶν ἀνθρώπων. καὶ
Bar. 2 5 καὶ τὸ πάχος αὐτοῦ καὶ ὅσον πάλιν ἐστὶ καὶ τὸ τοῦ * πεδίου * μῆκος οὗ εἶδας. καὶ πάλιν λέγει μοι ὁ ἄγγελος τῶν
Bar. 3 3 ὁδοῦ ἡμερῶν ἑξήκοντα. καὶ ἔδειξέν μοι κἀκεῖ * πεδίον * καὶ ἦν πλῆρες ἀνθρώπων ἡ δὲ θεωρία αὐτῶν ὁμοία
Bar. 4 3 ἡμερῶν ἑκατὸν ὀγδοήκοντα πέντε. καὶ ἔδειξέν μοι * πεδίον * καὶ ὄφιν ὡς ὁράσεως πέτρας. καὶ ἔδειξέν μοι τὸν
Bar. 10 2 λαβὼν ἤγαγέν με εἰς τρίτον οὐρανόν. καὶ εἶδον * πεδίον * ἁπλοῦν καὶ ἐν μέσῳ αὐτοῦ λίμνην ὑδάτων. καὶ ἦσαν
Bar. 10 4 τῶν ἐν κόσμῳ. καὶ ἠρώτησα τὸν ἄγγελον. τί ἐστι τὸ * πεδίον * καὶ τίς ἡ λίμνη καὶ τί τὸ περὶ αὐτὴν πλῆθος τῶν
Bar. 10 5 ὀρνέων; καὶ εἶπεν ὁ ἄγγελος ἄκουσον Βαρούχ τὸ μὲν * πεδίον * ἐστὶ τὸ περιέχον τὴν λίμνην καὶ ἄλλα θαυμαστὰ ἐν
Sib. 3 684 πλήρεις νεκύων ῥεύσουσι δὲ πέτραι αἵματι καὶ * πεδίον * πληρώσει πᾶσα χαράδρα. τείχεα δ' εὐποίητα χαμαὶ
Sib. 3 777 γὰρ καλέουσι βροτοὶ μεγάλοιο θεοῖο) καὶ πᾶσαι * πεδίοιο * τρίβοι καὶ τρηχέες ὄχθαι οὔρεά θ' ὑψήεντα καὶ
Sib. 5 373 βαθυδινῶν. τῆς τε Μακηδονίης στάξει χόλος ἐν * πεδίοισιν * --- συμμαχίην +δῶ δ'+ ἐκ δυσμῶν βασιλῆι δ'
Sib. 5 376 καὶ τότε χειμερίη πνοιὴ πνεύσει κατὰ γαῖαν καὶ * πεδίον * πολέμοιο κακοῦ πλησθήσεται αὖτις. πῦρ γὰρ ἀπ'
Sib. 5 450 δ' ἡ μεγάλη τότε πάμφορον ἔσσεται ὕδωρ καὶ Κρήτη * πεδίον. * Κύπρος δ' ἕξει μέγα πῆμα καὶ Πάφος αἰάξει δεινὸν
FJub. 8 2 Ἀρμενίας. τῷ ͵β φ π ε' ἔτει Καϊνᾶν διοδεύων ἐν τῷ * πεδίῳ * εὗρε τὴν γραφὴν τῶν γιγάντων καὶ ἔκρυψε παρ'
LAri. 8 10 8 ἐν τοῖς κτήνεσί σου καὶ ἐν πᾶσι τοῖς ἐν τοῖς * πεδίοις * θάνατος μέγας ὥστε δηλοῦσθαι τὰς χεῖρας ἐπὶ
FrAn. 15 ἀπὸ τῶν ἱστίων τῶν πλοίων αὐτοῦ καὶ μελανεῖ τὸ * πεδίον * ἀπὸ τῶν θυρεῶν καὶ τῶν ὅπλων καὶ πᾶς ὃς ἂν
πέδον 4
Sib. 3 267 λιπὼν περικαλλέα σηκὸν φεύξῃ ἐπεὶ σοι μοῖρα λιπεῖν * πέδον * ἁγνὸν ὑπάρχει. ἀχθήσῃ δὲ πρὸς Ἀσσυρίους καὶ νήπια
Sib. 4 123 σὺν χειρὶ πιθήσας. πολλοὶ δ' ἀμφὶ θρόνῳ Ῥώμης * πέδον * αἱμάξουσιν κείνου ἀποδρήσαντος ὑπὲρ Παρθηίδα
FPho. 41 τῆς πολυπλάγκτου χώρης δ' οὔ τι βέβαιον ἔχει * πέδον * ἀνθρώποισιν. ἡ φιλοχρημοσύνη μήτηρ κακότητος
LPhi. 9 37 2 ὑπαὶ πύργοις συνόροισιν στρωφᾶται καὶ ξηρὰ * πέδῳ * κεκονιμένα κρήνης τηλεφαῆ δείκνυσιν ὑπέρτατα θάμβεα
πεζεύω 2
Abr.1 2 12 ἐπὶ ζῴου τετραπόδου ποτὲ ἀπέλθωμεν δικαία ψυχὴ * πεζεύοντες * ἕως τοῦ οἴκου σου μετεωριζόμενοι. καὶ εἶπεν
Sib. 4 78 νηυσὶν ἀμετρήτοισιν τὰ μὲν βυθοῦ ὑγρὰ κέλευθα * πεζεύσει * πλεύσει δὲ ταμὼν ὄρος ὑψικάρηνον ὃν φυγάδ' ἐκ
πεζός 6
Sib. 3 612 μέγας αἰετὸς αἴθων ὃς πᾶσαν σκεπάσει γαῖαν * πεζῶν * τε καὶ ἱππέων πάντα δὲ συγκόψει καὶ πάντα κακῶν
Sib. 3 805 δ' ἄπο σῆμα γένηται ἐν νεφέλῃ δ' ὄψεσθε μάχην * πεζῶν * <τε> καὶ ἱππέων οἷα κυνηγεσίην θηρῶν ὁμίχλησιν
HEup. 9 34 4 αὐτοῦ διὰ τῆς θαλάσσης εἰς Ἰόππην ἐκεῖθεν δὲ * πεζῇ * εἰς Ἱεροσόλυμα. καὶ ἄρξασθαι οἰκοδομεῖν τὸ ἱερὸν
HEup. 9 39 5 δὲ Βαβυλωνίους καὶ Μήδους καὶ συναγαγόντα * πεζῶν * μὲν ὀκτωκαίδεκα ἱππέων δὲ μυριάδας δώδεκα καὶ
HEup. 9 39 5 μὲν ὀκτωκαίδεκα ἱππέων δὲ μυριάδας δώδεκα καὶ * πεζῶν * ἅρματα μυρία πρῶτον μὲν τὴν Σαμαρεῖτιν
LEze. 9 29 14 06 ὁμοῦ ἦν φρικτὸς ἀνδρῶν ἐκτεταγμένων ὄχλος. * πεζοὶ * μὲν ἐν μέσοισι καὶ φαλαγγικοὶ διεκδρομὰς ἔχοντες
πειθώ 2
Aris. 266 6 πρὸς τὸ πεῖσαι. θεοῦ δὲ ἐνεργείᾳ κατευθύνεται * πειθώ. * εὖ δὲ λέγειν φήσας αὐτὸν ἕτερον ἠρώτα πῶς ἂν
FPho. 78 μὴ μιμοῦ κακότητα Δίκῃ δ' ἀπόλειψον ἄμυναν. * Πειθὼ * μὲν γὰρ ὄνειαρ Ἔρις δ' ἔριν ἀντιφυτεύει. μὴ
πειθω 35
Adam 21 5 ἔσει γινώσκων καλὸν καὶ πονηρόν. καὶ τότε ταχέως * πείσασα * αὐτὸν ἔφαγεν. καὶ ἠνεῴχθησαν αὐτοῦ οἱ ὀφθαλμοὶ
TDan 1 8 αὐτοῦ. τοῦτό ἐστι τὸ πνεῦμα τοῦ θυμοῦ τὸ * πεῖθόν * με ἵνα ὡς πάρδαλις ἐκμυζᾷ ἔριφον οὕτως ἐκμυζήσω
TGad 1 9 ἠσθιομεν τὰ θρέμματα καὶ πάντα ὅσα ἔλεγε τῷ πατρὶ * ἐπείθετο * αὐτῷ. ὁμολογῶ νῦν τὴν ἁμαρτίαν μου τέκνα ὅτι
TJos. 4 2 κρυφῇ ἔλεγέ μοι μὴ φοβηθῇς τὸν ἄνδρα μου καὶ γὰρ * πέπεισται * περὶ τῆς σωφροσύνης σου ὅτι κἂν εἴπῃ τις αὐτῷ
TJos. 4 5 τὰ εἴδωλα συμπεισθητί μοι καὶ τὸν Αἰγύπτιον * πείσω * ἀποστῆναι τῶν εἰδώλων ἐν νόμῳ κυρίου σου
TJos. 13 1 χάρις ἐκ τοῦ οὐρανοῦ ἐστιν ἐπ' αὐτῷ. ὁ δὲ Πετεφρῆς * πεισθεὶς * τοῖς λόγοις αὐτῆς ἐκέλευσεν ἀχθῆναι τὸν
TBen. 7 1 τὴν κακίαν τοῦ Βελιὰρ ὅτι μάχαιραν δίδωσι τοῖς * πειθομένοις * αὐτῇ. ἡ δὲ μάχαιρα ἑπτὰ κακῶν μήτηρ ἐστί.
Asen. 15 7 ὑπὸ τὰς πτέρυγάς σου σκεπασθήσονται λαοὶ πολλοὶ * πεποιθότες * ἐπὶ κυρίῳ τῷ θεῷ καὶ ἐν τῷ τείχει σου
Asen. 21 15 καὶ οὐκ ᾔδειν κύριον τὸν θεὸν τοῦ οὐρανοῦ οὐδὲ * ἐπεποίθειν * ἐπὶ τῷ θεῷ τῷ ὑψίστῳ τῆς ζωῆς. ἥμαρτον κύριε
Asen. 21 16 ἥμαρτον κύριε <ἥμαρτον ἐνώπιόν σου> πολλὰ ἥμαρτον * ἐπεποίθειν * γὰρ ἐπὶ τῷ πλούτῳ τῆς δόξης μου καὶ ἐπὶ τῷ
Prop. 3 13 ἡμῶν καὶ ἐν τέρατι τῶν ὀστέων τῶν νεκρῶν αὐτοὺς * ἔπεισεν * ὅτι ἔσται ἐλπὶς τῷ Ἰσραὴλ καὶ ὧδε καὶ ἐπὶ τοῦ
Aris. 5 1 παρειληφότος. ἄξιόν ἐστι καὶ ταῦτά σοι δηλῶσαι. * πέπεισμαι * γάρ σε μᾶλλον ἔχοντα πρόσκλισιν πρὸς τὴν
Aris. 147 4 δικαιοσύνῃ συγχρῆσθαι καὶ μηδένα καταδυναστεύειν * πεποιθότας * ἰσχύι τῇ καθ' ἑαυτοὺς μηδὲ ἀφαιρεῖσθαι μηδὲν
Aris. 148 3 καὶ μηδὲν ἐπιτελεῖν βίᾳ μηδὲ τῇ περὶ ἑαυτοὺς ἰσχύι * πεποιθότας * ἑτέρους καταδυναστεύειν. ὅπου γὰρ οὐδ'
Aris. 193 3 πολεμικαῖς χρείαις ἀήττητος εἴη; ὁ δὲ εἶπεν εἰ μὴ * πεποιθὼς * ὑπάρχοι τοῖς ὄχλοις μηδὲ ταῖς δυνάμεσιν ἀλλὰ
Aris. 252 3 σεμνῶς ἅπαντα πράσσων καὶ μετὰ διαλογισμοῦ καὶ μὴ * πειθόμενος * διαβολαῖς ἀλλ' αὐτὸς ὢν δοκιμαστὴς τῶν
Aris. 266 3 τί πέρας ἐστὶ λόγου; κἀκεῖνος δὲ ἔφησε τὸ * πεῖσαι * τὸν ἀντιλέγοντα διὰ τῆς ὑποτεταγμένης τάξεως τὰς
Aris. 266 6 οὐκ ἀντικείμενος συγχρώμενος δὲ ἐπαίνῳ πρὸς τὸ * πεῖσαι. * θεοῦ δὲ ἐνεργείᾳ κατευθύνεται πειθώ. εὖ δὲ
Sib. 3 76 ὑπὸ ταῖς παλάμῃσι γυναικὸς ἔσσεται ἀρχόμενος καὶ * πειθόμενος * περὶ παντός. ἔνθ' ὁπόταν κόσμου παντὸς χήρη
Sib. 3 545 το τρίτον μέρος ἔσσεται αὖτις. Ἑλλὰς δὴ τί * πέποιθας * ἐπ' ἀνδράσιν ἡγεμόνεσσιν θνητοῖς οἷς οὐκ ἔστι
Sib. 3 656 βουλαῖς τάδε πάντα ποιήσει ἀλλὰ θεοῦ μεγάλοιο * πιθήσας * δόγμασιν ἐσθλοῖς. --- ναὸς δ' αὖ μεγάλοιο θεοῦ
Sib. 4 26 μέγαν θεὸν εὐλογέοντες πρὶν πιέειν φαγέειν τε * πεποιθότες * εὐσεβίῃσιν οἵ νηοὺς μὲν ἅπαντας ἀπαρνήσονται
Sib. 4 117 νηὸν δὲ θεοῦ μέγαν ἐξαλαπάξει ἡνίκ' ἂν ἀφροσύνῃσι * πεποιθότες * εὐσεβίην μὲν ῥίψωσιν στυγεροὺς δὲ φόνους
Sib. 4 122 φόνοιο τλήσεται ἄλλα τε πολλὰ κακῇ σὺν χειρὶ * πιθήσας. * πολλοὶ δ' ἀμφὶ θρόνῳ Ῥώμης πέδον αἱμάξουσιν
Sib. 4 171 περίτιμον ἐνὶ φρεσὶν ἀσκήσητε. εἰ δ' οὔ μοι * πείθοισθε * κακόφρονες ἀλλ' ἀσέβειαν στέργοντες τάδε πάντα
Sib. 5 85 κωφοὺς καὶ ἐν πυρὶ χωνευθέντας ποιήσαντο μάτην γε * πεποιθότες * ἐν τοιούτοις. Θμοῦις καὶ Ξοῦις +θλίβεται
Sib. 5 237 τυχὸν ὕστατα ταῦτα προβάλλου πῶς τι λέγεις; * πείσω * σε καὶ εἴ τί σε μέμφομαι αὐδῶ ἦν ποτ' ἐν ἀνθρώποις
FIsa. 1 3 5 Ἐζεκίου καὶ ἔφυγεν εἰς τὴν χώραν Βηθλεέμ. καὶ * ἔπεισαν * καὶ κατηγόρησεν Μελχειρὰ τοῦ Ἠσαίου καὶ τῶν
FAch. 104 κατὰ τῆς βασιλείας σου βουλεύεται. ὁ δὲ βασιλεὺς * πεισθεὶς * τῇ σφραγῖδι καὶ ὀργισθεὶς προσέταξεν Ἑρμίππῳ
HArt. 9 27 17 τῷ ἀδελφῷ φυγεῖν εἰς τὴν Ἀραβίαν τὸν δὲ * πεισθέντα * ἀπὸ Μέμφεως τὸν Νεῖλον διαπλεύσαντα
LThe. 9 22 5 περιτεμνομένους Ἰουδαΐσαι τὸν δὲ Ἐμμὼρ φάναι * πείσειν * αὐτούς. οὐ γὰρ δὴ θεμιτόν γε τόδ' Ἑβραίοισι
LEze. 9 29 12 18 παύσω δ' ὕβριν ἀνθρώπων κακῶν. Φαραὼ δὲ βασιλεὺς * πείσετ' * οὐδὲν ὧν λέγω πλὴν τέκνον αὐτοῦ πρωτόγονον ἕξει
LEze. 9 29 14 27 δυσμαῖς προσῆν ἐπέσχομεν θέλοντες ὄρθριον μάχην * πεποιθότες * λαοῖσι καὶ φρικτοῖς ὅπλοις. ἔπειτα θείων
LEze. 64 29 6 08 ὁπλίσαντες ὠλένας Κάϊν μολῦναι φοινίῳ πρῶτον λύθρῳ * ἐπείσατον * γῆν καὶ τὸν ἐξ ἀκηράτων πεσεῖν αἰώνων
LAri. 8 10 6 ἂν ὦ δυνατός. εἰ δὲ μὴ τεύξομαι τοῦ πράγματος μηδὲ * πείσω * μὴ τῷ νομοθέτῃ προσάψῃς τὴν ἀλογίαν ἀλλ' ἐμοὶ τῷ
πεῖνα 1
FJub. 3 21 λόγῳ τῆς Εὔας ὅτι λειποθυμῶν ἦν ἀπό τε μόχθου καὶ * πείνης. * ὁ ὄφις ἀπὸ κτήνους ἑρπετὸν ἐγένετο χεῖράς τε καὶ
πεινάω 6
Adam 29 7 δὲ ἡμᾶς πενθῆσαι ἡμέρας ἑπτά. καὶ μετὰ ἑπτὰ ἡμέρας * ἐπεινάσαμεν. * καὶ εἶπον τῷ Ἀδὰμ ἀνάστα καὶ φρόντισον
Sal. 5 8 ἡμᾶς οὐκ ἀφεξόμεθα ἀλλ' ἐπὶ σέ ἥξομεν. ἐὰν γὰρ * πεινάσω * πρός σέ κεκράξομαι ὁ θεὸς καὶ σὺ δώσεις μοι. τὰ
Sal. 5 10 ἡτοίμασας χορτάσματα ἐν ἐρήμῳ παντὶ ζῶντι καὶ ἐὰν * πεινάσωσιν * πρός σέ ἀροῦσιν πρόσωπον αὐτῶν. τοὺς βασιλεῖς
Jer. 9 18 τὸν κόσμον ἐπὶ τὸ ὄρος τῶν ἐλαιῶν καὶ ἐμπλήσει τὰς * πεινώσας * ψυχάς. ταῦτα λέγοντος τοῦ Ἱερεμίου περὶ τοῦ
Prop. 10 4B ὕδωρ ἐκ τοῦ χειμάρρου καὶ ὡς ἐξηράνθη ὁ χειμάρρους * ἐπείνασεν * ὁ προφήτης καὶ ἦλθεν εἰς Σαρεφθᾶ καὶ εὗρε τὴν
Job 23 8 ἐν ἑαυτῇ τί γάρ μοι ἡ θρὶξ τῆς κεφαλῆς πρὸς τὸν * πεινοῦντα * ἄνδρα μου; καὶ οὕτω καταφρονήσασα τῆς τριχὸς
πεῖρα 3
Abr.1 1 δικαίου πατριάρχου Ἀβραὰμ διαλύων δὲ καὶ θανάτου * πεῖραν * τὸ πῶς δὴ ἕκαστος ἐτελεύτησεν. εὐλόγησον. ἔζησεν
TGad 5 2 ἰοῦ διαβολικοῦ τὴν καρδίαν πληροῖ. καὶ ταῦτα ἐκ * πείρας * λέγω ὑμῖν τέκνα μου ὅπως φεύξησθε τὸ μῖσος καὶ
FAch. 109 τῇ γυναικί σου χρηστὰ ὁμίλει ὅπως ἀνδρὸς ἄλλου * πεῖραν * μὴ θέλῃ λαβεῖν κοῦφον γὰρ τὸ γένος τοῦτό ἐστιν
πειράζω 4
TDan 1 3 μου προσέχετε ῥήμασι στόματος τοῦ πατρὸς ὑμῶν. * ἐπείρασα * ἐν καρδίᾳ μου καὶ ἐν πάσῃ τῇ ζωῇ μου ὅτι καλὸν
Sedr. 8 5 ἐάν μοι εἴπῃς καλῶς με συμαχᾷ σε εἰ καὶ τινος * ἐπείραζες * τὸν πλάσαντά σε. λέγει Σεδρὰχ εἰπὲ κύριε ὁ
FJub. 10 9 αὐτῷ τὸ δέκατον αὐτῶν κατὰ πρόσταξιν θείαν ὥστε * πειράζειν * τοὺς ἀνθρώπους πρὸς δοκιμὴν τῆς ἑκάστου πρὸς
HAri. 9 25 3 τοῦτον δὲ τὸν Ἰὼβ πρότερον Ἰωβὰβ ὀνομάζεσθαι. * πειράζοντα * δ' αὐτὸν τὸν θεὸν ἐμμεῖναι μεγάλαις δὲ
πειρασμός 2
TJos. 2 7 εἰς τὸ δοκιμάσαι τῆς ψυχῆς τὸ διαβούλιον. ἐν δέκα * πειρασμοῖς * δόκιμόν με ἀνέδειξε καὶ ἐν πᾶσιν αὐτοῖς
FJub. 10 8 ὁ δὲ διάβολος ᾐτήσατο λαβεῖν μοῖραν ἀπ' αὐτῶν πρὸς * πειρασμὸν * τῶν ἀνθρώπων καὶ ἐδόθη αὐτῷ τὸ δέκατον αὐτῶν
πειρατήριον 1
TIss. 5 8 ὑμῶν περιπατήσατε ὅτι καὶ τῷ Γὰδ ἐδόθη ἀπολέσαι τὰ * πειρατήρια * τὰ ἐπερχόμενα τῷ Ἰσραήλ. οἶδα τέκνα μου ὅτι
πειράω 11
TJos. 16 3 ποιῆσαι μετ' αὐτῶν ἀνεχώρησεν. ὁ δὲ εὐνοῦχος * πειραθεὶς * αὐτῶν δηλοῖ τῇ δεσποίνῃ ὅτι πολλὴν αἰτοῦσι

Asen. 1 6 καὶ ἦν ἔρις πολλὴ ἐν αὐτοῖς περὶ Ἀσενὲθ καὶ * ἐπειρῶντο * πολεμεῖν πρὸς ἀλλήλους δι' αὐτήν. καὶ ἤκουσε
Asen. 25 6 καὶ σωτὴρ καὶ σιτοδότης; καὶ νῦν πάλιν ἐὰν * πειράσητε * πονηρεύσασθαι κατ' αὐτοῦ βοήσει πρὸς τὸν
Aris. 1 5 συνακοῦσαι περὶ ὧν ἀπεστάλημεν καὶ διά τί * πεπείραμαι * σαφῶς ἐκθέσθαι σοι κατειληφὼς ἣν ἔχεις
Aris. 2 3 ἤτοι κατὰ τὰς ἱστορίας ἢ καὶ κατ' αὐτὸ τὸ πρᾶγμα * πεπειραμένῳ. * οὕτω γὰρ κατασκευάζεται ψυχῆς καθαρὰ
Aris. 264 2 τίσι δεῖ συμβούλοις χρῆσθαι; τοῖς διὰ πολλῶν ἔφη * πεπειραμένοις * πραγμάτων καὶ τὴν εὔνοιαν συντηροῦσιν
Aris. 289 4 πολλῷ δὲ μᾶλλον καὶ τινες τῶν ἰδιωτῶν καὶ κακῶν * πεπειραμένοι * καὶ πενίας μετεσχηκότες ἄρξαντες ὄχλων
Aris. 297 4 διασαφοῦμεν ἀφοσιούμενοι πᾶν ἁμάρτημα. διόπερ * ἐπειράθην * ἀποδεξάμενος αὐτῶν τὴν τοῦ λόγου δύναμιν παρὰ
Aris. 322 5 καὶ ἐν τούτοις τὸν πλείονα χρόνον διατελεῖς. * πειράσομαι * δὲ καὶ τὰ λοιπὰ τῶν ἀξιολόγων ἀναγράφειν ἵνα
Sib. 5 385 αὖτις. εἰρήνην δ' ἕξει λαὸς σοφὸς ὅσπερ ἐλείφθη * πειραθεὶς * κακότητος ἵν' ὕστερον εὐφρανθείη. μητρολέται
FPho. 40 ὁμότιμοι ἐπήλυδες ἐν πολιήταις πάντες γὰρ πενίης * πειρώμεθα * τῆς πολυπλάγκτου χώρης δ' οὔ τι βέβαιον ἔχει

πέλαγος 4
TNep. 6 5 κρατῶν τοὺς αὐχένας. καὶ ἡμεῖς χειμαζόμενοι ἐπὶ τὸ * πέλαγος * ἐφερόμεθα καὶ ἐπληρώθη τὸ πλοῖον ὑδάτων ἐν
Aris. 214 3 ἀλογιστοῦμεν δὲ καθόσον ὑπολαμβάνομεν καὶ ἐπὶ * πέλαγος * καὶ ἐν πλοίοις ἢ πολεῖν ἢ πέτασθαι φερομένους
Sib. 3 84 καὶ πέσεται πολύμορφος ὅλος πόλος ἐν χθονὶ δίῃ καὶ * πελάγει * ῥεύσει δὲ πυρὸς μαλεροῦ καταράκτης ἀκάματος
FPho. 74 οὐ χθὼν οὐρανίοισ' ὑψώμασι νέρθεν ἐοῦσα οὐ ποταμοὶ * πελάγεσσιν. * ἀεὶ δ' ὁμόνοιαν ἔχουσιν εἰ γὰρ ἔρις

πελάζω 3
Sib. 3 71 θεοῦ λόγον+ εἰσήκουσαν. ἀλλ' ὁπόταν μεγάλοιο θεοῦ * πελάσωσιν * ἀπειλαὶ καὶ δύναμις φλογέουσα δι' οἴδματος εἰς
Sib. 3 513 ἅμα Μαγὼγ μαρσῶν ἠδ' ἀγγὼν ὅσα σοι κακὰ μοῖρα * πελάζει+ * (πολλὰ δὲ) καὶ Λυκίων υἱοῖς Μυσῶν τε Φρυγῶν τε.
IOrp. 45 περὶ πάντ' ἐνὶ τάξει. ὦ τέκνον σὺ δὲ τοῖσι νόοισι * πελάζευ * γλώσσης εὖ μάλ' ἐπικρατέων στέρνοισι δὲ ἔνθεο

πέλας 1
LEze. 9 28 2 18 εἰς ἕλος δασὺ Μαριὰμ δ' ἀδελφή μου κατώπτευεν * πέλας. * κἄπειτα θυγάτηρ βασιλέως ἅβραις ὁμοῦ κατῆλθε

πελεκῖνος 2
Aris. 71 2 δὲ τριμερὲς τὸ στόμα τῆς τραπέζης οἱονεὶ τρίπτυχον * πελεκίνοις * συναρμοζόμενα γομφωτοῖς πρὸς ἑαυτὰ κατὰ τὸ
HEup. 9 34 5 δὲ ἐναλλὰξ δόμον λίθινον καὶ ἔνδεσμον κυπαρίσσινον * πελεκίνοις * χαλκοῖς ταλαντιαίοις καταλαμβάνοντα(ς) τοὺς

Πέλλα 1
Sib. 5 4 τοὺς πάντας ἴση κατὰ γαῖα φέρεσκεν καὶ μετὰ τὸν * Πέλλης * πολιήτορα ᾧ ὕπο πᾶσα ἀντολίη βεβόλητο καὶ ἑσπερίη

Πελοπόννησος 1
Prop. 2 6 ὅ ἐστιν ὀφιομάχους οὓς ἤνεγκεν ἐκ τοῦ Ἄργους τῆς * Πελοποννήσου * ὅθεν καὶ ἀργόλαι καλοῦνται τοῦτ' ἔστιν

πέλτη 2
Sib. 3 650 --- πολλὰ χρόνων μήκη περιτελλομένων ἐνιαυτῶν * πέλτας * καὶ θυρεοὺς γαισοὺς παμποίκιλά θ' ὅπλα οὐδὲ μὲν
Sib. 3 729 ἅπασαν ἑπτὰ χρόνων μήκη περιτελλομένων ἐνιαυτῶν * πέλτας * καὶ θυρεοὺς κόρυθας παμποίκιλά θ' ὅπλα πολλά τε

πέλω 14
Sib. 3 131 ὡς βασιλεύσῃ αὐτὸς ὅταν γῆράς τε Κρόνῳ καὶ μοῖρα * πέληται. * ὁππότε κεν δὲ Ῥέη τίκτῃ παρὰ τήνδ' ἐκάθηντο
Sib. 3 232 ἀεικελίους ἀνθρώπους ἐξ ὧν δὴ κακὰ πολλὰ βροτοῖς * πέλεται * κατὰ γαῖαν τοῦ πεπλανῆσθαι ὁδούς τ' ἀγαθὰς καὶ
Sib. 3 237 πόλεμον καὶ λιμὸν ἄπειρον. τοῖσι δὲ μέτρα δίκαια * πέλει * κατ' ἀγρούς τε πόλεις τε οὐδὲ κατ' ἀλλήλων
Sib. 3 475 Κρόβυζοι ἀναστήσονται ἀν' Αἶμον. Καμπανοῖς ἄραβος * πέλεται * διὰ τὸν +πολύκαρπον+ λιμὸν πουλυετεῖς δὲ
Sib. 3 662 ἐπαμύνοντες κακὰ θυμῷ+ ὁ φθόνος οὐκ ἀγαθὸν * πέλεται * δειλοῖσι βροτοῖσιν. ἀλλὰ πάλιν βασιλῆες ἐθνῶν
Sib. 3 701 κεν μόνον ἐν φρεσὶ θείῃ ἄψευστον γὰρ πνεῦμα θεοῦ * πέλεται * κατὰ κόσμον. υἱοὶ δ' αὖ μεγάλοιο θεοῦ περὶ ναὸν
Sib. 3 720 ὑψίστοιο θεοῦ φραζώμεθα πάντες ὅστε δικαιότατος * πέλεται * πάντων κατὰ γαῖαν. ἡμεῖς δ' ἀθανάτοιο τρίβου
Sib. 3 735 πόλιν (σὸν) λαὸν ἄβουλον ὅστε μὴ ἐξ ὁσίης γαίης * πέλεται * Μεγάλοιο. μὴ κίνει Καμάριναν ἀκίνητος γὰρ
Sib. 5 429 δύσιές τε θεοῦ κλέος ἐξύμνησαν. οὐκέτι γὰρ * πέλεται * +δειλοῖσι βροτοῖσιν δεινὰ+ οὐδὲ γαμοκλοπίαι καὶ
FPho. 162 μεθέπειν μακραί τοι ἄρουραι. οὐδὲν ἄνευ καμάτου * πέλει * ἀνδράσιν εὐπετὲς ἔργον οὐδ' αὐτοῖς μακάρεσσι πόνος
LEze. 9 29 8 03 σῶν ποδῶν λῦσαι δέσιν ἁγία γὰρ ἧς σὺ γῆς ἐφέστηκας * πέλει * ὁ δ' ἐκ βάτου σοι θεῖος ἐκλάμπει λόγος. θάρσησον ὦ
LEze. 9 29 12 22 Ἑβραίοις ὁμοῦ ὁ μεὶς ὅδ' ὑμῖν πρῶτος ἐνιαυτῶν * πέλει * ἐν τῷδ' ἀπάξω λαὸν εἰς ἄλλην χθόνα εἰς ἣν ὑπέστην
LEze. 9 29 13 18 ἔξοδον διδοῖ θεὸς ἀρχὴ δὲ μηνῶν καὶ χρόνων οὗτος * πέλει. * ὡς γὰρ σὺν ὄχλῳ τῷδ' ἀφώρμησεν δόμων βασιλεὺς
LEze. 9 29 16 09 ἐκ μιᾶς πέτρας στελέχη δ' ἐρυμνὰ πολλὰ φοινίκων * πέλει * ἔγκαρπα δεκάκις ἑπτὰ καὶ ἐπίρρυτος χλόη πέφυκε

πέλωρ 1
Sib. 3 680 φόβος ἔσται. ἠλιβάτους κορυφάς τ' ὀρέων βουνούς τε * πελώρων * ῥήξει κυάνεόν τ' ἔρεβος πάντεσσι φανεῖται.

πελώριος 2
Sib. 3 222 οὔτε γὰρ ἠελίου κύκλιον δρόμον οὔτε σελήνης οὔτε * πελώρια * ἔργα μεριμνῶσιν κατὰ γαίης οὔτε βάθος χαροποῖο
IEsc. 5 131 3 καὶ ὕδατος συστήματα. τρέμει δ' ὄρη καὶ γαῖα καὶ * πελώριος * βυθὸς θαλάσσης καὶ ὀρέων ὕψος μέγα ἐπὰν

πέλωρος 2
Sib. 3 646 δηλήσονται ἐπὰν δὴ ταῦτα τελεσθῇ λείψανα γαῖα * πέλωρος * ἀναλώσειε θανόντων. αὐτὴ δ' ἄσπαρτος καὶ
LEze. 9 29 11 06 ἰδοὺ βέβληται δέσποθ' ἵλεως γενοῦ ὡς φοβερὸς ὡς * πέλωρος * οἴκτειρον σύ με πέφρικ' ἰδὼν μέλη δὲ σώματος

πεμπταῖος 1
Aris. 175 2 οὐ πᾶσι παραδόξου φανέντος διὰ τὸ κατὰ ἔθος εἶναι * πεμπταίους * εἰς πρόσωπον ἔρχεσθαι βασιλεῖ τοὺς περὶ

πέμπτος 33
Hen. 6B 7 ὁ ἄρχων αὐτῶν β' Ἀταρκούφ γ' Ἀρακιὴλ δ' Χωβαβιὴλ * ε' * Ὀραμμαμὴ ς' Ῥαμιὴλ ζ' Σαμψὶχ η' Ζακιὴλ θ' Βαλκιὴλ
TRub. 1 1 αὐτοῦ πρὶν ἢ ἀποθανεῖν αὐτὸν ἐν ἑκατοστῷ εἰκοστῷ * πέμπτῳ * ἔτει τῆς ζωῆς αὐτοῦ. μετὰ ἔτη δύο τῆς τελευτῆς
TRub. 2 6 ἐστί γεῦσις δεδομένη εἰς συνολκὴν ἀέρος καὶ πνοῆς * πέμπτον * πνεῦμα λαλιᾶς μεθ' ἧς γίνεται γνῶσις ἕκτον
TRub. 3 5 καὶ μαγγανείας ἵνα διὰ περιεργίας ὡραῖος ὀφθῇ * πέμπτον * πνεῦμα ὑπερηφανίας ἵνα καυχᾶται καὶ μεγαλοφρονῇ
TLevi 8 8 ὁ τέταρτος ζώνην μοι περιέθηκεν ὁμοίαν πορφύρᾳ. ὁ * πέμπτος * κλάδον μοι ἐλαίας ἔδωκε πιότητος. ὁ ἕκτος
TLevi 11 4 ἐν πρώτῃ τάξει. καὶ ὁ Καὰθ ἐγεννήθη τριακοστῷ * πέμπτῳ * ἔτει πρὸς ἀνατολὰς ἡλίου. εἶδον δὲ ἐν ὁράματι ὅτι
TLevi 17 6 Ἰσραὴλ μισήσουσιν ἕκαστος τὸν πλησίον αὐτοῦ. ὁ * πέμπτος * ἐν σκότει παραληφθήσεται ὡσαύτως καὶ ὁ ἕκτος καὶ
TLevi 17 10 καὶ ἡ γῆ καὶ ἡ ὕπαρξις αὐτῶν ἀφανισθήσεται. καὶ ἐν * πέμπτῃ * ἑβδομάδι ἐπιστρέψουσιν εἰς γῆν ἐρημώσεως αὐτῶν
TJud. 6 3 πρὸς ἡμᾶς. καὶ οἱ ἀπὸ Μαχὶρ ἐπῆλθον ἡμῖν τῇ * πέμπτῃ * ἡμέρᾳ λαβεῖν τὴν αἰχμαλωσίαν καὶ προσάξαντες
TJud. 25 1 δεύτερος ἐγὼ τρίτος Ἰωσὴφ τέταρτος Βενιαμὶν * πέμπτος * Συμεὼν ἕκτος Ἰσαχὰρ καὶ οὕτως καθεξῆς πάντες.
TIss. 1 2 ῥήματα ἠγαπημένοι ὑπὸ κυρίου. ἐγὼ ἐτέχθην * πέμπτος * υἱὸς τῷ Ἰακὼβ ἐν μισθῷ τῶν μανδραγόρων. Ῥουβὴμ
TIss. 7 9 αὐτοῦ. καὶ ἐξέτεινε τοὺς πόδας αὐτοῦ καὶ ἀπέθανε * πέμπτος * ἐν γήρει καλῷ πᾶν μέλος ἔχων ὑγιὲς καὶ ἰσχύων
TDan 1 1 ἐπ' ἐσχάτων τῶν ἡμερῶν αὐτοῦ ἑκατοστῷ εἰκοστῷ * πέμπτῳ * ἔτει τῆς ζωῆς αὐτοῦ. καλέσας τὴν πατριὰν αὐτοῦ
TBen. 7 2 δεύτερον ἀπώλεια τρίτον θλῖψις τέταρτον αἰχμαλωσία * πέμπτον * ἔνδεια ἕκτον ταραχὴ ἕβδομον ἐρήμωσις. διὰ τοῦτο
Asen. 1 1 τῶν ἑπτὰ ἐτῶν τῆς εὐθηνίας ἐν τῷ μηνὶ τῷ δευτέρῳ * πέμπτῃ * τοῦ μηνὸς ἐξαπέστειλε Φαραὼ τὸν Ἰωσὴφ κυκλεῦσαι
Bar. 11 1 καὶ ἀπὸ τούτου λαβών με ὁ ἄγγελος ἤγαγέν με εἰς * πέμπτον * οὐρανόν. καὶ ἦν ἡ πύλη κεκλεισμένη. καὶ εἶπον
Esdr. 5 13 τρίτον μὲν τριχοῦται τὸ τέταρτον μὲν ὀνυχοῦται τὸ * πέμπτον * μὲν ἀπογαλακτοῦται καὶ τὸ ἕκτον μὲν ἕτοιμον
Aris. 48 2 Ἰωνάθας Ἀβραῖος Ἐλισσαῖος Ἀνανίας Χαβρίας---. * πέμπτης * Ἴσακος Ἰάκωβος Ἰησοῦς Σαββαταῖος Σίμων Λευίς.
Sib. 5 ἐκεῖνον ὃς ἐς χρόνον ἔσσεται ἀνήρ. λόγος * πέμπτος. * ἀλλ' ἄγε μοι στονόεντα χρόνον κλύε Λατινιδάων.
Sib. 5 458 κακὸν Σειρῆνες ὅπως κλαύσωνται ἀληθῶς. ἔσται δ' ἐν * πέμπτῃ * γενεῇ ὅτε παύσετ' ὄλεθρος Αἰγύπτου βασιλῆες ὅταν
FJub. 2 11 μεγάλα ἐποίησεν ὁ θεὸς ἐν τῇ τετάρτῃ ἡμέρᾳ. τῇ δὲ * πέμπτῃ * τὰ κήτη τὰ μεγάλα τοὺς ἰχθύας καὶ τὰ ἄλλα ἑρπετὰ
FJub. 2 12 ταῦτα τὰ τρία ἔργα τὰ μεγάλα ἐποίησεν ὁ θεὸς ἐν τῇ * πέμπτῃ * ἡμέρᾳ. τῇ δὲ ἕκτῃ ἡμέρᾳ τὰ θηρία τὰ κτήνη τὰ
FJub. 3 1 ἡμέρᾳ τῆς δευτέρας ἑβδομάδος ὠνόμασε τὰ ἑρπετά. τῇ * πέμπτῃ * ἡμέρᾳ τῆς δευτέρας ἑβδομάδος ὠνόμασε τὰ νηκτά. τῇ
FJub. 3 9 τροπὴν ἡλίου ὄντος καὶ σελήνης καρκίνῳ τῇ εἰκοστῇ * πέμπτῃ * τοῦ Ἰουνίου μηνὸς Ἐπιφὶ πρώτῃ εἰσήχθη ὑπὸ τοῦ
FJub. 4 1 ἔτει γεγενῆσθαι τὸν δίκαιον Ἄβελ. τῷ ὀγδοηκοστῷ * πέμπτῳ * ἔτει ἐγεννήθη αὐτοῖς θυγάτηρ καὶ ὠνόμασαν αὐτὴν
FJub. 4 9 ἡ Εὔα ἀπέθεντο τὸ πένθος. τῷ ἑκατοστῷ τριακοστῷ * πέμπτῳ * ἔτει ἔλαβεν ὁ Κάϊν τὴν ἰδίαν ἀδελφὴν Ἀσαυνᾶν
FJub. 5 22 αὐτοῦ. εἰσῆλθεν πρὸς ἡμᾶς ἡ κιβωτὸς τοῦ θεοῦ τῇ * πέμπτῃ * τοῦ μηνὸς τοῦ πέμπτου. τούτῳ τῷ ͵β σ ν α' ἔτει
FJub. 5 22 ἡμᾶς ἡ κιβωτὸς τοῦ θεοῦ τῇ πέμπτῃ τοῦ μηνὸς τοῦ * πέμπτου. * τούτῳ τῷ ͵β σ ν α' ἔτει Νῶε ἐφύτευσεν ἀμπελῶνα
FJub. 8 2 ἀμπελῶνα ἐν ὄρει Λουβὰρ τῆς Ἀρμενίας. τῷ ͵β φ π * ε' * ἔτει Καϊνᾶν διοδεύων ἐν τῷ πεδίῳ εὗρε τὴν γραφὴν τῶν
FIsa. 1 1 ἐγένετο ἐν τῷ * πέμπτῳ * καὶ εἰκοστῷ ἔτει βασιλεύοντος Ἐζεκίου καλέσαι
FSop. 5 77 2 ἀνέλαβέν με πνεῦμα καὶ ἀνήνεγκέν με εἰς οὐρανὸν * πέμπτον * καὶ ἐθεώρουν ἀγγέλους καλουμένους κυρίους καὶ τὸ
HDem. 9 21 3 συλλαβεῖν τὸν Νεφθαλεὶμ τῷ ἑνδεκάτῳ ἔτει μηνὶ * πέμπτῳ * καὶ τεκεῖν τῷ δωδεκάτῳ ἔτει μηνὶ δευτέρῳ υἱὸν ὃν
HEup. 1 141 4 κατασχεῖν. τὰ πάντα ἔτη ἀπὸ Ἀδὰμ ἄχρι τοῦ * πέμπτου * ἔτους Δημητρίου βασιλείας Πτολεμαίου τὸ

πέμπω 50
Hen. 10 1 τούτων ὁ μέγας Ἅγιος καὶ ἐλάλησεν καὶ εἶπεν καὶ * ἔπεμψεν * Ἰστραὴλ πρὸς τὸν υἱὸν Λέμεχ εἶπον αὐτῷ ἐπὶ τῷ
Hen. 10 9 ἀπόλεσον τοὺς υἱοὺς τῶν ἐγρηγόρων ἀπὸ τῶν ἀνθρώπων * πέμψον * αὐτοὺς ἐν πολέμῳ ἀπωλείας. μακρότης γὰρ ἡμερῶν
Hen. 10 22 πάσης ἀκαθαρσίας καὶ ὀργῆς καὶ μάστιγος καὶ οὐκέτι * πέμψω * ἐπ' αὐτοὺς εἰς πάσας τὰς γενεὰς τοῦ αἰῶνος. τότε ὁ
Hen. 10B 1 ὁ ὕψιστος εἶπε καὶ ὁ ἅγιος ὁ μέγας ἐλάλησε καὶ * ἔπεμψε * τὸν Οὐριὴλ πρὸς τὸν υἱὸν Λάμεχ λέγων πορεύου πρὸς
Hen. 10B 9 τοὺς υἱοὺς τῶν ἐγρηγόρων ἀπὸ τῶν υἱῶν τῶν ἀνθρώπων * πέμψον * αὐτοὺς εἰς ἀλλήλους ἐξ αὐτῶν εἰς αὐτοὺς ἐν πολέμῳ
Hen. 15 2 καὶ τῆς φωνῆς μου ἄκουσον. πορεύθητι καὶ εἰπὲ τοῖς * πέμψασιν * σε ἐρωτῆσαι ὑμᾶς ἔδει περὶ τῶν ἀνθρώπων καὶ μὴ
Hen. 16 2 αἰὼν ὁ μέγας τελεσθήσεται. καὶ νῦν ἐγρηγόροις τοῖς * πέμψασιν * σε ἐρωτῆσαι περὶ αὐτῶν οἵτινες ἐν οὐρανῷ ἦσαν.
TJud. 12 5 ἀγνοῶν δὲ ὃ ἐποίησεν ἤθελον ἀνελεῖν αὐτὴν * πέμψασα * δὲ ἐν κρυπτῷ τοὺς ἀρραβῶνας κατῄσχυνέ με.
TJos. 5 4 κακίαν αὐτῆς. καὶ ἀνεχώρησε θάλπουσά με δώροις καὶ * πέμπουσα * πᾶσαν ἀπόλαυσιν υἱῶν ἀνθρώπων. καὶ ἀποστέλλει
TJos. 8 4 ἐν οἴκῳ αὐτοῦ ὁ Αἰγύπτιος καὶ τῇ ἑξῆς μαστίξας με * ἔπεμψέ * με εἰς τὴν εἱρκτὴν τοῦ Φαραώ. ὡς οὖν ἤμην ἐν
TJos. 9 1 διὰ προφάσεως ἀπηλλάγην τῆς Αἰγυπτίας. πολλάκις * ἔπεμψε * πρός με λέγουσα εὐδόκησον πληρῶσαι τὴν ἐπιθυμίαν
TBen. 2 2 εἶπον αὐτῷ ὅτι ἔφυραν τὸν χιτῶνά σου αἵματι καὶ * πέμψαντες * εἶπον ἐπίγνωθι εἰ ὁ χιτὼν τοῦ υἱοῦ σου οὗτος.

Asen. 7 4 ὁ δὲ Ἰωσὴφ ἐξουθένει αὐτὰς καὶ τοὺς πρέσβεις οὓς * ἔπεμπον * πρὸς αὐτὸν αἱ γυναῖκες μετὰ χρυσίου καὶ ἀργυρίου
Asen. 16 4 ὁ ἄνθρωπος τίνος χάριν ἵστασαι; καὶ εἶπεν Ἀσενὲθ * πέμψω * δὴ παιδάριον εἰς τὸ προάστειον διότι ἐγγύς ἐστιν ὁ
Asen. 25 6 κατ' αὐτοῦ βοήσει πρὸς τὸν ὕψιστον καὶ * πέμψει * πῦρ ἐξ οὐρανοῦ καὶ καταφάγεται ὑμᾶς καὶ οἱ
Prop. 10 6B βαλάνου Δεββώρας. καὶ γενόμενος υἱὸς Ἰωνᾶς μέγας * ἐπέμφθη * ὑπὸ κυρίου εἰς Νινευὶ τὴν πόλιν Ἀσσυρίων. καὶ
Prop. 17 4 ἐποίησε τὴν ἀνομίαν. καὶ ὡς ἀνεῖλε τὸν ἄνδρα αὐτῆς * ἔπεμψε * κύριος ἐλέγξαι αὐτὸν καὶ γνοὺς τῷ πνεύματι ὁ
Prop. 22 18 σκέψεις τοῦ ἐχθροῦ τοῦτο μαθὼν ὁ βασιλεὺς Συρίας * πέμπει * δύναμιν ἀγαγεῖν τὸν προφήτην ὁ δὲ εὐξάμενος
Job 38 3 πάλιν τὸ ὕδωρ διὰ τοῦ αὐτοῦ στόματος πίνεται καὶ * πέμπεται * ἐν τῇ αὐτῇ φάρυγγι ὅταν δὲ καταβῇ τὰ δύο εἰς
Job 46 4 θυγατέρες μου οὐ γὰρ ὑμῶν ἐπελαθόμην ἤδη ὑμῖν * ἔπεμψα * κληρονομίαν κρείττονα τῶν ἑπτὰ ἀδελφῶν ὑμῶν. τότε
Aris. 175 7 καταξιῶν μείζονος καὶ τὴν ὑπεροχὴν κρίνων τοῦ * πέμψαντος * ἀπολύσας οὓς ἐνόμιζε περισσοὺς ὑπέμενε
Aris. 320 1 κυλίκιον ταλάντου καὶ τρικλίνου πᾶσαν κατάστρωσιν. * ἔπεμψε * δὲ καὶ τῷ Ἐλεαζάρῳ μετὰ τῆς ἐκπομπῆς αὐτῶν
Sib. 3 286 γόνυ πρὸς φάος ἄρῃ. καὶ τότε δὴ θεὸς οὐράνιος * πέμψει * βασιλῆα κρινεῖ δ' ἄνδρα ἕκαστον ἐν αἵματι καὶ
Sib. 3 502 δαμάσσειεν παρὰ πᾶσαν γαῖαν καὶ πικρὴν μοῖρην * πέμψει * θεὸς αὐτοῖς ἐξ ἐδάφους φλέξας πόλιας καὶ πολλὰ
Sib. 3 652 κόψεται εἰς πυρὸς αὐγήν. καὶ τότ' ἀπ' ἠελίοιο θεὸς * πέμψει * βασιλῆα ὃς πᾶσαν γαῖαν παύσει πολέμοιο κακοῖο οὓς
Sib. 3 718 λισσώμεσθα ἀθάνατον βασιλῆα θεὸν μέγαν ἀέναόν τε. * πέμπωμεν * πρὸς ναὸν ἐπεὶ μόνος ἐστὶ δυνάστης καὶ νόμον
Sib. 3 810 τείχεα μακρὰ οἰστρομανῆς προλιποῦσα ἐς Ἑλλάδα * πεμπόμενον * πῦρ πᾶσι προφητεύουσα θεοῦ μηνίματα θνητοῖς
Sib. 4 43 τε καὶ τότε δυσσεβέας μὲν ὑπὸ ζόφον ἐν πυρὶ * πέμψει * (καὶ τότ' ἐπιγνώσονται ὅσην ἀσέβειαν ἔρεξαν)
Sib. 5 108 πόλιν ἐξαλαπάξαι. καὶ κέν τις θεόθεν βασιλεὺς * πεμφθεὶς * ἐπὶ τοῦτον πάντας ὀλεῖ βασιλεῖς μεγάλους καὶ
Sib. 5 443 εἵνεκα γὰρ τῆς σῆς ἀρχῆς ἧς ἔσχες ὅμηρα εἰς Ῥώμην * πέμψασα * καὶ Ἀσίδι θητεύοντας +τοιγάρτοι καὐτὴ βασιλὶς
Sib. 5 445 εἰς κρίσιν ἀντιδίκων ἥξεις ὧν εἵνεκα λύτρα * πέπομφας+ * δώσεις δ' ἀντὶ λόγων σκολιῶν πικρὸν λόγον
FAch. 102 καὶ ὁ μὴ εὑρίσκων διαλύσασθαι φόρους ἐτέλει τῷ * πέμψαντι. * ὁ δὲ Αἴσωπος τὰ ἐκπεμπόμενα τῷ Λυκούργῳ λύων
FAch. 102 ἠνάγκαζεν τὸν βασιλέα αὐτὸς δὲ διὰ τοῦ Λυκούργου * ἔπεμπεν * τοῖς βασιλεῦσιν καὶ μὴ εὑρίσκοντες φόρους
FAch. 108 ζήτημα καὶ μειδιάσας φησὶν ἀντίγραψον αὐτῷ οὕτως * πέμψω * σοι τοὺς οἰκοδομοῦντας τὸν πύργον καὶ τὸν
FAch. 108 τὰ ἐρωτήματα ἐὰν ὁ χειμὼν παρέλθῃ. γράψας οὕτως * ἔπεμψεν * διὰ τῶν πρεσβευτῶν εἰς Αἴγυπτον. καὶ τῷ Αἰσώπῳ
FAch. 123 σοφίαν κεκτημένος. δοὺς δὲ αὐτῷ φόρους ἐτῶν τριῶν * ἔπεμψεν * αὐτὸν μετὰ ἐπιστολῶν εἰρηνικῶν. ὁ δὲ Αἴσωπος
HDem. 9 21 13 δὲ Ἰωσὴφ ἔτη ἐννέα εὐτυχήσαντα πρὸς τὸν πατέρα μὴ * πέμψαι * διὰ τὸ ποιμένα αὐτόν τε καὶ τοὺς ἀδελφοὺς εἶναι
HDem. 9 21 13 εἶναι τὸ ποιμαίνειν. ὅτι δὲ διὰ τοῦτο οὐκ * ἔπεμψεν * αὐτὸν δεδηλωκέναι ἐλθόντων γὰρ αὐτοῦ τῶν
HDem. 9 29 3 Ἀβραὰμ τοὺς παῖδας πρὸς ἀνατολὰς ἐπὶ κατοικίαν * πέμψαι * διὰ τοῦτο δὲ καὶ Ἀαρὼν καὶ Μαριὰμ ἐν Ἀσηρὼθ
HEup. 9 30 7 ναυπηγήσασθαι ἐν Ἐλάνοις πόλει τῆς Ἀραβίας καὶ * πέμψαι * μεταλλευτὰς εἰς τὴν Οὐρφῆ νῆσον κειμένην ἐν τῇ
HEup. 9 34 17 χιλίας μέλιτος δὲ ἀγγεῖνα ἑκατὸν καὶ ἀρώματα * πέμψαι * τῷ δὲ Σούρωνι εἰς Τύρον πέμψαι τὸν χρυσοῦν κίονα
HEup. 9 34 18 ἑκατὸν καὶ ἀρώματα πέμψαι τῷ δὲ Σούρωνι εἰς Τύρον * πέμψαι * τὸν χρυσοῦν κίονα τὸν ἐν Τύρῳ ἀνακείμενον ἐν τῷ
HArt. 9 27 7 τὸν Χενεφρῆν ὑπολαβόντα εὑρηκέναι καιρὸν εὔθετον * πέμψαι * τὸν Μώϋσον ἐπ' αὐτοὺς στρατηγὸν μετὰ δυνάμεως τὸ
HArt. 9 27 8 δέκα μυριάδας γεωργῶν αὐτοῦ καταστρατοπεδεῦσαι * πέμψαι * δὲ στρατηγοὺς τοὺς προκαθεδουμένους τῆς χώρας οὓς
HArt. 9 27 11 τοὺς ὄχλους τοὺς μὲν ἐπὶ τὰ ὅρια τῆς Αἰθιοπίας * πέμψαι * προφυλακῆς χάριν τοῖς δὲ προστάξαι τὸν ἐν Διὸς
HArt. 9 27 24 ἐπὶ τῷ γεγονότι κελεῦσαι τῷ Μώϋσῳ τὸ τοῦ * πέμψαντος * αὐτὸν θεοῦ εἰπεῖν ὄνομα διαχλευάσαντα αὐτὸν
HThe. 9 34 19 χρυσὸν τὸν Σολομῶνα τῷ Τυρίων βασιλεῖ * πέμψαι * τὸν δὲ εἰκόνα τῆς θυγατρὸς ζῷον ὁλοσώματον
LThe. 9 22 3 πάμπαν ἀλλὰ δόλον τολύπευσε καὶ εἰς λέχος ἀνέρι * πέμπε * Λείαν ἢ οἱ ἔην προγενεστέρη. οὐδέ μιν ἔμπης
LEze. 9 29 10 01 λόγους ἐμοὺς γενέσθαι βασιλέως ἐναντίον. Ἀάρωνα * πέμψω * σὸν κασίγνητον ταχὺ ᾧ πάντα λέξεις τάξ ἐμοῦ
LEze. 9 29 12 14 σκότος τε θήσω τρεῖς ἐφ' ἡμέρας ὅλας ἀκρίδας τε * πέμψω * καὶ περισσὰ βρώματα ἅπαντ' ἀναλώσουσι καὶ καρποῦ

πένης 24

Abr.1 1 2 δρυὸς τῆς Μαβρῆς τοὺς πάντας ἐδέχετο πλουσίους καὶ * πένητας * βασιλεῖς τε καὶ ἄρχοντας ἀναπήρους καὶ ἀδυνάτους
Abr.1 19 7 ᾅδην κατάγω βασιλεῖς καὶ ἄρχοντας πλουσίους καὶ * πένητας * δούλους καὶ ἐλευθέρους καὶ διὰ τοῦτό σοι ἔδειξα
TIss. 3 8 ὅτι ὁ θεὸς συνεργεῖ τῇ ἁπλότητί μου παντὶ γὰρ * πένητι * καὶ παντὶ θλιβομένῳ παρεῖχον τῆς γῆς τὰ ἀγαθὰ ἐν
TIss. 5 2 τὰς πράξεις ἀλλ' ἀγαπᾶτε κύριον καὶ τὸν πλησίον * πένητα * καὶ ἀσθενῆ ἐλεᾶτε. ὑπόθετε τὸν νῶτον ὑμῶν εἰς τὸ
TGad 7 6 ἡ ἀμετανοήτῳ τηρεῖ εἰς αἰῶνα τὴν κόλασιν. ὁ γὰρ * πένης * καὶ ἄφθονος ἐπὶ πᾶσι κυρίῳ εὐχαριστῶν αὐτὸς παρὰ
TAser 2 6 τοῦ νόμου κύριον ἀθετεῖ καὶ παροξύνει καὶ τὸν * πένητα * ἀναπαύει τὴν ψυχὴν σπιλοῖ καὶ τὸ σῶμα λαμπρύνει
TJos. 3 5 ἐλάμβανόν μου τὴν δίαιταν καὶ ἐδίδουν αὐτὴν * πένησι * καὶ ἀσθενοῦσιν. καὶ ὤρθριζον πρὸς κύριον καὶ
TBen. 4 4 ἀνδρεῖος ἐπαινεῖ τὸν σώφρονα πιστεύων ὑμνεῖ τὸν * πένητα * ἐλεεῖ τῷ ἀσθενεῖ συμπαθεῖ τὸν θεὸν ἀνυμνεῖ τὸν
Asen. 10 11 διὰ τῆς θυρίδος τῆς βλεπούσης πρὸς βορρᾶν τοῖς * πένησιν. * καὶ ἔσπευσεν Ἀσενὲθ καὶ ἔλαβε πάντας τοὺς
Sal. 5 11 καὶ λαοὺς σὺ τρέφεις ὁ θεὸς καὶ πτωχοῦ καὶ * πένητος * ἡ ἐλπὶς τίς ἐστιν εἰ μὴ σὺ κύριε; καὶ σὺ
Job 9 3 ἑπτὰ καρῆναι εἰς ἔνδυσιν ὀρφανῶν καὶ χηρῶν καὶ * πενήτων * καὶ ἀδυνάτων ἦν δέ μοι ἀγέλη κυνῶν ὀκτακόσιοι
Job 9 6 αὐτῶν γονὴν ἐκέλευον πιπράσκεσθαι καὶ δίδοσθαι τοῖς * πένησιν * καὶ ἐπιδεομένοις. καὶ ἤρχοντό μοι εἰς ἀπάντησιν
Job 10 6 αὐτά, καὶ τὸν καρπὸν αὐτῶν ἀφορίζειν τοῖς * πένησιν * εἰς τὴν τράπεζαν αὐτῶν εἶχον δὲ ἀρτοκόπια
Job 11 3 εἰς τὰς μακρὰς πόλεις ἐμπορευόμενοι καὶ τοῖς * πένησιν * δυνηθῶμεν ποιήσασθαι διακονίαν, καὶ μετὰ τοῦτο
Job 11 11 ἐπιφερόμενος ἀφαιρήσεως λέγων ὅσον προφάσει τῶν * πενήτων * ἐπίστευσα ὑμῖν, οὐδὲν λήψομαι παρ' ὑμῶν. οὐδὲ
Job 12 1 τὴν καρδίαν λέγων οὔτε ἐγὼ εὐπορῶ ἐπικουρῆσαι τοῖς * πένησιν * βούλομαι μέντοι κἂν διακονῆσαι τοῖς πτωχοῖς
Job 13 4 μου οἱ τὰ τῶν χηρῶν ἐδέσματα ἐφοῦντες, καὶ τῶν * πενήτων * ὀλιγωρούντων κατηρῶντό μοι λέγοντες τίς ἂν δῴη
Job 32 2 καμήλους ἐκτάξας εἰς μεταφορὰν τῶν ἀγαθῶν τοῖς * πένησιν * ποῦ οὖν τυγχάνει ἡ δόξα τοῦ θρόνου σου; σὺ εἶ ὁ
Job 32 3 θρόνου σου; σὺ εἶ ὁ τὰς χιλίας βοῦς ἐκτάξας τοῖς * πένησιν * εἰς ἀροτρίαν ποῦ οὖν τυγχάνει ἡ δόξα τοῦ θρόνου
Job 53 1 αὐτοῦ μετὰ τῶν ἑπτὰ τέκνων τῶν ἀρρενικῶν, σὺν τοῖς * πένησιν * καὶ ὀρφανοῖς καὶ πᾶσι τοῖς ἀδυνάτοις κλαίουσιν
Aris. 249 3 ἐν ἰδίᾳ καὶ ζῆν καὶ τελευτᾶν. ἡ δὲ ξενία τοῖς μὲν * πένησι * καταφρόνησιν ἐργάζεται τοῖς δὲ πλουσίοις ὄνειδος
FPho. 19 ὅστις ἔληται. μισθὸν μοχθήσαντι δίδου μὴ θλῖβε * πένητα. * γλώσσῃ νοῦν ἐχέμεν κρυπτὸν λόγον ἐν φρεσὶν
FPho. 83 παρὰ καιρόν. μηδέποτε χρήστης πικρὸς γένῃ ἀνδρὶ * πένητι. * μηδέ τις ὄρνιθας καλιῆς ἅμα πάντας ἑλέσθω μητέρα
FPho. 113 δόμων αἰώνια καὶ πατρὶς Ἅιδης ξυνὸς χῶρος ἅπασι * πένησί * τε καὶ βασιλεῦσιν. οὐ πολὺν ἄνθρωποι ζῶμεν χρόνον

πενητεύω 1

FPho. 28 βίος τροχὸς ἄστατος ὄλβος. πλοῦτον ἔχων σὴν χεῖρα * πενητεύουσιν * ὄρεξον ὧν σοι ἔδωκε θεὸς τούτων χρήιζουσι

πενθερός 1

TJud. 13 4 τὴν νυμφευθεῖσαν τοῖς υἱοῖς μου. καὶ ἔλεγον τῷ * πενθερῷ * μου συμβουλεύσομαι τῷ πατρί μου καὶ οὕτως

πενθέω 26

Adam 29 7 καὶ ἐγενόμεθα ἐπὶ τῆς γῆς. ἐγένετο δὲ ἡμᾶς * πενθῆσαι * ἡμέρας ἑπτά. καὶ μετὰ ἑπτὰ ἡμέρας ἐπεινάσαμεν.
Adam 43 3 δὲ τὸ δοῦναι αὐτὸν νόμον εἶπεν παρ' ἓξ ἡμερῶν μὴ * πενθήσετε * τῇ δὲ ἑβδόμῃ ἡμέρᾳ κατάπαυσον καὶ εὐφράνθητι
Hen. 13 9 ἦλθον πρὸς αὐτοὺς καὶ πάντες συνηγμένοι ἐκάθηντο * πενθοῦντες * ἐν Ἐβελσατὰ ἥτις ἐστὶν ἀνὰ μέσον τοῦ Λιβάνου
Abr.1 5 13 ἐν Σοδόμοις ὅτι ἀπέθανεν) καὶ (διὰ τοῦτο) οὕτως * πενθεῖται; * προλαβὼν δὲ ὁ ἀρχιστράτηγος εἶπε πρὸς Σάρρα
Abr.2 7 9 τὸ φῶς τοῦ οἴκου μου καὶ πᾶσαν τὴν δόξαν τὴν ἐμὴν * ἐπένθησεν * δὲ καὶ ὁ ἥλιος καὶ ἡ σελήνη καὶ οἱ ἀστέρες
TRub. 1 10 τὸ στόμα μου καὶ πᾶν ἄρτον ἐπιθυμίας οὐκ ἐγευσάμην * πενθῶν * ἐπὶ τῇ ἁμαρτίᾳ μου μεγάλη γὰρ ἦν καὶ οὐ μὴ
TRub. 3 15 πατρί μου Ἰακὼβ περὶ τῆς ἀσεβείας μου καὶ ἐλθὼν * ἐπένθει * ἐπ' ἐμοὶ μηκέτι ἁψάμενος αὐτῆς. μὴ οὖν προσέχετε
TSim. 4 2 με σκυθρωπὸν καὶ ἔλεγον τὰ ἥπατά μου κακοῦμαι ἐγώ. * ἐπένθουν * γὰρ παρὰ πάντας ὅτι ἐγὼ ἤμην αἴτιος τῆς πράσεως
TJud. 25 5 ἀετοὶ Ἰσραὴλ πετασθήσονται ἐν χαρᾷ οἱ δὲ ἀσεβεῖς * πενθήσουσι * καὶ οἱ ἁμαρτωλοὶ κλαύσονται καὶ πάντες οἱ
TZab. 4 8 ἐκίνει. προσελθὼν οὖν Δὰν εἶπεν αὐτῷ μὴ κλαῖε μηδὲ * πένθει * εὗρον γάρ τι εἴπωμεν τῷ πατρὶ ἡμῶν Ἰακώβ.
TJos. 3 9 θανάτου καὶ ἐξελθούσης αὐτῆς ἦλθον εἰς ἐμαυτὸν καὶ * ἐπένθησα * περὶ αὐτῆς ἡμέρας πολλὰς ὅτι ἔγνων τὸν δόλον
TJos. 15 1 Ἰσμαηλῖται καὶ ἀκούσαντες ὅτι Ἰακὼβ ὁ πατήρ μου * πενθεῖ * περὶ ἐμοῦ εἶπον πρός με τί ὅτι εἶπας σεαυτὸν
TJos. 15 2 ὅτι υἱὸς εἶ ἀνδρὸς μεγάλου ἐν γῇ Χαναὰν καὶ * πενθεῖ * ὁ πατήρ σου ἐν σάκκῳ. καὶ πάλιν ἤθελον δακρῦσαι
TJos. 20 5 τοὺς πόδας αὐτοῦ ἐκοιμήθη ὕπνον αἰώνιον. καὶ * ἐπένθησεν * αὐτὸν πᾶς Ἰσραὴλ καὶ πᾶσα ἡ Αἴγυπτος πένθος
Asen. 10 8 αὐτῆς ὁ νεώτερος. τοῦτον ἐνεδύσατο Ἀσενὲθ καὶ * ἐπένθησε * τὸν ἀδελφὸν αὐτῆς. καὶ ἔλαβε τὸν χιτῶνα αὐτῆς
Asen. 29 8 τοῦ λίθου Βενιαμὶν τοῦ παιδαρίου. καὶ Φαραὼ * ἐπένθησε * τὸν υἱὸν αὐτοῦ τὸν πρωτότοκον σφόδρα καὶ ἐκ τοῦ
Prop. 4 3 δοκεῖν τοὺς Ἰουδαίους εἶναι αὐτὸν σπάδοντα. πολλὰ * ἐπένθησεν * οὗτος ἐπὶ τὴν πόλιν καὶ ἐν νηστείαις ἤσκησεν
Prop. 12 2 τῆς αἰχμαλωσίας περὶ τῆς ἁλώσεως Ἱερουσαλὴμ καὶ * ἐπένθησε * σφόδρα. καὶ ὅτε ἦλθε Ναβουχοδονόσορ ἐν
Prop. 17 3 ἔγνω ὅτι ἐποίησε τὴν ἁμαρτίαν. καὶ ὑπέστρεψε * πενθῶν * καὶ περιβαλὼν αὐτῷ ἐπέμεινεν ἐκεῖ θέλων θάψαι τὸν
Prop. 17 4B αὐτὸν καὶ γνοὺς τῷ πνεύματι ὁ ὅσιος ὑπέστρεψε * πενθῶν * πάσας τὰς ἡμέρας καὶ ὅτε ἀνεῖλε τὸν ἄνδρα αὐτῆς
Prop. 17 4B ὁ θεὸς ἐλέγξαι τὸν Δαυὶδ ἐπειδὴ γὰρ ἔβλεπεν ὁ θεὸς * πενθοῦντα * τὸν Ναθὰν ἔλεγε γὰρ ὅτι δι' ἐμοῦ γέγονεν ἡ
Job 20 4 καὶ προσῆλθέν μοι καθημένῳ ἐπὶ τὸν θρόνον καὶ * πενθοῦντι * ἐπὶ τῇ τῶν τέκνων μου ἀπώλειαν καὶ ὁμοιώθη μεγάλῃ
Job 35 1 αὐτὸν λέγων ὅτι οὐ οὕτως δεῖ λαλῆσαι ἀνθρώπῳ * πενθοῦντι, * οὐ μόνον ἀλλὰ καὶ ἐν πληγαῖς πολλαῖς ὄντι
FJub. 4 2 ἐνενηκοστῷ ἐνάτῳ ἔτει ἀνεῖλεν ὁ Κάϊν τὸν Ἄβελ καὶ * ἐπένθησαν * αὐτὸν οἱ πρωτόπλαστοι ἑβδομαδικοὺς τέσσαρας
FIsa. 1 2 10 προφῆται οὐδὲν ἔχοντες μετ' αὐτῶν ἀλλὰ γυμνοὶ ἦσαν * πενθοῦντες * πένθος μέγα περὶ τῆς πλ(ά)νης τοῦ Ἰσραήλ.
FAch. 110 βίου ἀπέληξεν. ὁ δὲ Αἴσωπος λαμπρῶς αὐτὸν ἔθαψε * πενθήσας. * μετὰ δὲ ταῦτα προσκαλεσάμενός τινας ἰξευτὰς

πενθήρης 1

Asen. 13 3 χρυσοϋφῆ καὶ ἐνεδυσάμην χιτῶνα μελανὸν καὶ * πενθήρη. * ἰδοὺ λέλυκα τὴν ζώνην μου τὴν χρυσῆν καὶ ἔρριψα

πένθος 15

TSim. 9 1 υἱοὶ Συμεὼν τὸν πατέρα αὐτῶν κατὰ τὸν νόμον τοῦ * πένθους * καὶ ἦσαν εἰς Αἴγυπτον ἕως ἡμέρας ἐξόδου αὐτῶν
TLevi 17 3 ἀναστήσεται. ἐν τῷ δευτέρῳ Ἰωβηλαίῳ ὁ χριόμενος ἐν * πένθει * ἀγαπητὸν συλληφθήσεται καὶ ἔσται ἡ ἱερωσύνη αὐτοῦ
TLevi 18 9 ἐλαττωθήσεται ἐν ἀγνωσίᾳ καὶ σκοτισθήσεται ἐν * πένθει * ἐπὶ τῆς ἱερωσύνης αὐτοῦ ἐκλείψει πᾶσα ἁμαρτία καὶ
TJos. 20 5 ἐπένθησεν αὐτὸν πᾶς Ἰσραὴλ καὶ πᾶσα ἡ Αἴγυπτος * πένθος * μέγα. καὶ γὰρ καὶ τοῖς Αἰγυπτίοις ὡς ἴδιοις
Asen. 10 8 μελανὸν καὶ ζοφώδη. καὶ οὗτος ἦν ὁ χιτὼν τοῦ * πένθους * αὐτῆς ὅτε ἀπέθανεν ὁ ἀδελφὸς αὐτῆς ὁ νεώτερος.
Asen. 10 10 καὶ χρυσοϋφῆν καὶ ἐνεδύσατο τὸν χιτῶνα μελανὸν * πένθους * καὶ ἔλυσε τὴν ζώνην αὐτῆς τὴν χρυσῆν καὶ

Asen. 14 12 σου θαλάμῳ καὶ ἀπόθου τὸν χιτῶνα τὸν μελανὸν τοῦ * πένθους * σου καὶ τὸν σάκκον ἀπόθου ἀπὸ τῆς ὀσφύος σου καὶ
Asen. 14 14 ἄθικτον καὶ ἀπεδύσατο τὸν χιτῶνα τὸν μελανὸν τοῦ * πένθους * καὶ ἀπέθετο τὸν σάκκον ἀπὸ τῆς ὀσφύος αὐτῆς καὶ
Asen. 29 8 τὸν υἱὸν αὐτοῦ τὸν πρωτότοκον σφόδρα καὶ ἐκ τοῦ * πένθους * ἐμαλακίσθη καὶ ἀπέθανε Φαραὼ ἐτῶν ἑκατὸν ἐννέα
Jer. 6 3 ἐν τῷ σκηνώματί σου λέγων τῷ σαρκικῷ οἴκῳ σου τὸ * πένθος * σου μετεστράφη εἰς χαρὰν ἔρχεται γὰρ ὁ ἱκανὸς καὶ
Esdr. 5 27 καὶ ἴδον πάντας θρηνοῦντας καὶ κλαίοντας καὶ κακὸν * πένθος * τοὺς ἁμαρτωλοὺς ἔκλαυσα κἀγὼ ὁρῶν τὸ γένος τῶν
Sib. 3 536 τε κυδοιμῷ οἴσουσιν ἐχθροῖσι χαρὰν Ἕλλησι δὲ * πένθος. * δούλειος δ᾽ ἄρα --- ζυγὸς ἔσσεται Ἑλλάδι πάσῃ
Sib. 5 243 στενόβουλε κακῶν ἀρχηγὲ μεγίστων καὶ ῥαμφὴ καὶ * πένθος * ἐλεύσεται ἤματι κείνῳ. ἀρχὴ καὶ καμάτοιο καὶ
FJub. 4 7 εἰκοστῷ ἑβδόμῳ ἔτει ὁ Ἀδὰμ καὶ ἡ Εὔα ἀπέθεντο τὸ * πένθος. * τῷ ἑκατοστῷ τριακοστῷ πέμπτῳ ἔτει ἔλαβεν ὁ Κάϊν
FIsa. 1 2 10 ἔχοντες μετ᾽ αὐτῶν ἀλλὰ γυμνοὶ ἦσαν πενθοῦντες * πένθος * μέγα περὶ τῆς πλ⟨ά⟩νης τοῦ Ἰσραήλ. καὶ οὗτοι οὐκ

πενία 11

TJud. 25 4 οἱ ἐν πτωχείᾳ διὰ κύριον πλουτισθήσονται καὶ οἱ ἐν * πενίᾳ * χορτασθήσονται καὶ οἱ ἐν ἀσθενείᾳ ἰσχύσουσι καὶ οἱ
TBen. 6 5 χαρᾶς ἡσυχίας καὶ ταραχῆς ὑποκρίσεως καὶ ἀληθείας * πενίας * καὶ πλούτου ἀλλὰ μίαν ἔχει περὶ πάντας εἰλικρινῆ
Sal. 4 6 ζῶντας μετὰ ὁσίων ἐν φθορᾷ σαρκὸς αὐτοῦ καὶ * πενίᾳ * τὴν ζωὴν αὐτοῦ ἀνακαλύψαι ὁ θεὸς τὰ ἔργα ἀνθρώπων
Sal. 4 15 καὶ ἡ εἴσοδος αὐτοῦ ἐν ἀρᾷ ἐν ὀδύναις καὶ * πενίᾳ * καὶ ἀπορίᾳ ἡ ζωὴ αὐτοῦ κύριε ὁ ὕπνος αὐτοῦ ἐν
Sal. 16 13 ὅτι ἐὰν μὴ σὺ ἐνισχύσῃς τίς ὑφέξεται παιδείαν ἐν * πενίᾳ; * ἐν τῷ ἐλέγχεσθαι ψυχὴν ἐν χειρὶ σαπρίας αὐτοῦ ἡ
Sal. 16 14 αὐτοῦ ἡ δοκιμασία σου ἐν σαρκὶ αὐτοῦ καὶ ἐν θλίψει * πενίας * ἐν τῷ ὑπομεῖναι δίκαιον ἐν τούτοις ἐλεηθήσεται
Aris. 289 4 καί τινες τῶν ἰδιωτῶν καὶ κακῶν πεπειραμένοι καὶ * πενίας * μετεσχηκότες ἄρξαντες ὄχλων χαλεπώτεροι τῶν
Sib. 3 355 τοσσοῦτοι ἐν Ἀσίδι θητεύσουσιν Ἰταλοὶ ἐν * πενίῃ * ἀνὰ μυρία δ᾽ ὀφλήσουσιν. ὦ χλιδανὴ ζάχρυσε
Sib. 3 378 μῶμος φθόνος ὀργὴ ἄνοια φεύξετ᾽ ἀπ᾽ ἀνθρώπων * πενίη * καὶ φεύξετ᾽ ἀνάγκη+ καὶ φόνος οὐλόμεναί τ᾽ ἔριδες
FPho. 10 νέμειν μὴ δὲ κρίσιν ἐς χάριν ἕλκειν. μὴ ῥίψῃς * πενίην * ἀδίκως μὴ κρῖνε πρόσωπον ἢν σὺ κακῶς δικάσῃς σέ
FPho. 40 δ᾽ ὁμότιμοι ἐπήλυδες ἐν πολιήταις πάντες γὰρ * πενίης * πειρώμεθα τῆς πολυπλάγκτου χώρης δ᾽ οὔ τι βέβαιον

πενίχρομαι * 1

Sib. 3 245 αἰεὶ δ᾽ ὄλβιος ἐν δήμῳ τοῖς μηδὲν ἔχουσιν ἀλλὰ * πενιχρομένοισι * θέρους ἀπόμοιραν ἰάλλει πληροῦντες

πεντακισχίλιοι 3

Aris. 82 3 ἄφθονον καὶ μεγάλοι τοῖς μεγέθεσιν οὐκ ἔλαττον * πεντακισχιλίων * καὶ ταῖς τέχναις κρατιστεύοντα πάντα ὥστε
FJub. 10 21 ἐπὶ μ γ᾽ ἔτη ἔμειναν οἰκοδομοῦντες. τὸ ὕψος * ᾿ε * υ λ γ᾽ πήχεις καὶ δύω παλαισταί. τὸ πλάτος ἐπὶ σ γ᾽
HEup. 1 141 4 τὸ δωδέκατον βασιλεύοντος Αἰγύπτου συνάγεσθαι ἔτη * ᾿ε * ρ μ θ᾽. ἀφ᾽ οὗ δὲ χρόνου ἐξήγαγε Μωσῆς τοὺς

πεντακόσιοι 22

Hen. 10 10 ζωὴν αἰώνιον καὶ ὅτι ζήσεται ἕκαστος αὐτῶν ἔτη * πεντακόσια. * καὶ εἶπεν Μιχαὴλ πορεύου καὶ δήλωσον Σεμιαζᾷ
Hen. 10B 10 ζωὴν αἰώνιον καὶ ὅτι ζήσεται ἕκαστος αὐτῶν ἔτη * πεντακόσια * καὶ τῷ Μιχαὴλ εἶπε πορεύου Μιχαὴλ δῆσον
TJud. 9 8 διδόντες ἡμῖν πυροῦ κόρους διακοσίους ἐλαίου βεθ * φ᾽ * οἴνου μέτρα χίλια πεντακόσια ἕως ὅτε κατήλθομεν εἰς
TJud. 9 8 κόρους διακοσίους ἐλαίου βεθ φ᾽ οἴνου μέτρα χίλια * πεντακόσια * ἕως ὅτε κατήλθομεν εἰς Αἴγυπτον. μετὰ ταῦτα
Asen. 24 18 ἔδωκεν ὁ υἱὸς Φαραὼ τοῖς τέσσαρσιν ἀδελφοῖς ἀνὰ * πεντακοσίους * ἄνδρας καὶ αὐτοὺς κατέστησεν ἄρχοντας αὐτῶν
Asen. 24 20 τὸ μέρος τὸ ἔμπροσθεν ἔνθεν κἀκεῖθεν τῆς ὁδοῦ ἀνὰ * πεντακόσιοι * ἄνδρες καὶ ἐντεῦθεν τοῦ χειμάρρου
Asen. 24 20 ἐν τῇ ὕλῃ τοῦ καλάμου ἔνθεν κἀκεῖθεν τῆς ὁδοῦ ἀνὰ * πεντακόσιοι * ἄνδρες. καὶ ἦν ἀνάμεσον αὐτῶν ἡ ὁδὸς πλατεῖα
Esdr. 4 8 καὶ πέντε βαθμοὺς καὶ κατήγαγόν με κάτω βαθμοὺς * πεντακοσίους * καὶ ἴδον πύρινον θρόνον καὶ ἐπ᾽ αὐτὸν
Esdr. 4 19 οἱ παρακροαταί. καὶ κατήγαγόν με πάλιν ἄλλους * πεντακοσίους * βαθμοὺς καὶ ἴδον ἐκεῖ τὸν σκώληκα τὸν
Job 9 6 χιλιάδας ὄνων νομάδων, καὶ ἀφώρισα ἐξ αὐτῶν * πεντακοσίας, * καὶ τὴν ἐξ αὐτῶν γονὴν ἐκέλευον
Job 10 5 τὴν θύραν μου κόλπῳ κενῷ εἶχον δὲ τρισχίλια καὶ * πεντακόσια * ζεύγη βοῶν, καὶ ἐξελεξάμην ἐξ αὐτῶν ζεύγη
Job 10 5 ζεύγη βοῶν, καὶ ἐξελεξάμην ἐξ αὐτῶν ζεύγη * πεντακόσια * καὶ ἔστησα εἰς τὸν ἀροτριασμὸν ὃν δύνανται
Job 16 3 τῶν χηρῶν, καὶ τὰς τρισχιλίας καμήλους καὶ τὰς * πεντακοσίας * ὄνους καὶ τὰ πεντακόσια ζεύγη τῶν βοῶν.
Job 16 3 καμήλους καὶ τὰς πεντακοσίας ὄνους καὶ τὰ * πεντακόσια * ζεύγη τῶν βοῶν. ταῦτα πάντα ἀνήλισκεν δι᾽
Aris. 104 4 θείως τὸ κατὰ τὸν ὁρκισμὸν πρᾶγμα ὄντας * πεντακοσίους * μὴ παραδέξασθαι πλεῖον ἀνθρώπων πέντε κατὰ
HDem. 1 141 2 αἰχμάλωτοι γεγόνασιν ἕως Πτολεμαίου τετάρτου ἔτη * πεντακόσια * ἑβδομήκοντα τρία μῆνας ἐννέα ἀφ᾽ οὗ δὲ ἐξ
HEup. 9 34 16 θυσίαν μυρίαν πρόβατα δισχίλια μόσχους τρισχιλίους * πεντακοσίους. * τὸ δὲ σύμπαν χρυσίον τὸ εἰς τοὺς δύο
HEup. 9 34 20 τὸν Σολομῶνα καὶ ἀσπίδας χρυσᾶς χιλίας ὧν ἑκάστην * πεντακοσίων * εἶναι χρυσῶν. βιῶσαι δὲ αὐτὸν ἔτη πεντήκοντα
HEup. 1 141 5 προειρημένην προθεσμίαν συνάγεσθαι ἔτη ⟨δισ⟩χίλια * πεντακόσια * ὀγδοήκοντα.
HAri. 9 25 2 μὲν ἑπτακισχίλια καμήλους δὲ τρισχιλίας ζεύγη βοῶν * πεντακόσια * ὄνους θηλείας νομάδας πεντακοσίας εἶχε δὲ καὶ
HAri. 9 25 2 ζεύγη βοῶν πεντακόσια ὄνους θηλείας νομάδας * πεντακοσίας * εἶχε δὲ καὶ γεωργίας ἱκανάς. τοῦτον δὲ τὸν
HHec. 1 22 188 καὶ τὰ κοινὰ διοικοῦντες περὶ χιλίους μάλιστα καὶ * πεντακοσίους * εἰσίν. οὗτος ὁ ἄνθρωπος τετευχὼς τῆς τιμῆς

πεντακοσιοστός 2

FJub. 8 2 ἀμπελῶνα ἐν ὄρει Λουβὰρ τῆς Ἀρμενίας. τῷ ᾿β * φ * π ε᾽ ἔτει Καϊνᾶν διοδεύων ἐν τῷ πεδίῳ εὗρε τὴν γραφὴν
FJub. 10 1 Ἀζουρα θυγάτηρ Νεβρωδ. μετὰ τὸν κατακλυσμὸν τῷ ᾿β * φ * π β᾽ ἔτει τοῦ κόσμου φθόνῳ κινούμενοι ⟨οἱ ἐγρήγοροι⟩

πενταπήχης 1

HEup. 9 34 5 χρυσῶσαί τε τὸν ναὸν ἔσωθεν χωννύντα πλινθία χρυσᾶ * πενταπήχη * καὶ προστιθέναι προσηλοῦντα ἥλοις ἀργυροῖς

πενταπλάσιος 1

Aris. 82 4 καὶ ταῖς τέχναις κρατιστεύοντα πάντα ὥστε * πενταπλασίως * τοῦ χρυσοῦ τιμιωτέραν εἶναι τὴν τῶν λίθων

πενταπλασίων 1

HDem. 9 21 14 δὲ διά τί ποτε ὁ Ἰωσὴφ Βενιαμὶν ἐπὶ τοῦ ἀρίστου * πενταπλασίονα * μερίδα ἔδωκε μὴ δυναμένου αὐτοῦ τοσαῦτα

πεντάπλεθρος 1

HHec. 1 22 198 μάλιστα τῆς πόλεως περίβολος λίθινος μῆκος ὡς * πεντάπλεθρος * εὖρος δὲ πηχῶν ἑκατὸν ἔχων διπλᾶς πύλας. ἐν

πενταπλόος 1

Aris. 53 4 ἔλεγον μηδὲν ἐπικωλύειν. ὁ δὲ εἶπε βούλεσθαι καὶ * πενταπλῆν * τοῖς μεγέθεσι ποιῆσαι διστάζειν δὲ μήποτε

Πεντάπολις 1

Sib. 5 196 Τεύχιραν οἰκήσουσι βίῃ μελανόχροες Ἰνδοί. * Πεντάπολι * κλαύσεις σέ δ᾽ ὀλεῖ μεγαλόσθενος ἀνήρ. σάς

πέντε 33

TSim. 2 11 Ἰούδαν ὅτι ζῶντα αὐτὸν ἀπέλυσε καὶ ἐποίησα μῆνας * πέντε * ὀργιζόμενος αὐτῷ ἐπὶ τῷ λόγῳ τούτῳ. καίγε
TLevi 18 2B032 πεντήκοντα μνᾶς καὶ εἰς τὸ στέαρ αὐτοῦ μόνον * πέντε * μνᾶς καὶ εἰς μόσχον τέλειον μ᾽ μναῖ καὶ εἰ κριὸς
TLevi 18 2B038 ἅλισον ἐν αὐτῷ τὸ δέρμα καὶ τὸ ταύρῳ τῷ δευτέρῳ τὰ * πέντε * μέρη ἀπὸ τῶν ἓξ μερῶν τοῦ σάτου καὶ τοῦ μόσχου τὸ
TZab. 6 7 τῷ πλησίον λαμβάνει πολλαπλασίονα παρὰ κυρίου. * πέντε * ἔτη ἡλίευσα παντὶ ἀνθρώπῳ ὃν ἑωράκειν μεταδιδούς
TNep. 2 8 πάντα γὰρ ἐν τάξει ἐποίησεν ὁ θεὸς καλὰ τὰς * πέντε * αἰσθήσεις ἐν τῇ κεφαλῇ καὶ τὸν τράχηλον συνάπτει
TGad 8 5 τοὺς πόδας αὐτοῦ ἐκοιμήθη ἐν εἰρήνῃ. καὶ μετὰ * πέντε * ἔτη ἀνήγαγον αὐτὸν καὶ ἔθαψαν αὐτὸν εἰς Χεβρὼν
TJos. 11 8 χρυσίῳ καὶ ἤμην μετ᾽ αὐτοῦ μῆνας τρεῖς καὶ ἡμέρας * πέντε. * κατ᾽ ἐκεῖνον τὸν καιρὸν παρῄει ἡ Μεμφία ἐν
Bar. 4 2 ἐκεῖνου ὡσεὶ πορείας ἡμερῶν ἑκατὸν ὀγδοήκοντα * πέντε. * καὶ ἔδειξέν μοι πεδίον καὶ ὄφιν ὡς ὁράσεως
Bar. 6 13 ἄρτι ἀνοίγουσιν οἱ ἄγγελοι τὰς τριακοσίας ἑξήκοντα * πέντε * πύλας τοῦ οὐρανοῦ καὶ διαχωρίζεται τὸ φῶς ἀπὸ τοῦ
Esdr. 4 8 τέσσαρας ἀγγέλους καὶ κατέβην ὀγδοήκοντα καὶ * πέντε * βαθμοὺς καὶ κατήγαγόν με κάτω βαθμοὺς πεντακοσίους
Job 53 9 δὲ παρὰ κυ Ιωβ. ἔζησε δὲ πρὶν τῆς πληγῆς ἔτη π * ε᾽ * μετὰ δὲ τὴν πληγὴν λαβὼν πάντα διπλᾶ ἔλαβε καὶ τὰ ἔτη
Aris. 42 6 χρυσᾶς εἴκοσι καὶ ἀργυρᾶς τριάκοντα κρατῆρας * πέντε * καὶ τράπεζαν εἰς ἀνάθεσιν καὶ εἰς προσαγωγὴν
Aris. 89 4 ὑποδοχείων ὑπαρχόντων ὑπὸ γῆν καθὼς ἀπέφαινον * πέντε * σταδίων κυκλόθεν τῆς κατὰ τὸ ἱερὸν καταβολῆς καὶ
Aris. 104 5 ὄντας πεντακοσίους μὴ παραδέξασθαι πλεῖον ἀνθρώπων * πέντε * κατὰ τὸ αὐτὸ τοῦ γὰρ ἱεροῦ τὴν πᾶσαν εἶναι φυλακὴν
Aris. 110 5 ἐὰν ἀναγκαῖον ᾖ κατακλέσαι διακρίνειν ἐν ἡμέραις * πέντε. * πρὸ πολλοῦ δὲ ποιούμενος καὶ χρηματιστὰς καὶ τοὺς
Sib. 3 534 φεύξονται δ᾽ ἑκατὸν εἷς δ᾽ αὐτοὺς πάντας ὀλέσσει * πέντε * δὲ κινήσουσι βαρὺν χόλον οἳ δὲ πρὸς αὐτοὺς αἰσχρῶς
Sib. 3 551 σέβας δ᾽ ἔχε μηδὲ λάθῃ σε. χίλια δ᾽ ἔστ᾽ ἔτεα καὶ * πένθ᾽ * ἑκατοντάδες ἄλλαι ἐξ οὗ δὴ βασίλευσαν ὑπερφίαλοι
FJub. 3 32 ὀγδόῳ ἐξερρίφησαν τοῦ παραδείσου μετὰ τεσσαράκοντα * πέντε * ἡμέρας τῆς παραβάσεως ἐν τῇ ἐπιτολῇ τῶν Πλειάδων.
FJub. 3 32 τῷ παραδείσῳ ἑβδομάδα ἡμερῶν τριακοσίων ἑξήκοντα * πέντε. * καὶ ἐξεβλήθη σὺν τῇ γυναικὶ Εὔᾳ διὰ τὴν παράβασιν
FJub. 4 9 Ἀσαυνᾶν οὖσαν ἐτῶν ν᾽. αὐτὸς δὲ ἦν ἐτῶν εἴκοσι * πέντε. * ὁ μὲν Κάϊν τῇ ἀδελφῇ τῇ μείζονι Σαυῆ οὕτω
FJub. 17 15 κλάδοις φοινίκων καὶ ἐλαιῶν. τὸν Ἰσαὰκ ἐτῶν κ * ε᾽ * εἶναι ὅτε πρὸς θυσίαν ἀνήχθη. Μαστιφαμ ὁ ἄρχων τῶν
FJub. 19 11 ἐκ τῆς ἐσχάτης αὐτοῦ γυναικὸς Χετούρας υἱοὺς * πέντε. * ἐτῶν δὲ ξ᾽ ὢν ὁ Ἰσαὰκ ἐγέννησεν τὸν Ἰακώβ.
HDem. 9 21 1 γραφῆς. τὸν Ἰακὼβ γενόμενον ἐτῶν ἑβδομήκοντα * πέντε * φυγεῖν εἰς Χαρρὰν τῆς Μεσοποταμίας ἀποσταλέντα ὑπὸ
HDem. 9 21 14 Ῥαχὴλ τῆς μητρὸς αὐτοῦ δύο διὰ τοῦτο τῷ Βενιαμὶν * πέντε * μερίδας παραθεῖναι καὶ αὐτὸν λαβεῖν δύο γενέσθαι
HDem. 9 21 15 τοῦ τὰς στολὰς δοῦναι ἑκάστῳ διπλᾶς τῷ δὲ Βενιαμὶν * πέντε * καὶ τριακοσίους χρυσοῦς καὶ τῷ πατρὶ δὲ ἀποστεῖλαι
HDem. 9 21 16 ἐθνῶν καὶ μετελθεῖν εἰς Χαναὰν Ἀβραὰμ ἐτῶν εἴκοσι * πέντε * Ἰσαὰκ ἐτῶν ἑξήκοντα Ἰακὼβ ἐτῶν ἑκατὸν τριάκοντα
HDem. 9 21 16 τριάκοντα γίνεσθαι τὰ πάντα ἔτη ἐν γῇ Χαναὰν σ ι * ε᾽. * καὶ τῷ τρίτῳ ἔτει λιμοῦ οὔσης ἐν Αἰγύπτῳ ἐλθεῖν εἰς
HDem. 9 21 17 Ἰακὼβ ὄντα ἐτῶν ἑκατὸν τριάκοντα Ῥουβὶν ἐτῶν μ * ε᾽ * Συμεῶνα ἐτῶν μ δ᾽ Λευὶν ἐτῶν μ γ᾽ Ἰούδαν ἐτῶν μ β᾽
HDem. 9 21 18 ἕως εἰς Αἴγυπτον τοὺς περὶ Ἰακὼβ ἐλθεῖν ἔτη σ ι * ε᾽. * Ἰακὼβ δὲ εἰς Χαρρὰν πρὸς Λάβαν ἐλθεῖν ἐτῶν ὄντα π᾽
HDem. 9 21 19 τοῦ θείου θυγατέρα Ἰωχαβὲτ καὶ ὄντα ἐνιαυτῶν ο * ε᾽ * γεννῆσαι Ἀαρὼν ⟨καὶ Μωσῆν⟩ γεννῆσαι δὲ Μωσῆν τὸν
HEup. 9 34 9 πηχῶν κ᾽ καὶ πλάτος πηχῶν κ᾽ τὸ δὲ ὕψος πηχῶν * ε᾽ * ποιῆσαι δὲ ἐπ᾽ αὐτῷ στεφάνην πρὸς τὴν βάσιν ἔξω
HEup. 9 34 10 οἰκοδομῆσαι δὲ καὶ τὸ θυσιαστήριον πηχῶν κ * ε᾽ * ἐπὶ πήχεις κ᾽ τὸ δὲ ὕψος πηχῶν δώδεκα. ποιῆσαι δὲ καὶ
LAri. 8 10 14 κυκλόθεν τοῦ ὄρους οὐκ ἔλασσον ἡμερῶν * πέντε * οὔσης τῆς περιόδου περὶ αὐτὸ κατὰ πάντα τόπον τῆς

πεντεκαιδέκατος 2

Hen. 6B 7 Φαρμαρὸς ιβ᾽ Ἀμαριὴλ ιγ᾽ Ἀναγημὰς ιδ᾽ Θαυσαὴλ * ιε᾽ * Σαμιὴλ ις᾽ Σαρινᾶς ιζ᾽ Εὐμιὴλ ιη᾽ Τυριὴλ ιθ᾽
FJub. 22 4 αὐτοῦ ἐτελεύτησεν ἀφυπνώσαντος τοῦ Ἀβραὰμ τῷ * ιε᾽ * ἔτει τῆς ζωῆς Ἰακώβ. τῷ Ἠσαῦ ἔφη ἐν ταῖς εὐλογίαις

Πεντεφρῆς 38

TJos. 12 1 τὸν καιρὸν παρῄει ἡ Μεμφία ἐν λαμπήνῃ ἡ γυνὴ τοῦ * Πετεφρῆ * μετὰ δόξης πολλῆς καὶ ἐπέβαλεν ἐπ᾽ ἐμὲ τοὺς

TJos. 13 1 ὅτι χάρις ἐκ τοῦ οὐρανοῦ ἐστιν ἐπ' αὐτῷ. ὁ δὲ * Πετεφρῆς * πεισθεὶς τοῖς λόγοις αὐτῆς ἐκέλευσεν ἀχθῆναι
TJos. 13 4 αὐτόν. ἐπιμένοντος δὲ αὐτοῦ τοῖς λόγοις λέγει ὁ * Πετεφρῆς * ἀχθήτω ὁ νεανίσκος. καὶ εἰσαχθεὶς προσεκύνησα
TJos. 15 6 λέγει ὁ μετάβολος αὐτοῖς λύσατέ με ἀπὸ τῆς κρίσεως * Πετεφρῆ. * προσελθόντες οὖν αἰτοῦνταί με λέγοντες ὅτι ἐν
Asen. 1 3 μεγιστᾶνας Φαραὼ συνίων. καὶ ὄνομα τῷ ἀνδρὶ ἐκείνῳ * Πεντεφρῆς * ἱερεὺς Ἡλιουπόλεως. καὶ ἦν θυγάτηρ αὐτῷ
Asen. 1 7 πρωτότοκος δός μοι πάτερ τὴν Ἀσενὲθ τὴν θυγατέρα * Πεντεφρῆ * τοῦ ἱερέως Ἡλιουπόλεως εἰς γυναῖκα. καὶ εἶπεν
Asen. 2 1 ἀνὴρ ἑώρακεν αὐτὴν πώποτε καθότι ἦν πύργος τῷ * Πεντεφρῆ * παρακείμενος τῇ οἰκίᾳ αὐτοῦ μέγας καὶ ὑψηλὸς
Asen. 3 2 ἀπέστειλεν ἔμπροσθεν αὐτοῦ δώδεκα ἄνδρας πρὸς * Πεντεφρῆ * τὸν ἱερέα λέγων πρός σε καταλύσω ὅτι ὥρα
Asen. 3 3 ὑπὸ τὴν σκιὰν τοῦ οἴκου σου. καὶ ἤκουσε ταῦτα * Πεντεφρῆς * καὶ ἐχάρη χαρὰν μεγάλην σφόδρα καὶ εἶπεν
Asen. 3 4 κύριός μου Ἰωσὴφ ἔρχεσθαι πρὸς ἡμᾶς. καὶ ἐκάλεσε * Πεντεφρῆς * τὸν ἐπάνω τῆς οἰκίας αὐτοῦ καὶ εἶπεν αὐτῷ
Asen. 4 1 αὐτοὺς καὶ κατεφίλησεν αὐτούς. καὶ ἐχάρησαν * Πεντεφρῆς * καὶ ἡ γυνὴ αὐτοῦ ἐπὶ τῇ θυγατρὶ αὐτῶν Ἀσενὲθ
Asen. 4 3 ἦσαν πάντα ὡραῖα καὶ καλὰ τῇ γεύσει. καὶ εἶπε * Πεντεφρῆς * τῇ θυγατρὶ αὐτοῦ Ἀσενὲθ τέκνον μου. ἡ δὲ
Asen. 4 5 τοῦ πατρὸς αὐτῆς καὶ τῆς μητρός. καὶ ἐκράτησε * Πεντεφρῆς * ὁ πατὴρ αὐτῆς τῇ χειρὶ αὐτοῦ τῇ δεξιᾷ τὴν
Asen. 4 7 δὴ ὁ κύριός μου καὶ πατήρ μου. καὶ εἶπεν αὐτῇ * Πεντεφρῆς * ὁ πατὴρ αὐτῆς Ἰωσὴφ ὁ δυνατὸς τοῦ θεοῦ
Asen. 4 12 βασιλεὺς πάσης τῆς γῆς Αἰγύπτου. ταῦτα ἀκούσας * Πεντεφρῆς * ᾐδέσθη ἔτι λαλῆσαι τῇ θυγατρὶ αὐτοῦ Ἀσενὲθ
Asen. 5 1 αὐτῷ. καὶ εἰσεπήδησε νεανίσκος ἐκ τῆς θεραπείας * Πεντεφρῆ * καὶ λέγει ἰδοὺ Ἰωσὴφ πρὸ τῶν θυρῶν τῆς αὐλῆς
Asen. 5 3 αὐτῆς. καὶ ἐξῆλθον εἰς συνάντησιν τοῦ Ἰωσὴφ * Πεντεφρῆς * καὶ ἡ γυνὴ αὐτοῦ καὶ πᾶσα ἡ συγγένεια αὐτοῦ.
Asen. 5 7 καὶ ἐξεκλείσθησαν πάντες οἱ ἀλλότριοι. καὶ ἦλθον * Πεντεφρῆς * καὶ ἡ γυνὴ αὐτοῦ καὶ πᾶσα ἡ συγγένεια αὐτοῦ
Asen. 7 1 αἰῶνα χρόνον. καὶ εἰσῆλθεν Ἰωσὴφ εἰς τὴν οἰκίαν * Πεντεφρῆ * καὶ ἐκάθισεν ἐπὶ τοῦ θρόνου. καὶ ἔνιψαν τοὺς
Asen. 7 2 παρακύπτουσαν τὴν Ἀσενέθ. καὶ εἶπεν Ἰωσὴφ τῷ * Πεντεφρῆ * καὶ πάσῃ τῇ συγγενείᾳ αὐτοῦ λέγων τίς ἐστιν ἡ
Asen. 7 7 ἡ γυνὴ ἐκείνη ἐκ τῆς οἰκίας ταύτης. καὶ εἶπεν αὐτῷ * Πεντεφρῆς * κύριε ἐκείνη ἣν ἑώρακας ἐστῶσαν ἐν τῷ ὑπερῴῳ
Asen. 7 8 καὶ ἐχάρη Ἰωσὴφ χαρὰν μεγάλην σφόδρα διότι εἶπε * Πεντεφρῆς * ὅτι παρθένος ἐστὶ μισοῦσα πάντα ἄνδρα. καὶ
Asen. 7 8 ἄνδρα οὐ μὴ ἐνοχλήσῃ μοι αὕτη. καὶ εἶπεν Ἰωσὴφ τῷ * Πεντεφρῆ * καὶ πάσῃ τῇ συγγενείᾳ αὐτοῦ εἰ θυγάτηρ ὑμῶν
Asen. 8 1 καὶ ἔστησεν αὐτὴν ἐνώπιον τοῦ Ἰωσήφ. καὶ εἶπε * Πεντεφρῆς * τῇ θυγατρὶ αὐτοῦ Ἀσενὲθ ἄσπασαι τὸν ἀδελφόν
Asen. 8 4 σε κύριος ὁ θεὸς ὁ ζωοποιήσας τὰ πάντα. καὶ εἶπε * Πεντεφρῆς * τῇ θυγατρὶ αὐτοῦ Ἀσενὲθ πρόσελθε καὶ
Asen. 9 4 ἀπελεύσομαι καὶ κυκλεύσω πᾶσαν τὴν γῆν. καὶ εἶπε * Πεντεφρῆς * πρὸς Ἰωσὴφ αὐλισθήτω δὴ ἐνταῦθα ὁ κύριός μου
Asen. 10 1 ἐνθάδε. καὶ ἀπῆλθεν Ἰωσὴφ τὴν ὁδὸν αὐτοῦ καὶ * Πεντεφρῆς * καὶ πᾶσα ἡ συγγένεια αὐτοῦ ἀπῆλθον εἰς τὸν
Asen. 12 5 τὸ στόμα μου πρός σέ κύριε. κἀγὼ Ἀσενὲθ θυγάτηρ * Πεντεφρῆ * τοῦ ἱερέως ἡ παρθένος καὶ βασίλισσα ἥ ποτε
Asen. 12 15 κύριε; ἰδοὺ γὰρ πάντα τὰ ⟨δόματα⟩ τοῦ πατρός μου * Πεντεφρῆ * ἃ δέδωκέ μοι εἰς κληρονομίαν πρόσκαιρά εἰσι καὶ
Asen. 18 1 ἑαυτῇ ἰδοὺ εἰσεπήδησε νεανίσκος ἐκ τῆς θεραπείας * Πεντεφρῆ * καὶ λέγει ἰδοὺ Ἰωσὴφ ὁ δυνατὸς τοῦ θεοῦ
Asen. 20 2 τὴν οἰκίαν αὐτῆς καὶ ἐκάθισεν αὐτὸν ἐπὶ τοῦ θρόνου * Πεντεφρῆ * τοῦ πατρὸς αὐτῆς. καὶ ἤνεγκεν ὕδωρ τοῦ νίψαι
Asen. 20 8 ταῦτα ἔφαγον καὶ ἔπιον καὶ εὐφράνθησαν. καὶ εἶπε * Πεντεφρῆς * τῷ Ἰωσὴφ αὔριον ἐγὼ καλέσω πάντας τοὺς
Asen. 20 10 αὐτὸς δώσει μοι αὐτὴν εἰς γυναῖκα. καὶ εἶπεν αὐτῷ * Πεντεφρῆς * πορεύου μετ' εἰρήνης. καὶ ἔμεινεν Ἰωσὴφ τὴν
Asen. 21 1 καὶ ἔμεινεν Ἰωσὴφ τὴν ἡμέραν ἐκείνην παρὰ τῷ * Πεντεφρῆ * καὶ οὐκ ἐκοιμήθη μετὰ τῆς Ἀσενὲθ διότι εἶπεν
Asen. 21 2 Φαραὼ καὶ εἶπεν αὐτῷ δός μοι τὴν Ἀσενὲθ θυγατέρα * Πεντεφρῆ * ἱερέως Ἡλιουπόλεως εἰς γυναῖκα. καὶ ἐχάρη
Asen. 21 4 αἰῶνα χρόνον. καὶ ἀπέστειλε Φαραὼ καὶ ἐκάλεσε τὸν * Πεντεφρῆ * ⟨καὶ ἦλθε⟩ καὶ ἤγαγε τὴν Ἀσενὲθ καὶ ἔστησεν
Asen. 21 11 ἐνώπιόν σου πολλὰ ἥμαρτον⟩ ἐγὼ Ἀσενὲθ ⟨θυγάτηρ * Πεντεφρῆ * ἱερέως Ἡλιουπόλεως ὃς ἐστιν ἐπίσκοπος πάντων⟩.
HDem. 9 21 12 Αἰγύπτου ἔτη ἑπτὰ ἐν οἷς καὶ συνοικῆσαι Ἀσενὲθ * Πεντεφρῆ * τοῦ Ἡλιουπόλεως ἱερέως θυγατρὶ καὶ γεννῆσαι

πεντήκοντα 22

TLevi 18 2B032 μόνον ἀναφέρεσθαι ἓξ μνᾶς καὶ τῷ ταύρῳ τῷ δευτέρῳ * πεντήκοντα * μνᾶς καὶ εἰς τὸ στέαρ αὐτοῦ μόνον πέντε μνᾶς
TLevi 18 2B047 ἐστιν καὶ τὰ δύο μέρη τοῦ βάτου καὶ ὁλκῆς τῆς μνᾶς * ν' * σίκλων ἐστίν καὶ τοῦ σικλίου τὸ τέταρτον ὁλκὴ θερμῶν
Asen. 24 15 αὐτῆς ἑξακοσίους ἄνδρας δυνατοὺς εἰς πόλεμον καὶ * πεντήκοντα * προδρόμους. καὶ νῦν ἄκουσον ἡμῶν καὶ
Asen. 24 19 εἰς τὴν ὕλην τοῦ καλάμου. καὶ σὺ λαβὲ μετά σου * πεντήκοντα * ἄνδρας τοξότας ἐφ' ἵπποις καὶ πορεύου
Asen. 25 4 ἀπῆλθε σπεύδων ὁ υἱὸς Φαραὼ καὶ ἔλαβε μετ' αὐτοῦ * πεντήκοντα * ἄνδρας ἱππεῖς τοξότας καὶ ἀπῆλθεν ἔμπροσθεν
Asen. 26 7 ἔμπροσθεν καὶ ἰδοὺ ὁ υἱὸς Φαραὼ ἀπαντᾷ αὐτῇ καὶ * πεντήκοντα * ἄνδρες ἱππεῖς μετ' αὐτοῦ. καὶ εἶδεν αὐτὸν
Asen. 27 5 λίθους ἐκ τοῦ χειμάρρου. καὶ ἔδωκεν αὐτῷ λίθους * πεντήκοντα. * καὶ ἠκόντισε Βενιαμὶν τοὺς πεντήκοντα λίθους
Asen. 27 5 αὐτῷ λίθους πεντήκοντα. καὶ ἠκόντισε Βενιαμὶν τοὺς * πεντήκοντα * λίθους καὶ ἀπέκτεινε τοὺς πεντήκοντα ἄνδρας
Asen. 27 5 Βενιαμὶν τοὺς πεντήκοντα λίθους καὶ ἀπέκτεινε τοὺς * πεντήκοντα * ἄνδρας τοὺς ὄντας μετὰ τοῦ υἱοῦ τοῦ Φαραώ.
Prop. 21 8 τοὺς δὲ τοῦ Βάαλ ἀνεῖλον ὄντας τετρακοσίους * πεντήκοντα. * τῷ βασιλεῖ Ὀζίᾳ ἀποστείλαντι μαντεύσασθαι
Job 5 2 ἀναστὰς ἐν τῇ ἑξῆς νυκτί, παραλαβὼν μεθ' ἑαυτοῦ * πεντήκοντα * παῖδας, καὶ εἰς τὸν ναὸν τοῦ εἰδωλίου ἀπελθὼν
Job 10 7 πένησιν εἰς τὴν τράπεζαν αὐτῶν εἶχον δὲ ἀρτοκόπια * πεντήκοντα * ἀφ' ὧν ἔταξα εἰς τὴν ὑπηρεσίαν τῆς τῶν πτωχῶν
Job 15 4 αὐτῶν, περιστερὰς τριακοσίας, ἐρίφους αἰγῶν * πεντήκοντα * καὶ πρόβατα δεκαδύο ταῦτα πάντα μετὰ τὴν
Aris. 10 4 σπουδάσω δ' ἐν ὀλίγῳ χρόνῳ πρὸς τὸ πληρωθῆναι * πεντήκοντα * μυριάδας τὰ λοιπά. προσήγγελται δέ μοι καὶ
Aris. 33 5 τραπέζης καὶ σπονδείων χρυσίου μὲν ὁλκῆς τάλαντα * πεντήκοντα * καὶ ἀργυρίου τάλαντα ἑβδομήκοντα καὶ λίθων
Sib. 5 28 ἵξεθ' ὕδωρ +ἄμπωτιν ὑπ' αὐσονίσιν+ ἀΐξας. * πεντήκοντα * δ' ὅτις κεραίην λάχε κοίρανος ἔσται δεινὸς
Sib. 5 41 τετράδος ἐκ κεραίης +τ' ἔφθος μόρος+ αὐτὰρ ἔπειτα * πεντήκοντ' * ἀριθμῶν γεραρὸς βροτός. αὐτὰρ ἐπ' αὐτῷ ὅστε
FJub. 4 9 ὁ Κάϊν τὴν ἰδίαν ἀδελφὴν Ἀσαυνᾶν οὖσαν ἐτῶν * ν'. * αὐτὸς δὲ ἦν ἐτῶν ἑξήκοντα πέντε. ὁ μὲν Κάϊν τῇ
HDem. 9 21 19 ὄντα ἐτῶν ρ μ ζ' καταλιπόντα Ἰωσὴφ ὄντα ἐτῶν * ν * ς'. Λευὶν δὲ γενόμενον ἐτῶν ρ λ ζ' τελευτῆσαι Κλὰθ δὲ
HEup. 9 34 16 λουτῆρα καὶ τὴν στοὰν τάλαντα μύρια ὀκτακισχίλια * πεντήκοντα. * ἀποπέμψαι δὲ τὸν Σολομῶνα καὶ τοὺς
HEup. 9 34 20 πεντακοσίων εἶναι χρυσῶν. βιῶσαι δὲ αὐτὸν ἔτη * πεντήκοντα * δύο ὧν ἐν εἰρήνῃ βασιλεῦσαι ἔτη μ'. εἶτα
HHec. 1 22 197 κατὰ τὴν χώραν καὶ κῶμαι μία δὲ πόλις ὀχυρὰ * πεντήκοντα * μάλιστα σταδίων τὴν περίμετρον ἣν οἰκοῦσι μὲν

πεντηκόνταρχος 2

Prop. 9 3 ὑπομείνας δι' αὐτὸν περιεσώζετο. οὗτος ἦν ὁ τρίτος * πεντηκόνταρχος * οὗ ἐφείσατο Ἠλίας καὶ κατέβη πρὸς
Prop. 21 10 παρὰ εἰδώλων προεφήτευσε θάνατον καὶ ἀπέθανεν. δύο * πεντηκοντάρχων * ἀποσταλέντων ἐπ' αὐτὸν παρὰ Ὀχοζίου τοῦ

πεντηκοστός 2

FJub. 7 1 τῇ πέμπτῃ τοῦ μηνὸς τοῦ πέμπτου. τούτῳ τῷ ʹβ σ * ν * α' ἔτει Νῶε ἐφύτευσεν ἀμπελῶνα ἐν ὄρει Λουβὰρ τῆς
FJub. 29 12 ἐκλύσῃς τὸν ζυγὸν αὐτοῦ ἀπὸ τοῦ τραχήλου σου. τῷ ρ * ν * γ' ἔτει τοῦ Ἰσαὰκ ἐπανῆλθεν Ἰακὼβ πρὸς αὐτὸν ἀπὸ

πέπειρος 1

Asen. 2 11 καὶ καρποφόρα πάντα. καὶ ἦν ὁ καρπὸς αὐτῶν * πέπειρος * ὥρα γὰρ ἦν θερισμοῦ. καὶ ἦν ἐν τῇ αὐλῇ ἐκ

πέπερι 1

Hen. 32 1 πλήρη νάρδου χρηστοῦ καὶ σχίνου καὶ κινναμώμου καὶ * πιπέρεως. * καὶ ἐκεῖθεν ἐφώδευσα ἐπὶ τὰς ἀρχὰς πάντων τῶν

πέπνυμαι 1

LThe. 9 22 3 ἐμίγη σὺν ὁμαίμοσιν ἧσι. τῷ δ' υἱεῖς ἐγένοντο νόῳ * πεπνυμένοι * αἰνῶς ἕνδεκα καὶ κούρη Δεῖνα περικαλλὲς

περ 7

Abr.1 19 5 καὶ ἀπέλθω μετ' αὐτοῦ ἀλλὰ καὶ τοῦτο λέγω σοι εἴ * περ * θέλεις ἀκολουθήσω σοι δίδαξόν με πάσας σου τὰς
Sib. 3 109 καὶ τότε δὴ δεκάτη γενεὴ μερόπων ἀνθρώπων ἐξ οὗ * περ * κατακλυσμὸς ἐπὶ προτέρους γένετ' ἄνδρας. καὶ
Sib. 3 394 καὶ ὡς πανάιστον ἅπαντ' Ἀΐδης θεραπεύσει ὧν δή * περ * γενεὴν αὐτὸς θέλει ἐξαπολέσσαι ἐκ τῶν δὴ γενεῆς
Sib. 3 450 Περσίδος ἐξεναρίξει Εὐρώπης Ἀσίης τελέων ῥίγιστά * περ * ἄλγη. Σιδονίων δ' ὀλοὸς βασιλεὺς καὶ +φύλοπις ἄλλων
Sib. 3 504 καὶ πολλὰ θέμεθλα. αἰαῖ σοι Κρήτη πολυώδυνε εἴς σέ * περ * ἥξει πληγὴ καὶ φοβερὰ αἰώνιος +ἐξαλαπάξει+ καί σε
Sib. 3 590 μιλτόχριστα ζωογραφίας τυποειδεῖς τιμῶσιν ὅσα * πέρ * τε βροτοὶ κενεόφρονι βουλῇ ἀλλὰ γὰρ ἀείρουσι πρὸς
FAch. 121 τοῦ βασιλέως διελογίζετο ἐν ἑαυτῷ ὁ Αἴσωπος ὅ,τι * περ * ἐὰν εἴπω φήσουσιν εἰδέναι αὐτό. πανοῦργος δὲ ὢν ὁ

περαίνω 1

Sib. 5 432 πᾶσι δικαίη. ὕστατος ἔσθ' ἁγίων καιρὸς ὅτε ταῦτα * περαίνει * θεὸς ὑψιβρεμέτης κτίστης ναοῖο μεγίστου. αἰαῖ

περαιόω 1

HArt. 9 27 35 ἄμπωτιν τηρήσαντα διὰ ξηρᾶς τῆς θαλάσσης τὸ πλῆθος * περαιῶσαι. * Ἡλιουπολίτας δὲ λέγειν ἐπικαταδραμεῖν τὸν

πέραν 3

Prop. 3 10 καὶ ἐποίησε στῆναι τὸ ὕδωρ ἵνα ἐκφύγωσιν εἰς τὸ * πέραν * γενόμενοι. καὶ οἱ τολμήσαντες τῶν ἐχθρῶν ἐπιδιῶξαι
Prop. 11 1 πόλις ἕως ἐδάφους ἀφανισθήσεται. Ναοὺμ ἀπὸ Ἐλκεσὶ * πέραν * τοῦ Ἰσβηγαβαρὶν φυλῆς Συμεών. οὗτος μετὰ τὸν
LEze. 9 29 14 44 μὲν εἰκάζειν παρῆν αὐτοῖς ἀρωγὸς ὁ θεός. ὡς δ' ἤδη * πέραν * ἦσαν θαλάσσης κῦμα δ' ἐρροίβδει μέγα σύνεγγυς

πέρας 19

Hen. 1 5 λήμψεται αὐτοὺς τρόμος καὶ φόβος μέγας μέχρι τῶν * περάτων * τῆς γῆς. καὶ σεισθήσονται καὶ πεσοῦνται καὶ
Hen. 18 5 ἐπὶ τῆς γῆς ἀνέμους βαστάζοντας ἐν νεφέλῃ. ἴδον * πέρατα * τῆς γῆς τὸ στήριγμα τοῦ οὐρανοῦ ἐπάνω. παρῆλθον
Hen. 18 10 ἴδον. κἀπέκεινα τῶν ὀρέων τούτων τόπος ἐστίν * πέρας * τῆς μεγάλης γῆς ἐκεῖ συντελεσθήσονται οἱ οὐρανοί.
Hen. 19 3 γενήσονται. κἀγὼ Ἐνὼχ ἴδον τὰ θεωρήματα μόνος τὰ * πέρατα * πάντων καὶ οὐ μὴ ἴδῃ οὐδὲ εἷς ἀνθρώπων ὡς ἐγὼ
Hen. 23 1 κἀκεῖθεν ἐφώδευσα εἰς ἄλλον τόπον πρὸς δυσμὰς τῶν * περάτων * τῆς γῆς. καὶ ἐθεασάμην πῦρ διατρέχον καὶ οὐκ
Hen. 31 2 τῶν ὀρέων τούτων ἴδον ἄλλο ὄρος πρὸς ἀνατολὰς τῶν * περάτων * τῆς γῆς καὶ πάντα τὰ δένδρα πλήρη ἐξαυτῆς ἐν
Hen. 101 6 ἔργον τοῦ ὑψ⟨ίστου ἐστὶ⟩ καὶ αὐτὸς συνεστήσατο τὰ * π⟨έρατα * αὐ⟩τῶν καὶ συνέδησεν αὐτ⟨ὴν καὶ περι⟩έφραξεν
Abr.1 1 3 τοῦ θανάτου πικρὸν ποτήριον καὶ τὸ ἄδηλον τοῦ βίου * πέρας. * προσκαλεσάμενος τοίνυν ὁ δεσπότης θεὸς τὸν
Abr.1 4 11 τὴν τοῦ θανάτου δρεπάνην καὶ τὸ τοῦ βίου ἄδηλον * πέρας * καὶ ἵνα ποιήσῃ διάταξιν περὶ πάντων τῶν ὑπαρχόντων
TNep. 6 7 ἐπὶ τὸ αὐτό. διεσπάρημεν οὖν οἱ πάντες ἕως εἰς τὰ * πέρατα. * ὁ δὲ Λευὶ περιβαλόμενος σάκκον περὶ πάντων ἡμῶν
Asen. 1 6 κάλλους αὐτῆς εἰς πᾶσαν τὴν γῆν ἐκείνην καὶ ἕως * περάτων * τῆς οἰκουμένης. καὶ ἐμνηστεύοντο αὐτὴν πάντες οἱ
Prop. 2 8 τοῖς πατράσιν ἡμῶν παραδοθὲν καὶ ἐκδεχόμεθα τὸ * πέρας * φησὶν τοῦ μυστηρίου αὐτοῦ. οὗτος ὁ προφήτης πρὸ
Prop. 3 7 ἐκλείποι ἐπελπίζειν τὸ δρέπανον τῆς ἐρημώσεως εἰς * πέρας * τῆς γῆς καὶ ὅτε πλημμυρήσῃ τὴν εἰς Ἱερουσαλὴμ
Esdr. 3 6 εἰ δὲ μὴ ἐκτενῶ τὴν χεῖρά μου καὶ ἀπὸ τῶν τεσσάρων * περάτων * δράξομαι τὴν οἰκουμένην καὶ συνάξω πάντας εἰς

| | | | | | |
|---|---|---|---|---|---|
| Aris. | 199 | 2 | ἑξῆς μαθήσομαί τι πλέον. εἶτ᾽ ἐπηρώτα τὸν ἄνδρα τι | * πέρας * ἀνδρείας ἐστίν; ὁ δὲ εἶπεν εἰ τὸ βουλευθὲν ὀρθῶς |
| Aris. | 266 | 2 | κατεπαινέσας δὲ αὐτὸν ἑτέρου διεπυνθάνετο τι | * πέρας * ἐστὶ λόγου; κἀκεῖνος δὲ ἔφησε τὸ πεῖσαι τὸν |
| Sib. | 5 | 363 | πόλεμος καὶ ἐπίκλοπος ἐν δολότητι. ἥξει δ᾽ ἐκ | * περάτων * γαίης μητροκτόνος ἀνὴρ φεύγων ἠδὲ νόῳ ὀξύστομα |
| FPho. | | 79 | ἔριν ἀντιφυτεύει. μὴ πίστευε τάχιστα πρὶν ἀτρεκέως | * πέρας * ὄψει. νικᾶν εὖ ἔρδοντας ἐπὶ πλεόνεσσι καθῆκει. |
| LEze. 64 | 29 | 6 01 | κραιπνὸν βῆμα βαστάζων ποδός. ὦ πᾶσιν ἀρχὴ καὶ | * πέρας * κακῶν ὄφις σύ τ᾽ ὦ βαρὺν τίκτουσα θησαυρὸν κακῶν |

περάω

| | | | | | |
|---|---|---|---|---|---|
| Jer. | 8 | 4 | ταῦτα καὶ ἀναστάντες ἦλθον ἐπὶ τὸν Ἰορδάνην τοῦ | * περᾶσαι. * καὶ λέγων αὐτοῖς τὰ ῥήματα ἃ εἶπε κύριος πρὸς |
| Jer. | 8 | 4 | ὑποστρέφωμεν αὐτὰς μεθ᾽ ἡμῶν εἰς τὴν πόλιν ἡμῶν. | * ἐπέρασαν * οὖν τὸν Ἰορδάνην καὶ ἦλθον εἰς Ἱερουσαλήμ. |
| Bar. | 2 | 1 | ὁ οὐρανὸς καὶ ὅπου ἦν ποταμὸς ὃν οὐδεὶς δύναται | * περᾶσαι * αὐτὸν οὐδὲ ξένη πνοὴ ἐκ πασῶν ὧν ἔθετο ὁ θεός. |

Πέργαμος
1

| | | | | | |
|---|---|---|---|---|---|
| Sib. | 5 | 119 | Ἀσὶς ὅλη πυρίφλεκτος ἕως νήσων σελαγήσει. | * Πέργαμος * ἢ τὸ πάλαι σεμνὴ βοτρυδὸν ὀλεῖται καὶ Πιτάνη |

πέρδιξ
1

| | | | | | |
|---|---|---|---|---|---|
| Aris. | 145 | 4 | πρὸς τὴν τροφὴν οἷον περιστεραὶ τρυγόνες ἄττακοι | * πέρδικες * ἔτι δὲ χῆνες καὶ τὰ ἄλλα ὅσα τοιαῦτα. περὶ ὧν |

περί
375  περὶ  περι
3

περιαιρέω
2

| | | | | | |
|---|---|---|---|---|---|
| Sal. | 2 | 21 | σχοινίον περὶ τὴν κεφαλὴν αὐτῆς ἀντὶ στεφάνου. | * περιείλατο * μίτραν δόξης ἣν περιέθηκεν αὐτῇ ὁ θεὸς ἐν |
| Job | 43 | 4 | πλησίον τοῦ θυσιαστηρίου ἔλεγεν οὕτως Ἐλιφας | * περιήρηνται * ἡμῶν αἱ ἁμαρτίαι, καὶ τέθαπται ἡμῶν ἡ ἀνομία |
| LAri. 13 | 12 | 7 | ἡ δύναμις τοῦ θεοῦ. καθὼς δὲ δεῖ σεσημάγκαμεν | * περιαιροῦντες * τὸν διὰ τῶν ποιημάτων Δία καὶ Ζῆνα τὸ γὰρ |

περιάπτω
2

| | | | | | |
|---|---|---|---|---|---|
| Aris. | 159 | 2 | καὶ ἐπὶ τῶν χειρῶν δὲ διαρρήδην τὸ σημεῖον κελεύει | * περιῆφθαι * σαφῶς ἀποδεικνὺς ὅτι πᾶσαν ἐνέργειαν μετὰ |
| FrAn. | 574 | 3016 | αβρωθιωχ φθα μεσενψινιαω φεωχ ιαηω χαρσοκ καὶ | * περίαπτε * τὸν πάσχοντα παντὸς δαίμονος φρικτὸν ὃ |

περιαρτάω
1

| | | | | | |
|---|---|---|---|---|---|
| Asen. | 3 | 6 | πολύτιμον καὶ λίθους πολυτελεῖς οἵτινες ἦσαν | * περιηρτημένοι * πάντοθεν καὶ ἦσαν τὰ ὀνόματα τῶν θεῶν τῶν |

περιαύγεια
1

| | | | | | |
|---|---|---|---|---|---|
| Aris. | 77 | 7 | θεωρίαν προσιόντων οὐ δυναμένων ἀφίστασθαι διὰ τὴν | * περιαύγειαν * καὶ τὸ τῆς ὄψεως τερπνόν. ποικίλη γὰρ ἦν ἡ |

περιβάλλω
20

| | | | | | |
|---|---|---|---|---|---|
| Abr.1 | 16 | 4 | σου τὰς παρειὰς καὶ τὰς πικρίας σου πάσας ἀποβαλοῦ | * περιβαλοῦ * δὲ τὴν ὡραιότητά σου καὶ ὅλην τὴν ἐνδοξότητα |
| Abr.1 | 16 | 6 | ὁ θάνατος ἐξῆλθεν ἀπὸ προσώπου τοῦ ὑψίστου καὶ | * περιεβάλετο * στολὴν λαμπροτάτην ⟨καὶ ἐποίησεν ὄψιν |
| Abr.1 | 16 | 6 | ὡραῖος ὑπὲρ τοὺς υἱοὺς τῶν ἀνθρώπων ἀρχαγγέλου δὲ | * περιβαλόμενος * μορφὴν τὰς παρειὰς αὐτοῦ πῦρ ἀπαυγάζων καὶ |
| Abr.1 | 17 | 13 | καὶ τὴν ἡλιόμορφον μορφὴν ἣν περιεκέκτητο καὶ | * περιβαλοῦ * στολὴν τυραννικὴν καὶ ἐποίησεν ὄψιν ζοφερὰν |
| Abr.1 | 18 | 1 | σου πανώλεθρε θάνατε κρύψαι σου τὴν ἀγριότητα καὶ | * περιβαλοῦ * τὴν ὡραιότητα καὶ μορφὴν ἣν εἶχες τὸ πρότερον |
| Abr.1 | 18 | 2 | δὲ ὁ θάνατος ἔκρυψεν τὴν ἀγριότητα αὐτοῦ καὶ | * περιεβάλετο * τὴν ὡραιότητα αὐτοῦ ἣν εἶχεν τὸ πρότερον. |
| TLevi | 8 | 6 | μοι στολὴν ἁγίαν καὶ ἔνδοξον. ὁ τρίτος βυσσίνην με | * περιέβαλεν * ὁμοίαν ἐφούδ. ὁ τέταρτος ζώνην μοι περιέθηκεν |
| TDan | 2 | 4 | παρακολεῖ ἐὰν δίκαιος οὐ βλέπει φίλον οὐ γνωρίζει. | * περιβάλλει * γὰρ αὐτὸν τὸ πνεῦμα τοῦ θυμοῦ τὰ δίκτυα τῆς |
| TDan | 2 | 5 | καὶ τὴν ἰδίαν ὅρασιν παρέχει αὐτῷ. ἐν τίνι δὲ | * περιβάλλει * τοὺς ὀφθαλμοὺς αὐτοῦ; ἐν μίσει καρδίας καὶ |
| TNep. | 6 | 8 | οὖν οἱ πάντες ἕως εἰς τὰ πέρατα. ὁ δὲ Λευὶ | * περιβαλόμενος * σάκκον περὶ πάντων ἡμῶν ἐδέετο τοῦ κυρίου. |
| Prop. | 17 | 3B | ὅτι ἐποίησε τὴν ἁμαρτίαν. καὶ ὑπέστρεψε πενθῶν καὶ | * περιβαλὼν * αὐτῷ ἐπέμεινεν ἐκεῖ θέλων θάψαι τὸν νεκρὸν καὶ |
| Job | 39 | 7 | Ἐλιφαν ἄραντα τὴν πορφυρίδα αὐτοῦ περιῆξαι καὶ | * περιβαλεῖν * τὴν γυναῖκά μου. ἡ δὲ ἐδέετο αὐτῶν λέγουσα |
| Aris. | 167 | 2 | καὶ γὰρ αἰκίαις καὶ θανάτοις ἐπαλγέσιν αὐτοὺς | * περιβάλλει * συνεχῶς. ὁ δὲ τούτους γὰρ καὶ λέγω ἢ γὰρ |
| Aris. | 208 | 5 | γένος ὅθεν οὔτε εὐκόπως δεῖ κολάζειν οὔτε αἰκίαις | * περιβάλλειν * γινώσκων ὅτι τὸ τῶν ἀνθρώπων ζῆν ἐν ὀδύναις |
| FIsa. 1 | 2 | 10 | καὶ ἐκάθισαν εἰς τὸ ὄρος πάντε⟨ς⟩ σάκκον | * περιβεβλημένοι * καὶ πάντες ἦσαν προφῆται οὐδὲν ἔχοντες |
| FAch. | | 112 | ἀναλαβεῖν στολὰς ⟨λευκὰς⟩ ὁμοίως καὶ | * περιβεβλημένος * σινδόνα καθαρὰν καὶ ἐπὶ τῆς κεφαλῆς |
| FAch. | | 115 | ὅ τε Νεκταναβὼν καὶ τοῖς φίλοις αὐτοῦ κοκκίνας | * περιβαλὼν * στολὰς ἐκάθισεν. τοῦ δὲ Αἰσώπου ἐλθόντος |
| IEur. 5 | 75 | 1 | δ᾽ ἂν οἶκος τεκτόνων πλασθεὶς ὑπὸ δέμας τὸ θεῖον | * περιβάλοι * τοίχων πτυχαῖς; |
| HEup. 9 | 34 | 12 | καὶ στοῶν καὶ μολύνη τοῖς ἀποπατήμασι τὸ ἱερόν. | * περιβαλεῖν * δὲ καὶ τὰ Ἱεροσόλυμα τὴν πόλιν τείχεσι καὶ |
| HAri. 9 | 25 | 3 | πειράζοντα δ᾽ αὐτὸν τὸν θεὸν ἐμμεῖναι μεγάλαις δὲ | * περιβαλεῖν * αὐτὸν ἀτυχίαις. πρῶτον μὲν γὰρ αὐτοῦ τούς τε |

περιβόητος
1

| | | | | | |
|---|---|---|---|---|---|
| FrAn. 1 | 217 | 18 | Ἱερουσαλὴμ δονεῖται καὶ ἀκατάστατεῖ διὰ τὸν | * περιβόητον * λίθον τοῦτον. ἀλλ᾽ ἀπελθὼν δὸς αὐτὸν τῷ |

περιβόλαιον
2

| | | | | | |
|---|---|---|---|---|---|
| Hen. | 14 | 20 | ἰδεῖν. καὶ ἡ δόξα ἡ μεγάλη ἐκάθητο ἐπ᾽ αὐτῷ τὸ | * περιβόλαιον * αὐτοῦ ὡς εἶδος ἡλίου λαμπρότερον καὶ |
| Aris. | 158 | 3 | εὐθέως τότε συγχρῆσθαι κελεύει. καὶ μὴν καὶ ἐκ τῶν | * περιβολαίων * παράσημον ἡμῖν μνείας δέδωκεν ὡσαύτως δὲ καὶ |

περιβολή
1

| | | | | | |
|---|---|---|---|---|---|
| Asen. | 5 | 5 | χιτῶνα λευκὸν καὶ ἔξαλλον καὶ ἡ στολὴ τῆς | * περιβολῆς * αὐτοῦ ἦν πορφυρᾶ ἐκ βύσσου χρυσούφης καὶ |

περίβολος (ὁ)
5

| | | | | | |
|---|---|---|---|---|---|
| Aris. | 84 | 2 | κορυφῆς κατεσκεύαστο τὸ ἱερὸν ἐκπρεπῶς ἔχον καὶ οἱ | * περίβολοι * τρεῖς ὑπὲρ ἑβδομήκοντα δὲ πήχεις τῷ μεγέθει |
| Aris. | 101 | 3 | ἔφοδος γένηται μηθεὶς δύνηται ὁδὸν εἰς τοὺς | * περιβόλους * ποιήσασθαι τοὺς περὶ τὸν οἶκον ἐπικειμένων |
| Aris. | 101 | 6 | καὶ τοῦ τόπου κατὰ κορυφὴν ὄντος τῶν προειρημένων | * περιβόλων * ὡσανεὶ φυλασσομένων τῶν πύργων ὑπὸ τῶν |
| Aris. | 105 | 2 | συμμέτρως ἔχον οἷον τεσσαράκοντα σταδίων ὄντος τοῦ | * περιβόλου * καθόσον εἰκάσαι δυνατόν. ἔχει δὲ τὴν τῶν |
| HHec. 1 | 22 | 198 | ἐνταῦθα δ᾽ ἔστι κατὰ μέσον μάλιστα τῆς πόλεως | * περίβολος * λίθινος μῆκος ὡς πεντάπλεθρος εὖρος δὲ πηχῶν |

περιγίγνομαι
3

| | | | | | |
|---|---|---|---|---|---|
| Hen. | 102 | 6 | κατὰ τὴν εἱμαρμένην ἀπεθάνοσαν καὶ τί αὐτοῖς | * περιεγένετο * ἐπὶ τοῖς ἔργοις αὐτῶν; καὶ αὐτοὶ ὁμοίως ἡμῖν |
| TJud. | 6 | 3 | αἰχμαλωσίαν καὶ προσάξαντες αὐτοῖς ἐν καρτερᾷ μάχῃ | * περιεγενόμεθα * ὅτι ἦσαν πλῆθος δυνατῶν ἐν αὐτοῖς καὶ |
| TIss. | 3 | 5 | ἡδονῇ γυναικὸς ἀλλὰ διὰ τοῦ κόπου ὁ ὕπνος μου | * περιεγένετο. * καὶ πάντοτε ἔχαιρεν ἐπὶ τῇ ἁπλότητί μου ὁ |

περιγράφω
1

| | | | | | |
|---|---|---|---|---|---|
| Job | 47 | 4 | ὁ κύριος ἐν ἡμέρᾳ ᾗ ἠβουλήθη με ἐλεῆσαι καὶ | * περιγραφῆναι * ἐκ τοῦ σώματος τὰς πληγὰς καὶ τοὺς σκώληκας |

περίειμι (εἰμί)
1

| | | | | | |
|---|---|---|---|---|---|
| Aris. | 70 | 2 | κισσὸν ἀκάνθῳ πλεκόμενον ἐκ τοῦ λίθου σὺν ἀμπέλῳ | * περιειλούμενον * κυκλόθεν τῷ ποδὶ σὺν τοῖς βότρυσιν οἳ |

περίειμι (εἶμι)
2

| | | | | | |
|---|---|---|---|---|---|
| FBar. | 14 | | ἔζησαν καὶ ἐπορεύθησαν ἐκ κοσμου⟩ ὀλίγα δὲ | * περί⟨εσται * ἔθνη ἐν ἐκείνοις⟩ τοῖς καιροῖς οἱ⟨ς--- ους |

περιελίσσω
2

| | | | | | |
|---|---|---|---|---|---|
| Asen. | 12 | 11 | τὸ πῦρ ἐμβάλει με εἰς τὴν καταιγίδα καὶ ἡ καταιγὶς | * περιειλίσσεται * με ἐν σκότει καὶ ἐκβάλει με εἰς τὸν βυθὸν |
| Job | 48 | 1 | κτίσματα. οὕτως ἀναστᾶσα ἡ μία ἡ καλουμένη Ἡμέρα | * περιειλήξεν * τὴν ἑαυτῆς σπάρτην καθὼς εἶπεν ὁ πατὴρ καὶ |

περιεργάζομαι
7

| | | | | | |
|---|---|---|---|---|---|
| TRub. | 3 | 10 | γυναικὸς μηδὲ ἰδίαζετε μετὰ θηλείας ὑπάνδρου μηδὲ | * περιεργάζεσθε * πρᾶξιν γυναικῶν. εἰ μὴ γὰρ εἶδον ἐγὼ |
| TIss. | 5 | 1 | τὴν ἁπλότητα κτήσασθε καὶ ἐν ἀκακίᾳ πορεύεσθε μὴ | * περιεργαζόμενοι * ἐντολὰς κυρίου καὶ τοῦ πλησίον τὰς · |
| TGad | 6 | 5 | ἐργάσηται κατὰ σοῦ ὅτι πολλάκις δολοφωνεῖ σε ἢ | * περιεργάζεταί * σε ἐν κακῷ λαβὼν ἀπὸ σοῦ τὸν ἰόν. ἐὰν οὖν |
| Aris. | 15 | 8 | τοῦ τεθεικότος αὐτοῖς θεοῦ τῶν νόμων καθὼς | * περιειργασμαι. * τὸν γὰρ πάντων ἐπίτροπον καὶ κτίστην θεὸν |
| Aris. | 315 | 2 | δι᾽ ὀνείρου δὲ σημανθέντος ὅτι τὰ θεῖα βούλεται | * περιειργασμένος * εἰς κοινοὺς ἀνθρώπους ἐκφέρειν |
| LAri. 13 | 12 | 1 | ὁ Πλάτων τῇ καθ᾽ ἡμᾶς νομοθεσίᾳ καὶ φανερός ἐστι | * περιειργασμένος * ἕκαστα τῶν ἐν αὐτῇ. διηρμήνευται γὰρ πρὸ |
| LAri. 13 | 12 | 4 | καὶ εἶπεν ὁ θεὸς καὶ ἐγένετο. δοκοῦσι δέ μοι | * περιειργασμένοι * πάντα κατηκολουθηκέναι τούτῳ Πυθαγόρας |

περιεργία
5

| | | | | | |
|---|---|---|---|---|---|
| TRub. | 3 | 4 | τέταρτον πνεῦμα ἀρεσκείας καὶ μαγγανείας ἵνα διὰ | * περιεργίας * ὡραῖος ὀφθῇ πέμπτον πνεῦμα ὑπερηφανίας ἵνα |
| TJos. | 6 | 2 | μοι μετὰ τοῦ τρυβλίου μάχαιρον. καὶ συνῆκα ὅτι ἢ | * περιεργία * αὐτῆς εἰς ἀπονάλησιν ψυχῆς ἐστιν. καὶ |
| Aris. | 128 | 3 | τὰ δι᾽ ἡμῶν ἐπιζητηθέντα. νομίζω γὰρ τοὺς πολλοὺς | * περιεργίαν * ἔχειν τινὰ τῶν ἐν τῇ νομοθεσίᾳ περί τε τῶν |
| Aris. | 144 | 3 | ἔλθῃς ὅτι μυῶν καὶ γαλῆς ἢ τῶν τοιούτων χάριν | * περιεργίαν * ποιούμενος ἐνομοθέτει ταῦτα Μωϋσῆς ἀλλὰ πρὸς |
| Aris. | 322 | 3 | ταῦτα ἢ τὰ τῶν μυθολόγων βιβλία. νένευκας γὰρ πρὸς | * περιεργίαν * τῶν δυναμένων ὠφελεῖν διάνοιαν καὶ ἐν τούτοις |

περίεργος
2

| | | | | | |
|---|---|---|---|---|---|
| TIss. | 3 | 3 | μου βλέπων ὅτι ἐν ἁπλότητι πορεύομαι. καὶ οὐκ ἤμην | * περίεργος * ἐν ταῖς πράξεσί μου οὐδὲ πονηρὸς καὶ βάσκανος |
| Aris. | 3 | 1 | διοικεῖν. τὴν προαίρεσιν ἔχοντες ἡμεῖς πρὸς τὸ | * περίεργως * τὰ θεῖα κατανοεῖν ἑαυτοὺς ἐπεδώκαμεν εἰς ⟨τὴν |

περιέρχομαι
4

| | | | | | |
|---|---|---|---|---|---|
| Job | 24 | 2 | σου; καὶ ἐγὼ πλανῆτις καὶ λάτρις τόπον ἐκ τόπου | * περιελθεῖν * τὴν οἰκουμένην εἰ καὶ τοῖς ἀκροατηρίοις |
| FAch. | | 101 | ὁ Αἴσωπος καὶ πολλῶν τιμῶν καταξιωθεὶς ἠβουλήθη | * περιελθεῖν * τὴν οἰκουμένην καὶ ἐν τοῖς ἀκροατηρίοις |
| FAch. | | 101 | τιμήματα δὲ ἀργυρικὰ λαμβάνων πᾶσάν τε χώραν | * περιελθὼν * ὁ Αἴσωπος ἐγένετο (δὲ) ἐν Βαβυλῶνι ἐν ᾗ |
| FAch. | | 120 | ἡ τριαντάημερος στεγάζουσα τὸν χρόνον ⟨αἱ δὲ⟩ | * περιερχόμεναι * δύο γυναῖκες νὺξ καὶ ἡμέρα ἄλλη μὲν παρ᾽ |

περιέχω
14

| | | | | | |
|---|---|---|---|---|---|
| Hen. | 98 | 9 | καὶ τὰ ἀγαθὰ οὐκ ἀπαντήσει ὑμῖν τὰ δὲ κακὰ | * ⟨περιέξει⟩ * ὑμᾶς. καὶ νῦν γινώσκετε ὅτ⟨ι ἡτοίμασται⟩ ὑμῖν |
| Hen. | 100 | 8 | ὑμῖν σκληροκάρδιοι ἀγρυπνοῦντες νοῆσαι τὸ κακὸν | * περιέχει * ὑμᾶς φόβος καὶ οὐκ ἔστιν ὁ ἀντιλαμβανόμενος |
| TLevi | 10 | 5 | ἂν ἐκλείπῃ κύριος Ἱερουσαλὴμ κληθήσεται καθὼς | * περιέχει * ἐν βίβλος Ἐνὼχ τοῦ δικαίου. τοτ οὖν ἔλαβον |
| Asen. | 16 | 16 | τῆς τρυφῆς τοῦ θεοῦ καὶ δυνάμεις ἀκάματοι | * περισχήσουσί * σε καὶ ἡ νεότης σου γῆρας οὐκ ὄψεται καὶ τὸ |
| Jer. | 6 | 16 | καὶ ἤνεγκε χάρτιν καὶ ἔγραψεν ἐπιστολὴν | * περιεχομένην * οὕτως Βαροὺχ ὁ δοῦλος τοῦ θεοῦ γράφει τῷ |
| Bar. | 10 | 5 | ὁ ἄγγελος ἄκουσον Βαροὺχ τὸ μὲν πεδίον ἐστὶ τὸ | * περιέχον * τὴν λίμνην καὶ ἄλλα θαυμαστὰ ἐν αὐτῇ οὗπερ |
| Prop. | 11 | 3 | καὶ πυρὸς ὑπογείου ἀπολεῖται ὃ καὶ γέγονεν. ἡ γὰρ | * περιέχουσα * αὕτη λίμνη κατέκλυσεν αὐτήν ἐν σεισμῷ καὶ |
| Aris. | 83 | 2 | ἀναγραφὴν ἀναγκαίαν εἶναι δεδήλωκά σοι. τὰ δ᾽ ἑξῆς | * περιέχει * τὴν πρὸς τὸν Ἐλεάζαρον ὁδὸν ἡμῖν γενομένην τὴν |

| Aris. | 118 | 1 | τὰ πρὸς τὴν Γάζαν μέρη καὶ τὴν Ἀζωτίων χώραν. | * περιέχεται * δὲ ἀσφαλείαις αὐτοφυέσι δυσεισβολος οὖσα καὶ |
| Aris. | 118 | 4 | φαράγγων βαθέων ἔτι δὲ τραχείας οὔσης πάσης τῆς | * περιεχούσης * πᾶσαν τὴν χώραν ὀρεινῆς. ἐλέγετο δὲ καὶ ἐκ |
| Aris. | 156 | 4 | ἕκαστόν τι πράσσειν καὶ τεχνῶν εὑρέσις ἀπέραντον | * περιέχει * τρόπον. διὸ παρακελεύεται μνείαν ἔχειν ὡς |
| Aris. | 213 | 4 | ἐν τούτοις τοῖς κατὰ τὸν ὕπνον ἑαυτοὺς ἀλλὰ | * περιεχόμεθα * ἀλογίστῳ κατὰ τάδε αἰσθήσει. πάσχομεν γὰρ |
| Aris. | 229 | 5 | αὕτη γὰρ θεοῦ δόσις ἐστὶν ἣν καὶ σὺ κέκτησαι πάντα | * περιέχων * ἐν αὐτῇ τὰ ἀγαθά. λίαν δὲ φιλοφρόνως |
| FAch. | 120 | | προβαλλόντων). ἔστιν οὖν ὁ ναὸς ἡ οἰκουμένη διὰ τὸ | * περιέχειν * ἅπαντα ὁ δὲ στῦλος ὁ ἐνιαυτὸς διὰ τὸ ἀσφαλῶς |

**περίζωμα**

| Adam | 20 | 5 | μόνου. λαβοῦσα δὲ φύλλα ἀπ' αὐτοῦ ἐποίησα ἐμαυτῇ | * περιζώματα * καὶ ἔστι παρὰ τὸ φυτὸν ἐξ οὗ ἔφαγον. καὶ |
| TBen. | 2 | 3 | εἰς ἓξ αὐτῶν ἀποδύσας με τὸν χιτῶνα ἔδωκέ μοι | * περίζωμα * καὶ φραγελλώσας με εἶπε τρέχειν. ἐν δὲ τῷ |

**περιζώννυμι**                                                    12

| Asen. | 10 | 10 | πένθους καὶ ἔλυσε τὴν ζώνην αὐτῆς τὴν χρυσῆν καὶ | * περιεζώσατο * σχοινίον καὶ ἀπέθετο τὴν κίδαριν ἐκ τῆς |
| Asen. | 10 | 14 | ἐπὶ τὸ ἔδαφος. καὶ λαβε τὴν δέρριν τοῦ σάκκου καὶ | * περιεζώσατο * περὶ τὴν ὀσφὺν αὐτῆς. καὶ ἔλυσε τὸ ἐμπλόκιον |
| Asen. | 13 | 4 | ζώνην μου τὴν χρυσῆν καὶ ἔρριψα αὐτήν ἀπ' ἐμοῦ καὶ | * περιεζωσάμην * σχοινίον καὶ σάκκον. ἰδοὺ τὴν τιάραν μου |
| Asen. | 18 | 6 | ὡς ἀστραπὴν τῷ εἴδει καὶ ἐνεδύσατο αὐτήν. καὶ | * περιεζώσατο * ζώνην χρυσῆν καὶ βασιλικὴν ἥτις ἦν διὰ λίθων |
| Sal. | 2 | 20 | κατεσπάθη τὸ κάλλος αὐτῆς ἀπὸ θρόνου δόξης. | * περιεζώσατο * σάκκον ἀντὶ ἐνδύματος εὐπρεπείας σχοινίον |
| Job | 47 | 6 | ἐρωτήσω δέ σε, σὺ δέ μοι ἀπόκρινου. ἐγὼ δὲ λαβὼν | * περιεζωσάμην * καὶ εὐθέως ἀφανεῖς ἐγένοντο ἀπὸ τότε οἱ |
| Job | 47 | 11 | διότι φυλακτήριόν ἐστιν τοῦ πατρός. ἐγερθεῖσαι οὖν | * περιζώσσθε * αὐτὰς πρὶν τελευτήσω, ἵνα δυνηθῆτε θεάσασθαι |
| Job | 49 | 1 | στολῇ τῇ ἑαυτῆς ἐγκεχαραγμένους. καὶ τότε ἡ Κασία | * περιεζώσατο * καὶ ἔσχεν τὴν καρδίαν ἀλλοιωθεῖσαν ὡς μηκέτι |
| Job | 50 | 1 | δυνήσεται εὑρεῖν ἐν τοῖς ὕμνοις Κασίας. καὶ τότε | * περιεζώσατο * καὶ ἡ ἄλλη ἡ καλουμένη Ἀμαλθείας κέρας καὶ |
| Job | 52 | 1 | ἅπτεσθαι αὐτοῦ διὰ τὸ σημεῖον τῆς περιζώσεως ἧς | * περιεζώσατο * καὶ μετὰ τρεῖς ἡμέρας εἶδεν τοὺς ἐλθόντας |
| Job | 52 | 12 | τάφον προηγουμένων τῶν τριῶν θυγατέρων αὐτοῦ καὶ | * περιεζωσμένων, * ὑμνολογουσῶν ἐν ὕμνοις τοῦ πατρός. καὶ |
| LEze. | 9 29 13 | 06 | ὀπτὰ πάντα σὺν τοῖς ἔνδοθεν οὕτως φάγεσθε ταῦτα | * περιεζωσμένοι * καὶ κοῖλα ποσσὶν ὑποδέδεσθε καὶ χερὶ |

**περίζωσις**

| Job | 52 | 1 | πόνος ἴσχυεν ἅπτεσθαι αὐτοῦ διὰ τὸ σημεῖον τῆς | * περιζώσεως * ἧς περιεζώσατο καὶ μετὰ τρεῖς ἡμέρας εἶδεν |

**περιΐστημι**

| Job | 40 | 11 | γνῶναι τὸ γεγονός, καὶ εὗρον αὐτὴν νεκράν, τὰ δὲ | * περιεστῶτα * ζῷα κλαίοντα ἐπ' αὐτήν. καὶ οὕτως |

**περικαθίζω**                                                     1

| TJud. | 9 | 4 | χαλκᾶ καὶ οὐκ ἠδυνήθημεν εἰσελθεῖν ἐν αὐτῇ καὶ | * περικαθίσαντες * ἐπολιορκοῦμεν αὐτούς. καὶ ὡς οὐκ ἤνοιγον |

**περικαλλής**                                                     7

| Sib. | 3 | 266 | οὐδὲ φύγονται λοιμόν. καὶ σὺ δὲ κάρτα λιπὼν | * περικαλλέα * σηκὸν φεύξῃ ἐπεὶ σοι μοῖρα λιπεῖν πέδον ἁγνὸν |
| Sib. | 3 | 415 | οἰκτείρω σε κατὰ Σπάρτην γὰρ Ἐρινὺς βλαστήσει | * περικαλλές * ἀείφατον ἔρνος ἄριστον Ἀσίδος Εὐρώπης τε |
| Sib. | 3 | 657 | δόγμασιν ἐσθλοῖς. --- ναὸς δ' αὖ μεγάλοιο θεοῦ | * περικαλλέι * πλούτῳ βεβριθὼς χρυσῷ τε καὶ ἀργύρῳ ἠδέ τε |
| Sib. | 4 | 150 | πτολίεθρα παρ' ὕδασι Μαιάνδροιο ὅσσα πεπύρωνται | * περικαλλέα * πικρὸς ὀλέσσει λιμὸς ὅταν Μαιάνδρος ἀποκρύψῃ |
| Sib. | 5 | 423 | κατέθηχ' ἅγιόν τ' --- ἐποίησεν ἔνσαρκον καλὸν | * περικαλλέα * ἠδὲ ἔπλασσεν πολλοῖς ἐν σταδίοισι μέγαν καὶ |
| HCal. | 28 | 11 | τῶν πασῶν τοίνυν τελεσθεισῶν καὶ τῆς πόλεως | * περικαλλεστάτης * ἐν παντὶ ὀφθαλμῷ ἀνθρώπων γεγονυίας |
| LThe. | 9 22 | 3 | νόῳ πεπνυμένοι αἰνῶς ἔνδεκα καὶ κούρη Δεῖνα | * περικαλλές * ἔχουσα εἶδος ἐπίστρεπτον δὲ δέμας καὶ ἀμύμονα |

**περικαλύπτω**                                                    2

| Hen. | 13 | 9 | ἥτις ἐστὶν ἀνὰ μέσον τοῦ Λιβάνου καὶ Σενισὴλ | * περικεκαλυμμένοι * τὴν ὄψιν. ἐνώπιον αὐτῶν καὶ ἀνήγγειλα |

**περίκειμαι**

| Abr.1 | 19 | 2 | ἀπ' ἐμοῦ ὅτι θέλω ἀναπαύεσθαι ὅτι ἐν ὀλιγωρίᾳ | * περίκειται * τὸ πνεῦμά μου. καὶ ὁ θάνατος εἶπεν οὐκ |
| Sib. | 5 | 228 | ὃν ἔξοχον εἶχε Πρόνοια. ἄστατε καὶ κακόβουλε κακὰς | * περίκειμενε * κῆρας ἀρχὴ καὶ καμάτοιο καὶ ἀνθρώποις μέγα |

**περικλείω**

| Hen. | 103 | 12 | κυριεύουσιν οἱ ἐχθροὶ ἡμῶν ἐγκεντρίζουσιν ἡμᾶς καὶ | * περικλείουσιν * ἡμᾶς ἐζητήσαμεν πο(ῦ φύγωμεν) ἀπ' αὐτῶν |

**περικτάομαι**                                                    1

| Abr.1 | 17 | 12 | καὶ πᾶσαν τὴν δόξαν καὶ τὴν ἡλιόμορφον μορφὴν ἣν | * περιεκέκτητο * καὶ περιεβάλετο στολὴν τυραννικὴν καὶ |

**περικυδαίνω** *                                                  1

| Sib. | 3 | 575 | νόῳ προσκείμενοι Ὑψίστοιο οἳ ναὸν μεγάλοιο θεοῦ | * περικυδανέουσιν * λοιβῇ τε κνίσῃ τ' ἠδ' αὖθ' ἱεραῖς |

**περίκυκλος**

| Jer. | 9 | 12 | τῆς φωνῆς οὐκ ἐκήδευσαν αὐτὸν ἀλλ' ἔμειναν | * περικύκλῳ * τοῦ σκηνώματος αὐτοῦ ἡμέρας τρεῖς λέγοντες |

**περικυκλόω**                                                     5

| Hen. | 24 | 3 | καὶ ὑπερεῖχεν τῷ ὕψει ὅμοιον καθέδρᾳ θρόνου καὶ | * περιεκύκλου * δένδρα αὐτῷ εὐειδῆ. καὶ ἦν ἐν αὐτοῖς δένδρον |
| Jer. | 1 | 2 | ἐστὶν ἐν μέσῳ αὐτῆς καὶ ὡς τεῖχος ἀδαμάντινον | * περικυκλοῦν * αὐτήν. νῦν οὖν ἀναστάντες ἐξέλθατε πρὸ τοῦ ἡ |
| Job | 1 | 4 | Ἀμαλθείας κέρας καλέσας δὲ αὐτοῦ τὰ τέκνα εἶπεν | * περικυκλώσαντες, * τέκνα μου περικυκλώσατέ με ἵνα ὑποδείξω |
| Job | 1 | 4 | δὲ αὐτοῦ τὰ τέκνα εἶπεν περικυκλώσαντες, τέκνα μου | * περικυκλώσατέ * με ἵνα ὑποδείξω ὑμῖν ἃ ἐποίησεν κύριος |
| Job | 53 | 5 | τοῦ θεοῦ· ἅμα τε ἤνεγκαν τὸ σῶμα πρὸς τὸν τάφον, | * περιεκύκλωσαν * πᾶσαι αἱ χῆραι καὶ ὀρφανοὶ κωλύοντες μὴ |

**περιλαμβάνω**                                                    3

| TBen. | 3 | 7 | ἐνίκησας τὰ σπλάγχνα Ἰακὼβ τοῦ πατρός σου. καὶ | * περιλαβὼν * αὐτὸν ἐπὶ δύο ὥρας κατεφίλει λέγων |
| Aris. | 117 | 4 | εἰς θάλασσαν. ἄλλοι δὲ χείμαρροι λεγόμενοι κάτασι | * περιλαμβάνοντες * τὰ πρὸς τὴν Γάζαν μέρη καὶ τὴν Ἀζωτίων |
| Aris. | 230 | 5 | εὔνοιαν ἢ τὰ μέγιστα τῶν ὅπλων κατισχύουσα | * περιλαμβάνει * τὴν μεγίστην ἀσφάλειαν εἰ δέ τινες |

**περιλείπομαι**                                                   1

| FJub. | 4 | 10 | ἄρρενας δὲ δώδεκα ἕνα μὲν ἀποκτανθέντα ἕνδεκα δὲ | * περιλειφθέντας * τῷ βίῳ. γυνὴ Ἐνὼς Νωα ἡ ἀδελφὴ αὐτοῦ. |

**περίλυπος**                                                      1

| FAch. | 106 | 3 | τῆς χώρας. ἀναγνοὺς δὲ ὁ Λυκοῦργος τὴν ἐπιστολὴν | * περίλυπος * ἐγένετο ἐπὶ τῷ ἐξαπίνης πτώματι. ἐκάλεσεν τοὺς |

**περιμένω**                                                       2

| Asen. | 9 | 2 | ὃν ἐσέβετο καὶ προσώχθισε τοῖς εἰδώλοις πᾶσι καὶ | * περιέμενε * τοῦ γενέσθαι ἑσπέρα(ν). καὶ Ἰωσὴφ ἔφαγε καὶ |
| FAch. | 115 | | δὲ βασιλεὺς θαυμάσας αὐτὸν ἔφη οὕτως τῆς βασιλείας | * περιμενούσης * συμβαίνει Λυκοῦργον μηδὲν εἶναι. ὁ Αἴσωπος |

**περίμετρος**                                                     1

| HHec. | 1 22 | 197 | μία δὲ πόλις ὀχυρὰ πεντήκοντα μάλιστα σταδίων τὴν | * περίμετρον * ἣν οἰκοῦσι μὲν ἀνθρώπων περὶ δώδεκα μυριάδες |

**περιναιετάω**                                                    1

| Sib. | 5 | 250 | κείνῳ Ἰουδαίων μακάρων θεῖον γένος οὐράνιόν τε οἳ | * περιναιετάουσι * θεοῦ πόλιν ἐν μεσογαίοις ἄχρι δὲ καὶ |

**περινίσσομαι**                                                   1

| IOrp. | 11 | | ἑνὸς ἔκγονα πάντα τέτυκται ἐν δ' αὐτοῖς αὐτὸς | * περινίσσεται * οὐδέ τις αὐτὸν εἰσοράᾳ θνητῶν αὐτὸς δέ γε |

**περίοδος (ἡ)**                                                   1

| LAri. | 8 10 | 14 | τοῦ ὄρους οὐκ ἔλασσον ἡμερῶν πέντε οὔσης τῆς | * περιόδου * περὶ αὐτὸ κατὰ πάντα τόπον τῆς ὁράσεως πᾶσιν |

**περιουσία**                                                      1

| Jer. | 3 | 8 | γῆ τῆς φωνῆς τοῦ κτίσαντός σε ὁ πλάσας σε ἐν τῇ | * περιουσίᾳ * τῶν ὑδάτων ὁ σφραγίσας σε ἐν ἑπτὰ σφραγῖσιν ἐν |

**περιούσιος**                                                     1

| FJub. | 2 | 20 | καὶ ἐκλέξομαι ἐμαυτῷ ἐκ τοῦ σπέρματος αὐτοῦ λαὸν | * περιούσιον * ἀπὸ πάντων τῶν ἐθνῶν. ηὐλογήθη καὶ αὕτη ὑπὸ |

**περιπάμπολος** *                                                 1

| Sib. | 5 | 210 | ἐξαναβᾶσα καὶ Ἥλιος ἀμφὶ μετώπῳ πηξάμενος ζώνην | * +περιπάμπολον+ * ἡγεμονεύσῃ ἔσσεται ἐμπρησμὸς μέγας |

**περιπατέω**                                                      9

| Adam | 19 | 1 | τὸν παράδεισον. καὶ διώδευσεν ἔμπροσθέν μου. καὶ | * περιπατήσας * ὀλίγον ἐστράφη καὶ λέγει μοι μεταμεληθεὶς οὐ |
| Hen. | 17 | 6 | σκότους κατήντησα καὶ ἀπῆλθον ὅπου πᾶσα σάρξ οὐ | * περιπατεῖ. * ἴδον τοὺς ἀνέμους τῶν γνόφων τοὺς χειμερινοὺς |
| Abr.2 | 2 | 13 | Μιχαὴλ καὶ εἶπεν μὴ σκύλου τὸ παιδάριον ἀλλὰ | * περιπατήσωμεν * μετεωριζόμενοι μέχρις οὗ φθάσωμεν εἰς τὸν |
| TIss. | 5 | 8 | οὖν ὑπακούσατε καὶ τῇ ἁπλότητι τοῦ πατρὸς ὑμῶν | * περιπατήσατε * ὅτι καὶ τῷ Γὰδ ἐδόθη ἀπολέσαι τὰ πειρατήρια |
| Bar. | 9 | 2 | ἐξέρχεται; καὶ ποῦ ἀπέρχεται; καὶ ἐν ποίῳ σχήματι | * περιπατεῖ; * καὶ εἶπεν ὁ ἄγγελος ἀνάμειναν καὶ ὄψει καὶ |
| Esdr. | 6 | 12 | καὶ εἶπεν ὁ προφήτης μετὰ Μωσῆ καὶ ἐν τῷ ὄρει | * ἐπεριπάτησα * καὶ οὐκ ἐξέρχεται ἔνθεν. καὶ εἶπον οἱ |
| Esdr. | 6 | 14 | ὁ προφήτης καὶ οἱ πόδες μου ἐν τῷ θυσιαστηρίῳ | * περιεπάτησαν. * καὶ ἀπῆλθον οἱ ἄγγελοι ἄπρακτοι λέγοντες |
| Job | 23 | 11 | μοι καὶ ὁ Σατανᾶς ἠκολούθει αὐτῇ ἐν τῇ ὁδῷ | * περιπατῶν * κεκρυμμένος, καὶ ἐπλανίαζεν αὐτῆς τὴν καρδίαν. |
| Aris. | 175 | 7 | πέμψας ἀπολύσας οὓς ἐνόμιζε περισσοὺς ὑπέμενε | * περιπατῶν * ἕως ἂν παραγινομένους ἀσπάσηται. παρελθόντων |

**περίπατος**                                                      2

| LAri. | 8 10 | 1 | καὶ χεῖρες καὶ βραχίων καὶ πρόσωπον καὶ | * περίπατος * ἐπὶ τῆς θείας δυνάμεως ἃ τεύξεται λόγου |
| LAri. | 13 12 | 10 | εἰρήκασι τῶν ἐκ τῆς αἱρέσεως ὄντες ⟨τῆς⟩ ἐκ τοῦ | * Περιπάτου * λαμπτῆρος αὐτὴ ἔχειν τάξιν ἀκολουθοῦντες γὰρ |

**περιπέλομαι**                                                    3

| Sib. | 3 | 563 | ἄγε καὶ μάθε τοῦτο καὶ ἐν φρεσὶ κάτθεο σῇσιν ὅσσα | * περιπλομένων * ἐνιαυτῶν κήδεα ἔσται. --- +καὶ τοὺς ἑλλὰς |
| Sib. | 3 | 627 | ἑκατοντάδας ἠδὲ καὶ ἀρνῶν πρωτοτόκων αἰγῶν τε | * περιπλομέναισιν * ἐν ὥρας. ἀλλά μιν ἱλάσκου θεὸν ἄμβροτον |
| Sib. | 4 | 73 | Αἴγυπτον πολυαύλακα πυροφόρον τε λιμὸς ἄκαρπή τε | * περιπλομένων * ἐνιαυτῶν εἴκοσι φοιτήσει σταχυητρόφος ἡνίκα |

**περιπέτομαι**                                                    7

| FrAn. | 574 | 3026 | σου ὁ ἄγγελος ὁ ἀπαραίτητος καὶ ἐκκρινέτω τὸν | * περιπτάμενον * δαίμονα τοῦ πλάσματος τούτου ὃ ἔπλασεν ὁ |

**περιπίπτω**

| Adam | 5 | 2 | ἔζησεν δὲ Ἀδὰμ ἔτη ἐνακόσια τριάκοντα. καὶ | * περιπεσὼν * εἰς νόσον ἐβόησεν φωνῇ μεγάλῃ λέγων ἐλθέτωσαν |
| Abr.1 | 19 | 12 | ἔδειξά σοι διότι πολλοὶ ἐν θαλάσσῃ κλυδωνίῳ μεγάλῃ | * περιπεσόντες * ⟨ἐν τοῖς⟩ ναυαγίοις γεγονότες ὑποβρύχιοι |
| TDan | 4 | 5 | δικαίως ὀργίζεσθαι. ἐὰν ζημίᾳ ἐὰν ἀπωλείᾳ τινὶ | * περιπέσητε * τέκνα μου μὴ θροεῖσθε ὅτι αὐτὸ τὸ πνεῦμα |

```
TJos.      10     3 τὴν σωφροσύνην. ὅπου δὲ κατοικεῖ ὁ ὕψιστος κἄν τις ✻ περιπέσῃ ✻ φθόνῳ ἢ δουλείᾳ ἢ συκοφαντίᾳ ἢ σκοτίᾳ κύριος ὁ
HArt.   9  27    20    ἐλεφαντιάσαντα μεταλλάξαι τούτῳ δὲ τῷ πάθει ✻ περιπεσεῖν ✻ διὰ τὸ τοὺς Ἰουδαίους προστάξαι σινδόνας
HArt.   9  27    34    τοὺς πλείστους. τελευταῖον τοιαύταις συμφοραῖς ✻ περιπεσόντα ✻ τὸν βασιλέα τοὺς Ἰουδαίους ἀπολῦσαι τοὺς δὲ
FrAn.   9  17     5    συμβαλὼν δὲ κατὰ θεομηνίαν τοιούτῳ παθήματι ✻ περιπεσεῖν ✻ ὑπὸ τοὺς πόδας αὐτοῦ τὸ μειράκιον ἔθαψεν
  περιπλέκω                                                      9
Abr.1      5    11 αὐτοῦ καὶ ἦλθε δρομαῖα ἐπ' αὐτοὺς καὶ εὗρεν αὐτοὺς ✻ περιπλακομένους ✻ καὶ κλαίοντας. εἶπε δὲ μετὰ κλαυθμοῦ
Abr.1     15     4 τῆς κλίνης αὐτοῦ. ἦλθεν δὲ Σάρρα ἡ γυνὴ αὐτοῦ καὶ ✻ περιεπλάκη ✻ τοῖς ποσὶν τοῦ ἀσωμάτου ἱκετεύουσα καὶ
Abr.1     15     5    αὐτὸν ἀφ' ἡμῶν. ἦλθεν δὲ Ἰσαὰκ ὁ υἱὸς αὐτοῦ καὶ ✻ περιεπλάκη ✻ ἐπὶ τὸν τράχηλον αὐτοῦ ὁμοίως καὶ πάντες οἱ
Abr.1     15     5    καὶ πάντες οἱ δοῦλοι αὐτοῦ καὶ αἱ δουλίδες αὐτοῦ ✻ περιεπλάκησαν ✻ κύκλῳ τοῦ Ἀβραὰμ δοξάζοντες τὸν θεὸν τὸν
Abr.1     20     6    <κλαίων ἦλθε δὲ καὶ ἡ Σάρρα ἡ γυνὴ αὐτοῦ καὶ> ✻ περιεπλάκη ✻ τοῖς ποσὶν τοῦ Ἀβραὰμ ὀδυρομένη πικρῶς.
Asen.     16    19 κέντρα ἦσαν αὐταῖς ὀξέα καὶ οὐκ ἠδίκουν τινά. καὶ ✻ περιεπλάκησαν ✻ πᾶσαι αἱ μέλισσαι ἐκεῖναι τῇ Ἀσενὲθ ἀπὸ
Asen.     16    19    καὶ ἐξανέστησαν ἀπὸ τῆς <πληγῆς> τοῦ κηρίου καὶ ✻ περιεπλάκησαν ✻ περὶ τὸ πρόσωπον Ἀσενὲθ καὶ ἐποίησαν ἐπὶ
Asen.     20     1    τὸ τρίτον καὶ ἔδωκεν αὐτῇ πνεῦμα ἀληθείας. καὶ ✻ περιεπλάκησαν ✻ ἀλλήλοις ἐπιπολὺ καὶ ἔσφιγξαν τὰ δεσμὰ τῶν
FAch.    103        μέγα ποιήσας ἅμα τῇ τοῦ βασιλέως παλλακίδι ✻ περιπλακεὶς ✻ ἐπιχαρὴς ἐγένετο προσπαίζων. ὁ δὲ Αἴσωπος
  περιποιέω                                                      1
Aris.    121     3 οἵτινες οὐ μόνον τὴν τῶν Ἰουδαϊκῶν γραμμάτων ἕξιν ✻ περιεποίησαν ✻ αὐτοῖς ἀλλὰ καὶ τῆς τῶν Ἑλληνικῶν
  περιποίησις                                                    1
TZab.      2     8    κύριος τοῦ ἀναβῆναι ὕδωρ ἐν αὐτοῖς ἵνα γένηται ✻ περιποίησις ✻ τοῦ Ἰωσήφ. καὶ ἐποίησε κύριος οὕτως ἕως οὗ
  περιπτύσσω                                                     2
TJos.      3     8 κύριον καὶ ἔτεκεν ἄρρεν. ἕως οὖν χρόνου ὡς υἱόν με ✻ περιεπτύσσετο ✻ κἀγὼ ἠγνόουν ἔσχατον εἰς πορνείαν με
Aris.     57     4    τὴν ποίησιν ἐργασάμενοι λέγω δὲ οὐ περὶ τι ✻ περιεπτυγμένου ✻ τοῦ χρυσοῦ τὸν δὲ ἐλασμὸν αὐτὸν
  περιρρέω                                                       1
Aris.    116     1 οὖσα πάντοθεν ἡ χώρα καὶ μεγάλην ἀσφάλειαν ἔχουσα. ✻ περιρρεῖ ✻ δ' αὕτη ὁ λεγόμενος Ἰορδάνης ποταμὸς
  περιρρήγνυμι                                                   1
Job       39     7    ὡς τὸν Ἐλιφᾶν ἄραντα τὴν πορφυρίδα αὐτοῦ ✻ περιρῆξαι ✻ καὶ περιβαλεῖν τὴν γυναῖκά μου. ἡ δὲ ἐδέετο
  περιρρήσσω                                                     1
TNep.      6     5    καὶ ἐπληρώθη τὸ πλοῖον ὑδάτων ἐν τρικυμίαις ✻ περιρρησσόμενον ✻ ὥστε καὶ συντρίβεσθαι αὐτό. καὶ Ἰωσήφ
  περισκέπω                                                      1
Bar.       8     7    εἰ μὴ γὰρ αἱ τούτου πτέρυγες ὡς προείπομεν ✻ περιέσκεπον ✻ τὰς τοῦ ἡλίου ἀκτῖνας οὐκ ἂν ἐσώθη πᾶσα
  περισπασμός                                                    1
TGad.      7     6 αὐτὸς παρὰ πάντας πλουτεῖ ὅτι οὐκ ἔχει τὸν πονηρὸν ✻ περισπασμὸν ✻ τῶν ἀνθρώπων. ἐξάρατε οὖν τὸ μῖσος ἀπὸ τῶν
  περισσεύω                                                      4
TLevi     18 2B031 ἐν τάξει ποιεῖ ἃ ποιῇς ἐν μέτρῳ καὶ σταθμῷ καὶ μὴ ✻ περισσεύσῃς ✻ μηθὲν ὅσα οὐ καθήκει. καὶ +τῷ καθῆκι τῶν+
TLevi     18 2B037    ἐπὶ τὸν βωμόν. σάτον καθῆκει τῷ ταύρῳ καὶ ᾧ ἂν ✻ περισσεύσῃ ✻ τοῦ ἁλὸς ἅλισον ἐν αὐτῷ τὸ δέρμα καὶ τῷ ταύρῳ
Prop.     22    10    τὰ ἀγγεῖα καὶ ἀποδέδωκε τοῖς δανισταῖς καὶ τὸ ✻ περισσεῦον ✻ ἔσχεν εἰς διατροφὴν τῶν παιδίων. εἰς Σουμὰν
HThe.   9  34    19       θεοφίλου περὶ σολομῶνος. τὸν ✻ περισσεύσαντα ✻ χρυσὸν τὸν Σολομῶνα τῷ Τυρίων βασιλεῖ
  περισσός                                                       11
Hen.     102     7    μετὰ λύπης καὶ σκότους καὶ τί αὐτοῖς ἐγένετο ✻ περισσόν; ✻ ἀπὸ τοῦ νῦν ἀναστήτωσαν καὶ σωθήτωσαν καὶ
Abr.2      8    16 ὑπερβαίνει ὁ κλαυθμὸς τὸν γέλωτα ἐπειδὴ θεωρεῖ τὸ ✻ περισσὸν ✻ τοῦ κόσμου ἀπαγόμενον διὰ τῆς πύλης τῆς
TJos.     17     5    καὶ παρεκάλεσα αὐτούς. καὶ μετὰ θάνατον Ἰακὼβ ✻ περισσοτέρως ✻ ἠγάπησα αὐτοὺς καὶ πάντα ὅσα ἐκέλευσεν ἐκ
TJos.     17     5    ἠγάπησα αὐτοὺς καὶ πάντα ὅσα ἐκέλευσεν ἐκ ✻ περισσοῦ ✻ ἐποίησα καὶ ἐθαύμαζον. οὐκ ἀφῆκα γὰρ αὐτοὺς
Sal.       4     2 κυρίου ἐν παρανομίαις παροργίζων τὸν θεὸν Ἰσραὴλ; ✻ περισσὸς ✻ ἐν λόγοις περισσὸς ἐν σημειώσει ὑπὲρ πάντας ὁ
Sal.       4     2    παροργίζων τὸν θεὸν Ἰσραὴλ; περισσὸς ἐν λόγοις ✻ περισσὸς ✻ ἐν σημειώσει ὑπὲρ πάντας ὁ σκληρὸς ἐν λόγοις
Job       15     5    τοῖς πτωχοῖς, καὶ ἔλεγον αὐτοῖς ταῦτα λαμβάνετε ✻ περισσὰ ✻ μετὰ τὴν σύνταξιν ἵνα δεηθῆτε ὑπὲρ τῶν τέκνων
Job       47     1    κρείττονα τῆς τῶν ἀδελφῶν ἡμῶν; τίς οὖν χρεία τῶν ✻ περιττῶν ✻ τούτων χορδῶν; μὴ ἐκ τούτων ἔξομεν τοῦ ζῆν; καὶ
Aris.    161     1    τούτων ἡ μετάθεσις. δέδεικταί δέ σοι καὶ τὸ ✻ περισσὸν ✻ τῆς εὐλογίας τῆς κατὰ τὴν διαστολὴν καὶ μνείαν
Aris.    175     7 ὑπεροχὴν κρίνων τοῦ πέμψαντος ἀπολύσας οὓς ἐνόμιζε ✻ περισσοὺς ✻ ὑπέμενε περιπατῶν ἕως ἂν παραγινομένους
LEze.   9  29 12 14 τε θήσω τρεῖς ἐφ' ἡμέρας ὅλας ἀκρίδας τε πέμψω καὶ ✻ περισσὰ ✻ βρώματα ἅπαντ' ἀναλώσουσι καὶ καρποῦ χλόην. ἐπὶ
  περιστέλλω                                                     1
Sal.      16    10    γλῶσσάν μου καὶ τὰ χείλη μου ἐν λόγοις ἀληθείας ✻ περίστειλον ✻ ὀργὴν καὶ θυμὸν ἄλογον μακρὰν ποίησον ἀπ'
Job       52    11 τὸ ἅρμα καὶ ὤδευσεν ἐπὶ ἀνατολὰς τὸ δὲ σῶμα αὐτοῦ ✻ περισταλὲν ✻ ἀπηνέχθη εἰς τὸν τάφον προηγουμένων τῶν τριῶν
  περιστερά                                                      4
Asen.      4     2 τῇ ὀπώρᾳ καὶ τῇ σταφυλῇ καὶ τοῖς φοίνιξι καὶ ταῖς ✻ περιστεραῖς ✻ καὶ ταῖς ῥοαῖς καὶ τοῖς σύκοις διότι ἦσαν
Jer.       7    10 ἔτι πρὸς αὐτὸν εἰς τὴν κιβωτὸν ἀλλὰ ὁμοιώθητι τῇ ✻ περιστερᾷ ✻ ἥτις ἐκ τρίτου φάσιν ἤνεγκε τῷ δικαίῳ. οὕτως
Job       15     4    ἀνέφερον ὑπὲρ αὐτῶν θυσίας κατὰ ἀριθμὸν αὐτῶν, ✻ περιστερὰς ✻ τριακοσίας, ἐρίφους αἰγῶν πεντήκοντα καὶ
Aris.    145     4    πυροῖς καὶ ὀσπρίοις χρώμενα πρὸς τὴν τροφὴν οἷον ✻ περιστεραὶ ✻ τρυγόνες ἄττακοι πέρδικες ἔτι δὲ χῆνες καὶ τὰ
  περιστολή                                                      2
Sal.      13     8    ἐν ἀγνοίᾳ καὶ ἡ καταστροφὴ τῶν ἁμαρτωλῶν. ἐν ✻ περιστολῇ ✻ παιδεύεται δίκαιος ἵνα μὴ ἐπιχαρῇ ὁ ἁμαρτωλὸς
Aris.    284     3 καὶ ῥᾳθυμίαις; ὁ δὲ ἔφη θεωρεῖν ὅσα παίζεται μετὰ ✻ περιστολῆς ✻ καὶ πρὸ ὀφθαλμῶν τιθέναι τὰ τοῦ βίου μετ'
  περιστρέφω                                                     1
Abr.1     16     8    ἤρχετο πρὸς τὸν Ἀβραὰμ καὶ φωτὸς ἀπαύγασμα ✻ περιστραφεὶς ✻ δὲ Ἀβραὰμ εἶδεν τὸν θάνατον ἐρχόμενον πρὸς
Asen.     21     7 μεγαλυνεῖ καὶ δοξάσει ὑμᾶς εἰς τοὺς αἰῶνας. καὶ ✻ περιέστρεψεν ✻ αὐτοὺς Φαραὼ πρὸς ἀλλήλους ἐπὶ τὰ πρόσωπα
  περισχίζω                                                      1
TZab.      4     5    καὶ ἀκούσας Ῥουβὴμ ὅτι ἐπράθη ἀπόντος αὐτοῦ ✻ περισχισάμενος ✻ ἐθρήνει λέγων πῶς ὄψομαι τὸ πρόσωπον
  περισῴζω                                                       1
Prop.      9     2    ἦν μαθητὴς Ἠλία καὶ πολλὰ ὑπομείνας δι' αὐτὸν ✻ περιεσῴζετο. ✻ οὗτος ἦν ὁ τρίτος πεντηκόνταρχος οὗ
  περιτείχος                                                     1
Prop.      3    16    κατὰ τὸν Μωϋσῆν εἶδε τὸν τύπον οὗ τὸ τεῖχος καὶ ✻ περιτείχος ✻ πλατὺ καθὼς εἶπε καὶ ὁ Δανιὴλ ὅτι
  περιτέλλω                                                      5
Sib.       3   158 Τιτάνων ἠδὲ Κρόνοιο κάτθανον. αὐτὰρ ἔπειτα χρόνου ✻ περιτελλομένοιο ✻ Αἰγύπτου βασίλειον ἐγείρατο εἶτα τὸ
Sib.       3   289    ἧς γένος ἔσται ἄπταιστον καὶ τοῦτο χρόνοις ✻ περιτελλομένοισιν ✻ ἄρξει καὶ καινὸν σηκὸν θεοῦ ἄρξει·
Sib.       3   649    μύσος μυρίων ἀνθρώπων --- πολλὰ χρόνου μήκη ✻ περιτελλομένων ✻ ἐνιαυτῶν πέλτας καὶ θυρεοὺς γαισοὺς
Sib.       3   728    ποριζόμενοι κατὰ γαῖαν ἅπασαν ἑπτὰ χρόνου μήκη ✻ περιτελλομένων ✻ ἐνιαυτῶν πέλτας καὶ θυρεοὺς κόρυθας
IOrp.      29 ἄστροιο πορείης καὶ σφαίρης κίνημ' ἀμφὶ χθόνα ὡς ✻ περιτέλλει ✻ κυκλοτερὲς ἐν ἴσῳ τε κατὰ σφέτερον κνώδακα
  περιτέμνω                                                      3
TLevi      6     3    τῷ ἀδελφῷ μου ἵνα εἴπῃ τοῖς υἱοῖς Ἐμμὼρ τοῦ ✻ περιτμηθῆναι ✻ αὐτοὺς ὅτι ἐζήλωσα διὰ τὸ βδέλυγμα ὃ
LThe.   9  22     5 δώσειν πρὶν ἂν ἢ πάντας τοὺς οἰκοῦντας τὰ Σίκιμα ✻ περιτετμημένους ✻ Ἰουδαῖσαι τὸν δὲ Ἐμμὼρ φάναι πείσειν
LThe.   9  22     8 τοῦ Ἐμμὼρ καὶ τοὺς ὑποτασσομένους παρακαλέσαντος ✻ περιτέμνεσθαι ✻ ἕνα τῶν Ἰακὼβ υἱῶν τὸ ὄνομα Συμεὼν
  περιτίθημι                                                     15
Hen.      98     2 ὅτι πολλὰς ὄψεσθε ἐπὶ τῆς γῆς ἀνομίας ὅτι κάλλος ✻ περιθήσονται ✻ ἄνδρες ὡς γυναῖκες <καὶ> χρῶμα ὡραῖον ὑπὲρ
TLevi      8     5    καὶ ἐψώμισέ με ἄρτον καὶ οἶνον ἅγια ἁγίων καὶ ✻ περιέθηκέ ✻ μοι στολὴν ἁγίαν καὶ ἔνδοξον. ὁ τρίτος
TLevi      8     7 με περιέβαλεν ὁμοίαν ἐφούδ. ὁ τέταρτος ζώνην μοι ✻ περιέθηκεν ✻ ὁμοίαν πορφύρᾳ. ὁ πέμπτος κλάδον μοι ἐλαίας
TLevi      8     9    ἔδωκε πιότητος. ὁ ἕκτος στέφανόν μοι τῇ κεφαλῇ ✻ περιέθηκεν. ✻ ὁ ἕβδομος διάδημά μοι περιέθηκεν ἱερατείας.
TLevi      8    10 μοι τῇ κεφαλῇ περιέθηκεν. ὁ ἕβδομος διάδημά μοι ✻ περιέθηκεν ✻ ἱερατείας. καὶ ἐπλήρωσαν τὰς χεῖράς μου
Asen.      3     6    καὶ τοὺς πόδας αὐτῆς ἔθετο καὶ ἀναξυρίδας χρυσᾶς ✻ περιέθηκε ✻ τοῖς ποσὶν αὐτῆς καὶ περὶ τὸν τράχηλον αὐτῆς
Asen.      3     6    τοῖς ποσὶν αὐτῆς καὶ περὶ τὸν τράχηλον αὐτῆς ✻ περιέθηκε ✻ κόσμον πολύτιμον καὶ λίθους πολυτελεῖς οἵτινες
Asen.     15    10    σου ἀπ' ἀρχῆς καὶ πάντα τὸν κόσμον τοῦ γάμου σου ✻ περίθου ✻ καὶ κατακόσμησον σεαυτὴν ὡς νύμφην ἀγαθὴν καὶ
Asen.     18     6 χρυσῆν καὶ βασιλικὴν ἥτις ἦν διὰ λίθων τιμίων. καὶ ✻ περιέθηκεν ✻ ἐν ταῖς χερσὶν αὐτῆς ψέλια χρυσᾶ καὶ εἰς τοὺς
Asen.     18     6    εἰς τοὺς πόδας ἀναξυρίδας χρυσᾶς καὶ κόσμον τίμιον ✻ περιέθηκε ✻ περὶ τὸν τράχηλον αὐτῆς ἐν ᾧ ἦσαν λίθοι
Asen.     18     6    τίμιοι ἠρτημένοι ἀναρίθμητοι καὶ στέφανον χρυσοῦν ✻ περιέθηκεν ✻ ἐπὶ τὴν κεφαλὴν αὐτῆς καὶ ἐπ' αὐτῷ στεφάνῳ
Sal.       2    21    αὐτῆς ἀντὶ στεφάνου. περιείλατο μίτραν δόξης ἣν ✻ περιέθηκεν ✻ αὐτῇ ὁ θεὸς ἐν ἀτιμίᾳ τὸ κάλλος αὐτῆς
Prop.      2     5    εἰς Ἀλεξάνδρειαν μετέστησαν αὐτοῦ τὰ λείψανα ✻ περιέθηκεν ✻ αὐτὰ ἐνδόξως κύκλῳ καὶ ἐκωλύθη ἐκ τῆς γῆς τὸ
HThe.   9  34    19    καὶ ἔλυτρον τῷ ἀνδριάντι τὸν χρυσοῦν κίονα ✻ περιθεῖναι. ✻
FrAn.    574  3062 ὑμνοῦσι τὰ πτερυγώματα τοῦ χερουβίμ. ὁρκίζω σε τὸν ✻ περιθέντα ✻ ὅρη τῇ θαλάσσῃ τεῖχος ἐξ ἄμμου καὶ ἐπιτάξαντα
  περιτιμάω ✻
Sib.       5   266    ἐνὶ στήθεσσιν ἔχων νοῦν ἀλλὰ σὲ κυδάλιμοι παῖδες ✻ περιτιμήσουσιν ✻ καὶ μούσαις ἀγλαϊαισι τράπεζαν ἐπιστήσονται
  περίτιμος                                                      2
Sib.       5   170    παύσει δὲ χόλον πάλιν ἥπερ ἅπαντες εὐσεβίην ✻ περίτιμον ✻ ἐνὶ φρεσὶν ἀσκήσητε. εἰ δ' οὔ μοι πείθοισθε
  περιτομή                                                       2
TLevi      6     6 πατὴρ καὶ ὠργίσθη καὶ ἐλυπήθη ὅτι κατεδέξαντο τὴν ✻ περιτομὴν ✻ καὶ μετὰ τοῦτο ἀπέθανον καὶ ἐν ταῖς εὐλογίαις
HArt.   9  27    10    ὄντας πολεμίους στέρξαι τὸν Μώϋσον ὥστε καὶ τὴν ✻ περιτομὴν ✻ τῶν αἰδοίων παρ' ἐκείνου μαθεῖν οὐ μόνον δὲ
  περιτρέχω
Bar.       6     2 τὸ ἅρμα ὑπ' ἀγγέλων τεσσαράκοντα. καὶ ἰδοὺ ὄρνεον ✻ περιτρέχον ✻ ἔμπροσθεν τοῦ ἡλίου ὡς ὄρη ἐννέα. καὶ εἶπον
```

περιφλογίζω 1
FrAn. 574 3073 λόγος ὃν τρέμει γέννα πυρὸς καὶ φλόγες * περιφλογίζουσι * καὶ σίδηρος λακᾷ καὶ πᾶν ὄρος ἐκ θεμελίου
περιφραδής 1
Sib. 3 217 φῦλον καὶ γενεὴν πατέρων καὶ δῆμον ἁπάντων πάντα * περιφραδέως * βροτὲ ποικιλόμητι δολόφρον. ἔστι πόλις ---
περιφράσσω 3
Hen. 101 6 τὰ π(έρατα αὐ)τῶν καὶ συνέδησεν αὐτ(ὴν καὶ * περι)έφραξεν * αὐτὴν ἄμμῳ; (καὶ ἀπὸ τῆς) ἐμβριμήσεως αὐτοῦ
Aris. 139 3 ὑπὸ θεοῦ κατεσκευασμένος εἰς ἐπίγνωσιν τῶν ἁπάντων * περιέφραξεν * ἡμᾶς ἀδιακόποις χάραξι καὶ σιδηροῖς τείχεσιν
Aris. 142 3 φαύλοις διαστροφὰς λαμβάνωμεν πάντοθεν ἡμᾶς * περιέφραξεν * ἁγνείαις καὶ διὰ βρωτῶν καὶ ποτῶν καὶ ἀφῶν
περιφρονέω 1
FEz. 64 70 7 ἰδίῳ υἱῷ ἐκάλεσε πάντας τοὺς ἐν τῇ αὐτοῦ βασιλείᾳ * περιεφρόνησε * δὲ τῶν δύο παγανῶν τοῦ τε χωλοῦ καὶ τοῦ
περιχαρής 2
FAch. 107 Αἴσωπος ζῇ. ἐξ ἀνελπίστου δὲ ἀκούσας ὁ Λυκοῦργος * περιχαρὴς * ἐγένετο καὶ ἔφη πρὸς τὸν Ἕρμιππον ὄφελον
FAch. 121 ἀπορηθεὶς νικηθήσεται. ὁ δὲ βασιλεὺς ἀκούσας * περιχαρὴς * ἐγένετο δόξας εὑρηκέναι νίκας. καὶ
περιχέω 1
Asen. 4 9 Ἀσενὲθ τὰ ῥήματα ταῦτα παρὰ τοῦ πατρὸς αὐτῆς * περιεχύθη * αὐτῇ ἱδρὼς ἐρυθρὸς πολὺς ἐπὶ τοῦ προσώπου
περόνη 2
Aris. 61 2 πάντες δ' ἦσαν διὰ τρημάτων κατειλημμένοι χρυσαῖς * περόναις * πρὸς τὴν ἀσφάλειαν. ἐπὶ δὲ τῶν γωνιῶν αἱ
Aris. 65 3 τεσσάρων ὥστε τοὺς πόδας ἐνίεσθαι εἰς τοῦτο * περόνας * (σὺν) κατακλεῖσιν ἔχοντας ἐσφίγχθαι κατὰ τὴν
Πέρσης (Περσίς) 25
TNep. 5 8 ἰδοὺ γραφὴ ἁγία ὤφθη ἡμῖν λέγουσα Ἀσσύριοι Μῆδοι * Πέρσαι * Ἐλυμαῖοι Γελαχαῖοι Χαλδαῖοι Σύροι
Prop. 4 19 ἀπεριτμήτων. καὶ τοῖς ἄλλοις βασιλεῦσι * Περσῶν * πολλὰ ἐποίησεν τεράστια ὅσα οὐκ ἔγραψαν. ἐκεῖ
Job 17 2 με καὶ μετασχηματισθεὶς εἰς βασιλέα τῶν * Περσῶν * ἐπέστη τῇ ἐμῇ πόλει, συναγαγὼν πάντας τοὺς ἐν
Aris. 13 3 ἤδη μὲν καὶ πρότερον ἱκανῶν εἰσεληλυθότων σὺν τῷ * Πέρσῃ * καὶ πρὸ τούτων ἑτέρων συμμαχιῶν ἐξαπεσταλμένων
Aris. 35 4 γενηθέντας ἀνασπάστους ἐκ τῶν Ἱεροσολύμων ὑπὸ * Περσῶν * καθ' ὃν ἐπεκράτουν χρόνον ἔτι δὲ καὶ
Aris. 119 3 πρότερον. ἐκλέλειπται δὲ ταῦτα καθ' ὃν ἐπεκράτησαν * Πέρσαι * χρόνον τῶν τότε προστατούντων ποιησαμένων
Sib. 3 159 Αἰγύπτου βασίλειον ἐγείρατο εἶτα τὸ * Περσῶν * Μήδων Αἰθιόπων τε καὶ Ἀσσυρίης Βαβυλῶνος εἶτα
Sib. 3 169 ἐπιβήτορες ἠδὲ καὶ ἄλλων νήσων Παμφύλων τε γένος * Περσῶν * τε Φρυγῶν τε Καρῶν καὶ Μυσῶν Λυδῶν τε γένος
Sib. 3 207 καὶ Τροίῃ κακὸν ἔσσεται ἤματι κείνῳ. αὐτίκα καὶ * Πέρσῃσι * καὶ Ἀσσυρίοις κακὸν ἥξει πάσῃ τ' Αἰγύπτῳ Λιβύῃ
Sib. 3 291 καὶ καινὸν σηκὸν θεοῦ ἄρξετ' ἐγείρειν. καὶ πάντες * Περσῶν * βασιλεῖς ἐπικουρήσουσιν χρυσὸν καὶ χαλκόν τε
Sib. 3 599 Λατῖνοι Ἑλλὰς τ' εὐρύχορος καὶ ἄλλων ἔθνεα πολλὰ * Περσῶν * καὶ Γαλατῶν πάσης τ' Ἀσίης παραβάντες ἀθανάτοιο
Sib. 4 62 μέγας αἵματι πλημμύρηται καὶ τότε δὴ Μήδοις * Πέρσαισι * τε φύλοπις αἰνὴ στήσεται ἐν πολέμῳ Περσῶν δ'
Sib. 4 63 Μήδοις Πέρσαισί τε φύλοπις αἰνὴ στήσεται ἐν πολέμῳ * Περσῶν * δ' ὑπὸ δούρασι Μῆδοι πίπτοντες φεύξονται ὑπὲρ
Sib. 4 65 Μῆδοι πίπτοντες φεύξονται ὑπὲρ μέγα Τίγριδος ὕδωρ. * Περσῶν * δὲ κράτος ἔσται ὅλου κόσμοιο μέγιστον οἷς γενεὴ
Sib. 4 87 ὅταν ἐς δεκάτην γενεὴν μερόπων γένος ἔλθῃ καὶ τότε * Πέρσῃσιν * ζυγὰ δούλια καὶ φόβος ἔσται. αὐτὰρ ἐπεὶ
Sib. 5 22 ἐπὶ πρώτην ἔξει καὶ ποταμοῦ φίλον οὔνομα ὅς τ' ἐπὶ * Πέρσας * ἄρξει καὶ Βαβυλῶνα βαλεῖ δορὶ δὴ τότε Μήδους.
Sib. 5 93 κοὐκέτι σοι ῥεύσει τρυφερὸν πόμα--- --- ἥξει γὰρ * Πέρσης * ἐπὶ σὸν +δάπος+ ὥστε χάλαζα καὶ σὴν γαῖαν ὀλεῖ
Sib. 5 101 κεφαλὴν ἐχάρη πίπτουσ' ἐπὶ γαίης. αὐτὸς δ' ὃς * Περσῶν * ἔλαχεν γαῖαν πτολεμίξει κτείνας τ' ἄνδρα ἕκαστον
Sib. 5 113 πολυκοιρανίην ἀλεγεινήν; βαῖνε πρὸς ἀντολίην * Περσῶν * γενεὰς ἀνοήτους καὶ δήλου τοῖσιν τὸ παρὸν τό τε
Sib. 5 116 Εὐφρήτου ποταμοῦ ῥεῖθρον κατακλυσμὸν ἐποίσει καὶ * Πέρσας * ὀλέσει καὶ Ἴβηρας καὶ Βαβυλῶνας Μασσαγέτας τε
Sib. 5 147 καὶ ἐκ μιαρῶν ἐτέτυκτο. ἥξει δ' εἰς Μήδους καὶ * Περσῶν * πρὸς βασιλῆας πρώτους οὓς ἐπόθησε καὶ οἷς κλέος
Sib. 5 441 ἄναγνε Χαλδαίων γενεὴ μήτ' εἴρεο μηδὲ μερίμνα πῶς * Περσῶν * ἄρξεις ἢ πῶς Μήδων +τε+ κρατήσεις εἵνεκα γὰρ τῆς
HHec. 1 22 194 πολλὰς μὲν γὰρ ἡμῶν ἀνασπάστους εἰς Βαβυλῶνα * Πέρσαι * πρότερον αὐτῶν ἐποίησαν μυριάδας οὐκ ὀλίγας δὲ
HCal. 28 19 εἰς τὰ βασίλεια ᾤχετο καὶ Σέλευκον μὲν ἄρχοντα τῶν * Περσῶν * καθίστησι Φίλιππον δὲ Αἰγυπτίων ἡγεῖσθαι
LAri. 13 12 1 τοῦ Φαληρέως δι' ἑτέρων πρὸ τῆς Ἀλεξάνδρου καὶ * Περσῶν * ἐπικρατήσεως τά τε κατὰ τὴν ἐξαγωγὴν τὴν ἐξ
Περσικός 1
HHec. 1 22 191 πάντων καὶ προπηλακιζόμενοι πολλάκις ὑπὸ τῶν * Περσικῶν * βασιλέων καὶ σατραπῶν οὐ δύνανται μεταπεισθῆναι
Περσίς 2
Sib. 3 449 δεινὸν ζυγὸν αὐχένι θήσῃ. Λύδιος αὖ σεισμὸς δὲ τὰ * Περσίδος * ἐξεναρίξει Εὐρώπης Ἀσίης τελέων ῥίγιστά περ
Sib. 5 247 πικρᾶς φήμης δυσηχέος ἀνδράσι πῆμα. ἀλλ' ὁπόταν * Περσὶς * γαῖ' ἀπόσχηται πτολέμοιο λοιμοῦ τε στοναχῆς τε
πέταλον 2
TLevi 8 2 τῆς συνέσεως καὶ τὸν ποδήρη τῆς ἀληθείας καὶ τὸ * πέταλον * τῆς πίστεως καὶ τὴν μίτραν τοῦ σημείου καὶ τὸ
Aris. 98 3 μίτραν τὸ καθηγιασμένον βασίλειον ἐκτυποῦν ἐπὶ * πετάλῳ * χρυσῷ γράμμασιν ἁγίοις τὸ ὄνομα τοῦ θεοῦ κατὰ
πετάλωσις 1
Aris. 68 3 τὰ δὲ τῆς ἐντὸς προσόψεως ὀρθὴν ἔχοντα τὴν * πετάλωσιν. * ἡ δὲ ἐπ' ἐδάφους ἔρεισις τοῦ ποδὸς ἄνθρακος
πετάννυμι 5
TJud. 25 5 δραμοῦνται ἐν ἀγαλλιάσει καὶ οἱ ἀετοὶ Ἰσραὴλ * πετασθήσονται * ἐν χαρᾷ οἱ δὲ ἀσεβεῖς πενθήσουσι καὶ οἱ
Asen. 16 21 τόπον ὑμῶν. καὶ ἀνέστησαν πᾶσαι αἱ μέλισσαι καὶ * ἐπετάσθησαν * καὶ ἀπῆλθον εἰς τὸν οὐρανόν. καὶ ὅσαι
Jer. 7 13 μετὰ σοῦ ἐν πάσῃ τῇ ὁδῷ ᾗ πορεύσῃ. τότε ὁ ἀετὸς * ἐπετάσθη * ἔχων τὴν ἐπιστολὴν ἐν τῷ τραχήλῳ αὐτοῦ καὶ
Jer. 7 31 καὶ ἐπισκέψηται ἡμᾶς ἀμφοτέρους ὁ κύριος. καὶ * ἐπετάσθη * ὁ ἀετὸς καὶ ἦλθεν εἰς Ἱερουσαλὴμ καὶ ἔδωκε τὴν
Sib. 4 113 ποτε δυσσεβίῃσιν βρονταῖς καὶ σεισμοῖσιν ἅλος * πετάσει * μέλαν ὕδωρ+. Ἀρμενίη καὶ σοὶ δὲ μένει δούλειος
πετεινός 15
Adam 29 11 καὶ εὔχου ὁμοῦ καὶ πάντα τὰ θηρία καὶ πάντα τὰ * πετεινὰ * καὶ πάντα τὰ ἑρπετὰ ἐν τῇ γῇ καὶ θαλάσσῃ. καὶ
Hen. 7 5 τοὺς ἀνθρώπους. καὶ ἤρξαντο ἁμαρτάνειν ἐν τοῖς * πετεινοῖς * καὶ τοῖς (θ)ηρίοις καὶ ἑρπετοῖς καὶ τοῖς
Hen. 18 12 ὑποκάτω αὐτοῦ οὔτε ὕδωρ ἦν ὑπὸ αὐτὸ οὔτε * πετεινόν * ἀλλὰ τόπος ἦν ἔρημος καὶ φοβερός. ἐκεῖ ἴδον
TLevi 9 13 κάμὲ Ἀβραὰμ ἐδίδαξεν. καὶ παντὸς ζῴου καθαροῦ καὶ * πετεινοῦ * καθαροῦ πρόσφερε θυσίαν κυρίῳ. καὶ παντὸς
Sal. 5 9 πρὸς σὲ κεκράξομαι ὁ θεὸς καὶ σὺ δώσεις μοι. τὰ * πετεινὰ * καὶ τοὺς ἰχθύας σὺ τρέφεις ἐν τῷ διδόναι σε
Jer. 7 3 Βαρούχ ὅτι ἐκλεκτὸς εἶ σὺ ὁ λαλῶν ἐκ πάντων τῶν * πετεινῶν * τοῦ οὐρανοῦ ἐκ τῆς γὰρ αὐγῆς τῶν ὀφθαλμῶν σου
Jer. 7 9 τοῦ ἀετοῦ καὶ εἶπεν αὐτῷ σοὶ λέγω βασιλεῦ τῶν * πετεινῶν * ἄπελθε ἐν εἰρήνῃ μεθ' ὑγείας καὶ τὴν φάσιν
Jer. 7 12 καὶ τῷ ἐκλεκτῷ τοῦ θεοῦ. ἐὰν κυκλώσωσί σε πάντα τὰ * πετεινὰ * τοῦ οὐρανοῦ καὶ βούλωνται πολεμῆσαι μετὰ σοῦ
Job 27 1 μὴ ὁ λέων τὴν ἰσχὺν δεικνυσιν ἐν γαλεάγρᾳ; μὴ τὸ * πετεινὸν * ἀνίπταται τυγχάνων ἐν τῷ καρτάλῳ; ἐξελθὼν
Sib. 3 28 μορφῆς μερόπων τε καὶ θῆρας ποίησε καὶ ἑρπετὰ καὶ * πετεηνά. * οὐ σέβετ' οὐδὲ φοβεῖσθε θεὸν ματαίως δὲ
Sib. 3 224 θαλάσσης Ὠκεανοῖο οὐ πταρμῶν σημεῖ' οἰωνοπόλων τε * πετεινὰ * οὐ μάντεις οὐ φαρμακοὺς οὐ μὴν ἐπαοιδοὺς οὐ
Sib. 3 677 οἱ κατὰ πόντον πάντα τε θηρία γῆς ἠδ' ἄσπετα φῦλα * πετεινῶν * πᾶσαί τ' ἀνθρώπων ψυχαὶ καὶ πᾶσα θάλασσα φρίξει
FJub. 2 11 τοὺς ἰχθύας καὶ τὰ ἄλλα ἑρπετὰ τὰ ἐν τοῖς ὕδασι τὰ * πετεινὰ * τὰ πτερωτά. ταῦτα τὰ τρία ἔργα τὰ μεγάλα
FJub. 3 1 τῇ τρίτῃ ἡμέρᾳ τῆς δευτέρας ἑβδομάδος ὠνόμασε τὰ * πετεινά. * τῇ τετάρτῃ ἡμέρᾳ τῆς δευτέρας ἑβδομάδος ὠνόμασε
FJub. 3 16 τῷ ἱερῷ κατὰ τὸν θεῖον νόμον. ὁ Ἀδὰμ ἀπεσόβει τὰ * πετεινὰ * καὶ ἑρπετὰ συνῆγε τὸν καρπὸν ἐν παραδείσῳ καὶ
πέτομαι 3
Sedr. 8 3 ξύλα τὴν ἐλαίαν εἰς τοὺς καρποὺς τὸ κλῆμα εἰς τὰ * πετόμενα * τὸ μελίσσιον εἰς τοὺς ποταμοὺς τὸν Ἰορδάνην
Aris. 214 4 καὶ ἐπὶ πέλαγος καὶ ἐν πλοίοις ἢ πολεῖν ἢ * πέτασθαι * φερομένους καὶ διαίρειν εἰς ἑτέρους τόπους καὶ
HHec. 1 22 203 συμφέρειν πᾶσιν ἐὰν δ' ἀναστὰς εἰς τοὔμπροσθεν * πέτηται * προάγειν ἐὰν δὲ εἰς τοὔπισθεν ἀναχωρεῖν αὖθις
πέτρα 23
Adam 40 5 ἐν τῷ καιρῷ ἐκείνῳ καὶ ἔθεντο αὐτὸν ἐπὶ τὴν * πέτραν * ἕως οὗ ἐτάφη Ἀδὰμ ὁ πατὴρ αὐτοῦ. καὶ προσέταξεν
Hen. 22 1 ἔδειξέν μοι πρὸς δυσμὰς ἄλλο ὄρος μέγα καὶ ὑψηλὸν * πέτρας * στερεάς. καὶ τέσσαρες τόποι ἐν αὐτῷ κοῖλοι βάθος
Hen. 26 5 τριῶν ὀρέων. καὶ πᾶσαι φάραγγές εἰσιν βαθεῖαι ἐκ * πέτρας * στερεᾶς καὶ δένδρον οὐκ ἐφυτεύετο ἐπ' αὐτάς. καὶ
TLevi 4 1 κύριος κρίσιν ἐπὶ τοὺς υἱοὺς τῶν ἀνθρώπων ὅτι τῶν * πετρῶν * σχιζομένων καὶ τοῦ ἡλίου σβεννυμένου καὶ τῶν
Asen. 22 13 αἰώνια καὶ τὰ θεμέλια αὐτῆς τεθεμελιωμένα ὑπὲρ * πέτρας * τοῦ ἑβδόμου οὐρανοῦ.) καὶ ἐγένετο ἐν τῷ παριέναι
Asen. 27 4 τυγχάνων. καὶ ἐπήδησε Βενιαμὶν καὶ ἀνέβη ἐπὶ τὴν * πέτραν * καὶ εἶπε τῷ ἡνιόχῳ τῆς Ἀσενὲθ δός μοι λίθους ἐκ
Bar. 4 3 πέντε. καὶ ἔδειξέν μοι πεδίον καὶ ὄφιν ὡς ὁράσεως * πέτρας. * καὶ ἔδειξέν μοι τὸν Ἅιδην καὶ ἦν ἡ εἰδέα αὐτοῦ
Prop. 2 9 καὶ τὰ ἐν αὐτῷ καὶ ἐποίησεν αὐτὰ καταποθῆναι ἐν * πέτρᾳ * καὶ εἶπε τοῖς παρεστῶσιν ἀπεδήμησε κύριος ἐκ Σιὼν
Prop. 2 12 πρώτη ἡ κιβωτὸς ἀναστήσεται καὶ ἐξελεύσεται ἐκ τῆς * πέτρας * καὶ τεθήσεται ἐν ὄρει Σινᾶ καὶ πάντες οἱ ἅγιοι
Prop. 2 13 τὸν ἐχθρὸν φεύγοντες ἀνελεῖν αὐτοὺς θέλοντα. ἐν τῇ * πέτρᾳ * ἐσφράγισε τῷ δακτύλῳ τὸ ὄνομα τοῦ θεοῦ καὶ γέγονεν
Prop. 2 14 ἕως σήμερον καὶ ἕως συντελείας. καὶ ἔστιν ἡ * πέτρα * ἐν τῇ ἐρήμῳ ὅπου πρώτως ἡ κιβωτὸς γέγονε μεταξὺ
Prop. 3 5 ἀπόκρυφον ἐξ ἐπιπέδου ὑπερῷον καὶ ἔστι ἐπὶ γῆς ἐν * πέτρᾳ * κρεμάμενον. οὗτος ὁ προφήτης τέρας ἔδωκε τῷ λαῷ
Job 13 2 ὁδοῖς μου καὶ τὰ κτήνη μου ἀπὸ τοῦ πλήθους ἐν ταῖς * πέτραις * καὶ τοῖς ὄρεσιν ἐκοιτάζοντο διὰ τὰ λοχευόμενα.
Sib. 3 440 ὑψηλὸν Λυκίης ὄρος ἐκ κορυφάων χάσματ' ἀνοιγομένης * πέτρης * κελαρύξεται ὕδωρ μέχρι κε καὶ Πατάρων μαντήια
Sib. 3 607 σέβοντες ἃ ῥίψουσιν βροτοὶ αὐτοὶ ἐν σχισμαῖς * πετρῶν * κατακρύψαντες δι' ὄνειδος ὁππόταν Αἰγύπτου
Sib. 3 683 ὑψηλοῖσιν ἔσσονται πλήρεις νεκύων ῥεύσουσι δὲ * πέτραι * αἵματι καὶ πεδίον πλήσουσι πᾶσα χαράδρα. τείχεα
Sib. 3 804 καὶ ἄψ ἐπὶ γαῖαν ἵκονται αἵματι καὶ σταγόνεσσι * πετρῶν * δ' ἄπο σῆμα γένηται ἐν νεφέλῃ δ' ὄψεσθε μάχην
Sib. 5 218 μετέωρον ἕως ἐσίδωσιν ἑ πάντες τὸν πάλαι ἐκκόψαντα * πετρήν * πολυήλατι χαλκῷ καὶ σὴν γαῖαν ὀλεῖ καὶ κόψει ὡς
Sib. 5 282 ἁγία χθὼν πάντα τάδ' οἴσει νᾶμα μελισταγὲς ἀπὸ * πέτρης * ἠδ' ἀπὸ πηγῆς καὶ γλάγος ἀμβρόσιον ῥεύσει
Sib. 5 404 οὐ γὰρ ἀκηδέστως +αἰνεῖ+ θεὸν ἐξ ἀφανοῦς γῆς οὐδὲ * πέτρης * ποίησε σοφὸς τέκτων παρὰ τούτοις οὐ χρυσοῦ κόσμον
FPho. 172 κάμνει δ' ἠεροφοῖτις ἀριστοπόνος τε μέλισσα ἠὲ * πέτρης * κοίλης κατὰ χηραμὸν ἢ δονάκεσσιν ἢ δρυὸς ὠγυγίης
IEsc. 5 131 3 ἀστραπῇ βροντῇ βροχῇ. ὑπηρετεῖ δὲ αὐτῷ θάλασσα καὶ * πέτραι * καὶ πᾶσα πηγὴ καὶ ὕδατος συστήματα. τρέμει δ' ὄρη

LEze. 9 29 16 08 δαψιλὴς χῶρος βαθὺς πηγὰς ἀφύσσων δώδεκ' ἐκ μιᾶς * πέτρας * στελέχη δ' ἐρυμνὰ πολλὰ φοινίκων πέλει ἔγκαρπα
1

**Πέτρος**

Esdr. 5 22 καὶ ἴδον ἐκεῖ τὸν Ἐνὼχ καὶ Ἡλίαν καὶ Μωυσῆ καὶ * Πέτρον * καὶ Παῦλον καὶ Λουκᾶν καὶ Ματθαίαν καὶ ὅλους τοὺς

**πετροφυής**

Sib. 5 321 ἐς γῆν χωσαμένη παρὰ χεύμασι Θερμώδοντος. * πετροφυής * Τρίπολίς τε παρ' ὕδασι Μαιάνδροιο κύμασι
FPho. 49 ἕτερον κεύθηις κραδίηι νόον ἄλλ' ἀγορεύων μηδ' ὡς * πετροφυής * πολύπους κατὰ χῶρον ἀμείβου. πᾶσιν δ' ἁπλόος
1

**πέψις**

Prop. 4 9 τροφή. διὰ τοῦτο καὶ ὁ Ναβουχοδονόσορ μετὰ τὴν * πέψιν * ἐν καρδίᾳ ἀνθρωπίνῃ γενόμενος ἔκλαιε καὶ ἠξίου
20

**πηγή**

Hen. 22 2 λεῖοι τρεῖς αὐτῶν σκοτινοὶ καὶ εἰς φωτινὸς καὶ * πηγὴ * ὕδατος ἀνὰ μέσον αὐτοῦ. καὶ εἶπον πῶς λεῖα τὰ
Hen. 22 9 οὕτως ἐχωρίσθη εἰς τὰ πνεύματα τῶν δικαίων οὗ ἡ * πηγὴ * τοῦ ὕδατος ἐν αὐτῷ φωτινὴ καὶ οὕτως ἐκτίσθη τῶν
TJud. 24 4 ἐσχάτοις. οὗτος ὁ βλαστὸς θεοῦ ὑψίστου καὶ αὕτη ἡ * πηγὴ * εἰς ζωὴν πάσης σαρκός. τότε ἀναλάμψει σκῆπτρον
Asen. 2 12 ὥρα γὰρ ἦν θερισμοῦ. καὶ ἦν ἐν τῇ αὐλῇ ἐκ δεξιῶν * πηγὴ * ὕδατος πλουσίου ζῶντος καὶ ὑποκάτωθεν τῆς πηγῆς ἦν
Asen. 2 12 πηγὴ ὕδατος πλουσίου ζῶντος καὶ ὑποκάτωθεν τῆς * πηγῆς * ἦν ληνὸς μεγάλη δεχομένη τὸ ὕδωρ τῆς πηγῆς
Asen. 2 12 τῆς πηγῆς ἦν ληνὸς μεγάλη δεχομένη τὸ ὕδωρ τῆς * πηγῆς * ἐκείνης. ἔνθα ἐπορεύετο ποταμὸς διὰ μέσης τῆς
Asen. 18 8 συντρόφῳ αὐτῆς ἐξένεγκέ μοι ὕδωρ καθαρὸν ἀπὸ τῆς * πηγῆς * καὶ νίψομαι τὸ πρόσωπόν μου. καὶ ἤνεγκεν αὐτῇ ὕδωρ
Asen. 18 9 μου. καὶ ἤνεγκεν αὐτῇ ὕδωρ καθαρὸν ἀπὸ τῆς * πηγῆς * καὶ ἐνέχεεν αὐτὸ ἐν τῇ λεκάνῃ. καὶ ἔκυψεν Ἀσενέθ
Sal. 17 19 ἀνέσχεν ὁ οὐρανὸς τοῦ στάξαι ὑετὸν ἐπὶ τὴν γῆν. * πηγαὶ * συνεσχέθησαν αἰώνιοι ἐξ ἀβύσσων ἀπὸ ὀρέων ὑψηλῶν
Aris. 89 2 ὕδατος δὲ ἀνέκλειπτός ἐστι σύστασις ὡς ἂν καὶ * πηγῆς * ἔσωθεν πολυρρύτου φυσικῶς ἐπιρρεούσης ἔτι δὲ
Sib. 3 23 ἄστρα τε λαμπετόωντα κραταιὰν μητέρα Τηθὺν * πηγάς * καὶ ποταμοὺς πῦρ ἄφθιτον ἤματα νύκτας αὐτός δὴ
Sib. 3 749 μῆλα καὶ βόας ἐκ τ' οἰῶν ἄρνας αἰγῶν τε χιμάρους) * πηγάς * τε ῥήξει γλυκερὰς λευκοῖο γάλακτος πλήρεις δ' αὖτε
Sib. 4 15 θάλασσα καὶ γῆ καὶ ποταμοί τε καὶ ἀένἀον στόμα * πηγῶν * κτίσματα πρὸς ζωὴν ὄμβροι θ' ἅμα καρπὸν ἀρούρης
Sib. 5 282 τάδ' οἴσει νᾶμα μελισταγέος ἀπὸ πέτρης ἠδ' ἀπὸ * πηγῆς * καὶ γλάγος ἀμβρόσιον ῥεύσει πάντεσσι δικαίοις εἰς
FJub. 2 7 τρίτῃ δὲ ἡμέρᾳ τὰς θαλάσσας τοὺς ποταμοὺς τὰς * πηγὰς * καὶ λίμνας τὰ σπέρματα τοῦ σπόρου τὰ βλαστήματα τὰ
IEsc. 5 131 3 ὑπηρετεῖ δὲ αὐτῷ θάλασσα καὶ πέτραι καὶ πᾶσα * πηγὴ * καὶ ὕδατος συστήματα. τρέμει δ' ὄρη καὶ γαῖα καὶ
HDem. 9 29 15 πικρὸν τοῦ θεοῦ εἰπόντος ξύλον τι ἐμβαλεῖν εἰς τὴν * πηγὴν * καὶ γενέσθαι γλυκὺ τὸ ὕδωρ. ἐκεῖθεν δὲ εἰς Ἐλείμ
HDem. 9 29 15 δὲ εἰς Ἐλεὶμ ἔλθεῖν καὶ εὑρεῖν ἐκεῖ δώδεκα μὲν * πηγὰς * ὑδάτων ἑβδομήκοντα δὲ στελέχη φοινίκων. ἐπιζητεῖν
LEze. 9 29 12 03 ποιήσεις κακὰ πρῶτον μὲν αἷμα ποτάμιου ῥυήσεται * πηγαὶ * τε πᾶσαι καὶ ὑδάτων συστήματα βατράχων τε πλῆθος
LEze. 9 29 16 08 κατάσκιον ὑγράς τε λιβάδας δαψιλὴς χῶρος βαθὺς * πηγὰς * ἀφύσσων δώδεκ' ἐκ μιᾶς πέτρας στελέχη δ' ἐρυμνὰ

**πήγνυμι**

Abr.1 1 2 καὶ δικαιοσύνη πάνυ ὑπῆρχεν φιλόξενος ὁ δίκαιος. * πήξας * δὲ τὴν σκηνὴν αὐτοῦ ἐν τετραόδῳ τῆς δρυὸς τῆς
Asen. 2 3 ἦσαν ἐντὸς τοῦ θαλάμου ἐκείνου εἰς τοὺς τοίχους * πεπηγμένοι * οἱ θεοὶ τῶν Αἰγυπτίων ὧν οὐκ ἦν ἀριθμός
Prop. 12 13 τῇ ἐρήμῳ ἀπενεχθήσονται ὑπὸ ἀγγέλων ὅπου ἐν ἀρχῇ * ἐπάγη * ἡ σκηνὴ τοῦ μαρτυρίου. καὶ ἐν αὐτοῖς γνωσθήσεται
Job 13 3 καὶ διὰ ταῦτα τὰ μὲν ὄρη ἐκλύξοντο γάλακτι καὶ ὡς * πεπηγμένον * ὁ βούτυρον γίγνεσθαι, ἀπέκαμνον δὲ καὶ οἱ
Sib. 5 210 Παρθένος ἐξαναβᾶσα καὶ Ἥλιος ἀμφὶ μετώπῳ * πηξάμενος * ζώνην +περιπάμπολον+ ἡγεμονεύσῃ ἔσσεται
Sib. 5 293 τε--- πολυχρύσων) --- Ἀρτέμιδος σηκὸς Ἐφέσου * πηγνύμενος * χάσμασι καὶ σεισμοῖσί ποθ' ἵξεται εἰς ἄλα
Sib. 5 465 τε δυνάσται. χειμερίη ὁπόταν ῥιπὴ στάξη χιονόεις * πηγνυμένου * μεγάλου ποταμοῦ λιμνῶν τε μεγίστων εὐθὺς
FJub. 16 21 δὲ ἰδίᾳ καὶ τοῖς οἰκέταις αὐτοῦ κατὰ συγγενείας * πηξάμενος * σκηνὰς τότε πρῶτον Ἀβραὰμ τῆς σκηνοπηγίας ἐπὶ
HEup. 9 30 1 τὸν τοῦ Ναυῆ υἱὸν ἔτη λ' βιῶσαι δ' αὐτὸν ἔτη ρ ι' * πῆξαί * τε τὴν ἱερὰν σκηνὴν ἐν Σιλοῖ μετὰ δὲ ταῦτα

**πηδάω**

Asen. 27 4 τοῦ ἵππου αὐτοῦ ἐπὶ τὴν γῆν ἡμιθανὴς τυγχάνων. καὶ * ἐπήδησε * Βενιαμὶν καὶ ἀνέβη ἐπὶ τὴν πέτραν καὶ εἶπε τῷ

**Πηλείων**

Sib. 3 427 πολέμοιο κορυστὰς Ἕκτορα Πριαμίδην καὶ Ἀχιλλέα * Πηλείωνα * τούς τ' ἄλλους ὁπόσοις πολεμήϊα ἔργα μέμηλεν.
1

**πηλίκος**

Aris. 52 3 προσέταξε δὲ πυθέσθαι τῶν ἀνὰ τὸν τόπον * πηλίκη * τίς ἐστιν ἡ προοῦσα καὶ κειμένη κατὰ τὸ ἱερὸν ἐν
1

**πήλινος**

Sib. 3 589 καὶ ξυλίνων λιθίνων τε θεῶν εἴδωλα καμόντων * πήλινα * μιλτόχριστα ζωγραφίας τυποειδεῖς τιμῶσιν ὅσα πέρ
5

**πηλός**

TNep. 2 2 οἶδε τὸ σκεῦος πόσον χωρεῖ καὶ πρὸς αὐτὸ φέρει * πηλὸν * οὕτω καὶ ὁ κύριος πρὸς ὁμοίωσιν τοῦ πνεύματος
Asen. 10 16 πρωΐ. καὶ ἀνέστη Ἀσενὲθ τὸ πρωΐ καὶ εἶδε καὶ ἰδοὺ * πηλὸς * πολὺς ἐκ τῶν δακρύων αὐτῆς καὶ ἐκ τῆς τέφρας εἰς
Asen. 13 7 ἰδοὺ κύριέ μου ἐκ τῶν δακρύων μου καὶ τῆς τέφρας * πηλὸς * γέγονε πολὺς ἐν τῷ θαλάμῳ μου ὡς ἐν ὁδῷ πλατείᾳ.
Asen. 15 3 σου. ἰδοὺ ἐκ τῶν δακρύων σου καὶ τῆς τέφρας ταύτης * πηλὸς * πολὺς γέγονε πρὸ προσώπου σου. θάρσει Ἀσενὲθ ἡ
FAch. 116 ἵπτασθαι. καὶ εἰς ὕψος γενάμενοι ἐφώνουν ἐπίδοτε * πηλὸν * καὶ πλίνθους καὶ ξύλα καὶ ὅσα πρὸς τὴν οἰκοδομὴν

**πῆμα**

Sib. 3 381 ἤμασι κείνοις. ἀλλὰ Μακηδονίη βαρὺ τέξεται Ἀσίδι * πῆμα * Εὐρώπη δὲ μέγιστον ἀνασταχύσεται ἄλγος ἐκ γενέης
Sib. 3 602 θήσει πάντεσσι βροτοῖσιν ἄτην καὶ λιμὸν καὶ * πήματά * τε στοναχάς τε καὶ πόλεμον ‹αὶ λοιμὸν ἰδ' ἄλγεα
Sib. 5 231 πάλι Μοίραις ὕβρι κακῶν ἀρχηγὲ καὶ ἀνθρώποις μέγα * πῆμα * τίς σε βροτῶν ἐπόθησε τίς ἔνδοθεν οὐ χαλέπηνεν ἐν
Sib. 5 246 πάλι Μοίραις κλῦθι πικρᾶς φήμης δυσηχέος ἀνδράσι * πῆμα. * ἀλλ' ὁπόταν Περσὶς γαῖ' ἀπόσχηται πτολέμοιο λοιμοῦ
Sib. 5 450 ἔσσεται ὕδωρ καὶ Κρήτη πεδίον. Κύπρος δ' ἕξει μέγα * πῆμα * καὶ Πάφος αἰδέξαι δεινῶν μόρων ὥστε νοῆσαι καὶ
Sib. 5 452 μόρον ὥστε νοῆσαι καὶ Σαλαμῖνα πόλιν μεγάλην μέγα * πῆμα * παθόντας νῦν μὲν χέρσος ἄκαρπος ἐπ' ἠόνος ἔσσεται
FPho. 45 πάντα χαλέπων εἴθε σε μὴ θνητοῖσι γενέσθαι * πῆμα * ποθεινὸν σεῦ γὰρ ἕκητι μάχαι τε λεηλασίαι τε φόνοι
FPho. 120 χάρμιν πολλάκις εἰ βιότωι καὶ θαρσαλέοισιν ἄπιστον * πῆμα * καὶ ἀχθομένοισι κακοῦ λύσις ἤλυθεν ἄφνω. καιρῷι
FPho. 205 ἀφνεὸν ὄντα. μηδὲ γάμωι γάμον ἄλλον ἄγοις ἐπὶ * πήματι * πῆμα. μηδ' ἀμφὶ κτεάνων συνομαίμοσιν εἰς ἔριν
FPho. 205 ὄντα. μηδὲ γάμωι γάμον ἄλλον ἄγοις ἐπὶ πήματι * πῆμα. * μηδ' ἀμφὶ κτεάνων συνομαίμοσιν εἰς ἔριν ἔλθηις.
ISop. 5 113 2 θνητοὶ δὲ πολλοὶ καρδίαν πλανώμενοι ἱδρυσάμεσθα * πημάτων * παραψυχὴν θεῶν ἀγάλματα ἐκ λίθων ἢ χαλκέων ἢ
2

**Πηνειός**

Sib. 3 146 Εὐρώπου ποταμοῖο καὶ εἰς ἅλα μύρατο ὕδωρ ἄμμιγα * Πηνειῷ * καὶ μιν στύγιον καλέουσιν. ἡνίκα δ' ἤκουσαν
Sib. 5 135 ἐνάρξει. Θεσσαλίην χώρην ἀπολεῖ ποταμὸς βαθυδίνης * Πηνειὸς * βαθύρους μορφὰς θηρῶν ἀπὸ γαίης Ἡπιδανὸς φάσκων

**πηρός**

Sib. 3 793 βοῦς καὶ παῖδες μάλα νήπιοι ἐν δεσμοῖσιν ἄξουσιν * πηρὸν * γὰρ ἐπὶ χθονὶ θῆρα ποιήσει. σὺν βρέφεσίν τε
FEz. 64 70 15 τρόπῳ ἀμφότεροι ἐξεύχθησαν ἐπιτίθησι τὸν χωλὸν τῷ * πηρῷ * καὶ τοὺς ἀμφοτέρους ἐτάξει μάστιξι καὶ οὐ δύνανται

**πήρωσις**

TLevi 13 7 δύναται ἀφελέσθαι εἰ μὴ τύφλωσις ἀσεβείας καὶ * πήρωσις * ἁμαρτίας ὅτι γενήσεται αὐτῷ αὐτὴ καὶ παρὰ τοῖς

**πήχη**

Esdr. 4 39 καὶ ἡ θάλασσα ἀπολοῦνται. τότε τὸν οὐρανὸν καύσω * πήχας * ὀγδοήκοντα καὶ τὴν γῆν πήχας ὀκτακοσίας. καὶ εἶπεν
Esdr. 4 39 τὸν οὐρανὸν καύσω πήχας ὀγδοήκοντα καὶ τὴν γῆν * πήχας * ὀκτακοσίας. καὶ εἶπεν ὁ προφήτης καὶ ὁ οὐρανὸς τί
1

**πηχυαῖος**

Aris. 74 2 πολυτέχνως ἔχοντες. εἶτα μαίανδρος ἐπέκειτο * πηχυαῖος * ὕψει τὴν δ' ἐκτύπωσιν ἐνυπῆρχε διὰ λιθώσεως
30

**πῆχυς**

Hen. 7 2 ἐν γαστρὶ λαβοῦσαι ἐτέκοσαν γίγαντας μεγάλους ἐκ * πηχῶν * τρισχιλίων οἵτινες κατησθίοσαν τοὺς κόπους τῶν
Abr.1 12 7 τῆς τραπέζης ‹ἦν› βιβλίον κείμενον τὸ πάχος αὐτοῦ * πήχεων * τριῶν ‹καὶ τὸ πλάτος αὐτοῦ πήχεων ἓξ› ἐκ δεξιῶν
Abr.1 12 7 τὸ πάχος αὐτοῦ πήχεων τριῶν ‹καὶ τὸ πλάτος αὐτοῦ * πήχεων * ἓξ› ἐκ δεξιῶν δὲ αὐτοῦ καὶ ἐξ ἀριστερῶν ἵσταντο
TJud. 3 7 βασιλέα πάντων τῶν βασιλέων γίγαντα (ἡ ἰσχύι * πηχῶν * ιβ'. καὶ ἐπέπεσεν ἐπ' αὐτοῦς τρόμος καὶ ἐπαύσαντο
Bar. 3 6 τὰς γλώσσας ἀφ' οὗ τὸν πύργον (ὡς) ᾠκοδόμησαν ἐπὶ * πήχεις * τετρακοσίας ἑξήκοντα τρεῖς. καὶ λαβόντες τρύπανον
Bar. 4 6 ἐστιν αὐτοῦ ἐν ᾧ καὶ πίνει ἀπὸ τῆς θαλάσσης ὡσεὶ * πῆχυν * μίαν καὶ οὐκ ἐκλείπει ἀπ' αὐτῆς τι. ὁ Βαροὺχ εἶπεν
Bar. 4 10 γιγάντων καὶ ἀνῆλθεν τὸ ὕδωρ ἐπάνω τῆς θαλάσσης ἐπὶ * πήχεις * δεκαπέντε εἰσῆλθε τὸ ὕδωρ εἰς τὸν παράδεισον καὶ
Bar. 5 2 εἰπές μοι ὅτι πίνει ὁ δράκων ἐκ τῆς θαλάσσης * πῆχυν * μίαν εἰπέ μοι καὶ πόση ἐστὶν ἡ κοιλία αὐτοῦ; καὶ
Esdr. 4 30 ἀνατέλλων καὶ ὁ ἕτερος ἀσάλευτος τὸ στόμα αὐτοῦ * πῆχυς * μία οἱ ὀδόντες αὐτοῦ σπιθαμιαῖοι οἱ δάκτυλοι αὐτοῦ
Aris. 57 1 διὰ γραπτῶν μέτρα ὀρθῶς κατακολουθῆσαι. δύο γὰρ * πήχεων * τὸ μῆκος ‹πήχεος δὲ τὸ εὖρος› τὸ δὲ ὕψος πήχεος
Aris. 57 1 αὐτοῖς κατακολουθῆσαι. δύο γὰρ πήχεων τὸ μῆκος ‹πήχεος * δὲ τὸ εὖρος› τὸ δὲ ὕψος πήχεος καὶ ἡμίσους
Aris. 57 2 πήχεων τὸ μῆκος ‹πήχεος δὲ τὸ εὖρος› τὸ δὲ ὕψος * πήχεος * καὶ ἡμίσους συνετέλουν χρυσίου δοκίμου στερεὰν
Aris. 84 2 ἔχον καὶ τὸ περίβολοι τρεῖς ὑπὲρ ἑβδομήκοντα * πήχεις * τὸ μέγεθει καὶ τὸ πλάτος ἀκόλουθον τὸ κατὰ τὸ μῆκος
Sib. 5 57 ὅταν ποτὲ Νεῖλος ὁδεύσῃ γαῖαν ὅλην Αἴγυπτον ἕως * πηχῶν * δέκα καὶ ἓξ ὥστε κλύσαι γῆν πᾶσαν ἐπαρδεύσαί τε
FJub. 10 21 μ γ' ἔτη ἔμειναν οἰκοδομοῦντες. τὸ ὕψος 'ε υ λ γ' * πήχεις * καὶ δύω παλαισταί. τὸ πλάτος ἐπὶ σ γ' πλίνθους.
HEup. 9 34 4 φυλὴν μίαν. θεμελιῶσαί τε τὸν ναὸν τοῦ θεοῦ ὕψος * πηχῶν * ξ' τὸ δὲ πλάτος πηχῶν ξ' τὸ δὲ πλάτος πηχῶν καὶ
HEup. 9 34 4 τε τὸν ναὸν τοῦ θεοῦ μῆκος πηχῶν ξ' πλάτος * πηχῶν * ξ' τὸ δὲ πλάτος τῆς οἰκοδομῆς καὶ τῶν θεμελίων
HEup. 9 34 4 ξ' τὸ δὲ πλάτος τῆς οἰκοδομῆς καὶ τῶν θεμελίων * πηχῶν * ι' οὕτω γὰρ αὐτῷ προστάξαι Νάθαν τὸν προφήτην τοῦ
HEup. 9 34 9 ναῷ ἰσομεγέθεις τὸ δὲ πλάτος τοῦ κύκλῳ ἕκαστον κίονα * πηχῶν * δέκα στῆσαι δὲ αὐτοὺς τοῦ οἴκου ὃν μὲν ἐκ δεξιῶν
HEup. 9 34 9 μ ἡ' κατασκευάσαι δὲ καὶ λουτῆρα χαλκοῦν μῆκος * πηχῶν * κ' καὶ πλάτος πηχῶν κ' τὸ δὲ ὕψος πηχῶν ε' ποιῆσαι
HEup. 9 34 9 δὲ καὶ λουτῆρα χαλκοῦν μῆκος πηχῶν κ' καὶ πλάτος * πηχῶν * κ' τὸ δὲ ὕψος πηχῶν ε' ποιῆσαι δὲ ἐπ' αὐτῷ
HEup. 9 34 9 μῆκος πηχῶν κ' καὶ πλάτος πηχῶν κ' τὸ δὲ ὕψος * πηχῶν * ε' ποιῆσαι δὲ ἐπ' αὐτῷ στεφάνην πρὸς τὴν βάσιν ἔξω
HEup. 9 34 9 ἐπ' αὐτῷ στεφάνην πρὸς τὴν βάσιν ἔξω ὑπερέχουσαν * πῆχυν * ἕνα πρὸς τὸ τοὺς ἱερεῖς τούς τε πόδας
HEup. 9 34 10 θυσιαστηρίου. ποιῆσαι δὲ καὶ βάσιν χαλκῆν τῷ ὕψει * πηχῶν * δυοῖν κατὰ τὸν λουτῆρα ἵν' ἐφεστήκῃ ἐπ' αὐτῆς ὁ

HEup. 9 34 10 τῶν Ἰουδαίων. οἰκοδομῆσαι δὲ καὶ τὸ θυσιαστήριον * πηχῶν * κ ε' ἐπὶ πήχεις κ' τὸ δὲ ὕψος πηχῶν δώδεκα.
HEup. 9 34 10 οἰκοδομῆσαι δὲ καὶ τὸ θυσιαστήριον πηχῶν κ ε' ἐπὶ * πήχεις * κ' τὸ δὲ ὕψος πηχῶν δώδεκα. ποιῆσαι δὲ καὶ
HEup. 9 34 10 θυσιαστήριον πηχῶν κ ε' ἐπὶ πήχεις κ' τὸ δὲ ὕψος * πηχῶν * δώδεκα. ποιῆσαι δὲ καὶ δακτυλίους δύο χαλκοῦς
HEup. 9 34 11 ἐπὶ μηχανημάτων ὑπερεχόντων τῷ ὕψει τὸν ναὸν * πήχεις * κ' καὶ σκιάζειν ἐπάνω παντὸς τοῦ ἱεροῦ καὶ
HHec. 1 22 198 περίβολος λίθινος μῆκος ὡς πεντάπλεθρος εὖρος δὲ * πηχῶν * ἑκατὸν ἔχων διπλᾶς πύλας. ἐν ᾧ βωμός ἐστι
HHec. 1 22 198 λίθων οὕτω συγκείμενος πλευρὰν μὲν ἑκάστην εἴκοσι * πήχεων * ὕψος δὲ δεκάπηχυ. καὶ παρ' αὐτὸν οἴκημα μέγα οὗ

πιάζω 7
TJud. 2 2 ἐν τῷ οἴκῳ ὡς εἶδον ὅτε συνέδραμον τῇ ἐλάφῳ καὶ * πιάσας * αὐτὴν ἐποίησα βρῶμα τῷ πατρί μου. τὰς δορκάδας
TJud. 2 3 πεδίοις κατελάμβανον. φοράδα ἀγρίαν κατέλαβον καὶ * πιάσας * ἡμέρωσα καὶ λέοντα ἀπέκτεινα καὶ ἀφελόμην ἔριφον
TJud. 2 6 πάρδαλις ἐν Χεβρὼν προσεπήδησεν ἐπὶ τὸν κύνα καὶ * πιάσας * αὐτὴν ἀπὸ τῆς οὐρᾶς ἀπηκόντισα αὐτὴν καὶ ἐρράγη
TNep. 5 2 κρατήσατε ἕκαστος κατὰ δύναμιν καὶ τοῦ * πιάσαντος * ἔσται ὁ ἥλιος καὶ ἡ σελήνη. καὶ πάντες ὁμοῦ
TNep. 5 3 καὶ ὁ Λευὶ ἐκράτησε τὸν ἥλιον καὶ ὁ Ἰούδας φθάσας * ἐπίασε * τὴν σελήνην καὶ ὑψώθησαν ἀμφότεροι σὺν αὐτοῖς.
TNep. 5 6 πτέρυγες ἀετοῦ ἐπὶ τοῦ νώτου αὐτοῦ καὶ θέλοντες * πιάσαι * αὐτὸν οὐκ ἠδυνήθημεν. φθάσας γὰρ Ἰωσὴφ ἔλαβεν
TGad 1 3 ἢ πᾶν θηρίον ἐπὶ τὴν ποίμνην κατεδίωκον αὐτὸ καὶ * πιάζων * τὸν πόδα αὐτοῦ τῇ χειρί μου καὶ γυρεύων ἐσκότουν

πιαίνω 1
Asen. 16 16 ἄνθη ζωῆς ἀπὸ τῆς γῆς τοῦ ὑψίστου καὶ τὰ ὀστᾶ σου * πιανθήσονται * ὡς αἱ κέδροι τοῦ παραδείσου τῆς τρυφῆς τοῦ

Πιβήχεως 1
FrAn. 574 3007 >μους δε του< - - >εστιν κα< πρὸς δαιμονιαζομένους * Πιβήχεως * δόκιμον λαβὼν ἔλαιον ὀμφακίζοντα μετὰ βοτάνης

πιθανότης 1
Abr.2 13 19 ἐπὶ τὴν κεφαλήν μου καὶ ἀπέρχομαι πρὸς αὐτὸν ἐν * πιθανότητι * καὶ δικαιοσύνῃ αὐτοῦ ἐὰν δὲ ἁμαρτωλὸς ᾖ

πικραίνω 2
FEz. 64 70 14 τὸν παράδεισόν μου; ὁ δὲ ἀποκριθεὶς εἶπεν ὦ κύριε * πικρᾶναι * μου τὴν ψυχὴν ἐν τῷ μέρει τῆς ἀδυναμίας βούλει.
LEze. 9 29 12 10 λοιμὸς θανοῦνται δ' οἷς ἔνεστι καρδία σκληρά. * πικράνω * δ' οὐρανὸν χάλαζα νῦν σὺν πυρὶ πεσεῖται καὶ

πικρία 7
Adam 24 2 πολυτρόποις. καμῇ καὶ μὴ ἀναπαύσῃ. θλιβεὶς ἀπὸ * πικρίας * καὶ μὴ γεύσει γλυκύτητος. θλιβεὶς ἀπὸ καύματος
Abr.1 16 4 τὴν ἀγριότητα καὶ πάσας σου τὰς παρειὰς καὶ τὰς * πικρίας * σου πάσας ἀποβαλοῦ περιβαλοῦ δὲ τὴν ὡραιότητά
Abr.1 17 8 ἐν πολλῇ σαπρίᾳ καὶ ἀγριότητι καὶ μεγίστῃ * πικρίᾳ * καὶ ἀγρίῳ τῷ βλέμματι καὶ ἀνίλεως ἀπέρχομαι τοῖς
Abr.1 17 17 ἁπλῶς εἰπεῖν ἔδειξεν αὐτὸν πολλὴν ἀγριότητα καὶ * πικρίαν * ἀβάστακτον ⟨καὶ⟩ πᾶσαν νόσον θανατηφόρον ⟨ἀώρως
Abr.1 17 18 θνήσκοντα⟩ ὡς τῆς ὀσμῆς τοῦ θανάτου καὶ πολλῆς * πικρίας * καὶ ἀγριότητος ἐτελεύτησαν παῖδες καὶ παιδίσκαι
TLevi 11 7 ἡ μήτηρ αὐτοῦ ἐκάλεσεν αὐτὸν Μεραρὶ ὅ ἐστι * πικρία * μου ὅτι καίγε αὐτὸς ἀπέθανεν. ἡ δὲ Ἰωχάβεδ
TNep. 2 8 κάλαμον πρὸς ὑγίειαν ἧπαρ πρὸς θυμὸν χολὴν πρὸς * πικρίαν * εἰς γέλωτα σπλῆνα νεφροὺς εἰς πανουργίαν ψύας

πικρός 33
Abr.1 1 3 ἐπὶ τοῦτον τὸ κοινὸν καὶ ἀπαραίτητον τοῦ θανάτου * πικρὸν * ποτήριον καὶ τὸ ἄδηλον τοῦ βίου πέρας.
Abr.1 11 11 καὶ ῥίπτει ἑαυτὸν χαμαὶ κλαίων καὶ ὀδυρόμενος * πικρῶς * διότι ἡ ὁδὸς πλατεῖα τῶν ἁμαρτωλῶν ἐστὶν ἡ
Abr.1 13 12 κρίσεως καὶ ἀναφέρει εἰς τὸν τόπον τῶν ἁμαρτωλῶν * πικρότατον * ποτήριον εἴ τινος δὲ τὸ ἔργον τὸ πῦρ
Abr.1 16 4 λέγει οὖν ὁ ἀόρατος θεὸς τὸν θάνατον δεῦρο οὖν τὸ * πικρὸν * καὶ ἄγριον τοῦ κόσμου ὄνομα κρύψαι σου τὴν
Abr.1 16 11 δικαιότατε ἰδοὺ λέγω σοι τὴν ἀλήθειαν ἐγώ εἰμι τὸ * πικρὸν * τοῦ θανάτου ποτήριον. λέγει οὖν Ἀβραὰμ οὐχὶ ἀλλὰ
Abr.1 16 12 ⟨μορφῆς⟩ εὐμορφότερος καὶ λέγεις ὅτι ἐγώ εἰμι τὸ * πικρὸν * τοῦ θανάτου ποτήριον καὶ οὐ λέγεις ⟨μᾶλλον⟩ ὅτι
Abr.1 20 6 καὶ⟩ περιεπλάκη τοῖς ποσὶν τοῦ Ἀβραὰμ ὀδυρομένη * πικρῶς. * ἦλθοσαν δὲ πάντες οἱ δοῦλοι καὶ ἔκλαιον πικρῶς
Abr.1 20 7 πικρῶς. ἦλθοσαν δὲ πάντες οἱ δοῦλοι καὶ ἔκλαιον * πικρῶς * ὀδυρόμενοι καὶ Ἀβραὰμ ἦλθεν εἰς ὀλιγωρίαν
Abr.2 13 15 δεῖξόν μοι τίς εἶ. εἶπεν δὲ ὁ θάνατος ἐγώ εἰμι τὸ * πικρότερον * ὄνομα ἐγώ εἰμι ὁ κλαυθμὸς ἐγώ εἰμι ἡ πτῶσις
TDan 4 2 ἐν ἔργοις δυναμοῖ τὸν ἐρεθιζόμενον καὶ ἐν ζημίαις * πικραῖς * ταράσσει τὸ διαβούλιον αὐτοῦ καὶ οὕτως διεγείρει
TGad 5 1 μικρὰ μεγάλα ποιεῖ τὸ σκότος φῶς προσέχει τὸ γλυκὺ * πικρὸν * λέγει καὶ συκοφαντίαν ἐκδιδάσκει καὶ ὀργὴν καὶ
TJos. 1 7 διαβολαῖς καὶ συνηγόρησέ μοι ἐν λόγοις Αἰγυπτίων * πικροῖς * καὶ ἐρρύσατό με ἐν φθόνοις συνδούλων καὶ ὕψωσέ
Asen. 9 2 θεοῦ τοῦ ὑψίστου. καὶ ἔκλαυσε κλαυθμῷ μεγάλῳ καὶ * πικρῷ * καὶ μετενόει ἀπὸ τῶν θεῶν αὐτῆς ὧν ἐσέβετο καὶ
Asen. 10 3 πλαγίου καὶ ἐστέναξε στεναγμῷ μεγάλῳ μετὰ κλαυθμοῦ * πικροῦ. * καὶ ἤκουσεν ἡ παρθένος ἡ σύντροφος αὐτῆς ἣν
Asen. 10 15 ταῖς δυσὶ χερσὶ τὸ στῆθος αὐτῆς πυκνῶς καὶ ἔκλαυσε * πικρῶς * καὶ πέπτωκεν ἐπὶ τὴν τέφραν καὶ ἔκλαυσε κλαυθμῷ
Asen. 10 15 ἐπὶ τὴν τέφραν καὶ ἔκλαυσε κλαυθμῷ μεγάλῳ καὶ * πικρῷ * ὅλην τὴν νύκτα μετὰ στεναγμοῦ καὶ βρυχήματος ἕως
Jer. 9 9 χοῦν ἐπὶ τὰς κεφαλὰς αὐτῶν καὶ ἔκλαυσαν κλαυθμὸν * πικρόν. * καὶ μετὰ ταῦτα ἡτοίμασαν ἑαυτοὺς ἵνα κηδεύσωσιν
Bar. 4 15 Νῶε φύτευσον τὸ κλῆμα ὅτι τάδε λέγει κύριος τὸ * πικρὸν * τούτου μεταβληθήσεται εἰς γλυκὺ καὶ ἡ κατάρα
Esdr. 5 8 οὐρανούς. καὶ ἴδον ἐκεῖ πολλὰς κρίσεις καὶ ἔκλαυσα * πικρῶς * καὶ εἶπον καλὸν τοῦ μὴ ἐξελθεῖν τὸν ἄνθρωπον ἐκ
Sedr. 4 1 αὐτῷ Σεδρὰχ κόλασις καὶ πῦρ ἐστιν ἡ παίδευσίς σου * πικροί * εἰσιν κύριέ μου καλὸν ἦν τοῦ ἀνθρώπου εἰ οὐκ
Job 1 6 γυνὴ ἐτελεύτησεν μετὰ ἄλλων δέκα τέκνων ἐν θανάτῳ * πικρῷ. * ἀκούσατε οὖν μου τέκνα, καὶ δηλώσω ὑμῖν τὰ
Sib. 3 59 ξοάνοις τε ἀργυρέοις λιθίνοις τε ἵν' ἔλθητ' εἰς * πικρὸν * ἦμαρ. ἥξει γὰρ ὁπόταν θείου διαβήσεται ὀδμὴ πᾶσιν
Sib. 3 324 δὲ θάλασσά τε καὶ γῆ θυγατέρες δυσμῶν ὡς ἥξετε * πικρὸν * ἐς ἦμαρ. ἥξετε καὶ χαλεποῖο διωκόμεναι ὑπ' ἀγῶνος
Sib. 3 502 ἐκπάγλως πληγαῖσι δαμάσσειεν παρὰ πᾶσαν γαῖαν καὶ * πικρὴν * μοίρην πέμψει θεὸς αὐτοῖς ἐξ ἐδάφους φλέξας
Sib. 4 150 παρ' ὕδασι Μαιάνδροιο ὅσσα πεπύργωνται περικαλλέα * πικρὸς * ὀλέσσει λιμὸς ὅταν Μαίανδρος ἀποκρύψῃ μέλαν ὕδωρ.
Sib. 4 168 ἔργων συγγνώμην αἰτεῖσθε καὶ εὐλογίαις ἀσέβειαν * πικρὰν * ἱλάσκεσθε θεὸς δώσει μετάνοιαν οὐδ' ὀλέσει παύσει
Sib. 5 128 ἀλεγεινῆς ὥστε κλύσαι σεισμῷ τε κακῷ καὶ νάμασι * πικροῖς * τὴν Λυκίης ἄμυρον καὶ τὴν μυρίπνουν ποτε χέρσον.
Sib. 5 246 κτίσεως καὶ σῳζομένης πάλι Μοίραις κλῶθι * πικρᾶς * φήμης δυσηχέος ἀνδράσι πῆμα. ἀλλ' ὁπόταν Πέρσις
Sib. 5 446 λύτρα πέπομφας+ δώσεις δ' ἀντὶ λόγων σκολιῶν * πικρὸν * λόγον ἐχθροῖς. ἔσται δ' ὑστατίῳ καιρῷ ξηρός ποτε
FIsa. 1 10 Ἐζεκίας ἔσχισεν τὰ ἱμάτια αὐτοῦ καὶ ἔκλαυσεν * πικρῶς * καὶ ἔβαλεν χοῦν ἐπὶ τὴν κεφαλὴν αὐτοῦ καὶ ἔπεσεν
FPho. 83 βραδυνούσαις παρὰ καιρόν. μηδέποτε χρήστης * πικρὸς * γένηι ἀνδρὶ πένητι. μηδὲ τις ὄρνιθας καλιῆς ἅμα
HDem. 9 29 15 ἡμέρας τρεῖς. μὴ ἔχοντα δὲ ὕδωρ ἐκεῖ γλυκὺ ἀλλὰ * πικρὸν * τοῦ θεοῦ εἰπόντος ξύλον τι ἐμβαλεῖν εἰς τὴν πηγὴν
LEze. 9 29 12 06 οἷς καμιναίαν πάσω ἀναβρυήσει δ' ἐν βροτοῖς ἕλκη * πικρά. * κυνόμυια δ' ἥξει καὶ βροτοὺς Αἰγυπτίων πολλοὺς

πιμελή 1
Aris. 93 5 καὶ τὰ τῶν προβάτων ἔτι δ' αἰγῶν τοῖς βάρεσι καὶ * πιμελῇ * θαυμασίως ἔχει. κατὰ πᾶν γὰρ ἐκλεγομένων οἷς

πίμπλημι 15
Hen. 9 9 καὶ αἱ γυναῖκες ἐγέννησαν τιτᾶνας ὑφ' ὧν ὅλη ἡ γῆ * ἐπλήσθη * αἵματος καὶ ἀδικίας. καὶ νῦν ἰδοὺ βοῶσιν αἱ
Hen. 9B 9 ἐπὶ τῆς γῆς τῶν ἀνθρώπων ἐκκέχυται καὶ ὅλη ἡ γῆ * ἐπλήσθη * ἀδικίας. καὶ νῦν ἰδοὺ τὰ πνεύματα τῶν ψυχῶν τῶν
Hen. 10 18 καὶ καταφυτευθήσεται δένδρον ἐν αὐτῇ καὶ * πλησθήσεται * εὐλογίας. καὶ πάντα τὰ δένδρα τῆς γῆς
Abr.2 3 6 Ἰσαὰκ λέγων αὐτῷ ἀγαπητέ μου υἱὲ Ἰσαὰκ ἀνάστηθι * πλῆσον * ὕδωρ ἐπὶ τῆς λεκάνης καὶ φέρε ἵνα νίψωμεν τοὺς
Asen. 8 8 εἰς τὸν Ἰωσὴφ ἀνεῳγμένων τῶν ὀφθαλμῶν αὐτῆς καὶ * ἐπλήσθησαν * δακρύων οἱ ὀφθαλμοὶ αὐτῆς. καὶ εἶδεν αὐτὴν
Asen. 10 2 ἐκ τῆς θυρίδος τὴν δέρριν τοῦ καταπετάσματος καὶ * ἔπλησεν * αὐτὴν τέφρας ἐκ τῆς ἑστίας καὶ ἀνήνεγκεν εἰς τὸ
Asen. 17 4 ἐξῆλθεν ἐκ τῆς καύσεως τοῦ κηρίου εὐωδία πολλὴ καὶ * ἔπλησε * τὸν θάλαμον. καὶ εἶπεν Ἀσενὲθ πρὸς τὸν ἄνθρωπον
Sal. 1 2 πολέμου ἐνώπιόν μου ⟨εἶπα⟩ ἐπακούσεταί μου ὅτι * ἐπλήσθην * δικαιοσύνης. ἐλογισάμην ἐν καρδίᾳ μου ὅτι
Sal. 1 3 ἐπλήσθην δικαιοσύνης. ἐλογισάμην ἐν καρδίᾳ μου ὅτι * ἐπλήσθην * δικαιοσύνης ἐν τῷ εὐθηνῆσαί με καὶ πολλὴν
Sal. 4 12 ἐν λόγοις ὅτι οὐκ ἔστιν ὁρῶν καὶ κρίνων * ἐπλήσθη * ἐν παρανομίᾳ ἐν ταύτῃ καὶ οἱ ὀφθαλμοὶ αὐτοῦ ἐπ'
Job 27 3 κατέρραξαν καὶ ὁ μὲν ἐπάνω τὸν ὑποκάτω ἐφίμωσεν * πλήσας * τὸ στόμα αὐτοῦ ἄμμου καὶ πᾶν μέλος συγκλάσας
Sib. 3 311 τότ' ἔσῃ ὡς ἦσθα πρὸ τοῦ ὡς μὴ γεγονυῖα καὶ τότε * πλησθήσῃ * ἀπὸ αἵματος ὡς πάρος αὐτὴ ἐξέχεας ἀνδρῶν τ'
Sib. 4 133 ὀλέσσῃ πολλὴ δ' αἰθαλόεσσα τέφρη μέγαν αἰθέρα * πλήσῃ * καὶ ψεκάδες πίπτωσιν ἀπ' οὐρανοῦ οἷά τε μίλτος
Sib. 5 376 πνοιὴ πνεύσει κατὰ γαῖαν καὶ πεδίον πολέμοιο κακοῦ * πλησθήσεται * αὔτις. πῦρ γὰρ ἀπ' οὐρανίων δαπέδων βρέξει
Sib. 5 472 τε βροτοὺς κατέδουσιν ἅπαντας ὠκεανός τε κακοῦ * πλησθήσεται * ἐκ πολέμοιο αἱματόεις σάρκας τε καὶ αἵματα

πινακίς 1
HArt. 9 27 26 τῶν τε ἱερέων τὸν φαυλίσαντα ἐν τῇ * πινακίδι * τὰ γεγραμμένα μετὰ σπασμοῦ τὸν βίον ἐκλιμπάνειν

πίνω 49
Adam 2 2 βαλλόμενον εἰς τὸ στόμα Κάϊν τοῦ ἀδελφοῦ αὐτοῦ καὶ * ἔπιεν * αὐτὸ ἀνελεημόνως. παρεκάλει δὲ αὐτὸν συγχωρῆσαι
Hen. 7 5 καὶ ἀλλήλων τὰς σάρκας κατεσθίειν καὶ τὸ αἷμα * ἔπινον. * τότε ἡ γῆ ἐνέτυχεν κατὰ τῶν ἀνόμων. οὗτοι καὶ οἱ
Hen. 102 8 καὶ ὄψονται εἰς τὸν αἰῶνα ἡμᾶς φαγεῖν καὶ * πεῖν. * τοιγαροῦν ἁρπάσαι καὶ ἁμαρτάνειν καὶ λωποδυτεῖν
Abr.1 4 9 πνεύματα ὑπάρχουσιν ἀσώματα καὶ οὐκ ἐσθίουσιν οὐδὲ * πίνουσιν * καὶ οὗτος τράπεζάν μοι παρέθετο ἐν ἀφθονίᾳ
Abr.2 3 5 θύσατε ταχέως καὶ ὑπηρετήσατε ἵνα φάγωμεν καὶ * πίωμεν * ὅτι εὐφρασία γίνεται σήμερον. καὶ ἤνεγκαν οἱ
Abr.2 5 1 εὗρεν αὐτὸν ἑτοιμάσαντα τὸ δεῖπνον καὶ ἔφαγον καὶ * ἔπιον * καὶ εὐφράνθησαν. λέγει δὲ Ἀβραὰμ Ἰσαὰκ τῷ υἱῷ
TRub. 1 10 ἔτη μετενόησα ἐνώπιον κυρίου οἶνον καὶ σίκερα οὐκ * ἔπιον * καὶ κρέας οὐκ εἰσῆλθεν εἰς τὸ στόμα μου καὶ πᾶν
TSim. 3 2 ἀνθρώπου καὶ οὐκ ἀφίησιν αὐτὸν οὔτε φαγεῖν οὔτε * πιεῖν * οὔτε ποιῆσαί τι ἀγαθὸν πάντοτε ὑποβάλλει ἀνελεῖν
TJud. 14 3 ἀφιστῶσι τὴν δύναμιν τοῦ ἀνθρώπου. ἐὰν γάρ τις * πίῃ * οἶνον εἰς μέθην ἐν διαλογισμοῖς ῥυπαροῖς συνταράσσει
TJud. 14 6 μεγάλην καὶ ἀνεκάλυψα κάλυμμα ἀκαθαρσίας υἱῶν μου. * πιὼν * οἶνον οὐκ αἰσχύνθην ἐντολὴν θεοῦ καὶ ἔλαβον γυναῖκα
TJud. 14 7 ἔλαβον γυναῖκα Χαναναίαν. διὸ συνέσεως χρῄζει ὁ * πίνων * οἶνον τέκνα μου καὶ αὕτη ἐστὶν ἡ σύνεσις τῆς
TJud. 14 7 ἡ σύνεσις τῆς οἰνοποσίας ἵνα ἕως ὅτε ἔχει αἰδῶ * πίνῃ * ἐὰν δὲ παρέλθῃ τὸν ὅρον τοῦτον ἐμβάλλει εἰς τὸν
TJud. 16 2 ἐπιθυμίας πυρώσεως ἀσωτίας αἰσχροκερδίας. ἐὰν * πίνητε * οἶνον ἐν εὐφροσύνῃ μετὰ φόβου θεοῦ αἰδούμενοι ἐὰν
TJud. 16 2 ἐν εὐφροσύνῃ μετὰ φόβου θεοῦ αἰδούμενοι ἐὰν γὰρ * πίνητε * μὴ αἰδούμενοι καὶ ἀποστῇ ὁ τοῦ θεοῦ φόβος λοιπὸν
TJud. 16 3 παρεισέρχεται ἡ ἀναισχυντία. εἰ δὲ ⟨μὴ⟩ μηδὲ ὅλως * πίετε * ἵνα μὴ ἁμάρτητε ἐν λόγοις ὕβρεως καὶ μάχης καὶ
TIss. 7 3 μετεωρισμῷ ὀφθαλμῶν μου οἶνον εἰς ἀποπλάνησιν οὐκ * ἔπιον * πᾶν ἐπιθύμημα τοῦ πλησίον οὐκ ἐπόθησα δόλος οὐκ
TNep. 9 2 καὶ θάψωσι μετὰ τῶν πατέρων αὐτοῦ. καὶ φαγὼν καὶ * πιὼν * ἐν ἱλαρότητι ψυχῆς συνεκάλυψε τὸ πρόσωπον αὐτοῦ καὶ

TAser 7 3 αὐτὸς ἐλθὼν ὡς ἄνθρωπος μετὰ ἀνθρώπων ἐσθίων καὶ * πίνων * καὶ ἐν ἡσυχίᾳ συντρίβων τὴν κεφαλὴν τοῦ δράκοντος
TJos. 3 5 τὴν χάριν λαμβάνουσιν. ἐὰν δὲ ἀπεδήμει οἶνον οὐκ * ἔπινον * καὶ τριημερίζων ἐλάμβανόν μου τὴν δίαιταν καὶ
Asen. 8 5 τὸν ζῶντα καὶ ἐσθίει ἄρτον εὐλογημένον ζωῆς καὶ * πίει * ποτήριον εὐλογημένον ἀθανασίας καὶ χρίεται
Asen. 8 5 καὶ ἐσθίει ἐκ τῆς τραπέζης αὐτῶν ἄρτον ἀγχόνης καὶ * πίνει * ἐκ τῆς σπονδῆς αὐτῶν ποτήριον ἐνέδρας καὶ χρίεται
Asen. 8 9 αὐτὴν τῇ ζωῇ σου καὶ φαγέτω ἄρτον ζωῆς σου καὶ * πιέτω * ποτήριον εὐλογίας σου καὶ συγκαταρίθμησον αὐτὴν τῷ
Asen. 9 3 τοῦ γενέσθαι ἑσπέρα⟨ν⟩. καὶ Ἰωσὴφ ἔφαγε καὶ * ἔπιε * καὶ εἶπε τοῖς παισὶν αὐτοῦ ζεύξατε τοὺς ἵππους εἰς
Asen. 10 1 ἕως ἔδυ ὁ ἥλιος. καὶ ἄρτον οὐκ ἔφαγε καὶ ὕδωρ οὐκ * ἔπιεν * καὶ ἐπῆλθεν ἡ νὺξ καὶ ἐκάθευδον πάντες οἱ ἐν τῇ
Asen. 10 17 τὰς ἑπτὰ ἡμέρας καὶ ἄρτον οὐκ ἔφαγε καὶ ὕδωρ οὐκ * ἔπιεν * ἐν ⟨ἐκείναις⟩ ταῖς ἑπτὰ ἡμέραις τῆς ταπεινώσεως
Asen. 13 9 ἤμην νήστης καὶ ἄρτον οὐκ ἔφαγον καὶ ὕδωρ οὐκ * ἔπιον * καὶ τὸ στόμα μου γέγονε ξηρὸν ὡς τύμπανον καὶ ἡ
Asen. 15 5 καὶ φαγεῖς ἄρτον εὐλογημένον ζωῆς καὶ * πίεσαι * ποτήριον εὐλογημένον ἀθανασίας καὶ χρισθήσῃ
Asen. 15 14 οὗ ἡ πνοὴ αὐτοῦ ἐλεύσεται ἕως τοῦ οὐρανοῦ καὶ * πίεσαι * ἐξ αὐτοῦ. καὶ μετὰ ταῦτα ἀπελεύσῃ τὴν ὁδόν σου.
Asen. 16 16 ἄνθρωπος τῇ Ἀσενὲθ ἰδοὺ δὴ ἔφαγες ἄρτον ζωῆς καὶ * ἔπιες * ποτήριον ἀθανασίας καὶ κέχρισαι χρίσματι
Asen. 19 5 ἄρτον ζωῆς καὶ ἔφαγον καὶ ποτήριον εὐλογίας καὶ * ἔπιον * καὶ εἶπέ μοι δέδωκά σε εἰς νύμφην τῷ Ἰωσὴφ
Asen. 20 8 τοὺς νεκρούς. καὶ μετὰ ταῦτα ἔφαγον καὶ * ἔπιον * καὶ εὐφράνθησαν. καὶ εἶπε Πεντεφρῆς τῷ Ἰωσὴφ
Asen. 21 14 ἥμαρτον ἄρτον ἀγχόνης ἔφαγον καὶ ποτήριον ἐνέδρας * ἔπιον * ἀπὸ τῆς τραπέζης τοῦ θανάτου.⟩ ⟨ἥμαρτον κύριε
Asen. 21 21 τοῦ ὑψίστου καὶ ἔδωκέ μοι φαγεῖν ἄρτον ζωῆς καὶ * ⟨πιεῖν⟩ * ποτήριον σοφίας καὶ ἐγενόμην αὐτοῦ νύμφη εἰς
Asen. 22 10 καὶ κατεφίλησεν αὐτόν. καὶ μετὰ ταῦτα ἔφαγον καὶ * ἔπιον. * καὶ ἐπορεύθησαν Ἰωσὴφ καὶ Ἀσενὲθ εἰς τὸν οἶκον
Bar. 4 6 ὅστις καὶ αὐτὸς παρόμοιός ἐστιν αὐτοῦ ἐν ᾧ καὶ * πίνει * ἀπὸ τῆς θαλάσσης ὡσεὶ πῆχυν μίαν καὶ οὐκ ἐκλείπει
Bar. 4 17 γίνεται. ταῦτα γὰρ ποιοῦσιν οἱ τοῦτον εἰς κόρον * πίνοντες * οὔτε ἀδελφὸς ἀδελφὸν ἐλεεῖ οὔτε πατὴρ υἱὸν
Bar. 5 2 ἐπερωτῶ σε ἕνα λόγον κύριε ἐπειδὴ εἶπές μοι ὅτι * πίνει * ὁ δράκων ἐκ τῆς θαλάσσης πῆχυν μίαν εἰπέ μοι καὶ
Prop. 1 2 ἐποίησεν ὅτι πρὸ τοῦ θανεῖν ὀλιγωρήσας ηὔξατο * πιεῖν * ὕδωρ καὶ εὐθέως ἀπεστάλη αὐτῷ ἐξ αὐτοῦ διὰ τοῦτο
Prop. 1 4 ὡς ⟨μὴ⟩ ἔχουσα ὕδωρ. ἡρώτων γὰρ οἱ πολέμιοι πόθεν * πίνουσιν; * καὶ ἔχοντες τὴν πόλιν παρεκαθέζοντο τῷ Σιλωάμ.
Prop. 4 16 τὴν βασιλείαν. οὔτε ἄρτου ἢ κρέα ἔφαγεν οὔτε οἶνον * ἔπιεν * ἐξομολογούμενος ὅτι ὁ Δανιὴλ αὐτῷ προσέταξεν ἐν
Prop. 10 4B ἐρήμῳ καὶ ἐτρέφετο ἐκ τῶν κοράκων τῆς ἐρήμου καὶ * ἔπιεν * ὕδωρ ἐκ τοῦ χειμάρρου καὶ ὡς ἐξηράνθη ὁ χειμάρρους
Job 38 13 καὶ πάλιν τὸ ὕδωρ διὰ τοῦ αὐτοῦ στόματος * πίνεται * καὶ πέμπεται ἐν τῇ αὐτῇ φάρυγγι ὅταν δὲ κατάβῃ
Sib. 3 322 δέξῃ καὶ κρίσεως οἴκησις ἐν ἀνθρώποισι κεκλήσῃ καὶ * πίεται * σου γαῖα πολύδροσος αἷμα κελαινόν. αἰαῖ σοι Λιβύη
Sib. 3 392 φῶτα κακὸν δ' Ἀσίη ζυγὸν ἕξει πᾶσα πολὺν δὲ χθὼν * πίεται * φόνον ὀμβρηθεῖσα. ἀλλά καὶ ὡς πανάϊστον ἅπαντ'
Sib. 3 462 τε γαῖα ὕδωρ ζεστὸν ποτὶ δ' αὐτῆς γαῖα βαρυνομένη * πίεται * ὀσμὴ δέ τε θείου. καὶ Σάμος ἐν καιρῷ βασιλεία
Sib. 3 696 ἀνδρῶν καὶ πάντες ἄναγνοι αἵματι λούσονται * πίεται * δέ τε γαῖα καὶ αὐτὴ αἵματος ὀλλυμένων κορέσονται
Sib. 4 26 ὅσσοι δὴ στέρξουσι μέγαν θεὸν εὐλογέοντες πρὶν * πιέειν * φαγέειν τε πεποιθότες εὐσεβίησιν οἳ νηοὺς μὲν
FPho. 69 κικλήσκεται ἐν πολιτίαις. μέτρωι ἔδειν μέτρωι δὲ * πιεῖν * καὶ μυθολογεύειν. πάντων μέγαν ἄριστον ὑπερβασίαι
HHec. 1 22 199 ἁγνείας τινὰς ἁγνεύοντες καὶ τὸ παράπαν οἶνον οὐ * πίνοντες * ἐν τῷ ἱερῷ. ἐμοῦ ⟨Ἑκαταίου⟩ γοῦν ἐπὶ τὴν

πιότης 3

TLevi 8 8 ὁμοίαν πορφύρα. ὁ πέμπτος κλάδον μοι ἐλαίας ἔδωκε * πιότητος. * ὁ ἕκτος στέφανόν μοι τῇ κεφαλῇ περιέθηκεν. ὁ
TIss. 5 5 ἕως τοῦ νῦν. οὐ γὰρ δέδοταί σοι ἄλλη μερὶς ἢ τῆς * πιότητος * τῆς γῆς ἧς ἐν πόνοις οἱ καρποὶ ὅτι ὁ πατὴρ ἡμῶν
Asen. 5 5 καὶ ἦν πλῆθος καρποῦ ἐν αὐτῷ καὶ ἐν τῷ καρπῷ ἦν * πιότης * ἐλαίου πολλοῦ. καὶ εἰσῆλθεν Ἰωσὴφ εἰς τὴν αὐλὴν

πιπράσκω 18

TZab. 4 3 κἀμὲ μὴ ἐσθίοντα ἔθεντό με τηρεῖν αὐτὸν ἕως οὗ * ἐπράθη. * ἐποίησε δὲ ἐν τῷ λάκκῳ τρεῖς ἡμέρας καὶ τρεῖς
TZab. 4 4 τῷ λάκκῳ τρεῖς ἡμέρας καὶ τρεῖς νύκτας καὶ οὕτως * ἐπράθη * ἄσιτος. καὶ ἀκούσας Ῥουβὴμ ὅτι ἐπράθη ἄποντος
TZab. 4 5 καὶ οὕτως ἐπράθη ἄσιτος. καὶ ἀκούσας Ῥουβὴμ ὅτι * ἐπράθη * ἄποντος αὐτοῦ περισχιζόμενος ἐθρήνει λέγων πῶς
TZab. 4 10 τοῦ πατρὸς ἡμῶν ἐξέδυσαν τὸν Ἰωσὴφ ἐν τῷ μέλλειν * πιπράσκειν * αὐτὸν καὶ ἐνέδυσαν αὐτὸν ἱμάτιον παλαιὸν
TNep. 7 4 καὶ ἑκατὸμψ τοῖς σπλάγχνοις ἀναγγελλαι ὅτι * ἐπρατται * ἀλλ' ἐφοβούμην τοὺς ἀδελφούς μου. καὶ ἰδοὺ
TGad. 2 3 ὁ μόσχος τὰ χλωρὰ ἀπὸ τῆς γῆς. διὸ ἐγὼ καὶ Ἰούδας * πεπράκαμεν * αὐτὸν τοῖς Ἰσμαηλίταις τριάκοντα χρυσῶν καὶ
TGad. 5 11 ἕνδεκα καθ' ὅσον χρόνον ἐνεῖχον τῷ Ἰωσὴφ ἕως ἵνα * πραθῇ. * καὶ νῦν τέκνα μου ἀγαπήσατε ἕκαστος τὸν ἀδελφὸν
TJos. 1 5 με εἰς λάκκον με ἐχάλασαν καὶ ὁ ὕψιστος ἀνήγαγέ με * ἐπράθην * εἰς δοῦλον καὶ ὁ κύριος ἐλευθέρωσέ με εἰς
TJos. 10 6 τοὺς ἀδελφούς μου καὶ διὰ τὸν φόβον αὐτῶν ἐσιώπων * πιπρασκόμενος * μὴ εἰπεῖν τοῖς Ἰσμαηλίταις τὸ γένος μου
Asen. 4 9 με ὡς αἰχμάλωτον ἀνδρὶ ἀλλοφύλῳ καὶ φυγάδι καὶ * πεπραμένῳ; * οὐχ οὗτός ἐστιν ὁ υἱὸς τοῦ ποιμένος ἐκ γῆς
Asen. 24 9 ἡμῶν διότι τέκνα παιδίσκων εἰσίν. καὶ οὗτοί με * πεπράκασι * τοῖς Ἰσμαηλίταις κἀγὼ ἀνταποδώσω αὐτοῖς κατὰ
Asen. 25 5 ὁ κύριος ὡς κόρην ὀφθαλμοῦ. οὐκ ἰδοὺ ἅπαξ * πεπράκατε * αὐτὸν καὶ ἔστι σήμερον βασιλεὺς πάσης τῆς γῆς
Job 9 6 αὐτῶν πεντακοσίας, καὶ τὴν ἐξ αὐτῶν γονὴν ἐκέλευον * πιπράσκεσθαι * καὶ διδόναι τοῖς πένησιν καὶ ἐπιδεομένοις.
Job 25 8 κραββάτους χρυσοῦς καὶ ἀργυρέους ἔχουσαν, νυνὶ δὲ * πιπράσκουσαν * τὴν τρίχα ἀντὶ ἄρτων. ἀπαξαπλῶς, Ἰωβ, Ἰωβ,
Aris. 22 6 εἴς τε τὴν πόλιν καὶ τὴν χώραν ἢ καὶ * πεπράκασιν * ἑτέροις ὁμοίως δὲ καὶ εἴ τινες προῆσαν ἢ καὶ
FJub. 46 3 Ἰακὼβ ἀνεῖλον τοὺς πλείστους. Ἰωσὴφ ιζ' ἐτῶν * ἐπράθη * καὶ τριὰ ἔτη ἐποίησεν δοῦλος καὶ γ' ἔτη ἐν τῇ
HDem. 9 21 11 τὸν πατέρα. εἶναι δὲ τότε Ἰωσὴφ ἐτῶν δεκαεπτὰ καὶ * πραθῆναι * καὶ εἰς Αἴγυπτον καὶ τῷ δεσμωτηρίῳ μεῖναι
FrAn. 1 217 4 καὶ εἰς ἑαυτὸν γενόμενος καὶ κατανυγεὶς ἀπελθὼν * πέπρακε * πάντα καὶ διένειμε πτωχοῖς μηδὲν ἑαυτῷ

πίπτω 76

Adam 27 5 ἔστι τὸ ἁμάρτημα ἢ κακῶς ἔκρινα; τότε οἱ ἄγγελοι * πεσόντες * ἐπὶ τὴν γῆν προσεκύνησαν τῷ κυρίῳ λέγοντες
Adam 32 1 ἡμᾶς. τότε ἀνέστη ἡ Εὔα καὶ ἐξῆλθεν ἔξω. καὶ * πεσοῦσα * ἐπὶ τὴν γῆν ἔλεγεν ἥμαρτον ὁ θεὸς ἥμαρτον ὁ
Hen. 1 6 μέχρι τῶν περάτων τῆς γῆς. καὶ σεισθήσονται καὶ * πεσοῦνται * καὶ διαλυθήσονται ὄρη ὑψηλὰ καὶ
Hen. 14 6 ἀγαπητῶν καὶ ὅτι οὐκ ἔσται ὑμῖν ὄνησις αὐτῶν ἀλλὰ * πεσοῦνται * ἐνώπιον ὑμῶν ἐν μαχαίρᾳ. καὶ ἡ ἐρώτησις ὑμῶν
Hen. 14 14 με ἔλαβεν. καὶ ἤμην σειόμενος καὶ τρέμων καὶ * ἔπεσον. * ἐθεώρουν ἐν τῇ ὁράσει μου καὶ ἰδοὺ ἄλλη θύρα
Hen. 89 47 αὐτοῦ εἶτ' ἐθεώρουν τὸν κριὸν τὸν πρῶτον ἕως οὗ * ἔπεσεν * Ἔμπροσθεν τῶν κυνῶν. καὶ ὁ κριὸς ὁ δεύτερος
Abr.1 3 11 κλαίοντας συνεδάκρυσεν καὶ αὐτὸς μετ' αὐτούς. * ἔπιπτον * δὲ τὰ δάκρυα τοῦ ἀρχιστρατήγου ἐπὶ τὰς λεκάνης
Abr.1 6 7 τότε καὶ γὰρ τὰ δάκρυα αὐτοῦ ὀψὲ ἐν τῷ νιπτῆρι * πίπτοντα * ἐγένοντο τίμιοι λίθοι καὶ ἐκβαλὼν ἐκ τοῦ κόλπου
Abr.1 9 1 κατῆλθεν πρὸς τὸν Ἀβραὰμ ἰδὼν αὐτὸν ὁ δίκαιος * ἔπεσεν * ἐπὶ πρόσωπον εἰς τὸ ἔδαφος τῆς γῆς ὡς νεκρός. ὁ
Abr.1 18 10 εἶπεν ὁ θάνατος ἀμὴν γένοιτο ἀνάστας οὖν Ἀβραὰμ * ἔπεσεν * ἐπὶ πρόσωπον ἐπὶ τὴν γῆν προσευχόμενος καὶ ὁ
Abr.1 20 6 θρόμβοι αἵματος. ἦλθεν δὲ Ἰσαὰκ ὁ υἱὸς αὐτοῦ καὶ * ἔπεσεν * ἐπὶ τὸ στῆθος αὐτοῦ ⟨κλαίων ἦλθε δὲ καὶ ἡ Σάρρα ἡ
Abr.2 3 11 δὲ Μιχαὴλ κλαίοντας αὐτοὺς συνεδάκρυσεν αὐτοῖς καὶ * ἔπεσεν * τὰ δάκρυα Μιχαὴλ ἐπὶ τὰς λεκάνης καὶ ἐγένοντο
TJud. 9 3 ἀδελφὲν τοῦ πατρός μου ἐν λαῷ βαρεῖ καὶ ἰσχυρῷ καὶ * ἔπεσεν * ἐν τόξῳ Ἰακὼβ καὶ ἤρθη νεκρὸς ἐν ὄρει Σηὶρ καὶ
TZab. 2 1 ἐπὶ τὸν Ἰωσὴφ μετ' ὀργῆς τοῦ ἀνελεῖν αὐτὸν καὶ * πεσὼν * ἐπὶ πρόσωπον Ἰωσὴφ ἔλεγεν αὐτοῖς ἐλεήσατέ με
TZab. 3 7 προσεκύνουν αὐτῷ ἀλλὰ καὶ ἐνεπτύσθησαν παραχρῆμα * πεσόντες * ἔμπροσθεν αὐτοῦ καὶ οὕτως ᾐσχύνθησαν ἔμπροσθε
TJos. 6 8 μου καὶ ὁ ἄγγελος Ἀβραὰμ ἔσται μετ' ἐμοῦ. ἡ δὲ * πεσὼν * ἐπὶ πρόσωπον εἰς τοὺς πόδας μου καὶ ἔκλαυσε καὶ
TJos. 13 2 τὰς ψυχὰς ἐκ γῆς Ἑβραίων εἰς παῖδας μεταπωλῶν; * πεσὼν * οὖν ἐπὶ πρόσωπον αὐτοῦ ὁ μετάβολος ἐδέετο λέγων
Asen. 9 1 ἔσπευσε καὶ ἀπῆλθεν εἰς τὸ ὑπερῷον πρὸς ἑαυτὴν καὶ * πέπτωκεν * ἐπὶ τῆς κλίνης αὐτῆς ἀσθενοῦσα διότι ἦν ἐν αὐτῇ
Asen. 10 15 τὸ στῆθος αὐτῆς πυκνῶς καὶ ἔκλαυσε πικρῶς καὶ * πέπτωκεν * ἐπὶ τὴν τέφραν καὶ ἔκλαυσε κλαυθμῷ μεγάλῳ καὶ
Asen. 10 16 δακρύων αὐτῆς καὶ ἐκ τῆς τέφρας εἰς τὸ ἔδαφος. καὶ * ἔπεσε * πάλιν Ἀσενὲθ ἐπὶ πρόσωπον ἐπὶ τῆς τέφρας ἕως
Asen. 14 3 φῶς μέγα καὶ ἀνεκλάλητο. καὶ εἶδεν Ἀσενὲθ καὶ * ἔπεσεν * ἐπὶ πρόσωπον ἐπὶ τὴν τέφραν. καὶ ἦλθε πρὸς αὐτὴν
Asen. 14 10 χειρῶν καὶ τῶν ποδῶν αὐτοῦ. καὶ εἶδεν Ἀσενὲθ καὶ * ἔπεσεν * ἐπὶ πρόσωπον αὐτῆς ἐπὶ τοὺς πόδας αὐτοῦ ἐπὶ τὴν
Asen. 15 11 χαρὰν μεγάλην ἐπὶ πᾶσι τοῖς ῥήμασιν αὐτοῦ καὶ * ἔπεσεν * ἐπὶ τοὺς πόδας αὐτοῦ καὶ προσεκύνησεν αὐτῷ ἐπὶ
Asen. 16 22 οὐράνων καὶ ὅσαι ἠβουλήθησαν ἀδικῆσαι τὴν Ἀσενὲθ * ἔπεσον * ἐπὶ τὴν γῆν καὶ ἀπέθανον. ἐξέτεινεν ὁ
Asen. 18 11 ἔστη ἄφωνος ἐπιπολὺ καὶ ἐφοβήθη φόβον μέγαν καὶ * ἔπεσεν * ἐπὶ τοὺς πόδας αὐτῆς καὶ εἶπεν τί ἐστι τοῦτο
Asen. 19 10 τὰς χεῖρας αὐτῆς καὶ ἔδραμε πρὸς Ἰωσὴφ καὶ * ἔπεσεν * ἐπὶ τὸ στῆθος αὐτοῦ. καὶ ἐνηγκαλίσατο αὐτὴν ὁ
Asen. 23 15 καὶ ἡμαυρώθησαν οἱ ὀφθαλμοὶ τοῦ υἱοῦ Φαραὼ καὶ * ἔπεσεν * ἐπὶ πρόσωπον αὐτοῦ ἐπὶ τὴν γῆν ὑποκάτω τῶν ποδῶν
Asen. 27 3 καὶ ἐτραυμάτισεν αὐτὸν τραύματι βαρεῖ. καὶ * ἔπεσεν * ὁ υἱὸς Φαραὼ ἀπὸ τοῦ ἵππου αὐτοῦ ἐπὶ τὴν γῆν
Asen. 27 11 ἤκουσε κύριος ὁ θεὸς τῆς φωνῆς Ἀσενὲθ καὶ εὐθέως * ἔπεσον * αἱ ῥομφαῖαι αὐτῶν ἐκ τῶν χειρῶν αὐτῶν ἐπὶ τὴν γῆν
Asen. 28 2 εἶπον κύριος πολεμεῖ καθ' ἡμῶν ὑπὲρ Ἀσενὲθ. * ἔπεσον * ἐπὶ πρόσωπον ἐπὶ τὴν γῆν καὶ προσεκύνησαν τῇ
Asen. 28 9 αὐτῆς καὶ ἐδεξιοῦτο αὐτοὺς μετὰ δακρύων καὶ αὐτοὶ * πεσόντες * προσεκύνησαν αὐτῇ ἐπὶ τὴν γῆν καὶ ἔκλαυσαν μετὰ
Asen. 29 3 ἀνδρὶ θεοσεβεῖ ἀποδοῦναι κακὸν ἀντὶ κακοῦ οὐδὲ * πεπτωκότα * καταπατῆσαι οὐδὲ ἐκθλίψαι τὸν ἐχθρὸν αὐτοῦ ἕως
Sal. 1 5 τῆς ὁδοῦ. ὑψωθεὶς ἕως τῶν ἄστρων εἶναι οὐ μὴ * πέσῃς * καὶ ἐξύβρισεν ἢ τοῖς εἰς ἀγαθοῖς αὐτῶν καὶ οὐκ
Sal. 3 5 προσέκοψεν ὁ δίκαιος καὶ ἐδικαίωσεν τὸν κύριον. * ἔπεσεν * καὶ ἀποβλέπει τί ποιήσει αὐτῷ ὁ θεὸς ἀποσκοπεύει
Sal. 3 10 προσέθηκεν ἁμαρτίας ἐφ' ἁμαρτίας τῇ ζωῇ αὐτοῦ * ἔπεσεν * ὅτι πονηρὸν τὸ πτῶμα αὐτοῦ καὶ οὐκ ἀναστήσεται. ἡ
Sedr. 8 8 ἡ ἡ πόσα δένδρα ἐγένοντο εἰς τὸν κόσμον καὶ πόσα * πεσεῖν * καὶ πόσα θέλουν θέλουν γεννηθῆναι καὶ πόσα θέλουν
Sedr. 8 10 εἰς τὸν κόσμον καὶ πόσα ἔπεσον καὶ πόσα θέλουν * πεσεῖν * καὶ πόσα θέλουν γεννηθῆναι καὶ πόσα φύλλα ἔχουσιν;
Sedr. 8 10 τῶν αἰώνων βρέχοντος τοῦ ἀέρος πόσα σταλάγματα * ἔπεσον * εἰς τὸν κόσμον καὶ πόσα μέλλουν πεσεῖν; καὶ εἶπεν
Sedr. 8 10 σταλάγματα ἔπεσον εἰς τὸν κόσμον καὶ πόσα μέλλουν * πεσεῖν; * καὶ εἶπεν Σεδράχ μόνος σὺ γινώσκεις ταῦτα πάντα
Sedr. 11 4 καὶ καλλίσατε ἀπὸ πάντων φιλούμενος καὶ ἄρτι * πεσὼν * εἰς τὴν γῆν ἄγνωστος γίνεται. ὦ χεῖρες εὔκρατοι
Sedr. 11 20 σῶμα τὸ φωταγωγὸν γλεύφορον πάγγνωστον καὶ ἄρτι * πεσὸν * εἰς τὴν γῆν ὕπαγε κάλλος σου ἀφανὲς γίνεται. λέγει
Sedr. 14 2 καὶ πρεσβεύσαι ἵνα ἔσται ὁ θεὸς τῶν ἀνθρώπων * πεσεῖται * πολύμορφος ὅλος πόλος ἐν χθονὶ δὴ καὶ πελάγει
Sib. 3 83 οὐρανὸν εἱλίξῃ καθ' ἅπερ βιβλίον εἱλεῖται καὶ * πέσεται * πολύμορφος ὅλος πόλος ἐν χθονὶ δὴ καὶ πελάγει
Sib. 3 105 βροτοὶ πόλει οὔνομ' ἔθεντο. αὐτὰρ ἐπεὶ πύργος τ' * ἔπεσεν * γλῶσσαί τ' ἀνθρώπων παντοδαπαῖς φωναῖσι
Sib. 3 275 ναὸς μεγάλοιο θεοῦ καὶ τείχεα μακρὰ πάντα χαμαὶ * πεσοῦνται * ὅτι ψυχῶν οὐκ ἐπίθησαν δίκαι θεοῦ ἁγνῷ
Sib. 3 342 ἠδὲ βάραθρ' ἀχανῆ πολλαὶ δὲ πόλεις αὐτανδροι * πεσοῦνται * ἐν Ἀσίδι μὲν Ἰασσὸς Κεβρὴν +Πανδονίη+
Sib. 3 515 τε Φρυγῶν τε. πολλὰ δὲ Παμφύλων ἔθνη Λυδῶν τε * πεσεῖται * Μαύρων τ' Αἰθιόπων τε καὶ ἐθνῶν βαρβαροφώνων

Slb. 3 527 γυναῖκας ἐκ θαλάμων ἁπαλὰς τρυφεροῖς ποσὶ πρόσθε * πεσούσας * ὄψονται δεσμοῖσιν ὑπ' ἐχθρῶν βαρβαροφώνων πᾶσαν
Slb. 3 618 πουλυβοτείρη ἔργα δὲ χειροποίητα πυρὸς φλογὶ πάντα * πεσεῖται. * καὶ τότε δὴ χάρμην μεγάλην θεὸς ἀνδράσι δώσει
Slb. 3 672 ὀλοῦνται χειρὸς ἀπ' ἀθανάτοιο ἀπ' οὐρανόθεν δὲ * πεσοῦνται * ῥομφαῖαι πύρινοι κατὰ γαῖαν λαμπάδες αὐγαὶ
Slb. 3 685 πληρώσει πᾶσα χαράδρα. τείχεα δ' εὐποίητα χαμαὶ * πεσέονται * ἅπαντα ἀνδρῶν δυσμενέων ὅτι τὸν νόμον οὐκ
Slb. 3 716 ἡδὺν ἀπὸ στομάτων δὲ λόγον ἄξουσιν ἐν ὕμνοις δεῦτε * πεσόντες * ἅπαντες ἐπὶ χθονὶ λισσώμεσθα ἀθάνατον βασιλῆα
Slb. 3 725 ἀνθρώπων (δεῦτε θεοῦ κατὰ δῆμον ἐπὶ στομάτεσσι * πεσόντες * τέρψωμεν ὕμνοισι θεὸν γενετῆρα κατ' οἴκους
Slb. 4 64 στήσεται ἐν πολέμῳ Περσῶν δ' ὑπὸ δούρασι Μῆδοι * πίπτοντες * φεύξονται ὑπὲρ μέγα Τίγριδος ὕδωρ. Περσῶν δὲ
Slb. 4 82 μεγάλοιο ἐρευγομένης φλογὸς Αἴτνης ἠδὲ Κρότων * πέσεται * μεγάλη πόλις εἰς βαθὺ χεῦμα. ἔσται δ' Ἑλλάδι
Slb. 4 99 ἠιόνα προχέων ἱερὴν ἐς νῆσον ἵκηται. καὶ σὺ Βάρις * πέσεαι * καὶ Κύζικος ἡνίκα γαίης βρασσομένης σεισμοῖσιν
Slb. 4 110 δ' οὔποτε βρασσομένη χθὼν στηρίξει πρηνὴς δὲ κάτω * πίπτουσ' * ἐπὶ γαίης εἰς ἑτέρην εὔξῃ προφυγεῖν χθόνα οἷα
Slb. 4 134 δ' αἰθαλόεσσα τέφρη μέγαν αἰθέρα πλήσῃ καὶ ψεκάδες * πίπτωσιν * ἀπ' οὐρανοῦ οἷά τε μίλτος γινώσκειν τότε μῆνιν
Slb. 4 141 ἐροῦσιν ἡνίκ' ἂν ἀφροσύνῃσι τεαῖς ὑπὸ δούρασι * πίπτῃς. * καὶ Κύρρον τότε λοιμὸς ὀλεῖ καὶ φύλοπις αἰνή.
Slb. 5 18 ἡγεμόνων κακότητα ἠδὲ γυναικὸς ἀδουλώτου ἐπὶ κῦμα * πεσούσης. * καὶ θεσμοὺς θήσει λαοῖς καὶ πάνθ' ὑποτάξει ἐν
Slb. 5 72 σοὶ +φανερῶς+ θέμις ἔσται ἐν μακάρεσσιν ἐξ ἄστρων * πέπτωκας * ἐς οὐρανὸν οὐκ ἀναβήσῃ. ταῦτα μὲν Αἰγύπτῳ θεὸς
Slb. 5 100 δώρων χάριν ὧν ἀπὸ σεῖο στεψαμένη κεφαλὴν ἐχάρη * πίπτουσ' * ἐπὶ γαίης. αὐτὸς δ' ὃς Περσῶν ἔλαχεν γαῖαν
Slb. 5 456 βλέποντες. Φοινίκη δεινός σε μένει χόλος ἄχρι * πεσεῖν * σε πτῶμα κακὸν Σειρῆνες ὅπως κλαύσονται ἀληθῶς.
FJub. 36 9 ἐὰν ἐπαναστῇ τῷ Ἰακὼβ ὁ Ἠσαῦ εἰς χεῖρας αὐτοῦ * πεσεῖται. * μετὰ οὖν τὸ τελευτῆσαι τὸν Ἰσαὰκ κινηθεὶς ὑπὸ
FIsa. 1 10 πικρῶς καὶ ἔβαλεν χοῦν ἐπὶ τὴν κεφαλὴν αὐτοῦ καὶ * ἔπεσεν * ἐπὶ πρόσωπον αὐτοῦ. καὶ εἶπεν Ἠσαΐας οὐκ
FPho. 26 ναυηγοὺς οἴκτιρον ἐπεὶ πλόος ἐστὶν ἄδηλος. χεῖρα * πεσόντι * δίδου σῶσον δ' ἀπερίστατον ἄνδρα. κοινὰ πάθη
FPho. 140 βορὴν κατὰ μέτρον ἔλαι. κτῆνος δ' ἢν ἐχθροῖο * πέσῃ * καθ' ὁδὸν συνέγειρε. πλαζόμενον δὲ βροτὸν καὶ
HArt. 9 27 25 πρὸς τὸ οὖς εἰπεῖν ἀκούσαντα δὲ τὸν βασιλέα * πεσεῖν * ἄφωνον διακρατηθέντα δὲ ὑπὸ τοῦ Μωΰσου πάλιν
HArl. 9 25 3 ἀπολέσθαι εἶτα τὰ πρόβατα ὑπὸ πυρὸς ἐκ τοῦ οὐρανοῦ * πεσόντος * κατακαῆναι σὺν τοῖς ποιμέσι μετ' οὐ πολὺ δὲ καὶ
HArl. 9 25 3 λῃστῶν ἀπελαθῆναι εἶτα τὰ τέκνα αὐτοῦ ἀποθανεῖν * πεσούσης * τῆς οἰκίας αὐθημερὸν δὲ αὐτοῦ καὶ τὸ σῶμα
HAno. 9 17 3 γίγαντας οἰκοδομεῖν δὲ τὸν ἱστορούμενον πύργον. * πεσόντος * δὲ τούτου ὑπὸ τῆς τοῦ θεοῦ ἐνεργείας τοὺς
HHec. 1 22 192 ἐν Βαβυλῶνι γενομένου καὶ προελομένου τὸ τοῦ Βήλου * πεπτωκὸς * ἱερὸν ἀνακαθῆραι καὶ πᾶσιν αὐτοῦ τοῖς
LEze. 9 29 5 13 οὐρανοῦ καὶ μοί τι πλῆθος ἀστέρων πρὸς γούνατα * ἔπιπτ' * ἐγὼ δὲ πάντας ἠριθμησάμην κἀμοῦ παρῆγεν ὡς
LEze. 9 29 12 11 σκληρά. πικράνω δ' οὐρανὸν χάλαζα νῦν σὺν πυρὶ * πεσεῖται * καὶ νεκροὺς θήσει βροτούς. καρποὶ τ' ὀλοῦνται
LEze. 64 29 6 09 πρῶτον λύθρῳ ἐπείσατον γῆν καὶ τὸν ἐξ ἀκηράτων * πεσεῖν * αἰώνων πρωτόπλαστον εἰς χθόνα ὑμεῖς ἐτεκτήνασθε.
FrAn. 15 καὶ πᾶς ὃς ἂν συναντήσει αὐτῷ ἐν πολέμῳ ἐν μαχαίρᾳ * πεσεῖται. * ἃ οὐκ ἔφαγον ἅγιοι ταῦτα φάγονται Ἀσσύριοι.

Πισιδης 1

Slb. 5 340 σθένος ἡγεμονήων. Λυδοὶ καὶ Γαλάται Πάμφυλοι σὺν * Πισίδαισι * πανδημεὶ κρατέουσι κακὴν ἔριν ὁπλισθέντες.

πιστεύω 32

Hen. 1 5 οὐρανοῦ τῶν οὐρανῶν. καὶ φοβηθήσονται πάντες καὶ * πιστεύσουσιν * οἱ ἐγρήγοροι (καὶ ᾄσουσιν ἀπόκρυφα ἐν πᾶσιν
Hen. 104 13 αἱ βίβλοι μου εἰς χαρὰν ἀληθείας καὶ αὐτοὶ * πιστεύσουσιν * αὐταῖς καὶ ἐν αὐταῖς χαρήσονται καὶ
Hen. 106 12 ὁ υἱός μου Λάμεχ καὶ ἔφυγεν πρὸς ἐμὲ καὶ οὐ * πιστεύει * ὅτι υἱὸς αὐτοῦ ἐστιν ἀλλὰ ὅτι ἐξ ἀγγέλων--- τὴν
Abr.1 18 6 ὁ κύριος εἶπεν; καὶ ὁ θάνατος εἶπεν τὸν Ἀβραὰμ * πίστευσόν * μοι ὅτι καὶ τοῦτο θαυμαστόν ἐστιν ὅτι οὐκ ἂν
TLevl 8 12 σου εἰς σημεῖον δόξης κυρίου ἐπερχομένου καὶ ὁ * πιστεύσας * πρῶτος ἔσται κλῆρος μέγας ὑπὲρ αὐτὸν οὐ
TDan 5 13 ἐπ' αὐτοὺς ἐν ταπεινώσει καὶ ἐν πτωχείᾳ καὶ ὁ * πιστεύων * ἐπ' αὐτῷ βασιλεύσει ἐν ἀληθείᾳ ἐν τοῖς
TDan 6 4 ἐπικαλουμένους τὸν κύριον. οἶδε γὰρ ὅτι ἐν ᾗ ἡμέρᾳ * πιστεύσει * Ἰσραὴλ συντελεσθήσεται ἡ βασιλεία τοῦ ἐχθροῦ.
TNep. 1 3 αὐτὸν τὸ πρωὶ εἶπεν αὐτοῖς ὅτι ἀποθνήσκω καὶ οὐκ * ἐπίστευον * αὐτῷ. καὶ εὐλογῶν κύριον ἐκραταίωσεν ὅτι μετὰ
TNep. 7 2 Ἰσραὴλ ὑπομείναντος. τότε λέγει μοι ὁ πατήρ μου * πιστεύω * ὅτι ζῇ Ἰωσὴφ ὁρῶ γὰρ πάντοτε ὅτι κύριος
TJos. 2 1 ὕψωσέ με. καὶ οὕτως Φωτιμὰρ ὁ ἀρχιμάγειρος Φαραὼ * ἐπίστευσέ * μοι τὸν οἶκον αὐτοῦ. καὶ ἠγωνισάμην πρὸς
TJos. 4 2 σου ὅτι κἂν εἴπῃ τις αὐτῷ περὶ ἡμῶν οὐ μὴ * πιστεύσῃ. * ἐν τούτοις πᾶσιν ἐχαμοκοίτουν ἐγὼ ἐν σάκκῳ καὶ
TJos. 11 6 ἔδωκέ μοι χάριν ἐν ὀφθαλμοῖς τοῦ μεταβόλου καὶ * ἐπίστευσέ * μοι τὸν οἶκον αὐτοῦ. καὶ εὐλόγησεν αὐτὸν
TJos. 13 4 παρέθεντό μοι αὐτὸν ἕως οὗ ἐπιστρέψωσιν. καὶ οὐκ * ἐπίστευσεν * αὐτῷ ἀλλ' ἐκέλευσε γυμνὸν τύπτεσθαι αὐτόν.
TBen. 4 4 οὐ ζηλοῖ ἐάν τις ἀνδρεῖος ἐπαινεῖ τὸν σώφρονα * πιστεύων * ὑμνεῖ τὸν πένητα ἐλεεῖ τῷ ἀσθενεῖ συμπαθεῖ τὸν
TBen. 10 7 γῆς φανέντα μορφῇ ἀνθρώπου ταπεινώσεως καὶ ὅσοι * ἐπίστευσαν * αὐτῷ ἐπὶ γῆς συγχαρήσονται αὐτῷ. τότε καὶ
TBen. 10 8 ὅτι παραγενάμενον θεὸν ἐν σαρκὶ ἐλευθερωτὴν οὐκ * ἐπίστευσαν. * καὶ τότε κρινεῖ πάντα τὰ ἔθνη ὅσα οὐκ
TBen. 10 9 ἐπίστευσαν. καὶ τότε κρινεῖ πάντα τὰ ἔθνη ὅσα οὐκ * ἐπίστευσαν * αὐτῷ ἐπὶ γῆς φανέντι καὶ ἐλέγξει ἐν τοῖς
Asen. 13 13 τοῦ ποιμένος ἐστὶν ἐκ γῆς Χαναάν. κἀγὼ ἡ ἀθλία * πεπίστευκα * αὐτοῖς καὶ πεπλάνημαι. καὶ ἐξουδένωσα αὐτὸν
Jer. 6 4 ἐν τῷ σκηνώματι σου ἐν τῇ παρθενικῇ σου πίστει καὶ * πίστευσον * ὅτι ζήσεις. ἐπίβλεψον ἐπὶ τὸν κόφινον τοῦτον
Jer. 7 17 ἐπὶ τὸν τεθνηκότα καὶ ἀνέζησε. γέγονε δὲ τοῦτο ἵνα * πιστεύσωσιν. * ἐθαύμασε δὲ πᾶς ὁ λαὸς ἐπὶ τῷ γεγονότι
Esdr. 4 28 ἐστιν κἀγὼ παραγγέλλω τὸ γένος τῶν ἀνθρώπων ἵνα μὴ * πιστεύσωσιν * αὐτῷ. καὶ εἶπέν μοι τὸ εἶδος τοῦ προσώπου
Esdr. 4 35 μου καὶ παιδίον γίνεται καὶ γέρων καὶ μηδεὶς αὐτῷ * πιστεύει * ὅτι ἐστὶν ὁ υἱός μου ὁ ἀγαπητός. καὶ μετὰ ταῦτα
Esdr. 7 12 ἀρχαίων αὐτοῦ ἐν ἡμέρᾳ κρίσεως αὐτοῦ. ὅσοι δὲ μὴ * πιστεύσαντες * τὸ βιβλίον τοῦτο κατακαυθήσονται ὡς τὰ
Job 11 11 ἀφαιρήσεως λέγων ὅσον προφάσει τῶν πενήτων * ἐπίστευσα * ὑμῖν, οὐδὲν λήψομαι παρ' ὑμῶν. οὐδὲ ἐδεχόμην
Arls. 270 3 τὰ τῆς ἀποκρίσεως τὸν ἑξῆς ἠρώτα τίσι δεῖ * πιστεύειν * ἑαυτόν; τοῖς διὰ τὴν εὔνοιαν εἶπε συνοῦσί σοι
Slb. 3 284 ὡς ἐπέκρανε θεός σοι ἄμβροτος. ἀλλὰ σὺ μίμνε * πιστεύων * μεγάλοιο θεοῦ ἁγνοῖσι νόμοισιν ὁππότε σεῖο
FIsa. 1 2 9 Ἰ(σ)ασοὺφ ὁ υἱὸς αὐτοῦ καὶ πολλοὶ τῶν πιστῶν τῶν * πιστευόντων * εἰς οὐρανοὺς ἀναβῆναι ἀνεχώρησαν καὶ
FPho. 79 Πειθὼ μὲν γὰρ ὄνειαρ Ἔρις δ' ἔριν ἀντιφυτεύει. μὴ * πίστευε * τάχιστα πρὶν ἀτρεκέως πέρας ὄψει. νικᾶν εὖ
FPho. 95 δ' ὀλίγοις καὶ πολλοῖς πάντες ἄπληστοι. λαῷ μὴ * πίστευε * πολύτροπός ἐστιν ὅμιλος λαὸς ‹γὰρ› καὶ ὕδωρ καὶ
FrAn. 10 98 1 γὰρ δυστυχήσειν τὰ τῇδε πράγματα ὅταν ἀνδριᾶσι * πιστεύσωσιν. * συνάξει πᾶσαν δύναμιν αὐτοῦ ἀπὸ ἡλίου
FrAn. 1 218 3 σοὶ πολυπλασίονα ὑπὲρ ὧν ἐδάνεισάς μοι. καὶ εἰ * πιστεύεις * λήψῃ καὶ ἐν τῷ μέλλοντι πλοῦτον ἀνυπέρβλητον.
FrAn. 1 218 7 πάντα ἐάσας ἐν τῷ ναῷ ἐξῆλθεν εὐχαριστῶν καὶ * πιστεύων * κυρίῳ καὶ ἐν τῇ θείᾳ γραφῇ πάντα διηγορευμένα.

πίστις 20

TLevl 8 2 καὶ τὸν ποδήρη τῆς ἀληθείας καὶ τὸ πέταλον τῆς * πίστεως * καὶ τὴν μίτραν τοῦ σημείου καὶ τὸ ἐφοὺδ τῆς
TLevl 16 5 ἐπισκέψηται καὶ οἰκτιρήσας προσδέξηται ὑμᾶς ἐν * πίστει * καὶ ὕδατι. καὶ ὅτι ἠκούσατε περὶ τῶν ἑβδομήκοντα
TAser 7 7 καὶ γλῶσσαν αὐτῶν. ἀλλ' ἐπισυνάξει ὑμᾶς κύριος ἐν * πίστει * δι' ἐλπίδα εὐσπλαγχνίας αὐτοῦ διὰ Ἀβραὰμ καὶ
Sal. 8 28 διασπορὰν Ισραηλ μετὰ ἐλέους καὶ χρηστότητος ὅτι ἡ * πίστις * σου μεθ' ἡμῶν. καὶ ἡμεῖς ἐσκληρύναμεν τὸν
Sal. 17 40 ἐν φόβῳ θεοῦ ποιμαίνων τὸ ποίμνιον κυρίου ἐν * πίστει * καὶ δικαιοσύνῃ καὶ οὐκ ἀφήσει ἀσθενῆσαι ἐν αὐτοῖς
Jer. 6 4 ἀνάψυξον ἐν τῷ σκηνώματι σου ἐν τῇ παρθενικῇ σου * πίστει * καὶ πίστευσον ὅτι ζήσεις. ἐπίβλεψον ἐπὶ τὸν
Jer. 7 2 εἶπεν αὐτῷ ὁ ἀετὸς χαῖρε Βαροὺχ ὁ οἰκονόμος τῆς * πίστεως. * καὶ εἶπεν αὐτῷ Βαροὺχ ὅτι ἐκλεκτὸς εἶ σὺ ὁ
Jer. 9 13 φῶς τῶν αἰώνων πάντων ὁ ἄσβεστος λύχνος ἡ ζωὴ τῆς * πίστεως. * γίνεται δὲ μετὰ τοὺς καιροὺς τούτους ἄλλα ἔτη
Arls. 37 9 δυναμένους καὶ περὶ ἡμᾶς εἶναι τῆς περὶ τὴν αὐλὴν * πίστεως * ἀξίους ἐπὶ χρειῶν καθεστάκαμεν. βουλόμενοι δ'
Slb. 3 43 ἀλλ' ἔσεται κακίη δεινὴ πάντεσσι βροτοῖσιν * πίστιν * δ' οὐ σχήσουσιν ὅλως χῆραί τε γυναῖκες στέρξουσιν
Slb. 3 74 φλέξῃ καὶ ὑπερφιάλους ἀνθρώπους πάντας ὅσοι τούτῳ * πίστιν * ἐνιποιήσαντο καὶ τότε δὴ κόσμος ὑπὸ ταῖς παλάμῃσι
Slb. 3 262 πᾶσι γὰρ Οὐράνιος κοινὴν ἐτελέσσατο γαῖαν καὶ * πίστιν * καὶ ἄριστον ἐνὶ στήθεσσι νόημα. τοῖσι μόνοις
Slb. 3 376 προφέρουσα βροτοῖς ὁμόνοια σαόφρων καὶ στοργὴ * πίστις * φιλίη ξείνων ἀπο καὐτῶν +ἠδέ τε δυσνομίη μῶμος
Slb. 3 585 γὰρ σφιν δῶκε θεὸς μέγας εὔφρονα βουλὴν καὶ * πίστιν * καὶ ἄριστον ἐνὶ στήθεσσι νόημα οἵτινες οὐκ
Slb. 4 153 ὕδωρ. ἀλλ' ὅταν εὐσεβίης μὲν ἀπ' ἀνθρώπων ἀπόληται * πίστις * καὶ τὸ δίκαιον ἀποκρυφθῇ ἐνὶ κόσμῳ --- παλίμβολοι
Slb. 5 285 μόνον ἔξοχον ὄντα ἤλπισαν εὐσεβίην μεγάλην καὶ * πίστιν * ἔχοντες. ἀλλά τί δή μοι ταῦτα νόος σοφὸς
FPho. 13 φεύγειν τὰ δίκαια βραβεύειν. παρθεσίην τηρεῖν * πίστιν * δ' ἐν πᾶσι φυλάσσειν. μέτρα νέμειν τὰ δίκαια
FPho. 218 ἔφυ παίδων τοκέεσσιν. ‹στέργε φίλους ἄχρις θανάτου * πίστις * γὰρ ἀμείνων.› συγγενέσιν φιλότητα νέμοις ὁσίην θ'
HHec. 2 4 43 Μοσόλλαμος ὁ Ἰουδαῖος. διὰ τὴν ἐπιείκειαν καὶ * πίστιν * ἣν αὐτῷ παρέσχον Ἰουδαῖοι τὴν Σαμαρεῖτιν χώραν
LEze. 9 29 7 06 τί δή; προελθὼν ὄψομαι τεράστιον μέγιστον οὐ γὰρ * πίστιν * ἀνθρώποις φέρει. ἐπίσχες ὦ φέριστε μὴ προσεγγίσῃς

πιστοποίησις 1

TBen. 10 3 ἕκαστος μετὰ τοῦ πλησίον αὐτοῦ καὶ κρίμα εἰς * πιστοποίησιν * καὶ τὸν νόμον κυρίου καὶ τὰς ἐντολὰς αὐτοῦ

πιστός 19

Asen. 23 4 καὶ ὑμεῖς ἔσεσθέ μοι εἰς ἀδελφοὺς καὶ φίλους * πιστούς. * πλὴν τὸ ῥῆμα τοῦτο ποιήσατε. εἰ δὲ ὑμεῖς
Sal. 14 1 αὐτὸν τὸ ἔλεος αὐτοῦ. ὕμνος τῷ Σαλωμων. * πιστὸς * κύριος τοῖς ἀγαπῶσιν αὐτὸν ἐν ἀληθείᾳ τοῖς
Sal. 17 10 τὸ σπέρμα αὐτῶν καὶ οὐκ ἀφῆκεν αὐτῶν ἕνα. * πιστὸς * ὁ κύριος ἐν πᾶσι τοῖς κρίμασιν αὐτοῦ οἷς ποιεῖ
Bar. 15 4 εἴπατε αὐτοῖς ὅτι τάδε λέγει κύριος ἐπὶ ὀλίγῃ ἐστέ * πιστοὶ * ἐπὶ πολλῶν ὑμᾶς καταστήσει εἰσέλθατε εἰς τὴν
Prop. 2 4 μὲν νεφὼθ Ἕλληνες δὲ κροκοδείλους. καὶ ὅσοι εἰσὶ * πιστοὶ * θεοῦ ἕως σήμερον εὔχονται ἐν τῷ τόπῳ καὶ
Esdr. 2 2 Γαβριὴλ καὶ οἱ ἀπόστολοι πάντες καὶ εἶπον χαῖρε * πιστὲ * τοῦ θεοῦ ἄνθρωπε. ‹καὶ εἶπεν Ἐσδρὰμ› ἀνάστα καὶ
Arls. 36 3 μισθοφορίαις ὁμοίως δὲ καὶ τοὺς προόντας κρίνας * πιστοὺς * φρούρια κτίσας ἀπέδωκεν αὐτοῖς ὅπως τὸ τῶν
Arls. 102 2 περιβόλων ὡσανεὶ φυλασσομένων τῶν πύργων ὑπὸ τῶν * πιστοτάτων * ἀνδρῶν καὶ τῇ πατρίδι μεγάλας ἀποδείξεις
Slb. 3 69 αὐτῷ ἀλλὰ πλανᾷ καὶ δὴ μέροπας πολλούς τε πλανήσει * πιστούς * τ' ἐκλεκτούς θ' Ἑβραίους ἀνόμους τε καὶ ἄλλους
Slb. 3 654 πολέμοιο κακοῖο οὓς μὲν ἄρα κτείνας οἷς δ' ὅρκια * πιστὰ * τελέσσας. οὐδέ γε ταῖς ἰδίαις βουλαῖς τάδε πάντα
Slb. 3 724 τε καταφθιμένων ἀνθρώπων. ταῦτα βοήσουσιν ψυχαὶ * πιστῶν * ἀνθρώπων (δεῦτε θεοῦ κατὰ δῆμον ἐπὶ στομάτεσσι
Slb. 3 775 καὶ ἐσσομένοισι πυθέσθαι ἀλλ' ὃν ἔδωκε θεὸς * πιστοῖς * ἄνδρεσσι γεραίρειν. (υἱὸν γὰρ καλέουσι βροτοὶ
Slb. 5 117 Βαβυλῶνας Μασσαγέτας τε φιλοπτολέμους τόξοισι τε * πιστούς. * Ἀσὶς ὅλη πυρίφλεκτος ἕως νήσων σελαγήσει.
Slb. 5 161 γαῖαν θ' ἧς εἵνεκα πολλοὶ ὄλοντο Ἑβραίων ἅγιοι * πιστοὶ * καὶ λαὸς ἀληθής. ἔσσεαι ἐν θνητοῖσι κακοῖς κακὰ
Slb. 5 426 νεφέων καὶ πᾶσιν ὁρατὸν ὥστε βλέπειν πάντας * πιστοὺς * πάντας τε δικαίους ἀιδίοιο θεοῦ δόξαν

FIsa. 1 2 9 καὶ Ἰ(σ)ασοὺφ ὁ υἱὸς αὐτοῦ καὶ πολλοὶ τῶν * πιστῶν * τῶν πιστευόντων εἰς οὐρανοὺς ἀναβῆναι ἀνεχώρησαν
FAch. 104 τῷ αὐτοῦ ὀνόματι πρὸς τοὺς ἀντιδίκους Λυκούργου * (πιστοὺς) * ὡς μέλλοντα αὐτοῖς τὸν Αἴσωπον βοηθεῖν καὶ
FAch. 104 τοῦ Αἰσώπου δακτυλίῳ ἐπέδωκεν τῷ Λυκούργῳ λέγων ὁ * πιστὸς * φίλος σου ἴδε πῶς κατὰ τῆς βασιλείας σου
FrAn. 1 227 20 σου εστιν⟨ - ⟩ρετον ημας και σ⟨ ⟩ετε εστιν * πιστα * αλ⟨ ⟩ν παρ εμοι κατα⟨ - ⟩κατε νυν απαγαγε⟨τε - -

πιστόω 3
Aris. 91 3 αὐτὸς τὴν τῶν ὑποδοχείων κατασκευὴν δηλώσω καθὼς * ἐπιστώθην. * προήγαγον γὰρ πλέον σταδίων τεσσάρων ἐκ τῆς
Aris. 104 2 κατανοῆσαι τὰ τῶν θυσιῶν. ἔλεγον δὲ καὶ δι᾽ ὅρκων * πεπιστῶσθαι * τὸ τοιοῦτον τοὺς γὰρ πάντας ὀμωμοκέναι κατ᾽
Aris. 126 1 τοῖς ἀποστελλομένοις ὑπ᾽ αὐτοῦ. καὶ δι᾽ ὅρκων * ἐπιστοῦτο * μὴ προΐεσθαι τοὺς ἀνθρώπους εἴ τις ἑτέρα χρεία

Πιτάνη 1
Sib. 5 120 Πέργαμος ἥ τὸ πάλαι σεμνὴ βοτρυδὸν ὀλεῖται καὶ * Πιτάνη * πανέρημος ἐν ἀνθρώποισι φανεῖται. Λέσβος ὅλη

πίτυρον 1
FMan. 2 22 10 ὅλος ἐν οἴκῳ φυλακῆς καὶ ἐδίδοτο αὐτῷ ἐκ * πιτύρων * ἄρτος ἐν σταθμῷ βραχὺς καὶ ὕδωρ σὺν ὄξει ὀλίγον

πίτυς 1
TLevi 18 2B024 κέδρον καὶ ουεδεφωνα καὶ σχῖνον καὶ στρόβιλον καὶ * πίτυν * καὶ ολδινα καὶ βερωθα +καν+ θεχακ καὶ κυπάρισσον

πίων 6
Sib. 3 522 πολλὰ μὲν ἐκλεκτῶν ἀνδρῶν ὀλέσειε κάρηνα πολλὰ δὲ * πίονα * μῆλα βροτῶν διαδηλήσονται ἵππων θ᾽ ἡμιόνων τε βοῶν
Sib. 3 578 κριῶν τε τελείων πρωτοτόκων ὀίων τε καὶ ἀρνῶν * πίονα * μῆλα βωμῷ ἐπὶ μεγάλῳ ἁγίως ὁλοκαρπεύοντες. ἐν δὲ
Sib. 3 581 Ὑψίστοιο λαχόντες ὄλβιοι οἰκήσουσι πόλεις καὶ * πίονας * ἀγροὺς αὐτοὶ δ᾽ ὑψωθέντες ὑπ᾽ ἀθανάτοιο προφῆται
Sib. 3 639 βροτῶν καὶ βάρβαρος ἀρχὴ Ἑλλάδα πορθήσῃ πᾶσαν καὶ * πίονα * γαῖαν ἐξαρύσῃ πλούτοιο καὶ ἄντίον εἰς ἔριν αὐτῶν
Sib. 3 747 γλυκεροῦ ποτὸν ἡδὺ δένδρεά τ᾽ ἀκροδρύων καρπὸν καὶ * πίονα * μῆλα καὶ βόας ἔκ τ᾽ ὀίων ἄρνας αἰγῶν τε χιμάρους)
Sib. 3 750 λευκοῖο γάλακτος πλήρεις δ᾽ αὖτε πόλεις ἀγαθῶν καὶ * πίονες * ἀγροὶ ἔσσοντ᾽ οὐδὲ μάχαιρα κατὰ χθονὸς οὐδὲ

πλαγιάζω 1
Job 23 11 αὐτῇ ἐν τῇ ὁδῷ περιπατῶν κεκρυμμένως, καὶ * ἐπλαγίαζεν * αὐτῆς τὴν καρδίαν. ἅμα τε ἤγγισεν ἡ γυνή μου

πλάγιος 4
Asen. 4 9 ἐθυμώθη ἐν ὀργῇ μεγάλῃ καὶ ἐνέβλεψε τῷ πατρὶ αὐτῆς * πλαγίως * τοῖς ὀφθαλμοῖς αὐτῆς καὶ εἶπεν ἵνα τί λαλεῖ ὁ
Asen. 10 3 ἀσφαλῶς καὶ τὸν μοχλὸν τὸν σιδηροῦν καθῆκεν ἐκ * πλαγίου * καὶ ἐστέναξε στεναγμῷ μεγάλῳ μετὰ κλαυθμοῦ
Asen. 10 9 πάλιν τὴν θύραν ἀσφαλῶς καὶ τὸν μοχλὸν καθῆκεν ἐκ * πλαγίου. * καὶ ἔσπευσεν Ἀσενὲθ καὶ ἀπέθετο τὴν στολὴν
Aris. 62 1 αἱ κατακλεῖδες συνέσφιγγον πρὸς τὴν συνοχήν. ἐκ * πλαγίων * δὲ κατὰ τὴν στεφάνην κυκλόθεν τὰ πρὸς τὴν ἄνω

πλάζω 2
Sib. 3 9 θεόπλαστον ἔχοντες ἐν εἰκόνι μορφὴν τίπτε μάτην * πλάζεσθε * καὶ οὐκ εὐθεῖαν ἀταρπὸν βαίνετε ἀθανάτου
FPho. 141 κτῆνος δ᾽ ἢν ἐχθροῖο πέσῃ καθ᾽ ὁδὸν συνέγειρε. * πλαζόμενον * δὲ βροτὸν καὶ ἀλίτροπον οὔποτ᾽ ἐλέγξεις.

πλακόω 1
Asen. 2 2 καὶ οἱ τοῖχοι αὐτοῦ λίθοις ποικίλοις καὶ τιμίοις * πεπλακωμένοι * καὶ ἦν ἡ ὀροφὴ τοῦ θαλάμου ἐκείνου χρυσῆ.

πλανάω 52
Adam 26 1 ἐποίησας τοῦτο καὶ ἐγένου σκεῦος ἀχάριστον ἕως ἂν * πλανήσῃς * τοὺς παρειμένους τῇ καρδίᾳ ἐπικατάρατος σὺ ἐκ
Adam 42 7 μὴ χωρισθέντες ἀπ᾽ ἀλλήλων ὥσπερ ἐν τῇ παραβάσει * πλανηθέντες * παρέβημεν τὴν ἐντολήν σου μὴ χωρισθέντες
Hen. 8B 1 καὶ ταῖς θυγατράσιν αὐτῶν καὶ παρέβησαν καὶ * ἐπλάνησαν * τοὺς ἁγίους. καὶ ἐγένετο ἀσέβεια πολλὴ ἐπὶ τῆς
Hen. 19 1 πολύμορφα γενόμενα λυμαίνεται τοὺς ἀνθρώπους καὶ * πλανήσει * αὐτοὺς ἐπιθύειν τοῖς δαιμονίοις μέχρι τῆς
Hen. 97 10 ἐν ταῖς οἰκίαις ἡμῶν. καὶ ὡς ὕδωρ ἐκχυθήσεται. * πεπλάνησθε * ὅτι οὐ μὴ παραμείνῃ ὁ πλοῦτος ὑμῶν ἀλλὰ ταχὺ
Hen. 98 16 καὶ πολλοὺς ἀποπλανήσουσιν τοῖς ψεύδεσιν αὐτῶν * πλανᾶσθε * ὑμεῖς αὐτοὶ καὶ οὐκ ἔστιν ὑμῖν χαίρειν ἀλλὰ
Hen. 99 8 καὶ πᾶν βοήθημα οὐ μὴ εὕρητε ⟨ἀπ᾽⟩ αὐτῶν. καὶ * πλανηθήσονται * ἐν ἀφροσύνῃ τῆς καρδίας αὐτῶν καὶ τὰ
Hen. 99 10 πορεύσονται ἐν ὁδοῖς δικαιοσύνης αὐτοῦ καὶ οὐ μὴ * πλανήσουσιν * μετὰ τῶν πλανώντων καὶ σωθήσονται. οὐαὶ οἱ
Hen. 99 10 δικαιοσύνης αὐτοῦ καὶ οὐ μὴ πλανήσουσιν μετὰ τῶν * πλανώντων * καὶ σωθήσονται. οὐαὶ οἱ οἰκοδομοῦντες τὰς
Hen. 104 9 καὶ νὺξ ἐποπτεύουσιν τὰς ἁμαρτίας ὑμῶν πάσας. μὴ * πλανᾶσθε * τῇ καρδίᾳ ὑμῶν μηδὲ ψεύδεσθε μηδὲ ἐξαλλοιώσητε
Abr.1 20 9 καὶ ἐλθεῖν σοι ἱλαρότης καὶ ζωὴ καὶ δύναμις. * πεπλάνηκεν * γὰρ τὸν Ἀβραὰμ ὁ θάνατος καὶ ἠσπάσατο τὴν
TRub. 4 6 θεοῦ καὶ προσεγγίζουσα τοῖς εἰδώλοις ὅτι αὕτη ἐστὶ * πλανῶσα * τὸν νοῦν καὶ τὴν διάνοιαν καὶ κατάγει νεανίσκους
TRub. 5 3 μηχανῶνται κατὰ τῶν ἀνθρώπων καὶ διὰ τῆς κοσμήσεως * πλανῶσιν * αὐτῶν πρῶτον τὰς διανοίας καὶ διὰ τοῦ βλέμματος
TLevi 2 3B010 μετ᾽ ἐμοῦ κύριε καὶ μὴ κατισχυσάτω με πᾶς σατανᾶς * πλανῆσαί * με ἀπὸ τῆς ὁδοῦ σου. καὶ ἐλέησόν με καὶ
TLevi 10 2 τῶν αἰώνων εἰς τὸν σωτῆρα τοῦ κόσμου ἀσεβοῦντες * πλανῶντες * τὸν Ἰσραὴλ καὶ ἐπεγείροντες αὐτῷ κακὰ μεγάλα
TLevi 16 1 ἔγνων ἐν βιβλίῳ Ἐνὼχ ὅτι ἑβδομήκοντα ἑβδομάδας * πλανηθήσεσθε * καὶ τὴν ἱερωσύνην βεβηλώσετε καὶ τὰς θυσίας
TJud. 14 5 μου ὅτι ὁ μεθύων οὐδένα αἰδεῖται. ἰδοὺ γὰρ κἀμὲ * ἐπλάνησε * μὴ αἰσχυνθῆναι πλῆθος ἐν τῇ πόλει ὅτι ἐν
TJud. 17 1 γυναικῶν ὅτι καίγε δι᾽ ἀργύριον καὶ εὐμορφίαν * ἐπλανήθην * εἰς Βησσουὲ τὴν Χαναναίαν. ὅτι οἶδα ἐγὼ ὅτι
TIss. 1 13 αὐτοῦ σὺ εἶ ἀλλ᾽ ἐν δόλῳ ἀντ᾽ ἐμοῦ εἰσήχθης. καὶ * ἐπλάνησέ * με ὁ πατήρ μου καὶ μεταστήσας με τῇ νυκτὶ
TNep. 3 3 ἀλλοιώσητε νόμον θεοῦ ἐν ἀταξίᾳ πράξεων ὑμῶν. ἔθνη * πλανηθέντα * καὶ ἀφέντα τὸν κύριον ἠλλοίωσαν τάξιν αὐτῶν
TGad 3 1 ποιεῖν δικαιοσύνην καὶ πάντα νόμον ὑψίστου καὶ μὴ * πλανᾶσθαι * τῷ πνεύματι τοῦ μίσους ὅτι κακόν ἐστιν ἐπὶ
TAser 5 4 θεόν. ταῦτα πάντα ἐδοκίμασα ἐν τῇ ζωῇ μου καὶ οὐκ * ἐπλανήθην * ἀπὸ τῆς ἀληθείας κυρίου καὶ τὰς ἐντολὰς τοῦ
TJos. 1 3 ἐν τῇ ζωῇ μου τὸν φθόνον καὶ τὸν θάνατον καὶ οὐκ * ἐπλανήθην * ἐν τῇ ἀληθείᾳ κυρίου. οἱ ἀδελφοί μου οὗτοι
TBen. 6 3 οὐ λυπεῖ τὸν πλησίον οὐκ ἐμπίπλαται τρυφῆς οὐ * πλανᾶται * μετεωρισμοῖς ὀφθαλμῶν κύριος γάρ ἐστι μερίς
Asen. 13 13 ἥμαρτόν σοι ἐν ἀγνοίᾳ παρθένος οὖσα καὶ ἀδαὴς * πεπλάνημαι * καὶ λελάληκα βλάσφημα εἰς τὸν κύριόν μου
Asen. 13 13 ἐκ γῆς Χαναάν. κἀγὼ ἡ ἀθλία πεπίστευκα αὐτοῖς καὶ * πεπλάνημαι. * καὶ ἐξουδένωσα αὐτὸν καὶ λελάληκα περὶ αὐτοῦ
Sal. 17 17 ὁσίων ὡς στρουθία ἐξεπετάσθησαν ἀπὸ κοίτης αὐτῶν. * ἐπλανῶντο * ἐν ἐρήμοις σωθῆναι ψυχὰς αὐτῶν ἀπὸ κακοῦ καὶ
Sal. 18 12 ἔκτισεν αὐτοὺς ὁ θεὸς καὶ ἕως αἰῶνος καὶ οὐκ * ἐπλανήθησαν * ἀφ᾽ ἧς ἡμέρας ἔκτισεν αὐτοὺς ἀπὸ γενεῶν
Jer. 5 9 ἐμὲ σήμερον. οὐκ ἔστιν αὕτη ἡ πόλις Ἰερουσαλὴμ * πεπλάνημαι * τὴν ὁδὸν ὅτι διὰ τῆς ὁδοῦ τοῦ ὄρους ἦλθον
Jer. 5 10 τῆς κεφαλῆς μου διὰ τὸ μὴ κορεσθῆναί με τοῦ ὕπνου * πεπλάνημαι * τὴν ὁδόν. θαυμαστὸν εἰπεῖν τοῦτο ἐναντίον
Jer. 5 11 θαυμαστὸν εἰπεῖν τοῦτο ἐναντίον Ἰερεμίου ὅτι * πεπλάνημαι * τὴν ὁδόν. ἐξῆλθε δὲ ἀπὸ τῆς πόλεως καὶ
Jer. 5 12 σημεῖα τῆς πόλεως καὶ εἶπεν αὕτη μὲν ἔστιν ἡ πόλις * πεπλάνημαι * δὲ τὴν ὁδόν. καὶ πάλιν ὑπέστρεψεν εἰς τὴν
Bar. 4 8 καὶ εἶπον ἐγὼ δέομαί σου δεῖξόν μοι τί τὸ ξύλον τὸ * πλανῆσαν * τὸν Ἀδάμ; καὶ εἶπεν ὁ ἄγγελος ἡ ἄμπελός ἐστιν
Prop. 19 2 καὶ ἐτάφη ἐν Βεθὴλ σύνεγγυς τοῦ ψευδοπροφήτου τοῦ * πλανήσαντος * αὐτόν. Ἀζαρίας ἐκ γῆς Συβαθὰ ὃς ἐπέστρεψεν
Esdr. 2 28 ἡμέραν τῆς κρίσεως ποία ἐστίν. καὶ εἶπεν ὁ θεὸς * ἐπλανήθης * Ἐσδρὰμ τοιαύτη γάρ ἐστιν ἡ ἡμέρα τῆς κρίσεως
Esdr. 4 34 καὶ εἶπεν ὁ προφήτης κύριε καὶ πῶς σὺ ἀφεὶς καὶ * πλανᾶται * τὸ γένος τῶν ἀνθρώπων; καὶ εἶπεν ὁ θεὸς ἄκουσον
Job 26 6 γάρ σε δεῖξαι ὥσπερ μίαν τῶν ἀφρόνων γυναικῶν τῶν * πλανησάντων * τῶν ἑαυτῶν ἀνδρῶν τὴν ἀπλότητα. ἐγὼ δὲ πάλιν
Sib. 3 29 πετεηνά. οὐ σέβετ᾽ οὐδὲ φοβεῖσθε θεὸν ματαίως δὲ * πλανᾶσθε * προσκυνέοντες ὄφεις τε καὶ αἰλούροισι θύοντες
Sib. 3 68 ἀνθρώποις ἀλλ᾽ οὐχὶ τελεσφόρα ἔσσετ᾽ ἐν αὐτῷ ἀλλὰ * πλανᾷ * καὶ δὴ μέροπας πολλούς τε πλανήσει πιστούς τ᾽
Sib. 3 68 ἐν αὐτῷ ἀλλὰ πλανᾷ καὶ δὴ μέροπας πολλούς τε * πλανήσει * πιστούς τ᾽ ἐκλεκτούς θ᾽ Ἑβραίους ἀνόμους τε
Sib. 3 233 ἐξ ὧν δὴ κακὰ πολλὰ βροτοῖς πέλεται κατὰ γαῖαν τοῦ * πεπλανῆσθαι * ὁδούς τ᾽ ἀγαθὰς καὶ ἔργα δίκαια. οἳ δὲ
Sib. 3 276 φρεσὶν οὐκ ἐπίθησας ἀθανάτοιο θεοῦ ἁγνῷ νόμῳ ἀλλὰ * πλανηθεὶς * εἰδώλοις ἐλάτρευσας ἀεικέσιν οὐδὲ φοβηθεὶς
Sib. 3 721 πάντων κατὰ γαῖαν. ἡμεῖς δ᾽ ἀθανάτοιο τρίβου * πεπλανημένοι * ἦμεν ἔργα δὲ χειροποίητα σεβάσμεθα ἄφρονι
FJub. 10 1 φθόνῳ κινούμενοι ⟨οἱ ἐγρήγοροι⟩ μετὰ θάνατον * ἐπλάνησαν * τοὺς υἱοὺς Νῶε καὶ εὐξαμένου τοῦ Νῶε ἵνα
FEz. 186 1 ⟩το ονομα απ⟨ ⟩μενω⟨ ⟩πλατεια⟨ ⟨το * πλανωμενο⟩ν * ουκ επ⟨εσ⟩τρεψατε και ⟨το ενοχλουμενο⟩ν ουκ
FEz. 186 3 ουκ εθ⟨ε⟩ραπευσατε ⟨και ποιειτε τον⟩ λαον μου * πλαν⟨ασθαι * απο νομης της⟩ καλης και πορευ⟨εσθαι εις
FEz. 186 12 κατεδησω και το ενο⟨χλουμενον ια⟩σομαι και το * πλανομε⟨νον * επιστρεψω κ⟩αι βοσκήσω αυτου⟨ς εγω και
ISop. 5 113 2 οἶδμα καὶ ἀνέμων βίαν. θνητοὶ δὲ πολλοὶ καρδίαν * πλανώμενοι * ἱδρυσάμεσθα πημάτων παραψυχὴν θεῶν ἀγάλματα
IDip. 5 121 1 ἓν ἅρπαζε ἀπελθὼν κλέπτε ἀποστέρει κύκα μηδὲν * πλανηθῇς * ἔστι καὶ ἐν Ἅιδου κρίσις ἥνπερ ποιήσει ⟨ὁ⟩
IMen. 5 119 2 σμαράγδου ζῴδια εὔνουν νομίζει τὸν θεὸν καθιστάναι * πεπλάνηται * ἐκεῖνος καὶ φρένας κούφας ἔχει. δεῖ γὰρ τὸν
LEze. 9 28 3 27 λαβεῖν ἐγὼ δ᾽ ἀκούσας ἐκποδὼν μεθίσταμαι καὶ νῦν * πλανῶμαι * γῆν ἐπ᾽ ἀλλοτέρμονα. ὁρῶ δὲ ταύτας ἑπτὰ
FrAn. 1 217 8 εἰς Ἰερουσαλὴμ καὶ διακρινοῦμαι τῷ θεῷ μου ὅτι * ἐπλάνησέ * με διασκορπίσαι τὰ ὑπάρχοντά μου. πορευομένου

πλάνη 32
Hen. 99 7 καὶ πνεύμασιν πονη⟨ροῖς καὶ⟩ πάσαις ταῖς * πλάναις * οὐ κατ᾽ ἐπι⟨στήμην⟩ καὶ πᾶν βοήθημα οὐ μὴ εὕρητε
Hen. 104 9 δικαίωμα εἰσάγ⟨ουσιν πάντα τὰ ψεύδ⟩η καὶ πᾶσα ⟨ἡ * πλάνη⟩--- * ---τῆς ἀληθείας ἐξαλλοιοῦσιν καὶ ἀντιγράφουσιν
TRub. 2 1 μου τέκνα ἃ εἶδον περὶ τῶν ἑπτὰ πνευμάτων τῆς * πλάνης * ἐν τῇ μετανοίᾳ μου. ἑπτὰ πνεύματα ἐδόθη κατὰ τοῦ
TRub. 3 2 τούτοις τοῖς πνεύμασι συμμίγνυται τὸ πνεῦμα τῆς * πλάνης. * πρῶτον τὸ τῆς πορνείας ἐν τῇ φύσει καὶ ταῖς
TRub. 3 7 τὸ πνεῦμα τοῦ ὕπνου τὸ ὄγδοον πνεῦμα συνάπτεται * πλάνη * καὶ φαντασίᾳ. καὶ οὕτως ἀπόλλυται πᾶς νεώτερος
TSim. 2 7 τὰ ἥπατά μου τοῦ ἀνελεῖν αὐτὸν ὅτι ὁ ἄρχων τῆς * πλάνης * ἀποστείλας τὸ πνεῦμα τοῦ ζήλου ἐτύφλωσέ μου τὸν
TSim. 3 1 καὶ νῦν τέκνα μου φυλάξασθε ἀπὸ τῶν πνευμάτων τῆς * πλάνης * καὶ τοῦ φθόνου. καὶ γὰρ ὁ φθόνος κυριεύει πάσης
TSim. 6 6 τὸν Ἀδάμ. τότε δοθήσονται πάντα τὰ πνεύματα τῆς * πλάνης * εἰς καταπάτησιν καὶ ἄνθρωποι βασιλεύσουσι τῶν
TLevi 3 3 κρίσεως ποιῆσαι ἐκδίκησιν ἐν τοῖς πνεύμασι τῆς * πλάνης * καὶ τοῦ Βελιάρ. οἱ δὲ εἰς τὸν τέταρτον ἐπάνω
TJud. 14 1 καὶ ἐμβάλλει ὀργὴν ἐπιθυμίας καὶ ὁδηγεῖ εἰς * πλάνην * τοὺς ὀφθαλμούς. τὸ γὰρ πνεῦμα τῆς πορνείας τὸν
TJud. 14 8 ὅρον τοῦτον ἐμβάλλει εἰς τὸν νοῦν τὸ πνεῦμα τῆς * πλάνης * καὶ ποιεῖ τὸν μέθυσον αἰσχρορρημονεῖν καὶ
TJud. 19 1 τέκνα μου ἡ φιλαργυρία πρὸς εἴδωλα ὁδηγεῖ ὅτι ἐν * πλάνῃ * δι᾽ ἀργυρίου τοὺς μὴ ὄντας θεοὺς ὀνομάζουσι καὶ
TJud. 19 4 ὅτι ἐν ἀγνοίᾳ ἐποίησα. ἐτύφλωσε γάρ με ὁ ἄρχων τῆς * πλάνης * καὶ ἠγνόησα ὡς ἄνθρωπος καὶ ὡς σὰρξ ἐν ἁμαρτίαις
TJud. 20 1 σχολάζουσι τῷ ἀνθρώπῳ τὸ τῆς ἀληθείας καὶ τὸ τῆς * πλάνης * καὶ μέσον ἐστὶ τὸ τῆς συνέσεως τοῦ νοὸς οὗ ἐὰν
TJud. 20 3 ἐὰν θέλῃ κλῖναι. καίγε τὰ τῆς ἀληθείας καὶ τὰ τῆς * πλάνης * γέγραπται ἐπὶ τὸ στῆθος τοῦ ἀνθρώπου καὶ ἓν
TJud. 23 1 ἐγγαστριμύθοις ἐξακολουθοῦντες κληδόσι καὶ δαίμοσι * πλάνης. * τὰς θυγατέρας ὑμῶν μουσικὰς καὶ δημοσίας

TJud. 25 3 κυρίου καὶ γλῶσσα μία καὶ οὐκ ἔσται ἔτι πνεῦμα * πλάνης * τοῦ Βελιὰρ ὅτι ἐμβληθήσεται ἐν τῷ πυρὶ εἰς τὸν
TIss. 4 4 τὸ θέλημα τοῦ θεοῦ. καίγε τὰ πνεύματα τῆς * πλάνης * οὐδὲν ἰσχύουσι πρὸς αὐτόν. οὐ γὰρ εἶδεν
TIss. 4 6 μὴ ἐπιδεχόμενος ὀφθαλμοῖς πονηρίας ἀπὸ τῆς * πλάνης * τοῦ κόσμου ἵνα μὴ ἴδῃ διεστραμμένως τι τῶν
TZab. 9 7 τῶν ἀνθρώπων διότι σάρξ εἰσι καὶ τὰ πνεύματα τῆς * πλάνης * ἀπατᾷ αὐτοὺς ἐπὶ πάσαις πράξεσιν αὐτῶν. καὶ μετὰ
TZab. 9 8 υἱῶν ἀνθρώπων ἐκ τοῦ Βελιὰρ καὶ πᾶν πνεῦμα * πλάνης * πατηθήσεται καὶ ἐπιστρέψει πάντα τὰ ἔθνη εἰς
TDan 2 4 γὰρ αὐτὸν τὸ πνεῦμα τοῦ θυμοῦ τὰ δίκτυα τῆς * πλάνης * καὶ τυφλοῖ τοὺς φυσικοὺς ὀφθαλμοὺς αὐτοῦ διὰ τοῦ
TDan 5 5 πάσῃ πονηρίᾳ ἐνεργούντων ἐν ὑμῖν τῶν πνευμάτων τῆς * πλάνης. * ἀνέγνων γὰρ ἐν βίβλῳ Ἑνὼχ τοῦ δικαίου ὅτι ὁ
TNep. 3 3 λίθοις καὶ ξύλοις ἐξακολουθήσαντες πνεύμασι * πλάνης. * ὑμεῖς δὲ μὴ οὕτως τέκνα μου γνόντες ἐν
TAser 6 2 οἱ διπρόσωποι δισσῶς κολάζονται. τὰ πνεύματα τῆς * πλάνης * μισήσατε τὰ κατὰ τῶν ἀνθρώπων ἀγωνιζόμενα. τὸν
TJos. 3 9 ἡμέρας πολλὰς ὅτι ἔγνων τὸν δόλον αὐτῆς καὶ τὴν * πλάνην. * καὶ ἔλεγον αὐτῇ ῥήματα ὑψίστου εἰ ἄρα ἀποστρέψει
TBen. 6 1 τὸ διαβούλιον τοῦ ἀγαθοῦ ἀνδρὸς οὐκ ἔστιν ἐν χειρὶ * πλάνης * πνεύματος Βελιὰρ ὁ γὰρ ἄγγελος τῆς εἰρήνης ὁδηγεῖ
Asen. 8 9 καὶ καλέσας ἀπὸ τοῦ σκότους εἰς τὸ φῶς καὶ ἀπὸ τῆς * πλάνης * εἰς τὴν ἀλήθειαν καὶ ἀπὸ τοῦ θανάτου εἰς τὴν ζωὴν
Prop. 3 19 τὴν γῆν αὐτοῦ ἀλλὰ ἐν Μηδίᾳ ἔσονται ἕως συντελείας * πλάνης * αὐτῶν. καὶ ἐξ αὐτῶν ἦν ὁ ἀνελὼν αὐτόν. ἀντέκειντο
Sib. 3 231 ψυχὰς γυμνάζοντες ἐς οὐδὲν χρήσιμον ἔργον καὶ ῥα * πλάνας * ἐδίδαξαν ἀεικελίους ἀνθρώπους ἐξ ὧν δὴ κακὰ πολλὰ
FIsa. 1 2 10 ἀλλὰ γυμνοὶ ἦσαν πενθοῦντες πένθος μέγα περὶ τῆς * πλ⟨ά⟩νης * τοῦ Ἰσραήλ. καὶ οὗτοι οὐκ ἤσθιον εἰ μὴ βοτάνας
LEze. 64 29 6 03 κακῶν ὄφις σύ τ᾽ ὦ βαρὺν τίκτουσα θησαυρὸν κακῶν * πλάνη * τυφλοῦ ποδηγὲ ἀγνοίας βίου χαίρουσα θρήνοις καὶ

πλάνημα 1

Hen. 99 1 ἀλλὰ ταχέως ἀπολεῖσθε. οὐαὶ ὑμῖν οἱ ποιοῦντες * πλανήματα * καὶ τοῖς ἔργοις τοῖς ψευδέσιν λαμβάνοντες

πλάνησις 4

Hen. 98 15 οὐαὶ ὑμῖν οἱ γράφοντες λόγους ψευδεῖς καὶ λόγους * πλανήσεως * αὐτοὶ γράφουσιν καὶ πολλοὺς ἀποπλανήσουσιν
Hen. 99 14 αὐτῶν τὴν ἀπ᾽ αἰῶνος ⟨ὅτι⟩ διώξεται ὑμᾶς πνεῦμα * πλανήσεως * οὐκ ἔστιν ὑμῖν ἀναπαῦσαι. οὐαὶ ὑμῖν οἱ
Sal. 8 14 τὰ ἔθνη. διὰ τοῦτο ἐκέρασεν αὐτοῖς ὁ θεὸς πνεῦμα * πλανήσεως * ἐπότισεν αὐτοὺς ποτήριον οἴνου ἀκράτου εἰς
Sal. 8 19 ὅτι ὁ θεὸς ἤγαγεν αὐτὸν μετὰ ἀσφαλείας ἐν τῇ * πλανήσει * αὐτῶν. ἀπώλεσεν ἄρχοντας αὐτῶν καὶ πᾶν σοφὸν ἐν

πλανῆτις 1

Job 24 2 ἐκδεχόμενος τὴν ἐλπίδα τῆς σωτηρίας σου; καὶ ἐγὼ * πλανῆτις * καὶ λάτρις τόπον ἐκ τόπου περιερχομένη διὸ

πλάνος 3

TLevi 16 3 ἄνδρα ἀνακαινοποιοῦντα νόμον ἐν δυνάμει ὑψίστου * πλάνον * προσαγορεύσετε καὶ τέλος ὡς νομίζετε ἀποκτενεῖτε
Sib. 3 228 ἀστρολογοῦσιν οὐδὲ μὲν ἀστρονομοῦσι τὰ γὰρ * πλάνα * πάντα πέφυκεν ὅσσα κεν ἄφρονες ἄνδρες ἐρευνῶσι
Sib. 3 548 καταφθιμένοισι πορίζεις θύεις τ᾽ εἰδώλοις; τίς τοι * πλάνον * ἐν φρεσὶ θῆκεν ταῦτα τελεῖν προλιποῦσα θεοῦ

πλάξ 10

Adam 1 παρὰ θεοῦ Μωϋσῇ τῷ θεράποντι αὐτοῦ ὅτε τὰς * πλάκας * τοῦ νόμου ἐκ χειρὸς αὐτοῦ ἐδέξατο διδαχθεὶς παρὰ
Hen. 103 2 ἐπίσταμαι τὸ μυστήριον τοῦτο ἀν⟨έγνων⟩ γὰρ τὰς * πλάκας * τοῦ οὐρανοῦ καὶ εἶδον τὴν γραφὴν ἀναγκαίαν ἔγνων
Hen. 106 19 τῆς γῆς--- ὑπέδειξέν μοι καὶ ἐμήνυσεν καὶ ἐν ταῖς * πλαξὶν * τοῦ οὐρανοῦ ἀνέγνων αὐτά. τότε τεθέαμαι τὰ
TLevi 5 4 ἐκείνῳ τοὺς υἱοὺς Ἐμμὼρ καθὼς γέγραπται ἐν ταῖς * πλαξὶ * τῶν οὐρανῶν. εἶπον δὲ αὐτῷ δέομαι κύριε εἰπέ μοι
TAser 2 10 δὲ ἀληθὲς ἀκάθαρτοί εἰσιν. καὶ γὰρ ὁ θεὸς ἐν ταῖς * πλαξὶ * τῶν οὐρανῶν οὕτως εἶπεν. ὑμεῖς οὖν τέκνα μου μὴ
TAser 7 5 τέκνοις ὑμῶν μὴ ἀπειθεῖν αὐτῷ. ἀνέγνων γὰρ ἐν ταῖς * πλαξὶ * τῶν οὐρανῶν ὅτι ἀπειθοῦντες ἀπειθήσετε αὐτῷ καὶ
Prop. 2 11 οὐδεὶς ἐκβάλλει εἰ μὴ Ἀαρὼν καὶ τὰς ἐν αὐτῷ * πλάκας * οὐδεὶς ἀναπτύξει οὐκέτι ἱερέων ἢ προφητῶν εἰ μὴ
Sib. 3 257 Σινᾶ καὶ τὸν νόμον οὐρανόθι πρὸ δῶκε θεὸς γράψας * πλαξὶν * δυσὶ πάντα δίκαια καὶ προσέταξε ποιεῖν καὶ ἦν ἄρα
FJos. 23 15 ὀνόματι ἀσβέστῳ τὸν θεόν μου; ἀνέγνων γὰρ ἐν ταῖς * πλαξὶ * τοῦ οὐρανοῦ ὅσα συμβήσεται ὑμῖν καὶ τοῖς υἱοῖς
HEup. 9 39 5 ἀποστεῖλαι χωρὶς τῆς κιβωτοῦ καὶ τῶν ἐν αὐτῇ * πλακῶν * ταύτην δὲ τὸν Ἰερεμίαν κατασχεῖν. τὰ πάντα ἔτη

πλάσις 7

Esdr. 2 23 ἐλέησον δέσποτα τοὺς ἁμαρτωλοὺς ἐλέησον τὴν σὴν * πλάσιν * οἰκτείρησον τὰ ἔργα σου. τότε ἐμνήσθη ὁ θεὸς τῶν
FJub. 3 1 πρώτῃ ἡμέρᾳ ἑβδομάδος ἥτις ἦν τρίτη μὲν ἡμέρα τῆς * πλάσεως * τοῦ Ἀδὰμ ὀγδόῃ δὲ τοῦ πρώτου μηνὸς Νισὰν πρώτῃ
FJub. 3 9 ἐν τῷ παραδείσῳ κατὰ τὴν τεσσαρακοστὴν ἡμέραν τῆς * πλάσεως * αὐτοῦ. τῇ ὀγδόῃ ἡμέρᾳ τῆς κοσμοποιίας
FJub. 3 9 ἡμέρᾳ τῆς κοσμοποιίας τεσσαρακοστῇ τετάρτῃ δὲ τῆς * πλάσεως * τοῦ Ἀδὰμ ἡμέρᾳ κυριακῇ Παχὼν ὀκτωκαιδεκάτῃ
FJub. 3 9 ἡ τοῦ Ἀδὰμ βοηθὸς Εὔα ἐν τῇ ὀγδοηκοστῇ ἡμέρᾳ τῆς * πλάσεως * αὐτῆς. ἣν ὁ Ἀδὰμ λαβὼν ὠνόμασεν Εὔαν ὃ
FJub. 3 10 διὰ Μωϋσέως ἐν τῷ Λευιτικῷ ἤτοι διὰ τὰς μετὰ τὴν * πλάσιν * τοῦ χωρισμοῦ αὐτῶν ἡμέρας ἐκ τοῦ παραδείσου ἐπὶ
FJub. 3 11 ἕως ἡμερῶν π᾽. ἐπειδὴ καὶ Ἀδὰμ τῇ μ᾽ ἡμέρᾳ τῆς * πλάσεως * αὐτοῦ εἰσήχθη ἐν τῷ παραδείσῳ οὗ χάριν καὶ τὰ

πλάσμα 9

Adam 37 2 ἡ δόξα κυρίου ἀπὸ ποιημάτων αὐτοῦ ὅτι ἠλέησεν τὸ * πλάσμα * τῶν χειρῶν αὐτοῦ Ἀδάμ. ὅτε δὲ εἶπον τὰς φωνὰς
Adam 40 5 τῆς γῆς λέγουσα οὐ κρυβήσεται εἰς τὴν γῆν ἕτερον * πλάσμα * ἕως οὗ ἀφιέναι μοι τὸ πρῶτον πλάσμα τὸ ἀρθὲν ἀπ᾽
Adam 40 5 τὴν γῆν ἕτερον πλάσμα ἕως οὗ ἀφιέναι μοι τὸ πρῶτον * πλάσμα * τὸ ἀρθὲν ἀπ᾽ ἐμοῦ τὸν χοῦν ἐξ ἧς ἐλήφθη. ἔλαβον
Hen. 104 10 τοὺς πολλοὺς καὶ ψεύδονται καὶ πλάσσουσιν * πλάσματα * μεγάλα καὶ τὰς γραφὰς ἀναγράφουσιν ἐπὶ τοῖς
TNep. 2 5 ἀγαθῷ καὶ πότε ἄρχεται ἐν κακῷ. ὅτι οὐκ ἔστι πᾶν * πλάσμα * καὶ πᾶσα ἔννοια ἣν οὐκ ἔγνω κύριος πάντα γὰρ
Sedr. 3 7 εἶπεν δὲ ὁ κύριος ὁ ἄνθρωπος ἔργον μου ἐστὶν καὶ * πλάσμα * τῶν χειρῶν μου καὶ παιδεύω αὐτὸν καθὼς εὑρίσκω.
Sedr. 10 6 καὶ ἴαμα πολὺ γίνεται τοῦ ταπεινοῦ σώματος τοῦ * πλάσματός * σου. καὶ ἤρξατο κλαίων καὶ ὀδυρόμενος λέγειν ὦ
Sedr. 13 4 κύριε τὴν εὐσπλαγχνίαν σου καὶ πάλιν παρακαλῶ τὸ * πλάσμα * σου πολύς ἐστιν ὁ χρόνος μὴ ὁ θάνατος αὐτοῦ φθάσῃ
FrAn. 574 3026 καὶ ἐκκρινέτω τὸν περιπτάμενον δαίμονα τοῦ * πλάσματος * τούτου ὃ ἔπλασεν ὁ θεὸς ἐν τῷ ἁγίῳ ἑαυτοῦ

πλάσσω 25

Adam 29 9 πλευρᾷ; ἢ πῶς ἐπενέγκω χεῖρα τῇ εἰκόνι τοῦ θεοῦ ἣν * ἔπλασεν; * ἀλλὰ μετανοήσωμεν ἡμέρας τεσσαράκοντα ὅπως
Adam 29 10 σὺ δὲ ἡμέρας τριάκοντα τέσσαρας ὅτι σὺ οὐκ * ἐπλάσθης * τῇ ἡμέρᾳ τῇ ἕκτῃ ἐν ᾗ ἐτέλεσεν ὁ θεὸς τὴν
Adam 31 4 μου ὁ θεὸς ἀλλὰ ζητήσει τὸ ἴδιον σκεῦος ὃ * ἔπλασεν. * ἀνάστα μᾶλλον εὖξαι τῷ θεῷ ἕως οὗ ἀποδώσω τὸ
Adam 40 6 παραδείσου εἰς τὸν τόπον ὅπου ἧρεν χοῦν ὁ θεὸς καὶ * ἔπλασεν * τὸν Ἀδάμ. καὶ ἐποίησεν ὀρυγῆναι τῶν δύο τὸν
Hen. 104 10 καὶ ἀλλάσσουσιν τοὺς πολλοὺς καὶ ψεύδονται καὶ * πλάσσουσιν * πλάσματα μεγάλα καὶ τὰς γραφὰς ἀναγράφουσιν
Abr.2 8 12 αὐτῶν οὗτός ἐστιν ὁ Ἀδὰμ ὁ πρῶτος ἄνθρωπος ὃν * ἔπλασεν * ὁ θεὸς καὶ ἤγαγεν αὐτὸν εἰς τὸν τόπον τοῦτον
TRub. 3 5 ἕκτον πνεῦμα ψεύδους ἐν ἀπωλείᾳ καὶ ζήλῳ τοῦ * πλάττειν * λόγους καὶ κρύπτειν λόγους αὐτοῦ ἀπὸ γένους καὶ
Jer. 3 8 τῇ γῇ λέγων ἄκουε γῆ τῆς φωνῆς τοῦ κτίσαντός σε ὁ * πλάσας * σε ἐν τῇ περιουσίᾳ τῶν ὑδάτων ὁ σφραγίσας σε ἐν
Esdr. 1 23 παρὰ τὸν ἄνθρωπον ὅτι κόλασιν οὐκ ἔχουσιν ἡμᾶς δὲ * ἔπλασας * καὶ εἰς κρίσιν παρέδωκας. οὐαὶ τοὺς ἁμαρτωλοὺς
Esdr. 3 9 εἶπεν ὁ προφήτης κύριε εἰ ἐλογίζου ταῦτα διά τί * ἔπλασας * τὸν ἄνθρωπον; σὺ εἶπας πρὸς Ἀβραὰμ τὸν πατέραν
Esdr. 5 16 κρίσιν ἔλθῃς. καὶ εἶπον πρὸς τὸν δεσπότην κύριε τί * ἔπλασας * τὸν ἄνθρωπον καὶ εἰς κρίσιν παρέδωκας; καὶ εἶπεν
Sedr. 3 1 μου Σεδρὰχ τί δίκην ἔχεις πρὸς τὸν θεὸν τὸν * πλάσαντά * σε ὅτι εἶπας ἤθελον λαλῆσαι στόμα πρὸ στόματος
Sedr. 4 3 μου; διὰ τί ἐκοπίασας τὰς ἀχράντους σοῦ χεῖρας καὶ * ἔπλασας * τὸν ἄνθρωπον ἐπεὶ οὐκ ἤθελες ἐλεῆσαι αὐτόν;
Sedr. 7 1 καὶ ἁμαρτωλός. λέγει αὐτῷ Σεδρὰχ σὺ δέσποτα * ἔπλασας * τὸν ἄνθρωπον οἶδας ποταπῆς βουλῆς ἦν καὶ ποταπῆς
Sedr. 7 4 ὁ θεός⟩ τί ἀπέβαλες λόγους πρός με Σεδράχ; ἐγὼ * ἔπλασα * τὸν Ἀδὰμ καὶ τὴν γυναῖκα αὐτοῦ καὶ τὸν ἥλιον καὶ
Sedr. 8 5 καλῶς με συμαχᾷ σε εἰ καὶ τινος ἐπείραζες τὸν * πλάσαντά * σε. λέγει Σεδρὰχ εἰπὲ κύριε ὁ θεός. ⟨λέγει αὐτῷ
Sib. 3 24 πῦρ ἄφθιτον ἤματα νύκτας αὐτὸς δὴ θεὸς ἐσθ᾽ ὁ * πλάσας * τετραγράμματον Ἀδὰμ τὸν πρῶτον πλασθέντα καὶ
Sib. 3 25 θεὸς ἐσθ᾽ ὁ πλάσας τετραγράμματον Ἀδὰμ τὸν πρῶτον * πλασθέντα * καὶ οὔνομα πληρώσαντα ἀντολίην τε δύσιν τε
Sib. 4 6 δὲ μάντιν ἀλλὰ θεοῦ μεγάλοιο τὸν οὐ χέρες * ἔπλασαν * ἀνδρῶν εἰδώλοις ἀλάλοισι λιθοξέστοισιν ὅμοιον.
Sib. 4 11 ἀπὸ χθονὸς οὐδὲ μετρῆσαι ὄμμασιν ἐν θνητοῖς οὐ * πλασθέντα * χερὶ θνητῇ ὃς καθορῶν ἅμα πάντας ὑπ᾽ οὐδενὸς
Sib. 5 423 ἁγιόν τ᾽--- ἐποίησεν ἔνσαρκον καλὸν περικαλλέα ἠδὲ * ἔπλασσεν * πολλοῖς ἐν σταδίοισι μέγαν καὶ ἀπείρονα πύργον
FJub. 3 5 λαβὼν ὁ θεὸς μέρος τι τῆς πλευρᾶς τοῦ Ἀδὰμ * ἔπλασε * τὴν γυναῖκα. τῇ τεσσαρακοστῇ ἕκτῃ ἡμέρᾳ τῆς
IEur. 5 75 1 καὐτὸν οὐχ ὁρώμενον. ποῖος δ᾽ ἂν οἶκος τεκτόνων * πλασθεὶς * ὕπο δέμας τὸ θεῖον περιβάλοι τοίχων πτυχαῖς;
FrAn. 2 10 ὀσμὴ εὐωδίας τῷ κυρίῳ καρδία δοξάζουσα τὸν * πεπλακότα * αὐτήν. οὐ τὰ νῦν σάββατα ἐμοὶ δεκτὰ ἀλλὰ ὃ
FrAn. 574 3027 τὸν περιπτάμενον δαίμονα τοῦ πλάσματος τούτου ὃ * ἔπλασεν * ὁ θεὸς ἐν τῷ ἁγίῳ ἑαυτοῦ παραδείσῳ ὅτι ἐπεύχομαι

πλαστός 1

FAch. 104 διέβαλεν τὸν Αἴσωπον πρὸς τὸν βασιλέα γράψας * πλαστὴν * ἐπιστολὴν τῷ αὐτοῦ ὀνόματι πρὸς τοὺς ἀντιδίκους

πλαστούργημα 1

Sedr. 5 3 πρόσταγμά σου καὶ οὐ προσῆλθεν τῶν χειρῶν σου τὸ * πλαστούργημα; * ἐὰν τὸν ἄνθρωπον ἠγάπησας τὸν διάβολον διά

πλάτος 14

Hen. 21 7 πυρὸς μεγάλου καταφερομένων οὔτε μέτρον οὔτε * πλάτος * ἠδυνήθην ἰδεῖν οὐδὲ εἰκάσαι. τότε εἶπον ὡς
Hen. 26 3 καὶ ἀνὰ μέσον αὐτοῦ φάραγγα βαθεῖαν οὐκ ἔχουσαν * πλάτος * καὶ δι᾽ αὐτῆς ὕδωρ πορεύεται ὑποκάτω ὑπὸ τὸ ὄρος.
Abr.1 12 7 κείμενον τὸ πάχος αὐτοῦ πήχεων τριῶν ⟨καὶ τὸ * πλάτος * αὐτοῦ πήχεων ἕξ⟩ ἐκ δεξιῶν δὲ αὐτοῦ καὶ ἐξ
Bar. 11 8 τὸ βάθος αὐτῆς ὅσον ἀπὸ οὐρανοῦ ἕως τῆς γῆς καὶ τὸ * πλάτος * ὅσον ἀπὸ βορρᾶ ἕως νότου. καὶ εἶπον κύριε τί
Aris. 65 2 τῶν ποδῶν μέρος. ἔλασμα γὰρ ἐποίησαν καθ᾽ ὅλου τοῦ * πλάτους * τῆς τραπέζης στερεὸν δακτύλων τεσσάρων ὥστε τοὺς
Aris. 69 3 ἔχουσα τάξιν κατὰ τὴν πρόσοψιν ὀκτὼ δὲ δακτύλων τὸ * πλάτος * ἔχουσα ἐφ᾽ ὃν ἐπίκειται τὸ πᾶν ἔλασμα τοῦ ποδός.
Aris. 84 3 τρεῖς ὑπὲρ ἑβδομήκοντα δὲ πήχεις τῷ μεγέθει καὶ τὸ * πλάτος * ἀκόλουθον καὶ τὸ μῆκος τῆς κατὰ τὸν οἶκον
FJub. 10 21 τὸ ὕψος ᾽ε υ λ γ᾽ πήχεις καὶ δύω παλαισταί. τὸ * πλάτος * ἐπὶ σ γ᾽ πλίνθους. τῆς πλίνθου τὸ ὕψος τρίτον
HDem. 9 21 7 Χαναὰν ἄγγελον τοῦ θεοῦ παλαῖσαι καὶ ἅψασθαι τοῦ * πλάτους * τοῦ μηροῦ τοῦ Ἰακὼβ τὸν δὲ ναρκήσαντα
HEup. 9 34 4 θεμελιῶσαί τε τὸν ναὸν τοῦ θεοῦ μῆκος πηχῶν ξ᾽ * πλάτος * πηχῶν ξ᾽ τὸ δὲ πλάτος τῆς οἰκοδομῆς καὶ τῶν
HEup. 9 34 4 ναὸν τοῦ θεοῦ μῆκος πηχῶν ξ᾽ πλάτος πηχῶν ξ᾽ τὸ δὲ * πλάτος * τῆς οἰκοδομῆς καὶ τῶν θεμελίων πηχῶν ι᾽ οὕτω γὰρ
HEup. 9 34 7 εἶναι δὲ τοὺς στύλους τῷ ναῷ ἰσομεγέθεις τὸ δὲ * πλάτος * κύκλῳ ἕκαστον κίονα πηχῶν δέκα στῆσαι δὲ αὐτοὺς
HEup. 9 34 9 δὲ καὶ λουτῆρα χαλκοῦν μῆκος πηχῶν κ᾽ καὶ * πλάτος * πηχῶν κ᾽ τὸ δὲ ὕψος πηχῶν ε᾽ ποιῆσαι δὲ ἐπ᾽ αὐτῷ
HHec. 1 22 195 παμφορωτάτης χώρας νέμονται ἡ γὰρ Ἰουδαία τοσαύτη * πλάτος * ἐστίν. ἔστι τῶν Ἰουδαίων τὰ μὲν πολλὰ ὀχυρώματα

| | | | | | |
|---|---|---|---|---|---|
| πλατύς | | | 16 | | |
| Abr.1 | 11 | 2 | <ἡ> μία ὁδὸς <στενὴ καὶ τεθλιμμένη ἡ δὲ ἑτέρα> | * πλατεῖα * | καὶ εὐρύχωρος. <καὶ εἶδεν ἐκεῖ δύο πύλας μία |
| Abr.1 | 11 | 3 | καὶ εὐρύχωρος. <καὶ εἶδεν ἐκεῖ δύο πύλας μία πύλη | * πλατεῖα> * | ἡ κατὰ τῆς πλατείας ὁδοῦ καὶ μία πύλη στενὴ ἡ |
| Abr.1 | 11 | 3 | εἶδεν ἐκεῖ δύο πύλας μία πύλη πλατεῖα> ἡ κατὰ τῆς | * πλατείας * | ὁδοῦ καὶ μία πύλη στενὴ ἡ κατὰ τῆς στενῆς ὁδοῦ. |
| Abr.1 | 11 | 5 | εἶδον ψυχὰς πολλὰς ἐλαυνομένας ὑπὸ ἀγγέλων διὰ τῆς | * πλατείας * | ὁδοῦ καὶ εἰσαγομένας καὶ εἶδον ἄλλας ψυχὰς |
| Abr.1 | 11 | 6 | πύλης ὀλίγας ψυχὰς προσερχομένας καὶ διὰ τῆς | * πλατείας * | πύλης ἀμετρήτους ἀπαγομένας εὐθέως> ὁ ἀνὴρ ὁ |
| Abr.1 | 11 | 11 | ὅτε δὲ ἴδῃ πολλὰς ψυχὰς εἰσερχομένας διὰ τῆς | * πλατείας * | πύλης τότε ἁρπάζει τὰς τρίχας τῆς κεφαλῆς αὐτοῦ |
| Abr.1 | 11 | 11 | χαμαὶ κλαίων καὶ ὀδυρόμενος πικρῶς διότι ἡ ὁδὸς | * πλατεῖα * | τῶν ἁμαρτωλῶν ἐστιν ἡ ἀπάγουσα εἰς τὴν ἀπώλειαν |
| Abr.1 | 12 | 2 | χειρὶ αὐτοῦ καὶ διήγαγον πάσας τὰς ψυχὰς εἰς τὴν | * πλατεῖαν * | πύλην εἰς τὴν ἀπώλειαν. ἠκολουθήσαμεν δὲ ἡμεῖς |
| Abr.1 | 12 | 3 | ἀγγέλοις καὶ ἤλθομεν ἔσωθεν τῆς πύλης ἐκείνης τῆς | * πλατείας * | καὶ ἐν μέσῳ τῶν δύο πυλῶν ἵσταται θρόνος |
| Asen. | 13 | 7 | πηλὸς γέγονε πολὺς ἐν τῷ θαλάμῳ μου ὡς ἐν ὁδῷ | * πλατείᾳ. * | ἰδοὺ κύριε τὸ δεῖπνόν μου τὸ βασιλικὸν καὶ τὰ |
| Asen. | 24 | 20 | πεντακόσιοι ἄνδρες. καὶ ἦν ἀνάμεσον αὐτῶν ἡ ὁδὸς | * πλατεῖα * | καὶ εὐρύχωρος. καὶ ἀνέστη ὁ υἱὸς Φαραὼ ἐν τῇ |
| Prop. | 3 | 16 | Μωϋσῆν εἶδε τὸν τύπον οὗ τὸ τεῖχος καὶ περίτειχος | * πλατὺ * | καθὼς εἶπε καὶ ὁ Δανιὴλ ὅτι κτισθήσεται. οὗτος |
| Sib. | 4 | 70 | ἀναστασίαι τε πολήων Ἑλλὰς ὅταν μεγάλαυχος ἐπὶ | * πλατὺν * | Ἑλλήσποντον πλεύσει Φρυξὶ βαρεῖαν ἰδ᾽ Ἀσίδι |
| Sib. | 4 | 143 | ὀλεῖ καὶ φύλοπις αἰνή. αἰαῖ Κύπρε τάλαινα σέ δὲ | * πλατὺ * | κῦμα θαλάσσης κρύψει χειμερίῃσιν ἀναρριφθεῖσαν |
| FEll. | 4 | 228 | ὁ δεξιὸς αὐτοῦ μηρὸς λεπτὸς καὶ οἱ πόδες αὐτοῦ | * πλατεῖς * | τέθλασται δὲ ὁ μέγας δάκτυλος τοῦ ποδὸς αὐτοῦ. |
| FEz. | 185 | 18 | μεμ<---- >ς εβδελοιχθημε<ν--- >το ονομα απ< >μενω< | * >πλατεια< * | <το πλανωμενο>ν ουκ επ<εσ>τρεψατε και <το |
| Πλάτων | | | 2 | | |
| LAri. 13 | 12 | 1 | πάντων μεγαλειότητα. φανερὸν ὅτι κατηκολούθησεν ὁ | * Πλάτων * | τῇ καθ᾽ ἡμᾶς νομοθεσίᾳ καὶ φανερός ἐστι |
| LAri. 13 | 12 | 4 | τούτῳ Πυθαγόρας τε καὶ Σωκράτης καὶ | * Πλάτων * | λέγοντες ἀκούειν φωνῆς θεοῦ τὴν κατασκευὴν τῶν |
| Πλειάς | | | 3 | | |
| Sib. | 5 | 522 | μεῖναι Παρθένος ἐν Κριῷ Διδύμων ἠλλάξατο μοῖραν | * Πλειὰς * | δ᾽ οὐκέτ᾽ ἔφαινε Δράκων δ᾽ ἠρνήσατο ζώνην Ἰχθύες |
| FJub. | 3 | 9 | ταύρῳ καὶ σελήνης σκορπίῳ κατὰ διάμετρον ἐν τῇ τῶν | * Πλειάδων * | ἐπιτολῇ εἰσήγαγεν ὁ θεὸς τὸν Ἀδὰμ ἐν τῷ |
| FJub. | 3 | 32 | πέντε ἡμέρας τῆς παραβάσεως ἐν τῇ ἐπιτολῇ τῶν | * Πλειάδων. * | ἐποίησε δὲ ὁ Ἀδὰμ ἐν τῷ παραδείσῳ ἑβδομάδα |
| πλειστάκις | | | 1 | | |
| TGad | 2 | 1 | αὐτῷ. ὁμολογῶ νῦν τὴν ἁμαρτίαν μου τέκνα ὅτι | * πλειστάκις * | ἤθελον ἀνελεῖν αὐτὸν ὅτι ἕως ψυχῆς ἐμίσουν |
| πλείων | | | 57 (cf.+ πολύς) | | |
| Hen. | 25 | 6 | αἱ ὀσμαὶ αὐτοῦ ἐν τοῖς ὀστέοις αὐτῶν καὶ ζωὴν | * πλείονα * | ζήσονται ἐπὶ γῆς ἣν ἔζησαν οἱ πατέρες σου καὶ ἐν |
| Hen. | 32 | 3 | καὶ ἴδον μακρόθεν τῶν δένδρων τούτων δένδρα | * πλείονα * | καὶ μεγάλα δύο μὲν ἐκεῖ μεγάλα σφόδρα καλὰ καὶ |
| Hen. | 90 | 4 | αἱ ἡμέραι τῆς ζωῆς αὐτῶν ἀπὸ τοῦ νῦν οὐ μὴ ἔσονται | * πλείω * | τῶν ἑκατὸν εἴκοσιν ἐτῶν. καὶ μὴ δόξητε ἔτι ζῆσαι |
| Hen. | 90 | 5 | ἑκατὸν εἴκοσιν ἐτῶν. καὶ μὴ δόξητε ἔτι ζῆσαι ἐπὶ | * πλείονα * | ἔτη οὐ γάρ ἐστιν ἐπ᾽ αὐτοῖς πᾶσα ὁδὸς ἐκφεύξεως |
| Abr.2 | 9 | 4 | ἐν αὐτῇ καὶ πάντες ὅσοι ὅμοιοί σου εἰσίν ἀλλά οἱ | * πλείονες * | εἰσάγονται τοῦ κόσμου διὰ τῆς πύλης τῆς |
| TGad | 7 | 2 | ἴσως γὰρ ὑμῖν συμφέρει οὕτως. καὶ ἐὰν ἐπὶ | * πλεῖον * | ὑψοῦται μὴ φθονεῖτε μνημονεύοντες ὅτι πᾶσα σάρξ |
| Jer. | 7 | 24 | αὐτοῦ ἵνα μὴ ἴδῃ πῶς τιμωρεῖται αὐτὸς ὁ υἱὸς καὶ | * πλείονα * | φθαρῇ ἀπὸ τῆς λύπης. οὕτως γάρ σε ἐλέησεν ὁ θεὸς |
| Job | 17 | 6 | ἡμᾶς. καὶ εἶπεν αὐτοῖς μὴ φοβηθῆτε ὅλως τὰ | * πλείονα * | τῶν κτημάτων αὐτοῦ ἤδη ἀπώλεσα ἐν πυρὶ τὰ ἄλλα |
| Job | 35 | 2 | προσεγγίσαι αὐτῷ διὰ τὴν δυσωδίαν εἰ μὴ διὰ | * πλείονος * | εὐωδίας σὺ ὅλως, Ελιφα, ἀμνημονεῖς πῶς ἐγένου |
| Job | 51 | 4 | τῇ μιᾷ καὶ ἀνεγραψάμην τὸ βιβλίον ὅλον | * πλείστων * | σημειώσεων τῶν ὕμνων παρὰ τῶν τριῶν θυγατέρων |
| Aris. | 19 | 3 | ἔφη. παρεστὼς δὲ Ἀνδρέας ἀπεφήνατο βραχεῖ | * πλεῖον * | μυριάδων δέκα. ὃ δὲ μικρόν γε εἶπεν Ἀριστέας |
| Aris. | 27 | 2 | τραπεζίταις. οὕτω δοχθὲν ἐκεκύρωτο ἐν ἡμέραις ἑπτὰ | * πλεῖον * | δὲ ταλάντων ἑξακοσίων ἑξήκοντα ἡ δόσις ἐγεγόνει. |
| Aris. | 32 | 5 | ἀφ᾽ ἑκάστης φυλῆς ἓξ ὅπως τὸ σύμφωνον ἐκ τῶν | * πλειόνων * | ἐξετάσαντες καὶ λαβόντες τὸ κατὰ τὴν ἑρμηνείαν |
| Aris. | 35 | 2 | ἀρχιερεῖ χαίρειν καὶ ἐρρῶσθαι. ἐπεὶ συμβαίνει | * πλείονας * | τῶν Ἰουδαίων εἰς τὴν ἡμετέραν χώραν κατῳκίσθαι |
| Aris. | 36 | 1 | τῷ πατρὶ ἡμῶν εἰς τὴν Αἴγυπτον αἰχμαλώτους ἀφ᾽ ὧν | * πλείονας * | εἰς τὸ στρατιωτικὸν σύνταγμα κατεχώρισεν ἐπὶ |
| Aris. | 39 | 4 | ἑρμηνεῦσαι ἀφ᾽ ἑκάστης φυλῆς ἓξ ὅπως ἐκ τῶν | * πλειόνων * | τὸ σύμφωνον εὑρεθῇ διὰ τὸ περὶ μειζόνων εἶναι |
| Aris. | 72 | 4 | κατασκευαζομένων μειζόνων ταῦτα ἀποδέδωκε | * πλείονα * | καὶ κατὰ τὴν προαίρεσιν αὐτοῦ πάντα ἐπετελέσθη |
| Aris. | 91 | 3 | κατασκευὴν δηλώσω καθὼς ἐπιστώθην. προήγαγον γὰρ | * πλέον * | σταδίων τεσσάρων ἐκ τῆς πόλεως καὶ πρός τινα τόπον |
| Aris. | 93 | 2 | διαλαβόντες γὰρ ἀμφοτέραις τῶν μόσχων τὰ σκέλη | * πλεῖον * | ὄντα ταλάντων δύο σχεδὸν ἑκάστου ἀναρρίπτουσιν |
| Aris. | 100 | 3 | κεῖται μὲν ἐν ὑψηλοτάτῳ τόπῳ πύργοις ἐξησφαλισμένη | * πλείοσι * | μέχρι κορυφῆς εὐμήκεσι λίθοις ἀνῳκοδομημένων |
| Aris. | 104 | 4 | ὁρκισμὸν πρᾶγμα ὄντας πεντακοσίους μὴ παραδέξασθαι | * πλεῖον * | ἀνθρώπων πέντε κατὰ τὸ αὐτὸ τοῦ γὰρ ἱεροῦ τὴν |
| Aris. | 110 | 2 | ὅθεν ὁ βασιλεὺς ἵνα μὴ καταμένωσι προσέταξε μὴ | * πλέον * | εἴκοσιν ἡμερῶν παρεπιδημεῖν καὶ τοῖς ἐπὶ τῶν |
| Aris. | 129 | 3 | τὰ δὲ καὶ πρὸς τὴν ἀφὴν δεισιδαιμόνως γὰρ τὰ | * πλεῖστα * | τὴν νομοθεσίαν ἔχειν ἐν δὲ τούτοις πάλιν |
| Aris. | 138 | 3 | παραπλησίων οἵτινες ἐπὶ θηρία καὶ τῶν ἑρπετῶν τὰ | * πλεῖστα * | καὶ κνωδάλων τὴν ἀπέρεισιν πεποίηνται καὶ ταῦτα |
| Aris. | 152 | 2 | διότι παρὰ πάντας ἀνθρώπους διεστάλμεθα. οἱ γὰρ | * πλείονες * | τῶν λοιπῶν ἀνθρώπων ἑαυτοὺς μολύνουσιν |
| Aris. | 186 | 2 | κατερράγη κρότος μετὰ κραυγῆς καὶ χαρᾶς εὐφροσύνου | * πλείονα * | χρόνον καὶ τὸ τηνικαῦτα πρὸς τὸ τέρπεσθαι διὰ |
| Aris. | 194 | 4 | πολλῇ χρώμενος εἰδείῃ ταῦτα ὄντα κενὰ ἐπὶ | * πλείονα * | χρόνον πρὸς τὸ συμπέρασμα δρᾶν τι καὶ γὰρ ὁ θεὸς |
| Aris. | 198 | 5 | ἡμέραις καὶ παρὰ τῶν λοιπῶν ἑξῆς μαθήσομαί τι | * πλέον. * | εἶτ᾽ ἐπηρώτα τὸν ἄνδρα τί πέρας ἀνδρείας ἐστίν; ὁ |
| Aris. | 200 | 4 | οἴομαι διαφέρειν τοὺς ἄνδρας ἀρετῇ καὶ συνιέναι | * πλεῖον * | οἵτινες ἐκ τοῦ καιροῦ τοιαύτας ἐρωτήσεις |
| Aris. | 209 | 4 | συντηρεῖν εἶπεν αὐτὸν ἀδωροδόκητον καὶ νήφειν τὸ | * πλεῖον * | μέρος τοῦ βίου καὶ δικαιοσύνην προτιμᾶν καὶ τοὺς |
| Aris. | 216 | 2 | λόγον οὐδὲ ἐξουσίᾳ χρώμενος τὸ δίκαιον αἴρεις. ἐπὶ | * πλεῖον * | γὰρ ἐν οἷς ἕκαστος πράγμασιν ἐγρηγορὼς τὴν |
| Aris. | 220 | 3 | εὖ μάλα συγκροτήσαντος μετὰ φιλοφροσύνης ἐπὶ | * πλείονα * | χρόνον τοὺς ἀνθρώπους καθυπνοῦν παρεκάλουν. καὶ |
| Aris. | 225 | 2 | θεοῦ γάρ ἐστι δόμα. ἐπαινέσας δὲ τὸν ἄνδρα διὰ | * πλειόνων * | ἐπηρώτα τὸν ἕτερον πῶς ἂν καταφρονοίη τῶν |
| Aris. | 261 | 5 | ὡς δὲ συνήκουσαν πάντες ἐπεφώνησαν σὺν κρότῳ | * πλείονι. * | καὶ μετὰ ταῦτα πρὸς τὸ προπιεῖν ὁ βασιλεὺς |
| Aris. | 274 | 4 | ἀπεδέξατο φιλοφρονούμενος καὶ προπίνων ἑκάστῳ | * πλεῖόν * | τι πρὸς τὸ τερφθῆναι <ἐτράπη> μετ᾽ εὐφροσύνης |
| Aris. | 274 | 5 | μετ᾽ εὐφροσύνης τοῖς ἀνδράσι συνὼν καὶ χαρᾶς | * πλείονος. * | τῇ ἑβδόμῃ δὲ τῶν ἡμερῶν πλείονος παρασκευῆς |
| Aris. | 275 | 1 | συνὼν καὶ χαρᾶς πλείονος. τῇ ἑβδόμῃ δὲ τῶν ἡμερῶν | * πλείονος * | παρασκευῆς γενομένης προσπαραγινομένων πλειόνων |
| Aris. | 275 | 2 | πλείονος παρασκευῆς γενομένης προσπαραγινομένων | * πλειόνων * | ἑτέρων ἀπὸ τῶν πόλεων ἦσαν γὰρ ἱκανοὶ πρέσβεις |
| Aris. | 276 | 3 | καὶ τὸ λεγόμενον καὶ περὶ τίνος λέγει καὶ ἐν | * πλείονι * | χρόνῳ τὰ αὐτὰ δι᾽ ἑτέρων τρόπων ἐπερωτῶν. τὸ δὲ |
| Aris. | 277 | 2 | διά τί τὴν ἀρετὴν οὐ παραδέχονται τῶν ἀνθρώπων οἱ | * πλείονες; * | ὅτι φυσικῶς ἅπαντες εἶπεν ἀκρατεῖς καὶ ἐπὶ τὰς |
| Aris. | 283 | 3 | εἶπεν ἐν τίσι δεῖ πράγμασι τοὺς βασιλεῖς τὸν | * πλείω * | χρόνον διάγειν; ὁ δὲ εἶπεν ἐν ταῖς ἀναγνώσεσι καὶ |
| Aris. | 291 | 1 | ὑπερῆρκας τοῦ θεοῦ σοι δεδωρημένου ταῦτα. ἐπὶ | * πλείονα * | χρόνον καὶ τοῦτον ἐπαινέσας τὸν ἐπὶ πᾶσιν ἠρώτα |
| Aris. | 293 | 2 | τούτου κατερράγη κρότος μετὰ φωνῆς καὶ χαρᾶς ἐπὶ | * πλείονα * | χρόνον. ὡς δὲ ἐπαύσατο ὁ βασιλεὺς λαβὼν ποτήριον |
| Aris. | 314 | 4 | τοῦ νόμου προσιστορεῖν ταραχὴν λάβοι τῆς διανοίας | * πλεῖον * | ἡμερῶν τριάκοντα κατὰ δὲ τὴν ἄνεσιν ἐξιλάσκεσθαι |
| Aris. | 322 | 4 | τῶν δυναμένων ὠφελεῖν διάνοιαν καὶ ἐν τούτοις τὸν | * πλείονα * | χρόνον διατελεῖς. πειράσομαι δὲ καὶ τὰ λοιπὰ τῶν |
| Sib. | 5 | 270 | ἐκ μικρᾶς στενότητος ὅσοι καμάτους ὑπέμειναν | * πλείονα * | καὶ χαρίεντα +καλὸν ἄρξουσι+ δίκαιοι οἱ δὲ κακοὶ |
| Sib. | 5 | 305 | ὡς ἀσεβεῖς ὀλοθρεύσει ὥστε μένειν νέκυας κατὰ γῆς | * πλέονας * | ψαμάθοιο. ἥξει γὰρ καὶ Σμύρνα ἑὸν κλαίουσα |
| FJub. | 38 | 3 | ἀνοίξαντες τὰς πύλας οἱ υἱοὶ Ἰακὼβ ἀνεῖλον τοὺς | * πλείστους. * | Ἰωσὴφ ιζ᾽ ἐτῶν ἐπράθη καὶ τριὰ ἔτη ἐποίησεν |
| FJub. | 46 | 14 | Ἐγύπτου ἄρχων. τόν τε γὰρ ποταμὸν εἰς διώρυχας | * πλείστας * | κατατεμεῖν αὐτοῖς ἐπέταξαν καὶ οἰκοδομῆσαι |
| FIsa. 1 | 3 | 8 | Ἰσραήλ. καὶ αὐτὸς Ἠσαίας εἶπεν (αὐτοῖς) βλέπω | * πλέον * | Μωυσῆ τοῦ προφήτου. εἶπεν γὰρ Μωυσῆς ὅτι οὐκ |
| FBar. | 14 | 3 | τοις καιροις οι<ς--- ους ειπες> λογους και τι | * π<λεον * | εν τουτω η τινα χει>ρονα τ<ο>υτ<ων--- |
| FAch. | 102 | | τὰ βάρβαρα τῶν ἐθνῶν κατειληφέναι ἀλλὰ καὶ τὰ | * πλείονα * | μέρη ἕως Ἑλλάδος ὑποτέτακται. ὁ δὲ Αἴσωπος |
| FPho. | | 80 | πρὶν ἀτρεκέως πέρας ὄψει. νικᾶν εὖ ἔρδοντας ἐπὶ | * πλεόνεσσι * | καθήκει. καλὸν ξεινίζειν ταχέως λιταῖσι |
| FPho. | | 82 | καλὸν ξεινίζειν ταχέως λιταῖσι τραπέζαις ἢ | * πλείσταις * | δολίαισι βραδυνούσαις παρὰ καιρόν. μηδέποτε |
| HArt. 9 | 27 | 33 | δὲ τότε τὰς μὲν οἰκίας πάσας τῶν τε ναῶν τοὺς | * πλείστους. * | τελευταῖον τοιαύταις συμφοραῖς περιπεσόντα |
| HCal. | 28 | 2 | τινὰ τὴν πόλιν οἰκοδομεῖν ἐγχειρίζεται κίοσί τε | * πλείστοις * | αὐτὴν κατακοσμήσας καὶ τὰ τείχη πύργοις |
| LAri. 8 | 10 | 4 | ὧν εἰσιν οἱ προειρημένοι φιλόσοφοι καὶ | * πλείονες * | ἕτεροι καὶ ποιηταὶ παρ᾽ αὐτοῦ μεγάλας ἀφορμὰς |
| πλέκω | | | 5 | | |
| Asen. | 11 | 1B | αὐτῆς ἦσαν ἁπλο<ύ>μεναι ἀπὸ τῆς πολλῆς τέφρας. καὶ | * ἔπλεξεν * | Ἀσενὲθ τὰς χεῖρας αὐτῆς δάκτυλον πρὸς δάκτυλον |
| Asen. | 11 | 2 | τὴν κεφαλὴν αὐτῆς ἐνέβαλεν εἰς τὸν κόλπον αὐτῆς | * πλέξασα * | τοὺς δακτύλους αὐτῆς τῶν χειρῶν ἐπὶ τὸ γόνυ τὸ |
| Aris. | 70 | 2 | τοῦ ποδός. κατεσκεύασαν δὲ ἐκφύοντα κισσὸν ἀκάνθῳ | * πλεκόμενον * | ἐκ τοῦ λίθου σὺν ἀμπέλῳ περιειλούμενον |
| FEz. 64 | 70 | 10 | ἀλλὰ τεχνασώμεθα. τίλας χόρτον τὸν πλησίον καὶ | * πλέξας * | σχοινίον ἠκόντισε τῷ τυφλῷ καὶ εἶπεν κράτει καὶ |
| FPho. | | 211 | παιδὶ τρέφειν πλοκάμους ἐπὶ χαίτης. μὴ κορυφὴν | * πλέξῃς * | μήθ᾽ ἅμματα λοξὰ κορύμβων. ἄρσεσιν οὐκ ἐπέοικε |
| πλεονάζω | | | 6 | | |
| Sal. | 5 | 4 | ἡ μερὶς αὐτοῦ παρὰ σοῦ ἐν σταθμῷ οὐ προσθήσει τοῦ | * πλεονάσαι * | παρὰ τὸ κρίμα σου ὁ θεός. ἐν τῷ θλίβεσθαι ἡμᾶς |
| Esdr. | 3 | 6 | ὁ θεός> ἐὰν ἴδω τὴν δικαιοσύνην τοῦ κόσμου ὅτι | * ἐπλεόνασεν * | μακροθυμήσω ἐπ᾽ αὐτοὺς εἰ δὲ μὴ ἐκτενῶ τὴν |
| Aris. | 273 | 3 | ἀποδεξάμενος τὸν ἑνδέκατον ἐπηρώτα διὰ τὸ δύο | * πλεονάζειν * | τῶν ἑβδομήκοντα πῶς ἂν κατὰ ψυχὴν καὶ ἐν τοῖς |
| Aris. | 295 | 1 | τοῦ βασιλέως εἰς εὐφροσύνην τραπέντος. ἐγὼ δὲ εἰ | * πεπλεόνακα * | τούτοις ὦ Φιλόκρατες συγγνώμην ἔχειν. |
| FPho. | | 60 | κοινὰ πάθη μηδὲν μέγα μηδ᾽ ὑπέροπλον. οὐκ ἀγαθὸν | * πλεονάζον * | ἔφυ θνητοῖσιν ὄνειαρ ἡ πολλὴ δὲ τρυφὴ πρὸς |
| HArt. 9 | 23 | 3 | ἐν τῇ Ἡλίου πόλει καὶ Σάει καὶ τοὺς Σύρους | * πλεονάσαι * | ἐν τῇ Αἰγύπτῳ. τούτους δὲ καὶ τὸ ἐν Ἀθὼς καὶ |
| πλεονεκτέω | | | 5 | | |
| TIss. | 4 | 2 | ὁ ἁπλοῦς χρυσίον οὐκ ἐπιθυμεῖ τὸν πλησίον οὐ | * πλεονεκτεῖ * | βρωμάτων ποικίλων οὐκ ἐφίεται ἐσθῆτα διάφορον |
| TAser | 2 | 5 | ἔρχεται εἰς κακόν. ἄλλος κλέπτει ἀδικεῖ ἁρπάζει | * πλεονεκτεῖ * | καὶ ἐλεεῖ τοὺς πτωχοὺς διπρόσωπον μὲν καὶ |
| TAser | 2 | 6 | διπρόσωπον μὲν καὶ τοῦτο ὅλον δὲ πονηρόν ἐστιν. | * πλεονεκτῶν * | τὸν πλησίον παροργίζει τὸν θεὸν καὶ τὸν |
| Aris. | 270 | 6 | τὸ δὲ δυσνοίας καὶ καιροτηρησίας ὃς γὰρ ἐπὶ τὸ | * πλεονεκτεῖν * | ὁρμᾶται προδότης πέφυκε. σὺ δὲ πάντας |
| HArt. 9 | 27 | 8 | στρατηγοὺς τοὺς προκαθεδουμένους τῆς χώρας οὓς δὴ | * πλεονεκτεῖν * | ἐπιφανῶς κατὰ τὰς μάχας λέγειν δὲ |

| | | | | | |
|---|---|---|---|---|---|
| πλεονέκτης | | | 1 | | |
| TBen. | 5 | 1 | αἰδεσθέντες ὑμᾶς ἐπιστρέψουσιν εἰς ἀγαθὸν καὶ οἱ | * πλεονέκται * | οὐ μόνον ἀποστήσονται τοῦ πάθους ἀλλὰ καὶ τὰ |
| πλεονεξία | | | 10 | | |
| Adam | 11 | 1 | τότε τὸ θηρίον ἐβόησε λέγων ὦ Εὔα οὐ πρὸς ἡμᾶς ἡ | * πλεονεξία * | σου οὔτε κλαυθμὸς ἀλλὰ πρός σέ ἐπειδὴ ἡ ἀρχὴ |
| TLevi | 14 | 6 | ἐκλεκτὰ ἐν καταφρονήσει ἐσθίοντες μετὰ πορνῶν ἐν | * πλεονεξίᾳ * | τὰς ἐντολὰς κυρίου διδάξετε τὰς ὑπάνδρους |
| TJud. | 21 | 8 | ἴβεις χορτάσουσι καὶ προκόψουσιν ἐπὶ τὸ κακὸν ἐν | * πλεονεξίᾳ * | ὑψούμενοι. καὶ ἔσονται ὡς καταιγίδες |
| TDan | 5 | 7 | αὐτοῖς ἐν πᾶσιν καὶ υἱοὶ Ἰουδὰ ἔσονται ἐν | * πλεονεξίᾳ * | ἁρπάζοντες τὰ ἀλλότρια ὡς λέοντες. διὰ τοῦτο |
| TNep. | 3 | 1 | δυνήσεσθε ποιῆσαι ἔργα φωτός. μὴ οὖν σπουδάζετε ἐν | * πλεονεξίᾳ * | διαφθεῖραι τὰς πράξεις ὑμῶν ἢ ἐν λόγοις κενοῖς |
| TGad | 2 | 4 | εἴκοσι ἐδείξαμεν τοῖς ἀδελφοῖς ἡμῶν. καὶ οὕτως τῇ | * πλεονεξίᾳ * | ἐπληροφορήθην τῆς ἀναιρέσεως αὐτοῦ. καὶ ὁ θεὸς |
| TGad | 5 | 1 | καὶ ὀργὴν καὶ πόλεμον καὶ ὕβριν καὶ πᾶσαν | * πλεονεξίαν * | κακῶν καὶ ἰοῦ διαβολικοῦ τὴν καρδίαν πληροῖ. |
| TBen. | 5 | 1 | οὐ μόνον ἀποστήσονται τοῦ πάθους ἀλλὰ καὶ τὰ τῆς | * πλεονεξίας * | δώσουσι τοῖς θλιβομένοις. ἐὰν ἦτε |
| Bar. | 13 | 3 | ἔστιν ἐν αὐτοῖς οὐδὲν ἀγαθὸν ἀλλὰ πᾶσα ἀδικία καὶ | * πλεονεξία. * | οὐ γὰρ εἴδομεν αὐτοὺς εἰσελθεῖν ἐν ἐκκλησίᾳ |
| Aris. | 277 | 5 | γεγόνασιν ὧν χάριν ἀδικία πέφυκε καὶ τὸ τῆς | * πλεονεξίας * | χύμα. τὸ δὲ τῆς ἀρετῆς κατάστημα κωλύει τοὺς |
| πλευρά | | | 6 | | |
| Adam | 29 | 9 | ταύτης ἵνα φόνον ποιήσω καὶ ἐνέγκω θάνατον τῇ ἐμῇ | * πλευρᾷ; * | ἢ πῶς ἐπενέγκω χεῖρα τῇ εἰκόνι τοῦ θεοῦ ἣν |
| Adam | 42 | 1 | ποιήσῃ αὐτῷ ἐν ταῖς ἓξ ἡμέραις ἕως οὗ ἀποστραφῇ ἡ | * πλευρὰ * | αὐτοῦ πρὸς αὐτόν. τότε ὁ κύριος καὶ οἱ ἄγγελοι |
| TLevi | 18 | 2B028 | τοῦτο τοὺς ὤμους καὶ μετὰ ταῦτα τὸ στῆθος μετὰ τῶν | * πλευρῶν * | καὶ μετὰ ταῦτα τὴν ὀσφὺν σὺν τῷ νώτῳ καὶ μετὰ |
| TNep. | 2 | 8 | σπλῆνα νεφροὺς εἰς πανουργίαν ψύας εἰς δύναμιν | * πλευρὰς * | εἰς θήκην ὀσφὺν εἰς ἰσχὺν καὶ τὰ ἑξῆς. οὕτως οὖν |
| FJub. | 3 | 5 | Φαρμουθὶ ἑνδεκάτῃ λαβὼν ὁ θεὸς μέρος τι τῆς | * πλευρᾶς * | τοῦ Ἀδὰμ ἔπλασε τὴν γυναῖκα. τῇ τεσσαρακοστῇ |
| HHec. 1 | 22 | 198 | ἀλλ' ἐκ συλλέκτων ἀργῶν λίθων οὕτω συγκείμενος | * πλευρὰν * | μὲν ἑκάστην εἴκοσι πήχεων ὕψος δὲ δεκάπηχυ. καὶ |
| Πλευρώνιος | | | 1 | | |
| ISop. 5 | 111 | 4 | οὐδ' ἐπημφιεσμένος πτίλον κύκνειον ὡς κόρην | * Πλευρωνίαν * | ὑπημβρύωσεν ἀλλ' ὁλοσχερὴς ἀνήρ. ταχὺς δὲ |
| πλέω | | | 3 | | |
| SIb. | 4 | 71 | Ἑλλὰς ὅταν μεγάλαυχος ἐπὶ πλατὺν Ἑλλήσποντον | * πλεύσει * | Φρυξὶ βαρεῖαν ἰδ' Ἀσίδι κῆρα φέρουσα. αὐτὰρ ἐς |
| SIb. | 4 | 78 | ἀμετρήτοισιν τὰ μὲν βυθοῦ ὑγρὰ κέλευθα πεζεύσει | * πλεύσει * | δὲ ταμὼν ὄρος ὑψικάρηνον ὃν φυγάδ' ἐκ πολέμου |
| FAch. | 111 | | τῷ δὲ θέρει ἀποταξάμενος ὁ Αἴσωπος τῷ βασιλεῖ | * ἔπλευσεν * | εἰς Αἴγυπτον σὺν τοῖς παιδίοις καὶ τοῖς ἀετοῖς |
| πληγάς | | | 1 | | |
| SIb. | 5 | 222 | βασιλήων πρῶτα μὲν ἐκ τρισσῶν κεφαλῶν σὺν | * πληγάδι * | ῥίζας +στησάμενος+ μεγάλως ἑτέροις δώσειε |
| πληγή | | | 38 | | |
| Adam | 8 | 2 | διαθήκην μου ὑπήνεγκα τῷ σώματί σου ἑβδομήκοντα | * πληγάς. * | πρῶτον νόσος πληγῆς ὁ βιασμὸς τῶν ὀφθαλμῶν. |
| Adam | 8 | 2 | τῷ σώματί σου ἑβδομήκοντα πληγάς. πρῶτον νόσος | * πληγῆς * | ὁ βιασμὸς τῶν ὀφθαλμῶν. δεύτερον πληγῆς ἀκοῆς. |
| Adam | 8 | 2 | νόσος πληγῆς ὁ βιασμὸς τῶν ὀφθαλμῶν. δεύτερον | * πληγῆς * | ἀκοῆς. καὶ οὕτως καθεξῆς πᾶσαι αἱ πληγαὶ |
| Adam | 8 | 2 | δεύτερον πληγῆς ἀκοῆς. καὶ οὕτως καθεξῆς πᾶσαι αἱ | * πληγαὶ * | παρακολουθοῦσαι τῷ σώματι. ταῦτα δὲ λέγων ὁ Ἀδὰμ |
| Hen. | 10 | 7 | καὶ τὴν ἴασιν τῆς γῆς δήλωσον ἵνα ἰάσωνται τὴν | * πληγὴν * | ἵνα μὴ ἀπόλωνται πάντες οἱ υἱοὶ τῶν ἀνθρώπων ἐν |
| Hen. | 10B | 7 | τὴν γῆν ἣν ἠφάνισαν οἱ ἐγρήγοροι καὶ τὴν ἴασιν τῆς | * πληγῆς * | δήλωσον ἵνα ἰάσωνται τὴν πληγὴν καὶ μὴ ἀπόλωνται |
| Hen. | 10B | 7 | καὶ τὴν ἴασιν τῆς πληγῆς δήλωσον ἵνα ἰάσωνται τὴν | * πληγὴν * | καὶ μὴ ἀπόλωνται πάντες οἱ υἱοὶ τῶν ἀνθρώπων ἐν |
| Hen. | 25 | 6 | σου καὶ ἐν ταῖς ἡμέραις αὐτῶν καὶ βάσανοι καὶ | * πληγαὶ * | καὶ μάστιγες οὐχ ἅψονται αὐτῶν. τότε ηὐλόγησα τὸν |
| TRub. | 1 | 7 | πατρός μου Ἰακώβ. λέγω γὰρ ὑμῖν ὅτι ἐνέπληξέ με | * πληγὴν * | μεγάλην ἐν ταῖς λαγῶσί μου ἐπὶ μῆνας ἑπτὰ καὶ εἰ |
| TSim. | 8 | 4 | ἔσται ἐν πάσῃ γῇ Αἰγύπτῳ σκότος καὶ γνόφος καὶ | * πληγὴ * | μεγάλη σφόδρα τοῖς Αἰγυπτίοις ὥστε μετὰ λύχνου μὴ |
| TDan | 5 | 8 | αὐτοῖς ἐν αἰχμαλωσίᾳ κἀκεῖ ἀπολήψεσθε πάσας τὰς | * πληγὰς * | Αἰγύπτου καὶ πάσας πονηρίας τῶν ἐθνῶν καὶ οὕτως |
| TBen. | 7 | 3 | παραδίδοται ὑπὸ τοῦ θεοῦ κατὰ γὰρ ἑκατὸν ἔτη μίαν | * πληγὴν * | ἐπήγαγεν αὐτῷ ὁ κύριος. διακοσίων ἐτῶν πάσχει καὶ |
| Asen. | 16 | 19 | ὡς βασίλισσαι αὐτῶν καὶ ἐξανέστησαν ἀπὸ τῆς | * ⟨πληγῆς⟩ * | τοῦ κηρίου καὶ περιεπλάκησαν περὶ τὸ πρόσωπον |
| Asen. | 17 | 3 | τὴν δεξιὰν χεῖρα αὐτοῦ ὁ ἄνθρωπος καὶ ἥψατο τῆς | * ⟨πληγῆς⟩ * | τοῦ κηρίου καὶ εὐθέως ἀνέβη πῦρ ἐκ τῆς τραπέζης |
| Job | 4 | 4 | σοι οὐ δυνήσεται ἐπενεγκεῖν ἐπιφέρει δέ σοι | * πληγὰς * | πολλὰς ἀφαιρεῖταί σου τὰ ὑπάρχοντα, τὰ παιδία σου |
| Job | 20 | 2 | τὸ σῶμά μου παρὰ τοῦ κυρίου ἵνα ἐπενέγκῃ μοι | * πληγὴν * | καὶ τότε παρέδωκέν με ὁ κύριος εἰς χεῖρας αὐτοῦ |
| Job | 20 | 6 | θρόνον μου μὴ δυνηθεὶς ἐξελθεῖν καὶ ἐπάταξέν με | * πληγὴν * | σκληρὰν ἀπὸ ποδῶν ἕως κεφαλῆς καὶ ἐν μεγάλῃ |
| Job | 21 | 1 | ὀκτὼ ἐν τῇ κοπρίᾳ ἐκτὸς τῆς πόλεως ἐν ταῖς | * πληγαῖς * | ὥστε ἰδεῖν, τέκνα μου τοῖς ἐμοῖς ὀφθαλμοῖς τὴν |
| Job | 26 | 1 | ἀπεκρίθην αὐτῇ ἰδοὺ ἐγὼ δέκα ἑπτὰ ἔτη ἔχω ἐν ταῖς | * πληγαῖς, * | ὑφιστάμενος τοὺς σκώληκας τοὺς ἐν τῷ σώματί μου |
| Job | 27 | 2 | σοι σαρκίνῳ ὄντι, ἐγὼ δέ εἰμι πνεῦμα σὺ μὲν ἐν | * πληγῇ * | ὑπάρχεις, ἐγὼ εἰμι ἐν ὀχλήσει μεγάλῃ ἐγένου γὰρ ὃν |
| Job | 27 | 5 | ἀκμὴν ὁ ἐπάνω. οὕτω καὶ σύ, Ιωβ, ὑποκάτω ἧς καὶ ἐν | * πληγῇ, * | ἀλλ' ἐνίκησας τὰ παλαιστρικά μου ἃ ἐπήγαγόν σοι. |
| Job | 28 | 1 | καὶ ὅτε ἐπλήρωσα εἴκοσι ἔτη τυγχάνων ἐν τῇ | * πληγῇ, * | καὶ ἤκουσαν οἱ βασιλεῖς τὰ συμβεβηκότα μοι, |
| Job | 35 | 1 | λαλῆσαι ἀνθρώπῳ πενθοῦντι, οὐ μόνον ἀλλὰ καὶ ἐν | * πληγαῖς * | πολλαῖς ὄντι ἰδοὺ ἡμεῖς ὅλως ὑγιαίνοντες οὐκ |
| Job | 35 | 5 | τίς γὰρ οὐκ ἂν ἐκπλαγείη καὶ μανῇ ὑπάρχων ἐν | * πληγαῖς; * | ἀλλ' ἔασόν με προσεγγίσαι αὐτῷ, καὶ γνώσομαι ἐν |
| Job | 37 | 3 | τίς ἀφείλατο τὰ ὑπάρχοντά σου ἢ ἐπήνεγκέν σοι τὰς | * πληγὰς * | ταύτας; καὶ ἐγὼ εἶπον ὅτι ὁ θεός. καὶ πάλιν |
| Job | 37 | 5 | πῶς οὖν, ἀδικῆσαι κρίνων; ἐπενεγκών σοι τὰς | * πληγὰς * | ταύτας ἢ ἀφελόμενός σου τὰ ὑπάρχοντα. εἰ ἐδίδου |
| Job | 47 | 4 | με ἐλεῆσαι καὶ περιγραφῆναι ἐκ τοῦ σώματος τὰς | * πληγὰς * | καὶ τοὺς σκώληκας καλέσας με παρέσχετό μοι ταύτας |
| Job | 47 | 6 | τότε οἱ σκώληκες ἀπὸ τοῦ σώματός μου ὁμοίως καὶ αἱ | * πληγαὶ * | καὶ λοιπὸν τὸ σῶμά μου ἐνίσχυσεν διὰ κυρίου ὡς |
| Job | 53 | 9 | μετονομάσθη δὲ παρὰ κυ Ιωβ. ἔζησε δὲ πρὶν τῆς | * πληγῆς * | ἔτη π ε' μετὰ δὲ τὴν πληγὴν λαβὼν πάντα διπλὰ |
| Job | 53 | 9 | Ιωβ. ἔζησε δὲ πρὶν τῆς πληγῆς ἔτη π ε' μετὰ δὲ τὴν | * πληγὴν * | λαβὼν πάντα διπλὰ ἔλαβε καὶ τὰ ἔτη διπλὰ |
| SIb. | 3 | 306 | καὶ πᾶσαν χώραν μερόπων ἀλαλαγμὸς ὀλέσσει καὶ | * πληγὴ * | μεγάλοιο θεοῦ ἡγήτορος ὕμνων. ἀέριος γάρ σοι |
| SIb. | 3 | 314 | ἔτι καὶ νῦν αἷμα βοᾷ εἰς αἰθέρα μακρόν. ἥξει σοι | * πληγὴ * | μεγάλη Αἴγυπτε πρὸς οἴκους δεινὴ ἣν οὔπω ποτ' |
| SIb. | 3 | 478 | Κύρνος καὶ Σαρδὼ μεγάλαις χειμῶνος ἀέλλαις καὶ | * πληγαῖς * | ἁγίοιο θεοῦ κατὰ βένθεα πόντου δύσονται κατὰ |
| SIb. | 3 | 501 | ψευδῶς μυσαρὸν στόμα. τοὔνεκ' ἄρ' αὐτοὺς ἐκπάγλως | * πληγαῖσι * | δαμάσσειεν παρὰ πᾶσαν γαῖαν καὶ πικρὴν μοίρην |
| SIb. | 3 | 505 | θέμεθλα. αἰαῖ σοι Κρήτη πολυώδυνε εἰς σέ περ ἥξει | * πληγὴ * | καὶ φοβερὰ αἰώνιος +ἐξαλαπάξει+ καί σε |
| SIb. | 3 | 519 | χθόνα ναιετάουσιν Ὕψιστος δεινὴν ἐπιπέμψει ἔθνεσι | * πληγήν. * | Ἕλλησιν δ' ὁπόταν πολὺ βάρβαρον ἔθνος ἐπέλθῃ |
| FAch. | 110 | | ὅτι καὶ τῷ κυνὶ ἡ οὐρὰ ἄρτον πορίζει τὸ δὲ στόμα | * πληγάς. * | ἐπὶ σωφροσύνῃ μεγαλοφρόνει μὴ ἐπὶ χρήμασι τὰ μὲν |
| HHec. 1 | 22 | 192 | Ἰουδαίους οὐ προσσχεῖν ἀλλὰ καὶ πολλὰς ὑπομεῖναι | * πληγὰς * | καὶ ζημίας ἀποτῖσαι μεγάλας ἕως αὐτοῖς συγγνόντα |
| πλῆθος | | | 52 | | |
| Abr.1 | 20 | 10 | καὶ εὐθέως παρέστη Μιχαὴλ ὁ ἀρχάγγελος μετὰ | * πλήθους * | ἀγγέλων καὶ ἦραν τὴν τιμίαν αὐτοῦ ψυχὴν ἐν ταῖς |
| Abr.2 | 8 | 5 | πυλῶν ἐκαθέζετο ἀνὴρ ⟨ἐπὶ θρόνου δόξης μεγάλης καὶ | * πλῆθος * | ἀγγέλων κύκλῳ αὐτοῦ⟩ καὶ ἔκλαιεν καὶ ἐγέλα ὥστε |
| Abr.2 | 8 | 7 | μέσον τῶν δύο πυλώνων τούτων ἐν τηλικαύτῃ δόξῃ καὶ | * πλῆθος * | ἀγγέλων κυκλόθεν αὐτῷ παραστῆκον οὗτος δὲ κλαίων |
| TLevi | 17 | 5 | ὀδύνη ἔσται ὅτι προσθήσει ἐπ' αὐτὸν ἡ ἀδικία εἰς | * πλῆθος * | καὶ πᾶς Ἰσραὴλ μισήσουσιν ἕκαστος τὸν πλησίον |
| TLevi | 18 | 2 | καὶ αὐτὸς ποιήσει κρίσιν ἀληθείας ἐπὶ τῆς γῆς ἐν | * πλήθει * | ἡμερῶν. καὶ ἀνήλθομεν ἀπὸ Βεθὴλ καὶ κατελύσαμεν |
| TJud. | 6 | 3 | αὐτοῖς ἐν καρτερᾷ μάχῃ περιεγενόμεθα ὅτι ἦσαν | * πλῆθος * | δυνατῶν ἐν αὐτοῖς καὶ ἀπεκτείναμεν αὐτοὺς πρὸ τοῦ |
| TJud. | 13 | 4 | ἔδειξέ μοι ἐπ' ὀνόματι τῆς θυγατρὸς αὐτοῦ χρυσοῦ | * πλῆθος * | ἄπειρον ἦν γὰρ βασιλεύς. καὶ αὐτὴν κοσμήσας ἐν |
| TJud. | 14 | 5 | αἰδεῖται. ἰδοὺ γὰρ κἀμὲ ἐπλάνησε μὴ αἰσχυνθῆναι | * πλῆθος * | ἐν τῇ πόλει ὅτι ἐν ὀφθαλμοῖς πάντων ἐξέκλινα πρὸς |
| Asen. | 5 | 5 | τῇ δεξιᾷ εἶχεν ἐκτεταμένον κλάδον ἐλαίας καὶ ἦν | * πλῆθος * | καρποῦ ἐν αὐτῷ καὶ ἐν τῷ καρπῷ ἦν πιότης ἐλαίου |
| Jer. | 1 | 1 | ταύτης σὺ καὶ Βαρούχ ἐπειδὴ ἀπολῶ αὐτὴν διὰ τὸ | * πλῆθος * | τῶν ἁμαρτιῶν τῶν κατοικούντων ἐν αὐτῇ. αἱ γὰρ |
| Jer. | 1 | 5 | τῶν Χαλδαίων ἵνα καυχήσηται ὁ βασιλεὺς μετὰ τοῦ | * πλήθους * | τοῦ λαοῦ αὐτοῦ καὶ εἴπῃ ὅτι ἴσχυσα ἐπὶ τὴν ἱερὰν |
| Jer. | 1 | 7 | ταύτης σὺ καὶ Βαρούχ ἐπειδὴ ἀπολῶ αὐτὴν διὰ τὸ | * πλῆθος * | τῶν ἁμαρτιῶν τῶν κατοικούντων ἐν αὐτῇ. οὔτε γὰρ ὁ |
| Jer. | 4 | 2 | ὑμῖν ἡ πύλη. εἰσελθέτω οὖν ὁ βασιλεὺς μετὰ τοῦ | * πλήθους * | αὐτοῦ καὶ αἰχμαλωτευσάτω πάντα τὸν λαόν. |
| Bar. | 3 | 5 | ποιῆσαι τὸν πύργον. αὐτοὶ γὰρ οὓς ὁρᾷς ἐξέβαλλον | * πλήθη * | ἀνδρῶν τε καὶ γυναικῶν εἰς τὸ πλινθεύειν. ἐν οἷς |
| Bar. | 9 | 3 | ἔμπροσθεν αὐτῆς βόες καὶ ἀμνοὶ ἐν τῷ ἅρματι καὶ | * πλῆθος * | ἀγγέλων ὁμοίως. καὶ εἶπον κύριε τί εἰσιν οἱ βόες |
| Bar. | 10 | 3 | καὶ ἐν μέσῳ αὐτοῦ λίμνην ὑδάτων. καὶ ἦσαν ἐν αὐτῷ | * πλήθη * | ὀρνέων ἐκ πασῶν γενεῶν ἀλλ' οὐχ ὅμοια τῶν ἐνταῦθα. |
| Bar. | 10 | 4 | τὸ πεδίον καὶ τίς ἡ λίμνη καὶ τί τὸ περὶ αὐτὴν | * πλῆθος * | τῶν ὀρνέων; καὶ εἶπεν ὁ ἄγγελος ἄκουσον Βαρούχ τὸ |
| Prop. | 3 | 9 | καὶ πολλοὶ πρὸς αὐτὸν συνεστρέφοντο. καί ποτε | * πλήθους * | συνόντος αὐτῷ ἔδεισαν οἱ Χαλδαῖοι μὴ ἀντάρωσι |
| Esdr. | 4 | 13 | καὶ ἴδον ἐκεῖ βράσματα πυρὸς καὶ ἐν αὐτοῖς | * πλῆθος * | ἁμαρτωλῶν καὶ τὴν φωνὴν αὐτῶν ἤκουον τὰς δὲ |
| Job | 13 | 2 | ἐν ταῖς ὁδοῖς μου καὶ τὰ κτήνη μου ἀπὸ τοῦ | * πλήθους * | ἐν ταῖς πέτραις καὶ τοῖς ὄρεσιν ἐκοιτάζοντο διὰ |
| Job | 18 | 4 | γὰρ ἤμην ὡς γυνὴ παρειμένη τὰς ὀσφύας ἀπὸ τοῦ | * πλήθους * | τῶν ὠδίνων, μνησθεὶς μάλιστα τοῦ προσημανθέντος |
| Aris. | 13 | 6 | βασιλέα μάχεσθαι σὺν Ψαμμιτίχῳ ἀλλ' οὐ τοσοῦτοι τῷ | * πλήθει * | παρεγενήθησαν ὅσους Πτολεμαῖος ὁ τοῦ Λάγου |
| Aris. | 15 | 5 | ἐν οἰκετίαις ὑπαρχόντων ἐν τῇ σῇ βασιλείᾳ | * πληθῶν * | ἱκανῶν; ἀλλὰ τελείᾳ καὶ πλουσίᾳ ψυχῇ ἀπόλυσον |
| Aris. | 21 | 5 | θεοῦ κατισχύοντος αὐτὸν εἰς τὸ σωτηρίαν γενέσθαι | * πλήθεσιν * | ἱκανοῖς. ἦν δὲ τοιοῦτο τοῦ βασιλέως |
| Aris. | 28 | 6 | ἀντίγραφα κατακεχώρικα καὶ τὸ τῶν ἀπεσταλμένων | * πλῆθος * | καὶ τὴν ἑκάστου κατασκευὴν διὰ τὸ μεγαλομερείᾳ |
| Aris. | 31 | 4 | οἵ τε συγγραφεῖς καὶ ποιηταὶ καὶ τὸ τῶν ἱστορικῶν | * πλῆθος * | τῆς ἐπιμνήσεως τῶν προειρημένων βιβλίων καὶ τῶν |
| Aris. | 33 | 7 | ἀργυρίου τάλαντα ἑβδομήκοντα καὶ λίθων ἱκανόν τι | * πλῆθος * | ἐκέλευσε δὲ τοὺς ῥισκοφύλακας τοῖς τεχνίταις ὧν |
| Aris. | 42 | 3 | σου καὶ τὴν καλὴν βουλὴν καὶ συναγαγόντες τὸ πᾶν | * πλῆθος * | παρανέγνωμεν αὐτοῖς ἵνα εἰδῶσιν ἣν ἔχεις πρὸς τὸν |
| Aris. | 45 | 3 | καὶ τῶν τέκνων καὶ τῶν φίλων καὶ ηὔξατο πᾶν τὸ | * πλῆθος * | ἵνα σοι γένηται καθὼς προαιρῇ διὰ παντὸς καὶ |
| Aris. | 82 | 2 | ἀρχιερέως τοῦ τόπου. καὶ γὰρ τὸ τῶν λίθων | * πλῆθος * | ἄφθονον καὶ μεγάλοι τοῖς μεγέθεσιν οὐκ ἔλαττον |
| Aris. | 90 | 2 | καὶ τῶν τοίχων ἐπὶ δὲ τούτων κεχύσθαι πολύ τι | * πλῆθος * | κονιάσεως ἐνεργῶς γεγενημένων ἁπάντων εἶναι δὲ |
| Aris. | 95 | 4 | καὶ τῶν προσαγόντων δὲ τὰ θύματα πολύ τι | * πλῆθος * | ἀλλὰ φόβῳ καὶ καταξίως μεγάλης θειότητος ἅπαντ' |
| Aris. | 112 | 3 | ἡ τῶν γεωργουμένων φιλοπονία. καὶ γὰρ ἐλαϊκοῖς | * πλήθεσι * | σύνδενδρός ἐστι καὶ σιτικοῖς καρποῖς αὐτῶν ἡ |
| Aris. | 114 | 1 | πόλεως καὶ τῶν κωμῶν ἔθεντο κατὰ λόγον. πολὺ δὲ | * πλῆθος * | καὶ τῶν ἀρωμάτων καὶ λίθων πολυτελῶν καὶ χρυσοῦ |
| Aris. | 118 | 2 | δὲ ἀσφαλείαις αὐτοφυέσι δυσείσβολος οὖσα καὶ | * πλήθεσιν * | ἀπραγμάτευτος διὰ τὸ στενὰς εἶναι τὰς παρόδους |

| | | | | | | |
|---|---|---|---|---|---|---|
| Aris. | | 308 | 2 | τελείωσιν δὲ ὅτε ἔλαβε συναγαγὼν ὁ Δημήτριος τὸ | * πλῆθος * | τῶν Ἰουδαίων εἰς τὸν τόπον οὗ καὶ τὰ τῆς |
| Aris. | | 308 | 5 | οἵτινες μεγάλης ἀποδοχῆς καὶ παρὰ τοῦ | * πλήθους * | ἔτυχον ὡς ἂν μεγάλων ἀγαθῶν παραίτιοι γεγονότες. |
| Aris. | | 310 | 3 | καὶ τῶν ἀπὸ τοῦ πολιτεύματος οἵ τε ἡγούμενοι τοῦ | * πλήθους * | εἶπον ἐπεὶ καλῶς καὶ ὁσίως διηρμήνευται καὶ κατὰ |
| Sib. | | 5 | 204 | βασιλεὺς Φοῖνιξ Γαλικανὸν ἤγαγεν ἐκ Συρίης | * πλῆθος * | πολὺ καὶ σε φονεύσει αὐτὴν Ῥαβέννη τε καὶ εἰς |
| Sib. | | 5 | 410 | ταύτην ἔρριψεν καὶ ἀνοικοδόμητον ἀφῆκεν σὺν | * πλήθει * | μεγάλῳ καὶ ἀνδράσι κυδαλίμοισιν. αὐτὸς δ' ὤλετο |
| FJub. | | 10 | 24 | μὴ ἀφιστάμενος τοῦ πύργου βασιλεύων μερικοῦ τινος | * πλήθους * | ἐφ' ὃν ὁ πύργος ἀνέμῳ βιαίῳ καταπεσὼν θείᾳ |
| FMan. | 2 | 22 | 12 | ἐπηγγείλω μετανοίας ἄφεσιν τοῖς ἡμαρτηκόσιν καὶ τῷ | * πλήθει * | τῶν οἰκτιρμῶν σου ὥρισας μετάνοιαν ἁμαρτωλοῖς εἰς |
| FMan. | 2 | 22 | 13 | ἄξιος ἀτενίσαι καὶ ἰδεῖν τὸ ὕψος τοῦ οὐρανοῦ ἀπὸ | * πλήθους * | τῶν ἀδικιῶν μου κατακαμπτόμενος πολλῷ δεσμῷ |
| IMen. | 5 | 119 | 2 | εἴ τις δὲ θυσίαν προσφέρων ὦ Πάμφιλε ταύρων τι | * πλῆθος * | ἢ ἐρίφων ἢ νὴ Δία ἑτέρων τοιούτων ἢ |
| HEup. | 9 | 32 | 1 | παρ' ἡμῖν ἀπέσταλκά σοι μυριάδας ὀκτὼ ὧν καὶ τὰ | * πλήθη * | ἐξ ὧν εἰσι διασεσάφηκά σοι ἐκ μὲν τοῦ Σεβριθίτου |
| HArt. | 9 | 27 | 7 | μετὰ δυνάμεως τὸ δὲ τῶν γεωργῶν αὐτῷ συστῆσαι | * πλῆθος * | ὑπολαβόντα ῥᾳδίως αὐτὸν διὰ τὴν τῶν στρατιωτῶν |
| HArt. | 9 | 27 | 35 | τὴν ἄμπωτιν τηρήσαντα διὰ ξηρᾶς τῆς θαλάσσης τὸ | * πλῆθος * | περαιῶσαι. Ἡλιουπολίτας δὲ λέγειν ἐπικαταδραμεῖν |
| HCal. | | 24 | 32 | ἐνδυσάμενοι καθυπαντῶσιν Ἀλεξάνδρῳ σὺν παντὶ τῷ | * πλήθει * | αὐτῶν. τούτους δὲ Ἀλέξανδρος ἰδὼν ἐδεδίει τοῦ |
| HCal. | | 24 | 45 | θεῷ ζῶντι ὑμεῖς δεδουλεύκατε. λαβόντες δὲ χρημάτων | * πλήθη * | ἔν τε χρυσῷ καὶ ἀργύρῳ ἤγαγον πρὸς τὸν |
| LEze. | 9 | 29 | 5 12 | καὶ ἔνερθε γαίας καὶ ἐξύπερθεν οὐρανοῦ καί μοί τι | * πλῆθος * | ἀστέρων πρὸς γούνατα ἔπιπτ' ἐγὼ δὲ πάντας |
| LEze. | 9 | 29 | 12 04 | πηγαί τε πᾶσαι καὶ ὑδάτων συστήματα βατράχων τε | * πλῆθος * | καὶ σκνῖπας ἐμβαλῶ χθονί. ἔπειτα τέφραν οἷς |
| LAri. | 8 | 10 | 14 | πῦρ φλεγόμενον ἀνυποστάτως εἶναι. τοῦ γὰρ παντὸς | * πλήθους * | μυριάδων οὐκ ἔλαττον ἑκατὸν χωρὶς τῶν ἀφηλίκων |
| πληθύνω | | | | | 21 | |
| Hen. | | 5 | 5 | ζωῆς ὑμῶν ἀπολεῖται καὶ τὰ ἔτη τῆς ἀπωλείας ὑμῶν | * πληθυνθήσεται * | ἐν κατάρᾳ αἰώνων καὶ οὐκ ἔσται ὑμῖν ἔλεος |
| Hen. | | 5 | 9 | αὐξηθήσεται ἐν εἰρήνῃ καὶ τὰ ἔτη τῆς χαρᾶς αὐτῶν | * πληθυνθήσεται * | ἐν ἀγαλλιάσει καὶ εἰρήνῃ αἰῶνος ἐν πάσαις |
| Hen. | | 6 | 1 | ταῖς ἡμέραις τῆς ζωῆς αὐτῶν. καὶ ἐγένετο οὗ ἂν | * ἐπληθύνθησαν * | οἱ υἱοὶ τῶν ἀνθρώπων ἐν ἐκείναις ταῖς |
| Hen. | | 6B | 1 | βιβλίου Ἐνὼχ περὶ τῶν ἐγρηγόρων. καὶ ἐγένετο ὅτε | * ἐπληθύνθησαν * | οἱ υἱοὶ τῶν ἀνθρώπων, ἐγεννήθησαν αὐτοῖς |
| Hen. | | 16 | 3 | ταῖς σκληροκαρδίαις ὑμῶν καὶ ἐν τῷ μυστηρίῳ τούτῳ | * πληθύνουσιν * | αἱ θήλειαι καὶ οἱ ἄνθρωποι τὰ κακὰ ἐπὶ τῆς |
| Hen. | | 89 | 49 | τῶν προβάτων. καὶ τὰ πρόβατα ηὐξήθησαν καὶ | * ἐπληθύνθησαν * | καὶ πάντες οἱ κύνες καὶ οἱ ἀλώπεκες ἔφυγον |
| Abr.1 | | 8 | 7 | τὸν Ἰσαὰκ ἀμὴν λέγω σοι εὐλογῶν εὐλογήσω σε καὶ | * πληθύνων * | πληθυνῶ τὸ σπέρμα σου καὶ δώσω σοι ὅσα ἂν |
| Abr.1 | | 8 | 7 | ἀμὴν λέγω σοι εὐλογῶν εὐλογήσω σε καὶ πληθύνων | * πληθυνῶ * | τὸ σπέρμα σου καὶ δώσω σοι ὅσα ἂν αἰτήσῃς παρ' |
| TSim. | | 6 | 2 | ἐν Ἰακὼβ καὶ ἔσται ἡ ὀσμή μου ὡς ὀσμὴ Λιβάνου καὶ | * πληθυνθήσονται * | ὡς κέδροι ἅγιοι ἐξ ἐμοῦ ἕως αἰῶνος καὶ οἱ |
| TLevi | | 18 | 9 | τοῦ αἰῶνος. καὶ ἐπὶ τῆς ἱερωσύνης αὐτοῦ τὰ ἔθνη | * πληθυνθήσονται * | ἐν γνώσει ἐπὶ τῆς γῆς καὶ φωτισθήσονται |
| TIss. | | 1 | 11 | τῷ πατρὶ ἡμῶν ἔτη δεκατέσσαρα. τί σοι ποιήσω ὅτι | * ἐπλήθυνεν * | ὁ δόλος καὶ ἡ πανουργία τῶν ἀνθρώπων καὶ ὁ |
| TJos. | | 11 | 7 | αὐτοῦ. καὶ εὐλόγησεν αὐτὸν κύριος ἐν χειρί μου καὶ | * ἐπλήθυνεν * | αὐτὸν ἐν ἀργυρίῳ καὶ χρυσίῳ καὶ ἤμην μετ' |
| Asen. | | 21 | 6 | Φαραὼ εὐλογήσει ὑμᾶς κύριος ὁ θεὸς ὁ ὕψιστος καὶ | * πληθυνεῖ * | ὑμᾶς καὶ μεγαλυνεῖ καὶ δοξάσει ὑμᾶς εἰς τοὺς |
| Sal. | | 10 | 1 | ἐν μάστιγι καθαρισθῆναι ἀπὸ ἁμαρτίας τοῦ μὴ | * πληθῦναι. * | ὁ ἑτοιμάζων νῶτον εἰς μάστιγας καθαρισθήσεται |
| Sal. | | 17 | 33 | γὰρ ἐλπιεῖ ἐπὶ ἵππον καὶ ἀναβάτην καὶ τόξον οὐδὲ | * πληθυνεῖ * | αὐτῷ χρυσίον οὐδὲ ἀργύριον εἰς πόλεμον καὶ |
| Esdr. | | 3 | 10 | ἄνθρωπον; σὺ εἶπας πρὸς Ἀβραὰμ τὸν πατέραν ἡμῶν | * πληθύνων * | πληθυνῶ τὸ σπέρμα σου ὡς τὰ ἄστρα τοῦ οὐρανοῦ |
| Esdr. | | 3 | 10 | σὺ εἶπας πρὸς Ἀβραὰμ τὸν πατέραν ἡμῶν πληθύνων | * πληθυνῶ * | τὸ σπέρμα σου ὡς τὰ ἄστρα τοῦ οὐρανοῦ καὶ ὡς τὴν |
| FIsa. | 1 | 2 | 5 | τῇ ⟨ἀν⟩ομίᾳ ἥτις ἐσπάρη ἐν ⟨Ἰ⟩ερουσαλήμ. κα⟨ὶ⟩ | * ἐπλήθυνεν * | ⟨ἡ⟩ φαρμακεία καὶ ἡ μαγεία καὶ ἡ μαντεία καὶ |
| FMan. | 2 | 22 | 13 | διότι ἥμαρτον ὑπὲρ ἀριθμὸν ψάμμου θαλάσσης. | * ἐπλήθυναν * | αἱ ἀνομίαι μου κύριε ἐπλήθυναν αἱ ἀνομίαι μου |
| FMan. | 2 | 22 | 13 | ψάμμου θαλάσσης. ἐπλήθυναν αἱ ἀνομίαι μου κύριε | * ἐπλήθυναν * | αἱ ἀνομίαι μου καὶ οὐκέτι εἰμὶ ἄξιος ἀτενίσαι |
| FMan. | 2 | 22 | 13 | πονηρὸν ἐνώπιόν σου ἐποίησα στήσας βδελύγματα καὶ | * πληθύνας * | προσοχθίσματα. καὶ νῦν κλίνω γόνυ καρδίας μου |
| πληθύς | | | | | 1 | |
| Sib. | | 3 | 730 | κόρυθας παμποίκιλά θ' ὅπλα πολλά τε καὶ τόξων | * πληθὺν * | βελέων ἀδίκων τε οὐδὲ γὰρ ἐκ δρυμοῦ ξύλα κόψεται |
| πλήθω | | | | | 4 | |
| Sib. | | 3 | 21 | οὐρανὸν ἠδὲ θάλασσαν ἠέλιόν τ' ἀκάμαντα σελήνην τε | * πλήθουσαν * | ἄστρα τε λαμπετόωντα κραταιὰν μητέρα Τηθὺν |
| Sib. | | 3 | 660 | καὶ γαῖα τελεσφόρος ἠδὲ θάλασσα τῶν ἀγαθῶν | * πλήθουσα. * | καὶ ἄρξονται βασιλῆες ἀλλήλοις +κοτέειν |
| FPho. | | | 166 | κεχρημένοι ὁππότ' ἄρουραι λήια κειράμεναι καρπῶν | * πλήθωσιν * | ἀλωάς. οἱ δ' αὐτοὶ πυροῖο νεοτριβὲς ἄχθος |
| LThe. | 9 | 22 | 1 | δὲ μάλ' ἄγχι δύ' οὔρεα φαίνετ' ἐρυμνὰ ποίης τε | * πλήθοντα * | καὶ ὕλης τῶν δὲ μεσηγὺ ἀτραπιτὸς τέτμηται ἀραιή |
| πλημμελέω | | | | | 2 | |
| Hen. | | 5 | 8 | φῶς καὶ ἀνθρώπῳ ἐπιστήμονι νόημα καὶ οὐ μὴ | * πλημμελήσουσιν * | οὐδὲ μὴ ἁμάρτωσιν πάσας τὰς ἡμέρας τῆς |
| TGad | | 6 | 6 | ἐξάξῃς αὐτόν. ὁ γὰρ ἀρνούμενος μετανοεῖ τοῦ μηκέτι | * πλημμελῆσαι * | εἴς σε ἀλλὰ καὶ τιμήσει σε καὶ φοβηθήσεται |
| πλημμυρέω | | | | | 2 | |
| Prop. | | 3 | 7 | δρέπανον τῆς ἐρημώσεως εἰς πέρας τῆς γῆς καὶ ὅτε | * πλημμυρήσῃ * | τὴν εἰς Ἰερουσαλὴμ ἐπάνοδον. καὶ γὰρ ἐκεῖ |
| Sib. | | 4 | 61 | θαλάσσης. ἀλλ' ὅταν Εὐφρήτης μέγας αἵματι | * πλημμύρηται * | καὶ τότε δὴ Μήδοις Πέρσαισί τε φύλοπις αἰνή |
| πλήμμυρος | | | | | 1 | |
| LPhi. | 9 | 20 | 1 | Ἀβραὰμ κλυτοηχὲς ὑπερτέρῳ ἅμματι δεσμῶν παμφαὲς | * πλήμμυρε * | μεγαυχήτοισι λογισμοῖς θειοφιλῆ θέλγητρα. |
| πλημυρίς | | | | | 2 | |
| HArt. | 9 | 27 | 37 | τοὺς δὲ Αἰγυπτίους ὑπό τε τοῦ πυρὸς καὶ τῆς | * πλημμυρίδος * | πάντας διαφθαρῆναι τοὺς δὲ Ἰουδαίους |
| LPhi. | 9 | 24 | 1 | ἐν Αἰγύπτοιο θρόνοισι δινεύσας λαθραῖα χρόνου | * πλημμυρίδι * | μοίρης. κρήνην εἶναι ταύτην δὲ ἐν μὲν τῷ |
| πλήν | | | | | 30 πλήν | |
| πλήρης | | | | | 18 | |
| Hen. | | 21 | 7 | καὶ διακοπὴν εἶχεν ὁ τόπος ἕως τῆς ἀβύσσου | * πλήρης * | στύλων πυρὸς μεγάλου καταφερομένων οὔτε μέτρον |
| Hen. | | 27 | 1 | καὶ εἶπον διά τί ἡ γῆ αὕτη ἡ εὐλογημένη καὶ πᾶσα | * πλήρης * | δένδρων αὐτὴ δὲ ἡ φάραγξ κεκατηραμένη ἐστίν; γῆ |
| Hen. | | 28 | 2 | Μανδοβαρὰ καὶ ἴδον αὐτὸ ἔρημον καὶ αὐτὸ μόνον | * πλήρης * | δένδρων καὶ ἀπὸ τῶν σπερμάτων ὕδωρ ἄνομβρον |
| Hen. | | 31 | 2 | ἀνατολὰς τῶν περάτων τῆς γῆς καὶ πάντα τὰ δένδρα | * πλήρη * | ἐξαυτῆς ἐν ὁμοιώματι ἀμυγδάλων ὅταν τρίβωσιν διὸ |
| Hen. | | 32 | 1 | εἰς βορρᾶν πρὸς ἀνατολὰς τεθέαμαι ἑπτὰ ὄρη | * πλήρη * | νάρδου χρηστοῦ καὶ σχίνου καὶ κινναμώμου καὶ |
| TLevi | | 17 | 2 | καὶ λαλήσει θεῷ ὡς πατρὶ καὶ ἡ ἱερωσύνη αὐτοῦ | * πλήρης * | μετὰ κυρίου καὶ ἐν ἡμέρᾳ χαρᾶς αὐτοῦ ἐπὶ σωτηρίᾳ |
| Asen. | | 16 | 8 | καὶ ἦν τὸ κηρίον μέγα καὶ λευκὸν ὡσεὶ χιὼν καὶ | * πλήρης * | μέλιτος. καὶ ἦν τὸ μέλι ἐκεῖνο ὡς δρόσος τοῦ |
| Asen. | | 24 | 1 | υἱοῦ Φαραὼ Συμεὼν καὶ Λευίς. καὶ ἦν ὁ υἱὸς Φαραὼ | * πλήρης * | φόβου καὶ λύπης διότι ἐφοβεῖτο τοὺς ἀδελφοὺς |
| Asen. | | 27 | 9 | ἐσπασμένας ἔχοντες τὰς ῥομφαίας αὐτῶν αἵματος | * πλήρεις. * | καὶ εἶδεν αὐτοὺς Ἀσενὲθ καὶ ἐφοβήθη σφόδρα καὶ |
| Jer. | | 9 | 22 | οὖν σφόδρα Βαροὺχ καὶ Ἀβιμέλεχ ὅτι ἤθελον ἀκοῦσαι | * πλήρης * | τὰ μυστήρια ἃ εἶδε. λέγει δὲ αὐτοῖς Ἰερεμίας |
| Bar. | | 3 | 3 | ἑξήκοντα. καὶ ἔδειξέν μοι κἀκεῖ πεδίον καὶ ἦν | * πλῆρες * | ἀνθρώπων ἡ δὲ θεωρία αὐτῶν ὁμοία κυνῶν οἱ δὲ |
| Bar. | | 15 | 2 | καὶ τοὺς ἀγγέλους τοὺς ἐνεγκόντας τὰ κανίσκια | * πλήρη * | ἐπλήρωσεν αὐτὰ ἐλαίῳ λέγων ἀπενέγκατε δότε |
| Sib. | | 3 | 271 | πᾶς βίοτος καὶ πλοῦτος ὀλεῖται πᾶσα δὲ γαῖα σέθεν | * πλήρης * | καὶ πᾶσα θάλασσα πᾶς δὲ προσοχθίζων ἔσται τοῖς |
| Sib. | | 3 | 330 | σιδηρείοις τ' ἐμασήσατε δεινῶς. τοὔνεκα δὴ νεκρῶν | * πλήρη * | σὴν γαῖαν ἐπόψει τοὺς μὲν ὑπὸ πτολέμου καὶ πάσης |
| Sib. | | 3 | 683 | ἠέριαι δὲ φάραγγες ἐν οὔρεσιν ὑψηλοῖσιν ἔσσονται | * πλήρεις * | νεκύων ῥεύσουσι δὲ πέτραι αἵματι καὶ πεδίον |
| Sib. | | 3 | 750 | χιμάρους) πηγάς τε ῥήξει γλυκερὰς λευκοῖο γάλακτος | * πλήρεις * | δ' αὖτε πόλεις ἀγαθῶν καὶ πίονες ἀγροὶ ἔσσοντ' |
| FMos. | 2 | 17 | 18 | αὐτὸν ὁ θεὸς σοφίαν καὶ δικαιοσύνην καὶ ἐπιστήμην | * πλήρη * | αὐτὸς οἰκοδομήσει τὸν οἶκον τοῦ θεοῦ. εἰκότως ἄρα |
| LEze. | 9 | 28 | 3 08 | ἄπανθ' ὑπισχνεῖθ' ὡς ἀπὸ σπλάγχνων ἐῶν ἐπεὶ δὲ | * πλήρης * | κόλπος ἡμερῶν παρῆν ἐξῆλθον οἴκων βασιλικῶν πρὸς |
| πληροφορέω | | | | | 2 | |
| Abr.1 | | 1 | 6 | μοι καὶ ἀνάγγειλον αὐτὸν περὶ τοῦ θανάτου καὶ | * πληροφόρησον * | αὐτὸν ὅτι μέλλει ἔρχεσθαι ἐν τῷ καιρῷ τούτῳ |
| TGad | | 2 | 4 | τοῖς ἀδελφοῖς ἡμῶν. καὶ οὕτως τῇ πλεονεξίᾳ | * ἐπληροφορήθην * | τῆς ἀναιρέσεως αὐτοῦ. καὶ ὁ θεὸς τῶν |
| πληρόω | | | | | 48 | |
| Adam | | 13 | 6 | σὺ δὲ πάλιν πορεύου πρὸς τὸν πατέρα σου ἐπειδὴ | * ἐπληρώθη * | τὸ μέτρον τῆς ζωῆς αὐτοῦ εἴσω τριῶν ἡμερῶν. |
| Adam | | 42 | 3 | ἐπορεύθησαν εἰς τὸν τόπον αὐτῶν. Εὔα δὲ καὶ αὐτὴ | * πληρωθέντων * | τῶν ἓξ ἡμερῶν ἐκοιμήθη. ἔτι δὲ ζώσης αὐτῆς |
| Hen. | | 5 | 9 | ἐν ὀργῇ θυμοῦ ἀλλὰ τὸν ἀριθμὸν αὐτῶν ζωῆς ἡμερῶν | * πληρώσουσιν * | καὶ ἡ ζωὴ αὐτῶν αὐξηθήσεται ἐν εἰρήνῃ καὶ τὰ |
| Hen. | | 10 | 17 | νεότητος αὐτῶν καὶ τὰ σάββατα αὐτῶν μετὰ εἰρήνης | * πληρώσουσιν. * | τότε ἐργασθήσεται πᾶσα ἡ γῆ ἐν δικαιοσύνῃ |
| Hen. | | 21 | 6 | τὴν ἐπιταγὴν τοῦ κυρίου καὶ ἐδέθησαν ὧδε μέχρι τοῦ | * πληρῶσαι * | μύρια ἔτη τὸν χρόνον τῶν ἁμαρτημάτων αὐτῶν. |
| Abr.1 | | 4 | 2 | καὶ βοτάνας εὐόσμους ἐκ τοῦ παραδείσου ἐνέγκας | * πλήρωσον * | τὸν οἶκον ἄναψον δὲ λύχνους ἑπτὰ διὰ ἐλαίου |
| Abr.1 | | 9 | 4 | μοι κατὰ τῆς καρδίας μου καὶ πᾶσαν τὴν βουλήν μου | * ἐπλήρωσας * | καὶ νῦν κύριε οὐκ ἀνθίσταμαι τὸ σὸν κράτος ὅτι |
| Abr.1 | | 15 | 12 | πάντα ὅσα εἶπεν πρός σε καὶ τὰς αἰτήσεις αὐτοῦ | * ἐπλήρωσα * | καὶ ἔδειξα αὐτῷ τὴν δυναστείαν σου καὶ πᾶσαν |
| Abr.2 | | 7 | 13 | τῇ ὥρᾳ ταύτῃ λάμπουσί μοι αἱ ἀκτῖνες πᾶσαι εἰ μὴ | * πληρωθῶσιν * | αἱ δώδεκα ὧραι τῆς ἡμέρας ἵνα ὅλας τὰς |
| Abr.2 | | 7 | 17 | οὐρανοὺς τὸ δὲ σῶμα αὐτοῦ μένει ἐπὶ τῆς γῆς ἕως | * πληρωθῶσιν * | ἑξακισχίλια ἔτη ἐν ᾧ ἐγερθήσεται πᾶσα σάρξ |
| TRub. | | 2 | 9 | τῆς κτίσεως καὶ πρῶτον τῆς νεότητος ὅτι ἀγνοίας | * πεπλήρωται * | καὶ αὕτη τὸν νεώτερον ὁδηγεῖ ὡς τυφλὸν ἐπὶ |
| TLevi | | 8 | 10 | ὁ ἕβδομος διάδημά μοι περιέθηκεν ἱερατείας. καὶ | * ἐπλήρωσαν * | τὰς χεῖράς μου θυμιάματος ὥστε ἱερατεύειν με |
| TJud. | | 9 | 2 | μετὰ τὸ ἐλθεῖν ἡμᾶς ἐκ Μεσοποταμίας ἀπὸ Λαβάν. καὶ | * πληρωθέντων * | τῶν δεκαοκτὼ ἐτῶν ἐν τεσσαρακοστῷ ἔτει ζωῆς |
| TNep. | | 6 | 5 | ἡμεῖς χειμαζόμενοι ἐπὶ τὸ πέλαγος ἐφερόμεθα καὶ | * ἐπληρώθη * | τὸ πλοῖον ὑδάτων ἐν τρικυμίαις περιρρησσόμενον |
| TNep. | | 7 | 1 | ἐνύπνια εἶπον τῷ πατρί μου καὶ εἶπέ μοι δεῖ ταῦτα | * πληρωθῆναι * | κατὰ καιρὸν αὐτῶν πολλὰ τοῦ Ἰσραήλ |
| TNep. | | 8 | 7 | αἱ ἐντολαὶ τοῦ νόμου διπλαῖ εἰσι καὶ μετὰ τέχνης | * πληροῦνται. * | καιρὸς γὰρ συνουσίας γυναικὸς αὐτοῦ καὶ |
| TGad | | 5 | 1 | πλεονεξίαν κακῶν καὶ ἰοῦ διαβολικοῦ τὴν καρδίαν | * πληροῖ. * | καὶ ταῦτα ἐκ πείρας λέγω ὑμῖν τέκνα μου ὅπως |
| TAser | | 1 | 9 | ὁ θησαυρὸς τοῦ διαβουλίου ἰοῦ πονηροῦ πνεύματος | * πεπλήρωται. * | ἔστιν οὖν ψυχὴ λέγουσα φησί τὸ καλὸν ὑπὲρ |
| TJos. | | 6 | 5 | ἔφαγες ἀπὸ τοῦ βρώματος; καὶ εἶπον πρὸς αὐτὴν ὅτι | * ἐπλήρωσας * | αὐτὸ θανάτου καὶ πῶς εἶπας ὅτι οὐκ ἐγγίζω |
| TJos. | | 9 | 1 | πολλάκις ἔπεμψε πρός με λέγουσα εὐδόκησον | * πληρῶσαι * | τὴν ἐπιθυμίαν μου καὶ λυτρώσω σε τῶν δεσμῶν καὶ |
| TBen. | | 3 | 8 | καὶ περιλαβὼν αὐτὸν ἐπὶ δύο ὥρας κατεφίλει λέγων | * πληρωθήσεται * | ἐν σοὶ προφητεία οὐρανοῦ περὶ τοῦ ἀμνοῦ τοῦ |
| TBen. | | 12 | 1 | ἀναπληρώσει τὰ ὑστερήματα τῆς φυλῆς σου. καὶ ὡς | * ἐπλήρωσε * | τοὺς λόγους αὐτοῦ εἶπεν ἐντέλλομαι ὑμῖν τέκνα |

Asen. 16 16B ἥψατο τοῦ κηρίου οὗ ἀπέκλασε καὶ ἀπεκατεστάθη καὶ * ἐπληρώθη * καὶ εὐθὺς ἐγένετο ὁλόκληρον ὡς ἦν ἐν ἀρχῇ. καὶ
Asen. 27 2 καὶ ἔλαβε λίθον στρογγύλον ἐκ τοῦ χειμάρρου καὶ * ἐπλήρωσε * τὴν χεῖρα αὐτοῦ καὶ ἠκόντισε κατέναντι τοῦ υἱοῦ
Jer. 9 31 εὐθέως ἔδραμον πρὸς αὐτὸν μετὰ πολλῶν λίθων καὶ * ἐπληρώθη * αὐτοῦ οἰκονομία. καὶ ἐλθόντες Βαροὺχ καὶ
Bar. 15 2 τοὺς ἀγγέλους τοὺς ἐνεγκόντας τὰ κανίσκια πλήρη * ἐπλήρωσεν * αὐτὰ ἐλαίῳ λέγων ἀπενέγκατε δότε
Prop. 21 7 αὐτοῖς ἐπήκουεν ὁ δὲ Ἠλίας καὶ ὕδατος πολλοῦ * πληρώσας * τὸν τόπον ἔνθα ἦν ἡ θυσία ηὔξατο καὶ εὐθὺς
Prop. 22 10 εἰς αὐτὰ ἕως ἀποσχῇ τὰ ἀγγεῖα καὶ τοῦτο ποιήσασα * ἐπλήρωσε * τὰ ἀγγεῖα καὶ ἀποδέδωκε τοῖς δανισταῖς καὶ τὸ
Sedr. 13 1 τρία ἔτη κύριέ μου μὴ φθάσῃ ὁ θάνατος αὐτοῦ καὶ οὐ * πληρώσῃ * τὴν μετάνοιαν αὐτοῦ ἐλέησον κύριε τὴν εἰκόνα σου
Job 28 1 ὅτι κρείττων ἐστὶν παντὸς ἡ μακροθυμία. καὶ ὅτε * ἐπλήρωσα * εἴκοσι ἔτη τυγχάνων ἐν τῇ πληγῇ, καὶ ἤκουσαν οἱ
Aris. 10 4 εἴκοσι βασιλεῦ σπουδάσω δ' ἐν ὀλίγῳ χρόνῳ πρὸς τὸ * πληρωθῆναι * πεντήκοντα μυριάδας τὰ λοιπά. προσήγγελται δέ
Aris. 98 4 τὸ ὄνομα τοῦ θεοῦ κατὰ μέσον τῶν ὀφρύων δόξῃ * πεπληρωμένον * ὁ κριθεὶς ἄξιος τούτων ἐν ταῖς
Aris. 116 5 ἀνδρῶν ἔγκληροι καθειστήκεισαν ἑκατοντάρουροι. * πληρούμενος * δὲ ὁ ποταμὸς καθὼς ὁ Νεῖλος ἐν ταῖς πρὸς τὸν
Aris. 132 2 ἔστι καὶ διὰ πάντων ἡ δύναμις αὐτοῦ φανερὰ γίνεται * πεπληρωμένου * παντὸς τόπου τῆς δυναστείας καὶ οὐθὲν αὐτὸν
Aris. 178 3 συμπαρόντων εὖ βασιλεῦ προήχθη δακρῦσαι τῇ χαρᾷ * πεπληρωμένος. * ἡ γὰρ τῆς ψυχῆς ἔντασις καὶ τὸ τῆς τιμῆς
Aris. 185 1 ποιήσασθαι κατευχὴν ὃς ἀξιολόγως στὰς εἶπε * πληρῶσαι * σε βασιλεῦ πάντων τῶν ἀγαθῶν ὧν ἔκτισεν ὁ
Aris. 261 6 τὸ προπιεῖν ὁ βασιλεὺς (λαμβάνειν) ἐτράπη χαρᾷ * πεπληρωμένος. * τῇ δ' ἑξῆς καθὼς πρότερον ἡ διάταξις ἦν
Aris. 294 5 παῖδα. συνεπιφωνησάντων δὲ πάντων χαρᾶς * ἐπληρώθη * τὸ συμπόσιον ἀδιαλείπτως τοῦ βασιλέως εἰς
Sib. 3 25 Ἀδὰμ τὸν πρῶτον πλασθέντα καὶ οὔνομα * πληρώσαντα * ἀντολίην τε δύσιν τε μεσημβρίην τε καὶ ἄρκτον
Sib. 3 107 φωναῖσι διέστρεφον αὐτὰρ ἅπασα γαῖα βροτῶν * πληροῦτο * μεριζομένων βασιλειῶν καὶ τότε δὴ δεκάτη γενεὴ
Sib. 3 246 ἀλλὰ πενιχρομένοισι θέρους ἀπόμοιραν ἰάλλει * πληροῦντες * μεγάλοιο θεοῦ φάτιν ἔννομον ὕμνον πᾶσι γὰρ
Sib. 3 684 νεκύων ῥεύσουσι δὲ πέτραι αἵματι καὶ πεδίον * πληρώσει * πᾶσα χαράδρα. τείχεα δ' εὐποίητα χαμαὶ
Sib. 5 201 καὶ ἐν Γάλλοις πολυχρύσοις ὠκεανὸς κελαδῶν * πληρούμενος * αἵματι πολλῷ καὐτοὶ γὰρ κακότητα θεοῦ
FJub. 4 31 τοῦ οἴκου. λίθοις γὰρ καὶ αὐτὸς τὸν Ἄβελ ἀνεῖλε. * πληρωθέντος * οὖν ἐνιαυτοῦ μετὰ θάνατον τοῦ Ἀδὰμ
FIsa. 1 11 εἶπεν Ἠσαΐας οὐκ ὠφελήσεις σεαυτὸν οὐδὲν (δεῖ) * πληρωθῆναι * τὴν βουλὴν τοῦ σατανᾶ ἐν τῷ Μανασσῇ. ἐν
FPho. 23 πτωχῷ δ' εὐθὺ δίδου μὴ δ' αὔριον ἐλθέμεν εἴπῃς * πληρώσει * σέο χεὶρ'. ἔλεον χρῄζοντι παράσχου. ἄστεγον
HCal. 24 6 ἀκοντίσαι. οἱ δὲ τὸ προσταχθὲν αὐτοῖς σπουδαίως * ἐπλήρωσαν. * ὀξὺ γὰρ τὸ Μακεδονικὸν στῖφος εἰς τὸ
LPhi. 9 37 1 δὲ ἐν μὲν τῷ χειμῶνι ξηραίνεσθαι ἐν δὲ τῷ θέρει * πληροῦσθαι. * νηχόμενος δ' ἐφύπερθε τὸ θαμβηέστατον ἄλλο

πλησιάζω 1

Sib. 3 185 ἐν τούτοις ἀσεβείας ἔσσετ' ἀνάγκη ἄρσην δ' ἄρσενι * πλησιάσει * στήσουσί τε παῖδας αἰσχροῖς ἐν τεγέεσσι καὶ

πλησίος 43

Adam 9 3 τῇ Εὔᾳ ἀνάστα καὶ πορεύου μετὰ τοῦ υἱοῦ ἡμῶν Σὴθ * πλησίον * τοῦ παραδείσου καὶ ἐπίθετε γῆν ἐπὶ τὰς κεφαλὰς
Adam 13 1 εἰς τὴν σκηνὴν αὐτοῦ. ἐπορεύθη δὲ Σὴθ μετὰ Εὔας * πλησίον * τοῦ παραδείσου. καὶ ἔκλαυσαν δεόμενοι τοῦ θεοῦ
Hen. 90 1 δὲ τοῦ ὄρους ἐν ᾧ ὤμοσαν καὶ ἀνεθεμάτισαν πρὸς τὸν * πλησίον * αὐτῶν ὅτι εἰς τὸν αἰῶνα οὐ μὴ ἀποστῇ ἀπ' αὐτοῦ
Hen. 99 15 καὶ ἐπιβοηθοῦντες τῇ ἀδι(κίᾳ φονεύ)οντες τὸν * πλησίον * αὐτῶ(ν ἕως τῆς) ἡμέρας τῆς κρίσεως τῆς (μεγάλης)
Abr.1 3 5 τὴν φωνὴν τοῦ δένδρου οὐκ ἤκουσεν. ἐλθόντες δὲ * πλησίον * (τοῦ οἴκου ἐν τῇ αὐλῇ) ἐκαθέσθησαν καὶ ἰδὼν
Abr.2 14 7 ἔθαψεν δὲ Ἰσαὰκ τὸν πατέρα αὐτοῦ Ἀβραὰμ * πλησίον * τῆς μητρὸς αὐτοῦ δοξάζων τὸν ὕψιστον θεὸν ᾧ ἡ
TRub. 3 13 πρὸς Ἰσαὰκ τὸν πατέρα αὐτοῦ ὄντων ἡμῶν ἐν Γάδερ * πλησίον * Ἐφραθὰ οἴκου Βηθλεὲμ Βάλλα ἦν μεθύουσα καὶ
TRub. 6 9 θεὸν τοῦ οὐρανοῦ ποιῆσαι ἀλήθειαν ἕκαστος πρὸς τὸν * πλησίον * αὐτοῦ καὶ ἀγάπην ἕκαστος πρὸς τὸν ἀδελφὸν αὐτοῦ
TLevi 17 5 εἰς πλῆθος καὶ πᾶς Ἰσραὴλ μισήσουσιν ἕκαστος τὸν * πλησίον * αὐτοῦ. ὁ πέμπτος ἐν σκότει παραληφθήσεται
TJud. 18 3 ἐκδιδάσκει καὶ οὐκ ἀφίει ἄνδρα ἐλεῆσαι τὸν * πλησίον * αὐτοῦ στερίσκει τὴν ψυχὴν αὐτοῦ ἀπὸ πάσης
TIss. 3 3 ἐν ταῖς πράξεσί μου οὐδὲ πονηρὸς καὶ βάσκανος τῷ * πλησίον * οὐ κατελάλησά τινος οὐδὲ ἔψεξα βίον ἀνθρώπου
TIss. 4 2 κυρίου. ὁ ἁπλοῦς χρυσίον οὐκ ἐπιθυμεῖ τὸν * πλησίον * οὐ πλεονεκτεῖ βρωμάτων ποικίλων οὐκ ἐφίεται
TIss. 5 1 μὴ περιεργαζόμενοι ἐντολὰς κυρίου καὶ τοῦ * πλησίον * τὰς πράξεις ἀλλ' ἀγαπᾶτε κύριον καὶ τὸν πλησίον
TIss. 5 2 πλησίον τὰς πράξεις ἀλλ' ἀγαπᾶτε κύριον καὶ τὸν * πλησίον * πένητα καὶ ἀσθενῆ ἐλεᾶτε. ὑπόθετε τὸν νῶτον ὑμῶν
TIss. 7 3 οἶνον εἰς ἀποπλάνησιν οὐκ ἔπιον πᾶν ἐπιθύμημα τοῦ * πλησίον * οὐκ ἐπόθησα δόλος οὐκ ἐγένετο ἐν καρδίᾳ μου
TZab. 5 1 τὰς ἐντολὰς κυρίου καὶ ποιεῖν ἔλεος ἐπὶ τὸν * πλησίον * καὶ εὐσπλαγχνίαν πρὸς πάντας ἔχειν οὐ μόνον πρὸς
TZab. 5 3 σπλάγχνοις ὑμῶν τέκνα μου ὅτι ὡς ἄν τις ποιήσῃ τῷ * πλησίον * αὐτοῦ οὕτως καὶ ὁ κύριος ποιήσει αὐτῷ. καὶ γὰρ
TZab. 6 6 πολὺν ἰχθὺν ἐποίησέ μοι θήραν. ὁ γὰρ μεταδιδοὺς τῷ * πλησίον * λαμβάνει πολλαπλασίονα παρὰ κυρίου. πέντε ἔτη
TZab. 8 3 κατοικεῖ. ὅσον γὰρ ἄνθρωπος σπλαγχνίζεται εἰς τὸν * πλησίον * τοσοῦτον κύριος εἰς αὐτόν. ὅτε γὰρ κατήλθομεν
TDan 5 2 ὑμῶν ὁ Βελιάρ. ἀλήθειαν φθέγγεσθε ἕκαστος πρὸς τὸν * πλησίον * αὐτοῦ καὶ οὐ μὴ ἐμπέσητε εἰς ἡδονὴν καὶ ταραχὰς
TGad 1 5 Χεβρὼν πρὸς τὸν πατέρα αὐτοῦ καὶ ἀνέκλινεν αὐτὸν * πλησίον * αὐτοῦ ὅτι ἠγάπα αὐτόν. καὶ εἶπεν Ἰωσὴφ τῷ πατρὶ
TGad 4 2 θέλει ἀκούειν λόγων ἐντολῶν αὐτοῦ περὶ ἀγάπης τοῦ * πλησίον * καὶ εἰς τὸν θεὸν ἁμαρτάνει. ἐὰν γὰρ πταίσῃ ὁ
TAser 2 6 καὶ τοῦτο ὅλον δὲ πονηρόν ἐστιν. πλεονεκτῶν τὸν * πλησίον * παροργίζει τὸν θεὸν καὶ τὸν ὕψιστον ἐπιορκεῖ καὶ
TJos. 20 3 ἀναγάγετε καὶ ἐγγὺς Βάλλας παρὰ τὸν ἱππόδρομον * πλησίον * Ῥαχὴλ θέτε αὐτήν. καὶ ταῦτα εἰπὼν ἐκτείνας τοὺς
TBen. 3 3 βλέπει ὀρθῶς. φοβεῖσθε κύριον καὶ ἀγαπᾶτε τὸν * πλησίον. * καὶ ἐὰν τὰ πνεύματα τοῦ Βελιὰρ εἰς πᾶσαν
TBen. 3 4 αὐτὸν ὁ γὰρ φοβούμενος τὸν θεὸν καὶ ἀγαπῶν τὸν * πλησίον * αὐτοῦ ὑπὸ τοῦ ἀερίου πνεύματος τοῦ Βελιὰρ οὐ
TBen. 3 5 ὑπὸ τῆς τοῦ κυρίου ἀγάπης ἧς ἔχει πρὸς τὸν * πλησίον. * καὶ γὰρ ἐδεήθη τοῦ πατρὸς ἡμῶν Ἰωσὴφ ἵνα
TBen. 6 3 εἰς φιληδονίαν οὐ τέρπεται ἡδονῇ οὐ λυπεῖ τὸν * πλησίον * οὐκ ἐμπίπλαται τρυφῆς οὐ πλανᾶται μετεωρισμοῖς
TBen. 10 3 οὖν ἀλήθειαν καὶ δικαιοσύνην ἕκαστος μετὰ τοῦ * πλησίον * αὐτοῦ καὶ κρίμα εἰς πιστοποίησιν καὶ τὸν νόμον
Asen. 28 14 εἶπεν μηδαμῶς ἄδελφε ποιήσεις κακὸν ἀντὶ κακοῦ τῷ * πλησίον * σου. τῷ κυρίῳ δώσεις ἐκδικήσειν τὴν ὕβριν αὐτῶν.
Sal. 8 10 συνεφύροντο. ἐμοιχῶντο ἕκαστος τὴν γυναῖκα τοῦ * πλησίον * αὐτοῦ συνέθεντο αὐτοῖς συνθήκας μετὰ ὅρκου περὶ
Prop. 1 5 τοῦ Ἠσαΐου τοῦτο γέγονε μνήμης χάριν καὶ ὁ λαὸς * πλησίον * αὐτὸν ἐπιμελῶς ἔθαψε καὶ ἐνδόξως ἵνα δι' εὐχῶν
Prop. 10 1 τῶν πατέρων αὐτοῦ. Ἰωνᾶς ἦν ἐκ γῆς Καριαθμαοὺς * πλησίον * πόλεως Ἑλλήνων Ἀζώτου κατὰ θάλασσαν. καὶ
Prop. 14 2 ἐκ μέρους τὴν οἰκοδομὴν τοῦ ναοῦ. καὶ θανὼν ἐτάφη * πλησίον * τοῦ τάφου τῶν ἱερέων ἐνδόξως ὡς αὐτοί. Ζαχαρίας
Job 31 5 τρεῖς ἡμέρας χορηγοῦντες τὰ θυμιάματα καὶ ὅτε * πλησίον * μου ἐγένοντο, ἀποκριθεὶς Ἐλιους εἶπέν μοι σὺ εἶ
Job 43 3 αὐτῷ τῶν ἄλλων φίλων καὶ τῶν στρατευμάτων * πλησίον * τοῦ θυσιαστηρίου ἔλεγεν οὕτως Ἐλιφας περιῄρηνται
Job 51 3 ἐπικειμένου δὲ καὶ τοῦ ἁγίου πνεύματος, ἐκαθεζόμην * πλησίον * τοῦ Ἰὼβ ἐπὶ τῆς κλίνης μου ἤκουσα ἐγὼ τὰ
Aris. 181 3 ἐκέλευσε καταλύματα δοθῆναι τὰ κάλλιστα * πλησίον * τῆς ἄκρας αὐτοῖς καὶ τὰ κατὰ τὸ συμπόσιον
FEz. 64 70 10 ποῦ ἀπέρχομαι; ἀλλὰ τεχνασώμεθα. τίλας χόρτον τὸν * πλησίον * καὶ πλέξας σχοινίον ἠκόντισε τῷ τυφλῷ καὶ εἶπεν
IMen. 5 119 2 ἔναμμα ἐπιθυμήσῃς (Πάμ)φιλε ὁ γὰρ θεὸς βλέπει σε * πλησίον * παρών. μηδὲ βελόνης ὦ φίλτατε ἐπιθυμήσῃς ποτέ
IMen. 5 120 2 συνειδὼς αὐτὸς αὐτῷ δέσποτα ὁ γὰρ θεὸς βλέπει σε * πλησίον * παρών.
HArt. 9 27 11 καθαιρεῖν ἕτερον δὲ λίθινον κατασκευάσαι τὸ * πλησίον * ὄρος λατομήσαντας τάξαι δὲ ἐπὶ τῆς οἰκοδομίας
LEze. 9 29 14 13 δ' Ἑβραίων ὁμὸς ἤντησε στρατὸς οἱ μὲν παρ' ἀκτὴν * πλησίον * βεβλημένοι Ἐρυθρᾶς Θαλάσσης ἥεσαν ἠθροϊσμένοι

πλησμονή 1

Sal. 5 17 ἐν δικαιοσύνῃ καὶ ἐν τούτῳ ἡ εὐλογία κυρίου εἰς * πλησμονὴν * ἐν δικαιοσύνῃ. εὐφρανθείησαν οἱ φοβούμενοι

πλήσσω 11

Adam 12 2 τοῦ θεοῦ. τότε ἔφυγε τὸ θηρίον καὶ ἀφῆκεν αὐτὸν * πεπληγμένον * καὶ ἐπορεύθη εἰς τὴν σκηνὴν αὐτοῦ. ἐπορεύθη
TBen. 3 4 ὑπὸ τοῦ ἀερίου πνεύματος τοῦ Βελιὰρ οὐ δύναται * πληγῆναι * σκεπαζόμενος ὑπὸ τοῦ φόβου τοῦ θεοῦ καὶ ὑπὸ
Prop. 7 1 τέλος καὶ ἀνεῖλεν αὐτὸν ὁ υἱὸς αὐτοῦ ἐν ῥοπάλῳ * πλήξας * αὐτοῦ τὸν κρόταφον καὶ ἔτι ἐμπνέων ἦλθεν εἰς τὴν
Aris. 313 3 γεγονέναι καὶ τῶν ἐπιβαλλομένων τινὲς ὑπὸ τοῦ θεοῦ * πληγέντες * τῆς ἐπιβολῆς ἀπέστησαν. καὶ γὰρ ἔφησεν
Sib. 5 138 ἀναιάξουσι ποιηταὶ ἡνίκ' ἀπ' Ἰταλίης ἰσθμοῦ * πλήξειε * τένοντα τῆς μεγάλης Ῥώμης βασιλεὺς μέγας
Sib. 5 180 τεὴν ὀλοφύρομαι ἄτην Μέμφι πόνων ἀρχηγὸς ἔσῃ * πληχθεῖσα * τένοντας ἐν σοὶ πυραμίδες φωνὴν φθέγξονται
Sib. 5 518 ἠδὲ Σεληναίης δικέρως ἠλλάξατο ῥοῖζος Αἰγόκερως δ' * ἔπληξε * νέου Ταύροιο τένοντα Ταῦρος δ' Αἰγοκέρωτος
Sib. 5 530 δ' ἔρριψε καταπρηνεῖς ἐπὶ γαῖαν. ῥίμφα μὲν οὖν * πληγέντες * ἐπ' Ὠκεανοῖο λοετρὰ ἧψαν γαῖαν ἅπασαν ἔμεινε
FJub. 38 2 βιασθεὶς Ἰακὼβ ὑπὸ τοῦ Ἰούδα ἐνέτεινε τόξον καὶ * πλήξας * κατὰ τοῦ δεξιοῦ μαζοῦ τὸν Ἠσαῦ κατέβαλε. τοῦ δὲ
FPho. 58 ἐς χεῖρα χαλινοῦ δ' ἄγριον ὀργὴν πολλάκι γὰρ * πλήξας * ἀέκων φόνον ἐξετέλεσσεν. ἔστω κοινὰ πάθη μηδὲν
LThe. 9 22 11 ὣς τότε δὴ Συμεὼν μὲν Ἐμὼρ ὤρουσεν ἐπ' αὐτὸν * πλῆξε * τέ οἱ κεφαλὴν δειρὴν δ' ἕλεν ἐν χερὶ λαιῇ λεῖψε δ'

πλινθευμα 1

LEze. 9 28 2 09 ἡμῶν πολὺν ἐμηχανήσατο βασιλεὺς Φαραὼ τοὺς μὲν ἐν * πλινθεύμασιν * οἰκοδομίαις τε βαρέσιν αἰκίζων βροτοὺς

πλινθεύω 4

Bar. 3 5 ὁρᾷς ἐξέβαλλον πλήθη ἀνδρῶν τε καὶ γυναικῶν εἰς τὸ * πλινθεύειν. * ἐν οἷς μία γυνὴ πλινθεύουσα ἐν τῇ ὥρᾳ τοῦ
Bar. 3 5 τε καὶ γυναικῶν εἰς τὸ πλινθεύειν. ἐν οἷς μία γυνὴ * πλινθεύουσα * ἐν τῇ ὥρᾳ τοῦ τεκεῖν αὐτὴν οὐ συνεχωρήθη
Bar. 3 5 ὥρᾳ τοῦ τεκεῖν αὐτὴν οὐ συνεχωρήθη ἀπολυθῆναι ἀλλὰ * πλινθεύουσα * ἔτεκεν καὶ τὸ τέκνον αὐτῆς ἐν τῷ λεντίῳ
Bar. 3 5 καὶ τὸ τέκνον αὐτῆς ἐν τῷ λεντίῳ ἐβάσταζεν καὶ * ἐπλίνθευεν. * καὶ ὀφθεὶς αὐτοῖς ὁ κύριος ἐνήλλαξεν αὐτῶν

πλινθίον 1

HEup. 9 34 5 μὴ φαίνεσθαι χρυσῶσαί τε τὸν ναὸν ἔσωθεν χωννύντα * πλινθία * χρυσᾶ πενταπήχη καὶ προστιθέναι προσηλοῦντα

πλίνθος 6

Hen. 99 13 αὐτῶν οὐκ ἐκ κόπων ἰδίων καὶ ἐκ λίθων καὶ ἐκ * πλίνθων * πᾶσαν οἰκοδομὴν ποιεῖτε οἷς οὐκ ἔστιν ὑμῖν
FJub. 10 21 λ γ' πήχεις καὶ δύο παλαισταί. τὸ πλάτος ἐπὶ σ γ' * πλίνθους. * τῆς πλίνθου τὸ ὕψος τρίτον μιᾶς πλίνθου. (τὸ
FJub. 10 21 δύω παλαισταί. τὸ πλάτος ἐπὶ σ γ' πλίνθους. τῆς * πλίνθου * τὸ ὕψος τρίτον μιᾶς πλίνθου. (τὸ ἔκταμα τοῦ ἑνὸς
FJub. 10 21 ἐπὶ σ γ' πλίνθους. τῆς πλίνθου τὸ ὕψος τρίτον μιᾶς * πλίνθου. * (τὸ ἔκταμα τοῦ ἑνὸς τοίχου) στάδιοι ιγ' (καὶ
FAch. 116 καὶ εἰς ὕψος γενάμενοι ἐφόνουν ἐπίδοτε πηλὸν καὶ * πλίνθους * καὶ ξύλα καὶ ὅσα πρὸς τὴν οἰκοδομὴν χρεία
HArt. 9 27 11 τοῖς δὲ προστάξαι τὸν ἐν Διὸς πόλει ναὸν ἐξ ὀπτῆς * πλίνθου * κατεσκευασμένον καθαιρεῖν ἕτερον δὲ λίθινον

πλοῖον 12

Hen. 101 4 ὑπὸ τοῦ κ(λύδω)νος καὶ χειμῶνος σεσαλευμένα τὰ * πλοῖα * αὐτῶν καὶ χειμαζόμενοι πάντες φοβοῦνται ἔξω δὲ τὰ

TNep. 6 2 καὶ ἡμεῖς οἱ υἱοὶ αὐτοῦ σὺν αὐτῷ. καὶ ἰδοὺ * πλοῖον * ἤρχετο ἁρμενίζον μεστὸν ταρίχων ἐκτὸς ναυτῶν καὶ
TNep. 6 2 ἐκτὸς ναυτῶν καὶ κυβερνήτου ἐπεγέγραπτο δὲ τὸ * πλοῖον * πλοῖον Ἰακώβ. καὶ λέγει ἡμῖν ὁ πατὴρ ἡμῶν
TNep. 6 2 ναυτῶν καὶ κυβερνήτου ἐπεγέγραπτο δὲ τὸ πλοῖον * πλοῖον * Ἰακώβ. καὶ λέγει ἡμῖν ὁ πατὴρ ἡμῶν ἐμβῶμεν εἰς
TNep. 6 3 Ἰακώβ. καὶ λέγει ἡμῖν ὁ πατὴρ ἡμῶν ἐμβῶμεν εἰς τὸ * πλοῖον * ἡμῶν. ὡς δὲ εἰσήλθομεν γίνεται χειμὼν σφοδρὸς καὶ
TNep. 6 5 ἐπὶ τὸ πέλαγος ἐφερόμεθα καὶ ἐπληρώθη τὸ * πλοῖον * ὑδάτων ἐν τρικυμίαις περιρρησσόμενον ὥστε καὶ
Job 18 7 αὐτῆς, καὶ ὡς φορτίον ἐμβαλλόμενος ἐν θαλασσίῳ * πλοίῳ * καὶ μεσοπελαγίσας ἰδὼν τὴν τρικυμίαν καὶ τὴν
Job 18 7 ἵνα κληρονομήσω τὰ κρείττονα τῶν σκευῶν καὶ τὸ * πλοῖον. * οὕτω κἀγὼ ἡγησάμην τὰ ἐμὰ ἀντ' οὐδενὸς πρὸς
Aris. 214 3 δὲ καθόσον ὑπολαμβάνομεν καὶ ἐπὶ πέλαγος καὶ ἐν * πλοίοις * ἢ πολεῖν ἢ πέτασθαι φερομένους καὶ διαίρειν εἰς
HEup. 9 30 7 κυπαρίσσινα καὶ κέδρινα. ἀκούσαντα δὲ τὸν Δαβὶδ * πλοῖα * ναυπηγήσασθαι ἐν Ἐλάνοις πόλει τῆς Ἀραβίας καὶ
HArt. 9 27 4 πολλὰ τοῖς ἀνθρώποις εὔχρηστα παραδοῦναι καὶ γὰρ * πλοῖα * καὶ μηχανὰς πρὸς τὰς λιθοθεσίας καὶ τὰ Αἰγύπτια
FrAn. 15 αὐτοῦ. λευκανεῖ τὴν θάλασσαν ἀπὸ τῶν ἱστίων τῶν * πλοίων * αὐτοῦ καὶ μελανεῖ τὸ πεδίον ἀπὸ τῶν θυρεῶν καὶ

πλόκαμος 1

FPho. 210 ἢ δημογέροντες. μὴ μὲν ἐπ' ἄρσενι παιδὶ τρέφειν * πλοκάμους * ἐπὶ χαίτης. μὴ κορυφὴν πλέξῃς μήθ' ἅμματα

πλοκή 2

Aris. 60 6 ὑπῆρχον ἀνὰ μέσον τῶν σχοινίδων ἕτερος παρὰ ἕτερον * πλοκὴν * εἶχον ἀμίμητον τῇ ποιήσει. πάντες δ' ἦσαν διὰ
Aris. 67 2 μετὰ δὲ τὴν τοῦ μαιάνδρου διάθεσιν ἐπέκειτο σχιστὴ * πλοκὴ * θαυμασίως ἔχουσα ῥομβωτὴν ἀποτελοῦσα τὴν ἀνὰ μέσον

πλόος 1

FPho. 25 δέξαι καὶ τυφλὸν ὁδήγει. ναυηγοὺς οἴκτιρον ἐπεὶ * πλόος * ἐστὶν ἄδηλος. χεῖρα πεσόντι δίδου σῶσον δ'

πλούσιος 13

Abr.1 1 2 τετραόδῳ τῆς δρυὸς τῆς Μαβρῆς τοὺς πάντας ἐδέχετο * πλουσίους * καὶ πένητας βασιλεῖς τε καὶ ἄρχοντας ἀναπήρους
Abr.1 1 5 ἔστιν ἐν ἐμπορίᾳ βίου πραγμάτων πολλῶν καὶ ὑπάρχει * πλούσιος * πάνυ παρὰ πάντων δὲ δίκαιος ἀγαθὸς καὶ
Abr.1 2 11 ζῴου τετραπόδου μὴ γὰρ καὶ ὁ ἐμὸς βασιλεὺς οὐκ ἦν * πλούσιος * ἐν ἐμπορίᾳ πολλῇ ἔχων ἐξουσίαν καὶ ἀνθρώποις
Abr.1 19 7 καὶ πάντας εἰς ᾅδην κατάγω βασιλεῖς καὶ ἄρχοντας * πλουσίους * καὶ πένητας δούλους καὶ ἐλευθέρους καὶ διὰ
Asen. 1 3 καὶ τῶν μεγιστάνων τοῦ Φαραώ. καὶ ἦν ὁ ἀνὴρ οὗτος * πλούσιος * σφόδρα καὶ φρόνιμος καὶ ἐπιεικὴς καὶ ἦν
Asen. 2 12 θερισμοῦ. καὶ ἦν ἐν τῇ αὐλῇ ἐκ δεξιῶν πηγὴ ὕδατος * πλουσίου * ζῶντος καὶ ὑποκάτωθεν τῆς πηγῆς ἦν ληνὸς μεγάλη
Sal. 5 14 τὸ δὲ δόμα σου πολὺ μετὰ χρηστότητος καὶ * πλούσιον * καὶ οὗ ἐστιν ἡ ἐλπὶς ἐπὶ σέ οὐ φείσεται ἐν
Sal. 18 1 σου εἰς τὸν αἰῶνα ἡ χρηστότης σου μετὰ δόματος * πλουσίου * ἐπὶ Ισραηλ οἱ ὀφθαλμοί σου ἐπιβλέποντες ἐπ'
Job 15 7 μετὰ καταφρονήσεως ὅτι ἡμεῖς τέκνα ἐσμὲν τοῦ * πλουσίου * τούτου ἀνδρός, ἡμῶν δέ ἐστιν τὰ χρήματα ταῦτα
Aris. 15 6 ἐν τῇ σῇ βασιλείᾳ πληθῶν ἱκανῶν; ἀλλὰ τελείᾳ καὶ * πλουσίᾳ * ψυχῇ ἀπόλυσον τοὺς συνεχομένους ἐν ταλαιπωρίαις
Aris. 204 3 τῇ προτέρᾳ. σιγῆς δὲ γενομένης ἐπυνθάνετο πῶς ἂν * πλούσιος * διαμένοι; βραχὺ δὲ ἐπισχὼν ὁ τὴν ἐρώτησιν
Aris. 249 4 τοῖς μὲν πένησι καταφρόνησιν ἐργάζεται τοῖς δὲ * πλουσίοις * ὄνειδος ὡς διὰ κακίαν ἐκπεπτωκόσιν. εὐεργετῶν
FrAn. 1 216 24 εἰς αὐτὸν ἥμαρτε. καὶ ἄνθρωπός τις ἐν τῷ Ἰσραὴλ * πλούσιός * τε καὶ ἀνελεήμων ἐλθὼν πρός τινα τῶν διδασκάλων

πλουτέω 13

Adam 24 3 στενωθεὶς ἀπὸ ψύξεως. καὶ κοπιάσεις πολλὰ καὶ μὴ * πλουτήσεις * καὶ παχυνθήσει καὶ εἰς τέλος μὴ ὑπάρξεις. καὶ
Hen. 97 8 καὶ ἀργύριον οὐκ ἀπὸ δικαιοσύνης καὶ ἐρεῖτε πλούτῳ * πεπλουτήκαμεν * καὶ τὰ ὑπάρχοντα ἐσχήκαμεν καὶ κεκτήμεθα
TJud. 21 6 ἄδικοι χειμάζονται οἱ μὲν αἰχμαλωτιζόμενοι οἱ δὲ * πλουτοῦντες * οὕτως καὶ ἐν σοὶ πᾶν γένος ἀνθρώπων οἱ μὲν
TJud. 21 6 οἱ μὲν κινδυνεύουσιν αἰχμαλωτιζόμενοι οἱ δὲ * πλουτήσουσιν * ἁρπάζοντες. ὅτι οἱ βασιλεύοντες ἔσονται ὡς
TGad 7 4 τὸ διαβούλιόν σου. ἐὰν δὲ καὶ ἐκ κακῶν τις * πλουτήσῃ * ὡς Ἠσαῦ ὁ πατράδελφός μου μὴ ζηλώσητε ὅρον γὰρ
TGad 7 6 ἐπὶ πᾶσι κυρίῳ εὐχαριστῶν αὐτὸς παρὰ πάντας * πλουτεῖ * ὅτι οὐκ ἔχει τὸν πονηρὸν περισπασμὸν τῶν
TJos. 12 2 καὶ λέγει τῷ ἀνδρὶ αὐτῆς περὶ τοῦ μεταβόλου ὅτι * ἐπλούτησεν * ἐν χειρὶ νέου τινὸς Ἑβραίου λέγουσι δὲ ὅτι
TBen. 4 4 ψυχὴν αὐτοῦ. ἐάν τις δοξάζηται οὐ φθονεῖ ἐάν τις * πλουτῇ * οὐ ζηλοῖ ἐάν τις ἀνδρεῖος ἐπαινεῖ τὸν σώφρονα
Sib. 3 41 αὐτοῖς ἁρπάζοντες ἀναιδέα θυμὸν ἔχοντες οὐδεὶς γὰρ * πλουτῶν * καὶ ἔχων ἄλλῳ μεταδώσει ἀλλ' ἔσεται κακίη δεινὴ
Sib. 3 241 ὅρους γαίης γείτων τοῦ γείτονος αἴρει οὐδὲ πολὺ * πλουτῶν * τις ἀνὴρ τὸν ἐλάττονα λυπεῖ +οὐδέ γε χήρας
FPho. 5 μήτε δόλους ῥάπτειν μήθ' αἵματι χεῖρα μιαίνειν. μὴ * πλουτεῖν * ἀδίκως ἀλλ' ἐξ ὁσίων βιοτεύειν. ἀρκεῖσθαι παρ'
FPho. 109 λυόμενοι κόνις ἐσμὲν ἀὴρ δ' ἀνὰ πνεῦμα δέδεκται. * πλουτῶν * μὴ φείδου μέμνησ' ὅτι θνητὸς ὑπάρχεις οὐκ ἔνι
FrAn. 1 217 20 ἀλλ' ἀπελθὼν δὸς αὐτὸν τῷ ἀρχιερεῖ καὶ σφόδρα * πλουτήσεις. * τοῦ δὲ ἀπερχομένου ἄγγελος κυρίου εἶπε πρὸς

πλουτίζω 1

TJud. 25 4 ἀναστήσονται ἐν χαρᾷ καὶ οἱ ἐν πτωχείᾳ διὰ κύριον * πλουτισθήσονται * καὶ οἱ ἐν πενίᾳ χορτασθήσονται καὶ οἱ ἐν

πλοῦτος (ὁ) 35

Hen. 97 8 καὶ ἀργύριον οὐκ ἀπὸ δικαιοσύνης καὶ ἐρεῖτε * πλούτῳ * πεπλουτήκαμεν καὶ τὰ ὑπάρχοντα ἐσχήκαμεν καὶ
Hen. 97 10 ὕδωρ ἐκχυθήσεται. πεπλάνησθε ὅτι οὐ μὴ παραμείνῃ ὁ * πλοῦτος * ὑμῶν ἀλλὰ ταχὺ ⟨ἀναπτήσεται⟩ ἀπὸ ὑμῶν ὅτι ἀδίκως
Hen. 100 6 ἐπιστολῆς ταύτης καὶ γνώσονται ὅτι οὐ δύναται ὁ * πλοῦτος * αὐτῶν διασῶσαι αὐτοὺς ἐν τῇ πτώσει τῆς ἀδικίας.
TSim. 4 6 αὐτοῦ καὶ ὑπὲρ τοὺς υἱοὺς αὐτοῦ ἐδόξασεν ἡμᾶς καὶ * πλοῦτον * καὶ κτήνη καὶ καρποὺς πᾶσιν ἡμῖν ἐχαρίσατο. καὶ
TDan 3 4 τῆς βοηθείας τῶν ὑπουργούντων δεύτερον δὲ διὰ τοῦ * πλούτου * παραπείθων καὶ νικῶν ἐν ἀδίκῳ τρίτην τὴν φυσικὴν
TAser 2 8 καὶ νηστεύων κακοποιεῖ καὶ τῇ δυναστείᾳ καὶ τῷ * πλούτῳ * πολλοὺς παρασύρει καὶ ἐκ τῆς ὑπερόγκου κακίας
TBen. 6 2 αὐτοῦ. οὐχ ὁρᾷ ἐμπαθῶς τοῖς φθαρτοῖς οὐδὲ συνάγει * πλοῦτον * εἰς φιληδονίαν οὐ τέρπεται ἡδονῇ οὐ λυπεῖ τὸν
TBen. 6 5 καὶ ταραχῆς ὑποκρίσεως καὶ ἀληθείας πενίας καὶ * πλούτου * ἀλλὰ μίαν ἔχει περὶ πάντας εἰλικρινῆ καὶ καθαρὰν
Asen. 12 5 ἡ ποτε σοβαρὰ καὶ ὑπερήφανος καὶ εὐθηνοῦσα ἐν τῷ * πλούτῳ * μου ὑπὲρ πάντας ἀνθρώπους νυνὶ δὲ ὑπάρχω ὀρφανὴ
Asen. 21 16 ἐνώπιόν σου⟩ πολλὰ ἥμαρτον ἐπεποίθειν γὰρ ἐπὶ τῷ * πλούτῳ * τῆς δόξης μου καὶ ἐπὶ τῷ κάλλει μου καὶ ἤμην
Sal. 1 4 τῷ εὐθηνῆσαί με καὶ πολλὴν γενέσθαι ἐν τέκνοις. ὁ * πλοῦτος * αὐτῶν διεδόθη εἰς πᾶσαν τὴν γῆν καὶ ἡ δόξα αὐτῶν
Sedr. 14 8 μετὰ πολλῆς εὐσπλαγχνίας καὶ πολλοῦ ἐλέους καὶ * πλούτους * ἵνα μετανοήσωσιν ἀλλὰ ποιοῦσιν ἃ μισεῖ μου ἡ
Job 8 3 λαβὼν τὴν ἐξουσίαν ἦλθεν καὶ ἦρέν μου σύμπαντα τὸν * πλοῦτον. * ἀκούσατε οὖν, ὑποδείξω γὰρ ὑμῖν πάντα τὰ
Job 18 6 ὡς θέλων εἰσβαλεῖν εἰς πόλιν τινὰ ἰδεῖν τὸν αὐτῆς * πλοῦτον * καὶ κληρονομεῖν μέρος τῆς δόξης αὐτῆς, καὶ ὡς
Job 26 3 τι πρὸς κύριον, ἵνα ἀπαλλοτριωθῶμεν τοῦ μεγάλου * πλούτου; * διὰ τί δὲ οὐκ ἀνεμνήσθης τῶν μεγάλων ἐκείνων
Job 28 5 ἐπειδὴ ᾔδεισάν με πρὸ τούτων τῶν κακῶν ἐν πολλῷ * πλούτῳ * ὄντα, καὶ γὰρ ὅτε ἤρξάμην αὐτοῖς ἀναφέρειν τοὺς
Job 32 1 κλαυθμοῦ τοῦ Ελιου ὑποδεικνύοντος τοῖς παισὶν τὸν * πλοῦτον * τοῦ Ιωβ. σὺ εἶ ὁ τὰ ἑπτακισχίλια πρόβατα ἐκτάξας
Aris. 196 6 παρακελευόμενος μὴ ἐκπλήττεσθαι τῇ δόξῃ μηδὲ τῷ * πλούτῳ * θεὸν γὰρ εἶναι τὸν χαριζόμενον ταῦτα καὶ οὐ δι'
Aris. 211 3 ἐστίν; ὁ δὲ ἔφη τὸ καλῶς ἄρχειν ἑαυτοῦ καὶ μὴ τῷ * πλούτῳ * καὶ τῇ δόξῃ φερόμενον ὑπερήφανον καὶ ἄσχημόν τι
Aris. 224 4 εἰ νοήσαι ὅτι ὁ θεὸς πᾶσι μερίζει δόξαν τε καὶ * πλούτου * μέγεθος τοῖς βασιλεῦσι καὶ οὐδεὶς παρ' ἑαυτοῦ
Aris. 282 3 ἄνθρωπον; ὁ δὲ ἔφη τὸν κεχορηγημένον δόξῃ καὶ * πλούτῳ * καὶ δυνάμει καὶ ψυχὴν ἴσον πᾶσιν ὄντα καθὼς σὺ
Aris. 290 3 μέγας ὑπάρχεις οὐ τοσοῦτον τῇ δόξῃ τῆς ἀρχῆς καὶ * πλούτῳ * προσχὼν ὅσον ἐπιεικείᾳ καὶ φιλανθρωπίᾳ πάντας
Aris. 321 4 τοῖς πεπαιδευμένοις συνεῖναι καὶ εἰς τοιούτους τὸν * πλοῦτον * κατατίθεσθαι δαψιλῶς καὶ οὐκ εἰς μάταια. σὺ δὲ
Sib. 3 189 κακῶν ἀναπλήσει αἰσχροβίῳ φιλοχρημοσύνῃ κακοκερδεῖ * πλούτῳ * ἐν πολλαῖς χώρησι Μακηδονίῃ δὲ μάλιστα. μῖσος δ'
Sib. 3 270 δυσμενέεσσιν ἠδ' ἀλόχους καὶ πᾶς βίοτος καὶ * πλοῦτος * ὀλεῖται πᾶσα δὲ γαῖα σέθεν πλήρης καὶ πᾶσα
Sib. 3 531 ζωῆς τ' ἐπαρωγός. ὄψονται τ' ἰδίας κτήσεις καὶ * πλοῦτον * ἅπαντα ἐχθρὸν καρπίζοντα τρόμος δ' ὑπὸ γούνασιν
Sib. 3 640 ἀρχὴ Ἑλλάδα πορθήσῃ πᾶσαν καὶ πίονα γαῖαν ἐξαρύσῃ * πλούτοιο * καὶ ἀντίον εἰς ἔριν αὐτῶν ἔλθωσιν χρυσοῦ τε καὶ
Sib. 3 657 ἐσθλοῖς. --- ναὸς δ' αὖ μεγάλοιο θεοῦ περικαλλέι * πλούτῳ * βεβριθὼς χρυσῷ τε καὶ ἀργύρῳ ἠδέ τε κόσμῳ
Sib. 3 783 εἰσὶ βροτῶν βασιλεῖς τε δίκαιοι. ἔσται δὴ καὶ * πλοῦτος * ἐν ἀνθρώποισι δίκαιος αὕτη γὰρ μεγάλοιο θεοῦ
Sib. 4 145 ἀναρριφθεῖσαν ἀέλλαις. ἥξει δ' εἰς Ἀσίην * πλοῦτος * μέγας ὅν ποτε Ῥώμη αὐτὴ συλήσασα πολυκτέανον
Sib. 5 417 ἐκράτησε καλῶς πᾶσίν τ' ἀπέδωκεν τοῖς ἀγαθοῖς τὸν * πλοῦτον * ὃν οἱ πρότεροι λάβον ἄνδρες. πᾶσαν δ' ἐκ βάθρων
FPho. 28 κοινὰ πάθη πάντων ὁ βίος τροχὸς ἄστατος ὄλβος. * πλοῦτον * ἔχων σὴν χεῖρα πενητεύουσιν ὄρεξον ὧν σοι ἔδωκε
FPho. 53 ἑκάστου. μὴ γαυροῦ σοφίῃ μήτ' ἀλκῇ μήτ' ἐνὶ * πλούτῳ * εἷς θεός ἐστι σοφὸς δυνατός θ' ἅμα καὶ
FPho. 62 πρὸς ἀμέτρους ἕλκετ' ἔρωτας ὑψαυχεῖ δ' ὁ πολὺς * πλοῦτος * καὶ ἐς ὕβριν ἀέξει. θυμὸς ὑπερχόμενος μανίην
FrAn. 1 218 4 μοι. καὶ εἰ πιστεύεις λήψῃ καὶ ἐν τῷ μέλλοντι * πλοῦτον * ἀνυπέρβλητον. καὶ ὁ μὲν ἀρχιερεὺς τὰ

Πλούτων 2

Sib. 3 143 αὕτως διέπεμψε Ποσειδάωνα λαθραίως. τὸ τρίτον αὖ * Πλούτωνα * Ῥέη τέκε δῖα γυναικῶν Δωδώνην παριοῦσα ὅθεν
Sib. 5 318 καλὴ πόλι παύεο κώμου. καὶ Ἱεράπολι γαῖα μόνη * Πλούτω⟨νι⟩ * μιγεῖσα ἕξεις ὃν πεπόθηκας ἔχειν χῶρον

πλύνω 5

Abr.2 3 7 μοι γενήσεται τὸ ἐπιπλῆσαι ὕδωρ εἰς νιπτῆρα καὶ * πλῦναι * πόδας ἀνθρώπου ξενιζομένου πρὸς ἡμᾶς. καὶ ἀκούσας
Abr.2 6 13 καλῶς κυρὰ Σάρρα ἐνόησα ὅτι κἀγὼ τοὺς πόδας αὐτῶν * ἔπλυνα * καὶ ἐγνώρισα ἐν τῇ καρδίᾳ μου ὅτι οὗτοί εἰσιν οἱ
Abr.2 6 13 ἐν τῇ καρδίᾳ μου ὅτι οὗτοί εἰσιν οἱ πόδες οὓς * ἔπλυνα * ὑπὸ τῶν δένδρων Μαμβρῆ ὑπάγοντες ῥύσασθαι τὸν
TLevi 2 3B001 ἡ ἀδικία καὶ ἐπὶ πύργους ἡ ἀνομία κάθηται τότε ἐγὼ * ἔπλυνα * τὰ ἱμάτιά μου καὶ καθαρίσας αὐτὰ ἐν ὕδατι καθαρῷ
TLevi 18 2B028 τὴν ὀσφῦν σὺν τῷ νώτῳ καὶ μετὰ ταῦτα τοὺς πόδας * πεπλυμένους * σὺν τοῖς ἐνδοσθίοις καὶ πάντα ἡλισμένα ἐν

πλωΐζω 1

Hen. 101 4 τῇ μεγαλωσύνῃ αὐ⟨τοῦ; ὁρᾶ⟩τε τοὺς ναυκλήρους τοὺς * πλωιζομένους * τὴν θάλασσαν ὑπὸ τοῦ κ⟨λύδω⟩νος καὶ

πλωτεύω 1

Sib. 5 448 ἔσται δ' ὑστατίῳ καιρῷ ξηρός ποτε πόντος κοὐκέτι * πλωτεύσουσιν * ἐς Ἰταλίην τότε νῆες Ἀσὶς δ' ἡ μεγάλη

πλωτός 1

Sib. 3 93 αἰῶνος μεγάλοιο ὅταν τάδε πάντα γένηται. Ὦ Ὦ δὴ * πλωτῶν * ὑδάτων καὶ χέρσου ἁπάσης ἠελίου ἀνιόντος ὅς οὐ δὴ

πλώω 1

FPho. 160 βίῳ πᾶν ἔργον ἐπὴν μοχθεῖν ἐθέλησθα. ναυτίλος εἰ * πλώειν * ἐθέλεις εὐρεῖα θάλασσα εἰ δὲ γεηπονίην μεθέπειν

πνεῦμα 197

Adam 31 4 ἀνάστα μᾶλλον εὖξαι τῷ θεῷ ἕως οὗ ἀποδώσω τὸ * πνεῦμά * μου εἰς τὰς χεῖρας τοῦ δεδωκότος μοι αὐτὸ διότι

| | | | | | |
|---|---|---|---|---|---|
| Adam | 32 | 4 | ἐξῆλθεν ἀπὸ τοῦ σώματος αὐτοῦ. ἀνάστα καὶ ἴδε τὸ | * πνεῦμα * | αὐτοῦ ἀναφερόμενον εἰς τὸν ποιήσαντα αὐτὸν τοῦ |
| Adam | 42 | 8 | στῆθος αὐτῆς καὶ λέγουσα θεὲ τῶν ἁπάντων δέξαι τὸ | * πνεῦμά * | μου. καὶ ἀπέδωκεν τὴν ψυχὴν αὐτῆς. καὶ ἦλθεν |
| Hen. | 9B | 3 | ἐπ' αὐτῆς εἰσελθόντες εἶπον πρὸς ἀλλήλους ὅτι τὰ | * πνεύματα * | καὶ αἱ ψυχαὶ τῶν ἀνθρώπων στενάζουσιν |
| Hen. | 9B | 10 | καὶ ὅλη ἡ γῆ ἐπλήσθη ἀδικίας. καὶ νῦν ἰδοὺ τὰ | * πνεύματα * | τῶν ψυχῶν τῶν ἀποθανόντων ἀνθρώπων |
| Hen. | 10 | 15 | μέχρι τελειώσεως γενεᾶς. ἀπόλεσον πάντα τὰ | * πνεύματα * | τῶν κιβδήλων καὶ τοὺς υἱοὺς τῶν ἐγρηγόρων διὰ |
| Hen. | 13 | 6 | τῆς ἐρωτήσεως αὐτῶν καὶ τὰς δεήσεις περὶ τῶν | * πνευμάτων * | αὐτῶν καὶ περὶ ὧν δέονται ὅπως αὐτῶν γένωνται |
| Hen. | 14 | 2 | τοὺς ὕπνους μου ὃ νῦν λέγω ἐν γλώσσῃ σαρκίνῃ ἐν τῷ | * πνεύματι * | τοῦ στόματός μου ὃ ἔδωκεν ὁ μέγας τοῖς |
| Hen. | 15 | 4 | τέκνα υἱοὺς γίγαντας. καὶ ὑμεῖς ἦτε ἅγιοι καὶ | * πνεύματα * | ζῶντα αἰώνια ἐν τῷ αἵματι τῶν γυναικῶν |
| Hen. | 15 | 6 | αὐτοῖς πᾶν ἔργον ἐπὶ τῆς γῆς. ὑμεῖς δὲ ὑπήρχετε | * πνεύματα * | ζῶντα αἰώνια καὶ οὐκ ἀποθνήσκοντα εἰς πάσας τὰς |
| Hen. | 15 | 7 | καὶ διὰ τοῦτο οὐκ ἐποίησα ἐν ὑμῖν θηλείας τὰ | * πνεύματα * | τοῦ οὐρανοῦ ἐν τῷ οὐρανῷ ἡ κατοίκησις αὐτῶν. |
| Hen. | 15 | 8 | αὐτῶν. καὶ νῦν οἱ γίγαντες οἱ γεννηθέντες ἀπὸ τῶν | * πνευμάτων * | καὶ σαρκὸς πνεύματα ἰσχυρὰ ἐπὶ τῆς γῆς καὶ ἐν |
| Hen. | 15 | 8 | οἱ γεννηθέντες ἀπὸ τῶν πνευμάτων καὶ σαρκὸς | * πνεύματα * | ἰσχυρὰ ἐπὶ τῆς γῆς καὶ ἐν τῇ γῇ ἡ κατοίκησις |
| Hen. | 15 | 9 | ἐπὶ τῆς γῆς καὶ ἐν τῇ γῇ ἡ κατοίκησις αὐτῶν ἔσται. | * πνεύματα * | πονηρὰ ἐξῆλθον ἀπὸ τοῦ σώματος αὐτῶν διότι ἀπὸ |
| Hen. | 15 | 9 | ἡ ἀρχὴ τῆς κτίσεως αὐτῶν καὶ ἀρχὴ θεμελίου | * πνεύματα * | πονηρὰ κληθήσεται. πνεύματα οὐρανοῦ ἐν τῷ |
| Hen. | 15 | 10 | καὶ ἀρχὴ θεμελίου πνεύματα πονηρὰ κληθήσεται. | * πνεύματα * | οὐρανοῦ ἐν τῷ οὐρανῷ ἡ κατοίκησις αὐτῶν ἔσται |
| Hen. | 15 | 10 | ἐν τῷ οὐρανῷ ἡ κατοίκησις αὐτῶν ἔσται καὶ τὰ | * πνεύματα * | ἐπὶ τῆς γῆς τὰ γεννηθέντα ἐπὶ τῆς γῆς ἡ |
| Hen. | 15 | 11 | ἐπὶ τῆς γῆς ἡ κατοίκησις αὐτῶν ἔσται. καὶ τὰ | * πνεύματα * | τῶν γιγάντων νεφέλας ἀδικοῦντα ἀφανίζοντα καὶ |
| Hen. | 15 | 11 | καὶ συνπαλαίοντα καὶ συνρίπτοντα ἐπὶ τῆς γῆς | * πνεύματα * | σκληρὰ γιγάντων καὶ δρόμους ποιοῦντα καὶ μηδὲν |
| Hen. | 15 | 11 | ἀλλ' ἀσιτοῦντα καὶ διψῶντα καὶ προσκόπτοντα | * πνεύματα. * | καὶ ἐξαναστήσει ταῦτα εἰς τοὺς υἱοὺς τῶν |
| Hen. | 15B | 8 | ἀπ' αὐτῶν καὶ νῦν οἱ γίγαντες οἱ γεννηθέντες ἀπὸ | * πνευμάτων * | καὶ σαρκὸς πνεύματα πονηρὰ ἐπὶ τῆς γῆς |
| Hen. | 15B | 8 | γίγαντες οἱ γεννηθέντες ἀπὸ πνευμάτων καὶ σαρκὸς | * πνεύματα * | πονηρὰ ἐπὶ τῆς γῆς καλέσουσιν αὐτοὺς ὅτι ἡ |
| Hen. | 15B | 9 | αὐτοὺς ὅτι ἡ κατοίκησις αὐτῶν ἔσται ἐπὶ τῆς γῆς. | * πνεύματα * | πονηρὰ ἔσονται τὰ πνεύματα ἐξεληλυθότα ἀπὸ τοῦ |
| Hen. | 15B | 9 | ἔσται ἐπὶ τῆς γῆς. πνεύματα πονηρὰ ἔσονται τὰ | * πνεύματα * | ἐξεληλυθότα ἀπὸ τοῦ σώματος τῆς σαρκὸς αὐτῶν |
| Hen. | 15B | 9 | ἡ ἀρχὴ τῆς κτίσεως αὐτῶν καὶ ἀρχὴ θεμελίου | * πνεύματα * | πονηρὰ ἐπὶ τῆς γῆς ἔσονται τὰ πνεύματα τῶν |
| Hen. | 15B | 11 | θεμελίου πνεύματα πονηρὰ ἐπὶ τῆς γῆς ἔσονται τὰ | * πνεύματα * | τῶν γιγάντων νεμόμενα ἀδικοῦντα ἀφανίζοντα |
| Hen. | 15B | 12 | διψῶντα καὶ προσκόπτοντα. καὶ ἐξαναστήσονται τὰ | * πνεύματα * | ἐπὶ τοὺς υἱοὺς τῶν ἀνθρώπων καὶ τῶν γυναικῶν |
| Hen. | 16 | 1 | ἡμέρας σφαγῆς καὶ ἀπωλείας καὶ θανάτου ἀφ' ὧν τὰ | * πνεύματα * | ἐκπορευόμενα ἐκ τῆς ψυχῆς τῆς σαρκὸς αὐτῶν |
| Hen. | 16B | 1 | οἱ ἰσχυροὶ τῆς γῆς οἱ μεγάλοι ὀνομαστοὶ τὰ | * πνεύματα * | τὰ ἐκπορευόμενα ἀπὸ τῆς ψυχῆς αὐτῶν ὡς ἐκ τῆς |
| Hen. | 19 | 1 | οἱ μιγέντες ἄγγελοι ταῖς γυναιξὶν στήσονται καὶ τὰ | * πνεύματα * | αὐτῶν πολύμορφα γενόμενα λυμαίνεται τοὺς |
| Hen. | 20 | 3 | Ῥαφαὴλ ὁ εἷς τῶν ἁγίων ἀγγέλων ὁ ἐπὶ τῶν | * πνευμάτων * | τῶν ἀνθρώπων Ῥαγουὴλ ὁ εἷς τῶν ἁγίων ἀγγέλων |
| Hen. | 20 | 6 | τῷ χάῳ. Σαριὴλ ὁ εἷς τῶν ἁγίων ἀγγέλων ὁ ἐπὶ τῶν | * πνευμάτων * | οἵτινες ἐπὶ τῷ πνεύματι ἁμαρτάνουσιν. Γαβριὴλ |
| Hen. | 20 | 6 | ἁγίων ἀγγέλων ὁ ἐπὶ τῶν πνευμάτων οἵτινες ἐπὶ τῷ | * πνεύματι * | ἁμαρτάνουσιν. Γαβριὴλ ὁ εἷς τῶν ἁγίων ἀγγέλων ὁ |
| Hen. | 20B | 3 | Ῥαφαὴλ ὁ εἷς τῶν ἁγίων ἀγγέλων ὁ ἐπὶ τῶν | * πνευμάτων * | τῶν ἀνθρώπων. Ῥαγουὴλ ὁ εἷς τῶν ἁγίων ἀγγέλων |
| Hen. | 20B | 6 | τῷ λαῷ. Σαριὴλ ὁ εἷς τῶν ἁγίων ἀγγέλων ὁ ἐπὶ τῶν | * πνευμάτων * | οἵτινες ἐπὶ τῷ πνεύματι ἁμαρτάνουσιν. Γαβριὴλ |
| Hen. | 20B | 6 | ἁγίων ἀγγέλων ὁ ἐπὶ τῶν πνευμάτων οἵτινες ἐπὶ τῷ | * πνεύματι * | ἁμαρτάνουσιν. Γαβριὴλ ὁ εἷς τῶν ἁγίων ἀγγέλων ὁ |
| Hen. | 22 | 3 | οἱ τόποι οἱ κοῖλοι ἵνα ἐπισυνάγωνται εἰς αὐτοὺς τὰ | * πνεύματα * | τῶν ψυχῶν τῶν νεκρῶν. εἰς αὐτὸ τοῦτο ἐκρίθησαν |
| Hen. | 22 | 6 | τὸν ἄγγελον ὃς μετ' ἐμοῦ ἦν καὶ εἶπα αὐτῷ τοῦτο τὸ | * πνεῦμα * | τὸ ἐντυγχάνον τίνος ἐστὶν δι' ὃ οὕτως ἡ φωνὴ |
| Hen. | 22 | 7 | ἕως τοῦ οὐρανοῦ; καὶ ἀπεκρίθη μοι λέγων τοῦτο τὸ | * πνεῦμά * | ἐστιν τὸ ἐξελθὸν ἀπὸ Ἅβελ ὃν ἐφόνευσε Κάιν ὁ |
| Hen. | 22 | 9 | μοι λέγων οὗτοι οἱ τρεῖς ἐποιήθησαν χωρίζεσθαι τὰ | * πνεύματα * | τῶν νεκρῶν καὶ οὕτως ἐχωρίσθη εἰς τὰ πνεύματα |
| Hen. | 22 | 9 | τὰ πνεύματα τῶν νεκρῶν καὶ οὕτως ἐχωρίσθη εἰς τὰ | * πνεύματα * | τῶν δικαίων οὗ ἡ πηγὴ τοῦ ὕδατος ἐν αὐτῷ φωτινὴ |
| Hen. | 22 | 11 | ἐπ' αὐτῶν ἐν τῇ ζωῇ αὐτῶν. ὧδε χωρίζεται τὰ | * πνεύματα * | αὐτῶν εἰς τὴν μεγάλην βάσανον ταύτην μέχρι τῆς |
| Hen. | 22 | 11 | τῶν κατηραμένων μέχρι αἰῶνος ἦν ἀνταπόδοσις τῶν | * πνευμάτων * | ἐκεῖ δήσει αὐτοὺς μέχρις αἰῶνος. καὶ οὕτως |
| Hen. | 22 | 12 | αὐτοὺς μέχρις αἰῶνος. καὶ οὕτως ἐχωρίσθη τοῖς | * πνεύμασιν * | τῶν ἐντυγχανόντων οἵτινες ἐνφανίζουσιν περὶ |
| Hen. | 22 | 13 | ταῖς ἡμέραις τῶν ἁμαρτωλῶν. καὶ οὕτως ἐκτίσθη τοῖς | * πνεύμασιν * | τῶν ἀνθρώπων ὅσοι οὐκ ἔσονται ὅσιοι ἀλλὰ |
| Hen. | 22 | 13 | ἀσεβεῖς καὶ μετὰ τῶν ἀνόμων ἔσονται μέτοχοι. τὰ δὲ | * πνεύματα * | ὅτι οἱ ἐνθάδε θλιβέντες ἔλαττον κολάζονται |
| Hen. | 98 | 3 | εἰς ἀτιμίαν καὶ ἐρήμωσιν ⟨καὶ σφαγὴν⟩ μεγάλην τ⟨ὰ | * πνεύματα * | ὑμῶν εἰς τὴν κάμινον τοῦ πυρὸς ἐμβληθήσεται.⟩ |
| Hen. | 98 | 10 | κρίσεως μ⟨εγάλης καὶ στε⟩νοχωρίας μείζονος τ⟨οῖς | * πνεύμασιν * | ὑμῶν.⟩ οὐαὶ ὑμῖν οἱ σκληροτράχηλοι τῇ καρδίᾳ |
| Hen. | 99 | 7 | φαν⟩τάσμασιν καὶ δαιμονίοι⟨ς καὶ βδελύγ⟩μασιν καὶ | * πνεύμασιν * | πονη⟨ροῖς καὶ⟩ πάσαις ταῖς πλάναις οὐ κατ' |
| Hen. | 99 | 14 | πατέρων αὐτῶν τὴν ἀπ' αἰῶνος ⟨ὅτι⟩ διώξεται ὑμᾶς | * πνεῦμα * | πλανήσεως οὐκ ἔστιν ὑμῖν ἀναπαῦσαι. οὐαὶ ὑμῖν οἱ |
| Hen. | 103 | 4 | εὐσεβῶν καὶ χαρήσονται καὶ οὐ μὴ ἀπόλωνται τὰ | * πνεύματα * | αὐτῶν οὐδὲ τὸ μνημόσυνον ἀπὸ προσώπου τοῦ |
| Hen. | 106 | 17A | καὶ ἔγημαν ἐξ αὐτῶν καὶ τίκτουσιν οὐχ ὁμοίους | * πνεύμασιν * | ἀλλὰ σαρκίνους καὶ ἔσται ὀργὴ μεγάλη ἐπὶ τῆς |
| Abr.1 | 4 | 8 | ἐσθίῃ συνέσθιε καὶ σὺ μετ' αὐτοῦ ἐγὼ δὲ ἐπιβαλῶ τῷ | * πνεύματι * | τῷ ἁγίῳ ἐπὶ τὸν υἱὸν αὐτοῦ τὸν Ἰσαὰκ καὶ ῥίψω |
| Abr.1 | 4 | 9 | ὁ ἀρχιστράτηγος εἶπεν κύριε πάντα γὰρ τὰ ἐπουράνια | * πνεύματα * | ὑπάρχουσιν ἀσώματα καὶ οὐκ ἐσθίουσιν οὐδὲ |
| Abr.1 | 4 | 10 | καθεζομένου γάρ σου μετ' αὐτοῦ ἐγὼ ἀποστελῶ ἐπὶ σέ | * πνεῦμα * | παμφάγον καὶ ἀναλίσκει ἐκ τῶν χειρῶν σου καὶ διὰ |
| Abr.1 | 17 | 3 | μου. ὁ δὲ θάνατος λέγει οὐκ ἀναχωρῶ ἕως οὗ λάβω τὸ | * πνεῦμά * | σου ἀπό σου. λέγει αὐτῷ Ἀβραὰμ κατὰ τοῦ θεοῦ τοῦ |
| Abr.1 | 17 | 19 | ἦλθεν εἰς ὀλιγωρίαν θανάτου ὥστε ἐκλείπειν τὸ | * πνεῦμα * | αὐτοῦ. καὶ ταῦτα οὕτως ἰδὼν ὁ πανίερος Ἀβραὰμ |
| Abr.1 | 18 | 8 | ὅτι εἰς ὀλιγωρίαν θανάτου ἦλθον ὥστε ἐκλείπειν τὸ | * πνεῦμά * | μου ἀλλὰ δέομαί σου πανώλεθρε θάνατε ἐπειδὴ ἰοῦν |
| Abr.1 | 18 | 11 | καὶ ὁ θάνατος σὺν αὐτῷ καὶ ἀπέστειλεν ὁ θεὸς | * πνεῦμα * | ζωῆς ἐπὶ τοὺς τελευτήσαντας καὶ ἀνεζωοποιήθησαν |
| Abr.1 | 19 | 2 | ὅτι θέλω ἀναπαύεσθαι ὅτι ἐν ὀλιγωρίᾳ περίκειται τὸ | * πνεῦμά * | μου. καὶ ὁ θάνατος εἶπεν οὐκ ἀναχωρῶ ἀπὸ σοῦ ἕως |
| Abr.1 | 20 | 5 | μου δίκην μολύβδου βάρος μοι φαίνονται καὶ τὸ | * πνεῦμά * | μου ἐν πολλῷ ταλανίζεται μεταστῆθι ἐν ὀλίγοις οὐχ |
| Abr.1 | 20 | 15 | ζωῆς δοξάζοντες τῷ πατρὶ καὶ τῷ υἱῷ καὶ τῷ ἁγίῳ | * πνεύματι * | νῦν καὶ ἀεὶ καὶ εἰς τοὺς αἰῶνας τῶν αἰώνων. |
| Abr.2 | 13 | 7 | ἐν ἐμοὶ πάντως οὐκ εἰμὶ ἄξιός σου σὺ γὰρ ὑψηλὸν | * πνεῦμα * | εἷ ἐγὼ δὲ σάρξ εἰμι καὶ αἷμα διὰ τοῦτο οὐ δύναμαι |
| TRub. | 2 | 1 | καὶ νῦν ἀκούσατέ μου τέκνα ἃ εἶδον περὶ τῶν ἑπτὰ | * πνευμάτων * | τῆς πλάνης ἐν τῇ μετανοίᾳ μου. ἑπτὰ πνεύματα |
| TRub. | 2 | 2 | ἑπτὰ πνευμάτων τῆς πλάνης ἐν τῇ μετανοίᾳ μου. ἑπτὰ | * πνεύματα * | ἐδόθη κατὰ τοῦ ἀνθρώπου ἀπὸ τοῦ Βελιὰρ καὶ αὐτά |
| TRub. | 2 | 3 | εἰσι κεφαλὴ τῶν ἔργων τοῦ νεωτερισμοῦ καὶ ἑπτὰ | * πνεύματα * | ἐδόθη αὐτῷ ἐπὶ τῆς κτίσεως τοῦ εἶναι ἐν αὐτοῖς |
| TRub. | 2 | 4 | τοῦ εἶναι ἐν αὐτοῖς πᾶν ἔργον ἀνθρώπου. πρῶτον | * πνεῦμα * | ζωῆς μεθ' ἧς ἡ σύστασις κτίζεται δεύτερον πνεῦμα |
| TRub. | 2 | 4 | πνεῦμα ζωῆς μεθ' ἧς ἡ σύστασις κτίζεται δεύτερον | * πνεῦμα * | ὁράσεως μεθ' ἧς γίνεται ἐπιθυμία τρίτον πνεῦμα |
| TRub. | 2 | 5 | πνεῦμα ὁράσεως μεθ' ἧς γίνεται ἐπιθυμία τρίτον | * πνεῦμα * | ἀκοῆς μεθ' ἧς δίδοται διδασκαλία τέταρτον πνεῦμα |
| TRub. | 2 | 5 | πνεῦμα ἀκοῆς μεθ' ἧς δίδοται διδασκαλία τέταρτον | * πνεῦμα * | ὀσφρήσεως μεθ' ἧς ἐστὶ γεῦσις δεδομένη εἰς |
| TRub. | 2 | 6 | δεδομένη εἰς συνολκὴν ἀέρος καὶ πνοῆς πέμπτον | * πνεῦμα * | λαλιᾶς μεθ' ἧς γίνεται γνῶσις ἕκτον πνεῦμα |
| TRub. | 2 | 7 | πέμπτον πνεῦμα λαλιᾶς μεθ' ἧς γίνεται γνῶσις ἕκτον | * πνεῦμα * | γεύσεως μεθ' ἧς γίνεται βρῶσις βρωτῶν καὶ ποτῶν |
| TRub. | 2 | 8 | ἐν βρώμασίν ἐστιν ἡ ὑπόστασις τῆς ἰσχύος ἕβδομον | * πνεῦμα * | σπορᾶς καὶ συνουσίας μεθ' ἧς συνεισέρχεται διὰ |
| TRub. | 3 | 1 | καὶ ὡς κτῆνος ἐπὶ κρημνόν. ἐπὶ πᾶσι τούτοις ὄγδοον | * πνεῦμα * | τοῦ ὕπνου ἐστὶ μεθ' οὗ ἐκτίσθη ἔκστασις φύσεως |
| TRub. | 3 | 2 | φύσεως καὶ εἰκὼν τοῦ θανάτου. τούτοις τοῖς | * πνεύμασι * | συμμίγνυται τὸ πνεῦμα τῆς πλάνης. πρῶτον τὸ τῆς |
| TRub. | 3 | 2 | τοῦ θανάτου. τούτοις τοῖς πνεύμασι συμμίγνυται τὸ | * πνεῦμα * | τῆς πλάνης. πρῶτον τὸ τῆς πορνείας ἐν τῇ φύσει |
| TRub. | 3 | 3 | ἐν τῇ φύσει καὶ ταῖς αἰσθήσεσιν ἔγκειται δεύτερον | * πνεῦμα * | ἀπληστίας ἐν τῇ γαστρὶ τρίτον πνεῦμα μάχης ἐν τῷ |
| TRub. | 3 | 4 | δεύτερον πνεῦμα ἀπληστίας ἐν τῇ γαστρὶ τρίτον | * πνεῦμα * | μάχης ἐν τῷ ἥπατι καὶ τῇ χολῇ τέταρτον πνεῦμα |
| TRub. | 3 | 4 | πνεῦμα μάχης ἐν τῷ ἥπατι καὶ τῇ χολῇ τέταρτον | * πνεῦμα * | ἀρεσκείας καὶ μαγγανείας ἵνα διὰ περιεργίας |
| TRub. | 3 | 5 | μαγγανείας ἵνα διὰ περιεργίας ὡραῖος ὀφθῇ πέμπτον | * πνεῦμα * | ὑπερηφανίας ἵνα καυχᾶται καὶ μεγαλοφρονῇ ἕκτον |
| TRub. | 3 | 5 | ὑπερηφανίας ἵνα καυχᾶται καὶ μεγαλοφρονῇ ἕκτον | * πνεῦμα * | ψεύδους ἐν ἀπωλείᾳ καὶ ζήλῳ τοῦ πλάττειν λόγους |
| TRub. | 3 | 6 | λόγους αὐτοῦ ἀπὸ γένους καὶ οἰκείων ἕβδομον | * πνεῦμα * | ἀδικίας μεθ' ἧς κλοπὴ καὶ γριπίσματα ἵνα ποιήσῃ |
| TRub. | 3 | 6 | καρδίας αὐτοῦ ἡ γὰρ ἀδικία συνεργεῖ τοῖς λοιποῖς | * πνεύμασι * | διὰ τῆς δωροληψίας. ἐπὶ πᾶσι τούτοις τὸ πνεῦμα |
| TRub. | 3 | 7 | πνεύμασι διὰ τῆς δωροληψίας. ἐπὶ πᾶσι τούτοις τὸ | * πνεῦμα * | τοῦ ὕπνου τὸ ὄγδοον πνεῦμα συνάπτεται πλάνῃ καὶ |
| TRub. | 3 | 7 | ἐπὶ πᾶσι τούτοις τὸ πνεῦμα τοῦ ὕπνου τὸ ὄγδοον | * πνεῦμα * | συνάπτεται πλάνῃ καὶ φαντασίᾳ. καὶ οὕτως |
| TRub. | 5 | 3 | θεοῦ καὶ ἐδίδαξέ με ὅτι αἱ γυναῖκες ἡττῶνται τῷ | * πνεύματι * | τῆς πορνείας ὑπὲρ τὸν ἄνθρωπον καὶ ἐν καρδίᾳ |
| TSim. | 2 | 7 | ἀνελεῖν αὐτὸν ὅτι ὁ ἄρχων τῆς πλάνης ἀποστείλας τὸ | * πνεῦμα * | τοῦ ζήλου ἐτύφλωσέ μου τὸν νοῦν μὴ προσέχειν αὐτῷ |
| TSim. | 3 | 1 | φθονήσας αὐτῷ. καὶ νῦν τέκνα μου φυλάξασθε ἀπὸ τῶν | * πνευμάτων * | τῆς πλάνης καὶ τοῦ φθόνου. καὶ γὰρ ὁ φθόνος |
| TSim. | 3 | 5 | ἐάν τις ἐπὶ κύριον καταφύγῃ ἀποτρέχει τὸ πονηρὸν | * πνεῦμα * | ἀπ' αὐτοῦ καὶ γίνεται ἡ διάνοια κούφη καὶ λοιπὸν |
| TSim. | 4 | 4 | οὐκ ἐλυπούμην. Ἰωσὴφ δὲ ἦν ἀνὴρ ἀγαθὸς καὶ ἔχων | * πνεῦμα * | θεοῦ ἐν ἑαυτῷ εὔσπλαγχνος καὶ ἐλεήμων οὐκ |
| TSim. | 4 | 7 | αὐτοῦ ἐν ἀγαθῇ καρδίᾳ καὶ ἀποστήσατε ἀφ' ὑμῶν τὸ | * πνεῦμα * | τοῦ φθόνου ὅτι ἀγριοῖ τοῦτο τὴν ψυχὴν καὶ φθείρει |
| TSim. | 4 | 9 | τις ζῆλος κακίας αὐτὸν φαντάζων κατεσθίει καὶ ἐν | * πνεύμασι * | πονηροῖς διαταράσσει τὴν ψυχὴν αὐτοῦ καὶ |
| TSim. | 4 | 9 | ποιεῖ καὶ ἐν ταραχῇ διυπνίζεσθαι τὸν νοῦν καὶ ὡς | * πνεῦμα * | πονηρὸν καὶ ἰοβόλον ἔχων οὕτως φαίνεται τοῖς |
| TSim. | 5 | 1 | ἐνοίκησεν ἐν αὐτῷ οὐδὲν πονηρὸν ἐκ γὰρ ταραχῆς τοῦ | * πνεύματος * | τὸ πρόσωπον δηλοῖ. καὶ νῦν τέκνα μου ἀγαθύνατε |
| TSim. | 6 | 6 | σῴζων ἐν αὐτῷ τὸν Ἀδάμ. τότε δοθήσονται πάντα τὰ | * πνεύματα * | τῆς πλάνης εἰς καταπάτησιν καὶ ἄνθρωποι |
| TSim. | 6 | 6 | καταπάτησιν καὶ ἄνθρωποι βασιλεύσουσι τῶν πονηρῶν | * πνευμάτων. * | τότε ἀναστήσομαι ἐν εὐφροσύνῃ καὶ εὐλογήσω |
| TLevi | 2 | 3 | ἀπὸ τοῦ Ἐμμώρ. ὡς δὲ ἐποιμαίνομεν ἐν Ἀβελμαοὺλ | * πνεῦμα * | συνέσεως κυρίου ἦλθεν ἐπ' ἐμὲ καὶ πάντας ἑώρων |
| TLevi | 2 | 3B007 | πάσας ὁδοὺς ἀληθείας μάκρυνον ἀπ' ἐμοῦ κύριε τὸ | * πνεῦμα * | τὸ ἄδικον καὶ διαλογισμὸν τὸν πονηρὸν καὶ |
| TLevi | 2 | 3B008 | ὕβριν ἀπόστρεψον ἀπ' ἐμοῦ. δειχθήτω μοι δέσποτα τὸ | * πνεῦμα * | τὸ ἅγιον καὶ βουλὴν καὶ σοφίαν καὶ γνῶσιν καὶ |
| TLevi | 3 | 2 | ἐν τῇ δικαιοκρισίᾳ τοῦ θεοῦ ἐν αὐτῷ εἰσι πάντα τὰ | * πνεύματα * | τῶν ἐπαγωγῶν εἰς ἐκδίκησιν τῶν ἀνόμων. ἐν τῷ |
| TLevi | 3 | 3 | εἰς ἡμέραν κρίσεως ποιῆσαι ἐκδίκησιν ἐν τοῖς | * πνεύμασι * | τῆς πλάνης καὶ τοῦ Βελιάρ. οἱ δὲ εἰς τὸν |
| TLevi | 4 | 1 | καὶ πάσης κτίσεως κλονουμένης καὶ τῶν ἀοράτων | * πνευμάτων * | τηκομένων καὶ τοῦ ᾅδου σκυλευομένου ἐπὶ τῷ |
| TLevi | 5 | 6 | Ἰσραὴλ τοῦ μὴ πατάξαι αὐτοὺς εἰς τέλος ὅτι πᾶν | * πνεῦμα * | πονηρὸν εἰς αὐτὸν προσβάλλει. καὶ μετὰ ταῦτα |
| TLevi | 9 | 9 | ἐνώπιον κυρίου. καὶ ἔλεγεν πρόσεχε τέκνον ἀπὸ τοῦ | * πνεύματος * | τῆς πορνείας τοῦτο γὰρ ἐνδελεχιεῖ καὶ μέλλει |

| | | | | | | |
|---|---|---|---|---|---|---|
| TLevi | | 18 | 7 | Ἰσαάκ. καὶ δόξα ὑψίστου ἐπ' αὐτὸν ῥηθήσεται καὶ | * πνεῦμα * | συνέσεως καὶ ἁγιασμοῦ καταπαύσει ἐπ' αὐτὸν ἐν τῷ |
| TLevi | | 18 | 11 | δώσει τοῖς ἁγίοις φαγεῖν ἐκ τοῦ ξύλου τῆς ζωῆς καὶ | * πνεῦμα * | ἁγιωσύνης ἔσται ἐπ' αὐτοῖς. καὶ ὁ Βελιὰρ |
| TLevi | | 18 | 12 | τοῖς τέκνοις αὐτοῦ τοῦ πατεῖν ἐπὶ τὰ πονηρὰ | * πνεύματα. * | καὶ εὐφρανθήσεται κύριος ἐπὶ τοῖς τέκνοις |
| TJud. | | 13 | 3 | τὸν ἀδελφόν μου περὶ Βάλλας γυναικὸς πατρός μου τὸ | * πνεῦμα * | τοῦ ζήλου καὶ τῆς πορνείας παρετάξατο ἐν ἐμοὶ ἕως |
| TJud. | | 14 | 2 | καὶ ὁδηγεῖ εἰς πλάνην τοὺς ὀφθαλμούς. τὸ γὰρ | * πνεῦμα * | τῆς πορνείας τὸν οἶνον ὡς διάκονον πρὸς τὰς |
| TJud. | | 14 | 8 | παρέλθῃ τὸν ὅρον τοῦτον ἐμβάλλει εἰς τὸν νοῦν τὸ | * πνεῦμα * | τῆς πλάνης καὶ ποιεῖ τὸν μέθυσον αἰσχρορρημονεῖν |
| TJud. | | 16 | 1 | οὖν τέκνα μου ὅρον οἴνου. ἔστι γὰρ ἐν αὐτῷ τέσσαρα | * πνεύματα * | πονηρὰ ἐπιθυμίας πυρώσεως ἀσωτίας |
| TJud. | | 20 | 1 | ἀκαταμάχητος εἶναι. ἐπίγνωτε οὖν τέκνα μου ὅτι δύο | * πνεύματα * | σχολάζουσι τῷ ἀνθρώπῳ τὸ τῆς ἀληθείας καὶ τὸ |
| TJud. | | 20 | 5 | ὀστέων αὐτοῦ ἐγγέγραπται ἐνώπιον κυρίου. καὶ τὸ | * πνεῦμα * | τῆς ἀληθείας μαρτυρεῖ πάντα καὶ κατηγορεῖ πάντων |
| TJud. | | 24 | 2 | αὐτῷ. καὶ ἀνοιγήσονται ἐπ' αὐτόν οἱ οὐρανοὶ ἐκχέαι | * πνεύματος * | εὐλογίαν πατρὸς ἁγίου καὶ αὐτὸς ἐκχεεῖ πνεῦμα |
| TJud. | | 24 | 2 | πνεύματος εὐλογίαν πατρὸς ἁγίου καὶ αὐτὸς ἐκχεεῖ | * πνεῦμα * | χάριτος ἐφ' ὑμᾶς καὶ ἔσεσθε αὐτῷ εἰς υἱοὺς ἐν |
| TJud. | | 25 | 3 | εἷς λαὸς κυρίου καὶ γλῶσσα μία καὶ οὐκ ἔσται ἔτι | * πνεῦμα * | πλάνης τοῦ Βελιὰρ ὅτι ἐμβληθήσεται ἐν τῷ πυρὶ εἰς |
| TIss. | | 4 | 4 | ἀλλὰ μόνον ἐκδέχεται τὸ θέλημα τοῦ θεοῦ. καίγε τὰ | * πνεύματα * | τῆς πλάνης οὐδὲν ἰσχύουσι πρὸς αὐτόν. οὐ γὰρ |
| TIss. | | 7 | 7 | μου. ταῦτα καὶ ὑμεῖς ποιήσατε τέκνα μου καὶ πᾶν | * πνεῦμα * | τοῦ Βελιὰρ φεύξεται ἀφ' ὑμῶν καὶ πᾶσα πρᾶξις |
| TZab. | | 9 | 7 | τοῖς υἱοῖς τῶν ἀνθρώπων διότι σάρξ εἰσι καὶ τὰ | * πνεύματα * | τῆς πλάνης ἀπατᾷ αὐτοὺς ἐπὶ πάσαις πράξεσιν |
| TZab. | | 9 | 8 | αἰχμαλωσίαν υἱῶν ἀνθρώπων ἐκ τοῦ Βελιὰρ καὶ πᾶν | * πνεῦμα * | πλάνης πατηθήσεται καὶ ἐπιστρέψει πάντα τὰ ἔθνη |
| TDan | | 1 | 6 | Ἰωσὴφ ὅτι ὑπὲρ ἡμᾶς ὁ πατὴρ αὐτὸν ἠγάπα. τὸ γὰρ | * πνεῦμα * | τοῦ ζήλου καὶ τῆς ἀλαζονείας ἔλεγέ μοι καίγε σὺ |
| TDan | | 1 | 7 | ἔλεγέ μοι καίγε σὺ υἱὸς αὐτοῦ. καὶ ἓν τῶν | * πνευμάτων * | τοῦ Βελιὰρ συνήργει μοι λέγων λάβε τὸ ξίφος |
| TDan | | 1 | 8 | σε ὁ πατήρ σου ἀποθανόντος αὐτοῦ. τοῦτό ἐστι τὸ | * πνεῦμα * | τοῦ θυμοῦ τὸ πεῖθόν με ἵνα ὡς πάρδαλις ἐκμυζᾷ |
| TDan | | 2 | 1 | λέγω ὑμῖν ὅτι ἐὰν μὴ διαφυλάξητε ἑαυτοὺς ἀπὸ τοῦ | * πνεύματος * | τοῦ ψεύδους καὶ τοῦ θυμοῦ καὶ ἀγαπήσητε τὴν |
| TDan | | 2 | 4 | βλέπει φίλον οὐ γνωρίζει. περιβάλλει γὰρ αὐτὸν τὸ | * πνεῦμα * | τοῦ θυμοῦ τὰ δίκτυα τῆς πλάνης καὶ τυφλοῖ τοὺς |
| TDan | | 3 | 6 | γὰρ αὐτοῖς ὁ θυμὸς πάντοτε ἐν παρανομίᾳ. τοῦτο τὸ | * πνεῦμα * | ἀεὶ μετὰ τοῦ ψεύδους ἐκ δεξιῶν τοῦ σατανᾶ |
| TDan | | 4 | 5 | τινὶ περιπέσητε τέκνα μου μὴ θροεῖσθε ὅτι αὐτὸ τὸ | * πνεῦμα * | ἐπιθυμῆσαι ποιεῖ τοῦ ἀπολομένου ἵνα θυμωθῇ διὰ |
| TDan | | 5 | 5 | ἀνόμων καὶ ἐν πάσῃ πονηρίᾳ ἐνεργούντων ἐν ὑμῖν τῶν | * πνευμάτων * | τῆς πλάνης. ἀνέγνων γὰρ ἐν βίβλῳ Ἐνὼχ τοῦ |
| TDan | | 5 | 6 | ὅτι ὁ ἄρχων ὑμῶν ἐστιν ὁ σατανᾶς καὶ ὅτι πάντα τὰ | * πνεύματα * | τῆς πορνείας καὶ τῆς ὑπερηφανίας τῷ Λευὶ |
| TDan | | 6 | 1 | μου καὶ προσέχετε ἑαυτοῖς ἀπὸ τοῦ σατανᾶ καὶ τῶν | * πνευμάτων * | αὐτοῦ. ἐγγίζετε δὲ τῷ θεῷ καὶ τῷ ἀγγέλῳ τῷ |
| TNep. | | 2 | 2 | φέρει πηλὸν οὕτω καὶ ὁ κύριος πρὸς ὁμοίωσιν τοῦ | * πνεύματος * | ποιεῖ τὸ σῶμα καὶ πρὸς τὴν δύναμιν τοῦ σώματος |
| TNep. | | 2 | 2 | ποιεῖ τὸ σῶμα καὶ πρὸς τὴν δύναμιν τοῦ σώματος τὸ | * πνεῦμα * | ἐντίθησι καὶ οὐκ ἔστι λεῖπον ἓν ἐκ τοῦ ἑνὸς |
| TNep. | | 3 | 3 | ἐπηκολούθησαν λίθοις καὶ ξύλοις ἐξακολουθήσαντες | * πνεύμασι * | πλάνης. ὑμεῖς δὲ μὴ οὕτως τέκνα μου γνόντες ἐν |
| TGad | | 1 | 9 | ἕως ἡμέρας διαπράσεως αὐτοῦ εἰς Αἴγυπτον. καὶ τὸ | * πνεῦμα * | τοῦ μίσους ἦν ἐν ἐμοὶ καὶ οὐκ ἤθελον οὔτε δι' |
| TGad | | 3 | 1 | καὶ πάντα νόμον ὑψίστου καὶ μὴ πλανᾶσθαι τῷ | * πνεύματι * | τοῦ μίσους ὅτι κακόν ἐστιν ἐπὶ πάσαις πράξεσιν |
| TGad | | 4 | 7 | τοὺς ἐν ὀλίγῳ ἁμαρτήσαντας οὐ θέλει ζῆν. τὸ γὰρ | * πνεῦμα * | τοῦ μίσους διὰ τῆς ὀλιγοψυχίας συνεργεῖ τῷ σατανᾷ |
| TGad | | 4 | 7 | τῷ σατανᾷ ἐν πᾶσιν εἰς θάνατον τῶν ἀνθρώπων τὸ δὲ | * πνεῦμα * | τῆς ἀγάπης ἐν μακροθυμίᾳ συνεργεῖ τῷ νόμῳ τοῦ |
| TGad | | 5 | 9 | τοῦ πατρός μου ὀλίγου διεφώνησεν ἀπ' ἐμοῦ τὸ | * πνεῦμά * | μου. δι' ὧν γὰρ ἄνθρωπος παρανομεῖ δι' ἐκείνων |
| TGad | | 6 | 2 | εἰρηνικὰ ἐλάλουν τῷ Ἰωσὴφ καὶ ἐξελθόντος μου τὸ | * πνεῦμα * | τοῦ μίσους ἐσκότιζέ μου τὸν νοῦν καὶ ἐτάρασσε τὴν |
| TAser | | 1 | 9 | ἐπειδὴ ὁ θησαυρὸς τοῦ διαβουλίου ἰοῦ πονηροῦ | * πνεύματος * | πεπλήρωται. ἔστιν οὖν ψυχὴ λέγουσα φησί τὸ |
| TAser | | 6 | 2 | τῇ ἀληθείᾳ ὅτι οἱ διπρόσωποι δισσῶς κολάζονται. τὰ | * πνεύματα * | τῆς πλάνης μισήσατε τὰ κατὰ τῶν ἀνθρώπων |
| TAser | | 6 | 5 | ἡ ψυχὴ ἀπέρχεται βασανίζεται ὑπὸ τοῦ πονηροῦ | * πνεύματος * | οὗ καὶ ἐδούλευσεν ἐν ἐπιθυμίαις καὶ ἔργοις |
| TJos. | | 7 | 2 | εἶπε πόνον καρδίας ἐγὼ ἀλγῶ καὶ οἱ στεναγμοὶ τοῦ | * πνεύματός * | μου συνέχουσί με. καὶ ἐθεράπευεν αὐτὴν μὴ |
| TJos. | | 7 | 4 | ἐμαυτὴν ἐὰν μή μοι συμπεισθῇς. καὶ νοήσας ὅτι τὸ | * πνεῦμα * | τοῦ Βελιὰρ αὐτὴν ἐνοχλεῖ προσευξάμενος κυρίῳ |
| TBen. | | 3 | 3 | κύριον καὶ ἀγαπᾶτε τὸν πλησίον. καὶ ἐὰν τὰ | * πνεύματα * | τοῦ Βελιὰρ εἰς πᾶσαν πονηρίαν θλίψεως |
| TBen. | | 3 | 4 | θεὸν καὶ ἀγαπῶν τὸν πλησίον αὐτοῦ ὑπὸ τοῦ ἀερίου | * πνεύματος * | τοῦ Βελιὰρ οὐ δύναται πληγῆναι σκεπαζόμενος |
| TBen. | | 4 | 5 | ὕψιστον νουθετῶν ἐπιστρέφει καὶ τὸν ἔχοντα χάριν | * πνεύματος * | ἀγαθοῦ ἀγαπᾷ κατὰ τὴν ψυχὴν αὐτοῦ. ἐὰν ἔχητε |
| TBen. | | 5 | 2 | ἐὰν ἦτε ἀγαθοποιοῦντες καὶ τὰ ἀκάθαρτα | * πνεύματα * | φεύξεται ἀφ' ὑμῶν καὶ αὐτὰ τὰ θηρία |
| TBen. | | 6 | 1 | τοῦ ἀγαθοῦ ἀνδρὸς οὐκ ἔστιν ἐν χειρὶ πλάνης | * πνεύματος * | Βελιὰρ ὁ γὰρ ἄγγελος τῆς εἰρήνης ὁδηγεῖ τὴν |
| TBen. | | 8 | 2 | ἔχει μιασμὸν ἐν καρδίᾳ ὅτι ἀναπαύεται ἐν αὐτῷ τὸ | * πνεῦμα * | τοῦ θεοῦ. ὥσπερ γὰρ ὁ ἥλιος οὐ μιαίνεται προσέχων |
| TBen. | | 9 | 4 | τὸ ἅπλωμα τοῦ ναοῦ σχιζόμενον καὶ μεταβήσεται τὸ | * πνεῦμα * | τοῦ θεοῦ ἐπὶ τὰ ἔθνη ὡς πῦρ ἐκχυνόμενον. καὶ |
| Asen. | | 4 | 7 | Ἰωσὴφ ἀνὴρ δυνατὸς ἐν σοφίᾳ καὶ ἐπιστήμῃ καὶ | * πνεῦμα * | θεοῦ ἐστιν ἐπ' αὐτῷ καὶ χάρις κυρίου μετ' αὐτοῦ. |
| Asen. | | 8 | 9 | τὴν παρθένον ταύτην καὶ ἀνακαίνισον αὐτὴν τῷ | * πνεύματί * | σου καὶ ἀνάπλασον αὐτὴν τῇ χειρί σου τῇ |
| Asen. | | 16 | 14 | τοῦ κηρίου φάγονται. διότι τοῦτο τὸ κηρίον ἐστὶ | * πνεῦμα * | ζωῆς. καὶ τοῦτο πεποιήκασιν αἱ μέλισσαι τοῦ |
| Asen. | | 19 | 10 | ἀλλήλους ἐπιπολὺ καὶ ἀνέζησαν ἀμφότεροι τῷ | * πνεύματι * | αὐτῶν. καὶ κατεφίλησεν ὁ Ἰωσὴφ τὴν Ἀσενὲθ καὶ |
| Asen. | | 19 | 11 | κατεφίλησεν ὁ Ἰωσὴφ τὴν Ἀσενὲθ καὶ ἔδωκεν αὐτῇ | * πνεῦμα * | ζωῆς καὶ κατεφίλησεν αὐτὴν τὸ δεύτερον καὶ ἔδωκεν |
| Asen. | | 19 | 11 | καὶ κατεφίλησεν αὐτὴν τὸ δεύτερον καὶ ἔδωκεν αὐτῇ | * πνεῦμα * | σοφίας καὶ κατεφίλησεν αὐτὴν τὸ τρίτον καὶ ἔδωκεν |
| Asen. | | 19 | 11 | καὶ κατεφίλησεν αὐτὴν τὸ τρίτον καὶ ἔδωκεν αὐτῇ | * πνεῦμα * | ἀληθείας. καὶ περιεπλάκησαν ἀλλήλοις ἐπιπολὺ καὶ |
| Asen. | | 21 | 21 | αὐτοῦ ⟨ἐκράτησέ με⟩ ὡς ἰχθὺν ἐπ' ἀγκίστρῳ καὶ τῷ | * πνεύματι * | αὐτοῦ ὡς δελεάσματι ζωῆς ⟨ἐδελέασέ με⟩ καὶ τῇ |
| Asen. | | 26 | 6 | καὶ ἔγνω Λευὶς ὁ υἱὸς Λίας ταῦτα πάντα τῷ | * πνεύματι * | ὡς προφήτης καὶ ἀνήγγειλε τοῖς ἀδελφοῖς αὐτοῦ |
| Sal. | | 8 | 14 | ὑπὲρ τὰ ἔθνη. διὰ τοῦτο ἐκέρασεν αὐτοῖς ὁ θεὸς | * πνεῦμα * | πλανήσεως ἐπότισεν αὐτοὺς ποτήριον οἴνου ἀκράτου |
| Sal. | | 17 | 37 | θεῷ αὐτοῦ ὅτι ὁ θεὸς κατειργάσατο αὐτὸν δυνατὸν ἐν | * πνεύματι * | ἁγίῳ καὶ σοφὸν ἐν βουλῇ συνέσεως μετὰ ἰσχύος |
| Sal. | | 18 | 7 | χριστοῦ κυρίου ἐν φόβῳ θεοῦ αὐτοῦ ἐν σοφίᾳ | * πνεύματος * | καὶ δικαιοσύνης καὶ ἰσχύος κατευθῦναι ἄνδρα ἐν |
| Prop. | | 17 | 4B | αὐτῆς ἔπεμψε κύριος ἐλέγξαι αὐτὸν καὶ γνοὺς τῷ | * πνεύματι * | ὁ ὅσιος ὑπέστρεψε πενθῶν πάσας τὰς ἡμέρας καὶ |
| Esdr. | | 7 | 16 | καὶ προσκύνησις τῷ πατρὶ καὶ τῷ υἱῷ καὶ τῷ ἁγίῳ | * πνεύματι * | νῦν καὶ ἀεὶ καὶ εἰς τοὺς αἰῶνας τῶν αἰώνων. |
| Sedr. | | 5 | 5 | τῆς ἀδικίας; τίς δύναται πολεμεῖν ἀθεώρητον | * πνεῦμα; * | αὐτὸς δὲ ὡς καπνὸς εἰσέρχεται εἰς τὰς καρδίας |
| Sedr. | | 14 | 6 | ὅτι ⟨εἰ⟩ εἰσιν ἀβάπτιστοι καὶ ἐνέβη τὸ θεῖόν μου | * πνεῦμα * | εἰς αὐτοὺς καὶ ἐπιστρέφονται πρὸς τὸ ἐμὸν |
| Sedr. | | 15 | 6 | λέγει Σεδρὰχ κύριέ μου καὶ εἶπας ὅτι τὸ θεῖόν μου | * πνεῦμα * | ἐνέβη εἰς τὰ ἔθνη τὰ μὴ νόμον ἔχοντα ⟨καὶ τὰ⟩ τοῦ |
| Job | | 27 | 2 | διαφωνῶ καὶ ὑποχωρῶ σοι σαρκίνῳ ὄντι, ἐγὼ δέ εἰμι | * πνεῦμα * | σὺ μὲν ἐν πληγῇ ὑπάρχεις, ἐγώ εἰμι ἐν ὀχλήσει |
| Job | | 43 | 2 | τὸν δὲ Ελιους οὐ κατηξίωσεν, ἀναλαβὼν Ελιφας | * πνεῦμα * | εἶπεν ὕμνον, ἐπιφωνούντων αὐτῷ τῶν ἄλλων φίλων |
| Job | | 48 | 3 | καὶ τοὺς ὕμνους οὓς ἀπεφθέγξατο εἴασεν τὸ | * πνεῦμα * | ἐν στολῇ τῇ ἑαυτῆς ἐγκεχαραγμένους. καὶ τότε ἡ |
| Job | | 51 | 2 | ὄντος τοῦ Ιωβ, ἐπικειμένου δὲ καὶ τοῦ ἁγίου | * πνεύματος, * | ἐκαθεζόμην πλησίον τοῦ Ιωβ ἐπὶ τῆς κλίνης μου |
| Aris. | | 70 | 8 | τὴν ἀλήθειαν ὥστε καὶ ῥιπίζοντος τοῦ κατὰ τὸν ἀέρα | * πνεύματος * | κίνησιν ἐπιδέχεσθαι τὴν τῶν φύλλων θέσιν πρὸς |
| Aris. | | 86 | 3 | κατὰ πᾶν ὁμοιοτάτη ὑπῆρχε καὶ μάλιστα διὰ τὴν τοῦ | * πνεύματος * | ὑποδρομὴν ἀδιάλειπτον κίνησιν λαμβανούσης τῆς |
| Sib. | | 3 | 102 | αὐτίκα δ' ἀθάνατος μεγάλην ἐπέθηκεν ἀνάγκην | * πνεύμασιν * | αὐτὰρ ἔπειτ' ἄνεμοι μέγαν ὑψόθι πύργον ῥίψαν |
| Sib. | | 3 | 701 | ὅ,τι κεν μόνον ἐν φρεσὶ θείῃ ἄψευστον γὰρ | * πνεῦμα * | θεοῦ πέλεται κατὰ κόσμον. υἱοὶ δ' αὖ μεγάλοιο |
| Sib. | | 4 | 46 | ἔρεξαν) εὐσεβέες δὲ μενοῦσιν ἐπὶ ζείδωρον ἄρουραν | * πνεῦμα * | θεοῦ δόντος ζωήν θ' ἅμα καὶ χάριν αὐτοῖς. ἀλλὰ τὰ |
| Sib. | | 4 | 189 | ἐπὶ γαῖαν ἀθανάτου μεγάλοιο θεοῦ καὶ ἄφθιτον ὄλβον | * πνεῦμα * | θεοῦ δόντος ζωήν θ' ἅμα καὶ χάριν αὐτοῖς |
| FJos. | | 189 | | ἐγὼ Ἰακὼβ καὶ Ἰσραὴλ ἄγγελος θεοῦ εἰμι ἐγὼ καὶ | * πνεῦμα * | ἀρχικὸν καὶ Ἀβραὰμ καὶ Ἰσαὰκ προεκτίσθησαν πρὸ |
| FMos. | 2 | 21 | 7 | εἶναι με τῆς διαθήκης αὐτοῦ μεσίτην. ἀπὸ γὰρ | * πνεύματος * | ἁγίου αὐτοῦ πάντες ἐκτίσθημεν ἀπὸ προσώπου τοῦ |
| FMos. | 2 | 21 | 7 | πάντες ἐκτίσθημεν ἀπὸ προσώπου τοῦ θεοῦ ἐξῆλθε τὸ | * πνεῦμα * | αὐτοῦ καὶ ὁ κόσμος ἐγένετο. ἔσχεν δὲ καὶ τρίτον |
| FMos. | 6 | 132 | 3 | ἀξιούμενον. εἶδεν δὲ Ἰησοῦς τὴν θέαν ταύτην κάτω | * πνεύματι * | ἐπαρθεὶς σὺν καὶ τῷ Χαλὲβ ἀλλ' οὐχ ὁμοίως ἄμφω |
| FJub. | | 2 | 2 | κρύσταλλος καὶ χάλαζα καὶ παγετοὶ καὶ δρόσος τὰ | * πνεύματα * | τὰ λειτουργοῦντα ἐνώπιον αὐτοῦ ἅτινά ἐστι τάδε |
| FJub. | | 2 | 2 | πρὸ προσώπου καὶ ἄγγελοι τῆς δόξης καὶ ἄγγελοι | * πνευμάτων * | πνεόντων ἄγγελοι νεφελῶν καὶ γνόφων χιόνος καὶ |
| FJub. | | 2 | 2 | φθινοπώρου ἔαρος καὶ θέρους καὶ πάντων τῶν | * πνευμάτων * | τῶν κτισμάτων αὐτοῦ τῶν ἐν οὐρανοῖς καὶ ἐν τῇ |
| FIsa. | | 1 | 8 | τιμωρεῖν βασάνοις. ζῇ κύριος καὶ ὁ ἀγαπητὸς καὶ τὸ | * πνεῦμα * | τὸ λαλοῦν ἐν ἐμοὶ ὅτι ἐν ταῖς χερσὶ Μανασσῆ τοῦ |
| FIsa. | 1 | 3 | 18 | καὶ εἶπεν Ἠσαίας κατάθεμά σοι ζῇ ὁ θεὸς καὶ ζῇ τὸ | * πνεῦμα * | τὸ λαλοῦν ἐν ἐμοὶ ⟨Ἰερουσαλὴμ⟩ ἐρημωθήσεται. |
| FSop. | 5 | 77 | 2 | καὶ ἀνέλαβέν με | * πνεῦμα * | καὶ ἀνήνεγκέν με εἰς οὐρανὸν πέμπτον καὶ ἐθεώρουν |
| FSop. | 5 | 77 | 2 | κυρίους καὶ τὸ διάδημα αὐτῶν ἐπικείμενον ἐν | * πνεύματι * | ἁγίῳ καὶ ἦν ἑκάστου αὐτῶν ὁ θρόνος ἑπταπλασίων |
| FPho. | | | 106 | ψυχαὶ γὰρ μίμνουσιν ἀκήριοι ἐν φθιμένοισιν. | * πνεῦμα * | γάρ ἐστι θεοῦ χρῆσις θνητοῖσι καὶ εἰκὼν σῶμα γὰρ |
| FPho. | | | 108 | πρὸς αὖ γῆν λυόμενοι κόνις ἐσμὲν ἀὴρ δ' ἀνὰ | * πνεῦμα * | δέδεκται. πλουτῶν μὴ φείδου μέμνησ' ὅτι θνητὸς |
| IOrp. | | | 31 | κυκλοτερὲς ἐν ἴσῳ τε κατὰ σφέτερον κνώδακα | * πνεύματα * | δ' ἡνιοχεῖ περί τ' ἠέρα καὶ περὶ χεῦμα νάματος |
| LArl. | 8 | 10 | 4 | θαυμάζουσι τὴν περὶ αὐτὸν σοφίαν καὶ τὸ θεῖον | * πνεῦμα * | καθ' ὃ καὶ προφήτης ἀνακεκήρυκται ὧν εἰσιν οἱ |
| FrAn. | | 574 | 3038 | δεκάπληγον διὰ τὸ παρακούειν αὐτόν. ὁρκίζω σε πᾶν | * πνεῦμα * | δαιμόνιον λαλῆσαι ὁποῖον καὶ ἂν ἧς ὅτι ὁρκίζω σε |
| FrAn. | | 574 | 3065 | καὶ ἐπήκουσεν ἡ ἄβυσσος. καὶ σὺ ἐπάκουσον πᾶν | * πνεῦμα * | δαιμόνιον ὅτι ὁρκίζω σε τὸν συνσείοντα τοὺς |
| FrAn. | | 574 | 3075 | καὶ πᾶν ὄρος ἐκ θεμελίου φοβεῖται. ὁρκίζω σε πᾶν | * πνεῦμα * | δαιμόνιον τὸν ἐφορῶντα ἐπὶ γῆς καὶ ποιοῦντα |
| FrAn. | | 574 | 3080 | χοίρειον μὴ φαγεῖν καὶ ὑποταγήσεταί σ⟨ο⟩ι πᾶν | * πνεῦμα * | καὶ δαιμόνιον ὁποῖον ἐὰν ἦν. ὁρκίζων δὲ φύσα ἀπὸ |
| πνευματικός | | | | 2 | | |
| Bar. | | 13 | 4 | εἴδομεν αὐτοὺς εἰσελθεῖν ἐν ἐκκλησίᾳ ποτέ οὐδὲ εἷς | * πνευματικοὺς * | πατέρας οὐδὲ εἷς ἀγαθὸν ἕν. ἀλλ' ὅπου φόνος |
| Prop. | | 15 | 7 | Ἀγγαίου. ⟨ἀλληλούϊα Ἀγγαίου καὶ Ζαχαρίου εἶπεν ὁ | * πνευματικὸς * | προφήτης Δαυὶδ ἐν τοῖς τελευταίοις ψαλμοῖς |
| πνεύμων | | | | 1 | | |
| Sedr. | | 10 | 2 | ἡ ψυχή σου οὐκ οἶδας ὅτι χορηγεῖται ἐν μέσῳ τῶν | * πνευμόνων * | σου καὶ τῆς καρδίας σου ⟨καὶ⟩ ἔστι |
| πνέω | | | | 4 | | |
| Hen. | | 29 | 2 | τοῦ ὄρους τούτου ᾠχόμην καὶ ἴδον κρίσεως δένδρα | * πνέοντα * | ἀρωμάτων λιβάνων καὶ ζμύρνας καὶ τὰ δένδρα αὐτῶν |
| Sedr. | | 8 | 9 | καὶ πόσα μέλλουν ἐγεῖραι καὶ πόσοι ἄνεμοι | * πνέουσιν * | παρὰ τὸ χεῖλος τῆς θαλάσσης; εἰπέ μοι Σεδρὰχ |
| Sib. | | 5 | 375 | δυσμῶν βασιλῆι δ' ὄλεθρον. καὶ τότε χειμερίη πνοιὴ | * πνεύσει * | κατὰ γαῖαν καὶ πεδίον πολέμοιο κακοῦ πλησθήσεται |
| FJub. | | 2 | 2 | καὶ ἄγγελοι τῆς δόξης καὶ ἄγγελοι πνευμάτων | * πνεόντων * | ἄγγελοι νεφελῶν καὶ γνόφων χιόνος καὶ χαλάζης |

πνοή 14
Abr.1 13 6 ὑπὸ τῶν δώδεκα φυλῶν τοῦ Ἰσραὴλ καὶ πᾶσα * πνοὴ * καὶ πᾶσα κτίσις τὸ δὲ τρίτον ὑπὸ τοῦ δεσπότου θεοῦ
TRub. 2 5 ἧς ἐστι γεῦσις δεδομένη εἰς συνολκὴν ἀέρος καὶ * πνοῆς * πέμπτον πνεῦμα λαλιᾶς μεθ᾽ ἧς γίνεται γνῶσις ἕκτον
Asen. 12 1 τῶν αἰώνων ὁ κτίσας τὰ πάντα καὶ ζωοποιήσας ὁ δοὺς * πνοὴν * ζωῆς πάσῃ τῇ κτίσει σου ὁ ἐξενέγκας τὰ ἀόρατα εἰς
Asen. 15 14 ἐκ τοῦ ταμιείου μου οἶνον παλαιὸν καὶ καλὸν οὗ ἡ * πνοὴ * αὐτοῦ ἐλεύσεται ἕως τοῦ οὐρανοῦ καὶ πίεσαι ἐξ
Asen. 16 8 καὶ ἦν τὸ μέλι ἐκεῖνο ὡς δρόσος τοῦ οὐρανοῦ καὶ ἡ * πνοὴ * αὐτοῦ ὡς πνοὴ ζωῆς. καὶ ἐθαύμασεν Ἀσενὲθ καὶ εἶπεν
Asen. 16 8 ἐκεῖνο ὡς δρόσος τοῦ οὐρανοῦ καὶ ἡ πνοὴ αὐτοῦ ὡς * πνοὴ * ζωῆς. καὶ ἐθαύμασεν Ἀσενὲθ καὶ εἶπεν ἐν ἑαυτῇ ἄρα
Asen. 16 9 ἐκ τοῦ στόματος τοῦ ἀνθρώπου τούτου ἐξῆλθε διότι ἡ * πνοὴ * αὐτοῦ ὡς πνοὴ τοῦ στόματος τοῦ ἀνθρώπου τούτου
Asen. 16 9 τοῦ ἀνθρώπου τούτου ἐξῆλθε διότι ἡ πνοὴ αὐτοῦ ὡς * πνοὴ * τοῦ στόματος τοῦ ἀνθρώπου τούτου ἐστίν. καὶ ἔλαβεν
Asen. 16 11 μήτιγε τοῦτο ἐκ τοῦ στόματός σου ἐξῆλθε διότι ἡ * πνοὴ * αὐτοῦ ὡς πνοὴ τοῦ στόματός σού ἐστιν. καὶ
Asen. 16 11 ἐκ τοῦ στόματός σου ἐξῆλθε διότι ἡ πνοὴ αὐτοῦ ὡς * πνοὴ * τοῦ στόματός σού ἐστιν. καὶ ἐμειδίασεν ὁ ἄνθρωπος
Bar. 2 1 ποταμὸς ὃν οὐδεὶς δύναται περᾶσαι αὐτὸν οὐδὲ ξένη * πνοὴ * ἐκ πασῶν ὧν ἔθετο ὁ θεός. καὶ λαβών με ἤγαγέν με
Bar. 8 7 τὰς τοῦ ἡλίου ἀκτῖνας οὐκ ἂν ἐσώθη πᾶσα * πνοή. * καὶ τούτων συσταλέντων καὶ ἡ νὺξ κατέλαβεν καὶ ἅμα
Esdr. 5 23 καὶ ἴδον ἐκεῖ τοῦ ἀέρος τὴν κόλασιν καὶ τὴν * πνοὴν * τῶν ἀνέμων καὶ τὰς ἀποθήκας τῶν κρυστάλλων καὶ τὰς
Sib. 5 375 ἐκ δυσμῶν βασιλῆι δ᾽ ὄλεθρον. καὶ τότε χειμερίη * πνοιὴ * πνεύσει κατὰ γαῖαν καὶ πεδίον πολέμοιο κακοῦ
πόα 1
LThe. 9 22 1 ἐξ αὐτῆς δὲ μάλ᾽ ἄγχι δύ᾽ οὔρεα φαίνετ᾽ ἐρυμνὰ * ποίης * τε πλήθοντα καὶ ὕλης τῶν δὲ μεσηγὺ ἀτραπιτὸς
ποδηγός 1
LEze. 64 29 6 03 σύ τ᾽ ὦ βαρὺν τίκτουσα θησαυρὸν κακῶν πλάνη τυφλοῦ * ποδηγὲ * ἀγνοίας βίου χαίρουσα θρήνοις καὶ στενάγμασι
ποδήρης 2
TLevi 8 2 τῆς δικαιοσύνης καὶ τὸ λόγιον τῆς συνέσεως καὶ τὸν * ποδήρη * τῆς ἀληθείας καὶ τὸ πέταλον τῆς πίστεως καὶ τὴν
Aris. 96 4 τῶν περὶ αὐτὸν λίθων χρυσοῖ γὰρ κώδωνες περὶ τὸν * ποδήρη * εἰσὶν αὐτοῦ μέλους ἦχον ἀνιέντες ἰδιάζοντα παρ᾽
ποθεινός 2
Sedr. 9 5 λάβω τὴν ψυχήν σου εἰ ⟨δὲ⟩ μὴ δός μοι τὴν * ποθεινοτάτην * ψυχήν σου. καὶ εἶπεν Σεδρὰχ τὸν θεὸν καὶ
FPho. 45 πάντα χαλέπτων εἴθε σε μὴ θνητοῖσι γενέσθαι πῆμα * ποθεινὸν * σεῦ γὰρ ἕκητι μάχαι τε λεηλασίαι τε φόνοι τε
πόθεν 14
Hen. 98 11 τῇ καρδίᾳ ποιοῦντες τὸ κα⟨κὸν καὶ ἔσθοντες αἷμα * πόθ⟩εν * ὑμῖν ἔσο⟨νται ἀγαθὰ ἵνα φάγητε---⟩ ---⟨ἔργα τῆ⟩ς
Abr.1 2 5 τὸ νέον τῆς ἡλικίας σου; δίδαξόν με τῷ σῷ ἱκέτῃ * πόθεν * καὶ ἐκ ποίας στρατιᾶς καὶ ἐκ ποίας ὁδοῦ
Abr.1 16 10 ἐνδοξότατε ὑπερένδοξε φωτοφόρε ἀνὴρ θαυμάσιε * πόθεν * ἥκεν ἡ σὴ ἐνδοξότης πρὸς ἡμᾶς καὶ τίς εἶ σύ; λέγει
Abr.2 2 3 Ἀβραὰμ τὸν Μιχαὴλ μὴ γινώσκων τίς ἐστιν καὶ εἶπεν * πόθεν * εἶ σὺ ἄνθρωπε ὁ πορευόμενος τὴν ὁδόν; καὶ ἀπεκρίθη
Abr.2 6 9 ἡ γὰρ σήμερον ἡμέρα εὐφρασία ἐστίν. λέγει Ἀβραὰμ * πόθεν * γινώσκεις ὅτι ὁ ἄνθρωπος οὗτος τοῦ θεοῦ ἐστιν;
TJos. 13 3 λέγων δέομαί σου κύριε οὐκ οἶδα ὃ λέγεις. ὁ δὲ ἔφη * πόθεν * οὖν σοι ὁ παῖς ὁ Ἑβραῖος; καὶ εἶπεν οἱ
Prop. 1 ονοματα προφητων και * ποθεν * εισι και που απεθανον και πως και που κεινται.
Prop. 1 4 πόλις ὡς ⟨μὴ⟩ ἔχουσα ὕδωρ. ἠρώτων γάρ οἱ πολέμιοι * πόθεν * πίνουσιν; καὶ ἔχοντες τὴν πόλιν παρεκαθέζοντο τῷ
Esdr. 6 4 δοὺς τὴν παρακαταθήκην. καὶ εἶπεν ὁ προφήτης καὶ * πόθεν * τὴν ψυχήν μου ἔχετε ἐξενεγκεῖν; καὶ εἶπον οἱ
Sedr. 10 1 ψυχήν σου. καὶ εἶπεν Σεδρὰχ τὸν θεὸν καὶ * πόθεν * μέλλεις λαβεῖν τὴν ψυχήν μου καὶ ἐκ ποίου μέλους;
Job 23 4 καὶ λάβε ὃ θέλεις. ἀποκριθεῖσα δὲ αὐτῷ λέγει * πόθεν * μοι ἀργύριον; ἀγνοεῖς τὰ συμβεβηκότα ἡμῖν πονηρά;
FEz. 64 70 12 ἐν τῇ βασιλείᾳ σου καὶ οὐδείς ἐστι παγανός. * πόθεν * τοίνυν ἴχνη παγανῶν ἐν τῷ παραδείσῳ; ὁ δὲ
FAch. 116 τὴν οἰκοδομὴν χρεία ἐστίν. ὁ δὲ Νεκταναβὼν ἔφη * πόθεν * ἐμοὶ πτηνοὺς ἀνθρώπους; ὁ δὲ Αἴσωπός φησιν ἀλλὰ
FAch. 122 ἀποδόσεως. ὁ δὲ βασιλεὺς Νεκταναβὼν ἀκούσας ἔφη * πόθεν * μαρτυρεῖτε περὶ τῶν ἐγὼ οὐκ ἐποφείλω; οἱ δὲ εἶπον
ποθέω 14
TIss. 2 5 μανδραγόροις ἐπήκουσε κύριος τῆς Ῥαχὴλ ὅτι καίγε * ποθήσασα * αὐτοὺς οὐκ ἔφαγεν ἀλλὰ ἀνέθηκεν αὐτοὺς ἐν οἴκῳ
TIss. 7 3 οὐκ ἔπιον πᾶν ἐπιθύμημα τοῦ πλησίον οὐκ * ἐπόθησα * δόλος οὐκ ἐγένετο ἐν καρδίᾳ μου ψεῦδος οὐκ
TAser 3 1 ὅτι ὁ θεὸς ἀναπαύεται εἰς αὐτὴν καὶ οἱ ἄνθρωποι * ποθοῦσιν * αὐτὴν τὴν κακίαν ἀποδράσατε ἀναιροῦντες τὸν
TJos. 4 7 οὐδὲ ἐν τοῖς μοιχεύουσιν εὐδοκεῖ. κἀκείνη ἐσιώπησε * ποθοῦσα * ἐκτελέσαι τὴν ἐπιθυμίαν αὐτῆς. κἀγὼ προσετίθουν
Sib. 4 36 καὶ ἤθεα ἀνέρες ἄλλοι οὔποτε μιμήσονται ἀναιδείην * ποθέοντες * ἀλλ᾽ αὐτοὺς χλεύῃ τε γέλωτί τε μυχθίζοντες
Sib. 5 148 δ᾽ εἰς Μήδους καὶ Περσῶν πρὸς βασιλῆας πρώτους οὓς * ἐπόθησε * καὶ οἷς κλέος ἐγκατέθηκεν φωλεύων μετὰ τῶνδε
Sib. 5 165 πανέρημος) σὸν στυγέουσ᾽ ἔδαφος ὅτι φαρμακίην * ἐπόθησας * μοιχεῖαι παρά σοι καὶ παίδων μῖξις ἄθεσμος
Sib. 5 232 κακῶν ἀρχηγὲ καὶ ἀνθρώποις μέγα πῆμα τίς σε βροτῶν * ἐπόθησε * τίς ἔνδοθεν οὐ χαλέπηνεν ἐν σοί τις βασιλεὺς
Sib. 5 261 ἐνὶ στήθεσσι μάκαιρα θειογενὲς πάμπλουτε μόνον * πεποθημένον * ἄνθος φῶς ἀγαθὸν σεμνόν τε τέλος
Sib. 5 262 μόνον πεποθημένον ἄνθος φῶς ἀγαθὸν σεμνόν τε τέλος * +πεποθημένον * ἄγνος+ Ἰουδαίη χαρίεσσα καλὴ πόλις ἔνθεος
Sib. 5 319 Ἱεράπολι γαῖα μόνη Πλούτω⟨νι⟩ μιγεῖσα ἕξεις ὃν * πεπόθηκας * ἔχειν χῶρον πολύδακρυν ἐς γῆν χωσαμένη παρὰ
Sib. 5 397 πῦρ ἔνθεον ὠρήσουσιν. ἔσβεσται παρὰ σεῖο πάλαι * πεποθημένος * οἶκος ἡνίκα δεύτερον εἶδον ἐγὼ ῥιπτούμενον
Sib. 5 420 ἔφλεξε βροτῶν τῶν πρόσθε κακούργων καὶ πόλιν ἣν * ἐπόθησε * θεὸς ταύτην ἐποίησεν φαιδροτέραν ἄστρων τε καὶ
Sib. 5 427 πιστοὺς πάντας τε δικαίους ἀιδίοιο θεοῦ δόξαν * πεποθημένον * εἶδος ἀντολίαι δύσιές τε θεοῦ κλέος
πόθος 5
TDan 4 5 ἐπιθυμῆσαι ποιεῖ τοῦ ἀπολομένου ἵνα θυμωθῇ διὰ τοῦ * πόθου. * ἐὰν ζημιωθῆτε ἑκουσίως μὴ λυπεῖσθε ἀπὸ γὰρ λύπης
TJos. 14 4 ἄνετον καὶ ὑπηρετεῖν σοι; ἤθελε γάρ με ὁρᾶν ἐν * πόθῳ * ἁμαρτίας καὶ ἠγνόουν ἐπὶ πᾶσι τούτοις. ὁ δὲ εἶπε
Esdr. 7 15 καὶ σωμάτων ἀεννάως τοῖς προστρέχουσιν αὐτῷ ἐκ * πόθου. * ᾧ πρέπει δόξα κράτος τιμὴ καὶ προσκύνησις τῷ
Sib. 4 33 ἃ δὴ ῥίγιστα τέτυκται οὐδ᾽ ἄρ᾽ ἐπ᾽ ἀλλοτρίῃ κοίτῃ * πόθον * αἰσχρὸν ἔχοντες (οὐδὲ ἐπ᾽ ἄρσενος ὕβριν ἀπεχθέα τε
Sib. 5 489 μέγιστον ἐν Αἰγύπτῳ τριταλαίνῃ. ὅσσοι δ᾽ Αἰγύπτου * πόθον * ἤγαγον εἴς σε ἅπαντες κλαύσονταί σε κακῶς θεὸν
ποιέω 578
Adam 3 2 γὰρ ἀντ᾽ αὐτοῦ ἕτερον υἱὸν οὗτος δηλώσει πάντα ὅσα * ποιήσῃς. * σὺ δὲ μὴ εἴπῃς αὐτῷ μηδέν. ταῦτα εἶπεν ὁ θεὸς
Adam 5 1 ἀπέκτεινεν Κάϊν. δώσωμεν δόξαν καὶ θυσίαν τῷ θεῷ. * ἐποίησεν * δὲ Ἀδὰμ υἱοὺς τριάκοντα καὶ θυγατέρας
Adam 7 1 Σὴθ καὶ πῶς σοι ἐγένοντο; εἶπε δὲ αὐτῷ ὁ Ἀδὰμ ὅτε * ἐποίησεν * ἡμᾶς ὁ θεὸς ἐμέ τε καὶ τὴν μητέρα ὑμῶν δι᾽ ἧς
Adam 9 1 τοῖς υἱοῖς αὐτοῦ ἀνεστέναξε μέγα καὶ εἶπεν τί * ποιήσω * ὅτι ἐν μεγάλῃ λύπῃ εἰμί; ἔκλαυσε δὲ ἡ Εὔα λέγουσα
Adam 16 3 αὐτοῦ καὶ οὐχὶ ἐκ τοῦ παραδείσου; ἀνάστα καὶ * ποιήσωμεν * αὐτὸν ἐκβληθῆναι ἐκ τοῦ παραδείσου ὡς καὶ
Adam 17 2 ἡ Εὔα; καὶ εἶπον αὐτῷ ἐγώ εἰμι. καὶ λέγει μοι τί * ποιεῖς * ἐν τῷ παραδείσῳ; καὶ εἶπον αὐτῷ ὁ θεὸς ἔθετο ἡμᾶς
Adam 17 4 ἀπεκρίθη ὁ διάβολος διὰ στόματος τοῦ ὄφεως καλῶς * ποιεῖτε * ἀλλ᾽ οὐκ ἐσθίετε ἀπὸ παντὸς φυτοῦ. κἀγὼ εἶπον
Adam 20 2 ἧς ἤμην ἐνδεδυμένη. καὶ ἔκλαυσα λέγουσα τί τοῦτο * ἐποίησας * ὅτι ἀπηλλοτριώθην ἐκ τῆς δόξης μου ἧς ἤμην
Adam 20 5 παρὲξ τοῦ σύκου μόνου. λαβοῦσα δὲ φύλλα ἀπ᾽ αὐτοῦ * ἐποίησα * ἐμαυτῇ περιζώματα καὶ ἔστι παρὰ τὸ φυτὸν ἐξ οὗ
Adam 23 4 αὐτῷ ὅτε ἤθελον ἀπατῆσαι αὐτὸν ὅτι ἀκίνδυνόν σε * ποιήσω * παρὰ τοῦ θεοῦ. καὶ στραφεὶς πρός με εἶπεν τί
Adam 23 5 παρὰ τοῦ θεοῦ. καὶ στραφεὶς πρός με εἶπεν τί τοῦτο * ἐποίησας; * κἀγὼ εἶπον ὅτι ὁ ὄφις ἠπάτησέ με. καὶ λέγει ὁ
Adam 26 1 ταῦτα εἶπεν τῷ ὄφει ἐν ὀργῇ μεγάλῃ λέγων ἐπειδὴ * ἐποίησας * τοῦτο καὶ ἐγένου σκεῦος ἀχάριστον ἕως ἂν
Adam 26 3 μέλος τούτων ὧν σὺ ἐδελέασας ἐν τῇ κακίᾳ σου καὶ * ἐποίησας * αὐτοὺς ἐκβληθῆναι ἐκ τοῦ παραδείσου. καὶ θήσω
Adam 27 3 Ἀδὰμ μετὰ κλαυθμοῦ λέγων συγχώρησόν μοι κύριε ὃ * ἐποίησα. * τότε λέγει ὁ κύριος τοῖς ἀγγέλοις αὐτοῦ τί
Adam 29 2 παραδείσου καὶ λέγουσιν οἱ ἄγγελοι αὐτῷ τί θέλεις * ποιήσωμέν * σοι Ἀδάμ; ἀποκριθεὶς δὲ ὁ πατὴρ ὑμῶν εἶπεν
Adam 29 9 εἶπεν μοι τί ἐμνήσθης τῆς κακίας ταύτης ἵνα φόνον * ποιήσω * καὶ ἐνέγκω θάνατον τῇ ἐμῇ πλευρᾷ; ἢ πῶς ἐπενέγκω
Adam 29 10 δώσῃ ἡμῖν τροφὴν κρείσσονα τῆς τῶν θηρίων. ἐγὼ μὲν * ποιήσω * ἡμέρας τεσσαράκοντα σὺ δὲ ἡμέρας τριάκοντα
Adam 31 2 Εὔα διά τί ἀποθνήσκεις κἀγὼ ζῶ ἢ πόσον χρόνον ἔχω * ποιῆσαι * μετὰ θάνατόν σου ἀνάγγειλόν μοι; τότε λέγει ὁ
Adam 31 4 μοι αὐτὸ διότι οὐκ οἴδαμεν πῶς ἀπαντήσωμεν τοῦ * ποιήσαντος * ἡμᾶς ἢ ὀργισθῇ ἡμῖν ἢ ἐπιστρέψῃ τοῦ ἐλεῆσαι
Adam 32 4 καὶ ἴδε τὸ πνεῦμα αὐτοῦ ἀναφερόμενον εἰς τὸν * ποιήσαντα * αὐτὸν τοῦ ἀπαντῆσαι αὐτῷ. ἀναστᾶσα δὲ Εὔα
Adam 37 4 αὐτὸν τρίτον καὶ ἤγαγεν αὐτὸν ἐνώπιον τοῦ θεοῦ. * ἐποίησεν * δὲ τρεῖς ὥρας κείμενος. καὶ μετὰ ταῦτα
Adam 37 5 τῆς ἡμέρας ἐκείνης τῆς μεγάλης τῆς οἰκονομίας ἧς * ποιήσω * εἰς τὸν κόσμον. τότε ὁ Μιχαὴλ ἦρεν τὸν Ἀδὰμ καὶ
Adam 39 1 ἐπ᾽ αὐτῷ. καὶ λέγει αὐτῷ ὁ θεὸς Ἀδὰμ τί τοῦτο * ἐποίησας; * εἰ ἐφύλαξας τὴν ἐντολήν μου οὐκ ἂν ἐχαίροντο
Adam 40 6 ὅπου ἦρεν χοῦν ὁ θεὸς καὶ ἔπλασεν τὸν Ἀδάμ. καὶ * ἐποίησεν * ὀρυγῆναι τῶν δύο τὸν τόπον. καὶ ἀπέστειλεν ὁ
Adam 42 1 τοῦ ἐκ τοῦ σπέρματός σου. μετὰ δὲ τὰ ῥήματα ταῦτα * ἐποίησεν * ὁ θεὸς σφραγῖδα τρίγωνον καὶ ἐσφράγισεν τὸ
Adam 42 1 τρίγωνον καὶ ἐσφράγισεν τὸ μνημεῖον ἵνα μηδείς τι * ποιήσῃ * αὐτῷ ἐν ταῖς ἓξ ἡμέραις ἕως οὗ ἀποστραφῇ ἡ πλευρὰ
Hen. 1 8 κατὰ πάντων. καὶ μετὰ τῶν δικαίων τὴν εἰρήνην * ποιήσει * καὶ ἐπὶ τοὺς ἐκλεκτοὺς ἔσται συντήρησις καὶ
Hen. 1 8 καὶ βοηθήσει ἡμῖν καὶ φανήσεται αὐτοῖς φῶς καὶ * ποιήσει * ἐπ᾽ αὐτοὺς εἰρήνην. ὅτι ἔρχεται σὺν ταῖς
Hen. 1 9 σὺν ταῖς μυριάσιν αὐτοῦ καὶ τοῖς ἁγίοις αὐτοῦ * ποιῆσαι * κρίσιν κατὰ πάντων καὶ ἀπολέσει πάντας τοὺς
Hen. 5 1 πάντων τῶν ἔργων αὐτοῦ καὶ νοήσατε ὅτι θεὸς ζῶν * ἐποίησεν * αὐτὰ οὕτως καὶ ζῇ εἰς πάντας τοὺς αἰῶνας καὶ τὰ
Hen. 5 2 εἰς πάντας τοὺς αἰῶνας καὶ τὰ ἔργα αὐτοῦ πάντα ὅσα * ἐποίησεν * εἰς τοὺς αἰῶνας ἀπὸ ἐνιαυτοῦ εἰς ἐνιαυτὸν
Hen. 5 4 ἀπὸ τῶν λόγων αὐτοῦ. ὑμεῖς δὲ οὐκ ἐνεμείνατε οὐδὲ * ἐποιήσατε * κατὰ τὰς ἐντολὰς αὐτοῦ ἀλλὰ ἀπέστητε καὶ
Hen. 6 3 αὐτοὺς ὃς ἦν ἄρχων αὐτῶν φοβοῦμαι μὴ οὐ θελήσετε * ποιῆσαι * τὸ πρᾶγμα τοῦτο καὶ ἔσομαι ἐγὼ μόνος ὀφειλέτης
Hen. 6 4 τὴν γνώμην ταύτην μέχρις οὗ ἂν τελέσωμεν αὐτὴν καὶ * ποιήσωμεν * τὸ πρᾶγμα τοῦτο. τότε ὤμοσαν πάντες ὁμοῦ καὶ
Hen. 6B 3 ὁ ἄρχων αὐτῶν πρὸς αὐτοὺς φοβοῦμαι μὴ οὐ θελήσητε * ποιῆσαι * τὸ πρᾶγμα τοῦτο καὶ ἔσομαι ἐγὼ μόνος ὀφειλέτης
Hen. 8 1 ἐπαοιδίας. ἐδίδαξεν τοὺς ἀνθρώπους Ἀζαὴλ μαχαίρας * ποιεῖν * καὶ ὅπλα καὶ ἀσπίδας καὶ θώρακας διδάγματα
Hen. 8B 1 πρῶτος Ἀζαὴλ ὁ δέκατος τῶν ἀρχόντων ἐδίδαξε * ποιεῖν * μαχαίρας καὶ θώρακας καὶ πᾶν σκεῦος πολεμικὸν καὶ
Hen. 8B 1 μέταλλα τῆς γῆς καὶ τὸ χρυσίον πῶς ἐργάσωνται καὶ * ποιήσωσιν * αὐτὰ κόσμια ταῖς γυναιξὶ καὶ τὸν ἄργυρον.
Hen. 8B 1 καὶ τοὺς ἐκλεκτοὺς λίθους καὶ τὰ βαφικά. καὶ * ἐποίησαν * ἑαυτοῖς οἱ υἱοὶ τῶν ἀνθρώπων καὶ ταῖς
Hen. 9 5 μέγα καὶ εὐλογητὸν εἰς πάντας τοὺς αἰῶνας. σὺ γὰρ * ἐποίησας * τὰ πάντα καὶ πᾶσαν τὴν ἐξουσίαν ἔχων καὶ πάντα
Hen. 9 6 σου φανερὰ καὶ ἀκάλυπτα. καὶ πάντα σὺ ὁρᾷς ἃ * ἐποίησεν * Ἀζαὴλ ὃς ἐδίδαξεν πάσας τὰς ἀδικίας ἐπὶ τῆς

| | | | | | |
|---|---|---|---|---|---|
| Hen. | 9 | 11 | ταῦτα καὶ ἐᾷς αὐτοὺς καὶ οὐδὲ ἡμῖν λέγεις τί δεῖ | * ποιεῖν * | αὐτοὺς περὶ τούτων. καὶ ἀκούσαντες οἱ τέσσαρες |
| Hen. | 9B | 5 | ἑξῆς. καὶ ταῦτα μὲν ὁ Ἐνὼχ μαρτυρεῖ.) σὺ γὰρ εἶ ὁ | * ποιήσας * | τὰ πάντα καὶ πάντων τὴν ἐξουσίαν ἔχων καὶ πάντα |
| Hen. | 9B | 6 | ὁρᾷς καὶ οὐκ ἔστιν ὃ κρυβῆναί σε δύναται. ὁρᾷς ὅσα | * ἐποίησεν * | Ἀζαὴλ καὶ ὅσα εἰσήνεγκεν ὅσα ἐδίδαξεν ἀδικίας |
| Hen. | 9B | 8 | πάσας τὰς ἁμαρτίας καὶ ἐδίδαξαν αὐτὰς μίσητρα | * ποιεῖν. * | καὶ νῦν ἰδοὺ αἱ θυγατέρες τῶν ἀνθρώπων ἔτεκον ἐξ |
| Hen. | 9B | 11 | αὐτοὺς καὶ ἐᾷς αὐτοὺς καὶ οὐδὲν λέγεις. τί δεῖ | * ποιῆσαι * | αὐτοὺς περὶ τούτου; τότε Ὕψιστος εἶπεν περὶ |
| Hen. | 10 | 19 | φυτεύοντες ἀμπέλους καὶ ἡ ἄμπελος ἣν ἂν φυτεύσωσιν | * ποιήσουσιν * | πρόχους οἴνου χιλιάδας καὶ ὑπ' ὀροῦ (σπόρου) |
| Hen. | 10 | 19 | πρόχους οἴνου χιλιάδας καὶ ὑπ' ὀροῦ (σπόρου) | * ποιήσει * | καθ' ἕκαστον μέτρον ἐλαίας ποιήσει ἀνὰ βάτους |
| Hen. | 10 | 19 | ὀροῦ (σπόρου) ποιήσει καθ' ἕκαστον μέτρον ἐλαίας | * ποιήσει * | ἀνὰ βάτους δέκα. καὶ σὺ καθάρισον τὴν γῆν ἀπὸ |
| Hen. | 10B | 3 | πάντα ἀπὸ προσώπου τῆς γῆς. δίδαξον τὸν δίκαιον τί | * ποιήσει * | τὸν υἱὸν Λάμεχ καὶ τὴν ψυχὴν αὐτοῦ εἰς ζωὴν |
| Hen. | 12 | 4 | τῶν γυναικῶν ἐμιάνθησαν καὶ ὥσπερ οἱ υἱοὶ τῆς γῆς | * ποιοῦσιν * | οὕτως καὶ αὐτοὶ ποιοῦσιν καὶ ἔλαβον ἑαυτοῖς |
| Hen. | 12 | 4 | καὶ ὥσπερ οἱ υἱοὶ τῆς γῆς ποιοῦσιν οὕτως καὶ αὐτοὶ | * ποιοῦσιν * | καὶ ἔλαβον ἑαυτοῖς γυναῖκας. ἀφανισμὸν μέγαν |
| Hen. | 15 | 3 | καὶ ἐλάβετε ἑαυτοῖς γυναῖκας; ὥσπερ υἱοὶ τῆς γῆς | * ἐποιήσατε * | καὶ ἐγεννήσατε ἑαυτοῖς τέκνα υἱοὺς γίγαντας. |
| Hen. | 15 | 4 | ἐν αἵματι ἀνθρώπων ἐπεθυμήσατε. καθὼς καὶ αὐτοὶ | * ποιοῦσιν * | σάρκα καὶ αἷμα οἵτινες ἀποθνήσκουσιν καὶ |
| Hen. | 15 | 7 | εἰς πάσας τὰς γενεὰς τοῦ αἰῶνος. καὶ διὰ τοῦτο οὐκ | * ἐποίησα * | ἐν ὑμῖν θηλείας τὰ πνεύματα τοῦ οὐρανοῦ ἐν τῷ |
| Hen. | 15 | 11 | ἐπὶ τῆς γῆς πνεύματα σκληρὰ γιγάντων καὶ δρόμους | * ποιοῦντα * | καὶ μηδὲν ἐσθίοντα ἀλλ' ἀσιτοῦντα καὶ διψῶντα |
| Hen. | 15B | 11 | συμπαλαίοντα καὶ ῥιπτοῦντα ἐπὶ τῆς γῆς καὶ δρόμους | * ποιοῦντα * | καὶ μηδὲν ἐσθίοντα ἀλλ' ἀσιτοῦντα καὶ ῥιπτοῦντα |
| Hen. | 15B | 11 | ἐσθίοντα ἀλλ' ἀσιτοῦντα καὶ ῥιπτοῦντα καὶ φάσματα | * ποιοῦντα * | καὶ διψῶντα καὶ προσκόπτοντα. καὶ |
| Hen. | 22 | 4 | καὶ οὗτοι οἱ τόποι εἰς ἐπισύνσχεσιν αὐτῶν | * ἐποίησαν * | μέχρι τῆς ἡμέρας τῆς κρίσεως αὐτῶν καὶ μέχρι |
| Hen. | 22 | 9 | τοῦ ἑνός; καὶ ἀπεκρίθη μοι λέγων οὗτοι οἱ τρεῖς | * ἐποιήθησαν * | χωρίζεσθαι τὰ πνεύματα τῶν νεκρῶν καὶ οὕτως |
| Hen. | 97 | 9 | ἐσχήκαμεν καὶ κεκτήμεθα καὶ πᾶν ὃ ἐὰν θελήσωμεν | * ποιήσωμεν * | ὅτι ἀργύριον τεθησαυρίκαμεν ἐν τοῖς θησαυροῖς |
| Hen. | 98 | 4 | ⟨ἔκτισαν καὶ εἰς κατάραν⟩ μεγάλην ἀφίξονται οἱ | * ποιοῦντες * | ⟨αὐτήν⟩. καὶ δουλεία (στεῖρα) γυναικὶ οὐκ |
| Hen. | 98 | 11 | ὑμῶν.) οὐαὶ ὑμῖν οἱ σκληροτράχηλοι τῇ καρδίᾳ | * ποιοῦντες * | τὸ κα⟨κὸν καὶ ἔσθοντες αἷμα πόθ⟩εν ὑμῖν |
| Hen. | 99 | 1 | ὑμῖν χαίρειν ἀλλὰ ταχέως ἀπολεῖσθε. οὐαὶ ὑμῖν οἱ | * ποιοῦντες * | πλανήματα καὶ τοῖς ἔργοις τοῖς ψευδέσιν |
| Hen. | 99 | 9 | ὑμᾶς ὑμεῖς καὶ τὰ ἔργα ὑμῶν τὰ ψευδῆ ἃ | * ἐποιήσατε * | καὶ ἐλαεργ⟨ήσατε⟩ καὶ ἐπὶ μιᾶς ἀπολεῖσθε. καὶ |
| Hen. | 99 | 10 | ἀκούσαντες φρονίμων λόγους καὶ μαθήσονται αὐτοὺς | * ποιῆσαι * | τὰς ἐντολὰς τοῦ ὑψίστου καὶ πορεύσονται ἐν ὁδοῖς |
| Hen. | 99 | 13 | ἰδίων καὶ ἐκ λίθων καὶ ἐκ πλίνθων πᾶσαν οἰκοδομὴν | * ποιεῖτε * | οἷς οὐκ ἔστιν ὑμῖν χά⟨ρις⟩. οὐαὶ οἱ |
| Hen. | 99 | 15 | πλανήσεως οὐκ ἔστιν ὑμῖν ἀναπαῦσαι. οὐαὶ ὑμῖν οἱ | * ποιοῦντες * | τὴν ἀ⟨νομίαν⟩ καὶ ἐπιβοηθοῦντες τῇ ἀδι⟨κίᾳ |
| Hen. | 100 | 4 | τόπον καὶ ὁ ὕψιστος ἐγερθήσεται ἐν ἡμέρᾳ κρίσεως | * ποιῆσαι * | ἐκ πάντων κρίσιν μεγάλην καὶ τάξει φυλακὴν ἐπὶ |
| Hen. | 101 | 1 | τῶν ἀνθρώπων τὰ ἔργα τοῦ ὑψίστου καὶ φοβήθητε τοῦ | * ποιῆσαι * | τὸ πονηρὸν ἐναντίον αὐτοῦ. ἐὰν ἀποκλείσῃ τὰς |
| Hen. | 101 | 2 | τὴν δρόσον καὶ τὸν ὄμβρον καταβῆναι εἵνεκα ὑμῶν τί | * ποιήσετε; * | ἐὰν ἀποστείληται τὸν **θυμὸν** αὐτοῦ ἐφ' ὑμᾶς καὶ |
| Abr.1 | 4 | 5 | ἐξῆλθεν ἔξω ὡς δῆθεν γαστρὸς χρείᾳ ὕδατος χύσιν | * ποιήσας * | καὶ ἀνῆλθεν εἰς τοὺς οὐρανοὺς ἐν ῥιπῇ ὀφθαλμοῦ |
| Abr.1 | 4 | 7 | μου τὸν Ἀβραὰμ καὶ ὅτι ἂν λέγῃ σοι τοῦτο καὶ | * ποίει * | καὶ ὅτι ἂν ἐσθίῃ συνέσθιε καὶ σὺ μετ' αὐτοῦ ἐγὼ δὲ |
| Abr.1 | 4 | 9 | ἀγαθῶν τῶν ἐπιγείων φθαρτῶν καὶ νῦν κύριε τί | * ποιήσω; * | πῶς διαλάθω μετὰ τούτων καθήμενος ἐν μιᾷ τραπέζῃ |
| Abr.1 | 4 | 11 | δρεπάνην καὶ τὸ τοῦ βίου ἄδηλον πέρας καὶ ἵνα | * ποιήσῃ * | διάταξιν περὶ πάντων τῶν ὑπαρχόντων αὐτοῦ ὅτι |
| Abr.1 | 5 | 2 | δὲ ὑπηρέτει αὐτούς. τελεσθέντος δὲ τοῦ δείπνου | * ἐποίησεν * | Ἀβραὰμ κατὰ τὸ ἔθος εὐχὴν καὶ Μιχαὴλ μετ' |
| Abr.1 | 7 | 12 | μου ἀλλ' οὐ μή σε ἀκολουθήσω ὅπερ νῦν κελεύεις | * ποίησον. * | ὁ δὲ ἀρχιστράτηγος ἀκούσας τὸ ῥῆμα τοῦτο εὐθέως |
| Abr.1 | 8 | 2 | Ἀβραὰμ ὅτι οὐ μή σε ἀκολουθήσω ἀλλ' ὅτι κελεύεις | * ποίησον * | ἀρτίως δέσποτα παντοκράτορ ὅτι κελεύει ἡ σὴ δόξα |
| Abr.1 | 8 | 11 | σε ἵνα γνώσῃς τὴν ἐκ τοῦ κόσμου μετάστασιν καὶ | * ποιήσῃς * | διάταξιν περὶ τοῦ οἴκου σου καὶ περὶ πάντων τῶν |
| Abr.1 | 8 | 11 | καὶ νῦν γνώρισον ὅτι οὐ μὴ θέλω λυπῆσαί σε ταῦτα | * πεποίηκα * | ἵνα τί σὺ εἶπας τὸν ἀρχιστράτηγόν μου ὅτι οὐ μὴ |
| Abr.1 | 9 | 4 | κύριε ἐν παντὶ ἔργῳ καὶ λόγῳ ὃ ᾐτησάμην παρά σου | * ἐποίησας * | καὶ ἔδωκάς μοι κατὰ τῆς καρδίας μου καὶ πᾶσαν |
| Abr.1 | 10 | 14 | οὐχ ἥμαρτεν καὶ τοὺς ἁμαρτωλοὺς οὐκ ἐλεῶ ἐγὼ δὲ | * ἐποίησα * | τὸν κόσμον καὶ οὐ θέλω ἀπολέσαι ἐξ αὐτῶν οὐδένα |
| Abr.1 | 14 | 5 | πρὸς τὸν ἀρχιστράτηγον⟩ δεῦρο Μιχαὴλ ἀρχιστράτηγε | * ποιήσωμεν * | εὐχὴν ὑπὲρ τῆς ψυχῆς καὶ ἴδωμεν εἰ ἐπακούσεται |
| Abr.1 | 14 | 6 | ὁ θεὸς καὶ ὁ ἀρχιστράτηγος εἶπεν ἀμὴν γένοιτο. καὶ | * ἐποίησαν * | δέησιν καὶ εὐχὴν πρὸς τὸν θεὸν ὑπὲρ τῆς ψυχῆς |
| Abr.1 | 14 | 13 | καὶ εὐθέως εἰσήκουσεν αὐτοῦ ὁ ἀρχιστράτηγος καὶ | * ἐποίησαν * | δέησιν ἐνώπιον κυρίου τοῦ θεοῦ ἐπὶ πολλὴν δὲ |
| Abr.1 | 15 | 1 | αὐτοῦ καὶ τὸ ἄμετρον τῆς ζωῆς αὐτοῦ τελειοῦται καὶ | * ποιήσει * | διάταξιν περὶ τοῦ οἴκου αὐτοῦ καὶ πάντα ὅσα |
| Abr.1 | 15 | 7 | δὴ πάντες οἱ παῖδες καὶ παιδίσκαι σου κύκλῳ σου | * ποίησον * | διάταξιν περὶ πάντων ὧν ἐὰν βούλῃ ὅτι ἤγγισεν ἡ |
| Abr.1 | 15 | 14 | σου ⟨ἐστιν⟩ καὶ πάντα τὰ ἀρεστὰ ⟨ἐνώπιόν⟩ σου | * ἐποίησεν * | καὶ οὐκ ἔστιν ⟨ἄνθρωπος⟩ ὅμοιος αὐτοῦ ἐπὶ τῆς |
| Abr.1 | 16 | 6 | ὑψίστου καὶ περιεβάλετο στολὴν λαμπροτάτην ⟨καὶ | * ἐποίησεν * | ὄψιν ἡλιόμορφον⟩ καὶ γέγονεν εὐπρεπὴς ὡραῖος |
| Abr.1 | 17 | 13 | περιεκέκτητο καὶ περιεβάλετο στολὴν τυραννικὴν καὶ | * ἐποίησεν * | ὄψιν ζοφερὰν παντὸς θηρίου ἀγριωτέραν καὶ πάσης |
| Abr.1 | 18 | 3 | εἶπεν δὲ Ἀβραὰμ πρὸς τὸν θάνατον τί τοῦτο | * ἐποίησας * | ὅτι ἀπέκτεινας πάντας τοὺς παῖδας καὶ παιδίσκας |
| Abr.2 | 2 | 5 | ἐλθὲ ἔγγιστά μου καὶ καθέζου ὀλίγην ὥραν καὶ | * ποιήσω * | ἐνεχθῆναι ἡμῖν ζῷον ἵνα ἀπελθόντες ἐν τῷ οἴκῳ |
| Abr.2 | 4 | 13 | ὅτι οὐκ ἐξέρχῃ ἐν σώματι μάλιστα σὺ κύριε ἐξ ἀρχῆς | * ἐποίησας * | τοῦ ἐλεᾶν τὰς ψυχὰς ἡμῶν. τότε λέγει ὁ κύριος |
| Abr.2 | 5 | 3 | γὰρ ἀναπαῆναι καὶ ἅψον λύχνον ἐπὶ τῆς οἰκίας. καὶ | * ἐποίησεν * | Ἰσαὰκ καθὼς ἐνετείλατο αὐτῷ ὁ πατὴρ αὐτοῦ καὶ |
| Abr.2 | 5 | 3 | αὐτοῦ καὶ ἀποκριθεὶς Ἀβραὰμ εἶπεν τῷ υἱῷ αὐτοῦ | * ἐποίησας * | καθὼς εἶπόν σοι; ἀπεκρίθη Ἰσαὰκ καὶ εἶπεν τῷ |
| Abr.2 | 6 | 11 | μόσχον καὶ ἔθυσας καὶ ἔδωκάς μοι λέγων ἀναστᾶσα | * ποίησον * | ἵνα φάγωμεν μετὰ τῶν ἀνθρώπων τούτων ἐν τῷ οἴκῳ |
| Abr.2 | 7 | 20 | καὶ ἀπεκρίθη Μιχαὴλ καὶ εἶπεν τοῦτο οὐκ ἔστιν ἐμὸν | * ποιῆσαι * | ἀλλὰ ἀπελθὼν ἀναγγελῶ τῷ πατρί μου περὶ τούτου |
| Abr.2 | 8 | 2 | καὶ ὑπόδειξον αὐτῷ πάντα καὶ εἴ τι δ' ἂν εἴπῃ σοι | * ποίησον * | αὐτῷ ὅτι φίλος μού ἐστιν. ἦλθεν οὖν Μιχαὴλ καὶ |
| Abr.2 | 9 | 2 | Μιχαὴλ ναί. ἔκλαυσεν δὲ Ἀβραὰμ λέγων οὐαί μοι τί | * ποιήσω * | ἐγὼ ὅτι μὲν γάρ εἰμι ἄνθρωπος εὐρὺς τῷ σώματι |
| Abr.2 | 10 | 2 | ὅπως κἀγὼ θεάσωμαι πῶς κρίνει. τότε Μιχαὴλ | * ἐποίησεν * | τὴν νεφέλην ἀναγαγεῖν τὸν Μιχαὴλ καὶ τὸν |
| Abr.2 | 10 | 15 | βοῶσα καὶ λέγουσα οἴμοι ὅτι πάσας τὰς ἁμαρτίας ἃς | * ἐποίησα * | ἐν τῷ κόσμῳ οὖσα ἐληθάργησα ἐνταῦθα δὲ οὐκ |
| Abr.2 | 12 | 9 | Ἀβραάμ τινας ἐρχομένους εἰς ἔρημον τόπον τοῦ | * ποιῆσαι * | φόνον. καὶ εἶπεν Ἀβραὰμ πρὸς Μιχαὴλ θεωρεῖς τὴν |
| Abr.2 | 12 | 12 | τὴν κτίσιν εἰ δὲ μή γε ἀπόλλει ὅλην τὴν κτίσιν ἣν | * ἐποίησα * | οὐ σπλαχνίζεται γὰρ ἐπ' αὐτοὺς ἐπειδὴ οὐκ αὐτὸς |
| Abr.2 | 12 | 12 | οὐ σπλαχνίζεται γὰρ ἐπ' αὐτοὺς ἐπειδὴ οὐκ αὐτὸς | * ἐποίησεν * | αὐτοὺς ἀλλ' ἐγὼ ἐποίησα αὐτοὺς διὰ τοῦτο |
| Abr.2 | 12 | 13 | αὐτοὺς ἐπειδὴ οὐκ αὐτὸς ἐποίησεν αὐτοὺς ἀλλ' ἐγὼ | * ἐποίησα * | αὐτοὺς διὰ τοῦτο σπλαχνίζομαι ἐπ' αὐτοὺς τάχα εἰ |
| Abr.2 | 13 | 12 | νομίζεις ὅτι ἡ ὡραιότης αὕτη ἐμή ἐστιν; καὶ ὅτι | * ποιῶ * | τὴν ὡραιότητα ταύτην μετὰ παντὸς ἀνθρώπου; καὶ |
| Abr.2 | 13 | 18 | ὅτι ἐμή ἐστιν ἡ ὡραιότης αὕτη; ἢ μετὰ πάντων | * ποιῶ; * | οὐχὶ ἀλλ' ἐὰν οὖν τις δίκαιος πρὸς αὐτὸν |
| Abr.2 | 13 | 20 | μεγάλῃ σαπρότητι ἀλλὰ καὶ τὰς ἁμαρτίας αὐτοῦ πάσας | * ποιοῦσιν * | στέφανον ἐπὶ τὴν κεφαλήν μου ἐν μεγάλῳ φόβῳ καὶ |
| TRub. | 3 | 6 | πνεῦμα ἀδικίας μεθ' ἧς κλοπὴ καὶ γριπίσματα ἵνα | * ποιήσῃ * | φιληδονίαν καρδίας αὐτοῦ ἡ γὰρ ἀδικία συνεργεῖ |
| TRub. | 4 | 7 | ὅτι κἂν ᾖ τις γέρων ἢ εὐγενὴς ὄνειδος αὐτὸν | * ποιεῖ * | καὶ γέλωτα παρὰ τῷ Βελιὰρ καὶ τοῖς υἱοῖς τῶν |
| TRub. | 4 | 9 | χάριν ἐνώπιον κυρίου καὶ ἀνθρώπων. καὶ γὰρ πολλὰ | * ἐποίησεν * | αὐτῷ ἡ Αἰγυπτία καὶ μάγους παρεκάλεσε καὶ |
| TRub. | 6 | 6 | ὑψωθῆναι ὑπὲρ αὐτοὺς ἀλλ' οὐ δυνήσεσθε. ὁ γὰρ θεὸς | * ποιήσει * | τὴν ἐκδίκησιν αὐτῶν καὶ ἀποθανεῖσθε θανάτῳ |
| TRub. | 6 | 9 | ὃν εἶπε κύριος. ὁρκῶ ὑμᾶς τὸν θεὸν τοῦ οὐρανοῦ | * ποιῆσαι * | ἀλήθειαν ἕκαστος πρὸς τὸν πλησίον αὐτοῦ καὶ |
| TSim. | 2 | 11 | πρὸς τὸν Ἰούδαν ὅτι ζῶντα αὐτὸν ἀπέλυσε καὶ | * ἐποίησα * | μῆνας πέντε ὀργιζόμενος αὐτῷ ἐπὶ τῷ λόγῳ τούτῳ. |
| TSim. | 3 | 2 | καὶ οὐκ ἀφίησιν αὐτὸν οὔτε φαγεῖν οὔτε πιεῖν οὔτε | * ποιῆσαί * | τι ἀγαθὸν πάντοτε ὑποβάλλει ἀνελεῖν τὸν |
| TSim. | 4 | 9 | τὴν ψυχὴν αὐτοῦ καὶ ἐκθροεῖσθαι τὸ σῶμα | * ποιεῖ * | καὶ ἐν ταραχῇ διυπνίζεσθαι τὸν νοῦν καὶ ὡς πνεῦμα |
| TLevi | 1 | 1 | υἱοῖς αὐτοῦ πρὸ τῆς τελευτῆς αὐτοῦ κατὰ πάντα ἃ | * ποιήσουσι * | καὶ ὅσα συναντήσει αὐτοῖς ἕως ἡμέρας κρίσεως. |
| TLevi | 2 | 2 | εἰς Σίκιμα. ἤμην δὲ νεώτερος ὡσεὶ ἐτῶν εἴκοσιν ὅτε | * ἐποίησα * | μετὰ Συμεὼν τὴν ἐκδίκησιν τῆς ἀδελφῆς ἡμῶν Δίνας |
| TLevi | 2 | 3B002 | ἐλουσάμην ἐν ὕδατι ζῶντι καὶ πάσας τὰς ὁδούς μου | * ἐποίησα * | εὐθείας. τότε τοὺς ὀφθαλμούς μου καὶ τὸ πρόσωπόν |
| TLevi | 2 | 3B009 | καὶ βουλὴν καὶ σοφίαν καὶ γνῶσιν καὶ ἰσχὺν δός μοι | * ποιῆσαι * | τὰ ἀρέσκοντά σοι καὶ εὑρεῖν χάριν ἐνώπιόν σου |
| TLevi | 2 | 3B018 | τοῦ παιδός σου Λευὶ γενέσθαι σοι ἐγγὺς καὶ μέτοχον | * ποίησον * | τοῖς λόγοις σου ποιεῖν κρίσιν ἀληθινὴν εἰς πάντα |
| TLevi | 2 | 3B018 | σοι ἐγγὺς καὶ μέτοχον ποίησον τοῖς λόγοις σου | * ποιεῖν * | κρίσιν ἀληθινὴν εἰς πάντα τὸν αἰῶνα ἐμὲ καὶ τοὺς |
| TLevi | 3 | 3 | τῶν παρεμβολῶν οἱ ταχθέντες εἰς ἡμέραν κρίσεως | * ποιῆσαι * | ἐκδίκησιν ἐν τοῖς πνεύμασι τῆς πλάνης καὶ τοῦ |
| TLevi | 4 | 1 | παροργίζουσι τὸν ὕψιστον. νῦν οὖν γινώσκετε ὅτι | * ποιήσει * | κύριος κρίσιν ἐπὶ τοὺς υἱοὺς τῶν ἀνθρώπων ὅτι |
| TLevi | 5 | 3 | τὴν γῆν καὶ ἔδωκέ μοι ὅπλον καὶ ῥομφαίαν καὶ εἶπε | * ποίησον * | ἐκδίκησιν ἐν Συχὲμ ὑπὲρ Δίνας κἀγὼ ἔσομαι μετά |
| TLevi | 6 | 3 | περιτμηθῆναι αὐτοὺς ὅτι ἐζήλωσα διὰ τὸ βδέλυγμα ὃ | * ἐποίησαν * | ἐν Ἰσραήλ. κἀγὼ ἀνεῖλον τὸν Συχὲμ ἐν πρώτοις |
| TLevi | 6 | 6 | μετὰ τοῦτο ἀπέθανον καὶ ἐν ταῖς εὐλογίαις ἄλλως | * ἐποίησεν. * | ἡμάρτομεν γὰρ ὅτι παρὰ γνώμην αὐτοῦ τοῦτο |
| TLevi | 6 | 7 | ἡμάρτομεν γὰρ ὅτι παρὰ γνώμην αὐτοῦ τοῦτο | * πεποιήκαμεν * | καίγε ἐμαλακίσθη ἐν τῇ ἡμέρᾳ ἐκείνῃ. ἀλλ' |
| TLevi | 6 | 8 | ἦν εἰς κακὰ ἐπὶ Σίκιμα διότι ἤθελον τὴν Σάρραν | * ποιῆσαι * | ὃν τρόπον ἐποίησαν Δίναν τὴν ἀδελφὴν ἡμῶν καὶ |
| TLevi | 6 | 8 | Σίκιμα διότι ἤθελον τὴν Σάρραν ποιῆσαι ὃν τρόπον | * ἐποίησαν * | Δίναν τὴν ἀδελφὴν ἡμῶν καὶ κύριος ἐκώλυσεν |
| TLevi | 6 | 10 | τὸν οἰκογενῆ αὐτοῦ σφόδρα αἰκίσαντο. καίγε οὕτως | * ἐποίουν * | πάντας τοὺς ξένους ἐν δυναστείᾳ ἁρπάζοντες τὰς |
| TLevi | 8 | 1 | κἀκεῖ πάλιν εἶδον πρᾶγμα ὥσπερ τὸ πρότερον μετὰ τὸ | * ποιῆσαι * | ἡμέρας ἑβδομήκοντα. καὶ εἶδον ἑπτὰ ἀνθρώπους ἐν |
| TLevi | 8 | 14 | καινὸν ὅτι βασιλεὺς ἐκ τοῦ Ἰουδὰ ἀναστήσεται καὶ | * ποιήσει * | ἱερατείαν νέαν κατὰ τὸν τύπον τῶν ἐθνῶν εἰς |
| TLevi | 10 | 2 | εἰμι ἀπὸ πάσης ἀσεβείας ὑμῶν καὶ παραβάσεως ἣν | * ποιήσετε * | ἐπὶ συντελείᾳ τῶν αἰώνων εἰς τὸν σωτῆρα τοῦ |
| TLevi | 13 | 5 | αὐτῷ καὶ ἀκοῦσαι νόμον ἐκ τοῦ στόματος αὐτοῦ. | * ποιήσατε * | δικαιοσύνην τέκνα μου ἐπὶ τῆς γῆς ἵνα εὕρητε ἐν |
| TLevi | 14 | 4 | φωστῆρες τοῦ οὐρανοῦ ὡς ὁ ἥλιος καὶ ἡ σελήνη. τί | * ποιήσουσι * | πάντα τὰ ἔθνη ἐὰν ὑμεῖς σκοτισθῆτε ἐν ἀσεβείᾳ |
| TLevi | 17 | 8 | ἐνώπιον κυρίου καὶ ἀνθρώπων ὅτι αὐτοὶ γνώσονται οἱ | * ποιοῦντες * | αὐτά. διὰ τοῦτο ἐν αἰχμαλωσίᾳ καὶ ἐν προνομῇ |
| TLevi | 18 | 2 | πάντες οἱ λόγοι κυρίου ἀποκαλυφθήσονται καὶ αὐτὸς | * ποιήσει * | κρίσιν ἀληθείας ἐπὶ τῆς γῆς ἐν πλήθει ἡμερῶν. |
| TLevi | 18 | 2B031 | ὀσμὴν εὐωδίας ἔναντι κυρίου ὑψίστου. καὶ ὅσα ἂν | * ποιῇς * | ἐν τάξει ποίει ἃ ποιῇς ἐν μέτρῳ καὶ σταθμῷ καὶ μὴ |
| TLevi | 18 | 2B031 | ἔναντι κυρίου ὑψίστου. καὶ ὅσα ἂν ποιῇς ἐν τάξει | * ποίει * | ἃ ποιῇς ἐν μέτρῳ καὶ σταθμῷ καὶ μὴ περισσεύσῃς |
| TLevi | 18 | 2B031 | κυρίου ὑψίστου. καὶ ὅσα ἂν ποιῇς ἐν τάξει ποίει ἃ | * ποιῇς * | ἐν μέτρῳ καὶ σταθμῷ καὶ μὴ περισσεύσῃς μηθὲν ὅσα |
| TLevi | 18 | 2B049 | σπέρμα σου καὶ τοῖς υἱοῖς σου οὕτως ἔντειλον ἵνα | * ποιήσουσιν * | κατὰ τὴν κρίσιν ταύτην ὡς σοί ὑπέδειξα. οὕτως |
| TLevi | 18 | 2B050 | ὑπέδειξα. οὕτως γάρ μοι ἐνετείλατο ὁ πατὴρ Ἀβραὰμ | * ποιεῖν * | καὶ ἐντέλλεσθαι τοῖς υἱοῖς μου. καὶ νῦν τέκνον |
| TLevi | 18 | 2B051 | ὑψίστῳ ὡς καθήκει κατὰ τὸ προστεταγμένον τοῦτο | * ποιεῖν. * | ὅταν παραλαμβάνῃς θυσίαν ποιεῖν ἔναντι κυρίου |

| | | | | | |
|---|---|---|---|---|---|
| TLevi | 18 | 2B052 | τοῦτο ποιεῖν. ὅταν παραλαμβάνῃς θυσίαν | * ποιεῖν * | ἔναντι κυρίου ἀπὸ πάσης σαρκὸς κατὰ τὸν λογισμὸν |
| TJud. | 2 | 2 | ὡς εἶδον ὅτε συνέδραμον τῇ ἐλάφῳ καὶ πιάσας αὐτὴν | * ἐποίησα * | βρῶμα τῷ πατρί μου. τὰς δορκάδας ἐκράτουν διὰ |
| TJud. | 3 | 4 | ἐπὶ ὥρας δύο ἀπέκτεινα αὐτὸν καὶ εἰς δύο μερίδας | * ποιήσας * | τὴν ἀσπίδα αὐτοῦ συνέκοψα τοὺς πόδας αὐτοῦ. ἐν |
| TJud. | 7 | 7 | δι' ἄλλης ὁδοῦ ἐδεήθησαν τοῦ πατρός μου καὶ | * ἐποίησεν * | εἰρήνην μετ' αὐτῶν καὶ οὐκ ἐποιήσαμεν αὐτοῖς |
| TJud. | 7 | 8 | πατρός μου καὶ ἐποίησεν εἰρήνην μετ' αὐτῶν καὶ οὐκ | * ἐποιήσαμεν * | αὐτοῖς οὐθὲν κακὸν ἀλλ' ἐποιήσαμεν αὐτοὺς |
| TJud. | 7 | 8 | αὐτῶν καὶ οὐκ ἐποιήσαμεν αὐτοῖς οὐθὲν κακὸν ἀλλ' | * ἐποιήσαμεν * | αὐτοὺς ὑποσπόνδους καὶ ἀπεδώκαμεν αὐτοῖς |
| TJud. | 8 | 2 | πρὸς ὃν ἐλθὼν εἶδον Βάρσαν βασιλέα Ὀδολάμ. καὶ | * ἐποίησεν * | ἡμῖν πότον καὶ παρακαλέσας δίδωσί μοι τὴν |
| TJud. | 9 | 1 | ἔζησε καὶ τὰ τέκνα αὐτοῦ ὑμεῖς ἐστε. δεκαοκτὼ ἔτη | * ἐποιήσαμεν * | εἰρήνην ὁ πατὴρ ἡμῶν καὶ ἡμεῖς μετὰ τοῦ |
| TJud. | 10 | 4 | τὸν Αὐνὰν καίγε οὗτος ἐν πονηρίᾳ οὐκ ἔγνω αὐτὴν | * ποιήσας * | σὺν αὐτῇ ἐνιαυτόν. καὶ ὅτε ἠπείλησα αὐτῷ συνῆλθε |
| TJud. | 11 | 4 | ἔλαβε τῷ Σηλὼμ γυναῖκα ἐκ γῆς Χανάαν. γνοὺς δὲ ὃ | * ἐποίησε * | κατηρασάμην αὐτῇ ἐν ὀδύνῃ ψυχῆς μου καίγε αὐτὴ |
| TJud. | 12 | 5 | καὶ συνελθὼν αὐτῇ συνείληφεν. ἀγνοῶν δὲ ὃ | * ἐποίησεν * | ἤθελον ἀνελεῖν αὐτὴν πέμψασα δὲ ἐν κρυπτῷ τοὺς |
| TJud. | 12 | 7 | ὅτι παρὰ κυρίου ἦν. ἔλεγον δὲ μήποτε ἐν δολιότητι | * ἐποίησε * | παρὰ ἄλλης λαβοῦσα τὸν ἀρραβῶνα. ἀλλ' οὐδὲ |
| TJud. | 12 | 8 | οὐδὲ ἤγγισα αὐτῇ ἔτι ἕως θανάτου μου ὅτι βδέλυγμα | * ἐποίησα * | τοῦτο ἐν παντὶ Ἰσραήλ. καίγε οἱ ἐν τῇ πόλει |
| TJud. | 13 | 1 | ὑμῶν καὶ φυλάξατε πάντας τοὺς λόγους μου τοῦ | * ποιεῖν * | τὰ δικαιώματα κυρίου καὶ ὑπακούειν ἐντολῆς κυρίου |
| TJud. | 13 | 5 | καὶ αὐτὴν κοσμήσας ἐν χρυσῷ καὶ μαργαρίταις | * ἐποίησεν * | ἡμῖν οἰνοχοεῖν ἐν τῷ δείπνῳ ἐν κάλλει γυναικῶν. |
| TJud. | 14 | 5 | ἐν ὀφθαλμοῖς πάντων ἐξέκλινα πρὸς τὴν Θαμὰρ καὶ | * ἐποίησα * | ἁμαρτίαν μεγάλην καὶ ἀνεκάλυψα κάλυμμα |
| TJud. | 14 | 8 | ἐμβάλλει εἰς τὸν νοῦν τὸ πνεῦμα τῆς πλάνης καὶ | * ποιεῖ * | τὸν μέθυσον αἰσχρορρημονεῖν καὶ παρανομεῖν καὶ μὴ |
| TJud. | 17 | 3 | μου ἀλλοιώσουσι καὶ βασιλείαν Ἰουδὰ σμικρυνθῆναι | * ποιήσουσιν * | ἣν ἔδωκέ μοι κύριος ἐν ὑπακοῇ πατρός. |
| TJud. | 17 | 4 | λόγον Ἰακὼβ τοῦ πατρός μου ὅτι πάντα ὅσα εἶπεν | * ἐποίουν. * | καὶ Ἀβραὰμ ὁ πατὴρ τοῦ πατρός μου εὐλόγησέ με |
| TJud. | 18 | 1 | ἀνέγνων ἐν βίβλοις Ἐνὼχ τοῦ δικαίου ὅσα κακὰ | * ποιήσετε * | ἐν ἐσχάταις ἡμέραις. φυλάξασθε οὖν τέκνα μου |
| TJud. | 19 | 1 | δι' ἀργυρίου τοὺς μὴ ὄντας θεοὺς ὀνομάζουσι καὶ | * ποιεῖ * | τὸν ἔχοντα αὐτὴν εἰς ἔκστασιν ἐμπεσεῖν. διὰ |
| TJud. | 19 | 3 | μου ὁ οἰκτίρμων καὶ ἐλεήμων συνέγνω ὅτι ἐν ἀγνοίᾳ | * ἐποίησα. * | ἐτύφλωσε γάρ με ὁ ἄρχων τῆς πλάνης καὶ ἠγνόησα |
| TJud. | 23 | 1 | τὰς ἀσελγείας καὶ γοητείας καὶ εἰδωλολατρείας ἃς | * ποιήσετε * | εἰς τὸ βασίλειον ἐγγαστριμύθοις ἐξακολουθοῦντες |
| TJud. | 23 | 2 | πλάνης. τὰς θυγατέρας ὑμῶν μουσικὰς καὶ δημοσίας | * ποιήσετε * | καὶ ἐπιμιγήσεσθε ἐν βδελύγμασιν ἐθνῶν ἀνθ' ὧν |
| TJud. | 26 | 3 | ἡ τὴν κοιλίαν μου ἀναρρήξει ὅτι ταῦτα μέλλουσι | * ποιεῖν * | οἱ βασιλεύοντες καὶ ἀναγάγετέ με εἰς Χεβρὼν μεθ' |
| TJud. | 26 | 4 | μεθ' ὑμῶν. καὶ ταῦτα εἰπὼν ἐκοιμήθη Ἰούδας καὶ | * ἐποίησαν * | οἱ υἱοὶ αὐτοῦ κατὰ πάντα ὅσα ἐνετείλατο αὐτοῖς |
| TIss. | 1 | 5 | Λεία ἡ μήτηρ μου. ταῦτα δὲ ἦσαν μῆλα εὐώδημα ἃ | * ἐποίει * | ἡ γῆ Ἀρὰμ ἐν ὕψει ὑποκάτω φάραγγος ὑδάτων. εἶπε |
| TIss. | 1 | 11 | ἐδούλευσε τῷ πατρὶ ἡμῶν ἔτη δεκατέσσαρα. τί σοι | * ποιήσω * | ὅτι ἐπλήθυνεν ὁ δόλος καὶ ἡ πανουργία τῶν |
| TIss. | 7 | 5 | μου. οὐκ ἔφαγον μόνος ὅριον οὐκ ἔλυσα εὐσέβειαν | * ἐποίησα * | ἐν πάσαις ταῖς ἡμέραις μου καὶ ἀλήθειαν. τὸν |
| TIss. | 7 | 7 | ἄνθρωπον ἠγάπησα ὡς τέκνα μου. ταῦτα καὶ ὑμεῖς | * ποιήσατε * | τέκνα μου καὶ πᾶν πνεῦμα τοῦ Βελιὰρ φεύξεται |
| TZab. | 1 | 5 | παρεκτὸς ἐννοίας. οὐδὲ μιμνήσκομαι ὅτι παρανομίαν | * ἐποίησα * | πλὴν τὴν ἄγνοιαν ἣν ἐποίησα ἐπὶ τοῦ Ἰωσὴφ ὅτι |
| TZab. | 1 | 5 | ὅτι παρανομίαν ἐποίησα πλὴν τὴν ἄγνοιαν ἣν | * ἐποίησα * | ἐπὶ τοῦ Ἰωσὴφ ὅτι ἐσκέπασα ἐπὶ τοῖς ἀδελφοῖς |
| TZab. | 1 | 7 | πολλὰ διεμαρτυράμην αὐτοῖς μετὰ δακρύων τοῦ μὴ | * ποιῆσαι * | τὴν ἀνομίαν ταύτην. ἦλθον γὰρ Συμεὼν καὶ Γὰδ ἐπὶ |
| TZab. | 2 | 9 | ἐν αὐτοῖς ἵνα γένηται περιποίησις τοῦ Ἰωσήφ. καὶ | * ἐποίησε * | κύριος οὕτως ἕως οὗ ἐπώλησαν αὐτὸν τοῖς |
| TZab. | 3 | 8 | ταῦτα γὰρ ἤκουσαν οἱ Αἰγύπτιοι πάντα τὰ κακὰ ἃ | * ἐποιήσαμεν * | τῷ Ἰωσήφ. μετὰ ταῦτα ἔλαβον ἐσθίειν ἐκεῖνοι. |
| TZab. | 4 | 4 | μὴ ἐσθίοντα ἔθεντό με τηρεῖν αὐτὸν ἕως οὗ ἐπράθη. | * ἐποίησε * | δὲ ἐν τῷ λάκκῳ τρεῖς ἡμέρας καὶ τρεῖς νύκτας καὶ |
| TZab. | 4 | 9 | ἐπίγνωθι εἰ χιτὼν τοῦ υἱοῦ σού ἐστιν οὗτος καὶ | * ἐποίησαν * | οὕτως. τὸν γὰρ χιτῶνα τοῦ πατρὸς ἡμῶν ἐξέδυσαν |
| TZab. | 4 | 12 | ὁμοῦ εἴπομεν ὅτι ἐὰν μὴ δῷς ἐροῦμεν ὅτι σὺ μόνος | * ἐποίησας * | τὸ πονηρὸν ἐν Ἰσραήλ. καὶ οὕτως δίδωσιν αὐτὸν |
| TZab. | 4 | 13 | τὸ πονηρὸν ἐν Ἰσραήλ. καὶ οὕτως δίδωσιν αὐτὸν καὶ | * ἐποίησαν * | καθὼς εἶπεν ὁ Δάν. καὶ νῦν τέκνα μου ἀναγγελῶ |
| TZab. | 5 | 1 | ἀναγγελῶ ὑμῖν τοῦ φυλάσσειν τὰς ἐντολὰς κυρίου καὶ | * ποιεῖν * | ἔλεος ἐπὶ τὸν πλησίον καὶ εὐσπλαγχνίαν πρὸς |
| TZab. | 5 | 3 | ἔλεος ἐν σπλάγχνοις ὑμῶν τέκνα μου ὅτι ὡς ἄν τις | * ποιήσῃ * | τῷ πλησίον αὐτοῦ οὕτως καὶ ὁ κύριος ποιήσει αὐτῷ. |
| TZab. | 5 | 3 | ἄν τις ποιήσῃ τῷ πλησίον αὐτοῦ οὕτως καὶ ὁ κύριος | * ποιήσει * | αὐτῷ. καὶ γάρ οἱ υἱοὶ τῶν ἀδελφῶν μου ἠσθένουν |
| TZab. | 5 | 4 | ἀδελφῶν μου ἠσθένουν ἀπέθνῃσκον διὰ Ἰωσὴφ ὅτι οὐκ | * ἐποίησαν * | ἔλεος ἐν σπλάγχνοις αὐτῶν οἱ δὲ ἐμοὶ υἱοὶ |
| TZab. | 6 | 1 | ἐν τῇ θαλάσσῃ ἐγὼ ἀβλαβὴς διέμεινα. πρῶτος ἐγὼ | * ἐποίησα * | σκάφος ἐν θαλάσσῃ ἐπιπλέειν ὅτι κύριος ἔδωκέ μοι |
| TZab. | 6 | 5 | ἦν ξένος ἢ νοσῶν ἢ γηράσας ἑψήσας τοὺς ἰχθύας καὶ | * ποιήσας * | αὐτὰ ἀγαθῶς κατὰ τὴν ἑκάστου χρείαν προσέφερον |
| TZab. | 6 | 6 | καὶ συμπάσχων. διὰ τοῦτο καὶ ὁ κύριος πολὺν ἰχθὺν | * ἐποίησέ * | μοι θήραν. ὁ γὰρ μεταδιδοὺς τῷ πλησίον λαμβάνει |
| TZab. | 7 | 1 | μετὰ τῶν ἀδελφῶν μου. νῦν ἀναγγελῶ ὑμῖν ἃ | * ἐποίησα. * | εἶδον θλιβόμενον ἐν γυμνότητι χειμῶνος καὶ |
| TZab. | 9 | 4 | οὕτως. μὴ σχισθῆτε εἰς δύο κεφαλὰς ὅτι πᾶν ὃ | * ἐποίησεν * | ὁ κύριος κεφαλὴν μίαν ἔχει. ἔδωκε δύο ὤμους |
| TZab. | 9 | 5 | καὶ δύο βασιλεῦσιν ἐξακολουθήσετε καὶ πᾶν βδέλυγμα | * ποιήσετε * | καίγε πᾶν εἴδωλον προσκυνήσετε καὶ |
| TDan | 1 | 9 | ἵνα εὕρω αὐτὸν μόνον οὐδὲ ἔασέ με τὸ ἀνόμημα τοῦτο | * ποιῆσαι * | ἵνα λυθῶσι δύο σκῆπτρα ἐν Ἰσραήλ. καὶ νῦν τέκνα |
| TDan | 3 | 2 | καὶ παρέχει τῷ σώματι δύναμιν ἰδίαν ἵνα | * ποιήσῃ * | πᾶσαν ἀνομίαν καὶ ὅταν πράξῃ ἡ ψυχὴ δικαιοῖ τὸ |
| TDan | 4 | 5 | μου μὴ θροεῖσθε ὅτι αὐτὸ τὸ πνεῦμα ἐπιθυμῆσαι | * ποιεῖ * | τοῦ ἀπολομένου ἵνα θυμωθῇ διὰ τοῦ πόθου. ἐὰν |
| TDan | 5 | 5 | ὡς ἂν ἀπόστητε ἀπὸ κυρίου ἐν πάσῃ κακίᾳ πορεύεσθε | * ποιοῦντες * | βδελύγματα ἐθνῶν ἐκπορνεύοντες ἐν γυναιξὶν |
| TDan | 5 | 6 | ὑπακούσονται τοῦ παρεδρεύειν τοῖς υἱοῖς Λευὶ τοῦ | * ποιεῖν * | αὐτοὺς ἐξαμαρτάνειν ἐνώπιον κυρίου. καὶ υἱοί μου |
| TDan | 5 | 10 | φυλῆς Ἰουδὰ καὶ Λευὶ τὸ σωτήριον κυρίου καὶ αὐτὸς | * ποιήσει * | πρὸς τὸν Βελιὰρ πόλεμον καὶ τὴν ἐκδίκησιν τοῦ |
| TDan | 6 | 6 | ἀπ' αὐτῶν κύριος καὶ μετελεύσεται ἐπὶ ἔθνη | * ποιοῦντα * | τὸ θέλημα αὐτοῦ ὅτι οὐδεὶς τῶν ἀγγέλων ἔσται |
| TNep. | 1 | 2 | ἐν ἑβδόμῳ μηνὶ τετάρτῃ τοῦ μηνὸς ὑγιαίνοντος αὐτοῦ | * ἐποίησε * | δεῖπνον αὐτοῖς καὶ κώθωνα. καὶ μετὰ τὸ |
| TNep. | 1 | 6 | ἐγὼ ἐγεννήθην ἀπὸ Βάλλας καὶ ὅτι ἐν πανουργίᾳ | * ἐποίησε * | Ῥαχὴλ καὶ ἔδωκεν ἀνθ' ἑαυτῆς τὴν Βάλλαν τῷ |
| TNep. | 2 | 2 | οὕτω καὶ ὁ κύριος πρὸς ὁμοίωσιν τοῦ πνεύματος | * ποιεῖ * | τὸ σῶμα καὶ πρὸς τὴν δύναμιν τοῦ σώματος τὸ πνεῦμα |
| TNep. | 2 | 8 | τοῖς προσώποις ἢ τῷ νοΐ ὅμοιον. πάντα γὰρ ἐν τάξει | * ἐποίησεν * | ὁ θεὸς καλὰ τὰς πέντε αἰσθήσεις ἐν τῇ κεφαλῇ |
| TNep. | 2 | 9 | ἐστέ εἰς ἀγαθὰ ἐν φόβῳ θεοῦ καὶ μηδὲν ἄτακτον | * ποιεῖτε * | ἐν καταφρονήσει μηδὲ ἔξω καιροῦ αὐτοῦ. ὅτι ἐὰν |
| TNep. | 2 | 10 | ἀκοῦσαι οὐ δύναται οὕτως οὐδὲ ἐν σκότει δυνήσεσθε | * ποιῆσαι * | ἔργα φωτός. μὴ οὖν σπουδάζετε ἐν πλεονεξίᾳ |
| TNep. | 3 | 4 | ἐν θαλάσσῃ καὶ πᾶσι τοῖς δημιουργήμασι κύριον τὸν | * ποιήσαντα * | ταῦτα πάντα ἵνα μὴ γένησθε ὡς Σόδομα ἥτις |
| TNep. | 4 | 1 | κυρίου πορευόμενοι κατὰ πᾶσαν πονηρίαν ἐθνῶν καὶ | * ποιήσετε * | κατὰ πᾶσαν ἀνομίαν Σοδόμων. καὶ ἐπάξει ὑμῖν |
| TNep. | 4 | 5 | γῆς ἄχρι τοῦ ἐλθεῖν τὸ σπλάγχνον κυρίου ἄνθρωπος | * ποιῶν * | δικαιοσύνην καὶ ποιῶν ἔλεος εἰς πάντας τοὺς μακρὰν |
| TNep. | 4 | 5 | τὸ σπλάγχνον κυρίου ἄνθρωπος ποιῶν δικαιοσύνην καὶ | * ποιῶν * | ἔλεος εἰς πάντας τοὺς μακρὰν καὶ τοὺς ἐγγύς. ἐν |
| TNep. | 7 | 4 | βλέπω σέ καὶ σὺ οὐχ ὁρᾷς Ἰακὼβ τὸν γεννήσαντά σε. | * ἐποίησε * | δὲ καὶ ἡμᾶς δακρῦσαι ἐπὶ τοῖς λόγοις αὐτοῦ |
| TNep. | 8 | 6 | τοῦ καλοῦ ἔργου μνήμη παρὰ θεῷ ἀγαθή. τὸν δὲ μὴ | * ποιοῦντα * | τὸ καλὸν καταράσονται οἱ ἄνθρωποι καὶ οἱ |
| TNep. | 9 | 3 | συνεκάλυψε τὸ πρόσωπον αὐτοῦ καὶ ἀπέθανεν. καὶ | * ἐποίησαν * | οἱ υἱοὶ αὐτοῦ κατὰ πάντα ὅσα ἐνετείλατο αὐτοῖς |
| TGad | 2 | 5 | πατέρων μου ἐρρύσατο αὐτὸν ἐκ τῶν χειρῶν μου ἵνα | * ποιήσω * | ἀνόμημα ἐν Ἰσραήλ. καὶ νῦν ἀκούσατε τέκνα μου |
| TGad | 3 | 1 | καὶ νῦν ἀκούσατε τέκνα μου λόγους ἀληθείας τοῦ | * ποιεῖν * | δικαιοσύνην καὶ πάντα νόμον ὑψίστου καὶ μὴ |
| TGad | 3 | 2 | ἐστιν ἐπὶ πάσαις πράξεσιν ἀνθρώπων. πᾶν ὃ ἐὰν | * ποιῇ * | ὁ μισῶν βδελύσσεται ἐὰν ποιῇ νόμον κυρίου τοῦτον |
| TGad | 3 | 2 | ἀνθρώπων. πᾶν ὃ ἐὰν ποιῇ ὁ μισῶν βδελύσσεται ἐὰν | * ποιῇ * | νόμον κυρίου τοῦτον οὐκ ἐπαινεῖ ἐὰν φοβῆται κύριον |
| TGad | 4 | 1 | ἀπὸ τοῦ μίσους ὅτι εἰς αὐτὸν τὸν κύριον ἀνομίαν | * ποιεῖ. * | οὐ γὰρ θέλει ἀκούειν λόγων ἐντολῶν αὐτοῦ περὶ |
| TGad | 5 | 1 | ψεύδει λαλῶν κατὰ τῆς ἀληθείας καὶ τὰ μικρὰ μεγάλα | * ποιεῖ * | τὸ σκότος φῶς προσέχει τὸ γλυκὺ πικρὸν λέγει καὶ |
| TGad | 5 | 3 | τὸ μῖσος. ὁ γὰρ δίκαιος καὶ ταπεινὸς αἰδεῖται | * ποιῆσαι * | ἄδικον οὐχ ὑπὸ ἄλλου καταγινωσκόμενος ἀλλ' ὑπὸ |
| TAser | 1 | 9 | αὐτὸ μεταστρέφει. ὅταν γὰρ ἐνάρξηται ὡς ἀγαθὸν | * ποιῶν * | τὸ τέλος τῆς πράξεως αὐτοῦ εἰς κακὸν ποιεῖν |
| TAser | 1 | 9 | ἀγαθὸν ποιῶν τὸ τέλος τῆς πράξεως αὐτοῦ εἰς κακὸν | * ποιεῖν * | ἀνελαύνει ἐπειδὴ ὁ θησαυρὸς τοῦ διαβουλίου ἰοῦ |
| TAser | 2 | 8 | πολλοὺς παρασύρει καὶ ἐκ τῆς ὑπερόγκου κακίας | * ποιεῖ * | ἐντολὰς καὶ τοῦτο διπρόσωπόν ἐστιν ὅλον δὲ κακόν |
| TAser | 4 | 2 | τῷ θεῷ. πολλοὶ γὰρ ἀναιροῦντες τοὺς πονηροὺς δύο | * ποιοῦσιν * | ἔργα καλὸν διὰ κακοῦ ὅλον ἐστί, δὲ καλὸν ὅτι τὸ |
| TAser | 8 | 2 | καὶ ἀπέθανεν ὕπνῳ καλῷ κοιμηθείς. καὶ μετὰ ταῦτα | * ἐποίησαν * | οἱ υἱοὶ αὐτοῦ ὡς ἐνετείλατο αὐτοῖς καὶ |
| TJos. | 5 | 2 | μου καὶ εἶπον γύναι αἰδέσθητι τὸν κύριον καὶ μὴ | * ποιήσῃς * | τὴν πρᾶξιν τὴν πονηρὰν ταύτην ἵνα μὴ |
| TJos. | 6 | 9 | καὶ ἀναστήσας αὐτὴν ἐνουθέτησα καὶ συνέθετο τοῦ μὴ | * ποιῆσαι * | ἔτι τὴν ἀσέβειαν ταύτην. ὅτι δὲ ἡ καρδία αὐτῆς |
| TJos. | 11 | 1 | θεοῦ φόβον καὶ τιμᾶτε τοὺς ἀδελφοὺς ὑμῶν πᾶς γὰρ ὁ | * ποιῶν * | νόμον κυρίου ἀγαπηθήσεται ὑπ' αὐτοῦ. ἐλθὼν δὲ εἰς |
| TJos. | 12 | 3 | ὅτι καὶ κλοπῇ ἔκλεψαν αὐτὸν ἐκ γῆς Χανάαν νῦν οὖν | * ποίησον * | μετ' αὐτοῦ κρίσιν καὶ ἀφελοῦ τὸν νεανίαν εἰς |
| TJos. | 15 | 5 | ἐν χερσὶν αὐτῶν. ἐφοβοῦντο γὰρ τὸν Ἰακὼβ ἵνα μὴ | * ποιήσῃ * | ἐν αὐτοῖς ἐκδίκησιν κινδύνου ἠκούσθη γὰρ ὅτι |
| TJos. | 16 | 3 | Ἰσμαηλίτας ᾐτεῖτό με εἰς πρᾶσιν καὶ μὴ θελήσας | * ποιῆσαι * | μετ' αὐτῶν ἀνεχώρησεν. ὁ δὲ εὐνοῦχος πειραθεὶς |
| TJos. | 17 | 5 | ἠγάπησα αὐτοὺς καὶ πάντα ὅσα ἐκέλευσεν ἐκ περισσοῦ | * ἐποίησα * | καὶ ἐθαύμαζον. οὐκ ἀφῆκα γὰρ αὐτοὺς θλιβῆναι ἕως |
| TJos. | 20 | 1 | μου οἱ Αἰγύπτιοι θλίψουσιν ὑμᾶς ἀλλ' ὁ θεὸς | * ποιήσει * | τὴν ἐκδίκησιν ὑμῶν καὶ εἰσάξει ὑμᾶς εἰς γῆν |
| TBen. | 6 | 6 | οὐκ ἔχει ὅρασιν οὐδὲ ἀκοὴν διπλῆν πᾶν γὰρ ὃ | * ποιεῖ * | ἢ λαλεῖ ἢ ὁρᾷ οἶδεν ὅτι κύριος ἐπισκέπτει ψυχὴν |
| TBen. | 10 | 3 | ἰδέα αὐτοῦ. γινώσκετε οὖν τέκνα μου ὅτι ἀποθνήσκω. | * ποιήσατε * | οὖν ἀλήθειαν καὶ δικαιοσύνην ἕκαστος μετὰ τοῦ |
| TBen. | 10 | 4 | τοῖς τέκνοις ὑμῶν εἰς κατάσχεσιν αἰώνιον τοῦτο γὰρ | * ἐποίησαν * | καὶ Ἀβραὰμ καὶ Ἰσαὰκ καὶ Ἰακώβ. πάντα ταῦτα |
| TBen. | 11 | 2 | ἀγαπητὸς κυρίου ἀκούων ἐπὶ γῆς φωνὴν αὐτοῦ καὶ | * ποιῶν * | εὐδοκίαν θελήματος αὐτοῦ γνῶσιν καινὴν φωτίζων |
| Asen. | 6 | 2 | ἀνεστέναξε καὶ εἶπεν ἐν τῇ καρδίᾳ αὐτῆς τί νῦν ἐγὼ | * ποιήσω * | ἡ ταλαίπωρος; οὐχὶ λελάληκα λέγουσα ὅτι Ἰωσὴφ |
| Asen. | 9 | 5 | διότι αὕτη ἡ ἡμέρα ἐστὶν ἐν ᾗ ἤρξατο ὁ θεὸς | * ποιεῖν * | πάντα τὰ κτίσματα αὐτοῦ καὶ τῇ ἡμέρᾳ τῇ ὀγδόῃ |
| Asen. | 10 | 17 | δείλης καὶ μέχρι τοῦ δῦναι τὸν ἥλιον. καὶ οὕτως | * ἐποίησεν * | Ἀσενὲθ τὰς ἑπτὰ ἡμέρας καὶ ἄρτον οὐκ ἔφαγε καὶ |
| Asen. | 11 | 3 | εἶπεν ἐν τῇ καρδίᾳ αὐτῆς τὸ στόμα μὴ ἀνοίξασα τί | * ποιήσω * | ἐγὼ ἡ ταπεινὴ ἢ ποῦ ἀπέλθω πρὸς τίνα καταφύγω ἢ |
| Asen. | 11 | 18 | ἐγὼ ἐπεκαλεσάμην τὸ ὄνομα τὸ ἅγιον αὐτοῦ; τί νῦν | * ποιήσω * | ἡ ταλαίπωρος ἐγώ; ἀλλὰ τολμήσω μᾶλλον καὶ ἀνοίξω |
| Asen. | 12 | 2 | τῇ κτίσει σου ὁ ἐξενέγκας τὰ ἀόρατα εἰς τὸ φῶς ὁ | * ποιήσας * | τὰ ὄντα καὶ τὰ φαινόμενα ἐκ τῶν ἀφανῶν καὶ μὴ |
| Asen. | 12 | 2 | σου οὐ μὴ παραβαίνουσιν ἀλλ' εἰσὶν ἕως τέλους | * ποιοῦντες * | τὸ θέλημά σου. ὅτι σὺ κύριε ἐλάλησας καὶ |
| Asen. | 15 | 1 | θέριστρον ἀπὸ τῆς κεφαλῆς σου καὶ ἵνα τί σὺ τοῦτο | * πεποίηκας; * | διότι σὺ εἶ παρθένος ἁγνὴ σήμερον καὶ ἡ |
| Asen. | 15 | 13 | εἰ εὗρον χάριν ἐνώπιόν σου κύριε καὶ γνώσομαι ὅτι | * ποιήσεις * | πάντα τὰ ῥήματά σου ὅσα εἶπας πρός με λαλησάτω |
| Asen. | 16 | 14 | διότι τοῦτο τὸ κηρίον ἐστὶ πνεῦμα ζωῆς. καὶ τοῦτο | * πεποιήκασιν * | αἱ μέλισσαι τοῦ παραδείσου τῆς τρυφῆς ἐκ τῆς |

| | | | |
|---|---|---|---|
| Asen. | 16 | 17B | εἱστήκει ἐξ εὐωνύμων αὐτοῦ καὶ ἔβλεπε πάντα ὅσα * ἐποίει * ὁ ἄνθρωπος. καὶ εἶπεν ὁ ἄνθρωπος τῷ κηρίῳ δεῦρο. |
| Asen. | 16 | 19 | καὶ περιεπλάκησαν περὶ τὸ πρόσωπον Ἀσενὲθ καὶ * ἐποίησαν * ἐπὶ τῷ στόματι αὐτῆς καὶ ἐπὶ τὰ χείλη αὐτῆς |
| Asen. | 20 | 1 | ἐγὼ ἡτοίμασα τὴν οἰκίαν ἡμῶν καὶ δεῖπνον μέγα * πεποίηκα. * καὶ ἐκράτησε τὴν χεῖρα αὐτοῦ τὴν δεξιὰν καὶ |
| Asen. | 20 | 8 | καὶ τοὺς σατράπας πάσης γῆς Αἰγύπτου καὶ * ποιήσω * ὑμῖν γάμους καὶ λήψῃ τὴν θυγατέρα μου Ἀσενὲθ εἰς |
| Asen. | 21 | 8 | αὐτῶν καὶ κατεφίλησαν ἀλλήλους. καὶ μετὰ ταῦτα * ἐποίησε * Φαραὼ γάμους καὶ δεῖπνον μέγα καὶ πότον πολὺν ἐν |
| Asen. | 21 | 8 | ἐκήρυξε πάσῃ τῇ γῇ Αἰγύπτου λέγων πᾶς ἄνθρωπος ὃς * ποιήσει * ἔργον ἐν ταῖς ἑπτὰ ἡμέραις τῶν γάμων Ἰωσὴφ καὶ |
| Asen. | 21 | 17 | ἄνδρα ἐπὶ τῆς γῆς καὶ οὐκ ἦν ⟨ἄνθρωπος⟩ ὃς +ἄν τι * ποιήσει+ * ἐνώπιόν μου. ἥμαρτον κύριε ⟨ἥμαρτον ἐνώπιόν |
| Asen. | 23 | 3 | οἴκους καὶ κληρονομίας μεγάλας. πλὴν τὸ ῥῆμα τοῦτο * ποιήσατε * καὶ ποιήσατε μετ' ἐμοῦ ἔλεος διότι ὑβρίσθην ἐγὼ |
| Asen. | 23 | 3 | μεγάλας. πλὴν τὸ ῥῆμα τοῦτο ποιήσατε καὶ * ποιήσατε * μετ' ἐμοῦ ἔλεος διότι ὑβρίσθην ἐγὼ πάνυ παρὰ |
| Asen. | 23 | 5 | ἀδελφοὺς καὶ φίλους πιστούς. πλὴν τὸ ῥῆμα τοῦτο * ποιήσατε. * εἰ δὲ ὑμεῖς ὀκνήσητε ποιῆσαι τὸ ῥῆμα τοῦτο καὶ |
| Asen. | 23 | 5 | πλὴν τὸ ῥῆμα τοῦτο ποιήσατε. εἰ δὲ ὑμεῖς ὀκνήσητε * ποιῆσαι * τὸ ῥῆμα τοῦτο καὶ ἐξουθενήσητε τὴν βουλήν μου |
| Asen. | 23 | 11 | ἡμῶν ἐστὶν ὡς υἱὸς τοῦ θεοῦ πρωτότοκος. καὶ πῶς * ποιήσωμεν * ἡμεῖς τὸ ῥῆμα τοῦτο τὸ πονηρὸν καὶ ἁμαρτήσομεν |
| Asen. | 24 | 4 | αὐτοῦ ὃ βούλεται καὶ ἀκούσονται οἱ παῖδές σου καὶ * ποιήσομεν * κατὰ τὸ θέλημά σου. καὶ ἐχάρη ὁ υἱὸς Φαραὼ |
| Asen. | 24 | 13 | ἐσμὲν παῖδές σου ἐνώπιόν σου. πρόσταξον ἡμῖν καὶ * ποιήσομεν * κατὰ τὸ θέλημά σου. καὶ εἶπεν αὐτοῖς ὁ υἱὸς |
| Asen. | 24 | 14 | συγκληρονόμοι τῶν ἐμῶν πάντων. πλὴν τὸ ῥῆμα τοῦτο * ποιήσατε. * καὶ εἶπον αὐτῷ Δὰν καὶ Γὰδ ἡμεῖς ἐσμὲν παῖδές |
| Asen. | 24 | 15 | Δὰν καὶ Γὰδ ἡμεῖς ἐσμὲν παῖδές σου σήμερον καὶ * ποιήσομεν * πάντα ἃ προστέταχας ἡμῖν. καὶ ἡμεῖς ἀκηκόαμεν |
| Asen. | 24 | 19 | Δὰν καὶ Γὰδ ἡμεῖς ἐσμὲν παῖδές σου σήμερον καὶ * ποιήσομεν * πάντα ἃ προστέταχας ἡμῖν. ἡμεῖς πορευσόμεθα |
| Asen. | 24 | 19 | αὐτῆς καὶ ἐμπεσεῖται εἰς τὰς χεῖράς σου καὶ * ποιήσεις * αὐτῇ καθὰ ἐπιθυμεῖ ἡ ψυχή σου. καὶ μετὰ ταῦτα |
| Asen. | 28 | 10 | δέομαι ὑμῶν φείσασθε τῶν ἀδελφῶν ὑμῶν καὶ μὴ * ποιήσητε * αὐτοῖς κακὸν ἀντὶ κακοῦ διότι κύριος ὑπερήσπισέ |
| Asen. | 28 | 14 | καὶ κατεφίλησεν αὐτὸν καὶ εἶπεν μηδαμῶς ἄδελφε * ποιήσεις * κακὸν ἀντὶ κακοῦ τῷ πλησίον σου. τῷ κυρίῳ |
| Asen. | 29 | 3 | ἐκράτησε τῆς χειρὸς αὐτοῦ καὶ εἶπεν μηδαμῶς ἄδελφε * ποιήσεις * τὸ πρᾶγμα τοῦτο διότι ἡμεῖς ἄνδρες θεοσεβεῖς |
| Sal. | 2 | 7 | ἐπισήμῳ ἐν τοῖς ἔθνεσιν. κατὰ τὰς ἁμαρτίας αὐτῶν * ἐποίησεν * αὐτοῖς ὅτι ἐγκατέλιπεν αὐτοὺς εἰς χεῖρας |
| Sal. | 2 | 8 | καὶ πρεσβύτην καὶ τέκνα αὐτῶν εἰς ἅπαξ ὅτι πονηρὰ * ἐποίησαν * εἰς ἅπαξ τοῦ μὴ ἀκούειν. καὶ ὁ οὐρανὸς |
| Sal. | 2 | 9 | ἐβαρυθύμησεν καὶ ἡ γῆ ἐβδελύξατο αὐτοὺς ὅτι οὐκ * ἐποίησε * πᾶς ἄνθρωπος ἐπ' αὐτῆς ὅσα ἐποίησαν. καὶ |
| Sal. | 2 | 9 | αὐτοὺς ὅτι οὐκ ἐποίησε πᾶς ἄνθρωπος ἐπ' αὐτῆς ὅσα * ἐποίησαν. * καὶ γνώσεται ἡ γῆ τὰ κρίματά σου πάντα τὰ |
| Sal. | 2 | 12 | τοῦ ἡλίου. ἐνέπαιζον ταῖς ἀνομίαις αὐτῶν καθὰ * ἐποίουν * αὐτοὶ ἀπέναντι τοῦ ἡλίου παρεδειγμάτισαν ἀδικίας |
| Sal. | 2 | 24 | ἐπιτιμήσῃς αὐτοῖς ἐν ὀργῇ σου. ὅτι οὐκ ἐν ζήλει * ἐποίησαν * ἀλλ' ἐν ἐπιθυμίᾳ ψυχῆς ἐκχέαι τὴν ὀργὴν αὐτῶν |
| Sal. | 2 | 35 | ἁμαρτωλοῦ καὶ ἀποδοῦναι ἁμαρτωλῷ ἀνθ' ὧν * ἐποίησεν * δικαίῳ. ὅτι χρηστὸς ὁ κύριος τοῖς |
| Sal. | 2 | 36 | ὁ κύριος τοῖς ἐπικαλουμένοις αὐτὸν ἐν ὑπομονῇ * ποιῆσαι * κατὰ τὸ ἔλεος αὐτοῦ τοῖς ὁσίοις αὐτοῦ παρεστάναι |
| Sal. | 3 | 5 | καὶ ἐδικαίωσεν τὸν κύριον ἔπεσεν καὶ ἀποβλέπει τί * ποιήσει * αὐτῷ ὁ θεὸς ἀποσκοπεύει ὅθεν ἥξει σωτηρία αὐτοῦ. |
| Sal. | 4 | 24 | ἀπὸ παντὸς σκανδάλου παρανόμου. ἐξάραι ὁ θεὸς τοὺς * ποιοῦντας * ἐν ὑπερηφανίᾳ πᾶσαν ἀδικίαν ὅτι κριτὴς μέγας |
| Sal. | 5 | 3 | παρὰ ἀνδρὸς δυνατοῦ καὶ τίς λήψεται ἀπὸ πάντων ὧν * ἐποίησας * ἐὰν μὴ σὺ δῷς; ὅτι ἄνθρωπος καὶ ἡ μερὶς αὐτοῦ |
| Sal. | 6 | 6 | πρὸς αὐτὸν ἐπιτελεῖ ὁ κύριος εὐλογητὸς κύριος ὁ * ποιῶν * ἔλεος τοῖς ἀγαπῶσιν αὐτὸν ἐν ἀληθείᾳ. τῷ Σαλωμων |
| Sal. | 8 | 13 | ὡς κρέα βέβηλα. οὐ παρέλιπον ἁμαρτίαν ἣν οὐκ * ἐποίησαν * ὑπὲρ τὰ ἔθνη. διὰ τοῦτο ἐκέρασεν αὐτοῖς ὁ θεὸς |
| Sal. | 8 | 22 | καὶ τὰς θυγατέρας αὐτῶν ἃ ἐγέννησαν ἐν βεβηλώσει. * ἐποίησαν * κατὰ τὰς ἀκαθαρσίας αὐτῶν καθὼς οἱ πατέρες |
| Sal. | 9 | 3 | τῆς γῆς. οὐ γὰρ κρυβήσεται ἀπὸ τῆς γνώσεώς σου πᾶς * ποιῶν * ἄδικα καὶ αἱ δικαιοσύναι τῶν ὁσίων σου ἐνώπιόν σου |
| Sal. | 9 | 4 | ἔργα ἡμῶν ἐν ἐκλογῇ καὶ ἐξουσίᾳ τῆς ψυχῆς ἡμῶν τοῦ * ποιῆσαι * δικαιοσύνην καὶ ἀδικίαν ἐν ἔργοις χειρῶν ἡμῶν |
| Sal. | 9 | 5 | ἐν τῇ δικαιοσύνῃ σου ἐπισκέπτῃ υἱοὺς ἀνθρώπων. ὁ * ποιῶν * δικαιοσύνην θησαυρίζει ζωὴν αὐτῷ παρὰ κυρίῳ καὶ ὁ |
| Sal. | 9 | 5 | δικαιοσύνην θησαυρίζει ζωὴν αὐτῷ παρὰ κυρίῳ καὶ ὁ * ποιῶν * ἀδικίαν αὐτὸς αἴτιος τῆς ψυχῆς ἐν ἀπωλείᾳ τὰ γὰρ |
| Sal. | 11 | 8 | θεὸς ἐλάλησεν ἀγαθὰ Ισραηλ εἰς τὸν αἰῶνα καὶ ἔτι. * ποιῆσαι * κύριος ἃ ἐλάλησεν ἐπὶ Ισραηλ καὶ Ιερουσαλημ |
| Sal. | 12 | 5 | μισοῦσαν ἀδίκους καὶ κατευθύναι κύριος ἄνδρα * ποιοῦντα * εἰρήνην ἐν οἴκῳ. τοῦ κυρίου ἡ σωτηρία ἐπὶ |
| Sal. | 15 | 4 | ἀπαρχὴν χειλέων ἀπὸ καρδίας ὁσίας καὶ δικαίας ὁ * ποιῶν * ταῦτα οὐ σαλευθήσεται εἰς τὸν αἰῶνα ἀπὸ κακοῦ φλὸξ |
| Sal. | 15 | 8 | καὶ καταλήμψονται καὶ οὐκ ἐκφεύξονται οἱ * ποιοῦντες * ἀνομίαν τὸ κρίμα κυρίου ὡς ὑπὸ πολεμίων |
| Sal. | 16 | 10 | ἀληθείας περίστειλον ὀργὴν καὶ θυμὸν ἄλογον μακρὰν * ποίησον * ἀπ' ἐμοῦ. γογγυσμὸν καὶ ὀλιγοψυχίαν ἐν θλίψει |
| Sal. | 17 | 10 | πιστὸς ὁ κύριος ἐν πᾶσι τοῖς κρίμασιν αὐτοῦ οἷς * ποιεῖ * ἐπὶ τὴν γῆν. ἠρήμωσεν ὁ ἄνομος τὴν γῆν ἡμῶν ἀπὸ |
| Sal. | 17 | 13 | καὶ οὐκ ἐφείσατο. ἐν ἀλλοτριότητι ὁ ἐχθρὸς * ἐποίησεν * ὑπερηφανίαν καὶ ἡ καρδία αὐτοῦ ἀλλοτρία ἀπὸ τοῦ |
| Sal. | 17 | 14 | αὐτοῦ ἀλλοτρία ἀπὸ τοῦ θεοῦ ἡμῶν. καὶ πάντα ὅσα * ἐποίησεν * ἐν Ιερουσαλημ καθὼς καὶ τὰ ἔθνη ἐν ταῖς πόλεσι |
| Sal. | 17 | 15 | ἐν μέσῳ ἐθνῶν συμμίκτων οὐκ ἦν ἐν αὐτοῖς ὁ * ποιῶν * ἐν Ιερουσαλημ ἔλεος καὶ ἀλήθειαν. ἐφύγοσαν ἀπ' |
| Sal. | 17 | 19 | ἐξ ἀβύσσων ἀπὸ ὀρέων ὑψηλῶν ὅτι οὐκ ἦν ἐν αὐτοῖς * ποιῶν * δικαιοσύνην καὶ κρίμα. ἀπὸ ἄρχοντος αὐτῶν καὶ λαοῦ |
| Sal. | 17 | 44 | ἐκείναις ἰδεῖν τὰ ἀγαθὰ Ισραηλ ἐν συναγωγῇ φυλῶν ἃ * ποιήσει * ὁ θεός. ταχύναι ὁ θεὸς ἐπὶ Ισραηλ τὸ ἔλεος αὐτοῦ |
| Sal. | 18 | 6 | ἐν ταῖς ἡμέραις ἐκείναις ἰδεῖν τὰ ἀγαθὰ κυρίου ἃ * ποιήσει * γενεᾷ τῇ ἐρχομένῃ ὑπὸ ῥάβδον παιδείας χριστοῦ |
| Jer. | 2 | 2 | λέγων πάτερ Ἱερεμία τί ἔστι σοι ἢ ποῖον ἁμάρτημα * ἐποίησεν * ὁ λαός; ἐπειδὴ ὅταν ἡμάρτανεν ὁ λαὸς χοῦν |
| Jer. | 3 | 7 | καὶ ἀπαροῦσι τὸν λαὸν εἰς Βαβυλῶνα. τί θέλεις * ποιήσω * τὰ ἅγια σκεύη τῆς λειτουργίας; καὶ εἶπεν αὐτῷ ὁ |
| Jer. | 3 | 9 | δὲ Ἱερεμίας λέγων παρακαλῶ σε κύριε δεῖξόν μοι τί * ποιήσω * Ἀβιμέλεχ τῷ Αἰθίοπι ὅτι πολλὰς εὐεργεσίας |
| Jer. | 3 | 9 | ποιήσω Ἀβιμέλεχ τῷ Αἰθίοπι ὅτι πολλὰς εὐεργεσίας * ἐποίησε * τῷ δούλῳ σου Ἱερεμίᾳ. ὅτι αὐτὸς ἀνέσπασέ με ἐκ |
| Jer. | 6 | 5 | κόφινον τοῦτον τῶν σύκων ἰδοὺ γὰρ ἑξηκονταὲξ ἔτη * ἐποίησαν * καὶ οὐκ ἐμαράνθησαν οὐδὲ ὤζεσαν ἀλλὰ στάζουσι |
| Jer. | 6 | 6 | τοῦ γάλακτος. οὕτως γίνεταί σοι ἡ σάρξ μου ἐὰν * ποιήσῃς * τὰ προσταχθέντα σου ὑπὸ τοῦ ἀγγέλου τῆς |
| Jer. | 6 | 10 | δούλων σου καὶ γενοῦ γνῶσις ἐν τῇ καρδίᾳ ἡμῶν. τί * ποιήσωμεν * καὶ πῶς ἀποστείλωμεν πρὸς Ἱερεμίαν εἰς |
| Jer. | 6 | 13 | Ἰσραὴλ ὁ γενόμενος ἐν ὑμῖν ξένος ἀφορισθήτω καὶ * ποιήσωσι * ιε' ἡμέρας καὶ μετὰ ταῦτα εἰσάξω ὑμᾶς εἰς τὴν |
| Jer. | 7 | 4 | τῶν ὀφθαλμῶν σου δῆλόν ἐστι δεῖξόν μοι οὖν τί * ποιεῖς * ἐνταῦθα; καὶ εἶπεν αὐτῷ ὁ ἀετὸς ἀπεστάλην ὧδε |
| Jer. | 7 | 21 | τῷ Ἱερεμίᾳ σῶσον ἡμᾶς καὶ ἀπάγγειλον ἡμῖν τί * ποιήσωμεν * ἵνα εἰσέλθωμεν πάλιν εἰς τὴν πόλιν ἡμῶν. |
| Jer. | 7 | 26 | ἐλέησον ἡμᾶς. ἐμνημόνευον δὲ ἡμέρας ἑορτῆς ἃς * ἐποιοῦμεν * ἐν Ἱερουσαλὴμ πρὸ τοῦ ἡμᾶς αἰχμαλωτευθῆναι |
| Jer. | 7 | 29 | ἐντεῦθεν. λέγω γάρ σοι ὅτι ὅλον τὸν χρόνον ὃν * ἐποιήσαμεν * ἐνταῦθα κατέχουσιν ἡμᾶς λέγοντες ὅτι εἴπατε |
| Jer. | 9 | 14 | τῆς ζωῆς τὸ ἐν μέσῳ τοῦ παραδείσου φυτευθὲν * ποιήσει * πάντα τὰ δένδρα τὰ ἄκαρπα ποιῆσαι καρπὸν καὶ |
| Jer. | 9 | 14 | φυτευθὲν ποιήσει πάντα τὰ δένδρα τὰ ἄκαρπα * ποιῆσαι * καρπὸν καὶ αὐξηθήσονται καὶ βλαστήσουσι. καὶ τὰ |
| Jer. | 9 | 15 | καὶ λέγοντα ἐδώκαμεν τὸ τέλος ἡμῶν τῷ ἀέρι * ποιήσει * αὐτὰ ξηρανθῆναι μετὰ τοῦ ὕψους τῶν κλάδων αὐτῶν |
| Jer. | 9 | 15 | ξηρανθῆναι μετὰ τοῦ ὕψους τῶν κλάδων αὐτῶν καὶ * ποιήσει * αὐτὰ κριθῆναι τὸ δένδρον τὸ στηριχθέν. καὶ τὸ |
| Jer. | 9 | 17 | εὐφροσύνης τοῦ θεοῦ. καὶ εὐλογήσει τὰς νήσους τοῦ * ποιῆσαι * καρπὸν ἐν τῷ λόγῳ τοῦ στόματος τοῦ χριστοῦ |
| Jer. | 9 | 25 | ὧδε καὶ ἔστησεν αὐτὸν καὶ εἶπεν τὸ φῶς τῶν αἰώνων * ποίησον * τὸν λίθον τοῦτον καθ' ὁμοιότητά μου γενέσθαι ἕως |
| Bar. | 1 | 2 | ἐξέκαυσας τὸν ἀμπελῶνά σου καὶ ἠρήμωσας αὐτόν; τί * ἐποίησας * τοῦτο; καὶ ἵνα τί κύριε οὐκ ἀπέδωκας ἡμᾶς ἐν |
| Bar. | 3 | 5 | καὶ εἶπεν οὗτοί εἰσιν οἱ τὴν συμβούλην δόντες τοῦ * ποιῆσαι * τὸν πύργον. αὐτοὶ γὰρ οὓς ὁρᾷς ἐξέβαλλον πλήθη |
| Bar. | 4 | 7 | καὶ πῶς; καὶ εἶπεν ὁ ἄγγελος ἄκουσον κύριος ὁ θεὸς * ἐποίησεν * τριακοσίους ἑξήκοντα ποταμοὺς ὧν οἱ πρῶτοι |
| Bar. | 4 | 10 | χρείαν ἐστίν; καὶ εἶπεν ὁ ἄγγελος ὀρθῶς ἐρωτᾷς ὅτε * ἐποίησεν * ὁ θεὸς τὸν κατακλυσμὸν ἐπὶ τῆς γῆς καὶ ἀπώλεσε |
| Bar. | 4 | 13 | ὅπως ἀποκαλύψῃ αὐτῷ ὁ θεὸς περὶ αὐτοῦ τί * ποιήσει. * καὶ τεσσαράκοντα ἡμέρας τὴν εὐχὴν ἐκτελέσαντος |
| Bar. | 4 | 14 | εἶπεν κύριε παρακαλῶ ὅπως ἀποκαλύψῃς μοι τί * ποιήσω * περὶ τοῦ φυτοῦ τούτου. ἀπέστειλε δὲ ὁ θεὸς τὸν |
| Bar. | 4 | 17 | πᾶν γὰρ ἀγαθὸν δι' αὐτοῦ γίνεται. ταῦτα γὰρ * ποιοῦσιν * οἱ τοῦτον εἰς κόρον πίνοντες οὔτε ἀδελφὸς |
| Bar. | 16 | 4 | φωνῆς μου οὐδὲ ἐσυνετήρησαν τῶν ἐντολῶν μου οὐδὲ * ἐποίησαν * ἀλλ' ἐγένοντο καταφρονηταὶ τῶν ἐντολῶν μου καὶ |
| Prop. | 1 | 2 | καὶ ὁ θεὸς τὸ σημεῖον τοῦ Σιλωὰμ διὰ τὸν προφήτην * ἐποίησεν * ὅτι πρὸ τοῦ θανεῖν ὀλιγωρήσας ηὔξατο πιεῖν ὕδωρ |
| Prop. | 1 | 3 | ἀπεσταλμένος. καὶ ἐπὶ τοῦ Ἐζεκία πρὸ τοῦ * ποιῆσαι * τοὺς λάκκους καὶ τὰς κολυμβήθρας ἐπὶ εὐχῇ τοῦ |
| Prop. | 1 | 7 | τῶν ἱερέων ἐπὶ τὸ μέρος τὸ πρὸς νότον. Σολομὼν γὰρ * ἐποίησε * τοὺς τάφους τοῦ Δαυὶδ διαγράψαντος κατ' ἀνατολὰς |
| Prop. | 1 | 7 | ἀπὸ Γαβαὼν μήκοθεν τῆς πόλεως σταδίους εἴκοσι. καὶ * ἐποίησε * σκολιὰν σύνθεσιν ἀνυπονόητον καὶ ἔστιν ἕως τῆς |
| Prop. | 1 | 9 | σπέρμα αὐτοῦ τοῖς ἐχθροῖς αὐτοῦ καὶ ἄκαρπον αὐτὸν * ἐποίησεν * ὁ θεὸς ἀπὸ τῆς ἡμέρας ἐκείνης. Ἱερεμίας ἦν ἐξ |
| Prop. | 2 | 9 | ἥρπαξε τὴν κιβωτὸν τοῦ νόμου καὶ τὰ ἐν αὐτῷ καὶ * ἐποίησεν * αὐτὰ καταποθῆναι ἐν πέτρᾳ καὶ εἶπε τοῖς |
| Prop. | 2 | 15 | χάριν ἵνα τὸ τέλος τοῦ μυστηρίου αὐτοῦ αὐτὸς * ποιήσειεν * ἵνα γένηται συγκοινωνὸς Μωϋσέως καὶ ὁμοῦ εἰσιν |
| Prop. | 3 | 4 | ὅτι καὶ Ἀβραὰμ ἐν Χεβρῶν πρὸς τὴν ὁμοιότητα αὐτοῦ * ἐποίησε * τὸν τάφον Σάρρας. διπλοῦν δὲ λέγεται ὅτι |
| Prop. | 3 | 10 | μὴ ἀντάρωσι καὶ ἐπῆλθον αὐτοῖς εἰς ἀναίρεσιν. καὶ * ἐποίησε * στῆναι τὸ ὕδωρ ἵνα ἐκφύγωσιν εἰς τὸ πέραν |
| Prop. | 3 | 18 | κύριον διώκοντες τοὺς τὸν νόμον φυλάσσοντας καὶ * ἐποίησεν * αὐτοῖς τέρας μέγα ὅτι οἱ ὄφεις ἀνήλισκον τὰ |
| Prop. | 4 | 14 | αὐτῷ. ὁ Δανιὴλ τὰ ἑπτὰ ἔτη ἃ εἶπεν ἑπτὰ καιροὺς * ἐποίησε * γενέσθαι ἑπτὰ μῆνας τὸ μυστήριον τῶν ἑπτὰ καιρῶν |
| Prop. | 4 | 19 | καὶ τοῖς ἄλλοις βασιλεῦσι Περσῶν πολλὰ * ἐποίησεν * τεράστια ὅσα οὐκ ἔγραψαν. ἐκεῖ ἀπέθανε καὶ |
| Prop. | 6 | 1 | Μιχαίας ὁ Μωραθι ἦν ἐκ φυλῆς Ἐφραΐμ. πολλὰ * ποιήσας * τῷ Ἀχαὰβ ὑπὸ Ἰωρὰμ τοῦ υἱοῦ αὐτοῦ ἀνῃρέθη |
| Prop. | 15 | 4 | καὶ περὶ τῆς λειτουργίας αὐτοῦ προηγόρευσεν ἣν * ποιήσει * ἐπὶ Ἱερουσαλὴμ καὶ εὐλόγησεν αὐτὸν σφόδρα. τὰ |
| Prop. | 17 | 3 | καὶ ἐπέμεινεν ἐκεῖ καὶ τῇ νυκτὶ ἐκείνῃ ἔγνω ὅτι * ἐποίησε * τὴν ἁμαρτίαν. καὶ ὑπέστρεψε πενθῶν καὶ περιβαλὼν |
| Prop. | 17 | 3B | καὶ μὴ φθάσας ἐλθεῖν πρὸς Δαυὶδ τῇ νυκτὶ ἐκείνῃ * ἐποίησε * τὴν ἀνομίαν. καὶ ὡς ἀνεῖλε τὸν ἄνδρα αὐτῆς |
| Prop. | 17 | 4B | ἀπελθὼν οὖν ἤλεγξεν αὐτὸν ἐπὶ κεκρυμμένοις καὶ * ἐποίησεν * αὐτὸς καθὼς ἐνετείλατο αὐτῷ ὁ κύριος. καὶ αὐτὸς |
| Prop. | 21 | 4 | ἀπόφασις καὶ κρινεῖ τὸν Ἰσραήλ. τὰ δὲ σημεῖα ἃ * ἐποίησεν * εἰσὶ ταῦτα ηὔξατο Ἠλίας καὶ οὐκ ἔβρεξεν ἐπὶ |
| Prop. | 21 | 5 | καὶ γέγονε πολὺς ὑετὸς ἐν Σαρεφθοῖς τῆς Σιδωνίας * ἐποίησε * διὰ ῥήματος κυρίου τὴν ὑδρίαν τῆς χήρας μὴ |
| Prop. | 22 | 5 | καὶ θανὼν ἐτάφη ἐν Σαμαρείᾳ. τὰ δὲ σημεῖα ἃ * ἐποίησεν * εἰσὶ ταῦτα ἐπάταξε καὶ αὐτὸς τὸν Ἰορδάνην τῇ |
| Prop. | 22 | 10 | ἐκκενοῦν εἰς αὐτὰ ἕως ἀποσχῇ τὰ ἀγγεῖα καὶ τοῦτο * ποιήσασα * ἐπλήρωσε τὰ ἀγγεῖα καὶ ἀποδέδωκε τοῖς δανισταῖς |
| Prop. | 22 | 11 | εἰς Σουμὰν ἀπελθὼν ἔμεινε παρά τινι γυναικὶ καὶ μὴ * ποιοῦσαν * αὐτὴν παιδίον ἐπιθυμοῦσαν δὲ σχεῖν εὐξάμενος |
| Prop. | 22 | 11 | αὐτὴν παιδίον ἐπιθυμοῦσαν δὲ σχεῖν εὐξάμενος * πεποίηκε * συλλαβεῖν καὶ τεκεῖν εἶτα ἀποθανόντα τὸν παῖδα |
| Prop. | 22 | 13 | τῷ προσφαγίῳ καὶ παρ' ὀλίγον κινδυνευόντων πάντων * πεποίηκεν * ἀβλαβὲς καὶ ἡδὺ τὸ βρῶμα τῶν υἱῶν τῶν προφητῶν |
| Prop. | 22 | 14 | δρέπανον καὶ κατεποντίσθη ὁ δὲ Ἐλισαῖος εὐχόμενος * πεποίηκεν * ἐπιπολάσαι τὸ δρέπανον. Ναιμὰν ὁ Σύρος δι' |
| Prop. | 22 | 18 | πέμπει δύναμιν ἀγαγεῖν τὸν προφήτην ὁ δὲ εὐξάμενος * πεποίηκεν * αὐτοὺς καταχθῆναι ἀορασίᾳ καὶ ἀπήγαγεν εἰς |

| | | | | |
|---|---|---|---|---|
| Esdr. | 2 | 9 | κύριε; ποῦ σου ἡ μακροθυμία; καὶ εἶπεν ὁ θεὸς ὡς | * ἐποίησα * νύκτα καὶ ἡμέραν ἐποίησα τὸν δίκαιον καὶ τὸν |
| Esdr. | 2 | 9 | καὶ εἶπεν ὁ θεὸς ὡς ἐποίησα νύκτα καὶ ἡμέραν | * ἐποίησα * τὸν δίκαιον καὶ τὸν ἁμαρτωλὸν καὶ ἔπρεπεν ὡς ὁ |
| Esdr. | 2 | 10 | ὁ προφήτης τὸν πρωτόπλαστον Ἀδὰμ τὸν πρῶτον τίς | * ἐποίησεν; * καὶ εἶπεν ὁ θεὸς αἱ χεῖρές μου αἱ ἄχρανται. |
| Esdr. | 2 | 12 | ἐπειδὴ οὖν παρακοὴν κτησάμενος τοῦτο ἐν παραβάσει | * πεποίηκεν. * καὶ εἶπεν ὁ προφήτης οὐχὶ ὑπὸ ἀγγέλου |
| Esdr. | 3 | 11 | ποῦ ἐστιν ἡ ἐπαγγελία σου; καὶ εἶπεν ὁ θεὸς πρῶτον | * ποιήσω * σεισμοὺς πτῶσιν τετραπόδων καὶ ἀνθρώπων καὶ ὅταν |
| Esdr. | 3 | 16 | καὶ ἐνδείξεται πολλὰ τοῖς ἀνθρώποις. τί σε | * ποιῶ * Ἐσδρὰμ καὶ δικάζῃ μετ' ἐμοῦ; καὶ εἶπεν ὁ προφήτης |
| Esdr. | 4 | 27 | ἐγώ εἰμι ὁ υἱὸς τοῦ θεοῦ καὶ τοὺς λίθους ἄρτους | * ποιήσας * καὶ τὸ ὕδωρ οἶνον. καὶ εἶπεν ὁ προφήτης κύριε |
| Esdr. | 7 | 4 | ἧς ἐλήφθη. καὶ εἶπεν ὁ προφήτης οἴμμοι οἴμμοι τί | * ποιήσω; * τί πράξω; οὐκ οἶδα. καὶ τότε ἤρξατο λέγειν ὁ |
| Sedr. | 3 | 2 | ἔχει ὁ υἱὸς δίκην μέ τὸν πατέρα κύριέ μου διὰ τί | * ἐποίησας * τὴν γῆν; λέγει αὐτῷ ὁ κύριος διὰ τὸν ἄνθρωπον. |
| Sedr. | 3 | 4 | ὁ κύριος διὰ τὸν ἄνθρωπον. λέγει Σεδρὰχ καὶ διὰ τί | * ἐποίησας * τὴν θάλασσαν; διὰ τί ἔσπειρας πᾶν ἀγαθὸν ἐπὶ |
| Sedr. | 3 | 6 | διὰ τὸν ἄνθρωπον. λέγει αὐτῷ Σεδρὰχ εἰ ταῦτα | * ἐποίησας * διὰ τί ἀπώλεσας αὐτόν; εἶπεν δὲ ὁ κύριος ὁ |
| Sedr. | 4 | 2 | μου καλὸν ἦν τοῦ ἀνθρώπου εἰ οὐκ ἐγεννήθη τί τάχα | * ἐποίησας * κύριέ μου; διὰ τί ἐκοπίασας τὰς ἀχράντους σοῦ |
| Sedr. | 4 | 4 | οὐκ ἤθελες ἐλεῆσαι αὐτόν; λέγει αὐτὸν ὁ θεὸς ἐγὼ | * ἐποίησα * τὸν πρωτόπλαστον Ἀδὰμ καὶ ἔθηκα αὐτὸν ἐν τῷ |
| Sedr. | 5 | 6 | θεὸν πολεμεῖ ὁ δὲ ἐλεεινὸς ἄνθρωπος τί ἄρα ἔχει | * ποιῆσαι * αὐτῷ; ἀλλὰ ἐλέησον δέσποτα καὶ κατάλυσον τὰς |
| Sedr. | 6 | 2 | ἔστω σοι ὅτι πάντα εὐδιάλλακτα ἐπέταξα αὐτὸν | * ἐποίησα * αὐτὸν φρόνιμον καὶ κληρονόμον οὐρανοῦ καὶ γῆς |
| Sedr. | 8 | 1 | ὁ θεὸς ἐὰν κρατήσω αὐτοῦ τὸν πόδα λέγει ὅτι οὐκ | * ἐποίησάς * μοι χάριν εἰς τὸν κόσμον ἀλλὰ ἀφῆκα αὐτὸν εἰς |
| Sedr. | 8 | 7 | κύριε ὁ θεός. ⟨λέγει αὐτῷ κύριος ὁ θεός⟩ ἀφ' ἧς | * ἐποίησα * τὰ πάντα πόσοι ἄνθρωποι ἐγεννήθησαν καὶ πόσοι |
| Sedr. | 8 | 9 | καὶ πόσα φύλλα ἔχουσιν; εἰπέ μοι Σεδρὰχ ἀφ' οὗ | * ἐποίησα * τὴν θάλασσαν πόσα κύματα ἤγειραν καὶ πόσα |
| Sedr. | 11 | 13 | βαστάζοντες εἰς τοὺς ναοὺς ἀνατρέχοντες μετανοίας | * ποιοῦντες * καὶ παρακαλοῦντες τοὺς ἁγίους καὶ ἄρτι |
| Sedr. | 12 | 5 | τὰ ἑκατὸν ⟨ἢ⟩ ὀγδοήκοντα μετανοήσας τρία ἔτη καὶ | * ποιήσῃ * καρπὸν δικαιοσύνης καὶ φθάσῃ ὁ θάνατος οὐ μὴ |
| Sedr. | 13 | 6 | οὐ μὴ μνησθῶ πάσας τὰς ἁμαρτίας αὐτοῦ ἃς | * ἐποίησεν. * καὶ λέγει Σεδρὰχ πρὸς τὸν ἀρχάγγελον Μιχαὴλ |
| Sedr. | 14 | 5 | εἰσὶν ἔθνη τὰ μὴ νόμον ἔχοντα ⟨καὶ τὰ⟩ τοῦ νόμου | * ποιοῦσιν * ὅτι ⟨εἰ⟩ εἰσιν ἀβάπτιστοι καὶ ἐνέβη τὸ θεῖόν |
| Sedr. | 14 | 8 | πολλοῦ ἐλέους καὶ πλούτους ἵνα μετανοήσωσιν ἀλλὰ | * ποιοῦσιν * ἃ μισεῖ μου ἡ θεότης καὶ οὐκ ἤκουσαν τὸν σοφὸν |
| Sedr. | 15 | 6 | εἰς τὰ ἔθνη τὰ μὴ νόμον ἔχοντα ⟨καὶ τὰ⟩ τοῦ νόμου | * ποιοῦσιν * ὁμῶς δὲ καὶ ὁ λῃστὴς καὶ ὁ ἀπόστολος καὶ |
| Sedr. | 16 | 1 | ἐστὶν καὶ ἀμετανόητος. λέγει κύριος τὸν Σεδρὰχ | * ἐποίησα * τὸν ἄνθρωπον ἐν τρισὶ τάξεσιν ὅτε ἐστὶν νέος ὡς |
| Sedr. | 16 | 7 | τοῦ αἰῶνος. καὶ λέγει Σεδρὰχ κύριε καὶ εἴ τις | * ποιήσει * φωταγωγίαν τοῦ δούλου σου ῥῦσαι αὐτὸν κύριε ἀπὸ |
| Job | 1 | 4 | τέκνα μου περικυκλώσατέ με ἵνα ὑποδείξω ὑμῖν ἃ | * ἐποίησεν * κύριος μετ' ἐμοῦ καὶ τὰ γενάμενά μοι πάντα ἐγὼ |
| Job | 2 | 4 | ἐν ἑαυτῷ λέγων ἆρα οὗτός ἐστιν ὁ θεὸς ὁ | * ποιήσας * τὸν οὐρανὸν καὶ τὴν γῆν καὶ τὴν θάλασσαν καὶ |
| Job | 3 | 7 | ἐξουσίαν ἵνα ἀπελθὼν καθαρίσω αὐτοῦ τὸν τόπον, ἵνα | * ποιήσω * μηκέτι σπένδεσθαι αὐτόν. καὶ τίς ἐστιν ὁ κωλύων |
| Job | 4 | 6 | τὰ παιδία σου ἀναιρήσει ἀλλ' ἐὰν ὑπομείνῃς, | * ποιήσω * σου τὸ ὄνομα ὀνομαστὸν ἐν πάσαις ταῖς γενεαῖς τῆς |
| Job | 7 | 9 | σὺ λέγεις εἶναί με κακὴν δούλην εἰ γὰρ μὴ ἤμην, | * ἐποίησα * ἂν καθὼς προσετάχθη μοι ὑπὸ τοῦ δεσπότου μου. |
| Job | 7 | 12 | λέγων ὅτι ὡς ὁλόκαυστός ἐστιν ὁ ἄρτος οὗτος, οὕτως | * ποιήσω * καὶ τὸ σῶμά σου τοιοῦτον ἐν γὰρ μιᾷ ὥρᾳ ἀπέρχομαι |
| Job | 7 | 13 | ἀπέρχομαι καὶ ἐρημώσω σε. καὶ ἀνταπεκρίθην αὐτῷ ὃ | * ποιεῖς * ποίησον εἴ τι γὰρ βούλει ἀγάγαι μοι, ἕτοιμός εἰμι |
| Job | 7 | 13 | καὶ ἐρημώσω σε. καὶ ἀνταπεκρίθην αὐτῷ ὃ ποιεῖς | * ποίησον * εἴ τι γὰρ βούλει ἀγάγαι μοι, ἕτοιμός εἰμι |
| Job | 10 | 5 | καὶ ἔστησα εἰς τὸν ἀροτριασμὸν ὃν δύνανται | * ποιεῖν * ἐν παντὶ ἀγρῷ τῶν προσλαμβανόντων αὐτά, καὶ τὸν |
| Job | 11 | 3 | τὴν διακονίαν ἐκτελέσαι; οὐδὲν δὲ κεκτήμεθα. | * ποίησον * σὺ μεθ' ἡμῶν ἔλεος καὶ πρόχρησον ἡμῖν χρυσίον |
| Job | 11 | 3 | πόλεις ἐμπορευόμενοι καὶ τοῖς πένησιν δυνηθῶμεν | * ποιήσασθαι * διακονίαν, καὶ μετὰ τοῦτο ἀποκαταστήσωμέν σοι |
| Job | 16 | 1 | ἐν τῇ καρδίᾳ αὐτῶν πρὸς τὸν θεόν. ἐμοῦ δὲ τοῦτο | * ποιοῦντος * ἐν τοῖς ἑπτὰ ἔτεσιν μετὰ τὸ τὸν ἄγγελον |
| Job | 20 | 5 | καταιγίδι καὶ τὸν θρόνον μου κατέστρεψεν, καὶ | * ἐποίησεν * τρεῖς ὥρας ἐπὶ τὸν θρόνον μου μὴ δυνηθεὶς |
| Job | 21 | 1 | ἄχρις οὗ ἐνταλθῇ ὑπὸ τοῦ κελεύσαντός σε. καὶ | * ἐποίησα * ἔτη τεσσαράκοντα ὀκτὼ ἐν τῇ κοπρίᾳ ἐκτὸς τῆς |
| Job | 31 | 4 | μοι κυκλόθεν, ἵνα δυνηθῶσιν προσεγγίσαι μοι καὶ | * ἐποίησαν * τρεῖς ἡμέρας χορηγοῦντες τὰ θυμιάματα καὶ ὅτε |
| Job | 40 | 13 | συμπεπτωκυῖαν ἐπὶ τὰ τέκνα αὐτῆς καὶ κοπετὸν μέγαν | * ἐποίησαν * οἱ πτωχοὶ τῆς πόλεως λέγοντες ἴδετε, ἡ Σιτιδὸς |
| Job | 41 | 3 | καὶ τὸ περὶ τούτου δείξω αὐτῷ, ὅτι τοσαύτας ἡμέρας | * ἐποιήσατε * ἀνεχόμενοι τοῦ Ἰὼβ καυχωμένου εἶναι δίκαιον |
| Job | 41 | 4 | ἀναμνησκόμενος τῆς εὐδαιμονίας τῆς προτέρας, καὶ | * ἐποίησεν * ἑαυτὸν ἀθρόως εἰς τὸ αὐτοῦ ὕψωμα καὶ ἰδοὺ |
| Job | 42 | 6 | ἀληθῶς κατὰ τοῦ θεράποντός μου Ἰὼβ διὸ ἀναστάντες | * ποιήσατε * αὐτὸν ὑπὲρ ὑμῶν ἀναφέρειν θυσίας, ὅπως ἀφαιρεθῇ |
| Job | 44 | 2 | εἰς τὴν πόλιν εἰς ἣν νῦν οἰκοῦμεν οἰκίαν, καὶ | * πεποιήκαμεν * μεγάλας εὐωχίας ἐν τῇ τερπνότητι τοῦ κυρίου. |
| Job | 44 | 2 | τερπνότητι τοῦ κυρίου. πάλιν ἐπεζήτησε εὐεργεσίας | * ποιεῖν * τοῖς πτωχοῖς, καὶ παρεγένοντο πρός με πάντες οἱ |
| Job | 44 | 5 | καὶ ηὐλόγησεν κύριος πάντα ὅσα μοι ὑπῆρχεν, καὶ | * πεποίηκέν * με εἶναι ἐν τῷ διπλῷ. καὶ νῦν τέκνα μου ἴδε |
| Job | 52 | 1 | ἐστιν τὰ μεγαλεῖα τοῦ θεοῦ. καὶ μετὰ τρεῖς ἡμέρας | * ποιουμένου * τοῦ Ἰὼβ νοσεῖν ἐπὶ τῆς κλίνης, ἄνευ πόνου |
| Aris. | 1 | 3 | ἀρχιερέα συνεσταμένης διὰ τό σὲ περὶ πολλοῦ | * πεποιῆσθαι * παρ' ἕκαστα ὑπομιμνήσκοντος συνακοῦσαι περὶ |
| Aris. | 4 | 1 | αὐτοῖς ἐν διφθέραις ἑβραϊκοῖς γράμμασιν. ἣν δὴ καὶ | * ἐποιησάμεθα * ἡμεῖς σπουδῇ λαβόντες καιρὸν πρὸς τὸν |
| Aris. | 8 | 5 | μὴ περὶ τῶν προλεγομένων μηκύνοντες ἀδολεσχῶν τι | * ποιῶμεν * ἐπὶ τὸ συνεχὲς τῆς διηγήσεως ἐπανήξομεν. |
| Aris. | 9 | 4 | δυνατὸν ἅπαντα τὰ κατὰ τὴν οἰκουμένην βιβλία καὶ | * ποιούμενος * ἀγορασμοὺς καὶ μεταγραφὰς ἐπὶ τέλος ἤγαγεν |
| Aris. | 11 | 2 | εἶναι. τί τὸ κωλῦον οὖν εἶπεν ἐστὶ σε τοῦτο | * ποιῆσαι; * πάντα γὰρ ὑποτέτακταί σοι τὰ πρὸς τὴν χρείαν. ὁ |
| Aris. | 12 | 7 | μετῴκιζεν οὓς δὲ ᾐχμαλώτιζε φόβῳ πάντα ὑποχείρια | * ποιούμενος * ἐν ὅσῳ καὶ πρὸς δέκα μυριάδας ἐκ τῆς τῶν |
| Aris. | 14 | 6 | ἔχων ὡς κατακρατούμενος ὑπὸ τῶν στρατιωτῶν δι' ἃς | * ἐπεποίηντο * χρείας ἐν τοῖς πολεμικοῖς ἀγῶσιν ἡμεῖς δὲ |
| Aris. | 16 | 7 | ἀνθρώπους τῇ λαμπρότητι τῆς ψυχῆς ἀπόλυσιν | * ποιῆσαι * τῶν ἐνεχομένων ταῖς οἰκετίαις. οὐδὲ πολὺν χρόνον |
| Aris. | 18 | 3 | προτιθέμενος λόγον ὅτι τὴν ἐπιτέλειαν ὁ θεὸς | * ποιήσει * τῶν ἀξιουμένων ὃ γὰρ πρὸς δικαιοσύνην καὶ καλῶν |
| Aris. | 18 | 5 | ἔργων ἐπιμέλειαν ἐν ὁσιότητι νομίζουσιν ἄνθρωποι | * ποιεῖν * κατευθύνει τὰς πράξεις καὶ τὰς ἐπιβολὰς ὁ |
| Aris. | 19 | 9 | δεδοξασμένος ὑπὲρ τοὺς προγόνους εἰ καὶ μέγιστα | * ποιήσεις * χαριστήρια καθῆκόν ἐστί σοι. διαχυθεὶς δὲ εὖ |
| Aris. | 20 | 4 | περὶ τούτων ἐκθεῖναι πρόσταγμα τὰς δὲ ἀπογραφὰς | * ποιεῖσθαι * παρ' αὐτὰ μεγαλείως χρησάμενος τῇ προθυμίᾳ τοῦ |
| Aris. | 24 | 10 | ἡμέραις τρισὶν ἀφ' ἧς ἡμέρας ἔκκειται τὸ πρόσταγμα | * ποιεῖσθαι * πρὸς τοὺς καθεσταμένους περὶ τούτων |
| Aris. | 27 | 6 | δοθήσεται καὶ τοῦτ' ἐκέλευσεν ὁ βασιλεὺς | * ποιεῖν * ὁλοσχερῶς περὶ τοῦ δόξαντος ἅπαντ' ἐπιτελῶν. ὡς |
| Aris. | 29 | 4 | καὶ τὰ διαπεπτωκότα τύχῃ τῆς προσηκούσης ἐπισκευῆς | * πεποιημένος * οὐ παρέργως τὴν ἐν τούτοις ἐπιμέλειαν |
| Aris. | 39 | 1 | σὺν τοῖς ἄλλοις βασιλικοῖς βιβλίοις. καλῶς οὖν | * ποιήσεις * καὶ τῆς ἡμετέρας σπουδῆς ἀξίως ἐπιλεξάμενος |
| Aris. | 46 | 4 | οὓς καὶ ἀπεστείλαμεν ἔχοντας τὸν νόμον. καλῶς οὖν | * ποιήσεις * βασιλεῦ δίκαιε προστάξας ὡς ἂν ἡ μεταγραφὴ |
| Aris. | 51 | 4 | ἐπηγγειλάμην καὶ τὰ τῶν κατασκευασμάτων διασαφῆσαι | * ποιήσω. * πολυτεχνίᾳ γὰρ διαφέροντα συνετελέσθη τοῦ |
| Aris. | 51 | 5 | συνετελέσθη τοῦ βασιλέως πολλὴν ἐπίδοσιν | * ποιουμένου * καὶ παρ' ἕκαστον ἐπιθεωροῦντος τοὺς τεχνίτας. |
| Aris. | 52 | 1 | προεθυμεῖτο μὲν οὖν ὁ βασιλεὺς ὑπέροπλόν τι | * ποιῆσαι * τοῖς μέτροις τὸ κατασκεύασμα. προσέταξε δὲ |
| Aris. | 53 | 4 | ὁ δὲ εἶπε βούλεσθαι καὶ πενταπλῆν τοῖς μεγέθεσι | * ποιῆσαι * διστάζειν δὲ μήποτε ἄχρηστος γένηται πρὸς τὰς |
| Aris. | 54 | 4 | ἐπὶ τῶν ὑπ' αὐτοῦ κατεσκευασμένων οἷς καθῆκε | * ποιῶνται * δέοντως. οὐ γὰρ ἕνεκεν σπάνεως χρυσοῦ τὰ |
| Aris. | 56 | 5 | ἔμφασιν. ὅσα δ' ἂν ᾖ ἄγραφα πρὸς καλλονὴν ἐκέλευσε | * ποιεῖν * ὅσα δὲ διὰ γραπτῶν μέτρα αὐτοῖς κατακολουθῆσαι. |
| Aris. | 58 | 1 | τὸν δὲ ἐλασμὸν αὐτὸν ἐπιδεδέσθαι. στεφάνην δὲ | * ἐποίησαν * παλαιστιαίαν κυκλόθεν τὰ δὲ κυμάτια στρεπτὰ τὴν |
| Aris. | 63 | 2 | δὲ τὴν ἐκτύπωσιν τῶν λίθων τῆς ᾠοθεσίας στέφανον | * ἐποίησαν * οἱ τεχνῖται πάγκαρπον ἐν ὑπεροχῇ προδήλως |
| Aris. | 64 | 5 | κατ' ἀμφότερα τὰ μέρη τὴν τράπεζαν πρὸς τὴν χρῆσιν | * πεποιῆσθαι * καθ' ὃ ἂν μέρος αἱρῶνται ὥστε καὶ τὴν τῶν |
| Aris. | 65 | 1 | στεφάνης εἶναι κατὰ τὸ τῶν ποδῶν μέρος. ἔλασμα γὰρ | * ἐποίησαν * καθ' ὅλου τοῦ πλάτους τῆς τραπέζης στερεὸν |
| Aris. | 66 | 2 | οὔσης. ἐπ' αὐτῆς δὲ τῆς τραπέζης μαίανδρον ἔκτυπον | * ἐποίησαν * ἐν ὑπεροχῇ λίθους ἔχοντα κατὰ μέσον πολυτελεῖς |
| Aris. | 68 | 1 | θεωρίαν ἀποτελοῦν τοῖς θεωροῦσι. τοὺς δὲ πόδας | * ἐποίησαν * τὰς κεφαλίδας ἔχοντας κρινωτὰς ἀνάκλασιν κρίνων |
| Aris. | 70 | 5 | αὕτη διάθεσις ἦν τῶν τεσσάρων ποδῶν πάντα ἐνεργῶς | * πεποιημένα * καὶ προσηγμένα τῆς ἐμπειρίας καὶ τέχνης τὰς |
| Aris. | 71 | 1 | τὴν τῆς ἀληθείας διάθεσιν τετυπωμένων ἀπάντων. | * ἐποίησαν * δὲ τριμερὲς τὸ στόμα τῆς τραπέζης οἱονεὶ |
| Aris. | 78 | 7 | τὰ πάντα κυκλόθεν ὡς ἄν τις ἑστήκῃ καὶ διάχυσιν | * ἐποίει * μείζονα τοῖς θεωμένοις ὥστε παντελῶς ἀνεξήγητον |
| Aris. | 79 | 6 | φιλοτιμηθέντες εἰς ὑπεροχὴν δόξης τοῦ βασιλέως | * ποιῆσαι. * καθόλου γὰρ οὔτ' ἐν τοῖς βασιλικοῖς ὑπῆρχε |
| Aris. | 80 | 3 | οὔτ' ἔν τινι ἄλλῳ. πρόνοιαν γὰρ οὐ μικρὰν | * ἐποιεῖτο * ὁ βασιλεὺς φιλοδοξῶν εἰς τὰ καλῶς ἔχοντα. |
| Aris. | 101 | 3 | γένηται μηθεὶς δύναται ὁδὸν εἰς τοὺς περιβόλους | * ποιήσασθαι * τοὺς περὶ τὸν οἶκον ἐπικειμένων καὶ ὀξυβελῶν |
| Aris. | 106 | 2 | οἱ μὲν γὰρ μετέωροι τὴν ὁδείαν οἱ δ' ὑπ' αὐτὰς | * ποιοῦνται * καὶ μάλιστα διεστηκότες τῆς ὁδείας διὰ τοὺς ἐν |
| Aris. | 111 | 1 | διακρίνειν ἐν ἡμέραις πέντε. πρὸ πολλοῦ δὲ | * ποιούμενος * καὶ χρηματιστὰς καὶ τοὺς τούτων ὑπηρέτας |
| Aris. | 119 | 4 | ἐπεκράτησαν Πέρσαι χρόνον τῶν τότε προστατούντων | * ποιησαμένων * διαβολὴν ὡς ἄχρηστος ἡ κατεργασία γίνεται |
| Aris. | 123 | 5 | ἀποκαταστάσεως αὐτῶν πολλὰ παρεκάλεσε τὸν Ἀνδρέαν | * ποιῆσαι * συναντιλαμβάνεσθαι παρακαλῶν καθ' ὃ ἂν δυνώμεθα. |
| Aris. | 132 | 5 | ἐπὶ γῆς γινομένων ὑπ' ἀνθρώπων κρυφίως ἀλλ' ὅσα | * ποιεῖ * τις αὐτῷ φανερὰ καθέστηκε καὶ τὰ μέλλοντα γίνεσθαι |
| Aris. | 134 | 1 | τῆς νομοθεσίας τὸ τοῦ θεοῦ δυνατὸν ἐνδεικνύμενος. | * ποιησάμενος * οὖν τὴν καταρχὴν ταύτην καὶ δείξας ὅτι |
| Aris. | 135 | 1 | πολλῷ καθεστῶτες ὧν σέβονται ματαίως ἀγάλματα γὰρ | * ποιήσαντες * ἐκ λίθων καὶ ξύλων εἰκόνας φασὶν εἶναι τῶν |
| Aris. | 136 | 4 | καὶ προσυπέδειξαν εὔχρηστα τὴν κατασκευὴν αὐτῶν οὐ | * ποιήσαντες * αὐτοὶ διὸ κενὸν καὶ μάταιον τοὺς ὁμοίους |
| Aris. | 138 | 4 | τῶν ἑρπετῶν τὰ πλεῖστα καὶ κνωδάλων τὴν ἀπέρεισιν | * πεποίηνται * καὶ ταῦτα προσκυνοῦσι καὶ θύουσι τούτοις καὶ |
| Aris. | 144 | 3 | ὅτι μυῶν καὶ γαλῆς ἢ τῶν τοιούτων χάριν περιεργίαν | * ποιούμενος * ἐνομοθέτει ταῦτα Μωϋσῆς ἀλλὰ πρὸς ἁγνὴν |
| Aris. | 155 | 3 | τῆς γραφῆς ὁ λέγων οὕτως μνείᾳ μνησθήσῃ κυρίου τοῦ | * ποιήσαντος * ἐν σοὶ τὰ μεγάλα καὶ θαυμαστά. κατανοούμενα |
| Aris. | 166 | 6 | αὐτοὶ παντάπασι τῷ τῆς ἀσεβείας μολυσμῷ. καλῶς δὲ | * ποιῶν * ὁ βασιλεὺς ὑμῶν τοὺς τοιούτους ἀναιρεῖ καθὼς |
| Aris. | 170 | 7 | γὰρ ἑαυτοῦ ψυχῆς τοῦ παντὸς τρόπου τὴν προσφορὰν | * ποιεῖται * ὁ τὴν θυσίαν προσάγων. καὶ περὶ τούτων οὖν |
| Aris. | 172 | 1 | δι' ἣν ἔχεις φιλομάθειαν. ὁ δὲ Ἐλεάζαρος | * ποιησάμενος * θυσίαν καὶ τοὺς ἄνδρας ἐπιλέξας καὶ πολλὰ |
| Aris. | 174 | 2 | τὰς παρὰ τοῦ Ἐλεαζάρου. περὶ πολλοῦ δὲ | * ποιούμενος * τοῖς ἀπεσταλμένοις ἀνδράσιν ἐντυχεῖν ἐκέλευσε |
| Aris. | 179 | 5 | ἀποδοῦναι μετὰ ταῦτα τὴν δεξιὰν ὑμῖν προτεῖναι διὸ | * πεποίηκα * τοῦτο πρῶτον. μεγάλην δὲ τέθειμαι τὴν ἡμέραν |
| Aris. | 183 | 4 | τὰς τοιαύτας ὑποδοχὰς διαμεμερισμένα. διμερῆ τε | * ἐποίησε * τὰ τῶν κλισιῶν καθὼς προσέταξεν ὁ βασιλεὺς τοὺς |
| Aris. | 184 | 5 | καὶ θύτας καὶ τοὺς ἄλλους οἷς ἔθος ἦν τὰς κατευχὰς | * ποιεῖσθαι * παρῃτήσατο τῶν δὲ παραγεγονότων σὺν ἡμῖν |
| Aris. | 184 | 7 | Ἐλισσαῖον ὄντα τῶν ἱερέων πρεσβύτερον παρεκάλεσε | * ποιήσασθαι * κατευχὴν ὃς ἀξιολόγως στὰς εἶπε πληρῶσαι σε |

| | | | | | |
|---|---|---|---|---|---|
| Aris. | | 187 | 3 | ἀνάκλισιν ἦσαν γὰρ καθ' ἡλικίαν τὴν ἀνάπτωσιν | * πεποιημένοι * πῶς ἂν τὴν βασιλείαν μέχρι τέλους ἄπταιστον |
| Aris. | | 190 | 4 | κἀκεῖνος εἶπεν εἰ θεωροίησαν πολλήν σε πρόνοιαν | * ποιούμενον * ὧν ἄρχεις ὄχλων σὺ δὲ τοῦτο πράξεις ἐπιβλέπων |
| Aris. | | 192 | 2 | ἰσχύι πράσσοις κατὰ τῶν ἁμαρτανόντων. τοῦτο δὲ | * ποιήσεις * τὴν διάταξιν βλέπων τὴν ὑπὸ τοῦ θεοῦ τὰ γὰρ |
| Aris. | | 200 | 7 | πάντες ἀπὸ θεοῦ τοῦ λόγου τὴν καταρχὴν | * ποιούμενοι. * Μενέδημος δὲ ὁ Ἐρετριεὺς φιλόσοφος εἶπε ναί |
| Aris. | | 204 | 2 | πρὸς τὸν ἐνδέκατον δὲ ἤρξατο τὴν κοινολογίαν | * ποιεῖσθαι. * δέκα γὰρ ἦσαν οἱ ἠρωτημένοι τῇ προτέρᾳ. σιγῆς |
| Aris. | | 210 | 4 | ἐνεργεῖ καὶ γινώσκει καὶ οὐθὲν ἂν λάθοι ἄδικον | * ποιήσας * ἢ κακὸν ἐργασάμενος ἄνθρωπος ὡς γὰρ θεὸς |
| Aris. | | 216 | 3 | ἐν οἷς ἕκαστος πράγμασιν ἐγρηγορὼς τὴν διαγωγὴν | * ποιεῖται * καὶ καθ' ὕπνον ἐν τοῖς αὐτοῖς ἡ διάνοια τὴν |
| Aris. | | 228 | 4 | δ' ἀπεκρίθη γονεῦσι διὰ παντὸς καὶ γὰρ ὁ θεὸς | * πεποίηται * ἐντολὴν μεγίστην περὶ τῆς τῶν γονέων τιμῆς. |
| Aris. | | 228 | 7 | προσονομάσας ἴσον τῇ ψυχῇ τὸν φίλον. σὺ δὲ καλῶς | * ποιεῖς * ἅπαντας ἀνθρώπους εἰς φιλίαν πρὸς ἑαυτὸν |
| Aris. | | 235 | 5 | προέχοντες αὐτῶν ἦσαν ὡς ἂν ἀπὸ θεοῦ τὴν καταρχὴν | * ποιούμενοι. * μετὰ δὲ ταῦτα ὁ βασιλεὺς εἰς τὸ |
| Aris. | | 247 | 3 | τ' ἐπαινέσας κατ' ὄνομα καὶ τῶν παρόντων ταὐτὰ | * ποιούντων * ἐπὶ τὸ μέλπειν ἐτράπησαν. τῇ δὲ ἐχομένῃ τὸν |
| Aris. | | 251 | 3 | ὁ κυβερνῶν εἰδῇ πρὸς τίνα σκοπὸν δεῖ τὴν διέξοδον | * ποιεῖσθαι. * θεοῦ δ' ἐπικλήσει καὶ βίος κυβερνᾶται κατὰ |
| Aris. | | 267 | 5 | εἶπε καθηγεμόνα λαμβάνων δικαιοσύνην ὡς καὶ | * ποιεῖς * θεοῦ σοι διδόντος εὖ λογίζεσθαι. φιλοφρονηθεὶς δὲ |
| Aris. | | 281 | 5 | ἀνδρείᾳ διαφέροντας καὶ δικαιοσύνῃ καὶ περὶ πολλοῦ | * ποιουμένους * τὸ σῴζειν τοὺς ἄνδρας ἢ τὸ νικᾶν τῷ θράσει |
| Aris. | | 282 | 4 | δυνάμει καὶ ψυχὴν ἴσον πᾶσιν ὄντα καθὼς σὺ τοῦτο | * ποιῶν * ἀξιοθαύμαστος εἶ τοῦ θεοῦ σοι διδόντος εἰς ταῦτα |
| Aris. | | 284 | 2 | δὲ καὶ τοῦτον προσειπὼν ἕτερον ἠρώτα τίνας δεῖ | * ποιεῖσθαι * τὰς διαγωγὰς ἐν ταῖς ἀνέσεσι καὶ ῥαθυμίαις; ὁ |
| Aris. | | 292 | 2 | ὅταν μισοπόνηρος ᾖ καὶ φιλάγαθος καὶ περὶ πολλοῦ | * ποιούμενος * ψυχὴν ἀνθρώπου σῴζειν καθὼς καὶ σὺ μέγιστον |
| Aris. | | 295 | 3 | ὑπὲρ τὸ δέον ὡς ἐκ τοῦ καιροῦ τὰς ἀποκρίσεις | * ἐποιοῦντο * πολλοῦ χρόνου δεομένας καὶ τοῦ μὲν ἐρωτῶντος |
| Aris. | | 301 | 4 | καὶ προσελθὼν ὡς ἐπὶ τὰ βόρεια μέρη συνέδριον | * ποιησάμενος * εἰς κατεσκευασμένον οἶκον παρὰ τὴν ἠϊόνα |
| Aris. | | 302 | 2 | χρείαν ἔδει καλῶς. οἱ δὲ ἐπετέλουν ἕκαστα σύμφωνα | * ποιοῦντες * πρὸς ἑαυτοὺς ταῖς ἀντιβολαῖς τὸ δὲ ἐκ τῆς |
| Aris. | | 304 | 4 | τῇ πρωΐᾳ παρεγίνοντο εἰς τὴν αὐλὴν καθ' ἡμέραν καὶ | * ποιησάμενοι * τὸν ἀσπασμὸν τοῦ βασιλέως ἀπελύοντο πρὸς τὸν |
| Aris. | | 311 | 4 | ἢ μεταφέρων τι τὸ σύνολον τῶν γεγραμμένων ἢ | * ποιούμενος * ἀφαίρεσιν καλῶς τοῦτο πράσσοντες ἵνα διὰ |
| Aris. | | 317 | 3 | Δημητρίου προσκυνήσας ἐκέλευσε μεγάλην ἐπιμέλειαν | * ποιεῖσθαι * τῶν βιβλίων καὶ συντηρεῖν ἁγνῶς. παρακαλέσας |
| Aris. | | 321 | 3 | πρὸς αὐτὸν ἀνακομισθῆναι μὴ κωλύσῃ περὶ πολλοῦ | * ποιούμενος * τοῖς πεπαιδευμένοις συνεῖναι καὶ εἰς |
| Slb. | | 3 | 13 | αὐτοφυὴς ἀόρατος ὁρώμενος αὐτὸς ἅπαντα ὃν χεὶρ οὐκ | * ἐποίησε * λιθοξόος οὐδ' ἀπὸ χρυσοῦ τέχνης' ἀνθρώπου φαίνει |
| Slb. | | 3 | 28 | δ' ἐστήριξε τύπον μορφῆς μερόπων τε καὶ θῆρας | * ποίησε * καὶ ἑρπετὰ καὶ πετεηνά. οὐ σέβετ' οὐδὲ φοβεῖσθε |
| Slb. | | 3 | 66 | τε σελήνην καὶ νέκυας στήσει καὶ σήματα πολλὰ | * ποιήσει * ἀνθρώποις ἀλλ' οὐχὶ τελεσφόρα ἔσσετ' ἐν αὐτῷ |
| Slb. | | 3 | 119 | ῥ' ἔθανεν καὶ παῖδες ὑπερβασίην ὅρκοισιν δεινὴν | * ποιήσαντες * ἐπ' ἀλλήλους ἔριν ὦρσαν ὃς πάντεσσι βροτοῖσιν |
| Slb. | | 3 | 178 | δὲ σαλεύσει καὶ πᾶσιν βασιλεῦσι φόβον μετόπισθε | * ποιήσει * πολλὸν δ' αὖ χρυσόν τε καὶ ἄργυρον ἐξαλαπάξει ἐκ |
| Slb. | | 3 | 258 | θεὸς γράψας πλαξὶν δυσὶ πάντα δίκαια καὶ προσέταξε | * ποιεῖν * καὶ ἢν ἄρα τις παρακούσῃ ἠὲ νόμῳ τίσειε δίκην ἢ |
| Slb. | | 3 | 429 | ἔργα μέμηλεν. καί γε θεοὺς τούτοισι παρίστασθαί γε | * ποιήσει * ψευδογραφῶν κατὰ πάντα τρόπον μέροπας |
| Slb. | | 3 | 655 | τελέσσας. οὐδέ γε ταῖς ἰδίαις βουλαῖς τάδε πάντα | * ποιήσει * ἀλλὰ θεοῦ μεγάλοιο πιθήσας δόγμασιν ἐσθλοῖς. --- |
| Slb. | | 3 | 793 | ἐν δεσμοῖσιν ἄξουσιν πηρὸν γὰρ ἐπὶ χθονὶ θῆρα | * ποιήσει. * σὺν βρέφεσίν τε δράκοντες ἅμ' ἀσπίσι |
| Slb. | | 3 | 817 | ἐπὴν δὲ γένηται ἅπαντα τηνίκα μου μνήμην | * ποιήσετε * κοὐκέτι μ' οὐδεὶς μαινομένην φήσειε θεοῦ |
| Slb. | | 4 | 42 | ἤδη κόσμου καὶ θνητῶν ἔλθῃ κρίσις ἣν θεὸς αὐτὸς | * ποιήσει * κρίνων ἀσεβεῖς θ' ἅμα εὐσεβέας τε καὶ τότε |
| Slb. | | 4 | 156 | ῥέξωσιν ἀτάσθαλα καὶ κακὰ ἔργα εὐσεβέων δ' οὐδεὶς | * ποιῇ * λόγον ἀλλὰ καὶ αὐτοὺς πάντας ὑπ' ἀφροσύνης μέγα |
| Slb. | | 5 | 85 | τε ματαίους ἀψύχους κωφοὺς καὶ ἐν πυρὶ χωνευθέντας | * ποιήσαντο * μάτην γε πεποιθότες ἐν τοιούτοις. Θμοῦις καὶ |
| Slb. | | 5 | 202 | αἵματι πολλῷ καὐτοὶ γὰρ κακότητα θεοῦ τέκνοις | * ἐποίησαν * ἡνίκα Σιδονίοις βασιλεὺς Φοῖνιξ Γαλικανὸν |
| Slb. | | 5 | 220 | προτέθειται. τούτῳ γάρ τοι δῶκε θεὸς μένος ἐς τὸ | * ποιῆσαι * οἷά τις οὐ πρότερος τῶν συμπάντων βασιλήων πρῶτα |
| Slb. | | 5 | 369 | τε τυράννους πάντας τ' ἐμπρήσει ὡς οὐδέποτ' ἄλλος | * ἐποίει * τοὺς δ' αὖ πεπτηῶτας ἀνορθώσει διὰ ζῆλον. ἔσται |
| Slb. | | 5 | 404 | ἀκηδέστως +αἰνεῖ+ θεὸν ἐξ ἀφανοῦς γῆς οὐδὲ πέτρης | * ποίησε * σοφὸς τέκτων παρὰ τούτοις οὐ χρυσοῦ κόσμον ἀπάτην |
| Slb. | | 5 | 420 | πρόσθε κακούργων καὶ πόλιν ἣν ἐπόθησε θεὸς ταύτην | * ἐποίησεν * φαιδροτέραν ἄστρων τε καὶ ἡλίου ἠδὲ σελήνης καὶ |
| Slb. | | 5 | 422 | ἡλίου ἠδὲ σελήνης καὶ κόσμον κατέθηχ' ἅγιόν τ' --- | * ἐποίησεν * ἔνσαρκον καλὸν περικαλλέα ἠδὲ ἔπλασσεν πολλοῖς |
| Slb. | | 5 | 439 | σεισμοῖο κλόνῳ Πάρθοι δέ σε δεινοὶ πάντα κρατεῖν | * ἐποίησαν. * ἔχε στόμα φιμῷ ἄναγνε Χαλδαίων γενεὴ μήτ' |
| Slb. | | 5 | 496 | καὶ ὀστρακίνοισι θεοῖσιν πομπὰς καὶ τελετὰς | * ποιούμενοι * οὐκ ἐνόησαν. στρέψωμεν ψυχὰς θεὸν ἄφθιτον |
| FJub. | | 2 | 2 | καὶ πᾶσαν σοφίαν. τῇ μὲν γὰρ πρώτῃ ἡμέρᾳ | * ἐποίησε * τοὺς ἀνωτέρους οὐρανοὺς τὴν γῆν τὰ ὕδατα ἐξ ὧν |
| FJub. | | 2 | 3 | ἡμέρας τε καὶ ὄρθρου. ταῦτα τὰ ἑπτὰ μέγιστα ἔργα | * ἐποίησεν * ὁ θεὸς ἐν τῇ πρώτῃ ἡμέρᾳ. ἐν δὲ τῇ δευτέρᾳ τὸ |
| FJub. | | 2 | 4 | ἐπὶ πρόσωπον πάσης τῆς γῆς. τοῦτο μόνον τὸ ἔργον | * ἐποίησεν * ὁ θεὸς ἐν τῇ δευτέρᾳ ἡμέρᾳ. τρίτῃ δὲ ἡμέρᾳ τὰς |
| FJub. | | 2 | 7 | φυτὰ κατὰ γένος. ταῦτα τὰ τέσσαρα ἔργα τὰ μέγιστα | * ἐποίησεν * ὁ θεὸς ἐν τῇ τρίτῃ ἡμέρᾳ. τῇ δὲ τετάρτῃ τὸν |
| FJub. | | 2 | 10 | σελήνην τοὺς ἀστέρας ταῦτα τὰ τρία ἔργα τὰ μεγάλα | * ἐποίησεν * ὁ θεὸς ἐν τῇ τετάρτῃ ἡμέρᾳ. τῇ δὲ πέμπτῃ τὰ |
| FJub. | | 2 | 12 | πετεινὰ τὰ πτερωτά. ταῦτα τὰ τρία ἔργα τὰ μεγάλα | * ἐποίησεν * ὁ θεὸς ἐν τῇ πέμπτῃ ἡμέρᾳ. τῇ δὲ ἕκτῃ ἡμέρᾳ τὰ |
| FJub. | | 2 | 14 | τῆς γῆς τὸν ἄνθρωπον. ταῦτα τὰ τέσσαρα μεγάλα ἔργα | * ἐποίησεν * ὁ θεὸς ἐν τῇ ἕκτῃ ἡμέρᾳ καὶ ἐγένετο πάντα τὰ ἐν |
| FJub. | | 2 | 15 | ἐγένετο πάντα τὰ ἐν ταῖς ἓξ ἡμέραις παρὰ τοῦ θεοῦ | * ποιηθέντα * ἔργα κβ'. καὶ συνετέλεσεν ὁ θεὸς πάντα ἐν τῇ |
| FJub. | | 3 | 32 | ἡμέρας τῆς παραβάσεως ἐν τῇ ἐπιτολῇ τῶν Πλειάδων. | * ἐποίησε * δὲ ὁ Ἀδὰμ ἐν τῷ παραδείσῳ ἑβδομάδα ἡμερῶν |
| FJub. | | 22 | 4 | δὲ ξ' ὃν ὁ Ἰσαὰκ ἐγέννησεν τὸν Ἰακώβ. κολλυρίδας | * ποιήσασα * Ῥεβέκκα ἔδωκε τῷ Ἰακὼβ καὶ εἰσήγαγε μεθ' |
| FJub. | | 46 | 3 | πλείστους. Ἰωσὴφ ιζ' ἐτῶν ἐπράθη καὶ τριὰ ἔτη | * ἐποίησεν * δοῦλος καὶ γ' ἔτη ἐν τῇ φυλακῇ καὶ π' πάσης γῆς |
| FJub. | | 48 | 5 | τοὺς Αἰγυπτίους ἐξῆλθον προστάξει θεοῦ τοῦτο | * πεποιηκότες. * ἐν τῇ θαλάσσῃ κατεστράφησαν ὃν τρόπον τὰ |
| FMan. | 2 | 22 | 12 | καὶ Ἰακὼβ καὶ τοῦ σπέρματος αὐτῶν τοῦ δικαίου ὁ | * ποιήσας * τὸν οὐρανὸν καὶ τὴν γῆν σὺν παντὶ τῷ κόσμῳ αὐτῶν |
| FMan. | 2 | 22 | 13 | παρώργισα τὸν θυμόν σου καὶ τὸ πονηρὸν ἐνώπιόν σου | * ἐποίησα * στήσας βδελύγματα καὶ πληθύνας προσοχθίσματα. |
| FEz. | 64 | 70 | 7 | ἰδίαν ἐκαθέζετο καὶ κατ' ἰδίαν ᾤκει. γάμους δὲ | * ποιήσας * ὁ βασιλεὺς τῷ ἰδίῳ υἱῷ ἐκάλεσε πάντας τοὺς ἐν τῇ |
| FEz. | 64 | 70 | 8 | κληθέντων εἰς τὴν εὐφρασίαν; δεῦρο τοίνυν καθὼς | * ἐποίησεν * ἡμῖν ἀμυνώμεθα αὐτόν. ὁ δὲ ἕτερος ἠρώτα ποίῳ |
| FEz. | 64 | 70 | 10 | κράτει καὶ δεῦρο πρὸς τὸ σχοινίον πρός με. ὡς δὲ | * ἐποίησεν * ὃ προετράπη ὅτε ἔφθασε λέγει δεῦρό μοι γενοῦ |
| FEz. | 64 | 70 | 11 | ἄνωθεν ὁδηγῶν σε δεξιὰ καὶ εὐώνυμα. τοῦτο δὲ | * ποιήσαντες * κατέβησαν εἰς τὸν παράδεισον. εἶτα λοιπὸν |
| FEz. | 64 | 70 | 15 | βούλει. καὶ λοιπὸν ἡ κρίσις ἀργεῖ. τί οὖν | * ποιεῖ * ὁ κριτὴς ὁ δίκαιος; ἀναγνοὺς ποίῳ τρόπῳ ἀμφότεροι |
| FEz. | | 186 | 3 | και <το ενοχλουμενο>ν ουκ εθ<ε>ραπευσατε <και | * ποιειτε * τον> λαον μου πλαν<ασθαι απο νομης της> καλης |
| FAch. | | 101 | | γενέσθαι τῶν ἠθῶν διὰ τὸν νοῦν αὐτὸν ἔχειν καὶ | * ἐποίησεν * αὐτὸν ἐπὶ τῆς διοικήσεως. ἐπ' ἐκείνοις δὲ τοῖς |
| FAch. | | 103 | | εὐγενῆ ἐν Βαβυλῶνι ἄτεκνος ὑπάρχων τοῦτον υἱὸν | * ἐποιήσατο * καὶ τῷ βασιλεῖ παρέστησεν ὡς διάδοχον αὐτοῦ |
| FAch. | | 103 | | ὡς διάδοχον αὐτοῦ τῆς σοφίας. πᾶσαν δὲ αὐτοῦ | * ἐποιήσατο * ἐπιμέλειαν τῆς παιδείας. ὁ δὲ νεανίσκος μέγα |
| FAch. | | 103 | | ἐπιμέλειαν τῆς παιδείας. ὁ δὲ νεανίσκος μέγα | * ποιήσας * ἅμα τῇ τοῦ βασιλέως παλλακίδι περιπλακεὶς |
| FAch. | | 106 | | βασιλεῦ ἡμεῖς θέλομεν πάντα τὰ ὑπὸ σοῦ κελευόμενα | * ποιεῖν. * ἀδυνάτως καὶ ἀπείρως ἔχομεν πρὸς τὰ τοιαῦτα. |
| FAch. | | 107 | | πρὸς αὐτόν τί φῄς; ὁ δὲ ἐπιταγὴν βασιλέως μὴ | * ποιήσας * ἐπ' ἐμαυτὸν θησαυρίζω κακά. ὁ δὲ βασιλεὺς εἶπεν |
| FAch. | | 107 | | ἠδυνάμην ἣν λέγεις σεαυτοῦ ἐσχάτην ἡμέραν αἰῶνα | * ποιῆσαι * ἐὰν ἀληθεύεις ὅτι Αἴσωπος ζῇ. ἐκεῖνον γὰρ |
| FAch. | | 109 | | τὸν καθηγητήν σου τίμα ἴσα γονεῦσι τούτους γὰρ εὖ | * ποιεῖν * χρὴ διὰ τὴν φύσιν τῷ δὲ ἐκ προαιρέσεως στέρξαντι |
| FAch. | | 110 | | μὴ μνησικακήσῃς τοῖς ἐχθροῖς μᾶλλον δὲ αὐτοὺς εὖ | * ποίει * ἵνα μεταμέλωνται γνωρίζοντες οἷον ἄνδρα ἠδίκουν. |
| FAch. | | 110 | | πρὸς καιρὸν ἔκβαλλε οὐ γὰρ ἕνεκα τοῦ εὐνοεῖν τοῦτο | * ποιεῖ * ἀλλ' ὡς τὰ ὑπὸ σοῦ λεγόμενα ἢ πραττόμενα ἑτέροις |
| FAch. | | 115 | | γὰρ διαφέρει Λυκοῦργος ὡς Ζεὺς τῶν ἐπὶ τὸν κόσμον | * ποιεῖ * γὰρ <ἐκεῖνος> τὸν ἥλιον καὶ τὴν σελήνην φαίνειν |
| FAch. | | 115 | | ἐὰν θέλῃ ὀργίζεσθαι τὸ ἴδιον ἱερὸν τρέμειν | * ποιεῖ * καὶ φοβερὰ βροντήσας καὶ δεινὸν ἀστράψας καὶ |
| FAch. | | 115 | | <αὐτοῦ τὴν ὑμῶν λαμπρότητα> (φωτεινὴν) σκοτεινὴν | * ποιεῖ * καὶ ἀφανῆ <πάντ>α γὰρ ἐν ὑπεροχῇ καταπαύει. ὁ δὲ |
| FAch. | | 121 | | τῇ δὲ ἑξῆς ἡμέρᾳ ὁ βασιλεὺς Νεκταναβὼν συμβούλιον | * ποιησάμενος * μετὰ τῶν ἰδίων λέγει ὡς ὁρῶ διὰ τὸν |
| FAch. | | 123 | | ἀνατεθῆναι τῷ Αἰσώπῳ μετὰ καὶ τῶν Μουσῶν καὶ | * ἐποίησεν * ἑορτὴν μεγάλην ὁ βασιλεὺς ἐπὶ τῇ τοῦ Αἰσώπου |
| FPho. | | | 91 | ἐσθλὰ μαθόντες. μὴ δὲ τραπεζοκόρους κόλακας | * ποιεῖσθαι * ἑταίρους πολλοὶ γὰρ πόσιος καὶ βρώσιός εἰσιν |
| IPyt. | | 134 | | μόνον στήσας εἰπεῖν ἐμὸς ἀλλὰ κατοικεῖν αὐτὸς ἐν ᾧ | * πεποίηκε * πεποίηται δ' ὑπὸ τούτου. |
| IPyt. | | 134 | | εἰπεῖν ἐμὸς ἀλλὰ κατοικεῖν αὐτὸς ἐν ᾧ πεποίηκε | * πεποίηται * δ' ὑπὸ τούτου. |
| IDlp. | 5 | 121 | 1 | μηδὲν πλανηθῇς ἔστι καὶ ἐν Ἅιδου κρίσις ἥνπερ | * ποιήσει * <ὁ> θεὸς ὁ πάντων δεσπότης οὗ τὸ ὄνομα φοβερόν |
| IMen. | 5 | 119 | 2 | ἢ νὴ Δία ἑτέρων τοιούτων ἢ κατασκευάσματα χρυσᾶς | * ποιήσας * χλαμύδας ἤτοι πορφυρᾶς ἢ δι' ἐλέφαντος ἢ |
| HDem. | 9 | 21 | 14 | αὐτοῦ τοσαῦτα καταναλῶσαι κρέα. τοῦτο οὖν αὐτὸν | * πεποιηκέναι * διὰ τὸ ἐκ τῆς Λείας τῷ πατρὶ αὐτοῦ γεγονέναι |
| HDem. | -1 | 141 | 1 | ἀπὸ τῆς αἰχμαλωσίας ταύτης εἰς τὴν ἐσχάτην ἣν | * ἐποιήσατο * Ναβουχοδονόσορ ἐξ Ἱεροσολύμων ἔτη ἑκατὸν |
| HEup. | 9 | 34 | 2 | πάντων κατ' ἀρχιτεκτονίαν ὑφηγήσεταί σοι καὶ | * ποιήσει. * περὶ δὲ τῶν δεόντων καὶ ἀποστελλομένων σοι |
| HEup. | 9 | 34 | 3 | δὲ τῶν δεόντων καὶ ἀποστελλομένων σοι παίδων καλῶς | * ποιήσεις * ἐπιστείλας τοῖς κατὰ τόπον ἐπάρχοις ὅπως |
| HEup. | 9 | 34 | 6 | χρυσῶσαι ἀπὸ ἐδάφους ἕως τῆς ὀροφῆς τό τε ὀρόφωμα | * ποιῆσαι * ἐκ φατνωμάτων χρυσῶν τὸ δὲ δῶμα ποιῆσαι χαλκοῦν |
| HEup. | 9 | 34 | 6 | τε ὀρόφωμα ποιῆσαι ἐκ φατνωμάτων χρυσῶν τὸ δὲ δῶμα | * ποιῆσαι * χαλκοῦν ἀπὸ κεραμίδων χαλκῶν χαλκὸν χωνεύσαντα |
| HEup. | 9 | 34 | 6 | χαλκῶν χαλκὸν χωνεύσαντα καὶ τοῦτον καταχέαντα. | * ποιῆσαι * δὲ δύο στύλους χαλκοῦς καὶ καταχρυσῶσαι αὐτοὺς |
| HEup. | 9 | 34 | 7 | τοῦ οἴκου ὃν μὲν ἐκ δεξιῶν ὃν δὲ ἐξ εὐωνύμων. | * ποιῆσαι * δὲ καὶ λυχνίας χρυσᾶς <δέκα> δέκα τάλαντα |
| HEup. | 9 | 34 | 8 | τοῦ σηκοῦ τὰς μὲν ἐκ δεξιῶν τὰς δὲ ἐξ εὐωνύμων. | * ποιῆσαι * δ' αὐτὸν καὶ λύχνους χρυσοῦς ο' ὥστε καίεσθαι |
| HEup. | 9 | 34 | 9 | φατνώμασι κεδρίνοις καὶ κυπαρισσίνοις. | * ποιῆσαι * δὲ καὶ κατὰ τὸ πρὸς βορρᾶν μέρος τοῦ ἱεροῦ στοὰν |
| HEup. | 9 | 34 | 9 | πηχῶν κ' καὶ πλάτος πηχῶν κ' τὸ δὲ ὕψος πηχῶν ε' | * ποιῆσαι * δὲ ἐπ' αὐτῷ στεφάνην πρὸς τὴν βάσιν ἔξω |
| HEup. | 9 | 34 | 9 | καὶ τὰς χεῖρας νίπτεσθαι ἐπιβαίνοντας | * ποιῆσαι * δὲ καὶ τὰς βάσεις τοῦ λουτῆρος τορευτὰς χωνευτὰς |
| HEup. | 9 | 34 | 10 | μέρους ὑπὸ τὸν λουτῆρα ἐκ δεξιῶν τοῦ θυσιαστηρίου. | * ποιῆσαι * δὲ καὶ βάσιν χαλκῆν τῷ ὕψει πηχῶν δυοῖν κατὰ τὸν |
| HEup. | 9 | 34 | 11 | πηχῶν κ ε' ἐπὶ πήχεις κ' τὸ δὲ ὕψος πηχῶν δώδεκα. | * ποιῆσαι * δὲ καὶ δακτυλίους δύο χαλκοῦς ἁλυσιδωτοὺς καὶ |
| HEup. | 9 | 34 | 11 | κώδωνας χαλκοῦς ταλαντιαίους τετρακοσίους καὶ | * ποιῆσαι * ὅλας τὰς δίκτυας πρὸς τὸ ψοφεῖν τοὺς κώδωνας καὶ |
| HEup. | 9 | 34 | 14 | δὲ τὴν σκηνὴν καὶ τὸ θυσιαστήριον καὶ τὰ σκεύη ἃ | * ἐποίησε * Μωσῆς εἰς Ἱεροσόλυμα ἐνεγκεῖν καὶ ἐν τῷ οἴκῳ |
| HEup. | 9 | 34 | 20 | κίονα τὸν ἐν Τύρῳ ἀνακείμενον ἐν τῷ ἱερῷ τοῦ Διός. | * ποιῆσαι * δὲ τὸν Σολομῶνα καὶ ἀσπίδας χρυσᾶς χιλίας ὧν |
| HArt. | 9 | 23 | 1 | αὐτὸν διακομίσαι τοὺς δὲ τὸ ἐντυγχανόμενον | * ποιῆσαι * εἶναι γὰρ τοὺς τῶν Ἀράβων βασιλεῖς ἀπογόνους |

HArt. 9 27 5 καὶ τοῖς ἱερεῦσιν ἐξαίρετον χώραν. ταῦτα δὲ πάντα * ποιῆσαι * χάριν τοῦ τὴν μοναρχίαν βεβαίαν τῷ Χενεφρῇ
HArt. 9 27 27 ἐκλιμπάνειν εἰπεῖν τε τὸν βασιλέα σημεῖόν τι αὐτῷ * ποιῆσαι * τὸν δὲ Μώϋσον ἣν εἶχε ῥάβδον ἐκβαλόντα ὄφιν
HArt. 9 27 27 τὸν δὲ Μώϋσον ἣν εἶχε ῥάβδον ἐκβαλόντα ὄφιν * ποιῆσαι * πτοηθέντων δὲ πάντων ἐπιλαβόμενον τῆς οὐρᾶς
HArt. 9 27 27 ἐπιλαβόμενον τῆς οὐρᾶς ἀνελέσθαι καὶ πάλιν ῥάβδον * ποιῆσαι * προελθόντα δὲ μικρὸν τὸν Νεῖλον τῇ ῥάβδῳ πατάξαι
HArt. 9 27 30 δὲ τότε διά τινων μαγγάνων καὶ ἐπαοιδῶν δράκοντα * ποιῆσαι * καὶ τὸν ποταμὸν μεταχρῶσαι. τὸν δὲ βασιλέα
HArt. 9 27 31 τὸν δὲ Μώϋσον ταῦτα ὁρῶντα ἄλλα τε σημεῖα * ποιῆσαι * καὶ πατάξαντα τὴν γῆν τῇ ῥάβδῳ ζῷόν τι πτηνὸν
HAri. 9 25 4 τε νόσου αὐτὸν ἀπολῦσαι καὶ πολλῶν κύριον ὑπάρξεων * ποιῆσαι. *
HHec. 1 22 194 ἀνασπάστους εἰς Βαβυλῶνα Πέρσαι πρότερον αὐτῶν * ἐποίησαν * μυριάδας οὐκ ὀλίγαι δὲ καὶ μετὰ τὸν Ἀλεξάνδρου
HCal. 24 22 ἡμᾶς ἐν τῇ φάραγγι τῇ μεγάλῃ ὡς ὑποβρύχιον ἑαυτοὺς * ποιήσαντες * οἱ τῶν Μακεδόνων παῖδες. ἅμα γὰρ Ἀλέξανδρος
HCal. 24 38 ἱερέων. ὁ δέ φησιν θεὸν ἡμεῖς ἕνα δουλεύομεν ὃς * ἐποίησεν * οὐρανὸν καὶ γῆν καὶ πάντα τὰ ὁράμενά τε καὶ
HCal. 28 5 ἕνα πύργον οἰκοδομήσας ἐν αὐτῷ τὴν ἑαυτοῦ στήλην * ποιήσας * ἵδρυσε περὶ αὐτὸν δὲ Σελεύκου καὶ Ἀντιόχου καὶ
HCal. 28 7 καὶ τὴν μὲν Σελεύκου κέρας ἔχουσαν γνωρίζεσθαι * πεποίηκε * διά τε τὸ ἀνδρεῖον καὶ δυσμάχητον Φιλίππου δὲ
LPhi. 9 20 1 αἰνοφύτων ἔκκαυμα βριήπυος αἰνετὸς ἴσχων ἀθάνατον * ποίησεν * ἑὴν φάτιν ἐξότε κείνου ἔκγονος αἰνογόνοιο
LEze. 9 29 12 01 εἰς κόλπον ἔσται δ' ὥσπερ ἦν. ἐν τῇδε ῥάβδῳ πάντα * ποιήσεις * κακὰ πρῶτον μὲν αἷμα ποτάμιον ῥυήσεται πηγαί τε
LAri. 8 10 3 ὁ νομοθέτης ἡμῶν Μωσῆς ἐφ' ἑτέρων πραγμάτων λόγους * ποιούμενος * λέγω δὲ τῶν κατὰ τὴν ἐπιφάνειαν φυσικὰς
LAri. 13 12 11 ἐν αὐτῇ τοῦτο οὐχ ὡς τινες ὑπολαμβάνουσι μηκέτι * ποιεῖν * τι τὸν θεὸν καθέστηκεν ἀλλ' ἐπὶ τῷ καταπεπαυκέναι
LAri. 13 12 12 χρόνον τεταχέναι. σημαίνει γὰρ ὡς ἐν ἓξ ἡμέραις * ἐποίησε * τόν τε οὐρανὸν καὶ τὴν γῆν καὶ πάντα τὰ ἐν
FrAn. 15 8 αὐτήν. οὐ τὰ νῦν σάββατα ἐμοὶ δεκτὰ ἀλλὰ ὃ * πεποίηκα * ἐν ᾧ καταπαύσας τὰ πάντα ἀρχὴν ἡμέρας ὀγδόης
FrAn. 15 8 ἐν ᾧ καταπαύσας τὰ πάντα ἀρχὴν ἡμέρας ὀγδόης * ποιήσω * ὅ ἐστιν ἄλλου κόσμου ἀρχήν. τότε γὰρ δυστυχήσειν
FrAn. 1 218 5 καὶ ὁ μὲν ἀρχιερεὺς τὰ διατεταγμένα πάντα * πεποίηκε * πρὸς τὸν ἄνθρωπον καὶ λελάληκεν ὁ δὲ ἀκούσας
FrAn. 574 3076 σε πᾶν πνεῦμα δαιμόνιον τὸν ἐφορῶντα ἐπὶ γῆς καὶ * ποιοῦντα * ἔκτρομα τὰ θεμέλια αὐτῆς καὶ ποιήσαντα τὰ πάντα
FrAn. 574 3077 ἐπὶ γῆς καὶ ποιοῦντα ἔκτρομα τὰ θεμέλια αὐτῆς καὶ * ποιήσαντα * τὰ πάντα ἐκ τῶν οὐκ ὄντων εἰς τὸ εἶναι. ὁρκίζω

ποίημα 10
Adam 29 11 γῆ καὶ θαλάσσῃ. καὶ πάντες οἱ ἄγγελοι καὶ πάντα τὰ * ποιήματα * τοῦ θεοῦ ἐκύκλωσαν τὸν Ἀδὰμ ὡς τεῖχος κύκλῳ
Adam 29 12 δεήσεώς σου ὅτι καὶ ἡμεῖς οἱ ἄγγελοι καὶ πάντα τὰ * ποιήματα * αὐτοῦ παρεκαλέσαμεν τὸν θεὸν ὑπὲρ ὑμῶν. καὶ
Adam 33 5 Ἰαὴλ ἅγιε συγχώρησον ὅτι εἰκών σου ἐστιν καὶ * ποίημα * τῶν χειρῶν σου τῶν ἁγίων. καὶ αὖθις ἴδον ἐγὼ Εὔα
Adam 37 2 φοβερὰν λέγοντες εὐλογημένη ἡ δόξα κυρίου ἀπὸ * ποιημάτων * αὐτοῦ ὅτι ἠλέησεν τὸ πλάσμα τῶν χειρῶν αὐτοῦ
Abr.1 9 6 σώματι ὢν⟩ θέλω ἰδεῖν πᾶσαν τὴν οἰκουμένην καὶ τὰ * ποιήματα * ⟨πάντα⟩ ὅσα διὰ λόγου ἑνὸς συνεστήσω δέσποτα
Esdr. 2 24 οἰκτείρησον τὰ ἔργα σου. τότε ἐμνήσθη ὁ θεὸς τῶν * ποιημάτων * αὐτοῦ καὶ λέγει ⟨πρὸς⟩ τὸν προφήτην πῶς ἔχω
Job 49 2 τῶν ἀρχῶν, ἐδοξολόγησεν δὲ τοῦ ὑψηλοῦ τόπου τὸ * ποίημα. * διότι εἴ τις βούλεται γνῶναι τὸ ποίημα τῶν
Job 49 3 τόπου τὸ ποίημα. διότι εἴ τις βούλεται γνῶναι τὸ * ποίημα * τῶν οὐρανῶν, δυνήσεται εὑρεῖν ἐν τοῖς ὕμνοις
LAri. 13 12 4 καὶ συνεχομένην ἀδιαλείπτως. ἔτι δὲ καὶ Ὀρφεὺς ἐν * ποιήμασι * τῶν κατὰ τὸν Ἱερὸν Λόγον αὐτῷ λεγομένων οὕτως
LAri. 13 12 7 δὲ δεῖ σεσημάγκαμεν περιαιροῦντες τὸν διὰ τῶν * ποιημάτων * Δία καὶ Ζῆνα τὸ γὰρ τῆς διανοίας αὐτῶν ἐπὶ

ποίησις 3
Aris. 57 3 συνετέλουν χρυσίου δοκίμου στερεὰν πάντοθεν τὴν * ποίησιν * ἐργασάμενοι λέγω δὲ οὐ περί τι περιεπτυγμένου
Aris. 60 6 ἕτερος παρὰ ἕτερον πλοκὴν εἶχον ἀμίμητον τῇ * ποιήσει. * πάντες δ' ἦσαν διὰ τρημάτων κατειλημμένοι
Aris. 258 3 διαμένῃ; πρὸς τοῦτ' εἶπεν εἰ μεγάλα καὶ σεμνὰ ταῖς * ποιήσεσιν * ἐπιτελοῖ πρὸς τὸ φείσασθαι τοὺς θεωροῦντας διὰ

ποιητής 5
Aris. 31 4 θείαν. διὸ πόρρω γεγόνασιν οἵ τε συγγραφεῖς καὶ * ποιηταὶ * καὶ τὸ τῶν ἱστορικῶν πλῆθος τῆς ἐπιμνήσεως τῶν
Aris. 312 6 συντετελεσμένων οὐδεὶς ἐπεβάλετο τῶν ἱστορικῶν ἢ * ποιητῶν * ἐπιμνησθῆναι; ἐκεῖνος δὲ ἔφη διὰ τὸ σεμνὴν εἶναι
Aris. 316 2 καὶ παρὰ Θεοδέκτου δὲ τοῦ τῶν τραγῳδιῶν * ποιητοῦ * μετέλαβον ἐγὼ διότι παραφέρειν μέλλοντός τι τῶν
Sib. 5 137 ποτε γεννᾶν+. Ἑλλάδα τὴν τριτάλαιναν ἀναιάξουσι * ποιηταὶ * ἠνίκ' ἀπ' Ἰταλίης ἰσθμοῦ πλήξειε τένοντα τῆς
LAri. 8 10 4 οἱ προειρημένοι φιλόσοφοι καὶ πλείονες ἕτεροι καὶ * ποιηταὶ * παρ' αὐτοῦ μεγάλας ἀφορμὰς εἰληφότες καθὸ καὶ

ποικιλία 4
Sal. 4 3 πρώτοις ἐπ' αὐτὸν ὡς ἐν ζήλει καὶ αὐτὸς ἔνοχος ἐν * ποικιλίᾳ * ἁμαρτιῶν καὶ ἐν ἀκρασίαις. οἱ ὀφθαλμοὶ αὐτοῦ
Sal. 12 2 καὶ ψιθύρου καὶ λαλούσης ψευδῆ καὶ δόλια. ἐν * ποικιλίᾳ * στροφῆς οἱ λόγοι τῆς γλώσσης ἀνδρὸς πονηροῦ
Aris. 56 2 οὐδὲ ὑπερθετέον τὰ καλῶς ἔχοντα. τῇ μὲν οὖν * ποικιλίᾳ * τῶν τεχνῶν ἐκέλευσεν ὅτι μάλιστα χρήσασθαι
FJub. 10 24 ἐκεῖνον καὶ τοῦ κατακλυσμοῦ καὶ τῆς συγχύσεως καὶ * ποικιλίας * τῶν γλωσσῶν καὶ τῶν περὶ τὸν πρῶτον ἄνθρωπον

ποικίλλω 1
Aris. 96 6 ἀνιέντες ἰδιάζοντα παρ' ἑκάτερον δὲ τούτων ἄνθεσι * πεποικιλμένοι * ῥοΐσκοι τῇ χρόᾳ θαυμασίως ἔχοντες.

ποικιλόμητις 2
Sib. 3 217 πατέρων καὶ δῆμον ἁπάντων πάντα περιφραδέως βροτὲ * ποικιλόμητι * δολόφρον. ἔστι πόλις --- κατὰ χθονὸς Οὒρ
Sib. 3 624 βροτοῖς κάλλιστον ἁπάντων. ἀλλὰ σὺ μὴ μέλλων βροτὲ * ποικιλόμητι * βράδυνε ἀλλὰ παλίμπλαγκτος στρέψας θεὸν

ποικίλος 11
TIss. 4 2 οὐκ ἐπιθυμεῖ τὸν πλησίον οὐ πλεονεκτεῖ βρωμάτων * ποικίλων * οὐκ ἐφίεται ἐσθῆτα διάφορον οὐ θέλει χρόνους
TZab. 1 3 σφόδρα καὶ τὰ ποίμνια καὶ τὰ βουκόλια ὅτε ἐν τοῖς * ποικίλοις * ῥάβδοις εἶχε τὸν κλῆρον. οὐκ ἔγνων τέκνα μου
Asen. 2 2 πορφυροῖς κατεστρωμένος καὶ οἱ τοῖχοι αὐτοῦ λίθοις * ποικίλοις * καὶ τιμίοις πεπλακωμένοι καὶ ἦν ἡ ὀροφὴ τοῦ
Asen. 13 6 τὸ ἔδαφος τοῦ θαλάμου μου τὸ κατεστρωμένον λίθοις * ποικίλοις * καὶ πορφυροῖς ὃ ἦν τὸ πρότερον καταρραινόμενον
Job 46 7 καὶ ἤνοιξεν καὶ ἀνήνεγκεν τὰς τρεῖς χορδὰς τὰς * ποικίλας * ὡς μὴ δύνασθαί τινα ἄνθρωπον λαλῆσαι περὶ τῆς
Aris. 17 5 καὶ τρέπεται πάλιν ὑπ' αὐτοῦ διὸ πολλαχῶς καὶ * ποικίλως * ἐπεκαλούμην τὸν κυριεύοντα κατὰ καρδίαν ἵνα
Aris. 74 3 ὕψει τὴν δ' ἐκτύπωσιν ἐνυπῆρχε διὰ λιθώσεως * ποικίλης * ἐμφαίνων σὺν ὡραιότητι τὸ τῆς τέχνης φιλόπονον.
Aris. 78 1 διὰ τὴν περιαύγειαν καὶ τὸ τῆς ὄψεως τερπνόν. * ποικίλη * γὰρ ἦν ἡ τῆς ἐπιφανείας ἐνέργεια. προσορώντων
Aris. 101 5 καὶ ὀξυβελῶν ἐπὶ τῶν πύργων τῆς ἄκρας καὶ ὀργάνων * ποικίλων * καὶ τοῦ τόπου κατὰ κορυφὴν ὄντος τῶν
Sib. 3 172 καὶ ἄναγνοι +ἄλλο+ Μακηδονίης ἔθνος μέγα * ποικίλον * ἄρξει οἳ φοβερὸν πολέμοιο νέφος ἥξουσι
LEze. 9 29 16 15 τις. διπλοῦν γὰρ ἦν τὸ μῆκος ἀετοῦ σχεδὸν πτεροῖσι * ποικίλοισιν * ἠδὲ χρώμασι. στῆθος μὲν αὐτοῦ πορφυροῦν

ποιμαινεύω * 1
Abr.1 10 2 ἀροτριῶντας ἑτέρους ἁμαξηγοῦντας ἐν ἄλλῳ δὲ τόπῳ * ποιμαινεύοντας * ἀλλαχοῦ ἀγραυλοῦντας καὶ ὀρχουμένους

ποιμαίνω 7
TLevi 2 3 τῆς ἀδελφῆς ἡμῶν Δίνας ἀπὸ τοῦ Ἐμμώρ. ὡς δὲ * ἐποιμαίνομεν * ἐν Ἀβελμαοὺλ πνεῦμα συνέσεως κυρίου ἦλθεν
TZab. 6 8 μου ἐξαρκῶν. τὸ θέρος ἡλίευον καὶ ἐν χειμῶνι * ἐποίμαινον * μετὰ τῶν ἀδελφῶν μου. νῦν ἀναγγελῶ ὑμῖν ἃ
TGad 1 4 ἐπὶ δύο σταδίους καὶ οὕτως ἀνῄρουν. ὁ οὖν Ἰωσὴφ * ἐποίμαινε * μεθ' ἡμῶν ὡς ἡμέρας τριάκοντα καὶ τρυφερὸς ὢν
Sal. 17 40 ἰσχυρὸς ἐν ἔργοις αὐτοῦ καὶ κραταιὸς ἐν φόβῳ θεοῦ * ποιμαίνων * τὸ ποίμνιον κυρίου ἐν πίστει καὶ δικαιοσύνῃ
Sib. 3 642 τε καὶ ἀργύρου εἵνεκεν ἔσται ἡ φιλοχρημοσύνη κακὰ * ποιμαίνουσα * πόλεσσιν+. χώρῃ ἐν ἀλλοτρίῃ ἄταφοι δὲ
HDem. 9 21 13 ἀδελφοὺς εἶναι ἐπονείδιστον δὲ Αἰγυπτίοις εἶναι τὸ * ποιμαίνειν. * ὅτι δὲ διὰ τοῦτο οὐκ ἔπεμψεν αὐτὸν
LThe. 9 22 4 τοὺς δὲ υἱοὺς αὐτοῦ ἕνδεκα τὸν ἀριθμὸν ὄντας * ποιμαίνειν * τὴν δὲ θυγατέρα Δεῖναν καὶ τὰς γυναῖκας

ποιμήν 8
Asen. 4 10 φυγάδι καὶ πεπραμένῳ; οὐχ οὗτός ἐστιν ὁ υἱὸς τοῦ * ποιμένος * ἐκ γῆς Χαναὰν καὶ αὐτὸς κατελήφθη ἐπ' αὐτοφώρῳ
Asen. 6 2 λελάληκα λέγουσα ὅτι Ἰωσὴφ ἔρχεται ὁ υἱὸς τοῦ * ποιμένος * ἐκ γῆς Χαναάν; καὶ νῦν ἰδοὺ ὁ ἥλιος ἐκ τοῦ
Asen. 13 13 ἐπειδὴ εἶπόν μοι οἱ ἄνθρωποι ὅτι Ἰωσὴφ υἱὸς τοῦ * ποιμένος * ἐστὶν ἐκ γῆς Χαναάν. κἀγὼ ἡ ἀθλία πεπίστευκα
FEz. 186 7 και ουκ ετηρη>σατε την εμην εν<τολην αλλα πας * πυμη>ν * εξ υμων ανεω<ξε το στομα και πολλ>οι εις
FEz. 186 15 ε>πι το ορος το αγιον <μου και εσομαι αυ>τοις * πυμην * κ<αι εσομαι εγγυς αυτων ως ο χ>ιτων του χρ<ωτος
HDem. 9 21 13 ἐννέα εὐτυχήσαντα πρὸς τὸν πατέρα μὴ πέμψαι διὰ τὸ * ποιμένα * αὐτόν τε καὶ τοὺς ἀδελφοὺς εἶναι ἐπονείδιστον δὲ
HAri. 9 25 3 πυρὸς ἐκ τοῦ οὐρανοῦ πεσόντος κατακαῆναι σὺν τοῖς * ποιμέσι * μετ' οὐ πολὺ δὲ καὶ τὰς καμήλους ὑπὸ λῃστῶν
LThe. 9 22 2 ὑπώρειαν ὑποδέδρομεν αἰπύθεν ἕρκος. ἐνθένδε ξένε * ποιμενόφι * πτόλιν ἦλυθ' Ἰακὼβ εὐρεῖαν Σικίμων ἐπὶ δ'

ποίμνη 1
TGad 1 3 ἢ λύκος ἢ πάρδαλις ἢ ἄρκος ἢ πᾶν θηρίον ἐπὶ τὴν * ποίμνην * κατεδίωκον αὐτὸ καὶ πιάζων τὸν πόδα αὐτοῦ τῇ

ποίμνιον 12
Abr.2 3 5 τοῖς παισὶν αὐτοῦ ἀναστάντες ἐξέλθατε εἰς τὰ * ποίμνια * καὶ ἐνέγκατε θρέμματα θύσατε ταχέως καὶ
TRub. 4 1 ἔργοις καὶ ἀποπλανώμενοι ἐν γράμμασι καὶ ἐν τοῖς * ποιμνίοις * ὑμῶν ἕως ὁ κύριος δώῃ ὑμῖν σύζυγον ἣν αὐτὸς
TSim. 2 9 γὰρ ἐγὼ ἐπορεύθην ἐν Σικίμοις ἐνέγκαι ἄλειμμα τοῖς * ποιμνίοις * καὶ Ῥουβὴμ εἰς Δωθάϊμ ὅπου τὰ ἐγχρήζοντα ἡμῖν
TLevi 6 9 τὸν πατέρα ἡμῶν ξένον ὄντα καὶ κατεπάτησαν τὰ * ποίμνια * ὀγκούμενα ὄντα ἐπ' αὐτὸν καὶ Ιεβλαε τὸν οἰκογενῆ
TJud. 3 1 δύο βασιλεῖς τῶν Χαναναίων τεθωρακισμένοι ἐπὶ τὰ * ποίμνια * καὶ πολὺς λαὸς μετ' αὐτῶν κἀγὼ μόνος δραμὼν ἐπὶ
TJud. 21 7 καὶ υἱοὺς ἐλευθέρους καταδουλώσουσιν οἴκους ἀγροὺς * ποίμνια * χρήματα ἁρπάσουσι καὶ πολλῶν σάρκας ἀδίκως
TZab. 1 3 με ηὐξήθη ὁ πατὴρ ἡμῶν ἕως σφόδρα καὶ τὰ * ποίμνια * καὶ τὰ βουκόλια ὅτε ἐν τοῖς ποικίλοις ῥάβδοις
TGad 1 2 υἱὸς ἐγενόμην τῷ Ἰακὼβ καὶ ἤμην ἀνδρεῖος ἐπὶ τῶν * ποιμνίων. * ἐγὼ ἐφύλαττον ἐν νυκτὶ τὸ ποίμνιον καὶ ὅταν
TGad 1 3 ἐπὶ τῶν ποιμνίων. ἐγὼ ἐφύλαττον ἐν νυκτὶ τὸ * ποίμνιον * καὶ ὅταν ἤρχετο λέων ἢ λύκος ἢ πάρδαλις ἢ ἄρκος
Sal. 17 40 αὐτοῦ καὶ κραταιὸς ἐν φόβῳ θεοῦ ποιμαίνων τὸ * ποίμνιον * κυρίου ἐν πίστει καὶ δικαιοσύνῃ καὶ οὐκ ἀφήσει
Aris. 170 3 κριῶν καὶ χιμάρων ὅτι δεῖ ταῦτα ἐκ βουκολίων καὶ * ποιμνίων * λαμβάνοντας ἥμερα θυσιάζειν καὶ μηθὲν ἄγριον
Sib. 3 620 ἀνδράσι δώσει καὶ γὰρ γῆ καὶ δένδρα καὶ ἄσπετα * ποίμνια * μήλων δώσουσιν καρπὸν τὸν ἀληθινὸν ἀνθρώποισιν

ποινή 1
Sib. 5 70 ἀγαθοῖσιν ἕξεις ἀντὶ τόσων τοίαν τροφὸν εἵνεκα * ποινῆς. * οὐκέτι σοι +φανερῶς+ θέμις ἔσται ἐν μακάρεσσιν

ποῖος 25 ποίῳ ποίαν ποίας ποίᾳ ποία ποῖον ποῖός ποῖος ποίου

πολεμέω 21
Adam 2 4 ἴδωμεν τί ἐστι τὸ γεγονὸς αὐτοῖς μήποτε ὁ ἐχθρὸς * πολεμῇ * τι πρὸς αὐτούς. πορευθέντες δὲ ἀμφότεροι εὗρον

Adam 10 1 αὐτῶν εἶδεν ἡ Εὔα τὸν υἱὸν αὐτῆς καὶ θηρίον * πολεμοῦντα * αὐτόν. ἔκλαυσε δὲ ἡ Εὔα λέγουσα οἴμμοι οἴμμοι
Adam 10 3 ὦ θηρίον πονηρὸν οὐ φοβήσει τὴν εἰκόνα τοῦ θεοῦ * πολεμῆσαι * αὐτήν; πῶς ἠνοίγη τὸ στόμα σου; πῶς ἐνίσχυσαν
TSim. 5 5 ἀλλ' οὐ δυνήσονται πρὸς Λευὶ ὅτι πόλεμον κυρίου * πολεμήσει * καὶ νικήσει πᾶσαν παρεμβολὴν ὑμῶν καὶ ἔσονται
TJud. 3 4 ἀκοντίσας ἔδωκα τῷ ἵππῳ καὶ ἀπέκτεινα αὐτόν. καὶ * πολεμήσας * τὸν Ἀχὼρ ἐπὶ ὥρας δύο ἀπέκτεινα αὐτὸν καὶ εἰς
TJud. 3 5 τὸν θώρακα ἰδοὺ ὀκτὼ ἄνδρες ἑταῖροι αὐτοῦ ἤρξαντο * πολεμεῖν * πρός με. ἐνειλήσας οὖν τὴν στολήν μου ἐν τῇ
TJud. 3 8 ιβ'. καὶ ἐπέπεσεν ἐπ' αὐτοὺς τρόμος καὶ ἐπαύσαντο * πολεμοῦντες * ἀφ' ἡμῶν. διὰ τοῦτο ἀμέριμνος ἦν ὁ πατήρ μου
Asen. 1 6 ἦν ἔρις πολλὴ ἐν αὐτοῖς περὶ Ἀσενὲθ καὶ ἐπειρῶντο * πολεμεῖν * πρὸς ἀλλήλους δι' αὐτήν. καὶ ἤκουσε περὶ αὐτῆς
Asen. 23 4 ἀπ' ἀρχῆς. καὶ νῦν δεῦτε συνάρασθε ἐμοὶ καὶ * πολεμήσομεν * πρὸς Ἰωσὴφ τὸν ἀδελφὸν ὑμῶν καὶ ἀποκτενῶ
Asen. 25 6 καὶ καταφάγεται ὑμᾶς καὶ οἱ ἄγγελοι τοῦ θεοῦ * πολεμήσουσι * καθ' ὑμῶν ὑπὲρ αὐτοῦ. καὶ ὠργίσθησαν αὐτοῖς
Asen. 28 1 μέγα τοῦτο καὶ ἐφοβήθησαν σφόδρα καὶ εἶπον κύριος * πολεμεῖ * καθ' ἡμῶν ὑπὲρ Ἀσενέθ. καὶ ἔπεσον ἐπὶ πρόσωπον
Asen. 28 10 πυρός. καὶ ἔστι τοῦτο ἱκανὸν αὐτοῖς ὅτι κύριος * πολεμεῖ * πρὸς αὐτοὺς ὑπὲρ ἡμῶν. καὶ ὑμεῖς φείσασθε αὐτῶν
Jer. 7 12 σε πάντα τὰ πετεινὰ τοῦ οὐρανοῦ καὶ βούλωνται * πολεμῆσαι * μετὰ σοῦ ἀγῶνισαι ὁ κύριος δώῃ σοι δύναμιν.
Prop. 22 17 αὐτὸν καὶ γέγονε λεπρός. βασιλέως Συρίας * πολεμοῦντος * τὸν Ἰσραὴλ ἠσφαλίζετο τὸν βασιλέα Ἰσραὴλ
Prop. 22 19 ἔθρεψεν τοῦτο μαθὼν ὁ βασιλεὺς Συρίας ἐπαύσατο τοῦ * πολεμεῖν. * μετὰ θάνατον Ἐλισαίου ἀποθανών τις καὶ
Sedr. 5 5 ἐφόνευσας τὸν τεχνίτην τῆς ἀδικίας; τίς δύναται * πολεμεῖν * ἀθεώρητον πνεῦμα; αὐτὸ δὲ ὡς καπνὸς εἰσέρχεται
Sedr. 5 6 αὐτοὺς πᾶσαν ἁμαρτίαν αὐτός σε τὸν ἀθάνατον θεὸν * πολεμεῖ * ὁ δὲ ἐλεεινὸς ἄνθρωπος τί ἄρα ἔχει ποιῆσαι αὐτῷ;
Job 27 1 πετεινὸν ἀνίπταται τυγχάνων ἐν τῷ καρτάλῳ; ἐξελθὼν * πολέμησόν * με. τότε ἐξόπισθεν τῆς γυναικός μου ἐξῆλθεν
Job 36 4 εὐθύνεται, ἐνίοτε δὲ εἰρηνεύει, ἔσθ' ὅτε καὶ * πολεμεῖται * περὶ δὲ τοῦ οὐρανοῦ ἀκούομεν ὅτι εὐσταθεῖ.
FJub. 11 2 καὶ τότε πρώτως πολεμικὰ κατασκευάσαντες ὄργανα * πολεμεῖν * ἀλλήλοις ἐνήρξαντο. γυνὴ Σερουχ Μελχα θυγάτηρ
HEup. 9 30 5 διὰ τὸ αἵματι ἀνθρωπίνῳ πεφύρθαι καὶ πολλὰ ἔτη * πεπολεμηκέναι * εἶναι δ' αὐτῷ ὄνομα Διαναθὰν προστάξαι τε

πολεμήϊος 1

SIb. 3 428 καὶ Ἀχιλλέα Πηλείωνα τούς τ' ἄλλους ὁπόσοις * πολεμήια * ἔργα μέμηλεν. καὶ γε θεοὺς τούτοισι παρίστασθαι

πολεμίζω 2

SIb. 5 101 ἐπὶ γαίης. αὐτὸς δ' ὅς Περσῶν ἔλαχεν γαῖαν * πτολεμίξει * κτείνας τ' ἄνδρα ἕκαστον ὅλον βίον ἐξαλαπάξει
SIb. 5 382 πεπαύσεται οἰκτρὸς ὄλεθρος κοὐκέτι τις ξίφεσιν * πολεμίξεται * οὐδὲ σιδήρῳ οὐδ' αὐτοῖς βελέεσσιν ἃ μὴ θέμις

πολεμικός 5

Hen. 8B 1 ἐδίδαξε ποιεῖν μαχαίρας καὶ θώρακας καὶ πᾶν σκεῦος * πολεμικὸν * καὶ τὰ μέταλλα τῆς γῆς καὶ τὸ χρυσίον πῶς
Aris. 14 6 τῶν στρατιωτῶν δι' ἃς ἐπεποίηντο χρείας ἐν τοῖς * πολεμικοῖς * ἀγῶσιν ἡμεῖς δὲ ἐπεί τινα παρεύρεσιν εἰς τὴν
Aris. 193 2 τοῦτον κατεπαινέσας ἠρώτα τὸν ἑξῆς πῶς ἂν ἐν ταῖς * πολεμικαῖς * χρείαις ἀήττητος εἴη; ὁ δὲ εἶπεν εἰ μὴ
FJub. 11 2 ἑαυτοῖς κατεστήσαντο καὶ βασιλεῖς. καὶ τότε πρώτως * πολεμικὰ * κατασκευάσαντες ὄργανα πολεμεῖν ἀλλήλοις
HArt. 9 27 4 τὰ Αἰγύπτια ὅπλα καὶ τὰ ὄργανα τὰ ὑδρευτικὰ καὶ * πολεμικὰ * καὶ τὴν φιλοσοφίαν ἐξευρεῖν ἔτι δὲ τὴν πόλιν

πολέμιος 10

TLevi 13 8 ἁμαρτίας ὅτι γενήσεται αὐτῷ αὐτὴ καὶ παρὰ τοῖς * πολεμίοις * λαμπρὰ καὶ ἐπὶ γῆς ἀλλοτρίας πατρὶς καὶ ἐν
TJud. 7 4 ἐν τῇ Θάμνᾳ προσηγγίσαμεν οὗ ἦν πᾶσα ἡ ἀποφυγὴ τῶν * πολεμίων * βασιλέων. τότε ὑβριζόμενος ἐθυμώθην καὶ ὥρμησα
TDan 2 3 ἐν ἀληθείᾳ ὅτι κἂν πατὴρ κἂν μήτηρ ἐστὶν ὡς * πολεμίοις * προσέχει αὐτοῖς ἐὰν ᾖ ἀδελφὸς οὐκ οἶδεν ἐὰν
Sal. 15 9 οἱ ποιοῦντες ἀνομίαν τὸ κρίμα κυρίου ὡς ὑπὸ * πολεμίων * ἐμπείρων καταλημφθήσονται τὸ γὰρ σημεῖον τῆς
Prop. 1 4 ἡ πόλις ὡς ⟨μὴ⟩ ἔχουσα ὕδωρ. ἠρώτων γὰρ οἱ * πολέμιοι * πόθεν πίνουσιν; καὶ ἔχοντες τὴν πόλιν
Aris. 101 2 ἱερὸν τόπων ἵνα ἐὰν ἐπίθεσίς τις ἢ νεωτερισμὸς ἢ * πολεμίων * ἔφοδος γένηται μηθεὶς δύνηται ὁδὸν εἰς τοὺς
HArt. 9 27 7 αὐτὸν διὰ τὴν τῶν στρατιωτῶν ἀσθένειαν ὑπὸ τῶν * πολεμίων * ἀναιρεθήσεσθαι. τὸν δὲ Μώϋσον ἐλθόντα ἐπὶ τὸν
HArt. 9 27 10 Ἑρμοῦ πόλιν. οὕτω δὴ τοὺς Αἰθίοπας καίπερ ὄντας * πολεμίους * στέρξαι τὸν Μώϋσον ὥστε καὶ τὴν περιτομὴν τῶν
HArt. 9 27 22 ἀρχαίαν ἄγαγεῖν πατρίδα. τὸν δὲ θαρρήσαντα δύναμιν * πολεμίαν * ἐπάγειν διαγνῶναι τοῖς Αἰγυπτίοις πρῶτον δὲ
HAno. 9 17 4 ἐγκρατῆ γενέσθαι τῶν αἰχμαλωτισαμένων καὶ τῶν * πολεμίων * αἰχμαλωτίσαι τέκνα καὶ γυναῖκας. πρέσβεων δὲ

πολεμιστής 3

Asen. 18 9 ἐκ τῆς κάλυκος αὐτοῦ καὶ οἱ ὀδόντες αὐτῆς ὡς * πολεμισταὶ * συντεταγμένοι εἰς πόλεμον⟩ καὶ αἱ τρίχες τῆς
Asen. 23 2 ὑμῶν κατεκόπησαν τριάκοντα χιλιάδες ἀνδρῶν * πολεμιστῶν. * καὶ ἰδοὺ ἐγὼ σήμερον λήψομαι ὑμᾶς ἐμαυτῷ εἰς
Asen. 24 19 καὶ ἐξαπέστειλεν αὐτοὺς καὶ δύο χιλιάδας ἀνδρῶν * πολεμιστῶν * σὺν αὐτοῖς. καὶ ἦλθον εἰς τὸν χείμαρρον καὶ

πολεμόκλονος 1

SIb. 5 253 ἄχρι καὶ νεφέων ἐρεβεννῶν. οὐκέτι συρίξει σάλπιγξ * πολεμόκλονον * ἦχον οὐδ' ἔτι μαινομέναις παλάμαις ἐχθραῖς

πόλεμος 80

Adam 28 4 αὐτοῦ καὶ ἀθάνατος ἔσῃ εἰς τὸν αἰῶνα. ἔχεις δὲ τὸν * πόλεμον * ὃν ἔθετο ὁ ἐχθρὸς ἐν σοί. ἀλλ' ἐξερχομένου σου
Hen. 10 9 τῶν ἐγρηγόρων ἀπὸ τῶν ἀνθρώπων πέμψον αὐτοὺς ἐν * πολέμῳ * ἀπωλείας. μακρότης γὰρ ἡμερῶν οὐκ ἔστιν αὐτῶν καὶ
Hen. 10B 9 πέμψον αὐτοὺς εἰς ἀλλήλους ἐξ αὐτῶν εἰς αὐτοὺς ἐν * πολέμῳ * καὶ ἐν ἀπωλείᾳ. καὶ μακρότης ἡμερῶν οὐκ ἔσται
Abr.1 19 10 πρόσωπον τῆς ῥομφαίας δεξιά σοι διότι πολλοὶ ἐν * πολέμοις * ὑπὸ ῥομφαίας ἀναιροῦνται καὶ θεωροῦσιν ἐν
TRub. 6 12 τῷ σπέρματι αὐτοῦ ὅτι ὑπὲρ ἡμῶν ἀποθανεῖται ἐν * πολέμοις * ὁρατοῖς καὶ ἀοράτοις καὶ ἔσται ἐν ὑμῖν βασιλεὺς
TSim. 4 8 τοῦτο τὴν ψυχὴν καὶ φθείρει τὸ σῶμα ὀργὴν καὶ * πόλεμον * παρέχει τῷ διαβουλίῳ καὶ εἰς αἵματα παροξύνει
TSim. 5 5 ἐν ῥομφαίᾳ. ἀλλ' οὐ δυνήσονται πρὸς Λευὶ ὅτι * πόλεμον * κυρίου πολεμήσει καὶ νικήσει πᾶσαν παρεμβολὴν
TSim. 6 4 ἡ γῆ πᾶσα ἀπὸ ταραχῆς καὶ πᾶσα ἡ ὑπ' οὐρανὸν ἀπὸ * πολέμου. * τότε Σὴμ ἐνδοξασθήσεται ὅτι κύριος ὁ θεὸς μέγας
TSim. 8 2 τὰ ὀστᾶ αὐτοῦ ἐν Χεβρών. καὶ ἀνήνεγκαν αὐτὰ ἐν * πολέμῳ * Αἰγυπτίων κρυφῇ. τὰ γὰρ ὀστᾶ Ἰωσὴφ ἐφύλαττον οἱ
TJud. 3 9 ἡμῶν. διὰ τοῦτο ἀμέριμνος ἦν ὁ πατήρ μου ἐν τοῖς * πολέμοις * ὅτι ἐγὼ ἤμην ἐν τοῖς ἀδελφοῖς μου. εἶδε γὰρ ἐν
TJud. 4 1 πᾶσι τοῦ μὴ ἡττᾶσθαι. καὶ κατὰ νότον γέγονεν ἡμῖν * πόλεμος * μείζων τοῦ ἐν Σικιμοις καὶ παραταξάμενος μετὰ
TJud. 6 1 τοῖς ὕδασι Χωζηβὰ οἱ ἀπὸ Ἰωβὴλ ἦλθον ἐφ' ἡμᾶς εἰς * πόλεμον * καὶ συνήψαμεν αὐτοῖς καὶ τοὺς ἀπὸ Σιλὼμ
TJud. 7 10 μου τὴν Ραμβαηλ. εἴκοσιν ἐτῶν ἤμην ὅτε ἐγένετο ὁ * πόλεμος * οὗτος καὶ ἦσαν οἱ Χαναναῖοι φοβούμενοί με καὶ
TJud. 13 3 κυρίου. ἐπειδὴ γὰρ κἀγὼ καυχησάμενος ὅτι ἐν * πολέμοις * οὐκ ἠπάτησέ με πρόσωπον γυναικὸς εὐμόρφου
TJud. 16 4 Βησσουὲ οἷς εἶπεν ὁ θεὸς μὴ ἀποκαλύψαι. καὶ * πολέμου * δὲ καὶ ταραχῆς αἴτιος γίνεται ὁ οἶνος.
TJud. 22 1 δὲ αὐτοῖς κύριος διαιρέσεις κατ' ἀλλήλων καὶ * πόλεμοι * συνεχεῖς ἔσονται ἐν Ἰσραὴλ καὶ ἐν ἀλλοφύλοις
TDan 5 2 τὸν θεὸν τῆς εἰρήνης καὶ οὐ μὴ κατισχύσῃ ὑμῶν * πόλεμος. * ἀγαπᾶτε τὸν κύριον ἐν πάσῃ τῇ ζωῇ ὑμῶν καὶ
TDan 5 10 σωτήριον κυρίου καὶ αὐτὸς ποιήσει πρὸς τὸν Βελιὰρ * πόλεμον * καὶ τὴν ἐκδίκησιν τοῦ νίκους δώσει πατράσιν
TGad 5 1 λέγει καὶ συκοφαντίαν ἐκδιδάσκει καὶ ὀργὴν καὶ * πόλεμον * καὶ ὕβριν καὶ πᾶσαν πλεονεξίαν κακῶν καὶ ἰού
TBen. 12 3 ἀνήγαγον τὰ ὀστᾶ τῶν πατέρων αὐτῶν ἐν κρυφῇ ἐν τῷ * πολέμῳ * Χανάαν. καὶ ἔθαψαν αὐτοὺς ἐν Χεβρὼν παρὰ τοὺς
Asen. 18 9 οἱ ὀδόντες αὐτῆς ὡς πολεμισταὶ συντεταγμένοι εἰς * πόλεμον⟩ * καὶ αἱ τρίχες τῆς κεφαλῆς αὐτῆς ὡς ἄμπελος ἐν
Asen. 22 9 τις ἐπὶ τὸν τράχηλον τοῦ πατρὸς αὐτοῦ ὅταν ἐκ * πολέμου * ἐπανέλθῃ εἰς τὸν οἶκον αὐτοῦ⟩ καὶ κατεφίλησεν
Asen. 24 10 τέκνον. λοιπὸν λαβὲ παρ' ἐμοῦ ἄνδρας δυνατοὺς εἰς * πόλεμον * καὶ ὑπέξελθε αὐτοῖς καθὰ σοὶ ἐπράξαντο καὶ ἐγὼ
Asen. 24 15 ἔδωκε μετ' αὐτῆς ἑξακοσίους ἄνδρας δυνατοὺς εἰς * πόλεμον * καὶ πεντήκοντα προδρόμους. καὶ νῦν ἀκουσον ἡμῶν
Asen. 24 17 λόγους λέγοντες δὸς ἡμῖν ἄνδρας ⟨δυνατοὺς εἰς * πόλεμον⟩. * καὶ ἔδωκεν ὁ υἱὸς Φαραὼ τοῖς τέσσαρσιν
Asen. 26 5 ἐκ τῶν ἐνέδρων αὐτῶν οἱ ἐνεδρευταὶ καὶ συνέμιξαν * πόλεμον * μετὰ τῶν ἀνδρῶν τῆς Ἀσενὲθ καὶ κατέκοψαν αὐτοὺς
Sal. 1 2 ἐν τῷ ἐπιθέσθαι ἁμαρτωλοὺς ἐξάπινα ἠκούσθη κραυγὴ * πολέμου * ἐνώπιόν μου ⟨εἶπα⟩ ἐπακούσεταί μου ὅτι ἐπλήσθην
Sal. 8 1 αὐτοῖς. τῷ Σαλωμων εἰς νεῖκος. θλῖψιν καὶ φωνὴν * πολέμου * ἤκουσεν τὸ οὖς μου φωνὴν σάλπιγγος ἠχούσης
Sal. 8 15 ἐσχάτου τῆς γῆς τὸν παίοντα κραταιῶς ἔκρινεν τὸν * πόλεμον * ἐπὶ Ἰερουσαλημ καὶ τὴν γῆν αὐτῆς. ἀπήντησαν αὐτῷ
Sal. 12 3 φλογιζούσης παρανόμους συγχέαι οἴκους ἐν * πολέμῳ * χείλεσιν ψιθύροις. μακρύναι ὁ θεὸς ἀπὸ ἀκάκων
Sal. 15 7 ἀπὸ δικαίων μακρὰν φεύξονται γὰρ ὡς διωκόμενοι * πολέμου * ἀπὸ ὁσίων καταδιώξονται δὲ ἁμαρτωλοὺς καὶ
Sal. 17 33 τόξον οὐδὲ πληθυνεῖ αὐτῷ χρυσίον οὐδὲ ἀργύριον εἰς * πόλεμον * καὶ πολλοῖς ⟨λαοῖς⟩ οὐ συνάξει ἐλπίδας εἰς
Sal. 17 33 καὶ πολλοῖς ⟨λαοῖς⟩ οὐ συνάξει ἐλπίδας εἰς ἡμέραν * πολέμου. * κύριος αὐτὸς βασιλεὺς αὐτοῦ ἐλπὶς τοῦ δυνατοῦ
Esdr. 3 13 καταλιμπάνει καὶ ὅταν ἔθνος πρὸς ἔθνος ἐπαναστῇ ἐν * πολέμῳ * τότε γνώσεσθε ὅτι ἐγγύς ἐστιν τὸ τέλος τότε οὖν
Job 4 4 τόπον τοῦ Σατανᾶ, ἐπαναστήσεται σοι μετὰ ὀργῆς εἰς * πόλεμον. * μόνον ὅτι θάνατόν σοι οὐ δυνήσεται ἐπενεγκεῖν
Job 18 5 ὠδίνων, μνησθεὶς μάλιστα τοῦ προσημανθέντος μοι * πολέμου * ὑπὸ τοῦ κυρίου διὰ τοῦ ἀγγέλου αὐτοῦ καὶ τῶν
Aris. 273 4 τῶν ἑβδομήκοντα πῶς ἂν κατὰ ψυχὴν καὶ ἐν τοῖς * πολέμοις * εἰρηνικῶς ἔχοι; ὁ δὲ ἀπεφήνατο διαλαμβάνων ὅτι
SIb. 3 153 ἄκουσαν υἱοὶ κρατεροῖο Κρόνοιο καὶ οἱ ἐπήγειραν * πόλεμον * μέγαν ἠδὲ κυδοιμόν. αὕτη δ' ἔστ' ἀρχὴ πολέμου
SIb. 3 154 πόλεμον μέγαν ἠδὲ κυδοιμόν. αὕτη δ' ἔστ' ἀρχὴ * πολέμου * πάντεσσι βροτοῖσιν. ⟨πρώτη γάρ τε βροτοῖς αὕτη
SIb. 3 155 πάντεσσι βροτοῖσιν. ⟨πρώτη γάρ τε βροτοῖς αὕτη * πολέμοιο * καταρχή⟩. καὶ τότε Τιτάνεσσι θεὸς κακὸν
SIb. 3 173 Μακηδονίης ἔθνος μέγα ποικίλον ἄρξει οἱ φοβερὸν * πολέμοιο * νέφος ἥξουσι βροτοῖσιν. ἀλλὰ μὶν οὐράνιος θεὸς
SIb. 3 205 καὶ πάντα κακοὶ καὶ οὐκέτι θνητοῖς ἄμπαυσις * πολέμοιο. * Φρύγες δ' ἔκπαγλοι ὀλοῦνται πάντες καὶ Τροίῃ
SIb. 3 236 ἥτις κακὰ μυρία τίκτει θνητοῖς ἀνθρώποις * πόλεμον * καὶ λιμὸν ἄπειρον. τοῖσι δὲ μέτρα δίκαια πέλει
SIb. 3 331 δὴ νεκρῶν πλήρη σὴν γαῖαν ἐπόψει τοὺς μὲν ὑπὸ * πτολέμου * καὶ πάσης δαίμονος ὁρμῆς λιμοῦ καὶ λοιμοῦ ὑπὸ
SIb. 3 411 δ' οὐκ ἀγαθοῖο κακοῖο δὲ φύσεται ἀρχή. παμφύλου * πολέμοιο * δαήμονας ἕξει ἄνακτας Αἰνεάδας +διδοὺς+
SIb. 3 426 ἐμὰς βίβλους ἀναπλώσει αὐτὸς δ' αὖ μάλα κοσμήσει * πολέμοιο * κορυστὰς Ἕκτορα Πριαμίδην καὶ Ἀχιλλέα
SIb. 3 530 πάσχοντας κοὐκ ἔσετ' αὐτοῖς μικρὸν ἐπαρκέσσων * πόλεμον * ζωῆς τ' ἐπαρωγός. ὄψονται τ' ἰδίας κτήσεις καὶ
SIb. 3 535 βαρὺν χόλον οἳ δὲ πρὸς αὐτοὺς αἰσχρῶς φυρόμενοι * πολέμῳ * δεινῷ τε κυδοιμῷ οἴσουσιν ἐχθροῖσι χαρὰν Ἕλλησι
SIb. 3 538 δ' ἄρα --- ζυγὸς ἔσσεται Ἑλλάδι πάσῃ πᾶσι δ' ὁμοῦ * πόλεμός * τε βροτοῖς καὶ λοιμὸς ἐπέσται χάλκειόν τε μέγαν
SIb. 3 566 πρὸς ναὸν μεγάλοιο θεοῦ ὁλοκαρπώσασα ἐκφεύξῃ * πολέμοιο * δυσηχέος ἠδὲ φόβοιο καὶ λοιμοῦ καὶ δούλου
SIb. 3 603 ἄτην καὶ λιμὸν καὶ πήματα τε στοναχάς τε καὶ * πόλεμον * καὶ λοιμὸν ἰδ' ἄλγεα δακρυόεντα οὕνεκεν ἀθάνατον
SIb. 3 653 ἠελίοιο θεὸς πέμψει βασιλῆα ὃς πᾶσαν γαῖαν παύσει * πολέμοιο * κακοῖο οὓς μὲν ἄρα κτείνας οἷς δ' ὅρκια πιστὰ
SIb. 3 689 ἐφ' Ἱερὸν ἧρατε λόγχας. καὶ κρινεῖ πάντας * πολέμῳ * θεὸς ἠδὲ μαχαίρῃ καὶ πυρὶ καὶ ὑετῷ τε
SIb. 3 708 δ' ἔσσονται ἐν ἄστεσιν ἠδ' ἐνὶ χώραις. οὐ χεὶρ γὰρ * πολέμοιο * κακοῦ μάλα δ' ἔσσεται αὐτοῖς αὐτὸς ὑπέρμαχος

```
Sib.    3   753  οὐδὲ βαρὺ στενάχουσα σαλεύσεται οὐκέτι γαῖα οὔ  * πόλεμος *  οὐδ' αὖτε κατὰ χθονὸς αὐχμὸς ἔτ' ἔσται οὐ λιμὸς
Sib.    3   807  οἷα κυνηγεσίην θηρῶν ὁμίχλησιν ὁμοίην. τοῦτο τέλος  * πολέμοιο *  τελεῖ θεὸς οὐρανὸν οἰκῶν. ἀλλὰ χρὴ πάντας θύειν
Sib.    4    63  δὴ Μήδοις Πέρσαισί τε φύλοπις αἰνὴ στήσεται ἐν  * πολέμῳ *  Περσῶν δ' ὑπὸ δούρασι Μῆδοι πίπτοντες φεύξονται
Sib.    4    79  πλεύσει δὲ ταμὼν ὅρος ὑψικάρηνον ὃν φυγάδ' ἐκ  * πολέμου *  δειλὴ ὑποδέξεται Ἀσίς. Σικελίην δὲ τάλαιναν
Sib.    4   103  ἔσται κράτος ἀλλ' ἀπὸ δυσμῶν Ἰταλὸς ἀνθήσει  * πόλεμος *  μέγας ᾧ ὕπο κόσμος λατρεύσει δούλειον ἔχων ζυγὸν
Sib.    4   115  δὲ μένει δούλειος ἀνάγκη ἥξει καὶ Σολύμοισι κακὴ  * πολέμοιο *  θύελλα Ἰταλόθεν νηὸν δὲ θεοῦ μέγαν ἐξαλαπάξει
Sib.    4   137  ἐξολέσουσιν. ἐς δὲ δύσιν τότε νεῖκος ἐγειρομένου  * πολέμοιο *  ἥξει καὶ Ῥώμης ὁ φυγὰς μέγα ἔγχος ἀείρας
Sib.    4   148  ἀλλ' ἀποδώσει εἰς Ἀσίην τότε δ' ἔσται ὑπέρκτησις  * πολέμοιο. *  Καρῶν δὲ πτολίεθρα παρ' ὕδασι Μαιάνδροιο ὅσσα
Sib.    5   ·13  ὃ τις δέκα δὶς κορυφώσει γράμματος ἀρχομένου  * πολέμων *  δ' ἐπὶ πουλὺ κρατήσει ἕξει δ' ἐκ δεκάδος πρῶτον
Sib.    5    29  ὅτις κεραίην λάχε κοίρανος ἔσται δεινὸς ὄφις φυσῶν  * πολέμῳ *  βαρὺν ὅς ποτε χεῖρας ᾗς γενεῆς τανύσας ὀλέσει
Sib.    5    89  δ' Ἀλεξάνδρεια κλυτὴ θρέπτειρα <πολήων> οὐ λείπει  * πόλεμός *  τ' οὐ --- τῆς ὑπερηφανίης δώσεις ὅσα πρόσθεν
Sib.    5   247  ἀνδράσι πῆμα. ἀλλ' ὁπόταν Περσὶς γαῖ' ἀπόσχηται  * πτολέμοιο *  λοιμοῦ τε στοναχῆς τε τότ' ἔσσεται ἤματι κείνῳ
Sib.    5   362  ὑστατίῳ καιρῷ περὶ τέρμα σελήνης κοσμομανῆς  * πόλεμος *  καὶ ἐπίκλοπος ἐν δολότητι. ἥξει δ' ἐκ περάτων
Sib.    5   371  πεπτηῶτας ἀνορθώσει διὰ ζῆλον. ἔσται δ' ἐκ δυσμῶν  * πόλεμος *  πολὺς ἀνθρώποισιν ῥεύσει δ' αἵμαθ' ἕως ὄχθου
Sib.    5   376  τότε χειμερίη πνοιὴ πνεύσει κατὰ γαῖαν καὶ πεδίον  * πολέμοιο *  κακοῦ πλησθήσεται αὖτις. πῦρ γὰρ ἀπ' οὐρανίων
Sib.    5   379  αἷμα ὕδωρ πρηστὴρ γνόφος οὐρανίη νὺξ καὶ φθίσις ἐν  * πολέμῳ *  καὶ ἐπὶ σφαγῇσιν ὁμίχλη πάντας ὁμοῦ τ' ὀλέσει
Sib.    5   381  τ' ὀλέσει βασιλεῖς καὶ φῶτας ἀρίστους. εἶθ' οὕτως  * πολέμοιο *  πεπαύσεται οἰκτρὸς ὄλεθρος κοὐκέτι τις ξίφεσιν
Sib.    5   462  Μακηδονίη καὶ ἐν Ἀσίδι καὶ +Λυκίοισιν+ κοσμομανῆς  * πόλεμος *  πολυαίματος ἐν κονίῃσιν ὃν παύσει Ῥώμη
Sib.    5   472  κατέδουσιν ἅπαντας ὠκεανός τε κακοῦ πλησθήσεται ἐν  * πολέμῳ *  αἱματόεις σάρκας τε καὶ αἵματα τῶν ἀνοήτων.
FJub.  37     9  ἔθνη ἦλθε κατὰ τοῦ Ἰακὼβ καὶ τῶν υἱῶν αὐτοῦ εἰς  * πόλεμον. *  Ἰακὼβ δὲ ἀποκλείσας τὰς πύλας τῆς βάρεως
FAch. 102        λαμβάνειν διὰ τῆς ἐναρέτου μάχης οὔτε γὰρ ἐν  * πολέμοις *  συνίσταντο οὔτε μάχαις ἔγραφον γὰρ προβλήματα
FPho. 151        μὴ ἅψῃ χεῖρα βιαίως. φεῦγε διχοστασίην καὶ ἔριν  * πολέμου *  προσιόντος. μὴ κακὸν εὖ ἔρξῃς σπείρειν ἴσον
IOrp.  16        ἀνθρώποις αὐτῷ δὲ χάρις καὶ μῖσος ὁπηδεῖ καὶ  * πολέμου *  κρυόεντα καὶ ἄλγεα δακρυόεντα. οὐδέ τις ἔσθ'
HArt.   9  27  8  τὰς μάχας λέγειν δὲ Ἡλιουπολίτας γενέσθαι τὸν  * πολέμου *  τούτων ἔτη δέκα. τοὺς οὖν περὶ τὸν Μώϋσον διὰ τὸ
HArt.   9  27 11  τοὺς ἱερεῖς ἅπαντας. τὸν δὲ Χενεφρὴν λυθέντος τοῦ  * πολέμου *  λόγῳ μὲν αὐτὸν ἀποδέξασθαι ἔργῳ δὲ ἐπιβουλεύειν.
FrAn.  15        καὶ τῶν ὅπλων καὶ πᾶς ὃς ἂν συναντήσει αὐτῷ ἐν  * πολέμῳ *  ἐν μαχαίρᾳ πεσεῖται. ἃ οὐκ ἔφαγον ἅγιοι ταῦτα
```

πολέω
                  1

```
Aris. 214     4  ὑπολαμβάνομεν καὶ ἐπὶ πέλαγος καὶ ἐν πλοίοις ἢ  * πολεῖν *  ἢ πέτασθαι φερομένους καὶ διαίρειν εἰς ἑτέρους
```

πολίτης
                  2

```
FPho.  39        λωβήσηι ἀρούρης. ἔστωσαν δ' ὁμότιμοι ἐπήλυδες ἐν  * πολίταις *  πάντες γὰρ πενίης πειρώμεθα τῆς πολυπλάγκτου
FPho.  68        αἶσχος ὀφέλλει. ἡδὺς ἄγαν ἄφρων κικλήσκεται ἐν  * πολιήταις. *  μέτρῳ ἔδειν μέτρωι δὲ πιεῖν καὶ
```

πολιήτωρ *
                  1

```
Sib.    5     4  πάντας ἴσῃ κατὰ γαῖα φέρεσκεν καὶ μετὰ τὸν Πέλλης  * πολιήτορα *  ᾧ ὕπο πᾶσα ἀντολίη βεβόλητο καὶ ἑσπερίη
```

πολιοκρόταφος
                  1

```
FPho. 220        φιλότητα νέμοις ὁσίην θ' ὁμόνοιαν. αἰδεῖσθαι  * πολιοκροτάφους *  εἴκειν δὲ γέρουσιν ἕδρης καὶ γεράων
```

πολιορκέω
                  2

```
TJud.   9     4  ἠδυνήθημεν εἰσελθεῖν ἐν αὐτῇ καὶ περικαθίσαντες  * ἐπολιορκοῦμεν *  αὐτούς. καὶ ὡς οὐκ ἤνοιγον μετὰ ἡμέρας
Sib.    5   105  ἐκ δυσμῶν εἰσπτήσεται ἅλματι κούφῳ σύμπασαν γαῖαν  * πολιορκῶν *  πᾶσαν ἐρημῶν. ἀλλ' ὅταν ὕψος ἔχῃ κρατερὸν καὶ
```

Πολιορκητής
                  1

```
HHec.   1  22 185  μάχη Δημήτριον τὸν Ἀντιγόνου τὸν ἐπικληθέντα  * Πολιορκητήν. *  μετὰ τὴν ἐν Γάζῃ μάχην ὁ Πτολεμαῖος ἐγένετο
```

πολιορκία
                  1

```
TJud.  23     3  λιμὸν καὶ λοιμὸν θάνατον καὶ ῥομφαίαν ἐκδικοῦσαν  * πολιορκίαν *  καὶ κύνας εἰς διασπασμὸν ἐχθρῶν καὶ φίλων
```

πολιός
                  2

```
IOrp.  37        ἐκτέτακεν περὶ γὰρ τρέμει οὔρεα μακρὰ καὶ ποταμοὶ  * πολιῆς *  τε βάθος χαροποῖο θαλάσσης οὐδὲ φέρειν δύναται
HArt.   9  27 37  τὴν χρόαν. γεγονέναι δὲ τὸν Μώϋσον μακρὸν πυρρακῆ  * πολιὸν *  κομήτην ἀξιωματικόν. ταῦτα δὲ πρᾶξαι περὶ ἔτη
```

πόλις
                 211

```
Abr.1   2     6  ἔφη ἐγὼ δίκαιε ἄνθρωπε ἐκ τῆς μεγάλης  * πόλεως *  ἔρχομαι παρὰ τοῦ μεγάλου βασιλέως ἀπεστάλην
Abr.2   3     2  δὲ οἱ ἀμφότεροι καὶ ἡγγισαν ἔγγιστα τῆς  * πόλεως *  ὡς ἀπὸ σταδίου δύο καὶ ἡμίσου δένδρον μέγαν ἐν τῇ
TLevi   6     5  καὶ μετὰ ταῦτα ἐλθόντες οἱ ἀδελφοὶ ἐπάταξαν τὴν  * πόλιν *  ἐν στόματι ῥομφαίας. καὶ ἤκουσεν ὁ πατὴρ καὶ
TLevi   7     2  σου μετὰ σε. ἔσται γὰρ ἀπὸ σήμερον Σίκιμα λεγομένη  * πόλις *  ἀσυνέτων ὅτι ὡσεὶ τις ἐχλευάσαι μωρὸν οὕτως
TLevi  13     7  θεοῦ μετὰ σπουδῆς ὅτι ἐὰν γένηται αἰχμαλωσία καὶ  * πόλεις *  ὀλοθρευθῶσι καὶ χῶραι καὶ χρυσὸς καὶ ἄργυρος καὶ
TJud.   5     1  τῶν βασιλέων. τῇ ἑξῆς ἀπήλθομεν εἰς Ἀρετᾶν  * πόλιν *  κραταιὰν καὶ τειχήρεις καὶ ἀπροσέγγιστον ἀπειλοῦσαν
TJud.   5     2  ἐγὼ οὖν καὶ Γὰδ προσήξαμεν ἀπὸ ἀνατολῶν τῆς  * πόλεως *  Ῥουβὴμ δὲ καὶ Λευὶ ἀπὸ δυσμῶν καὶ νότου. καὶ
TJud.   5     4  ἐπανέβημεν τῷ τείχει καὶ εἰσήλθον εἰς τὴν  * πόλιν *  ἀγνοούντων αὐτῶν. καὶ ἐλάβομεν αὐτὴν ἐν στόματι
TJud.   5     7  αὐτοὺς ἕως θαφφοὺ κἀκείνους ἀπεκτείναμεν καὶ τὴν  * πόλιν *  ἐνεπρήσαμεν πάντα τὰ ἐν αὐτῇ σκυλεύσαντες. καὶ ὡς
TJud.   6     4  πρὸ τοῦ ἀναβῆναι τὴν ἀνάβασιν. ὡς δὲ ἤλθομεν ἐν τῇ  * πόλει *  αὐτῶν αἱ γυναῖκες αὐτῶν ἐκύλιον ἐφ' ἡμᾶς λίθους
TJud.   6     4  ἡμᾶς λίθους ἀπὸ τῆς κορυφῆς τοῦ ὄρους ἦν ᾗ ἦν ἡ  * πόλις. *  καὶ ὑποκρυβέντες ἐγὼ καὶ Συμεὼν ἐσόπισθεν
TJud.   6     5  ἐξόπισθεν ἐπελαβόμεθα τῶν ὑψηλῶν καὶ ὅλην τὴν  * πόλιν *  ὠλοθρεύσαμεν. καὶ τῇ ἑξῆς ἐρρέθη πρὸς ἡμᾶς ὅτι
TJud.   7     1  καὶ τῇ ἑξῆς ἐρρέθη πρὸς ἡμᾶς ὅτι Γαὰς  * πόλις *  βασιλέων ἐν ὄχλῳ βαρεῖ ἔρχεται πρὸς ἡμᾶς. ἐγὼ οὖν
TJud.   7     2  Ἀμορραίους ὡς σύμμαχοι ἦλθον ἐπὶ τοὺς ἀδελφούς  * πόλεις *  αὐτῶν. νυκτὶ δὲ βαθεῖα ἐλθόντες εἰς τὰς ἀδελφοῖς
TJud.   9     4  δὲ ἐδιώξαμεν ἐπὶ τοὺς υἱοὺς Ἡσαῦ. ἦν δὲ τούτοις  * πόλις *  καὶ τεῖχος σιδηροῦν καὶ πύλαι χαλκαῖ καὶ οὐκ
TJud.  12     1  κοσμηθεῖσα κόσμῳ νυμφικῷ ἐκάθισεν ἐν Ἐνὰν τῇ  * πόλει *  πρὸς τὴν πύλην. νόμος γὰρ Ἀμορραίων τὴν γαμουμένην
TJud.  12     9  ἐποίησα τοῦτο ἐν παντὶ Ἰσραήλ. καίγε ἐν τῇ  * πόλει *  ἔλεγον μὴ εἶναι ἐν τῇ πύλῃ τελισκομένην ὅτι ἐξ
TJud.  14     5  ἰδοὺ γὰρ κἀμὲ ἐπλάνησε μὴ αἰσχυνθῆναι πλῆθος ἐν τῇ  * πόλει *  ὅτι ἐν ὀφθαλμοῖς πάντων ἐξέκλινα πρὸς τὴν Θαμάρ.
Asen.   1     3  ὡς τὴν ἄμμον τῆς θαλάσσης. καὶ ἦν ἀνὴρ ἐν τῇ  * πόλει *  ἐκείνῃ σατράπης τοῦ Φαραὼ καὶ οὗτος ἦν ἄρχων
Asen.   3     2  τῆς εὐθηνίας τῆς χώρας ἐκείνης. καὶ ὡς ἤγγισεν τῇ  * πόλει *  ἐκείνῃ Ἰωσὴφ ἀπέστειλεν ἔμπροσθεν αὐτοῦ δώδεκα
Asen.  15     7  οὐκέτι κληθήσεται Ἀσενὲθ ἀλλ' ἔσται τὸ ὄνομά σου  * πόλις *  καταφυγῆς διότι ἐν σοὶ καταφεύξονται ἔθνη πολλὰ
Asen.  17     6  ὁ θεὸς ὁ ὕψιστος. καὶ ἔσεσθε κίονες ἑπτὰ τῆς  * πόλεως *  τῆς καταφυγῆς καὶ πᾶσαι αἱ σύνοικοι τῶν ἐκλεκτῶν
Asen.  17     6  καταφυγῆς καὶ πᾶσαι αἱ σύνοικοι τῶν ἐκλεκτῶν τῆς  * πόλεως *  ἐκείνῃ ἐφ' ὑμᾶς ἀναπαύσονται εἰς τὸν αἰῶνα
Asen.  19     5  τὸ ὄνομά σου Ἀσενὲθ ἀλλὰ κληθήσεται τὸ ὄνομά σου  * πόλις *  καταφυγῆς καὶ κύριος ὁ θεὸς βασιλεύσει ἐθνῶν
Asen.  19     8  διότι οἱ υἱοὶ τοῦ ζῶντος θεοῦ ἐνοικήσουσιν ἐν τῇ  * πόλει *  τῆς καταφυγῆς σου καὶ κύριος ὁ θεὸς βασιλεύσει
Asen.  23     2  καὶ ἐν ταῖς δεξιαῖς ὑμῶν ταύταις κατέστραπται ἡ  * πόλις *  τῶν Σικημιτῶν καὶ ἐν ταῖς δυσὶ ταύταις ῥομφαίαις
Sal.    8     4  κρινεῖ αὐτὸν ὁ θεός; φωνὴν ἤκουσα εἰς Ἰερουσαλὴμ  * πόλιν *  ἁγιάσματος συνετρίβη ἡ ὀσφύς μου ἀπὸ ἀκοῆς
Sal.   17    14  ἐποίησεν ἐν Ἰερουσαλὴμ καθὼς καὶ τὰ ἔθνη ἐν ταῖς  * πόλεσι *  τοῦ σθένους αὐτῶν. καὶ ἐπεκρατοῦσαν αὐτῶν οἱ υἱοὶ
Jer.    1     1  Ἰερεμία ὁ ἐκλεκτός μου ἀνάστα καὶ ἔξελθε ἐκ τῆς  * πόλεως *  ταύτης σὺ καὶ Βαροὺχ ἐπειδὴ ἀπολῶ αὐτὴν διὰ τὸ
Jer.    1     5  Ἰερεμίας λέγων κύριε παντοκράτωρ παραδίδως τὴν  * πόλιν *  τὴν ἐκλεκτὴν εἰς χεῖρας τῶν Χαλδαίων ἵνα
Jer.    1     5  τοῦ λαοῦ αὐτοῦ καὶ εἶπα ὅτι ἰσχυσαν ἐπὶ τὴν ἱερὰ  * πόλιν *  τοῦ θεοῦ; μὴ κύριέ μου ἀλλ' εἰ θέλημά σού ἐστιν ἐκ
Jer.    1     7  ἐπειδὴ σὺ ἐκλεκτός μου εἶ ἀνάστα καὶ ἔξελθε ἐκ τῆς  * πόλεως *  ταύτης σὺ καὶ Βαροὺχ ἐπειδὴ ἀπολῶ αὐτὴν διὰ τὸ
Jer.    1    10  ἕκτην ὥραν τῆς νυκτὸς ἔλθετε ἐπὶ τὰ τείχη τῆς  * πόλεως *  καὶ δείξω ὑμῖν ὅτι ἐὰν μή τι ἐγὼ πρῶτος ἀφανίσω
Jer.    1    10  δείξω ὑμῖν ὅτι ἐὰν μή τι ἐγὼ πρῶτος ἀφανίσω τὴν  * πόλιν *  οὐ δύνανται εἰσελθεῖν εἰς αὐτήν. ταῦτα εἰπὼν ὁ
Jer.    2     7  καὶ εἶπεν Ἰερεμίας ὅτι ὁ θεὸς παραδώσει τὴν  * πόλιν *  εἰς χεῖρας τοῦ βασιλέως τῶν Χαλδαίων τοῦ
Jer.    3     1  ὁ κύριος τῷ Ἰερεμίᾳ ἦλθον ὁμοῦ ἐπὶ τὰ τείχη τῆς  * πόλεως *  Ἰερεμίας καὶ Βαρούχ. καὶ ἰδοὺ ἐγένετο φωνὴ
Jer.    3     2  ἐν ταῖς χερσὶν αὐτῶν καὶ ἔστησαν ἐπὶ τὰ τείχη τῆς  * πόλεως. *  ἰδόντες δὲ Ἰερεμίας καὶ Βαροὺχ ἔκλαυσαν
Jer.    3     4  τοὺς ἀγγέλους λέγων παρακαλῶ ὑμᾶς μὴ ἀπολέσθαι τὴν  * πόλιν *  ἄρτι ἕως ἂν λαλήσω πρὸς κύριον ῥῆμα. ἐλάλησε δὲ
Jer.    3     4  δὲ κύριος τοῖς ἀγγέλοις λέγων μὴ ἀπολέσητε τὴν  * πόλιν *  ἕως ἂν λαλήσω πρὸς τὸν ἐκλεκτόν μου Ἰερεμίαν.
Jer.    3     6  ἰδοὺ σὺ κύριε ἐγνώκαμεν ὅτι παραδίδως τὴν  * πόλιν *  εἰς χεῖρας τῶν ἐχθρῶν αὐτῆς καὶ ἀπαρούσι τὸν λαὸν
Jer.    3     9  καὶ οὐ θέλω αὐτὸν ἵνα ἴδῃ τὸν ἀφανισμὸν τῆς  * πόλεως *  ταύτης καὶ τὴν ἐρήμωσιν ἀλλ' ἵνα ἐλεήσῃς αὐτὸν
Jer.    3    10  σκεπάσω αὐτὸν ἕως οὗ ἐπιστρέψω τὸν λαὸν εἰς τὴν  * πόλιν. *  σὺ δὲ Ἰερεμίας ἄπελθε μετὰ τοῦ λαοῦ σου εἰς
Jer.    3    11  τοῦ λαοῦ ἕως οὗ ἐπιστρέψω αὐτοὺς εἰς τὴν  * πόλιν. *  κατάλειψον δὲ τὸν Βαροὺχ ὧδε ἕως οὗ λαλήσω αὐτῷ.
Jer.    4     1  γενομένης ἰδοὺ ἡ δύναμις τῶν Χαλδαίων ἐκύκλωσε τὴν  * πόλιν *  ἐσάλπισεν δὲ ὁ μέγας ἄγγελος λέγων εἰσέλθατε εἰς
Jer.    4     1  δὲ ὁ μέγας ἄγγελος λέγων εἰσέλθατε εἰς τὴν  * πόλιν *  ἡ δύναμις τῶν Χαλδαίων ἰδοὺ γὰρ ἠνεῴχθη ὑμῖν ἡ
Jer.    4     4  δὲ τὰς κλεῖδας τοῦ ναοῦ ἔβαλεν ἔξω τοῦ  * πόλιν *  καὶ ἔρριψεν αὐτὰς ἐνώπιον τοῦ ἡλίου καὶ
Jer.    4     7  οἱ παράνομοι καὶ εἴπωσιν ὅτι ἰσχύσαμεν λαβεῖν τὴν  * πόλιν *  τοῦ θεοῦ ἐν τῇ δυνάμει ἡμῶν ἀλλὰ διὰ τὰς ἁμαρτίας
Jer.    4     8  ἡμῶν οἰκτειρήσει ἡμᾶς καὶ ἐπιστρέψει ἡμᾶς εἰς τὴν  * πόλιν *  ἡμῶν ὑμεῖς δὲ ζωὴν οὐχ ἕξετε. μακάριοί εἰσιν οἱ
Jer.    4     9  τοῦ κόσμου τούτου καὶ οὐκ εἶδον τὴν ἐρήμωσιν τῆς  * πόλεως *  ταύτης. ταῦτα εἰπὼν Βαροὺχ ἐξῆλθεν ἔξω τῆς πόλεως
Jer.    4    10  πόλεως ταύτης. ταῦτα εἰπὼν Βαροὺχ ἐξῆλθεν ἔξω τῆς  * πόλεως *  κλαίων καὶ λέγων ὅτι λυπούμενος διὰ σέ
Jer.    5     8  ἐπέπεσεν ἐπ' ἐμὲ σήμερον. οὐκ ἔστιν αὕτη ἡ  * πόλις *  Ἰερουσαλήμ πεπλάνημαι τὴν ὁδὸν ὅτι διὰ τῆς ὁδοῦ
Jer.    5    12  ἀπὸ τῆς πόλεως καὶ κατανοήσας εἶδε τὰ σημεῖα τῆς  * πόλεως *  καὶ εἶπεν αὕτη μὲν ἐστιν ἡ πόλις πεπλάνημαι δὲ
Jer.    5    12  τὰ σημεῖα τῆς πόλεως καὶ εἶπεν αὕτη μὲν ἐστιν ἡ  * πόλις *  πεπλάνημαι δὲ τὴν ὁδόν. καὶ πάλιν ὑπέστρεψεν εἰς
Jer.    5    13  ὅτι πεπλάνημαι τὴν ὁδόν. καὶ πάλιν ἐξῆλθεν ἔξω τῆς  * πόλεως *  καὶ ἐξήταζε τὰ σημεῖα τῆς πόλεως ἰδίων καὶ εἶπεν
Jer.    5    15  ἐπέπεσεν ἐπ' ἐμέ. καὶ πάλιν ἐξῆλθεν ἔξω τῆς  * πόλεως *  καὶ ἔμεινε λυπούμενος μὴ εἰδὼς ποῦ ἀπέλθῃ. καὶ
Jer.    5    17  αὐτῷ Ἀβιμέλεχ σοὶ λέγω πρεσβῦτα ποία ἐστὶν ἡ  * πόλις *  αὕτη; καὶ εἶπεν αὐτῷ Ἰερουσαλήμ ἐστι. καὶ λέγει
```

| | | | | | |
|---|---|---|---|---|---|
| Jer. | 5 | 18 | ἱερεὺς καὶ Βαροὺχ ὁ ἀναγνώστης καὶ πᾶς ὁ λαὸς τῆς | * πόλεως * | ταύτης ὅτι οὐχ εὗρον αὐτούς; καὶ εἶπεν αὐτῷ ὁ |
| Jer. | 5 | 19 | καὶ εἶπεν αὐτῷ ὁ πρεσβύτης οὐκ εἶ σὺ ἐκ τῆς | * πόλεως * | ταύτης σήμερον μνησθεὶς τοῦ Ἱερεμίου ὅτι |
| Jer. | 5 | 30 | καὶ οὐκ ἠθέλησεν ὁ θεὸς ἰδεῖν σε τὴν ἐρήμωσιν τῆς | * πόλεως * | ἤνεγκε γὰρ ταύτην τὴν ἔκστασιν ἐπὶ σέ. ἰδοὺ γὰρ |
| Jer. | 5 | 34 | καὶ λέγει αὐτῷ ὁ θεὸς φωταγωγήσει σε εἰς τὴν ἄνω | * πόλιν * | Ἱερουσαλήμ. μετὰ ταῦτα ἐξῆλθεν Ἀβιμέλεχ ἔξω τῆς |
| Jer. | 6 | 1 | Ἱερουσαλήμ. μετὰ ταῦτα ἐξῆλθεν Ἀβιμέλεχ ἔξω τῆς | * πόλεως * | καὶ προσηύξατο πρὸς κύριον. καὶ ἰδοὺ ἄγγελος |
| Jer. | 6 | 13 | ιε' ἡμέρας καὶ μετὰ ταῦτα εἰσάξω ὑμᾶς εἰς τὴν | * πόλιν * | ὑμῶν λέγει κύριος. ὁ μὴ ἀφοριζόμενος ἐκ τῆς |
| Jer. | 6 | 14 | ἐκ τῆς Βαβυλῶνος οὐ μὴ εἰσέλθῃ εἰς τὴν | * πόλιν * | καὶ ἐπιτιμῶ αὐτοῖς τοῦ μὴ ἀποδεχθῆναι αὐτοὺς αὖθις |
| Jer. | 6 | 17 | ἐξελθεῖν ἐκ τοῦ σώματος τούτου λυπουμένους διὰ τὴν | * πόλιν * | τὴν ἐρημωθεῖσαν καὶ ὑβρισθεῖσαν. διὰ τοῦτο |
| Jer. | 7 | 13 | Βαβυλῶνα καὶ ἐλθὼν ἀνεπαύσατο ἐπί τι ξύλον ἔξω τῆς | * πόλεως * | εἰς τόπον ἔρημον. ἐσιώπησε δὲ ἕως οὗ διῆλθεν |
| Jer. | 7 | 14 | τινὲς τοῦ λαοῦ ἐξήρχοντο θάψαι νεκρὸν ἔξω τῆς | * πόλεως. * | ᾐτήσατο γὰρ Ἱερεμίας παρὰ τοῦ βασιλέως |
| Jer. | 7 | 21 | ἡμῖν τί ποιήσωμεν ἵνα εἰσέλθωμεν πάλιν εἰς τὴν | * πόλιν * | ἡμῶν. ἀποκριθεὶς δὲ Ἱερεμίας εἶπεν αὐτοῖς πάντα |
| Jer. | 7 | 22 | ἠκούσατε φυλάξατε καὶ εἰσάξει ἡμᾶς κύριος εἰς τὴν | * πόλιν * | ἡμῶν. ἔγραψε δὲ καὶ ἐπιστολὴν ὁ Ἱερεμίας τῷ |
| Jer. | 8 | 4 | αἰῶνα ἀλλ' ὑποστρέφωμεν αὐτὰς μεθ' ἡμῶν εἰς τὴν | * πόλιν * | ἡμῶν. ἐπέρασαν οὖν τὸν Ἰορδάνην καὶ ἦλθον εἰς |
| Jer. | 8 | 5 | κοινωνῶν Βαβυλωνίταις οὐ μὴ εἰσέλθῃ εἰς τὴν | * πόλιν * | ταύτην. καὶ εἶπον πρὸς ἑαυτοὺς ἀναστάντες |
| Jer. | 8 | 7 | συνάντησιν αὐτῶν λέγοντες οὐ μὴ εἰσέλθητε εἰς τὴν | * πόλιν * | ἡμῶν ὅτι ἐμισήσατε ἡμᾶς καὶ κρυφῇ ἐξήλθετε ἀφ' |
| Jer. | 8 | 8 | μακρόθεν τῆς Ἱερουσαλὴμ καὶ ᾠκοδόμησαν ἑαυτοῖς | * πόλιν * | καὶ ἐπωνόμασαν τὸ ὄνομα αὐτῆς Σαμάρειαν. ἀπέστειλε |
| Bar. | 1 | 1 | Ναβουχοδονόσωρ ὁ βασιλεὺς ὑπὸ θεοῦ πορθῆσαι τὴν | * πόλιν * | αὐτοῦ λέγων κύριε ἵνα τί ἐξέκαυσας τὸν ἀμπελῶνά |
| Prop. | 1 | 3 | λαὸς ἐν συγκλεισμῷ ἀλλοφύλων καὶ ἵνα μὴ διαφθαρῇ ἡ | * πόλις * | ὡς ⟨μὴ⟩ ἔχουσα ὕδωρ. ἠρώτων γὰρ οἱ πολέμιοι πόθεν |
| Prop. | 1 | 4 | γὰρ οἱ πολέμιοι πόθεν πίνουσιν; καὶ ἔχοντες τὴν | * πόλιν * | παρεκαθέζοντο τῷ Σιλωάμ. ἐὰν οὖν οἱ Ἰουδαῖοι |
| Prop. | 1 | 7 | τῆς Σιὼν ἥτις ἔχει εἴσοδον ἀπὸ Γαβαὼν μήκοθεν τῆς | * πόλεως * | σταδίους εἴκοσι. καὶ ἐποίησε σκολιὰν σύνθεσιν |
| Prop. | 4 | 3 | αὐτὸν σπάδοντα. πολλὰ ἐπένθησεν οὗτος ἐπὶ τὴν | * πόλιν * | καὶ ἐν νηστείαις ἤσκησεν ἀπὸ πάσης τροφῆς |
| Prop. | 4 | 12 | κρέας ἐκ τοῦ κλαίειν. πολλοὶ γὰρ ἐξιόντες ἐκ τῆς | * πόλεως * | ἑώρων αὐτόν. ὁ Δανιὴλ μόνος οὐκ ἠθέλησεν αὐτὸν |
| Prop. | 10 | 1 | πατέρων αὐτοῦ. Ἰωνᾶς ἦν ἐκ γῆς Καριαθμοῦς πλησίον | * πόλεως * | Ἑλλήνων Ἀζώτου κατὰ θάλασσαν. καὶ ἐκβρασθεὶς ἐκ |
| Prop. | 10 | 3 | ὅτι ἐψευσάμην προφητεύσας κατὰ Νινευῆ τῆς μεγάλης | * πόλεως. * | ἦν τότε Ἠλίας ἐλέγχων τὸν οἶκον Ἀχαὰβ καὶ |
| Prop. | 10 | 6B | Ἰωνᾶς μέγας ἐπέμφθη ὑπὸ κυρίου εἰς Νινευΐ τὴν | * πόλιν * | Ἀσσυρίων. καὶ ἐξήτησεν Ἰωνᾶς ἀποδρᾶσαι κυρίου |
| Prop. | 10 | 6B | ὅτι ἐψευσάμην προφητεύσας κατὰ Νινευΐ τῆς μεγάλης | * πόλεως * | Ἀσσυρίων ἠθέλησε γὰρ ὁ θεὸς δεῖξαι αὐτῷ ὅτι οὐ |
| Prop. | 10 | 8 | καὶ ὅτε ἴδωσιν ἐν Ἱερουσαλὴμ πάντα τὰ ἔθνη ὅτι ἡ | * πόλις * | ἕως ἐδάφους ἠφάνισται ὅλη. οὗτός ἐστιν Ἰωνᾶς ὁ |
| Prop. | 10 | 8B | ὅτι ὅτε ἴδωσιν ἐπὶ Ἱερουσαλὴμ πολλὰ ἔθνη ὅτι ἡ | * πόλις * | ἕως ἐδάφους ἀφανισθήσεται. Ναοὺμ ἀπὸ Ἐλκεσὶ πέραν |
| Prop. | 13 | 2 | ἦν Συμεὼν ἀγροῦ Σαβαραθὰ προεφήτευσε περὶ τῆς | * πόλεως * | καὶ περὶ τέλους ἐθνῶν καὶ αἰσχύνης ἀσεβῶν καὶ |
| Prop. | 18 | 1 | Ἀχία ἀπὸ Σηλὼμ ὅπου ἦν ἡ σκηνὴ τὸ παλαιὸν ἐκ | * πόλεως * | Ἡλί. Σηλὼμ ὁ καὶ Ἠλεὶ ἔνθα ἦν καὶ ἡ σκηνὴ τὸ |
| Prop. | 22 | 6 | πονηρὰ ἦν καὶ ἄγονα καὶ ἀκούσας παρὰ τῶν τῆς | * πόλεως * | ἐπεκαλέσατο τὸν θεὸν καὶ εἶπεν ἴαμαι τὰ ὕδατα |
| Sedr. | 8 | 3 | μελίσσιον εἰς τοὺς ποταμοὺς τὸν Ἰορδάνην εἰς τὰς | * πόλεις * | τὴν Ἱερουσαλὴμ καὶ ταῦτα πάντα ἀγαπᾷ καὶ ὁ |
| Job | 9 | 4 | ἐξ αὐτῶν ἐξελεξάμην τρισχιλίας ἐργάζεσθαι πᾶσαν | * πόλιν, * | καὶ γομώσας ἀγαθῶν ἀπέστειλα εἰς τὰς πόλεις καὶ |
| Job | 9 | 5 | πᾶσαν πόλιν, καὶ γομώσας ἀγαθῶν ἀπέστειλα εἰς τὰς | * πόλεις * | καὶ εἰς τὰς κώμας, ἐντειλάμενος ἀπελθεῖν καὶ |
| Job | 11 | 3 | ἡμῖν χρυσίον ἵνα ἀπέλθωμεν εἰς τὰς μακρὰς | * πόλεις * | ἐμπορευόμενοι καὶ τοῖς πένησιν δυνηθῶμεν |
| Job | 17 | 2 | εἰς βασιλέα τῶν Περσῶν ἐπέστη τῇ ἐμῇ | * πόλει, * | συναγαγὼν πάντας τοὺς ἐν αὐτῇ πανούργους, καὶ |
| Job | 18 | 6 | λαληθέντων μοι καὶ ἐγενόμην ὡς θέλων εἰσβαλεῖν εἰς | * πόλιν * | τινὰ ἰδεῖν τὸν αὐτῆς πλοῦτον καὶ κληρονομεῖν μέρος |
| Job | 18 | 7 | θέλω ἀπολέσθαι τὰ πάντα, μόνον εἰσελθεῖν εἰς τὴν | * πόλιν * | ταύτην ἵνα κληρονομήσω τὰ κρείττονα τῶν σκευῶν καὶ |
| Job | 18 | 8 | κἀγὼ ἡγησάμην τὰ ἐμὰ ἀντ' οὐδενὸς πρὸς ἐκείνην τὴν | * πόλιν * | περὶ ἧς λελάληκέν μοι ὁ ἄγγελος. ἐλθόντος δὲ τοῦ |
| Job | 20 | 7 | καὶ ἐν μεγάλῃ ταραχῇ καὶ ἀδημονίᾳ ἐξῆλθον τὴν | * πόλιν, * | καὶ καθεσθεὶς ἐπὶ τῆς κοπρίας σκωληκόβρωτον τὸ |
| Job | 21 | 1 | ἔτη τεσσαράκοντα ὀκτὼ ἐν τῇ κοπρίᾳ ἐκτὸς τῆς | * πόλεως * | ἐν ταῖς πληγαῖς ὥστε ἰδεῖν, τέκνα μου τοῖς ἐμοῖς |
| Job | 21 | 3 | ἔλεγον ὦ τῆς ἀλαζονείας τῶν ἀρχόντων τῆς | * πόλεως * | ταύτης πῶς χρῶνται τῇ γαμετῇ μου ὡς δουλίδι. καὶ |
| Job | 24 | 1 | Ιωβ, ἄχρι τίνος καθέζῃ ἐπὶ τῆς κοπρίας ἔξωθεν τῆς | * πόλεως * | λογιζόμενος ἔτι μικρὸν καὶ ἐκδεχόμενος τὴν ἐλπίδα |
| Job | 28 | 7 | δὲ ἦλθον εἰς τὴν Αὐσιτίδα ἐρωτήσαντες ἐν τῇ | * πόλει * | ποῦ Ιωβαβ ὁ τῆς Αἰγύπτου ὅλης βασιλεύων; καὶ |
| Job | 28 | 8 | περὶ ἐμοῦ ὅτι κάθηται ἐπὶ τῆς κοπρίας ἔξω τῆς | * πόλεως * | ἔχει γὰρ εἴκοσι ἔτη μὴ ἀνελθὼν ἐν τῇ πόλει. πάλιν |
| Job | 28 | 8 | τῆς πόλεως ἔχει γὰρ εἴκοσι ἔτη μὴ ἀνελθὼν ἐν τῇ | * πόλει. * | πάλιν ἠρώτησαν περὶ τῶν ὑπαρχόντων μου καὶ |
| Job | 29 | 1 | τὰ συμβεβηκότα μοι. καὶ ἀκούσαντες ἐξῆλθον τὴν | * πόλιν * | ἅμα τοῖς πολίταις καὶ οἱ μὲν πολῖταί μου ὑπέδειξάν |
| Job | 30 | 5 | ὑπ' αὐτοῦ εἰς τὰς κώμας καὶ εἰς τὰς κύκλῳ | * πόλεις * | διαδίδοσθαι τοῖς πτωχοῖς, παρεκτὸς τῶν ἐν τῇ |
| Job | 40 | 4 | κυρίου ἀναστήσομαι δὴ καὶ εἰσελεύσομαι εἰς τὴν | * πόλιν * | καὶ καμμύσω ὀλίγον καὶ ἀνακτήσομαι πρὸ τῆς |
| Job | 40 | 5 | ὑπουργείας τῆς δουλείας μου. καὶ ἀπελθοῦσα εἰς τὴν | * πόλιν * | εἰσῆλθεν εἰς τὴν ἐπαύλην τῶν βοῶν αὐτῆς τῶν |
| Job | 40 | 9 | ἐπ' αὐτήν, καὶ ἡ φωνὴ ἔδωκεν διὰ πάσης τῆς | * πόλεως. * | καὶ τότε εἰσεπήδησαν γνῶναι τὸ γεγονός, καὶ |
| Job | 40 | 13 | αὐτῆς καὶ κοπετὸν μέγαν ἐποίησαν οἱ πτωχοὶ τῆς | * πόλεως * | λέγοντες ἴδετε, ἡ Σιτιδός ἐστιν αὕτη, ἡ τοῦ |
| Job | 44 | 1 | τὸ θυσιαστήριον, ἀναστάντες εἰσήλθομεν εἰς τὴν | * πόλιν * | εἰς ἣν νῦν οἰκοῦμεν οἰκίαν, καὶ πεποιήκαμεν |
| Aris. | 4 | 4 | τοῦ πατρὸς τοῦ βασιλέως πρώτως κεκτημένου τήν τε | * πόλιν * | καὶ τὰ κατὰ τὴν Αἴγυπτον παρειληφότος. ἄξιόν ἐστι |
| Aris. | 22 | 6 | Ἰουδαϊκῶν καὶ ταῦτα διακεκομίκασιν εἴς τε τὴν | * πόλιν * | καὶ τὴν χώραν ἢ καὶ πεπράκασιν ἑτέροις ὁμοίως δὲ |
| Aris. | 83 | 5 | γὰρ παρεγενήθημεν ἐπὶ τοὺς τόπους ἐθεωροῦμεν τὴν | * πόλιν * | μέσην κειμένην τῆς ὅλης Ἰουδαίας ἐπ' ὄρους ὑψηλὴν |
| Aris. | 91 | 4 | προήγαγον γὰρ πλέον σταδίων τεσσάρων ἐκ τῆς | * πόλεως * | καὶ πρός τινα τόπον ἐκέλευσαν κατακύψαντα |
| Aris. | 100 | 2 | ἐπίγνωσιν ἁπάντων ἐπὶ τὴν παρακειμένην ἄκραν τῆς | * πόλεως * | ἀναβάντες ἐθεωροῦμεν ἣ κεῖται μὲν ἐν ὑψηλοτάτῳ |
| Aris. | 105 | 1 | προφυλακὴν τῶν εἰρημένων οὕτως ἠσφαλίσθαι. τῆς δὲ | * πόλεώς * | ἐστι τὸ χύμα συμμέτρως ἔχον οἷον τεσσαράκοντα |
| Aris. | 105 | 6 | γὰρ ἔχει τὰ τῶν τόπων ὡς ἂν ἐπ' ὄρους τῆς | * πόλεως * | ᾠκοδομημένης. εἰσὶ δὲ καὶ διαβάθραι πρὸς τὰς |
| Aris. | 107 | 1 | θιγγάνωσιν ὧν οὐ δέον ἐστίν. οὐκ ἀλόγως δὲ τὴν | * πόλιν * | συμμετρίᾳ καθηκούσῃ κατεσκεύασαν οἱ πρῶτοι σοφῶς |
| Aris. | 108 | 1 | πολλῆς ἐν πάσῃ τῇ προειρημένῃ χώρᾳ. τῶν δὲ | * πόλεων * | ὅσαι μέγεθος ἔχουσι καὶ τὴν ἀκόλουθον εὐδαιμονίαν |
| Aris. | 109 | 2 | ὑπερβάλλουσαν πάσας τῷ μεγέθει καὶ εὐδαιμονίᾳ τὰς | * πόλεις. * | οἱ γὰρ ἀπὸ τῆς χώρας εἰς αὐτὴν ἐπιξενούμενοι |
| Aris. | 111 | 4 | πορισμὸν λαμβάνοντες οἱ γεωργοὶ καὶ προστάται τῆς | * πόλεως * | ἐλαττῶσι τὰ ταμιεῖα λέγω δὲ τὰ τῆς γεωργίας |
| Aris. | 113 | 3 | οἱ τόποι προσδέονται καὶ τὴν κατασκευὴν τῆς | * πόλεως * | καὶ τῶν κωμῶν ἔθεντο κατὰ λόγον. πολὺ δὲ πλῆθος |
| Aris. | 114 | 4 | ἐστὶ κατεσκευασμένη ἡ χώρα καὶ πολύτεχνος ἡ | * πόλις * | οὐ σπανίζει δὲ οὐδὲν τῶν διακομιζομένων διὰ τῆς |
| Aris. | 152 | 3 | συντελοῦντες μεγάλην ἀδικίαν καὶ χῶραι καὶ | * πόλεις * | ὅλαι σεμνύνονται ἐπὶ τούτοις. οὐ μόνον γὰρ πρὸς |
| Aris. | 175 | 4 | χρηματισμὸν ἀφικνουμένους τοὺς δὲ παρὰ βασιλέων ἢ | * πόλεων * | ἐν ὑπεροχαῖς μόλις ἐν τριάκοντα εἰς τὴν αὐλὴν |
| Aris. | 182 | 4 | ὑπὸ τοῦ βασιλέως ὃ μένον ἔτι καὶ νῦν ὁρᾷς ὅσαι γὰρ | * πόλεις * | ἔθεσιν ἰδίοις συγχρῶνται πρὸς τὰ ποτὰ καὶ βρωτὰ |
| Aris. | 275 | 2 | προσπαραγινομένων πλειόνων ἑτέρων ἀπὸ τῶν | * πόλεων * | ἦσαν γὰρ ἱκανοὶ πρέσβεις ἐπηρώτησεν ὁ βασιλεὺς |
| Sib. | 3 | 57 | θεοῦ μεγάλου βασιλῆος; ἄρτι δ' ἔτι κτίζεσθε | * πόλεις * | κοσμεῖσθέ τε πᾶσαι ναοῖς καὶ σταδίοις ἀγοραῖς |
| Sib. | 3 | 62 | ἐν ἀνθρώποισιν. ἀτὰρ τὰ ἕκαστ' ἀγορεύσω ὅσσαις ἐν | * πόλεσιν * | μέροπες κακότητα φέρουσιν. ἐκ δὲ Σεβαστηνῶν ἥξει |
| Sib. | 3 | 104 | ἀλλήλους ἔριν ὦρσαν τοὔνεκά τοι Βαβυλῶνα βροτοὶ | * πόλει * | οὔνομ' ἔθεντο. αὐτὰρ ἐπεὶ πύργος τ' ἔπεσεν γλῶσσαι |
| Sib. | 3 | 180 | πολλὸν δ' αὖ χρυσόν τε καὶ ἄργυρον ἐξαλαπάξει ἐκ | * πόλεων * | πολλῶν πάλι δ' ἔσσεται ἐν χθονὶ δίῃ χρυσίον αὐτὰρ |
| Sib. | 3 | 218 | πάντα περιφραδέως βροτὲ ποικιλόμητι δολόφρον. ἔστι | * πόλις * | --- κατὰ χθονὸς Οὒρ Χαλδαίων ἐξ ἧς δὴ γένος ἐστὶ |
| Sib. | 3 | 237 | τοῖσι δὲ μέτρα δίκαια πέλει κατ' ἀγρούς τε | * πόλεις * | τε οὐδὲ κατ' ἀλλήλων νυκτοκλοπίας τελέουσιν οὐδ' |
| Sib. | 3 | 333 | γαῖα ⟨δ'⟩ ἔρημος ἅπασα σέθεν καὶ ἔρημα | * πόληες. * | ἐν δὲ δύσει ἀστὴρ λάμψει ὃν ἐροῦσι κομήτην |
| Sib. | 3 | 341 | αὐχέν' ἐφέξει. χάσματα ἠδὲ βάραθρ' ἀχανῆ πολλαὶ δὲ | * πόληες * | αὔτανδροι πεσέονται ἐν Ἀσιάδι μὲν Ἰασσὸς Κεβρὴν |
| Sib. | 3 | 384 | νόθων δούλων τε γενέθλης. κείνη καὶ Βαβυλῶνα | * πόλιν * | δεδομήσετ' ἐρυμνὴν καὶ πάσης ὁπόσην ἐπιδέρκεται |
| Sib. | 3 | 405 | τεθηλὸς αὐτόπρεμνον ἄιστον ἴῃ ἐν νυκτὶ γένηται ἐν | * πόλει * | αὐτάνδρῳ σεισίχθονος ἐννοσιγαίου ἥν ποτε |
| Sib. | 3 | 493 | αἰαῖ Φοινίκων γένει ἀνδρῶν ἠδὲ γυναικῶν καὶ πάσαις | * πόλεσιν * | παραλίαις οὐδεμί' ὑμῶν πρὸς φάος ἠελίοιο |
| Sib. | 3 | 503 | πικρὴν μοίρην πέμψει θεὸς αὐτοῖς ἐξ ἐδάφους φλέξας | * πόλιας * | καὶ πολλὰ θέμεθλα. αἰαῖ σοι Κρήτη πολυώδυνε εἴς |
| Sib. | 3 | 581 | νόμου Ὑψίστοιο λαχόντες ὄλβιοι οἰκήσουσι | * πόλεις * | καὶ πίονας ἀγροὺς αὐτοὶ δ' ὑψωθέντες ὑπ' |
| Sib. | 3 | 642 | εἵνεκεν ἔσται ἡ φιλοχρημοσύνη κακὰ ποιμαίνουσα | * πόλεσσιν+. * | χώρῃ ἐν ἀλλοτρίῃ ἄταφοι δὲ ἅπαντες ἔσονται |
| Sib. | 3 | 667 | βουλήσονται ὁππηνίκα γαῖαν ἵκωνται. θήσουσιν κύκλῳ | * πόλεως * | μιαροὶ βασιλῆες τὸν θρόνον αὐτοῦ ἕκαστος ἔχων καὶ |
| Sib. | 3 | 710 | ἀθάνατος καὶ χεὶρ Ἁγίοιο. καὶ τότε δὴ νῆσοι πᾶσαι | * πόλιές * | τ' ἐρέουσιν ὁππόσον ἀθάνατος φιλέει τοὺς ἄνδρας |
| Sib. | 3 | 734 | μεγαλήτορα καὶ προφύλαξαι στεῖλον μὴ ἐπὶ τήνδε | * πόλιν * | ⟨σὸν⟩ λαὸν ἄβουλον ὅστε μὴ ἐξ ὁσίης γαίης πέλεται |
| Sib. | 3 | 750 | τε ῥήξει γλυκερὰς λευκοῖο γάλακτος πλήρεις δ' αὖτε | * πόλεις * | ἀγαθῶν καὶ πίονες ἀγροὶ ἔσσοντ' οὐδὲ μάχαιρα κατὰ |
| Sib. | 4 | 52 | ἐν ἀρχῇ ἐξ οὗ μηνίσαντος ἐπουρανίοιο θεοῖο αὐτῇσιν | * πολίεσσι * | καὶ ἀνθρώποισιν ἅπασιν γῆν ἐκάλυψε θάλασσα |
| Sib. | 4 | 59 | σεισμοῖο τινασσομένη μεγάλοιο πολλὰς πρηνίξει | * πόλιας * | καὶ ἔργ' ἀνθρώπων ἐκ δὲ βυθοῦ τότε νῆσοι |
| Sib. | 4 | 69 | τε φυγαί τε πύργων τε πρηνισμοὶ ἀναστασίαι τε | * πολήων * | Ἑλλὰς ὅταν μεγάλαυχος ἐπὶ πλατὺν Ἑλλήσποντον |
| Sib. | 4 | 82 | φλογὸς Αἴτνης ἠδὲ Κρότων πέσεται μεγάλη | * πόλις * | εἰς βαθὺ χεῦμα. ἔσται δ' Ἑλλάδι νεῖκος ἐν |
| Sib. | 4 | 84 | νεῖκος ἐν ἀλλήλοις δὲ μανέντες πολλὰς πρηνίξουσι | * πόλεις * | πολλοὺς δ' ὀλέσουσιν μαρνάμενοι τὸ δὲ νεῖκος |
| Sib. | 4 | 100 | ἡνίκα γαίης βρασσομένης σεισμοῖσιν ὀλισθαίνουσι | * πόληες. * | ἥξει καὶ Ῥοδίοις κακὸν ὕστατον ἀλλὰ μέγιστον. |
| Sib. | 4 | 108 | σὲ δὲ στρώσει ποτὲ σεισμὸς πρηνίξας στήσῃ δὲ πάλιν | * πόλις * | ἱδρυνθεῖσα. ὦ Λυκίης Μύρα καλά σὲ δ' οὔποτε |
| Sib. | 4 | 132 | εἰς οὐρανὸν εὐρὺν ἵκηται πολλὰς δὲ φλέξῃ | * πόλιας * | καὶ ἄνδρας ὀλέσσῃ πολλὴ δ' αἰθαλόεσσα τέφρη μέγαν |
| Sib. | 4 | 140 | πολλαῖς ἅμα μυριάδεσσιν. τλήμων Ἀντιόχεια σὲ δὲ | * πτόλιν * | οὔποτ' ἐροῦσιν ἡνίκ' ἂν ἀφροσύνῃσι τεαῖς ὑπὸ |
| Sib. | 4 | 177 | χθόνα πᾶσαν ἅπαν δ' ὀλέσει γένος ἀνδρῶν καὶ πάσας | * πόλιας * | ποταμούς θ' ἅμα ἠδὲ θάλασσαν ἐκκαύσει δέ τε πάντα |
| Sib. | 5 | 88 | --- καὶ σὲ δ' Ἀλεξάνδρεια κλυτὴ θρέπτειρα | * ⟨πολήων⟩ * | οὐ λείψει πόλεμός τ' οὐ --- τῆς ὑπερηφανίης |
| Sib. | 5 | 98 | ψαμαθηδὸν +ἀπαίξων σὸν ὄλεθρον+. καὶ τότ' ἔσῃ | * πόλεων * | πολύολβος πολλὰ καμοῦσα. κλαύσεται Ἀσίς ὅλη |
| Sib. | 5 | 107 | καὶ θάρσος +ἀηδὲς+ ἥξει καὶ μακάρων ἐθέλων | * πόλιν * | ἐξαλαπάξαι. καί κέν τις θεόθεν βασιλεὺς πεμφθεὶς |
| Sib. | 5 | 154 | καὶ ἐν τοῖσιν μένεν ἀρχὴ ἐξόλεσαν μεγάλην τε | * πόλιν * | λαόν τε δίκαιον. ἀλλ' ὅταν ἐκ τετράτου ἔτεος λάμψῃ |
| Sib. | 5 | 167 | καὶ παίδων μῖξις ἄθεσμος θηλυγενὴς ἄδικός τε κακὴ | * πόλι * | δύσμορε πασῶν. αἰαῖ πάντ' ἀκάθαρτε πόλι Λατινίδος |

Slb. 5 168 τε κακὴ πόλι δύσμορε πασῶν. αἰαῖ πάντ' ἀκάθαρτε * πόλι * Λατινίδος αἴης μαινὰς ἐχιδνοχαρὴς χήρη καθεδοῖο
Slb. 5 226 φόνος καὶ δείματα κεῖται εἵνεκα τῆς μεγάλης * πόλεως * λαοῦ τε δικαίου σῳζομένου διὰ παντὸς ὃν ἔξοχον
Slb. 5 250 θεῖον γένος οὐράνιόν τε οἳ περιναιετάουσι θεοῦ * πόλιν * ἐν μεσογαίοις ἄχρι δὲ καὶ Ἰόπης τεῖχος μέγα
Slb. 5 263 τέλος +πεποθημένον ἄγνος+ Ἰουδαίη χαρίεσσα καλὴ * πόλις * ἔνθεος ὕμνων. οὐκέτι βακχεύσει περὶ σὴν χθόνα ποὺς
Slb. 5 290 Σάρδεις αἰαῖ πολυήρατε Τράλλις αἰαῖ Λαοδίκεια καλὴ * πόλι * ὡς ἀπολεῖσθε σεισμοῖς ὀλλύμεναί τε καὶ εἰς κόνιν
Slb. 5 317 αἰώνιον ἐξαπολεῖται. αἰαῖ σοι +Κέρκυρα+ καλὴ * πόλι * παύεο κώμου. καὶ Ἱεράπολι γαῖα μόνη Πλούτω⟨νι⟩
Slb. 5 394 εὗρον κοίτην κακοὶ ἄνδρες. σίγησον πανόδυρτε κακὴ * πόλι * κῶμον ἔχουσα οὐκέτι γὰρ +παρὰ σοῖο τὴν τῆς+
Slb. 5 413 ἐπ' ἀνθρώποισι τέτυκτο ὥστε δοκεῖν ἑτέρους μεγάλην * πόλιν * ἐξαλαπάξαι. ἦλθε γὰρ οὐρανίων νώτων ἀνὴρ μακαρίτης
Slb. 5 418 οἱ πρότεροι λάβον ἄνδρες. πᾶσαν δ' ἐκ βάθρων εἷλεν * πόλιν * ἐν πυρὶ πολλῷ καὶ δήμους ἔφλεξε βροτῶν τῶν πρόσθε
Slb. 5 420 καὶ δήμους ἔφλεξε βροτῶν τῶν πρόσθε κακούργων καὶ * πόλιν * ἣν ἐπόθησε θεὸς ταύτην ἐποίησεν φαιδροτέραν ἄστρων
Slb. 5 452 Πάφος αἰάξει δεινὸν μόρον ὥστε νοῆσαι καὶ Σαλαμῖνα * πόλιν * μεγάλην μέγα πῆμα παθοῦσαν νῦν μὲν χέρσος ἄκαρπος
FJub. 46 14 αὐτοῖς ἐπέταξαν καὶ οἰκοδομῆσαι τείχη ταῖς * πόλεσι * καὶ χώματα ἀνεγεῖραι ἵνα δι' αὐτῶν ὁ ποταμὸς
FIsa. 1 3 6 προφητεύουσιν ἐπὶ Ἱερουσαλὴμ καὶ ἐπὶ ⟨τὰ⟩ς * πόλεις * Ἰούδα ⟨κα⟩ὶ Βε⟨νι⟩αμεὶν ὅτι ⟨πο⟩ρεύ⟨σο⟩νται ἐν
FAch. 116 τὸν τόπον δείξῃς. ὁ δὲ βασιλεὺς θαυμάσας ἔξω τῆς * πόλεως * ἀφίκετο σὺν τῷ Αἰσώπῳ καὶ μέτρα ἔδωκεν εἰς τὴν
FAch. 120 ἔστιν ναός τις καὶ στῦλος εἷς καὶ ἐπάνω τοῦ στύλου * πόλεις * δεκαδύο καὶ τούτων ἑκάστη τριάκοντα δοκοῖς
FAch. 120 διὰ τὸ ἀσφαλῶς αὐτὸν βεβηκέναι αἱ δὲ ἐπὶ τούτου * πόλεις * δεκαδύο οἱ μῆνες διὰ τὸ διηνεκῶς αὐτοὺς
FPho. 131 ἀλκήεντος ἔφυ σεσοφισμένος ἀνὴρ ἀγροὺς καὶ * πόλιας * σοφίῃ καὶ νῆα κυβερνᾶι. οὐχ ὅσιον κρύπτειν τὸν
HDem. 9 21 8 καὶ ἐλθεῖν αὐτὸν τῆς Χαναὰν γῆς εἰς ἑτέραν * πόλιν * Σικίμων ἔχοντα παιδία Ῥουβὶμ ἐτῶν δώδεκα μηνῶν
HDem. 9 29 3 γεγονέναι χρόνους. κατοικεῖν δὲ αὐτοὺς Μαδιὰμ * πόλιν * ἣν ἀπὸ ἑνὸς τῶν Ἀβραὰμ παίδων ὀνομασθῆναι. τὸν
HEup. 9 30 7 δὲ τὸν Δαβὶδ πλοῖα ναυπηγήσασθαι ἐν Ἐλάνοις * πόλει * τῆς Ἀραβίας καὶ πέμψαι μεταλλευτὰς εἰς τὴν Οὐρφῆ
HEup. 9 34 12 τὸ ἱερόν. περιβαλεῖν δὲ καὶ τὰ Ἱεροσόλυμα τὴν * πόλιν * τείχεσι καὶ πύργοις καὶ τάφροις οἰκοδομῆσαι δὲ καὶ
HEup. 9 34 13 μὲν ἱερὸν Σολομῶνος ὕστερον δὲ παρεφθαρμένως τὴν * πόλιν * ἀπὸ τοῦ ἱεροῦ Ἱερουσαλὴμ ὀνομασθῆναι ὑπὸ δὲ τῶν
HEup. 9 34 14 λέγεσθαι. συντελέσαντα δὲ τὸ ἱερὸν καὶ τὴν * πόλιν * τειχίσαντα ἐλθεῖν εἰς Σηλὼμ καὶ θυσίαν τῷ θεῷ εἰς
HArt. 9 23 3 πολλὴν ὕπαρξιν καὶ κατοικισθῆναι ἐν τῇ Ἡλίου * πόλει * καὶ Σάει καὶ τοὺς Σύρους πλεονάσαι ἐν τῇ Αἰγύπτῳ.
HArt. 9 27 4 πολεμικὰ καὶ τὴν φιλοσοφίαν ἐξευρεῖν ἔτι δὲ τὴν * πόλιν * εἰς λ ς' νομοὺς διελεῖν καὶ ἑκάστῳ τῶν νομῶν
HArt. 9 27 9 οὖν περὶ τὸν Μώϋσον διὰ τὸ μέγεθος τῆς στρατιᾶς * πόλιν * ἐν τούτῳ κτίσαι τῷ τόπῳ καὶ τὴν ἶβιν ἐν αὐτῇ
HArt. 9 27 9 ἀνθρώπους ἀναιρεῖν προσαγορεῦσαι δὲ αὐτὴν Ἑρμοῦ * πόλιν. * οὕτω δὴ τοὺς Αἰθίοπας καίπερ ὄντας πολεμίους
HArt. 9 27 11 προφυλακῆς χάριν τοῖς δὲ προστάξαι τὸν ἐν Διὸς * πόλει * ναὸν ἐξ ὀπτῆς πλίνθου κατεσκευασμένον καθαιρεῖν
HArt. 9 27 16 μὲν Μέρριν θάψαι τὸν δὲ ποταμὸν καὶ τὴν ἐν ἐκείνῳ * πόλιν * Μερόην προσαγορεῦσαι τιμᾶσθαι δὲ τὴν Μέρριν ταύτην
HCle. 1 15 241 κεκλῆσθαι ἀπὸ δὲ τῶν δύο Ἀφέρα τε καὶ Ἰάφρα * πόλιν * τε Ἄφραν καὶ τὴν χώραν Ἀφρικὴν ὀνομασθῆναι
HAno. 9 17 2 πολυιστορος περι ιουδαιων γραφης. τῆς Ἀσσυρίας * πόλιν * Βαβυλῶνα πρῶτον μὲν κτισθῆναι ὑπὸ τῶν διασωθέντων
HAno. 9 17 3 διασπορῆναι καθ' ὅλην τὴν γῆν. δεκάτῃ δὲ γενεᾷ ἐν * πόλει * τῆς Βαβυλωνίας Καμαρίνῃ ἥν τινας λέγειν πόλιν
HAno. 9 17 3 ἐν πόλει τῆς Βαβυλωνίας Καμαρίνῃ ἥν τινας λέγειν * πόλιν * Οὐρίην εἶναι δὲ μεθερμηνευομένην Χαλδαίων πόλιν
HAno. 9 17 3 πόλιν Οὐρίην εἶναι δὲ μεθερμηνευομένην Χαλδαίων * πόλιν * ⟨ἣ⟩ ἐν τρισκαιδεκάτῃ γενέσθαι Ἀβραὰμ γενεᾷ
HAno. 9 17 5 ἀποδοῦναι τὰ αἰχμάλωτα ξενισθῆναί τε αὐτὸν ὑπὸ * πόλεως * ἱερὸν Ἀργαριζὶν ὃ εἶναι μεθερμηνευόμενον ὄρος
HHec. 1 22 197 πολλὰ ὀχυρώματα κατὰ τὴν χώραν καὶ κῶμαι μία δὲ * πόλις * ὀχυρὰ πεντήκοντα μάλιστα σταδίων τὴν περίμετρον ἣν
HHec. 1 22 198 ἐνταῦθα δ' ἔστι κατὰ μέσον μάλιστα τῆς * πόλεως * περίβολος λίθινος μῆκος ὡς πεντάπλεθρος εὖρος δὲ
HCal. 24 34 μηκέτι προσεγγίσαι αὐτῷ ἐκέλευσεν ἀλλ' ἐν τῇ * πόλει * ἀναστρέφεσθαι. προσκαλεσάμενος δὲ ἕνα τῶν ἱερέων
HCal. 28 1 ὑμῶν οὐδέν. διατρίψας οὖν ἐκεῖσε χρόνον τινὰ τὴν * πόλιν * οἰκοδομεῖν ἐγχειρίζεται κίοσί τε πλείστοις αὐτὴν
HCal. 28 10 ἐμφέρεσθαι. τῶν πασῶν τοίνυν τελεσθεισῶν καὶ τῆς * πόλεως * περικαλλεστάτης ἐν παντὶ ὀφθαλμῷ ἀνθρώπων
LThe. 9 22 1 λαβεῖν τὴν ὀνομασίαν τοῦτον γὰρ καὶ κτίσαι τὴν * πόλιν. * ἡ δ' ἄρ' ἔην ἀγαθή τε καὶ αἰγινόμος καὶ ὑδρηλὴ
LThe. 9 22 1 αἰγινόμος καὶ ὑδρηλὴ οὐδὲ μὲν ἔσκεν ὁδὸς δολιχὴ * πόλιν * εἰσαφικέσθαι ἀγρόθεν οὐδέ ποτε δρία λαχνήεντα
LThe. 9 22 2 ὑποδέδρομεν αἰπύθεν ἕρκος. ἐνθένδε ξένε ποιμενόφι * πτόλιν * ἦλυθ' Ἰακὼβ εὐρεῖαν Σικίμων ἐπὶ δ' ἀνδράσι
LThe. 9 22 4 ἐλθεῖν πανηγύρεως οὔσης βουλομένην θεάσασθαι τὴν * πόλιν * Συχὲμ δὲ τὸν τοῦ Ἐμμὼρ υἱὸν ἰδόντα ἐρασθῆναι
LThe. 9 22 8 ἐπεὶ θεὸς αὐτὸς ἔειπε. πορευθέντος οὖν εἰς τὴν * πόλιν * τοῦ Ἐμμὼρ καὶ τοὺς ὑποτασσομένους παρακαλοῦντος
LThe. 9 22 9 μόλῃ κακὸς οὐδὲ μὲν ἐσθλὸς οὐδὲ δίκας ἐδίκαζον ἀνὰ * πτόλιν * οὐδὲ θέμιστας λοίγια δ' ὥρωρει τοῖσιν μεμελημένα
LThe. 9 22 10 ἔργα. τὸν οὖν Λευὶν καὶ τὸν Συμεῶνα εἰς τὴν * πόλιν * καθωπλισμένους ἐλθεῖν καὶ πρῶτα μὲν τοὺς
LThe. 9 22 11 ἀδελφοὺς τὴν πρᾶξιν αὐτῶν ἐπιβοηθῆσαι καὶ τὴν * πόλιν * ἐκπορθῆσαι καὶ τὴν ἀδελφὴν ἀναρρυσαμένους μετὰ τῶν
LEze. 9 28 2 11 οἰκοδομίαις τε βαρέσιν αἰκίζων βροτοὺς * πόλεις * τ' ἐπύργου σφῶν ἔκατι δυσμόρων. ἔπειτα κηρύσσει
LEze. 9 28 4 06 εἷς καὶ τύραννος καὶ στρατηλάτης μόνος. ἄρχει δὲ * πόλεως * τῆσδε καὶ κρίνει βροτοὺς ἱερεὺς ὅς ἐστ' ἐμοῦ τε
LEze. 9 29 14 24 αὐτοὺς θήκαμεν παρεμβολὴν (Βεελζεφὼν τις κλῄζεται * πόλις * βροτοῖς). ἐπεὶ δὲ Τιτὰν ἥλιος δυσμαῖς προσῆν

πολιτεία 3
Adam 1 διήγησις καὶ * πολιτεία * Ἀδὰμ καὶ Εὔας τῶν πρωτοπλάστων ἀποκαλυφθεῖσα
Abr.1 20 15 ζηλώσωμεν καὶ τὴν ἐνάρετον αὐτοῦ κτησώμεθα * πολιτείαν * ἵνα ἀξιωθῶμεν τῆς αἰωνίου ζωῆς δοξάζοντες τῷ
HHec. 1 22 189 πᾶσαν αὐτοῖς εἶχε γὰρ τὴν κατοίκησιν αὐτῶν καὶ τὴν * πολιτείαν * γεγραμμένην. τοιγαροῦν καὶ κακῶς ἀκούοντες ὑπὸ

πολίτευμα 1
Aris. 310 3 καὶ τῶν ἑρμηνέων οἱ πρεσβύτεροι καὶ τῶν ἀπὸ τοῦ * πολιτεύματος * οἵ τε ἡγούμενοι τοῦ πλήθους εἶπον ἐπεὶ

πολιτεύω 4
Esdr. 2 9 δίκαιον καὶ τὸν ἁμαρτωλὸν καὶ ἔπρεπεν ὡς ὁ δίκαιος * πολιτεύεσθαι. * καὶ εἶπεν ὁ προφήτης τὸν πρωτόπλαστον
Aris. 31 6 τῶν προειρημένων βιβλίων καὶ τῶν κατ' αὐτὰ * πεπολιτευμένων * (καὶ πολιτευομένων) ἀνδρῶν διὰ τὸ ἁγνήν
Aris. 31 6 βιβλίων καὶ τῶν κατ' αὐτὰ πεπολιτευμένων (καὶ * πολιτευομένων) * ἀνδρῶν διὰ τὸ ἁγνήν τινα καὶ σεμνὴν εἶναι
FAch. 120 πόλεις δεκαδύο οἱ μῆνες διὰ τὸ διηνεκῶς αὐτοὺς * πολιτεύεσθαι * οἱ δὲ τριάκοντα δοκοὶ ἡ τριανταήμερος

πολίτης 9
Job 29 1 μοι. καὶ ἀκούσαντες ἐξῆλθον τὴν πόλιν ἅμα τοῖς * πολίταις * καὶ οἱ μὲν πολῖται μου ὑπέδειξάν με αὐτοῖς, οἱ
Job 29 1 ἐξῆλθον τὴν πόλιν ἅμα τοῖς πολίταις καὶ οἱ μὲν * πολῖται * μου ὑπέδειξάν με αὐτοῖς, οἱ δὲ ἀντέτειναν
Aris. 3 4 καλοκἀγαθίᾳ καὶ δόξῃ προτετιμημένον ὑπό τε τῶν * πολιτῶν * καὶ τῶν ἄλλων καὶ κατακεκτημένον μεγίστην
Aris. 3 6 τοῖς σὺν ἑαυτῷ καὶ τοῖς κατὰ τοὺς ἄλλους τόπους * πολίταις * πρὸς τὴν ἑρμηνείαν τοῦ θείου νόμου διὰ τὸ
Aris. 36 6 ἀπαντῶμεν τοῖς πᾶσι πολὺ δὲ μᾶλλον τοῖς σοῖς * πολίταις * ὑπὲρ δέκα μυριάδας αἰχμαλώτων ἠλευθερώκαμεν
Aris. 44 3 ἐστι. μεγάλα γὰρ καὶ σὺ καὶ ἀνεπίληστα τοὺς * πολίτας * ἡμῶν κατὰ πολλοὺς ⟨τρόπους⟩ εὐηργέτηκας. εὐθέως
Aris. 126 3 ἰδίαν αὐτῷ κατεπείγοι πρὸς δὲ τὴν κοινὴν πᾶσι τοῖς * πολίταις * ἐπανόρθωσιν ἐξαποστέλλειν αὐτούς. τὸ γὰρ καλῶς
Slb. 5 150 ἔθνος ἀληθὲς ὃς ναὸν θεότευκτον ἕλεν καὶ ἔφλεξε * πολίτας * λαοὺς εἰσανιόντας ὅσους ὕμνησα δικαίως τούτου
LAri. 13 12 1 ἐξαγωγὴν τὴν ἐξ Αἰγύπτου τῶν Ἑβραίων ἡμετέρων δὲ * πολιτῶν * καὶ ἡ τῶν γεγονότων ἁπάντων αὐτοῖς ἐπιφάνεια καὶ

πολιτικός 1
LThe. 9 22 8 Συχὲμ ἀνελεῖν τὴν ὕβριν τῆς ἀδελφῆς μὴ βουληθέντα * πολιτικῶς * ἐνεγκεῖν ταῦτα δὲ διαγνόντα Λευὶν τῷ ἀδελφῷ

πολλάκις 15
TGad 6 5 καὶ μεγάλην ἁμαρτίαν ἐργάσηται κατὰ σου ὅτι * πολλάκις * δολοφωνεῖ σε ἢ περιεργάζεται σε ἐν κακῷ λαβὼν
TJos. 9 1 μόνον ὅτι διὰ προφάσεως ἀπηλλάγην τῆς Αἰγυπτίας. * πολλάκις * ἔπεμψε πρός με λέγουσα εὐδόκησον πληρῶσαι τὴν
Asen. 11 15 τῇ χειρὶ τὴν κεφαλὴν αὐτῆς καὶ τὸ στῆθος αὐτῆς * πολλάκις * καὶ εἶπεν ἐν τῇ καρδίᾳ αὐτῆς οὐκ ἀνοίξασα τὸ
Jer. 7 25 ἡ λύπη ἀφ' ἡμῶν ἐξήκοντα καὶ ἓξ ἔτη σήμερον. * πολλάκις * γὰρ ἐξερχόμενος ηὕρισκον ἐκ τοῦ λαοῦ
Aris. 12 1 λάβῃ. νομίσας δὲ ἐγὼ καιρὸν εἶναι περὶ ὧν * πολλάκις * ἠξιώκειν Σωσίβιόν τε τὸν Ταραντῖνον καὶ
Aris. 81 1 ἐποιεῖτο ὁ βασιλεὺς φιλοδοξῶν εἰς τὰ καλῶς ἔχοντα. * πολλάκις * γὰρ τὸν δημόσιον χρηματισμὸν παρίει τοῖς δὲ
Aris. 285 1 καθῆκον ἔνεστι γὰρ καὶ ἐν τούτοις ἐπισκευή τις. * πολλάκις * γὰρ καὶ ἐκ τῶν ἐλαχίστων αἱρετόν τι δείκνυται.
Slb. 3 357 ὦ χλιδανὴ ζάχρυσε Λατινίδος ἔκγονε Ῥώμη παρθένε * πολλάκι * σοῖσι πολυμνήστοισι γάμοισιν οἰνωθεῖσα λάτρις
Slb. 3 359 γάμοισιν οἰνωθεῖσα λάτρις νυμφεύσεαι οὐκ ἐνὶ κόσμῳ * πολλάκι * δ' ἁβρήν σεῖο κόμην δέσποινά τε κείρει ἠδὲ δίκην
FAch. 122 ψευδόμενοι τοῦτον καὶ ἑωράκαμεν καὶ ἀκηκόαμεν * πολλάκις. * ὁ δὲ Αἴσωπος ἔφη χαίρω μαρτυρούντων. ἀποδοθήτω
FPho. 58 μὴ προπετὴς ἐς χεῖρα χαλίνου δ' ἄγριον ὀργήν * πολλάκι * γὰρ πλήξας ἀέκων φόνον ἐξετέλεσσεν. ἔστω κοινὰ
FPho. 119 μήτε κακοῖσ' ἄχθου μήτ' οὖν ἐπαγάλλεο χάρμῃ * πολλάκι * ἐν βιότωι καὶ θαρσαλέοισιν ἄπιστον πῆμα καὶ
FPho. 134 ἀλλὰ χρὴ κακοεργὸν ἀποτρωπᾶσθαι ἀνάγκῃ. * πολλάκι * συνθνήσκουσι κακοῖσ' οἱ συμπαρέοντες. φωρῶν μὴ
HArt. 9 27 5 μὲν ἐκβάλλειν ποτὲ δὲ καθιστάνειν βασιλεῖς καὶ * πολλάκις * μὲν τοὺς αὐτοὺς ἐνιάκις δὲ ἄλλους. διὰ ταῦτα
HHec. 1 22 191 τῶν εἰσαφικνουμένων πάντων καὶ προπηλακιζόμενοι * πολλάκις * ὑπὸ τῶν Περσικῶν βασιλέων καὶ σατραπῶν οὐ

πολλαπλασίων 1
TZab. 6 6 μοι θήραν. ὁ γὰρ μεταδιδοὺς τῷ πλησίον λαμβάνει * πολλαπλασίονα * παρὰ κυρίου. πέντε ἔτη ἡλίευσα παντὶ

πολλαχῶς 2
Aris. 17 5 καὶ μεταλλοιοῦται καὶ τρέπεται πάλιν ὑπ' αὐτοῦ διὸ * πολλαχῶς * καὶ ποικίλως ἐπεκαλούμην τὸν κυριεύοντα κατὰ
LAri. 8 10 3 ἐκπίπτειν εἰς τὸ μυθῶδες καὶ ἀνθρώπινον κατάστημα. * πολλαχῶς * γὰρ ὃ βούλεται λέγειν ὁ νομοθέτης ἡμῶν Μωσῆς

πόλος 3
Slb. 3 83 ἅπερ βιβλίον εἰλεῖται καὶ πέσεται πολύμορφος ὅλος * πόλος * ἐν χθονὶ δίῃ καὶ πελάγει ῥεύσει δὲ πυρὸς μαλεροῦ
Slb. 3 86 ἀκάματος φλέξει δὲ γαῖαν φλέξει δὲ θάλασσαν καὶ * πόλον * οὐράνιον καὶ ἤματα καὶ κτίσιν αὐτὴν εἰς ἓν
FPho. 75 ὁμόνοιαν ἔχουσιν εἰ γὰρ ἔρις μακάρεσσιν ἔην οὐκ ἂν * πόλος * ἔστη. σωφροσύνην ἀσκεῖν αἰσχρῶν δ' ἔργων

πολυαίματος 2
Slb. 5 96 +παρ' ἐκπάγλοισι τε βωμοῖς+ βαρβαρόφρων σθεναρὸς * πολυαίματος * ἄφρονα λυσσῶν παμπληθεῖ ψαμαθηδὸν +ἀπαίξων
Slb. 5 462 καὶ ἐν Ἀσίδι καὶ +Λυκίοισιν+ κοσμομανὴς πόλεμος * πολυαίματος * ἐν κονίῃσιν ὃν παύσει Ῥώμης βασιλεὺς δυσμῶν

πολυαλγής 1
Slb. 4 9 ναῷ λίθον ἑλκυσθέντα κωφότατον νωδόν τε βροτῶν * πολυαλγέα * λώβην ἀλλ' ὃν ἰδεῖν οὐκ ἔστιν ἀπὸ χθονὸς οὐδὲ

πολυάνδριος
Prop.    6      2    αὐτοῦ. καὶ ἐτάφη ἐν τῇ γῇ αὐτοῦ μόνος σύνεγγυς ✻ πολυανδρίου ✻ Ἐνακείμ. Ἀμὼς ἦν ἐκ Θεκουέ. καὶ Ἀμασίας
πολυανθρωπία
Aris.    113    2    καὶ δαψιλὴς ἡ τούτων νομή. διὸ καλῶς ἔβλεψαν ὅτι ✻ πολυανθρωπίας ✻ οἱ τόποι προσδέονται καὶ τὴν κατασκευὴν
πολυαῦλαξ
Slb.     4      72   βαρεῖαν ιδ' Ἀσίδι κῆρα φέρουσα. αὐτὰρ ἐς Αἴγυπτον ✻ πολυαύλακα ✻ πυροφόρον τε λιμὸς ἀκαρπίη τε περιπλομένων
πολυβότειρα
Slb.     3      617  θεῷ μεγάλῳ βασιλῆι ἀθανάτῳ γόνυ λευκὸν ἐπὶ χθονὶ ✻ πουλυβοτείρῃ ✻ ἔργα δὲ χειροποίητα πυρὸς φλογὶ πάντα
πολυγηθής
LPhl.    9   37   2    ῥεῦμα γὰρ ὑψιφάεννον ἐν ὑετίοις νιφετοῖσιν ἱέμενον ✻ πολυγηθὲς ✻ ὑπαὶ πύργοις συνόροισιν στρωφᾶται καὶ ξηρὰ
πολυγλωσσία
FJub.    10     24   αὐτοὺς εἰς ἀποστασίαν συνεχύθησαν διαιρεθέντες εἰς ✻ πολυγλωσσίαν ✻ ὑπὸ τοῦ θεοῦ. ἐκεῖνος δὲ ἔμεινεν ἐκεῖ
πολύδακρυς
Slb.     5      185  κακῶν θησαυρὲ πόνων μαινὰς πολύθρηνε αἰνοπαθής ✻ πολύδακρυ ✻ μενεῖς χήρη διὰ παντός. πουλυετὴς ἐγένου σὺ
Slb.     5      319  Πλούτω⟨νι⟩ μιγεῖσα ἕξεις ὃν πεπόθηκας ἔχειν χῶρον ✻ πολύδακρυν ✻ ἐς γῆν χωσαμένη παρὰ χεύμασι θερμώδοντος.
πολυδάκρυτος
Slb.     3      407  φημίξουσιν ἐπωνυμίην Δορύλαιον ἀρχαίης Φρυγίης ✻ πολυδακρύτοιο ✻ κελαινῆς. ἔστ' ἄρα καιρὸς ἐκεῖνος
πολυδάπανος
Aris.    119    5    διαβολὴν ὡς ἄχρηστος ἡ κατεργασία γίνεται καὶ ✻ πολυδάπανος ✻ ὅπως μὴ διὰ τὴν μεταλλείαν τῶν εἰρημένων
πολύδροσος
Slb.     3      322  οἴκησις ἐν ἀνθρώποισι κεκλήσῃ καὶ πίεται σου γαῖα ✻ πολύδροσος ✻ αἷμα κελαινόν. αἰαῖ σοι Λιβύη αἰαῖ δὲ θάλασσά
πολυδωρία
Aris.    318    4    παραγενηθέντας δὲ ὡς θέμις ἕξειν αὐτοὺς φίλους καὶ ✻ πολυδωρίας ✻ τῆς μεγίστης τεύξεσθαι παρ' αὐτοῦ. τὰ δὲ πρὸς
πολυειδής
Aris.    66     3    ἐν ὑπεροχῇ λίθους ἔχοντα κατὰ μέσον πολυτελεῖς τῶν ✻ πολυειδῶν ✻ ἀνθράκων τε καὶ σμαράγδων ἔτι δὲ ὄνυχος καὶ
πολυέλεος
Asen.    11     10   καὶ θεὸς ἐλεήμων καὶ οἰκτίρμων καὶ μακρόθυμος καὶ ✻ πολυέλεος ✻ καὶ ἐπιεικὴς καὶ μὴ λογιζόμενος ἁμαρτίαν
Esdr.    1      10   ἐλέησον τὰ ἔργα τῶν χειρῶν σου εὐσπλαγχνε καὶ ✻ πολυέλεος ✻ ἐμὲ κρῖνον ὑπὲρ τῶν ψυχῶν τῶν ἁμαρτωλῶν
FMan.  2  22   12   σου. ὅτι σὺ εἶ κύριος μακρόθυμος εὐσπλαγχνος ✻ πολυέλεος ✻ καὶ μετανοῶν ἐπὶ ταῖς κακίαις τῶν ἀνθρώπων ὅτι
πολυετής
Slb.     3      369  Εὐρώπη δὲ μάκαιρα τότ' ἔσσεται εὔβοτος αἰθὴρ ✻ πουλυετὴς ✻ εὔρωστος ἀχείματος ἠδ' ἀχάλαζος πάντα φέρων
Slb.     3      476  ἄραβος πέλεται διὰ τὸν +πολύκαρπον+ λιμὸν ✻ πουλυετεῖς ✻ δὲ (ἀποιμώξασα τοκῆα). Κύρνος καὶ Σαρδὼ
Slb.     5      186  αἰνοπαθὴς πολύδακρυ μενεῖς χήρη διὰ παντός. ✻ πουλυετὴς ✻ ἐγένου σὺ μόνη κόσμοιο κρατοῦσα. ἀλλ' ὅταν ἡ
Slb.     5      435  μεγίστου. αἰαῖ σοι Βαβυλὼν χρυσόθρονε χρυσοπέδιλε ✻ πουλυετὴς ✻ βασίλεια μόνη κόσμοιο κρατοῦσα ἢ τὸ πάλαι
πολυήλας
Slb.     5      218  ἕως ἐσίδωσιν ἓ πάντες τὸν πάλαι ἐκκόψαντα πέτρην ✻ πολυήλατι ✻ χαλκῷ καὶ σὴν γαῖαν ὀλεῖ καὶ κόψει ὡς
πολυήρατος ✻
Slb.     5      289  Καρῶν Λυδῶν πολυχρύσων. αἰαῖ ⟨σοι⟩ Σάρδεις αἰαῖ ✻ πολυήρατε ✻ Τράλλις αἰαῖ Λαοδίκεια καλὴ πόλι ὡς ἀπολεῖσθε
πολύθρηνος
Slb.     5      184  παύσῃ κακότητος. Ὕβρι κακῶν θησαυρὲ πόνων μαινὰς ✻ πολύθρηνε ✻ αἰνοπαθὴς πολύδακρυ μενεῖς χήρη διὰ παντός.
πολυθρύλητος
Slb.     3      466  Ἥξει ἀλλ' ἐμφύλιον αἷμα πολύστονον οὐκ ἀλαπαδνὸν ✻ πολυθρύλλητόν ✻ τε ἀναιδέα σε κεραΐξει. καὶ δ' αὐτὴ
FrAn.   1  217   22   νῦν ἐλεύσεται ἄνθρωπος πρός σε τὸν ἀπολεσθέντα ✻ πολυθρύλλητον ✻ λίθον ἐκ τῆς διπλοΐδος Ἀαρὼν τοῦ
Πολυΐστωρ
HDem.    9   9    1    Δημητρίου περι του ιακωβ απο της αυτης του ✻ πολυιστορος ✻ γραφης. τὸν Ἰακὼβ γενόμενον ἐτῶν
HAno.    9   17   2    Ευπολεμου περι Αβρααμ απο της Αλεξανδρου του ✻ πολυιστορος ✻ περι ιουδαιων γραφης. τῆς Ἀσσυρίας πόλιν
πολύκαρπος
Slb.     3      475  ἀν' Αἷμον. Καμπανοῖς ἄραβος πέλεται διὰ τὸν ✻ +πολύκαρπον+ ✻ λιμὸν πουλυετεῖς δὲ (ἀποιμώξασα τοκῆα).
Slb.     5      257  αἰθέρος ἔξοχος ἀνὴρ ὃς παλάμας ἥπλωσεν ἐπὶ ξύλου ✻ πολυκάρπου ✻ Ἑβραίων ὁ ἄριστος ὃς ἠέλιόν ποτε στήσει
Slb.     5      328  σώφρονα βουλήν+. Ἴλαθι παγγενέτωρ τρυφερῇ χθονὶ τῇ ✻ πολυκάρπῳ ✻ Ἰουδαίᾳ μεγάλῃ ἵνα σὰς γνώμας ἐπίδωμεν.
πολύκλαυστος
Slb.     5      54   ἔνθεον ὕμνον. πρῶτον μὲν περὶ σεῖο βάσιν ναοῦ ✻ πολυκλαύστου ✻ μαινάδες ἀΐξουσι καὶ ἐν παλάμῃσι κακῇσιν
πολύκλειστος
FPho.    215    πρὸς ἄρσενα μέτξιν ἔρωτος. παρθενικὴν δὲ φύλασσε ✻ πολυκλείστοις ✻ θαλάμοισιν μὴ δέ μιν ἄχρι γάμων πρὸ δόμων
πολύκλυστος
Slb.     4      129  Σαλαμῖνα Πάφον δ' ἅμα σεισμὸς ὀλέσσει Κύπρον ὅταν ✻ πολύκλυστον ✻ ὑπερκλονέῃ μέλαν ὕδωρ. ἀλλ' ὁπόταν χθονίης
πολύκμητος
Slb.     3      292  βασιλεῖς ἐπικουρήσουσιν χρυσὸν καὶ χαλκόν τε ✻ πολύκμητόν ✻ τε σίδηρον. αὐτὸς γὰρ δώσει θεὸς ἔννυχον
πολυκοιρανία
Slb.     5      112  κραδίη δειλή τί με ταῦτ' ἐρεθίζεις δηλοῦν Αἰγύπτῳ ✻ πολυκοιρανίην ✻ ἀλεγεινήν; βαῖνε πρὸς ἀντολίην Περσῶν
πολύκρανος
Slb.     3      176  Ἔπειτ' ἄλλης βασιληίδος ἔσσεται ἀρχὴ λευκὴ καὶ ✻ πολύκρανος ✻ ἀφ' ἑσπερίοιο θαλάσσης ἢ πολλῆς γαίης ἄρξει
πολυκτέανος
Slb.     4      146  Ἀσίην πλοῦτος μέγας ὅν ποτε Ῥώμη αὐτὴ συλήσασα ✻ πολυκτέανον ✻ κατὰ δῶμα θήκατο καὶ δὶς ἔπειτα τοσαῦτα καὶ
πολυκτήνος
HAri.    9   25   2    καὶ Ἀραβίας. γενέσθαι δ' αὐτὸν δίκαιον καὶ ✻ πολύκτηνον ✻ κτήσασθαι γὰρ αὐτὸν πρόβατα μὲν ἑπτακισχίλια
πολυμαθής
Aris.    137    3    ἀποθεοῦν. καὶ γὰρ ἔτι καὶ νῦν εὑρεματικώτεροι καὶ ✻ πολυμαθέστεροι ✻ τῶν ἀνθρώπων τῶν πρὶν εἰσι πολλοὶ καὶ οὐκ
LAri.   13  12   1    προειρημένον φιλόσοφον εἰληφέναι πολλὰ γέγονε γὰρ ✻ πολυμαθὴς ✻ καθὼς καὶ Πυθαγόρας πολλὰ τῶν παρ' ἡμῖν
πολυμάταιος
Aris.    138    1    Ἑλλήνων οἱ σοφώτατοι καθεστάναι. τῶν γὰρ ἄλλων ✻ πολυματαίων ✻ τί δεῖ καὶ λέγειν Αἰγυπτίων τε καὶ τῶν
πολυμνηστος
Slb.     3      357  Λατινίδος ἔκγονε Ῥώμη παρθένε πολλάκι σοῖσι ✻ πολυμνήστοισι ✻ γάμοισιν οἰνωθεῖσα λάτρις νυμφεύσεαι οὐκ
πολύμνιος
LPhl.    9   20   1    ποίησεν ἑὴν φάτιν ἐξότε κείνου ἔκγονος αἰνογόνοιο ✻ πολύμνιον ✻ ἔλλαχε κῦδος. ἀρτίχερος θηκτοῖο ξιφηφόρον
πολύμορφος
Hen.     19     1    ταῖς γυναιξὶν στήσονται καὶ τὰ πνεύματα αὐτῶν ✻ πολύμορφα ✻ γενόμενα λυμαίνεται τοὺς ἀνθρώπους καὶ
Slb.     3      83   εἰλίξῃ καθ' ἅπερ βιβλίον εἱλεῖται καὶ πέσεται ✻ πολύμορφος ✻ ὅλος πόλος ἐν χθονὶ εἴη καὶ πελάγεϊ ῥεύσει δὲ
πολύμοχθος
Sedr.    15     8    ἁμαρτήσαντάς σοι συγχώρησον κύριε ὅτι ὁ βίος ✻ πολύμοχθός ✻ ἐστιν καὶ ἀμετανόητος. λέγει κύριος τὸν
Slb.     5      389  τὰς πάλαι ἀγνὰς ὕβρεσι καὶ κολάσει κάσχημοσύνη ✻ πολυμόχθῳ ✻ ✻ --- ἐν σοὶ γὰρ μήτηρ τέκνῳ ἐμίγη ἀθεμίστως
FPho.    170    σφετέρην ἐπάγοντες ἄτρυτοι φῦλον δ' ὀλίγον τελέθει ✻ πολύμοχθον ✻ ✻ κάμνει δ' ἱεροφοῖτις ἀριστοπόνος τε μέλισσα
πολύολβος
Slb.     4      66   κόσμοιο μέγιστον οἷς γενεὴ μία κεῖται ἀνακτορίης ✻ πολυόλβου ✻ ἔσται δ' ὅσσα κεν ἄνδρες ἀπεύξωνται κακὰ ἔργα
Slb.     5      5    πολιήτορα ᾧ ὕπο πᾶσα ἀντολὴ βεβόλητο καὶ ἑσπερίη ✻ πολύολβος ✻ ὃν Βαβυλὼν ἤλεγξε νέκυν δ' ὤρεξε Φιλίππῳ οὔ
Slb.     5      98   +ἀπαίξων σὸν ὄλεθρον+. καὶ τότ' ἔσῃ πόλεων ✻ πολύολβος. ✻ πολλὰ καμοῦσα. κλαύσεται Ἀσὶς ὅλη δώρων χάριν
FPho.    54   ἐνὶ πλούτῳ εἷς θεός ἐστι σοφὸς δυνατός θ' ἅμα καὶ ✻ πολύολβος. ✻ μὴ δὲ παροιχομένοισι κακοῖς τρύχου τεὸν ἦπαρ
πολύπλαγκτος
Slb.     3      387  κακαῖς ἄτησιν ὀλεῖται οὔνομ' ἐν ὀψιγόνοισι ✻ πολυπλάγκτοισιν ✻ ἔχουσα. ἥξει καὶ ποτ' ἄπιστος ἐς Ἀσίδος
FPho.    40   ἐν πολιήταις πάντες γὰρ πενίης πειρώμεθα τῆς ✻ πολυπλάγκτου ✻ χώρης δ' οὔ τι βέβαιον ἔχει πέδον
πολυπλασίων
FrAn.   1  218   2    δανείζει. ἰδοὺ γὰρ ἐν τῷ νῦν αἰῶνι ἐξεπλήρωσά σοι ✻ πολυπλασίονα ✻ ὑπὲρ ὧν ἐδάνεισάς μοι. καὶ εἰ πιστεύεις
πολύπους
FPho.    49   κραδίηι νόον ἀλλ' ἀγορεύων μηδ' ὡς πετροφυὴς ✻ πολύπους ✻ κατὰ χῶρον ἀμείβου. πᾶσιν δ' ἁπλόος ἴσθι τὰ δ'
πολυπραγμονέω
Job      38   2    στόμα εἰς τὸν δεσπότην; μὴ γένοιτο τίνες γάρ ἐσμέν ✻ πολυπραγμονοῦντες ✻ τὰ οὐράνια σάρκινοι ὄντες, ἔχοντες τὴν
πολύρρυτος
Aris.    89   2    ἀνέκλειπτός ἐστι σύστασις ὡς ἂν καὶ πηγῆς ἔσωθεν ✻ πολυρρύτου ✻ φυσικῶς ἐπιρρεούσης ἔτι δὲ θαυμασίων καὶ
πολύς                                            327 (cf.+ πλείων)
Adam     5      5    τί σοι ἐστιν νόσος; καὶ λέγει τεκνία μου πόνος ✻ πολὺς ✻ συνέχει με. καὶ λέγουσιν αὐτῷ τί ἐστιν πόνος καὶ
Adam     24     3    καύματος καὶ στενωθεὶς ἀπὸ ψύξεως. καὶ κοπιάσεις ✻ πολλὰ ✻ καὶ μὴ πλουτήσεις καὶ παχυνθήσει καὶ εἰς τέλος μὴ
Adam     25     2    καμάτοις καὶ ἐν πόνοις ἀφορήσεις. τέξει τέκνα ἐν ✻ πολλοῖς ✻ τρόποις καὶ ἐν μιᾷ ὥρᾳ ἔλθεις τοῦ τεκεῖν καὶ
Adam     32     2    εἰς τὸν ἀσάλευτόν σου θρόνον. ἥμαρτον κύριε ἥμαρτον ✻ πολλὰ ✻ ἥμαρτον ἐναντίον σου καὶ πᾶσα ἁμαρτία δι' ἐμὲ

| | | | | | |
|---|---|---|---|---|---|
| Adam | 40 | 4 | ἡμέρας ἐφόνευσεν αὐτὸν Κάϊν ὁ ἀδελφὸς αὐτοῦ. καὶ | * πολλὰ * | ἐθέλησεν κρύψαι αὐτὸν ὁ Κάϊν ἀλλ᾽ οὐκ ἐδυνήθη ὅτι |
| Adam | 40 | 7 | ἀγγέλους εἰς τὸν παράδεισον καὶ ἤγαγον εὐωδίας | * πολλὰς * | καὶ ἔθεντο αὐτὰς ἐν τῇ γῇ. καὶ μετὰ ταῦτα ἔλαβον |
| Hen. | 8 | 2 | ἐκλεκτοὺς καὶ τὰ βαφικά. καὶ ἐγένετο ἀσέβεια | * πολλὴ * | καὶ ἐπόρνευσαν καὶ ἀπεπλανήθησαν καὶ ἠφανίσθησαν |
| Hen. | 8B | 2 | καὶ ἐπλάνησαν τοὺς ἁγίους. καὶ ἐγένετο ἀσέβεια | * πολλὴ * | ἐπὶ τῆς γῆς καὶ ἠφάνισαν τὰς ὁδοὺς αὐτῶν. ἔτι δὲ |
| Hen. | 9 | 1 | Γαβριή⟨λ⟩ οὗτοι ἐκ τοῦ οὐρανοῦ ἐθεάσ⟨αν⟩το αἷμα | * πολὺ * | ἐκχυννόμεν⟨ον⟩ ἐπὶ τῆς γῆς καὶ εἶπαν πρό⟨ς⟩ |
| Hen. | 9B | 2 | γῆν ἐκ τῶν ἁγίων τοῦ οὐρανοῦ. καὶ θεασάμενοι αἷμα | * πολὺ * | ἐκκεχυμένον ἐπὶ τῆς γῆς καὶ πᾶσαν ἀσέβειαν καὶ |
| Hen. | 89 | 43 | καὶ μετ᾽ αὐτοὺς εἰς τοὺς ὕας καὶ ἀπώλεσεν ὕας | * πολλοὺς * | καὶ μετ᾽ αὐτοὺς ⟨ἐλυμήνα⟩το τοὺς κύνας. καὶ τὰ |
| Hen. | 97 | 9 | τεθησαυρίκαμεν ἐν τοῖς θησαυροῖς ἡμῶν καὶ ἀγαθὰ | * πολλὰ * | ἐν ταῖς οἰκίαις ἡμῶν. καὶ ὡς ὕδωρ ἐκχυθήσεται. |
| Hen. | 98 | 1 | ὀμνύω ὑμῖν τοῖς φρονίμοις καὶ οὐχὶ τοῖς ἄφροσι ὅτι | * πολλὰς * | ὄψεσθε ἐπὶ τῆς γῆς ἀνομίας ὅτι κάλλος |
| Hen. | 98 | 15 | ψευδεῖς καὶ λόγους πλανήσεως αὐτοὶ γράφουσιν καὶ | * πολλοὺς * | ἀποπλανήσουσιν τοῖς ψεύδεσιν αὐτῶν πλανᾶσθε |
| Hen. | 104 | 10 | ἀντιγράφουσιν οἱ ἁμαρτωλοὶ καὶ ἀλλάσσουσιν τοὺς | * πολλοὺς * | καὶ ψεύδονται καὶ πλάσσουσιν πλάσματα μεγάλα καὶ |
| Abr.1 | 1 | 5 | τῆς θαλάσσης καὶ ἔστιν ἐν ἐμπορίᾳ βίου πραγμάτων | * πολλῶν * | καὶ ὑπάρχει πλούσιος πάνυ παρὰ πάντων δὲ δίκαιος |
| Abr.1 | 2 | 11 | γὰρ καὶ ὁ ἐμὸς βασιλεὺς οὐκ ἦν πλούσιος ἐν ἐμπορίᾳ | * πολλῇ * | ἔχων ἐξουσίαν καὶ ἀνθρώποις καὶ κτήνεσιν |
| Abr.1 | 7 | 1 | οὕτως εἰσῆλθες πρὸς ἡμᾶς κλαίων οὕτως ἐν ὀλιγωρίᾳ | * πολλῇ; * | ὑπολαβὼν δὲ Ἰσαὰκ ἤρξατο λέγειν ἰδοὺ ἐγὼ κύριέ |
| Abr.1 | 9 | 2 | τότε οὖν ὁ ὅσιος καὶ δίκαιος Ἀβραὰμ ἀναστὰς μετὰ | * πολλῶν * | δακρύων προσέπεσεν τοῖς ποσὶν τοῦ ἀσωμάτου καὶ |
| Abr.1 | 11 | 5 | ἐκείνου φοβερὰ ὁμοία τοῦ δεσπότου καὶ εἶδον ψυχὰς | * πολλὰς * | ἐλαυνομένας ὑπὸ ἀγγέλων διὰ τῆς πλατείας ὁδοῦ καὶ |
| Abr.1 | 11 | 7 | τοῦ θρόνου κλαίων καὶ ὀδυρόμενος. καὶ ὅτε ἐθεώρει | * πολλὰς * | ψυχὰς εἰσερχομένας διὰ τῆς στενῆς πύλης τότε |
| Abr.1 | 11 | 7 | καὶ ἐκαθέζετο ἐπὶ τοῦ θρόνου αὐτοῦ ἐν εὐφροσύνῃ | * πολλῇ * | χαίρων καὶ ἀγαλλιώμενος. ἠρώτησεν δὲ ὁ Ἀβραὰμ τὸν |
| Abr.1 | 11 | 10 | κόσμον καθότι πάντες ἐξ αὐτοῦ ἐγένοντο καὶ ὅτε ἴδῃ | * πολλὰς * | ψυχὰς εἰσερχομένας διὰ τῆς στενῆς πύλης τότε |
| Abr.1 | 11 | 11 | Ἀδὰμ διότι θεωρεῖ τὰς ψυχὰς σωζομένας ὅτε δὲ ἴδῃ | * πολλὰς * | ψυχὰς εἰσερχομένας διὰ τῆς πλατείας πύλης τότε |
| Abr.1 | 11 | 11 | καὶ ὀδυρόμενος ἐπὶ τῇ ἀπωλείᾳ τῶν ἁμαρτωλῶν διότι | * πολλοί * | εἰσιν οἱ ἀπολλύμενοι ὀλίγοι δέ οἱ σωζόμενοι εἰς |
| Abr.1 | 14 | 12 | δεῦρο παρακαλέσωμεν τὸν θεὸν μετὰ σπουδῆς καὶ | * πολλῶν * | δακρύων ὅπως ἀφήσει μοι τὸ ἁμάρτημα καὶ αὐτοὺς |
| Abr.1 | 14 | 13 | καὶ ἐποίησαν δέησιν ἐνώπιον κυρίου τοῦ θεοῦ ἐπὶ | * πολλὴν * | δὲ ὥραν παρακαλούντων αὐτῶν ἦλθεν φωνὴ λέγουσα ἐκ |
| Abr.1 | 16 | 3 | δὲ ὁ θάνατος ἔφριξεν καὶ ἐτρόμαξεν καὶ δειλίᾳ | * πολὺ * | συνεχόμενος ⟨καὶ ἐλθὼν μετὰ φόβου πολλοῦ ἔστη |
| Abr.1 | 16 | 3 | καὶ δειλίᾳ πολὺ συνεχόμενος ⟨καὶ ἐλθὼν μετὰ φόβου | * πολλοῦ * | ἔστη ἔμπροσθεν τοῦ ἀοράτου θεοῦ φρίττων καὶ |
| Abr.1 | 16 | 8 | Ἀβραὰμ εἶδεν τὸν θάνατον ἐρχόμενον πρὸς αὐτὸν ἐν | * πολλῇ * | δόξῃ καὶ ὡραιότητι καὶ ἀναστὰς ὑπήντησεν αὐτὸν |
| Abr.1 | 17 | 7 | τῆς ἐμῆς κεφαλῆς καὶ ἐν ὡραιότητι καὶ ἐν ἡσυχίᾳ | * πολλῇ * | καὶ κολακείᾳ ἀπέρχομαι τοῖς δικαίοις τοῖς δὲ |
| Abr.1 | 17 | 8 | δικαίοις τοῖς δὲ ⟨ἁμαρτωλοῖς⟩ οὕτως ἀπέρχομαι ἐν | * πολλῇ * | σαπρίᾳ καὶ ἀγριότητι καὶ μεγίστῃ πικρίᾳ καὶ ἀγρίῳ |
| Abr.1 | 17 | 14 | δεκατέσσαρα καὶ πρόσωπον πυρὸς φλογερώτερον καὶ | * πολλῆς * | ἀγριότητος ⟨καὶ πρόσωπον κρημνοῦ φρικωδεστάτου⟩ |
| Abr.1 | 17 | 17 | φαρμάκων καὶ ἁπλῶς εἰπεῖν ἔδειξεν αὐτὸν | * πολλὴν * | ἀγριότητα καὶ πικρίαν ἀβάστακτον ⟨καὶ⟩ πᾶσαν |
| Abr.1 | 17 | 18 | ⟨ἀώρως θνήσκοντα⟩ ὡς τῆς ὀσμῆς τοῦ θανάτου καὶ | * πολλῆς * | πικρίας καὶ ἀγριότητος ἐτελεύτησαν παῖδες καὶ |
| Abr.1 | 19 | 8 | δρακόντων τὸ δὲ πρόσωπον τοῦ πυρὸς ἔδειξά σοι ὅτι | * πολλοὶ * | ὑπὸ πυρὸς καιόμενοι τελευτῶσιν καὶ διὰ πυρίνου |
| Abr.1 | 19 | 9 | τὸ δὲ πρόσωπον τοῦ κρημνοῦ ἔδειξά σοι διότι | * πολλοὶ * | ἀπὸ ὕψους δένδρων ⟨ἢ⟩ κρημνοῦ κατερχόμενοι καὶ |
| Abr.1 | 19 | 10 | τὸ δὲ πρόσωπον τῆς ῥομφαίας ἔδειξά σοι διότι | * πολλοὶ * | ἐν πολέμοις ὑπὸ ῥομφαίας ἀναιροῦνται καὶ |
| Abr.1 | 19 | 11 | μεγάλου ποταμοῦ τοῦ κοχλάζοντος ἔδειξά σοι διότι | * πολλοὶ * | ὑπὸ ἐμβάσεως ὑδάτων πολλῶν ἁρπαζόμενοι καὶ ὑπὸ |
| Abr.1 | 19 | 11 | ἔδειξά σοι διότι πολλοὶ ὑπὸ ἐμβάσεως ὑδάτων | * πολλῶν * | ἁρπαζόμενοι καὶ ὑπὸ μεγίστων ποταμῶν ἐπαιρόμενοι |
| Abr.1 | 19 | 12 | θαλάσσης τῆς ἀγρίας κυματιζούσης ἔδειξά σοι διότι | * πολλοὶ * | ἐν θαλάσσῃ κλυδωνίῳ μεγάλῃ περιπεσόντες ⟨ἐν τοῖς⟩ |
| Abr.1 | 19 | 13 | καὶ τῆς φοβερᾶς ἀστραπῆς ἔδειξά σοι διότι | * πολλοὶ * | τῶν ἀνθρώπων ἐν ὥρᾳ θυμοῦ δρακόντων καὶ ἀσπίδων |
| Abr.1 | 19 | 14 | παντὸς θηρίου πρόσωπον ἔδειξά σοι δικαιότατε διότι | * πολλοὶ * | τῶν ἀνθρώπων ὑπὸ θηρίων ἀναιροῦνται ἄλλοι μὲν ὑπὸ |
| Abr.1 | 19 | 16 | δὲ καὶ ποτήρια δηλητήρια φάρμακα μεμεστωμένα διότι | * πολλοὶ * | τῶν ἀνθρώπων ὑπὸ ἑτέρων τινῶν φάρμακα ποτισθέντες |
| Abr.1 | 20 | 2 | εἷς μὲν θάνατος ὑπάρχει ὁ δίκαιος ὁ ἔχων ὅρον καὶ | * πολλοὶ * | τῶν ἀνθρώπων παρὰ μίαν ὥραν εἰς θάνατον ἔρχονται |
| Abr.1 | 20 | 4 | μικρὸν ἵνα ἀναπαύσωμαι ἐν τῇ κλίνῃ μου ὅτι ἀθυμία | * πολλή * | μοί ἐστιν ἀφ᾽ ⟨οὗ⟩ ἐθεασάμην σε τοῖς ὀφθαλμοῖς μου |
| Abr.1 | 20 | 5 | μολύβδου βάρος μοι φαίνονται καὶ τὸ πνεῦμά μου ἐν | * πολλῷ * | ταλανίζεται μεταστῆθι ἐν ὀλίγοις οὐχ ὑποφέρω γὰρ |
| Abr.1 | 20 | 13 | αὐτὸν εἰς προσκύνησιν τοῦ θεοῦ καὶ πατρὸς καὶ δὴ | * πολλῆς * | ἀνυμνήσεως καὶ δοξολογίας γενομένης ἦλθεν ἡ |
| Abr.2 | 13 | 2 | κύριος πρὸς Μιχαὴλ ἀπελθὼν κόσμησον τὸν θάνατον ἐν | * πολλῇ * | ὡραιότητι καὶ ἀπόστειλον αὐτὸν πρὸς Ἀβραὰμ ὅπως |
| Abr.2 | 13 | 3 | αὐτοῦ. καὶ ἀπελθὼν Μιχαὴλ ἐκόσμησεν τὸν θάνατον ἐν | * πολλῇ * | ὡραιότητι καὶ ἀπέστειλε πρὸς Ἀβραάμ. ἰδὼν δὲ |
| TRub. | 4 | 7 | νεανίσκους εἰς ᾅδην οὐκ ἐν καιρῷ αὐτῶν. καὶ γὰρ | * πολλοὺς * | ἀπώλεσεν ἡ πορνεία ὅτι κἂν ᾖ τις γέρων ἢ εὐγενὴς |
| TRub. | 4 | 9 | εὗρε χάριν ἐνώπιον κυρίου καὶ ἀνθρώπων. καὶ γὰρ | * πολλὰ * | ἐποίησεν αὐτῷ ἡ Αἰγυπτία καὶ μάγους παρεκάλεσε καὶ |
| TLevi | 2 | 8 | ἀνάμεσον τούτου κἀκείνου. καὶ εἶδον τρίτον οὐρανὸν | * πολὺ * | φωτεινότερον καὶ φαιδρότερον παρὰ τοὺς δύο καὶ γὰρ |
| TLevi | 13 | 4 | τιμηθήσεται καὶ οὐκ ἔσται ξένος ὅπου ὑπάγει. καίγε | * πολλοὺς * | φίλους ὑπὲρ γονεῖς κτήσεται καὶ ἐπιθυμήσουσι |
| TLevi | 13 | 4 | φίλους ὑπὲρ γονεῖς κτήσεται καὶ ἐπιθυμήσουσι | * πολλοὶ * | τῶν ἀνθρώπων δουλεῦσαι αὐτῷ καὶ ἀκοῦσαι νόμον ἐκ |
| TLevi | 18 | 2B017 | λάβε σεαυτῷ καὶ μὴ βεβηλώσῃς τὸ σπέρμα σου μετὰ | * +πολλῶν+ * | ἐκ σπέρματος γὰρ ἁγίου εἶ καὶ τὸ σπέρμα σου |
| TJud. | 3 | 1 | τῶν Χαναναίων τεθωρακισμένοι ἐπὶ τὰ ποίμνια καὶ | * πολὺς * | λαὸς μετ᾽ αὐτῶν κἀγὼ μόνος δραμὼν ἐπὶ τὸν βασιλέα |
| TJud. | 8 | 1 | με καὶ τοὺς ἀδελφούς μου. ἦν δέ μοι καὶ κτήνη | * πολλὰ * | καὶ εἶχον ἀρχιποίμενα Ἵραν τὸν Ὀδολαμίτην πρὸς |
| TJud. | 21 | 8 | οἴκους ἀγροὺς ποίμνια χρήματα ἁρπάσουσι καὶ | * πολλῶν * | σάρκας ἀδίκως κόρακας καὶ ἴβεις χορτάσουσι καὶ |
| TJud. | 23 | 1 | τοῦ σπέρματός μου πάσας τὰς ἡμέρας ἕως τοῦ αἰῶνος. | * πολλὴ * | δὲ λύπη μοί ἐστι τέκνα μου διὰ τὰς ἀσελγείας καὶ |
| TZab. | 1 | 6 | μὴ εἰπεῖν τῷ πατρί μου τὸ γενόμενον. καὶ ἔκλαιον | * πολλὰ * | ἐν κρυφῇ ἐφοβούμην γὰρ τοὺς ἀδελφούς μου ὅτι |
| TZab. | 1 | 7 | αὐτὸν μαχαίρᾳ. πλὴν ὅτε ἐβούλοντο ἀνελεῖν αὐτὸν | * πολλὰ * | διεμαρτυράμην αὐτοῖς μετὰ δακρύων τοῦ μὴ ποιῆσαι |
| TZab. | 5 | 5 | ἐθήρευον θήραν ἰχθύων Ἰακὼβ τῷ πατρί μου καὶ | * πολλῶν * | ἀγχομένων ἐν τῇ θαλάσσῃ ἐγὼ ἀβλαβὴς διέμεινα. |
| TZab. | 6 | 6 | πᾶσι συνάγων καὶ συμπάσχων. διὰ τοῦτο καὶ ὁ κύριος | * πολὺν * | ἰχθὺν ἐποίησέ μοι θήραν. ὁ γὰρ μεταδιδοὺς τῷ |
| TZab. | 9 | 2 | λίθους ξύλα γῆν ἄμμον κατασύρει ἐὰν δὲ εἰς | * πολλὰ * | διαιρεθῇ ἡ γῆ ἀφανίζει αὐτὰ καὶ γίνεται |
| TNep. | 4 | 3 | ὑμῶν καὶ ἐπιστρέψει ὑμᾶς εἰς τὴν γῆν ὑμῶν κατὰ τὸ | * πολὺ * | αὐτοῦ ἔλεος. καὶ ἔσται ὅταν ἥξουσιν ἐν γῇ πατέρων |
| TNep. | 7 | 1 | εἶπέ μοι δεῖ ταῦτα πληρωθῆναι κατὰ καιρὸν αὐτῶν | * πολλὰ * | τοῦ Ἰσραὴλ ὑπομείναντος. τότε λέγει μοι ὁ πατὴρ |
| TNep. | 9 | 1 | παντὸς πράγματος ὅπως ὁ κύριος ἀγαπήσει ὑμᾶς. καὶ | * πολλὰ * | τοιαῦτα ἐντειλάμενος αὐτοῖς παρεκάλεσεν ἵνα |
| TAser | 2 | 7 | ἀναπαύει τὴν ψυχὴν σπιλοῖ καὶ τὸ σῶμα λαμπρύνει | * πολλοὺς * | ἀναιρεῖ καὶ ὀλίγους ἐλεεῖ καὶ τοῦτο μὲν |
| TAser | 2 | 8 | νηστεύων κακοποιεῖ καὶ τῇ δυναστείᾳ καὶ τῷ πλούτῳ | * πολλοὺς * | παρασύρει καὶ ἐκ τῆς ὑπερόγκου κακίας ποιεῖ |
| TAser | 4 | 2 | διπροσώπων ἁμαρτάνειν δίκαιοί εἰσι παρὰ τῷ θεῷ. | * πολλοὶ * | γὰρ ἀναιροῦντες τοὺς πονηροὺς δύο ποιοῦσιν ἔργα |
| TJos. | 2 | 7 | ὅτι μέγα φάρμακόν ἐστιν ἡ μακροθυμία καὶ | * πολλὰ * | ἀγαθὰ δίδωσιν ἡ ὑπομονή. ποσάκις ἡ Αἰγυπτία |
| TJos. | 3 | 9 | ἦλθον εἰς ἐμαυτὸν καὶ ἐπένθησα περὶ αὐτῆς ἡμέρας | * πολλὰς * | ὅτι ἔγνων τὸν δόλον αὐτῆς καὶ τὴν πλάνην. καὶ |
| TJos. | 12 | 1 | ἡ Μεμφία ἐν λαμπήνῃ ἡ γυνὴ τοῦ Πετεφρῆ μετὰ δόξης | * πολλῆς * | καὶ ἐπέβαλεν ἐπ᾽ ἐμὲ τοὺς ὀφθαλμοὺς αὐτῆς ὅτι |
| TJos. | 16 | 3 | δὲ εὐνοῦχος πειραθεὶς αὐτῶν δηλοῖ τῇ δεσποίνῃ ὅτι | * πολλὴν * | αἰτοῦσι τιμὴν τοῦ παιδός. ἡ δὲ ἀπέστειλεν ἕτερον |
| TBen. | 5 | 5 | προσευχόμενος πρὸς ὀλίγον ταπεινωθῇ μετ᾽ οὐ | * πολὺ * | φαιδρότερος ἀναφαίνεται οἷος γέγονεν Ἰωσὴφ ὁ |
| Asen. | 1 | 6 | καὶ νεανίσκοι πάντες καὶ δυνατοὶ καὶ ἦν ἔρις | * πολλὴ * | ἐν αὐτοῖς περὶ Ἀσενὲθ καὶ ἐπειρῶντο πολεμεῖν πρὸς |
| Asen. | 2 | 4 | τὸν κόσμον καὶ τὰς θήκας Ἀσενὲθ καὶ ἦν χρυσὸς | * πολὺς * | ἐν αὐτῷ καὶ ἄργυρος καὶ ἱματισμὸς χρυσοϋφὴς καὶ |
| Asen. | 4 | 9 | παρὰ τοῦ πατρὸς αὐτῆς περιεχύθη αὐτῇ ἱδρὼς ἐρυθρὸς | * πολὺς * | ἐπὶ τοῦ προσώπου αὐτῆς καὶ ἐθυμώθη ἐν ὀργῇ μεγάλῃ |
| Asen. | 5 | 5 | καρποῦ ἐν αὐτῷ καὶ ἐν τῷ καρπῷ ἦν πιότης ἐλαίου | * πολλοῦ. * | καὶ εἰσῆλθεν Ἰωσὴφ εἰς τὴν αὐλὴν καὶ |
| Asen. | 9 | 1 | ἀσθενοῦσα διότι ἦν ἐν αὐτῇ χαρὰ καὶ λύπη καὶ φόβος | * πολὺς * | καὶ τρόμος καὶ ἱδρὼς συνεχὴς ὡς ἤκουσε πάντα τὰ |
| Asen. | 10 | 16 | καὶ ἀνέστη Ἀσενὲθ τὸ πρωῒ καὶ εἶδε καὶ ἰδοὺ πηλὸς | * πολὺς * | ἐκ τῶν δακρύων αὐτῆς καὶ ἐκ τῆς τέφρας εἰς τὸ |
| Asen. | 11 | 1B | τρίχες τῆς κεφαλῆς αὐτῆς ἦσαν ἀπλο⟨ύ⟩μεναι ἀπὸ τῆς | * πολλῆς * | τέφρας. καὶ ἔπλεξεν Ἀσενὲθ τὰς χεῖρας αὐτῆς |
| Asen. | 11 | 10 | στόμα μου ἀπὸ τῶν θυσιῶν τῶν εἰδώλων. ἀλλ᾽ ἀκήκοα | * πολλῶν * | λεγόντων ὅτι ὁ θεὸς τῶν Ἑβραίων θεὸς ἀληθινός |
| Asen. | 12 | 4 | μοι. φεῖσαί μου κύριε ὅτι ἥμαρτον ἐνώπιόν σου | * πολλὰ * | ἠνόμησα καὶ ἠσέβησα καὶ λελάληκα πονηρὰ καὶ ἄρρητα |
| Asen. | 12 | 5 | τῶν θεῶν τῶν Αἰγυπτίων. ἥμαρτον κύριε ἐνώπιόν σου | * πολλὰ * | ἥμαρτον ἐν ἀγνοίᾳ καὶ ἐσεβάσθην εἴδωλα νεκρὰ καὶ |
| Asen. | 13 | 7 | μου ἐκ τῶν δακρύων μου καὶ τῆς τέφρας πηλὸς γέγονε | * πολὺς * | ἐν τῷ θαλάμῳ μου ὡς ἐν ὁδῷ πλατείᾳ. ἰδοὺ κύριε τὸ |
| Asen. | 13 | 9 | αἰσχύνῃ φλεγμονῆς ἐγένοντο ἐκ τῶν δακρύων μου τῶν | * πολλῶν * | καὶ ἡ ἰσχύς μου πᾶσα ἐκλέλοιπεν. ἰδοὺ οὖν τοὺς |
| Asen. | 13 | 12 | κύριε ὁ θεός μου. ἀλλὰ σὺ ῥῦσαί με ἀπὸ τῶν | * πολλῶν * | μου ἀγνοημάτων καὶ σύγγνωθί μοι διότι ἥμαρτόν σοι |
| Asen. | 15 | 3 | ἐκ τῶν δακρύων σου καὶ τῆς τέφρας ταύτης πηλὸς | * πολὺς * | γέγονε πρὸ προσώπου σου. θάρσει Ἀσενὲθ ἡ παρθένος |
| Asen. | 15 | 7 | πόλις καταφυγῆς διότι ἐν σοὶ καταφεύξονται ἔθνη | * πολλὰ * | ἐπὶ κύριον τὸν θεὸν τὸν ὕψιστον καὶ ὑπὸ τὰς |
| Asen. | 15 | 7 | καὶ ὑπὸ τὰς πτέρυγάς σου σκεπασθήσονται λαοὶ | * πολλοὶ * | πεποιθότες ἐπὶ κυρίῳ τῷ θεῷ καὶ ἐν τῷ τείχει σου |
| Asen. | 17 | 4 | καὶ ἐξῆλθεν ἐκ τῆς καύσεως τοῦ κηρίου εὐωδία | * πολλὴ * | καὶ ἔπλησε τὸν θάλαμον. καὶ εἶπεν Ἀσενὲθ πρὸς τὸν |
| Asen. | 19 | 5 | πόλις καταφυγῆς καὶ κύριος ὁ θεὸς βασιλεύσει ἐθνῶν | * πολλῶν * | εἰς τοὺς αἰῶνας διότι ἐν σοὶ καταφεύξονται ἔθνη |
| Asen. | 19 | 5 | εἰς τοὺς αἰῶνας διότι ἐν σοὶ καταφεύξονται ἔθνη | * πολλὰ * | ἐπὶ κύριον τὸν θεὸν τὸν ὕψιστον. καὶ εἶπέ μοι ὁ |
| Asen. | 21 | 8 | ἐποίησε Φαραὼ γάμους καὶ δεῖπνον μέγα καὶ πότον | * πολὺν * | ἐν ἑπτὰ ἡμέραις. καὶ συνεκάλεσε πάντας τοὺς |
| Asen. | 21 | 11 | παρὰ κυρίου⟩ ἥμαρτον κύριε ⟨ἥμαρτον ἐνώπιόν σου | * πολλὰ * | ἥμαρτον⟩ ἐγὼ Ἀσενὲθ ⟨θυγάτηρ Πεντεφρῆ ἱερέως |
| Asen. | 21 | 12 | πάντων⟩. ⟨ἥμαρτον κύριε⟩ ἥμαρτον ἐνώπιόν σου | * ⟨πολλὰ⟩ * | ἥμαρτον ⟨ἐγὼ ἤμην⟩ εὐθηνοῦσα ἐν τῷ οἴκῳ τοῦ |
| Asen. | 21 | 13 | καὶ ὑπερήφανος. ⟨ἥμαρτον κύριε ἥμαρτον ἐνώπιόν σου | * πολλὰ * | ἥμαρτον⟩ καὶ ἐσεβόμην θεοὺς ἀλλοτρίους ὧν οὐκ ⟨ἦν⟩ |
| Asen. | 21 | 14 | θυσι⟨ῶν⟩ αὐτῶν. ⟨ἥμαρτον κύριε ἥμαρτον ἐνώπιόν σου | * πολλὰ * | ἥμαρτον ἄρτον ἀγχόνης ἔφαγον καὶ ποτήριον ἐνέδρας |
| Asen. | 21 | 15 | τοῦ θανάτου.⟩ ⟨ἥμαρτον κύριε ἥμαρτον ἐνώπιόν σου | * πολλὰ * | ἥμαρτον⟩ καὶ οὐκ ᾔδειν κύριον τὸν θεὸν τοῦ οὐρανοῦ |
| Asen. | 21 | 16 | τῆς ζωῆς. ἥμαρτον κύριε ⟨ἥμαρτον ἐνώπιόν σου⟩ | * πολλὰ * | ἥμαρτον ἐπεποίθειν γὰρ ἐπὶ τῷ πλούτῳ τῆς δόξης μου |
| Asen. | 21 | 17 | καὶ ὑπερήφανος. ⟨ἥμαρτον κύριε ἥμαρτον ἐνώπιόν σου | * πολλὰ * | ἥμαρτον⟩ καὶ ἐξουθένουν πάντα ἄνδρα ἐπὶ τῆς γῆς |
| Asen. | 21 | 18 | ἐνώπιόν μου. ἥμαρτον κύριε ⟨ἥμαρτον ἐνώπιόν σου⟩ | * πολλὰ * | ἥμαρτον καὶ ⟨μεμίσηκα⟩ πάντας τοὺς |
| Asen. | 21 | 19 | αὐτούς. ⟨ἥμαρτον κύριε ἥμαρτον ἐνώπιόν σου | * πολλὰ * | ἥμαρτον καὶ λελάληκα τολμηρὰ ἐν ματαιότητι καὶ |
| Asen. | 21 | 20 | παρθενίας μου. ἥμαρτον κύριε ἥμαρτον ἐνώπιόν σου | * πολλὰ * | ἥμαρτον ἀλλ᾽ ἐγὼ ἔσομαι νύμφη τοῦ υἱοῦ τοῦ μεγάλου |
| Asen. | 21 | 21 | πρωτοτόκου.⟩ ⟨ἥμαρτον κύριε ἥμαρτον ἐνώπιόν σου | * πολλὰ * | ἥμαρτον⟩ ἕως οὗ ἦλθεν Ἰωσὴφ ὁ δυνατὸς τοῦ θεοῦ. |

| | | | | | |
|---|---|---|---|---|---|
| Asen. | 23 | 3 | εἰς ἑταίρους καὶ δώσω ὑμῖν χρυσίον καὶ ἀργύριον | * πολὺν * | καὶ παῖδας καὶ παιδίσκας καὶ οἴκους καὶ |
| Sal. | 1 | 3 | ὅτι ἐπλήσθην δικαιοσύνης ἐν τῷ εὐθηνῆσαί με καὶ | * πολλὴν * | γενέσθαι ἐν τέκνοις. ὁ πλοῦτος αὐτῶν διεδόθη εἰς |
| Sal. | 2 | 27 | τὸ σῶμα αὐτοῦ διαφερόμενον ἐπὶ κυμάτων ἐν ὕβρει | * πολλῇ * | καὶ οὐκ ἦν ὁ θάπτων ὅτι ἐξουθένωσεν αὐτὸν ἐν |
| Sal. | 4 | 20 | κόρακες ὑποκρινομένων ὅτι ἠρήμωσαν οἴκους | * πολλοὺς * | ἀνθρώπων ἐν ἀτιμίᾳ καὶ ἐσκόρπισαν ἐν ἐπιθυμίᾳ |
| Sal. | 5 | 14 | γογγυσμοῦ καὶ τοῦτο θαυμάσειας. τὸ δὲ δόμα σου | * πολὺ * | μετὰ χρηστότητος καὶ πλούσιον καὶ οὗ ἔστιν ἡ ἐλπὶς |
| Sal. | 8 | 2 | σάλπιγγος ἠχούσης σφαγὴν καὶ ὄλεθρον φωνὴ λαοῦ | * πολλοῦ * | ὡς ἀνέμου πολλοῦ σφόδρα ὡς καταιγὶς πυρὸς πολλοῦ |
| Sal. | 8 | 2 | σφαγὴν καὶ ὄλεθρον φωνὴ λαοῦ πολλοῦ ὡς ἀνέμου | * πολλοῦ * | σφόδρα ὡς καταιγὶς πυρὸς πολλοῦ φερομένου δι᾽ |
| Sal. | 8 | 2 | πολλοῦ ὡς ἀνέμου πολλοῦ σφόδρα ὡς καταιγὶς πυρὸς | * πολλοῦ * | φερομένου δι᾽ ἐρήμου. καὶ εἶπα ⟨ἐν⟩ τῇ καρδίᾳ μου |
| Sal. | 8 | 18 | εἰρήνης ἔστησεν τοὺς πόδας αὐτοῦ μετὰ ἀσφαλείας | * πολλῆς. * | κατελάβετο τὰς πυργοβάρεις αὐτῆς καὶ τὸ τεῖχος |
| Sal. | 17 | 33 | αὐτῷ χρυσίον οὐδὲ ἀργύριον εἰς πόλεμον καὶ | * πολλοῖς * | ⟨λαοῖς⟩ οὐ συνάξει ἐλπίδας εἰς ἡμέραν πολέμου. |
| Jer. | 3 | 9 | δεῖξόν μοι τί ποιήσω Ἀβιμέλεχ τῷ Αἰθίοπι ὅτι | * πολλὰς * | εὐεργεσίας ἐποίησε τῷ δούλῳ σου Ἰερεμίᾳ. ὅτι |
| Jer. | 9 | 31 | ὡς δὲ εἶδον αὐτὸν εὐθέως ἔδραμον πρὸς αὐτὸν μετὰ | * πολλῶν * | λίθων καὶ ἐπληρώθη αὐτοῦ οἰκονομία. καὶ ἐλθόντες |
| Bar. | 4 | 14 | καὶ τεσσαράκοντα ἡμέρας τὴν εὐχὴν ἐκτελέσαντος καὶ | * πολλὰ * | δεηθεὶς καὶ κλαύσας εἶπεν κύριε παρακαλῶ ὅπως |
| Bar. | 15 | 4 | ὅτι τάδε λέγει κύριος ἐπὶ ὀλίγῃ ἐστὲ πιστοὶ ἐπὶ | * πολλῶν * | ὑμᾶς καταστήσει εἰσέλθατε εἰς τὴν χαρὰν τοῦ |
| Prop. | 1 | 7 | ἀνυπονόητον καὶ ἔστιν ἕως τῆς σήμερον τοῖς | * πολλοῖς * | ἀγνοουμένη ὅλου δὲ τοῦ λαοῦ. ἐκεῖ εἶχεν ὁ |
| Prop. | 2 | 4 | χοὸς τοῦ τόπου δήγματα ἀσπίδων θεραπεύουσι (καὶ | * πολλοὶ * | αὐτὰ τὰ θηρία καὶ τὰ τοῦ ὕδατος φυγαδεύουσιν.) |
| Prop. | 3 | 1 | ἀπέθανεν ἐν τῇ γῇ τῶν Χαλδαίων ἐπὶ τῆς αἰχμαλωσίας | * πολλὰ * | προφητεύσας τοῖς ἐν τῇ Ἰουδαίᾳ. ἀπέκτεινεν δὲ |
| Prop. | 3 | 8 | ἐπάνοδον. καὶ γὰρ ἐκεῖ κατῴκει ὁ ὅσιος καὶ | * πολλοὶ * | πρὸς αὐτὸν συνεστρέφοντο. καί ποτε πλήθους |
| Prop. | 3 | 11 | αὐτοῖς δαψιλὴ τροφὴν ἰχθύων παρέσχετο καὶ | * πολλοῖς * | ἐκλείπουσι ζωὴν ἐλθεῖν ἐκ θεοῦ παρεκάλεσεν. |
| Prop. | 4 | 3 | ὥστε δοκεῖν τοὺς Ἰουδαίους εἶναι αὐτὸν σπάδοντα. | * πολλὰ * | ἐπένθησεν οὗτος ἐπὶ τὴν πόλιν καὶ ἐν νηστείαις |
| Prop. | 4 | 4 | τὴν ἰδέαν ἀλλὰ ὡραῖος ἐν χάριτι ὑψίστου. οὗτος | * πολλὰ * | ηὔξατο ὑπὲρ τοῦ Ναβουχοδονόσορ παρακαλοῦντος αὐτὸν |
| Prop. | 4 | 12 | οἱ ὀφθαλμοὶ αὐτοῦ ἦσαν ὡς κρέας ἐκ τοῦ κλαίειν. | * πολλοὶ * | γὰρ ἐξιόντες ἐκ τῆς πόλεως ἑώρων αὐτόν. ὁ Δανιὴλ |
| Prop. | 4 | 19 | ἀπεριτμήτων. καὶ τοῖς ἄλλοις βασιλεῦσι Περσῶν | * πολλὰ * | ἐποίησεν τεράστια ὅσα οὐκ ἔγραψαν. ἐκεῖ ἀπέθανε |
| Prop. | 6 | 1 | δώδεκα. Μιχαίας ὁ Μωραθὶ ἦν ἐκ φυλῆς Ἐφραΐμ. | * πολλὰ * | ποιήσας τῷ Ἀχαὰβ ὑπὸ Ἰωρὰμ τοῦ υἱοῦ αὐτοῦ |
| Prop. | 9 | 2 | Συχὲμ ἀγροῦ Βηθαχαράμ. οὗτος ἦν μαθητὴς Ἠλία καὶ | * πολλὰ * | ὑπομείνας δι᾽ αὐτὸν περιεσῴζετο. οὗτος ἦν ὁ τρίτος |
| Prop. | 9 | 3B | Ἀχαὰβ δεηθεὶς τοῦ Ἠλία ἐγένετο αὐτοῦ μαθητὴς καὶ | * πολλὰ * | παθὼν δι᾽ αὐτὸν μετὰ ταῦτα ἀπολιπὼν τὴν |
| Prop. | 10 | 8B | ἐπὶ Ἰσραὴλ λέγων ὅτι ὅτε ἴδωσιν ἐπὶ Ἱερουσαλὴμ | * πολλὰ * | ἔθνη ὅτι ἡ πόλις ἕως ἐδάφους ἀφανισθήσεται. Ναοὺμ |
| Prop. | 12 | 16 | οὗτος ὁ προφήτης περὶ τῆς ἐλεύσεως τοῦ Χριστοῦ | * πολλὰ * | προεφήτευσε. καὶ πρὸ δύο ἐτῶν τῆς ἐπιστροφῆς τοῦ |
| Prop. | 15 | 1 | Ζαχαρίας ἦλθεν ἀπὸ Χαλδαίων ἤδη προβεβηκὼς κἀκεῖ | * πολλὰ * | τῷ λαῷ προεφήτευσε καὶ τέρατα ἔδωκεν εἰς |
| Prop. | 17 | 5B | γῆν αὐτοῦ. οὗτος οὖν εἰς βαθὺ γῆρας ἐλάσας καὶ ἐν | * πολλῇ * | ἀγαθῇ ἐκοιμήθη ἐν εἰρήνῃ. Ἀχία ἀπὸ Σηλὼμ ὅπου ἦν |
| Prop. | 21 | 4 | ἔτη τρία καὶ πάλιν ηὔξατο μετὰ τρία ἔτη καὶ γέγονε | * πολὺς * | ὑετὸς ἐν Σαρεφθοῖς τῆς Σιδωνίας ἐποίησε διὰ |
| Prop. | 21 | 7 | καὶ οὐδεὶς αὐτοῖς ἐπήκουεν ὁ δὲ Ἠλίας καὶ ὕδατος | * πολλοῦ * | πληρώσας τὸν τόπον ἔνθα ἦν ἡ θυσία ηὔξατο καὶ |
| Prop. | 25 | 1 | αἱρέσεων κατηγορήθη ἐπὶ Ἀττικοῦ ὑπατικοῦ. καὶ ἐπὶ | * πολλὰς * | ἡμέρας αἰκιζόμενος ἐμαρτύρησεν ὡς πάντας |
| Esdr. | 3 | 15 | τοῖς ἀνθρώποις ἀπὸ τῶν ταρτάρων καὶ ἐνδείξεται | * πολλὰ * | τοῖς ἀνθρώποις. τί σε ποιῶ Ἔσδρὰμ καὶ δικάζῃ μετ᾽ |
| Esdr. | 4 | 15 | οὐκ ἔβλεπον. καὶ κατήγαγόν με κατώτερον βαθμοὺς | * πολλοὺς * | οὓς οὐκ ἠδυνήθην μετρῆσαι. καὶ ἴδον ἐκεῖ |
| Esdr. | 5 | 8 | με πάλιν εἰς τοὺς οὐρανούς. καὶ ἴδον ἐκεῖ | * πολλὰς * | κρίσεις καὶ ἔκλαυσα πικρῶς καὶ εἶπον καλὸν τοῦ μὴ |
| Esdr. | 6 | 16 | υἱὸν κάτελθε υἱέ μου ἀγαπητὲ μετὰ στρατιὰν ἀγγέλων | * πολλὴν * | λαβὼν τὴν ψυχὴν τοῦ ἀγαπητοῦ μου Ἔσδράμ. λαβὼν |
| Esdr. | 6 | 17 | μου Ἔσδράμ. λαβὼν γὰρ ὁ κύριος στρατιὰν ἀγγέλων | * πολλὴν * | λέγει τῷ προφήτῃ δός μοι τὴν παρακαταθήκην ἣν |
| Esdr. | 6 | 25 | κλαύσατέ με πάντες οἱ ἅγιοι καὶ δίκαιοι τὸν | * πολλὰ * | δικασάμενον κλαύσατέ με πάντες οἱ ἅγιοι καὶ |
| Esdr. | 7 | 8 | τρέμει ἀπὸ προσώπου δυνάμεώς σου ἐπάκουσόν μου τὸν | * πολλά * | σοι δικασάμενον καὶ δὸς πᾶσι τοῖς μεταγράφουσιν τὸ |
| Sedr. | 10 | 6 | δός μοι κύριε ἴασιν ὀλίγην ἵνα κλαύσω ὅτι ἤκουσα | * πολλὰ * | δύνανται τὰ δάκρυα καὶ ἴαμα πολὺ γίνεται τοῦ |
| Sedr. | 10 | 6 | ὅτι ἤκουσα πολλὰ δύνανται τὰ δάκρυα καὶ ἴαμα | * πολὺ * | γίνεται τοῦ ταπεινοῦ σώματος τοῦ πλάσματός σου. καὶ |
| Sedr. | 13 | 1 | μνησθῶ πάσας τὰς ἁμαρτίας αὐτοῦ. λέγει αὐτῷ Σεδρὰχ | * πολλά * | εἰσιν τὰ τρία ἔτη κύριέ μου μὴ φθάσῃ ὁ θάνατος |
| Sedr. | 13 | 2 | ἐλέησον κύριε τὴν εἰκόνα σου καὶ σπλαγχνίσθητι ὅτι | * πολλά * | εἰσιν τὰ τρία ἔτη. λέγει αὐτῷ ὁ θεὸς ἐὰν μετὰ |
| Sedr. | 13 | 5 | εὐσπλαγχνίαν σου καὶ πάλιν παρακαλῶ τὸ πλάσμα σου | * πολύς * | ἐστιν ὁ χρόνος μὴ ὁ θάνατος αὐτοῦ φθάσῃ καὶ ἁρπάσῃ |
| Sedr. | 14 | 3 | οὐ μέλλουσιν μεταγνῶναι καὶ ἀναμένω αὐτοὺς μετὰ | * πολλῆς * | εὐσπλαγχνίας καὶ πολλοῦ ἐλέους καὶ πλούτους ἵνα |
| Sedr. | 14 | 8 | καὶ ἀναμένω αὐτοὺς μετὰ πολλῆς εὐσπλαγχνίας καὶ | * πολλοῦ * | ἐλέους καὶ πλούτους ἵνα μετανοήσωσιν ἀλλὰ |
| Sedr. | 15 | 1 | πρὸς τὸν θεὸν κύριε σὺ μόνος εἶ ἀναμάρτητος καὶ | * πολὺ * | εὔσπλαγχνος ὁ ἁμαρτωλοὺς ἐλεῶν καὶ οἰκτείρων ἀλλ᾽ ἢ |
| Job | 4 | 4 | σοι οὐ δυνήσεται ἐπενεγκεῖν ἐπιφέρει δέ σοι πληγὰς | * πολλὰς * | ἀφαιρεῖταί σου τὰ ὑπάρχοντα, τὰ παιδία σου |
| Job | 20 | 8 | ἐκ τῆς ὑγρασίας καὶ ἰχῶρες τοῦ σώματος σκώληκες | * πολλοὶ * | ἦσαν ἐν τῷ σώματί μου καὶ εἴποτε ἀφήλατο σκώληξ, |
| Job | 25 | 9 | τὴν τρίχα ἀντὶ ἄρτων. ἀπαξαπλῶς, Ἰωβ, Ἰωβ, | * πολλῶν * | ὄντων τῶν εἰρημένων, συντόμως λέγω σοι ἐπὶ |
| Job | 28 | 5 | ἀλλ᾽ ἐπειδὴ ᾔδεισάν με πρὸ τούτων τῶν κακῶν ἐν | * πολλῷ * | πλούτῳ ὄντα, καὶ γὰρ ὅτε ἠρξάμην αὐτοῖς ἀναφέρειν |
| Job | 30 | 5 | καὶ τὰ ὑπάρχοντά μου λέγοντες μὴ οὐκ οἴδαμεν τὰ | * πολλὰ * | ἀγαθὰ τὰ ἀποστελλόμενα ὑπ᾽ αὐτοῦ εἰς τὰς κώμας καὶ |
| Job | 35 | 1 | ἀνθρώπῳ πενθοῦντι, οὐ μόνον ἀλλὰ καὶ ἐν πληγαῖς | * πολλαῖς * | ὄντι ἰδοὺ ἡμεῖς δὲ ὑγιαίνοντες οὐκ ἰσχύσαμεν |
| Aris. | 1 | 3 | τῶν Ἰουδαίων ἀρχιερέα συνεσταμένης διὰ τό σέ περὶ | * πολλοῦ * | πεποιῆσθαι παρ᾽ ἕκαστα ὑπομιμνήσκοντος συνακοῦσαι |
| Aris. | 7 | 3 | ἐστι μεταδιδόναι μάλιστα μὲν πᾶσι τοῖς ὁμοίοις | * πολλῷ * | δὲ μᾶλλον σοὶ γνησίαν ἔχοντι τὴν αἵρεσιν οὐ μόνον |
| Aris. | 9 | 2 | βιβλιοθήκης Δημήτριος ὁ Φαληρεὺς ἐχρηματίσθη | * πολλὰ * | διάφορα πρὸς τὸ συναγαγεῖν εἰ δυνατὸν ἅπαντα τὰ |
| Aris. | 17 | 1 | ποιῆσαι τῶν ἐνεχομένων ταῖς οἰκετίαις. οὐδὲ | * πολὺν * | χρόνον ἐπισχὼν καὶ ἡμῶν κατὰ ψυχὴν πρὸς τὸν θεὸν |
| Aris. | 21 | 3 | τὸ ἀντίγραφον οὐκ ἄχρηστον οἴομαι κατακεχωρίσθαι. | * πολλῷ * | γὰρ ἡ μεγαλομέρεια φανερωτέρα καὶ εὔδηλος ἔσται |
| Aris. | 24 | 2 | οὖν ἀνθρώποις τὸ δίκαιον ἀπονέμειν ὁμολογούμενοι | * πολλῷ * | δὲ μᾶλλον τοῖς ἀλόγως καταδυναστευομένοις καὶ κατὰ |
| Aris. | 27 | 3 | δὲ ταλάντων ἑξακοσίων ἑξήκοντα ἡ δόσις ἐγεγόνει. | * πολλὰ * | γὰρ καὶ τῶν ἐπιμαστιδίων τέκνων σὺν ταῖς μητράσιν |
| Aris. | 36 | 6 | τὴν βασιλείαν φιλανθρωπότερον ἀπαντῶμεν τοῖς πᾶσι | * πολὺ * | δὲ μᾶλλον τοῖς σοῖς πολίταις ὑπὲρ δέκα μυριάδας |
| Aris. | 44 | 4 | γὰρ καὶ σὺ καὶ ἀνεπίλησται τοὺς πολίτας ἡμῶν κατὰ | * πολλοὺς * | ⟨τρόπους⟩ εὐηργέτηκας. εὐθέως οὖν προσηγάγομεν |
| Aris. | 51 | 5 | πολυτεχνίᾳ γὰρ διαφέροντα συνετελέσθη τοῦ βασιλέως | * πολλὴν * | ἐπίδοσιν ποιουμένου καὶ παρ᾽ ἕκαστον |
| Aris. | 54 | 2 | τὸ κεῖσθαι μόνον ἐν τῷ τόπῳ ⟨τὰ⟩ παρ᾽ αὐτοῦ | * πολὺ * | δὲ μᾶλλον χάριν ἕξειν ἐὰν τὰς καθηκούσας |
| Aris. | 71 | 5 | οὐκ ἐλάσσονος ἦν τὸ πάχος τῆς ὅλης τραπέζης ὥστε | * πολλῶν * | εἶναι ταλάντων τὴν ὅλην διασκευήν. ἐπεὶ γὰρ οὐ |
| Aris. | 88 | 5 | γίνεται διὰ τὴν σμῆξιν τῶν ἀπὸ τῶν θυσιῶν αἱμάτων. | * πολλαὶ * | γὰρ μυριάδες κτηνῶν προσάγονται κατὰ τὰς τῶν |
| Aris. | 90 | 2 | κατ᾽ ἔδαφος καὶ τῶν τοίχων ἐπὶ δὲ τούτων κεχύσθαι | * πολύ * | τι πλῆθος κονιάσεως ἐνεργῶς γεγενημένων ἁπάντων |
| Aris. | 92 | 3 | διαθέσει. πάντες γὰρ αὐτοκελεύστως διαπονοῦσι | * πολλῆς * | γινομένης κακοπαθείας καὶ ἑκάστῳ τὸ διατεταγμένον |
| Aris. | 95 | 4 | τῶν λειτουργῶν καὶ τῶν προσαγόντων δὲ τὰ θύματα | * πολύ * | τι πλῆθος ἀλλὰ φόβῳ καὶ καταξίως μεγάλης θειότητος |
| Aris. | 103 | 1 | οὐδὲ εἰσοδεύειν εἴων οὐδένα. μετὰ ἀκριβείας δὲ | * πολλῆς * | εἶχον εἰ καί τις ἐπιταγὴ γένοιτο διὰ τοῦ |
| Aris. | 107 | 3 | οἱ πρῶτοι σοφῶς δὲ ἐπινοήσαντες. τῆς γὰρ χώρας | * πολλῆς * | οὔσης καὶ καλῆς καί τινων μὲν πεδινῶν τῶν κατὰ |
| Aris. | 107 | 9 | οὗ καὶ γινομένου γεωργεῖται πάντα μετὰ δαψιλείας | * πολλῆς * | ἐν πάσῃ τῇ προειρημένῃ χώρᾳ. τῶν δὲ πόλεων ὅσαι |
| Aris. | 111 | 1 | ἢ κατακαλέσαι διακρίνειν ἐν ἡμέραις πέντε. πρὸ | * πολλοῦ * | δὲ ποιούμενος καὶ χρηματιστὰς καὶ τοὺς τούτων |
| Aris. | 112 | 5 | αὐτῶν ἡ χώρα καὶ ὀσπρίοις ἔτι δὲ ἀμπέλῳ καὶ μέλιτι | * πολλῷ. * | τὰ μὲν τῶν ἄλλων ἀκροδρύων καὶ φοινίκων οὐδ᾽ |
| Aris. | 112 | 6 | καὶ φοινίκων οὐδ᾽ ἀριθμεῖται παρ᾽ αὐτοῖς. κτήνη τε | * πολλὰ * | παμμιγῆ καὶ δαψιλὴς ἡ τούτων νομή. διὸ καλῶς |
| Aris. | 114 | 1 | τῆς πόλεως καὶ τῶν κωμῶν ἔθεντο κατὰ λόγον. | * πολὺ * | δὲ πλῆθος καὶ τῶν ἀρωμάτων καὶ λίθων πολυτελῶν καὶ |
| Aris. | 115 | 5 | πρὸς τοὺς προειρημένους τόπους οὐκ ἀπέχουσα τούτων | * πολύ. * | ἔχει δὲ πάντα δαψιλῆ κάθυγρος οὖσα πάντοθεν ἡ χώρα |
| Aris. | 116 | 7 | καθὼς ὁ Νεῖλος ἐν ταῖς πρὸς τὸν θερισμὸν ἡμέραις | * πολλὴν * | ἀρδεύει τῆς γῆς ὃς εἰς ἕτερον ποταμὸν ἐμβάλλει τὸ |
| Aris. | 123 | 4 | βασιλέα γεγραφέναι περὶ τῆς ἀποκαταστάσεως αὐτῶν | * πολλὰ * | παρακαλέσε τὸν Ἀνδρέαν ποιῆσαι συναντιλαμβάνεσθαι |
| Aris. | 127 | 3 | εἶναι τοῦτο δὲ ἐπιτελεῖσθαι διὰ τῆς ἀκροάσεως | * πολλῷ * | μᾶλλον ἢ διὰ τῆς ἀναγνώσεως. προτιθέμενος οὖν |
| Aris. | 128 | 3 | πρὸς τὰ δι᾽ ἡμῶν ἐπιζητηθέντα. νομίζω γὰρ τοὺς | * πολλοὺς * | περιεργίαν ἔχειν τινὰ τῶν ἐν τῇ νομοθεσίᾳ περὶ |
| Aris. | 134 | 2 | καὶ δείξας ὅτι πάντες οἱ λοιποὶ παρ᾽ ἡμᾶς ἄνθρωποι | * πολλοὺς * | θεοὺς εἶναι νομίζουσιν αὐτοὶ δυναμικώτεροι πολλῷ |
| Aris. | 134 | 3 | πολλοὺς θεοὺς εἶναι νομίζουσιν αὐτοὶ δυναμικώτεροι | * πολλῷ * | καθεστῶτες ὧν σέβονται ματαίως ἀγάλματα γὰρ |
| Aris. | 137 | 3 | καὶ πολυμαθέστεροι τῶν ἀνθρώπων τῶν πρὶν εἰσι | * πολλοὶ * | καὶ οὐκ ἂν φθάνοιεν αὐτοὺς προσκυνοῦντες. καὶ |
| Aris. | 140 | 2 | οἱ Αἰγυπτίων καθηγεμόνες ἱερεῖς ἐγκεκυφότες εἰς | * πολλὰ * | καὶ μετεσχηκότες πραγμάτων ἀνθρώπους θεοῦ |
| Aris. | 156 | 1 | τροφῆς διοίκησις καὶ ἡ περὶ ἕκαστον μέλος διαστολὴ | * πολλῷ * | δὲ μᾶλλον ἡ τῶν αἰσθήσεων διακόσμησις διανοίας |
| Aris. | 172 | 2 | ποιησάμενος θυσίαν καὶ τοὺς ἄνδρας ἐπιλέξας καὶ | * πολλὰ * | δῶρα τῷ βασιλεῖ κατασκευάσας προέπεμψεν ἡμᾶς μετὰ |
| Aris. | 172 | 3 | κατασκευάσας προέπεμψεν ἡμᾶς μετὰ ἀσφαλείας | * πολλῆς. * | ὡς δὲ παρεγενήθημεν εἰς Ἀλεξάνδρειαν προσηγγέλη |
| Aris. | 174 | 2 | ἀποδεδώκαμεν τὰς παρὰ τοῦ Ἐλεαζάρου. περὶ | * πολλοῦ * | δὲ ποιούμενος τοῖς ἀπεσταλμένοις ἀνδράσιν |
| Aris. | 177 | 2 | αὐτὰ τῶν ἀνειλημάτων καὶ τοὺς ὑμένας ἀνείλιξαν | * πολὺν * | ἐπιστὰς χρόνον καὶ προσκυνήσας σχεδὸν ἑπτάκις |
| Aris. | 190 | 3 | ἔχοι τοὺς φίλους; κἀκεῖνος εἶπεν εἰ θεωροίησαν | * πολλὴν * | σε πρόνοιαν ποιούμενον ὧν ἄρχεις ὄχλων σὺ δὲ |
| Aris. | 194 | 3 | ὁ δὲ εἶπεν εἰ τῇ τῶν ὅπλων καὶ δυνάμεων παρασκευῇ | * πολλῇ * | χρώμενος εἰδείη ταῦτα ὄντα κενὰ ἐπὶ πλείονα χρόνον |
| Aris. | 206 | 4 | αἰσχύνην ἐπιφέρει τὸ ψεῦδος πᾶσιν ἀνθρώποις | * πολλῷ * | δὲ μᾶλλον τοῖς βασιλεῦσιν ἐξουσίαν γὰρ ἔχοντες ὃ |
| Aris. | 208 | 2 | πῶς ἂν φιλάνθρωπος εἴη; κἀκεῖνος ἔφη θεωρῶν ἐν | * πολλῷ * | χρόνῳ καὶ κακοπαθείαις μεγίσταις αὔξει τε καὶ |
| Aris. | 211 | 6 | ἐπιεικής. καὶ σὺ καθόσον ἄνθρωπος ἐννόει καὶ μὴ | * πολλῶν * | ὀρέγου τῶν δὲ ἱκανῶν πρὸς τὸ βασιλεύειν. |
| Aris. | 223 | 1 | εἶναι τὸ πρός τι τὴν διάνοιαν ῥέπειν τοῖς μὲν οὖν | * πολλοῖς * | ἐπὶ τὰ βρωτὰ καὶ ποτὰ καὶ τὰς ἡδονὰς εἰκός ἐστι |
| Aris. | 235 | 4 | δὲ τῶν φιλοσόφων. καὶ γὰρ ταῖς ἀγωγαῖς καὶ τῷ λόγῳ | * πολὺ * | προέχοντες αὐτῶν ἦσαν ὡς ἂν ἀπὸ θεοῦ τὴν καταρχὴν |
| Aris. | 245 | 4 | ἔχων εἶπεν ὅτι μεγάλης βασιλείας κατάρχει καὶ | * πολλῶν * | ὄχλων ἀφηγεῖται καὶ οὐ δεῖ περὶ ἑτερόν τι τὴν |
| Aris. | 253 | 5 | ἀνωφελὲς καὶ ἀλγεινόν ἐστιν εἰ τὸ ζῆν ἀφελεῖται | * πολλῶν * | διὰ τὸ κύριον εἶναι. πάντων δ᾽ ὑπηκόων ὄντων καὶ |
| Aris. | 264 | 2 | ἑξῆς ἐπηρώτα τίσι δεῖ συμβούλοις χρῆσθαι; τοῖς διὰ | * πολλῶν * | ἔφη πεπειραμένοις πραγμάτων καὶ τὴν εὔνοιαν |
| Aris. | 281 | 5 | τοὺς ἀνδρείᾳ διαφέροντας καὶ δικαιοσύνῃ καὶ περὶ | * πολλοῦ * | ποιουμένους τὸ σῴζειν τοὺς ἄνδρας ἢ τὸ νικᾶν τῷ |
| Aris. | 289 | 3 | ὑποτεταγμένους ἀνήμεροί τε καὶ σκληροὶ καθίστανται | * πολλῷ * | δὲ μᾶλλον καί τινες τῶν ἰδιωτῶν καὶ κακῶν |

| | | | | | | |
|---|---|---|---|---|---|---|
| Aris. | | 292 | 2 | ὅταν μισοπόνηρος ᾖ καὶ φιλάγαθος καὶ περὶ | * πολλοῦ * | ποιούμενος ψυχὴν ἀνθρώπου σῴζειν καθὼς καὶ σὺ |
| Aris. | | 294 | 1 | τὰ μέγιστά μοι γέγονεν ἀγαθὰ παραγενηθέντων ὑμῶν | * πολλὰ * | γὰρ ὠφέλημαι καταβεβλημένων ὑμῶν διδαχὴν ἐμοὶ πρὸς |
| Aris. | | 295 | 3 | τὸ δέον ὡς ἐκ τοῦ καιροῦ τὰς ἀποκρίσεις ἐποιοῦντο | * πολλοῦ * | χρόνου δεομένας καὶ τοῦ μὲν ἐρωτῶντος |
| Aris. | | 301 | 5 | οἶκον παρὰ τὴν ἠϊόνα διαπρεπῶς ἔχοντα καὶ | * πολλῆς * | ἡσυχίας ἔφεδρον παρεκάλει τοὺς ἄνδρας τὰ τῆς |
| Aris. | | 316 | 6 | αὐτῷ τὸ σύμπτωμα γέγονεν ἐξιλασάμενος τὸν θεὸν ἐν | * πολλαῖς * | ἡμέραις ἀποκατέστη. μεταλαβὼν δὲ ὁ βασιλεὺς |
| Aris. | | 321 | 3 | πρὸς αὐτὸν ἀνακομισθῆναι μὴ κωλύσῃ περὶ | * πολλοῦ * | ποιούμενος τοῖς πεπαιδευμένοις συνεῖναι καὶ εἰς |
| Sib. | | 3 | 44 | ὅλως χῆραι τε γυναῖκες στέρξουσιν κρυφίως ἄλλους | * πολλαὶ * | διὰ κέρδος οὐ σπάρτην κατέχουσι βίου ἀνδρῶν |
| Sib. | | 3 | 66 | λαμπράν τε σελήνην καὶ νέκυας στήσει καὶ σήματα | * πολλὰ * | ποιήσει ἀνθρώποις ἀλλ' οὐχὶ τελεσφόρα ἔσσετ' ἐν |
| Sib. | | 3 | 68 | τελεσφόρα ἔσσετ' ἐν αὐτῷ ἀλλὰ πλανᾷ καὶ δὴ μέροπας | * πολλούς * | τε πλανήσει πιστούς τ' ἐκλεκτούς θ' Ἑβραίους |
| Sib. | | 3 | 89 | σφαιρώματα καγχαλόωντα οὐ νὺξ οὐκ ἠὼς οὐκ ἦματα | * πολλὰ * | μεριμνᾶς οὐκ ἔαρ οὐχὶ θέρος οὐ χειμῶν' οὐ |
| Sib. | | 3 | 177 | ἀρχὴ λευκὴ καὶ πολύκρανος ἀφ' ἑσπερίοιο θαλάσσης ἣ | * πολλῆς * | γαίης ἄρξει πολλοὺς δὲ σαλεύσει καὶ πᾶσιν |
| Sib. | | 3 | 177 | ἀφ' ἑσπερίοιο θαλάσσης ἣ πολλῆς γαίης ἄρξει | * πολλοὺς * | δὲ σαλεύσει καὶ πᾶσιν βασιλεῦσι φόβον μετόπισθε |
| Sib. | | 3 | 179 | καὶ πᾶσιν βασιλεῦσι φόβον μετόπισθε ποιήσει | * πολλὸν * | δ' αὖ χρυσόν τε καὶ ἄργυρον ἐξαλαπάξει ἐκ πόλεων |
| Sib. | | 3 | 180 | δ' αὖ χρυσόν τε καὶ ἄργυρον ἐξαλαπάξει ἐκ πόλεων | * πολλῶν * | πάλι δ' ἔσσεται ἐν χθονὶ δίῃ χρυσίον αὐτὰρ ἔπειτα |
| Sib. | | 3 | 190 | αἰσχροβίῳ φιλοχρημοσύνῃ κακοκερδέι πλούτῳ ἐν | * πολλαῖς * | χώρῃσι Μακηδονίῃ δὲ μάλιστα. μῖσος δ' ἐξεγερεῖ |
| Sib. | | 3 | 232 | πλάνας ἐδίδαξαν ἀεικελίους ἀνθρώπους ἐξ ὧν δὴ κακὰ | * πολλὰ * | βροτοῖς πέλεται κατὰ γαῖαν τοῦ πεπλανῆσθαι ὁδούς |
| Sib. | | 3 | 241 | οὐδὲ ὅρους γαίης γείτων τοῦ γείτονος αἴρει οὐδὲ | * πολὺ * | πλουτῶν τις ἀνὴρ τὸν ἐλάττονα λυπεῖ +οὐδέ γε χήρας |
| Sib. | | 3 | 341 | τὸ μυρίον αὐχέν' ἐφέξει. χάσματα ἠδὲ βάραθρ' ἀχανῆ | * πολλαὶ * | δὲ πόληες αὔτανδροι πεσέονται ἐν Ἀσιάδι μὲν |
| Sib. | | 3 | 392 | κεραυνὸς φῶτα κακὸν δ' Ἀσίῃ ζυγὸν ἕξει πᾶσα | * πολὺν * | δὲ χθὼν πίεται φόνον ὀμβρηθεῖσα. ἀλλὰ καὶ ὣς |
| Sib. | | 3 | 421 | ψευδόπατρις δύσει δὲ φάος ἐν ὀπῇσιν ἐῇσιν νοῦν δὲ | * πολὺν * | καὶ ἔπος διανοίαις ἔμμετρον ἕξει οὐνόμασιν δυσὶ |
| Sib. | | 3 | 433 | δέξεται ἔργα. καὶ Λυκίῃ Λοκροῖο γένος κακὰ | * πολλὰ * | φυτεύσει. Χαλκηδὼν στεινοῖο πόρον πόντοιο λαχοῦσα |
| Sib. | | 3 | 444 | σε κῦμα κορυσσόμενον σμαραγήσει. καὶ σὺ Ῥόδος | * πουλὺν * | μὲν ἀδούλωτος χρόνον ἔσσῃ ἡμερίη θυγάτηρ πουλὺς |
| Sib. | | 3 | 445 | πουλὺν μὲν ἀδούλωτος χρόνον ἔσσῃ ἡμερίη θυγάτηρ | * πουλὺς * | δέ τοι ὄλβος ὄπισθεν ἔσσεται ἐν πόντῳ δ' ἕξεις |
| Sib. | | 3 | 458 | σημεῖον Κύπρου σεισμὸς φθίσει δὲ φάραγγας καὶ | * πολλὰς * | ψυχὰς Ἀίδης ὁμοθυμαδὸν ἕξει. Τράλλις δ' ἡ γείτων |
| Sib. | | 3 | 484 | μάκαιρα γένος βασιλήιον ἄφνω +τεύξεται. οὐ μὴν | * πουλὺν * | ἐπὶ χρόνον ἔσσετ' ἀληθῶς Καρχηδών+. Γαλάταις δὲ |
| Sib. | | 3 | 503 | πέμψει θεὸς αὐτοῖς ἐξ ἐδάφους φλέξας πόλιας καὶ | * πολλὰ * | θέμεθλα. αἰαῖ σοι Κρήτη πολυώδυνε εἰς σέ περ ἥξει |
| Sib. | | 3 | 514 | Μαγὼγ μαρσῶν ἠδ' ἀγγὼν ὅσα σοι κακὰ μοῖρα πελάζει+ | * (πολλὰ * | δὲ) καὶ Λυκίων υἱοῖς Μυσῶν τε Φρυγῶν τε. πολλὰ δὲ |
| Sib. | | 3 | 515 | (πολλὰ δὲ) καὶ Λυκίων υἱοῖς Μυσῶν τε Φρυγῶν τε. | * πολλὰ * | δὲ Παμφύλων ἔθνη Λυδῶν τε πεσεῖται Μαύρων τ' |
| Sib. | | 3 | 520 | δεινὴν ἐπιπέμψει ἔθνεσι πληγήν. Ἕλλησιν δ' ὁπόταν | * πολὺ * | βάρβαρον ἔθνος ἐπέλθῃ πολλὰ μὲν ἐκλεκτῶν ἀνδρῶν |
| Sib. | | 3 | 521 | Ἕλλησιν δ' ὁπόταν πολὺ βάρβαρον ἔθνος ἐπέλθῃ | * πολλὰ * | μὲν ἐκλεκτῶν ἀνδρῶν ὀλέσειε κάρηνα πολλὰ δὲ πίονα |
| Sib. | | 3 | 522 | ἐπέλθῃ πολλὰ μὲν ἐκλεκτῶν ἀνδρῶν ὀλέσειε κάρηνα | * πολλὰ * | δὲ πίονα μῆλα βροτῶν διαδηλήσονται ἵππων θ' |
| Sib. | | 3 | 525 | ἐριμύκων δώματά τ' εὐποίητα πυρὶ φλέξουσιν ἀθέσμως | * πολλὰ * | δὲ σώματα δοῦλα πρὸς ἄλλην γαῖαν ἀνάγκῃ ἄξουσιν |
| Sib. | | 3 | 543 | ἀσπορίην καὶ ἀνηροσίην καὶ πῦρ ἐπὶ γαίης κατθήσει | * +πολὺν * | ἱστὸν+ ὃς οὐρανὸν ἔκτισε καὶ γῆν πάντων δ' |
| Sib. | | 3 | 554 | Ἑλλήνων οἳ πρῶτα βροτοῖς κακὰ ἡγεμόνευσαν | * πολλὰ * | θεῶν εἴδωλα καταφθιμένων +θανεόντων+ ὧν ἕνεκεν τὰ |
| Sib. | | 3 | 598 | ἠδὲ Λατῖνοι Ἑλλάς τ' εὐρύχορος καὶ ἄλλων ἔθνεα | * πολλὰ * | Περσῶν καὶ Γαλατῶν πάσης τ' Ἀσίης παραβάντες |
| Sib. | | 3 | 649 | ἅπασα κηρύσσουσα τάλαινα μύσος μυρίων ἀνθρώπων --- | * πολλὰ * | χρόνων μήκη περιτελλομένων ἐνιαυτῶν πέλτας καὶ |
| Sib. | | 3 | 692 | ἔσται θεῖον ἀπ' οὐρανόθεν αὐτὰρ λίθος ἠδὲ χάλαζα | * πολλὴ * | καὶ χαλεπὴ θάνατος δ' ἐπὶ τετράποδ' ἔσται. καὶ |
| Sib. | | 3 | 730 | πέλτας καὶ θυρεοὺς κόρυθας παμποικιλά θ' ὅπλα | * πολλά * | τε καὶ τόξων πληθὺν βελέων ἀδίκων τε οὐδὲ γὰρ ἐκ |
| Sib. | | 4 | 59 | σελήνης γῆ δὲ κλόνῳ σεισμοῖο τινασσομένη μεγάλοιο | * πολλὰς * | πρηνίξει πόλιας καὶ ἔργ' ἀνθρώπων ἐκ δὲ βυθοῦ |
| Sib. | | 4 | 84 | ἔσται δ' Ἑλλάδι νεῖκος ἐν ἀλλήλοις δὲ μανέντες | * πολλὰς * | πρηνίξουσι πόλεις πολλοὺς δ' ὀλέσουσιν μαρνάμενοι |
| Sib. | | 4 | 84 | ἐν ἀλλήλοις δὲ μανέντες πολλὰς πρηνίξουσι πόλεις | * πολλοὺς * | δ' ὀλέσουσιν μαρνάμενοι τὸ δὲ νεῖκος ἰσόρροπον |
| Sib. | | 4 | 122 | δὴ μητρῷον ἄγος στυγεροῖο φόνοιο τλήσεται ἄλλα τε | * πολλὰ * | κακῇ σὺν χειρὶ πιθήσας. πολλοὶ δ' ἀμφὶ θρόνῳ |
| Sib. | | 4 | 123 | τλήσεται ἄλλα τε πολλὰ κακῇ σὺν χειρὶ πιθήσας. | * πολλοὶ * | δ' ἀμφὶ θρόνῳ Ῥώμης πέδον αἱμάξουσιν κείνου |
| Sib. | | 4 | 126 | ἥξει Ῥώμης πρόμος ὃς πυρὶ νηὸν συμφλέξας Σολύμων | * πολλοὺς * | δ' ἅμα ἀνδροφονήσας Ἰουδαίων ὀλέσει μεγάλην |
| Sib. | | 4 | 132 | γῆς πυρσὸς ἀποστραφθεὶς εἰς οὐρανὸν εὐρὺν ἵκηται | * πολλὰς * | δὲ φλέξῃ πόλιας καὶ ἄνδρας ὀλέσσῃ πολλὴ δ' |
| Sib. | | 4 | 133 | ἵκηται πολλὰς δὲ φλέξῃ πόλιας καὶ ἄνδρας ὀλέσσῃ | * πολλὴ * | δ' αἰθαλόεσσα τέφρη μέγαν αἰθέρα πλήσῃ καὶ ψεκάδες |
| Sib. | | 4 | 139 | Ῥώμης ὁ φυγὰς μέγα ἔγχος ἀείρας Εὐφρήτην διαβὰς | * πολλαῖς * | ἅμα μυριάδεσσιν. τλήμων Ἀντιόχεια σέ δὲ πτόλιν |
| Sib. | | 5 | 10 | ὃς μόλεν ἐκ Τροίης ὅστις πυρὸς ἔσχισεν ὁρμὴν | * πολλοὺς * | δ' αὖ μετ' ἄνακτας ἀρηιφίλους μετὰ φῶτας καὶ |
| Sib. | | 5 | 13 | δὶς κορυφώσει γράμματος ἀρχομένου πολέμων δ' ἐπὶ | * πουλὺ * | κρατήσει ἕξει δ' ἐκ δεκάδος πρῶτον τύπον ὥστε μετ' |
| Sib. | | 5 | 78 | ἀντὶ θεοῦ δὲ λίθους καὶ κνώδαλα θρησκεύοντες | * πολλὰ * | μάλ' ἄλλυδις ἄλλα φοβούμενοι οἷς λόγος οὐδεὶς οὐ |
| Sib. | | 5 | 91 | δώσεις ὅσα πρόσθεν ἔρεξας. σιγήσεις αἰῶνα | * πολὺν * | καὶ νόστιμον ἦμαρ --- κοὐκέτι σοι ῥεύσει τρυφερὸν |
| Sib. | | 5 | 98 | σὸν ὄλεθρον+. καὶ τότ' ἔσῃ πόλεων πολύολβος | * πολλὰ * | καμοῦσα. κλαύσεται Ἀσὶς ὅλη δώρων χάριν ὧν ἀπὸ |
| Sib. | | 5 | 142 | φθόγγῳ μελιηδέας ὕμνους θεατροκοπῶν ἀπολεῖ | * πολλοὺς * | σὺν μητρὶ ταλαίνῃ. φεύξεται ἐκ Βαβυλῶνος ἄναξ |
| Sib. | | 5 | 145 | στυγέουσι βροτοὶ καὶ φῶτες ἄριστοι ὤλεσε γὰρ | * πολλοὺς * | καὶ γαστέρι χεῖρας ἔθηκεν εἰς ἀλόχους ἥμαρτε καὶ |
| Sib. | | 5 | 160 | αὐτήν τε Βαβυλῶνα Ἰταλίης γαῖάν θ' ἧς εἵνεκα | * πολλοὶ * | ὄλοντο Ἑβραίων ἅγιοι πιστοὶ καὶ λαὸς ἀληθής. |
| Sib. | | 5 | 201 | πολυχρύσοις ὠκεανὸς κελαδῶν πληρούμενος αἵματι | * πολλῷ * | καὐτοὶ γὰρ κακότητα θεοῦ τέκνοις ἐποίησαν ἡνίκα |
| Sib. | | 5 | 204 | βασιλεὺς Φοῖνιξ Γαλικανὸν ἤγαγεν ἐκ Συρίης πλῆθος | * πολὺ * | καὶ σε φονεύσει αὐτὴν Ῥαβέννη τε καὶ εἰς φόνον |
| Sib. | | 5 | 351 | τε κακοὶ καὶ ὀιζύς. ἔσσεται ἦμαρ ἐκεῖνο χρόνον | * πολὺν * | ὥστε νοῆσαι αὐτὸν ἄνακτα θεὸν πανεπίσκοπον |
| Sib. | | 5 | 368 | τ' αὐτὸς ἑλεῖ ταύτην παραχρῆμα. ἄνδρας τ' ἐξολέσει | * πολλοὺς * | μεγάλους τε τυράννους πάντας τ' ἐμπρήσει ὡς |
| Sib. | | 5 | 371 | ἀνορθώσει διὰ ζῆλον. ἔσται δ' ἐκ δυσμῶν πόλεμος | * πολὺς * | ἀνθρώποισιν ῥεύσει δ' αἷμαθ' ἕως ὄχθου ποταμῶν |
| Sib. | | 5 | 418 | ἄνδρες. πᾶσαν δ' ἐκ βάθρων εἷλεν πόλιν ἐν πυρὶ | * πολλῷ * | καὶ δήμους ἔφλεξε βροτῶν τῶν πρόσθε κακούργων καὶ |
| Sib. | | 5 | 424 | ἐποίησεν ἔνσαρκον καλὸν περικαλλές ἠδὲ ἔπλασσεν | * πολλοῖς * | ἐν σταδίοισι μέγαν καὶ ἀπείρονα πύργον αὐτῶν |
| Sib. | | 5 | 479 | ἀνέλθῃ ὠκεανοῦ μείνας ἵν' ἐφ' ὕδασι βαπτισθείη | * πολλῶν * | γὰρ μερόπων εἶδεν κακότητας ἀνάγνους. ἔσται δὲ |
| Sib. | | 5 | 487 | ἅπασαν. καὶ σὺ Σάραπι λίθους ἀργοὺς ἐπικείμενε | * πολλοὺς * | κείσῃ πτῶμα μέγιστον ἐν Αἰγύπτῳ τριταλαίνῃ. |
| FMos. | 6 | 132 | 3 | ὁμοίως ἄμφω θεῶνται ἀλλ' ὃ μὲν καὶ θᾶττον κατῆλθεν | * πολὺ * | τὸ βρῖθον ἐπαγόμενος ὃ δὲ ἐπικατελθὼν ὕστερον τὴν |
| FIsa. | | 1 | 9 | πρισθήσομαι ὑπ' αὐτοῦ πρίωνι ξυλίνῳ εἰς δύο καὶ | * πολλοὺς * | ἐξ Ἰερουσαλὴμ καὶ ἐξ Ἰούδα ἀποστήσει. ἀκούσας |
| FIsa. | 1 | 2 | 8 | Β<ηθ>λεὲμ τῆς Ἰουδαίας. <καὶ> ἐκεῖ δὲ ἦν ἀνομ<ία | * π>ολλὴ * | καὶ ἀναχωρήσα<ς> ἀπὸ Βηθλεὲμ ἐκά<θι>σεν ἐν τῷ |
| FIsa. | 1 | 2 | 9 | καὶ Ἀμβακοὺμ καὶ Ἰ(σ)ασοὺφ ὁ υἱὸς αὐτοῦ καὶ | * πολλοὶ * | τῶν πιστῶν τῶν πιστευόντων εἰς οὐρανοὺς ἀναβῆναι |
| FIsa. | 1 | 3 | 1 | καὶ αὐτὸς ἦν ψευδοπροφητεύων ἐν Ἰερουσαλὴμ καὶ | * πολλοὶ * | ἐξ Ἰερουσαλὴμ ἐκολλήθησαν πρὸς αὐτόν. καὶ αὐτὸς |
| FIsa. | 1 | 3 | 10 | Ἰσραὴλ <λαὸν Γο>μόρρας πρ<οσηγό>ρευσεν. <κ>α<ὶ | * πολλὰ> * | κατηγόρει ἐπὶ τοῦ Μανασσῆ καὶ τῶν προφητῶν. καὶ |
| FMan. | 2 | 22 | 13 | ἀπὸ πλήθους τῶν ἀδικιῶν μου κατακαμπτόμενος | * πολλῷ * | δεσμῷ σιδήρου διότι παρώργισα τὸν θυμόν σου καὶ τὸ |
| FMan. | 2 | 22 | 14 | ἀγαθωσύνην σου ὅτι ἀνάξιον ὄντα σώσεις με κατὰ τὸ | * πολὺ * | ἔλεός σου καὶ αἰνέσω σε διαπαντὸς ἐν πάσαις ταῖς |
| FMan. | 2 | 23 | 3 | παραβάσεως κακὸν καὶ εἶπεν ὁ πατήρ μου ἐκ νεότητος | * πολλὰ * | παρηνόμησεν καὶ ἐν γήρᾳ μετέγνω καὶ νῦν ἐγὼ |
| FBar. | | 12 | 3 | και συ μη προσ<δοκα χαιρησειν> μηδε επ<ι> | * πολυ * | καταδικα<ζε αληθως γαρ εν> καιρω εξϋπνισθησεται |
| FBar. | | 14 | 2 | η υπο σου λεχθεισα> πραξις και νυν <οιδα οτι | * πολλοι---> * | εισιν οι αμαρτυρησαν<τες και---> εζησαν και |
| FEz. | | 186 | 8 | αλλα πας πυμη>ν εξ υμων ανεω<ξε το στομα και | * πολλ>οι * | εις καταβρωμα α<υτοις εγενοντο αλ>λα ειδου εγω |
| FAch. | | 101 | | | * πολλοὺς * | δὲ χρόνους ἐν τῇ Σάμῳ διατρίψας ὁ Αἴσωπος καὶ |
| FAch. | | 101 | | δὲ χρόνους ἐν τῇ Σάμῳ διατρίψας ὁ Αἴσωπος καὶ | * πολλῶν * | τιμῶν καταξιωθεὶς ἠβουλήθη περιελθεῖν τὴν |
| FAch. | | 111 | | Αἴγυπτον σὺν τοῖς παιδίοις καὶ τοῖς ἀετοῖς μετὰ | * πολλῶν * | οἰκετῶν καὶ παρασκευῆς πρὸς τὴν κατάπληξιν τῶν |
| FAch. | | 114 | | ἐμφανὴ ἔστη σὺν τοῖς περὶ αὐτὸν ἔχων ἄνθεα | * πολλὰ * | καὶ ἐκέλευσε τὸν Αἴσωπον εἰσελθεῖν. εἰσελθόντος δὲ |
| FPho. | | | 61 | οὐκ ἀγαθὸν πλεονάζον ἔφυ θνητοῖσιν ὄνειαρ ἡ | * πολλὴ * | δὲ τρυφὴ πρὸς ἀμέτρους ἕλκετ' ἔρωτας ὑψαυχεῖ δ' ὁ |
| FPho. | | | 62 | δὲ τρυφὴ πρὸς ἀμέτρους ἕλκετ' ἔρωτας ὑψαυχεῖ δ' ὁ | * πολὺς * | πλοῦτος καὶ ἐς ὕβριν ἀέξει. θυμὸς ὑπερχόμενος |
| FPho. | | | 72 | καὶ ἐν ἀλλήλοις τελέθουσιν. οὐ φθονέει μήνη | * πολὺ * | κρείσσοσιν ἡλίου αὐγαῖς οὐ χθὼν οὐρανίοισ' ὑψώμασι |
| FPho. | | | 92 | μὴ δὲ τραπεζοκόρους κόλακας ποιεῖσθαι ἑταίρους | * πολλοὶ * | γὰρ πόσιος καὶ βρώσιός εἰσιν ἑταῖροι καιρὸν |
| FPho. | | | 94 | ἐπὴν κορέσασθαι ἔχωσιν ἀχθόμενοι δ' ὀλίγοις καὶ | * πολλοῖς * | πάντες ἄπληστοι. λαῷ μὴ πίστευε πολύτροπός |
| FPho. | | | 114 | ξυνὸς χῶρος ἅπασι πένησί τε καὶ βασιλεῦσιν. οὐ | * πολὺν * | ἄνθρωποι ζῶμεν χρόνον ἀλλ' ἐπίκαιρον ψυχὴ δ' |
| FPho. | | | 214 | παιδὸς δ' εὐμόρφου φρουρεῖν νεοτήσιον ὥρην | * πολλοὶ * | γὰρ λυσσῶσι πρὸς ἄρσενα μεῖξιν ἔρωτος. παρθενικὴν |
| ISop. | 5 | 113 | 2 | πόντου τε χαροπὸν οἶδμα καὶ ἀνέμων βίαν. θνητοὶ δὲ | * πολλοὶ * | καρδίαν πλανώμενοι ἱδρυσάμεσθα πημάτων παραψυχὴν |
| HDem. | 9 | 19 | 4 | μετ' οὐ | * πολὺν * | δὲ χρόνον τὸν θεὸν τῷ Ἀβραὰμ προστάξαι Ἰσαὰκ τὸν |
| HEup. | 9 | 30 | 5 | τὸ ἱερὸν διὰ τὸ αἵματι ἀνθρωπίνῳ πεφύρθαι καὶ | * πολλὰ * | ἔτη πεπολεμηκέναι εἶναι δ' αὐτῷ ὄνομα Διαναθὰν |
| HArt. | 9 | 18 | 1 | Συρίαν ἀπαλλαγῆναι τόπους τῶν δὲ τούτῳ συνελθόντων | * πολλοὺς * | ἐν Αἰγύπτῳ καταμεῖναι διὰ τὴν εὐδαιμονίαν τῆς |
| HArt. | 9 | 23 | 2 | τήν τε γῆν διελεῖν καὶ ὅροις διασημήνασθαι καὶ | * πολλὴν * | χερσευομένην γεωργήσιμον ἀποτελέσαι καί τινας τῶν |
| HArt. | 9 | 23 | 3 | αὐτὸν τόν τε πατέρα καὶ τοὺς ἀδελφοὺς κομίζοντας | * πολλὴν * | ὕπαρξιν καὶ κατοικισθῆναι ἐν τῇ Ἡλίου πόλει καὶ |
| HArt. | 9 | 27 | 3 | τινι κατεγγυῆσαι τῶν ὑπὲρ Μέμφιν τόπων βασιλεύοντι | * πολλοὺς * | γὰρ τότε τῆς Αἰγύπτου βασιλεύειν ταύτην δὲ |
| HArt. | 9 | 27 | 4 | τοῦτον Ὀρφέως διδάσκαλον. ἀνδρωθέντα δ' αὐτὸν | * πολλὰ * | τοῖς ἀνθρώποις εὔχρηστα παραδοῦναι καὶ γὰρ πλοῖα |
| HArt. | 9 | 27 | 34 | ἀπολῦσαι τοὺς δὲ χρησαμένους παρὰ τῶν Αἰγυπτίων | * πολλὰ * | μὲν ἐκπώματα οὐκ ὀλίγον δὲ ἱματισμὸν ἄλλην τε |
| HArt. | 9 | 27 | 35 | δὲ λέγειν ἐπικαταδραμεῖν τὸν βασιλέα μετὰ | * πολλῆς * | δυνάμεως <ἅμα> καὶ τοῖς καθιερωμένοις ζῴοις διὰ |
| HAri. | 9 | 25 | 3 | πεσόντος κατακαῆναι σὺν τοῖς ποιμέσι μετ' οὐ | * πολὺ * | δὲ καὶ τὰς καμήλους ὑπὸ λῃστῶν ἀπελαθῆναι εἶτα τὰ |
| HAri. | 9 | 25 | 4 | τὴν εὐψυχίαν αὐτοῦ τῆς τε νόσου αὐτὸν ἀπολῦσαι καὶ | * πολλῶν * | κύριον ὑπάρξεων ποιῆσαι. |
| HAno. | 9 | 17 | 8 | τὸν Ἀβραὰμ ἐν Ἡλιουπόλει τοῖς Αἰγυπτίων ἱερεῦσι | * πολλὰ * | μεταδιδάξαι αὐτοὺς καὶ τὴν ἀστρολογίαν καὶ τὰ |
| HHec. | 1 | 22 | 186 | ἐγένετο τῶν περὶ Συρίαν τόπων ἐγκρατὴς καὶ | * πολλοὶ * | τῶν ἀνθρώπων πυνθανόμενοι τὴν ἠπιότητα καὶ |
| HHec. | 1 | 22 | 192 | μόνους τοὺς Ἰουδαίους οὐ προσσχεῖν ἀλλὰ καὶ | * πολλὰς * | ὑπομεῖναι πληγὰς καὶ ζημίας ἀποτῖσαι μεγάλας ἕως |
| HHec. | 1 | 22 | 194 | ἐξέτινον περί τινων δὲ καὶ συγγνώμης μετελάμβανον. | * πολλὰς * | μὲν γὰρ ἡμῶν ἀνασπάστους εἰς Βαβυλῶνα Πέρσαι |

```
HHec.   1  22  197    τοσαύτη πλάτος ἐστίν. ἔστι τῶν Ἰουδαίων τὰ μὲν  ✻ πολλὰ ✻ ὀχυρώματα κατὰ τὴν χώραν καὶ κῶμαι μία δὲ πόλις
HHec.   1  22  202    ἄριστος. οὗτος οὖν ὁ ἄνθρωπος διαβαδιζόντων  ✻ πολλῶν ✻ κατὰ τὴν ὁδὸν καὶ μάντεώς τινος ὀρνιθευομένου καὶ
LEze.   9  28  2 03   ἑπτάκις δέκα ψυχὰς σὺν αὐτῷ καὶ ἐπεγέννησεν  ✻ πολὺν ✻ λαὸν κακῶς πράσσοντα καὶ τεθλιμμένον ἐς ἄχρι
LEze.   9  28  2 08   γὰρ ἡμῶν γένναν ἅλις ηὐξημένην δόλον καθ᾽ ἡμῶν  ✻ πολὺν ✻ ἐμηχανήσατο βασιλεὺς Φαραὼ τοὺς μὲν ἐν
LEze.   9  29  7 03   τε καὶ βροτοῖς ἄπιστία; ἄφνω βάτος μὲν καίεται  ✻ πολλῷ ✻ πυρὶ αὐτοῦ δὲ χλωρὸν πᾶν μένει τὸ βλαστάνον. τί
LEze.   9  29  12 08  ἕλκη πικρά. κυνόμυια δ᾽ ἥξει καὶ βροτοὺς Αἰγυπτίων  ✻ πολλοὺς ✻ κακώσει. μετὰ δὲ ταῦτ᾽ ἔσται πάλιν λοιμὸς
LEze.   9  29  14 17  βορὰν ὁμοῦ τε καὶ δάμαρσιν ἔμπονοι κόπῳ κτήνη τε  ✻ πολλὰ ✻ καὶ δόμων ἀποσκευὴ αὐτοὶ δ᾽ ἔνοπλοι πάντες εἰς
LEze.   9  29  14 21  πρὸς αἰθέρα τ᾽ ἐτάθησαν ἀθρόοι θεὸν πατρῷον. ἦν  ✻ πολὺς ✻ δ᾽ ἀνδρῶν ὄχλος. ἡμᾶς δὲ χάρμα πάντας εἶχεν ἐν
LEze.   9  29  16 09  ἀφύσσων δώδεκ᾽ ἐκ μιᾶς πέτρας στελέχη δ᾽ ἐρυμνὰ  ✻ πολλὰ ✻ φοινίκων πέλει ἔγκαρπα δεκάκις ἑπτὰ καὶ ἐπίρρυτος
LArl.  13  12      1  εὔδηλον εἶναι τὸν προειρημένον φιλόσοφον εἰληφέναι  ✻ πολλὰ ✻ γέγονε γὰρ πολυμαθὴς καθὼς καὶ Πυθαγόρας πολλὰ τῶν
LArl.  13  12      1  πολλὰ γέγονε γὰρ πολυμαθὴς καθὼς καὶ Πυθαγόρας  ✻ πολλὰ ✻ τῶν παρ᾽ ἡμῖν μετενέγκας εἰς τὴν ἑαυτοῦ
FrAn.   1  217    24  ἔχων. λαβὼν αὐτὸν δὸς τῷ ἐνέγκαντι αὐτὸν χρυσίον  ✻ πολὺ ✻ καὶ ἀργύριον ἅμα δὲ καὶ ῥαπίσας αὐτὸν μετρίως εἰπέ.
FrAn.  17  2069  34  - - - )ερυθρα θ<αλασσαν - - )εις την μ< )τα  ✻ πολυ ✻ ο< - )θαλασση< - - - )τη ερυθρα θ<αλασσα - - - )πυλη(
FrAn.   1  226    17  - )θεις βασιλευς του λαου κα< - )ευθυς σιτου οντος  ✻ πο<λλου ✻ - ειπε)ν συναγαγετε μοι τιχι οθε<ν - - - )λιμος δε
```

πολυσπερής
```
                           1
Sib.    3  416    ἄείφατον ἔρνος ἄριστον Ἀσίδος Εὐρώπης τε  ✻ πολυσπερὲς ✻ οἶδμα λιποῦσα σοὶ δὲ μάλιστα γόους μόχθους
```

πολύστονος
```
                           2
Sib.    3  465    δ᾽ οὗτις Ἄρης ἀλλότριος ἥξει ἀλλ᾽ ἐμφύλιον αἷμα  ✻ πολύστονον ✻ οὐκ ἀλαπαδνὸν πουλυθρύλλητόν τε ἀναιδέα σε
Sib.    3  485    ἐπὶ χρόνον ἔσσετ᾽ ἀληθῶς Καρχηδών+. Γαλάταις δὲ  ✻ πολύστονος ✻ ἔσσεται οἶκτος. ἥξει καὶ Τενέδῳ κακὸν ἔσχατον
```

πολυτέλεια
```
                           1
Aris.  80    2    ὑπῆρχε ῥισκοφυλακίοις τοιαύτη κατασκευὴ τῇ  ✻ πολυτελείᾳ ✻ καὶ τεχνουργίᾳ οὔτ᾽ ἐν τινι ἄλλῳ. πρόνοιαν
```

πολυτελής
```
                          13
Hen.   18    6    νυκτὸς καὶ ἡμέρας ὅπου τὰ ἑπτὰ ὄρη ἀπὸ λίθων  ✻ πολυτελῶν ✻ <τρία> εἰς ἀνατολὰς καὶ τρία εἰς νότον
TJud.  26    3    σήμερον ἐν ὀφθαλμοῖς ὑμῶν. μηδείς με ἐνταφιάσει  ✻ πολυτελεῖ ✻ ἐσθῆτι ἢ τὴν κοιλίαν μου ἀναρρήξει ὅτι ταῦτα
Asen.   2    4    καὶ ἱματισμὸς χρυσοϋφὴς καὶ λίθοι ἐκλεκτοὶ καὶ  ✻ πολυτελεῖς ✻ καὶ ὀθόναι ἐπίσημοι καὶ πᾶς ὁ κόσμος τῆς
Asen.   3    6    αὐτῆς περιέθετο κόσμον πολύτιμον καὶ λίθους  ✻ πολυτελεῖς ✻ οἵτινες ἦσαν περιηρτημένοι πάντοθεν καὶ ἦσαν
Asen.  18    6    περιέθηκε περὶ τὸν τράχηλον αὐτῆς ἐν ᾧ ἦσαν λίθοι  ✻ πολυτελεῖς ✻ τίμιοι ἠρτημένοι ἀναρίθμητοι καὶ στέφανον
Asen.  18    6    καὶ κύκλῳ τοῦ λίθου τοῦ μεγάλου ἦσαν ἓξ λίθοι  ✻ πολυτελεῖς. ✻ καὶ θερίστρῳ κατεκάλυψε τὴν κεφαλὴν αὐτῆς ὡς
Job   28    5    ὄντα, καὶ γὰρ ὅτε ἠρξάμην αὐτοῖς ἀναφέρειν τοὺς  ✻ πολυτελεῖς ✻ λίθους, ἀπεθαύμαζον καὶ τύπτοντες τὰς χεῖρας
Job   32    5    ἡ δόξα τοῦ θρόνου σου· σὺ εἶ ὁ τὸν θρόνον ἐκ λίθων  ✻ πολυτελῶν ✻ ἔχων, νυνὶ δὲ ἐν σποδῷ καθήμενος ποῦ νῦν
Aris.  60    4                καθ᾽ ὃ ἂν μέρος στρέφοιτο. λίθων τε  ✻ πολυτελῶν ✻ ἐν αὐτῷ διαθέσεις ὑπῆρχον ἀνὰ μέσον τῶν
Aris.  66    3    ἐποίησαν ἐν ὑπεροχῇ λίθους ἔχοντα κατὰ μέσον  ✻ πολυτελεῖς ✻ τῶν πολυειδῶν ἀνθράκων τε καὶ σμαράγδων ἔτι
Aris.  79    3    μυρσίνης ἔτι δ᾽ ἐλαίας ἀνέπλεξαν στέφανον ἔκτυπον  ✻ πολυτελεῖς ✻ ἐνέντες λίθους καὶ τὰς λοιπὰς δὲ τορείας
Aris. 114    1    λόγου. πολὺ δὲ πλῆθος καὶ τῶν ἀρωμάτων καὶ λίθων  ✻ πολυτελῶν ✻ καὶ χρυσοῦ παρακομίζεται διὰ τῶν Ἀράβων εἰς
IMen.   5  119  2  τἀλλότρια βλέποντα κἀπιθυμοῦντα ἤτοι γυναικὸς  ✻ πολυτελοῦς ✻ ἢ δώματος ἢ κτήσεως παιδός τε παιδίσκης θ᾽
```

πολυτεχνία
```
                           2
Aris.  51    4    καὶ τὰ τῶν κατασκευασμάτων διασαφῆσαι ποιήσω.  ✻ πολυτεχνία ✻ γὰρ διαφέροντα συνετελέσθη τοῦ βασιλέως
Aris.  78    8  ὥστε παντελῶς ἀνεξήγητον εἶναι τῶν ἐνηργημένων τὴν  ✻ πολυτεχνίαν. ✻ τὰς δὲ χρυσᾶς φιάλας διετόρευσαν στεφάνοις
```

πολύτεχνος
```
                           3
Aris.  73    4    καὶ τὴν τῶν λίθων ἀνὰ μέσον τῶν φολίδων σύνδεσιν  ✻ πολύτεχνος ✻ ἔχοντες. εἶτα μαιάνδρος ἐπέκειτο πηχυαῖος
Aris. 114    4    πρὸς τὴν ἐμπορίαν ἐστὶ κατεσκευασμένη ἡ χώρα καὶ  ✻ πολύτεχνος ✻ ἡ πόλις οὐ σπανίζει δὲ οὐδὲν τῶν
```

πολύτιμος
```
                           3
Asen.   3    6  αὐτῆς καὶ περὶ τὸν τράχηλον αὐτῆς περιέθετο κόσμον  ✻ πολύτιμον ✻ καὶ λίθους πολυτελεῖς οἵτινες ἦσαν
Asen.   7    4    αἱ γυναῖκες μετὰ χρυσίου καὶ ἀργυρίου καὶ δώρων  ✻ πολυτίμων ✻ ἀπέπεμπεν Ἰωσὴφ μετὰ ἀπειλῆς καὶ ὕβρεως διότι
FrAn.   1  217  16  καὶ ἔκθαμβος γενόμενος ἐπυνθάνετο. ποῦ τὸν  ✻ πολύτιμον ✻ καὶ θεῖον λίθον τοῦτον εὗρες; ἰδοὺ γὰρ ἔτη
```

πολύτροπος
```
                           3
Adam  24    2    σου φάγει τὸν ἄρτον σου. ἔσει δὲ ἐν καμάτοις  ✻ πολυτρόποις. ✻ καμῇ καὶ μὴ ἀναπαύσῃ. θλιβεὶς ἀπὸ πικρίας
FJub.  22    4    καὶ εὐλόγησεν αὐτὸν Ἰσαὰκ καὶ εὐλόγων αὐτὸν  ✻ πολυτρόπως ✻ καὶ κατέχων αὐτὸν ἐν τοῖς κόλποις αὐτοῦ
FPho.  95    καὶ πολλοῖς πάντες ἄπληστοι. λαθὶ μὴ πίστευε  ✻ πολύτροπος ✻ ἐστιν ὅμιλος λαὸς <γὰρ> καὶ ὕδωρ καὶ πῦρ
```

πολύφυλος
```
                           1
Sib.    5  125  χθόνα τεφρωθεῖσαν καὶ Συρίην μεγάλην καὶ Φοινίκην  ✻ πολύφυλον. ✻ αἰαῖ σοι Λυκίη ὅσα σοι κακὰ μηχανάαται πόντος
```

πολύχοος
```
                           1
HArt.   9  27  28  μικρὸν τὸν Νεῖλον τῇ ῥάβδῳ πατάξαι τὸν δὲ ποταμὸν  ✻ πολύχουν ✻ γενόμενον κατακλύζειν ὅλην τὴν Αἴγυπτον ἀπὸ
```

πολυχρήματος
```
                           2
FPho. 199    βίηι κούρηισι μιγείη. μὴ δὲ γυναῖκα κακὴν  ✻ πολυχρήματον ✻ οἴκαδ᾽ ἄγεσθαι λατρεύσεις ἀλόχωι λυγρῆς
```

πολυχρόνιος
```
                           2
Aris. 268    4  ἀπεκρίθη τὰ συμβαίνοντα τοῖς φίλοις ὅταν θεωρῶμεν  ✻ πολυχρόνια ✻ καὶ ἀνέκφευκτα γινόμενα. τελευτήσαι μὲν γὰρ
FAch. 107    αὐτοῦ ῥυποῦντος καὶ κομῶντος καὶ ὠχρῶντος διὰ τὴν  ✻ πολυχρόνιον ✻ συνοχὴν ἀποστραφεὶς ὁ βασιλεὺς ἔκλαυσεν. καὶ
```

πολύχρυσος
```
                           4
Sib.    3  170  Περσῶν τε Φρυγῶν τε Καρῶν καὶ Μυσῶν Λυδῶν τε γένος  ✻ πολυχρύσων. ✻ αὐτὰρ ἔπειθ᾽ Ἕλληνες ὑπερφίαλοι καὶ ἄναγνοι
Sib.    5  200  καιρὸν ὀλέθρου. ἔσσεται ἐν Βρύγεσσι καὶ ἐν Γάλλοις  ✻ πολυχρύσοις ✻ ὠκεανὸς κελαδῶν πληρούμενος αἵματι πολλῷ
Sib.    5  288  κατοδύρομαι οἰκτρῶς καὶ γένος Ἰώνων Καρῶν Λυδῶν  ✻ πολυχρύσων. ✻ αἰαῖ <σοι> Σάρδεις αἰαῖ πολυήρατε Τράλλις
Sib.    5  292  κόνιν ἀλλαχθεῖσαι. Ἀσίδι τῇ δνοφερῇ (Λυδῶν τε---  ✻ πολυχρύσων) ✻ --- Ἀρτέμιδος σηκὸς Ἐφέσου πηγνύμενος
```

πολυώδυνος
```
                           3
Sib.    3  504  φλέξας πόλιας καὶ πολλὰ θέμεθλα. αἰαῖ σοι Κρήτη  ✻ πολυώδυνε ✻ εἰς σέ περ ἥξει πληγὴ καὶ φοβερὰ αἰώνιος
```

πολυωρέω
```
                           1
Aris. 259    2    τὰ πρὸς τὴν χρείαν. διανοούμενος γὰρ ὡς θεὸς  ✻ πολυωρεῖ ✻ τὸ τῶν ἀνθρώπων γένος χορηγῶν αὐτοῖς καὶ ὑγείαν
```

πολυωρία
```
                           2
Aris. 270    4    εἶπε συνοῦσί σοι καὶ μὴ διὰ τὸν φόβον μηδὲ διὰ  ✻ πολυωρίαν ✻ ἐπανάγουσι πάντα πρὸς τὸ κερδαίνειν. τὸ μὲν
```

πόμα
```
                           2
Sib.    5  92  καὶ νόστιμον ἦμαρ --- κοὐκέτι σοι ῥεύσει τρυφερὸν  ✻ πόμα--- ✻ --- ἥξει γὰρ Πέρσης ἐπὶ σὸν +δάπος+ ὥστε χάλαζα
Sib.    5  240  ὁμοσπόνδοιο προφητῶν γλῶσσα μελισταγέουσα καλὸν  ✻ πόμα ✻ πᾶσι βροτοῖσιν φαῖνέ τε καὶ προῦβαλλε καὶ ἡμέρα
```

πομπή
```
                           2
Sib.    5  496  τοῦ χάριν οἱ λιθίνοις καὶ ὀστρακίνοισι θεοῖσιν  ✻ πομπὰς ✻ καὶ τελετὰς ποιούμενοι οὐκ ἐνόησαν. στρέψωμεν
FIsa.   1   2   7  (β)ασι(λέων) Ἰούδα καὶ Ἰ(σραήλ). ---(κ)αὶ τὴν  ✻ πομπή<ν ✻ αὐ)τοῦ ἀνεχώρησεν ἀπ(ὸ) Ἰ(ερουσαλὴμ καὶ
```

πονέω
```
                           5
Asen.  25    3    νεόφυτον. καὶ εἶπον αὐτῷ οἱ φύλακες κεφαλῆς πόνον  ✻ πονεῖ ✻ ὁ πατήρ σου καὶ ἠγρύπνησεν ὅλην τὴν νύκτα καὶ νῦν
Sal.    2   14    ἀναμείξεως. τὴν κοιλίαν μου καὶ τὰ σπλάγχνα μου  ✻ πονῶ ✻ ἐπὶ τούτοις ἐγὼ δικαιώσω σε ὁ θεὸς ἐν εὐθύτητι
FPho.  66    ὑπέρογκος. τόλμα κακῶν ὀλόη μέγ᾽ ὀφέλλει δ᾽ ἐσθλὰ  ✻ πονεῦντα. ✻ σεμνὸς ἔρως ἀρετῆς ὁ δὲ Κύπριδος αἶσχος
IMen.   5  120  2  ὁ γὰρ θεὸς δικαίοις ἔργοις ἥδεται καὶ οὐκ ἀδίκοις  ✻ πονοῦντα ✻ δὲ ἐξ τὸν ἴδιον ὑψῶσαι βίον τὴν γῆν ἀρούντων
LThe.   9  22   1    εἰσαφικέσθαι ἀγρόθεν οὐδέ ποτε ὁρία λαχνήεντα  ✻ πονεῦσιν. ✻ ἐξ αὐτῆς δὲ μάλ᾽ ἄγχι δύ᾽ οὔρεα φαίνετ᾽ ἐρυμνὰ
```

πονηρεύομαι
```
                           6
TJud.  10    6    δοῦναι αὐτῇ ἀλλ᾽ ἢ γυνή μου Βησσουὲ οὐκ ἀφῆκεν  ✻ ἐπονηρεύετο ✻ γὰρ πρὸς τὴν Θάμαρ ὅτι οὐκ ἦν ἐκ θυγατέρων
TAser.  2    3    ὅλον πονηρόν ἐστι. καὶ ἔστιν ἄνθρωπος ἀγαπῶν τὸν  ✻ πονηρευόμενον ✻ ὡσαύτως ἐστὶν ἐν πονηρίᾳ ὅτι καὶ ἀποθανεῖν
Asen.  24    9    κἀγὼ ἀνταποδώσω αὐτοῖς κατὰ πᾶσαν ὕβριν αὐτῶν ἣν  ✻ ἐπονηρεύσαντο ✻ κατ᾽ ἐμοῦ. μόνον ἀποθανεῖται ὁ πατήρ μου.
Asen.  25    5    τῷ Δὰν καὶ τῷ Γὰδ λέγοντας ἵνα τί ὑμεῖς  ✻ πονηρεύεσθε ✻ πάλιν κατὰ τοῦ πατρὸς ἡμῶν Ἰσραὴλ καὶ κατὰ
Asen.  25    6    σωτὴρ καὶ σιτοδότης· καὶ νῦν πάλιν ἐὰν πειράσητε  ✻ πονηρεύσασθαι ✻ κατ᾽ αὐτοῦ βοήσει πρὸς τὸν ὕψιστον καὶ
Asen.  28    3  διότι δέσποινα ἡμῶν σὺ εἶ καὶ βασίλισσα. καὶ ἡμεῖς  ✻ ἐπονηρευσάμεθα ✻ εἰς σε κακὰ καὶ κατὰ τοῦ ἀδελφοῦ ἡμῶν
```

πονηρία
```
                          19
Hen.   10   16    τὴν ἀδικίαν πᾶσαν ἀπὸ τῆς γῆς καὶ πᾶν ἔργον  ✻ πονηρίας ✻ ἐκλειπέτω καὶ ἀναφανήτω τὸ φυτὸν τῆς
TLevi  10    3  ὥστε μὴ βαστάξαι τὴν Ἰερουσαλὴμ ἀπὸ προσώπου  ✻ πονηρίας ✻ ὑμῶν ἀλλὰ σχίσαι τὸ ἔνδυμα τοῦ ναοῦ ὥστε μὴ
TJud.  10    4  θαλάμου ἐπεγάμβρευσα αὐτῇ τὸν Αὐνὰν καίγε οὗτος ἐν  ✻ πονηρίᾳ ✻ οὐκ ἔγνω αὐτὴν ποιήσας σὺν αὐτῇ ἐνιαυτόν.
TJud.  10    5  κατὰ τὴν ἐντολὴν τῆς μητρὸς αὐτοῦ καίγε οὗτος ἐν  ✻ πονηρίᾳ ✻ ἀπέθανεν. ἤθελον δὲ καὶ τὸν Σηλὼμ δοῦναι αὐτῇ
TJud.  11    5    αὐτῇ ἐν ὀδύνῃ ψυχῆς μου καίγε αὕτη ἀπέθανεν ἐν  ✻ πονηρίᾳ ✻ υἱῶν αὐτῆς. μετὰ δὲ τοὺς λόγους τούτους
TJud.  17    5  ἐγὼ ὅτι ἡλίκα δι᾽ αὐτὰ ταῦτα ἔπαθον ἐκ γένος μου ἐν  ✻ πονηρίᾳ ✻ ὅτι καίγε σοφοὺς ἄνδρας τῶν υἱῶν μου ἀλλοιώσουσι
TIss.   4    6    πάντα ὁρᾷ ἐν ἁπλότητι μὴ ἐπιδεχόμενος ὀφθαλμοῖς  ✻ πονηρίας ✻ ἀπὸ τῆς πλάνης τοῦ κόσμου ἵνα μὴ ἴδῃ
TZab.   9    9    κύριος Ἰερουσαλὴμ ὄνομα αὐτῷ. καὶ πάλιν ἐν  ✻ πονηρίᾳ ✻ λόγων ὑμῶν παροργίσετε αὐτὸν καὶ ἀπορριφήσεσθε
TDan.   5    5  ἐθνῶν πορνεύοντες ἐν γυναιξὶν ἀνόμων καὶ ἐν πάσῃ  ✻ πονηρίᾳ ✻ ἐνεργούντων ἐν ὑμῖν τῶν πνευμάτων τῆς πλάνης
TDan.   5    8    ἀπολήψεσθε πάσας τὰς πληγὰς Αἰγύπτου καὶ πάσας  ✻ πονηρίας ✻ τῶν ἐθνῶν καὶ οὕτως ἐπιστρέψαντες πρὸς κύριον
TNep.   4    1    ἀποστήσεσθε ἀπὸ κυρίου πορευόμενοι κατὰ πᾶσαν  ✻ πονηρίαν ✻ ἐθνῶν καὶ ποιήσετε κατὰ πᾶσαν ἀνομίαν Σοδόμων.
TGad.   8    2    ἀποστήσονται τὰ τέκνα ὑμῶν ἀπ᾽ αὐτοῦ καὶ τὴν  ✻ πονηρίαν ✻ τῶν ἐθνῶν καὶ διαφθαρεῖται ἐναντι κυρίου.
TAser.  1    7    δίκαια γὰρ λογιζόμενος καὶ ἀπορρίπτων τὴν  ✻ πονηρίαν ✻ ἀνατρέπει εὐθὺς τὸ κακὸν καὶ ἐκριζοῖ τὴν
TAser.  1    8    κλίνῃ τὸ διαβούλιον πᾶσα πρᾶξις αὐτῆς ἐστιν ἐν  ✻ πονηρίᾳ ✻ καὶ ἀπωθούμενος τὸ ἀγαθὸν προσλαμβάνει τὸ κακὸν
```

| | | | | | |
|---|---|---|---|---|---|
| TAser | 1 | 8 | καὶ κυριευθεὶς ὑπὸ τοῦ Βελιὰρ κἂν ἀγαθὸν πράξῃ ἐν | * πονηρίᾳ * | αὐτὸ μεταστρέφει. ὅταν γὰρ ἐνάρξηται ὡς ἀγαθὸν |
| TAser | 2 | 3 | ἄνθρωπος ἀγαπῶν τὸν πονηρευόμενον ὡσαύτως ἐστὶν ἐν | * πονηρίᾳ * | ὅτι καὶ ἀποθανεῖν αἱρεῖται ἐν κακῷ δι᾽ αὐτὸν καὶ |
| TAser | 2 | 4 | ἐστι τὸ δὲ πᾶν κακὴ πρᾶξις. καίγε ἀγάπη οὖσα | * πονηρία * | ἐστὶ συγκρύπτουσα τὸ κακὸν ὅπερ ἐστὶ τῷ ὀνόματι |
| TBen. | 3 | 3 | πλησίον. καὶ ἐὰν τὰ πνεύματα τοῦ Βελιὰρ εἰς πᾶσαν | * πονηρίαν * | θλίψεως ἐξαιτήσωνται ὑμᾶς οὐ μὴ κατακυριεύσῃ |
| TBen. | 3 | 3 | ἐξαιτήσωνται ὑμᾶς οὐ μὴ κατακυριεύσῃ ὑμῶν πᾶσα | * πονηρία * | θλίψεως ὡς οὐδὲ Ἰωσὴφ τοῦ ἀδελφοῦ μου. πόσοι |

πονηρός 88

| | | | | | |
|---|---|---|---|---|---|
| Adam | 10 | 3 | ἐντολὴν τοῦ θεοῦ. καὶ εἶπε πρὸς τὸ θηρίον ὦ θηρίον | * πονηρὸν * | οὐ φοβήσει τὴν εἰκόνα τοῦ θεοῦ πολεμῆσαι αὐτήν; |
| Adam | 13 | 5 | ἐνώπιον αὐτοῦ ὅτι ἀρθήσεται ἀπ᾽ αὐτῶν ἡ καρδία ἡ | * πονηρὰ * | καὶ δοθήσεται αὐτοῖς καρδία συνετιζομένη τὸ |
| Adam | 18 | 3 | καὶ ἔσεσθε ὡς θεοὶ γινώσκοντες τί ἀγαθὸν καὶ τί | * πονηρόν. * | τοῦτο δὲ γινώσκων ὁ θεὸς ὅτι ἔσεσθε ὅμοιοι |
| Adam | 21 | 4 | μὴ φοβοῦ ἅμα γὰρ φάγῃς ἔσει γινώσκων καλὸν καὶ | * πονηρόν. * | καὶ τότε ταχέως πείσασα αὐτὸν ἔφαγεν. καὶ |
| Adam | 21 | 6 | καὶ ἔγνω τὴν γύμνωσιν αὐτοῦ. καὶ λέγει μοι ὦ γύναι | * πονηρά * | τί κατειργάσω ἐν ἡμῖν; ἀπηλλοτρίωσάς με ἐκ τῆς |
| Hen. | 15 | 9 | καὶ ἐν τῇ γῇ ἡ κατοίκησις αὐτῶν ἔσται. πνεύματα | * πονηρὰ * | ἐξῆλθον ἀπὸ τοῦ σώματος αὐτῶν διότι ἀπὸ τῶν |
| Hen. | 15 | 9 | ἀρχὴ τῆς κτίσεως αὐτῶν καὶ ἀρχὴ θεμελίου πνεύματα | * πονηρὰ * | κληθήσεται. πνεύματα οὐρανοῦ ἐν τῷ οὐρανῷ ἡ |
| Hen. | 15B | 8 | οἱ γεννηθέντες ἀπὸ πνευμάτων καὶ σαρκὸς πνεύματα | * πονηρὰ * | ἐπὶ τῆς γῆς καλέσουσιν αὐτοὺς ὅτι ἡ κατοίκησις |
| Hen. | 15B | 9 | ὅτι ἡ κατοίκησις αὐτῶν ἔσται ἐπὶ τῆς γῆς. πνεύματα | * πονηρὰ * | ἔσονται τὰ πνεύματα ἐξεληλυθότα ἀπὸ τοῦ σώματος |
| Hen. | 15B | 9 | ἀρχὴ τῆς κτίσεως αὐτῶν καὶ ἀρχὴ θεμελίου πνεύματα | * πονηρὰ * | ἐπὶ τῆς γῆς ἔσονται τὰ πνεύματα τῶν γιγάντων |
| Hen. | 98 | 6 | κατὰ τοῦ ἁγίου τοῦ μεγάλου ὅτι τὰ ἔργα ὑμῶν τὰ | * πονηρὰ * | ἔσται ἀνακεκαλυμμένα ἐν τῷ οὐρανῷ οὐκ ἔσται ὑμῖν |
| Hen. | 99 | 7 | καὶ δαιμονίοι(ς καὶ βδελύγ)μασιν καὶ πνεύμασιν | * πονη(ροῖς * καὶ) | πάσαις ταῖς πλάναις οὐ κατ᾽ ἐπι(στήμην) |
| Hen. | 101 | 1 | τὰ ἔργα τοῦ ὑψίστου καὶ φοβήθητε τοῦ ποιῆσαι τὸ | * πονηρὸν * | ἐναντίον αὐτοῦ. ἐὰν ἀποκλείσῃ τὰς θυρίδας τοῦ |
| Abr.1 | 6 | 8 | τινος ἔργου ἡμῖν ἐστιν κἂν τε ἀγαθὸν κἂν τε | * πονηρόν. * | καταλιπὼν δὲ Ἀβραὰμ τὴν Σάρραν εἰσῆλθεν ἐν τῷ |
| Abr.1 | 10 | 3 | εἶδεν πάντα τὰ τοῦ κόσμου γινόμενα ἀγαθὰ καὶ | * πονηρά. * | διερχόμενος δὲ Ἀβραὰμ εἶδεν ἄνδρας ξιφηφόρους |
| Abr.1 | 13 | 2 | ὁ ἐπιλεγόμενος Ἄβελ ὃν ἀπέκτεινεν Κάιν ὁ | * πονηρότατος * | καὶ κάθηται ὧδε κρῖναι πᾶσαν τὴν κτίσιν καὶ |
| Abr.1 | 19 | 5 | μεταμορφώσεις τὰς ἑπτὰ κεφαλὰς τῶν δρακόντων τὰς | * πονηρὰς * | καὶ τί τὸ πρόσωπον τοῦ κρημνοῦ καὶ τίς ἡ ῥομφαία |
| Abr.2 | 2 | 6 | πορεύου ὅπου ἂν βούλῃ μήπως συναντήσῃ σοι θηρίον | * πονηρὸν * | καὶ ταραχθῇς. ἠρώτησεν δὲ Μιχαὴλ τὸν Ἀβραὰμ |
| TRub. | 1 | 8 | ἀνελεῖν με. ἤμην γὰρ ἐτῶν τριάκοντα ὅτε ἔπραξα τὸ | * πονηρὸν * | ἐνώπιον κυρίου καὶ ἑπτὰ μῆνας ἐμαλακίσθην ἕως |
| TRub. | 4 | 9 | ἐδέξατο τὸ διαβούλιον τῆς ψυχῆς αὐτοῦ ἐπιθυμίαν | * πονηράν. * | διὰ τοῦτο ὁ θεὸς τῶν πατέρων μου ἐρρύσατο αὐτὸν |
| TRub. | 5 | 1 | ἡ πορνεία τὴν ἔννοιαν οὐδὲ Βελιὰρ κατισχύσει ὑμῶν. | * πονηραί * | εἰσιν αἱ γυναῖκες τέκνα μου ὅτι μὴ ἔχουσαι |
| TRub. | 6 | 6 | ποιήσει τὴν ἐκδίκησιν αὐτῶν καὶ ἀποθανεῖσθε θανάτῳ | * πονηρῷ. * | τῷ γὰρ Λευὶ ἔδωκε κύριος τὴν ἀρχὴν καὶ τῷ Ἰούδᾳ |
| TSim. | 2 | 14 | καὶ φθόνου καὶ ἀπὸ πάσης ἀφροσύνης. ἔγνων γὰρ ὅτι | * πονηρὸν * | πρᾶγμα ἐνεθυμήθην ἐνώπιον κυρίου καὶ Ἰακὼβ τοῦ |
| TSim. | 3 | 5 | γίνεται. ἐάν τις ἐπὶ κύριον καταφύγῃ ἀποτρέχει τὸ | * πονηρὸν * | πνεῦμα ἀπ᾽ αὐτοῦ καὶ γίνεται ἡ διάνοια κούφη καὶ |
| TSim. | 4 | 9 | κακίας αὐτὸν φαντάζων κατεσθίει καὶ ἐν πνεύμασι | * πονηροῖς * | διαταράσσει τὴν ψυχὴν αὐτοῦ καὶ ἐκθροεῖσθαι τὸ |
| TSim. | 4 | 9 | καὶ ἐν ταραχῇ διυπνίζεσθαι τὸν νοῦν καὶ ὡς πνεῦμα | * πονηρὸν * | καὶ ἰοβόλον ἔχων οὕτως φαίνεται τοῖς ἀνθρώποις. |
| TSim. | 5 | 1 | καὶ καλὸς τῇ ὄψει ὅτι οὐκ ἐνοίκησεν ἐν αὐτῷ οὐδὲν | * πονηρὸν * | ἐκ γὰρ ταραχῆς τοῦ πνεύματος τὸ πρόσωπον δηλοῖ. |
| TSim. | 6 | 6 | εἰς καταπάτησιν καὶ ἄνθρωποι βασιλεύσουσι τῶν | * πονηρῶν * | πνευμάτων. τότε ἀναστήσομαι ἐν εὐφροσύνῃ καὶ |
| TLevi | 2 3B007 | | ἐμοῦ κύριε τὸ πνεῦμα τὸ ἄδικον καὶ διαλογισμὸν τὸν | * πονηρὸν * | καὶ πορνείαν καὶ ὕβριν ἀπόστρεψον ἀπ᾽ ἐμοῦ. |
| TLevi | 5 | 6 | τοῦ μὴ πατάξαι αὐτοὺς εἰς τέλος ὅτι πᾶν πνεῦμα | * πονηρὸν * | εἰς αὐτὸν προσβάλλει. καὶ μετὰ ταῦτα ὥσπερ |
| TLevi | 18 | 12 | ἐξουσίαν τοῖς τέκνοις αὐτοῦ τοῦ πατεῖν ἐπὶ τὰ | * πονηρὰ * | πνεύματα. καὶ εὐφρανθήσεται κύριος ἐπὶ τοῖς |
| TJud. | 10 | 2 | Θαμὰρ ἐκ Μεσοποταμίας θυγατέρα Ἀρέμ. ἦν δὲ Ἤρ | * πονηρὸς * | καὶ ἠπορεῖτο περὶ τῆς Θαμὰρ ὅτι οὐκ ἦν ἐκ γῆς |
| TJud. | 11 | 1 | οὐκ ἦν ἐκ θυγατέρων Χανάαν ὡς αὐτή. κἀγὼ ᾔδειν ὅτι | * πονηρὸν * | τὸ γένος Χανάαν ἀλλὰ τὸ διαβούλιον τῆς νεότητος |
| TJud. | 13 | 2 | ἐν ἔργοις ἰσχύος νεότητος ὑμῶν ὅτι καίγε τοῦτο | * πονηρὸν * | ἐν ὀφθαλμοῖς κυρίου. ἐπειδὴ γὰρ κἀγὼ |
| TJud. | 16 | 1 | μου ὅρον οἴνου. ἔστι γὰρ ἐν αὐτῷ τέσσαρα πνεύματα | * πονηρὰ * | ἐπιθυμίας πυρώσεως ἀσωτίας αἰσχροκερδίας. ἐὰν |
| TIss. | 3 | 3 | καὶ οὐκ ἤμην περίεργος ἐν ταῖς πράξεσί μου οὐδὲ | * πονηρὸς * | καὶ βάσκανος τῷ πλησίον οὐ κατελάλησά τινος οὐδὲ |
| TIss. | 6 | 2 | καὶ ἀφέντες τὸ γεώργιον ἐξακολουθήσουσι τοῖς | * πονηροῖς * | διαβουλίοις αὐτῶν καὶ διασπαρήσονται ἐν τοῖς |
| TIss. | 7 | 7 | τοῦ Βελιὰρ φεύξεται ἀφ᾽ ὑμῶν καὶ πᾶσα πρᾶξις | * πονηρῶν * | ἀνθρώπων οὐ κυριεύσει ὑμῶν καὶ πάντα ἄγριον θῆρα |
| TZab. | 4 | 12 | ὅτι ἐὰν μὴ δῷς ἐροῦμεν ὅτι σὺ μόνος ἐποίησας τὸ | * πονηρὸν * | ἐν Ἰσραήλ. καὶ οὕτως δίδωσιν αὐτὸν καὶ ἐποίησαν |
| TDan | 1 | 3 | καὶ εὐάρεστον ἡ ἀλήθεια μετὰ δικαιοπραγίας καὶ ὅτι | * πονηρὸν * | τὸ ψεῦδος καὶ ὁ θυμὸς ὅτι πᾶσαν κακίαν ἄνθρωπον |
| TDan | 3 | 1 | αὐτῷ καρδίαν ἰδίαν κατὰ τοῦ ἀδελφοῦ εἰς φθόνον. | * πονηρὸς * | ὁ θυμὸς τέκνα μου καὶ γὰρ αὐτῇ τῇ ψυχῇ αὐτὸς |
| TDan | 6 | 8 | διατηρήσατε οὖν ἑαυτοὺς τέκνα μου ἀπὸ παντὸς ἔργου | * πονηροῦ * | καὶ ἀπορρίψατε τὸν θυμὸν καὶ πᾶν ψεῦδος καὶ |
| TGad | 7 | 6 | αὐτὸς παρὰ πάντας πλουτεῖ ὅτι οὐκ ἔχει τὸν | * πονηρὸν * | περισπασμὸν τῶν ἀνθρώπων. ἐξάρατε οὖν τὸ μῖσος |
| TAser | 1 | 8 | εὐθὺς τὸ κακὸν καὶ ἐκριζοῖ τὴν ἁμαρτίαν. ἐὰν δὲ ἐν | * πονηρῷ * | κλίνῃ τὸ διαβούλιον πᾶσα πρᾶξις αὐτῆς ἐστιν ἐν |
| TAser | 1 | 9 | ἀνελαύνει ἐπειδὴ ὁ θησαυρὸς τοῦ διαβουλίου ἰοῦ | * πονηροῦ * | πνεύματος πεπλήρωται. ἔστιν οὖν ψυχὴ λέγουσα |
| TAser | 2 | 2 | αὐτῷ ἐν κακῷ καίγε τοῦτο διπρόσωπον ἀλλὰ τὸ ὅλον | * πονηρόν * | ἐστιν. καὶ ἔστιν ἄνθρωπος ἀγαπῶν τὸν |
| TAser | 2 | 5 | τοὺς πτωχοὺς διπρόσωπον μὲν καὶ τοῦτο ὅλον δὲ | * πονηρὸν * | ἐστιν. πλεονεκτῶν τὸν πλησίον παροργίζει τὸν |
| TAser | 2 | 7 | ἐλεεῖ καὶ τοῦτο μὲν διπρόσωπόν ἐστιν ὅλον δὲ | * πονηρόν * | ἐστιν. ἄλλος μοιχεύει καὶ πορνεύει καὶ ἀπέχεται |
| TAser | 4 | 2 | εἰσὶ παρὰ τῷ θεῷ. πολλοὶ γὰρ ἀναιροῦντες τοὺς | * πονηροὺς * | δύο ποιοῦσιν ἔργα καλὸν διὰ κακοῦ ὅλον ἐστὶ δὲ |
| TAser | 6 | 5 | τεταραγμένη ἡ ψυχὴ ἀπέρχεται βασανιζεται ὑπὸ τοῦ | * πονηροῦ * | πνεύματος οὗ καὶ ἐδούλευσεν ἐν ἐπιθυμίαις καὶ |
| TAser | 6 | 5 | οὗ καὶ ἐδούλευσεν ἐν ἐπιθυμίαις καὶ ἔργοις | * πονηροῖς * | ἐὰν δὲ ἡσύχως ἐν χαρᾷ ἐγνώρισε τὸν ἄγγελον τῆς |
| TJos. | 3 | 10 | εἰ ἄρα ἀποστρέψει ἀπὸ τῆς ἐπιθυμίας αὐτῆς τῆς | * πονηρᾶς. * | ποσάκις ὡς ἁγίῳ ἀνδρὶ ἐν λόγοις ἐκολάκευσέ με |
| TJos. | 5 | 2 | αἰδέσθητι τὸν κύριον καὶ μὴ ποιήσῃς τὴν πρᾶξιν τὴν | * πονηρὰν * | ταύτην ἵνα μὴ ἐξολοθρευθῇς ὅτι καίγε ἐγὼ |
| TJos. | 7 | 8 | οὐ δι᾽ αὐτήν. ἐὰν γάρ τις πάθει ὑποπέσῃ ἐπιθυμίας | * πονηρᾶς * | καὶ τούτῳ δουλωθῇ ὡς κἀκείνη καὶ ἀγαθὸν τι |
| TJos. | 7 | 8 | τὸ πάθος ὃ ἡττᾶται ἐκλαμβάνει αὐτὸ πρὸς ἐπιθυμίαν | * πονηράν. * | λέγω ὑμῖν τέκνα ὅτι ὥρα ἦν ὡσεὶ ἕκτη ὅτε |
| TBen. | 3 | 6 | μὴ λογίσηται αὐτοῖς ὁ κύριος εἴ τι ἐνεθυμήθησαν | * πονηρὸν * | περὶ αὐτοῦ. καὶ οὕτως ἐβόα Ἰακὼβ ὦ τέκνον |
| TBen. | 5 | 1 | αὐτοῦ. ἐὰν ἔχητε ἀγαθὴν διάνοιαν τέκνα καὶ οἱ | * πονηροὶ * | ἄνθρωποι εἰρηνεύσουσιν ὑμῖν καὶ οἱ ἄσωτοι |
| Asen. | 6 | 3 | καὶ θρασεῖα ἐξουδένωσα αὐτὸν καὶ ἐλάλησα ῥήματα | * πονηρὰ * | περὶ αὐτοῦ καὶ οὐκ ᾔδειν ὅτι Ἰωσὴφ υἱὸς τοῦ θεοῦ |
| Asen. | 6 | 4 | ἄφρων ὅτι λελάληκα τῷ πατρί μου περὶ αὐτοῦ ῥήματα | * πονηρά. * | καὶ νῦν ποῦ ἀπελεύσομαι καὶ ἀποκρυβήσομαι ἀπὸ |
| Asen. | 6 | 5 | μὴ ὄψηταί με Ἰωσὴφ ὁ υἱὸς τοῦ θεοῦ διότι λελάληκα | * πονηρὰ * | περὶ αὐτοῦ; καὶ ποῦ ἀπελεύσομαι καὶ κρυβήσομαι |
| Asen. | 6 | 7 | τοῦ Ἰωσὴφ διότι λελάληκα ἐγὼ κατ᾽ αὐτοῦ ῥήματα | * πονηρὰ * | ἐν ἀγνοίᾳ. καὶ νῦν δότω με ὁ πατήρ μου τῷ Ἰωσὴφ |
| Asen. | 12 | 4 | ἐνώπιόν σου πολλὰ ἠνόμησα καὶ ἠσέβησα καὶ λελάληκα | * πονηρὰ * | καὶ ἄρρητα ἐνώπιόν σου. μεμίαται τὸ στόμα μου ἀπὸ |
| Asen. | 13 | 13 | καὶ ἐξουδένωσα αὐτὸν καὶ λελάληκα περὶ αὐτοῦ | * πονηρὰ * | καὶ οὐκ ᾔδειν ὅτι υἱὸς σοῦ ἐστιν. τίς γὰρ |
| Asen. | 23 | 11 | καὶ πῶς ποιήσωμεν ἡμεῖς τὸ ῥῆμα τοῦτο τὸ | * πονηρὸν * | καὶ ἁμαρτήσομεν ἐνώπιον τοῦ θεοῦ ἡμῶν καὶ |
| Asen. | 23 | 13 | ταῦτα. εἰ δὲ σὺ ἐπιμένεις τῇ βουλῇ σου ταύτῃ τῇ | * πονηρᾷ * | ἰδοὺ αἱ ῥομφαῖαι ἡμῶν ἐσπασμέναι ἐν ταῖς δεξιαῖς |
| Asen. | 23 | 16 | τοῦ μὴ λαλῆσαι περὶ τοῦ ἀδελφοῦ ἡμῶν Ἰωσὴφ ῥῆμα | * πονηρόν. * | καὶ ἐξῆλθον ἀπὸ προσώπου τοῦ υἱοῦ Φαραὼ Συμεὼν |
| Asen. | 26 | 2 | σε ὡς κόρην ὀφθαλμοῦ ἀπὸ παντὸς πράγματος | * πονηροῦ. * | διότι κἀγὼ πορεύσομαι ἐπὶ τὴν σιτοδοσίαν μου |
| Asen. | 27 | 10 | ἡ ψυχή σου ῥῦσαί με ἐκ τῶν χειρῶν τῶν ἀνδρῶν τῶν | * πονηρῶν * | τούτων. καὶ ἤκουσε κύριος ὁ θεὸς τῆς φωνῆς |
| Sal. | 2 | 6 | εἰς τέλος. οἱ υἱοὶ καὶ αἱ θυγατέρες ἐν αἰχμαλωσίᾳ | * πονηρᾷ * | ἐν σφραγῖδι ὁ τράχηλος αὐτῶν ἐν ἐπισήμῳ ἐν τοῖς |
| Sal. | 2 | 8 | νέον καὶ πρεσβύτην καὶ τέκνα αὐτῶν εἰς ἅπαξ ὅτι | * πονηρὰ * | ἐποίησαν εἰς ἅπαξ τοῦ μὴ ἀκούειν. καὶ ὁ οὐρανὸς |
| Sal. | 2 | 16 | κατὰ τὰ ἔργα αὐτῶν καὶ κατὰ τὰς ἁμαρτίας αὐτῶν τὰς | * πονηρὰς * | σφόδρα. ἀνεκάλυψας τὰς ἁμαρτίας αὐτῶν ἵνα φανῇ |
| Sal. | 3 | 10 | ἁμαρτίας ἐφ᾽ ἁμαρτίας τῇ ζωῇ αὐτοῦ ἔπεσεν ὅτι | * πονηρὸν * | τὸ πτῶμα αὐτοῦ καὶ οὐκ ἀναστήσεται. ἡ ἀπώλεια |
| Sal. | 6 | 3 | χειρῶν αὐτοῦ ὑπὸ κυρίου θεοῦ αὐτοῦ. ἀπὸ ὁράσεως | * πονηρῶν * | ἐνυπνίων αὐτοῦ οὐ ταραχθήσεται ἡ ψυχὴ αὐτοῦ ἐν |
| Sal. | 10 | 1 | ὁ κύριος ἐμνήσθη ἐν ἐλεγμῷ καὶ ἐκυκλώθη ἀπὸ ὁδοῦ | * πονηρᾶς * | ἐν μάστιγι καθαρισθῆναι ἀπὸ ἁμαρτίας τοῦ μὴ |
| Sal. | 12 | 1 | κύριε ῥῦσαι τὴν ψυχήν μου ἀπὸ ἀνδρὸς παρανόμου καὶ | * πονηροῦ * | ἀπὸ γλώσσης παρανόμου καὶ ψιθύρου καὶ λαλούσης |
| Sal. | 12 | 2 | ἐν ποικιλίᾳ στροφῆς οἱ λόγοι τῆς γλώσσης ἀνδρὸς | * πονηροῦ * | ὥσπερ ἐν λαῷ πῦρ ἀνάπτον καλλονὴν αὐτοῦ. ἡ |
| Sal. | 13 | 3 | καὶ θανάτου ἁμαρτωλῶν. θηρία ἐπεδράμοσαν αὐτοῖς | * πονηρὰ * | ἐν τοῖς ὀδοῦσιν αὐτῶν ἐτίλλοσαν σάρκας αὐτῶν καὶ |
| Sal. | 16 | 7 | ἕως θανάτου. ἐπικράτησόν μου ὁ θεὸς ἀπὸ ἁμαρτίας | * πονηρᾶς * | καὶ ἀπὸ πάσης γυναικὸς πονηρᾶς σκανδαλιζούσης |
| Sal. | 16 | 7 | ὁ θεὸς ἀπὸ ἁμαρτίας πονηρᾶς καὶ ἀπὸ πάσης γυναικὸς | * πονηρᾶς * | σκανδαλιζούσης ἄφρονα. καὶ μὴ ἀπατησάτω με |
| Bar. | 13 | 1 | φόβου λέγοντες ἴδε ἡμᾶς μεμελανωμένους κύριε ὅτι | * πονηροῖς * | ἀνθρώποις παρεδόθημεν καὶ θέλομεν ὑποχωρῆσαι |
| Bar. | 13 | 3 | μετάθες ἡμᾶς ἀπ᾽ αὐτῶν ὅτι οὐ δυνάμεθα ἀνθρώποις | * πονηροῖς * | καὶ ἄφροσι προσμένειν ὅτι οὐκ ἔστιν ἐν αὐτοῖς |
| Prop. | 22 | 6 | διέβη καὶ αὐτὸς ξηρῷ τῷ ποδὶ τὰ ὕδατα ἐν Ἰεριχὼ | * πονηρὰ * | ἦν καὶ ἄγονα καὶ ἀκούσας παρὰ τῶν τῆς πόλεως |
| Job | 23 | 4 | πόθεν μοι ἀργύριον; ἀγνοεῖς τὰ συμβεβηκότα ἡμῖν | * πονηρά; * | εἰ μὲν ἐλεεῖς ἐλέησον, εἰ δὲ μὴ σὺ ὄψει. καὶ |
| Job | 43 | 5 | καὶ τέθαπται ἡμῶν ἡ ἀνομία Ελιους, Ελιους ὁ μόνος | * πονηρὸς * | μνημόσυνον οὐχ ἕξει ἐν τοῖς ζῶσιν. καὶ ὁ λύχνος |
| Job | 43 | 17 | ἡ ἁμαρτία ἡμῶν, κεκαθάρισται ἡμῶν ἡ ἀνομία ὁ δὲ | * πονηρὸς * | Ελιους μνημόσυνον ἐν τοῖς ζῶσιν οὐκ ἔσχεν. μετὰ |
| FMan. 2 | 22 | 13 | δεσμῷ σιδήρου διότι παρώργισα τὸν θυμόν σου καὶ τὸ | * πονηρὸν * | ἐνώπιόν σου ἐποίησα στήσας βδελύγματα καὶ |
| FPho. | | 37 | ἀλέγειναι. (κτῆσις ὀνήσιμος ἐσθ᾽ ὁσίων ἀδίκων δὲ | * πονηρά.) * | μηδὲ τιν᾽ αὐξόμενον καρπὸν λωβήσηι ἀρούρης. |
| IDip. 5 | 121 | 2 | ἡμέραν κακὸν τι πράσσων τοὺς θεοὺς λεληθέναι δοκεῖ | * πονηρὰ * | καὶ δοκῶν ἁλίσκεται ὅταν σχολὴν ἄγουσα τυγχάνῃ |

πόνος 23

| | | | | | |
|---|---|---|---|---|---|
| Adam | 5 | 5 | Ἀδάμ τί σοι ἐστιν νόσος; καὶ λέγει τεκνία μου | * πόνος * | πολὺς συνέχει με. καὶ λέγουσιν αὐτῷ τί ἐστιν πόνος |
| Adam | 5 | 5 | πόνος πολὺς συνέχει με. καὶ λέγουσιν αὐτῷ τί ἐστιν | * πόνος * | καὶ νόσος; καὶ ἀποκριθεὶς Σὴθ λέγει αὐτῷ μὴ |
| Adam | 6 | 2 | τὸν ἄγγελον αὐτοῦ καὶ ἐνέγκω σοι ἵνα καταπαύσῃ ὁ | * πόνος * | ἀπὸ σοῦ. λέγει αὐτῷ ὁ Ἀδάμ οὐχὶ υἱέ μου Σὴθ ἀλλὰ |
| Adam | 6 | 3 | λέγει αὐτῷ ὁ Ἀδάμ οὐχὶ υἱέ μου Σὴθ ἀλλὰ νόσον καὶ | * πόνους * | ἔχω. λέγει αὐτῷ Σὴθ καὶ πῶς σοι ἐγένοντο; εἶπε δὲ |
| Adam | 25 | 1 | παρήκουσας τὴν ἐντολήν μου ἔσει ἐν καμάτοις καὶ ἐν | * πόνοις * | ἀφορήτοις. τέξει τέκνα ἐν πολλοῖς τρόποις καὶ ἐν |
| Abr.1 | 20 | 14 | Ἰσαὰκ καὶ Ἰακὼβ ἐν τῷ κόλπῳ αὐτοῦ ἔνθα οὐκ ἔστιν | * πόνος * | οὐ λύπη οὐ στεναγμὸς ἀλλ᾽ εἰρήνη καὶ ἀγαλλίασις |
| TJud. | 18 | 4 | πάσης ἀγαθοσύνης καὶ συνέχει αὐτὸν ἐν μόχθοις καὶ | * πόνοις * | καὶ ἀφιστᾷ ὕπνον αὐτοῦ καὶ καταδαπανᾷ σάρκας |
| TIss. | 5 | 5 | σοι ἄλλη μερὶς ἢ τῆς πιότητος τῆς γῆς ἧς ἐν | * πόνοις * | οἱ καρποὶ ὅτι ὁ πατὴρ ἡμῶν Ἰακὼβ ἐν εὐλογίαις |

| | | | |
|---|---|---|---|
| TJos. 7 2 | πρὸς αὐτήν τί συνέπεσε τὸ πρόσωπόν σου; ἡ δὲ εἶπε | * πόνον * | καρδίας ἐγὼ ἀλγῶ καὶ οἱ στεναγμοὶ τοῦ πνεύματός |
| Asen. 10 6 | ἀλλ' εἶπεν αὐταῖς ἔσωθεν τῆς κεφαλῆς μού ἐστι | * πόνος * | βαρὺς καὶ ἡσυχάζω ἐν τῇ κλίνῃ μου καὶ ἀναστῆναι |
| Asen. 18 4 | σου; καὶ εἶπεν αὐτῷ Ἀσενὲθ τῆς κεφαλῆς μου | * πόνος * | γέγονε βαρὺς καὶ ὁ ὕπνος ἀπέστη ἀπὸ τῶν ὀφθαλμῶν |
| Asen. 25 3 | τὴν νεόφυτον. καὶ εἶπον αὐτῷ οἱ φύλακες κεφαλῆς | * πόνον * | πονεῖ ὁ πατήρ σου καὶ ἠγρύπνησεν ὅλην τὴν νύκτα |
| Job 4 10 | ἀναστάσει ἔσῃ γὰρ ὡς ἀθλητὴς πυκτεύων καὶ καρτερῶν | * πόνους * | καὶ ἐκδεχόμενος τὸν στέφανον. τότε γνώσει ὅτι |
| Job 24 6 | ἐν τῇ καρδίᾳ μου ὅτι οὐκ ἀρκετὸν εἶναί σε ἐν | * πόνοις, * | ἀλλὰ καὶ μὴ ἐμπλήσκεσθαί σε τοῦ ἄρτου ὥστε |
| Job 25 10 | καὶ τελεύτα καὶ ἐγὼ δὲ ἀπαλλαγήσομαι ἀκηδίας διὰ | * πόνου * | σου τοῦ σώματος. καὶ ἐγὼ ἀπεκρίθην αὐτῇ ἰδοὺ ἐγὼ |
| Job 26 2 | τῷ σώματί μου καὶ οὐκ ἐβαρήθη ἡ ψυχή μου διὰ τοὺς | * πόνους * | ὅσον διὰ τὸ ῥῆμα ὃ εἶπας ὅτι εἰπόν τι ῥῆμα πρὸς |
| Job 52 1 | ποιουμένου τοῦ Ιωβ νοσεῖν ἐπὶ τῆς κλίνης, ἄνευ | * πόνου * | μέντοι καὶ ὀδύνης, ἐπεὶ μηκέτι πόνος ἴσχυεν |
| Job 52 1 | κλίνης, ἄνευ πόνου μέντοι καὶ ὀδύνης, ἐπεὶ μηκέτι | * πόνος * | ἴσχυεν ἅπτεσθαι αὐτοῦ διὰ τὸ σημεῖον τῆς |
| SIb. 5 180 | νῦν δὲ πάλιν Αἴγυπτε τεὴν ὀλοφύρομαι ἄτην Μέμφι | * πόνων * | ἀρχηγὸς ἔσῃ πληχθεῖσα τένοντας ἐν σοὶ πυραμίδες |
| SIb. 5 184 | σίγησον ὅπως παύσῃ κακότητος. ὕβρι κακῶν θησαυρὲ | * πόνων * | μαινὰς πολύθρηνε αἰνοπαθὴς πολύδακρυ μενεῖς χήρη |
| FPho. 163 | πέλει ἀνδράσιν εὐπετὲς ἔργον οὐδ' αὐτοῖς μακάρεσσι | * πόνος * | δ' ἀρετὴν μέγ' ὀφέλλει. μύρμηκες γαίης μυχάτους |
| LThe. 9 22 11 | δ' ἕλεν ἐν χερὶ λαιῇ λεῖψε δ' ἔτι σπαίρουσαν ἐπεὶ | * πόνος * | ἄλλος ὀρώρει. τόφρα δὲ καὶ Λευὶν μένος ἄσχετος |
| LEze. 9 29 8 13 | πάρειμι σῶσαι λαὸν Ἑβραίων ἐμὸν ἰδὼν κάκωσιν καὶ | * πόνον * | δούλων ἐμῶν. ἀλλ' ἕρπε καὶ σήμαινε τοῖς ἐμοῖς |
| ποντοπόρος | 1 | | |
| SIb. 3 452 | Σιδονίων δ' ὀλοὸς βασιλεὺς καὶ +φύλοπις ἄλλων | * ποντοπόρον * | σαμίοις ὀλοὸν δ' ἵξουσιν ὄλεθρον+ +αἵματι μὲν |
| πόντος | 14 | | |
| SIb. 3 80 | +καὶ χαλκόν τε+ σίδηρον ἐφημερίων ἀνθρώπων εἰς | * πόντον * | ῥίψῃ τότε δὴ στοιχεῖα πρόποντα χηρεύσει κόσμου |
| SIb. 3 434 | γένος κακὰ πολλὰ φυτεύσει. Χαλκηδὼν στεινοῖο πόρον | * πόντοιο * | λαχοῦσα καὶ σε μολών ποτε παῖς Αἰτώλιος |
| SIb. 3 436 | ποτε παῖς Αἰτώλιος ἐξεναρίξει. Κύζικε καὶ σοὶ | * πόντος * | ἀπορρήξει βαρὺν ὄλβον. καὶ σύ ποτ' +Ἄρη |
| SIb. 3 446 | θυγάτηρ πουλὺς δέ τοι ὄλβος ὄπισθεν ἔσσεται ἐν | * πόντῳ * | δ' ἕξεις κράτος ἔξοχον ἄλλων. ἀλλὰ μεταῦτις ἔλωρ |
| SIb. 3 478 | ἀέλλαις καὶ πληγαῖς ἁγίοιο θεοῦ κατὰ βένθεα | * πόντου * | δύσονται κατὰ κῦμα θαλασσείοις τεκέεσσιν. αἰαῖ |
| SIb. 3 676 | κείνοις χειρὸς ἀπ' ἀθανάτοιο καὶ ἰχθύες οἱ κατὰ | * πόντον * | πάντα τε θηρία γῆς ἠδ' ἄσπετα φῦλα πετεινῶν πᾶσαι |
| SIb. 3 778 | τρηχέες ὄχθαι οὔρεά θ' ὑψήεντα καὶ ἄγρια κύματα | * πόντου * | εὔβατα καὶ εὔπλωτα γενήσεται ἤμασι κείνοις πᾶσα |
| SIb. 5 47 | ἀνάξει ἀργυρόκρανος ἀνὴρ τῷ δ' ἔσσεται οὔνομα | * πόντου * | ἔσται καὶ πανάριστος ἀνὴρ καὶ πάντα νοήσει. καὶ |
| SIb. 5 127 | πολύφυλον. αἰαῖ σοι Λυκίη ὅσα σοι κακὰ μηχανάαται | * πόντος * | ἀπ' αὐτομάτου ἐπιβὰς χώρης ἀλεγεινῆς ὥστε κλύσαι |
| SIb. 5 132 | λύπης ἧς χάριν ἡ Διὸς ἦλθε Ῥέη κἀκεῖ προσέμεινεν. | * πόντος * | ὀλεῖ Ταύρων γενεὴν καὶ βάρβαρον ἔθνος +καὶ |
| SIb 5 159 | δ' οὐρανόθεν ἀστὴρ μέγας εἰς ἅλα δῖαν καὶ φλέξει | * πόντον * | βαθὺν αὐτήν τε Βαβυλῶνα Ἰταλίης γαῖάν θ' ἧς |
| SIb. 5 447 | λόγον ἐχθροῖς. ἔσται δ' ὑστατίῳ καιρῷ ξηρός ποτε | * πόντος * | κοὐκέτι πλωτεύσουσιν ἐς Ἰταλίην τότε νῆες Ἀσίς |
| FPho. 152 | μὴ κακὸν εὖ ἔρξῃς σπείρειν ἴσον ἔστ' ἐνὶ | * πόντωι. * | ἐργάζευ μοχθῶν ὡς ἐξ ἰδίων βιοτεύσῃς πᾶς γὰρ |
| ISop. 5 113 2 | ἐστι⟨ν⟩ θεὸς ὃς οὐρανόν τε ἔτευξε καὶ γαῖαν μακρὴν | * πόντου * | τε χαροπὸν οἶδμα καὶ ἀνέμων βίαν. θνητοὶ δὲ |
| πορεία | 9 | | |
| Sal. 18 10 | καὶ ἔνδοξος ἐν ὑψίστοις κατοικῶν ὁ διατάξας ἐν | * πορείᾳ * | φωστῆρας εἰς καιροὺς ὡρῶν ἀφ' ἡμερῶν εἰς ἡμέρας |
| Bar. 2 2 | δι' αὐτῆς. καὶ εἰσήλθομεν ὡς ἐν πτέρυξιν ὡσεὶ | * πορείας * | ὁδοῦ ἡμερῶν τριάκοντα. καὶ ὑπέδειξέν μοι ἔνδον |
| Bar. 3 2 | δι' αὐτῆς. καὶ εἰσήλθομεν ἀναπτερωμένοι ὡσεὶ | * πορείας * | ὁδοῦ ἡμερῶν ἑξήκοντα. καὶ ἔδειξέν μοι κἀκεῖ |
| Bar. 4 2 | εἶπέν μοι ἄγγελος δεῦρο διέλθωμεν. ⟨καὶ διῆλθον | * πορείας⟩ * | μετὰ τοῦ ἀγγέλου ἀπὸ τοῦ τόπου ἐκείνου ὡσεὶ |
| Bar. 4 2 | μετὰ τοῦ ἀγγέλου ἀπὸ τοῦ τόπου ἐκείνου ὡσεὶ | * πορείας * | ἡμερῶν ἑκατὸν ὀγδοήκοντα πέντε. καὶ ἔδειξέν μοι |
| Job 38 5 | πάλιν ὑπολαβὼν εἶπον αὐτῷ εἰ οὖν τὴν τοῦ σώματος | * πορείαν * | οὐ καταλαμβάνεις, πῶς τὰ ἐπουράνια καταλήψει; |
| Aris. 283 4 | ὁ δὲ εἶπεν ἐν ταῖς ἀναγνώσεσι καὶ ἐν ταῖς τῶν | * πορειῶν * | ἀπογραφαῖς διατρίβειν ὅσαι πρὸς τοὺς βασιλεῖς |
| IOrp. 28 | φύλου ἄνωθεν Χαλδαίων ἴδρις γὰρ ἔην ἄστροιο | * πορείης * | καὶ σφαίρης κίνημ' ἀμφὶ χθόνα ὡς περιτέλλει |
| HHec. 1 22 204 | τὴν αὐτοῦ σωτηρίαν οὐ προϊδὼν περὶ τῆς ἡμετέρας | * πορείας * | ἡμῖν ἄν τι ὑγιὲς ἀπήγγελλεν; εἰ γὰρ ἠδύνατο |
| πορεύω | 124 | | |
| Adam 2 4 | ἔξω τοῦ στόματος αὐτοῦ. εἶπε δὲ Ἀδὰμ ἀναστάντες | * πορευθῶμεν * | καὶ ἴδωμεν τί ἐστι τὸ γεγονὸς αὐτοῖς μήποτε ὁ |
| Adam 3 1 | αὐτοῖς μήποτε ὁ ἐχθρὸς πολεμῇ τι πρὸς αὐτούς. | * πορευθέντες * | δὲ ἀμφότεροι εὗρον πεφονευμένον τὸν Ἄβελ |
| Adam 6 2 | αὐτῶν; ἐὰν οὕτως ἐστὶν ἀνάγγειλόν μοι καὶ ἐγὼ | * πορεύσομαι * | καὶ ἐνέγκω σοι καρπὸν ἀπὸ τοῦ παραδείσου. |
| Adam 9 3 | τυγχάνεις. εἶπε δὲ Ἀδὰμ τῇ Εὔᾳ ἀνάστα καὶ | * πορεύου * | μετὰ τοῦ υἱοῦ ἡμῶν Σὴθ πλησίον τοῦ παραδείσου |
| Adam 10 1 | δηλώσω σοι τὸν τρόπον ἐν ᾧ ἠπατήθημεν τὸ πρότερον. | * ἐπορεύθη * | δὲ Σὴθ καὶ ἡ Εὔα εἰς τὰ μέρη τοῦ παραδείσου καὶ |
| Adam 10 1 | δὲ Σὴθ καὶ ἡ Εὔα εἰς τὰ μέρη τοῦ παραδείσου καὶ | * πορευομένων * | αὐτῶν εἶδεν ἡ Εὔα τὸν υἱὸν αὐτῆς καὶ θηρίον |
| Adam 12 2 | ἔφυγε τὸ θηρίον καὶ ἀφῆκεν αὐτὸν πεπληγμένον καὶ | * ἐπορεύθη * | εἰς τὴν σκηνὴν αὐτοῦ. ἐπορεύθη δὲ Σὴθ μετὰ Εὔας |
| Adam 13 1 | πεπληγμένον καὶ ἐπορεύθη εἰς τὴν σκηνὴν αὐτοῦ. | * ἐπορεύθη * | δὲ Σὴθ μετὰ Εὔας πλησίον τοῦ παραδείσου. καὶ |
| Adam 13 6 | τὸ ἀγαθὸν καὶ λατρεύειν θεῷ μόνῳ. σὺ δὲ πάλιν | * πορεύου * | πρὸς τὸν πατέρα σου ἐπειδὴ ἐπληρώθη τὸ μέτρον |
| Adam 15 3 | ἐγὼ δὲ ἐφύλαττον ἐν τῷ κλήρῳ μου νότον καὶ δύσιν. | * ἐπορεύθη * | δὲ ὁ διάβολος εἰς τὸν κλῆρον τοῦ Ἀδὰμ ὅπου ἦν |
| Adam 26 2 | ἡμέρας τῆς ζωῆς σου. ἐπὶ τῷ στήθει καὶ τῇ κοιλίᾳ | * πορεύσει * | ὑστερηθεὶς καὶ χειρῶν καὶ ποδῶν σου. οὐκ |
| Adam 29 10 | ἐτέλεσεν ὁ θεὸς τὴν κτίσιν αὐτοῦ. ἀλλ' ἀνάστα καὶ | * πορεύου * | εἰς τὸν Τίγριν ποταμὸν καὶ λάβε λίθον καὶ θὲς |
| Adam 29 11 | γὰρ ἔσμεν καὶ τὰ χείλα ἡμῶν οὐκ ἔστι καθαρά. | * ἐπορεύθη * | δὲ Ἀδὰμ εἰς τὸν Ἰορδάνην ποταμὸν καὶ ἡ θρὶξ |
| Adam 29 12 | ὁ θεός. ὁ δὲ διάβολος μὴ εὑρὼν τόπον εἰς τὸν Ἀδὰμ | * ἐπορεύθη * | εἰς τὸν Τίγριν ποταμὸν πρός με. καὶ λαβὼν σχῆμα |
| Adam 42 2 | αὐτοῦ πρὸς αὐτόν. τότε ὁ κύριος καὶ οἱ ἄγγελοι | * ἐπορεύθησαν * | εἰς τὸν τόπον αὐτῶν. Εὔα δὲ καὶ αὐτὴ |
| Hen. 9 8 | ἐξουσίαν ἔδωκας ἄρχειν τῶν σὺν αὐτῷ ἅμα ὄντων. καὶ | * ἐπορεύθησαν * | πρὸς τὰς θυγατέρας τῶν ἀνθρώπων τῆς γῆς καὶ |
| Hen. 9B 8 | ἐξουσίαν ἔδωκας ἔχειν τῶν σὺν αὐτῷ ἅμα ὄντων. καὶ | * ἐπορεύθησαν * | πρὸς τὰς θυγατέρας τῶν ἀνθρώπων τῆς γῆς καὶ |
| Hen. 10 9 | τὰς ἁμαρτίας πάσας. καὶ τῷ Γαβριὴλ εἶπεν ὁ κύριος | * πορεύου * | ἐπὶ τοὺς μαζηρέους ἐπὶ τοὺς κιβδήλους καὶ τοὺς |
| Hen. 10 11 | ἕκαστος αὐτῶν ἔτη πεντακόσια. καὶ εἶπεν Μιχαὴλ | * πορεύου * | καὶ δήλωσον Σεμιαζᾷ καὶ τοῖς λοιποῖς τοῖς σὺν |
| Hen. 10B 2 | καὶ ἔπεμψε τὸν Οὐριὴλ πρὸς τὸν υἱὸν Λάμεχ λέγων | * πορεύου * | πρὸς τὸν Νῶε καὶ εἶπον αὐτῷ τῷ ἐμῷ ὀνόματι |
| Hen. 10B 4 | πάσας τὰς γενεὰς τοῦ αἰῶνος. καὶ τῷ Ῥαφαὴλ εἶπε | * πορεύου * | Ῥαφαὴλ καὶ δῆσον τὸν Ἀζαὴλ χερσὶ καὶ ποσὶ |
| Hen. 10B 4 | τὴν ἔρημον τὴν οὖσαν ἐν τῇ ἐρήμῳ Δουδαὴλ καὶ ἐκεῖ | * πορευθεὶς * | βάλε αὐτόν. καὶ ὑπόθες αὐτῷ λίθους ὀξεῖς καὶ |
| Hen. 10B 9 | γράψον πάσας τὰς ἁμαρτίας. καὶ τῷ Γαβριὴλ εἶπε | * πορεύου * | Γαβριὴλ ἐπὶ τοὺς γίγαντας ἐπὶ τοὺς κιβδήλους ἐπὶ |
| Hen. 10B 11 | ἕκαστος αὐτῶν ἔτη πεντακόσια. καὶ τῷ Μιχαὴλ εἶπε | * πορεύου * | Μιχαὴλ δῆσον Σεμιαζᾶν καὶ τοὺς ἄλλους σὺν αὐτῷ |
| Hen. 12 4 | ἐκάλουν με Ἑνὼχ ὁ γραμματεὺς τῆς δικαιοσύνης | * πορεύου * | καὶ εἰπὲ τοῖς ἐγρηγόροις τοῦ οὐρανοῦ οἵτινες |
| Hen. 13 1 | εἰς ἔλεον καὶ εἰρήνην. ὁ δὲ Ἑνὼχ τῷ Ἀζαὴλ εἶπεν | * πορεύου * | οὐκ ἔσται σοι εἰρήνη. κρίμα μέγα ἐξῆλθεν κατὰ |
| Hen. 13 3 | τῆς ἁμαρτίας ὅσα ὑπέδειξας τοῖς ἀνθρώποις. τότε | * πορευθεὶς * | εἴρηκα πᾶσιν αὐτοῖς καὶ αὐτοὶ πάντες |
| Hen. 13 7 | ὅπως αὐτῶν γένωνται ἄφεσις καὶ μακρότης. καὶ | * πορευθεὶς * | ἐκάθισα ἐπὶ τῶν ὑδάτων Δὰν ἐν γῇ Δὰν ἥτις |
| Hen. 15 2 | ἀληθείας πρόσελθε ὧδε καὶ τῆς φωνῆς μου ἄκουσον. | * πορεύθητι * | καὶ εἰπὲ τοῖς πέμψασίν σε ἐρωτῆσαι ὑμᾶς ἔδει |
| Hen. 24 2 | μοι ὄρη πυρὸς καιόμενα νυκτός. καὶ ἐπέκεινα αὐτῶν | * ἐπορεύθην * | καὶ ἐθεασάμην ἑπτὰ ὄρη ἔνδοξα πάντα ἑκάτερα |
| Hen. 26 3 | βαθεῖαν οὐκ ἔχουσαν πλάτος καὶ δι' αὐτῆς ὕδωρ | * πορεύεται * | ὑποκάτω ὑπὸ τὸ ὄρος. καὶ πρὸς δυσμὰς τούτου |
| Hen. 28 1 | αὐτοῦ ἐδήλωσα καὶ ὕμνησα μεγαλοπρεπῶς. καὶ ἐκεῖθεν | * ἐπορεύθην * | εἰς τὸ μέσον Μανδοβαρὰ καὶ ἴδον αὐτὸ ἔρημον |
| Hen. 29 1 | πάντοθεν ἀνάγει ὕδωρ καὶ δρόσον. ἔτι ἐκεῖθεν | * ἐπορεύθην * | εἰς ἄλλον τόπον ἐν τῷ Βαβδηρὰ καὶ πρὸς |
| Hen. 89 44 | προβάτοις ἕως οὗ ἀφῆκεν τὴν ὁδὸν αὐτοῦ καὶ ἤρξατο | * πορεύεσθαι * | ἀνοδίᾳ. καὶ ὁ κύριος τῶν προβάτων ἀπέστειλεν |
| Hen. 89 46 | ἀντὶ τοῦ κριοῦ τοῦ ἀφέντος τὴν ὁδὸν αὐτοῦ. καὶ | * ἐπορεύθη * | πρὸς αὐτὸν καὶ ἐλάλησεν αὐτῷ σιγῇ κατὰ μόνας |
| Hen. 99 10 | αὐτοὺς ποιῆσαι τὰς ἐντολὰς τοῦ ὑψίστου καὶ | * πορεύσονται * | ἐν ὁδοῖς δικαιοσύνης αὐτοῦ καὶ οὐ μὴ |
| Abr.1 2 7 | προσκαλεῖται. καὶ ὁ Ἀβραὰμ εἶπεν δεῦρο κύριέ μου | * πορεύθητι * | μετ' ἐμοῦ εἰς τὴν χώραν. ⟨καὶ φησὶν ὁ |
| Abr.2 1 2 | ἐλάλησεν κύριος πρὸς Μιχαὴλ λέγων ἀναστὰς | * πορεύου * | πρὸς Ἀβραὰμ λέγων πρὸς αὐτὸν ἐξερχόμενος |
| Abr.2 2 1 | πρὸ τοῦ μεταχθῆναί σε ἀπὸ τοῦ κόσμου. τότε Μιχαὴλ | * ἐπορεύθη * | καὶ ἦλθεν πρὸς Ἀβραὰμ συνήντησεν δὲ αὐτοῦ |
| Abr.2 2 3 | γινώσκων τίς ἐστιν καὶ εἶπεν πόθεν εἶ σὺ ἄνθρωπε ὁ | * πορευόμενος * | τὴν ὁδόν; καὶ ἀπεκρίθη αὐτῷ Μιχαὴλ |
| Abr.2 2 6 | διϊέναι ὅτι πρὸς ἑσπέραν ἐστὶν καὶ ἀναστὰς τῷ πρωΐ | * πορεύου * | ὅπου ἂν βούλῃ μήπως συναντήσῃ σοι θηρίον πονηρὸν |
| Abr.2 2 8 | Ἀβρὰμ καὶ ὁ κύριος ἐκάλεσέν με λέγων ἀνάστηθι καὶ | * πορεύου * | ἐκ τοῦ οἴκου τοῦ πατρός σου καὶ τῆς γῆς σου καὶ |
| Abr.2 2 11 | τῷ οἴκῳ σου ὅπως εὐφρανθῶσιν. καὶ ἀναστάντων καὶ | * πορευομένων * | ἐκάλεσεν Ἀβραὰμ Δαμασκὸν Ἐλεέζερ τὸν υἱὸν |
| Abr.2 3 1 | μέχρις οὗ φθάσωμεν εἰς τὸν οἶκόν σου. | * ἐπορεύθησαν * | δέ οἱ ἀμφότεροι καὶ ἤγγισαν ἔγγιστα τῆς |
| Abr.2 4 6 | ἐστιν Μιχαὴλ καὶ προσεκύνησεν πρῶτος τὸν θεὸν καὶ | * ἐπορεύθησαν * | πάντες οἱ ἄγγελοι εἰς τοὺς τόπους αὐτῶν. |
| Abr.2 4 14 | ὁ κύριος τῷ Μιχαὴλ Μιχαὴλ ὁ ἐμὸς ἀνάστηθι καὶ | * πορεύου * | πρὸς Ἀβραὰμ καὶ εἴ τι ἂν ἴδῃς αὐτὸν ἐσθίοντα |
| TRub. 1 3 | καὶ εἶπεν αὐτοῖς τεκνία μου ἐγὼ ἀποθνήσκω καὶ | * πορεύομαι * | ὁδὸν πατέρων μου. καὶ ἰδὼν ἐκεῖ Ἰούδαν καὶ |
| TRub. 1 6 | ὑμῖν τὸν θεὸν τοῦ οὐρανοῦ σήμερον τοῦ μὴ | * πορευθῆναι * | ἐν ἀγνοίᾳ νεότητος καὶ πορνείᾳ ἐν ᾗ ἐξεχύθην |
| TRub. 4 1 | γυναικῶν μηδὲ ἐννοεῖσθε τὰς πράξεις αὐτῶν ἀλλὰ | * πορεύεσθε * | ἐν ἁπλότητι καρδίας ἐν φόβῳ κυρίου καὶ |
| TSIm. 2 9 | αὐτοῦ ἐρρύσατο αὐτὸν ἐκ τῶν χειρῶν μου. ὡς γὰρ ἐγὼ | * ἐπορεύθην * | ἐν Σικίμοις ἐνέγκαι ἄλειμμα τοῖς ποιμνίοις καὶ |
| TSIm. 4 5 | οὖν τέκνα μου ἀπὸ παντὸς ζήλου καὶ φθόνου καὶ | * πορεύεσθε * | ἐν ἁπλότητι ψυχῆς καὶ ἐν ἀγαθῇ καρδίᾳ |
| TLevi 9 2 | λόγους τῶν ὁράσεών μου ὧν εἶδον καὶ οὐκ ἠθέλησε | * πορευθῆναι * | μεθ' ἡμῶν εἰς Βεθήλ. ὡς δὲ ἤλθομεν εἰς Βεθήλ |
| TLevi 13 1 | ἵνα φοβεῖσθε τὸν κύριον ἡμῶν ἐξ ὅλης καρδίας καὶ | * πορεύεσθε * | ἐν ἁπλότητι κατὰ πάντα τὸν νόμον αὐτοῦ. |
| TLevi 18 2B053 | πᾶσαν ὥραν νίπτου τὰς χεῖρας καὶ τοὺς πόδας ὅταν | * πορεύῃ * | πρὸς τὸ θυσιαστήριον καὶ ὅταν ἐκπορεύῃς ἐκ τῶν |
| TLevi 19 2 | ἀπεκρίθημεν ἡμεῖς τῷ πατρὶ λέγοντες ἐνώπιον κυρίου | * πορευσόμεθα * | κατὰ τὸν νόμον αὐτοῦ. καὶ εἶπεν ὁ πατὴρ ἡμῶν |
| TJud. 9 3 | ἐν τόξῳ Ἰακὼβ καὶ ἤρθη νεκρὸς ἐν ὄρει Σηιρ καὶ | * πορευόμενος * | ἐπάνω Ειρραμνα ἀπέθανεν. ἡμεῖς δὲ ἐδιώξαμεν |
| TJud. 11 3 | ἠπατήθην καὶ συνέπεσα πρὸς αὐτήν. αὐτὴ ἀπόντος μου | * ἐπορεύθη * | καὶ ἔλαβε τῷ Σηλὼμ γυναῖκα ἐκ γῆς Χανάαν. γνοὺς |
| TJud. 13 2 | κυρίου καὶ ὑπακούειν ἐντολῆς κυρίου θεοῦ. καὶ μὴ | * πορεύεσθε * | ὀπίσω τῶν ἐπιθυμιῶν ὑμῶν μηδὲ ἐν ἐνθυμήσεσι |
| TJud. 18 6 | ἐτύφλωσαν τὴν ψυχὴν αὐτοῦ καὶ ἐν ἡμέρᾳ ὡς ἐν νυκτὶ | * πορεύεται. * | τέκνα μου ἡ φιλαργυρία πρὸς εἴδωλα ὁδηγεῖ ὅτι |
| TJud. 23 5 | πρὸς κύριον ἐν τελείᾳ καρδίᾳ μεταμελούμενοι καὶ | * πορευόμενοι * | ἐν πάσαις ταῖς ἐντολαῖς τοῦ θεοῦ καὶ |

| | | | | | |
|---|---|---|---|---|---|
| TJud. | 24 | 3 | ἐφ' ὑμᾶς καὶ ἔσεσθε αὐτῷ εἰς υἱοὺς ἐν ἀληθείᾳ καὶ | * πορεύσεσθε * | ἐν προστάγμασιν αὐτοῦ πρώτοις καὶ ἐσχάτοις. |
| TIss. | 3 | 1 | ἐν τῷ καιρῷ ἐκείνῳ. ὅτε οὖν ἡδρύνθην τέκνα μου | * ἐπορευόμην * | ἐν εὐθύτητι καρδίας καὶ ἐγενόμην γεωργὸς τῶν |
| TIss. | 3 | 2 | καὶ εὐλόγησέ με ὁ πατήρ μου βλέπων ὅτι ἐν ἁπλότητι | * πορεύομαι. * | καὶ οὐκ ἤμην περίεργος ἐν ταῖς πράξεσί μου |
| TIss. | 3 | 4 | οὐ κατελάλησά τινος οὐδὲ ἔψεξα βίον ἀνθρώπου | * πορευόμενος * | ἐν ἁπλότητι ὀφθαλμῶν. διὰ τοῦτο τριάκοντα |
| TIss. | 4 | 1 | ἁπλότητι καρδίας. καὶ νῦν ἀκούσατέ μου τέκνα καὶ | * πορεύεσθε * | ἐν ἁπλότητι καρδίας ὅτι εἶδον ἐν αὐτῇ πᾶσαν |
| TIss. | 4 | 6 | ψυχὴν αὐτοῦ οὐδὲ πορισμὸν ἐν ἀπληστίᾳ ἐννοεῖ | * πορεύεται * | γὰρ ἐν εὐθύτητι ζωῆς καὶ πάντα ὁρᾷ ἐν ἁπλότητι |
| TIss. | 5 | 1 | τέκνα μου καὶ τὴν ἁπλότητα κτήσασθε καὶ ἐν ἀκακίᾳ | * πορεύεσθε * | μὴ περιεργαζόμενοι ἐντολὰς κυρίου καὶ τοῦ |
| TZab. | 4 | 6 | καὶ οὐδένα εὗρεν ἀφέντες γὰρ τὴν ὁδὸν τὴν μεγάλην | * ἐπορεύθησαν * | διὰ Τρωγλοκολπιτῶν ἐν τῇ συντόμῳ. καὶ οὐκ |
| TZab. | 9 | 1 | οὐκ ἔχει. προσέχετε τὰ ὕδατα ὅτι ὅτε ἐπὶ τὸ αὐτὸ | * πορεύεται * | λίθους ξύλα γῆν ἄμμον κατασύρει ἐὰν δὲ εἰς |
| TDan | 3 | 6 | πνεῦμα ἀεὶ μετὰ τοῦ ψεύδους ἐκ δεξιῶν τοῦ σατανᾶ | * πορεύεται * | ἵνα ἐν ὠμότητι καὶ ψεύδει γίνωνται αἱ πράξεις |
| TDan | 5 | 5 | καὶ ὡς ἂν ἀπόστητε ἀπὸ κυρίου ἐν πάσῃ κακίᾳ | * πορεύεσθε * | ποιοῦντες βδελύγματα ἐθνῶν ἐκπορνεύοντες ἐν |
| TNep. | 4 | 1 | Ἐνὼχ ὅτι καίγε καὶ ὑμεῖς ἀποστήσεσθε ἀπὸ κυρίου | * πορευόμενοι * | κατὰ πᾶσαν πονηρίαν ἐθνῶν καὶ ποιήσετε κατὰ |
| TAser | 4 | 5 | . εἶναι τὸ δὲ πᾶν καθαροί εἰσιν ὅτι ἐν ζήλῳ θεοῦ | * πορεύονται * | ἀπεχόμενοι ὧν καὶ ὁ θεὸς διὰ τῶν ἐντολῶν |
| TAser | 5 | 4 | ἐντολὰς τοῦ ὑψίστου ἐξεζήτησα κατὰ πᾶσαν ἰσχύν μου | * πορευόμενος * | μονοπροσώπως εἰς τὸ ἀγαθόν. προσέχετε οὖν |
| TJos. | 4 | 5 | πεῖσω ἀποστῆναι τῶν εἰδώλων ἐν νόμῳ κυρίου σου | * πορευόμενοι. * | λέγω δὲ πρὸς αὐτὴν οὐκ ἐν ἀκαθαρσίᾳ θέλει |
| TJos. | 18 | 1 | ἐν αὐτοῖς ὡς εἷς τῶν ἐλαχίστων. ἐὰν οὖν καὶ ὑμεῖς | * πορευθῆτε * | ἐν ταῖς ἐντολαῖς κυρίου τέκνα μου ὑψώσει ὑμᾶς |
| TBen. | 10 | 11 | οὐ τέκνα ἐν μερίδι φοβουμένων κύριον. ὑμεῖς δὲ ἐὰν | * πορευθῆτε * | ἐν ἁγιασμῷ κατὰ πρόσωπον κυρίου πάλιν |
| Asen. | 2 | 12 | μεγάλη δεχομένη τὸ ὕδωρ τῆς πηγῆς ἐκείνης. ἔνθα | * ἐπορεύετο * | ποταμὸς διὰ μέσης τῆς αὐλῆς καὶ ἐπότιζε πάντα |
| Asen. | 3 | 5 | ὁ πατὴρ καὶ ἡ μήτηρ αὐτῆς καὶ ἐχάρη καὶ εἶπεν | * πορεύσομαι * | καὶ ὄψομαι τὸν πατέρα μου καὶ τὴν μητέρα μου |
| Asen. | 10 | 7 | διότι ἠσθένησα ἀπὸ πάντων τῶν μελῶν μου. ἀλλὰ | * πορεύεσθε * | ἑκάστη ὑμῶν εἰς τὸν θάλαμον ὑμῶν καὶ |
| Asen. | 15 | 10 | καὶ κατακόσμησον σεαυτὴν ὡς νύμφην ἀγαθὴν καὶ | * πορεύου * | εἰς συνάντησιν τῷ Ἰωσήφ. ἰδοὺ γὰρ αὐτὸς |
| Asen. | 16 | 1 | Ἀσενὲθ καὶ παρέθηκεν αὐτῷ τράπεζαν καινὴν καὶ | * ἐπορεύετο * | κόμισαι αὐτῷ ἄρτον. καὶ εἶπεν αὐτῇ ὁ ἄνθρωπος |
| Asen. | 17 | 8 | ἄνθρωπος. καὶ εἶδεν Ἀσενὲθ ὡς ἅρμα τεσσάρων ἵππων | * πορευόμενον * | εἰς τὸν οὐρανὸν κατὰ ἀνατολάς. καὶ τὸ ἅρμα |
| Asen. | 17 | 9 | καὶ οὐκ ᾔδειν ὅτι θεὸς ἦλθε πρός με. καὶ ἰδοὺ νῦν | * πορεύεται * | πάλιν εἰς τὸν οὐρανὸν εἰς τὸν τόπον αὐτοῦ. καὶ |
| Asen. | 19 | 6 | τὸν θεὸν τὸν ὕψιστον. καὶ εἶπέ μοι ὁ ἄνθρωπος | * πορεύσομαι * | καὶ πρὸς Ἰωσὴφ καὶ λαλήσω εἰς τὰ ὦτα αὐτοῦ |
| Asen. | 20 | 9 | μου Ἀσενὲθ εἰς γυναῖκα. καὶ εἶπεν Ἰωσὴφ ἐγὼ | * πορεύσομαι * | αὔριον πρὸς Φαραὼ τὸν βασιλέα διότι αὐτός |
| Asen. | 20 | 10 | μοι αὐτὴν εἰς γυναῖκα. καὶ εἶπεν αὐτῷ Πεντεφρῆς | * πορεύου * | μετ' εἰρήνης. καὶ ἔμεινεν Ἰωσὴφ τὴν ἡμέραν |
| Asen. | 22 | 3 | κατῴκησεν ἐν γῇ Γεσέμ. καὶ εἶπεν Ἀσενὲθ τῷ Ἰωσὴφ | * πορεύσομαι * | καὶ ὄψομαι τὸν πατέρα σου διότι ὁ πατήρ σου |
| Asen. | 22 | 4 | ὡς πατήρ μοί ἐστι καὶ θεός. καὶ εἶπεν αὐτῇ Ἰωσὴφ | * πορεύσῃ * | σὺν ἐμοὶ καὶ ὄψῃ τὸν πατέρα μου. καὶ ἦλθεν |
| Asen. | 22 | 10 | αὐτόν. καὶ μετὰ ταῦτα ἔφαγον καὶ ἔπιον. καὶ | * ἐπορεύθησαν * | Ἰωσὴφ καὶ Ἀσενὲθ εἰς τὸν οἶκον αὐτῶν. καὶ |
| Asen. | 24 | 15 | σήμερον τοῦ Ἰωσὴφ λέγοντος πρὸς τὴν Ἀσενὲθ | * πορεύου * | αὔριον εἰς τὸν ἀγρὸν τῆς κληρονομίας ἡμῶν διότι |
| Asen. | 24 | 19 | καὶ ποιήσομεν πάντα ἃ προστέταχας ἡμῖν. ἡμεῖς | * πορευσόμεθα * | νυκτὸς καὶ ἐνεδρεύσομεν εἰς τὸν χείμαρρον |
| Asen. | 24 | 19 | μετά σου πεντήκοντα ἄνδρας τοξότας ἐφ' ἵπποις καὶ | * πορεύου * | ἔμπροσθεν ‹ἡμῶν› ἀπὸ μακρόθεν. καὶ ἐλεύσεται |
| Asen. | 25 | 2 | ὁ υἱὸς Φαραὼ ὄψεσθαι βούλομαι τὸν πατέρα μου διότι | * πορεύομαι * | τρυγῆσαι τὴν ἄμπελόν μου τὴν νεόφυτον. καὶ |
| Asen. | 26 | 1 | καὶ ἀνέστη τὸ πρωῒ Ἀσενὲθ καὶ εἶπε τῷ Ἰωσὴφ | * πορεύσομαι * | καθὰ εἴρηκας εἰς τὸν ἀγρὸν τῆς κληρονομίας |
| Asen. | 26 | 2 | καὶ εἶπεν αὐτῇ Ἰωσὴφ θάρσει καὶ μὴ φοβοῦ ἀλλὰ | * πορεύου * | διότι κύριος μετὰ σοῦ ἐστι καὶ αὐτὸς διαφυλάξει |
| Asen. | 26 | 3 | ὀφθαλμοῦ ἀπὸ παντὸς πράγματος πονηροῦ. διότι κἀγὼ | * πορεύσομαι * | ἐπὶ τὴν σιτοδοσίαν μου καὶ δώσω ἄρτον πᾶσι |
| Asen. | 28 | 7 | φοβούμενοι τὸν θεὸν καὶ αἰδούμενοι πάντα ἄνθρωπον. | * πορεύθητε * | δὲ εἰς τὴν ὕλην τοῦ καλάμου τούτου ἕως |
| Sal. | 14 | 2 | ἐν ἀληθείᾳ τοῖς ὑπομένουσιν παιδείαν αὐτοῦ τοῖς | * πορευομένοις * | ἐν δικαιοσύνῃ προσταγμάτων αὐτοῦ ἐν νόμῳ ᾧ |
| Jer. | 3 | 16 | ταῦτα εἰπὼν Ἱερεμίας ἀπέλυσεν αὐτὸν Ἀβιμέλεχ δὲ | * ἐπορεύθη * | καθὰ εἶπεν αὐτῷ. πρωΐας δὲ γενομένης ἰδοὺ ἡ |
| Jer. | 5 | 6 | οὐκ ἂν ἀπέστειλέ με ὄρθρου σήμερον. ἀναστὰς οὖν | * πορεύσομαι * | τῷ καύματι οὐ γὰρ καῦμα οὐ κόπος ἐστὶ καθ' |
| Jer. | 7 | 12 | καὶ ἔσται ἡ δόξα κυρίου μετὰ σοῦ ἐν πάσῃ τῇ ὁδῷ ᾗ | * πορεύσῃ. * | τότε ὁ ἀετὸς ἐπετάσθη ἔχων τὴν ἐπιστολὴν ἐν τῷ |
| Jer. | 8 | 6 | ὑποστρέψωμεν εἰς Βαβυλῶνα εἰς τὸν τόπον ἡμῶν καὶ | * ἐπορεύθησαν. * | ἐλθόντων δὲ αὐτῶν εἰς Βαβυλῶνα ἐξῆλθον οἱ |
| Bar. | 15 | 4 | καὶ τοῖς τὰ γέμοντα ἐνεγκοῦσι καὶ τοῖς τὰ ἀπόκενα | * πορευθέντες * | εὐλογήσατε τοὺς φίλους ἡμῶν καὶ εἴπατε |
| Bar. | 16 | 2 | ἀλλ' ἐπειδὴ παρώργισάν με ἐν τοῖς ἔργοις αὐτῶν | * πορευθέντες * | παραζηλώσατε αὐτοὺς καὶ παροργίσατε καὶ |
| Prop. | 12 | 6 | δὲ ἔλαβε τὸ ἔδεσμα προεφήτευσε τοῖς ἰδίοις εἰπὼν | * πορεύομαι * | εἰς γῆν μακρὰν καὶ ταχέως ἐλεύσομαι. εἰ δὲ |
| Prop. | 18 | 3 | τὸ γένος αὐτοῦ καὶ ἤλεγξε τὸν Ἱεροβοὰμ ὅτι δόλῳ | * πορεύσεται * | μετὰ κυρίου εἶδε ζεῦγος βοῶν πατοῦν τὸν λαὸν |
| Prop. | 18 | 3B | ἐπιτρέχον καὶ περὶ τοῦ Ἱεροβοὰμ εἶπεν ὅτι δόλῳ | * πορεύσεται * | μετὰ κυρίου καὶ μετὰ Ἰσραὴλ εἶδε ζεῦγος βοῶν |
| Esdr. | 1 | 14 | γὰρ μίσθιος ἐξυπηρετησάμενος τὸν χρόνον αὐτοῦ καὶ | * πορεύεται * | καὶ πάλιν δοῦλος δουλεύσει τοῖς κυρίοις αὐτοῦ |
| Sedr. | 7 | 11 | ἁμαρτίαν τὸν πόδα αὐτοῦ τὸν ἕνα κρατῆσαι καὶ οὐ μὴ | * πορεύεται * | ὅπου δὲ θέλει. λέγει αὐτῷ ὁ θεὸς ἐὰν κρατήσω |
| Sedr. | 15 | 5 | αἱ καρδίαι αὐτῶν ὡς λίθος σαθρὸς οὗτοί εἰσιν οἱ | * πορεύοντες * | ἀσεβείᾳ ὁδοῖς καὶ ἀπολύμενοι μετὰ τοῦ |
| Job | 34 | 5 | Ελιφας ἔκλινεν ἀπ' αὐτῶν ἐν μεγάλῃ λύπῃ λέγων ἐγὼ | * πορεύσομαι * | ἐληλύθαμεν γὰρ ἵνα παραμυθησώμεθα αὐτὸν καὶ |
| Job | 41 | 2 | ὡς μετὰ εἴκοσι ἑπτὰ ἡμέρας ἀναστῆναι αὐτοὺς καὶ | * πορευθῆναι * | εἰς τὴν ἑαυτῶν χώραν, καὶ ὁρκωθῆναι αὐτοὺς |
| FIsa. 1 | 3 | 6 | καὶ ἐπὶ ‹τά›ς πόλεις Ἰούδα ‹κα›ὶ Βε‹νι›αμειν ὅτι | * ‹πο›ρεύ‹σο›νται * | ἐν γαλε‹άγ›ρ‹αις κα›ὶ ἐν πέδαις---- |
| FMan. 2 | 23 | 3 | πολλὰ παρηνόμησεν καὶ ἐν γήρᾳ μετέγνω καὶ νῦν ἐγὼ | * πορεύσομαι * | καθὰ ἐπιθυμεῖ ἡ ψυχή μου καὶ ὕστερον |
| FBar. | 14 | 2 | ειςιν οι αμαρτυρησαν‹τες και---› εζησαν και | * επορευθη‹σαν * | εκ κοσμου› ολιγα δε περι‹εσται εθνη εν |
| FEz. | 186 | 4 | τον› λαον μου πλαν‹ασθαι απο νομης τγς› καλης και | * πορευ‹εσθαι * | εις τριβολους κ›αι ακανθας αντι χ‹ορτου και |
| FAch. | 120 | | δύο γυναῖκες νὺξ καὶ ἡμέρα ἄλλη μὲν παρ' ἄλλην | * πορεύεται. * | μετὰ τοῦτο ἀνέστησαν τοῦ δείπνου. τῇ δὲ ἑξῆς |
| HDem. 9 | 21 | 7 | αὐτὸν μεῖναι ἐν Χαρρὰν παρὰ Λάβαν ἔτη εἴκοσι. | * πορευομένῳ * | δ' αὐτῷ εἰς Χαναὰν ἄγγελον τοῦ θεοῦ παλαῖσαι |
| HArt. 9 | 27 | 16 | τὸν Μώϋσον ὑπὸ τοῦ Χανεθώθου ἀνειρεθήσεσθαι. | * πορευομένων * | δὲ αὐτῶν τὴν ἐπιβουλὴν τῷ Μωΰσῳ τῶν |
| HArt. 9 | 27 | 36 | μὲν νᾶμα διαστῆναι τὴν δὲ δύναμιν διὰ ξηρᾶς ὁδοῦ | * πορεύεσθαι. * | συνεμβάντων δὲ τῶν Αἰγυπτίων καὶ διωκόντων |
| LThe. 9 | 22 | 8 | ἀστεμφὲς δὲ τέτυκται ἐπεὶ θεὸς αὐτὸς ἔειπε. | * πορευθέντες * | οὖν εἰς τὴν πόλιν τοῦ Ἐμμὼρ καὶ τοὺς |
| FrAn. | 15 | | ἡλίου δυσμῶν. οὓς κεκλήκει καὶ οὓς οὐ κεκλήκει | * πορεύσονται * | μετ' αὐτοῦ. λευκανεῖ τὴν θάλασσαν ἀπὸ τῶν |
| FrAn. 1 | 217 | 9 | μου ὅτι ἐπλάνησέ με διασκορπίσαι τὰ ὑπάρχοντά μου. | * πορευομένου * | δὲ αὐτοῦ εἶδεν ἄνδρας δύο μαχομένους πρὸς |

πορθέω 5

| | | | | | |
|---|---|---|---|---|---|
| Bar. | 1 | 1 | ὅπως συνεχωρήθη Ναβουχοδονόσωρ ὁ βασιλεὺς ὑπὸ θεοῦ | * πορθῆσαι * | τὴν πόλιν αὐτοῦ λέγων κύριε ἵνα τί ἐξέκαυσας |
| SIb. | 3 | 510 | Γαλάται τοῖς Δαρδανίδαισιν Ἑλλάδ' ἐπεσσυμένως | * πορθέοντες * | +τότε σοὶ κακὸν ἔσται+ γαίῃ δ' ἀλλοτρίῃ |
| SIb. | 3 | 636 | βασιλῆα λάβῃ χώραν τ' ἀφέληται ἔθνη δ' ἔθνεα | * πορθήσῃ * | καὶ φῦλα δυνάσται ἡγεμόνες δὲ φύγωσιν ἐς ἄλλην |
| SIb. | 3 | 639 | δέ τε γαῖα βροτῶν καὶ βάρβαρος ἀρχὴ Ἑλλάδα | * πορθήσῃ * | πᾶσαν καὶ πίονα γαῖαν ἐξαρύσῃ πλούτοιο καὶ |
| SIb. | 3 | 666 | σηκὸν γὰρ μεγάλοιο θεοῦ καὶ φῶτας ἀρίστους | * πορθεῖν * | βουλήσονται ὁπηνίκα γαῖαν ἵκωνται. θήσουσιν |

πορίζω 4

| | | | | | |
|---|---|---|---|---|---|
| SIb. | 3 | 547 | τελευτήν; πρὸς τί τε δῶρα μάταια καταφθιμένοισι | * πορίζεις * | θύεις τ' εἰδώλοις; τίς τοι πλάνον ἐν φρεσὶ |
| SIb. | 3 | 727 | ὕμνοισι θεὸν γενετῆρα κατ' οἴκους ἐχθρῶν ὅπλα | * ποριζόμενοι * | κατὰ γαῖαν ἅπασαν ἑπτὰ χρόνων μήκη |
| SIb. | 5 | 387 | τόλμης τε κακούργου οἳ τὸ πάλαι παίδων κοίτην | * ἐπορίζετ' * | ἀνάγνως καὶ τέγεσιν πόρνας ἐστήσατε τὰς πάλαι |
| FAch. | 110 | | συναντῶσί σοι εἰδὼς ὅτι καὶ τῷ κυνὶ ἡ οὐρὰ ἄρτον | * πορίζει * | τὸ δὲ στόμα πληγάς. ἐπὶ σωφροσύνῃ μεγαλοφρόνει |

πορισμός 2

| | | | | | |
|---|---|---|---|---|---|
| TIss. | 4 | 5 | ἐπελεύσεται οὐ βασκανίᾳ ἐκτήκει ψυχὴν αὐτοῦ οὐδὲ | * πορισμὸν * | ἐν ἀπληστίᾳ ἐννοεῖ πορεύεται γὰρ ἐν εὐθύτητι |
| Aris. | 111 | 3 | τοὺς τούτων ὑπηρέτας ἐπέταξε κατὰ νομοὺς ὅπως μὴ | * πορισμὸν * | λαμβάνοντες οἱ γεωργοὶ καὶ προστάται τῆς πόλεως |

πορνεία 33

| | | | | | |
|---|---|---|---|---|---|
| Hen. | 10 | 9 | μαζηρέους ἐπὶ τοὺς κιβδήλους καὶ τοὺς υἱοὺς τῆς | * πορνείας * | καὶ ἀπόλεσον τοὺς υἱοὺς τῶν ἐγρηγόρων ἀπὸ τῶν |
| Hen. | 10B | 9 | γίγαντας ἐπὶ τοὺς κιβδήλους ἐπὶ τοὺς υἱοὺς τῆς | * πορνείας * | καὶ ἀπόλεσον τοὺς υἱοὺς τῶν ἐγρηγόρων ἀπὸ τῶν |
| TRub. | 1 | 6 | σήμερον τοῦ μὴ πορευθῆναι ἐν ἀγνοίᾳ νεότητος καὶ | * πορνείᾳ * | ἐν ᾗ ἐξεχύθην ἐγὼ καὶ ἐμίανα τὴν κοίτην τοῦ |
| TRub. | 3 | 3 | συμμίγνυται τὸ πνεῦμα τῆς πλάνης. πρῶτον τὸ τῆς | * πορνείας * | ἐν τῇ φύσει καὶ ταῖς αἰσθήσεσιν ἔγκειται |
| TRub. | 4 | 6 | καὶ οὐ μὴ ἁμαρτήσητε. ὄλεθρος γὰρ ψυχῆς ἐστιν ἡ | * πορνεία * | χωρίζουσα θεοῦ καὶ προσεγγίζουσα τοῖς εἰδώλοις |
| TRub. | 4 | 7 | οὐκ ἐν καιρῷ αὐτῶν. καὶ γὰρ πολλοὺς ἀπώλεσεν ἡ | * πορνεία * | ὅτι κἂν ᾖ τις γέρων ἢ εὐγενὴς ὄνειδος αὐτὸν |
| TRub. | 4 | 8 | γυναικὸς καὶ τὰς ἐννοίας ἐκαθάρισεν ἀπὸ πάσης | * πορνείας * | εὗρε χάριν ἐνώπιον κυρίου καὶ ἀνθρώπων. καὶ γὰρ |
| TRub. | 4 | 11 | καὶ κεκρυμμένου θανάτου. ἐὰν γὰρ μὴ κατισχύσῃ ἡ | * πορνεία * | τὴν ἔννοιαν οὐδὲ Βελιὰρ κατισχύσει ὑμῶν. πονηραὶ |
| TRub. | 5 | 3 | μὲ ὅτι αἱ γυναῖκες ἡττῶνται τῷ πνεύματι τῆς | * πορνείας * | ὑπὲρ τὸν ἄνθρωπον καὶ ἐν καρδίᾳ μηχανῶνται κατὰ |
| TRub. | 5 | 5 | δύναται γυνὴ ἄνθρωπον βιάσασθαι. φεύγετε οὖν τὴν | * πορνείαν * | τέκνα μου καὶ προστάσσετε ταῖς γυναιξὶν ὑμῶν |
| TRub. | 6 | 1 | ἕως τοῦ οὐρανοῦ φθάνοντες. φυλάσσεσθε οὖν ἀπὸ τῆς | * πορνείας * | καὶ εἰ θέλετε καθαρεύειν τῇ διανοίᾳ φυλάσσετε |
| TRub. | 6 | 4 | ἀνίατος ἡμῖν δὲ ὄνειδος τοῦ Βελιὰρ αἰώνιον ὅτι ἡ | * πορνεία * | οὔτε σύνεσιν οὔτε εὐσέβειαν ἔχει ἐν ἑαυτῇ καὶ |
| TSIm. | 5 | 3 | ἀνθρώπων. καὶ φυλάσσεσθε τοῦ μὴ πορνεύειν ὅτι ἡ | * πορνεία * | μήτηρ ἐστὶ πάντων τῶν κακῶν χωρίζουσα θεοῦ καὶ |
| TSIm. | 5 | 4 | χαρακτῆρι γραφῆς Ἐνὼχ ὅτι υἱοὶ ὑμῶν μεθ' ὑμῶν ἐν | * πορνείᾳ * | φθαρήσονται καὶ ἐν Λευὶ ἀδικήσουσιν ἐν ῥομφαίᾳ. |
| TLevi | 2 | 3B007 | πνεῦμα τὸ ἄδικον καὶ διαλογισμὸν τὸν πονηρὸν καὶ | * πορνείαν * | καὶ ὕβριν ἀπόστρεψον ἀπ' ἐμοῦ. δειχθήτω μοι |
| TLevi | 9 | 9 | καὶ ἔλεγεν πρόσεχε τέκνον ἀπὸ τοῦ πνεύματος τῆς | * πορνείας * | τοῦτο γὰρ ἐνδελεχεῖ καὶ μέλλει διὰ τοῦ |
| TLevi | 18 | 2B016 | καὶ ἀπὸ πάσης ἀκαθαρσίας καὶ ἀπὸ πάσης | * πορνείας. * | σὺ +πρῶτος+ ἀπὸ τοῦ σπέρματος λάβε σεαυτῷ καὶ |
| TJud. | | 1 | διαθηκη Ιουδα. περι ανδρειας και φιλαργυριας και | * πορνειας. * | ἀντίγραφον λόγων Ἰουδὰ ὅσα ἐλάλησε τοῖς υἱοῖς |
| TJud. | 12 | 2 | νόμος γὰρ Ἀμορραίων τὴν γαμοῦσαν προκαθῆσαι ἐν | * πορνείᾳ * | ἑπτὰ ἡμέρας παρὰ τὴν πύλην. μεθυσθεὶς οὖν ἐγὼ ἐν |
| TJud. | 13 | 3 | γυναικὸς πατρός μου τὸ πνεῦμα τοῦ ζήλου καὶ τῆς | * πορνείας * | παρετάξατο ἐν ἐμοὶ ἕως συνέπεσα εἰς Βησσουὲ τὴν |
| TJud. | 14 | 2 | εἰς πλάνην τοὺς ὀφθαλμούς. τὸ γὰρ πνεῦμα τῆς | * πορνείας * | τὸν οἶνον ὡς διάκονον πρὸς τὰς ἡδονὰς ἔχει τοῦ |
| TJud. | 14 | 3 | ἐν διαλογισμοῖς ῥυπαροῖς συνταράσσει τὸν νοῦν εἰς | * πορνείαν * | καὶ ἐκθερμαίνει τὸ σῶμα πρὸς μεῖξιν καὶ εἰ |
| TJud. | 15 | 2 | γυμνούμενος τῆς βασιλείας ἐξέρχεται δουλωθεὶς τῇ | * πορνείᾳ * | ὡς κἀγὼ γυμνωθείς. ἔδωκα γὰρ τὴν ῥάβδον μου |
| TJud. | 18 | 2 | ἐσχάταις ἡμέραις. φυλάξασθε οὖν τέκνα μου ἀπὸ τῆς | * πορνείας * | καὶ τῆς φιλαργυρίας ἀκούσατε Ἰουδὰ τοῦ πατρὸς |

### πορνεία

TDan 5 6 ὑμῶν ἐστιν ὁ σατανᾶς καὶ ὅτι πάντα τὰ πνεύματα τῆς * πορνείας * καὶ τῆς ὑπερηφανίας τῷ Λευὶ ὑπακούσονται τοῦ
TJos. 3 8 ὡς υἱόν με περιεπτύσσετο κἀγὼ ἠγνόουν ἔσχατον εἰς * πορνείαν * με ἐφελκύσατο. καὶ νοήσας ἐλυπήθην ἕως θανάτου
TBen. 8 2 ἔχων διάνοιαν καθαρὰν ἐν ἀγάπῃ οὐχ ὁρᾷ γυναῖκα εἰς * πορνείαν * οὐ γὰρ ἔχει μιασμὸν ἐν καρδίᾳ ὅτι ἀναπαύεται ἐν
TBen. 9 1 ἀπὸ λόγων Ἐνὼχ τοῦ δικαίου. πορνεύσετε γὰρ * πορνείαν * Σοδόμων καὶ ἀπολεῖσθε ἕως βραχὺ καὶ ἀνανεώσεσθε
TBen. 10 10 τοῖς ἀπειθήσασιν ἀδελφοὺς αὐτῶν γενέσθαι διὰ τῆς * πορνείας * καὶ τῆς εἰδωλολατρείας καὶ ἀπηλλοτριώθησαν θεοῦ
Bar. 4 17 τοῦ οἴνου πάντα γίνονται οἷον φόνοι μοιχεῖαι * πορνεῖαι * ἐπιορκεῖαι κλοπαὶ καὶ τὰ τούτων ὅμοια. καὶ
Bar. 8 5 τὰς ἀνομίας καὶ τὰς ἀδικίας τῶν ἀνθρώπων ἤγουν * πορνείας * μοιχείας κλοπὰς ἁρπαγὰς εἰδωλολατρείας μέθας
Bar. 13 4 ἀλλ' ὅπου φόνος καὶ αὐτοὶ ἐν μέσῳ ἐκεῖ καὶ ὅπου * πορνεῖαι * μοιχεῖαι κλεψίαι καταλαλιαὶ ἐπιορκίαι φθόνοι
FIsa. 1 2 5 ἡ μαγεία καὶ ἡ μαντεία καὶ οἱ κληδονισμοὶ καὶ ἡ * πορνεία * καὶ ὁ διωγμὸς τῶν δικαίων ἐν χερσὶ Μανασσῆ καὶ

### πορνεύω (8)

Hen. 8 2 καὶ τὰ βαφικά. καὶ ἐγένετο ἀσέβεια πολλὴ καὶ * ἐπόρνευσαν * καὶ ἀπεπλανήθησαν καὶ ἠφανίσθησαν ἐν πάσαις
Abr.1 10 8 εἰς ἕτερον τόπον ἄνδρα μετὰ γυναικὸς εἰς ἀλλήλους * πορνεύοντας * καὶ εἶπεν ⟨κύριε⟩ κέλευσον ὅπως χάνῃ ἡ γῆ
TSim. 5 3 ἐνώπιον θεοῦ καὶ ἀνθρώπων. καὶ φυλάσσεσθε τοῦ μὴ * πορνεύειν * ὅτι ἡ πορνεία μήτηρ ἐστὶ πάντων τῶν κακῶν
TJud. 15 1 καὶ ἐγκαυχᾶσθαι τῇ ἀτιμίᾳ νομίζοντα εἶναι καλόν. ὁ * πορνεύων * ζημιούμενος οὐκ αἰσθάνεται καὶ ἀδοξῶν οὐκ
TJud. 15 2 καὶ ἀδοξῶν οὐκ αἰσχύνεται κἂν γὰρ τις βασιλεύσῃ * πορνεύων * γυμνούμενος τῆς βασιλείας ἐξέρχεται δουλωθεὶς
TIss. 7 2 θάνατον. πλὴν τῆς γυναικός μου οὐκ ἔγνων ἄλλην οὐκ * ἐπόρνευσα * ἐν μετεωρισμῷ ὀφθαλμῶν μου οἶνον εἰς
TAser 2 8 ἐστιν ὅλον δὲ πονηρόν ἐστιν. ἄλλος μοιχεύει καὶ * πορνεύει * καὶ ἀπέχεται ἐδεσμάτων καὶ νηστεύων κακοποιεῖ
TBen. 9 1 ὑμῖν οὐ καλῶς ἔσεσθαι ἀπὸ λόγων Ἐνὼχ τοῦ δικαίου. * πορνεύσετε * γὰρ πορνείαν Σοδόμων καὶ ἀπολεῖσθε ἕως βραχὺ

### πόρνη (4)

TLevi 14 5 λήψεσθε τὰ ἐκλεκτὰ ἐν καταφρονήσει ἐσθίοντες μετὰ * πορνῶν * ἐν πλεονεξίᾳ τὰς ἐντολὰς κυρίου διδάξετε τὰς
TLevi 14 6 βεβηλώσετε καὶ Ἱερουσαλὴμ μιανεῖτε καὶ * πόρναις * ἐν αἷς μοιχαλίσι συναφθήσεσθε θυγατέρας ἐθνῶν
Sal. 2 11 ἔστησαν τοὺς υἱοὺς Ιερουσαλημ εἰς ἐμπαιγμὸν ἀντὶ * πορνῶν * ἐν αὐτῇ πᾶς ὁ παραπορευόμενος εἰσεπορεύετο
Sib. 5 388 πάλαι παίδων κοίτην ἐπόριζες· ἀνάγνως καὶ τέγεσιν * πόρνας * ἐστήσατε τὰς πάλαι ἁγνὰς ὕβρεσι καὶ κολάσει

### πόρος (3)

Sib. 3 434 γένος κακὰ πολλὰ φυτεύσει. Χαλκηδὼν στεινοῖο * πόρον * πόντοιο λαχοῦσα καὶ σε μολὼν ποτε παῖς Αἰτώλιος
Sib. 4 120 μέγας οἷά τε δράστης φεύξετ' ἄφαντος ἄπυστος ὑπὲρ * πόρον * Εὐφρήταο ὁπότε δὴ μητρῷον ἄγος στυγεροῖο φόνοιο
LEze. 9 29 14 49 ἡμῖν δ' ἀθλίοις ὄλεθρον ἔρδει. καὶ συνεκλύσθη * πόρος * Ἐρυθρᾶς θαλάσσης καὶ στρατὸν διώλεσε. κράτιστε

### πορφύρα (6)

Abr.1 4 2 τὸ οἴκημα τέκνον καὶ ὑφάπλωσον σινδόνας καὶ * πορφύραν * καὶ βύσσον θυμίασον δὲ παντοῖον καὶ μύρον
TLevi 8 7 ἐφοὺδ. ὁ τέταρτος ζώνην μοι περιέθηκεν ὁμοίαν * πορφύρᾳ. * ὁ πέμπτος κλάδον μοι ἐλαίας ἔδωκε πιότητος. ὁ
Asen. 2 8 ἡ κλίνη ἐστρωμένη πορφυρᾷ χρυσούφῇ ἐξ ὑακίνθου καὶ * πορφύρα * καὶ βύσσου καθυφασμένη. καὶ ἐν ταύτῃ τῇ κλίνῃ
Asen. 16 18 αἱ μέλισσαι λευκαὶ ὡσεὶ χιὼν καὶ τὰ πτερὰ αὐτῶν ὡς * πορφύρα * καὶ ὡς ὑάκινθος καὶ ὡς κόκκος καὶ ὡς βύσσινα
Aris. 320 4 κυλικεῖον ταλάντων τριάκοντα καὶ στολὰς δέκα καὶ * πορφύραν * καὶ στέφανον διαπρεπῆ καὶ βυσσίνων ὀθονίων
FAch. 114 δῶρα. τῇ δὲ ἐχομένῃ ἡμέρᾳ ἐνδυσάμενος Νεκτεναβὼ * πορφύραν * ἐμφανὴς ἔστη σὺν τοῖς περὶ αὐτὸν ἔχων ἄνθεα

### πορφύρεος (9)

Asen. 2 2 καὶ ἦν ὁ πρῶτος θάλαμος μέγας καὶ εὐπρεπὴς λίθοις * πορφυροῖς * κατεστρωμένος καὶ οἱ τοῖχοι αὐτοῦ λίθοις
Asen. 2 8 τὴν θυρίδα) κατὰ ἀνατολὰς καὶ ἦν ἡ κλίνη ἐστρωμένη * πορφυρᾷ * χρυσούφῇ ἐξ ὑακίνθου καὶ πορφύρας καὶ βύσσου
Asen. 5 5 τὴν ἔξαλλον καὶ ἡ στολὴ τῆς περιβολῆς αὐτοῦ ἦν * πορφυρᾶ * ἐκ βύσσου χρυσούφης καὶ στέφανος χρυσοῦς ἐπὶ
Asen. 13 6 θαλάμου μου τὸ κατεστρωμένον λίθοις ποικίλοις καὶ * πορφυροῖς * ὃ ἦν τὸ πρότερον καταρραινόμενον μύροις καὶ
Sib. 3 389 ἥξει καὶ ποτ' ἄπιστος ἐς Ἀσίδος ὄλβιον οὖδας ἀνὴρ * πορφυρέην * λώπην ἐπιειμένος ὤμοις ἄγριος ἀλλοδίκης
Sib. 3 398 δὴ κεράτων +παρὰ δὴ φυτὸν ἄλσο φυτεύσει+ κόψει * πορφυρέης * γενεῆς γενετῆρα μαχητὴν καυτὸς ὑφ' +υἱῶν ὧν ἐς
Sib. 3 659 πλούτῳ βεβριθὼς χρυσῷ τε καὶ ἀργύρῳ ἠδέ τε κόσμῳ * πορφυρέῳ * καὶ γαῖα τελεσφόρος ἠδὲ θάλασσα τῶν ἀγαθῶν
IMen. 5 119 2 ἢ κατασκευάσματα χρυσᾶς ποιήσας χλαμύδας ἤτοι * πορφυρᾶς * ἢ δι' ἐλέφαντος ἢ σμαράγδου ζῴδια εὔνουν
LEze. 9 29 16 16 πτερωτοῖσι ποικίλοισιν ἠδὲ χρώμασι. στῆθος μὲν αὐτοῦ * πορφυροῦν * ἐφαίνετο σκέλη δὲ μιλτόχρωτα καὶ κατ' αὐχένων·

### πορφυρίζω (1)

FAch. 114 δὲ περὶ σέ τοῖς ἐκ τῆς γῆς καρποῖς ὡς γὰρ βασιλεὺς * πορφυρίζουσαν * ἔχεις τὴν ἀπὸ τῆς ὁράσεως τέρψιν καὶ τοὺς

### πορφυρίς (1)

Job 39 7 διπλῇ ἀκηδίᾳ ἐσιώπησαν, ὡς τὸν Ελιφαν ἄραντα τὴν * πορφυρίδα * αὐτοῦ περιρῆξαι καὶ περιβαλεῖν τὴν γυναῖκά

### ποσάκις (4)

TJos. 3 1 ἡ μακροθυμία καὶ πολλὰ ἀγαθὰ δίδωσιν ἡ ὑπομονή. * ποσάκις * ἡ Αἰγυπτία ἠπείλησέ μοι θάνατον ποσάκις
TJos. 3 1 ἡ ὑπομονή. ποσάκις ἡ Αἰγυπτία ἠπείλησέ μοι θάνατον * ποσάκις * τιμωρίαις παραδοῦσα ἀνεκαλέσατό με καὶ ἠπείλησέ
TJos. 4 1 ἀποστρέψει ἀπὸ τῆς ἐπιθυμίας αὐτῆς τῆς πονηρᾶς. * ποσάκις * ὡς ἁγίῳ ἀνδρὶ ἐν λόγοις ἐκολάκευσέ με μετὰ δόλου
TJos. 9 4 ὅτι συμφέρει παρέχει αὐτῷ καὶ ταῦτα ὡς κἀμοί. * ποσάκις * καίπερ ἀσθενοῦσα κατῄει πρός με ἐν ὥρᾳ καὶ

### Ποσειδῶν (2)

Sib. 3 142 ἐπωνομάσανθ' ὅτι ἢ διεπέμφθη. Ὡς δ' αὕτως διέπεμψε * Ποσειδάωνα * λαθραίως. τὸ τρίτον αὖ Πλούτωνα Ῥέη τέκε δῖα
Sib. 5 157 μόνος εἵνεκα τιμῆς +αὐτοὶ πρῶτον ἔθηκάν τ' εἰναλίῳ * Ποσειδῶνι+ * ἥξει δ' οὐρανόθεν ἀστὴρ μέγας εἰς ἅλα δῖαν

### πόσθη (1)

LThe. 9 22 7 κάλεσ' ἄνερα παντὶ σὺν οἴκῳ σάρκ' ἀποσυλῆσαι * πόσθης * ἄπο καὶ ῥ' ἐτέλεσσεν ἀστεμφὲς δὲ τέτυκται ἐπεὶ

### πόσις, εως (2)

Sedr. 11 11 ἐν ἡμέρᾳ τὰ πάντα σωρεύοντες τὰς τρυφὰς καὶ τὰς * πόσεις * καὶ τὸ σκεῦος διατρέφοντες. ὦ πόδες ἀνθύτατοι καὶ
FPho. 92 κόλακας ποιεῖσθαι ἑταίρους πολλοὶ γὰρ * πόσιος * καὶ βρώσιός εἰσιν ἑταῖροι καιρὸν θωπεύοντες ἐπὴν

### πόσις, ιος (1)

FPho. 197 ἢ ὅταν ἀνδρὶ γυνὴ φρονέῃ φίλα γήραος ἄχρις καὶ * πόσις * ᾗ ἀλόχῳ μηδ' ἐμπέσῃ ἀνδιχα νεῖκος; μὴ δέ τις

### πόσος (28)

Adam 31 2 λέγει τῷ Ἀδὰμ ἡ Εὔα διὰ τί ἀποθνήσκεις κἀγὼ ζῶ ἢ * πόσον * χρόνον ἔχω ποιήσαι μετὰ θάνατόν σου ἀνάγγειλόν
TNep. 2 2 με εὐλόγησεν. καθὼς γὰρ ὁ κεραμεὺς οἶδε τὸ σκεῦος * πόσον * χωρεῖ καὶ πρὸς αὐτὸ φέρει πηλὸν οὕτω καὶ ὁ κύριος
TJos. 10 1 με ἀπὸ τῶν ἐγχειρημάτων αὐτῆς. ὁρᾶτε οὖν τέκνα μου * πόσα * κατεργάζεται ἡ ὑπομονὴ καὶ προσευχὴ μετὰ νηστείας.
TJos. 17 1 ἐγὼ ἐκοπίησα ἵνα μὴ ἑτασθῇ ὁ εὐνοῦχος. ὁρᾶτε τέκνα * πόσα * ὑπέμεινα ἵνα μὴ καταισχύνω τοὺς ἀδελφούς μου. καὶ
TBen. 3 3 πονηρία θλίψεως ὡς οὐδὲ Ἰωσὴφ τοῦ ἀδελφοῦ μου. * πόσοι * τῶν ἀνθρώπων ἠθέλησαν ἀνελεῖν αὐτὸν καὶ ὁ θεὸς
Jer. 5 25 ἐπ' αὐτοὺς οὕπω ἐστὶ καιρὸς ἀπελθεῖν εἰς Βαβυλῶνα. * πόση * γὰρ ὥρα ἐστὶν ἀφ' οὗ ἀπέστειλέ με ὁ πατὴρ μου
Bar. 5 2 ὁ δράκων ἐκ τῆς θαλάσσης πήχυν μίαν εἰπέ μοι καὶ * πόσοι * ἐστὶν ἡ κοιλία αὐτοῦ; καὶ εἶπεν ὁ ἄγγελος ἡ κοιλία
Sedr. 8 7 ⟨λέγει αὐτῷ κύριος ὁ θεὸς⟩ ἀφ' ἧς ἐποίησα τὰ πάντα * πόσοι * ἄνθρωποι ἐγεννήθησαν καὶ πόσοι ἀπέθανον καὶ πόσοι
Sedr. 8 7 ἧς ἐποίησα τὰ πάντα πόσοι ἄνθρωποι ἐγεννήθησαν καὶ * πόσοι * θέλουν ἀποθανεῖν καὶ πόσας τρίχας ἔχουσιν; εἰπέ
Sedr. 8 7 πόσοι ἄνθρωποι ἐγεννήθησαν καὶ πόσοι ἀπέθανον καὶ * πόσοι * θέλουν ἀποθανεῖν καὶ πόσας τρίχας ἔχουσιν; εἰπέ
Sedr. 8 7 καὶ πόσοι ἀπέθανον καὶ πόσοι θέλουν ἀποθανεῖν καὶ * πόσας * τρίχας ἔχουσιν; εἰπέ μοι Σεδρὰχ ἀφ' οὗ ἐκτίσθη ὁ
Sedr. 8 8 εἰπέ μοι Σεδρὰχ ἀφ' οὗ ἐκτίσθη ὁ οὐρανὸς καὶ ἡ γῆ * πόσα * δένδρα ἐγένοντο εἰς τὸν κόσμον καὶ πόσα Ἔπεσον καὶ
Sedr. 8 8 καὶ ἡ γῆ πόσα δένδρα ἐγένοντο εἰς τὸν κόσμον καὶ * πόσα * Ἔπεσον καὶ πόσα θέλουν πεσεῖν καὶ πόσα θέλουν
Sedr. 8 8 δένδρα ἐγένοντο εἰς τὸν κόσμον καὶ πόσα Ἔπεσον καὶ * πόσα * θέλουν πεσεῖν καὶ πόσα θέλουν γενηθῆναι καὶ πόσα
Sedr. 8 8 κόσμον καὶ πόσα Ἔπεσον καὶ πόσα θέλουν πεσεῖν καὶ * πόσα * θέλουν γενηθῆναι καὶ πόσα φύλλα ἔχουσιν; εἰπέ μοι
Sedr. 8 8 πόσα θέλουν πεσεῖν καὶ πόσα θέλουν γενηθῆναι καὶ * πόσα * φύλλα ἔχουσιν; εἰπέ μοι Σεδρὰχ ἀφ' οὗ ἐποίησα τὴν
Sedr. 8 9 εἰπέ μοι Σεδρὰχ ἀφ' οὗ ἐποίησα τὴν θάλασσαν * πόσα * κύματα ἤγειραν καὶ πόσα ὑποδιέβησαν καὶ πόσα
Sedr. 8 9 οὗ ἐποίησα τὴν θάλασσαν πόσα κύματα ἤγειραν καὶ * πόσα * ὑποδιέβησαν καὶ πόσα μέλλουν ἐγεῖραι καὶ πόσοι
Sedr. 8 9 πόσα κύματα ἤγειραν καὶ πόσα ὑποδιέβησαν καὶ * πόσα * μέλλουν ἐγεῖραι καὶ πόσοι ἄνεμοι πνέουσιν παρὰ τὸ
Sedr. 8 9 καὶ πόσα ὑποδιέβησαν καὶ πόσα μέλλουν ἐγεῖραι καὶ * πόσοι * ἄνεμοι πνέουσιν παρὰ τὸ χεῖλος τῆς θαλάσσης; εἰπέ
Sedr. 8 10 ἀπὸ κτίσεως κόσμου τῶν αἰώνων βρέχοντος τοῦ ἀέρος * πόσα * σταλάγματα Ἔπεσον εἰς τὸν κόσμον καὶ πόσα μέλλουν
Sedr. 8 10 ἀέρος πόσα σταλάγματα Ἔπεσον εἰς τὸν κόσμον καὶ * πόσα * μέλλουν πεσεῖν; εἶπεν Σεδρὰχ μόνος σὺ γινώσκεις
Sedr. 12 4 καὶ πάλιν ἐπιστρέψῃ καὶ ζήσῃ ἄνθρωπος ἐν μετανοίᾳ * πόσας * ἡμέρας μετανοήσας ἀφεὶς αὐτοῦ τὰς ἁμαρτίας; λέγει
Aris. 10 2 τοῦ βασιλέως ποθεῖν. παρόντων οὖν ἡμῶν ἐρωτηθεὶς * πόσας * τινὲς μυριάδες τυγχάνουσι βιβλίων; εἶπεν ὑπὲρ τὰς
Aris. 19 2 ὁ δὲ διανακύψας καὶ προσβλέψας ἱλαρῷ τῷ προσώπῳ * πόσας * ὑπολαμβάνεις μυριάδες ἔσεσθαι; ἔφη. παρεστῶτες δὲ
Sib. 3 320 σοι χώρα Γὼγ ἠδὲ Μαγὼγ μέσον οὖσα Αἰθιόπων ποταμῶν * πόσον * αἵματος ἔκχυμα δέξῃ καὶ κρίσεως οἴκησις ἐν
FJos. 190 παντὸς ἀγγέλου. καὶ εἶπα αὐτῷ τὸ ὄνομα αὐτοῦ καὶ * πόσος * ἐστὶν ἐν υἱοῖς θεοῦ οὐχί σὺ Οὐριὴλ ὄγδοος ἐμοῦ
FEz. 64 70 8 καὶ ἀπὸ μήκοθεν ὁ τυφλὸς ἐλάλει τῷ χωλῷ λέγων * πόσον * ἦν ἡμῶν τὸ κλάσμα τοῦ ἄρτου μετὰ τῶν ὄχλων τῶν

### ποταμηδόν (1)

Sib. 5 335 τεῖχος διθάλασσον ὑπ' Ἄρεος ἐν κονίῃσιν συρόμενον * ποταμηδὸν * ἐπ' ἰχθυόεντι κολύμβῳ. Ἑλλήσποντε τάλαν

### ποτάμιος (3)

HArt. 9 27 28 γίνεσθαι συναγαγὸν δὲ τὸ ὕδωρ ἐποξέσαι καὶ τὰ * ποτάμια * διαφθεῖραι ζῷα τούς τε λαοὺς διὰ τὴν δίψαν
LEze. 9 28 2 31 ὄνομα δὲ Μωσῆν ὠνόμαζε τοῦ χάριν ὑγρᾶς ἀνεῖλε * ποταμίας * ἀπ' ἠόνος. ἐπεὶ δὲ καιρὸς νηπίαν παρῆλθέ μοι
LEze. 9 29 12 02 ἐν τῇδε ῥάβδῳ πάντα ποιήσεις κακὰ πρῶτον μὲν αἷμα * ποτάμιον * ῥυήσεται πηγαί τε πᾶσαι καὶ ὑδάτων συστήματα

### ποταμός (60)

Adam 29 10 αὐτοῦ. ἀλλ' ἀνάστα καὶ πορεύου εἰς τὸν Τίγριν * ποταμὸν * καὶ λάβε λίθον καὶ θὲς ὑπὸ τοὺς πόδας σου καὶ
Adam 29 11 ἐστι καθαρά. ἐπορεύθη δὲ Ἀδὰμ εἰς τὸν Ἰορδάνην * ποταμὸν * καὶ ἡ θρὶξ τῆς κεφαλῆς αὐτοῦ ἡπλοῦτο εὐχομένου
Adam 29 12 εὑρὼν τόπον εἰς τὸν Ἀδὰμ ἐπορεύθη εἰς τὸν Τίγριν * ποταμὸν * πρός με. καὶ λαβὼν σχῆμα ἀγγέλου ἔστη ἐνώπιόν
Hen. 5 3 τὰ πάντα γίνεται. ἴδετε πῶς ἡ θάλασσα καὶ οἱ * ποταμοὶ * ὡς ὁμοίως ἀποτελοῦσιν καὶ οὐκ ἀλλοιοῦσιν αὐτῶν

Hen. 14 19 ὄρος χερουβίν. καὶ ὑποκάτω τοῦ θρόνου ἐξεπορεύοντο * ποταμοὶ * πυρὸς φλεγόμενοι καὶ οὐκ ἐδυνάσθην ἰδεῖν. καὶ ἡ
Hen. 17 5 πάσας τὰς δύσεις τοῦ ἡλίου. καὶ ἤλθομεν μέχρι * ποταμοῦ * πυρὸς ἐν ᾧ κατατρέχει τὸ πῦρ ὡς ὕδωρ καὶ ῥέει
Hen. 17 6 εἰς θάλασσαν μεγάλην δύσεως. ἴδον τοὺς μεγάλους * ποταμοὺς * καὶ μέχρι τοῦ μεγάλου ποταμοῦ καὶ μέχρι τοῦ
Hen. 17 6 ἴδον τοὺς μεγάλους ποταμοὺς καὶ μέχρι τοῦ μεγάλου * ποταμοῦ * καὶ μέχρι τοῦ μεγάλου σκότους κατήντησα καὶ
Hen. 17 8 πάντων ὑδάτων. ἴδον τὸ στόμα τῆς γῆς πάντων τῶν * ποταμῶν * καὶ τὸ στόμα τῆς ἀβύσσου. ἴδον τοὺς θησαυροὺς
Abr.1 17 16 ἕτερον πρόσωπον θαλάσσης ἀγρίας κυματιζούσης καὶ * ποταμὸν * ἄγριον κοχλάζοντα καὶ δράκοντα τρικέφαλον
Abr.1 19 5 τοῦ κρημνοῦ καὶ τίς ἡ ῥομφαία ἡ ἀπότομος καὶ τίς ὁ * ποταμὸς * ὁ μεγάλα κοχλάζων καὶ τίς ἡ βεβορβορωμένη
Abr.1 19 11 ἐν ῥομφαίᾳ τὸν θάνατον τὸ δὲ πρόσωπον τοῦ μεγάλου * ποταμοῦ * τοῦ κοχλάζοντος ἔδειξά σοι διότι πολλοὶ ὑπὸ
Abr.1 19 11 ὑδάτων πολλῶν ἁρπαζόμενοι καὶ ὑπὸ μεγίστων * ποταμῶν * ἐπαιρόμενοι ἀποπνίγονται καὶ τελευτῶσιν ἀώρως
Abr.2 8 3 καὶ ἀπήνεγκεν αὐτὸν ἡ νεφέλη ἐπὶ τὸν Ὠκεανὸν * ποταμόν. * καὶ ἀτενίσας Ἀβραὰμ εἶδεν δύο πύλας μίαν μὲν
Asen. 2 12 δεχομένη τὸ ὕδωρ τῆς πηγῆς ἐκείνης. ἔνθα ἐπορεύετο * ποταμὸς * διὰ μέσης τῆς αὐλῆς καὶ ἐπότιζε πάντα τὰ δένδρα
Sal. 6 3 αὐτοῦ οὐ ταραχθήσεται ἡ ψυχὴ αὐτοῦ ἐν διαβάσει * ποταμῶν * καὶ σάλῳ θαλασσῶν οὐ πτοηθήσεται. ἐξανέστη ἐξ
Bar. 2 εὐλόγησον δέσποτα. ἀποκάλυψις Βαρούχ ὃς ἔστιν ἐπὶ * ποταμοῦ * Γέλ. κλαίων ὑπὲρ τῆς αἰχμαλωσίας Ἰερουσαλὴμ ὅτε
Bar. 2 1 με ἤγαγέν με ὅπου ἐστήρικται ὁ οὐρανὸς καὶ ὅπου ἦν * ποταμὸς * ὃν οὐδεὶς δύναται περᾶσαι αὐτὸν οὐδὲ ξένη πνοὴ
Bar. 4 7 κύριος ὁ θεὸς ἐποίησεν τριακοσίους ἑξήκοντα * ποταμοὺς * ὧν οἱ πρῶτοι πάντων Ἀλφίας καὶ Ἄβυρος καὶ ὁ
Prop. 2 6 ἐκωλύθη ἐκ τῆς γῆς τὸ γένος τῶν ἀσπίδων καὶ ἐκ τοῦ * ποταμοῦ * ὡσαύτως τοὺς κροκοδείλους καὶ οὕτως ἐνέβαλε τοὺς
Prop. 3 6 ὁ προφήτης τέρας ἔδωκε τῷ λαῷ ὥστε προσέχειν τῷ * ποταμῷ * Χοβὰρ ὅτε ἐκλείποι ἐπελπίζειν τὸ δρέπανον τῆς
Esdr. 5 3 ἐφθόνησεν τοῦ δοῦναι ἀλλὰ καὶ τὰ νήπια ἐν τοῖς * ποταμοῖς * ἔρριψεν. καὶ ἴδον σκότος δεινὸν καὶ νύκταν οὐκ
Sedr. 8 3 τὸ κλῆμα εἰς τὰ πετόμενα τὸ μελίσσιον εἰς τοὺς * ποταμοὺς * τὸν Ἰορδάνην εἰς τὰς πόλεις τὴν Ἰερουσαλὴμ
Job 33 6 αὐτοῦ ἐν τῷ αἰῶνί ἐστιν τοῦ ἀπαραλλάκτου. οἱ μὲν * ποταμοὶ * ξηρανθήσονται καὶ τὸ γαυρίαμα τῶν κυμάτων αὐτῶν
Job 33 7 αὐτῶν καταβαίνει εἰς τὰ βάθη τῆς ἀβύσσου. οἱ δὲ * ποταμοὶ * τῆς ἐμῆς γῆς ἐν ᾗ ἐστιν ὁ θρόνος μου οὐ
Aris. 116 2 ἔχουσα. περιρρεῖ δ' αὐτὴν ὁ λεγόμενος Ἰορδάνης * ποταμὸς * ἀείρρους. ⟨τῆς δὲ χώρας⟩ οὐκ ἔλαττον
Aris. 116 6 καθειστήκεισαν ἑκατοντάρουροι. πληρούμενος δὲ ὁ * ποταμὸς * καθὼς ὁ Νεῖλος ἐν ταῖς πρὸς τὸν θερισμὸν ἡμέραις
Aris. 117 1 ἡμέραις πολλὴν ἀρδεύει τῆς γῆς ὃς εἰς ἕτερον * ποταμὸν * ἐμβάλλει τὸ ῥεῦμα κατὰ τὴν Πτολεμαιέων χώραν
Sib. 3 23 τε λαμπετόωντα κραταιὰν μητέρα Τηθὺν πηγὰς καὶ * ποταμοὺς * πῦρ ἄφθιτον ἤματα νύκτας αὐτὸς δὴ θεὸς ἐσθ' ὁ
Sib. 3 145 Δωδώνην παριοῦσα ὅθεν ῥέεν ὑγρὰ κέλευθα Εὐρώπου * ποταμοῖο * καὶ εἰς ἅλα μύρατο ὕδωρ ἄμμιγα Πηνειῷ καί μιν
Sib. 3 320 αἰαῖ σοι χώρα Γὼγ ἠδὲ Μαγὼγ μέσον οὖσα Αἰθιόπων * ποταμῶν * πόσον αἵματος ἔκχυμα δέξῃ καὶ κρίσεως οἴκησις ἐν
Sib. 4 15 ἄστρα σεληναίη τε καὶ ἰχθυόεσσα θάλασσα καὶ γῆ καὶ * ποταμοὶ * τε καὶ ἀενάων στόμα πηγῶν κτίσματα πρὸς ζωὴν
Sib. 4 165 φάσγανα καὶ στοναχὰς ἀνδροκτασίας τε καὶ ὕβρεις ἐν * ποταμοῖς * λούσασθε ὅλον δέμας ἀενάοισιν χεῖράς τ'
Sib. 4 177 πᾶσαν ἅπαν δ' ὀλέσει γένος ἀνδρῶν καὶ πάσας πόλιας * ποταμούς * θ' ἅμα ἠδὲ θάλασσαν ἐκκαύσει δέ τε πάντα κόνις
Sib. 5 22 τε τριηκοσίων ἀριθμῶν κεραίην ἐπὶ πρώτην ἕξει καὶ * ποταμοῦ * φίλον οὔνομα ὅς τ' ἐπὶ Πέρσας ἄρξει καὶ Βαβυλῶνα
Sib. 5 115 τοῖσιν τὸ παρὸν τό τε μέλλον ἔσεσθαι. Εὐφρήτου * ποταμοῦ * ῥεῖθρον κατακλυσμὸν ἐποίσει καὶ Πέρσας ὀλέσει
Sib. 5 134 δάπεδον κατὰ γῆν ἐναρίξει. Θεσσαλίην χώρην ἀπολεῖ * ποταμὸς * βαθυδίνης Πηνειὸς βαθύρους μορφὰς θηρῶν ἀπὸ
Sib. 5 170 μαινὰς ἐχιδνοχαρὴς χήρη καθεδοῖο παρ' ὄχθας καὶ * ποταμὸς * Τίβερίς σε κλαύσεται ἣν παράκοιτιν ἧτε μιαιφόνον
Sib. 5 372 πολὺς ἀνθρώποισιν ῥεύσει δ' αἷμα θ' ἕως ὄχθου * ποταμῶν * βαθυδινῶν. τῆς τε Μακηδονίης στάξει χόλος ἐν
Sib. 5 465 ὁπόταν ῥιπὴ στάξῃ χιονώδης πηγνυμένου μεγάλου * ποταμοῦ * λιμνῶν τε μεγίστων εὐθὺς βάρβαρος ὄχλος ἐς
FJub. 2 7 τῇ δευτέρᾳ ἡμέρᾳ. τρίτῃ δὲ ἡμέρᾳ τὰς θαλάσσας τοὺς * ποταμοὺς * τὰς πηγὰς καὶ λίμνας τὰ σπέρματα τοῦ σπόρου τὰ
FJub. 46 14 φυλακῇ καὶ π' πάσης γῆς Ἐγύπτου ἄρχων. τόν τε γὰρ * ποταμὸν * εἰς διώρυχας πλείστας κατατεμεῖν αὐτοῖς ἐπέταξαν
FJub. 46 14 ταῖς πόλεσι καὶ χώματα ἀνεγεῖραι ἵνα δι' αὐτῶν ὁ * ποταμὸς * λιμνάζειν ἀνείργοιτο καὶ ἀνιστᾶν πυραμίδας καὶ
FJub. 47 3 δέκα μῆνας ῥιφῆναι τὰ βρέφη τῶν Ἰσραηλιτῶν ἐν τῷ * ποταμῷ * ἕως οὗ ἀνελήφθη Μωϋσῆς ὑπὸ τῆς βασιλίσσης. ὁ δ'
FJub. 48 14 ὃν τρόπον τὰ βρέφη τῶν Ἑβραίων ἐν τῷ * ποταμῷ * ἀπέπνιγον χιλίων ἀνδρῶν ἀποπνιγέντων ἰσχυρῶν
FIsa. 1 3 2 αἰχμαλωσίᾳ καὶ ἀπενέγκαι αὐτοὺς εἰς ὅρη Μήδων καὶ * ποταμῶν * (καὶ) Γωζάν. οὗτος ἦν νεώτερος καὶ ἔφυγεν καὶ
FPho. 74 αὐγαῖς οὐ χθὼν οὐρανίοισ' ὑψώμασι νέρθεν ἐοῦσα οὐ * ποταμοὶ * πελάγεσσιν. ἀεὶ δ' ὁμόνοιαν ἔχουσιν εἰ γὰρ ἔρις
IOrp. 37 πάντοθεν ἐκτέτακεν περὶ γὰρ τρέμει οὔρεα μακρὰ καὶ * ποταμοὶ * πολιῆς τε βάθος χαροποῖο θαλάσσης οὐδὲ φέρειν
HEup. 9 30 3 Σύρους τοὺς παρὰ τὸν Εὐφράτην οἰκοῦντας * ποταμὸν * καὶ τὴν Κομμαγηνὴν καὶ τοὺς ἐν Γαλαδηνῇ
HArt. 9 27 16 δὲ φυλάσσοντα αὐτὸν τὴν μὲν Μέρριν θάψαι τὸν δὲ * ποταμὸν * καὶ τὴν ἐν ἐκείνῳ πόλιν Μερόην προσαγορεῦσαι
HArt. 9 27 28 δὲ μικρὸν τὸν Νεῖλον τῇ ῥάβδῳ πατάξαι τὸν δὲ * ποταμὸν * πολύχουν γενόμενον κατακλύζειν ὅλην τὴν Αἴγυπτον
HArt. 9 27 29 μῆνα τοὺς λαοὺς ἀπολύσειν ἐὰν ἀποκαταστήσῃ τὸν * ποταμὸν * τὸν δὲ Μώϋσον πάλιν τῇ ῥάβδῳ πατάξαντα τὸ ὕδωρ
HArt. 9 27 30 μαγγάνων καὶ ἐπαοιδῶν δράκοντα ποιῆσαι καὶ τὸν * ποταμὸν * μεταχρῶσαι. τὸν δὲ βασιλέα φρονηματισθέντα ἐπὶ
HArt. 9 27 34 τε παμπληθῆ γάζαν διαβάντας τοὺς κατὰ τὴν Ἀραβίαν * ποταμοὺς * καὶ διαβάντας ἱκανὸν τόπον ἐπὶ τὴν Ἐρυθρὰν
LThe. 9 22 3 κτηνοτρόφον ἵκτο καὶ εὐρὺ ῥεῖθρον Εὐφρήταο λίπεν * ποταμοῦ * κελάδοντος. ἤλυθε γὰρ κἀκεῖθι λιπὼν δριμεῖαν
LEze. 9 28 2 13 κηρύσσει μὲν Ἑβραίων γένει τἀρσενικὰ ῥίπτειν * ποταμὸν * ἐς βαθύρροον. ἐνταῦθα μήτηρ ἡ τεκοῦσ' ἔκρυπτέ με
LEze. 9 28 2 17 δὲ ὑπεξέθηκε κόσμον ἀμφιθεῖσά μοι παρ' ἄκρα * ποταμοῦ * λάσιον εἰς ἕλος δασὺ Μαριὰμ δ' ἀδελφή μου
LAri. 8 10 10 ἥλιος σελήνη λάμπουσα οὐδὲ σελήνη πάλιν ἥλιος οὐδὲ * ποταμοὶ * θάλασσα οὐδὲ θάλασσα ποταμοί. καὶ πάλιν ἐπὶ τῶν
LAri. 8 10 10 πάλιν ἥλιος οὐδὲ ποταμοὶ θάλασσα οὐδὲ θάλασσα * ποταμοί. * καὶ πάλιν ἐπὶ τῶν ζῴων ὁ αὐτός ἐστι λόγος. οὐ
FrAn. 574 3053 ὁρκίζω σε μέγαν θεὸν Σαβαὼθ δι' ὃν ὁ Ἰορδάνης * ποταμὸς * ἀνεχώρησεν εἰς τὰ ὀπίσω καὶ ἐρυθρὰ θάλασσα ἦν

ποταπός 2

Sedr. 7 1 αὐτῷ Σεδρὰχ σὺ δέσποτα ἔπλασας τὸν ἄνθρωπον οἶδας * ποταπῆς * βουλῆς ἦν καὶ ποταπῆς γνώσεώς ἐσμεν καὶ
Sedr. 7 1 ἔπλασας τὸν ἄνθρωπον οἶδας ποταπῆς βουλῆς ἦν καὶ * ποταπῆς * γνώσεώς ἐσμεν καὶ προφασίζεις τὸν ἄνθρωπον εἰς

ποτέ 67 ποτε ποτέ ποτ' ποθ'

πότε 6

Adam 35 3 σού ἐστιν. ἄρα δὲ τέκνον μου Σὴθ τί ἐστίν μοι; * πότε * παραδοθήσεται εἰς τὰς χεῖρας τοῦ ἀοράτου θεοῦ ἡμῶν;
TNep. 2 4 οἶδε τὸ σῶμα ἕως τίνος διαρκέσει ἐν ἀγαθῷ καὶ * πότε * ἄρχεται ἐν κακῷ. ὅτι οὐκ ἔστι πᾶν πλάσμα καὶ πᾶσα
Prop. 26 2 καὶ ὁ θάνατος αὐτῶν καὶ τὰ ἀξιώματα αὐτῶν καὶ * πότε * ἀπέθνησκον καὶ ἦν εἰς μνημόσυνον τῶν ἱερέων καὶ
Sedr. 12 1 γίνεται. λέγει αὐτὸν ὁ Χριστὸς παῦσον Σεδρὰχ ἕως * πότε * δακρύζεις καὶ στενάζεις; ὁ παράδεισός σοι ἠνοίγη
Sedr. 12 2 λέγει αὐτῷ Σεδρὰχ ἔτι ἅπαξ λαλήσω σοι κύριε ἕως * πότε * ζῶ πρὶν ἀποθανεῖν με; καὶ μὴ παρακούσῃς τῆς
Sib. 3 55 οὐρανόθεν πύρινος ῥεύσῃ καταράκτης. οἴμοι δειλαίη * πότ' * ἐλεύσεται ἦμαρ ἐκεῖνο καὶ κρίσις ἀθανάτοιο θεοῦ

ποτήριον 17

Abr.1 1 3 τὸ κοινὸν καὶ ἀπαραίτητον τοῦ θανάτου πικρὸν * ποτήριον * καὶ τὸ ἄδηλον τοῦ βίου πέρας. προσκαλεσάμενος
Abr.1 13 12 ἀναφέρει εἰς τὸν τόπον τῶν ἁμαρτωλῶν πικρότατον * ποτήριον * εἴ τινος δὲ τὸ ἔργον τὸ πῦρ δοκιμάσει καὶ μὴ
Abr.1 16 11 σοι τὴν ἀλήθειαν ἐγώ εἰμι τὸ πικρὸν τοῦ θανάτου * ποτήριον. * λέγει οὖν Ἀβραὰμ οὐχὶ ἀλλὰ σὺ ⟨εἶ⟩ ἡ
Abr.1 16 12 καὶ λέγεις ὅτι ἐγώ εἰμι τὸ πικρὸν τοῦ θανάτου * ποτήριον * καὶ οὐ λέγεις ⟨μᾶλλον⟩ ὅτι ἐγώ εἰμι παντὸς
Abr.1 17 16 κοχλάζοντα καὶ δράκοντα τρικέφαλον φοβερὸν καὶ * ποτήρια * μεμεστωμένα φαρμάκων καὶ ἁπλῶς εἰπεῖν ἔδειξεν
Abr.1 19 6 τῆς ἀνυποφόρου καὶ τῆς φοβερᾶς ἀστραπῆς καὶ τί τὰ * ποτήρια * τὰ δυσώδη φάρμακα καὶ μεμεστωμένα δίδαξόν μοι
Abr.1 19 16 ἀποφυσσούμενοι ἐκλείπουσιν ἔδειξά σοι δὲ καὶ * ποτήρια * δηλητήρια φάρμακα μεμεστωμένα διότι πολλοὶ τῶν
Asen. 8 5 ζῶντα καὶ ἐσθίει ἄρτον εὐλογημένον ζωῆς καὶ πίνει * ποτήριον * εὐλογημένον ἀθανασίας καὶ χρίεται χρίσματι
Asen. 8 5 αὐτῶν ἄρτον ἀγχόνης καὶ πίνει ἐκ τῆς σπονδῆς αὐτῶν * ποτήριον * ἐνέδρας καὶ χρίεται χρίσματι ἀπωλείας. ἀλλ'
Asen. 8 9 τῇ ζωῇ σου καὶ φαγέτω ἄρτον ζωῆς σου καὶ πιέτω * ποτήριον * εὐλογίας σου καὶ συγκαταρίθμησον αὐτὴν τῷ λαῷ
Asen. 15 5 καὶ φαγεῖς ἄρτον εὐλογημένον ζωῆς καὶ πιεῖς * ποτήριον * εὐλογημένον ἀθανασίας καὶ χρισθήσῃ χρίσματι
Asen. 16 16 τῇ Ἀσενὲθ ἰδοὺ δὴ ἔφαγες ἄρτον ζωῆς καὶ ἔπιες * ποτήριον * ἀθανασίας καὶ κέχρισαι χρίσματι ἀφθαρσίας. ἰδοὺ
Asen. 19 5 σήμερον καὶ ἔδωκέ μοι ἄρτον ζωῆς καὶ ἔφαγον καὶ * ποτήριον * εὐλογίας καὶ ἔπιον καὶ εἶπέ μοι δέδωκά σε εἰς
Asen. 21 14 ἐνώπιόν σου πολλὰ ἥμαρτον ἄρτον ἀγχόνης ἔφαγον καὶ * ποτήριον * ἐνέδρας ἔπιον ἀπὸ τῆς τραπέζης τοῦ θανάτου.⟩
Asen. 21 21 καὶ ἔδωκέ μοι φαγεῖν ἄρτον ζωῆς καὶ ⟨πιεῖν⟩ * ποτήριον * σοφίας καὶ ἐγενόμην αὐτοῦ νύμφη εἰς τοὺς αἰῶνας
Sal. 8 14 αὐτοῖς ὁ θεὸς πνεῦμα πλανήσεως ἐπότισεν αὐτοὺς * ποτήριον * οἴνου ἀκράτου εἰς μέθην. ἤγαγεν τὸν ἀπ' ἐσχάτου
Aris. 293 3 πλείονα χρόνον. ὡς δὲ ἐπαύσατο ὁ βασιλεὺς λαβὼν * ποτήριον * ἐπεχέατο καὶ τῶν παρόντων ἁπάντων καὶ τῶν

ποτί 4

Sib. 3 360 τε κείρει ἠδὲ δίκην διέπουσα ἀπ' οὐρανόθεν * ποτὶ * γαῖαν ῥίψει ἐκ δὲ γαίης πάλιν οὐρανὸν εἰς ἀνεγείρει
Sib. 3 461 τε λεὼν βαρυθύμων ὀμβρήσει δέ τε γαῖα ὕδωρ ζεστὸν * ποτὶ * δ' αὐτῆς γαῖα βαρυνομένη πίεται ὀσμὴ δέ τε θείου.
FPho. 169 ἢ κριθῶν αἰεὶ δὲ φέρων φορέοντα διώκει ἐκ θέρεος * ποτὶ * χεῖμα βορὴν σφετέρην ἐπάγοντες ἄτρυτοι φῦλον δ'
LThe. 9 22 6 τέτυκται γαμβροὺς ἄλλοθεν εἴς γε νυούς τ' ἀγέμεν * ποτὶ * δῶμα ἀλλ' ὅστις γενεῆς ἐξεύχεται εἶναι ὁμοίης. ὅς

ποτίζω 4

Abr.1 19 16 διότι πολλοὶ τῶν ἀνθρώπων ὑπὸ ἑτέρων τινῶν φάρμακα * ποτισθέντες * παρευθὺς ἀπαλλάσσονται παραλόγως. εἶπεν δὲ
Asen. 2 12 ἔνθα ἐπορεύετο ποταμὸς διὰ μέσης τῆς αὐλῆς καὶ * ἐπότιζε * πάντα τὰ δένδρα τῆς αὐλῆς ἐκείνης. καὶ ἐγένετο
Sal. 8 14 διὰ τοῦτο ἐκέρασεν αὐτοῖς ὁ θεὸς πνεῦμα πλανήσεως * ἐπότισεν * αὐτοὺς ποτήριον οἴνου ἀκράτου εἰς μέθην. ἤγαγεν
Esdr. 2 25 προφήτην πῶς ἔχω αὐτοὺς ἐλεήσω; ὄξος καὶ χολήν με * ἐπότισαν * καὶ ὡς οὐδὲ τοῦτοι ἐμετενόησαν. καὶ εἶπεν ὁ

ποτίστρα 1

Jer. 2 5 τὰς καρδίας ἡμῶν καὶ μὴ ἀντλήσωμεν ὕδωρ ἐπὶ τὰς * ποτίστρας * ἀλλὰ κλαύσωμεν καὶ γεμίσωμεν αὐτὰς δακρύων ὅτι

πότνια 2

Sib. 3 135 μητρὶ τρέφεσθαι. ἀλλ' ὅτε τὴν τριτάτην γενεὴν τέκε * πότνια * Ῥείη τίχθ' Ἥρην πρώτην καὶ ἐπεὶ ἴδον
Sib. 5 140 μέγας ἰσόθεος φὼς ὃν φάσ' αὐτὸς ὁ Ζεὺς ἔτεκεν καὶ * πότνια * Ἥρη ὅστις παμμούσῳ φθόγγῳ μελιηδέας ὕμνους

ποτός 10

TRub. 2 7 πνεῦμα γεύσεως μεθ' ἧς γίνεται βρῶσις βρωτῶν καὶ * ποτῶν * καὶ ἰσχὺς ἐν αὐτοῖς κτίζεται ὅτι ἐν βρώμασίν ἐστιν
Aris. 128 4 τινὰ τῶν ἐν τῇ νομοθεσίᾳ περί τε τῶν βρωτῶν καὶ * ποτῶν * καὶ τῶν νομιζομένων ἀκαθάρτων εἶναι κνωδάλων.

| | | | |
|---|---|---|---|
| Aris. | 140 | 5 | κατὰ ἀλήθειαν θεὸν ἀλλ' εἰσὶν ἄνθρωποι βρωτῶν καὶ * ποτῶν * καὶ σκέπης ἡ γὰρ πᾶσα διάθεσις αὐτῶν ἐπὶ ταῦτα |
| Aris. | 142 | 3 | ἡμᾶς περιέφραξεν ἁγνείαις καὶ διὰ βρωτῶν καὶ * ποτῶν * καὶ ἀφῶν καὶ ἀκοῆς καὶ ὁράσεως νομικῶς. τὸ γὰρ |
| Aris. | 158 | 1 | θεοῦ καὶ συντηροῦντος. καὶ γὰρ ἐπὶ τῶν βρωτῶν καὶ * ποτῶν * ἀπαρξαμένους εὐθέως τότε συγχρῆσθαι κελεύει. καὶ |
| Aris. | 162 | 1 | σημείωσιν ὀρθοῦ λόγου. διατάξας γὰρ ἐπὶ βρωτῶν καὶ * ποτῶν * καὶ τῶν κατὰ τὰς ἀφὰς ἕκαστα κελεύει μηθὲν εἰκῆ |
| Aris. | 182 | 5 | ὅσαι γὰρ πόλεις ἔθεσιν ἰδίοις συγχρῶνται πρὸς τὰ * ποτὰ * καὶ βρωτὰ καὶ στρωμνὰς τοσοῦτοι καὶ προεστῶτες ἦσαν |
| Aris. | 223 | 1 | ῥέπειν τοῖς μὲν οὖν πολλοῖς ἐπὶ τὰ βρωτὰ καὶ * ποτὰ * καὶ τὰς ἡδονὰς εἰκός ἐστι κεκλίσθαι τοῖς δὲ |
| Sib. | 3 | 746 | καὶ ἐλαίου (αὐτὰρ ἀπ' οὐρανόθεν μέλιτος γλυκεροῦ * ποτὸν * ἡδὺ δένδρεά τ' ἀκροδρύων καρπὸν καὶ πίονα μῆλα καὶ |
| FAch. | 106 | | διὰ τὴν ἐμὴν ἀβουλίαν. καὶ οὔτε βρωτοῦ οὔτε * ποτοῦ * μετέλαβεν. ἐπιγνοὺς οὖν ὁ στρατοφύλαξ τὰς |
| πότος | | | 3 |
| TJud. | 8 | 2 | εἶδον Βάρσαν βασιλέα Ὀδολάμ. καὶ ἐποίησεν ἡμῖν * πότον * καὶ παρακαλέσας δίδωσί μοι τὴν θυγατέρα αὐτοῦ |
| Asen. | 21 | 8 | ταῦτα ἐποίησε Φαραὼ γάμους καὶ δεῖπνον μέγα καὶ * πότον * πολὺν ἐν ἑπτὰ ἡμέραις. καὶ συνεκάλεσε πάντας τοὺς |
| Aris. | 262 | 2 | δ' ἑξῆς καθὼς πρότερον ἡ διάταξις ἦν τῶν κατὰ τὸν * πότον * ἐπιτελουμένων καιροῦ δὲ γενομένου τοὺς ἀπολιπόντας |
| ποῦ | | | 48 ποῦ που |
| πού | | | 2 |
| Sib. | 4 | 75 | εἴκοσι φοιτήσει σταχυητρόφος ἡνίκα Νεῖλος ἄλλοθί * που * ὑπὸ γαῖαν ἀποκρύψει μέλαν ὕδωρ. ἥξει δ' ἐξ Ἀσίης |
| LEze. 9 | 29 16 | 03 | τόπον πρὸς αὐτῇ τῇδέ γ' εὐαεῖ νάπῃ. ἔστιν γὰρ ὥς * που * καὶ σὺ τυγχάνεις ὁρῶν ἐκεῖ τόθεν δὲ φέγγος ἐξέλαμψέ |
| πούς | | | 105 |
| Adam | 26 | 2 | καὶ τῇ κοιλίᾳ πορεύσει ὑστερηθεὶς καὶ χειρῶν καὶ * ποδῶν * σου. οὐκ ἀφεθήσεταί σοι ὠτίον οὔτε πτέρυξ οὔτε ἐν |
| Adam | 29 | 10 | τὸν Τίγριν ποταμὸν καὶ λάβε λίθον καὶ θὲς ὑπὸ τοὺς * πόδας * σου καὶ στῆθι ἐνδεδυμένη ἐν τῷ ὕδατι ἕως τοῦ |
| Hen. | 10 | 4 | τοῦ αἰῶνος. καὶ τῷ Ῥαφαὴλ εἶπεν δῆσον τὸν Ἀζαὴλ * ποσὶν * καὶ χερσὶν καὶ βάλε αὐτὸν εἰς τὸ σκότος καὶ |
| Hen. | 10B | 4 | πορεύου Ῥαφαὴλ καὶ δῆσον τὸν Ἀζαὴλ χερσὶ καὶ * ποσὶ * συμπόδισον αὐτὸν καὶ ἔμβαλε αὐτὸν εἰς τὸ σκότος καὶ |
| Abr.1 | 3 | 6 | Ἰσαὰκ καὶ προσεκύνησεν καὶ προσέπεσεν τοῖς * ποσὶν * τοῦ ἀσωμάτου καὶ ὁ ἀρχιστράτηγος ηὐλόγησεν τὸν |
| Abr.1 | 3 | 7 | ἵνα νίψωμεν τοῦ ἀνθρώπου τούτου τοῦ ἐπιξένου τοὺς * πόδας * ὅτι ἀπὸ μακρᾶς ὁδοῦ πρὸς ἡμᾶς ἐκοπίασεν. καὶ |
| Abr.1 | 3 | 9 | ⟨πρὸς⟩ αὐτόν. προσελθὼν οὖν Ἀβραὰμ ἔνιπτεν τοὺς * πόδας * τοῦ ἀρχιστρατήγου Μιχαὴλ ἐκινήθησαν δὲ τὰ σπλάγχνα |
| Abr.1 | 6 | 6 | πατρὸς καὶ γὰρ ἐγὼ τῇ ὀψὲ βραδείᾳ ὅτε ἔνιπτον τοὺς * πόδας * αὐτοῦ ἐν τῇ λεκάνῃ τοῦ νιπτῆρος εἶπον ἐν τῇ καρδίᾳ |
| Abr.1 | 6 | 6 | τοῦ νιπτῆρος εἶπον ἐν τῇ καρδίᾳ μου οὗτοι οἱ * πόδες * ἐκ τῶν τριῶν ἀνδρῶν εἰσὶν οὓς ἔνιψα τότε καὶ γὰρ |
| Abr.1 | 9 | 2 | ἀναστὰς μετὰ πολλῶν δακρύων προσέπεσεν τοῖς * ποσὶν * τοῦ ἀσωμάτου καὶ ἱκέτευεν αὐτὸν λέγων δέομαί σου |
| Abr.1 | 15 | 4 | ἦλθεν δὲ Σάρρα ἡ γυνὴ αὐτοῦ καὶ περιεπλάκη τοῖς * ποσὶν * τοῦ ἀσωμάτου ἱκετεύουσα καὶ λέγουσα εὐχαριστῶ σοι |
| Abr.1 | 17 | 1 | αὐτοῦ ἦλθεν οὖν καὶ ὁ θάνατος καὶ ἔστη παρὰ τοὺς * πόδας * αὐτοῦ. εἶπεν οὖν Ἀβραὰμ ἄπελθε ἄπελθε ἀπ' ἐμοῦ |
| Abr.1 | 20 | 6 | δὲ καὶ ἡ Σάρρα ἡ γυνὴ αὐτοῦ καὶ⟩ περιεπλάκη τοῖς * ποσὶν * τοῦ Ἀβραὰμ ὀδυρομένη πικρῶς. ἦλθοσαν δὲ πάντες οἱ |
| Abr.2 | 3 | 6 | ὕδωρ ἐπὶ τῆς λεκάνης καὶ φέρε ἵνα νίψωμεν τοὺς * πόδας * τοῦ ξένου τοῦ ἐπιξενωθέντος εἰς ἡμᾶς λέγω γὰρ ἐν |
| Abr.2 | 3 | 7 | γενήσεται τὸ ἐπιπλῆσαι ὕδωρ εἰς νιπτῆρα καὶ πλῦναι * πόδας * ἀνθρώπου ξενιζομένου πρὸς ἡμᾶς. καὶ ἀκούσας Ἰσαὰκ |
| Abr.2 | 3 | 9 | ὃ εἶπας ὅτι ἔσχατόν μοι ἐγένετο τοῦτο τοῦ νίψαι * πόδας * ἀνθρώπου ξενιζομένου ἐν τῷ οἴκῳ ἡμῶν; καὶ ἰδὼν |
| Abr.2 | 6 | 13 | Ἀβραὰμ καλῶς κυρὰ Σάρρα ἐνόησας ὅτι κἀγὼ τοὺς * πόδας * αὐτῶν ἔπλυνα καὶ ἐγνώρισα ἐν τῇ καρδίᾳ μου ὅτι |
| Abr.2 | 6 | 13 | καὶ ἐγνώρισα ἐν τῇ καρδίᾳ μου ὅτι οὗτοί εἰσιν οἱ * πόδες * οὓς ἔπλυνα ὑπὸ τῶν δένδρων Μαμβρῆ ὑπάγοντες |
| TLevi | 18 2B020 | | ἐνδιδύσκῃ νίπτου πάλιν τὰς χεῖράς σου καὶ τοὺς * πόδας * σου πρὸ τοῦ ἐγγίσαι πρὸς τὸν βωμὸν προσενέγκαι |
| TLevi | 18 2B021 | | ἐπὶ τὸν βωμὸν πάλιν νίπτου τὰς χεῖράς σου καὶ τοὺς * πόδας * σου. καὶ ἀνάφερε τὰ ξύλα πρῶτον ⟨ἐ⟩σχισμένα |
| TLevi | 18 2B026 | | καὶ πάλιν νίψαι σου τὰς χεῖρας καὶ τοὺς * πόδας * ἀπὸ τοῦ αἵματος καὶ ἄρξῃ τὰ μέλη ἀναφέρειν |
| TLevi | 18 2B028 | | ταῦτα τὴν ὀσφὺν σὺν τῷ νώτῳ καὶ μετὰ ταῦτα τοὺς * πόδας * πεπλυμένους σὺν τοῖς ἐνδοσθίοις καὶ πάντα ἡλισμένα |
| TLevi | 18 2B053 | | καὶ ἐπὶ πᾶσαν ὥραν νίπτου τὰς χεῖρας καὶ τοὺς * πόδας * ὅταν πορεύῃ πρὸς τὸ θυσιαστήριον καὶ ὅταν |
| TLevi | 18 2B054 | | οὐκ ἀνήψης αὐτῷ αὐθημερόν. καὶ τὰς χεῖρας καὶ τοὺς * πόδας * νίπτου διὰ παντὸς ἀπὸ πάσης σαρκὸς καὶ μὴ ὀφθήτω |
| TLevi | 19 | 4 | ἐντελλόμενος τοῖς υἱοῖς αὐτοῦ καὶ ἐξέτεινε τοὺς * πόδας * αὐτοῦ καὶ προσετέθη πρὸς τοὺς πατέρας αὐτοῦ ζήσας |
| TJud. | 2 | 4 | ἔριφον ἐκ τοῦ στόματος αὐτοῦ. ἄρκον λαβὼν ἐκ τοῦ * ποδὸς * ἀπεκύλισα εἰς κρημνὸν καὶ πᾶν θηρίον εἰ ἐπέστρεφε |
| TJud. | 3 | 4 | δύο μερίδας ποιήσας τὴν ἀσπίδα αὐτοῦ συνέκοψα τοὺς * πόδας * αὐτοῦ. ἐν δὲ τῷ ἐκδύειν με αὐτοῦ τὸν θώρακα ἰδοὺ |
| TIss. | 7 | 9 | σπηλαίῳ μετὰ τῶν πατέρων αὐτοῦ. καὶ ἐξέτεινε τοὺς * πόδας * αὐτοῦ καὶ ἀπέθανε πέμπτος ἐν γήρει καλῷ πᾶν μέλος |
| TZab. | 9 | 4 | ὁ κύριος κεφαλὴν μίαν ἔχει. ἔδωκε δύο ὤμους χεῖρας * πόδας * ἀλλὰ πάντα τὰ μέλη τῇ μιᾷ κεφαλῇ ὑπακούει. ἔγνων |
| TNep. | 2 | 1 | ἔσπευδε θηλάζειν. καὶ ἐπειδὴ κοῦφος ἤμην τοῖς * ποσὶ * μου ὡς ἔλαφος ἔταξέ με ὁ πατήρ μου Ἰακὼβ εἰς πᾶσαν |
| TNep. | 5 | 4 | καὶ Ἰούδας ἦν λαμπρὸς ὡς ἡ σελήνη καὶ ὑπὸ τοὺς * πόδας * αὐτοῦ ἦσαν δώδεκα ἀκτῖνες. καὶ προσδραμόντες |
| TGad | 1 | 3 | ἐπὶ τὴν ποίμνην κατεδίωκον αὐτὸ καὶ πιάζων τὸν * πόδα * αὐτοῦ τῇ χειρί μου καὶ γυρεύων ἐσκότουν καὶ |
| TGad | 8 | 4 | με σύνεγγυς τῶν πατέρων μου. καὶ ἐξάρας τοὺς * πόδας * αὐτοῦ ἐκοιμήθη ἐν εἰρήνῃ. καὶ μετὰ πέντε ἔτη |
| TJos. | 6 | 8 | ἔσται μετ' ἐμοῦ. ἡ δὲ ἔπεσεν ἐπὶ πρόσωπον εἰς τοὺς * πόδας * μου καὶ ἔκλαυσε καὶ ἀναστήσας αὐτὴν ἐνουθέτησα καὶ |
| TJos. | 20 | 4 | Ῥαχὴλ θέτε αὐτήν. καὶ ταῦτα εἰπὼν ἐκτείνας τοὺς * πόδας * αὐτοῦ ἐκοιμήθη ὕπνον αἰώνιον. καὶ ἐπένθησεν αὐτὸν |
| TBen. | 12 | 3 | Χανάαν. καὶ ἔθαψαν αὐτοὺς ἐν Χεβρὼν παρὰ τοὺς * πόδας * τῶν πατέρων αὐτῶν. καὶ αὐτοὶ ἐπέστρεψαν ἐκ γῆς |
| Asen. | 3 | 6 | ζώνην χρυσῆν καὶ ψέλια εἰς τὰς χεῖρας καὶ τοὺς * πόδας * αὐτῆς ἔθετο καὶ ἀναξυρίδας χρυσᾶς περιέθηκε τοῖς |
| Asen. | 3 | 6 | αὐτῆς ἔθετο καὶ ἀναξυρίδας χρυσᾶς περιέθηκε τοῖς * ποσὶν * αὐτῆς καὶ περὶ τὸν τράχηλον αὐτῆς περιέθετο κόσμον |
| Asen. | 7 | 1 | καὶ ἐκάθισεν ἐπὶ τοῦ θρόνου. καὶ ἔνιψαν τοὺς * πόδας * αὐτοῦ καὶ παρέθηκαν αὐτῷ τράπεζαν κατ' ἰδίαν διότι |
| Asen. | 10 | 10 | καὶ τὸ διάδημα καὶ τὰ ψέλια ἀπὸ τῶν χειρῶν καὶ τῶν * ποδῶν * αὐτῆς καὶ ἔθηκε πάντα εἰς τὸ ἔδαφος. καὶ ἔλαβε τὴν |
| Asen. | 13 | 15 | δούλην. κἀγὼ στρώσω τὴν κλίνην αὐτοῦ καὶ νίψω τοὺς * πόδας * αὐτοῦ καὶ διακονήσω αὐτῷ καὶ ἔσομαι αὐτῷ δούλη καὶ |
| Asen. | 14 | 8 | στρατιᾶς τοῦ ὑψίστου. ἀνάστηθι καὶ στῆθι ἐπὶ τοὺς * πόδας * σου καὶ λαλήσω πρός σε τὰ ῥήματά μου. καὶ ἐπῆρε |
| Asen. | 14 | 9 | πυρὸς ὑπολαμπάδος καιομένης καὶ αἱ χεῖρες καὶ οἱ * πόδες * ὥσπερ σίδηρος ἐκ πυρὸς ἀπολάμπων καὶ σπινθῆρες |
| Asen. | 14 | 9 | καὶ σπινθῆρες ἀπεπήδων ἀπό τε τῶν χειρῶν καὶ τῶν * ποδῶν * αὐτοῦ. καὶ εἶδεν Ἀσενὲθ καὶ ἔπεσεν ἐπὶ πρόσωπον |
| Asen. | 14 | 10 | Ἀσενὲθ καὶ ἔπεσεν ἐπὶ πρόσωπον αὐτῆς ἐπὶ τοὺς * πόδας * αὐτοῦ ἐπὶ τὴν γῆν. καὶ ἐφοβήθη Ἀσενὲθ φόβον μέγαν |
| Asen. | 14 | 11 | καὶ μὴ φοβηθῇς ἀλλ' ἀνάστηθι καὶ στῆθι ἐπὶ τοὺς * πόδας * σου καὶ λαλήσω πρός σε τὰ ῥήματά μου. καὶ ἀνέστη |
| Asen. | 14 | 12 | ῥήματά μου. καὶ ἀνέστη Ἀσενὲθ καὶ ἔστη ἐπὶ τοὺς * πόδας * αὐτῆς. καὶ εἶπεν αὐτῇ ὁ ἄνθρωπος βάδιζε ἀκωλύτως |
| Asen. | 15 | 11 | ἐπὶ πᾶσι τοῖς ῥήμασιν αὐτοῦ καὶ ἔπεσεν ἐπὶ τοὺς * πόδας * αὐτοῦ καὶ προσεκύνησεν αὐτῷ ἐπὶ πρόσωπον εἰς τὴν |
| Asen. | 16 | 19 | πᾶσαι αἱ μέλισσαι ἐκεῖναι τῇ Ἀσενὲθ ἀπὸ * ποδῶν * ἕως κεφαλῆς. καὶ ἄλλαι μέλισσαι ἦσαν μεγάλαι καὶ |
| Asen. | 18 | 6 | ἐν ταῖς χερσὶν αὐτῆς ψέλια χρυσᾶ καὶ εἰς τοὺς * πόδας * ἀναξυρίδας χρυσᾶς καὶ κόσμον τίμιον περιέθηκε περὶ |
| Asen. | 18 | 11 | καὶ ἐφοβήθη φόβον μέγαν καὶ ἔπεσεν ἐπὶ τοὺς * πόδας * αὐτῆς καὶ εἶπεν τί ἐστι τοῦτο δέσποινά μου καὶ τίς |
| Asen. | 20 | 2 | τοῦ πατρὸς αὐτῆς. καὶ ἤνεγκεν ὕδωρ τοῦ νίψαι τοὺς * πόδας * αὐτοῦ. καὶ εἶπεν Ἰωσὴφ ἐλθάτω δὴ μία τῶν παρθένων |
| Asen. | 20 | 3 | Ἰωσὴφ ἐλθάτω δὴ μία τῶν παρθένων καὶ νιψάτω τοὺς * πόδας * μου. καὶ εἶπε πρὸς αὐτὸν Ἀσενὲθ οὐχί κύριέ μου |
| Asen. | 20 | 4 | ἵνα τί σὺ τοῦτο λαλεῖς ἄλλην παρθένον νίψαι τοὺς * πόδας * σου. διότι οἱ πόδες σου πόδες μού εἰσι καὶ αἱ |
| Asen. | 20 | 4 | ἄλλην παρθένον νίψαι τοὺς πόδας σου. διότι οἱ * πόδες * σου πόδες μού εἰσι καὶ αἱ χεῖρές σου χεῖρές μού |
| Asen. | 20 | 4 | παρθένον νίψαι τοὺς πόδας σου. διότι οἱ πόδες σου * πόδες * μού εἰσι καὶ αἱ χεῖρές σου χεῖρές μού εἰσι καὶ ἡ |
| Asen. | 20 | 4 | ἡ ψυχή σου ψυχή μου καὶ οὐ μὴ σοῦ νίψῃ ἄλλη τοὺς * πόδας. * καὶ ἐβιάσατο αὐτὸν καὶ ἔνιψε τοὺς πόδας αὐτοῦ. |
| Asen. | 20 | 5 | ἄλλη τοὺς πόδας. καὶ ἐβιάσατο αὐτὸν καὶ ἔνιψε τοὺς * πόδας * αὐτοῦ. καὶ ἐθεώρει Ἰωσὴφ τὰς χεῖρας αὐτῆς καὶ |
| Asen. | 22 | 7 | ⟨καὶ⟩ οἱ μηροὶ αὐτοῦ καὶ αἱ κνῆμαι ⟨αὐτοῦ⟩ καὶ οἱ * πόδες * αὐτοῦ ὡσεὶ γίγαντος. ⟨καὶ ἦν Ἰακὼβ ὡς ἄνθρωπος ὃς |
| Asen. | 23 | 8 | ἐν τῇ καρδίᾳ τῶν ἀνθρώπων. καὶ ἐπάτησε Λευὶς τῷ * ποδὶ * αὐτοῦ τὸν δεξιὸν πόδα τοῦ Συμεὼν καὶ ἔθλιψεν αὐτὸν |
| Asen. | 23 | 8 | καὶ ἐπάτησε Λευὶς τῷ ποδὶ αὐτοῦ τὸν δεξιὸν * πόδα * τοῦ Συμεὼν καὶ ἔθλιψεν αὐτὸν καὶ ἐσήμανεν αὐτῷ τοῦ |
| Asen. | 23 | 15 | ἔπεσεν ἐπὶ πρόσωπον αὐτοῦ ἐπὶ τὴν γῆν ὑποκάτω τῶν * ποδῶν * αὐτῶν. καὶ ἐξέτεινε Λευὶς τὴν χεῖρα αὐτοῦ τὴν |
| Sal. | 7 | 2 | ἡμᾶς δωρεάν. ὅτι ἀπώσω αὐτοὺς ὁ θεὸς μὴ πατησάτω ὁ * πούς * αὐτῶν κληρονομίαν ἁγιάσματός σου. σὺ ἐν θελήματί |
| Sal. | 8 | 18 | εἰς οἶκον υἱῶν αὐτοῦ μετ' εἰρήνης ἔστησεν τοὺς * πόδας * αὐτοῦ μετὰ ἀσφαλείας πολλῆς. κατελάβετο τὰς |
| Bar. | 2 | 3 | αὐτῷ ὧν τὰ πρόσωπα βοῶν τὰ δὲ κέρατα ἐλάφων οἱ δὲ * πόδες * αἰγῶν αἱ δὲ ὀσφύες ἀρνῶν. καὶ ἠρώτησα ἐγὼ Βαρούχ |
| Bar. | 3 | 3 | ἀνθρώπων ἡ δὲ θεωρία αὐτῶν ὁμοία κυνῶν οἱ δὲ * πόδες * ἐλάφων. καὶ ἠρώτησα τὸν ἄγγελον δέομαί σου κύριε |
| Prop. | 4 | 5 | ἦν τὰ ἐμπρόσθια ὡς βοῦς σὺν τῇ κεφαλῇ καὶ οἱ * πόδες * σὺν τοῖς ὀπισθίοις λέων. ἀπεκαλύφθη τῷ ὁσίῳ περὶ |
| Prop. | 21 | 12 | τὸν Ἰορδάνην καὶ διῃρέθη καὶ διέβησαν ξηρῷ τῷ * ποδὶ * αὐτός τε καὶ Ἐλισαῖος τὸ τελευταῖον ἀνελήφθη |
| Prop. | 22 | 5 | καὶ διῃρέθη τὸ ὕδωρ καὶ διέβη καὶ αὐτὸς ξηρῷ τῷ * ποδὶ * τὰ ὕδατα ἐν Ἰεριχῷ πονηρὰ ἦν καὶ ἄγονα καὶ ἀκούσας |
| Esdr. | 4 | 31 | οἱ δάκτυλοι αὐτοῦ ὡς δρέπανα τὸ ἴχνος τῶν * ποδῶν * αὐτοῦ σπιθαμῶν δύο καὶ εἰς τὸ μέτωπον αὐτοῦ γραφή |
| Esdr. | 6 | 14 | ἔχομεν αὐτὴν ἐκβαλεῖν. καὶ εἶπεν ὁ προφήτης καὶ οἱ * πόδες * μου ἐν τῷ θυσιαστηρίῳ περιεπάτησαν. καὶ ἀπῆλθον οἱ |
| Sedr. | 7 | 11 | καὶ ὅταν κινήσῃ ὁ ἄνθρωπος πρὸς τὴν ἁμαρτίαν τὸν * πόδα * αὐτοῦ τὸν ἕνα κρατῆσαι καὶ οὐ μὴ πορεύεται ὅπου δὲ |
| Sedr. | 8 | 1 | δὲ θέλει. λέγει αὐτῷ ὁ θεὸς ἐὰν κρατήσω αὐτοῦ τὸν * πόδα * λέγει ὅτι οὐκ ἐποίησάς μοι χάριν εἰς τὸν κόσμον |
| Sedr. | 11 | 9 | καὶ ἄρτι πάροικοι γίνεσθε τοῦ κόσμου τούτου. ὦ * πόδες * καλοπεριπατητοὶ αὐτόδρομοι ταχύτατοι λίαν |
| Sedr. | 11 | 11 | ὅτι πλὴν σου τὸ σκεῦος οὐ κινεῖται. οἱ * πόδες * συντρέχουσιν τὸν ἥλιον καὶ τὴν σελήνην ἐν νυκτὶ |
| Sedr. | 11 | 12 | καὶ τὰς πόσεις καὶ τὸ σκεῦος διατρέφοντες. ὦ * πόδες * ἀνθύτατοι καὶ καλόδρομοι ἐπὶ προσώπου τῆς γῆς |
| Sedr. | 11 | 13 | τοὺς οἴκους εὐτρεπίζοντες παντὸς ἀγαθοῦ. ὦ * πόδες * ὅλον τὸ σῶμα βαστάζοντες εἰς τοὺς ναοὺς |
| Sedr. | 11 | 14 | καὶ ἄρτι ἀκίνητοι μένετε. ὦ κεφαλὴ καὶ χεῖρες καὶ * πόδες * ἕως ἄρτι σώζω σε. ὦ ψυχὴ τί γάρ σε ἐνέβαλεν εἰς τὸ |
| Job | 20 | 6 | ἐξελθεῖν καὶ ἐπάταξέν με πληγὴν σκληρὰν ἀπὸ * ποδῶν * ἕως κεφαλῆς καὶ ἐν μεγάλῃ ταραχῇ καὶ ἀδημονίᾳ |
| Job | 25 | 6 | τρίχα ἀντὶ ἄρτων. βλέπε τίς εἶχεν τὸν νιπτῆρα τῶν * ποδῶν * χρυσοῦ καὶ ἀργύρου, νυνὶ δὲ ποσὶν βαδίζει ἐπὶ |
| Job | 25 | 6 | τὸν νιπτῆρα τῶν ποδῶν χρυσοῦ καὶ ἀργύρου, νυνὶ δὲ * ποσὶν * βαδίζει ἐπὶ ἐδάφους, ἀλλὰ καὶ τὴν τρίχα |
| Job | 39 | 3 | αὐτὴν ὅτε οὖν ἦλθεν, ἔρριψεν ἑαυτὴν παρὰ τοὺς * πόδας * αὐτῶν, καὶ κλαίουσα ἔλεγεν μνήσθητί μου ὁ Ελιφας |
| Aris. | 64 | 7 | θέσιν καὶ τὴν τῆς στεφάνης εἶναι κατὰ τὸ τῶν * ποδῶν * μέρος. ἔλασμα γὰρ ἐποίησαν καθ' ὅλου τοῦ πλάτους |
| Aris. | 65 | 3 | τῆς τραπέζης στερεὸν δακτύλων τεσσάρων ὥστε τοὺς * πόδας * ἐνίεσθαι εἰς τοῦτο περόνας ⟨σὺν⟩ κατακλεῖσιν |
| Aris. | 68 | 1 | ἀμίμητον θεωρίαν ἀποτελοῦν τοῖς θεωροῦσι. τοὺς δὲ * πόδας * ἐποίησαν τὰς κεφαλίδας ἔχοντας κρινωτὰς ἀνάκλασιν |
| Aris. | 69 | 1 | ἔχοντα τὴν πετάλωσιν. ἡ δὲ ἐπ' ἐδάφους ἔρεισις τοῦ * ποδὸς * ἄνθρακος λίθου πάντοθεν παλαιστιαία κρηπῖδος |

Aris. 69 4 πλάτος ἔχουσα ἐφ' ὃν ἐπίκειται τὸ πᾶν ἔλασμα τοῦ * ποδός. * κατεσκεύασαν δὲ ἐκφύοντα κισσὸν ἀκάνθῳ πλεκόμενον
Aris. 70 3 ἐκ τοῦ λίθου σὺν ἀμπέλῳ περιειλούμενον κυκλόθεν τῷ * ποδὶ * σὺν τοῖς βότρυσιν οἱ λιθουργεῖς ἦσαν μέχρι τῆς
Aris. 70 5 τῆς κεφαλῆς. ἡ δ' αὐτὴ διάθεσις ἦν τῶν τεσσάρων * ποδῶν * πάντα ἐνεργῶς πεποιημένα καὶ προσηγμένα τῆς
Aris. 135 3 πρὸς τὸ ζῆν αὐτοῖς χρήσιμον οἷς προσκυνοῦσι παρὰ * πόδας * ἔχοντες τὴν ἀναισθησίαν. εἴτε γὰρ κατ' ἐκεῖνό τις
Sib. 3 527 βαθυζώνους τε γυναῖκας ἐκ θαλάμων ἁπαλὰς τρυφεροῖς * ποσὶ * πρόσθε πεσούσας ὄψονται δεσμοῖσιν ὑπ' ἐχθρῶν
Sib. 5 264 ἔνθεος ὕμνων. οὐκέτι βακχεύσει περὶ σὴν χθόνα * ποὺς * ἀκάθαρτος Ἑλλήνων ὁμόθεσμον ἐνὶ στήθεσσιν ἔχων
FJub. 3 23 ὁ ὄφις ἀπὸ κτήνους ἑρπετὸν ἐγένετο χεῖράς τε καὶ * πόδας * ἐκέκτητο. ἀφῃρέθη δὲ ταῦτα διὰ τὸ τολμηρῶς εἰς τὸν
FEll. 4 228 τὸ κάτω μέγα ὁ δεξιὸς αὐτοῦ μηρὸς λεπτὸς καὶ οἱ * πόδες * αὐτοῦ πλατεῖς τέθλασται δὲ ὁ μέγας δάκτυλος τοῦ
FEll. 4 228 αὐτοῦ πλατεῖς τέθλασται δὲ ὁ μέγας δάκτυλος τοῦ * ποδὸς * αὐτοῦ.
FBar. 13 2 εξηλθεν εξ ὕ⟨ψους και ειπε μοι ανα⟩στα επι τους * πο⟨δας * σου Βαρουχ και ακουε⟩ τον λογον ἰσχυ⟨ρου θεου⟩
FEz. 64 70 10 ὁ προετράπη ὅτε ἔφθασε λέγει δεῦρό μοι γενοῦ * πόδες * καὶ βάστασόν με καὶ γίνομαί σοι ὀφθαλμοὶ ἄνωθεν
IOrp. 34 οὐρανὸν ἐστήρικται χρυσέῳ εἰνὶ θρόνῳ γαίῃ δ' ὑπὸ * ποσσὶ * βέβηκε χεῖρά τε δεξιτερὴν ἐπὶ τέρματος ὠκεανοῖο
HEup. 9 34 9 ὑπερέχουσαν πῆχυν ἕνα πρὸς τὸ τοὺς ἱερεῖς τούς τε * πόδας * προσκλύζεσθαι καὶ τὰς χεῖρας νίπτεσθαι
LEze. 9 29 8 02 ὦ φέριστε μὴ προσεγγίσῃς Μωσῆ πρὶν ἢ τῶν σῶν * ποδῶν * λῦσαι δέσιν ἁγία γὰρ ἧς σὺ γῆς ἐφέστηκας πέλει ὁ
LEze. 9 29 13 07 οὕτως φάγεσθε ταῦτα περιεζωσμένοι καὶ κοῖλα * ποσσὶν * ὑποδέδεσθε καὶ χερὶ βακτηρίαν ἔχοντες. ἐν σπουδῇ
LEze. 9 29 16 27 ὡς γαυρούμενος ἔβαινε κραιπνὸν βῆμα βαστάζων * ποδός. * ὦ πᾶσιν ἀρχὴ καὶ πέρας κακῶν ὄφις σύ τ' ὦ βαρὺν
LAri. 8 10 1 παρ' ἡμῖν καὶ χεῖρες καὶ βραχίων καὶ πρόσωπον καὶ * πόδες * καὶ περίπατος ἐπὶ τῆς θείας δυνάμεως ἃ τεύξεται
FrAn. 9 17 5 θεομηνίαν τοιούτῳ παθήματι περιπεσεῖν ὑπὸ τοὺς * πόδας * αὐτοῦ τὸ μειράκιον ἔθαψεν ἀπολογούμενος ταύτῃ ὑπὲρ
FrAn. 574 3082 ἐὰν ἦν. ὀρκίζων δὲ φύσα ἀπὸ τῶν ἄκρων καὶ τῶν * ποδῶν * ἀπαίρων τὸ φύσημα ἕως τοῦ προσώπου καὶ

πρᾶγμα 40

Adam 31 3 τότε λέγει ὁ Ἀδὰμ τῇ Εὔᾳ μὴ θέλε φροντίζειν περὶ * πραγμάτων * οὐ γὰρ βραδυνεῖς ἀπ' ἐμοῦ ἀλλ' ἴσα
Hen. 6 3 ἦν ἄρχων αὐτῶν φοβοῦμαι μὴ οὐ θελήσετε ποιῆσαι τὸ * πρᾶγμα * τοῦτο καὶ ἔσομαι ἐγὼ μόνος ὀφειλέτης ἁμαρτίας
Hen. 6 4 μέχρις οὗ ἂν τελέσωμεν αὐτὴν καὶ ποιήσωμεν τὸ * πρᾶγμα * τοῦτο. τότε ὤμοσαν πάντες ὁμοῦ καὶ ἀνεθεμάτισαν
Hen. 6B 3 πρὸς αὐτοὺς φοβοῦμαι μὴ οὐ θελήσητε ποιῆσαι τὸ * πρᾶγμα * τοῦτο καὶ ἔσομαι ἐγὼ μόνος ὀφειλέτης ἁμαρτίας
Abr.1 1 4 αὐτὸν περὶ τοῦ θανάτου ἵνα διατάξεται περὶ τῶν * πραγμάτων * αὐτοῦ ὅτι ηὐλόγησα αὐτὸν ὡς τὰ ἄστρα τοῦ
Abr.1 1 5 τὸ χεῖλος τῆς θαλάσσης καὶ ἔστιν ἐν ἐμπορίᾳ βίου * πραγμάτων * πολλῶν καὶ ὑπάρχει πλούσιος πάνυ παρὰ πάντων
Abr.1 10 10 διορύττοντας οἴκους καὶ ἁρπάζοντας τὰ ἀλλότρια * πράγματα * καὶ εἶπεν Ἀβραὰμ κύριε κέλευσον ἵνα κατέλθῃ
TSim. 2 3 οὐκ ἐδειλίασα πρᾶξιν οὐδὲ ἐφοβήθην ἀπὸ παντὸς * πράγματος. * ἡ γὰρ καρδία μου ἦν σκληρὰ καὶ τὰ ἥπατά μου
TSim. 2 14 καὶ ἀπὸ πάσης ἀφροσύνης. ἔγνων γὰρ ὅτι πονηρὸν * πρᾶγμα * ἐνεθυμήθην ἐνώπιον κυρίου καὶ Ἰακὼβ τοῦ πατρός
TLevi 8 1 ἀπάραντες ἤλθομεν εἰς Βεθήλ. κἀκεῖ πάλιν εἶδον * πρᾶγμα * ὥσπερ τὸ πρότερον μετὰ τὸ ποιῆσαι ἡμέρας
TNep. 8 10 εἰδότες τάξιν ἐντολῶν αὐτοῦ καὶ θεσμοὺς παντὸς * πράγματος * ὅπως ὁ κύριος ἀγαπήσει ὑμᾶς. καὶ πολλὰ τοιαῦτα
TAser 2 1 φησὶ τὸ καλὸν ὑπὲρ τοῦ κακοῦ καὶ τὸ τέλος τοῦ * πράγματος * εἰς κακίαν ἄγει. ἔστιν ἄνθρωπος--- ὅτι οὐκ
TJos. 17 6 οὐκ ἀφῆκα γὰρ αὐτοὺς θλιβῆναι ἕως μικροῦ * πράγματος * καίγε πᾶν ὃ ἦν ἐν χειρί μου αὐτοῖς ἔδωκα. οἱ
TJos. 20 6 συνέπασχε καὶ εὐεργέτει παντὶ ἔργῳ καὶ βουλῇ καὶ * πράγματι * παριστάμενος.
Asen. 26 2 αὐτὸς διαφυλάξει σε ὡς κόρην ὀφθαλμοῦ ἀπὸ παντὸς * πράγματος * πονηροῦ. διότι κἀγὼ πορεύσομαι ἐπὶ τὴν
Asen. 29 3 χειρὸς αὐτοῦ καὶ εἶπεν μηδαμῶς ἀδελφὲ ποιήσεις τὸ * πρᾶγμα * τοῦτο διότι ἡμεῖς ἄνδρες θεοσεβεῖς ἐσμὲν καὶ οὐ
Job 6 3 μὴ σημανθήτω, ἀλλ' εἴπατε ὅτι οὐ σχολάζει περὶ γὰρ * πράγματος * ἀναγκαίου ἔνδον ἐστίν. καὶ ἐμοῦ ἔνδον ὄντος, ὁ
Aris. 2 3 ἤτοι κατὰ τὰς ἱστορίας ἢ καὶ κατ' αὐτὸ τὸ * πρᾶγμα * πεπειραμένῳ. οὕτω γὰρ κατασκευάζεται ψυχῆς καθαρὰ
Aris. 15 2 βασιλέα μήποτε ἄλογον ᾖ ἐλέγχεσθαι ὑπ' αὐτῶν τῶν * πραγμάτων * ὦ βασιλεῦ. τῆς γὰρ νομοθεσίας κειμένης πᾶσι
Aris. 19 5 δέκα. ὃ δὲ μικρόν γε εἶπεν Ἀριστέας ἡμᾶς ἀξιοῖ * πρᾶγμα. * Σωσίβιος δὲ καὶ τῶν παρόντων τινὲς τοῦτ' εἶπον
Aris. 25 2 διειλήφαμεν γὰρ καὶ ἡμῖν συμφέρειν καὶ τοῖς * πράγμασι * τοῦτ' ἐπιτελεσθῆναι. τὸν δὲ βουλόμενον
Aris. 32 7 τὸ κατὰ τὴν ἑρμηνείαν ἀκριβὲς ἀξίως καὶ τῶν * πραγμάτων * καὶ τῆς σῆς προαιρέσεως θῶμεν εὐσήμως. εὐτύχει
Aris. 56 4 διανοούμενος καὶ φύσιν ἔχων ἀγαθὴν εἰς τὸ συνιδεῖν * πραγμάτων * ἔμφασιν. ὅσα δ' ἂν ᾖ ἄγραφα πρὸς καλλονὴν
Aris. 86 7 τινα καὶ δυσαπάλλακτον τὴν θεωρίαν ἔχοντος τοῦ * πράγματος. * ἥ τε τοῦ θυσιαστηρίου κατασκευὴ συμμέτρως
Aris. 104 4 ἀνάγκην ἐπιτελουμένους θείως τὸ κατὰ τὸν ὁρκισμὸν * πρᾶγμα * ὄντας πεντακοσίους μὴ παραδέξασθαι πλεῖον
Aris. 130 2 τὰς ἀναστροφὰς καὶ τὰς ὁμιλίας οἷον ἐνεργάζονται * πρᾶγμα * διότι κακοῖς ὁμιλήσαντες διαστροφὰς
Aris. 140 3 ἱερεῖς ἐγκεκυφότες εἰς πολλὰ καὶ μετεσχηκότες * πραγμάτων * ἀνθρώπους θεοῦ προσονομάζουσιν ἡμᾶς ὃ τοῖς
Aris. 213 3 ἀτάραχος εἴη; ὁ δὲ ἔφη δυσαπολόγητον ἠρώτηκας * πρᾶγμα. * συναναφέρειν γὰρ οὐ δυνάμεθα ἐν τούτοις τοῖς
Aris. 216 2 τὸ δίκαιον αἱρεῖς. ἐπὶ πλεῖον γὰρ ἐν οἷς ἕκαστος * πράγμασιν * ἐγρηγορὼς τὴν διαγωγὴν ποιεῖται καὶ καθ' ὕπνον
Aris. 250 3 ἔφη τὸ θῆλυ γένος καὶ δραστικὸν ἐφ' ὃ βούλεται * πρᾶγμα * καὶ μεταπῖπτον εὐκόπως διὰ παραλογισμοῦ καὶ τῇ
Aris. 264 3 χρῆσθαι; τοῖς διὰ πολλῶν ἔφη πεπειραμένοις * πραγμάτων * καὶ τὴν εὔνοιαν συντηροῦσιν ἀκέραιον πρὸς
Aris. 283 2 δὲ καὶ τούτῳ πρὸς τὸν ἕτερον εἶπεν ἐν τίσι δεῖ * πράγμασι * τοὺς βασιλεῖς τὸν πλείω χρόνον διάγειν; ὁ δὲ
FAch. 108 Αἴγυπτον. καὶ τῷ Αἰσώπῳ τὴν ἐξ ἀρχῆς διοίκησιν τῶν * πραγμάτων * ἐχαρίσατο τὸν δὲ Ἥλιον αὐτῷ παρέσχεν. ὁ δὲ
HHec. 1 22 186 συναπαίρειν εἰς Αἴγυπτον αὐτῷ καὶ κοινωνεῖν τῶν * πραγμάτων * ἠβουλήθησαν. ὧν εἷς ἦν Ἐζεκίας ὁ ἀρχιερεὺς
HHec. 1 22 187 οὐκ ἀνόητος ἔτι δὲ καὶ λέγειν δυνατὸς καὶ τῶν * πραγμάτων * εἴπερ τις ἄλλος ἔμπειρος καίτοι οἱ πάντες
LAri. 8 10 3 βούλεται λέγειν ὁ νομοθέτης ἡμῶν Μωσῆς ἐφ' ἑτέρων * πραγμάτων * λόγους ποιούμενος λέγω δὲ τῶν κατὰ τὴν
LAri. 8 10 3 φυσικὰς διαθέσεις ἀπαγγέλλει καὶ μεγάλων * πραγμάτων * κατασκευάς. οἷς μὲν οὖν πάρεστι τὸ καλῶς νοεῖν
LAri. 8 10 6 καθ' ὅσον ἂν ὦ δυνατός. εἰ δὲ μὴ τεύξομαι τοῦ * πράγματος * μηδὲ πείσω μὴ τῷ νομοθέτῃ προσάψῃς τὴν ἀλογίαν
LAri. 13 12 12 καθεστῶτος ἐν ᾧ γνῶσιν ἔχομεν ἀνθρωπίνων καὶ θείων * πραγμάτων. * δι' ἑβδομάδων δὲ καὶ πᾶς ὁ κόσμος κυκλεῖται
FrAn. 10 98 1 ἄλλου κόσμου ἀρχήν. τότε γὰρ δυστυχήσειν τὰ τῇδε * πράγματα * ὅταν ἀνδριᾶσι πιστεύσωσιν. συνάξει πᾶσαν

πραγματεία 1

FIsa. 1 2 5 Ἰωνὰν τοῦ Ναθὼθ καὶ ἐν χερσὶν Σαδὼκ τοῦ ἐπὶ τῶν * πραγματειῶν. * καὶ οἱ λοιποὶ λόγοι ἰδοὺ γεγραμμένοι εἰσ⟨ὶν

πραγματεύομαι 2

HCal. 24 11 ὁ θάνατος. ἅπιτε οὖν καὶ τὸ συμφέρον ὑμῖν * πραγματεύεσθε. * ἐγὼ δὲ τὴν αὔριον ἐπελεύσομαι πρὸς ὑμᾶς
LAri. 13 12 2 μείζονα φιλοτιμίαν Δημητρίου τοῦ Φαληρέως * πραγματευσαμένου * τὰ περὶ τούτων. δεῖ γὰρ λαμβάνειν τὴν

πρᾶξις 35

TRub. 3 10 ἰδιάζετε μετὰ θηλείας ὑπάνδρου μηδὲ περιεργάζεσθε * πρᾶξιν * γυναικῶν. εἰ μὴ γὰρ εἶδον ἐγὼ Βάλλαν λουομένην ἐν
TRub. 4 1 οὖν προσέχετε κάλλος γυναικῶν μηδὲ ἐννοεῖσθε τὰς * πράξεις * αὐτῶν ἀλλὰ πορεύεσθε ἐν ἁπλότητι καρδίας ἐν φόβῳ
TRub. 5 6 ἐν ἐπιθυμίᾳ ἀλλήλων καὶ συνέλαβον τῇ διανοίᾳ τὴν * πρᾶξιν * καὶ μετεσχηματίζοντο εἰς ἀνθρώπους καὶ ἐν τῇ
TSim. 2 3 αὐτῆς. δυνατὸς ἐγενόμην σφόδρα οὐκ ἐδειλίασα * πρᾶξιν * οὐδὲ ἐφοβήθην ἀπὸ παντὸς πράγματος. ἡ γὰρ καρδία
TIss. 3 3 ἁπλότητι πορεύομαι. καὶ οὐκ ἤμην περίεργος ἐν ταῖς * πράξεσί * μου οὐδὲ πονηρὸς καὶ βάσκανος τῷ πλησίον οὔ
TIss. 5 1 περιεργαζόμενοι ἐντολὰς κυρίου καὶ τοῦ πλησίον τὰς * πράξεις * ἀλλ' ἀγαπᾶτε κύριον καὶ τὸν πλησίον πένητα καὶ
TIss. 7 7 πᾶν πνεῦμα τοῦ Βελιὰρ φεύξεται ἀφ' ὑμῶν καὶ πᾶσα * πρᾶξις * πονηρῶν ἀνθρώπων οὐ κυριεύσει ὑμῶν καὶ πάντα
TZab. 9 7 καὶ τὰ πνεύματα τῆς πλάνης ἀπατᾷ αὐτοὺς ἐπὶ πάσαις * πράξεσιν * αὐτῶν. καὶ μετὰ ταῦτα ἀνατελεῖ ὑμῖν αὐτὸς ὁ
TDan 3 6 πορεύεται ἵνα ἐν ὠμότητι καὶ ψεύδει γίνωνται αἱ * πράξεις * αὐτοῦ. οὐκοῦν σύνετε τὴν δύναμιν τοῦ θυμοῦ ὅτι
TNep. 2 6 ἡ τέχνη αὐτοῦ καὶ ὡς ἡ προαίρεσις αὐτοῦ οὕτω καὶ ἡ * πρᾶξις * αὐτοῦ ὡς ἡ καρδία αὐτοῦ οὕτω καὶ τὸ στόμα αὐτοῦ
TNep. 3 1 μὴ οὖν σπουδάζετε ἐν πλεονεξίᾳ διαφθεῖραι τὰς * πράξεις * ὑμῶν ἢ ἐν λόγοις κενοῖς ἀπατᾶν τὰς ψυχὰς ὑμῶν
TNep. 3 2 οὕτως καὶ ὑμεῖς μὴ ἀλλοιώσητε νόμον θεοῦ ἐν ἀταξίᾳ * πράξεων * ὑμῶν. ἔθνη πλανηθέντα καὶ ἀφέντα τὸν κύριον
TGad 3 1 τῷ πνεύματι τοῦ μίσους ὅτι κακόν ἐστιν ἐπὶ πάσαις * πράξεσιν * ἀνθρώπων. πᾶν ὃ ἐὰν ποιῇ ὁ μισῶν βδελύσσεται
TAser 1 3 τοῖς υἱοῖς τῶν ἀνθρώπων καὶ δύο διαβούλια καὶ δύο * πράξεις * καὶ δύο τρόπους καὶ δύο τέλη. διὰ τοῦτο πάντα
TAser 1 6 αὐτάς. ἐὰν οὖν ἡ ψυχὴ θέλῃ ἐν καλῷ πᾶσα * πρᾶξις * αὐτῆς ἐστιν ἐν δικαιοσύνῃ κἂν ἁμάρτῃ εὐθὺς
TAser 1 8 ἐὰν δὲ ἐν πονηρῷ κλίνῃ τὸ διαβούλιον πᾶσα * πρᾶξις * αὐτῆς ἐστιν ἐν πονηρίᾳ καὶ ἀπωθούμενος τὸ ἀγαθὸν
TAser 1 9 ὅταν γὰρ ἐνάρξηται ὡς ἀγαθὸν ποιῶν τὸ τέλος τῆς * πράξεως * αὐτοῦ εἰς κακὸν ποιεῖν ἀνελαύνει ἐπειδὴ ὁ
TAser 2 3 τούτου φανερὸν ὅτι διπρόσωπόν ἐστι τὸ δὲ πᾶν κακή * πρᾶξις. * καίγε ἀγάπη οὖσα πονηρία ἐστὶ συγκρύπτουσα τὸ
TAser 2 4 ὅπερ ἐστὶ τῷ ὀνόματι ὡς καλὸν τὸ δὲ τέλος τῆς * πράξεως * ἔρχεται εἰς κακόν. ἄλλος κλέπτει ἀδικεῖ ἁρπάζει
TAser 3 2 ἀναιροῦντες τὸν διάβολον ἐν ταῖς ἀγαθαῖς ὑμῶν * πράξεσιν * ὅτι οἱ διπρόσωποι οὐ θεῷ ἀλλὰ ταῖς ἐπιθυμίαις
TJos. 5 2 γύναι αἰδέσθητι τὸν κύριον καὶ μὴ ποιήσῃς τὴν * πρᾶξιν * τὴν πονηρὰν ταύτην ἵνα μὴ ἐξολοθρεύθῃς ὅτι καίγε
TJos. 11 1 μεγάλου καὶ δυνατοῦ. καὶ ὑμεῖς οὖν ἔχετε ἐν πάσῃ * πράξει * ὑμῶν πρὸ ὀφθαλμῶν τὸν τοῦ θεοῦ φόβον καὶ τιμᾶτε
TBen. 9 1 οἰκοδομεῖ αὐτὸς δὲ οὐ μιαίνεται. ὑπονοῶ δὲ καὶ * πράξεις * ἐν ὑμῖν οὐ καλὰς ἔσεσθαι ἀπὸ λόγων Ἐνὼχ τοῦ
Sal. 4 10 λόγους παρανόμων. οἱ λόγοι αὐτοῦ παραλογισμοὶ εἰς * πρᾶξιν * ἐπιθυμίας ἀδίκου οὐκ ἀπέστη ἕως ἐνίκησεν
Aris. 18 5 ὁσιότητι νομίζουσιν ἄνθρωποι ποιεῖν κατευθύνει τὰς * πράξεις * καὶ τὰς ἐπιβολὰς ὁ κυριεύων ἁπάντων θεὸς ὁ δὲ
Aris. 150 4 ὄνυχας σημεῖόν ἐστι τοῦ διαστέλλειν ἕκαστα τῶν * πράξεων * ἐπὶ τὸ καλῶς ἔχον ἡ γὰρ ἰσχὺς τῶν ὅλων σωμάτων
Aris. 168 6 οὐδὲ μυθωδῶς ἀλλ' ἵνα δι' ὅλου τοῦ ζῆν καὶ ἐν ταῖς * πράξεσιν * ἀσκῶμεν δικαιοσύνην πρὸς πάντας ἀνθρώπους
Aris. 192 4 τοῖς ἀξίοις τοῖς δὲ ἀποτυγχάνουσιν ἢ δι' ὀνείρων ἢ * πράξεων * σημαίνεσθαι τὸ βλαβερὸν αὐτοῖς οὐ κατὰ τὰς
Aris. 195 4 θεὸς δυναστεύει τῶν ἁπάντων καὶ ἐπὶ τῶν καλλίστων * πράξεων * οὐκ αὐτοὶ κατευθύνομεν τὰ βουλευθέντα θεὸς δὲ
Aris. 199 3 εἶπεν εἰ τὸ βουλευθὲν ὀρθῶς ἐν ταῖς τῶν κινδύνων * πράξεσιν * ἐπιτελοῖτο κατὰ πρόθεσιν. τελειοῦται δὲ ὑπὸ τοῦ
Aris. 216 4 τὴν ἀναστροφὴν ἔχει θεὸς δὲ πάντα διαλογισμὸν καὶ * πρᾶξιν * ἐπὶ τὰ κάλλιστα τρεπομένην κατευθύνει καὶ
Aris. 239 6 σὺν χειραγωγίᾳ θεοῦ τοῦτο δ' ἐστὶν αἱ τῶν * πράξεων * τελειώσεις ὑπ' αὐτοῦ. τούτον δὲ ἐπαινέσας πρὸς
FBar. 14 1 ⟨οτι υπ εθνων⟩ υπενεχθησε⟨ται η υπο σου λεχθεισα⟩ * πραξις * και νυν ⟨οιδα οτι πολλοι---⟩ εισιν οι
LThe. 9 22 8 κοινώσασθαι λαβόντα δ' αὐτὸν συγκάταινον ἐπὶ τὴν * πρᾶξιν * παρορμῆσαι λόγιον προφερόμενον τὸν θεὸν ἀνελεῖν
LThe. 9 22 11 εὐθύς. πυθομένους δὲ καὶ τοὺς ἑτέρους ἀδελφοὺς τὴν * πρᾶξιν * αὐτῶν ἐπιβοηθῆσαι καὶ τὴν πόλιν ἐκπορθῆσαι καὶ

πρᾶος 2

TDan 6 9 ὁ σωτὴρ τῶν ἐθνῶν ἔστι γὰρ ἀληθὴς καὶ μακρόθυμος * πρᾶος * καὶ ταπεινὸς καὶ ἐκδιδάσκων διὰ τῶν ἔργων νόμον

Prop. 16 2 καὶ ἐπειδὴ πᾶς ὁ λαὸς ἐτίμα αὐτὸν ὡς ὅσιον καὶ * πρᾶον * ἐκάλεσεν αὐτὸν Μαλαχὶ ὃ ἑρμηνεύεται ἄγγελος ἦν γὰρ
πραότης 3
Abr.1 1 1 δὲ τὰ τέλη τῆς ζωῆς αὐτοῦ ζήσας ἐν ἡσυχίᾳ καὶ * πραότητι * καὶ δικαιοσύνῃ πάνυ ὑπῆρχεν φιλόξενος ὁ
TJud. 24 1 συμπορευόμενος τοῖς υἱοῖς τῶν ἀνθρώπων ἐν * πραότητι * καὶ δικαιοσύνῃ καὶ πᾶσα ἁμαρτία οὐχ εὑρηθήσεται
Asen. 23 10 ‹καὶ ὀργὴ οὐκ ἦν ἐν αὐτῷ οὐδὲ ἐλαχίστη ἀλλ᾽› ἐν * πραότητι * καρδίας ‹εἶπε πρὸς αὐτὸν› ἵνα τί λαλεῖ ὁ κύριος
πρᾶσις 3
TSim. 4 2 ἐπένθουν γὰρ παρὰ πάντας ὅτι ἐγὼ ἤμην αἴτιος τῆς * πράσεως * Ἰωσήφ. καὶ ὅτε κατέβημεν εἰς Αἴγυπτον καὶ ἔδησέ
TDan 1 5 ἀνδρὸς ἀληθινοῦ καὶ ἀγαθοῦ καὶ ἔχαιρον ἐπὶ τῇ * πράσει * Ἰωσὴφ ὅτι ὑπὲρ ἡμᾶς ὁ πατὴρ αὐτὸν ἠγάπα. τὸ γὰρ
TJos. 16 2 οὖν ὁ ἀρχιμάγειρος τοὺς Ἰσμαηλίτας ᾐτεῖτό με εἰς * πρᾶσιν * καὶ μὴ θελήσας ποιῆσαι μετ᾽ αὐτῶν ἀνεχώρησεν. ὁ
πράσσω 66
Abr.1 17 8 καὶ ἀνίλεως ἀπέρχομαι τοῖς ἁμαρτωλοῖς τοῖς μὴ * πράξασιν * ἔλεον. εἶπεν δὲ Ἀβραὰμ δέομαί σου ἐπακουσόν
Abr.2 10 14 καὶ τὰς ἄλλας ἁμαρτίας ἔλεγεν αὐτῇ ἐν ποίᾳ ὥρᾳ * ἔπραξεν. * ἀκούσασα δὲ ἡ ψυχὴ ταῦτα ἤνοιξεν τὸ στόμα αὐτῆς
TRub. 1 8 κύριος ἀνελεῖν με. ἤμην γὰρ ἐτῶν τριάκοντα ὅτε * ἔπραξα * τὸ πονηρὸν ἐνώπιον κυρίου καὶ ἑπτὰ μῆνας
TRub. 3 12 γυναικεῖαν γύμνωσιν οὐκ εἰασέ με ὑπνῶσαι ἕως οὗ * ἔπραξα * τὸ βδέλυγμα. ἀπόντος γὰρ Ἰακὼβ τοῦ πατρὸς ἡμῶν
TRub. 3 14 κοιτῶνι κἀγὼ εἰσελθὼν καὶ ἰδὼν τὴν γύμνωσιν αὐτῆς * ἔπραξα * τὴν ἀσέβειαν καὶ καταλιπὼν αὐτὴν κοιμωμένην
TRub. 6 3 τῇ διανοίᾳ. αἱ γὰρ συνεχεῖς συντυχίαι κἂν μὴ * πραχθῇ * τὸ ἀσέβημα αὐταῖς μέν ἐστι νόσος ἀνίατος ἡμῖν δὲ
TLevi 7 3 μωρὸν οὕτως ἐχλευάσαμεν αὐτοὺς ὅτι καίγε ἀφροσύνην * ἔπραξαν * ἐν Ἰσραὴλ μιᾶναι τὴν ἀδελφὴν ἡμῶν. καὶ λαβόντες
TLevi 13 9 ἐχθρῶν εὑρεθήσεται φίλος. ἐὰν διδάσκῃ ταῦτα καὶ * πράττῃ * σύνθρονος ἔσται βασιλέων ὡς καὶ Ἰωσὴφ ὁ ἀδελφὸς
TJud. 14 3 πρὸς μεῖξιν καὶ εἰ πάρεστι τὸ τῆς ἐπιθυμίας αἴτιον * πράσσει * τὴν ἁμαρτίαν καὶ οὐκ αἰσχύνεται. τοιοῦτός ἐστιν
TDan 3 3 δύναμιν ἰδίαν ἵνα ποιήσῃ πᾶσαν ἀνομίαν καὶ ὅταν * πράξῃ * ἡ ψυχὴ δικαιοῖ τὸ πραχθὲν ἐπειδὴ οὐ βλέπει. διὰ
TDan 3 3 πᾶσαν ἀνομίαν καὶ ὅταν πράξῃ ἡ ψυχὴ δικαιοῖ τὸ * πραχθὲν * ἐπειδὴ οὐ βλέπει. διὰ τοῦτο ὁ θυμούμενος ἐὰν μὲν
TAser 1 8 τὸ κακὸν καὶ κυριευθεὶς ὑπὸ τοῦ Βελιὰρ κἂν ἀγαθὸν * πράξῃ * ἐν πονηρίᾳ αὐτὸ μεταστρέφει. ὅταν γὰρ ἐνάρξηται ὡς
Asen. 24 10 δυνατοὺς εἰς πόλεμον καὶ ὑπέξελθε αὐτοῖς καθὰ σοὶ * ἐπράξαντο * καὶ ἐγὼ ἔσομαί σοι βοηθός. καὶ ὡς ἤκουσαν οἱ
Esdr. 4 24 οὗτος μητροκοίτης ἐστὶν μικρὸν θέλημα * πράξας * ἐκελεύσθη οὗτος κρεμασθῆναι. καὶ ἀπήγαγόν με ἐπὶ
Esdr. 7 4 καὶ εἶπεν ὁ προφήτης οἴμμοι οἴμμοι τί ποιήσω; τί * πράξω; * οὐκ οἶδα. καὶ τότε ἤρξατο λέγειν ὁ μακάριος
Job 4 2 ἐνετείλατό μοι τῷ θεράποντι αὐτοῦ ἀκούσομαι καὶ * πράξω. * καὶ πάλιν εἶπεν τάδε λέγει κύριος ἐὰν
Job 17 4 τόπον τῆς σπονδῆς διὸ κἀγὼ ἀνταποδώσω αὐτῷ καθὰ * ἔπραξεν * κατὰ τοῦ οἴκου τοῦ θεοῦ. συνέλθατε οὖν καὶ
Job 24 8 +εἰ κατανύγομαι ἐν τῇ καρδίᾳ μου ὅτι οὐκ ἀρκετὸν * πράττειν+ * δὸς τὸ ἀργύριον καὶ λήψει. καὶ ἐμὲ δὲ δεῖξαι
Aris. 37 3 ἀξίαν ἀργυρικὴν τιμὴν διορθούμενοι καὶ εἴ τι κακῶς * ἐπράχθη * διὰ τὰς τῶν ὄχλων ὁρμὰς διειληφότες εὐσεβῶς
Aris. 37 4 διὰ τὰς τῶν ὄχλων ὁρμὰς διειληφότες εὐσεβῶς τοῦτο * πρᾶξαι * καὶ τῷ μεγίστῳ θεῷ χαριστικὸν ἀνατιθέντες ὃς ἡμῖν
Aris. 40 7 ὧν ἐὰν βούλῃ κεχαρισμένος ἔσῃ καὶ φιλίας ἄξιον τι * πράξεις * ὡς ἐπιτελεσθησομένων τὴν ταχίστην περὶ ὧν ἄν
Aris. 133 3 τις κακίαν ἐπιτελεῖν οὐκ ἂν λάθοι μὴ ὅτι καὶ * πράξας * διὰ πάσης τῆς νομοθεσίας τὸ τοῦ θεοῦ δυνατὸν
Aris. 156 3 κίνησις ἀόρατος ἢ τε ὀξύτης τοῦ πρὸς ἕκαστόν τι * πράσσειν * καὶ τεχνῶν εὕρεσις ἀπέραντον περιέχει τρόπον.
Aris. 162 2 τῶν κατὰ τὰς ἀφὰς ἕκαστα κελεύει μηθὲν εἰκῇ μήτε * πράσσειν * μήτε ἀκούειν μήτε τῇ τοῦ λόγου δυναστείᾳ
Aris. 189 2 δὲ ὁ βασιλεὺς τὸν ἐχόμενον ἠρώτα πῶς ἂν ἕκαστα * πράττοι; * ὁ δὲ ἀπεκρίθη ‹ὅτι› τὸ δίκαιον εἰ πρὸς ἅπαντας
Aris. 189 4 εἰ πρὸς ἅπαντας διατηροῖ ‹ἑαυτῷ› καλῶς τὰ ἕκαστα * πράξει * διαλαμβάνων ὅτι πᾶν ἐννόημα σαφές ἐστι θεῷ
Aris. 190 4 σε πρόνοιαν ποιούμενον ὧν ἄρχεις ὄχλων σὺ δὲ τοῦτο * πράξεις * ἐπιβλέπων ὡς ὁ θεὸς εὐεργετεῖ τὸ τῶν ἀνθρώπων
Aris. 191 5 καὶ μηδὲν ὑπερηφάνως μηδὲ τῇ περὶ σεαυτὸν ἰσχύι * πράσσοις * κατὰ τῶν ἁμαρτανόντων. τοῦτο δὲ ποιήσεις τὴν
Aris. 196 5 θεὸν ἀγαθὰς ἐπινοίας λαμβάνειν πρὸς τὰ μέλλοντα * πράσσεσθαι * καὶ τοῖς ἐγγόνοις παρακελευόμενος μὴ
Aris. 205 2 εἶπεν εἰ μηδὲν ἀνάξιον τῆς ἀρχῆς μηδὲ ἀσελγὲς * πράσσοι * μηδὲ δαπάνην εἰς τὰ κενὰ καὶ μάταια συντελοῖ
Aris. 206 5 τοῖς βασιλεῦσιν ἐξουσίαν γὰρ ἔχοντες ὃ βούλονται * πράσσειν * τίνος ἕνεκεν ἂν ψεύσαιντο; προσλαμβάνειν δὲ δεῖ
Aris. 207 4 παρεῖναι μέτοχος δὲ τῶν ἀγαθῶν ὑπάρχειν ἀπάντων εἰ * πράσσοις * τοῦτο πρὸς τοὺς ὑποτεταγμένους καὶ τοὺς
Aris. 215 2 πάντα τρόπον σὲ βασιλεῦ καὶ τὰ λεγόμενα καὶ τὰ * πραττόμενα * πρὸς εὐσέβειαν ἐπανάγειν ὅπως ἑαυτῷ
Aris. 217 5 τραπησόμεθα. ἠρώτα δὲ πῶς ἂν μηδὲν ἀνάξιον ἑαυτῶν * πράσσοιμεν; * ὁ δὲ εἶπεν ἐπίβλεπε διὰ παντὸς εἰς τὴν
Aris. 219 3 ὑποκρίνεσθαι τοῦτο συνθεωροῦντες ἀκόλουθα πάντα * πράσσουσι * σὺ δὲ οὐχ ὑπόκρισιν ἔχεις ἀλλ᾽ ἀληθῶς
Aris. 231 2 τινες πταίουσιν ἐφ᾽ οἷς πταίουσιν οὐκέτι χρὴ ταῦτα * πράσσειν * ἀλλὰ φιλίαν κατακτησομένους δικαιοπραγεῖν. θεοῦ
Aris. 240 2 πρὸς τὸν ἕτερον εἶπε πῶς ἂν μηθὲν παράνομον * πράσσοι; * πρὸς τοῦτο ἔφησε γινώσκων ὅτι τὰς ἐπινοίας ὁ
Aris. 243 3 εἶπε δὲ συνιστορούσης τῆς διανοίας μηδὲν κακὸν * πεπραχέναι * θεοῦ κατευθύνοντος εἰς τὸ καλῶς ἅπαντα
Aris. 246 3 πῶς ‹ἂν› ἐπιγινώσκοι τοὺς δόλῳ τινὶ πρὸς αὐτὸν * πράσσοντας; * ὁ δὲ ἀπεφήνατο πρὸς τοῦτο εἰ παρατηροῖτο τὴν
Aris. 252 2 πῶς ‹ἂν› ἀναμάρτητος εἴη; ὁ δὲ ἔφη σεμνῶς ἅπαντα * πράσσων * καὶ μετὰ διαλογισμοῦ καὶ μὴ πειθόμενος διαβολαῖς
Aris. 255 3 τοῦ μετέπειτα τί ἐστιν εὐβουλία; τὸ καλῶς ἅπαντα * πράσσειν * ἀπεφήνατο μετὰ διαλογισμοῦ κατὰ τὴν βουλὴν
Aris. 256 5 τῶν ἐπιθυμιῶν ἐκβαινούσας καὶ τὰ πρὸς τὸν καιρὸν * πράσσειν * δεόντως μετριοπαθῆ καθεστῶτα. ἵνα δ᾽ ἐπίστασιν
Aris. 259 4 εὐαισθησίαν καὶ τὰ λοιπὰ καὶ αὐτὸς ἀκόλουθόν τι * πράξει * τῶν κακοπαθειῶν ἀποδιδοὺς τὴν ἀντάμειψιν. τὰ γὰρ
Aris. 260 3 καρπός; ὁ δὲ εἶπε τὸ μὴ συνιστορεῖν ἑαυτῷ κακὸν * πεπραχότι * τὸν δὲ βίον ἐν ἀληθείᾳ διεξάγειν. ἐκ τούτων
Aris. 271 5 εἰς τοὺς ὄχλους ταῖς χρείαις καθὼς σὺ τοῦτο * πράσσεις * θεοῦ σοι τὴν σεμνὴν ἐπίνοιαν διδόντος. θαρσύνας
Aris. 279 4 ἀνακτῶνται τοὺς βίους τῶν ἀνθρώπων καθὼς σὺ τοῦτο * πράσσων * ἀέναον μνήμην καταβέβλησαι σεαυτοῦ θείῳ
Aris. 280 4 πρὸς τὸ διὰ παντὸς ἐνδόξως ἔχειν αὐτοὺς τὰ δίκαια * πράσσουσι * καθὼς σὺ τοῦτο ἐπιτελεῖς εἶπε μέγιστε βασιλεῦ
Aris. 283 6 πρὸς ἐπανόρθωσιν καὶ διαμονὴν ἀνθρώπων. ὃ σὺ * πράσσων * ἀνέφικτον ἄλλοις δόξαν κέκτησαι θεοῦ σοι τὰ
Aris. 287 3 πεπαιδευκότες τὰς διανοίας καθὼς καὶ σὺ τοῦτο * πράσσεις * ὡς ἂν ὑπὸ θεοῦ σοι κατευθυνομένων ἁπάντων.
Aris. 298 4 οὐ κατακοιμηθῇ πάντα ἀναγράφεσθαι τὰ λεγόμενα καὶ * πρασσόμενα * καλῶς γινομένου καὶ συμφερόντως. τῇ γὰρ
Aris. 299 2 καὶ συμφερόντως. τῇ γὰρ ἐπιούσῃ τὰ τῇ πρότερον * πεπραγμένα * καὶ λελαλημένα πρὸ τοῦ χρηματισμοῦ
Aris. 299 4 καὶ εἴ τι μὴ δεόντως γέγονε διορθώσεως τυγχάνει τὸ * πεπραγμένον. * πάντ᾽ οὖν ἀκριβῶς παρὰ τῶν ἀναγεγραμμένων
Aris. 311 4 τῶν γεγραμμένων ἢ ποιούμενος ἀφαίρεσιν καλῶς τοῦτο * πράσσοντες * ἵνα διὰ παντὸς ἀέννα καὶ μένοντα φυλάσσηται.
Sib. 3 759 τελέσειεν ἐν οὐρανῷ ἀστερόεντι ἀθάνατος ὅσα * πέπρακται * δειλοῖσι βροτοῖσιν. αὐτὸς γὰρ μόνος ἐστὶ θεὸς
FEz. 64 70 9 ἐπισαλεύειν; ὁ δὲ τυφλὸς ἔφη αὐτὸς ἐγὼ δύναμαί τι * πράττειν * μὴ ὁρῶν ποῦ ἀπέρχομαι; ἀλλὰ τεχνασώμεθα. τίλας
FAch. 109 καταγελασθήσῃ. δεξιτερᾷ βάδιζε τῆς γλώττης. τοῖς εὖ * πράττουσι * μὴ φθόνει ἀλλὰ σύγχαιρε καὶ μεθέξεις αὐτῶν τῆς
FAch. 110 εὐνοεῖν τοῦτο ποιεῖ ἀλλ᾽ ὡς τὰ ὑπὸ σοῦ λεγόμενα ἢ * πραττόμενα * ἑτέροις ἀναθήσεται. ἐπὶ μεγάλῃ κτήσει μὴ
FAch. 117 ἐκάλεσεν τὸν Αἴσωπον καὶ ἐλθόντος εἶπεν αὐτῷ κακῶς * ἔπραξας * θεᾶς ἱερασίου Βουβαστεώς ἐστιν εἴδωλον ὃ
FAch. 123 εἰς Βαβυλῶνα διηγήσατο τῷ Λυκούργῳ πάντα τὰ * πραχθέντα * ἐν Αἰγύπτῳ καὶ ἀποδέδωκεν αὐτῷ τὰ χρήματα.
IDip. 5 121 2 εἴ τις δὲ θνητῶν οἴεται τὸ ὑφ᾽ ἡμέραν κακόν τι * πράσσων * τοὺς θεοὺς λεληθέναι δοκεῖ πονηρὰ καὶ δοκῶν
IDip. 5 121 3 οὐκ εὐγνωμόνως ἔστι‹ν› γὰρ ἔστιν εἰ δέ τις * πράττει * καλῶς κακὸς πεφυκὼς τὸν χρόνον κερδαινέτω χρόνῳ
HArt. 9 27 37 πυρρακὴ πολιὸν κομήτην ἀξιωματικόν. ταῦτα δὲ * πρᾶξαι * περὶ ἔτη ὄντα ὀγδοήκοντα ἐννέα.
HCal. 24 13 ἐπελεύσομαι πρὸς ὑμᾶς καὶ ὡς τῇ προνοίᾳ δεκτὸν * πράξω. * οἱ δὲ ἀπελθόντες τοῖς ἄρχουσιν αὐτῶν εἶπον.
HCal. 28 17 ὁρατῶν καὶ ἀοράτων συνεργός μοι φανῇθι ὧν * πράττειν * μέλλω. κατιὼν δὲ τοῦ πύργου εἰς τὰ βασίλεια
LEze. 9 28 2 04 ψυχὰς σὺν αὐτῷ καὶ ἐπεγέννησεν πολὺν λαὸν κακῶς * πράσσοντα * καὶ τεθλιμμένον ἐς ἄχρι τούτων τῶν χρόνων
LEze. 9 29 12 35 χρυσόν τε καὶ ‹τὸν› ἄργυρον ἠδὲ καὶ στολὰς ἵν᾽ ὧν * ἔπραξαν * μισθὸν ἀποδῶσι βροτοῖς. ὅταν δ᾽ ἐς ἴδιον χῶρον
πράτης 1
Job 23 1 καὶ ὁ Σατανᾶς τοῦτο γνοὺς μετεσχηματίσθη εἰς * πράτην * καὶ ἐγένετο κατὰ συντυχίαν ἀπελθεῖν πρὸς αὐτὸν
πραΰνω 1
Hen. 106 17B τέκνα σωθήσεται ἀποθανόντων τῶν ἐπὶ τῆς γῆς καὶ * πραΰνεῖ * τὴν γῆν ἀπὸ τῆς οὔσης ἐν αὐτῇ φθορᾶς. καὶ νῦν
πραΰς 3
Asen. 8 8 σφόδρα καὶ κατενύγη καὶ αὐτὸς διότι ἦν Ἰωσὴφ * πραΰς * καὶ ἐλεήμων καὶ φοβούμενος τὸν θεόν. καὶ ἐπῆρε τὴν
Asen. 15 8 καθαρὰ καὶ γελῶσα πάντοτε καὶ ἔστιν ἐπιεικὴς καὶ * πραεῖα. * καὶ διὰ τοῦτο ὁ πατὴρ ὁ ὕψιστος ἀγαπᾷ αὐτὴν καὶ
Sib. 4 159 χεῖρας ἔχοντες καὶ τότε γινώσκειν θεὸν οὐκέτι * πρηΰν * ἐόντα ἀλλὰ χόλῳ βρύχοντα καὶ ἐξολέκοντα γενέθλην
πρεπόντως 1
Aris. 302 3 ταῖς ἀντιβολαῖς τὸ δὲ ἐκ τῆς συμφωνίας γινόμενον * πρεπόντως * ἀναγραφῆς οὕτως ἐτύγχανε παρὰ τοῦ Δημητρίου.
πρέπω 3
Esdr. 2 9 ἡμέραν ἐποίησα τὸν δίκαιον καὶ τὸν ἁμαρτωλὸν καὶ * ἔπρεπεν * ὡς ὁ δίκαιος πολιτεύεσθαι. καὶ εἶπεν ὁ προφήτης
Esdr. 7 16 ἀεννάως τοῖς προστρέχουσιν αὐτῷ ἐκ πόθου. ᾧ * πρέπει * δόξα κράτος τιμὴ καὶ προσκύνησις τῷ πατρὶ καὶ τῷ
Aris. 267 3 ὄχλων ὄντων ἐν τῇ βασιλείᾳ τούτοις ἁρμόσαι; τὸ * πρέπον * ἑκάστῳ συνυποκρινόμενος εἶπε καθηγεμόνα λαμβάνων
πρεσβεία 4
Aris. 3 3 ἐπεδώκαμεν εἰς ‹τὴν πρὸς› τὸν προειρημένον ἄνδρα * πρεσβείαν * καλοκἀγαθίᾳ καὶ δόξῃ προτετιμημένον ὑπό τε τῶν
Aris. 122 1 ἐφρόντισαν οὐ παρέργως κατασκευῆς διὸ καὶ πρὸς τὰς * πρεσβείας * εὔθετοι καθεστήκεισαν καὶ τοῦτ᾽ ἐπετέλουν ὅτε
FAch. 105 ὁ τῶν Αἰγυπτίων βασιλεὺς τὸν Αἴσωπον τεθνηκέναι * πρεσβείαν * ἀπέστειλεν πρὸς τὸν Λυκοῦργον μετὰ ἐπιστολῶν
FrAn. 1 226 34 – – Ιωσ›ηφ μνησ‹θεις του Ιακωβ› – αν›τιστας δε τη * πρεσβεια * τ‹ – ›την ευχην εξελ‹ εκαλ›υπτον οι δεκα
πρεσβευτής 1
FAch. 108 ἐὰν ὁ χειμὼν παρέλθῃ. γράψας οὕτως ἔπεμψεν διὰ τῶν * πρεσβευτῶν * εἰς Αἴγυπτον. καὶ τῷ Αἰσώπῳ τὴν ἐξ ἀρχῆς
πρεσβεύω 1
Sedr. 14 1 ἐπάκουσόν μου πρόστατα δυνατὲ καὶ βοήθει μοι καὶ * πρεσβεῦσαι * ἵνα ἐλεήσῃ ὁ θεὸς τὸν κόσμον. καὶ πεσόντες
πρέσβυς 21
Asen. 4 10 ἐνύπνιον αὐτοῦ καθὰ συγκρίνουσι καὶ αἱ γυναῖκες αἱ * πρεσβύτεραι * τῶν Αἰγυπτίων; οὐχὶ ἀλλὰ γαμηθήσομαι τῷ υἱῷ
Asen. 7 4 κάλλει αὐτοῦ. ὁ δὲ Ἰωσὴφ ἐξουθένει αὐτὰς καὶ τοὺς * πρέσβεις * οὓς ἔπεμπον πρὸς αὐτὸν αἱ γυναῖκες μετὰ χρυσίου
Asen. 24 4 ἐστὲ ἄνδρες δυνατοί. καὶ εἶπον αὐτῷ Δὰν καὶ Γὰδ οἱ * πρεσβύτεροι * ἀδελφοὶ λαλησάτω δὴ ὁ κύριος ἡμῶν τοῖς

Asen.     25    5          Νεφθαλιμ καὶ Ἀσὴρ τοῖς ἀδελφοῖς αὐτῶν τοῖς ✶ πρεσβυτέροις ✶ τῷ Δὰν καὶ τῷ Γὰδ λέγοντες ἵνα τί ὑμεῖς
Asen.     25    7          αὐτοῦ. καὶ ὠργίσθησαν αὐτοῖς οἱ ἀδελφοὶ αὐτῶν οἱ ✶ πρεσβύτεροι ✶ Δὰν καὶ Γὰδ καὶ εἶπον ἀλλ' ὡς γυναῖκες
Prop.      4   21Β                     αὐτὸν ὑπὸ τῶν ἱερέων τοῦ νόμου ⟨καὶ ✶ πρεσβυτέρων ✶ τοῦ λαοῦ Ἰσραήλ. τότε φόνος ἔσται τοῦ
Job       15    2          τὸ δεῖπνον αὐτῶν καὶ εἰσήρχοντο παρὰ τῷ ἀδελφῷ τῷ ✶ πρεσβυτέρῳ ✶ δειπνῆσαι μετ' αὐτοῦ, συμπαραλαμβάνοντες καὶ
Aris.     14    3          καὶ ῥώμῃ διαφέροντας καθώπλισε τὸ δὲ λοιπὸν χύμα ✶ πρεσβυτέρων ✶ καὶ νεωτέρων ἔτι δὲ γυναικῶν εἴασεν εἰς τὴν
Aris.     32    3          ἀποστεῖλαι τοὺς μάλιστα καλῶς βεβιωκότας καὶ ✶ πρεσβυτέρους ✶ ὄντας ἄνδρας ἐμπείρους τῶν κατὰ τὸν νόμον
Aris.     39    2          σπουδῆς ἀξίως ἐπιλεξάμενος ἄνδρας καλῶς βεβιωκότας ✶ πρεσβυτέρους ✶ ἐμπειρίαν ἔχοντας τοῦ νόμου καὶ δυνατοὺς
Aris.     46    2          δὲ πάντων ἐπελεξάμεθα ἄνδρας καλοὺς καὶ ἀγαθοὺς ✶ πρεσβυτέρους ✶ ἀφ' ἑκάστης φυλῆς ἐξ οὓς καὶ ἀπεστείλαμεν
Aris.    184    7          παραγεγονότων σὺν ἡμῖν Ἐλισσαῖον ὄντα τῶν ἱερέων ✶ πρεσβύτερος ✶ παρεκάλεσε ποιήσασθαι κατευχὴν ὃς ἀξιολόγως
Aris.    275    3          πλειόνων ἑτέρων ἀπὸ τῶν πόλεων ἦσαν γὰρ ἱκανοὶ ✶ πρέσβεις ✶ ἐπηρώτησεν ὁ βασιλεὺς καιροῦ γενομένου τὸν
Aris.    310    2          τὰ τεύχη στάντες οἱ ἱερεῖς καὶ τῶν ἑρμηνέων οἱ ✶ πρεσβύτεροι ✶ καὶ τῶν ἀπὸ τοῦ πολιτεύματος οἵ τε ἡγούμενοι
Sib.       3  128          κρῖναι βασιλῆα Κρόνον πάντας βασιλεύειν οὕνεκά τοι ✶ πρέσβιστος ✶ ἦν καὶ εἶδος ἄριστος. ὅρκους δ' αὖτε Κρόνῳ
Sib.       3  419          δ' ἔσται κλέος ἐσσομένοισιν. καὶ τις ψευδόγραφος ✶ πρέσβυς ✶ βροτὸς ἔσσεται αὗτις ψευδόπατρις δύσει δὲ φάος
FPho.    209               ἢν δέ τι παῖς ἁλίτῃ σε κολούετο υἱέα μήτηρ ἢ καὶ ✶ πρεσβύτατοι ✶ γενεῇ ἢ δημογέροντες. μὴ μὲν ἐπ' ἄρσενι
FPho.    222                    ἕδρης καὶ γεραῶν πάντων γενεῇ δ' ἀτάλαντον ✶ πρέσβυν ✶ ὁμήλικα πατρὸς ἴσαις τιμᾷσι γέραιρε. γαστρὸς
HAno.  9  17    5          καὶ τῶν πολεμίων αἰχμαλωτίσαι τέκνα καὶ γυναῖκας. ✶ πρέσβεων ✶ δὲ παραγενομένων πρὸς αὐτὸν ὅπως χρήματα λαβὼν
HCal.     24    2          βουληθέντες ἐκπέμπουσιν ἀνδρας κατασκόπους ὡς δῆθεν ✶ πρέσβεις ✶ εἶναι τούτους. ταῦτα δὲ ὅμως οὐκ ἔλαθε
HCal.     24    9          βουλομένους εἰπεῖν ὁρᾶτε οἱ τοῦ Ἰουδαϊκοῦ ἔθνους ✶ πρέσβεις ✶ πῶς ἀντ' οὐδενὸς τῷ στρατῷ Μακεδόνων ὁ θάνατος.

πρεσβύτης
Asen.     22    6                    καθήμενος ἐπὶ τῆς κλίνης αὐτοῦ καὶ αὐτὸς ἦν ✶ πρεσβύτης ✶ ἐν γήρει λιπαρῷ. καὶ εἶδεν αὐτὸν Ἀσενὲθ καὶ
Sal.       2    8          γὰρ τὸ πρόσωπον αὐτοῦ ἀπὸ ἐλέους αὐτῶν νέον καὶ ✶ πρεσβύτην ✶ καὶ τέκνα αὐτῶν εἰς ἅπαξ ὅτι πονηρὰ ἐποίησαν
Sal.      17   11          γῆν ἡμῶν ἀπὸ ἐνοικούντων αὐτὴν ἠφάνισαν νέον καὶ ✶ πρεσβύτην ✶ καὶ τέκνα αὐτῶν ἅμα ἐν ὀργῇ κάλλους αὐτοῦ
Jer.       5   17          ἐξ ἀγροῦ καὶ λέγει αὐτῷ Ἀβιμέλεχ σοί λέγω ✶ πρεσβῦτα ✶ ποία ἐστὶν ἡ πόλις αὕτη; καὶ εἶπεν αὐτῷ
Jer.       5   19          ταύτης ὅτι οὐχ εὗρον αὐτούς; καὶ εἶπεν αὐτῷ ὁ ✶ πρεσβύτης ✶ οὐκ εἶ σὺ ἐκ τῆς πόλεως ταύτης σήμερον
Jer.       5   23          Ἀβιμέλεχ παρὰ τοῦ γηραιοῦ ἀνθρώπου εἶπεν εἰ μὴ ἧς ✶ πρεσβύτης ✶ καὶ ὅτι οὐκ ἐξὸν ἀνθρώπῳ ὑβρίσαι τὸν μείζονα
FEz.     186   24          ⟩πυρος β⟨ ⟩ει εκ΄μειαινοντ⟨ες⟩ετι προσεβαινον τη⟨ ✶ πρεσ⟩βυτας ✶ αδυναμουν⟨τας ε⟩πι τα υψηλα και π⟨ ⟩δια το
FrAn.  1  226   56          β⟨ασιλευ - η⟩λϑαμεν γαρ ουκ ιχν⟨ειεαι - ⟩ηδες ✶ πρεσβυτο⟨υ ✶ - - ⟩κακεινος και ημ⟨εις - - ⟩τ⟨η⟩ γη ημω⟨ν -

πρηνηδόν
Sib.       5  399          οἶκος ἡνίκα δεύτερον εἶδον ἐγὼ ῥιπτούμενον οἶκον ✶ πρηνηδὸν ✶ πυρὶ τεγγόμενον διὰ χειρὸς ἀνάγνου οἶκον ἀεὶ
                     2
πρηνής
Sib.       4  110          Μύρα καλὰ σέ δ' οὔποτε βρασσομένη χθὼν στηρίξει ✶ πρηνής ✶ δὲ κάτω πίπτους' ἐπὶ γαίης εἰς ἑτέρην εὔξη
Sib.       5  295          χάσμασι καὶ σεισμοῖσί ποθ' ἵξεται εἰς ἄλα δῖαν ✶ πρηνής ✶ ἥύτε νῆας ἐπικλύζουσιν ἄελλαι. ᛭ὕπτια δ' οἰμώξει᛭
                     2
πρηνίζω
Sib.       4   59          γῆ δὲ κλόνῳ σεισμοῖο τινασσομένη μεγάλοιο πολλὰς ✶ πρηνίξει ✶ πόλιας καὶ ἔργ' ἀνθρώπων ἐκ δὲ βυθοῦ τότε νῆσοι
Sib.       4   84          δ' Ἑλλάδι νεῖκος ἐν ἀλλήλοις δὲ μανέντες πολλὰς ✶ πρηνίξουσι ✶ πόλεις πολλοὺς δ' ὀλέσουσιν μαρνάμενοι τὸ δὲ
Sib.       4  108          τλῆμον Λαοδίκεια σέ δὲ στρώσει ποτὲ σεισμὸς ✶ πρηνίξας ✶ στήσῃ δὲ πάλιν πόλις ἱδρυνθεῖσα. ὦ Λυκίης Μύρα
Sib.       5   17          ὃν Θρήκη πτήξει καὶ Σικελίη μετὰ Μέμφις Μέμφις ✶ πρηνιχθεῖσα ✶ δι' ἡγεμόνων κακότητα ἠδὲ γυναικὸς ἀδουλώτου
                     4
πρηνισμός ✶
Sib.       4   69          τε φόνοι τε διχοστασίαι τε φυγαί τε πύργων τε ✶ πρηνισμοὶ ✶ ἀναστασίαι τε πόληων Ἑλλὰς ὅταν μεγάλαυχος
                     4
πρηστήρ
Sib.       5  299          τότε θυμωθεὶς θεὸς ἄφθιτος αἰθέρι ναίων οὐρανόθεν ✶ πρηστῆρα ✶ βαλεῖ κατὰ κρατὸς ἀνάγνου. ἀντὶ δὲ χειμῶνος
Sib.       5  325          Φοίβου τὴν γείτονα χώραν Μίλητον τρυφερὴν ἀπολεῖ ✶ πρηστήρ ✶ ποτ' ἄνωθεν ἀνθ' ὧν εἵλετο τὴν Φοίβου δολόεσσαν
Sib.       5  378          δαπέδων βρέξει μερόπεσσιν πῦρ καὶ αἷμα ὕδωρ ✶ πρηστὴρ ✶ γνόφος οὐράνιον νὺξ καὶ φθίσις ἐν πολέμῳ καὶ ἐπὶ
FrAn.    574 3059          ὁρκίζω σε τὸν τῶν αὐχενίων γιγάντων τοῖς ✶ πρηστῆρσι ✶ καταφλέξαντα ὃν ὑμνεῖ ὁ οὐρανὸς τὸν οὐρανῶν ὃν
                     5
πρίαμαι
TZab.      3    2          ἒξ ἀδελφοὶ ἡμῶν λαβόντες τὴν τιμὴν τοῦ Ἰωσὴφ ✶ ἐπρίασαντο ✶ ὑποδήματα ἑαυτοῖς καὶ ταῖς γυναιξὶν αὐτῶν καὶ
TJos.     13    8          αὐτῶν ἐγένου δοῦλος; καὶ εἶπον ὅτι ἐκ γῆς Χανάαν ✶ ἐπλιαντό ✶ με. ὁ δὲ ἠπίστησε λέγων ὅτι ψεύδῃ καὶ γυμνόν με
TJos.     16    1          ἀπέλυσεν ἡμᾶς. ἡ δὲ Μέμφις ἐδήλωσε τῷ ἀνδρὶ αὐτῆς ✶ πρίασθαί ✶ με ἀκούω γὰρ φησιν ὅτι πωλοῦσιν αὐτόν. καὶ
TJos.     16    4          χρυσίου ζητοῦσι πρόσεχε μὴ φείσασθαι χρυσίου μόνον ✶ πριάμενος ✶ τὸν παῖδα ἄγαγε. καὶ δίδει αὐτοῖς ὀγδοήκοντα
FrAn.   1 226   47          προς βραχυ απεβ⟨η - ⟩ς τοις συγγονοις αυτου κ⟨ - ✶ πρια⟩σασθαι ✶ σιτον εξηειτε⟨ - ⟩αι αλλ ηλϑατε παντες ι⟨ -
                     1
Πριαμίδης
Sib.       3  427          δ' αὖ μάλα κοσμήσει πολέμοιο κορυστὰς Ἕκτορα ✶ Πριαμίδην ✶ καὶ Ἀχιλλέα Πηλείωνα τοὺς τ' ἄλλους ὁπόσοις
πρίζω                                                                  1
FIsa.    1  3   17          ἐν πρίωνι ἐν πρίωνι ξυλίνῳ πρισθῆναι αὐτόν. καὶ ✶ πριζομένου ✶ αὐτοῦ ἔστη Μελχίας κατὰ πρόσωπον αὐτοῦ λέγων.
πρίν                          30   πρίν
πρίω                           5
Prop.      1    1          Ἡσαΐας ἀπὸ Ἰερουσαλὴμ θνήσκει ὑπὸ Μανασσῆ ✶ πρισθεὶς ✶ εἰς δύο καὶ ἐτέθη ὑποκάτω δρυὸς Ῥωγὴλ ἐχόμενα
FIsa.    1  1    9          κατοικήσει ὁ Σατανᾶς ἐν ⟨καρδίᾳ⟩ Μανασσῆ ✶ πρισθήσομαι ✶ ὑπ' αὐτοῦ πρίωνι ξυλίνῳ εἰς δύο καὶ πολλοὺς
FIsa.    1  3   14          ἀπέστειλεν καὶ ἐκράτησεν τὸν Ἡσαΐαν. ⟨ἐκέλευσεν⟩ ✶ πρισθῆναι ✶ ἐν πρίωνι ἐν πρίωνι ξυλίνῳ πρισθῆναι αὐτόν.
FIsa.    1  3   16          ⟨ἐκέλευσεν⟩ πρισθῆναι ἐν πρίωνι ἐν πρίωνι ξυλίνῳ ✶ πρισθῆναι ✶ αὐτόν. καὶ πριζομένου αὐτοῦ ἔστη Μελχίας κατὰ
FIsa.    1  3   19          τὸ λαλοῦν ἐν ἐμοὶ ⟨Ἰερουσαλὴμ⟩ ἐσημανθεῖσαν. ✶ ἔπρισαν ✶ αὐτὸν διχῇ.
πρίων (πρίω)                   3
FIsa.    1       9          Σατανᾶς ἐν ⟨καρδίᾳ⟩ Μανασσῆ πρισθήσομαι ὑπ' αὐτοῦ ✶ πρίωνι ✶ ξυλίνῳ εἰς δύο καὶ πολλοὺς ἐξ Ἰερουσαλὴμ καὶ ἐξ
FIsa.    1  3   14          ἐκράτησεν τὸν Ἡσαΐαν. ⟨ἐκέλευσεν⟩ πρισθῆναι ἐν ✶ πρίωνι ✶ ἐν πρίωνι ξυλίνῳ πρισθῆναι αὐτόν. καὶ πριζομένου
FIsa.    1  3   16          τὸν Ἡσαΐαν. ⟨ἐκέλευσεν⟩ πρισθῆναι ἐν πρίωνι ἐν ✶ πρίωνι ✶ ξυλίνῳ πρισθῆναι αὐτόν. καὶ πριζομένου αὐτοῦ ἔστη
πρό                          61   πρό
                              1
Prop.     15    4          ἔδωκεν εἰς νῖκος καὶ περὶ τῆς λειτουργίας αὐτοῦ ✶ προηγόρευσεν ✶ ἣν ποιήσει ἐπὶ Ἰερουσαλὴμ καὶ εὐλόγησεν
προάγω                        7
Adam      33    2          δόξαν αὐτῶν ἢ ἰδεῖν τὸ πρόσωπον αὐτῶν καὶ ἀγγέλους ✶ προάγοντας ✶ τὸ ἅρμα. ὅτε δὲ ἦλθεν ὅπου ἔκειτο ὁ πατὴρ
Adam      38    3          τοῖς ἀνέμοις καὶ οἱ ἄγγελοι ἐκ τοῦ οὐρανοῦ ✶ προάγοντες ✶ αὐτὸν καὶ ἐλθόντες ἐπὶ τὴν γῆν ὅπου ἦν τὸ
Aris.     91    3          τῶν ὑποδοχεῖων κατασκευὴ δηλοῦσαν καθὼς ἐπιστώθην. ✶ προήγαγον ✶ ἡμᾶς ἀπὸ τρίων σταδίων τεσσάρων ἐκ τῆς πόλεως καὶ
Aris.    171    3          διὸ τὴν σεμνότητα καὶ φυσικὴν διάνοιαν τοῦ νόμου ✶ προήγμαι ✶ διασαφῆσαί σοι Φιλόκρατες δι' ἣν ἔχεις
Aris.    178    3          τε παραγεγονότων καὶ τῶν συμπαρόντων εὖ βασιλεῦ ✶ προήχθη ✶ δακρῦσαι τῇ χαρᾷ πεπληρωμένος. ἡ γὰρ τῆς ψυχῆς
Aris.    244    6          τὰς εὐημερίας ἑτέρων δὲ δοξάζεις τὸ τιμᾶσθαι ✶ προάγει. ✶ καλῶς δὲ καὶ τοῦτον ἀποδεξάμενος τὸν δεξιὸν
HHec.   1  22  203          πᾶσιν ἐὰν δ' ἀναστὰς εἰς τοὔμπροσθεν πέτηται ✶ προάγειν ✶ ἐὰν δὲ εἰς τοὔπισθεν ἀναχωρεῖν αὖθις σιωπήσας
προαγωγεύω                    1
FPho.    177          τί φύσει καὐτὸς τέκε δ' ἔμπαλιν ὡς ἐλοχεύθης. μή ✶ προαγωγεύσῃς ✶ ἄλοχον σέο τέκνα μιαίνων οὔ γὰρ τίκτει
προαίρεσις                   14
TRub.      1    9          καὶ ἑπτὰ μῆνας ἐμαλακίσθην ἕως θανάτου. καὶ ἐν ✶ προαιρέσει ✶ ψυχῆς μου ἑπτὰ ἔτη μετενόησα ἐνώπιον κυρίου
TZab.      5    2          ἐγὼ ἄνοσος παρῆλθον οἶδε γὰρ κύριος ἑκάστου τὴν ✶ προαίρεσιν. ✶ ἔχετε οὖν ἔλεος ἐν σπλάγχνοις ὑμῶν τέκνα μου
TNep.      2    6          ὡς ᴐ νοῦς αὐτοῦ οὕτω καὶ ἡ τέχνη αὐτοῦ καὶ ὡς ἡ ✶ προαίρεσις ✶ αὐτοῦ οὕτω καὶ ἡ πρᾶξις αὐτοῦ ὡς ἡ καρδία
TJos.     17    3          τέρπεται γὰρ ὁ θεὸς ἐπὶ ὁμονοίᾳ ἀδελφῶν καὶ ἐπὶ ✶ προαιρέσει ✶ καρδίας εὐδοκιμούσης εἰς ἀγάπην. καὶ ὅτε
Aris.      3    1          εὐσέβειαν ἁπλοῦ κεχρημένη κανόνι διοικεῖ. τὴν ✶ προαίρεσιν ✶ ἔχοντες ἡμεῖς πρὸς τὸ περιέργως τὰ θεῖα
Aris.     14    4          δὲ γυναικῶν εἴασεν εἰς τὴν οἰκετίαν οὐχ οὕτως τῇ ✶ προαιρέσει ✶ κατὰ ψυχὴν ἔχων ὡς κατακρατούμενος ὑπὸ τῶν
Aris.     20    5          τῇ προθυμίᾳ τοῦ θεοῦ τὴν πᾶσαν ἐπιτελέσαντος ἡμῶν ✶ προαίρεσιν ✶ καὶ συναναγκάσαντος αὐτὸν ἀπολυτρῶσαι μὴ
Aris.     32    7          ἀκριβὲς ἀξίως ἀεὶ τῶν πραγμάτων καὶ τῆς σῆς ✶ προαιρέσεως ✶ θῶμεν εὐθὺς. εὔτυχει δὲ παντός. τῆς δὲ
Aris.     42    2          τὴν παρὰ σοῦ ἐπιστολὴν μεγάλως ἐχάρημεν διὰ τὴν ✶ προαίρεσιν ✶ σου καὶ τὴν καλὴν βουλὴν καὶ συναγαγόντες τὸ
Aris.     72    4          μειζόνων ταῦτα ἀποδέδωκε πλείονα καὶ κατὰ τὴν ✶ προαίρεσιν ✶ αὐτοῦ πάντα ἐπετελέσθη θαυμασίως καὶ
Aris.    233    2          ἱκετεύσας (δεῖ) τὸν θεὸν ἵνα μὴ τὰ παρὰ τὴν ✶ προαίρεσιν ✶ ἡμῶν ἀνακοπτόντα βλάβην γένηται δὴ οἷον θάνατοι
Aris.    265    5          ἄλυτος εὐνοίας δεσμὸς γίνεται. τὸ δὲ γίνεσθαι κατὰ ✶ προαίρεσιν ✶ ταῦτα ὁ θεὸς ἐπιτελεῖ. κατεπαινέσας δὲ αὐτὸν
FJub.     10    9          τοὺς ἀνθρώπους πρὸς δοκιμὴν τῆς ἑκάστου πρὸς θεὸν ✶ προαιρέσεως ✶ τὰ δὲ λοιπὰ ἐννέα μέρη ἐβλήθη εἰς τὴν
FAch.    109               τούτους γὰρ εὖ ποιεῖν χρὴ διὰ τὴν φύσιν τῷ δὲ ἐκ ✶ προαιρέσεως ✶ στέρξαντι διπλασίους δεῖ ἀποδιδόναι χάριτας.
προαιρέω                     10
Aris.      5    4          τῶν κατὰ τὴν σεμνὴν νομοθεσίαν διεξαγόντων περὶ ὧν ✶ προαιρούμεθα ✶ δηλοῦν ἀσμένως σε ἀκούσεσθαι προσφάτως
Aris.     33    8          ἐκέλευσε τῶν ῥισκοφυλάκων τοῖς τεχνίταις ὡς ἂν ✶ προαιρῶνται ✶ τὴν ἐκλογὴν διδόναι καὶ νομίσματος εἰς
Aris.     38    3          κατὰ τὴν οἰκουμένην Ἰουδαίοις καὶ τοῖς μετέπειτα ✶ προηρήμεθα ✶ τὸν νόμον ὑμῶν μεθερμηνευθῆναι γράμμασιν
Aris.     45    4          καὶ ηὔξατο πᾶν τὸ πλῆθος ἵνα σοι γένηται καθὼς ✶ προαιρῇ ✶ διὰ παντὸς καὶ διασώζῃ σοι τὴν βασιλείαν ἐν
Aris.     72    1          εἶναι ταλάντων τὴν ὅλην διασκευήν. ἐπεὶ γὰρ οὗ ✶ προαιρῇ ✶ τὸ τοῖς μεγέθεσιν οὐδὲν προσθεῖναι ἢ βασίλειος ὅσον
Aris.    215    4          ὅτι τὸ κατ' ἀρετὴν συντηρῶν οὔτε χαρίζεσθαι ✶ προαιρῇ ✶ παρὰ λόγον οὐδὲ ἐξουσίᾳ χρώμενος τὸ δίκαιον
Aris.    303    4          ἀπελύοντο γίνεσθαι χορηγουμένων αὐτοῖς δαψιλῶς ὧν ✶ προηροῦντο ✶ πάντων. ἐκτὸς δὲ καὶ καθ' ἡμέραν ὅσα βασιλεῖ
Aris.    321    2          ἔγραψε δὲ καὶ παρακαλῶν ἵνα ἐάν τινες τῶν ἀνδρῶν ✶ προαιρῶνται ✶ πρὸς αὐτὸν ἀνακομισθῆναι μὴ κωλύσῃ περὶ
HAno.  9  17    5          πρὸς αὐτὸν ὅπως χρήματα λαβὼν ἀπολυτρώσῃ ταῦτα μὴ ✶ προελέσθαι ✶ τοῖς δυστυχοῦσιν ἐπεμβαίνειν ἀλλὰ τὰς τροφὰς

HHec.  1  22  192 πάτρια. Ἀλεξάνδρου ποτέ ἐν Βαβυλῶνι γενομένου καὶ ✶ προελομένου ✶ τὸ τοῦ Βήλου πεπτωκὸς ἱερὸν ἀνακαθῆραι καὶ
προαπαντάω
                                                                    1
TIss.  1  3  Ῥουβὴμ γὰρ ἤνεγκε μανδραγόρους ἐκ τοῦ ἀγροῦ καὶ ✶ προαπαντήσασα ✶ Ῥαχὴλ ἔλαβεν αὐτούς. ἔκλαιε δὲ Ῥουβὴμ
προαποκρίνομαι
Arls.  236  3  εὔκαιρον ἐγένετο τῷ βασιλεῖ τοὺς ἑξῆς ἠρώτα τῶν ✶ προαποκεκριμένων ✶ εἶπε δὲ τῷ πρώτῳ τὸ φρονεῖν εἰ διδακτὸν
προάστειος
Asen.  16  4  καὶ εἶπεν Ἀσενὲθ πέμψω δὴ παιδάριον εἰς τὸ ✶ προάστειον ✶ διότι ἐγγύς ἐστιν ὁ ἀγρὸς τῆς κληρονομίας
προβαίνω
                                                                    4
Hen.  22  5  ἐντυγχάνοντας καὶ ἡ φωνή αὐτοῦ μέχρι τοῦ οὐρανοῦ ✶ προέβαινεν ✶ καὶ ἐνετύγχανεν. καὶ ἠρώτησα Ῥαφαὴλ τὸν
Hen.  22  6  τὸ ἐντυγχάνον τίνος ἐστίν δι' ὃ οὕτως ἡ φωνή αὐτοῦ ✶ προβαίνει ✶ καὶ ἐντυγχάνει ἕως τοῦ οὐρανοῦ; καὶ ἀπεκρίθη
Prop.  15  1  ἐνδόξως ὡς αὐτοί. Ζαχαρίας ἦλθεν ἀπὸ Χαλδαίων ἤδη ✶ προβεβηκὼς ✶ κἀκεῖ πολλὰ τῷ λαῷ προεφήτευσε καὶ τέρατα
FAch.  102  ἐχορήγουν. καὶ οὕτως ἡ τῶν Βαβυλωνίων βασιλεία ✶ προέβαινεν. ✶ ὥστε οὐ μόνον τὰ βάρβαρα τῶν ἐθνῶν
προβάλλω
Arls.  212  3  ἀπεκρίθη δὲ ἐκεῖνος εἰ τὸ δίκαιον ἐπὶ παντὸς ✶ προβάλλοι ✶ συνεχῶς καὶ νομίζοι τὴν ἀδικίαν τοῦ ζῆν
Sib.  5  236  ἠλλάχθησαν. εἰς ἔριν ἡμετέρην τυχὸν ὕστατα ταῦτα ✶ προβάλλου ✶ πῶς τί λέγεις; πεῖσο σε καὶ εἴ τί σε μέμφομαι
Sib.  5  241  καλὸν πόμα πᾶσι βροτοῖσιν φαῖνέ τε καὶ ✶ προΰβαλλε ✶ καὶ ἤμερα πᾶσιν ἔτελλεν. τοῦδ' ἕνεκεν
FAch.  120  γὰρ παιδείας μετέχοντες καταγελῶσι τῶν τὰ τοιαῦτα ✶ προβαλλόντων]. ✶ ἔστιν οὖν ὁ ναὸς ἡ οἰκουμένη διὰ τὸ
HArt.  9  27  13  τῷ Μωύσῳ τὴν ἐπισυνισταμένην αὐτῷ ἐπιβουλὴν καὶ ✶ προβαλέσθαι ✶ τοὺς ἀναιρήσοντας αὐτόν. μηδενὸς δ'
πρόβατον
                                                                    24
Hen.  89  42  ὁ πατήρ σου. καὶ οἱ κύνες ἤρξαντο κατεσθίειν τὰ ✶ πρόβατα ✶ καὶ οἱ ὕες καὶ οἱ ἀλώπεκες κατήσθιον αὐτὰ μέχρι
Hen.  89  42  κατήσθιον αὐτὰ μέχρι οὖ ἤγειρεν ὁ κύριος τῶν ✶ προβάτων κριὸν ἕνα ἐκ τῶν προβάτων. καὶ ὁ κριὸς οὗτος
Hen.  89  42  οὗ ἤγειρεν ὁ κύριος τῶν προβάτων κριὸν ἕνα ἐκ τῶν ✶ προβάτων. ✶ καὶ ὁ κριὸς οὗτος ἤρξατο κερατίζειν καὶ
Hen.  89  44  καὶ μετ' αὐτοὺς ⟨ἐλυμήνατο⟩ τοὺς κύνας. καὶ τὰ ✶ πρόβατα ✶ ὧν οἱ ὀφθαλμοὶ ἠνοίγησαν ἐθεάσαντο τὸν κριὸν τὸν
Hen.  89  44  ὀφθαλμοὶ ἠνοίγησαν ἐθεάσαντο τὸν κριὸν τὸν ἐν τοῖς ✶ προβάτοις ✶ ἕως οὗ ἀφῆκεν τὴν ὁδὸν αὐτοῦ καὶ ἤρξατο
Hen.  89  45  καὶ ἤρξατο πορεύεσθαι ἀνοδίᾳ. καὶ ὁ κύριος τῶν ✶ προβάτων ✶ ἀπέστειλεν τὸν ἄρνα τοῦτον ἐπὶ ἄρνα ἕτερον τοῦ
Hen.  89  45  ἄρνα ἕτερον τοῦ στῆσαι αὐτὸν εἰς κριὸν ἐν ἀρχῇ τῶν ✶ προβάτων ✶ ἀντὶ τοῦ κριοῦ τοῦ ἀφέντος τὴν ὁδὸν αὐτοῦ. καὶ
Hen.  89  46  εἰς κριὸν καὶ εἰς ἄρχοντα καὶ εἰς ἡγούμενον τῶν ✶ προβάτων ✶ καὶ οἱ κύνες ἐπὶ πᾶσιν τούτοις ἔθλιβον τὰ
Hen.  89  46  προβάτων καὶ οἱ κύνες ἐπὶ πᾶσιν τούτοις ἔθλιβον τὰ ✶ πρόβατα. ✶ ⟨καὶ⟩ ὁ κριὸς ὁ πρῶτος τὸν κριὸν τὸν δεύτερον
Hen.  89  48  καὶ ὁ κριὸς ὁ δεύτερος ἀναπηδήσας ἀφηγήσατο τῶν ✶ προβάτων. ✶ ⟨καὶ⟩ τὰ πρόβατα ηὐξήθησαν καὶ ἐπληθύνθησαν καὶ
Hen.  89  49  δεύτερος ἀναπηδήσας ἀφηγήσατο τῶν προβάτων. καὶ τὰ ✶ πρόβατα ✶ ηὐξήθησαν καὶ ἐπληθύνθησαν καὶ πάντες οἱ κύνες
TLevi  18  2B034  καὶ εἰς μόσχον τέλειον μ' μναῖ καὶ εἰ κριὸς ἐκ ✶ προβάτων ✶ ἤ τράγου ἐξ αἰγῶν τὸ προσφερόμενον ἤ καὶ τούτῳ
TLevi  18  2B035  λ' μναῖ καὶ τῷ στέατι τρεῖς μναῖ καὶ εἰ ἄρνα ἐκ ✶ προβάτων ✶ ἤ ἔριφον ἐξ αἰγῶν κ' μναῖ καὶ τῷ στέατι β' μναῖ
TJud.  12  1  μετὰ δύο ἔτη ἀκούσασα ὅτι ἀνέρχομαι κεῖμαι ἐν τὰ ✶ πρόβατα ✶ κοσμηθεῖσα κόσμῳ νυμφικῷ ἑκάθισεν ἐν Ἐνὰν τῇ
Sedr.  8  3  πρῶτον ἠγάπησας τὸν ἄνθρωπον εἰς ἃ τὰ τετράποδα τὸ ✶ πρόβατον ✶ εἰς τὰ ξύλα τὴν ἐλαίαν εἰς τοὺς καρποὺς τὸ
Job  9  2  ἄρθεντά μοι. εἶχον γὰρ ἑκατὸν τριάκοντα χιλιάδας ✶ προβάτων ✶ καὶ ἀφώρισα ἀπ' αὐτῶν χιλιάδας ἑπτὰ καρῆναι εἰς
Job  15  4  τριακοσίας, ἐρίφους αἰγῶν πεντήκοντα καὶ ✶ πρόβατα ✶ δεκαδύο ταῦτα πάντα μετὰ τὴν σύνταξιν ἐκέλευον
Job  16  3  κατῆλθεν καὶ ἐφλόγισεν τὰς ἑπτὰ χιλιάδας τῶν ✶ προβάτων ✶ τὰ ταγένα εἰς ἔνδυσιν τῶν χηρῶν, καὶ τὰς
Job  32  2  τὸν πλοῦτον τοῦ Ιωβ. σὺ εἶ ὁ τὰ ἑπτακισχίλια ✶ πρόβατα ✶ ἐκτάξας εἰς τὴν τῶν πτωχῶν ἔνδυσιν ποῦ οὖν
Arls.  93  5  ἁμαρτάνουσι τῆς ἐπιθέσεως. ὁμοίως δὲ καὶ τὰ ὦν ✶ πρόβατα ✶ ἔτι δ' αἰγῶν τοῖς βάρεσι καὶ πιμελῇ θαυμασίως
HEup.  9  34  16  τὸν προφήτην. προσαγαγεῖν δὲ τῷ θεῷ θυσίαν μυρίαν ✶ πρόβατα ✶ δισχίλια μόσχους τρισχιλίους πεντακοσίους. τὸ δὲ
HArl.  9  25  2  αὐτὸν δίκαιον καὶ πολύκτηνον κτήσασθαι γὰρ αὐτὸν ✶ πρόβατα ✶ μὲν ἑπτακισχίλια καμήλους δὲ τρισχιλίας ζεύγη
HArl.  9  25  3  ὄνους καὶ τοὺς βοῦς ὑπὸ λῃστῶν ἀπόλεσθαι εἶτα τὰ ✶ πρόβατα ✶ ὑπὸ πυρὸς ἐκ τοῦ οὐρανοῦ πεσόντος κατακαῆναι σὺν
LEze.  9  29  13 02  Ἑβραίων τοῦδε τοῦ μηνὸς λαβὼν κατὰ συγγενείας ✶ πρόβατα ✶ καὶ μόσχους βοῶν ἄμωμα δεκάτῃ καὶ φυλαχθήτω
πρόβλημα
                                                                    8
Prop.  21  6  ἤγειρεν ὁ θεὸς ἐκ νεκρῶν εὐξαμένου αὐτοῦ. ✶ προβλήματος ✶ γενομένου παρ' αὐτοῦ καὶ τῶν προφητῶν τοῦ
FAch.  102  γὰρ ἐν πολέμοις συνίσταντο οὔτε μάχαις ἔγραφον γὰρ ✶ προβλήματα ✶ φιλοσοφίας δι' ἐπιστολῶν καὶ ὁ μὴ εὑρίσκων
FAch.  102  ὁ δὲ Αἴσωπος τὰ ἐκπεμπόμενα τῷ Λυκούργῳ λύων ✶ προβλήματα ✶ εὐδοκεῖν ἠνάγκαζεν τὸν βασιλέα αὐτὸς δὲ διὰ
FAch.  105  ἀπέστειλεν πρὸς τὸν Λυκοῦργον μετὰ ἐπιστολῶν καὶ ✶ προβλημάτων ✶ ἵνα διλύσας εἰδὼς ὅτι μετὰ Αἴσωπον οὐδεὶς
FAch.  105  παρὰ Βαβυλωνίοις ὁ δυνάμενος διαλῦσαι. ἦν δὲ τὸ ✶ πρόβλημα ✶ τοῦτο Νεκτανεβῶν βασιλεὺς Αἰγύπτου Λυκούργῳ
FAch.  120  τρέχουσι γυναῖκες δύο. ὁ δὲ Αἴσωπος ἔφη τοῦτο τὸ ✶ πρόβλημα ✶ παρ' ἡμῖν παῖδες λύουσιν. (οἱ γὰρ παιδείας
FAch.  121  εἰς δέ τις τῶν φίλων αὐτοῦ εἶπεν ἐρωτήσωμεν αὐτὸν ✶ πρόβλημα ✶ εἰπόντες τί ἐστιν ὃ οὔτε εἴδομεν οὔτε
FAch.  122  Αἴσωπος ἔφη εἰ ταῦτα ὑμῖν οὕτως δοκεῖ λέλυται τὸ ✶ πρόβλημα. ✶ ὁ δὲ Νεκτανεβὼν ἔφη μακαρίως Λυκοῦργος ἐν τῇ
προγενής
                                                                    1
LThe.  9  3  τολύπευσε καὶ εἰς λέχος ἀνέρι πέμπε Λείαν ἤ οἱ ἔην ✶ προγενεστέρη. ✶ οὐδέ μιν ἔμπης ἔλαθεν ἀλλ' ἐνόησε
προγιγνώσκω
                                                                    1
HHec.  1  22  204  ἡμῖν ἄν τι ὑγιὲς ἀπήγγελλεν; εἰ γὰρ ἠδύνατο ✶ προγιγνώσκειν ✶ τὸ μέλλον εἰς τὸν τόπον τοῦτον οὐκ ἂν ἦλθε
πρόγονος, ος, ον
                                                                    4
Arls.  19  9  τοῦ κρατοῦντος τὰ πάντα καὶ δεδοξασμένος ὑπὲρ τοὺς ✶ προγόνους ✶ εἰ καὶ μέγιστα ποιήσεις χαριστήρια καθῆκόν
Sib.  5  494  θεοῦ τέμενος καλὸν στήσομεν ἀληθοῦς δεῦτε τὸν ἐκ ✶ προγόνων ✶ δεινῶν νόμων ἀλλάξωμεν τοῦ χάριν οἱ λιθίνοις
LArl.  13  12  2  τοῦ προσαγορευθέντος Φιλαδέλφου βασιλέως σοῦ δὲ ✶ προγόνου ✶ προσενεγκαμένου μείζονα φιλοτιμίαν Δημητρίου
LArl.  13  12  11  τοῦ βίου. σαφέστερον δὲ καὶ κάλλιον τῶν ἡμετέρων ✶ προγόνων ✶ τις εἶπε Σολομῶν αὕτη πρὸ οὐρανοῦ καὶ γῆς
πρόδηλος
                                                                    4
Arls.  63  3  στέφανον ἐποίησαν οἱ τεχνῖται πάγκαρπον ἐν ὑπεροχῇ ✶ προδήλως ✶ ἔχοντα βοτρύων καὶ σταχύων ἔτι δὲ φοινίκων καὶ
Arls.  133  1  γίνεσθαι ταῦτ' οὖν ἐξεργαζόμενος ἀκριβῶς καὶ ✶ πρόδηλα ✶ θεὶς ἔδειξεν ὅτι κἂν ἐννοηθῇ τις κακίαν
Sib.  5  37  μέγας ἀνδρῶν ἐπτάκις ὃς δεκάτης κεραίην δείκνυσι ✶ πρόδηλον. ✶ τοῦ δὲ τριηκοσίης κεραίης ὅ,τι πρῶτον ἐλέγχων
LArl.  8  10  7  τὰ ἐκείνῳ νενοημένα. χεῖρες μὲν οὖν νοοῦνται ✶ προδήλως ✶ καὶ ἐφ' ἡμῶν κοινότερον. ὅταν γὰρ δυνάμεις
προδηλόω
                                                                    2
Arls.  14  8  παρεύρεσιν εἰς τὴν ἀπόλυσιν αὐτῶν ἀπελάβομεν καθὼς ✶ προδεδήλωται ✶ τοιούτοις ἐχρησάμεθα λόγοις πρὸς τὸν
Arls.  131  μόνον ἀλλ' ἐνδεικτικῶς καὶ τὰς βλάβας ✶ προδηλώσας ✶ καὶ τὰς ὑπὸ τοῦ θεοῦ γινομένας ἐπιπομπὰς τοῖς
προδίδωμι
                                                                    2
TBen.  5  5  τὸν λοίδορον καὶ σιωπᾷ. κἂν τις ψυχὴν δικαίαν ✶ προδοίη ✶ καὶ ὁ δίκαιος προσευχόμενος πρὸς ὀλίγον
Sib.  5  310  καὶ ἀθέσμων ῥιφθεῖσ' οὐκέτι τόσσον ἐς αἰθέρα +ἄρμα ✶ προδώσει+ ✶ ἀλλὰ μενεῖ νεκρὰ ἐν νάμασι +κυμήοισιν+ καὶ
προδότης
                                                                    2
Arls.  270  7  καιροτηρήσας ὃς γὰρ ἐπὶ τὸ πλεονεκτεῖν ὁρμᾶται ✶ προδότης ✶ πέφυκε. σὺ δὲ πάντας εὐνόους ἔχεις θεοῦ σοι
FAch.  104  Ἑρμίππῳ τινὶ στρατοφύλακι ἀνελεῖν τὸν Αἴσωπον ὡς ✶ προδότην. ✶ ὁ δὲ οὐκ ἀνεῖλεν αὐτόν ἦν γὰρ φίλος αὐτοῦ
πρόδρομος
                                                                    5
Asen.  18  1  τοῦ θεοῦ ἔρχεται πρὸς ⟨ἡμᾶς⟩ σήμερον. ὁ γὰρ ✶ πρόδρομος ✶ αὐτοῦ πρὸς τὰς πύλας τῆς αὐλῆς ἡμῶν ἕστηκεν.
Asen.  19  2  παρθένοις εἰς συνάντησιν τῷ Ἰωσὴφ καὶ ἔστη ἐν τῷ ✶ +προδρόμῳ+ ✶ τῆς οἰκίας. καὶ εἰσῆλθεν Ἰωσὴφ εἰς τὴν αὐλὴν
Asen.  19  4  ἔξω πάντες ἀλλότριοι. καὶ ἐξῆλθεν Ἀσενὲθ ἐκ τοῦ ✶ +προδρόμου+ ✶ εἰς συνάντησιν τῷ Ἰωσὴφ καὶ εἶδεν αὐτὴ
Asen.  24  15  ἄνδρας δυνατοὺς εἰς πόλεμον καὶ πεντήκοντα ✶ προδρόμους. ✶ καὶ νῦν ἄκουσον ἡμῶν καὶ λαλήσωμεν πρὸς τὸν
Asen.  26  5  καὶ κατέκοψαν αὐτοὺς ἐν στόματι ῥομφαίας καὶ τοὺς ✶ προδρόμους ✶ αὐτῆς ἀπέκτειναν πάντας καὶ ἔφυγεν Ἀσενὲθ
προεδρεύω
                                                                    1
Abr.1  2  1  Ἀβραὰμ ἐν τῇ χώρᾳ ἔγγιστα ζεύγη βοῶν ἀροτριασμοῦ ✶ προεδρεύοντα ✶ μετὰ τοὺς υἱοὺς Μασεκ καὶ ἑτέροις παισὶν
προεῖδον
HArt.  9  23  1  ἄλλους διενεγκόντα ὑπὸ τῶν ἀδελφῶν ἐπιβουλευθῆναι ✶ προϊδόμενον ✶ δὲ τὴν ἐπισύστασιν δεηθῆναι τῶν ἀστυγειτόνων
HHec.  1  22  204  τὰς χεῖρας πῶς γὰρ οὗτος ἔφη τὴν αὐτοῦ σωτηρίαν οὐ ✶ προϊδὼν ✶ περὶ τῆς ἡμετέρας πορείας ἡμῖν ἄν τι ὑγιὲς
πρόειμι (εἶμι)
Arls.  20  7  τῷ στρατοπέδῳ τοῦ πατρὸς ἀλλὰ καὶ εἴ τινες ✶ προῆσαν ✶ ἤ μετὰ ταῦτα παρεισήχθησαν εἰς τὴν βασιλείαν.
Arls.  22  1  ἤ καὶ πεπράκασιν ἑτέρους ὁμοίως δὲ καὶ εἴ τινες ✶ προῆσαν ✶ ἤ καὶ μετὰ ταῦτα εἰσιν εἰσηγμένοι τῶν τοιούτων
Arls.  26  3  τὰ ἄλλα πάντ' ἔχοντος πλὴν τοῦ καὶ εἴ τινες ✶ προῆσαν ✶ ἤ καὶ μετὰ ταῦτα εἰσιν εἰσηγμένοι τῶν τοιούτων
Arls.  36  3  ἐπὶ μείζοσι μισθοφορίαις ὁμοίως δὲ καὶ τοὺς ✶ προόντας ✶ κρίνας πιστοὺς φρούρια κτίσας ἀπέδωκεν αὐτοῖς
Arls.  52  3  δὲ πυθέσθαι τῶν ἀνὰ τὸν τόπον πηλίκη τίς ἐστιν ἡ ✶ προοῦσα ✶ καὶ κειμένη κατὰ τὸ ἱερὸν ἐν Ἱεροσολύμοις. ὡς
προεῖπον
                                                                    9 (cf.+ προερῶ, προλέγω)
Bar.  8  7  αὐτοῦ ταπεινοῦται. εἰ μή γὰρ αἱ τούτου πτέρυγες ὡς ✶ προείπομεν ✶ περιέσκεπον τὰς τοῦ ἡλίου ἀκτῖνας οὐκ ἂν
Prop.  12  11  τὴν δόξαν τοῦ ναοῦ. καὶ περὶ συντελείας τοῦ ναοῦ ✶ προεῖπε ✶ ὅτι ὑπὸ ἔθνους δυτικοῦ γενήσεται. τότε ἄπλωμά
Prop.  18  4  καταπονοῦν τὸν λαὸν καὶ κατὰ τῶν ἱερέων ἐπιτρέχον ✶ προεῖπε ✶ τῷ Σολομῶντι ὅτι αἱ γυναῖκες αὐτοῦ
Prop.  18  4B  παραβήσεται Σολομῶν τὸν νόμον τοῦ ὑψίστου ταῦτα ✶ προεῖπεν ✶ Ἡλεὶ πρὸς τοὺς υἱοὺς αὐτοὺς ἱερατεῦσαι. καὶ
Arls.  14  1  ὅσους Πτολεμαῖος ὁ τοῦ Λάγου μετήγαγε καθὼς ✶ προεῖπον ✶ τοὺς ἀκμάζοντας ταῖς ἡλικίαις καὶ ῥώμῃ
Arls.  290  1  χαλεπώτεροι τῶν ἀνοσίων τυράννων ἐξέβησαν. ἀλλὰ ὡς ✶ προεῖπον ✶ ἦθος χρηστὸν καὶ παιδείας κεκοινωνηκὸς δυνατὸν
Arls.  317  1  ἡμέρας ἀποκατέστη. μεταλαβὼν δὲ ὁ βασιλεὺς καθὼς ✶ προεῖπον ✶ περὶ τούτων τὰ παρὰ τοῦ Δημητρίου προσκυνήσας
FJub.  36  1  τῷ Ἰακὼβ ἀγαπᾶν ἀλλήλους. καὶ παραινέσας αὐτοὺς ✶ προεῖπεν ✶ ὅτι ἐὰν ἐπαναστῇ τῷ Ἰακὼβ ὁ Ἡσαῦ εἰς χεῖρας
LArl.  13  12  12  τὰ ἐν αὐτοῖς ἵνα τοὺς χρόνους δηλώσῃ καὶ τὴν τάξιν ✶ προείπῃ ✶ τί τινος προτερεῖ. τάξας γὰρ οὕτως αὐτὰ συνέχει
προέλευσις
                                                                    1
Job  39  5  μεθ' ὑμῶν, καὶ πῶς ἐστολιζόμην. νυνὶ δὲ ὁρᾶτε τὴν ✶ προέλευσίν ✶ μου ἤ τί ἐνδύομαι. τότε κλαύσαντες κλαυθμὸν

προερμηνεύω
                                                            1
Aris.    314      2   Ἔφησεν ἀκηκοέναι Θεοπόμπου διότι μέλλων τινὰ τῶν ✶ προηρμηνευμένων ✶ ἐπισφαλέστερον ἐκ τοῦ νόμου προσιστορεῖν
προέρχομαι                                                  5
TJos.     19      3         παρθένος ἔχουσα στολὴν βυσσίνην καὶ ἐξ αὐτῆς ✶ προῆλθεν ✶ ἀμνὸς ἄμωμος καὶ ἐξ ἀριστερῶν αὐτοῦ ὡς λέων καὶ
Job       10      3      ἄλλας δώδεκα τραπέζας κειμένας καὶ εἴ τις ξένος ✶ προήρχετο ✶ αἰτῆσαι ἐλεημοσύνην, ἀνάγκην εἶχεν τρέφεσθαι
Aris.    235      6        μετὰ δὲ ταῦτα ὁ βασιλεὺς εἰς τὸ φιλοφρονεῖσθαι ✶ προῆλθε ✶ διὰ τῶν προπόσεων. τῇ δὲ ἐπιούσῃ κατὰ τὰ αὐτὰ
HArt.  9  27     28         τῆς οὐρᾶς ἀνελέσθαι καὶ πάλιν ῥάβδον ποιῆσαι ✶ προελθόντα ✶ δὲ μικρὸν τὸν Νεῖλον τῇ ῥάβδῳ πατάξαι τὸν δὲ
LEze.  9  29   7  05     αὐτοῦ δὲ χλωρὸν πᾶν μένει τὸ βλαστάνον. τί δή; ✶ προελθὼν ✶ ὄψομαι τεράστιον μέγιστον οὐ γὰρ πίστιν
προερῶ                                       31   (cf.+ προεῖπον, προλέγω)
TSim.      6      1  ὁ πατήρ μου Ἰακὼβ προεφήτευσεν ἐν εὐλογίαις. ἰδοὺ ✶ προείρηκα ✶ ὑμῖν πάντα ὅπως δικαιωθῶ ἀπὸ τῆς ἁμαρτίας τῶν
Prop.      3     19         τὰ βρέφη αὐτῶν καὶ πάντα τὰ κτήνη αὐτῶν καὶ ✶ προείρηκεν ✶ ὅτι δι᾽ αὐτοὺς οὐκ ἐπιστρέψει ὁ λαὸς εἰς τὴν
Aris.      3      2      κατανοεῖν ἑαυτοὺς ἐπεδώκαμεν εἰς ⟨τὴν πρὸς⟩ τὸν ✶ προειρημένον ✶ ἄνδρα πρεσβείαν καλοκἀγαθίᾳ καὶ δόξῃ
Aris.     11      9       γραφῆναι πρὸς τὸν ἀρχιερέα τῶν Ἰουδαίων ὅπως τὰ ✶ προειρημένα ✶ τελείωσιν λάβῃ. νομίσας δὲ ἐγὼ καιρὸν εἶναι
Aris.     31      5       καὶ τὸ τῶν ἱστορικῶν πλῆθος τῆς ἐπιμνήσεως τῶν ✶ προειρημένων ✶ βιβλίων καὶ τῶν κατ᾽ αὐτὰ πεπολιτευμένων
Aris.     60      3  τῶν δύο κλιμάτων συνέβαινε μετέωρον ἐπικειμένην ὡς ✶ προειρήκαμεν ✶ τριγώνου κατεσκευασμένου καθ᾽ ὃ ἂν μέρος
Aris.     63      6        τοὺς δὲ λίθους ἐργασάμενοι πρὸς τὴν τῶν ✶ προειρημένων ✶ καρπῶν διατύπωσιν ἔχοντας ἑκάστου γένους
Aris.     93      7    ἐστὶν ἀμώμητα καὶ τῇ παχύτητι διαφέροντα τὸ ✶ προειρημένων ✶ ἐπιτελεῖται. πρὸς δὲ τὴν ἀνάπαυσιν τόπος
Aris.     99      4           πάντα ἄνθρωπον προσελθόντα τῇ θεωρίᾳ τῶν ✶ προειρημένων ✶ εἰς ἔκπληξιν ἥξειν καὶ θαυμασμὸν
Aris.    101      6        ποικίλων καὶ τοῦ τόπου κατὰ κορυφὴν ὄντος τῶν ✶ προειρημένων ✶ περιβόλων ὡσανεὶ φυλασσομένων τῶν πύργων
Aris.    107      9   γεωργεῖται πάντα μετὰ δαψιλείας πολλῆς ἐν πάσῃ τῇ ✶ προειρημένῃ ✶ χώρᾳ. τῶν δὲ πόλεων ὅσαι μέγεθος ἔχουσι καὶ
Aris.    112      2    διὰ τὸ καλῶς ἡμῖν τὸν Ἐλεάζαρον ὑποδεδειχέναι τὰ ✶ προειρημένα. ✶ μεγάλη γάρ ἐστιν ἡ τῶν γεωργουμένων
Aris.    115      5      τοῦ βασιλέως ἐκτισμένην. μέσῃ δὲ κεῖται πρὸς τοὺς ✶ προειρημένους ✶ τόπους οὐκ ἀπέχουσα τούτων πολύ. ἔχει δὲ
Aris.    146      1        τὸ λοιπὰ καὶ τὴν τροφὴν ἔχοντα δαπάνησιν τῶν ✶ προειρημένων ✶ ἡμέρων μετὰ ἀδικίας οὐ μόνον δὲ ταῦτα ἀλλὰ
Aris.    147      5       ἀλλ᾽ ἐκ δικαίου τὰ τοῦ βίου κυβερνᾶν ὡς τὰ τῶν ✶ προειρημένων ✶ πτηνῶν ἥμερα ζῷα τὰ φυσήμενα τῶν ὀσπρίων ἐπὶ
Aris.    149      2     καταδυναστεύειν. ὅπου γὰρ οὐδ᾽ ἄψασθαι καθῆκε τῶν ✶ προειρημένων ✶ διὰ τὴν περὶ ἕκαστα διάθεσιν πῶς οὐ
Aris.    153      1    δὲ ἀπὸ τούτων διεστάλμεθα. περὶ ὃν δέ ἐστιν ὁ ✶ προειρημένος ✶ τῆς διαστολῆς τρόπος περὶ τούτου εἶναι καὶ
Aris.    157      2     διὸ παρακελεύεται μνείαν ἔχειν ὡς συντηρεῖται τὰ ✶ προειρημένα ✶ θείᾳ δυνάμει σὺν κατασκευῇ. πάντα γὰρ χρόνον
Aris.    165      2    τό τε τῆς γαλῆς γένος ἰδιάζον ἐστὶ χωρὶς γὰρ τοῦ ✶ προειρημένου ✶ ἔχει λυμαντικὸν κατάστημα διὰ γὰρ τῶν ὤτων
Aris.    226      5   μεγαλομερῆς οὐδέποτ᾽ ἂν ἀπολίποι δόξης ἵνα δὲ τὰ ✶ προειρημένα ✶ σοι διαμένῃ τὸν θεὸν ἐπικαλοῦ διὰ παντός.
Aris.    286      1             ὑπὸ θεοῦ τιμώμενος. εὐαρεστήσας δὲ τοῖς ✶ προειρημένοις ✶ πρὸς τὸν Ἔνατον εἶπε πῶς δεῖ διὰ τὴν
Aris.    307      1       τὴν δικαιοσύνην καὶ τοῦ ἀληθείαν πάντα. καθὼς δὲ ✶ προειρήκαμεν ✶ οὕτως καθ᾽ ἑκάστην εἰς τὸν τόπον ἔχοντα
HEup.  9  34     4    ὄντα ἐτῶν τρισκαίδεκα ἐργάζεσθαι δὲ τὰ ἔθνη τὰ ✶ προειρημένα ✶ καὶ φυλὰς δώδεκα τῶν Ἰουδαίων καὶ παρέχειν
HEup.  1  141    5  ἐξήγαγε Μωυσῆς τοὺς Ἰουδαίους ἐξ Αἰγύπτου ἐπὶ τὴν ✶ προειρημένην ✶ προθεσμίαν συνάγεσθαι ἔτη ⟨δισ⟩χίλια
LAri.  8  10     1    τεύξεται λόγου καθήκοντος καὶ οὐκ ἀντιδοξήσει τοῖς ✶ προειρημένοις ✶ φιλόσοφοι καὶ πλείονες ἕτεροι καὶ ποιηταὶ
LAri.  8  10     17       ἕκαστα καταλαμβάνειν μήτε τὸ πῦρ κεκαυκὸς ὡς ✶ προείρηται ✶ μηδὲν μήτε τὰς τῶν σαλπίγγων φωνὰς δι᾽
LAri. 13  12     11       ὅλης νομοθεσίας ἐπεξήγησις ὡς εὔδηλον εἶναι τὸ ✶ προειρημένων ✶ φιλόσοφοι καὶ γνῶσιν εἰληφέναι πολλὰ γέγονε γὰρ
LAri. 13  12     11    οὐρανοῦ καὶ γῆς ὑπάρχειν τὸ δὴ σύμφωνόν ἐστι τῷ ✶ προειρημένῳ. ✶ τὸ δὲ διασαφούμενον διὰ τῆς νομοθεσίας
LAri. 13  12     15   ἐν τῷ κατὰ ἀλήθειαν ἑβδόμῳ λόγῳ καταλιμπάνεται τὰ ✶ προειρημένα ✶ καὶ γνῶσιν ἀληθείας λαμβάνειν καθὼς
LAri. 13  12     15    προειρημένα καὶ γνῶσιν ἀληθείας λαμβάνειν καθὼς ✶ προείρηται. ✶ Λίνος δέ φησιν οὕτως ἑβδομάτῃ δ᾽ ἠοῖ
προέχω                                                     5
Hen.      99      3  γῇ καταποθήσονται. τότε ἑτοιμάζεσθε οἱ δίκαιοι καὶ ✶ προέχεσθε ✶ τὰς ἐντεύξεις ὑμῶν εἰς μνημόσυνον διδότε αὐτὰς
Aris.    235      4    φιλοσόφων. καὶ γὰρ ταῖς ἀγωγαῖς καὶ τῷ λόγῳ πολὺ ✶ προέχοντες ✶ αὐτῶν ἦσαν ὡς ἂν ἀπὸ θεοῦ τὴν καταρχὴν
Aris.    290      3   ὑπάρχεις οὐ τοσοῦτον τῇ δόξῃ τῆς ἀρχῆς καὶ πλούτῳ ✶ προσχὼν ✶ ὅσον ἐπιεικείᾳ καὶ φιλανθρωπίᾳ πάντας ἀνθρώπους
FJub.      3     21   ἀπρόοπτως ἀπὸ τοῦ ξύλου λαβεῖν καὶ φαγεῖν καὶ μὴ ✶ προσχεῖν ✶ ὅλως τῷ λόγῳ τῆς Εὔας ὅτι λειποθυμῶν ἦν ἀπό τε
LEze.  9  29  16  01      θαλάσσης καὶ στρατὸν διώλεσε. κράτιστε Μωσῆ ✶ πρόσχες ✶ οἷον εὕρομεν τόπον πρὸς αὐτῇ τῇδέ γ᾽ εὐαεῖ νάπῃ.
προηγέομαι                                                 2
Job       43     14   ὁ κύριος παρεγένετο, ἰδοὺ οἱ ἅγιοι ἡτοιμάσθησαν, ✶ προηγουμένων ✶ τῶν στεφάνων μετ᾽ ἐγκωμίων. χαιρέτωσαν οἱ
Job       52     12  τὸ δὲ σῶμα αὐτοῦ περισταλὲν ἀπηνέχθη εἰς τὸν τάφον ✶ προηγουμένων ✶ τῶν τριῶν θυγατέρων αὐτοῦ καὶ
προθεάομαι                                                 1
FMos.  2  17     17      υἱὸν Ναυῆ καὶ διαλεγόμενος πρὸς αὐτὸν ἔφη καὶ ✶ προεθεάσατό ✶ με ὁ θεὸς πρὸ καταβολῆς κόσμου εἶναί με τῆς
πρόθεσις                                                   4
Aris.      9      5      ἐπὶ τέλος ἤγαγεν ὅσον ἐφ᾽ ἑαυτῷ τὴν τοῦ βασιλέως ✶ πρόθεσιν. ✶ παρόντων οὖν ἡμῶν ἐρωτηθεὶς πόσαι τινες
Aris.    199      4     ἐν ταῖς τῶν κινδύνων πράξεσιν ἐπιτελοῖτο κατὰ ✶ πρόθεσιν. ✶ τελειοῦται δὲ ὑπὸ τοῦ θεοῦ πάντα σοι καλῶς
Aris.    307      5    δυσὶ τελειωθῆναι τὰ τῆς μεταγραφῆς οἱονεὶ κατὰ ✶ πρόθεσίν ✶ τινα τοῦ τοιούτου γεγενημένου. τελείωσιν δὲ ὅτε
Aris.    312      2    δὲ καὶ τούτων τῷ βασιλεῖ μεγάλως ἐχάρη τὴν γὰρ ✶ πρόθεσιν ✶ ἣν εἶχεν ἀσφαλῶς ἔδοξε τετελειῶσθαι.
προθεσμία                                                 1
FAch.    122        μαρτυρούντων. ἀποδοθήτω παραυτὰ τὰ χρήματα ἢ γὰρ ✶ προθεσμία ✶ παρῆλθεν τῆς ἀποδόσεως. ὁ δὲ βασιλεὺς
HEup.  1  141    5    τοὺς Ἰουδαίους ἐξ Αἰγύπτου ἐπὶ τὴν προειρημένην ✶ προθεσμίαν ✶ συνάγεσθαι ἔτη ⟨δισ⟩χίλια πεντακόσια
προθυμέομαι                                                1
Aris.     52      1      πρῶτον δέ σοι τὰ περὶ τῆς τραπέζης ἐξηγήσομαι. ✶ προεθυμεῖτο ✶ μὲν οὖν ὁ βασιλεὺς ὑπέροπλόν τι ποιῆσαι τοῖς
προθυμία                                                   3
Job       11      1  τραπέζης. ἦσαν δὲ καὶ ξένοι τινὲς ἰδόντες τὴν ἐμὴν ✶ προθυμίαν, ✶ καὶ ἐπεθύμησαν καὶ αὐτοὶ ὑπηρετεῖν τῇ
Aris.     20      4      ποιεῖσθαι παρ᾽ αὐτὰ μεγαλείως χρησάμενος τῇ ✶ προθυμίᾳ ✶ τοῦ θεοῦ τὴν πᾶσαν ἐπιτελέσαντος ἡμῶν
Aris.    226      3     εἰπὼν πῶς ἂν δοξαζόμενος διαμένοι; εἶπε δὲ τῇ ✶ προθυμίᾳ ✶ καὶ ταῖς χάρισι πρὸς τοὺς ἄλλους μεταδοτικὸς ὢν
πρόθυμος                                                   2
Job       11      6      ἐμοῦ λαμβάνουσιν εἰς οἰκονομίαν τῶν πτωχῶν καὶ ✶ προθύμως ✶ δεξάμενος τὸ γραμματεῖον ἐδίδουν αὐτοῖς ὅσον
Aris.     94      3  τούτου δὲ γινομένου τῶν διαλελοιπότων ἐγείρονται ✶ πρόθυμοι ✶ οὐδενὸς ἐπιτάσσοντος τὰ τῆς λειτουργίας. ἥ τε
πρόθυρος                                                   1
Job        6      2    καὶ τὰς θύρας μου ἀσφαλισάμενος ἐνετειλάμην τοῖς ✶ προθύροις ✶ μου ὅτι εἴ τις σήμερον ζητήσῃ με, μὴ
προίημι                                                    1
Aris.    126      1          ὑπ᾽ αὐτοῦ. καὶ δι᾽ ὅρκων ἐπιστοῦτο μὴ ✶ προΐεσθαι ✶ τοὺς ἀνθρώπους εἴ τις ἑτέρα χρεία πρὸς τὰ κατ᾽
προικίζω                                                   1
Sedr.      6      5     ἐγένετο μοιχαλὶς καὶ ἁμαρτωλός. ποῖος πατὴρ ✶ προικίσας ✶ εἰπέ μοι τῷ υἱῷ αὐτοῦ καὶ λαβὼν τὴν οὐσίαν -
προΐστημι                                                  1
Aris.    182      6    πρὸς τὰ ποτὰ καὶ βρωτὰ καὶ στρωμνὰς τοσοῦτοι καὶ ✶ προεστῶτες ✶ ἦσαν καὶ κατὰ τοὺς ἐθισμοὺς οὕτως ἐσκευάζετο
προκαθέζομαι                                               1
HArt.  9  27     8  αὐτοῦ καταστρατοπεδεῦσαι πέμψαι δὲ στρατηγοὺς τοὺς ✶ προκαθεδουμένους ✶ τῆς χώρας οὓς δὴ πλεονεκτεῖν ἐπιφανῶς
προκαθηγέομαι                                              1
Aris.    103      2  δὲ πολλῆς εἶχον εἰ καὶ τις ἐπιταγῇ γένοιτο διὰ τοῦ ✶ προκαθηγουμένου ✶ πρὸς θεωρίαν εἰσδέξασθαι τινας οἷον καὶ
προκάθημαι                                                 1
TJud.     12      2    πρὸς τὴν πύλην. νόμος γὰρ Ἀμορραίων τὴν γαμοῦσαν ✶ προκαθίσαι ✶ ἐν πορνείᾳ ἑπτὰ ἡμέρας παρὰ τὴν πύλην.
προκατατάχεω                                               1
HArt.  9  27     18   σπάσασθαι τὴν μάχαιραν ἐπ᾽ αὐτὸν τὸν δὲ Μωϋσον ✶ προκατατάχησαντα ✶ τήν τε χεῖρα κατασχεῖν αὐτοῦ καὶ
πρόκειμαι                                                  4
Aris.     24      7  τρόπον ἐν τῇ βασιλείᾳ κομιζομένους τοὺς ἔχοντας τὸ ✶ προκείμενον ✶ κεφάλαιον ἀπολύειν καὶ μηδένα κακοσχόλως
Aris.    307      3    διὰ τὴν ἡσυχίαν καὶ καταύγειαν συναγόμενοι τὸ ✶ προκείμενον ✶ ἐπετέλουν. συνέτυχε δὲ οὕτως ὥστε ἐν ἡμέραις
LAri.  8  10     1       πλὴν ἱκανῶς εἰρημένων πρὸς τὰ ✶ προκείμενα ✶ ζητήματα ἐπεφώνησας καὶ σὺ βασιλεῦ διότι
LAri.  8  10     16    σὺν τῇ τοῦ πυρὸς ἀστραπηδὸν ἐκφάνσει μὴ ✶ προκειμένων ✶ ὀργάνων τοιούτων μηδὲ τοῦ φωνήσοντος ἀλλὰ
προκομίζω                                                  1
Job       40     12  τὰ δὲ περιεστῶτα ζῷα κλαίοντα ἐπ᾽ αὐτήν. καὶ οὕτως ✶ προκομίσαντες ✶ αὐτὴν ἐκήδευσαν θάψαντες περὶ τὴν οἰκίαν
προκοπή                                                    2
TGad.      4      5     ἐνεργεῖ τῷ φθόνῳ καὶ κατὰ τῶν εὐπραγούντων τὴν ✶ προκοπὴν ✶ ἀκούων καὶ ὁρῶν πάντοτε ἀσθενεῖ. ὥσπερ γὰρ ἡ
Aris.    242      2  ὅσον ἰσχύον ἐστὶ τελουμένων δὲ τούτων καὶ δόξα καὶ ✶ προκοπὴ ✶ παρὰ τοῖς τοιούτοις ὑπάρξει τὸ γὰρ συνεργὲς
προκόπτω                                                   1
TJud.     21      8    σάρκας ἀδίκως κόρακας καὶ ἴβεις χορτάσουσι καὶ ✶ προκόψουσιν ✶ ἐπὶ τὸ κακὸν ἐν πλεονεξίᾳ ὑψούμενοι. καὶ
HEup.  9  34     4   μετὰ τῶν Σιδωνίων καὶ Τυρίων μετήνεγκε τὰ ξύλα τὰ ✶ προκεκομμένα ✶ ὑπὸ τοῦ πατρὸς αὐτοῦ διὰ τῆς θαλάσσης εἰς
προκτίζω                                                   1
FJos.    189        εἰμι ἐγὼ καὶ πνεῦμα ἀρχικὸν καὶ Ἀβραὰμ καὶ Ἰσαὰκ ✶ προεκτίσθησαν ✶ πρὸ παντὸς ἔργου ἐγὼ δὲ Ἰακὼβ ὁ κληθεὶς
προλαμβάνω                                                 3
Abr.1      5     14  ὅτι ἀπέθανεν καὶ ⟨διὰ τοῦτο⟩ οὕτως πενθεῖται; ✶ προλαβὼν ✶ δὲ ὁ ἀρχιστράτηγος εἶπε πρὸς Σάρρα ἀδελφὴ Σάρρα
TJud.      2      5      αὐτὸ ὡς κύνα. τῷ χοίρῳ τῷ ἀγρίῳ συνέδραμον καὶ ✶ προλαβὼν ✶ ἐν τῷ τρέχειν με κατεσπάραξα αὐτόν. πάρδαλις ἐν
Sib.       3    569    ἀσεβῶν γένος ἔσσεται ἀνδρῶν ὁππότε κεν τοῦτο ✶ προλάβῃ ✶ τέλος αἴσιμον ἦμαρ. οὐ γὰρ μὴ θύσητε θεῷ μέχρι

```
προλέγω                           1 (cf.+ προερῶ, προεῖπον)
Aris.     8      4    καὶ ἡ περὶ τούτων φροντίς. ἵνα δὲ μὴ περὶ τῶν ✳ προλεγομένων ✳ μηκύνοντες ἀδόλεσχόν τι ποιῶμεν ἐπὶ τὸ
προλείπω                                    3
Sib.      3     549        τίς τοι πλάνον ἐν φρεσὶ θῆκεν ταῦτα τελεῖν ✳ προλιποῦσα ✳ θεοῦ μεγάλοιο πρόσωπον; οὔνομα παγγενέταο
Sib.      3     810    σοι 'Ασσυρίης Βαβυλῶνια τείχεα μακρὰ οἰστρομανής ✳ προλιποῦσα ✳ ἐς ''Ελλάδα πεμπόμενον πῦρ πᾶσι προφητεύουσα
FPho.          164    δ' ἀρετὴν μέγ' ὀφέλλει. μύρμηκες γαίης μυχάτους ✳ προλελοιπότες ✳ οἴκους ἔρχονται βιότου κεχρημένοι ὁππότ'
πρόληψις                                    1
Aris.    197      3  τὰ συμβαίνοντα μετρίως φέροι; ἐκεῖνος δὲ ἔφησεν εἰ ✳ πρόληψιν ✳ λαμβάνοις ὅτι γέγοναν ὑπὸ τοῦ θεοῦ πάντες
προμαντεύομαι                               1
HEup.   9   39    4    ἀκούσαντα Ναβουχοδονόσορ τὰ ὑπὸ τοῦ 'Ιερεμίου ✳ προμαντευθέντα ✳ παρακαλέσαι 'Αστιβάρην τὸν Μήδων βασιλέα
προμάντιον ✳                                1
Sib.      3     227    μωρῶν ἀπάτας ἐγγαστεριμύθων οὐδέ τε Χαλδαίων τὰ ✳ προμάντια ✳ ἀστρολογοῦσιν οὐδὲ μὲν ἀστρονομοῦσι τὰ γὰρ
πρόμος                                      7
Sib.      4     125    ὑπὲρ Παρθηίδα γαῖαν. εἰς Συρίην δ' ἥξει 'Ρώμης ✳ πρόμος ✳ ὃς πυρὶ νηὸν συμφλέξας Σολύμων πολλοὺς δ' ἅμα
πρόνοια
Aris.     30      5    σεσήμανται καθὼς ὑπὸ τῶν εἰδότων προσαναφέρεται ✳ προνοίας ✳ γὰρ βασιλικῆς οὐ τέτευχε. δέον δέ ἐστι καὶ
Aris.     80      3    τῇ πολυτελείᾳ καὶ τεχνουργίᾳ οὔτ' ἔν τινι ἄλλῳ. ✳ πρόνοιαν ✳ γὰρ οὐ μικρὰν ἐποιεῖτο ὁ βασιλεὺς φιλοδοξῶν εἰς
Aris.    190      3    φίλους; κἀκεῖνος εἶπεν εἰ θεωροίησαν πολλήν σε ✳ πρόνοιαν ✳ ποιούμενον ὧν ἄρχεις ὄχλων σὺ δὲ τοῦτο πράξεις
Aris.    201      2    δὲ ὁ 'Ερετριεὺς φιλόσοφος εἶπε ναὶ βασιλεῦ ✳ προνοίᾳ ✳ γὰρ τῶν ὅλων διοικουμένων καὶ ὑπειληφότων ὀρθῶς
Sib.      5     227    τε δικαίου σῳζομένου διὰ παντὸς ὃν ἔξοχον εἶχε ✳ Πρόνοια. ✳ ἄστατε καὶ κακόβουλε κακὰς περικείμενε κῆρας
Sib.      5     323    ἥόνι κληρωθεῖσα ἄρδην ἐξολέσει σε θεοῖό ποθ' ἥδε ✳ πρόνοια. ✳ μή μ' ἐθέλουσαν ἐλεῖν Φοίβου τὴν γείτονα χώραν
HCal.     24     12    ἐγὼ δὲ τὴν αὔριον ἐπελεύσομαι πρὸς ὑμᾶς καὶ ὡς τῇ ✳ προνοίᾳ ✳ δεκτὸν πράξω. οἱ δὲ ἀπελθόντες τοῖς ἄρχουσιν
προνομεύω                                   1
TJud.      7      3    καὶ τὰ αὐτῶν ὀλοθρεύσαμεν καὶ πάντα τὰ αὐτῶν ✳ προνομεύσαντες ✳ τὰ τρία τείχη αὐτῶν καθείλομεν. καὶ ἐν τῇ
προνομή                                     1
TLevi     17      9    οἱ ποιοῦντες αὐτά. διὰ τοῦτο ἐν αἰχμαλωσίᾳ καὶ ἐν ✳ προνομῇ ✳ ἔσονται καὶ ἡ γῆ καὶ ἡ ὕπαρξις αὐτῶν
προξενέω                                    1
Bar.       4     16    δόξης μακρὰν γίνονται καὶ τῷ αἰωνίῳ πυρὶ ἑαυτοὺς ✳ προξενοῦσιν. ✳ πᾶν γὰρ ἀγαθὸν δι' αὐτοῦ γίνεται. ταῦτα γὰρ
προοράω                              cf. προεῖδον
προοχή                                      1
Aris.     62      3    φωθεσία κατεσκεύαστο διάλιθος ἐκτύπωσιν ἔχουσα ✳ προοχῆς ✳ συνεχέσιν ἀναγλυφαῖς ῥαβδωταῖς πυκνὴν ἐχούσαις
πρόπας                                      2
Sib.      3      80    ἀνθρώπων εἰς πόντον ῥίψῃ τότε δὴ στοιχεῖα ✳ πρόπαντα ✳ χηρεύσει κόσμου ὁπόταν θεὸς αἰθέρι ναίων
LEze.   9   29 12 30    ὀπτὰ δαίσεσθε κρέα. σπουδῇ δὲ βασιλεὺς ἐκβαλεῖ ✳ πρόπαντ' ✳ ὄχλον. ὅταν δὲ μέλλητ' ἀποτρέχειν δώσω χάριν
προπάτωρ                                    1
Abr.1      8      9    οὐδέ οἱ βασιλεῖς ὑπῆρχον ἀθάνατοι οὐδεὶς ⟨ἐκ τῶν⟩ ✳ προπατόρων ✳ ἐξέφυγεν τὸ τοῦ θανάτου κειμήλιον πάντες
προπέμπω                                    1
Aris.    172      2    ἐπιλέξας καὶ πολλὰ δῶρα τῷ βασιλεῖ κατασκευάσας ✳ προέπεμψεν ✳ ἡμᾶς μετὰ ἀσφαλείας πολλῆς. ὡς δὲ
προπέτεια                                   1
Aris.     23      3  ἔχον ἠχμαλωτεῦσθαι τούτους διὰ δὲ τὴν στρατιωτικὴν ✳ προπέτειαν ✳ τήν τε χώραν αὐτῶν κατεφθάρθαι καὶ τὴν τῶν
προπετής                                    1
FPho.     57    οὐκέτι γὰρ δύναται τὸ τετυγμένον εἶναι ἄτυκτον. μὴ ✳ προπετὴς ✳ ἐς χεῖρα χαλίνου δ' ἄγριον ὀργὴν πολλάκι γὰρ
προπηλακίζω                                 2
HHec.    1   22    191    ἀστυγειτόνων καὶ τῶν εἰσαφικνουμένων πάντων καὶ ✳ προπηλακιζόμενοι ✳ πολλάκις ὑπὸ τῶν Περσικῶν βασιλέων καὶ
προπίνω                                     2
Aris.    261      5        σὺν κρότῳ πλείονι. καὶ μετὰ ταῦτα πρὸς τὸ ✳ προπιεῖν ✳ ὁ βασιλεὺς ⟨λαμβάνειν⟩ ἐτράπη χαρᾷ
Aris.    274      3    κρότῳ πάντας αὐτοὺς ἀπεδέξατο φιλοφρονούμενος καὶ ✳ προπίνων ✳ ἑκάστῳ πλεῖόν τι πρὸς τὸ τερφθῆναι ⟨ἐτράπη⟩
Προποντίς                                   1
Sib.      3     442    Πατάρων μαντήια σήματα παύσῃ. Κύζικος οἰκήτειρα ✳ Προποντίδος ✳ οἰνοπόλοιο 'Ρύνδακος ἀμφὶ σε κῦμα
πρόποσις                                    1
Aris.    235      6    ὁ βασιλεὺς εἰς τὸ φιλοφρονεῖσθαι προῆλθε διὰ τῶν ✳ προπόσεων. ✳ τῇ δὲ ἐπιούσῃ κατὰ τὰ αὐτὰ τῆς διατάξεως τοῦ
πρός                                      785    πρός προς
προσαγγέλλω                                 3
Aris.     10      5    πρὸς τὸ πληρωθῆναι πεντήκοντα μυριάδας τὰ λοιπά. ✳ προσήγγελται ✳ δέ μοι καὶ τῶν 'Ιουδαίων νόμιμα μεταγραφῆς
Aris.     25      3    πράγμασι τοῦτ' ἐπιτελεσθῆναι. τὸν δὲ βουλόμενον ✳ προσαγγέλλειν ✳ περὶ τῶν ἀπειθησάντων ἐφ' ᾧ τοῦ φανέντος
Aris.    173      2    πολλῆς. ὡς δὲ παρεγενήθημεν εἰς 'Αλεξάνδρειαν ✳ προσηγγέλη ✳ τῷ βασιλεῖ περὶ τῆς ἀφίξεως ἡμῶν. παρειμένοι
προσαγορεύω                               15
TLevi     16      3    ἀνακαινοποιοῦντα νόμον ἐν δυνάμει ὑψίστου πλάνον ✳ προσαγορεύσετε ✳ καὶ τέλος ὡς νομίζετε ἀποκτενεῖτε αὐτόν
Asen.      7      7  εἰ μὴ σὺ μόνος σήμερον. καὶ εἰ βούλῃ ἐλεύσεται καὶ ✳ προσαγορεύσει ✳ σε διότι ἡ θυγάτηρ ἡμῶν ὡς ἀδελφή σού
Prop.     21      2  Σοβαχὰ ὁ πατὴρ αὐτοῦ ὅτι ἄνδρες λευκοφανεῖς αὐτὸν ✳ προσηγόρευον ✳ καὶ ὅτι ἐν πυρὶ αὐτὸν ἐσπαργάνουν καὶ φλόγα
FJub.      2     24    τοῦ θεοῦ καὶ ἡγιάσθη καὶ σάββατον ὡς καταπαύσιμος ✳ προσηγορεύθη ✳ καὶ ὡς τύπος τῆς ἑβδόμης χιλιοετηρίδος καὶ
FIsa.    1   3    10    ἄρχοντα⟨ς 'Ιούδα⟩ καὶ 'Ισραὴλ ⟨λαὸν Γο⟩μόρρας ✳ πρ⟨οσηγό⟩ρευσεν. ✳ ⟨κ⟩α⟨ὶ πολλὰ⟩ κατηγόρει ἐπὶ τοῦ Μανασσῆ
HDem.    9   21    3    καὶ μηνὸς δωδεκάτου ἕτερον τεκεῖν ὃν καὶ αὐτὸν ✳ προσαγορευθῆναι ✳ ὑπὸ Λείας 'Ασήρ. καὶ Λείαν πάλιν ἀντὶ
HEup.   9   34   13    καὶ τάφοις οἰκοδομῆσαι δὲ καὶ βασιλεῖα ἑαυτῷ. ✳ προσαγορευθῆναι ✳ δὲ τὸ ἀνάκτορον πρῶτον μὲν ἱερὸν
HArt.   9   27    3    ὑπὸ δὲ τῶν 'Ελλήνων αὐτὸν ἀνδρωθέντα Μουσαῖον ✳ προσαγορευθῆναι. ✳ γενέσθαι δὲ τὸν Μώϋσον τοῦτον 'Ορφέως
HArt.   9   27    6    καὶ ὑπὸ τῶν ἱερέων ἰσοθέου τιμῆς καταξιωθῆναι ✳ προσαγορευθῆναί ✳ 'Ερμῆν διὰ τὴν τῶν ἱερῶν γραμμάτων
HArt.   9   27    9  τὸ ταύτην τὰ βλάπτοντα ζῷα τοὺς ἀνθρώπους ἀναιρεῖν ✳ προσαγορεῦσαι ✳ δὲ αὐτὴν 'Ερμοῦ πόλιν. οὕτω δὴ τοὺς
HArt.   9   27   12  διὰ τὸ τὴν γῆν ἀπὸ τούτων ἀροῦσθαι τὸν δὲ Χενεφρῆν ✳ προσαγορεύσαντα ✳ ταῦρον "Απιν κελεῦσαι ἱερὸν αὐτοῦ τοὺς
HArt.   9   27   14    ὀνειδίσαι τὸν Χενεφρῆν Χανεθώθην τὴν αὐτὴν ✳ προσαγορευόμενον ✳ ὑπ' αὐτοῦ τὴν δὲ ὀνειδισθέντα
HArt.   9   27   16    τὸν δὲ ποταμὸν καὶ τὴν ἐν ἐκείνῳ πόλιν Μερόην ✳ προσαγορεῦσαι ✳ τιμᾶσθαι δὲ τὴν Μέρριν ταύτην ὑπὸ τῶν
LAri.  13   12    2  ἡ δ' ὅλη ἑρμηνεία τῶν διὰ τοῦ νόμου πάντων ἐπὶ τοῦ ✳ προσαγορευθέντος ✳ Φιλαδέλφου βασιλέως σοῦ δὲ προγόνου
LAri.  13   12   13    καὶ τῶν φυομένων ἁπάντων. τῷ δὲ σάββατον αὐτὴν ✳ προσαγορεύεσθαι ✳ διερμηνεύεται ἀνάπαυσις οὖσα. διασαφεῖ
προσάγω                                   18
Hen.      14     25    μοι εἷς τῶν ἁγίων ἤγειρέν με καὶ ἔστησέν με καὶ ✳ προσήγαγέν ✳ με μέχρι τῆς θύρας ἐγὼ δὲ τὸ πρόσωπόν μου
Abr.1     15      1    ὅσα βούλεται καὶ εἶθ' οὕτως παράλαβε αὐτὸν σὺ καὶ ✳ προσάγαγε ✳ αὐτὸν πρός με. διαστρέψας δὲ ὁ ἀρχιστράτηγος
TLevi    2 3B011    πλανήσει με ἀπὸ τῆς ὁδοῦ σου. καὶ ἐλέησόν με καὶ ✳ προσάγαγέ ✳ με εἶναί σου δοῦλος καὶ λατρεῦσαί σοι καλῶς.
TLevi   18 2B046    ἐρίφῳ. καὶ πᾶσα ἡ σεμίδαλις ἀναπεποιημένη ἥ⟨ν⟩ ἂν ✳ προσαγάγῃς ✳ μόνον οὐκ ἐπὶ στέατος προσχωθήσεται ἐπ' αὐτήν
TJud.      5      2    ἀπειλοῦσαν ἡμῖν θάνατον. ἐγὼ οὖν καὶ Γὰδ ✳ προσήξαμεν ✳ ἀπὸ ἀνατολῶν τῆς πόλεως 'Ρουβὴμ δὲ καὶ Λευὶ
TJud.      6      3    ἡμῖν τῇ πέμπτῃ ἡμέρᾳ λαβεῖν τὴν αἰχμαλωσίαν καὶ ✳ προσάξαντες ✳ αὐτοῖς ἐν καρτερᾷ μάχῃ περιεγενόμεθα ὅτι
TJud.      9      5    ὡς οὐκ ἤνοιγον μετὰ ἡμέρας εἴκοσιν ὁρώντων αὐτῶν ✳ προσάγω ✳ κλίμακα καὶ τὴν ἀσπίδα ἐπὶ τῆς κεφαλῆς μου καὶ
Asen.     21      7    Φαραὼ πρὸς ἀλλήλους τῇ τι πρόσωπα αὐτῶν καὶ ✳ προσήγαγεν ✳ αὐτοὺς ἐπὶ τὸ στόμα αὐτῶν καὶ ⟨ἦρσεν⟩ αὐτοὺς
Aris.     45      2    κατὰ πολλοὺς ⟨τρόπους⟩ εὐηργέτηκας. εὐθέως οὖν ✳ προσηγάγομεν ✳ ὑπὲρ σοῦ θυσίας καὶ τῆς ἀδελφῆς καὶ τῶν
Aris.     59      6    τῆς ὡραιότητος τὸ δὲ ἐκτὸς κλίμα πρὸς τὴν τοῦ ✳ προσάγοντος ✳ εἶναι θεωρίαν. διὸ τὴν ὑπεροχὴν ὀξεῖαν εἶναι
Aris.     70      5    ἣν τῶν τεσσάρων ποδῶν κατὰ τὴν ἐνεργὸν πεποιημένα ✳ προσηγμένα ✳ τῆς ἐμπειρίας καὶ τέχνης τὰς ὑπεροχὰς
Aris.     76      5    πρὸς αὐτὸ τοῦτο θαυμασίως ἔχουσαν ὥστε πᾶν τὸ ✳ προσαχθὲν ✳ ἀπαυγάζεσθαι σαφέστερον μᾶλλον ἢ ἐν τοῖς
Aris.     88      5    ἀπὸ τῶν θυσιῶν αἱμάτων. πολλαὶ γὰρ μυριάδες κτηνῶν ✳ προσάγονται ✳ κατὰ τὰς τῶν ἑορτῶν ἡμέρας. ὕδατος δὲ
Aris.     95      4    τῆς ἑπτακαισίας παρόντων τῶν λειτουργίαν καὶ δὲ ✳ προσαγόντων ✳ δὲ τὰ θύματα πολύ τι πλῆθος ἀλλὰ φόβῳ καὶ
Aris.    152      5    σεμνύνονται ἐπὶ τούτοις. οὐ μόνον γὰρ πρὸς ἄρσενας ✳ προσάγουσιν ✳ ἀλλὰ καὶ τεκούσας ἔτι δὲ καὶ θυγατέρας
Aris.    170      8    παντὸς τρόπου τὴν προσφορὰν ποιεῖται ὁ τῶν θυσιῶν ✳ προσάγων. ✳ καὶ περὶ τούτων οὖν νομίζω τὰ τῆς ὁμιλίας ἄξια
HEup.   9   34   14    ἐλθεῖν εἰς Σηλὼμ καὶ θυσίαν τῷ θεῷ εἰς ὁλοκάρπωσιν ✳ προσαγαγεῖν ✳ βοῦς χιλίους. λαβόντα δὲ τὴν σκηνὴν καὶ τῷ
HEup.   9   34   16    ἐκεῖ καταθέσθαι καθὼς προστάξαι αὐτῷ τὸν προφήτην. ✳ προσαγαγεῖν ✳ δὲ τῷ θεῷ θυσίαν μυρίαν πρόβατα δισχίλια
προσαγωγή                                   1
Aris.     42      7    κρατῆρας πέντε καὶ τράπεζαν εἰς ἀνάθεσιν καὶ εἰς ✳ προσαγωγὴν ✳ θυσιῶν καὶ εἰς ἐπισκευὰς ὧν ἂν δέηται τὸ
προσαίρω                                    1
TLevi    2 3B014    τὴν καρδίαν μου δέσποτα ἀπὸ πάσης ἀκαθαρσίας καὶ ✳ προσάρωμαι ✳ πρός σε αὐτὸς καὶ μὴ ἀποστρέψῃς τὸ πρόσωπόν
προσαιτέω                                   1
Job       22      3    χορτάζεται. καὶ οὐκ ἐφείδετο ἐξελθεῖν ἐν τῇ ἀγορᾷ ✳ προσαιτῆσαι ✳ ἄρτον παρὰ τῶν ἀρτοπρατῶν ἕως ἂν προσενέγκῃ
προσανατρέφω                                1
FJub.          31B    τὸν Κάϊν ἀνῃρῆσθαι ἀκουσίως τοῖχον γὰρ οἰκοδομῶν ✳ προσανέτρεψεν ✳ αὐτὸν ὄπιθεν ὄντος τοῦ Κάϊν ὃς καὶ ἀνῃρέθη
προσαναφέρω                                 4
Job       42      7    εἰ μὴ γὰρ δι' αὐτόν, ἀπώλεσα ἂν ὑμᾶς. καὶ αὐτοὶ δὲ ✳ προσανήνεγκάν ✳ μοι τὰ πρὸς θυσίαν καὶ ἐγὼ λαβὼν ἀνήνεγκα
Aris.     27      4    τέκνων σὺν ταῖς μητράσιν ἐλευθεροῦντο. ✳ προσανενεχθέντος ✳ εἰ καὶ περὶ τούτων εἰκοσαδραχμία
Aris.     29      5    πεποιημένος οὐ παρέργως τὴν ἐν τούτοις ἐπιμέλειαν ✳ προσαναφέρω ✳ σοι τάδε. τοῦ νόμου τῶν 'Ιουδαίων βιβλία σὺν
```

Aris. 30 5 οὐχ ὡς ὑπάρχει σεσήμανται καθὼς ὑπὸ τῶν εἰδότων * προσαναφέρεται * προνοίας γὰρ βασιλικῆς οὐ τέτευχε. δέον

προσάπτω 2
Job 37 6 τοῦ κιρίου καὶ τῆς σοφίας αὐτοῦ, ἢ κατατολμᾷ τις * προσάπτειν * τῷ κυρίῳ ἀδίκημα; ἀποκρίνου μοι, Ιωβ, πρὸς
LAri. 8 10 6 τεύξομαι τοῦ πράγματος μηδὲ πείσω μὴ τῷ νομοθέτῃ * προσάψῃς * τὴν ἀλογίαν ἀλλ' ἐμοὶ τῷ μὴ δυναμένῳ

προσβαίνω 1
FEz. 186 23 κς> εκο< >ανις< >πυρος β< >ει εκ'μειαινοντ<ες >ετι * προσεβαινον * τη< πρεσ>βυτας αδυναμουν<τας ε>πι τα υψηλα

προσβάλλω 1
TLevi 5 6 αὐτοὺς εἰς τέλος ὅτι πᾶν πνεῦμα πονηρὸν εἰς αὐτὸν * προσβάλλει. * καὶ μετὰ ταῦτα ὥσπερ ἔξυπνος γενόμενος

προσβλέπω 3
Aris. 19 1 ὁ κυριεύων ἁπάντων θεὸς ὁ δὲ διανακύψας καὶ * προσβλέψας * ἱλαρῷ τῷ προσώπῳ πόσας ὑπολαμβάνεις μυριάδας
Aris. 78 5 τεχνίτευμα. καὶ πάλιν ὅτε πρὸς τὴν τῶν ἀργυρῶν * προσβλέψαι * τις θέσιν ἤθελεν ἀπέλαμπε τὰ πάντα κυκλόθεν
LEze. 9 29 16 20 κοττοῖς ἡμέροις παρεμφερὲς καὶ μηλίνῃ μὲν τῇ κόρῃ * προσέβλεπε * κύκλῳ κόρη δὲ κόκκος ὡς ἐφαίνετο. φωνὴν δὲ

προσδέχομαι 6
TLevi 16 5 ἕως αὐτὸς πάλιν ἐπισκέψηται καὶ οἰκτιρήσας * προσδέξηται * ὑμᾶς ἐν πίστει καὶ ὕδατι. καὶ ὅτι ἠκούσατε
TAser 4 3 τὸ πᾶν ἔργον ἀγαθόν ἐστιν ὅτι μιμεῖται κύριον μὴ * προσδεχόμενος * τὸ δοκοῦν καλὸν μετὰ τοῦ ἀληθινοῦ κακοῦ.
Job 42 8 καὶ ἐγὼ λαβὼν ἀνήνεγκα ὑπὲρ αὐτῶν καὶ ὁ κύριος * προσδεξάμενος * ἀφῆκεν αὐτοῖς τὴν ἁμαρτίαν. τότε Ελιφας
Aris. 257 5 οὓς ξενιτεύει. κοινῶς γὰρ ὁ θεὸς τὸ ταπεινούμενον * προσδέχεται * κατὰ φύσιν καὶ τὸ τῶν ἀνθρώπων γένος τοὺς
FAch. 122 βασιλέα Νεκταναβὼν καὶ εὗρεν αὐτὸν μετὰ τῶν φίλων * προσδεχόμενον * πρὸς τὸ ἀπορῆσαι. ὁ δὲ Αἴσωπος ἐκβαλὼν τὸ
FrAn. 2 11 2 καὶ ἐπὶ τῶν πατέρων ἡμῶν ἡμεῖς δὲ ἡμέραν ἐξ ἡμέρας * προσδεχόμενοι * οὐδὲν τούτων ἑωράκαμεν. ἀνόητοι συμβάλετε

προσδέω (-δεήσω) 3
Aris. 11 4 τὰ πρὸς τὴν χρείαν. ὁ δὲ Δημήτριος εἶπεν ἑρμηνείας * προσδεῖται * χαρακτῆρσι γὰρ ἰδίοις κατὰ τὴν Ἰουδαίαν
Aris. 113 2 νομή. διὸ καλῶς ἔβλεψαν ὅτι πολυανθρωπίας οἱ τόποι * προσδέονται * καὶ τὴν κατασκευὴν τῆς πόλεως καὶ τῶν κωμῶν
Aris. 242 4 ἀδιάλυτον πρὸς ἅπαντα μετὰ δὲ εὐημερίας μηδὲν * προσδεῖσθαι * τῶν ἐκείνων ἀλλὰ δέον <θεὸν> ἱκετεύειν πάντα

προσδίδωμι 1
TJos. 11 4 ὡς δὲ ἤλθομεν εἰς Αἴγυπτον περὶ ἐμοῦ ἐμάχοντο τις * προσδοὺς * χρυσίον λάβῃ με. διὸ πᾶσιν ἔδοξεν εἶναί με εἰς

προσδοκάω 6
Job 7 4 τῇ παιδὶ διδόναι αὐτῷ, καὶ εἶπον αὐτῷ ὅτι μηκέτι * προσδόκα * φαγεῖν ἐκ τῶν ἐμῶν ἄρτων, ὅτι ἀπηλλοτρίωσαι
Job 12 3 ἐμοῦ λέγοντος ἐπίσταμαι ὅτι ἐργάτης εἶ ἄνθρωπος * προσδοκῶν * καὶ ἀναμένων σου τὸν μισθὸν ἀνάγκην ἔχεις
Job 32 9 λύχνους ἐπὶ τὰς ἀργυρᾶς λυχνίας ἔχων, νυνὶ δὲ * προσδοκᾷς * τὴν φαῦσιν τῆς σελήνης ποῦ οὖν τυγχάνει ἡ δόξα
Job 43 16 ἐν καρδίᾳ, ὅτι ἀπείληφαν τὴν δόξαν ἣν * προσεδόκησαν. * ἦρται ἡ ἁμαρτία ἡμῶν, κεκαθάρισται ἡμῶν ἡ
FBar. 12 3 αι ακτι<νες του ηλιου λα>μπουσιν και συ μη * προσ<δοκα * χαιρησειν> μηδε επ<ι> πολυ καταδικα<ζε αληθως
HCal. 24 24 ἡ τοῦ θανάτου ἐθρόησε τόλμη ὅσον τὸ μὴ κερδᾶναί τι * προσδοκῶντες. * οὕτως εὐχερῶς πρὸς τὸ θανεῖν ηὐτομόλησαν.

προσδοκία 2
TJos. 7 6 ὅτι ἀντιποιῇ τῆς ζωῆς μου καὶ τῶν τέκνων μου ἔχω * προσδοκίαν * ἀπολαῦσαι τῆς ἐπιθυμίας μου. καὶ οὐκ ἔγνω ὅτι
Sal. 11 Ισραηλ εἰς εὐφροσύνην αἰώνιον. τῷ Σαλωμων εἰς * προσδοκίαν. * σαλπίσατε ἐν Σιων ἐν σάλπιγγι σημασίας ἁγίων

προσεγγίζω 11
TRub. 4 6 γὰρ ψυχῆς ἐστιν ἡ πορνεία χωρίζουσα θεοῦ καὶ * προσεγγίζουσα * τοῖς εἰδώλοις ὅτι αὕτη ἐστὶ πλανῶσα τὸν
TSim. 5 3 μήτηρ ἐστὶ πάντων τῶν κακῶν χωρίζουσα θεοῦ καὶ * προσεγγίζουσα * τῷ Βελιάρ. ἑώρακα γὰρ ἐν χαρακτῆρι γραφῆς
TJud. 7 4 τὰ τρία τείχη αὐτῶν καθείλομεν. καὶ ἐν τῇ Θάμνᾳ * προσηγγίσαμεν * οὗ ἦν πᾶσα ἡ ἀποφυγὴ τῶν πολεμίων
Job 31 1 ἀποκριθεὶς Ελιους εἶπεν τοῖς συμβασιλεῦσιν * προσεγγιοῦμεν * αὐτῷ καὶ ἐξετάσωμεν αὐτὸν ἀκριβῶς εἰ ὅλως
Job 31 2 διὰ τὴν δυσωδίαν τοῦ σώματός μου ἀναστάντες * προσήγγισάν * μοι ἔχοντες εὐωδίας ἐν ταῖς χερσὶν αὐτῶν,
Job 31 3 καὶ θυμίαμα βαλλόντων μοι κυκλόθεν, ἵνα δυνηθῶσιν * προσεγγίσαι * μοι καὶ ἐποίησαν τρεῖς ἡμέρας χορηγοῦντες τὰ
Job 35 2 ὄντι ἰδοὺ ἡμεῖς ὅλως ὑγιαίνοντες οὐκ ἰσχύσαμεν * προσεγγίσαι * αὐτῷ διὰ τὴν δυσωδίαν εἰ μὴ διὰ πλείονος
Job 35 6 καὶ μανῇ ὑπάρχων ἐν πληγαῖς; ἀλλ' ἐάσόν με * προσεγγίσαι * αὐτῷ, καὶ γνώσομαι ἐν τίνι ἐστίν. τότε
Job 36 1 καὶ γνώσομαι ἐν τίνι ἐστίν. τότε ἐγερθεὶς ὁ Βαλδαδ * προσήγγισέν * μοι λέγων σὺ εἶ Ιωβ; καὶ εἶπον αὐτῷ ναί. καὶ
HCal. 24 33 ἰδὼν ἐδεδίει τοῦ σχήματος καὶ τούτους μηκέτι * προσεγγίσαι * αὐτῷ ἐκέλευσεν ἀλλ' ἐν τῇ πόλει
LEze. 9 29 8 01 γὰρ πίστιν ἀνθρώποις φέρει. ἐπίσχες ὦ φέριστε μὴ * προσεγγίσῃς * Μωσῆ πρὶν ἢ τῶν σῶν ποδῶν λῦσαι δέσιν ἁγία

προσεγκαλέω 1
Job 34 3 ἵνα παραμυθησώμεθα αὐτόν; καὶ ἰδοὺ αὐτὸς * προσεγκαλεῖ * ἡμῖν διὸ ἀναχωρήσωμεν εἰς τὰς ἰδίας χώρας

προσεδρεύω 1
IOrp. 6 αἰῶνος ἀμέρσῃ εἰς δὲ λόγον θεῖον βλέψας τούτῳ * προσέδρευε * ἰθύνων κραδίης νοερὸν κύτος εὖ δ' ἐπίβαινε

πρόσειμι (εἰμί) 3
Aris. 140 4 θεοῦ προσονομάζουσιν ἡμᾶς ὃ τοῖς λοιποῖς οὐ * πρόσεστιν * εἰ μή τις σέβεται τὸν κατὰ ἀλήθειαν θεὸν ἀλλ'
LEze. 9 29 14 25 πόλις βροτοῖς). ἐπεὶ δὲ Τιτὰν ἥλιος δυσμαῖς * προσῆν * ἐπέσχομεν θέλοντες ὄρθριον μάχην πεποιθότες
LAri. 8 10 15 εἰ μὴ τὸ παρὰ τοῦ θεοῦ δυναμικὸν αὐτῇ * προσείη. * τῶν γὰρ φυομένων κατὰ τὸ ὄρος τόπων φλεγομένων

πρόσειμι (εἶμι) 2 (cf.+ προσέρχομαι)
Aris. 77 6 τῆς προσόψεως ἡ διάθεσις καὶ τῶν πρὸς τὴν θεωρίαν * προσιόντων * οὐ δυναμένων ἀφίστασθαι διὰ τὴν περιαύγειαν
FPho. 151 χεῖρα βιαίως. φεῦγε διχοστασίην καὶ ἔριν πολέμου * προσιόντος. * μὴ κακὸν εὖ ἔρξῃς σπείρειν ἶσον ἔστ' ἐνὶ

προσεῖπον 1
Aris. 284 1 τὰ βουλήματα συντελοῦντος. ἐνεργῶς δὲ καὶ τοῦτον * προσειπὼν * ἕτερον ἠρώτα τίνας δεῖ ποιεῖσθαι τὰς διαγωγὰς

προσεπερωτάω 1
Aris. 53 2 ἱερὸν ἐν Ἱεροσολύμοις. ὡς δὲ ἀπεφήναντο τὰ μέτρα * προσεπηρώτησεν * εἰ κατασκευάσει μείζονα. τινὲς μὲν οὖν

προσεπινεύω 1
Aris. 239 1 θεὸς τῆς διανοίας ἡγεμὼν γένοιτο πρὸς τὰ κάλλιστα. * προσεπινεύσας * δὲ τούτῳ τὸν ἑξῆς ἠρώτα πῶς ἂν φιλήκοος

προσέρχομαι 19 (cf.+ πρόσειμι (εἶμι))
Adam 29 4 θυσίαν τῷ θεῷ ὅπως εἰσακούσεταί μου ὁ θεός. καὶ * προσελθόντες * εἶπον οἱ ἄγγελοι τῷ κυρίῳ Ἰαὴλ αἰώνιε
Hen. 14 24 κύριος τῷ στόματι αὐτοῦ ἐκάλεσέν με καὶ εἶπέν μοι * πρόσελθε * ὧδε Ἑνὼχ καὶ τὸν λόγον μου ἄκουσον. καὶ
Hen. 14 25 πρόσελθε ὧδε Ἑνὼχ καὶ τὸν λόγον μου ἄκουσον. καὶ * προσελθὼν * μοι εἷς τῶν ἁγίων ἤγειρέν με καὶ ἔστησέν με
Hen. 15 1 ἄνθρωπος ἀληθινὸς καὶ γραμματεὺς τῆς ἀληθείας * πρόσελθε * ὧδε καὶ τῆς φωνῆς μου ἄκουσον. πορεύθητι καὶ
Abr.1 3 9 ὕδωρ ἐπὶ τῆς λεκάνης ἀνήνεγκεν <πρὸς> αὐτόν. * προσελθὼν * οὖν Ἀβραὰμ ἔνιπτεν τοὺς πόδας τοῦ
Abr.1 11 6 θρόνου καθήμενος διὰ τῆς στενῆς πύλης ὀλίγας ψυχὰς * προσερχομένας * καὶ διὰ τῆς πλατείας πύλης ἀμετρήτους
TZab. 4 7 καὶ οὐκ ἔφαγε Ῥουβὴμ ἄρτον ἐν τῇ ἡμέρᾳ ἐκείνῃ. * προσελθὼν * οὖν Δὰν εἶπεν αὐτῷ μὴ κλαῖε μηδὲ πένθει εὗρον
TJos. 15 7 αὐτοῖς λύσατέ με ἀπὸ τῆς κρίσεως Πετεφρῆ. * προσελθόντες * οὖν αἰτοῦνταί με λέγοντες ὅτι ἐν ἀργυρίῳ
Asen. 8 4 πάντα. καὶ εἶπε Πεντεφρῆς τῇ θυγατρὶ αὐτοῦ Ἀσενὲθ * πρόσελθε * καὶ καταφίλησον τὸν ἀδελφόν σου. καὶ ὡς
Asen. 8 5 πρόσελθε καὶ καταφίλησον τὸν ἀδελφόν σου. καὶ ὡς * προσῆλθεν * Ἀσενὲθ φιλῆσαι τὸν Ἰωσὴφ ἐξέτεινεν Ἰωσὴφ
Bar. 11 9 ὁ ἀρχάγγελος; καὶ εἶπέν μοι τοῦτό ἐστιν ἔνθα * προσέρχονται * αἱ ἀρεταὶ τῶν δικαίων καὶ ὅσα ἐργάζονται
Prop. 3 12 οὗτος ἀπολλυμένου τοῦ λαοῦ ὑπὸ τῶν ἐχθρῶν * προσῆλθε * τοῖς ἡγουμένοις καὶ διὰ τεραστίων φοβηθέντες
Prop. 22 8 ὀχλουμένη ὑπὸ δανιστῶν καὶ μὴ ἔχουσα ἀποδοῦναι * προσῆλθε * τῷ Ἐλισαίῳ καὶ ἐνετείλατο αὐτῇ συναγαγεῖν
Sedr. 5 3 αὐτὸν διά τί παρέβη τὸ πρόσταγμά σου καὶ οὐ * προσῆλθεν * τῶν χειρῶν σου τὸ πλαστούργημα; ἐὰν τὸν
Job 20 4 τῆς δὲ ψυχῆς μου οὐκ ἔδωκεν αὐτῷ τὴν ἐξουσίαν καὶ * προσῆλθέν * μοι καθημένῳ ἐπὶ τὸν θρόνον καὶ πενθοῦντι τὴν
Aris. 99 4 ἐκτὸς τοῦ κόσμου καὶ διαβεβαιοῦμαι πάντα ἄνθρωπον * προσελθόντα * τῇ θεωρίᾳ τῶν προειρημένων εἰς ἔκπληξιν
Aris. 233 4 τοιαῦτα. εὐσεβεῖ δέ σοι καθεστῶτι τούτων οὐδὲν ἂν * προσέλθοι. * καλῶς δὲ καὶ τοῦτον ἐπαινέσας τὸν δέκατον
Aris. 301 3 θαλάσσης πρὸς τὴν νῆσον καὶ διαβὰς τὴν γέφυραν καὶ * προσελθὼν * ὡς ἐπὶ τὰ βόρεια μέρη συνέδριον ποιησάμενος
FJub. 17 16 πρὸς θυσίαν ἀνήχθη. Μαστιφὰμ ὁ ἄρχων τῶν δαιμονίων * προσελθὼν * τῷ θεῷ εἶπεν εἰ ἀγαπᾷ σε Ἀβραὰμ θυσάτω σοι

προσευχή 14
Adam 35 4 μου Σὴθ οἱ δύο αἰθίοπες οἱ παριστάμενοι ἐπὶ τὴν * προσευχὴν * τοῦ πατρός σου; λέγει δὲ Σὴθ τῇ μητρὶ αὐτοῦ
Abr.1 14 6 τὸν θεὸν ὑπὲρ τῆς ψυχῆς <καὶ εἰσήκουσεν ὁ θεὸς τὴν * προσευχὴν * αὐτῶν καὶ ἀναστάντες ἐκ τῆς προσευχῆς οὐκ
Abr.1 14 6 ὁ θεὸς τὴν προσευχὴν αὐτῶν καὶ ἀναστάντες ἐκ τῆς * προσευχῆς * οὐκ εἶδον τὴν ψυχὴν> ἱσταμένην ἐκεῖσε. καὶ
TLevi 4 2 κολάσει κριθήσονται. εἰσήκουσεν οὖν ὁ ὕψιστος τῆς * προσευχῆς * σου τοῦ διελεῖν σε ἀπὸ τῆς ἀδικίας καὶ
TNep. 8 8 συνουσίας γυναικὸς αὐτοῦ καὶ καιρὸς ἐγκρατείας εἰς * προσευχὴν * αὐτοῦ. καὶ δύο ἐντολαί εἰσιν καὶ εἰ μὴ
TJos. 4 8 τὴν ἐπιθυμίαν αὐτῆς. κἀγὼ προσετίθουν νηστείαν καὶ * προσευχὴν * ὅπως ῥύσεταί με κύριος ἀπ' αὐτῆς. πάλιν δὲ ἐν
TJos. 10 1 οὖν τέκνα μου πόσα κατεργάζεται ἡ ὑπομονὴ καὶ * προσευχὴ * μετὰ νηστείας. καὶ ὑμεῖς οὖν ἐὰν τὴν σωφροσύνην
Asen. 14 1 καὶ ἐχάρη καὶ εἶπεν ἄρα ἐπήκουσε κύριος ὁ θεὸς τῆς * προσευχῆς * μου διότι ὁ ἀστὴρ οὗτος ἄγγελος καὶ κῆρυξ τοῦ
Asen. 15 2 πάντων τῶν ῥημάτων τῆς ἐξομολογήσεώς σου καὶ τῆς * προσευχῆς * σου. ἰδοὺ ἑώρακα καὶ τὴν ταπείνωσιν καὶ τὴν
Sal. 6 5 περὶ παντὸς τοῦ οἴκου αὐτοῦ καὶ κύριος εἰσήκουσεν * προσευχὴν * παντὸς ἐν φόβῳ θεοῦ. καὶ πᾶν αἴτημα ψυχῆς
Jer. 1 2 τῶν ἁμαρτιῶν τῶν κατοικούντων ἐν αὐτῇ. αἱ γὰρ * προσευχαὶ * ὑμῶν ὡς στῦλος ἑδραῖός ἐστιν ἐν μέσῳ αὐτῆς καὶ
Jer. 7 23 λέγων οὕτως υἱέ μου ἀγαπητὲ μὴ ἀμελήσῃς ἐν ταῖς * προσευχαῖς * σου δεόμενος τοῦ θεοῦ ὑπὲρ ἡμῶν ὅπως
Prop. 3 11 τῶν ἐχθρῶν ἐπιδιῶξαι κατεποντίσθησαν. οὗτος διὰ * προσευχῆς * αὐτομάτως αὐτοῖς δαψιλῆ τροφὴν ἰχθύων
Prop. 4 12 ἰδεῖν ὅτι πάντα τὸν χρόνον τῆς ἀλλοιώσεως αὐτοῦ ἐν * προσευχῇ * ἣν περὶ αὐτοῦ ἔλεγεν ὅτι πάλιν ἄνθρωπος

προσεύχομαι 18
Adam 6 2 γὰρ κόπρον ἐπὶ τὴν κεφαλήν μου καὶ κλαύσομαι καὶ * προσεύξομαι * καὶ εἰσακούσεταί μου κύριος καὶ ἀποστελεῖ
Adam 29 11 τὸν Ἀδὰμ ὡς τεῖχος κύκλῳ αὐτοῦ κλαίοντες καὶ * προσευχόμενοι * τῷ θεῷ ὑπὲρ τοῦ Ἀδὰμ ὅπως εἰσακούσηται
Adam 42 4 ἐγίνωσκεν ἐπὶ τῆς γῆς πλὴν τοῦ υἱοῦ αὐτοῦ Σήθ. καὶ * προσηύξατο * Εὔα κλαίουσα ἵνα ταφῇ εἰς τὸν τόπον ὅπου ἦν

| | | | | |
|---|---|---|---|---|
| Abr.1 | 18 | 10 | οὖν Ἀβραὰμ ἔπεσεν ἐπὶ πρόσωπον ἐπὶ τὴν γῆν ✶ προσευχόμενος ✶ καὶ ὁ θάνατος σὺν αὐτῷ καὶ ἀπέστειλεν ὁ |
| TRub. | 1 | 7 | μου ἐπὶ μῆνας ἑπτὰ καὶ εἰ μὴ Ἰακὼβ ὁ πατὴρ ἡμῶν ✶ προσηύξατο ✶ περὶ ἐμοῦ πρὸς κύριον ὅτι ἤθελε κύριος |
| TJos. | 3 | 3 | πατρός μου Ἰακὼβ καὶ εἰσερχόμενος εἰς τὸ ταμιεῖον ✶ προσηυχόμην ✶ κυρίῳ καὶ ἐνήστευον ἐν τοῖς ἑπτὰ ἔτεσιν |
| TJos. | 7 | 4 | καὶ νοήσας ὅτι τὸ πνεῦμα τοῦ Βελίαρ αὐτὴν ἐνοχλεῖ ✶ προσευξάμενος ✶ κυρίῳ εἶπον αὐτῇ ἵνα τί ταράσσῃ καὶ θορυβῇ |
| TJos. | 9 | 4 | κατῄει πρός με ἐν ὥρᾳ καὶ ἤκουε τῆς φωνῆς μου ✶ προσευχομένου ✶ συνιὼν δὲ ἐγὼ τοὺς στεναγμοὺς αὐτῆς |
| TBen. | 1 | 4 | τὸ τεκεῖν τὸν Ἰωσὴφ δώδεκα ἔτη ἐστείρευσεν καὶ ✶ προσηύξατο ✶ κυρίῳ μετὰ νηστείας δώδεκα ἡμέρας καὶ |
| TBen. | 3 | 6 | πλησίον. καὶ γὰρ ἐδεήθη τοῦ πατρὸς ἡμῶν Ἰωσὴφ ἵνα ✶ προσεύξηται ✶ περὶ τῶν υἱῶν ἵνα μὴ λογίσηται αὐτοῖς ὁ |
| TBen. | 5 | 5 | σιωπᾷ. κἂν τις ψυχὴν δικαίαν προδοίη καὶ ὁ δίκαιος ✶ προσευχόμενος ✶ πρὸς ὀλίγον ταπεινωθῇ μετ' οὐ πολὺ |
| Jer. | 6 | 1 | μετὰ ταῦτα ἐξῆλθεν Ἀβιμέλεχ ἔξω τῆς πόλεως καὶ ✶ προσηύξατο ✶ πρὸς κύριον. καὶ ἰδοὺ ἄγγελος κυρίου ἦλθε καὶ |
| Jer. | 6 | 2 | καὶ ἄρας τοὺς ὀφθαλμοὺς αὐτοῦ εἰς τὸν οὐρανὸν ✶ προσηύξατο ✶ λέγων σὺ ὁ θεὸς ὁ παρέχων μισθαποδοσίαν τοῖς |
| Jer. | 6 | 11 | Ἱερεμίαν εἰς Βαβυλῶνα τὴν φάσιν ταύτην; ἔτι δὲ ✶ προσευχομένου ✶ τοῦ Βαροὺχ ἰδοὺ ἄγγελος κυρίου ἦλθε καὶ |
| Bar. | 4 | 13 | ὀργῆς θεοῦ ἐπιτύχω δι' αὐτοῦ. καὶ ταῦτα λέγων ✶ προσηύξατο ✶ ὅπως ἀποκαλύψῃ αὐτῷ ὁ θεὸς περὶ αὐτοῦ τί |
| Sedr. | 14 | 11 | ἐν ταῖς συνάξεσι καὶ ἐν ταῖς λειτουργίαις μου οἱ ✶ προσεύξουσιν ✶ τὸν ἄγγελόν μου καὶ οὐχ ἵστανται ἐν ταῖς |
| FMan. | 2 22 | 11 | ἀπὸ προσώπου κυρίου τοῦ θεοῦ τῶν πατέρων αὐτοῦ καὶ ✶ προσηύξατο ✶ πρὸς κύριον τὸν θεὸν λέγων. κύριε παντοκράτορ |
| HEup. | 9 34 | 10 | τὸν λουτῆρα ἵν' ἐφεστήκῃ ἐπ' αὐτῆς ὁ βασιλεὺς ὅταν ✶ προσεύχηται ✶ ὅπως ὀπτάνηται τῷ λαῷ τῶν Ἰουδαίων. |

**προσεχής**
1

| | | | | |
|---|---|---|---|---|
| Aris. | 183 | 1 | ἱλαρῶς διεξάγωσιν ὃ καὶ περὶ τούτους ἐγεγόνει. ✶ προσεχέστατος ✶ γὰρ ὢν ἄνθρωπος ὁ Δωρόθεος εἶχε τὴν τῶν |

**προσέχω**
26

| | | | | |
|---|---|---|---|---|
| Adam | 18 | 5 | ὑμῖν καὶ εἶπεν οὐ φάγεσθαι ἐξ αὐτοῦ. σὺ δὲ ✶ πρόσχες ✶ τῷ φυτῷ καὶ ὄψει δόξαν μεγάλην. ἐγὼ δὲ προσέσχον |
| Adam | 18 | 5 | δὲ πρόσχες τῷ φυτῷ καὶ ὄψει δόξαν μεγάλην. ἐγὼ δὲ ✶ προσέσχον ✶ τῷ φυτῷ καὶ ἴδον δόξαν μεγάλην περὶ αὐτοῦ. |
| TRub. | 3 | 10 | διδάσκω ὑμᾶς ἀκούσατε Ῥουβὴμ τοῦ πατρὸς ὑμῶν. μὴ ✶ προσέχετε ✶ ἐν ὄψει γυναικὸς μηδὲ ἰδιάζετε μετὰ θηλείας |
| TRub. | 4 | 1 | ἐπένθει ἐπ' ἐμοὶ μηκέτι ἀφαμενος αὐτῆς. μὴ οὖν ✶ προσέχετε ✶ κάλλος γυναικῶν μηδὲ ἐννοεῖσθε τὰς πράξεις |
| TSim. | 2 | 7 | τὸ πνεῦμα τοῦ ζήλου ἐτύφλωσέ μου τὸν νοῦν μὴ ✶ προσέχειν ✶ αὐτῷ ὡς ἀδελφῷ καὶ μὴ φείσασθαι Ἰακὼβ τοῦ |
| TLevi | 9 | 9 | εἰς ἐμὲ ἀσχολούμενος ἦν ἐνώπιον κυρίου. καὶ ἔλεγεν ✶ πρόσεχε ✶ τέκνον ἀπὸ τοῦ πνεύματος τῆς πορνείας τοῦτο γὰρ |
| TLevi | 18 ZB014 | | με τὴν κρίσιν ἱερωσύνης καὶ εἶπεν τέκνον Λευὶ ✶ πρόσεχε ✶ σεαυτῷ ἀπὸ πάσης ἀκαθαρσίας ἡ κρίσις σου μεγάλη |
| TLevi | 18 ZB016 | | σοι καὶ οὐ μὴ κρύψω ἀπὸ σου πᾶν ῥῆμα. διδάξω σε ✶ πρόσεχε ✶ σεαυτῷ ἀπὸ παντὸς συνουσιασμοῦ καὶ ἀπὸ πάσης |
| TZab. | 1 | 2 | καὶ εἶπεν αὐτοῖς ἀκούσατέ μου υἱοὶ Ζαβουλών ✶ προσέχετε ✶ ῥήμασι πατρὸς ὑμῶν. ἐγώ εἰμι Ζαβουλὼν δόσις |
| TZab. | 4 | 2 | ἐπὶ Ἰωσήφ. καὶ Ἰούδας οὐ συνέτρωγεν αὐτοῖς ✶ προσεῖχε ✶ δὲ τῷ λάκκῳ ὅτι ἐφοβεῖτο μὴ ἀποπηδήσαντες |
| TZab. | 9 | 1 | ὁ γὰρ μνησίκακος σπλάγχνα ἐλέους οὐκ ἔχει. ✶ προσέχετε ✶ τὰ ὕδατα ὅτι ὅτε ἐπὶ τὸ αὐτὸ πορεύεται λίθους |
| TDan | 1 | 2 | πατριὰν αὐτοῦ εἶπεν ἀκούσατε υἱοὶ Δὰν λόγων μου ✶ προσέχετε ✶ ῥήμασι στόματος τοῦ πατρὸς ὑμῶν. ἐπείρασα ἐν |
| TDan | 2 | 3 | ἀληθείᾳ ὅτι κἂν πατὴρ κἂν μήτηρ ἐστὶν ὡς πολεμίοις ✶ προσέχει ✶ αὐτοῖς ἐὰν ᾖ ἀδελφὸς οὐκ οἶδεν ἐὰν προφήτης |
| TDan | 6 | 1 | καὶ νῦν φοβήθητε τὸν κύριον τέκνα μου καὶ ✶ προσέχετε ✶ ἑαυτοῖς ἀπὸ τοῦ σατανᾶ καὶ τῶν πνευμάτων |
| TGad | 5 | 1 | ἀληθείας καὶ τὰ μικρὰ μεγάλα ποιεῖ τὸ σκότος φῶς ✶ προσέχει ✶ τὸ γλυκὺ πικρὸν λέγει καὶ συκοφαντεῖ |
| TAser | 6 | 1 | ἰσχύν μου πορευόμενος μονοπροσώπως εἰς τὸ ἀγαθόν. ✶ προσέχετε ✶ οὖν τέκνα καὶ ὑμεῖς τὰς ἐντολὰς τοῦ κυρίου |
| TAser | 6 | 1 | ἀγωνιζόμενα. τὸν νόμον κυρίου φυλάξατε καὶ μὴ ✶ προσέχετε ✶ τὸ κακὸν ὡς καλὸν ἀλλ' εἰς τὸ ὄντως καλὸν |
| TAser | 7 | 5 | αὐτῷ καὶ ἀσεβοῦντες ἀσεβήσετε εἰς αὐτὸν καὶ ✶ προσέχοντες ✶ τὸν νόμον τοῦ θεοῦ ἀλλ' ἐναταῖς ἀνθρώπων. |
| TJos. | 16 | 4 | εὐνοῦχον λέγουσα ἐὰν καὶ δύο μνᾶς χρυσίου ζητοῦσι ✶ πρόσεχε ✶ μὴ φείσασθαι χρυσίου μόνον πριάμενος τὸν παῖδα |
| TBen. | 8 | 3 | τὸ πνεῦμα τοῦ θεοῦ. ὥσπερ γὰρ ὁ ἥλιος οὐ μιαίνεται ✶ προσέχων ✶ ἐπὶ κόπρον καὶ βόρβορον ἀλλὰ μᾶλλον ἀμφότερα |
| Prop. | 3 | 6 | οὗτος ὁ προφήτης τέρας ἔδωκε τῷ λαῷ ὥστε ✶ προσέχειν ✶ τῷ ποταμῷ Χοβὰρ ὅτε ἐκλείποι ἐπελίζειν τὸ |
| Prop. | 17 | 4B | ἔλεγε γὰρ ὅτι δι' ἐμοῦ γέγονεν ἡ ἀσέβεια αὕτη. καὶ ✶ προσέσχεν ✶ ὁ κύριος ἐπὶ τὸν στεναγμὸν αὐτοῦ καὶ εἶπε πρὸς |
| Esdr. | 2 | 15 | φυλαττόμενος; ἐκέλευες παραγενέσθαι παντός. καὶ ✶ πρόσεχε ✶ τὰ ὑπ' ἐμοῦ λεγόμενα. ἀλλ' ἐὰν μὴ σὺ ἐδωρήσω |
| Job | 33 | 4 | παρελεύσεται καὶ ἡ δόξα αὐτοῦ φθαρήσεται καὶ οἱ ✶ προσέχοντες ✶ αὐτῷ ἔσονται ἐν τῇ καταστροφῇ αὐτοῦ. ἐμοὶ δὲ |
| Sib. | 5 | 332 | προχάρισμα τεὸν πάντεσσι βροτοῖσιν εἶναι καὶ ✶ προσέχειν ✶ οἷον θεὸς ἐγγυάλιξεν. ἱμείρω τριτάλαινα τὰ |
| HHec. | 1 22 | 192 | τὸν χοῦν προστάξαντος μόνους τοὺς Ἰουδαίους οὐ ✶ προσχεῖν ✶ ἀλλὰ καὶ πολλὰς ὑπομεῖναι πληγὰς καὶ ζημίας |

**προσήκω**
7

| | | | | |
|---|---|---|---|---|
| Asen. | 8 | 5 | ὥσπερ μῆλα ὡραῖα. καὶ εἶπεν Ἰωσὴφ οὐκ ἔστι ✶ προσῆκον ✶ ἀνδρὶ θεοσεβεῖ ὃς εὐλογεῖ τῷ στόματι αὐτοῦ τὸν |
| Asen. | 8 | 7 | τὸν ζῶντα. ὁμοίως καὶ γυναικὶ θεοσεβεῖ οὐκ ἔστι ✶ προσῆκον ✶ φιλῆσαι ἄνδρα ἀλλότριον διότι βδέλυγμά ἐστι |
| Asen. | 21 | 1 | ἐκοιμήθη μετὰ τῆς Ἀσενὲθ διότι εἶπεν Ἰωσὴφ οὐ ✶ προσήκει ✶ ἀνδρὶ θεοσεβεῖ πρὸ τῶν γάμων κοιμηθῆναι μετὰ |
| Asen. | 23 | 9 | τοῦτον; καὶ ἡμεῖς ἐσμεν ἄνδρες θεοσεβεῖς καὶ οὐ ✶ προσήκει ✶ ἡμῖν ἀποδοῦναι κακὸν ἀντὶ κακοῦ. καὶ εἶπε Λευὶς |
| Asen. | 23 | 12 | ἡμῶν Ἰωσήφ; καὶ νῦν ἄκουε τῶν ῥημάτων μου. οὐ ✶ προσήκει ✶ ἀνδρὶ θεοσεβεῖ ἀδικεῖν πάντα ἄνθρωπον κατ' |
| Asen. | 29 | 3 | τοῦτο ὅτι ἡμεῖς ἄνδρες θεοσεβεῖς ἐσμέν καὶ οὐ ✶ προσήκει ✶ ἀνδρὶ θεοσεβεῖ ἀποδοῦναι κακὸν ἀντὶ κακοῦ οὐδὲ |
| Aris. | 29 | 4 | ὅπως ἐπισυναχθῇ καὶ τὰ διαπεπτωκότα τύχῃ τῆς ✶ προσηκούσης ✶ ἐπισκευῆς πεποιημένος οὐ παρέργως τὴν ἐν |

**προσηλόω**
1

| | | | | |
|---|---|---|---|---|
| HEup. | 9 34 | 5 | χωννύντα πλινθία χρυσᾶ πενταπήχη καὶ προστιθέναι ✶ προσηλοῦντα ✶ ἥλοις ἀργυροῖς ταλαντιαίοις τὴν ὁλκὴν |

**προσημαίνω**
2

| | | | | |
|---|---|---|---|---|
| Job | 18 | 5 | ἀπὸ τοῦ πλήθους τῶν ὠδίνων, μνησθεὶς μάλιστα τοῦ ✶ προσημανθέντος ✶ μοι πολέμου ὑπὸ τοῦ κυρίου διὰ τοῦ |
| Aris. | 212 | 5 | καὶ γὰρ ὁ θεὸς διὰ παντὸς τοῖς δικαίοις ἀγαθὰ ✶ προσημαίνει ✶ μέγιστα. τοῦτον δὲ ἐπαινέσας εἶπε πρὸς τὸν |

**πρόσθεν**
12

| | | | | |
|---|---|---|---|---|
| Sib. | 3 | 391 | ὤμοις ἄγριος ἀλλοδίκης φλογόεις ἤγειρε γὰρ αὐτοῦ ✶ πρόσθε ✶ κεραυνὸς φῶτα κακὸν δ' Ἀσίῃ ζυγὸν ἕξει πᾶσα |
| Sib. | 3 | 527 | τε γυναῖκας ἐκ θαλάμων ἁπαλὰς τρυφεροῖσι ποσὶ ✶ πρόσθε ✶ πεσούσας ὄψονται δεσμοῖσιν ὑπ' ἐχθρῶν |
| Sib. | 5 | 61 | Μέμφι σὺ μὲν κλαύσῃ ὑπὲρ Αἰγύπτου τὰ μέγιστα ✶ πρόσθε ✶ γὰρ ἡ μεγάλας γαίης κρατέουσα γενήσῃ λυπρὴ ὥστε |
| Sib. | 5 | 90 | πόλεμός τ' οὐ --- τῆς ὑπερηφανίης δώσεις ὅσα ✶ πρόσθεν ✶ ἔρεξας. σιγήσεις αἰῶνα πολὺν καὶ νόστιμον ἦμαρ |
| Sib. | 5 | 192 | θρηνήσεις δύστηνε μόνη καὶ πάντ' ἀποτίσεις ὅσσα τὸ ✶ πρόσθεν ✶ ἔρεξας ἀναιδέα θυμὸν ἔχουσα. +καὶ κοπετὸν |
| Sib. | 5 | 419 | πόλιν ἐν πυρὶ πολλῷ καὶ δήμους ἔφλεξε βροτῶν τῶν ✶ πρόσθε ✶ κακούργων καὶ πόλιν ἣν ἐπόθησε θεὸς ταύτην |
| ISop. | 5 122 | 1 | δικαίων χάτεραν τῶν ἀδίκων. κἄπειτα σώσει πάντα ἃ ✶ πρόσθ(εν) ✶ ἀπώλεσεν. τὴν τοὐδε γὰρ τοι Ζεὺς ἔγημε μητέρα |
| LPhl. | 24 | 1 | μακαριστὸν ὅλης μέγας ἔκτισεν ἄκτωρ ὑψίστου καὶ ✶ πρόσθεν ✶ ἀφ' Ἀβραάμου καὶ Ἰσὰκ Ἰακὼβ εὐτέκνοιό θ' |
| LEze. | 9 29 5 06 | | χερὶ εὐωνύμῳ μάλιστα. δεξιᾷ δέ μοι ἔνευσε κἀγὼ ✶ πρόσθεν ✶ ἐστάθην θρόνου. σκῆπτρον δέ μοι παρέδωκε καὶ εἰς |
| LEze. | 9 29 12 27 | | μηνὸς οὗ λέγω διχομηνία τὸ πάσχα θύσαντας θεῷ τῇ ✶ πρόσθε ✶ νυκτὶ αἵματι ψαῦσαι θύρας ὅπως παρέλθῃ σῆμα |
| LEze. | 9 29 14 47 | | σύνεγγυς ἡμῶν. καὶ τις ἠλάλαξ' ἰδὼν φεύγωμεν οἴκοι ✶ πρόσθεν ✶ Ὑψίστου χέρας οἷς μὲν γὰρ ἔστ' ἀρωγὸς ἡμῖν δ' |
| LEze. | 9 29 16 26 | | ὁμοῦ ὄπισθεν αὐτοῦ δειλιῶντ' ἐπέσσυτο αὐτός δὲ ✶ πρόσθεν ✶ ταῦρος ὣς γαυρούμενος ἔβαινε κραιπνὸν βῆμα |

**προσιστορέω**
1

| | | | | |
|---|---|---|---|---|
| Aris. | 314 | 3 | τῶν προημηνευμένων ἐπισφαλέστερον ἐκ τοῦ νόμου ✶ προσιστορεῖν ✶ ταραχὴν λάβοι τῆς διανοίας πλεῖον ἡμέρων |

**πρόσκαιρος**
2

| | | | | |
|---|---|---|---|---|
| Abr.1 | 14 | 15 | αἰώνιον αὐτοὺς ἤγαγον δι' ἄκραν ἀγαθότητα ⟨διότι ✶ πρόσκαιρον ✶ κρίσιν αὐτοὺς ἀνταπέδωκας⟩ ἐγὼ δὲ οὕσπερ |
| Asen. | 12 | 15 | πατρός μου Πεντεφρῆ ἃ δέδωκέ μοι εἰς κληρονομίαν ✶ πρόσκαιρά ✶ εἰσι καὶ ἄφαντα τὰ δὲ ⟨δόματα⟩ τῆς κληρονομίας |

**προσκαλέω**
8

| | | | | |
|---|---|---|---|---|
| Abr.1 | 1 | 4 | πικρὸν ποτήριον καὶ τὸ ἄδηλον τοῦ βίου πέρας. ✶ προσκαλεσάμενος ✶ τοίνυν ὁ δεσπότης θεὸς τὸν ἀρχάγγελον |
| Abr.1 | 2 | 6 | ἀποκομίζομαι ὅτι καὶ αὐτὸν ὁ βασιλεὺς πρὸς αὐτὸν ✶ προσκαλεῖται. ✶ καὶ ὁ Ἀβραὰμ εἶπεν δεῦρο κύριέ μου |
| Abr.1 | 3 | 3 | ἀνθρωπίνην καὶ εἶπεν ἅγιος ἅγιος ἅγιος κύριος ὁ ✶ προσκαλούμενος ✶ ἑαυτὸν τοῖς ἀγαπῶσιν αὐτόν. ἔκρυψεν |
| Aris. | 182 | 1 | ἑτοιμάζειν. ὁ δὲ ἀρχεδέατρος Νικάνωρ Δωρόθεον ✶ προσκαλεσάμενος ✶ ὃς ἦν ἐπὶ τούτων ἀποτεταγμένος ἐκέλευσε |
| FMos. | 2 17 | 17 | Μωϋσῆς ✶ προσκαλεσάμενος ✶ Ἰησοῦν υἱὸν Ναυὴ καὶ διαλεγόμενος πρὸς |
| FAch. | 111 | | λαμπρῶς αὐτὸν ἔθαψε πενθήσας. μετὰ δὲ ταῦτα ✶ προσκαλεσάμενός ✶ τινας ἰξευτὰς ἐκέλευσεν συλλαμβάνεσθαι |
| FAch. | 112 | | φησιν ἄνδρες ἐνεδρεύθην ἀκούσας Αἴσωπον τεθνάναι ✶ προσκάλεσα ✶ τὸν Λυκοῦργον δι' ἐπιστολῶν. ταῦτα εἰπὼν |
| HCal. | 24 | 34 | αὐτῷ ἐκέλευσεν ἀλλ' ἐν τῇ πόλει ἀναστρέφεσθαι. ✶ προσκαλεσάμενος ✶ δὲ ἕνα τῶν ἱερέων λέγει αὐτῷ. ὡς |

**πρόσκειμαι**
5

| | | | | |
|---|---|---|---|---|
| Asen. | 15 | 7 | τῷ θεῷ καὶ ἐν τῷ τείχει σου διαφυλαχθήσονται οἱ ✶ προσκείμενοι ✶ τῷ θεῷ τῷ ὑψίστῳ ἐν ὀνόματι τῆς μετανοίας. |
| Asen. | 16 | 14 | μυστήρια τοῦ ὑψίστου καὶ μακάριοι πάντες οἱ ✶ προσκείμενοι ✶ κυρίῳ τῷ θεῷ ἐν μετανοίᾳ ὅτι ἐκ τούτου τοῦ |
| Asen. | 22 | 13 | σφόδρα ὑπὲρ πάντας τοὺς ἀδελφοὺς Ἰωσὴφ ὅτι ἦν ✶ προσκείμενος ✶ πρὸς τὸν κύριον καὶ ἦν ἀνὴρ συνίων καὶ |
| Sib. | 3 | 574 | ἀνδρῶν ἱερὸν γένος ἔσσεται αὖτις βουλαῖς ἠδὲ νόῳ ✶ προσκείμενοι ✶ Ὑψίστοιο οἳ ναὸν μεγάλοιο θεοῖο |
| LAri. | 8 | 5 | δυνάμεως καὶ συνέσεως ἀλλὰ τῷ γραπτῷ μόνῳ ✶ προσκειμένοις ✶ οὐ φαίνεται μεγαλεῖόν τι διασαφῶν. ἄρξομαι |

**πρόσκλισις**
1

| | | | | |
|---|---|---|---|---|
| Aris. | 5 | 2 | ταῦτά σοι δηλῶσαι. πέπεισμαι γάρ σε μᾶλλον ἔχοντα ✶ πρόσκλισιν ✶ πρὸς τὴν σεμνότητα καὶ τὴν τῶν ἀνθρώπων |

**προσκλύζω**
1

| | | | | |
|---|---|---|---|---|
| HEup. | 9 34 | 9 | πῆχυν ἕνα πρὸς τὸ τοὺς ἱερεῖς τούς τε πόδας ✶ προσκλύζεσθαι ✶ καὶ τὰς χεῖρας νίπτεσθαι ἐπιβαίνοντας |

**προσκολλάω**
1

| | | | | |
|---|---|---|---|---|
| TBen. | 8 | 1 | τὴν κακίαν φθόνον τε καὶ τὴν μισαδελφίαν καὶ ✶ προσκολλᾶσθε ✶ τῇ ἀγαθότητι καὶ τῇ ἀγάπῃ. ὁ ἔχων διάνοιαν |

**προσκομίζω**
1

| | | | | |
|---|---|---|---|---|
| Bar. | 12 | 2 | τὸν ἄγγελον κύριε τίνες εἰσὶν οὗτοι καὶ τί τὰ ✶ προσκομιζόμενα ✶ παρ' αὐτῶν; καὶ εἶπέν μοι οὗτοι εἰσιν |

**προσκόπτω**
4

| | | | | |
|---|---|---|---|---|
| Hen. | 15 | 11 | καὶ μηδὲν ἐσθίοντα ἀλλ' ἀσιτοῦντα καὶ διψῶντα καὶ ✶ προσκόπτοντα ✶ πνεύματα. καὶ ἐξαναστήσει ταῦτα εἰς τοὺς |
| Hen. | 15B | 11 | καὶ ῥιπτούμενα καὶ φάσματα ποιοῦντα καὶ διψῶντα καὶ ✶ προσκόπτοντα ✶ τὰ πνεύματα ἐπὶ τοὺς |
| Sal. | 3 | 5 | κυρίου ἡ εὐδοκία αὐτοῦ διὰ παντὸς ἔναντι κυρίου. ✶ προσέκοψεν ✶ ὁ δίκαιος καὶ ἐδικαίωσεν τὸν κύριον ἔπεσεν |
| Sal. | 3 | 9 | καθαρίζει πᾶν ἄνδρα ὅσιον καὶ τὸν οἶκον αὐτοῦ. ✶ προσέκοψεν ✶ ἁμαρτωλὸς καὶ καταρᾶται ζωὴν αὐτοῦ τὴν ἡμέραν |

προσκρέμαμαι 1
HEup. 9 34 11 πήχεις κ' καὶ σκιάζειν ἐπάνω παντὸς τοῦ ἱεροῦ καὶ * προσκρεμάσαι * ἑκάστη δικτυΐ κώδωνας χαλκοῦς ταλαντιαίους

προσκρούω 3
TGad 5 5 φόβος τοῦ ὑψίστου νικᾷ τὸ μῖσος. φοβούμενος γὰρ μὴ * προσκρούσῃ * κυρίῳ οὐ θέλει τὸ καθόλου οὐδὲ ἕως ἐννοιῶν
Prop. 18 2 δὲ ἐκαλεῖτο ὁ Ἠλεὶ οὗτος εἶπε περὶ Σολομῶν ὅτι * προσκρούσει * κυρίῳ ἐν ἀρχῇ τῆς ἱερωσύνης προεφήτευσε περὶ
Prop. 18 2B ἀρχῇ τῆς ἱερωσύνης προεφήτευσε περὶ Σολομῶντος ὅτι * προσκρούσει * διὰ τὰς γυναῖκας ὅτι γυναῖκες ἐκστήσουσι καὶ

προσκυνέω 40
Adam 7 2 τῶν διατηρούντων τὴν μητέρα ὑμῶν τοῦ ἀναβῆναι καὶ * προσκυνῆσαι * τὸν κύριον. καὶ ἔδωκεν αὐτῇ ὁ ἐχθρὸς καὶ
Adam 16 2 σε μείζονα πάντων τῶν θηρίων. καὶ ὁμιλῶ σοι. ὅμως * προσκυνεῖς * τὸν ἐλαχιστότερον. διὰ τί ἐσθίεις ἐκ τῶν
Adam 17 1 παραδείσου. καὶ ὅτε ἀνῆλθον οἱ ἄγγελοι τοῦ θεοῦ * προσκυνῆσαι * τότε ὁ Σατανᾶς ἐγένετο ἐν εἴδει ἀγγέλου καὶ
Adam 27 5 κακῶς ἔκρινα; τότε οἱ ἄγγελοι πεσόντες ἐπὶ τὴν γῆν * προσεκύνησαν * τῷ κυρίῳ λέγοντες δίκαιος εἶ κύριε καὶ
Hen. 10 21 οἱ λαοὶ καὶ εὐλογοῦντες πάντες ἐμοὶ καὶ * προσκυνοῦντες. * καὶ καθαρισθήσεται πᾶσα ἡ γῆ ἀπὸ παντὸς
Abr.1 3 6 τῶν κατοικούντων τὴν γῆν. καὶ ἔδραμεν Ἰσαὰκ καὶ * προσεκύνησεν * καὶ προσέπεσεν τοῖς ποσὶν τοῦ ἀσωμάτου καὶ
Abr.1 6 8 ἀπιστεῖς μοι θέασον ταῦτα. λαβοῦσα δὲ αὐτὰ ἡ Σάρρα * προσεκύνησεν * καὶ ἠσπάζετο ταῦτα (καὶ εἶπε) δόξα τῷ θεῷ
Abr.1 16 9 τὸν ἀρχιστράτηγον εἶναι. καὶ ἰδὼν αὐτὸν ὁ θάνατος * προσεκύνησεν * λέγων χαίροις τίμιε Ἀβραὰμ δικαία ψυχή
Abr.2 4 4 καὶ ἐξῆλθεν Μιχαὴλ καὶ ἀνελήφθη εἰς τοὺς οὐρανοὺς * προσκυνῆσαι * ἐνώπιον τοῦ θεοῦ τοῦ γὰρ ἡλίου δύνοντος
Abr.2 4 5 ἐνώπιον τοῦ θεοῦ τοῦ γὰρ ἡλίου δύνοντος * προσκυνοῦσιν * πάντες οἱ ἄγγελοι τὸν θεὸν πρῶτος δὲ αὐτῶν
Abr.2 4 5 ἄγγελοι τὸν θεὸν πρῶτος δὲ αὐτῶν ἐστιν Μιχαὴλ καὶ * προσεκύνησεν * πρῶτος τὸν θεὸν καὶ ἐπορεύθησαν πάντες οἱ
TRub. 6 12 ἐξελέξατο κύριος βασιλεῦσαι πάντων τῶν λαῶν. καὶ * προσκυνήσατε * τῷ σπέρματι αὐτοῦ ὅτι ὑπὲρ ἡμῶν ἀποθανεῖται
TZab. 3 6 τῶν παίδων Ἰωσὴφ ἔμπροσθε τοῦ πυλῶνος καὶ οὕτως * προσεκύνησαν * τῷ Ἰωσὴφ κατὰ τὸν τύπον τοῦ Φαραώ. οὐ
TZab. 3 7 τῷ Ἰωσὴφ κατὰ τὸν τύπον τοῦ Φαραώ. οὐ μόνον δὲ * προσεκύνησαν * αὐτῷ ἀλλὰ καὶ ἐνεπτύσθησαν παραχρῆμα
TZab. 9 5 καὶ πᾶν βδέλυγμα ποιήσετε καίγε πᾶν εἴδωλον * προσκυνήσετε * καὶ αἰχμαλωτεύσουσιν ὑμᾶς οἱ ἐχθροὶ ὑμῶν
TJos. 13 5 λέγει ὁ Πετεφρῆς ἀχθήτω ὁ νεανίσκος. καὶ εἰσαχθεὶς * προσεκύνησα * τῷ ἀρχιευνούχῳ τρίτος γὰρ ἦν ἐν ἀξίᾳ παρὰ τῷ
TBen. 10 7 καὶ ἡμεῖς ἀναστησόμεθα ἕκαστος ἐπὶ σκῆπτρον ἡμῶν * προσκυνοῦντες * τὸν βασιλέα τῶν οὐρανῶν τὸν ἐπὶ γῆς
Asen. 5 7 αὐτοῦ πλὴν τῆς θυγατρὸς αὐτῶν Ἀσενὲθ καὶ * προσεκύνησαν * τῷ Ἰωσὴφ ἐπὶ πρόσωπον ἐπὶ τὴν γῆν. καὶ
Asen. 15 11 ῥήμασιν αὐτοῦ καὶ ἔπεσεν ἐπὶ τοὺς πόδας αὐτοῦ καὶ * προσεκύνησεν * αὐτῷ ἐπὶ πρόσωπον εἰς τὴν γῆν καὶ εἶπεν
Asen. 22 5 Ἰακώβ. καὶ ἀπήντησαν αὐτοῖς οἱ ἀδελφοὶ Ἰωσὴφ καὶ * προσεκύνησαν * αὐτοῖς ἐπὶ πρόσωπον ἐπὶ τὴν γῆν. καὶ
Asen. 22 8 θεοῦ.) καὶ εἶδεν αὐτὸν Ἀσενὲθ καὶ ἐθαμβήθη καὶ * προσεκύνησεν * αὐτῷ ἐπὶ πρόσωπον ἐπὶ τὴν γῆν. καὶ εἶπεν
Asen. 28 2 Ἀσενέθ. καὶ ἔπεσον ἐπὶ πρόσωπον ἐπὶ τὴν γῆν καὶ * προσεκύνησαν * τῇ Ἀσενὲθ καὶ εἶπον ἐλέησον ἡμᾶς τοὺς
Asen. 28 9 ἐδεξιώσατο αὐτοὺς μετὰ δακρύων καὶ αὐτοὶ πεσόντες * προσεκύνησαν * αὐτῇ ἐπὶ τὴν γῆν καὶ ἔκλαυσαν μετὰ φωνῆς
Asen. 29 6 τούτους. καὶ ἀνέστη Φαραὼ ἀπὸ τοῦ θρόνου αὐτοῦ καὶ * προσεκύνησε * τῷ Λευὶ ἐπὶ τὴν γῆν καὶ εὐλόγησεν αὐτόν. καὶ
Bar. 11 6 καὶ συνήντησεν αὐτῷ ὁ ἄγγελος ὁ ὢν μετ' ἐμοῦ καὶ * προσεκύνησεν * αὐτὸν καὶ εἶπεν χαίροις ὁ ἐμὸς
Prop. 2 8 τιμῶσι παρθένον λοχὸν καὶ βρέφος ἐν φάτνῃ τιθέντες * προσκυνοῦσι * καὶ Πτολεμαίῳ τῷ βασιλεῖ τὴν αἰτίαν
Prop. 2 10 ἔσται τῆς παρουσίας αὐτοῦ ὅτε ξύλον πάντα τὰ ἔθνη * προσκυνοῦσιν. * εἶπε δὲ ὅτι τὴν κιβωτὸν ταύτην οὐδεὶς
Sedr. 5 2 ὁ Ἀδάμ. σὺ ἐκέλευσας τοὺς ἀγγέλους σου τὸν Ἀδὰμ * προσκυνεῖν * αὐτὸς δὲ ὁ πρῶτος τῶν ἀγγέλων παρήκουσέν σου
Sedr. 5 2 τῶν ἀγγέλων παρήκουσέν σου τὸ πρόσταγμα καὶ οὐ * προσεκύνησεν * αὐτὸν καὶ σὺ ἐξώρισας αὐτὸν διά τί παρέβη
Sedr. 14 12 ἐν ταῖς ἁγίαις μου ἐκκλησίαις ἀλλ' ἵστανται καὶ οὐ * προσκυνοῦσιν * ἐν φόβῳ καὶ ἐν τρόμῳ ἀλλὰ μεγαλορημονοῦσιν
Job 3 4 φύσις. καὶ ἐγὼ ἀκούσας κατέπεσα ἐπὶ τὴν κλίνην μου * προσκυνῶν * καὶ λέγων κύριέ μου ὁ ἐπὶ τῇ σωτηρίᾳ τῆς ἐμῆς
Job 40 4 δὲ τότε Σίτιδος ἡ γυνή μου κατέπεσεν ἐπὶ τὴν γῆν * προσκυνοῦσα * καὶ εἶπεν νῦν ἔγνων ὅτι ὑπάρχει μοι
Aris. 135 3 τῶν ἐξευρόντων τι πρὸς τὸ ζῆν αὐτοῖς χρήσιμον οἷς * προσκυνοῦσι * παρὰ πόδας ἔχοντες τὴν ἀναισθησίαν. εἴτε γὰρ
Aris. 137 4 τῶν πρὶν εἰσὶ πολλοὶ καὶ οὐκ ἂν φθάνοιεν αὐτοὺς * προσκυνοῦντες. * καὶ νομίζουσιν οἱ ταῦτα διαπλάσαντες καὶ
Aris. 138 4 καὶ κνωδάλων τὴν ἀφέρειαν πεποίηνται καὶ ταῦτα * προσκυνοῦσι * καὶ θύουσι τούτοις καὶ ζῶσι καὶ τελευτῆσασι;
Aris. 177 3 καὶ τοὺς ὑμένας ἀνειλίξαν πολὺν ἐπιστὰς χρόνον καὶ * προσκυνήσας * σχεδὸν ἑπτάκις εἶπεν εὐχαριστῶ μὲν ἄνδρες
Aris. 317 2 καθὼς προεῖπον περὶ τούτων τὰ παρὰ τοῦ Δημητρίου * προσκυνήσας * ἐκέλευσε μεγάλην ἐπιμέλειαν ποιεῖσθαι τῶν
Sib. 3 30 οὐ σέβετ' οὐδὲ φοβεῖσθε θεὸν ματαίως δὲ πλανᾶσθε * προσκυνέοντες * ὄφεις τε καὶ αἰλούροισι θύοντες εἰδώλοις
FrAn. 1 217 15 χρυσοχόῳ παραχρῆμα τὸν λίθον ἐκεῖνος ἰδὼν ἀναστὰς * προσεκύνησε * καὶ ἔκθαμβος γενόμενος ἐπυνθάνετο. ποῦ τὸν
FrAn. 1 226 37 εκαλ)υπτον οι δεκα α(δ)ελ(φοι - - Ιωσ)ηφ τοτε * προσκυνουν( * - - )καμπτουσιν αυτω τον( - - )την του σιτου

προσκύνησις 2
Abr.1 20 12 τῷ δεσπότῃ τῶν ὅλων θεῷ καὶ ἔστησαν αὐτὸν εἰς * προσκύνησιν * τοῦ θεοῦ καὶ πατρὸς καὶ δὴ πολλῆς ἀνυμνήσεως
Esdr. 7 16 αὐτῷ ἐκ πόθου. ᾧ πρέπει δόξα κράτος τιμὴ καὶ * προσκύνησις * τῷ πατρὶ καὶ τῷ υἱῷ καὶ τῷ ἁγίῳ πνεύματι νῦν

προσκύπτω 1
HArt. 9 27 25 αὐτὸν θεοῦ εἰπεῖν ὄνομα διαχλευάσαντα αὐτὸν τὸν δὲ * προσκύψαντα * πρὸς τὸ οὖς εἰπεῖν ἀκούσαντα δὲ τὸν βασιλέα

προσλαμβάνω 5
TAser 1 8 αὐτῆς ἐστιν ἐν πονηρίᾳ καὶ ἀπωθούμενος τὸ ἀγαθὸν * προσλαμβάνει * τὸ κακὸν καὶ κυριευθεὶς ὑπὸ τοῦ Βελιὰρ κἂν
Bar. 4 15 τοῦ Ἐμμανουὴλ ἐν αὐτῷ μέλλουσιν τὴν ἀνάκλησιν * προσλαβεῖν * καὶ τὴν εἰς παράδεισον εἴσοδον. γίνωσκε
Job 10 5 ἀροτριασμὸν ὃν δύνανται ποιεῖν ἐν παντὶ ἀγρῷ τῶν * προσλαμβανόντων * αὐτά, καὶ τὸν καρπὸν αὐτῶν ἀφορίζειν
Aris. 2 2 μέγιστόν ἐστιν ἀνθρώπῳ προσμανθάνειν ἀεί τι καὶ * προσλαμβάνειν * ἤτοι κατὰ τὰς ἱστορίας ἢ καὶ κατ' αὐτὸ τὸ
Aris. 206 5 ὃ βούλονται πράσσειν τίνος ἕνεκεν ἂν ψεύσαιντο; * προσλαμβάνειν * δὲ δεῖ τοῦτό σε βασιλεῦ διότι φιλαλήθης ὁ

προσμανθάνω 1
Aris. 2 2 φιλομαθῆ διάθεσιν ὅπερ μέγιστόν ἐστιν ἀνθρώπῳ * προσμανθάνειν * ἀεί τι καὶ προσλαμβάνειν ἤτοι κατὰ τὰς

προσμένω 4
Bar. 13 3 ὅτι οὐ δυνάμεθα ἀνθρώποις πονηροῖς καὶ ἄφροσι * προσμένειν * ὅτι οὐκ ἔστιν ἐν αὐτοῖς οὐδὲν ἀγαθὸν ἀλλὰ
Sib. 5 131 χόλος εἵνεκα λύπης ἧς χάριν ἡ Διὸς ἦλθε Ῥέη κἀκεῖ * προσέμεινεν. * πόντος ὀλεῖ Ταύρων γενεὴν καὶ βάρβαρον
HHec. 1 22 202 καὶ πάντας ἐπισχεῖν ἀξιοῦντος ἠρώτησε διὰ τί * προσμένουσι. * δεῖξαντος δὲ τοῦ μάντεως αὐτῷ τὸν ὄρνιθα
HHec. 1 22 203 αὐτῷ τὸν ὄρνιθα καὶ φήσαντος ἐὰν μὲν αὐτοῦ μένῃ * προσμένειν * συμφέρειν πᾶσιν ἐὰν δ' ἀναστὰς εἰς

προσονομάζω 4
Aris. 16 3 θεὸν οὗτοι σέβονται ὃν καὶ πάντες ἡμεῖς δὲ βασιλεῦ * προσονομάζοντες * ἑτέρως Ζῆνα καὶ Δία τοῦτο δ' οὐκ
Aris. 140 3 πολλὰ καὶ μετεσχηκότες πραγμάτων ἀνθρώπους θεοῦ * προσονομάζουσιν * ἡμᾶς ὃ τοῖς λοιποῖς οὐ πρόσεστιν εἰ μή
Aris. 147 1 ζῶντας. παράσημον οὖν ἔθετο διὰ τούτων ἀκάθαρτα * προσονομάσας * ὅτι δέον ἐστὶ κατὰ ψυχὴν οἷς ἡ νομοθεσία
Aris. 228 6 τιμῆς. ἑπομένως δὲ τὴν τῶν φίλων ἐγκρίνει διάθεσιν * προσονομάσας * ἴσον τῇ ψυχῇ τὸν φίλον. σὺ δὲ καλῶς ποιεῖς

προσοράω 1
Aris. 78 2 τερπνόν. ποικίλη γὰρ ἦν ἡ τῆς ἐπιφανείας ἐνέργεια. * προσορώντων * γὰρ πρὸς αὐτὴν τὴν τοῦ χρυσίου κατασκευὴν

προσοχθίζω 4
TJud. 18 5 προφήτῃ λαλοῦντι οὐχ ὑπακούει καὶ λόγῳ εὐσεβείας * προσοχθίζει. * δύο γὰρ πάθη ἐναντία τῶν ἐντολῶν τοῦ θεοῦ
TDan 5 4 ὅτι ἐν ἐσχάταις ἡμέραις ἀποστήσεσθε τοῦ κυρίου καὶ * προσοχθιεῖτε * τῷ Λευὶ καὶ πρὸς Ἰουδὰν ἀντιτάξεσθε ἀλλ'
Asen. 9 2 καὶ μετενόει ἀπὸ τῶν θεῶν αὐτῆς ὧν ἐσέβετο καὶ * προσώχθισε * τοῖς εἰδώλοις πᾶσι καὶ περιέμενε τοῦ γενέσθαι
Sib. 3 272 πᾶσα δὲ γαῖα σέθεν πλήρης καὶ πᾶσα θάλασσα πᾶς δὲ * προσοχθίζων * ἔσται τοῖς σοῖς ἐθίμοισιν. γαῖα δ' ἔρημος

προσόχθισμα 1
FMan. 2 22 13 ἐνώπιόν σου ἐποίησα στήσας βδελύγματα καὶ πληθύνας * προσοχθίσματα. * καὶ νῦν κλίνω γόνυ καρδίας μου δεόμενος

πρόσοψις 8
Hen. 21 9 καὶ ἀπεκρίθην περὶ τούτου τοῦ φοβεροῦ καὶ περὶ τῆς * προσόψεως * τῆς δεινῆς. καὶ εἶπεν οὗτος ὁ τόπος
Abr.1 3 5 οἴκου ἐν τῇ αὐλῇ) ἐκαθέσθησαν καὶ ἰδὼν Ἰσαὰκ τὴν * πρόσοψιν * τοῦ ἀγγέλου εἶπεν πρὸς Σάρραν τὴν μητέρα αὐτοῦ
Aris. 59 3 διάθεσιν εἶχεν ὥστε καθ' ὃ ἂν μέρος στρέφοιτο τὴν * πρόσοψιν * εἶναι τὴν αὐτὴν κειμένου δὲ κατὰ τῆς στεφάνης
Aris. 62 2 δὲ κατὰ τὴν στεφάνην κυκλόθεν τὰ πρὸς τὴν ἄνω * πρόσοψιν * ᾠοθεσία κατεσκεύαστο διάλιθος ἐκτύπωσιν ἔχουσα
Aris. 68 3 ὑπὸ τὴν τράπεζαν λαμβανόντων τὰ δὲ τῆς ἐντὸς * προσόψεως * ὀρθὴν ἔχοντα τὴν πετάλωσιν. ἡ δὲ ἐπ' ἐδάφους
Aris. 69 2 παλαιστιαία κρηπῖδος ἔχουσα τάξιν κατὰ τὴν * πρόσοψιν * ὀκτὼ δὲ δακτύλων τὸ πλάτος ἔχουσα ἐφ' ὃν
Aris. 74 5 ἐφ' ᾗ διαπλοκὴ ῥόμβων δικτυωτὴν ἔχουσα τὴν * πρόσοψιν * ἕως ἐπὶ τὸ στόμα. τὸ δ' ἀνὰ μέσον ἀσπιδίσκοι
Aris. 77 6 ἀργυροῦ καὶ χρυσοῦ παντελῶς ἀνεξήγητος ἐγένετο τῆς * προσόψεως * ἡ διάθεσις καὶ τῶν πρὸς τὴν θεωρίαν προσιόντων

προσπαίζω 1
FAch. 103 βασιλέως παλλακίδι περιπλακεὶς ἐπιχαρὴς ἐγένετο * προσπαίζων. * ὁ δὲ Αἴσωπος ἰδὼν ἀγανακτήσας πυκνὸν

προσπαραγίγνομαι * 1
Aris. 275 2 ἑβδόμῃ δὲ τῶν ἡμερῶν πλείονος παρασκευῆς γενομένης * προσπαραγινομένων * πλειόνων ἑτέρων ἀπὸ τῶν πόλεων ἦσαν

προσπαράκειμαι 1
FrAn. 574 3070 Ἱεροσολύμῳ ᾧ τὸ ἄσβεστον πῦρ διὰ παντὸς αἰῶνος * προσπαράκειται * τῷ ὀνόματι αὐτοῦ τῷ ἁγίῳ ιαεωβαφρενεμουν.

προσπελάζω 1
TIss. 6 1 κολληθήσονται τῇ ἀπληστίᾳ καὶ ἀφέντες τὴν ἀκακίαν * προσπελάσουσι * τῇ κακουργίᾳ καὶ καταλιπόντες τὰς ἐντολὰς

προσπηδάω 1
TJud. 2 6 τρέχειν με κατεσπάραξα αὐτόν. πάρδαλις ἐν Χεβρὼν * προσεπήδησεν * ἐπὶ τὸν κύνα καὶ πιάσας αὐτὴν ἀπὸ τῆς οὐρᾶς

προσπίπτω 7
Adam 33 5 ἡ ἀτμὶς τοῦ θυμιάματος ἐκάλυψεν τὰ στερεώματα. καὶ * προσέπεσαν * οἱ ἄγγελοι τῷ θεῷ βοῶντες καὶ λέγοντες Ἰαὴλ
Adam 36 1 αὐτοῦ ὅτι εἰσὶν ὁ ἥλιος καὶ ἡ σελήνη καὶ αὐτοὶ * προσπίπτοντες * καὶ εὐχόμενοι ὑπὲρ τοῦ πατρὸς μου Ἀδάμ.
Abr.1 3 6 τὴν γῆν. καὶ ἔδραμεν Ἰσαὰκ καὶ προσεκύνησεν καὶ * προσέπεσεν * τοῖς ποσὶν τοῦ ἀσωμάτου καὶ ὁ ἀρχιστράτηγος
Abr.1 9 2 καὶ δίκαιος Ἀβραὰμ ἀναστὰς μετὰ πολλῶν δακρύων * προσέπεσεν * τοῖς ποσὶν τοῦ ἀσωμάτου καὶ ἱκέτευεν αὐτόν

Abr.1 14 10 δεήσεώς μου καὶ παρακαλέσωμεν ἔτι τὸν κύριον καὶ * προσπέσωμεν * τοῖς οἰκτιρμοῖς αὐτοῦ καὶ δεηθῶμεν αὐτοῦ τὸ
TJos. 7 1 αὐτῆς ἐνέκειτο εἰς ἐμὲ πρὸς ἀκολασίαν στενάζουσα * προσέπιπτεν. * ἰδὼν δὲ αὐτὴν ὁ Αἰγύπτιος λέγει πρὸς αὐτήν
Aris. 180 4 χρόνον συντέτυχε γὰρ καὶ τὰ κατὰ τὴν νίκην ἡμῖν * προσπεπτωκέναι * τῆς πρὸς Ἀντίγονον ναυμαχίας. διὸ καὶ

προσποιέω 2

TJud. 7 2 ἐν ὄχλῳ βαρεῖ ἔρχεται πρὸς ἡμᾶς. ἐγὼ οὖν καὶ Δὰν * προσποιησάμενοι * Ἀμορραίους ὡς σύμμαχοι ἤλθομεν εἰς τὴν
TJos. 3 7 καὶ τὰ μὲν πρῶτα ὅτι τέκνον ἀρρενικὸν οὐκ ἦν αὐτῇ * προσεποιεῖτο * ἔχειν με ὡς υἱὸν καὶ ηὐξάμην πρὸς κύριον

πρόσταγμα 20

Hen. 18 15 οἱ κυλιόμενοι ἐν τῷ πυρὶ οὗτοί εἰσιν οἱ παραβάντες * πρόσταγμα * κυρίου ἐν ἀρχῇ τῆς ἀνατολῆς αὐτῶν ὅτι τόπος
Hen. 106 13 τότε ἀπεκρίθην λέγων ἀνακαινίσει ὁ κύριος * πρόσταγμα * ἐπὶ τῆς γῆς καὶ τὸν αὐτὸν τρόπον τέκνον
TLevi 3 2 ἔχει πῦρ χιόνα κρύσταλλον ἕτοιμα εἰς ἡμέραν * προστάγματος * κυρίου ἐν τῇ δικαιοκρισίᾳ τοῦ θεοῦ ἐν αὐτῷ
TJud. 24 3 ἔσεσθε αὐτῷ εἰς υἱοὺς ἐν ἀληθείᾳ καὶ πορεύσεσθε ἐν * προστάγμασιν * αὐτοῦ πρώτοις καὶ ἐσχάτοις. οὗτος ὁ βλαστὸς
Asen. 12 2 τὰς ἐντολάς σου ἃς ἐνετείλω αὐτοῖς καὶ τὰ * προστάγματά * σου οὐ μὴ παραβαίνουσιν ἀλλ' εἰσὶν ἕως
Sal. 14 2 παιδείαν αὐτοῦ τοῖς πορευομένοις ἐν δικαιοσύνῃ * προσταγμάτων * αὐτοῦ ἐν νόμῳ ᾧ ἐνετείλατο ἡμῖν εἰς ζωὴν
Jer. 7 23 κατευοδώσῃ τὴν ὁδὸν ἡμῶν ἄχρις ἂν ἐξέλθωμεν ἐκ τῶν * προσταγμάτων * τοῦ ἀνόμου βασιλέως τούτου. δίκαιος γὰρ
Jer. 9 26 τῷ Βαροὺχ καὶ τῷ Ἀβιμέλεχ. τότε ὁ λίθος διὰ * προστάγματος * θεοῦ ἀνέλαβεν ὁμοιότητα τοῦ Ἱερεμίου. καὶ
Prop. 21 10 πῦρ ἀπ' οὐρανοῦ κατέβη κἀκείνους ἀνήλωσε τὸ πῦρ ἐκ * προστάγματος * κυρίου. κόρακες ἔφερον αὐτῷ ἄρτους τὸ πρωΐ
Sedr. 5 2 αὐτὸς δὲ ὁ πρῶτος τῶν ἀγγέλων παρήκουσέν σου τὸ * πρόσταγμα * καὶ οὐ προσεκύνησεν αὐτὸν καὶ σὺ ἐξώρισας
Sedr. 5 3 αὐτὸν καὶ σὺ ἐξώρισας αὐτὸν διά τί παρέβη τὸ * πρόσταγμά * σου καὶ οὐ προσῆλθεν τῶν χειρῶν σου τὸ
Aris. 20 3 κομίζεσθαι δραχμὰς εἴκοσι καὶ περὶ τούτων ἐκθεῖναι * πρόσταγμα * τὰς δὲ ἀπογραφὰς ποιεῖσθαι παρ' αὐτὰ μεγαλείως
Aris. 21 2 τάλαντα τὴν δόσιν ἀπέφαινον εἶναι. καὶ τοῦ * προστάγματος * δὲ τὸ ἀντίγραφον οὐκ ἄχρηστον οἴομαι
Aris. 24 10 ἐν ἡμέραις τρισὶν ἀφ' ἧς ἡμέρας ἔκκειται τὸ * πρόσταγμα * ποιεῖσθαι πρὸς τοὺς καθεσταμένους περὶ τούτων
Aris. 26 1 εἰς τὸ βασιλικὸν ἀναληφθήσεται. εἰσδοθέντος τοῦ * προστάγματος * ὅπως ἐπαναγνωσθῇ τῷ βασιλεῖ τὰ ἄλλα πάντ'
Aris. 28 3 τῶν Ἰουδαϊκῶν βιβλίων ἀντιγραφῆς. πάντα γὰρ διὰ * προσταγμάτων * καὶ μεγάλης ἀσφαλείας τοῖς βασιλεῦσι
Aris. 279 5 πράσσων ἀέναον μνήμην καταβέβλησαι σεαυτοῦ θείῳ * προστάγματι * κατακολουθῶν. εἰπὼν δὲ καὶ τοῦτον καλῶς
FMan. 2 22 12 τῷ κόσμῳ αὐτῶν ὁ πεδήσας τὴν θάλασσαν τῷ λόγῳ τοῦ * προστάγματός * σου ὁ κλείσας τὴν ἄβυσσον καὶ σφραγισάμενος
HAno. 9 17 4 ὁρμήσαντα εὐαρεστῆσαι τῷ θεῷ. τοῦτον δὲ διὰ τὰ * προστάγματα * τοῦ θεοῦ εἰς Φοινίκην ἐλθόντα κατοικῆσαι καὶ
FrAn. 574 3058 τεσσαράκοντα γλώσσας καὶ διαμερίσαντα τῷ ἰδίῳ * προστάγματι. * ὁρκίζω σε τὸν τῶν αὐχενίων γιγάντων τοῖς

πρόσταξις 4

Abr.1 3 3 δὲ τῆς ὁδοῦ ἐκείνης ἵστατο δένδρον κυπάρισσος κατὰ * πρόσταξιν * θεοῦ τὸ δένδρον ἐβόησεν φωνὴν ἀνθρωπίνην καὶ
Abr.1 9 5 οὐκ ἔσομαι ἀθάνατος ἀλλὰ θνητὸς ἐπειδὴ οὖν τῇ σῇ * προστάξει * πάντα ὑπείκεται καὶ φρίττει καὶ τρέμει ἀπὸ
FJub. 10 9 τῶν ἀνθρώπων καὶ ἐδόθη αὐτῷ τὸ δέκατον αὐτῶν κατὰ * πρόσταξιν * θείαν ὥστε πειράζειν τοὺς ἀνθρώπους πρὸς
FJub. 48 5 τοῦ μηνὸς σκυλεύσαντες τοὺς Αἰγυπτίους ἐξῆλθον * προστάξει * θεοῦ τοῦτο πεποιηκότες. ἐν τῇ θαλάσσῃ

προστασία 1

Aris. 183 2 γὰρ ὢν ἄνθρωπος ὁ Δωρόθεος εἶχε τὴν τῶν τοιούτων * προστασίαν. * συνέστρωσε δὲ πάντα τὰ δι' αὐτοῦ χειριζόμενα

προστάσσω 40

Adam 40 6 τὴν πέτραν ἕως οὗ ἐτάφη Ἀδὰμ ὁ πατὴρ αὐτοῦ. καὶ * προσέταξεν * ὁ θεὸς μετὰ τὸ κηδεῦσαι καὶ τὸν Ἄβελ ἆραι
Abr.1 19 4 καὶ ὀργίλῳ τῷ προσώπῳ εἶπεν πρὸς τὸν θάνατον τίς ὁ * προστάξας * σοι τοῦτο λέγειν; σὺ ἀφ' ἑαυτοῦ ταῦτα λέγεις
Abr.1 20 3 καὶ ἀκολούθει μοι καθότι ὁ θεὸς τῶν ἀπάντων * προσέταξέν * μοι. εἶπεν δὲ Ἀβραὰμ πρὸς τὸν θάνατον ἄπελθε
TRub. 5 5 βιάσασθαι. φεύγετε οὖν τὴν πορνείαν τέκνα μου καὶ * προστάσσετε * ταῖς γυναιξὶν ὑμῶν καὶ ταῖς θυγατράσιν ἵνα
TLevi 18 2B051 θυσίαν κυρίῳ ὑψίστῳ ὡς καθῆκεν κατὰ τὸ * προστεταγμένον * τοῦτο ποιεῖν. ὅταν παραλαμβάνῃς θυσίαν
Asen. 18 11 αὐτῆς τοῦ εἰπεῖν αὐτῇ ὅτι πάντα ἡτοίμασται ὡς * προσέταξας. * καὶ ὡς εἶδεν αὐτὴν ἐπτοήθη καὶ ἔστη ἄφωνος
Asen. 24 13 οἱ ἄνδρες ἰδοὺ ἡμεῖς ἐσμὲν παῖδές σου ἐνώπιόν σου. * πρόσταξον * ἡμῖν καὶ ποιήσομεν κατὰ τὸ θέλημά σου. καὶ
Asen. 24 15 ἐσμὲν παῖδές σου σήμερον καὶ ποιήσομεν πάντα ἃ * προστέταχας * ἡμῖν. καὶ ἡμεῖς ἀκηκόαμεν σήμερον τοῦ Ἰωσὴφ
Asen. 24 19 ἐσμὲν παῖδές σου σήμερον καὶ ποιήσομεν πάντα ἃ * προστέταχας * ἡμῖν. ἡμεῖς πορευσόμεθα νυκτὸς καὶ
Asen. 25 1 εἰσελθεῖν πρὸς τὸν πατέρα αὐτοῦ καὶ εἶπον αὐτῷ τί * προστάσσεις * κύριε; καὶ εἶπεν αὐτοῖς ὁ υἱὸς Φαραὼ ὄψεσθαι
Jer. 6 6 οὕτως γίνεταί σοι ἡ σάρξ μου ἐὰν ποιήσῃς τὰ * προσταχθέντα * σου ὑπὸ τοῦ ἀγγέλου τῆς δικαιοσύνης. ὁ
Bar. 6 6 ἀνθρώπων γένος ἐσώζετο οὔτε ἕτερόν τι ζῷον ἀλλὰ * προσέταξεν * ὁ θεὸς τοῦτο τὸ ὄρνεον. καὶ ἥπλωσε τὰς
Prop. 4 16 οὔτε οἶνον ἔπιεν ἐξομολογούμενος ὅτι ὁ Δανιὴλ αὐτῷ * προσέταξεν * ἐν ὀσπρίοις βρεκτοῖς καὶ χλόαις ἐξιλεοῦσθαι
Job 7 9 με κακὴν δούλην εἰ γὰρ μὴ ἤμην, ἐποίησα ἂν καθὼς * προσετάχθη * μοι ὑπὸ τοῦ δεσπότου μου. καὶ ὑποστρέψασα
Aris. 22 2 πλήθεσιν ἱκανοῖς. ἦν δὲ τοιοῦτο τοῦ βασιλέως * προστάξαντος * ὅσοι τῶν συνεστρατευμένων τῷ πατρὶ ἡμῶν εἰς
Aris. 24 5 πρός τε τὸ δίκαιον καὶ τὴν κατὰ πάντων εὐσέβειαν * προστετάχαμεν * ὅσα τῶν Ἰουδαϊκῶν ἐστι σωμάτων ἐν
Aris. 29 1 ἀντίγραφον τόδε βασιλεῖ μεγάλῳ παρὰ Δημητρίου. * προστάξαντός * σου βασιλεῦ περὶ τῶν ἀπολειπόντων εἰς τὴν
Aris. 46 4 τὸν νόμον. καλῶς οὖν ποιήσεις βασιλεῦ δίκαιε * προστάξας * ὡς ἂν ἡ μεταγραφὴ γένηται τῶν βιβλίων ἵνα
Aris. 52 2 ὑπέροπλόν τι ποιῆσαι τοῖς μέτροις τὸ κατασκεύασμα. * προσέταξε * δὲ πυθέσθαι τῶν ἀνὰ τὸν τόπον πηλίκη τίς ἐστιν
Aris. 110 2 τὰ τῆς ἐργασίας. ὅθεν ὁ βασιλεὺς ἵνα μὴ καταμένωσι * προσέταξε * μὴ πλέον εἴκοσιν ἡμερῶν παρεπιδημεῖν καὶ τοῖς
Aris. 158 4 δέδωκεν ὡσαύτως δὲ καὶ ἐπὶ τῶν πυλῶν καὶ θυρῶν * προστέταχε * μὲν ἡμῖν τιθέναι τὰ λόγια πρὸς τὸ μνείαν
Aris. 183 5 διμερῆ τε ἐποίησε τὰ τῶν κλισιῶν καθὼς * προσέταξεν * ὁ βασιλεὺς τοὺς γὰρ ἡμίσεις ἐκέλευσεν ἀνὰ
Aris. 294 3 ἐμοὶ πρὸς τὸ βασιλεύειν. ἑκάστῳ δὲ τρία τάλαντα * προσέταξεν * ἀργυρίου δοθῆναι καὶ τὸν ἀποκαταστήσοντα
Aris. 304 2 παρεσκευάζετο καὶ τούτοις ὁ Δωρόθεος ἐπετέλει * προστεταγμένον * γὰρ ἦν αὐτῷ διὰ τοῦ βασιλέως. ἅμα δὲ τῇ
Sib. 3 258 πρὸ δῶκε θεὸς γράψας πλαξὶν δυσὶ πάντα δίκαια καὶ * προσέταξε * ποιεῖν καὶ ἤν ἄρα τις παρακούσῃ ἠὲ νόμῳ τίσειε
FJub. 3 10 λαβὼν ὠνόμασεν Εὔαν ὃ ἑρμηνεύεται ζωὴ διὰ τοῦτο * προσέταξεν * ὁ θεὸς διὰ Μωϋσέως ἐν τῷ Λευιτικῷ ἤτοι διὰ
FAch. 104 ὁ δὲ βασιλεὺς πεισθεὶς τῇ σφραγῖδι καὶ ὀργισθεὶς * προσέταξεν * Ἑρμίππῳ τινὶ στρατοφύλακι ἀνελεῖν τὸν
HDem. 9 19 4 μετ' οὐ πολὺν δὲ χρόνον τὸν θεὸν τῷ Ἀβραὰμ * προστάξαι * Ἰσαὰκ τὸν υἱὸν ὁλοκαρπῶσαι αὐτῷ. τὸν δὲ
HEup. 9 30 6 ἔτη πεπολεμηκέναι εἶναι δ' αὐτῷ ὄνομα Διαναθὰν * προστάξαι * τε αὐτῷ τοῦτον ὅπως τῷ υἱῷ ἐπιτρέψῃ τὴν
HEup. 9 34 4 οἰκοδομῆς καὶ τῶν θεμελίων πηχῶν ι' οὕτω γὰρ αὐτῷ * προστάξαι * Νάθαν τὸν προφήτην τοῦ θεοῦ. οἰκοδομεῖν δὲ
HEup. 9 34 15 τράπεζαν καὶ τὰ ἄλλα σκεύη ἐκεῖ καταθέσθαι καθὼς * προστάξαι * αὐτῷ τὸν προφήτην. προσαγαγεῖν δὲ τῷ θεῷ
HArt. 9 27 11 ὅρια τῆς Αἰθιοπίας πέμψαι προφυλακῆς χάριν τοῦ τε δὲ * προστάξαι * τὸν ἐν Διὸς πόλει ναὸν ἐξ ὀπτῆς πλίνθου
HArt. 9 27 19 δὲ Ῥαγουῆλον διακωλύοντα στρατεύειν τοῖς Ἄραψι * προστάξαι * λῃστεύειν τὴν Αἴγυπτον. ὑπὸ δὲ τὸν αὐτὸν
HArt. 9 27 20 δὲ τῷ πάθει περιπεσεῖν διὰ τὸ τοὺς Ἰουδαίους * προστάξαι * σινδόνας ἀμφιέννυσθαι ἐρεᾶν δὲ ἐσθῆτα μὴ
HArt. 9 27 22 καὶ πυνθάνεσθαι ἐφ' ὅ,τι ἥκοι τὸν δὲ φάναι διότι * προστάσσειν * αὐτῷ τὸν τῆς οἰκουμένης δεσπότην ἀπολῦσαι
HHec. 1 22 192 αὐτοῦ τοῖς στρατιώταις ὁμοίως φέρειν τὸν χοῦν * προστάξαντος * μόνους τοὺς Ἰουδαίους οὐ προσσχεῖν ἀλλὰ
HCal. 24 4 τούτους. ταῦτα δὲ ὅμως οὐκ ἔλαθεν Ἀλεξάνδρῳ. καὶ * προστάσσει * τινὰς τῆς Μακεδονικῆς φάλαγγος νεανίσκους
HCal. 24 6 τῇ παρακειμένῃ φάραγγι ἑαυτοὺς ἀκοντίσαι. οἱ δὲ τὸ * προσταχθὲν * αὐτοῦ σπουδαίως ἐπλήρωσαν. ὀξὺ γὰρ τὸ
HCal. 28 20 Περσῶν καθίστησι Φίλιππον δὲ Αἰγυπτίων ἡγεῖσθαι * προστέτακτο * Ἀλέξανδρος δὲ Μακεδονίοις ἐπεστήρικτο καὶ
FrAn. 1 226 21 - >νη ποτε φθανει δε το σ< >ντας λαβων το * προστασσ<ομενον * - - >παντος παντος του σιτου υπ< >του

προστατέω 2

Aris. 81 6 καὶ καταξίως τοῦ τε ἀποστέλλοντος βασιλέως καὶ τοῦ * προστατοῦντος * ἀρχιερέως τοῦ τόπου. καὶ γὰρ τὸ τῶν λίθων
Aris. 119 4 ταῦτα καθ' ὃν ἐπεκράτησαν Πέρσαι χρόνον τῶν τότε * προστατούντων * ποιησαμένων διαβολὴν ὡς ἄχρηστος ἡ

προστάτης 3

Sedr. 14 1 Σεδρὰχ πρὸς τὸν ἀρχάγγελον Μιχαὴλ ἐπάκουσόν μου * πρόστατα * δυνατὲ καὶ βοήθει μοι καὶ πρεσβεῦσαι ἵνα ἐλεήσῃ
Aris. 111 3 νομοὺς ὅπως μὴ πορισμὸν λαμβάνοντες οἱ γεωργοὶ καὶ * προστάται * τῆς πόλεως ἐλαττῶσι τὰ ταμιεῖα λέγω δὲ τὰ τῆς
LEze. 9 29 14 04 μετὰ ἵππου τε πάσης καὶ ἁρμάτων τετραόρων καὶ * προστάταισι * καὶ παραστάταις ὁμοῦ ἦν φρικτὸς ἀνδρῶν

προστίθημι 17

TLevi 17 5 παραληφθήσεται. καὶ ὁ τέταρτος ἐν ὀδύνῃ ἔσται ὅτι * προσθήσει * ἐπ' αὐτὸν ἡ ἀδικία εἰς πλῆθος καὶ πᾶς Ἰσραὴλ
TLevi 19 4 τοῖς υἱοῖς αὐτοῦ καὶ ἐξέτεινε τοὺς πόδας αὐτοῦ καὶ * προσετέθη * πρὸς τοὺς πατέρας αὐτοῦ ζήσας ἑκατὸν τριάκοντα
TIss. 2 4 ἤθελε συνεῖναι τῷ Ἰακὼβ καὶ οὐ διὰ φιληδονίαν. * προσθεῖσα * γὰρ καὶ τῇ ἐπαύριον ἀπέδοτο τὸν Ἰακὼβ ἵνα
TGad 2 2 ἐμοὶ ἥπατα ἐλέους εἰς αὐτόν. καίγε διὰ τὰ ἐνύπνια * προσεθέμην * μῖσος καὶ ἤθελον αὐτὸν ἐκλεῖξαι ἐκ γῆς ζώντων
TJos. 4 8 ποθοῦσα ἐκτελέσαι τὴν ἐπιθυμίαν αὐτῆς. κἀγὼ * προσετίθουν * νηστείαν καὶ προσευχὴν ὅπως ῥύσεταί με
Sal. 3 10 αὐτοῦ τὴν ἡμέραν γενέσεως αὐτοῦ καὶ ὠδῖνας μητρός. * προσέθηκεν * ἁμαρτίας ἐφ' ἁμαρτίας τῇ ζωῇ αὐτοῦ ἔπεσεν ὅτι
Sal. 5 4 ἄνθρωπος καὶ ἡ μερὶς αὐτοῦ παρὰ σοῦ ἐν σταθμῷ οὐ * προσθήσει * τοῦ πλεονάσαι παρὰ τὸ κρίμα σου ὁ θεός. ἐν τῷ
Bar. 1 7 ἐὰν ὑποδείξῃς μοι καὶ ἀκούσω παρά σου λόγον οὐ μὴ * προσθήσω * ἔτι λαλῆσαι προσθήσει ὁ θεὸς ἐν τῇ ἡμέρᾳ τῆς
Bar. 1 7 ἀκούσω παρά σου λόγον οὐ μὴ προσθήσω ἔτι λαλῆσαι * προσθήσει * ὁ θεὸς ἐν τῇ ἡμέρᾳ τῆς κρίσεως κρίσιν ἐμοὶ ἐὰν
Prop. 16 4 Σφαρφωτὶμ τουτέστιν ἐν βίβλῳ κριτῶν. καὶ ἔτι νέος * προσετέθη * πρὸς τοὺς πατέρας αὐτοῦ ἐν ἀγρῷ αὐτοῦ. Ναθὰν
Aris. 20 2 ἐστί σοι. διαχυθεὶς δὲ εὖ μάλα τοῖς ὄψωνίοις εἶπε * προσθεῖναι * καὶ σώματος ἑκάστου κομίζεσθαι δραχμὰς εἴκοσι
Aris. 26 4 εἰσηγμένοι τῶν τοιούτων αὐτὸς τοῦτο ὁ βασιλεὺς * προσέθηκε * μεγαλομερείᾳ καὶ μεγαλοψυχίᾳ χρησάμενος
Aris. 72 2 ἐπεὶ γὰρ οὐ προῄρητο τοῖς μεγέθεσιν οὐδὲν * προσθεῖναι * ὁ βασιλεὺς ὅσον ἔδει δαπανηθῆναι
Aris. 311 3 καθὼς ἔθος αὐτοῖς ἐστιν εἴ τις διασκευάσει * προστιθεὶς * ἢ μεταφέρων τι τὸ σύνολον τῶν γεγραμμένων ἢ
HEup. 9 34 5 ναὸν ἔσωθεν χωννύντα πλινθία χρυσᾶ πενταπήχη καὶ * προστιθέναι * προσηλοῦντα ἥλοις ἀργυροῖς ταλαντιαίοις τὴν
HHec. 2 4 43 ἣν αὐτῷ παρέσχον Ἰουδαῖοι τὴν Σαμαρεῖτιν χώραν * προσέθηκεν * ἔχειν αὐτοῖς ἀφορολόγητον.
FrAn. 1 227 12 ου ζητω απεκρ< - Συ>μεων που μη καυτος< - - Ιω>σηφ * προστεθεικατε< * - >του ακμην εχω το τ< - α>γαγετε μοι

προστρέχω 4

TNep. 5 2 καὶ ἰδοὺ Ἰσαὰκ ὁ πατὴρ τοῦ πατρός μου λέγει ἡμῖν * προσδραμόντες * κρατήσατε ἕκαστος κατὰ δύναμιν καὶ τοῦ
TNep. 5 5 καὶ ὑπὸ τοὺς πόδας αὐτοῦ ἦσαν δώδεκα ἀκτῖνες. καὶ * προσδραμόντες * ἀλλήλοις ὁ Λευὶ καὶ Ἰούδας ἐκράτησαν

Esdr. 7 15 σῶμα νέμει ῥῶσιν ψυχῶν καὶ σωμάτων ἀεννάως τοῖς * προστρέχουσιν * αὐτῷ ἐκ πόθου. ᾧ πρέπει δόξα κράτος τιμὴ
LEze. 9 28 2 23 ἔγνω δ' Ἑβραῖον ὄντα καὶ λέγει τάδε Μαριὰμ ἀδελφὴ * προσδραμοῦσα * βασιλίδι θέλεις τροφόν σοι παιδὶ τῷδ' εὕρω

προσυντελέω 2
Aris. 55 2 ποιῶνται δεόντως. οὐ γὰρ ἕνεκεν σπάνεως χρυσοῦ τὰ * προσυντετελεσμένα * βραχύμετρα καθέστηκεν ἀλλὰ φαίνεται
Aris. 77 1 κατόπτροις. οὐκ ἐφικτὸν δ' ἐστὶν ἐξηγήσασθαι τὰ * προσυντελεσθέντα * πρὸς τὴν τῆς ἀληθείας ἔμφασιν. ὡς γὰρ

προσυπαντάω 1
Abr.1 2 2 ὑπηντήθη αὐτῷ καθότι ἔθος εἶχεν τοῖς ἐπιξένοις * προσυπαντᾶν * καὶ ἐπιδεχόμενος. ὁ δὲ ἀρχιστράτηγος

προσυποδείκνυμι 2
Aris. 136 3 τῶν γὰρ ἐν τῇ κτίσει λαβόντες τινὰ συνέθηκαν καὶ * προσυπέδειξαν * εὔχρηστα τὴν κατασκευὴν αὐτῶν οὐ
Aris. 168 3 καὶ περὶ τούτων οὖν ὅσον ἐπὶ βραχὺ διεξελθεῖν * προσυπεδείξαμέν * σοι διότι πάντα κεκανόνισται πρὸς

προσφάγιον 2
Prop. 22 13 κατήχθη παρὰ τοῖς υἱοῖς τῶν προφητῶν καὶ ἑψεθέντος * προσφαγίου * καὶ θανατικῆς βοτάνης συνεψεθείσης τῷ
Prop. 22 13 προσφαγίου καὶ θανατικῆς βοτάνης συνεψεθείσης τῷ * προσφαγίῳ * καὶ παρ' ὀλίγον κινδυνευόντων πάντων πεποίηκεν

πρόσφατος 1
Aris. 5 5 περὶ ὧν προαιρούμεθα δηλοῦν ἀσμένως σε ἀκούσεσθαι * προσφάτως * παραγεγενημένον ἐκ τῆς νήσου πρὸς ἡμᾶς καὶ

προσφέρω 32
TRub. 4 9 ἡ Αἰγυπτία καὶ μάγους παρεκάλεσε καὶ φάρμακα αὐτῷ * προσήνεγκεν * καὶ οὐκ ἐδέξατο τὸ διαβούλιον τῆς ψυχῆς
TLevi 3 6 πρὸς κύριον ἐπὶ πάσαις ταῖς ἀγνοίαις τῶν δικαίων. * προσφέρουσι * δὲ κυρίῳ ὀσμὴν εὐωδίας λογικὴν καὶ
TLevi 3 8 αὐτὸν εἰσι θρόνοι ἐξουσίαι ἐν ᾧ ὕμνοι ἀεὶ τῷ θεῷ * προσφέρονται. * ὅταν οὖν ἐπιβλέψῃ κύριος ἐφ' ἡμᾶς πάντες
TLevi 9 13 καὶ παντὸς ζῴου καθαροῦ καὶ πετεινοῦ καθαροῦ * πρόσφερε * θυσίαν κυρίῳ. καὶ παντὸς πρωτογενήματος καὶ
TLevi 9 14 θυσίαν κυρίῳ. καὶ παντὸς πρωτογενήματος καὶ οἴνου * πρόσφερε * ἀπαρχάς. καὶ πᾶσαν θυσίαν ἅλατι ἁλιεῖς. νῦν οὖν
TLevi 18 2B020 καὶ τοὺς πόδας σου πρὸ τοῦ ἐγγίσαι πρὸς τὸν βωμὸν * προσενέγκαι * ὁλοκάρπωσιν καὶ ὅταν μέλλῃς προσφέρειν ὅσα
TLevi 18 2B021 τὸν βωμὸν προσενέγκαι ὁλοκάρπωσιν καὶ ὅταν μέλλῃς * προσφέρειν * ὅσα δεῖ ἀνενέγκαι ἐπὶ τὸν βωμὸν πάλιν νίπτου
TLevi 18 2B023 παντὸς μολυσμοῦ ιβ' ξύλα εἴρηκέν μοι ἐπὶ τὸν βωμὸν * προσφέρε⟨ιν⟩ * ὧν ἐστιν ὁ καπνὸς αὐτῶν ἡδὺς ἀναβαίνων. καὶ
TLevi 18 2B034 μναῖ καὶ εἰ κριὸς ἐκ προβάτων ἢ τράγος ἐξ αἰγῶν τὸ * προσφερόμενον * ἢ καὶ τούτῳ λ' μναῖ καὶ τῷ στέατι τρεῖς
TLevi 18 2B051 τέκνον χαίρω ὅτι ἐξελέχθης εἰς ἱερωσύνην ἁγίαν καὶ * προσενεγκεῖν * θυσίαν κυρίῳ ὑψίστῳ ὡς καθήκει κατὰ τὸ
TIss. 2 5 οὐκ ἔφαγεν ἀλλὰ ἀνέθηκεν αὐτοὺς ἐν οἴκῳ κυρίου * προσενέγκασα * ἱερεῖ ὑψίστου τῷ ὄντι ἐν τῷ καιρῷ ἐκείνῳ.
TIss. 3 6 καὶ πᾶν πρωτογένημα πρῶτον διὰ τοῦ ἱερέως κυρίῳ * προσέφερον * ἔπειτα τῷ πατρί μου καὶ τότε ἐγώ. καὶ κύριος
TIss. 5 3 καθ' ἑκάστην γεωργίαν δῶρα μετ' εὐχαριστίας κυρίῳ * προσφέροντες * ὅτι ἐν πρωτογενήμασι καρπῶν γῆς εὐλόγησέ σε
TZab. 6 5 καὶ ποιήσας αὐτὰ ἀγαθῶς κατὰ τὴν ἑκάστου χρείαν * προσέφερον * πᾶσι συνάγων καὶ συμπάσχων. διὰ τοῦτο καὶ ὁ
TGad 7 2 ὅτι πᾶσα σάρξ ἀποθανεῖται κυρίῳ δὲ ὕμνον * προσφέρετε * τῷ παρέχοντι τὰ καλὰ καὶ συμφέροντα πᾶσιν
Asen. 12 6 ἀπὸ πάντων ἀνθρώπων. σοὶ προσφεύγω κύριε καὶ σοὶ * προσφέρω * τὴν δέησίν μου καὶ πρός σὲ κεκράξομαι. ῥῦσαί με
Bar. 14 2 τὸν ἄγγελον τί ἐστιν ἡ φωνή; καὶ εἶπέν μοι ἄρτι * προσφέρει * Μιχαὴλ τὰς τῶν ἀνθρώπων ἀρετὰς τῷ θεῷ. καὶ
Job 3 3 οὗτος ὃν γνῶναι θέλεις οὗτος οὗ τὰ ὁλοκαυτώματα * προσφέρουσιν * καὶ σπένδουσιν οὐκ ἔστιν θεός, ἀλλὰ αὕτη
Job 7 9 μοι ὑπὸ τοῦ δεσπότου μου. καὶ ὑποστρέψασα * προσήνεγκεν * αὐτῷ τὸν κεκαυμένον ἄρτον λέγουσα αὐτῷ τάδε
Job 21 2 εὐσχήμονος ὡς παιδίσκην ἕως ἂν λάβῃ ἄρτον καὶ * προσενέγκῃ * μοι καὶ ἐγὼ κατανενυγμένος ἔλεγον ὢ τῆς
Job 22 1 μετὰ ἕνδεκα ἔτη καὶ αὐτὸν τὸν ἄρτον ἀφείλαντο μὴ * προσενεχθῆναί * μοι, μόλις ἐπιτρέψαντες ἔχειν αὐτὴν τὴν
Job 22 3 ἀγορᾷ προσαιτῆσαι ἄρτον παρὰ τῶν ἀρτοπρατῶν ἕως ἂν * προσενέγκῃ * μοι καὶ φάγομαι. καὶ ὁ Σατανᾶς τοῦτο γνοὺς
Job 23 11 ἄρτους πάντων βλεπόντων ἡ δὲ λαβοῦσα ἦλθεν καὶ * προσφέρει * μοι καὶ ὁ Σατανᾶς ἠκολούθει αὐτῇ ἐν τῇ ὁδῷ
Job 24 4 ὀδυνωμένη καὶ ἐν νυκτὶ ἕως ἂν εὐπορήσασα ἄρτον * προσενέγκω * σοι οὐκέτι γὰρ δὴ μόλις τὴν ἐμὴν τροφὴν
Job 44 5 τῶν πτωχῶν τῶν ἐν γυμνώσει. καὶ τότε ἕκαστος * προσήνεγκέν * μοι ἀνὰ ἀμνάδα μίαν καὶ τετράδραχμον χρυσίου
Aris. 170 2 ἐνόμιζε περὶ ἑκάστων ἀπολογεῖσθαι καὶ γὰρ ἐπὶ τῶν * προσφερομένων * ἔλεγε μόσχων τε καὶ κριῶν καὶ χιμάρων ὅτι
Aris. 170 5 ἥμερα θυσιάζειν καὶ μηθὲν ἄγριον ὅπως οἱ * προσφέροντες * τὰς θυσίας μηθὲν ὑπερήφανον ἑαυτοῖς
FJub. 4 1 ὠνόμασαν αὐτὴν Ἀσουάμ. τῷ ἐνενηκοστῷ ἑβδόμῳ ἔτει * προσήνεγκε * Κάϊν. τῷ ἐνενηκοστῷ ἐνάτῳ ἔτει Ἅβελ ἀνήνεγκε
FAch. 115 Αἴσωπος μειδιάσας λέγει ⟨μὴ⟩ εὐχερῶς (μὲν ἀληθοῦς) * πρόσφερε * ἐκεῖνον ὀνομάζων τοσοῦτον γὰρ διαφέρει
IMen. 5 119 2 εἴ τις δὲ θυσίαν * προσφέρων * ὦ Πάμφιλε ταύρων τι πλῆθος ἢ ἐρίφων ἢ νὴ Δία
HArt. 9 27 2 αὐτοῦ Παλμανώθην. τοῦτον δὲ τοῖς Ἰουδαίοις φαύλως * προσφέρεσθαι * καὶ πρῶτον μὲν τήν τε Σάιν οἰκοδομῆσαι τό
LAri. 13 12 2 Φιλαδέλφου βασιλέως σοῦ δὲ προγόνου * προσενεγκαμένου * μείζονα φιλοτιμίαν Δημητρίου τοῦ

προσφεύγω 1
Asen. 12 6 καὶ ἐγκαταλελειμμένη ἀπὸ πάντων ἀνθρώπων. σοὶ * προσφεύγω * κύριε καὶ σοὶ προσφέρω τὴν δέησίν μου καὶ πρός

προσφορά 4
TLevi 3 6 δὲ κυρίῳ ὀσμὴν εὐωδίας λογικὴν καὶ ἀναίμακτον * προσφοράν. * ἐν δὲ τῷ ὑποκάτω εἰσὶν οἱ ἄγγελοι οἱ φέροντες
TLevi 14 5 ἐντολὰς διδάσκοντες τοῖς τοῦ θεοῦ δικαιώμασι τὰς * προσφορὰς * κυρίου λῃστεύσετε καὶ ἀπὸ τῶν μερίδων αὐτοῦ
TLevi 18 2B030 +τὸ ηεεσθαι+ τὸ ἔργον σου ἐν τάξει καὶ πᾶσα * προσφορά * σου εἰς εὐδόκησιν καὶ ὀσμὴν εὐωδίας ἔναντι
Aris. 170 7 τῆς γὰρ ἑαυτοῦ ψυχῆς τοῦ παντὸς τρόπου τὴν * προσφορὰν * ποιεῖται ὁ τὴν θυσίαν προσάγων. καὶ περὶ

πρόσφορος + 1
Aris. 111 5 πόλεως ἐλαττῶσι τὰ ταμιεῖα λέγω δὲ τὰ τῆς γεωργίας * πρόσφορα. * παρεξέβημεν δὲ ταῦτα διὰ τὸ καλῶς ἡμῖν τὸν

προσφωνέω 1
Aris. 312 1 ἵνα διὰ παντὸς ἀέννaα καὶ μένοντα φυλάσσηται. * προσφωνηθέντων * δὲ καὶ τούτων τῷ βασιλεῖ μεγάλως ἐχάρη

προσχέω 1
Asen. 12 3 καταφεύγω κύριε καὶ πρός σὲ κεκράξομαι κύριε σοὶ * προσχέω * τὴν δέησίν μου σοὶ ἐξομολογήσομαι τὰς ἁμαρτίας

προσχώννυμι 1
TLevi 18 2B046 ἥ⟨ν⟩ ἂν προσαγάγῃς μόνον οὐκ ἐπὶ στέατος * προσχωθήσεται * ἐπ' αὐτὴν λιβάνου ὁλκὴ σίκλων δύο καὶ τὸ

πρόσω 3
Hen. 1 2 καὶ οὐκ εἰς τὴν νῦν γενεὰν διενοούμην ἀλλὰ ἐπὶ * πόρρω * οὖσαν ἐγὼ λαλῶ. καὶ περὶ τῶν ἐκλεκτῶν νῦν λέγω καὶ
Hen. 32 4 ἀμπέλου ἱλαροὶ λίαν ἡ δὲ ὀσμὴ αὐτοῦ διέτρεχεν * πόρρω * ἀπὸ τοῦ δένδρου. τότε εἶπον ὡς καλὸν τὸ δένδρον
Aris. 31 3 τὴν νομοθεσίαν ταύτην ὡς ἂν οὖσαν θείαν. διὸ * πόρρω * γεγόνασιν οἵ τε συγγραφεῖς καὶ ποιηταὶ καὶ τὸ τῶν

προσωποληψία 1
Job 43 13 κύριος, ἀληθινὰ αὐτοῦ τὰ κρίματα παρ' ᾧ οὐκ ἔστιν * προσωποληψία * κρινεῖ ἡμᾶς ὁμοθυμαδόν. ἰδοὺ ὁ κύριος

πρόσωπον 161
Adam 8 1 φοβερᾷ λέγων Ἀδὰμ ποῦ εἶ καὶ ἵνα τί κρύβῃ σε ἀπὸ * προσώπου * μου; μὴ δυνήσηται κρυβῆναι οἰκία τῷ
Adam 24 2 καὶ τριβόλους ἀνατελεῖ σοι καὶ ἐν ἱδρῶτι τοῦ * προσώπου * σου φάγει τὸν ἄρτον σου. ἔσει δὲ ἐν καμάτοις
Adam 29 8 ἀνάστα κύριε καὶ ἀναλῶσόν με ἵνα ἀναπαύσωμαι ἀπὸ * προσώπου * σου καὶ ἀπὸ προσώπου τοῦ θεοῦ καὶ ἀπὸ προσώπου
Adam 29 8 με ἵνα ἀναπαύσωμαι ἀπὸ προσώπου σου καὶ ἀπὸ * προσώπου * τοῦ θεοῦ καὶ ἀπὸ προσώπου τῶν ἀγγέλων ὅπως
Adam 29 8 ἀπὸ προσώπου σου καὶ ἀπὸ προσώπου τοῦ θεοῦ καὶ ἀπὸ * προσώπου * τῶν ἀγγέλων ὅπως παύσωνται τοῦ ὀργίζεσθαί σοι
Adam 33 1 ἀναστᾶσα δὲ Εὔα ἐπέβαλεν τὴν χεῖρα αὐτῆς ἐπὶ τὸ * πρόσωπον * αὐτοῦ. καὶ λέγει αὐτῇ ὁ ἄγγελος ἆρον καὶ αὐτὴν
Adam 33 2 ἀπὸ κοιλίας ἢ εἰπεῖν τὴν δόξαν αὐτῶν ἢ ἰδεῖν τὸ * πρόσωπον * αὐτῶν καὶ ἀγγέλους προάγοντας τὸ ἅρμα. ὅτε δὲ
Adam 35 2 καὶ πῶς κεῖται τὸ σῶμα τοῦ πατρός σου ἐπὶ * πρόσωπον * καὶ πάντες οἱ ἄγγελοι μετ' αὐτοῦ εὐχόμενοι ὑπὲρ
Hen. 1 6 τοῦ διαρυῆναι ὄρη καὶ τακήσονται ὡς κηρὸς ἀπὸ * προσώπου * πυρὸς ἐν φλογί. καὶ διασχισθήσεται ἡ γῆ σχισμα
Hen. 9 10 ὁ στεναγμὸς αὐτῶν καὶ οὐ δύναται ἐξελθεῖν ἀπὸ * προσώπου * τῶν ἐπὶ τῆς γῆς γινομένων ἀνομημάτων. καὶ σὺ
Hen. 9B 10 ὁ στεναγμὸς αὐτῶν καὶ οὐ δύναται ἐξελθεῖν ἀπὸ * προσώπου * τῶν ἐπὶ τῆς γῆς γινομένων ἀδικημάτων. καὶ σὺ
Hen. 10B 2 μέλλει γίνεσθαι πάσης τῆς γῆς ἀπολέσαι πάντα ἀπὸ * προσώπου * τῆς γῆς. δίδαξον τὸν δίκαιον τί ποιήσει τὸν
Hen. 14 21 παρελθεῖν εἰς τὸν οἶκον τοῦτον καὶ ἰδεῖν τὸ * πρόσωπον * αὐτοῦ διὰ τὸ ἔντιμον καὶ ἔνδοξον καὶ οὐκ
Hen. 14 24 οὔτε ἀφίστανται αὐτοῦ. κἀγὼ ἤμην ἕως τούτου ἐπὶ * πρόσωπόν * μου βεβλημένος καὶ τρέμων καὶ ὁ κύριος τῷ
Hen. 14 25 με καὶ προσήγαγέν με μέχρι τῆς θύρας ἐγὼ δὲ τὸ * πρόσωπόν * μου κάτω ἔκυφον. καὶ ἀποκριθεὶς εἶπέν μοι ὁ
Hen. 22 7 περὶ αὐτοῦ μέχρι τοῦ ἀπολέσαι τὸ σπέρμα αὐτοῦ ἀπὸ * προσώπου * τῆς γῆς καὶ ἀπὸ τοῦ σπέρματος τῶν ἀνθρώπων
Hen. 89 47 τὸν κριὸν τὸν δεύτερον ἐπεδίωκεν καὶ ἔφυγεν ἀπὸ * προσώπου * αὐτοῦ εἶτ' ἐθεώρουν τὸν κριὸν τὸν πρῶτον ἕως οὗ
Hen. 97 6 τῶν ἀνομιῶν ὑμῶν ἐν⟨ώπιον⟩ τοῦ μεγάλου ἁγίου κατὰ * πρόσωπον * ὑμῶν εἶτ' ἀναφελεῖ τὰ πάντα ἔργα τὰ μετασχόντα
Hen. 103 4 ἀπόλωνται τὰ πνεύματα αὐτῶν οὐδὲ τὸ μνημόσυνον ἀπὸ * προσώπου * τοῦ μεγάλου εἰς πάσας τὰς γενεὰς τῶν αἰώνων. μὴ
Hen. 106 5 ὄμματά ἐστιν ὡς ἀκτῖνες τοῦ ἡλίου καὶ ἔνδοξον τὸ * πρόσωπον * καὶ ὑπολαμβάνω ὅτι οὐκ ἔστιν ἐξ ἐμοῦ ἀλλὰ ἐξ
Abr.1 2 1 ἐν ἀγαθοῖς. ἐξελθὼν δὲ ὁ ἀρχιστράτηγος ἐκ * προσώπου * κυρίου θεοῦ κατῆλθε πρὸς τὸν Ἀβραὰμ εἰς τὸ
Abr.1 9 1 τὸν Ἀβραὰμ καὶ ἰδὼν αὐτὸν ὁ δίκαιος ἔπεσεν ἐπὶ * πρόσωπον * εἰς τὸ ἔδαφος τῆς γῆς ὡς νεκρός. ὁ δὲ
Abr.1 9 5 πάντα ὑπείκεται καὶ φρίττει καὶ τρέμει ἀπὸ * προσώπου * δυνάμεώς σου κἀγὼ δέδοικα ἀλλὰ μίαν αἴτησιν
Abr.1 12 9 κρατοῦντες χάρτην καὶ μέλαν καὶ κάλαμον πρὸ * προσώπου * δὲ τῆς τραπέζης ἐκάθητο ἄγγελος φωτοφόρος
Abr.1 12 13 ἐξ ἀριστερῶν ἀπεγράφετο τὰς ἁμαρτίας καὶ ὁ μὲν πρὸ * προσώπου * τῆς τραπέζης ὁ τὸν ζυγὸν κατέχων ἐζύγιζεν τὰς
Abr.1 15 11 τοὺς λόγους τούτους εὐθέως ἐξῆλθεν ἐκ * προσώπου * τοῦ Ἀβραὰμ καὶ ἀνῆλθεν εἰς τοὺς οὐρανοὺς καὶ
Abr.1 15 14 ὅτι οὐκ ἀκολουθῶ σε; καὶ ⟨ὁ ἀρχάγγελος⟩ εἶπεν ἐκ * προσώπου * κυρίου τοῦ θεοῦ ἡμῶν ⟨οὕτως λέγει ὁ φίλος σου
Abr.1 16 1 μοι ὧδε τὸν θάνατον τὸν κεκλημένον τὸ ἀναίσχυντον * πρόσωπον * καὶ ἀνέλεον βλέμμα. καὶ ἀπελθὼν Μιχαὴλ εἶπεν
Abr.1 16 6 γνήσιός ἐστιν. ταῦτα ἀκούσας ὁ θάνατος ἐξῆλθεν ἀπὸ * προσώπου * τοῦ ὑψίστου καὶ περιεβάλετο στολὴν λαμπροτάτην
Abr.1 17 14 ⟨τῷ Ἀβραὰμ⟩ κεφαλὰς δρακόντων πυρίνους ἑπτὰ καὶ * πρόσωπα * δεκατέσσαρα καὶ πρόσωπον πυρὸς φλογερώτερον καὶ
Abr.1 17 14 πυρίνους ἑπτὰ καὶ πρόσωπα δεκατέσσαρα καὶ * πρόσωπον * πυρὸς φλογερώτερον καὶ πολλῆς ἀγριότητος ⟨καὶ
Abr.1 17 14 πυρὸς φλογερώτερον καὶ πολλῆς ἀγριότητος ⟨καὶ * πρόσωπον * κρημνοῦ φρικωδεστάτου⟩ καὶ πρόσωπον σκοτώδους
Abr.1 17 14 ⟨καὶ πρόσωπον κρημνοῦ φρικωδεστάτου⟩ καὶ * πρόσωπον * σκοτώδους γνοφερώτερον καὶ πρόσωπον ἐχίδνης

| | | | | | |
|---|---|---|---|---|---|
| Abr.1 | 17 | 14 | καὶ πρόσωπον σκοτώδους γνοφερώτερον καὶ | * πρόσωπον * | ἐχίδνης ζοφοειδέστατον ⟨καὶ πρόσωπον ἀσπίδος |
| Abr.1 | 17 | 14 | καὶ πρόσωπον ἐχίδνης ζοφοειδέστατον ⟨καὶ | * πρόσωπον * | ἀσπίδος ἀγριώτερον⟩ καὶ πρόσωπον λέοντος |
| Abr.1 | 17 | 14 | ⟨καὶ πρόσωπον ἀσπίδος ἀγριώτερον⟩ καὶ | * πρόσωπον * | λέοντος φοβεροῦ καὶ πρόσωπον κεράστου καὶ |
| Abr.1 | 17 | 14 | ἀγριώτερον⟩ καὶ πρόσωπον λέοντος φοβεροῦ καὶ | * πρόσωπον * | κεράστου καὶ βασιλίσκου ἔδειξεν δὲ καὶ πρόσωπον |
| Abr.1 | 17 | 15 | πρόσωπον κεράστου καὶ βασιλίσκου ἔδειξεν δὲ καὶ | * πρόσωπον * | ῥομφαίας πύρινον καὶ πρόσωπον ξιφηφόρον καὶ |
| Abr.1 | 17 | 15 | ἔδειξεν δὲ καὶ πρόσωπον ῥομφαίας πύρινον καὶ | * πρόσωπον * | ξιφηφόρον καὶ πρόσωπον ἀστραπῆς φοβερῶς |
| Abr.1 | 17 | 15 | ῥομφαίας πύρινον καὶ πρόσωπον ξιφηφόρον καὶ | * πρόσωπον * | ἀστραπῆς φοβερῶς ἐξαστράπτον καὶ ἦχον βροντῆς |
| Abr.1 | 17 | 16 | καὶ ἦχον βροντῆς φοβερᾶς ἔδειξεν δὲ καὶ ἕτερον | * πρόσωπον * | θαλάσσης ἀγρίας κυματιζούσης καὶ ποταμὸν ἄγριον |
| Abr.1 | 18 | 10 | ἀμὴν γένοιτο ἀναστὰς οὖν Ἀβραὰμ ἔπεσεν ἐπὶ | * πρόσωπον * | ἐπὶ τὴν γῆν προσευχόμενος καὶ ὁ θάνατος σὺν |
| Abr.1 | 19 | 4 | καὶ ὁ Ἀβραὰμ στερρῷ τῷ βλέμματι καὶ ὀργίλῳ τῷ | * προσώπῳ * | εἶπεν πρὸς τὸν θάνατον τίς ὁ προστάξας σοι τοῦτο |
| Abr.1 | 19 | 5 | ἑπτὰ κεφαλὰς τῶν δρακόντων τὰς πονηρὰς καὶ τί τὸ | * πρόσωπον * | τοῦ κρημνοῦ καὶ τίς ἡ ῥομφαία ἡ ἀπότομος καὶ |
| Abr.1 | 19 | 8 | σοι ἔδειξα τὰς ἑπτὰ κεφαλὰς τῶν δρακόντων τὸ δὲ | * πρόσωπον * | τοῦ πυρὸς ἔδειξά σοι ὅτι πολλοὶ ὑπὸ πυρὸς |
| Abr.1 | 19 | 8 | ὑπὸ πυρὸς καιόμενοι τελευτῶσιν καὶ διὰ πυρίνου | * προσώπου * | θάνατον βλέπουσιν τὸ δὲ πρόσωπον τοῦ κρημνοῦ |
| Abr.1 | 19 | 9 | καὶ διὰ πυρίνου προσώπου θάνατον βλέπουσιν τὸ δὲ | * πρόσωπον * | τοῦ κρημνοῦ ἔδειξά σοι διότι πολλοὶ ἀπὸ ὕψους |
| Abr.1 | 19 | 10 | καὶ εἰς τύπον κρημνοῦ θεωροῦσιν τὸν θάνατον τὸ δὲ | * πρόσωπον * | τῆς ῥομφαίας ἔδειξά σοι διότι πολλοὶ ἐν |
| Abr.1 | 19 | 11 | καὶ θεωροῦσιν ἐν ῥομφαίᾳ τὸν θάνατον τὸ δὲ | * πρόσωπον * | τοῦ μεγάλου ποταμοῦ τοῦ κοχλάζοντος ἔδειξά σοι |
| Abr.1 | 19 | 12 | καὶ τελευτῶσιν ἀώρως τὸν θάνατον βλέπουσιν τὸ δὲ | * πρόσωπον * | τῆς θαλάσσης τῆς ἀγρίας κυματιζούσης ἔδειξά σοι |
| Abr.1 | 19 | 14 | ἄρκους καὶ ἔχιδνας καὶ ἁπλῶς εἰπεῖν παντὸς θηρίου | * πρόσωπον * | ἔδειξά σοι δικαιότατε διότι πολλοὶ τῶν ἀνθρώπων |
| Abr.2 | 14 | 3 | δύο κεφαλὰς τινὲς μὲν τῶν κεφαλῶν αὐτοῦ εἶχον | * πρόσωπα * | δρακόντων διὰ τοῦτό τινες ὑπὸ ἀσπίδων τελευτῶσιν |
| TRub. | 4 | 2 | τοῦ πατρὸς ἡμῶν οὐκ εἶχον παρρησίαν ἀτενίσαι εἰς | * πρόσωπον * | Ἰακὼβ ἢ λαλῆσαί τινι τῶν ἀδελφῶν διὰ τοὺς |
| TSim. | 5 | 1 | αὐτῷ οὐδὲν πονηρὸν ἐκ γὰρ ταραχῆς τοῦ πνεύματος τὸ | * πρόσωπον * | δηλοῖ. καὶ νῦν τέκνα μου ἀγαθύνατε τὰς καρδίας |
| TLevi | 2 | 3B003 | ἐποίησα εὐθείας. τότε τοὺς ὀφθαλμούς μου καὶ τὸ | * πρόσωπόν * | μου ἦρα πρὸς τὸν οὐρανὸν καὶ τὸ στόμα μου |
| TLevi | 2 | 3B013 | τοῦ οὐρανοῦ καὶ συντελέσαι τὴν ἀνομίαν ἀπὸ | * προσώπου * | τῆς γῆς καθάρισον τὴν καρδίαν μου δέσποτα ἀπὸ |
| TLevi | 2 | 3B015 | καὶ προσάρωμαι πρός σε αὐτὸς καὶ μὴ ἀποστρέψῃς τὸ | * πρόσωπόν * | σου ἀπὸ τοῦ υἱοῦ παιδός σου Ἰακώβ. σὺ κύριε |
| TLevi | 2 | 3B019 | καὶ μὴ ἀποστήσῃς τὸν υἱὸν τοῦ παιδός σου ἀπὸ τοῦ | * προσώπου * | σου πάσας τὰς ἡμέρας τοῦ αἰῶνος. καὶ ἐσιώπησα |
| TLevi | 3 | 5 | ἁγιότητος. ἐν τῷ μετ' αὐτόν οἱ ἄγγελοί εἰσι τοῦ | * προσώπου * | κυρίου οἱ λειτουργοῦντες καὶ ἐξιλασκόμενοι πρὸς |
| TLevi | 3 | 7 | οἱ φέροντες τὰς ἀποκρίσεις τοῖς ἀγγέλοις τοῦ | * προσώπου * | κυρίου. ἐν δὲ τῷ μετ' αὐτόν εἰσι θρόνοι |
| TLevi | 3 | 9 | καὶ οἱ οὐρανοὶ καὶ ἡ γῆ καὶ αἱ ἄβυσσοι ἀπὸ | * προσώπου * | τῆς μεγαλωσύνης αὐτοῦ σαλεύονται οἱ δὲ υἱοὶ τῶν |
| TLevi | 4 | 2 | αὐτῷ υἱὸν καὶ θεράποντα καὶ λειτουργὸν τοῦ | * προσώπου * | αὐτοῦ. φῶς γνώσεως φωτεινὸν φωτιεῖς ἐν Ἰακὼβ |
| TLevi | 10 | 3 | τῷ Ἰσραὴλ ὥστε μὴ βαστάξαι τὴν Ἱερουσαλὴμ ἀπὸ | * προσώπου * | πονηρίας ὑμῶν ἀλλὰ σχίσαι τὸ ἔνδυμα τοῦ ναοῦ |
| TLevi | 18 | 5 | γῆς ὡς ὕδωρ θαλασσῶν καὶ οἱ ἄγγελοι τῆς δόξης τοῦ | * προσώπου * | κυρίου χαρήσονται ἐν αὐτῷ. οἱ οὐρανοὶ |
| TJud. | 13 | 3 | κἀγὼ καυχησάμενος ὅτι ἐν πολέμοις οὐκ ἠπάτησέ με | * πρόσωπον * | γυναικὸς εὐμόρφου ὠνείδιζον Ῥουβὴμ τὸν ἀδελφόν |
| TJud. | 20 | 5 | ὁ ἁμαρτήσας ἐκ τῆς ἰδίας καρδίας καὶ ἆραι | * πρόσωπον * | οὐ δύναται πρὸς τὸν κριτήν. καὶ νῦν τέκνα |
| TJud. | 25 | 2 | καὶ κύριος εὐλογήσει τὸν Λευὶ ὁ ἄγγελος τοῦ | * προσώπου * | ἐμὲ αἱ δυνάμεις τῆς δόξης τὸν Συμεὼν ὁ οὐρανὸς |
| TIss. | 1 | 11 | προχωρεῖ ἐπὶ τῆς γῆς. εἰ δὲ μὴ οὐκ ἂν ἦς σὺ ὁρῶσα | * πρόσωπον * | Ἰακὼβ οὐ γὰρ γυνὴ αὐτοῦ σὺ εἶ ἀλλ' ἐν δόλῳ |
| TZab. | 2 | 1 | Ἰωσὴφ μετ' ὀργῆς τοῦ ἀνελεῖν αὐτὸν καὶ πεσὼν ἐπὶ | * πρόσωπον * | Ἰωσὴφ ἔλεγεν αὐτοῖς ἐλεήσατέ με ἀδελφοί μου |
| TZab. | 3 | 4 | ὑπολυθήσεσθαι τὸ ὑπόδημα καὶ ἐμπτύεσθαι εἰς τὸ | * πρόσωπον. * | καί οἱ ἀδελφοὶ Ἰωσὴφ οὐκ ἠθέλησαν εἰς ζωὴν |
| TZab. | 4 | 5 | αὐτοῦ περισχισάμενος ἐθρήνει λέγων πῶς ὄψομαι τὸ | * πρόσωπον * | Ἰακὼβ τοῦ πατρός μου; καὶ λαβὼν τὸ ἀργύριον |
| TDan | 2 | 2 | ἐστιν ἐν τῷ θυμῷ τέκνα μου καὶ οὐκ ἔστι τις ὁρῶν | * πρόσωπον * | ἐν ἀληθείᾳ ὅτι κἂν πατὴρ κἂν μήτηρ ἐστίν ὡς |
| TNep. | 2 | 7 | γυναικὸς καὶ οὐκ ἔστιν εἰπεῖν ὅτι ἓν τῷ ἑνὶ τοῖς | * προσώποις * | ἢ τῷ νοΐ ὅμοιον. πάντα γὰρ ἐν τάξει ἐποίησεν ὁ |
| TNep. | 4 | 5 | καὶ ἀσεβήσουσιν καὶ διασπείρει αὐτοὺς κύριος ἐπὶ | * προσώπου * | πάσης τῆς γῆς ἄχρι τοῦ ἐλθεῖν τὸ σπλάγχνον |
| TNep. | 9 | 2 | φαγὼν καὶ πιὼν ἐν ἱλαρότητι ψυχῆς συνεκάλυψε τὸ | * πρόσωπον * | αὐτοῦ καὶ ἀπέθανεν. καὶ ἐποίησαν οἱ υἱοὶ αὐτοῦ |
| TGad | 1 | 9 | ὀφθαλμῶν οὔτε δι' ἀκοῆς ἰδεῖν τὸν Ἰωσήφ. καὶ κατὰ | * πρόσωπον * | ἡμῶν ἤλεγξεν ἡμᾶς ὅτι ἄνευ Ἰουδὰ ἠσθίομεν τὰ |
| TGad | 6 | 2 | ἐν ἔργῳ καὶ λόγῳ καὶ διανοίᾳ ψυχῆς. ἐγὼ γὰρ κατὰ | * πρόσωπον * | τοῦ πατρὸς ἡμῶν εἰρηνικὰ ἐλάλουν τῷ Ἰωσὴφ καὶ |
| TAser | | 1 | διαθηκη Ασηρ. περι δυο | * προσωπων * | κακιας και αρετης. ἀντίγραφον διαθήκης Ἀσὴρ ἃ |
| TJos. | 3 | 4 | τρυφῇ διάγων ὅτι οἱ διὰ τὸν θεὸν νηστεύοντες τοῦ | * προσώπου * | τὴν χάριν λαμβάνουσιν. ἐὰν δὲ ἀπεδήμει οἶνον |
| TJos. | 6 | 8 | ὁ ἄγγελος Ἀβραὰμ ἔσται μετ' ἐμοῦ. ἡ δὲ ἔπεσεν ἐπὶ | * πρόσωπον * | εἰς τοὺς πόδας μου καὶ ἔκλαυσε καὶ ἀναστήσας |
| TJos. | 7 | 2 | αὐτὴν ὁ Αἰγύπτιος λέγει πρὸς αὐτήν τί συνέπεσε τὸ | * πρόσωπόν * | σου; ἡ δὲ εἶπε πόνον καρδίας ἐγὼ ἀλγῶ καὶ οἱ |
| TJos. | 13 | 2 | γῆς Ἑβραίων εἰς παῖδας μετεμπολῶν; πεσὼν οὖν ἐπὶ | * πρόσωπον * | αὐτοῦ ὁ μετάβολος ἐδέετο λέγων δέομαί σου κύριε |
| TBen. | 10 | 11 | κύριον. ὑμεῖς δὲ ἐὰν πορεύησθε ἐν ἁγιασμῷ κατὰ | * πρόσωπον * | κυρίου πάλιν κατοικήσετε ἐπ' ἐλπίδι ἐν ἐμοὶ καὶ |
| Asen. | 3 | 6 | ἐπί τε τοῖς ψελίοις καὶ τοῖς λίθοις καὶ τὰ | * πρόσωπα * | τῶν εἰδώλων πάντων ἦσαν ἐκτετυπωμένα ἐν αὐτοῖς. |
| Asen. | 4 | 9 | αὐτῆς περιεχύθη αὐτῇ ἱδρὼς ἐρυθρὸς πολὺς ἐπὶ τοῦ | * προσώπου * | αὐτῆς καὶ ἐθυμώθη ἐν ὀργῇ μεγάλῃ καὶ ἐνέβλεψε |
| Asen. | 5 | 2 | τῆς αὐλῆς ἡμῶν ἕστηκε. καὶ ἔφυγεν Ἀσενὲθ ἀπὸ | * προσώπου * | τοῦ πατρὸς καὶ τῆς μητρὸς αὐτῆς ὡς ἤκουσε τὰ |
| Asen. | 5 | 7 | αὐτῶν Ἀσενὲθ καὶ προσεκύνησαν τῷ Ἰωσὴφ ἐπὶ | * πρόσωπον * | ἐπὶ τὴν γῆν. καὶ κατέβη Ἰωσὴφ ἀπὸ τοῦ ἅρματος |
| Asen. | 6 | 5 | καὶ νῦν ποῦ ἀπελεύσομαι καὶ ἀποκρυβήσομαι ἀπὸ | * προσώπου * | αὐτοῦ ὅπως μὴ ὄψηταί με Ἰωσὴφ ὁ υἱὸς τοῦ θεοῦ |
| Asen. | 7 | 4 | κυρίου τοῦ θεοῦ τοῦ πατρός μου Ἰσραὴλ οὐδὲ κατὰ | * πρόσωπον * | τοῦ πατρός μου Ἰακώβ. καὶ τὸ πρόσωπον τοῦ |
| Asen. | 7 | 5 | οὐδὲ κατὰ πρόσωπον τοῦ πατρός μου Ἰακώβ. καὶ τὸ | * πρόσωπον * | τοῦ πατρὸς αὐτοῦ Ἰακὼβ πρὸ ὀφθαλμῶν αὐτοῦ |
| Asen. | 10 | 16 | τέφρας εἰς τὸ ἔδαφος. καὶ ἔπεσε πάλιν Ἀσενὲθ ἐπὶ | * πρόσωπον * | ἐπὶ τῆς τέφρας ἕως δείλης καὶ μέχρι τοῦ δῦναι |
| Asen. | 11 | 1B | τὴν κεφαλὴν αὐτῆς εἰς τὸν κόλπον αὐτῆς καὶ τὸ | * πρόσωπον * | αὐτῆς ἦν κατάβροχον ἐκ τῶν δακρύων αὐτῆς καὶ |
| Asen. | 13 | 9 | μου ὡς κέρας καὶ τὰ χείλη μου ὡς ὄστρακον καὶ τὸ | * πρόσωπόν * | μου συμπέπτωκε καί οἱ ὀφθαλμοί μου ἐν αἰσχύνῃ |
| Asen. | 14 | 3 | καὶ ἀνεκλάλητον. καὶ εἶδεν Ἀσενὲθ καὶ ἔπεσεν ἐπὶ | * πρόσωπον * | ἐπὶ τὴν τέφραν. καὶ ἦλθε πρὸς αὐτὴν ἄνθρωπος ἐκ |
| Asen. | 14 | 9 | καὶ τῷ στεφάνῳ καὶ τῇ ῥάβδῳ τῇ βασιλικῇ πλὴν τὸ | * πρόσωπον * | αὐτοῦ ἦν ὡς ἀστραπὴ καὶ οἱ ὀφθαλμοὶ αὐτοῦ ὡς |
| Asen. | 14 | 10 | τῶν ποδῶν αὐτοῦ. καὶ εἶδεν Ἀσενὲθ καὶ ἔπεσεν ἐπὶ | * πρόσωπον * | αὐτῆς ἐπὶ τοὺς πόδας αὐτοῦ ἐπὶ τὴν γῆν. καὶ |
| Asen. | 14 | 12 | ἀπὸ τῆς κεφαλῆς σου τὴν τέφραν ταύτην καὶ νίψαι τὸ | * πρόσωπόν * | σου καὶ τὰς χεῖράς σου ὕδατι ζῶντι καὶ ἔνδυσαι |
| Asen. | 14 | 15 | κεφαλῆς αὐτῆς καὶ ἐνίψατο τὰς χεῖρας αὐτῆς καὶ τὸ | * πρόσωπον * | αὐτῆς ὕδατι ζῶντι. καὶ ἔλαβε θέριστρον λινοῦν |
| Asen. | 15 | 3 | σου καὶ τῆς τέφρας ταύτης πηλὸς πολὺς γέγονε πρὸ | * προσώπου * | σου. θάρσει Ἀσενὲθ ἡ παρθένος ἁγνή. ἰδοὺ γὰρ |
| Asen. | 15 | 11 | ἐπὶ τοὺς πόδας αὐτοῦ καὶ προσεκύνησεν αὐτῷ ἐπὶ | * πρόσωπον * | εἰς τὴν γῆν καὶ εἶπεν αὐτῷ εὐλογημένος κύριος ὁ |
| Asen. | 16 | 19 | τῆς ⟨πληγῆς⟩ τοῦ κηρίου καὶ περιεπλάκησαν περὶ τὸ | * πρόσωπον * | Ἀσενὲθ καὶ ἐποίησαν ἐπὶ τῷ στόματι αὐτῆς καὶ |
| Asen. | 18 | 3 | καὶ εἶδεν αὐτὴν ὁ τροφεὺς αὐτῆς καὶ ἰδοὺ ἦν τὸ | * πρόσωπον * | αὐτῆς συμπεπτωκὸς ἐκ τῆς θλίψεως καὶ τοῦ |
| Asen. | 18 | 3 | τί σοί ἐστι τέκνον μου ὅτι οὕτως συμπέπτωκε τὸ | * πρόσωπόν * | σου; καὶ εἶπεν αὐτῷ Ἀσενὲθ τῆς κεφαλῆς μου |
| Asen. | 18 | 4 | ἀπέστη ἀπὸ τῶν ὀφθαλμῶν μου καὶ τούτου ἕνεκα τὸ | * πρόσωπόν * | μου συμπέπτωκεν. καὶ ἀπῆλθεν ὁ τροφεὺς αὐτῆς |
| Asen. | 18 | 7 | τροφέως αὐτῆς διότι εἶπεν αὐτῇ ὅτι συμπέπτωκε τὸ | * πρόσωπόν * | σου. καὶ ἀνεστέναξε καὶ ἐλυπήθη σφόδρα καὶ |
| Asen. | 18 | 7 | ἐλυπήθη σφόδρα καὶ εἶπεν οἴμοι τῇ ταπεινῇ ⟨ὅτι⟩ τὸ | * πρόσωπόν * | μου συμπέπτωκεν. ὄψεταί με Ἰωσὴφ καὶ |
| Asen. | 18 | 8 | μοι ὕδωρ καθαρὸν ἀπὸ τῆς πηγῆς καὶ νίψομαι τὸ | * πρόσωπόν * | μου. καὶ ἤνεγκεν αὐτῇ ὕδωρ καθαρὸν ἀπὸ τῆς |
| Asen. | 18 | 9 | αὐτὸ ἐν τῇ λεκάνῃ. καὶ ἔκυψεν Ἀσενὲθ νίψασθαι τὸ | * πρόσωπον * | αὐτῆς καὶ ὁρᾷ τὸ πρόσωπον αὐτῆς ἐν τῷ ὕδατι καὶ |
| Asen. | 18 | 9 | Ἀσενὲθ νίψασθαι τὸ πρόσωπον αὐτῆς καὶ ὁρᾷ τὸ | * πρόσωπον * | αὐτῆς ἐν τῷ ὕδατι καὶ ἦν ὡς ὁ ἥλιος καὶ οἱ |
| Asen. | 18 | 10 | τῇ ὁράσει καὶ ἐχάρη χαρὰν μεγάλην καὶ οὐκ ἔνιψε τὸ | * πρόσωπον * | αὐτῆς εἶπε γὰρ μήποτε ἀποπλύνω τὸ κάλλος τὸ |
| Asen. | 21 | 7 | καὶ περιέστρεψεν αὐτοὺς Φαραὼ πρὸς ἀλλήλους ἐπὶ τὰ | * πρόσωπα * | αὐτῶν καὶ προσήγαγεν αὐτοὺς ἐπὶ τὸ στόμα αὐτῶν |
| Asen. | 22 | 5 | οἱ ἀδελφοὶ Ἰωσὴφ καὶ προσεκύνησαν αὐτοῖς ἐπὶ | * πρόσωπον * | ἐπὶ τὴν γῆν. καὶ εἰσῆλθον πρὸς Ἰακώβ. καὶ ἦν |
| Asen. | 22 | 8 | Ἀσενὲθ καὶ ἐθαμβήθη καὶ προσεκύνησεν αὐτῷ ἐπὶ | * πρόσωπον * | ἐπὶ τὴν γῆν. καὶ εἶπεν Ἰακὼβ πρὸς Ἰωσὴφ αὕτη |
| Asen. | 23 | 10 | καὶ εἶπε Λευὶς τῷ υἱῷ Φαραὼ μετὰ παρρησίας ἱλαρῷ | * προσώπῳ * | ⟨καὶ ὀργὴ οὐκ ἦν ἐν αὐτῷ οὐδὲ ἐλαχίστη ἀλλ'⟩ ἐν |
| Asen. | 23 | 15 | οἱ ὀφθαλμοὶ τοῦ υἱοῦ Φαραὼ καὶ ἔπεσεν ἐπὶ | * πρόσωπον * | αὐτοῦ ἐπὶ τὴν γῆν ὑποκάτω τῶν ποδῶν αὐτῶν. καὶ |
| Asen. | 23 | 17 | ἀδελφοῦ ἡμῶν Ἰωσὴφ ῥῆμα πονηρόν. καὶ ἐξῆλθον ἀπὸ | * προσώπου * | τοῦ υἱοῦ Φαραὼ Συμεὼν καὶ Λευΐς. καὶ ἦν ὁ υἱὸς |
| Asen. | 24 | 7 | υἱὸς Φαραὼ καὶ εἶπεν ἰδοὺ εὐλογία καὶ θάνατος πρὸ | * προσώπου * | ὑμῶν. λάβετε οὖν μᾶλλον ὑμεῖς τὴν εὐλογίαν καὶ |
| Asen. | 26 | 3 | ἄρτον πᾶσι τοῖς ἀνθρώποις καὶ οὐ μὴ φθαρήσεται ἀπὸ | * προσώπου * | κυρίου πᾶσα ἡ γῆ. καὶ ἀπῆλθεν Ἀσενὲθ ἐπὶ τὴν |
| Asen. | 27 | 7 | ἀπέκτειναν δισχιλίους οἱ ἓξ ἄνδρες. καὶ ἔφυγον ἀπὸ | * προσώπου * | αὐτῶν οἱ ἀδελφοὶ αὐτῶν οἱ υἱοὶ Βάλλας καὶ |
| Asen. | 28 | 2 | πολεμεῖ καθ' ἡμῶν ὑπὲρ Ἀσενέθ. καὶ ἔπεσον ἐπὶ | * πρόσωπον * | ἐπὶ τὴν γῆν καὶ προσεκύνησαν τῇ Ἀσενὲθ καὶ |
| Asen. | 28 | 10 | καὶ ἰδοὺ τετήκασιν ἐπὶ τὴν γῆν ὥσπερ κηρὸς ἀπὸ | * προσώπου * | πυρός. καί ἐστι τοῦτο ἱκανὸν αὐτοῖς ὅτι κύριος |
| Asen. | 28 | 14 | τοῦ πατρὸς ὑμῶν Ἰσραὴλ καὶ ἔφυγον μηκόθεν ἀπὸ | * προσώπου * | ὑμῶν. λοιπὸν συγγνώμην αὐτοῖς ἀπονείματε. καὶ |
| Asen. | 29 | 5 | υἱὸν Φαραὼ ἐκ τῆς γῆς καὶ ἀπένιψε τὸ αἷμα ἀπὸ τοῦ | * προσώπου * | αὐτοῦ καὶ ἔδησε τελαμῶνα εἰς τὸ τραῦμα αὐτοῦ |
| Sal. | 2 | 8 | αὐτοὺς εἰς χεῖρας κατισχυόντων. ἀπέστρεψεν γὰρ τὸ | * πρόσωπον * | αὐτοῦ ἀπὸ ἐλέους αὐτῶν νέον καὶ πρεσβύτην καὶ |
| Sal. | 2 | 18 | ἀπὸ τῆς γῆς. ὁ θεὸς κριτὴς δίκαιος καὶ οὐ θαυμάσει | * πρόσωπον * | ὠνείδισαν γὰρ ἔθνη Ιερουσαλημ ἐν καταπατήσει |
| Sal. | 2 | 22 | ἐπὶ τὴν γῆν. καὶ ἐγὼ εἶδον καὶ ἐδεήθην τοῦ | * προσώπου * | κυρίου καὶ εἶπον ἱκάνωσον κύριε τοῦ βαρύνεσθαι |
| Sal. | 4 | 8 | τοῦ θεοῦ αὐτῶν ἐν τῷ ἐξαίρεσθαι ἁμαρτωλοὺς ἀπὸ | * προσώπου * | δικαίου ἀνθρωπάρεσκον λαλοῦντα νόμον μετὰ |
| Sal. | 5 | 10 | παντὶ ζῶντι καὶ ἐὰν πεινάσωσιν πρός σέ ἀροῦσιν | * πρόσωπον * | αὐτῶν. τοὺς βασιλεῖς καὶ ἄρχοντας καὶ λαοὺς σὺ |
| Sal. | 6 | 5 | ἐξύμνησεν τῷ ὀνόματι τοῦ θεοῦ αὐτοῦ καὶ ἐδεήθη τοῦ | * προσώπου * | κυρίου περὶ παντὸς τοῦ οἴκου αὐτοῦ καὶ κύριος |
| Sal. | 9 | 6 | ἐν ἐξαγορίαις ὅτι αἰσχύνη ἡμῖν καὶ τοῖς | * προσώποις * | ἡμῶν περὶ ἁπάντων. καὶ τίνι ἀφήσεις ἁμαρτίας |
| Sal. | 12 | 6 | αὐτοῦ εἰς τὸν αἰῶνα καὶ ἀπόλοιντο οἱ ἁμαρτωλοὶ ἀπὸ | * προσώπου * | κυρίου ἅπαξ καὶ ὅσιοι κυρίου κληρονομήσαισαν |
| Sal. | 15 | 5 | οὐχ ἅψεται αὐτοῦ ὅταν ἐξέλθῃ ἐπὶ ἁμαρτωλοὺς ἀπὸ | * προσώπου * | κυρίου ὀλεθρεῦσαι πᾶσαν ὑπόστασιν ἁμαρτωλῶν ὅτι |
| Sal. | 17 | 25 | στόματος αὐτοῦ ἐν ἀπειλῇ αὐτοῦ φυγεῖν ἔθνη ἀπὸ | * προσώπου * | αὐτοῦ καὶ ἐλέγξαι ἁμαρτωλοὺς ἐν λόγῳ καρδίας |
| Jer. | 7 | 24 | πατέρα αὐτοῦ καὶ παραμυθούμενοι αὐτὸν σκέπουσιν τὸ | * πρόσωπον * | αὐτοῦ ἵνα μὴ ἴδῃ πῶς τιμωρεῖται αὐτὸς ὁ υἱὸς |
| Bar. | 1 | 4 | κύριος ὁ θεὸς ὁ παντοκράτωρ. ἀπέστειλε γάρ με πρὸ | * προσώπου * | σου ὅπως ἀναγγείλω καὶ ὑποδείξω σοι πάντα τοῦ |
| Bar. | 2 | 3 | καὶ ἦσαν ἄνθρωποι κατοικοῦντες ἐν αὐτῷ ὧν τὰ | * πρόσωπα * | βοῶν τὰ δὲ κέρατα ἐλάφων οἱ δὲ πόδες αἰγῶν αἱ δὲ |

| | | | |
|---|---|---|---|
| Esdr. 4 29 | μὴ πιστεύσωσιν αὐτῷ. καὶ εἶπέν μοι τὸ εἶδος τοῦ | * προσώπου * | αὐτοῦ ὡσεὶ ἀγροῦ ὁ ὀφθαλμὸς αὐτοῦ ὁ δεξιὸς ὡς |
| Esdr. 7 7 | τροφὴν πάσῃ σαρκὶ ὃν πάντα φρίσσει καὶ τρέμει ἀπὸ | * προσώπου * | δυνάμεώς σου ἐπάκουσόν μου τὸν πολλά σοι |
| Sedr. 6 3 | αὐτῷ ὑπέταξα καὶ πᾶν ζῷον φεύγει ἀπ' αὐτοῦ καὶ ἀπὸ | * προσώπου * | αὐτοῦ ἀλλ' αὐτὸς τὰ ἐμὰ λαβὼν ἀλλότριος ἐγένετο |
| Sedr. 11 12 | διατρέφοντες. ὦ πόδες ἀνθύτατοι καὶ καλόδρομοι ἐπὶ | * προσώπου * | τῆς γῆς ταρασσόμενοι τοὺς οἴκους εὐτρεπίζοντες |
| Sedr. 11 18 | ἀστερόχυται κεφαλὴ οὐρανοκόσμητε ἐστολισμένον. ὦ | * πρόσωπον * | καλομύριστον ὀφθαλμοὶ φωταγωγοὶ φωνὴ σάλπιγγος |
| Sedr. 14 2 | ἵνα ἐλεήσῃ ὁ θεὸς τὸν κόσμον. καὶ πεσόντες ἐπὶ | * πρόσωπον * | παρακαλοῦντες τὸν θεὸν καὶ εἶπον κύριε δίδαξον |
| Aris. 19 2 | θεὸς ὁ δὲ διανακύψας καὶ προσβλέψας ἱλαρῷ τῷ | * προσώπῳ * | πόσας ὑπολαμβάνεις μυριάδας ἔσεσθαι; ἔφη. |
| Aris. 175 3 | φανέντος διὰ τὸ κατὰ ἔθος εἶναι πεμπταίους εἰς | * πρόσωπον * | ἔρχεσθαι βασιλεῖ τοὺς περὶ χρηματισμὸν |
| Aris. 219 2 | ἐλάχιστόν σε δεῖ τῶν ὑποκριτῶν φαίνεσθαι τὸ γὰρ | * πρόσωπον * | ὃ δέον αὐτοὺς ἐστιν ὑποκρίνεσθαι τοῦτο |
| Sib. 3 549 | φρεσὶ θῆκεν ταῦτα τελεῖν προλιποῦσα θεοῦ μεγάλοιο | * πρόσωπον; * | οὔνομα παγγενέταο σέβας δ' ἔχε μηδὲ λάθῃ σε. |
| Sib. 3 557 | ἔσεται ὑμῖν δὴ τότ' ἐπιγνώσεσθε θεοῦ μεγάλοιο | * πρόσωπον. * | πᾶσαι δ' ἀνθρώπων ψυχαὶ μεγάλα στενάχουσαι |
| Sib. 3 679 | ψυχαὶ καὶ πᾶσα θάλασσα φρίξει ὑπ' ἀθανάτοιο | * προσώπου * | καὶ φόβος ἔσται. ἠλιβάτους κορυφάς τ' ὀρέων |
| Sib. 5 59 | τε ῥόοισιν σιγήσει δὲ χάρις γαίης καὶ δόξα | * προσώπου. * | Μέμφι σὺ μὲν κλαύσῃ ὑπὲρ Αἰγύπτου τὰ μέγιστα |
| FJos. 190 | εἰμὶ ἐν υἱοῖς θεοῦ; οὐχὶ ἐγὼ Ἰσραὴλ ὁ ἐν | * προσώπῳ * | θεοῦ λειτουργὸς πρῶτος καὶ ἐπεκαλεσάμην ἐν |
| FMos. 2 21 7 | γὰρ πνεύματος ἁγίου αὐτοῦ πάντες ἐκτίσθημεν ἀπὸ | * προσώπου * | τοῦ θεοῦ ἐξῆλθε τὸ πνεῦμα αὐτοῦ καὶ ὁ κόσμος |
| FJub. 2 2 | ἐνώπιον αὐτοῦ ἐστι τάδε ἄγγελοι πρὸ | * προσώπου * | καὶ ἄγγελοι τῆς δόξης καὶ ἄγγελοι πνευμάτων |
| FJub. 2 4 | ὑδάτων καὶ τῶν ὑποκάτω τοῦ στερεώματος ἐπὶ | * πρόσωπον * | πάσης τῆς γῆς. τοῦτο μόνον τὸ ἔργον ἐποίησεν ὁ |
| FIsa. 1 10 | ἔβαλεν χοῦν ἐπὶ τὴν κεφαλὴν αὐτοῦ καὶ ἔπεσεν ἐπὶ | * πρόσωπον * | αὐτοῦ. καὶ εἶπεν Ἡσαΐας οὐκ ὠφελήσεις σεαυτὸν |
| FIsa. 1 3 17 | αὐτόν. καὶ πριζομένου αὐτοῦ ἔστη Μελχίας κατὰ | * πρόσωπον * | αὐτοῦ λέγων. καὶ εἶπεν Ἡσαΐας κατάθεμά σοι ζῇ |
| FMan. 2 22 11 | σφόδρα. καὶ ὡς βιαίως ἐθλίβη ἐζήτησεν τὸ | * πρόσωπον * | κυρίου τοῦ θεοῦ αὐτοῦ καὶ ἐταπεινώθη σφόδρα ἀπὸ |
| FMan. 2 22 11 | κυρίου τοῦ θεοῦ αὐτοῦ καὶ ἐταπεινώθη σφόδρα ἀπὸ | * προσώπου * | κυρίου τοῦ θεοῦ τῶν πατέρων αὐτοῦ καὶ |
| FMan. 2 22 12 | ἐνδόξῳ ὀνόματί σου ὃν πάντα φρίσσει καὶ τρέμει ἀπὸ | * προσώπου * | δυνάμεώς σου ὅτι ἄστεκτος ἡ μεγαλοπρέπεια τῆς |
| FPho. 10 | ἐς χάριν ἕλκειν. μὴ ῥίψῃς πενίην ἀδίκως μὴ κρῖνε | * πρόσωπον * | ἢν σὺ κακῶς δικάσῃς σὲ θεὸς μετέπειτα |
| LAri. 8 10 1 | τοῦ νόμου τοῦ παρ' ἡμῖν καὶ χεῖρες καὶ βραχίων καὶ | * πρόσωπον * | καὶ πόδες καὶ περίπατος ἐπὶ τῆς θείας δυνάμεως |
| FrAn. 574 3083 | τῶν ἄκρων καὶ τῶν ποδῶν ἀπαίρων τὸ φύσημα ἕως τοῦ | * προσώπου * | καὶ ἐκκριθήσεται. φύλασσε καθαρός. ὁ γὰρ λόγος |
| προτείνω | | 1 | |
| Aris. 179 5 | σεβασμὸν ἀποδοῦναι μετὰ ταῦτα τὴν δεξιὰν ὑμῖν | * προτεῖναι * | διὸ πεποίηκα τοῦτο πρῶτον. μεγάλην δὲ τέθειμαι |
| προτερέω | | 2 | |
| FJos. 190 | καὶ ἐμαχέσατό μοι καὶ ἐπάλαιε πρός με λέγων | * προτερήσειν * | ἐπάνω τοῦ ὀνόματός μου τὸ ὄνομα αὐτοῦ καὶ |
| LAri. 13 12 12 | τοὺς χρόνους δηλώσῃ καὶ τὴν τάξιν προείπῃ τί τίνος | * προτερεῖ. * | τάξας γὰρ οὕτως αὐτὰ συνέχει καὶ μεταποιεῖ. |
| πρότερος | | 25 | |
| Adam 9 3 | μου καὶ δηλώσω σοι τὸν τρόπον ἐν ᾧ ἠπατήθημεν τὸ | * πρότερον. * | ἐπορεύθη δὲ Σὴθ καὶ ἡ Εὔα εἰς τὰ μέρη τοῦ |
| Adam 10 3 | ὀδόντες σου; πῶς οὐκ ἐμνήσθης τῆς ὑποταγῆς σου ὅτι | * πρότερον * | ὑπετάγης τῇ εἰκόνι τοῦ θεοῦ; τότε τὸ θηρίον |
| Abr.1 18 1 | καὶ περιβαλοῦ τὴν ὡραιότητα καὶ μορφὴν ἣν εἶχες τὸ | * πρότερον. * | εὐθέως δὲ ὁ θάνατος ἔκρυψεν τὴν ἀγριότητα |
| Abr.1 18 2 | καὶ περιεβάλετο τὴν ὡραιότητα αὐτοῦ ἣν εἶχεν τὸ | * πρότερον. * | εἶπεν δὲ Ἀβραὰμ πρὸς τὸν θάνατον τί τοῦτο |
| TLevi 8 1 | εἰς Βεθήλ. κἀκεῖ πάλιν εἶδον πρᾶγμα ὥσπερ τὸ | * πρότερον * | μετὰ τὸ ποιῆσαι ἡμέρας ἑβδομήκοντα. καὶ εἶδον |
| Asen. 13 6 | λίθοις ποικίλοις καὶ πορφυροῖς ὃ ἦν τὸ | * πρότερον * | καταρραινόμενον μύροις καὶ ἐξεμάσσετο ὀθονίοις |
| Asen. 13 11 | ἰδοὺ οὖν τοὺς θεοὺς πάντας οὓς ἐσεβόμην τὸ | * πρότερον * | ἀγνοοῦσα νῦν ἔγνων ὅτι ἦσαν εἴδωλα κωφὰ καὶ |
| Job 1 6 | ἡ μήτηρ ὑμῶν ἐστιν Δινα, ἐξ ἧς ἐγέννησα ὑμᾶς ἡ γὰρ | * προτέρα * | μου γυνὴ ἐτελεύτησεν μετὰ ἄλλων δέκα τέκνων ἐν |
| Job 35 4 | μήτι ἄρα μνήσκεται αὐτοῦ τῆς εὐδαιμονίας τῆς | * προτέρας, * | καὶ ἐμάνη κατὰ ψυχήν; τίς γὰρ οὐκ ἂν ἐκπλαγείη |
| Job 41 4 | διετέλεσα αὐτῷ, ἀναμνησκόμενος τῆς εὐδαιμονίας τῆς | * προτέρας, * | καὶ ἐποίησεν ἑαυτὸν ἀθρόως εἰς τὸ αὐτοῦ ὕψωμα |
| Aris. 6 1 | συνακούειν ὅσα πρὸς ἐπισκευὴν ψυχῆς ὑπάρχει. καὶ | * πρότερον * | δὲ διεπεμψάμην σοι περὶ ὧν ἐνόμιζον |
| Aris. 13 3 | τὴν χώραν κατῴκισεν ἐν τοῖς φρουρίοις ἤδη μὲν καὶ | * πρότερον * | ἱκανῶν εἰσεληλυθότων σὺν τῷ Πέρσῃ καὶ πρὸ |
| Aris. 119 2 | Ἀραβίας μέταλλα χαλκοῦ καὶ σιδήρου συνίστασθαι | * πρότερον. * | ἐκλέλειπται δὲ ταῦτα καθ' ὃν ἐπεκράτησαν |
| Aris. 203 4 | τῶν ἀνδρῶν ἐπηρώτα τοὺς ἑξῆς τῶν ἀποκεκριμένων τῇ | * προτέρᾳ * | ἡμέρᾳ. πρὸς τὸν ἐνδέκατον δὲ ἤρξατο τὴν |
| Aris. 204 2 | ποιεῖσθαι. δέκα γὰρ ἦσαν οἱ ἠρωτημένοι τῇ | * προτέρᾳ. * | σιγῆς δὲ γενομένης ἐπυνθάνετο πῶς ἂν πλούσιος |
| Aris. 262 1 | ἐτράπη χαρᾷ πεπληρωμένος. τῇ δ' ἑξῆς καθὼς | * πρότερον * | ἡ διάταξις ἦν τῶν κατὰ τὸν πότον ἐπιτελουμένων |
| Aris. 299 1 | γινομένου καὶ συμφερόντως. τῇ γὰρ ἐπιούσῃ τὰ τῇ | * πρότερον * | πεπραγμένα καὶ λελαλημένα πρὸ τοῦ χρηματισμοῦ |
| Sib. 3 109 | γενεῇ μερόπων ἀνθρώπων ἐξ οὗ περ κατακλυσμὸς ἐπὶ | * προτέρους * | γένετ' ἄνδρας. καὶ βασίλευσε Κρόνος καὶ Τιτὰν |
| Sib. 5 221 | γάρ τοι δῶκε θεὸς μένος ἐς τὸ ποιῆσαι οἷά τις οὐ | * πρότερος * | τῶν συμπάντων βασιλήων πρῶτα μὲν ἐκ τρισσῶν |
| Sib. 5 417 | πᾶσιν τ' ἀπέδωκεν τοῖς ἀγαθοῖς τὸν πλοῦτον ὃν οἱ | * πρότεροι * | λάβον ἄνδρες. πᾶσαν δ' ἐκ βάθρων εἷλεν πόλιν ἐν |
| FAch. 109 | ἐπάκουσον τῶν ἐμῶν λόγων τέκνον Λῖνε δι' ὧν καὶ | * πρότερον * | παιδευθεὶς οὐ δικαίας μοι χάριτας ἀποδέδωκας. |
| HArt. 9 23 2 | τῷ βασιλεῖ διοικητὴν τῆς ὅλης γενέσθαι χώρας. καὶ | * πρότερον * | ἀτάκτως τῶν Αἰγυπτίων γεωμορούντων διὰ τὸ τὴν |
| HArt. 9 27 5 | τοῦ τὴν μοναρχίαν βεβαίαν τῷ Χενεφρῇ διαφυλάξαι. | * πρότερον * | γὰρ ἀδιατάκτους ὄντας τοὺς ὄχλους ποτὲ μὲν |
| HAri. 9 25 2 | εἶχε δὲ καὶ γεωργίας ἱκανάς. τοῦτον δὲ τὸν Ἰὼβ | * πρότερον * | Ἰωβὰβ ὀνομάζεσθαι. πειράζοντα δ' αὐτὸν τὸν |
| HHec. 1 22 194 | μὲν γὰρ ἡμῶν ἀνασπάστους εἰς Βαβυλῶνα Πέρσαι | * πρότερον * | αὐτῶν ἐποίησαν μυριάδας οὐκ ὀλίγαι δὲ καὶ μετὰ |
| προτίθημι | | 5 | |
| Aris. 18 2 | μεγάλην γὰρ εἴχον ἐλπίδα περὶ σωτηρίας ἀνθρώπων | * προτιθέμενος * | λόγον ὅτι τὴν ἐπιτέλειαν ὁ θεὸς ποιήσει τῶν |
| Aris. 127 3 | τῆς ἀκροάσεως πολλῷ μᾶλλον ἢ διὰ τῆς ἀναγνώσεως. | * προτιθέμενος * | οὖν ταῦτα καὶ τὰ τούτοις παραπλήσια φανερὸς |
| Aris. 249 2 | δὲ εὐλογεῖν ἄλλον ἤρώτα πῶς ἂν φιλόπατρις εἴη; | * προτιθέμενος * | εἶπεν ὅτι καλὸν ἐν ἰδίᾳ καὶ ζῆν καὶ |
| Aris. 255 6 | ἕκαστον ἐπινοήσαντες ὦμεν εὖ βεβουλευμένοι καὶ τὸ | * προτεθὲν * | ἡμῖν ἐπιτελῆται. τὸ δ' αὖ κράτιστον θεοῦ |
| Sib. 5 219 | πολυήλατι χαλκῷ καὶ σὴν γαῖαν ὀλεῖ καὶ κόψει ὡς | * προτέθειται. * | τούτῳ γάρ τοι δῶκε θεὸς μένος ἐς τὸ ποιῆσαι |
| προτιμάω | | 3 | |
| Aris. 3 3 | προειρημένον ἄνδρα πρεσβείαν καλοκἀγαθίᾳ καὶ δόξῃ | * προτετιμημένον * | ὑπό τε τῶν πολιτῶν καὶ τῶν ἄλλων καὶ |
| Aris. 209 5 | νήφειν τὸ πλεῖον μέρος τοῦ βίου καὶ δικαιοσύνην | * προτιμᾶν * | καὶ τοὺς τοιούτους φιλοποιεῖσθαι καὶ γὰρ ὁ θεὸς |
| Aris. 278 3 | ἡδονοκρασίαν ἐγκράτειαν δὲ κελεύει καὶ δικαιοσύνην | * προτιμᾶν. * | ὁ δὲ θεὸς πάντων ἡγεῖται τούτων. εὖ δὲ |
| προτοῦ | | 1 | |
| LEze. 9 29 6 07 | καὶ ὑπὲρ οὐρανὸν θεοῦ ὄψει τά τ' ὄντα τά τε | * προτοῦ * | τά θ' ὕστερον. ἔα τί μοι σημεῖον ἐκ βάτου τόδε |
| προτρέπω | | 1 | |
| FEz. 64 70 10 | δεῦρο πρὸς τὸ σχοινίον πρός με. ὡς δὲ ἐποίησεν ὃ | * προετράπη * | ὅτε ἔφθασε λέγει δεῦρό μοι γενοῦ πόδες καὶ |
| προτρέφω | | 1 | |
| Abr.2 13 17 | καὶ λέγει Ἀβραὰμ σὺ εἶ ὁ θάνατος; δύνασαι | * προτρέψασθαι * | πάντας ἐκβληθῆναι ἐκ τοῦ σώματος; εἶπεν δὲ |
| προϋπάρχω | | 1 | |
| Job 53 9 | θυγατέρας Ιωβ βελτίους αὐτῶν ἐν τοῖς ὑπ' οὐνόν. | * προυπῆρχε * | ὄνομα τῷ Ιωβ Ιωβαβ, μετονομάσθη δὲ παρὰ κυ |
| προϋποδείκνυμι | | 1 | |
| Aris. 132 1 | τὰς ὑπὸ τοῦ θεοῦ γινομένας ἐπιπομπὰς τοῖς αἰτίοις | * προϋπέδειξε * | γὰρ πάντων πρῶτον ὅτι μόνος ὁ θεός ἐστι καὶ |
| προφαίνω | | 1 | |
| Sib. 3 803 | κατὰ μέσσον ἀπ' οὐρανοῦ ἠδὲ σελήνης ἀκτῖνες | * προφανοῦσι * | καὶ ἄψ ἐπὶ γαῖαν ἵκονται αἵματι καὶ |
| προφασίζομαι (-ω) | | 2 | |
| Sedr. 7 1 | ποταπῆς βουλῆς ἦν καὶ ποταπῆς γνώσεώς ἐσμεν καὶ | * προφασίζεις * | τὸν ἄνθρωπον εἰς τὴν κόλασιν ἀλλ' ἔκβαλον |
| Sedr. 9 4 | καὶ διά τί ἀπεστάλην ἐγὼ καὶ ἦλθα ὧδε σὺ δέ μοι | * προφασίζεις; * | ἐγὼ παρηγγέλθην παρὰ τοῦ πατρός μου μὴ |
| πρόφασις | | 2 | |
| TJos. 8 5 | φωνῇ χαίρων ἐδόξαζον τὸν θεόν μου μόνον ὅτι διὰ | * προφάσεως * | ἀπηλλάγην τῆς Αἰγυπτίας. πολλάκις ἔπεμψε πρός |
| Job 11 11 | στέφανον ἐπιφερόμενος ἀφαιρήσεως λέγων ὅσον | * προφάσει * | τῶν πενήτων ἐπίστευσα ὑμῖν, οὐδὲν λήψομαι παρ' |
| προφέρω | | 5 | |
| Job 11 11 | πῶς ἀποκαταστῆσαί σοι δυνάμεθα. κἀγὼ ἀνυπερθέτως | * προέφερον * | αὐτοῖς τὸ χειρόγραφον καὶ ἀνεγίνωσκον στέφανον |
| Sib. 3 375 | ἐπ' ἀνθρώπους ἠδ' εὐδίκίη μετὰ δ' αὐτῆς ἡ πάντων | * προφέρουσα * | προφέρουσα ὁμόνοια σαόφρων καὶ στοργὴ πίστις |
| Sib. 3 800 | ἠδὲ πρὸς ἠῶ αὐτίκα καὶ κονιορτὸς ἀπ' οὐρανόθεν | * προφέρηται * | πρὸς γαῖαν +ἅπαν καὶ οἱ+ σέλας ἠελίοιο |
| LThe. 9 22 8 | αὐτὸν συγκάταινον ἐπὶ τὴν πρᾶξιν παρορμῆσαι λόγιον | * προφερόμενον * | τὸν θεὸν ἀνελεῖν φάμενον τοῖς Ἀβραὰμ |
| LAri. 13 12 7 | εἴρηται. οὐκ ἀπεοικότως οὖν τοῖς ἐπεζητημένοις | * προενηνέγμεθα * | ταῦτα. πᾶσι γὰρ τοῖς φιλοσόφοις |
| προφεύγω | | 1 | |
| Sib. 4 111 | πρηνὴς δὲ κάτω πίπτουσ' ἐπὶ γαίης εἰς ἑτέρην εὐξῃ | * προφυγεῖν * | χθόνα οἷα μέτοικος ἠνίκα δὴ Πατάρων +ὁμαδὸν |
| προφητεία | | 4 | |
| TLevi 8 2 | καὶ τὴν μίτραν τοῦ σημείου καὶ τὸ ἐφοὺδ τῆς | * προφητείας. * | καὶ εἷς ἕκαστος αὐτῶν ἕκαστον βαστάζοντες |
| TBen. 3 8 | ἐπὶ δύο ὥρας κατεφίλει λέγων πληρωθήσεται ἐν σοὶ | * προφητεία * | οὐρανοῦ περὶ τοῦ ἀμνοῦ τοῦ θεοῦ καὶ σωτῆρος |
| Prop. 15 5 | Ἱερουσαλὴμ καὶ εὐλόγησεν αὐτὸν σφόδρα. τὰ δὲ τῆς | * προφητείας * | εἶδεν ἐν Ἱερουσαλὴμ καὶ περὶ τέλους ἐθνῶν |
| Prop. 16 3 | καὶ τῷ ἰδεῖν εὐπρεπής. ἀλλὰ ὅσα εἶπεν αὐτὸς ἐν | * προφητείᾳ * | αὐτῇ τῇ ἡμέρᾳ ὀφθεὶς ἄγγελος θεοῦ |
| προφητεύω | | 29 | |
| TSim. 5 6 | ἐξ ὑμῶν εἰς ἡγεμονίαν καθὼς καὶ ὁ πατήρ μου Ἰακὼβ | * προεφήτευσεν * | ἐν εὐλογίαις. ἰδοὺ προείρηκα ὑμῖν πάντα |
| TDan 7 3 | σύνεγγυς Ἀβραὰμ καὶ Ἰσαὰκ καὶ Ἰακώβ. πλὴν ὡς | * ἐπροφήτευσεν * | αὐτοῖς Δὰν ὅτι ἐπιλάθωνται νόμον θεοῦ αὐτῶν |
| Prop. 3 1 | ἐν τῇ γῇ τῶν Χαλδαίων ἐπὶ τῆς αἰχμαλωσίας πολλὰ | * προφητεύσας * | τοῖς ἐν τῇ Ἰουδαίᾳ. ἀπέκτεινεν δὲ αὐτὸν ὁ |
| Prop. 8 1 | Ἰωὴλ ἦν ἐκ τῆς γῆς τοῦ Ῥουβὴν ἐν ἀγρῷ Βεθωμόρων | * ⟨προφητεύσας * | περὶ λιμοῦ καὶ ἐκθλίψεως θυσιῶν καὶ πάθους |
| Prop. 9 4 | μετὰ ταῦτα ἀπολιπὼν τὴν λειτουργίαν τοῦ βασιλέως | * προεφήτευσε * | καὶ ἀπέθανε ταφεὶς μετὰ τῶν πατέρων αὐτοῦ. |

| | | | | | | |
|---|---|---|---|---|---|---|
| Prop. | | 9 | 4B | λειτουργίαν τοῦ βασιλέως ἠκολούθει τῷ Ἠλίᾳ καὶ | * προεφήτευσε * | καὶ ἐτάφη μετὰ τῶν πατέρων αὐτοῦ. Ἰωνᾶς ἦν |
| Prop. | | 10 | 3 | γὰρ ὅτι οὕτως ἀφελῶ ὄνειδός μου ὅτι ἐψευσάμην | * προφητεύσας * | κατὰ Νινευῆ τῆς μεγάλης πόλεως. ἦν τότε |
| Prop. | | 10 | 6B | γὰρ ὅτι οὕτως ἀφελῶ τὸ ὄνειδός μου ὅτι ἐψευσάμην | * προφητεύσας * | κατὰ Νινευΐ τῆς μεγάλης πόλεως Ἀσσυρίων |
| Prop. | | 12 | 6 | θερισταῖς τοῦ ἀγροῦ αὐτοῦ. ὡς δὲ ἔλαβε τὸ ἔδεσμα | * προεφήτευσε * | τοῖς ἰδίοις εἰπὼν πορεύομαι εἰς γῆν μακρὰν |
| Prop. | | 12 | 16 | ὁ προφήτης περὶ τῆς ἐλεύσεως τοῦ Χριστοῦ πολλὰ | * προεφήτευσε. * | καὶ πρὸ δύο ἐτῶν τῆς ἐπιστροφῆς τοῦ λαοῦ |
| Prop. | | 13 | 2 | Σοφονίας ἐκ φυλῆς ἦν Συμεὼν ἀγροῦ Σαβαραθὰ | * προεφήτευσε * | περὶ τῆς πόλεως καὶ περὶ τέλους ἐθνῶν καὶ |
| Prop. | | 14 | 1 | καὶ φανερῶς περὶ τῆς ἐπιστροφῆς τοῦ λαοῦ | * προεφήτευσε * | καὶ εἶδεν ἐκ μέρους τὴν οἰκοδομὴν τοῦ ναοῦ. |
| Prop. | | 15 | 1 | ἀπὸ Χαλδαίων ἤδη προβεβηκὼς κἀκεῖ πολλὰ τῷ λαῷ | * προεφήτευσε * | καὶ τέρατα ἔδωκεν εἰς ἀπόδειξιν. οὗτος εἶπε |
| Prop. | | 18 | 2B | ὅτι προσκρούσει κυρίῳ ἐν ἀρχῇ τῆς ἱερωσύνης | * προεφήτευσε * | περὶ Σολομῶντος ὅτι προσκρούσει διὰ τὰς |
| Prop. | | 21 | 9 | Ὀζίᾳ ἀποστείλαντι μαντεύσασθαι παρὰ εἰδώλων | * προεφήτευσε * | θάνατον καὶ ἀπέθανεν. δύο πεντηκοντάρχων |
| Prop. | | 24 | 2 | Ἱερουσαλὴμ πρὸς Ἱεροβοὰμ Ἰαδὼκ ἐκαλεῖτο. οὗτος | * προεφήτευσε * | περὶ Ἰωσία τοῦ βασιλέως Ἰούδα ὅτι τὰ ὀστᾶ |
| Prop. | | 24 | 3 | τοῦ θυσιαστηρίου ἔνθα Ἱεροβοὰμ ἔθυε τῷ Βαάλ. καὶ | * προφητεύοντος * | αὐτοῦ ἐξέτεινεν ὁ βασιλεὺς τὴν χεῖρα αὐτοῦ |
| Sib. | | 3 | 163 | θεοῦ φάτις ἐν στήθεσσιν ἵστατο καί μ' ἐκέλευσε | * προφητεῦσαι * | κατὰ πᾶσαν γαῖαν καὶ βασιλεῦσι τά τ' |
| Sib. | | 3 | 298 | θεοῦ φάτις ἐν στήθεσσιν ἵστατο καί μ' ἐκέλευσε | * προφητεῦσαι * | κατὰ πᾶσαν γαῖαν καὶ βασιλεῦσι τά τ' |
| Sib. | | 3 | 491 | θεοῦ φάτις ἐν στήθεσσιν ἵστατο καί μ' ἐκέλευσε | * προφητεῦσαι * | κατὰ γαῖαν. αἰαῖ Φοινίκων γένει ἀνδρῶν ἠδὲ |
| Sib. | | 3 | 699 | αὐτός μοι τάδε πάντα θεὸς μέγας ἀέναός τε εἶπε | * προφητεῦσαι * | τάδε δ' ἔσσεται οὐκ ἀτέλεστα οὐδ' |
| Sib. | | 3 | 811 | προλιποῦσα ἐς Ἑλλάδα πεμπόμενον πῦρ πᾶσι | * προφητεύουσα * | θεοῦ μηνίματα θνητοῖς --- ὥστε προφητεῦσαί |
| Sib. | | 3 | 812 | πᾶσι προφητεύουσα θεοῦ μηνίματα θνητοῖς --- ὥστε | * προφητεῦσαί * | με βροτοῖς αἰνίγματα θεῖα. καὶ καλέσουσι |
| Sib. | | 3 | 822 | τῶν μετέπειτα δὲ πάντα θεὸς νόῳ ἐγκατέθηκεν ὥστε | * προφητεύειν * | με τά τ' ἐσσόμενα πρό τ' ἐόντα καὶ λέξαι |
| FIsa. | 1 | 2 | 14 | ἐκ Θεσ⟨βῶν⟩---- καὶ τὴν Σαμαρίαν καὶ αὐτὸς | * ἐπροφήτευεν * | περὶ Ὀχοζείου ὅτι ἐν κλίνῃ ἀρρωστίας |
| FIsa. | 1 | 3 | 6 | λέγων ὅτι Ἡσαΐας καὶ οἱ προφῆται οἱ μετὰ Ἡσαΐου | * προφητεύουσιν * | ἐπὶ Ἱερουσαλὴμ καὶ ἐπὶ ⟨τά⟩ς πόλεις |
| FEsd. | | 14 | 22 | ἐπίπνους πάσας τὰς παλαιὰς αὖθις ἀνανεούμενος | * προεφήτευσε * | γραφάς. |
| HEup. | 9 | 30 | 1 | τε πρῶτον γράψαι Μωσῆν τοῖς Ἰουδαίοις. Μωσῆν | * προφητεῦσαι * | ἔτη μ' εἶτα Ἰησοῦν τὸν τοῦ Ναυῆ υἱὸν ἔτη λ' |
| HEup. | 9 | 39 | 2 | βασιλεῦσαι ἔτη μ'. εἶτα Ἰωναχειμ ἐπὶ τούτου | * προφητεῦσαι * | Ἱερεμίαν τὸν προφήτην. τοῦτον ὑπὸ τοῦ θεοῦ |

προφήτης 100

| | | | | | | |
|---|---|---|---|---|---|---|
| TLevi | | 8 | 15 | εἰς πάντα τὰ ἔθνη. ἡ δὲ παρουσία αὐτοῦ ἄφραστος ὡς | * προφήτου * | ὑψηλοῦ ἐκ σπέρματος Ἀβραὰμ πατρὸς ἡμῶν. πᾶν |
| TLevi | | 16 | 2 | θυσίας μιανεῖτε καὶ τὸν νόμον ἀφανίσετε καὶ λόγους | * προφητῶν * | ἐξουθενώσετε ἐν διαστροφῇ διώξετε ἄνδρας |
| TJud. | | 18 | 5 | θυσίας θεοῦ ἐμποδίζει καὶ εὐλογίας οὐ μέμνηται καὶ | * προφήτῃ * | λαλοῦντι οὐχ ὑπακούει καὶ λόγῳ εὐσεβείας |
| TDan | | 2 | 3 | προσέχει αὐτοῖς ἐὰν ᾖ ἀδελφὸς οὐκ οἶδεν ἐὰν | * προφήτης * | κυρίου παρακούει ἐὰν δίκαιος οὐ βλέπει φίλον οὐ |
| TBen. | | 9 | 2 | ἀποστείλῃ τὸ σωτήριον αὐτοῦ ἐν ἐπισκοπῇ μονογενοῦς | * προφήτου. * | καὶ εἰσελεύσεται εἰς τὸν πρῶτον ναὸν καὶ ἐκεῖ |
| Asen. | | 22 | 13 | πρὸς τὸν κύριον καὶ ἦν ἀνὴρ συνίων καὶ | * προφήτης * | ὑψίστου καὶ ὀξέως βλέπων τοῖς ὀφθαλμοῖς αὐτοῦ |
| Asen. | | 23 | 8 | ἐνθύμησιν τῆς καρδίας αὐτοῦ διότι ἦν Λευὶς ἀνὴρ | * προφήτης * | καὶ ἐθεώρει ὀξέως τῇ διανοίᾳ αὐτοῦ καὶ τοῖς |
| Asen. | | 26 | 6 | ἔγνω Λευὶς ὁ υἱὸς Λίας ταῦτα πάντα τῷ πνεύματι ὡς | * προφήτης * | καὶ ἀνήγγειλε τοῖς ἀδελφοῖς αὐτοῦ τοῖς υἱοῖς |
| Jer. | | | 1 | τα παραλειπομενα Ιερεμιου του | * προφητου. * | ἐγένετο ἡνίκα ᾐχμαλωτεύθησαν οἱ υἱοὶ Ἰσραὴλ |
| Prop. | | | 1 | ονοματα | * προφητων * | και ποθεν εισι και που απεθανον και πως και που |
| Prop. | | 1 | 2 | αὐτά. καὶ ὁ θεὸς τὸ σημεῖον τοῦ Σιλωὰμ διὰ τὸν | * προφήτην * | ἐποίησεν ὅτι πρὸ τοῦ θανεῖν ὀλιγωρήσας ηὔξατο |
| Prop. | | 2 | 5 | ὅτι Ἀλέξανδρος ὁ Μακεδὼν ἐπιστὰς τῷ τόπῳ τοῦ | * προφήτου * | καὶ ἐπιγνοὺς αὐτοῦ μυστήρια εἰς Ἀλεξάνδρειαν |
| Prop. | | 2 | 8 | ἔλεγον ὅτι πατροπαράδοτόν ἐστι μυστήριον ὑπὸ ὁσίου | * προφήτου * | τοῖς πατράσιν ἡμῶν παραδοθὲν καὶ ἐκδεχόμεθα τὸ |
| Prop. | | 2 | 9 | τὸ πέρας φησὶν τοῦ μυστηρίου αὐτοῦ. οὗτος ὁ | * προφήτης * | πρὸ τῆς ἁλώσεως τοῦ ναοῦ ἥρπαξε τὴν κιβωτὸν τοῦ |
| Prop. | | 2 | 11 | ἐν αὐτῷ πλάκας οὐδεὶς ἀναπτύξει οὐκέτι ἱερέων ἢ | * προφητῶν * | εἰ μὴ Μωϋσῆς ὁ ἐκλεκτὸς τοῦ θεοῦ καὶ ἐν τῇ |
| Prop. | | 3 | 6 | καὶ ἔστι ἐπὶ γῆς ἐν πέτρᾳ κρεμάμενον. οὗτος ὁ | * προφήτης * | τέρας ἔδωκε τῷ λαῷ ὥστε προσέχειν τῷ ποταμῷ |
| Prop. | | 8 | 1 | περὶ λιμοῦ καὶ ἐκθλίψεως θυσιῶν καὶ πάθους | * προφήτου * | δικαίου καὶ δι' αὐτοῦ ἀνακαινισθήσεσθαι τὴν |
| Prop. | | 10 | 4B | ἀπεριτμήτων καὶ εὐλόγησεν αὐτήν. ἦν τότε Ἠλίας ὁ | * προφήτης * | ἐλέγχων τὸν Ἀχαὰβ βασιλέα Σαμαρείας καὶ |
| Prop. | | 10 | 4B | χειμάρρου καὶ ὡς ἐξηράνθη ὁ χειμάρρους ἐπείνασεν ὁ | * προφήτης * | καὶ ἦλθεν εἰς Σαρεφθᾶ καὶ εὗρε τὴν χήραν μετὰ |
| Prop. | | 12 | 16 | σκιᾶς θανάτου καὶ ἔσονται ἐν σκηνῇ ἁγίᾳ. οὗτος ὁ | * προφήτης * | περὶ τῆς ἐλεύσεως τοῦ Χριστοῦ πολλὰ |
| Prop. | | 15 | 5 | τέλους ἐθνῶν καὶ Ἰσραὴλ καὶ τοῦ ναοῦ καὶ ἀργίας | * προφητῶν * | καὶ ἱερέων καὶ περὶ διπλῆς κρίσεως ἐξέθετο καὶ |
| Prop. | | 15 | 7 | Ἀγγαίου καὶ Ζαχαρίου εἶπεν ὁ πνευματικὸς | * προφήτης * | Δαυὶδ ἐν τοῖς τελευταίοις ψαλμοῖς τουτέστιν |
| Prop. | | 17 | 1 | πρὸς τοὺς πατέρας αὐτοῦ ἐν ἀγρῷ αὐτοῦ. Ναθὰν | * προφήτης * | Δαυὶδ ἦν ἐκ Γαβᾶ καὶ αὐτὸς ἦν ὁ διδάξας αὐτὸν |
| Prop. | | 17 | 1B | καὶ αὐτὸς ἦν ὁ διδάξας αὐτὸν νόμον κυρίου Ναθὰν ὁ | * προφήτης * | τοῦ Δαυὶδ ἐκ φυλῆς ἱερωσύνης ἦν. ἐγεννήθη δὲ ἐν |
| Prop. | | 18 | 5B | καὶ ἐτάφη σύνεγγυς τῆς δρυὸς Σηλώμ. καὶ οὗτος ὁ | * προφήτης * | αὐτὸς ἀπέθανεν ἐν γήρει βαθυτάτῳ οὐκ ἀγαθῶς. |
| Prop. | | 21 | 6 | αὐτοῦ. προβλήματος γενομένου παρ' αὐτοῦ καὶ τῶν | * προφητῶν * | τοῦ Βάαλ τίς ἂν εἴη ὁ ἀληθινὸς καὶ ὄντως θεὸς |
| Prop. | | 22 | 3 | Ἱερουσαλὴμ καὶ εἶπεν ὁ ἱερεὺς διὰ τῶν δήλων ὅτι | * προφήτης * | ἐτέχθη Ἰσραὴλ ὃς καθελεῖ τὰ γλυπτὰ αὐτῶν καὶ |
| Prop. | | 22 | 8 | ἐξέλθουσαι δύο ἄρκοι ἐνέρρηξαν ἐξ αὐτῶν μ β'. γυνὴ | * προφήτου * | τελευτήσαντος ὀχλουμένη ὑπὸ δανιστῶν καὶ μὴ |
| Prop. | | 22 | 13 | εἰς Γάλγαλα ἐλθὼν κατήχθη παρὰ τοῖς υἱοῖς τῶν | * προφητῶν * | καὶ ἑψεθέντος προσφαγίου καὶ θανατικῆς βοτάνης |
| Prop. | | 22 | 14 | πεποίηκεν ἀβλαβὲς καὶ ἡδὺ τὸ βρῶμα τῶν υἱῶν τῶν | * προφητῶν * | κοπτόντων ξύλα παρὰ τὸν Ἰορδάνην ἐξέπεσε τὸ |
| Prop. | | 22 | 18 | μαθὼν ὁ βασιλεὺς Συρίας πέμπει δύναμιν ἀγαγεῖν τὸν | * προφήτην * | ὁ δὲ εὐξάμενος πεποίηκεν αὐτοὺς καταχθῆναι |
| Prop. | | 26 | 1 | αἰκίας καὶ ἐκέλευσεν αὐτὸν σταυρωθῆναι.⟩ καὶ ἄλλοι | * προφῆται * | ἐγένοντο κρυπτοὶ ὧν τὰ ὀνόματα ἐμφέρονται ἐν |
| Prop. | | 26 | 2 | ἐγράφοντο γὰρ πᾶν τὸ γένος Ἰσραὴλ κατ' ὄνομα ⟨τῶν | * προφητῶν * | καὶ ὁσίων ἀνδρῶν καὶ ὁ θάνατος αὐτῶν καὶ τὰ |
| Prop. | | 26 | 3 | καὶ ἦν εἰς μνημόσυνον τῶν ἱερέων καὶ βασιλέων καὶ | * προφητῶν * | καὶ τῶν μεγιστάνων καὶ ὁσίων ἀνδρῶν⟩. καὶ ταῦτα |
| Esdr. | | 1 | 1 | αποκαλυψις Εσδραμ. λόγος καὶ ἀποκάλυψις τοῦ ἁγίου | * προφήτου * | Ἔσδρὰμ καὶ ἀγαπητοῦ τοῦ θεοῦ. εὐλόγησον πάτερ. |
| Esdr. | | 1 | 3 | ἄγγελος Μιχαὴλ ὁ ἀρχάγγελος καὶ λέγει μοι ἄρτι τὸν | * προφήτην * | Ἔσδρὰμ ἄφησον ⟨ἑβδομάδας⟩ ἑβδομήκοντα. καὶ |
| Esdr. | | 2 | 10 | καὶ ἔπρεπεν ὡς ὁ δίκαιος πολιτεύεσθαι. καὶ εἶπεν ὁ | * προφήτης * | τὸν πρωτόπλαστον Ἀδὰμ τὸν πρῶτον τίς ἐποίησεν; |
| Esdr. | | 2 | 13 | τοῦτο ἐν παραβάσει πεποίηκεν. καὶ εἶπεν ὁ | * προφήτης * | οὐχὶ ὑπὸ ἀγγέλου ἐφρουρεῖτο; καὶ ὑπὸ τῶν |
| Esdr. | | 2 | 18 | θέλεις σῴζεις καὶ ὃν θέλεις ἀπολεῖς. καὶ εἶπεν ὁ | * προφήτης * | δευτέραν διέλθωμεν κύριέ μου εἰς κρίσιν. καὶ |
| Esdr. | | 2 | 20 | θεὸς πῦρ βάλλω ἐπὶ Σόδομα καὶ Γόμορρα. καὶ εἶπεν ὁ | * προφήτης * | κύριε ἀξίως ἐπάγεις ἐφ' ἡμᾶς. καὶ εἶπεν ὁ θεὸς |
| Esdr. | | 2 | 22 | ὑμῶν ὑπεράγουσιν τὴν χρηστότητάν μου. καὶ εἶπεν ὁ | * προφήτης * | ὑπόμνησον τῶν γραφῶν ὁ πατήρ μου ἐκμετρήσας τὴν |
| Esdr. | | 2 | 24 | ὁ θεὸς τῶν ποιημάτων αὐτοῦ καὶ λέγει ⟨πρὸς⟩ τὸν | * προφήτην * | πῶς ἔχω αὐτοὺς ἐλεήσω; ὄξος καὶ χολήν με |
| Esdr. | | 2 | 26 | καὶ ὡς οὐδὲ τοῦτοι ἐμετενόησαν. καὶ εἶπεν ὁ | * προφήτης * | ἀποκάλυψόν σου τὰ Χερουβὶμ καὶ ἔλθωμεν ὁμοῦ εἰς |
| Esdr. | | 2 | 31 | ἑσπέραν ἐκείνην ἐλεεινὸν κριτήριον. καὶ εἶπεν ὁ | * προφήτης * | οὐ μὴ παύσομαι δικαζόμενός σε ἐὰν μὴ ἴδω τὴν |
| Esdr. | | 3 | 1 | δύνασαι καὶ μετ' ἐμοῦ δικάζεσθαι. καὶ εἶπεν ὁ | * προφήτης * | κύριε οἶδας ὅτι σάρκα φορῶ ἀνθρωπίνην καὶ πῶς |
| Esdr. | | 3 | 3 | καὶ τὴν ἄμμον τῆς θαλάσσης; καὶ εἶπεν ὁ θεὸς | * προφῆτά * | μου ἐκλεκτὲ οὐδεὶς ἄνθρωπος γνώσεται τὴν ἡμέραν |
| Esdr. | | 3 | 4 | ἐπιφάνειαν τὴν κατέχουσαν κρῖναι τὸν κόσμον διά σέ | * προφῆτά * | μου εἶπόν σοι τὴν ἡμέραν τὴν δὲ ὥραν οὐκ εἶπόν |
| Esdr. | | 3 | 5 | τὴν ἡμέραν τὴν δὲ ὥραν οὐκ εἶπόν σοι. καὶ εἶπεν ὁ | * προφήτης * | κύριε εἰπέ μοι καὶ τὰ ἔτη. καὶ ⟨εἶπεν ὁ θεός⟩ |
| Esdr. | | 3 | 7 | τῶν ἀνθρώπων καὶ οὐκέτι ᾖ κόσμος. καὶ εἶπεν ὁ | * προφήτης * | καὶ πῶς ἔχει δοξάζεσθαι ἡ δεξιά σου; καὶ εἶπεν |
| Esdr. | | 3 | 9 | ἐγὼ δοξάζομαι ὑπὸ τῶν ἀγγέλων μου. καὶ εἶπεν ὁ | * προφήτης * | κύριε εἰ ἐλογίζου ταῦτα διά τί ἔπλασας τὸν |
| Esdr. | | 4 | 1 | σε ποιῶ Ἔσδρὰμ καὶ δικάζῃ μετ' ἐμοῦ; καὶ εἶπεν ὁ | * προφήτης * | κύριε οὐ μὴ παύσομαι τοῦ δικάζεσθαί σε. καὶ |
| Esdr. | | 4 | 4 | δύνασαι καὶ μετ' ἐμοῦ δικάζεσθαι. καὶ εἶπεν ὁ | * προφήτης * | κύριε ἐγὼ οὐ δύναμαι ἐξαριθμῆσαι σάρκα |
| Esdr. | | 4 | 28 | ἄρτους ποιήσας καὶ τὸ ὕδωρ οἶνον. καὶ εἶπεν ὁ | * προφήτης * | κύριε γνώρισόν μοι ποῖον σχῆμά ἐστιν κἀγὼ |
| Esdr. | | 4 | 34 | μὲν γενήσεται παιδίον ποτὲ δὲ γέρων. καὶ εἶπεν ὁ | * προφήτης * | κύριε καὶ πῶς σὺ ἀφεὶς καὶ πλανᾶται τὸ γένος |
| Esdr. | | 4 | 35 | τὸ γένος τῶν ἀνθρώπων; καὶ εἶπεν ὁ θεὸς ἄκουσον | * προφῆτά * | μου καὶ παιδίον γίνεται καὶ γέρων καὶ μηδεὶς |
| Esdr. | | 4 | 40 | καὶ τὴν γῆν πήχας ὀκτακοσίας. καὶ εἶπεν ὁ | * προφήτης * | καὶ ὁ οὐρανός τί ἥμαρτεν; καὶ εἶπεν ὁ θεὸς |
| Esdr. | | 4 | 42 | εἶπεν ὁ θεὸς ἐπειδή--- ἐστὶν τὸ κακόν. καὶ εἶπεν ὁ | * προφήτης * | κύριε καὶ ἡ γῆ τί ἥμαρτεν; καὶ εἶπεν ὁ θεὸς |
| Esdr. | | 5 | 1 | τὸν ἀντάρτην τοῦ γένους τῶν ἀνθρώπων. καὶ εἶπεν ὁ | * προφήτης * | ἐλέησον δέσποτα τὸ γένος τῶν Χριστιανῶν. καὶ |
| Esdr. | | 5 | 11 | ἅγιε τοῦ θεοῦ εὕραμεν ὀλίγην ἄνεσιν. καὶ εἶπεν ὁ | * προφήτης * | μακάριοι οἱ κλαίοντες τὰς ἑαυτῶν ἁμαρτίας. καὶ |
| Esdr. | | 5 | 14 | καὶ γεννᾶται ὑγιὴς εἰς τὴν γῆν. καὶ εἶπεν ὁ | * προφήτης * | κύριε εἰ καλὸν τοῦ μὴ γεννηθῆναι τὸν ἄνθρωπον |
| Esdr. | | 5 | 18 | τοὺς παρερχομένους τὴν διαθήκην μου. καὶ εἶπεν ὁ | * προφήτης * | κύριε ποῦ ἐστιν ἡ ἀγαθότης σου; καὶ εἶπεν ὁ |
| Esdr. | | 5 | 20 | ἄνθρωπος τὰς ἐντολάς μου οὐ φυλάττει. καὶ εἶπεν ὁ | * προφήτης * | κύριε ἀποκάλυψόν μοι τὰς κρίσεις καὶ τὸν |
| Esdr. | | 6 | 4 | ἀγαπητέ μου δοὺς τὴν παρακαταθήκην. καὶ εἶπεν ὁ | * προφήτης * | καὶ πόθεν τὴν ψυχήν μου ἔχετε ἐξενεγκεῖν; καὶ |
| Esdr. | | 6 | 6 | τοῦ στόματος ἔχομεν ἐκβαλεῖν αὐτήν. καὶ εἶπεν ὁ | * προφήτης * | στόμα πρὸς στόμα ἐλάλουν τοῦ θεοῦ καὶ οὐκ |
| Esdr. | | 6 | 8 | διὰ τῶν ῥινῶν σου ἐξενέγκωμεν αὐτήν. καὶ εἶπεν ὁ | * προφήτης * | αἱ ῥῖνές μου ὠσφράνθησαν τὴν δόξαν τοῦ θεοῦ. |
| Esdr. | | 6 | 10 | ὀφθαλμῶν σου ἔχομεν αὐτὴν ἐξενέγκαι. καὶ εἶπεν ὁ | * προφήτης * | οἱ ὀφθαλμοί μου ἴδον τὰ ὀπίσθια τοῦ θεοῦ. καὶ |
| Esdr. | | 6 | 12 | κορυφήν σου ἔχομεν αὐτὴν ἐξενέγκαι. καὶ εἶπεν ὁ | * προφήτης * | μετὰ Μωσῆ καὶ ἐν τῷ ὄρει ἐπεριπάτησα καὶ οὐκ |
| Esdr. | | 6 | 14 | ἀκρονύχων σου ἔχομεν αὐτὴν ἐκβαλεῖν. καὶ εἶπεν ὁ | * προφήτης * | καὶ οἱ πόδες μου ἐν τῷ θυσιαστηρίῳ |
| Esdr. | | 6 | 17 | γὰρ ὁ κύριος στρατιὰν ἀγγέλων πολλὴν λέγει τῷ | * προφήτῃ * | δός μοι τὴν παρακαταθήκην ἣν παρεθέμην σοι ὁ |
| Esdr. | | 6 | 18 | σοι ὁ στέφανός σοι ἡτοίμασται. καὶ εἶπεν ὁ | * προφήτης * | κύριε ἐὰν ἄρῃς τὴν ψυχήν μου ἀπ' ἐμοῦ τίς σοι |
| Esdr. | | 6 | 20 | θνητὸς ὢν καὶ ἐκ γῆς μὴ δικάζου μοι. καὶ εἶπεν ὁ | * προφήτης * | οὐ μὴ παύσωμαι δικαζόμενός σε. καὶ εἶπεν ὁ θεὸς |
| Esdr. | | 6 | 23 | τελεύτα ἵνα ἐπιτύχῃς αὐτοῦ. τότε ἤρξατο λέγειν ὁ | * προφήτης * | μετὰ δακρύων ὦ δέσποτα τί ὠφέλησα δικαζόμενός |
| Esdr. | | 7 | 4 | ἀπέρχεται εἰς τὴν γῆν ἐξ ἧς ἐλήφθη. καὶ εἶπεν ὁ | * προφήτης * | οἴμμοι οἴμμοι τί ποιήσω; τί πράξω; οὐκ οἶδα. |
| Esdr. | | 7 | 6 | ὁ ἅρματι πυρίνῳ εἰς τοὺς οὐρανοὺς ἄρας τὸν | * προφήτην * | Ἠλίαν ὁ διδοὺς τροφὴν πάσῃ σαρκὶ ὃν πάντα |
| Sedr. | | 14 | 4 | ὀχετοῦ ἐν στεναγμοῖς θερμοῖς. οὐκ οἶδας ὅτι ὁ | * προφήτης * | μου Δαυὶδ ἐκ δακρύων καὶ οἱ λοιποὶ οἶδας ὅτι |
| Sib. | | 3 | 582 | καὶ πίονας ἀγροὺς αὐτοὶ δ' ὑψωθέντες ὑπ' ἀθανάτοιο | * προφῆται * | +καὶ+ μέγα χάρμα βροτοῖς πάντεσσι φέροντες. |
| Sib. | | 3 | 781 | γαῖαν ἱκνεῖται ῥομφαίαν δ' ἀφελοῦσι θεοῦ μεγάλοιο | * προφῆται * | αὐτοὶ γὰρ κριταί εἰσι βροτῶν βασιλεῖς τε |
| Sib. | | 5 | 239 | σέλας ἠελίοιο σπειρομένης ἀκτῖνος ὁμοσπόνδοιο | * προφητῶν * | γλῶσσα μελισταγέουσα καλὸν πόμα πᾶσι βροτοῖσιν |

FIsa.   1    1   υἱὸν αὐτοῦ ὄντα ἐτῶν ἔνδεκα ἔμπροσθεν Ἠσαΐου τοῦ * προφήτου * καὶ Ἰασοὺμ τοῦ υἱοῦ αὐτοῦ. παρέδωκεν αὐτῷ τοὺς
FIsa.   1    3   Γαλγάλων εἰς Ἱερουσαλὴμ καὶ τεσσεράκοντα υἱοὺς * προφητῶν * καὶ Ἰασοὺμ τὸν υἱὸν αὐτοῦ. ⟨ἐκέλευσεν⟩ τεθῆναι
FIsa. 1 2   9   ἐκάθισεν ἐν τῷ ὄρει ἐν τόπῳ ἐρήμῳ. καὶ Μιχαίας ὁ * προφήτης * καὶ Ἀνανίας ὁ γέρων καὶ ⟨Ἰ⟩ωὴλ καὶ Ἀμβακοὺμ
FIsa. 1 2 10   πάντε⟨ς⟩ σάκκον περιβεβλημένοι καὶ πάντες ἦσαν * προφῆται * οὐδὲν ἔχοντες μετ' αὐτῶν ἀλλὰ γυμνοὶ ἦσαν
FIsa. 1 2 12   βασιλέως τοῦ Ἰσραὴλ ἦν διδάσκαλος τῶν τετρακοσίων * προφητῶν * τοῦ Βαὰλ καὶ αὐτὸ⟨ς⟩ ἐράπισεν καὶ ὕβρισεν τὸν
FIsa. 1 2 12   ἐράπισεν καὶ ὕβρισεν τὸν Μιχαίαν υἱὸν Ἰεμμαδὰ τὸν * προφήτην. * καὶ αὐτὸς δὲ ὑβρ⟨ίσ⟩θη ὑπὸ Ἀχαὰβ καὶ ἐβλήθη
FIsa. 1 2 14   υἱοῦ Ἀλά⟨μ⟩ ἐν Σεμμωμα----- καὶ Ἠλείας ⟨ὁ * προφή⟩της * ἐκ θεο⟨βῶν⟩---- καὶ τὴν Σαμαρίαν καὶ αὐτὸς
FIsa. 1 2 14   Ἀλνασὰρ παραδοθήσεται ἀνθ' ὧν ἐφόνευεν τοὺς * προφήτας * τοῦ θ⟨εο⟩ῦ. ⟨κα⟩ὶ ἀκούσαντες οἱ προφῆται ⟨ο⟩ὶ
FIsa. 1 2 15   τοὺς προφήτας τοῦ θ⟨εο⟩ῦ. ⟨κα⟩ὶ ἀκούσαντες οἱ * προφῆται * ⟨ο⟩ὶ μετὰ Ὀχοζείου υἱοῦ Ἀλὰμ καὶ ⟨ὁ
FIsa. 1 3   1   ἔγνω ⟨κ⟩αὶ εἶδεν τὸν τό⟨π⟩ον τοῦ Ἠσαΐου ⟨καὶ τῶ⟩ν * προφητ⟨ῶν * τῶν⟩ μετ' αὐτοῦ. οὕτος⟨⟩ γὰρ ἦν οἰκῶν ἐν τῇ
FIsa. 1 3   6   καὶ κατηγόρησεν Μελχειρὰ τοῦ Ἠσαΐου καὶ τῶν * προφητῶν * λέγων ὅτι Ἠσαίας καὶ οἱ προφῆται οἱ μετὰ
FIsa. 1 3   6   Ἠσαΐου καὶ τῶν προφητῶν λέγων ὅτι Ἠσαίας καὶ οἱ * προφῆται * οἱ μετὰ Ἠσαΐου προφητεύουσιν ἐπὶ Ἱερουσαλὴμ
FIsa. 1 3   8   αὐτὸς Ἠσαίας εἶπεν (αὐτοῖς) βλέπω πλέον Μωυσῆ τοῦ * προφήτου. * εἶπεν γὰρ Μωυσῆς ὅτι οὐκ ὄψεται ἄνθρωπος
FIsa. 1 3 10   ⟨κ⟩αὶ πολλὰ⟩ κατηγόρει ἐπὶ τοῦ Μανασσῆ καὶ τῶν * προφητῶν. * καὶ ἐκάθισεν Βελίαρ ἐν τῇ καρδ⟨ὶ⟩ᾳ τοῦ Μανασσῆ
FAch. 119     αὐτίκα οὖν τοὺς ἀπὸ Ἡλιουπόλεως μετεπέμψατο * προφήτας * ἐπισταμένους καὶ φυσικὰ ἐρωτήματα. καὶ
HEup. 9 30   2   πῆξαί τε τὴν ἱερὰν σκηνὴν ἐν Σιλοῖ. μετὰ δὲ ταῦτα * προφήτην * γενέσθαι Σαμουήλ. εἶτα τῇ τοῦ θεοῦ βουλήσει ὑπὸ
HEup. 9 34   4   πηχῶν ι'. οὕτω γὰρ αὐτῷ προστάξαι Νάθαν τὸν * προφήτην * τοῦ θεοῦ. οἰκοδομεῖν δὲ ἐναλλὰξ δόμον λίθινον
HEup. 9 34 15   σκεύη ἐκεῖ καταθέσθαι καθὼς προστάξαι αὐτῷ τὸν * προφήτην. * προσαγαγεῖν δὲ τῷ θεῷ θυσίαν μυρίαν πρόβατα
HEup. 9 39   2   Ἰωαχεὶμ ἐπὶ τούτου προφητεῦσαι Ἱερεμίαν τὸν * προφήτην. * τοῦτον ὑπὸ τοῦ θεοῦ ἀποσταλέντα καταλαβεῖν
LAri. 8 10   4   περὶ αὐτὸν σοφίαν καὶ τὸ θεῖον πνεῦμα καθ' ὃ καὶ * προφήτης * ἀνακεκήρυκται ὧν εἰσιν οἱ προειρημένοι
FrAn. 9 17   4   ἅγιοι ταῦτα φάγονται Ἀσσύριοι. ἡνίκα Ζαχαρίαν τὸν * προφήτην * ἀνεῖλεν ὁ Ἰωὰς ὁ τῆς Ἰουδαίας βασιλεὺς οὐκ
FrAn. 9 17   5   συμφορᾷ. ἑβδόμη γὰρ ἡμέρᾳ τῆς ἀναιρέσεως τοῦ * προφήτου * ἐξαπίνης αὐτῷ μάλα κεχαρισμένος ὁ παῖς

**προφῆτις**
SIb.   3   818   κούκέτι μ' οὐδείς μαινομένην φήσειε θεοῦ μεγάλοιο * προφῆτιν. * οὐ γὰρ ἐμοὶ δήλωσεν ἃ πρὶν γενετῆρσιν ἐμοῖσιν

**πρόφρων**
LThe. 9 22   3   γὰρ κἀκεῖθι λιπῶν δριμεῖαν ἐνιπὴν αὐτοκασιγνήτοιο * πρόφρων * ὑπέδεκτο δόμονδε Λάβαν ὅς οἱ ἔην μὲν ἀνεψιὸς
          2

**προφυλακή**
Aris. 104   6   φυλακὴν τὴν ἄκραν καὶ τὸν καταβαλλόμενον αὐτὴν τὴν * προφυλακὴν * τῶν εἰρημένων οὕτως ἠσφαλίσθαι. τῆς δὲ πόλεως
HArt. 9 27 11   ὄχλους τοὺς μὲν ἐπὶ τὰ ὅρια τῆς Αἰθιοπίας πέμψαι. * προφυλακῆς * χάριν τοῖς δὲ προστάξαι τὸν ἐν Διὸς πόλει
          1

**προφυλάσσω**
SIb.   733   παῦε φρονοῦσα λίσσεο δ' ἀθάνατον μεγαλήτορα καὶ * προφύλαξαι * στεῖλον μὴ ἐπὶ τήνδε πόλιν ⟨σὸν⟩ λαὸν ἄβουλον

**προχαιρετίζω ***
Abr.1   2   3   προσυπαντᾶν καὶ ἐπιδεχόμενος. ὁ δὲ ἀρχιστράτηγος * προχαιρετίσας * τὸν δίκαιον Ἀβραὰμ εἶπεν χαίροις

**προχάρισμα ***
SIb.   5   331   γὰρ πρώτην ἔγνως θεὸς ἐν χαρίτεσσιν ἐς τὸ δοκεῖν * προχάρισμα * τεὸν πάντεσσι βροτοῖσιν εἶναι καὶ προσέχειν
          2

**πρόχειρος**
Aris. 244   1   τούτῳ δὲ ἐπιφωνήσας πρὸς ἄλλον εἶπε πῶς ἂν * προχείρως * ἔχοι τὸν ὀρθὸν λόγον; ὁ δὲ εἶπεν εἰ τὰ τῶν
Aris. 245   3   μὴ εἰς ῥαθυμίαν μηδὲ ἐπὶ τὰς ἡδονὰς τρέποιτο; ὁ δὲ * προχείρως * ἔχων εἶπεν ὅτι μεγάλης βασιλείας κατάρχει καὶ
          2

**προχέω**
SIb.   4   23   λεώς ἐπάκουε Σιβύλλης ἐξ ὁσίου στόματος φωνὴν * προχέοντος * ἀληθῆ. ὄλβιοι ἄνθρωπων κεῖνοι κατὰ γαῖαν
SIb.   4   98   ἔσσεται ἐσσομένοις ὅτε Πύραμος ἀργυροδίνης ἠιόνα * προχέων * ἱερὴν ἐς νῆσον ἵκηται. καὶ σὺ Βάρις πέσεαι καὶ
          1

**πρόχοος**
Hen. 10 19   ἀμπέλους καὶ ἡ ἄμπελος ἣν ἂν φυτεύσωσιν ποιήσουσιν * πρόχους * οἴνου χιλιάδας καὶ ὑπ' ὁροῦ (σπόρου) ποιήσει

**προχράω**
Job 11   3   οὐδὲν δὲ κεκτήμεθα. ποίησον σὺ μεθ' ἡμῶν ἔλεος καὶ * πρόχρησον * ἡμῖν χρυσίον ἵνα ἀπέλθωμεν εἰς τὰς μακρὰς

**προχωρέω**
TIss.   1   11   ὁ δόλος καὶ ἡ πανουργία τῶν ἀνθρώπων καὶ ὁ δόλος * προχωρεῖ * ἐπὶ τῆς γῆς. εἰ δὲ μὴ οὐκ ἂν ᾖς σὺ ὁρῶσα

**πρυτανικός**
Asen. 27   1   παιδάριον ὀκτωκαίδεκα ἐτῶν μέγα καὶ ἰσχυρὸν καὶ * πρυτανικὸν * καὶ ἦν κάλλος ἐν αὐτῷ ἄρρητον καὶ ἰσχὺς ὡς
          2

**πρύτανις**
SIb.   5   277   πάντ' ἄσπαρτα μενεῖ καὶ ἀνήροτα ἄχρι νοῆσαι τὸν * πρύτανιν * πάντων θεὸν ἄμβροτον αἰὲν ἐόντα ἄνθρώπους
SIb.   5   499   αὐτὸν τὸν γενετῆρα τὸν ἀίδιον γεγαῶτα τὸν * πρύτανιν * πάντων τὸν ἀληθέα τὸν βασιλῆα ψυχοτρόφων
         12

**πρωΐ**
Abr.2   2   6   με διϊέναι ὅτι πρὸς ἑσπέραν ἐστὶν καὶ ἀναστὰς τῷ * πρωΐ * πορεύου ὅπου ἂν βούλῃ μήπως συναντήσῃ σοι θηρίον
TLevi 9   4   αὐτοῖς εἰς ἱερέα τοῦ θεοῦ. καὶ ἀναστὰς τὸ * πρωΐ * ἀπεδεκάτωσε πάντα δι' ἐμοῦ τῷ κυρίῳ. καὶ ἤλθομεν
TNep. 1   3   καὶ κώθωνα. καὶ μετὰ τὸ ἐξυπνισθῆναι αὐτῶν τὸ * πρωΐ * εἶπεν αὐτοῖς ὅτι ἀποθνήσκω καὶ οὐκ ἐπίστευον αὐτῷ.
Asen. 9   4   αὐλίσθητω δὴ ἐνταῦθα ὁ κύριός μου σήμερον καὶ τὸ * πρωΐ * ἀπελεύσῃ τὴν ὁδόν σου. καὶ εἶπεν Ἰωσὴφ οὐχὶ ἀλλ'
Asen. 10 15   ὅλην τὴν νύκτα μετὰ στεναγμοῦ καὶ βριμήματος ἕως * πρωΐ. * καὶ ἀνέστη Ἀσενὲθ τὸ πρωὶ καὶ εἶδε καὶ ἰδοὺ πηλὸς
Asen. 10 16   καὶ βριμήματος ἕως πρωΐ. καὶ ἀνέστη Ἀσενὲθ τὸ * πρωΐ * καὶ εἶδε καὶ ἰδοὺ πηλὸς πολὺς ἐκ τῶν δακρύων αὐτῆς
Asen. 21   2   μετὰ τῆς γυναικὸς αὐτοῦ. καὶ ἀνέστη Ἰωσὴφ τὸ * πρωΐ * καὶ ἀπῆλθε πρὸς Φαραὼ καὶ εἶπεν αὐτῷ δός μοι τὴν
Asen. 26   1   συνάντησιν τῷ Ἰωσὴφ καὶ τῇ Ἀσενέθ. καὶ ἀνέστη τὸ * πρωΐ * Ἀσενὲθ καὶ εἶπε τῷ Ἰωσὴφ πορεύσομαι καθὰ εἴρηκας
Prop. 21 11   προστάγματος κυρίου. κόρακες ἔφερον αὐτῷ ἄρτους τὸ * πρωΐ * δείλης δὲ κρέα τῇ μηλωτῇ ἐπάταξε τὸν Ἰορδάνην καὶ
Esdr. 4   29   ὡσεὶ ἀγροῦ ὁ ὀφθαλμὸς σοῦ δεξιὸς ὡς ἀστὴρ τῷ * πρωΐ * ἀνατέλλων καὶ ὁ ἔτερος ἀσάλευτος τὸ στόμα αὐτοῦ
Job 15   4   τοῖς διακονοῦσιν ἀνιστάμενος οὖν ἐγὼ κατὰ τὸ * πρωΐ * ἀνέφερον ὑπὲρ αὐτῶν θυσίαν κατὰ ἀριθμὸν αὐτῶν,
Job 37   8   δύνοντα δὲ ἐν τῇ δύσει, καὶ πάλιν ἀνιστάμενοι κατὰ * πρωΐ * εὑρίσκομεν τὸν αὐτὸν ἐν ἀνατολαῖς ἀνατέλλοντα;

**πρώϊος**
Jer.   3   15   αὐτὰ ἡ γῆ. ἐκάθισαν δέ οἱ δύο καὶ ἔκλαυσαν. * πρωΐας * δὲ γενομένης ἀπέστειλεν Ἱερεμίας τὸν Ἀβιμέλεχ
Jer.   4   1   αὐτὸν Ἀβιμέλεχ δὲ ἐπορεύθη καθὰ εἶπεν αὐτῷ. * πρωΐας * δὲ γενομένης ἰδοὺ ἡ δύναμις τῶν Χαλδαίων ἐκύκλωσε
Aris. 304   3   γὰρ ἦν αὐτῷ διὰ τοῦ βασιλέως. ἅμα δὲ τῇ * πρωΐᾳ * παρεγίνοντο εἰς τὴν αὐλὴν καθ' ἡμέραν καὶ

**πρώταρχος**
Hen. 8B   3   τῆς γῆς καὶ ἠφάνισαν τὰς ὁδοὺς αὐτῶν. ἔτι δὲ καὶ ὁ * πρώταρχος * αὐτῶν Σεμιαζᾶς ἐδίδαξεν εἶναι ὀργὰς κατὰ τοῦ
          2

**πρωτεύουσα**
Aris. 229   3   ὁ δὲ εἶπεν εὐσέβεια. καὶ γὰρ αὕτη καλλονή τίς ἐστι * πρωτεύουσα. * τὸ δὲ δυνατὸν αὐτῆς ἐστιν ἀγάπη αὕτη γὰρ
Aris. 275   4   ἐπηρώτησεν ὁ βασιλεὺς καιροῦ γενομένου τὸν * πρωτεύοντα * τῶν ἀπολιπόντων τῆς ἐρωτήσεως πῶς ἂν

**πρωτογένημα**
TLevi 9 14   πετεινοῦ καθαροῦ πρόσφερε θυσίαν κυρίῳ. καὶ παντὸς * πρωτογενήματος * καὶ οἴνου πρόσφερε ἀπαρχάς. καὶ πᾶσαν
TIss.   3   6   πατήρ μου. εἴ τι γὰρ ἔκαμον πᾶσαν ὀπώραν καὶ πᾶν * πρωτογένημα * πρῶτον διὰ τοῦ ἱερέως κυρίῳ προσέφερον
TIss.   3   4   δῶρα μετ' εὐχαριστίας κυρίῳ προσφέροντες ὅτι ἐν * πρωτογενήμασι * καρπῶν γῆς εὐλόγησέ σε κύριος καθὼς
          3

**πρωτόγονος**
FJos. 189     ὁ κληθεὶς ὑπὸ θεοῦ Ἰσραὴλ ἀνὴρ ὁρῶν θεὸν ὅτι ἐγὼ * πρωτόγονος * παντὸς ζῴου ζωουμένου ὑπὸ θεοῦ. σὺ δὲ ὅτε
LEze. 9 29 12 17 χλόην. ἐπὶ πᾶσι τούτοις τέκν' ἀποκτενῶ βροτῶν * πρωτόγονα * ὕβριν ἀνθρώπων κακῶν. Φαραὼ δὲ
LEze. 9 29 12 19 βασιλεὺς πείσετ' οὐδὲν ὧν λέγω πλὴν τέκνων αὐτοῦ * πρωτόγονον * ἔξει νεκρὸν καὶ τότε φοβηθεὶς λαὸν ἐκπέμψει
         12

**πρωτόπλαστος**
Adam   1    διήγησις καὶ πολιτεία Ἀδὰμ καὶ Εὔας τῶν * πρωτοπλάστων * ἀποκαλυφθεῖσα παρὰ θεοῦ Μωϋσῆ τῷ θεράποντι
Abr.1 11   9   εὐφροσύνη; εἶπεν δὲ ὁ ἀρχιστράτηγος οὗτός ἐστιν ὁ * πρωτόπλαστος * Ἀδὰμ καὶ κάθηται ὧδε ἐν τῇ αὐτοῦ δόξῃ καὶ
Abr.1 11 10   τὸν παράδεισον ⟨ἀπέρχονται⟩ καὶ διὰ τοῦτο χαίρει ὁ * πρωτόπλαστος * Ἀδὰμ διότι θεωρεῖ τὰς ψυχὰς σωζομένας ὅτε
Abr.1 13   1   καὶ εἰς τὴν κόλασιν τὴν αἰώνιον καὶ διὰ τοῦτο ὁ * πρωτόπλαστος * Ἀδὰμ ἀνίσταται ἀπὸ τοῦ θρόνου αὐτοῦ κλαίων
Abr.1 13   1   τὸν ἐπὶ θρόνου καθήμενον; οὗτός ἐστιν υἱὸς τοῦ * πρωτοπλάστου * ὁ ἐπιλεγόμενος Ἄβελ ὃν ἀπέκτεινεν Κάιν ὁ
Abr.1 13   5   οὐδεὶς δυνήσεται ἀνακρῖναι πᾶς ἄνθρωπος ἐκ τοῦ * πρωτοπλάστου * γεγένηται καὶ διὰ τοῦτο ἐνταῦθα πρῶτον ἐκ
Bar.   4   9   ἢ θάλασσα καὶ κατάρα ὑπόδικος παρὰ θεοῦ καὶ τοῦ * πρωτοπλάστου * ἀνάιρεσις πῶς ἄρτι εἰς τοσαύτην χρείαν
Esdr.   2 10   ὁ δίκαιος πολιτεύεσθαι. καὶ εἶπεν ὁ προφήτης τὸν * πρωτόπλαστον * Ἀδὰμ τὸν πρῶτον τίς ἐποίησεν; καὶ εἶπεν ὁ
Sedr.   4   4   ἐλεῆσαι αὐτόν; λέγει αὐτῷ ὁ θεὸς ἐγὼ ἐποίησα τὸν * πρωτόπλαστον * Ἀδὰμ καὶ ἔθηκα αὐτὸν ἐν τῷ παραδείσῳ ἐν
FJub.   3 28   τὰ ἑρπετὰ ὁμόφωνα εἶναι πρὸ τῆς παραβάσεως τοῖς * πρωτοπλάστοις * ἐβδομαδικοὺς τέσσαρας ἤγουν ἔτη εἴκοσι
FJub.   4   2   ἀνεῖλεν ὁ Κάιν τὸν Ἄβελ ἐπένθησαν αὐτὸν οἱ * πρωτόπλαστοι * ἐβδομαδικοὺς τέσσαρας ἤγουν ἔτη εἴκοσι
LEze. 64 29 6 09 ἐπείσατον γῆν καὶ τὸν ἐξ ἀκηράτων πεσεῖν αἰώνων * πρωτόπλαστον * εἰς χθόνα ὑμεῖς ἐτεκτήνασθε.
        172

**πρῶτος**
Adam   8   2   μου ὑπήνεγκα τῷ σώματι σου ἑβδομήκοντα πληγάς. * πρῶτον * νόσος πληγῆς ὁ βιασμὸς τῶν ὀφθαλμῶν. δεύτερον
Adam 40   5   εἰς τὴν γῆν ἔτερον πλάσμα ἕως οὗ ἀφίεται μοι τὸ * πρῶτον * πλάσμα τὸ ὀρθὲν ἀπ' ἐμοῦ τὴν χοῦν ἐξ ἧς ἐλήφθη.
Hen. 6B     οὗτοί εἰσιν ἀρχαὶ αὐτῶν τῶν ⟨ἐπὶ⟩ δέκα. ἐκ τοῦ * πρῶτον * βιβλίου Ἐνὼχ περὶ τῶν ἐγρηγόρων. καὶ ἐγένετο ἐπὶ
Hen. 6B   7   ἐν αὐτῷ. καὶ ταῦτα τὰ ὀνόματα τῶν ἀρχόντων αὐτῶν. α' * Σεμιαζᾶς ὁ ἄρχων αὐτῶν β' Ἀταρκούφ γ' Ἀρακιὴλ δ'
Hen. 7B   1   ἕως τοῦ κατακλυσμοῦ καὶ ἔτεκον αὐτοῖς γένη τρία * πρῶτον * γίγαντας μεγάλους. οἱ δὲ γίγαντες ἐτέκνωσαν
Hen. 8B   1   ἀνθρώπων ἀπολλυμένων ἡ βο⟨ὴ⟩ εἰς οὐρανοὺς ἀνέβη. * πρῶτος * Ἀζαὴλ ὁ δέκατος τῶν ἀρχόντων ἐδίδαξε ποιεῖν
Hen. 89 47   πᾶσιν τούτοις ἔθλιβον τὰ πρόβατα. ⟨καὶ⟩ ὁ κριὸς ὁ * πρῶτος * τὸν κριὸν τὸν δεύτερον ἐπεδίωξεν καὶ ἔφυγεν ἀπὸ

| | | | | | |
|---|---|---|---|---|---|
| Hen. | 89 | 47 | ἀπὸ προσώπου αὐτοῦ εἶτ᾽ ἐθεώρουν τὸν κριὸν τὸν | * πρῶτον * | ἕως οὗ ἔπεσεν ἔμπροσθεν τῶν κυνῶν. καὶ ὁ κριὸς ὁ |
| Abr.1 | 10 | 15 | καὶ ζῆσαι ἀνάγαγε <δὲ> τὸν Ἀβραὰμ ἐν τῇ | * πρώτῃ * | πύλῃ τοῦ οὐρανοῦ ὅπως θεάσηται ἐκεῖ τὰς κρίσεις |
| Abr.1 | 11 | 1 | <εἰς τὴν ἀνατολὴν ἐν τῇ πύλῃ τοῦ οὐρανοῦ τῇ | * πρώτῃ * | καὶ εἶδεν ἐκεῖ ὁ Ἀβραὰμ> δύο ὁδοὺς <ἡ> μία ὁδὸς |
| Abr.1 | 13 | 5 | τοῦ πρωτοπλάστου γεγένηται καὶ διὰ τοῦτο ἐνταῦθα | * πρῶτον * | ἐκ τοῦ τοιούτου ἀνθρώπου κρίνεται καὶ ἐν τῇ |
| Abr.2 | 4 | 5 | δύνοντος προσκυνοῦσιν πάντες οἱ ἄγγελοι τὸν θεὸν | * πρῶτος * | δὲ αὐτῶν ἐστιν Μιχαὴλ καὶ προσεκύνησεν πρῶτος τὸν |
| Abr.2 | 4 | 5 | θεὸν πρῶτος δὲ αὐτῶν ἐστιν Μιχαὴλ καὶ προσεκύνησεν | * πρῶτος * | τὸν θεὸν καὶ ἐπορεύθησαν πάντες οἱ ἄγγελοι εἰς |
| Abr.2 | 8 | 12 | ὁ καθεζόμενος ἐν μέσῳ αὐτῶν οὗτός ἐστιν ὁ Ἀδὰμ ὁ | * πρῶτος * | ἄνθρωπος ὃν ἔπλασεν ὁ θεὸς καὶ ἤγαγεν αὐτὸν εἰς |
| Abr.2 | 11 | 2 | θεωρεῖς σὺ τὸν κριτήν; οὗτός ἐστιν ὁ Ἄβελ ὁ | * πρῶτος * | μαρτυρήσας καὶ ἠνέχθη εἰς τὸν τόπον τοῦτον ἵνα |
| TRub. | 2 | 4 | κτίσεως τοῦ εἶναι ἐν αὐτοῖς πᾶν ἔργον ἀνθρώπου. | * πρῶτον * | πνεῦμα ζωῆς μεθ᾽ ἧς ἡ σύστασις κτίζεται δεύτερον |
| TRub. | 2 | 9 | ἡ ἁμαρτία διὰ τοῦτο ἔσχατόν ἐστι τῆς κτίσεως καὶ | * πρῶτον * | τῆς νεότητος ὅτι ἀγνοίας πεπλήρωται καὶ αὕτη τὸν |
| TRub. | 3 | 3 | τοῖς πνεύμασι συμμίγνυται τὸ πνεῦμα τῆς πλάνης. | * πρῶτον * | τὸ τῆς πορνείας ἐν τῇ φύσει καὶ ταῖς αἰσθήσεσιν |
| TRub. | 5 | 3 | τῶν ἀνθρώπων καὶ διὰ τῆς κοσμήσεως πλανῶσιν αὐτῶν | * πρῶτον * | τὰς διανοίας καὶ διὰ τοῦ βλέμματος τὸν ἰὸν |
| TLevi | 2 | 7 | εἶπε πρός με Λευὶ εἴσελθε. καὶ εἰσῆλθον ἐκ τοῦ | * πρώτου * | οὐρανοῦ εἰς τὸν δεύτερον καὶ εἶδον ἐκεῖ ὕδωρ |
| TLevi | 6 | 4 | ὃ ἐποίησαν ἐν Ἰσραήλ. κἀγὼ ἀνεῖλον τὸν Συχὲμ ἐν | * πρώτοις * | καὶ Συμεὼν τὸν Ἐμμώρ. καὶ μετὰ ταῦτα ἐλθόντες |
| TLevi | 8 | 4 | κυρίου σὺ καὶ τὸ σπέρμα σου ἕως αἰῶνος. καὶ ὁ | * πρῶτος * | ἤλειψέ με ἐλαίῳ ἁγίῳ καὶ ἔδωκέ μοι ῥάβδον |
| TLevi | 8 | 12 | σημεῖον δόξης κυρίου ἐπερχομένου καὶ ὁ πιστεύσας | * πρῶτος * | ἔσται κλῆρος μέγας ὑπὲρ αὐτὸν οὐ γενήσεται. ὁ |
| TLevi | 11 | 3 | γράφεται. εἶδον δὲ περὶ αὐτοῦ ὅτι οὐκ ἔσται ἐν | * πρώτῃ * | τάξει. καὶ ὁ Καὰθ ἐγεννήθη τριακοστῷ πέμπτῳ ἔτει |
| TLevi | 17 | 2 | καθ᾽ ἕκαστον γὰρ ἰωβηλαῖον ἔσται ἱερωσύνη. ἐν τῷ | * πρώτῳ * | ἰωβηλαίῳ ὁ πρῶτος χριόμενος εἰς ἱερωσύνην μέγας |
| TLevi | 17 | 2 | ἰωβηλαῖον ἔσται ἱερωσύνη. ἐν τῷ πρώτῳ ἰωβηλαίῳ ὁ | * πρῶτος * | χριόμενος εἰς ἱερωσύνην μέγας ἔσται καὶ λαλήσει |
| TLevi | 18 | 2B017 | ἀπὸ πάσης ἀκαθαρσίας καὶ ἀπὸ πάσης πορνείας. σὺ | * +πρῶτος+ * | ἀπὸ τοῦ σπέρματος λάβε σεαυτῷ καὶ μὴ βεβηλώσῃς |
| TLevi | 18 | 2B019 | καὶ ὅταν εἰσπορεύῃ ἐν τοῖς ἁγίοις λούου ὕδατι | * πρῶτον * | καὶ τότε ἐνδιδύσκου τὴν στολὴν τῆς ἱερωσύνης καὶ |
| TLevi | 18 | 2B022 | χεῖράς σου καὶ τοὺς πόδας σου. καὶ ἀνάφερε τὰ ξύλα | * πρῶτον * | <ἐ>σχισμένα ἐπισκοπῶν αὐτὰ πρῶτον ἀπὸ παντὸς |
| TLevi | 18 | 2B022 | ἀνάφερε τὰ ξύλα πρῶτον <ἐ>σχισμένα ἐπισκοπῶν αὐτὰ | * πρῶτον * | ἀπὸ παντὸς μολυσμοῦ ιβ᾽ ξύλα εἴρηκέν μοι ἐπὶ τὸν |
| TLevi | 18 | 2B027 | τὰ μέλη ἀναφέρειν ἡλισμένα τὴν κεφαλὴν ἀνάφερε | * πρῶτον * | καὶ κάλυπτε αὐτὴν τῷ στέατι καὶ μὴ ὀπτανέσθω τὸ |
| TLevi | 18 | 2B056 | πᾶν κρέας φαγεῖν κάλυπτε τὸ αἷμα αὐτοῦ τῇ γῇ | * πρῶτον * | πρὶν ἢ φαγεῖν σε ἀπὸ τῶν κρεῶν καὶ οὐκέτι ἔσῃ |
| TLevi | 18 | 2B063 | μου. καὶ ἐν γαστρὶ λαβοῦσα ἐξ ἐμοῦ ἔτεκεν υἱὸν | * πρῶτον * | καὶ ἐκάλεσα τὸ ὄνομα αὐτοῦ Γηρσὰμ εἶπα γὰρ ὅτι |
| TLevi | 18 | 2B068 | Ἰσραήλ. ἐν τῷ τετάρτῳ καὶ λ᾽ ἔτει ἐγεννήθη ἐν τῷ | * πρώτῳ * | μηνὶ μιᾷ τοῦ μηνὸς ἐπ᾽ ἀνατολῆς ἡλίου. καὶ πάλιν |
| TJud. | 24 | 3 | ἐν ἀληθείᾳ καὶ πορεύσεσθε ἐν προστάγμασιν αὐτοῦ | * πρώτοις * | καὶ ἐσχάτοις. οὗτος ὁ βλαστὸς θεοῦ ὑψίστου καὶ |
| TJud. | 25 | 1 | μου ἔξαρχοι σκήπτρων ἡμῶν ἐν Ἰσραὴλ ἐσόμεθα Λευὶ | * πρῶτος * | δεύτερος ἐγὼ τρίτος Ἰωσὴφ τέταρτος Βενιαμὶν |
| TIss. | 1 | 10 | νεότητος αὐτοῦ. ἡ δὲ Ῥαχὴλ εἶπεν τί οὖν; ὅτι ἐμοὶ | * πρῶτον * | ἥρμοσται καὶ δι᾽ ἐμὲ ἐδούλευσε τῷ πατρὶ ἡμῶν ἔτη |
| TIss. | 3 | 6 | εἴ τι γὰρ ἔκαμνον πᾶσαν ὀπώραν καὶ πᾶν πρωτογένημα | * πρῶτον * | διὰ τοῦ ἱερέως κυρίῳ προσέφερον ἔπειτα τῷ πατρὶ |
| TZab. | 6 | 1 | ἀγχομένων ἐν τῇ θαλάσσῃ ἐγὼ ἀβλαβὴς διέμεινα. | * πρῶτος * | ἐγὼ ἐποίησα σκάφος ἐν θαλάσσῃ ἐπιπλέειν ὅτι |
| TDan | 4 | 2 | τοῦ θυμοῦ ὅτι ματαία ἐστίν. ἐν γὰρ λόγῳ παροξύνει | * πρῶτον * | εἶτα ἐν ἔργοις δυναμοῖ τὸν ἐρεθιζόμενον καὶ ἐν |
| TDan | 4 | 4 | μηδὲ μεταβάλλεσθε μήτε εἰς τέρψιν μήτε εἰς ἀηδίαν. | * πρῶτον * | γὰρ τέρπει τὴν ἀκοὴν καὶ οὕτως ὀξύνει τὸν νοῦν |
| TJos. | 3 | 7 | νυκτὶ εἰσήει λόγῳ ἐπισκέψεως πρός με. καὶ τὰ μὲν | * πρῶτα * | ὅτι τέκνον ἀρρενικὸν οὐκ ἦν αὐτῇ προσεποιεῖτο |
| TBen. | 7 | 2 | αὐτῇ. ἡ δὲ μάχαιρα ἑπτὰ κακῶν μήτηρ ἐστί. | * πρῶτον * | συλλαμβάνει ἡ διάνοια διὰ τοῦ Βελιὰρ ἔστι δὲ |
| TBen. | 7 | 2 | συλλαμβάνει ἡ διάνοια διὰ τοῦ Βελιὰρ ἔστι δὲ | * πρῶτον * | ὁ φθόνος δεύτερον ἀπώλεια τρίτον θλῖψις τέταρτον |
| TBen. | 9 | 2 | ναὸς θεοῦ καὶ ἔνδοξος ἔσται ὁ ἔσχατος ὑπὲρ τὸν | * πρῶτον. * | καὶ δώδεκα φυλαὶ ἐκεῖ συναχθήσονται καὶ πάντα τὰ |
| TBen. | 9 | 3 | μονογενοῦς προφήτου. καὶ εἰσελεύσεται εἰς τὸν | * πρῶτον * | ναὸν καὶ ἐκεῖ κύριος ὑβρισθήσεται καὶ |
| TBen. | 10 | 8 | εἰς δόξαν οἱ δὲ εἰς ἀτιμίαν. καὶ κρινεῖ κύριος ἐν | * πρώτοις * | τὸν Ἰσραὴλ περὶ τῆς εἰς αὐτὸν ἀδικίας ὅτι |
| TBen. | 12 | 3 | καλῷ καὶ ἔθηκαν αὐτὸν ἐν παραθήκῃ. καὶ ἐνενηκοστῷ | * πρώτῳ * | ἔτει τῆς εἰσόδου τῶν υἱῶν Ἰσραὴλ εἰς Αἴγυπτον |
| Asen. | 1 | 1 | καὶ ἐγένετο ἐν τῷ | * πρώτῳ * | ἔτει τῶν ἑπτὰ ἐτῶν τῆς εὐθηνίας ἐν τῷ μηνὶ τῷ |
| Asen. | 1 | 2 | Αἰγύπτου. καὶ ἦλθεν Ἰωσὴφ ἐν τῷ τετάρτῳ μηνὶ τοῦ | * πρώτου * | ἔτους ὀκτωκαιδεκάτῃ τοῦ μηνὸς εἰς τὰ ὅρια |
| Asen. | 2 | 2 | ἐκείνου ἦν ὑπερῷον ἔχον θαλάμους δέκα. καὶ ἦν ὁ | * πρῶτος * | θάλαμος μέγας καὶ εὐπρεπὴς λίθοις πορφυροῖς |
| Asen. | 2 | 7 | ἡ παρθενία αὐτῆς ἐτρέφετο. καὶ ἦν ἡ μία θυρὶς ἡ | * πρώτη * | μεγάλη σφόδρα ἀποβλέπουσα ἐπὶ τὴν αὐλὴν εἰς |
| Asen. | 3 | 1 | τὰ δένδρα τῆς αὐλῆς ἐκείνης. καὶ ἐγένετο ἐν τῷ | * πρώτῳ * | ἔτει τῶν ἑπτὰ ἐτῶν τῆς εὐθηνίας ἐν τῷ τετάρτῳ μηνὶ |
| Asen. | 15 | 1 | ἦλθε πρὸς τὸν ἄνθρωπον εἰς τὸν θάλαμον αὐτῆς τὸν | * πρῶτον * | καὶ ἔστη ἐνώπιον αὐτοῦ. καὶ εἶπεν αὐτῇ ὁ ἄνθρωπος |
| Asen. | 15 | 4 | βίβλῳ τῶν ζώντων ἐν τῷ οὐρανῷ ἐν ἀρχῇ τῆς βίβλου | * πρῶτον * | πάντων ἐγράφη τὸ ὄνομά σου τῷ δακτύλῳ μου καὶ οὐκ |
| Asen. | 15 | 10 | στολὴν τοῦ γάμου σου τὴν στολὴν τὴν ἀρχαίαν καὶ | * πρώτην * | τὴν ἀποκειμένην ἐν τῷ θαλάμῳ σου ἀπ᾽ ἀρχῆς καὶ |
| Asen. | 18 | 5 | τὴν μεγάλην καὶ ἐξήνεγκε τὴν στολὴν αὐτῆς τὴν | * πρώτην * | τοῦ γάμου ὡς ἀστραπὴν τῷ εἴδει καὶ ἐνεδύσατο |
| Asen. | 24 | 3 | αὐτοὺς πρὸς ἑαυτόν. καὶ ἦλθον πρὸς αὐτὸν ὥρᾳ | * πρώτῃ * | τῆς νυκτὸς καὶ ἔστησαν ἐνώπιον αὐτοῦ. καὶ εἶπεν |
| Asen. | 28 | 13 | αὐτοὺς ἐν ταῖς ῥομφαίαις ἡμῶν διότι αὐτοὶ | * πρῶτοι * | ἐβουλεύσαντο κακὰ καθ᾽ ἡμῶν καὶ κατὰ τοῦ πατρὸς |
| Sal. | 4 | 3 | ἁμαρτωλοὺς ἐν κρίσει καὶ ἡ χεὶρ αὐτοῦ ἐν | * πρώτοις * | ἐπ᾽ αὐτὸν ὡς ἐν ζήλει καὶ αὐτὸς ἔνοχος ἐν |
| Sal. | 17 | 43 | αὐτόν. τὰ ῥήματα αὐτοῦ πεπυρωμένα ὑπὲρ χρυσίον τὸ | * πρῶτον * | τίμιον ἐν συναγωγαῖς διακρινεῖ λαοῦ φυλὰς |
| Jer. | 1 | 8 | αὐτοῦ δυνήσεται εἰσελθεῖν εἰς αὐτὴν εἰ μὴ ἐγὼ | * πρῶτος * | ἀνοίξω τὰς πύλας αὐτῆς. ἀνάστηθι οὖν καὶ ἄπελθε |
| Jer. | 1 | 10 | τείχη τῆς πόλεως καὶ δείξω ὑμῖν ὅτι ἐὰν μή τι ἐγὼ | * πρῶτος * | ἀφανίσω τὴν πόλιν οὐ δύνανται εἰσελθεῖν εἰς |
| Bar. | 2 | 2 | ὧν ἔθετο ὁ θεός. καὶ λαβών με ἤγαγέν με ἐπὶ τὸν | * πρῶτον * | οὐρανὸν καὶ ἔδειξέ μοι θύραν πανμεγέθη. καὶ εἶπέν |
| Bar. | 3 | 1 | καὶ ὑπέδειξέν μοι (ἐν) κἀκεῖ θύραν ὁμοίαν τῆς | * πρώτης. * | καὶ εἶπεν εἰσέλθωμεν δι᾽ αὐτῆς. καὶ εἰσήλθομεν |
| Bar. | 4 | 7 | θεὸς ἐποίησεν τριακοσίους ἑξήκοντα ποταμοὺς ὧν οἱ | * πρῶτοι * | πάντων Ἀλφίας καὶ Ἄβυρος καὶ ὁ Γηρικὸς καὶ ἀπὸ |
| Bar. | 7 | 2 | ἄγγελος ἄκουσον Βαροὺχ πάντα ὅσα ἔδειξά σοι ἐν τῷ | * πρώτῳ * | καὶ δευτέρῳ οὐρανῷ εἰσίν καὶ ἐν τῷ τρίτῳ οὐρανῷ |
| Bar. | 9 | 7 | ὑπὸ θεοῦ ὡς οὐκ ἄλλη. καὶ ἐν τῇ παραβάσει τοῦ | * πρώτου * | Ἀδὰμ παρῆψε τῷ Σαμαὴλ ὅτε τὸν ὄφιν ἔλαβεν ἔνδυμα |
| Prop. | 2 | 12 | μὴ Μωϋσῆς ὁ ἐκλεκτὸς τοῦ θεοῦ καὶ ἐν τῇ ἀναστάσει | * πρώτη * | ἡ κιβωτὸς ἀναστήσεται καὶ ἐξελεύσεται ἐκ τῆς |
| Prop. | 2 | 14 | ἕως συντελείας. καὶ ἔστιν ἡ πέτρα ἐν τῇ ἐρήμῳ ὅπου | * πρώτως * | ἡ κιβωτὸς γέγονε μεταξὺ τῶν δύο ὀρέων ἐν οἷς |
| Esdr. | 1 | 7 | ἀνελήφθην οὖν εἰς τὸν οὐρανὸν καὶ ἴδον ἐν τῷ | * πρώτῳ * | οὐρανῷ στρατηγίαν ἀγγέλων μεγάλην καὶ ἀπήγαγόν με |
| Esdr. | 2 | 10 | καὶ εἶπεν ὁ προφήτης τὸν πρωτόπλαστον Ἀδὰμ τὸν | * πρῶτον * | τίς ἐποίησεν; καὶ εἶπεν ὁ θεὸς αἱ χεῖρές μου αἱ |
| Esdr. | 3 | 11 | καὶ ποῦ ἐστιν ἡ ἐπαγγελία σου; καὶ εἶπεν ὁ θεὸς | * πρῶτον * | ποιήσω σεισμοὺς πτῶσιν τετραπόδων καὶ ἀνθρώπων |
| Esdr. | 5 | 13 | τὸ σπέρμα αὐτοῦ ἐν τῇ χώρᾳ τῆς γυναικός. τὸ | * πρῶτον * | μὲν σύνολόν ἐστιν τὸ δεύτερον μὲν ὀγκοῦται τὸ |
| Sedr. | 5 | 2 | τοὺς ἀγγέλους σου τὸν Ἀδὰμ προσκυνεῖν αὐτὸς δὲ ὁ | * πρῶτος * | τῶν ἀγγέλων παρήκουσέν σου τὸ πρόσταγμα καὶ οὐ |
| Sedr. | 8 | 3 | λέγει Σεδρὰχ οἶδα δέσποτα ὅτι εἰς τὰ κτήματά σου | * πρῶτον * | ἠγάπησας τὸν ἄνθρωπον εἰς τὰ τετράποδα τὸ |
| Job | 21 | 2 | ὥστε ἰδεῖν, τέκνα μου τοῖς ἐμοῖς ὀφθαλμοῖς τὴν | * πρώτην * | μου γυναῖκα ὑδροφοροῦσαν εἰς οἶκον τινὸς |
| Job | 36 | 6 | ἐρωτήσω σε λόγον, καὶ ἐὰν ἀποκριθῇς μοι πρὸς τὸ | * πρῶτον * | νουνεχῶς, ἐρωτήσω σε ἐν τῷ δευτέρῳ καὶ ἐὰν |
| Aris. | 4 | 3 | ἐκ τῆς Ἰουδαίας ὑπὸ τοῦ πατρὸς τοῦ βασιλέως | * πρώτως * | κεκτημένου τήν τε πόλιν καὶ τὰ κατὰ τὴν Αἴγυπτον |
| Aris. | 16 | 4 | ἑτέρως Ζῆνα καὶ Δία τοῦτο δ᾽ οὐκ ἀνοικείως οἱ | * πρῶτοι * | διεσήμαναν δι᾽ ὃν ζωοποιοῦνται τὰ πάντα καὶ |
| Aris. | 47 | 1 | πρὸς ἡμᾶς ἀσφαλῶς οἱ ἄνδρες. ἔρρωσο. εἰσὶ δὲ | * πρώτης * | φυλῆς Ἰώσηφος Ἐζεκίας Ζαχαρίας Ἰωάννης |
| Aris. | 51 | 8 | διὸ παριδεῖν οὐδὲν ἠδύναντο οὐδὲ εἰκῆ συντελέσαι. | * πρῶτον * | δέ σοι τὰ περὶ τῆς τραπέζης ἐξηγήσομαι. |
| Aris. | 77 | 4 | τῶν κατασκευασμάτων ἑτέρου παρ᾽ ἕτερον λέγω δὲ | * πρῶτον * | ἀργυροῦ κρατῆρος εἶτα χρυσοῦ πάλιν ἀργυροῦ καὶ |
| Aris. | 83 | 4 | ὁδὸν ἡμῖν γενομένην τὴν δὲ θέσιν τῆς ὅλης χώρας | * πρῶτον * | δηλώσω. ὡς γὰρ παρεγενήθημεν ἐπὶ τοὺς τόπους |
| Aris. | 107 | 2 | δὲ τὴν πόλιν συμμετρίᾳ καθηκούσῃ κατεσκεύασαν οἱ | * πρῶτοι * | σοφῶς δὲ ἐπινοήσαντες. τῆς γὰρ χώρας πολλῆς οὔσης |
| Aris. | 131 | 2 | οὖν τὰ τῆς εὐσεβείας καὶ δικαιοσύνης | * πρῶτον * | ὁ νομοθέτης ἡμῶν καὶ διδάξας ἕκαστα περὶ τούτων |
| Aris. | 132 | 1 | ἐπιπομπὰς τοῖς αἰτίοις προϋπέδειξε γὰρ πάντων | * πρῶτον * | ὅτι μόνος ὁ θεός ἐστι καὶ διὰ πάντων ἡ δύναμις |
| Aris. | 155 | 5 | κατανοούμενα γὰρ καὶ μεγάλα καὶ ἔνδοξα φαίνεται | * πρῶτον * | μὲν ἡ σύμπηξις τοῦ σώματος καὶ ἡ τῆς τροφῆς |
| Aris. | 179 | 4 | ἄνδρες ὧν χάριν ὑμᾶς μετεπεμψάμην ἐκείνοις | * πρῶτον * | σεβασμὸν ἀποδοῦναι μετὰ ταῦτα τὴν δεξιὰν ὑμῖν |
| Aris. | 179 | 6 | ταῦτα τὴν δεξιὰν ὑμῖν προτεῖναι διὸ πεποίηκα τοῦτο | * πρῶτον. * | μεγάλην δὲ τέθειμαι τὴν ἡμέραν ταύτην ἐν ᾗ |
| Aris. | 187 | 2 | ἔλαβεν ἐκ διαστήματος ἠρώτησε τὸν ἔχοντα τὴν | * πρώτην * | ἀνάκλισιν ἦσαν γὰρ καθ᾽ ἡλικίαν τὴν ἀνάπτωσιν |
| Aris. | 221 | 3 | εἶναι τοῦ πυνθάνεσθαί τι τῶν ἀνδρῶν ἠρώτα τὸν | * πρῶτον * | τῶν ἀπολιπόντων πρὸς τὴν ἑξῆς ἐρώτησιν τίς ἐστιν |
| Aris. | 224 | 3 | πῶς ἂν ἐκτὸς εἴη φθόνου; διαλιπὼν δὲ ἐκεῖνος ἔφη | * πρῶτον * | εἰ νοήσαι ὅτι ὁ θεὸς πᾶσι μερίζει δόξαν τε καὶ |
| Aris. | 236 | 3 | τοὺς ἑξῆς ἠρώτα τῶν προαποκεκριμένων εἶπε δὲ τῷ | * πρώτῳ * | τὸ φρονεῖν εἰ διδακτόν ἐστιν; ὁ δ᾽ εἶπε ψυχῆς ἐστι |
| Aris. | 262 | 3 | τοὺς ἀπολιπόντας ὁ βασιλεὺς ἐπηρώτα. πρὸς τὸν | * πρῶτον * | δὲ ἔφη πῶς ἂν μὴ τραπείη (τις) εἰς ὑπερηφανίαν; |
| Sib. | 3 | 25 | δὴ θεὸς ἐσθ᾽ ὁ πλάσας τετραγράμματον Ἀδὰμ τὸν | * πρῶτον * | πλασθέντα καὶ οὔνομα πληρώσαντα ἀντολίην τε δύσιν |
| Sib. | 3 | 96 | κόσμον πάλιν εἰσανιόντι τοὔνεκ᾽ ἄρ᾽ αὐτὸς | * πρῶτος * | ἐπέγνω καὶ κράτος αὐτοῦ. ἀλλ᾽ ὁπόταν μεγάλοιο |
| Sib. | 3 | 113 | γαῖάν τε καὶ οὐρανὸν οὔνομα θέντες οὕνεκά τοι | * πρώτιστοι * | ἔσαν μερόπων ἀνθρώπων. τρισσαὶ δὴ μερίδες |
| Sib. | 3 | 136 | τὴν τριτάτην γενεὴν τέκε πότνια Ῥείη τίχθ᾽ Ἥρην | * πρώτην * | καὶ ἐπεὶ ἴδον ὀφθαλμοῖσιν θῆλυ γένος ᾤχοντο πρὸς |
| Sib. | 3 | 155 | αὕτη δ᾽ ἔστ᾽ ἀρχὴ πολέμου πάντεσσι βροτοῖσιν. | * (πρώτη * | γάρ τε βροτοῖς αὕτη πολέμοιο καταρχή). καὶ τότε |
| Sib. | 3 | 165 | τά τ᾽ ἐσσόμεν᾽ ἐν φρεσὶ θεῖναι. καί μοι τοῦτο θεὸς | * πρῶτον * | νόῳ ἐγγυάλιξεν ὅσσαι ἀνθρώπων βασιληΐδες |
| Sib. | 3 | 167 | ἀνθρώπων βασιληΐδες ἠγερέθονται. οἶκος μὲν γὰρ | * πρώτιστος * | Σολομώνιος ἄρξει Φοίνικές τ᾽ Ἀσίης ἐπιβήτορες |
| Sib. | 3 | 197 | ἀλλά τί μοι καὶ τοῦτο θεὸς νόῳ ἔνθετο λέξαι τί | * πρῶτον * | τί δ᾽ ἔπειτα τί δ᾽ ὑστάτιον κακὸν ἔσται πάντας |
| Sib. | 3 | 199 | πάντας ἐπ᾽ ἀνθρώπους τίς δ᾽ ἀρχὴ τούτων ἔσται; | * πρῶτον * | Τιτάνεσσι θεὸς κακὸν ἐγγυαλίξει υἱοῖς γὰρ |
| Sib. | 3 | 211 | βροτοῖσι. τί δὴ καθ᾽ ἓν ἐξαγορεύω; ἀλλ᾽ ὁπόταν τὰ | * πρῶτα * | τέλος λάβῃ αὐτίκα δ᾽ ἔσται δεύτερ᾽ ἐπ᾽ ἀνθρώπους. |
| Sib. | 3 | 212 | αὐτίκα δ᾽ ἔσται δεύτερ᾽ ἐπ᾽ ἀνθρώπους. καί τοι | * πρώτιστα * | βοήσω ἀνδράσιν εὐσεβέσιν ἥξει κακὸν οἳ περὶ |
| Sib. | 3 | 300 | τά τ᾽ ἐσσόμεν᾽ ἐν φρεσὶ θεῖναι. καί μοι τοῦτο θεὸς | * πρῶτον * | νόῳ ἔνθετο λέξαι ὅσσα γέ τοι Βαβυλῶνι ἐμήσατο |
| Sib. | 3 | 425 | ἀλλὰ σοφῶς ἐπέων γὰρ ἐμῶν μέτρων τε κρατήσει | * πρῶτος * | γὰρ χείρεσσιν ἐμὰς βίβλους ἀναπλώσει αὐτὸς δ᾽ αὖ |
| Sib. | 3 | 553 | οὐ δὴ βασίλευσαν ὑπερφίαλοι βασιλῆες Ἑλλήνων οἳ | * πρῶτα * | βροτοῖς κακὰ ἡγεμόνευσαν πολλὰ θεῶν εἴδωλα |
| Sib. | 3 | 820 | γὰρ ἐμοὶ δήλωσεν ἃ πρὶν γενετῆρσιν ἐμοῖσιν ὅσσα δὲ | * πρῶτ᾽ * | ἐγένοντο τά μοι +θεὸς+ κατέλεξε τῶν μετέπειτα δὲ |

Slb. 3 828 μὲν ἐγὼ νύμφη καὶ ἀφ' αἵματος αὐτοῦ ἐτύχθην τῷ τὰ * πρῶτ' * ἐγένοντο τὰ δ' ἔσχατα πάντ' ἀπεδείχθη ὥστ' ἀπ'
Slb. 4 20 ἀνθρώποις ὅσα νῦν τε καὶ ὁππόσα ἔσσεται αὖτις ἐκ * πρώτης * γενεῆς ἄχρις ἐς δεκάτην ἀφικέσθαι ἀτρεκέως
Slb. 4 48 δεκάτη γενεῇ μάλα πάντα τελεῖται νῦν δ' ὅσ' ἀπὸ * πρώτης * γενεῆς ἔσται τάδε λέξω. πρῶτα μὲν Ἀσσύριοι
Slb. 4 49 νῦν δ' ὅσ' ἀπὸ πρώτης γενεῆς ἔσται τάδε λέξω. * πρῶτα * μὲν Ἀσσύριοι θνητῶν ἄρξουσιν ἁπάντων ἓξ γενεὰς
Slb. 5 2 μοι στονόεντα χρόνον κλύε Λατινιδάων. ἤ τοι μὲν * πρώτιστα * μετ' ὀλλυμένους βασιλῆας Αἰγύπτου τοὺς πάντας
Slb. 5 12 μετὰ νηπιάχους θηρὸς τέκνα μηλοφάγοιο ἔσσετ' ἄναξ * πρώτιστος * ὅ τις δέκα δὶς κορυφώσει γράμματος ἀρχομένου
Slb. 5 14 πολέμων δ' ἐπὶ πουλὺ κρατήσει ἕξει δ' ἐκ δεκάδος * πρῶτον * τύπον ὥστε μετ' αὐτὸν ἄρχειν στοιχείων ὅστις λάχε
Slb. 5 21 ἀρχὴν ὅς τε τριηκοσίων ἀριθμῶν κεραίην ἐπὶ * πρώτην * ἕξει καὶ ποταμοῦ φίλον οὔνομα ὅς τ' ἐπὶ Πέρσας
Slb. 5 25 δὶς δέκα δ' ὅς⟨τις⟩ ἔπειτ' ἄρξει κεραίην ἐπὶ * πρώτην * ἕξει ἄναξ κεῖνος δὲ καθ' ὕστατον Ὠκεανοῖο ἴξεθ'
Slb. 5 38 δεικνυσι πρόδηλον. τοῦ δὲ τριηκοσίης κεραίης ὅ,τι * πρῶτον * ἐλέγχων παῖς κράτος ἐξαφελεῖ μετὰ δ' αὐτὸν
Slb. 5 54 +Ἴσιδος ἡ γνωστὴ+ καὶ χρησμῶν ἔνθεον ὕμνον. * πρῶτον * μὲν περὶ σεῖο βάσιν ναοῦ πολυκλαύστου μαινάδες
Slb. 5 148 ἥξει δ' εἰς Μήδους καὶ Περσῶν πρὸς βασιλῆας * πρώτους * οὓς ἐπόθησε καὶ οἷς κλέος ἐγκατέθηκεν φωλεύων
Slb. 5 157 ὅς πᾶσαν γαῖαν καθελεῖ μόνος εἵνεκα τιμῆς +αὐτοὶ * πρῶτον * ἔθηκάν τ' εἰναλίῳ Ποσειδῶνι+ ἥξει δ' οὐρανόθεν
Slb. 5 222 ποιῆσαι οἷά τις οὐ πρότερος τῶν συμπάντων βασιλήων * πρῶτα * μὲν ἐκ τρισσῶν κεφαλῶν σὺν πληγάδι ῥίζας
Slb. 5 330 μεγάλη ἵνα σὰς γνώμας ἐπίδωμεν. ταύτην γὰρ * πρώτην * ἔγνως θεὸς ἐν χαρίτεσσιν ἐς τὸ δοκεῖν προχάρισμα
FJos. 190 οὐχὶ ἐγὼ Ἰσραὴλ ὁ ἐν προσώπῳ θεοῦ λειτουργὸς * πρῶτος * καὶ ἐπεκαλεσάμην ἐν ὀνόματι ἀσβέστῳ τὸν θεόν μου;
FJub. 48 1 νόμους δὲ * πρῶτον * Μωϋσῆς γράφει τοῖς Ἰουδαίοις. καταλιπὼν δὲ
FJub. 2 14 Γαβριὴλ τὰ περὶ τῆς γενέσεως τοῦ κόσμου καὶ τοῦ * πρώτου * ἀνθρώπου καὶ τῶν μετ' ἐκεῖνον καὶ τοῦ κατακλυσμοῦ
FJub. 1 1 καὶ ποικιλίας τῶν γλωσσῶν καὶ τῶν περὶ τὸν * πρῶτον * ἄνθρωπον καὶ τῶν μέχρις αὐτοῦ χρόνων καὶ περὶ τῆς
FJub. 2 2 καὶ γεωμετρίαν καὶ πᾶσαν σοφίαν. τῇ μὲν γὰρ * πρώτῃ * ἡμέρᾳ ἐποίησε τοὺς ἀνωτέρους οὐρανοὺς τὴν γῆν τὰ
FJub. 2 3 ταῦτα τὰ ἑπτὰ μέγιστα ἔργα ἐποίησεν ὁ θεὸς ἐν τῇ * πρώτῃ * ἡμέρᾳ. ἐν δὲ τῇ δευτέρᾳ τὸ στερέωμα τὸ ἐν μέσῳ τῶν
FJub. 3 1 χιλιοετηρίδος καὶ τῆς τῶν ἁμαρτωλῶν συντελείας. τῇ * πρώτῃ * ἡμέρᾳ ἑβδομάδος ἥτις ἦν τρίτη μὲν ἡμέρα τῆς
FJub. 3 1 τρίτη μὲν ἡμέρα τῆς πλάσεως τοῦ Ἀδὰμ ὀγδόη δὲ τοῦ * πρώτου * μηνὸς Νισὰν πρώτη δὲ τοῦ Ἀπριλλίου μηνὸς καὶ
FJub. 3 1 πλάσεως τοῦ Ἀδὰμ ὀγδόη δὲ τοῦ πρώτου μηνὸς Νισὰν * πρώτη * δὲ τοῦ Ἀπριλλίου μηνὸς καὶ ἕκτη τοῦ παρ'
FJub. 3 9 τῇ εἰκοστῇ πέμπτῃ τοῦ Ἰουνίου μηνὸς Ἐπιφὶ * πρώτῃ * εἰσήχθη ὑπὸ τοῦ θεοῦ ἐν τῷ παραδείσῳ ἡ τοῦ Ἀδὰμ
FJub. 3 23 τολμηρῶς εἰς τὸν παράδεισον εἰσελθεῖν καὶ διὰ τὸ * πρῶτος * ἀπὸ τοῦ ξύλου λαβεῖν καὶ φαγεῖν. τὰ θηρία καὶ τὰ
FJub. 4 18 ἀσέλγεια μοιχεία τε καὶ ἀδικία. οὗτος ⟨Ἐνὼχ⟩ * πρῶτος * γράμματα μανθάνει καὶ διδάσκει καὶ θείων
FJub. 7 1 τῇ πέμπτῃ τοῦ μηνὸς τοῦ πέμπτου. τούτῳ τῷ ʹβ σ ν * α' * ἔτει Νῶε ἐφύτευσεν ἀμπελῶνα ἐν ὄρει Λουβὰρ τῆς
FJub. 11 2 τε ἑαυτοῖς κατεστήσαντο καὶ βασιλεῖς. καὶ τότε * πρώτως * πολεμικὰ κατασκευάσαντες ὄργανα πολεμεῖν ἀλλήλοις
FJub. 11 14 ο θ' ἐτῶν ἐγέννησε τὸν Θάρρα. Νίνου δὲ τοῦ * πρώτου * βασιλέως τῶν Ἀσσυρίων τεσσαρακοστὸν τρίτον
FJub. 16 21 αὐτοῦ κατὰ συγγένειας πηξάμενος σκηνὰς τότε * πρῶτον * Ἀβραὰμ τῆς σκηνοπηγίας ἐπὶ ἑπτὰ ἡμέρας ἐπιτελεῖ
FJub. 16 31 σκηνοπηγίας ἐπὶ ἑπτὰ ἡμέρας ἐπιτελεῖ τὴν ἑορτήν. * πρῶτος * Ἀβραὰμ ἐκύκλου τὸ θυσιαστήριον κλάδοις φοινίκων
FAch. 109 καὶ νῦν οὖν φύλαξον τούτους ὡς παρακαταθήκην. καὶ * πρῶτον * μὲν θεὸν σέβου ὡς δεῖ. βασιλέα τίμα τὸ γὰρ κράτος
FPho. 8 ψεύδεα μὴ βάζειν τὰ δ' ἐτήτυμα πάντ' ἀγορεύειν. * πρῶτα * θεὸν τιμᾶν μετέπειτα δὲ σεῖο γονῆας. πάντα δίκαια
IOrp. 50 σοφὸν ἔργον) (αὐδὴν ὁρκίζω σε πατρὸς τὴν φθέγξατο * πρῶτον) * (ἡνίκα κόσμον ἅπαντα ἑαῖς στηρίξατο βουλαῖς.)
HEup. 9 26 1 τὸν Μωσῆν * πρῶτον * σοφὸν γενέσθαι καὶ γράμματα παραδοῦναι τοῖς
HEup. 9 26 1 γενέσθαι καὶ γράμματα παραδοῦναι τοῖς Ἰουδαίοις * πρῶτον * παρὰ δὲ Ἰουδαίων Φοίνικας παραλαβεῖν Ἕλληνας δὲ
HEup. 9 26 1 παραλαβεῖν Ἕλληνας δὲ παρὰ Φοινίκων νόμους τε * πρῶτον * γράψαι Μωσῆν τοῖς Ἰουδαίοις. Μωσῆν προφητεῦσαι
HEup. 9 34 13 βασίλεια ἑαυτῷ. προσαγορευθῆναι δὲ τὸ ἀνάκτορον * πρῶτον * μὲν ἱερὸν Σολομῶνος ὕστερον δὲ παρεφθαρμένως τὴν
HEup. 9 39 5 ἱππέων δὲ μυριάδας δώδεκα καὶ πεζῶν ἅρματα μυρία * πρῶτον * μὲν τὴν Σαμαρεῖτιν καταστρέψασθαι καὶ Γαλιλαίαν
HArt. 9 23 2 ἐλασσόνων ὑπὸ τῶν κρεισσόνων ἀδικουμένων τοῦτον * πρῶτον * τήν τε γῆν διελεῖν καὶ ὅρους διασημήνασθαι καὶ
HArt. 9 27 2 τοῦτον δὲ τοῖς Ἰουδαίοις φαύλως προσφέρεσθαι καὶ * πρῶτον * μὲν τήν τε Σάιν οἰκοδομῆσαι τό τε ἐπ' αὐτῇ ἱερὸν
HArt. 9 27 20 Αἴγυπτον. ὑπὸ δὲ τὸν αὐτὸν χρόνον καὶ τὸν Χενεφρῆν * πρῶτον * ἁπάντων ἀνθρώπων ἐλεφαντιάσαντα μεταλλάξαι τούτῳ
HArt. 9 27 22 δύναμιν πολεμίαν ἐπάγειν διαγνῶναι τοῖς Αἰγυπτίοις * πρῶτον * δὲ πρὸς Ἀάρωνα τὸν ἀδελφὸν ἐλθεῖν. τὸν δὲ
HArl. 9 25 3 ἐμμεῖναι μεγάλαις δὲ περιβαλεῖν αὐτὸν ἀτυχίαις. * πρῶτον * μὲν γὰρ αὐτοῦ τούς τε ὄνους καὶ τοὺς βοῦς ὑπὸ
HAno. 9 17 2 περι ιουδαιων γραφης. τῆς Ἀσσυρίας πόλιν Βαβυλῶνα * πρῶτον * μὲν κτισθῆναι ὑπὸ τῶν διασωθέντων ἐκ τοῦ
HAno. 9 17 8 αὐτῶν εἰς Ἐνὼχ ἀναπέμπειν καὶ τοῦτον εὑρηκέναι * πρῶτον * τὴν ἀστρολογίαν οὐκ Αἰγυπτίους. Βαβυλωνίους γὰρ
HAno. 9 17 9 ἀστρολογίαν οὐκ Αἰγυπτίους. Βαβυλωνίους γὰρ λέγειν * πρῶτον * γενέσθαι Βῆλον ὃν εἶναι Κρόνον ἐκ τούτου δὲ
HAno. 9 18 2 δὲ Ἅβραμον τὴν ἀστρολογικὴν ἐπιστήμην παιδευθέντα * πρῶτον * μὲν ἐλθεῖν εἰς Φοινίκην καὶ τοὺς Φοίνικας
LThe. 9 22 10 Συμεῶνα εἰς τὴν πόλιν καθωπλισμένους ἐλθεῖν καὶ * πρῶτα * μὲν τοὺς ἐντυγχάνοντας ἀναιρεῖν ἔπειτα δὲ καὶ τὸν
LEze. 9 28 3 11 γὰρ θυμός μ' ἄνωγε καὶ τέχνασμα βασιλέως. ὁρῶ δὲ * πρῶτον * ἄνδρας ἐν χειρῶν νόμῳ τὸν μέν γ' Ἐβραῖον τὸν δὲ
LEze. 9 29 8 15 ἐμῶν. ἀλλ' ἕρπε καὶ σήμαινε τοῖς ἐμοῖς λόγοις * πρῶτον * μὲν αὐτοῖς πᾶσιν Ἐβραίοις ὁμοῦ ἔπειτα βασιλεῖ τὰ
LEze. 9 29 12 02 δ' ὥσπερ ἦν. ἐν τῇδε ῥάβδῳ πάντα ποιήσεις κακὰ * πρῶτον * μὲν αἷμα ποτάμιον ῥυήσεται πηγαί τε πᾶσαι καὶ
LEze. 9 29 12 22 τοῖσδε λέξεις πᾶσιν Ἐβραίοις ὁμοῦ ὁ μεὶς ὅδ' ὑμῖν * πρῶτος * ἐνιαυτῶν πέλει ἐν τῷδ' ἀπάξω λαὸν εἰς ἄλλην χθόνα
LEze. 9 29 12 42 πρωτότευκτα ζῷα θύοντες θεῷ ὅσ' ἂν τέκωσι παρθένοι * πρώτως * τέκνα τάρσενικὰ διανοίγοντα μήτρας μητέρων.
LEze. 64 29 6 07 μισαδέλφους ὁπλίσαντες ὠλένας Κάϊν μολῦναι φοινίῳ * πρῶτον * λύθρῳ ἐπείσατον γῆν καὶ τὸν ἐξ ἀκηράτων πεσεῖν
LArl. 13 12 9 εἶναι πᾶσι τὴν βιοτὴν ἑβδόμην ἡμέραν ἣ δὴ καὶ * πρώτη * φυσικῶς ἂν λέγοιτο φωτὸς γένεσις ἐν ᾧ τὰ πάντα
LArl. 13 12 13 ἡμετέρων βιβλίων ἱερὰν εἶναι. Ἡσίοδος μὲν οὕτως * πρῶτον * ἔνη τετράς τε καὶ ἑβδόμη ἱερὸν ἦμαρ καὶ πάλιν
LArl. 13 12 16 εἰν ἀγαθοῖς καὶ ἑβδόμη ἐστὶ γενέθλη. καὶ ἑβδόμη ἐν * πρώτοισι * καὶ ἑβδόμη ἐστὶ τελείη καὶ ἑπτὰ δὲ πάντα
LArl. 7 32 17 ἴσης ἅπαντας μετὰ ἰσημερίαν ἐαρινὴν μεσοῦντος τοῦ * πρώτου * μηνὸς τοῦτο δὲ εὑρίσκεσθαι τὸ πρῶτον τμῆμα τοῦ
LArl. 7 32 17 μεσοῦντος τοῦ πρώτου μηνὸς τοῦτο δὲ εὑρίσκεσθαι τὸ * πρῶτον * τμῆμα τοῦ ἡλιακοῦ ἣ ὥς τινες αὐτῶν ὠνόμασαν
FrAn. 2 11 3 ἀνόητοι συμβάλετε ἑαυτοὺς ξύλῳ λάβετε ἄμπελον * πρῶτον * μὲν φυλλοροεῖ εἶτα βλαστὸς γίνεται μετὰ ταῦτα

πρωτότευκτος 1

LEze. 9 29 12 41 ἔτος κάτα ἄζυμα ἔδεσθε καὶ θεῷ λατρεύσετε τὰ * πρωτότευκτα * ζῷα θύοντες θεῷ ὅσ' ἂν τέκωσι παρθένοι

πρωτότοκος 17

Asen. 1 7 δι' αὐτήν. καὶ ἤκουσε περὶ αὐτῆς ὁ υἱὸς Φαραὼ ὁ * πρωτότοκος * καὶ ἐξελιπάρει τὸν πατέρα αὐτοῦ τοῦ δοῦναι
Asen. 1 7 αὐτῷ εἰς γυναῖκα. καὶ εἶπε τῷ Φαραὼ ὁ υἱὸς αὐτοῦ ὁ * πρωτότοκος * δός μοι πάτερ τὴν Ἀσενὲθ τὴν θυγατέρα
Asen. 4 11 οὐχὶ ἀλλὰ γαμηθήσομαι τῷ υἱῷ τοῦ βασιλέως τῷ * πρωτοτόκῳ * ὅτι αὐτός ἐστι βασιλεὺς πάσης τῆς γῆς
Asen. 18 11 οὐρανοῦ ἐξελέξατό σε εἰς νύμφην τῷ υἱῷ αὐτοῦ τῷ * πρωτοτόκῳ * Ἰωσήφ; καὶ ἔτι λαλούντων αὐτῶν ταῦτα ἦλθε
Asen. 21 4 νύμφη τῷ Ἰωσὴφ ὅτι αὐτός ἐστιν ὁ υἱὸς τοῦ θεοῦ ὁ * πρωτότοκος * καὶ σὺ θυγάτηρ ὑψίστου κληθήσῃ καὶ νύμφη
Asen. 21 20 ἐγὼ ἔσομαι νύμφη τοῦ υἱοῦ τοῦ μεγάλου βασιλέως τοῦ * πρωτοτόκου.) * ⟨ἥμαρτον κύριε ἥμαρτον ἐνώπιόν σου πολλὰ
Asen. 23 1 εἶδεν αὐτοὺς ἀπὸ τοῦ τείχους ὁ υἱὸς Φαραὼ ὁ * πρωτότοκος. * καὶ εἶδεν τὴν Ἀσενὲθ καὶ κατενύγη καὶ
Asen. 23 2 ἐνώπιον αὐτοῦ. καὶ εἶπεν αὐτοῖς ὁ υἱὸς Φαραὼ ὁ * πρωτότοκος * γινώσκω ἐγὼ σήμερον ὅτι ὑμεῖς ἐστὲ ἄνδρες
Asen. 23 10 καὶ Ἰωσὴφ ὁ ἀδελφὸς ἡμῶν ἐστὶν ὡς υἱὸς τοῦ θεοῦ * πρωτότοκος. * καὶ πῶς ποιήσωμεν ἡμεῖς τὸ ῥῆμα τοῦτο τὸ
Asen. 25 3 εἶπεν ἡμῖν μηδεὶς ἐγγισάτω μου μηδὲ ὁ υἱός μου ὁ * πρωτότοκος. * καὶ ὡς ἤκουσε ταῦτα ἀπῆλθε σπεύδων ὁ υἱὸς
Asen. 29 8 παιδαρίου. καὶ Φαραὼ ἐπένθησε τὸν υἱὸν αὐτοῦ τὸν * πρωτότοκον * σφόδρα καὶ ἐκ τοῦ πένθους ἐμαλακίσθη καὶ
Sal. 13 9 δίκαιον ὡς υἱὸν ἀγαπήσεως καὶ ἡ παιδεία αὐτοῦ ὡς * πρωτοτόκου. * ὅτι φείσεται κύριος τῶν ὁσίων αὐτοῦ καὶ τὰ
Sal. 18 4 υἱοὺς Ισραηλ. ἡ παιδεία σου ἐφ' ἡμᾶς ὡς υἱὸν * πρωτότοκον * μονογενῆ ἀποστρέψαι ψυχὴν εὐήκοον ἀπὸ ἀμαθίας
Slb. 3 578 ταύρων ζατρεφέων θυσίαις κριῶν τε τελείων * πρωτοτόκων * ὀίων τε καὶ ἀρνῶν πίονα μῆλα βωμῷ ἐπὶ μεγάλῳ
Slb. 3 627 ἱλάσκοιο. θῦε θεῷ ταύρων ἑκατοντάδας ἠδὲ καὶ ἀρνῶν * πρωτοτόκων * αἰγῶν τε περιπλομένῃσιν ἐν ὥραις. ἀλλά μιν
FJub. 4 1 γυναῖκα αὐτοῦ. τῷ ἑβδομηκοστῷ ἔτει ἐγεννήθη αὐτοῖς * πρωτότοκος * ὁ Κάϊν. τῷ ἑβδομηκοστῷ ἔτει
FJub. 48 5 ἀκρὶς Φεβρουαρίῳ σκότος ἡμέρας τρεῖς Μαρτίῳ τὰ * πρωτότοκα. * τῇ ιδ' τούτου τοῦ μηνὸς σκυλεύσαντες τοὺς

πταῖσμα 1

Sedr. 16 2 ὅτε ἐστὶν νέος ὡς νέου αὐτοῦ ἐπαράβλεπον τὰ * πταίσματα * αὐτοῦ ὅτε δὲ πάλιν ἀνὴρ ἐτήρουν αὐτοῦ τὴν

πταίω 7

TGad 4 3 τοῦ πλησίον καὶ εἰς τὸν θεὸν ἁμαρτάνει. ἐὰν γὰρ * πταίσῃ * ὁ ἀδελφὸς εὐθὺς θέλει ἀναγγεῖλαι πᾶσι καὶ σπεύδει
Sedr. 15 7 καὶ ὁ ἀπόστολος καὶ εὐαγγελιστὴς καὶ οἱ λοιποὶ οἱ * πταίσαντες * τὴν βασιλείαν σου κύριέ μου οὕτως καὶ τοὺς
Job 38 1 τί οὖν μὴ λαλήσω τὰ μεγαλεῖα τοῦ κυρίου; ὅλως ἐν * πταίσῃ * μου τὸ στόμα εἰς τὸν δεσπότην; μὴ γένοιτο τίνες
Arls. 230 2 φιλοφρόνως ἐπικροτήσας εἶπε πρὸς τὸν ἕτερον πῶς ἂν * πταίσας * πάλιν τῆς αὐτῆς χάριτος κρατῆσαι δόξης; ὁ δὲ ἔφη σέ μὲν
Arls. 230 4 κρατῆσαι δόξης; ὁ δὲ ἔφη σέ μὲν οὐ δυνατόν ἐστι * πταῖσαι * πᾶσι γὰρ χάριτας ἔσπαρκας αἳ βλαστάνουσιν
Arls. 231 1 περιλαμβάνει τὴν μεγίστην ἀσφάλειαν εἰ δέ τινες * πταίουσιν * ἐφ' οἷς πταίουσιν οὐκέτι χρὴ ταῦτα πράσσειν
Arls. 231 2 μεγίστην ἀσφάλειαν εἰ δέ τινες πταίουσιν ἐφ' οἷς * πταίουσιν * οὐκέτι χρὴ ταῦτα πράσσειν ἀλλὰ φιλίαν

πταρμός 1

Slb. 3 224 γαίης οὔτε βάθος χαροποῖο θαλάσσης Ὠκεανοῖο οὐ * πταρμῶν * σημεῖ' οἰωνοπόλων τε πετεινὰ οὐ μάντεις οὐ

πτέρνα 1

Adam 26 4 αὐτῶν. αὐτὸς σοῦ τηρήσει κεφαλὴν καὶ σὺ ἐκείνου * πτέρναν * ἕως τῆς ἡμέρας τῆς κρίσεως. ταῦτα εἰπὼν κελεύει

πτερόν 4

Asen. 16 18 καὶ ἦσαν αἱ μέλισσαι λευκαὶ ὡσεὶ χιὼν καὶ τὰ * πτερὰ * αὐτῶν ὡς πορφύρα καὶ ὡς ὑάκινθος καὶ ὡς κόκκος καὶ
Bar. 6 7 ἤπλωσε τὰς πτέρυγας αὐτοῦ καὶ εἶδον εἰς τὸ δεξιὸν * πτερὸν * αὐτοῦ γράμματα παμμεγέθη ὡς ἅλωνος τόπον ἔχων
FAch. 111 ἀετούς. συλληφθέντων δὲ τῶν ἀετῶν ἔτιλεν τὰ ἔσχατα * πτερὰ * ἐν οἷς δοκοῦσιν ἵπτασθαι. οὕτως τε αὐτοὺς
LEze. 9 29 16 15 ὡρακέ τις. διπλοῦν γὰρ ἦν τὸ μῆκος ἀετοῦ σχεδὸν * πτεροῖσι * ποικίλοισιν ἠδὲ χρώμασι. στῆθος μὲν αὐτοῦ

πτερύγωμα 1

FrAn. 574 3061 ὃν ὑμνεῖ ὁ οὐρανὸς τῶν οὐρανῶν ὃν ὑμνοῦσι τὰ * πτερυγώματα * τοῦ χερουβίμ. ὁρκίζω σε τὸν περιθέντα ὄρη τῇ

πτέρυξ 13

| | | | | | |
|---|---|---|---|---|---|
| Adam | 26 | 3 | καὶ ποδῶν σου. οὐκ ἀφεθήσεταί σοι ὦτίον οὔτε | ✶ πτέρυξ ✶ | οὔτε ἕν μέλος τούτων ὧν σὺ ἐδελέασας ἐν τῇ κακίᾳ |
| TZab. | 9 | 8 | φῶς δικαιοσύνης καὶ ἴασις καὶ εὐσπλαγχνία ἐπὶ ταῖς | ✶ πτέρυξιν ✶ | αὐτοῦ. αὐτὸς λυτρώσεται πᾶσαν αἰχμαλωσίαν υἱῶν |
| TNep. | 5 | 6 | ἰδοὺ ταῦρος ἐπὶ τῆς γῆς ἔχων δύο κέρατα μεγάλα καὶ | ✶ πτέρυγας ✶ | ἀετοῦ ἐπὶ τοῦ νώτου αὐτοῦ καὶ θέλοντες πιάσαι |
| Asen. | 15 | 7 | πολλὰ ἐπὶ κύριον τὸν θεὸν τῶν ὑψίστων καὶ ὑπὸ τὰς | ✶ πτέρυγάς ✶ | σου σκεπασθήσονται λαοὶ πολλοὶ πεποιθότες ἐπὶ |
| Bar. | 2 | 2 | μοι εἰσέλθωμεν δι' αὐτῆς. καὶ εἰσήλθομεν ὡς ἐν | ✶ πτέρυξιν ✶ | ὡσεὶ πορείας ὁδοῦ ἡμερῶν τριάκοντα. καὶ |
| Bar. | 6 | 5 | ἄγγελος τοῦτο τὸ ὄρνεον παρατρέχει τῷ ἡλίῳ καὶ τὰς | ✶ πτέρυγας ✶ | ἐφαπλῶν δέχεται τὰς πυριμόρφους ἀκτῖνας αὐτοῦ |
| Bar. | 6 | 7 | προσέταξεν ὁ θεὸς τοῦτο τὸ ὄρνεον. καὶ ἥπλωσε τὰς | ✶ πτέρυγας ✶ | αὐτοῦ καὶ εἶδον εἰς τὸ δεξιὸν πτερὸν αὐτοῦ |
| Bar. | 6 | 8 | οὔτε γῆ με τίκτει οὔτε οὐρανὸς ἀλλὰ τίκτουσί με | ✶ πτέρυγες ✶ | πυρός. καὶ εἶπον κύριε τί ἐστι τὸ ὄρνεον τοῦτο |
| Bar. | 7 | 5 | λάμψαι τὸν ἥλιον ἐξέτεινε καὶ ὁ φοῖνιξ τὰς αὐτοῦ | ✶ πτέρυγας. ✶ | ἐγὼ δὲ ἰδὼν τὴν τοιαύτην δόξαν ἐταπεινώθην |
| Bar. | 7 | 5 | φόβῳ μεγάλῳ καὶ ἐξέφυγον καὶ ὑπεκρύβην ἐν ταῖς | ✶ πτέρυξι ✶ | τοῦ ἀγγέλου. καὶ εἶπέν μοι ὁ ἄγγελος μὴ φοβοῦ |
| Bar. | 8 | 2 | τὸ δὲ ὄρνεον ἔστη τεταπεινωμένον καὶ συστέλλον τὰς | ✶ πτέρυγας ✶ | αὐτοῦ. καὶ ταῦτα ἰδὼν ἐγὼ εἶπον κύριε διὰ τί |
| Bar. | 8 | 7 | ὡς δι' αὐτοῦ ταπεινοῦται. εἰ μὴ γὰρ αἱ τούτου | ✶ πτέρυγες ✶ | ὡς προείπομεν περιέσκεπον τὰς τοῦ ἡλίου ἀκτῖνας |
| Sedr. | 2 | 4 | τοῦ ἀνελθεῖν εἰς τοὺς οὐρανούς. καὶ ἐκτείνας ταῖς | ✶ πτέρυξιν ✶ | αὐτοῦ ὁ ἄγγελος ἔλαβεν αὐτὸν καὶ ἀνῆλθεν εἰς |

πτερωτός 2

| | | | | | |
|---|---|---|---|---|---|
| FJub. | 2 | 11 | καὶ τὰ ἄλλα ἑρπετὰ τὰ ἐν τοῖς ὕδασι τὰ πετεινὰ τὰ | ✶ πτερωτά. ✶ | ταῦτα τὰ τρία ἔργα τὰ μεγάλα ἐποίησεν ὁ θεὸς ἐν |
| ISop. | 5 122 | 1 | ἅπας βυθὸς γῆ δὲ ἑδράνων ἔρημος οὐδ' ἀὴρ ἔτι | ✶ πτερωτὰ ✶ | φῦλα βαστάσει πυρουμένη καὶ γὰρ καθ' ἄδην δύο |

πτηνός 9

| | | | | | |
|---|---|---|---|---|---|
| Aris. | 145 | 2 | ἕνεκεν σεμνῶς πάντα ἀνατέτακται. τῶν γὰρ | ✶ πτηνῶν ✶ | οἷς χρώμεθα πάντα ἥμερα καθέστηκε καὶ διαφέρει |
| Aris. | 146 | 2 | καὶ τὰ ἄλλα ὅσα τοιαῦτα. περὶ ὧν δὲ ἀπηγόρευται | ✶ πτηνῶν ✶ | εὑρήσεις ἄγριά τε καὶ σαρκοφάγα καὶ |
| Aris. | 147 | 6 | τὰ τοῦ βίου κυβερνᾶν ὡς τὰ τῶν προειρημένων | ✶ πτηνῶν ✶ | ἥμερα ζῷα τὰ φυόμενα τῶν ὀσπρίων ἐπὶ γῆς δαπανᾷ |
| Sib. | 3 | 370 | εὔρωστος ἀχείματος ἠδ' ἀχάλαζος πάντα φέρων καὶ | ✶ πτηνὰ ✶ | καὶ ἑρπετὰ θηρία γαίης. ὦ μακαριστὸς ἐκεῖνον ὃς ἐς |
| Sib. | 3 | 826 | ὑλοτόμῳ ἐνὶ οἴκῳ ἐπιπλώσας ὑδάτεσσιν σὺν θηρσὶν | ✶ πτηνοῖσί ✶ | θ' ἵν' ἐμπλησθῇ πάλι κόσμος τοῦ μὲν ἐγὼ νύμφη |
| FAch. | 116 | | χρεία ἐστίν. ὁ δὲ Νεκταναβὼν ἔφη πόθεν ἐμοὶ | ✶ πτηνοὺς ✶ | ἀνθρώπους; ὁ δὲ Αἴσωπός φησιν ἀλλὰ Λυκοῦργος |
| FAch. | 116 | | ἀνθρώπους; ὁ δὲ Αἴσωπός φησιν ἀλλὰ Λυκοῦργος ἔχει | ✶ πτηνοὺς ✶ | ἀνθρώπους. σὺ δὲ θέλεις ἄνθρωπος ὑπάρχων ἰσοθέῳ |
| HArt. | 9 27 | 31 | ποιῆσαι καὶ πατάξαντα τὴν γῆν τῇ ῥάβδῳ ζῷόν τι | ✶ πτηνὸν ✶ | ἀνεῖναι λυμαίνεσθαι τοὺς Αἰγυπτίους πάντας τε |
| LEze. | 9 29 16 24 | | πάντων ὀρνέων ἐφαίνετο ὡς ἦν νοῆσαι πάντα γὰρ τὰ | ✶ πτήν' ✶ | ὁμοῦ ὄπισθεν αὐτοῦ δειλιῶντ' ἐπέσσυτο αὐτός δὲ |

πτήσσω 2

| | | | | | |
|---|---|---|---|---|---|
| Sib. | 5 | 16 | στοιχείων ὅστις λάχε γράμματος ἀρχὴν ὃν Θρῆκη | ✶ πτήξει ✶ | καὶ Σικελίη μετὰ Μέμφις Μέμφις πρηνιχθεῖσα δι' |
| Sib. | 5 | 370 | τ' ἐμπρήσει ὡς οὐδέποτ' ἄλλος ἐποίει τοὺς δ' αὖ | ✶ πεπτηῶτας ✶ | ἀνορθώσει διὰ ζῆλον. ἔσται δ' ἐκ δυσμῶν |

πτίλον 1

| | | | | | |
|---|---|---|---|---|---|
| ISop. | 5 111 | 4 | ἔγημε μητέρα οὐ χρυσόμορφος οὐδ' ἐπημφιεσμένος | ✶ πτίλον ✶ | κύκνειον ὡς κόρην Πλευρωνίαν ὑπημβρύωσεν ἀλλ' |

πτοέω 4

| | | | | | |
|---|---|---|---|---|---|
| Hen. | 21 | 9 | ἦν καὶ εἶπέν μοι Ἐνὼχ διὰ τί ἐφοβήθης; οὕτως καὶ | ✶ ἐπτοήθης; ✶ | καὶ ἀπεκρίθην περὶ τούτου τοῦ φοβεροῦ καὶ περὶ |
| Asen. | 18 | 11 | πάντα ἡτοίμασται ὡς προσέταξας. καὶ ὡς εἶδεν αὐτὴν | ✶ ἐπτοήθη ✶ | καὶ ἔστη ἄφωνος ἐπιπολὺ καὶ ἐφοβήθη φόβον μέγαν |
| Sal. | 6 | 3 | αὐτοῦ ἐν διαβάσει ποταμῶν καὶ σάλῳ θαλασσῶν οὐ | ✶ πτοηθήσεται. ✶ | ἐξανέστη ἐξ ὕπνου αἰτοῦ καὶ ηὐλόγησεν τῷ |
| HArt. | 9 27 | 27 | δὲ Μώϋσον ἣν εἶχε ῥάβδον ἐκβαλόντα ὄφιν ποιῆσαι | ✶ πτοηθέντων ✶ | δὲ πάντων ἐπιλαβόμενον τῆς οὐρᾶς ἀνελέσθαι |

Πτολεμαιεύς 1

| | | | | | |
|---|---|---|---|---|---|
| Aris. | 117 | 2 | ὃς εἰς ἕτερον ποταμὸν ἐμβάλλει τὸ ῥεῦμα κατὰ τὴν | ✶ Πτολεμαιέων ✶ | χώραν οὗτος δὲ ἔξεισιν εἰς θάλασσαν. ἄλλοι |

Πτολεμαῖος 10

| | | | | | |
|---|---|---|---|---|---|
| Prop. | 2 | 5 | ἡμεῖς δὲ ἠκούσαμεν ἐκ τῶν παίδων Ἀντιγόνου καὶ | ✶ Πτολεμαίου ✶ | γερόντων ἀνδρῶν ὅτι Ἀλέξανδρος ὁ Μακεδὼν |
| Prop. | 2 | 8 | λόχον καὶ βρέφος ἐν φάτνῃ τιθέντες προσκυνοῦσι καὶ | ✶ Πτολεμαίῳ ✶ | τῷ βασιλεῖ τὴν αἰτίαν πυνθανομένῳ ἔλεγον ὅτι |
| Aris. | 13 | 6 | ἀλλ' οὐ τοσοῦτοι τῷ πλήθει παρεγενήθησαν ὅσους | ✶ Πτολεμαῖος ✶ | ὁ τοῦ Λάγου μετήγαγε καθὼς δὲ προείπομεν |
| Aris. | 35 | 1 | βασιλέως ἐπιστολὴ τὸν τύπον ἔχουσα τοῦτον βασιλεὺς | ✶ Πτολεμαῖος ✶ | Ἐλεαζάρῳ ἀρχιερεῖ χαίρειν καὶ ἐρρῶσθαι. ἐπεὶ |
| Aris. | 41 | 3 | ὁ Ἐλεάζαρος ταῦτα Ἐλεάζαρος ἀρχιερεὺς βασιλεῖ | ✶ Πτολεμαίῳ ✶ | φίλῳ γνησίῳ χαίρειν. αὐτός τε ἔρρωσο καὶ ἡ |
| HDem. | 1 141 | 2 | αἱ δέκα ἐκ Σαμαρείας αἰχμάλωτοι γεγόνασιν ἕως | ✶ Πτολεμαίου ✶ | τετάρτου ἔτη πεντακόσια ἑβδομήκοντα τρία |
| HEup. | 1 141 | 4 | Ἀδὰμ ἄχρι τοῦ πέμπτου ἔτους Δημητρίου βασιλείας | ✶ Πτολεμαίου ✶ | τὸ δωδέκατον βασιλεύοντος Αἰγύπτου συνάγεσθαι |
| HHec. | 1 22 | 185 | | ✶ ἐπὶ τῆς ✶ | ὁ Λάγου ἐνίκα κατὰ Γάζαν μάχῃ Δημήτριον τὸν |
| HHec. | 1 22 | 186 | ἐπικληθέντα Πολιορκητήν. μετὰ τὴν ἐν Γάζῃ μάχην ὁ | ✶ Πτολεμαῖος ✶ | ἐγένετο τῶν περὶ Συρίαν τόπων ἐγκρατὴς καὶ |
| HHec. | 1 22 | 186 | πυνθανόμενοι τὴν ἠπιότητα καὶ φιλανθρωπίαν τοῦ | ✶ Πτολεμαίου ✶ | συναπαίρειν εἰς Αἴγυπτον αὐτῷ καὶ κοινωνεῖν |

Πτολεμαΐς 1

| | | | | | |
|---|---|---|---|---|---|
| Aris. | 115 | 3 | τὴν Ἀσκαλῶνα καὶ Ἰόππην καὶ Γάζαν ὁμοίως δὲ καὶ | ✶ Πτολεμαΐδα ✶ | τὴν ὑπὸ τοῦ βασιλέως ἐκτισμένην. μέση δὲ |

πτολίεθρον 1

| | | | | | |
|---|---|---|---|---|---|
| Sib. | 4 | 149 | Ἀσίην τότε δ' ἔσται ὑπέρκτησις πολέμοιο. Καρῶν δὲ | ✶ πτολίεθρα ✶ | παρ' ὕδασι Μαιάνδροιο ὅσσα πεπύργωνται |

πτύξ 3

| | | | | | |
|---|---|---|---|---|---|
| Sib. | 5 | 235 | τε κακὸν κατέκλυσσας καὶ διὰ σοῦ κόσμοιο καλαὶ | ✶ πτύχες ✶ | ἠλλάχθησαν. εἰς Ἔριν ἡμετέρην τυχὸν ὕστατα ταῦτα |
| Sib. | 5 | 481 | περὶ αἴγαν οὐρανῶν αὐτὸν ἀχλὺς δ' οὐκ ὀλίγην κόσμου | ✶ πτύχας ✶ | ἀμφικαλύψει δεύτερον αὐτὰρ ἔπειτα θεοῦ φάος |
| LEze. | 9 29 | 5 02 | Σιναίου θρόνον μέγαν τιν' εἶναι μέχρις οὐρανοῦ | ✶ πτυχὸς ✶ | ἐν τῷ καθῆσθαι φῶτα γενναῖόν τινα διάδημ' ἔχοντα |

πτυχή 1

| | | | | | |
|---|---|---|---|---|---|
| IEur. | 5 | 75 | 1 | πλασθεὶς ὕπο δέμας τὸ θεῖον περιβάλοι τοίχων | ✶ πτυχαῖς; ✶ |

πτύω 1

| | | | | | |
|---|---|---|---|---|---|
| Asen. | 29 | 1 | ὁ υἱὸς Φαραὼ ἀνέστη ἀπὸ τῆς γῆς καὶ ἀνεκάθισε καὶ | ✶ ἔπτυεν ✶ | αἷμα ἀπὸ τοῦ στόματος αὐτοῦ διότι τὸ αἷμα ἀπὸ τοῦ |

πτῶμα 5

| | | | | | |
|---|---|---|---|---|---|
| Sal. | 3 | 10 | ἐφ' ἁμαρτίας τῇ ζωῇ αὐτοῦ ἔπεσεν ὅτι πονηρὸν τὸ | ✶ πτῶμα ✶ | αὐτοῦ καὶ οὐκ ἀναστήσεται. ἡ ἀπώλεια τοῦ ἁμαρτωλοῦ |
| Sib. | 3 | 183 | θλίψουσι βροτούς. μέγα δ' ἔσσεται ἀνδράσι κείνοις | ✶ πτῶμ' ✶ | ὁπόταν ἄρξωνθ' ὑπερηφανίης ἀδίκοιο. αὐτίκα δ' ἐν |
| Sib. | 5 | 457 | Φοινίκη δεινός σε μένει χόλος ἄχρι πεσεῖν σε | ✶ πτῶμα ✶ | κακὸν Σειρήνες ὅπως κλαύσουσί ἀληθῶς. ἔσται δ' ἐν |
| Sib. | 5 | 488 | σὺ Σάραπι λίθους ἀργοὺς ἐπικείμενε πολλοὺς κείσῃ | ✶ πτῶμα ✶ | μέγιστον ἐν Αἰγύπτῳ τριταλαίνῃ. ὅσσοι δ' Αἰγύπτου |
| FAch. | 106 | | τὴν ἐπιστολὴν περίλυπος ἐγένετο ἐπὶ τῷ ἐξαπίνης | ✶ πτώματι. ✶ | ἐκάλεσεν τοὺς φίλους ἀνελθεῖν ἐν οἷς καὶ |

πτῶσις 3

| | | | | | |
|---|---|---|---|---|---|
| Hen. | 100 | 6 | οὐ δύναται ὁ πλοῦτος αὐτῶν διασῶσαι αὐτοὺς ἐν τῇ | ✶ πτώσει ✶ | τῆς ἀδικίας. οὐαὶ ὑμῖν οἱ ἄδικοι ὅταν ἐκθλίβητε |
| Abr.2 | 13 | 15 | τὸ πικρότερον ὄνομα ἐγώ εἰμι ὁ κλαυθμὸς ἐγώ εἰμι ἡ | ✶ πτῶσις ✶ | πάντων. λέγει αὐτῷ Ἀβραάμ καὶ τίς εἶ σύ; καὶ |
| Bar. | 4 | 17 | οὔτε πατὴρ υἱὸν οὔτε· τέκνα γονεῖς ἀλλὰ διὰ τῆς | ✶ πτώσεως ✶ | τοῦ οἴνου πάντα γίνονται οἷον φόνοι μοιχεῖαι |
| Esdr. | 3 | 11 | σου; καὶ εἶπεν ὁ θεὸς πρῶτον ποιήσω σεισμοὺς | ✶ πτῶσιν ✶ | τετραπόδων καὶ ἀνθρώπων καὶ ὅταν ἴδητε ὅτι |
| Job | 39 | 8 | κελεύσατε τοῖς στρατιώταις ὑμῶν ἵνα σκάψωσιν τὴν | ✶ πτῶσιν ✶ | τῆς οἰκίας τῆς ἐπιπεσούσης τοῖς τέκνοις μου ἵνα |
| FJub. | 48 | 5 | σκνῖπες Σεπτεμβρίῳ κυνόμυια Ὀκτωβρίῳ κτηνῶν | ✶ πτῶσις ✶ | Νοεμβρίῳ φλυκτίδες καὶ ἕλκη Δεκεμβρίῳ χάλαζα |

πτωχεία 3

| | | | | | |
|---|---|---|---|---|---|
| TJud. | 15 | 6 | τοῦ δὲ ἀνδρείου τὴν δύναμιν καὶ τοῦ πτωχοῦ τὸ τῆς | ✶ πτωχείας ✶ | ἐλάχιστον στήριγμα. φυλάσσεσθε οὖν τέκνα μου |
| TJud. | 25 | 4 | λύπη τελευτήσαντες ἀναστήσονται ἐν χαρᾷ καὶ οἱ ἐν | ✶ πτωχείᾳ ✶ | διὰ κύριον πλουτισθήσονται καὶ οἱ ἐν πενίᾳ |
| TDan. | 5 | 13 | Ἰσραὴλ βασιλεύων ἐπ' αὐτοὺς ἐν ταπεινώσει καὶ ἐν | ✶ πτωχείᾳ ✶ | καὶ ὁ πιστεύων ἐπ' αὐτῷ βασιλεύσει ἐν ἀληθείᾳ ἐν |

πτωχεύω 1

| | | | | | |
|---|---|---|---|---|---|
| FrAn. | 1 217 | 5 | μηδὲν ἑαυτῷ καταλείψας πλὴν νομισμάτων δύο. καὶ | ✶ πτωχεύσας ✶ | πάνυ καὶ ὑπὸ μηδενὸς ἐκ θείας δοκιμασίας |

πτωχός 30

| | | | | | |
|---|---|---|---|---|---|
| TJud. | 15 | 5 | τοῦ θεοῦ ὅτι τὰ ἕως τοῦ αἰῶνος καὶ βασιλεῖ καὶ | ✶ πτωχῷ ✶ | αἱ γυναῖκες κατακυριεύουσιν καὶ τοῦ μὲν βασιλέως |
| TJud. | 15 | 6 | τὴν δόξαν τοῦ δὲ ἀνδρείου τὴν δύναμιν καὶ τοῦ | ✶ πτωχοῦ ✶ | τὸ τῆς πτωχείας ἐλάχιστον στήριγμα. φυλάσσεσθε |
| TIss. | 7 | 5 | μου. παντὶ ἀνθρώπῳ ὀδυνωμένῳ συνεστέναξα καὶ | ✶ πτωχῷ ✶ | μετέδωκα τὸν ἄρτον μου. οὐκ ἔφαγον μόνος ὅριον οὐκ |
| TAser | 2 | 5 | κλέπτει ἀδικεῖ ἀρπάζει πλεονεκτεῖ καὶ ἐλεεῖ τοὺς | ✶ πτωχούς ✶ | δίπρόσωπον μέν καὶ τοῦτο ὅλον δὲ πονηρόν ἐστιν. |
| TAser | 2 | 6 | τὸν θεὸν καὶ τὸν ὕψιστον ἐπιορκεῖ καὶ τὸν | ✶ πτωχὸν ✶ | ἐλεᾷ τὸν ἐντολέα τοῦ νόμου κύριον ἀθετεῖ καὶ |
| Asen. | 10 | 12 | τῆς βλεπούσης πρὸς βορρᾶν ἀπὸ τοῦ ὑπερῴου αὐτῆς | ✶ πτωχοῖς ✶ | καὶ δεομένοις. καὶ ἔλαβεν Ἀσενὲθ τὸ δεῖπνον |
| Sal. | 5 | 2 | δίκαια ὅτι σὺ χρηστός καὶ ἐλεήμων ἡ καταφυγὴ τοῦ | ✶ πτωχοῦ ✶ | ἐν τῷ κεκραγέναι με πρός σέ μὴ παρασιωπήσῃς ἀπ' |
| Sal. | 5 | 11 | καὶ ἄρχοντας καὶ λαοὺς σὺ τρέφεις ὁ θεὸς καὶ | ✶ πτωχοῦ ✶ | καὶ πένητος ἡ ἐλπὶς τίς ἐστιν εἰ μὴ σὺ κύριε; καὶ |
| Sal. | 10 | 6 | καὶ ὅσιοι ἐξομολογήσονται ἐν ἐκκλησίᾳ λαοῦ καὶ | ✶ πτωχοὺς ✶ | ἐλεήσει ὁ θεὸς ἐν εὐφροσύνῃ Ἰσραὴλ ὅτι χρηστὸς |
| Sal. | 15 | 1 | θεοῦ Ἰακὼβ καὶ ἐσώθην ὅτι ἐλπὶς καὶ καταφυγή μου | ✶ πτωχῷ ✶ | σὺ ὁ θεός. τίς γὰρ ἰσχύει εἰ μὴ σὺ ὁ θεὸς εἰ μὴ |
| Sal. | 18 | 2 | ὑστερήσει ἐξ αὐτῶν τὰ ὦτά σου ἐπακούει εἰς δέησιν | ✶ πτωχοῦ ✶ | ἐν ἐλπίδι. τὰ κρίματά σου ἐπὶ πᾶσαν τὴν γῆν μετὰ |
| Job | 10 | 7 | πεντήκοντα ἀφ' ὧν ἔταξα εἰς τὴν ὑπηρεσίαν τῆς τῶν | ✶ πτωχῶν ✶ | τραπέζης. ἦσαν δὲ καὶ ξένοι τινὲς ἰδόντες τὴν |
| Job | 11 | 5 | ὅτι ὅλως παρ' ἐμοῦ λαμβάνουσι εἰς εὐλογίαν τῶν | ✶ πτωχῶν ✶ | προθύμως δεξάμενοι τὸ γραμματεῖον ἐδίδουν |
| Job | 11 | 9 | δὲ ἐμπορευόμενοι ἐπετύγχανον καὶ ἐδίδουν τοῖς | ✶ πτωχοῖς ✶ | ἐνίοτε δὲ πάλιν ἀπεσυλοῦντο καὶ ἤρχοντο καὶ |
| Job | 12 | 1 | τοῖς πένησιν βούλομαι μέντοι κἂν διακονῆσαί τοῖς | ✶ πτωχοῖς ✶ | σήμερον ἐν τῇ σῇ τραπέζῃ. καὶ συγχωρηθεὶς |
| Job | 15 | 5 | μετὰ τὴν σύνταξιν τελευαῖον κατασκευασθῆναί μοι | ✶ πτωχοῖς, ✶ | ὅτι νῦν ἀντιδίδουσιν τὴν τρίχα αὐτῆς ἀντὶ ἄρτων. |
| Job | 25 | 4 | γεγομωμέναι ἀγαθῶν ἀπέφερον εἰς τὰς χώρας τοῖς | ✶ πτωχοῖς, ✶ | ὅτι νῦν ἀντιδίδουσιν τὴν τρίχα αὐτῆς ἀντὶ ἄρτων. |
| Job | 25 | 5 | ἀκινήτους ἐπὶ τῆς οἰκίας, εἰς ἃς ᾔσθιον οἱ | ✶ πτωχοὶ ✶ | καὶ πᾶς ξένος, ὅτι νῦν κατατπιπράσκει τὴν τρίχα |
| Job | 30 | 5 | κώμας καὶ εἰς τὰς κύκλῳ πόλεις διαδίδοσαι τοῖς | ✶ πτωχοῖς ✶ | παρεκτὸς τῆς ἐν τῇ οἰκίᾳ αὐλῶν ἐρρημένων· πῶς |
| Job | 32 | 2 | εἰ ὃ τὰ ἑπτακισχίλια πρόβατα ἐκτάξεις εἰς τὴν τῶν | ✶ πτωχῶν ✶ | ἔνδυσιν ποῦ οὖν τυγχάνει ἡ δόξα τοῦ θρόνου σου; |
| Job | 32 | 7 | σου; σὺ εἶ ὁ τὰς ἱδρυμένας ἑξήκοντα τραπέζας τοῖς | ✶ πτωχοῖς ✶ | στηρίξας ποῦ νῦν τυγχάνει ἡ δόξα τοῦ θρόνου σου; |

Job 40 13 ἐπὶ τὰ τέκνα αὐτῆς καὶ κοπετὸν μέγαν ἐποίησαν οἱ * πτωχοὶ * τῆς πόλεως λέγοντες ἴδετε, ἡ Σιτιδός ἐστιν αὕτη,
Job 44 2 τοῦ κυρίου. πάλιν ἐπεζήτησα εὐεργεσίας ποιεῖν τοῖς * πτωχοῖς, * καὶ παρεγένοντο πρός με πάντες οἱ φίλοι μου καὶ
Job 44 4 τί παρ' ἡμῶν νῦν αἰτεῖς; ἐγὼ δὲ ἀναμνησθεὶς τῶν * πτωχῶν * τοῦ πάλιν εὐποιεῖν ᾐτησάμην λέγων δότε μοι
Job 44 4 λέγων δότε μοι ἕκαστος ἀμνάδα μίαν εἰς ἔνδυσιν τῶν * πτωχῶν * τῶν ἐν γυμνώσει. καὶ τότε ἕκαστος προσήνεγκέν μοι
Job 45 2 μόνον μὴ ἐπιλάθεσθε τοῦ κυρίου εὐποιήσατε τοῖς * πτωχοῖς, * μὴ παρίδητε τοὺς ἀδυνάτους, μὴ λάβετε ἑαυτοῖς
FPho. 22 μήτ' ἀδικεῖν ἐθέλῃς μήτ' οὖν ἀδικοῦντα ἐάσῃς. * πτωχῷ * δ' εὐθὺ δίδου μὴ δ' αὔριον ἐλθέμεν εἴπῃς
FrAn. 1 217 2 τὴν σοφίαν Σολομῶντος εὗρεν εὐθὺς ὁ ἐλεῶν * πτωχὸν * θεῷ δανείζει. καὶ εἰς ἑαυτὸν γενόμενος καὶ
FrAn. 1 217 4 καὶ κατανυγεὶς ἀπελθὼν πέπρακε πάντα καὶ διένειμε * πτωχοῖς * μηδὲν ἑαυτῷ καταλείψας πλὴν νομισμάτων δύο. καὶ
FrAn. 1 218 1 μηδὲ ἀπίστει τῷ θεῷ διὰ τῆς γραφῆς λέγοντι ὁ ἐλεῶν * πτωχὸν * θεῷ δανείζει. ἰδοὺ γὰρ ἐν τῷ νῦν αἰῶνι ἐξεπλήρωσά

Πυθαγόρας 2
LArI. 13 12 1 εἰληφέναι πολλὰ γέγονε γὰρ πολυμαθὴς καθὼς καὶ * Πυθαγόρας * πολλὰ τῶν παρ' ἡμῖν μετενέγκας εἰς τὴν ἑαυτοῦ
LArI. 13 12 4 μοι περιειργασμένοι πάντα κατηκολουθηκέναι τούτῳ * Πυθαγόρας * τε καὶ Σωκράτης καὶ Πλάτων λέγοντες ἀκούειν

πυθμήν 1
TJud. 24 5 βασιλείας μου καὶ ἀπὸ τῆς ῥίζης ὑμῶν γενήσεται * πυθμήν. * καὶ ἐν αὐτῷ ἀναβήσεται ῥάβδος δικαιοσύνης τοῖς

Πυθών 1
SIb. 5 182 τένοντας ἐν σοὶ πυραμίδες φωνὴν φθέγξονται ἀναιδῆ. * +Πυθὼν+ * ἡ τὸ πάλαι δίπολις κληθεῖσα δικαίως αἰῶσιν

πυκνός 8
Asen. 10 1 καὶ ἔκλαιε καὶ ἐπάτασσε τῇ χειρὶ τὸ στῆθος αὐτῆς * πυκνῶς * καὶ ἐφοβεῖτο φόβον μέγαν καὶ ἔτρεμε τρόμον βαρύν.
Asen. 10 15 καὶ ἐπάτασσε ταῖς δυσὶ χερσὶ τὸ στῆθος αὐτῆς * πυκνῶς * καὶ ἔκλαυσε πικρῶς καὶ πέπτωκεν ἐπὶ τὴν τέφραν
Asen. 22 7 αἱ τρίχες τῆς κεφαλῆς αὐτοῦ ἦσαν ὅλαι δασεῖαι καὶ * πυκναὶ * σφόδρα ‹ὡς Αἰθίοπος› καὶ ὁ πώγων αὐτοῦ λευκὸς
Prop. 7 1 Ἐνακείμ. Ἀμὼς ἦν ἐκ Θεκουέ. καὶ Ἀμασίας * πυκνῶς * αὐτὸν τυμπανίσας τέλος καὶ ἀνεῖλεν αὐτὸν ὁ υἱὸς
Arls. 62 4 ἔχουσα προοχῆς συνεχέσιν ἀναγλυφαῖς ῥαβδωταῖς * πυκνὴν * ἐχούσαις τὴν πρὸς ἄλληλα θέσιν περὶ ὅλην τὴν
Arls. 90 3 κονιάσεως ἐνεργῶς γεγενημένων ἁπάντων εἶναι δὲ * πυκνὰ * τὰ στόματα πρὸς τὴν βάσιν ἀοράτως ἔχοντα τοῖς πᾶσι
Arls. 318 2 παρακαλέσας δὲ καὶ τοὺς ἑρμηνεῖς ἵνα παραγίνωνται * πυκνότερον * πρὸς αὐτὸν ἐὰν ἀποκατασταθῶσιν εἰς τὴν
FAch. 103 προσπαίζων. ὁ δὲ Αἴσωπος ἰδὼν καὶ ἀγανακτήσας * πυκνὸν * αὐτῷ ἠπείλησεν εἰπὼν βασιλικῆς ὁ παρὰ νόμον

πυκνόω 1
FrAn. 574 3049 γένους τῶν ἀνθρώπων τὸν ἐξαγαγόντα ἐξ ἀδήλων καὶ * πυκνοῦντα * τὰ νέφη καὶ ὑετίζοντα τὴν γῆν καὶ εὐλογοῦντα

πυκτεύω 1
Job 4 10 καὶ ἐγερθήσῃ ἐν τῇ ἀναστάσει ἔσῃ γὰρ ὡς ἀθλητὴς * πυκτεύων * καὶ καρτερῶν πόνους καὶ ἐκδεχόμενος τὸν

πύλη 63
Hen. 9 2 πρό‹ς› ἀλλήλους φωνὴ βοώντω‹ν› ἐπὶ τῆς γῆς μέχρι * πυλῶν * τοῦ οὐρανοῦ. ἐντυγχάνουσιν αἱ ψυχαὶ τῶν ἀνθρώπων
Hen. 9 10 τῶν τετελευτηκότων καὶ ἐντυγχάνουσιν μέχρι τῶν * πυλῶν * τοῦ οὐρανοῦ καὶ ἀνέβη ὁ στεναγμὸς αὐτῶν καὶ οὐ
Hen. 9B 10 ἀποθανόντων ἀνθρώπων ἐντυγχάνουσιν καὶ μέχρι τῶν * πυλῶν * τοῦ οὐρανοῦ ἀνέβη ὁ στεναγμὸς αὐτῶν καὶ οὐ δύναται
Abr.1 10 15 καὶ ζῆσαι ἀνάγαγε ‹δὲ› τὸν Ἀβραὰμ ἐν τῇ πρώτῃ * πύλῃ * τοῦ οὐρανοῦ ὅπως θεάσηται ἐκεῖ τὰς κρίσεις καὶ
Abr.1 11 1 καὶ ἤνεγκεν τὸν Ἀβραὰμ ‹εἰς τὴν ἀνατολὴν ἐν τῇ * πύλῃ * τοῦ οὐρανοῦ τῇ πρώτῃ καὶ εἶδεν ἐκεῖ ὁ Ἀβραὰμ› δύο
Abr.1 11 3 ἑτέρα› πλατεῖα καὶ εὐρύχωρος. ‹καὶ εἶδεν ἐκεῖ δύο * πύλας * μία πύλη πλατεῖα› ἡ κατὰ τῆς πλατείας ὁδοῦ καὶ μία
Abr.1 11 3 καὶ εὐρύχωρος. ‹καὶ εἶδεν ἐκεῖ δύο πύλας μία * πύλη * πλατεῖα› ἡ κατὰ τῆς πλατείας ὁδοῦ καὶ μία πύλη
Abr.1 11 3 μία πύλη πλατεῖα› ἡ κατὰ τῆς πλατείας ὁδοῦ καὶ μία * πύλη * στενὴ ἡ κατὰ τῆς στενῆς ὁδοῦ. ἔξωθεν δὲ τῶν πυλῶν
Abr.1 11 4 πύλη στενὴ ἡ κατὰ τῆς στενῆς ὁδοῦ. ἔξωθεν δὲ τῶν * πυλῶν * τῶν ἐκεῖσε τῶν δύο εἶδον ἄνδρα καθήμενον ἐπὶ τοῦ
Abr.1 11 5 ὀλίγας καὶ ἐφέροντο ὑπὸ ἀγγέλων διὰ τῆς στενῆς * πύλης. * καὶ ‹ὅτε› ἐθεώρει ‹ὁ ἀνὴρ θαυμάσιος ὁ ἐπὶ χρυσοῦ
Abr.1 11 6 ὁ ἐπὶ χρυσοῦ θρόνου καθήμενος διὰ τῆς στενῆς * πύλης * ὀλίγας ψυχὰς προσερχομένας καὶ διὰ τῆς πλατείας
Abr.1 11 6 ὀλίγας ψυχὰς προσερχομένας καὶ διὰ τῆς πλατείας * πύλης * ἀμετρήτους ἀπαγομένας εὐθέως› ὁ ἀνὴρ ὁ ὅσιος
Abr.1 11 7 ἐθεώρει πολλὰς ψυχὰς εἰσερχομένας διὰ τῆς στενῆς * πύλης * τότε ἀνίστατο ἀπὸ τῆς γῆς καὶ ἐκαθέζετο ἐπὶ τοῦ
Abr.1 11 10 ὅτε ἴδῃ πολλὰς ψυχὰς εἰσερχομένας διὰ τῆς στενῆς * πύλης * τότε ἀνίσταται καὶ κάθηται ἐπὶ τοῦ θρόνου αὐτοῦ
Abr.1 11 10 χαίρων καὶ ἀγαλλιώμενος ἐν εὐφροσύνῃ ὅτι αὕτη ἡ * πύλη * ‹τῶν δικαίων ἐστίν ἡ στενή› ἡ ἀπάγουσα εἰς τὴν ζωήν
Abr.1 11 11 δὲ ἴδῃ πολλὰς ψυχὰς εἰσερχομένας διὰ τῆς πλατείας * πύλης * τότε ἁρπάζει τὰς τρίχας τῆς κεφαλῆς αὐτοῦ καὶ
Abr.1 12 2 καὶ διήγαγον πάσας τὰς ψυχὰς εἰς τὴν πλατεῖαν * πύλην * εἰς τὴν ἀπώλειαν. ἠκολουθήσαμεν δὲ ἡμεῖς τοῖς
Abr.1 12 3 δὲ ἡμεῖς τοῖς ἀγγέλοις καὶ ἤλθομεν ἔσωθεν τῆς * πύλης * ἐκείνης τῆς πλατείας καὶ ἐν μέσῳ τῶν δύο πυλῶν
Abr.1 12 4 τῆς πύλης ἐκείνης τῆς πλατείας καὶ ἐν μέσῳ τῶν δύο * πυλῶν * ἵσταται θρόνος φοβερὸς ἐν εἴδει κρυστάλλου
Abr.2 8 4 Ὠκεανὸν ποταμόν. καὶ ἀτενίσας Ἀβραὰμ εἶδεν δύο * πύλας * μίαν μὲν μικρὰν τὴν δὲ ἑτέραν μεγάλην ἀνὰ μέσον δὲ
Abr.2 8 5 μὲν μικρὰν τὴν δὲ ἑτέραν μεγάλην ἀνὰ μέσον δὲ τῶν * πυλῶν * ἐκαθέζετο ἀνὴρ ‹ἐπὶ θρόνου δόξης μεγάλης καὶ
Abr.2 8 10 οὐχὶ κύριε. καὶ εἶπεν Μιχαὴλ θεωρεῖς τὰς δύο * πύλας * ταύτας τὴν μικρὰν καὶ τὴν μεγάλην; αὗται εἰσιν αἱ
Abr.2 8 11 τὴν μικρὰν καὶ τὴν μεγάλην; αὗται εἰσιν αἱ δύο * πύλαι * αἱ ἀπάγουσαι εἰς τὴν δόξαν καὶ εἰς τὸν θάνατον ἡ
Abr.2 8 11 εἰς τὴν δόξαν καὶ εἰς τὸν θάνατον ἡ μὲν μία * πύλη * αὕτη ἐστὶν ἡ ἀπάγουσα εἰς τὴν ζωὴν ἡ δὲ ἑτέρα πύλη
Abr.2 8 11 πύλη αὕτη ἐστὶν ἡ ἀπάγουσα εἰς τὴν ζωὴν ἡ δὲ ἑτέρα * πύλη * ἡ ἡπλουμένη αὕτη ἐστὶν ἡ ἀπάγουσα εἰς τὴν ἀπώλειαν
Abr.2 8 16 θεωρεῖ τὸ περισσὸν τοῦ κόσμου ἀπαγόμενον διὰ τῆς * πύλης * τῆς ἀπαγούσης εἰς τὴν ἀπώλειαν διὰ τοῦτο
Abr.2 9 1 ὥστε οὖν τὸν μὴ δυνάμενον εἰσελθεῖν εἰς τὴν στενὴν * πύλην * οὐ δύναται εἰσελθεῖν εἰς τὴν ζωήν; λέγει αὐτῷ
Abr.2 9 3 καὶ οὐ δυνήσομαι εἰσελθεῖν εἰς τὴν στενὴν * πύλην * ὅτι οὐδεὶς δύναται εἰσελθεῖν ἐν αὐτῇ εἰ μὴ παιδία
Abr.2 9 4 ἀλλὰ οἱ πλείονες εἰσάγονται τοῦ κόσμου διὰ τῆς * πύλης * τῆς αἱρούσης εἰς τὴν ἀπώλειαν. καὶ ἑστῶτος τοῦ
Abr.2 9 5 αὐτοῦ καὶ ἀπῆξεν τὰς μυριάδας τῶν ψυχῶν εἰς τὴν * πύλην * τὴν ἀπάγουσαν εἰς τὴν ἀπώλειαν. λέγει δὲ Ἀβραὰμ
TLevI 5 1 αὐτὸν ἀπολοῦνται. καὶ ἤνοιξέ μοι ὁ ἄγγελος τὰς * πύλας * τοῦ οὐρανοῦ καὶ εἶδον τὸν ναὸν τὸν ἅγιον καὶ ἐπὶ
TJud. 7 3 δὲ βαθεῖα ἐλθοῦσι τοῖς ἀδελφοῖς ἠνοίξαμεν τὰς * πύλας * καὶ πάντας αὐτοὺς καὶ τὰ αὐτῶν ὀλοθρεύσαμεν καὶ
TJud. 9 4 Ἠσαύ. ἦν δὲ τούτοις πόλις καὶ τεῖχος σιδηροῦν καὶ * πύλαι * χαλκαῖ καὶ οὐκ ἠδυνήθημεν εἰσελθεῖν ἐν αὐτῇ καὶ
TJud. 12 1 κόσμῳ νυμφικῷ ἐκάθισεν ἐν Ἐνὰν τῇ πόλει πρὸς τὴν * πύλην. * νόμος γὰρ Ἀμορραίων τὴν γαμοῦσαν προκαθῖσαι ἐν
TJud. 12 2 προκαθῖσαι ἐν πορνείᾳ ἑπτὰ ἡμέρας παρὰ τὴν * πύλην. * μεθυσθεὶς οὖν ἐγὼ ἐν ὕδασι Χωζηβὰ οὐκ ἐπέγνων
TJud. 12 9 καίγε οἱ ἐν τῇ πόλει ἔλεγον μὴ εἶναι ἐν τῇ * πύλῃ * τελισκομένην ὅτι ἐξ ἄλλου χωρίου ἐλθοῦσα πρὸς βραχὺ
TJud. 12 9 ὅτι ἐξ ἄλλου χωρίου ἐλθοῦσα πρὸς βραχὺ ἐκάθισεν ἐν * πύλῃ * καὶ ἐνόμιζον ὅτι οὐδεὶς ἔγνω ὅτι εἰσῆλθον πρὸς
Asen. 2 11 λίθοις τετραγώνοις μεγάλοις ᾠκοδομημένον. καὶ ἦσαν * πύλαι * τῇ αὐλῇ τέσσαρες σεσιδηρωμέναι καὶ ταύτας
Asen. 5 4 καὶ πᾶσα ἡ συγγένεια αὐτοῦ. καὶ ἠνοίχθησαν αἱ * πύλαι * τῆς αὐλῆς αἱ βλέπουσαι κατὰ ἀνατολὰς καὶ εἰσῆλθεν
Asen. 5 6 εἰσῆλθεν Ἰωσὴφ εἰς τὴν αὐλὴν καὶ ἐκλείσθησαν αἱ * πύλαι * τῆς αὐλῆς καὶ πᾶς ἀνὴρ καὶ γυνὴ ἀλλότριοι ἔμειναν
Asen. 5 6 ἔμειναν ἔξω τῆς αὐλῆς διότι οἱ φύλακες τῶν * πυλῶν * ἐπεσπάσαντο καὶ ἔκλεισαν τὰς θύρας καὶ
Asen. 18 1 ‹ἡμᾶς› σήμερον. ὁ γὰρ πρόδρομος αὐτοῦ πρὸς τὰς * πύλας * τῆς αὐλῆς ἡμῶν ἕστηκεν. καὶ ἔσπευσεν Ἀσενὲθ καὶ
Asen. 19 3 εἰσῆλθεν Ἰωσὴφ εἰς τὴν αὐλὴν καὶ ἐκλείσθησαν αἱ * πύλαι * καὶ ἀπέμειναν ἔξω πάντες ἀλλότριοι. καὶ ἐξῆλθεν
Sal. 8 17 ὠμάλισαν ὁδοὺς τραχείας ἀπὸ εἰσόδου αὐτοῦ ἤνοιξαν * πύλας * ἐπὶ Ἰερουσαλημ ἐστεφάνωσαν τείχη αὐτῆς. εἰσῆλθεν
Sal. 16 2 ὀλίγον ἐξεχύθη ἡ ψυχή μου εἰς θάνατον σύνεγγυς * πυλῶν * ᾅδου μετὰ ἁμαρτωλοῦ ἐν τῷ διενεχθῆναι ψυχήν μου
Jer. 1 8 εἰσελθεῖν εἰς αὐτὴν εἰ μὴ ἐγὼ πρῶτος ἀνοίξω τὰς * πύλας * αὐτῆς. ἀνάστηθι οὖν καὶ ἄπελθε πρὸς Βαροὺχ καὶ
Jer. 4 1 ἡ δύναμις τῶν Χαλδαίων ἰδοὺ γὰρ ἠνεῴχθη ὑμῖν ἡ * πύλη. * εἰσελθέτω οὖν ὁ βασιλεὺς μετὰ τοῦ πλήθους αὐτοῦ
Jer. 9 5 Μιχαὴλ ὁ ἀρχάγγελος τῆς δικαιοσύνης ὁ ἀνοίγων τὰς * πύλας * τοῖς δικαίοις ἕως ἂν εἰσενέγκῃ τοὺς δικαίους.
Bar. 2 θεοῦ διεφυλάχθη καὶ οὗτος ἐκάθητο ἐπὶ τὰς ὡραίας * πύλας * ὅπου ἔκειτο τὰ τῶν ἁγίων ἅγια. οἳ νῦν ἐγὼ Βαροὺχ
Bar. 6 13 οἱ ἄγγελοι τὰς τριακοσίας ἑξήκοντα πέντε * πύλας * τοῦ οὐρανοῦ καὶ διαχωρίζεται τὸ φῶς ἀπὸ τοῦ
Bar. 11 2 ὁ ἄγγελος ἤγαγέν με εἰς πέμπτον οὐρανόν. καὶ ἦν ἡ * πύλη * κεκλεισμένη. καὶ εἶπον κύριε οὐκ ἀνοίγεται ὁ πυλὼν
Bar. 11 5 τῶν ἀνθρώπων. καὶ ἰδοὺ ἦλθεν φωνὴ ἀνοιγήτωσαν αἱ * πύλαι. * καὶ ἤνοιξαν καὶ ἐγένετο τρισμὸς ὡς βροντῆς. καὶ
Bar. 15 1 καὶ αὐτῇ τῇ ὥρᾳ κατῆλθεν ὁ Μιχαὴλ καὶ ἠνοίγη ἡ * πύλη * καὶ ἤνεγκεν ἔλαιον. καὶ τοὺς ἀγγέλους τοὺς
Arls. 158 4 ἡμῖν μνείας δέδωκεν ὡσαύτως δὲ καὶ ἐπὶ τῶν * πυλῶν * μὲν καὶ θυρῶν προστέταχε μὲν ἡμῖν τιθέναι τὰ λόγια
SIb. 3 770 ὑπέσχετο γαῖαν ἀνοίξειν καὶ κόσμον μακάρων τε * πύλας * καὶ χάρματα πάντα καὶ νοῦν ἀθάνατον αἰώνιον
SIb. 5 307 καὶ Σμύρνα ἐὸν κλαίουσα +λυκουργὸν+ εἰς + Ἐφέσοιο+ * πύλας * καὶ αὐτὴ μᾶλλον ὀλεῖται. Κύμη δ' ἡ μωρὰ σὺν νάμασι
FJub. 37 17 υἱῶν αὐτοῦ εἰς πόλεμον. Ἰακὼβ δὲ ἀποκλείσας τὰς * πύλας * τῆς βάρεως παρεκάλει τὸν Ἠσαῦ μνησθῆναι τῶν
FJub. 38 3 τὸν Ἠσαῦ κατέβαλε. τοῦ δὲ θανόντος ἀνοίξαντες τὰς * πύλας * οἱ υἱοὶ Ἰακὼβ ἀνεῖλον τοὺς πλείστους. Ἰωσὴφ ιζ'
HEup. 9 34 8 ἐφ' ἑκάστης λυχνίας ἑπτά. οἰκοδομῆσαι δὲ καὶ τὰς * πύλας * τοῦ ἱεροῦ καὶ κατακοσμῆσαι χρυσίῳ καὶ ἀργυρίῳ καὶ
HEup. 9 34 11 ἐπὶ τοῦ ἱεροῦ μηδὲ νοσσεύῃ ἐπὶ τοῖς φατνώμασι τῶν * πυλῶν * καὶ στοῶν καὶ μολύνῃ τοῖς ἀποπατήμασι τὸ ἱερόν.
HHec. 1 22 198 ὡς πεντάπλεθρος εὖρος δὲ πηχῶν ἑκατὸν ἔχων διπλᾶς * πύλας. * ἐν ᾧ βωμός ἐστι τετράγωνος οὐκ ἐκ τμητῶν ἀλλ' ἐκ
HCal. 28 4 καὶ μεταρσίοις κατοχυρώσας ἐν δὲ τῇ κατὰ ἀνατολὴν * πύλῃ * μεταρσιώτατον πάντων ἕνα πύργον οἰκοδομήσας ἐν αὐτῷ
FrAn. 17 2069 45 πολυ ο‹ - ›θαλασση‹ - - ›τη ερυθρα θ‹αλασση - - * ›πυλη‹ * - - αλ›ηθως μετ αυτα‹ - - ›φρονιμοτερο‹ν - ›τον

πυλών 5
Abr.2 8 7 οὗτος ὁ καθήμενος ἐπὶ τὸν θρόνον ἀνὰ μέσον τῶν δύο * πυλώνων * τούτων ἐν τηλικαύτῃ δόξῃ καὶ πλῆθος ἀγγέλων
TZab. 3 6 ὑπελύθησαν ὑπὸ τῶν παίδων Ἰωσὴφ ἔμπροσθε τοῦ * πυλῶνος * καὶ οὕτως προσεκύνησαν τῷ Ἰωσὴφ κατὰ τὸν τύπον
Asen. 10 2 τὴν κλίμακα ἐκ τοῦ ὑπερῴου καὶ ἦλθεν εἰς τὸν * πυλῶνα * καὶ ἡ πυλωρὸς ἐκάθευδε μετὰ τῶν τέκνων αὐτῆς. καὶ
Bar. 11 2 πύλη κεκλεισμένη. καὶ εἶπον κύριε οὐκ ἀνοίγεται ὁ * πυλὼν * οὗτος ὅπως εἰσέλθωμεν; καὶ εἶπέν μοι ὁ ἄγγελος οὐ
Esdr. 5 13 τὸ ἔννατον μὲν ἀνοίγεται τὰ κλεῖθρα τοῦ * πυλῶνος * τῆς γυναικὸς καὶ γεννᾶται ὑγιὴς εἰς τὴν γῆν. καὶ

πυλωρός 1
Asen. 10 2 ἐκ τοῦ ὑπερῴου καὶ ἦλθεν εἰς τὸν πυλῶνα καὶ ἡ * πυλωρὸς * ἐκάθευδε μετὰ τῶν τέκνων αὐτῆς. καὶ ἔσπευσεν

πυμήν cf. ποιμήν

πυνθάνομαι 27
Hen. 18 13 ἴδον ἑπτὰ ἀστέρας ὡς ὄρη μεγάλα καιόμενα περὶ ὧν * πυνθανομένῳ * μοι εἶπεν ὁ ἄγγελος οὗτός ἐστιν ὁ τόπος τὸ

Prop. 2 8 προσκυνοῦσι καὶ Πτολεμαίῳ τῷ βασιλεῖ τὴν αἰτίαν * πυνθανομένῳ * ἔλεγον ὅτι πατροπαράδοτόν ἐστι μυστήριον ὑπὸ

Aris. 52 2 ποιῆσαι τοῖς μέτροις τὸ κατασκεύασμα. προσέταξε δὲ * πυθέσθαι * τῶν ἀνὰ τὸν τόπον πηλίκη τίς ἐστιν ἡ προοῦσα

Aris. 91 1 τὰ συναγόμενα παμπληθῆ τῶν θυμάτων αἵματα. * πεπυσμένος * δὲ καὶ αὐτὸς τὴν τῶν ὑποδοχείων κατασκευὴν

Aris. 129 1 καὶ τῶν νομιζομένων ἀκαθάρτων εἶναι κνωδάλων. * πυνθανομένων * γὰρ ἡμῶν διά τι μιᾶς καταβολῆς οὔσης τὰ μὲν

Aris. 197 2 ἁπάντων. ἐπιμαρτυρήσας δὲ τούτοις τοῦ μετὰ ταῦτα * ἐπυνθάνετο * πῶς ἂν τὰ συμβαίνοντα μετρίως φέροι; ἐκεῖνος

Aris. 203 3 καθὸ δὲ ἐνόμιζεν ὁ βασιλεὺς εὔκαιρον εἶναι πρὸς τὸ * πυνθάνεσθαί * τι τῶν ἀνδρῶν ἐπηρώτα τοὺς ἑξῆς τῶν

Aris. 204 3 ἦσαν οἱ ἠρωτημένοι τῇ προτέρᾳ. σιγῆς δὲ γενομένης * ἐπυνθάνετο * πῶς ἂν πλούσιος διαμένοι; βραχὺ δὲ ἐπισχὼν ὁ

Aris. 209 2 γὰρ ὁ θεὸς ἐλεήμων ἐστίν. ἀποδεξάμενος δὲ τοῦτον * ἐπυνθάνετο * τοῦ κατὰ τὸ ἑξῆς τίς ἀναγκαιότατος τρόπος

Aris. 221 2 ὅτε καιρὸν ὑπελάμβανεν ὁ βασιλεὺς εἶναι τοῦ * πυνθάνεσθαί * τι τῶν ἀνδρῶν ἠρώτα τὸν πρῶτον τῶν

Aris. 228 2 δὲ τούτοις τὸν ἕκτον ἐκέλευσεν ἀποφήνασθαι * πυνθανόμενος * τίσι δεῖ χαρίζεσθαι; ἐκεῖνος δ' ἀπεκρίθη

Aris. 229 1 πρὸς ἑαυτὸν καθιστῶν. παρακαλέσας δὲ καὶ τοῦτον * ἐπυνθάνετο * καὶ τοῦ μετέπειτα τί καλλονῆς ἄξιόν ἐστιν; ὁ

Aris. 250 1 φανήσῃ. τούτου δὲ ἀκούσας τοῦ κατὰ τὸ ἑξῆς * ἐπυνθάνετο * πῶς ⟨ἂν⟩ ἁρμόσαι γυναικί; ⟨γινώσκων⟩ ὅτι μὲν

Aris. 255 2 ὦ βασιλεῦ. καλῶς δὲ ἀποκεκρίσθαι φήσας τοῦτον * ἐπυνθάνετο * τοῦ μετέπειτα τί ἐστιν εὐβουλία; τὸ καλῶς

Aris. 288 1 ἁπάντων. διαχυθεὶς δὲ ἐπὶ τοῖς εἰρημένοις * ἐπυνθάνετο * τοῦ μετέπειτα τί κάλλιστόν ἐστι τοῖς ὄχλοις

Sib. 3 774 ἔσσεται ἄλλος οἶκος ἐπ' ἀνθρώποισι καὶ ἐσσομένοισι * πυθέσθαι * ἀλλ' ὃν ἔδωκε θεὸς πιστοῖς ἄνδρεσσι γεραίρειν.

FAch. 115 περιβαλὼν στολὰς ἐκάθισεν. τοῦ δὲ Αἰσώπου ἐλθόντος * ἐπύθετο * τίνι ἴκελός εἰμι; ὁ δὲ ἔφη σὺ τῷ ἡλίῳ καὶ οἱ

HArt. 9 27 12 Ναχέρωτα. τὸν δὲ ἐλθόντα μετὰ Μωΰσου εἰς Μέμφιν * πυθέσθαι * παρ' αὐτοῦ εἴ τι ἄλλο ἐστὶν εὔχρηστον τοῖς

HArt. 9 27 18 ἀπαλλάσσεσθαι εἰς τὴν Ἀραβίαν. τὸν δὲ Χανεθώθην * πυθόμενον * τοῦ Μωΰσου τὴν φυγὴν ἐνεδρεύειν ὡς ἀναιρήσοντα

HArt. 9 27 22 τὸν ἀδελφὸν ἐλθεῖν. τὸν δὲ βασιλέα τῶν Αἰγυπτίων * πυθόμενον * τὴν τοῦ Μωΰσου παρουσίαν καλέσαι πρὸς αὐτὸν

HArt. 9 27 22 τὴν τοῦ Μωΰσου παρουσίαν καλέσαι πρὸς αὐτὸν καὶ * πυνθάνεσθαι * ἐφ' ὅ,τι ἥκοι τὸν δὲ φάναι διότι προστάσσειν

HArt. 9 27 23 δεσπότην ἀπολῦσαι τοὺς Ἰουδαίους. τὸν δὲ * πυθόμενον * εἰς φυλακὴν αὐτὸν καθεῖρξαι νυκτὸς δὲ

HHec. 1 22 186 περὶ Συρίαν τόπων ἐγκρατὴς καὶ πολλοὶ τῶν ἀνθρώπων * πυνθανόμενοι * τὴν ἠπιότητα καὶ φιλανθρωπίαν τοῦ

LThe. 9 22 9 ἀπογόνοις δέκα ἔθνη δώσειν. εὖ γὰρ ἐγὼ μῦθον ⟨γε⟩ * πεπυσμένος * εἰμὶ θεοῖο δώσειν γάρ ποτ' ἔφησε δέκ' ἔθνεα

LThe. 9 22 11 ὀξὺ σπλάγχνα διὰ στέρνων λίπε δὲ ψυχὴ δέμας εὐθύς. * πυθομένους * δὲ καὶ τοὺς ἑτέρους ἀδελφοὺς τὴν πρᾶξιν αὐτῶν

FrAn. 1 217 16 ἰδὼν ἀναστὰς προσεκύνησε καὶ ἔκθαμβος γενόμενος * ἐπυνθάνετο * ποῦ τὸν πολύτιμον καὶ θεῖον λίθον τοῦτον

FrAn. 1 227 4 - τ)ον αριθμον των δεκα Χ⟨αναναιων τ)ου ενος δειχα * επυνθ⟨αν * - )ι δε φησιν ακουσον⟨ - )υν καθ ημων κα⟨ - -

πῦρ 152

Hen. 1 6 διαρυῆναι ὄρη καὶ τακήσονται ὡς κηρὸς ἀπὸ προσώπου * πυρὸς * ἐν φλογί. καὶ διασχισθήσεται ἡ γῆ σχίσμα ῥαγάδι

Hen. 10 13 τῶν αἰώνων. τότε ἀπαχθήσονται εἰς τὸ χάος τοῦ * πυρὸς * καὶ εἰς τὴν βάσανον καὶ εἰς τὸ δεσμωτήριον

Hen. 10B 6 τῆς κρίσεως ἀπαχθήσεται εἰς τὸν ἐμπυρισμὸν τοῦ * πυρός. * καὶ ἴασαι τὴν γῆν ἣν ἠφάνισαν οἱ ἐγρήγοροι καὶ

Hen. 10B 13 τῶν αἰώνων. τότε ἀπενεχθήσονται εἰς τὸ χάος τοῦ * πυρὸς * καὶ εἰς τὴν βάσανον καὶ εἰς τὸ δεσμωτήριον τῆς

Hen. 14 9 τείχους οἰκοδομημένου ἐν λίθοις χαλάζης καὶ γλώσσης * πυρὸς * κύκλῳ αὐτῶν καὶ ἤρξαντο ἐκφοβεῖν με. καὶ εἰσῆλθον

Hen. 14 10 ἐκφοβεῖν με. καὶ εἰσῆλθον εἰς τὰς γλώσσας τοῦ * πυρὸς * καὶ ἤγγισα εἰς οἶκον μέγαν οἰκοδομημένον ἐν λίθοις

Hen. 14 12 αὐτῶν χερουβὶν πύρινα καὶ οὐρανὸς αὐτῶν ὕδωρ καὶ * πῦρ * φλεγόμενον κύκλῳ τῶν τειχῶν καὶ θύραι πυρὶ

Hen. 14 12 ὕδωρ καὶ πῦρ φλεγόμενον κύκλῳ τῶν τειχῶν καὶ θύραι * πυρὶ * καιόμεναι. εἰσῆλθον εἰς τὸν οἶκον ἐκεῖνον θερμὸν ὡς

Hen. 14 13 εἰσῆλθον εἰς τὸν οἶκον ἐκεῖνον θερμὸν ὡς * πῦρ * καὶ ψυχρὸν ὡς χιὼν καὶ πᾶσα τροφὴ ζωῆς οὐκ ἦν ἐν

Hen. 14 15 μείζων τούτου καὶ ὅλος οἰκοδομημένος ἐν γλώσσαις * πυρὸς * καὶ ὅλος διαφέρων ἐν δόξῃ καὶ ἐν τιμῇ καὶ ἐν

Hen. 14 17 καὶ περὶ τῆς μεγαλωσύνης αὐτοῦ. τὸ ἔδαφος αὐτοῦ ἦν * πυρὸς * τὸ δὲ ἀνώτερον αὐτοῦ ἦσαν ἀστραπαὶ καὶ διαδρομαὶ

Hen. 14 17 καὶ διαδρομαὶ ἀστέρων καὶ ἡ στέγη αὐτοῦ ἦν * πῦρ * φλέγον. ἐθεώρουν δὲ καὶ εἶδον θρόνον ὑψηλὸν καὶ τὸ

Hen. 14 19 καὶ ὑποκάτω τοῦ θρόνου ἐξεπορεύοντο ποταμοὶ * πυρὸς * φλεγόμενοι καὶ οὐκ ἐδυνάσθην ἰδεῖν. καὶ ἡ δόξα ἡ

Hen. 14 22 ἔνδοξον καὶ οὐκ ἐδύνατο πᾶσα σὰρξ ἰδεῖν αὐτοῦ τὸ * πῦρ * φλεγόμενον κύκλῳ καὶ πῦρ μέγα παρειστήκει αὐτῷ καὶ

Hen. 14 22 πᾶσα σὰρξ ἰδεῖν αὐτοῦ τὸ πῦρ φλεγόμενον κύκλῳ καὶ * πῦρ * μέγα παρειστήκει αὐτῷ καὶ οὐδεὶς ἐγγίζει αὐτῷ. κύκλῳ

Hen. 17 1 τινα τόπον ἀπήγαγον ἐν ᾧ οἱ ὄντες ἐκεῖ γίνονται ὡς * πῦρ * φλέγον καὶ ὅταν θέλωσιν φαίνονται ὡσεὶ ἄνθρωποι. καὶ

Hen. 17 3 καὶ τῶν βροντῶν καὶ εἰς τὰ ἀεροβαθῆ ὅπου τόξον * πυρὸς * καὶ τὰ βέλη καὶ τὰς θήκας αὐτῶν καὶ τὰς ἀστραπὰς

Hen. 17 4 καὶ ἀπήγαγόν με μέχρι ὑδάτων ζώντων καὶ μέχρι * πυρὸς * δύσεως ὅ ἐστιν καὶ παρέχον πάσας τὰς δύσεις τοῦ

Hen. 17 5 τὰς δύσεις τοῦ ἡλίου. καὶ ἤλθομεν μέχρι ποταμοῦ * πυρὸς * ἐν ᾧ κατατρέχει τὸ πῦρ ὡς ὕδωρ καὶ ῥέει εἰς

Hen. 17 5 καὶ ἤλθομεν μέχρι ποταμοῦ πυρὸς ἐν ᾧ κατατρέχει τὸ * πῦρ * ὡς ὕδωρ καὶ ῥέει εἰς θάλασσαν μεγάλην δύσεως. ἴδον

Hen. 18 9 καὶ ἡ κορυφὴ τοῦ θρόνου ἀπὸ λίθου σαφφείρου καὶ * πῦρ * καιόμενον ἴδον. κἀπέκεινα τῶν ὀρέων τούτων τόπος

Hen. 18 11 οὐρανοί. καὶ ἴδον χάσμα μέγα εἰς τοὺς στύλους τοῦ * πυρὸς * καταβαίνοντας καὶ οὐκ ἦν μέτρον οὔτε εἰς βάθος

Hen. 18 15 τοῦ οὐρανοῦ. καὶ οἱ ἀστέρες οἱ κυλιόμενοι ἐν τῷ * πυρί * οὗτοί εἰσιν οἱ παραβάντες πρόσταγμα κυρίου ἐν ἀρχῇ

Hen. 21 3 ἐρριμμένους ἐν αὐτῷ ὁμοίους ὄρεσιν μεγάλοις καὶ ἐν * πυρὶ * καιομένους. τότε εἶπον διὰ ποίαν αἰτίαν ἐπεδέθησαν

Hen. 21 7 τούτου φοβερώτερον καὶ τεθέαμαι ἔργα φοβερώτερα * πῦρ * μέγα ἐκεῖ καιόμενον καὶ φλεγόμενον καὶ διακοπὴν

Hen. 21 7 εἶχεν ὁ τόπος ἕως τῆς ἀβύσσου πλήρης στύλων * πυρὸς * μεγάλου καταφερομένων οὔτε μέτρον οὔτε πλάτος

Hen. 21B 3 ἐν αὐτῷ ὁμοῦ ὁμοίους ὁράσει μεγάλῃ καὶ ἐν * πυρὶ * καιομένους. τότε εἶπον διὰ ποίαν αἰτίαν ἐπεδέθησαν

Hen. 23 2 πρὸς δυσμὰς τῶν περάτων τῆς γῆς. καὶ ἐθεασάμην * πῦρ * διατρέχον καὶ οὐκ ἀναπαυόμενον οὐδὲ ἐλλεῖπον τοῦ

Hen. 23 4 ἁγίων ἀγγέλων ὃς μετ' ἐμοῦ ἦν οὗτος ὁ δρόμος τοῦ * πυρὸς * τὸ πρὸς δυσμὰς πῦρ τὸ ἐκδιῶκόν ἐστιν πάντας τοὺς

Hen. 23 4 ἐμοῦ ἦν οὗτος ὁ δρόμος τοῦ πυρὸς τὸ πρὸς δυσμὰς * πῦρ * τὸ ἐκδιῶκόν ἐστιν πάντας τοὺς φωστῆρας τοῦ οὐρανοῦ.

Hen. 24 1 τοὺς φωστῆρας τοῦ οὐρανοῦ. καὶ ἔδειξέν μοι ὄρη * πυρὸς * καιόμενα νυκτός. καὶ ἐπέκεινα αὐτῶν ἐπορεύθην καὶ

Hen. 90 2 καὶ ἔσται κατακαιόμενον καὶ τηκόμενον ὡς κηρὸς ἀπὸ * πυρὸς * οὕτως κατακαήσεται περὶ πάντων τῶν ἔργων αὐτοῦ.

Hen. 98 3 μεγάλην τ⟨ὰ πνεύματα ὑμῶν εἰς τὴν κάμινον τοῦ * πυρὸς * ἐμβληθήσεται.) ---ἐπὶ τὴν ⟨γῆν οὐκ ἀπεστάλη ἀλλ'

Hen. 100 7 ἐν ἡμέρᾳ ἀνάγκης στερεᾶς καὶ φυλάξητε αὐτοὺς ἐν * πυρὶ * ὅτι κομιεῖσθε κατὰ τὰ ἔργα ὑμῶν. οὐαὶ ὑμῖν

Hen. 102 1 καὶ ὅταν ἐκβάλῃ ἐφ' ὑμᾶς τὸν κλύδωνα τοῦ * πυρὸς * τῆς καύσεως ὑμῶν ποῦ ἀποδράντες σωθήσεσθε; καὶ

Abr.1 10 11 καὶ εἶπεν Ἀβραὰμ κύριε κέλευσον ἵνα κατέλθῃ * πῦρ * ἐκ τοῦ οὐρανοῦ καὶ καταφάγηται αὐτοὺς καὶ ἅμα τῷ

Abr.1 10 11 καταφάγηται αὐτοὺς καὶ ἅμα τῷ λόγῳ αὐτοῦ κατῆλθεν * πῦρ * ἐκ τοῦ οὐρανοῦ καὶ κατέφαγεν αὐτούς. καὶ εὐθέως

Abr.1 12 4 θρόνος φοβερὸς ἐν εἴδει κρυστάλλου ἐξαστράπτων ὡς * πῦρ * καὶ ἐπ' αὐτῷ ἐκάθητο ἀνὴρ θαυμαστὸς ἡλιόρατος ὅμοιος

Abr.1 12 10 τῇ χειρὶ αὐτοῦ κατέχων σάλπιγγα ἔνδοθεν αὐτῆς ἔχων * πῦρ * παμφάγον δοκιμαστήριον τῶν ἁμαρτωλῶν καὶ ὁ μὲν ἀνὴρ

Abr.1 12 14 ἐζύγιζεν τὰς ψυχὰς καὶ ὁ πύρινος ἄγγελος ὁ τὸ * πῦρ * κατέχων ἐδοκίμαζε διὰ πυρὸς τὰς ψυχὰς τῶν ἀνθρώπων.

Abr.1 12 14 ὁ πύρινος ἄγγελος ὁ τὸ πῦρ κατέχων ἐδοκίμαζε διὰ * πυρὸς * τὰς ψυχὰς τῶν ἀνθρώπων. ἠρώτησεν δὲ Ἀβραὰμ τὸν

Abr.1 13 1 τὸν ζυγὸν κατέχων; καὶ τίς ὁ πύρινος ἄγγελος ὁ τὸ * πῦρ * δοκιμάζων; εἶπεν δὲ ὁ ἀρχιστράτηγος θεωρεῖς πανόσιε

Abr.1 13 11 καὶ ἀπότομος ὁ κατέχων ἐν τῇ χειρὶ αὐτοῦ τὸ * πῦρ * οὗτός ἐστιν Πυρουὴλ ὁ ⟨ἀρχ⟩άγγελος ὁ ἐπὶ τὸ πῦρ ἔχων

Abr.1 13 11 τὸ πῦρ οὗτός ἐστιν Πυρουὴλ ὁ ⟨ἀρχ⟩άγγελος ὁ ἐπὶ τὸ * πῦρ * ἔχων τὴν ἐξουσίαν καὶ δοκιμάζει τὰ τῶν ἀνθρώπων ἔργα

Abr.1 13 11 ἐξουσίαν καὶ δοκιμάζει τὰ τῶν ἀνθρώπων ἔργα διὰ * πυρὸς * καὶ εἴ τινος τὸ ἔργον κατακαύσει τὸ πῦρ εὐθέως

Abr.1 13 12 ἔργα διὰ πυρὸς καὶ εἴ τινος τὸ ἔργον κατακαύσει τὸ * πῦρ * εὐθέως λαμβάνει αὐτὸν ὁ ἄγγελος τῆς κρίσεως καὶ

Abr.1 13 13 πικρότατον ποτήριον εἴ τινος δὲ τὸ ἔργον τὸ * πῦρ * δοκιμάσει καὶ μὴ ἅψεται αὐτοῦ οὗτος δικαιοῦται καὶ

Abr.1 13 14 καὶ οὕτως δίκαιε Ἀβραὰμ τὰ πάντα ἐν πᾶσιν ἐν * πυρὶ * καὶ ζυγῷ δοκιμάζονται. εἶπεν δὲ Ἀβραὰμ πρὸς τὸν

Abr.1 14 11 διεμερίσαντο τὰ θηρία καὶ οὓς ποτε κατέφαγεν τὸ * πῦρ * διὰ τοὺς ἐμοὺς λόγους νῦν ἔγνωκα ἐγὼ ὅτι ἥμαρτον

Abr.1 16 6 δὲ περιβαλόμενος μορφὴν τὰς παρειὰς αὐτοῦ * πῦρ * ἀπαυγάζων καὶ ἀπῆλθεν πρὸς τὸν Ἀβραάμ. ὁ δὲ δίκαιος

Abr.1 17 14 πυρίνους ἑπτὰ καὶ πρόσωπα δεκατέσσαρα καὶ πρόσωπον * πυρὸς * φλογερώτερον καὶ πολλῆς ἀγριότητος ⟨καὶ πρόσωπον

Abr.1 19 8 τὰς ἑπτὰ κεφαλὰς τῶν δρακόντων τὸ δὲ πρόσωπον τοῦ * πυρὸς * ἔδειξά σοι ὅτι πολλοὶ ὑπὸ πυρὸς καιόμενοι

Abr.1 19 8 τὸ δὲ πρόσωπον τοῦ πυρὸς ἔδειξά σοι ὅτι πολλοὶ ὑπὸ * πυρὸς * καιόμενοι τελευτῶσιν καὶ διὰ πυρίνου προσώπου

Abr.2 12 3 Μιχαὴλ θεωρεῖς τὴν ἀνομίαν ταύτην; εἰπὲ κατελθεῖν * πῦρ * ἐκ τοῦ οὐρανοῦ καὶ καταφάγῃ αὐτούς. ἐν ἐκείνῃ τῇ ὥρᾳ

Abr.2 12 4 καὶ καταφάγῃ αὐτούς. ἐν ἐκείνῃ τῇ ὥρᾳ κατέβη * πῦρ * ἐκ τοῦ οὐρανοῦ καὶ κατέφαγεν αὐτούς. ἐπειδὴ εἶπεν ὁ

TLevi 3 2 οὗτος ὁρᾷ πάσας ἀδικίας ἀνθρώπων. ὁ δεύτερος ἔχει * πῦρ * χιόνα κρύσταλλον ἕτοιμα εἰς ἡμέραν προστάγματος

TLevi 4 1 σβεννυμένου καὶ τῶν ὑδάτων ξηραινομένων καὶ τοῦ * πυρὸς * καταπτήσσοντος καὶ πάσης κτίσεως κλονουμένης καὶ

TLevi 18 2B025 τῆς ὁλοκαυτώσεως ἐπὶ τοῦ θυσιαστηρίου. καὶ τὸ * πῦρ * τότε ἄρξῃ ἐκκαίειν ἐν αὐτοῖς τότε ἄρξῃ κατασπένδειν

TJud. 25 3 πνεῦμα πλάνης τοῦ Βελιὰρ ὅτι ἐμβληθήσεται ἐν τῷ * πυρὶ * εἰς τὸν αἰῶνα καὶ ἐπέκεινα. καὶ οἱ ἐν λύπῃ

TZab. 10 3 πατρὸς αὐτῶν. ἐπὶ δὲ τοὺς ἀσεβεῖς ἐπάξει κύριος * πῦρ * αἰώνιον καὶ ἀπολέσει αὐτοὺς ἕως γενεῶν. τέως ἐγὼ εἰς

TBen. 9 4 καὶ μεταβήσεται τὸ πνεῦμα τοῦ θεοῦ ἐπὶ τὰ ἔθνη ὡς * πῦρ * ἐκχυνόμενον. καὶ ἀνελθὼν ἐκ τοῦ ᾅδου ἔσται ἀναβαίνων

Asen. 12 11 καὶ διασπαράξῃ με καὶ βάλῃ με εἰς τὴν φλόγα τοῦ * πυρὸς * καὶ τὸ πῦρ ἐμβάλει με εἰς τὴν καταιγίδα καὶ ἡ

Asen. 12 11 με καὶ βάλῃ με εἰς τὴν φλόγα τοῦ πυρὸς καὶ τὸ * πῦρ * ἐμβάλει με εἰς τὴν καταιγίδα καὶ ἡ καταιγὶς

Asen. 14 9 ἡλίου καὶ αἱ τρίχες τῆς κεφαλῆς αὐτοῦ ὡς φλὸξ * πυρὸς * ὑπολαμπάδος καιομένης καὶ αἱ χεῖρες καὶ οἱ πόδες

Asen. 14 9 καὶ αἱ χεῖρες καὶ οἱ πόδες ὥσπερ σίδηρος ἐκ * πυρὸς * ἀπολάμπων καὶ σπινθῆρες ἀπεπήδων ἀπό τε τῶν χειρῶν

Asen. 17 3 καὶ ἥψατο τῆς ⟨πληγῆς⟩ τοῦ κηρίου καὶ εὐθέως ἀνέβη * πῦρ * ἐκ τῆς τραπέζης καὶ κατέφαγε τὸ κηρίον καὶ τὴν

Asen. 17 8 τὸν οὐρανὸν κατὰ ἀνατολάς. καὶ τὸ ἅρμα ἦν ὡς φλὸξ * πυρὸς * καὶ οἱ ἵπποι ὡς ἀστραπή. καὶ ὁ ἄνθρωπος εἱστήκει

Asen. 23 15 αὐτοῦ διότι ἤστραπτον αἱ ῥομφαῖαι αὐτῶν ὡς φλόγα * πυρὸς * καὶ ἠμαυρώθησαν οἱ ὀφθαλμοὶ τοῦ υἱοῦ Φαραὼ καὶ

Asen. 25 6 κατ' αὐτοῦ βοήσει πρὸς τὸν ὕψιστον καὶ πέμψει * πῦρ * ἐξ οὐρανοῦ καὶ καταφάγεται ὑμᾶς καὶ οἱ ἄγγελοι τοῦ

Asen. 28 10 τετήκασιν ἐπὶ τὴν γῆν ὥσπερ κηρὸς ἀπὸ προσώπου * πυρός. * καὶ ἔστι τοῦτο ἱκανὸν αὐτοῖς ὅτι κύριος πολεμεῖ

Sal. 8 2 λαοῦ πολλοῦ ὡς ἀνέμου πολλοῦ σφόδρα ὡς καταιγὶς * πυρὸς * πολλοῦ φερομένου δι' ἐρήμου. καὶ εἶπα ⟨ἐν⟩ τῇ

Sal. 12 2 οἱ λόγοι τῆς γλώσσης ἀνδρὸς πονηροῦ ὥσπερ ἐν λαῷ * πῦρ * ἀνάπτον καλλονὴν αὐτοῦ. ἡ παροικία αὐτοῦ ἐμπρῆσαι

Sal. 12 4 ὀστᾶ ψιθύρων ἀπὸ φοβουμένων κύριον ἐν * πυρὶ * φλογὸς γλῶσσα ψίθυρος ἀπόλοιτο ἀπὸ ὁσίων. φυλάξαι

Sal. 15 4 ταῦτα οὐ σαλευθήσεται εἰς τὸν αἰῶνα ἀπὸ κακοῦ φλὸξ * πυρὸς * καὶ ὀργὴ ἀδίκων οὐχ ἅψεται αὐτοῦ ὅταν ἐξέλθῃ ἐπὶ

Bar. 4 16 τῆς τοῦ θεοῦ δόξης μακρὰν γίνονται καὶ τῷ αἰωνίῳ * πυρὶ * ἑαυτοὺς προξενοῦσιν. πᾶν γὰρ ἀγαθὸν δι' αὐτοῦ

Bar. 6 2 ἐπὶ τοῦ ἅρματος ἄνθρωπος καθήμενος φορῶν στέφανον * πυρὸς * ἐλαυνόμενον τὸ ἅρμα ὑπ' ἀγγέλων τεσσαράκοντα. καὶ

| | | | |
|---|---|---|---|
| Bar. 6 8 | με τίκτει οὔτε οὐρανὸς ἀλλὰ τίκτουσί με πτέρυγες | * πυρός. * | καὶ εἶπον κύριε τί ἐστι τὸ ὄρνεον τοῦτο καὶ τί τὸ |
| Bar. 6 6 | ἐπεὶ διὰ τὸ κατέχειν τὰς τοῦ ἡλίου ἀκτῖνας διὰ τοῦ | * πυρὸς * | καὶ τῆς ὁλοημέρου καύσεως ὡς δι' αὐτοῦ |
| Prop. 2 14 | κεῖνται Μωϋσῆς καὶ Ἀαρών. καὶ ἐν νυκτὶ νεφέλη ὡς | * πῦρ * | γίνεται κατὰ τὸν τύπον τὸν ἀρχαῖον ὅτι οὐ μὴ |
| Prop. 4 21 | τὸ ἐκ βορρᾶ ἥξει τὸ τέλος Βαβυλῶνος ὅτε δὲ ὡς ἐν | * πυρὶ * | κεῖται τὸ τέλος πάσης τῆς γῆς. ὅτε δὲ κατ' ἀνατολὰς |
| Prop. 4 21B | ἐκχυθήσεται εἰς πάντα τὰ ἔθνη ὅτε δὲ κατὰ νότον ἐν | * πυρὶ * | καίεται τὸ τέλος ἔσται πάσης τῆς γῆς. ἐὰν δὲ τὸ ἐν |
| Prop. 11 2 | τῇ Νινευῒ τέρας ἔδωκεν ὅτι ὑπὸ ὑδάτων γλυκέων καὶ | * πυρὸς * | ὑπογείου ἀπολεῖται ὃ καὶ γέγονεν. ἡ γὰρ περιέχουσα |
| Prop. 11 3 | αὐτὴν λίμνη κατέκλυσεν αὐτὴν ἐν σεισμῷ καὶ | * πῦρ * | ἐκ τῆς ἐρήμου ἐπελθὸν τὸ ὑψηλότερον αὐτῆς μέρος |
| Prop. 21 2 | ἄνδρες λευκοφανεῖς αὐτὸν προσηγόρευον καὶ ὅτι ἐν | * πυρὶ * | αὐτὸν ἐσπαργάνουν καὶ φλόγα πυρὸς ἐδίδουν αὐτῷ |
| Prop. 21 2 | καὶ ὅτι ἐν πυρὶ αὐτὸν ἐσπαργάνουν καὶ φλόγα | * πυρὸς * | ἐδίδουν αὐτῷ φαγεῖν καὶ ἐλθὼν ἀνήγγειλεν ἐν |
| Prop. 21 6 | θυσίαν παρά τε αὐτοῦ κἀκείνων καὶ μὴ ὑποθεῖναι | * πῦρ * | ἀλλ' ἕκαστον εὔξασθαι καὶ τὸν ἐπακούοντα αὐτὸν εἶναι |
| Prop. 21 7 | τὸν τόπον ἔνθα ἦν ἡ θυσία ηὔξατο καὶ εὐθὺς ἐπέπεσε | * πῦρ * | καὶ ἀνήλωσε τὴν θυσίαν καὶ τὸ ὕδωρ ἐξέλειπεν καὶ |
| Prop. 21 10 | τοῦ βασιλέως Ἰσραὴλ ἐπεκαλέσατο τὸν κύριον καὶ | * πῦρ * | ἀπ' οὐρανοῦ κατέβη κἀκείνους ἀνήλωσε τὸ πῦρ ἐκ |
| Prop. 21 10 | καὶ πῦρ ἀπ' οὐρανοῦ κατέβη κἀκείνους ἀνήλωσε τὸ | * πῦρ * | ἐκ προστάγματος κυρίου. κόρακες ἔφερον αὐτῷ ἄρτους |
| Prop. 21 12 | τε καὶ Ἐλισαῖος τὸ τελευταῖον ἀνελήφθη ἅρματι | * πυρός. * | Ἐλισαῖος ἦν ἐξ Ἀβελμαοὺλ γῆς τοῦ Ῥουβὴν καὶ |
| Esdr. 1 9 | ὑπὲρ ἀγγέλων καὶ αὐτοὶ εἰσιν εἰς τὴν γέενναν τοῦ | * πυρός. * | καὶ εἶπεν Ἐσδρὰμ ἐλέησον τὰ ἔργα τῶν χειρῶν σου |
| Esdr. 2 19 | διέλθωμεν κύριέ μου εἰς κρίσιν. καὶ εἶπεν ὁ θεὸς | * πῦρ * | βάλλω ἐπὶ Σόδομα καὶ Γόμορρα. καὶ εἶπεν ὁ προφήτης |
| Esdr. 4 13 | με βαθμοὺς τριάκοντα καὶ ἴδον ἐκεῖ βράσματα | * πυρὸς * | καὶ ἐν αὐτοῖς πλῆθος ἁμαρτωλῶν καὶ τὴν φωνὴν αὐτῶν |
| Esdr. 4 20 | καὶ ἴδον ἐκεῖ τὸν σκώληκα τὸν ἀκοίμητον καὶ | * πῦρ * | κατακαῖον τοὺς ἁμαρτωλούς. καὶ κατήγαγόν με εἰς τὸ |
| Sedr. 4 1 | αὐτὸν καθὼς εὑρίσκω. λέγει αὐτῷ Σεδρὰχ κόλασις καὶ | * πῦρ * | ἐστιν ἡ παίδευσίς σου πικροὶ εἰσιν κύριέ μου καλὸν |
| Job 17 6 | ὅλως τὰ πλεῖονα τῶν κτημάτων αὐτοῦ ἤδη ἀπώλεσα ἐν | * πυρὶ * | τὰ ἄλλα ᾐχμαλώτευσα, καὶ ἰδοὺ καὶ τὰ τέκνα αὐτοῦ |
| Job 46 8 | ἐκ τοῦ οὐρανοῦ εἰσιν, ἐξαστράπτουσαι σπινθῆρας | * πυρός, * | ὡς ἀκτῖνας τοῦ ἡλίου. καὶ δέδωκεν χορδὴν μίαν |
| Aris. 87 2 | ἔχουσαν πρὸς τὸν τόπον καὶ τὰ θύματα διὰ τοῦ | * πυρὸς * | ἐξαναλούμενα τὴν διοικοδομὴν εἶχε τῆς δ' ἀναβάσεως |
| Sib. 3 23 | κραταιὰν μητέρα Τηθὺν πηγὰς καὶ ποταμοὺς | * πῦρ * | ἄφθιτον ἤματα νύκτας αὐτὸς δὴ θεὸς ἐσθ' ὁ πλάσας |
| Sib. 3 84 | ὅλος πόλος ἐν χθονὶ δίῃ καὶ πελάγει ῥεύσει δὲ | * πυρὸς * | μαλεροῦ καταράκτης ἀκάματος φλέξει δὲ γαῖαν φλέξει |
| Sib. 3 287 | βασιλῆα κρινεῖ δ' ἄνδρα ἕκαστον ἐν αἵματι καὶ | * πυρὸς * | αὐγῇ. ἔστι δέ τις φυλὴ βασιλήιος ἧς γένος ἔσται |
| Sib. 3 507 | πᾶσα χθὼν ὄψεται αὖτις κοῦ σε δι' αἰῶνος λείψει | * πῦρ * | ἀλλὰ καήσῃ. αἰαῖ σοι Θρῄκη ζυγὸν ὡς εἰς δούλιον |
| Sib. 3 524 | τε βοῶν τ' ἀγέλας ἐριμύκων δώματά τ' εὐποίητα | * πυρὶ * | φλέξουσιν ἀθέσμως πολλὰ δὲ σώματα δοῦλα πρὸς ἄλλην |
| Sib. 3 542 | κλαύσουσιν ἅπαντες ἀσπορίην καὶ ἀνηροσίην καὶ | * πῦρ * | ἐπὶ γαίης κατθήσει +πολὺν ἱστὸν+ ὃς οὐρανὸν ἔκτισε |
| Sib. 3 618 | λευκὸν ἐπὶ χθονὶ πουλυβοτείρῃ ἔργα δὲ χειροποίητα | * πυρὸς * | φλογὶ πάντα πεσεῖται. καὶ τότε δὴ χάρμην μεγάλην |
| Sib. 3 651 | θ' ὅπλα οὐδὲ μὲν ἐκ δρυμοῦ ξύλα κόψεται εἰς | * πυρὸς * | αὐγήν. καὶ τότ' ἀπ' ἠελίοιο θεὸς πέμψει βασιλῆα ὃς |
| Sib. 3 690 | καὶ κρινεῖ πάντας πολέμῳ θεὸς ἠδὲ μαχαίρῃ καὶ | * πυρὶ * | καὶ ὑετῷ τε κατακλύζοντι καὶ ἔσται θεῖον ἀπ' |
| Sib. 3 706 | μόνος μεγαλωστὶ παραστὰς κύκλοθεν ὡσεὶ τεῖχος ἔχων | * πυρὸς * | αἰθομένοιο. ἀπτόλεμοι δ' ἔσσονται ἐν ἄστεσιν ἠδ' |
| Sib. 3 731 | ἀδίκων τε οὐδὲ γὰρ ἐκ δρυμοῦ ξύλα κόψεται εἰς | * πυρὸς * | αὐγήν.) ἀλλὰ τάλαιν' Ἑλλὰς ὑπερήφανα παῦε |
| Sib. 3 761 | γὰρ μόνος ἐστὶ θεὸς κοὐκ ἔστιν ἔτ' ἄλλος αὐτὸς καὶ | * πυρὶ * | φλέξειεν χαλεπῶν γένος ἀνδρῶν. ἀλλὰ κατασπεύσαντες |
| Sib. 3 810 | μακρὰ οἰστρομανὴς προλιποῦσα ἐς Ἑλλάδα πεμπόμενον | * πῦρ * | πᾶσι προφητεύουσα θεοῦ μηνίματα θνητοῖς --- ὥστε |
| Sib. 4 43 | εὐσεβέας τε καὶ τότε δυσσεβέας μὲν ὑπὸ ζόφον ἐν | * πυρὶ * | πέμψει (καὶ τότ' ἐπιγνώσονται ὅσην ἀσέβειαν ἔρεξαν) |
| Sib. 4 81 | Σικελίην δὲ τάλαιναν ἐπιφλέξει μάλα πᾶσαν χεῦμα | * πυρὸς * | μεγάλοιο ἐρευγομένης φλογὸς Αἴτνης ἠδὲ Κρότων |
| Sib. 4 125 | γαῖαν. εἰς Συρίην δ' ἥξει Ῥώμης πρόμος ὃς | * πυρὶ * | νηὸν συμφλέξας Σολύμων πολλοὺς δ' ἅμα ἀνδροφονήσας |
| Sib. 4 173 | στέργοντες τάδε πάντα κακαῖς δέξαισθε ἀκουαῖς | * πῦρ * | ἔσται κατὰ κόσμον ὅλον καὶ σῆμα μέγιστον ῥομφαίᾳ |
| Sib. 4 180 | ἀλλ' ὅταν ἤδη πάντα τέφρη σποδόεσσα γένηται καὶ | * πῦρ * | κοιμήσῃ θεὸς ἄσπετον ὥσπερ ἀνῆψεν ὀστέα καὶ σποδιὴν |
| Sib. 5 9 | καὶ αἵματος Ἀσσαράκοιο ὃς μόλεν ἐκ Τροίης ὅστις | * πυρὸς * | ἔσχισεν ὁρμὴν πολλοὺς δ' αὖ μετ' ἄνακτας |
| Sib. 5 84 | τε καὶ ἀργυρέους τε ματαίους ἀψύχους κωφοὺς καὶ ἐν | * πυρὶ * | χωνευθέντας ποιήσαντο μάτην γε πεποιθότες ἐν |
| Sib. 5 177 | σὰς ὁ μέγας θεὸς εὔρατο τιμάς. μεῖνον ἄθεσμε μόνη | * πυρὶ * | δὲ φλεγέθοντι μιγεῖσα ταρτάρεον οἴκησον ἐς Ἅιδου |
| Sib. 5 213 | δ' ἐν μαχίμοις+ καινὴ φύσις ὥστ' ἀπολέσθαι ἐν | * πυρὶ * | καὶ στοναχαῖσιν ὅλην γῆν Αἰθιοπήων. μύρεο καὶ σὺ |
| Sib. 5 274 | ἕως +κόσμος ἀλλαγῇ+. ἔσται δ' ἐκ νεφέων ὄμβρος | * πυρὸς * | αἰθομένοιο κοὐκέτι καρπεύσουσι βροτοὶ στάχυν |
| Sib. 5 377 | γαῖαν καὶ πεδίον πολέμοιο κακοῦ πλησθήσεται αὖτις. | * πῦρ * | γὰρ ἀπ' οὐρανίων δαπέδων βρέξει μερόπεσσιν πῦρ καὶ |
| Sib. 5 378 | πῦρ γὰρ ἀπ' οὐρανίων δαπέδων βρέξει μερόπεσσιν | * πῦρ * | καὶ αἷμα ὕδωρ πρηστὴρ γνόφος οὐρανίη νὺξ καὶ φθίσις |
| Sib. 5 396 | σοῖο τὴν τῆς+ φιλοθρέμμονος ὕλης παρθενικαὶ κοῦραι | * πῦρ * | ἔνθεον ὠρήσουσιν. ἔσβεσται παρὰ σεῖο πάλαι |
| Sib. 5 399 | δεύτερον εἶδον ἐγὼ ῥιπτούμενον οἶκον πρηνηδὸν | * πυρὶ * | τεγγόμενον διὰ χειρὸς ἀνάγνου οἶκον ἀεὶ θάλλοντα |
| Sib. 5 418 | λάβον ἄνδρες. πᾶσαν δ' ἐκ βάθρων εἷλεν πόλιν ἐν | * πυρὶ * | πολλῷ καὶ δήμους ἔφλεξε βροτῶν τῶν πρόσθε κακούργων |
| FJub. 12 14 | καὶ συγκατεκαύθη αὐτοῖς Ἀρρὰν θέλων σβέσαι τὸ | * πῦρ * | ἐν νυκτί. καὶ ἐξῆλθε Θαρὰ σὺν Ἀβραὰμ τοῦ ἐλθεῖν εἰς |
| FEll. 4 228 | οἷος μέλλῃ τότε φαίνεσθαι ἡ κεφαλὴ αὐτοῦ φλὸξ | * πυρὸς * | ὁ ὀφθαλμὸς αὐτοῦ ὁ δεξιὸς κέκραται αἵματος. ὁ δὲ |
| FMan. 2 22 15 | καὶ ᾠκτείρησεν αὐτὸν καὶ ἐγένετο περὶ αὐτὸν φλὸξ | * πυρὸς * | καὶ ἐτάκησαν πάντα τὰ περὶ αὐτὸν σίδηρα καὶ ἰάσατο |
| FEz. 186 21 | ο⟨υκ ολισθησουσιν λεγει κς⟩ εκο⟨ ⟩ανις⟨ | * ⟩πυρος * | β⟨ ⟩ει εκ' μειαινοντ⟨ες ⟩ετι προσεβαινον τη⟨ |
| FPho. 96 | πολύτροπός ἐστιν ὅμιλος λαὸς ⟨γὰρ⟩ καὶ ὕδωρ καὶ | * πῦρ * | ἀκατάσχετα πάντα. μὴ δὲ μάτην ἐπὶ πῦρ καθίσας |
| FPho. 97 | καὶ ὕδωρ καὶ πῦρ ἀκατάσχετα πάντα. μὴ δὲ μάτην ἐπὶ | * πῦρ * | καθίσας μινύθεις φίλον ἦτορ. μέτρα δὲ τεῦχ' ἔθ' |
| IEsc. 5 131 2 | καθεστάναι. οὐκ οἶσθα δ' αὐτόν ποτὲ μὲν ὡς | * πῦρ * | φαίνεται ἄπλατος ὁρμή ποτὲ δὲ ὕδωρ ποτὲ ⟨δὲ⟩ γνόφος |
| ISop. 5 121 4 | ἔσται γὰρ ἔσται κεῖνος αἰῶνος χρόνος ὅταν | * πυρὸς * | γέμοντα θησαυρὸν σχάσῃ χρυσωπὸς αἰθὴρ ἡ δὲ |
| IOrp. 32 | περὶ τ' ἠέρα καὶ περὶ χεῦμα νάματος ἐκφαίνει δὲ | * πυρὸς * | σέλας Ἰφιγενήτου. οὗτος γὰρ χάλκειον ἐς οὐρανὸν |
| HArt. 9 27 21 | ἱλασκομένου δ' αὐτοῦ αἰφνιδίως ἐκ τῆς γῆς | * πῦρ * | ἀναφθῆναι καὶ τοῦτο κάεσθαι μήτε ὕλης μήτε ἄλλης |
| HArt. 9 27 37 | συνεμβάντων δὲ τῶν Αἰγυπτίων καὶ διωκόντων | * πῦρ * | αὐτοῖς ἐκ τῶν ἔμπροσθεν ἐκλάμψαι τὴν δὲ θάλασσαν |
| HArt. 9 27 37 | τὴν ὁδὸν ἐπικλύσαι τοὺς δὲ Αἰγυπτίους ὑπό τε τοῦ | * πυρὸς * | καὶ τῆς πλημμυρίδος πάντας διαφθαρῆναι τοὺς δὲ |
| HAri. 9 25 3 | τοὺς βοῦς ὑπὸ λῃστῶν ἀπολέσθαι εἶτα τὰ πρόβατα ὑπὸ | * πυρὸς * | ἐκ τοῦ οὐρανοῦ πεσόντος κατακαῆναι σὺν τοῖς |
| LEze. 9 29 7 03 | καὶ βροτοῖς ἀπιστία; ἄφνω βάτος μὲν καίεται πολλῷ | * πυρὶ * | αὐτοῦ δὲ χλωρὸν πᾶν μένει τὸ βλαστάνον. τί δή; |
| LEze. 9 29 12 11 | καρδία σκληρά. πικράνω δ' οὐρανὸν χάλαζα νῦν σὺν | * πυρὶ * | πεσεῖται καὶ νεκροὺς θήσει βροτούς. καρποὶ τ' |
| LEze. 9 29 14 42 | δέσμιοι δ' ὡς ἥρμοσαν. ἀπ' οὐρανοῦ δὲ φέγγος ὡς | * πυρὸς * | μέγα ὤφθη τι ἡμῖν ὡς μὲν εἰκάζειν παρὴν αὐτοῖς |
| LEze. 9 29 16 05 | ἐξέλαμψέ νυν κατ' εὐφρόνης σημεῖον ὡς στῦλος | * πυρός. * | ἐνταῦθα λειμῶν' εὕρομεν κατάσκιον ὑγρὰς τε |
| LAri. 8 10 13 | περὶ θεοῦ λόγον. δηλοῦται γὰρ ὡς τὸ ὄρος ἐκαίετο | * πυρὶ * | καθώς φησιν ἡ νομοθεσία διὰ τὸ τὸν θεὸν |
| LAri. 8 10 13 | τὸν θεὸν καταβεβηκέναι σαλπίγγων τε φωνὰς καὶ τὸ | * πῦρ * | φλεγόμενον ἀνυποστάτως εἶναι. τοῦ γὰρ παντὸς πλήθους |
| LAri. 8 10 14 | πᾶσιν αὐτοῖς κυκλόθεν ὡς ἦσαν παρεμβεβληκότες τὸ | * πῦρ * | φλεγόμενον ἐθεωρεῖτο ὥστε τὴν κατάβασιν μὴ τοπικὴν |
| LAri. 8 10 15 | τοπικὴν εἶναι πάντη γὰρ ὁ θεός ἐστιν. ἀλλὰ τὴν τοῦ | * πυρὸς * | δύναμιν παρὰ πάντα θαυμάσιον ὑπάρχουσαν διὰ τὸ |
| LAri. 8 10 16 | οὐδὲν ἐξανάλωσεν ἀλλ' ἔμεινε τῶν ἁπάντων ἡ χλόη | * πυρὸς * | ἄθικτος σαλπίγγων τε φωναὶ σφοδρότερον συνηκούοντο |
| LAri. 8 10 16 | τε φωναὶ σφοδρότερον συνηκούοντο σὺν τῇ τοῦ | * πυρὸς * | ἀστραπηδὸν ἐκφάνσει μὴ προκειμένων ὀργάνων |
| LAri. 8 10 17 | συνορῶντας ἐκφαντικῶς ἕκαστα καταλαμβάνειν μήτε τὸ | * πῦρ * | κεκαυκὸς ὡς προείρηται μηδὲν μήτε τὰς τῶν σαλπίγγων |
| FrAn. 574 3070 | σε τὸν ἐν τῇ καθαρῷ Ἱεροσολύμῳ ὦ τὸ ἄσβεστον | * πῦρ * | διὰ παντὸς αἰῶνος προσαράκειται τῷ ὀνόματι αὐτοῦ τῷ |
| FrAn. 574 3072 | τῷ ἁγίῳ ιαεωβαφρενεμουν. λόγος ὃν τρέμει γέννα | * πυρὸς * | καὶ φλόγες περιφλογίζουσι καὶ σίδηρος λακᾷ καὶ πᾶν |

πυρά 2

| | | | |
|---|---|---|---|
| HDem. 9 19 4 | αὐτῷ. τὸν δὲ ἀναγαγόντα τὸν παῖδα ἐπὶ τὸ ὄρος | * πυρὰν * | νῆσαι καὶ ἐπιθεῖναι τὸν Ἰσαὰκ σφάζειν δὲ μέλλοντα |
| HDem. 9 19 4 | τὸν δὲ Ἀβραὰμ τὸν μὲν παῖδα καθελεῖν ἀπὸ τῆς | * πυρᾶς * | τὸν δὲ κριὸν καρπῶσαι. Δημητριου περι του ιακωβ |

πυραμίς 2

| | | | |
|---|---|---|---|
| Sib. 5 181 | Μέμφι πόνων ἀρχηγὸς ἔσῃ πληχθεῖσα τένοντας ἐν σοὶ | * πυραμίδες * | φωνὴν φθέγξονται ἀναιδῆ. +Πυθὼν+ ἡ τὸ πάλαι |
| FJub. 46 14 | αὐτῶν ὁ ποταμὸς λιμνάζειν ἀνείργοιτο καὶ ἀνιστᾶν | * πυραμίδας * | καὶ τούτοις τοὺς Ἑβραίους ἐξέτρυχον. μόνους |

Πύραμος 1

| | | | |
|---|---|---|---|
| Sib. 4 97 | ἐς Ἑλλάδα γαῖαν ἅπαντες. ἔσσεται ἐσσομένοις ὅτε | * Πύραμος * | ἀργυροδίνης ἠιόνα προχέων ἱερὴν ἐς νῆσον ἵκηται. |

πυργόβαρις 1

| | | | |
|---|---|---|---|
| Sal. 8 19 | πόδας αὐτοῦ μετὰ ἀσφαλείας πολλῆς. κατελάβετο τὰς | * πυργοβάρεις * | αὐτῆς καὶ τὸ τεῖχος Ιερουσαλημ ὅτι ὁ θεὸς |

πύργος 34

| | | | |
|---|---|---|---|
| TLevi 2 3 | καὶ ὅτι τείχη ᾠκοδόμησεν ἑαυτῇ ἡ ἀδικία καὶ ἐπὶ | * πύργους * | ἡ ἀνομία κάθηται τότε ἐγὼ ἔπλυνα τὰ ἱμάτιά μου |
| TJud. 5 5 | ἐλάβομεν αὐτὴν ἐν στόματι μαχαίρας καὶ τοὺς ἐν τῷ | * πύργῳ * | καταφυγόντας ἐμπρήσαντες τὸν πύργον σὺν αὐτοῖς |
| TJud. 5 5 | καὶ τοὺς ἐν τῷ πύργῳ καταφυγόντας ἐμπρήσαντες τὸν | * πύργον * | σὺν αὐτοῖς ἐλάβομεν. καὶ ἐν τῷ ἀπιέναι ἡμᾶς |
| Asen. 2 1 | καὶ οὐδεὶς ἀνὴρ ἑώρακεν αὐτήν πώποτε καθότι ἦν | * πύργος * | τῷ Πεντεφρῇ παρακείμενος τῇ οἰκίᾳ αὐτοῦ μέγας καὶ |
| Asen. 2 1 | οἰκίᾳ αὐτοῦ μέγας καὶ ὑψηλὸς σφόδρα καὶ ἐπάνω τοῦ | * πύργου * | ἐκείνου ἦν ὑπερῷον ἔχον θαλάμους δέκα. καὶ ἦν ὁ |
| Asen. 14 5 | με διότι ἡ θύρα τοῦ θαλάμου μου κέκλεισται καὶ ὁ | * πύργος * | ὑψηλός ἐστι καὶ πῶς ἄρα εἰσῆλθες εἰς τὸν θάλαμόν |
| Bar. 2 7 | ἄνθρωποι οὗτοι; καὶ εἶπέν μοι οὗτοί εἰσιν οἱ τὸν | * πύργον * | τῆς θεομαχίας οἰκοδομήσαντες καὶ ἐξετόπησεν |
| Bar. 3 5 | εἰσιν οἱ τὴν συμβουλὴν δόντες τοῦ ποιῆσαι τὸν | * πύργον. * | αὐτοὶ γὰρ οὓς ὁρᾷς ἐξέβαλλον πλήθη ἀνδρῶν τε καὶ |
| Bar. 3 6 | ὁ κύριος ἐνήλλαξεν αὐτῶν τὰς γλώσσας ἀφ' οὗ τὸν | * πύργον * | (ὡς) ᾠκοδόμησαν ἐπὶ πήχεις τετρακοσίας ἑξήκοντα |
| Aris. 100 3 | ἐθεωροῦμεν ἢ κεῖται μὲν ἐν ὑψηλοτάτῳ τόπῳ | * πύργοις * | ἐξησφαλισμένη πλείοσι μέχρι κορυφῆς εὐμήκεσι |
| Aris. 101 4 | περὶ τὸν οἶκον ἐπικειμένων καὶ ὀξυβελῶν ἐπὶ τῶν | * πύργων * | τῆς ἄκρας καὶ ὀργάνων ποικίλων καὶ τοῦ τόπου κατὰ |
| Aris. 102 2 | τῶν προειρημένων περιβόλων ὡσανεὶ φυλασσομένων τῶν | * πύργων * | ὑπὸ τῶν πιστοτάτων ἀνδρῶν καὶ τῇ πατρίδι μεγάλας |
| Aris. 105 3 | περιβόλου καθόσον εἰκάσαι δυνατόν. ἔχει δὲ τὴν τῶν | * πύργων * | θέσιν θεατροειδῆ καὶ φαινομένων διόδων τῶν |
| Sib. 3 98 | τελέωνται ἀπειλαὶ ἅς ποτ' ἐπηπείλησε βροτοῖς ὅτε | * πύργον * | ἔτευξαν χώρῃ ἐν Ἀσσυρίῃ ὁμόφωνοι δ' ἦσαν ἅπαντες |
| Sib. 3 102 | ἀνάγκην πνεύμασιν αὐτὰρ ἔπειτ' ἄνεμοι μέγαν ὑψόθι | * πύργον * | ῥῖψαν καὶ θνητοῖσιν ἐπ' ἀλλήλους ἔριν ὦρσαν |
| Sib. 3 105 | Βαβυλῶνα βροτοὶ πόλει οὔνομ' ἔθεντο. αὐτὰρ ἐπεὶ | * πύργος * | τ' ἔπεσεν γλῶσσαι τ' ἀνθρώπων παντοδαπαῖς φωναῖσι |

Slb. 4 69 ἔργα φυλόπιδές τε φόνοι τε διχοστασίαι τε φυγαί τε * πύργων * τε πρηνισμοὶ ἀναστασίαι τε πολήων Ἑλλὰς ὅταν
Slb. 4 106 ποτ' ἐπόψει ἅλωσιν. Καρχηδὼν καὶ σεῖο χαμαὶ γόνυ * πύργος * ἐρείσει. τλῆμον Λαοδίκεια σὲ δὲ στρώσει ποτὲ
Slb. 5 424 ἔπλασσεν πολλοῖς ἐν σταδίοισι μέγαν καὶ ἀπείρονα * πύργον * αὐτῶν ἁπτόμενον νεφέων καὶ πᾶσιν ὁρατὸν ὥστε
FJub. 10 24 δὲ ἔμεινεν ἐκεῖ κατοικῶν καὶ μὴ ἀφιστάμενος τοῦ * πύργου * βασιλεύων μερικοῦ τινος πλήθους ἐφ' ὃν ὁ πύργος
FJub. 10 26 πύργου βασιλεύων μερικοῦ τινος πλήθους ἐφ' ὃν ὁ * πύργος * ἀνέμῳ βιαίῳ καταπεσὼν θείᾳ κρίσει τοῦτον ἐπάταξε.
FAch. 105 Λυκούργῳ Βαβυλωνίῳ χαίρειν. θέλω οἰκοδομῆσαι * πύργον * μήτε γῆς μήτε οὐρανοῦ ἁπτόμενον ὑψηλόν.
FAch. 106 καὶ Ἕρμιππον ἔφη τε αὐτοῖς δύνασθε λῦσαι τὸ τοῦ * πύργου * ζήτημα ἢ πάντας τραχηλοκοπήσω; οἱ δὲ φίλοι εἶπον
FAch. 106 τραχηλοκοπήσω; οἱ δὲ φίλοι εἶπον οὐκ οἴδαμεν πῶς * πύργος * οἰκοδομεῖται μήτε οὐρανοῦ μήτε γῆς ἁπτόμενος.
FAch. 108 αὐτῷ οὕτως πέμψω σοι τοὺς οἰκοδομοῦντας τὸν * πύργον * καὶ τὸν ἀποκριθησόμενον τὰ ἐρωτήματα ἐὰν ὁ χειμὼν
FAch. 116 αὐτὸν ἤγαγές μοι τοὺς μέλλοντας οἰκοδομεῖν τὸν * πύργον; * ὁ δὲ λέγει ἕτοιμοί εἰσιν ἐπὰν σὺ τὸν τόπον
HEup. 9 34 12 δὲ καὶ τὰ Ἱεροσόλυμα τὴν πόλιν τείχεσι καὶ * πύργοις * καὶ τάφροις οἰκοδομῆσαι ἔδε καὶ βασίλεια ἑαυτῷ.
HAno. 9 17 2 δὲ αὐτοὺς γίγαντας οἰκοδομεῖν δὲ τὸν ἱστορούμενον * πύργον. * πεσόντος δὲ τούτου ὑπὸ τῆς τοῦ θεοῦ ἐνεργείας
HAno. 9 18 2 ἐκφεύγοντα τὸν θάνατον ἐν Βαβυλῶνι κατοικῆσαι * πύργον * τε κατασκευάσαντα ἐν αὐτῷ διαιτᾶσθαι ὃν δὴ ἀπὸ
HCal. 28 3 κίοσί τε πλείστοις αὐτὴν κατακοσμήσας καὶ τὰ τείχη * πύργοις * εὐμήκεσι καὶ μεταρσίοις κατοχυρώσας ἐν δὲ τῇ
HCal. 28 4 δὲ τῇ κατὰ ἀνατολὴν πύλῃ μεταρσιώτατον πάντων ἕνα * πύργον * οἰκοδομήσας ἐν αὐτῷ τὴν ἑαυτοῦ στήλην ποιήσας
HCal. 28 12 ἀνθρώπων γεγονυίας ἄνεισιν Ἀλέξανδρος ἐν τῷ * πύργῳ * καὶ στὰς πάντας ἐξουθένησεν τοὺς θεοὺς τῆς γῆς
HCal. 28 18 μοι φάνηθι ὧν πράττειν μέλλω. κατιὼν δὲ τοῦ * πύργου * εἰς τὰ βασίλεια ᾤχετο καὶ Σέλευκον μὲν ἄρχοντα
LPhl. 9 37 2 ἐν ὑετίοις νιφετοῖσιν ἱέμενον πολυηγηθὲς ὑπαὶ * πύργοις * συνόροισιν στρωφᾶται καὶ ξηρὰ πέδῳ κεκονιμένα

πυργόω 2
Slb. 4 150 Καρῶν δὲ πτολίεθρα παρ' ὕδασι Μαιάνδροιο ὅσσα * πεπύργωνται * περικαλλέα πικρὸς ὀλέσσει λιμὸς ὅταν
LEze. 9 28 2 11 οἰκοδομίαις τε βαρέσιν αἰκίζων βροτοὺς πόλεις τ' * ἐπύργου * σφῶν ἕκατι δυσμόρων. ἔπειτα κηρύσσει μὲν

πυρίμορφος 1
Bar. 6 5 τῷ ἡλίῳ καὶ τὰς πτέρυγας ἐφαπλῶν δέχεται τὰς * πυριμόρφους * ἀκτῖνας αὐτοῦ εἰ μὴ γὰρ ταύτας ἐδέχετο οὐκ

πύρινος (πῦρ) 14
Hen. 14 11 ἀστέρων καὶ ἀστραπαὶ καὶ μεταξὺ αὐτῶν χερουβὶν * πύρινα * καὶ οὐρανὸς αὐτῶν ὕδωρ καὶ πῦρ φλεγόμενον κύκλῳ
Abr.1 12 1 ἔτι δὲ ἡμῖν ταῦτα λαλοῦντος ἰδοὺ δύο ἄγγελοι * πύρινοι * τῇ ὄψει καὶ ἀνηλεεῖς τῇ γνώμῃ καὶ ἀπότομοι τῷ
Abr.1 12 1 καὶ ἤλαυνον μυριάδαν ψυχὰς ἀνηλεῶς τύπτοντες ἐν * πυρίναις * χαρζαναῖς καὶ μίαν ψυχὴν κρατῶν ὁ ἄγγελος ἐν τῇ
Abr.1 12 10 αὐτοῦ ζυγὸν ἀριστερῶν δὲ αὐτοῦ ἐκάθητο ἄγγελος * πύρινος * ἀνηλὴς καὶ ἀπότομος ἐν τῇ χειρὶ αὐτοῦ κατέχων
Abr.1 12 14 ὁ τὸν ζυγὸν κατέχων ἐζύγιζεν τὰς ψυχὰς καὶ ὁ * πύρινος * ἄγγελος ὁ τὸ πῦρ κατέχων ἐδοκίμαζε διὰ πυρὸς τὰς
Abr.1 13 1 ὁ ἡλιόμορφος ὁ τὸν ζυγὸν κατέχων; καὶ τίς ὁ * πύρινος * ἄγγελος ὁ τὸ πῦρ δοκιμάζων; εἶπεν δὲ ὁ
Abr.1 13 11 καὶ τὰς δικαιοσύνας ἐν δικαιοσύνῃ θεοῦ ὁ δὲ * πύρινος * ἄγγελος καὶ ἀπότομος ὁ κατέχων ἐν τῇ χειρὶ αὐτοῦ
Abr.1 17 14 καὶ ὑπέδειξε ⟨τῷ Ἀβραὰμ⟩ κεφαλὰς δρακόντων * πυρίνους * ἑπτὰ καὶ πρόσωπα δεκατέσσαρα καὶ πρόσωπον πυρὸς
Abr.1 17 15 καὶ βασιλίσκου ἔδειξεν δὲ καὶ πρόσωπον ῥομφαίας * πύρινον * καὶ πρόσωπον ξιφηφόρον καὶ πρόσωπον ἀστραπῆς
Abr.1 19 8 ὅτι πολλοὶ ὑπὸ πυρὸς καιόμενοι τελευτῶσιν καὶ διὰ * πυρίνου * προσώπου θάνατον βλέπουσιν τὸ δὲ πρόσωπον τοῦ
Esdr. 4 9 κατήγαγόν με κάτω βαθμοὺς πεντακοσίους καὶ ἴδον * πύρινον * θρόνον καὶ ἐπ' αὐτὸν καθεζόμενον γέροντα καὶ
Esdr. 7 6 γῆν κατέχων δρακὶ ὁ ἡνιοχῶν τὰ Χερουβὶμ ὁ ἅρματι * πυρίνῳ * εἰς τοὺς οὐρανοὺς ἄρας τὸν προφήτην Ἠλίαν ὁ
Slb. 3 54 μελάθροις ἰδίοισιν ὀλοῦνται ὁππόταν οὐρανόθεν * πύρινος * ῥεύσῃ καταράκτης. οἴμοι δειλαίη πότ' ἐλεύσεται
Slb. 3 673 ἀπ' ἀθανάτοιο ἀπ' οὐρανόθεν δὲ πεσοῦνται ῥομφαῖαι * πύρινοι * κατὰ γαῖαν λαμπάδες αὐγαὶ ἴξονται μεγάλαι

πυριφανής 1
FrAn. 574 3023 αβαρμας ϊαβαραου αβελβελ λωνα αβρα μαροια βρακιων * πυριφανῆ * ὁ ἐν μέσῃ ἀρούρης καὶ χιόνος καὶ ὁμίχλης

πυρίφλεκτος 1
Slb. 5 118 τε φιλοπτολέμους τόξοισί τε πιστούς. Ἀσὶς ὅλη * πυρίφλεκτος * ἕως νήσων σελαγήσει. Πέργαμος ἡ τὸ πάλαι

πυρόεις 2
Slb. 3 65 καὶ στήσει ὀρέων ὕψος στήσει δὲ θάλασσαν ἠέλιον * πυρόεντα * μέγαν λαμπράν τε σελήνην καὶ νέκυας στήσει καὶ
Slb. 3 250 ὁ δωδεκάφυλος ἐν ἡγεμόσιν θεοπέμπτοις ἐν στύλῳ * πυρόεντι * τὸ νυκτερινὸν διοδεύων καὶ στύλῳ νεφέλης +πᾶν

πυρός 3
TJud. 9 8 ἐδεξάμεθα αὐτοὺς ὑποφόρους. καὶ ἦσαν διδόντες ἡμῖν * πυροῦ * κόρους διακοσίους ἐλαίου βεθ φ' οἴνου μέτρα χίλια
Arls. 145 3 πάντα ἡμέρα καθέστηκε καὶ διαφέρει καθαριότητι * πυροῖς * καὶ ὀσπρίοις χρώμενα πρὸς τὴν τροφὴν οἷον
FPho. 167 λήια κειράμεναι καρπῶν πλήθωσιν ἀλωάς. οἱ δ' αὐτοὶ * πυροῖο * νεοτριβὲς ἄχθος ἔχουσιν ἢ κριθῶν αἰεὶ δὲ φέρων

Πυρουήλ 1
Abr.1 13 11 ὁ κατέχων ἐν τῇ χειρὶ αὐτοῦ τὸ πῦρ οὗτός ἐστιν * Πυρουὴλ * ὁ ⟨ἀρχ⟩άγγελος ὁ ἐπὶ τὸ πῦρ ἔχων τὴν ἐξουσίαν

πυροφόρος 1
Slb. 4 72 Ἀσίδι κῆρα φέρουσα. αὐτὰρ ἐς Αἴγυπτον πολυαύλακα * πυροφόρον * τε λιμὸς ἀκαρπίη τε περιπλομένων ἐνιαυτῶν

πυρόω 4
Sal. 17 43 ἐπ' οἶκον Ισραηλ παιδεῦσαι αὐτόν. τὰ ῥήματα αὐτοῦ * πεπυρωμένα * ὑπὲρ χρυσίον τὸ πρῶτον τίμιον ἐν συναγωγαῖς
Esdr. 4 16 καὶ ἴδον ἐκεῖ ἀνθρώπους γεραιοὺς καὶ στρόφιγγες * πυρώμενοι * εἰς τὰ ὦτα αὐτῶν στρεφόμενοι. καὶ εἶπον τίνες
Slb. 5 527 ἠδὲ Κύων ὤλισθεν ἀπὸ φλογὸς Ἡελίοιο Ὑδροχόον δ' * ἐπύρωσε * μένος κρατεροῖο Φαεινοῦ ὦρτο μὲν Οὐρανὸς αὐτὸς
ISop. 5 122 1 ἑδράνων ἔρημος οὐδ' ἀὴρ ἔτι πτερωτὰ φῦλα βαστάσει * πυρουμένη * καὶ γὰρ καθ' ᾅδην δύο τρίβους νομίζομεν μίαν

πυρράκης 1
HArt. 9 27 37 τὴν χρόαν. γεγονέναι δὲ τὸν Μώϋσον μακρὸν * πυρρακῆ * πολιὸν κομήτην ἀξιωματικόν. ταῦτα δὲ πρᾶξαι περὶ

πυρρός 4
Hen. 18 7 καὶ τὸ ἀπὸ λίθου ταθὲν τὸ δὲ κατὰ νότον ἀπὸ λίθου * πυρροῦ * τὸ δὲ μέσον αὐτῶν ἦν εἰς οὐρανὸν ὥσπερ θρόνος
Hen. 106 2 τὸ παιδίον ἦν τὸ σῶμα λευκότερον χιόνος καὶ * πυρρότερον * ῥόδου τὸ τρίχωμα πᾶν λευκὸν καὶ ὡς ἔρια λευκὰ
Hen. 106 10 καὶ τὸ χρῶμα αὐτοῦ) λευκότερον χιόνος καὶ * πυρρότερον * ῥόδου καὶ τὸ τρίχωμα τῆς κεφαλῆς αὐτοῦ
FEz. 1 8 3 ὑμῶν ἀπὸ τῆς γῆς ἕως τοῦ οὐρανοῦ καὶ ἐὰν ὦσιν * πυρρότεραι * κόκκου καὶ μελανώτεραι σάκκου καὶ ἐπιστραφῆτε

πυρσός 1
Slb. 4 131 ἀλλ' ὁπόταν χθονίης ἀπὸ ῥωγάδος Ἰταλίδος γῆς * πυρσὸς * ἀποστραφθεὶς εἰς οὐρανὸν εὐρὺν ἵκηται πολλὰς δὲ

πύρωσις 1
TJud. 16 1 ἔστι γὰρ ἐν αὐτῷ τέσσαρα πνεύματα πονηρὰ ἐπιθυμίας * πυρώσεως * ἀσωτίας αἰσχροκερδίας. ἐὰν πίνητε οἶνον ἐν

πώγων 2
Abr.1 11 6 τὰς τρίχας τῆς κεφαλῆς αὐτοῦ καὶ τὰς παρειὰς τοῦ * πώγωνος * καὶ ἔρριπτεν αὐτὸν χαμαὶ ἀπὸ τοῦ θρόνου κλαίων
Asen. 22 7 ὅλαι δασεῖαι καὶ πυκναὶ σφόδρα ⟨ὡς Αἰθίοπος⟩ καὶ ὁ * πώγων * αὐτοῦ λευκὸς καθειμένος μέχρι τοῦ στήθους αὐτοῦ

πωλέω 5
TSlm. 2 9 ἡμῖν καὶ πᾶσα ἡ ἀπόθεσις Ἰούδας ὁ ἀδελφὸς ἡμῶν * ἐπώλησεν * αὐτὸν τοῖς Ἰσμαηλίταις. καὶ ἐλθὼν Ῥουβὴμ
TZab. 2 9 τοῦ Ἰωσήφ. καὶ ἐποίησε κύριος οὕτως ἕως οὗ * ἐπώλησαν * αὐτὸν τοῖς Ἰσμαηλίταις. καὶ γὰρ τῆς τιμῆς τοῦ
TJos. 15 4 εἶπα ἐγὼ οὐκ οἶδα δοῦλός εἰμι. τότε βουλεύονται * πωλῆσαί * με ἵνα μὴ εὑρεθῶ ἐν χερσὶν αὐτῶν. ἐφοβοῦντο γὰρ
TJos. 16 1 τῷ ἀνδρὶ αὐτῆς πρίασθαί με ἀκούω γάρ φησιν ὅτι * πωλοῦσιν * αὐτόν. καὶ ἀπέστειλεν εὐνοῦχον τοῖς
TBen. 2 1 ὁ ἀδελφός μου λέγει μοι τί εἶπον τῷ πατρί μου ὅτε * ἐπώλησάν * με; καὶ εἶπον αὐτῷ ὅτι ἔφυραν τὸν χιτῶνά σου

πῶλος 1
FPho. 126 ὅπλον ἑκάστωι νεῖμε θεὸς φύσιν ἠερόφοιτον ὄρνισιν * πώλοις * ταχυτῆτ' ἀλκήν τε λέουσιν ταύρους δ' αὐτοχύτως

πωμάζω 2
Hen. 10 5 οἰκησάτω ἐκεῖ εἰς τοὺς αἰῶνας καὶ τὴν ὄψιν αὐτοῦ * πώμασον * καὶ φῶς μὴ θεωρείτω καὶ ἐν τῇ ἡμέρᾳ τῆς μεγάλης
Hen. 10B 5 καὶ οἰκησάτω ἐκεῖ εἰς τὸν αἰῶνα καὶ τὴν ὄψιν αὐτοῦ * πώμασον * καὶ φῶς μὴ θεωρείτω. καὶ ἐν τῇ ἡμέρᾳ τῆς κρίσεως

πώποτε 4
Asen. 2 1 πρὸς πάντα ἄνθρωπον. καὶ οὐδεὶς ἀνὴρ ἑώρακεν αὐτὴν * πώποτε * καθότι ἦν πύργος τῷ Πεντεφρῇ παρακείμενος τῇ
Asen. 7 7 ἄνδρα καὶ οὐκ ἔστιν ἀνὴρ ἄλλος ὃς ἑώρακεν αὐτὴν * πώποτε * εἰ μὴ σὺ μόνος σήμερον. καὶ εἰ βούλῃ ἐλεύσεται
Asen. 15 14 ἀμίαντος καὶ ἀνὴρ ἢ γυνὴ οὐκ ἐκάθισεν ἐπ' αὐτὴν * πώποτε. * καὶ παραθήσω σοι τράπεζαν καὶ εἰσοίσω σοι ἄρτον
Asen. 16 11 ἐγὼ οὐκ εἶχον κηρίον μέλιτος ἐν τῷ ταμιείῳ μου * πώποτε * ἀλλὰ σὺ ἐλάλησας καὶ γέγονε. μήτιγε τοῦτο ἐκ τοῦ

πῶς 125 πῶς πως

πώς 2
TGad 4 4 αὐτοῦ καὶ ἐν πάσῃ θλίψει ἐπιχειρεῖ κατ' αὐτοῦ εἴ * πως * θανατώσει αὐτόν. τὸ γὰρ μῖσος ἐνεργεῖ τῷ φθόνῳ καὶ
FPho. 175 κατ' ἄγγεα κηροδομοῦσα. μὴ μείνῃς ἄγαμος μή * πως * νώνυμνος ὄληαι δός τι φύσει καὐτὸς τέκε δ' ἔμπαλιν

ῥά 5
Slb. 3 118 τηνίκα δὴ πατρὸς τέλεος χρόνος ἵκετο γήρως καὶ * ῥ' * ἔθανεν καὶ παῖδες ὑπερβασίην ὅρκοισιν δεινὴν
Slb. 3 150 ἑξήκοντα δέ τοι παῖδας συναγείρατο Τιτὰν καὶ * ῥ' * εἶχ' ἐν δεσμοῖσι Κρόνον Ῥείην τε σύνευνον κρύψεν δ'
Slb. 3 231 ἦμαρ ψυχὰς γυμνάζοντες ἐς οὐδὲν χρήσιμον ἔργον καὶ * ῥα * πλάνας ἐδίδαξαν ἀεικελίους ἀνθρώπους ἐξ ὧν δὴ κακὰ
Slb. 3 669 τὸν θρόνον αὐτοῦ ἕκαστος ἔχων καὶ λαὸν ἀπειθῆ. καὶ * ῥα * θεὸς φωνῇ μεγάλῃ πρὸς πάντα λαλήσει λαὸν ἀπαίδευτον
LThe. 9 22 7 παντὶ σὺν οἴκῳ σάρκ' ἀποσυλῆσαι πόσθης ἄπο καὶ * ῥ' * ἐτέλεσσεν ἀστεμφὲς δὲ τέτυκται ἐπεὶ θεὸς αὐτὸς ἔειπε.

ῥάβδος 25
TLevi 8 4 καὶ ὁ πρῶτος ἤλειψέ με ἐλαίῳ ἁγίῳ καὶ ἔδωκέ μοι * ῥάβδον * κρίσεως. ὁ δεύτερος ἔλουσέ με ὕδατι καθαρῷ καὶ
TJud. 12 4 σε. καὶ εἶπέ μοι τί μοι δώσεις; καὶ ἔδωκα αὐτῇ τὴν * ῥάβδον * μου καὶ τὴν ζώνην καὶ τὸ διάδημα τῆς βασιλείας
TJud. 15 3 τῇ πορνείᾳ ὡς κἀγὼ γυμνωθείς. ἔδωκα γὰρ τὴν * ῥάβδον * μου τουτέστι τὸ στήριγμα τῆς ἐμῆς φυλῆς καὶ τὴν
TJud. 24 6 ὑμῶν γενήσεται πυθμήν. καὶ ἐν αὐτῷ ἀναβήσεται * ῥάβδος * δικαιοσύνης τοῖς ἔθνεσι κρῖναι καὶ σῶσαι πάντας

| | | | | | | |
|---|---|---|---|---|---|---|
| TZab. | 1 | | 3 | τὰ ποίμνια καὶ τὰ βουκόλια ὅτε ἐν τοῖς ποικίλοις ✳ | ῥάβδοις ✳ | εἶχε τὸν κλῆρον. οὐκ ἔγνων τέκνα μου ὅτι ἥμαρτον |
| Asen. | 5 | | 5 | τῶν δώδεκα λίθων ἦσαν δώδεκα ἀκτῖνες χρυσαῖ. καὶ ✳ | ῥάβδος ✳ | βασιλικὴ ἐν τῇ χειρὶ αὐτοῦ τῇ ἀριστερᾷ καὶ ἐν τῇ |
| Asen. | 14 | | 9 | ὅμοιος τῷ Ἰωσὴφ τῇ στολῇ καὶ τῷ στεφάνῳ καὶ τῇ ✳ | ῥάβδῳ ✳ | τῇ βασιλικῇ πλὴν τὸ πρόσωπον αὐτοῦ ἦν ὡς ἀστραπὴ |
| Asen. | 16 | | 22 | τὴν γῆν καὶ ἀπέθανον. καὶ ἐξέτεινεν ὁ ἄνθρωπος τὴν ✳ | ῥάβδον ✳ | καὶ ἐπὶ τὰς μελίσσας τὰς νεκρὰς εἶπεν |
| Sal. | 17 | | 24 | ὑπερηφανίαν ἁμαρτωλοῦ ὡς σκεύη κεραμέως ἐν ✳ | ῥάβδῳ ✳ | σιδηρᾷ συντρῖψαι πᾶσαν ὑπόστασιν αὐτῶν ὀλεθρεῦσαι |
| Sal. | 18 | | 7 | τὰ ἀγαθὰ κυρίου ἃ ποιήσει γενεᾷ τῇ ἐρχομένῃ ὑπὸ ✳ | ῥάβδον ✳ | παιδείας χριστοῦ κυρίου ἐν φόβῳ θεοῦ αὐτοῦ ἐν |
| Esdr. | 1 | | 4 | καὶ ἦλθεν Ῥαφαὴλ ὁ ἀρχιστράτηγος καὶ ἔδωκέν μοι ✳ | ῥάβδον ✳ | στηράκην. καὶ ἐνήστευσα δὶς ἑξήκοντα ἑβδομάδας. |
| HArt. | 9 | 27 | 27 | σημεῖόν τι αὐτῷ ποιῆσαι τὸν δὲ Μῶϋσον ἣν εἶχε ✳ | ῥάβδον ✳ | ἐκβαλόντα ὄφιν ποιῆσαι πτοηθέντων δὲ πάντων |
| HArt. | 9 | 27 | 27 | πάντων ἐπιλαβόμενον τῆς οὐρᾶς ἀνελέσθαι καὶ πάλιν ✳ | ῥάβδον ✳ | ποιῆσαι προελθόντα δὲ μικρὸν τὸν Νεῖλον τῇ ῥάβδῳ |
| HArt. | 9 | 27 | 28 | ῥάβδον ποιῆσαι προελθόντα δὲ μικρὸν τὸν Νεῖλον τῇ ✳ | ῥάβδῳ ✳ | πατάξαι τὸν δὲ ποταμὸν πολύχουν γενόμενον |
| HArt. | 9 | 27 | 29 | ἀποκαταστήσῃ τὸν ποταμὸν τὸν δὲ Μῶϋσον πάλιν τῇ ✳ | ῥάβδῳ ✳ | πατάξαντα τὸ ὕδωρ συστεῖλαι τὸ ῥεῦμα. τούτου δὲ |
| HArt. | 9 | 27 | 31 | ἄλλα τε σημεῖα ποιῆσαι καὶ πατάξαντα τὴν γῆν τῇ ✳ | ῥάβδῳ ✳ | ζῷόν τι πτηνὸν ἀνεῖναι λυμαίνεσθαι τοὺς Αἰγυπτίους |
| HArt. | 9 | 27 | 32 | Ἰουδαίους. πάλιν τε τὸν Μῶϋσον βάτραχον διὰ τῆς ✳ | ῥάβδου ✳ | ἀνεῖναι πρὸς δὲ τούτοις ἀκρίδας καὶ σκνίφας. |
| HArt. | 9 | 27 | 32 | καὶ σκνίφας. διὰ τοῦτο δὲ καὶ τοὺς Αἰγυπτίους τὴν ✳ | ῥάβδον ✳ | ἀνατιθέναι εἰς πᾶν ἱερὸν ὁμοίως δὲ καὶ τῇ Ἴσιδι |
| HArt. | 9 | 27 | 32 | Ἴσιδι διὰ τὸ τὴν γῆν εἶναι Ἴσιν παιομένην δὲ τῇ ✳ | ῥάβδῳ ✳ | τὰ τέρατα ἀνεῖναι. τοῦ δὲ βασιλέως ἔτι |
| HArt. | 9 | 27 | 36 | Μῶϋσω φωνὴν θεῖαν γενέσθαι πατάξαι τὴν θάλασσαν τῇ ✳ | ῥάβδῳ ✳ | καὶ διαστῆσαι. τὸν δὲ Μῶϋσον ἀκούσαντα ἐπιθιγεῖν |
| HArt. | 9 | 27 | 36 | διαστῆσαι. τὸν δὲ Μῶϋσον ἀκούσαντα ἐπιθιγεῖν τῇ ✳ | ῥάβδῳ ✳ | τοῦ ὕδατος καὶ οὕτως τὸ μὲν νᾶμα διαστῆναι τὴν δὲ |
| LEze. | 9 | 29 11 02 | δ' ἐν χεροῖν σοῖν τοῦτ' ἔχεις; λέξον τάχος. (Μ). ✳ | ῥάβδον ✳ | τετραπόδων καὶ βροτῶν κολάστριαν. (Θ). ῥῖψον πρὸς |
| LEze. | 9 | 29 11 09 | φοβηθῇς χεῖρα δ' ἐκτείνας λαβὲ οὐρὰν πάλιν δὲ ✳ | ῥάβδος ✳ | ἔσσεθ' ὥσπερ ἦν. ἔνθες δὲ χεῖρ' εἰς κόλπον |
| LEze. | 9 | 29 12 01 | πάλιν δ' εἰς κόλπον ἔσται δ' ὥσπερ ἦν. ἐν τῇδε ✳ | ῥάβδῳ ✳ | πάντα ποιήσεις κακὰ πρῶτον μὲν αἷμα ποτάμιον |
| LEze. | 9 | 29 14 33 | μέσος. κἄπειθ' ὁ κείνων ἡγεμὼν Μωσῆς λαβὼν ✳ | ῥάβδον ✳ | θεοῦ τῇ δὴ πρὶν Αἰγύπτῳ κακὰ σημεῖα καὶ τέρατ' |
| ῥάβδωσις | 2 | | | | | |
| Aris. | 64 | | 3 | διασκευὴν (ἣ) κατεσκεύαστο καὶ τὰ λοιπὰ τῆς ✳ | ῥαβδώσεως ✳ | καὶ διαγλυφῆς ⟨διὰ τὸ⟩ (καὶ) κατ' ἀμφότερα τὰ |
| Aris. | 74 | | 4 | ὡραιότητι τὸ τῆς τέχνης φιλόπονον. ἐπὶ δὲ τούτου ✳ | ῥάβδωσις ✳ | ἐφ' ᾗ διαπλοκὴ ῥόμβων δικτυωτὴν ἔχουσα τὴν |
| ῥαβδωτός | 1 | | | | | |
| Aris. | 62 | | 4 | ἐκτύπωσιν ἔχουσα προοχῆς συνεχέσιν ἀναγλυφαῖς ✳ | ῥαβδωταῖς ✳ | πυκνὴν ἐχούσαις τὴν πρὸς ἄλληλα θέσιν περὶ |
| Ῥάβεννα | 1 | | | | | |
| Sib. | 5 | | 205 | ἤγαγεν ἐκ Συρίης πλῆθος πολὺ καὶ σε φονεύσει αὐτὴν ✳ | Ῥαβέννη ✳ | τε καὶ εἰς φόνον ἡγεμονεύσει. Ἰνδοὶ μὴ |
| Ῥαγάβ | | | | | | |
| FJub. | 11 | | 1 | ἐπάταξε. γυνὴ Ραγαυ Ωρα θυγάτηρ Οὖρ υἱοῦ Χεζα. ✳ | Ῥαγὰβ ✳ | γενόμενος ἑκατὸν τριακονταδύο ἐτῶν ἐγέννησε τὸν |
| ῥαγάς | 1 | | | | | |
| Hen. | 1 | | 7 | πυρὸς ἐν φλογί. καὶ διασχισθήσεται ἡ γῆ σχίσμα ✳ | ῥαγάδι ✳ | καὶ πάντα ὅσα ἐστὶν ἐπὶ τῆς γῆς ἀπολεῖται καὶ |
| Ῥαγαυ | | | | | | |
| FJub. | 11 | | 1 | βιαίῳ καταπεσὼν θείᾳ κρίσει τοῦτον ἐπάταξε. γυνὴ ✳ | Ραγαυ ✳ | Ωρα θυγάτηρ Οὖρ υἱοῦ Χεζα. Ῥαγὰβ γενόμενος |
| Ῥαγουήλ | 5 | | | | | |
| Hen. | 20 | | 4 | τῶν ἁγίων ἀγγέλων ὁ ἐπὶ τῶν πνευμάτων τῶν ἀνθρώπων ✳ | Ῥαγουὴλ ✳ | ὁ εἷς τῶν ἁγίων ἀγγέλων ὁ ἐκδικῶν τὸν κόσμον |
| Hen. | 20B | | 4 | ἁγίων ἀγγέλων ὁ ἐπὶ τῶν πνευμάτων τῶν ἀνθρώπων ✳ | Ῥαγουὴλ ✳ | ὁ εἷς τῶν ἁγίων ἀγγέλων ὁ ἐκδικῶν τὸν κόσμον |
| Hen. | 23 | | 4 | τί ἐστιν τὸ μὴ ἔχον ἀνάπαυσιν; τότε ἀπεκρίθη μοι ✳ | Ῥαγουὴλ ✳ | ὁ εἷς τῶν ἁγίων ἀγγέλων ὃς μετ' ἐμοῦ ἦν οὗτος ὁ |
| HDem. | 9 | 29 | 1 | ἐκ δὲ τοῦ Ἰεζὰν γενέσθαι Δαδὰν ἐκ δὲ Δαδὰν ✳ | Ῥαγουὴλ ✳ | ἐκ δὲ Ῥαγουὴλ Ἰοθὼρ καὶ Ὀβὰβ ἐκ δὲ τοῦ |
| HDem. | 9 | 29 | 1 | Ἰεζὰν γενέσθαι Δαδὰν ἐκ δὲ Δαδὰν Ῥαγουὴλ ἐκ δὲ ✳ | Ῥαγουὴλ ✳ | Ἰοθὼρ καὶ Ὀβὰβ ἐκ δὲ τοῦ Ἰοθὼρ Σεπφώραν ἦν |
| Ῥαγουῆλος | 3 | | | | | |
| HArt. | 9 | 27 | 19 | τὸν Χανεθώθην διεκδρᾶναι δὲ εἰς τὴν Ἀραβίαν καὶ ✳ | Ῥαγουήλῳ ✳ | τῷ τῶν τόπων ἄρχοντι συμβιοῦν λαβόντα τὴν |
| HArt. | 9 | 27 | 19 | συμβιοῦν λαβόντα τὴν ἐκείνου θυγατέρα τὸν δὲ ✳ | Ῥαγουῆλον ✳ | βούλεσθαι στρατεύειν ἐπὶ τοὺς Αἰγυπτίους |
| HArt. | 9 | 27 | 19 | Μῶϋσον ἀποκωλῦσαι στοχαζόμενον τῶν ὁμοφύλων τὸν δὲ ✳ | Ῥαγουῆλον ✳ | διακωλύοντα στρατεύειν τοῖς Ἄραψι προστάξαι |
| ῥᾴδιος | 1 | | | | | |
| HArt. | 9 | 27 | 7 | τὸ δὲ τῶν γεωργῶν αὐτῷ συστῆσαι πλῆθος ὑπολαβόντα ✳ | ῥᾳδίως ✳ | αὐτὸν διὰ τὴν τῶν στρατιωτῶν ἀσθένειαν ὑπὸ τῶν |
| ῥᾳθυμία | 2 | | | | | |
| Aris. | 245 | | 2 | τὸν ἑξῆς ἀποκριθῆναι παρεκάλει πῶς ἂν μὴ εἰς ✳ | ῥᾳθυμίαν ✳ | μηδὲ ἐπὶ τὰς ἡδονὰς τρέποιτο; ὁ δὲ προχείρως |
| Aris. | 284 | | 3 | δεῖ ποιεῖσθαι τὰς διαγωγὰς ἐν ταῖς ἀνέσεσι καὶ ✳ | ῥᾳθυμίαις; ✳ | ὁ δὲ ἔφη θεωρεῖν ὅσα παίζεται μετὰ περιστολῆς |
| Ῥακεῖηλ | 1 | | | | | |
| Hen. | 6 | | 7 | Ταμιὴλ Βαρακιὴλ Ἀνανθνὰ Θωνιὴλ Ῥαμιὴλ Ἀσέαλ ✳ | Ῥακεῖηλ ✳ | Τουριήλ. οὗτοί εἰσιν ἀρχαὶ αὐτῶν οἱ ⟨ἐπὶ⟩ δέκα |
| ῥακκώδης | | | | | | |
| Job | 25 | | 7 | ἐκ βύσσου ὑφασμένην σὺν χρυσῷ, νῦν δὲ φορεῖ ✳ | ῥακκώδη ✳ | καὶ ἀντικαταλλάσσει τὴν τρίχα ἀντὶ ἄρτων. βλέπε |
| ῥάκκος ✳ | 1 | | | | | |
| Job | 39 | | 1 | λέγοντος, ἦλθεν ἡ γυνή μου Σίτιδος ἐν ἱματίοις ✳ | ῥακκώδοις, ✳ | ἀποδράσασα ἐκ τῆς τοῦ οἰκοδεσπότου δουλείας ᾧ |
| ραλε ✳ | 1 | | | | | |
| FrAn. | 1 | 226 | 6 | ⟩φρονιμοτερο⟨ν - ⟩τον ως εμε ημετε⟨ ⟩ου και φθορας ✳ | ραλε ✳ | της⟨ - - μνησθ⟩εις του Ιακωβ⟨ - ⟩ες της γης και |
| Ῥαμβαηλ | 1 | | | | | |
| TJud. | 7 | | 9 | καὶ ᾠκοδόμησα ἐγὼ τὴν Θάμνα καὶ ὁ πατήρ μου τὴν ✳ | Ῥαμβαηλ. ✳ | εἴκοσιν ἐτῶν ἤμην ὅτε ἐγένετο ὁ πόλεμος οὗτος |
| Ῥαμιήλ | | | | | | |
| Hen. | 6 | | 7 | Σαθιὴλ Ἀτριὴλ Ταμιὴλ Βαρακιὴλ Ἀνανθνὰ Θωνιὴλ ✳ | Ῥαμιὴλ ✳ | Ἀσέαλ Ῥακεῖηλ Τουριήλ. οὗτοί εἰσιν ἀρχαὶ αὐτῶν |
| Hen. | 6B | | 7 | Ἀταρκοὺφ γ' Ἀρακιὴλ δ' Χωβαβιὴλ ε' Ὀραμμαμὴ ϛ' ✳ | Ῥαμιὴλ ✳ | ζ' Σαμψὶχ η' Ζακιὴλ θ' Βαλκιὴλ ι' Ἀζαλζὴλ ια' |
| ῥαμφή | 1 | | | | | |
| Sib. | 5 | | 243 | τοῦδ' ἕνεκεν στενόβουλε κακῶν ἀρχηγὲ μεγίστων καὶ ✳ | ῥαμφὴ ✳ | καὶ πένθος ἐλεύσεται ἤματι κείνῳ. ἀρχὴ καὶ |
| ῥαπίζω | 2 | | | | | |
| FIsa. | 2 | | 12 | τῶν τετρακοσίων προφητῶν τοῦ Βαὰλ καὶ αὐτός⟨ς⟩ ✳ | ἐράπισεν ✳ | καὶ ὕβρισεν τὸν Μιχαίαν υἱὸν Ἰεμμαδὰ τὸν |
| FrAn. | 1 | 217 | 24 | αὐτὸν χρυσίον πολὺ καὶ ἀργύριον ἅμα δὲ καὶ ✳ | ῥαπίσας ✳ | αὐτὸν μετρίως εἰπέ. μὴ δίσταζε ἐν τῇ καρδίᾳ σου |
| ῥάπτω | 1 | | | | | |
| FPho. | | | 4 | μήτ' ἄρσενα Κύπριν ὀρίνειν μήτε δόλους ✳ | ῥάπτειν ✳ | μήθ' αἵματι χεῖρα μιαίνειν. μὴ πλουτεῖν ἀδίκως |
| Ῥαφαήλ | 12 | | | | | |
| Hen. | 9 | | 1 | γῆς. τότε παρ(α)κύψαντες Μιχαὴλ καὶ Οὐ(ρι)ὴλ καὶ ✳ | Ῥαφαὴλ ✳ | καὶ Γαβριή⟨λ⟩ οὗτοι ἐκ τοῦ οὐρανοῦ ἐθεάσ⟨αν⟩το |
| Hen. | 9B | | 1 | τέσσαρες μεγάλοι ἀρχάγγελοι Μιχαὴλ καὶ Οὐριὴλ καὶ ✳ | Ῥαφαὴλ ✳ | καὶ Γαβριὴλ παρέκυψαν ἐπὶ τὴν γῆν ἐκ τῶν ἁγίων |
| Hen. | 10 | | 4 | αὐτοῦ εἰς πάσας τὰς γενεὰς τοῦ αἰῶνος. καὶ τῷ ✳ | Ῥαφαὴλ ✳ | εἶπεν δῆσον τὸν Ἀζαὴλ ποσὶν καὶ χερσὶν καὶ βάλε |
| Hen. | 10B | | 4 | καὶ σταθήσεται πάσας τὰς γενεὰς τοῦ αἰῶνος. καὶ τῷ ✳ | Ῥαφαὴλ ✳ | εἶπε πορεύου Ῥαφαὴλ καὶ δῆσον τὸν Ἀζαὴλ χερσὶ |
| Hen. | 10B | | 4 | τὰς γενεὰς τοῦ αἰῶνος. καὶ τῷ Ῥαφαὴλ εἶπε πορεύου ✳ | Ῥαφαὴλ ✳ | καὶ δῆσον τὸν Ἀζαὴλ χερσὶ καὶ ποσὶ συμπόδισον |
| Hen. | 20 | | 3 | ἁγίων ἀγγέλων ὁ ἐπὶ τοῦ κόσμου καὶ τοῦ ταρτάρου. ✳ | Ῥαφαὴλ ✳ | ὁ εἷς τῶν ἁγίων ἀγγέλων ὁ ἐπὶ τῶν πνευμάτων τῶν |
| Hen. | 20B | | 3 | ἁγίων ἀγγέλων ὁ ἐπὶ τοῦ κόσμου καὶ τοῦ ταρτάρου. ✳ | Ῥαφαὴλ ✳ | ὁ εἷς τῶν ἁγίων ἀγγέλων ὁ ἐπὶ τῶν πνευμάτων τῶν |
| Hen. | 22 | | 3 | καὶ ὁλοβαθῆ καὶ σκοτινὰ τῇ ὁράσει; τότε ἀπεκρίθη ✳ | Ῥαφαὴλ ✳ | τὸν ἄγγελον ὃς μετ' ἐμοῦ ἦν καὶ εἶπα αὐτῷ τοῦτο |
| Hen. | 22 | | 6 | οὐρανὸν προέβαινεν καὶ ἐνετύγχανεν. καὶ ἠρώτησα ✳ | Ῥαφαὴλ ✳ | τὸν ἄγγελον ὃς μετ' ἐμοῦ ἦν καὶ εἶπα αὐτῷ τοῦτο |
| Hen. | 32 | | 6 | τὸ δένδρον καὶ ὡς ἐπίχαρι τῇ ὁράσει. τότε ἀπεκρίθη ✳ | Ῥαφαὴλ ✳ | ὁ ἅγιος ἄγγελος ὁ μετ' ἐμοῦ ὢν τοῦτο τὸ δένδρον |
| Esdr. | 1 | | 4 | τὸ δένδρον καὶ ὡς ἐπίχαρι ... καθὼς εἶπέν μοι. καὶ ἦλθεν ✳ | Ῥαφαὴλ ✳ | ὁ ἀρχιστράτηγος καὶ ἔδωκέν μοι ῥάβδον στηράκην. |
| Esdr. | 6 | | 2 | τῶν ἐπὶ τῆς συντελείας; Μιχαὴλ Γαβριὴλ Οὐρίηλ ✳ | Ῥαφαὴλ ✳ | Γαβουθελαν Ἀκήρ Ἀρφουγιτόνος Βεβουρρὸς |
| Ῥαχήλ | 25 | | | | | |
| TIss. | 1 | | 3 | ἤνεγκε μανδραγόρας ἐκ τοῦ ἀγροῦ καὶ προσαπαντήσασα ✳ | Ῥαχὴλ ✳ | ἔλαβεν αὐτούς. ἔκλαιε δὲ Ῥουβὴμ καὶ ἐπὶ τῇ φωνῇ |
| TIss. | 1 | | 6 | γῇ Ἀρὰμ ἐν ὕψει ὑποκάτω φάραγγος ὑδάτων. εἶπε δὲ ✳ | Ῥαχὴλ ✳ | οὐ δώσω αὐτά σοι ὅτι ἔσονταί μοι ἀντὶ τέκνων. |
| TIss. | 1 | | 10 | γάρ ἐστιν ὁ Ἰακὼβ κἀγὼ γυνὴ νεότητος αὐτοῦ. ἡ δὲ ✳ | Ῥαχὴλ ✳ | εἶπεν τί οὖν; ὅτι ἐμοὶ πρῶτον ἥρμοσται καὶ δι' |
| TIss. | 1 | | 14 | ἰδεῖν ὅτι εἰ ἴδωεν ἐκεῖ οὐκ ἐγένετο τοῦτο. καὶ εἶπε ✳ | Ῥαχὴλ ✳ | λάβε ἕνα μανδραγόραν καὶ ἀντὶ τοῦ ἑνὸς ἐκμισθῶ |
| TIss. | 2 | | 1 | ὤφθη τῷ Ἰακὼβ ἄγγελος κυρίου λέγων ὅτι δύο τέκνα ✳ | Ῥαχὴλ ✳ | τέξεται ὅτι διέπτυσε συνουσίαν ἀνδρὸς καὶ |
| TIss. | 2 | | 2 | υἱοὺς εἶχε τεκεῖν διὰ τοῦτο ἓξ ἔτεκε τοὺς δὲ δύο ✳ | Ῥαχὴλ ✳ | ὅτι ἐν τοῖς μανδραγόροις ἐπεσκέψατο αὐτὴν κύριος. |
| TIss. | 2 | | 2 | διὰ τοῦτο ἐν τοῖς μανδραγόροις κύριος τῆς ✳ | Ῥαχὴλ ✳ | ὅτι κυρίῳ ἐποθήσασα αὐτοὺς οὐκ ἔφαγεν ἀλλὰ |
| TNep. | 1 | | 6 | ἐγεννήθην ἀπὸ Βάλλας καὶ ὅτι ἐν πανουργίᾳ ἐποίησε ✳ | Ῥαχὴλ ✳ | καὶ ἔδωκεν ἀνθ' ἑαυτῆς τὴν Βάλλαν τῷ Ἰακὼβ καὶ |
| TNep. | 1 | | 6 | ἀνθ' ἑαυτῆς τὴν Βάλλαν τῷ Ἰακὼβ καὶ ἐπὶ τῶν μηρῶν ✳ | Ῥαχὴλ ✳ | ἔτεκέ με διὰ τοῦτο ἐκλήθην Νεφθαλίμ. καὶ ἠγάπησέ |
| TNep. | 1 | | 7 | με διὰ τοῦτο ἐκλήθην Νεφθαλίμ. καὶ ἠγάπησέ ✳ | Ῥαχὴλ ✳ | ὅτι ἐπὶ τῶν μηρῶν αὐτῆς ἐγεννήθην καὶ εἶδεν |
| TNep. | 1 | | 8 | καὶ ὅμοιός μοι ἦν ἐν πᾶσιν ὁ Ἰωσὴφ κατὰ τὰς εὐχὰς ✳ | Ῥαχήλ. ✳ | ἡ δὲ μήτηρ μού ἐστι Βάλλα θυγάτηρ Ῥωθέου |
| TNep. | 1 | | 9 | Ῥεβέκκας ἥτις ἐν μιᾷ ἡμέρᾳ ἐτέχθη ἐν ᾗ καὶ ἡ ✳ | Ῥαχὴλ ✳ | ὁ δὲ Ῥώθεος ἐκ τοῦ γένους ἦν Ἀβραὰμ Χαλδαῖος |
| TJos. | 20 | | 3 | ἔθηκεν τῷ υἱῷ Βάλλας παρὰ τὸν ἱππόδρομον πλησίον ✳ | Ῥαχὴλ ✳ | θέτε αὐτήν. καὶ ταῦτα εἰπὼν ἐκτείνας τοὺς πόδας |
| TBen. | 1 | | 3 | ἐτέχθη τῷ Ἀβραὰμ οὕτως κἀγὼ τῷ Ἰακώβ. ἐπειδὴ οὖν ✳ | Ῥαχὴλ ✳ | τέθνηκε γεννῶσά με γάλα οὐκ ἔσχον. Βάλλαν οὖν τὴν |
| TBen. | 1 | | 4 | Βάλλαν οὖν τὴν παιδίσκην αὐτῆς ἐθήλασα. ἡ γὰρ ✳ | Ῥαχὴλ ✳ | μετὰ τὸ τεκεῖν τὸν Ἰωσὴφ δώδεκα ἔτη ἐστείρευσεν |
| TBen. | 1 | | 4 | ἔτεκέ με. σφόδρα γὰρ ὁ πατὴρ ἠμῶν ἠγάπα τὴν ✳ | Ῥαχὴλ ✳ | καὶ ηὔχετο διὰ δύο υἱοὺς ἰδεῖν ἀπ' αὐτῆς. διὰ |
| Asen. | 1 | | 5 | μεγάλη ὡς Σάρρα καὶ ὡραία ὡς Ῥεβέκκα καὶ καλὴ ὡς ✳ | Ῥαχήλ. ✳ | καὶ ἦν τὸ ὄνομα τῆς παρθένου ἐκείνης Ἀσενέθ. |
| Asen. | 22 | | 11 | δὲ υἱοὶ Ζέλφας καὶ Βάλλας τῶν παιδισκῶν Λίας καὶ ✳ | Ῥαχὴλ ✳ | οὐ συμπροέπεμψαν αὐτοὺς διότι ἐφθόνουν καὶ |
| Asen. | 24 | | 2 | υἱοὶ Βάλλας καὶ οἱ υἱοὶ Ζέλφας παιδισκῶν Λίας καὶ ✳ | Ῥαχὴλ ✳ | γυναικῶν Ἰακὼβ ἐχθραίνονται τῷ Ἰωσὴφ καὶ τῇ |
| HDem. | 9 | 21 | 3 | Λάβαν τοῦ μητρῴου δύο θυγατέρας γῆμαι Λείαν καὶ ✳ | Ῥαχὴλ ✳ | ὄντα ἐτῶν ὀγδοήκοντα τεσσάρων καὶ γενέσθαι ἐν |

| | | | | | | |
|---|---|---|---|---|---|---|
| HDem. | 9 | 21 | 3 | Λευὶν τῷ δὲ ἐνδεκάτῳ ἔτει μηνὶ τετάρτῳ Ἰούδαν. | * Ῥαχὴλ * | τε μὴ τίκτουσαν ζηλῶσαι τὴν ἀδελφὴν καὶ |
| HDem. | 9 | 21 | 4 | μήλων τῶν μανδραγόρου ἃ Ῥουβὴλ εἰσενεγκεῖν παρὰ | * Ῥαχὴλ * | συλλαβεῖν καὶ τὴν παιδίσκην Ζελφὰν τῷ αὐτῷ χρόνῳ |
| HDem. | 9 | 21 | 5 | ἔτει μηνὶ ὀγδόῳ τεκεῖν υἱὸν ὄνομα Δάν. ἐν ᾧ καὶ | * Ῥαχὴλ * | λαβεῖν ἐν γαστρὶ τῷ αὐτῷ χρόνῳ ᾧ καὶ Λείαν τεκεῖν |
| HDem. | 9 | 21 | 10 | καὶ γεννῆσαι αὐτὸν ἐκεῖ Βενιαμὶν καὶ τελευτῆσαι | * Ῥαχὴλ * | τεκοῦσαν τὸν Βενιαμὶν συμβιῶσαι δ' αὐτῇ τὸν |
| HDem. | 9 | 21 | 14 | Λείας τῷ πατρὶ αὐτοῦ γεγονέναι υἱοὺς ἑπτὰ ἐκ δὲ | * Ῥαχὴλ * | τῆς μητρὸς αὐτοῦ δύο διὰ τοῦτο τῷ Βενιαμὶν πέντε |
| Ῥέα | | | | | 9 | |
| Slb. | | 3 | 122 | καὶ μαχέσαντο Κρόνος Τιτάν τε πρὸς αὐτούς. τοὺς δὲ | * Ῥέη * | καὶ Γαῖα φιλοστέφανός τ' Ἀφροδίτη Δημήτηρ Ἑστίη |
| Slb. | | 3 | 132 | γῆρας τε Κρόνῳ καὶ μοῖρα πέληται. ὁππότε κεν δὲ | * Ῥέη * | τίκτῃ παρὰ τῆνδ' ἐκάθηντο Τιτῆνες καὶ τέκνα διέσπων |
| Slb. | | 3 | 135 | ἀλλ' ὅτε τὴν τριτάτην γενεὴν τέκε πότνια | * Ῥείη * | τίχθ' Ἥρην πρώτην καὶ ἐπεὶ ἴδον ὀφθαλμοῖσιν θῆλυ |
| Slb. | | 3 | 138 | πρὸς αὐτοὺς ἄγριοι ἄνδρες Τιτῆνες. καὶ ἔπειτα | * Ῥέη * | τέκεν ἄρσενα παῖδα τὸν ταχέως διέπεμψε λάθρη ἰδίῃ |
| Slb. | | 3 | 143 | Ποσειδάωνα λαθραίως. τὸ τρίτον αὖ Πλούτωνα | * Ῥέη * | τέκε δῖα γυναικῶν Δωδώνην παριοῦσα ὅθεν ῥέεν ὑγρὰ |
| Slb. | | 3 | 148 | Τιτῆνες παῖδας ἐόντας λάθριον οὓς ἔσπειρε Κρόνος | * Ῥείη * | τε σύνευνος ἐξήκοντα δέ τοι παῖδας συναγείρατο |
| Slb. | | 3 | 150 | συναγείρατο Τιτὰν καὶ ῥ' εἶχ' ἐν δεσμοῖσι Κρόνον | * Ῥείην * | τε σύνευνον κρύψεν δ' ἐν γαίῃ καὶ ἐν +ζωσμοῖς+ |
| Slb. | | 3 | 402 | καὶ Φρυγίῃ δὲ φερεσβίῳ αὐτίκα τέκμαρ ὁππότε κεν | * Ῥείης * | μιαρὸν γένος ἐν χθονὶ κῦμα ἀέναον ῥίζῃσιν |
| Slb. | | 5 | 131 | δεινὸς χόλος εἵνεκα λύπης ἧς χάριν ἡ Διὸς ἦλθε | * Ῥέη * | κἀκεῖ προσέμεινεν. πόντος ὀλεῖ Ταύρων γενεὴν καὶ |
| Ῥεβέκκα | | | | | 4 | |
| TNep. | | 1 | 9 | Βάλλα θυγάτηρ Ῥωθέου ἀδελφοῦ Δεβόρρας τῆς τροφοῦ | * Ῥεβέκκας * | ἥτις ἐν μιᾷ ἡμέρᾳ ἐτέχθη ἐν ᾗ καὶ ἡ Ῥαχὴλ ὁ |
| Asen. | | 1 | 5 | τῶν Ἑβραίων καὶ ἦν μεγάλη ὡς Σάρρα καὶ ὡραία ὡς | * Ῥεβέκκα * | καὶ καλὴ ὡς Ῥαχήλ. καὶ ἦν τὸ ὄνομα τῆς |
| FJub. | | 22 | 4 | ὁ Ἰσαὰκ ἐγέννησεν τὸν Ἰακώβ. κολλυρίδας ποιήσασα | * Ῥεβέκκα * | ἔδωκε τῷ Ἰακὼβ καὶ εἰσήγαγε μεθ' ἑτέρων δώρων |
| FJub. | | 35 | 9 | ἀρχιερέα καὶ τὸν Ἰούδαν ὡς βασιλέα καὶ ἄρχοντα. ἡ | * Ῥεβέκκα * | ᾔτησε τὸν Ἰσαὰκ ἐν τῷ γήρᾳ παραινέσαι τῷ Ἠσαῦ |
| ῥέζω | | | | | 7 | |
| Slb. | | 3 | 564 | ἐνιαυτῶν κήδεα ἔσται. --- +καὶ τοὺς ἐλλὰς | ἔρεξε+ * | βοῶν ταύρων τ' ἐριμύκων πρὸς ναὸν μεγάλοιο θεοῦ |
| Slb. | | 4 | 31 | λεύσουσι δ' ἑνὸς θεοῦ εἰς μέγα κῦδος οὔτε φόνον | * ῥέξαντες * | ἀτάσθαλον οὔτε κλοπαῖον κέρδος ἀπεμπολέοντες ἃ |
| Slb. | | 4 | 39 | ἀφροσύνῃσιν ἐπιψεύσονται ἐκείνοις ὅσσ' αὐτοὶ | * ῥέξουσιν * | ἀτάσθαλα καὶ κακὰ ἔργα. δύσπιστον γὰρ ἅπαν |
| Slb. | | 4 | 44 | πυρὶ πέμψει (καὶ τότ' ἐπιγνώσονται ὅσην ἀσέβειαν | ἔρεξαν) * | εὐσεβέες δὲ μενοῦσιν ἐπὶ ζείδωρον ἄρουραν πνεῦμα |
| Slb. | | 4 | 155 | --- ἐπ' οὐχ ὁσίοισι δὲ τόλμαις ζῶντες ὕβριν | * ῥέξωσιν * | ἀτάσθαλα καὶ κακὰ ἔργα εὐσεβέων δ' οὐδεὶς ποιῇ |
| Slb. | | 5 | 90 | τ' οὐ --- τῆς ὑπερηφανίης δώσεις ὅσα πρόσθεν | * ἔρεξας. * | σιγήσεις αἰῶνα πολὺν καὶ νόστιμον ἦμαρ --- |
| Slb. | | 5 | 192 | δύστηνε μόνη καὶ πάντ' ἀποτίσεις ὅσσα τὸ πρόσθεν | * ἔρεξας * | ἀναιδέα θυμὸν ἔχουσα. +καὶ κοπετὸν ὄψονται |
| ῥεῖθρον | | | | | 2 | |
| Slb. | | 5 | 115 | τὸ παρὸν τό τε μέλλον ἔσεσθαι. Εὐφρήτου ποταμοῦ | * ῥεῖθρον * | κατακλυσμὸν ἐποίσει καὶ Πέρσας ὀλέσει καὶ |
| LThe. | 9 | 22 | 3 | φῶτε. Ἰακὼβ Συρίην κτηνοτρόφον ἷκτο καὶ εὐρὺ | * ῥεῖθρον * | Εὐφρήταο λίπεν ποταμοῦ κελάδοντος. ἤλυθε γὰρ |
| Ῥεμεηλ | | | | | 1 | |
| Hen. | | 20B | 7 | ἐπὶ τοῦ παραδείσου καὶ τῶν δρακόντων καὶ χερουβίν. | * Ῥεμειήλ * | ὁ εἷς τῶν ἁγίων ἀγγέλων ὃν ἔταξεν ὁ θεὸς ἐπὶ |
| ῥέπω | | | | | 2 | |
| Aris. | | 222 | 3 | ἀνθρώποις φυσικὸν εἶναι τὸ πρός τι τὴν διάνοιαν | * ῥέπειν * | τοῖς μὲν οὖν πολλοῖς ἐπὶ τὰ βρωτὰ καὶ ποτὰ καὶ |
| Aris. | | 269 | 5 | καὶ δόξης ἀναίρεσις. θεὸς δὲ δόξης πάσης κυριεύει | * ῥέπων * | οὐ βούλεται. καὶ τούτῳ δ' ἐπικυρώσας τὰ τῆς |
| ῥεῦμα | | | | | 6 | |
| Aris. | | 89 | 6 | καθ' ἕκαστον μέρος ἑαυτὰ συναπτόντων τῶν | * ῥευμάτων. * | καὶ πάντα ταῦτα μεμολιβῶσθαι κατ' ἐδάφους καὶ |
| Aris. | | 117 | 2 | ἀρδεύει τῆς γῆς ὃς εἰς ἕτερον ποταμὸν ἐμβάλλει τὸ | * ῥεῦμα * | κατὰ τὴν Πτολεμαιέων χώραν οὗτος δὲ ἔξεισιν εἰς |
| Slb. | | 3 | 340 | ῥόον βαθὺν αὔλακος ἔσσεται ὁλκὸς καρποφόρου τὸ δὲ | * ῥεῦμα * | τὸ μυρίον αὐχέν' ἐφέξει. χάσματα ἠδὲ βάραθρ' ἀχανῆ |
| HArt. | 9 | 27 | 29 | πάλιν τῇ ῥάβδῳ πατάξαντα τὸ ὕδωρ συστεῖλαι τὸ | * ῥεῦμα. * | τούτου δὲ γενομένου τὸν βασιλέα τοὺς ἱερεῖς τοὺς |
| LPhi. | 9 | 37 | 1 | ἄλλο δέρκηθρον συναοιδὰ μεγιστούχοιο λοετροῖς | * ῥεύματος * | ἐμπίπλησι βαθὺν ῥόον ἐξανιείσης. ῥεῦμα γὰρ |
| LPhi. | 9 | 37 | 2 | λοετροῖς ῥεύματος ἐμπίπλησι βαθὺν ῥόον ἐξανιείσης. | * ῥεῦμα * | γὰρ ὑψιφάεννον ἐν ὑετίοις νιφετοῖσιν ἱέμενον |
| ῥέω | | | | | 17 | |
| Adam | | 9 | 3 | τὸν παράδεισον καὶ δώσῃ μοι ἐκ τοῦ δένδρου ἐν ᾧ | * ῥέει * | τὸ ἔλαιον ἐξ αὐτοῦ καὶ ἐνέγκῃς μοι καὶ ἀλείψομαι |
| Adam | | 13 | 2 | εὐχόμενος ἐπὶ τῇ ἱκεσίᾳ ταύτῃ περὶ τοῦ ξύλου ἐν ᾧ | * ῥέει * | τὸ ἔλαιον ἀλεῖψαι τὸν πατέρα σου Ἀδάμ. οὐ |
| Adam | | 29 | 12 | ἔστη ἐνώπιόν μου κλαίων καὶ τὰ δάκρυα αὐτοῦ | * ἔρρεεν * | ἐπὶ τὴν γῆν. καὶ λέγει μοι ἔξελθε ἐκ τοῦ ὕδατος |
| Hen. | | 17 | 5 | ποταμοῦ πυρὸς ἐν ᾧ κατατρέχει τὸ πῦρ ὡς ὕδωρ καὶ | * ῥέει * | εἰς θάλασσαν μεγάλην δύσεως. ἴδον τοὺς μεγάλους |
| Hen. | | 100 | 1 | τὰς ἀδικίας (ὑμῶν.) καὶ τότε ἐν ἑνὶ τόπῳ--- | * (ῥέη * | τὰ α)ἵμα(τα αὐτῶν. καὶ ἄνθρωπο)ς οὐκ (ἀφέξ)ει τὴν |
| Prop. | | 4 | 22 | τὸ τέλος ἔσται πάσης τῆς γῆς. ἐὰν δὲ τὸ ἐν τῷ νότῳ | * ῥεύσῃ * | ὕδατα ἐπιστρέψει ὁ λαὸς εἰς γῆν αὐτοῦ καὶ ἐὰν αἷμα |
| Prop. | | 4 | 22 | ὕδατα ἐπιστρέψει ὁ λαὸς εἰς γῆν αὐτοῦ καὶ ἐὰν αἷμα | * ῥεύσῃ * | φόνος ἔσται τοῦ Βελίαρ ἐν πάσῃ τῇ γῇ. καὶ ἐκοιμήθη |
| Job | | 13 | 1 | τῇ οἰκίᾳ μου. διεφώνουν δὲ οἱ ἀμέλγοντες τὰς βοῦς | * ῥέοντος * | τοῦ γάλακτος ἐν τοῖς ὄρεσιν καὶ τὸ βούτυρον |
| Slb. | | 3 | 54 | ἰδίοισιν ὀλοῦνται ὁππόταν οὐρανόθεν πύρινος | * ῥεύσῃ * | καταράκτης. οἴμοι δειλαίη πότ' ἐλεύσεται ἦμαρ |
| Slb. | | 3 | 84 | πολύμορφος ὅλος πόλος ἐν χθονὶ δίῃ καὶ πελάγει | * ῥεύσει * | δὲ πυρὸς μαλεροῦ καταράκτης ἀκάματος φλέξει δὲ |
| Slb. | | 3 | 144 | Ῥέη τέκε δῖα γυναικῶν Δωδώνην παριοῦσα ὅθεν | * ῥέεν * | ὑγρὰ κέλευθα Εὐρώπου ποταμοῖο καὶ εἰς ἅλα μύρατο |
| Slb. | | 3 | 683 | ἐν οὔρεσιν ὑψηλοῖσιν ἔσσονται πλήρεις νεκύων | * ῥεύσουσι * | δὲ πέτραι αἵματι καὶ πεδίον πληρώσει πᾶσα |
| Slb. | | 5 | 92 | αἰῶνα πολὺν καὶ νόστιμον ἦμαρ --- κοὐκέτι σοὶ | * ῥεύσει * | τρυφερὸν πόμα--- --- ἥξει γὰρ Πέρσης ἐπὶ σὸν |
| Slb. | | 5 | 283 | ἀπὸ πέτρης ἠδ' ἀπὸ πηγῆς καὶ γλάγος ἀμβρόσιον | * ῥεύσει * | πάντεσσι δικαίοις εἰς ἕνα γὰρ γενετῆρα θεὸν μόνον |
| Slb. | | 5 | 372 | ἔσται δ' ἐκ δυσμῶν πόλεμος πολὺς ἀνθρώποισιν | * ῥεύσει * | δ' αἷμαθ' ἕως ὄχθου ποταμῶν βαθυδινῶν. τῆς τε |
| FPho. | | | 193 | ἀνδρῶν μιμήσαιντο. μηδ' ἐς ἔρωτα γυναικὸς ἅπας | * ῥεύσῃς * | ἀκάθεκτον οὐ γὰρ ἔρως θεός ἐστι πάθος δ' ἀίδηλον |
| LEze. | 9 | 29 | 12 02 | ῥάβδῳ πάντα ποιήσεις κακὰ πρῶτον μὲν αἷμα ποτάμιον | * ῥυήσεται * | πηγαί τε πᾶσαι καὶ ὑδάτων συστήματα βατράχων τε |
| ῥήγνυμι | | | | | 6 | |
| TJud. | | 2 | 6 | πιάσας αὐτὴν ἀπὸ τῆς οὐρᾶς ἀπηκόντισα αὐτὴν καὶ | * ἐρράγη * | ἐν τοῖς ὁρίοις Γάζης. βοῦν ἄγριον ἐν χώρᾳ |
| Prop. | | 12 | 12 | γενήσεται. τότε ἀπλωμά φησι τοῦ Δαβὴρ εἰς μικρὰ | * ῥαγήσεται * | καὶ τὰ ἐπίκρανα τῶν δύο στύλων ἀφαιρεθήσονται |
| Job | | 28 | 3 | οὐκ ἐπεγίνωσκόν με κράξαντες δὲ ἔκλαυσαν, | * ῥήξαντες * | τὴν ἑαυτῶν στολὴν καὶ καταπασάμενοι γῆν |
| Slb. | | 3 | 681 | ἠλιβάτους κορυφάς τ' ὀρέων βουνούς τε πελώρων | * ῥήξει * | κυάνεόν τ' ἔρεβος πάντεσσι φανεῖται. ἠέριαι δὲ |
| Slb. | | 3 | 749 | βόας ἔκ τ' οἴων ἄρνας αἰγῶν τε χιμάρους) πηγὰς τε | * ῥήξει * | γλυκερὰς λευκοῖο γάλακτος πλήρεις δ' αὖτε πόλεις |
| Slb. | | 4 | 53 | ἅπασιν γῆν ἐκάλυψε θάλασσα κατακλυσμοῖο | * ῥαγέντος. * | οὓς Μῆδοι καθελόντες ἐπαυχήσουσι θρόνοισιν οἷς |
| ῥῆμα | | | | | 67 | |
| Adam | | 3 | 3 | ὁ θεὸς τῷ ἀρχαγγέλῳ αὐτοῦ. Ἀδὰμ δὲ ἐφύλαξεν τὸ | * ῥῆμα * | ἐν τῇ καρδίᾳ αὐτοῦ μετ' αὐτοῦ καὶ ἡ Εὔα ἔχοντες τὴν |
| Adam | | 16 | 1 | ὁ διάβολος λέγων ἀνάστα ἐλθὲ πρός με καὶ εἴπω σοι | * ῥῆμα * | ἐν ᾧ ὠφεληθῇς. καὶ ἀναστὰς ἦλθε πρὸς αὐτὸν καὶ |
| Adam | | 16 | 5 | γενοῦ μοι σκεῦος κἀγὼ λαλήσω διὰ στόματός σου | * ῥήματα * | πρὸς τὸ ἐξαπατῆσαι αὐτούς. καὶ εὐθέως ἐκρεμάσθη |
| Adam | | 42 | 1 | ἀνθρώπων τοῦ ἐκ τοῦ σπέρματός σου. μετὰ δὲ τὰ | * ῥήματα * | ταῦτα ἐποίησεν ὁ θεὸς σφραγῖδα τρίγωνον καὶ |
| Hen. | | 14 | 7 | ὑμεῖς κλαίοντες καὶ δεόμενοι καὶ μὴ λαλοῦντες πᾶν | * ῥῆμα * | ἀπὸ τῆς γραφῆς ἧς ἔγραψα. καὶ ἐμοὶ ἐφ' ὁράσει οὕτως |
| Abr.1 | | 8 | 1 | κελεύεις ποίησον. ὁ δὲ ἀρχιστράτηγος ἀκούσας τὸ | * ῥῆμα * | τοῦτο εὐθέως ἀφανὴς ἐγένετο καὶ ἀνῆλθεν εἰς τοὺς |
| Abr.1 | | 13 | 8 | λόγος ἀλλ' ἐπὶ τριῶν μαρτύρων σταθήσεται πᾶν | * ῥῆμα * | οἱ δὲ δύο ἄγγελοι οἱ (ἐκ δεξιῶν καὶ) ἐξ ἀριστερῶν |
| Abr.1 | | 15 | 15 | τοῦ ἄψασθαι τοῦτο κέλευσον ἀθάνατε βασιλεῦ τί | * ῥῆμα * | καὶ γενήσεται. τότε ὁ ὕψιστος εἶπεν κάλεσόν μοι ὧδε |
| Abr.1 | | 19 | 4 | τοῦτο λέγειν; σὺ ἀφ' ἑαυτοῦ ταῦτα λέγεις τοιαῦτα | * ῥήματα * | καυχώμενος καὶ οὐ μὴ σε ἀκολουθήσω ἕως οὗ ὁ |
| TLevi | | 18 | 2B015 | ἀληθείας ἀναγγελῶ σοι καὶ οὐ μὴ κρύψω ἀπό σου πᾶν | * ῥῆμα. * | διδάξω σε πρόσεχε σεαυτῷ ἀπὸ παντὸς συνουσιασμοῦ |
| TIss. | | 1 | 1 | ἀκούσατε τέκνα Ἰσαχὰρ τοῦ πατρὸς ὑμῶν ἐνωτίσασθε | * ῥήματα * | ἠγαπημένοι ὑπὸ κυρίου. ἐγὼ ἐτέχθην πέμπτος υἱὸς |
| TZab. | | 1 | 2 | εἶπεν αὐτοῖς ἀκούσατέ μου υἱοὶ Ζαβουλὼν προσέχετε | * ῥήμασι * | πατρὸς ὑμῶν. ἐγώ εἰμι Ζαβουλὼν δόσις ἀγαθὴ τοῖς |
| TZab. | | 2 | 4 | διὰ Ἰακὼβ τὸν πατέρα ἡμῶν. ὡς δὲ ἔλεγε τὰ | * ῥήματα * | ταῦτα εἰς οἶκτον ἦλθον ἐγὼ καὶ ἠρξάμην κλαίειν |
| TDan | | 1 | 2 | αὐτοῦ εἶπεν ἀκούσατε υἱοὶ Δὰν λόγων μου προσέχετε | * ῥήμασι * | στόματος τοῦ πατρὸς ὑμῶν. ἐπείρασα ἐν καρδίᾳ μου |
| TJos. | | 3 | 10 | τὸν δόλον αὐτῆς καὶ τὴν πλάνην. καὶ ἔλεγον αὐτῇ | * ῥήματα * | ὑψίστου εἰ ἄρα ἀποστρέψει ἀπὸ τῆς ἐπιθυμίας αὐτῆς |
| TJos. | | 4 | 1 | ἁγίῳ ἀνδρὶ ἐν λόγοις ἐκολάκευσέ με μετὰ δόλου διὰ | * ῥημάτων * | ἐπαινοῦσα τὴν σωφροσύνην μου ἐνώπιον τοῦ ἀνδρός |
| Asen. | | 4 | 4 | κάθισον δὴ ἀνάμεσον ἡμῶν καὶ λαλήσω πρός σε τὰ | * ῥήματά * | μου. καὶ ἐκάθισεν Ἀσενὲθ ἀνάμεσον τοῦ πατρὸς |
| Asen. | | 4 | 9 | εἰς τὸν αἰῶνα χρόνον. καὶ ὡς ἤκουσεν Ἀσενὲθ τὰ | * ῥήματα * | ταῦτα παρὰ τοῦ πατρὸς αὐτῆς περιεχύθη αὐτῇ ἱδρὼς |
| Asen. | | 4 | 9 | ἵνα τί λαλεῖ ὁ κύριός μου καὶ πατήρ μου κατὰ τὰ | * ῥήματα * | ταῦτα παραδοῦναί με ὡς αἰχμάλωτον ἀνδρὶ ἀλλοφύλῳ |
| Asen. | | 5 | 2 | τοῦ πατρὸς καὶ τῆς μητρὸς αὐτῆς ὡς ἤκουσε τὰ | * ῥήματα * | ταῦτα +λεγόντων+ περὶ Ἰωσὴφ καὶ ἀνέβη εἰς τὸ |
| Asen. | | 6 | 3 | δὲ ἄφρων καὶ θρασεῖα ἐξουδένωσα αὐτὸν καὶ ἐλάλησα | * ῥήματα * | πονηρὰ περὶ αὐτοῦ καὶ οὐκ ᾔδειν ὅτι Ἰωσὴφ υἱὸς |
| Asen. | | 6 | 4 | ἐγὼ καὶ ἄφρων ὅτι λελάληκα τῷ πατρί μου περὶ αὐτοῦ | * ῥήματα * | πονηρά. καὶ νῦν ποῦ ἀπελεύσομαι καὶ ἀποκρυβήσομαι |
| Asen. | | 6 | 7 | ὁ θεὸς τοῦ Ἰωσὴφ διότι λελάληκα ἐγὼ κατ' αὐτοῦ | * ῥήματα * | πονηρὰ ἐν ἀγνοίᾳ. καὶ νῦν δότω με ὁ πατήρ μου τῷ |
| Asen. | | 8 | 8 | ἐνώπιον κυρίου τοῦ θεοῦ. καὶ ὡς ἤκουσεν Ἀσενὲθ τὰ | * ῥήματα * | ταῦτα τοῦ Ἰωσὴφ κατενύγη ἰσχυρῶς καὶ ἐλυπήθη |
| Asen. | | 9 | 1 | καὶ τρόμος καὶ ἱδρὼς συνεχὴς ὡς ἤκουσε πάντα τὰ | * ῥήματα * | Ἰωσὴφ ὅσα ἐλάλησεν αὐτῇ ἐν τῷ ὀνόματι τοῦ θεοῦ |
| Asen. | | 14 | 8 | καὶ στῆθι ἐπὶ τοὺς πόδας σου καὶ λαλήσω πρός σε τὰ | * ῥήματά * | μου. καὶ ἐπῆρε τὴν κεφαλὴν αὐτῆς Ἀσενὲθ καὶ εἶδε |
| Asen. | | 14 | 11 | καὶ στῆθι ἐπὶ τοὺς πόδας σου καὶ λαλήσω πρός σε τὰ | * ῥήματά * | μου. καὶ ἀνέστη Ἀσενὲθ καὶ ἔστη ἐπὶ τοὺς πόδας |
| Asen. | | 14 | 13 | παρθενίας σου. καὶ ἐλθὲ πρός με καὶ λαλήσω σοι τὰ | * ῥήματά * | μου. καὶ ἔσπευσεν Ἀσενὲθ καὶ εἰσῆλθεν εἰς τὸν |
| Asen. | | 15 | 2 | Ἀσενὲθ ἡ παρθένος ἁγνή. ἰδοὺ ἀκήκοα πάντων τῶν | * ῥημάτων * | τῆς ἐξομολογήσεώς σου καὶ τῆς προσευχῆς σου. |
| Asen. | | 15 | 9 | πρὸς Ἰωσὴφ καὶ λαλήσω αὐτῷ περὶ σοῦ πάντα τὰ | * ῥήματά * | μου. καὶ ἐλεύσεται πρός σε Ἰωσὴφ σήμερον καὶ |
| Asen. | | 15 | 11 | καὶ χαρήσεται. καὶ ὡς ἐτέλεσεν ὁ ἄνθρωπος λαλῶν τὰ | * ῥήματα * | ταῦτα ἐχάρη Ἀσενὲθ χαρὰν μεγάλην ἐπὶ πᾶσι τοῖς |
| Asen. | | 15 | 11 | ταῦτα ἐχάρη Ἀσενὲθ χαρὰν μεγάλην ἐπὶ πᾶσι τοῖς | * ῥήμασιν * | αὐτοῦ καὶ ἔπεσεν ἐπὶ τοὺς πόδας αὐτοῦ καὶ |
| Asen. | | 15 | 13 | σου κύριε καὶ γνώσομαι ὅτι ποιήσεις πάντα τὰ | * ῥήματά * | σου ὅσα εἶπας πρός με λαλησάτω δὴ ἡ παιδίσκη σου |
| Asen. | | 17 | 1 | καὶ εἶπεν ὁ ἄνθρωπος τῇ Ἀσενὲθ ἑώρακας τὸ | * ῥῆμα * | τοῦτο; καὶ αὐτὴ εἶπεν ναὶ κύριε ἑώρακα ταῦτα πάντα. |

Asen. 17 2 καὶ εἶπεν αὐτῇ ὁ ἄνθρωπος οὕτως ἔσται πάντα τὰ ⚹ ῥήματά ⚹ μου ἃ λελάληκα πρός σε σήμερον. καὶ ἐξέτεινε
Asen. 17 10 λελάληκα τολμηρῶς ἐνώπιόν σου ἐν ἀγνοίᾳ πάντα τὰ ⚹ ῥήματά ⚹ μου. καὶ ὡς ἔτι ἐλάλει Ἀσενέθ ταῦτα ἐν ἑαυτῇ
Asen. 18 7 ἐν τῇ χειρὶ αὐτῆς. καὶ ἐμνήσθη Ἀσενέθ τῶν ⚹ ῥημάτων ⚹ τοῦ τροφέως αὐτῆς διότι εἶπεν αὐτῇ ὅτι
Asen. 19 6 Ἰωσὴφ καὶ λαλήσω εἰς τὰ ὦτα αὐτοῦ περὶ σου τὰ ⚹ ῥήματά ⚹ μου. καὶ νῦν σὺ γινώσκεις κύριέ μου εἰ ἐλήλυθε
Asen. 19 9 ἐκεῖνος ἦλθε πρός με σήμερον καὶ εἰπέ μοι κατὰ τὰ ⚹ ῥήματα ⚹ ταῦτα περὶ σου. καὶ νῦν δεῦρο πρός με ἡ παρθένος
Asen. 23 3 καὶ οἴκους καὶ κληρονομίας μεγάλας. πλὴν τὸ ⚹ ῥῆμα ⚹ τοῦτο ποιήσατε καὶ ποιήσατε μετ' ἐμοῦ ἔλεος διότι
Asen. 23 5 μοι εἰς ἀδελφοὺς καὶ φίλους πιστούς. πλὴν τὸ ⚹ ῥῆμα ⚹ τοῦτο ποιήσατε. εἰ δὲ ὑμεῖς ὀκνήσητε ποιῆσαι τὸ
Asen. 23 5 τοῦτο ποιήσατε. εἰ δὲ ὑμεῖς ὀκνήσητε ποιῆσαι τὸ ⚹ ῥῆμα ⚹ τοῦτο καὶ ἐξουθενήσητε τὴν βουλήν μου ἰδοὺ ἡ
Asen. 23 6 αὐτοῦ καὶ ἔδειξεν αὐτοῖς. ὡς δὲ ἤκουσαν τὰ ⚹ ῥήματα ⚹ ταῦτα οἱ ἄνδρες Συμεὼν καὶ Λευὶς κατενύγησαν
Asen. 23 10 πρὸς αὐτὸν; ἵνα τί λαλεῖ ὁ κύριος ἡμῶν κατὰ τὰ ⚹ ῥήματα ⚹ ταῦτα; καὶ ἡμεῖς ἐσμὲν ἄνδρες θεοσεβεῖς καὶ ὁ
Asen. 23 11 τοῦ θεοῦ πρωτότοκος. καὶ πῶς ποιήσωμεν ἡμεῖς τὸ ⚹ ῥῆμα ⚹ τοῦτο τὸ πονηρὸν καὶ ἁμαρτήσομεν ἐνώπιον τοῦ θεοῦ
Asen. 23 12 ἐνώπιον τοῦ ἀδελφοῦ ἡμῶν Ἰωσήφ; καὶ νῦν ἄκουε τῶν ⚹ ῥημάτων ⚹ μου. οὐ προσήκει ἀνδρὶ θεοσεβεῖ ἀδικεῖν πάντα
Asen. 23 13 τοῦ λαλῆσαι περὶ τοῦ ἀδελφοῦ ἡμῶν Ἰωσὴφ κατὰ τὰ ⚹ ῥήματα ⚹ ταῦτα. εἰ δὲ σὺ ἐπιμένεις τῇ βουλῇ σου ταύτῃ τῇ
Asen. 23 16 ἔτι τοῦ μὴ λαλῆσαι περὶ τοῦ ἀδελφοῦ ἡμῶν Ἰωσὴφ ⚹ ῥῆμα ⚹ πονηρόν. καὶ ἐξῆλθον ἀπὸ προσώπου τοῦ υἱοῦ Φαραὼ
Asen. 24 3 ἐνώπιον αὐτοῦ. καὶ εἶπεν αὐτοῖς ὁ υἱὸς Φαραὼ ⚹ ῥῆμά ⚹ μοί ἐστι πρὸς ὑμᾶς διότι ὑμεῖς ἐστὲ ἄνδρες δυνατοί.
Asen. 24 11 ἔσομαί σοι βοηθός. καὶ ὡς ἤκουσαν οἱ ἄνδρες τὰ ⚹ ῥήματα ⚹ τοῦ υἱοῦ Φαραὼ ἐταράχθησαν σφόδρα καὶ ἐλυπήθησαν
Asen. 24 12 υἱὸς Φαραὼ ἐγὼ ἔσομαι ὑμῖν βοηθὸς ἐὰν ἀκούσητε τῶν ⚹ ῥημάτων ⚹ μου. καὶ εἶπον οἱ ἄνδρες ἰδοὺ ἡμεῖς ἐσμέν παῖδές
Asen. 24 14 ἀδελφοὶ καὶ συγκληρονόμοι τῶν ἐμῶν πάντων. πλὴν τὸ ⚹ ῥῆμα ⚹ τοῦτο ποιήσατε. καὶ εἶπον αὐτῷ Δὰν καὶ Γὰδ ἡμεῖς
Asen. 24 19 αὐτοῦ. καὶ ἐχάρη ὁ υἱὸς Φαραὼ ὡς ἤκουσε τὰ ⚹ ῥήματα ⚹ ταῦτα. καὶ ἐξαπέστειλεν αὐτοὺς καὶ δύο χιλιάδας
Asen. 28 1 καὶ εἶδον οἱ υἱοὶ Βάλλας καὶ Ζέλφας τὸ ⚹ ῥῆμα ⚹ τὸ μέγα τοῦτο καὶ ἐφοβήθησαν σφόδρα καὶ εἶπον
Sal. 9 2 ἐν παντὶ ἔθνει ἡ διασπορὰ τοῦ Ἰσραὴλ κατὰ τὸ ⚹ ῥῆμα ⚹ τοῦ θεοῦ ἵνα δικαιωθῇς ὁ θεὸς ἐν τῇ δικαιοσύνῃ σου
Sal. 17 43 αὐτὸν ἐπ' οἶκον Ἰσραὴλ παιδεῦσαι αὐτούς. τὰ ⚹ ῥήματα ⚹ αὐτοῦ πεπυρωμένα ὑπὲρ χρυσίον τὸ πρῶτον τίμιον ἐν
Jer. 1 9 οὖν καὶ ἄπελθε πρὸς Βαροὺχ καὶ ἀπάγγειλον αὐτῷ τὰ ⚹ ῥήματα ⚹ ταῦτα. καὶ ἀναστάντες ἕκτην ὥραν τῆς νυκτός
Jer. 2 9 ὥρας ἕκτης τῆς νυκτὸς ἵνα γνῷς ὅτι ἀληθές ἐστι τὸ ⚹ ῥῆμα ⚹ τοῦτο. ἔμειναν οὖν ἀμφότεροι ἐν τῷ θυσιαστηρίῳ
Jer. 3 3 ἔκλαυσαν λέγοντες ἀληθῶς ἐγνώκαμεν ὅτι ἀληθές ἐστι τὸ ⚹ ῥῆμα. ⚹ παρεκάλεσε δὲ Ἰερεμίας τοὺς ἀγγέλους λέγων
Jer. 3 4 ἀπολέσθαι τὴν πόλιν ἄρτι ἕως ἂν λαλήσω πρὸς κύριον ⚹ ῥῆμα. ⚹ ἐλάλησεν δὲ κύριος τοῖς ἀγγέλοις λέγων μὴ
Jer. 8 4 ἐκεῖ. Ἰερεμίας δὲ ἐλάλησεν πρὸς τὸν λαὸν τὰ ⚹ ῥήματα ⚹ ταῦτα καὶ ἀναστάντες ἦλθον ἐπὶ τὸν Ἰορδάνην τοῦ
Jer. 8 4 ἐπὶ τὸν Ἰορδάνην τοῦ περᾶσαι. καὶ λέγων αὐτοῖς τὰ ⚹ ῥήματα ⚹ ἃ εἶπε κύριος πρὸς αὐτὸν ἐν τῷ ἡμίσυ τῶν γαμησάντων
Jer. 9 20 κόσμου ὠργίσθη ὁ λαὸς καὶ εἶπε ταῦτα πάλιν ἐστὶ τὰ ⚹ ῥήματα ⚹ τὰ ὑπὸ Ἠσαΐου τοῦ υἱοῦ Ἀμὼς εἰρημένα λέγοντος
Prop. 21 5 πολὺς ὑετὸς ἐν Σαρεφθοῖς τῆς Σιδωνίας ἐποίησε διὰ ⚹ ῥήματος ⚹ κυρίου τὴν ὑδρίαν τῆς χήρας μὴ ἐκλείψαι καὶ τὴν
Job 25 10 σύ, λαβὼν τοῦ ἄρτους χορτάσθητι, καὶ εἰπόν τι ⚹ ῥῆμα ⚹ πρὸς κύριον καὶ τελεύτα καὶ ἐγὼ δὲ ἀπαλλαγήσομαι
Job 26 2 οὐκ ἐβαρήθη ἡ ψυχή μου διὰ τοὺς πόνους ὅσον διὰ τὸ ⚹ ῥῆμα ⚹ ὃ εἶπας ὅτι εἰπόν τι ῥῆμα πρὸς κύριον καὶ τελεύτα.
Job 26 2 τοὺς πόνους ὅσον διὰ τὸ ῥῆμα ὃ εἶπας ὅτι εἰπόν τι ⚹ ῥῆμα ⚹ πρὸς κύριον καὶ τελεύτα. ὅλως καὶ ταῦτα ὑποφέρω καὶ

**ῥῆσις** [1]
Slb. 5 259 Ἑβραίων ὁ ἄριστος ὃς ἠέλιόν ποτε στήσει φωνήσας ⚹ ῥήσει ⚹ τε καλῇ καὶ χείλεσιν ἁγνοῖς. μηκέτι τείρεο θυμὸν

**ῥητός** [1]
LAri. 13 12 3 περὶ τούτων. δεῖ γὰρ λαμβάνειν τὴν θείαν φωνὴν οὐ ⚹ ῥητὸν ⚹ λόγον ἀλλ' ἔργων κατασκευὰς καθὼς καὶ διὰ τῆς

**ῥήγιστος** [2]
Slb. 3 450 δὲ τὰ Περσίδος ἐξεναρίξει Εὐρώπης Ἀσίης τελέων ⚹ ῥήγιστά ⚹ περ ἄλγη. Σιδωνίων δ' ὅλος βασιλεὺς καὶ
Slb. 4 32 ἀτάσθαλον οὔτε κλοπαῖον κέρδος ἀπεμπολέοντες ἃ δὴ ⚹ ῥήγιστα ⚹ τέτυκται οὐδ' ἄρ' ἐπ' ἀλλοτρίῃ κοίτῃ πόθον

**ῥίζα** [6]
Hen. 8B 3 Σεμιαζᾶς ἐδίδαξεν εἶναι ὀργὰς κατὰ τοῦ νοὸς καὶ ⚹ ῥίζας ⚹ βοτανῶν τῆς γῆς. ὁ δὲ ἑνδέκατος Φαρμαρὸς ἐδίδαξε
TJud. 24 5 τότε ἀναλάμψει σκῆπτρον βασιλείας μου καὶ ἀπὸ τῆς ⚹ ῥίζης ⚹ ὑμῶν γενήσεται πυθμήν. καὶ ἐν αὐτῷ ἀναβήσεται
Slb. 3 396 ἐκ τῶν δὴ γενεῆς κείνου γένος ἐξαπολεῖται ⚹ ῥίζαν ⚹ ἵαν γε διδοὺς ἣν καὶ κόψει βροτολοιγὸς ἐκ δέκα δὴ
Slb. 3 403 κεν Ῥείης μιαρὸν γένος ἐν χθονὶ κῦμα ἀέναον ⚹ ῥίζησιν ⚹ ἀδιψήτοισι τεθηλὸς αὐτόπρεμνον ἄιστον ἵῃ ἐν
Slb. 5 222 βασιλεῖς πρῶτα μὲν ἐκ τρισσῶν κεφαλῶν σὺν πληγάδι ⚹ ῥίζας ⚹ +στησάμενος+ μεγάλους ἑτέροις δώσειε πάσασθαι ὥστε
LThe. 9 22 1 ἡ διερὴ Σικίμων καταφαίνεται ἱερὸν ἄστυ νέρθεν ὑπὸ ⚹ ῥίζῃ ⚹ δεδμημένον ἀμφὶ δὲ τεῖχος λισσὸν ὑπάρειαν

**ῥιζοτομία** [2]
Hen. 7 1 καὶ ἐδίδαξαν αὐτὰς φαρμακείας καὶ ἐπαοιδὰς καὶ ⚹ ῥιζοτομίας ⚹ καὶ τὰς βοτάνας ἐδήλωσαν αὐταῖς. αἱ δὲ ἐν
Hen. 8 3 ταῖς ὁδοῖς αὐτῶν. Σεμιαζᾶς ἐδίδαξεν ἐπαοιδὰς καὶ ⚹ ῥιζοτομίας ⚹ Ἀρμαρὼς ἐπαοιδῶν λυτήριον Βαρακιήλ

**ῥιζόω** [1]
Sal. 14 4 τὰ ξύλα τῆς ζωῆς ὅσιοι αὐτοῦ. ἡ φυτεία αὐτῶν ⚹ ἐρριζωμένη ⚹ εἰς τὸν αἰῶνα οὐκ ἐκτιλήσονται πάσας τὰς

**ῥῖμφα** [1]
Slb. 5 530 μαχητὰς θυμωθεὶς δ' ἔρριψε καταπρηνεῖς ἐπὶ γαῖαν. ⚹ ῥῖμφα ⚹ μὲν οὖν πληγέντες ἐπ' Ὠκεανοῖο λοετρὰ ἦψαν γαῖαν

**ῥιπή** [1]
Abr.1 4 5 χύσιν ποιήσας καὶ ἀνῆλθεν εἰς τοὺς οὐρανοὺς ἐν ⚹ ῥιπῇ ⚹ ὀφθαλμοῦ καὶ ἔστη ἐνώπιον τοῦ θεοῦ καὶ εἶπεν πρὸς
Slb. 5 464 βασιλεὺς δυσμῶν τε δυνάσται. χειμερίη ὁπόταν ⚹ ῥιπὴ ⚹ στάξῃ χιονώδης πηγνυμένου μεγάλου ποταμοῦ λιμνῶν τε

**ῥιπίζω** [1]
Aris. 70 7 ἀπαραλλάκτως ἔχοντα πρὸς τὴν ἀλήθειαν ὥστε καὶ ⚹ ῥιπίζοντος ⚹ τοῦ κατὰ τὸν ἀέρα πνεύματος κίνησιν

**ῥιπτέω** [3]
Hen. 15B 11 ἀφανίζοντα ἐμπίπτοντα καὶ συμπαλαίοντα καὶ ⚹ ῥιπτοῦντα ⚹ ἐπὶ τῆς γῆς καὶ δρόμους ποιοῦντα καὶ μηδὲν
Hen. 15B 11 ποιοῦντα καὶ μηδὲν ἐσθίοντα ἀλλ' ἀσιτοῦντα καὶ ⚹ ῥιπτοῦντα ⚹ καὶ φάσματα ποιοῦντα καὶ διψῶντα καὶ
Slb. 5 398 πάλαι πεποθημένος οἶκος ἡνίκα δεύτερον εἶδον ἐγὼ ⚹ ῥιπτούμενον ⚹ οἶκον πρηνηδὸν πυρὶ τεγγόμενον διὰ χειρὸς

**ῥίπτω** [41]
Hen. 21 3 ἑπτὰ τῶν ἀστέρων τοῦ οὐρανοῦ δεδεμένους καὶ ⚹ ἐρριμμένους ⚹ ἐν αὐτῷ ὁμοίους ὄρεσιν μεγάλοις καὶ ἐν πυρὶ
Hen. 21 4 εἶπον δὲ ποίαν αἰτίαν ἐπεδέθησαν καὶ διὰ τί ὧδε ⚹ ἐρίφησαν; ⚹ τότε εἶπέν μοι Οὐριὴλ ὁ εἷς τῶν ἁγίων ἀγγέλων
Hen. 21B 3 τεθέαμαι ζ' ἀστέρας τοῦ οὐρανοῦ δεδεμένους καὶ ⚹ ἐριμμένους ⚹ ἐν αὐτῷ ὁμοῦ ὁμοίους ὁράσει μεγάλῃ καὶ ἐν
Hen. 21B 4 διὰ ποίαν αἰτίαν ἐπεδέθησαν καὶ διὰ ποίαν αἰτίαν ⚹ ἐρίφησαν ⚹ ὧδε; καὶ εἶπέν μοι Οὐριὴλ ὁ εἷς τῶν ἁγίων
Hen. 99 5 ὑπὸ γαστρὶ ἔχουσας ἐκτρώσουσιν καὶ αἱ θηλάζουσαι ⚹ ῥίψουσιν ⚹ τὰ τέκνα αὐτῶν καὶ οὐ μὴ ἐπιστρέψουσιν ἐπὶ
Abr.1 4 8 πνεύματι τῷ ἁγίῳ ἐπὶ τὸν υἱὸν αὐτοῦ τὸν Ἰσαὰκ καὶ ⚹ ῥίψω ⚹ τὴν μνήμην τοῦ θανάτου εἰς τὴν καρδίαν τοῦ Ἰσαὰκ
Abr.1 5 6 ἰδίῳ τρικλίνῳ καὶ ἀνέπεσεν ⟨ἐπὶ τῆς κλίνης αὐτοῦ⟩. ⚹ ἔρριψε ⚹ δὲ ὁ θεὸς τὴν μνήμην τοῦ θανάτου εἰς τὴν καρδίαν
Abr.1 11 6 τῆς κεφαλῆς αὐτοῦ τὰς παρειὰς τοῦ πώγωνος καὶ ⚹ ἔρριπτεν ⚹ αὐτὰς χαμαὶ κλαίων καὶ ὀδυρόμενος πικρῶς διότι ἡ
Abr.1 11 11 τότε ἁρπάζει τὰς τρίχας τῆς κεφαλῆς αὐτοῦ καὶ ⚹ ῥίπτει ⚹ ἑαυτὸν χαμαὶ κλαίων καὶ ὀδυρόμενος πικρῶς διότι ἡ
Abr.2 4 16 καὶ ὅπου δ' ἂν κοιμηθῇ κοιμήθητι καὶ σὺ μετ' αὐτοῦ ⚹ ῥῖψον ⚹ δὲ τὴν μνήμην τοῦ θανάτου Ἀβραὰμ εἰς τὴν καρδίαν
TJud. 2 7 ἐκ τῶν χειρῶν καὶ ἐν κύκλῳ ὑπίσσας καὶ σκοτίσας ⚹ ῥῖψας ⚹ ἀνεῖλον αὐτά. ὥστε ἦλθον δὲ δύο βασιλεῖς ἵπ
TZab. 2 7 Ῥουβὴμ εἶπεν ἀδελφοὶ μὴ ἀποκτείνωμεν αὐτὸν ἀλλὰ ⚹ ῥῖψωμεν ⚹ αὐτὸν εἰς ἕνα τῶν λάκκων τῶν ξηρῶν τούτων ὧν
TJos. 7 3 καὶ λέγει μοι ἄγχομαι ἢ εἰς φρέαρ ἢ εἰς κρημνὸν ⚹ ῥίπτω ⚹ ἐμαυτὴν ἐὰν μή μοι συμπεισθῇς. καὶ νοήσας ὅτι τὸ
Asen. 10 11 τὴν χρυσῆν καὶ τὴν κίδαριν καὶ τὸ διάδημα καὶ ⚹ ἔρριψεν ⚹ πάντα διὰ τῆς θυρίδος τῆς βλεπούσης πρὸς βορρᾶν
Asen. 10 12 οὐκ ἦν ἀριθμὸς καὶ συνέτριψεν αὐτοὺς εἰς λεπτὰ καὶ ⚹ ἔρριψεν ⚹ πάντα τὰ εἴδωλα τῶν Αἰγυπτίων διὰ τῆς θυρίδος τῆς
Asen. 10 13 αὐτῆς καὶ τὰ σκεύη τοῦ οἴνου τῆς σπονδῆς αὐτῶν καὶ ⚹ ἔρριψεν ⚹ πάντα διὰ τῆς θυρίδος τῆς βλεπούσης πρὸς βορρᾶν
Asen. 12 9 μεμίσηκα αὐτοὺς ὅτι τέκνα τοῦ λέοντός εἰσι καὶ ⚹ ἔρριψα ⚹ αὐτὰ ἀπ' ἐμοῦ καὶ ἀπώλεσα αὐτούς. καὶ ὁ λέων ὁ
Asen. 13 4 πενθήρη. ἰδοὺ λέλυκα τὴν ζώνην μου τὴν χρυσῆν καὶ ⚹ ἔρριψα ⚹ αὐτὴν ἀπ' ἐμοῦ καὶ περιεζωσάμην σχοινίον καὶ
Asen. 13 5 καὶ σάκκον. ἰδοὺ τὴν τιάραν μου καὶ τὸ διάδημά μου ⚹ ἔρριψα ⚹ ἀπὸ τῆς κεφαλῆς μου καὶ καταπέπασμαι τέφραν. ἰδοὺ
Jer. 4 3 καὶ κλεῖδον τοῦ ναοῦ ἐξῆλθεν ἔξω τῆς πόλεως καὶ ⚹ ἔρριψεν ⚹ αὐτὰς ἐνώπιον τοῦ ἡλίου λέγων σοὶ λέγω Ἥλιε λάβε
Prop. 22 20 μετὰ θάνατον Ἐλισαίου ἀποθανών τις καὶ θαπτόμενος ⚹ ἐρρίφη ⚹ ἐπὶ τὰ ὀστᾶ αὐτοῦ καὶ μόνον ὡς ἥψατο τῶν ὀστέων
Esdr. 5 3 τοῦ δοῦναι ἀλλὰ καὶ τὰ νήπια ἐν τοῖς ποταμοῖς ⚹ ἔρριψεν. ⚹ καὶ ἴδον σκότος δεινὸν καὶ νύκταν οὐκ ἔχουσαν
Job 18 7 ἰδὼν τις τὴν ψυχὴν τὴν ἐναντίωσιν τὴν ἀνέμων ⚹ ἔρριψεν ⚹ εἰς θάλασσαν τὸ φορτίον λέγων θέλω ἀποδέσθαι τὰ
Job 39 3 οἱ συμβασιλεῖς ἁρπάσωσιν αὐτὴν ὅτε οὖν ἦλθεν, ⚹ ἔρριψεν ⚹ ἑαυτὴν παρὰ τοὺς πόδας αὐτῶν, καὶ κλαίουσα
Slb. 3 78 ἔνθ' ὁπόταν κόσμου παντὸς χήρη βασιλεύσῃ καὶ ⚹ ῥίψῃ. ⚹ χρυσόν τε καὶ ἄργυρον εἰς ἅλα δῖαν +καὶ χαλκόν τε+
Slb. 3 80 χαλκόν τε+ καὶ ἀργύρου ἐφημερινὸν ἀνθρώπων εἰς πόντον ⚹ ῥίψῃ ⚹ τότε δὴ τὰ στοιχεῖα πρόπαντα χηρεύσει κόσμου ποθῶν
Slb. 3 103 πνεύμασιν αὐτὰρ ἔπειτ' ἄνεμοι μέγαν ὑψόθι πύργον ⚹ ῥίψωσι ⚹ καὶ θνητοῖσιν ἐπ' ἀλλήλους Ἔριν ὦρσαν τοὐνεκά τοι
Slb. 3 361 κείρει ἠδὲ δίκην διέπουσα ἀπ' οὐρανόθεν ποτὶ γαῖαν ⚹ ῥίψει ⚹ ἐκ δὲ γαίης πάλιν οὐρανὸν εἰς ἀνεγείρει ὅττι
Slb. 3 606 ὁσίως εἴδωλα δ' ἑτίμως χειροποίητα σέβονται ἃ ⚹ ῥίψουσιν ⚹ βροτοὶ αὐτοὶ ἐν σχίσμαῖς πετρῶν κατακρύψαντες
Slb. 3 614 ἱππέων πάντα δὲ συγκόψει καὶ πάντα κακῶν ἀναπλήσει ⚹ ῥίψει ⚹ δ' Αἰγύπτου βασιλήιον ἐκ δέ τε πάντα κτήμαθ' ἑλών
Slb. 4 118 ἡνίκ' ἂν ἀφροσύνῃσι πεποιθότες εὐσεβίην μὲν ⚹ ῥίψωσιν ⚹ στυγεροὺς δὲ φόνους τελέωσι πρὸ νηοῦ καὶ τότ'
Slb. 5 233 οὐ χαλέπην ἐν σοὶ τις βασιλεὺς σεμνῶν βίον ὤλεσε ⚹ ῥίφθείς' ⚹ οὐκέτι τόσσον ἐς αἰθέρα +ἅρμα προδώσει+ ἀλλὰ
Slb. 5 310 ἐν παλάμαις ἀθέων ἀνδρῶν ἀδίκων καὶ ἀθέσμων ⚹ ῥιφθεῖσ' ⚹ οὐκέτι κακῶς διέθηκας ὅλον τε κακόν κατέκλυσσας
Slb. 5 339 βασιλεὺς Αἰγύπτιος αἱρεῖ καὶ κλίμα βαρβαρικὸν ⚹ ῥίψει ⚹ σθένος ἡγεμονίων. Λυδοὶ καὶ Γαλάται Πάμφυλοι σὺν
Slb. 5 409 δὲ τις ἐξαναβὰς ἀφανὴς βασιλεὺς καὶ ἄναγνος ⚹ ῥίψει ⚹ καὶ ἀνοικοδόμησαι ἀφῆκεν σὺν πλήθει μεγάλῳ καὶ
Slb. 5 529 μὲν Οὐρανὸς αὐτὸς ἕως ἐτίναξε μαχητὰς θυμωθεὶς δ' ⚹ ἔρριψε ⚹ καταπρηνεῖς ἐπὶ γαῖαν. ῥῖμφα μὲν οὖν πληγέντες
FJub. 47 3 τοὺς Ἑβραίους ἐξέτρυχον. μόνους δέκα μῆνας ⚹ ῥιφῆναι ⚹ τὰ βρέφη τῶν Ἰσραηλιτῶν ἐν τῷ ποταμῷ ἕως οὗ

**ῥῖψις**
FPho. 10 δίκαια νέμειν μὴ δὲ κρίσιν ἐς χάριν ἕλκειν. μὴ ⚹ ῥῖψις ⚹ πενίην ἀδίκως μὴ κρῖνε πρόσωπον ἣν σὺ κακὸς
FPho. 185 βρέφος ἔμβρυον ἔνδοθι γαστρὸς μηδὲ τεκοῦσα κυσὶν ⚹ ῥίψῃ ⚹ καὶ γυψὶν ἕλωρα. μηδ' ἐπὶ σῇ ἀλόχῳ ἐγκύμονι

LEze. 9 28 2 13 ἔπειτα κηρύσσει μὲν Ἑβραίων γένει τἄρσενικὰ * ῥίπτειν * ποταμὸν ἐς βαθύρροον. ἐνταῦθα μήτηρ ἡ τεκοῦσ'
LEze. 9 29 11 03 (M). ῥάβδον τετραπόδων καὶ βροτῶν κολάστριαν. (Θ). * ῥῖψον * πρὸς οὖδας καὶ ἀποχώρησον ταχύ. δράκων γὰρ ἔσται
ῥίς 2
Esdr. 6 7 οὐκ ἐξέρχεται ἔνθεν. καὶ εἶπον οἱ ἄγγελοι διὰ τῶν * ῥινῶν * σου ἐξενέγκωμεν αὐτήν. καὶ εἶπεν ὁ προφήτης αἱ
Esdr. 6 8 σου ἐξενέγκωμεν αὐτήν. καὶ εἶπεν ὁ προφήτης αἱ * ῥῖνές * μου ὠσφράνθησαν τὴν δόξαν τοῦ θεοῦ. καὶ εἶπον οἱ
ῥισκοφυλάκιον 1
Aris. 80 2 καθόλου γὰρ οὔτ' ἐν τοῖς βασιλικοῖς ὑπῆρχε * ῥισκοφυλακίοις * τοιαύτη κατασκευὴ τῇ πολυτελείᾳ καὶ
ῥισκοφύλαξ 1
Aris. 33 7 καὶ λίθων ἱκανόν τι πλῆθος ἐκέλευσε δὲ τοὺς * ῥισκοφύλακας * τοῖς τεχνίταις ὧν ἂν προαιρῶνται τὴν
ῥοά (ῥοΐδιον) 2
Asen. 4 2 καὶ τοῖς φοίνιξι καὶ ταῖς περιστεραῖς καὶ ταῖς * ῥοαῖς * καὶ τοῖς σύκοις διότι ἦσαν πάντα ὡραῖα καὶ καλὰ τῇ
Aris. 63 4 σταχύων ἔτι δὲ φοινίκων καὶ μήλων ἐλαίας τε καὶ * ῥοῶν * καὶ τῶν παραπλησίων. τοὺς δὲ λίθους ἐργασάμενοι
Ῥόδιος 1
Sib. 4 101 σεισμοῖσιν ὀλισθαίνουσι πόληες. ἥξει καὶ * Ῥοδίοις * κακὸν ὕστατον ἀλλὰ μέγιστον. οὐδὲ Μακηδονίης
ῥόδον 5
Hen. 106 2 ἦν τὸ σῶμα λευκότερον χιόνος καὶ πυρρότερον * ῥόδου * τὸ τρίχωμα πᾶν λευκὸν καὶ ὡς ἔρια λευκὰ καὶ οὖλον
Hen. 106 10 τὸ χρῶμα αὐτοῦ) λευκότερον χιόνος καὶ πυρρότερον * ῥόδου * καὶ τὸ τρίχωμα τῆς κεφαλῆς αὐτοῦ λευκότερον ἐρίων
TSim. 6 2 ἀφ' ὑμῶν τὸν φθόνον καὶ πᾶσαν σκληροτραχηλίαν ὡς * ῥόδον * ἀνθήσει τὰ ὀστᾶ μου ἐν Ἰσραὴλ καὶ ὡς κρίνον ἡ
Asen. 16 14 τοῦ παραδείσου τῆς τρυφῆς ἐκ τῆς δρόσου τῶν * ῥόδων * τῆς ζωῆς τῶν ὄντων ἐν τῷ παραδείσῳ τοῦ θεοῦ. καὶ
Asen. 18 9 ὡς αἷμα υἱοῦ ἀνθρώπου καὶ τὰ χείλη αὐτῆς ὡς * ῥόδον * ζωῆς <ἐξερχόμενον ἐκ τῆς κάλυκος αὐτοῦ καὶ οἱ
Ῥόδος 1
Sib. 3 444 ἀμφί σε κῦμα κορυσσόμενον σμαραγήσει. καὶ σὺ * Ῥόδος * πουλὺν μὲν ἀδούλωτος χρόνον ἔσσῃ ἡμερίη θυγάτηρ
ῥοιβδέω 1
LEze. 9 29 14 45 ὁ θεός. ὡς δ' ἤδη πέραν ἦσαν θαλάσσης κῦμα δ' * ἐρροίβδει * μέγα σύνεγγυς ἡμῶν. καί τις ἠλάλαξ' ἰδὼν
ῥοῖζος 2
Sib. 3 304 ἠδ' Ἀσσυρίων γένος ἀνδρῶν πᾶσαν ἁμαρτωλῶν γαῖαν * ῥοῖζός * ποθ' ἱκνεῖται καὶ πᾶσαν χώραν μερόπων ἀλαλαγμὸς
Sib. 5 517 ἐς νῶτα Λέοντος ἠδὲ Σεληναίης δίκερως ἠλλάξατο * ῥοῖζος * Αἰγόκερως δ' ἔπληξε νέου Ταύροιο τένοντα Ταῦρος
ῥοΐσκος 1
Aris. 96 6 παρ' ἑκάτερον δὲ τούτων ἄνθεσι πεποικιλμένοι * ῥοΐσκοι * τῇ χρόᾳ θαυμασίως ἔχοντες. κατέζωστο δὲ διαφόρῳ
ῥόμβος 1
Aris. 74 4 φιλόπονον. ἐπὶ δὲ τούτου ῥάβδωσις ἐφ' ᾗ διαπλοκὴ * ῥόμβων * δικτυωτὴν ἔχουσα τὴν πρόσοψιν ἕως ἐπὶ τὸ στόμα.
ῥομβωτός 1
Aris. 67 2 διάθεσιν ἐπέκειτο σχιστὴ πλοκὴ θαυμασίως ἔχουσα * ῥομβωτὴν * ἀποτελοῦσα τὴν ἀνὰ μέσον θεωρίαν ἐφ' ᾗ
ῥομφαία 46
Adam 28 3 ἀπ' αὐτοῦ. ὡρίσθη γὰρ τῷ Χερουβὶμ καὶ τῇ φλογίνῃ * ῥομφαίᾳ * τῇ στρεφομένῃ φυλάσσειν αὐτὸ διά σέ ὅπως μὴ
Hen. 99 16 τὸν θυμὸν <αὐτοῦ καθ'> ὑμῶν ἀπολεῖ πάντας ὑ<μᾶς ἐν * ῥομ>φαίᾳ * καὶ πάντες οἱ δί<καιοι μνημο>νήσουσιν τὰς
Abr.1 17 15 κεράστου καὶ βασιλίσκου ἔδειξεν δὲ καὶ πρόσωπον * ῥομφαίας * πύρινον καὶ πρόσωπον ξιφηφόρον καὶ πρόσωπον
Abr.1 19 5 πονηρὰς καὶ τί τὸ πρόσωπον τοῦ κρημνοῦ καὶ τίς ἡ * ῥομφαία * ἡ ἀπότομος καὶ τίς ὁ ποταμὸς ὁ μεγάλα κοχλάζων
Abr.1 19 10 κρημνοῦ θεωροῦσιν τὸν θάνατον τὸ δὲ πρόσωπον τῆς * ῥομφαίας * ἔδειξά σοι διότι πολλοὶ ἐν πολέμοις ὑπὸ
Abr.1 19 10 ῥομφαίας ἔδειξά σοι διότι πολλοὶ ἐν πολέμοις ὑπὸ * ῥομφαίας * ἀναιροῦνται καὶ θεωροῦσιν ἐν ῥομφαίᾳ τὸν
Abr.1 19 10 πολέμοις ὑπὸ ῥομφαίας ἀναιροῦνται καὶ θεωροῦσιν ἐν * ῥομφαίᾳ * τὸν θάνατον τὸ δὲ πρόσωπον τοῦ μεγάλου ποταμοῦ
Abr.2 14 4 ὑπὸ ἀσπίδων τελευτῶσιν <ἄλλαι δὲ κεφαλαὶ ὅμοιαι * ῥομφαιῶν * διὰ τοῦτό τινες ἐν ῥομφαίᾳ τελευτῶσιν ὡς ἐπὶ
Abr.2 14 4 δὲ κεφαλαὶ ὅμοιαι ῥομφαιῶν διὰ τοῦτό τινες ἐν * ῥομφαίᾳ * τελευτῶσιν ὡς ἐπὶ τόξου>. ἐν ἐκείνῃ τῇ ἡμέρᾳ
TSim. 5 4 ἐν πορνείᾳ φθαρήσονται καὶ ἐν Λευὶ ἀδικήσουσιν ἐν * ῥομφαίᾳ. * ἀλλ' οὐ δυνήσονται πρὸς Λευὶ ὅτι πόλεμον κυρίου
TLevi 5 3 ἤγαγέ με ἐπὶ τὴν γῆν καὶ ἔδωκέ μοι ὅπλον καὶ * ῥομφαίαν * καὶ εἶπε ποίησον ἐκδίκησιν ἐν Συχὲμ ὑπὲρ Δίνας
TLevi 6 5 ἐλθόντες οἱ ἀδελφοὶ ἐπάταξαν τὴν πόλιν ἐν στόματι * ῥομφαίας. * καὶ ἤκουσεν ὁ πατὴρ καὶ ὠργίσθη καὶ ἐλυπήθη
TLevi 18 10 τὰς θύρας τοῦ παραδείσου καὶ στήσει τὴν ἀπειλοῦσαν * ῥομφαίαν * κατὰ τοῦ Ἀδὰμ καὶ δώσει τοῖς ἁγίοις φαγεῖν ἐκ
TJud. 23 3 ἄξει κύριος ἐφ' ὑμᾶς λιμὸν καὶ λοιμὸν θάνατον καὶ * ῥομφαίαν * ἐκδικοῦσαν πολιορκίαν καὶ κύνας εἰς διασπασμὸν
TZab. 4 11 εἶχε Συμεὼν καὶ οὐκ ἤθελε δοῦναι αὐτὸν θέλων τῇ * ῥομφαίᾳ * αὐτοῦ κατακόψαι αὐτὸν ὀργιζόμενος ὅτι ἔζησε καὶ
Asen. 23 2 ἡ πόλις τῶν Σικιμιτῶν καὶ ἐν ταῖς δυσὶ ταύταις * ῥομφαίαις * ὑμῶν κατεκόπησαν τριάκοντα χιλιάδες ἀνδρῶν
Asen. 23 4 Ἰωσὴφ τὸν ἀδελφὸν ὑμῶν καὶ ἀποκτενῶ αὐτὸν ἐν τῇ * ῥομφαίᾳ * μου καὶ ἕξω τὴν Ἀσενὲθ εἰς γυναῖκα καὶ ὑμεῖς
Asen. 23 5 ῥῆμα τοῦτο καὶ ἐξουθενήσητε τὴν βουλήν μου ἰδοὺ ἡ * ῥομφαία * μου ἡτοίμασται πρὸς ὑμᾶς. καὶ ἅμα ταῦτα λέγων
Asen. 23 6 πρὸς ὑμᾶς. καὶ ἅμα ταῦτα λέγων ἐγύμνωσε τὴν * ῥομφαίαν * αὐτοῦ καὶ ἔδειξεν αὐτοῖς. ὡς δὲ ἤκουσαν τὰ
Asen. 23 7 ἐνεθυμήθη βαλεῖν τὴν χεῖρα αὐτοῦ ἐπὶ τὴν κώπην τῆς * ῥομφαίας * αὐτοῦ καὶ ἑλκύσαι αὐτὴν ἐκ τοῦ κολεοῦ αὐτῆς καὶ
Asen. 23 12 οὐκ ἀμύνεται αὐτῷ ὁ ἀνὴρ ἐκεῖνος ὁ θεοσεβὴς διότι * ῥομφαία * οὐκ ἔστιν ἐν ταῖς χερσὶν αὐτοῦ. καὶ σὺ μὲν
Asen. 23 13 σὺ ἐπιμένεις τῇ βουλῇ σου ταύτῃ τῇ πονηρᾷ ἰδοὺ αἱ * ῥομφαῖαι * ἡμῶν ἐσπασμέναι ἐν ταῖς δεξιαῖς ἡμῶν ἐνώπιόν
Asen. 23 14 ἐν ταῖς δεξιαῖς ἡμῶν ἐνώπιόν σου. καὶ εἵλκυσαν τὰς * ῥομφαίας * αὐτῶν Συμεὼν καὶ Λευὶς ἐκ τῶν κολεῶν αὐτῶν καὶ
Asen. 23 14 ἐκ τῶν κολεῶν αὐτῶν καὶ εἶπον ἰδοὺ ἑώρακας τὰς * ῥομφαίας * ταύτας; ἐν ταύταις ταῖς δυσὶ ῥομφαίαις
Asen. 23 14 ἑώρακας τὰς ῥομφαίας ταύτας; ἐν ταύταις ταῖς δυσὶ * ῥομφαίαις * ἐξεδίκησε κύριος ὁ θεὸς τὴν ὕβριν τῶν
Asen. 23 15 Συχὲμ ὁ υἱὸς Ἑμμώρ. καὶ εἶδεν ὁ υἱὸς Φαραὼ τὰς * ῥομφαίας * αὐτῶν ἐσπασμένας καὶ ἐφοβήθη σφόδρα καὶ
Asen. 23 15 ἐτρόμαξεν ὅλῳ τῷ σώματι αὐτοῦ διότι ἤστραπτον αἱ * ῥομφαῖαι * αὐτῶν ὡς φλόγα πυρὸς καὶ ἠμαυρώθησαν οἱ
Asen. 25 1 ἐπὶ τὸν θάλαμον τοῦ πατρὸς αὐτοῦ τοῦ ἀποκτεῖναι ἐν * ῥομφαίᾳ * τὸν πατέρα αὐτοῦ. καὶ οἱ φύλακες τοῦ πατρὸς
Asen. 26 5 ἀνδρῶν τῆς Ἀσενὲθ καὶ κατέκοψαν αὐτοὺς ἐν στόματι * ῥομφαίας * καὶ τοὺς προδρόμους αὐτῆς ἀπέκτειναν πάντας καὶ
Asen. 26 6 τὸν κίνδυνον τῆς Ἀσενέθ. καὶ ἔλαβεν ἕκαστος τὴν * ῥομφαίαν * αὐτοῦ καὶ ἔθηκεν ἐπὶ τὸν μηρὸν αὐτοῦ καὶ ἔλαβον
Asen. 27 9 καὶ ἦλθον ἐπὶ Ἀσενὲθ ἐσπασμένας ἔχοντες τὰς * ῥομφαίας * αὐτῶν αἵματος πλήρεις. καὶ εἶδεν αὐτοὺς Ἀσενὲθ
Asen. 27 11 ὁ θεὸς τῆς φωνῆς Ἀσενὲθ καὶ εὐθέως ἔπεσον αἱ * ῥομφαῖαι * αὐτῶν ἐκ τῶν χειρῶν αὐτῶν ἐπὶ τὴν γῆν καὶ
Asen. 28 4 ἔκδικοι τῆς ὕβρεώς σου παρεγένοντο πρός σε καὶ αἱ * ῥομφαῖαι * αὐτῶν κατέναντι ἡμῶν εἰσιν. καὶ οἴδαμεν ὅτι οἱ
Asen. 28 10 κύριος ὑπερήσπισέ με ἀπ' αὐτῶν καὶ ἔθραυσε τὰς * ῥομφαίας * αὐτῶν ἐκ τῶν χειρῶν αὐτῶν καὶ ἰδοὺ τετήκασιν
Asen. 28 13 ἐχθρῶν αὐτῆς; οὐχὶ ἀλλὰ κατακόψωμεν αὐτοὺς ἐν ταῖς * ῥομφαίαις * ἡμῶν διότι αὐτοὶ πρῶτοι ἐβουλεύσαντο κακὰ καθ'
Asen. 29 2 καὶ ἔδραμεν ἐπ' αὐτὸν Βενιαμὶν καὶ ἔλαβε τὴν * ῥομφαίαν * αὐτοῦ καὶ εἵλκυσεν αὐτὴν ἐκ τοῦ κολεοῦ αὐτῆς
Asen. 29 2 εἵλκυσεν αὐτὴν ἐκ τοῦ κολεοῦ αὐτῆς διότι Βενιαμὶν * ῥομφαίαν * οὐκ εἶχεν ἐπὶ τῷ μηρῷ αὐτοῦ καὶ ἤμελλε πατάξαι
Asen. 29 4 ἐχθρὸν αὐτοῦ ἕως θανάτου. καὶ νῦν ἀπόστρεψον τὴν * ῥομφαίαν * σου εἰς τὸν τόπον αὐτῆς καὶ δεῦρο βοήθησόν μοι
Sal. 13 2 ἐφείσατο ἡμῶν ὁ βραχίων κυρίου ἔσωσεν ἡμᾶς ἀπὸ * ῥομφαίας * διαπορευομένης ἀπὸ λιμοῦ καὶ θανάτου ἁμαρτωλῶν.
Sal. 15 7 τοῦ θεοῦ ἐπὶ δικαίους εἰς σωτηρίαν. λιμὸς καὶ * ῥομφαία * καὶ θάνατος ἀπὸ δικαίων μακρὰν φεύξονται γὰρ ὡς
Sib. 3 316 οἴκους δεινὴ ἦν οὔπω ποτ' ἐπήλπισας ἐρχομένην σοι. * ῥομφαία * γὰρ +διελεύσεται διὰ μέσον σεῖο+ σκορπισμὸς δέ
Sib. 3 335 πόληες. ἐν δὲ δύσει ἀστὴρ λάμψει ὃν ἐροῦσι κομήτην * ῥομφαίας * λιμοῦ θανάτοιό τε σῆμα βροτοῖσιν ἡγεμόνων τε
Sib. 3 673 χειρὸς ἀπ' ἀθανάτοιο ἀπ' οὐρανόθεν δὲ πεσοῦνται * ῥομφαῖαι * πύρινοι κατὰ γαῖαν λαμπάδες αὐγαὶ ἵξονται
Sib. 3 781 κείνοις πᾶσα γὰρ εἰρήνη ἀγαθῶν ἐπὶ γαῖαν ἱκνεῖται * ῥομφαίαν * δ' ἀφελοῦσι θεοῦ μεγάλοιο προφῆται αὐτοὶ γὰρ
Sib. 3 798 δὴ πάντων τὸ τέλος γαίῃφι γένηται. ὁππότε κεν * ῥομφαῖαι * ἐν οὐρανῷ ἀστερόεντι ἐννύχιαι ὀφθῶσι πρὸς
Sib. 4 174 πῦρ ἔσται κατὰ κόσμον ὅλον καὶ σῆμα μέγιστον * ῥομφαίᾳ * σάλπιγγι ἅμ' ἠελίῳ ἀνιόντι κόσμος ἅπας μύκημα
ῥόος 4
Sib. 3 339 γὰρ Μαιῶτιν λίμνην Τάναϊς βαθυδίνης λείψει κὰδ δὲ * ῥόον * βαθὺν αὔλακος ἔσσεται ὁλκὸς καρποφόρου τὸ δὲ ῥεῦμα
Sib. 5 58 δέκα καὶ ἓξ ὥστε κλύσαι γῆν πᾶσαν ἐπαρδεῦσαί τε * ῥόοισιν * σιγήσει δὲ χάρις γαίης καὶ δόξα προσώπου. Μέμφι
LPhi. 9 37 1 μεγιστούχοιο λοετροῖς ῥεύματος ἐμπίπλησι βαθὺν * ῥόον * ἐξανιείσης. ῥεῦμα γὰρ ὑψιφάεννον ἐν ὑετίοις
LAri. 13 12 14 τῷ τετέλεστο ἅπαντα καὶ ἑβδομάτῃ δ' ἠοῖ λίπομεν * ῥόον * ἐξ Ἀχέροντος. τοῦτο δὴ σημαίνων ὡς ἀπὸ τῆς κατὰ
ῥόπαλον 1
Prop. 7 1 τυμπανίσας τέλος καὶ ἀνεῖλεν αὐτὸν ὁ υἱὸς αὐτοῦ ἐν * ῥοπάλῳ * πλήξας αὐτοῦ τὸν κρόταφον καὶ ἔτι ἐμπνέων ἦλθεν
ῥοπή 4
Sedr. 14 4 ἐκ δακρύων καὶ οἱ λοιποὶ οἶδας ὅτι ἐσώθησαν ἐν μιᾷ * ῥοπῇ; * οἶδας Σεδρὰχ ὅτι εἰσὶν ἔθνη τὰ μὴ νόμον ἔχοντα
Sedr. 15 3 κύριος τὸν Σεδρὰχ οὐκ οἶδας Σεδρὰχ τὸν λῃστὴν μιᾷ * ῥοπῇ * ἐσώθη μεταγνῶναι; οὐκ οἶδας ὅτι ἀπόστολοί μου καὶ
Sedr. 15 4 ἀπόστολοί μου καὶ εὐαγγελιστὴς καὶ αὐτὸς ἐν μιᾷ * ῥοπῇ * ἐσώθη; <οἱ δὲ ἁμαρτωλοὶ οὐ σωθήσονται> ὅτι εἰσὶν αἱ
Aris. 90 5 τοῖς πᾶσι πλὴν αὐτοῖς οἷς ἐστιν ἡ λειτουργία ὡς * ῥοπῇ * καὶ νεύματι πάντα καθαρίζεσθαι τὰ συναγόμενα
Ῥουβήλ 1
HDem. 9 21 4 καὶ Λείαν πάλιν ἀντὶ τῶν μήλων τῶν μανδραγόρου ἃ * Ῥουβὴλ * εἰσενεγκεῖν παρὰ Ῥαχὴλ συλλαβεῖν καὶ τὴν
Ῥουβήμ 25
TRub. διαθηκη * Ρουβημ. * περι εννοιων. ἀντίγραφον διαθήκης Ῥουβὴμ ὅσα
TRub. 1 1 διαθηκη Ρουβημ. περι εννοιων. ἀντίγραφον διαθήκης * Ῥουβὴμ * ὅσα ἐνετείλατο τοῖς υἱοῖς αὐτοῦ πρὶν ἢ ἀποθανεῖν
TRub. 1 5 καὶ κλαύσας εἶπεν ἀκούσατε ἀδελφοί μου ἐνωτίσασθε * Ῥουβὴμ * τοῦ πατρὸς ὑμῶν ὅσα ἐντέλλομαι ὑμῖν. καὶ ἰδοὺ
TRub. 3 9 καὶ αὕτη φυλάξει ὑμᾶς. διδάσκω ὑμᾶς ἀκούσατε * Ῥουβὴμ * τοῦ πατρὸς ὑμῶν. μὴ προσέχετε ἐν ὄψει γυναικὸς
TRub. 7 1 καὶ ἔσται ἐν ὑμῖν βασιλεὺς αἰώνων. καὶ ἀπέθανε * Ῥουβὴμ * ἐντειλάμενος τοῖς υἱοῖς αὐτοῦ. καὶ ἔθεντο αὐτὸν
TSim. 2 9 ἐν Σικίμοις ἐνέγκαι ἄλειμμα τοῖς ποιμνίοις καὶ * Ῥουβὴμ * εἰς Δωθάϊμ ὅπου τὰ ἐγχρήζοντα ἡμῖν καὶ πᾶσα ἡ
TSim. 2 10 ἡμῶν ἐπώλησεν αὐτὸν τοῖς Ἰσμαηλίταις. καὶ ἐλθὼν * Ῥουβὴμ * ἐλυπήθη ἤθελε γὰρ αὐτὸν διασῶσαι πρὸς τὸν
TLevi 6 3 τῇ καρδίᾳ μου. ἐγὼ συνεβούλευσα τῷ πατρί μου καὶ * Ῥουβὴμ * τῷ ἀδελφῷ μου ἵνα εἴπῃ τοῖς υἱοῖς Ἑμμὼρ τοῦ

| | | | | | |
|---|---|---|---|---|---|
| TJud. | 5 | 2 | ἐγὼ οὖν καὶ Γὰδ προσήξαμεν ἀπὸ ἀνατολῶν τῆς πόλεως | * Ῥουβήμ * | δὲ καὶ Λευὶ ἀπὸ δυσμῶν καὶ νότου. καὶ νομίσαντες |
| TJud. | 9 | 6 | τοὺς δυνατοὺς ἐξ αὐτῶν. καὶ τῇ ἐξῆς ἐμβάντες | * Ῥουβήμ * | καὶ Γὰδ ἀνεῖλον ἑτέρους ἑξήκοντα. τότε αἰτοῦσιν |
| TJud. | 13 | 3 | ἠπάτησέ με πρόσωπον γυναικὸς εὐμόρφου ὠνείδιζον | * Ῥουβήμ * | τὸν ἀδελφόν μου περὶ Βάλλας γυναικὸς πατρός μου |
| TJud. | 25 | 2 | ἐμὲ αἱ δυνάμεις τῆς δόξης τοῦ Συμεὼν ὁ οὐρανὸς τὸν | * Ῥουβήμ * | τὸν Ἰσαχὰρ ἡ γῆ ἡ θάλασσα τὸν Ζαβουλὼν τὰ ὄρη |
| TIss. | 1 | 3 | πέμπτος υἱὸς τῷ Ἰακὼβ ἐν μισθῷ τῶν μανδραγόρων. | * Ῥουβὴμ * | γὰρ ἤνεγκε μανδραγόρας ἐκ τοῦ ἀγροῦ καὶ |
| TIss. | 1 | 4 | καὶ προαπαντήσασα Ῥαχὴλ ἔλαβεν αὐτούς. ἔκλαιε δὲ | * Ῥουβὴμ * | καὶ ἐπὶ τῇ φωνῇ αὐτοῦ ἐξῆλθε Λεία ἡ μήτηρ μου. |
| TZab. | 2 | 7 | κατέφυγεν ὀπίσω μου δεόμενος αὐτῶν. ἀναστὰς δὲ | * Ῥουβὴμ * | εἶπεν ἀδελφοὶ μὴ ἀποκτείνωμεν αὐτὸν ἀλλὰ ῥίψωμεν |
| TZab. | 4 | 5 | τρεῖς νύκτας καὶ οὕτως ἐπράθη ἄσιτος. καὶ ἀκούσας | * Ῥουβὴμ * | ὅτι ἐπράθη ἀπόντος αὐτοῦ περισχισάμενος ἐθρήνει |
| TZab. | 4 | 7 | διὰ Τρωγλοκολπιτῶν ἐν τῇ συντόμῳ. καὶ οὐκ ἔφαγε | * Ῥουβὴμ * | ἄρτον ἐν τῇ ἡμέρᾳ ἐκείνῃ. προσελθὼν οὖν Δὰν |
| TGad. | 1 | 6 | καλὰ καὶ κατεσθίουσιν αὐτὰ παρὰ γνώμην Ἰουδὰ καὶ | * Ῥουβήμ. * | εἶδε γὰρ ὅτι ἀρνῶν ἐξειλόμην ἐκ τοῦ στόματος |
| Asen. | 27 | 6 | οἱ λίθοι διὰ τῶν κροτάφων αὐτῶν. καὶ οἱ υἱοὶ Λίας | * Ῥουβὴμ * | καὶ Συμεὼν Λευὶς καὶ Ἰούδας Ἰσάχαρ καὶ |
| Prop. | 8 | 1 | ἀπέθανε καὶ ἐτάφη ἐκεῖ. Ἰωὴλ ἦν ἐκ τῆς γῆς τοῦ | * Ῥουβὴν * | ἐν ἀγρῷ Βεθωμόρων ⟨προφητεύσας περὶ λιμοῦ καὶ |
| Prop. | 22 | 1 | ἅρματι πυρός. Ἐλισαῖος ἦν ἐξ Ἀβελμαοὺλ γῆς τοῦ | * Ῥουβὴν * | καὶ ἐπὶ τούτου γέγονε τέρας ὅτι ἡνίκα ἐτέχθη ἐν |
| HDem. 9 | 21 | 3 | ἄλλοις αὐτῷ παιδία ιβ' ὀγδόῳ μὲν ἔτει μηνὶ δεκάτῳ | * Ῥουβὶν * | καὶ τῷ ἔτει δὲ τῷ ἐνάτῳ μηνὶ ὀγδόῳ Συμεὼν καὶ τῷ |
| HDem. 9 | 21 | 8 | Χαναὰν γῆς εἰς ἑτέραν πόλιν Σικίμων ἔχοντα παιδία | * Ῥουβὶμ * | ἐτῶν δώδεκα μηνῶν δυοῖν Συμεῶνα ἐτῶν ἕνδεκα |
| HDem. 9 | 21 | 17 | εἰς Αἴγυπτον τὸν Ἰακὼβ ὄντα ἐτῶν ἑκατὸν τριάκοντα | * Ῥουβὶν * | ἐτῶν μ ε' Συμεῶνα ἐτῶν μ δ' Λευὶν ἐτῶν μ γ' |
| FrAn. 1 | 227 | 29 | ταυτα< - - >ο θς Ιωσηφ μνησθεις - - >υμων βοησω ο | * Ρουβη<ν * | - - δο>υλευων υμιν μηκ< - - >μη οργιζεσθαι σαρξ< |

**ῥυθμός** — 1

| | | | | | |
|---|---|---|---|---|---|
| HEup. 9 | 34 | 5 | ἀργυροῖς ταλαντιαίοις τὴν ὁλκὴν μαστοειδέσι τὸν | * ῥυθμὸν * | τέσσαρσι δὲ τὸν ἀριθμόν. οὕτω δ' αὐτὸν χρυσῶσαι |

**ῥύμη** — 1

| | | | | | |
|---|---|---|---|---|---|
| Sib. | 3 | 364 | καὶ Σάμος ἄμμος ἔσεται Δῆλος ἄδηλος καὶ Ῥώμη | * ῥύμῃ * | τὰ δὲ θέσφατα πάντα τελεῖται. Σμύρνης δ' ὀλλυμένης |

**Ῥύνδακος** — 1

| | | | | | |
|---|---|---|---|---|---|
| Sib. | 3 | 443 | παύσῃ. Κύζικος οἰκήτειρα Προποντίδος οἰνοπόλοιο | * Ῥύνδακος * | ἀμφί σε κῦμα κορυσσόμενον σμαραγήσει. καὶ σὺ |

**ῥύομαι** — 25

| | | | | | |
|---|---|---|---|---|---|
| Abr.Z | 6 | 13 | πόδες οὓς ἔπλυνα ὑπὸ τῶν δένδρων Μαμβρῆ ὑπάγοντες | * ῥύσασθαι * | τὸν ἀδελφὸν Λὼτ ἀπὸ Σοδόμων τότε ἐγνώρισάν μοι |
| TRub. | 4 | 10 | πονηράν. διὰ τοῦτο ὁ θεὸς τῶν πατέρων μου | * ἐρρύσατο * | αὐτὸν ἀπὸ παντὸς ὁρατοῦ καὶ κεκρυμμένου |
| TSim. | 2 | 8 | τῶν πατέρων αὐτοῦ ἀποστείλας τὸν ἄγγελον αὐτοῦ | * ἐρρύσατο * | αὐτὸν ἐκ τῶν χειρῶν μου. ὡς γὰρ ἐγὼ ἐπορεύθην |
| TGad. | 2 | 5 | τῆς ἀναιρέσεως αὐτοῦ. καὶ ὁ θεὸς τῶν πατέρων μου | * ἐρρύσατο * | αὐτὸν ἐκ τῶν χειρῶν μου ἵνα ποιήσω ἀνόμημα ἐπ |
| TJos. | 1 | 7 | καὶ συνηγόρησέ μοι ἐν λόγοις Αἰγυπτίοι πικροῖς καὶ | * ἐρρύσατό * | με ἐν φθόνοις συνδούλων καὶ ὕψωσέ με. καὶ οὕτως |
| TJos. | 4 | 3 | ἐγὼ ἐν σάκκῳ καὶ ἐδεόμην τοῦ θεοῦ ὅπως | * ῥύσεταί * | με ὁ κύριος ἐκ τῆς Αἰγυπτίας. ὡς δὲ οὐδὲν ἴσχυσε |
| TJos. | 4 | 8 | κἀγὼ προσετίθουν νηστείαν καὶ προσευχὴν ὅπως | * ῥύσεταί * | με ὁ κύριος ἀπ' αὐτῆς. πάλιν δὲ ἐν ἑτέρῳ χρόνῳ |
| TJos. | 10 | 3 | κατοικῶν διὰ τὴν σωφροσύνην οὐ μόνον ἐκ τῶν κακῶν | * ῥύεται * | ἀλλὰ καὶ ὑψοῖ καὶ δοξάζει αὐτὸν ὡς κἀμέ. πάντως |
| Asen. | 12 | 7 | προσφέρω τὴν δέησίν μου καὶ πρός σέ κεκράξομαι. | * ῥῦσαί * | με πρὶν καταληφθῆναί με ὑπὸ τῶν καταδιωκόντων με |
| Asen. | 12 | 11 | ὁ πατήρ αὐτῶν θυμωθεὶς καταδιώκει με ἀλλὰ σὺ κύριε | * ῥῦσαί * | με ἐκ τῶν χειρῶν αὐτοῦ καὶ ἐκ τοῦ στόματος αὐτοῦ |
| Asen. | 12 | 12 | τὸ ἀπ' αἰῶνος καὶ ἀπολοῦμαι εἰς τὸν αἰῶνα χρόνον. | * ῥῦσαί * | με κύριε πρὶν ἔλθῃ ἐπ' ἐμὲ ταῦτα πάντα. ῥῦσαί με |
| Asen. | 12 | 12 | ῥῦσαί με κύριε πρὶν ἔλθῃ ἐπ' ἐμὲ ταῦτα πάντα. | * ῥῦσαί * | με κύριε τὴν ἔρημον καὶ ἀπερίστατον διότι ὁ πατήρ |
| Asen. | 13 | 12 | καὶ πρός σὲ κατέφυγον κύριε ὁ θεός μου. ἀλλὰ σὺ | * ῥῦσαί * | με ἀπὸ τῶν πολλῶν μου ἀγνοημάτων καὶ σύγγνωθί μοι |
| Asen. | 15 | 12 | κύριος ὁ θεὸς σου ὁ ὕψιστος ὃς ἐξαπέστειλέ σε τοῦ | * ῥύσασθαί * | με ἐκ τοῦ σκότους καὶ ἀναγαγεῖν με ἀπὸ τῶν |
| Asen. | 27 | 10 | καὶ εἶπεν κύριε ὁ θεός μου ὁ ἀναζωοποιήσας με καὶ | * ῥυσάμενός * | με ἐκ τῶν εἰδώλων καὶ τῆς φθορᾶς τοῦ θανάτου ὁ |
| Asen. | 27 | 10 | ὁ εἰπὼν μοι ὅτι εἰς τὸν αἰῶνα ζήσεται ἡ ψυχή σου | * ῥῦσαί * | με ἐκ τῶν χειρῶν τῶν ἀνδρῶν τῶν πονηρῶν τούτων. |
| Asen. | 28 | 4 | δεόμεθά σου ἡμεῖς οἱ δοῦλοί σου ἐλέησον ἡμᾶς καὶ | * ῥῦσαι * | ἡμᾶς ἐκ τῶν χειρῶν τῶν ἀδελφῶν ἡμῶν διότι αὐτοὶ |
| Sal. | 4 | 23 | οἱ φοβούμενοι τὸν κύριον ἐν ἀκακίᾳ αὐτῶν ὁ κύριος | * ῥύσεται * | αὐτοὺς ἀπὸ ἀνθρώπων δολίων καὶ ἁμαρτωλῶν καὶ |
| Sal. | 4 | 23 | αὐτοὺς ἀπὸ ἀνθρώπων δολίων καὶ ἁμαρτωλῶν καὶ | * ῥύσεται * | ἡμᾶς ἀπὸ παντὸς σκανδάλου παρανόμου. ἐξάραι ὁ |
| Sal. | 12 | 1 | καὶ ἔτι. τῷ Σαλωμων ἐν γλώσσῃ παρανόμων. κύριε | * ῥῦσαι * | τὴν ψυχήν μου ἀπὸ ἀνδρὸς παρανόμου καὶ πονηροῦ ἀπὸ |
| Sal. | 13 | 4 | ταῖς μύλαις ἔθλων ὀστᾶ αὐτῶν καὶ ἐκ τούτων ἁπάντων | * ἐρρύσατο * | ἡμᾶς κύριος. ἐταράχθη ἡ εὐσεβὴς διὰ τὰ |
| Sal. | 17 | 45 | ὁ θεός. ταχύναι ὁ θεὸς ἐπὶ Ισραηλ τὸ ἔλεος αὐτοῦ | * ῥύσαιτο * | ἡμᾶς ἀπὸ ἀκαθαρσίας ἐχθρῶν βεβήλων. κύριος αὐτὸς |
| Sedr. | 16 | 7 | κύριε καὶ εἴ τις ποιήσει φωταγωγίαν τοῦ δούλου σου | * ῥῦσαι * | αὐτὸν κύριε ἀπὸ παντὸς κακοῦ. καὶ λέγει ὁ δοῦλος |
| LEze. 9 | 28 | 3 14 | Αἰγύπτιον. ἰδὼν δ' ἐρήμους καὶ παρόντα μηδένα | * ἐρρυσάμην * | ἀδελφὸν ὃν δ' ἔκτειν' ἐγὼ ἔκρυψα δ' ἄμμῳ |
| FrAn. | 574 | 3035 | τῷ Ἰσραὴλ ἐν στύλῳ φωτινῷ καὶ νεφέλῃ ἡμερινῇ καὶ | * ῥυσάμενον * | αὐτοῦ τὸν λαὸν ἔργου Φαραὼ καὶ ἐπενέγκαντα ἐπὶ |

**ῥυπαρός** — 2

| | | | | | |
|---|---|---|---|---|---|
| TJud. | 14 | 3 | ἐὰν γάρ τις πίῃ οἶνον εἰς μέθην ἐν διαλογισμοῖς | * ῥυπαροῖς * | συνταράσσει τὸν νοῦν εἰς πορνείαν καὶ |
| Sib. | 5 | 188 | ὅταν ἡ Βάρκη τὸ κυπάσσιον ἀμφιβάληται λευκὸν ἐπὶ | * ῥυπαρῷ * | μήτ' εἴην μήτε γενοίμαν. ὦ Θῆβαι ποῦ σοι τὸ μέγα |

**ῥύπος (ὁ)** — 1

| | | | | | |
|---|---|---|---|---|---|
| Asen. | 11 | 17 | μου τούτοις καὶ τῇ τέφρᾳ κατεσποδωμένη καὶ τῷ | * ῥύπῳ * | τῆς ταπεινώσεώς μου πῶς ἐγὼ ἀνοίξω τὸ στόμα μου |

**ῥυπόω** — 1

| | | | | | |
|---|---|---|---|---|---|
| FAch. | 107 | | ἐκέλευσεν αὐτὸν ἀχθῆναι. παραγεναμένου δὲ αὐτοῦ | * ῥυποῦντος * | καὶ κομῶντος καὶ ὠχρῶντος διὰ τὴν πολυχρόνιον |

**ῥυστήρ** — 1

| | | | | | |
|---|---|---|---|---|---|
| Sib. | 3 | 561 | βασιλῆα μέγαν ἐπαμύντορα κλήζειν καὶ ζητεῖν | * ῥυστῆρα * | χόλου μεγάλοιο τίς ἔσται. ἀλλ' ἄγε καὶ μάθε |

**ῥωγάς** — 1

| | | | | | |
|---|---|---|---|---|---|
| Sib. | 4 | 130 | ὑπερκλονέῃ μέλαν ὕδωρ. ἀλλ' ὁπόταν χθονίης ἀπὸ | * ῥωγάδος * | Ἰταλίδος γῆς πυρσὸς ἀποστραφθεὶς εἰς οὐρανὸν |

**Ῥωγήλ** — 1

| | | | | | |
|---|---|---|---|---|---|
| Prop. | 1 | 1 | Μανασσῆ πρισθεὶς εἰς δύο καὶ ἐτέθη ὑποκάτω δρυὸς | * Ῥωγὴλ * | ἐχόμενα τῆς διαβάσεως τῶν ὑδάτων ὧν ἀπώλεσεν |

**Ῥώθεος** — 2

| | | | | | |
|---|---|---|---|---|---|
| TNep. | 1 | 9 | εὐχὰς Ῥαχήλ. ἡ δὲ μήτηρ μού ἐστι Βάλλα θυγάτηρ | * Ῥωθέου * | ἀδελφοῦ Δεββώρας τῆς τροφοῦ Ῥεβέκκας ἥτις ἐν |
| TNep. | 1 | 10 | ἥτις ἐν μιᾷ ἡμέρᾳ ἐτέχθη ἐν ᾗ καὶ ἡ Ῥαχὴλ ὁ δὲ | * Ῥώθεος * | ἐκ τοῦ γένους ἦν Ἀβραὰμ Χαλδαῖος θεοσεβὴς |

**Ῥωμαῖος** — 1

| | | | | | |
|---|---|---|---|---|---|
| FJub. | 3 | 5 | ἕκτη ἡμέρᾳ τῆς δευτέρας ἑβδομάδος ἥτις ἦν κατὰ μὲν | * Ῥωμαίους * | Ἀπριλλίου ἕκτῃ κατὰ δὲ Αἰγυπτίους Φαρμουθὶ |

**ῥώμη** — 2

| | | | | | |
|---|---|---|---|---|---|
| Aris. | 14 | 2 | ἐπιλέξας τοὺς ἀρίστους ταῖς ἡλικίαις καὶ | * ῥώμῃ * | διαφέροντας καθώπλισε τὸ δὲ λοιπὸν χῦμα πρεσβυτέρων |
| Aris. | 92 | 2 | ἱερέων ἡ λειτουργία κατὰ πᾶν ἀνυπέρβλητός ἐστι τῇ | * ῥώμῃ * | καὶ τῇ τῆς εὐκοσμίας καὶ σιγῆς διαθέσει. πάντες γὰρ |

**Ῥώμη** — 14

| | | | | | |
|---|---|---|---|---|---|
| Sib. | 3 | 46 | κατέχουσι βίου ἀνδρῶν λελαχοῦσαι. αὐτὰρ ἐπεὶ | * Ῥώμη * | καὶ Αἰγύπτου βασιλεύσει εἰσέτι δηθύνουσα +τότε δὴ+ |
| Sib. | 3 | 52 | καὶ τότε Λατίνων ἀπαραίτητος χόλος ἀνδρῶν τρεῖς | * Ῥώμην * | οἰκτρῇ μοίρᾳ καταδηλήσονται. πάντες δ' ἄνθρωποι |
| Sib. | 3 | 161 | Βαβυλῶνος εἶτα Μακεδονίων πάλιν Αἰγύπτου τότε | * Ῥώμης. * | καὶ τότε μοι μεγάλοιο θεοῦ φάτις ἐν στήθεσσιν |
| Sib. | 3 | 350 | ἄμεινον ὁππόσα δασμοφόρων Ἀσίης ὑπεδέξατο | * Ῥώμη * | χρήματά κεν τρὶς τόσσα δεδέξεται ἔμπαλιν Ἀσὶς ἐκ |
| Sib. | 3 | 352 | χρήματά κεν τρὶς τόσσα δεδέξεται ἔμπαλιν Ἀσὶς ἐκ | * Ῥώμης * | ὀλοὴν δ' ἀποτίσεται ὕβριν ἐς αὐτήν. ὅσσοι δ' ἐξ |
| Sib. | 3 | 356 | δ' ὀφλήσουσιν. ὦ χλιδανὴ ζάχρυσε Λατινίδος ἔκγονε | * Ῥώμη * | παρθένε πολλάκι σοῖσι πολυμνήστοισι γάμοισιν |
| Sib. | 3 | 364 | ἔσται καὶ Σάμος ἄμμος ἔσεται Δῆλος ἄδηλος καὶ | * Ῥώμη * | ῥύμῃ τὰ δὲ θέσφατα πάντα τελεῖται. Σμύρνης δ' |
| Sib. | 4 | 123 | πολλὰ κακῇ σὺν χειρὶ πιθήσας. πολλοὶ δ' ἀμφὶ θρόνῳ | * Ῥώμης * | πέδον αἱμάξουσι κείνου ἀποθρήσαντος ὑπὲρ |
| Sib. | 4 | 125 | ὑπὲρ Παρθηΐδα γαῖαν. εἰς Συρίην δ' ἥξει | * Ῥώμης * | πρόμος ὃς πυρὶ νηὸν συμφλέξας Σολύμων πολλοὺς δ' |
| Sib. | 4 | 138 | δὲ δύσιν τότε νεῖκος ἐγειρομένοιο πολέμοιο ἥξει καὶ | * Ῥώμης * | ὁ φυγὰς μέγα ἔγχος ἀείρας Εὐφρήτην διαβὰς πολλαῖς |
| Sib. | 4 | 145 | ἀέλλαις. ἥξει δ' εἰς Ἀσίην πλοῦτος μέγας ὅν ποτε | * Ῥώμη * | αὐτὴ συλήσασα πολυκτέανον κατὰ δῶμα θήκατο καὶ δὶς |
| Sib. | 5 | 139 | ἀπ' Ἰταλίης ἰσθμοῦ πλήξειε τένοντα τῆς μεγάλης | * Ῥώμης * | βασιλεὺς μέγας ἰσόθεος φὼς ὃν φάσ' αὐτὸς ὁ Ζεὺς |
| Sib. | 5 | 443 | εἵνεκα γὰρ τῆς σῆς ἀρχῆς ἧς ἔσχες ὄμηρα εἰς | * Ῥώμης * | πέμψασα καὶ Ἀσίδι θητεύοντας +τοιγάρτοι καύτή |
| Sib. | 5 | 463 | πόλεμος πολυαίματος ἐν κονίῃσιν ὃν παύσει | * Ῥώμης * | βασιλεὺς δυσμῶν τε δυνάμεις. χειμερίῃ ὁπόταν ῥιπῇ |

**ῥώννυμι** — 4

| | | | | | |
|---|---|---|---|---|---|
| Aris. | 35 | 2 | βασιλεὺς Πτολεμαῖος Ἐλεαζάρῳ ἀρχιερεῖ χαίρειν καὶ | * ἐρρῶσθαι. * | ἐπεὶ συμβαίνει πλείονας τῶν Ἰουδαίων εἰς τὴν |
| Aris. | 40 | 8 | ὡς ἐπιτελεσθησομένων τὴν ταχίστην περὶ ὧν ἂν αἱρῇ. | * ἔρρωσο. * | πρὸς ταύτην τὴν ἐπιστολὴν ἀντέγραψεν ἐνδεχομένως |
| Aris. | 41 | 4 | βασιλεῖ Πτολεμαίῳ φίλῳ γνησίῳ χαίρειν. αὐτός τε | * ἔρρωσο * | καὶ ἡ βασίλισσα Ἀρσινόη ἡ ἀδελφὴ καὶ τὰ τέκνα |
| Aris. | 46 | 6 | πάλιν ἀποκατασταθῶσι πρὸς ἡμᾶς ἀσφαλῶς οἱ ἄνδρες. | * ἔρρωσο. * | εἰσὶ δὲ πρώτης φυλῆς Ἰώσηφος Ἐζεκίας Ζαχαρίας |

**ῥῶσις** — 1

| | | | | | |
|---|---|---|---|---|---|
| Esdr. | 7 | 15 | καὶ ψαλμῶν τὸ τίμιον καὶ ἅγιον αὐτοῦ σῶμα νέμει | * ῥῶσιν * | ψυχῶν καὶ σωμάτων ἀεννάως τοῖς προστρέχουσιν αὐτῷ |

**Σαάρ** — 1

| | | | | | |
|---|---|---|---|---|---|
| Prop. | 10 | 7Β | ἐν ἡμέραις τῆς ἀναρχίας. καὶ κατοικήσας ἐν γῇ | * Σαάρ * | ἐκεῖ ἀπέθανε καὶ ἐτάφη ἐν τῷ σπηλαίῳ τοῦ Κενεζίου |

**Σαβαραθά** — 1

| | | | | | |
|---|---|---|---|---|---|
| Prop. | 13 | 1 | ἐνδόξως.⟩ Σοφονίας ἐκ φυλῆς ἦν Συμεὼν ἀγροῦ | * Σαβαραθὰ * | προεφήτευσε περὶ τῆς πόλεως καὶ περὶ τέλους |

**Σαβαώθ** — 2

| | | | | | |
|---|---|---|---|---|---|
| FrAn. | 574 | 3052 | δύναμις ἢ ἀγγέλων ἀρχαγγέλων. ὁρκίζω σε μέγαν θεὸν | * Σαβαώθ * | δι' ὃν ὁ Ἰορδάνης ποταμὸς ἀνεχώρησεν εἰς τὰ |

**Σαββαταῖος** — 2

| | | | | | |
|---|---|---|---|---|---|
| Aris. | 48 | 3 | Χαβρίας---. πέμπτης Ἴσακος Ἰάκωβος Ἰησοῦς | * Σαββαταῖος * | Σίμων Λευίς. ἕκτης Ἰούδας Ἰώσηφος Σίμων |
| Aris. | 49 | 1 | Ἰώσηφος Σίμων Ζαχαρίας Σομόηλος Σελεμίας. ἑβδόμης | * Σαββαταῖος * | Σεδεκίας Ἰάκωβος Ἴσαχος Ἰησίας Ναθαῖος. |

**σάββατον** — 4

| | | | | | |
|---|---|---|---|---|---|
| Hen. | 10 | 17 | χιλιάδας καὶ πᾶσαι αἱ ἡμέραι νεότητος αὐτῶν καὶ τὰ | * σάββατα * | αὐτῶν μετὰ εἰρήνης πληρώσουσιν. τότε |

FJub. 2 24 ηὐλογήθη καὶ αὕτη ὑπὸ τοῦ θεοῦ καὶ ἡγιάσθη καὶ * σάββατον * ὡς καταπαύσιμος προσηγορεύθη καὶ ὡς τύπος τῆς
LAri. 13 12 13 τῶν ζῳογονουμένων καὶ τῶν φυομένων ἁπάντων. τῷ δὲ * σάββατον * αὐτὴν προσαγορεύεσθαι διερμηνεύεται ἀνάπαυσις
FrAn. 15 8 καρδία δοξάζουσα τὸν πεπλακότα αὐτήν. οὐ τὰ νῦν * σάββατα * ἐμοὶ δεκτὰ ἀλλὰ ὃ πεποίηκα ἐν ᾧ καταπαύσας τὰ

Σαδώκ 1
FIsa. 1 2 5 καὶ ἐν χερσὶν Ἰωνὰν τοῦ Ναθὼθ καὶ ἐν χερσὶν * Σαδὼκ * τοῦ ἐπὶ τῶν πραγματειῶν. καὶ οἱ λοιποὶ λόγοι ἰδοὺ

Σαθιήλ 2
Hen. 6 7 Ἀρεαρὼς Σεμιὴλ Ἰωμειὴλ Χωχαριὴλ Ἐζεκιὴλ Βατριὴλ * Σαθιὴλ * Ἀτριὴλ Ταμιὴλ Βαρακιὴλ Ἀνανθνὰ Θωνιὴλ Ῥαμιὴλ
Hen. 8 3 λυτήριον Βαρακιὴλ ἀστρολογίας Χωχιὴλ τὰ σημειωτικὰ * Σαθιὴλ * ἀστεροσκοπίαν Σεριὴλ σεληναγωγίας. τῶν οὖν

σαθρός 1
Sedr. 15 5 οὐ σωθήσονται) ὅτι εἰσὶν αἱ καρδίαι αὐτῶν ὡς λίθος * σαθρὸς * οὗτοί εἰσιν οἱ πορεύοντες ἀσεβέσιν ὁδοῖς καὶ

Σάϊς 2
HArt. 9 23 3 ὕπαρξιν καὶ κατοικισθῆναι ἐν τῇ Ἡλίου πόλει καὶ * Σάει * καὶ τοὺς Σύρους πλεονάσαι ἐν τῇ Αἰγύπτῳ. τούτους δὲ
HArt. 9 27 2 φαύλως προσφέρεσθαι καὶ πρῶτον μὲν τήν τε * Σάιν * οἰκοδομῆσαι τό τε ἐπ' αὐτῇ ἱερὸν καθιδρύσασθαι εἶτα

σάκκος 11
TNep. 6 8 πάντες ἕως εἰς τὰ πέρατα. ὁ δὲ Λευὶ περιβαλόμενος * σάκκον * περὶ πάντων ἡμῶν ἐδέετο τοῦ κυρίου. ὡς δὲ
TJos. 4 3 μὴ πιστεύσῃ. ἐν τούτοις πᾶσιν ἐχαμοκοίτουν ἐγὼ ἐν * σάκκῳ * καὶ ἐδεόμην τοῦ θεοῦ ὅπως ῥύσεταί με ὁ κύριος ἐκ
TJos. 15 2 μεγάλου ἐν γῇ Χανάαν καὶ πενθεῖ ὁ πατήρ σου ἐν * σάκκῳ. * καὶ πάλιν ἤθελον δακρῦσαι καὶ ἐπέσχον ἐμαυτὸν ἵνα
Asen. 10 14 αὐτὴν ἐπὶ τὸ ἔδαφος. καὶ ἔλαβε τὴν δέρριν τοῦ * σάκκου * καὶ περιεζώσατο περὶ τὴν ὀσφὺν αὐτῆς. καὶ ἔλυσε
Asen. 13 2 γῆς κατέλιπον καὶ πρὸς σὲ κατέφυγον κύριε ἐν τῷ * σάκκῳ * τούτῳ καὶ τῷ σποδῷ γυμνὴ καὶ ὀρφανὴ καὶ
Asen. 13 4 αὐτὴν ἀπ' ἐμοῦ καὶ περιεζωσάμην σχοινίον καὶ * σάκκον. * ἰδοὺ τὴν τιάραν μου καὶ τὸ διάδημά μου ἔρριψα
Asen. 14 12 τὸν χιτῶνα τὸν μελανὸν τοῦ πένθους σου καὶ τὸν * σάκκον * ἀπόθου ἀπὸ τῆς ὀσφύος σου καὶ ἀποτίναξον ἀπὸ τῆς
Asen. 14 14 τὸν χιτῶνα τὸν μελανὸν τοῦ πένθους καὶ ἀπέθετο τὸν * σάκκον * ἀπὸ τῆς ὀσφύος αὐτῆς καὶ ἐνεδύσατο τὴν στολὴν
Sal. 2 20 τὸ κάλλος αὐτῆς ἀπὸ θρόνου δόξης. περιεζώσατο * σάκκον * ἀντὶ ἐνδύματος εὐπρεπείας σχοινίον περὶ τὴν
FIsa. 1 2 10 ἀνεχώρησαν καὶ ἐκάθισαν εἰς τὸ ὄρος πάντε⟨ς⟩ * σάκκον * περιβεβλημένοι καὶ πάντες ἦσαν προφῆται οὐδὲν
FEz. 1 8 3 καὶ ἐὰν ὦσιν πυρρότεραι κόκκου καὶ μελανώτεραι * σάκκου * καὶ ἐπιστραφῆτε πρός με ἐξ ὅλης τῆς καρδίας καὶ

Σαλα 1
FJub. 8 6 γυνὴ Καιναν Μελχα θυγάτηρ Μαδαι υἱοῦ Ιαφεθ. γυνὴ * Σαλα * Μωαχα θυγάτηρ Χεεδαμ πατραδέλφου αὐτοῦ. γυνὴ Εβερ

Σαλαθιήλ 1
Prop. 15 3 υἱὸν καὶ ἐν Ἱερουσαλὴμ ἱερατεύσει. οὗτος καὶ τὸν * Σαλαθιὴλ * ἐφ' υἱῷ ηὐλόγησε καὶ ὄνομα Ζοροβάβελ ἐπέθηκε

Σαλαμίς 2
Sib. 4 128 ὀλέσει μεγάλην χθόνα εὐρυάγυιαν. καὶ τότε δὴ * Σαλαμῖνα * Πάφον δ' ἅμα σεισμὸς ὀλέσσει Κύπρον ὅταν
Sib. 5 452 πῆμα καὶ Πάφος αἰάξει δεινὸν μόρον ὥστε νοῆσαι καὶ * Σαλαμῖνα * πόλιν μεγάλην μέγα πῆμα παθοῦσαν νῦν μὲν χέρσος

σαλεύω 10
Hen. 101 4 τὴν θάλασσαν ὑπὸ τοῦ κ⟨λύδω⟩νος καὶ χειμῶνος * σεσαλευμένα * τὰ πλοῖα αὐτῶν καὶ χειμαζόμενοι πάντες
TLevi 3 9 ὅταν οὖν ἐπιβλέψῃ κύριος ἐφ' ἡμᾶς πάντες ἡμεῖς * σαλευόμεθα * καὶ οἱ οὐρανοὶ καὶ ἡ γῆ καὶ αἱ ἄβυσσοι ἀπὸ
TLevi 3 9 καὶ αἱ ἄβυσσοι ἀπὸ προσώπου τῆς μεγαλωσύνης αὐτοῦ * σαλεύονται * οἱ δὲ υἱοὶ τῶν ἀνθρώπων ἐπὶ τούτοις
Sal. 8 33 ἡμῶν ἡ εὐδοκία εἰς τὸν αἰῶνα κύριε σωτὴρ ἡμῶν οὐ * σαλευθησόμεθα * ἔτι τὸν αἰῶνα χρόνον. αἰνετὸς κύριος ἐν
Sal. 15 4 ἀπὸ καρδίας ὁσίας καὶ δικαίας ὁ ποιῶν ταῦτα οὐ * σαλευθήσεται * εἰς τὸν αἰῶνα ἀπὸ κακοῦ φλὸξ πυρὸς καὶ ὀργὴ
Bar. 6 13 ὁμιλεῖν αὐτὸν ἐγένετο βροντὴ ὡς ἦχος βροντῆς καὶ * ἐσαλεύθη * ὁ τόπος ἐν ᾧ ἱστάμεθα. καὶ ἠρώτησα τὸν ἄγγελον
Sib. 3 177 ἑσπερίοιο θαλάσσης ἣ πολλῆς γαίης ἄρξει πολλοὺς δὲ * σαλεύσει * καὶ πᾶσιν βασιλεῦσι φόβον μετόπισθε ποιήσει
Sib. 3 675 λάμπουσαι εἰς μέσον ἀνδρῶν. γαῖα δὲ παγγενέτειρα * σαλεύσεται * ἤμασι κείνοις χειρὸς ἀπ' ἀθανάτοιο καὶ ἰχθύες
Sib. 3 714 τε θεήλατος ἠδὲ σελήνη. γαῖα δὲ παγγενέτειρα * σαλεύσεται * ἤμασι κείνοις ἡδὺν ἀπὸ στομάτων δὲ λόγον
Sib. 3 752 κατὰ χθονὸς οὐδὲ κυδοιμὸς οὐδὲ βαρὺ στενάχουσα * σαλεύσεται * οὐκέτι γαῖα οὐ πόλεμος οὐδ' αὖτε κατὰ χθονὸς

σάλος (ὁ) 1
Sal. 6 3 ταραχθήσεται ἡ ψυχὴ αὐτοῦ ἐν διαβάσει ποταμῶν καὶ * σάλῳ * θαλασσῶν οὐ πτοηθήσεται. ἐξανέστη ἐξ ὕπνου αὐτοῦ

σάλπιγξ 14
Adam 22 1 ἠκούσαμεν τοῦ ἀρχαγγέλου Μιχαὴλ σαλπίζοντος ἐν τῇ * σάλπιγγι * αὐτοῦ καὶ καλοῦντος τοὺς ἀγγέλους καὶ λέγοντος
Adam 38 2 ἐν χερσὶν αὐτῶν ἄλλοι δὲ κιθάρας καὶ φιάλας καὶ * σάλπιγγας. * καὶ ἰδοὺ κύριος στρατιῶν ἐπέβη καὶ τέσσαρες
Abr.1 12 10 ἀνηλεὴς καὶ ἀπότομος ἐν τῇ χειρὶ αὐτοῦ κατέχων * σάλπιγγα * ἔνδοθεν αὐτῆς ἔχων πῦρ παμφάγον δοκιμαστήριον
Sal. 8 1 θλῖψιν καὶ φωνὴν πολέμου ἤκουσεν τὸ οὖς μου φωνὴν * σάλπιγγος * ἠχούσης σφαγὴν καὶ ὄλεθρον φωνὴ λαοῦ πολλοῦ ὡς
Sal. 11 1 τῷ Σαλωμων εἰς προσδοκίαν. σαλπίσατε ἐν Σιων ἐν * σάλπιγγι * σημασίας ἁγίων κηρύξατε ἐν Ιερουσαλημ φωνὴν
Jer. 3 2 πόλεως Ἱερεμίας καὶ Βαρούχ. καὶ ἰδοὺ ἐγένετο φωνὴ * σαλπίγγων * καὶ ἐξῆλθον ἄγγελοι ἐκ τοῦ οὐρανοῦ κατέχοντες
Esdr. 4 36 ὁ υἱός μου ὁ ἀγαπητός. καὶ μετὰ ταῦτα σαλπίσει * σάλπιγξ * καὶ τὰ μνημεῖα ἀνοιχθήσονται καὶ οἱ νεκροὶ
Sedr. 11 2 ἀπὸ Βοσὸρ αἱ ἀκοαί σου ἐκ βροντῆς ἡ γλῶσσά σου ἐκ * σάλπιγγος * καὶ ὁ ἐγκέφαλός σου ἐστὶν μικρὸν κτίσμα κεφαλὴ
Sedr. 11 19 ὦ πρόσωπον καλομόρφιστον ὀφθαλμοὶ φωταγωγοὶ φωνὴ * σάλπιγγος * καὶ γλῶσσα εὐδιάλλακτε γένειον καλλωπισμένον
Sib. 4 174 ἔσται κατὰ κόσμον ὅλον καὶ σῆμα μέγιστον ῥομφαίᾳ * σάλπιγγι * ἅμ' ἠελίῳ ἀνιόντι κόσμος ἅπας μύκημα καὶ
Sib. 5 253 ἄχρι καὶ νεφέων ἐρεβεννῶν. οὐκέτι συρίξει * σάλπιγξ * πολεμόκλονον ἦχον οὐδ' ἔτι μαινομέναις παλάμαις
LAri. 8 10 13 φησιν ἡ νομοθεσία διὰ τὸ τὸν θεὸν καταβεβηκέναι * σαλπίγγων * τε φωνὰς καὶ τὸ πῦρ φλεγόμενον ἀνυποστάτως
LAri. 8 10 16 ἀλλ' ἔμεινε τῶν ἁπάντων ἡ χλόη πυρὸς ἄθικτος * σαλπίγγων * τε φωναὶ σφοδρότερον συνηκούοντο σὺν τῇ τοῦ
LAri. 8 10 17 τὸ πῦρ κεκαυκὸς ὡς προείρηται μηδὲν μήτε τὰς τῶν * σαλπίγγων * φωνὰς δι' ἀνθρωπίνης ἐνεργείας ἢ κατασκευῆς

σαλπίζω 6
Adam 22 1 καὶ αὐτῇ τῇ ὥρᾳ ἠκούσαμεν τοῦ ἀρχαγγέλου Μιχαὴλ * σαλπίζοντος * ἐν τῇ σάλπιγγι αὐτοῦ καὶ καλοῦντος τοὺς
Adam 22 2 ᾧ κρινῶ τὸν Ἀδάμ. καὶ ὡς ἠκούσαμεν τοῦ ἀρχαγγέλου * σαλπίζοντος * εἴπομεν ἰδοὺ ὁ θεὸς εἰς τὸν παράδεισον
Adam 37 1 δὲ τοῦ Σὴθ ταῦτα πρὸς τὴν μητέρα αὐτοῦ Εὔαν ἰδοὺ * ἐσάλπισεν * ὁ ἄγγελος καὶ ἀνέστησαν πάντες οἱ ἄγγελοι οἱ
Sal. 11 1 εἰς εὐφροσύνην αἰώνιον. τῷ Σαλωμων εἰς προσδοκίαν. * σαλπίσατε * ἐν Σιων ἐν σάλπιγγι σημασίας ἁγίων κηρύξατε ἐν
Jer. 4 1 ἰδοὺ ἡ δύναμις τῶν Χαλδαίων ἐκύκλωσε τὴν πόλιν. * ἐσάλπισεν * δὲ ὁ μέγας ἄγγελος λέγων εἰσέλθατε εἰς τὴν
Esdr. 4 36 ὅτι ἔστιν ὁ υἱός μου ὁ ἀγαπητός. καὶ μετὰ ταῦτα * σαλπίσει * σάλπιγξ καὶ τὰ μνημεῖα ἀνοιχθήσονται καὶ οἱ

Σαμαήλ 2
Bar. 4 8 ὁ ἄγγελος ἡ ἄμπελός ἐστιν ἣν ἐφύτευσεν ὁ ἄγγελος * Σαμαὴλ * ὅτινη ὠργίσθη κύριος ὁ θεὸς καὶ ἐκατηράσατο αὐτὸν
Bar. 9 7 καὶ ἐν τῇ παραβάσει τοῦ πρώτου Ἀδὰμ παρῆψε τῷ * Σαμαὴλ * ὅτε τὸν ὄφιν ἔλαβεν ἔνδυμα οὐκ ἀπεκρύβη ἀλλὰ

Σαμάρεια 11
Jer. 8 8 ἑαυτοῖς πόλιν καὶ ἐπωνόμασαν τὸ ὄνομα αὐτῆς * Σαμάρειαν. * ἀπέστειλε δὲ πρὸς αὐτοὺς Ἱερεμίας λέγων
Prop. 10 4B τότε Ἠλίας ὁ προφήτης ἐλέγχων τὸν Ἀχαὰβ βασιλέα * Σαμαρείας * καὶ ἐκάλεσε λιμὸν μέγαν ἐπὶ τῆς γῆς ἔφυγεν ἐν
Prop. 22 4 τὰ γλυπτὰ αὐτῶν καὶ τὰ χωνευτὰ καὶ θανὼν ἐτάφη ἐν * Σαμαρείᾳ. * τὰ δὲ σημεῖα ἃ ἐποίησεν εἰσὶ ταῦτα ἐπάταξε καὶ
Prop. 22 18 αὐτοὺς καταχθῆναι ἀορασίᾳ καὶ ἀπήγαγεν εἰς * Σαμάρειαν * παρὰ τοὺς ἐχθροὺς ἀβλαβεῖς τε αὐτοὺς φυλάξας
FIsa. 1 2 12 τοῦ ε⟨ἶ⟩ναι αὐτοὺς ⟨ἐν⟩ τοῖς ἐρήμ⟨ο⟩ις καὶ----- ἐν * Σαμαρίᾳ * ᾧ ⟨ὄ⟩νομα ἦν Βελιχειὰρ ἐκ τῆς συγγενείας Σεδεκίου
FIsa. 1 2 14 καὶ Ἠλείας ⟨ὁ προφή⟩της ἐκ Θεσ⟨βῶν⟩---- καὶ τὴν * Σαμαρίαν * καὶ αὐτὸς ἐπροφήτευεν περὶ Ὀχοζείου ὅτι ἐν
FIsa. 1 2 14 Ὀχοζείου ὅτι ἐν κλίνῃ ἀρρωστίας ἀποθανεῖται καὶ ἡ * Σαμαρία * εἰς χεῖρας Ἀλνασὰρ παραδοθήσεται ἀνθ' ὧν
FIsa. 1 3 1 ἐκολλήθησαν πρὸς αὐτόν. καὶ αὐτὸς δὲ ἦν ἀπὸ * Σαμαρίας. * καὶ ἐγένετο ἐν τῷ ἐλθεῖν Ἀλγασὰρ Ἀσσυρίων
FIsa. 1 3 2 Ἀλγασὰρ Ἀσσυρίων βασιλέα καὶ αἰχμαλωτίσαι τὴν * Σαμαρίαν * καὶ λαβεῖν τὰς ἐν⟨νέ⟩α ἥμισυ φυλὰς ἐν
FIsa. 1 3 3 βασ⟨ιλέως Ἰ⟩ούδα. κα⟨ὶ οὐκ ἐ⟩πάτει +εἰς * Σαμαρίαν * ἐν ὁδῷ+ τοῦ πατρὸς αὐτοῦ ὅτι τὸν Ἐζεκίαν
HDem. 1 141 2 ὀκτὼ μῆνας ἕξ. ἀφ' οὗ δὲ αἱ φυλαὶ αἱ δέκα ἐκ * Σαμαρείας * αἰχμάλωτοι γεγόνασιν ἕως Πτολεμαίου τετάρτου

Σαμαρειμ 1
Prop. 19 1 ἐν γήρει βαθυτάτῳ οὐκ ἀγαθῶς. Ἰωὰδ ἐκ τῆς * Σαμαρειμ. * οὗτός ἐστιν ὃν ἐπάταξεν ὁ λέων καὶ ἀπέθανεν

Σαμαρεῖτις 4
Aris. 107 4 οὔσης καὶ καλῆς καί τινων μὲν πεδινῶν τῶν κατὰ τὴν * Σαμαρεῖτιν * λεγομένην καὶ τῶν συναπτόντων τῇ τῶν
HEup. 9 33 1 ἐπιτέτακται. γέγραφα δὲ καὶ εἰς τὴν Γαλιλαίαν καὶ * Σαμαρεῖτιν * καὶ Μωαβῖτιν καὶ Ἀμμανῖτιν καὶ Γαλαδῖτιν
HEup. 9 39 5 δώδεκα καὶ πεζῶν ἅρματα μυρία πρῶτον μὲν τὴν * Σαμαρεῖτιν * καταστρέψασθαι καὶ Γαλιλαίαν καὶ Σκυθόπολιν
HHec. 2 4 43 καὶ πίστιν ἣν αὐτῷ παρέσχον Ἰουδαῖοι τὴν * Σαμαρεῖτιν * χώραν προσέθηκεν ἔχειν αὐτοῖς ἀφορολόγητον.

Σαμιήλ 1
Hen. 6B 7 ιβ' Ἀμαριὴλ ιγ' Ἀναγημὰς ιδ' Θαυσαὴλ ιε' * Σαμιὴλ * ις' Σαρινᾶς ιζ' Εὐμιὴλ ιη' Τυριὴλ ιθ' Ἰουμιὴλ κ'

σάμιος + 1
Sib. 3 452 δ' ὀλοὸς βασιλεὺς καὶ +φύλοπις ἄλλων ποντοπόρον * σαμίοις * ὀλοὸν δ' ἴξουσιν ὄλεθρον+ +αἵματι μὲν δάπεδον+

Σαμμανή 1
Hen. 6 7 αὐτῶν Σεμιαζᾶ οὗτος ἦν ἄρχων αὐτῶν Ἀραθὰκ Κιμβρὰ * Σαμμανὴ * Δανειὴλ Ἀρεαρὼς Σεμιὴλ Ἰωμειὴλ Χωχαριὴλ

Σάμος 4
Sib. 3 363 βροτοὶ φαύλου ζωῆς ἀδίκου τ' ἐνέχοντο. ἔσται καὶ * Σάμος * ἄμμος ἐσεῖται Δῆλος ἄδηλος καὶ Ῥώμη ῥύμη τὰ δὲ
Sib. 3 463 αὐτῆς γαῖα βαρυνομένη πίεται δσμὴ δέ τε θείου. καὶ * Σάμος * ἐν καιρῷ βασιλήια δώματα τεύξει. Ἰταλίη σοὶ δ'
Sib. 4 91 Κᾶρες δ' οἰκήσουσι Τύρον Τύριοι δ' ἀπολοῦνται. καὶ * Σάμον * ἄμμος ἅπασαν ὑπ' ἠιόνεσσι καλύψει Δῆλος δ' οὐκέτι
FAch. 101 πολλοὺς δὲ χρόνους ἐν τῇ * Σάμῳ * διατρίψας ὁ Αἴσωπος καὶ πολλῶν τιμῶν καταξιωθεὶς

Σαμουήλ 2
HEup. 9 30 2 σκηνὴν ἐν Σιλοῖ. μετὰ δὲ ταῦτα προφήτην γενέσθαι * Σαμουήλ. * εἶτα τῇ τοῦ θεοῦ βουλήσει ὑπὸ Σαμουὴλ Σαοῦλον
HEup. 9 30 2 γενέσθαι Σαμουήλ. εἶτα τῇ τοῦ θεοῦ βουλήσει ὑπὸ * Σαμουὴλ * Σαοῦλον βασιλέα αἱρεθῆναι ἄρξαντα δὲ ἔτη κ α'

Σαμούηλος  
                  1  
Aris.   50     3     Ζαχαρίας Βανέας Ἐλισσαῖος Δαθαῖος. ἐνδεκάτης ✷ Σαμούηλος ✷ Ἰώσηφος Ἰούδας Ἰωνάθης Χαλεβ Δοσίθεος.  
Σαμψιχ  
                  1  
Hen.    6Β    7 γʹ Ἀρακιὴλ δʹ Χωβαβιὴλ εʹ Ὀραμμαμὴ ϛʹ Ῥαμιὴλ ζʹ ✷ Σαμψιχ ✷ ηʹ Ζακιὴλ θʹ Βαλκιὴλ ιʹ Ἀξαλζὴλ ιαʹ Φαρμαρὸς ιβʹ  
σαμψούχον  
                  1  
FrAn.  574  3009   μετὰ βοτάνης μαστιγίας καὶ λωτομήτρας ἕψει μετὰ ✷ σαμψούχου ✷ ἀχρωτίστου λέγων ἴωηλ ωσσαρθιωμι εμωρι  
σανίς  
TNep.    6    6    ἐπὶ ἀκατίου φεύγει χωριζόμεθα δὲ καὶ ἡμεῖς ἐπὶ ✷ σανίδων ✷ δέκα Λευι δὲ καὶ Ἰούδας ἦσαν ἐπὶ τὸ αὐτό.  
Σαούλος  
                  1  
HEup.  9  30    2    Σαμουήλ. εἶτα τῇ τοῦ θεοῦ βουλήσει ὑπὸ Σαμουήλ ✷ Σαοῦλον ✷ βασιλέα αἱρεθῆναι ἄρξαντα δὲ ἔτη κ αʹ  
σαπρία  
                  5  
Abr.1   17    8    τοῖς δὲ ⟨ἁμαρτωλοῖς⟩ οὕτως ἀπέρχομαι ἐν πολλῇ ✷ σαπρίᾳ ✷ καὶ ἀγριότητι καὶ μεγίστῃ πικρίᾳ καὶ ἀγρίῳ τῷ  
Abr.1   17    9    καὶ δίδαξόν μοι τὴν ἀγριότητά σου καὶ πᾶσαν τὴν ✷ σαπρίαν. ✷ εἶπεν δὲ ὁ θάνατος οὐ μὴ δυνηθῇς θεάσασθαι τὴν  
Sal.   14    7    ἡμέραν ἐν μετοχῇ ἁμαρτίας αὐτῶν ἐν μικρότητι ✷ σαπρίας ✷ ἡ ἐπιθυμία αὐτῶν καὶ οὐκ ἐμνήσθησαν τοῦ θεοῦ.  
Sal.   16  14  παιδείαν ἐν πενίᾳ; ἐν τῷ ἐλέγχεσθαι ψυχὴν ἐν χειρὶ ✷ σαπρίας ✷ αὐτοῦ ἡ δοκιμασία σου ἐν σαρκὶ αὐτοῦ καὶ ἐν  
Job   24    3    εἰς κενὸν ἐκοπίασα μετὰ μόχθων σὺ δὲ αὐτὸς κάθῃ ἐν ✷ σαπρίᾳ ✷ σκωλήκων διανυκτερεύων αἴθριος, κἀγὼ πάλιν ἡ  
σαπρόμορφος ✷  
FAch.  121      ποιησάμενος μετὰ τῶν ἰδίων λέγει ὡς ὁρῶ διὰ τὸν ✷ σαπρόμορφον ✷ καὶ κατάρατον τοῦτον μέ⟨λλω⟩ φόρους στέλλειν  
σαπρός  
Abr.2  13  14  αὕτη; εἶπεν δὲ ὁ θάνατος τῷ Ἀβραὰμ οὐδείς ἐστιν ✷ σαπρότερός ✷ μου. λέγει αὐτῷ Ἀβραὰμ δεῖξόν μοι τίς εἶ.  
σαπρότης  
                  3  
Abr.2  13  20  ἐὰν δὲ ἁμαρτωλὸς ᾖ ἀπέρχομαι πρὸς αὐτὸν ἐν μεγάλῃ ✷ σαπρότητι ✷ ἀλλὰ καὶ τὰς ἁμαρτίας αὐτοῦ πάσας ποιοῦσιν  
Abr.2  14    1  σφόδρα. καὶ εἶπεν αὐτῷ Ἀβραὰμ δεῖξόν μοι καὶ τὴν ✷ σαπρότητά ✷ σου. καὶ ἦρεν ὁ θάνατος τὴν δικαιοσύνην ἀφʹ  
Abr.2  14    2  τὴν δικαιοσύνην ἀφʹ ἑαυτοῦ καὶ ἐφανέρωσεν αὐτῷ τὴν ✷ σαπρότητα ✷ οὕτως δὲ ἐφανέρωσεν ἑαυτὸν εἶχεν δύο κεφαλὰς  
σάπφειρος  
Hen.   18    8  ἀπὸ λίθου φουκὰ καὶ ἡ κορυφὴ τοῦ θρόνου ἀπὸ λίθου ✷ σαπφείρου ✷ καὶ πῦρ καιόμενον ἴδον. κἀπέκεινα τῶν ὀρέων  
Σαραάρ  
Prop.  10    7  οὐ δύναται ἀποδράσαι θεόν. καὶ κατοικήσας ἐν γῇ ✷ Σαραάρ ✷ ἀπέθανε καὶ ἐτάφη ἐν σπηλαίῳ Κενεζέου κριτοῦ  
Σάραπις  
Sib.    5  487  σου μνεία γε μενεῖ κατὰ γαῖαν ἅπασαν. καὶ σὺ ✷ Σάραπι ✷ λίθους ἀργοὺς ἐπικείμενε πολλοὺς κείσῃ πτῶμα  
Σαρασαήλ  
Bar.    4  15  τούτου. ἀπέστειλε δὲ ὁ θεὸς τὸν ἄγγελον αὐτοῦ τὸν ✷ Σαρασαήλ ✷ καὶ εἶπεν αὐτῷ ἀναστὰς Νῶε φύτευσον τὸ κλῆμα  
Σάρδεις  
Sib.    5  289  γένος Ἰώνων Καρῶν Λυδῶν πολυχρύσων. αἰαῖ ⟨σοι⟩ ✷ Σάρδεις ✷ αἰαῖ πολυήρατε Τράλλις αἰαῖ Λαοδίκεια καλὴ πόλι  
Σαρδώ  
Sib.    3  477  λιμὸν πουλυετεῖς δὲ (ἀποιμώξασα τοκῆα). Κύρνος καὶ ✷ Σαρδώ ✷ μεγάλαις χειμῶνος ἀέλλαις καὶ πληγαῖς ἁγίοιο θεοῦ  
Σαρεφθά  
                  2  
Prop.  10   4Β  ὁ χειμάρρους ἐπείνασεν ὁ προφήτης καὶ ἦλθεν εἰς ✷ Σαρεφθὰ ✷ καὶ εὗρε τὴν χήραν μετὰ τοῦ υἱοῦ αὐτῆς Ἰωνᾶν  
Prop.  21    5  ηὔξατο μετὰ τρία ἔτη καὶ ἐγένετο πολὺς ὑετὸς ἐν ✷ Σαρεφθοῖς ✷ τῆς Σιδωνίας ἐποίησεν διὰ ῥήματος κυρίου τὴν  
Σαριήλ  
                  3  
Hen.    6Β   7 ιϛʹ Σαρινᾶς ιζʹ Εὐμιὴλ ιηʹ Τυριὴλ ιθʹ Ἰουμιὴλ κʹ ✷ Σαριήλ. ✷ καὶ ἔλαβον ἑαυτοῖς γυναῖκας ἕκαστος αὐτῶν  
Hen.    20    6  ἐπὶ τῶν τοῦ λαοῦ ἀγαθῶν τεταγμένος καὶ ἐπὶ τῷ χάῳ. ✷ Σαριὴλ ✷ ὁ εἷς τῶν ἁγίων ἀγγέλων ὁ ἐπὶ τῶν πνευμάτων  
Hen.   20Β   6  ἐπὶ τῶν τοῦ λαοῦ ἀγαθῶν τέτακται καὶ ἐπὶ τῷ λαῷ. ✷ Σαριὴλ ✷ ὁ εἷς τῶν ἁγίων ἀγγέλων ὁ ἐπὶ τῶν πνευμάτων  
Σαρινᾶς  
Hen.    6Β   7 Ἀμαριὴλ ιγʹ Ἀναγημὰς ιδʹ Θαυσαὴλ ιεʹ Σαμιὴλ ιϛʹ ✷ Σαρινᾶς ✷ ιζʹ Εὐμιὴλ ιηʹ Τυριὴλ ιθʹ Ἰουμιὴλ κʹ Σαριήλ.  
σαρκικός  
Jer.    6    3  εὐφραίνου καὶ ἀγάλλου ἐν τῷ σκηνώματί σου λέγων τῷ ✷ σαρκικῷ ✷ οἴκῳ σου τὸ πένθος σου μετεστράφη εἰς χαρὰν  
σάρκινος  
                  5  
Hen.   14    2  εἶδον κατὰ τοὺς ὕπνους μου ὃ νῦν λέγω ἐν γλώσσῃ ✷ σαρκίνῃ ✷ ἐν τῷ πνεύματι τοῦ στόματός μου ὃ ἔδωκεν ὁ μέγας  
Hen.  106  17Α  ἐξ αὐτῶν καὶ τίκτουσιν οὐχ ὁμοίους πνεύμασιν ἀλλὰ ✷ σαρκίνους ✷ καὶ ἔσται ὀργὴ μεγάλη ἐπὶ τῆς γῆς καὶ  
Job   27    2  ἔκλαυσεν λέγων ἴδε, Ἰωβ, διαφωνῶ καὶ ὑποχωρῶ σοι ✷ σαρκίνῳ ✷ ὄντι, ἐγὼ δέ εἰμι πνεῦμα σὺ μὲν ἐν πληγῇ  
Job   38    2  τίνες γὰρ ἐσμὲν πολυπραγμονοῦντες τὰ οὐράνια ✷ σάρκινοι ✷ ὄντες, ἔχοντες τὴν μερίδα ἐν γῇ καὶ σποδῷ; ἵνα  
IEsc.  5 131   2  χώριζε θνητῶν τὸν θεὸν καὶ μὴ δόκει ὅμοιον σαυτῷ ✷ σάρκινον ✷ καθεστάναι. οὐκ οἶσθα δʹ αὐτὸν ποτὲ μὲν ὡς πῦρ  
σαρκοβόρος  
Sib.    3  791  ἄρκτοι σὺν μόσχοις νομάδες αὐλισθήσονται ✷ σαρκοβόρος ✷ τε λέων φάγεται ἄχυρον παρὰ φάτνῃ ὡς βοῦς καὶ  
σαρκοφάγος  
                  1  
Aris.  146    2  ὧν δὲ ἀπηγόρευται πτηνῶν εὑρήσεις ἄγριά τε καὶ ✷ σαρκοφάγα ✷ καὶ καταδυναστεύοντα τῇ περὶ ἑαυτὰ δυνάμει τὰ  
σάρξ  
               51  
Adam  13    3  ἀλλʹ ἐπʹ ἐσχάτων τῶν ἡμερῶν. τότε ἀναστήσεται πᾶσα ✷ σάρξ ✷ ἀπὸ Ἀδὰμ ἕως τῆς ἡμέρας ἐκείνης τῆς μεγάλης ὅσοι  
Adam  25    3  σῶσόν με καὶ οὐ μὴ ἐπιστρέψω εἰς τὴν ἁμαρτίαν τῆς ✷ σαρκός ✷ καὶ οὐ μὴ πάλιν ἐπιστρέψω. διὰ τοῦτο δὲ τὴν  
Hen.    1    9  καὶ ἀπολέσει πάντας τοὺς ἀσεβεῖς καὶ ἐλέγξει πᾶσαν ✷ σάρκα ✷ περὶ πάντων ἔργων τῆς ἀσεβείας αὐτῶν ὧν ἠσέβησαν  
Hen.    7    5  καὶ ἑρπετοῖς καὶ τοῖς ⟨ἰ⟩χθύσιν καὶ ἀλλήλων τὰς ✷ σάρκας ✷ κατεσθίειν καὶ τὸ αἷμα ἔπινον. τότε ἡ γῆ ἐνέτυχεν  
Hen.    8Β   3  μετὰ δὲ ταῦτα ἤρξαντο οἱ γίγαντες κατεσθίειν τὰς ✷ σάρκας ✷ τῶν ἀνθρώπων καὶ ἤρξαντο οἱ ἄνθρωποι ἐλαττοῦσθαι  
Hen.   14  21  διὰ τὸ ἔντιμον καὶ ἔνδοξον καὶ οὐκ ἐδύνατο πᾶσα ✷ σάρξ ✷ ἰδεῖν αὐτοῦ τὸ πῦρ φλεγόμενον κύκλῳ καὶ πῦρ μέγα  
Hen.   15    4  ἐν τῷ αἵματι τῶν γυναικῶν ἐμιάνθητε καὶ ἐν αἵματι ✷ σαρκὸς ✷ ἐγεννήσατε καὶ ἐν αἵματι ἀνθρώπων ἐπεθυμήσατε.  
Hen.   15    4  ἀνθρώπων ἐπεθυμήσατε. καθὼς καὶ αὐτοὶ ποιοῦσιν ✷ σάρκα ✷ καὶ αἷμα οἵτινες ἀποθνήσκουσιν καὶ ἀπόλλυνται. διὰ  
Hen.   15    8  οἱ γίγαντες οἱ γεννηθέντες ἀπὸ τῶν πνευμάτων καὶ ✷ σαρκὸς ✷ πνεύματα ἰσχυρὰ ἐπὶ τῆς γῆς καὶ ἐν τῇ γῇ ἡ  
Hen.   15Β   8  νῦν οἱ γίγαντες οἱ γεννηθέντες ἀπὸ πνευμάτων καὶ ✷ σαρκὸς ✷ πνεύματα πονηρὰ ἐπὶ τῆς γῆς καλέσουσιν αὐτοὺς ὅτι  
Hen.   15Β   9  τὰ πνεύματα ἐξεληλυθότα ἀπὸ τοῦ σώματος τῆς ✷ σαρκὸς ✷ αὐτῶν διότι ἀπὸ τῶν ἀνθρώπων ἐγένοντο καὶ ἐκ τῶν  
Hen.   16    1  ἀφʹ ὧν τὰ πνεύματα ἐκπορευόμενα ἐκ τῆς ψυχῆς τῆς ✷ σαρκὸς ✷ αὐτῶν ἔσται ἀφανίζοντα χωρὶς κρίσεως οὕτως  
Hen.   16Β   1  τὰ ἐκπορευόμενα ἀπὸ τῆς ψυχῆς αὐτῶν ὡς ἐκ τῆς ✷ σαρκὸς ✷ ἔσονται ἀφανίζοντα χωρὶς κρίσεως οὕτως ἀφανίσουσι  
Hen.   17    6  μεγάλου σκότους κατηνύησα καὶ ἀπῆλθον ὅπου πᾶσα ✷ σάρξ ✷ οὐ περιπατεῖ. ἴδον τοὺς ἀνέμους τῶν γνόφων τοὺς  
Hen.   25    4  ἀγαθῷ. καὶ τοῦτο τὸ δένδρον εὐωδίας καὶ οὐδεμία ✷ σάρξ ✷ ἐξουσίαν ἔχει ἀφασθαι αὐτοῦ μέχρι τῆς μεγάλης  
Hen.  102    5  εἰς ᾅδου μετὰ λύπης καὶ οὐκ ἀπηντήθη τῷ σώματι τῆς ✷ σαρκὸς ✷ ὑμῶν ἐν τῇ ζωῇ ὑμῶν κατὰ τὴν ὁσιότητα ὑμῶν ἐπεὶ  
Abr.1  20    5  μου καὶ ἡ ἰσχύς μου ἐκλείπει πάντα δὲ ἡ μέλη τῆς ✷ σαρκός ✷ μου καὶ ὅση δίκην μολύβδου βάρος μοι φαίνονται καὶ τὸ  
Abr.2   7  17  πληρωθῶσιν ἑξακισχίλια ἔτη ἐν ᾧ ἐγερθήσεται πᾶσα ✷ σάρξ ✷ νῦν οὖν Ἀβραὰμ διάθου περὶ τῶν παίδων σου  
Abr.2  13    7  οὐκ εἰμὶ ἄξιός σου σὺ γὰρ ὑψηλὸν πνεῦμα εἶ ἐγὼ δὲ ✷ σάρξ ✷ εἰμι καὶ αἷμα διὰ τοῦτο οὐ δύναμαι βαστάσαι τὴν  
TSim.   6    2  ἀνθϊεται τὰ ὀστᾶ μου ἐν Ἰσραὴλ καὶ ὡς κρίνον ἡ ✷ σάρξ ✷ μου ἐν Ἰακὼβ καὶ ἔσται ἡ ὀσμὴ μου ὡς ὀσμὴ Λιβάνου  
TLevi  18 ΖΒ014  ἀπὸ πάσης ἀκαθαρσίας ἡ κρίσις σου μεγάλη ἀπὸ πάσης ✷ σαρκός. ✷ καὶ νῦν τὴν κρίσιν τῆς ἀληθείας ἀναγγελῶ σοι καὶ  
TLevi  18 ΖΒ052  παραλαμβάνῃς θυσίαν ποιεῖν ἔναντι κυρίου ἀπὸ πάσης ✷ σαρκός. ✷ κατὰ τὸν λογισμὸν τῶν ξύλων ἐπιδέχου οὕτως ὡς σοι  
TLevi  18 ΖΒ054  χεῖρας καὶ τοὺς πόδας νίπτου διὰ παντὸς ἀπὸ πάσης ✷ σαρκὸς ✷ καὶ μὴ ὀφθῇτε ἐπὶ τοῦ αἵματος καὶ πᾶσα ψυχὴ τὸ  
TLevi  18 ΖΒ055  αἷμα καὶ πᾶσα ψυχὴ τὸ γὰρ αἷμα ψυχή ἐστιν ἐν τῇ ✷ σαρκί. ✷ καὶ ὃ ἐὰν ἐν οἴκῳ +ουσης+ σεαυτοῦ πᾶν κρέας  
TJud.  18    4  καὶ πόνοις καὶ ἀφιστᾷ ὕπνον αὐτοῦ καὶ καταδαπανᾷ ✷ σάρκας ✷ αὐτοῦ καὶ θυσίας θεοῦ ἐμποδίζει καὶ εὐλογίας οὐ  
TJud.  19    2  ἐγὼ ἀπώλεσα τὰ τέκνα μου καὶ εἰ μὴ ἡ μετάνοια ✷ σαρκός ✷ μου καὶ αἱ ταπεινώσεις ψυχῆς μου καὶ αἱ εὐχαὶ  
TJud.  19    4  ὁ ἄρχων τῆς πλάνης καὶ ἠγνόησα ὡς ἄνθρωπος καὶ ὡς ✷ σάρξ ✷ ἐν ἁμαρτίαις φθαρεὶς καὶ ἐπέγνων τὴν ἐμαυτοῦ  
TJud.  21    8  οἴκους ἀγρούς ποιμνία χρήματα ἁρπάσουσι καὶ πολλῶν ✷ σάρκας ✷ ἀδίκως κόρακας καὶ ἴβεις χορτάσουσι καὶ  
TJud.  24    1  θεοῦ ὑψίστου καὶ αὕτη ἡ πηγὴ εἰς ζωὴν πάσης ✷ σαρκός. ✷ τότε ἀναλάμψει σκῆπτρον βασιλείας μου καὶ ἀπὸ  
TZab.   9    7  λογιζόμενος κακίαν τοῖς υἱοῖς τῶν ἀνθρώπων διότι ✷ σάρξ ✷ εἰσι καὶ τὰ πνεύματα τῆς πλάνης ἀπατᾷ αὐτοὺς ἐπὶ  
TGad.   7    2  πλεῖον ὑψοῦται μὴ φθονεῖτε μνημονεύοντες ὅτι πᾶσα ✷ σάρξ ✷ ἀποθανεῖται κυρίῳ δὲ ὕμνον προσφέρετε τῷ παρέχοντι  
TBen.  10    8  τῆς εἰς αὐτῶν ἀδικίας τὸ παραγενόμενον θεὸν ἐν ✷ σαρκὶ ✷ ἐλευθερώσει αὐτοὺς οὐκ ἐπίστευσαν. καὶ τότε κρινεῖ πάντα  
Asen.  16  16  χρίματι ἀφθαρσίας. ἰδοὺ δὴ ἀπὸ τῆς σήμερον αἱ ✷ σάρκες ✷ σου βρύουσιν ὡς ἄνθη ζωῆς ἀπὸ τῆς γῆς τοῦ ὑψίστου  
Sal.    4    6  θεὸς τοὺς ἐν ὑποκρίσει ζῶντας μετὰ ὁσίων ἐν φθορᾷ ✷ σαρκὸς ✷ αὐτοῦ καὶ πενίᾳ τὴν ζωὴν αὐτοῦ ἀνακαλύψαι ὁ θεὸς  
Sal.    4  19  τὸ γῆρας αὐτοῦ εἰς ἀνάλημψιν. σκορπισθείησαν ✷ σάρκες ✷ ἀνθρωπαρέσκων ὑπὸ θηρίων καὶ ὀστᾶ παρανόμων  
Sal.   13    3  αὐτοῖς πονηρὰ ἐν τοῖς ὀδοῦσιν αὐτῶν ἐτίλλοσαν ✷ σάρκας ✷ αὐτῶν καὶ ταῖς μύλαις ἔθλων ὀστᾶ αὐτῶν καὶ ἐκ  
Sal.   16  14  ψυχὴν ἐν χειρὶ σαπρίας αὐτοῦ ἡ δοκιμασία σου ἐν ✷ σαρκὶ ✷ αὐτοῦ καὶ ἐν θλίψει πενίας ἐν τῷ ὑπομεῖναι δίκαιον  
Jer.    6    4  ἀλλὰ στάζουσι τοῦ γάλακτος. οὕτως γίνεταί σοι ἡ ✷ σάρξ ✷ μου ἐὰν ποιήσῃς τὰ προσταχθέντα σου ὑπὸ τοῦ ἀγγέλου  
Bar.    4  10  θεὸς τὸν κατακλυσμὸν ἐπὶ τῆς γῆς καὶ ἀπώλεσε πᾶσα ✷ σάρκα ✷ καὶ τὰς τετρακοσίας ἐννέα χιλιάδας τῶν γιγάντων  
Esdr.   3    1  δικάζεσθαι. καὶ εἶπεν ὁ προφήτης κύριε οἶδας ὅτι ✷ σάρκα ✷ φορῶ ἀνθρωπίνην καὶ πῶς δύναμαι ἀριθμῆσαι τοὺς  
Esdr.   4    4  εἶπεν ὁ προφήτης κύριε ἐγὼ οὐ δύναμαι ἐξαριθμῆσαι ✷ ἀνθρωπίνην σὰρ ἀλλʹ ✷ οὐδὲ παύσομαι δικαζόμενός σε.  
Esdr.   7    7  ἄρας τὸν προφήτην Ἠλίαν ὁ διδοὺς τροφὴν πάσῃ ✷ σαρκὶ ✷ ὃν πάντα φρίσσει καὶ τρέμει ἀπὸ προσώπου δυνάμεως  
Job   13    5  κατηρῶντό μοι λέγοντες τίς ἂν δῴη ἡμῖν ἐκ τῶν ✷ σαρκῶν ✷ αὐτοῦ ἐμπλησθῆναι; λίαν μου χρηστοῦ ὄντος. εἶχον  
Aris.   92    6  δὲ σεμίδαλιν οἱ δὲ τὰ τῶν ἀρωμάτων ἕτεροι τὰ τῆς ✷ σαρκὸς ✷ ὁλοκαυτοῦντες ἰσχὺν διαφερόντως συγχρώμενοι  
Sib.    3  645  ἔσονται καὶ τῶν μὲν γῦπές τε καὶ ἄγρια θηρία γαίης ✷ σάρκας ✷ δηλήσονται ἐπὰν δὴ ταῦτα τελεσθῇ λείψανα γαῖα

Slb. 3 697 γαῖα καὶ αὐτὴ αἵματος ὀλλυμένων κορέσονται θηρία * σαρκῶν. * αὐτός μοι τάδε πάντα θεὸς μέγας ἀέναός τε εἶπε
Slb. 5 224 μεγάλως ἑτέροις δώσειε πάσασθαι ὥστε φαγεῖν * σάρκας * γονέων βασιλῆος ἀνάγνου. πᾶσι γὰρ ἀνθρώποισι
Slb. 5 473 ὠκεανός τε κακοῦ πλησθήσεται ἐκ πολέμοιο αἱματόεις * σάρκας * τε καὶ αἵματα τῶν ἀνοήτων. εἶθ' οὕτως ὀλιγηπελίη
IOrp. 23 θνητοῖς θνηταὶ κόραι εἰσὶν ἐν ὅσσοις μικραὶ ἐπεὶ * σάρκες * τε καὶ ὀστέα ἐμπεφύασιν ἀσθενέες δ' ἰδέειν Δία
LThe. 9 22 7 αὐτὸς ἀπ' οὐρανόθεν κάλεσ' ἀνέρα παντὶ σὺν οἴκῳ * σάρκ' * ἀποσυλῆσαι πόσθης ἄπο καί ῥ' ἐτέλεσσεν ἀστεμφὲς δὲ
FrAn. 1 227 31 Ρουβη<ν - - δο>υλευων υμιν μη< - - >μη οργιζεσθαι * σαρξ< * - - >ως αφρονουντα κα< >μους δε του< - - >εστιν

Σάρρα 30
Abr.1 3 5 ἰδὼν Ἰσαὰκ τὴν πρόσοψιν τοῦ ἀγγέλου εἶπεν πρὸς * Σάρραν * τὴν μητέρα αὐτοῦ κυρία μου μήτηρ ἰδοὺ ὁ ἄνθρωπος
Abr.1 5 11 ἀρχιστράτηγος αὐτοὺς κλαίοντας ἔκλαυσε καὶ αὐτός. * Σάρρα * δὲ ὑπάρχουσα ἐν τῇ σκηνῇ αὐτῆς ἤκουσε τοῦ κλαυθμοῦ
Abr.1 5 14 πενθεῖται; προλαβὼν δὲ ὁ ἀρχιστράτηγος εἶπε πρὸς * Σάρρα * ἀδελφὴ Σάρρα οὐκ ἔστιν οὕτως ὃ σὺ λέγεις ἀλλ' ὁ
Abr.1 5 14 προλαβὼν δὲ ὁ ἀρχιστράτηγος εἶπε πρὸς Σάρρα ἀδελφὴ * Σάρρα * οὐκ ἔστιν οὕτως ὃ σὺ λέγεις ἀλλ' ὁ υἱός σου Ἰσαὰκ
Abr.1 6 1 τὰ σπλάγχνα κινηθέντες ἐκλαύσαμεν. ἀκούσασα δὲ * Σάρρα * τὴν διαφορὰν τῆς ὁμιλίας τοῦ ἀρχιστρατήγου εὐθέως
Abr.1 6 2 ὅτι ἄγγελος κυρίου ἦν ὁ λαλῶν. συννεύει οὖν * Σάρρα * τὸν Ἀβραὰμ τὰ πρὸς τὴν θύραν ἔξω ἐλθεῖν καὶ λέγει
Abr.1 6 4 ὁ ἀνήρ; εἶπεν δὲ Ἀβραὰμ οὐ γινώσκω. εἶπεν δὲ * Σάρρα * εἶδες κύριέ μου τοὺς τρεῖς ἄνδρας τοὺς ἐπουρανίους
Abr.1 6 6 οὗτός ἐστιν ὁ εἷς ἐξ αὐτῶν. εἶπεν δὲ Ἀβραὰμ ὦ * Σάρρα * τοῦτο ἀληθὲς εἴρηκας δόξα καὶ εἰρήνη παρὰ θεοῦ καὶ
Abr.1 6 7 καὶ ἐκβαλὼν ἐκ τοῦ κόλπου αὐτοῦ δέδωκεν αὐτὰ τῇ * Σάρρᾳ * λέγων εἰ ἀπιστεῖς μοι θέασον ταῦτα. λαβοῦσα δὲ
Abr.1 6 8 εἰ ἀπιστεῖς μοι θέασον ταῦτα. λαβοῦσα δὲ αὐτὰ ἡ * Σάρρα * προσεκύνησεν καὶ ἠσπάζετο ταῦτα ⟨καὶ εἶπε⟩ δόξα τῷ
Abr.1 7 1 τε ἀγαθὸν κἄν τε πονηρόν. καταλιπὼν δὲ Ἀβραὰμ τὴν * Σάρραν * εἰσῆλθεν ἐν τῷ τρικλίνῳ καὶ εἶπε πρὸς Ἰσαὰκ
Abr.1 7 8 εἶ ὁ πατὴρ αὐτοῦ καὶ ἡ σελήνη ὁμοίως ἡ μήτηρ αὐτοῦ * Σάρρα * ὑπάρχουσα ὁ δὲ ⟨ἀνὴρ ὁ⟩ φωτοφόρος ἐκ τοῦ οὐρανοῦ
Abr.1 8 6 καὶ ὡς τοὺς ἀστέρας τοῦ οὐρανοῦ ὁ διαλύσας μήτραν * Σάρρας * τῆς στειρώσεως καὶ χαρισάμενός σοι καρπὸν κοιλίας
Abr.1 15 4 αὐτοῦ ἐκάθισεν ⟨ἐπὶ τῆς κλίνης αὐτοῦ⟩. ἦλθεν δὲ * Σάρρα * ἡ γυνὴ αὐτοῦ καὶ περιεπλάκη τοῖς ποσὶν τοῦ
Abr.1 15 6 πρὸς Ἀβραὰμ ἄκουσον δικαιώτατε ἰδοὺ ἡ γυνή σου * Σάρρα * ἰδοὺ καὶ ὁ υἱός σου ὁ ἠγαπημένος ἰδοὺ δὴ πάντες οἱ
Abr.1 20 6 ἔπεσεν ἐπὶ τὸ στῆθος αὐτοῦ ⟨κλαίων ἦλθε δὲ καὶ ἡ * Σάρρα * ἡ γυνὴ αὐτοῦ καὶ⟩ περιεπλάκη τοῖς ποσὶν τοῦ
Abr.2 4 1 ἐπὶ τῆς λεκάνης καὶ ἐγένοντο λίθος. ἤκουσε δὲ * Σάρρα * τοὺς κλαυθμοὺς αὐτῶν οὖσα ἐν τῇ σκηνῇ καὶ
Abr.2 4 3 ἐπιβαρὴς γένῃ τῷ ξένῳ τούτῳ ἀνθρώπῳ. ἀνεχώρησεν δὲ * Σάρρα * ὡς ἤμελλεν ἑτοιμάζειν τὸ ἄριστον. ἤγγισεν δὲ ὁ
Abr.2 6 4 Μιχαὴλ καὶ συνέκλαυσεν αὐτοῖς ἤκουσεν δὲ καὶ ἡ * Σάρρα * ἐν τῇ σκηνῇ αὐτῆς καὶ ἀνέστη καὶ ἦλθεν πρὸς τὴν
Abr.2 6 6 συνέβη ἐφ' ἡμᾶς⟩; ἀπεκρίθη Μιχαὴλ καὶ εἶπεν οὐχὶ * Σάρρα * ἡ τοῖς δικαίοις ὑπηρετοῦσα οὐκ ἤνεγκα φάσιν περὶ
Abr.2 6 6 οὐκ ἤνεγκα φάσιν περὶ Λὼτ καὶ ὡς ἤκουσεν * Σάρρα * λαλοῦντος τοῦ Μιχαὴλ ἔγνω τὴν διαφορὰν τῆς ὁμιλίας
Abr.2 6 7 ἐπὶ τῆς γῆς ὅτι ἔνδοξος ἦν ἡ φωνὴ αὐτοῦ καὶ εἶπεν * Σάρρα * τῷ Ἀβραὰμ πῶς ἐτόλμησας κλαῦσαι εἰσελθόντος τοῦ
Abr.2 6 10 ὅτι ὁ ἄνθρωπος οὗτος τοῦ θεοῦ ἐστιν; ἀπεκρίθη * Σάρρα * καὶ εἶπεν ἦ ἄρα ὅτι παραφρενοῦσα λέγω ὅτι εἷς
Abr.2 6 12 τῷ οἴκῳ ἡμῶν. καὶ ἀπεκρίθη αὐτῇ Ἀβραὰμ καλῶς κυρὰ * Σάρρα * ἐνόησας ὅτι κἀγὼ τοὺς πόδας αὐτῶν ἔπλυνα καὶ
Abr.2 12 15 τὸν Ἀβραὰμ ἐπὶ τὴν γῆν. ἐγένετο δὲ ἡνίκα ἀπέθανεν * Σάρρα * ἔθαψεν αὐτὴν Ἀβραάμ. ὅτε δὲ ἤγγισαν αἱ ἡμέραι τοῦ
TLevi 2 3B015 σὺ κύριε εὐλόγησας τὸν Ἀβραὰμ πατέρα μου καὶ * Σάρραν * μητέρα μου καὶ εἶπας δοῦναι αὐτοῖς σπέρμα δίκαιον
TLevi 6 8 θεοῦ ἦν εἰς κακὰ ἐπὶ Σίκιμα διότι ἤθελον τὴν * Σάρραν * ποιῆσαι ὃν τρόπον ἐποίησαν Δῖναν τὴν ἀδελφὴν ἡμῶν
Asen. 1 5 ὁμοία ταῖς θυγατράσι τῶν Ἑβραίων καὶ ἦν μεγάλη ὡς * Σάρρα * καὶ ὡραία ὡς Ῥεβέκκα καὶ καλὴ ὡς Ῥαχήλ. καὶ ἦν
Prop. 3 4 Χεβρῶν πρὸς τὴν ὁμοιότητα αὐτοῦ ἐποίησε τὸν τάφον * Σάρρας. * διπλοῦν δὲ λέγεται ὅτι εἰλικτόν ἐστι καὶ
FJub. 12 9 ἐλλάμψεως ἠξιώθη ἔτι διατρίβων ἐν τῇ πατρίδι. * Σαρα * θυγάτηρ ἦν τοῦ Αρραν ἀδελφὴ τῆς Μελχας καὶ τοῦ Λωτ.

σαρράν * 1
Hen. 31 1 καὶ ἐκπορευόμενον ἐξ αὐτῶν νέκταρ τὸ καλούμενον * σαρρὰν * καὶ χαλβάνη. καὶ ἐπέκεινα τῶν ὀρέων τούτων ἴδον

Σατανᾶς 24
Adam 17 1 ὅτε ἀνῆλθον οἱ ἄγγελοι τοῦ θεοῦ προσκυνῆσαι τότε ὁ * Σατανᾶς * ἐγένετο ἐν εἴδει ἀγγέλου καὶ ὑμνεῖ τὸν θεὸν
TLevi 2 3B010 σου μετ' ἐμοῦ κύριε καὶ μὴ κατισχυσάτω με πᾶς * σατανᾶς * πλανῆσαί με ἀπὸ τῆς ὁδοῦ σου. καὶ ἐλέησόν με καὶ
TDan 3 6 τοῦτο τὸ πνεῦμα ἀεὶ μετὰ τοῦ ψεύδους ἐκ δεξιῶν τοῦ * σατανᾶ * πορεύεται ἵνα ἐν ὠμότητι καὶ ψεύδει γίνωνται αἱ
TDan 5 6 βίβλῳ Ἐνὼχ τοῦ δικαίου ὅτι ὁ ἄρχων ὑμῶν ἐστιν ὁ * σατανᾶς * καὶ ὅτι πάντα τὰ πνεύματα τῆς πορνείας καὶ τῆς
TDan 6 1 τὸν κύριον τέκνα μου καὶ προσέχετε ἑαυτοῖς ἀπὸ τοῦ * σατανᾶ * καὶ τῶν πνευμάτων αὐτοῦ. ἐγγίζετε δὲ τῷ θεῷ καὶ
TGad 4 7 πνεῦμα τοῦ μίσους διὰ τῆς ὀλιγοψυχίας συνεργεῖ τῷ * σατανᾷ * ἐν πᾶσιν εἰς θάνατον τῶν ἀνθρώπων τὸ δὲ πνεῦμα
TAser 6 4 αὐτῶν γνωρίζοντες τοὺς ἀγγέλους κυρίου καὶ τοῦ * σατανᾶ. * ἐὰν γὰρ τεταραγμένη ἡ ψυχὴ ἀπέρχεται βασανίζεται
Job 3 6 ἐλθών, δέομαί σου, εἴπερ οὗτός ἐστιν ὁ τόπος τοῦ * Σατανᾶ * ἐν ᾧ ἀπατηθήσονται οἱ ἄνθρωποι, δός μοι ἐξουσίαν
Job 4 4 κύριος ἐὰν ἐπιχειρήσεις καθαρίσαι τὸν τόπον τοῦ * Σατανᾶ, * ἐπαναστήσεταί σοι μετὰ ὀργῆς εἰς πόλεμον. μόνον
Job 6 4 ἀναγκαίου ἔνδον ἐστίν. καὶ ἐμοῦ ἔνδον ὄντος, ὁ * Σατανᾶς * μετασχηματισθεὶς εἰς ἐπαίτην ἔκρουσεν τὴν θύραν
Job 7 1 παρ' ἐμοῦ δηλῶσαι μὴ σχολάζειν με νῦν. ὁ δὲ * Σατανᾶς * ἀκούσας ἀπῆλθεν καὶ ἐπέθετο τοῖς ὤμοις ἀσσάλιον,
Job 7 6 σποδοειδῆν ἄρτον, ἐπεὶ μὴ ἔγνωκεν εἶναι αὐτὸν τὸν * Σατανᾶν, * ἧρεν ἐκ τῶν ἑαυτῆς ἕνα ἄρτον καλὸν καὶ ἔδωκεν
Job 7 12 τῷ αἰτήσαντι ἐχθρῷ οὐδὲν παρέσχον. ταῦτα ἀκούσας ὁ * Σατανᾶς * ἀντέπεμψέν μοι τὴν παῖδα λέγων ὅτι ὡς ὁλόκαυστός
Job 16 2 μοι, εἶτα μετὰ τὸ εἰληφέναι τὴν ἐξουσίαν τὸν * Σατανᾶν, * τότε λοιπὸν ἀνηλεῶς κατῆλθεν καὶ ἐφλόγισεν τὰς
Job 20 1 τῶν οὖν ὑπαρχόντων μοι πάντων ἀπολομένων ἔμαθεν ὁ * Σατανᾶς * ὅτι οὐδὲν δύναταί με εἰς ὀλιγωρίαν τρέψαι καὶ
Job 23 1 ἕως ἂν προσενέγκῃ μοι καὶ φάγομαι. καὶ ὁ * Σατανᾶς * τοῦτο γνοὺς μετεσχηματίσθη εἰς πράτην καὶ
Job 23 3 ἄρτον, νομίζουσα εἶναι αὐτὸν ἄνθρωπον. καὶ ὁ * Σατανᾶς * ἔλεγεν αὐτῇ παράσχου τὸ τίμημα καὶ λάβε ὃ
Job 23 11 ἡ δὲ λαβοῦσα ἦλθεν καὶ προσφέρει μοι καὶ ὁ * Σατανᾶς * ἠκολούθει αὐτῇ ἐν τῇ ὁδῷ περιπατῶν κεκρυμμένως,
Job 27 1 τὴν ἁπλότητα. ἐγὼ δὲ πάλιν στραφεὶς πρὸς τὸν * Σατανᾶν * εἶπον, ὄπισθεν ὄντα τῆς γυναικός μου ἐλθὲ ἐπὶ τὰ
Job 27 6 μου ἃ ἐπήγαγόν σοι. τότε καταισχυνθεὶς ὁ * Σατανᾶς * ἀνεχώρησεν ἀπ' ἐμοῦ ἐν τρισὶν ἔτεσιν. νῦν οὖν
Job 41 5 οὐχ ὑπάρχουσαν. τότε Ελιους ἐμπνευσθεὶς ἐν τῷ * Σατανᾷ * ἐξεῖπέν μοι λόγους θρασεῖς, οἵτινες
FIsa. 1 9 τοῦ υἱοῦ σου βασάνοις ἀπαλλαγήσομαι. κατοικήσει ὁ * Σατανᾶς * ἐν ⟨καρδίᾳ⟩ Μανασσῆ πρισθήσομαι ὑπ' αὐτοῦ πρίωνι
FIsa. 1 11 σεαυτὸν οὐδὲν ⟨δεῖ⟩ πληρωθῆναι τὴν βουλὴν τοῦ * σατανᾶ * ἐν τῷ Μανασσῇ. ἐν ἐκείνῃ δὲ τῇ ὥρᾳ διελογίζετο
FIsa. 3 2 καὶ ἀφῆκεν τὴν λατρείαν τοῦ θεοῦ καὶ ἐλάτρευσεν τῷ * σατανᾷ * καὶ τοῖς ἀγγέλοις αὐτοῦ καὶ ταῖς δυνάμεσιν αὐτοῦ.

σάτον 12
TLevi 18 2B037 ἁλῖσαι τὸ κρέας αὐτοῦ καὶ ἀνένεγκε ἐπὶ τὸν βωμόν. * σάτον * καθήκει τῷ ταύρῳ καὶ ᾧ ἂν περισσεύσῃ τοῦ ἁλὸς
TLevi 18 2B038 τῷ δευτέρῳ τὰ πέντε μέρη ἀπὸ τῶν ἓξ μερῶν τοῦ * σάτου * καὶ τοῦ μόσχου τὸ δίμοιρον τοῦ σάτου καὶ τῷ κριῷ
TLevi 18 2B038 ἓξ μερῶν τοῦ σάτου καὶ τοῦ μόσχου τὸ δίμοιρον τοῦ * σάτου * καὶ τῷ κριῷ τὸ ἥμισυ τοῦ σάτου καὶ τῷ τράγῳ τὸ
TLevi 18 2B039 τὸ δίμοιρον τοῦ σάτου καὶ τῷ κριῷ τὸ ἥμισυ τοῦ * σάτου * καὶ τῷ τράγῳ τὸ ἴσον καὶ τῷ ἀρνίῳ καὶ τῷ ἐρίφῳ τὸ
TLevi 18 2B040 τὸ ἴσον καὶ τῷ ἀρνίῳ καὶ τῷ ἐρίφῳ τὸ τρίτον τοῦ * σάτου * καὶ σεμίδαλις καθήκουσα αὐτοῖς τῷ ταύρῳ τῷ μεγάλῳ
TLevi 18 2B041 ταύρῳ τῷ μεγάλῳ καὶ τῷ ταύρῳ τῷ β' καὶ τῷ μοσχαρίῳ * σάτον * σεμίδαλιν καὶ τῷ κριῷ καὶ τῷ τράγῳ τὰ δύο μέρη τοῦ
TLevi 18 2B042 σεμίδαλιν καὶ τῷ κριῷ καὶ τῷ τράγῳ τὰ δύο μέρη τοῦ * σάτου * καὶ τῷ ἀρνίῳ καὶ τῷ ἐρίφῳ ἐξ αἰγῶν τὸ τρίτον τοῦ
TLevi 18 2B042 καὶ τῷ ἀρνίῳ καὶ τῷ ἐρίφῳ ἐξ αἰγῶν τὸ τρίτον τοῦ * σάτου * καὶ τὸ ἔλαιον καὶ τὸ τέταρτον τοῦ σάτου τῷ ταύρῳ
TLevi 18 2B043 τρίτον τοῦ σάτου καὶ τὸ ἔλαιον καὶ τὸ τέταρτον τοῦ * σάτου * τῷ ταύρῳ ἀναπεποιημένον ἐν τῇ σεμιδάλει ταύτῃ καὶ
TLevi 18 2B044 ἐν τῇ σεμιδάλει ταύτῃ καὶ τῷ κριῷ τὸ ἕκτον τοῦ * σάτου * καὶ τῷ ἀρνίῳ τὸ ὄγδοον τοῦ σάτου καὶ ἀμνοῦ καὶ
TLevi 18 2B044 κριῷ τὸ ἕκτον τοῦ σάτου καὶ τῷ ἀρνίῳ τὸ ὄγδοον τοῦ * σάτου * καὶ ἀμνοῦ καὶ οἶνον κατὰ τὸ μέτρον τοῦ ἐλαίου τῷ
TLevi 18 2B046 αὐτὴν λιβάνου ὁλκὴ σίκλων δύο καὶ τὸ τρίτον τοῦ * σάτου * τὸ τρίτον τοῦ ὑφή ἐστιν καὶ τὰ δύο μέρη τοῦ βάτου

σατράπης 7
Asen. 1 3 ἄμμον τῆς θαλάσσης. καὶ ἦν ἀνὴρ ἐν τῇ πόλει ἐκείνῃ * σατράπης * τοῦ Φαραὼ καὶ οὗτος ἦν ἄρχων πάντων τῶν
Asen. 1 3 σατράπης τοῦ Φαραὼ καὶ οὗτος ἦν ἄρχων πάντων τῶν * σατραπῶν * καὶ τῶν μεγιστάνων τοῦ Φαραώ. καὶ ἦν ὁ ἀνὴρ
Asen. 1 6 αὐτὴν πάντες οἱ υἱοὶ τῶν μεγιστάνων καὶ υἱοὶ τῶν * σατραπῶν * καὶ υἱοὶ πάντων τῶν βασιλέων καὶ νεανίσκοι
Asen. 7 3 γυναῖκες καὶ αἱ θυγατέρες τῶν μεγιστάνων καὶ τῶν * σατραπῶν * πάσης γῆς Αἰγύπτου τοῦ κοιμηθῆναι μετ' αὐτοῦ
Asen. 20 8 αὔριον ἐγὼ καλέσω πάντας τοὺς μεγιστάνους καὶ τοὺς * σατράπας * πάσης γῆς Αἰγύπτου καὶ ποιήσω ὑμῖν γάμους καὶ
HHec. 1 22 191 πολλάκις ὑπὸ τῶν Περσικῶν βασιλέων καὶ * σατραπῶν * οὐ δύνανται μεταπεισθῆναι τῇ διανοίᾳ ἀλλὰ
HHec. 1 22 193 ἅπαντα ταῦτα κατέσκαπτον καὶ τῶν μὲν ζημίαν τοῖς * σατράπαις * ἐξέτινον περί τινων δὲ καὶ συγγνώμης

Σαυή 1
FJub. 4 9 ἑξήκοντα πέντε. ὁ μὲν Κάϊν τῇ ἀδελφῇ τῇ μείζονι * Σαυὴ * οὕτω καλουμένῃ. ὁ δὲ Σὴθ τρίτος υἱὸς μετὰ τὸν Ἄβελ

Σαυχαῖος 1
HAri. 9 25 4 Ἐλίφαν τὸν Θαιμανιτῶν βασιλέα καὶ Βαλδὰδ τὸν * Σαυχαίων * τύραννον καὶ Σωφὰρ τὸν Μινναίων βασιλέα ἐλθεῖν

σαφής 10
Aris. 1 5 περὶ ὧν ἀπεστάλημεν καὶ διά τί πεπείραμαι * σαφῶς * ἐκθέσθαι σοι κατειληφὼς ἣν ἔχεις φιλομαθῆ διάθεσιν
Aris. 76 5 ἔχουσαν ὥστε πᾶν τὸ προσαχθὲν ἀπαυγάζεσθαι * σαφέστερον * μᾶλλον ἢ ἐν τοῖς κατόπτροις. οὐκ ἐφικτὸν δ'
Aris. 153 3 πάντα γὰρ ὅσα διχηλεῖ καὶ μηρυκισμὸν ἀνάγει * σαφῶς * τοῖς νοοῦσιν ἐκτίθεται τὸ τῆς μνήμης. ἡ γὰρ
Aris. 159 2 χειρῶν δὲ διαρρήδην τὸ σημεῖον κελεύει περιῆφθαι * σαφῶς * ἀποδεικνὺς ὅτι πᾶσαν ἐνέργειαν μετὰ δικαιοσύνης
Aris. 189 5 καλῶς τὰ ἕκαστα πράξει διαλαμβάνων ὅτι πᾶν ἐννόημα * σαφές * ἐστι θεῷ καταρχὴν δὲ θείου φόβου λαμβάνων ἐν
Aris. 314 5 τριάκοντα κατὰ δὲ τὴν ἄνεσιν ἐξιλάσκεσθαι τὸν θεὸν * σαφὲς * αὐτῷ γενέσθαι τίνος χάριν τὸ συμβαῖνόν ἐστι. δι'
LAri. 8 10 12 τὴν ἐνέργειαν τοῦ θεοῦ. κατάβασις γὰρ αὕτη * σαφής * ἐστι καὶ περὶ τούτων οὖν οὕτως ἄν τις ἐξηγήσαιτο
LAri. 8 10 17 ἀλλὰ θείᾳ κατασκευῇ γινομένων ἁπάντων ὥστε * σαφὲς * εἶναι διὰ ταῦτα τὴν κατάβασιν τὴν θείαν γεγονέναι
LAri. 13 12 7 ὧραι καὶ φυτὰ γυρῶσαι καὶ σπέρματα πάντα βαλέσθαι. * σαφῶς * οἴομαι δεδεῖχθαι διότι διὰ πάντων ἐστὶν ἡ δύναμις
LAri. 13 12 11 συνεχῶς ἀτάραχοι καταστήσονται δι' ὅλου τοῦ βίου. * σαφέστερον * δὲ καὶ κάλλιον τῶν ἡμετέρων προγόνων τις εἶπε

σβέννυμι 4
TLevi 4 1 ἀνθρώπων ὅτι τῶν πετρῶν σχιζομένων καὶ τοῦ ἡλίου * σβεννυμένου * καὶ τῶν ὑδάτων ξηραινομένων καὶ τοῦ πυρὸς
Job 43 5 οὐχ ἕξει ἐν τοῖς ζῶσιν. καὶ ὁ λύχνος αὐτοῦ * σβεσθεὶς * ἠφάνισεν τὸ φέγγος αὐτοῦ, ἡ δὲ τῆς λαμπάδος

```
Sib.    5   397    ὕλης παρθενικαὶ κοῦραι πῦρ ἔνθεον ὡρήσουσιν.   ✳ ἔσβεσται ✳   παρὰ σεῖο πάλαι πεποθημένος οἶκος ἡνίκα
FJub.   12  14     πατρὸς αὐτοῦ καὶ συγκατεκαύθη αὐτοῖς Ἀρρὰν θέλων  ✳ σβέσαι ✳    τὸ πῦρ ἐν νυκτί. καὶ ἐξῆλθε Θαρὰ σὺν Ἀβραὰμ τοῦ
```

σεαυτοῦ    24

```
Hen.    10   2     υἱὸν Λάμεχ εἶπον αὐτῷ ἐπὶ τῷ ἐμῷ ὀνόματι κρύψον  ✳ σεαυτῷ ✳    καὶ δήλωσον αὐτῷ τέλος ἐπερχόμενον ὅτι ἡ γῆ
Hen.    10B  2     πρὸς τὸν Νῶε καὶ εἶπον αὐτῷ τῷ ἐμῷ ὀνόματι κρύψον  ✳ σεαυτῷ ✳   καὶ δήλωσον αὐτῷ τέλος ἐπερχόμενον ὅτι ἡ γῆ
TLevi   9    10    διὰ τοῦ σπέρματός σου μιαίνειν τὰ ἅγια. λάβε οὖν  ✳ σεαυτῷ ✳    γυναῖκα ἔτι νέος ὢν μὴ ἔχουσαν μῶμον μηδὲ
TLevi   18  2B014  τὴν κρίσιν ἱερωσύνης καὶ εἶπεν τέκνον Λευὶ πρόσεχε  ✳ σεαυτῷ ✳  ἀπὸ πάσης ἀκαθαρσίας ἡ κρίσις σου μεγάλη ἀπὸ
TLevi   18  2B016  οὐ μὴ κρύψω ἀπὸ σου πᾶν ῥῆμα. διδάξω σε πρόσεχε  ✳ σεαυτῷ ✳    ἀπὸ παντὸς συνουσιασμοῦ καὶ ἀπὸ πάσης ἀκαθαρσίας
TLevi   18  2B017  πάσης πορνείας. σὺ +πρῶτος+ ἀπὸ τοῦ σπέρματος λάβε  ✳ σεαυτῷ ✳  καὶ μὴ βεβηλώσῃς τὸ σπέρμα σου μετὰ +πολλῶν+ ἐκ
TLevi   18  2B056  ψυχή ἐστιν ἐν τῇ σαρκί. καὶ ὃ ἐὰν ἐν οἴκῳ +οὔσης+  ✳ σεαυτῷ ✳  πᾶν κρέας φαγεῖν κάλυπτε τὸ αἷμα αὐτοῦ τῇ γῇ
TJos.   3    2     μοι κυριεύσεις μου καὶ πάντων τῶν ἐμῶν ἐὰν ἐπιδῷς  ✳ σεαυτὴν ✳   εἰς ἐμὲ καὶ ἔσῃ ὡς δεσπότης ἡμῶν. ἐγὼ οὖν
TJos.   7    5     ἐν ἁμαρτίαις τυφλώττουσα; μνήσθητι ὅτι ἐὰν ἀνέλῃς  ✳ σεαυτήν ✳   ἡ Σηθὼν ἡ παλλακὴ τοῦ ἀνδρός σου ἡ ἀντίζηλός σου
TJos.   15   2     μου πενθεῖ περὶ ἐμοῦ εἶπον πρός με τί ὅτι εἶπας  ✳ σεαυτῷ ✳     δοῦλον εἶναι; καὶ ἰδοὺ ἔγνωμεν ὅτι υἱὸς εἶ
Asen.   1    9     αὕτη ἐστὶ βασίλισσα καὶ καλὴ σφόδρα; ταύτην λαβὲ  ✳ σεαυτῷ ✳     εἰς γυναῖκα. καὶ ἦν Ἀσενὲθ ἐξουθενοῦσα καὶ
Asen.   15   10    τὸν κόσμον τοῦ γάμου σου περίθου καὶ κατακόσμησον  ✳ σεαυτὴν ✳   ὡς νύμφην ἀγαθὴν καὶ πορεύου εἰς συνάντησιν τῷ
Jer.    6    3     ὁ παρέχων μισθαποδοσίαν τοῖς ἀγαπῶσί σε. ἑτοίμασον  ✳ σεαυτὴν ✳  ἡ καρδία μου καὶ εὐφραίνου καὶ ἀγάλλου ἐν τῷ
Aris.   191  4     γένοιο τῷ λόγῳ καὶ μηδὲν ὑπερηφάνως μηδὲ τῇ περὶ  ✳ σεαυτὸν ✳   ἰσχύϊ πράσσοις κατὰ τῶν ἁμαρτανόντων. τοῦτο δὲ
Aris.   207  3     διδαχῇ; ὁ δὲ (ἕτερος) ἀπεφήνατο καθὼς οὐ βούλει  ✳ σεαυτῷ ✳     τὰ κακὰ παρεῖναι μέτοχος δὲ τῶν ἀγαθῶν ὑπάρχειν
Aris.   218  2     πράσσοιμεν; ὁ δὲ εἶπεν ἐπίβλεπε διὰ παντὸς εἰς τὴν  ✳ σεαυτοῦ ✳  δόξαν καὶ τὴν ὑπεροχὴν ἵνα τούτοις ἀκόλουθα καὶ
Aris.   279  5     καθὼς σὺ τοῦτο πράσσων ἀέναον μνήμην καταβέβλησαι  ✳ σεαυτῷ ✳   θείῳ προστάγματι κατακολουθῶν. εἰπὼν δὲ καὶ
Aris.   281  7     πᾶσι καὶ σὺ τοῦτον μιμούμενος εὐεργετεῖς τοὺς ὑπὸ  ✳ σεαυτόν. ✳  ὁ δὲ ἀποκεκρίσθαι φήσας αὐτὸν εὖ ἄλλου ἠρώτα
Aris.   292  5     ἀδικίαν δίκαιος δὲ πάντα κυβερνῶν ἀέναον τὴν παρ'  ✳ σεαυτῷ ✳    δόξαν κατεσκεύασας τοῦ θεοῦ σοι διδόντος ἔχειν
FIsa.   1    11    πρόσωπον αὐτοῦ. καὶ εἶπεν Ἡσαΐας οὐκ ὠφελήσεις  ✳ σεαυτὸν ✳    οὐδὲν ⟨δεῖ⟩ πληρωθῆναι τὴν βουλὴν τοῦ σατανᾶ ἐν
FAch.   107        ἐπ' ἐμαυτὸν θησαυρίζω κακά. ὁ δὲ βασιλεὺς εἶπεν τί  ✳ σεαυτῷ ✳   σύνοιδας; ὁ δὲ εἶπεν Αἴσωπος ζῇ. ἐξ ἀνελπίστου δὲ
FAch.   107        ἔφη πρὸς τὸν Ἕρμιππον ὄφελον ἠδυνάμην ἣν λέγεις  ✳ σεαυτοῦ ✳   ἐσχάτην ἡμέραν αἰῶνα ποιῆσαι ἐὰν ἀληθεύσῃ ὅτι
FAch.   115        καὶ ἀμίαντος ὑπάρχεις οὕτως καὶ σὺ καθαρὸν  ✳ σεαυτὸν ✳         τοῖς ἀνθρώποις τοῖς βουλομένοις κατοπτεύειν
IEsc.   5 131  2   χώριζε θνητῶν τὸν θεὸν καὶ μὴ δόκει ὅμοιον  ✳ σαυτῷ ✳           σάρκινον καθεστάναι. οὐκ οἶσθα δ' αὐτόν ποτέ μὲν
```

σεβάζομαι (-ω)    4

```
Asen.   11   8     ἀλλοτρίους. διὰ τοῦτο κἀμὲ μεμίσηκε διότι κἀγὼ  ✳ ἐσεβάσθην ✳    εἴδωλα νεκρὰ καὶ κωφὰ καὶ εὐλόγησα αὐτὰ καὶ
Asen.   12   5     κύριε ἐνώπιόν σου πολλὰ ἥμαρτον ἐν ἀγνοίᾳ καὶ  ✳ ἐσεβάσθην ✳     εἴδωλα νεκρὰ καὶ κωφά. καὶ νῦν οὐκ εἰμὶ ἀξία
Sib.    3    722   τριβου πεπλανημένοι ἦμεν ἔργα δὲ χειροποίητα  ✳ σεβάσμεθα ✳     ἄφρονι θυμῷ εἴδωλα ξόανά τε καταφθιμένων
Sib.    5    405   τέκτων παρὰ τούτοις οὗ χρυσοῦ κόσμον ἀπάτην ψυχῶν  ✳ ἐσεβάσθη. ✳  ἀλλὰ μέγαν γενετῆρα θεὸν πάντων θεοπνεύστων ἐν
```

σέβας    1

```
Sib.    3    550   θεοῦ μεγάλοιο πρόσωπον; οὔνομα παγγενέταο  ✳ σέβας ✳   δ' ἔχε μηδὲ λάθῃ σε. χίλια δ' ἔστ' ἔτεα καὶ πένθ'
```

σέβασμα    1

```
Prop.   3    2     Ἰσραὴλ ἐκεῖ ἐλεγχόμενος ὑπ' αὐτοῦ ἐπὶ εἰδώλων  ✳ σεβάσμασι. ✳   καὶ ἔθαψαν αὐτὸν ἐν ἀγρῷ Μαοὺρ ἐν τάφῳ Σὴμ
```

σεβασμός    1

```
Aris.   179  4     ἄνδρες ὧν χάριν ὑμᾶς μετεπεμψάμην ἐκείνοις πρῶτον  ✳ σεβασμὸν ✳   ἀποδοῦναι μετὰ ταῦτα τὴν δεξιὰν ὑμῖν προτεῖναι
```

Σεβαστηνός    1

```
Sib.    3    63    ὅσσαις ἐν πόλεσιν μέροπες κακότητα φέρουσιν. ἐκ δὲ  ✳ Σεβαστηνῶν ✳  ἥξει Βελίαρ μετόπισθεν καὶ στήσει ὀρέων ὕψος
```

Σεβεννύτης    1

```
HEup.   9    32    Σεβριθίτου νομοῦ μυρίους ἐκ δὲ τοῦ Μενδησίου καὶ  ✳ Σεβεννύτου ✳  δισμυρίους Βουσιρίτου Λεοντοπολίτου καὶ
```

σέβομαι (-ω)    17

```
TJos.   2    6     δὲ πρὸς αὐτὴν οὐκ ἐν ἀκαθαρσίᾳ θέλει κύριος τοὺς  ✳ σεβομένους ✳   αὐτὸν οὐδὲ ἐν τοῖς μοιχεύουσιν εὐδοκεῖ.
Asen.   2    3     ἦν ἀριθμὸς χρυσοῦ καὶ ἀργυροῦ. καὶ πάντας ἐκείνους  ✳ ἐσέβετο ✳    Ἀσενὲθ καὶ ἐφοβεῖτο αὐτοὺς καὶ θυσίας αὐτοῖς
Asen.   9    2     καὶ πικρῷ καὶ μετενόει ἀπὸ τῶν θεῶν αὐτῆς ὧν  ✳ ἐσέβετο ✳        καὶ προσώχθισε τοῖς εἰδώλοις πᾶσι καὶ περιέμενε
Asen.   11   7     τοῦ δυνατοῦ Ἰωσὴφ ὁ ὕψιστος μισεῖ πάντας τοὺς  ✳ σεβομένους ✳    τὰ εἴδωλα διότι θεὸς ζηλωτής ἐστι καὶ φοβερὸς
Asen.   11   7     θεὸς ζηλωτής ἐστι καὶ φοβερὸς ἐπὶ πάντας τοὺς  ✳ σεβομένους ✳    θεοὺς ἀλλοτρίους. διὰ τοῦτο κἀμὲ μεμίσηκε
Asen.   13   11    πᾶσα ἐκλέλοιπεν. ἰδοὺ οὖν τοὺς θεοὺς πάντας οὓς  ✳ ἐσεβόμην ✳      τὸ πρότερον ἀγνοοῦσα νῦν ἔγνων ὅτι ἦσαν εἴδωλα
Asen.   21   13    κύριε ἥμαρτον ἐνώπιόν σου πολλὰ ἥμαρτον⟩ καὶ  ✳ ἐσεβόμην ✳       θεοὺς ἀλλοτρίους ὧν οὐκ ⟨ἦν⟩ ἀριθμὸς καὶ ἤσθιον
Aris.   16   2     τὸν γὰρ πάντων ἐπόπτην καὶ κτίστην θεὸν οὗτοι  ✳ σέβονται ✳       ὃν καὶ πάντες ἡμεῖς δὲ βασιλεῦ προσονομάζοντες
Aris.   134  3     νομίζουσιν αὐτοὶ δυναμικώτεροι πολλῷ καθεστῶτες ὧν  ✳ σέβονται ✳  ματαίως ἀγάλματα γὰρ ποιήσαντες ἐκ λίθων καὶ
Aris.   139  7     ματαίων δοξῶν τὸν μόνον θεὸν καὶ δυνατὸν  ✳ σεβόμενοι ✳          παρ' ὅλην τὴν πᾶσαν κτίσιν. ὅθεν οἱ Αἰγυπτίων
Aris.   140  4     ἡμᾶς ὃ τοῖς λοιποῖς οὐ πρόσεστιν εἰ μή τις  ✳ σέβεται ✳         τὸν κατὰ ἀλήθειαν θεὸν ἀλλ' εἰσὶν ἄνθρωποι
Sib.    3    29    τε καὶ θῆρας ποίησε καὶ ἑρπετὰ καὶ πετεινά. οὐ  ✳ σέβετ' ✳       οὐδὲ φοβεῖται θεὸν ματαίως δὲ πλανᾶσθε
Sib.    3    606   ἔθελον τιμᾶν ὁσίως εἴδωλα δ' ἐτίμων χειροποίητα  ✳ σέβοντες ✳     ἃ ῥίψουσιν βροτοὶ αὐτοὶ ἐν σχισμαῖς πετρῶν
FAch.   109        τούτους ὡς παρακαταθήκην. καὶ πρῶτον μὲν θεὸν  ✳ σέβου ✳        ὡς δεῖ. βασιλέα τίμα ὁ γὰρ κράτος ἰσότιμόν ἐστι.
FAch.   117        ἔπραξας θεὸς ἱερασίον Βουβάστεως ἐστιν εἰδωλον ὃ  ✳ σέβονται ✳  οἱ Αἰγύπτιοι; ὁ δὲ Αἴσωπος ἔφη ἀλλὰ Λυκοῦργος
HArt.   9 27  4    διελεῖν καὶ ἑκάστῳ τῶν νομῶν ἀποτάξαι τὸν θεὸν  ✳ σεφθήσεσθαι ✳  τά τε ἱερὰ γράμματα τοῖς ἱερεῦσιν εἶναι δὲ
HCal.   24   36    ὑμῶν τὸ σχῆμα. φράσον δή μοι καὶ τίνα ὑμεῖς  ✳ σέβεσθε ✳         θεόν; οὐ γὰρ ἐν τοῖς παρ' ἡμῖν θεοῖς τοιαύτην
```

Σεβριθίτος    1

```
HEup.   9 32  1    καὶ τὰ πλήθη ἐξ ὧν εἰσι διασεσάφηκά σοι ἐκ μὲν τοῦ  ✳ Σεβριθίτου ✳  νομοῦ μυρίους ἐκ δὲ τοῦ Μενδησίου καὶ
```

Σεδεκίας    5

```
Aris.   49   1     Ζαχαρίας Σομόηλος Σελεμίας. ἑβδόμης Σαββαταῖος  ✳ Σεδεκίας ✳      Ἰάκωβος Ἴσαχος Ἰησίας Ναθαῖος. ὀγδόης
FIsa.   1 2  12    ἐν Σαμαρίᾳ ᾧ ⟨ὃ⟩νομα ἦν Βελιχειὰρ ἐκ τῆς συγγενείας  ✳ Σεδεκίου ✳  υἱοῦ Χανανὶ τοῦ ψευδοπροφήτου ὃς ἦν κατοικῶν ἐν
FIsa.   1 2  12    τοῦ ψευδοπροφήτου ὃς ἦν κατοικῶν ἐν Βηθανίᾳ. καὶ  ✳ Σεδεκίου ✳    υἱὸς Χανανὶ ὃς ἦν ἀδελφὸς τοῦ πατρὸς αὐτοῦ
FIsa.   1 2  13    καὶ ἐβλήθη Μιχαίας εἰς φυλακήν. ⟨καὶ ἦν⟩ μ⟨ε⟩τὰ  ✳ Σεδεκίου ✳    τοῦ ψευδοπροφήτο⟨υ⟩ ὄντος. ἦσαν μετὰ Ὀχοζείου
FIsa.   1 2  16    +Ἰσαλ+ καὶ αὐτὸς ἦν ⟨ὁ⟩ Βεχειρ⟨ὰ⟩ ἀδελφὸς τοῦ  ✳ Σεδεκίου ✳    ἀκούσαν⟨τες⟩ μετέπεισαν τὸν Ὀχοζείαν βασιλέα
```

Σεδράχ    45

```
Sedr.              αποκαλυψις  ✳ Σεδραχ. ✳  τοῦ ἁγίου καὶ μακαρίου Σεδρὰχ λόγος περὶ ἀγάπης
Sedr.        1     αποκαλυψις Σεδραχ. τοῦ ἁγίου καὶ μακαρίου  ✳ Σεδράχ ✳   λόγος περὶ ἀγάπης καὶ περὶ μετανοίας καὶ
Sedr.   2    1     καὶ φωνὴν ἀοράτως εἶπεν ἐν ταῖς ἀκοαῖς αὐτοῦ ὁ δὲ  ✳ Σεδρὰχ ✳  ὅτι ἐπιθυμεῖ ὁμιλῆσαι σὺν θεῷ καὶ
Sedr.   2    2     ἵνα ἀποκαλύψῃ αὐτῷ ἅπερ βούλῃ ἐρωτᾷς. καὶ εἶπεν  ✳ Σεδρὰχ ✳     τί κύριέ μου; καὶ εἶπεν αὐτῷ ἡ φωνὴ ἐγὼ ἀπεστάλην
Sedr.   3    1     καὶ λέγει αὐτὸν ὁ κύριος καλῶς ἦλθες ἀγαπητέ μου  ✳ Σεδράχ ✳    τί δίκην ἔχεις πρὸς τὸν θεὸν τὸν πλάσαντά σε ὅτι
Sedr.   3    2     ἤθελον λαλῆσαι στόμα πρὸ στόματος θεοῦ; λέγει αὐτῷ  ✳ Σεδρὰχ ✳   ναὶ ἔχει ὁ υἱὸς δίκην μετὰ τοῦ πατέρα κύριέ μου
Sedr.   3    4     γὴν; λέγει αὐτῷ ὁ κύριος διὰ τὸν ἄνθρωπον. λέγει  ✳ Σεδρὰχ ✳     καὶ διὰ τί ἐποίησας τὴν θάλασσαν; διὰ τί ἔσπειρας
Sedr.   3    6     γῆς; λέγει ὁ κύριος διὰ τὸν ἄνθρωπον. λέγει αὐτῷ  ✳ Σεδρὰχ ✳     εἰ ταῦτα ἐποίησας διὰ τί ἀπώλεσας αὐτόν; εἶπεν δὲ
Sedr.   4    1     μου παιδεύω αὐτὸν καθὼς εὑρίσκω. λέγει αὐτῷ  ✳ Σεδρὰχ ✳         κόλασις καὶ πῦρ ἐστιν ἡ παίδευσίς σου πικροῦ
Sedr.   5    1     ἀπατηθεὶς ἔφαγεν ἀπὸ τοῦ ξύλου. λέγει αὐτῷ  ✳ Σεδρὰχ ✳          σοῦ θελήματος ἠπατήθη δέσποτά μου ὁ Ἀδάμ. σὺ
Sedr.   7    1     ταῦτα ἐγένετο μοιχαλὶς καὶ ἁμαρτωλός. λέγει αὐτῷ  ✳ Σεδρὰχ ✳    σὺ δέσποτα ἔπλασας τὸν ἄνθρωπον οἶδας ποταπῆς
Sedr.   7    4     ⟨λέγει αὐτῷ ὁ θεός⟩ τί ἀπέβαλες λόγους πρός με  ✳ Σεδράχ; ✳     ἐγὼ ἔπλασα τὸν Ἀδὰμ καὶ τὴν γυναῖκα αὐτοῦ καὶ
Sedr.   7    6     τῆς σελήνης καὶ τὴν ζωὴν ἐχαρίσατο αὐτῆς. λέγει  ✳ Σεδρὰχ ✳     καὶ τί ὠφελοῦ τὰ κάλλη ἐὰν εἰς γῆν μαραίνονται;
Sedr.   8    3     τοῦ φυλάσσειν αὐτὸν ἐν νυκτὶ καὶ ἡμέρᾳ. λέγει  ✳ Σεδρὰχ ✳       οἶδα δέσποτα ὅτι εἰς τὰ κτήματά σου πρῶτον
Sedr.   8    5     ἀγαπᾷ καὶ ὁ ἄνθρωπος δέσποτά μου. λέγει ὁ θεὸς τὸν  ✳ Σεδρὰχ ✳   ἐρωτῶ σε ἕνα λόγον Σεδρὰχ φημὶ καλῶς με
Sedr.   8    5     μου. λέγει ὁ θεὸς τὸν Σεδρὰχ ἐρωτᾷ σε ἕνα λόγον  ✳ Σεδρὰχ ✳      ἐὰν μοι εἴπῃς καλῶς με συμαχᾶ σε εἰ καὶ τινος
Sedr.   8    6     σε εἰ καὶ τινος ἐπείραζες τὸν πλάσαντά σε. λέγει  ✳ Σεδρὰχ ✳     εἰπὲ κύριε ὁ θεός. ⟨λέγει αὐτῷ κύριος ὁ θεός⟩ ἀφ'
Sedr.   8    8     ἀποθανεῖν καὶ πόσα τρίχας ἔχουσιν; εἰπέ μοι  ✳ Σεδρὰχ ✳         ἀφ' οὗ ἔκτισθη ὁ οὐρανός καὶ ἡ γῆ πόσα δένδρα
Sedr.   8    9     θέλουν γενηθῆναι καὶ πόσα φύλλα ἔχουσιν; εἰπέ μοι  ✳ Σεδρὰχ ✳    ἀφ' οὗ ἐποίησα τὴν θάλασσαν πόσα κύματα ἤγειρεν
Sedr.   8    10    πνέουσιν παρὰ τὸ χεῖλος τῆς θαλάσσης; εἰπέ μοι  ✳ Σεδρὰχ ✳      ἀπὸ κτίσεως κόσμου τῶν αἰώνων βρέχοντος τοῦ ἀέρος
Sedr.   8    11    εἰς τὸν κόσμον καὶ πόσα μέλλουν πεσεῖν; εἶπεν  ✳ Σεδρὰχ ✳       μόνος σὺ γινώσκεις ταῦτα πάντα κύριε μόνος σὺ
Sedr.   9    1     μονογενῆ ὕπαγε λαβὲ τὴν ψυχὴν τοῦ ἠγαπημένου μου  ✳ Σεδρὰχ ✳    καὶ ἀπόθου αὐτὴν ἐν τῷ παραδείσῳ. λέγει ὁ
Sedr.   9    2     αὐτὴν ἐν τῷ παραδείσῳ. λέγει ὁ μονογενὴς υἱὸς τὸν  ✳ Σεδρὰχ ✳    ⟨δός μοι τὴν παρακαταθήκην⟩ ἣν παρέθετο ὁ πατήρ
Sedr.   9    3     σου ἐν τῷ ἁγίῳ σου σκηνώματι ἐκ βρέφους. λέγει  ✳ Σεδρὰχ ✳      οὐ δίδωμί σοι τὴν ψυχήν μου. λέγει ὁ υἱὸς
Sedr.   10   1     μὴ δός μοι τὴν ποθεινοτάτην ψυχήν σου. εἶπεν  ✳ Σεδρὰχ ✳       τὸν θεὸν καὶ πόθεν μέλλεις λαβεῖν τὴν ψυχήν μου
Sedr.   10   5     καὶ ἀποσπασθῆναι τῇ καρδίᾳ. ταῦτα πάντα ἀκούσας ὁ  ✳ Σεδρὰχ ✳   καὶ ἐνθυμηθεὶς τοῦ θανάτου τὴν μνήμην ἐξέστη λίαν
Sedr.   10   6     τοῦ θανάτου τὴν μνήμην ἐξέστη λίαν καὶ μὴ  ✳ Σεδρὰχ ✳         λέγει αὐτὸν ὁ κύριε ἵασιν ὀλίγην ἵνα κλαύσω
Sedr.   12   1     σου ἀφανὲς γίνεται. λέγει αὐτὸν ὁ Χριστὸς παῦσον  ✳ Σεδρὰχ ✳    ἕως πότε δακρύζεις καὶ στενάζεις; ὁ παράδεισός
Sedr.   12   2     σοι ἠνοίγη καὶ ἀποθανὼν ζήσεις. λέγει αὐτῷ  ✳ Σεδρὰχ ✳         ἔτι ἅπαξ λαλήσω σοι κύριε ἕως πότε ζῶ πρὶν
Sedr.   12   4     τῆς αἰτήσεώς μου. λέγει αὐτῷ ὁ κύριος λέγε ὦ Σεδράχ. ⟨λέγει ὁ  ✳ Σεδρὰχ⟩ ✳  ἔτη ὀγδοήκοντα ⟨ἢ⟩ ἐνενήκοντα ἐὰν ζήσῃ ἄνθρωπος
Sedr.   13   1     οὐ μὴ μνησθῶ πάσας τὰς ἁμαρτίας αὐτοῦ. λέγει αὐτῷ  ✳ Σεδρὰχ ✳   πολλά εἰσιν τὰ τρία ἔτη κύριέ μου μὴ φθάσῃ ὁ
Sedr.   13   4     ἀφίω πάσας τὰς ἁμαρτίας αὐτοῦ. λέγει πάλιν ὁ  ✳ Σεδρὰχ ✳       κύριε τὴν εὐσπλαγχνίαν σου καὶ πάλιν παρακαλῶ τὸ
Sedr.   13   6     συντόμως. λέγει αὐτὸν ὁ σωτὴρ ἐρωτῶ σε ἕνα λόγον  ✳ Σεδρὰχ ✳    ἀγαπητέ μου εἶτα ἀναιτήσεις με ἐὰν μετανοήσῃ ὁ
```

Σεδράχ 695

Sedr. 14 1 πάσας τὰς ἁμαρτίας αὐτοῦ ἃς ἐποίησεν. καὶ λέγει * Σεδρὰχ * πρὸς τὸν ἀρχάγγελον Μιχαὴλ ἐπάκουσόν μου πρόστατα
Sedr. 14 5 οἱ λοιποὶ οἶδας ὅτι ἐσώθησαν ἐν μιᾷ ῥοπῇ; οἶδας * Σεδρὰχ * ὅτι εἰσὶν ἔθνη τὰ μὴ νόμον ἔχοντα <καὶ τὰ> τοῦ
Sedr. 15 1 ἃ οὐ δέχομαι ἐγὼ οὔτε οἱ ἄγγελοί μου. λέγει * Σεδρὰχ * πρὸς τὸν θεὸν κύριε σὺ μόνος εἶ ἀναμάρτητος καὶ
Sedr. 15 3 ἁμαρτωλοὺς εἰς μετάνοιαν. καὶ εἶπεν ὁ κύριος τὸν * Σεδρὰχ * οὐκ οἶδας Σεδρὰχ τὸν λῃστὴν μιᾷ ῥοπῇ ἐσώθη
Sedr. 15 3 μετάνοιαν. καὶ εἶπεν ὁ κύριος τὸν Σεδρὰχ οὐκ οἶδας * Σεδρὰχ * τὸν λῃστὴν μιᾷ ῥοπῇ ἐσώθη μεταγνῶναι; οὐκ οἶδας
Sedr. 15 6 ὁδοῖς καὶ ἀπολύμενοι μετὰ τοῦ ἀντιχρίστου. λέγει * Σεδρὰχ * κύριέ μου καὶ εἶπας ὅτι τὸ θεῖόν μου πνεῦμα ἐνέβη
Sedr. 16 1 πολύμοχθός ἐστιν καὶ ἀμετανόητος. λέγει κύριος τὸν * Σεδρὰχ * ἐποίησα τὸν ἄνθρωπον ἐν τρισὶ τάξεσιν ὅτε ἐστὶν
Sedr. 16 3 πάλιν γηράσῃ καὶ τηρῶ αὐτὸν ὅπως μετανοήσῃ. λέγει * Σεδρὰχ * κύριε σὺ ταῦτα πάντα οἶδας καὶ ἐπίστασαι μόνον
Sedr. 16 4 συμπαθῆσαι τοὺς ἁμαρτωλούς. λέγει αὐτὸν ὁ κύριος * Σεδρὰχ * ἀγαπητέ μου ὑπόσχομαι συμπαθῆσαι καὶ κάτωθεν τῶν
Sedr. 16 7 ἁμαρτία αὐτοῦ εἰς τὸν αἰῶνα τοῦ αἰῶνος. καὶ λέγει * Σεδρὰχ * κύριε καὶ εἴ τις ποιήσει φωταγωγίαν τοῦ δούλου
Sedr. 16 8 ἀπὸ παντὸς κακοῦ. καὶ λέγει ὁ δοῦλος τοῦ θεοῦ * Σεδρὰχ * ἄρτι λαβὲ τὴν ψυχήν μου δέσποτα. καὶ ἔλαβεν αὐτὸν

Σειρήν 2
Hen. 19 2 καὶ αἱ γυναῖκες αὐτῶν τῶν παραβάντων ἀγγέλων εἰς * σειρῆνας * γενήσονται. κἀγὼ Ἑνὼχ ἴδον τὰ θεωρήματα μόνος
Slb. 5 457 δεινός σε μένει χόλος ἄχρι πεσεῖν σε πτῶμα κακὸν * Σειρῆνες * ὅπως κλαύσωνται ἀληθῶς. ἔσται δ᾽ ἐν πέμπτῃ

σεισίχθων 1
Slb. 3 405 ἄιστον ἰῇ ἐν νυκτὶ γένηται ἐν πόλει αὐτάνδρῳ * σεισίχθονος * ἐννοσιγαίου ἣν ποτε σημίξουσιν ἐπωνυμίην

σεισμός 18
Prop. 11 3 ἡ γὰρ περιέχουσα αὐτὴν λίμνη κατέκλυσεν αὐτὴν ἐν * σεισμῷ * καὶ πῦρ ἐκ τῆς ἐρήμου ἐπελθὸν τὸ ὑψηλότερον αὐτῆς
Esdr. 3 11 ἡ ἐπαγγελία σου; καὶ εἶπεν ὁ θεὸς πρῶτον ποιήσω * σεισμοὺς * πτῶσιν τετραπόδων καὶ ἀνθρώπων καὶ ὅταν ἴδητε
Slb. 3 449 ἠδ᾽ ὄλβῳ δεινὸν ζυγὸν αὐχένι θήσῃ. Λύδιος αὖ * σεισμὸς * δὲ τὰ Περσίδος ἐξεναρίξει Εὐρώπης Ἀσίης τελέων
Slb. 3 457 ται δ᾽ ὀλλυμένων ὑπὲρ υἱῶν. σημεῖον Κύπρου * σεισμὸς * φθίσει δὲ φάραγγας καὶ πολλὰς ψυχὰς Ἀΐδης
Slb. 3 459 ὁμοθυμαδὸν ἕξει. Τράλλις δ᾽ ἡ γείτων Ἐφέσου * σεισμῷ * καταλύσει τείχεά τ᾽ εὐποίητ᾽ ἀνδρῶν τε λεὼν
Slb. 4 58 ἀπ᾽ οὐρανόθεν λείψει καὶ κύκλα σελήνης γῆ δὲ κλόνῳ * σεισμοῖο * τιναssομένη μεγάλοιο πολλὰς πρηνίξει πόλιας καὶ
Slb. 4 100 Βάρις πέσεαι καὶ Κύζικος ἡνίκα γαίης βρασσομένης * σεισμοῖσιν * ὀλισθαίνουσι πόληες. ἥξει καὶ Ῥοδίοις κακὸν
Slb. 4 107 ἐρείσει. τλῆμον Λαοδίκεια σὲ δὲ στρώσει ποτέ * σεισμὸς * πρηνίξας στήσῃ δὲ πάλιν πόλις ἱδρυνθεῖσα. ὦ
Slb. 4 113 δὴ Πατάρων +ὁμαδόν ποτε δυσσεβίῃσιν βρονταῖς καὶ * σεισμοῖσιν * ἁλὸς πετάσει μέλαν ὕδωρ+. Ἀρμενίη καὶ σοί δὲ
Slb. 4 128 εὐρυάγυιαν. καὶ τότε δὴ Σαλαμῖνα Πάφον δ᾽ ἅμα * σεισμὸς * ὀλέσσει Κύπρον ὅταν πολύκλυστον ὑπερκλονέῃ μέλαν
Slb. 5 128 ἀπ᾽ αὐτομάτου ἐπιβὰς χώρης ἀλεγεινῆς ὥστε κλύσαι * σεισμῷ * τε κακῷ καὶ νάμασι πικροῖς τὴν Λυκίης ἄμυρον καὶ
Slb. 5 291 Τράλλις αἰαῖ Λαοδίκεια καλὴ πόλι ὡς ἀπολεῖσθε * σεισμοῖς * ὀλλύμεναί τε καὶ εἰς κόνιν ἀλλαχθεῖσαι. Ἀσίδι
Slb. 5 294 Ἀρτέμιδος σηκὸς Ἐφέσου πηγνύμενος χάσμασι καὶ * σεισμοῖσί * ποθ᾽ ἵξεται εἰς ἅλα δῖαν πρηνὴς ἠύτε νῆας
Slb. 5 438 οὔρεσιν ἐν χρυσέοις καὶ νάμασιν Εὐφρήταο στρωθήσῃ * σεισμοῖο * κλόνῳ Πάρθοι δέ σε δεινοὶ πάντα κρατεῖν
FAch. 115 φοβερὰ βροντήσας καὶ δεινὸν ἀστράψας καὶ σείσας * σεισμούς. * ὁμοίως καὶ Λυκοῦργος τῇ λαμπρότητι τῆς
HArt. 9 27 33 ἔτι ἀφρονουμένου τὸν Μώϋσον χάλαζάν τε καὶ * σεισμοὺς * διὰ νυκτὸς ἀποτελέσαι ὥστε τοὺς τὸν σεισμὸν
HArt. 9 27 33 καὶ σεισμοὺς διὰ νυκτὸς ἀποτελέσαι ὥστε τοὺς τὸν * σεισμὸν * φεύγοντας ἀπὸ τῆς χαλάζης ἀναιρεῖσθαι τούς τε
HArt. 9 27 33 τούς τε τὴν χάλαζαν ἐκκλίνοντας ὑπὸ τῶν * σεισμῶν * διαφθείρεσθαι. συμπεσεῖν δὲ τότε τὰς μὲν οἰκίας

σείω 8
Hen. 1 5 ἀπόκρυφα ἐν πᾶσιν τοῖς ἄκροις τῆς <γῆς> καὶ * σεισθήσονται * πάντα τὰ ἄκρα τῆς γῆς) καὶ λήμψεται αὐτοὺς
Hen. 1 6 καὶ φόβος μέγας μέχρι τῶν περάτων τῆς γῆς. καὶ * σεισθήσονται * καὶ πεσοῦνται καὶ διαλυθήσονται ὄρη ὑψηλὰ
Hen. 14 14 φόβος με ἐκάλυψεν καὶ τρόμος με ἔλαβεν. καὶ ἤμην * σειόμενος * καὶ τρέμων καὶ ἔπεσον. ἐθεώρουν ἐν τῇ ὁράσει
Hen. 102 2 καὶ φοβούμενοι ἤχῳ μεγάλῳ (καὶ) τὴν γῆν σύμπασαν * σειομένην * καὶ τρέμουσαν καὶ συνταρασσομένην. καὶ οἱ
Hen. 102 3 τὸ συνταχθὲν αὐτοῖς καὶ ὁ οὐρανὸς καὶ οἱ φωστῆρες * σειόμενοι * καὶ τρέμοντες ἅπαντες οἱ υἱοὶ τῆς γῆς καὶ
Asen. 11 1B τὰς χεῖρας αὐτῆς δάκτυλον πρὸς δάκτυλον καὶ * ἔσεισε * τὴν κεφαλὴν αὐτῆς ἔνθεν καὶ ἔνθεν καὶ ἐπάτασσε
Prop. 2 7 σημεῖον δέδωκε τοῖς ἱερεῦσιν Αἰγύπτου ὅτι δεῖ * σεισθῆναι * τὰ εἴδωλα αὐτῶν καὶ συμπεσεῖν (διὰ σωτῆρος ἐκ
FAch. 115 ποιεῖ καὶ φοβερὰ βροντήσας καὶ δεινὸν ἀστράψας καὶ * σείσας * σεισμούς. ὁμοίως καὶ Λυκοῦργος τῇ λαμπρότητι τῆς

σελαγέω 1
Slb. 5 118 τε πιστούς. Ἀσὶς ὅλη πυρίφλεκτος ἕως νήσων * σελαγήσει. * Πέργαμος ἡ τὸ πάλαι σεμνὴ βοτρυδὸν ὀλεῖται

σέλας 3
Slb. 3 801 ἀπ᾽ οὐρανόθεν προφέρηται πρὸς γαῖαν +ἅπαν καὶ οἱ+ * σέλας * ἠελίοιο ἐκλείψει κατὰ μέσσον ἀπ᾽ οὐρανοῦ ἠδὲ
Slb. 5 238 τί σε μέμφομαι αὐδῶ ἣν ποτ᾽ ἐν ἀνθρώποις λαμπρὸν * σέλας * ἠελίοιο σπειρομένης ἀκτῖνος ὁμοσπόνδοιο προφητῶν
IOrp. 32 τ᾽ ἠέρα καὶ περὶ χεῦμα νάματος ἐκφαίνει δὲ πυρὸς * σέλας * ἰφιγενήτου. οὗτος γὰρ χάλκειον ἐς οὐρανὸν

Σελεμίας 1
Arls. 48 4 ἕκτης Ἰούδας Ἰώσηφος Σίμων Ζαχαρίας Σομόηλος * Σελεμίας. * ἑβδόμης Σαββαταῖος Σεδεκίας Ἰάκωβος Ἴσαχος

Σέλευκος 3
HCal. 28 6 τὴν ἑαυτοῦ στήλην ποιήσας ἵδρυσε περὶ αὐτὸν δὲ * Σελεύκου * καὶ Ἀντιόχου καὶ Φιλίππου ἰατροῦ καὶ τὴν μὲν
HCal. 28 7 καὶ Ἀντιόχου καὶ Φιλίππου ἰατροῦ καὶ τὴν μὲν * Σελεύκου * κέρας ἔχουσαν γνωρίζεσθαι πεποίηκε διά τε τὸ
HCal. 28 18 κατιὼν δὲ τοῦ πύργου εἰς τὰ βασίλεια ᾤχετο καὶ * Σέλευκον * μὲν ἄρχοντα τῶν Περσῶν καθίστησι Φίλιππον δὲ

σεληναγωγία * 1
Hen. 8 3 Χωχιὴλ τὰ σημειωτικὰ Σαθιὴλ ἀστεροσκοπίαν Σεριὴλ * σεληναγωγίας. * τῶν οὖν ἀνθρώπων ἀπολλυμένων ἡ βο<ὴ> εἰς

σεληναῖος 4
Slb. 4 14 οὐ νύξ τε δνοφερή τε καὶ ἡμέρη ἠέλιός τε ἄστρα * σεληναίη * τε καὶ ἰχθυόεσσα θάλασσα καὶ γῆ καὶ ποταμοί τε
Slb. 5 347 ἠελίου δ᾽ αὐτοῦ φλόγες ἄφθιτοι οὐκέτ᾽ ἔσονται οὐδὲ * σεληναίης * λαμπρὸν φάος ἔσσεται αὖτις ὑστατίῳ καιρῷ
Slb. 5 513 Ἠελίου φαέθοντος ἐν ἀστράσιν εἶδον ἀπειλὴν ἠδὲ * Σεληναίης * δεινὸν χόλον ἐν στεροπῇσιν ἄστρα μάχην ὤδινε
Slb. 5 517 Φωσφόρος ἔσχε μάχην ἐπιβὰς ἐς νῶτα Λέοντος ἠδὲ * Σεληναίης * δίκερως ἠλλάξατο ῥοῖζος Αἰγόκερως δ᾽ ἔπληξε

σελήνη 44
Adam 36 1 δὲ Σὴθ τῇ μητρὶ αὐτοῦ ὅτι εἰσὶν ὁ ἥλιος καὶ ἡ * σελήνη * καὶ αὐτοὶ προσπίπτοντες καὶ εὐχόμενοι ὑπὲρ τοῦ
Hen. 8B 3 τοῦ ἡλίου ὁ δὲ εἰκοστὸς ἐδίδαξε τὰ σημεῖα τῆς * σελήνης. * πάντες οὗτοι ἤρξαντο ἀνακαλύπτειν τὰ μυστήρια
Abr.1 7 2 κύριέ μου <εἶδον> τῇ νυκτὶ ταύτῃ τὸν ἥλιον καὶ τὴν * σελήνην * ὑπεράνω τῆς κεφαλῆς μου καὶ τὰς ἀκτῖνας αὐτοῦ
Abr.1 7 5 τοῦ οὐρανοῦ ἐξελθόντα καὶ ἔλαβεν ἀπ᾽ ἐμοῦ καὶ τὴν * σελήνην * ἐκ τῆς κεφαλῆς μου ἔκλαυσα δὲ μεγάλως καὶ
Abr.1 7 6 με καὶ εἰσάκουσόν μου <ἐὰν> τὸν ἥλιον ἦρας κἂν τὴν * σελήνην * ἔασον ἐπ᾽ ἐμέ. αὐτὸς δὲ εἶπεν ἄφες ἀρτίως
Abr.1 7 8 ἥλιος ὃν ἑώρακεν ὁ παῖς σὺ εἶ ὁ πατὴρ αὐτοῦ καὶ ἡ * σελήνη * ὁμοίως ἡ μήτηρ αὐτοῦ Σάρρα ὑπάρχουσα ὁ δὲ <ἀνὴρ
Abr.2 7 5 αὐτοῦ εἶδον κατ᾽ ὄναρ ἐμαυτὸν ὡς τὸν ἥλιον καὶ τὴν * σελήνην * καὶ στέφανος ἐπὶ τὴν κεφαλὴν ἐγένετο καὶ ἰδοὺ
Abr.2 7 9 τὴν δόξαν τὴν ἐμὴν ἐπένθησεν δὲ καὶ ὁ ἥλιος καὶ ἡ * σελήνη * καὶ οἱ ἀστέρες λέγοντες μὴ ἐπάρῃς τὴν δόξαν τῆς
TLevi 14 3 καὶ ὑμεῖς οἱ φωστῆρες τοῦ οὐρανοῦ ὡς ὁ ἥλιος καὶ ἡ * σελήνη. * τί ποιήσουσι πάντα τὰ ἔθνη ἐὰν ὑμεῖς σκοτισθῆτε
TNep. 3 2 καὶ ἀπορρίπτειν τὸ θέλημα τοῦ διαβόλου. ἥλιος καὶ * σελήνη * καὶ ἀστέρες οὐκ ἀλλοιοῦσι τάξιν αὐτῶν οὕτως καὶ
TNep. 5 1 ἐλαίου κατὰ ἀνατολὰς Ἱερουσαλὴμ ὅτι ὁ ἥλιος καὶ ἡ * σελήνη * ἔστηκαν. καὶ ἰδοὺ Ἰσαὰκ ὁ πατὴρ τοῦ πατρός μου
TNep. 5 2 κατὰ δύναμιν καὶ τοῦ πιάσαντος ἔσται ὁ ἥλιος καὶ ἡ * σελήνη. * καὶ πάντες ὁμοῦ ἐπεδράμομεν καὶ ὁ Λευὶ ἐκράτησε
TNep. 5 3 ἐκράτησε τὸν ἥλιον καὶ ὁ Ἰούδας φθάσας ἐπίασε τὴν * σελήνην * καὶ ὑψώθησαν ἀμφότεροι σὺν αὐτοῖς. καὶ ὄντος τοῦ
TNep. 5 4 βάϊα φοινίκων δώδεκα καὶ Ἰούδας ἦν λαμπρὸς ὡς ἡ * σελήνη * καὶ ὑπὸ τοὺς πόδας αὐτοῦ ἦσαν δώδεκα ἀκτῖνες. καὶ
Bar. 9 1 καὶ ἡ νὺξ κατέλαβεν καὶ ἅμα ταύτῃ μετὰ καὶ τῆς * σελήνης * καὶ μετὰ τῶν ἀστέρων. καὶ εἶπον ἐγὼ Βαροὺχ κύριε
Bar. 9 8 οὕτως οὐδὲ ἐνώπιον τοῦ ἡλίου δύνανται ἡ * σελήνη * καὶ ἀστέρες αὐγάσαι. ἀεὶ γάρ οἱ ἀστέρες κρέμανται
Bar. 9 8 κρέμανται ἀλλ᾽ ὑπὸ τοῦ ἡλίου σκεδάζονται. καὶ ἡ * σελήνη * σῴα οὖσα ὑπὸ τῆς τοῦ ἡλίου θέρμης ἐκδαπανᾶται.
Esdr. 5 4 σκότος δεινὸν καὶ νύκταν οὐκ ἔχουσαν ἄστρα οὐδὲ * σελήνην * οὐδὲ ἔστιν ἐκεῖ νέος ἢ παλαιὸς οὐδὲ ἀδελφὸς μετὰ
Sedr. 7 5 γυνὴ τοῦ Ἀδὰμ φωτεινοτέρα ἐστὶν ἐν τῷ κάλλει τῆς * σελήνης * καὶ τὴν ζωὴν ἐχαρίσατο αὐτῆς. λέγει Σεδρὰχ καὶ
Sedr. 11 11 κινεῖται. οἱ πόδες συντρέχουσιν τὸν ἥλιον καὶ τὴν * σελήνην * ἐν νυκτὶ καὶ ἐν ἡμέρᾳ τὰ πάντα σωρεύοντες τὰς
Job 31 5 ἥλιος τῆς ἡμέρας ἐν πάσῃ τῇ γῇ; σὺ εἶ ὁ ὡς ἡ * σελήνη * καὶ οἱ ἀστέρες οἱ ἐν τῷ μεσονυκτίῳ φαίνοντες; καὶ
Job 32 9 λυχνίας ἔχων, νυνὶ δὲ προσδοκᾷς τὴν φαῦσιν τῆς * σελήνης * ποῦ οὖν τυγχάνει ἡ δόξα τοῦ θρόνου σου; σὺ εἶ ὁ
Slb. 3 21 πάντα καὶ οὐρανὸν ἠδὲ θάλασσαν ἠέλιόν τ᾽ ἀκάμαντα * σελήνην * τε πλήθουσαν ἄστρα τε λαμπετόωντα κραταιὰν
Slb. 3 65 δὲ θάλασσαν ἠέλιον πυρόεντα μέγαν λαμπράν τε * σελήνην * καὶ νέκυας στήσει καὶ σήματα πολλὰ ποιήσει
Slb. 3 221 ἔργα μέμηλεν. οὔτε γὰρ ἠελίου κύκλιον δρόμον οὔτε * σελήνης * οὔτε πελώρια ἔργα μεριμνῶσιν κατὰ γαίης οὔτε
Slb. 3 713 ἠδὲ βοηθεῖ οὐρανὸς ἠέλιός τε θεήλατος ἠδὲ * σελήνη. * γαῖα δὲ παγγενέτειρα σαλεύσεται ἤμασι κείνοις
Slb. 3 802 σέλας ἠελίοιο ἐκλείψει κατὰ μέσσον ἀπ᾽ οὐρανοῦ ἠδὲ * σελήνης * ἀκτῖνες προφανοῦσι καὶ ἂψ ἐπὶ γαῖαν ἵκονται
Slb. 4 57 ἤματος ὥρῃ ἄστρα δ᾽ ἀπ᾽ οὐρανόθεν λείψει καὶ κύκλα * σελήνης * γῆ δὲ κλόνῳ σεισμοῖο τιναssομένη μεγάλοιο πολλὰς
Slb. 5 361 σοφὸν αἰὲν ἐόντα. ἔσσεται ὑστατίῳ καιρῷ περὶ τέρμα * σελήνης * κοσμομανὴς πόλεμος καὶ ἐπίκλοπος ἐν δολότητι.
Slb. 5 421 ἐποίησεν φαιδροτέραν ἄστρων τε καὶ ἡλίου ἠδὲ * σελήνης * καὶ κόσμον κατέθηχ᾽ ἅγιόν τ᾽--- ἐποίησεν
FJub. 2 8 ἐν τῇ τρίτῃ ἡμέρᾳ. τῇ δὲ τετάρτῃ τὸν ἥλιον τὴν * σελήνην * τοὺς ἀστέρας ταῦτα τὰ τρία ἔργα τὰ μεγάλα
FJub. 3 9 Μαΐου ἐνάτῃ ἡλίου ὄντος ταύρῳ καὶ * σελήνης * σκορπίῳ κατὰ διάμετρον ἐν τῇ τῶν Πλειάδων
FJub. 3 9 τῷ παραδείσῳ αὐτοῦ εἰσόδου ἡλίου ὄντος ταύρῳ καὶ * σελήνης * αἰγοκέρωτι ἐνετείλατο ὁ θεὸς τῷ Ἀδὰμ ἀπέχεσθαι
FJub. 3 9 ἑβδομάδος κατὰ τὴν θερινὴν τροπὴν ἡλίου ὄντος καὶ * σελήνης * καρκίνῳ τῇ εἰκοστῇ πέμπτῃ τοῦ Ἰουνίου μηνὸς
FAch. 113 πῶς βλέπεις τοὺς περὶ ἐμὲ πάντας; ὁ δὲ ἔφη τῇ * σελήνῃ * ἔοικας καὶ οἱ περὶ σέ τοῖς ἄστροις ὥσπερ γὰρ ἡ
FAch. 113 ἔοικας καὶ οἱ περὶ σέ τοῖς ἄστροις ὥσπερ γὰρ ἡ * σελήνη * διαφέρει τῶν λοιπῶν ἄστρων οὕτω καὶ σὺ τῇ
FAch. 113 τῶν λοιπῶν ἄστρων οὕτω καὶ σὺ τῇ κερατοειδεῖ μορφῇ * σελήνης * τρόπον ἔχεις οἱ δὲ ἄρχοντές σου τοῖς περὶ
FAch. 115 τὸν κόσμον ποιεῖ γὰρ <ἐκεῖνος> τὸν ἥλιον καὶ τὴν * σελήνην * φαίνειν καὶ τὰς ὥρας εὐσταθεῖν. ἐὰν θέλῃ
HAno. 9 17 4 Φοινίκην ἐλθόντα κατοικῆσαι καὶ τροπὰς ἡλίου καὶ * σελήνης * καὶ τὰ ἄλλα πάντα διδάξαντα τοὺς Φοίνικας

LAri. 8 10 10 γέγονεν οὐρανὸς γῆ γῆ δ' οὐρανὸς οὐδ' ἥλιος * σελήνη * λάμπουσα οὐδὲ σελήνη πάλιν ἥλιος οὐδὲ ποταμοὶ
LAri. 8 10 10 γῆ γῆ δ' οὐρανὸς οὐδ' ἥλιος σελήνη λάμπουσα οὐδὲ * σελήνη * πάλιν ἥλιος οὐδὲ ποταμοὶ θάλασσα οὐδὲ θάλασσα
LAri. 7 32 17 τὸν ἥλιον ἰσημερινὸν διαπορεύεσθαι τμῆμα καὶ τὴν * σελήνην * δέ. τῶν γὰρ ἰσημερινῶν τμημάτων ὄντων δύο τοῦ
LAri. 7 32 18 τοῦ μηνὸς μεθ' ἑσπέραν ἐνστήξεται μὲν ἡ * σελήνη * τὴν ἐναντίαν καὶ διάμετρον τῷ ἡλίῳ στάσιν ὥσπερ
LAri. 7 32 18 ἡ δὲ ἐξ ἀνάγκης κατὰ τὸ φθινοπωρινὸν ἰσημερινὸν ἡ * σελήνη. *
Σεμεΐ 1
TLevi 12 1 Γηρσὰμ γυναῖκα καὶ ἔτεκεν αὐτῷ τὸν Λομνὶ καὶ τὸν * Σεμεΐ. * καὶ υἱοὶ Καὰθ Ἀμβρὰμ Ἰσαὰρ Χεβρὼν Ὀζιήλ. καὶ
Σεμιαζᾶς 10
Hen. 6 3 ἀνθρώπων καὶ γεννήσομεν ἑαυτοῖς τέκνα. καὶ εἶπεν * Σεμειαζᾶς * πρὸς αὐτοὺς ὃς ἦν ἄρχων αὐτῶν φοβοῦμαι μὴ οὐ
Hen. 6 7 αὐτῷ----- καὶ ταῦτα τὰ ὀνόματα τῶν ἀρχόντων αὐτῶν * Σεμιαζὰ * οὗτος ἦν ἄρχων αὐτῶν Ἀραθὰκ Κιμβρὰ Σαμμανὴ
Hen. 6B 3 ἀπὸ τῶν θυγατέρων τῶν ἀνθρώπων τῆς γῆς. καὶ εἶπε * Σεμιαζᾶς * ὁ ἄρχων αὐτῶν πρὸς αὐτοὺς φοβοῦμαι μὴ οὐ
Hen. 6B 7 αὐτῷ. καὶ ταῦτα τὰ ὀνόματα τῶν ἀρχόντων αὐτῶν. α' * Σεμιαζᾶς * ὁ ἄρχων αὐτῶν β' Ἀταρκούφ γ' Ἀρακιὴλ δ'
Hen. 8 3 καὶ ἠφανίσθησαν ἐν πάσαις ταῖς ὁδοῖς αὐτῶν. * Σεμιαζᾶς * ἐδίδαξεν ἐπα<ο>ιδὰς καὶ ῥιζοτομίας Ἀρμαρὼς
Hen. 8B 3 τὰς ὁδοὺς αὐτῶν. ἔτι δὲ καὶ ὁ πρώταρχος αὐτῶν * Σεμιαζᾶς * ἐδίδαξεν εἶναι ὀργὰς κατὰ τοῦ νοὸς καὶ ῥίζας
Hen. 9 7 οὐρανῷ ἃ ἐπιτηδεύουσιν <καὶ> ἔγνωσαν ἄνθρωποι καὶ * Σεμιαζᾶς * ᾧ τὴν ἐξουσίαν ἔδωκας ἄρχειν τῶν σὺν αὐτῷ ἅμα
Hen. 9B 7 αὐτοῦ εἰδέναι τὰ μυστήρια οἱ υἱοὶ τῶν ἀνθρώπων. τῷ * Σεμιαζᾷ * τὴν ἐξουσίαν ἔδωκας ἔχειν τῶν σὺν αὐτῷ ἅμα
Hen. 10 11 πεντακόσια. καὶ εἶπεν Μιχαὴλ πορεύου καὶ δήλωσον * Σεμιαζᾷ * καὶ τοῖς λοιποῖς τοῖς σὺν αὐτῷ ταῖς γυναιξὶν
Hen. 10B 11 καὶ τῷ Μιχαὴλ εἶπε πορεύου Μιχαὴλ δῆσον * Σεμιαζᾶν * καὶ τοὺς ἄλλους σὺν αὐτῷ τοὺς συμμιγέντας ταῖς
σεμίδαλις 7
TLevi 18 2B030 ἅλατι ὡς καθήκει αὐτοῖς αὐτάρκως. καὶ μετὰ ταῦτα * σεμίδαλιν * ἀναπεποιημένον ἐν ἐλαίῳ καὶ μετὰ ταῦτα οἶνον
TLevi 18 2B040 καὶ τῷ ἀρνίῳ καὶ τῷ ἐρίφῳ τὸ τρίτον τοῦ σάτου καὶ * σεμίδαλις * καθήκουσα αὐτοῖς τῷ ταύρῳ τῷ μεγάλῳ καὶ τῷ
TLevi 18 2B041 τῷ μεγάλῳ καὶ τῷ ταύρῳ τῷ β' καὶ τῷ μοσχαρίῳ σάτον * σεμίδαλιν * καὶ τῷ κριῷ καὶ τῷ τράγῳ τὰ δύο μέρη τοῦ σάτου
TLevi 18 2B043 τέταρτον τοῦ σάτου τῷ ταύρῳ ἀναπεποιημένον ἐν τῇ * σεμιδάλει * ταύτῃ καὶ τῷ κριῷ τὸ ἕκτον τοῦ σάτου καὶ τῷ
TLevi 18 2B045 τῷ κριῷ καὶ τὸ τρίτον αὐτοῦ τῷ ἐρίφῳ. καὶ πᾶσα ἡ * σεμίδαλις * ἀναπεποιημένη ἦ<ν> ἂν προσαγάγῃς μόνον οὐκ ἐπὶ
TLevi 18 2B052 οὕτως ὡς σοὶ ἐντέλλομαι καὶ τὸ ἅλας καὶ τὴν * σεμίδαλιν * καὶ τὸν οἶνον καὶ τὸν λίβανον ἐπιδέχου ἐκ τῶν
Aris. 92 5 ὑπηρετοῦσιν οἱ μὲν τὴν ξυλείαν οἱ δὲ ἔλαιον οἱ δὲ * σεμίδαλιν * οἱ δὲ τὰ τῶν ἀρωμάτων ἕτεροι τὰ τῆς σαρκὸς
Σεμιήλ 1
Hen. 6 7 αὐτῶν Ἀραθὰκ Κιμβρὰ Σαμμανὴ Δανειὴλ Ἀρεαρὼς * Σεμιὴλ * Ἰωμειὴλ Χωχαριὴλ Ἐζεκιὴλ Βατριὴλ Σαθιὴλ Ἀτριὴλ
Σεμμωμα 1
FIsa. 1 2 13 ὄντος. ἦσαν μετὰ Ὀχοζείου υἱοῦ Ἀλά<μ> ἐν * Σεμμωμα----- * καὶ Ἠλείας <ὁ προφή>της ἐκ Θεσ<βῶν>----
σεμνός 14
Aris. 5 3 καὶ τὴν τῶν ἀνθρώπων διάθεσιν τῶν κατὰ τὴν * σεμνὴν * νομοθεσίαν διεξαγόντων περὶ ὧν προαιρούμεθα
Aris. 31 7 (καὶ πολιτευομένων) ἀνδρῶν διὰ τὸ ἁγνήν τινα καὶ * σεμνὴν * εἶναι τὴν ἐν αὐτοῖς θεωρίαν ὥς φησιν Ἑκαταῖος ὁ
Aris. 56 2 τῶν τεχνῶν ἐκέλευσεν ὅτι μάλιστα χρήσασθαι * σεμνῶς * ἅπαντα διανοούμενος καὶ φύσιν ἔχων ἀγαθὴν εἰς τὸ
Aris. 81 4 εἰς ὃν ἀπεστέλλετο τὰ τῶν ἔργων. διὸ πάντα * σεμνῶς * ἐγεγόνει καὶ καταξίως τοῦ τε ἀποστέλλοντος
Aris. 144 5 ἐπίσκεψιν καὶ τρόπων ἐξαρτισμὸν δικαιοσύνης ἕνεκεν * σεμνῶς * πάντα ἀνατέτακται. τῶν γὰρ πτηνῶν οἷς χρώμεθα
Aris. 252 2 τὸν ἑξῆς ἠρώτα πῶς <ἂν> ἀναμάρτητος εἴη; ὁ δὲ ἔφη * σεμνῶς * ἅπαντα πράσσων καὶ μετὰ διαλογισμοῦ καὶ μὴ
Aris. 258 3 μετὰ τοῦτο διαμένῃ; πρὸς τοῦτ' εἶπεν εἰ μεγάλα καὶ * σεμνὰ * ταῖς ποιήσεσιν ἐπιτελοῖ πρὸς τὸ φείσασθαι τοὺς
Aris. 271 5 ταῖς χρείαις καθὼς σὺ τοῦτο πράσσεις θεοῦ σοι τὴν * σεμνὴν * ἐπίνοιαν διδόντος. θαρσύνας δὲ τοῦτον ἕτερον
Aris. 313 2 ἢ ποιητῶν ἐπιμνησθῆναι; ἐκεῖνος δὲ ἔφη διὰ τὸ * σεμνὴν * εἶναι τὴν νομοθεσίαν καὶ διὰ θεοῦ γεγονέναι καὶ
Sib. 5 119 ἕως νήσων σελαγήσει. Πέργαμος ἡ τὸ πάλαι * σεμνὴ * βοτρυδὸν ὀλεῖται καὶ Πιτάνη πανέρημος ἐν
Sib. 5 123 κατὰ κρημνῶν εἱλισσομένη ποτὲ κλαύσει ἡ τὸ πάλαι * σεμνὴ * καὶ ἐπώνυμος ἐξαπολεῖται. Βιθυνοὶ κλαύσουσιν ἑὴν
Sib. 5 233 τίς ἔνδοθεν οὐ χαλέπηνεν ἐν σοί τις βασιλεὺς * σεμνὸν * βίον ὤλεσε ῥιφθείς. πάντα κακῶς διέθηκας ὅλον τε
Sib. 5 262 πάμπλουτε μόνον πεποθημένον ἄνθος φῶς ἀγαθὸν * σεμνόν * τε τέλος +πεποθημένον ἄγνος+ Ἰουδαίη χαρίεσσα
FPho. 67 τόλμα κακῶν ὀλοὴ μέγ' ὀφέλλει δ' ἐσθλὰ πονεῦντα. * σεμνὸς * ἔρως ἀρετῆς ὁ δὲ Κύπριδος αἶσχος ὀφέλλει. ἡδὺς
σεμνότης 2
Aris. 5 2 πέπεισμαι γάρ σε μᾶλλον ἔχοντα πρόσκλισιν πρὸς τὴν * σεμνότητα * καὶ τὴν τῶν ἀνθρώπων διάθεσιν τῶν κατὰ τὴν
Aris. 171 2 τὰ τῆς ὁμιλίας ἄξια λόγου καθεστάναι διὸ τὴν * σεμνότητα * καὶ φυσικὴν διάνοιαν τοῦ νόμου προῆγμαι
σεμνύνω 2
Aris. 152 4 μεγάλην ἀδικίαν καὶ χῶραι καὶ πόλεις ὅλαι * σεμνύνονται * ἐπὶ τούτοις. οὐ μόνον γὰρ πρὸς ἄρσενας
Sib. 5 280 μηδὲ κύνας καὶ γῦπας ἃ Αἴγυπτος κατέδειξεν * σεμνύνειν * στομάτεσσι κενοῖς καὶ χείλεσι μωροῖς. εὐσεβέων
Σεναχηρειμ 1
HDem. 1 141 1 καὶ Βενιαμειν καὶ Λευὶ μὴ αἰχμαλωτισθῆναι ὑπὸ τοῦ * Σεναχηρειμ * ἀλλ' εἶναι ἀπὸ τῆς αἰχμαλωσίας ταύτης εἰς τὴν
Σενισήλ 1
Hen. 13 9 ἐν Ἐβελσατὰ ἥτις ἐστὶν ἀνὰ μέσον τοῦ Λιβάνου καὶ * Σενισὴλ * περικεκαλυμμένοι τὴν ὄψιν. ἐνώπιον αὐτῶν καὶ
Σενναάρ 1
FJub. 10 18 ἐβλήθη εἰς τὴν ἄβυσσον. γυνὴ Φαλεχ Δυμνα θυγάτηρ * Σεννααρ. * ἐπὶ μ γ' ἔτη ἔμειναν οἰκοδομοῦντες. τὸ ὕψος 'ε
Σεπτέμβριος 1
FJub. 48 5 αἷμα μετεβλήθη Ἰουλίῳ βάτραχοι Αὐγούστῳ σκνῖπες * Σεπτεμβρίῳ * κυνόμυια Ὀκτωβρίῳ κτηνῶν πτῶσις Νοεμβρίῳ
Σεπφώρα 7
HDem. 9 29 1 εἰς Μαδιὰμ καὶ συνοικῆσαι ἐκεῖ τῇ Ἰοθὼρ θυγατρὶ * Σεπφώρᾳ * ἣν εἶναι ὅσα στοχάζεσθαι ἀπὸ τῶν ὀνομάτων τῶν
HDem. 9 29 1 ἐκ δὲ Ῥαγουὴλ Ἰοθὼρ καὶ Ὀβὰβ ἐκ δὲ τοῦ Ἰοθὼρ * Σεπφώραν * ἣν γῆμαι Μωσῆν. καὶ τὰς γενεὰς δὲ συμφωνεῖν τὸν
HDem. 9 29 2 τὸν γὰρ Μωσῆν εἶναι ἀπὸ Ἀβραὰμ ἕβδομον τὴν δὲ * Σεπφώραν * ἕκτην. συνοικοῦντος γὰρ ἤδη τοῦ Ἰσαὰκ ἀφ' οὗ
HDem. 9 29 2 μ β' ἐτῶν ὕστερον γεγονέναι τὸν Ἰσαὰρ ἀφ' οὗ τὴν * Σεπφώραν * γεγενεαλογῆσθαι. οὐδὲν οὖν ἀντιπίπτει τὸν Μωσῆν
HDem. 9 29 3 οὐδὲν οὖν ἀντιπίπτει τὸν Μωσῆν καὶ τὴν * Σεπφώραν * κατὰ τοὺς αὐτοὺς γεγονέναι χρόνους. κατοικεῖν
LEze. 9 28 4 08 τε καὶ τούτων πατήρ. (Χ.) ὅμως κατειπεῖν χρή σε * Σεπφώρα * τάδε. (Σ). ξένῳ πατὴρ με τῷδ' ἔδωκεν εὐνέτιν.
LEze. 9 28 4 09 πατήρ. (Χ.) ὅμως κατειπεῖν χρή σε Σεπφώρα τάδε. * (Σ). * ξένῳ πατὴρ με τῷδ' ἔδωκεν εὐνέτιν. ἔδοξ' ὅρους κατ'
Σεραφίμ 4
Adam 33 3 ὅπου ἔκειτο ὁ πατὴρ ὑμῶν Ἀδὰμ ἔστη τὸ ἅρμα καὶ τὰ * Σεραφὶμ * ἀνὰ μέσον τοῦ πατρὸς καὶ τοῦ ἅρματος. ἴδον δὲ
Adam 37 3 τὰς φωνὰς ταύτας οἱ ἄγγελοι ἰδοὺ ἦλθεν ἓν τῶν * Σεραφὶμ * ἑξαπτερύγων καὶ ἥρπασεν τὸν Ἀδὰμ καὶ ἀπήγαγεν
Jer. 9 3 σου παρακαλῶ περὶ τῆς φωνῆς τῆς γλυκείας τῶν δύο * Σεραφὶμ * παρακαλῶ περὶ ἄλλης εὐωδίας θυμιάματος. καὶ ἡ
HCal. 28 14 ἀκατανόητον ἀθεώρητον ἀνεξιχνίαστον ἐπὶ τῶν> * Σεραφὶμ * ἐποχούμενον καὶ τρισαγίῳ φωνῇ δοξαζόμενον. ἐν
Σεριήλ 1
Hen. 8 3 Χωχιὴλ τὰ σημειωτικὰ Σαθιὴλ ἀστεροσκοπίαν * Σεριὴλ * σεληναγωγίας. τῶν οὖν ἀνθρώπων ἀπολλυμένων ἡ
Σερούχ 2
FJub. 11 1 γενόμενος ἑκατὸν τριακονταδύο ἐτῶν ἐγέννησε τὸν * Σερούχ. * ἐπὶ τούτου οἱ ἄνθρωποι τὸν κατ' ἀλλήλων
FJub. 11 7 ὄργανα πολεμεῖν ἀλλήλοις ἐνήρξαντο. γυνὴ * Σερουχ * Μελχα θυγάτηρ Χαβερ πατραδέλφου αὐτοῦ. γυνὴ Ναχωρ
Σήθ 26
Adam 4 1 αὐτοῦ καὶ ἐν γαστρὶ ἔσχεν καὶ ἐγέννησεν τὸν * Σήθ. * καὶ λέγει Ἀδὰμ τῇ Εὔᾳ ἰδοὺ ἐγεννήσαμεν υἱὸν ἀντὶ
Adam 5 4 οἴκου ἐν ᾧ εἰσήρχετο εὔξασθαι τῷ θεῷ. εἶπε δὲ αὐτῷ * Σὴθ * ὁ υἱὸς αὐτοῦ πάτερ Ἀδάμ τί σοί ἐστιν νόσος; καὶ
Adam 6 1 αὐτῷ τί ἐστιν πόνος καὶ νόσος; καὶ ἀποκριθεὶς * Σὴθ * λέγει αὐτῷ μὴ ἐμνήσθης πάτερ τοῦ παραδείσου ἐξ ὧν
Adam 6 3 ὁ πόνος ἀπὸ σοῦ. λέγει αὐτῷ ὁ Ἀδὰμ οὐχὶ υἱέ μου * Σὴθ * ἀλλὰ νόσον καὶ πόνους ἔχω. λέγει αὐτῷ Σὴθ καὶ πῶς
Adam 6 3 υἱέ μου Σὴθ ἀλλὰ νόσον καὶ πόνους ἔχω. λέγει αὐτῷ * Σὴθ * καὶ πῶς σοι ἐγένοντο; εἶπε δὲ αὐτῷ ὁ Ἀδὰμ ὅτε
Adam 9 3 Ἀδὰμ τῇ Εὔᾳ ἀνάστα καὶ πορεύου μετὰ τοῦ υἱοῦ ἡμῶν * Σὴθ * πλησίον τοῦ παραδείσου καὶ ἐπίθετε γῆν ἐπὶ τὰς
Adam 10 1 τρόπον ἐν ᾧ ἠπατήθημεν τὸ πρότερον. ἐπορεύθη δὲ * Σὴθ * καὶ ἡ Εὔα εἰς τὰ μέρη τοῦ παραδείσου καὶ πορευομένων
Adam 12 1 ὑπενεγκεῖν ἐὰν ἀπάρξομαι ἐλέγχειν σε. λέγει ὁ * Σὴθ * πρὸς τὸ θηρίον κλεῖσαί σου τὸ στόμα καὶ σίγα καὶ
Adam 12 2 ἕως ἡμέρας τῆς κρίσεως. τότε λέγει τὸ θηρίον τῷ * Σὴθ * ἰδοὺ ἀφίσταμαι ἀπὸ τῆς εἰκόνος τοῦ θεοῦ. τότε ἔφυγε
Adam 13 1 καὶ ἐπορεύθη εἰς τὴν σκηνὴν αὐτοῦ. ἐπορεύθη δὲ * Σὴθ * μετὰ Εὔας πλησίον τοῦ παραδείσου. καὶ ἔκλαυσαν
Adam 13 2 ὁ θεὸς Μιχαὴλ τὸν ἀρχάγγελον. καὶ εἶπεν αὐτῷ * Σὴθ * ἄνθρωπε τοῦ θεοῦ μὴ κάμῃς εὐχόμενος ἐπὶ τῇ ἱκεσίᾳ
Adam 14 1 δὲ ταῦτα ὁ ἄγγελος ἀπῆλθεν ἀπ' αὐτῶν. ἦλθε δὲ * Σὴθ * καὶ ἡ Εὔα εἰς τὴν σκηνὴν ὅπου ἔκειτο ὁ Ἀδάμ. λέγει
Adam 34 1 ἔκλαυσα ἐκ τοῦ φόβου καὶ ἐβόησα πρὸς τὸν υἱόν μου * Σὴθ * λέγουσα ἀνάστα Σὴθ ἐκ τοῦ σώματος τοῦ πατρός σου καὶ
Adam 34 2 καὶ ἐβόησα πρὸς τὸν υἱόν μου Σὴθ λέγουσα ἀνάστα * Σὴθ * ἐκ τοῦ σώματος τοῦ πατρός σου καὶ ἐλθὲ πρός με καὶ
Adam 35 1 πῶς δέονται ὑπὲρ τοῦ πατρός σου Ἀδάμ. τότε ἀνέστη * Σὴθ * καὶ ἦλθεν πρὸς τὴν μητέρα αὐτοῦ καὶ λέγει αὐτῇ διά
Adam 35 3 τῶν ὅλων ὅτι εἰκών σού ἐστιν. ἄρα δὲ τέκνον μου * Σὴθ * τί ἐστίν μοι; πότε παραδοθήσεται εἰς τὰς χεῖρας τοῦ
Adam 35 4 τοῦ ἀοράτου θεοῦ ἡμῶν; τίνες δέ εἰσιν υἱέ μου * Σὴθ * οἱ δύο αἰθίοπες οἱ παριστάμενοι ἐπὶ τὴν προσευχὴν
Adam 36 1 ἐπὶ τὴν προσευχὴν τοῦ πατρός σου; λέγει δὲ * Σὴθ * τῇ μητρὶ αὐτοῦ ὅτι εἰσὶν ὁ ἥλιος καὶ ἡ σελήνη καὶ
Adam 36 3 καὶ διὰ τί γεγόνασι μελανοειδεῖς; καὶ λέγει αὐτῇ * Σὴθ * οὐκ ἀπέστη τὸ φῶς αὐτῶν ἀλλ' οὐ δύνανται φαίνειν
Adam 37 1 διὰ τοῦτο ἐκρύβη τὸ φῶς ἀπ' αὐτῶν. λέγοντος δὲ τοῦ * Σὴθ * ταῦτα πρὸς τὴν μητέρα αὐτοῦ Εὔαν ἰδοὺ ἐσάλπισεν ὁ
Adam 38 4 ἐκ τοῦ Ἀδὰμ νυστάξαι ἀπὸ τῆς εὐωδίας χωρὶς τοῦ * Σὴθ * μόνου ὅτι ἐγένετο καθορῶν τοῦ θεοῦ. καὶ ἦλθεν πρὸς
Adam 42 3 ἕως οὗ ἐτέλεσεν τοῦ κηδεῦσαι τὸν Ἀδὰμ πλὴν τοῦ * Σὴθ * μόνου καὶ οὐδεὶς ἐγίνωσκεν ἐπὶ τῆς γῆς πλὴν τοῦ υἱοῦ
Adam 42 3 οὐδεὶς ἐγίνωσκεν ἐπὶ τῆς γῆς πλὴν τοῦ υἱοῦ αὐτοῦ * Σήθ. * καὶ προσηύξατο Εὔα κλαίουσα ἵνα ταφῇ εἰς τὸν τόπον
Adam 43 1 τὴν ψυχὴν αὐτῆς. καὶ ἦλθεν Μιχαὴλ καὶ ἐδίδαξεν τὸν * Σὴθ * πῶς κηδεύσῃ τὴν Εὔαν. καὶ ἦλθαν τρεῖς ἄγγελοι καὶ
Adam 43 2 καὶ τοῦ Ἄβελ. καὶ μετὰ ταῦτα ἐλάλησεν ὁ Μιχαὴλ τῷ * Σὴθ * λέγων οὕτως κήδευσον πάντα ἄνθρωπον ἀποθνῄσκοντα ἕως

FJub. 4 11 τῇ ἀδελφῇ τῇ μείζονι Σαυὴ οὕτω καλουμένῃ. ὁ δὲ * Σὴθ * τρίτος υἱὸς μετὰ τὸν Ἄβελ γεννηθεὶς τῇ λεγομένῃ

Σηθων 1
TJos. 7 5 τυφλώττουσα; μνήσθητι ὅτι ἐὰν ἀνελῇς σεαυτὴν ἡ * Σηθων * ἡ παλλακὴ τοῦ ἀνδρός σου ἡ ἀντίζηλός σου κολαφίσει

Σηιρ 1
TJud. 9 3 καὶ ἔπεσεν ἐν τόξῳ Ἰακὼβ καὶ ἤρθη νεκρὸς ἐν ὄρει * Σηιρ * καὶ πορευόμενος ἐπάνω Ειρραμνα ἀπέθανεν. ἡμεῖς δὲ

σηκός 6
SIb. 3 266 φύγονται λοιμόν. καὶ σὺ δὲ κάρτα λιπὼν περικαλλέα * σηκὸν * φεύξῃ ἐπεὶ σοι μοῖρα λιπεῖν πέδον ἁγνὸν ὑπάρχει.
SIb. 3 281 καρποδότειρα ἔσσετ' ἔρημος ἅπασα σέθεν καὶ θαύματα * σηκοῦ. * ἀλλὰ μένει σ' ἀγαθοῖο τέλος καὶ δόξα μεγίστη ὡς
SIb. 3 290 τοῦτο χρόνοις περιτελλομένοισιν ἄρξει καὶ καινὸν * σηκὸν * θεοῦ ἄρξετ' ἐγείρειν. καὶ πάντες Περσῶν βασιλεῖς
SIb. 3 665 γε γαῖαν ἀθρόοι ὁρμήσονται ἑαυτοῖς κῆρα φέροντες * σηκὸν * γὰρ μεγάλοιο θεοῦ καὶ φῶτας ἀρίστους πορθεῖν
SIb. 5 293 τῇ δνοφερῇ (Λυδῶν τε--- πολυχρύσων) --- Ἀρτέμιδος * σηκὸς * Ἐφέσου πηγνύμενος χάσμασι καὶ σεισμοῖσι ποθ'
HEup. 9 34 8 τεθεῖσαν στῆσαι δ' ἐξ ἑκατέρου μέρους τοῦ * σηκοῦ * τὰς μὲν ἐκ δεξιῶν τὰς δὲ ἐξ εὐωνύμων. ποιῆσαι δ'

Σηλώμ (ὁ) 4
TJud. 8 3 εἰς γυναῖκα. αὐτὴ ἔτεκέ μοι τὸν Ἤρ καὶ Αὐνὰν καὶ * Σηλώμ * ὧν τοὺς δύο ἀτέκνους ἀνεῖλε κύριος ὁ γὰρ Σηλὼμ
TJud. 8 3 καὶ Σηλὼμ ὧν τοὺς δύο ἀτέκνους ἀνεῖλε κύριος ὁ γὰρ * Σηλὼμ * ἔζησε καὶ τὰ τέκνα αὐτοῦ ὑμεῖς ἐστε. δεκαοκτὼ ἔτη
TJud. 10 6 καίγε οὗτος ἐν πονηρίᾳ ἀπέθανεν. ἤθελον δὲ καὶ τὸν * Σηλὼμ * δοῦναι αὐτῇ ἀλλ' ἡ γυνή μου Βησσουὲ οὐκ ἀφῆκεν
TJud. 11 3 πρὸς αὐτήν. αὐτῇ ἀπόντος μου ἐπορεύθη καὶ ἔλαβε τῷ * Σηλὼμ * γυναῖκα ἐκ γῆς Χανάαν. γνοὺς δὲ ὃ ἐποίησε

Σηλώμ (πόλις) 6
Prop. 5 2 τέρας ἥξειν κύριον ἐπὶ τῆς γῆς ἐὰν ἡ δρῦς ἡ ἐν * Σηλὼμ * μερισθῇ ἀφ' ἑαυτῆς καὶ γένωνται δρύες δώδεκα.
Prop. 18 1 καὶ ἐν πολλῇ ἀγαθῇ ἐκοιμήθη ἐν εἰρήνῃ. Ἀχία ἀπὸ * Σηλὼμ * ὅπου ἦν ἡ σκηνὴ τὸ παλαιὸν ἐκ πόλεως Ἡλί. Σηλὼμ ὁ
Prop. 18 1B Σηλὼμ ὅπου ἦν ἡ σκηνὴ τὸ παλαιὸν ἐκ πόλεως Ἡλί. * Σηλὼμ * ὁ καὶ Ἡλεὶ ἔνθα ἦν καὶ ἡ σκηνὴ τὸ πάλαι. Σηλὼμ δὲ
Prop. 18 1B Σηλὼμ ὁ καὶ Ἡλεὶ ἔνθα ἦν καὶ ἡ σκηνὴ τὸ πάλαι. * Σηλὼμ * δὲ ἐκαλεῖτο ὁ Ἡλεὶ οὗτος εἶπε περὶ Σολομῶν ὅτι
Prop. 18 5 καὶ ἀπέθανε καὶ ἐτάφη σύνεγγυς τῆς δρυὸς * Σηλώμ. * καὶ οὗτος ὁ προφήτης αὐτὸς ἀπέθανεν ἐν γήρει
HEup. 9 34 14 δὲ τὸ ἱερὸν καὶ τὴν πόλιν τειχίσαντα ἐλθεῖν εἰς * Σηλὼμ * καὶ θυσίαν τῷ θεῷ εἰς ὁλοκάρπωσιν προσαγαγεῖν βοῦς

Σήμ 3
TSIm. 6 5 ταραχῆς καὶ πᾶσα ἡ ὑπ' οὐρανὸν ἀπὸ πολέμου. τότε * Σὴμ * ἐνδοξασθήσεται ὅτι κύριος ὁ θεὸς μέγας τοῦ Ἰσραὴλ
TBen. 10 6 αὐτοῦ πᾶσι τοῖς ἔθνεσιν. τότε ὄψεσθε Ἐνὼχ Νῶε καὶ * Σὴμ * καὶ Ἀβραὰμ καὶ Ἰσαὰκ καὶ Ἰακὼβ ἀνισταμένους ἐκ
Prop. 3 3 σεβάσμασι. καὶ ἔθαψαν αὐτὸν ἐν ἀγρῷ Μαοὺρ ἐν τάφῳ * Σὴμ * καὶ Ἀρφαξὰδ πατέρων Ἀβραὰμ καὶ ἔστιν ὁ τάφος

σῆμα 10
SIb. 3 66 μέγαν λαμπράν τε σελήνην καὶ νέκυας στήσει καὶ * σήματα * πολλὰ ποιήσει ἀνθρώποις ἀλλ' οὐχὶ τελεσφόρα
SIb. 3 335 ὃν ἐροῦσι κομήτην ῥομφαίας λιμοῦ θανάτοιό τε * σῆμα * βροτοῖσιν ἡγεμόνων τε +φθορὰν+ ἀνδρῶν μεγάλων τ'
SIb. 3 337 ἡγεμόνων τε +φθορὰν+ ἀνδρῶν μεγάλων τ' ἐπισήμων. * σήματα * δ' ἔσσεται αὖτις ἐν ἀνθρώποισι μέγιστα καὶ γὰρ
SIb. 3 410 κευθμῶνας γαίης σκεδάσει καὶ τείχεα λύσει. * σήματα * δ' οὐκ ἀγαθοῖο κακοῖο δὲ φύσεται ἀρχή. παμφύλου
SIb. 3 441 κελαρύξεται ὕδωρ μέχρι κε καὶ Πατάρων μαντήια * σήματα * παύσῃ. Κύζικος οἰκήτειρα Προποντίδος οἰνοπόλοιο
SIb. 3 796 κοὐκ ἀδικήσουσιν χεὶρ γὰρ θεοῦ ἔσσετ' ἐπ' αὐτούς. * σῆμα * δέ τοι ἐρέω μάλ' ἀριφραδὲς ὥστε νοῆσαι ἡνίκα δὴ
SIb. 3 804 γαῖαν ἵκονται αἵματι καὶ σταγόνεσσι πετρῶν δ' ἄπο * σῆμα * γένηται ἐν νεφέλῃ δ' ὄψεσθε μάχην πεζῶν ⟨τε⟩ καὶ
SIb. 4 173 δέξαισθε ἀκουαῖς πῦρ ἔσται κατὰ κόσμον ὅλον καὶ * σῆμα * μέγιστον ῥομφαίᾳ σάλπιγγι ἅμ' ἠελίῳ ἀνιόντι κόσμος
SIb. 5 412 δ' ὤλετο +χέρσον ἀπ' ἀθανάτην ἐπιβὰς γῆν+ κοὐκέτι * σῆμα * τοιοῦτον ἐπ' ἀνθρώποισι τέτυκτο ὥστε δοκεῖν ἑτέρους
LEze. 9 29 12 28 τῇ πρόσθε νυκτὶ αἵματι ψαῦσαι θύρας ὅπως παρέλθῃ * σῆμα * δεινὸς ἄγγελος. ὑμεῖς δὲ νυκτὸς ὀπτὰ δαίσεσθε κρέα.

σημαίνω 21
Hen. 106 13 τῆς γῆς καὶ τὸν αὐτὸν τρόπον τέκνον τεθέαμαι καὶ * ἐσήμανά * σοι ἐν γὰρ τῇ γενεᾷ Ἰάρεδ τοῦ πατρός μου
Hen. 107 2 τῆς γῆς ἐπ' αὐτούς. καὶ νῦν ἀπότρεχε τέκνον καὶ * σήμανον * Λάμεχ τῷ υἱῷ σου ὅτι τὸ παιδίον τοῦτο τὸ
Asen. 23 8 τὸν δεξιὸν πόδα τοῦ Συμεὼν καὶ ἔθλιψεν αὐτὸν καὶ * ἐσήμανεν * αὐτῷ τοῦ παύσασθαι ἀπὸ τῆς ὀργῆς αὐτοῦ. καὶ
Job 6 3 προθύροις μου ὅτι εἴ τις σήμερον ζητήσῃ με, μὴ * σημανθήτω, * ἀλλ' εἴπατε ὅτι οὐ σχολάζει περὶ γὰρ
Job 6 5 εἰς ἐπαίτην ἔκρουσεν τὴν θύραν καὶ λέγει τῇ θυρωρῷ * σήμανον * τῷ Ιωβ λέγουσα ὅτι βούλομαι συντυχεῖν σοι. καὶ ἡ
Aris. 30 4 φωνῇ λεγόμενα ἀμελέστερον δὲ καὶ οὐχ ὡς ὑπάρχει * σεσήμανται * καθὼς ὑπὸ τῶν εἰδότων προσαναφέρεται προνοίας
Aris. 33 2 βασιλεὺς γραφῆναι πρὸς τὸν Ἐλεάζαρον περὶ τούτων * σημάναντας * καὶ τὴν γενομένην ἀπολύτρωσιν τῶν αἰχμαλώτων.
Aris. 120 6 ταύτην. ὅσον οὖν καὶ περὶ τούτων ἔδει κεφαλαιωδῶς * σεσήμαγκά * σοι ὦ Φιλόκρατες ἄδελφε τὰ δὲ τῆς ἑρμηνείας
Aris. 143 5 χάριν δὲ ὑποδείγματος ἓν ἢ δεύτερον ἐπιδραμὼν σοι * σημανῶ. * μὴ γὰρ εἰς τὸν καταπεπτωκότα λόγον ἔλθῃς ὅτι
Aris. 192 4 τοῖς δὲ ἀποτυγχάνουσιν ἢ δι' ὀνείρων ἢ πράξεων * σημαίνεσθαι * τὸ βλαβερὸν αὐτοῖς οὐ κατὰ τὰς ἁμαρτίας οὐδὲ
Aris. 200 2 συμφερόντως. ἐπιφωνησάντων δὲ πάντων καὶ κρότῳ * σημηναμένων * πρὸς τοὺς φιλοσόφους εἶπεν ὁ βασιλεὺς οὐκ
Aris. 315 1 τίνος χάριν τὸ συμβαῖνόν ἐστι. δι' ὀνείρου δὲ * σημανθέντος * ὅτι τὰ θεῖα βούλεται περιεργασάμενος εἰς
FAch. 118 νέον καὶ μάχιμον ἔτι δὲ καὶ τὰς ὥρας αὐτῷ * ἐσήμαινεν * καὶ ἀπέκτεινεν αὐτὸν ἡ αἴλουρος τῇδε τῇ νυκτί.
LEze. 9 29 6 01 ἐξανίσταμ' ἐξ ὕπνου. ὦ ξένε καλόν σοι τοῦτ' * ἐσήμηνεν * θεὸς ζῴην δ' ὅταν σοι ταῦτα συμβαί⟨ν⟩ῃ ποτέ.
LEze. 9 29 8 14 ἰδὼν κάκωσιν καὶ πόνον δούλων ἐμῶν. ἀλλ' ἕρπε καὶ * σήμαινε * τοῖς ἐμοῖς λόγοις πρῶτον μὲν αὐτοῖς πᾶσιν
LArI. 8 10 1 ζητήματα ἐπεφώνησας καὶ σὺ βασιλεῦ διότι * σημαίνεται * διὰ τοῦ νόμου τοῦ παρ' ἡμῖν καὶ χεῖρες καὶ
LArI. 8 10 6 τι διασαφῶν. ἄρξομαι δὲ λαμβάνειν καθ' ἕκαστον * σημαινόμενον * καθ' ὅσον ἂν ὦ δυνατός. εἰ δὲ μὴ τεύξομαι
LArI. 13 12 6 γὰρ καὶ γένος ἐσμὲν ὁ δ' ἤπιος ἀνθρώποισι δεξιὰ * σημαίνει * λαοὺς δ' ἐπὶ ἔργον ἐγείρει μιμνήσκων βιότοιο
LArI. 13 12 7 διὰ πάντων ἐστὶν ἡ δύναμις τοῦ θεοῦ. καθὼς δὲ δεῖ * σεσημάγκαμεν * περιαιροῦντες τὸν διὰ τῶν ποιημάτων Δία καὶ
LArI. 13 12 12 τάξιν αὐτῶν οὕτως εἰς πάντα τὸν χρόνον τεταχέναι. * σημαίνει * γὰρ ὡς ἐν ἓξ ἡμέραις ἐποίησε τόν τε οὐρανὸν καὶ
LArI. 13 12 15 δ' ἠοῖ λίπομεν ῥόον ἐξ Ἀχέροντος. τοῦτο δὴ * σημαίνων * ὡς ἀπὸ τῆς κατὰ ψυχὴν λήθης καὶ κακίας ἐν τῷ

σημασία 1
Sal. 11 1 εἰς προσδοκίαν. σαλπίσατε ἐν Σιων ἐν σάλπιγγι * σημασίας * ἁγίων κηρύξατε ἐν Ιερουσαλημ φωνὴν

σημεῖον 31
Hen. 8B 3 ἐδίδαξεν ἀεροσκοπίαν. ὁ δὲ τρίτος ἐδίδαξε τὰ * σημεῖα * τῆς γῆς. ὁ δὲ ἕβδομος ἐδίδαξε τὰ σημεῖα τοῦ ἡλίου
Hen. 8B 3 ἐδίδαξε τὰ σημεῖα τῆς γῆς. ὁ δὲ ἕβδομος ἐδίδαξε τὰ * σημεῖα * τοῦ ἡλίου ὁ δὲ εἰκοστὸς ἐδίδαξε τὰ σημεῖα τῆς
Hen. 8B 3 τὰ σημεῖα τοῦ ἡλίου ὁ δὲ εἰκοστὸς ἐδίδαξε τὰ * σημεῖα * τῆς σελήνης. πάντες οὗτοι ἤρξαντο ἀνακαλύπτειν τὰ
Abr.Z 11 9 γένωμαι. καὶ λέγει ὁ κύριος τῷ Ἐνὼχ τίθημι * σημεῖον * πρός σε ἵνα γράφῃς ἁμαρτίας ψυχῆς ἐπὶ τοῦ
TLevI 8 2 καὶ τὸ πέταλον τῆς πίστεως καὶ τὴν μίτραν τοῦ * σημείου * καὶ τὸ ἐφοὺδ τῆς προφητείας. καὶ εἷς ἕκαστος
TLevI 8 11 εἰς τρεῖς ἀρχὰς διαιρεθήσεται τὸ σπέρμα σου εἰς * σημεῖον * δόξης κυρίου ἐπερχομένου καὶ ὁ πιστεύσας πρῶτος
Sal. 15 6 κυρίου ὀλεθρεῦσαι πᾶσαν ὑπόστασιν ἁμαρτωλῶν ὅτι τὸ * σημεῖον * τοῦ θεοῦ ἐπὶ δικαίους εἰς σωτηρίαν. λιμὸς καὶ
Sal. 15 9 ὡς ὑπὸ πολεμίων ἐμπείρων καταλημφθήσονται τὸ γὰρ * σημεῖον * τῆς ἀπωλείας ἐπὶ τοῦ μετώπου αὐτῶν. καὶ ἡ
Jer. 5 12 ἐξῆλθε δὲ ἀπὸ τῆς πόλεως καὶ κατανοήσας εἶδε τὰ * σημεῖα * τῆς πόλεως καὶ εἶπεν αὕτη μὲν ἔστιν ἡ πόλις
Jer. 6 23 Ἰορδάνου ὁ μὴ ἀκούων φανερὸς γενήσεται τοῦτο τὸ * σημεῖόν * ἐστι τῆς μεγάλης σφραγῖδος. καὶ ἀνέστη Βαρούχ
Prop. 1 2 ὧν ἀπώλεσεν Ἐζεκίας χώσας αὐτά. καὶ ὁ θεὸς τὸ * σημεῖον * τοῦ Σιλωὰμ διὰ τὸν προφήτην ἐποίησεν ὅτι πρὸ τοῦ
Prop. 2 7 λαιὰν γὰρ λέγουσι πᾶν εὐώνυμον. οὗτος ὁ Ἱερεμίας * σημεῖον * δέδωκε τοῖς ἱερεῦσιν Αἰγύπτου ὅτι δεῖ σεισθῆναι
Prop. 2 10 εἰς οὐρανὸν καὶ πάλιν ἐλεύσεται ἐν δυνάμει. καὶ * σημεῖον * ὑμῖν ἔσται τῆς παρουσίας αὐτοῦ ὅτι ξύλον πάντα
Prop. 21 4 λόγος αὐτοῦ ἀπόφασις καὶ κρινεῖ τὸν Ἰσραήλ. τὰ δὲ * σημεῖα * ἃ ἐποίησεν εἰσὶ ταῦτα ηὔξατο Ἡλίας καὶ οὐκ
Prop. 22 5 καὶ τὰ χωνευτὰ καὶ θανὼν ἐτάφη ἐν Σαμαρείᾳ. τὰ δὲ * σημεῖα * ἃ ἐποίησεν εἰσὶ ταῦτα ἐπάταξε καὶ αὐτὸς τὸν
Job 52 1 ἐπεὶ μηκέτι πόνος ἴσχυεν ἅπτεσθαι αὐτοῦ διὰ τὸ * σημεῖον * τῆς περιζώσεως ἢ περιεζώσατο καὶ μετὰ τρεῖς
Aris. 44 3 ἐστὶν ὑπακουσόμεθα τοῦτο γὰρ φιλίας καὶ ἀγαπήσεως * σημεῖόν * ἐστι. μεγάλα γὰρ καὶ σὺ καὶ ἀνεπίληστα τοὺς
Aris. 150 3 τὸ γὰρ διχηλεύειν καὶ διαστέλλειν ὁπλῆς ὄνυχας * σημεῖόν * ἐστι τοῦ διαστέλλειν ἕκαστα τῶν πράξεων ἐπὶ τὸ
Aris. 159 2 εἶναι θεοῦ καὶ ἐπὶ τῶν χειρῶν δὲ διαρρήδην τὸ * σημεῖον * κελεύει περιῆφθαι σαφῶς ἀποδεικνὺς ὅτι πᾶσαν
Aris. 270 5 πάντα πρὸς τὸ κερδαίνειν. τὸ μὲν γὰρ ἀγαπήσεως * σημεῖον * τὸ δὲ δυσνοίας καὶ καιροτηρησίας ὃς γὰρ ἐπὶ τὸ
SIb. 3 224 οὔτε βάθος χαροποῖο θαλάσσης Ὠκεανοῖο οὐ πταρμῶν * σημεῖ' * οἰωνοπόλων τε πετεινὰ οὐ μάντεις οὐ φαρμακοὺς οὐ
SIb. 3 457 ταὶ μὲν ὑπὲρ +νεκύων+ ταὶ δ' ὀλλυμένων ὑπὲρ υἱῶν. * σημεῖον * Κύπρου σεισμὸς φθίσει δὲ φάραγγας καὶ πολλὰς
SIb. 5 175 καὶ σοὺς πάντας ὀλεῖ θεὸς αἰὲν ὑπάρχων κοὐκέτι σου * σημεῖον * ἔτ' ἔσσεται ἐν χθονὶ κείνῃ ὡς τὸ πάλαι ὅτε σὰς ὁ
SIb. 5 313 τότ' ἀναιάξουσιν ὁμοῦ κακότητα μένοντες. εἰδήσει * σημεῖον * ἔχων ἀνθ' ὧν ἐμόγησεν Κυμαίων δῆμος χαλεπὸς καὶ
FJub. 11 8 ὁ πατὴρ πάντων ἐπίλυσιν οἰωνῶν τῶν τε ἐν οὐρανῷ * σημείων * διακρίσεις καὶ τῶν ἐπὶ γῆς ἁπάντων καὶ πᾶσαν
HArt. 9 27 27 σπασμοῦ τὸν βίον ἐκλιμπάνειν εἰπεῖν τε τὸν βασιλέα * σημεῖόν * τι αὐτῷ ποιῆσαι τὸν δὲ Μώϋσον ἣν εἶχε ῥάβδον
HArt. 9 27 31 Ἰουδαίους. τὸν δὲ Μώϋσον ταῦτα ὁρῶντα ἄλλα τε * σημεῖα * ποιῆσαι καὶ πατάξαντα τὴν γῆν τῇ ῥάβδῳ ζῷόν τι
LEze. 9 29 7 01 τά τ' ὄντα τά τε προτοῦ τά θ' ὕστερον. ἔα τί μοι * σημεῖον * ἐκ βάτου τόδε τεράστιόν τε καὶ βροτοῖς ἄπιστία;
LEze. 9 29 14 34 Μωσῆς λαβὼν ῥάβδον θεοῦ τῇ δὴ πρὶν Αἰγύπτῳ κακὰ * σημεῖα * καὶ τεράατ' ἐξεμήσατο ἔτυψ' Ἐρυθρᾶς νῶτα καὶ
LEze. 9 29 16 05 ἐκεῖ τόθεν δὲ φέγγος ἐξέλαμψέ νυν κατ' εὐφρόνης * σημεῖον * ὡς στῦλος πυρός. ἐνταῦθα λειμῶν' εὕρομεν
LArI. 13 12 12 διασεσάφηκε δ' ἡμῖν αὐτὴν ἔννομον ἕνεκεν * σημείου * τοῦ περὶ ἡμᾶς ἑβδόμου λόγου καθεστῶτος ἐν ᾧ

σημειόω 3
Aris. 148 2 διὰ τῶν τοιούτων οὖν παραδέδωκεν ὁ νομοθέτης * σημειοῦσθαι * τοῖς συνετοῖς εἶναι δικαίους τε καὶ μηδὲν
Aris. 151 4 οὖν ἅπαντα ἐπιτελεῖν πρὸς δικαιοσύνην ἀναγκάζει τῷ * σημειοῦσθαι * διὰ τούτων ἔτι δὲ καὶ διότι παρὰ πάντας
Aris. 234 6 βούλησιν ἣν καὶ σὺ διατελεῖς ἔχων γνώμην ᾗ πάρεστι * σημειοῦσθαι * πᾶσιν ἐκ τῶν ὑπὸ σοῦ συντετελεσμένων καὶ

σημείωσις 4
Sal. 4 2 τὸν θεὸν Ισραηλ; περισσὸς ἐν λόγοις περισσὸς ἐν * σημειώσει * ὑπὲρ πάντας ὁ σκληρὸς ἐν λόγοις κατακρῖναι
Job 51 4 τῇ μιᾷ καὶ ἀνεγραψάμην τὸ βιβλίον ὅλον πλείστων * σημειώσεων * τῶν ὕμνων παρὰ τῶν τριῶν θυγατέρων τοῦ
Aris. 161 4 εἰς ψυχὴν νενομοθέτηται πρὸς δ' ἀλήθειαν καὶ * σημείωσιν * ὀρθοῦ λόγου. διατάξας γὰρ ἐπὶ βρωτῶν καὶ ποτῶν

Aris. 170 6 τὰς θυσίας μηθὲν ὑπερήφανον ἑαυτοῖς συνιστορῶσι * σημειώσει * κεχρημένοι τοῦ διατάξαντος. τῆς γὰρ ἑαυτοῦ

σημειωτικός
1
Hen. 8 3 ἐπαοιδῶν λυτήριον Βαρακιὴλ ἀστρολογίας Χωχιὴλ τὰ * σημειωτικὰ * Σαθιὴλ ἀστεροσκοπίαν Σεριὴλ σεληναγωγίας. τῶν

σήμερον
54
Abr.1 4 1 ἕνα τοῦ ἀνθρώπου τούτου τοῦ ἐπιξενισθέντος ἡμῖν * σήμερον * ἑτοίμασον δὲ ἡμῖν ἐκεῖ δίφρον καὶ λυχνίαν καὶ
Abr.1 4 3 ὅτι ὁ ἄνθρωπος οὗτος ὁ ἐπιξενισθεὶς ἡμῖν * σήμερον * ἐνδοξότερος ὑπάρχει βασιλέων καὶ ἀρχόντων ὅτι
Abr.1 5 13 κύριέ μου μὴ οὗτος ὁ ἀδελφὸς ὁ ἐπιξενισθεὶς ἡμῖν * σήμερον * μήτι φάσιν λόγου ἤνεγκε περὶ Λὼτ τοῦ ἀδελφοῦ σου
Abr.2 3 5 ἵνα φάγωμεν καὶ πίωμεν ὅτι εὐφρασία γίνεται * σήμερον. * καὶ ἤνεγκαν οἱ παῖδες καθὼς παρήγγειλεν Ἀβραὰμ
Abr.2 6 8 τοῦ φωτὸς ἀνατείλαντος εἰς τὸν οἶκον ἡμῶν; ἡ γὰρ * σήμερον * ἡμέρα εὐφρασία ἐστίν. λέγει Ἀβραὰμ πόθεν
TRub. 1 6 καὶ ἰδοὺ ἐπιμαρτύρομαι ὑμῖν τὸν θεὸν τοῦ οὐρανοῦ * σήμερον * τοῦ μὴ πορευθῆναι ἐν ἀγνοίᾳ νεότητος καὶ πορνείᾳ
TLevi 7 2 σοι καὶ τῷ σπέρματί σου μετά σε. ἔσται γὰρ ἀπὸ * σήμερον * Σίκιμα λεγομένη πόλις ἀσυνέτων ὅτι ὡσεὶ τις
TJud. 26 2 πρὸς αὐτοὺς ἑκατὸν δεκαεννέα ἐτῶν ἐγὼ ἀποθνήσκω * σήμερον * ἐν ὀφθαλμοῖς ὑμῶν. μηδεὶς με ἐνταφιάσει
TDan 1 4 ὅτι πᾶσαν κακίαν ἄνθρωπον ἐκδιδάσκει. ὁμολογῶ * σήμερον * ὑμῖν τέκνα μου ὅτι ἐν καρδίᾳ μου ἠδόμην περὶ τοῦ
Asen. 3 4 διότι Ἰωσὴφ ὁ δυνατὸς τοῦ θεοῦ ἔρχεται πρὸς ἡμᾶς * σήμερον. * καὶ ἤκουσεν Ἀσενὲθ ὅτι ἥκασιν ἐξ ἀγροῦ τῆς
Asen. 4 7 αὐτῆς Ἰωσὴφ ὁ δυνατὸς τοῦ θεοῦ ἔρχεται πρὸς ἡμᾶς * σήμερον. * καὶ αὐτός ἐστιν ἄρχων πάσης τῆς γῆς Αἰγύπτου
Asen. 4 7 Ἰωσὴφ ἀνὴρ θεοσεβὴς καὶ σώφρων καὶ παρθένος ὡς σὺ * σήμερον * καὶ ἔστιν Ἰωσὴφ ἀνὴρ δυνατὸς ἐν σοφίᾳ καὶ
Asen. 6 2 τῷ ἅρματι αὐτοῦ καὶ εἰσῆλθεν εἰς τὴν οἰκίαν ἡμῶν * σήμερον * καὶ λάμπει εἰς αὐτὴν ὡς φῶς ἐπὶ τῆς γῆς. ἐγὼ δὲ
Asen. 7 7 ἀνὴρ ἄλλος ὃς ἑώρακεν αὐτὴν πώποτε εἰ μὴ σὺ μόνος * σήμερον. * καὶ εἰ βούλῃ ἐλεύσεται καὶ προσαγορεύσει σε
Asen. 7 8 ἡκέτω ὅτι ἀδελφή μού ἐστι καὶ ἀγαπῶ αὐτὴν ἀπὸ τῆς * σήμερον * ὡς ἀδελφήν μου. καὶ ἀνέβη ἡ μήτηρ τῆς Ἀσενὲθ
Asen. 8 1 ἀδελφόν σου διότι καὶ αὐτὸς παρθένος ἐστὶν ὡς σὺ * σήμερον * καὶ μισεῖ πᾶσαν γυναῖκα ἀλλοτρίαν ὡς καὶ σὺ
Asen. 9 4 πρὸς Ἰωσὴφ αὐλισθήτω δὴ ἐνταῦθα ὁ κύριός μου * σήμερον * καὶ τὸ πρωῒ ἀπελεύσῃ τὴν ὁδόν σου. καὶ εἶπεν
Asen. 9 5 ὁδόν σου. καὶ εἶπεν Ἰωσὴφ οὐχὶ ἀλλ' ἀπελεύσομαι * σήμερον * διότι αὕτη ἡ ἡμέρα ἐστὶν ἐν ᾗ ἤρξατο ὁ θεὸς
Asen. 15 1 τί σὺ τοῦτο πεποίηκας; διότι σὺ εἶ παρθένος ἁγνὴ * σήμερον * καὶ ἡ κεφαλή σού ἐστιν ὡς ἀνδρὸς νεανίσκου. καὶ
Asen. 15 5 οὐκ ἐξαλειφθήσεται εἰς τὸν αἰῶνα. ἰδοὺ δὴ ἀπὸ τῆς * σήμερον * ἀνακαινισθήσῃ καὶ ἀναπλασθήσῃ καὶ ἀναζωοποιηθήσῃ
Asen. 15 6 θάρσει Ἀσενὲθ ἡ παρθένος ἁγνή. ἰδοὺ δέδωκά σε * σήμερον * νύμφην τῷ Ἰωσὴφ καὶ αὐτὸς ἔσται σοῦ νυμφίος εἰς
Asen. 15 9 πάντα τὰ ῥήματά μου. καὶ ἐλεύσεται πρός σε Ἰωσὴφ * σήμερον * καὶ ὄψεταί σε καὶ χαρήσεται ἐπὶ σε καὶ ἀγαπήσει
Asen. 15 10 τῷ Ἰωσήφ. ἰδοὺ γὰρ αὐτὸς παραγίνεται πρός σε * σήμερον * καὶ ὄψεταί σε καὶ χαρήσεται. καὶ ὡς ἐτέλεσεν ὁ
Asen. 16 16 καὶ κέχρισαι χρίσματι ἀφθαρσίας. ἰδοὺ δὴ ἀπὸ τῆς * σήμερον * αἱ σάρκες σου βρύουσιν ὡς ἄνθη ζωῆς ἀπὸ τῆς γῆς
Asen. 17 2 οὕτως ἔσται πάντα τὰ ῥήματά μου ἃ λελάληκα πρός σε * σήμερον. * καὶ ἐξέτεινε τρίτον τὴν δεξιὰν χεῖρα αὐτοῦ ὁ
Asen. 18 1 ἰδοὺ Ἰωσὴφ ὁ δυνατὸς τοῦ θεοῦ ἔρχεται πρὸς ⟨ἡμᾶς⟩ * σήμερον. * ὁ γὰρ πρόδρομος αὐτοῦ πρὸς τὰς πύλας τῆς αὐλῆς
Asen. 18 2 ὅτι Ἰωσὴφ ὁ δυνατὸς τοῦ θεοῦ ἔρχεται πρὸς ἡμᾶς * σήμερον. * καὶ εἶδεν αὐτὴν ὁ τροφεὺς αὐτῆς καὶ ἰδοὺ ἦν τὸ
Asen. 19 5 ἀπώλοντο. καὶ ἄνθρωπος ἦλθε πρός με ἐκ τοῦ οὐρανοῦ * σήμερον * καὶ ἔδωκέ μοι ἄρτον ζωῆς καὶ ἔφαγον καὶ ποτήριον
Asen. 19 5 ἔπιον καὶ εἶπέ μοι δέδωκά σε εἰς νύμφην τῷ Ἰωσὴφ * σήμερον * καὶ αὐτὸς ἔσται σου νυμφίος εἰς τὸν αἰῶνα
Asen. 19 9 τῶν αἰώνων. διότι ὁ ἄνθρωπος ἐκεῖνος ἦλθε πρός με * σήμερον * καὶ εἶπέ μοι κατὰ τὰ ῥήματα ταῦτα περὶ σου. καὶ
Asen. 23 2 εἶπεν αὐτοῖς ὁ υἱὸς Φαραὼ ὁ πρωτότοκος γινώσκω ἐγὼ * σήμερον * ὅτι ὑμεῖς ἐστὲ ἄνδρες δυνατοὶ ὑπὲρ πάντας
Asen. 23 3 τριάκοντα χιλιάδες ἀνδρῶν πολεμιστῶν. καὶ ἰδοὺ ἐγὼ * σήμερον * λήψομαι ὑμᾶς ἐμαυτῷ εἰς ἑταίρους καὶ δώσω ὑμῖν
Asen. 24 15 καὶ εἶπον αὐτῷ Δὰν καὶ Γὰδ ἡμεῖς ἐσμὲν παῖδές σου * σήμερον * καὶ ποιήσομεν πάντα ἃ προσέταξας ἡμῖν. καὶ
Asen. 24 15 πάντα ἃ προστέταχας ἡμῖν. καὶ ἡμεῖς ἀκηκόαμεν * σήμερον * τοῦ Ἰωσὴφ λέγοντος πρὸς τὴν Ἀσενὲθ πορεύου
Asen. 24 19 καὶ εἶπον αὐτῷ Δὰν καὶ Γὰδ ἡμεῖς ἐσμὲν παῖδές σου * σήμερον * καὶ ποιήσομεν πάντα ἃ προσέταξας ἡμῖν. ἡμεῖς
Asen. 25 5 ὀφθαλμοῦ. οὐκ ἰδοὺ ἅπαξ πεπράκατε αὐτὸν καὶ ἔστι * σήμερον * βασιλεὺς πάσης τῆς γῆς Αἰγύπτου καὶ σωτὴρ καὶ
Asen. 28 13 τοῦτο δὶς καὶ κατὰ σοῦ δέσποινα καὶ βασίλισσα ἡμῶν * σήμερον. * καὶ ἐξέτεινεν Ἀσενὲθ τὴν δεξιὰν αὐτῆς χεῖρα
Jer. 5 5 εἰ μὴ γὰρ ἐσπούδαζεν οὐκ ἂν ἀπέστειλέ με ὄρθρου * σήμερον. * ἀναστὰς οὖν πορεύσομαι τῷ καύματι οὐ γὰρ καῦμα
Jer. 5 8 κύριος ὅτι μεγάλη ἔκστασις ἐπέπεσεν ἐπ' ἐμὲ * σήμερον. * οὐκ ἔστιν αὕτη ἡ πόλις Ἱερουσαλὴμ πεπλάνημαι
Jer. 5 19 αὐτῷ ὁ πρεσβύτης οὐκ εἶ σὺ ἐκ τῆς πόλεως ταύτης * σήμερον * μνησθεὶς τοῦ Ἱερεμίου ὅτι ἐπερωτᾷς περὶ αὐτοῦ
Jer. 5 30 τὴν ἔκστασιν ἐπὶ σέ. ἰδοὺ γὰρ ἑξήκοντα καὶ ἓξ ἔτη * σήμερόν * εἰσιν ἀφ' οὗ ᾐχμαλωτεύθη ὁ λαὸς εἰς Βαβυλῶνα.
Jer. 7 24 οὐκ ἐπαύσατο ἡ λύπη ἀφ' ἡμῶν ἑξήκοντα καὶ ἓξ ἔτη * σήμερον. * πολλάκις γὰρ ἐξερχόμενος ηὕρισκον ἐκ τοῦ λαοῦ
Prop. 1 4 ἤρχοντο ἐξήρχετο ὕδωρ ἐὰν δὲ ἀλλόφυλοι οὔ. διὸ ἕως * σήμερον * αἰφνιδίως ἐξέρχεται ἵνα δειχθῇ τὸ μυστήριον. καὶ
Prop. 1 7 σκολιὰν σύνθεσιν ἀνυπονόητον καὶ ἔστιν ἕως τῆς * σήμερον * τοῖς πολλοῖς ἀγνοουμένη ὅλου δὲ τοῦ λαοῦ. ἐκεῖ
Prop. 2 4 δὲ κροκοδείλους. καὶ ὅσοι εἰσὶ πιστοὶ θεοῦ ἕως * σήμερον * εὔχονται ἐν τῷ τόπῳ καὶ λαμβάνοντες τοῦ χοὸς τοῦ
Prop. 2 13 νοεῖ τὸν τόπον οὔτε ἀναγνῶναι αὐτὸν ⟨δύναται⟩ ἕως * σήμερον * καὶ ἕως συντελείας. καὶ ἔστιν ἡ πέτρα ἐν τῇ
Prop. 2 15 ἵνα γένηται συγκοινωνὸς Μωϋσέως καὶ ὁμοῦ εἰσιν ἕως * σήμερον. * Ἰεζεκιήλ. οὗτός ἐστιν ἐκ γῆς Ἀρίρα ἐκ τῶν
Job 6 3 ἐντειλάμην τοῖς προθύροις μου ὅτι εἴ τις * σήμερον * ζητήσῃ με, μὴ σημανθήτω, ἀλλ' εἴπατε ὅτι οὐ
Job 12 1 βούλομαι μέντοι κἂν διακονῆσαι τοῖς πτωχοῖς * σήμερον * ἐν τῇ σῇ τραπέζῃ. καὶ συγχωρηθεὶς ὑπηρέτει καὶ
Job 53 2 τοῖς ἀδυνάτοις κλαίουσιν καὶ λέγουσιν οὐαὶ ἡμῖν * σήμερον, * διπλῶς τὸ οὐαί, ὅτι σήμερον ἦρται ἡ δύναμις τῶν
Job 53 2 λέγουσιν οὐαὶ ἡμῖν σήμερον, διπλῶς τὸ οὐαί, ὅτι * σήμερον * ἦρται ἡ δύναμις τῶν ἀδυνάτων, ἦρται τὸ φῶς τῶν
Aris. 180 5 τῆς πρὸς Ἀντίγονον ναυμαχίας. διὸ καὶ δειπνῆσαι * σήμερον * μεθ' ὑμῶν βουλήσομαι. πάντα δ' ὑμῖν εἶπε
FAch. 107 εὔκαιρον ⟨δεῖξαι⟩ καὶ φησιν δέσποτα βασιλεῦ ἡ * σήμερον * ἐσχάτη εἶναί μοι οἶδα. ὁ δὲ Λυκοῦργος πρὸς αὐτόν
FrAn. 1 217 18 καὶ θεῖον λίθον τοῦτον εὗρες; ἰδοὺ γὰρ ἔτη τρία * σήμερον * Ἱερουσαλὴμ δονεῖται καὶ ἀκαταστατεῖ διὰ τὸν

σήπω
1
Job 43 7 καὶ τὴν εὐπρέπειαν ἡ βασιλεία αὐτοῦ παρῆλθεν, * σέσηπται * αὐτοῦ ὁ θρόνος καὶ ἡ τιμὴ τοῦ σκηνώματος αὐτοῦ

σθεναρός
1
Sib. 5 96 νεκύεσσι +παρ' ἐκπάγλοισί τε βωμοῖς+ βαρβαρόφρων * σθεναρὸς * πολυαίματος ἄφρονα λυσσῶν παμπληθεῖ ψαμαθηδὸν

σθένος
5
Sal. 17 14 ἐν Ιερουσαλημ καθὼς καὶ τὰ ἔθνη ἐν ταῖς πόλεσι τοῦ * σθένους * αὐτῶν. καὶ ἐπεκρατοῦσαν αὐτῶν οἱ υἱοὶ τῆς
Sib. 5 189 μήτ' εἴην μήτε γενοίμαν. ὦ Θῆβαι ποῦ σοι τὸ μέγα * σθένος; * ἄγριος ἀνὴρ ἐξολέσει λαὸν σὺ δὲ εἵματα φαιὰ
Sib. 5 337 σ' Ἀσσυρίων παῖς +εἰς σὲ μάχη+ Θρῃκῶν κρατερὸν * σθένος * ἐξαλαπάξει. τήν τε Μακηδονίην βασιλεὺς Αἰγύπτιος
Sib. 5 339 Αἰγύπτιος αἱρεῖ καὶ κλίμα βαρβαρικὸν ῥίψει * σθένος * ἡγεμονήων. Λυδοὶ καὶ Γαλάται Πάμφυλοι σὺν
LEze. 9 29 14 36 καὶ ἔσχισεν μέσον βάθος Θαλάσσης οἱ δὲ σύμπαντες * σθένει * ὥρουσαν ὠκεῖς ἁλμυρᾶς δι' ἀτραποῦ. ἡμεῖς δ' ἐπ'

σιαγών
1
Abr.1 16 7 καὶ ἐκαθέσθη ὑποκάτω τῶν δένδρων τῶν μαβρινῶν τὴν * σιαγόνα * αὐτοῦ τῇ χειρὶ κατέχων καὶ ἐκδεχόμενος τὴν

Σίβυλλα
2
Sib. 3 815 οἱ δέ με Κίρκης μητρὸς καὶ Γνωστοῖο πατρὸς φήσουσι * Σίβυλλαν * μαινομένην ψεύστειραν ἐπὴν δὲ γένηται ἅπαντα
Sib. 4 22 αὐτὸς ἐλέγξει ἐξανύων. σὺ δὲ πάντα λεὼς ἐπάκουε * Σιβύλλης * ἐξ ὁσίου στόματος φωνὴν προχέοντος ἀληθῆ.

σιγάω
6
Adam 12 1 ὁ Σὴθ πρὸς τὸ θηρίον κλεῖσαί σου τὸ στόμα καὶ * σίγα * καὶ ἀπόστηθι ἀπὸ τῆς εἰκόνος τοῦ θεοῦ ἕως ἡμέρας
Sib. 3 473 Καρῶν ἀγλαὸν ἄστυ Λύκου παρὰ θέσκελον ὕδωρ * σιγήσεις * μεγάλαυχον ἀποιμώξασα τοκῆα. Θρήικες δὲ
Sib. 5 59 καὶ ἓξ ὥστε κλύσαι γῆν πᾶσαν ἐπαρδεῦσαι τε ῥόοισιν * σιγήσει * δὲ χάρις γαίης καὶ δόξα προσώπου. Μέμφι σὺ μὲν
Sib. 5 91 οὐ --- τῆς ὑπερηφανίης δώσεις ὅσα πρόσθεν ἔρεξας. * σιγήσεις * αἰῶνα πολὺν καὶ νόστιμον ἦμαρ --- κοὐκέτι σοι
Sib. 5 183 +Πυθὼν+ ἡ τὸ πάλαι δίπολις κληθεῖσα δικαίως αἰῶσιν * σίγησον * ὅπως παύσῃ κακότητος. ὕβρι κακῶν θησαυρὲ πόνων
Sib. 5 394 ἐν σοὶ καὶ κτηνῶν εὗρον κοίτην κακοὶ ἄνδρες. * σίγησον * πανόδυρτε κακὴ πόλι κῶμον ἔχουσα οὐκέτι γὰρ

σιγή
4
Hen. 89 46 αὐτοῦ. καὶ ἐπορεύθη πρὸς αὐτὸν καὶ ἐλάλησεν αὐτῷ * σιγῇ * κατὰ μόνας καὶ ἤγειρεν αὐτὸν εἰς κριὸν καὶ εἰς
Aris. 92 2 ἀνυπέρβλητός ἐστι τῇ ῥώμῃ καὶ τῇ τῆς εὐκοσμίας καὶ * σιγῆς * διαθέσει. πάντες γὰρ αὐτοκελεύστως διαπονοῦσι
Aris. 95 1 οὐδενὸς ἐπιτάσσοντος τὰ τῆς λειτουργίας. ἡ τε πᾶσα * σιγὴ * καθέστηκεν ὥσθ' ὑπολαμβάνειν μηθ' ἕνα ἄνθρωπον ἐν
Aris. 204 2 ποιεῖσθαι. δέκα γὰρ ἦσαν οἱ ἠρωτημένοι τῇ προτέρᾳ. * σιγῆς * δὲ γενομένης ἐπυνθάνετο πῶς ἂν πλούσιος διαμένοι;

σιδήρεος
8
TJud. 9 4 τοὺς υἱοὺς Ἠσαύ. ἦν δὲ τούτοις πόλις καὶ τεῖχος * σιδηροῦν * καὶ πύλαι χαλκαῖ καὶ οὐκ ἠδυνήθημεν εἰσελθεῖν
Asen. 10 3 καὶ ἔκλεισε τὴν θύραν ἀσφαλῶς καὶ τὸν μοχλὸν τὸν * σιδηροῦν * καθῆκεν ἐκ πλαγίου καὶ ἐστέναξε στεναγμῷ μεγάλῳ
Sal. 17 24 ὑπερηφανίαν ἁμαρτωλοῦ ὡς σκεύη κεραμέως ἐν ῥάβδῳ * σιδηρᾷ * συντρῖψαι πᾶσαν ὑπόστασιν αὐτῶν ὀλεθρεῦσαι ἔθνη
Bar. 3 7 ἴδωμεν ὀστράκινός ἐστιν ὁ οὐρανὸς ἢ χαλκοῦς ἢ * σιδηροῦς. * ταῦτα ἰδὼν ὁ θεὸς οὐ συνεχώρησεν αὐτοὺς ἀλλ'
Esdr. 4 25 καὶ ἀπήγαγόν με ἐπὶ βορρᾶν καὶ ἴδον ἐκεῖ ἄνθρωπον * σιδηροῖς * μοχλοῖς κατεχόμενον. καὶ ἐπηρώτησα τίς ἐστιν
Aris. 139 4 τῶν ἅπαντων περιέφραξεν ἡμᾶς ἀδιακόποις χάραξι καὶ * σιδηροῖς * τείχεσιν ὅπως μηθενὶ τῶν ἄλλων ἐθνῶν
Sib. 3 329 ἀνθ' ὧν ἀθανάτοιο μέγαν διεδηλήσασθε οἶκον ὀδοῦσι * σιδηρείοις * τ' ἐμασήσατε δεινῶς. τούνεκα δὴ νεκρῶν πλήρη
Sib. 3 540 οὐρανὸν ὑψοῦ ἄβροχίην τ' ἐπὶ γαῖαν ὅλην αὐτὴν δὲ * σιδηρᾶν. * αὐτὰρ ἔπειτα βροτοὶ δεινῶς κλαύσουσιν ἅπαντες

σίδηρος
11
Asen. 14 9 καιομένης καὶ αἱ χεῖρες καὶ οἱ πόδες ὥσπερ * σίδηρος * ἐκ πυρὸς ἀπολάμπων καὶ σπινθῆρες ἀπεπήδων ἀπό τε
Asen. 16 13 σπινθῆρες ἀπεπήδων ἀπὸ τῆς χειρὸς αὐτοῦ ὡς ἀπὸ * σιδήρου * κοχλάζοντος. καὶ ἐπέβλεψεν Ἀσενὲθ ἀτενίζουσα
Prop. 2 13 τὸ ὄνομα τοῦ θεοῦ καὶ γέγονεν ὁ τύπος ὡς γλυφὴ * σιδήρου * καὶ νεφέλη ἐσκέπασε τὸ ὄνομα καὶ οὐδεὶς νοεῖ τὸν
Aris. 119 2 παρακειμένων ὀρέων τῆς Ἀραβίας μέταλλα χαλκοῦ καὶ * σιδήρου * συνίσταθαι πρότερον. ἐκλέλειπται δὲ ταῦτα καθ'
Sib. 3 79 χρυσόν τε καὶ ἄργυρον εἰς ἅλα δῖαν +καὶ χαλκόν τε+ * σίδηρον * ἐφημερίων ἀνθρώπων εἰς πόντον ῥίψῃ τότε δὴ
Sib. 3 292, ἐπικουρήσουσιν χρυσὸν καὶ χαλκόν τε πολύκμητόν τε * σίδηρον. * αὐτὸς γὰρ δώσει θεὸς ἔννυχον ἁγνὸν ὄνειρον. καὶ
Sib. 5 382 ὄλεθρος κοὐκέτι τις ξίφεσιν πολεμίξεται οὐδὲ * σιδήρῳ * οὐδ' αὖτις βελέεσσιν ἃ μὴ θέμις ἔσσεται αὖτις.
FMan. 2 22 13 τῶν ἀδικιῶν μου κατακαμπτόμενος πολλῷ δεσμῷ * σιδήρου * διότι παρώργισα τὸν θυμόν σου καὶ τὸ πονηρὸν

```
FMan.    2   22    15    αύτον φλόξ πυρός και ετάκησαν πάντα τά περι αύτον  *  σίδηρα  *  και ιάσατο κύριος τον Μανασσῆν εκ τῆς θλίψεως
FPho.       124          ονήσει. όπλον τοι λόγος άνδρι τομώτερόν έστι  *  σιδήρου  *  όπλον εκάστωι νεῖμε θεός φύσιν ηερόφοιτον
FrAn.   574  3073        τρέμει γέννα πυρός και φλόγες περιφλογίζουσι και  *  σίδηρος  *  λακᾷ και πᾶν όρος εκ θεμελίου φοβεῖται. ορκίζω
     σιδηρόω
Asen.    2   11          ᾠκοδομημένον. και ἦσαν πύλαι τῇ αὐλῇ τέσσαρες  *  σεσιδηρωμέναι  *  και ταύτας εφύλαττον ανά δεκαοκτώ άνδρες
     Σιδών                1
HEup.    9   33    1     βασιλεύς Σολομῶν Σούρωνι τῷ βασιλεῖ Τύρου και  *  Σιδῶνος  *  και Φοινίκης φίλῳ πατρικῷ χαίρειν. γίνωσκέ με
     Σιδωνία
Prop.       21    5      τρία έτη και γέγονε πολύς υετός εν Σαρεφθοῖς τῆς  *  Σιδωνίας  *  εποίησε διά ρήματος κυρίου την υδρίαν τῆς χήρας
     Σιδώνιος
Sib.     3   451         εξεναρίξει Ευρώπης Ασίης τελέων ρίγιστά περ άλγη.  *  Σιδονίων  *  δ' ολοός βασιλεύς και +ούλοπις άλλων ποντοπόρον
Sib.     5   203         καύτοι γάρ κακότητα θεού τέκνοις εποίησαν ηνίκα  *  Σιδονίοις  *  βασιλεύς Φοῖνιξ Γαλικανόν ήγαγεν εκ Συρίης
HEup.    9   34    4     φίλους επι το όρος το του Λιβάνου μετά τῶν  *  Σιδωνίων  *  και Τυρίων μετήνεγκε τά ξύλα τά προκεκομμένα
     σιθεμεωχ *
FrAn.   574  3011        αχρωτίστου λέγων ϊωηλ ωσσαρθιωμι εμωρι θεωχιψοῖθ  *  σιθεμεωχ  *  σωθη ιωη μιμιψωθιωωφ φερσωθι αεηιουω ιωη
     Σικελία
Sib.     4   80          όν φυγάδ' εκ πολέμου δειλή υποδέξεται Ασίς.  *  Σικελίην  *  δε τάλαιναν επιφλέξει μάλα πᾶσαν χεῦμα πυρός
Sib.     5   16          όστις λάχε γράμματος αρχήν όν Θρήκη πήξει και  *  Σικελίη  *  μετά Μέμφις Μέμφις πρηνιχθεῖσα δι' ηγεμόνων
     σίκερα
TRub.    1   10          μου επτά έτη μετενόησα ενώπιον κυρίου οίνον και  *  σίκερα  *  ούκ έπιον και κρέας ούκ εισῆλθεν εις το στόμα μου
     Σικημίτης            2
Asen.   23   2           ταῖς δεξιαῖς υμῶν ταύταις κατέστραπται η πόλις τῶν  *  Σικημιτῶν  *  και εν ταῖς δυσί ταύταις ρομφαίαις υμῶν
Asen.   23   14          ρομφαίαις εξεδίκησε κύριος ο θεός την ύβριν τῶν  *  Σικημιτῶν  *  ήν ύβρισαν τούς υιούς Ισραήλ διά την αδελφήν
     Σίκιμα               14
TSim.    2   9           αύτον εκ τῶν χειρῶν μου. ως γάρ εγώ επορεύθην εν  *  Σικίμοις  *  ενέγκαι άλειμμα τοῖς ποιμνίοις και  Ρουβήμ εις
TLevi    2   1           ετέχθην εκεῖ και μετά ταῦτα ἦλθον σύν τῷ πατρί εις  *  Σίκιμα.  *  ήμην δε νεώτερος ωσεί ετῶν είκοσιν ότε εποίησα
TLevi    6   8           αλλ' εγώ είδον ότι απόφασις θεού ἦν εις κακά επι  *  Σίκιμα  *  διότι ήθελον την Σάρραν ποιῆσαι όν τρόπον
TLevi    7   2           και τῷ σπέρματί σου μετά σε. έσται γάρ από σήμερον  *  Σίκιμα  *  λεγομένη πόλις ασυνέτων ότι ωσεί τις χλευάσαι
TJud.    4   1           και κατά νότον γέγονεν ημῖν πόλεμος μείζων του εν  *  Σικίμοις  *  και παραταξάμενοι μετά τῶν αδελφῶν μου εδίωξα
HDem.    9   21    8     και ελθεῖν αύτον τῆς Χαναάν γῆς εις ετέραν πόλιν  *  Σικίμων  *  έχοντα παιδία  Ρουβίμ ετῶν δώδεκα μηνῶν δυοῖν
LThe.    9   22    1                                           τά δε  *  Σικίμων  *  από Σικιμίου του  Ερμοῦ λαβεῖν την ονομασίαν
LThe.    9   22    1     τέτμηται αραιή ⟨αύλῶπις⟩ εν δ' ετέρωθι η διερή  *  Σικίμων  *  καταφαίνεται ιερόν άστυ νέρθεν υπό ρίζη
LThe.    9   22    2     ενθένδε ξένε ποιμενόφι πτόλιν ήλυθ'  Ιακώβ εύρεῖαν  *  Σικίμων  *  επι δ' ανδράσι τοῖσιν έτησιν αρχός  Εμώρ σύν
LThe.    9   22    4     από δε του Ευφράτου τον  Ιακώβ ελθεῖν εις τά  *  Σίκιμα  *  προς  Εμμώρ τον δε υποδέξασθαι αύτον και μέρος τι
LThe.    9   22    4     εριουργεῖν. και την Δείναν παρθένον ούσαν εις τά  *  Σίκιμα  *  ελθεῖν πανηγύρεως ούσης βουλομένην θεάσασθαι την
LThe.    9   22    5     ού φάναι δώσειν πριν άν η πάντας τούς οικοῦντας τά  *  Σίκιμα  *  περιτεμνομένους  Ιουδαῖσαι τον δε  Εμμώρ φάναι
LThe.    9   22    9     αύτοῖς τούτων τον νοῦν εμβαλεῖν διά το τούς εν  *  Σικίμοις  *  ασεβεῖς εῖναι. βλάπτε θεός Σικίμων οικήτορας ού
LThe.    9   22    9     διά το τούς εν Σικίμοις ασεβεῖς εῖναι. βλάπτε θεός  *  Σικίμων  *  οικήτορας ού γάρ έτιον εις αύτούς όστις κε μόλη
     Σικίμιος             1
LThe.    9   22    1                                           τά δε Σίκιμα από  *  Σικιμίου  *  του  Ερμοῦ λαβεῖν την ονομασίαν τοῦτον γάρ και
     σίκλιον              1
TLevi   18  2B047        βάτου και ολκῆς τῆς μνᾶς ν' σίκλων εστίν και του  *  σικλίου  *  το τέταρτον ολκή θερμῶν δ' εστιν γίνεται ο
     σίκλος               6
TLevi   18  2B045        κριῷ και τῷ εριφῳ καταπεῖσαι σπονδήν. λιβανωτού  *  σίκλοι  *  έξ τῷ ταύρῳ και το ήμισυ αύτου τῷ κριῷ και το
TLevi   18  2B046        επι στέατος προσχωθήσεται επ' αύτήν λιβάνου ολκή  *  σίκλων  *  δύο και το τρίτον του σάτου το τρίτον του υφή
TLevi   18  2B046        και τά δύο μέρη του βάτου και ολκῆς τῆς μνᾶς ν'  *  σίκλων  *  εστίν και του σικλίου το τέταρτον ολκή θερμῶν δ'
TLevi   18  2B047        σικλίου το τέταρτον ολκή θερμῶν δ' εστιν γίνεται ο  *  σίκλος  *  ωσεί ις' θερμοι και ολκῆς μιᾶς. και νῦν τέκνον
HEup.    9   34    17    Φοίνικας εκάστους εις την εαυτῶν εκάστῳ χρυσοῦ  *  σίκλους  *  δόντα δέκα το δε τάλαντον εῖναι σίκλον. και τῷ
HEup.    9   34    17    χρυσοῦ σίκλους δόντα δέκα το δε τάλαντον εῖναι  *  σίκλον.  *  και τῷ μέν Αιγύπτου βασιλεῖ Ούαφρή ελαίου
     Σικυών               1
Sib.     3   487         ήξει και Τενέδῳ κακόν έσχατον αλλά μέγιστον. και  *  Σικυών  *  χάλκειος υλάγμασι και σέ Κόρινθε αυχήσει επι
     Σιλώ
HEup.    9   30    1     δ' αύτον έτη ρ ι' πῆξαί τε την ιεράν σκηνήν εν  *  Σιλοῖ.  *  μετά δε ταῦτα προφήτην γενέσθαι Σαμουήλ. εῖτα τῇ
     Σιλωάμ               3
Prop.    1   2           Εζεκίας χώσας αύτά. και ο θεός το σημεῖον του  *  Σιλωάμ  *  διά τον προφήτην εποίησεν ότι προ του θανεῖν
Prop.    1   2           και εύθέως απεστάλη αύτῷ εξ αύτου διά τοῦτο εκλήθη  *  Σιλωάμ  *  ό ερμηνεύεται απεσταλμένος. και επι του  Εζεκία
Prop.    1   4           πίνουσιν; και έχοντες την πόλιν παρεκαθέζοντο τῷ  *  Σιλωάμ.  *  εάν ούν οι  Ιουδαῖοι ήρχοντο εξήρχετο ύδωρ εάν
     Σιλώμ
TJud.    6   2           ημᾶς εις πόλεμον και συνήψαμεν αύτοῖς και τούς από  *  Σιλώμ  *  συμμάχους αύτῶν απεκτείναμεν και ούκ εδώκαμεν
     σίμβλος
Asen.   16  17C          τῷ κηρίῳ δεῦρο. και ανέστησαν μέλισσαι εκ τῶν  *  σίμβλων  *  του κηρίου εκείνου και οι σίμβλοι ἦσαν
Asen.   16  17C          μέλισσαι εκ τῶν σίμβλων του κηρίου εκείνου και οι  *  σίμβλοι  *  ἦσαν αναρίθμητοι μυριάδες μυριάδων και χιλιάδες
FPho.       173          η δονάκεσσιν η δρυός ωγυγίης κατά κοιλάδος ένδοθι  *  σίμβλων  *  σμήνεσι μυριότητα κατ' άγγεα κηροδομοῦσα. μή
     Σίμων                4
Prop.   25   1           αύτον και εξηράνθη η χείρ του βασιλέως παραυτίκα.  *  Σίμων  *  ο υιός του Κλωπᾶ ο ανεψιός του κυρίου
Aris.   47   2            Ιωάννης  Εξεκίας  Ελισσαῖος.  δευτέρας  Ιούδας  *  Σίμων  *  Σομόηλος  Αδαῖος Ματταθίας  Εσχλεμίας. τρίτης
Aris.   48   3           πέμπτης  Ισακος  Ιάκωβος  Ιησοῦς Σαββαταῖος  *  Σίμων  *  Λευίς. έκτης  Ιούδας  Ιώσηφος Σίμων Ζαχαρίας
Aris.   48   4           Σαββαταῖος Σίμων Λευίς. έκτης  Ιούδας  Ιώσηφος  *  Σίμων  *  Ζαχαρίας Σομόηλος Σελεμίας. εβδόμης Σαββαταῖος
     Σινᾶ
Hen.     1   4           αύτου και ο θεός του αιῶνος επι γῆν πατήσει επι το  *  Σεινᾶ  *  όρος και φανήσεται εκ τῆς παρεμβολῆς αύτου και
Prop.    2   12          εξελεύσεται εκ τῆς πέτρας και τεθήσεται εν όρει  *  Σινᾶ  *  και πάντες οι άγιοι προς αύτον συναχθήσονται εκεῖ
Sib.     3   256  όδ' ηγεμονῶν όν απ'  Αιγύπτου θεός ἦγεν εις το όρος  *  Σινᾶ  *  και τον νόμον ουρανόθι προ δῶκε θεός γράψας πλαξίν
     Σιναῖος
LEze.    9   29   5 01   με τῷδ' έδωκεν εύνέτιν. έδοξ' όρους κατ' άκρα  *  Σιναίου  *  θρόνον μέγαν τιν' εῖναι μέχρις ουρανοῦ πτυχός εν
     σινδών               7
Adam    40   1           τον παράδεισον εν τῷ τρίτῳ ουρανῷ και ένεγκε τρεῖς  *  σινδόνας  *  βυσσίνας και συρικάς. και εῖπεν ο θεός τῷ
Adam    40   2           τῷ Μιχαήλ και τῷ Γαβριήλ και τῷ Ούριήλ στρώσατε  *  σινδόνας  *  και σκεπάσατε το σῶμα του  Αδάμ και ενεγκόντες
Adam    40   3           και το σῶμα του  Αβελ. και ενεγκόντες άλλας  *  σινδόνας  *  εκήδευσαν αύτον επειδή ακήδευτος ἦν αφ' ἧς
Abr.1    4   2           αγαθού καλλώπισον το οίκημα τέκνου και υφάπλωσον  *  σινδόνας  *  και πορφύραν και βύσσον θυμίασον δε παντοίου
Abr.1   20   10          την τιμίαν αύτου ψυχήν εν ταῖς χερσίν αύτῶν εν  *  σινδόνι  *  θεοϋφάντῳ. και μυρίσμασι θεοπνεύστοις και
FAch.       112          στολάς ⟨λευκάς⟩ ομοίως και αύτος περιβεβλημένος  *  σινδόνα  *  καθαράν και επι τῆς κεφαλῆς κέρατα έχων. καθίσας
HArt.    9   27   20     πάθει περιπεσεῖν διά το τούς  Ιουδαίους προστάξαι  *  σινδόνας  *  αμφιέννυσθαι εράν δε εσθῆτα μή αμπέχεσθαι όπως
     Σινώπη               1
Sib.     3   344         Κολοφών  Εφεσος Νίκαια  Αντιόχεια Τάναγρα  *  Σινώπη  *  Σμύρνη +Μάρος+ Γάζα πανολβίστη  Ιεράπολις
     Σιτιδος              4
Job     25   1           και θαυμάζοντος. τίς ούκ εξεπλάγη ότι αύτη εστίν  *  Σίτιδος  *  η γυνή του Ιωβ, ήτις εῖχεν σκεπάζοντα αύτῆς το
Job     39   1           εμοῦ ταῦτα προς εαυτήν λέγοντος, ἦλθεν η γυνή μου  *  Σίτιδος  *  εν ιματίοις ρακκώδεσι, αποδράσασα εκ τῆς του
Job     40   4           παρά τῇ δόξῃ του επουρανίου. ιδοῦσα δε τότε  *  Σίτιδος  *  η γυνή μου κατέπεσεν επι την γῆν προσκυνοῦσα και
Job     40   13          εποίησαν οι πτωχοι τῆς πόλεως λέγοντες ίδετε, η  *  Σίτιδός  *  εστιν αύτη, η του καυχήματος και τῆς δόξης γυνή,
     σιτικός              1
Aris.       112   4      και γάρ ελαϊκοῖς πλήθεσι σύνδενδρός εστι και  *  σιτικοῖς  *  καρποῖς αύτῶν η χώρα και οσπρίοις έτι δε αμπέλῳ
     σιτίον               1
Asen.   13   8           ιδού κύριε το δεῖπνόν μου το βασιλικόν και τά  *  σιτία  *  δέδωκα τοῖς κυσί τοῖς αλλοτρίοις. και ιδού εγώ
     σιτιστός             1
Asen.   10   13           Ασενέθ το δεῖπνον αύτῆς το βασιλικόν και τά  *  σιτιστά  *  και τούς ιχθύας και τά κρέα τῆς δαμάλεως και
     σιτοδοσία            2
Asen.   26   3           πράγματος πονηρού. διότι κάγώ πορεύσομαι επι την  *  σιτοδοσίαν  *  μου και δώσω άρτον πᾶσι τοῖς ανθρώποις και ού
Asen.   26   4           επι την οδόν αύτῆς και  Ιωσήφ απῆλθεν επι την  *  σιτοδοσίαν  *  αύτου. και ἦλθεν  Ασενέθ επι τον τόπον του
     σιτοδοτέω
Asen.    4   7           Φαραώ κατέστησεν αύτον βασιλέα πάσης τῆς γῆς και  *  σιτοδοτεῖ  *  πᾶσαν την γῆν και σῴζει αύτήν εκ του
     σιτοδότης
Asen.   25   5           βασιλεύς πάσης τῆς γῆς Αιγύπτου και σωτήρ και  *  σιτοδότης;  *  και νῦν πάλιν εάν πειράσητε πονηρεύσασθαι
     σῖτος                13
Asen.    1   2           μηνός εις τά όρια  Ηλιουπόλεως και ἦν συνάγων τον  *  σῖτον  *  τῆς χώρας εκείνης ως την άμμον τῆς θαλάσσης. και
```

Asen. 3 1 'Ιωσὴφ εἰς τὰ ὅρια 'Ηλιουπόλεως καὶ ἦν συνάγων τὸν * σῖτον * τῆς εὐθηνίας τῆς χώρας ἐκείνης. καὶ ὡς ἤγγισεν τῇ
Prop. 10 4B μετὰ τοῦ υἱοῦ αὐτῆς 'Ιωνᾶν καὶ εὐλόγησεν αὐτὴν * σίτῳ * καὶ ἐλαίῳ καὶ ἔμεινεν μετ' αὐτοῦ. οὐ γὰρ ἠδύνατο
Esdr. 5 12 ἀγαπητὲ ὥσπερ γεωργὸς καταβάλλει τὸν σπόρον τοῦ * σίτου * τῇ γῇ οὕτως καὶ ὁ ἄνθρωπος καταβάλλει τὸ σπέρμα
Sib. 3 243 χήρας θλίβει μᾶλλον δ' αὖτε+ βοηθεῖ αἰεὶ ἐπαρκείων * σίτῳ * οἴνῳ καὶ ἐλαίῳ αἰεὶ δ' ὄλβιος ἐν δήμῳ τοῖς μηδὲν
Sib. 3 623 οἴνου καὶ μέλιτος γλυκεροῦ λευκοῦ τε γάλακτος καὶ * σίτου * ὅπερ ἐστὶ βροτοῖς κάλλιστον ἁπάντων. ἀλλὰ σὺ μὴ
Sib. 3 745 βροτοῖς δώσει τὸν ἄριστον καρπὸν ἀπειρέσιον * σίτου * οἴνου καὶ ἐλαίου (αὐτὰρ ἀπ' οὐρανόθεν μέλιτος
HEup. 9 33 1 αὐτοῖς τὰ δέοντα ἐκ τῆς χώρας κατὰ μῆνα κόρους * σίτου * μυρίους ὁ δὲ κόρος ἐστὶν ἀρταβῶν ἓξ καὶ οἴνου
HArt. 9 23 4 'Ιωσὴφ κρατοῦντα τῆς Αἰγύπτου τὸν τῶν ἑπτὰ ἐτῶν * σῖτον * γενόμενον κατὰ τὴν φορὰν ἄπλετον παραθέσθαι καὶ
FrAn. 1 226 17 τ⟨ου Ιακωβ⟩ - ⟩θεις βασιλευς του λαου κα⟨ - ⟩ευθυς * σιτου * οντος πο⟨λλου - ειπε⟩ν συναγαγετε μοι τιχι οθε⟨ν -
FrAn. 1 226 22 λαβων το προστασσ⟨ομενον - - ⟩παντος παντος του * σιτου * υπ⟨ ⟩του εφανη τροφευς κ⟨ - Ιωση⟩φ μνησθεις του
FrAn. 1 226 39 προσκυνουν⟨ - - ⟩καμπτουσιν αυτω τον⟨ - - ⟩την του * σιτου * τιμην⟨ - ⟩λωσαντες μετα την⟨ - - ⟩αργυρωνητον η
FrAn. 1 226 47 απεβ⟨η - ⟩ς τοις συγγονοις αυτου κ⟨ - πρια⟩σασθαι * σιτον * εζητειτε⟨ - ⟩αι αλλ ηλθατε παντες ι⟨ - ⟩ουν εστε

Σιών 5
Sal. 11 1 αἰώνιον. τῷ Σαλωμων εἰς προσδοκίαν. σαλπίσατε ἐν * Σιων * ἐν σάλπιγγι σημασίας ἁγίων κηρύξατε ἐν Ιερουσαλημ
Jer. 7 29 ἡμᾶς λέγοντες ὅτι εἴπατε ἡμῖν ᾠδὴν ἐκ τῶν ᾠδῶν * Σιὼν * τὴν ᾠδὴν τοῦ θεοῦ ὑμῶν. καὶ λέγομεν αὐτοῖς πῶς
Prop. 1 7 τάφους τοῦ Δαυὶδ διαγράψαντος κατ' ἀνατολὰς τῆς * Σιὼν * ἥτις ἔχει εἴσοδον ἀπὸ Γαβαὼν μήκοθεν τῆς πόλεως
Prop. 2 10 πέτρᾳ καὶ εἶπε τοῖς παρεστῶσιν ἀπεδήμησε κύριος ἐκ * Σιὼν * εἰς οὐρανὸν καὶ πάλιν ἐλεύσεται ἐν δυνάμει. καὶ
FBar. 13 1 με⟨τα ταυτα οτι εγω⟩ Βαρουχ ἵστηκειν επι το ⟨ορος * Σιων * και ιδου φων⟩η εξηλθεν εξ ὑ⟨ψους και ειπε μοι

σιωπάω 14
Abr.1 16 16 τί λέγεις ἀλλ' οὐ μή σε ἀκολουθήσω. ὁ δὲ θάνατος * ἐσιώπα * καὶ οὐκ ἀπεκρίθη. ἀνέστη δὲ 'Αβραὰμ καὶ ἦλθεν εἰς
TLevi 2 3B019 τοῦ προσώπου σου πάσας τὰς ἡμέρας τοῦ αἰῶνος. καὶ * ἐσιώπησα * ἔτι δεόμενος. καὶ ἐλυπούμην περὶ τοῦ γένους τῶν
TNep. 3 1 ὑμῶν ἢ ἐν λόγοις κενοῖς ἀπατᾶν τὰς ψυχὰς ὑμῶν ὅτι * σιωπῶντες * ἐν καθαρότητι καρδίας συνήσετε τὸ θέλημα τοῦ
TJos. 4 7 αὐτὸν οὐδὲ ἐν τοῖς μοιχεύουσιν εὐδοκεῖ. κἀκείνη * ἐσιώπησε * ποθοῦσα ἐκτελέσαι τὴν ἐπιθυμίαν αὐτῆς. κἀγὼ
TJos. 9 4 προσευχομένου συνίων δὲ ἐγὼ τοὺς στεναγμοὺς αὐτῆς * ἐσιώπων. * καὶ γὰρ ὅτε ἤμην ἐν τῷ οἴκῳ αὐτῆς ἐγύμνου τοὺς
TJos. 10 6 ἐτίμων τοὺς ἀδελφούς μου καὶ διὰ τὸν φόβον αὐτῶν * ἐσιώπων * πιπρασκόμενος μὴ εἰπεῖν τοῖς 'Ισμαηλίταις τὸ
TJos. 16 6 εἰπὼν τῇ Αἰγυπτίᾳ δεδόσθαι ἀντ' ἐμοῦ. καὶ ἰδὼν ἐγὼ * ἐσιώπησα * ἵνα μὴ ἐτασθῇ ὁ εὐνοῦχος. ὁρᾶτε τέκνα πόσα
TBen. 5 4 ὅσιον μετανοεῖ ἐλεεῖ γὰρ ὁ ὅσιος τὸν λοίδορον καὶ * σιωπᾷ. * κἂν τις ψυχὴν δικαίαν προδοίη καὶ ὁ δίκαιος
Jer. 7 13 ἐπί τι ξύλον ἔξω τῆς πόλεως εἰς τόπον ἔρημον. * ἐσιώπησε * δὲ ἕως οὗ διῆλθεν 'Ιερεμίας αὐτὸς γὰρ καὶ ἄλλοι
Jer. 9 23 τὰ μυστήρια ἃ εἶδε. λέγει δὲ αὐτοῖς 'Ιερεμίας * σιωπήσατε * καὶ μὴ κλαίετε οὐ μὴ γάρ με ἀποκτείνωσιν ἕως
Job 33 2 καὶ καταπαυσάσης τῆς κραυγῆς εἶπεν αὐτοῖς Ιωβ * σιωπήσατε * νῦν ὑποδείξω ὑμῖν τὸν θρόνον μου καὶ τὴν δόξαν
Job 34 1 ὑπάρχει. καὶ ἐμοῦ ταῦτα λέγοντος πρὸς αὐτοὺς ἵνα * σιωπήσωσιν, * ὀργισθεὶς Ελιφας εἶπεν τοῖς ἄλλοις φίλοις τί
Job 39 6 κλαυθμὸν μέγαν, γενόμενοι ἐν διπλῇ ἀκηδίᾳ * ἐσιώπησαν, * ὡς τὸν Ελιφαν ἅραντα τὴν πορφυρίδα αὐτοῦ
HHec. 1 22 203 προάγειν ἐὰν δὲ εἰς τοὔπισθεν ἀναχωρεῖν αὖθις * σιωπήσας * καὶ παρελκύσας τὸ τόξον ἔβαλε καὶ τὸν ὄρνιθα

σκανδαλίζω 1
Sal. 16 7 ἁμαρτίας πονηρᾶς καὶ ἀπὸ πάσης γυναικὸς πονηρᾶς * σκανδαλιζούσης * ἄφρονα. καὶ μὴ ἀπατησάτω με κάλλος

σκάνδαλον 1
Sal. 4 23 δολίων καὶ ἁμαρτωλῶν καὶ ῥύσεται ἡμᾶς ἀπὸ παντὸς * σκανδάλου * παρανόμου. ἐξᾶραι ὁ θεὸς τοὺς ποιοῦντας ἐν

σκάπτω 4
Job 39 8 παρακαλῶ, κελεύσατε τοῖς στρατιώταις ὑμῶν ἵνα * σκάψωσιν * τὴν πτῶσιν τῆς οἰκίας τῆς ἐπιπεσούσης τοῖς
Job 39 11 οὐδένα αὐτῶν κεκήδευκα; καὶ οἱ μὲν ἀπῆλθον εἰς τὸ * σκάπτειν, * ἐγὼ δὲ ἐκώλυσα λέγων μὴ κάμητε εἰκῇ, οὐ γὰρ
FPho. 158 φαγέοις ἀνυβρίστως. εἰ δέ τις οὐ δεδάηκε τέχνης * σκάπτοιτο * δικέλλῃ. ἔστι βίωι πᾶν ἔργον ἐπὴν μοχθεῖν
HEup. 9 39 3 τοῖς ξύλοις τούτοις Βαβυλωνίοις ὀψοποιήσειν καὶ * σκάψειν * τὰς τοῦ Τίγριδος καὶ Εὐφράτου διώρυχας

σκάφος (τὸ) 2
TZab. 6 1 θαλάσσῃ ἐγὼ ἀβλαβὴς διέμεινα. πρῶτος ἐγὼ ἐποίησα * σκάφος * ἐν θαλάσσῃ ἐπιπλέειν ὅτι κύριος ἔδωκέ μοι σύνεσιν
TNep. 6 9 ἡμῶν ἐδέετο τοῦ κυρίου. ὡς δὲ ἐπαύσατο ὁ χειμὼν τὸ * σκάφος * ἔφθασεν ἐπὶ τὴν γῆν ὥσπερ ἐν εἰρήνῃ. καὶ ἰδοὺ

σκεδάζω 1
Bar. 9 8 ἀεὶ γὰρ οἱ ἀστέρες κρέμανται ἀλλ' ὑπὸ τοῦ ἡλίου * σκεδάζονται. * καὶ ἡ σελήνη σῴα οὖσα ὑπὸ τῆς τοῦ ἡλίου

σκεδάννυμι 1
Sib. 3 409 καιρὸς ἐκεῖνος ἐπωνυμίην ἐνοσίχθων κευθμῶνας γαίης * σκεδάσει * καὶ τείχεα λύσει. σήματα δ' οὐκ ἀγαθοῖο κακοῖο

σκέλος 3
Aris. 93 2 διαλαβόντες γὰρ ἀμφοτέραις τῶν μόσχων τὰ * σκέλη * πλεῖον ὄντα ταλάντων δύο σχεδὸν ἑκάστου
Aris. 151 3 ἐνεργείας ἀπέρεισιν ἐπὶ τοὺς ὤμους ἔχει καὶ τὰ * σκέλη. * μετὰ διαστολῆς οὖν ἅπαντα ἐπιτελεῖν πρὸς
LEze. 9 29 16 17 ἠδὲ χρώμασι. στῆθος μὲν αὐτοῦ πορφυροῦν ἐφαίνετο * σκέλη * δὲ μιλτόχρωτα καὶ κατ' αὐχένων κροκωτίνοις

σκεπάζω 14
Adam 40 2 καὶ τῷ Γαβριὴλ καὶ τῷ Οὐριὴλ στρώσατε σινδόνας καὶ * σκεπάσατε * τὸ σῶμα τοῦ 'Αδὰμ καὶ ἐνεγκόντες ἔλαιον ἐκ τοῦ
TLevi 2 3B012 γενέσθαι κύκλῳ μου καὶ σκέπη σου τῆς δυναστείας * σκεπασάτω * με ἀπὸ παντὸς κακοῦ. παραδοὺς διὸ δὴ καὶ τὴν
TZab. 1 5 πλὴν τὴν ἄγνοιαν ἣν ἐποίησα ἐπὶ τοῦ 'Ιωσὴφ ὅτι * ἐσκέπασα * ἐπὶ τοῖς ἀδελφοῖς μου μὴ εἰπεῖν τῷ πατρί μου τὸ
TBen. 3 4 τῶν ἀνθρώπων ἠθέλησαν ἀνελεῖν αὐτὸν καὶ ὁ θεὸς * ἐσκέπασεν * αὐτὸν ὁ γὰρ φοβούμενος τὸν θεὸν καὶ ἀγαπῶν τὸν
TBen. 3 4 ἀερίου πνεύματος τοῦ Βελιὰρ οὐ δύναται πληγῆναι * σκεπαζόμενος * ὑπὸ τοῦ φόβου τοῦ θεοῦ καὶ ὑπὸ ἐπιβουλῆς
TBen. 4 3 περὶ αὐτοῦ εἰ κακὰ οὗτος ἀγαθοποιῶν νικᾷ τὸ κακὸν * σκεπαζόμενος * ὑπὸ τοῦ ἀγαθοῦ τοὺς δὲ δικαίους ἀγαπᾷ ὡς
Asen. 15 7 τὸν θεὸν τὸν ὕψιστον καὶ ὑπὸ τὰς πτέρυγάς σου * σκεπασθήσονται * λαοὶ πολλοὶ πεποιθότες ἐπὶ κυρίῳ τῷ θεῷ
Sal. 13 1 ψαλμὸς παράκλησις τῶν δικαίων. δεξιὰ κυρίου * ἐσκέπασέν * με δεξιὰ κυρίου ἐφείσατο ἡμῶν ὁ βραχίων κυρίου
Jer. 3 10 ἀμπελῶνα τοῦ 'Αγρίππα καὶ ἐν τῇ σκιᾷ τοῦ ὄρους ἐγὼ * σκεπάσω * αὐτὸν ἕως οὗ ἐπιστρέψω τὸν λαὸν εἰς τὴν πόλιν.
Jer. 6 2 δὲ Βαροὺχ τοῖς ὀφθαλμοῖς αὐτοῦ εἶδε τὰ σῦκα * ἐσκεπασμένα * ἐν τῷ κοφίνῳ τοῦ 'Αβιμέλεχ. καὶ ἄρας τοὺς
Prop. 2 13 καὶ γέγονεν ὁ τύπος ὡς γλυφὴ σιδήρου καὶ νεφέλη * ἐσκέπασε * τὸ ὄνομα καὶ οὐδεὶς νοεῖ τὸν τόπον οὔτε
Job 25 2 ὅτι αὕτη ἐστὶν Σίτιδος ἡ γυνὴ τοῦ Ιωβ, ἥτις εἶχεν * σκεπάζοντα * αὐτῆς τὸ καθεστήριον βῆλα δεκατέσσαρα, καὶ
Sib. 3 612 δ' ἐξ 'Ασίης βασιλεὺς μέγας αἰετὸς αἴθων ὃς πᾶσαν * σκεπάσει * γαῖαν πεζῶν τε καὶ ἱππέων πάντα δὲ συγκόψει καὶ
Sib. 3 705 κτίστης ὁ δικαιοκρίτης τε μόναρχος. αὐτὸς γὰρ * σκεπάσειε * μόνος μεγαλωστὶ παραστὰς κύκλοθεν ὡσεὶ τεῖχος

σκεπεινός 1
TRub. 3 11 γυναικῶν. εἰ μὴ γὰρ εἶδον ἐγὼ Βάλλαν λουομένην ἐν * σκεπεινῷ * τόπῳ οὐκ ἐνέπιπτον εἰς τὴν ἀνομίαν τὴν μεγάλην.

σκέπη 4
TLevi 2 3B012 καλῶς. τεῖχος εἰρήνης σου γενέσθαι κύκλῳ μου καὶ * σκέπη * σου τῆς δυναστείας σκεπασάτω με ἀπὸ παντὸς κακοῦ.
Asen. 28 9 κατ' αὐτῶν. καὶ κατέβη 'Ασενὲθ ἐκ τοῦ ὀχήματος τῆς * σκέπης * αὐτῆς καὶ ἐδεξιώσατο αὐτοὺς μετὰ δακρύων καὶ
Jer. 6 8 τὴν φάσιν τῷ 'Ιερεμίᾳ εἰς Βαβυλῶνα διὰ τὴν * σκέπην * τὴν γενομένην σοι ἐν τῇ ὁδῷ. καὶ ηὔξατο Βαροὺχ
Aris. 140 6 θεὸν ἀλλ' εἰσὶν ἄνθρωποι βρωτῶν καὶ ποτῶν καὶ * σκέπης * ἡ γὰρ πᾶσα διάθεσις αὐτῶν ἐπὶ ταῦτα καταφεύγει.

σκέπω 2
Hen. 5 1 πάντα τὰ δένδρα--- πῶς τὰ φύλλα χλωρὰ ἐν αὐτοῖς * σκέποντα * τὰ δένδρα καὶ πᾶς ὁ καρπὸς αὐτῶν εἰς τιμὴν καὶ
Jer. 7 24 ἰδόντες τὸν πατέρα αὐτοῦ καὶ παραμυθούμενοι αὐτὸν * σκέπουσιν * τὸ πρόσωπον αὐτοῦ ἵνα μὴ ἴδῃ πῶς τιμωρεῖται

σκευάζω 1
Aris. 182 7 καὶ προεστῶτες ἦσαν καὶ κατὰ τοὺς ἐθισμοὺς οὕτως * ἐσκευάζετο * ὅταν παραγένοιντο πρὸς τοὺς βασιλεῖς ἵνα κατὰ

σκευάριον 1
Job 46 5 δακτύλιον ὕπαγε εἰς τὴν κρυπτὴν καὶ ἔνεγκε τὰ τρία * σκευάρια * τοῦ χρυσοῦ, ἵνα δῶ ὑμῖν τὴν κληρονομίαν. ἡ δὲ

σκεῦος 18
Adam 16 5 ὁ θεός. λέγει αὐτῷ ὁ διάβολος μὴ φοβοῦ γενοῦ μοι * σκεῦος * κἀγὼ λαλήσω διὰ στόματός σου ῥήματα πρὸς τὸ
Adam 26 1 ὀργῇ μεγάλῃ λέγων ἐπειδὴ ἐποίησας τοῦτο καὶ ἐγένου * σκεῦος * ἀχάριστον ἕως ἂν πλανήσῃς τοὺς παρειμένους τῇ
Adam 31 4 οὐ γὰρ ἐπιλήσεταί μου ὁ θεὸς ἀλλὰ ζητήσει τὸ ἴδιον * σκεῦος * ὃ ἔπλασεν. ἀνάστα μᾶλλον εὖξαι τῷ θεῷ ἕως οὗ
Hen. 8B 1 ἐδίδαξε ποιεῖν μαχαίρας καὶ θώρακας καὶ πᾶν * σκεῦος * πολεμικὸν καὶ τὰ μέταλλα τῆς γῆς καὶ τὸ χρυσίον
TNep. 2 2 ἔλαφόν με εὐλόγησεν. καθὼς γὰρ ὁ κεραμεὺς οἶδε τὸ * σκεῦος * πόσον χωρεῖ καὶ πρὸς αὐτὸ φέρει πηλὸν οὕτω καὶ ὁ
TNep. 8 6 δι' αὐτοῦ καὶ ὁ διάβολος οἰκειοῦται αὐτὸν ὡς ἴδιον * σκεῦος * καὶ πᾶν θηρίον κατακυριεύσει αὐτοῦ καὶ ὁ κύριος
Asen. 10 13 καὶ πάσας τὰς θυσίας τῶν θεῶν αὐτῆς καὶ τὰ * σκεύη * τοῦ οἴνου τῆς σπονδῆς αὐτῶν καὶ ἔρριψε πάντα διὰ
Sal. 17 23 ἀπὸ κληρονομίας ἐκτρῖψαι ὑπερηφανίαν ἁμαρτωλοῦ ὡς * σκεύη * κεραμέως ἐν ῥάβδῳ σιδηρᾷ συντρῖψαι πᾶσαν ὑπόστασιν
Jer. 3 6 τὸν λαὸν εἰς Βαβυλῶνα. τί θέλεις ποιήσω τὰ ἅγια * σκεύη * τῆς λειτουργίας; καὶ εἶπεν αὐτῷ ὁ κύριος ἆρον αὐτὰ
Jer. 3 8 καὶ μετὰ ταῦτα λήψῃ τὴν ὡραιότητά σου φύλαξον τὰ * σκεύη * τῆς λειτουργίας ἕως τῆς συνελεύσεως τοῦ
Jer. 3 14 εἰσῆλθον εἰς τὸ ἁγιαστήριον καὶ ἐπάραντες τὰ * σκεύη * τῆς λειτουργίας παρέδωκαν αὐτὰ τῇ γῇ καθὼς
Sedr. 11 5 ὦ χεῖρες εὔκρατοι καλοδίδακτοι καματηροὶ δι' ἃς τὸ * σκεῦος * τρέφεται ὦ χεῖρες εὔστοχοι ἀπὸ πάντων οἱ
Sedr. 11 10 ἀνίκητοι. ὦ γόνατα συνηρμοσμένα ὅτι πλὴν σου τὸ * σκεῦος * οὐ κινεῖται. οἱ πόδες συντρέχουσιν τὸν ἥλιον καὶ
Sedr. 11 11 πάντα σωρεύοντες τὰς τρυφὰς καὶ τὰς πόσεις καὶ τὸ * σκεῦος * διατρέφοντες. ὦ πόδες ἀνθύτατοι καὶ καλόδρομοι
Job 18 7 τὴν πόλιν ταύτην ἵνα κληρονομήσω τὰ κρείττονα τῶν * σκευῶν * καὶ τὸ πλοῖον. οὕτω κἀγὼ ἡγησάμην τὰ ἐμὰ ἀντ'
HEup. 9 34 14 λαβόντα δὲ τὴν σκηνὴν καὶ τὸ θυσιαστήριον καὶ τὰ * σκεύη * ἃ ἐποίησε Μωσῆς εἰς 'Ιεροσόλυμα ἐνεγκεῖν καὶ ἐν τῷ
HEup. 9 34 15 καὶ τὴν λυχνίαν καὶ τὴν τράπεζαν καὶ τὰ ἄλλα * σκεύη * ἐκεῖ καταθέσθαι καθὼς προστάξαι αὐτῷ τὸν προφήτην.
LEze. 9 29 12 33 δώσω χάριν λαῷ γυνή τε παρὰ γυναικὸς λήψεται * σκεύη * κόσμον τε πάνθ' ὃν ἄνθρωπος φέρει χρυσόν τε καὶ

σκέψις 3
Prop. 22 17 ἠσφαλίζετο τὸν βασιλέα 'Ισραὴλ ἀπαγγέλλων αὐτῷ τὰς * σκέψεις * τοῦ ἐχθροῦ τοῦτο μαθὼν ὁ βασιλεὺς Συρίας πέμπει

| | | | |
|---|---|---|---|
| Aris. | 39 | 5 | τὸ σύμφωνον εὑρεθῇ διὰ τὸ περὶ μειζόνων εἶναι τὴν ✳ σκέψιν. ✳ οἰόμεθα γὰρ ἐπιτελεσθέντος τούτου μεγάλην |
| Aris. | 141 | 3 | περὶ δὲ τῆς τοῦ θεοῦ δυναστείας δι' ὅλου τοῦ ζῆν ἡ ✳ σκέψις ✳ αὐτοῖς ἐστιν. ὅπως οὖν μηθενὶ συναλισγούμενοι |

σκηνή
18

| | | | |
|---|---|---|---|
| Adam | 12 | 2 | καὶ ἀφῆκεν αὐτὸν πεπληγμένον καὶ ἐπορεύθη εἰς τὴν ✳ σκηνὴν ✳ αὐτοῦ. ἐπορεύθη δὲ Σὴθ μετὰ Εὔας πλησίον τοῦ |
| Adam | 14 | 1 | ἀπῆλθεν ἀπ' αὐτῶν. ἦλθε δὲ Σὴθ καὶ ἡ Εὔα εἰς τὴν ✳ σκηνὴν ✳ ὅπου ἔκειτο ὁ Ἀδάμ. λέγει δὲ Ἀδὰμ τῇ Εὔᾳ ὦ Εὔα |
| Abr.1 | 1 | 2 | πάνυ ὑπῆρχεν φιλόξενος ὁ δίκαιος. πήξας δὲ τὴν ✳ σκηνὴν ✳ αὐτοῦ ἐν τετραόδῳ τῆς δρυὸς τῆς Μαβρῆς τοὺς |
| Abr.1 | 5 | 11 | ἔκλαυσε καὶ αὐτός. Σάρρα δὲ ὑπάρχουσα ἐν τῇ ✳ σκηνῇ ✳ αὐτῆς ἤκουσε τοῦ κλαυθμοῦ αὐτοῦ καὶ ἦλθε δρομαία |
| Abr.1 | 6 | 4 | ἄνδρας τοὺς ἐπουρανίους τοὺς ἐπιξενισθέντας ἐν τῇ ✳ σκηνῇ ✳ ἡμῶν παρὰ τὴν δρῦν τὴν Μαβρὴν καὶ θυσάντες ἡμεῖς |
| Abr.1 | 20 | 14 | μου τὸν Ἀβραὰμ εἰς τὸν παράδεισον ἔνθα εἰσίν αἱ ✳ σκηναὶ ✳ τῶν δικαίων μου καὶ μοναὶ τῶν ἁγίων μου Ἰσαὰκ |
| Abr.2 | 4 | 1 | ἤκουσε δὲ Σάρρα τοὺς κλαυθμοὺς αὐτῶν οὖσα ἐν τῇ ✳ σκηνῇ ✳ καὶ ἐξελθοῦσα εἶπεν τῷ Ἀβραάμ τί ἐστιν ὅτι οὕτως |
| Abr.2 | 4 | 2 | αὕτη Ἀβραάμ οὐδὲν κακόν ἐστιν εἴσελθε εἰς τὴν ✳ σκηνὴν ✳ σου καὶ τὰ ἴδιά σου ἐργάζου μὴ ἐπιβαρὴς γένῃ τῷ |
| Abr.2 | 6 | 4 | συνέκλαυσεν αὐτοῖς ἤκουσεν δὲ καὶ ἡ Σάρρα ἀπὸ τῆς ✳ σκηνῆς ✳ αὐτῆς καὶ ἀνέστη καὶ ἦλθεν πρὸς τὴν θύραν τοῦ |
| TJud. | 25 | 2 | ἡ γῆ ἡ θάλασσα τὸν Ζαβουλὼν τὰ ὄρη τὸν Ἰωσὴφ ἡ ✳ σκηνὴ ✳ τὸν Βενιαμὶν οἱ φωστῆρες τὸν Δὰν ἡ τρυφὴ τὸν |
| Prop. | 12 | 13 | ἀπενεχθήσονται ὑπὸ ἀγγέλων ὅπου ἐν ἀρχῇ ἐπάγη ἡ ✳ σκηνὴ ✳ τοῦ μαρτυρίου. καὶ ἐν αὐτοῖς γνωσθήσεται ἐπὶ τέλει |
| Prop. | 12 | 15 | κύριος ἐκ σκότους καὶ σκιᾶς θανάτου καὶ ἔσονται ἐν ✳ σκηνῇ ✳ ἁγίᾳ. οὗτος ὁ προφήτης περὶ τῆς ἐλεύσεως τοῦ |
| Prop. | 18 | 1 | ἐκοιμήθη ἐν εἰρήνῃ. Ἀχία ἀπὸ Σηλὼμ ὅπου ἦν ἡ ✳ σκηνὴ ✳ τὸ παλαιὸν ἐκ πόλεως Ἠλί. Σηλὼμ ὁ καὶ Ἠλεί ἔνθα |
| Prop. | 18 | 1B | ἐκ πόλεως Ἠλί. Σηλὼμ ὁ καὶ Ἠλεί ἔνθα ἦν καὶ ἡ ✳ σκηνὴ ✳ τὸ πάλαι. Σηλὼμ δὲ ἐκαλεῖτο ὁ Ἠλεί οὗτος εἶπε |
| FJub. | 16 | 21 | καὶ τοῖς οἰκέταις αὐτοῦ κατὰ συγγενείας πηξάμενος ✳ σκηνὰς ✳ τότε πρῶτον Ἀβραὰμ τῆς σκηνοπηγίας ἐπὶ ἑπτὰ |
| HEup. 9 | 30 | 1 | ἔτη λ' βιῶσαι δ' αὐτὸν ἔτη ρ ι' πῆξαί τε τὴν ἱερὰν ✳ σκηνὴν ✳ ἐν Σιλοῖ. μετὰ δὲ ταῦτα προφήτην γενέσθαι |
| HEup. 9 | 34 | 7 | ἀγούσας ὑπόδειγμα λαβόντα τὴν ὑπὸ Μωυσέως ἐν τῇ ✳ σκηνῇ ✳ τοῦ μαρτυρίου τεθεῖσαν στῆσαι δ' ἐξ ἑκατέρου |
| HEup. 9 | 34 | 14 | προσαγαγεῖν βοῦς χιλίους. λαβόντα δὲ τὴν ✳ σκηνὴν ✳ καὶ τὸ θυσιαστήριον καὶ τὰ σκεύη ἃ ἐποίησε Μωσῆς |

σκηνοπηγία
2

| | | | |
|---|---|---|---|
| FJub. | 4 | 1 | τοῦ ἑβδόμου μηνὸς παρ' Ἑβραίοις ἥγουν ἐν τῇ ✳ σκηνοπηγίᾳ. ✳ τὴν Κάϊν καρποφορίαν θυσίαν τὰ δὲ τοῦ Ἄβελ |
| FJub. | 16 | 21 | πηξάμενος σκηνὰς τότε πρῶτον Ἀβραὰμ τῆς ✳ σκηνοπηγίας ✳ ἐπὶ ἑπτὰ ἡμέρας ἐπιτελεῖ τὴν ἑορτήν. πρῶτος |

σκηνόω
1

| | | | |
|---|---|---|---|
| Asen. | 16 | 23 | αὐλὴν τὴν παρακειμένην τῇ οἰκίᾳ τῆς Ἀσενέθ καὶ ✳ ἐσκήνωσαν ✳ ἐπὶ τοῖς δένδροις τοῖς καρποφόροις. καὶ εἶπεν |

σκήνωμα
8

| | | | |
|---|---|---|---|
| Adam | 42 | 6 | κἀμὲ τὴν ἀναξίαν καὶ ἁμαρτωλὴν εἰσελθεῖν μετὰ τοῦ ✳ σκηνώματος ✳ αὐτοῦ. ὥσπερ ἤμην μετ' αὐτοῦ ἐν τῷ παραδείσῳ |
| Jer. | 6 | 3 | ἡ καρδία μου καὶ εὐφραίνου καὶ ἀγάλλου ἐν τῷ ✳ σκηνώματί ✳ σου λέγων τῷ σαρκικῷ οἴκῳ σου τὸ πένθος σου |
| Jer. | 6 | 3 | εἰς χαρὰν ἔρχεται γὰρ ὁ ἱκανὸς καὶ ἀρεῖ σε ἐν τῷ ✳ σκηνώματί ✳ σου οὐ γὰρ γέγονε σοι ἁμαρτία. ἀνάψυξον ἐν τῷ |
| Jer. | 6 | 4 | σου οὐ γὰρ γέγονε σοι ἁμαρτία. ἀνάψυξον ἐν τῷ ✳ σκηνώματί ✳ σου ἐν τῇ παρθενικῇ σου πίστει καὶ πίστευσον |
| Jer. | 9 | 12 | οὐκ ἐκήδευσαν αὐτὸν ἀλλ' ἔμειναν περικύκλῳ τοῦ ✳ σκηνώματος ✳ αὐτοῦ ἡμέρας τρεῖς λέγοντες ποία ὥρᾳ μέλλει |
| Sedr. | 9 | 2 | ἡμῶν ἐν τῇ κοιλίᾳ τῆς μητρός σου ἐν τῷ ἁγίῳ σου ✳ σκηνώματι ✳ ἐκ βρέφους. λέγει Σεδρὰχ οὐ δίδωμί σοι τὴν |
| Job | 43 | 7 | παρῆλθεν, σέσηπται αὐτοῦ ὁ θρόνος καὶ ἡ τιμὴ τοῦ ✳ σκηνώματος ✳ αὐτοῦ ἐν τῷ ᾅδῃ τυγχάνει ἡγάνσεν τὸ τοῦ |
| Job | 43 | 11 | αὐτὸν ἡ δὲ ὀργὴ καὶ ὁ θυμὸς ἔσται αὐτῷ εἰς ✳ σκήνωμα ✳ οὐκ ἔχει ἔλεος ἐν καρδίᾳ αὐτοῦ οὐδὲ εἰρήνην ἐν |

σκηπτοῦχος
1

| | | | |
|---|---|---|---|
| LPhi. 9 | 24 | 1 | εὐτέκνοιό θ' ὅθεν Ἰωσὴφ ὃς ὀνείρων θεσπιστὴς ✳ σκηπτοῦχος ✳ ἐν Αἰγύπτοιο θρόνοισι δινεύσας λαθραῖα χρόνου |

σκῆπτρον
12

| | | | |
|---|---|---|---|
| TJud. | 24 | 5 | αὕτη ἡ πηγὴ εἰς ζωὴν πάσης σαρκός. τότε ἀναλάμψει ✳ σκῆπτρον ✳ βασιλείας μου καὶ ἀπὸ τῆς ῥίζης ὑμῶν γενήσεται |
| TJud. | 25 | 1 | Ἰακὼβ εἰς ζωὴν καὶ ἐγὼ καὶ οἱ ἀδελφοί μου ἔξαρχοι ✳ σκήπτρων ✳ ἡμῶν ἐν Ἰσραὴλ ἐσόμεθα Λευὶ πρῶτος δεύτερος |
| TDan. | 1 | 9 | ἔασέ με τὸ ἀνόμημα τοῦτο ποιῆσαι ἵνα λυθῶσι δύο ✳ σκῆπτρα ✳ ἐν Ἰσραήλ. καὶ νῦν τέκνα μου ἐγὼ ἀποθνήσκω καὶ |
| TNep. | 5 | 8 | Σύροι κληρονομήσουσιν ἐν αἰχμαλωσίᾳ τὰ δώδεκα ✳ σκῆπτρα ✳ τοῦ Ἰσραήλ. καὶ πάλιν μετὰ μῆνας ἑπτὰ εἶδον τὸν |
| TNep. | 8 | 3 | καὶ ἐν αὐτῷ εὐλογηθήσεται Ἰακώβ. διὰ γὰρ τοῦ ✳ σκήπτρου ✳ αὐτοῦ ὀφθήσεται θεὸς κατοικῶν ἐν ἀνθρώποις ἐπὶ |
| TBen. | 10 | 7 | τότε καὶ ἡμεῖς ἀναστησόμεθα ἕκαστος ἐπὶ ✳ σκήπτρου ✳ ἡμῶν προσκυνοῦντες τὸν βασιλέα τῶν οὐρανῶν τὸν |
| Asen. | 18 | 6 | κατεκάλυψε τὴν κεφαλὴν αὐτῆς ὡς νύμφη καὶ ἔλαβε ✳ σκῆπτρον ✳ ἐν τῇ χειρὶ αὐτῆς. καὶ ἐμνήσθη Ἀσενὲθ τῶν |
| Sib. | 3 | 49 | ἄνθρωποισι φανεῖται. ἥξει δ' ἁγνὸς ἄναξ πάσης γῆς ✳ σκῆπτρα ✳ κρατήσων εἰς αἰῶνας ἅπαντας ἐπειγομένοιο |
| Sib. | 4 | 88 | Πέρσηισιν ζυγὰ δούλια καὶ φόβος ἔσται. αὐτὰρ ἐπεὶ ✳ σκήπτροισι ✳ Μακηδονίαις αὐχήσουσιν ἔσται καὶ θήβησι κακὴ |
| Sib. | 5 | 415 | ἐξαλαπάξαι. ἦλθε γὰρ οὐρανίων νώτων ἀνὴρ μακαρίτης ✳ σκῆπτρον ✳ ἔχων ἐν χερσίν ὅ οἱ θεὸς ἐγγυάλιξεν καὶ πάντων |
| LEze. 9 | 29 5 04 | | φῶτα γενναῖόν τινα διάδημ' ἔχοντα καὶ μέγα ✳ σκῆπτρον ✳ χερὶ εὐωνύμῳ μάλιστα. δεξιᾷ δέ μοι ἔνευσε κἀγὼ |
| LEze. 9 | 29 5 07 | | δεξιᾷ δέ μοι ἔνευσε κἀγὼ πρόσθεν ἐστάθην θρόνου. ✳ σκῆπτρον ✳ δέ μοι παρέδωκε καὶ εἰς θρόνον μέγαν εἶπεν |

σκιά
4

| | | | |
|---|---|---|---|
| Asen. | 3 | 2 | καῦμα μέγα ἐστὶ τοῦ ἡλίου καὶ ἵνα καταψύξω ὑπὸ τὴν ✳ σκιὰν ✳ τοῦ οἴκου σου. καὶ ἤκουσε ταῦτα Πεντεφρῆς καὶ |
| Jer. | 3 | 10 | αὐτὸν εἰς τὸν ἀμπελῶνα τοῦ Ἀγρίππα καὶ ἐν τῇ ✳ σκιᾷ ✳ τοῦ ὄρους ἐγὼ σκεπάσω αὐτὸν ἕως οὗ ἐπιστρέψω τὸν |
| Jer. | 5 | 1 | τῷ καύματι καὶ καταλαβὼν δένδρον ἐκάθισεν ὑπὸ τὴν ✳ σκιὰν ✳ αὐτοῦ τοῦ ἀναπαῆναι ὀλίγον. καὶ κλίνας τὴν κεφαλὴν |
| Prop. | 12 | 15 | ἀρχῆς. ⟨καὶ διασώσει αὐτοὺς κύριος ἐκ σκότους καὶ ✳ σκιᾶς ✳ θανάτου καὶ ἔσονται ἐν σκηνῇ ἁγίᾳ. οὗτος ὁ |

σκιάζω
2

| | | | |
|---|---|---|---|
| Sal. | 11 | 5 | οἱ βουνοὶ ἐφύοσαν ἀπὸ εἰσόδου αὐτῶν οἱ δρυμοὶ ✳ ἐσκίασαν ✳ αὐτοῖς ἐν τῇ παρόδῳ αὐτῶν πᾶν ξύλον εὐωδίας |
| HEup. 9 | 34 | 11 | ὑπερεχόντων τῷ ὕψει τὸν ναὸν πήχεις κ' καὶ ✳ σκιάζειν ✳ ἐπάνω παντὸς τοῦ ἱεροῦ καὶ προσκρεμάσαι ἑκάστῃ |

σκιρτάω
1

| | | | |
|---|---|---|---|
| FrAn. 1 | 227 | 2 | ημω⟨ν - - ⟩ταις σους⟨ - - ⟩εβησαν εις Χανααν⟨ - - ✳ ε⟩σκιρτα ✳ και το βλεμμ⟨α - - τ⟩ον αριθμον των δεκα |

σκληροκαρδία
1

| | | | |
|---|---|---|---|
| Hen. | 16 | 3 | ἔγνωτε καὶ τοῦτο ἐμηνύσατε ταῖς γυναιξὶν ἐν ταῖς ✳ σκληροκαρδίαις ✳ ὑμῶν καὶ ἐν τῷ μυστηρίῳ τούτῳ πληθύνουσιν |

σκληροκάρδιος
2

| | | | |
|---|---|---|---|
| Hen. | 5 | 4 | αὐτοῦ. ὅτι κατελαλήσατε ἐν τοῖς ψεύμασιν ὑμῶν ✳ σκληροκάρδιοι ✳ οὐκ ἔστιν εἰρήνη ὑμῖν. τοιγὰρ τὰς ἡμέρας |
| Hen. | 100 | 8 | ἐν πυρὶ ὅτι κομιεῖσθε κατὰ τὰ ἔργα ὑμῶν. οὐαὶ ὑμῖν ✳ σκληροκάρδιοι ✳ καὶ ἀγρυπνοῦντες νοῆσαι τὸ κακὸν περιέχει ὑμᾶς |

σκληρός
11

| | | | |
|---|---|---|---|
| Hen. | 1 | 9 | πάντων ἔργων τῆς ἀσεβείας αὐτῶν ὧν ἠσέβησαν καὶ ✳ σκληρῶν ✳ ὧν ἐλάλησαν λόγων (καὶ περὶ πάντων ὧν |
| Hen. | 5 | 4 | αὐτοῦ ἀλλὰ ἀπέστητε καὶ κατελαλήσατε μεγάλους καὶ ✳ σκληροὺς ✳ λόγους ἐν στόματι ἀκαθαρσίας ὑμῶν κατὰ τῆς |
| Hen. | 15 | 11 | συνπαλαίοντα καὶ συνρίπτοντα ἐπὶ τῆς γῆς πνεύματα ✳ σκληρὰ ✳ γιγάντων καὶ δρόμους ποιοῦντα καὶ μηδὲν ἐσθίοντα |
| Hen. | 27 | 2 | κατὰ κυρίου φωνὴν ἀπρεπῆ καὶ περὶ τῆς δόξης αὐτοῦ ✳ σκληρὰ ✳ λαλήσουσιν. ὧδε ἐπισυναχθήσονται καὶ ὧδε ἔσται τὸ |
| Hen. | 101 | 3 | διὰ τί ὑμεῖς λαλεῖτε τῷ στόματι ὑμῶν μεγάλα καὶ ✳ σκληρὰ ✳ ἐπὶ τῇ μεγαλωσύνῃ αὐτοῦ; ὁράετε τοὺς ναυκλήρους |
| TSim. | 2 | 4 | ἐφοβήθην ἀπὸ παντὸς πράγματος. ἡ γὰρ καρδία μου ἦν ✳ σκληρὰ ✳ καὶ τὰ ἥπατά μου ἀκίνητα καὶ τὰ σπλάγχνα μου |
| Asen. | 23 | 7 | τοῦ κολεοῦ αὐτῆς καὶ πατάξαι τὸν υἱὸν Φαραὼ διότι ✳ σκληρὰ ✳ ἐλάλησεν αὐτοῖς. καὶ εἶδε Λευὶς τὴν ἐνθύμησιν τῆς |
| Sal. | 4 | 2 | ἐν λόγοις περισσοῖς ἐν σημειώσει ὑπὲρ πάντας ὁ ✳ σκληρὸς ✳ ἐν λόγοις κατακριτοὶ ἁμαρτωλοὶ ἐν κρίσει καὶ ἡ |
| Job | 20 | 6 | μου μὴ δυνηθεὶς ἐξελθεῖν καὶ ἐπάταξέν με πληγὴν ✳ σκληρὰ ✳ ἀπὸ ποδῶν ἕως κεφαλῆς καὶ ἐν μεγάλῃ ταραχῇ καὶ |
| Aris. | 289 | 3 | γινόμενοι πρὸς τοὺς ὑποτεταγμένους ἀνήμεροι τε καὶ ✳ σκληροὶ ✳ καθίστανται πολλῷ δὲ μᾶλλον καὶ τινες τῶν |
| LEze. 9 | 29 12 10 | | ἔσται πάλιν λοιμὸς θανοῦνται δ' οἷς ἔνεστι καρδία ✳ σκληρά. ✳ πικράνω δ' οὐρανὸν χάλαζα νῦν σὺν πυρὶ πεσεῖται |

σκληροτραχηλία ✳
1

| | | | |
|---|---|---|---|
| TSim. | 6 | 2 | ὑμῶν. ἐὰν δὲ ἀφέλητε ἀφ' ὑμῶν τὸν φθόνον καὶ πᾶσαν ✳ σκληροτραχηλίαν ✳ ὡς ῥόδον ἀνθήσει τὰ ὀστᾶ μου ἐν Ἰσραὴλ |

σκληροτράχηλος
2

| | | | |
|---|---|---|---|
| Hen. | 98 | 11 | μείζονος ⟨τοῖς πνεύμασιν ὑμῶν.⟩ οὐαὶ ὑμῖν οἱ ✳ σκληροτράχηλοι ✳ τῇ καρδίᾳ ποιοῦντες τὸ κακὸν καὶ |
| Prop. | 4 | 6 | τούτου ὅτι κτῆνος γέγονε διὰ τὴν φιληδονίαν καὶ τὸ ✳ σκληροτράχηλον ✳ καὶ ὅτι ὡς βοῦς ὑπὸ ζυγὸν γίνονται τοῦ |

σκληρύνω
1

| | | | |
|---|---|---|---|
| Sal. | 8 | 29 | χρηστότητος ὅτι ἡ πίστις σου μεθ' ἡμῶν. καὶ ἡμεῖς ✳ ἐσκληρύναμεν ✳ τὸν τράχηλον ἡμῶν καὶ σὺ παιδευτὴς ἡμῶν εἶ. |

σκνίψ
3

| | | | |
|---|---|---|---|
| FJub. | 48 | 5 | ὕδατα εἰς αἷμα μεταβλήθη Ἰουλίῳ βάτραχοι Αὐγούστῳ ✳ σκνῖπες ✳ Σεπτεμβρίῳ κυνόμυια Ὀκτωβρίῳ κτηνῶν πτῶσις |
| HArt. 9 | 27 | 32 | διὰ τῆς ῥάβδου ἀνεῖναι πρὸς δὲ τούτοις ἀκρίδας καὶ ✳ σκνίφας. ✳ διὰ τοῦτο δὲ καὶ τοὺς Αἰγυπτίους τὴν ῥάβδον |
| LEze. 9 | 29 12 04 | | πᾶσαι καὶ ὑδάτων συστήματα βατράχων τε πλῆθος καὶ ✳ σκνίπας ✳ ἐμβαλῶ χθονί. ἔπειτα τέφραν οἷς καμιναίαν πᾶσα |

σκολιός
2

| | | | |
|---|---|---|---|
| Prop. | 1 | 7 | μήκοθεν τῆς πόλεως σταδίους εἴκοσι. καὶ ἐποίησε ✳ σκολιὰν ✳ σύνθεσιν ἀνυπονόητον καὶ ἔστιν ἕως τῆς σήμερον |
| Sib. | 5 | 446 | ὧν εἴνεκα λύτρα πέπομφας+ δώσεις δ' ἀντὶ λόγων ✳ σκολιῶν ✳ πικρὸν λόγον ἐχθροῖς. ἔσται δ' ὑστατίῳ καιρῷ |

σκοπός
2

| | | | |
|---|---|---|---|
| Job | 9 | 8 | οἰκέταις μου ταύτας εἶναι ἀνεῳγμένας, τοῦτον τὸν ✳ σκοπὸν ✳ ἔχων, μὴ ἄρα ἔλθωσίν τινες αἰτοῦντες ἐλεημοσύνην |
| Aris. | 251 | 2 | γὰρ βίος ὅταν ὁ κυβερνῶν εἰδῇ πρὸς τίνα ✳ σκοπὸν ✳ δεῖ τὴν διέξοδον ποιεῖσθαι. θεοῦ δ' ἐπικλήσει καὶ |

σκορπίζω
4

| | | | |
|---|---|---|---|
| Sal. | 4 | 10 | πρᾶξιν ἐπιθυμίας ἀδίκου οὐκ ἀπέστη ἕως ἐνίκησεν ✳ σκορπίσαι ✳ ὡς ἐν ὀρφανίᾳ καὶ ἠρήμωσεν οἶκον ἕνεκεν |
| Sal. | 4 | 19 | ἐν μονώσει ἀτεκνίας τὸ γῆρας αὐτοῦ εἰς ἀνάλημψιν. ✳ σκορπισθήσονται ✳ σάρκες ἀνθρωπαρέσκων ὑπὸ θηρίων καὶ ὀστᾶ |
| Sal. | 4 | 20 | διεσκόρπισεν οἴκους πολλῶν ἀνθρώπων ἐν ἀτιμίᾳ καὶ ✳ ἐσκόρπισεν ✳ ἐν ἐπιθυμίᾳ καὶ αὐτὸς οὐκ ἐμνήσθη θεοῦ καὶ οὐκ |
| Sal. | 12 | 4 | ὁ θεὸς ἀπὸ ἀκάκων χείλη παρανόμων ἐν ἀπορίᾳ καὶ ✳ σκορπισθήσονται ✳ ὀστᾶ ψιθύρων ἀπὸ φοβουμένων κύριον ἐν |

σκορπίος
2

| | | | |
|---|---|---|---|
| Sib. | 5 | 525 | Λέοντος Καρκίνος οὐκ ἐνέμεινεν ἔδεισε γὰρ Ὠρίωνα ✳ Σκορπίος ✳ +οὐρὴν ἐπῆλθε+ διὰ δεινοῖο Λέοντος ἠδὲ Κύων |
| FJub. | 3 | 9 | Μαΐου ἐνάτῃ ἡλίου ὄντος ταύρῳ καὶ σελήνης ✳ σκορπίῳ ✳ κατὰ διάμετρον ἐν τῇ τῶν Πλειάδων ἐπιτολῇ |

σκορπισμός
1

| | | | |
|---|---|---|---|
| Sal. | 17 | 18 | σεσωσμένη ἐξ αὐτῶν. εἰς πᾶσαν τὴν γῆν ἐγενήθη ὁ ✳ σκορπισμὸς ✳ αὐτῶν ὑπὸ ἀνόμων ὅτι ἀνέσχεν ὁ οὐρανὸς τοῦ |

SIb. 3 317 σοι. ῥομφαία γὰρ +διελεύσεται διὰ μέσον σεῖο+ * σκορπισμὸς * δέ τε καὶ θάνατος καὶ λιμὸς ἐφέξει ἑβδομάτη

σκοτεινός 4

Hen. 22 2 κοῖλοι βάθος ἔχοντες καὶ λίαν λεῖοι τρεῖς αὐτῶν * σκοτινοί * καὶ εἷς φωτινὸς καὶ πηγὴ ὕδατος ἀνὰ μέσον
Hen. 22 2 εἶπον πῶς λεῖα τὰ κοιλώματα ταῦτα καὶ ὁλοβαθῆ καὶ * σκοτινὰ * τῇ ὁράσει; τότε ἀπεκρίθη Ῥαφαὴλ ὁ εἷς τῶν ἁγίων
TBen. 4 2 δόξης φορέσητε. ὁ ἀγαθὸς ἄνθρωπος οὐκ ἔχει * σκοτεινὸν * ὀφθαλμὸν ἐλεᾷ γὰρ πάντας κἂν ὦσιν ἁμαρτωλοί
FAch. 115 βασιλείας ⟨αὐτοῦ τὴν ὑμῶν λαμπρότητα⟩ [φωτεινὴν] * σκοτεινὴν * ποιεῖ καὶ ἀφανῆ ⟨πάντ⟩α γὰρ ἐν ὑπεροχῇ

σκοτία 3

TJos. 10 3 κἂν τις περιπέσῃ φθόνῳ ἢ δουλείᾳ ἢ συκοφαντίᾳ ἢ * σκοτίᾳ * κύριος ὁ ἐν αὐτῷ κατοικῶν διὰ τὴν σωφροσύνην οὐ
Job 43 6 ὁ τοῦ σκότους καὶ οὐχὶ τοῦ φωτός οἱ δὲ θυρωροὶ τῆς * σκοτίας * κληρονομήσουσιν αὐτοῦ τὴν δόξαν καὶ τὴν
SIb. 5 349 καιρῷ ὁπόταν θεὸς ἡγεμονεύσῃ. πάντα μελανθείη * σκοτίῃ * δ' ἔσται κατὰ γαῖαν καὶ τυφλοὶ μέροπες θῆρές τε

σκοτίζω 5

TRub. 3 8 καὶ φαντασίᾳ. καὶ οὕτως ἀπόλλυται πᾶς νεώτερος * σκοτίζων * τὸν νοῦν ἀπὸ τῆς ἀληθείας καὶ μὴ συνίων ἐν τῷ
TLevi 14 4 καὶ ἡ σελήνη. τί ποιήσουσι πάντα τὰ ἔθνη ἐὰν ὑμεῖς * σκοτισθῆτε * ἐν ἀσεβείᾳ καὶ ἐπάξητε κατάραν ἐπὶ τὸ γένος
TLevi 18 9 κυρίου ὁ δὲ Ἰσραὴλ ἐλαττωθήσεται ἐν ἀγνωσίᾳ καὶ * σκοτισθήσεται * ἐν πένθει ἐπὶ τῆς ἱερωσύνης αὐτοῦ ἐκλείψει
TJud. 2 7 ἐκράτησα ἐκ τῶν κεράτων καὶ ἐν κύκλῳ συσσείσας καὶ * σκοτίσας * ῥίψας ἀνεῖλον αὐτόν. καὶ ὅτε ἦλθον οἱ δύο
TGad 6 2 τῷ Ἰωσὴφ καὶ ἐξελθόντος μου τὸ πνεῦμα τοῦ μίσους * ἐσκότιζέ * μου τὸν νοῦν καὶ ἐτάρασσε τὴν ψυχήν μου τοῦ

σκοτόεις 1

SIb. 4 56 δύο μοῦναι ἐφ' ὧν τάδε ἔσσεται ἔργα νὺξ ἔσται * σκοτόεσσα * μέσῃ ἐνὶ ἤματος ὥρῃ ἄστρα δ' ἀπ' οὐρανόθεν

σκοτόμαινα 1

SIb. 5 480 γὰρ μερόπων εἶδεν κακότητας ἀνάγνους. ἔσται δὲ * σκοτόμαινα * περὶ μέγαν οὐρανὸν αὐτὸν ἀχλὺς δ' οὐκ ὀλίγη

σκότος (τό) 40

Hen. 10 4 τὸν Ἀζαὴλ ποσὶν καὶ χερσὶν καὶ βάλε αὐτὸν εἰς τὸ * σκότος * καὶ ἄνοιξον τὴν ἔρημον τὴν οὖσαν ἐν τῷ Δαδουὴλ
Hen. 10 5 λίθους τραχεῖς καὶ ὀξεῖς καὶ ἐπικάλυψον αὐτῷ τὸ * σκότος. * καὶ οἰκησάτω ἐκεῖ εἰς τοὺς αἰῶνας καὶ τὴν ὄψιν
Hen. 10B 4 καὶ ποσὶ συμπόδισον αὐτὸν καὶ ἔμβαλε αὐτὸν εἰς τὸ * σκότος * καὶ ἄνοιξον τὴν ἔρημον τὴν οὖσαν ἐν τῇ ἐρήμῳ
Hen. 10B 5 ὀξεῖς καὶ λίθους τραχεῖς καὶ ἐπικάλυψον αὐτῷ * σκότος * καὶ οἰκησάτω ἐκεῖ εἰς τὸν αἰῶνα καὶ τὴν ὄψιν
Hen. 17 6 μέχρι τοῦ μεγάλου ποταμοῦ καὶ μέχρι τοῦ μεγάλου * σκότους * κατήντησα καὶ ἀπῆλθον ὅπου πᾶσα σὰρξ οὐ
Hen. 102 7 ἴδετε οὖν ὡς ἀποθνήσκουσιν μετὰ λύπης καὶ * σκότους * καὶ τί αὐτοῖς ἐγένετο περισσόν; ἀπὸ τοῦ νῦν
Hen. 103 8 ὑμῶν καὶ ἐκεῖ ἔσονται ἐν ἀνάγκῃ μεγάλῃ καὶ ἐν * σκότει * καὶ ἐν παγίδι καὶ ἐν φλογὶ καιομένῃ καὶ εἰς
Hen. 104 8 ⟨ἐξ⟩ ἡμερῶν. καὶ νῦν ἀποδεικνύω ὑμῖν ὅτι φῶς καὶ * σκότος * ἡμέρα καὶ νὺξ ἐποπτεύουσιν τὰς ἁμαρτίας ὑμῶν
Abr.2 7 11 στενοχωρίας εἰς εὐρυχωρίαν αἴρουσιν αὐτὸν ἀπὸ τοῦ * σκότους * εἰς τὸ φῶς καὶ ἀποκριθεὶς εἶπον αὐτῷ παρακαλῶ σε
TSim. 8 4 ὅτι ἐν ἐξόδῳ ὀστῶν Ἰωσὴφ ἔσται ἐν πάσῃ γῇ Αἰγύπτῳ * σκότος * καὶ γνόφος καὶ πληγὴ μεγάλη σφόδρα τοῖς
TLevi 17 6 μισήσουσιν ἕκαστος τὸν πλησίον αὐτοῦ. ὁ πέμπτος ἐν * σκότει * παραληφθήσεται ὡσαύτως καὶ ὁ ἕκτος καὶ ὁ ἕβδομος.
TLevi 18 4 οὗτος ἀναλάμψει ὡς ὁ ἥλιος ἐν τῇ γῇ καὶ ἐξαρεῖ πᾶν * σκότος * ἐκ τῆς ὑπ' οὐρανὸν καὶ ἔσται εἰρήνη ἐν πάσῃ τῇ
TLevi 19 1 τέκνα μου πάντα ἠκούσατε ἕλεσθε οὖν ἑαυτοῖς ἢ τὸ * σκότος * ἢ τὸ φῶς ἢ νόμον κυρίου ἢ ἔργα Βελιάρ. καὶ
TNep. 2 7 νόμῳ Βελιάρ. καὶ ὡς κεχώρισται ἀνάμεσον φωτὸς καὶ * σκότους * ὁράσεως καὶ ἀκοῆς οὕτω κεχώρισται ἀνάμεσον
TNep. 2 10 εἴπῃς τῷ ὀφθαλμῷ ἀκοῦσαι οὐ δύναται οὕτως οὐδὲ ἐν * σκότει * δυνήσεσθε ποιῆσαι ἔργα φωτός. μὴ οὖν σπουδάζετε
TGad 5 1 κατὰ τῆς ἀληθείας καὶ τὰ μικρὰ μεγάλα ποιεῖ τὸ * σκότος * φῶς προσέχει τὸ γλυκὺ πικρὸν λέγει καὶ
TGad 5 7 μετάνοια ἀναιρεῖ τὴν ἄγνοιαν καὶ φυγαδεύει τὸ * σκότος * καὶ φωτίζει τοὺς ὀφθαλμοὺς καὶ γνῶσιν παρέχει τῇ
TAser 5 2 τὴν δόξαν ἡ ἀτιμία τὴν ἡμέραν ἡ νὺξ καὶ τὸ φῶς τὸ * σκότος * τὰ δὲ πάντα ὑπὸ ἡμέραν εἰσὶ καὶ ὑπὸ ζωὴν τὰ
TJos. 2 4 οὐ μὴ γὰρ ἐγκαταλίπῃ τοὺς φοβουμένους αὐτὸν οὐκ ἐν * σκότει * ἢ δεσμοῖς ἢ θλίψεσιν ἢ ἀνάγκαις οὐ γὰρ ὡς
TJos. 8 5 καὶ ἐπηκροᾶτό μου πῶς ὕμνουν κύριον ὢν ἐν οἴκῳ * σκότους * καὶ ἐν ἱλαρᾷ φωνῇ χαίρων ἐδόξαζον τὸν θεόν μου
TJos. 9 1 μου καὶ λυτρώσω σε τῶν δεσμῶν καὶ ἀπαλλάξω σε τοῦ * σκότους. * καὶ οὐδὲ ἕως ἐννοιῶν ποτὲ ἔκλινα πρὸς αὐτήν.
TJos. 9 2 πρὸς αὐτήν. ἀγαπᾷ γὰρ ὁ θεὸς μᾶλλον τὸν ἐν λάκκῳ * σκότους * νηστεύοντα ἐν σωφροσύνῃ ἢ τὸν ἐν ταμιείοις
TJos. 20 2 μου κύριος ἐν φωτὶ ἔσται μεθ' ὑμῶν καὶ Βελιὰρ ἐν * σκότει * ἔσται μετὰ τῶν Αἰγυπτίων. καὶ Ζέλφαν τὴν μητέρα
TBen. 5 3 ὅπου γὰρ ἔνι φῶς ἀγαθῶν ἔργων εἰς διάνοιαν τὸ * σκότος * ἀποδιδράσκει αὐτοῦ. ἐὰν γὰρ ὑβρίσῃ τις ἄνδρα
Asen. 4 10 ὁ κύριος αὐτοῦ ἐνέβαλεν αὐτὸν εἰς τὴν φυλακὴν τοῦ * σκότους * καὶ Φαραὼ ἐξήγαγεν αὐτὸν ἐκ τῆς φυλακῆς καθότι
Asen. 8 9 Ἰακὼβ ὁ ζωοποιήσας τὰ πάντα καὶ καλέσας ἀπὸ τοῦ * σκότους * εἰς τὸ φῶς καὶ ἀπὸ τῆς πλάνης εἰς τὴν ἀλήθειαν
Asen. 12 11 τὴν καταιγίδα καὶ ἡ καταιγὶς περιειλίσσεται με ἐν * σκότει * καὶ ἐκβάλει με εἰς τὸν βυθὸν τῆς θαλάσσης καὶ
Asen. 15 12 ὁ ὕψιστος ὃς ἐξαπέστειλέ σε τοῦ ῥύσασθαί με ἐκ τοῦ * σκότους * καὶ ἀναγαγεῖν με ἀπὸ τῶν θεμελίων τῆς ἀβύσσου
Sal. 14 9 γενέσθαι. διὰ τοῦτο ἡ κληρονομία αὐτῶν ᾅδης καὶ * σκότος * καὶ ἀπώλεια καὶ οὐχ εὑρεθήσονται ἐν ἡμέρᾳ ἐλέους
Sal. 15 10 αὐτῶν. καὶ ἡ κληρονομία τῶν ἁμαρτωλῶν ἀπώλεια καὶ * σκότος * καὶ αἱ ἀνομίαι αὐτῶν διώξονται αὐτοὺς ἕως ᾅδου
Bar. 6 13 πύλας τοῦ οὐρανοῦ καὶ διαχωρίζεται τὸ φῶς ἀπὸ τοῦ * σκότους. * καὶ ἦλθεν φωνὴ λέγουσα φωτόδοτα δὸς τῷ κόσμῳ τὸ
Prop. 12 14 ὅτι φωτίσουσι τοὺς διωκομένους ὑπὸ τοῦ ὄφεως ἐν * σκότει * ὡς ἐξ ἀρχῆς. ⟨καὶ διασώσει αὐτοὺς κύριος ἐκ
Prop. 12 15 σκότει ὡς ἐξ ἀρχῆς. ⟨καὶ διασώσει αὐτοὺς κύριος ἐκ * σκότους * καὶ σκιᾶς θανάτου καὶ ἔσονται ἐν σκηνῇ ἁγίᾳ.
Esdr. 4 37 ἀκούσας τῆς φοβερᾶς ἀπειλῆς κρυβήσεται εἰς τὸ * σκότος * τὸ ἐξώτερον. τότε ὁ οὐρανὸς καὶ ἡ γῆ καὶ ἡ
Esdr. 5 4 καὶ τὰ νήπια ἐν τοῖς ποταμοῖς ἔρριψεν. καὶ ἴδον * σκότος * δεινὸν καὶ νύκταν οὐκ ἔχουσαν ἄστρα οὐδὲ σελήνην
Job 43 6 ἀποβήσεται αὐτῷ εἰς κρίμα ὅτι οὗτός ἐστιν ὁ τοῦ * σκότους * καὶ οὐχὶ τοῦ φωτός οἱ δὲ θυρωροὶ τῆς σκοτίας
FJub. 2 2 ἀβύσσους τήν τε ὑποκάτω τῆς γῆς καὶ τοῦ χάους καὶ * σκότος * ἑσπέρα καὶ νὺξ τὸ φῶς ἡμέρας τε καὶ ὄρθρου. ταῦτα
FJub. 2 16 καὶ ἐν ταῖς ἀβύσσοις ἐν τῷ φωτὶ καὶ ἐν τῷ * σκότει * καὶ ἐν πᾶσι. καὶ ἀνεπαύσατο ὁ θεὸς ἐκ πάντων τῶν
FJub. 48 5 ἕλκη Δεκεμβρίῳ χάλαζα Ἰανουαρίῳ ἀκρὶς Φεβρουαρίῳ * σκότος * ἡμέρας τρεῖς Μαρτίῳ τὰ πρωτότοκα. τῇ ιδ' τούτου
LEze. 9 29 12 13 βροτούς. καρποὶ τ' ὀλοῦνται τετραπόδων τε σώματα * σκότος * τε θήσω τρεῖς ἐφ' ἡμέρας ὅλας ἀκρίδας τε πέμψω

σκοτόω 2

TDan 2 4 τοὺς φυσικοὺς ὀφθαλμοὺς αὐτοῦ διὰ τοῦ ψεύδους * σκοτοῖ * τὴν διάνοιαν αὐτοῦ καὶ ἰδίαν ὅρασιν παρέχει
TGad 1 3 καὶ πιάζων τὸν πόδα αὐτοῦ τῇ χειρί μου καὶ γυρεύων * ἐσκότουν * καὶ ἠκόντιζον αὐτὸ ἐπὶ δύο σταδίους καὶ οὕτως

σκοτώδης 1

Abr.1 17 14 ⟨καὶ πρόσωπον κρημνοῦ φρικωδεστάτου⟩ καὶ πρόσωπον * σκοτώδους * γνοφερώτερον καὶ πρόσωπον ἐχίδνης

σκυβάλισμα 1

FPho. 156 δ' ἴψατο λιμός.⟩ μὴ δ' ἄλλου παρὰ δαιτὸς ἔδοις * σκυβάλισμα * τραπέζης ἀλλ' ἀπὸ τῶν ἰδίων μισθῶν φαγέοις

Σκυθόπολις 1

HEup. 9 39 5 τὴν Σαμαρεῖτιν καταστρέψασθαι καὶ Γαλιλαίαν καὶ * Σκυθόπολιν * καὶ τοὺς ἐν τῇ Γαλααδίτιδι οἰκοῦντας

σκυθρωπάζω 1

Asen. 10 5 καὶ εἶπον αὐτῇ τί σοί ἐστι δέσποινα καὶ διὰ τί σὺ * σκυθρωπάζεις * καὶ τί ἐστι τὸ ἐνοχλοῦν σοι; ἄνοιξον ἡμῖν

σκυθρωπός 2

TSim. 4 1 καὶ ἦν ἐρωτῶν ὁ πατὴρ περὶ ἐμοῦ ὅτι ἑώρα με * σκυθρωπὸν * καὶ ἔλεγον τὰ ἥπατά μου κακοῦμαι ἐγώ. ἐπένθουν
Bar. 16 1 τοῖς μηδὲν ἐνεγκοῦσιν τάδε λέγει κύριος μὴ ἔστε * σκυθρωποὶ * καὶ μὴ κλαίετε μηδὲ ἐάσατε τοὺς υἱοὺς τῶν

σκύλαξ 1

FPho. 202 διζήμεθα γειαρότας τε ταύρους ὑψιτένοντας ἀτὰρ * σκυλάκων * πανάριστον γῆμαι δ' οὐκ ἀγαθὴν ἐριδαίνομεν

σκυλεύω 4

TLevi 4 1 καὶ τῶν ἀοράτων πνευμάτων τηκομένων καὶ τοῦ ᾅδου * σκυλευομένου * ἐπὶ τῷ πάθει τοῦ ὑψίστου οἱ ἄνθρωποι
TJud. 5 7 καὶ τὴν πόλιν ἐνεπρήσαμεν πάντα τὰ ἐν αὐτῇ * σκυλεύσαντες. * καὶ ὡς ἤμην ἐν τοῖς ὕδασι Χωζηβὰ οἱ ἀπὸ
Job 17 4 ἔπραξεν κατὰ τοῦ οἴκου τοῦ θεοῦ. συνέλθατε οὖν καὶ * σκυλεύσατε * ἑαυτοῖς πάντα τὰ ζῷα καὶ ὅσα ἔχει ἐπὶ τῆς
FJub. 48 5 τρεῖς Μαρτίῳ τὰ πρωτότοκα. τῇ ιδ' τούτου τοῦ μηνὸς * σκυλεύσαντες * τοὺς Αἰγυπτίους ἐξῆλθον προστάξει θεοῦ

σκύλλω 2

Hen. 104 5 ὡς οἱ ἁμαρτωλοί. ⟨ἀλλ' ὑμεῖς οἱ ἁμαρτωλοί⟩ * σκυλήσεσθε * καὶ κρίσις αἰώνιος ἐξ ὑμῶν ἔσται εἰς πάσας
Abr.2 2 13 ὅτι ἔκαμεν ἐν τῇ ὁδῷ. ἀπεκρίθη Μιχαὴλ καὶ εἶπεν μὴ * σκύλου * τὸ παιδάριον ἀλλὰ περιπατήσωμεν μετεωριζόμενοι

σκῦλον 1

Sal. 5 3 σέ μὴ παρασιωπήσῃς ἀπ' ἐμοῦ. οὐ γὰρ λήψεται ⟨τις⟩ * σκῦλα * παρὰ ἀνδρὸς δυνατοῦ καὶ τίς λήψεται ἀπὸ πάντων ὧν

σκύμνος 2

Abr.1 19 14 καὶ βασιλίσκους⟩ καὶ παρδάλεις καὶ λέοντας καὶ * σκύμνους * καὶ ἄρκους καὶ ἐχίδνας καὶ ἁπλῶς εἰπεῖν παντὸς
Asen. 27 1 καὶ ἦν κάλλος ἐν αὐτῷ ἄρρητον καὶ ἰσχὺς ὡς * σκύμνος * λέοντος καὶ ἦν φοβούμενος τὸν κύριον σφόδρα. καὶ

σκωληκόβρωτος 1

Job 20 8 ἐξῆλθον τὴν πόλιν, καὶ καθεσθεὶς ἐπὶ τῆς κοπρίας * σκωληκόβρωτον * τὸ σῶμά μου εἶχον καὶ συνέβρεχον τὴν γῆν

σκώληξ 11

Bar. 6 12 εἶπον ἀφοδεύει τὸ ὄρνεον; καὶ εἶπέν μοι ἀφοδεύει * σκώληκα * καὶ τὸ τοῦ σκώληκος ἀφόδευμα γίνεται κινάμωμον
Bar. 6 12 ὄρνεον; καὶ εἶπέν μοι ἀφοδεύει σκώληκα καὶ τὸ τοῦ * σκώληκος * ἀφόδευμα γίνεται κινάμωμον ᾧπερ χρῶνται
Esdr. 4 20 ἄλλους πεντακοσίους βαθμοὺς καὶ ἴδον ἐκεῖ τὸν * σκώληκα * τὸν ἀκοίμητον καὶ πῦρ κατακαῖον τοὺς ἁμαρτωλούς.
Esdr. 6 24 μέλλω εἰς γῆν καταπίπτειν; οἴμμοι οἴμμοι ὅτι ὑπὸ * σκωλήκων * μέλλω ἀναλίσκεσθαι. κλαύσατέ με πάντες οἱ ἅγιοι
Job 20 8 τὴν γῆν ἐκ τῆς ὑγρασίας καὶ ἰχῶρες τοῦ σώματος * σκώληκες * πολλοὶ ἦσαν ἐν τῷ σώματί μου καὶ εἴποτε ἀφήλατο
Job 20 9 πολλοὶ ἦσαν ἐν τῷ σώματί μου καὶ εἴποτε ἀφήλατο * σκώληξ, * ἦρον καὶ κατήγγιζον εἰς τὸν αὐτὸν τόπον λέγων
Job 24 3 ἐκοπίασα μετὰ μόχθων οὐ δὲ αὐτὸς κάθῃ ἐν σαπρίᾳ * σκωλήκων * διανυκτερεύων αἴθριος, κἀγὼ πάλιν ἡ πανάθλία
Job 26 1 ἑπτὰ ἔτη ἔχω ἐν ταῖς πληγαῖς, ὑφιστάμενος τοὺς * σκώληκας * τοὺς ἐν τῷ σώματί μου καὶ οὐκ ἐβαρήθη ἡ ψυχή
Job 34 4 εἰς τὰς ἰδίας χώρας αὐτὸς ἐν ταλαιπωρίᾳ * σκωλήκων * κάθηται καὶ δυσωδίαις, καὶ ἀκμὴν ἐπαίρεται καθ'
Job 47 4 περιγραφῆναι ἐκ τοῦ σώματος τὰς πληγὰς καὶ τοὺς * σκώληκας * καλέσας με παρέσχετό μοι ταύτας τὰς τρεῖς

Job        47      6            καὶ εὐθέως ἀφανεῖς ἐγένοντο ἀπὸ τότε οἱ   *   σκώληκες   *   ἀπὸ τοῦ σώματός μου ὁμοίως καὶ αἱ πληγαὶ καὶ

**σμάραγδος**  (2)
Aris.      66      3      μέσον πολυτελεῖς τῶν πολυειδῶν ἀνθράκων τε καὶ   *   σμαράγδων   *   ἔτι δὲ ὄνυχος καὶ τῶν ἄλλων γενῶν τῶν
IMen.   5  119     2      ποιήσας χλαμύδας ἤτοι πορφυρᾶς ἢ δι' ἐλέφαντος ἢ   *   σμαράγδου   *   ζώδια εὔνουν νομίζει τὸν θεὸν καθιστάναι

**σμαραγέω**  (1)
Sib.       3     443      οἰνοπόλοιο Ῥύνδακος ἀμφί σε κῦμα κορυσσόμενον   *   σμαραγήσει.   *   καὶ σὺ Ῥόδος πουλὺν μὲν ἀδούλωτος χρόνον

**σμῆνος**  (1)
FPho.           174      ἢ δρυὸς ὠγυγίης κατὰ κοιλάδος ἔνδοθι σίμβλων   *   σμήνεσι   *   μυριότρητα κατ' ἄγγεα κηροδομοῦσα. μὴ μείνῃς

**σμῆξις**  (1)
Aris.      88      4      τῆς τῶν ὑδάτων ἐπιφορᾶς ἕνεκεν ἢ γίνεται διὰ τὴν   *   σμῆξιν   *   τῶν ἀπὸ τῶν θυσιῶν αἱμάτων. πολλαὶ γὰρ μυριάδες
**σμικρύνω**           cf. μικρύνω
**σμικρύνω → μικρύνω**

**σμύρνα**
Hen.       29      2      ἴδον κρίσεως δένδρα πνέοντα ἀρωμάτων λιβάνων καὶ   *   ζμύρνας   *   καὶ τὰ δένδρα αὐτῶν ὅμοια καρύαις. καὶ ἐπέκεινα
**Σμύρνα**  (4)
Sib.       3     344      Κολοφὼν Ἔφεσος Νίκαια Ἀντιόχεια Τάναγρα Σινώπη   *   Σμύρνη   *   +Μάρος+ Γάζα πανολβίστη Ἱεράπολις Ἀστυπάλαια
Sib.       3     365      καὶ Ῥώμη ῥύμη τὰ δὲ θέσφατα πάντα τελεῖται.   *   Σμύρνης   *   δ' ὀλλυμένης οὐδεὶς λόγος. ἔκδικος ἔσται ἀλλὰ
Sib.       5     122      Λέσβος ὅλη δύσει βαθὺν εἰς βυθὸν ὥστ' ἀπολέσθαι.   *   Σμύρνα   *   κατὰ κρημνῶν εἱλισσομένη ποτὲ κλαύσει ἢ τὸ πάλαι
Sib.       5     306      νέκυας κατὰ γῆς πλέονας ψαμάθοιο. ἥξει γὰρ καὶ   *   Σμύρνα   *   ἐὸν κλαίουσα +λυκουργὸν+ εἰς + Ἐφέσοιο+ πύλας καὶ

**σοβαρός**  (1)
Asen.      12      5            τοῦ ἱερέως ἡ παρθένος καὶ βασίλισσα ἣ ποτε   *   σοβαρὰ   *   καὶ ὑπερήφανος καὶ εὐθηνοῦσα ἐν τῷ πλούτῳ μου
**Σοβαχά**  (1)
Prop.      21      2            δόμα ἦν τοῖς ἱερεῦσιν. ὅτε εἶχε τεχθῆναι εἶδε   *   Σοβαχὰ   *   ὁ πατὴρ αὐτοῦ ὅτι ἄνδρες λευκοφανεῖς αὐτὸν
**Σόδομα**  (10)
Abr.1       5     13      ἤνεγκε περὶ Λὼτ τοῦ ἀδελφοῦ σου ⟨τοῦ οἰκοῦντος ἐν   *   Σοδόμοις   *   ὅτι ἀπέθανεν⟩ καὶ ⟨διὰ τοῦτο⟩ οὕτως πενθεῖται;
Abr.2       6     13      Μαμβρῆ ὑπάγοντες ῥύσασθαι τὸν ἀδελφὸν Λὼτ ἀπὸ   *   Σοδόμων   *   τότε ἐγνώρισάν μοι τὸ μυστήριον. τότε Ἀβραὰμ
TLevi      14      6      καθαρισμῷ παρανόμῳ καὶ γενήσεται ἡ μεῖξις ὑμῶν   *   Σόδομα   *   καὶ Γόμορρα ἐν ἀσεβείᾳ καὶ φυσιωθήσεσθε ἐπὶ τῇ
TNep.       3      4      κύριον τὸν ποιήσαντα ταῦτα πάντα ἵνα μὴ γένησθε ὡς   *   Σόδομα   *   ἥτις ἐνήλλαξε τάξιν φύσεως αὐτῆς. ὁμοίως δὲ καὶ
TNep.       4      1      πονηρίαν ἐθνῶν καὶ ποιήσετε κατὰ πᾶσαν ἀνομίαν   *   Σοδόμων.   *   καὶ ἐπάξει ὑμῖν κύριος αἰχμαλωσίαν καὶ
TAser       7      1      ⟨ὃς⟩ παρακαλέσει αὐτὸν ἐν ζωῇ. μὴ γίνεσθε τέκνα ὡς   *   Σοδόμων   *   ἥτις ἠγνόησε τοὺς ἀγγέλους κυρίου καὶ ἀπώλετο ἕως
TBen.       9      9      λόγων Ἐνὼχ τοῦ δικαίου. πορνεύσετε γὰρ πορνείαν   *   Σοδόμων   *   καὶ ἀπολεῖσθε ἕως βραχὺ καὶ ἀνανεώσεσθε ἐν
Esdr.       2     19      μου εἰς κρίσιν. καὶ εἶπεν ὁ θεὸς πῦρ βάλλω ἐπὶ   *   Σόδομα   *   καὶ Γόμορρα. καὶ εἶπεν ὁ προφήτης κύριε ἄξιε
Esdr.       7     12      τὸ βιβλίον τοῦτο κατακαυθήσονται ὡς τὰ   *   Σόδομα   *   καὶ Γόμορρα. καὶ ἦλθεν αὐτῷ φωνὴ λέγουσα Ἐσδρὰμ
FIsa. 1     3     10      ὅτι ψευδής ἐστιν. καὶ τὴν Ἱ⟨ε⟩ρουσαλὴμ   *   Σόδο⟨μ⟩α   *   ἐκάλεσεν κ⟨αὶ τοὺς⟩ ἄρχοντας ⟨Ἰούδα⟩ καὶ
**Σολομών**  (41)
Sal.                                                ψαλμοὶ   *   σολομῶντος.   *   ἐβόησα πρὸς κύριον ἐν τῷ θλίβεσθαί με εἰς
Sal.        2      ἐβεβήλωσαν τὰ ἅγια κυρίου ἐν βεβηλώσει. ψαλμὸς τῷ   *   Σαλωμων   *   περὶ Ἱερουσαλημ. ἐν τῷ ὑπερηφανεύεσθαι τὸν
Sal.        3      εἰς τὸν αἰῶνα ἐνώπιον δούλων αὐτοῦ. ψαλμὸς τῷ   *   Σαλωμων   *   περὶ δικαίων. ἵνα τί ὑπνοῖς ψυχὴ καὶ οὐκ
Sal.        4      ἐν φωτὶ κυρίου καὶ οὐκ ἐκλείψει ἔτι. διαλογὴ τοῦ   *   Σαλωμων   *   τοῖς ἀνθρωπαρέσκοις. ἵνα τί σὺ βέβηλε κάθησαι ἐν
Sal.        5      ἔλεός σου ἐπὶ πάντας τοὺς ἀγαπῶντάς σε. ψαλμὸς τῷ   *   Σαλωμων.   *   κύριε ὁ θεὸς αἰνέσω τῷ ὀνόματί σου ἐν
Sal.        6      δόξα κυρίου ὅτι αὐτὸς βασιλεὺς ἡμῶν. ἐν ἐλπίδι τῷ   *   Σαλωμων.   *   μακάριος ἀνὴρ οὗ ἡ καρδία αὐτοῦ ἑτοίμη
Sal.        7      ὁ ποιῶν ἔλεος τοῖς ἀγαπῶσιν αὐτὸν ἐν ἀληθείᾳ. τῷ   *   Σαλωμων   *   ἐπιστροφῆς. μὴ ἀποσκηνώσῃς ἀφ' ἡμῶν ὁ θεὸς ἵνα
Sal.        8      οἶκον Ιακωβ εἰς ἡμέραν ἐν ᾗ ἐπηγγείλω αὐτοῖς. τῷ   *   Σαλωμων   *   εἰς νεῖκος. θλῖψιν καὶ φωνὴν πολέμου ἤκουσεν τὸ
Sal.        9      εὐλογημένος Ισραηλ ὑπὸ κυρίου εἰς τὸν αἰῶνα. τῷ   *   Σαλωμων   *   εἰς ἔλεγχον. ἐν τῷ ἀπαχθῆναι Ισραηλ ἐν ἀποικεσίᾳ
Sal.       10      οἶκον Ισραηλ εἰς τὸν αἰῶνα καὶ ἔτι. ἐν ὕμνοις τῷ   *   Σαλωμων   *   μακάριος ἀνὴρ οὗ ὁ κύριος ἐμνήσθη ἐν ἐλεγμῷ καὶ
Sal.       11      ἐπὶ οἶκον Ισραηλ εἰς εὐφροσύνην αἰώνιον. τῷ   *   Σαλωμων   *   εἰς προσδοκίαν. σαλπίσατε ἐν Σιων ἐν σάλπιγγι
Sal.       12      τὸ ἔλεος ἐπὶ τὸν Ισραηλ εἰς τὸν αἰῶνα καὶ ἔτι. τῷ   *   Σαλωμων   *   ἐν γλώσσῃ παρανόμων. κύριε ῥῦσαι τὴν ψυχήν μου
Sal.       13      ὅσιοι κυρίου κληρονομήσαισαν ἐπαγγελίας κυρίου. τῷ   *   Σαλωμων   *   ψαλμὸς παράκλησις τῶν δικαίων. δεξιὰ κυρίου
Sal.       14      τοὺς φοβουμένους αὐτὸν τὸ ἔλεος αὐτοῦ. ὕμνος τῷ   *   Σαλωμων.   *   πιστὸς κύριος τοῖς ἀγαπῶσιν αὐτὸν ἐν ἀληθείᾳ
Sal.       15      κληρονομήσουσιν ζωήν ἐν εὐφροσύνῃ. ψαλμὸς τῷ   *   Σαλωμων   *   μετὰ ᾠδῆς. ἐν τῷ θλίβεσθαί με ἐπεκαλεσάμην τὸ
Sal.       16      ἀπολοῦνται εἰς τὸν αἰῶνα χρόνον. ὕμνος τῷ   *   Σαλωμων   *   εἰς ἀντίληψιν ὁσίοις. ἐν τῷ νυστάξαι ψυχήν μου
Sal.       17      ἐν τούτοις ἐλεηθήσεται ὑπὸ κυρίου. ψαλμὸς τῷ   *   Σαλωμων   *   μετὰ ᾠδῆς τῷ βασιλεῖ. κύριε σὺ αὐτὸς βασιλεὺς
Sal.       18      βασιλεὺς ἡμῶν εἰς τὸν αἰῶνα καὶ ἔτι. ψαλμὸς τῷ   *   Σαλωμων   *   ἔτι τοῦ χριστοῦ κυρίου. ἐπὶ τὸ ἔλεός σου ἐπὶ
Prop.       1      7      τοῦ τάφου τῶν ἱερέων ἐπὶ τὸ μέρος τὸ πρὸς νότον.   *   Σολομὼν   *   γὰρ ἐποίησε τοὺς τάφους τοῦ Δαυίδ διαγράψαντος
Prop.       1      9      Ἐζεκίας ἔδειξε τοῖς ἔθνεσι τὸ μυστήριον Δαυίδ καὶ   *   Σολομῶντος   *   καὶ ἐμίανεν ὀστᾶ τόπου πατέρων αὐτοῦ διὰ
Prop.      18      2      πάλαι. Σηλὼμ δὲ ἐκαλεῖτο ὁ Ἡλεὶ ὅτι εἶπε περὶ   *   Σολομὼν   *   ὅτι προσκρούσει κυρίῳ ἐν ἀρχῇ τῆς ἱερωσύνης
Prop.      18     2B      κυρίῳ ἐν ἀρχῇ τῆς ἱερωσύνης προεφήτευσε περὶ   *   Σολομῶντος   *   ὅτι προσκρούσει διὰ τὰς γυναῖκας ὅτι γυναῖκες
Prop.      18      4      λαὸν καὶ κατὰ τῶν ἱερέων ἐπιτρέχον προεῖπε καὶ τῷ   *   Σολομῶντι   *   ὅτι αἱ γυναῖκες αὐτὸν ἐκστήσουσι καὶ πᾶν τὸ
Prop.      18     4B      καὶ πᾶν τὸ γένος αὐτοῦ καὶ ὅτι παραβήσεται   *   Σολομὼν   *   τὸν νόμον τοῦ ὑψίστου ταῦτα προεῖπεν Ἡλεὶ πρὸς
HEup.  9   30      8      τὴν Ἰουδαίαν. βασιλεύσαντα δὲ τὸν Δαβὶδ ἔτη μ'   *   Σολομῶνι   *   τῷ υἱῷ τὴν ἀρχὴν παραδοῦναι ὄντι ἐτῶν ιβ'
HEup.  9   30      8      κυπαρίσσινα καὶ κέδρινα. καὶ αὐτὸν μὲν τελευτῆσαι   *   Σολομῶνα   *   δὲ βασιλεύειν καὶ γράψαι πρὸς Οὐάφρην τὸν
HEup.  9   31      1      βασιλέα τὴν ὑπογεγραμμένην ἐπιστολήν. ἐπιστολὴ   *   Σολομῶνος   *   βασιλεὺς Σολομῶν Οὐάφρη βασιλεῖ Αἰγύπτου φίλῳ
HEup.  9   31      1      ἐπιστολήν. ἐπιστολὴ Σολομῶνος. βασιλεὺς   *   Σολομῶν   *   Οὐάφρη βασιλεῖ Αἰγύπτου φίλῳ πατρικῷ χαίρειν.
HEup.  9   32      1      ἐπιστολὴ Οὐάφρην ἀντίγραφος. βασιλεὺς Οὐάφρης   *   Σολομῶν   *   βασιλεῖ μεγάλῳ χαίρειν. ἅμα τῷ ἀναγνῶναί τὴν
HEup.  9   33      1      τὴν ἰδίαν ὡς ἂν ἀπὸ τῆς χρείας γενόμενοι. ἐπιστολὴ   *   Σολομῶνος   *   βασιλεὺς Σολομῶν Σούρωνι τῷ βασιλεῖ Τύρου καὶ
HEup.  9   33      1      τῆς χρείας γενόμενοι. ἐπιστολὴ Σολομῶνος. βασιλεὺς   *   Σολομῶν   *   Σούρωνι τῷ βασιλεῖ Τύρου καὶ Σιδῶνος καὶ
HEup.  9   34      1      ἐκ τῆς Ἀραβίας. ἐπιστολὴ Σούρωνος. Σού-   *   Σολομῶν   *   βασιλεῖ μεγάλῳ χαίρειν. εὐλογητὸς ὁ θεὸς ὃς τὸν
HEup.  9   34      4      ἐπάρχοις ὅπως χορηγηθῇ τὰ δέοντα. διελθὼν δὲ   *   Σολομῶν   *   ἔχων τοὺς πατρικοὺς φίλους ἐπὶ τὸ ὄρος τὸ τοῦ
HEup.  9   34     13      προσαγορευθῆναι δὲ τὸ ἀνάκτορον πρῶτον μὲν ἱερόν   *   Σολομῶν   *   ὕστερον δὲ παρεφθαρμένως τὴν πόλιν ἀπὸ τοῦ
HEup.  9   34     17      μύρια ὀκτακισχίλια πεντήκοντα. ἀποπέμψαι δὲ τὸν   *   Σολομῶνα   *   καὶ τοὺς Αἰγυπτίους καὶ τοὺς Φοίνικας ἑκάστους
HEup.  9   34     20      ἀνακείμενον ἐν τῷ ἱερῷ τοῦ Διός. ποιῆσαι δὲ τὸν   *   Σολομῶνα   *   καὶ ἀσπίδας χρυσᾶς χιλίας ἑκάστην
HThe.  9   34     19                                    θεοφίλου περὶ   *   σολομῶνος.   *   τὸν περισσεύσαντα χρυσὸν τὸν Σολομῶνα τῷ
HThe.  9   34     19      περὶ σολομῶνος. τὸν περισσεύσαντα χρυσὸν ὃν   *   Σολομῶν   *   τῷ Τυρίων βασιλεῖ πέμψαι τὴν δὲ εἰκόνα τῆς
LAri. 13   12     11      δὲ καὶ κάλλιον τῶν ἡμετέρων προγόνων τις εἶπε   *   Σολομῶν   *   αὐτήν πρὸ οὐρανοῦ καὶ γῆς ὑπάρχειν τὸ δὴ
FrAn.  1  217      2      πρός τινα τῶν διδασκάλων καὶ ἀναπτύξας τὴν σοφίαν   *   Σολομῶντος   *   εὗρεν εὐθὺς ὁ ἐλεῶν πτωχὸν θεῷ δανείζει. καὶ
FrAn.     574   3040      ἂν ἧς ὅτι ὁρκίζω σε κατὰ τῆς σφραγῖδος ἧς ἔθετο   *   Σολομὼν   *   ἐπὶ τὴν γλῶσσαν τοῦ Ἱερεμίου καὶ ἐλάλησεν. καὶ
**Σολομώνιος**  (2)
Sib.       3     167      βασιληίδες ἠγερέθονται. οἶκος μὲν γὰρ πρώτιστος   *   Σολομώνιος   *   ἄρξει Φοινίκες τ' Ἀσίης ἐπιβήτορες ἠδὲ καὶ
Sib.       3     214      εὐσεβέσιν ἥξει κακὸν οἳ περὶ ναὸν οἰκείουσι μέγαν   *   Σολομώνιον   *   οἵ τε δικαίων ἀνδρῶν ἔκγονοί εἰσιν ὅμως καὶ
**Σόλυμα**  (2)
Sib.       4     115      Ἀρμενίη καὶ σοὶ δὲ μένει δούλειος ἀνάγκη ἥξει καὶ   *   Σολύμοισι   *   κακὴ πολέμοιο θύελλα Ἰταλόθεν νηὸν δὲ θεοῦ
Sib.       4     126      δ' ἥξει Ῥώμης πρόμος ὃς πυρὶ νηὸν συμφλέξας   *   Σολύμων   *   πολλοὺς δ' ἅμα ἀνδροφονήσας Ἰουδαίων ὀλέσει
**Σομήλος**  (2)
Aris.      47      3      Ἐζεκίας Ἐλισσαῖος. δευτέρας Ἰούδας Σίμων   *   Σομήλος   *   Ἀδαῖος Ματταθίας Ἐσχλεμίας. τρίτης Νεεμίας
Aris.      48      4  Σίμων Λευίς. ἕκτης Ἰούδας Ἰώσηφος Σίμων Ζαχαρίας   *   Σομήλος   *   Σελεμίας. ἑβδόμης Σαββαταῖος Σεδεκίας Ἰάκωβος
**σορός**  (2)
TRub.       7      2      ἐντειλάμενος τοῖς υἱοῖς αὐτοῦ. καὶ ἔθεντο αὐτὸν ἐν   *   σορῷ   *   ἕως ὅτε ἀνενέγκαντες αὐτὸν ἐξ Αἰγύπτου ἔθαψαν ἐν
TLevi      19      5      ἑκατὸν τριάκοντα ἑπτὰ ἔτη. καὶ ἔθηκαν αὐτὸν ἐν   *   σορῷ   *   καὶ ὕστερον ἔθαψαν αὐτὸν ἐν Χεβρὼν ἀνὰ χεῖρα
**σός**  (43)        σῆς σῷ σόν σῇ σήν σοῖς σοῖσι σῆσιν σούς σάς σῇι σῶν σοῖν σαις
**Σουμάν**  (1)
Prop.      22     11      τὸ περισσεῦον ἔσχεν εἰς διατροφὴν τῶν παιδίων. εἰς   *   Σουμάν   *   ἀπελθὼν ἔμεινε παρά τινι γυναικὶ καὶ μὴ ποιοῦσαν
**Σούρ**  (2)
Prop.      10      2      αὐτοῦ ἀλλὰ παραλαβὼν τὴν μητέρα αὐτοῦ παρῴκησε τὴν   *   Σούρ   *   χώραν ἀλλοφύλων ἐθνῶν ἔλεγε γὰρ ὅτι οὕτως ἀφελῶ
Prop.      10     6B      αὐτῶν ἀλλὰ παραλαβὼν τὴν μητέρα αὐτοῦ παρῴκησε τὴν   *   Σούρ   *   χώραν ἀλλοφύλων. ἔλεγε γὰρ ὅτι οὕτως ἀφελῶ τὸ
**Σουρείμ**  (5)
HCle.  1   15    241      παῖδες ἱκανοί. αὐτῶν καὶ τὰ ὀνόματα τρεῖς Ἀφέραν   *   Σουρείμ   *   Ἰάφραν. ἀπὸ Σουρείμ μὲν τὴν Ἀσσυρίαν κεκλῆσθαι
HCle.  1   15    241      καὶ τὰ ὀνόματα τρεῖς Ἀφέραν Σουρείμ Ἰάφραν. ἀπὸ   *   Σουρείμ   *   μὲν τὴν Ἀσσυρίαν κεκλῆσθαι ἀπὸ δὲ τῶν δύο
**Σούρων**
HEup.  9   30      4      καὶ Ναβδαίους αὖθις δὲ ἐπιστρατεῦσαι ἐπὶ   *   Σούρωνα   *   βασιλέα Τύρου καὶ Φοινίκης οὓς καὶ ἀναγκάσαι
HEup.  9   33      1      γενόμενοι. ἐπιστολὴ Σολομῶνος. βασιλεὺς Σολομῶν τῷ   *   Σούρωνι   *   τῷ βασιλεῖ Τύρου καὶ Σιδῶνος καὶ Φοινίκης φίλῳ
HEup.  9   34      1      ἱερέα δὲ εἰς κρεωφαγίαν ἐκ τῆς Ἀραβίας. ἐπιστολὴ   *   Σούρωνος.   *   Σούρων Σολομῶνι βασιλεῖ μεγάλῳ χαίρειν.
HEup.  9   34      1      εἰς κρεωφαγίαν ἐκ τῆς Ἀραβίας. ἐπιστολὴ Σούρωνος.   *   Σούρων   *   Σολομῶνι βασιλεῖ μεγάλῳ χαίρειν. εὐλογητὸς ὁ θεὸς
HEup.  9   34     18      μέλιτος δὲ ἀγγεῖνα ἑκατὸν καὶ ἀρώματα πέμψαι τῷ δὲ   *   Σούρωνι   *   εἰς Τύρον πέμψαι τὸν χρυσοῦν κίονα τὸν ἐν Τύρῳ
**Σοῦσα**
Sib.       4      96      κατοικήσουσι Μακηδόνες οἱ δ' ὑπὸ Βάκτρων καὶ   *   Σούσων   *   φεύξονται ἐς Ἑλλάδα γαῖαν ἅπαντες. ἔσσεται

Σόφαξ 1
HCle. 1 15 241 τούτου δὲ γενέσθαι Σόφωνα ἀφ᾽ οὗ τοὺς βαρβάρους * Σόφακας * λέγεσθαι.

Σοφαρ 2
Job 38 6 πῶς τὰ ἐπουράνια καταλήψει; ὑπολαβὼν δὲ καὶ * Σοφαρ * εἶπεν οὐχὶ τὰ ὑπὲρ ἡμᾶς ἐρευνῶμεν, ἀλλὰ βουλόμεθα
Job 43 1 αὐτοῖς τὴν ἁμαρτίαν. τότε Ελιφας καὶ Βαλδαδ καὶ * Σοφαρ * γνόντες ὅτι ἐχαρίσατο αὐτοῖς ὁ κύριος τὴν ἁμαρτίαν

σοφία 34
Hen. 5 8 τὴν γῆν. τότε δοθήσεται πᾶσιν τοῖς ἐκλεκτοῖς * σοφία * καὶ πάντες οὗτοι ζήσονται καὶ οὐ μὴ ἁμαρτήσονται
Hen. 8B 3 δὲ ἑνδέκατος Φαρμαρὸς ἐδίδαξε φαρμακείας ἐπαοιδίας * σοφίας * καὶ ἐπαοιδῶν λυτήρια. ὁ ἔνατος ἐδίδαξεν
TLevi 2 3B008 μοι δέσποτα τὸ πνεῦμα τὸ ἅγιον καὶ βουλὴν καὶ * σοφίαν * καὶ γνῶσιν καὶ ἰσχὺν δός μοι ποιῆσαι τὰ ἀρέσκοντά
TLevi 13 7 σπείρητε κακὰ πᾶσαν ταραχὴν καὶ θλῖψιν θερίσετε. * σοφίαν * κτήσασθε ἐν φόβῳ θεοῦ μετὰ σπουδῆς ὅτι ἐὰν
TLevi 13 7 ἄργυρος καὶ πᾶσα κτῆσις ἀπολεῖται τοῦ σοφοῦ τὴν * σοφίαν * οὐδεὶς δύναται ἀφελέσθαι εἰ μὴ τύφλωσις ἀσεβείας
TZab. 6 1 θαλάσσῃ ἐπιπλέειν ὅτι κύριος ἔδωκέ μοι σύνεσιν καὶ * σοφίαν * ἐν αὐτῷ καὶ καθῆκα ξύλον ὄπισθεν αὐτοῦ καὶ ὀθόνην
Asen. 4 7 ὡς σὺ σήμερον καὶ ἔστιν Ἰωσὴφ ἀνὴρ δυνατὸς ἐν * σοφίᾳ * καὶ ἐπιστήμῃ καὶ πνεῦμα θεοῦ ἐστιν ἐπ᾽ αὐτῷ καὶ
Asen. 13 14 γὰρ ἀνθρώπων τέξεται τοιοῦτον κάλλος καὶ τοσαύτην * σοφίαν * καὶ ἀρετὴν καὶ δύναμιν ὡς ὁ πάγκαλος Ἰωσήφ;
Asen. 13 15 αὐτὸν ὑπὲρ τὴν ψυχήν μου. διατήρησον αὐτὸν ἐν τῇ * σοφίᾳ * τῆς χάριτός σου. καὶ σὺ κύριε παράθου με αὐτῷ εἰς
Asen. 19 11 αὐτὴν τὸ δεύτερον καὶ ἔδωκεν αὐτῇ πνεῦμα * σοφίας * καὶ κατεφίλησεν αὐτὴν τὸ τρίτον καὶ ἔδωκεν αὐτῇ
Asen. 21 21 μου καὶ ⟨τῷ⟩ κάλλ⟨ει⟩ αὐτοῦ ἤγρευσέ με καὶ ⟨τῇ⟩ * σοφί⟨ᾳ⟩ * αὐτοῦ ⟨ἐκράτησέ με⟩ ὡς ἰχθὺν ἐπ᾽ ἀγκίστρῳ καὶ τῷ
Asen. 21 21 ἔδωκέ μοι φαγεῖν ἄρτον ζωῆς καὶ ⟨πιεῖν⟩ ποτήριον * σοφίας * καὶ ἐγενόμην αὐτοῦ νύμφη εἰς τοὺς αἰῶνας ⟨τῶν
Sal. 4 9 ἐπ᾽ οἶκον ἀνδρὸς ἐν εὐσταθείᾳ ὡς ὄφις διαλῦσαι * σοφίαν * ἀλλήλων ἐν λόγοις παρανόμων. οἱ λόγοι αὐτοῦ
Sal. 17 23 Ιερουσαλημ ἀπὸ ἐθνῶν καταπατούντων ἐν ἀπωλείᾳ ἐν * σοφίᾳ * δικαιοσύνης ἐξῶσαι ἁμαρτωλοὺς ἀπὸ κληρονομίας
Sal. 17 29 οὐ παροικήσει αὐτοῖς ἔτι κρινεῖ λαοὺς καὶ ἔθνη ἐν * σοφίᾳ * δικαιοσύνης αὐτοῦ. διάψαλμα. καὶ ἕξει λαοὺς ἐθνῶν
Sal. 17 35 στόματος αὐτοῦ εἰς αἰῶνα εὐλογήσει λαὸν κυρίου ἐν * σοφίᾳ * μετ᾽ εὐφροσύνης καὶ αὐτὸς καθαρὸς ἀπὸ ἁμαρτίας τοῦ
Sal. 18 7 παιδείας χριστοῦ κυρίου ἐν φόβῳ θεοῦ αὐτοῦ ἐν * σοφίᾳ * πνεύματος καὶ δικαιοσύνης καὶ ἰσχύος κατευθῦναι
Job 37 6 ἢ τίς ποτε καταλήψεται τὰ βάθη τοῦ κυρίου καὶ τῆς * σοφίας * αὐτοῦ, ἢ κατατολμᾷ τις προσάπτειν τῷ κυρίῳ
Aris. 207 2 τοῦτον ⟨ἐπὶ τὸν ἕτερον⟩ ἐπιβλέψας εἶπεν τί ἐστι * σοφίας * διδαχή; ὁ δὲ (ἕτερος) ἀπεφήνατο καθὼς οὐ βούλει
Aris. 260 2 τοῦτον εἰρηκέναι φήσας τὸν δέκατον ἠρώτα τί ἐστι * σοφίας * καρπός; ὁ δὲ εἶπε τὸ μὴ συνιστορεῖν ἑαυτῷ κακὸν
Sib. 5 357 καὶ τοῖς λιθίνοισι θεοῖσιν. ἡγείσθω δὲ θέμις * σοφίη * καὶ δόξα δικαίων μή ποτε θυμωθεὶς θεὸς ἄφθιτος
FMos. 2 17 18 τὸν Αἰγύπτιον. καὶ διαδοχεύσει ⟨ἐπ᾽⟩ αὐτὸν ὁ θεὸς * σοφίαν * καὶ δικαιοσύνην καὶ ἐπιστήμην πλήρη αὐτὸν
FJub. 4 17 στοιχεῖα καὶ ἀριθμητικὴν καὶ γεωμετρίαν καὶ πᾶσαν * σοφίαν. * τῇ μὲν γὰρ πρώτῃ ἡμέρᾳ ἐποίησε τοὺς ἀνωτέρους
FAch. 103 καὶ τῷ βασιλεῖ παρέστησεν ὡς διάδοχον αὐτοῦ τῆς * σοφίας. * πᾶσαν δὲ αὐτοῦ ἐποιήσατο ἐπιμέλειαν τῆς
FAch. 123 μακάριος Λυκοῦργος ἐν τῇ βασιλείᾳ αὐτοῦ τοιαύτην * σοφίαν * κεκτημένος. δοὺς δὲ αὐτῷ φόρους ἐτῶν τριῶν
FAch. 123 ἑορτὴν μεγάλην ὁ βασιλεὺς ἐπὶ τῇ τοῦ Αἰσώπου * σοφίᾳ. *
FPho. 53 τὸ τέλος. βουλὴ δ᾽ εὐθύνεθ᾽ ἑκάστου. μὴ γαυροῦ * σοφίῃ * μήτ᾽ ἀλκῇ μήτ᾽ ἐνὶ πλούτῳ εἷς θεός ἐστι σοφὸς
FPho. 88 δίκην εἰκάσῃς πρὶν ⟨ἂν⟩ ἀμφω μῦθον ἀκούσῃς.) τὴν * σοφίην * σοφὸς εὐθύνει τέχνας δ᾽ ὁμότεχνος. οὐ χωρεῖ
FPho. 129 λόγον δ᾽ ἔρυμ᾽ ἀνθρώποισιν. ⟨τῆς δὲ θεοπνεύστου * σοφίης * λόγος ἐστὶν ἄριστος.) βέλτερος ἀλκήεντος ἔφυ
FPho. 131 ἀλκήεντος ἔφυ σεσοφισμένος ἀνὴρ ἀγροὺς καὶ πόλιας * σοφίη * καὶ νῆα κυβερνᾷ. οὐχ ὅσιον κρύπτειν τὸν ἀτάσθαλον
HAno. 9 17 3 τρισκαιδεκάτῃ γενέσθαι Ἀβραὰμ γενεᾷ εὐγενείᾳ καὶ * σοφίᾳ * πάντας ὑπερβεβηκότα ὃν δὴ καὶ τὴν ἀστρολογίαν καὶ
LAri. 8 10 4 πάρεστι τὸ καλῶς νοεῖν θαυμάζουσι τὴν περὶ αὐτὸν * σοφίαν * καὶ τὸ θεῖον πνεῦμα καθ᾽ ὃ καὶ προφήτης
LAri. 13 12 9 μεταφέροιτο δ᾽ ἂν τὸ αὐτὸ καὶ ἐπὶ τῆς * σοφίας * τὸ γὰρ πᾶν φῶς ἐστιν ἐξ αὐτῆς. καί τινες εἰρήκασι
FrAn. 1 217 2 ἐλθὼν πρός τινα τῶν διδασκάλων καὶ ἀναπτύξας τὴν * σοφίαν * Σολομῶντος εὗρεν εὐθὺς ὁ ἐλεῶν πτωχὸν θεῷ

σοφίζω 2
FAch. 121 οὔτε εἴδομεν οὔτε ἠκούσαμεν; ⟨καὶ⟩ ὅ,τι λοιπὸν ἐὰν * σοφίσηται * ἐροῦμεν αὐτῷ ἀκηκοέναι καὶ εἰδέναι καὶ ἐπὶ
FPho. 130 λόγος ἐστὶν ἄριστος.) βέλτερος ἀλκήεντος ἔφυ * σεσοφισμένος * ἀνὴρ ἀγροὺς καὶ πόλιας σοφίη καὶ νῆα

Σοφονίας 1
Prop. 13 1 καὶ ἐτάφη ἐν τῷ ἰδίῳ ἀγρῷ μονώτατος ἐνδόξως.) * Σοφονίας * ἐκ φυλῆς ἦν Συμεὼν ἀγροῦ Σαβαραθὰ προεφήτευσε

σοφός 22
TLevi 13 7 χρυσὸς καὶ ἄργυρος καὶ πᾶσα κτῆσις ἀπολεῖται τοῦ * σοφοῦ * τὴν σοφίαν οὐδεὶς δύναται ἀφελέσθαι εἰ μὴ τύφλωσις
TJud. 17 3 δύο ταῦτα ἔσεσθε τὸ γένος μου ἐν πονηρίᾳ ὅτι καίγε * σοφοὺς * ἄνδρας τῶν υἱῶν μου ἀλλοιώσουσι καὶ βασιλείαν
TNep. 8 10 οὕτως ἐστὶ καὶ ἐπὶ τῶν λοιπῶν ἐντολῶν. γίνεσθε οὖν * σοφοὶ * ἐν θεῷ καὶ φρόνιμοι εἰδότες τάξιν ἐντολῶν αὐτοῦ
Sal. 8 20 τῇ πλάνῃ αὐτῶν. ἀπώλεσεν ἄρχοντας αὐτῶν καὶ πᾶν * σοφὸν * ἐν βουλῇ ἐξέχεεν τὸ αἷμα τῶν οἰκούντων Ιερουσαλημ
Sal. 17 37 κατειργάσατο αὐτὸν δυνατὸν ἐν πνεύματι ἁγίῳ καὶ * σοφὸν * ἐν βουλῇ συνέσεως μετὰ ἰσχύος καὶ δικαιοσύνης. καὶ
Sedr. 14 8 ποιοῦσιν ἃ μισεῖ μου ἡ θεότης καὶ οὐκ ἤκουσαν τὸν * σοφὸν * ἐρωτῶντα λέγων δικαιοῦμεν οὐδαμῶς ἁμαρτωλόν.
Aris. 107 2 πόλιν συμμετρίᾳ καθηκούσῃ κατεσκεύασαν οἱ πρῶτοι * σοφῶς * δὲ ἐπινοήσαντες. τῆς γὰρ χώρας πολλῆς οὔσης καὶ
Aris. 130 4 καὶ ταλαίπωροι δι᾽ ὅλου τοῦ ζῆν εἰσιν ἐὰν δὲ * σοφοῖς * καὶ φρονίμοις συζῶσιν ἐξ ἀγνοίας ἐπανορθώσεως εἰς
Aris. 137 6 διαπλάσαντες καὶ μυθοποιήσαντες τῶν Ἑλλήνων οἱ * σοφώτατοι * καθεστάναι. τῶν γὰρ ἄλλων πολυματαίων τί δεῖ
Aris. 139 2 καὶ ζῶσι καὶ τελευτήσασι; συνθεωρήσας οὖν ἕκαστα * σοφὸς * ὢν ὁ νομοθέτης ὑπὸ θεοῦ κατεσκευασμένος εἰς
Aris. 271 1 εὐνόους ἕξεις θεοῦ σοι καλὴν βουλὴν διδόντος. * σοφῶς * δὲ αὐτὸν εἰπὼν ἀποκεκρίσθαι ἑτέρῳ εἶπε τί
Sib. 3 424 αὐτὸν καὶ γράψει τὰ κατ᾽ Ἴλιον οὐ μὲν ἀληθῶς ἀλλὰ * σοφῶς * ἐπέων γὰρ ἐμῶν μέτρων τε κρατήσει πρῶτος γὰρ
Sib. 5 286 καὶ πίστιν ἔχοντες. ἀλλὰ τί δή μοι ταῦτα νόος * σοφὸς * ἐγγυαλίζει; ἄρτι δέ σε τλήμων Ἀσίη κατοδύρομαι
Sib. 5 327 ἀνθ᾽ ὧν εἵλετο τὴν Φοίβου δολόεσσαν ἀοιδὴν +τὴν τε * σοφὴν * ἀνδρῶν μελέτην καὶ σώφρονα βουλήν+. ἵλαθι
Sib. 5 360 καὶ φῦλον ἀναιδὲς δεῖ στέργειν γενετῆρα θεὸν * σοφὸν * αἰὲν ἐόντα. ἔσσεται ὑστατίῳ καιρῷ περὶ τέρμα
Sib. 5 384 ἃ μὴ θέμις ἔσσεται αὖτις. εἰρήνην δ᾽ ἕξει λαὸς * σοφὸς * ὅσπερ ἐλείφθη πειραθεὶς κακότητος ἵν᾽ ὕστερον
Sib. 5 404 +αἰνεῖ+ θεὸν ἐξ ἀφανοῦς γῆς οὐδὲ πέτρης ποίησε * σοφὸς * τέκτων παρὰ τούτοις οὐ χρυσοῦ κόσμον ἀπάτην ψυχῶν
FPho. 2 ὁσίῃσι θεοῦ βουλεύματα φαίνει Φωκυλίδης ἀνδρῶν ὁ * σοφώτατος * ὄλβια δῶρα. μήτε γαμοκλοπέειν μήτ᾽ ἄρσενα
FPho. 54 σοφίῃ μήτ᾽ ἀλκῇ μήτ᾽ ἐνὶ πλούτῳ εἷς θεός ἐστι * σοφὸς * δυνατός θ᾽ ἅμα καὶ πολύολβος. μὴ δὲ παροιχομένοισι
FPho. 88 πρὶν ⟨ἂν⟩ ἀμφω μῦθον ἀκούσῃς.) τὴν σοφίην * σοφὸς * εὐθύνει τέχνας δ᾽ ὁμότεχνος. οὐ χωρεῖ μεγάλην
IOrp. 49 ταῦτ᾽ ἀγορεύω;) (οὐρανὸν ὁρκίζω σε θεοῦ μεγάλου * σοφὸν * ἔργον) (αὐδὴν ὁρκίζω σε πατρὸς τὴν φθέγξατο
HEup. 9 26 1 τὸν Μωσῆν πρῶτον * σοφὸν * γενέσθαι καὶ γράμματα παραδοῦναι τοῖς Ἰουδαίοις

Σόφων 1
HCle. 1 15 241 γεννῆσαι υἱὸν ἐξ αὐτῆς Δίδωρον τούτου δὲ γενέσθαι * Σόφωνα * ἀφ᾽ οὗ τοὺς βαρβάρους Σόφακας λέγεσθαι.

σπάδων 1
Prop. 4 2 σώφρων ὥστε δοκεῖν τοὺς Ἰουδαίους εἶναι αὐτὸν * σπάδοντα. * πολλὰ ἐπένθησεν οὗτος ἐπὶ τὴν πόλιν καὶ ἐν

σπαίρω 1
LThe. 9 22 11 κεφαλὴν δειρὴν δ᾽ ἕλεν ἐν χερὶ λαιῇ λεῖψε δ᾽ ἔτι * σπαίρουσαν * ἐπεὶ πόνος ἄλλος ὀρώρει. τόφρα δὲ καὶ Λευιν

σπανίζω 2
Aris. 55 4 τοῖς μέτροις. ἔτι γὰρ ἐπιταγῆς οὔσης οὐθὲν ἂν * ἐσπάνιζε * διόπερ οὐ παραβατέον οὐδὲ ὑπερθετέον τὰ καλῶς
Aris. 114 4 κατεσκευασμένη ἡ χώρα καὶ πολύτεχνος ἡ πόλις οὐ * σπανίζει * δὲ οὐδὲν τῶν διακομιζομένων διὰ τῆς θαλάσσης.

σπάνις 1
Aris. 55 1 οἷς καθῆκε ποιῶνται δεόντως. οὐ γὰρ ἕνεκεν * σπάνεως * χρυσοῦ τὰ προσυντετελεσμένα βραχύμετρα

σπαργανόω 1
Prop. 21 2 αὐτὸν προσηγόρευον καὶ ὅτι ἐν πυρὶ αὐτὸν * ἐσπαργάνουν * καὶ φλόγα πυρὸς ἐδίδουν αὐτῷ φαγεῖν καὶ

σπάρτη 3
Job 47 4 οὐρανοῖς ἀγνοεῖτε οὖν ὑμεῖς, τέκνα, τὴν τιμὴν τῶν * σπαρτῶν * τούτων; τούτων με κατηξίωσεν ὁ κύριος ἐν ἡμέρᾳ ᾗ
Job 48 1 ἡ μία ἡ καλουμένη Ἡμέρα περιείληξεν τὴν ἑαυτῆς * σπάρτην * καθὼς εἶπεν ὁ πατὴρ καὶ ἀνέλαβεν ἄλλην καρδίαν,
Sib. 3 45 στέρξουσιν κρυφίως ἄλλους πολλαὶ διὰ κέρδος οὐ * σπάρτην * κατέχουσι βίου ἀνδρῶν λελαχοῦσαι. αὐτὰρ ἐπεὶ

Σπάρτη 1
Sib. 3 414 ἔσῃ ἀνθρώποισιν ἐρασταῖς. Ἴλιον οἰκτείρω σε κατὰ * Σπάρτην * γὰρ Ἐρινὺς βλαστήσει περικαλλὲς ἀείφατον ἔρνος

σπασμός 1
HArt. 9 27 26 τὸν φαυλίσαντα ἐν τῇ πινακίδι τὰ γεγραμμένα μετὰ * σπασμοῦ * τὸν βίον ἐκλιμπάνειν εἰπεῖν τε τὸν βασιλέα

σπάω 5
Asen. 23 13 τῇ βουλῇ σου ταύτῃ τῇ πονηρᾷ ἰδοὺ αἱ ῥομφαῖαι ἡμῶν * ἐσπασμέναι * ἐν ταῖς δεξιαῖς ἡμῶν ἐνώπιόν σου. καὶ
Asen. 23 15 Ἐμμώρ. καὶ εἶδεν ὁ υἱὸς Φαραὼ τὰς ῥομφαίας αὐτῶν * ἐσπασμένας * καὶ ἐφοβήθη σφόδρα καὶ ἐτρόμαξεν ὅλῳ τῷ
Asen. 27 9 τὴν ὕλην τοῦ καλάμου τούτου. καὶ ἦλθον ἐπὶ Ἀσενὲθ * ἐσπασμένας * ἔχοντες τὰς ῥομφαίας αὐτῶν αἵματος πλήρεις.
HArt. 9 27 18 ἐνεδρεύειν ὡς ἀναιρήσοντα ἰδόντα δὲ ἐρχόμενον * σπάσασθαι * τὴν μάχαιραν ἐπ᾽ αὐτὸν τὸν δὲ Μώϋσον
HArt. 9 27 18 προκαταταχήσαντα τήν τε χεῖρα κατασχεῖν αὐτοῦ καὶ * σπασάμενον * τὸ ξίφος φονεῦσαι τὸν Χανεθώθην διεκδρᾶναι δὲ

σπείρω 10
TLevi 13 6 μου ἐπὶ τῆς γῆς ἵνα εὕρητε ἐν τοῖς οὐρανοῖς καὶ * σπείρετε * ἐν ταῖς ψυχαῖς ὑμῶν ἀγαθὰ ἵνα εὕρητε αὐτὰ ἐν τῇ
TLevi 13 6 ὑμῶν ἀγαθὰ ἵνα εὕρητε αὐτὰ ἐν τῇ ζωῇ ὑμῶν. ἐὰν γὰρ * σπείρητε * κακὰ πᾶσαν ταραχὴν καὶ θλῖψιν θερίσετε. σοφίαν
Bar. 15 2 ἐμπόνως ἐργασαμένοις τὰ καλὰ ἔργα. οἱ γὰρ καλῶς * σπείραντες * καὶ καλῶς ἐπισυνάγουσιν. καὶ λέγει καί τοὺς
Sedr. 3 4 Σεδρὰχ καὶ διά τί ἐποίησας τὴν θάλασσαν; διά τί * ἔσπειρας * πᾶν ἀγαθὸν ἐπὶ τῆς γῆς; λέγει ὁ κύριος διὰ τὸν
Sedr. 10 3 τοῦ στόματος καὶ οἷαν ὥραν μέλλει ἐξέρχεσθαι ἀρχὴν * σπείρεται * καὶ συνάζεται ἀπὸ τῶν ἀκρονύχων καὶ ἀπὸ πάντων
Aris. 230 4 σέ μὲν οὐ δυνατὸν ἐστι πταῖσαι πᾶσι γὰρ χάριτας * ἔσπαρκας * αἳ βλαστάνουσιν εὔνοιαν ἣ τὰ μέγιστα τῶν ὅπλων
Sib. 3 148 ἡνίκα δ᾽ ἤκουσαν Τιτῆνες παῖδας ἐόντας λάθριον οὓς * ἔσπειρε * Κρόνος Ῥείη τε σύνευνος ἐξήκοντα δέ τοι παῖδας

Slb. 5 239 αὐδῶ ἦν ποτ᾽ ἐν ἀνθρώποις λαμπρὸν σέλας ἠελίοιο * σπειρομένης * ἀκτῖνος ὁμοσπόνδοιο προφητῶν γλῶσσα
FIsa. 1 2 4 αὐτὸν ἐν ⟨τῇ⟩ ἀποστάσει καὶ τῇ ⟨ἀν⟩ομίᾳ ἥτις * ἐσπάρη * ἐν ⟨᾽Ι⟩ερουσαλήμ. κα⟨ὶ⟩ ἐπλήθυνεν ⟨ἡ⟩ φαρμακεία
FPho. 152 καὶ ἔριν πολέμου προσιόντος. μὴ κακὸν εὖ ἔρξῃς * σπείρειν * ἶσον ἔστ᾽ ἐνὶ πόντωι. ἐργάζευ μοχθῶν ὡς ἐξ

σπένδω 3
TLevi 18 2B030 ἀναπεποιημένον ἐν ἐλαίῳ καὶ μετὰ ταῦτα οἶνον * σπεῖσον * καὶ θυμίασον ἐπάνω λίβανον +τὸ ηεεσθαι+ τὸ ἔργον
Job 3 3 θέλεις οὗτος οὗ τὰ ὁλοκαυτώματα προσφέρουσιν καὶ * σπένδουσιν * οὐκ ἔστιν θεός, ἀλλὰ αὕτη ἐστὶν ἡ δύναμις τοῦ
Job 3 7 καθαρίσω αὐτοῦ τὸν τόπον, ἵνα ποιήσω μηκέτι * σπένδεσθαι * αὐτόν. καὶ τίς ἐστιν ὁ κωλύων με βασιλεύοντα

σπέρμα 59
Adam 26 4 καὶ θήσω ἔχθραν ἀνὰ μέσον σοῦ καὶ ἀνὰ μέσον τοῦ * σπέρματος * αὐτῶν. αὐτὸς σοῦ τηρήσει κεφαλὴν καὶ σὺ
Adam 29 5 ὁ θεὸς ἐαθῆναι τὸν ᾽Αδὰμ ἵνα λάβῃ εὐωδίας καὶ * σπέρματα * εἰς διατροφὴν αὐτοῦ. καὶ ἀφέντες αὐτόν οἱ
Adam 29 6 καὶ νάρδον καὶ κάλαμον καὶ κινάμωμον καὶ ἕτερα * σπέρματα * εἰς διατροφὴν αὐτοῦ. καὶ λαβὼν ταῦτα ἐξῆλθεν ἐκ
Adam 41 2 ἀναστάσει μετὰ παντὸς γένους ἀνθρώπων τοῦ ἐκ τοῦ * σπέρματός * σου. μετὰ δὲ τὰ ῥήματα ταῦτα ἐποίησεν ὁ θεὸς
Hen. 10 3 αὐτῇ. καὶ δίδαξον αὐτὸν ὅπως ἐκφύγῃ καὶ μενεῖ τὸ * σπέρμα * αὐτοῦ εἰς πάσας τὰς γενεὰς τοῦ αἰῶνος. καὶ τῷ
Hen. 22 7 ῎Αβελ ἐντυγχάνει περὶ αὐτοῦ μέχρι τοῦ ἀπολέσαι τὸ * σπέρμα * αὐτοῦ ἀπὸ προσώπου τῆς γῆς καὶ ἀπὸ τοῦ σπέρματος
Hen. 22 7 τὸ σπέρμα αὐτοῦ ἀπὸ προσώπου τῆς γῆς καὶ ἀπὸ τοῦ * σπέρματος * τῶν ἀνθρώπων ἀφανισθῇ τὸ σπέρμα αὐτοῦ. τότε
Hen. 22 7 γῆς καὶ ἀπὸ τοῦ σπέρματος τῶν ἀνθρώπων ἀφανισθῇ τὸ * σπέρμα * αὐτοῦ. τότε ἠρώτησα περὶ τῶν κυκλωμάτων πάντων
Hen. 28 2 ἔρημον καὶ αὐτὸ μόνον πλήρης δένδρων καὶ ἀπὸ τῶν * σπερμάτων * ὕδωρ ἄνομβρον ἄνωθεν φερόμενον ὡς ὑδραγωγὸς
Abr.1 8 7 σοι εὐλογῶν εὐλογήσω σε καὶ πληθύνων πληθυνῶ τὸ * σπέρμα * σου καὶ δώσω σοι ὅσα ἂν αἰτήσῃς παρ᾽ ἐμοῦ οὕτως
TRub. 6 12 βασιλεῦσαι πάντων τῶν λαῶν. καὶ προσκυνήσατε τῷ * σπέρματι * αὐτοῦ ὅτι ὑπὲρ ἡμῶν ἀποθανεῖται ἐν πολέμοις
TSim. 6 3 αὐτῶν ἕως εἰς μακρὰν ἔσονται. τότε ἀπολεῖται * σπέρμα * Χανάαν καὶ ἐγκατάλειμμα οὐκ ἔσται τῷ ᾽Αμαλὴκ καὶ
TLevi 2 3B016 μου καὶ Σάρραν μητέρα μου καὶ εἶπας δοῦναι αὐτοῖς * σπέρμα * δίκαιον εὐλογημένον εἰς τοὺς αἰῶνας. εἰσάκουσον
TLevi 4 3 φωτιεῖς ἐν ᾽Ιακὼβ καὶ ὡς ὁ ἥλιος ἔσῃ παντὶ * σπέρματι * ᾽Ισραήλ. καὶ δοθήσεταί σοι εὐλογία καὶ παντὶ τῷ
TLevi 4 4 ᾽Ισραήλ. καὶ δοθήσεταί σοι εὐλογία καὶ παντὶ τῷ * σπέρματί * σου ἕως ἐπισκέψηται κύριος πάντα τὰ ἔθνη ἐν
TLevi 7 1 τοὺς Χαναναίους καὶ δώσει τὴν γῆν αὐτῶν σοὶ καὶ τῷ * σπέρματί * σου μετά σε. ἔσται γὰρ ἀπὸ σήμερον Σίκιμα
TLevi 8 3 εἶπαν ἀπὸ τοῦ νῦν γίνου εἰς ἱερέα κυρίου σὺ καὶ τὸ * σπέρμα * σου ἕως αἰῶνος. καὶ ὁ πρῶτος ἤλειψέ με ἐλαίῳ ἁγίῳ
TLevi 8 11 δὲ πρός με Λευὶ εἰς τρεῖς ἀρχὰς διαιρεθήσεται τὸ * σπέρμα * σου εἰς σημεῖον δόξης κυρίου ἐπερχομένου καὶ ὁ
TLevi 8 15 ἡ δὲ παρουσία αὐτοῦ ἄφραστος ὡς προφήτου ὑψηλοῦ ἐκ * σπέρματος * ᾽Αβραὰμ πατρὸς ἡμῶν. πᾶν ἐπιθυμητὸν ἐν ᾽Ισραήλ
TLevi 8 16 ἡμῶν. πᾶν ἐπιθυμητὸν ἐν ᾽Ισραὴλ σοὶ ἔσται καὶ τῷ * σπέρματί * σου καὶ ἔδεσθε πᾶν ὡραῖον ὁράσει καὶ τὴν
TLevi 8 16 ὁράσει καὶ τὴν τράπεζαν κυρίου διανεμήσεται τὸ * σπέρμα * σου καὶ ἐξ αὐτῶν ἔσονται ἀρχιερεῖς καὶ κριταὶ καὶ
TLevi 9 9 πορνείας τοῦτο γὰρ ἐνδελεχιεῖ καὶ μέλλει διὰ τοῦ * σπέρματός * σου μιαίνειν τὰ ἅγια. λάβε οὖν σεαυτῷ γυναῖκα
TLevi 15 4 καὶ ᾽Ισαὰκ καὶ ᾽Ιακὼβ τοὺς πατέρας ἡμῶν εἷς ἐκ τοῦ * σπέρματός * μου οὐ μὴ καταλειφθῇ ἐπὶ τῆς γῆς. καὶ νῦν
TLevi 18 2B017 καὶ ἀπὸ πάσης πορνείας. σὺ +πρῶτος+ ἀπὸ τοῦ * σπέρματος * λάβε σεαυτῷ καὶ μὴ βεβηλώσῃς τὸ σπέρμα σου
TLevi 18 2B017 ἀπὸ τοῦ σπέρματος λάβε σεαυτῷ καὶ μὴ βεβηλώσῃς τὸ * σπέρμα * σου μετὰ +πολλῶν+ ἐκ σπέρματος γὰρ ἁγίου εἶ καὶ
TLevi 18 2B017 καὶ μὴ βεβηλώσῃς τὸ σπέρμα σου μετὰ +πολλῶν+ ἐκ * σπέρματος * γὰρ ἁγίου εἶ καὶ τὸ σπέρμα σου ἁγίασον καὶ τὸ
TLevi 18 2B017 σου μετὰ +πολλῶν+ ἐκ σπέρματος γὰρ ἁγίου εἶ καὶ τὸ * σπέρμα * σου ἁγίασον καὶ τὸ σπέρμα τοῦ ἁγιασμοῦ σου ἐστὶν
TLevi 18 2B017 γὰρ ἁγίου εἶ καὶ τὸ σπέρμα σου ἁγίασον καὶ τὸ * σπέρμα * τοῦ ἁγιασμοῦ σου ἐστὶν ἱερεὺς ἅγιος κληθήσεται τῷ
TLevi 18 2B017 τοῦ ἁγιασμοῦ σου ἐστὶν ἱερεὺς ἅγιος κληθήσεται τῷ * σπέρματι * ᾽Αβραάμ. ἐγγὺς εἶ κυρίου καὶ σὺ ἐγγὺς τῶν ἁγίων
TLevi 18 2B049 ἱερεὺς σὺ ἅγιος κυρίου καὶ ἱερεῖς ἔσονται πᾶν τὸ * σπέρμα * σου καὶ τοῖς υἱοῖς σου οὕτως ἔντειλον ἵνα
TLevi 18 2B059 ἠγαπημένος ἔσῃ ὑπὲρ πάντας τοὺς ἀδελφούς σου. τῷ * σπέρματί * σου εὐλογηθήσεται ἐν τῇ γῇ καὶ τὸ σπέρμα σου
TLevi 18 2B059 σου. τῷ σπέρματί σου εὐλογηθήσεται ἐν τῇ γῇ καὶ τὸ * σπέρμα * σου ἕως πάντων τῶν αἰώνων ἐνεχθήσεται ἐν βιβλίῳ
TLevi 18 2B060 οὐκ ἐξαλειφθήσεται τὸ ὄνομά σου καὶ τὸ ὄνομα τοῦ * σπέρματός * σου ἕως τῶν αἰώνων. καὶ νῦν τέκνον Λευὶ
TLevi 18 2B061 αἰώνων. καὶ νῦν τέκνον Λευὶ εὐλογημένον ἔσται τὸ * σπέρμα * σου ἐπὶ τῆς γῆς εἰς πάσας τὰς γενεὰς τῶν αἰώνων.
TLevi 18 2B063 ὄνομα αὐτοῦ Γηρσὰμ εἶπα γὰρ ὅτι πάροικον ἔσται τὸ * σπέρμα * μου ἐν γῇ ᾗ ἐγεννήθην πάροικοί ἐσμεν ὡς τούτῳ ἐν
TLevi 18 2B064 τῷ ὁράματί μου ὅτι ἐκβεβλημένος ἔσται αὐτὸς καὶ τὸ * σπέρμα * αὐτοῦ ἀπὸ τῆς ἀρχῆς ἱερωσύνης (ἔσται τὸ σπέρμα
TLevi 18 2B064 τὸ σπέρμα αὐτοῦ ἀπὸ τῆς ἀρχῆς ἱερωσύνης (ἔσται τὸ * σπέρμα * αὐτοῦ). λ᾽ ἐτῶν ἤμην ὅτε ἐγεννήθη ἐν τῇ ζωῇ μου
TLevi 18 2B067 αὐτοῦ ἔσται ἡ ἀρχιερωσύνη ἡ μεγάλη αὐτὸς καὶ τὸ * σπέρμα * αὐτοῦ ἔσονται ἀρχὴ βασιλέων ἱεράτευμα τῷ ᾽Ισραήλ.
TJud. 10 5 ὅτε ἠπείλησα αὐτῷ συνῆλθε μὲν αὐτῇ διέφθειρε δὲ τὸ * σπέρμα * ἐπὶ τὴν γῆν κατὰ τὴν ἐντολὴν τῆς μητρὸς αὐτοῦ
TJud. 22 3 μοι κύριος μὴ ἐκλεῖψαι τὸ βασίλειόν μου ἐκ τοῦ * σπέρματός * μου πάσας τὰς ἡμέρας ἕως τοῦ αἰῶνος. πολλὴ δὲ
TJud. 24 1 ᾽Ιακὼβ ἐν εἰρήνῃ καὶ ἀναστήσεται ἄνθρωπος ἐκ τοῦ * σπέρματός * μου ὡς ὁ ἥλιος τῆς δικαιοσύνης συμπορευόμενος
TZab. 3 4 νόμου ᾽Ενὼχ γέγραπται τὸν μὴ θέλοντα ἀναστῆσαι * σπέρμα * τῷ ἀδελφῷ αὐτοῦ ὑπολυθήσεσθαι τὸ ὑπόδημα καὶ
TDan 7 3 αὐτῶν καὶ γένους ᾽Ισραὴλ καὶ πατριᾶς αὐτῶν καὶ * σπέρματος * αὐτῶν οὕτως καὶ γέγονεν.
TBen. 11 2 ἐργαζομένοις τὸ ἀγαθόν. καὶ ἀναστήσεται ἐκ τοῦ * σπέρματός * μου ἐν ὑστέροις καιροῖς ἀγαπητὸς κυρίου ἀκούων
Sal. 9 9 ἀφ᾽ ἡμῶν ἵνα μὴ ἐπιθῶνται ἡμῖν. ὅτι σὺ ᾑρετίσω τὸ * σπέρμα * Αβρααμ παρὰ πάντα τὰ ἔθνη καὶ ἔθου τὸ ὄνομά σου
Sal. 17 4 βασιλέα ἐπὶ Ισραηλ καὶ σὺ ὤμοσας αὐτῷ περὶ τοῦ * σπέρματος * αὐτοῦ εἰς τὸν αἰῶνα τοῦ μὴ ἐκλείπειν ἀπέναντί
Sal. 17 7 καὶ σὺ ὁ θεὸς καταβαλεῖς αὐτοὺς καὶ ἀρεῖς τὸ * σπέρμα * αὐτῶν ἀπὸ τῆς γῆς ἐν τῷ ἐπαναστῆναι αὐτοῖς
Sal. 17 9 αὐτῶν. οὐκ ἠλέησεν αὐτοὺς ὁ θεὸς ἐξηρεύνησεν τὸ * σπέρμα * αὐτῶν καὶ οὐκ ἀφῆκεν αὐτῶν ἕνα. πιστὸς ὁ κύριος
Sal. 18 3 ἐπὶ πᾶσαν τὴν γῆν μετὰ ἐλέους καὶ ἡ ἀγάπη σου ἐπὶ * σπέρμα * Αβρααμ υἱοὺς Ισραηλ. ἡ παιδεία σου ἐφ᾽ ἡμᾶς ὡς
Prop. 1 9 διὰ τοῦτο ὁ θεὸς ἐπηράσατο εἰς δουλείαν ἔσεσθαι τὸ * σπέρμα * αὐτοῦ τοῖς ἐχθροῖς αὐτοῦ καὶ ἄκαρπον αὐτὸν
Esdr. 3 10 πρὸς ᾽Αβραὰμ τὸν πατέραν ἡμῶν πληθύνων πληθυνῶ τὸ * σπέρμα * σου ὡς τὰ ἄστρα τοῦ οὐρανοῦ καὶ ὡς τὴν ἄμμον τὴν
Esdr. 5 12 τοῦ σίτου τῇ γῇ οὕτως καὶ ὁ ἄνθρωπος καταβάλλει τὸ * σπέρμα * αὐτοῦ ἐν τῇ χώρᾳ τῆς γυναικός. τὸ πρῶτον μὲν
Job 1 5 γενόμενος, ὑμεῖς δὲ γένος ἐκλεκτὸν ἔντιμον ἐκ * σπέρματος * Ιακωβ τοῦ πατρὸς τῆς μητρὸς ὑμῶν ἐγὼ γάρ εἰμι
FJub. 2 7 τὰς θαλάσσας τοὺς ποταμοὺς τὰς πηγὰς καὶ λίμνας τὰ * σπέρματα * τοῦ σπόρου τὰ βλαστήματα τὰ ξύλα τὰ κάρπιμά τε
FJub. 2 20 ᾽Αδὰμ ἄχρι τοῦ ᾽Ιακώβ. καὶ ἐκλέξομαι ἐμαυτῷ ἐκ τοῦ * σπέρματος * αὐτοῦ λαὸν περιούσιον ἀπὸ πάντων τῶν ἐθνῶν.
FJub. 16 9 τὰ πάτρια πάντα. ἐκ τοῦ Λὼτ Μωαβῆται καὶ ᾽Αμανῖται * σπέρμα * κατάρατον ἐκ παρανόμου μίξεως. οὗτος ὁ ᾽Αβραὰμ
FMan. 2 22 12 ἡμῶν τοῦ ᾽Αβραὰμ καὶ ᾽Ισαὰκ καὶ ᾽Ιακὼβ καὶ τοῦ * σπέρματος * αὐτῶν τοῦ δικαίου ὁ ποιήσας τὸν οὐρανὸν καὶ
FPho. 18 ψεύδορκον στυγέει θεὸς ἄμβροτος ὅστις ὀμόσσηι. * σπέρματα * μὴ κλέπτειν ἐπαράσιμος ὅστις ἕληται. μισθὸν
LAri. 13 12 6 λέγει δ᾽ ὅτε δεξιαὶ ὧραι καὶ φυτὰ γυρῶσαι καὶ * σπέρματα * πάντα βαλέσθαι. σαφῶς οἴομαι δεδεῖχθαι διότι

σπερματίζω 1
Hen. 15 5 καὶ ἀπόλλυνται. διὰ τοῦτο ἔδωκα αὐτοῖς θηλείας ἵνα * σπερματίζουσιν * εἰς αὐτὰς καὶ τεκνώσουσιν ἐν αὐταῖς τέκνα

σπεύδω 24
Abr.2 5 2 υἱῷ αὐτοῦ ἀνάστηθι στρῶσον τὴν κλίνην τοῦ ἀνθρώπου * σπεύδει * γὰρ ἀναπαῆναι καὶ ἄψον λύχνον ἐπὶ τῆς οἰκίας.
TNep. 1 12 καινόσπουδός μου ἡ θυγάτηρ εὐθὺς γὰρ τεχθεῖσα * ἔσπευδε * θηλάζειν. καὶ ἐπειδὴ κοῦφος ἤμην τοῖς ποσί μου
TGad 4 3 πταίσῃ ὁ ἀδελφὸς εὐθὺς θέλει ἀναγγεῖλαι πᾶσι καὶ * σπεύδει * ἵνα κριθῇ περὶ αὐτῆς καὶ κολασθεὶς ἀποθάνῃ. ἐὰν
Asen. 3 4 τὸν ἐπάνω τῆς οἰκίας αὐτοῦ καὶ εἶπεν αὐτῷ * σπεῦσον * καὶ εὐτρέπισον τὴν οἰκίαν μου καὶ δεῖπνον μέγα
Asen. 3 6 τῆς κληρονομίας ἡμῶν. διότι ὥρα ἦν θερισμοῦ. καὶ * ἔσπευσεν * ᾽Ασενὲθ εἰς τὸν θάλαμον αὐτῆς ὅπου ἔκειντο αἱ
Asen. 4 1 καὶ θερίστρῳ κατεκάλυψε τὴν κεφαλὴν αὐτῆς. καὶ * ἔσπευσε * καὶ κατέβη τὴν κλίμακα ἐκ τοῦ ὑπερῴου καὶ ἦλθε
Asen. 9 1 ἐπὶ τῇ εὐλογίᾳ τοῦ ᾽Ιωσὴφ χαρὰν μεγάλην σφόδρα καὶ * ἔσπευσε * καὶ ἀπῆλθεν εἰς τὸ ὑπερῷον πρὸς ἑαυτὴν καὶ
Asen. 10 2 καὶ ἡ πυλωρὸς ἐκάθευδε μετὰ τῶν τέκνων αὐτῆς. καὶ * ἔσπευσεν * ᾽Ασενὲθ καὶ καθεῖλεν ἐκ τῆς θυρίδος τὴν δέρριν
Asen. 10 4 παρὰ πάσας τὰς παρθένους τὸν στεναγμὸν αὐτῆς καὶ * ἔσπευσε * καὶ ἤγειρε τὰς ἄλλας ἐξ παρθένους. καὶ ἦλθον
Asen. 10 10 ἀσφαλῶς καὶ τὸν μοχλὸν καθῆκεν ἐκ πλαγίου. καὶ * ἔσπευσεν * ᾽Ασενὲθ καὶ ἀπέθετο τὴν στολὴν αὐτῆς τὴν
Asen. 10 12 τῆς βλεπούσης πρὸς βορρᾶν τοῖς πένησιν. καὶ * ἔσπευσεν * ᾽Ασενὲθ καὶ ἔλαβε πάντας τοὺς θεοὺς αὐτῆς τοὺς
Asen. 14 14 καὶ ἐλθὲ πρός με καὶ λαλήσω σοι τὰ ῥήματά μου. καὶ * ἔσπευσεν * ᾽Ασενὲθ καὶ εἰσῆλθεν εἰς τὸν θάλαμον αὐτῆς τὸν
Asen. 15 15 ἀπελεύσῃ τὴν ὁδόν σου. καὶ εἶπεν αὐτῇ ὁ ἄνθρωπος * σπεῦσον * καὶ φέρε συντόμως. καὶ ἔσπευσεν ᾽Ασενὲθ καὶ
Asen. 16 1 αὐτῇ ὁ ἄνθρωπος σπεῦσον καὶ φέρε συντόμως. καὶ * ἔσπευσεν * ᾽Ασενὲθ καὶ παρέθηκεν αὐτῷ τράπεζαν καινὴν καὶ
Asen. 18 2 αὐτοῦ πρὸς τὰς πύλας τῆς αὐλῆς ἡμῶν ἕστηκεν. καὶ * ἔσπευσεν * ᾽Ασενὲθ καὶ ἐκάλεσε τὸν τροφέα αὐτῆς τὸν ἐπάνω
Asen. 18 2 αὐτῆς τὸν ἐπάνω τῆς οἰκίας αὐτῆς καὶ εἶπεν αὐτῷ * σπεῦσον * καὶ εὐτρέπισον τὴν οἰκίαν καὶ ἑτοίμασον δεῖπνον
Asen. 18 5 ᾽Ασενὲθ τοῦ ἀνθρώπου καὶ τῶν ἐντολῶν αὐτοῦ καὶ * ἔσπευσε * καὶ εἰσῆλθεν εἰς τὸν θάλαμον αὐτῆς τὸν δεύτερον
Asen. 19 2 ᾽Ιωσὴφ πρὸς τὰς θύρας τῆς αὐλῆς ἡμῶν ἵσταται. καὶ * ἔσπευσεν * ᾽Ασενὲθ καὶ κατέβη τὴν κλίμακα ἐκ τοῦ ὑπερῴου
Asen. 25 4 υἱός μου ὁ πρωτότοκος. καὶ ὡς ἤκουσε ταῦτα ἀπῆλθε * σπεύδων * ὁ υἱὸς Φαραὼ καὶ ἔλαβε μετ᾽ αὐτοῦ πεντήκοντα
Bar. 3 7 τετρακοσίας ἑξήκοντα τρεῖς. καὶ λαβόντες τρύπανον * ἔσπευδον * τρυπῆσαι τὸν οὐρανὸν λέγοντες ἴδωμεν ὀστράκινός
Prop. 17 2 καὶ εἶδεν ὅτι Δαυὶδ ἐν τῇ Βηρσαβεὲ παραβήσεται καὶ * σπεύδοντα * ἐλθεῖν ἀγγεῖλαι αὐτῷ ἐνεπόδισεν ὁ Βελίαρ ὅτι
Prop. 17 2B καὶ γνοὺς ὅτι ἐν Βηρσαβεὲ παραβήσεται ὁ Δαυὶδ * ἔσπευσε * τοῦ ἐλθεῖν καὶ ἀναγγεῖλαι αὐτῷ ὥστε φυλάξασθαι
Aris. 248 3 ἀφροντίς τις εἴη καὶ μὴ κατὰ πάντα τρόπον ἀγαγεῖν * σπεύδοι * εὐχόμεθα γὰρ ἀεὶ πρὸς τὸν θεὸν οὐχ οὕτως περὶ
Slb. 5 43 κεραίης λάχεν ἔντυπον ἀρχὴν Κελτὸς ὀρειοβάτης * σπεύδων * δ᾽ ἐπὶ δῆριν ἐῴαν μοῖραν ἀεικελίην οὐ φεύξεται

σπήλαιον 6
TRub. 7 2 αὐτὸν ἐξ Αἰγύπτου ἔθαψαν ἐν Χεβρὼν ἐν τῷ * σπηλαίῳ * τῷ διπλῷ ὅπου οἱ πατέρες αὐτοῦ.
TIss. 7 8 αὐτὸν ἐν Χεβρὼν κἀκεῖ αὐτὸν θάψωσιν ἐν τῷ * σπηλαίῳ * μετὰ τῶν πατέρων αὐτοῦ. καὶ ἐξέτεινε τοὺς πόδας
Prop. 3 4 Σὴμ καὶ ᾽Αρφαξὰδ πατέρων ᾽Αβραὰμ καὶ ἔστιν ὁ τάφος * σπήλαιον * διπλοῦν ὅτι καὶ ᾽Αβραὰμ ἐν Χεβρῶν πρὸς τὴν
Prop. 4 20 ὅσα οὐκ ἔγραψαν. ἐκεῖ ἀπέθανε καὶ ἐτάφη ἐν τῷ * σπηλαίῳ * τῷ βασιλικῷ μόνος ἐνδόξως καὶ αὐτὸς ἔδωκε τέρας
Prop. 10 7 καὶ κατοικήσας ἐν γῇ Σαραὰρ ἀπέθανε καὶ ἐτάφη ἐν * σπηλαίῳ * Κενεζέου κριτοῦ γενομένου μιᾶς φυλῆς ἐν ἡμέραις
Prop. 10 7B κατοικήσας ἐν γῇ Σαὰρ ἐκεῖ ἀπέθανε καὶ ἐτάφη ἐν τῷ * σπηλαίῳ * τοῦ Κενεζίου τοῦ κριτοῦ. καὶ ἔδωκε τέρας ἐπὶ

σπιθαμή 2
Esdr. 4 31 δάκτυλοι αὐτοῦ ὡς δρέπανα τὸ ἴχνος τῶν ποδῶν αὐτοῦ * σπιθαμῶν * δύο καὶ εἰς τὸ μέτωπον αὐτοῦ γραφὴ ἀντίχριστος.

Esdr.   7   5    τῆς κτίσεως δημιουργός ὁ τὸν οὐρανὸν μετρήσας ✻ σπιθαμήν ✻ καὶ τὴν γῆν κατέχων δρακὶ ὁ ἡνιοχῶν τὰ Χερουβὶμ

σπιθαμιαῖος   (1)
Esdr.   4   30    τὸ στόμα αὐτοῦ πῆχυς μία οἱ ὀδόντες αὐτοῦ ✻ σπιθαμιαῖοι ✻ οἱ δάκτυλοι αὐτοῦ ὡς δρέπανα τὸ ἴχνος τῶν

σπιλόω
TAser   2   7    καὶ παροξύνει καὶ τὸν πένητα ἀναπαύει τὴν ψυχὴν ✻ σπιλοῖ ✻ καὶ τὸ σῶμα λαμπρύνει πολλοὺς ἀναιρεῖ καὶ ὀλίγους

σπινθήρ   (4)
Asen.   14   9    καὶ οἱ πόδες ὥσπερ σίδηρος ἐκ πυρὸς ἀπολάμπων καὶ ✻ σπινθῆρες ✻ ἀπεπήδων ἀπό τε τῶν χειρῶν καὶ τῶν ποδῶν
Asen.   16   13    καὶ ἐφοβήθη Ἀσενὲθ τὴν χεῖρα τοῦ ἀνθρώπου διότι ✻ σπινθῆρες ✻ ἀπεπήδων ἀπὸ τῆς χειρὸς αὐτοῦ ὡς ἀπὸ σιδήρου
Job   46   8    τῆς γῆς, ἀλλ' ἐκ τοῦ οὐρανοῦ εἰσιν, ἐξαστράπτουσαι ✻ σπινθῆρας ✻ πυρός, ὡς ἀκτῖνας τοῦ ἡλίου. καὶ δέδωκεν
FPho.   144    τὸ κακὸν κόπτειν ἕλκος τ' ἀκέσασθαι. ⟨ἐξ ὀλίγου ✻ σπινθῆρος ✻ ἀθέσφατος αἴθεται ὕλη. ἐγκρατὲς ἦτορ ἔχειν καὶ

σπλαγχνίζω   (15)
Adam   9   3    κεφαλὰς ὑμῶν καὶ κλαύσατε δεόμενοι τοῦ θεοῦ ὅπως ✻ σπλαγχνισθῇ ✻ ἐπ' ἐμοὶ καὶ ἀποστείλῃ τὸν ἄγγελον αὐτοῦ εἰς
Adam   27   2    ἐάσατέ με μικρὸν ὅπως παρακαλέσω τὸν θεὸν καὶ ✻ σπλαγχνισθῇ ✻ καὶ ἐλεήσῃ με ὅτι ἐγὼ μόνος ἥμαρτον. αὐτοὶ
Adam   29   9    ἀλλὰ μετανοήσωμεν ἡμέρας τεσσαράκοντα ὅπως ✻ σπλαγχνισθῇ ✻ ἡμῖν ὁ θεὸς καὶ δώσῃ ἡμῖν τροφὴν κρείσσονα
Abr.2   12   12    εἰ δὲ μή γε ἀπόλλει ὅλην τὴν κτίσιν ἣν ἐποίησα οὐ ✻ σπλαγχνίζεται ✻ γὰρ ἐπ' αὐτοῖς ἐπειδὴ οὐκ αὐτὸς ἐποίησεν
Abr.2   12   13    ἐποίησεν αὐτοὺς ἀλλ' ἐγὼ ἐποίησα αὐτοὺς διὰ τοῦτο ✻ σπλαχνίζομαι ✻ ἐπ' αὐτοὺς τάχα εἰ ἐπιστρέψουσιν καὶ
TZab.   4   2    ἐγὼ γὰρ δύο ἡμέρας καὶ δύο νύκτας οὐ ἐγευσάμην ✻ σπλαγχνιζόμενος ✻ ἐπὶ Ἰωσήφ. καὶ Ἰούδας οὐ συνέτρωγεν
TZab.   6   4    Αἴγυπτον καὶ ἐκ τῆς θύρας μου παντὶ ἀνθρώπῳ ξένῳ ✻ σπλαγχνιζόμενος ✻ ἐδίδουν. εἰ δὲ ἦν ξένος ἢ νοσῶν ἢ
TZab.   7   1    εἶδον θλιβόμενον ἐν γυμνότητι χειμῶνος καὶ ✻ σπλαγχνισθεὶς ✻ ἐπ' αὐτὸν κλέψας ἱμάτιον ἐκ τοῦ οἴκου μου
TZab.   7   2    μου ἐξ ὧν παρέχει ὑμῖν ὁ θεὸς ἀδιακρίτως πάντας ✻ σπλαγχνιζόμενοι ✻ ἐλεᾶτε καὶ παρέχετε παντὶ ἀνθρώπῳ ἐν
TZab.   8   1    παντὸς ἀνθρώπου ἐν ἐλέει ἵνα καὶ ὁ κύριος εἰς ὑμᾶς ✻ σπλαγχνισθεὶς ✻ ἐλεήσῃ ὑμᾶς ὅτι καίγε ἐπ' ἐσχάτων ἡμερῶν ὁ
TZab.   8   3    ἐλέους ἐν αὐτῷ κατοικεῖ. ὅσον γὰρ ἄνθρωπος ✻ σπλαγχνίζεται ✻ εἰς τὸν πλησίον τοσοῦτον κύριος εἰς αὐτόν.
TZab.   8   4    Ἰωσὴφ οὐκ ἐμνησικάκησεν εἰς ἡμᾶς ἐμὲ δὲ ἰδὼν ✻ ἐσπλαγχνίσθη. ✻ εἰς ὃν ἐμβλέποντες καὶ ὑμεῖς ἀμνησίκακοι
Jer.   6   18    πόλιν τὴν ἐρημωθεῖσαν καὶ ὑβρισθεῖσαν. διὰ τοῦτο ✻ ἐσπλαγχνίσθη ✻ ὁ κύριος ἐπὶ τῶν δακρύων ἡμῶν καὶ ἐπεμψεν
Sedr.   13   2    μετάνοιαν αὐτοῦ ἐλέησον κύριε τὴν εἰκόνα σου καὶ ✻ σπλαγχνίσθητι ✻ ὅτι πολλὰ εἰσιν τὰ τρία ἔτη. λέγει αὐτὸν ὁ
Job   26   5    ὑπομένομεν; ἀλλὰ μακροθυμήσωμεν ἕως ἂν ὁ κύριος ✻ σπλαγχνισθεὶς ✻ ἐλεήσῃ ἡμᾶς. ἆρα σὺ οὐχ ὁρᾷς τὸν διάβολον

σπλάγχνον   (20)
Abr.1   3   9    πόδας τοῦ ἀρχιστρατήγου Μιχαὴλ ἐκινήθησαν δὲ τὰ ✻ σπλάγχνα ✻ τοῦ Ἀβραὰμ καὶ ἐδάκρυσεν ἐπὶ τὸν ξένον. καὶ
Abr.1   5   10    ἤρξατο κλαίειν φωνῇ μεγάλῃ. συγκινηθεὶς οὖν τὰ ✻ σπλάγχνα ✻ ὁ Ἀβραὰμ ἔκλαυσεν οὖν καὶ αὐτὸς μεγάλως ἰδὼν
Abr.1   5   14    ἦλθεν πρὸς ἡμᾶς κλαίων καὶ ἡμεῖς τοῦτον ἰδόντες τὰ ✻ σπλάγχνα ✻ κινηθέντες ἐκλαύσαμεν. ἀκούσασα δὲ Σάρρα τὴν
TSim.   2   4    μου ἦν σκληρὰ καὶ τὰ ἡπατά μου ἀκίνητα καὶ τὰ ✻ σπλάγχνα ✻ μου ἀσυμπαθῆ ὅτι καὶ ἡ ἀνδρεία ἀπὸ ὑψίστου
TLevi   4   4    σου ἕως ἐπισκέψηται κύριος πάντα τὰ ἔθνη ἐν ✻ σπλάγχνοις ✻ υἱοῦ αὐτοῦ ἕως αἰῶνος. πλὴν οἱ υἱοὶ σου
TZab.   2   2    αὐτοῖς ἐλεήσατέ με ἀδελφοί μου οἰκτιρήσατε ἐν ✻ σπλάγχνοις ✻ Ἰακὼβ τοῦ πατρὸς ἡμῶν. μὴ ἐπάγαγετε ἐπ' ἐμὲ
TZab.   2   4    μου ἐξεχύθησαν ἐπ' ἐμὲ καὶ πᾶσα ἡ ὑπόστασις τῶν ✻ σπλάγχνων ✻ μου ἐχωνεῦτο ἐπὶ τὴν ψυχήν μου. ἔκλαιε δὲ καὶ
TZab.   5   3    κύριος ἑκάστου τὴν προαίρεσιν. ἔχετε οὖν ἔλεος ἐν ✻ σπλάγχνοις ✻ ὑμῶν τέκνα μου ὅτι ὡς ἄν τις ποιήσῃ τῷ
TZab.   5   4    ἀπέθνησκον διὰ Ἰωσὴφ ὅτι οὐκ ἐποίησαν ἔλεος ἐν ✻ σπλάγχνοις ✻ αὐτῶν οἱ δὲ ἐμοὶ υἱοὶ ἄνοσοι διεφυλάχθησαν ὡς
TZab.   7   3    ἔχετε πρὸς καιρὸν δοῦναι τῷ χρῄζοντι συμπάσχετε ἐν ✻ σπλάγχνοις ✻ ἐλέους. οἶδα ὅτι ἡ χείρ μου οὐχ εὗρε πρὸς τὸ
TZab.   7   4    ἑπτὰ σταδίους συμπορευόμενος αὐτῷ ἔκλαιον καὶ τὰ ✻ σπλάγχνα ✻ μου ἐστρέφετο ἐπ' αὐτῷ εἰς συμπάθειαν. καὶ
TZab.   8   2    ὅτι καίγε ἐπ' ἐσχάτων ἡμερῶν ὁ θεὸς ἀποστέλλει τὸ ✻ σπλάγχνον ✻ αὐτοῦ ἐπὶ τῆς γῆς καὶ ὅπου εὕρῃ σπλάγχνα
TZab.   8   2    τὸ σπλάγχνον αὐτοῦ ἐπὶ τῆς γῆς καὶ ὅπου εὕρῃ ✻ σπλάγχνα ✻ ἐλέους ἐν αὐτῷ κατοικεῖ. ὅσον γὰρ ἄνθρωπος
TZab.   8   6    καὶ τὴν ὕπαρξιν ἀφανίζει. ὁ γὰρ μνησίκακος ✻ σπλάγχνα ✻ ἐλέους οὐκ ἔχει. προσέχετε τὰ ὕδατα ὅτι ὅτε ἐπὶ
TNep.   4   5    ἐπὶ προσώπου πάσης τῆς γῆς ἄχρι τοῦ ἐλθεῖν τὸ ✻ σπλάγχνον ✻ κυρίου ἄνθρωπος θεοῦ δικαιοσύνης καὶ ποιῶν
TNep.   7   4    ἐπὶ τοῖς λόγοις αὐτοῦ τούτοις. καὶ ἑκαίομεν τοῖς ✻ σπλάγχνοις ✻ ἀναγγέλται ὅτι πέπραται ἀλλ' ἐφοβούμην τοὺς
TBen.   3   7    ὦ τέκνον Ἰωσὴφ ὦ τέκνον χρηστὸν ἐνίκησας τὰ ✻ σπλάγχνα ✻ Ἰακὼβ τοῦ πατρός σου. καὶ περιλαβὼν αὐτὸν ἐπὶ
Sal.   2   14    αὐτὰς ἐν φυρμῷ ἀναμείξεως. τὴν κοιλίαν μου καὶ τὰ ✻ σπλάγχνα ✻ μου πονῶ ἐπὶ τούτοις ἐγὼ δικαιώσω σε ὁ θεὸς ἐν
LThe.   9   22   11    μαργήναντα. ἤλασε δὲ κληθὶα μέσην δῦ δὲ ξίφος ὀξὺ ✻ σπλάγχνα ✻ διὰ στέρνων λίπε δὲ ψυχὴ δέμας εὐθύς.
LEze.   9   28   3 07    καὶ παιδεύμασιν ἅπανθ᾽ ὑπισχνεῖθ᾽ ὡς ἀπὸ ✻ σπλάγχνων ✻ ἐῶν ἐπεὶ δὲ πλήρης κόλπος ἡμερῶν παρὴν ἐξῆλθον

σπλήν   (1)
TNep.   2   8    ἧπαρ πρὸς θυμὸν χολὴν πρὸς πικρίαν εἰς γέλωτα ✻ σπλῆνα ✻ νεφροὺς εἰς πανουργίαν ψύας εἰς δύναμιν πλευρὰ

σποδιά
Sib.   3   467    τε ἀναιδέα σε κεραΐξει. καὶ δ' αὐτὴ θερμῇσι παρὰ ✻ σποδιῇσι ✻ ταθεῖσα ἀπροΐδῇ στήθεσσιν ἐοῖς ἐναρίξει αὐτή.
Sib.   4   181    πῦρ κοιμήσῃ θεὸς ἄσπετον ὥσπερ ἄνηψεν ὀστέα καὶ ✻ σποδιὴν ✻ αὐτὸς θεὸς ἔμπαλιν ἀνδρῶν μορφώσει στήσει δὲ

σποδοειδής
Job   7   5    θυρωρὸς αἰδεσθεῖσα δοῦναι αὐτῷ τὸν κεκαυμένον καὶ ✻ σποδοειδῆν ✻ ἄρτον, ἐπεὶ μὴ ἔγνωκεν εἶναι αὐτὸν τὸν

σποδόεις ✻   (3)
Sib.   4   179    δ' ἔσετ' αἰθαλόεσσα. ἀλλ' ὅταν ἤδη πάντα τέφρη ✻ σποδόεσσα ✻ γένηται καὶ πῦρ κοιμήσῃ θεὸς ἄσπετον ὥσπερ

σποδός
Asen.   13   2    πρός σέ κατέφυγον κύριε ἐν τῷ σάκκῳ τούτῳ καὶ τῷ ✻ σποδῷ ✻ γυμνὴ καὶ ὀρφανὴ καὶ μεμονωμένη. ἰδοὺ ἀπεθέμην μου
Job   32   5    ὁ τὸν θρόνον ἐκ λίθων πολυτελῶν ἔχων, νυνὶ δὲ ἐν ✻ σποδῷ ✻ καθήμενος ποῦ νῦν τυγχάνει ἡ δόξα τοῦ θρόνου σου;
Job   38   2    σάρκινοι ὄντες, ἔχοντες τὴν μερίδα ἐν γῇ καὶ ✻ σποδῷ; ✻ ἵνα οὖν γνῶτε ὅτι συνέστηκεν ἡ καρδία μου

σπονδεῖον   (1)
Aris.   33   5    κατασκευὴν κρατήρων τε καὶ φιαλῶν καὶ τραπέζης καὶ ✻ σπονδείων ✻ χρυσίου μὲν ὁλκῆς τάλαντα πεντήκοντα καὶ

σπονδή   (4)
TLevi   18   2B044    τῷ ταύρῳ καὶ τῷ κριῷ καὶ τῷ ἐρίφῳ κατασπείσεται ✻ σπονδήν. ✻ λιβανωτοῦ σίκλοι ἓξ τῷ ταύρῳ καὶ τὸ ἥμισυ αὐτοῦ
Asen.   8   5    τῆς τραπέζης αὐτῶν ἄρτον ἀγχόνης καὶ πίνει ἐκ τῆς ✻ σπονδῆς ✻ αὐτῶν ποτήριον ἐνέδρας καὶ χρίεται χρίσματι
Asen.   10   13    θυσίας τῶν θεῶν αὐτῆς καὶ τὰ σκεύη τοῦ οἴνου τῆς ✻ σπονδῆς ✻ αὐτῶν καὶ ἔρριψε πάντα διὰ τῆς θυρίδος τῆς
Job   17   4    μεγάλου θεοῦ καθελὼν καὶ ἀφανίσας τὸν τόπον τῆς ✻ σπονδῆς ✻ διὸ κἀγὼ ἀνταποδώσω αὐτῷ καθὰ ἔπραξεν κατὰ τοῦ

σπορά   (3)
TRub.   2   8    ἐστιν ἡ ὑπόστασις τῆς ἰσχύος ἕβδομον πνεῦμα ✻ σπορᾶς ✻ καὶ συνουσίας μεθ' ἧς συνεισέρχεται διὰ τῆς

σπόρος
Hen.   10   19    ποιήσουσιν πρόχους οἴνου χιλιάδας καὶ ὑπ' ὅρου ✻ (σπόρου) ✻ ποιήσει καθ' ἕκαστον μέτρον ἐλαίας ποιήσει ἀνὰ
Esdr.   5   12    Ἑσδρὰμ ἀγαπητὲ ὥσπερ γεωργὸς καταβάλλει τὸν ✻ σπόρον ✻ τοῦ σίτου τῇ γῇ οὕτως καὶ ὁ ἄνθρωπος καταβάλλει
FJub.   2   7    τοὺς ποταμοὺς τὰς πηγὰς καὶ λίμνας τὰ σπέρματα τοῦ ✻ σπόρου ✻ τὰ βλαστήματα τὰ ξύλα τὰ κάρπιμά τε καὶ ἄκαρπα

σπουδάζω   (4)
TDan   6   3    τῆς βασιλείας τοῦ ἐχθροῦ στήσεται διὰ τοῦτο ✻ σπουδάζει ✻ ὁ ἐχθρὸς ὑποσκελίζειν πάντας τοὺς
TNep.   3   1    ἐν σκότει δυνήσεσθε ποιῆσαι ἔργα φωτός. μὴ οὖν ✻ σπουδάζετε ✻ ἐν πλεονεξίᾳ διαφθεῖραι τὰς πράξεις ὑμῶν ἢ ἐν
Jer.   5   5    καὶ ὀλιγωρήσῃ Ἱερεμίας ὁ πατήρ μου εἰ μὴ γὰρ ✻ ἐσπούδαζεν ✻ οὐκ ἂν ἀπέστειλε μὲ ὀρθρου σήμερον. ἀνάστας
Aris.   10   3    τυγχάνουσι βιβλίων; εἶπεν ὑπὲρ τὰς εἴκοσι βασιλεῦ ✻ σπουδάσω ✻ δ' ἐν ὀλίγῳ χρόνῳ πρὸς τὸ πληρωθῆναι πεντήκοντα

σπουδαῖος   (2)
TJud.   1   4    ὅτι ἔδωκέ μοι καὶ τέταρτον υἱόν. ὀξὺς ἤμην καὶ ✻ σπουδαῖος ✻ ἐν νεότητί μου καὶ ὑπήκουον τῷ πατρί μου κατὰ
HCal.   24   6    ἑαυτοὺς ἀκοντίσαι. οἱ δὲ τὸ προσταχθὲν αὐτοῦ ✻ σπουδαίως ✻ ἐπλήρωσαν. ὀξὺ γὰρ τὸ Μακεδονικὸν στῖφος εἰς

σπουδή   (7)
Adam   33   4    οἱ ἄγγελοι μετὰ λιβανον καὶ θυμιατήρια ἦλθον ἐν ✻ σπουδῇ ✻ ἐπὶ τὸ θυσιαστήριον καὶ ἐνεφύσων αὐτά. καὶ ἡ
Abr.1   14   12    τῶν ἄνω δυνάμεων δεῦρο παρακαλέσωμεν τὸν θεὸν μετὰ ✻ σπουδῆς ✻ καὶ πολλῶν δακρύων ὅπως ἀφήσει μοι τὸ ἀμάρτημα
TLevi   13   7    θλίψιν θερίσετε. σοφίαν κτήσασθε ἐν φόβῳ θεοῦ μετὰ ✻ σπουδῆς ✻ ὅτι ἐὰν γένηται αἰχμαλωσία καὶ πόλεις
Aris.   4   1    ἑβραϊκοῖς γράμμασιν. ἣν δὴ καὶ ἐποιησάμεθα ἡμεῖς ✻ σπουδῆς ✻ λαβόντες καιρὸν πρὸς τὸν βασιλέα περὶ τῶν
Aris.   39   1    βιβλίοις. καλῶς οὖν ποιήσεις καὶ τῆς ἡμετέρας ✻ σπουδῆς ✻ ἀξίως ἐπιλεξάμενος ἄνδρας καλῶς βεβιωκότας
LEze.   9   29   12 30    ἄγγελος. ὑμεῖς δὲ νυκτὸς ὀπτὰ δαίσεσθε κρέα. ✻ σπουδῇ ✻ δὲ βασιλεὺς ἐκβαλεῖ πρόπαντ᾽ ὄχλον. ὅταν δὲ
LEze.   9   29   13 08    ποσσὶν ὑποδέδεσθε καὶ χερὶ βακτηρίαν ἔχοντες. ἐν ✻ σπουδῇ ✻ τε γὰρ βασιλεὺς κελεύσει πάντας ἐκβαλεῖν χθονὸς

σταγών   (1)
Sib.   3   804    προφανοῦσι καὶ ἄψ ἐπὶ γαῖαν ἵκονται αἵματι καὶ ✻ σταγόνεσσι ✻ πετρῶν δ' ἀπὸ σῆμα γένηται ἐν νεφέλῃ δ'

στάδιον   (14)
Abr.2   2   10    πατὴρ ἀνθρώπων μεμελημένων ἤκουσα δὲ ὅτι ἀπῆλθες ✻ σταδίους ✻ τεσσεράκοντα καὶ ἤνεγκας μόσχον καὶ ἔθυσας
Abr.2   3   2    οἱ ἀμφότεροι καὶ ἤγγισαν ἔγγιστα τῆς πόλεως ὡς ἀπὸ ✻ σταδίων ✻ δύο καὶ ηὗρον δένδρον μέγαν ἐν τῇ ὁδῷ παμμεγέθει
TZab.   7   4    πρὸς τὸ παρὸν ἐπιδοῦναι τῷ χρῄζοντι καὶ ἐπὶ ἑπτὰ ✻ σταδίων ✻ συμπορευόμενος αὐτῷ ἔκλαιον καὶ τὰ σπλάγχνα μου
TGad   1   3    καὶ γυρεύων ἐσκότουν καὶ ἠκόντιζον αὐτὸ ἐπὶ δύο ✻ σταδίους ✻ καὶ οὕτως ἀνήρουν. ὁ οὖν Ἰωσὴφ ἐποίμαινε μεθ'
Prop.   1   7    ἥτις ἔχει εἴσοδον ἀπὸ Γαβαῶν μήκοθεν τῆς πόλεως ✻ σταδίους ✻ εἴκοσι. καὶ ἐποίησε σκολιὰν σύνθεσιν
Job   31   1    αὐτός ἐστιν ἦ οὗ. οἱ δὲ μακρὰ μου ὄντες ὡς ἡμίου ✻ σταδίων ✻ διὰ τὴν δυσωδίαν τοῦ σώματος οὐκ ἐχώρουν ἀνασταντες
Aris.   89   4    ὑπαρχόντων ὑπὸ γῆν καθὼς ἀνέφαινον πέντε ✻ σταδίων ✻ κυκλόθεν τῆς κατὰ τὸ ἱερὸν καταβολῆς καὶ ἑκάστου
Aris.   91   3    δηλώσω καθὼς ἐπιστώθην. προήγαγον γὰρ πλέον ✻ σταδίων ✻ τεσσάρων ἐκ τῆς πόλεως καὶ πρός τινα τόπον
Aris.   105   2    ἐστι τὸ χύμα συμμέτρως ἔχον οἷον τεσσαράκοντα ✻ σταδίων ✻ ὄντος τοῦ περιβόλου πλάτος εἰκοσὶ δυνατόν.
Aris.   301   2    Δημήτριος παραλαβὼν αὐτοὺς καὶ διελθὼν τὸ τῶν ἑπτὰ ✻ σταδίων ✻ ἀνάχωμα τῆς θαλάσσης πρὸς τὴν νῆσον καὶ διαβὰς
Sib.   3   58    ἔτι κτίζεσθε πόλεις κοσμεῖσθέ τε πᾶσαι ναοῖς καὶ ✻ σταδίοις ✻ ἀγοραῖς χρυσοῖς ξοάνοις τε ἀργυρέοις λιθίνοις

| Slb. | 5 | 424 | | | ἔνσαρκον καλὸν περικαλλέα ἠδὲ ἔπλασσεν πολλοῖς ἐν | * σταδίοισι * | μέγαν καὶ ἀπείρονα πύργον αὐτῶν ἀπτόμενον |
| FJub. | 10 | 21 | | | τρίτον μιᾶς πλίνθου. ⟨τὸ ἕκταμα τοῦ ἑνὸς τοίχου⟩ | * στάδιοι * ιγ ⟨καὶ τοῦ ἄλλου⟩ λ'. ἐπὶ γὰρ ἔτη τεσσαράκοντα |
| HHec. | 1 | 22 | 197 | | καὶ κῶμαι μία δὲ πόλις ὀχυρὰ πεντήκοντα μάλιστα | * σταδίων * | τὴν περίμετρον ἣν οἰκοῦσι μὲν ἄνθρωποι περὶ |

**στάζω** 7

| Sal. | 17 | 18 | | | αὐτῶν ὑπὸ ἀνόμων ὅτι ἀνέσχεν ὁ οὐρανὸς τοῦ | * στάξαι * | ὑετὸν ἐπὶ τὴν γῆν. πηγαὶ συνεσχέθησαν αἰώνιοι ἐξ |
| Jer. | 5 | 3 | | | εἶτα ἀνακαλύψας τὸν κόφινον τῶν σύκων εὗρεν αὐτὰ | * στάζοντα * | γάλα. καὶ εἶπεν ἤθελον κοιμηθῆναι ἔτι ὀλίγον |
| Jer. | 5 | 26 | | | τῶν σύκων νομίζων ὅτι ἐβράδυνα καὶ εὗρον τὰ σῦκα | * στάζοντα * | γάλα καθὼς συνέλεξα αὐτά. σὺ δὲ λέγεις ὅτι |
| Jer. | 5 | 29 | | | τὸν κόφινον τῶν σύκων τῷ γέροντι καὶ εἶδεν αὐτὰ | * στάζοντα * | γάλα. ἰδὼν δὲ αὐτὰ ὁ γηραιὸς ἄνθρωπος εἶπεν ὦ |
| Jer. | 6 | 5 | | | ἔτη ἐποίησαν καὶ οὐκ ἐμαράνθησαν οὐδὲ ὤζεσαν ἀλλὰ | * στάζουσι * | τοῦ γάλακτος. οὕτως γίνεταί σοι ἡ σάρξ μου ἐὰν |
| Slb. | 5 | 373 | | | ἕως ὄχθου ποταμῶν βαθυδινῶν. τῆς τε Μακεδονίης | * στάξει * | χόλος ἐν πεδίοισιν --- συμμαχίην +δῶ δ'+ ἐκ |
| Slb. | 5 | 464 | | | βασιλεὺς δυσμῶν τε δυνάσται. χειμερίη ὁπόταν ῥιπὴ | * στάξη * | χιονώδης πηγνυμένου μεγάλου ποταμοῦ λιμνῶν τε |

**σταθμός**

| TLevi | 18 | 2B031 | | | ὅσα ἂν ποιῇς ἐν τάξει ποίει ἃ ποιῇς ἐν μέτρῳ καὶ | * σταθμῷ * | καὶ μὴ περισσεύῃς μηθὲν ὅσα οὐ καθήκει. καὶ +τῷ |
| TLevi | 18 | 2B032 | | | τῷ ταύρῳ τῷ τελείῳ τάλαντον ξύλων καθήκει αὐτῷ ἐν | * σταθμῷ * | καὶ εἰς τὸ στέαρ μόνον ἀναφέρεσθαι ἐξ μνᾶς καὶ τῷ |
| TNep. | 2 | 3 | | | καὶ οὐκ ἔστι λεῖπον ἓν ἐκ τοῦ ἑνὸς τρίτον τριχὸς | * σταθμῷ * | γὰρ καὶ μέτρῳ καὶ κανόνι πᾶσα κτίσις ὑψίστου. καὶ |
| Sal. | 5 | 4 | | | σὺ δῶς; ὅτι ἄνθρωπος καὶ ἡ μερὶς αὐτοῦ παρὰ σοῦ ἐν | * σταθμῷ * | οὐ προσθήσει τοῦ πλεονάσαι παρὰ τὸ κρίμα σου ὁ |
| FMan. | 2 | 22 | 10 | | οἴκῳ φυλακῆς καὶ ἐδίδοτο αὐτῷ ἐκ πιτύρων ἄρτος ἐν | * σταθμῷ * | βραχὺς καὶ ὕδωρ σὺν ὄξει ὀλίγον ἐν μέτρῳ ὥστε ζῆν |
| FPho. | | 15 | | | μέτρα νέμειν τὰ δίκαια καλὸν δ' ἐπίμετρον ἁπάντων. | * σταθμὸν * | μὴ κρούειν ἑτερόζυγον ἀλλ' ἴσον ἕλκειν. μὴ δ' |
| LEze. | 9 | 29 | 13 | 12 | χερσὶν ὑσσώπου κόμης εἰς αἷμα βάψαι καὶ θιγεῖν | * σταθμῶν * | δυοῖν ὅπως παρέλθῃ θάνατος Ἑβραίων ἀπο. ταύτην |

**στάλαγμα**

| Sedr. | 8 | 10 | | | κτίσεως κόσμου τῶν αἰώνων βρέχοντος τοῦ ἀέρος πόσα | * σταλάγματα * | ἔπεσον εἰς τὸν κόσμον καὶ πόσα μέλλουν |

**στασιάζω**

| Slb. | 5 | 515 | | | ἐπέτρεψε μάχεσθαι. ἀντὶ γὰρ Ἡελίου μακραὶ φλόγες | * ἐστασίαζον * | Φωσφόρος ἔσχε μάχην ἐπιβὰς ἐς νῶτα Λέοντος |

**στάσις** 6

| Hen. | | 12 | 4 | | ἀπολιπόντες τὸν οὐρανὸν τὸν ὑψηλὸν τὸ ἁγίασμα τῆς | * στάσεως * | τοῦ αἰῶνος μετὰ τῶν γυναικῶν ἐμιάνθησαν καὶ |
| HHec. | 1 | 22 | 194 | | Αἴγυπτον καὶ Φοινίκην μετέστησαν διὰ τὴν ἐν Συρίᾳ | * στάσιν. * | τριακοσίας μυριάδας ἀρουρῶν σχεδὸν τῆς ἀρίστης |
| LAri. | 8 | 10 | 9 | | μετενήνοχε λέγων τὰς συντελείας χεῖρας εἶναι θεοῦ. | * στάσις * | δὲ θεία καλῶς ἂν λέγοιτο κατὰ τὸ μεγαλεῖον ἢ τοῦ |
| LAri. | 8 | 10 | 10 | | γὰρ ἐπὶ πάντων ὁ θεὸς καὶ πάνθ' ὑποτέτακται καὶ | * στάσιν * | εἴληφεν ὥστε τοὺς ἀνθρώπους καταλαμβάνειν ἀκίνητα |
| LAri. | 8 | 10 | 12 | | αὐτὸς δ' ἐν αὐτοῖς τροπὰς λαμβάνει καὶ φθοράς. ἡ | * στάσις * | οὖν ἡ θεία κατὰ ταῦτα ἂν λέγοιτο πάντων |
| LAri. | 7 | 32 | 18 | | μὲν ἡ σελήνη τὴν ἐναντίαν καὶ διάμετρον τῷ ἡλίῳ | * στάσιν * | ὥσπερ οὖν ἔξεστιν ἐν ταῖς πανσελήνοις ὁρᾶν |

**σταυρός** 1

| Esdr. | 7 | 1 | | | ὁ θεὸς ἄκουσον Ἐσδράμ ἀγαπητέ μου ἐγὼ ἀθάνατος ὢν | * σταυρὸν * | κατεδεξάμην ὄξος καὶ χολὴν ἐγευσάμην ἐν τάφῳ |

**σταυρόω** 1

| Prop. | | 25 | 1 | | τυγχάνων ὑπέμεινε τὰς αἰκίας καὶ ἐκέλευσεν αὐτὸν | * σταυρωθῆναι.⟩ * | καὶ ἄλλοι προφῆται ἐγένοντο κρυπτοὶ ὧν τὰ |

**σταφυλή** 2

| Asen. | 4 | 2 | | | πᾶσι τοῖς ἀγαθοῖς Ἀσενὲθ ἐπί τε τῇ ὀπώρᾳ καὶ τῇ | * σταφυλῇ * | καὶ τοῖς φοίνιξι καὶ ταῖς περιστεραῖς καὶ ταῖς |
| FrAn. | 2 | 11 | 3 | | εἶτα βλαστὸς γίνεται μετὰ ταῦτα ὄμφαξ εἶτα | * σταφυλὴ * | παρεστηκυῖα. οὕτως καὶ ὁ λαός μου ἀκαταστασίας |

**σταχυητρόφος** 1

| Slb. | 4 | 74 | | | ἀκαρπίη τε περιπλομένων ἐνιαυτῶν εἴκοσι φοιτήσει | * σταχυητρόφος * | ἡνίκα Νεῖλος ἄλλοθί που ὑπὸ γαῖαν ἀποκρύψει |

**στάχυς**

| Aris. | | 63 | 3 | | πάγκαρπον ἐν ὑπεροχῇ προδήλως ἔχοντα βοτρύων καὶ | * σταχύων * | ἔτι δὲ φοινίκων καὶ μήλων ἐλαίας τε καὶ ῥοῶν καὶ |
| Slb. | 5 | 275 | | | ὄμβρος πυρὸς αἰθομένοιο κοὐκέτι καρπεύσουσι βροτοὶ | * στάχυν * | ἀγλαὸν ἐκ γῆς πάντ' ἄσπαρτα μενεῖ καὶ ἀνήροτα |

**στέαρ** 7

| TLevi | 18 | 2B027 | | | τὴν κεφαλὴν ἀνάφερε πρῶτον καὶ κάλυπτε αὐτὴν τῷ | * στέατι * | καὶ μὴ ὀπτανέσθω τὸ αἷμα ἐπὶ τῆς κεφαλῆς αὐτῆς |
| TLevi | 18 | 2B032 | | | τάλαντον ξύλων καθήκει αὐτῷ ἐν σταθμῷ καὶ εἰς τὸ | * στέαρ * | μόνον ἀναφέρεσθαι ἐξ μνᾶς καὶ τῷ ταύρῳ τῷ δευτέρῳ |
| TLevi | 18 | 2B032 | | | καὶ τῷ ταύρῳ τῷ δευτέρῳ πεντήκοντα μνᾶς καὶ εἰς τὸ | * στέαρ * | αὐτοῦ μόνον πέντε μνᾶς καὶ εἰς μόσχον τέλειον μ' |
| TLevi | 18 | 2B034 | | | αἰγῶν τὸ προσφερόμενον ᾖ καὶ τούτῳ λ' μναῖ καὶ τῷ | * στέατι * | τρεῖς μναῖ καὶ εἰ ἄρνα ἐκ προβάτων ἢ ἔριφον ἐξ |
| TLevi | 18 | 2B035 | | | ἄρνα ἐκ προβάτων ἢ ἔριφον ἐξ αἰγῶν κ' μναῖ καὶ τῷ | * στέατι * | β' μναῖ καὶ εἰ ἀμνὸς τελείας ἐνιαύσιος ἢ ἔριφος |
| TLevi | 18 | 2B036 | | | ἐνιαύσιος ἢ ἔριφος ἐξ αἰγῶν ιε' μναῖ καὶ τῷ | * στέατι * | μίαν ἥμισυ μνᾶν. καὶ ἄλας +ἀποδεδεικτω+ τῷ ταύρῳ |
| TLevi | 18 | 2B046 | | | ἀναπεποιημένη ᾖ⟨ν⟩ ἂν προσαγάγῃς μόνον οὐκ ἐπὶ | * στέατος * | προσχωθήσεται ἐπ' αὐτὴν λιβάνου ὁλκὴ σίκλων δύο |

**στεγάζω** 2

| FAch. | | 120 | | | πόλεις δεκαδύο καὶ τούτων ἑκάστη τριάκοντα δοκοῖς | * ἐστεγασμένη * | καὶ ⟨περὶ⟩ μίαν ἑκάστην αὐτῶν τρέχουσι |
| FAch. | | 120 | | | πολιτεύεσθαι οἱ δὲ τριάκοντα δοκοὶ ἢ τριανταήμερος | * στεγάζουσα * | τὸν χρόνον ⟨αἱ δὲ⟩ περιερχόμεναι δύο γυναῖκες |

**στέγη**

| Hen. | | 14 | 11 | | καὶ πᾶσαι ἦσαν ἐκ χιόνος καὶ ἐδάφη χιονικὰ καὶ αἱ | * στέγαι * | ὡς διαδρομαὶ ἀστέρων καὶ ἀστραπαὶ καὶ μεταξὺ |
| Hen. | | 14 | 17 | | αὐτοῦ ἦσαν ἀστραπαὶ καὶ διαδρομαὶ ἀστέρων καὶ ἡ | * στέγη * | αὐτοῦ ἦν πῦρ φλέγον. ἐθεώρουν δὲ καὶ εἶδον θρόνον |

**στεῖρα (στεῖρος)** 3

| Hen. | | 98 | 5 | | ἀφίξονται οἱ ποιοῦντες ⟨αὐτήν⟩. καὶ δουλεία | * (στεῖρα) * | γυναικὶ οὐκ ἐδόθη ἀλλὰ διὰ τὰ ἔργα τῶν χειρῶν |
| Hen. | | 98 | 5 | | ἄνωθεν ἐδόθη ἀλλ' ἐκ παραβάσεως. ὁμοίως οὐδὲ | * στεῖρα * | γυνὴ ἐκτίσθη ἀλλ' ἐξ ἰδίων ἀδικημάτων ἐπετιμήθη |
| HArt. | 9 | 27 | 3 | | πολλοὺς γὰρ τότε τῆς Αἰγύπτου βασιλεύειν ταύτην δὲ | * στεῖραν * | ὑπάρχουσαν ὑποβαλέσθαι τινὸς τῶν Ἰουδαίων |

**στειρεύω** 1

| TBen. | 1 | 4 | | | ἡ γὰρ Ῥαχὴλ μετὰ τὸ τεκεῖν τὸν Ἰωσὴφ δώδεκα ἔτη | * ἐστείρευσεν * | καὶ προσηύξατο κυρίῳ μετὰ νηστείας δώδεκα |

**στείρωσις** 1

| Abr.1 | 8 | 6 | | | ἀστέρας τοῦ οὐρανοῦ ὁ διαλύσας μήτραν Σάρρας τῆς | * στειρώσεως * | καὶ χαρισάμενός σοι καρπὸν κοιλίας ἐν γήρει |

**στέλεχος** 2

| HDem. | 9 | 29 | 15 | | εὑρεῖν ἐκεῖ δώδεκα μὲν πηγὰς ὑδάτων ἑβδομήκοντα δὲ | * στελέχη * | φοινίκων. ἐπιζητεῖν δέ τινα πῶς οἱ Ἰσραηλῖται |
| LEze. | 9 | 29 | 16 | 09 | χῶρος βαθὺς πηγὰς ἀφύσσων δώδεκ' ἐκ μιᾶς πέτρας | * στελέχη * | δ' ἐρυμνὰ πολλὰ φοινίκων πέλει ἔγκαρπα δεκάκις |

**στέλλω** 4

| Slb. | 3 | 734 | | | λίσσεο δ' ἀθάνατον μεγαλήτορα καὶ προφύλαξαι | * στεῖλον * | μὴ ἐπὶ τήνδε πόλιν ⟨σὸν⟩ λαὸν ἄβουλον ὥστε μὴ ἐξ |
| Slb. | 3 | 739 | | | μηδ' ἴσχ' ὑπερήφανον ἐν στήθεσσιν θυμὸν ὑπερφίαλον | * στείλας * | πρὸς ἀγῶνα κραταιόν. καὶ δούλευε θεῷ μεγάλῳ ἵνα |
| Slb. | 5 | 271 | | | καὶ χαρίεντα +καλὸν ἄρξουσι+ δίκαιοι οἱ δὲ κακοὶ | * στείλαντες * | ἐπ' αἰθέρα γλώσσαν ἄθεσμον παύσονται |
| FAch. | | 121 | | | σαπρόμορφον καὶ κατάρατον τούτων μέ⟨λλω⟩ φόρους | * στέλλειν * | τῷ βασιλεῖ Λυκούργῳ. εἰς δέ τις τῶν φίλων αὐτοῦ |

**στέναγμα** 1

| LEze. | 64 | 29 | 6 | 04 | τυφλοῦ ποδηγὲ ἀγνοίας βίου χαίρουσα θρήνοις καὶ | * στενάγμασι * | βροτῶν ὑμεῖς ἄθεσμοι εἰς ὕβρεις ὁμοσπόρων |

**στεναγμός** 13

| Hen. | 9 | 10 | | | μέχρι τῶν πυλῶν τοῦ οὐρανοῦ καὶ ἀνέβη ὁ | * στεναγμὸς * | αὐτῶν καὶ οὐ δύναται ἐξελθεῖν ἀπὸ προσώπου τῶν |
| Hen. | 9B | 10 | | | καὶ μέχρι τῶν πυλῶν τοῦ οὐρανοῦ ἀνέβη ὁ | * στεναγμὸς * | αὐτῶν καὶ οὐ δύναται ἐξελθεῖν ἀπὸ προσώπου τῶν |
| Abr.1 | 20 | 14 | | | ἐν τῷ κόλπῳ αὐτοῦ ἔνθα οὐκ ἔστιν πόνος οὐ λύπη οὐ | * στεναγμὸς * | ἀλλ' εἰρήνη καὶ ἀγαλλίασις καὶ ζωὴ |
| TJos. | 7 | 2 | | | σου; ἡ δὲ εἶπε πόνον καρδίας ἐγὼ ἀλγῶ καὶ οἱ | * στεναγμοὶ * | τοῦ πνεύματός μου συνέχουσί με. καὶ ἐθεράπευεν |
| TJos. | 9 | 4 | | | τῆς φωνῆς μου προσευχομένου συνίων δὲ ἐγὼ τοὺς | * στεναγμοὺς * | αὐτῆς ἐσιώπων. καὶ γὰρ ὅτε ἤμην ἐν τῷ οἴκῳ |
| Asen. | 10 | 3 | | | τὸν σιδηροῦν καθήκεν ἐκ πλαγίου καὶ ἐστέναξε | * στεναγμῷ * | μεγάλῳ μετὰ κλαυθμοῦ πικροῦ. καὶ ἤκουσεν ἡ |
| Asen. | 10 | 4 | | | ἣν ἠγάπα Ἀσενὲθ παρὰ πάσας τὰς παρθένους τὸν | * στεναγμὸν * | αὐτῆς καὶ ἔσπευσε καὶ ἤγειρε τὰς ἄλλας ἓξ |
| Asen. | 10 | 5 | | | καὶ εὗρον τὴν θύραν κεκλεισμένην. καὶ ἤκουσαν τοῦ | * στεναγμοῦ * | καὶ τοῦ κλαυθμοῦ τῆς Ἀσενὲθ καὶ εἶπον αὐτῇ τί |
| Asen. | 10 | 15 | | | κλαυθμῷ μεγάλῳ καὶ πικρῷ ὅλην τὴν νύκτα μετὰ | * στεναγμοῦ * | καὶ βριμήματος ἕως πρωΐ. καὶ ἀνέστη Ἀσενὲθ τὸ |
| Asen. | 11 | 1B | | | κατάβροχον ἐκ τῶν δακρύων αὐτῆς καὶ ἐστέναξε μετὰ | * στεναγμοῦ * | μεγάλου καὶ τὰς τρίχας αὐτῆς εἵλκυσεν ἀπὸ τῆς |
| Sal. | 4 | 14 | | | αὐτοῦ ἐν ἀτιμίᾳ ἐνώπιόν σου ἢ ἔξοδος αὐτοῦ ἐν | * στεναγμοῖς * | καὶ ἡ εἴσοδος αὐτοῦ ἐν ἄρᾳ ἐν ὀδύναις καὶ |
| Prop. | 17 | 4B | | | ἡ ἀσέβεια αὕτη. καὶ προσέσχεν ὁ κύριος ἐπὶ τὸν | * στεναγμὸν * | αὐτοῦ καὶ εἶπε πρὸς αὐτὸν ἐπειδὴ διὰ σοῦ |
| Sedr. | 14 | 3 | | | παρακλήσεσιν ἐν λειτουργίαις ἐν δάκρυσιν ὀχετοῦ ἐν | * στεναγμοῖς * | θερμοῖς. οὐκ οἶδας ὅτι ὁ προφήτης μου Δαυῒδ |

**στενάζω** 8

| Hen. | 9B | 3 | | | ἀλλήλους ὅτι τὰ πνεύματα καὶ αἱ ψυχαὶ τῶν ἀνθρώπων | * στενάζουσιν * | ἐντυγχάνοντα καὶ λέγοντα ὅτι εἰσαγάγετε τὴν |
| Hen. | 12 | 6 | | | αὐτῶν ὄψονται καὶ ἐπὶ τῇ ἀπωλείᾳ τῶν υἱῶν αὐτῶν | * στενάξουσι * | καὶ δεηθήσονται εἰς τὸν αἰῶνα καὶ οὐκ ἔσται |
| TJos. | 7 | 1 | | | δὲ ἡ καρδία αὐτῆς ἐνέκειτο εἰς ἐμὲ πρὸς ἀπώλειαν | * ἐστέναξε * | στεναγμῷ μεγάλῳ μετὰ κλαυθμοῦ πικροῦ. καὶ |
| Asen. | 10 | 3 | | | αὐτῆς τὸν μοχλὸν τὸν σιδηροῦν καθῆκεν ἐκ πλαγίου καὶ | * ἐστέναξε * | στεναγμῷ μεγάλῳ μετὰ κλαυθμοῦ πικροῦ. καὶ |
| Asen. | 11 | 1B | | | αὐτῆς ἦν κατάβροχον ἐκ τῶν δακρύων αὐτῆς καὶ | * ἐστέναξε * | μετὰ στεναγμοῦ μεγάλου καὶ τὰς τρίχας αὐτῆς |
| Jer. | 7 | 27 | | | πρὸ τοῦ ἡμᾶς αἰχμαλωτευθῆναι καὶ μνησκόμενος | * ἐστέναξε * | καὶ ἐπέστραψε εἰς τὸν οἶκον καὶ ὀδυνώμενος |
| Sedr. | 12 | 1 | | | ὁ Χριστὸς παύσον Σεδράχ ἕως πότε δακρύζεις καὶ | * στενάζεις; * | ὁ παράδεισός σοι ἠνοίγη καὶ ἀποθανὼν ζήσεις. |
| FAch. | | 106 | | | καὶ ὀδύρεσθαι τὸν Αἴσωπον. καὶ ἔλεγεν | * στενάζων * | τὸν κίονά μου τῆς βασιλείας ἀπώλεσα διὰ τὴν |

**στενάχω** 2

| Slb. | 3 | 558 | | | μεγάλοιο πρόσωπον. πᾶσαι δ' ἀνθρώπων ψυχαὶ μεγάλα | * στενάχουσι * | ἄντα πρὸς οὐρανὸν εὐρὺν ἀνασχόμεναι χέρας |
| Slb. | 3 | 752 | | | οὐδὲ μάχαιρα κατὰ χθονὸς οὐδὲ κυδοιμὸς οὐδὲ βαρὺ | * στενάχουσα * | σαλεύσεται οὐκέτι γαῖα οὐ πόλεμος οὐδ' αὖτε |

**στενόβουλος** *

| Slb. | 5 | 242 | | | προὔβαλλε καὶ ἥμερα πᾶσιν ἔτελλεν. τοῦδ' ἕνεκεν | * στενόβουλε * | κακῶν ἀρχηγὲ μεγίστων καὶ ῥαμφὴ καὶ πένθος |

**στενός** 12

| Abr.1 | 11 | 2 | | | καὶ εἶδεν ἐκεῖ ὁ Ἀβραὰμ δύο ὁδοὺς ⟨ἡ⟩ μία ὁδὸς | * ⟨στενὴ * | καὶ τεθλιμμένη ἡ δὲ ἑτέρα⟩ πλατεῖα καὶ εὐρύχωρος. |

Abr.1    11    3    πλατεῖα⟩ ἢ κατὰ τῆς πλατείας ὁδοῦ καὶ μία πύλη ✶ στενή ✶ ἢ κατὰ τῆς στενῆς ὁδοῦ. ἔξωθεν δὲ τῶν πυλῶν τῶν
Abr.1    11    3    τῆς πλατείας ὁδοῦ καὶ μία πύλη στενὴ ἢ κατὰ τῆς ✶ στενῆς ✶ ὁδοῦ. ἔξωθεν δὲ τῶν πυλῶν τῶν ἐκεῖσε τῶν δύο
Abr.1    11    5    ψυχὰς ὀλίγας καὶ ἐφέροντο ὑπὸ ἀγγέλων διὰ τῆς ✶ στενῆς ✶ πύλης. καὶ ⟨ὅτε⟩ ἐθεώρει ⟨ὁ ἀνὴρ θαυμάσιος ὁ ἐπὶ
Abr.1    11    6    θαυμάσιος ὁ ἐπὶ χρυσοῦ θρόνου καθήμενος διὰ τῆς ✶ στενῆς ✶ πύλης ὀλίγας ψυχὰς προσερχομένας καὶ διὰ τῆς
Abr.1    11    7    καὶ ὅτε ἐθεώρει πολλὰς ψυχὰς εἰσερχομένας διὰ τῆς ✶ στενῆς ✶ πύλης τότε ἀνίσταται ἀπὸ τῆς γῆς καὶ ἐκαθέζετο ἐπὶ
Abr.1    11    10    καὶ ὅτε ἴδῃ πολλὰς ψυχὰς εἰσερχομένας διὰ τῆς ✶ στενῆς ✶ πύλης τότε ἀνίσταται καὶ κάθηται ἐπὶ τοῦ θρόνου
Abr.1    11    10    ἐν εὐφροσύνῃ ὅτι αὕτη ἡ πύλη ⟨τῶν δικαίων ἐστὶν ἡ ✶ στενὴ⟩ ✶ ἡ ἀπάγουσα εἰς τὴν ζωὴν καὶ εἰσερχόμενοι δι'
Abr.2    9    1    Μιχαὴλ ὥστε οὖν τὸν μὴ δυνάμενον εἰσελθεῖν εἰς τὴν ✶ στενὴν ✶ πύλην οὐ δύναται εἰσελθεῖν εἰς τὴν ζωήν; λέγει
Abr.2    9    3    τυγχάνων; καὶ οὐ δυνήσομαι εἰσελθεῖν εἰς τὴν ✶ στενὴν ✶ πύλην ὅτι οὐδεὶς δύναται εἰσελθεῖν ἐν αὐτῇ εἰ μὴ
Aris.    118    2    δυσείσβολος οὖσα καὶ πλήθεσιν ἀπραγμάτευτος διὰ τὸ ✶ στενὰς ✶ εἶναι τὰς παρόδους κρημνῶν παρακειμένων καὶ
Sib.    3    434    Λυκίη Λοκροῖο γένος κακὰ πολλὰ φυτεύσει. Χαλκηδὼν ✶ στεινοῖο ✶ πόρον πόντοιο λαχοῦσα καὶ σε μόλῃς ποτὲ παῖς
             1

**στενότης**

Sib.    5    269    θυσίαισι καὶ εὐχαῖς ἐν θεοτίμοις ἐκ μικρᾶς ✶ στενότητος ✶ ὅσοι καμάτους ὑπέμειναν πλείονα καὶ χαρίεντα
             2

**στενοχωρία**

Hen.    98    10    ὅτι ἡτοίμασ⟩ται εἰς ἡμέραν κρίσεως μ⟨εγάλης καὶ ✶ στε⟩νοχωρίας ✶ μείζονος τ⟨οῖς πνεύμασιν ὑμῶν.⟩ οὐαὶ ὑμῖν
Abr.2    7    11    αὐτὸν ἀπὸ ταπεινώσεως εἰς ὕψος αἴρουσιν αὐτὸν ἀπὸ ✶ στενοχωρίας ✶ εἰς εὐρυχωρίαν αἴρουσιν αὐτὸν ἀπὸ τοῦ
             1

**στενόω**

Adam    24    3    καὶ μὴ γεύσει γλυκύτητος. θλιβεὶς ἀπὸ καύματος καὶ ✶ στενωθεὶς ✶ ἀπὸ ψύξεως. καὶ κοπιάσεις πολλὰ καὶ μὴ
             1

**στένω**

Abr.1    16    3    πολλοῦ ἔστιν ἔμπροσθεν τοῦ ἀοράτου θεοῦ φρίττων καὶ ✶ στένων ✶ καὶ τρέμων ἀπεκδεχόμενος⟩ τὴν κέλευσιν τοῦ
             9

**στέργω**

Sib.    3    44    πίστιν δ' οὐ σχήσουσιν ὅλως χῆραί τε γυναῖκες ✶ στέρξουσιν ✶ κρυφίως ἄλλους πολλαὶ διὰ κέρδος οὐ σπάρτην
Sib.    3    437    βαρὺν ὄλβον. καὶ σύ ποτ' + Ἄρη Βυζάντιον Ἀσίδι ✶ στέρξῃ+ ✶ καὶ δὴ καὶ στοναχὰς λήψῃ καὶ ἀνήριθμον αἷμα. καὶ
Sib.    4    25    ὄλβιοι ἀνθρώπων κεῖνοι κατὰ γαῖαν ἔσονται ὅσσοι δὴ ✶ στέρξουσι ✶ μέγαν θεὸν εὐλογέοντες πρὶν πιέειν φαγέειν τε
Sib.    4    172    εἰ δ' οὐ μοι πείθοισθε κακόφρονες ἀλλ' ἀσέβειαν ✶ στέργοντες ✶ τάδε πάντα κακαῖς δέξασθε ἀκουαῖς πῦρ ἔσται
Sib.    5    360    πᾶν γένος ἀνθρώπων +βίοτον+ καὶ φῦλον ἀναιδὲς δεῖ ✶ στέργειν ✶ γενετῆρα θεὸν σοφὸν αἰὲν ἐόντα. ὅσσεται ὑστατίῳ
FAch.    109         εὖ ποιεῖν χρὴ διὰ τὴν φύσιν τῷ δὲ ἐκ προαιρέσεως ✶ στέρξαντι ✶ διπλασίους δεῖ ἀποδιδόναι χάριτας. τὴν
FPho.    195         οὐ γὰρ Ἔρως θεός ἐστιν πάθος δ' ἀίδηλον ἀπάντων ✶ στέργε ✶ τεὴν ἄλοχον τί γὰρ ἡδύτερον καὶ ἄρειον ἢ ὅταν
FPho.    218         ἐάσῃς. κάλλος δυστήρητον ἔφυ παίδων τοκέεσσιν. ⟨στέργε ✶ φίλους ἄχρις θανάτου πίστις γὰρ ἀμείνων.⟩
HArt.    9    27    10    οὕτω δὴ τοὺς Αἰθίοπας καίπερ ὄντας πολεμίους ✶ στέρξαι ✶ τὸν Μώϋσον ὥστε καὶ τὴν περιτομὴν τῶν αἰδοίων
             5

**στερεός**

Hen.    22    1    μοι πρὸς δυσμὰς ἄλλο ὄρος μέγα καὶ ὑψηλὸν πέτρας ✶ στερεᾶς. ✶ καὶ τέσσαρες τόποι ἐν αὐτῷ κοῖλοι βάθος ἔχοντες
Hen.    26    5    ὀρέων. καὶ πᾶσαι φάραγγές εἰσιν βαθεῖαι ἐκ πέτρας ✶ στερεᾶς ✶ καὶ δένδρον οὐκ ἐφυτεύετο ἐπ' αὐτάς. καὶ
Hen.    100    7    ὅταν ἐκθλίβητε τοὺς δικαίους ἐν ἡμέρᾳ ἀνάγκης ✶ στερεᾶν ✶ φυλάξητε αὐτοὺς ἐν πυρὶ ὅτι κομεῖσθε κατὰ
Aris.    57    3    ὕψος πήχεος καὶ ἡμίσους συνετέλουν χρυσίου δοκίμου ✶ στερεὰν ✶ πάντοθεν τὴν ποίησιν ἐργασάμενοι λέγω δὲ οὐ περὶ
Aris.    65    2    γὰρ ἐποίησαν καθ' ὅλου τοῦ πλάτους τῆς τραπέζης ✶ στερεὸν ✶ δακτύλων τεσσάρων ὥστε τοὺς πόδας ἐνίεσθαι εἰς
             1

**στερεόω**

Hen.    103    15    κατὰ τῶν βιαζομένων καὶ κατεσθόντων ἡμᾶς ἀλλὰ ✶ στερεοῦσιν ✶ αὐτοὺς ἐφ' ἡμᾶς ἀπέκτειναν ἡμᾶς καὶ εἰς

**στερέω**

Adam    22    3    τὰ φυτὰ τοῦ κλήρου τοῦ Ἀδὰμ καὶ τὰ ἐμὰ πάντα ✶ ἐστερεῖτο. ✶ καὶ ὁ θρόνος τοῦ θεοῦ ἐστηρίζετο ὅπου ἦν τὸ
Adam    26    2    τῇ καρδίᾳ ἐπικατάρατος σὺ ἐκ πάντων τῶν κτηνῶν. ✶ στερηθήσει ✶ τῆς τροφῆς σου ἧς ἤσθιες καὶ χοῦν φάγει πάσας
             11

**στερέωμα**

Adam    33    4    αὐτά. καὶ ἡ ἀτμὶς τοῦ θυμιάματος ἐκάλυψεν τὰ ✶ στερεώματα. ✶ καὶ προσέπεσον οἱ ἄγγελοι τῷ θεῷ βοῶντες καὶ
Adam    35    2    αὐτῷ ἀνάβλεψον τοῖς ὀφθαλμοῖς σου καὶ ἴδε τὰ ἑπτὰ ✶ στερεώματα ✶ ἀνεῳγμένα καὶ πῶς κεῖται τὸ σῶμα τοῦ πατρός
Hen.    18    13    τοὺς τέσσαρας ἀνέμους τὴν γῆν βαστάζοντας καὶ τὸ ✶ στερέωμα ✶ τοῦ οὐρανοῦ καὶ αὐτοὶ ἱστᾶσιν μεταξὺ γῆς καὶ
Hen.    18    12    ἐπέκεινα τοῦ χάσματος τούτου ἴδον τόπον ὅπου οὐδὲ ✶ στερέωμα ✶ οὐρανοῦ ἐπάνω οὔτε γῆ ᾗ τεθεμελιωμένη ὑποκάτω
Abr.2    12    1    τόπον τοῦ κριτηρίου ἀπήγαγεν αὐτὸν ἡ νεφέλη ἐν τῷ ✶ στερεώματι ✶ καὶ κατανοήσας Ἀβραὰμ ἐπὶ τὴν γῆν εἶδεν
TNep.    3    4    πλάνης. ὑμεῖς δὲ μὴ οὕτως τέκνα μου γνόντες ἐν ✶ στερεώματι ✶ ἐν γῇ καὶ ἐν θαλάσσῃ καὶ πᾶσι τοῖς
Asen.    12         ὄντων ὁ ὑψώσας τὸν οὐρανὸν καὶ θεμελιώσας αὐτὸν ἐν ✶ στερεώματι ✶ ἐπὶ τῶν νώτων τῶν ἀνέμων ὁ θεμελιώσας τὴν γῆν
Job    8    1    μοι. ὅτε δὲ ἀπέστη ἀπ' ἐμοῦ, ἀπελθὼν ὑπὸ τὸ ✶ στερέωμα ✶ ὤρκωσεν τὸν κύριον ἵνα λάβῃ ἐξουσίαν κατὰ τῶν
FJub.    2    4    ὁ θεὸς ἐν τῇ πρώτῃ ἡμέρᾳ. ἐν δὲ τῇ δευτέρᾳ τὸ ✶ στερέωμα ✶ τὸ ἐν μέσῳ τῶν ὑδάτων καὶ τὴν διαμέρισιν τῶν
FJub.    2    4    μέσῳ τῶν ὑδάτων καὶ τὴν διαμέρισιν τῶν ἐπάνω τοῦ ✶ στερεώματος ✶ ὑδάτων καὶ τῶν ὑποκάτω τοῦ στερεώματος ἐπὶ
FJub.    2    4    ἐπάνω τοῦ στερεώματος ὑδάτων καὶ τῶν ὑποκάτω τοῦ ✶ στερεώματος ✶ ἐπὶ πρόσωπον πάσης τῆς γῆς. τοῦτο μόνον τὸ
             1

**στέρησις**

Aris.    212    4    προβάλλοι συνεχῶς καὶ νομίζοι τὴν ἀδικίαν τοῦ ζῆν ✶ στέρησιν ✶ εἶναι καὶ γὰρ ὁ θεὸς διὰ παντὸς τοῖς δικαίοις
             1

**στερίσκω**

TJud.    18    4    καὶ οὐκ ἀφίει ἄνδρα ἐλεῆσαι τὸν πλησίον αὐτοῦ ✶ στερίσκει ✶ τὴν ψυχὴν αὐτοῦ ἀπὸ πάσης ἀγαθοσύνης καὶ
             5

**στέρνον**

TAser    1    5    καλοῦ καὶ κακοῦ ἐν οἷς εἰσι τὰ δύο διαβούλια ἐν ✶ στέρνοις ✶ ἡμῶν διακρίνοντα αὐτάς. ἐὰν οὖν ἡ ψυχὴ θέλῃ ἐν
TJos.    9    5    τῷ οἴκῳ αὐτῆς ἐγύμνου τοὺς βραχίονας αὐτῆς καὶ τὰ ✶ στέρνα ✶ καὶ τὰς κνήμας ἵνα συμπέσω εἰς αὐτήν πάνυ γὰρ ἦν
Sib.    3    39    εἰδωλολατρῶν δόλια φρονεόντων οἷς κακὸν ἐν ✶ στέρνοισιν ✶ ἔνι μεμανημένος οἶστρος αὐτοῖς ἁρπάζοντες
IOrp.    46         δὲ τοῖσι νόοισι πελάζευ γλώσσης εὖ μάλ' ἐπικρατέων ✶ στέρνοισι ✶ δὲ ἔνθεο φήμην. ⟨εἷς Ζεὺς εἷς Ἀΐδης εἷς
LThe.    9    22    11    ἤλασε δὲ κληῖδα μέσην δῦ δὲ ξίφος ὀξὺ σπλάγχνα διὰ ✶ στέρνων ✶ λῖπε δὲ ψυχὴ δέμας εὐθύς. πυθομένους δὲ καὶ τοὺς
             2

**στεροπή**

Sib.    5    303    γὰρ πάντας ἀναιδέας ὑψικέραυνος βρονταῖς τε ✶ στεροπαῖς ✶ τε κεραυνοῖς τε φλεγέθουσιν ἀνδράσι
Sib.    5    513    εἶδον ἀπειλὴν ἠδὲ Σεληναίης δεινὸν χόλον ἐν ✶ στεροπῇσιν ✶ ἄστρα μάχην ὤδινε θεὸς δ' ἐπέτρεψε μάχεσθαι.
             1

**στερρός**

Abr.1    19    4    ἀπὸ σοῦ ἕως οὗ λάβω τὴν ψυχήν σου. καὶ ὁ Ἀβραὰμ ✶ στερρῷ ✶ τῷ βλέμματι καὶ ὀργίλῳ τῷ προσώπῳ εἶπεν πρὸς τὸν
             7

**στεφάνη**

Aris.    58    1    τοῦ χρυσοῦ τὸν δὲ ἐλασμὸν αὐτὸν ἐπιδεδέσθαι. ✶ στεφάνην ✶ δὲ ἐποίησαν παλαιστιαίαν κυκλόθεν τὰ δὲ κυμάτια
Aris.    59    4    τὴν πρόσοψιν εἶναι τὴν αὐτὴν κειμένων δὲ κατὰ τῆς ✶ στεφάνης ✶ τὸ μὲν εἰς αὐτὴν τὴν τράπεζαν ἀπόκλιμα τὴν
Aris.    62    1    πρὸς τὴν συνοχήν. ἐκ πλαγίων δὲ κατὰ τὴν ✶ στεφάνης ✶ κυκλόθεν τὰ πρὸς τὴν ἄνω πρόσοψιν φοθεσία
Aris.    64    6    ὥστε καὶ τὴν τῶν κυμάτων θέσιν καὶ τὴν τῆς ✶ στεφάνης ✶ εἶναι κατὰ τὸ τῶν ποδῶν μέρος. ἔλασμα γὰρ
Aris.    65    4    ⟨σὺν⟩ κατακλεῖσιν ἔχοντας ἐσφίγχθαι κατὰ τὴν ✶ στεφάνης ✶ ἵνα καθ' ὃ ἂν αἱρῶνται μέρος ἡ χρῆσις ᾖ τὸ αὐτὸ
Aris.    75    4    ἀνεπλήρουν τὸ τῆς καλλονῆς ἐναργές. ἐπὶ δὲ τῆς ✶ στεφάνης ✶ τοῦ στόματος κρίνων τύπωσις σὺν ἀνθεμίαι καὶ
HEup.    9    34    9    πηχῶν κ' τὸ δὲ ὕψος πηχῶν ε' ποιῆσαι δὲ ἐπ' αὐτῷ ✶ στεφάνην ✶ πρὸς τὴν βάσιν ἔξω ὑπερέχουσαν πῆχυν ἕνα πρὸς
             32

**στέφανος**

Abr.1    17    7    τὸ μέγεθος τῆς ἀγάπης σου τῆς πρὸς θεὸν ἐγένετο ✶ στέφανος ✶ ἐπὶ τῆς ἐμῆς κεφαλῆς καὶ ἐν ὡραιότητι καὶ ἐν
Abr.2    7    5    κατ' ὄναρ ἐμαυτὸν ὡς τὸν ἥλιον καὶ τὴν σελήνην καὶ ✶ στέφανος ✶ ἐπὶ τὴν κεφαλὴν ἐγένετο καὶ ἰδοὺ ἀνήρ
Abr.2    10    8    μετ' αὐτῶν ἀνὴρ παμμεγέθης σφόδρα εἶχεν δὲ τρεῖς ✶ στεφάνους ✶ ἐπὶ τῆς κεφαλῆς αὐτοῦ καὶ ὁ εἷς ὑψηλότερος τοῦ
Abr.2    10    9    τῆς κεφαλῆς αὐτοῦ καὶ ὁ εἷς ὑψηλότερος τοῦ ἑτέρου ✶ στεφάνου ✶ οὗτοι δέ οἱ καλούμενοι μάρτυρες. καὶ εἶχεν ὁ
Abr.2    13    19    αὐτὸν λαμβάνουσιν ὅλην τὴν δικαιοσύνην καὶ γίνεται ✶ στέφανος ✶ ἐπὶ τὴν κεφαλήν μου καὶ ἀπέρχομαι πρὸς αὐτὸν ἐν
Abr.2    13    20    ἀλλὰ καὶ τὰς ἁμαρτίας αὐτοῦ πάσας ποιοῦσιν ✶ στέφανος ✶ ἐπὶ τὴν κεφαλήν μου ἐν μεγάλῳ φόβῳ καὶ ταράσσω
TLevi    8    2    ἀναστὰς ἔνδυσαι τὴν στολὴν τῆς ἱερατείας καὶ τὸν ✶ στέφανον ✶ τῆς δικαιοσύνης καὶ τὸ λόγιον τῆς συνέσεως καὶ
TLevi    8    9    πέμπτος κλάδον μοι ἐλαίας ἔδωκε πιότητος. ὁ ἕκτος ✶ στέφανόν ✶ μοι τῇ κεφαλῇ περιέθηκεν. ὁ ἕβδομος διάδημά μοι
TBen.    4    1    ἀγαθῇ διανοίᾳ τὴν εὐσπλαγχνίαν αὐτοῦ ἵνα καὶ ὑμεῖς ✶ στεφάνους ✶ δόξης φορέσητε. ὁ ἀγαθὸς ἄνθρωπος οὐκ ἔχει
Asen.    5    5    περιβολῆς αὐτοῦ ἦν πορφυρᾶ ἐκ βύσσου χρυσοϋφῆς καὶ ✶ στέφανος ✶ χρυσο⟨ῦ⟩ς ἐπὶ τῆς κεφαλῆς αὐτοῦ καὶ κύκλῳ τοῦ
Asen.    5    5    χρυσοῦς ἐπὶ τῆς κεφαλῆς αὐτοῦ καὶ κύκλῳ τοῦ ✶ στεφάνου ✶ ἦσαν δώδεκα λίθοι ἐκλεκτοὶ καὶ ἐπάνω τῶν δώδεκα
Asen.    14    9    ἀνὴρ κατὰ πάντα ὅμοιος τῷ Ἰωσὴφ τῇ στολῇ καὶ τῷ ✶ στεφάνῳ ✶ καὶ τῇ ῥάβδῳ τῇ βασιλικῇ πλὴν τὸ πρόσωπον αὐτοῦ
Asen.    18    5    λίθοι πολυτελεῖς τίμιοι ἠριθμητοι ἀναρίθμητοι καὶ ✶ στέφανος ✶ χρυσοῦς περιέθηκεν ἐπὶ τὴν κεφαλὴν αὐτῆς καὶ ἐν
Asen.    18    6    χρυσοῦν περιέθηκεν ἐπὶ τὴν κεφαλὴν αὐτῆς καὶ ἐν τῷ ✶ στεφάνῳ ✶ ἔμπροσθεν ἐπὶ τῷ μετώπῳ αὐτῆς ἦν λίθος ὑάκινθος
Asen.    21    5    ἔλαβε Φαραὼ τοὺς Ἰωσὴφ καὶ Ἀσενὲθ καὶ ἐπέθηκε ✶ στεφάνους ✶ χρυσοῦς εἰς τὰς κεφαλὰς αὐτῶν οἵτινες ἦσαν ἐν
Sal.    2    20    εὐπρεπείας σχοίνια περὶ τὴν κεφαλὴν αὐτῆς ἀντὶ ✶ στεφάνου. ✶ περιελάμου μίτραν δόξης ἣν περιέθηκεν αὐτῇ ὁ
Bar.    6    2    καὶ ἐπὶ τοῦ ἅρματος ἄνθρωπος καθήμενος φορῶν ✶ στέφανον ✶ πυρὸς ἐλαυνόμενον τὸ ἅρμα ὑπ' ἀγγέλων
Bar.    7    4    τὴν φῶς ἀγγέλους καὶ φέροντας τὸν ✶ στέφανον ✶ ἐπὶ τῆς κεφαλῆς αὐτοῦ οὗ τὴν θέαν οὐκ
Bar.    8    1    ἅμα τῷ ἐλθεῖν αὐτὸν ὁρῶ τοὺς ἀγγέλους ᾖραν τὸν ✶ στέφανον ✶ ἀπὸ τῆς κορυφῆς αὐτοῦ δὲ θρ'νίον ἔστιν
Bar.    8    3    καὶ ταῦτα ἰδὼν ἐγὼ εἶπον κύριε διὰ τί ᾖραν τὸν ✶ στέφανον ✶ ἀπὸ τῆς κεφαλῆς τοῦ ἡλίου καὶ διὰ τί ἐστι τὸ
Bar.    8    4    τοσοῦτον τεταπεινωμένη; καὶ εἶπέν μοι ὁ ἄγγελος τὸν ✶ στέφανον ✶ τοῦ ἡλίου ὅταν τὴν ἡμέραν διαδράμῃ λαμβάνουσι
Esdr.    6    17    δός μοι τὴν παρακαταθήκην ἣν παρεθέμην σοι ὁ ✶ στέφανός ✶ σου ἡτοίμασται. εἶπεν ὁ στέφανός μου καρφύγε ἐὰν
Esdr.    6    21    σε. καὶ εἶπεν ὁ θεὸς δὸς τέως τὴν παρακαταθήκην ὁ ✶ στέφανός ✶ σοι ἡτοίμασται δεῦρο τελεύτα ἵνα ἐπιτύχῃς
Job    4    10    πυκτεύσω καὶ καρτερῶν πόνους καὶ ἐκδεχόμενος τὸν ✶ στέφανον. ✶ τότε γνώσει ὅτι δίκαιος καὶ ἀληθινός καὶ
Job    11    11    προσέφερον αὐτοῖς τὸ χειρόγραφον καὶ ἀνεγίνωσκον ✶ στέφανον ✶ ἐπιφερόμενος ἀφαιρέσεως λέγων ὅσον προφάσει τῶν
Job    43    14    ἰδοὺ οἱ ἅγιοι ἡτοιμάσθησαν, προηγουμένων τῶν ✶ στεφάνων ✶ μετ' ἐγκωμίων. χαιρέτωσαν οἱ ἅγιοι,

| | | | |
|---|---|---|---|
| Aris. 63 2 | ὑπὸ δὲ τὴν ἐκτύπωσιν τῶν λίθων τῆς ψοθεσίας | * στέφανον * | ἐποίησαν οἱ τεχνῖται πάγκαρπον ἐν ὑπεροχῇ |
| Aris. 64 1 | τραπέζης κατασκευὴν κατὰ κρόταφον. μετὰ δὲ τὴν τοῦ | * στεφάνου * | διάθεσιν ὁμοίως <κάτω τὰ> κατὰ τὴν τῆς ψοθεσίας |
| Aris. 79 1 | τὴν πολυτεχνίαν. τὰς δὲ χρυσᾶς φιάλας διετόρευσαν | * στεφάνοις * | ἀμπέλου κατὰ μέσον περὶ δὲ τὰ χείλη κισσοῦ τε |
| Aris. 79 3 | κισσοῦ τε καὶ μυρσίνης ἔτι δ' ἐλαίας ἀνέπλεξαν | * στέφανον * | ἔκτυπον πολυτελεῖς ἐνέντες λίθους καὶ τὰς |
| Aris. 280 6 | σὺ τοῦτο ἐπιτελεῖς εἶπε μέγιστε βασιλεῦ θεοῦ σοι | * στέφανον * | δικαιοσύνης δεδωκότος. ἀποδεξάμενος δὲ αὐτὸν |
| Aris. 320 4 | τριάκοντα καὶ στολὰς δέκα καὶ πορφύραν καὶ | * στέφανον * | διαπρεπῆ καὶ βυσσίνων ὀθονίων ἱστοὺς ἑκατὸν καὶ |
| στεφανόω | 2 | | |
| Sal. 8 17 | ἀπὸ εἰσόδου αὐτοῦ ἤνοιξαν πύλας ἐπὶ Ιερουσαλημ | * ἐστεφάνωσαν * | τείχη αὐτῆς. εἰσῆλθεν ὡς πατὴρ εἰς οἶκον |
| Job 40 3 | ὀφθαλμοῖς πρὸς ἀνατολὴν καὶ ἴδετε τὰ τέκνα μου | * ἐστεφανωμένα * | παρὰ τῇ δόξῃ τοῦ ἐπουρανίου. ἰδοῦσα δὲ τότε |
| στέφω | 2 | | |
| Sib. 5 100 | κλαύσεται Ἀσὶς ὅλη δώρων χάριν ὧν ἀπὸ σεῖο | * στεψαμένη * | κεφαλὴν ἐχάρη πίπτουσ' ἐπὶ γαίης. αὐτὸς δ' ὅς |
| ISop. 5 113 2 | τύπους θυσίας τε τούτοις καὶ κακὰς πανηγύρεις | * στέφοντες * | οὕτως εὐσεβεῖν νομίζομεν. ἔσται γὰρ ἔσται |
| στῆθος | 32 | | |
| Adam 26 2 | χοῦν φάγει πάσας τὰς ἡμέρας τῆς ζωῆς σου. ἐπὶ τῷ | * στήθει * | καὶ τῇ κοιλίᾳ πορεύσει ὑστερηθεὶς καὶ χειρῶν καὶ |
| Adam 42 8 | ἀναβλέψασα εἰς τὸν οὐρανὸν ἀνεστέναξεν τύπτουσα τὸ | * στῆθος * | αὐτῆς καὶ λέγουσα θεὲ τῶν ἁπάντων δέξαι τὸ πνεῦμα |
| Hen. 100 3 | ἐπὶ τὸ αὐτό. καὶ διαπορεύσεται ἵππος ἕως τοῦ | * στήθους * | αὐτοῦ διὰ τοῦ αἵματος τῶν ἁμαρτωλῶν καὶ τὸ ἅρμα |
| Abr.1 20 6 | ἦλθεν δὲ Ἰσαὰκ ὁ υἱὸς αὐτοῦ καὶ ἔπεσεν ἐπὶ τὸ | * στῆθος * | αὐτοῦ <κλαίων ἦλθε δὲ καὶ ἡ Σάρρα ἡ γυνὴ αὐτοῦ |
| TLevi 18 2B028 | καὶ μετὰ τοῦτο τοὺς ὤμους καὶ μετὰ ταῦτα τὸ | * στῆθος * | μετὰ τῶν πλευρῶν καὶ μετὰ ταῦτα τὴν ὀσφὺν σὺν τῷ |
| TJud. 20 3 | τὰ τῆς ἀληθείας καὶ τὰ τῆς πλάνης γέγραπται ἐπὶ τὸ | * στῆθος * | τοῦ ἀνθρώπου καὶ ἓν ἕκαστον αὐτῶν γνωρίζει |
| TJud. 20 4 | καιρὸς ἐν ᾧ δυνήσεται λαθεῖν ἀνθρώπων ἔργα ὅτι ἐν | * στήθει * | ὀστέων αὐτοῦ ἐγγέγραπται ἐνώπιον κυρίου. καὶ τὸ |
| Asen. 8 5 | τὴν χεῖρα αὐτοῦ τὴν δεξιὰν καὶ ἔθηκε πρὸς τὸ | * στῆθος * | αὐτῆς ἀνάμεσον τῶν δύο μασθῶν αὐτῆς καὶ ἦσαν οἱ |
| Asen. 10 1 | καὶ ἐνεθυμεῖτο καὶ ἔκλαιε καὶ ἐπάτασσε τῇ χειρὶ τὸ | * στῆθος * | αὐτῆς πυκνῶς καὶ ἐφοβεῖτο φόβον μέγαν καὶ ἔτρεμε |
| Asen. 10 15 | εἰς τὸ ἔδαφος καὶ ἐπάτασσε ταῖς δυσὶ χερσὶ τὸ | * στῆθος * | αὐτῆς πυκνῶς καὶ ἔκλαυσε πικρῶς καὶ πέπτωκεν ἐπὶ |
| Asen. 11 1B | αὐτῆς ἔνθεν καὶ ἔνθεν καὶ ἐπάτασσε συνεχῶς τὸ | * στῆθος * | ταῖς χερσὶν αὐτῆς καὶ ἔβαλε τὴν κεφαλὴν αὐτῆς εἰς |
| Asen. 11 15 | καὶ ἐπάτασσε τῇ χειρὶ τὴν κεφαλὴν αὐτῆς καὶ τὸ | * στῆθος * | αὐτῆς πολλάκις καὶ εἶπεν ἐν τῇ καρδίᾳ αὐτῆς οὐκ |
| Asen. 12 8 | αὐτὸ ἐκ τῆς γῆς καὶ ἐναγκαλίζεται αὐτὸ πρὸς τὸ | * στῆθος * | αὐτοῦ καὶ τὸ παιδίον σφίγγει τὰς χεῖρας αὐτοῦ ἐπὶ |
| Asen. 12 8 | ἀπὸ τοῦ φόβου αὐτοῦ καὶ ἀναπαύεται πρὸς τὸ | * στῆθος * | τοῦ πατρὸς αὐτοῦ ὁ δὲ πατὴρ <μειδιᾷ> ἐπὶ τῇ |
| Asen. 14 14 | ζώνην περὶ τὴν ὀσφὺν αὐτῆς καὶ ἑτέραν ζώνην ἐπὶ τῷ | * στήθι * | αὐτῆς. καὶ ἀπεσείσατο τὴν τέφραν ἐκ τῆς κεφαλῆς |
| Asen. 19 10 | αὐτῆς καὶ ἔδραμε πρὸς Ἰωσὴφ καὶ ἔπεσεν ἐπὶ τὸ | * στῆθος * | αὐτοῦ. καὶ ἐνηγκαλίσατο αὐτὴν ὁ Ἰωσὴφ καὶ ἡ |
| Asen. 22 7 | καὶ ὁ πώγων αὐτοῦ λευκὸς καθειμένος μέχρι τοῦ | * στήθους * | αὐτοῦ καὶ οἱ ὀφθαλμοὶ αὐτοῦ χαροποιοὶ καὶ |
| Asen. 29 2 | οὐκ εἶχεν ἐπὶ τῷ μηρῷ αὐτοῦ καὶ ἤμελλε πατάξαι τὸ | * στῆθος * | τοῦ υἱοῦ Φαραώ. καὶ ἔδραμεν ἐπ' αὐτὸν Λευις καὶ |
| Job 46 9 | καὶ δέδωκεν χορδὴν μίαν εἰπὼν λάβετε αὐτὰς περὶ τὸ | * στῆθος * | ὑμῶν ἵνα εὖ ὑμῖν γένηται πάσας τὰς ἡμέρας τῆς |
| Aris. 97 2 | διυφασμένῃ καλλίστοις χρώμασιν. ἐπὶ δὲ τοῦ | * στήθους * | φορεῖ τὸ λεγόμενον λόγιον ἐν ᾧ συνεσφιγμένοι |
| Sib. 3 162 | τότε Ῥώμης. καὶ τότε μοι μεγάλοιο θεοῦ φάτις ἐν | * στήθεσσιν * | ἵστατο καί μ' ἐκέλευσε προφητεῦσαι κατὰ πᾶσαν |
| Sib. 3 262 | κοινὴν ἐτελέσσατο γαῖαν καὶ πίστιν καὶ ἄριστον ἐνὶ | * στήθεσσι * | νόημα. τοῖσι μόνοις καρπὸν τελέθει ζείδωρος |
| Sib. 3 297 | ἀνάγκης καὶ πάλι μοι μεγάλοιο θεοῦ φάτις ἐν | * στήθεσσιν * | ἵστατο καί μ' ἐκέλευσε προφητεῦσαι κατὰ πᾶσαν |
| Sib. 3 468 | καὶ δ' αὐτὴ θερμῇσι παρὰ σποδιῇσι ταθεῖσα ἀπροϊδῆ | * στήθεσσιν * | ἑοῖς ἐναρίξεαι αὐτήν. ἔσσῃ δ' οὐκ ἀγαθῶν μήτηρ |
| Sib. 3 490 | ἔνθεον ὕμνον καὶ πάλι μοι μεγάλοιο θεοῦ φάτις ἐν | * στήθεσσιν * | ἵστατο καί μ' ἐκέλευσε προφητεῦσαι κατὰ γαῖαν. |
| Sib. 3 585 | μέγας εὔφρονα βουλὴν καὶ πίστιν καὶ ἄριστον ἐνὶ | * στήθεσσι * | νόημα οἵτινες οὐκ ἀπάτῃσι κεναῖς οὐδ' ἔργ' |
| Sib. 3 738 | ἀντιβολήσῃ ἀλλ' ἀπέχου μηδ' ἴσχ' ὑπερήφανον ἐν | * στήθεσσιν * | θυμὸν ὑπερφίαλον στείλας πρὸς ἀγῶνα κραταιόν. |
| Sib. 3 762 | γένος ἀνδρῶν. ἀλλὰ κατασπεύσαντες ἐὰς φρένας ἐν | * στήθεσσιν * | φεύγετε λατρείας ἀνόμους τῷ ζῶντι λάτρευε |
| Sib. 5 260 | καλῇ καὶ χείλεσιν ἁγνοῖς. μηκέτι τεῖρεο θυμὸν ἐνὶ | * στήθεσσι * | μάκαιρα θειογενὲς πάμπλουτε μόνον πεποθημένον |
| Sib. 5 265 | σὴν χθόνα ποὺς ἀκάθαρτος Ἑλλήνων ὁμόθεσμον ἐνὶ | * στήθεσσιν * | ἔχων νοῦν ἀλλὰ σε κυδάλιμοι παῖδες |
| IOrp. 5 | Μουσαῖ'. ἐξερέω γὰρ ἀληθέα μηδέ σε τὰ πρὶν ἐν | * στήθεσσι * | φανέντα φίλης αἰῶνος ἀμέρσῃ εἰς δὲ λόγον θεῖον |
| LEze. 9 29 16 16 | ἀετοῦ σχεδὸν πτεροῖσι ποικίλοισιν ἠδὲ χρώμασι. | * στῆθος * | μὲν αὐτοῦ πορφυροῦν ἐφαίνετο σκέλη δὲ μιλτόχρωτα |
| στήκω | 1 (cf.+ ἵστημι) | | |
| Job 26 6 | ἡμᾶς. ἆρα σὺ οὐχ ὁρᾷς τὸν διάβολον ὄπισθέν σου | * στήκοντα * | καὶ ταράσσοντα τοὺς διαλογισμούς σου, ὅπως καὶ |
| στήλη | 1 | | |
| HCal. 28 5 | πάντων ἕνα πύργον οἰκοδομήσας ἐν αὐτῷ τὴν ἑαυτοῦ | * στήλην * | ποιήσας ἵδρυσε περὶ αὐτὸν δὲ Σελεύκου καὶ |
| στήρακος * | 1 | | |
| Esdr. 1 4 | Ῥαφαὴλ ὁ ἀρχιστράτηγος καὶ ἔδωκέν μοι ῥάβδον | * στηράκην. * | καὶ ἐνήστευσα δὶς ἑξήκοντα ἑβδομάδας. καὶ ἴδον |
| στήριγμα | 3 | | |
| Hen. 18 5 | βαστάζοντας ἐν νεφέλῃ. ἴδον πέρατα τῆς γῆς τὸ | * στήριγμα * | τοῦ οὐρανοῦ ἐπάνω. παρῆλθον καὶ ἴδον τόπον |
| TJud. 15 3 | γυμνωθεὶς. ἔδωκα γὰρ τὴν ῥάβδον μου τουτέστι τὸ | * στήριγμα * | τῆς ἐμῆς φυλῆς καὶ τὴν ζώνην μου τουτέστι τὴν |
| TJud. 15 6 | δύναμιν καὶ τοῦ πτωχοῦ τὸ τῆς πτωχείας ἐλάχιστον | * στήριγμα. * | φυλάσσεσθε οὖν τέκνα μου ὅρον οἴνου. ἔστι γὰρ |
| στηρίζω | 14 | | |
| Adam 22 4 | καὶ τὰ ἐμὰ πάντα ἐστερεῖτο. καὶ ὁ θρόνος τοῦ θεοῦ | * ἐστηρίζετο * | ὅπου ἦν τὸ ξύλον τῆς ζωῆς. καὶ ἐκάλεσεν ὁ |
| Hen. 24 2 | ἔντιμα καὶ ἔνδοξα καὶ εὐειδῆ τρία ἐπ' ἀνατολὰς | * ἐστηριγμένα * | ἐν τῷ ἑνὶ καὶ τρία ἐπὶ νότον ἐν τῷ ἑνὶ καὶ |
| TSim. 2 7 | τὸν Ἰωσὴφ ὅτι ἠγάπα αὐτὸν ὁ πατὴρ ἡμῶν καὶ | * ἐστήρισα * | ἐπ' αὐτὸν τὰ ἥπατά μου τοῦ ἀνελεῖν αὐτὸν ὅτι ὁ |
| Asen. 21 21 | δελεάσματι ζωῆς <ἐδελέασέ με> καὶ τῇ δυνάμει αὐτοῦ | * ἐστήριξέ * | <με> καὶ ἤγαγέ με τῷ θεῷ τῶν αἰώνων καὶ τῷ |
| Sal. 16 12 | εἰς ἐπιστροφήν. εὐδοκίᾳ δὲ μετὰ ἱλαρότητος | * στήρισον * | τὴν ψυχήν μου ἐν τῷ ἐνισχῦσαί σε τὴν ψυχήν μου |
| Jer. 9 15 | αὐτῶν καὶ ποιήσει αὐτὰ κριθῆναι τὸ δένδρον τὸ | * στηριχθέν. * | καὶ τὸ κόκκινον ὡς ἔριον λευκὸν γενήσεται ἡ |
| Bar. 2 1 | τὰ μυστήρια τοῦ θεοῦ. καὶ λαβών με ἤγαγέν με ὅπου | * ἐστήρικται * | ὁ οὐρανὸς καὶ ὅπου ἦν ποταμὸς ὃν οὐδεὶς |
| Job 32 7 | εἰ ὁ τὰς ἱδρυμένας ἑξήκοντα τραπέζας τοῖς πτωχοῖς | * στηρίξας * | ποῦ νῦν τυγχάνει ἡ δόξα τοῦ θρόνου σου; σὺ εἶ ὁ |
| Sib. 3 27 | τε δύσιν τε μεσημβρίην τε καὶ ἄρκτον αὐτὸς δ' | * ἐστήριξε * | τύπον μορφῆς μερόπων τε καὶ θῆρας ποίησε καὶ |
| Sib. 4 110 | ὦ Λυκίης Μύρα καλὰ σὲ δ' οὔποτε βρασσομένη χθὼν | * στηρίξει * | πρηνὴς δὲ κάτω πίπτουσ' ἐπὶ γαίης εἰς ἑτέρην |
| IOrp. 13 | πάντας ὁρᾶται. αὐτὸν δ' οὐχ ὁρόωσι περὶ γὰρ νέφος | * ἐστήρικται * | οὗτος δ' ἐξ ἀγαθοῖο κακὸν θνητοῖσι δίδωσι |
| IOrp. 21 | κρατεροῖο θεοῖο. αὐτὸν δ' οὐχ ὁρόω περὶ γὰρ νέφος | * ἐστήρικται. * | πᾶσιν γὰρ θνητοῖς θνηταὶ κόραι εἰσὶν ἐν |
| IOrp. 33 | σέλας ἰφιγενήτου. οὗτος γὰρ χάλκειον ἐς οὐρανὸν | * ἐστήρικται * | χρυσέῳ εἰνὶ θρόνῳ γαίῃ δ' ὑπὸ ποσσὶ βέβηκε |
| IOrp. 51 | τὴν φθέγξατο πρῶτον) (ἡνίκα κόσμον ἅπαντα ἑαῖς | * στηρίξατο * | βουλαῖς.) |
| στιβαρός | 1 | | |
| IOrp. 20 | δείξω σοι ὁππηνίκα δέρκομαι αὐτοῦ ἴχνια καὶ χεῖρα | * στιβαρὴν * | κρατεροῖο θεοῖο. αὐτὸν δ' οὐχ ὁρόω περὶ γὰρ |
| στίβι | 1 | | |
| Hen. 8 1 | καὶ τὴν ἐργασίαν αὐτῶν καὶ ψέλια καὶ κόσμους καὶ | * στίβεις * | καὶ τὸ καλλιβλέφαρον καὶ παντοίους λίθους |
| στίγμα | 1 | | |
| FPho. 225 | δούλῳ τακτὰ νέμοις ἵνα τοι καταθύμιος εἴη. | * στίγματα * | μὴ γράψῃς ἐπονειδίζων θεράποντα. δοῦλον μὴ |
| στίλβω | 1 | | |
| Hen. 8B 1 | γυναιξὶ καὶ τὸν ἄργυρον. ἔδειξε δὲ αὐτοῖς καὶ τὸ | * στίλβειν * | καὶ τὸ καλλωπίζειν καὶ τοὺς ἐκλεκτοὺς λίθους |
| στῖφος | 1 | | |
| HCal. 24 7 | αὐτοῦ σπουδαίως ἐπλήρωσαν. ὀξὺ γὰρ τὸ Μακεδονικὸν | * στῖφος * | εἰς τὸ κελευόμενον ὑπὸ Ἀλεξάνδρου. καὶ στραφεὶς |
| στοά | 3 | | |
| HEup. 9 34 9 | ποιῆσαι δὲ καὶ κατὰ τὸ πρὸς βορρᾶν μέρος τοῦ ἱεροῦ | * στοὰν * | καὶ στύλους αὐτῇ ὑποστῆσαι χαλκοῦς μ η' |
| HEup. 9 34 11 | μηδὲ νοσσεύῃ ἐπὶ τοῖς φατνώμασι τῶν πυλῶν καὶ | * στοῶν * | καὶ μολύνῃ τοῖς ἀποπατήμασι τὸ ἱερόν. περιβαλεῖν |
| HEup. 9 34 16 | χαλκοῦ δὲ εἰς τοὺς κίονας καὶ τὸν λουτῆρα καὶ τὴν | * στοὰν * | τάλαντα μύρια ὀκτακισχίλια πεντήκοντα. ἀποπέμψαι |
| στοιχεῖον | 3 | | |
| Sib. 3 80 | σίδηρον ἐφημερίων ἀνθρώπων εἰς πόντον ῥίψῃ τότε δὴ | * στοιχεῖα * | πρόπαντα χηρεύσει κόσμου ὁπόταν θεὸς αἰθέρι |
| Sib. 5 15 | δ' ἐκ δεκάδος πρῶτον τύπον ὥστε μετ' αὐτὸν ἄρχειν | * στοιχείων * | ὅστις λάχε γράμματος ἀρχὴν ὃν Θρήκη πτήξει καὶ |
| FJub. 2 8 | Ἰουδαίων ἔθνει καὶ τὰς τῶν ἄστρων θέσεις καὶ τὰ | * στοιχεῖα * | καὶ ἀριθμητικὴν καὶ γεωμετρίαν καὶ πᾶσαν |
| στολή | 34 | | |
| Abr.1 16 6 | ἐξῆλθεν ἀπὸ προσώπου τοῦ ὑψίστου καὶ περιεβάλετο | * στολὴν * | λαμπροτάτην <καὶ ἐποίησεν ὄψιν ἡλιόμορφον> καὶ |
| Abr.1 17 13 | ἡλιόμορφον μορφὴν ἣν περιεκέκτητο καὶ περιεβάλετο | * στολὴν * | τυραννικὴν καὶ ἐποίησεν ὄψιν ζοφερὰν παντὸς |
| TLevi 8 2 | ἐν ἐσθῆτι λευκῇ λέγοντας μοι ἀναστὰς ἔνδυσαι τὴν | * στολὴν * | τῆς ἱερατείας καὶ τὸν στέφανον τῆς δικαιοσύνης |
| TLevi 8 5 | με ἄρτον καὶ οἶνον ἅγια ἁγίων καὶ περιέθηκέ μοι | * στολὴν * | ἁγίαν καὶ ἔνδοξον. ὁ τρίτος βυσσίνην με |
| TLevi 18 2B019 | ἁγίοις λούου ὕδατι πρῶτον καὶ τότε ἐνδιδύσκου τὴν | * στολὴν * | τῆς ἱερωσύνης καὶ ὅταν ἐνδιδύσκῃ νίπτου πάλιν τὰς |
| TLevi 18 2B053 | ἐκπορεύῃς ἐκ τῶν ἁγίων πᾶν αἷμα μὴ ἁπτέσθω τῆς | * στολῆς * | σου οὐκ ἀνήψῃς αὐτῷ αὐθημερόν. καὶ τὰς χεῖρας καὶ |
| TJud. 3 6 | αὐτοῦ ἤρξαντο πολεμεῖν πρός με. ἐνειλήσας οὖν τὴν | * στολὴν * | μου ἐν τῇ χειρί μου λίθοις σφενδονίσας αὐτοὺς |
| TJos. 5 2 | σε εἰς ἄνδρα. ἐγὼ οὖν ὡς ἤκουσα τοῦτο διέρρηξα τὴν | * στολὴν * | μου καὶ εἶπον γύναι αἰδέσθητι τὸν κύριον καὶ μὴ |
| TJos. 19 3 | εἶδον ὅτι ἐκ τοῦ Ἰουδὰ ἐγεννήθη παρθένος ἔχουσα | * στολὴν * | βυσσίνην καὶ ἐξ αὐτῆς προῆλθεν ἀμνὸς ἄμωμος καὶ |
| Asen. 3 6 | Ἀσενὲθ εἰς τὸν θάλαμον αὐτῆς ὅπου ἔκειντο αἱ | * στολαὶ * | αὐτῆς καὶ ἐνεδύσατο στολὴν βυσσίνην ἐξ ὑακίνθου |
| Asen. 3 6 | αὐτῆς ὅπου ἔκειντο αἱ στολαὶ αὐτῆς καὶ ἐνεδύσατο | * στολὴν * | βυσσίνην ἐξ ὑακίνθου χρυσοϋφῆ καὶ ἐζώσατο ζώνην |
| Asen. 5 5 | Ἰωσὴφ ἐνδεδυμένος χιτῶνα λευκὸν καὶ ἔξαλλον καὶ ἡ | * στολὴ * | τῆς περιβολῆς αὐτοῦ ἦν πορφυρᾶ ἐκ βύσσου χρυσοϋφής |
| Asen. 10 10 | ἐκ πλαγίου. καὶ ἔσπευσεν Ἀσενὲθ καὶ ἀπέθετο τὴν | * στολὴν * | αὐτῆς τὴν βασιλικὴν τὴν βυσσίνην καὶ χρυσοϋφῆ |
| Asen. 10 11 | αὐτῆς καὶ ἔθηκε πάντα εἰς τὸ ἔδαφος. καὶ ἔλαβε τὴν | * στολὴν * | αὐτῆς τὴν ἐκλεκτὴν καὶ τὴν ζώνην τὴν χρυσῆν καὶ |

Asen. 13 3 καὶ μεμονωμένη. ἰδοὺ ἀπεθέμην μου τὴν βασιλικὴν * στολὴν * τὴν βυσσίνην ἐξ ὑακίνθου χρυσοϋφῆ καὶ ἐνεδυσάμην
Asen. 14 9 εἶδε καὶ ἰδοὺ ἀνὴρ κατὰ πάντα ὅμοιος τῷ Ἰωσὴφ τῇ * στολῇ * καὶ τῷ στεφάνῳ καὶ τῇ ῥάβδῳ τῇ βασιλικῇ πλὴν τὸ
Asen. 14 12 σου καὶ τὰς χεῖράς σου ὕδατι ζῶντι καὶ ἔνδυσαι * στολὴν * λινῆν καινὴν ἄθικτον καὶ ἐπίσημον καὶ ζῶσαι τὴν
Asen. 14 14 αὐτῆς καὶ ἠνέῳξε τὸ κιβώτιον αὐτῆς καὶ ἔλαβε * στολὴν * λινῆν καινὴν ἐπίσημον ἄθικτον καὶ ἀπεδύσατο τὸν
Asen. 14 14 τὸν σάκκον ἀπὸ τῆς ὀσφύος αὐτῆς καὶ ἐνεδύσατο τὴν * στολὴν * αὐτῆς τὴν λινῆν τὴν ἐπίσημον τὴν ἄθικτον καὶ
Asen. 15 10 μου Ἀσενὲθ ἡ παρθένος ἁγνὴ καὶ ἔνδυσαι τὴν * στολὴν * τοῦ γάμου σου τὴν στολὴν τὴν ἀρχαίαν καὶ πρώτην
Asen. 15 10 ἁγνὴ καὶ ἔνδυσαι τὴν στολὴν τοῦ γάμου σου τὴν * στολὴν * τὴν ἀρχαίαν καὶ πρώτην τὴν ἀποκειμένην ἐν τῷ
Asen. 18 5 τὴν κιβωτὸν αὐτῆς τὴν μεγάλην καὶ ἐξήνεγκε τὴν * στολὴν * αὐτῆς τὴν πρώτην τοῦ γάμου ὡς ἀστραπὴν τῷ εἴδει
Sal. 11 7 Ιερουσαλημ τὰ ἱμάτια τῆς δόξης σου ἑτοίμασον τὴν * στολὴν * τοῦ ἁγιάσματός σου ὅτι ὁ θεὸς ἐλάλησεν ἀγαθὰ
Prop. 17 2B παρεσκευασμένον γυμνὸν καὶ ἀποδυσάμενος τὴν * στολὴν * καὶ ἐπέμεινεν ἐκεῖ καὶ τῇ νυκτὶ ἐκείνῃ ἔγνω ὅτι
Job 28 3 με κράξαντες δὲ ἔκλαυσαν, ῥήξαντες τὴν ἑαυτῶν * στολὴν * καὶ καταπασάμενοι γῆν παρεκάθισάν μοι ἑπτὰ ἡμέρας
Job 48 3 τοὺς ὕμνους οὓς ἀπεφθέγξατο εἴασεν τὸ πνεῦμα ἐν * στολῇ * τῇ ἑαυτῆς ἐγκεχαραγμένους. καὶ τότε ἡ Κασία
Aris. 319 3 μεγαλομερῶς τοῖς ἀνδράσι χρησάμενος. ἑκάστῳ γὰρ * στολὰς * ἔδωκε τῶν κρατίστων τρεῖς καὶ χρυσίου τάλαντα δύο
Aris. 320 4 πάντα καὶ κυλικεῖον ταλάντων τριάκοντα καὶ * στολὰς * δέκα καὶ πορφύραν καὶ στέφανον διαπρεπῆ καὶ
FAch. 112 τοὺς ὑφ' ἑαυτὸν στρατηγοὺς καὶ νομάρχας ἀναλαβεῖν * στολὰς * <λευκάς> ὁμοίως καὶ αὐτὸς περιβεβλημένος σινδόνα
FAch. 115 νοερὸν δῶρα ἐπέδωκε. καὶ τῇ ἑξῆς ἡμέρᾳ ἐνδυσάμενος * στολὴν * λευκὴν ὅ τε Νεκταναβὼν καὶ τοῖς φίλοις αὐτοῦ
FAch. 115 καὶ τοῖς φίλοις αὐτοῦ κοκκίνας περιβαλὼν * στολὰς * ἐκάθισεν. τοῦ δὲ Αἰσώπου ἐλθόντος ἐπύθετο τίνι
HDem. 9 21 15 τῆς Λείας υἱοὺς λαβεῖν. ὡσαύτως δὲ καὶ ἐπὶ τοῦ τὰς * στολὰς * δοῦναι ἑκάστῳ διπλᾶς τῷ δὲ Βενιαμὶν πέντε καὶ
HCal. 24 30 ὑπείκειν κελεύονται. ταῖς ἱερατικαῖς οὖν * στολαῖς * ἑαυτοὺς οἱ τούτων ἱερεῖς ἐνδυσάμενοι
LEze. 9 29 12 34 ἄνθρωπος φέρει χρυσόν τε καὶ <τὸν> ἄργυρον ἠδὲ καὶ * στολὰς * ἵν' ὧν ἔπραξαν μισθὸν ἀποδῶσι βροτοῖς. ὅταν δ' ἐς

στολίζω 5

Sedr. 11 6 εὔστοχοι ἀπὸ πάντων οἱ σωρεύοντες τοὺς οἴκους * ἐστολίσατε. * ὦ δάκτυλοι καλλωπισμένοι καὶ ὑπὸ τῶν χρυσῶν
Sedr. 11 7 καλλωπισμένοι καὶ ὑπὸ τῶν χρυσῶν καὶ ἀργυρῶν * ἐστολισμένοι * καὶ μεγάλα κτίσματα ὑπὸ τῶν δακτύλων
Sedr. 11 18 τρίχες ἀστερόχυται κεφαλὴ οὐρανοκόσμητε * ἐστολισμένον. * ὦ πρόσωπον καλομύριστον ὀφθαλμοὶ φωταγωγοὶ
Sedr. 11 19 τρίχες ἀστερόμορφοι κεφαλὴ οὐρανομήκες * ἐστολισμένον * σῶμα τὸ φωταγωγὸν γλεφάρον πάγγνωστον καὶ
Job 39 4 φίλοι σου, ὅτι ὁποία τις ἤμην μεθ' ὑμῶν, καὶ πῶς * ἐστολιζόμην. * νυνὶ δὲ ὁρᾶτε τὴν προέλευσίν μου ἢ τί

στολισμός 1

Aris. 96 2 τὸν Ἐλεάζαρον ἐν τῇ λειτουργίᾳ τά τε τοῦ * στολισμοῦ * καὶ τῆς δόξης ἣ συνίσταται διὰ τὴν ἔνδυσιν οὗ

στόμα 105

Adam 2 2 Ἀμιλαβὲς τοῦ ἐπιλεγομένου Ἄβελ βαλλόμενον εἰς τὸ * στόμα * Κάϊν τοῦ ἀδελφοῦ αὐτοῦ καὶ ἔπιεν αὐτὸ ἀνελεημόνως.
Adam 2 3 ἔμεινεν ἐπὶ τὴν κοιλίαν αὐτοῦ ἀλλ' ἐξῆλθεν ἔξω τοῦ * στόματος * αὐτοῦ. εἶπε δὲ Ἀδὰμ ἀναστάντες πορευθῶμεν καὶ
Adam 10 3 τὴν εἰκόνα τοῦ θεοῦ πολεμῆσαι αὐτήν; πῶς ἠνοίγη τὸ * στόμα * σου; πῶς ἐνίσχυσαν οἱ ὀδόντες σου; πῶς οὐκ
Adam 11 2 ἡ ἀρχὴ τῶν θηρίων ἐκ σοῦ ἐγένετο. πῶς ἠνοίγη τὸ * στόμα * σου φαγεῖν ἀπὸ τοῦ ξύλου περὶ οὗ ἐνετείλατό σοι ὁ
Adam 12 1 σε. λέγει ὁ Σὴθ πρὸς τὸ θηρίον κλεῖσαί σου τὸ * στόμα * καὶ σίγα καὶ ἀπόστηθι ἀπὸ τῆς εἰκόνος τοῦ θεοῦ ἕως
Adam 16 5 διάβολος μὴ φοβοῦ γενοῦ μοι σκεῦος κἀγὼ λαλήσω διὰ * στόματός * σου ῥήματα πρὸς τὸ ἐξαπατῆσαι αὐτούς. καὶ
Adam 17 4 καὶ ἐσθίειν ἐξ αὐτοῦ. ἀπεκρίθη ὁ διάβολος διὰ * στόματος * τοῦ ὄφεως καλῶς ποιεῖτε ἀλλ' οὐκ ἐσθίετε ἀπὸ
Adam 21 3 ἡμᾶς ἀπὸ μεγάλης δόξης. ἅμα γὰρ ἦλθεν ἤνοιξα τὸ * στόμα * καὶ ὁ διάβολος ἐλάλει καὶ ἠρξάμην νουθετεῖν αὐτὸν
Adam 29 10 ὕδατι ἕως τοῦ τραχήλου. καὶ μὴ ἐξέλθῃ λόγος ἐκ τοῦ * στόματός * σου ἀνάξιοι γὰρ ἐσμεν καὶ τὰ χείλη ἡμῶν οὐκ
Hen. 5 4 καὶ κατελαλήσατε μεγάλους καὶ σκληροὺς λόγους ἐν * στόματι * ἀκαθαρσίας ὑμῶν κατὰ τῆς μεγαλωσύνης αὐτοῦ. ὅτι
Hen. 14 2 ὃ νῦν λέγω ἐν γλώσσῃ σαρκίνῃ ἐν τῷ πνεύματι τοῦ * στόματός * μου ὃ ἔδωκεν ὁ μέγας τοῖς ἀνθρώποις λαλεῖν ἐν
Hen. 14 24 πρόσωπόν μου βεβλημένος καὶ τρέμων καὶ ὁ κύριος τῷ * στόματι * αὐτοῦ ἐκάλεσέν με καὶ εἶπέν μοι πρόσελθε ὧδε
Hen. 17 8 καὶ τὴν ἔκχυσιν τῆς ἀβύσσου πάντων ὑδάτων. ἴδον τὸ * στόμα * τῆς γῆς πάντων τῶν ποταμῶν καὶ τὸ στόμα τῆς
Hen. 17 8 ἴδον τὸ στόμα τῆς γῆς πάντων τῶν ποταμῶν καὶ τὸ * στόμα * τῆς ἀβύσσου. ἴδον τοὺς θησαυροὺς τῶν ἀνέμων πάντων
Hen. 27 2 πάντες οἱ κεκατηραμένοι οἵτινες ἐροῦσιν τῷ * στόματι * αὐτῶν κατὰ κυρίου φωνὴν ἀπρεπῆ καὶ περὶ τῆς
Hen. 100 9 ὑμῖν πᾶσιν τοῖς ἁμαρτωλοῖς ἐπὶ τοῖς ἔργοις τοῦ * στόματος * ὑμῶν. οὐαὶ ὑμῖν πᾶσιν τοῖς ἁμαρτωλοῖς ἐπὶ τοῖς
Hen. 100 9 ὑμῖν πᾶσιν τοῖς ἁμαρτωλοῖς ἐπὶ τοῖς λόγοις τοῦ * στόματος * ὑμῶν καὶ ἐπὶ τοῖς <ἔργοις> τῶν χειρῶν ὑμῶν ὅτι
Hen. 101 3 ἔσεσθε δεόμενοι αὐτοῦ; διὰ τί ὑμεῖς λαλεῖτε τῷ * στόματι * ὑμῶν μεγάλα καὶ σκληρὰ ἐπὶ τῇ μεγαλωσύνῃ αὐ<τοῦ;
Hen. 106 3 καὶ ἀνέστη ἐκ τῶν χειρῶν τῆς μαίας καὶ ἀνέῳξεν τὸ * στόμα * καὶ εὐλόγησεν τῷ κυρίῳ καὶ ἐφοβήθη Λάμεχ ἀπ' αὐτοῦ
Hen. 106 11 καὶ ἀνέστη ἀπὸ τῶν τῆς μαίας χειρῶν καὶ ἀνοίξας τὸ * στόμα * εὐλόγησεν τὸν κύριον τοῦ αἰῶνος καὶ ἐφοβήθη ὁ υἱὸς
Abr.1 4 10 παμφάγον καὶ ἀναλίσκει ἐκ τῶν χειρῶν σου καὶ διὰ * στόματός * σου πάντα ἐπὶ τῆς τραπέζης καὶ συνευφράνθητι
Abr.2 10 15 ὥρᾳ ἔπραξεν. ἀκούσασα δὲ ἡ ψυχὴ ταῦτα ἤνοιξεν τὸ * στόμα * αὐτῆς βοῶσα καὶ λέγουσα οἴμοι ὅτι πάσας τὰς
TRub. 1 10 καὶ σίκερα οὐκ ἔπιον καὶ κρέας οὐκ εἰσῆλθεν εἰς τὸ * στόμα * μου καὶ πᾶν ἄρτον ἐπιθυμίας οὐκ ἐγευσάμην πενθῶν
TRub. 6 10 ἐν ταπεινώσει καρδίας ἵνα δέξησθε εὐλογίαν ἐκ τοῦ * στόματος * αὐτοῦ. αὐτὸς γὰρ εὐλογήσει τὸν Ἰσραὴλ καὶ τὸν
TLevi 2 3B003 καὶ τὸ πρόσωπόν μου ἦρα πρὸς τὸν οὐρανὸν καὶ τὸ * στόμα * μου ἤνοιξα καὶ ἐλάλησα καὶ τοὺς δακτύλους τῶν
TLevi 6 5 ταῦτα ἐλθόντες οἱ ἀδελφοί ἐπάταξαν τὴν πόλιν ἐν * στόματι * ῥομφαίας. καὶ ἤκουσεν ὁ πατὴρ καὶ ὠργίσθη καὶ
TLevi 8 17 ἀρχιερεῖς καὶ κριταὶ καὶ γραμματεῖς ὅτι ἐπὶ * στόματος * αὐτῶν φυλαχθήσεται τὸ ἅγιον. καὶ ἐξυπνισθεὶς
TLevi 13 4 ἀνθρώπων δουλεῦσαι αὐτῷ καὶ ἀκοῦσαι νόμον ἐκ τοῦ * στόματος * αὐτοῦ. ποιήσατε δικαιοσύνην τέκνα μου ἐπὶ τῆς
TLevi 19 3 μάρτυς ἐγὼ καὶ μάρτυρες ὑμεῖς περὶ τοῦ λόγου τοῦ * στόματος * ὑμῶν. καὶ εἴπομεν μάρτυρες. καὶ οὕτως ἐπαύσατο
TJud. 2 4 καὶ λέοντα ἀπέκτεινα καὶ ἀφελόμην ἔριφον ἐκ τοῦ * στόματος * αὐτοῦ. ἄρκον λαβὼν ἐκ τοῦ ποδὸς ἀπεκύλισα εἰς
TJud. 5 5 τὴν πόλιν ἀγνοούντων αὐτῶν. καὶ ἐλάβομεν αὐτὴν ἐν * στόματι * μαχαίρας καὶ τοὺς ἐν τῷ πύργῳ καταφυγόντας
TDan 1 2 εἶπεν ἀκούσατε υἱοὶ Δὰν λόγων μου προσέχετε ῥήμασι * στόματος * τοῦ πατρὸς ὑμῶν. ἐπείρασα ἐν καρδίᾳ μου καὶ ἐν
TNep. 2 6 καὶ ἡ πρᾶξις αὐτοῦ ὡς ἡ καρδία αὐτοῦ οὕτω καὶ τὸ * στόμα * αὐτοῦ ὡς ὁ ὀφθαλμὸς αὐτοῦ οὕτω καὶ ὁ ὕπνος αὐτοῦ
TGad 1 7 καὶ Ῥουβὴμ. εἶδε γὰρ ὅτι ἀρνὸν ἐξειλόμην ἐκ τοῦ * στόματος * τῆς ἄρκου κἀκείνην ἐθανάτωσα καὶ τὸν ἀρνὸν
TAser 4 4 ἡμέραν ἀγαθὴν ἰδεῖν μετὰ ἀσώτων ἵνα μὴ χράνῃ τὸ * στόμα * καὶ μολύνῃ τὴν ψυχήν καίγε τοῦτο διπρόσωπον ὅλον
TBen. 11 3 καὶ ἐν τοῖς ἄρχουσιν αὐτῶν ὡς μουσικὸν μέλος ἐν * στόματι * πάντων καὶ ἐν βίβλοις ἁγίαις ἔσται ἀναγραφόμενος
Asen. 8 5 οὐκ ἔστι προσῆκον ἀνδρὶ θεοσεβεῖ ὃς εὐλογεῖ τῷ * στόματι * αὐτοῦ τὸν θεὸν τὸν ζῶντα καὶ ἐσθίει ἄρτον
Asen. 8 5 φιλῆσαι γυναῖκα ἀλλοτρίαν ἥτις εὐλογεῖ τῷ * στόματι * αὐτῆς εἴδωλα νεκρὰ καὶ κωφὰ καὶ ἐσθίει ἐκ τῆς
Asen. 8 6 γυναῖκα τὴν σύγκοιτον αὐτοῦ αἵτινες εὐλογοῦσι τῷ * στόματι * αὐτῶν τὸν θεὸν τὸν ζῶντα. ὁμοίως καὶ γυναικὶ
Asen. 11 2 αὐτῆς τῶν χειρῶν ἐπὶ τὸ γόνυ τὸ δεξιὸν καὶ τὸ * στόμα * αὐτῆς ἦν κεκλεισμένον καὶ οὐκ ἤνοιξεν αὐτὸ ἐν ταῖς
Asen. 11 3 ταπεινώσεως αὐτῆς. καὶ εἶπεν ἐν τῇ καρδίᾳ αὐτῆς τὸ * στόμα * μὴ ἀνοίξασα τί ποιήσω ἐγὼ ἡ ταπεινὴ ἢ ποῦ ἀπέλθω
Asen. 11 9 αὐτὰ καὶ ἔφαγον ἐκ τῆς θυσίας αὐτῶν καὶ τὸ * στόμα * μου μεμίαται ἐκ τῆς τραπέζης αὐτῶν καὶ οὐκ ἔστι
Asen. 11 9 τὸν κραταιὸν τοῦ δυνατοῦ Ἰωσὴφ διότι ἐμιάνθη τὸ * στόμα * μου ἀπὸ τῶν θυσιῶν τῶν εἰδώλων. ἀλλ' ἀκήκοα πολλῶν
Asen. 11 15 αὐτῆς εἰς τὸν οὐρανόν. καὶ ἐφοβήθη ἀνοῖξαι τὸ * στόμα * αὐτῆς καὶ ὀνομάσαι τὸ ὄνομα τοῦ θεοῦ. καὶ
Asen. 11 15 καὶ εἶπεν ἐν τῇ καρδίᾳ αὐτῆς οὐκ ἀνοίξασα τὸ * στόμα * αὐτῆς ταλαίπωρος ἐγὼ καὶ ὀρφανὴ καὶ ἔρημος τὸ
Asen. 11 16 αὐτῆς ταλαίπωρος ἐγὼ καὶ ὀρφανὴ καὶ ἔρημος τὸ * στόμα * μου μεμίαται ἀπὸ τῶν θυσιῶν τῶν εἰδώλων καὶ ἀπὸ
Asen. 11 17 καὶ τῷ ῥύπῳ τῆς ταπεινώσεώς μου πῶς ἐγὼ ἀνοίξω τὸ * στόμα * μου πρὸς τὸν ὕψιστον καὶ πῶς ὀνομάσω τὸ ἅγιον
Asen. 11 18 ταλαίπωρος ἐγώ; ἀλλὰ τολμήσω μᾶλλον καὶ ἀνοίξω τὸ * στόμα * μου πρὸς αὐτὸν καὶ <ἐπικαλέσω> τὸ ὄνομα αὐτοῦ. καὶ
Asen. 11 18 ἀφήσει μοι πᾶσαν ἁμαρτίαν. τολμήσω οὖν ἀνοῖξαι τὸ * στόμα * μου πρὸς αὐτόν. καὶ ἀνέστη Ἀσενὲθ πάλιν ἀπὸ τοῦ
Asen. 11 19 τοῖς ὀφθαλμοῖς αὐτῆς εἰς τὸν οὐρανὸν καὶ ἤνοιξε τὸ * στόμα * αὐτῆς πρὸς τὸν θεὸν καὶ εἶπεν κύριε ὁ θεὸς τῶν
Asen. 12 5 πονηρὰ καὶ ἄρρητα ἐνώπιόν σου. μεμίαται τὸ * στόμα * μου ἀπὸ τῶν θυσιῶν τῶν εἰδώλων καὶ ἀπὸ τῆς
Asen. 12 5 νεκρὰ καὶ κωφά. καὶ νῦν οὐκ εἰμὶ ἀξία ἀνοῖξαι τὸ * στόμα * μου πρός σέ κύριε. κἀγὼ Ἀσενὲθ θυγάτηρ Πεντεφρῆ
Asen. 12 11 σὺ κύριε ῥῦσαί με ἐκ τῶν χειρῶν αὐτοῦ καὶ ἐκ τοῦ * στόματος * αὐτοῦ ἐξελοῦ με μήποτε ἁρπάσῃ με ὡς λέων καὶ
Asen. 13 9 καὶ ἄρτον οὐκ ἔφαγον καὶ ὕδωρ οὐκ ἔπιον καὶ τὸ * στόμα * μου γέγονε ξηρὸν ὡς τύμπανον καὶ ἡ γλῶσσά μου ὡς
Asen. 16 8 καὶ εἶπεν ἐν ἑαυτῇ ἄρα γε τὸ κηρίον τοῦτο ἐκ τοῦ * στόματος * τοῦ ἀνθρώπου τούτου ἐξῆλθε διότι ἡ πνοὴ αὐτοῦ
Asen. 16 9 τούτου ἐξῆλθε διότι ἡ πνοὴ αὐτοῦ ὡς πνοὴ τοῦ * στόματος * τοῦ ἀνθρώπου τούτου ἐστιν. καὶ ἔλαβεν Ἀσενὲθ
Asen. 16 9 ἀλλὰ σὺ ἐλάλησας καὶ γέγονε. μήτιγε τοῦτο ἐκ τοῦ * στόματός * σου ἐξῆλθε διότι ἡ πνοὴ αὐτοῦ ὡς πνοὴ τοῦ
Asen. 16 11 στόματός σου ἐξῆλθε διότι ἡ πνοὴ αὐτοῦ ὡς πνοὴ τοῦ * στόματός * σού ἐστιν. καὶ ἐμειδίασεν ὁ ἄνθρωπος ἐπὶ τῇ
Asen. 16 15 καὶ τὸ κατάλοιπον ἐνέβαλε τῇ χειρὶ αὐτοῦ εἰς τὸ * στόμα * Ἀσενὲθ καὶ εἶπεν αὐτῇ φάγε. καὶ ἔφαγεν. καὶ εἶπεν
Asen. 16 19 περὶ τὸ πρόσωπον Ἀσενὲθ καὶ ἐποίησαν ἐπὶ τῷ * στόματι * αὐτῆς καὶ ἐπὶ τὰ χείλη αὐτῆς κηρίον ὅμοιον τῷ
Asen. 16 20 ἐκεῖναι ἤσθιον ἀπὸ τοῦ κηρίου τοῦ ὄντος ἐπὶ τῷ * στόματι * Ἀσενέθ. καὶ εἶπεν ὁ ἄνθρωπος ταῖς μελίσσαις
Asen. 21 7 ἐπὶ τὰ πρόσωπα αὐτῶν καὶ προσήγαγεν αὐτοῦ ἐπὶ τὸ * στόμα * αὐτῶν καὶ <ἧψεν> αὐτοῦ ἐπὶ τὰ χείλη αὐτοῦ καὶ
Asen. 26 5 τῶν ἀνδρῶν τῆς Ἀσενὲθ καὶ κατέκοψαν αὐτοὺς ἐν * στόματι * ῥομφαίας καὶ τοὺς προδρόμους αὐτῆς ἀπέκτειναν
Asen. 29 1 ἀπὸ τῆς γῆς καὶ ἀνεκάθισε καὶ ἔπτυεν αἷμα ἀπὸ τοῦ * στόματος * αὐτοῦ διότι τὸ αἷμα ἀπὸ τοῦ κροτάφου αὐτοῦ
Asen. 29 1 τὸ αἷμα ἀπὸ τοῦ κροτάφου αὐτοῦ κατέρρεεν ἐπὶ τῷ * στόματι * αὐτοῦ. καὶ ἔδραμεν ἐπ' αὐτὸν Βενιαμὶν καὶ ἔλαβε
Sal. 8 34 χρόνον. αἰνετὸς κύριος ἐν τοῖς κρίμασιν αὐτοῦ ἐν * στόματι * ὁσίων καὶ εὐλογημένος Ισραηλ ὑπὸ κυρίου εἰς τὸν
Sal. 17 24 ὑπόστασιν αὐτῶν ὀλεθρεῦσαι ἔθνη παράνομα ἐν λόγῳ * στόματος * αὐτοῦ ἐν ἀπειλῇ αὐτοῦ φυγεῖν ἔθνη ἀπὸ προσώπου
Sal. 17 35 ἐνώπιον αὐτοῦ ἐν φόβῳ. πατάξει γὰρ γῆν τῷ λόγῳ τοῦ * στόματος * αὐτοῦ εἰς αἰῶνα εὐλογήσει λαὸν κυρίου ἐν σοφίᾳ
Jer. 6 9 ἡμῶν ὁ θεὸς κύριε τὸ ἐκλεκτὸν φῶς τὸ ἐξελθὸν ἐκ τοῦ * στόματος * σου. παρακαλοῦμέν καὶ δεόμεθά σου τῆς
Jer. 6 22 ἐὰν οὖν ἀκούσητε τῆς φωνῆς μου λέγει κύριος ἐκ * στόματος * Ἱερεμίου τοῦ παιδός μου ὁ ἀκούων ἀναφέρω αὐτὸν
Jer. 7 28 εἰσακούσωσιν τῆς φωνῆς μου καὶ τῶν κριμάτων τοῦ * στόματός * μου καὶ ἐξέλθωμεν ἐντεῦθεν. λέγω γάρ σοι ὅτι
Jer. 9 17 τὰς νήσους τοῦ ποιῆσαι καρπὸν ἐν τῷ λόγῳ τοῦ * στόματος * τοῦ χριστοῦ αὐτοῦ. αὐτὸς γὰρ ἐλεύσεται καὶ
Esdr. 4 30 ἀστὴρ τῷ πρωῒ ἀνατέλλων καὶ ὁ ἕτερος ἀσάλευτος τὸ * στόμα * αὐτοῦ πῆχυς μία οἱ ὀδόντες αὐτοῦ σπιθαμιαῖοι οἱ
Esdr. 6 5 μου ἔχετε ἐξενεγκεῖν; καὶ εἶπον οἱ ἄγγελοι διὰ τοῦ * στόματος * ἔχομεν ἐκβαλεῖν αὐτήν. καὶ εἶπεν ὁ προφήτης

```
Esdr.    6    6        ἔχομεν ἐκβαλεῖν αὐτήν. καὶ εἶπεν ὁ προφήτης × στόμα × πρὸς στόμα ἐλάλουν τοῦ θεοῦ καὶ οὐκ ἐξέρχεται
Esdr.    6    6        ἐκβαλεῖν αὐτήν. καὶ εἶπεν ὁ προφήτης στόμα πρὸς × στόμα × ἐλάλουν τοῦ θεοῦ καὶ οὐκ ἐξέρχεται ἔνθεν. καὶ
Sedr.    2    3        σε ὧδε εἰς τὸν οὐρανόν. ὁ δὲ εἶπεν ἤθελον λαλῆσαι × στόμα × ὑπὸ στόματος θεοῦ οὐκ εἰμὶ ἱκανός κύριε τοῦ
Sedr.    2    3        τὸν οὐρανόν. ὁ δὲ εἶπεν ἤθελον λαλῆσαι στόμα ὑπὸ × στόματος × θεοῦ οὐκ εἰμὶ ἱκανός κύριε τοῦ ἀνελθεῖν εἰς
Sedr.    3    1        τὸν θεὸν τὸν πλάσαντά σε ὅτι εἶπας ἤθελον λαλῆσαι × στόμα × πρὸ στόματος θεοῦ; λέγει αὐτῷ Σεδράχ ναὶ ἔχει ὁ
Sedr.    3    1        τὸν πλάσαντά σε ὅτι εἶπας ἤθελον λαλῆσαι στόμα πρὸ × στόματος × θεοῦ; λέγει αὐτῷ Σεδράχ ναὶ ἔχει ὁ υἱὸς δίκην
Sedr.   10    3        σου; ἀναφέρεται διὰ φάρυγγος καὶ λάρυγγος καὶ τοῦ × στόματος × καὶ οἵαν ὥραν μέλλει ἐξέρχεσθαι ἀρχὴν σπάρναται
Job     27    3        καὶ ὁ μὲν ἐπάνω τὸν ὑποκάτω ἐφίμωσεν πλήσας τὸ × στόμα × αὐτοῦ ἄμμου καὶ πᾶν μέλος συγκλάσας ὑποκάτω αὐτοῦ
Job     38    1        τὰ μεγαλεῖα τοῦ κυρίου; ἢ ὅλως ἂν πταίσῃ μου τὸ × στόμα × εἰς τὸν δεσπότην; μὴ γένοιτο τινες γάρ ἐσμεν
Job     38    3        ἡ καρδία μου ἀκούσεται ἃ ἐπερωτῶ ὑμᾶς. διὰ × στόματος × ἡ τροφή εἰσέρχεται, καὶ πάλιν τὸ ὕδωρ διὰ τοῦ
Job     38    3        τροφὴ εἰσέρχεται, καὶ πάλιν τὸ ὕδωρ διὰ τοῦ αὐτοῦ × στόματος × πίνεται καὶ πέμπεται ἐν τῇ αὐτῇ φάρυγγι ὅταν δὲ
Job     49    2        ὡς μηκέτι ἐνθυμεῖσθαι τὰ κοσμικὰ καὶ τὸ μὲν × στόμα × αὐτῆς ἀνέλαβεν τὴν διάλεκτον τῶν ἀρχῶν,
Job     50    1        ἡ ἄλλη ἡ καλουμένη Ἀμαλθείας κέρας καὶ ἔσχεν τὸ × στόμα × ἀποφθεγγόμενον ἐν τῇ διαλέκτῳ τῶν ἐν ὕψει, ἐπεὶ
Aris.   71    1        τετυπωμένων ἁπάντων. ἐποίησαν δὲ τριμερὲς τὸ × στόμα × τῆς τραπέζης οἱονεὶ τρίπτυχον πελεκίνοις
Aris.   74    5        ῥόμβων δικτυωτὴν ἔχουσα τὴν πρόσοψιν ἕως ἐπὶ τὸ × στόμα.× τὸ δ' ἀνὰ μέσον ἀσπιδίσκοι λίθων ἑτέρων παρ'
Aris.   75    5        τὸ τῆς καλλονῆς ἐναργές. ἐπὶ δὲ τῆς στεφάνης τοῦ × στόματος × κρίνων τύπωσις σὺν ἀνθεμίαι καὶ βοτρύων
Aris.   90    3        ἐνεργῶ γεγενημένων ἁπάντων εἶναι δὲ πυκνὰ τὰ × στόματα × πρὸς τὴν βάσιν ἀοράτως ἔχοντα τοῖς πᾶσι πλὴν
Aris.  165    3        διὰ γὰρ τῶν ὤτων συλλαμβάνει τεκνοποιεῖ δὲ τῷ × στόματι. × καὶ διὰ τοῦτο ὁ τοιοῦτος τρόπος τῶν ἀνθρώπων
Sib.     3  497        βίου καὶ ἄναγνου ὃν κατέτριψαν πάντες ἀνοίγοντες × στόμ' × ἄναγνον καὶ δεινοῖς διέθεντο λόγους ψευδεῖς τ'
Sib.     3  500        θεοῦ μεγάλου βασιλῆος κῆνοιξαν ψευδῆς μυσαρὸν × στόμα. × τοὔνεκ' ἄρ' αὐτοὺς ἐκπάγλως πληγαῖσι δαμάσσειεν
Sib.     3  715        δὲ παγγενέτειρα σαλεύσεται ἥμασι κείνοις ἡδὺν ἀπὸ × στομάτων × δὲ λόγον ἄξουσιν ἐν ὕμνοις δεῦτε πεσόντες
Sib.     3  725        ψυχαὶ πιστῶν ἀνθρώπων ἰδεῦτε θεοῦ κατὰ δῆμον ἐπὶ × στομάτεσσι × πεσόντες τέρψωμεν ὕμνοισι θεὸν γενετῆρα κατ'
Sib.     3  829        τὰ δ' ἔσχατα πάντ' ἀπεδείχθη ὥστ' ἀπ' ἐμοῦ × στόματος × τάδ' ἀληθινὰ πάντα λελέχθω. λόγος τέταρτος.
Sib.     4    2        μεγαλαυχέος Εὐρώπης τε ὅσσα μελιφθέγκτοιο διὰ × στόματος × μεγάλοιο μέλλω ἀφ' ἡμετέρου παναληθέα
Sib.     4   15        ἰχθυόεσσα θάλασσα καὶ γῇ καὶ ποταμοί τε καὶ ἀενάων × στόμα × πηγῶν κτίσματα πρὸς ζωὴν ὄμβροι θ' ἄμα καρπὸν
Sib.     4   23        σὺ δὲ πάντα λεὼς ἐπάκουε Σιβύλλης ἐξ ὁσίου × στόματος × φωνὴν προχέοντος ἀληθῆ. ὄλβιοι ἀνθρώπων κεῖνοι
Sib.     5  280        κύνας καὶ γῦπας ἃ Αἴγυπτος κατέδειξεν σεμνύνειν × στομάτεσσι × κενοῖς καὶ χείλεσι μωροῖς. εὐσεβέων δὲ μόνων
Sib.     5  392        γενετῆρι ἐᾧ συζεύξατο νύμφη ἐν σοὶ καὶ βασιλεῖς × στόμα × δύσμορον ἐξεμίησιν ἐν σοὶ καὶ κτηνῶν ἐόρων κοίτην
Sib.     5  439        Πάρθοι δέ σε δεινοὶ πάντα κρατεῖν ἐποίησαν. ἔχε × στόμα × φιμῷ ἄναγνε Χαλδαίων γενεὴ μήτ' εἴρεο μηδὲ μέριμνα
FEz.   186    7        ἐμὴν ἐν⟨τ⟩ολὴν ἀλλὰ πας πυμὴν ἐξ υμων ανεω⟨ξε το × στόμα × και πολλοι εις καταβρωμα α⟨κ⟩υτοις εγενοντο αλλα
FAch.  110            εἰδὼς ὅτι καὶ τῷ κυνὶ ἡ οὐρὰ ἄρτον πορίζει τὸ δὲ × στόμα × πληγάς. ἐπὶ σωφροσύνῃ μεγαλοφρονεῖ μὴ ἐπὶ χρήμασι
       στόμαχος
TNep.    2    8        εἶτα καρδίαν εἰς φρόνησιν κοιλίαν εἰς διάκρισιν × στομάχου × κάλαμον πρὸς ὑγίειαν ἧπαρ πρὸς θυμὸν χολὴν πρὸς
                 6
       στοναχή
Sib.     3  417        οἶδμα λιποῦσα σοί δὲ μάλιστα γόους μόχθους × στοναχάς × τε φέρουσα θήσει ἀγήρατον δ' ἔσται κλέος
Sib.     3  438        σύ ποτ' + Ἄρη Βυζάντιον Ἀσίδι στέρξῃ+ καὶ δὴ καὶ × στοναχὰς × λήψῃ καὶ ἀνήριθμον αἷμα. καὶ Κράγος ὑψηλὸν
Sib.     3  602        πάντεσσι βροτοῖσιν ἄτην καὶ λιμὸν καὶ ἠματά τε × στοναχάς × τε καὶ πόλεμον καὶ λιμὸν ἰδ' ἄλγεα δακρυόεντα
Sib.     4  164        ἀγάγητε θεὸν μέγαν ἀλλὰ μεθέντες φάσγανα καὶ × στοναχὰς × ἀνδροκτασίας τε καὶ ὕβρεις ἐν ποταμοῖς λούσασθε
Sib.     5  213        μαχίμοις+ καινὴ φύσις ὥστ' ἀπολέσθαι ἐν πυρὶ καὶ × στοναχαῖσιν × ὅλην γῆν Αἰθιοπήων. μύρεο καὶ σὺ Κόρινθε τὸν
Sib.     5  248        ὁπόταν Περσὶς γαῖ' ἀπόσχηται πτολέμοιο λοιμοῦ τε × στοναχῆς × τε τότ' ἔσσεται ἤματι κείνῳ Ἰουδαίων μακάρων
       στονόεις
                 1
Sib.     5    1        χρόνον ἔσσεται ἀνήρ. λόγος πέμπτος. ἀλλ' ἄγε μοι × στονόεντα × χρόνον κλύε Λατινιδάων. ἦ τοί μὲν πρώτιστα
       στοργή
                 1
Sib.     3  376        ἡ πάντων προφέρουσα βροτοῖς ὁμόνοια σαόφρων καὶ × στοργή × πίστις φιλίη ξείνων ἄπο καύτων +ἠδέ τε δυσνομίη
       στοχάζομαι
HDem.    9   29    1    ἐκεῖ τῇ Ἰοθὼρ θυγατρὶ Σεπφώρα ἣν εἶναι ὅσα × στοχάζεσθαι × ἀπὸ τῶν ὀνομάτων τῶν γενομένων ἐκ Χεττούρας
HArt.    9   27   19    τῷ γαμβρῷ κατασκευάσαι τὸν δὲ Μώϋσον ἀποκωλῦσαι × στοχαζόμενον × τῶν ὁμοφύλων τὸν δὲ Ῥαγουῆλον διακωλύοντα
                 5
       στράτευμα
Job     30    2        εἰς τὴν γῆν ἐκλυθέντες καὶ ταραχθέντων τῶν × στρατευμάτων × αὐτῶν βλεπόντων τοὺς τρεῖς βασιλεῖς
Job     31    8        ὑποφωνούντων καὶ τῶν ἄλλων βασιλέων καὶ τῶν × στρατευμάτων × αὐτῶν. ἀκούσατε οὖν τοῦ κλαυθμοῦ τοῦ Ελιου
Job     34    2      φίλοις τι χρήσιμον ὅτι οὕτω παραγεγόναμεν σὺν τοῖς × στρατεύμασιν × ἵνα παραμυθησώμεθα αὐτόν; καὶ ἰδοὺ αὐτὸς
Job     43    3        ὕμνον, ἐπιφωνούντων αὐτῷ τῶν ἄλλων φίλων καὶ τῶν × στρατευμάτων × πλησίον τοῦ θυσιαστηρίου ἔλεγεν αὕτως
Aris.   37    7        παρ' ὅλην τὴν οἰκουμένην διατετήρηκεν εἴς τε τὸ × στράτευμα × τοὺς ἀκμαιοτάτους ταῖς ἡλικίαις τετάχαμεν τοὺς
       στρατεύω
                 6
FEz.   64   70    6    βασιλεύς τις ἐν τῇ αὐτοῦ βασιλείᾳ πάντας εἶχεν × ἐστρατευμένους × παγανὸν δὲ οὐκ εἶχεν ἀλλ' ἢ μόνον δύο ἕνα
HEup.    9   30    3    καὶ τοὺς ἐν Γαλαδηνῇ Ἀσσυρίους καὶ Φοίνικας. × στρατεῦσαι × δ' αὐτὸν καὶ ἐπὶ Ἰδουμαίους καὶ Ἀμμανίτας
HArt.    9   27   19    τὴν ἐκείνου θυγατέρα τὸν δὲ Ῥαγουῆλον βούλεσθαι × στρατεύειν × ἐπὶ τοὺς Αἰγυπτίους κατάγειν βουλόμενον τὸν
HArt.    9   27   19    τῶν ὁμοφύλων τὸν δὲ Ῥαγουῆλον διακωλύοντα × στρατεύειν × τοῖς Ἄραψι προστάξαι λῃστεύειν τὴν Αἴγυπτον.
HArt.    9   27   21    τὸ γεγονὸς φεύγειν φωνὴν δ' αὐτῷ θείαν εἰπεῖν × στρατεύειν × ἐπ' Αἴγυπτον καὶ τοὺς Ἰουδαίους διασώσαντα
       στρατηγία
Esdr.    1    7        οὖν εἰς τὸν οὐρανὸν καὶ ἴδον ἐν τῷ πρώτῳ οὐρανῷ × στρατηγίαν × ἀγγέλων μεγάλην καὶ ἀπήγαγόν με εἰς τὰς
       στρατηγός
                 5
Aris.  280    2        λέγειν τὸν ἐχόμενον ἠρώτα τίνας δεῖ καθιστάνειν × στρατηγούς; × ὃς δὲ εἶπεν ὅσοι μισοπονηρίαν ἔχουσι καὶ τὴν
FJub.   11    2        οἱ ἄνθρωποι τὸν κατ' ἀλλήλων αὐξήσαντες τῦφον × στρατηγούς × τε ἑαυτοῖς κατεστήσαντο καὶ βασιλεῖς. καὶ
FAch.  112            βασιλέα. ὁ δὲ Νεκταναβὼ ἐκέλευσεν τοὺς ὑφ' ἑαυτὸν × στρατηγοὺς × καὶ νομάρχας ἀναλαβεῖν στολὰς ⟨λευκὰς⟩ ὁμοίως
HArt.    9   27    7    καιρὸν εὐθετον πέμψαι τὸν Μώϋσον ἐπ' αὐτοὺς × στρατηγὸν × μετὰ δυνάμεως τὸ δὲ τῶν γεωργῶν αὐτῷ συστῆσαι
HArt.    9   27    8    γεωργῶν αὐτῷ κατεστρατοπεδεῦσαι πέμψαι δὲ × στρατηγοὺς × τοὺς προκαθεδουμένους τῆς χώρας οὓς δὴ
       στρατηλάτης
LEze.    9   28  4 05    μέλανες ἄρχων δ' ἐστὶ γῆς εἷς καὶ τύραννος καὶ × στρατηλάτης × μόνος. ἄρχει δὲ πόλεως τῆσδε καὶ κρίνει
       στρατιά
                 6
Adam    38    3        κιθάρας καὶ φιάλας καὶ σάλπιγγας. καὶ ἰδοὺ κύριος × στρατιᾶς × ἐπέβη καὶ τέσσαρες ἄνεμοι εἷλκον αὐτὸν καὶ τὰ
Abr.1    2    5        σου; δίδαξόν με τῷ σῷ ἱκέτῃ πόθεν καὶ ἐκ ποίας × στρατιᾶς × καὶ ἐκ ποίας ὁδοῦ παραγέγονας τὸ σὸν κάλλος
Asen.   14    8        ὁ ἄρχων τοῦ οἴκου κυρίου καὶ στρατιάρχης πάσης × στρατιᾶς × τοῦ ὑψίστου. ἀνάστηθι καὶ στῆθι ἐπὶ τοὺς πόδας
Esdr.    6   16        μονογενῆ αὐτοῦ υἱὸν κάτελθε υἱέ μου ἀγαπητὲ μετὰ × στρατιᾶν × ἀγγέλων πολλὴν λαβὼν τὴν ψυχὴν τοῦ ἀγαπητοῦ μου
Esdr.    6   17        ψυχὴν τοῦ ἀγαπητοῦ μου Ἐσδράμ. λαβὼν οὖν ὁ κύριος × στρατιᾶν × ἀγγέλων πολλὴν κατέβη τῷ προφήτῃ δός μοι τὴν
HArt.    9   27    9    δέκα. τοὺς οὖν περὶ τὸν Μώϋσον διὰ τὸ μέγεθος τῆς × στρατιᾶς × πόλιν ἐν τούτῳ κτίσαι τῷ τόπῳ καὶ τὴν Ἶβιν ἐν
       στρατιάρχης
Asen.   14    8        ὁ ἄνθρωπος ἐγὼ εἰμι ὁ ἄρχων τοῦ οἴκου κυρίου καὶ × στρατιάρχης × πάσης στρατιᾶς τοῦ ὑψίστου. ἀνάστηθι καὶ
                 12
       στρατιώτης
Abr.1    2    2        ἀρχιστράτηγον Μιχαὴλ ἀπὸ μηκόθεν ἐρχόμενον δίκην × στρατιώτου × εὐπρεπεστάτου ἀναστὰς τοίνυν ὁ ἱερώτατος
Abr.1    2    4        Ἀβραὰμ πρὸς τὸν ἀρχιστράτηγον χαίροις τιμιώτατε × στρατιῶτα × ἠλιόρατε καὶ πανευπρεπέστατε ὑπὲρ πάντας τοὺς
Job     31    3        εὐώδους ἐν ταῖς χερσὶν αὐτῶν, συνόντων αὐτῶν τῶν × στρατιωτῶν × αὐτῶν καὶ θυμίαμα βαλλόντων μοι κυκλόθεν, ἵνα
Job     34    6        αὐτὸν καὶ ἀκμὴν κατέλυσεν ἡμᾶς ἀπέναντι τῶν × στρατιωτῶν × ἡμῶν. τότε Βαλδὰδ ἐκράτησεν αὐτὸν λέγων ὅτι
Job     37    6        ὅλως μὴ δεδωκέναι τι οὐδέποτε βασιλεὺς ἀτιμάσει × στρατιωτῶν × ἰδίων καλῶς αὐτῷ δορυφορούντα ἢ τίς ποτε
Job     39    8      ἡ δὲ ἐδέετο αὐτῶν λέγουσα παρακαλῶ, κελεύσατε τοῖς × στρατιώταις × ὑμῶν ἵνα σκάψωσιν τὴν πτῶσιν τῆς οἰκίας τῆς
Aris.   14    5        κατὰ ψυχὴν ἔχων ὡς κατακρατούμενος ὑπὸ τῶν × στρατιωτῶν × δι' ἃς ἐπεποίηντο χρείας ἐν τοῖς πολεμικοῖς
Aris.   22    6        αὐτίκα ἐκάστου σώματος δραχμὰς εἴκοσι τοὺς μὲν × στρατιώτας × τῇ τῶν ὁμοφύλων δόσει τοὺς δὲ λοιποὺς δὴ τοῖς
Aris.   23    6        ἱκανὴ γὰρ ἦν ἡ παρά τὸ ἐξ δέον γεγονυῖα ἐκ τῶν × στρατιωτῶν × ὠφέλεια διὸ παντελῶς ἀνεπιεικής ἐστι καὶ ἡ
FEz.   64   70   12    καὶ ταῦτα ἀνήγγειλαν τῷ βασιλεῖ λέγοντες ἅπαντες × στρατιῶται × ἐν τῇ βασιλείᾳ σου καὶ οὐδείς ἐστι παγανός.
HArt.    9   27    7    πλῆθος ἱερὸν ἀνακαθῆραι καὶ πᾶσιν αὐτοῦ τοῖς × στρατιώταις × ὁμοίως φέρειν τὸν χοῦν προστάξαντος μόνους
HHec.    1   22  192    πεπτωκὼς ἱερὸν ἀνακαθῆραι καὶ πᾶσιν αὐτοῦ τοῖς × στρατιώταις × ὁμοίως φέρειν τὸν χοῦν προστάξαντος μόνους
                 3
       στρατιωτικός
Aris.   23    3        τὸ καλῶς ἔχον ᾐχμαλωτεῦσθαι τούτους διὰ δὲ τὴν × στρατιωτικὴν × προπέτειαν τήν τε χώραν αὐτῶν κατεφθάρθαι
Aris.   36    1        τὴν Αἴγυπτον αἰχμαλώτους ἀφ' ὧν πλείονας εἰς τὸ × στρατιωτικὸν × σύνταγμα κατεχώρισεν ἐπὶ μείζοσι
HCal.   28    9        Φιλίππου δὲ σχῆμα ἔχειν καὶ ἰατρικὸν καὶ × στρατιωτικὸν × Ἀντίοχον δὲ δορυφόρων ἐμφέρεσθαι. τῶν
       στρατόπεδον
Aris.   20    7        αὐτὸν ἀπολυτρῶσαι μὴ μόνον τοὺς συνεληλυθότας τῷ × στρατοπέδῳ × τοῦ πατρὸς ἀλλὰ καὶ εἴ τινες προῆσαν ἢ μετὰ
                 6
       στρατός
HCal.   24   10  τοῦ Ἰουδαϊκοῦ ἔθνους πρέσβεις πῶς ἀντ' οὐδενὸς τῷ × στρατῷ × Μακεδόνων ὁ θάνατος. ἄπιτε οὖν καὶ τὸ συμφέρον
HCal.   24   16  σωτηρίας. ἔξω γὰρ φύσεως ἀνθρώπων ὁ Μακεδόνων × στρατῷ × ὡς γὰρ ἐν ἡμῖν φοβερὸς καθέστηκεν ὁ θάνατος τοῖς
LEze.    9   29  14 09  τοὺς μὲν ἐξ εὐωνύμων ἐκ δεξιῶν δὲ πάντας Αἰγυπτίου × στρατοῦ. × τὸν πάντα δ' αὐτῶν ἀριθμὸν ἠρόμην ἐγὼ ⟨στρατοῦ⟩
LEze.    9   29  14 10  στρατοῦ. τὸν πάντα δ' αὐτῶν ἀριθμὸν ἠρόμην ἐγὼ × ⟨στρατοῦ⟩ × μυριάδες ⟨ἦσαν⟩ ἑκατὸν εὐάνδρου λεώ⟨ς⟩. ἐπεὶ
LEze.    9   29  14 12  εὐάνδρου λεώ⟨ς⟩. ἐπεὶ δ' Ἑβραίων οὐμὸς ᾔτησε × στρατός × οἱ μὲν παρ' ἄκτῇ πλησίον βεβλημένοι Ἐρυθρᾶς
```

LEze. 9 29 14 50 ἔρδει. καὶ συνεκλύσθη πόρος Ἐρυθρᾶς Θαλάσσης καὶ * στρατὸν * διώλεσε. κράτιστε Μωσῆ πρόσχες οἷον εὕρομεν

στρατοφύλαξ 2
FAch. 104 τῇ σφραγῖδι καὶ ὀργισθεὶς προσέταξεν Ἑρμίππῳ τινὶ * στρατοφύλακι * ἀνελεῖν τὸν Αἴσωπον ὡς προδότην. ὁ δὲ οὐκ
FAch. 107 οὔτε βρωτοῦ οὔτε ποτοῦ μετέλαβεν. ἐπιγνοὺς οὖν ὁ * στρατοφύλαξ * τὰς ἀναγκαίας χρείας τοῦ βασιλέως ἠθέλησεν

στρεπτός 2
Aris. 58 2 δὲ ἐποίησαν παλαιστιαίαν κυκλόθεν τὰ δὲ κυμάτια * στρεπτὰ * τὴν ἀναγλυφὴν ἔχοντα σχοινίδων ἔκτυπον τῇ τορείᾳ
Sib. 5 215 καὶ σὺ Κόρινθε τὸν ἐν σοὶ λυγρὸν ὄλεθρον ἠνίκα γὰρ * στρεπτοῖσι * μίτοις Μοῖραι τριάδελφοι κλωσάμεναι φεύγοντα

στρέφω 19
Adam 19 1 διώδευσεν ἔμπροσθέν μου. καὶ περιπατήσας ὀλίγον * ἐστράφη * καὶ λέγει μοι μεταμεληθεὶς οὐ δώσω σοι φαγεῖν.
Adam 23 5 αὐτὸν ὅτι ἀκίνδυνόν σε ποιήσω παρὰ τοῦ θεοῦ. καὶ * στραφεὶς * πρός με εἶπεν τί τοῦτο ἐποίησας; κἀγὼ εἶπον ὅτι
Adam 25 1 ἐν ἀκαταστασίᾳ ὅτι τὴν ἐντολήν μου οὐκ ἐφύλαξας. * στραφεὶς * δὲ πρός με ὁ κύριος λέγει ἐπειδὴ ἐπήκουσας τοῦ
Adam 25 4 κρινῶ σε διὰ τὴν ἔχθραν ἣν ἔθετο ὁ ἐχθρὸς ἐν σοί. * στραφήσει * δὲ πάλιν πρὸς τὸν ἄνδρα σου καὶ αὐτός σου
Adam 28 1 λέγοντες δίκαιος εἶ κύριε καὶ εὐθύτητας κρίνεις. * στραφεὶς * δὲ πρὸς τὸν Ἀδὰμ εἶπεν οὐκ ἀφήσω σε ἀπὸ τοῦ
Adam 28 3 ὡρίσθη γὰρ τῷ Χερουβὶμ καὶ τῇ φλογίνῃ ῥομφαίᾳ τῇ * στρεφομένῃ * φυλάσσειν αὐτὸ διά σέ ὅπως μὴ γεύσῃ ἀπ' αὐτοῦ
Hen. 18 4 μεταξὺ γῆς καὶ οὐρανοῦ. ἴδον ἀνέμους τῶν οὐρανῶν * στρέφοντας * καὶ διανεύοντας τὸν τροχὸν τοῦ ἡλίου καὶ
Abr.1 11 1 ἐπὶ τὰς ψυχὰς ⟨τῶν ἁμαρτωλῶν⟩ ἃς ἀπώλεσεν. * ἔστρεψεν * δὲ ὁ Μιχαὴλ τὸ ἅρμα καὶ ἤνεγκεν τὸν Ἀβραὰμ
TZab. 7 4 συμπορευόμενος αὐτῷ ἔκλαιον καὶ τὰ σπλάγχνα μου * ἐστρέφετο * ἐπ' αὐτῷ εἰς συμπάθειαν. καὶ ὑμεῖς οὖν τέκνα
Bar. 16 1 εἰσέλθατε εἰς τὴν χαρὰν τοῦ κυρίου ὑμῶν. καὶ * στραφεὶς * λέγει καὶ τοῖς μηδὲν ἐνεγκοῦσιν τάδε λέγει
Esdr. 4 16 γεραιοὺς καὶ στρόφιγγες πυρώμενοι εἰς τὰ ὦτα αὐτῶν * στρεφόμενοι. * καὶ εἶπον τίνες οὗτοι καί τί τὸ ἁμάρτημα
Job 27 1 τῶν ἑαυτῶν ἀνδρῶν τὴν ἁπλότητα. ἐγὼ δὲ πάλιν * στραφεὶς * πρὸς τὸν Σατανᾶν εἶπον, ὄπισθεν ὄντα τῆς
Job 29 3 εἶναί με τὸν Ἰωβαβ. ἀπαξαπλῶς ἔτι ἀμφιβαλλόντων, * στραφεὶς * πρός με Ελιφας ὁ τῶν Θεμανῶν βασιλεὺς εἶπεν σὺ
Aris. 59 3 τὴν αὐτὴν διάθεσιν εἶχεν ὥστε καθ' ὃ ἂν μέρος * στρέφοιτο * τὴν πρόσοψιν εἶναι τὴν αὐτὴν κειμένου δὲ κατὰ
Aris. 60 4 τριγώνου κατεσκευασμένου καθ' ὃ ἂν μέρος * στρέφοιτο. * λίθων τε πολυτελῶν ἐν αὐτῷ διαθέσεις ὑπῆρχον
Sib. 3 625 βροτὲ ποικιλόμητι βράδυνε ἀλλὰ παλίμπλαγκτος * στρέψας * θεὸν ἱλάσκοιο. θῦε θεῷ ταύρων ἑκατοντάδας ἠδὲ
Sib. 5 497 θεοῖσιν πομπὰς καὶ τελετὰς ποιούμενοι οὐκ ἐνόησαν. * στρέψωμεν * ψυχὰς θεὸν ἄφθιτον ἐξυμνοῦντες αὐτὸν τὸν
HCal. 24 8 στῖφος εἰς τὸ κελευόμενον ὑπὸ Ἀλεξάνδρου. καὶ * στραφεὶς * πρὸς τοὺς κατασκοπεῦσαι βουλομένους εἶπεν ὁρᾶτε
LEze. 9 29 14 41 βοηδρομοῦντες ἁρμάτων δ' ἄφνω τροχοὶ οὐκ * ἐστρέφοντο * δέσμιοι δ' ὡς ἥρμοσαν. ἀπ' οὐρανοῦ δὲ φέγγος

στρῆνος 1
TBen. 9 1 καὶ ἀπολεῖσθε ἕως βραχὺ καὶ ἀνανεώσεσθε ἐν γυναιξὶ * στρήνους * καὶ ἡ βασιλεία κυρίου οὐκ ἔσται ἐν ὑμῖν ὅτι

στροβιλέα 1
Hen. 32 4 φρόνησιν μεγάλην. ὅμοιον τὸ δένδρον ἐκεῖνο * στροβιλέᾳ * τὸ ὕψος τὰ δὲ φύλλα αὐτοῦ κερατίᾳ ὅμοια ὁ δὲ

στρόβιλος 1
TLevi 18 2B024 ὀνόματα αὐτῶν κέδρον καὶ ουεδεφωνα καὶ σχῖνον καὶ * στρόβιλον * καὶ πίτυν καὶ ολδινα καὶ βερωθα +καν+ θεχακ

στρογγύλος 1
Asen. 27 2 Βενιαμὶν ἀπὸ τοῦ ὀχήματος καὶ ἔλαβε λίθον * στρογγύλον * ἐκ τοῦ χειμάρρου καὶ ἐπλήρωσε τὴν χεῖρα αὐτοῦ

στρουθίον 1
Sal. 17 16 ἐφύγοσαν ἀπ' αὐτῶν οἱ ἀγαπῶντες συναγωγὰς ὁσίων ὡς * στρουθία * ἐξεπετάσθησαν ἀπὸ κοίτης αὐτῶν. ἐπλανῶντο ἐν

στροφή 1
Sal. 12 2 ψιθύρου καὶ λαλούσης ψευδῆ καὶ δόλια. ἐν ποικιλίᾳ * στροφῆς * οἱ λόγοι τῆς γλώσσης ἀνδρὸς πονηροῦ ὥσπερ ἐν λαῷ

στρόφιγξ 1
Esdr. 4 16 μετρῆσαι. καὶ ἴδον ἐκεῖ ἀνθρώπους γεραιοὺς καὶ * στρόφιγγες * πυρώμενοι εἰς τὰ ὦτα αὐτῶν στρεφόμενοι. καὶ

στρωμνή 1
Aris. 182 5 ἰδίοις συγχρῶνται πρὸς τὰ ποτὰ καὶ βρωτὰ καὶ * στρωμνὰς * τοσοῦτοι καὶ προεστῶτες ἦσαν καὶ κατὰ τοὺς

στρώννυμι 8
Adam 40 2 ὁ θεὸς τῷ Μιχαὴλ καὶ τῷ Γαβριὴλ καὶ τῷ Οὐριὴλ * στρώσατε * σινδόνας καὶ σκεπάσατε τὸ σῶμα τοῦ Ἀδὰμ καὶ
Abr.1 4 1 τὸ ταμεῖον τοῦ τρικλίνου καὶ καλλώπισον αὐτὸ καὶ * στρῶσαι * μοι ἐκεῖ δύο κλινάρια ἕνα ἐμοὶ καὶ ἕνα τοῦ
Abr.2 5 2 λέγει δὲ Ἀβραὰμ Ἰσαὰκ τῷ υἱῷ αὐτοῦ ἀνάστηθι * στρῶσον * τὴν κλίνην τοῦ ἀνθρώπου σπεῦδει γὰρ ἀναπαῆναι
Asen. 2 8 ⟨πρὸς τὴν θυρίδα⟩ κατὰ ἀνατολὰς καὶ ἦν ἡ κλίνη * ἐστρωμένη * πορφυρᾷ χρυσοϋφῆ ἐξ ὑακίνθου καὶ πορφύρας καὶ
Asen. 10 15 καὶ κατέπασε τέφραν ἐπάνω τῆς κεφαλῆς αὐτῆς. καὶ * ἔστρωσε * τὴν τέφραν εἰς τὸ ἔδαφος καὶ ἐπάτασσε ταῖς δυσὶ
Asen. 13 15 παράθου με αὐτῷ εἰς παιδίσκην καὶ δούλην. κἀγὼ * στρώσω * τὴν κλίνην αὐτοῦ καὶ νίψω τοὺς πόδας αὐτοῦ καὶ
Sib. 4 107 χαμαὶ γόνυ πύργος ἐρείσει. τλῆμον Λαοδίκεια σὲ δὲ * στρώσει * ποτὲ σεισμὸς πρηνίξας στήσῃ δὲ πάλιν πόλις
Sib. 5 438 κείσῃ οὔρεσιν ἐν χρυσέοις καὶ νάμασιν Εὐφρήταο * στρωθήσῃ * σεισμοῖο κλόνῳ Πάρθοι δέ σε δεινοὶ πάντα

στρωφάω 1
LPhi. 9 37 2 ἱέμενον πολυηθὲς ὑπαὶ πύργους συνόροισιν * στρωφᾶται * καὶ ξηρὰ πέδῳ κεκονιμένα κρήνης τηλεφαῆ

στυγερός 4
Sib. 4 34 αἰσχρὸν ἔχοντες (οὐδὲ ἐπ' ἄρσενος ὕβριν ἀπεχθέα τε * στυγερήν * τε). ὧν τρόπον εὐσεβίην τε καὶ ἤθεα ἀνέρες
Sib. 4 118 ἂν ἀφροσύνῃσι πεποιθότες εὐσεβίην μὲν ῥίψωσιν * στυγεροὺς * δὲ φόνους τελέωσι πρὸ νηοῦ καὶ τότ' ἀπ'
Sib. 4 121 ἄπυστος ὑπὲρ πόρον Εὐφρήταο ὁππότε δὴ μητρῷον ἄγος * στυγεροῖο * φόνοιο τλήσεται ἄλλα τε πολλὰ κακῇ σὺν χειρὶ
Sib. 5 199 Κυρήνη μερόπων ἐλεεινὰ δακρύσει; οὐ παύσῃ θρήνου * στυγεροῦ * πρὸς καιρὸν ὀλέθρου. ἔσσεται ἐν Βρύγεσσι καὶ ἐν

στυγέω 3
Sib. 5 144 ἐκ Βαβυλῶνος ἄναξ φοβερὸς καὶ ἀναιδὴς ὃν πάντες * στυγέουσι * βροτοὶ καὶ φῶτες ἄριστοι ὤλεσε γὰρ πολλοὺς καὶ
Sib. 5 165 (ἔσσεται ἀλλὰ μενεῖ εἰς αἰῶνας πανέρημος) σὸν * στυγέουσ' * ἔδαφος ὅτι φαρμακίην ἐπόθησας μοιχεῖαι παρὰ
FPho. 17 μὴ δ' ἐπιορκήσῃς μήτ' ἀγνὼς μήτε ἑκοντὶ ψεύδορκον * στυγέει * θεὸς ἄμβροτος ὅστις ὀμόσσῃ. σπέρματα μὴ

Στύγιος 2
Sib. 3 146 καὶ εἰς ἅλα μύρατο ὕδωρ ἄμμιγα Πηνειῷ καί μιν * στύγιον * καλέουσιν. ἡνίκα δ' ἤκουσαν Τιτῆνες παῖδας
Sib. 4 186 χυτὴ κατὰ γαῖα καλύψει Τάρταρά τ' εὐρώεντα μυχοὶ * στύγιοι * τε γεέννης. ὅσσοι δ' εὐσεβέουσι πάλιν ζήσοντ'

στυγνός 1
TLevi 3 1 οὖν περὶ τῶν ἑπτὰ οὐρανῶν. ὁ κατώτερος διὰ τοῦτο * στυγνότερός * ἐστιν ἐπειδὴ οὗτος ὁρᾷ πάσας ἀδικίας

στῦλος 16
Hen. 18 11 οἱ οὐρανοί. καὶ ἴδον χάσμα μέγα εἰς τοὺς * στύλους * τοῦ πυρὸς καταβαίνοντας καὶ οὐκ ἦν μέτρον οὔτε
Hen. 21 7 καὶ διακοπὴν εἶχεν ὁ τόπος ἕως τῆς ἀβύσσου πλήρης * στύλων * πυρὸς μεγάλου καταφερομένων οὔτε μέτρον οὔτε
Jer. 1 2 τῶν κατοικούντων ἐν αὐτῇ. αἱ γὰρ προσευχαὶ ὑμῶν ὡς * στῦλος * ἑδραῖός ἐστιν ἐν μέσῳ αὐτῆς καὶ ὡς τεῖχος
Prop. 12 12 Δαβὴρ εἰς μικρὰ ῥαγήσεται καὶ τὰ ἐπίκρανα τῶν δύο * στύλων * ἀφαιρεθήσονται καὶ οὐδεὶς γνώσεται ποῦ ἔσονται
Sib. 3 250 λαὸς ὁ δωδεκάφυλος ἐν ἡγεμόσιν θεοπέμπτοις ἐν * στύλῳ * πυρόεντι τὸ νυκτερινὸν διοδεύων καὶ στύλῳ νεφέλης
Sib. 3 251 ἐν στύλῳ πυρόεντι τὸ νυκτερινὸν διοδεύων καὶ * στύλῳ * νεφέλης +πᾶν ἠὼς ἦμαρ ὁδεύσει+ τούτῳ δ' ἡγητῆρα
FAch. 120 λέγετε ὃ θέλετε. οἱ δὲ εἶπον ἔστιν ναός τις καὶ * στῦλος * εἷς καὶ ἐπάνω τοῦ στύλου πόλεις δεκαδύο καὶ
FAch. 120 εἶπον ἔστιν ναός τις καὶ στῦλος εἷς καὶ ἐπάνω τοῦ * στύλου * πόλεις δεκαδύο καὶ τούτων ἑκάστη τριάκοντα δοκοῖς
FAch. 120 ὁ ναὸς ἡ οἰκουμένη διὰ τὸ περιέχειν ἅπαντα ὁ δὲ * στῦλος * ὁ ἐνιαυτὸς διὰ τὸ ἀσφαλῶς αὐτὸν βεβηκέναι αἱ δὲ
HEup. 9 34 6 χωνεύσαντα καὶ τοῦτον καταχέαντα. ποιῆσαι δὲ δύο * στύλους * χαλκοῦς καὶ καταχρυσῶσαι αὐτοὺς χρυσίῳ ἀδόλῳ
HEup. 9 34 7 χρυσίῳ ἀδόλῳ δακτύλου τὸ πάχος. εἶναι δὲ τοὺς * στύλους * τῷ ναῷ ἰσομεγέθεις τὸ δὲ πλάτος κύκλῳ ἕκαστον
HEup. 9 34 9 καὶ κατὰ τὸ πρὸς βορρᾶν μέρος τοῦ ἱεροῦ στοὰν καὶ * στύλους * αὐτῇ ὑποστῆσαι χαλκοῦς μ η' κατασκευάσαι δὲ καὶ
HEup. 9 34 16 πεντακοσίους. τὸ δὲ σύμπαν χρυσίον τὸ εἰς τοὺς δύο * στύλους * καὶ τὸν ναὸν καταχρησθὲν εἶναι τάλαντα μυριάδων
LEze. 9 29 14 30 τεραστίων θαυμάστ' ἰδέσθαι. καὶ τις ἐξαίφνης μέγας * στῦλος * νεφώδης ἐστάθη πρὸ γῆς μέγας παρεμβολῆς ἡμῶν τε
LEze. 9 29 16 05 δὲ φέγγος ἐξέλαμψέ νυν κατ' εὐφρόνης σημεῖον ὡς * στῦλος * πυρός. ἐνταῦθα λειμῶν' εὕρομεν κατάσκιον ὑγράς τε
FrAn. 574 3034 ιαηλ. ὁρκίζω σε τὸν ὀπτανθέντα τῷ Ἰσραὴλ ἐν * στύλῳ * φωτινῷ καὶ νεφέλῃ ἡμερινῇ καὶ ῥυσάμενον αὐτοῦ τὸν

σύ 1516 σου σοι σύ σοί σοῦ σέ σού σέθεν σ' σεῖο σοῖο συ σέο σεῦ

Συβαθά 1
Prop. 20 1 τοῦ πλανήσαντος αὐτόν. Ἀζαρίας ἐκ γῆς * Συβαθὰ * ὃς ἐπέστρεψεν ἐξ Ἰσραὴλ τὴν αἰχμαλωσίαν Ἰούδα

συγγένεια 15
TLevi 18 2B062 ὀγδόῳ καὶ εἰκοστῷ ἔλαβον γυναῖκα ἐμαυτῷ ἐκ τῆς * συγγενείας * Ἀβραὰμ τοῦ πατρός μου Μελχὰ θυγατέρα Βαθουὴλ
TZab. 8 6 ἀδελφοῦ αὐτοῦ ὅτι τοῦτο χωρίζει ἑνότητα καὶ πᾶσαν * συγγένειαν * διασκορπίζει καὶ τὴν ψυχὴν ταράσσει καὶ τὴν
Asen. 5 3 τοῦ Ἰωσὴφ Πεντεφρὴς καὶ ἡ γυνὴ αὐτοῦ καὶ πᾶσα ἡ * συγγένεια * αὐτοῦ. καὶ ἠνοίχθησαν αἱ πύλαι τῆς αὐλῆς αἱ
Asen. 5 7 καὶ ἦλθον Πεντεφρῆς καὶ ἡ γυνὴ αὐτοῦ καὶ πᾶσα ἡ * συγγένεια * αὐτοῦ πλὴν τῆς θυγατρὸς αὐτῶν Ἀσενὲθ καὶ
Asen. 7 2 Ἀσενέθ. καὶ εἶπεν Ἰωσὴφ τῷ Πεντεφρῇ καὶ πάσῃ τῇ * συγγενείᾳ * αὐτοῦ λέγων τίς ἐστιν ἡ γυνὴ ἐκείνη ἡ ἑστῶσα
Asen. 7 8 μοι αὕτη. καὶ εἶπεν Ἰωσὴφ τῷ Πεντεφρῇ καὶ πάσῃ τῇ * συγγενείᾳ * αὐτοῦ εἰ θυγάτηρ ὑμῶν ἐστὶ καὶ παρθένος
Asen. 8 6 αὐτοῦ καὶ τὴν ἀδελφὴν τὴν ἐκ τῆς φυλῆς καὶ τῆς * συγγενείας * αὐτοῦ καὶ τὴν γυναῖκα τὴν σύγκοιτον αὐτοῦ
Asen. 10 1 Ἰωσὴφ τὴν ὁδὸν αὐτοῦ καὶ Πεντεφρῆς καὶ πᾶσα ἡ * συγγένεια * αὐτοῦ ἀπῆλθον εἰς τὸν κλῆρον αὐτῶν. καὶ
Asen. 11 5 με ὁ πατήρ μου καὶ ἡ μήτηρ μου καὶ πᾶσα ἡ * συγγένειά * μου καὶ εἶπον οὐκ ἔστι θυγάτηρ ἡμῶν Ἀσενὲθ
Asen. 20 6 καὶ ἦλθον ὁ πατὴρ καὶ ἡ μήτηρ αὐτῆς καὶ πᾶσα ἡ * συγγένεια * αὐτῆς ἐκ τοῦ ἀγροῦ τῆς κληρονομίας αὐτῶν. καὶ
Asen. 22 2 αὐτοῦ καὶ ἦλθεν Ἰσραὴλ εἰς Αἴγυπτον σὺν πάσῃ τῇ * συγγενείᾳ * αὐτοῦ ἐν τῷ δευτέρῳ ἔτει τοῦ λιμοῦ ἐν τῷ
Aris. 241 2 ἀποδεξάμενος δὲ αὐτὸν πρὸς ἕτερον εἶπε τίς ὠφέλεια * συγγενείας * ἐστίν; ὁ δὲ ἀπεφήνατο ἐὰν τοῖς συμβαίνουσι
FJub. 16 21 ὅρκου. ἑαυτῷ δὲ ἰδίᾳ καὶ τοῖς οἰκέταις αὐτοῦ κατὰ * συγγενείας * πηξάμενος σκηνὰς τότε πρῶτον Ἀβραὰμ τῆς
FIsa. 1 2 12 καὶ----- ἐν Σαμαρίᾳ ᾧ ⟨ὄ⟩νομα ἦν Βελιχειὰρ ἐκ τῆς * συγγενίας * Σεδεκίου υἱοῦ Χανανὶ τοῦ ψευδοπροφήτου ὃς ἦν

```
LEze.   9   29 13 02        ἀνδρῶν Ἑβραίων τοῦδε τοῦ μηνὸς λαβὼν κατὰ ✶ συγγενείας ✶ πρόβατα καὶ μόσχους βοῶν ἄμωμα δεκάτῃ καὶ
συγγενής                                                                    9
Abr.2    2    8        τοῦ οἴκου τοῦ πατρός σου καὶ τῆς γῆς σου καὶ τῶν ✶ συγγενῶν ✶ σου καὶ ἐλθὲ εἰς τὴν γῆν ἥν ἄν σοι δείξω.
Aris.    7    4        σοὶ γνησίαν ἔχοντι τὴν αἵρεσιν οὐ μόνον κατὰ τὸ ✶ συγγενὲς ✶ ἀδελφῷ καθεστῶτι τὸν τρόπον ἀλλὰ καὶ τῇ πρὸς τὸ
Aris.  241   4        ἐλαττοῦσθαι καὶ κακοπαθῶμεν ὡς αὐτοὶ φαίνεται τὸ ✶ συγγενὲς ✶ ὅσον ἰσχύόν ἐστι τελουμένων δὲ τούτων καὶ δόξα
FEsd.    7  103        ὑπὲρ ἀνδρῶν οὔτε οἰκέται ὑπὲρ δεσποτῶν οὔτε ✶ συγγενεῖς ✶ ὑπὲρ συγγενῶν οὔτε φίλοι ὑπὲρ φίλων οὔτε
FEsd.    7  103        οὔτε οἰκέται ὑπὲρ δεσποτῶν οὔτε συγγενεῖς ὑπὲρ ✶ συγγενῶν ✶ οὔτε φίλοι ὑπὲρ φίλων οὔτε δίκαιοι ὑπὲρ ἀδίκων
FPho.       219        ⟨στέργε φίλους ἄχρις θανάτου πίστις γὰρ ἀμείνων.⟩ ✶ συγγενέσιν ✶ φιλότητα νέμοις ὁσίην θ' ὁμόνοιαν. αἰδεῖσθαι
HDem.    9   21   13        ἔπεμψεν αὐτὸν δεδηλωκέναι ἐλθόντων γὰρ αὐτοῦ τῶν ✶ συγγενῶν ✶ φάναι αὐτοῖς ἐὰν κληθῶσιν ὑπὸ τοῦ βασιλέως καὶ
HDem.    9   21   18        ἕως τοῦ εἰσελθεῖν εἰς Αἴγυπτον τοὺς τοῦ Ἰωσὴφ ✶ συγγενεῖς ✶ ἔτη γ χ κ δ'. ἀπὸ δὲ τοῦ κατακλυσμοῦ ἕως τῆς
LEze.   9   28  3 18        δὲ πάλιν ἰδὼν ἄνδρας δύο μάλιστα δ' αὐτοὺς ✶ συγγενεῖς ✶ πατουμένους λέγω τί τύπτεις ἀσθενέστερον
συγγενικός                                                                  1
Aris.  147   8        καὶ οὐ καταδυναστεύει πρὸς τὴν ἐπαναίρεσιν τῶν ✶ συγγενικῶν. ✶ διὰ τῶν τοιούτων οὖν παραδέδωκεν ὁ νομοθέτης
συγγίγνομαι                                                                 3
Hen.   106   14        καὶ παραβαίνουσιν τὸ ἔθος καὶ μετὰ γυναικῶν ✶ συγγίνονται ✶ καὶ μετ' αὐτῶν ἁμαρτάνουσιν καὶ ἔγημαν ἐξ
TLevi   18  2B069        μηνὶ μιᾷ τοῦ μηνὸς ἐπ' ἀνατολῆς ἡλίου. καὶ πάλιν ✶ συνεγενόμην ✶ αὐτῇ καὶ ἐν γαστρὶ ἔλαβεν καὶ ἔτεκέν μοι
HAno.    9   17   7 γῆμαι φάντος αὐτοῦ ἀδελφὴν εἶναι. οὐκ ἠδύνατο αὐτῇ ✶ συγγενέσθαι ✶ καὶ συνέβη φθείρεσθαι αὐτοῦ τὸν λαὸν καὶ τὸν
συγγιγνώσκω                                                                 4
TJud.   19    3        ὁ θεὸς τῶν πατέρων μου ὁ οἰκτίρμων καὶ ἐλεήμων ✶ συνέγνω ✶ ὅτι ἐν ἀγνοίᾳ ἐποίησα. ἐτύφλωσε γάρ με ὁ ἄρχων
Asen.   13   13 ἀλλὰ σὺ ῥῦσαί με ἀπὸ τῶν πολλῶν μου ἀγνοημάτων καὶ ✶ σύγγνωθί ✶ μοι διότι ἥμαρτόν σοι ἐν ἀγνοίᾳ παρθένος οὖσα
HHec.    1   22  192        πληγὰς καὶ ζημίας ἀποτῖσαι μεγάλας ἕως αὐτοῖς ✶ συγγνόντα ✶ τὸν βασιλέα δοῦναι τὴν ἄδειαν. τῶν γε μὴν εἰς
συγγνώμη                                                                    5
Asen.   28   14        καὶ ἔφυγον μηκόθεν ἀπὸ προσώπου ὑμῶν. λοιπὸν ✶ συγγνώμην ✶ αὐτοῖς ἀπονείματε. καὶ ἦλθε πρὸς αὐτὴν Λευὶς
Aris.  295    1        ἐγὼ δὲ εἰ πεπλεόνακα τούτοις ὦ Φιλόκρατες ✶ συγγνώμην ✶ ἔχειν. τεθαυμακὼς γὰρ τοὺς ἄνδρας ὑπὲρ τὸ δέον
Sib.     4  167        χεῖράς τ' ἐκτανύσαντες ἐς αἰθέρα τῶν πάρος ἔργων ✶ συγγνώμην ✶ αἰτεῖσθαι καὶ εὐλογίαις ἀσέβειαν πικρὰν
FAch.  106        ἀδυνάτως καὶ ἀπείρως ἔχομεν πρὸς τὰ τοιαῦτα. ✶ συγγνώμης ✶ τοίνυν τυχεῖν ἀξιοῦμεν. ὁ δὲ βασιλεὺς
HHec.    1   22  193        ζημίαν τοῖς σατράπαις ἐξέτινον περί τινων δὲ καὶ ✶ συγγνώμης ✶ μετελάμβανον. πολλὰς μὲν γὰρ ἡμῶν ἀνασπάστους
σύγγονος                                                                    3
FrAn.    1  226   46        ἑαυτό⟨ν - ⟩ν λείπων προς βραχυ απεβη - ⟩ς τοις ✶ συγγονοις ✶ αυτου κ⟨ - πριασασθαι σιτον εζητειτε⟨ - ⟩αι
FrAn.    1  226   50        ι⟨ - ⟩ουν εστε δηλωσατε καὶ π⟨ - ⟩εχετε ετερον ✶ συγγονον⟨ ✶ - ⟩ημος των υιων Ιακωβ κ⟨ - τ⟩ον θν νυνι σωσον
FrAn.    1  227   23        ⟩ν παρ εμοι κατα⟨ - ⟩κατε νυν απαγαγε⟨τε - - το⟩ν ✶ συγγονον ✶ πρ⟨ος ⟩μοι ελαβε⟨ - ⟩ας ενωπιον αυτω⟨ - -
συγγραφεύς                                                                  1
Aris.   31    4        ὡς ἄν οὖσαν θείαν. διὸ πόρρω γεγόνασιν οἵ τε ✶ συγγραφεῖς ✶ καὶ ποιηταὶ καὶ τὸ τῶν ἱστορικῶν πλῆθος τῆς
συγγράφω                                                                    1
Sedr.   16    6        ἐν τόπῳ ἀναψύξεως καὶ ἀναπαύσεως καὶ εἴ τις ✶ συγγράψει ✶ τὸν λόγον τοῦτον τὸν θαυμαστὸν οὐ μὴ λογισθῇ
συγκαλέω                                                                    1
Asen.   21    8 δεῖπνον μέγα καὶ πότον πολὺν ἐν ἑπτὰ ἡμέραις. καὶ ✶ συνεκάλεσε ✶ πάντας τοὺς ἄρχοντας τῆς γῆς Αἰγύπτου καὶ
συγκαλύπτω                                                                  2
TNep.    4    2 ἐκεῖ τοῖς ἐχθροῖς ὑμῶν καὶ πάσῃ κακώσει καὶ θλίψει ✶ συγκαλυφθήσεσθε ✶ ἕως ἄν ἀναλώσῃ κύριος πάντας ὑμᾶς. καὶ
TNep.    9    2        αὐτοῦ. καὶ φαγὼν καὶ πιὼν ἐν ἱλαρότητι ψυχῆς ✶ συνεκάλυψε ✶ τὸ πρόσωπον αὐτοῦ καὶ ἀπέθανεν. καὶ ἐποίησαν
συγκάταινος                                                                 1
LThe.   9   22    8        Λευὶν τῷ ἀδελφῷ κοινώσασθαι λαβόντα δ' αὐτὸν ✶ συγκάταινον ✶ ἐπὶ τὴν πρᾶξιν παρορμῆσαι λόγιον
συγκατακαίω                                                                 1
FJub.   12   14        ἐνεπύρισεν Ἀβραὰμ τὰ εἴδωλα τοῦ πατρὸς αὐτοῦ καὶ ✶ συγκατεκαύθη ✶ αὐτοῖς Ἀρρὰν θέλων σβέσαι τὸ πῦρ ἐν νυκτί.
συγκαταριθμέω                                                               2
TNep.    7    2        πιστεύω ὅτι ζῇ Ἰωσὴφ ὁρῶ γὰρ πάντοτε ὅτι κύριος ✶ συγκαταριθμεῖ ✶ αὐτὸν μεθ' ὑμῶν. καὶ κλαίων ἔλεγε ζῇς
Asen.    8    9 ἄρτον ζωῆς σου καὶ πίετω ποτήριον εὐλογίας σου καὶ ✶ συγκαταρίθμησον ✶ αὐτὴν τῷ λαῷ σου ὃν ἐξελέξω πρὶν
συγκαταφέρω                                                                 1
Aris.  222    2 κρατίστη; ἐκεῖνος δὲ ἔφη τὸ κρατεῖν ἑαυτοῦ καὶ μὴ ✶ συγκαταφέρεσθαι ✶ ταῖς ὁρμαῖς. πᾶσι γὰρ ἀνθρώποις φυσικὸν
σύγκειμαι                                                                   1
HHec.    1   22  198        οὐκ ἐκ τμητῶν ἀλλ' ἐκ συλλέκτων ἀργῶν λίθων οὕτω ✶ συγκείμενος ✶ πλευρὰν μὲν ἑκάστην εἴκοσι πήχεων ὕψος δὲ
συγκινέω                                                                    3
Abr.1    5   10        τράχηλον αὐτοῦ καὶ ἤρξατο κλαίειν φωνὴν μεγάλην. ✶ συγκινηθεὶς ✶ οὖν τὰ σπλάγχνα ὁ Ἀβραὰμ ἔκλαυσεν οὖν καὶ
συγκλαίω                                                                    3
Abr.2    3   10        καὶ αὐτὸς σφοδρῶς ἰδὼν δὲ Μιχαὴλ κλαίοντας αὐτοὺς ✶ συνέκλαυσεν ✶ αὐτοῖς καὶ ἔπεσαν τὰ δάκρυα Μιχαὴλ ἐπὶ τῆς
Abr.2    6    3        σὺν τῷ υἱῷ αὐτοῦ εἶδεν δὲ αὐτοὺς Μιχαὴλ καὶ ✶ συνέκλαυσεν ✶ αὐτοῖς ἤκουσεν δὲ καὶ ἡ Σάρρα ἐν τῇ σκηνῇ
TZab.    2    6 ἐξέστησαν καὶ οὐκ ἠδυνάμην τοῦ στῆναι. καὶ ἰδών με ✶ συγκλαίοντα ✶ αὐτῷ κἀκείνους ἐπερχομένους ἀνελεῖν αὐτὸν
συγκλάω                                                                     1
Job     27    4 ἐφίμωσεν πλήσας τὸ στόμα αὐτοῦ ἄμμου καὶ πᾶν μέλος ✶ συγκλάσας ✶ ὑποκάτω αὐτοῦ ὄντος, καὶ ἐνέγκαντος αὐτοῦ τὴν
σύγκλεισις                                                                  2
Hen.    10   13        πυρὸς καὶ εἰς τὴν βάσανον καὶ εἰς τὸ δεσμωτήριον ✶ συνκλείσεως ✶ αἰῶνος. καὶ ὃς ἄν κατακαυθῇ καὶ ἀφανισθῇ ἀπὸ
Hen.    10B  13        καὶ εἰς τὴν βάσανον καὶ εἰς τὸ δεσμωτήριον τῆς ✶ συνκλείσεως ✶ τοῦ αἰῶνος. καὶ ὃς ἄν κατακρίθη καὶ ἀφανισθῇ
συγκλεισμός                                                                 1
Prop.    1    3        Ἡσαΐου μικρὸν ὕδωρ ἐξελήλυθεν ὅτι ἦν ὁ λαὸς ἐν ✶ συγκλεισμῷ ✶ ἀλλοφύλων καὶ ἵνα μὴ διαφθαρῇ ἡ πόλις ὡς ⟨μὴ⟩
συγκληρονομέω                                                               1
Asen.    24    8        αὐτοὺς ἐκ γῆς καὶ πᾶσαν τὴν γενεὰν αὐτῶν μήποτε ✶ συγκληρονομήσωσι ✶ μεθ' ἡμῶν διότι τέκνα παιδισκῶν εἰσιν.
συγκληρονόμος                                                               2
Asen.    24   14        εἰς γυναῖκα καὶ ὑμεῖς ἔσεσθέ μοι ἀδελφοὶ καὶ ✶ συγκληρονόμοι ✶ τῶν ἐμῶν πάντων. πλὴν τὸ ῥῆμα τοῦτο
Prop.    4   17 τοῦτο ἐκάλεσεν αὐτὸν Βαλτάσαρ ὅτι ἠθέλησεν αὐτὸν ✶ συγκληρονόμον ✶ καταστῆσαι τῶν τέκνων αὐτοῦ. ἀλλ' ὁ ὅσιος
συγκλύζω                                                                    1
LEze.   9   29 14 49 γάρ ἐστ' ἀρωγὸς ἡμῖν δ' ἀθλίοις ὄλεθρον ἔρδει. καὶ ✶ συνεκλύσθη ✶ πόρος Ἐρυθρᾶς θαλάσσης καὶ στρατὸν δίωλεσε.
συγκοιμάομαι                                                                2
Hen.     9    8        πρὸς τὰς θυγατέρας τῶν ἀνθρώπων τῆς γῆς καὶ ✶ συνεκοιμήθησαν ✶ αὐταῖς καὶ ἐμιάνθησαν καὶ ἐδήλωσαν αὐταῖς
Hen.     9B   8        πρὸς τὰς θυγατέρας τῶν ἀνθρώπων τῆς γῆς καὶ ✶ συνεκοιμήθησαν ✶ μετ' αὐτῶν καὶ ἐν ταῖς θηλείαις
συγκοινωνός                                                                 1
Prop.    2   15 τοῦ μυστηρίου αὐτοῦ αὐτὸς ποιήσειεν ἵνα γένηται ✶ συγκοινωνὸς ✶ Μωϋσέως καὶ ὁμοῦ εἰσιν ἕως σήμερον.
σύγκοιτος                                                                   1
Asen.    8    6 φυλῆς καὶ τῆς συγγενείας αὐτοῦ καὶ τὴν γυναῖκα τὴν ✶ σύγκοιτον ✶ αὐτοῦ αἵτινες εὐλογοῦσι τῷ στόματι αὐτῶν τὸν
συγκόπτω                                                                    3
TJud.    3    4 αὐτὸν καὶ εἰς δύο μερίδας ποιήσας τὴν ἀσπίδα αὐτοῦ ✶ συνέκοψα ✶ τοὺς πόδας αὐτοῦ. ἐν δὲ τῷ ἐκδύειν με αὐτοῦ τὸν
Sib.     3  188        ἐν ἀνθρώποις μεγάλα καὶ πάντα ταράξει πάντα δὲ ✶ συγκόψει ✶ καὶ πάντα κακῶν ἀναπλήσει αἰσχροβίῳ
Sib.     3  613        πᾶσαν σκεπάσει γαῖαν πεζῶν τε καὶ ἱππέων πάντα δὲ ✶ συγκόψει ✶ καὶ πάντα κακῶν ἀναπλήσει ῥίψει δ' Αἰγύπτου
συγκρίνω                                                                    2
Asen.    4   10        καὶ Φαραὼ ἐξήγαγεν αὐτὸν ἐκ τῆς φυλακῆς καθότι ✶ συνέκρινε ✶ τὸ ἐνύπνιον αὐτοῦ καθὰ συγκρίνουσι καὶ αἱ
Asen.    4   10        φυλακῆς καθότι συνέκρινε τὸ ἐνύπνιον αὐτοῦ καθὰ ✶ συγκρίνουσι ✶ καὶ αἱ γυναῖκες αἱ πρεσβύτεραι τῶν
συγκροτέω                                                                   2
Aris.  220    2 τῶν τρόπων τὴν ἡγεμονίαν. τοῦ δὲ βασιλέως εὖ μάλα ✶ συγκροτήσαντος ✶ μετὰ φιλοφροσύνης ἐπὶ πλείονα χρόνον τοὺς
Aris.  247    2        ἄξει σοι βασιλεῦ πρὸς τὰ κάλλιστα. ὁ δὲ βασιλεὺς ✶ συγκροτήσας ✶ πάντας τ' ἐπαινέσας κατ' ὄνομα καὶ τῶν
συγκρύπτω                                                                   2
TAser    2    4        δὲ πᾶν κακῇ πρᾶξις. καίγε ἀγάπη οὖσα πονηρία ἐστὶ ✶ συγκρύπτουσα ✶ τὸ κακὸν ὅπερ ἐστὶ τῷ ὀνόματι ὡς καλὸν τὸ
TJos.   17    2        καὶ ὑμεῖς οὖν ἀγαπᾶτε ἀλλήλους καὶ ἐν μακροθυμίᾳ ✶ συγκρύπτετε ✶ ἀλλήλων τὰ ἐλαττώματα. τέρπεται γὰρ ὁ θεὸς
συγχαίρω                                                                    2
TBen.   10    7        ταπεινώσεως καὶ ὅσοι ἐπίστευαν αὐτῷ ἐπὶ γῆς ✶ συγχαρήσονται ✶ αὐτῷ. τότε καὶ πάντες ἀναστήσονται οἱ μὲν
FAch.  109        τῆς γλώττης. τοῖς εὖ πράττουσι μὴ φθόνει ἀλλὰ ✶ σύγχαιρε ✶ καὶ μεθέξεις αὐτῶν τῆς εὐπραξίας ὁ γὰρ φθονῶν
συγχέω                                                                      2
Sal.    12    3        ἐκκόψαι δένδρα εὐφροσύνης φλογιζούσης παρανόμους ✶ συγχέαι ✶ οἴκους ἐν πολέμῳ χείλεσιν ψιθύροις. μακρύναι ὁ
FJub.   10   24        ⟨Νεβρὼδ⟩ μάλιστα παρορμῶντος αὐτοὺς εἰς ἀποστασίαν ✶ συνεχύθησαν ✶ διαιρεθέντες εἰς πολυγλωσσίαν ὑπὸ τοῦ θεοῦ.
συγχράομαι                                                                  9
Aris.   12    5        ἐπελθὼν τὰ κατὰ κοίλην Συρίαν καὶ Φοινίκην ἅπαντα ✶ συγχρώμενος ✶ εὐημερίᾳ μετὰ ἀνδρείας τοὺς μὲν μετῴκιζεν
Aris.   92    7        τὰ τῆς σαρκὸς ὁλοκαυτοῦντες ἰσχύϊ διαφερόντως ✶ συγχρώμενοι ✶ διαλαβόντες γὰρ ἀμφοτέραις τῶν μόσχων τὰ
Aris.  143    4        βαθὺν ἀφ' ὧν ἀπεχόμεθα κατὰ τὴν χρῆσιν καὶ οἷς ✶ συγχρώμεθα. ✶ χάριν δὲ ὑποδείγματος ἐν ᾗ δεύτερον
Aris.  147    3        κατὰ ψυχὴν οἷς ἡ νομοθεσία διατέτακται δικαιοσύνη ✶ συγχρῆσθαι ✶ καὶ μηδένα καταδυναστεύειν πεποιθότας ἰσχύϊ
Aris.  158    2        ἐπὶ τῶν βρωτῶν καὶ ποτῶν ἀπαρξαμένους εὐθέως τότε ✶ συγχρῆσθαι ✶ κελεύει. καὶ μὴν καὶ ἐκ τῶν περιβολαίων
```

Aris.  162   3   πράσσειν μήτε ἀκούειν μήτε τῇ τοῦ λόγου δυναστείᾳ ✳ συγχρωμένους ✳ ἐπὶ τὴν ἀδικίαν τρέπεσθαι. καὶ ἐπὶ τῶν
Aris.  181   1   πάντα δ' ὑμῖν εἶπε παρέσται καθηκόντως οἷς ✳ συγχρήσησθε ✳ κἀμοὶ μεθ' ὑμῶν. τῶν δὲ ἀσμενισάντων
Aris.  182   5   ἔτι καὶ νῦν ὁρᾷς ὅσαι γὰρ πόλεις ἔθεσιν ἰδίοις ✳ συγχρῶνται ✳ πρὸς τὰ ποτὰ καὶ βρωτὰ καὶ στρωμνὰς τοσοῦτοι
Aris.  266   5   οὕτω γὰρ λήψῃ τὸν ἀκροατὴν οὐκ ἀντικείμενος ✳ συγχρώμενος ✳ δὲ ἐπαίνῳ πρὸς τὸ πεῖσαι. θεοῦ δὲ ἐνεργείᾳ

**σύγχυσις**

FJub.  10   24/15   καὶ τῶν μετ' ἐκεῖνον καὶ τοῦ κατακλυσμοῦ καὶ τῆς ✳ συγχύσεως ✳ καὶ ποικιλίας τῶν γλωσσῶν καὶ τῶν περὶ τὸν

**συγχωρέω**

Adam   2   2   καὶ ἔπιεν αὐτὸ ἀνελεημόνως. παρεκάλει δὲ αὐτὸν ✳ συγχωρῆσαι ✳ αὐτῷ ὀλίγον ἐξ αὐτοῦ. αὐτὸς δὲ οὐκ ἤκουσεν
Adam   27   3   αὐτόν. ἐβόησεν δὲ Ἀδὰμ μετὰ κλαυθμοῦ λέγων ✳ συγχώρησόν ✳ μοι κύριε ὃ ἐποίησα. τότε λέγει ὁ κύριος τοῖς
Adam   33   5   οἱ ἄγγελοι τῷ θεῷ βοῶντες καὶ λέγοντες Ἰαὴλ ἅγιε ✳ συγχώρησον ✳ ὅτι εἰκών σού ἐστιν καὶ ποίημα τῶν χειρῶν σου
Adam   35   2   μετ' αὐτοῦ εὐχόμενοι ὑπὲρ αὐτοῦ καὶ λέγοντες ✳ συγχώρησον ✳ αὐτῷ ὁ πατὴρ τῶν ὅλων ὅτι εἰκών σού ἐστιν.
Abr.1   8   10   θάνατος οὐκ εἴασα ὡς θανατηφόρον ἀπελθεῖν οὐ ✳ συνεχώρησα ✳ τῇ τοῦ θανάτου δρεπάνῃ συναντῆσαί σοι οὐ
Abr.1   14   12   δακρύων ὅπως ἀφήσει μοι τὸ ἀμάρτημα καὶ αὐτοὺς ✳ συγχωρήσει. ✳ καὶ εὐθέως εἰσήκουσεν αὐτοῦ ὁ ἀρχιστράτηγος
Abr.2   11   6   καὶ εἶπεν Μιχαὴλ ἐὰν ἡ ἀπόφασις παρὰ τύπου οὐ ✳ συγχωρεῖται ✳ ἀλλ' οὐδὲ ἀφ' ἑαυτοῦ Ἑνὼχ ἀποφαίνεται ἀλλ'
Bar.   1   1   ἐν τῇ συνέσει μου καὶ ἔχων περὶ τοῦ λαοῦ καὶ ὅπως ✳ συνεχωρήθη ✳ Ναβουχοδονόσωρ ὁ βασιλεὺς ὑπὸ θεοῦ πορθῆσαι
Bar.   3   5   μία γυνὴ πλινθεύουσα ἐν τῇ ὥρᾳ τοῦ τεκεῖν αὐτὴν οὐ ✳ συνεχωρήθη ✳ ἀπολυθῆναι ἀλλὰ πλινθεύουσα ἔτεκεν καὶ τὸ
Bar.   3   8   οὐρανὸς ἢ χαλκοῦς ἢ σιδηροῦς. ταῦτα ἰδὼν ὁ θεὸς οὐ ✳ συνεχώρησεν ✳ αὐτοὺς ἀλλ' ἐπάταξεν αὐτοὺς ἐν ἀορασίᾳ καὶ
Bar.   4   8   αὐτὸν καὶ τὴν φυτείαν αὐτοῦ. ἐν ᾧ καὶ διὰ τοῦτο οὐ ✳ συνεχώρησεν ✳ τὸν Ἀδὰμ ἅψασθαι αὐτοῦ. καὶ διὰ τοῦτο
Sedr.   15   8   μου οὕτως καὶ τοὺς ἐπ' ἐσχάτων ἁμαρτήσαντάς σοι ✳ συγχώρησον ✳ κύριε ὅτι ὁ βίος πολύμοχθός ἐστιν καὶ
Job   12   2   τοῖς πτωχοῖς σήμερον ἐν τῇ σῇ τραπέζῃ. καὶ ✳ συγχωρηθεὶς ✳ ὑπηρέτει καὶ ἑτέρως καὶ ἑσπέρας γινομένης
FMos. 2  629   5   φόνον ὡς αὐτοῦ ὄντος τοῦ Μωϋσέως καὶ διὰ τοῦτο μὴ ✳ συγχωρεῖσθαι ✳ αὐτῷ τυχεῖν τῆς ἐντίμου ταφῆς.
FAch.   108   ζῶντα δὲ τρόπαιον εἶναι τῆς ἰδίας συνειδήσεως. ✳ συγχωρήσας ✳ δὲ ὁ βασιλεὺς ἐκείνῳ τὸ ζῆν ἔφη τῷ Αἰσώπῳ

**συγχώρησις**

Adam   37   6/2   ἄγγελοι ὕμνουν ὕμνον ἀγγελικὸν θαυμάζοντες ἐπὶ τῇ ✳ συγχωρήσει ✳ τοῦ Ἀδάμ. μετὰ δὲ τὴν γεγενομένην χαρὰν τοῦ
Aris.   150   1   τρόπους εἰς τοῦτο κατακλασθῆναι; πάντα οὖν τὰ τῆς ✳ συγχωρήσεως ✳ ἡμῖν ἐπὶ τούτων καὶ τῶν κτηνῶν τροπολογῶν

**συζάω**

Aris.   130   4/2   δι' ὅλου τοῦ ζῆν εἰσιν ἐὰν δὲ σοφοῖς καὶ φρονίμοις ✳ συζῶσιν ✳ ἐξ ἀγνοίας ἐπανορθώσεως εἰς τὸν βίον ἔτυχον.
HAno. 9 17   8   γυνὴ ἦν τοῦ Ἀβραὰμ καὶ ἀποδοῦναι αὐτὴν τῷ ἀνδρί. ✳ συζήσαντα ✳ δὲ τὸν Ἀβραὰμ ἐν Ἡλιουπόλει τοῖς Αἰγυπτίων

**συζεύγνυμι**

Sib.   5   391/1   τέκνων ἐμίγη ἀθεμίστως καὶ θυγάτηρ γενετῆρι ἑῷ ✳ συζεύξατο ✳ νύμφη ἐν σοὶ καὶ βασιλεῖς στόμα δύσμορον

**σύζυγος**

TRub.   4   1   καὶ ἐν τοῖς ποιμνίοις ὑμῶν ἕως ὁ κύριος δώῃ ὑμῖν ✳ σύζυγον ✳ ἣν αὐτὸς θέλει ἵνα μὴ πάθητε ὡς κἀγώ. ἄχρι

**Συήνη**

Sib.   5   194/19   +καὶ κοπετὸν ὄψονται ἀθέσμων εἵνεκα ἔργων.+ ✳ Συήνην ✳ δ' ὀλέσειε μέγας φῶς Αἰθιόπων Τεύχιραν οἰκήσουσι

**σῦκον**

Adam   20   4   φυτὰ τοῦ ἐμοῦ μέρους κατερρύη τὰ φύλλα παρὲξ τοῦ ✳ σύκου ✳ μόνου. λαβοῦσα δὲ φύλλα ἀπ' αὐτοῦ ἐποίησα ἐμαυτῇ
Asen.   4   2   καὶ ταῖς περιστεραῖς καὶ ταῖς βοαῖς καὶ τοῖς ✳ σύκοις ✳ καὶ διότι ἦσαν πάντα ὡραῖα καὶ καλὰ τῇ γεύσει. καὶ
Jer.   3   15   Ἀγρίππα διὰ τῆς ὁδοῦ τοῦ ὄρους καὶ ἐνεγκὼν ὀλίγα ✳ σῦκα ✳ δίδου τοῖς νοσοῦσι τοῦ λαοῦ ὅτι ἐπὶ σὲ ἡ εὐφρασία
Jer.   5   1   ἐμήνυεν αὐτῷ δι' αὐτῶν. ὁ δὲ Ἀβιμέλεχ ἤνεγκε τὰ ✳ σῦκα ✳ τῷ καύματι καὶ καταλαβὼν δένδρον ἐκάθισεν ὑπὸ τὴν
Jer.   5   2   καὶ κλίνας τὴν κεφαλὴν αὐτοῦ ἐπὶ τὸν κόφινον τῶν ✳ σύκων ✳ ὕπνωσεν κοιμώμενος ἔτη ἑξηκονταέξ καὶ οὐκ
Jer.   5   3   τοῦ ὕπνου μου. εἶτα ἀνακαλύψας τὸν κόφινον τῶν ✳ σύκων ✳ εὗρεν αὐτὰ στάζοντα γάλα. καὶ εἶπεν ἤθελον
Jer.   5   7   ἐστι καθ' ἡμέραν; ἐγερθεὶς οὖν ἦρε τὸν κόφινον τῶν ✳ σύκων ✳ καὶ ἐπέθηκεν ἐπὶ τῶν ὤμων αὐτοῦ καὶ εἰσῆλθεν εἰς
Jer.   5   25   Ἰερεμίας εἰς τὸ χωρίον τοῦ Ἀγρίππα ἐνέγκαι ὀλίγα ✳ σῦκα ✳ ἵνα δίδωμεν τοῖς νοσοῦσι τοῦ λαοῦ. καὶ ἀπελθὼν
Jer.   5   26   καὶ ἐξυπνισθεὶς ἀπεκάλυψα τὸν κόφινον τῶν ✳ σύκων ✳ νομίζων ὅτι ἐβράδυνα καὶ εὗρον τὰ σῦκα στάζοντα
Jer.   5   26   τῶν σύκων νομίζων ὅτι ἐβράδυνα καὶ εὗρον τὰ ✳ σῦκα ✳ στάζοντα γάλα καθὼς συνέλεξα αὐτά. σὺ δὲ λέγεις ὅτι
Jer.   5   27   ὁ λαὸς εἰς Βαβυλῶνα. ἵνα δὲ γνῷς λάβε ἴδε τὰ ✳ σῦκα. ✳ καὶ ἀνεκάλυψε τὸν κόφινον τῶν σύκων τῷ γέροντι καὶ
Jer.   5   28   λάβε ἴδε τὰ σῦκα. καὶ ἀνεκάλυψε τὸν κόφινον τῶν ✳ σύκων ✳ τῷ γέροντι καὶ εἶδεν αὐτὰ στάζοντα γάλα. ἰδὼν δὲ
Jer.   5   31   ὅτι οὐκ ἐφάνη ἡ αὔξησις τῶν γενημάτων. ἴδε καὶ τὰ ✳ σῦκα ✳ ὅτι καιρὸς αὐτῶν οὐκ ἔστι καὶ γνῶθι. τότε ἔκραξε
Jer.   5   34   ὁ δὲ εἶπε νισσὰν ὅ ἐστιν Ἀβίβ. καὶ ἐπάρας ἐκ τῶν ✳ σύκων ✳ ἔδωκε τῷ γηραιῷ ἀνθρώπῳ καὶ λέγει αὐτῷ ὁ θεὸς
Jer.   6   2   ἀναβλέψας δὲ Βαροὺχ τοῖς ὀφθαλμοῖς αὐτοῦ εἶδε τὰ ✳ σῦκα ✳ ἐσκεπασμένα ἐν τῷ κοφίνῳ τοῦ Ἀβιμέλεχ. καὶ ἄρας
Jer.   6   5   ὅτι ζήσεις. ἐπίβλεψον ἐπὶ τὸν κόφινον τοῦτον τῶν ✳ σύκων ✳ ἰδοὺ γὰρ ἑξηκονταέξ ἔτη ἐποίησαν καὶ οὐκ
Jer.   6   7   ἀγγέλου τῆς δικαιοσύνης. ὁ φυλάξας τὸν κόφινον τῶν ✳ σύκων ✳ αὐτὸς πάλιν φυλάξει σε ἐν τῇ δυνάμει αὐτοῦ. ταῦτα
Jer.   7   8   καὶ ἄρας Βαροὺχ τὴν ἐπιστολὴν καὶ δεκαπέντε ✳ σῦκα ✳ ἐκ τοῦ κοφίνου τοῦ Ἀβιμέλεχ ἔδησεν αὐτὰ εἰς τὸν
Jer.   7   32   καὶ τὰς κακώσεις τοῦ λαοῦ. Ἰερεμίας δὲ ἄρας τὰ ✳ σῦκα ✳ διέδωκε τοῖς νοσοῦσι τοῦ λαοῦ καὶ ἔμεινε διδάσκων

**συκοφαντέω**

TJos.   8   4   βίᾳ κρατεῖ τὰ ἱμάτιά μου γυμνὸς ἔφυγον. κἀκείνη ✳ ἐσυκοφάντησέ ✳ με καὶ ἐνέβαλέ με εἰς φυλακὴν ἐν οἴκῳ αὐτοῦ
Prop.   25   1   Σίμων ὁ υἱὸς τοῦ Κλωπᾶ ὁ ἀνεψιὸς τοῦ κυρίου ✳ συκοφαντηθεὶς ✳ ὑπὸ τῶν αἱρέσεων κατηγορήθη ἐπὶ Ἀττικοῦ

**συκοφαντία**

TJud.   16   3   ἵνα μὴ ἁμάρτητε ἐν λόγοις ὕβρεως καὶ μάχης καὶ ✳ συκοφαντίας ✳ καὶ παραβάσεως ἐντολῶν θεοῦ καὶ ἀπολεῖσθε
TGad   5   1   τὸ σκότος φῶς προσέχει τὸ γλυκὺ πικρόν λέγει καὶ ✳ συκοφαντίαν ✳ ἐκδιδάσκει καὶ ὀργὴν καὶ πόλεμον καὶ ὕβριν
TJos.   10   3   ὁ ὕψιστος κἄν τις περιπέσῃ φθόνῳ ἢ δουλείᾳ ἢ ✳ συκοφαντίᾳ ✳ ἢ σκοτίᾳ κύριος ὁ ἐν αὐτῷ κατοικῶν διὰ τὴν

**συλάω**

Sib.   4   146/1   δ' εἰς Ἀσίην πλοῦτος μέγας ὃν ποτε Ῥώμη αὐτὴ ✳ συλήσασα ✳ πολυκτέανον κατὰ δῶμα θήκατο καὶ δὶς ἔπειτα

**συλλαλέω**

Job   30   3   τῇ γῇ ἐπὶ ὥρας τρεῖς ὡσεὶ νεκρούς, τότε ἀναστάντες ✳ συνελάλουν ✳ ἀλλήλοις ὅτι οὗτός ἐστιν. καὶ λοιπὸν ἐκάθισαν
FAch.   119   προφήτας ἐπισταμένους καὶ φυσικὰ ἐρωτήματα. καὶ ✳ συλλαλοῦντες ✳ αὐτῷ περὶ τοῦ Αἰσώπου ἐκέλευσεν αὐτοὺς ἐπὶ

**συλλαμβάνω**

Hen.   104   3   καὶ ἡ κρίσις ὑμῶν ἣν κράζετε καὶ φανεῖται ἐφ' ὅσα ✳ συλλαβήσεται ✳ ὑμῖν περὶ τῆς θλίψεως ὑμῶν καὶ ἐκ πάντων
TRub.   3   12   τόπῳ οὐκ ἐνέπιπτον εἰς τὴν ἀνομίαν τὴν μεγάλην. ✳ συλλαβήσεται ✳ γὰρ ἡ διάνοιά μου τὴν γυναικείαν γύμνωσιν οὐκ
TRub.   5   6   ὁρῶντες αὐτὰς ἐγένοντο ἐν ἐπιθυμίᾳ ἀλλήλων καὶ ✳ συνέλαβον ✳ τῇ διανοίᾳ τὴν πρᾶξιν καὶ μετεσχηματίζοντο εἰς
TLevi   2   1   ὅτε συνήχθησαν εἶπε πρὸς αὐτοὺς ἐγὼ Λευὶ ἐν Χαρρὰν ✳ συνελήφθην ✳ καὶ ἐτέχθην ἐκεῖ καὶ μετὰ ταῦτα ἦλθον σὺν τῷ
TLevi   11   2   γυναῖκα ἡμὶν ἔτι εἰκοσιοκτὼ ᾧ ὄνομα Μελχά. καὶ ✳ συλλαβοῦσα ✳ ἔτεκε καὶ ἐκάλεσα τὸ ὄνομα αὐτοῦ Γηρσάμ. καὶ
TLevi   17   3   τῷ δευτέρῳ ἰωβηλαίῳ ᾧ χρώμενος ἐν πένθει ἀγαπητῶν ✳ συλληφθήσεται ✳ καὶ ἔσται ἡ ἱερωσύνη αὐτοῦ τιμία καὶ παρὰ
TLevi   18   2B066   ἐν τῷ ι' μηνὶ ἐγεννήθη ἐπὶ δυσμὰς ἡλίου. καὶ πάλιν ✳ συλλαβοῦσα ✳ ἔτεκεν ἐξ ἐμοῦ κατὰ τὸν καιρὸν τὸν καθήκοντα
TJud.   12   4   καὶ τὸ διδῆναι τῆς ζώνης καὶ συνελθὼν αὐτῇ ✳ συνείληφεν. ✳ ἀγνοῶν δὲ ὃ ἐποίησεν ἠθέλησεν ἀνελεῖν αὐτήν·
TIss.   1   15   αὐτὸν ἐν μιᾷ νυκτί. καὶ ἔγνω Ἰακὼβ τὴν Λείαν καὶ ✳ συλλαβοῦσά ✳ με ἔτεκε καὶ διὰ τὸν μισθὸν ἐκλήθην Ἰσσάχαρ.
TBen.   1   4   προσηύξατο κυρίῳ μετὰ νηστείας δώδεκα ἡμέρας καὶ ✳ συλλαβοῦσα ✳ ἔτεκέ με. σφόδρα γὰρ ὁ πατὴρ ἡμῶν ἠγάπα τὴν
TBen.   7   2   αὐτή. ἡ δὲ μάχαιρα ἑπτὰ κακῶν μήτηρ ἐστί. πρῶτον ✳ συλλαμβάνει ✳ ἡ δ' διάνοια διὰ τοῦ Βελιὰρ ἔστι δὲ πρῶτον ὁ
Asen.   21   9   μετὰ ταῦτα εἰσῆλθεν Ἰωσὴφ πρὸς Ἀσενὲθ καὶ ✳ συνέλαβεν ✳ Ἀσενὲθ ἐκ τοῦ Ἰωσὴφ καὶ ἔτεκε τὸν Μανασσῆ
Prop.   22   11   παιδίον ἐπιθυμοῦσαν δὲ σχεῖν εὐξάμενος πεποίηκε ✳ συλλαβεῖν ✳ καὶ τεκεῖν εἶτα ἀποθανούσης ἀνέστη τὸν παῖδα εὐξάμενος
Prop.   24   3   αὐτοῦ ἐξέτεινεν ὁ βασιλεὺς τὴν χεῖρα αὐτοῦ ✳ συλλαβεῖν ✳ αὐτὸν καὶ ἐξηράνθη ἡ χεὶρ τοῦ βασιλέως
Aris.   165   3   ἔχει λυμαντικὸν κατάστημα διὰ γὰρ τῶν ὤτων ✳ συλλαμβάνει ✳ τεκνοποιεῖ δὲ τῷ στόματι. καὶ διὰ τοῦτο ὁ
FAch.   111   δὲ ταῦτα προσκαλεσάμενός τινας ἰξευτὰς ἐκέλευσεν ✳ συλλαμβάνεσθαι ✳ τέσσαρας ἀετούς. συλληφθέντων δὲ τῶν
FAch.   111   ἰξευτὰς ἐκέλευσεν συλλαμβάνεσθαι τέσσαρας ἀετούς ✳ συλληφθέντων ✳ δὲ τῶν ἀετῶν ἔτιλεν τὰ ἐσχάτια πτερὰ ἐν οἷς
FAch.   117   εἰς τὴν οἰκίαν ἐκέλευσεν τοῖς ἰδίοις αἴλουρον ✳ συλλαμβάνεσθαι ✳ ζῶντα. ἔστιν δὲ θεὰ Ἱερασίου
HDem. 9  21   3   ἑαυτῆς παιδίσκην Ζελφὰν τῷ αὐτῷ χρόνῳ ᾧ καὶ Βάλλαν ✳ συλλαβεῖν ✳ τὸν Νεφθαλεὶμ τῷ ἐνδεκάτῳ ἔτει μηνὶ πέμπτῳ καὶ
HDem. 9  21   4   τῶν μανδραγόρου ἃ Ῥουβὴλ εἰσενεγκεῖν παρὰ Ῥαχὴλ ✳ συλλαβεῖν ✳ καὶ τὴν παιδίσκην Ζελφὰν τῷ αὐτῷ χρόνῳ τῷ

**συλλέγω**

Abr.1   8   9   ἤδη καθείλοντο καὶ πάντες τῇ τοῦ θανάτου δρεπάνῃ ✳ συλλέγονται ✳ ἐπὶ σὲ δὲ οὐκ ἀπεστάλη θάνατος οὐκ εἴασα ὡς
Jer.   5   26   ὅτι ἐβράδυνα καὶ εὗρον τὰ σῦκα στάζοντα γάλα καθὼς ✳ συνέλεξα ✳ αὐτά. σὺ δὲ λέγεις ὅτι ᾐχμαλωτεύθη ὁ λαὸς εἰς

**σύλλεκτος**

HHec. 1 22   198   ἐν ᾧ βωμός ἐστι τετράγωνος οὐκ ἐκ τμητῶν ἀλλ' ἐκ ✳ συλλέκτων ✳ ἀργῶν λίθων οὕτω συγκείμενος πλευρὰν μὲν

**συμαχᾶ (συμμαχέω)**

Sedr.   5   8/22   ἐρωτῶ σε ἕνα λόγον Σεδρὰχ ἐάν μοι εἴπῃς καλῶς με ✳ συμαχᾶ ✳ σε εἰ καὶ τινος ἐπείρασες τὸν πλάσαντά σε. λέγει

**συμβαίνω**

Abr.2   6   5   περὶ τοῦ ἀδελφοῦ Λὼτ ‹ὅτι ἀπέθανεν ἢ ἄλλο τι ✳ συνέβη ✳ ἐφ' ἡμᾶς›; ἀπεκρίθη Μιχαὴλ καὶ εἶπεν οὐχὶ Σάρρα ἢ
TSim.   2   13   ἑπτά. καὶ ἔγνων τέκνα ὅτι περὶ Ἰωσὴφ τοῦτό μοι ✳ συνέβη ✳ καὶ μετανοήσας ἔκλαυσα καὶ ηὐξάμην κυρίῳ ἵνα
Job   1   6   πικρῷ. ἀκούσατε οὖν μου τέκνα, καὶ δηλώσω ὑμῖν τὰ ✳ συμβεβηκότα ✳ μοι. ἐγὼ γάρ εἰμι Ἰωβὰβ πρὶν ἢ ὀνομάσαι με ὁ
Job   9   1   πλούτου. ἀκούσατε οὖν, ὑποδείξω ὑμῖν πάντα τὰ ✳ συμβεβηκότα ✳ μοι. εἶχον ἐγὼ ἕκαστον
Job   23   4   δὲ αὐτῇ λέγει πόθεν μοι ἀργύριον; δύνοσαι τὰ ✳ συμβεβηκότα ✳ ἡμῖν πονηρά; εἰ μὲν ἐλεεῖς ἐλέησον, εἰ δὲ μὴ
Job   27   7   νῦν οὖν τέκνα μου μακροθυμήσατε καὶ ὑμεῖς ἐν παντὶ ✳ συμβαίνοντι ✳ ὑμῖν ὅτι κρεῖττόν ἐστιν παντὸς ἡ μακροθυμία.
Job   28   2   τυγχάνων ἐν τῇ πληγῇ, καὶ ἤκουσαν οἱ βασιλεῖς τὰ ✳ συμβεβηκότα ✳ μοι, ἀναστάντες ἦλθον πρός με ἕκαστος ἐκ τῆς
Job   28   9   περὶ τῶν ὑπαρχόντων μου καὶ ἐδηλώθη αὐτοῖς τὰ ✳ συμβεβηκότα ✳ μοι. καὶ ἀκούσαντες ἐξῆλθον τὴν πόλιν ἅμα

Aris. 35 2 Ἐλεαζάρῳ ἀρχιερεῖ χαίρειν καὶ ἐρρῶσθαι. ἐπεὶ * συμβαίνει * πλείονας τῶν Ἰουδαίων εἰς τὴν ἡμετέραν χώραν
Aris. 60 2 διὸ τὴν ὑπεροχὴν ὀξεῖαν εἶναι τῶν δύο κλιμάτων * συνέβαινε * μετέωρον ἐπικειμένην ὡς προειρήκαμεν τριγώνου
Aris. 108 3 ἔχουσι καὶ τὴν ἀκόλουθον εὐδαιμονίαν ταύταις * συμβέβηκεν * εὐανδρεῖν ἀμελεῖσθαι δὲ τῆς χώρας πάντων ἐπὶ
Aris. 120 2 ὅπως μὴ διὰ τὴν μεταλλείαν τῶν εἰρημένων * συμβῇ * καὶ τὴν χώραν καταφθείρεσθαι καὶ σχεδὸν διὰ τὴν
Aris. 197 2 δὲ τούτοις τοῦ μετὰ ταῦτα ἐπυνθάνετο πῶς ἂν τὰ * συμβαίνοντα * μετρίως φέροι; ἐκεῖνος δὲ ἔφησεν εἰ πρόληψιν
Aris. 239 3 ὅτι πάντα συμφέρει γινώσκειν ὅπως ἂν πρὸς τὰ * συμβαίνοντα * ἐκλεγόμενός τι τῶν ἠκροαμένων ἀνθυποτιθεὶς
Aris. 241 3 ὠφέλεια συγγενείας ἐστίν; ὁ δὲ ἀπεφήνατο ἐὰν τοῖς * συμβαίνουσι * νομίζωμεν ἀτυχοῦσι μὲν ἐλαττοῦσθαι καὶ
Aris. 256 3 φιλοσοφία; τὸ καλῶς διαλογίζεσθαι πρὸς ἕκαστον τῶν * συμβαινόντων * ἀπεφήνατο καὶ μὴ ἐκφέρεσθαι ταῖς ὁρμαῖς
Aris. 268 3 ἐπὶ τίσι δεῖ λυπεῖσθαι; πρὸς ταῦτα ἀπεκρίθη τὰ * συμβαίνοντα * τοῖς φίλοις ὅταν θεωρῶμεν πολυχρόνια καὶ
Aris. 314 6 τὸν θεὸν σαφὲς αὐτῷ γενέσθαι τίνος χάριν τὸ * συμβαῖνόν * ἐστι. δι' ὀνείρου δὲ σημανθέντος ὅτι τὰ θεῖα
FJos. 23 15 μου; ἀνέγνων γὰρ ἐν ταῖς πλαξὶ τοῦ οὐρανοῦ ὅσα * συμβήσεται * ὑμῖν καὶ τοῖς υἱοῖς ὑμῶν.
FAch. 115 αὐτὸν ἔφη οὕτως τῆς βασιλείας περιμενούσης * συμβαίνει * Λυκοῦργον μηδὲν εἶναι. ὁ Αἴσωπος μειδιάσας
HAno. 9 17 7 ἀδελφὴν εἶναι. οὐκ ἠδύνατο αὐτῇ συγγενέσθαι καὶ * συνέβη * φθείρεσθαι αὐτοῦ τὸν λαὸν καὶ τὸν οἶκον μάντεις
LEze. 9 29 6 02 σοι τοῦτ' ἐσήμηνεν θεὸς ζῴην δ' ὅταν σοι ταῦτα * συμβαί<ν>ῃ * ποτέ. ἆρά γε μέγαν τιν' ἐξαναστήσεις θρόνον

συμβάλλω 3
TGad 4 4 περὶ αὐτῆς καὶ κολασθεὶς ἀποθάνῃ. ἐὰν δὲ ᾖ δοῦλος * συμβάλλει * αὐτὸν πρὸς τὸν κύριον αὐτοῦ καὶ ἐν πάσῃ θλίψει
FrAn. 2 11 3 προσδεχόμενοι οὐδὲν τούτων ἑωράκαμεν. ἀνόητοι * συμβάλετε * ἑαυτοὺς ξύλῳ λάβετε ἄμπελον πρῶτον μὲν
FrAn. 9 17 5 ἐξαπίνης αὐτῷ μάλα κεχαρισμένος ὁ παῖς ἀπολώλει. * συμβαλὼν * δὲ κατὰ θεομηνίαν τοιούτῳ παθήματι περιπεσεῖν

συμβασιλεύς 5
Job 29 3 Ελιφας ὁ τῶν Θεμανῶν βασιλεὺς εἶπεν σὺ εἶ Ιωβαβ ὁ * συμβασιλεὺς * ἡμῶν; ἐγὼ δὲ κλαύσας κατεπασάμην γῆν ἐπὶ τῆς
Job 31 1 διαλογιζομένους, ἀποκριθεὶς Ελιους εἶπεν τοῖς * συμβασιλεῦσιν * προσεγγιοῦμεν αὐτῷ καὶ ἐξετάσωμεν αὐτὸν
Job 31 5 ἀποκριθεὶς Ελιους εἶπέν μοι σὺ εἶ Ιωβαβ ὁ * συμβασιλεὺς * ἡμῶν; σὺ εἶ ὁ τότε ἔχων τὴν μεγάλην δόξαν;
Job 33 1 μακρύναντος τὸν κλαυθμὸν ὑποφωνούντων αὐτῷ τῶν * συμβασιλέων * ὥστε γενέσθαι μεγάλην ταραχήν, καὶ
Job 39 2 ἐπεὶ ἐκωλύετο ἐξελθεῖν ἵνα μὴ ἰδόντες οἱ * συμβασιλεῖς * ἁρπάσωσιν αὐτήν ὅτε οὖν ἦλθεν, ἔρριψεν

συμβιβασμός 1
TLevi 11 6 τὸ ὄνομα αὐτοῦ Καὰθ ὅ ἐστιν ἀρχὴ μεγαλείου καὶ * συμβιβασμός. * καὶ τρίτον ἔτεκέ μοι τὸν Μεραρὶ

σύμβιος 1
TJud. 23 3 καὶ σφακελισμὸν ὀφθαλμῶν νηπίων ἀναίρεσιν καὶ * συμβίων * ἀφαίρεσιν ὑπαρχόντων ἁρπαγὴν ναοῦ θεοῦ

συμβιόω 2
HDem. 9 21 10 καὶ τελευτῆσαι Ῥαχὴλ τεκοῦσαν τὸν Βενιαμὶν * συμβιῶσαι * δ' αὐτῇ τὸν Ἰακὼβ ἔτη εἴκοσι τρία. αὐτόθεν δὲ
HArt. 9 27 19 τὴν Ἀραβίαν καὶ Ῥαγουήλῳ τῷ τῶν τόπων ἄρχοντι * συμβιοῦν * λαβόντα τὴν ἐκείνου θυγατέρα τὸν δὲ Ῥαγουῆλον

συμβίωσις 1
FAch. 109 δῆλον τίθει τὸ γὰρ γένος ἀντίπαλον ὂν πρὸς τὴν * συμβίωσιν * ὅλην τὴν ἡμέραν καθημένη ὁπλίζεται μηχανωμένη

συμβολή 2
Aris. 71 4 καὶ ἀνεύρετον τὴν τῶν ἁρμῶν κατασκευάσαντες * συμβολήν. * ἡμιπηχίου δὲ οὐκ ἐλάσσονος ἦν τὸ πάχος τῆς
Aris. 176 5 εἰργασμένου τοῦ ὑμένος καὶ τῆς πρὸς ἄλληλα * συμβολῆς * ἀνεπαισθήτου κατεσκευασμένης ὡς εἶδεν ὁ

συμβουλεύω 4
TLevi 6 3 τοὺς λόγους τούτους ἐν τῇ καρδίᾳ μου. ἐγὼ * συνεβούλευσα * τῷ πατρί μου καὶ Ῥουβὴμ τῷ ἀδελφῷ μου ἵνα
TJud. 13 4 τοῖς υἱοῖς μου. καὶ ἔλεγον τῷ πενθερῷ μου * συμβουλεύσομαι * τῷ πατρί μου καὶ οὕτως λήψομαι τὴν
Aris. 125 3 τὴν μεγίστην ἂν φυλακὴν τῆς βασιλείας ἕξειν * συμβουλευόντων * παρρησίᾳ πρὸς τὸ συμφέρον τῶν φίλων ὃ δὴ
HArt. 9 27 17 τοῦ Μωΰσου ἀδελφὸν τὰ περὶ τὴν ἐπιβουλὴν ἐπιγνόντα * συμβουλεῦσαι * τῷ ἀδελφῷ φυγεῖν εἰς τὴν Ἀραβίαν τὸν δὲ

συμβούλη 1
Bar. 3 5 τίνες εἰσὶν οὗτοι; καὶ εἶπεν οὗτοί εἰσιν οἱ τὴν * συμβούλην * δόντες τοῦ ποιῆσαι τὸν πύργον. αὐτοὶ γὰρ οὓς

συμβουλία 1
Aris. 246 5 καὶ τὴν εὐταξίαν διαμένουσαν ἐν τοῖς ἀσπασμοῖς καὶ * συμβουλίαις * καὶ τῇ λοιπῇ συναναστροφῇ τῶν σὺν αὐτῷ καὶ

συμβούλιον 1
FAch. 121 δείπνου. τῇ δὲ ἑξῆς ἡμέρᾳ ὁ βασιλεὺς Νεκταναβὼν * συμβούλιον * ποιησάμενος μετὰ τῶν ἰδίων λέγει ὡς ὁρῶ διὰ

σύμβουλος 4
Asen. 1 3 πλούσιος σφόδρα καὶ φρόνιμος καὶ ἐπιεικὴς καὶ ἦν * σύμβουλος * τοῦ Φαραὼ ὅτι ἦν ὑπὲρ πάντας τοὺς μεγιστᾶνας
Jer. 6 12 καὶ λέγει τῷ Βαροὺχ ἅπαντας τοὺς λόγους τούτους ὁ * σύμβουλος * τοῦ φωτὸς μὴ μεριμνήσῃς τὸ πῶς ἀποστείλῃς πρὸς
Aris. 264 2 παρακαλέσας δὲ αὐτὸν τὸν ἑξῆς ἐπηρώτα τίσι δεῖ * συμβούλοις * χρῆσθαι; τοῖς διὰ πολλῶν ἔφη πεπειραμένοις
FIsa. 1 3 11 Ἰούδα καὶ Βενιαμεὶν καὶ τῶν εὐνούχων καὶ τῶν * συμβούλων * τοῦ βασιλέως καὶ ἤρεσαν αὐτῷ οἱ λόγοι τοῦ

συμβρέχω 1
Job 20 8 τῆς κοπρίας σκωληκόβρωτον τὸ σῶμά μου εἶχον καὶ * συνέβρεχον * τὴν γῆν ἐκ τῆς ὑγρασίας καὶ ἰχῶρες τοῦ

Συμεών 39
TSim. διαθηκη * Συμεων. * περι φθονου. ἀντίγραφον λόγων Συμεὼν ἃ ἐλάλησε
TSim. 1 1 διαθηκη Συμεων. περι φθονου. ἀντίγραφον λόγων * Συμεὼν * ἃ ἐλάλησε τοῖς υἱοῖς αὐτοῦ πρὸ τοῦ θανεῖν αὐτὸν
TSim. 2 1 αὐτοὺς καὶ εἶπεν αὐτοῖς ἀκούσατε τέκνα ἀκούσατε * Συμεὼν * τοῦ πατρὸς ὑμῶν ὅσα ἔχω ἐν τῇ καρδίᾳ μου. ἐγὼ
TSim. 2 2 μου υἱὸς δεύτερος καὶ Λεία ἡ μήτηρ μου ἐκάλεσέ με * Συμεῶνα * ὅτι ἤκουσε κύριος τῆς δεήσεως αὐτῆς. δυνατὸς
TSim. 8 1 αὐτὰ εἰς τὰς γενεὰς αὐτῶν. καὶ συνετέλεσε * Συμεὼν * ἐντελλόμενος τοῖς υἱοῖς αὐτοῦ καὶ ἐκοιμήθη μετὰ
TSim. 9 1 ἕκαστος τὸν ἀδελφὸν αὐτοῦ. καὶ ἔκλαυσαν υἱοὶ * Συμεὼν * τὸν πατέρα αὐτῶν κατὰ τὸν νόμον τοῦ πένθους καὶ
TLevi 2 2 δὲ νεώτερος ὡσεὶ ἐτῶν εἴκοσιν ὅτε ἐποίησα μετὰ * Συμεὼν * τὴν ἐκδίκησιν τῆς ἀδελφῆς ἡμῶν Δίνας ἀπὸ τοῦ
TLevi 6 4 ἐν Ἰσραήλ. κἀγὼ ἀνεῖλον τὸν Συχὲμ ἐν πρώτοις καὶ * Συμεὼν * τὸν Ἐμμώρ. καὶ μετὰ ταῦτα ἐλθόντες οἱ ἀδελφοὶ
TJud. 6 5 ὅρους ἐν ᾗ ἦν ἡ πόλις. καὶ ὑποκρυβέντες ἐγὼ καὶ * Συμεὼν * ἐξόπισθεν ἐπελαβόμεθα τῶν ὑψηλῶν καὶ ὅλην τὴν
TJud. 25 1 ἐγὼ τρίτος Ἰωσὴφ τέταρτος Βενιαμὶν πέμπτος * Συμεὼν * ἕκτος Ἰσαχὰρ καὶ οὕτως καθεξῆς πάντες. καὶ
TJud. 25 2 ἄγγελος τοῦ προσώπου ἐμὲ αἱ δυνάμεις τῆς δόξης τὸν * Συμεὼν * ὁ οὐρανὸς τὸν Ῥουβὴμ τὸν Ἰσαχὰρ ἡ γῆ ἡ θάλασσα
TZab. 2 1 τοῦ μὴ ποιῆσαι τὴν ἀνομίαν ταύτην. ἦλθον γὰρ * Συμεὼν * καὶ Γὰδ ἐπὶ τὸν Ἰωσὴφ μετ' ὀργῆς τοῦ ἀνελεῖν
TZab. 3 2 τῆς τιμῆς τοῦ Ἰωσὴφ τέκνα ἐγὼ οὐκ ἐκοινώνησα ἀλλὰ * Συμεὼν * καὶ Γὰδ καὶ οἱ ἄλλοι ἓξ ἀδελφοὶ ἡμῶν λαβόντες τὴν
TZab. 4 2 προσεῖχε δὲ τῷ λάκκῳ ὅτι ἐφοβεῖτο μὴ ἀποπηδήσαντες * Συμεὼν * καὶ Γὰδ ἀνέλωσιν αὐτόν. καὶ ὁρῶντες κἀμὲ μὴ
TZab. 4 11 αὐτὸν ἱμάτιον παλαιὸν δούλου. τὸν δὲ χιτῶνα εἶχε * Συμεὼν * καὶ οὐκ ἤθελε δοῦναι αὐτὸν θέλων τῇ ῥομφαίᾳ αὐτοῦ
Asen. 22 11 εἰς τὸν οἶκον αὐτῶν. καὶ συμπροέπεμψαν αὐτοὺς * Συμεὼν * καὶ Λευὶς οἱ ἀδελφοὶ Ἰωσὴφ οἱ υἱοὶ Λίας μόνον οἱ
Asen. 23 2 ἀγγέλους ὁ υἱὸς Φαραὼ καὶ ἐκάλεσε πρὸς ἑαυτὸν * Συμεὼν * καὶ Λευί. καὶ ἦλθον πρὸς αὐτόν οἱ ἄνδρες καὶ
Asen. 23 6 αὐτοῖς. ὡς δὲ ἤκουσαν τὰ ῥήματα ταῦτα οἱ ἄνδρες * Συμεὼν * καὶ Λευὶς κατενύγησαν σφόδρα διότι σχήματι
Asen. 23 7 τυραννικῷ ἐλάλησε πρὸς αὐτοὺς ὁ υἱὸς Φαραώ. καὶ ἦν * Συμεὼν * ἀνὴρ θρασὺς καὶ τολμηρὸς καὶ ἐνεθυμήθη βαλεῖν τὴν
Asen. 23 8 ἐπάτησε Λευὶς τῷ ποδὶ αὐτοῦ τὸν δεξιὸν πόδα τοῦ * Συμεὼν * καὶ ἔθλιψεν αὐτὸν καὶ ἐσήμανεν αὐτῷ τοῦ παύσασθαι
Asen. 23 9 παύσασθαι ἀπὸ τῆς ὀργῆς αὐτοῦ. καὶ εἶπε Λευὶς τῷ * Συμεὼν * ἡσύχως ἵνα τί σὺ ὀργῇ θυμοῦσαι πρὸς τὸν ἄνδρα
Asen. 23 14 ἡμῶν ἐνώπιόν σου. καὶ εἵλκυσαν τὰς ῥομφαίας αὐτῶν * Συμεὼν * καὶ Λευὶς ἐκ τῶν κολεῶν αὐτῶν καὶ εἶπον ἰδοὺ
Asen. 23 17 πονηρόν. καὶ ἐξῆλθον ἀπὸ προσώπου τοῦ υἱοῦ Φαραὼ * Συμεὼν * καὶ Λευίς. καὶ ἦν ὁ υἱὸς Φαραὼ πλήρης φόβου καὶ
Asen. 24 1 καὶ λύπης διότι ἐφοβεῖτο τοὺς ἀδελφοὺς Ἰωσὴφ * Συμεὼν * καὶ Λευὶς καὶ ἐβαρεῖτο ἀπὸ τοῦ κάλλους Ἀσενὲθ
Asen. 27 6 τῶν κροτάφων αὐτῶν. καὶ οἱ υἱοὶ Λίας Ῥουβὴμ καὶ * Συμεὼν * Λευὶς καὶ Ἰούδας Ἰσάχαρ καὶ Ζαβουλὼν κατεδίωξαν
Asen. 28 12 καὶ αἷμα τοῦ πατρὸς ὑμῶν Ἰσραήλ. καὶ εἶπεν αὐτῇ * Συμεὼν * ἵνα τί ἡ δέσποινα ἡμῶν λαλεῖ ἀγαθὰ ὑπὲρ τῶν
Asen. 28 14 τὴν δεξιὰν αὐτῆς χεῖρα καὶ ἥψατο τῆς γενειάδος τοῦ * Συμεὼν * καὶ κατεφίλησεν αὐτὸν καὶ εἶπεν μηδαμῶς ἄδελφε
Prop. 11 1 Ναοὺμ ἀπὸ Ἐλκεσὶ πέραν τοῦ Ἰσβηγαβαρὶν φυλῆς * Συμεών. * οὗτος μετὰ τὸν Ἰωνᾶν τῇ Νινευῒ τέρας ἔδωκεν ὅτι
Prop. 12 1 καὶ ἐτάφη ἐν τῇ γῇ αὐτοῦ. Ἀμβακοὺμ ἐκ φυλῆς ἦν * Συμεὼν * ἐξ ἀγροῦ Βηθζουχάρ. οὗτος εἶδε πρὸ τῆς
Prop. 13 1 ἰδίῳ ἀγρῷ μονώτατος ἐνδόξως.) Σοφονίας ἐκ φυλῆς ἦν * Συμεὼν * ἀγροῦ Σαβαραθὰ προεφήτευσε περὶ τῆς πόλεως καὶ
HDem. 9 21 3 δεκάτῳ Ῥουβὶν καὶ τῷ ἔτει δὲ τῷ ἐνάτῳ μηνὶ ὀγδόῳ * Συμεὼν * καὶ τῷ ἔτει δὲ τῷ δεκάτῳ μηνὶ ἕκτῳ Λευὶν τῷ δὲ
HDem. 9 21 8 ἔχοντα παιδία Ῥουβὶμ ἐτῶν δώδεκα μηνῶν δυοῖν * Συμεῶνα * ἐτῶν ἕνδεκα μηνῶν τεσσάρων Λευὶν ἐτῶν δέκα μηνῶν
HDem. 9 21 9 μηνῶν τεσσάρων. ἐξαλλομένους δὲ τοὺς Ἰσραὴλ υἱοὺς * Συμεῶνα * μὲν ὄντα ἐτῶν εἰκοσιενὸς μηνῶν τεσσάρων Λευὶν δὲ
HDem. 9 21 17 ὄντα ἐτῶν ἑκατὸν τριάκοντα Ῥουβὶν ἐτῶν μ ε' * Συμεῶνα * ἐτῶν μ δ' Λευὶν ἐτῶν μ γ' Ἰούδαν ἐτῶν μ β'
LThe. 9 22 8 περιτέμνεσθαι ἕνα τῶν Ἰακὼβ υἱῶν τὸ ὄνομα * Συμεῶνα * διαγνῶναι τόν τε Ἐμμὼρ καὶ τὸν Συχὲμ ἀνελεῖν
LThe. 9 22 10 τοῖσιν μεμελημένα ἔργα. τὸν οὖν Λευὶν καὶ τὸν * Συμεῶνα * εἰς τὴν πόλιν καθωπλισμένους ἐλθεῖν καὶ πρῶτα
LThe. 9 22 11 καὶ τὸν Ἐμμὼρ καὶ τὸν Συχὲμ φονεῦσαι. ὡς τότε δὴ * Συμεὼν * μὲν Ἐμὼρ ὤρουσεν ἐπ' αὐτὸν πλῆξέ τέ οἱ κεφαλὴν
FrAn. 1 227 11 σαις ο θς Ια<κωβ - - >και οπερ ου ζητω απεκρ< - * Συ>μεων * που μη καυτος< - - Ιω>σηφ προστεθεικατε< - >του
FrAn. 1 227 17 ο< >μενοι νυν αντερει το< - >δυα δοτε κνημ< - * Συμεω<ν * - - >ενωπιον σου εστιν< - >ρετον ημας και σ<

συμμαχέω 1
TJud. 7 6 ἐμὲ λίθοις καὶ τόξοις καὶ εἰ μὴ Δὰν ὁ ἀδελφός μου * συνεμάχησέ * μοι εἶχόν με ἀνελεῖν. ἐπήλθομεν οὖν ἐπ'

συμμαχία 2
Aris. 13 4 εἰσεληλυθότων σὺν τῷ Πέρσῃ καὶ πρὸ τούτων ἑτέρων * συμμαχιῶν * ἐξαπεσταλμένων πρὸς τὸν τῶν Αἰθιόπων βασιλέα
Sib. 5 374 τῆς τε Μακηδονίης στάξει χόλος ἐν πεδίοισιν --- * συμμαχίην * +δῶ δ' + ἐκ δυσμῶν βασιλῆι δ' ὄλεθρον. καὶ τότε

σύμμαχος 2
TJud. 6 2 πόλεμον καὶ συνήψαμεν αὐτοῖς καὶ τοὺς ἀπὸ Σιλὼμ * συμμάχους * αὐτῶν ἀπεκτείναμεν καὶ οὐκ ἐδώκαμεν αὐτοῖς
TJud. 7 2 ἐγὼ οὖν καὶ Δὰν προσποιησάμενοι Ἀμορραίους ὡς * σύμμαχοι * ἤλθομεν εἰς τὴν πόλιν αὐτῶν. νυκτὶ δὲ βαθείᾳ

συμμετρία 2
Sal. 5 16 ἐν χρηστότητι. μακάριος οὗ μνημονεύει ὁ θεὸς ἐν * συμμετρίᾳ * αὐταρκείας ἐὰν ὑπερπλεονάσῃ ὁ ἄνθρωπος

| | | | | | |
|---|---|---|---|---|---|
| Aris. | 107 | 1 | ὧν οὐ δέον ἐστίν. οὐκ ἀλόγως δὲ τὴν πόλιν | * συμμετρίᾳ * | καθηκούσῃ κατεσκεύασαν οἱ πρῶτοι σοφῶς δὲ |
| σύμμετρος | | | 2 | | |
| Aris. | 87 | 1 | τοῦ πράγματος. ἥ τε τοῦ θυσιαστηρίου κατασκευὴ | * συμμέτρως * | ἔχουσαν πρὸς τὸν τόπον καὶ τὰ θύματα διὰ τοῦ |
| Aris. | 105 | 1 | οὕτως ἠσφαλίσθαι. τῆς δὲ πόλεώς ἐστι τὸ χύμα | * συμμέτρως * | ἔχον οἷον τεσσαράκοντα σταδίων ὄντος τοῦ |
| συμμίγνυμι | | | 3 | | |
| Hen. | 10B | 11 | δῆσον Σεμιαζᾶν καὶ τοὺς ἄλλους σὺν αὐτῷ τοὺς | * συμμιγέντας * | ταῖς θυγατράσι τῶν ἀνθρώπων τοῦ μιανθῆναι ἐν |
| TRub. | 3 | 2 | καὶ εἰκὼν τοῦ θανάτου. τούτοις τοῖς πνεύμασι | * συμμίγνυται * | τὸ πνεῦμα τῆς πλάνης. πρῶτον τὸ τῆς πορνείας |
| Asen. | 26 | 5 | ἐξεπήδησαν ἐκ τῶν ἐνεδρῶν αὐτῶν οἱ ἐνεδρευταὶ καὶ | * συνέμιξαν * | πόλεμον μετὰ τῶν ἀνδρῶν τῆς Ἀσενὲθ καὶ |
| σύμμικτος | | | 2 | | |
| Sal. | 17 | 15 | αὐτῶν οἱ υἱοὶ τῆς διαθήκης ἐν μέσῳ ἐθνῶν | * συμμίκτων * | οὐκ ἦν ἐν αὐτοῖς ὁ ποιῶν ἐν Ιερουσαλημ ἔλεος |
| Sib. | 3 | 509 | αἰαῖ σοι Θρήκη ζυγὸν ὡς εἰς δούλιον ἥξεις ἡνίκα | * σύμμικτοι * | Γαλάται τοῖς Δαρδανίδαισιν Ἑλλάδ' ἐπεσσυμένως |
| συμπάθεια | | | 1 | | |
| TZab. | 7 | 4 | ἔκλαιον καὶ τὰ σπλάγχνα μου ἐστρέφετο ἐπ' αὐτῷ εἰς | * συμπάθειαν. * | καὶ ὑμεῖς οὖν τέκνα μου ἔχετε εὐσπλαγχνίαν |
| συμπαθέω | | | 4 | | |
| TSim. | 3 | 6 | ἀπ' αὐτοῦ καὶ γίνεται ἡ διάνοια κούφη καὶ λοιπὸν | * συμπαθεῖ * | τῷ φθονουμένῳ καὶ οὐ καταγινώσκει τῶν ἀγαπώντων |
| TBen. | 4 | 4 | σώφρονα πιστεύων ὑμνεῖ τὸν πένητα ἐλεεῖ τῷ ἀσθενεῖ | * συμπαθεῖ * | τὸν θεὸν ἀνυμνεῖ τὸν ἔχοντα φόβον θεοῦ |
| Sedr. | 16 | 3 | κύριε σὺ ταῦτα πάντα οἶδας καὶ ἐπίστασαι μόνον | * συμπαθῆσαι * | τοὺς ἁμαρτωλούς. λέγει αὐτὸν ὁ κύριος Σεδρὰχ |
| Sedr. | 16 | 4 | λέγει αὐτὸν ὁ κύριος Σεδρὰχ ἀγαπητέ μου ὑπόσχομαι | * συμπαθῆσαι * | καὶ κάτωθεν τῶν τεσσαράκοντα ἡμερῶν ἕως |
| συμπαλαίω | | | 2 | | |
| Hen. | 15 | 11 | νεφέλας ἀδικοῦντα ἀφανίζοντα καὶ ἐνπίπτοντα καὶ | * συνπαλαίοντα * | καὶ συνρίπτοντα ἐπὶ τῆς γῆς πνεύματα σκληρὰ |
| Hen. | 15B | 11 | νεμόμενα ἀδικοῦντα ἀφανίζοντα ἐμπίπτοντα καὶ | * συμπαλαίοντα * | καὶ ῥιπτοῦντα ἐπὶ τῆς γῆς καὶ δρόμους |
| συμπαραλαμβάνω | | | 2 | | |
| Sal. | 13 | 5 | ἐταράχθη ὁ εὐσεβὴς διὰ τὰ παραπτώματα αὐτοῦ μήποτε | * συμπαραλημφθῇ * | μετὰ τῶν ἁμαρτωλῶν ὅτι δεινὴ ἡ καταστροφὴ |
| Job | 15 | 3 | παρὰ τῷ ἀδελφῷ τῷ πρεσβυτέρῳ δειπνῆσαι μετ' αὐτοῦ, | * συμπαραλαμβάνοντες * | καὶ τὰς τρεῖς ἀδελφὰς μεθ' ἑαυτῶν τὰ |
| συμπάρειμι (εἰμί) | | | 2 | | |
| Aris. | 178 | 3 | ὑπὸ μίαν φωνὴν τῶν τε παραγεγονότων καὶ τῶν | * συμπαρόντων * | εὖ βασιλεῦ προήχθη δακρῦσαι τῇ χαρᾷ |
| FPho. | | 134 | ἀνάγκηι. πολλάκι συνθνήισκουσι κακοῖσ' οἱ | * συμπαρέοντες. * | φωρῶν μὴ δέξηι κλοπίμην ἄδικον παραθήκην |
| συμπαρίστημι | | | 1 | | |
| HEup. | 9 33 | 1 | καὶ σοὶ γράψαι ἀποστεῖλαί μοι τῶν παρὰ σοῦ λαῶν οἳ | * συμπαραστήσονται * | ἡμῖν μέχρι τοῦ ἐπιτελέσαι τὴν τοῦ θεοῦ |
| σύμπας | | | 7 | | |
| Hen. | 102 | 2 | καὶ φοβούμενοι ἤχῳ μεγάλῳ (καὶ) τὴν γῆν | * σύμπασαν * | σειομένην καὶ τρέμουσαν καὶ συνταρασσομένην. |
| Job | 8 | 3 | καὶ τότε λαβὼν τὴν ἐξουσίαν ἦλθεν καὶ ἦρέν μου | * σύμπαντα * | τὸν πλοῦτον. ἀκούσατε οὖν, ὑποδείξω γὰρ ὑμῖν |
| Aris. | 16 | 6 | ἁπάντων ἡγεῖσθαί τε καὶ κυριεύειν. ὑπερηρκὼς δὲ | * σύμπαντας * | ἀνθρώπους τῇ λαμπρότητι τῆς ψυχῆς ἀπόλυσιν |
| Sib. | 5 | 105 | αὐτὸς δ' ἐκ δυσμῶν εἰσπτήσεται ἅλματι κούφῳ | * σύμπασαν * | γαῖαν πολιορκῶν πᾶσαν ἐρημῶν. ἀλλ' ὅταν ὕψος |
| Sib. | 5 | 221 | θεὸς μένος ἐς τὸ ποιῆσαι οἷά τις οὐ πρότερος τῶν | * συμπάντων * | βασιλήων πρῶτα μὲν ἐκ τρισσῶν κεφαλῶν σὺν |
| HEup. | 9 34 | 16 | δισχίλια μόσχους τρισχιλίους πεντακοσίους. τὸ δὲ | * σύμπαν * | χρυσίον τὸ εἰς τοὺς δύο στύλους καὶ τὸν ναὸν |
| LEze. | 9 29 14 | 36 | νῶτα καὶ ἔσχισεν μέσον βάθος θαλάσσης οἱ δὲ | * σύμπαντες * | σθένει ὤρουσαν ὠκεῖς ἁλμυρᾶς δι' ἀτραποῦ. |
| συμπάσχω | | | 3 | | |
| TZab. | 6 | 5 | τὴν ἑκάστου χρείαν προσέφερον πᾶσι συνάγων καὶ | * συμπάσχων. * | διὰ τοῦτο καὶ ὁ κύριος πολὺν ἰχθὺν ἐποίησέ |
| TZab. | 7 | 3 | εἰ δὲ μὴ ἔχετε πρὸς καιρὸν δοῦναι τῷ χρῄζοντι | * συμπάσχετε * | ἐν σπλάγχνοις ἐλέους. οἶδα ὅτι ἡ χεὶρ μου οὐχ |
| TJos. | 20 | 6 | μέγα. καὶ γὰρ καὶ τοῖς Αἰγυπτίοις ὡς ἰδίοις μέλεσι | * συνέπασχε * | καὶ εὐεργέτει παντὶ ἔργῳ καὶ βουλῇ καὶ |
| συμπείθω | | | 2 | | |
| TJos. | 4 | 5 | καὶ ἔλεγέ μοι εἰ θέλεις ἵνα καταλίπω τὰ εἴδωλα | * συμπείσθητί * | μοι καὶ τὸν Αἰγύπτιον πείσω ἀποστῆναι τῶν |
| TJos. | 7 | 3 | ἢ εἰς φρέαρ ἢ εἰς κρημνὸν ῥίπτω ἐμαυτὴν ἐὰν μή μοι | * συμπεισθῇς. * | καὶ νοήσας ὅτι τὸ πνεῦμα τοῦ Βελιὰρ αὐτήν |
| συμπέρασμα | | | 1 | | |
| Aris. | 194 | 5 | εἰδείη ταῦτα ὄντα κενὰ ἐπὶ πλείονα χρόνον πρὸς τὸ | * συμπέρασμα * | δρᾶν τι καὶ γὰρ ὁ θεὸς διδοὺς ἀνοχὰς καὶ |
| σύμπηξις | | | 1 | | |
| Aris. | 155 | 5 | γὰρ καὶ μεγάλα καὶ ἔνδοξα φαίνεται πρῶτον μὲν ἡ | * σύμπηξις * | τοῦ σώματος καὶ ἡ τῆς τροφῆς διοίκησις καὶ ἡ |
| συμπίπτω | | | 15 | | |
| TJud. | 11 | 2 | ἰδὼν αὐτὴν οἰνοχοοῦσαν ἐν μέθῃ οἴνου ἠπατήθην καὶ | * συνέπεσα * | πρὸς αὐτήν. αὐτὴ ἀπόντος μου ἐπορεύθη καὶ ἔλαβε |
| TJud. | 13 | 3 | τοῦ ζήλου καὶ τῆς πορνείας παρετάξατο ἐν ἐμοὶ ἕως | * συνέπεσα * | εἰς Βησσουὲ τὴν Χαναναίαν καὶ εἰς Θαμὰρ τὴν |
| TJud. | 13 | 7 | μου τὴν καρδίαν ἡ ἡδονή. καὶ ἐρασθεὶς αὐτῆς | * συνέπεσα * | καὶ παρέβην ἐντολὴν κυρίου καὶ ἐντολὴν πατέρων |
| TZab. | 10 | 1 | νῦν τέκνα μου μὴ λυπεῖσθε ὅτι ἀποθνήσκω ἐγὼ μηδὲ | * συμπίπτετε * | ὅτι ἀπολείπω. ἀναστήσομαι γὰρ πάλιν ἐν μέσῳ |
| TJos. | 7 | 2 | ἰδὼν δὲ αὐτὴν ὁ Αἰγύπτιος λέγει πρὸς αὐτήν τί | * συνέπεσε * | τὸ πρόσωπόν σου; ἡ δὲ εἶπε πόνον καρδίας ἐγὼ |
| TJos. | 9 | 5 | βραχίονας αὐτῆς καὶ τὰ στέρνα καὶ τὰς κνήμας ἵνα | * συμπέσω * | εἰς αὐτὴν πάνυ γὰρ ἦν ὡραία μάλιστα κοσμουμένη |
| Asen. | 13 | 9 | καὶ τὰ χείλη μου ὡς ὄστρακον καὶ τὸ πρόσωπόν μου | * συμπέπτωκε * | καὶ οἱ ὀφθαλμοί μου ἐν αἰσχύνῃ φλεγμονῆς |
| Asen. | 18 | 3 | ὁ τροφεὺς αὐτῆς καὶ ἰδοὺ ἦν τὸ πρόσωπον αὐτῆς | * συμπεπτωκὸς * | ἐκ τῆς θλίψεως καὶ τοῦ κλαυθμοῦ καὶ τῆς |
| Asen. | 18 | 3 | αὐτὴν καὶ εἶπεν τί σοί ἐστι τέκνον μου ὅτι οὕτως | * συμπέπτωκε * | τὸ πρόσωπόν σου; καὶ εἶπεν αὐτῷ Ἀσενὲθ τῆς |
| Asen. | 18 | 4 | τῶν ὀφθαλμῶν μου καὶ τούτου ἕνεκα τὸ πρόσωπόν μου | * συμπέπτωκεν. * | καὶ ἀπῆλθεν ὁ τροφεὺς αὐτῆς καὶ ἡτοίμασε |
| Asen. | 18 | 7 | τῶν ῥημάτων τοῦ τροφέως αὐτῆς διότι εἶπεν αὐτῇ ὅτι | * συμπέπτωκε * | τὸ πρόσωπόν σου. καὶ ἀνεστέναξε καὶ ἐλυπήθη |
| Asen. | 18 | 7 | καὶ εἶπεν οἴμοι τῇ ταπεινῇ ⟨ὅτι⟩ τὸ πρόσωπόν μου | * συμπέπτωκεν. * | ὄψεταί με Ἰωσὴφ καὶ ἐξουδενώσει με. καὶ |
| Prop. | 2 | 7 | Αἰγύπτου ὅτι δεῖ σεισθῆναι τὰ εἴδωλα αὐτῶν καὶ | * συμπεσεῖν * | (διὰ σωτῆρος ἐκ παρθένου γενομένου ἐν φάτνῃ). |
| Job | 40 | 12 | αὐτὴν ἐκήδευσαν θάψαντες περὶ τὴν οἰκίαν τὴν | * συμπεπτωκυῖαν * | ἐπὶ τὰ τέκνα αὐτῆς καὶ κοπετὸν μέγαν |
| HArt. | 9 27 | 33 | χάλαζαν ἐκκλίνοντας ὑπὸ τῶν σεισμῶν διαφθείρεσθαι. | * συμπεσεῖν * | δὲ τότε τὰς μὲν οἰκίας πάσας τῶν τε ναῶν τοὺς |
| συμπλέκω | | | 1 | | |
| Abr.1 | 8 | 10 | συναντῆσαί σοι οὐ παρεχώρησα τὰ τοῦ ᾅδου δίκτυα | * συμπλέξαι * | σοι οὐκ ἠθέλησά τινι κακῷ συναντῆσαί σοι ἀλλὰ |
| συμπλήρωσις | | | 1 | | |
| Aris. | 29 | 2 | σου βασιλεῦ περὶ τῶν ἀπολειπόντων εἰς τὴν | * συμπλήρωσιν * | τῆς βιβλιοθήκης βιβλίων ὅπως ἐπισυναχθῇ καὶ |
| συμποδίζω | | | 2 | | |
| Hen. | 10B | 4 | Ῥαφαὴλ καὶ δῆσον τὸν Ἀζαὴλ χερσὶ καὶ ποσὶ | * συμπόδισον * | αὐτὸν καὶ ἔμβαλε αὐτὸν εἰς τὸ σκότος καὶ |
| TSim. | 2 | 12 | πέντε ὀργιζόμενος αὐτῷ ἐπὶ τῷ λόγῳ τούτῳ. καίγε | * συνεπόδισέ * | με ὁ θεὸς καὶ ἐκώλυσεν ἀπ' ἐμοῦ δρᾶσιν χειρῶν |
| συμπολίτης | | | 2 | | |
| Job | 16 | 5 | καὶ τὰ λοιπὰ τῶν κτηνῶν μου ᾐχμαλώτισται ὑπὸ τῶν | * συμπολιτῶν * | μου τῶν καὶ παρ' ἐμοῦ εὐεργετηθέντων, νυνὶ δὲ |
| Job | 18 | 2 | οἰκίαν ἐπὶ τὰ τέκνα μου καὶ ἀνεῖλεν αὐτὰ καὶ οἱ | * συμπολῖται * | ἰδόντες ὅτι ἀληθῶς γέγονεν τὰ εἰρημένα, |
| συμπορεύομαι | | | 3 | | |
| TJud. | 24 | 1 | ἐκ τοῦ σπέρματός μου ὡς ὁ ἥλιος τῆς δικαιοσύνης | * συμπορευόμενος * | τοῖς υἱοῖς τῶν ἀνθρώπων ἐν πραότητι καὶ |
| TIss. | 7 | 7 | ἔχοντες μεθ' ἑαυτῶν τὸν θεὸν τοῦ οὐρανοῦ | * συμπορευόμενον * | τοῖς ἀνθρώποις ἐν ἁπλότητι καρδίας. καὶ |
| TZab. | 7 | 4 | παρὸν ἐπιδοῦναι τῷ χρῄζοντι καὶ ἐπὶ ἑπτὰ σταδίους | * συμπορευόμενος * | αὐτῷ ἔκλαιον καὶ τὰ σπλάγχνα μου |
| συμποσία | | | 3 | | |
| Aris. | 203 | 2 | κατὰ τὴν αὐτὴν διάταξιν τὰ τῆς ἀναπτώσεως καὶ | * συμποσίας * | ἐπετελεῖτο. καθὸ δὲ ἐνόμιζεν ὁ βασιλεὺς |
| Aris. | 220 | 5 | πρὸς τούτους ὡς ἔληξεν ἐπὶ τὴν ἑξῆς ἐτράπησαν τῆς | * συμποσίας * | διάταξιν. τῇ δὲ ἐχομένῃ τῆς αὐτῆς διατάξεως |
| Aris. | 297 | 7 | ἔν τε τοῖς χρηματισμοῖς τοῦ βασιλέως καὶ ταῖς | * συμποσίαις * | μεταλαβεῖν. ἔθος γάρ ἐστι καθὼς καὶ σὺ |
| συμπόσιον | | | 5 | | |
| Aris. | 181 | 4 | κάλλιστα πλησίον τῆς ἄκρας αὐτοῖς καὶ τὰ κατὰ τὸ | * συμπόσιον * | ἑτοιμάζειν. ὁ δὲ ἀρχεδέατρος Νικάνωρ Δωρόθεον |
| Aris. | 202 | 3 | δὲ πρὸς εὐφροσύνην. ἐπιλαβούσης δὲ τῆς ἑσπέρας τὸ | * συμπόσιον * | ἐλύθη. τῇ δὲ μετὰ ταῦτα πάλιν κατὰ τὴν αὐτὴν |
| Aris. | 236 | 1 | τῇ δὲ ἐπιούσῃ κατὰ τὰ αὐτὰ τῆς διατάξεως τοῦ | * συμποσίου * | γενομένης καθὼς εὔκαιρον ἐγένετο τῷ βασιλεῖ |
| Aris. | 286 | 2 | προειρημένοις πρὸς τὸν ἔνατον εἶπε πῶς δεῖ διὰ τῶν | * συμποσίων * | διεξάγειν; ὁ δὲ ἔφησε παραλαμβάνοντα τοὺς |
| Aris. | 294 | 5 | συνεπιφωνησάντων δὲ πάντων χαρᾶς ἐπληρώθη τὸ | * συμπόσιον * | ἀδιαλείπτως τοῦ βασιλέως εἰς εὐφροσύνην |
| συμπροπέμπω | | | 2 | | |
| Asen. | 22 | 11 | Ἰωσὴφ καὶ Ἀσενὲθ εἰς τὸν οἶκον αὐτῶν. καὶ | * συμπροέπεμψαν * | αὐτοὺς Συμεὼν καὶ Λευὶς οἱ ἀδελφοὶ Ἰωσὴφ |
| Asen. | 22 | 11 | Ζέλφας καὶ Βάλλας τῶν παιδισκῶν Λίας καὶ Ῥαχὴλ οὐ | * συμπροέπεμψαν * | αὐτοὺς διότι ἐφθόνουν καὶ ἤχθραινον |
| σύμπτωμα | | | 1 | | |
| Aris. | 316 | 5 | καὶ λαβὼν ὑπόνοιαν ὅτι διὰ τοῦτ' αὐτῷ τὸ | * σύμπτωμα * | γέγονεν ἐξιλασάμενος τὸν θεὸν ἐν πολλαῖς |
| συμφαίνομαι | | | 1 | | |
| TRub. | 5 | 6 | εἰς ἀνθρώπους καὶ ἐν τῇ συνουσίᾳ τῶν ἀνδρῶν αὐτῶν | * συνεφαίνοντο * | αὐταῖς κἀκεῖναι ἐπιθυμοῦσαι τῇ διανοίᾳ τὰς |
| συμφάνεια | | | 1 | | |
| Aris. | 99 | 2 | ὁ κριθεὶς ἄξιος τούτων ἐν ταῖς λειτουργίαις. ἡ δὲ | * συμφάνεια * | τούτων ἐμποιεῖ φόβον καὶ ταραχὴν ὥστε νομίζειν |
| συμφανής | | | 2 | | |
| Aris. | 91 | 6 | τοῦ γινομένου ψόφου τῆς ἀπαντήσεως τῶν ὑδάτων ὥστε | * συμφανές * | μοι γεγονέναι τὸ μέγεθος τῶν ἀγγείων καθὼς |
| LEze. | 9 28 3 | 23 | τὸν ἐχθὲς ἄνδρα; καὶ δείσας ἐγὼ ἔλεξα πῶς ἐγένετο | * συμφανὲς * | τόδε; καὶ πάντα βασιλεῖ ταῦτ' ἀπήγγειλεν ταχὺ |
| συμφερόντως | | | 3 | | |
| Aris. | 45 | 6 | δόξης ὁ κυριεύων ἁπάντων θεὸς καὶ ὅπως γένηταί σοι | * συμφερόντως * | καὶ μετὰ ἀσφαλείας ἡ τοῦ ἁγίου νόμου |
| Aris. | 199 | 5 | ὑπὸ τοῦ θεοῦ πάντα σοι καλῶς βουλευομένῳ βασιλεῦ | * συμφερόντως. * | ἐπιφωνησάντων δὲ πάντων καὶ κρότῳ |

| | | | | | | |
|---|---|---|---|---|---|---|
| Aris. | | 298 | 5 | τὰ λεγόμενα καὶ πρασσόμενα καλῶς γινομένου καὶ | * συμφερόντως. * | τῇ γὰρ ἐπιούσῃ τὰ τῇ πρότερον πεπραγμένα |
| συμφέρω | | | | 13 | | |
| TGad | | 7 | 1 | ὑπὲρ αὐτοῦ ἵνα τελείως εὐοδοῦται ἴσως γὰρ ὑμῖν | * συμφέρει * | οὕτως. καὶ ἐὰν ἐπὶ πλεῖον ὑψοῦται μὴ φθονεῖτε |
| TGad | | 7 | 2 | κυρίῳ δὲ ὕμνον προσφέρετε τῷ παρέχοντι τὰ καλὰ καὶ | * συμφέροντα * | πᾶσιν ἀνθρώποις. ἐξέτασον κρίματα κυρίου καὶ |
| TJos. | | 9 | 3 | διάγων θέλει καὶ δόξαν καὶ εἰ οἶδεν ὁ ὕψιστος ὅτι | * συμφέρει * | παρέχει αὐτῷ καὶ ταῦτα ὡς κἀμοί. ποσάκις καίπερ |
| Esdr. | | 1 | 11 | πολυέλεος ἐμὲ κρῖνον ὑπὲρ τῶν ψυχῶν τῶν ἁμαρτωλῶν | * συμφέρει * | γὰρ μίαν ψυχὴν κολάσασθαι καὶ μὴ ὅλον τὸν |
| Aris. | | 25 | 2 | εὐθὺ καὶ τὰ σώματα. διειλήφαμεν γὰρ καὶ ἡμῖν | * συμφέρειν * | καὶ τοῖς πράγμασι τοῦτ' ἐπιτελεσθῆναι. τὸν δὲ |
| Aris. | | 44 | 1 | ἁρμόζοντα τοῖς σοῖς γράμμασι. πάντα γὰρ ὅσα σοι | * συμφέρει * | καὶ εἰ παρὰ φύσιν ἐστὶν ὑπακουσόμεθα τοῦτο γὰρ |
| Aris. | | 125 | 4 | βασιλείας ἕξειν συμβουλευόντων παρρησίᾳ πρὸς τὸ | * συμφέρον * | τῶν φίλων ὃ δὴ σύνεστι τοῖς ἀποστελλομένοις ὑπ' |
| Aris. | | 227 | 6 | τούτῳ τῷ τρόπῳ μετάγωμεν αὐτοὺς ἐπὶ τὸ καθῆκον καὶ | * συμφέρον * | ἑαυτοῖς. δεῖ δὲ τὸν θεὸν λιτανεύειν ἵνα ταῦτ' |
| Aris. | | 239 | 2 | εἴη; ἐκεῖνος δὲ εἶπε διαλαμβάνων ὅτι πάντα | * συμφέρει * | γινώσκειν ὅπως ἂν πρὸς τὰ συμβαίνοντα |
| Aris. | | 268 | 7 | ἀλλὰ ἐφ' ἑαυτοὺς ἀναφέροντες καὶ τὸ πρὸς ἑαυτοὺς | * συμφέρον * | λυποῦνται πάντες ἄνθρωποι. τὸ δ' ἐκφυγεῖν πᾶν |
| Aris. | | 284 | 5 | βίου μετ' εὐσχημοσύνης καὶ καταστολῆς γινόμενα βίῳ | * συμφέρον * | καὶ καθῆκον ἔνεστι γὰρ καὶ ἐν τούτοις ἐπισκευή |
| HHec. | 1 | 22 | 203 | ὄρνιθα καὶ φήσαντος ἐὰν μὲν αὐτοῦ μένῃ προσμένειν | * συμφέρειν * | πᾶσιν ἐὰν δ' ἀναστὰς εἰς τοὔμπροσθεν πέτηται |
| HCal. | | 24 | 11 | τῷ στρατῷ Μακεδόνων ὁ θάνατος. ἄπιτε οὖν καὶ τὸ | * συμφέρον * | ὑμῖν πραγματεύεσθε. ἐγὼ δὲ τὴν αὔριον |
| συμφλέγω | | | | 1 | | |
| Sib. | | 4 | 126 | εἰς Συρίην δ' ἥξει Ῥώμης πρόμος ὃς πυρὶ νηὸν | * συμφλέξας * | Σολύμων πολλοὺς δ' ἅμα ἀνδροφονήσας Ἰουδαίων |
| συμφορά | | | | 2 | | |
| HArt. | 9 | 27 | 34 | τῶν τε ναῶν τοὺς πλείστους. τελευταῖον τοιαύταις | * συμφοραῖς * | περιπεσόντα τὸν βασιλέα τοὺς Ἰουδαίους |
| FrAn. | 9 | 17 | 4 | οὐκ εἰς μακρὰν περὶ τὸν οἶκον ἐχρήσατο χαλεπῇ | * συμφορᾷ. * | ἑβδόμῃ γὰρ ἡμέρᾳ τῆς ἀναιρέσεως τοῦ προφήτου |
| συμφύρω | | | | 1 | | |
| Sal. | | 8 | 9 | υἱὸς μετὰ μητρὸς καὶ πατὴρ μετὰ θυγατρὸς | * συνεφύροντο. * | ἐμοιχῶντο ἕκαστος τὴν γυναῖκα τοῦ πλησίον |
| συμφωνέω | | | | 1 | | |
| HDem. | 9 | 29 | 1 | Ἰοθὼρ Σεπφώραν ἣν γῆμαι Μωσῆν. καὶ τὰς γενεὰς δὲ | * συμφωνεῖν * | τὸν γὰρ Μωσῆν εἶναι ἀπὸ Ἀβραὰμ ἕβδομον τὴν δὲ |
| συμφωνία | | | | 1 | | |
| Aris. | | 302 | 3 | πρὸς ἑαυτοὺς ταῖς ἀντιβολαῖς τὸ δὲ ἐκ τῆς | * συμφωνίας * | γινόμενον πρεπόντως ἀναγραφῆς οὕτως ἐτύγχανε |
| σύμφωνος | | | | 4 | | |
| Aris. | | 32 | 5 | τὸν νόμον τὸν ἑαυτῶν ἀφ' ἑκάστης φυλῆς ἓξ ὅπως τὸ | * σύμφωνον * | ἐκ τῶν πλειόνων ἐξετάσαντες καὶ λαβόντες τὸ |
| Aris. | | 39 | 4 | ἀφ' ἑκάστης φυλῆς ἓξ ὅπως ἐκ τῶν πλειόνων τὸ | * σύμφωνον * | εὑρεθῇ διὰ τὸ περὶ μειζόνων εἶναι τὴν σκέψιν. |
| Aris. | | 302 | 2 | πρὸς τὴν χρείαν ἔδει καλῶς. οἱ δὲ ἐπετέλουν ἕκαστα | * σύμφωνα * | ποιοῦντες πρὸς ἑαυτοὺς ταῖς ἀντιβολαῖς τὸ δὲ ἐκ |
| LAri. | 13 | 12 | 11 | Σολομῶν αὐτὴν πρὸ οὐρανοῦ καὶ γῆς ὑπάρχειν τὸ δὴ | * σύμφωνόν * | ἐστι τῷ προειρημένῳ. τὸ δὲ διασαφούμενον διὰ |
| σύν | | | | 85 σύν | | |
| συναγείρω | | | | 2 | | |
| Sib. | | 3 | 124 | Ἑστίη τε εὐπλόκαμός τε Διώνη ἤγαγον ἐς φιλίην | * συναγείρασαι * | βασιλῆας πάντας ἀδελφειούς τε συναίμους ἠδὲ |
| Sib. | | 3 | 149 | Κρόνος Ῥείη τε σύνευνος ἐξήκοντα δέ τοι παῖδας | * συναγείρατο * | Τιτὰν καὶ ῥ' εἶχ' ἐν δεσμοῖσι Κρόνον Ῥείην |
| συνάγω | | | | 36 | | |
| Adam | | 5 | 3 | πάντες ὅπως ὄψομαι αὐτοὺς πρὶν ἀποθανεῖν με. καὶ | * συνήχθησαν * | πάντες. ἦν γὰρ οἰκισθεῖσα ἡ γῆ εἰς τρία μέρη. |
| Adam | | 38 | 2 | διὰ τὸν Ἀδάμ. καὶ ἐλάλησεν ὁ πατὴρ πρὸς αὐτὸν ἵνα | * συναχθῶσιν * | πάντες οἱ ἄγγελοι ἐνώπιον τοῦ θεοῦ ἕκαστος |
| Hen. | | 13 | 9 | καὶ ἔξυπνος γενόμενος ἦλθον πρὸς αὐτοὺς καὶ πάντες | * συνηγμένοι * | ἐκάθηντο πενθοῦντες ἐν Ἐβελσατὰ ἥτις ἐστὶν |
| TRub. | | 1 | 2 | μετὰ ἔτη δύο τῆς τελευτῆς Ἰωσὴφ ἀρρωστοῦντι | * συνήχθησαν * | ἐπισκέψασθαι αὐτὸν οἱ υἱοὶ καὶ υἱοὶ τῶν υἱῶν |
| TLevi | | 1 | 2 | ὤφθη γὰρ αὐτῷ ὅτι μέλλει ἀποθνήσκειν. καὶ ὅτε | * συνήχθησαν * | εἶπε πρὸς αὐτοὺς ἐγὼ Λευὶ ἐν Χαρρὰν |
| TJud. | | 1 | 2 | ἐλάλησε τοῖς υἱοῖς αὐτοῦ πρὸ τοῦ ἀποθανεῖν αὐτόν. | * συναχθέντες * | ἦλθον πρὸς αὐτὸν καὶ εἶπεν αὐτοῖς τέταρτος |
| TZab. | | 6 | 5 | ἀγαθῶς κατὰ τὴν ἑκάστου χρείαν προσέφερον πᾶσι | * συνάγων * | καὶ συμπάσχων. διὰ τοῦτο καὶ ὁ κύριος πολὺν |
| TBen. | | 6 | 2 | ψυχὴν αὐτοῦ. οὐχ ὁρᾷ ἐμπαθῶς τοῖς φθαρτοῖς οὐδὲ | * συνάγει * | πλοῦτον εἰς φιληδονίαν οὐ τέρπεται ἡδονῇ οὐ |
| TBen. | | 9 | 2 | ὁ ἔσχατος ὑπὲρ τὸν πρῶτον. καὶ δώδεκα φυλαὶ ἐκεῖ | * συναχθήσονται * | καὶ πάντα τὰ ἔθνη ἕως οὗ ὁ ὕψιστος |
| TBen. | | 10 | 11 | κυρίου πάλιν κατοικήσετε ἐπ' ἐλπίδι ἐν ἐμοὶ καὶ | * συναχθήσεται * | πᾶς Ἰσραὴλ πρὸς κύριον. καὶ οὐκέτι |
| Asen. | | 1 | 2 | τοῦ μηνὸς εἰς τὰ ὅρια Ἡλιουπόλεως καὶ ἦν | * συνάγων * | τὸν σῖτον τῆς χώρας ἐκείνης ὡς τὴν ἄμμον τῆς |
| Asen. | | 3 | 1 | μηνὸς ἦλθεν Ἰωσὴφ εἰς τὰ ὅρια Ἡλιουπόλεως καὶ ἦν | * συνάγων * | τὸν σῖτον τῆς εὐθηνίας τῆς χώρας ἐκείνης. καὶ ὡς |
| Sal. | | 8 | 28 | ὁ θεὸς τὸ ἔλεός σου ἐφ' ἡμᾶς καὶ οἰκτίρησον ἡμᾶς | * συνάγαγε * | τὴν διασπορὰν Ισραηλ μετὰ ἐλέους καὶ |
| Sal. | | 11 | 2 | καὶ ἰδὲ τὰ τέκνα σου ἀπὸ ἀνατολῶν καὶ δυσμῶν | * συνηγμένα * | εἰς ἅπαξ ὑπὸ κυρίου. ἀπὸ βορρᾶ ἔρχονται τῇ |
| Sal. | | 11 | 3 | τῇ εὐφροσύνῃ τοῦ θεοῦ αὐτῶν ἐκ νήσων μακρόθεν | * συνήγαγεν * | αὐτοὺς ὁ θεός. ὄρη ὑψηλὰ ἐταπείνωσεν εἰς |
| Sal. | | 17 | 26 | καὶ ἐλέγξαι ἁμαρτωλοὺς ἐν λόγῳ καρδίας αὐτῶν. καὶ | * συνάξει * | λαὸν ἅγιον οὗ ἀφηγήσεται ἐν δικαιοσύνῃ καὶ |
| Sal. | | 17 | 33 | οὐδὲ ἀργύριον εἰς πόλεμον καὶ πολλοῖς ⟨λαοῖς⟩ οὐ | * συνάξει * | ἐλπίδας εἰς ἡμέραν πολέμου. κύριος αὐτὸς |
| Jer. | | 7 | 15 | λέγων σοί λέγω Ἱερεμία ὁ ἐκλεκτὸς τοῦ θεοῦ ἄπελθε | * σύναξον * | τὸν λαὸν καὶ ἐλθὲ ἐνταῦθα ἵνα ἀκούσωσι ἐπιστολῆς |
| Jer. | | 7 | 16 | δὲ ὁ Ἱερεμίας ἐδόξασε τὸν θεὸν καὶ ἀπελθὼν | * συνῆξε * | τὸν λαὸν σὺν γυναιξὶ καὶ τέκνοις καὶ ἦλθεν ὅπου |
| Prop. | | 2 | 12 | ἐν ὄρει Σινᾶ καὶ πάντες οἱ ἅγιοι πρὸς αὐτὸν | * συναχθήσονται * | ἐκεῖ ἐκδεχόμενοι κύριον καὶ τὸν ἐχθρὸν |
| Prop. | | 22 | 9 | ἀποδοῦναι προσῆλθε τῷ Ἐλισαίῳ καὶ ἐνετείλατο αὐτῇ | * συναγαγεῖν * | ἀγγεῖα καινὰ ὅσα δύναται καὶ τὸ ἔχον |
| Esdr. | | 3 | 6 | τῶν τεσσάρων περάτων δράξομαι τὴν οἰκουμένην καὶ | * συνάξω * | πάντας εἰς τὴν κοιλάδα τοῦ Ἰωσαφὰτ καὶ ἐξαλείψω |
| Job | | 17 | 2 | εἰς βασιλέα τῶν Περσῶν ἐπέστη τῇ ἐμῇ πόλει, | * συναγαγὼν * | πάντας τοὺς ἐν αὐτῇ πανούργους, καὶ ἐλάλησεν |
| Job | | 28 | 5 | ἔλεγον ὅτι ἡμῶν τῶν τριῶν βασιλέων τὰ χρήματα, ἐὰν | * συναχθῇ * | εἰς ἓν ἐπὶ τὸ αὐτό, οὐ μὴ ἀναλογήσῃ τοὺς λίθους |
| Aris. | | 9 | 2 | ὁ Φαληρεὺς ἐχρηματίσθη πολλὰ διάφορα πρὸς τὸ | * συναγαγεῖν * | εἰ δυνατὸν ἅπαντα τὰ κατὰ τὴν οἰκουμένην |
| Aris. | | 42 | 3 | διὰ τὴν προαίρεσίν σου καὶ τὴν καλὴν βουλὴν καὶ | * συναγαγόντες * | τὸ πᾶν πλῆθος παρανέγνωμεν αὐτοῖς ἵνα |
| Aris. | | 90 | 6 | ὡς ῥοπῇ καὶ νεύματι πάντα καθαρίζεσθαι τὰ | * συναγόμενα * | παμπληθῆ τῶν θυμάτων αἵματα. πεπυσμένος δὲ |
| Aris. | | 307 | 3 | ἔχοντα τερπνότητα διὰ τὴν ἡσυχίαν καὶ καταύγειαν | * συναγόμενοι * | τὸ προκείμενον ἐπετέλουν. συνέτυχε δὲ οὕτως |
| Aris. | | 308 | 1 | τοῦ τοιούτου γεγενημένου. τελείωσιν δὲ ὅτε ἔλαβε | * συναγαγὼν * | ὁ Δημήτριος τὸ πλῆθος τῶν Ἰουδαίων εἰς τὸν |
| FJub. | | 3 | 16 | νόμον. ὁ Ἀδὰμ ἀπεσόβει τὰ πετεινὰ καὶ ἑρπετὰ | * συνῆγε * | τὸν καρπὸν ἐν παραδείσῳ καὶ σὺν τῇ γυναικὶ αὐτοῦ |
| HEup. | 9 | 39 | 5 | αὐτῷ. παραλαβόντα δὲ Βαβυλωνίους καὶ Μήδους καὶ | * συναγαγόντα * | πεζῶν μὲν ὀκτωκαίδεκα ἱππέων δὲ μυριάδας |
| HEup. | 1 | 141 | 4 | Πτολεμαίου τὸ δωδέκατον βασιλεύοντος Αἰγύπτου | * συνάγεσθαι * | ἔτη ͵ε ρ μ θ'. ἀφ' οὗ δὲ χρόνου ἐξήγαγε |
| HEup. | 1 | 141 | 5 | ἐξ Αἰγύπτου ἐπὶ τὴν προειρημένην προθεσμίαν | * συνάγεσθαι * | ἔτη ⟨δισ⟩χίλια πεντακόσια ὀγδοήκοντα. |
| HArt. | 9 | 27 | 28 | ἀπὸ τότε δὲ καὶ τὴν κατάβασιν αὐτοῦ γίνεσθαι | * συναγαγὸν * | δὲ τὸ ὕδωρ ἐποζέσαι καὶ τὰ ποτάμια διαφθεῖραι |
| FrAn. | | 15 | | τὰ τῇδε πράγματα ὅταν ἀνδριᾶσι πιστεύσωσιν. | * συνάξει * | πᾶσαν δύναμιν αὐτοῦ ἀπὸ ἡλίου ἀνατολῶν μέχρις |
| FrAn. | 1 | 226 | 18 | του λαου κα⟨ – ⟩ευθυς σιτου οντος πο⟨λλου – ειπε⟩ν | * συναγαγετε * | μοι τιχι οθε⟨ν – – ⟩λιμος δε αυτην παροδευε⟨ι |
| συναγωγή | | | | 8 | | |
| TLevi | | 11 | 5 | ἐν ὁράματι ὅτι μέσος ἐν ὑψηλοῖς ἵστατο πάσης τῆς | * συναγωγῆς * | διὰ τοῦτο ἐκάλεσα τὸ ὄνομα αὐτοῦ Καὰθ ὅ ἐστιν |
| TLevi | | 18 | 2B067 | Καάθ. καὶ ὅτε ἐγεννήθη ἑώρακα ὅτι ἐπ' αὐτῷ ἔσται ἡ | * συναγωγὴ * | παντὸς τοῦ λαοῦ καὶ ὅτι αὐτοῦ ἔσται ἡ |
| TBen. | | 11 | 2 | καὶ ἁρπάζων ὡς λύκος ἀπ' αὐτῶν καὶ διδοὺς τῇ | * συναγωγῇ * | τῶν ἐθνῶν. καὶ ἕως συντελείας τῶν αἰώνων ἔσται |
| TBen. | | 11 | 3 | τῶν ἐθνῶν. καὶ ἕως συντελείας τῶν αἰώνων ἔσται ἐν | * συναγωγαῖς * | ἐθνῶν καὶ ἐν τοῖς ἄρχουσιν αὐτῶν ὡς μουσικὸν |
| Sal. | | 10 | 7 | ὅτι χρηστὸς καὶ ἐλεήμων ὁ θεὸς εἰς τὸν αἰῶνα καὶ | * συναγωγαὶ * | Ισραηλ δοξάσουσιν τὸ ὄνομα κυρίου. τοῦ κυρίου |
| Sal. | | 17 | 16 | καὶ ἀλήθειαν. ἐφύγοσαν ἀπ' αὐτῶν οἱ ἀγαπῶντες | * συναγωγὰς * | ὁσίων ὡς στρουθία ἐξεπετάσθησαν ἀπὸ κοίτης |
| Sal. | | 17 | 43 | αὐτοῦ πεπυρωμένα ὑπὲρ χρυσίον τὸ πρῶτον τίμιον ἐν | * συναγωγαῖς * | διακρινεῖ λαοῦ φυλὰς ἡγιασμένου οἱ λόγοι |
| Sal. | | 17 | 44 | ἐν ταῖς ἡμέραις ἐκείναις ἰδεῖν τὰ ἀγαθὰ Ισραηλ ἐν | * συναγωγῇ * | φυλῶν ἃ ποιήσει ὁ θεός. ταχύναι ὁ θεὸς ἐπὶ |
| συναγωνιάω | | | | 1 | | |
| Sib. | | 3 | 712 | φιλέει τοὺς ἄνδρας ἐκείνους. πάντα γὰρ αὐτοῖσιν | * συναγωνιᾷ * | ἠδὲ βοηθεῖ οὐρανὸς ἠέλιός τε θεήλατος ἠδὲ |
| συνάζω | | | | 1 | | |
| Sedr. | | 10 | 3 | οἷαν ὥραν μέλλει ἐξέρχεσθαι ἀρχὴν σπάρναται καὶ | * συνάζεται * | ἀπὸ τῶν ἀκρονύχων καὶ ἀπὸ πάντων μελῶν καὶ |
| σύναιμος | | | | 2 | | |
| Sib. | | 3 | 125 | φιλίην συναγείρασαι βασιλῆας πάντας ἀδελφειούς τε | * συναίμους * | ἠδὲ καὶ ἄλλους ἀνθρώπους οἵ τ' ἦσαν ἀφ' |
| FPho. | | | 47 | τε φόνοι τε ἔχθρα δὲ τέκνα γονεῦσιν ἀδελφειοί τε | * συναίμοις. * | μὴ δ' ἕτερον κεύθῃς κραδίῃ νόον ἄλλ' |
| συναινέω | | | | 1 | | |
| Aris. | | 226 | 1 | δῶρον εἰληφέναι παρὰ θεοῦ τοῦτ' ἔστι κράτιστον. | * συναινέσας * | δὲ τούτοις τὸν ἑξῆς ἐκέλευσεν ἀποκριθῆναι |
| συναίρω | | | | 2 | | |
| TDan | | 4 | 7 | ἔστι δὲ διπρόσωπον κακὸν θυμὸς μετὰ ψεύδους καὶ | * συναίρονται * | ἀλλήλοις ἵνα ταράξωσι τὸ διαβούλιον |
| Asen. | | 23 | 4 | τὴν ἐμοὶ κατεγγυημένην ἀπ' ἀρχῆς. καὶ νῦν δεῦτε | * συνάρασθε * | ἐμοὶ καὶ πολεμήσομεν πρὸς Ἰωσὴφ τὸν ἀδελφὸν |
| συνακολουθέω | | | | 1 | | |
| HHec. | 1 | 22 | 201 | γοῦν ἐπὶ τὴν Ἐρυθρὰν θάλασσαν βαδίζοντος | * συνηκολούθει * | τις μετὰ τῶν ἄλλων τῶν παραπεμπόντων ἡμᾶς |
| συνακούω | | | | 6 | | |
| Aris. | | 1 | 4 | περὶ πολλοῦ πεποιῆσθαι παρ' ἕκαστα ὑπομιμνήσκοντος | * συνακοῦσαι * | περὶ ὧν ἀπεστάλημεν καὶ διά τί πεπείραμαι |
| Aris. | | 5 | 6 | ἐκ τῆς νήσου πρὸς ἡμᾶς καὶ βουλόμενον | * συνακούειν * | ὅσα πρὸς ἐπισκευὴν ψυχῆς ὑπάρχει. καὶ |
| Aris. | | 91 | 5 | πόλεως καὶ πρός τινα τόπον ἐκέλευσαν κατακύψαντα | * συνακοῦσαι * | τοῦ γινομένου ψόφου τῆς ἀπαντήσεως τῶν ὑδάτων |
| Aris. | | 122 | 7 | ἑτέρους ὑπερβεβηκότες τὴν δ' ὁμιλίαν καὶ τὸ | * συνακούειν * | καὶ πρὸς ἕκαστον ἀποκρίνεσθαι δεόντως |
| Aris. | | 261 | 4 | θεῷ καλαὶ κρατοῦντί σοι τῆς ἀρχῆς εὐσεβῶς. ὡς δὲ | * συνήκουσαν * | πάντες ἐπεφώνησαν σὺν κρότῳ πλείονι. καὶ μετὰ |
| LAri. | 8 | 10 | 16 | χλόη πυρὸς ἄθικτος σαλπίγγων τε φωναὶ σφοδρότερον | * συνηκούοντο * | σὺν τῇ τοῦ πυρὸς ἀστραπηδὸν ἐκφάνσει μὴ |
| συναλισγέω | | | | 1 | | |
| Aris. | | 142 | 1 | τοῦ ζῆν ἡ σκέψις αὐτοῖς ἐστιν. ὅπως οὖν μηθενὶ | * συναλισγούμενοι * | μηδ' ὁμιλοῦντες φαύλοις διαστροφὰς |

συνάλλαγμα
1
Sal.     4    4    γυναῖκα ἄνευ διαστολῆς ἢ γλῶσσα αὐτοῦ ψευδὴς ἐν × συναλλάγματι × μεθ' ὅρκου. ἐν νυκτὶ καὶ ἐν ἀποκρύφοις
συναναγκάζω
2
Arls.    17   6        ἐπεκαλούμην τὸν κυριεύοντα κατὰ καρδίαν ἵνα × συναναγκασθῇ × καθὼς ἠξίουν ἐπιτελέσαι μεγάλην γὰρ εἶχον
Arls.    20   6    θεοῦ τὴν πᾶσαν ἐπιτελέσαντος ἡμῶν προαίρεσιν καὶ × συναναγκάσαντος × αὐτὸν ἀπολυτρῶσαι μὴ μόνον τοὺς
συναναστρέφω
1
TDan.    5   13    ὅτι κύριος ἔσται ἐν μέσῳ αὐτῆς τοῖς ἀνθρώποις × συναναστρεφόμενος × καὶ ἅγιος Ἰσραὴλ βασιλεύων ἐπ' αὐτοὺς
συναναστροφή
1
Arls.   169   3    ἀνατείνει πρὸς δικαιοσύνην καὶ τὴν τῶν ἀνθρώπων × συναναστροφὴν × δικαίαν. ἐμοὶ μὲν οὖν καλῶς ἐνόμιζε περὶ
Arls.   246   5    ἐν τοῖς ἀσπασμοῖς καὶ συμβουλίαις καὶ τῇ λοιπῇ × συναναστροφῇ × τῶν σὺν αὐτῷ καὶ μηθὲν ὑπερτείνοντας τοῦ
συναναφέρω
2
TJos.    20   2    ὑμᾶς εἰς γῆν ἐπαγγελίας τῶν πατέρων ὑμῶν. ἀλλὰ × συνανοίσετε × τὰ ὀστᾶ μου μεθ' ὑμῶν ὅτι ἀναγομένων τῶν
Arls.   213   3    εἴη; ὁ δὲ ἔφη δυσαπολόγητον ἠρώτηκας πρᾶγμα. × συναναφέρειν × γὰρ οὐ δυνάμεθα ἐν τούτοις τοῖς κατὰ τὸν
συνανδάνω
1
FPho.   191 εὐνὰς φύσεως ἐς Κύπριν ἄθεσμον οὐδ' αὐτοῖς θήρεσσι × συνεύαδον × ἄρσενες εὐναί. μηδέ τι θηλύτεραι λέχος ἀνδρῶν
συνανέρχομαι
1
TNep.    5    7 οὐκ ἠδυνήθημεν. φθάσας γὰρ Ἰωσὴφ ἔλαβεν αὐτὸν καὶ × συνανῆλθεν × αὐτῷ εἰς ὕψος. καὶ εἶδον ὅτι ἤμην ἐν κήποις
συνανθέω
1
Job     32   6 μέσῳ τῶν τέκνων σου; ὡς γὰρ φυτὸν ᾗς εὐώδους μήλου × συνανθῶν × ποῦ νῦν τυγχάνει ἡ δόξα τοῦ θρόνου σου; σὺ εἶ ὁ
συνανθομολογέομαι ×
8
Arls.   252   1 θεοῦ δ' ἐπικλήσει καὶ βίος κυβερνᾶται κατὰ πάντα. × συνανθομολογησάμενος × δὲ τούτῳ τὸν ἑξῆς ἤρώτα πῶς ⟨ἂν⟩
συναντάω
Abr.1    8   10    ἀπελθεῖν οὐ συνεχώρησα τῇ τοῦ θανάτου δρεπάνῃ × συναντῆσαί × σοι οὐ παρεχώρησα τὰ τοῦ ᾅδου δίκτυα
Abr.1    8   10    ᾅδου δίκτυα συμπλέξαι σοι οὐκ ἠθέλησά τινι κακῷ × συναντῆσαί × σοι ἀλλὰ πρὸς παράκλησιν τῶν ἀγαθῶν τὸν ἐμὸν
Abr.2    2    1    τότε Μιχαὴλ ἐπορεύθη καὶ ἦλθεν πρὸς Ἀβραὰμ × συνήντησεν × δὲ αὐτῷ καθεζομένῳ ἐγγίστα τῶν βοῶν εἰς
Abr.2    2    6    καὶ ἀναστὰς τῷ πρωὶ πορεύου ὅπου ἂν βούλῃ μήπως × συναντήσῃ × σοι θηρίον πονηρὸν καὶ ταραχθῆς. ἠρώτησεν δὲ
TLevi    1    1    τῆς τελευτῆς αὐτοῦ κατὰ πάντα ἃ ποιήσουσι καὶ ὅσα × συναντήσει × αὐτοῖς ἕως ἡμέρας κρίσεως. ὑγιαίνων ἦν ὅτε
Bar.    11    6    ἐγένετο τρισμὸς ὡς βροντῆς. καὶ ἦλθεν Μιχαὴλ καὶ × συνήντησεν × αὐτῷ ὁ ἄγγελος ὃ ὢν μετ' ἐμοῦ καὶ
FAch.   110    ἐπιδέεσθαι. εὐπροσήγορος καὶ κοινὸς γίνου τοῖς × συναντῶσί × σοι εἶδος ὅτι καὶ τῷ κυνὶ ἡ οὐρὰ ἄρτον πορίζει
FrAn.   15    πεδίον ἀπὸ τῶν θυρεῶν καὶ τῶν ὅπλων καὶ πᾶς ὃς ἂν × συναντήσει × αὐτῷ ἐν πολέμῳ ἐν μαχαίρᾳ πεσεῖται. ἃ οὐκ
συνάντησις
6
Asen.    5    3    εἰς τὴν οἰκίαν τοῦ πατρὸς αὐτῆς. καὶ ἐξῆλθον εἰς × συνάντησιν × τοῦ Ἰωσὴφ Πεντεφρῆς καὶ ἡ γυνὴ αὐτοῦ καὶ
Asen.    15   10    σεαυτὴν ὡς νύμφην ἀγαθὴν καὶ πορεύου εἰς × συνάντησιν × τῷ Ἰωσήφ. ἰδοὺ γὰρ αὐτὸς παραγίνεται πρός σε
Asen.    19    2 κλίμακα ἐκ τοῦ ὑπερῴου σὺν ταῖς ἑπτὰ παρθένοις εἰς × συνάντησιν × τῷ Ἰωσὴφ καὶ ἔστη ἐν τῷ +προδρόμῳ+ τῆς
Asen.    19    4    καὶ ἐξῆλθεν Ἀσενὲθ ἐκ τοῦ +προδρόμου+ εἰς × συνάντησιν × τῷ Ἰωσὴφ καὶ εἶδεν αὐτὴν Ἰωσὴφ καὶ ἐθαυμβήθη
Asen.    25    8 γυναῖκες ἀποθανούμεθα; μὴ γένοιτο. καὶ ἐξῆλθον εἰς × συνάντησιν × τῷ Ἰωσὴφ καὶ τῇ Ἀσενέθ. καὶ ἀνέστη τὸ πρωὶ
Jer.     8    7    δὲ αὐτῶν εἰς Βαβυλῶνα ἐξῆλθον οἱ Βαβυλωνῖται εἰς × συνάντησιν × αὐτῶν λέγοντες οὐ μὴ εἰσέλθητε εἰς τὴν πόλιν
συναντιλαμβάνομαι
1
Arls.   123   5        αὐτῶν πολλὰ παρεκάλεσε τὸν Ἀνδρέαν ποιῆσαι × συναντιλαμβάνεσθαι × παρακαλῶν καθ' ὃ ἂν δυνώμεθα. καὶ
σύναξις
1
Sedr.    14   10    καὶ λυποῦσιν τοὺς ἀγγέλους μου καὶ ᾗ μὴν ἐν ταῖς × συνάξεσιν × καὶ ἐν ταῖς λειτουργίαις μου οὐ προσεύχουσιν
συναοιδός
1
LPhi.   9   37    δ' ἐφύπερθε τὸ θαμβηέστατον ἄλλο δέρκηθρον × συναοιδὰ × μεγιστούχοιο λοετροῖς ῥεύματος ἐμπίπλησι βαθὺν
συναπαίρω
1
HHec.   1   22   186    τὴν ἠπιότητα καὶ φιλανθρωπίαν τοῦ Πτολεμαίου × συναπαίρειν × εἰς Αἴγυπτον αὐτῷ καὶ κοινωνεῖν τῶν
συναπέρχομαι
1
Abr.2    6   10 ὑπὸ τῶν δένδρων Μαμβρὴ τῶν ἐπιξενωθέντων ἡμῖν ὅτε × συναπῆλθες × ⟨ἐν τῷ πεδίῳ⟩ καὶ ἤνεγκας τὸν μόσχον καὶ
συναπολαύω
1
Abr.2    6    1 θύραν τοῦ πατρὸς αὐτοῦ λέγων πάτερ ἄνοιξόν μοι ἵνα × συναπολαύσω × πρίν σε ἀροῦσιν ἀπ' ἐμοῦ. ἀνέστη δὲ Ἀβραὰμ
συναπόλλυμι
1
FMan.   2   22   14        δεόμενός σου ἄνες μοι κύριε ἄνες μοι καὶ μὴ × συναπολέσῃς × με ταῖς ἀνομίαις μου μηδὲ εἰς τὸν αἰῶνα
συνάπτω
8
TRub.    3    7 πᾶσι τούτοις τὸ πνεῦμα τοῦ ὕπνου τὸ ὄγδοον πνεῦμα × συνάπτεται × πλάνῃ καὶ φαντασίᾳ. καὶ οὕτως ἀπόλλυται πᾶς
TLevi   14    6    Ἰερουσαλὴμ μιανεῖτε καὶ πόρναις καὶ μοιχαλίσι × συναφθήσεσθε × θυγατέρας ἐθνῶν λήψεσθε εἰς γυναῖκας
TJud.    5    6    ἡμῶν καὶ παραδόντες αὐτὴ τοῖς υἱοῖς ἡμῶν × συνήψαμεν × πρὸς αὐτοὺς ἕως θαρφοῦ κἀκείνους ἀπεκτείναμεν
TJud.    6    2    οἱ ἀπὸ Ἰωβὴλ ἦλθον ἐφ' ἡμᾶς εἰς πόλεμον καὶ × συνήψαμεν × αὐτοῖς καὶ τοὺς ἀπὸ Σιλὼμ συμμάχους αὐτῶν
TNep.    2    8 τὰς πέντε αἰσθήσεις ἐν τῇ κεφαλῇ καὶ τὸν τράχηλον × συνάπτει × τῇ κεφαλῇ καὶ τρίχας πρὸς δόξαν εἶτα καρδίαν
TJos.    8    1    πρὸς κύριον ὅλην τὴν ἡμέραν καὶ ὅλην τὴν νύκτα × συνάψας × περὶ τὸν ὄρθρον ἀνέστην δακρύων καὶ αἰτῶν
Arls.   89    6    σύριγγας ἀναρίθμους καθ' ἕκαστον μέρος ἑαυτὰ × συναπτόντων × τῶν ῥευμάτων. καὶ πάντα ταῦτα μεμολιβῶσθαι
Arls.   107    4    πεδινῶν τῶν κατὰ τὴν Σαμαρεῖτιν λεγομένην καὶ τῶν × συναπτόντων × τῇ τῶν Ἰδουμαίων χώρᾳ τινῶν δὲ ὀρεινῶν τῶν
συναρέσκω
Arls.   232    1 δὲ δῶρον ἀγαθῶν ἐργάτην εἶναι καὶ μὴ τῶν ἐναντίων. × συναρεσθεὶς × δὲ τούτοις πρὸς τὸν ἕτερον εἶπε πῶς ἂν ἐκτὸς
συναρμόζω
Sedr.    11   10    αὐτόδρομοι ταχύτατοι λίαν ἀνίκητοι. ὦ γόνατα × συνηρμοσμένα × ὅτι πλήν σου τὸ σκεῦος οὐ κινεῖται. οἱ
Arls.   71    2    τὸ στόμα τῆς τραπέζης οἱονεὶ τρίπτυχον πελεκίνοις × συναρμοζόμενα × γομφωτοῖς πρὸς ἑαυτὰ κατὰ τὸ πάχος τῆς
συνδακρύω
1
Abr.1    3   10        καὶ αὐτὸς ἰδὼν δὲ ὁ ἀρχιστράτηγος κλαίοντας × συνεδάκρυσεν × καὶ αὐτὸς μετ' αὐτούς. ἔπιπτον δὲ τὰ δάκρυα
σύνδενδρος
1
Arls.   112    3    γεωργουμένων φιλοπονίᾳ. καὶ γὰρ ἐλαϊκοῖς πλήθεσι × σύνδενδρός × ἐστι καὶ σιτικοῖς καρποῖς αὐτῶν ἡ χώρα καὶ
σύνδεσις
1
Arls.   73    4    τῇ τορείᾳ καὶ τὴν τῶν λίθων ἀνὰ μέσον τῶν φολίδων × σύνδεσιν × πολυτέχνως ἔχοντες. εἶτα μαίανδρος ἐπέκειτο
σύνδεσμος
1
Arls.   85    2    ἁπάντων. καὶ τοῦ θυρώματος δὲ καὶ τῶν περὶ αὐτὸ × συνδέσμων × κατὰ τὰς φλιὰς καὶ τῆς τῶν ὑπερθύρων ἀσφαλείας
συνδέω (-δήσω)
1
Hen.   101    6    ἐστὶ καὶ αὐτὸς συνεστήσατο τὰ πέρατα αὐ)τῶν καὶ × συνέδησεν × αὐτ(ὴν καὶ περι)έφραξεν αὐτὴν ἄμμῳ; ⟨καὶ ἀπὸ
συνδιάγω
1
Bar.    10    5    οὗπερ ἔρχονται αἱ ψυχαὶ τῶν δικαίων ὅταν ὁμιλῶσι × συνδιάγοντες × χοροὶ χοροί. τὸ δὲ ὕδωρ ἐστὶν ὅπερ τὰ νέφη
σύνδουλος
1
TJos.    1    7    Αἰγυπτίων πικροῖς καὶ ἐρρύσατό με ἐν φθόνοις × συνδούλων × καὶ ὕψωσέ με. καὶ οὕτως Φωτιμὰρ ὁ ἀρχιμάγειρος
συνδυάζω
1
TRub.    6    2    ἀπὸ πάσης θηλείας. κἀκείναις δὲ ἐντείλασθε μὴ × συνδυάζειν × ἀνθρώποις ἵνα καὶ αὐταὶ καθαρεύωσι τῇ
σύνεγγυς
8
TDan.    7    2 υἱοὶ αὐτοῦ. καὶ μετὰ ταῦτα ἀνήνεγκαν τὰ ὀστᾶ αὐτοῦ × σύνεγγυς × Ἀβραὰμ καὶ Ἰσαὰκ καὶ Ἰακώβ. πλὴν ὡς
TGad.    8    3 τέκνα μου ὑπακούσατε τοῦ πατρὸς ὑμῶν καὶ θάψατέ με × σύνεγγυς × τῶν πατέρων μου. καὶ ἐξάρας τοὺς πόδας αὐτοῦ
Sal.    16    2    θεοῦ παρ' ὀλίγον ἐξεχύθη ἡ ψυχή μου εἰς θάνατον × σύνεγγυς × πυλῶν ᾅδου μετὰ ἁμαρτωλοῦ ἐν τῷ διενεχθῆναι
Prop.    6    2    τῶν πατέρων αὐτοῦ. καὶ ἐτάφη ἐν τῇ γῇ αὐτοῦ μόνος × σύνεγγυς × πολυανδρίου Ἐνακείμ. Ἀμὼς ἦν ἐκ Θεκουέ. καὶ
Prop.    15   6    καὶ ἀπέθανεν ἐν γήρει μακρῷ καὶ ἐκλείπων ἐτάφη × σύνεγγυς × Ἀγγαίου. ἀλληλούϊα Ἀγγαίου καὶ Ζαχαρίου
Prop.    18   5    υἱοὺς αὐτοὺς ἱερατεῦσαι. καὶ ἀπέθανεν καὶ ἐτάφη × σύνεγγυς × τῆς δρυὸς Σηλώμ. καὶ οὕτως ὁ προφήτης αὐτὸς
Prop.    19   2 τὸν Ἱεροβοὰμ ἐπὶ ταῖς δαμάλεσι καὶ ἐτάφη ἐν Βεθὴλ × σύνεγγυς × τοῦ ψευδοπροφήτου τοῦ πλανήσαντος αὐτόν.
LEze.   9   29 14 46    δ' ἤδη πέραν ἦσαν θαλάσσης κῦμα δ' ἐρροίβδει μέγα × σύνεγγυς × ἡμῶν. καὶ τίς ἠλάλαξ' ἰδὼν φεύγωμεν οἴκοι
συνεγείρω
1
FPho.   140 μέτρον ἔλκαι. κτῆνος δ' ἢν ἐχθροῖο πέσῃ καθ' ὁδὸν × συνέγειρε. × πλαζόμενον δὲ βροτὸν καὶ ἀλίτροπον οὔποτ'
συνεδρεία
1
Arls.   303    2    τοῦ Δημητρίου. καὶ μέχρι μὲν ὥρας ἐνάτης τὰ τῆς × συνεδρείας × ἐγίνετο μετὰ δὲ ταῦτα περὶ τὴν τοῦ σώματος
συνέδριον
2
Sal.    4    1    τοῖς ἀνθρωπαρέσκοις. ἵνα τί σὺ βέβηλε κάθησαι ἐν × συνεδρίῳ × ὁσίων καὶ ἡ καρδία σου μακρὰν ἀφέστηκεν ἀπὸ τοῦ
Arls.   301    4    τὴν γέφυραν καὶ προσελθὼν ὡς ἐπὶ τὰ βόρεια μέρη × συνέδριον × ποιησάμενος εἰς κατεσκευασμένον οἶκον παρὰ τὴν
συνείδησις
2
TRub.    4    3    τῶν ἀδελφῶν διὰ τοὺς ὀνειδισμούς. καὶ ἕως νῦν ἡ × συνείδησίς × μου συνέχει με περὶ τῆς ἁμαρτίας μου. καίγε
FAch.   108    τὸν θάνατον ζῶντα δὲ τρόπαιον εἶναι τῆς ἰδίας × συνειδήσεως. × συγχωρήσας δὲ ὁ βασιλεὺς ἐκείνῳ τὸ ζῆν ἔφη
συνεῖδον                      2 (cf.+ συνοράω)
Job     19    3    τῷ ἀπαγγέλλοντι πῶς οὖν σὺ ἐσώθης; καὶ τότε ἐγὼ × συνιδὼν × τὸ γενόμενον ἀνεβόησα λέγων ὁ κύριος ἔδωκεν, ὁ
Arls.   56    3    ἅπαντα διανοούμενος καὶ φύσιν ἔχων ἀγαθὴν εἰς τὸ × συνιδεῖν × πραγμάτων ἔμφασιν. ὅσα δ' ἂν ᾖ ἄγραφα πρὸς

σύνειμι (εἰμί)     7
TIss.  2  3  αὐτὴν κύριος. εἶδε γὰρ ὅτι διὰ τέκνα ἤθελε * συνεῖναι * τῷ Ἰακὼβ καὶ οὐ διὰ φιληδονίαν. προσθεῖσα γὰρ
Prop.  3  9  πολλοὶ πρὸς αὐτὸν συνεστρέφοντο. καὶ ποτε πλήθους * συνόντος * αὐτῷ ἔδεισαν οἱ Χαλδαῖοι μὴ ἀντάρωσι καὶ
Job  31  3  μοι ἔχοντες εὐωδίας ἐν ταῖς χερσὶν αὐτῶν, * συνόντων * αὐτοῖς τῶν στρατιωτῶν αὐτῶν καὶ θυμίαμα
Aris.  125  4  παρρησίᾳ πρὸς τὸ συμφέρον τῶν φίλων ὃ δὴ * σύνεστι * τοῖς ἀποστελλομένοις ὑπ' αὐτοῦ. καὶ δι' ὅρκων
Aris.  270  4  δεῖ πιστεύειν ἑαυτόν· τοῖς διὰ τὴν εὔνοιαν εἶπε * συνοῦσι * σοι καὶ μὴ διὰ τὸν φόβον μηδὲ διὰ πολυωρίαν
Aris.  274  5  τὸ τερφθῆναι ‹ἐτράπη› μετ' εὐφροσύνης τοῖς ἀνδράσι * συνὼν * καὶ χαρᾶς πλείονος. τῇ ἑβδόμῃ δὲ τῶν ἡμερῶν
Aris.  321  4  κωλύσῃ περὶ πολλοῦ ποιούμενος τοῖς πεπαιδευμένοις * συνεῖναι * καὶ εἰς τοιούτους τὸν πλοῦτον κατατίθεσθαι

συνεισέρχομαι     1
TRub.  2  8  ἰσχύος ἕβδομον πνεῦμα σπορᾶς καὶ συνουσίας μεθ' ἧς * συνεισέρχεται * διὰ τῆς φιληδονίας ἡ ἁμαρτία διὰ τοῦτο

συνέλευσις     1
Jer.  3  8  σου φύλαξον τὰ σκεύη τῆς λειτουργίας ἕως τῆς * συνελεύσεως * τοῦ ἠγαπημένου. ἐλάλησε δὲ Ἰερεμίας λέγων

συνεμβαίνω     1
HArt.  9  27  37  τὴν δὲ δύναμιν διὰ ξηρᾶς ὁδοῦ πορεύεσθαι. * συνεμβάντων * δὲ τῶν Αἰγυπτίων καὶ διωκόντων πῦρ αὐτοῖς ἐκ

συνεξαμαρτάνω     1
TDan.  5  7  κυρίου. καὶ υἱοὶ μου ἐγγίζοντές εἰσι τῷ Λευὶ καὶ * συνεξαμαρτάνοντες * αὐτοῖς ἐν πᾶσιν καὶ υἱοὶ Ἰουδὰ

συνεπιμαρτυρέω     1
Aris.  191  1  καὶ τὰ λοιπὰ κατὰ καιρὸν παρασκευάζων ἅπαντα. * συνεπιμαρτυρήσας * δὲ τούτῳ τὸν ἐχόμενον ἠρώτα πῶς ἂν ἐν

συνεπιφωνέω     2
Aris.  235  2  πάντας αὐτοὺς ὁ βασιλεὺς ἠσπάζετο καὶ παρεκάλει * συνεπιφωνούντων * τῶν παρόντων μάλιστα δὲ τῶν φιλοσόφων.
Aris.  294  4  ἀργυρίου δοθῆναι καὶ τὸν ἀποκαταστήσοντα παῖδα. * συνεπιφωνησάντων * δὲ πάντων χαρᾶς ἐπληρώθη τὸ συμπόσιον

συνεργέω     6
TRub.  3  6  ἵνα ποιήσῃ φιληδονίαν καρδίας αὐτοῦ ἡ γὰρ ἀδικία * συνεργεῖ * τοῖς λοιποῖς πνεύμασι διὰ τῆς δωροληψίας. ἐπὶ
TIss.  3  7  ἀγαθὰ ἐν χερσί μου. ᾔδει δὲ καὶ Ἰακὼβ ὅτι ὁ θεὸς * συνεργεῖ * τῇ ἁπλότητί μου παντὶ γὰρ πένητι καὶ παντὶ
TDan.  1  7  σὺ υἱὸς αὐτοῦ. καὶ ἓν τῶν πνευμάτων τοῦ Βελιὰρ * συνήργει * μοι λέγων λάβε τὸ ξίφος τοῦτο καὶ ἐν αὐτῷ ἄνελε
TGad.  4  7  ζῆν. τὸ γὰρ πνεῦμα τοῦ μίσους διὰ τῆς ὀλιγοψυχίας * συνεργεῖ * τῷ σατανᾷ ἐν πᾶσιν εἰς θάνατον τῶν ἀνθρώπων τὸ
TGad.  4  7  τῶν ἀνθρώπων τὸ δὲ πνεῦμα τῆς ἀγάπης ἐν μακροθυμίᾳ * συνεργεῖ * τῷ νόμῳ τοῦ θεοῦ εἰς σωτηρίαν ἀνθρώπων. κακὸν
TBen.  4  5  φόβον θεοῦ ὑπερασπίζει αὐτοῦ τῷ ἀγαπῶντι τὸν θεὸν * συνεργεῖ * τὸν ἀθετοῦντα τὸν ὕψιστον νουθετῶν ἐπιστρέφει

συνεργής     1
Aris.  242  2  καὶ προκοπὴ παρὰ τοῖς τοιούτοις ὑπάρξει τὸ γὰρ * συνεργὲς * εὐνόως γινόμενον ὡς ἐξ ἑαυτοῦ ἀδιάλυτον πρὸς

συνεργός     1
HCal.  28  17  ὦ θεὲ θεῶν εἶπε καὶ δημιουργὲ ὁρατῶν καὶ ἀοράτων * συνεργός * μοι φάνηθι ὧν πράττειν μέλλω. κατιὼν δὲ τοῦ

συνέρχομαι     8
TJud.  10  5  ποιήσας σὺν αὐτῇ ἐνιαυτόν. καὶ ὅτε ἠπείλησα αὐτῷ * συνῆλθε * μὲν αὐτῇ διέφθειρε δὲ τὸ σπέρμα ἐπὶ τὴν γῆν κατὰ
TJud.  12  4  μου καὶ τὴν ζώνην καὶ τὸ διάδημα τῆς βασιλείας καὶ * συνῆλθον * αὐτῇ συνείληφεν. ἀγνοῶν δὲ ὃ ἐποίησεν ἤθελον
TNep.  1  2  ἐν ἔτει ἑκατοστῷ τριακοστῷ δευτέρῳ τῆς ζωῆς αὐτοῦ. * συνελθόντων * τῶν υἱῶν αὐτοῦ ἐν ἑβδόμῳ μηνὶ τετάρτῃ τοῦ
TJos.  3  1  ἀνεκαλέσατό με καὶ ἠπείλησέ μοι μὴ θέλοντι * συνελθεῖν * αὐτῇ ἔλεγε δέ μοι κυριεύσεις μου καὶ πάντας
Job  17  4  αὐτῷ καθὰ ἔπραξεν κατὰ τοῦ οἴκου τοῦ θεοῦ. * συνέλθατε * οὖν καὶ σκυλεύσατε ἑαυτοῖς πάντα τὰ ζῷα καὶ
Aris.  20  6  συναναγκάσαντος αὐτὸν ἀπολυτρῶσαι μὴ μόνον τοὺς * συνεληλυθότας * τῷ στρατοπέδῳ τοῦ πατρὸς ἀλλὰ καὶ εἴ τινες
Aris.  35  5  ὑπὸ Περσῶν καθ' ὃν ἐπεκράτουν χρόνον ἔτι δὲ καὶ * συνεληλυθέναι * τῷ πατρὶ ἡμῶν εἰς τὴν Αἴγυπτον αἰχμαλώτους
HArt.  9  18  1  τοὺς κατὰ Συρίαν ἀπαλλαγῆναι τόπους τῶν δὲ τούτῳ * συνελθόντων * πολλοὺς ἐν Αἰγύπτῳ καταμεῖναι διὰ τὴν

συνεσθίω     3
Abr.1  4  7  ὅτι ἂν λέγῃ σοι τοῦτο καὶ ποίει καὶ ὅτι ἂν ἐσθίῃ * συνέσθιε * καὶ σὺ μετ' αὐτοῦ ἐγὼ δὲ ἐπιβαλῶ τῷ πνεύματι τῷ
TSim.  6  7  εἰς τοῖς θαυμασίοις αὐτοῦ ὅτι θεὸς σῶμα λαβὼν καὶ * συνεσθίων * ἀνθρώποις. καὶ νῦν τεκνία μου
Asen.  7  1  παρέθηκαν αὐτῷ τράπεζαν κατ' ἰδίαν διότι Ἰωσὴφ οὐ * συνήσθιε * μετὰ τῶν Αἰγυπτίων ὅτι βδέλυγμα ἦν αὐτῷ τοῦτο.

σύνεσις     17
TRub.  6  4  δὲ ὄνειδος τοῦ Βελιὰρ αἰώνιον ὅτι ἡ πορνεία οὔτε * σύνεσιν * οὔτε εὐσέβειαν ἔχει ἐν ἑαυτῇ καὶ πᾶς ζῆλος
TSim.  4  8  καὶ εἰς ἔκστασιν ἄγει τὴν διάνοιαν καὶ οὐκ ἐᾷ τὴν * σύνεσιν * ἐν ἀνθρώποις ἐνεργεῖν ἀλλὰ καὶ τὸν ὕπνον ἀφαιρεῖ
TLevi  2  3  Ἐμμώρ. ὡς δὲ ἐποιμαίνομεν ἐν Ἀβελμαοὺλ πνεῦμα * συνέσεως * κυρίου ἦλθεν ἐπ' ἐμὲ καὶ πάντας ἑώρων ἀνθρώπους
TLevi  4  5  αὐτόν. καὶ διὰ τοῦτο δέδοταί σοι βουλὴ καὶ * σύνεσις * τοῦ συνετίσαι τοὺς υἱούς σου περὶ αὐτοῦ ὅτι ὁ
TLevi  8  2  καὶ τὸν στέφανον τῆς δικαιοσύνης καὶ τὸ λόγιον τῆς * συνέσεως * καὶ τὸν ποδήρη τῆς ἀληθείας καὶ τὸ πέταλον τῆς
TLevi  13  2  δὲ καὶ ὑμεῖς τὰ τέκνα ὑμῶν γράμματα ἵνα ἔχωσι * σύνεσιν * ἐν πάσῃ τῇ ζωῇ αὐτῶν ἀναγινώσκοντες ἀδιαλείπτως
TLevi  18  7  καὶ δόξα ὑψίστου ἐπ' αὐτὸν ῥηθήσεται καὶ πνεῦμα * συνέσεως * καὶ ἁγιασμοῦ καταπαύσει ἐπ' αὐτὸν ἐν τῷ ὕδατι.
TJud.  14  7  ἐντολὴν θεοῦ καὶ ἔλαβον γυναῖκα Χαναναίαν. διὸ * συνέσεως * χρήζει ὁ πίνων οἶνον τέκνα μου καὶ αὕτη ἐστὶν ἡ
TJud.  14  7  χρήζει ὁ πίνων οἶνον τέκνα μου καὶ αὕτη ἐστὶν ἡ * σύνεσις * τῆς οἰνοποσίας ἵνα ἕως ὅτε ἔχει αἰδῶ πίνῃ ἐὰν δὲ
TJud.  20  2  ἀληθείας καὶ τὸ τῆς πλάνης καὶ μέσον ἐστὶ τὸ τῆς * συνέσεως * τοῦ νοὸς οὗ ἐὰν θέλῃ κλῖναι. καίγε τὰ τῆς
TZab.  6  1  σκάφος ἐν θαλάσσῃ ἐπιπλέειν ὅτι κύριος ἔδωκέ μοι * σύνεσιν * καὶ σοφίαν ἐν αὐτῷ καὶ καθῆκα ξύλον ὄπισθεν
Asen.  16  12  σοῦ ἐστιν. καὶ ἐμειδίασεν ὁ ἄνθρωπος ἐπὶ τῇ * συνέσει * Ἀσενὲθ καὶ ἐκάλεσεν αὐτὴν πρὸς ἑαυτὸν καὶ
Sal.  17  37  αὐτὸν δυνατὸν ἐν πνεύματι ἁγίῳ καὶ σοφὸν ἐν βουλῇ * συνέσεως * μετὰ ἰσχύος καὶ δικαιοσύνης. καὶ εὐλογία κυρίου
Bar.  1  1  τὰ τῶν ἁγίων ἅγια. οἳ νῦν ἐγὼ Βαροὺχ κλαίων ἐν τῇ * συνέσει * μου καὶ ἔχων περὶ τοῦ λαοῦ καὶ ὅπως συνεχώρηθη
Job  38  6  καθεστῶτι ὑπάρχεις, καὶ ἰδοὺ ἀληθῶς ἔγνωμεν ὅτι ἡ * σύνεσίς * σου οὐκ ἠλλοίωται τί οὖν βούλει ἡμᾶς ἐν σοὶ
HArt.  9  23  1  Ἀβραὰμ Ἰωσὴφ ἀπόγονον γενέσθαι υἱὸν δὲ Ἰακώβου * συνέσεως * καὶ φρονήσει παρὰ τοὺς ἄλλους διενεγκόντα ὑπὸ
LAri.  8  10  5  καὶ θαυμάζονται. τοῖς δὲ μὴ μετέχουσι δυνάμεως καὶ * συνέσεως * ἀλλὰ τῷ γραπτῷ μόνον προσκειμένοις οὐ φαίνεται

συνετίζω     4
Adam  13  5  ἡ καρδία ἡ πονηρὰ καὶ δοθήσεται αὐτοῖς καρδία * συνετιζομένη * τὸ ἀγαθὸν καὶ λατρεύειν θεῷ μόνῳ. σὺ δὲ
TLevi  4  5  καὶ διὰ τοῦτο δέδοταί σοι βουλὴ καὶ σύνεσις τοῦ * συνετίσαι * τοὺς υἱούς σου περὶ αὐτοῦ ὅτι ὁ εὐλογῶν αὐτὸν
TLevi  9  8  ἑκουσίων σωτηρίαν. καὶ ἦν καθ' ἑκάστην ἡμέραν * συνετίζων * με καὶ εἰς ἐμὲ ἀσχολούμενος ἦν ἐνώπιον κυρίου.
TBen.  11  5  ἔσται ἐκλεκτὸς θεοῦ ἕως τοῦ αἰῶνος. καὶ δι' αὐτὸν * συνέτισέ * με Ἰακὼβ ὁ πατήρ μου λέγων αὐτὸς ἀναπληρώσει

συνετός     1
Aris.  148  2  οὖν παραδέδωκεν ὁ νομοθέτης σημειοῦσθαι τοῖς * συνετοῖς * εἶναι δικαίους τε καὶ μηδὲν ἐπιτελεῖν βίᾳ μηδὲ

σύνευνος     2
Sib.  3  148  παῖδας ἐόντας λάθριον οὓς ἔσπειρε Κρόνος Ῥείη τε * σύνευνος * ἑξήκοντα δέ τοι παῖδας συναγείρατο Τιτὰν καὶ ῥ'
Sib.  3  150  Τιτὰν καὶ ῥ' εἶχ' ἐν δεσμοῖσι Κρόνον Ῥείην τε * σύνευνον * κρύψεν δ' ἐν γαίῃ καὶ ἐν +ζωσμοῖς+ ἐφύλασσεν.

συνευφραίνομαι     1
Abr.1  4  10  καὶ διὰ στόματός σου πάντα ἐπὶ τῆς τραπέζης καὶ * συνευφράνθητι * καὶ σὺ μετ' αὐτοῦ μόνον δὲ τὰ τοῦ ὁράματος

συνεχής     18
TRub.  5  6  τοὺς ἐγρηγόρους πρὸ τοῦ κατακλυσμοῦ κἀκεῖνοι * συνεχῶς * ὁρῶντες αὐτὰς ἐγένοντο ἐν ἐπιθυμίᾳ ἀλλήλων καὶ
TRub.  6  3  ἵνα καὶ αὐταὶ καθαρεύωσι τῇ διανοίᾳ. αἱ γὰρ * συνεχεῖς * συντυχίαι κἂν μὴ πραχθῇ τὸ ἀσέβημα αὐταῖς μέν
TLevi  9  6  εἰς Χεβρὼν τοῦ καλέσαι με Ἰσαὰκ ἐκάλει με * συνεχῶς * τοῦ ὑπομνῆσαί με νόμον κυρίου καθὼς ἔδειξέ μοι ὁ
TJud.  22  1  αὐτοῖς κύριος διαιρέσεις κατ' ἀλλήλους καὶ πόλεμοι * συνεχεῖς * ἔσονται ἐν Ἰσραὴλ καὶ ἐν ἀλλοφύλοις
TDan.  4  7  ταράξωσι τὸ διαβούλιον ταρασσομένης δὲ τῆς ψυχῆς * συνεχῶς * ἀφίσταται κύριος ἀπ' αὐτῆς καὶ κυριεύει αὐτῆς ὁ
TGad.  5  1  σωτηρίαν ἀνθρώπων. κακὸν τὸ μῖσος ὅτι ἐνδελεχεῖ * συνεχῶς * τῷ ψεύδει λαλῶν κατὰ τῆς ἀληθείας καὶ τὰ μικρὰ
Asen.  9  1  χαρὰ καὶ λύπη καὶ φόβος πολὺς καὶ τρόμος καὶ ἱδρὼς * συνεχὴς * ὡς ἤκουσε πάντα τὰ ῥήματα Ἰωσὴφ ὅσα ἐλάλησεν
Asen.  11  18  τὴν κεφαλὴν αὐτῆς ἔνθεν καὶ ἔνθεν καὶ ἐπάτασσε * συνεχῶς * τὸ στῆθος ταῖς χερσὶν αὐτῆς καὶ ἔβαλε τὴν
Job  2  3  ᾤκουν τὸ πρὶν ἔγγιστα εἰδωλίου θρησκευομένου καὶ * συνεχῶς * βλέπων δολοκαυτίαια αὐτῷ ἀναφερόμενα
Aris.  8  2  μηκύνοντες ἀδόλεσχόν τι ποιῶμεν ἐπὶ τὸ * συνεχὲς * τῆς διηγήσεως ἐπανήξομεν. κατασταθεὶς ἐπὶ τῆς
Aris.  62  3  κατεσκεύαστο διάλιθος ἐκτύπωσιν ἔχουσα προοχῆς * συνεχέσιν * ἀναγλυφαῖς ῥαβδωταῖς πυκνὴν ἔχούσαις τὴν πρὸς
Aris.  78  7  χρυσίου κατασκευὴν ψυχαγωγία τις ἦν μετὰ θαυμασμοῦ * συνεχὴς * ἐφ' ἕκαστον ἐπιβαλλούσης καθὼς προείρηται. τὸ
Aris.  107  7  τὴν γεωργίαν καὶ τὴν ἐπιμέλειαν τῆς γῆς γίνεσθαι * συνεχῶς *. ἵνα καὶ διὰ τοῦτο οὗτοι τὴν εὐκαρπίαν ἔχωσιν. οὗ
Aris.  167  2  αἰκίαις καὶ θανάτοις ἐπαλγέσιν αὐτοὺς περιβάλλει * συνεχῶς *. ὁ δὲ τούτους γὰρ καὶ λέγω ἢ γὰρ ἐπαγρύπνησις
Aris.  212  4  δὲ ἐκείνου εἰ τὸ δίκαιον ἐπὶ παντὸς προβαλλὸ * συνεχῶς *. ἵνα καὶ νομίζωσι τὴν ἀδικίαν τοῦ ζῆν στέρησιν εἶναι
Aris.  249  5  κακίαν ἐκπεπτωκόσιν. εὐεργετῶν οὖν ἅπαντας καθὼς * τοῦτ' * ἐπιτελεῖς θεοῦ διδόντος σοι πρὸς πάντας
LAri.  13  12  γένεσιν τοῦ κόσμου θεοῦ λόγους εἴρηκεν ὁ Μωσῆς. * συνεχῶς * γάρ φησιν ἐφ' ἑκάστου καὶ εἶπεν ὁ θεὸς καὶ
LAri.  13  12  10  λαμπτῆρος αὐτὴν ἔχειν τάξιν ἀκολουθοῦντες γὰρ αὐτῇ * συνεχῶς * ἀτάραχοι κατασταθήσονται δι' ὅλου τοῦ βίου.

συνέχω     17
Adam  5  5  σοὶ ἐστιν νόσος; καὶ λέγει τεκνία μου πόνος πολὺς * συνέχει * με. καὶ λέγουσιν αὐτῷ τί ἐστι πόνος καὶ νόσος;
Hen.  21  10  καὶ εἶπεν οὗτος ὁ τόπος δεσμωτήριον ἀγγέλων ὧδε * συνεχόμενοι * μέχρι αἰῶνός ἐστιν τὸν ἀριθμὸν
Abr.1  16  3  δὲ ὁ θάνατος ἔφριξεν καὶ ἐτρόμαξεν καὶ δειλίᾳ πολλῇ * συνεχόμενος * ‹καὶ ἐλθὼν μετὰ φόβου πολλοῦ ἔστη ἔμπροσθεν
TRub.  4  3  διὰ τοὺς ὀνειδισμούς. καὶ ἕως νῦν ἡ συνείδησίς μου * συνέχει * με περὶ τῆς ἁμαρτίας μου. καίγε παρεκάλεσέ με ὁ
TJud.  3  1  καὶ ἐγὼ κἀγὼ μόνος ὁράματι εἶδον τὸν βασιλέα Ἀσοὺρ * συνέχει *. ὅτι ἐν τῷ τὰς κνημῖδας κρούσας κατέσπασα
TJud.  18  4  στερίσκει τὴν ψυχὴν αὐτοῦ ἀπὸ πάσης ἀγαθοσύνης καὶ * συνέχει * αὐτὸν ἐν μόχθοις καὶ πόνοις καὶ ἀφίστα ὕπνον
TJos.  1  5  καὶ ἡ κραταιὰ αὐτοῦ χεὶρ ἐβοήθησέ μοι ἐν λιμῷ * συνεχέθην * καὶ αὐτὸς ὁ κύριος διέθρεψέ με μόνος ἤμην καὶ
TJos.  7  2  ἐγὼ ἀλγῶ καὶ οἱ στεναγμοὶ τοῦ πνεύματός μου * συνέχουσί * με. καὶ ἐθεράπευεν αὐτὴν μὴ ἀσθενοῦσαν. τότε

```
TJos.    10     4    γὰρ ὁ ἄνθρωπος ἢ ἐν ἔργῳ ἢ ἐν λόγῳ ἢ ἐν διανοίᾳ ✶ συνέχεται. ✶ γινώσκουσιν οἱ ἀδελφοί μου πῶς ἠγάπησέ με ὁ
TJos.    14     3    παιδός. καὶ ἡ γυνὴ αὐτοῦ λέγει πρὸς αὐτὸν διὰ τί ✶ συνέχεις ✶ τὸν αἰχμάλωτον καὶ εὐγενῆ παῖδα ὃν ἔδει εἶναι
TBen.     8     3    οὕτω καὶ ὁ καθαρὸς νοῦς ἐν τοῖς μιασμοῖς τῆς γῆς ✶ συνεχόμενος ✶ μᾶλλον οἰκοδομεῖ αὐτὸς δὲ οὐ μιαίνεται.
Sal.     17    19    ὁ οὐρανὸς τοῦ στάξαι ὑετὸν ἐπὶ τὴν γῆν. πηγαὶ ✶ συνεσχέθησαν ✶ αἰώνιοι ἐξ ἀβύσσων ἀπὸ ὀρέων ὑψηλῶν ὅτι οὐκ
Aris.    15     6    ἱκανῶν; ἀλλὰ τελείᾳ καὶ πλουσίᾳ ψυχῇ ἀπόλυσον τοὺς ✶ συνεχομένους ✶ ἐν ταλαιπωρίαις κατευθύνοντός σοι τὴν
Aris.   223     4    μετριότης καλόν. ἃ δὲ ὁ θεὸς δίδωσι ταῦτα λαμβάνων ✶ σύνεχε ✶ τῶν δ᾽ ἀνεφίκτων μὴ ἐπιθύμει. τοῖς δὲ ῥηθεῖσι
FMan.  2  22    10    σὺν ὄξει ὀλίγον ἐν μέτρῳ ὥστε ζῆν αὐτὸν καὶ ἦν ✶ συνεχόμενος ✶ καὶ ὀδυνώμενος σφόδρα. καὶ ὡς βιαίως ἐθλίβη
LAri. 13  12     4    ὅλων συνθεωροῦντες ἀκριβῶς ὑπὸ θεοῦ γεγονυῖαν καὶ ✶ συνεχομένην ✶ ἀδιαλείπτως. ἔτι δὲ καὶ Ὀρφεὺς ἐν ποιήμασι
LAri. 13  12    12    προείπῃ τί τίνος προτερεῖ. τάξας γὰρ οὕτως αὐτὰ ✶ συνέχει ✶ καὶ μεταποιεῖ. διεσάφηκε δ᾽ ἡμῖν αὕτη ἔννομον
                                                                          1
συνέψω
Prop.    22    13    καὶ ἐψεθέντος προσφαγίου καὶ θανατικῆς βοτάνης ✶ συνεψεθείσης ✶ τῷ προσφαγίῳ καὶ παρ᾽ ὀλίγον κινδυνευόντων
συνηγορέω
TJos.     1     7    με ἐν δεσμοῖς καὶ ἔλυσέ με ἐν διαβολαῖς καὶ ✶ συνηγόρησέ ✶ μοι ἐν λόγοις Αἰγυπτίων πικροῖς καὶ ἐρρύσατό
                                                                          1
συνήθης
HHec.  1  22   189    οὗτος ὁ ἄνθρωπος τετευχὼς τῆς τιμῆς ταύτης καὶ ✶ συνήθης ✶ ἡμῖν γενόμενος παραλαβών τινας τῶν μεθ᾽ ἑαυτοῦ
σύνθεσις
Prop.     1     7    τῆς πόλεως σταδίους εἴκοσι. καὶ ἐποίησε σκολιὰν ✶ σύνθεσιν ✶ ἀνυπονόητον καὶ ἔστιν ἕως τῆς σήμερον τοῖς
                                                                          4
συνθεωρέω
Aris.   139     1    καὶ θύουσι τούτοις καὶ ζῶσι καὶ τελευτήσασι; ✶ συνθεωρήσας ✶ οὖν ἕκαστα σοφὸς ὢν ὁ νομοθέτης ὑπὸ θεοῦ
Aris.   219     3    πρόσωπον ὃ δέον αὐτούς ἐστιν ὑποκρίνεσθαι τοῦτο ✶ συνθεωροῦντες ✶ ἀκόλουθα πάντα πράσσουσι σὺ δὲ οὐχ
LAri. 13  12     4    ἀκούειν φωνῆς θεοῦ τὴν κατασκευὴν τῶν ὅλων ✶ συνθεωροῦντες ✶ ἀκριβῶς ὑπὸ θεοῦ γεγονυῖαν καὶ συνεχομένην
LAri. 13  12     9    φυσικῶς ἂν λέγοιτο φωτὸς γένεσις ἐν ᾧ τὰ πάντα ✶ συνθεωρεῖται. ✶ μεταφέροιτο δ᾽ ἂν τὸ αὐτὸ καὶ ἐπὶ τῆς
συνθήκη
Sal.      8    10    τὴν γυναῖκα τοῦ πλησίον αὐτοῦ συνέθεντο αὐτοῖς ✶ συνθήκας ✶ μετὰ ὅρκου περὶ τούτων. τὰ ἅγια τοῦ θεοῦ
συνθνήσκω
FPho.   134          ἀλλὰ χρὴ κακοεργὸν ἀποτρωπᾶσθαι ἀνάγκῃ. πολλάκι ✶ συνθνήσκουσι ✶ κακοῖσ᾽ οἱ συμπαρέοντες. φωρῶν μὴ δέξῃι
σύνθρονος
TLevi    13     9    εὑρεθήσεται φίλος. ἐὰν διδάσκῃ ταῦτα καὶ πράττῃ ✶ σύνθρονος ✶ ἔσται βασιλέων ὡς καὶ Ἰωσὴφ ὁ ἀδελφὸς ἡμῶν.
                                                                         11
συνίημι
TRub.     3     8    νεώτερος σκοτίζων τὸν νοῦν ἀπὸ τῆς ἀληθείας καὶ μὴ ✶ συνίων ✶ ἐν τῷ νόμῳ τοῦ θεοῦ μήτε ὑπακούων νουθεσίας
TLevi     8    18    αὐτῶν φυλαχθήσεται τὸ ἅγιον. καὶ ἐξυπνισθεὶς ✶ συνῆκα ✶ ὅτι τοῦτο ὅμοιον ἐκείνου ἐστίν. καὶ ἔκρυψα καίγε
TDan      4     1    καὶ ψεύδει γίνωνται αἱ πράξεις αὐτοῦ. οὐκοῦν ✶ σύνετε ✶ τὴν δύναμιν τοῦ θυμοῦ ὅτι ματαία ἐστίν. ἐν γὰρ
TNep.     3     1    τὰς ψυχὰς ὑμῶν ὅτι σιωπώντες ἐν καθαρότητι καρδίας ✶ συνήσετε ✶ τὸ θέλημα τοῦ θεοῦ κρατεῖν καὶ ἀπορρίπτειν τὸ
TJos.     6     2    ἐπιδιδόντα μοι μετὰ τοῦ τρυβλίου μάχαιραν. καὶ ✶ συνῆκα ✶ ὅτι ἡ περιεργία αὐτῆς εἰς ἀποπλάνησιν ψυχῆς
TJos.     9     4    με ἐν ὠρίᾳ καὶ ἤκουσε τῆς φωνῆς μου προσευχομένου ✶ συνίων ✶ δὲ ἐγὼ τοὺς στεναγμοὺς αὐτῆς ἐσιώπων. καὶ γὰρ ὅτε
Asen.     1     3    τοῦ Φαραὼ ὅτι ἦν ὑπὲρ πάντας τοὺς μεγιστάνας Φαραὼ ✶ συνίων. ✶ καὶ ὄνομα τῷ ἀνδρὶ ἐκείνῳ Πεντεφρῆς ἱερεὺς
Asen.    22    13    ὅτι ἦν προσκείμενος πρὸς τὸν κύριον καὶ ἦν ἀνὴρ ✶ συνίων ✶ καὶ προφήτης ὑψίστου καὶ ὀξέως βλέπων τοῖς
Bar.      1     3    τοιαῦτα ὁρῶ ἄγγελον κυρίου ἐλθόντα καὶ λέγοντά μοι ✶ σύνες ✶ ὦ ἄνθρωπε ἄνερ ἐπιθυμιῶν καὶ μὴ τοσοῦτόν σε μέλῃ
Prop.    12     8    θεριστῇς ἐσθίουσι καὶ οὐδενὶ εἶπε τὸ γενόμενον ✶ συνῆκε ✶ δὲ ὅτι τάχιον ἐπιστρέψει ὁ λαὸς ὑπὸ Βαβυλῶνος.
Aris.   200     4    τούτοις οἴομαι διαφέρειν τοὺς ἄνδρας ἀρετῇ καὶ ✶ συνιέναι ✶ πλεῖον οἵτινες ἐκ τοῦ καιροῦ τοιαύτας ἐρωτήσεις
                                                                         15
συνίστημι
Hen.    101     6    τὰ) ὕδατα αὐτῆς ἔργον τοῦ ὑψίστου ἐστὶ καὶ αὐτὸς ✶ συνεστήσατο ✶ τὰ πέρατα αὐτῶν καὶ συνέδησεν αὐτ<ὴν καὶ
Abr.1     9     6    καὶ τὰ ποιήματα <πάντα> ὅσα διὰ λόγου ἑνὸς ✶ συνεστήσω ✶ δέσποτα καὶ ὅτε ἴδω ταῦτα τότε καὶ νῦν ἐὰν
Abr.2    10    10    αὐτοῦ κάλαμον χρυσοῦν καὶ λέγει αὐτῷ ὁ κριτής ✶ σύστησον ✶ τὴν ἁμαρτίαν τῆς ψυχῆς ταύτης. καὶ ἀνοίξας ὁ
Job      36     3    καρδία σου· κἀγὼ εἶπον ὅτι ἐν μὲν τοῖς γηίνοις οὐ ✶ συνέστηκεν, ✶ ἐπεὶ ἀκατάστατος ἡ γῆ καὶ οἱ ἐνοικοῦντες ἐν
Job      36     3    καὶ οἱ ἐνοικοῦντες ἐν αὐτῇ ἐν δὲ τοῖς ἐπουρανίοις ✶ συνέστηκεν ✶ ἡ καρδία μου διότι οὐχ ὑπάρχει ἐν οὐρανῷ
Job      38     1    πρὸς ταῦτα εἶπον ἔστιν μὲν φρόνησις ἐν ἐμοί, καὶ ✶ συνέστηκεν ✶ ἡ καρδία μου διὰ τί οὖν μὴ λαλήσω τὰ μεγαλεῖα
Job      38     3    τὴν μερίδα ἐν γῇ καὶ σποδῷ· ἵνα οὖν γνῶτε ὅτι ✶ συνέστηκεν ✶ ἡ καρδία μου ἀκούσατε ὃ ἐπερωτῶ ὑμᾶς. διὰ
Aris.     1     3    πρὸς Ἐλεάζαρον τὸν τῶν Ἰουδαίων ἀρχιερέα ✶ συνεσταμένης ✶ διὰ τὸ σὲ περὶ πολλοῦ πεποιῆσθαι παρ᾽
Aris.    55     3    ἀλλὰ φαίνεται πρός τινα λόγον εἶπεν οὕτως ✶ συνεστηκέναι ✶ τοῖς μέτροις. ἔτι γὰρ ἐπιταγῆς οὔσης οὔθεν
Aris.    96     3    τῇ λειτουργίᾳ τά τε τοῦ στολισμοῦ καὶ τῆς δόξης ἢ ✶ συνίσταται ✶ διὰ τὴν ἔνδυσιν οὗ φορεῖ χιτῶνος καὶ τῶν περὶ
Aris.   119     2    ὀρέων τῆς Ἀραβίας μέταλλα χαλκοῦ καὶ σιδήρου ✶ συνίστασθαι ✶ πρότερον. ἐκλέλειπται δὲ ταῦτα καθ᾽ ὃν
Aris.   154     3    καὶ συστάσεως ἐπιμνήσις. τὸ γὰρ ζῆν διὰ τῆς τροφῆς ✶ συνίσταται ✶ νομίζει. διὸ παρακελεύεται καὶ διὰ τῆς γραφῆς
FAch.   102          διὰ τῆς ἐναρέτου μάχης οὔτε γὰρ ἐν πολέμοις ✶ συνίσταντο ✶ οὔτε μάχαις ἔγραφον γὰρ προβλήματα φιλοσοφίας
HArt.  9  23     2    δὲ ἀδελφούς. ἐλθόντα δὲ αὐτὸν εἰς τὴν Αἴγυπτον καὶ ✶ συσταθέντα ✶ τῷ βασιλεῖ διοικητὴν τῆς ὅλης γενέσεως χώρας.
HArt.  9  27     7    στρατηγὸν μετὰ δυνάμεως τὸ δὲ τῶν γεωργῶν αὐτῷ ✶ συστῆσαι ✶ πλῆθος ὑπολαβόντα ῥᾳδίως αὐτὸν διὰ τὴν τῶν
                                                                          4
συνιστορέω
Aris.   170     5    προσφέροντες τὰς θυσίας μηθὲν ὑπερήφανον ἑαυτοῖς ✶ συνιστορῶσι ✶ σημειώσει κεχρημένοι τοῦ διατάξαντος. τῆς
Aris.   215     3    τὰ πραττόμενα πρὸς εὐσέβειαν ἐπανάγειν ὅπως ἑαυτῷ ✶ συνιστορῇς ✶ ὅτι τὸ κατ᾽ ἀρετὴν συντηρῶν οὔτε χαρίζεσθαι
Aris.   243     3    αὐτὸν ἄλλον ἡρώτα πῶς ἀφοβία γίνεται; εἶπε δὲ ✶ συνιστορούσης ✶ τῆς διανοίας μηδὲν κακὸν πεπραχέναι θεοῦ
Aris.   260     2    ἡρώτα τί ἐστι σοφίας καρπός; ὁ δὲ εἶπε τὸ μὴ ✶ συνιστορεῖν ✶ ἑαυτῷ κακὸν πεπραχότι τὸν δὲ βίον ἐν ἀληθείᾳ
                                                                          1
συννεύω
Abr.1     6     2    εὐθέως ἐγνώρισεν ὅτι ἄγγελος κυρίου ἦν ὁ λαλῶν. ✶ συννεύει ✶ οὖν Σάρρα τὸν Ἀβραὰμ τὰ πρὸς τὴν θύραν ἔξω
                                                                          3
σύνοιδα
FAch.   107          θησαυρίζω κακά. ὁ δὲ βασιλεὺς εἶπεν τί σεαυτῷ ✶ σύνοιδας; ✶ ὁ δὲ εἶπεν Αἴσωπος ζῇ. ἐξ ἀνελπίστου δὲ
IMen.  5 120     2    τῇ καρδίᾳ. +βροντῆς ἐάν+ ἀκούσῃς μὴ φύγῃς μηδέν> ✶ συνειδὼς ✶ αὐτὸς αὐτῷ δέσποτα ὁ γὰρ θεὸς βλέπει σε πλησίον
HArt.  9  27    16    πορευομένων δὲ αὐτῶν τὴν ἐπιβουλὴν τῷ Μωυσῷ τῶν ✶ συνειδότων ✶ ἐξαγγεῖλαί τινα τὸν δὲ φυλάσσοντα αὐτὸν τὴν
συνοικέω
HDem.  9  21    12    τὸ ἐνύπνια ἄρξαι Αἰγύπτου ἔτη ἑπτὰ ἐν οἷς καὶ ✶ συνοικῆσαι ✶ Ἀσενὲθ Πεντεφρῆ τοῦ Ἡλιουπόλεως ἱερέως
HDem.  9  29     1    φυγεῖν μέντοι γε τὸν Μωσῆν εἰς Μαδιὰμ καὶ ✶ συνοικῆσαι ✶ ἐκεῖ τῇ Ἰοθὼρ θυγατρὶ Σεπφώρᾳ ἣν εἶναι ὅσα
HDem.  9  29     2    εἶναι ἀπὸ Ἀβραὰμ ἕβδομον τὴν δὲ Σεπφώραν ἕκτην. ✶ συνοικοῦντος ✶ γὰρ ἤδη τοῦ Ἰσαὰκ ἀφ᾽ οὗ Μωσῆν εἶναι γῆμαι
σύνοικος
Asen.    17     6    κίονες ἑπτὰ τῆς πόλεως τῆς καταφυγῆς καὶ πᾶσαι αἱ ✶ σύνοικοι ✶ τῶν ἐκλεκτῶν τῆς πόλεως ἐκείνης ἐφ᾽ ὑμᾶς
συνολκή
TRub.     2     5    πνεῦμα ὀσφρήσεως μεθ᾽ ἧς ἐστι γεῦσις δεδομένη εἰς ✶ συνολκὴν ✶ ἀέρος καὶ πνοῆς πέμπτον πνεῦμα λαλιᾶς μεθ᾽ ἧς
σύνολος
Esdr.     5    13    αὐτοῦ ἐν τῇ χώρᾳ τῆς γυναικός. τὸ πρῶτον μὲν ✶ σύνολόν ✶ ἐστιν τὸ δεύτερον μὲν ὀγκοῦται τὸ τρίτον μὲν
Aris.   311     3    εἴ τις διασκευάσαι προστιθεὶς ἢ μεταφέρων τι τὸ ✶ σύνολον ✶ τῶν γεγραμμένων ἢ ποιούμενος ἀφαίρεσιν καλῶς
IMen.  5 119     2    κτήσεως παιδός τε παιδίσκης θ᾽ ἁπλῶς ἵππων βοῶν τὸ ✶ σύνολον ✶ ἢ κτηνῶν. τί δή; μηδὲ βελόνης ἔναμμα ἐπιθυμήσῃς
συνομαίμων
FPho.   206          ἄλλον ἄγοις ἐπὶ πήματι πῆμα. μηδ᾽ ἀμφὶ κτεάνων ✶ συνομαίμοσιν ✶ εἰς ἔριν ἔλθῃς. παισὶν μὴ χαλέπαινε τεοῖσ᾽
                                                                          2
συνομολογέω
Aris.   228     1    ταῦτ᾽ ἐπιτελῆται τὰς γὰρ ἁπάντων διανοίας κρατεῖ. ✶ συνομολογήσας ✶ δὲ τούτοις τὸν ἕκτον ἐκέλευσεν ἀποφήνασθαι
Aris.   237     1    πᾶν τὸ καλὸν ἀποστρέφεσθαι δὲ τἀναντία. ✶ συνομολογήσας ✶ δὲ τὸν ἐχόμενον ἡρώτα τί πρὸς ὑγείαν
                                                                          1 (cf.+ συνεῖδον)
συνοράω
LAri.  8  10    17    τὴν κατάβασιν τὴν θείαν γεγονέναι διὰ τὸ τοὺς ✶ συνορῶντας ✶ ἐκφαντικῶς ἕκαστα καταλαμβάνειν μήτε τὸ πῦρ
σύνορος
LPhi.  9  37     2    ὑετίοις νιφετοῖσιν ἱέμενον πολυγηθὲς ὑπαὶ πύργοις ✶ συνόροισιν ✶ στρωφᾶται καὶ ξηρὰ πέδῳ κεκονιμένα κρήνη
                                                                          6
συνουσία
TRub.     2     8    ἡ ὑπόστασις τῆς ἰσχύος ἕβδομον πνεῦμα σπορᾶς καὶ ✶ συνουσίας ✶ μεθ᾽ ἧς συνεισέρχεται διὰ τῆς φιληδονίας ἡ
TRub.     5     6    καὶ μετεσχηματίζοντο εἰς ἀνθρώπους καὶ ἐν τῇ ✶ συνουσίᾳ ✶ τῶν ἀνδρῶν αὐτῶν συνεφαίνοντο αὐταῖς κἀκεῖναι
TIss.     2     1    λέγων ὅτι δύο τέκνα Ῥαχὴλ τέξεται ὅτι διέπτυσε ✶ συνουσίαν ✶ ἀνδρὸς καὶ ἐξελέξατο ἐγκράτειαν. καὶ εἰ μὴ
TIss.     2     2    ἐγκράτεια. καὶ εἰ μὴ Λεία ἡ μήτηρ μου ἀντὶ ✶ συνουσίας ✶ ἀπέδω τὰ δύο μῆλα ὀκτὼ υἱοὺς εἶχε τεκεῖν διὰ
TNep.     8     8    διπλαῖ εἰσι καὶ μετὰ τέχνης πληροῦνται. καιρὸς γὰρ ✶ συνουσίας ✶ γυναικὸς αὐτοῦ καὶ καιρὸς ἐγκρατείας εἰς
TJos.     8     2    μου τῶν ἱματίων μετὰ βίας ἐφελκομένη με εἰς ✶ συνουσίαν. ✶ ὡς οὖν εἶδον ὅτι μαινομένη βίᾳ κρατεῖ τὰ
συνουσιασμός
TLevi    18  2B016   σου πᾶν ῥῆμα. διδάξω σε πρόσεχε σεαυτῷ ἀπὸ παντὸς ✶ συνουσιασμοῦ ✶ καὶ ἀπὸ πάσης ἀκαθαρσίας καὶ ἀπὸ πάσης
συνοχή                                                                     2
Aris.    61     4    δὲ τῶν γωνιῶν αἱ κατακλεῖδες συνέσφιγγον πρὸς τὴν ✶ συνοχήν. ✶ ἐκ πλαγίων δὲ κατὰ τὴν στεφάνην κυκλόθεν τὰ
FAch.   107          καὶ κομῶντος καὶ ὠχρῶντος διὰ τὴν πολυχρόνιον ✶ συνοχὴν ✶ ἀποστραφεὶς ὁ βασιλεὺς ἔκλαυσεν. καὶ ἐκέλευσεν
συνταγή
Sal.      4     5    ὁρώμενος ἐν ὀφθαλμοῖς αὐτοῦ λαλεῖ πάσῃ γυναικὶ ἐν ✶ συνταγῇ ✶ κακίας ταχὺς εἰσόδῳ εἰς πᾶσαν οἰκίαν ἐν
                                                                          1
σύνταγμα
Aris.    36     1    αἰχμαλώτους ἀφ᾽ ὧν πλείονας εἰς τὸ στρατιωτικὸν ✶ σύνταγμα ✶ κατεχώρισεν ἐπὶ μείζοσι μισθοφορίαις ὁμοίως δὲ
```

σύνταξις 3
Job 15 5 καὶ πρόβατα δεκαδύο ταῦτα πάντα μετὰ τὴν * σύνταξιν * ἐκέλευον κατασκευασθῆναι τοῖς πτωχοῖς, καὶ
Job 15 5 καὶ ἔλεγον αὐτοῖς ταῦτα λαμβάνετε περισσὰ μετὰ τὴν * σύνταξιν * ἵνα δεηθῆτε ὑπὲρ τῶν τέκνων μου μὴ ἄρα οἱ υἱοί
Aris. 186 5 τῶν λειτουργιῶν ἁπασῶν διὰ τῆς τοῦ Δωροθέου * συντάξεως * ἐπιτελουμένων ἐν οἷς καὶ βασιλικοὶ παῖδες ἦσαν
συνταράσσω 3
Hen. 99 4 ἐνώπιον τοῦ ὑψίστου θεοῦ εἰς μνημόσυνον καὶ τότε * συν<ταραχ>θήσονται * καὶ ἀνασταθήσονται ἐν <ἡμέρ>ᾳ
Hen. 102 2 (καὶ) τὴν γῆν σύμπασαν σειομένην καὶ τρέμουσαν καὶ * συνταρασσομένην. * καὶ οἱ ἄγγελοι συντελοῦντες τὸ
TJud. 14 3 τις πίῃ οἶνον εἰς μέθην ἐν διαλογισμοῖς ῥυπαροῖς * συνταράσσει * τὸν νοῦν εἰς πορνείαν καὶ ἐκθερμαίνει τὸ
συντάσσω 2
Hen. 102 3 συνταρασσομένην. καὶ οἱ ἄγγελοι συντελοῦντες τὸ * συνταχθὲν * αὐτοῖς καὶ ὁ οὐρανὸς καὶ οἱ φωστῆρες σειόμενοι
Asen. 18 9 κάλυκος αὐτοῦ καὶ οἱ ὀδόντες αὐτῆς ὡς πολεμισταὶ * συντεταγμένοι * εἰς πόλεμον> καὶ αἱ τρίχες τῆς κεφαλῆς
συντείνω 1
Aris. 237 2 δὲ τὸν ἐχόμενον ἠρώτα τί πρὸς ὑγείαν μάλιστα * συντείνει; * ἐκεῖνος δὲ ἔφη σωφροσύνη ταύτης δὲ οὐκ ἔστι
συντέλεια 12
Hen. 106 18 γῆς καὶ ἀπὸ πάντων τῶν ἁμαρτωλῶν καὶ ἀπὸ πασῶν τῶν * συντελειῶν * ἐπὶ τῆς γῆς--- ὑπέδειξέν μοι καὶ ἐμήνυσεν καὶ
TLevi 10 2 πάσης ἀσεβείας ὑμῶν καὶ παραβάσεως ἣν ποιήσετε ἐπὶ * συντελείᾳ * τῶν αἰώνων εἰς τὸν σωτῆρα τοῦ κόσμου
TZab. 9 9 παροργίσετε αὐτὸν καὶ ἀπορριφήσεσθε ἕως καιροῦ * συντελείας. * καὶ νῦν τέκνα μου μὴ λυπεῖσθε ὅτι ἀποθνήσκω
TBen. 11 3 αὐτῶν καὶ διδοὺς τῇ συναγωγῇ τῶν ἐθνῶν. καὶ ἕως * συντελείας * τῶν αἰώνων ἔσται ἐν συναγωγαῖς ἐθνῶν καὶ ἐν
Prop. 2 13 οὔτε ἀναγνῶναι αὐτὸν <δύναται> ἕως σήμερον καὶ ἕως * συντελείας. * καὶ ἔστιν ἡ πέτρα ἐν τῇ ἐρήμῳ ὅπου πρώτως ἡ
Prop. 3 19 ὁ λαὸς εἰς τὴν γῆν αὐτοῦ ἀλλὰ ἐν Μηδίᾳ ἔσονται ἕως * συντελείας * πλάνης αὐτῶν. καὶ ἐξ αὐτῶν ἦν ὁ ἀνελὼν αὐτόν.
Prop. 12 11 φῶς καὶ οὕτως ἴδωσι τὴν δόξαν τοῦ ναοῦ. καὶ περὶ * συντελείας * τοῦ ναοῦ προεῖπεν ὅτι ὑπὸ ἔθνους δυτικοῦ
Esdr. 2 31 παύσομαι δικαζόμενός σε ἐὰν μὴ ἴδω τὴν ἡμέραν τῆς * συντελείας. * <καὶ εἶπεν ὁ θεός> ἐξαρίθμησον τοὺς ἀστέρας
Esdr. 6 1 Ἐσδρὰμ τὰ ὀνόματα τῶν ἀγγέλων τῶν ἐπὶ τῆς * συντελείας; * Μιχαὴλ Γαβριὴλ Οὐριὴλ Ῥαφαὴλ Γαβουθελῶν
Job 4 6 ὀνομαστὸν ἐν πάσαις ταῖς γενεαῖς τῆς γῆς ἄχρι τῆς * συντελείας * τοῦ αἰῶνος. καὶ πάλιν ἀνακάμψω σε ἐπὶ τὰ
FJub. 2 24 τῆς ἑβδόμης χιλιοετηρίδος καὶ τῆς τῶν ἁμαρτωλῶν * συντελείας. * τῇ πρώτῃ ἡμέρᾳ ἑβδομάδος ἥτις ἦν τρίτη μὲν
LAri. 8 10 9 ὁ νομοθέτης ἐπὶ τὸ μεγαλεῖον μετενήνοχε λέγων τὰς * συντελείας * χεῖρας εἶναι θεοῦ. στάσις δὲ θεία καλῶς ἂν
συντελεσμός * 1
Hen. 10 12 τὰς νάπας τῆς γῆς μέχρι ἡμέρας κρίσεως αὐτῶν καὶ * συντελεσμοῦ * ἕως τελεσθῇ τὸ κρίμα τοῦ αἰῶνος τῶν αἰώνων.
συντελέω 24
Hen. 10B 12 κρίσεως αὐτῶν μέχρι ἡμέρας τελειώσεως τελεσμοῦ ἕως * συντελεσθῇ * κρίμα τοῦ αἰῶνος τῶν αἰώνων. τότε
Hen. 18 10 τούτων τόπος ἐστὶν πέρας τῆς μεγάλης γῆς ἐκεῖ * συντελεσθήσονται * οἱ οὐρανοί. καὶ ἴδον χάσμα μέγα εἰς
Hen. 102 3 καὶ τρέμουσαν καὶ συνταρασσομένην. καὶ οἱ ἄγγελοι * συντελοῦντες * τὸ συνταχθὲν αὐτοῖς καὶ ὁ οὐρανὸς καὶ οἱ
TSim. 8 1 ὑμῶν ὅπως φυλάξωσιν αὐτὰ εἰς τὰς γενεὰς αὐτῶν. καὶ * συνετέλεσε * Συμεὼν ἐντελλόμενος τοῖς υἱοῖς αὐτοῦ καὶ
TLevi 2 3B013 τὴν ἀνομίαν ἐξάλειψον ὑποκάτωθεν τοῦ οὐρανοῦ καὶ * συντελέσαι * τὴν ἀνομίαν ἀπὸ προσώπου τῆς γῆς καθάρισον
TLevi 5 4 κἀγὼ ἔσομαι μετά σου ὅτι κύριος ἀπέσταλκέ με. καὶ * συνετέλεσα * τῷ καιρῷ ἐκείνῳ τοὺς υἱοὺς Ἐμμὼρ καθὼς
TJud. 22 2 συνεχεῖς ἔσονται ἐν Ἰσραὴλ καὶ ἐν ἀλλοφύλοις * συντελεσθήσεται * ἡ βασιλεία μου ἕως τοῦ ἐλθεῖν τὸ
TDan 6 4 κύριον. οἶδε γὰρ ὅτι ἐν ᾗ ἡμέρᾳ πιστεύσει Ἰσραὴλ * συντελεσθήσεται * ἡ βασιλεία τοῦ ἐχθροῦ. αὐτὸς ὁ ἄγγελος
Sal. 2 23 οὐκ ἐφείσαντο ἐν ὀργῇ καὶ θυμῷ μετὰ μηνίσεως καὶ * συντελεσθήσονται * ἐὰν μὴ σὺ κύριε ἐπιτιμήσῃς αὐτοῖς ἐν
Sal. 7 5 περὶ ἡμῶν ὅτι σὺ ἐλεήμων καὶ οὐκ ὀργισθήσῃ τοῦ * συντελέσαι * ἡμᾶς. ἐν τῷ κατασκηνοῦν τὸ ὄνομά σου ἐν μέσῳ
Aris. 51 4 διασαφῆσαι ποιήσω. πολυτεχνίᾳ γὰρ διαφέροντα * συνετελέσθη * τοῦ βασιλέως πολλὴν ἐπίδοσιν ποιουμένου καὶ
Aris. 51 7 τεχνίτας. διὸ παριδεῖν οὐδὲν ἠδύναντο οὐδὲ εἰκῇ * συντελέσαι. * πρῶτον δέ σοι τὰ περὶ τῆς τραπέζης
Aris. 57 2 <πήχεος δὲ τὸ εὖρος> τὸ δὲ ὕψος πήχεος καὶ ἡμίσους * συνετέλουν * χρυσίου δοκίμου στερεὰν πάντοθεν τὴν ποίησιν
Aris. 81 3 παρήδρευεν ἐπιμελῶς ἵνα καθηκόντως τῷ τόπῳ * συντελέσωσιν * εἰς ὃν ἀπεστέλλετο τὰ τῶν ἔργων. διὸ πάντα
Aris. 152 3 λοιπῶν ἀνθρώπων ἑαυτοὺς μολύνουσιν ἐπιμισγόμενοι * συντελοῦντες * μεγάλην ἀδικίαν καὶ χῶραι καὶ πόλεις ὅλαι
Aris. 192 3 βλέπων τὴν ὑπὸ τοῦ θεοῦ τὰ γὰρ ἱκετευόμενα * συντελεῖσθαι * τοῖς ἀξίοις τοῖς δὲ ἀποτυγχάνουσιν ἢ δι'
Aris. 205 3 πράσσοι μηδὲ δαπάνην εἰς τὰ κενὰ καὶ μάταια * συντελοῖ * τοὺς <δὲ> ὑποτεταγμένους εὐεργεσίᾳ πρὸς εὔνοιαν
Aris. 234 7 γνώμην ᾗ πάρεστι σημειοῦσθαι πᾶσιν ἐκ τῶν ὑπὸ σοῦ * συντετελεσμένων * καὶ συντελουμένων. μετὰ μείζονος δὲ
Aris. 234 7 πᾶσιν ἐκ τῶν ὑπὸ σοῦ συντετελεσμένων καὶ * συντελουμένων. * μετὰ μείζονος δὲ φωνῆς πάντας αὐτοὺς ὁ
Aris. 258 6 τὰ τοιαῦτα παραπέμποι μηδὲ τοὺς ἄλλους ἀμισθὶ * συντελεῖν * ἀναγκάζοι τὰ πρὸς τὴν χρείαν. διανοούμενος γὰρ
Aris. 283 7 ἄλλοις δόξαν κέκτησαι θεοῦ σοι τὰ βουλήματα * συντελοῦντος. * ἐνεργῶς δὲ καὶ τοῦτον προσειπὼν ἕτερον
Aris. 312 5 καὶ πρὸς τὸν Δημήτριον εἶπε πῶς τηλικούτων * συντετελεσμένων * οὐδεὶς ἐπεβάλετο τῶν ἱστορικῶν ἢ ποιητῶν
FJub. 2 16 ἓξ ἡμέραις παρὰ τοῦ θεοῦ ποιηθέντα ἔργα κβ'. καὶ * συνετέλεσεν * ὁ θεὸς πάντα ἐν τῇ ἕκτῃ ἡμέρᾳ ὅσα ἐν τοῖς
HEup. 9 34 14 δὲ τῶν Ἑλλήνων φερωνύμως Ἱεροσόλυμα λέγεσθαι. * συντελέσαντα * δὲ τὸ ἱερὸν καὶ τὴν πόλιν τειχίσαντα ἐλθεῖν
συντηρέω 13
Hen. 10B 3 τὸν υἱὸν Λάμεχ καὶ τὴν ψυχὴν αὐτοῦ εἰς ζωὴν * συντηρήσει * καὶ ἐκφεύξεται δι' αἰῶνος καὶ ἐξ αὐτοῦ
TLevi 6 2 Ἀσπὶς ὅ ἐστιν ἐγγὺς Γεβὰλ ἐκ δεξιῶν Ἀβιλὰ καὶ * συνετήρουν * τοὺς λόγους τούτους ἐν τῇ καρδίᾳ μου. ἐγὼ
Bar. 16 4 δαιμονίοις. ὅτι οὐκ εἰσήκουσαν τῆς φωνῆς μου οὐδὲ * ἐσυνετήρησαν * τῶν ἐντολῶν μου οὐδὲ ἐποίησαν ἀλλ' ἐγένοντο
Aris. 122 9 δεόντως παραδεδεγμένοι καὶ πάντες ταῦτα * συντηροῦντες * καὶ μᾶλλον ἐν τούτοις βουλόμενοι ὑπερφέρειν
Aris. 127 2 αὐτούς. τὸ γὰρ καλῶς ζῆν ἐν τῷ τὰ νόμιμα * συντηρεῖν * εἶναι τοῦτο δὲ ἐπιτελεῖσθαι διὰ τῆς ἀκροάσεως
Aris. 157 2 περιέχει τρόπον. διὸ παρακελεύεται μνείαν ἔχειν ὡς * συντηρεῖται * τὰ προειρημένα θείᾳ δυνάμει σὺν κατασκευῇ.
Aris. 157 5 τὸ διὰ παντὸς μνημονεύειν τοῦ κρατοῦντος θεοῦ καὶ * συντηροῦντος. * καὶ γὰρ ἐπὶ τῶν βρωτῶν καὶ ποτῶν
Aris. 196 2 τούτῳ καλῶς λέγειν τὸν ἕτερον ἠρώτα πῶς ἂν ἀκέραια * συντηρήσας * ἅπαντα τοῖς ἐγγόνοις τὴν αὐτὴν παραδιδοῖ
Aris. 209 3 τὸ ἑξῆς τίς ἀναγκαιότατος τρόπος βασιλείας; τὸ * συντηρεῖν * εἶπεν αὐτὸν ἀδωροδόκητον καὶ νήφειν τὸ πλεῖον
Aris. 215 4 ἐπανάγειν ὅπως ἑαυτῷ συνιστορῇς ὅτι τὸ κατ' ἀρετὴν * συντηρῶν * οὔτε χαρίζεσθαι προαιρῇ παρὰ λόγον οὐδὲ ἐξουσίᾳ
Aris. 264 3 πολλῶν ἔφη πεπειραμένοις πραγμάτων καὶ τὴν εὔνοιαν * συντηροῦσιν * ἀκέραιον πρὸς αὐτὸν καὶ τῶν τρόπων ὅσοι
Aris. 317 3 μεγάλην ἐπιμέλειαν ποιεῖσθαι τῶν βιβλίων καὶ * συντηρεῖν * ἁγνῶς. παρακαλέσας δὲ καὶ τοὺς ἑρμηνεῖς ἵνα
LAri. 8 10 12 περὶ τούτων οὖν οὕτως ἄν τις ἐξηγήσαιτο βουλόμενος * συντηρεῖν * τὸν περὶ θεοῦ λόγον. δηλοῦται γὰρ ὡς τὸ ὅρος
συντήρησις 1
Hen. 1 8 τὴν εἰρήνην ποιήσει καὶ ἐπὶ τοὺς ἐκλεκτοὺς ἔσται * συντήρησις * καὶ εἰρήνη καὶ ἐπ' αὐτοὺς γενήσεται ἔλεος καὶ
συντίθημι 5
TZab. 1 6 πολλὰ ἐν κρυφῇ ἐφοβούμην γὰρ τοὺς ἀδελφούς μου ὅτι * συνέθεντο * πάντες ὁμοῦ εἴ τις ἐξείποι τὸ μυστήριον
TJos. 6 9 μου καὶ ἔκλαυσε καὶ ἀναστήσας αὐτὴν ἐνουθέτησα καὶ * συνέθετο * τοῦ μὴ ποιῆσαι ἔτι τὴν ἀσέβειαν ταύτην. ὅτι δὲ
Sal. 8 10 ἐμοιχῶντο ἕκαστος τὴν γυναῖκα τοῦ πλησίον αὐτοῦ * συνέθεντο * αὐτοῖς συνθήκας μετὰ ὅρκου περὶ τούτων. τὰ
Aris. 136 3 ἀνόητον τῶν γὰρ ἐν τῇ κτίσει λαβόντες τινὰ * συνέθηκαν * καὶ προσυπέδειξαν εὔχρηστα τὴν κατασκευὴν
HEup. 9 30 5 πρός τε Οὐαφρῆν τὸν Αἰγύπτιον βασιλέα φιλίαν * συνθέσθαι. * βουλόμενόν τε τὸν Δαβὶδ οἰκοδομῆσαι ἱερὸν τῷ
συντομή 1
Abr.2 4 12 εἰδῇ Ἀβραὰμ ἑαυτῷ καὶ μὴ ἐγὼ αὐτῷ εἴπω μεγάλη γὰρ * συντομή * ἐστιν οὗτος ὁ λόγος ὅτι οὐκ ἐξέρχῃ ἐν σώματι
σύντομος 5
TZab. 4 6 τὴν μεγάλην ἐπορεύθησαν διὰ Τρωγλοκολπιτῶν ἐν τῇ * συντόμῳ. * καὶ οὐκ ἔφαγε Ῥουβὴμ ἄρτον ἐν τῇ ἡμέρᾳ ἐκείνῃ.
Asen. 15 15 σου. καὶ εἶπεν αὐτῇ ὁ ἄνθρωπος σπεῦσον καὶ φέρε * συντόμως. * καὶ ἔσπευσεν Ἀσενὲθ καὶ παρέθηκεν αὐτῷ
Sedr. 13 5 ὁ χρόνος μὴ ὁ θάνατος αὐτοῦ φθάσῃ καὶ ἁρπάσῃ αὐτὸν * συντόμως. * λέγει αὐτὸν ὁ σωτὴρ ἐρωτῶ σε ἕνα λόγον Σεδρὰχ
Job 25 9 ἁπαξαπλῶς, Ιωβ, Ιωβ, πολλῶν ὄντων τῶν εἰρημένων, * συντόμως * λέγω σοι ἐπὶ ἀσθενείᾳ τῆς καρδίας μου συνετρίβη
LEze. 9 29 14 38 ἁλμυρᾶς δι' ἀτραποῦ. ἡμεῖς δ' ἐπ' αὐτῆς ᾠχόμεσθα * συντόμως * κατ' ἴχνος αὐτῶν νυκτὸς εἰσεκύρσαμεν
συντρέφω 1
Asen. 17 4 κύριέ εἰσι σὺν ἐμοὶ ἑπτὰ παρθένοι ὑπηρετοῦσαί μοι * συντεθραμμέναι * μοι ἐκ νεότητός μου τεχθεῖσαι σὺν ἐμοὶ ἐν
συντρέχω 4
TJud. 2 2 μου ἔν τε τῷ ἀγρῷ καὶ ἐν τῷ οἴκῳ ὡς εἶδον ὅτε * συνέδραμον * τῇ ἐλάφῳ καὶ πιάσας αὐτὴν ἐποίησα βρῶμα τῷ
TJud. 2 5 πρός με διέσπων αὐτὸ ὡς κύνα. τῷ χοίρῳ τῷ ἀγρίῳ * συνέδραμον * καὶ προλαβὼν ἐν τῷ τρέχειν με κατεσπάραξα
Sedr. 11 11 ὅτι πλήν σου τὸ σκεῦος οὐ κινεῖται. οἱ πόδες * συντρέχουσιν * τὸν ἥλιον καὶ τὴν σελήνην ἐν νυκτὶ καὶ ἐν
FAch. 117 θεᾷ ἱερασίου βασιλέως)--- οἱ δὲ Αἰγύπτιοι ἰδόντες * συνέδραμον * εἰς τὴν οἰκίαν τοῦ Αἰσώπου καὶ κατέκραζον. ὁ
συντρίβω 10
Hen. 103 10 ὀλίγοι ἐγενήθημεν καὶ ἀντιλήμπτορα οὐχ εὑρήκαμεν * συντετριμμένοι * καὶ ἀπολώλαμεν καὶ ἀπηλπίσμεθα καὶ μηκέτι
TNep. 6 5 ὑδάτων ἐν τρικυμίαις περιρρησσόμενον ὥστε καὶ * συντρίβεσθαι * αὐτό. καὶ Ἰωσὴφ ἐπὶ ἀκατίου φεύγει
TAser 7 3 μετὰ ἀνθρώπων ἐσθίων καὶ πίνων καὶ ἐν ἡσυχίᾳ * συντρίβων * τὴν κεφαλὴν τοῦ δράκοντος δι' ὕδατος οὕτως
Asen. 10 12 τούς τε χρυσοῦς καὶ ἀργυροῦς ὧν οὐκ ἦν ἀριθμὸς καὶ * συνέτριψεν * αὐτοὺς εἰς λεπτὰ καὶ ἔρριψε πάντα τὰ εἴδωλα
Asen. 12 12 οὐκ ἔστιν ἡμῶν θυγάτηρ Ἀσενὲθ διότι ἀπώλεσα καὶ * συνέτριψα * τοὺς θεοὺς αὐτῶν καὶ μεμίσηκα αὐτούς. καὶ εἰμί
Sal. 8 5 θεός; φωνὴν ἤκουσα εἰς Ιερουσαλημ πόλιν ἁγιάσματος * συνετρίβη * ἡ ὀσφύς μου ἀπὸ ἀκοῆς παρελύθη γόνατά μου
Sal. 17 24 ἁμαρτωλοῦ ὡς σκεύη κεραμέως ἐν ῥάβδῳ σιδηρᾷ * συντρῖψαι * πᾶσαν ὑπόστασιν αὐτῶν ὀλεθρεῦσαι ἔθνη παράνομα
Job 25 10 συντόμως λέγω σοι ἐπὶ ἀσθενείᾳ τῆς καρδίας μου * συνετρίβη * μου τὰ ὀστᾶ ἀνάστηθι σύ, λαβὼν τοὺς ἄρτους
FEz. 187 6 >καρδια καθαρα κα<ι >ται επι κν τον θν< >αι τα * συντετριμ'με<να * >οι ϋμας και στησε<ται >μετα παντος του<
FrAn. 2 10 ἔπειτα ἀπολήψεται τὰ ἀγαθά. θυσία τῷ κυρίῳ καρδία * συντετριμμένη * ὀσμὴ εὐωδίας τῷ κυρίῳ καρδία δοξάζουσα τὸν
σύντροφος 2
Asen. 10 4 μετὰ κλαυθμοῦ πικροῦ. καὶ ἤκουσεν ἡ παρθένος ἡ * σύντροφος * αὐτῆς ἣν ἠγάπα Ἀσενὲθ παρὰ πάσας τὰς

Asen. 18 8 ὄψεταί με Ἰωσὴφ καὶ ἐξουδενώσει με. καὶ εἶπε τῇ * συντρόφῳ * αὐτῆς ἐξένεγκέ μοι ὕδωρ καθαρὸν ἀπὸ τῆς πηγῆς

συντρώγω 1

TZab. 4 2 σπλαγχνιζόμενος ἐπὶ Ἰωσήφ. καὶ Ἰούδας οὐ * συνέτρωγεν * αὐτοῖς προσεῖχε δὲ τῷ λάκκῳ ὅτι ἐφοβεῖτο μὴ

συντυγχάνω 3

Job 6 5 τῇ θυρωρῷ σήμανον τῷ Ιωβ λέγουσα ὅτι βούλομαι * συντυχεῖν * σοι. καὶ ἡ θυρωρὸς εἰσελθοῦσα λέγει μοι ταῦτα,
Aris. 180 3 ἐπίσημος ἔσται πάντα τὸν τῆς ζωῆς ἡμῶν χρόνον * συνέτυχε * γὰρ καὶ τὰ κατὰ τὴν νίκην ἡμῖν προσπεπτωκέναι
Aris. 307 3 καταύγειαν συναγόμενοι τὸ προκείμενον ἐπετέλουν. * συνέτυχε * δὲ οὕτως ὥστε ἐν ἡμέραις ἑβδομήκοντα δυσὶ

συντυχία 2

TRub. 6 3 καὶ αὗται καθαρεύωσι τῇ διανοίᾳ. αἱ γὰρ συνεχεῖς * συντυχίαι * κἂν μὴ πραχθῇ τὸ ἀσέβημα αὐταῖς μέν ἐστι νόσος
Job 23 2 γνοὺς μετεσχηματίσθη εἰς πράτην καὶ ἐγένετο κατὰ * συντυχίαν * ἀπελθεῖν πρὸς αὐτὸν τὴν γυναῖκά μου καὶ

συνυποκρίνομαι 1

Aris. 267 4 ἐν τῇ βασιλείᾳ τούτοις ἁρμόσαι; τὸ πρέπον ἑκάστῳ * συνυποκρινόμενος * εἶπε καθηγεμόνα λαμβάνων δικαιοσύνην ὡς

Συρία 14

Prop. 22 17 καὶ κατηράσατο αὐτὸν καὶ γέγονε λεπρός. βασιλέως * Συρίας * πολεμοῦντος τὸν Ἰσραὴλ ἠσφαλίζετο τὸν βασιλέα
Prop. 22 18 αὐτῷ τὰς σκέψεις τοῦ ἐχθροῦ τοῦτο μαθὼν ὁ βασιλεὺς * Συρίας * πέμπει δύναμιν ἀγαγεῖν τὸν προφήτην ὁ δὲ
Prop. 22 19 φυλάξας διέσωσε καὶ ἔθρεψεν τοῦτο μαθὼν ὁ βασιλεὺς * Συρίας * ἐπαύσατο τοῦ πολεμεῖν. μετὰ θάνατον Ἐλισαίου
Aris. 12 5 τοῦ βασιλέως ἐκεῖνος γὰρ ἐπελθὼν τὰ κατὰ κοίλην * Συρίαν * καὶ Φοινίκην ἅπαντα συγχρώμενος εὐημερίᾳ μετὰ
Aris. 22 3 τῶν συνεστρατευμένων τῷ πατρὶ ἡμῶν εἰς τοὺς κατὰ * Συρίαν * καὶ Φοινίκην τόπους ἐπελθόντες τὴν τῶν Ἰουδαίων
Sib. 4 125 κείνου ἀποδρήσαντος ὑπὲρ Παρθηίδα γαῖαν. εἰς * Συρίην * δ' ἥξει Ῥώμης πρόμος ὃς πυρὶ νηὸν συμφλέξας
Sib. 5 125 Βιθυνοὶ κλαύσουσιν ἐὴν χθόνα τεφρωθεῖσαν καὶ * Συρίην * μεγάλην καὶ Φοινίκην πολύφυλον. αἰαῖ σοὶ Λυκίη
Sib. 5 204 Σιδονίοις βασιλεὺς Φοῖνιξ Γαλικανὸν ἤγαγεν ἐκ * Συρίης * πλῆθος πολὺ καὶ σε φονεύσει αὐτὴν Ῥαβέννη τε καὶ
FJos. 190 ὑπὸ θεοῦ. ἐγὼ δὲ ὅτε ἠρχόμην ἀπὸ Μεσοποταμίας τῆς * Συρίας * ἐξῆλθεν Οὐριὴλ ὁ ἄγγελος τοῦ θεοῦ καὶ εἶπεν ὅτι
HArt. 9 18 1 μείναντα δὲ ἔτη ἐκεῖ εἴκοσι πάλιν εἰς τοὺς κατὰ * Συρίαν * ἀπαλλαγῆναι τόπους τῶν δὲ τούτῳ συνελθόντων
HHec. 1 22 186 τὴν ἐν Γάζῃ μάχην ὁ Πτολεμαῖος ἐγένετο τῶν περὶ * Συρίαν * τόπων ἐγκρατὴς καὶ πολλοὶ τῶν ἀνθρώπων
HHec. 1 22 194 εἰς Αἴγυπτον καὶ Φοινίκην μετέστησαν διὰ τὴν ἐν * Συρίᾳ * στάσιν. τριακοσίας μυριάδας ἀρουρῶν σχεδὸν τῆς
LThe. 9 22 3 Ἐμὼρ σὺν παιδὶ Συχὲμ μάλ' ἀτειρέε φῶτε. Ἰακὼβ * Συρίην * κτηνοτρόφον ἷκτο καὶ εὐρὺ ῥεῖθρον Εὐφρήταο λίπεν
LThe. 9 22 3 Λάβαν ὃς οἱ ἔην μὲν ἀνεψιὸς ἀλλὰ τότ' οἷος ἤνασσεν * Συρίης * νειηγενὲς αἷμα λελογχώς. τῷ δὲ γάμον κούρης μὲν

Συριακός 1

Aris. 11 6 θέσει καθὸ καὶ φωνὴν ἰδίαν ἔχουσιν. ὑπολαμβάνονται * Συριακῇ * χρῆσθαι τὸ δ' οὐκ ἔστιν ἀλλ' ἕτερος τρόπος.

σῦριγξ 1

Aris. 89 5 τῆς κατὰ τὸ ἱερὸν καταβολῆς καὶ ἑκάστου τούτων * σύριγγας * ἀναρίθμους καθ' ἕκαστον μέρος ἑαυτὰ συναπτόντων

συρίζω (σῦριγξ) 1

Sib. 5 253 ὑψόσ' ἀείρονται ἄχρι καὶ νεφέων ἐρεβεννῶν. οὐκέτι * συρίξει * σάλπιγξ πολεμόκλονον ἦχον οὐδ' ἔτι μαινομέναις

συρικός 1

Adam 40 1 οὐρανῷ καὶ ἔνεγκε τρεῖς σινδόνας βυσσίνας καὶ * συρικάς. * καὶ εἶπεν ὁ θεὸς τῷ Μιχαὴλ καὶ τῷ Γαβριὴλ καὶ

Σύρος 4

TNep. 5 8 Μῆδοι Πέρσαι Ἐλυμαῖοι Γελαχαῖοι Χαλδαῖοι * Σύροι * κληρονομήσουσιν ἐν αἰχμαλωσίᾳ τὰ δώδεκα σκῆπτρα
Prop. 22 15 πεποίηκεν ἐπιπολάσαι τὸ δρέπανον. Ναιμὰν ὁ * Σύρος * δι' αὐτοῦ ἐκαθερίσθη ἀπὸ τῆς λέπρας. τὸν παῖδα
HEup. 9 30 3 τὸν τούτου υἱὸν δυναστεῦσαι ὃν καταστρέψασθαι * Σύρους * τοὺς παρὰ τὸν Εὐφράτην οἰκοῦντας ποταμὸν καὶ τὴν
HArt. 9 23 3 κατοικισθῆναι ἐν τῇ Ἡλίου πόλει καὶ Σάει καὶ τοὺς * Σύρους * πλεονάσαι ἐν τῇ Αἰγύπτῳ. τούτους δὲ καὶ τὸ ἐν

συρρίπτω 1

Hen. 15 11 ἀφανίζοντα καὶ ἐνπίπτοντα καὶ συνπαλαίοντα καὶ * συνρίπτοντα * ἐπὶ τῆς γῆς πνεύματα σκληρὰ γιγάντων καὶ

σύρω 1

Sib. 5 335 καὶ τεῖχος διθάλασσον ὑπ' Ἄρεος ἐν κονίῃσιν * συρόμενον * ποταμηδὸν ἐπ' ἰχθυόεντι κολύμβῳ. Ἑλλήσποντε

συσσείω 3

Hen. 102 2 σωθήσεσθε; καὶ ὅταν δῷ ἐφ' ὑμᾶς φωνὴν αὐτοῦ ἔσεσθε * συνσειόμενοι * καὶ φοβούμενοι ἤχῳ μεγάλῳ (καὶ) τὴν γῆν
TJud. 2 7 νεμόμενον ἐκράτησα ἐκ τῶν κεράτων καὶ ἐν κύκλῳ * συσσείσας * καὶ σκοτίσας ῥίψας ἀνεῖλον αὐτόν. καὶ ὅτε
FrAn. 574 3066 ἐπάκουσον πᾶν πνεῦμα δαιμόνιον ὅτι ὁρκίζω σε τὸν * συνσείοντα * τοὺς τέσσαρας ἀνέμους ἀπὸ τῶν ἱερῶν Αἰώνων

σύστασις 3

TRub. 2 4 πᾶν ἔργον ἀνθρώπου. πρῶτον πνεῦμα ζωῆς μεθ' ἧς ἡ * σύστασις * κτίζεται δεύτερον πνεῦμα ὁράσεως μεθ' ἧς
Aris. 89 1 τὰς τῶν ἑορτῶν ἡμέρας. ὕδατος δὲ ἀνέκλειπτός ἐστι * σύστασις * ὡς ἂν καὶ πηγῆς ἔσωθεν πολυρρύτου φυσικῶς
Aris. 154 2 ἡ γὰρ ἀναμηρύκησις οὐθὲν ἕτερον ἀλλὰ τῆς ζωῆς καὶ * συστάσεως * ἐπίμνησις. τὸ γὰρ ζῆν διὰ τῆς τροφῆς

συστέλλω 3

Bar. 8 2 αὐτοῦ. τὸ δὲ ὄρνεον ἔστη τεταπεινωμένον καὶ * συστέλλον * τὰς πτέρυγας αὐτοῦ. καὶ ταῦτα ἰδὼν ἐγὼ εἶπον
Bar. 9 1 ἡλίου ἀκτῖνας οὐκ ἂν ἐσώθη πᾶσα πνοή. καὶ τούτων * συσταλέντων * καὶ ἡ νὺξ κατέλαβεν καὶ ἅμα ταύτῃ μετὰ
HArt. 9 27 29 τὸν δὲ Μώϋσον πάλιν τῇ ῥάβδῳ πατάξαντα τὸ ὕδωρ * συστεῖλαι * τὸ ῥεῦμα. τούτου δὲ γενομένου τὸν βασιλέα τοὺς

συστενάζω 1

TIss. 7 5 διὰ τῶν χειλέων μου. παντὶ ἀνθρώπῳ ὀδυνωμένῳ * συνεστέναξα * καὶ πτωχῷ μετέδωκα τὸν ἄρτον μου. οὐκ ἔφαγον

σύστημα 2

IEsc. 5 131 3 αὐτῷ θάλασσα καὶ πέτραι καὶ πᾶσα πηγὴ καὶ ὕδατος * συστήματα. * τρέμει δ' ὄρη καὶ γαῖα καὶ πελώριος βυθὸς
LEze. 9 29 12 03 αἷμα ποτάμιον ῥυήσεται πηγαὶ τε πᾶσαι καὶ ὑδάτων * συστήματα * βατράχων τε πλῆθος καὶ σκνίπας ἐμβαλῶ χθονί.

συστρατεύω 3

Aris. 22 2 ἦν δὲ τοιοῦτο τοῦ βασιλέως προστάξαντος ὅσοι τῶν * συνεστρατευμένων * τῷ πατρὶ ἡμῶν εἰς τοὺς κατὰ Συρίαν καὶ
HEup. 9 39 4 παρακαλέσαι Ἀστιβάρην τὸν Μήδων βασιλέα * συστρατεύειν * αὐτῷ. παραλαβόντα δὲ Βαβυλωνίους καὶ Μήδους
HCle. 1 15 241 χώραν Ἀφρικὴν ὀνομασθῆναι τούτους γὰρ Ἡρακλεῖ * συστρατεῦσαι * ἐπὶ Λιβύην καὶ Ἀνταῖον γήμαντά τε τὴν

συστρέφω 2

Hen. 100 4 ἐν ἡμέρᾳ ἐκείνῃ οἵτινες ἐβοήθουν τῇ ἀδικίᾳ καὶ * συστραφήσονται * εἰς ἕνα τόπον καὶ ὁ ὕψιστος ἐγερθήσεται
Prop. 3 8 καὶ γὰρ ἐκεῖ κατῴκει ὁ ὅσιος καὶ πολλοὶ πρὸς αὐτὸν * συνεστρέφοντο. * καί ποτε πλήθους συνόντος αὐτῷ ἔδεισαν οἱ

συστρώννυμι 1

Aris. 183 2 ὁ Δωρόθεος εἶχε τὴν τῶν τοιούτων προστασίαν. * συνέστρωσε * δὲ πάντα τὰ δι' αὐτοῦ χειριζόμενα πρὸς τὰς

συσφίγγω 2

Aris. 61 3 τὴν ἀσφάλειαν. ἐπὶ δὲ τῶν γωνιῶν αἱ κατακλεῖδες * συνέσφιγγον * πρὸς τὴν συνοχήν. ἐκ πλαγίων δὲ κατὰ τὴν
Aris. 97 3 ἐπὶ δὲ τοῦ στήθους φορεῖ τὸ λεγόμενον λόγιον ἐν ᾧ * συνεσφιγμένοι * λίθοι δεκαδύο διαλλάσσοντες τοῖς γένεσι

Συχέμ 12

TLevi 5 3 ὅπλον καὶ ῥομφαίαν καὶ εἶπε ποίησον ἐκδίκησιν ἐν * Συχὲμ * ὑπὲρ Δίνας κἀγὼ ἔσομαι μετά σου ὅτι κύριος
TLevi 6 4 βδέλυγμα ὃ ἐποίησαν ἐν Ἰσραήλ. κἀγὼ ἀνεῖλον τὸν * Συχὲμ * ἐν πρώτοις καὶ Συμεὼν τὸν Ἐμμώρ. καὶ μετὰ ταῦτα
TLevi 12 5 γῆν Χανάαν καὶ ὀκτωκαίδεκα ἐτῶν ὅτε ἀπέκτεινα τὸν * Συχὲμ * καὶ ἐννεακαίδεκα ἐτῶν ἱεράτευσα καὶ εἰκοσιοκτὼ
Asen. 23 14 υἱοὺς Ἰσραὴλ διὰ τὴν ἀδελφὴν ἡμῶν Δίναν ἣν ἐμίανε * Συχὲμ * ὁ υἱὸς Ἐμμώρ. καὶ εἶδεν ὁ υἱὸς Φαραὼ τὰς ῥομφαίας
Prop. 9 1 εἰρήνῃ ἀπέθανε καὶ ἐτάφη ἐκεῖ. Ἀβδιοῦ ἦν ἐκ γῆς * Συχὲμ * ἀγροῦ Βηθαχαράμ. οὗτος ἦν μαθητὴς Ἠλία καὶ πολλὰ
HDem. 9 21 9 δέκα καὶ φθαρῆναι τὴν Ἰσραὴλ θυγατέρα Δειναν ὑπὸ * Συχὲμ * τοῦ Ἐμμὼρ υἱοῦ ἐτῶν οὖσαν δεκαὲξ μηνῶν τεσσάρων.
HDem. 9 21 9 ἐτῶν εἴκοσι μηνῶν ἓξ ἀποκτεῖναι τόν τε Ἐμμὼρ καὶ * Συχὲμ * τὸν υἱὸν αὐτοῦ καὶ πάντας τοὺς ἄρσενας διὰ τὴν
LThe. 9 22 2 ἐπὶ δ' ἀνδράσι τοῖσιν ἔτησιν ἀρχὸς Ἐμὼρ σὺν παιδὶ * Συχὲμ * μάλ' ἀτειρέε φῶτε. Ἰακὼβ Συρίην κτηνοτρόφον ἷκτο
LThe. 9 22 4 πανηγύρεως οὔσης βουλομένην θεάσασθαι τὴν πόλιν * Συχὲμ * δὲ τὸν τοῦ Ἐμμὼρ υἱὸν ἰδόντα ἐρασθῆναι αὐτῆς καὶ
LThe. 9 22 8 τὸ ὄνομα Συμεῶνα διαγνῶναι τόν τε Ἐμμὼρ καὶ τὸν * Συχὲμ * ἀνελεῖν τὴν ὕβριν τῆς ἀδελφῆς μὴ βουληθέντα
LThe. 9 22 10 ἀναιρεῖν ἔπειτα δὲ καὶ τὸν Ἐμμὼρ καὶ τὸν * Συχὲμ * φονεῦσαι. ὡς τότε δὴ Συμεὼν μὲν Ἐμὼρ ὤρουσεν ἐπ'
LThe. 9 22 11 Λευὶν μένος ἄσχετος ἔλλαβε χαίτης γούνων ἁπτόμενον * Συχὲμ * ἄσπετα μαργήναντα. ἧλασε δὲ κληῖδα μέσην δῦ δὲ

σφαγή 6

Hen. 16 1 τῶν γυναικῶν ὅτι ἐξ αὐτῶν ἐξεληλύθασι. ἀπὸ ἡμέρας * σφαγῆς * καὶ ἀπωλείας καὶ θανάτου ἀφ' ὧν τὰ πνεύματα
Hen. 16B 1 οὖν αὐτοῖς οὐκ ἔστιν εἰρήνη. καὶ ἀπὸ ἡμέρας καιροῦ * σφαγῆς * καὶ ἀπωλείας καὶ θανάτου τῶν γιγάντων Ναφηλειμ οἱ
Hen. 90 3 καὶ οὐ παύσεται ἡ ὀργὴ αὕτη ἀφ' ὑμῶν μέχρι καιροῦ * σφαγῆς * τῶν υἱῶν ὑμῶν. καὶ ἀπολοῦνται οἱ ἀγαπητοὶ ὑμῶν
Hen. 98 3 τῆς τιμῆς (ὑμῶν καὶ) εἰς ἀτιμίαν καὶ ἐρήμωσιν (καὶ * σφαγὴν) * μεγάλην τ(ὰ πνεύματα ὑμῶν εἰς τὴν κάμινον τοῦ
Sal. 8 1 πολέμου ἤκουσεν τὸ οὖς μου φωνὴν σάλπιγγος ἠχούσης * σφαγὴν * καὶ ὄλεθρον φωνὴ λαοῦ πολλοῦ ὡς ἀνέμου πολλοῦ
Sib. 5 379 γνόφος οὐρανίη νὺξ καὶ φθίσις ἐν πολέμῳ καὶ ἐπὶ * σφαγῇσιν * ὀμίχλη πάντας ὁμοῦ τ' ὀλέσει βασιλεῖς καὶ φῶτας

σφάζω 4

Prop. 17 2 ὅτι κατὰ τὴν ὁδὸν εὗρε νεκρὸν κείμενον γυμνὸν * ἐσφαγμένον * καὶ γνοὺς ὅτι ἐν Βηρσαβεὲ παραβήσεται ὁ Δαυίδ
Prop. 17 2B Βελίορ. ἐρχόμενος γὰρ εἰς Ἱερουσαλὴμ εὗρε νεκρὸν * ἐσφαγμένον * παρεσκευασμένον γυμνὸν καὶ ἀποδυσάμενος τὴν
IMen. 5 119 2 παρθένους φθείροντα καὶ μοιχώμενον κλέπτοντα καὶ * σφάττοντα * χρημάτων χάριν τἀλλότρια βλέποντα κἀπιθυμοῦντα
HDem. 9 19 4 ἐπὶ τὸ ὄρος πυρὰν νῆσαι καὶ ἐπιθεῖναι τὸν Ἰσαὰκ * σφάζειν * δὲ μέλλοντα κωλυθῆναι ὑπὸ ἀγγέλου κριὸν αὐτῷ

σφαῖρα 1

IOrp. 29 ἄνωθεν Χαλδαίων ἴδρις γὰρ ἔην ἄστροιο πορείης καὶ * σφαίρης * κίνημ' ἀμφὶ χθόνα ὡς περιτέλλει κυκλοτερὲς ἐν

σφαίρωμα 1

Sib. 3 88 καὶ εἰς καθαρὸν διαλέξει. κοὐκέτι φωστήρων * σφαιρώματα * καγχαλόωντα οὐ νὺξ οὐκ ἠὼς οὐκ ἤματα πολλὰ

σφακελισμός 1

TJud. 23 3 ἐχθρῶν καὶ φίλων ὀνειδισμοὺς ἀπώλειαν καὶ * σφακελισμὸν * ὀφθαλμῶν νηπίων ἀναίρεσιν καὶ συμβίων

σφάραγος 1
LPhl. 9 20 1 ἀρτίχερος θηκτοῖο ξιφηφόρον ἐντύνοντος λήματι καὶ * σφαράγοιο * παρακλιδὸν ἀθροισθέντος ἀλλ' ὁ μὲν ἐν χείρεσσι
Σφαρφωτιμ 1
Prop. 16 3 ὡς ἐγένετο ἐν ἡμέραις ἀναρχίας ὡς γέγραπται ἐν * Σφαρφωτιμ * τουτέστιν ἐν βίβλῳ κριτῶν. καὶ ἔτι νέος
σφεῖς 2
SIb. 3 584 μέγα χάρμα βροτοῖς πάντεσσι φέροντες. μούνοις γὰρ * σφιν * δῶκε θεὸς μέγας εὔφρονα βουλὴν καὶ πίστιν καὶ
LEze. 9 28 2 11 τε βαρέσιν αἰκίζων βροτοὺς πόλεις τ' ἐπύργου * σφῶν * ἔκατι δυσμόρων. ἔπειτα κηρύσσει μὲν Ἑβραίων γένει
σφενδονέω 1
TJud. 7 5 καὶ ὥρμησα ἐπ' αὐτοὺς ἐπὶ τὴν κορυφὴν κἀκεῖνοι * ἐσφενδόνουν * ἐπ' ἐμὲ λίθοις καὶ τόξοις καὶ εἰ μὴ Δὰν ὁ
σφενδονίζω 1
TJud. 3 6 οὖν τὴν στολήν μου ἐν τῇ χειρί μου λίθοις * σφενδονίσας * αὐτοὺς τέσσαρας ἐξ αὐτῶν ἀνεῖλον οἱ δὲ ἄλλοι
σφέτερος 2
FPho. 169 φέρων φορέοντα διώκει ἐκ θέρεος ποτὶ χεῖμα βορῆν * σφετέρην * ἐπάγοντες ἄτρυτοι φῦλον δ' ὀλίγον τελέθει
IOrp. 30 ἀμφὶ χθόνα ὡς περιτέλλει κυκλοτερὲς ἐν ἴσῳ τε κατὰ * σφέτερον * κνώδακα πνεύματα δ' ἡνιοχεῖ περὶ τ' ἠέρα καὶ
σφίγγω 4
Asen. 3 6 καὶ ἔθηκε τιάραν ἐπὶ τῆς κεφαλῆς αὐτῆς καὶ διάδημα * ἔσφιγξε * περὶ τοὺς κροτάφους αὐτῆς καὶ θερίστρῳ
Asen. 12 8 αὐτὸ πρὸς τὸ στῆθος αὐτοῦ καὶ τὸ παιδίον * σφίγγει * τὰς χεῖρας αὐτοῦ ἐπὶ τὸν αὐχένα τοῦ πατρὸς αὐτοῦ
Asen. 20 1 ἀληθείας. καὶ περιεπλάκησαν ἀλλήλοις ἐπιπολὺ καὶ * ἔσφιγξαν * τὰ δεσμὰ τῶν χειρῶν αὐτῶν. καὶ εἶπεν Ἀσενὲθ τῷ
Aris. 65 4 εἰς τοῦτο περόνας ⟨σὺν⟩ κατακλεῖσιν ἔχοντας * ἐσφίγχθαι * κατὰ τὴν στεφάνην ἵνα καθ' ὃ ἂν αἱρῶνται μέρος
σφόδρα 54
Adam 39 1 θεοῦ. καὶ ἦλθεν πρὸς τὸ σῶμα τοῦ Ἀδὰμ καὶ ἐλυπήθη * σφόδρα * ἐπ' αὐτῷ. καὶ λέγει αὐτῷ ὁ θεὸς Ἀδὰμ τί τοῦτο
Hen. 25 2 εἰδέναι θέλω μάλιστα δὲ περὶ τοῦ δένδρου τούτου * σφόδρα. * καὶ ἀπεκρίθη λέγων τοῦτο τὸ ὄρος τὸ ὑψηλὸν οὗ ἡ
Hen. 32 3 δένδρα πλεῖονα καὶ μεγάλα δύο μὲν ἐκεῖ μεγάλα * σφόδρα * καλὰ καὶ ἔνδοξα καὶ μεγαλοπρεπῆ καὶ τὸ δένδρον
Abr.Z 10 8 βιβλία δύο καὶ ἦν μετ' αὐτῶν ἀνὴρ παμμεγέθης * σφόδρα * εἶχεν δὲ τρεῖς στεφάνους ἐπὶ τῆς κεφαλῆς αὐτοῦ
Abr.Z 13 20 τὴν κεφαλήν μου ἐν μεγάλῳ φόβῳ καὶ ταράσσω αὐτὸν * σφόδρα. * καὶ εἶπεν αὐτῷ Ἀβραὰμ δεῖξόν μοι καὶ τὴν
TSlm. 2 3 ἤκουσε κύριος τῆς δεήσεως αὐτῆς. δυνατὸς ἐγενόμην * σφόδρα * οὐκ ἐδειλίασα πρᾶξιν οὐδὲ ἐφοβήθην ἀπὸ παντὸς
TSlm. 8 4 πάσῃ γῇ Αἰγύπτῳ σκότος καὶ γνόφος καὶ πληγὴ μεγάλη * σφόδρα * τοῖς Αἰγυπτίοις ὥστε μετὰ λύχνου μὴ ἐπιγινώσκειν
TLevi 6 9 ὄντα ἐπ' αὐτὸν καὶ Ἰεβλαε τὸν οἰκογενῆ αὐτοῦ * σφόδρα * αἰκίσαντο. καίγε οὕτως ἐποίουν πάντας τοὺς ξένους
TZab. 1 3 ἐν γὰρ τῷ γεννηθῆναί με ηὐξήθη ὁ πατὴρ ἡμῶν ἕως * σφόδρα * καὶ τὰ ποίμνια καὶ τὰ βουκόλια ὅτε ἐν τοῖς
TJos. 3 6 κύριον καὶ ἔκλαιον περὶ Μεμφίας τῆς Αἰγυπτίας ὅτι * σφόδρα * ἀδιαλείπτως ἐνόχλει μοι καὶ ἐν νυκτὶ εἰσῄει λόγῳ
TBen. 1 5 νηστείας δώδεκα ἡμέρας καὶ συλλαβοῦσα ἔτεκέ με. * σφόδρα * γὰρ ὁ πατὴρ ἡμῶν ἠγάπα τὴν Ῥαχὴλ καὶ ηὔχετο δύο
Asen. 1 3 μεγιστάνων τοῦ Φαραώ. καὶ ἦν ὁ ἀνὴρ οὗτος πλούσιος * σφόδρα * καὶ φρόνιμος καὶ ἐπιεικὴς καὶ ἦν σύμβουλος τοῦ
Asen. 1 4 ὀκτωκαίδεκα μεγάλη καὶ ὡραία καὶ καλὴ τῷ εἴδει * σφόδρα * ὑπὲρ πάσας τὰς παρθένους ἐπὶ τῆς γῆς. καὶ αὕτη
Asen. 1 9 κατεγγύηταί σοι καὶ αὕτη ἐστὶ βασίλισσα καὶ καλὴ * σφόδρα; * ταύτην λαβὲ σεαυτῷ εἰς γυναῖκα. καὶ ἦν Ἀσενὲθ
Asen. 2 1 παρακείμενος τῇ οἰκίᾳ αὐτοῦ μέγας καὶ ὑψηλὸς * σφόδρα * καὶ ἐπάνω τοῦ πύργου ἐκείνου ἦν ὑπερῷον ἔχον
Asen. 2 6 τῇ Ἀσενὲθ καὶ ἠγάπα αὐτὰς πάνυ. καὶ ἦσαν καλαὶ * σφόδρα * ὡς τὰ ἄστρα τοῦ οὐρανοῦ καὶ ἀνὴρ οὐχ ὡμίλει
Asen. 2 7 αὐτῆς ἐτρέφετο. καὶ ἦν ἡ μία θυρὶς ἡ πρώτη μεγάλη * σφόδρα * ἀποβλέπουσα ἐπὶ τὴν αὐλὴν εἰς ἀνατολὰς καὶ ἡ
Asen. 2 10 κυκλόθεν καὶ ἦν τεῖχος κύκλῳ τῆς αὐλῆς ὑψηλὸν * σφόδρα * λίθοις τετραγώνοις μεγάλοις ᾠκοδομημένον. καὶ
Asen. 3 3 καὶ ἤκουσε ταῦτα Πεντεφρῆς καὶ ἐχάρη χαρὰν μεγάλην * σφόδρα * καὶ εἶπεν εὐλογητὸς κύριος ὁ θεὸς τοῦ Ἰωσὴφ ὅτι
Asen. 7 8 ἀδελφή σού ἐστιν. καὶ ἐχάρη Ἰωσὴφ χαρὰν μεγάλην * σφόδρα * διότι εἶπε Πεντεφρῆς ὅτι παρθένος ἐστὶ μισοῦσα
Asen. 8 8 ταῦτα τοῦ Ἰωσὴφ κατενύγη ἰσχυρῶς καὶ ἐλυπήθη * σφόδρα * καὶ ἀνεστέναξε καὶ ἦν ἀτενίζουσα εἰς τὸν Ἰωσὴφ
Asen. 8 8 αὐτῆς. καὶ εἶδεν αὐτὴν Ἰωσὴφ καὶ ἠλέησεν αὐτὴν * σφόδρα * καὶ κατενύγη καὶ αὐτὸς διότι ἦν Ἰωσὴφ πραῢς καὶ
Asen. 9 1 Ἀσενὲθ ἐπὶ τῇ εὐλογίᾳ τοῦ Ἰωσὴφ χαρὰν μεγάλην * σφόδρα * καὶ ἔσπευσε καὶ ἀπῆλθεν εἰς τὸ ὑπερῷον πρὸς
Asen. 11 1 καὶ τῆς τέφρας οὗ ἦν ἐπικειμένη ὅτι ἦν κεκμηκυῖα * σφόδρα * καὶ παρειμένη τοῖς μέλεσι διὰ τὴν ἔνδειαν τῶν
Asen. 15 7 ἐν τοῖς οὐρανοῖς θυγάτηρ ὑψίστου καλὴ καὶ ἀγαθὴ * σφόδρα. * καὶ αὕτη ἐκλιπάρει τὸν θεὸν τὸν ὕψιστον ὑπὲρ σοῦ
Asen. 15 7 ἐστὶν ἐπίσκοπος πάντων τῶν παρθένων καὶ φιλεῖ ὑμᾶς * σφόδρα * καὶ περὶ ὑμῶν ἐρωτᾷ πᾶσαν ὥραν τὸν ὕψιστον καὶ
Asen. 15 8 εἰς τὸν αἰῶνα χρόνον. καὶ ἔστιν ἡ μετάνοια καλὴ * σφόδρα * παρθένος καθαρὰ καὶ γελῶσα πάντοτε καὶ ἔστιν
Asen. 15 8 οἱ ἄγγελοι αἰδοῦνται αὐτήν. κἀγὼ ἀγαπῶ αὐτὴν * σφόδρα * διότι ἀδελφή μού ἐστι καὶ αὐτή. καὶ καθότι ὑμᾶς
Asen. 15 12B ἐστὶ τὰ ὀνόματα ἐκεῖνα καὶ θαυμαστὰ καὶ ἐπαινετὰ * σφόδρα. * καὶ εἶπεν Ἀσενὲθ εἰ εὗρον χάριν ἐνώπιόν σου
Asen. 18 7 τὸ πρόσωπόν σου. καὶ ἀνεστέναξε καὶ ἐλυπήθη * σφόδρα * καὶ εἶπεν οἴμοι τῇ ταπεινῇ ⟨ὅτι⟩ τὸ πρόσωπόν μου
Asen. 22 7 ἐπὶ τῷ κάλλει αὐτοῦ διότι ἦν Ἰακὼβ καλὸς τῷ εἴδει * σφόδρα * καὶ τὸ γῆρας αὐτοῦ ὥσπερ νεότης ἀνδρὸς ὡραίου καὶ
Asen. 22 7 τῆς κεφαλῆς αὐτοῦ ἦσαν ὅλαι δασεῖαι καὶ πυκναὶ * σφόδρα * ⟨ὡς Αἰθίοπος⟩ καὶ ὁ πώγων αὐτοῦ λευκὸς καθειμένος
Asen. 22 13 τὴν χεῖρα Λευί. καὶ ἠγάπησεν Ἀσενὲθ τὸν Λευὶ * σφόδρα * ὑπὲρ πάντας τοὺς ἀδελφοὺς Ἰωσὴφ ὅτι ἦν
Asen. 23 6 ταῦτα οἱ ἄνδρες Συμεὼν καὶ Λευὶς κατενύγησαν * σφόδρα * διότι σχήματι τυραννικῷ ἐλάλησε πρὸς αὐτοὺς ὁ
Asen. 23 15 Φαραὼ τὰς ῥομφαίας αὐτῶν ἐσπασμένας καὶ ἐφοβήθη * σφόδρα * καὶ ἐτρόμαξεν ὅλῳ τῷ σώματι αὐτοῦ διότι ἤστραπτον
Asen. 24 5 θέλημά σου. καὶ ἐχάρη ὁ υἱὸς Φαραὼ χαρὰν μεγάλην * σφόδρα * καὶ εἶπε τοῖς παισὶν αὐτοῦ ἀπόστητε δὴ μικρὸν ἀπ'
Asen. 24 11 οἱ ἄνδρες τῶν ῥημάτων τοῦ υἱοῦ Φαραὼ ἐταράχθησαν * σφόδρα * καὶ ἐλυπήθησαν καὶ εἶπον πρὸς τὸν υἱὸν Φαραὼ
Asen. 26 8 καὶ εἶδεν αὐτὸν Ἀσενὲθ καὶ ἐφοβήθη καὶ ἐταράχθη * σφόδρα * καὶ ἐτρόμαξεν ὅλον τὸ σῶμα αὐτῆς. καὶ ἐπεκαλέσατο
Asen. 27 1 ὡς σκύμνος λέοντος καὶ ἦν φοβούμενος τὸν κύριον * σφόδρα. * καὶ κατεπήδησε Βενιαμὶν ἀπὸ τοῦ ὀχήματος καὶ
Asen. 27 10 πλήρεις. καὶ εἶδεν αὐτοὺς Ἀσενὲθ καὶ ἐφοβήθη * σφόδρα * καὶ εἶπεν κύριε ὁ θεός μου ὁ ἀναζωοποιήσας με καὶ
Asen. 28 1 καὶ Ζέλφας τὸ ῥῆμα τὸ μέγα τοῦτο καὶ ἐφοβήθησαν * σφόδρα * καὶ εἶπον κύριος πολεμεῖ καθ' ἡμῶν ὑπὲρ Ἀσενὲθ.
Asen. 29 8 καὶ Φαραὼ ἐπένθησε τὸν υἱὸν αὐτοῦ τὸν πρωτότοκον * σφόδρα * καὶ ἐκ τοῦ πένθους ἐμαλακίσθη καὶ ἀπέθανε Φαραὼ
Sal. 2 16 ἔργα αὐτῶν καὶ κατὰ τὰς ἁμαρτίας αὐτῶν τὰς πονηρὰς * σφόδρα. * ἀνεκάλυψας τὰς ἁμαρτίας αὐτῶν ἵνα φανῇ τὸ κρίμα
Sal. 8 2 καὶ ὄλεθρον φωνὴ λαοῦ πολλοῦ ὡς ἀνέμου πολλοῦ * σφόδρα * ὡς καταιγὶς πυρὸς πολλοῦ φερομένου δι' ἐρήμου.
Jer. 9 22 ἀλλὰ λίθοις λιθοβολήσωμεν αὐτόν. ἐλυπήθησαν οὖν * σφόδρα * Βαροὺχ καὶ Ἀβιμέλεχ ὅτι ἤθελον ἀκοῦσαι πλήρης τὰ
Bar. 11 8 τὸν ἀρχιστράτηγον Μιχαὴλ κρατοῦντα φιάλην μεγάλην * σφόδρα * τὸ βάθος αὐτῆς ὅσον ἀπὸ οὐρανοῦ ἕως τῆς γῆς καὶ
Bar. 12 8 ἄγγελοι φέρετε ὃ ἠνέγκατε. καὶ ἐλυπήθη Μιχαὴλ * σφόδρα * καὶ ὁ μετ' ἐμοῦ ἄγγελος διὸ οὐκ ἐγέμισαν τὴν
Prop. 12 2 περὶ τῆς ἁλώσεως Ἱερουσαλὴμ καὶ ἐπένθησε * σφόδρα. * καὶ ὅτε ἦλθε Ναβουχοδονόσορ ἐν Ἱερουσαλὴμ
Prop. 15 4 ἣν ποιήσει ἐπὶ Ἱερουσαλὴμ καὶ εὐλόγησεν αὐτὸν * σφόδρα. * τὰ δὲ τῆς προφητείας εἶδεν ἐν Ἱερουσαλὴμ καὶ
FMan. 2 22 10 ὥστε ζῆν αὐτὸν καὶ ἦν συνεχόμενος καὶ ὀδυνώμενος * σφόδρα. * καὶ ὡς βιαίως ἐθλίβη ἐζήτησεν τὸ πρόσωπον κυρίου
FMan. 2 22 11 τὸ πρόσωπον κυρίου τοῦ θεοῦ αὐτοῦ καὶ ἐταπεινώθη * σφόδρα * ἀπὸ προσώπου κυρίου τοῦ θεοῦ τῶν πατέρων αὐτοῦ
HEup. 9 32 1 χαίρειν. ἅμα τῷ ἀναγνῶναι τὴν παρὰ σοῦ ἐπιστολὴν * σφόδρα * ἐχάρην καὶ λαμπρὰν ἡμέραν ἤγαγον ἐγώ τε καὶ ἡ
HEup. 9 34 1 ἀνδρὸς ἅμα τῷ ἀναγνῶναι τὴν παρὰ σοῦ ἐπιστολὴν * σφόδρα * ἐχάρην καὶ εὐλόγησα τὸν θεὸν ἐπὶ τῷ παρειληφέναι
FrAn. 1 217 20 τοῦτον. ἀλλ' ἀπελθὼν δὸς αὐτὸν τῷ ἀρχιερεῖ καὶ * σφόδρα * πλουτήσεις. τοῦ δὲ ἀπερχομένου ἄγγελος κυρίου
σφοδρός 4
Abr.Z 3 10 Ἀβραὰμ τὸν Ἰσαὰκ κλαίοντα ἔκλαυσεν καὶ αὐτὸς * σφοδρῶς * ἰδὼν δὲ Μιχαὴλ κλαίοντας αὐτοὺς συνέκλαυσεν
TNep. 6 4 τὸ πλοῖον ἡμῶν. ὡς δὲ εἰσήλθομεν γίνεται χειμὼν * σφοδρὸς * καὶ λαῖλαψ ἀνέμου μεγάλου καὶ ἀφίπταται ὁ πατὴρ
LAri. 8 10 16 τῶν γὰρ φυομένων κατὰ τὸ ὄρος τόπων φλεγομένων * σφοδρῶς * οὐδὲν ἐξανάλωσεν ἀλλ' ἔμεινε τῶν ἁπάντων ἡ χλόη
LAri. 8 10 16 ἁπάντων ἡ χλόη πυρὸς ἄθικτος σαλπίγγων τε φωναὶ * σφοδρότερον * συνηκούοντο σὺν τῇ τοῦ πυρὸς ἀστραπηδὸν
σφραγίζω 6
Adam 42 1 ῥήματα ταῦτα ἐποίησεν ὁ θεὸς σφραγῖδα τρίγωνον καὶ * ἐσφράγισεν * τὸ μνημεῖον ἵνα μηδείς τι ποιήσῃ αὐτῷ ἐν ταῖς
Jer. 3 8 σε ὁ πλάσας σε ἐν τῇ περιουσίᾳ τῶν ὑδάτων ὁ * σφραγίσας * σε ἐν ἑπτὰ σφραγῖσιν ἐν ἑπτὰ καιροῖς καὶ μετὰ
Prop. 2 13 φεύγοντες ἀνελεῖν αὐτοὺς θέλοντα. ἐν τῇ πέτρᾳ * ἐσφράγισε * τῷ δακτύλῳ τὸ ὄνομα τοῦ θεοῦ καὶ γέγονεν ὁ
Job 5 2 θανάτου ὑπομείνω καὶ οὐ μὴ ἀναποδίσω. καὶ μετὰ τὸ * σφραγισθῆναί * με ὑπὸ τοῦ ἀγγέλου ἀνελθόντος ἀπ' ἐμοῦ,
FMan. 2 22 12 τοῦ προστάγματός σου ὁ κλείσας τὴν ἄβυσσον καὶ * σφραγισάμενος * αὐτὴν τῷ φοβερῷ καὶ ἐνδόξῳ ὀνόματί σου ὃν
FAch. 104 ὡς μέλλοντα αὐτοῖς τὸν Αἴσωπον βοηθεῖν καὶ * σφραγίσας * τῷ τοῦ Αἰσώπου δακτυλίῳ ἐπέδωκεν τῷ Λυκούργῳ
σφραγίς 6
Adam 42 1 σου. μετὰ δὲ τὰ ῥήματα ταῦτα ἐποίησεν ὁ θεὸς * σφραγῖδα * τρίγωνον καὶ ἐσφράγισεν τὸ μνημεῖον ἵνα μηδεὶς
Sal. 2 6 οἱ υἱοὶ καὶ αἱ θυγατέρες ἐν αἰχμαλωσίᾳ πονηρᾷ ἐν * σφραγῖδι * ὁ τράχηλος αὐτῶν ἐν ἐπισήμῳ ἐν τοῖς ἔθνεσιν.
Jer. 3 8 ἐν τῇ περιουσίᾳ τῶν ὑδάτων ὁ σφραγίσας σε ἐν ἑπτὰ * σφραγῖσιν * ἐν ἑπτὰ καιροῖς καὶ μετὰ ταῦτα λήψῃ τὴν
Jer. 6 23 γενήσεται τοῦτο τὸ σημεῖόν ἐστι τῆς μεγάλης * σφραγῖδος. * καὶ ἀνέστη Βαροὺχ καὶ ἐξῆλθεν ἐκ τοῦ μνημείου
FAch. 104 σου βουλεύεται. ὁ δὲ βασιλεὺς πεισθεὶς τῇ * σφραγῖδι * καὶ ὀργισθεὶς προσέταξεν Ἑρμίππῳ τινὶ
FrAn. 574 3039 λαλῆσαι ὁποῖον καὶ ἂν ἦς ὅτι ὁρκίζω σε κατὰ τῆς * σφραγῖδος * ἧς ἔθετο Σολομὼν ἐπὶ τὴν γλῶσσαν τοῦ Ἱηρεμίου
σφυρόν 1
Aris. 87 6 τῶν λειτουργούντων ἱερέων κεκαλυμμένων μέχρι τῶν * σφυρῶν * βυσσίνοις χιτῶσιν. ὁ δὲ οἶκος βλέπει πρὸς ἕω τὰ
σχάζω 1
ISop. 5 121 4 κεῖνος αἰῶνος χρόνος ὅταν πυρὸς γέμοντα θησαυρὸν * σχάσῃ * χρυσωπὸς αἰθὴρ ἡ δὲ βοσκηθεῖσα φλὸξ ἅπαντα
σχεδόν 5
Aris. 93 2 τῶν μόσχων τὰ σκέλη πλεῖον ὄντα ταλάντων δύο * σχεδὸν * ἑκάστου ἀναρριπτοῦσιν ἑκατέραις θαυμασίως ὕψος
Aris. 120 3 εἰρημένων συμβῇ καὶ τὴν χώραν καταφθείρεσθαι καὶ * σχεδὸν * διὰ τὴν ἐκείνων δυναστείαν ἀλλοτριωθῆναι
Aris. 177 3 ἀνείλιξαν πολὺν ἐπιστὰς χρόνον καὶ προσκυνήσας * σχεδὸν * ἑπτάκις εἶπεν εὐχαριστῶ μὲν ἄνδρες ὑμῖν τῷ δ'
HHec. 1 22 195 τὴν ἐν Συρίᾳ στάσιν. τριακοσίας μυριάδας ἀρουρῶν * σχεδὸν * τῆς ἀρίστης καὶ παμφορωτάτης χώρας νέμονται ἡ γὰρ
LEze. 9 29 16 14 οὐδέπω ὤρακέ τις. διπλοῦν γὰρ ἦν τὸ μῆκος ἀετοῦ * σχεδὸν * πτεροῖσι ποικίλοισιν ἠδὲ χρώμασι. στῆθος μὲν

**σχῆμα**
11

Adam 29 12 ἐπορεύθη εἰς τὸν Τίγριν ποταμὸν πρός με. καὶ λαβὼν ✶ σχῆμα ✶ ἀγγέλου ἔστη ἐνώπιόν μου κλαίων καὶ τὰ δάκρυα
TRub. 5 1 ἐξουσίαν ἢ δύναμιν ἐπὶ τὸν ἄνθρωπον δολιεύονται ἐν ✶ σχήμασι ✶ πῶς αὐτὸν πρὸς αὐτὰς ἐπισπάσονται καὶ ὃν διὰ
TJud. 12 3 τοῦ οἴνου καὶ ἠπάτησέ με τὸ κάλλος αὐτῆς διὰ τοῦ ✶ σχήματος ✶ τῆς κοσμήσεως. καὶ ἐκκλίνας πρὸς αὐτὴν εἶπον
TZab. 9 8 τὰ ἔθνη εἰς παραζήλωσιν αὐτοῦ καὶ ὄψεσθε θεὸν ἐν ✶ σχήματι ✶ ἀνθρώπου ⟨ἐν ναῷ⟩ ὃν ἂν ἐκλέξηται κύριος
Asen. 23 6 ἄνδρες Συμεὼν καὶ Λευὶς κατενύγησαν σφόδρα διότι ✶ σχήματι ✶ τυραννικῷ ἐλάλησε πρὸς αὐτοὺς ὁ υἱὸς Φαραώ. καὶ
Bar. 9 2 πῶς ἐξέρχεται; καὶ ποῦ ἀπέρχεται; καὶ ἐν ποίῳ ✶ σχήματι ✶ περιπατεῖ; καὶ εἶπεν ὁ ἄγγελος ἀνάμεινον καὶ
Bar. 9 3 ὡς μετ' ὀλίγον. καὶ τῇ ἐπαύριον ὁρῶ καὶ ταύτην ἐν ✶ σχήματι ✶ γυναικὸς καὶ καθημένην ἐπὶ ἅρματος τροχοῦ. καὶ
Esdr. 4 28 καὶ εἶπεν ὁ προφήτης κύριε γνώρισόν μοι ποῖον ✶ σχῆμά ✶ ἐστιν κἀγὼ παραγγέλλω τὸ γένος τῶν ἀνθρώπων ἵνα μὴ
HCal. 24 33 αὐτῶν. τούτους δὲ Ἀλέξανδρος ἰδὼν ἐδεδίει τοῦ ✶ σχήματος ✶ καὶ τούτους μηκέτι προσεγγίσαι αὐτῷ ἐκέλευσεν
HCal. 24 35 δὲ ἕνα τῶν ἱερέων λέγει αὐτῷ. ὡς θεοειδὲς ὑμῶν τὸ ✶ σχῆμα. ✶ φράσον δή μοι καὶ τίνα ὑμεῖς σέβεσθε θεόν; οὐ γὰρ
HCal. 28 8 διά τε τὸ ἀνδρεῖον καὶ δυσμάχητον Φιλίππου δὲ ✶ σχῆμα ✶ ἔχειν καὶ ἰατρικὸν καὶ στρατιωτικὸν Ἀντίοχον δὲ

**σχίζω**
11

TLevi 4 1 κρίσιν ἐπὶ τοὺς υἱοὺς τῶν ἀνθρώπων ὅτι τῶν πετρῶν ✶ σχιζομένων ✶ καὶ τοῦ ἡλίου σβεννυμένου καὶ τῶν ὑδάτων
TLevi 10 3 τὴν Ἱερουσαλὴμ ἀπὸ προσώπου πονηρίας ὑμῶν ἀλλὰ ✶ σχίσαι ✶ τὸ ἔνδυμα τοῦ ναοῦ ὥστε μὴ κατακαλύπτειν
TLevi 18 ZB022 σου καὶ τοὺς πόδας σου. καὶ ἀνάφερε τὰ ξύλα πρῶτον ✶ ⟨ἐ⟩σχισμένα ✶ ἐπισκοπῶν αὐτὰ πρῶτον ἀπὸ παντὸς μολυσμοῦ
TZab. 9 4 καὶ ὑμεῖς ἐὰν διαιρεθῆτε ἔσεσθε οὕτως. μὴ ✶ σχισθῆτε ✶ εἰς δύο κεφαλὰς ὅτι πᾶν ὃ ἐποίησεν ὁ κύριος
TBen. 9 4 ἐπὶ ξύλου ὑψωθήσεται. καὶ ἔσται τὸ ἅπλωμα τοῦ ναοῦ ✶ σχιζόμενον ✶ καὶ μεταβήσεται τὸ πνεῦμα τοῦ θεοῦ ἐπὶ τὰ
Asen. 14 2 καὶ ἔτι ἑώρα Ἀσενὲθ καὶ ἰδοὺ ἐγγὺς τοῦ ἑωσφόρου ✶ ἐσχίσθη ✶ ὁ οὐρανὸς καὶ ἐφάνη φῶς μέγα καὶ ἀνεκλήθη.
Jer. 2 5 τί ἐστι τοῦτο; εἶπε δὲ αὐτῷ Ἱερεμίας φύλαξαι τοῦ ✶ σχίσαι ✶ τὰ ἱμάτιά σου ἀλλὰ μᾶλλον σχίσωμεν τὰς καρδίας
Jer. 2 5 φυλάξαι τοῦ σχίσαι τὰ ἱμάτιά σου ἀλλὰ μᾶλλον ✶ σχίσωμεν ✶ τὰς καρδίας ἡμῶν καὶ μὴ ἀντλήσωμεν ὕδωρ ἐπὶ τὰς
Sib. 5 9 αἵματος Ἀσσαράκοιο ὃς μόλεν ἐκ Τροίης ὅστις πυρὸς ✶ ἔσχισεν ✶ ὁρμὴν πολλοὺς δ' αὖ μετ' ἄνακτας ἀρηιφίλους μετὰ
FIsa. 1 10 καὶ ἐξ Ἰούδα ἀποστήσει. ἀκούσας δὲ ταῦτα Ἐζεκίας ✶ ἔσχισεν ✶ τὰ ἱμάτια αὐτοῦ καὶ ἔκλαυσεν πικρῶς καὶ ἔβαλεν
LEze. 9 29 14 35 καὶ τεράτ' ἐξεμήσατο ἔτυψ' Ἐρυθρᾶς νῶτα καὶ ✶ ἔσχισεν ✶ μέσον βάθος θαλάσσης οἱ δὲ σύμπαντες σθένει

**σχῖνος**
3

Hen. 30 2 ὕδατος ἐν ᾧ καὶ δένδρον χρόα ἀρωμάτων ὁμοίων ✶ σχίνῳ ✶ καὶ τὰ παρὰ τὰ χείλη τῶν φαράγγων τούτων ἴδον
Hen. 32 1 τεθέαμαι ἑπτὰ ὄρη πλήρη νάρδου χρηστοῦ καὶ ✶ σχίνου ✶ καὶ κινναμώμου καὶ πιπέρεως. καὶ ἐκεῖθεν ἐφώδευσα
TLevi 18 ZB024 ταῦτα τὰ ὀνόματα αὐτῶν κέδρον καὶ ουεδεφωνα καὶ ✶ σχῖνον ✶ καὶ στρόβιλον καὶ πίτυν καὶ ολδινα καὶ βερωθα

**σχίσμα**
1

Hen. 1 7 προσώπου πυρὸς ἐν φλογί. καὶ διασχισθήσεται ἡ γῆ ✶ σχίσμα ✶ ῥαγάδι καὶ πάντα ὅσα ἐστὶν ἐπὶ τῆς γῆς ἀπολεῖται

**σχισμή**
1

Sib. 3 607 χειροποίητα σέβοντες ἃ ῥίψουσιν βροτοὶ αὐτοὶ ἐν ✶ σχισμαῖς ✶ πετρῶν κατακρύψαντες δι' ὄνειδος ὁππόταν

**σχιστός**
1

Aris. 67 1 μετὰ δὲ τὴν τοῦ μαιάνδρου διάθεσιν ἐπέκειτο ✶ σχιστὴ ✶ πλοκὴ θαυμασίως ἔχουσα ῥομβωτὴν ἀποτελοῦσα τὴν

**σχοινιά**
1

Aris. 75 5 στόματος κρίνων τύπωσις σὺν ἀνθεμίσι καὶ βοτρύων ✶ σχοινιαὶ ✶ διάπλοκοι διετυποῦντο κυκλόθεν. οἱ μὲν οὖν διὰ

**σχοινίον**
5

Asen. 10 10 ἔλυσε τὴν ζώνην αὐτῆς τὴν χρυσῆν καὶ περιεζώσατο ✶ σχοινίον ✶ καὶ ἀπέθετο τὴν κίδαριν ἐκ τῆς κεφαλῆς αὐτῆς
Asen. 13 4 χρυσῆν καὶ ἔρριψα αὐτὴν ἀπ' ἐμοῦ καὶ περιεζωσάμην ✶ σχοινίον ✶ καὶ σάκκον. ἰδοὺ τὴν τιάραν μου καὶ τὸ διάδημά
Sal. 2 20 περιεζώσατο σάκκον ἀντὶ ἐνδύματος εὐπρεπείας ✶ σχοινίον ✶ περὶ τὴν κεφαλὴν αὐτῆς ἀντὶ στεφάνου.
FEz. 64 70 10 τεχνασώμεθα. τίλας χόρτον τὸν πλησίον καὶ πλέξας ✶ σχοινίον ✶ ἡκόντισε τῷ τυφλῷ καὶ εἶπεν κράτει καὶ δεῦρο
FEz. 64 70 10 τῷ τυφλῷ καὶ εἶπεν κράτει καὶ δεῦρο πρὸς τὸ ✶ σχοινίον ✶ πρός με. ὡς δὲ ἐποίησεν ὁ προετράπη ὅτε ἔφθασε

**σχοινίς, -ίδος**
2

Aris. 58 3 τὰ δὲ κυμάτια στρεπτὰ τὴν ἀναγλυφὴν ἔχοντα ✶ σχοινίδων ✶ ἔκτυπον τῇ τορείᾳ θαυμαστῶς ἔχουσαν ἐκ τῶν
Aris. 60 5 πολυτελῶν ἐν αὐτῷ διαθέσεις ὑπῆρχον ἀνὰ μέσον τῶν ✶ σχοινίδων ✶ ἕτερος παρὰ ἕτερον πλοκὴν εἶχον ἀμίμητον τῇ

**σχολάζω**
3

TJud. 20 1 εἶναι. ἐπίγνωτε οὖν τέκνα μου ὅτι δύο πνεύματα ✶ σχολάζουσι ✶ τῷ ἀνθρώπῳ τὸ τῆς ἀληθείας καὶ τὸ τῆς πλάνης
Job 6 3 ζητήσῃ με, μὴ σημανθῆτε, ἀλλ' εἴπατε ὅτι οὐ ✶ σχολάζει ✶ περὶ γὰρ πράγματος ἀναγκαίου ἔνδον ἐστίν. καὶ
Job 6 7 λέγει μοι ταῦτα, καὶ ἤκουσεν παρ' ἐμοῦ δηλῶσαι μὴ ✶ σχολάζειν ✶ με νῦν. ὁ δὲ Σατανᾶς ἀκούσας ἀπῆλθεν καὶ

**σχολή**
1

IDip. 5 121 2 λεληθέναι δοκεῖ πονηρὰ καὶ δοκῶν ἁλίσκεται ὅταν ✶ σχολὴν ✶ ἄγουσα τυγχάνῃ Δίκη. ὁρᾶτε ὅσοι δοκεῖτε οὐκ εἶναι

**σῴζω**
59

Adam 25 3 τῶν ὀδυνῶν. ἐξομολογήσει δὲ καὶ εἴπεις κύριε κύριε ✶ σῶσόν ✶ με καὶ οὐ μὴ ἐπιστρέψω εἰς τὴν ἁμαρτίαν τῆς σαρκὸς
Hen. 1 1 εἰς ἡμέρας ἀνάγκης ἐξᾶραι πάντας τοὺς ἐχθροὺς καὶ ✶ σωθήσονται ✶ δίκαιοι. καὶ ἀναλαβὼν τὴν παραβολὴν αὐτοῦ
Hen. 98 10 ὑμῖν εἰς ἡμέραν ἀπωλείας. ⟨μὴ ἐλπίζε⟩τε ✶ σωθῆναι ✶ ἁμαρτωλοὶ ἀπ⟨ε⟩θνήσκετε γινώσκοντε⟨ς⟩
Hen. 99 10 αὐτοῦ καὶ οὐ μὴ πλανήσουσιν μετὰ τῶν πλανώντων καὶ ✶ σωθήσονται. ✶ οὐαὶ οἱ οἰκοδομοῦντες τὰς οἰκοδομὰς αὐτῶν
Hen. 102 1 κλύδωνα τοῦ πυρὸς τῆς καύσεως ὑμῶν ποῦ ἀποθάνετε ✶ σωθήσεσθε; ✶ καὶ ὅταν δῷ ἐφ' ὑμᾶς φωνὴν αὐτοῦ ἔσεσθε
Hen. 102 8 ἐγένετο περισσόν; ἀπὸ τοῦ νῦν ἀναστήσωσαν καὶ ✶ σωθήτωσαν ✶ καὶ ὄψονται εἰς τὸν αἰῶνα ἡμᾶς φαγεῖν καὶ
Hen. 106 16 τὸ γεννηθὲν καταλειφθήσεται καὶ τρία αὐτοῦ τέκνα ✶ σωθήσεται ✶ ἀποθανόντων τῶν ἐπὶ τῆς γῆς καὶ πραΰνει τὴν
Abr.1 11 10 χαίρει ὁ πρωτόπλαστος Ἀδὰμ διότι θεωρεῖ τὰς ψυχὰς ✶ σωζομένας ✶ ὅτε δὲ ἤδη πολλὰς ψυχὰς εἰσερχομένας διὰ τῆς
Abr.1 11 11 διότι πολλοὶ εἰσιν οἱ ἀπολύμενοι ὀλίγοι δὲ οἱ ✶ σωζόμενοι ✶ εἰς γὰρ τὰς ἐπτακισχιλίας ψυχὰς μόλις
Abr.1 11 12 τὰς ἐπτακισχιλίας ψυχὰς μόλις εὑρίσκεται μία ψυχὴ ✶ σωζομένη ✶ καὶ ἀμόλυντος. ἔτι δὲ ἡμῖν ταῦτα λαλοῦντος ἰδοὺ
Abr.1 12 18 οὔτε ταῖς βασανιστικαῖς ἐξέδωκεν αὐτὴν οὔτε τοῖς ✶ σωζομένοις ✶ ἀλλ' ἔστησεν αὐτὴν εἰς τὸ μέσον. καὶ εἶπεν
Abr.1 13 13 τῆς δικαιοσύνης ἄγγελος καὶ ἀναφέρει αὐτὸν εἰς τὸ ✶ σῴζεσθαι ✶ ἐν τῷ κλήρῳ τῶν δικαίων καὶ οὕτως δίκαιε
Abr.1 14 2 καὶ οὔτε εἰς κρίσιν ἐξέδοτο αὐτὴν οὔτε εἰς τὸ ✶ σῴζεσθαι ✶ ἕως οὗ ἔλθη ὁ κριτὴς καὶ θεὸς τῶν ἁπάντων.
Abr.1 14 3 εἶπεν δὲ Ἀβραὰμ τί ἔτι λείπεται ἡ ψυχὴ εἰς τὸ ✶ σῴζεσθαι; ✶ ⟨εἶπεν δὲ ὁ ἀρχιστράτηγος⟩ μίαν δικαιοσύνην ἐὰν
Abr.1 14 4 ἐὰν κέκτητο ὑπεράνω τῶν ἁμαρτιῶν ἔρχεται εἰς τὸ ✶ σῴζεσθαι. ✶ ⟨εἶπεν δὲ Ἀβραὰμ πρὸς τὸν ἀρχιστράτηγον⟩
Abr.1 14 8 ποῦ ἐστίν ἡ ψυχή; εἶπεν δὲ ὁ ἀρχιστράτηγος ✶ σέσωσται ✶ διὰ τῆς εὐχῆς σου τῆς δικαίας καὶ ἰδοὺ ἔλαβεν
Abr.2 12 13 καὶ μεταγινώσκων ἐκ τῶν ἁμαρτιῶν αὐτῶν καὶ ✶ σωθήσονται. ✶ ἐν ἐκείνῃ τῇ ὥρᾳ ἐπέστρεψεν Μιχαὴλ τὸν
TSim. 6 5 τοῦ Ἰσραὴλ φαινόμενον ἐπὶ γῆς ὡς ἄνθρωπος καὶ ✶ σῴζων ✶ ἐν αὐτῷ τὸν Ἀδάμ. τότε δοθήσονται πάντα τὰ
TSim. 6 7 αὐτοῦ ὅτι θεὸς σῶμα λαβὼν καὶ συνεσθίων ἀνθρώποις ✶ ἔσωσεν ✶ ἀνθρώπους. καὶ νῦν τεκνία μου ὑπακούετε Λευὶ καὶ
TSim. 7 2 ἐκ τοῦ Ἰούδα ὡς βασιλεὺς θεὸν καὶ ἄνθρωπον. οὗτος ✶ σώσει ✶ πάντα τὰ ἔθνη καὶ τὸ γένος τοῦ Ἰσραήλ. διὰ τοῦτο
TLevi 2 4 τῶν υἱῶν τῶν ἀνθρώπων καὶ ηὐξάμην κυρίῳ ὅπως ✶ σωθῶ. ✶ τότε ἐπέπεσεν ἐπ' ἐμὲ ὕπνος καὶ ἐθεασάμην ὄρος
TLevi 2 11 διὰ σοῦ καὶ Ἰούδα σωθήσεται κύριος ἐν ἀνθρώποις ✶ σῴζων ✶ ἐν αὐτοῖς πᾶν γένος ἀνθρώπων καὶ ἐκ μερίδου κυρίου
TJud. 24 6 ῥάβδου δικαιοσύνης τοῖς ἔθνεσι κρῖναι καὶ ✶ σῶσαι ✶ πάντας τοὺς ἐπικαλουμένους κύριον. καὶ μετὰ ταῦτα
TNep. 8 3 ὀφθήσεται θεὸς κατοικῶν ἐν ἀνθρώποις ἐπὶ τῆς γῆς ✶ σῶσαι ✶ τὸ γένος Ἰσραὴλ καὶ ἐπισυνάξει δικαίους ἐκ τῶν
TAser. 7 3 τὴν κεφαλὴν τοῦ δράκοντος δι' ὕδατος σῴζων ✶ σῶσει ✶ τὸν Ἰσραὴλ καὶ πάντα τὰ ἔθνη θεὸς εἰς ἄνθρωπον
TJos. 19 6 ὅτι ἐξ αὐτῶν ἀνατελεῖ ὑμῖν ὁ ἀμνὸς τοῦ θεοῦ χάριτι ✶ σῴζων ✶ πάντα τὰ ἔθνη καὶ τὸν Ἰσραήλ. ἡ γὰρ βασιλεία
Asen. 4 7 πάσης τῆς γῆς καὶ σιτοδοτεῖ πᾶσαν τὴν γῆν καὶ ✶ σῴζων ✶ αὐτὴν ἐκ τοῦ ἐπερχομένου λιμοῦ. καὶ ἔστιν Ἰωσὴφ
Asen. 28 15 κατεφίλησε τὴν χεῖρα αὐτῆς τὴν δεξιὰν καὶ ἔγνω ὅτι ✶ σῶσαι ✶ ἤθελε τοὺς ἄνδρας ἐκ τῆς ὀργῆς τῶν ἀδελφῶν αὐτῶν
Sal. 6 1 κυρίου ἐν τῷ μνημονεύειν αὐτὸν τὸ ὄνομα κυρίου ✶ σωθήσεται. ✶ αἱ ὁδοὶ αὐτοῦ κατευθύνονται ὑπὸ κυρίου καὶ
Sal. 13 2 με δεξιὰ κυρίου ἐφείσατο ἡμῶν ὁ βραχίων κυρίου ✶ ἔσωσεν ✶ ἡμᾶς ἀπὸ ῥομφαίας διαπορευομένης ἀπὸ λιμοῦ καὶ
Sal. 15 1 κυρίου εἰς βοήθειαν ἤλπισα τοῦ θεοῦ Ἰακὼβ καὶ ✶ ἐσώθην ✶ ὅτι ἐλπὶς καὶ καταφυγή τῶν πτωχῶν σὺ ὁ θεός. τίς
Sal. 16 4 αὐτοῦ ὁ σωτὴρ καὶ ἀντιλήπτωρ μου ἐν παντὶ καιρῷ ✶ ἔσωσέ ✶ με. ἐξομολογήσομαί σοι ὁ θεὸς ὅτι ἀντελάβου μου
Sal. 17 17 ἀπὸ κοίτης αὐτῶν. ἐπλανῶντο ἐν ἐρήμοις ✶ σωθῆναι ✶ ψυχὰς αὐτῶν ἀπὸ κακοῦ καὶ τίμιον ἐν ὀφθαλμοῖς
Sal. 17 17 ἀπὸ κακοῦ καὶ τίμιον ἐν ὀφθαλμοῖς παροικίας ψυχὴ ✶ σεσωσμένη ✶ ἐξ αὐτῶν. εἰς πᾶσαν τὴν γῆν ἐγενήθη ἡ
Jer. 7 21 χοῦν ἐπὶ τὰς κεφαλὰς αὐτῶν ἔλεγον τῷ Ἱερεμίᾳ ✶ σῶσον ✶ ἡμᾶς καὶ ἀπάγγειλον ἡμῖν τί ποιήσομεν ἵνα
Bar. 6 6 εἰ μὴ γὰρ ταύτας ἐδέχετο οὐκ ἂν τῶν ἀνθρώπων γένος ✶ ἐσῴζετο ✶ οὔτε ἕτερόν τι ζῶον ἀλλὰ προσέταξεν ὁ θεὸς τοῦτο
Bar. 8 1 περιεδίνεισαν τὰς τοῦ ἡλίου ἀκτῖνας οὐκ ἂν ✶ ἐσώθη ✶ πᾶσα πνοή. καὶ τούτων συσταλέντων καὶ ἡ νὺξ
Esdr. 2 17 Εὔαν οὐ μὴ ἠπάτησεν αὐτὸν ὁ ὄφις σὺ δὲ ὃν θέλεις ✶ σῴζεις ✶ καὶ ὃν θέλεις ἀπολεῖς. καὶ εἶπεν ὁ προφήτης
Sedr. 7 3 γεμίζω τὰ ἐπουράνια; εἰ ⟨δὲ μὴ⟩ καὶ τὸν ἄνθρωπον ✶ σῶσον ✶ κύριε σοῦ θελήματος ἥμαρτεν κύριε ἐλεεινόν.
Sedr. 11 4 μένετε. ἡ κεφαλὴ καὶ χεῖρες καὶ πόδες ἕως ἄρτι ✶ σῴζω ✶ σε. ὦ ψυχή τί γάρ σε ἐνέβαλες εἰς τὸ ταπεινὸν καὶ
Sedr. 14 4 κύριε δίδαξον ἡμᾶς πόσῳ δεῖ καὶ ἐν ποίᾳ μετανοίᾳ ✶ σωθήσεται ✶ ὁ ἄνθρωπος καὶ ἐν ποίῳ κόπῳ; ⟨λέγει ὁ θεὸς⟩ ἐν
Sedr. 14 4 ...ου Δαυὶδ ἐκ δακρύων καὶ οἱ λοιποὶ οἶδας ὅτι ✶ ἐσώθησαν ✶ ἐν μιᾷ ῥοπῇ; οἶδας Σεδρὰχ ὅτι εἰσὶν ἔθνη τὰ μὴ
Sedr. 15 3 τὸν Σεδρὰχ οὐκ οἶδας ὅτι ᾗ ζήτησον τὸν λῃστὴν μιᾷ ῥοπῇ ✶ ἐσώθη ✶ μετανοήσας; οὐκ οἶδας ὅτι καὶ ὁ πόρνη μιᾷ ῥοπῇ
Sedr. 15 4 μου εὐαγγελιστής καὶ αὐτὸς ἐν μιᾷ ῥοπῇ ✶ ἐσώθη; ✶ ⟨οἱ δὲ ἁμαρτωλοὶ οὐ σωθήσονται⟩ ὅτι εἰσὶν αἱ
Sedr. 15 5 καὶ αὐτὸς ἐν μιᾷ ῥοπῇ ἐσώθη; ⟨οἱ δὲ ἁμαρτωλοὶ οὐ ✶ σωθήσονται⟩ ✶ ὅτι εἰσὶν αἱ καρδίαι αὐτῶν ὡς λίθος σαθρὸς
Job 19 2 μου τὰ ἱμάτια ὑμῶν τῷ ἀπαγγείλαντί πῶς ἐγὼ εἴ ✶ σῶσαι ✶ ὅτι ἐγὼ συνιδὼν τὸ γενόμενον ἀνεβόησα λέγων
Aris. 240 4 ἐπινοίας ὁ θεὸς ἔδωκε τοῖς νομοθετήσειν πρὸς τὸ ✶ σῴζεσθαι ✶ τοὺς βίους τῶν ἀνθρώπων ἀκόλουθος εἴης ἂν
Aris. 281 5 καὶ δικαιοσύνη καὶ περὶ πολλοῦ ποιουμένης τὸ ✶ σῴζειν ✶ τοὺς ἄνδρας ἢ τὸ νικᾶν τῷ θράσει παραβάλλοντα τὸ
Aris. 292 5 καὶ περὶ πολλοῦ ποιουμένης τὸ ✶ σῴζειν ✶ καθὼς καὶ σὺ μεγίστου κακὸν ἡγήσαι τὴν ἀδικίαν
Sib. 5 227 κεῖται εἵνεκα τῆς μεγάλης πόλεως λαοῦ τε δικαίου ✶ σῳζομένου ✶ διὰ παντὸς ὃν ἔξοχον εἶχε Πρόνοια. ἄσταστε καὶ
Sib. 5 230 καὶ ἀνθρώποις μέγα τέρμα βλαπτομένης κτίσεως καὶ ✶ σῳζομένης ✶ πάλι Μοίραις ὕβρι κακῶν ἀρχηγὲ καὶ ἄνθρωποις

SIb. 5 245 καὶ ἀνθρώποις μέγα τέρμα βλαπτομένης κτίσεως καὶ * σῳζομένης * πάλι Μοίραις κλῦθι πικρᾶς φήμης δυσηχέος
FMan. 2 22 14 ἐμοὶ δείξεις τὴν ἀγαθωσύνην σου ὅτι ἀνάξιον ὄντα * σώσεις * με κατὰ τὸ πολὺ ἔλεός σου καὶ αἰνέσω σε διαπαντὸς
FPho. 26 ἐπεὶ πλόος ἐστὶν ἄδηλος. χεῖρα πεσόντι δίδου * σῶσον * δ᾽ ἀπερίστατον ἄνδρα. κοινὰ πάθη πάντων ὁ βίος
ISop. 5 122 1 νομίζομεν μίαν δικαίων χἀτέραν τῶν ἀδίκων. κἄπειτα * σώσει * πάντα ἃ πρόσθ(εν) ἀπώλεσεν. τὴν τοῦδε γάρ τοι Ζεὺς
HCal. 24 15 ἄρχουσιν αὐτῶν εἶπον. ὑπείκειν Ἀλέξανδρον καὶ * σῴζεσθαι * χρεὼν οὐ γάρ ἐστιν ἡμῖν ἐλπὶς σωτηρίας. ἔξω γὰρ
LEze. 9 29 8 12 μνησθεὶς δ᾽ ἐκείνων καὶ ἔτ᾽ ἐμῶν δωρημάτων πάρειμι * σῶσαι * λαὸν Ἑβραίων ἐμὸν ἰδὼν κάκωσιν καὶ πόνον δούλων
FrAn. 1 226 10 και εκτος σου( - )λης ηθελησα ο Φαραω( - )ου καμε * σωσον * μη φ( )λως-- ει μακαρισωσιν με( - - )εν τη νοσω( -
FrAn. 1 226 52 συγγονον( - )ημος των υιων Ιακωβ κ( - τ)ον θν νυνι * σωσον * ημας ο θ(ς Αβρααμ - )ενοι δε τον φοβον προς βραχ(υ
σωθη * 1
FrAn. 574 3011 λεγων ϊωηλ ωσσαρθιωμι εμωρι θεωχιψοϊθ σιθεμεωχ * σωθη * ιωη μιμιψωθιωωφ φερσωθι αεηιουω ιωη εωχαριφθα
Σωκράτης 1
LArI. 13 12 4 πάντα κατηκολουθηκέναι τούτῳ Πυθαγόρας τε καὶ * Σωκράτης * καὶ Πλάτων λέγοντες ἀκούειν φωνῆς θεοῦ τὴν
σωλήν 1
LPhI. 9 37 3 λαῶν. αἰπὺ δ᾽ ἄρ᾽ ἐκπτύουσι διὰ χθονὸς ὑδροχόοισι * σωλῆνες. *
σῶμα 107
Adam 8 2 ἐπειδὴ ἐγκατέλιπας τὴν διαθήκην μου ὑπήνεγκα τῷ * σώματί * σου ἑβδομήκοντα πληγάς. πρῶτον νόσος πληγῆς ὁ
Adam 8 2 οὕτως καθεξῆς πᾶσαι αἱ πληγαὶ παρακολουθοῦσαι τῷ * σώματι. * ταῦτα δὲ λέγων ὁ Ἀδὰμ τοῖς υἱοῖς αὐτοῦ
Adam 31 1 αὐτοῦ ἄλλην δὲ εἶχεν μίαν ἡμέραν ἐξελθεῖν ἐκ τοῦ * σώματος * αὐτοῦ. καὶ λέγει τῷ Ἀδὰμ ἡ Εὔα διά τί
Adam 32 4 σου. ἰδοὺ γὰρ ὁ Ἀδὰμ ὁ ἀνήρ σου ἐξῆλθεν ἀπὸ τοῦ * σώματος * αὐτοῦ. ἀνάστα καὶ ἴδε τὸ πνεῦμα αὐτοῦ
Adam 34 2 πρὸς τὸν υἱόν μου Σὴθ λέγουσα ἀνάστα Σὴθ ἐκ τοῦ * σώματος * τοῦ πατρός σου καὶ ἐλθὲ πρός με καὶ ἴδε ἃ οὐκ
Adam 35 2 ἴδε τὰ ἑπτὰ στερεώματα ἀνεῳγμένα καὶ πῶς κεῖται τὸ * σῶμα * τοῦ πατρός σου ἐπὶ πρόσωπον καὶ πάντες οἱ ἄγγελοι
Adam 38 3 αὐτὸν καὶ ἐλθόντες ἐπὶ τὴν γῆν ὅπου ἦν τὸ * σῶμα * τοῦ Ἀδάμ. καὶ ἦλθον εἰς τὸν παράδεισον καὶ
Adam 39 1 ὅτι ἐγένετο καθορῶν τοῦ θεοῦ. καὶ ἦλθεν πρὸς τὸ * σῶμα * τοῦ Ἀδὰμ καὶ ἐλυπήθη σφόδρα ἐπ᾽ αὐτῷ. καὶ λέγει
Adam 40 2 καὶ τῷ Οὐριὴλ στρώσατε σινδόνας καὶ σκεπάσατε τὸ * σῶμα * τοῦ Ἀδὰμ καὶ ἐνεγκόντες ἔλαιον ἐκ τοῦ ἐλαίου τῆς
Adam 40 3 κηδεύοντες τὸν Ἀδὰμ εἶπεν ὁ θεὸς ἐνεχθῆναι καὶ τὸ * σῶμα * τοῦ Ἄβελ. καὶ ἐνεγκόντες ἄλλας σινδόνας ἐκήδευσαν
Adam 40 4 αὐτὸν ὁ Κάϊν ἀλλ᾽ οὐκ ἐδυνήθη ὅτι ἀνεπήδα τὸ * σῶμα * αὐτοῦ ἀπὸ τῆς γῆς. καὶ ἐξήρχετο φωνὴ ἀπὸ τῆς γῆς
Adam 40 7 αὐτὰς ἐν τῇ γῇ. καὶ μετὰ ταῦτα ἔλαβον τὰ δύο * σώματα * καὶ ἔθαψαν αὐτὰ εἰς τὸν τόπον εἰς ὃν ὤρυξαν καὶ
Adam 41 1 θεὸς τὸν Ἀδὰμ καὶ εἶπεν Ἀδὰμ Ἀδάμ. ἀπεκρίθη τὸ * σῶμα * ἐκ τῆς γῆς καὶ εἶπεν ἰδοὺ ἐγὼ κύριε. καὶ εἶπεν αὐτῷ
Adam 42 5 δέσποτα θεὲ πάσης ἀρετῆς μὴ ἀπαλλοτριώσῃς με τοῦ * σώματος * Ἀδὰμ ἐξ οὗ ἦρές με ἐκ τῶν μελῶν αὐτοῦ. ἀλλὰ
Adam 43 1 τὴν Εὔαν. καὶ ἦλθαν τρεῖς ἄγγελοι καὶ ἦραν τὸ * σῶμα * αὐτῆς καὶ ἔθαψαν αὐτὸ ὅπου ἦν τὸ σῶμα τοῦ Ἀδὰμ καὶ
Adam 43 1 καὶ ἦραν τὸ σῶμα αὐτῆς καὶ ἔθαψαν αὐτὸ ὅπου ἦν τὸ * σῶμα * τοῦ Ἀδὰμ καὶ τοῦ Ἄβελ. καὶ μετὰ ταῦτα ἐλάλησεν ὁ
Hen. 15 9 αὐτῶν ἔσται. πνεύματα πονηρὰ ἐξῆλθον ἀπὸ τοῦ * σώματος * αὐτῶν διότι ἀπὸ τῶν ἀνωτέρων ἐγένοντο καὶ ἐκ τῶν
Hen. 15B 9 πονηρὰ ἔσονται τὰ πνεύματα ἐξεληλυθότα ἀπὸ τοῦ * σώματος * τῆς σαρκὸς αὐτῶν διότι ἀπὸ τῶν ἀνθρώπων ἐγένοντο
Hen. 102 5 ψυχαὶ ὑμῶν εἰς ᾅδου μετὰ λύπης καὶ οὐκ ἀπηντήθη τῷ * σώματι * τῆς σαρκὸς ὑμῶν ἐν τῇ ζωῇ ὑμῶν κατὰ τὴν ὁσιότητα
Hen. 106 2 αὐτῷ παιδίον καὶ ὅτε ἐγεννήθη τὸ παιδίον ἦν τὸ * σῶμα * λευκότερον χιόνος καὶ πυρρότερον ῥόδου τὸ τρίχωμα
Abr.1 1 7 ματαίου κόσμου τούτου καὶ μέλλει ἐκδημεῖν ἐκ τοῦ * σώματος * καὶ πρὸς τὸν ἴδιον δεσπότην ἀπελεύσει ἐν
Abr.1 9 6 κύριε εἰσάκουσον τῆς δεήσεώς μου ἔτι ἐν τούτῳ (τῷ * σώματι * ὢν) θέλω ἰδεῖν πᾶσαν τὴν οἰκουμένην καὶ τὰ
Abr.1 15 7 ὅτι ἤγγισεν ἡ ἡμέρα ἐν ᾗ μέλλεις ἐκδημεῖν ἐκ τοῦ * σώματος * ἔτι ἅπαξ πρὸς τὸν κύριον ἔρχεσθαι. εἶπεν δὲ
Abr.1 20 11 θεοπνεύστοις καὶ ἀρώμασιν ἐκήδευσαν δὲ τὸ * σῶμα * τοῦ δικαίου ἕως τρίτης ἡμέρας τῆς τελειώσεως αὐτοῦ
Abr.2 4 9 ἀποχωρισθῆναι ἀπὸ τοῦ κόσμου καὶ ἐξελθεῖν ἀπὸ τοῦ * σώματος * αὐτοῦ κἀγὼ κύριε οὐκ ἐτόλμησα αὐτῷ ἐκφάναι λόγον
Abr.2 4 12 γὰρ συντομή ἐστιν οὗτος ὁ λόγος ὅτι οὐκ ἐξέρχῃ ἐν * σώματι * μάλιστα σὺ κύριε ἐξ ἀρχῆς ἐποίησας τοῦ ἐλεῶν τὰς
Abr.2 7 17 Ἀβραὰμ ἀναλαμβάνεται εἰς τοὺς οὐρανοὺς τὸ δὲ * σῶμα * αὐτοῦ μένει ἐπὶ τῆς γῆς ἕως πληρωθῶσιν ἑξακισχίλια
Abr.2 7 19 τῷ Μιχαὴλ παρακαλῶ σε κύριε εἰ ἐξέρχομαι ἐκ τοῦ * σώματος * ἐθέλω ἀναληφθῆναι ἵνα θεάσωμαι ὅτι κτῆμα ὅλον
Abr.2 8 3 ἐστιν. ἦλθεν οὖν Μιχαὴλ καὶ ἀνέλαβεν τὸν Ἀβραὰμ * σώματι * ἐπὶ νεφέλης καὶ ἀπήνεγκεν αὐτὸν ἡ νεφέλη ἐπὶ τὸν
Abr.2 8 13 ὥστε θεωρῆσαι πᾶσαν ψυχὴν ἐξερχομένην ἐκ τοῦ * σώματος * ἐπειδὴ ἐξ αὐτοῦ ἦσαν πάντες ἐὰν οὖν θεωρῇς αὐτὸν
Abr.2 9 2 τί ποιήσω ἐγὼ ὅτι μὲν γὰρ εἰμι ἄνθρωπος εὐρὺς τῷ * σώματι * τυγχάνων; καὶ οὐ δυνήσομαι εἰσελθεῖν εἰς τὴν
Abr.2 9 10 ὁ ἄγγελος αὐτός ἐστιν ὁ φέρων αὐτὰς ἀπὸ τοῦ * σώματος * ἢ οὔ; ἀπεκρίθη Μιχαὴλ καὶ εἶπεν ὁ θάνατος ἄγει
Abr.2 13 1 ἐγγίσαι αὐτῷ τοῦ ἐξενέγκαι τὴν ψυχὴν αὐτοῦ ἐκ τοῦ * σώματος * εἶπεν δὲ κύριος πρὸς Μιχαὴλ ἀπελθὼν κόσμησον τὸν
Abr.2 13 16 ἐγώ εἰμι ὁ θάνατος ὁ ἐκφέρων τὰς ψυχὰς ἐκ τοῦ * σώματος. * καὶ λέγει Ἀβραὰμ σὺ εἶ ὁ θάνατος; δύνασαι
Abr.2 13 17 δύνασαι προτρέψασθαι πάντας ἐκβληθῆναι ἐκ τοῦ * σώματος; * εἶπεν δὲ ὁ θάνατος τῷ Ἀβραὰμ νομίζεις ὅτι ἐμὴ
TSim. 2 5 ὕψιστου δέδοται τοῖς ἀνθρώποις ἐν ψυχαῖς καὶ ἐν * σώμασιν. * καὶ ἐν τῷ καιρῷ ἐκείνῳ ἐζήλωσα τὸν Ἰωσὴφ ὅτι
TSim. 4 8 φθόνου ὅτι ἀγριοῖ τοῦτο τὴν ψυχὴν καὶ φθείρει τὸ * σῶμα * ὀργὴν καὶ πόλεμον παρέχει τῷ διαβουλίῳ καὶ εἰς
TSim. 4 8 ἀφαιρεῖ καὶ κλόνον παρέχει τῇ ψυχῇ καὶ τρόμον τῷ * σώματι * ὅτι καίγε ἐν ὕπνῳ τις ζῆλος κακίας αὐτὸν φαντάζων
TSim. 4 9 διαταράσσει τὴν ψυχὴν αὐτοῦ καὶ ἐκθροεῖσθαι τὸ * σῶμα * ποιεῖ καὶ ἐν ταραχῇ διυπνίζεσθαι τὸν νοῦν καὶ ὡς
TSim. 6 7 τὸν ὕψιστον ἐν τοῖς θαυμασίοις αὐτοῦ ὅτι θεὸς * σῶμα * λαβὼν καὶ συνεσθίων ἀνθρώποις ἔσωσεν ἀνθρώπους. καὶ
TLevi 18 2B018 καὶ σὺ ἐγγὺς τῶν ἁγίων αὐτοῦ. γίνου καθαρὸς ἐν τῷ * σώματί * σου ἀπὸ πάσης ἀκαθαρσίας παντὸς ἀνθρώπου. καὶ
TJud. 14 3 τὸν νοῦν εἰς πορνείαν καὶ ἐκθερμαίνει τὸ * σῶμα * πρὸς μεῖξιν καὶ εἰ πάρεστι τὸ τῆς ἐπιθυμίας αἴτιον
TZab. 2 5 σὺν αὐτῷ καὶ ἐβόμβει ἡ καρδία μου καὶ οἱ ἁρμοὶ τοῦ * σώματός * μου ἐξέστησαν καὶ οὐκ ἠδυνάμην τοῦ στῆναι. καὶ
TDan 3 2 γὰρ αὐτῇ τῇ ψυχῇ αὐτὸς γίνεται ψυχή. καὶ τὸ μὲν * σῶμα * ἰδιοποιεῖται τοῦ θυμώδους τῆς δὲ ψυχῆς κατακυριεύει
TDan 3 2 θυμώδους τῆς δὲ ψυχῆς κατακυριεύει καὶ παρέχει τῷ * σώματι * δύναμιν ἰδίαν ἵνα ποιήσῃ πᾶσαν ἀνομίαν καὶ ὅταν
TDan 3 4 καὶ νικῶν ἐν ἀδίκῳ τρίτην τὴν φυσικὴν ἔχων τοῦ * σώματος * καὶ δι᾽ ἑαυτοῦ δρῶν τὸ κακόν. ἐὰν δὲ ἀσθενὴς ᾖ ὁ
TNep. 2 2 καὶ ὁ κύριος πρὸς ὁμοίωσιν τοῦ πνεύματος ποιεῖ τὸ * σῶμα * καὶ πρὸς τὴν δύναμιν τοῦ σώματος τὸ πνεῦμα ἐντίθησι
TNep. 2 2 πνεύματος ποιεῖ τὸ σῶμα καὶ πρὸς τὴν δύναμιν τοῦ * σώματος * τὸ πνεῦμα ἐντίθησι καὶ οὐκ ἔστι λεῖπον ἓν ἐκ τοῦ
TNep. 2 4 τὴν χρῆσιν ὡς ἱκανὴ οὕτω καὶ ὁ κύριος οἶδε τὸ * σῶμα * ἕως τίνος διαρκέσει ἐν ἀγαθῷ καὶ πότε ἄρχεται ἐν
TAser 2 7 καὶ τὸν πένητα ἀναπαύει τὴν ψυχὴν σπιλοῖ καὶ τὸ * σῶμα * λαμπρύνει πολλοὺς ἀναιρεῖ καὶ ὀλίγους ἐλεεῖ καὶ
Asen. 6 1 καὶ παρείθη τὰ γόνατα αὐτῆς καὶ ἐτρόμαξεν ὅλον τὸ * σῶμα * αὐτῆς καὶ ἐφοβήθη φόβον μέγαν. καὶ ἀνεστέναξε καὶ
Asen. 23 15 ἐσπασμένας καὶ ἐφοβήθη σφόδρα καὶ ἐτρόμαξεν ὅλῳ τῷ * σώματι * αὐτοῦ διότι ἤστραπτον αἱ ῥομφαῖαι αὐτῶν ὡς φλόγα
Asen. 26 8 ἐφοβήθη καὶ ἐταράχθη σφόδρα καὶ ἐτρόμαξεν ὅλον τὸ * σῶμα * αὐτῆς. καὶ ἐπεκαλέσατο τὸ ὄνομα κυρίου τοῦ θεοῦ
Sal. 2 27 ἐλάχιστον ἐξουδενωμένον ἐπὶ γῆς καὶ θαλάσσης τὸ * σῶμα * αὐτοῦ διαφερόμενον ἐπὶ κυμάτων ἐν ὕβρει πολλῇ καὶ
Jer. 6 17 ἀγαλλιῶ ὅτι ὁ θεὸς οὐκ ἀφῆκεν ἡμᾶς ἐξελθεῖν ἐκ τοῦ * σώματος * τούτου λυπουμένους διὰ τὴν πόλιν τὴν ἐρημωθεῖσαν
Jer. 9 11 τὸν ἔτι ζῶντα ὅτι ἡ ψυχὴ αὐτοῦ εἰσέρχεται εἰς τὸ * σῶμα * αὐτοῦ πάλιν. καὶ ἀκούσαντες τῆς φωνῆς οὐκ ἐκήδευσαν
Jer. 9 13 μετὰ δὲ τρεῖς ἡμέρας εἰσῆλθεν ἡ ψυχὴ αὐτοῦ εἰς τὸ * σῶμα * αὐτοῦ καὶ ἐπῆρε τὴν φωνὴν αὐτοῦ ἐν μέσῳ πάντων καὶ
Bar. 4 5 καὶ εἶπεν ὁ ἄγγελος ὁ μὲν δράκων ἐστὶν ὁ τὰ * σώματα * τῶν κακῶς τὸν βίον μετερχομένων ἐσθίων καὶ ὑπ᾽
Esdr. 7 3 εἰς τὸν οὐρανὸν τὸ δὲ ἐκ τῆς γῆς ἤγουν τὸ * σῶμα * ἀπέρχεται εἰς τὴν γῆν ἐξ ἧς ἐλήφθη. καὶ εἶπεν ὁ
Esdr. 7 15 θυμιαμάτων καὶ ψαλμῶν τὸ τίμιον καὶ ἅγιον αὐτοῦ * σῶμα * νέμει ῥῶσιν ψυχῶν καὶ σωμάτων ἀεννάως τοῖς
Esdr. 7 15 τίμιον καὶ ἅγιον αὐτοῦ σῶμα νέμει ῥῶσιν ψυχῶν καὶ * σωμάτων * ἀεννάως τοῖς προστρέχουσιν αὐτῷ ἐκ πόθου. ὦ
Sedr. 10 4 καὶ ἔστι μεγάλη ἀνάγκη τοῦ χωρισθῆναι ἀπὸ τοῦ * σώματος * καὶ ἀποσπασθῆναι τῇ καρδίᾳ. ταῦτα πάντα ἀκούσας
Sedr. 10 6 τὰ δάκρυα καὶ ἴαμα πολὺ γίνεται τοῦ ταπεινοῦ * σώματος * τοῦ πλάσματός σου. καὶ ἤρξατο κλαίων καὶ
Sedr. 11 3 ἐγκέφαλός σου ἐστὶν μικρὸν κτίσμα κεφαλὴ ὅλου τοῦ * σώματος * κίνησις καλόπιστε καὶ καλλίστατε ἀπὸ πάντων
Sedr. 11 13 εὐτρεπίζοντες παντὸς ἀγαθοῦ. ὦ πόδες ὅλον τὸ * σῶμα * βαστάζοντες εἰς τοὺς ναοὺς ἀνατρέχοντες μετανοίας
Sedr. 11 15 τί γάρ σε ἐνέβαλεν εἰς τὸ ταπεινὸν καὶ ταλαίπωρον * σῶμα; * καὶ ἄρτι χωριζομένη ἀπ᾽ αὐτοῦ καὶ ἀνέρχεσαι ἔνθα
Sedr. 11 16 καὶ ἀνέρχεσαι ἔνθα καλεῖ (σε) ὁ κύριος καὶ τὸ * σῶμα * τὸ ταλαίπωρον ἀπέρχεται εἰς κρίσιν. ὦ σῶμα
Sedr. 11 17 καὶ τὸ σῶμα τὸ ταλαίπωρον ἀπέρχεται εἰς κρίσιν. ὦ * σῶμα * καλλωπισμένον τρίχες ἀστερόχυται κεφαλὴ
Sedr. 11 19 ἀστερόμορφοι κεφαλὴ οὐρανομήκης ἐστολισμένον * σῶμα * τὸ φωταγωγὸν γλεύφορον πάγγνωστον καὶ ἄρτι πεσὸν
Job 7 12 ἐστιν ὁ ἄρτος οὗτος, οὕτως ποιήσω καὶ τὸ * σῶμά * σου τοιοῦτον ἐν γὰρ μιᾷ ὥρᾳ ἀπέρχομαι καὶ ἐρημώσω
Job 20 2 με εἰς ὀλιγωρίαν τρέψαι καὶ ἀπελθὼν ᾐτήσατο τὸ * σῶμά * μου παρὰ τοῦ κυρίου ἵνα ἐπενέγκῃ μοι πληγήν καὶ
Job 20 3 με ὁ κύριος εἰς χεῖρας αὐτοῦ χρήσασθαι τῷ * σώματι * ὡς ἠβούλετο, τῆς δὲ ψυχῆς μου οὐκ ἔδωκεν αὐτῷ τὴν
Job 20 8 καὶ καθεσθεὶς ἐπὶ τῆς κοπρίας σκωληκόβρωτον τὸ * σῶμά * μου εἶχον καὶ συνέβρεχον τὴν γῆν ἐκ τῆς ὑγρασίας
Job 20 8 συνέβρεχον τὴν γῆν ἐκ τῆς ὑγρασίας καὶ ἰχῶρες τοῦ * σώματος * σκώληκες πολλοὶ ἦσαν ἐν τῷ σώματί μου καὶ εἴποτε
Job 20 8 καὶ ἰχῶρες τοῦ σώματος σκώληκες πολλοὶ ἦσαν ἐν τῷ * σώματί * μου καὶ εἴποτε ἀφήλατο σκώληξ, ἦρον καὶ
Job 25 10 καὶ ἐγὼ δὲ ἀπαλλαγήσομαι ἀκηδίας διὰ πόνου σου τοῦ * σώματος. * καὶ ἐγὼ ἀπεκρίθην αὐτῇ ἰδοὺ ἐγὼ δέκα ἑπτὰ ἔτη
Job 26 1 ταῖς πληγαῖς, ὑφιστάμενος τοὺς σκώληκας τοὺς ἐν τῷ * σώματί * μου καὶ οὐκ ἐβαρήθη ἡ ψυχή μου διὰ τοὺς πόνους
Job 31 2 μου ὄντες ὡς ἥμισυ σταδίου διὰ τὴν δυσωδίαν τοῦ * σώματός * μου ἀναστάντες προσήγγισάν μοι ἔχοντες εὐωδίας
Job 38 5 ἐγὼ πάλιν ὑπολαβὼν εἶπον αὐτῷ εἰ οὖν τὴν τοῦ * σώματος * πορείαν οὐ καταλαμβάνεις, πῶς τὰ ἐπουράνια
Job 43 11 οὐκ ἔχει ἔλεος ἐν καρδίᾳ αὐτοῦ οὐδὲ εἰρήνην ἐν τῷ * σώματι * αὐτοῦ ἰὸν ἀσπίδων ἔσχεν ἐν τῇ γλώσσῃ αὐτοῦ.
Job 47 4 ᾗ ἠβουλήθη με ἐλεῆσαι καὶ περιγραφῆναι ἐκ τοῦ * σώματος * τὰς πληγὰς καὶ τοὺς σκώληκας καλέσας με
Job 47 6 ἀφανεῖς ἐγένοντο ἀπὸ τότε οἱ σκώληκες ἀπὸ τοῦ * σώματός * μου ὁμοίως καὶ αἱ πληγαὶ καὶ λοιπὸν τὸ σῶμά μου
Job 47 7 τοῦ σώματός μου ὁμοίως καὶ αἱ πληγαὶ καὶ λοιπὸν τὸ * σῶμά * μου ἐνίσχυσεν διὰ κυρίου ὡς οὐδὲν ὅλως πεπονθὼς
Job 52 11 ἐπὶ τὸ ἅρμα καὶ ὥδευσεν ἐπὶ ἀνατολὰς τὸ δὲ * σῶμα * αὐτοῦ περισταλὲν ἀπηνέχθη εἰς τὸν τάφον
Job 53 5 ἐπὶ τὸν ἄνθρωπον τοῦ θεοῦ; ἅμα τε ἤνεγκαν τὸ * σῶμα * πρὸς τὸν τάφον, περιεκύκλωσαν πᾶσαι αἱ χῆραι καὶ
Aris. 20 2 δὲ εὖ μάλα τοῖς ὀψωνίοις εἶπε προσθεῖναι καὶ * σώματος * ἑκάστου κομίζεσθαι δραχμὰς εἴκοσι καὶ περὶ
Aris. 22 5 τὴν τῶν Ἰουδαίων χώραν ἐγκρατεῖς ἐγένοντο * σωμάτων * Ἰουδαϊκῶν καὶ ταῦτα διακεκομίκασιν εἴς τε τὴν
Aris. 22 9 παραχρῆμα τοὺς ἔχοντας κομιζομένους αὐτίκα ἑκάστου * σώματος * δραχμὰς εἴκοσι τοὺς μὲν στρατιώτας τῇ τῶν

Aris. 24 5 εὐσέβειαν προστετάχαμεν ὅσα τῶν Ἰουδαϊκῶν ἐστι * σωμάτων * ἐν οἰκετίαις πανταχῇ καθ' ὁντινοῦν τρόπον ἐν τῇ
Aris. 24 11 περὶ τούτων καταδεικνύντας εὐθὺ καὶ τὰ * σώματα. * διειλήφαμεν γὰρ καὶ ἡμῖν συμφέρειν καὶ τοῖς
Aris. 139 5 ἐπιμισγώμεθα κατὰ μηδὲν ἁγνοὶ καθεστῶτες κατὰ * σῶμα * καὶ κατὰ ψυχὴν ἀπολελυμένοι ματαίων δοξῶν τὸν μόνον
Aris. 151 2 τῶν πράξεων ἐπὶ τὸ καλῶς ἔχον ἡ γὰρ ἰσχὺς τῶν ὅλων * σωμάτων * μετ' ἐνεργείας ἀπέρεισιν ἐπὶ τοὺς ὤμους ἔχει καὶ
Aris. 155 5 καὶ ἔνδοξα φαίνεται πρῶτον μὲν ἡ σύμπηξις τοῦ * σώματος * καὶ ἡ τῆς τροφῆς διοίκησις καὶ ἡ περὶ ἕκαστον
Aris. 303 3 τῆς συνεδρείας ἐγίνετο μετὰ δὲ ταῦτα περὶ τὴν τοῦ * σώματος * θεραπείαν ἀπελύοντο γίνεσθαι χορηγουμένων αὐτοῖς
Sib. 3 525 δώματά τ' εὐποίητα πυρὶ φλέξουσιν ἀθέσμως πολλὰ δὲ * σώματα * δοῦλα πρὸς ἄλλην γαῖαν ἀνάγκῃ ἄξουσιν καὶ τέκνα
Sib. 5 402 καὶ ἄφθιτον αἰὲν ἐόντα ἐκ ψυχῆς ἐλπιζόμενον καὶ * σώματος * +αὐτοῦ+ οὐ γὰρ ἀκηδέστως +αἰνεῖ+ θεὸν ἐξ ἀφανοῦς
FMos. 9 4 13 καθαρώτερος γενόμενος. ἐνεταφίασαν οἱ ἄγγελοι τὸ * σῶμα * Μωσέως τοῦ ἁγίου καὶ οὐκ ἐλούσαντο ἀλλ' οὔτε
FMos. 9 4 13 ἀλλ' οὔτε ἐκοινώθησαν οἱ ἄγγελοι ἀπὸ τοῦ ἁγίου * σώματος. * ὁ δὲ Μιχαὴλ ὁ ἀρχάγγελος ὅτε τῷ διαβόλῳ
FMos. 9 1 διαβόλῳ διακρινόμενος διελέγετο περὶ τοῦ Μωϋσέως * σώματος * οὐκ ἐτόλμησεν κρίσιν ἐπενεγκεῖν βλασφημίας ἀλλὰ
FMos. 8 163 20 τῷ ὄρει Μωϋσέως ὁ Μιχαὴλ ἀποστέλλεται μεταθήσων τὸ * σῶμα * εἶτα τοῦ διαβόλου κατὰ τοῦ Μωϋσέως βλασφημοῦντος
FPho. 107 πνεῦμα γάρ ἐστι θεοῦ χρῆσις θνητοῖσι καὶ εἰκὼν * σῶμα * γὰρ ἐκ γαίης ἔχομεν κἄπειτα πρὸς αὖ γῆν λυόμενοι
FPho. 228 βουλὴν παρὰ οἰκέτου εὖ φρονέοντος. ἁγνείη ψυχῆς οὐ * σώματός * εἰσι καθαρμοί. ταῦτα δικαιοσύνης μυστήρια τοῖα
HArt. 9 27 15 τὸν Χενεφρῆν τῷ τε Μώϋσῳ καὶ τῷ Χανεθώθῃ τὸ * σῶμα * διακομίσαντας εἰς τοὺς ὑπὲρ Αἴγυπτον τόπους θάψαι
HArt. 9 27 31 τοὺς Αἰγυπτίους πάντας τε ἐξελκωθῆναι τὰ * σώματα. * τῶν δὲ ἰατρῶν μὴ δυναμένων ἰᾶσθαι τοὺς κάμνοντας
HArl. 9 25 3 πεσούσης τῆς οἰκίας αὐθημερὸν δὲ αὐτοῦ καὶ τὸ * σῶμα * ἑλκῶσαι. φαύλως δὲ αὐτοῦ διακειμένου ἐλθεῖν εἰς
LEze. 9 29 11 07 ὡς πέλωρος οἴκτειρον σύ με πέφρικ' ἰδὼν μέλη δὲ * σώματος * τρέμει. (Θ). μηδὲν φοβηθῇς χεῖρα δ' ἔκτεινας
LEze. 9 29 12 12 θήσει βροτούς. καρποὶ τ' ὀλοῦνται τετραπόδων τε * σώματα * σκότος τε θήσω τρεῖς ἐφ' ἡμέρας ὅλας ἀκρίδας τε

σωματικός 1
Abr.2 8 2 ὁ κύριος εἶπεν τῷ Μιχαὴλ ἄπελθε καὶ ἀνάλαβε * σωματικῶς * τὸν Ἀβραὰμ καὶ ὑπόδειξον αὐτῷ πάντα καὶ εἴ τι

σωματοποιέω 1
Aris. 166 3 ἐστιν ὅσα γὰρ δι' ἀκοῆς λαβόντες ταῦτα τῷ λόγῳ * σωματοποιήσαντες * κακοῖς ἑτέρους ἐνεκύλισαν ἀκαθαρσίαν οὐ

Σωμνάς 1
FIsa. 1 3 ὁ βασιλεὺς εἶδεν ἐν τῇ ἀρρωστίᾳ αὐτοῦ. (ἤκουσεν) * Σωμνὰς * ὁ γραμματεὺς καὶ Ἀσοὺρ ὁ ὑπομνηματογράφος

σῶος 1
Bar. 9 8 ἀλλ' ὑπὸ τοῦ ἡλίου σκεδάζονται. καὶ ἡ σελήνη * σῴα * οὖσα ὑπὸ τῆς τοῦ ἡλίου θέρμης ἐκδαπανᾶται. καὶ ταῦτα

σωρεύω 3
Sedr. 11 6 τὸ σκεῦος τρέφεται ὦ χεῖρες εὔστοχοι ἀπὸ πάντων οἱ * σωρεύοντες * τοὺς οἴκους ἐστολίσατε. ὦ δάκτυλοι
Sedr. 11 8 τὰς παλάμας ἁπλονοῦσιν οἱ τρεῖς ἁρμοὶ καὶ τὰ κάλλη * σωρεύουν * καὶ ἄρτι πάροικοι γίνεσθε τοῦ κόσμου τούτου. ὦ
Sedr. 11 11 καὶ τὴν σελήνην ἐν νυκτὶ καὶ ἐν ἡμέρᾳ τὰ πάντα * σωρεύοντες * τὰς τρυφὰς καὶ τὰς πόσεις καὶ τὸ σκεῦος

Σωσίβιος 2
Aris. 12 2 δὲ ἐγὼ καιρὸν εἶναι περὶ ὧν πολλάκις ἠξιώκειν * Σωσίβιόν * τε τὸν Ταραντῖνον καὶ Ἀνδρέαν τοὺς
Aris. 19 5 ὃ δὲ μικρόν γε εἶπεν Ἀριστέας ἡμᾶς ἀξιοῖ πρᾶγμα. * Σωσίβιος * δὲ καὶ τῶν παρόντων τινὲς τοῦτ' εἶπον καὶ γὰρ

σωτήρ 16
TLevi 10 2 ἣν ποιήσετε ἐπὶ συντελείᾳ τῶν αἰώνων εἰς τὸν * σωτῆρα * τοῦ κόσμου ἀσεβοῦντες πλανῶντες τὸν Ἰσραὴλ καὶ
TLevi 14 2 οἵτινες ἐπιβαλοῦσι τὰς χεῖρας αὐτῶν ἐπὶ τὸν * σωτῆρα * τοῦ κόσμου. καθαρὸς ὁ οὐρανὸς ὑπὲρ τὴν γῆν καὶ
TDan 6 7 ἔσται ἐν παντὶ τόπῳ Ἰσραὴλ καὶ ἐν τοῖς ἔθνεσι * σωτήρ. * διατηρήσατε οὖν ἑαυτοὺς τέκνα μου ἀπὸ παντὸς
TDan 6 9 καὶ ὑμεῖς τοῖς τέκνοις ὑμῶν ἵνα δέξηται ὑμᾶς ὁ * σωτὴρ * τῶν ἐθνῶν ἔστι γὰρ ἀληθὴς καὶ μακρόθυμος πρᾶος καὶ
TGad 8 1 Ἰουδὰν καὶ τὸν Λευὶ ὅτι ἐξ αὐτῶν ἀνατελεῖ κύριος * σωτῆρα * τῷ Ἰσραήλ. ἔγνων γὰρ ὅτι ἐπὶ τέλει ἀποστήσονται
TJos. 1 6 καὶ ὁ ὕψιστος ἐπεσκέψατό με ἐν φυλακῇ ἤμην καὶ ὁ * σωτὴρ * ἐχαρίτωσέ με ἐν δεσμοῖς καὶ ἔλυσέ με ἐν διαβολαῖς
TBen. 3 8 σοὶ προφητεία οὐρανοῦ περὶ τοῦ ἀμνοῦ τοῦ θεοῦ καὶ * σωτῆρος * τοῦ κόσμου ὅτι ἄμωμος ὑπὲρ ἀνόμων παραδοθήσεται
Asen. 25 5 ἔστι σήμερον βασιλεὺς πάσης τῆς γῆς Αἰγύπτου καὶ * σωτὴρ * καὶ σιτοδότης; καὶ νῦν πάλιν ἐὰν πειράσητε
Sal. 3 6 ἥξει σωτηρία αὐτοῦ. ἀλήθεια τῶν δικαίων παρὰ θεοῦ * σωτῆρος * αὐτῶν οὐκ αὐλίζεται ἐν οἴκῳ δικαίου ἁμαρτία ἐφ'
Sal. 8 33 τοῖς τέκνοις ἡμῶν ἡ εὐδοκία εἰς τὸν αἰῶνα κύριε * σωτὴρ * ἡμῶν οὐ σαλευθησόμεθα ἔτι τὸν αἰῶνα χρόνον.
Sal. 16 4 με ὡς κέντρον ἵππου ἐπὶ τὴν γρηγόρησιν αὐτοῦ ὁ * σωτὴρ * καὶ ἀντιλήπτωρ μου ἐν παντὶ καιρῷ ἔσωσέν με.
Sal. 17 3 αὐτοῦ ἐπ' αὐτόν. ἡμεῖς δὲ ἐλπιοῦμεν ἐπὶ τὸν θεὸν * σωτῆρα * ἡμῶν ὅτι τὸ κράτος τοῦ θεοῦ ἡμῶν εἰς τὸν αἰῶνα
Prop. 2 7 δεῖ σεισθῆναι τὰ εἴδωλα αὐτῶν καὶ συμπεσεῖν (διὰ * σωτῆρος * ἐκ παρθένου γενομένου ἐν φάτνῃ). δι' ὃ καὶ ἕως
Sedr. 13 6 φθάσῃ καὶ ἁρπάσῃ αὐτὸν συντόμως. λέγει αὐτὸν ὁ * σωτὴρ * ἐρωτῶ σε ἕνα λόγον Σεδρὰχ ἀγαπητέ μου εἶτα
Sib. 3 35 κακότητι λίθων κρίσιν ἐκλαθέοντες ἀθανάτου * σωτῆρος * ὃς οὐρανὸν ἔκτισε καὶ γῆν. αἶ γένος αἱμοχαρὲς
FAch. 107 εἰς ἐμὴν σωτηρίαν. πλὴν ἄμοιρόν σε οὐκ ἀφήσω * σωτῆρα * δὲ ἡμῶν ἐπικαλέσομαι. καὶ ἐκέλευσεν αὐτὸν

σωτηρία 28
Hen. 5 6 πᾶν ἔλεος καὶ εἰρήνη καὶ ἐπιείκεια ἔσται αὐτοῖς * σωτηρία * φῶς ἀγαθὸν καὶ αὐτοὶ κληρονομήσουσιν τὴν γῆν καὶ
Hen. 5 6 τὴν γῆν καὶ πᾶσιν ὑμῖν τοῖς ἁμαρτωλοῖς οὐχ ὑπάρξει * σωτηρία * ἀλλὰ ἐπὶ πάντας ὑμᾶς κατάλυσις κατάρα. καὶ τοῖς
Hen. 98 14 τοὺς λόγους τῶν δικαίων οὐ μὴ γένηται ὑμῖν ἐλπὶς * σωτηρίας. * οὐαὶ ὑμῖν οἱ γράφοντες λόγους ψευδεῖς καὶ
Hen. 99 1 τιμὴν καὶ δόξαν ἀπολώλατε οὐκ ἔστιν ὑμῖν * σωτηρία * εἰς ἀγαθόν. οὐαὶ ὑμῖν οἱ ἐξαλλοιοῦντες τοὺς
Hen. 103 10 καὶ ἀπολώλαμεν καὶ ἀπηλπίσμεθα καὶ μηκέτι εἰδέναι * σωτηρίαν * ἡμέραν ἐξ ἡμέρας. ἠλπίσαμεν γενέσθαι κεφαλὴ
TLevi 17 2 πλήρης μετὰ κυρίου καὶ ἐν ἡμέρᾳ χαρᾶς αὐτοῦ ἐπὶ * σωτηρίᾳ * κόσμου αὐτὸς ἀναστήσεται. ἐν τῷ δευτέρῳ ἰωβηλαίῳ
TDan 6 10 τοῦ νόμου κυρίου καὶ ἔσται τὸ γένος μου εἰς * σωτηρίαν * ἕως τοῦ αἰῶνος. καὶ θάψατέ με ἐγγὺς τῶν πατέρων
TNep. 8 2 τῷ Λευὶ καὶ τῷ Ἰούδᾳ. διὰ γὰρ τοῦ Ἰουδὰ ἀνατελεῖ * σωτηρία * τῷ Ἰσραὴλ καὶ ἐν αὐτῷ εὐλογηθήσεται Ἰακώβ. διὰ
TGad 4 7 ἀγάπης ἐν μακροθυμίᾳ συνεργεῖ τῷ νόμῳ τοῦ θεοῦ εἰς * σωτηρίαν * ἀνθρώπων. κακὸν τὸ μῖσος ὅτι ἐνδελεχεῖ συνεχῶς
TGad 5 7 παρέχει τῇ ψυχῇ καὶ ὁδηγεῖ τὸ διαβούλιον πρὸς * σωτηρίαν * καὶ ἃ οὐκ ἔμαθεν ἀπὸ ἀνθρώπων οἶδε διὰ τῆς
TBen. 3 8 ὑπὲρ ἀσεβῶν ἀποθανεῖται ἐν αἵματι διαθήκης ἐπὶ * σωτηρίᾳ * ἐθνῶν καὶ Ἰσραὴλ καὶ καταργήσει Βελιὰρ καὶ τοὺς
TBen. 11 2 πάντα τὰ ἔθνη φῶς γνώσεως ἐπεμβαίνων τῷ Ἰσραὴλ ἐν * σωτηρίᾳ * καὶ ἁρπάζων ὡς λύκος ἀπ' αὐτῶν καὶ διδοὺς τῇ
Sal. 3 5 τί ποιήσει αὐτῷ ὁ θεὸς ἀποσκοπεύει ὅθεν ἥξει * σωτηρία * αὐτοῦ. ἀλήθεια τῶν δικαίων παρὰ θεοῦ σωτῆρος
Sal. 10 8 Ισραηλ δοξάσουσιν τὸ ὄνομα κυρίου. τοῦ κυρίου ἡ * σωτηρία * ἐπὶ οἶκον Ισραηλ εἰς εὐφροσύνην αἰώνιον. τῷ
Sal. 12 6 ἄνδρα ποιοῦντα εἰρήνην ἐν οἴκῳ. τοῦ κυρίου ἡ * σωτηρία * ἐπὶ Ισραηλ παῖδα αὐτοῦ εἰς τὸν αἰῶνα καὶ
Sal. 15 6 ἁμαρτωλῶν ὅτι τὸ σημεῖον τοῦ θεοῦ ἐπὶ δικαίους εἰς * σωτηρίαν. * λιμὸς καὶ ῥομφαία καὶ θάνατος ἀπὸ δικαίων
Sal. 16 5 ἐξομολογήσομαί σοι ὁ θεὸς ὅτι ἀντελάβου μου εἰς * σωτηρίαν * καὶ οὐκ ἐλογίσω με μετὰ τῶν ἁμαρτωλῶν εἰς
Bar. 1 3 ἄνερ ἐπιθυμιῶν καὶ μὴ τοσοῦτόν σε μέλῃ περὶ τῆς * σωτηρίας * Ἱερουσαλὴμ ὅτι τάδε λέγει κύριος ὁ θεὸς ὁ
Prop. 8 1 καὶ δι' αὐτοῦ ἀνακαινισθήσεσθαι τὴν κτίσιν εἰς * σωτηρίαν). * ἐν εἰρήνῃ ἀπέθανε καὶ ἐτάφη ἐκεῖ. Ἀβδιοὺ ἦν
Job 3 5 κλίνην μου προσκυνῶν καὶ λέγων κύριέ μου ὁ ἐπὶ τῇ * σωτηρίᾳ * τῆς ἐμῆς ψυχῆς ἐλθών, δέομαί σου, εἴπερ οὗτός
Job 24 1 ἔτι μικρὸν καὶ ἐκδεχόμενος τὴν ἐλπίδα τῆς * σωτηρίας * σου; καὶ ἐγὼ πλανῆτις καὶ λάτρις τόπον ἐκ τόπου
Aris. 18 2 ἠξίουν ἐπιτελέσαι μεγάλην γὰρ εἶχον ἐλπίδα περὶ * σωτηρίας * ἀνθρώπων προτιθέμενον λόγον ὅτι τὴν ἐπιτέλειαν
Aris. 21 5 τοῦ βασιλέως τοῦ θεοῦ κατισχύοντος αὐτὸν εἰς τὸ * σωτηρίαν * γενέσθαι πλήθεσιν ἱκανοῖς. ἦν δὲ τοιοῦτο τοῦ
FMan. 2 22 12 τῶν οἰκτιρμῶν σου ὥρισας μετάνοιαν ἁμαρτωλοῖς εἰς * σωτηρίαν. * σὺ οὖν κύριε ὁ θεὸς τῶν δικαίων οὐκ ἔθου
FSop. 5 77 2 φωτὸς ἡλίου ἀνατέλλοντος οἰκοῦντας ἐν ναοῖς * σωτηρίας * καὶ ὑμνοῦντας θεὸν ἄρρητον ὕψιστον.
FAch. 107 Αἴσωπος ζῇ. ἐκεῖνον γὰρ τηρήσας ἐφύλαξα εἰς ἐμὴν * σωτηρίαν. * πλὴν ἄμοιρόν σε οὐκ ἀφήσω σωτῆρα δὲ ἡμῶν
HHec. 1 22 204 λαβὼν εἰς τὰς χεῖρας πῶς γὰρ οὗτος ἔφη τὴν αὐτοῦ * σωτηρίαν * οὐ προϊδὼν περὶ τῆς ἡμετέρας πορείας ἡμῖν ἂν τι
HCal. 24 16 καὶ σῴζεσθαι χρεὼν οὐ γὰρ ἐστιν ἡμῖν ἐλπὶς * σωτηρίας. * ἔξω γὰρ φύσεως ἀνθρώπων ὁ Μακεδόνων στρατὸς ὡς

σωτήριος 7
TSim. 7 1 τὰς δύο φυλὰς ταύτας ὅτι ἐξ αὐτῶν ἀνατελεῖ ὑμῖν τὸ * σωτήριον * τοῦ θεοῦ. ἀναστήσει γὰρ κύριος ἐκ τοῦ Λευὶ ὡς
TLevi 9 7 ἱερωσύνης θυσιῶν ὁλοκαυτωμάτων ἀπαρχῶν ἑκουσίων * σωτηρίων. * καὶ ἦν καθ' ἑκάστην ἡμέραν συνετίζων με καὶ
TJud. 22 2 συντελεσθήσεται ἡ βασιλεία μου ἕως τοῦ ἐλθεῖν τὸ * σωτήριον * Ἰσραὴλ ἕως παρουσίας τοῦ θεοῦ τῆς δικαιοσύνης
TDan 5 10 καὶ ἀνατελεῖ ὑμῖν ἐκ τῆς φυλῆς Ἰουδὰ καὶ Λευὶ τὸ * σωτήριον * κυρίου καὶ αὐτὸς ποιήσει πρὸς τὸν Βελιὰρ
TBen. 9 2 καὶ πάντα τὰ ἔθνη ἕως οὗ ὁ ὕψιστος ἀποστείλῃ τὸ * σωτήριον * αὐτοῦ ἐν ἐπισκοπῇ μονογενοῦς προφήτου. καὶ
TBen. 10 5 τὰς ἐντολὰς τοῦ θεοῦ ἕως ὅτε ὁ κύριος ἀποκαλύψῃ τὸ * σωτήριον * αὐτοῦ πᾶσι τοῖς ἔθνεσιν. τότε ὄψεσθε Ἐνὼχ Νῶε
Job 51 4 τῶν ὕμνων παρὰ τῶν τριῶν θυγατέρων τοῦ ἀδελφοῦ μου * σωτήριον * ταῦτα εἶναι, ὅτι ταῦτά ἐστιν τὰ μεγαλεῖα τοῦ

Σωφά 1
Prop. 16 1 Μαλαχίας. οὗτος μετὰ τὴν ἐπιστροφὴν τίκτεται ἐν * Σωφᾶ * καὶ ἔτι πάνυ νέος καλὸν βίον ἔσχηκε. καὶ ἐπειδὴ πᾶς

Σωφάρ 1
HArl. 9 25 4 βασιλέα καὶ Βαλδὰδ τὸν Σαυχαίων τύραννον καὶ * Σωφὰρ * τὸν Μινναίων βασιλέα ἐλθεῖν δὲ καὶ Ἐλιοῦν τὸν

σωφροσύνη 13
TJos. 1 διαθηκη Ιωσηφ. περι * σωφροσυνης. * ἀντίγραφον διαθήκης Ἰωσήφ. ἐν τῷ μέλλειν
TJos. 4 1 ἐκολάκευσέ με μετὰ δόλου διὰ ῥημάτων ἐπαινοῦσα τὴν * σωφροσύνην * μου ἐνώπιον τοῦ ἀνδρὸς αὐτῆς βουλομένη
TJos. 4 2 φοβηθῇς τὸν ἄνδρα μου καὶ γὰρ πέπεισται περὶ τῆς * σωφροσύνης * σου ὅτι κἂν εἴπῃ τις αὐτῷ περὶ ἡμῶν οὐ μὴ
TJos. 6 7 ἰδοῦσα αὐτὸ μετανοήσεις. ἵνα δὲ μάθῃς ὅτι τῶν ἐν * σωφροσύνῃ * θεοσεβούντων οὐ κατισχύει κακία ἀσεβούντων
TJos. 9 2 ὁ θεὸς μᾶλλον τὸν ἐν λάκκῳ σκότους νηστεύοντα ἐν * σωφροσύνῃ * ἢ τὸν ἐν ταμιείοις βασιλείων τρυφῶντα μετὰ
TJos. 9 3 βασιλείων τρυφῶντα μετὰ ἀκολασίας. ὁ δὲ ἐν * σωφροσύνῃ * διάγων θέλει καὶ δόξαν καὶ εἰ οἶδεν ὁ ὕψιστος
TJos. 10 2 καὶ προσευχῇ μετὰ νηστείας. καὶ ὑμεῖς οὖν ἐὰν τὴν * σωφροσύνην * καὶ τὴν ἁγνείαν μετέλθητε ἐν ὑπομονῇ καὶ
TJos. 10 2 καρδίας κύριος κατοικήσει ἐν ὑμῖν ὅτι ἠγάπησε τὴν * σωφροσύνην. * ὅπου δὲ κατοικεῖ ὁ ὕψιστος κἂν τις περιπέσῃ
TJos. 10 3 ἡ σκοτία κύριος ὁ ἐν αὐτῷ κατοικῶν διὰ τὴν * σωφροσύνην * οὐ μόνον ἐκ τῶν κακῶν ῥύεται ἀλλὰ καὶ ὑψοῖ
Aris. 237 2 τί πρὸς ὑγείαν μάλιστα συντείνει; ἐκεῖνος δὲ ἔφη * σωφροσύνη * ταύτης δὲ οὐκ ἔστι τυχεῖν ἐὰν μὴ θεὸς

| Ref | | | Left context | Keyword | Right context |
|---|---|---|---|---|---|

```
Aris.   248    6    πάντα αὐτοῖς τὰ ἀγαθά. τὸ δὲ ἐπιδεῖσθαι παιδία  * σωφροσύνης *  μετασχεῖν θεοῦ δυνάμει τοῦτο γίνεται. φήσας
FAch.   110         κυνὶ ἡ οὐρὰ ἄρτον πορίζει τὸ δὲ στόμα πληγάς. ἐπὶ  * σωφροσύνῃ *  μεγαλοφρόνει μὴ ἐπὶ χρήμασι τὰ μὲν γὰρ καιρὸς
FPho.    76         τὸ γὰρ Ἔρις μακάροισιν ἔην οὐκ ἂν πόλος ἔστι.  * σωφροσύνην *  ἄσκειν αἰσχρῶν δ' ἔργων ἀπέχεσθαι. μὴ μιμοῦ
        σώφρων    7
TJos.     4    2    βουλομένη καταμόνας ὑποσκελίσαι με. ἐδόξαζέ με ὡς  * σώφρων *  φανερὸς καὶ ἐν κρυφῇ ἔλεγέ μοι μὴ φοβηθῇς τὸν
TBen.     4    4    τις πλουτῇ οὐ ζηλοῖ ἐάν τις ἀνδρεῖος ἐπαινεῖ τὸν  * σώφρονα *  πιστεύων ὑμνεῖ τὸν πένητα ἐλεεῖ τῷ ἀσθενεῖ
Asen.     4    7    λιμοῦ. καὶ ἔστιν Ἰωσὴφ ἀνὴρ θεοσεβὴς καὶ  * σώφρων *  καὶ παρθένος ὡς σὺ σήμερον καὶ ἔστιν Ἰωσὴφ ἀνὴρ
Prop.     4    2    ἐγεννήθη δὲ ἐν Βεθώρῳ τῇ ἀνωτέρᾳ καὶ ἦν ἀνὴρ  * σώφρων *  ὥστε δοκεῖν τοὺς Ἰουδαίους εἶναι αὐτὸν σπάδοντα.
Aris.   125    2    λέγειν ὅτι περὶ ἑαυτοῦ ἔχων ἄνδρας δικαίους καὶ  * σώφρονας *  τὴν μεγίστην ἂν φυλακὴν τῆς βασιλείας ἕξειν
Sib.      3   375    μετὰ δ' αὐτῆς ἡ πάντων προφέρουσα βροτοῖς ὁμόνοια  * σαόφρων *  καὶ στοργὴ πίστις φιλίη ξείνων ἄπο καὶ τῶν +ἠδὲ
Sib.      5   327    δολόεσσαν ἀοιδὴν +τήν τε σοφὴν ἀνδρῶν μελέτην καὶ  * σώφρονα *  βουλήν+. ἴλαθι παγγενέτωρ τρυφερῇ χθονὶ τῇ
        τάγμα     1
Bar.     11    6    ὁ ἐμὸς ἀρχιστράτηγος καὶ παντὸς τοῦ ἡμετέρου  * τάγματος. *  καὶ εἶπεν ὁ ἀρχιστράτηγος Μιχαὴλ χαίροις καὶ
Aris.    26    6    δόσιν ἀθρόαν οὖσαν ἀπομερίσαι τοῖς ὑπηρέταις τῶν  * ταγμάτων *  καὶ βασιλικοῖς τραπεζίταις. οὕτω δοχθὲν
        τακτός
FAch.   119         ἐπὶ δεῖπνον ἐλθεῖν ἅμα δὲ καὶ τὸν Αἴσωπον. τῇ οὖν  * τακτῇ *  ὥρᾳ ἐλθόντες κατεκλίθησαν ἐν τῷ δείπνῳ. καὶ τῶν
FPho.   224         ὀφειλόμενον δασμὸν παρέχειν θεράποντι. δούλῳ  * τακτὰ *  νέμοις ἵνα τοι καταθύμιος εἴη. στίγματα μὴ γράψῃς
        ταλαιπωρέω 2
Sib.      5   75    ὑστατίῳ καιρῷ ὅτε πάγκακοι ἄνδρες ἔσονται. ἀλλὰ  * ταλαιπωροῦσι *  κακοὶ κακότητα μένοντες ὀργὴν ἀθανάτοιο
        ταλαιπωρία 9
Job      34    4    ἡμῖν διὸ ἀναχωρήσωμεν εἰς τὰς ἰδίας χώρας αὐτός ἐν  * ταλαιπωρίᾳ *  σκωλήκων κάθηται καὶ δυσωδίαις, καὶ ἀκμὴν
Aris.    15    7    καὶ πλουσίᾳ ψυχῇ ἀπόλυσον τοὺς συνεχομένους ἐν  * ταλαιπωρίαις *  κατευθύνοντός σοι τὴν βασιλείαν τοῦ
        ταλαίπωρος 9
Abr.2    10   12    ψυχῆς τὴν ἁμαρτίαν. καὶ ἀποκριθεὶς ὁ ἀνὴρ εἶπεν ὦ  * ταλαίπωρε *  ψυχή πῶς λέγεις ὅτι φόνος οὐ γέγονεν δι' ἐμοῦ
Asen.     6    2    καὶ εἶπεν ἐν τῇ καρδίᾳ αὐτῆς τί νῦν ἐγὼ ποιήσω ἢ  * ταλαίπωρος; *  οὐχὶ λελάληκα λέγουσα ὅτι Ἰωσὴφ ἔρχεται ὁ
Asen.     6    4    καὶ ποία κοιλία γυναικὸς τέξεται τοιοῦτον φῶς;  * ταλαίπωρος *  ἐγὼ καὶ ἄφρων ὅτι λελάληκα τῷ πατρί μου περὶ
Asen.    11   16    ἐν τῇ καρδίᾳ αὐτῆς οὐκ ἀνοίξασα τὸ στόμα αὐτῆς  * ταλαίπωρος *  ἐγὼ καὶ ὀρφανὴ καὶ ἔρημος τὸ στόμα μου
Asen.    11   18    τὸ ὄνομα τὸ ἅγιον αὐτοῦ; τί νῦν ποιήσω ἢ  * ταλαίπωρος *  ἐγώ; ἀλλὰ τολμήσω μᾶλλον καὶ ἀνοίξω τὸ στόμα
Sedr.    11   15    σε. ὦ ψυχὴ τί γὰρ σε ἐνέβαλεν εἰς τὸ ταπεινόν καὶ  * ταλαίπωρον *  σῶμα; καὶ ἄρτι χωριζομένη ἀπ' αὐτοῦ καὶ
Sedr.    11   16    ἀνέρχεσαι ἔνθα καλεῖ ⟨σε⟩ ὁ κύριος καὶ τὸ σῶμα τὸ  * ταλαίπωρον *  ἀπέρχεται εἰς κρίσιν. ὦ σῶμα καλλωπισμένον
Aris.   130    3    ὁμιλήσαντες διαστροφὰς ἐπιλαμβάνουσιν ἄνθρωποι καὶ  * ταλαίπωροι *  δι' ὅλου τοῦ ζῆν εἰσιν ἐὰν δὲ σοφοῖς καὶ
FrAn.  Z 11    2                                                          * ταλαίπωροί *  εἰσιν οἱ δίψυχοι οἱ διστάζοντες τῇ καρδίᾳ οἱ
        ταλανίζω  1
Abr.1    20    5    βάρος μοι φαίνονται καὶ τὸ πνεῦμά μου ἐν πολλῷ  * ταλανίζεται *  μετάστηθι ἐν ὀλίγοις οὐχ ὑποφέρω γὰρ θεωρῶν
        ταλαντιαῖος 3
HEup.  9 34    5    καὶ ἔνδεσμον κυπαρίσσινον πελεκίνοις χαλκοῖς  * ταλαντιαίοις *  καταλαμβάνοντα⟨ς⟩ τοὺς δύο δόμους. οὕτω δ'
HEup.  9 34    5    καὶ προστιθέναι προσηλοῦντα ἥλοις ἀργυροῖς  * ταλαντιαίοις *  τὴν ὁλκὴν μαστοειδέσι τὸν ῥυθμὸν τέσσαρι
HEup.  9 34   11    καὶ προσκρεμάσαι ἑκάστῃ δικτυΐ κώδωνας χαλκοῦς  * ταλαντιαίους *  τετρακοσίους καὶ ποιῆσαι ὅλας τὰς δίκτυας
        τάλαντον  23
TLevi    18  2Β032   ἀναφέρεσθαι ἐπὶ τὸν βωμὸν τῷ ταύρῳ τῷ τελείῳ  * τάλαντον *  ξύλων καθήκει αὐτῷ ἐν σταθμῷ καὶ εἰς τὸ στέαρ
TJud.     9    5    κεφαλῆς μου καὶ ἀνῆλθον ἀποδεχόμενος λίθους ἕως  * τάλαντων *  τριῶν καὶ ἀνελθὼν ἀνεῖλον τέσσαρες τοὺς
TJos.    18    3    θυγατέρα κυρίων μου ἔλαβον εἰς γυναῖκα καὶ ἑκατὸν  * τάλαντά *  μοι χρυσίου δέδοται σὺν αὐτῇ ὅτι κύριός μοι
Aris.    20    9    εἰς τὴν βασιλείαν. ὑπὲρ τὰ τετρακόσια  * τάλαντα *  τὴν δόσιν ἀπέφαινον εἶναι. καὶ τοῦ προστάγματος
Aris.    27    2    οὕτω δοχθὲν ἐκεκύρωτο ἐν ἡμέραις ἑπτὰ πλεῖον δὲ  * τάλαντων *  ἐξακοσίων ἑξήκοντα ἡ δόσις ἐγεγόνει. πολλὰ γὰρ
Aris.    33    5    καὶ τραπέζης καὶ σπονδείων χρυσίου μὲν ὁλκῆς  * τάλαντα *  πεντήκοντα καὶ ἀργυρίου τάλαντα ἑβδομήκοντα καὶ
Aris.    33    6    χρυσίου μὲν ὁλκῆς τάλαντα πεντήκοντα καὶ ἀργυρίου  * τάλαντα *  ἑβδομήκοντα καὶ λίθων ἱκανόν τι πλῆθος ἐκέλευσε
Aris.    33    9    διδόναι καὶ νομίζομαι εἰς θυσίας καὶ ἄλλα πρὸς  * τάλαντα *  ἑκατόν. δηλώσομεν δέ σοι περὶ τῆς κατασκευῆς ὡς
Aris.    40    5    ἀναθημάτων καὶ εἰς θυσίας καὶ τὰ ἄλλα ἀργυρίου  * τάλαντα *  ἑκατόν. γράφων δὲ καὶ σὺ πρὸς ἡμᾶς περὶ ὧν ἐὰν
Aris.    42    8    καὶ εἰς ἐπισκευὴν ὧν ἂν δέηται τὸ ἱερὸν ἀργυρίου  * τάλαντα *  ἑκατόν ἅπερ ἐκόμισεν Ἀνδρέας τῶν τετιμημένων
Aris.    71    6    ἦν τὸ πάχος τῆς ὅλης τραπέζης ὥστε πολλῶν εἶναι  * τάλαντων *  τὴν ὅλην διασκευήν. ἐπεὶ γὰρ οὐ προήρητο τοῖς
Aris.    93    2    γὰρ ἀμφοτέραις τῶν μόσχων τὰ σκέλη πλεῖον ὄντα  * τάλαντων *  δύο σχεδὸν ἑκάστου ἀναρρίπτουσιν ἑκατέρας
Aris.   294    3    διδαχὴν ἐμοὶ πρὸς τὸ βασιλεύειν. ἑκάστῳ δὲ τρία  * τάλαντα *  προσέταξεν ἀργυρίου δοθῆναι καὶ τὸν
Aris.   319    4    γὰρ στολὰς ἔδωκε τῶν κρατίστων τρεῖς καὶ χρυσίου  * τάλαντα *  δύο καὶ κυλίκιον ταλάντου καὶ τρικλίνου πᾶσαν
Aris.   319    4    τρεῖς καὶ χρυσίου τάλαντα δύο καὶ κυλίκιον  * ταλάντου *  καὶ τρικλίνου πᾶσαν κατάστρωσιν ἔπεμψε δὲ καὶ
Aris.   320    3    κλίνας δέκα καὶ τὰ ἀκόλουθα πάντα καὶ κυλικεῖον  * τάλαντα *  τριάκοντα καὶ στολὰς δέκα καὶ πορφύραν καὶ
FAch.   122         τῷ Νεκταναβῷ δεδανεισμένα παρὰ Λυκούργου χίλια  * τάλαντα *  χρυσίου χρόνον ἑνεὶς τὸν παρελθόντα ⟨μετὰ τὸ⟩
HEup.  9 34    7    ποιῆσαι δὲ καὶ λυχνίας χρυσᾶς ⟨δέκα⟩ δέκα  * τάλαντα *  ἑκάστην ὁλκὴν ἀγούσας ὑπόδειγμα λαβόντα τὴν ὑπὸ
HEup.  9 34   16    τοὺς δύο στύλους καὶ τὸν ναὸν καταχρηστθὲν εἶναι  * τάλαντα *  μυριάδων υ ξʹ. εἰς δὲ τοὺς ἥλους καὶ τὴν ἄλλην
HEup.  9 34   16    δὲ τοὺς ἥλους καὶ τὴν ἄλλην κατασκευὴν ἀργυρίου  * τάλαντα *  χίλια διακόσια τριάκοντα δύο χαλκοῦ δὲ εἰς τοὺς
HEup.  9 34   16    δὲ εἰς τοὺς κίονας καὶ τὸν λουτῆρα καὶ τὴν στοὰν  * τάλαντα *  μύρια ὀκτακισχίλια πεντήκοντα. ἀποπέμψαι δὲ τὸν
HEup.  9 34   17    τὴν ἑαυτῶν ἑκάστῳ χρυσοῦ σίκλους δόντα δέκα τὸ δὲ  * τάλαντον *  εἶναι σίκλον. καὶ τῷ μὲν Αἰγύπτου βασιλεῖ
HHec.  1 22  198    μέγα οὗ βωμός ἐστι καὶ λυχνίον ἀμφότερα χρυσᾶ δύο  * τάλαντα *  τὴν ὁλκήν. ἐπὶ δὲ τούτων φῶς ἐστιν ἀναπόσβεστον
        τάλας     7
Sib.      3   648    δ' ἄσπαρτος καὶ ἀνήροτος ἔσται ἅπασα κηρύσσουσα  * τάλαινα *  μύσος μυρίων ἀνθρώπων --- πολλὰ χρόνων μήκη
Sib.      3   732    γὰρ ἐκ δρυμοῦ ξύλα κόψεται εἰς πυρὸς αὐγήν.) ἀλλὰ  * τάλαιν' *  Ἑλλὰς ὑπερήφανα παῦε φρονοῦσα λίσσεο δ'
Sib.      4   80    ἐκ πολέμου δειλὴ ὑποδέξεται Ἀσίς. Σικελίην δὲ  * τάλαιναν *  ἐπιφλέξει μάλα πᾶσαν χεῦμα πυρὸς μεγάλοιο
Sib.      4   105    λατρεύσει δούλειον ἔχων ζυγόν Ἰταλίδησιν. καὶ σὺ  * τάλαινα *  Κόρινθε τεὴν ποτ' ἐσόψει ἅλωσιν. Καρχηδὼν καὶ
Sib.      4   143    τότε λοιμὸς ὀλεῖ καὶ φύλοπις αἰνή. αἰαῖ Κύπρε  * τάλαινα *  σὲ δὲ πλατὺ κῦμα θαλάσσης κρύψει χειμερίῃσιν
Sib.      5   142    ὕμνους θεατροκοπῶν ἀπολεῖ πολλοὺς σὺν μητρὶ  * ταλαίνῃ. *  φεύξεται ἐκ Βαβυλῶνος ἄναξ φοβερὸς καὶ ἀναιδὴς
Sib.      5   336    ποταμηδὸν ἐπ' ἰχθυόεντι κολύμβῳ. Ἑλλήσποντε  * τάλαν *  ζεύξει ποτέ σ' Ἀσσυρίων παῖς +εἰς σέ μάχη+ Θρηκῶν
        ταμιεῖον  18
Hen.     11    1    μέχρι τελειώσεως γενεᾶς αὐτῶν. καὶ τότε ἀνοίξω τὰ  * ταμεῖα *  τῆς εὐλογίας τὰ ὄντα ἐν τῷ οὐρανῷ καὶ κατενεγκεῖν
Abr.1     4    1    τὸν υἱὸν αὐτοῦ ἄπελθε υἱέ μου ἀγαπητὲ εἰς τὸ  * ταμεῖον *  τοῦ τρικλίνου καὶ καλλώπισον αὐτὸ καὶ στρῶσαι
Abr.2     5    5    ἀνθρώπῳ τῷ ἐλθόντι πρὸς ἡμᾶς ἀλλὰ ἄπελθε ἐν τῷ  * ταμείῳ *  σου καὶ ἀναπαύου. καὶ ἀπελθὼν Ἰσαὰκ ἐν τῷ ταμείῳ
Abr.2     5    6    ταμείῳ σου καὶ ἀναπαύου. καὶ ἀπελθὼν Ἰσαὰκ ἐν τῷ  * ταμείῳ *  εἰσῆλθεν καὶ ἐκοιμήθη καὶ οὐ παρήκουσεν τῆς φωνῆς
Abr.2     6    4    αὐτῆς καὶ ἀνέστη καὶ ἦλθεν ὀλίγον τὴν θύραν τοῦ  * ταμείου *  ὅπου Ἀβραὰμ ἐκάθευδεν καὶ ἔκραζεν λέγουσα κύριέ
TSim.     8    3    τὰ γὰρ ὀστᾶ Ἰωσὴφ ἐφύλαττον οἱ Αἰγύπτιοι ἐν τοῖς  * ταμιείοις *  τῶν βασιλείων. ἔλεγον γὰρ αὐτοῖς οἱ ἐπαοιδοὶ
TJos.     3    3    λόγους πατρός μου Ἰακὼβ καὶ εἰσερχόμενος εἰς τὸ  * ταμεῖον *  προσηυχόμην κυρίῳ καὶ ἐνήστευον ἐν τοῖς ἑπτὰ
TJos.     9    2    ἐν λάκκῳ σκότους νηστεύοντα ἢ τὸν ἐν σωφροσύνῃ ἢ τὸν  * ταμιείοις *  βασιλέων τρυφῶντα μετὰ ἀκολασίας. ὁ δὲ ἐν
Asen.     2    5    τῆς παρθενίας αὐτῆς. καὶ ἦν ὁ τρίτος θάλαμος  * ταμιεῖον *  τῆς Ἀσενὲθ καὶ ἦν ἐν αὐτῷ πάντα τὰ ἀγαθὰ τῆς
Asen.    15   14    εἰσοίσω σοι ἄρτον καὶ φάγεσαι καὶ οἶσω σοι ἐκ τοῦ  * ταμιείου *  μου οἶνον παλαιὸν καὶ καλὸν οὗ ἡ πνοὴ αὐτοῦ
Asen.    16    2    καὶ ἐλυπήθη διότι οὐκ εἶχε κηρίον μελίσσης ἐν τῷ  * ταμιείῳ *  αὐτῆς. καὶ εἶπεν αὐτῇ ὁ ἄνθρωπος τίνος χάριν
Asen.    16    5    εἶπεν αὐτῇ ὁ ἄνθρωπος βάδιζε καὶ εἴσελθε εἰς τὸ  * ταμιεῖόν *  σου καὶ εὑρήσεις κηρίον μελίσσης ἐπὶ τῆς
Asen.    16    6    ὧδε. καὶ εἶπεν Ἀσενὲθ κύριε κηρίον μελίσσης ἐν τῷ  * ταμιείῳ *  μου οὐκ ἔστιν. καὶ εἶπεν ὁ ἄνθρωπος βάδιζε καὶ
Asen.    16    9    βάδιζε καὶ εὑρήσεις. καὶ εἰσῆλθεν Ἀσενὲθ εἰς τὸ  * ταμιεῖον *  αὐτῆς καὶ εὗρε κηρίον μελίσσης κείμενον ἐπὶ τῆς
Asen.    16   10    τί ὅτι εἶπας ὅτι οὐκ ἔστι κηρίον μελίσσης ἐν τῷ  * ταμιείῳ *  μου; καὶ ἰδοὺ ἐνήγκοχας κηρίον μελίσσης
Asen.    16   11    καὶ εἶπεν κύριε ἐγὼ οὐκ εἶχον κηρίον μέλιτος ἐν τῷ  * ταμιείῳ *  μου πώποτε ἀλλὰ σὺ ἐλάλησας καὶ γέγονε. μήτιγε
Sal.     14    8    ὁδοὶ ἀνθρώπων γνωσταὶ ἐνώπιον αὐτοῦ διὰ παντός καὶ  * ταμιεῖα *  λέγω δὲ τὰ τῆς γεωργίας πρόσφορα. παρεξέβημεν δὲ
Aris.   111    4    οἱ γεωργοὶ καὶ προστάται τῆς πόλεως ἐλαττώσι τὰ  * ταμιεῖα *  λέγω δὲ τὰ τῆς γεωργίας πρόσφορα. παρεξέβημεν δὲ
        Ταμιήλ    1
Hen.      6    7    Ἰωμειὴλ Χωχαριὴλ Ἐζεκιὴλ Βατριὴλ Σαθιὴλ Ἀτριὴλ  * Ταμιὴλ *  Βαρακιὴλ Ἀνανθνὰ Θωνιὴλ Ῥαμιὴλ Ἀσεαλ Ῥακειὴλ
        Τάναγρα   1
Sib.      3   344    +Πανδονίη+ Κολοφών Ἔφεσος Νίκαια Ἀντιόχεια  * Τάναγρα *  Σινώπη Σμύρνη +Μάρος+ Γάζα πανόλβιστη Ἱεράπολις
        Τάναϊς    1
Sib.      3   338    αὖτις ἐν ἀνθρώποισι μέγιστα καὶ γὰρ Μαιῶτιν λίμνην  * Τάναϊς *  βαθυδίνης λείψει κὰδ δὲ ῥόον βαθὺν αὐλακος
        τανυητις *
FrAn.   574  3024    πυριφανῆ ὁ ἐν μέσῃ ἀρούρης καὶ χιόνος καὶ ὁμίχλης  * τανυητις *  καταβάτω σου ὁ ἄγγελος ὁ ἀπαραίτητος καὶ
        τανύω     1
Sib.      5   30    ὄφις φυσῶν πόλεμον βαρὺν ὃς ποτε χεῖρας ἧς γενεῆς  * τανύσας *  ὀλέσει καὶ πάντα ταράξει ἀθλεύων ἐλάων κτείνων
        τάξις    22
Adam     38    2    οἱ ἄγγελοι ἐνώπιον τοῦ θεοῦ ἕκαστος κατὰ τὴν  * τάξιν *  αὐτοῦ τινες μὲν ἔχοντες θυμιατήρια ἐν χερσὶν αὐτῶν
Hen.      2    1    αὐτῶν φαίνονται καὶ οὐ παραβαίνουσιν τὴν ἰδίαν  * τάξιν. *  ἴδετε τὴν γῆν καὶ διανοήθητε περὶ τῶν ἔργων τῶν
TLevi    11    3    εἶδον δὲ περὶ αὐτοῦ ὅτι οὐκ ἔσται ἐν πρώτῃ  * τάξει. *  καὶ ὁ Καὰθ ἐγεννήθη τριακοστῷ πέμπτῳ ἔτει πρὸς
```

TLevi 18 2B030 ἐπάνω λίβανον +τὸ ηεεσθαι+ τὸ ἔργον σου ἐν * τάξει * καὶ πᾶσα προσφορά σου εἰς εὐδόκησιν καὶ ὀσμὴν
TLevi 18 2B031 εὐωδίας ἔναντι κυρίου ὑψίστου. καὶ ὅσα ἂν ποιῇς ἐν * τάξει * ποίει ἃ ποιῇς ἐν μέτρῳ καὶ σταθμῷ καὶ μὴ
TNep. 2 8 ἐνὶ τοῖς προσώποις ἢ τῷ νοΐ ὅμοιον. πάντα γὰρ ἐν * τάξει * ἐποίησεν ὁ θεὸς καλὰ τὰς πέντε αἰσθήσεις ἐν τῇ
TNep. 2 9 εἰς ἰσχὺν καὶ τὰ ἑξῆς. οὕτως οὖν τέκνα μου ἐν * τάξει * ἐστὲ εἰς ἀγαθὰ ἐν φόβῳ θεοῦ καὶ μηδὲν ἄτακτον
TNep. 3 2 ἥλιος καὶ σελήνη καὶ ἀστέρες οὐκ ἀλλοιοῦσι * τάξιν * αὐτῶν οὕτως καὶ ὑμεῖς μὴ ἀλλοιώσητε νόμον θεοῦ ἐν
TNep. 3 3 ἔθνη πλανηθέντα καὶ ἀφέντα τὸν κύριον ἠλλοίωσαν * τάξιν * αὐτῶν καὶ ἐπηκολούθησαν λίθοις καὶ ξύλοις
TNep. 3 4 ταῦτα πάντα ἵνα μὴ γένησθε ὡς Σόδομα ἥτις ἐνήλλαξε * τάξιν * φύσεως αὐτῆς. ὁμοίως δὲ καὶ οἱ ἐγρήγοροι ἐνήλλαξαν
TNep. 3 5 φύσεως αὐτῆς. ὁμοίως δὲ καὶ οἱ ἐγρήγοροι ἐνήλλαξαν * τάξιν * φύσεως αὐτῶν οὓς καὶ κατηράσατο κύριος ἐπὶ τοῦ
TNep. 8 9 αὐτοῦ. καὶ δύο ἐντολαί εἰσιν καὶ εἰ μὴ γένωνται ἐν * τάξει * αὐτῶν ἁμαρτίαν παρέχουσιν. οὕτως ἐστὶ καὶ ἐπὶ τῶν
TNep. 8 10 γίνεσθε οὖν σοφοὶ ἐν θεῷ καὶ φρόνιμοι εἰδότες * τάξιν * ἐντολῶν αὐτοῦ καὶ θεσμοὺς παντὸς πράγματος ὅπως ὁ
Sedr. 16 1 κύριος τὸν Σεδρὰχ ἐποίησα τὸν ἄνθρωπον ἐν τρισὶ * τάξεσιν * ὅτε ἐστὶν νέος ὡς νέου αὐτοῦ ἐπαράβλεπον τὰ
Aris. 69 2 λίθου πάντοθεν παλαιστιαία κρηπῖδος ἔχουσα * τάξιν * κατὰ τὴν πρόσοψιν ὀκτὼ δὲ δακτύλων τὸ πλάτος
Aris. 179 2 ἀναγκάζει κατὰ τὰς ἐπιτυχίας. κελεύσας δὲ εἰς * τάξιν * ἀποδοῦναι τὰ τεύχη τὸ τηνικαῦτα ἀσπασάμενος τοὺς
Aris. 266 4 τὸ πεῖσαι τὸν ἀντιλέγοντα διὰ τῆς ὑποτεταγμένης * τάξεως * τὰς βλάβας ἐπιδεικνύντα. οὕτω γὰρ λήψῃ τὸν
FBar. 14 1 απεκριθην και ειπο‹ν ιδου απεδει›ξας μοι καιρων * ταξεις * κ‹αι το μελλον εσ›εσθαι και ειπ‹ε›ς μ‹ο›ι ‹οτι υπ
IOrp. 44 δέ γε γυῖα ἐν νόῳ ἐξ ὑπάτου κραίνει περὶ πάντ' ἐνὶ * τάξει. * ὦ τέκνον σὺ δὲ τοῖσι νόοισι πελάζευ γλώσσης εὖ
LAri. 13 12 10 ὄντες ‹τῆς› ἐκ τοῦ Περιπάτου λαμπτῆρος αὐτὴν ἔχειν * τάξιν * ἀκολουθοῦντες γὰρ αὐτῇ συνεχῶς ἀτάραχοι
LAri. 13 12 11 τὸν θεὸν καθέστηκεν ἀλλ' ἐπὶ τῷ καταπεπαυκέναι τὴν * τάξιν * αὐτῶν οὕτως εἰς πάντα τὸν χρόνον τεταχέναι.
LAri. 13 12 12 πάντα τὰ ἐν αὐτοῖς ἵνα τοὺς χρόνους δηλώσῃ καὶ τὴν * τάξιν * προείπῃ τί τίνος προτερεῖ. τάξας γὰρ οὕτως αὐτὰ

ταπεινός 11
Hen. 26 4 ὑπὸ τὸ ὄρος. καὶ πρὸς δυσμὰς τούτου ἄλλο ὄρος * ταπεινότερον * αὐτοῦ καὶ οὐκ ἔχον ὕψος καὶ φάραγγα βαθεῖαν
TDan 6 9 τῶν ἐθνῶν ἔστι γὰρ ἀληθὴς καὶ μακρόθυμος πρᾶος καὶ * ταπεινὸς * καὶ ἐκδιδάσκων διὰ τῶν ἔργων νόμον θεοῦ.
TGad 5 3 ἡ ταπείνωσις ἀναιρεῖ τὸ μῖσος. ὁ γὰρ δίκαιος καὶ * ταπεινὸς * αἰδεῖται ποιῆσαι ἄδικον οὐχ ὑπὸ ἄλλου
TBen. 9 5 ἀναβαίνων ἀπὸ γῆς εἰς οὐρανόν. ἔγνων δὲ οἷος ἔσται * ταπεινὸς * ἐπὶ γῆς καὶ οἷος ἔνδοξος ἐν οὐρανῷ. ὅτε δὲ
Asen. 11 3 καρδίᾳ αὐτῆς τὸ στόμα μὴ ἀνοίξασα τί ποιήσω ἐγὼ ἡ * ταπεινὴ * ἢ ποῦ ἀπέλθω πρὸς τίνα καταφύγω ἢ τί λαλήσω ἐγὼ
Asen. 11 10 καὶ ἐπιεικὴς καὶ μὴ λογιζόμενος ἁμαρτίαν ἀνθρώπου * ταπεινοῦ * καὶ μὴ ἐλέγχων ἀνομίας ἀνθρώπου τεθλιμμένου ἐν
Asen. 18 7 ἀνεστέναξε καὶ ἐλυπήθη σφόδρα καὶ εἶπεν οἴμοι τῇ * ταπεινῇ * ‹ὅτι› τὸ πρόσωπόν μου συμπέπτωκεν. ὄψεταί με
Sal. 5 12 τίς χρηστὸς καὶ ἐπιεικὴς ἀλλ' ἢ σὺ εὐφρᾶναι ψυχὴν * ταπεινοῦ * ἐν τῷ ἀνοῖξαι χεῖρά σου ἐν ἐλέει; ἡ χρηστότης
Sedr. 10 6 πολλὰ δύνανται τὰ δάκρυα καὶ ἴαμα πολὺ γίνεται τοῦ * ταπεινοῦ * σώματος τοῦ πλάσματός σου. καὶ ἤρξατο κλαίων
Sedr. 11 15 ἕως ἄρτι σῴζω σε. ὦ ψυχὴ τί γάρ σε ἐνέβαλεν εἰς τὸ * ταπεινὸν * καὶ ταλαίπωρον σῶμα; καὶ ἄρτι χωριζομένη ἀπ'
Aris. 263 4 τοὺς ὑπερηφάνους καθαιρεῖ τοὺς δὲ ἐπιεικεῖς καὶ * ταπεινοὺς * ὑψοῖ. παρακαλέσας δὲ αὐτὸν τὸν ἑξῆς ἐπηρώτα

ταπεινόω 13
Hen. 1 6 καὶ πεσοῦνται καὶ διαλυθήσονται ὄρη ὑψηλὰ καὶ * ταπεινωθήσονται * βουνοὶ ὑψηλοὶ τοῦ διαρυῆναι ὄρη καὶ
Hen. 90 2 τῆς μεγάλης. ἐν τῷ καιρῷ ἐκείνῳ κατακαυθήσεται καὶ * ταπεινωθήσεται * καὶ ἔσται κατακαιόμενον καὶ τηκόμενον ὡς
Hen. 106 1 καὶ ἔτεκεν υἱὸν καὶ ἐκάλεσεν τὸ ὄνομα αὐτοῦ Λάμεχ. * ἐταπεινώθη * ἡ δικαιοσύνη μέχρι τῆς ἡμέρας ἐκείνης. καὶ
TBen. 5 5 προδοίη καὶ ὁ δίκαιος προσευχόμενος πρὸς ὀλίγον * ταπεινωθῇ * μετ' οὐ πολὺ φαιδρότερος ἀναφαίνεται οἷος
Asen. 21 21 θεοῦ. αὐτός με καθεῖλεν ἀπὸ τῆς δυναστείας μου καὶ * ἐταπείνωσέ * με ἀπὸ τῆς ὑπερηφανίας μου καὶ ‹τῷ› κάλλ‹ει›
Sal. 11 4 νήσων μακρόθεν συνήγαγεν αὐτοὺς ὁ θεός. ὄρη ὑψηλὰ * ἐταπείνωσεν * εἰς ὁμαλισμὸν αὐτοῖς οἱ βουνοὶ ἐφύγοσαν ἀπὸ
Bar. 7 5 τὰς αὐτοῦ πτέρυγας. ἐγὼ δὲ ἰδὼν τὴν τοιαύτην δόξαν * ἐταπεινώθην * φόβῳ μεγάλῳ καὶ ἐξέφυγον καὶ ὑπεκρύβην ἐν
Bar. 8 2 στέφανον ἀπὸ τῆς κορυφῆς αὐτοῦ. τὸ δὲ ὄρνεον ἔστη * τεταπεινωμένον * καὶ συστέλλον τὰς πτέρυγας αὐτοῦ. καὶ
Bar. 8 3 τοῦ ἡλίου καὶ διά τί ἐστι τὸ ὄρνεον τοσοῦτον * τεταπεινωμένον; * καὶ εἶπέν μοι ὁ ἄγγελος ὁ στέφανος τοῦ
Bar. 8 6 διὰ τοῦτο ἀνακαινίζεται. περὶ δὲ τοῦ ὀρνέου τὸ πῶς * ἐταπεινώθη * ἐπεὶ διὰ τὸ κατέχειν τὰς τοῦ ἡλίου ἀκτῖνας
Bar. 8 6 τοῦ πυρὸς καὶ τῆς ὁλοημέρου καύσεως ὡς δι' αὐτοῦ * ταπεινοῦται. * εἰ μὴ γὰρ αἱ τούτου πτέρυγες ὡς προείπομεν
Aris. 257 5 πρὸς οὓς ξενιτεύει. κοινῶς γὰρ ὁ θεὸς τὸ * ταπεινούμενον * προσδέχεται κατὰ φύσιν καὶ τὸ τῶν ἀνθρώπων
FMan. 2 22 11 ἐξήτησεν τὸ πρόσωπον κυρίου τοῦ θεοῦ αὐτοῦ καὶ * ἐταπεινώθη * σφόδρα ἀπὸ προσώπου κυρίου τοῦ θεοῦ τῶν

ταπείνωσις 16
Abr.Z 7 10 γὰρ ἀπὸ καμάτου εἰς ἀνάπαυσιν αἴρουσιν αὐτὸν ἀπὸ * ταπεινώσεως * εἰς ὕψος αἴρουσιν αὐτὸν ἀπὸ στενοχωρίας εἰς
TRub. 6 10 τὸν ἀδελφὸν αὐτοῦ καὶ πρὸς τὸν Λευὶ ἐγγίσατε ἐν * ταπεινώσει * καρδίας ἵνα δέξησθε εὐλογίαν ἐκ τοῦ στόματος
TJud. 19 2 τὰ τέκνα μου καὶ εἰ μὴ ἡ μετάνοια σαρκός μου καὶ ἡ * ταπείνωσις * ψυχῆς μου καὶ αἱ εὐχαὶ Ἰακὼβ τοῦ πατρός μου
TDan 5 13 καὶ ἅγιος Ἰσραὴλ βασιλεύων ἐπ' αὐτοὺς ἐν * ταπεινώσει * καὶ ἐν πτωχείᾳ καὶ ὁ πιστεύων ἐπ' αὐτῷ
TGad 5 3 ἀγάπῃ τοῦ κυρίου. ἡ δικαιοσύνη ἐκβάλλει τὸ μῖσος ἡ * ταπείνωσις * ἀναιρεῖ τὸ μῖσος. ὁ γὰρ δίκαιος καὶ ταπεινὸς
TJos. 10 2 καὶ τὴν ἁγνείαν μετέλθητε ἐν ὑπομονῇ καὶ * ταπεινώσει * καρδίας κύριος κατοικήσει ἐν ὑμῖν ὅτι ἠγάπησε
TBen. 10 7 τῶν οὐρανῶν τὸν ἐπὶ γῆς φανέντα μορφῇ ἀνθρώπου * ταπεινώσεως * καὶ ὅσοι ἐπίστευσαν αὐτῷ ἐπὶ γῆς
Asen. 10 17 ὕδωρ οὐκ ἔπιεν ἐν ‹ἐκείναις› ταῖς ἑπτὰ ἡμέραις τῆς * ταπεινώσεως * αὐτῆς. καὶ τῇ ἡμέρᾳ τῇ ὀγδόῃ ἰδοὺ ὄρθρος ἦν
Asen. 11 2 ἐν ταῖς ἑπτὰ ἡμέραις καὶ ἐν ταῖς ἑπτὰ νυξὶ τῆς * ταπεινώσεως * αὐτῆς. καὶ εἶπεν ἐν τῇ καρδίᾳ αὐτῆς τὸ στόμα
Asen. 11 6 καὶ πάντας τοὺς μνηστευομένους με. καὶ νῦν ἐν τῇ * ταπεινώσει * μου ταύτῃ πάντες μεμισήκασί με καὶ
Asen. 11 12 δέησίν μου ἐνώπιον αὐτοῦ. τίς οἶδεν εἰ ὄψεται τὴν * ταπείνωσίν * μου καὶ ἐλεήσει με; τυχὸν ὄψεται τὴν ἐρήμωσίν
Asen. 11 17 τούτοις καὶ τῇ τέφρᾳ κατεσποδωμένη καὶ τῷ ῥύπῳ τῆς * ταπεινώσεώς * μου πῶς ἐγὼ ἀνοίξω τὸ στόμα μου πρὸς τὸν
Asen. 13 1 κύριε ἄφθαρτά εἰσι καὶ αἰώνια. ἐπίσκεψαι κύριε τὴν * ταπείνωσίν * μου καὶ ἐλέησόν με. ἐπίβλεψον ἐπὶ τὴν
Asen. 15 3 σου καὶ τῆς προσευχῆς σου. ἰδοὺ ἑώρακα καὶ τὴν * ταπείνωσιν * καὶ τὴν θλῖψιν τῶν ἑπτὰ ἡμερῶν τῆς ἐνδείας
Sal. 2 35 αἰῶνα κατὰ τὰ ἔργα αὐτῶν καὶ ἐλεῆσαι δίκαιον ἀπὸ * ταπεινώσεως * ἁμαρτωλοῦ καὶ ἀποδοῦναι ἁμαρτωλῷ ἀνθ' ὧν
Sal. 3 8 αὐτοῦ. ἐξιλάσατο περὶ ἀγνοίας ἐν νηστείᾳ καὶ * ταπεινώσει * ψυχῆς αὐτοῦ καὶ ὁ κύριος καθαρίζει πᾶν ἄνδρα

Ταραντῖνος 1
Aris. 12 2 εἶναι περὶ ὧν πολλάκις ἠξιώκειν Σωσίβιόν τε τὸν * Ταραντῖνον * καὶ Ἀνδρέαν τοὺς ἀρχισωματοφύλακας περὶ τῆς

ταράσσω 22
Abr.Z 2 6 ἂν βούλῃ μήπως συναντήσῃ σοι θηρίον πονηρὸν καὶ * ταραχθῇς. * ἠρώτησεν δὲ Μιχαὴλ τὸν Ἀβραὰμ λέγων λέγε μοι
Abr.Z 13 6 ἐμοῦ ἀσ' οὐ γὰρ σε ἐθεασάμην ἔγγιστά μου καθήμενον * ἐταράχθη * ἡ ψυχή μου ἐν ἐμοὶ πάντως οὐκ εἰμὶ ἄξιός σου σὺ
Abr.Z 13 20 στέφανον ἐπὶ τὴν κεφαλήν μου ἐν μεγάλῳ φόβῳ καὶ * ταράσσω * αὐτὸν σφόδρα. καὶ εἶπεν αὐτῷ Ἀβραὰμ δεῖξόν μοι
TZab. 8 6 καὶ πᾶσαν συγγένειαν διασκορπίζει καὶ τὴν ψυχὴν * ταράσσει * καὶ τὴν ὕπαρξιν ἀφανίζει. ὁ γὰρ μνησίκακος
TDan 4 2 δυναμοῖ τὸν ἐρεθιζόμενον καὶ ἐν ζημίαις πικραῖς * ταράσσει * τὸ διαβούλιον αὐτοῦ καὶ οὕτως διεγείρει ἐν θυμῷ
TDan 4 7 θυμὸς μετὰ ψεύδους καὶ συναίρονται ἀλλήλοις ἵνα * ταράξωσι * τὸ διαβούλιον ταρασσομένης δὲ τῆς ψυχῆς συνεχῶς
TDan 4 7 συναίρονται ἀλλήλοις ἵνα ταράξωσι τὸ διαβούλιον * ταρασσομένης * δὲ τῆς ψυχῆς συνεχῶς ἀφίσταται κύριος ἀπ'
TGad 6 2 μου τὸ πνεῦμα τοῦ μίσους ἐσκότιζέ μου τὸν νοῦν καὶ * ἐτάρασσε * τὴν ψυχήν μου τοῦ ἀνελεῖν αὐτόν. ἀγαπᾶτε οὖν
TAser 6 5 τοὺς ἀγγέλους κυρίου καὶ τοῦ σατανᾶ. ἐὰν γὰρ * τεταραγμένη * ἡ ψυχὴ ἀπέρχεται βασανίζεται ὑπὸ τοῦ πονηροῦ
TJos. 7 5 ἐνοχλεῖ προσευξάμενος κυρίῳ εἶπον αὐτῇ ἵνα τί * ταράσσῃ * καὶ θορυβῇ ἐν ἁμαρτίαις τυφλώττουσα; μνήσθητι
Asen. 24 11 ὡς ἤκουσαν οἱ ἄνδρες τῶν ῥημάτων τοῦ υἱοῦ Φαραὼ * ἐταράχθησαν * σφόδρα καὶ ἐλυπήθησαν καὶ εἶπον πρὸς τὸν
Asen. 26 8 αὐτοῦ. καὶ εἶδεν αὐτὸν Ἀσενὲθ καὶ ἐφοβήθη καὶ * ἐταράχθη * σφόδρα καὶ ἐτρόμαξεν ὅλον τὸ σῶμα αὐτῆς. καὶ
Sal. 6 3 θεοῦ αὐτοῦ. ἀπὸ ὁράσεως πονηρῶν ἐνυπνίων αὐτοῦ οὐ * ταραχθήσεται * ἡ ψυχὴ αὐτοῦ ἐν διαβάσει ποταμῶν καὶ σάλῳ
Sal. 8 5 ἀπὸ ἀκοῆς παρελύθη γόνατά μου ἐφοβήθη ἡ καρδία μου * ἐταράχθη * τὰ ὀστᾶ μου ὡς λίνον. εἶπα κατευθυνοῦσιν ὁδοὺς
Sal. 13 5 αὐτῶν καὶ ἐκ τούτων ἁπάντων ἐρρύσατο ἡμᾶς κύριος. * ἐταράχθη * ὁ εὐσεβὴς διὰ τὰ παραπτώματα αὐτοῦ μήποτε
Sedr. 11 12 ἀνθύπατοι καὶ καλόδρομοι ἐπὶ προσώπου τῆς γῆς * ταρασσόμενοι * τοὺς οἴκους εὐτρεπίζοντες παντὸς ἀγαθοῦ. ὦ
Job 19 1 καὶ δηλώσαντός μοι τὴν τῶν ἐμῶν τέκνων ἀπώλειαν, * ἐταράχθην * ἐν μεγάλῃ ταραχῇ καὶ διέρρηξά μου τὰ ἱμάτια
Job 26 6 σὺ οὐχ ὁρᾷς τὸν διάβολον ὄπισθέν σου στήκοντα καὶ * ταράσσοντα * τοὺς διαλογισμούς σου, ὅπως καὶ ἐμὲ ἀπατήσῃ;
Job 30 2 κεφαλήν μου κατέπεσαν εἰς τὴν γῆν ἐκλυθέντες καὶ * τεταραγμένοι * τῶν στρατευμάτων αὐτῶν βλεπόντων τοὺς τρεῖς
Job 46 3 ἐκ τῶν ὄντων σοι; εἶπεν δὲ Ἰὼβ ταῖς θηλείαις μὴ * ταραχθῆτε, * θυγατέρες μου οὐ γὰρ ὑμῶν ἐπελαθόμην ἤδη ὑμῖν
Sib. 3 187 ἥμασι κείνοις θλῖψις ἐν ἀνθρώποις μεγάλη καὶ πάντα * ταράξει * πάντα δὲ συγκόψει καὶ πάντα κακῶν ἀναπλήσει
Sib. 5 30 ὅς ποτε χεῖρας ἧς γενεῆς τανύσας ὀλέσει καὶ πάντα * ταράξει * ἀθλεύων ἐλάων κτείνων καὶ μυρία τολμῶν καὶ

ταραχή 16
TSim. 4 9 ψυχὴν αὐτοῦ καὶ ἐκθροεῖσθαι τὸ σῶμα ποιεῖ καὶ ἐν * ταραχῇ * διυπνίζεσθαι τὸν νοῦν καὶ ὡς πνεῦμα πονηρὸν καὶ
TSim. 5 1 ὅτι οὐκ ἐνοίκησεν ἐν αὐτῷ οὐδὲν πονηρὸν ἐκ γὰρ * ταραχῆς * τοῦ πνεύματος τὸ πρόσωπον δηλοῖ. καὶ νῦν τέκνα
TSim. 6 4 ὁ λαὸς ἀπολεῖται. τότε καταπαύσει ἡ γῆ πᾶσα ἀπὸ * ταραχῆς * καὶ πᾶσα ἡ ὑπ' οὐρανὸν ἀπὸ πολέμου. τότε Σὴμ
TLevi 13 6 αὐτὰ ἐν τῇ ζωῇ ὑμῶν. ἐὰν γὰρ σπείρητε κακὰ πᾶσαν * ταραχὴν * καὶ θλῖψιν θερίσετε. σοφίαν κτήσασθε ἐν φόβῳ
TJud. 16 4 οἷς εἶπεν ὁ θεὸς μὴ ἀποκαλύψαι. καὶ πολέμου δὲ καὶ * ταραχῆς * αἴτιος γίνεται ὁ οἶνος. ἐντέλλομαι οὖν ὑμῖν
TDan 5 2 πλησίον αὐτοῦ καὶ οὐ μὴ ἐμπέσητε εἰς ἡδονὴν καὶ * ταραχὰς * ἀλλ' ἔσεσθε ἐν εἰρήνῃ ἔχοντες τὸν θεὸν τῆς
TBen. 6 5 ὕβρεως καὶ τιμῆς λύπης καὶ χαρᾶς ἡσυχίας καὶ * ταραχῆς * ὑποκρίσεως καὶ ἀληθείας πενίας καὶ πλούτου ἀλλὰ
TBen. 7 2 θλῖψις τέταρτον αἰχμαλωσία πέμπτον ἔνδεια ἕκτον * ταραχὴ * ἕβδομον ἐρήμωσις. διὰ τοῦτο καὶ ὁ Κάιν ἑπτὰ
Asen. 12 8 στῆθος τοῦ πατρὸς αὐτοῦ ὁ δὲ πατὴρ ‹μειδιᾷ› ἐπὶ τῇ * ταραχῇ * τῆς νηπιότητος αὐτοῦ οὕτως καὶ σὺ κύριε ἔκτεινον
Job 19 1 τὴν τῶν ἐμῶν τέκνων ἀπώλειαν, ἐταράχθην ἐν μεγάλῃ * ταραχῇ * καὶ διέρρηξά μου τὰ ἱμάτια λέγων τῷ ἀπαγγέλλοντι
Job 20 7 πληγὴν σκληρὰν ἀπὸ ποδῶν ἕως κεφαλῆς καὶ ἐν μεγάλῃ * ταραχῇ * καὶ ἀδημονίᾳ ἐξῆλθον τὴν πόλιν, καὶ καθεσθεὶς ἐπὶ
Job 33 1 αὐτῷ τῶν συμβασιλέων ὥστε γενέσθαι μεγάλην * ταραχήν, * καὶ καταπαυσάσης τῆς κραυγῆς εἶπεν αὐτοῖς Ἰὼβ
Job 34 5 φησίν, ἔσται ἕως αἰῶνος. ἀναστὰς δὲ ἐν μεγάλῃ * ταραχῇ * Ἐλιφὰς ἔκλινεν ἀπ' αὐτῶν ἐν μεγάλῃ λύπῃ λέγων ἐγὼ
Job 36 3 ἡ καρδία μου διότι οὐχ ὑπάρχει ἐν οὐρανῷ * ταραχή. * ὑπολαβὼν δὲ Βαλδὰδ λέγει ὅτι μὲν γινώσκομεν τὴν
Aris. 99 2 ἡ δὲ συμφάνεια τούτων ἐμποιεῖ φόβον καὶ * ταραχὴν * ὥστε νομίζειν εἰς ἕτερον ἐληλυθέναι ἐκτὸς τοῦ

Aris. 314 3 ἐπισφαλέστερον ἐκ τοῦ νόμου προσιστορεῖν * ταραχὴν * λάβοι τῆς διανοίας πλεῖον ἡμερῶν τριάκοντα κατὰ
τάριχος (ὁ) 1
TNep. 6 2 σὺν αὐτῷ. καὶ ἰδοὺ πλοῖον ἤρχετο ἀρμενίζον μεστὸν * ταρίχων * ἐκτὸς ναυτῶν καὶ κυβερνήτου ἐπεγέγραπτο δὲ τὸ
Ταρτάρειος 1
Sib. 5 178 μεῖνον ἄθεσμε μόνη πυρὶ δὲ φλεγέθοντι μιγεῖσα * ταρτάρεον * οἴκησον ἐς Ἄιδου χῶρον ἄθεσμον. νῦν δὲ πάλιν
Τάρταρος 6
Hen. 20 2 ὁ εἷς τῶν ἁγίων ἀγγέλων ὁ ἐπὶ τοῦ κόσμου καὶ τοῦ * ταρτάρου. * Ῥαφαὴλ ὁ εἷς τῶν ἁγίων ἀγγέλων ὁ ἐπὶ τῶν
Hen. 20B 2 ὁ εἷς τῶν ἁγίων ἀγγέλων ὁ ἐπὶ τοῦ κόσμου καὶ τοῦ * ταρτάρου. * Ῥαφαὴλ ὁ εἷς τῶν ἁγίων ἀγγέλων ὁ ἐπὶ τῶν
Esdr. 3 15 γὰρ ὁ ἐπικείμενος τοῖς ἀνθρώποις ἀπὸ τῶν * ταρτάρων * καὶ ἐνδείξεται πολλὰ τοῖς ἀνθρώποις. τί σε ποιῶ
Esdr. 4 5 σε. θέλω δέσποτα ἰδεῖν καὶ τὰ κατώτερα μέρη τοῦ * ταρτάρου. * καὶ εἶπεν ὁ θεὸς κάτελθε καὶ ἴδε. καὶ ἔδωκέν
Esdr. 5 27 οὐχ ἥμαρτε; καὶ κατήγαγόν με κατώτερον ἐν * ταρτάροις * καὶ ἴδον πάντας θρηνοῦντας καὶ κλαίοντας καὶ
Sib. 4 186 ἥμαρτον τοὺς δ' αὖτε χυτὴ κατὰ γαῖα καλύψει * Τάρταρά * τ' εὐρώεντα μυχοὶ στύγιοί τε γεέννης. ὅσσοι δ'
τάσσω 19
Hen. 2 1 τοὺς ἐν τῷ οὐρανῷ ὡς τὰ πάντα ἀνατέλλει καὶ δύνει * τεταγμένος * ἕκαστος ἐν τῷ τεταγμένῳ καιρῷ καὶ ταῖς
Hen. 2 1 πάντα ἀνατέλλει καὶ δύνει τεταγμένος ἕκαστος ἐν τῷ * τεταγμένῳ * καιρῷ καὶ ταῖς ἑορταῖς αὐτῶν φαίνονται καὶ οὐ
Hen. 20 5 ὁ εἷς τῶν ἁγίων ἀγγέλων ὁ ἐπὶ τῶν τοῦ λαοῦ ἀγαθῶν * τεταγμένος * καὶ ἐπὶ τῷ χάῳ. Σαριὴλ ὁ εἷς τῶν ἁγίων
Hen. 20B 5 ὁ εἷς τῶν ἁγίων ἀγγέλων ὃς ἐπὶ τῶν τοῦ λαοῦ ἀγαθῶν * τέτακται * καὶ ἐπὶ τῷ λαῷ. Σαριὴλ ὁ εἷς τῶν ἁγίων ἀγγέλων
Hen. 20B 7 καὶ χερουβὶν. Ῥεμειὴλ ὁ εἷς τῶν ἁγίων ἀγγέλων ὃν * ἔταξεν * ὁ θεὸς ἐπὶ τῶν ἀνισταμένων. ὀνόματα ζ'
Hen. 100 5 ἡμέρᾳ κρίσεως ποιῆσαι ἐκ πάντων κρίσιν μεγάλην καὶ * τάξει * φυλακὴν ἐπὶ πάντας τοὺς δικαίους καὶ ἁγίους τῶν
TLevi 3 3 ἐν τῷ τρίτῳ εἰσὶν αἱ δυνάμεις τῶν παρεμβολῶν οἱ * ταχθέντες * εἰς ἡμέραν κρίσεως ποιῆσαι ἐκδίκησιν ἐν τοῖς
TNep. 2 1 καὶ ἐπειδὴ κοῦφος ἤμην τοῖς ποσί μου ὡς ἔλαφος * ἔταξέ * με ὁ πατήρ μου Ἰακὼβ εἰς πᾶσαν ἀποστολὴν καὶ
TNep. 3 5 κατακλυσμοῦ δι' αὐτοὺς ἀπὸ κατοικεσίας καὶ καρπῶν * τάξας * τὴν γῆν ἀοίκητον. ταῦτα λέγω τέκνα μου ὅτι ἀνέγνων
Job 10 7 αὐτῶν εἶχον δὲ ἀρτοκόπια πεντήκοντα ἀφ' ὧν * ἔταξα * εἰς τὴν ὑπηρεσίαν τῆς τῶν πτωχῶν τραπέζης. ἦσαν δὲ
Job 16 3 καὶ ἐφλόγισεν τὰς ἑπτὰ χιλιάδας τῶν προβάτων τὰ * ταγέντα * εἰς ἔνδυσιν τῶν χηρῶν, καὶ τὰς τρισχιλίας
Aris. 37 7 τε τὸ στράτευμα τοὺς ἀκμαιοτάτους ταῖς ἡλικίαις * τετάχαμεν * τοὺς δὲ δυναμένους καὶ περὶ ἡμᾶς εἶναι τῆς
HArt. 9 27 11 λίθινον κατασκευάσαι τὸ πλησίον ὄρος λατομήσαντας * τάξαι * δὲ ἐπὶ τῆς οἰκοδομίας ἐπιστάτην Ναχέρωτα. τὸν δὲ
LEze. 9 29 8 16 πᾶσιν Ἑβραίοις ὁμοῦ ἔπειτα βασιλεῖ τὰ ὑπ' ἐμοῦ * τεταγμένα * ὅπως σὺ λαὸν τὸν ἐμὸν ἐξάγοις χθονός. οὐκ
LEze. 9 29 11 11 δὲ χεῖρ' εἰς κόλπον ἐξένεγκέ τε. (Μ). ἰδοὺ τὸ * ταχθὲν * γέγονεν ὡσπερεὶ χιών. (Θ). ἔνθες πάλιν δ' εἰς
LEze. 9 29 14 08 διεκδρομὰς ἔχοντες ἅρμασιν τόπους ἱππεῖς δ' * ἔταξε * τοὺς μὲν ἐξ εὐωνύμων ἐκ δεξιῶν δὲ πάντας Αἰγυπτίου
LAri. 13 12 8 νόμου κατασκευὴ πᾶσα τοῦ καθ' ἡμᾶς περὶ εὐσεβείας * τέτακται * καὶ δικαιοσύνης καὶ ἐγκρατείας καὶ τῶν λοιπῶν
LAri. 13 12 11 τὴν τάξιν αὐτῶν οὕτως εἰς πάντα τὸν χρόνον * τεταχέναι. * σημαίνει γὰρ ὡς ἐν ἓξ ἡμέραις ἐποίησε τόν τε
LAri. 13 12 12 δηλώσῃ καὶ τὴν τάξιν προείπῃ τί τίνος προτερεῖ. * τάξας * γὰρ οὕτως αὐτὰ συνέχει καὶ μεταποιεῖ. διασεσάφηκε
ταῦρος 26
TLevi 18 2B032 οὕτως ξύλα καθήκει ἀναφέρεσθαι ἐπὶ τὸν βωμὸν τῷ * ταύρῳ * τῷ τελείῳ τάλαντον ξύλων καθήκει αὐτῷ ἐν σταθμῷ
TLevi 18 2B032 καὶ εἰς τὸ στέαρ μόνον ἀναφέρεσθαι ἓξ μνᾶς καὶ τῷ * ταύρῳ * τῷ δευτέρῳ πεντήκοντα μνᾶς καὶ εἰς τὸ στέαρ αὐτοῦ
TLevi 18 2B037 στέατι μίαν ἥμισυ μνᾶν. καὶ ἅλας +ἀποδεδεικτω+ τῷ * ταύρῳ * τῷ μεγάλῳ ἁλῖσαι τὸ κρέας αὐτοῦ καὶ ἀνένεγκε ἐπὶ
TLevi 18 2B037 αὐτοῦ καὶ ἀνένεγκε ἐπὶ τὸν βωμόν. σάτον καθήκει τῷ * ταύρῳ * καὶ ᾧ ἂν περισσεύσῃ τοῦ ἁλὸς ἅλισον ἐν αὐτῷ τὸ
TLevi 18 2B038 περισσεύσῃ τοῦ ἁλὸς ἅλισον ἐν αὐτῷ τὸ δέρμα καὶ τῷ * ταύρῳ * τῷ δευτέρῳ τὰ πέντε μέρη ἀπὸ τῶν ἓξ μερῶν τοῦ
TLevi 18 2B041 τρίτον τοῦ σάτου καὶ σεμίδαλις καθήκουσα αὐτοῖς τῷ * ταύρῳ * τῷ μεγάλῳ καὶ τῷ ταύρῳ τῷ β' καὶ τῷ μοσχαρίῳ σάτον
TLevi 18 2B041 καθήκουσα αὐτοῖς τῷ ταύρῳ τῷ μεγάλῳ καὶ τῷ * ταύρῳ * τῷ β' καὶ τῷ μοσχαρίῳ σάτον σεμίδαλιν καὶ τῷ κριῷ
TLevi 18 2B043 σάτου καὶ τὸ ἔλαιον καὶ τὸ τέταρτον τοῦ σάτου τῷ * ταύρῳ * ἀναπεποιημένον ἐν τῇ σεμιδάλει ταύτῃ καὶ τῷ κριῷ
TLevi 18 2B044 καὶ ἀμνοῦ καὶ οἶνον κατὰ τὸ μέτρον τοῦ ἐλαίου τῷ * ταύρῳ * καὶ τῷ κριῷ καὶ τῷ ἐρίφῳ κατασπεῖσαι σπονδήν.
TLevi 18 2B045 ἐρίφῳ κατασπεῖσαι σπονδήν. λιβανωτοῦ σίκλοι ἓξ τῷ * ταύρῳ * καὶ τὸ ἥμισυ αὐτοῦ τῷ κριῷ καὶ τὸ τρίτον αὐτοῦ τῷ
TNep. 5 6 ὁ Λευὶ καὶ Ἰούδας ἐκράτησαν ἑαυτούς. καὶ ἰδοὺ * ταῦρος * ἐπὶ τῆς γῆς ἔχων δύο κέρατα μεγάλα καὶ πτέρυγες
Sib. 3 564 κήδεα ἔσται. --- +καὶ τοὺς ἑλλὰς ἔρεξε+ βοῶν * ταύρων * τ' ἐριμύκων πρὸς ναὸν μεγάλοιο θεοῦ ὁλοκαρπώσασα
Sib. 3 577 λοιβῇ τε κνίσσῃ τ' ἠδ' αὖθ' ἱεραῖς ἑκατόμβαις * ταύρων * ζατρεφέων θυσίαις κριῶν τε τελείων πρωτοτόκων
Sib. 3 626 ἀλλὰ παλίμπλαγκτος στρέψας θεὸν ἱλάσκοιο. θῦε θεῷ * ταύρων * ἑκατοντάδας ἠδὲ καὶ ἀρνῶν πρωτοτόκων αἰγῶν τε
Sib. 5 132 ἡ Διὸς ἦλθε Ῥέη κἀκεῖ προσέμεινεν. πόντος ὀλεῖ * Ταύρων * γενεὴν καὶ βάρβαρον ἔθνος +καὶ Λαπίθας δάπεδον
Sib. 5 208 ἡνίκα γὰρ +τούτους+ τροχὸς Ἄξονος Αἰγοκεράστης * Ταῦρός * τ' ἐν Διδύμοις μέσον οὐρανὸν ἀμφιελίξῃ Παρθένος
Sib. 5 354 ἄνδρας τότε δ' οὐκ ἐλεήσει ἀρνῶν ἠδ' οἴων * ταύρων * τ' ἀγέλας ἐριμύκων ἐκθυσιάζοντας μόσχων μεγάλων
Sib. 5 518 δίκερως ἠλλάξατο ῥοῖζος Αἰγόκερως δ' ἔπληξε νέου * Ταύροιο * τένοντα Ταῦρος δ' Αἰγοκέρωτος ἀφήρπασε νόστιμον
Sib. 5 519 ῥοῖζος Αἰγόκερως δ' ἔπληξε νέου Ταύροιο τένοντα * Ταῦρος * δ' Αἰγοκέρωτος ἀφήρπασε νόστιμον ἦμαρ. καὶ Ζυγὸν
FJub. 3 9 Παχὼν τεσσαρεσκαιδεκάτῃ Μαΐου ἐνάτῃ ἡλίου ὄντος * ταύρῳ * καὶ σελήνης σκορπίῳ κατὰ διάμετρον ἐν τῇ τῶν
FJub. 3 9 τῆς ἐν τῷ παραδείσῳ αὐτοῦ εἰσόδου ἡλίου ὄντος * ταύρῳ * καὶ σελήνης αἰγοκέρωτι ἐνετείλατο ὁ θεὸς τῷ Ἀδὰμ
FPho. 127 ὄρνισιν πώλοις ταχυτῆτ' ἀλκήν τε λέουσιν * ταύρους * δ' αὐτοχύτως κέρα ἔσσεν κέντρα μελίσσαις ἔμφυτον
FPho. 202 φερνῆς. ἵππους εὐγενέας διζήμεθα γειαρότας τε * ταύρους * ὑψιτένοντας ἀτὰρ σκυλάκων πανάριστον γῆμαι δ'
IMen. 5 119 2 εἴ τις δὲ θυσίαν προσφέρων ὦ Πάμφιλε * ταύρων * τι πλῆθος ἢ ἐρίφων ἢ νὴ Δία ἑτέρων τοιούτων ἢ
HArt. 9 27 12 τούτων ἀροῦσθαι τὸν δὲ Χενεφρῆν προσαγορεύσαντα * ταῦρον * Ἆπιν κελεῦσαι ἱερὸν αὐτοῦ τοὺς ὄχλους
LEze. 9 29 16 26 ὄπισθεν αὐτοῦ δειλιῶντ' ἐπέσσυτο αὐτὸς δὲ πρόσθεν * ταῦρος * ὡς γαυρούμενος ἔβαινε κραιπνὸν βῆμα βαστάζων
ταφή 3
Job 40 13 καυχήματος καὶ τῆς δόξης γυνή, ὅτι οὐ κατηξιώθη * ταφῆς * ἀναγκαίας. τὸν μὲν οὖν θρῆνον τὸν ἐπ' αὐτῇ
FMos. 2 629 5 ἔφη. τὸν Μιχαὴλ τὸν ἀρχάγγελον τῇ τοῦ Μωϋσέως * ταφῇ * δεδιηκονηκέναι. τοῦ γὰρ διαβόλου τοῦτο μὴ
FMos. 2 629 5 διὰ τοῦτο μὴ συγχωρεῖσθαι αὐτῷ τυχεῖν τῆς ἐντίμου * ταφῆς. *
Τάφναι 1
Prop. 2 1 τῆς ἡμέρας ἐκείνης. Ἰερεμίας ἦν ἐξ Ἀναθὼθ καὶ ἐν * Τάφναις * Αἰγύπτου λίθοις βληθεὶς ὑπὸ τοῦ λαοῦ ἀποθνήσκει.
τάφος (ὁ) 16
Hen. 98 13 οὐαὶ ὑμῖν οἱ ἐπιχαίροντες τοῖς κακοῖς τῶν δικαίων * τάφος * ὑμῶν οὐ μὴ ὀρυγῇ. οὐαὶ ὑμῖν οἱ βουλόμενοι ἀκυρῶσαι
Abr.1 20 2 μίαν ὥραν εἰς θάνατον ἔρχονται παραδιδόμενοι τῷ * τάφῳ * ἰδοὺ γὰρ ἀνήγγειλά σοι πάντα ὅσα ἂν ᾐτήσω ἄρτι λέγω
Prop. 1 6 ὅτι καὶ χρησμὸς ἐδόθη αὐτοῖς περὶ αὐτοῦ. ἔστι δὲ ὁ * τάφος * ἐχόμενα τοῦ τάφου τῶν βασιλέων ὄπισθεν τοῦ τάφου
Prop. 1 6 αὐτοῖς περὶ αὐτοῦ. ἔστι δὲ ὁ τάφος ἐχόμενα τοῦ * τάφου * τῶν βασιλέων ὄπισθεν τοῦ τάφου τῶν ἱερέων ἐπὶ τὸ
Prop. 1 6 ὁ τάφος ἐχόμενα τοῦ τάφου τῶν βασιλέων ὄπισθεν τοῦ * τάφου * τῶν ἱερέων ἐπὶ τὸ μέρος τὸ πρὸς νότον. Σολομὼν γὰρ
Prop. 1 7 τὸ μέρος τὸ πρὸς νότον. Σολομὼν γὰρ ἐποίησε τοὺς * τάφους * τοῦ Δαυὶδ διαγράψαντος κατ' ἀνατολὰς τῆς Σιὼν
Prop. 3 3 σεβάσμασι. καὶ ἔθαψαν αὐτὸν ἐν ἀγρῷ Μαοὺρ ἐν * τάφῳ * Σὴμ καὶ Ἀρφαξὰδ πατέρων Ἀβραὰμ καὶ ἔστιν ὁ τάφος
Prop. 3 4 τάφῳ Σὴμ καὶ Ἀρφαξὰδ πατέρων Ἀβραὰμ καὶ ἔστιν ὁ * τάφος * σπήλαιον διπλοῦν ὅτι καὶ Ἀβραὰμ ἐν Χεβρῶν πρὸς
Prop. 3 4 ἐν Χεβρῶν πρὸς τὴν ὁμοιότητα αὐτοῦ ἐποίησε τὸν * τάφον * Σάρρας. διπλοῦν δὲ λέγεται ὅτι ειλικτόν ἐστι καὶ
Prop. 14 2 οἰκοδομὴν τοῦ ναοῦ. καὶ θανὼν ἐτάφη πλησίον τοῦ * τάφου * τῶν ἱερέων ἐνδόξως ὡς αὐτοί. Ζαχαρίας ἦλθεν ἀπὸ
Esdr. 7 1 ὢν σταυρὸν κατεδεξάμην ὄξος καὶ χολὴν ἐγευσάμην ἐν * τάφῳ * κατετέθην καὶ τοὺς ἐκλεκτούς μου ἀνέστησα τὸν Ἀδὰμ
Job 52 11 τὸ δὲ σῶμα αὐτοῦ περισταλὲν ἀπηνέχθη εἰς τὸν * τάφον * προηγουμένων τῶν τριῶν θυγατέρων αὐτοῦ καὶ
Job 53 5 ἄνθρωπον τοῦ θεοῦ; ἅμα τε ἤνεγκαν τὸ σῶμα πρὸς τὸν * τάφον, * περιεκύκλωσαν πᾶσαι αἱ χῆραι καὶ ὀρφανοὶ
Job 53 6 καὶ ὀρφανοὶ κωλύοντες μὴ εἰσαχθῆναι αὐτὸν ἐν τῷ * τάφῳ * καὶ μετὰ τρεῖς ἡμέρας ἐνέθεντο αὐτὸν εἰς τὸν τάφον
Job 53 7 τάφῳ καὶ μετὰ τρεῖς ἡμέρας ἐνέθεντο αὐτὸν εἰς τὸν * τάφον * ἐν καλῷ ὕπνῳ, λαβόντα ὄνομα ὀνομαστὸν ἐν πάσαις
FEsd. 5 35 διά τί γὰρ οὐκ ἐγένετο ἡ μήτρα τῆς μητρός μου * τάφος * ἵνα μὴ ἴδω τὸν μόχθον τοῦ Ἰακὼβ καὶ τὸν κόπον τοῦ
Ταφουέ 1
TJud. 3 2 καὶ οὕτως ἀνεῖλον αὐτόν. καὶ τὸν ἕτερον βασιλέα * Ταφουὲ * καθήμενον ἐπὶ τοῦ ἵππου ἀνεῖλον αὐτὸν καὶ οὕτως
τάφρος 1
HEup. 9 34 12 τὰ Ἱεροσόλυμα τὴν πόλιν τείχεσι καὶ πύργοις καὶ * τάφροις * οἰκοδομῆσαι δὲ καὶ βασίλεια ἑαυτῷ.
τάχα 5
Abr.2 12 13 ἐποίησα αὐτοὺς διὰ τοῦτο σπλαγχνίζομαι ἐπ' αὐτοὺς * τάχα * εἰ ἐπιστρέψουσιν καὶ μετανοήσωσιν ἐκ τῶν ἁμαρτιῶν
Prop. 14 1 θανὼν ἐτάφη ἐν ἀγρῷ αὐτοῦ. Ἀγγαῖος ὁ καὶ ἄγγελος * τάχα * νέος ἦλθεν ἐκ Βαβυλῶνος εἰς Ἱερουσαλὴμ καὶ φανερῶς
Sedr. 4 2 κύριέ μου καλὸν ἦν τοῦ ἀνθρώπου εἰ οὐκ ἐγεννήθη τί * τάχα * ἐποίησας κύριέ μου; διά τί ἐκοπίασας τὰς ἀχράντους
Job 22 2 αὐτῇ τε καὶ ἐμοί, λέγουσα μετ' ὀδύνης οὐαί μοι, * τάχα * οὔτε ἄρτου χορτάζεται. καὶ οὐκ ἐφείδετο ἐξελθεῖν ἐν
FPho. 103 ὄρσῃς. οὐ καλὸν ἁρμονίην ἀναλυέμεν ἀνθρώποιο καὶ * τάχα * δ' ἐκ γαίης ἐλπίζομεν ἐς φάος ἐλθεῖν λείψαν'
τάχος 2
FAch. 109 αὐλῇ ἐάν τι ἀκούσῃς τοῦτο ἐναποθανέτω σοι μὴ σὺ ἐν * τάχει * ἀποθάνῃς. τῇ γυναικί σου χρηστὰ ὁμίλει ὅπως ἀνδρὸς
LEze. 9 29 11 01 πάρα. (Θ). τί δ' ἐν χεροῖν σοῖν τοῦτ' ἔχεις; λέξον * τάχος. * (Μ). ῥάβδον τετραπόδων καὶ βροτῶν κολάστριαν.
ταχύνω 1
Sal. 17 45 ἀγαθὰ Ισραηλ ἐν συναγωγῇ φυλῶν ἃ ποιήσει ὁ θεός. * ταχύναι * ὁ θεὸς ἐπὶ Ισραηλ τὸ ἔλεος αὐτοῦ ῥύσαιτο ἡμᾶς
ταχύς 27
Adam 21 5 φάγῃς ἔσει γινώσκων καλὸν καὶ πονηρόν. καὶ τότε * ταχέως * πείσασα αὐτὸν ἔφαγεν. καὶ ἠνεῴχθησαν αὐτοῦ οἱ
Hen. 97 10 πεπλάνησθε ὅτι οὐ μὴ παραμείνῃ ὁ πλοῦτος ὑμῶν ἀλλὰ * ταχὺ * ⟨ἀναπτήσεται⟩ ἀπὸ ὑμῶν ὅτι ἀδίκως πάντα κέκτησθε
Hen. 98 16 ὑμεῖς αὐτοὶ καὶ οὐκ ἔστιν ὑμῖν χαίρειν ἀλλὰ * ταχέως * ἀπολεῖσθε. οὐαὶ ὑμῖν οἱ ποιοῦντες πλανήματα καὶ
Abr.1 5 8 ἔκραξε λέγων πάτερ πάτερ ἀνάστα οὖν ἄνοιξόν μοι * ταχέως * ὅπως εἰσέλθω καὶ κρεμασθῶ ἐπὶ τοῦ τραχήλου σου
Abr.2 3 5 εἰς τὰ ποίμνια καὶ ἐνέγκατε θρέμματα θύσατε * ταχέως * καὶ ὑπηρετήσατε ἵνα φάγωμεν καὶ πίωμεν ὅτι

TIss. 6 3 εἴπατε ταῦτα τοῖς τέκνοις ὑμῶν ὅπως ἐὰν ἁμαρτήσωσι * τάχιον * ἐπιστρέψουσι πρὸς κύριον ὅτι ἐλεήμων ἐστὶ καὶ
Asen. 12 15 πατὴρ οὕτω γλυκύς ἐστιν ὡς σὺ κύριε καὶ τίς οὕτω * ταχὺς * ἐν ἐλέει ὡς σὺ κύριε καὶ τίς μακρόθυμος ἐπὶ ταῖς
Asen. 16 4 ὁ ἀγρὸς τῆς κληρονομίας ἡμῶν καὶ οἴσει σοι ἐκεῖθεν * ταχέως * κηρίον μελίσσης καὶ παραθήσω σοι κύριε. καὶ εἶπεν
Asen. 19 4 ἐπὶ τῷ κάλλει αὐτῆς καὶ εἶπε πρὸς αὐτὴν τίς εἶ σὺ * ταχέως * ἀνάγγειλόν μοι. καὶ εἶπεν αὐτῷ ἐγώ εἰμι ἡ
Asen. 26 6 αὐτῶν καὶ κατεδίωξαν ὀπίσω τῆς Ἀσενὲθ δρόμῳ * ταχεῖ. * καὶ ἔφυγεν Ἀσενὲθ ἔμπροσθεν καὶ ἰδοὺ ὁ υἱὸς
Sal. 4 5 αὐτοῦ λαλεῖ πάσῃ γυναικὶ ἐν συνταγῇ κακίας * ταχὺς * εἰσόδῳ εἰς πᾶσαν οἰκίαν ἐν ἱλαρότητι ὡς ἄκακος.
Prop. 12 6 τοῖς ἰδίοις εἰπὼν πορεύομαι εἰς γῆν μακρὰν καὶ * ταχέως * ἐλεύσομαι. εἰ δὲ βραδύνω ἀπενέγκατε τοῖς
Prop. 12 8 καὶ οὐδενὶ εἶπε τὸ γενόμενον συνῆκε δὲ ὅτι * τάχιον * ἐπιστρέψει ὁ λαὸς ὑπὸ Βαβυλῶνος. καὶ πρὸ δύο ἐτῶν
Sedr. 11 9 κόσμου τούτου. ὦ πόδες καλοπεριπατητοὶ αὐτόδρομοι * ταχύτατοι * λίαν ἀνικητοί. ὦ γόνατα συνηρμοσμένα ὅτι πλὴν
Aris. 40 7 φιλίας ἄξιόν τι πράξεις ὡς ἐπιτελεσθησομένων τὴν * ταχίστην * περὶ ὧν ἂν αἱρῇ. ἔρρωσο. πρὸς ταύτην τὴν
Aris. 291 4 τοὺς ὑποτεταγμένους καὶ κομίζεσθαι τὸ δίκαιον * ταχέως * ἐν ταῖς διακρίσεσι. ταῦτα δὲ γίνεται διὰ τὸν
Sib. 3 139 Τιτῆνες. καὶ ἔπειτα Ῥέη τέκεν ἄρσενα παῖδα τὸν * ταχέως * διέπεμψε λάθρῃ ἰδίῃ τε τρέφεσθαι ἐς Φρυγίην τρεῖς
FMos. 6 132 3 Χαλὲβ ἀλλ᾽ οὐχ ὁμοίως ἄμφω θεῶνται ἀλλ᾽ ὃ μὲν καὶ * θᾶττον * κατῆλθεν πολὺ τὸ βρῖθον ἐπαγόμενος ὃ δὲ
FPho. 79 γὰρ ὄνειαρ Ἔρις δ᾽ ἔριν ἀντιφυτεύει. μὴ πίστευε * τάχιστα * πρὶν ἀτρεκέως πέρας ὄψει. νικᾶν εὖ ἔρδοντας ἐπὶ
FPho. 81 εὖ ἔρδοντας ἐπὶ πλεόνεσσι καθήκει. καλὸν ξεινίζειν * ταχέως * λιταῖσι τραπέζαις ἢ πλείσταις δολίαισι
ISop. 5 111 5 κόρην Πλευρωνίαν ὑπημβρύωσεν ἀλλ᾽ ὁλοσχερὴς ἀνήρ. * ταχὺς * δὲ βαθμοῖς νυμφικοῖς ἐπεστάθη ὁ μοιχός. ὃ δ᾽ οὔτε
LEze. 9 28 2 24 βασιλίδι θέλεις τροφόν σοι παιδὶ τῷδ᾽ εὕρω * ταχὺ * ἐκ τῶν Ἑβραίων; ἡ δ᾽ ἐπέσπευσεν κόρην. μολοῦσα δ᾽
LEze. 9 28 2 26 ἐπέσπευσεν κόρην. μολοῦσα δ᾽ εἶπε μητρὶ καὶ παρῆν * ταχὺ * αὐτή τε μήτηρ καὶ ἔλαβέν μ᾽ ἐς ἀγκάλας. εἶπεν δὲ
LEze. 9 28 3 24 συμφανὲς τόδε; καὶ πάντα βασιλεῖ ταῦτ᾽ ἀπήγγειλεν * ταχὺ * ζητεῖ δὲ Φαραὼ τὴν ἐμὴν ψυχὴν λαβεῖν ἐγὼ δ᾽ ἀκούσας
LEze. 9 29 10 01 βασιλέως ἐναντίον. Ἀάρωνα πέμψω σὸν κασίγνητον * ταχὺ * ᾧ πάντα λέξεις τἀξ ἐμοῦ λελεγμένα καὶ αὐτὸς λαλήσει
LEze. 9 29 11 03 κολάστριαν. (Θ). ῥῖψον πρὸς οὖδας καὶ ἀποχώρησον * ταχύ. * δράκων γὰρ ἔσται φοβερὸς ὥστε θαυμάσαι. (Μ). ἰδοὺ
LEze. 9 29 12 20 ἕξει νεκρὸν καὶ τότε φοβηθεὶς λαὸν ἐκπέμψει * ταχὺ * πρὸς τοῖσδε λέξεις πᾶσιν Ἑβραίοις ὁμοῦ ὁ μεὶς ὅδ᾽

ταχυτής 1
FPho. 126 ἑκάστωι νεῖμε θεὸς φύσιν ἠερόφοιτον ὄρνισιν πώλοις * ταχυτῆτ᾽ * ἀλκήν τε λέουσιν ταύρους δ᾽ αὐτοχύτως κέρα

τε 491 τε τ᾽ θ᾽ τέ

τέγγω 1
Sib. 5 399 δεύτερον εἶδον ἐγὼ ῥιπτούμενον οἶκον πρηνηδὸν πυρὶ * τεγγόμενον * διὰ χειρὸς ἀνάγνου οἶκον ἀεὶ θάλλοντα θεοῦ

τέγος 2
Sib. 3 186 δ᾽ ἄρσενι πλησιάσει στήσουσί τε παῖδας αἰσχροῖς ἐν * τεγέεσσι * καὶ ἔσσεται ἤμασι κείνοις θλῖψις ἐν ἀνθρώποις
Sib. 5 388 οἳ τὸ πάλαι παίδων κοίτην ἐπορίζετ᾽ ἀνάγνως καὶ * τέγεσιν * πόρνας ἐστήσατε τὰς πάλαι ἁγνὰς ὕβρεσι καὶ

τείνω 3
Hen. 18 7 τὸ δὲ ἦν ἀπὸ λίθου μαργαρίτου καὶ τὸ ἀπὸ λίθου * ταθὲν * τὸ δὲ κατὰ νότον ἀπὸ λίθου πυρροῦ τὸ δὲ μέσον
Sib. 3 467 σε κεραΐξει. καὶ δ᾽ αὐτὴ θερμῇσι παρὰ σποδιῇσι * ταθεῖσα * ἀπροϊδῆ στήθεσσιν ἑοῖς ἐναρίξεαι αὐτήν. ἔσσῃ δ᾽
LEze. 9 29 14 20 ἡμᾶς ἠλάλαξαν ἔνδακρυν φωνὴν πρὸς αἰθέρα τ᾽ * ἐτάθησαν * ἀθρόοι θεὸν πατρῷον. ἦν πολὺς δ᾽ ἀνδρῶν ὄχλος.

τείρω 3
Sib. 5 52 τὸν μέτα τρεῖς ἄρξουσιν ὁ δὲ τρίτος ὀψὲ κρατήσει. * τείρομαι * ἡ τριτάλαινα κακὴν φάτιν ἐν φρεσὶ θέσθαι
Sib. 5 260 φωνήσας ῥήσει τε καλῇ καὶ χείλεσιν ἁγνοῖς. μηκέτι * τείρεο * θυμὸν ἐνὶ στήθεσσι μάκαιρα θειογενὲς πάμπλουτε
Sib. 5 469 καὶ τότε θυμοβόροι μέροπες κατέδουσι γονῆας λιμῷ * τειρόμενοι * καὶ ἐδέσματα λαιφάσσονται. πάντων δ᾽ ἐκ

τειχήρης 1
TJud. 5 1 τῇ ἑξῆς ἀπήλθομεν εἰς Ἀρετὰν πόλιν κραταιὰν καὶ * τειχήρη * καὶ ἀπροσέγγιστον ἀπειλοῦσαν ἡμῖν θάνατον. ἐγὼ

τειχίζω 3
Asen. 16 16 εἰς τὸν αἰῶνα οὐκ ἐκλείψει. καὶ ἔσῃ ὡς μητρόπολις * τετειχισμένη * πάντων τῶν καταφευγόντων ἐπὶ τῷ ὀνόματι
Sib. 4 94 μικρὴ δὲ μάχεσθαι στήσεται ἀχρήστοισιν ἐπ᾽ ἐλπίσι * τειχισθεῖσα. * Βάκτρα κατοικήσουσι Μακηδόνες οἳ δ᾽ ὑπὸ
HEup. 9 34 14 λέγεσθαι. συντελέσαντα δὲ τὸ ἱερὸν καὶ τὴν πόλιν * τειχίσαντα * ἐλθεῖν εἰς Σηλὼμ καὶ θυσίαν τῷ θεῷ εἰς

τεῖχος 44
Adam 17 1 τὸ ἐξαπατῆσαι αὐτούς. καὶ εὐθέως ἐκρεμάσθη ἐκ τῶν * τειχέων * τοῦ παραδείσου. καὶ ὅτε ἀνῆλθον οἱ ἄγγελοι τοῦ
Adam 17 2 τὸν θεὸν καθάπερ οἱ ἄγγελοι. καὶ παρέκυψεν ἐκ τοῦ * τείχους * καὶ ἴδον αὐτὸν ὅμοιον ἀγγέλου. καὶ λέγει μοι σὺ
Adam 29 11 πάντα τὰ ποιήματα τοῦ θεοῦ ἐκύκλωσαν τὸν Ἀδὰμ ὡς * τεῖχος * κύκλῳ αὐτοῦ κλαίοντες καὶ προσευχόμενοι τῷ θεῷ
Hen. 14 9 με εἰς τὸν οὐρανὸν καὶ εἰσῆλθον μέχρις ἤγγισα * τείχους * οἰκοδομῆς ἐν λίθοις χαλάζης καὶ γλώσσης πυρὸς
Hen. 14 12 οὐρανὸς αὐτῶν ὕδωρ καὶ πῦρ φλεγόμενον κύκλῳ τῶν * τειχῶν * καὶ θύραι πυρὶ καιόμεναι. εἰσῆλθον εἰς τὸν οἶκον
TLevi 2 3 ἑώρων ἀνθρώπους ἀφανίσαντας τὴν ὁδὸν αὐτῶν καὶ ὅτι * τείχη * ᾠκοδόμησεν ἑαυτῇ ἡ ἀδικία καὶ ἐπὶ πύργους ἡ ἀνομία
TLevi 2 3B012 με εἶναί σου δοῦλος καὶ λατρεῦσαί σοι καλῶς. * τεῖχος * εἰρήνης σου γενέσθαι κύκλῳ μου καὶ σκέπη σου τῆς
TJud. 4 2 τέσσαρες βασιλεῖς. καὶ ἀνῆλθον ἐπ᾽ αὐτοὺς ἐπὶ τοῦ * τείχους * καὶ ἄλλους δύο βασιλεῖς ἀνεῖλον καὶ οὕτως
TJud. 5 3 ἀπὸ δυσμῶν καὶ νότου. καὶ νομίσαντες οἱ ἐπὶ τοῦ * τείχους * ὅτι ἡμεῖς μόνοι ἐσμὲν ἐφελκύσθησαν ἐφ᾽ ἡμᾶς καὶ
TJud. 5 4 οἱ ἀδελφοὶ ἐξ ἑκατέρων πασσάλοις ἐπανέβησαν τῷ * τείχει * καὶ εἰσῆλθον εἰς τὴν πόλιν ἀγνοούντων αὐτῶν. καὶ
TJud. 7 3 καὶ πάντα τὰ αὐτῶν προνομεύσαντες τὰ τρία * τείχη * αὐτῶν καθείλομεν. καὶ ἐν τῇ Θάμνᾳ προσηγγίσαμεν **οὗ**
TJud. 9 4 ἐπὶ τοὺς υἱοὺς Ἠσαύ. ἦν δὲ τούτοις πόλις καὶ * τεῖχος * σιδηροῦν καὶ πύλαι χαλκαῖ καὶ οὐκ ἠδυνήθημεν
Asen. 2 10 αὐλὴ μεγάλη παρακειμένη τῇ οἰκίᾳ κυκλόθεν καὶ ἦν * τεῖχος * κύκλῳ τῆς αὐλῆς ὑψηλὸν σφόδρα λίθοις τετραγώνοις
Asen. 2 11 καὶ ἦσαν πεφυτευμένα ἐντὸς τῆς αὐλῆς παρὰ τὸ * τεῖχος * δένδρα ὡραῖα παντοδαπὰ καὶ καρποφόρα πάντα. καὶ
Asen. 15 7 λαοὶ πολλοὶ πεποιθότες ἐπὶ κυρίῳ τῷ θεῷ καὶ ἐν τῷ * τείχει * σου διαφυλαχθήσονται οἱ προσκείμενοι τῷ θεῷ τῷ
Asen. 19 8 εἰς τοὺς αἰῶνας διότι κύριος ὁ θεὸς ἐθεμελίωσε τὰ * τείχη * σου <ἐν τοῖς ὑψίστοις καὶ> τὰ τείχη σου ἀδαμάντινα
Asen. 19 8 ἐθεμελίωσε τὰ τείχη σου <ἐν τοῖς ὑψίστοις καὶ> τὰ * τείχη * σου ἀδαμάντινα <τείχη ζωῆς> διότι οἱ υἱοὶ τοῦ
Asen. 19 8 σου <ἐν τοῖς ὑψίστοις καὶ> τὰ τείχη σου ἀδαμάντινα * <τείχη * ζωῆς> διότι οἱ υἱοὶ τοῦ ζῶντος θεοῦ ἐνοικήσουσιν
Asen. 22 13 τῆς καταπαύσεως αὐτῆς ἐν τοῖς ὑψίστοις <καὶ τὰ * τείχη * αὐτῆς ὡς τείχη ἀδαμάντινα αἰώνια καὶ τὰ θεμέλια
Asen. 22 13 αὐτῆς ἐν τοῖς ὑψίστοις <καὶ τὰ τείχη αὐτῆς ὡς * τείχη * ἀδαμάντινα αἰώνια καὶ τὰ θεμέλια αὐτῆς
Asen. 23 1 τὸν Ἰωσὴφ καὶ τὴν Ἀσενὲθ εἶδεν αὐτοὺς ἀπὸ τοῦ * τείχους * ὁ υἱὸς Φαραὼ ὁ πρωτότοκος. καὶ εἶδεν τὴν Ἀσενὲθ
Sal. 2 1 τῷ ὑπερηφανεύεσθαι τὸν ἁμαρτωλὸν ἐν κριῷ κατέβαλε * τείχη * ὀχυρὰ καὶ οὐκ ἐκώλυσας. ἀνέβησαν ἐπὶ τὸ
Sal. 8 17 αὐτοῦ ἤνοιξαν πύλας ἐπὶ Ιερουσαλημ ἐστεφάνωσαν * τείχη * αὐτῆς. εἰσῆλθεν ὡς πατὴρ εἰς οἶκον υἱῶν αὐτοῦ μετ᾽
Sal. 8 19 πολλῆς. κατελάβετο τὰς πυργοβάρεις αὐτῆς καὶ τὸ * τεῖχος * Ιερουσαλημ ὅτι ὁ θεὸς ἤγαγεν αὐτὸν μετὰ ἀσφαλείας
Jer. 1 2 ὑμῶν ὡς στῦλος ἑδραῖός ἐστιν ἐν μέσῳ αὐτῆς καὶ ὡς * τεῖχος * ἀδαμάντινον περικυκλοῦν αὐτήν. νῦν οὖν ἀναστάντες
Jer. 1 10 καὶ ἀναστάντες ἕκτην ὥραν τῆς νυκτὸς ἔλθετε ἐπὶ τὰ * τείχη * τῆς πόλεως καὶ δείξω ὑμῖν ὅτι ἐὰν μή τι ἐγὼ πρῶτος
Jer. 3 1 καθὼς εἶπεν ὁ κύριος τῷ Ἱερεμίᾳ ἦλθον ὁμοῦ ἐπὶ τὰ * τείχη * τῆς πόλεως Ἱερεμίας καὶ Βαρούχ. καὶ ἰδοὺ ἐγένετο
Jer. 3 2 λαμπάδας ἐν ταῖς χερσὶν αὐτῶν καὶ ἔστησαν ἐπὶ τὰ * τείχη * τῆς πόλεως. ἰδόντες δὲ αὐτοὺς Ἱερεμίας καὶ Βαροὺχ
Prop. 3 16 οὗτος κατὰ τὸν Μωϋσῆν εἶδε τὸν τύπον οὗ τὸ * τεῖχος * καὶ περίτειχος πλατὺ καθὼς εἶπε καὶ ὁ Δανιὴλ ὅτι
Esdr. 1 20 τὸν ἀσύλητον θησαυρὸν τὸ κειμήλιον τῆς παρθένου τὸ * τεῖχος * τῶν ἀνθρώπων. καὶ εἶπεν Ἐσδρὰμ καλὸν τὸ μὴ
Aris. 139 4 περιέφραξεν ἡμᾶς ἀδιακόποις χάραξι καὶ σιδηροῖς * τείχεσιν * ὅπως μηθενὶ τῶν ἄλλων ἐθνῶν ἐπιμισγώμεθα κατὰ
Sib. 3 274 σέθεν καὶ βωμὸς ἐρυμνὸς καὶ ναὸς μεγάλοιο θεοῦ καὶ * τείχεα * μακρὰ πάντα χαμαὶ πεσέονται ὅτι φρεσὶν οὐκ
Sib. 3 409 ἐπωνυμίην ἐνοσίχθων κευθμῶνας γαίης σκεδάσει καὶ * τείχεα * λύσει. σήματα δ᾽ οὐκ ἀγαθοῖο κακοῖο δὲ φύσεται
Sib. 3 460 ἕξει. Τράλλις δ᾽ ἡ γείτων Ἐφέσου σεισμῷ καταλύσει * τείχεά * τ᾽ εὐποίητ᾽ ἀνδρῶν τε λεὼν βαρυθύμων ὀμβρήσει δέ
Sib. 3 685 δὲ πέτραι αἵματι καὶ πεδίον πληρώσει πᾶσα χαράδρα. * τείχεα * δ᾽ εὐποίητα χαμαὶ πεσέονται ἅπαντα ἀνδρῶν
Sib. 3 706 σκεπάσειε μόνος μεγαλωστὶ παραστὰς κύκλοθεν ὡσεὶ * τεῖχος * ἔχων πυρὸς αἰθομένοιο. ἀπτόλεμοι δ᾽ ἔσσονται ἐν
Sib. 3 809 μεγάλῳ βασιλῆι. ταῦτά σοι Ἀσσυρίης Βαβυλώνια * τείχεα * μακρὰ οἰστρομανὴς προλιποῦσα ἐς Ἑλλάδα
Sib. 5 251 θεοῦ πόλιν ἐν μεσογαίοις ἄχρι δὲ καὶ Ἰόπης * τεῖχος * μέγα κυκλώσαντες ὑψόσ᾽ ἀείρονται ἄχρι καὶ νεφέων
Sib. 5 334 ἱμείρω τριτάλαινα τὰ Θρηκῶν ἔργα ἰδέσθαι καὶ * τεῖχος * διθάλασσον ὑπ᾽ Ἄρεος ἐν κονίῃσιν συρόμενον
FJub. 46 14 κατατεμεῖν αὐτοῖς ἐπέταξαν καὶ οἰκοδομῆσαι * τείχη * ταῖς πόλεσι καὶ χώματα ἀνεγεῖραι ἵνα δι᾽ αὐτῶν ὁ
HEup. 9 34 12 ἱερόν. περιβαλεῖν δὲ καὶ τὰ Ἱεροσόλυμα τὴν πόλιν * τείχεσι * καὶ πύργοις καὶ τάφροις οἰκοδομῆσαι δὲ καὶ
HCal. 28 3 κίοσί τε πλείστοις αὐτὴν κατακοσμήσας καὶ τὰ * τείχη * πύργοις εὐμήκεσι καὶ μεταρσίοις κατοχυρώσας ἐν δὲ
LThe. 9 22 1 ἱερὸν ἄστυ νέρθεν ὑπὸ ῥίζῃ δεδμημένον ἀμφὶ δὲ * τεῖχος * λισσὸν ὑπώρειαν ὑποδέδρομεν αἰπύθεν ἕρκος.
FrAn. 574 3063 χερουβίμ. ὁρκίζω σε τὸν περιθέντα ὄρη τῇ θαλάσσῃ * τεῖχος * ἐξ ἄμμου καὶ ἐπιτάξαντα αὐτῇ μὴ ὑπερβῆναι καὶ

τέκμαρ 1
Sib. 3 401 κέρας ἄρξει. ἔσται καὶ Φρυγίῃ δὲ φερεσβίῳ αὐτίκα * τέκμαρ * ὁππότε κεν Ῥείης μιαρὸν γένος ἐν χθονὶ κῦμα

τεκνίον 9
Adam 5 5 αὐτοῦ πάτερ Ἀδάμ τί σοί ἐστιν νόσος; καὶ λέγει * τεκνία * μου πόνος πολὺς συνέχει με. καὶ λέγουσιν αὐτῷ τί
Adam 30 1 με ὁ ἐχθρός. καὶ ἐξέβην ἀπὸ τοῦ ὕδατος. νῦν οὖν * τεκνία * μου ἐδήλωσα ὑμῖν τὸν τρόπον ἐν ᾧ ἠπατήθημεν.
TRub. 1 3 οἱ υἱοὶ καὶ υἱοὶ τῶν υἱῶν αὐτοῦ. καὶ εἶπεν αὐτοῖς * τεκνία * μου ἐγὼ ἀποθνήσκω καὶ πορεύομαι ὁδὸν πατέρων μου.
TSim. 7 1 καὶ συνεσθίων ἀνθρώποις ἔσωσεν ἀνθρώπους. καὶ νῦν * τεκνία * μου ὑπακούετε Λευὶ καὶ ἐν Ἰούδᾳ λυτρωθήσεσθε καὶ
Job 5 1 ὁ κύριος, ἐνισχύων τοὺς ἐκλεκτοὺς αὐτοῦ. καὶ ἐγὼ * τεκνία * μου ἀνταπεκρίθην αὐτῷ ὅτι ἄχρι θανάτου ὑπομείνω
Job 5 2 με ὑπὸ τοῦ ἀγγέλου ἀνελθόντος ἀπ᾽ ἐμοῦ, τότε ἐγὼ * τεκνία * μου ἀναστὰς ἐν τῇ ἑξῆς νυκτί, παραλαβὼν μεθ᾽
Job 6 1 μου κελεύσας ἀσφαλισθῆναι τὰς θύρας. ἀκούσατέ μου * τεκνία * καὶ θαυμάσατε ἅμα γὰρ εἰσῆλθον εἰς τὸν οἶκόν μου
Job 45 4 λάβετε ἑαυτοῖς γυναῖκας ἐκ τῶν ἀλλοτρίων ἰδοὺ οὖν * τεκνία * μου διαμερίζω ὑμῖν πάντα ὅσα μοι ὑπάρχει, πρὸς τὸ
Job 47 10 μοι τὰ γενόμενα καὶ τὰ μέλλοντα. νῦν οὖν, * τεκνία * μου ἔχουσαι ταύτας οὐχ ἕξετε ὅλως ἀντιτασσόμενον

τέκνον 224
Adam 14 3 γένους ἡμῶν. λέγει Ἀδὰμ τῇ Εὔᾳ κάλεσον πάντα τὰ * τέκνα * ἡμῶν καὶ τὰ τέκνα τῶν τέκνων ἡμῶν καὶ ἀνάγγειλον

| | | | | | |
|---|---|---|---|---|---|
| Adam | 14 | 3 | Ἀδὰμ τῇ Εὔᾳ κάλεσον πάντα τὰ τέκνα ἡμῶν καὶ τὰ | * τέκνα * | τῶν τέκνων ἡμῶν καὶ ἀνάγγειλον αὐτοῖς τὸν τρόπον |
| Adam | 14 | 3 | Εὔᾳ κάλεσον πάντα τὰ τέκνα ἡμῶν καὶ τὰ τέκνα τῶν | * τέκνων * | ἡμῶν καὶ ἀνάγγειλον αὐτοῖς τὸν τρόπον τῆς |
| Adam | 15 | 1 | τότε λέγει ἡ Εὔα πρὸς αὐτοὺς ἀκούσατε πάντα τὰ | * τέκνα * | μου καὶ τὰ τέκνα τῶν τέκνων μου κἀγὼ ἀναγγελῶ ὑμῖν |
| Adam | 15 | 1 | Εὔα πρὸς αὐτοὺς ἀκούσατε πάντα τὰ τέκνα μου καὶ τὰ | * τέκνα * | τῶν τέκνων μου κἀγὼ ἀναγγελῶ ὑμῖν πῶς ἠπάτησεν |
| Adam | 15 | 1 | ἀκούσατε πάντα τὰ τέκνα μου καὶ τὰ τέκνα τῶν | * τέκνων * | μου κἀγὼ ἀναγγελῶ ὑμῖν πῶς ἠπάτησεν ἡμᾶς ὁ |
| Adam | 25 | 2 | ἔσει ἐν καμάτοις καὶ ἐν πόνοις ἀφορήτοις. τέξει | * τέκνα * | ἐν πολλοῖς τρόποις καὶ ἐν μιᾷ ὥρᾳ ἔλθεις τοῦ |
| Adam | 35 | 3 | αὐτῷ ὁ πατὴρ τῶν ὅλων ὅτι εἰκών σού ἐστιν. ἄρα δὲ | * τέκνον * | μου Σὴθ τί ἐστίν μοι; πότε παραδοθήσεται εἰς τὰς |
| Hen. | 6 | 2 | γυναῖκας ἀπὸ τῶν ἀνθρώπων καὶ γεννήσομεν ἑαυτοῖς | * τέκνα. * | καὶ εἶπεν Σεμειαζᾶς πρὸς αὐτοὺς ὃς ἦν ἄρχων αὐτῶν |
| Hen. | 8B | 3 | τὰ μυστήρια ταῖς γυναιξὶν αὐτῶν καὶ τοῖς | * τέκνοις * | αὐτῶν. μετὰ δὲ ταῦτα ἤρξαντο οἱ γίγαντες |
| Hen. | 15 | 3 | υἱοὶ τῆς γῆς ἐποιήσατε καὶ ἐγεννήσατε ἑαυτοῖς | * τέκνα * | υἱοὺς γίγαντας. καὶ ὑμεῖς ἦτε ἅγιοι καὶ πνεύματα |
| Hen. | 15 | 5 | σπερματίζουσιν εἰς αὐτὰς καὶ τεκνώσουσιν ἐν αὐταῖς | * τέκνα * | οὕτως ἵνα μὴ ἐκλείπῃ αὐτοῖς πᾶν ἔργον ἐπὶ τῆς γῆς. |
| Hen. | 99 | 5 | ἐκτρώσο>υσιν καὶ αἱ θηλάζουσαι ῥίψ<ουσιν τὰ | * τέκ>να * | αὐτῶν καὶ οὐ μὴ ἐπι<στρέψου>σιν ἐπὶ τὰ νήπια |
| Hen. | 106 | 5 | πρὸς Μαθουσάλεκ τὸν πατέρα αὐτοῦ καὶ εἶπεν αὐτῷ | * τέκνον * | ἐγεννήθη μου ἀλλοῖον οὐχ ὅμοιον τοῖς ἀνθρώποις |
| Hen. | 106 | 5 | μου ἀλλοῖον οὐχ ὅμοιον τοῖς ἀνθρώποις ἀλλὰ τοῖς | * τέκνοις * | τῶν ἀγγέλων τοῦ οὐρανοῦ καὶ ὁ τύπος ἀλλοιότερος |
| Hen. | 106 | 8 | αὐτοῦ καὶ ἦλθον πρὸς αὐτὸν καὶ εἶπα ἰδοὺ πάρειμι | * τέκνον * | διά τί ἐλήλυθας πρὸς ἐμὲ τέκνον; καὶ ἀπεκρίθη |
| Hen. | 106 | 8 | εἶπα ἰδοὺ πάρειμι τέκνον διά τί ἐλήλυθας πρὸς ἐμὲ | * τέκνον; * | καὶ ἀπεκρίθη λέγων δι' ἀνάγκην μεγάλην ἦλθον ὧδε |
| Hen. | 106 | 10 | ἀνάγκην μεγάλην ἦλθον ὧδε πάτερ καὶ νῦν ἐγεννήθη | * τέκνον * | Λάμεχ τῷ υἱῷ μου καὶ ὁ τύπος αὐτοῦ καὶ ἡ εἰκὼν |
| Hen. | 106 | 13 | κύριος πρόσταγμα ἐπὶ τῆς γῆς καὶ τὸν αὐτὸν τρόπον | * τέκνον * | τεθέαμαι καὶ ἐσήμανά σοι ἐν γὰρ τῇ γενεᾷ Ἰάρεδ |
| Hen. | 106 | 16 | παιδίον τὸ γεννηθὲν καταλειφθήσεται καὶ τρία αὐτοῦ | * τέκνα * | σωθήσεται ἀποθανόντων τῶν ἐπὶ τῆς γῆς καὶ πραΰνεῖ |
| Hen. | 106 | 18 | τῆς οὔσης ἐν αὐτῇ φθορᾶς. καὶ νῦν λέγε Λάμεχ ὅτι | * τέκνον * | σού ἐστιν δικαίως καὶ ὁσίως <καὶ> κάλεσον αὐτοῦ |
| Hen. | 107 | 2 | ἥξει ἐπὶ τῆς γῆς ἐπ' αὐτούς. καὶ νῦν ἀπότρεχε | * τέκνον * | καὶ σήμανον Λάμεχ τῷ υἱῷ σου ὅτι τὸ παιδίον τοῦτο |
| Hen. | 107 | 2 | Λάμεχ τῷ υἱῷ σου ὅτι τὸ παιδίον τοῦτο τὸ γεννηθὲν | * τέκνον * | αὐτοῦ ἐστιν δικαίως καὶ οὐ ψευδῶς. καὶ ὅτε |
| Abr.1 | 3 | 7 | σου. εἶπεν δὲ Ἀβραὰμ πρὸς Ἰσαὰκ τὸν υἱὸν αὐτοῦ | * τέκνον * | Ἰσαὰκ ἄντλησον ὕδωρ ἐκ τοῦ φρέατος καὶ ἔνεγκέ |
| Abr.1 | 4 | 2 | ἐν ἀφθονίᾳ παντὸς ἀγαθοῦ καλλώπισον τὸ οἴκημα | * τέκνον * | καὶ ὑφάπλωσον σινδόνας καὶ πορφύραν καὶ βύσσον |
| Abr.1 | 5 | 4 | τοῦ ἐναρέτου ἀνδρὸς τούτου. εἶπε δὲ Ἀβραὰμ οὐχὶ | * τέκνον * | Ἰσαὰκ ἀλλὰ ἄπελθε ἐν τῷ σῷ τρικλίνῳ καὶ |
| TRub. | 1 | 4 | με ἀδελφοὶ ὅπως εἴπω τοῖς ἀδελφοῖς μου καὶ τοῖς | * τέκνοις * | μου ὅσα ἔχω ἐν τῇ καρδίᾳ μου κρυπτὰ ἐκλιπὼν γὰρ |
| TRub. | 2 | 1 | γένηται ἐν τῷ Ἰσραὴλ οὕτως. καὶ νῦν ἀκούσατέ μου | * τέκνα * | ἃ εἶδον περὶ τῶν ἑπτὰ πνευμάτων τῆς πλάνης ἐν τῇ |
| TRub. | 3 | 9 | ὥσπερ κἀγὼ ἔπαθον ἐν τῷ νεωτερισμῷ μου. καὶ νῦν | * τέκνα * | τὴν ἀλήθειαν ἀγαπήσατε καὶ αὕτη φυλάξει ὑμᾶς. |
| TRub. | 4 | 5 | μετανοῶν παρεφυλαξάμην καὶ οὐχ ἥμαρτον. διὰ τοῦτο | * τέκνα * | μου φυλάξασθε πάντα ὅσα ἐντέλλομαι ὑμῖν καὶ οὐ μὴ |
| TRub. | 5 | 1 | Βελιὰρ κατισχύσει ὑμῶν. πονηραί εἰσιν αἱ γυναῖκες | * τέκνα * | μου ὅτι μὴ ἔχουσαι ἐξουσίαν ἢ δύναμιν ἐπὶ τὸν |
| TRub. | 5 | 5 | γυνὴ ἄνθρωπον βιάσασθαι. φεύγετε οὖν τὴν πορνείαν | * τέκνα * | μου καὶ προστάσσετε ταῖς γυναιξὶν ὑμῶν καὶ ταῖς |
| TSim. | 2 | 1 | καὶ κατεφίλησεν αὐτοὺς καὶ εἶπεν αὐτοῖς ἀκούσατε | * τέκνα * | ἀκούσατε Συμεὼν τοῦ πατρὸς ὑμῶν ὅσα ἔχω ἐν τῇ |
| TSim. | 2 | 13 | μου ἡ δεξιὰ ἡμίξηρος ἦν ἐπὶ ἡμέρας ἑπτά. καὶ ἔγνων | * τέκνα * | ὅτι περὶ Ἰωσὴφ τοῦτό μοι συνέβη καὶ μετανοήσας |
| TSim. | 3 | 1 | διὰ Ἰωσὴφ τὸν ἀδελφόν μου φθονήσας αὐτῷ. καὶ νῦν | * τέκνα * | μου φυλάξασθε ἀπὸ τῶν πνευμάτων τῆς πλάνης καὶ τοῦ |
| TSim. | 4 | 5 | ἠγάπησέ με ὡς τοὺς ἄλλους ἀδελφούς. φυλάξασθε οὖν | * τέκνα * | μου ἀπὸ παντὸς ζήλου καὶ φθόνου καὶ πορεύεσθε ἐν |
| TSim. | 4 | 7 | καὶ καρποὺς πᾶσιν ἡμῖν ἐχαρίσατο. καὶ ὑμεῖς οὖν | * τέκνα * | μου ἀγαπητὰ ἀγαπήσατε ἕκαστος τὸν ἀδελφὸν αὐτοῦ ἐν |
| TSim. | 5 | 2 | ταραχῆς τοῦ πνεύματος τὸ πρόσωπον δηλοῖ. καὶ νῦν | * τέκνα * | μου ἀγαθύνατε τὰς καρδίας ὑμῶν ἐνώπιον κυρίου καὶ |
| TSim. | 7 | 3 | ἐντέλλομαι ὑμῖν ἵνα καὶ ὑμεῖς ἐντείλησθε τοῖς | * τέκνοις * | ὑμῶν ὅπως φυλάξωσιν αὐτὰ εἰς τὰς γενεὰς αὐτῶν. |
| TLevi | 2 | 3B006 | διαλογισμοὺς ἐννοιῶν σὺ μόνος ἐπίστασαι. καὶ νῦν | * τέκνα * | μου μετ' ἐμοῦ. καὶ δός μοι πάσας ὁδοὺς ἀληθείας |
| TLevi | 9 | 9 | ἀσχολούμενος ἦν ἐνώπιον κυρίου. καὶ ἔλεγεν πρόσεχε | * τέκνον * | ἀπὸ τοῦ πνεύματος τῆς πορνείας τοῦτο γὰρ |
| TLevi | 10 | 1 | ἁλιεῖς. νῦν οὖν φυλάξασθε ὅσα ἐντέλλομαι ὑμῖν | * τέκνα * | ὅτι ὅσα ἤκουσα παρὰ τῶν πατέρων μου ἀνήγγειλα |
| TLevi | 12 | 6 | ἐτῶν εἰσῆλθον εἰς Αἴγυπτον. καὶ ἰδού ἐστε | * τέκνα * | μου τρίτη γενεά. Ἰωσὴφ ἑκατοστῷ ὀκτωκαιδεκάτῳ |
| TLevi | 13 | 1 | ἑκατοστῷ ὀκτωκαιδεκάτῳ ἔτει ἀπέθανεν. καὶ νῦν | * τέκνα * | μου ἐντέλλομαι ὑμῖν ἵνα φοβεῖσθε τὸν κύριον ἡμῶν |
| TLevi | 13 | 2 | πάντα τὸν νόμον αὐτοῦ. διδάξατε δὲ καὶ ὑμεῖς τὰ | * τέκνα * | ὑμῶν γράμματα ἵνα ἔχωσι σύνεσιν ἐν πάσῃ τῇ ζωῇ |
| TLevi | 13 | 5 | νόμον ἐκ τοῦ στόματος αὐτοῦ. ποιήσατε δικαιοσύνην | * τέκνα * | μου ἐπὶ τῆς γῆς ἵνα εὕρητε ἐν τοῖς οὐρανοῖς καὶ |
| TLevi | 14 | 1 | βασιλέων ὡς καὶ Ἰωσὴφ ὁ ἀδελφὸς ἡμῶν. καὶ νῦν | * τέκνα * | ἔγνων ἀπὸ γραφῆς Ἑνὼχ ὅτι ἐπὶ τέλει ἀσεβήσετε ἐπὶ |
| TLevi | 18 | 2B014 | ἤρξατο διδάσκειν με τὴν κρίσιν ἱερωσύνης καὶ εἶπεν | * τέκνον * | Λευὶ πρόσεχε σεαυτῷ ἀπὸ πάσης ἀκαθαρσίας ἡ κρίσις |
| TLevi | 18 | 2B048 | ὁ σίκλος ὡσεὶ ις' θερμοὶ καὶ ὁλκῆς μιᾶς. καὶ νῦν | * τέκνον * | μου ἄκουσον τοὺς λόγους μου καὶ ἐνωτίσαι τὰς |
| TLevi | 18 | 2B051 | ποιεῖν καὶ ἐντέλλεσθαι τοῖς υἱοῖς μου. καὶ νῦν | * τέκνον * | χαίρω ὅτι ἐξελέχθης εἰς ἱερωσύνην ἁγίαν καὶ |
| TLevi | 18 | 2B058 | βίβλου τοῦ Νῶε περὶ τοῦ αἵματος. καὶ νῦν ὡς σοί | * τέκνον * | ἀγαπητὸν ἐγὼ λέγω ἠγαπημένος σὺ τῷ πατρί σου καὶ |
| TLevi | 18 | 2B061 | τὸ ὄνομα τοῦ σπέρματός σου ἕως τῶν αἰώνων. καὶ νῦν | * τέκνον * | Λευὶ εὐλογημένον ἔσται τὸ σπέρμα σου ἐπὶ τῆς γῆς |
| TLevi | 18 | 12 | Βελιὰρ δεθήσεται ὑπ' αὐτοῦ καὶ δώσει ἐξουσίαν τοῖς | * τέκνοις * | αὐτοῦ τοῦ πατεῖν ἐπὶ τὰ πονηρὰ πνεύματα. καὶ |
| TLevi | 18 | 13 | πονηρὰ πνεύματα. καὶ εὐφρανθήσεται κύριος ἐπὶ τοῖς | * τέκνοις * | αὐτοῦ καὶ εὐδοκήσει κύριος ἐπὶ τοῖς ἀγαπητοῖς |
| TLevi | 19 | 1 | καὶ πάντες οἱ ἅγιοι ἐνδύσονται εὐφροσύνην. καὶ νῦν | * τέκνα * | μου πάντα ἠκούσατε ἕλεσθε οὖν ἑαυτοῖς ἢ τὸ σκότος |
| TJud. | 8 | 3 | ἀτέκνους ἀνεῖλε κύριος ὁ γὰρ Σηλὼμ ἔζησε καὶ τὰ | * τέκνα * | αὐτοῦ ὑμεῖς ἐστε. δεκαοκτὼ ἔτη ἐποιήσαμεν εἰρήνην |
| TJud. | 10 | 3 | πανουργίαν τῆς μητρὸς αὐτοῦ οὐ γὰρ ἤθελεν ἔχειν | * τέκνα * | ἀπ' αὐτῆς. ἐν ταῖς ἡμέραις τοῦ θαλάμου |
| TJud. | 13 | 1 | ἐκεῖ. καὶ νῦν ὅσα ἐγὼ ὑμῖν ἐντέλλομαι ἀκούσατε | * τέκνα * | τοῦ πατρὸς ὑμῶν καὶ φυλάξατε πάντας τοὺς λόγους |
| TJud. | 13 | 8 | τῆς καρδίας μου ὅτι οὐκ ηὐφράνθην ἐπὶ τοῖς | * τέκνοις * | αὐτῆς. καὶ νῦν τέκνα μου μὴ μεθύσκεσθε οἴνῳ ὅτι |
| TJud. | 14 | 1 | ὅτι οὐκ ηὐφράνθην ἐπὶ τοῖς τέκνοις αὐτῆς. καὶ νῦν | * τέκνα * | μου μὴ μεθύσκεσθε οἴνῳ ὅτι ὁ οἶνος διαστρέφει τὸν |
| TJud. | 14 | 4 | καὶ οὐκ αἰσχύνεται. τοιοῦτός ἐστιν ὁ οἶνος | * τέκνα * | μου ὅτι ὁ μεθύων οὐδένα αἰδεῖται. ἰδοὺ γὰρ κἀμὲ |
| TJud. | 14 | 7 | Χαναναίαν. διὸ συνέσεως χρήζει ὁ πίνων οἶνον | * τέκνα * | μου καὶ αὕτη ἐστὶν ἡ σύνεσις τῆς οἰνοποσίας ἵνα |
| TJud. | 16 | 1 | τὸ τῆς πτωχείας ἐλάχιστον στήριγμα. φυλάσσεσθε οὖν | * τέκνα * | μου ὅρον οἴνου. ἔστι γὰρ ἐν αὐτῷ τέσσαρα πνεύματα |
| TJud. | 17 | 1 | αἴτιος γίνεται ὁ οἶνος. ἐντέλλομαι οὖν ὑμῖν | * τέκνα * | μου μὴ ἀγαπᾶν ἀργύριον μηδὲ ἐμβλέπειν εἰς κάλλος |
| TJud. | 18 | 2 | κακὰ ποιήσετε ἐν ἐσχάταις ἡμέραις. φυλάξασθε οὖν | * τέκνα * | μου ἀπὸ τῆς πορνείας καὶ τῆς φιλαργυρίας ἀκούσατε |
| TJud. | 19 | 1 | ψυχὴν αὐτοῦ καὶ ἐν ἡμέρᾳ ὡς ἐν νυκτὶ πορεύεται. | * τέκνα * | μου ἡ φιλαργυρία πρὸς εἴδωλα ὁδηγεῖ ὅτι ἐν πλάνῃ |
| TJud. | 19 | 2 | εἰς ἔκστασιν ἐμπεσεῖν. διὰ ἀργύριον ἐγὼ ἀπώλεσα τὰ | * τέκνα * | μου καὶ εἰ μὴ ἡ μετάνοια σαρκός μου καὶ ἡ |
| TJud. | 20 | 1 | ἀσθένειαν νομίζων ἀκαταμάχητος εἶναι. ἐπίγνωτε οὖν | * τέκνα * | μου ὅτι δύο πνεύματα σχολάζουσι τῷ ἀνθρώπῳ τὸ τῆς |
| TJud. | 21 | 1 | ἆραι πρόσωπον οὐ δύναται πρὸς τὸν κριτήν. καὶ νῦν | * τέκνα * | ἀγαπήσατε τὸν Λευὶ ἵνα διαμείνητε καὶ μὴ ἐπαίρεσθε |
| TJud. | 23 | 1 | τὰς ἡμέρας ἕως τοῦ αἰῶνος. πολλὴ δὲ λύπη μοί ἐστι | * τέκνα * | μου διὰ τὰς ἀσελγείας καὶ γοητείας καὶ |
| TJud. | 26 | 1 | οἱ λαοὶ δοξάσουσι κύριον εἰς αἰῶνας. φυλάξατε οὖν | * τέκνα * | μου πάντα νόμον κυρίου ὅτι ἐστὶν ἐλπὶς πᾶσι τοῖς |
| TIss. | 1 | 1 | καλέσας τοὺς υἱοὺς αὐτοῦ εἶπεν αὐτοῖς ἀκούσατε | * τέκνα * | Ἰσαχὰρ τοῦ πατρὸς ὑμῶν ἐνωτίσασθε ῥήματα |
| TIss. | 1 | 6 | δὲ Ῥαχὴλ οὐ δώσω αὐτά σοι ὅτι ἔσονταί μοι ἀντὶ | * τέκνων. * | ἦσαν δὲ μῆλα δύο. καὶ εἶπε Λεία ἱκανούσθω σοι |
| TIss. | 2 | 1 | τότε ὤφθη τῷ Ἰακὼβ ἄγγελος κυρίου λέγων ὅτι δύο | * τέκνα * | Ῥαχὴλ τέξεται ὅτι διέπτυσε συνουσίαν ἀνδρὸς καὶ |
| TIss. | 2 | 3 | ἐπεσκέψατο αὐτὴν κύριος. εἶδε γὰρ ὅτι διὰ | * τέκνα * | ἤθελε συνεῖναι τῷ Ἰακὼβ καὶ οὐ διὰ φιληδονίαν. |
| TIss. | 3 | 1 | τῷ ὄντι ἐν τῷ καιρῷ ἐκείνῳ. ὅτε οὖν ἡδρύνθην | * τέκνα * | μου ἐπορευόμην ἐν εὐθύτητι καρδίας καὶ ἐγενόμην |
| TIss. | 4 | 1 | τὰ ἀγαθὰ ἐν ἁπλότητι καρδίας. καὶ νῦν ἀκούσατέ μου | * τέκνα * | καὶ πορεύεσθε ἐν ἁπλότητι καρδίας ὅτι εἶδον ἐν |
| TIss. | 5 | 1 | τι τῶν ἐντολῶν τοῦ κυρίου. φυλάξατε οὖν νόμον θεοῦ | * τέκνα * | μου καὶ τὴν ἁπλότητα κτήσασθε καὶ ἐν ἀκακίᾳ |
| TIss. | 6 | 1 | τὰ πειρατήρια τὰ ἐπερχόμενα τῷ Ἰσραήλ. οἶδα | * τέκνα * | μου ὅτι ἐν ἐσχάτοις καιροῖς καταλείψουσιν οἱ υἱοὶ |
| TIss. | 6 | 3 | ἐχθροῖς αὐτῶν. καὶ ὑμεῖς οὖν εἴπατε ταῦτα τοῖς | * τέκνοις * | ὑμῶν ὅπως ἐὰν ἁμαρτήσωσι τάχιον ἐπιστρέψουσι |
| TIss. | 7 | 6 | τῇ ἰσχύι μου ὁμοίως καὶ πάντα ἄνθρωπον ἠγάπησα ὡς | * τέκνα * | μου. ταῦτα καὶ ὑμεῖς ποιήσατε τέκνα μου καὶ πᾶν |
| TIss. | 7 | 7 | ἠγάπησα ὡς τέκνα μου. ταῦτα καὶ ὑμεῖς ποιήσατε | * τέκνα * | μου καὶ πᾶν πνεῦμα τοῦ Βελιὰρ φεύξεται ἀφ' ὑμῶν |
| TZab. | 1 | 1 | καὶ ελεους. ἀντίγραφον Ζαβουλὼν ὃ διέθετο τοῖς | * τέκνοις * | αὐτοῦ ἑκατοστῷ τετάρτῳ καὶ δεκάτῳ ἔτει τῆς ζωῆς |
| TZab. | 1 | 4 | τοῖς ποικίλοις ῥάβδοις εἶχε τὸν κλῆρον. οὐκ ἔγνων | * τέκνα * | μου ὅτι ἥμαρτον ἐν ταῖς ἡμέραις μου παρεκτὸς |
| TZab. | 3 | 1 | τοῖς Ἰσμαηλίταις. καὶ γὰρ τῆς τιμῆς τοῦ Ἰωσὴφ | * τέκνα * | ἐγὼ οὐκ ἐκοινώνησα ἀλλὰ Συμεὼν καὶ Γὰδ καὶ οἱ |
| TZab. | 3 | 2 | ὑποδήματα ἑαυτοῖς καὶ ταῖς γυναιξὶν αὐτῶν καὶ τοῖς | * τέκνοις * | αὐτῶν εἰπόντες οὐ φαγόμεθα αὐτὴν ὅτι τιμὴ |
| TZab. | 5 | 1 | αὐτὸν καὶ ἐποίησαν καθὼς εἶπεν ὁ Δάν. καὶ νῦν | * τέκνα * | μου ἀναγγελῶ ὑμῖν τοῦ φυλάσσειν τὰς ἐντολὰς κυρίου |
| TZab. | 5 | 3 | τὴν προαίρεσιν. ἔχετε οὖν ἔλεος ἐν σπλάγχνοις ὑμῶν | * τέκνα * | μου ὅτι ὡς ἄν τις ποιήσῃ τῷ πλησίον αὐτοῦ οὕτως |
| TZab. | 7 | 2 | μου κρυφαίως ἔδωκα τῷ θλιβομένῳ. καὶ ὑμεῖς οὖν | * τέκνα * | μου ἐξ ὧν παρέχει ὑμῖν ὁ θεὸς ἀδιακρίτως πάντας |
| TZab. | 8 | 1 | ἐστρέφετο ἐπ' αὐτῷ εἰς συμπάθειαν. καὶ ὑμεῖς οὖν | * τέκνα * | μου ἔχετε εὐσπλαγχνίαν κατὰ παντὸς ἀνθρώπου ἐν |
| TZab. | 8 | 5 | εἰς ὃν ἐμβλέποντες καὶ ὑμεῖς ἀμνησίκακοι γίνεσθε | * τέκνα * | μου καὶ ἀγαπᾶτε ἀλλήλους καὶ μὴ λογίζεσθε ἕκαστος |
| TZab. | 10 | 1 | καὶ ἀπορριφήσεσθε ἕως καιροῦ συντελείας. καὶ νῦν | * τέκνα * | μου μὴ λυπεῖσθε ὅτι ἀποθνήσκω ἐγὼ μηδὲ συμπίπτετε |
| TDan | 1 | 4 | κακίαν ἄνθρωπον ἐκδιδάσκει. ὁμολογῶ σήμερον ὑμῖν | * τέκνα * | μου ὅτι ἐν καρδίᾳ μου ἠδόμην περὶ τοῦ θανάτου |
| TDan | 2 | 1 | ποιῆσαι ἵνα λυθῶσι δύο σκῆπτρα ἐν Ἰσραήλ. καὶ νῦν | * τέκνα * | μου ἐγὼ ἀποθνήσκω καὶ ἐν ἀληθείᾳ λέγω ὑμῖν ὅτι ἐὰν |
| TDan | 2 | 2 | μακροθυμίαν ἀπολεῖσθε. τύφλωσίς ἐστιν ἐν τῷ θυμῷ | * τέκνα * | μου καὶ οὐκ ἔστι τις ὁρῶν πρόσωπον ἐν ἀληθείᾳ ὅτι |
| TDan | 3 | 1 | ἰδίαν κατὰ τοῦ ἀδελφοῦ εἰς φθόνον. πονηρὸς ὁ θυμὸς | * τέκνα * | μου καὶ γὰρ αὐτῇ τῇ ψυχῇ αὐτὸς γίνεται ψυχή. καὶ |
| TDan | 4 | 5 | ὀργίζεσθαι. ἐὰν ζημίᾳ ἐὰν ἀπωλείᾳ τινὶ περιπέσητε | * τέκνα * | μου μὴ θροεῖσθε ὅτι αὐτὸ τὸ πνεῦμα ἐπιθυμῆσαι |
| TDan | 5 | 1 | αὐτῆς καὶ κυριεύει αὐτῆς ὁ Βελιάρ. φυλάξατε οὖν | * τέκνα * | μου τὰς ἐντολὰς τοῦ κυρίου καὶ τὸν νόμον αὐτοῦ |
| TDan | 6 | 1 | ἐν τοῖς οὐρανοῖς. καὶ νῦν φοβήθητε τὸν κύριον | * τέκνα * | μου καὶ προσέχετε ἑαυτοῖς ἀπὸ τοῦ σατανᾶ καὶ τῶν |
| TDan | 6 | 8 | καὶ ἐν τοῖς ἔθνεσι σωτήρ. διατηρήσατε οὖν ἑαυτοὺς | * τέκνα * | μου ἀπὸ παντὸς ἔργου πονηροῦ καὶ ἀπορρίψατε τὸν |
| TDan | 6 | 9 | παρὰ τοῦ πατρὸς ὑμῶν μετάδοτε καὶ ὑμεῖς τοῖς | * τέκνοις * | ὑμῶν ἵνα δέξηται ὑμᾶς ὁ σωτὴρ τῶν ἐθνῶν ἔστι γὰρ |
| TNep. | 1 | 5 | ἤρξατο οὖν λέγειν τοῖς υἱοῖς αὐτοῦ ἀκούσατε | * τέκνα * | μου υἱοὶ Νεφθαλιμ ἀκούσατε λόγους πατρὸς ὑμῶν. ἐγὼ |
| TNep. | 2 | 9 | εἰς θήκην ὀσφὺν εἰς ἰσχὺν καὶ τὰ ἑξῆς. οὕτως οὖν | * τέκνα * | μου ἐν τάξει ἐστέ εἰς ἀγαθὰ ἐν φόβῳ θεοῦ καὶ μηδὲν |
| TNep. | 3 | 4 | πνεύμασι πλάνης. ὑμεῖς δὲ μὴ οὕτως | * τέκνα * | μου γνόντες ἐν στερεώματι ἐν γῇ καὶ ἐν θαλάσσῃ καὶ |

| | | | | | |
|---|---|---|---|---|---|
| TNep. | 4 | 1 | καὶ καρπῶν τάξας τὴν γῆν ἀοίκητον. ταῦτα λέγω | * τέκνα * | μου ὅτι ἀνέγνων ἐν γραφῇ ἁγίᾳ Ἐνὼχ ὅτι καίγε καὶ |
| TNep. | 7 | 3 | αὐτὸν μεθ᾽ ὑμῶν. καὶ κλαίων ἔλεγε ζῇς Ἰωσὴφ | * τέκνον * | μου καὶ οὐ βλέπω σέ καὶ σὺ οὐχ ὁρᾷς Ἰακὼβ τὸν |
| TNep. | 8 | 1 | ἀλλ᾽ ἐφοβούμην τοὺς ἀδελφούς μου. καὶ ἰδοὺ | * τέκνα * | μου ὑπέδειξα ὑμῖν καιροὺς ἐσχάτους ὅτι πάντα |
| TNep. | 8 | 2 | ἐν Ἰσραήλ. καὶ ὑμεῖς οὖν ἐντείλασθε τοῖς | * τέκνοις * | ὑμῶν ἵνα ἑνοῦνται τῷ Λευὶ καὶ τῷ Ἰούδᾳ. διὰ γὰρ |
| TNep. | 8 | 4 | δικαίους ἐκ τῶν ἐθνῶν. ἐὰν ἐργάσησθε τὸ καλὸν | * τέκνα * | μου εὐλογήσουσιν ὑμᾶς καὶ οἱ ἄνθρωποι καὶ οἱ |
| TNep. | 8 | 5 | ὑμᾶς καὶ οἱ ἄγγελοι ἀνθέξονται ὑμῶν. ὡς ἄν τις γὰρ | * τέκνον * | ἐκθρέψῃ καλῶς μνείαν ἔχει ἀγαθὴν οὕτως καὶ ἐπὶ |
| TGad | 2 | 1 | πατρὶ ἐπείθετο αὐτῷ. ὁμολογῶ νῦν τὴν ἁμαρτίαν μου | * τέκνα * | ὅτι πλειστάκις ἤθελον ἀνελεῖν αὐτὸν ὅτι ἕως ψυχῆς |
| TGad | 3 | 1 | ἵνα ποιήσω ἀνόμημα ἐν Ἰσραήλ. καὶ νῦν ἀκούσατε | * τέκνα * | μου λόγους ἀληθείας τοῦ ποιεῖν δικαιοσύνην καὶ |
| TGad | 4 | 1 | καθὼς κἀγὼ ἔβλεπον ἐν τῷ Ἰωσήφ. φυλάξασθε οὖν | * τέκνα * | μου ἀπὸ τοῦ μίσους ὅτι εἰς αὐτὸν τὸν κύριον |
| TGad | 5 | 2 | τὴν καρδίαν πληροῖ. καὶ ταῦτα ἐκ πείρας λέγω ὑμῖν | * τέκνα * | μου ὅπως φεύξησθε τὸ μῖσος καὶ κολληθῆτε τῇ ἀγάπῃ |
| TGad | 6 | 1 | χρόνον ἐνεῖχον τῷ Ἰωσὴφ ἕως ἵνα πραθῇ. καὶ νῦν | * τέκνα * | μου ἀγαπήσατε ἕκαστος τὸν ἀδελφὸν αὐτοῦ καὶ |
| TGad | 8 | 1 | εὐθύτητι καρδίας. εἴπατε δὲ καὶ ὑμεῖς ταῦτα τοῖς | * τέκνοις * | ὑμῶν ὅπως τιμήσωσιν Ἰουδὰν καὶ τὸν Λευὶ ὅτι ἐξ |
| TGad | 8 | 2 | Ἰσραήλ. ἔγνων γὰρ ὅτι ἐπὶ τέλει ἀποστήσονται τὰ | * τέκνα * | ὑμῶν ἀπ᾽ αὐτῶν καὶ ἐν πάσῃ πονηρίᾳ καὶ κακώσει καὶ |
| TGad | 8 | 3 | κυρίου. καὶ ὀλίγον ἡσυχάσας πάλιν εἶπεν αὐτοῖς | * τέκνα * | μου ὑπακούσατε τοῦ πατρὸς ὑμῶν καὶ θάψατέ με |
| TAser | 1 | 2 | ζωῆς αὐτοῦ. ἔτι ὑγιαίνων εἶπε πρὸς αὐτοὺς ἀκούσατε | * τέκνα * | Ἀσὴρ τοῦ πατρὸς ὑμῶν καὶ πᾶν τὸ εὐθὲς ἐνώπιον τοῦ |
| TAser | 3 | 1 | ἐν ταῖς πλαξὶ τῶν οὐρανῶν οὕτως εἶπεν. ὑμεῖς οὖν | * τέκνα * | μου μὴ γίνεσθε κατ᾽ αὐτοὺς διπρόσωποι ἀγαθότητος |
| TAser | 5 | 1 | ἀπαγορεύει ἀπείργων τὸ κακὸν τοῦ ἀγαθοῦ. ὁρᾶτε οὖν | * τέκνα * | πῶς δύο εἰσίν ἐν πᾶσιν ἓν κατέναντι τοῦ ἑνὸς καὶ |
| TAser | 6 | 1 | μονοπροσώπως εἰς τὸ ἀγαθόν. προσέχετε οὖν | * τέκνα * | καὶ ὑμεῖς τὰς ἐντολὰς τοῦ κυρίου μονοπροσώπως |
| TAser | 7 | 1 | εἰρήνης ⟨ὅς⟩ παρακαλέσει αὐτὸν ἐν ζωῇ. μὴ γίνεσθε | * τέκνα * | ὡς Σόδομα ἥτις ἠγνόησε τοὺς ἀγγέλους κυρίου καὶ |
| TAser | 7 | 4 | εἰς ἄνδρα ὑποκρινόμενος. εἴπατε οὖν ταῦτα τοῖς | * τέκνοις * | ὑμῶν μὴ ἀπειθεῖν αὐτῷ. ἀνέγνων γὰρ ἐν ταῖς πλαξὶ |
| TJos. | 1 | 2 | υἱοὺς αὐτοῦ καὶ τοὺς ἀδελφοὺς αὐτοῦ εἶπεν αὐτοῖς | * τέκνα * | μου καὶ ἀδελφοὶ ἀκούσατε Ἰωσὴφ τοῦ ἠγαπημένου ὑπὸ |
| TJos. | 3 | 7 | λόγῳ ἐπισκέψεως πρός με. καὶ τὰ μὲν πρῶτα ὅτι | * τέκνον * | ἀρρενικὸν οὐκ ἦν αὐτῇ προσεποιεῖτο ἔχειν με ὡς |
| TJos. | 7 | 5 | τοῦ ἀνδρός σου ἡ ἀντίζηλός σου κολαφίσει τὰ | * τέκνα * | σου καὶ ἀπολέσει τὸ μνημόσυνόν σου ἀπὸ τῆς γῆς. |
| TJos. | 7 | 6 | ἀρκεῖ μοι μόνον ὅτι ἀντιποιῇ τῆς ζωῆς μου καὶ τῶν | * τέκνων * | μου ἔχω προσδοκίαν ἀπολαῦσαι τῆς ἐπιθυμίας μου. |
| TJos. | 8 | 1 | ἐκλαμβάνει αὐτὸ πρὸς ἐπιθυμίαν πονηράν. λέγω ὑμῖν | * τέκνα * | ὅτι ὥρα ἦν ὡσεὶ ἕκτη ὅτε ἐξῆλθεν ἀπ᾽ ἐμοῦ κἀγὼ |
| TJos. | 10 | 1 | ἐφύλαξέ με ἀπὸ τῶν ἐγχειρημάτων αὐτῆς. ὁρᾶτε οὖν | * τέκνα * | μου πόσα κατεργάζεται ἡ ὑπομονὴ καὶ προσευχὴ μετὰ |
| TJos. | 13 | 5 | Φαραὼ ἄρχων πάντων τῶν εὐνούχων ἔχων γυναῖκα καὶ | * τέκνα * | καὶ παλλακάς. καὶ διαχωρίσας με ἀπ᾽ αὐτοῦ εἶπέ μοι |
| TJos. | 17 | 1 | ἰδὼν ἐγὼ ἐσιώπησα ἵνα μὴ ἐτασθῇ ὁ εὐνοῦχος. ὁρᾶτε | * τέκνα * | πόσα ὑπέμεινα ἵνα μὴ καταισχύνω τοὺς ἀδελφούς μου. |
| TJos. | 18 | 1 | οὖν καὶ ὑμεῖς πορευθῆτε ἐν ταῖς ἐντολαῖς κυρίου | * τέκνα * | μου ὑψώσει ὑμᾶς ἐνταῦθα καὶ εὐλογήσει ἐν ἀγαθοῖς |
| TJos. | 19 | 1 | κάλλει ὅτι ἐγὼ ὅμοιος ἐν πᾶσι τῷ Ἰακώβ. ἀκούσατε | * τέκνα * | μου καὶ ὧν εἶδον ἐνυπνίων. δώδεκα ἔλαφοι ἐνέμοντο |
| TJos. | 19 | 6 | ἐν καιρῷ αὐτῶν ἐν ἐσχάταις ἡμέραις. ὑμεῖς οὖν | * τέκνα * | μου φυλάξατε τὰς ἐντολὰς κυρίου καὶ τιμᾶτε τὸν |
| TBen. | 3 | 1 | διαπωλοῦσί με τοῖς ἑταίροις αὐτῶν. καὶ ὑμεῖς οὖν | * τέκνα * | μου ἀγαπήσατε κύριον τὸν θεὸν τοῦ οὐρανοῦ καὶ |
| TBen. | 3 | 7 | πονηρὸν περὶ αὐτοῦ. καὶ οὕτως ἐβόα Ἰακὼβ ὦ | * τέκνον * | Ἰωσὴφ ὦ τέκνον χρηστὸν ἐνίκησας τὰ σπλάγχνα |
| TBen. | 3 | 7 | αὐτοῦ. καὶ οὕτως ἐβόα Ἰακὼβ ὦ τέκνον Ἰωσὴφ ὦ | * τέκνον * | χρηστὸν ἐνίκησας τὰ σπλάγχνα Ἰακὼβ τοῦ πατρός |
| TBen. | 4 | 1 | Βελιὰρ καὶ τοὺς ὑπηρετοῦντας αὐτῷ. ἴδετε | * τέκνα * | τοῦ ἀγαθοῦ ἀνδρὸς τὸ τέλος μιμήσασθε οὖν ἐν ἀγαθῇ |
| TBen. | 5 | 1 | κατὰ τὴν ψυχὴν αὐτοῦ. ἐὰν ἔχητε ἀγαθὴν διάνοιαν | * τέκνα * | καὶ οἱ πονηροὶ ἄνθρωποι εἰρηνεύσουσιν ὑμῖν καὶ οἱ |
| TBen. | 7 | 1 | διπλοῦν ἐστι καὶ οὐκ ἔχει ἁπλότητα. διὰ τοῦτο | * τέκνα * | μου φεύγετε τὴν κακίαν τοῦ Βελιὰρ ὅτι μάχαιραν |
| TBen. | 8 | 1 | τῇ αὐτῇ κολάσει κριθήσονται. καὶ ὑμεῖς οὖν | * τέκνα * | μου ἀποδράσατε τὴν κακίαν φθόνον τε καὶ τὴν |
| TBen. | 10 | 2 | καθ᾽ ὃ ἦν πᾶσα ἡ ἰδέα αὐτοῦ. γινώσκετε οὖν | * τέκνα * | μου ὅτι ἀποθνήσκω. ποιήσατε οὖν ἀλήθειαν καὶ |
| TBen. | 10 | 4 | κληρονομίας διδάσκω. καὶ ὑμεῖς οὖν δότε αὐτὰ τοῖς | * τέκνοις * | ὑμῶν εἰς κατάσχεσιν αἰώνιον τοῦτο γὰρ ἐποίησαν |
| TBen. | 10 | 10 | καὶ ἀπηλλοτριώθησαν θεοῦ γενόμενοι οὐ | * τέκνα * | ἐν μερίδι φοβουμένων κύριον. ὑμεῖς δὲ ἐὰν |
| TBen. | 12 | 1 | ἐπλήρωσε τοὺς λόγους αὐτοῦ εἶπεν ἐντέλλομαι ὑμῖν | * τέκνα * | μου ἀνενέγκατε τὰ ὀστᾶ μου ἐξ Αἰγύπτου καὶ θάψατέ |
| Asen. | 4 | 3 | καὶ εἶπε Πεντεφρῆς τῇ θυγατρὶ αὐτοῦ Ἀσενὲθ | * τέκνον * | μου. ἡ δὲ εἶπεν ἰδοὺ ἐγὼ κύριε. καὶ εἶπεν αὐτῇ |
| Asen. | 4 | 5 | αὐτοῦ καὶ κατεφίλησεν αὐτὴν καὶ εἶπεν αὐτῇ | * τέκνον * | μου Ἀσενέθ. καὶ αὕτη εἶπεν ἰδοὺ ἐγὼ κύριε. |
| Asen. | 4 | 8 | ἐπ᾽ αὐτῷ καὶ χάρις κυρίου μετ᾽ αὐτοῦ. δεῦρο δὴ | * τέκνον * | μου καὶ παραδώσω σε αὐτῷ εἰς γυναῖκα καὶ ἔσῃ αὐτῷ |
| Asen. | 7 | 5 | αὐτοῦ Ἰωσὴφ καὶ πᾶσι τοῖς υἱοῖς αὐτοῦ φυλάξασθε | * τέκνα * | μου ἰσχυρῶς ἀπὸ γυναικὸς ἀλλοτρίας τοῦ κοινωνῆσαι |
| Asen. | 10 | 2 | εἰς τὸν πυλῶνα καὶ ἡ πυλωρὸς ἐκάθευδε μετὰ τῶν | * τέκνων * | αὐτῆς. καὶ ἔσπευσεν Ἀσενὲθ καὶ καθεῖλεν ἐκ τῆς |
| Asen. | 12 | 9 | αὐτός ἐστι πατὴρ τῶν θεῶν τῶν Αἰγυπτίων καὶ τὰ | * τέκνα * | αὐτοῦ εἰσιν οἱ θεοὶ τῶν εἰδωλομανῶν. κἀγὼ μεμίσηκα |
| Asen. | 12 | 9 | οἱ θεοὶ τῶν εἰδωλομανῶν. κἀγὼ μεμίσηκα αὐτοὺς ὅτι | * τέκνα * | τοῦ λέοντός εἰσι καὶ ἔρριψα πάντας ἀπ᾽ ἐμοῦ καὶ |
| Asen. | 18 | 3 | δεξιὰν καὶ κατεφίλησεν αὐτὴν καὶ εἶπεν τί σοί ἐστι | * τέκνον * | μου ὅτι οὕτως συμπέπτωκε τὸ πρόσωπόν σου; καὶ |
| Asen. | 21 | 4 | καὶ εἶπεν εὐλογήσει σε κύριος ὁ θεὸς τοῦ Ἰωσὴφ | * τέκνον * | καὶ διαμείνῃ τὸ κάλλος σου τοῦτο εἰς τοὺς αἰῶνας |
| Asen. | 24 | 8 | λέγοντος πρὸς Φαραὼ τὸν πατέρα μου περὶ ὑμῶν ὅτι | * τέκνα * | παιδισκῶν τοῦ πατρός μού εἰσι Δὰν καὶ Γὰδ καὶ |
| Asen. | 24 | 8 | αὐτῶν μήποτε συγκληρονομήσωσι μεθ᾽ ἡμῶν διότι | * τέκνα * | παιδισκῶν εἰσίν. καὶ οὗτοί με πεπράκασι τοῖς |
| Asen. | 24 | 10 | Φαραὼ ὁ πατήρ μου καὶ εἶπεν αὐτῷ καλῶς εἴρηκας | * τέκνον. * | λοιπὸν λαβὲ παρ᾽ ἐμοῦ ἄνδρας δυνατοὺς εἰς |
| Asen. | 24 | 19 | τὸν Ἰωσὴφ λυπούμενον περὶ Ἀσενὲθ καὶ τὰ | * τέκνα * | αὐτοῦ ἀποκτενοῦμεν κατέναντι τῶν ὀφθαλμῶν αὐτοῦ. |
| Sal. | 1 | 3 | ἐν τῷ εὐθηνῆσαί με καὶ πολλὴν γενέσθαι ἐν | * τέκνοις. * | ὁ πλοῦτος αὐτῶν διεδόθη εἰς πᾶσαν τὴν γῆν καὶ ἡ |
| Sal. | 2 | 8 | αὐτοῦ ἀπὸ ἐλέους αὐτῶν νέον καὶ πρεσβύτην καὶ | * τέκνα * | αὐτῶν εἰς ἅπαξ ὅτι πονηρὰ ἐποίησαν εἰς ἅπαξ τοῦ μὴ |
| Sal. | 8 | 33 | ὅτι χρηστὰ τὰ κρίματά σου ἐφ᾽ ἡμᾶς. ἡμῖν καὶ τοῖς | * τέκνοις * | ἡμῶν ἡ εὐδοκία εἰς τὸν αἰῶνα κύριε σωτὴρ ἡμῶν οὐ |
| Sal. | 11 | 2 | αὐτῶν. στῆθι Ιερουσαλημ ἐφ᾽ ὑψηλοῦ καὶ ἰδὲ τὰ | * τέκνα * | σου ἀπὸ ἀνατολῶν καὶ δυσμῶν συνηγμένα εἰς ἅπαξ ὑπὸ |
| Sal. | 15 | 11 | ᾅδου κάτω. ἡ κληρονομία αὐτῶν οὐχ εὑρεθήσεται τοῖς | * τέκνοις * | αὐτῶν αἱ γὰρ ἁμαρτίαι ἐξερημώσουσιν οἴκους |
| Sal. | 17 | 11 | ἐνοικούντων αὐτὴν ἠφάνισαν νέον καὶ πρεσβύτην καὶ | * τέκνα * | αὐτῶν ἅμα ἐν ὀργῇ κάλλους αὐτοῦ ἐξαπέστειλεν αὐτὰ |
| Jer. | 5 | 31 | οὐ ᾐχμαλωτεύθη ὁ λαὸς εἰς Βαβυλῶνα. καὶ ἵνα μάθῃς | * τέκνον * | ὅτι ἀληθές ἐστιν ἅπερ λέγω σοι ἀνάβλεψον εἰς τὸν |
| Jer. | 7 | 16 | θεὸν καὶ ἀπελθὼν συνῆξε τὸν λαὸν σὺν γυναιξὶ καὶ | * τέκνοις * | καὶ ἦλθεν ὅπου ἦν ὁ ἀετός. καὶ κατῆλθεν ὁ ἀετὸς |
| Jer. | 8 | 7 | κατὰ τοῦ ὀνόματος τοῦ θεοῦ ἡμῶν μήτε ὑμᾶς μήτε | * τέκνα * | ὑμῶν δέξασθαι ἐπειδὴ κρυφῇ ἐξήλθετε ἀφ᾽ ἡμῶν. καὶ |
| Bar. | 3 | 5 | ἀπολυθῆναι ἀλλὰ πλινθεύουσα ἔτεκεν καὶ τὸ | * τέκνον * | αὐτῆς ἐν τῷ λεντίῳ ἐβάσταζεν καὶ ἐπλίνθευεν. καὶ |
| Bar. | 4 | 17 | οὔτε ἀδελφὸς ἀδελφὸν ἐλεεῖ οὔτε πατὴρ υἱὸν οὔ⟨τε⟩ | * τέκνα * | γονεῖς ἀλλὰ διὰ τῆς πτώσεως τοῦ οἴνου πάντα |
| Bar. | 16 | 3 | αὐτοὺς ἐν μαχαίρᾳ καὶ ἐν θανάτῳ καὶ τὰ | * τέκνα * | αὐτῶν ἐν δαιμονίοις. ὅτι οὐκ εἰσήκουσαν τῆς φωνῆς |
| Prop. | 4 | 17 | ὅτι ἠθέλησεν αὐτὸν συγκληρονόμον καταστῆσαι τῶν | * τέκνων * | αὐτοῦ. ἀλλ᾽ ὁ ὅσιος εἶπεν ἵλεώς μοι ἀφεῖναι |
| Esdr. | 3 | 12 | ὅτι ἀδελφὸς ἀδελφὸν παραδίδει εἰς θάνατον καὶ | * τέκνα * | ἐπὶ γονεῖς ἀναστήσονται καὶ γυνὴ τὸν ἄνδρα τὸν |
| Esdr. | 3 | 14 | οὔτε ἀδελφὸς ἀδελφὸν ἐλεεῖ οὔτε ἀνὴρ γυναῖκα οὐ | * τέκνα * | γονεῖς οὐ φίλοι φίλους οὐ δοῦλος τὸν κύριον αὐτὸς |
| Esdr. | 5 | 5 | ἡ παλαιὸς οὐδὲ ἀδελφὸς μετὰ ἀδελφοῦ οὐ μήτηρ μετὰ | * τέκνου * | οὐ γυνὴ μετὰ ἀνδρός. καὶ ἔκλαυσα καὶ εἶπον ὦ |
| Job | 1 | 4 | Ἡμέρα Κασία Ἀμαλθείας κέρας καλέσας δὲ αὐτοῦ τὰ | * τέκνα * | εἶπεν περικυκλώσαντες, τέκνα μου περικυκλώσατέ με |
| Job | 1 | 4 | καλέσας δὲ αὐτοῦ τὰ τέκνα εἶπεν περικυκλώσαντες, | * τέκνα * | μου περικυκλώσατέ με ἵνα ὑποδείξω ὑμῖν ἃ ἐποίησεν |
| Job | 1 | 6 | ἡ γὰρ προτέρα μου γυνὴ ἐτελεύτησεν μετὰ ἄλλων δέκα | * τέκνων * | ἐν θανάτῳ πικρῷ. ἀκούσατε οὖν μου τέκνα, καὶ |
| Job | 1 | 6 | δέκα τέκνων ἐν θανάτῳ πικρῷ. ἀκούσατε οὖν μου | * τέκνα, * | καὶ δηλώσω ὑμῖν τὰ συμβεβηκότα μοι. ἐγὼ γάρ εἰμι |
| Job | 15 | 1 | αὐτὰς τῆς ὀλιγωρίας τοῦ γογγυσμοῦ. καὶ τὰ ἐμὰ | * τέκνα * | μετὰ τὴν ὑπηρεσίαν τῆς διακονίας ἦρον καθ᾽ ἡμέραν |
| Job | 15 | 5 | περισσὰ μετὰ τὴν σύνταξιν ἵνα δεηθῆτε ὑπὲρ τῶν | * τέκνων * | μου μὴ ἄρα οἱ υἱοί μου ἥμαρτον ἐνώπιον κυρίου |
| Job | 15 | 7 | καυχώμενοι λέγοντες μετὰ καταφρονήσεως ὅτι ἡμεῖς | * τέκνα * | ἐσμέν τοῦ πλουσίου τούτου ἀνδρός, ἡμῶν δέ ἐστιν τὰ |
| Job | 17 | 6 | ἐν πυρὶ τὰ ἄλλα ᾐχμαλώτευσα, καὶ ἰδοὺ καὶ τὰ | * τέκνα * | αὐτοῦ ἀπολέσω. ταῦτα δὲ λέγων αὐτοῖς ἀπῆλθεν καὶ |
| Job | 18 | 1 | αὐτοῖς ἀπῆλθεν καὶ κατέβαλεν τὴν οἰκίαν ἐπὶ τὰ | * τέκνα * | μου καὶ ἀνεῖλεν αὐτὰ καὶ οἱ συμπολῖται ἰδόντες ὅτι |
| Job | 19 | 1 | ἐσχάτου ἀγγέλου καὶ δηλώσαντός μοι τὴν τῶν ἐμῶν | * τέκνων * | ἀπώλειαν, ἐταράχθην ἐν μεγάλῃ ταραχῇ καὶ διέρρηξά |
| Job | 20 | 4 | μοι καθημένῳ ἐπὶ τὸν θρόνον καὶ πενθοῦντι τὴν τῶν | * τέκνων * | μου ἀπώλειαν καὶ ὁμοιώθη μεγάλῃ καταιγίδι καὶ τὸν |
| Job | 21 | 2 | ἐκτὸς τῆς πόλεως ἐν ταῖς πληγαῖς ὥστε ἰδεῖν, | * τέκνα * | μου τοῖς ἐμοῖς ὀφθαλμοῖς τὴν πρώτην μου γυναῖκα |
| Job | 26 | 3 | ὅλως καὶ ταῦτα ὑποφέρω καὶ ὑποφέρεις καὶ τὴν τῶν | * τέκνων * | ἡμῶν ἀπώλειαν καὶ τῶν ὑπαρχόντων +βουλόμενος+ |
| Job | 27 | 7 | ἀνεχώρησεν ἀπ᾽ ἐμοῦ ἐν τρισὶν ἔτεσιν. νῦν οὖν | * τέκνα * | μου μακροθυμήσατε καὶ ὑμεῖς ἐν παντὶ συμβαίνοντι |
| Job | 32 | 6 | ἡ δόξα τοῦ θρόνου σου; τίς γὰρ κατά σε ἐν μέσῳ τῶν | * τέκνων * | σου; ὡς γὰρ φυτὸν ἦς εὐώδους μήλου συνανθῶν ποῦ |
| Job | 39 | 8 | τὴν πτῶσιν τῆς οἰκίας τῆς ἐπιπεσούσης τοῖς | * τέκνοις * | μου ἵνα καὶ τὰ ὀστᾶ αὐτῶν ἀσφαλίσασθαι ἐπὶ |
| Job | 39 | 10 | μὴ ἄρα θηρίου ἐγὼ ἢ κτηνώδη γαστέρα ἔχω, ὅτι τὰ | * τέκνα * | μου δέκα τέθνηκεν, καὶ οὐδένα αὐτῶν κεκήδευκα; καὶ |
| Job | 39 | 13 | ὅτι ἐξεστήκεις καὶ μαίνει, εἶπας ὅτι ἀνελήφθη τὰ | * τέκνα * | μου εἰς τὸν οὐρανόν; διὸ ἔκφανον ἡμῖν τὸ ἀληθές. |
| Job | 40 | 3 | τοῖς ὀφθαλμοῖς πρὸς ἀνατολὴν καὶ ἴδετε τὰ | * τέκνα * | μου ἐστεφανωμένα παρὰ τῇ δόξῃ τοῦ ἐπουρανίου. |
| Job | 40 | 12 | θάψαντες περὶ τὴν οἰκίαν τὴν συμπεπτωκυῖαν ἐπὶ τὰ | * τέκνα * | αὐτῆς καὶ κοπετὸν μέγαν ἐποίησαν οἱ πτωχοὶ τῆς |
| Job | 45 | 1 | καὶ πεποίηκέν με εἶναι ἐν τῷ διπλῷ. καὶ νῦν | * τέκνα * | μου ἴδε ἐγὼ τελευτῶ μόνον μὴ ἐπιλάθεσθε τοῦ κυρίου |
| Job | 46 | 2 | τῷ πατρὶ κύριε πάτερ ἡμῶν, μὴ καὶ ἡμεῖς οὐκ ἐσμέν | * τέκνα * | σου; διατὶ οὐκ ἔδωκας ἡμῖν ἐκ τῶν ὄντων σοι; εἶπεν |
| Job | 47 | 4 | αἰῶνα, ζῆσαι ἐν τοῖς οὐρανοῖς ἀγνοεῖτε οὖν ὑμεῖς, | * τέκνα, * | τὴν τιμὴν τῶν σπαρτῶν τούτων; τούτων με |
| Job | 53 | 1 | καὶ ἐγὼ Νηρεὺς ὁ ἀδελφὸς αὐτοῦ μετὰ τῶν ἑπτὰ | * τέκνων * | τῶν ἀρρενικῶν, σὺν τοῖς πένησιν καὶ ὀρφανοῖς καὶ |
| Aris. | 27 | 3 | ἡ δόσις ἐγεγόνει. πολλὰ γὰρ καὶ τῶν ἐπιμαστιδίων | * τέκνων * | σὺν ταῖς μητράσιν ἐλευθεροῦντο. προσανενεχθέντος |
| Aris. | 41 | 5 | τε ἔρρωσο καὶ ἡ βασίλισσα Ἀρσινόη ἡ ἀδελφὴ καὶ τὰ | * τέκνα * | καλῶς ἂν ἔχοι καὶ ὡς βουλόμεθα καὶ αὐτοὶ δὲ |
| Aris. | 45 | 3 | ὑπὲρ σοῦ θυσίας καὶ τῆς ἀδελφῆς καὶ τῶν | * τέκνων * | καὶ τῶν φίλων καὶ ηὔξατο πᾶν τὸ πλῆθος ἵνα σοι |
| Aris. | 185 | 3 | θεὸς καὶ δῴη σοι ταῦτ᾽ ἔχειν καὶ γυναικὶ καὶ | * τέκνοις * | καὶ τοῖς ὁμονοοῦσι πάντα ἀνέκλειπτα τὸν τῆς ζωῆς |
| Aris. | 248 | 2 | ἑξῆς τίς ἐστιν ἀμέλεια μεγίστη; πρὸς τοῦτ᾽ ἔφη εἰ | * τέκνων * | ἄφροντίς τις εἴη καὶ μὴ κατὰ πάντα τρόπον ἀγαγεῖν |
| Sib. | 3 | 111 | καὶ βασίλευσε Κρόνος καὶ Τιτὰν Ἰαπετός τε Γαίης | * τέκνα * | φέριστα καὶ Οὐρανοῦ οὓς ἐκάλεσσαν ἄνθρωποι γαῖάν |
| Sib. | 3 | 133 | κεν δὲ Ῥέη τίκτῃ παρὰ τήνδ᾽ ἐκάθηντο Τιτῆνες καὶ | * τέκνα * | διέσπων ἄρσενα πάντα θήλεα δὲ ζώοντ᾽ εἴων παρὰ |
| Sib. | 3 | 268 | ἁγνὸν ὑπάρχει. ἀχθήσῃ δὲ πρὸς Ἀσσυρίους καὶ νήπια | * τέκνα * | ὄψει δουλεύοντα παρ᾽ ἀνδράσι δυσμενέεσσιν ἠδ᾽ |

Slb.    3   309   ἀπ' οὐρανόθεν καταβήσεται ἐξ ἁγίων σοι) καὶ θυμοῦ × τέκνοις × αἰώνιος ἐξολόθρευσις. καὶ τότ' ἔσῃ ὡς ἦσθα πρὸ
Slb.    3   482   ἀκτερέας ⟨ὁπόσους⟩ βυθὸς ἀμφιπολεύσει αἰαῖ νήπια × τέκν' × ἀλινηχέα καὶ βαρὺν ὄλβον. Μυσῶν γαῖα μάκαιρα γένος
Slb.    3   526   σώματα δοῦλα πρὸς ἄλλην γαῖαν ἀνάγκη ἄξουσιν καὶ × τέκνα × βαθυζώνους τε γυναῖκας ἐκ θαλάμων ἁπαλὰς τρυφεροῖς
Slb.    5   11    ἀρηϊφίλους μετὰ φῶτας καὶ μετὰ νηπιάχους θηρὸς × τέκνα × μηλοφάγοιο ἔσσετ' ἄναξ πρώτιστος ὅ τις δέκα δὶς
Slb.    5   202   πληρούμενος αἵματι πολλῷ καύτοὶ γὰρ κακότητα θεοῦ × τέκνοις × ἐποίησαν ἡνίκα Σιδονίοις βασιλεὺς Φοῖνιξ
Slb.    5   390   κάσχημοσύνη πολυμόχθῳ. --- ἐν σοὶ γὰρ μήτηρ × τέκνῳ × ἐμίγη ἀθεμίστως καὶ θυγάτηρ γενετῆρι ἑῷ συζεύξατο
FAch.   109        ἀρξάμενος οὕτως. ἐπάκουσον ὑπὲρ ἐμῶν λόγων × τέκνον × Λῖνε δι' ὧν καὶ πρότερον παιδευθείς οὐ δικαίας
FPho.   47        γὰρ ἕκητι μάχαι τε λεηλασίαι τε φόνοι τε ἐχθρὰ δὲ × τέκνα × γονεῦσιν ἀδελφειοί τε συναίμοις. μὴ δ' ἕτερον
FPho.   177       ἔμπαλιν ὡς ἐλοχεύθης. μὴ προαγωγεύσῃς ἄλοχον σέο × τέκνα × μιαίνων οὐ γὰρ τίκτει παῖδας ὁμοίους μοιχικὰ
IOrp.   19        αἴ κεν ἴδῃς αὐτὸν πρὶν δή ποτε δεῦρ' ἐπὶ γαῖαν × τέκνον × ἐμὸν δείξω σοι ὁπηνίκα δέρκομαι αὐτοῦ ἴχνια καὶ
IOrp.   45        ἐν νόῳ ἐξ ὑπάτου κραίνει περὶ πάντ' ἑνὶ τάξει. ὦ × τέκνον × σὺ δὲ τοῖσι νόοισι πελάζευ γλώσσῃ εὖ μάλ'
HAri.  9  25   3  δὲ καὶ τὰς καμήλους ὑπὸ λῃστῶν ἀπελαθῆναι εἶτα τὰ × τέκνα × αὐτοῦ ἀποθανεῖν πεσούσης τῆς οἰκίας αὐθημερὸν δὲ
HAno.  9  17   4  τῶν αἰχμαλωτισαμένων καὶ τῶν πολεμίων αἰχμαλωτίσαι × τέκνα × καὶ γυναῖκας. πρέσβεων δὲ παραγενομένων πρὸς αὐτὸν
LEze.  9  29 12 16  ἀναλώσουσι καὶ καρποῦ χλόην. ἐπὶ πᾶσι τούτοις × τέκν' × ἀποκτενῶ βροτῶν πρωτόγονα. παύσω δ' ὕβριν ἀνθρώπων
LEze.  9  29 12 19  Φαραὼ δὲ βασιλεὺς πείσετ' οὐδὲν ὧν λέγω πλὴν × τέκνον × αὐτοῦ πρωτόγονον ἕξει νεκρὸν καὶ τότε φοβηθεὶς
LEze.  9  29 12 42  ζῷα θύοντες θεῷ ὅσ' ἂν τέκωσι παρθένοι πρώτως × τέκνα × τάρσενικὰ διανοίγοντα μήτρας μητέρων. ἀνδρῶν
LEze.  9  29 14 15  Ἐρυθρᾶς θαλάσσης ᾔεσαν ἠθροϊσμένοι οἱ μὲν × τέκνοισι × νηπίοις δίδοναν βορὰν ὁμοῦ τε καὶ δάμαρσιν

τεκνοποιέω
Aris.   165   3   λυμαντικὸν κατάστημα διὰ γὰρ τῶν ὤτων συλλαμβάνει × τεκνοποιεῖ × δὲ τῷ στόματι. καὶ διὰ τοῦτο ὁ τοιοῦτος
     2

τεκνόω
Hen.   7B   2   γένη τρία πρῶτον γίγαντας μεγάλους. οἱ δὲ γίγαντες × ἐτέκνωσαν × Ναφηλειμ καὶ τοῖς Ναφηλειμ ἐγεννήθησαν
Hen.   15   5   αὐτοῖς θηλείας ἵνα σπερματίζουσιν εἰς αὐτὰς καὶ × τεκνώσουσιν × ἐν αὐταῖς τέκνα οὕτως ἵνα μὴ ἐκλείπῃ αὐτοῖς

τέκος
Slb.   3   479   κατὰ βένθεα πόντου δύσονται κατὰ κῦμα θαλασσείοις × τεκέεσσιν. × αἰαῖ παρθενικὰς ὁπόσας νυμφεύσεται Ἄιδης

τεκταίνομαι
LEze. 64  29  6 10  πεσεῖν αἰώνων πρωτόπλαστον εἰς χθόνα ὑμεῖς × ἐτεκτήνασθε. ×
     1

τέκτων
Slb.   5   404   θεὸν ἐξ ἀφανοῦς γῆς οὐδὲ πέτρης ποίησε σοφὸς × τέκτων × παρὰ τούτοις οὐ χρυσοῦ κόσμον ἀπάτην ψυχῶν
IEur.  5   75   1   ὁρῶντα καὐτὸν οὐχ ὁρώμενον. ποῖος δ' ἂν οἶκος × τεκτόνων × πλασθεὶς ὑπὸ δέμας τὸ θεῖον περιβάλοι τοίχων
     1

τελαμών
Asen.   29   5   ἀπένιψε τὸ αἷμα ἀπὸ τοῦ προσώπου αὐτοῦ καὶ ἔδησε × τελαμῶνα × εἰς τὸ τραῦμα αὐτοῦ καὶ ἐπέθηκεν αὐτὸν ἐπὶ τὸν
     6

τελέθω
Slb.   3   263   ἄριστον ἐνὶ στήθεσσι νόημα. τοῖσι μόνοις καρπὸν × τελέθει × ζείδωρος ἄρουρα ἐξ ἑνὸς εἰς ἑκατὸν τελέθοντό τε
Slb.   3   264   καρπὸν τελέθει ζείδωρος ἄρουρα ἐξ ἑνὸς εἰς ἑκατὸν × τελέθοντό × τε μέτρα θεοῖο. ἀλλ' ἄρα καὶ τούτοις κακὸν
FPho.  71   μῶμον ἀνάψῃς. ἄφθονοι Οὐρανίδαι καὶ ἐν ἀλλήλοις × τελέθουσιν. × οὐ φθονέει μήνη πολὺ κρείσσοσιν ἡλίου αὐγαῖς
FPho.  104  ἐς φάος ἔλθεῖν λείψαν' ἀποιχομένων ὅπίσω δὲ θεοὶ × τελέθονται. × ψυχαὶ γὰρ μίμνουσιν ἀκήριοι ἐν φθιμένοισιν.
FPho.  170  βορὴν σφετέρην ἐπάγοντες ἄτρυτοι φῦλον δ' ὀλίγον × τελέθει × πολυμοχθον. κάμνει δ' ἱεροφοῖτις ἀριστοπόνος τε
LThe. 9  22  3  μὲν ὑπέσχετο καὶ κατένευσεν ὁπλοτάτης οὐ μὴν × τελέθειν × ἐπεμαίετο πάμπαν ἀλλὰ δόλον τολύπευσε καὶ εἰς
     13

τέλειος
Abr.1  13  4  παρουσίας καὶ τότε δικαιότατε Ἀβραὰμ γενήσεται × τελεία × κρίσις καὶ ἀνταπόδοσις αἰωνία καὶ ἀμετάθετος ἦν
TLevi  18  2B032  ξύλα καθήκει ἀναφέρεσθαι ἐπὶ τὸν βωμὸν τῷ ταύρῳ τῷ × τελείῳ × τάλαντον ξύλων καθήκει αὐτῷ ἐν σταθμῷ καὶ εἰς τὸ
TLevi  18  2B033  εἰς τὸ στέαρ αὐτοῦ μόνον πέντε μνᾶς καὶ εἰς μόσχον × τελείον × μ' μναῖ καὶ εἰ κριὸς ἐκ προβάτων ἢ τράγος ἐξ
TLevi  18  2B036  αἰγῶν κ' μναῖ καὶ τῷ στέατι β' μναῖ καὶ εἰ ἀμνὸς × τέλεος × ἐνιαύσιος ἢ ἔριφος ἐξ αἰγῶν ιε' μναῖ καὶ τῷ
TJud.  23  5  αὐτῶν. καὶ ὡς ἂν ἐπιστρέψητε πρὸς κύριον ἐν × τελείᾳ × καρδίᾳ μεταμελούμενοι καὶ πορευόμενοι ἐν πάσαις
TGad.  7  1  μὴ λυπεῖσθε ἀλλὰ καὶ εὔχεσθε ὑπὲρ αὐτοῦ ἵνα × τελείᾳ × εὐδοκίᾳ ἴσως γὰρ ὑμῖν συγχαίρει οὕτως. καὶ ἐὰν
Bar.  12  6  καὶ οὐκ ἐτόλμησαν ἐγγίσαι διότι οὐκ εἶχον × τέλεια × τὰ βραβεῖα. καὶ ἑβόησε Μιχαὴλ λέγων δεῦτε καὶ
Sedr.  14  7  μου μύρον μυρισθέντες καὶ γίνονται ἀπόγνωστοι τὴν × τέλειαν × ἀπόγνωσιν καὶ οὐ μέλλουσιν μεταγνῶναι καὶ
Aris.  15  7  ὑπαρχόντων ἐν τῇ σῇ βασιλείᾳ πλήθουσι ἱκανῶν· ἀλλὰ × τελείᾳ × καὶ πλουσίᾳ ψυχῇ ἀπόλυσον τοὺς συνεχομένους ἐν
Slb.  3  117  πατρὸς μερίδες τε δίκαιαι. τηνίκα δὴ πατρὸς × τέλεος × χρόνος ἵκετο γήρως καὶ ῥ' ἔθανεν καὶ παῖδες
Slb.  3  577  ἑκατόμβαις ταύρων ζατρεφέων θυσίαις κριῶν τε × τελείων × πρωτοτόκων ὀΐων τε καὶ ἀρνῶν πίονα μῆλα βωμῷ ἐπὶ
FAch.  111  καὶ βαστάζειν παιδία μανθάνειν. γεναμενοι δὲ × τέλειοι × ἔφερον τοὺς παῖδας. οἱ δὲ βαστάζοντες ἀνίπταντο
LAri.  13  12  16  γενέθλη. καὶ ἑβδόμη ἐν πρώτοισι καὶ ἑβδόμη ἐστὶ × τελείη × καὶ ἑπτὰ δὲ πάντα τέτυκται ἐν οὐρανῷ ἀστερόεντι
     5

τελειόω
Abr.1  15  1  τὸ τέλος αὐτοῦ καὶ τὸ ἄμετρον τῆς ζωῆς αὐτοῦ × τελειοῦται × καὶ ποιήσει διάταξιν περὶ τοῦ οἴκου αὐτοῦ καὶ
Aris.  195  5  οὐκ αὐτοὶ κατευθύνομεν τὰ βουλευθέντα θεὸς δὲ × τελειοῖ × τὰ πάντα καὶ καθηγεῖται δυναστεύων. ἐπιφωνήσας
Aris.  199  4  τῶν κινδύνων πρᾶξεσιν ἐπιτελοῖτο κατὰ πρόθεσιν. × τελειοῦται × δὲ ὑπὸ τοῦ θεοῦ πάντα σοι καλῶς βουλευομένῳ
Aris.  307  4  συνέτυχε δὲ οὕτως ὥστε ἐν ἡμέραις ἑβδομήκοντα δυσὶ × τελειωθῆναι × τὰ τῆς μεταγραφῆς οἱονεὶ κατὰ πρόθεσίν τινα
Aris.  312  2  ἐχάρη τὴν γὰρ πρόθεσιν ἣν εἶχεν ἀσφαλῶς ἔδοξε × τετελειῶσθαι. × παρανεγνώσθη δὲ αὐτῷ καὶ πάντα καὶ λίαν
     15

τελείωσις
Hen.  2  2  τῶν ἔργων τῶν ἐν αὐτῇ γενομένων ἀπ' ἀρχῆς μέχρι × τελειώσεως × ὡς εἰσιν φθαρτὰ ὡς οὐκ ἀλλοιοῦνται οὐδὲν τῶν
Hen.  10  14  ἀπὸ τοῦ νῦν μετ' αὐτῶν ὁμοῦ δεθήσονται μέχρι × τελειώσεως × γενεᾶς. ἀπόλεσον πάντα τὰ πνεύματα τῶν
Hen.  10B  12  τῆς γῆς μέχρι ἡμέρας κρίσεως αὐτῶν μέχρι ἡμέρας × τελειώσεως × τελεσμοῦ ἕως συντελεσθῇ κρίμα τοῦ αἰῶνος τῶν
Hen.  10B  14  ἀφανισθῇ ἀπὸ τοῦ νῦν μετ' αὐτῶν δεθήσονται μέχρι × τελειώσεως × γενεᾶς αὐτῶν. καὶ τότε ἀνοίξω τὰ ταμεῖα τῆς
Hen.  16  1  χωρὶς κρίσεως οὕτως ἀφανίσουσιν μέχρις ἡμέρας × τελειώσεως × τῆς κρίσεως τῆς μεγάλης ἐν ᾗ ὁ αἰὼν ὁ μέγας
Hen.  16B  1  χωρὶς κρίσεως οὕτως ἀφανίσουσι μέχρις ἡμέρας τῆς × τελειώσεως × ἕως τῆς κρίσεως τῆς μεγάλης ἐν ᾗ ὁ αἰὼν ὁ
Hen.  18  16  καὶ ὀργίσθη αὐτοῖς καὶ ἔδησεν αὐτοὺς μέχρι καιροῦ × τελειώσεως × αὐτῶν ἁμαρτίας (αὐτῶν) ἐνιαυτῶν μυρίων. καὶ
Hen.  25  4  τῆς μεγάλης κρίσεως ἐν ᾗ ἐκδίκησις πάντων καὶ × τελείωσις × μέχρις αἰῶνος τότε δικαίοις καὶ ὁσίοις
Abr.1  20  11  δὲ τὸ σῶμα τοῦ δικαίου ἕως τρίτης ἡμέρας τῆς × τελειώσεως × αὐτοῦ καὶ ἔθαψαν αὐτὸν ἐν τῇ γῇ τῆς
Abr.2  7  18  σάρξ νῦν οὖν Ἀβραὰμ διάθου περὶ τῶν παίδων σου × τελείωσίς × σε ἔχει εἰς τὴν οἰκονομίαν σου. καὶ ἀποκριθεὶς
TRub.  6  8  εἰς κρίσιν καὶ θυσίας ὑπὲρ παντὸς Ἰσραὴλ μέχρι × τελειώσεως × χρόνων ἀρχιερέως χριστοῦ ὃν εἶπε κύριος. ὁρκῶ
Aris.  11  9  τὸν ἀρχιερέα τῶν Ἰουδαίων ὅπως τὰ προειρημένα × τελείωσιν × λάβῃ. νομίζω δὲ ἐγὼ καιρὸν εἶναι ταύτης
Aris.  239  6  σὺν χειραγωγίᾳ θεοῦ τοῦτο δ' ἐστὶ καὶ τῶν πράξεων × τελειώσεις × ὑπ' αὐτοῦ. τοῦτον δὲ ἐπαινέσας πρὸς τὸν
Aris.  255  7  τὸ δ' αὖ κράτιστον θεοῦ δυναστείᾳ πᾶν βούλευμα × τελείωσιν × ἕξει σοι τὴν εὐσέβειαν ἀσκοῦντι. κατωρθωκέναι
Aris.  308  1  κατὰ πρόθεσίν τινα τοῦ τοιούτου γεγενημένου. × τελείωσιν × δὲ ὅτε ἔλαβε συναγαγὼν ὁ Δημήτριος τὸ πλῆθος
     1

τελεσμός
Hen.  10B  12  μέχρι ἡμέρας κρίσεως αὐτῶν μέχρι ἡμέρας τελειώσεως × τελεσμοῦ × ἕως συντελεσθῇ κρίμα τοῦ αἰῶνος τῶν αἰώνων.
     2

τελεσφόρος
Slb.  3  67  καὶ σήματα πολλὰ ποιήσει ἀνθρώποις ἀλλ' οὐχὶ × τελεσφόρα × ἔσσετ' ἐν αὐτῷ ἀλλὰ πλανᾷ καὶ δὴ μέροπας
Slb.  3  659  χρυσῷ τε καὶ ἀργύρῳ ἠδέ τε κόσμῳ πορφυρέῳ καὶ γαῖα × τελεσφόρος × ἠδὲ θάλασσα τῶν ἀγαθῶν πλήθουσα. καὶ ἄρξονται
     1

τελετή
Slb.  5  496  οἱ λιθίνοις καὶ ὀστρακίνοισι θεοῖσιν πομπὰς καὶ × τελετὰς × ποιούμενοι οὐκ ἐνόησαν. στρέψωμεν ψυχὰς θεὸν
     3

τελευταῖος
Prop.  15  7  εἶπεν ὁ πνευματικὸς προφήτης Δαυὶδ ἐν τοῖς × τελευταίοις × ψαλμοῖς τουτέστιν αἰνεῖτε τὸν θεὸν ἐν
Prop.  21  12  διέβησαν ξηρῷ τῷ ποδὶ αὐτός τε καὶ Ἐλισαῖος τὸ × τελευταῖον × ἀνελήφθη ἅρματι πυρός. Ἐλισαῖος ἦν ἐξ
HArt.  9  27  34  τὰς μὲν οἰκίας πάσας τῶν τε ναῶν τοὺς πλείστους. × τελευταῖον × τοιαύταις συμφοραῖς περιπεσόντα τὸν βασιλέα
     44

τελευτάω
Hen.  9  10  καὶ ἀδικίας. καὶ νῦν ἰδοὺ βοῶσιν αἱ ψυχαὶ τῶν × τετελευτηκότων × καὶ ἐντυγχάνουσιν μέχρι τῶν πυλῶν τοῦ
Abr.1  1  1  διαλύσω δὲ καὶ θανάτου πεῖραν τὸ πῶς δὴ ἕκαστος × ἐτελεύτησεν. × εὐλόγησον. Ἔζησεν Ἀβραὰμ τὸ μέτρον τῆς
Abr.1  17  18  τοῦ θανάτου καὶ πολλὰς ἐδὲ καὶ ἀγριότητας × ἐτελεύτησεν × παῖδας καὶ παιδίσκας ἑπτὰ καὶ ὁ δίκαιος
Abr.1  18  11  αὐτῷ καὶ ἀπέστειλεν ὁ θεὸς πνεῦμα ζωῆς ἐπὶ τοὺς × τελευτήσαντας × καὶ ἀνεζωοποιήθησαν τότε οὖν ὁ δίκαιος
Abr.1  19  8  πυρὸς ἔδειξά σοι ὅτι πολλοὶ ὑπὸ πυρὸς καιόμενοι × τελευτῶσιν × καὶ διὰ πυρίνου προσώπου θάνατον βλέπουσιν τὸ
Abr.1  19  9  ⟨ἢ⟩ κρημνοῦ κατερχόμενοι καὶ ἀνύπαρκτοι γινόμενοι × τελευτῶσιν × καὶ διὰ τύπου κρημνοῦ θεωροῦσιν τὸν θάνατον
Abr.1  19  11  ὑπὸ μεγίστων ποταμῶν ἐπαιρόμενοι ἀποπνιγόμενοι καὶ × τελευτῶσιν × καὶ ἀώρως τὸν θάνατον βλέπουσιν τὸ δὲ πρόσωπον
Abr.2  10  13  ὅτι φόνος οὐ γέγονεν δι' ἐμοῦ οὐχὶ σὺ ἀπελθοῦσα × τελευτήσαντος × τοῦ ἀνδρός σου καὶ ἐμοίχευσας μετὰ τοῦ
Abr.2  14  3  πρόσωπα δρακώνων διὰ τοῦτό τινες ἐν ῥομφαίᾳ × τελευτῶσιν × ⟨ἄλλαι δὲ⟩ κεφαλαὶ ὁμοίαι ῥομφαίων δι' ἣν θάνατον
Abr.2  14  4  κεφαλαὶ ὅμοιαι ῥομφαίων διὰ τοῦτό τινες ἐν ῥομφαίᾳ × τελευτῶσιν × ὡς ἐπὶ τόξου). ἐν ἐκείνῃ τῇ ἡμέρᾳ ἐτελεύτησαν
Abr.2  14  5  τελευτῶσιν ὡς ἐπὶ τόξου). ἐν ἐκείνῃ τῇ ἡμέρᾳ × ἐτελεύτησαν × ἑπτὰ παῖδες τοῦ Ἀβραὰμ διὰ τὸν φόβον τοῦ
TJud.  25  4  τῷ πυρὶ εἰς τὸν αἰῶνα καὶ ἐπέκεινα. μὴ ἐν λύπῃ × τελευτῶσιν × καὶ ἀναστήσονται ἐν χαρᾷ καὶ οἱ ἐν πτωχείᾳ διὰ
Prop.  12  17  δύο ἐτῶν τῆς ἐπιστροφῆς τοῦ λαοῦ τῆς ἀπὸ Βαβυλῶνα × ἐτελεύτησε × καὶ ἐτάφη ἐν τῷ ἰδίῳ ἀγρῷ μονώτατος ἐνδόξως.⟩
Prop.  22  8  δύο ἄρκοι ἐνέρρηξαν ἐξ αὐτῶν μ β'. γυνὴ προφήτου × τελευτήσαντος × ὀχλουμένη ὑπὸ δανιστῶν καὶ μὴ ἔχουσα
Esdr.  6  3  Βεβουηλ Ζεβουλεὰν ἦλθεν φωνὴ πρός με δεῦρο × τελευτᾷ × Ἐσδρὰμ ἀγαπητέ μου δοὺς τὴν παρακαταθήκην. καὶ
Esdr.  6  22  τὴν παρακαταθήκην ὁ στέφανός σοι ἡτοίμασται δεῦρο × τελευτᾷ × ἵνα ἐπιτύχῃς αὐτοῦ. τότε ἤρξατο λέγειν ὁ
Job  1  6  Δίνα, ἐξ ἧς ἐγέννησα ὑμᾶς ἡ γὰρ προτέρα μου γυνὴ × ἐτελεύτησεν × μετὰ ἄλλων δέκα τέκνων ἐν θανάτῳ πικρῷ.

| | | | | | |
|---|---|---|---|---|---|
| Job | | 25 | 10 | χορτάσθητι, καὶ εἰπόν τι ῥῆμα πρὸς κύριον καὶ | * τελεύτα * καὶ ἐγὼ δὲ ἀπαλλαγήσομαι ἀκηδίας διὰ πόνου σου |
| Job | | 26 | 2 | τὸ ῥῆμα ὃ εἶπας ὅτι εἰπόν τι ῥῆμα πρὸς κύριον καὶ | * τελεύτα. * ὅλως καὶ ταῦτα ὑποφέρω καὶ ὑποφέρεις καὶ τὴν |
| Job | | 40 | 6 | οἷς ἐδούλευεν καὶ περί τινα φάτνην ἐκοιμήθη καὶ | * τετελεύτηκεν * εὐθυμήσασα. καὶ ὁ μὲν δεσποτικὸς αὐτῆς |
| Job | | 45 | 1 | με εἶναι ἐν τῷ διπλῷ. καὶ νῦν τέκνα μου ἴδε ἐγὼ | * τελευτῶ * μόνον μὴ ἐπιλάθεσθε τοῦ κυρίου εὐποιήσατε τοῖς |
| Job | | 47 | 11 | τοῦ πατρὸς ἐγερθεῖσαι οὖν περιζώσασθε αὐτὰς πρὶν | * τελευτήσω, * ἵνα δυνηθῆτε θεάσασθαι τοὺς ἐρχομένους ἐπὶ |
| Aris. | | 138 | 5 | ταῦτα προσκυνοῦσι καὶ θύουσι τούτοις καὶ ζῶσι καὶ | * τελευτήσασι; * συνθεωρήσας οὖν ἕκαστα σοφὸς ὢν ὁ νομοθέτης |
| Aris. | | 249 | 3 | προτιθέμενος εἶπεν ὅτι καλὸν ἐν ἰδίᾳ καὶ ζῆν καὶ | * τελευτᾶν. * ἡ δὲ ξενία τοῖς μὲν πένησι καταφρόνησιν |
| Aris. | | 268 | 4 | ὅταν θεωρῶμεν πολυχρόνια καὶ ἀνέκφευκτα γινόμενα. | * τελευτήσασι * μὲν γὰρ καὶ κακῶν ἀπολελυμένοις οὐχ |
| FMos. | 8 | 163 | 20 | βλασφημίας ἀλλὰ εἶπεν ἐπιτιμήσαι σοι κύριος. | * τελευτήσαντος * ἐν τῷ ὄρει Μωϋσέως ὁ Μιχαὴλ ἀποστέλλεται |
| FJub. | | 11 | 14 | πατρὸς ἔφθη γὰρ ἐκεῖνος πρὸ τῆς τούτου γεννήσεως | * τετελευτηκέναι. * θεοφιλὴς δὲ ὢν καὶ τοῖς κτίσμασι τὸν |
| FJub. | | 22 | 4 | πολυτρόπως καὶ κατέχων αὐτὸν ἐν τοῖς κόλποις αὐτοῦ | * ἐτελεύτησεν * ἀφυπνώσαντος τοῦ Ἀβραὰμ τῷ ιε' ἔτει τῆς |
| FJub. | | 37 | 1 | ὁ Ἡσαῦ εἰς χεῖρας αὐτοῦ πεσεῖται. μετὰ οὖν τὸ | * τελευτῆσαι * τὸν Ἰσαὰκ κινηθεὶς ὑπὸ τῶν υἱῶν ὁ Ἡσαῦ καὶ |
| FIsa. | | 3 | 1 | γὰρ ἔσται δεῖ ⟨με⟩ ἐν ταῖς χερσὶ Μανασσῆ ἐξελθεῖν. | * ἐτελεύτησεν * δὲ Ἐζεκίας καὶ Μανασσῆς παρέλαβεν τὴν |
| IOrp. | | | 39 | ἔστι δὲ πάντη αὐτὸς ἐπουράνιος καὶ ἐπὶ χθονὶ πάντα | * τελευτᾷ * ἀρχὴν αὐτὸς ἔχων καὶ μέσσην ἠδὲ τελευτὴν ὡς |
| HDem. | 9 | 21 | 10 | εἶναι Βηθλεὲμ καὶ γεννῆσαι αὐτὸν ἐκεῖ Βενιαμὶν καὶ | * τελευτῆσαι * Ῥαχὴλ τεκοῦσαν τὸν Βενιαμὶν συμβιῶσαι δ' |
| HDem. | 9 | 21 | 11 | τριάκοντα Ἰακὼβ δὲ ἐτῶν ἑκατὸν εἴκοσιν ἐν ᾧ καὶ | * τελευτῆσαι * τὸν Ἰσαὰκ ἔτει ἑνὶ ἔμπροσθεν ἐτῶν ὄντα |
| HDem. | 9 | 21 | 19 | καὶ γεννῆσαι Κλὰθ τῷ αὐτῷ δὲ ἔτει ᾧ γενέσθαι Κλὰθ | * τελευτῆσαι * Ἰακὼβ ἐν Αἰγύπτῳ εὐλογήσαντα τοὺς Ἰωσὴφ |
| HDem. | 9 | 21 | 19 | ὄντα ἐτῶν ν ς'. Λευὶν δὲ γενόμενον ἐτῶν ρ λ ζ' | * τελευτῆσαι * Κλὰθ δὲ ὄντα ἐτῶν μ' γεννῆσαι Ἀμβρὰμ ὃν ἐτῶν |
| HDem. | 9 | 21 | 19 | ἐτῶν μ' γεννῆσαι Ἀμβρὰμ ὃν ἐτῶν εἶναι ι δ' ἐν ᾧ | * τελευτῆσαι * Ἰωσὴφ ἐν Αἰγύπτῳ ὄντα ρ ι' ἐτῶν Κλὰθ δὲ |
| HDem. | 9 | 21 | 19 | ὄντα ρ ι' ἐτῶν Κλὰθ δὲ γενόμενον ἐτῶν ἑκατὸν λ γ' | * τελευτῆσαι. * Ἀμβρὰμ δὲ λαβεῖν γυναῖκα τὴν τοῦ θείου |
| HDem. | 9 | 21 | 19 | ὄντα ἐτῶν ο η' καὶ γενόμενον Ἀμβρὰμ ἐτῶν ρ λ ς' | * τελευτῆσαι. * φυγεῖν μέντοι γε τὸν Μωσῆν εἰς Μαδιὰμ καὶ |
| HEup. | 9 | 30 | 2 | Σαοῦλον βασιλέα αἱρεθῆναι ἄρξαντα δὲ ἔτη κ α' | * τελευτῆσαι. * εἶτα Δαβὶδ τὸν τούτου υἱὸν δυναστεῦσαι ὃν |
| HEup. | 9 | 30 | 8 | καὶ ξύλα κυπαρίσσινα καὶ κέδρινα. καὶ αὐτὸν μὲν | * τελευτῆσαι * Σολομῶνα δὲ βασιλεύειν καὶ γράψαι πρὸς |
| HArt. | 9 | 23 | 4 | τοὺς Ἑρμιοὺθ ὀνομαζομένους. μετὰ δὲ ταῦτα | * τελευτῆσαι * τόν τε Ἰωσὴφ καὶ τὸν βασιλέα τῶν Αἰγυπτίων. |
| HArt. | 9 | 27 | 1 | καὶ τῆς Αἰγύπτου δεσπότην γενέσθαι. Ἀβραὰμ | * τελευτήσαντος * καὶ τοῦ υἱοῦ αὐτοῦ Μεμψασθενὼθ ὁμοίως δὲ |
| HArt. | 9 | 27 | 15 | καιρόν. ὑπὸ δὲ τοῦτον τὸν καιρὸν τῆς Μέρριδος | * τελευτησάσης * ὑποσχέσθαι τὸν Χενεφρῆν τῷ τε Μωΰσῳ καὶ τῷ |
| HArt. | 9 | 27 | 23 | ἀνοιχθῆναι τοῦ δεσμωτηρίου καὶ τῶν φυλάκων οὓς μὲν | * τελευτῆσαι * τινὰς δὲ ὑπὸ τοῦ ὕπνου παρεθῆναι τά τε ὅπλα |
| **τελευτή** | | | | 7 | |
| TRub. | | 1 | 2 | πέμπτῳ ἔτει τῆς ζωῆς αὐτοῦ. μετὰ ἔτη δύο τῆς | * τελευτῆς * Ἰωσὴφ ἀρρωστοῦντι συνήχθησαν ἐπισκέψασθαι |
| TRub. | | 4 | 2 | σύζυγον ἣν αὐτὸς θέλει ἵνα μὴ πάθητε ὡς κἀγώ. ἄχρι | * τελευτῆς * τοῦ πατρὸς ἡμῶν οὐκ εἶχον παρρησίαν ἀτενίσαι |
| TLevi | | 1 | 1 | λόγων Λευὶ ὅσα διέθετο τοῖς υἱοῖς αὐτοῦ πρὸ τῆς | * τελευτῆς * αὐτοῦ κατὰ πάντα ἃ ποιήσουσι καὶ ὅσα συναντήσει |
| TJos. | | 20 | 1 | ὅτι μετὰ τὸ θέρος οὐ φανήσεται. οἶδα ὅτι μετὰ τὴν | * τελευτήν * μου οἱ Αἰγύπτιοι θλίψουσιν ὑμᾶς ἀλλ' ὁ θεὸς |
| SIb. | | 3 | 546 | ἡγεμόνεσσιν θνητοῖς οἷς οὐκ ἔστι φυγεῖν θανάτοιο | * τελευτήν; * πρός τί τε δῶρα μάταια καταφθιμένοισι πορίζεις |
| SIb. | | 3 | 633 | μήνιμα φύλαξαι ὁππότε κεν πάντεσσι βροτοῖς λοιμοῖο | * τελευτὴ * ἔλθῃ καὶ φοβεροῖο δίκης ⟨τε⟩τύχωσι δαμέντες καὶ |
| IOrp. | | | 40 | πάντα τελευτᾷ ἀρχὴν αὐτὸς ἔχων καὶ μέσσην ἠδὲ | * τελευτὴν * ὡς λόγος ἀρχαίων ὡς ὑδογενὴς διέταξεν ἐκ θεόθεν |
| **τελέω** | | | | 36 | |
| Adam | | 29 | 10 | τέσσαρας ὅτι σὺ οὐκ ἐπλάσθης τῇ ἡμέρᾳ τῇ ἕκτῃ ἐν ᾗ | * ἐτέλεσεν * ὁ θεὸς τὴν κτίσιν αὐτοῦ. ἀλλ' ἀνάστα καὶ |
| Adam | | 40 | 3 | ἐκήδευσαν αὐτόν οἱ τρεῖς μεγάλοι ἄγγελοι. ὅτε δὲ | * ἐτέλεσαν * κηδεύοντες τὸν Ἀδὰμ εἶπεν ὁ θεὸς ἐνεχθῆναι καὶ |
| Adam | | 42 | 3 | τὸ κηδεῦσαι τὸν Ἀδὰμ ἐκοιμήθησαν ἅπαντες ἕως οὗ | * ἐτέλεσεν * τοῦ κηδεῦσαι τὸν Ἀδὰμ πλὴν τοῦ Σὴθ μόνου καὶ |
| Adam | | 42 | 4 | τὸν τόπον ὅπου ἦν Ἀδὰμ ὁ ἀνὴρ αὐτῆς. μετὰ δὲ τὸ | * τελέσαι * αὐτῆς τὴν εὐχὴν λέγει κύριε δέσποτα θεὲ πάσης |
| Hen. | | 6 | 4 | μὴ ἀποστρέψαι τὴν γνώμην ταύτην μέχρις οὗ ἂν | * τελέσωμεν * αὐτὴν καὶ ποιήσωμεν τὸ πρᾶγμα τοῦτο. τότε |
| Hen. | | 10 | 12 | γῆς μέχρι ἡμέρας κρίσεως αὐτῶν καὶ συντελεσμοῦ ἕως | * τελεσθῇ * τὸ κρίμα τοῦ αἰῶνος τῶν αἰώνων. τότε |
| Hen. | | 16 | 1 | τῆς κρίσεως τῆς μεγάλης ἐν ᾗ ὁ αἰὼν ὁ μέγας | * τελεσθήσεται. * καὶ νῦν ἐγρηγόροις τοῖς πέμψασίν σε |
| Hen. | | 16B | 1 | ἕως τῆς κρίσεως τῆς μεγάλης ἐν ᾗ ὁ αἰὼν ὁ μέγας | * τελεσθήσεται * ἐφ' ἅπαξ ὁμοῦ τελεσθήσονται. καὶ |
| Hen. | | 16B | 1 | ἐν ᾗ ὁ αἰὼν ὁ μέγας τελεσθήσεται ἐφ' ἅπαξ ὁμοῦ | * τελεσθήσονται. * καὶ παραλαβόντες με εἴς τινα τόπον |
| Abr.1 | | 5 | 2 | αὐτοῦ ἐν τῇ τραπέζῃ Ἰσαὰκ δὲ ὑπηρέτει αὐτούς. | * τελεσθέντος * δὲ τοῦ δείπνου ἐποίησεν Ἀβραὰμ κατὰ τὸ ἔθος |
| Asen. | | 15 | 11 | σε σήμερον καὶ ὄψεταί σε καὶ χαρήσεται. καὶ ὡς | * ἐτέλεσεν * ὁ ἄνθρωπος λαλῶν τὰ ῥήματα ταῦτα ἐχάρη Ἀσενὲθ |
| Prop. | | 4 | 15 | γενέσθαι ἑπτὰ μῆνας τὸ μυστήριον τῶν ἑπτὰ καιρῶν | * ἐτελέσθη * ἐπ' αὐτὸν ὅτι ἀποκατέστησεν ἑπτὰ μησὶ τὰ ἓξ ἔτη |
| Aris. | | 242 | 1 | ὡς αὐτοὶ φαίνεται τὸ συγγενὲς ὅσον ἰσχῦόν ἐστι | * τελουμένων * δὲ τούτων καὶ δόξα καὶ προκοπὴ παρὰ τοῖς |
| Aris. | | 259 | 5 | ἀποδιδοὺς τὴν ἀντάμειψιν. τὰ γὰρ ἐκ δικαιοσύνης | * τελούμενα * ταῦτα καὶ διαμένει. εὖ δὲ καὶ τοῦτον εἰρηκέναι |
| Aris. | | 308 | 3 | Ἰουδαίων εἰς τὸν τόπον οὗ καὶ τὰ τῆς ἑρμηνείας | * ἐτελέσθη * παρανέγνω πᾶσι παρόντων καὶ τῶν διερμηνευσάντων |
| SIb. | | 3 | 97 | ἐπέγνω καὶ κράτος αὐτοῦ. ἀλλ' ὁπόταν μεγάλοιο θεοῦ | * τελέωνται * ἀπειλαὶ ἅς ποτ' ἐπηπείλησε βροτοῖς ὅτε πύργον |
| SIb. | | 3 | 238 | ἀγρούς τε πόλεις τε οὐδὲ κατ' ἀλλήλων νυκτοκλοπίας | * τελέουσιν * οὐδ' ἀγέλας ἐλάουσι βοῶν οἰῶν τε καὶ αἰγῶν |
| SIb. | | 3 | 247 | θεοῦ φάτιν ἔννομον ὕμνον πᾶσι γὰρ Οὐράνιος κοινὴν | * ἐτελέσσατο * γαῖαν. ἡνίκα δ' Αἴγυπτον λείψει καὶ ἀταρπὸν |
| SIb. | | 3 | 261 | πάσῃ δίκῃ ἐξαπολεῖται. πᾶσι γὰρ Οὐράνιος κοινὴν | * ἐτελέσσατο * γαῖαν καὶ πίστιν καὶ ἄριστον ἐνὶ στήθεσσι |
| SIb. | | 3 | 364 | Δῆλος ἄδηλος καὶ Ῥώμη ῥύμη τὰ δὲ θέσφατα πάντα | * τελεῖται. * Σμύρνης δ' ὀλλυμένης οὐδεὶς λόγος. ἔκδικος |
| SIb. | | 3 | 450 | σεισμὸς δὲ τὰ Περσίδος ἐξεναρίξει Εὐρώπης Ἀσίης | * τελέων * ῥίγιστά περ ἄλγη. Σιδονίων δ' ὀλοὸς βασιλεὺς καὶ |
| SIb. | | 3 | 549 | τ' εἰδώλοις; τίς τοι πλάνον ἐν φρεσὶ θῆκεν ταῦτα | * τελεῖν * προλιποῦσα θεοῦ μεγάλοιο πρόσωπον; οὔνομα |
| SIb. | | 3 | 572 | ὅσσα θεός γε μόνος βουλεύσεται οὐκ ἀτέλεστα. πάντα | * τελεσθῆναι * κρατερὴ δ' ἐπικείσετ' ἀνάγκη. εὐσεβέων ἀνδρῶν |
| SIb. | | 3 | 645 | ἄγρια θηρία γαίης σάρκας δηλήσονται ἐπὰν δὴ ταῦτα | * τελεσθῇ * λείψανα γαῖα πέλωρος ἀναλώσειε θανόντων. αὐτὴ δ' |
| SIb. | | 3 | 654 | κακοῖο οὓς μὲν ἄρα κτείνας οἷς δ' ὅρκια πιστὰ | * τελέσσας. * οὐδέ γε ταῖς ἰδίαις βουλαῖς τάδε πάντα ποιήσει |
| SIb. | | 3 | 758 | αἰῶνος κοινόν τε νόμον κατὰ γαῖαν ἅπασαν ἀνθρώποις | * τελέσειεν * ἐν οὐρανῷ ἀστερόεντι ἀθάνατος ὅσα πέπρακται |
| SIb. | | 3 | 807 | θηρῶν ὁμίχλησιν ὁμοίην. τοῦτο τέλος πολέμοιο | * τελεῖ * θεὸς οὐρανὸν οἰκῶν. ἀλλὰ χρὴ πάντας θύειν μεγάλῳ |
| SIb. | | 4 | 47 | χάριν αὐτοῖς. ἀλλὰ τὰ μὲν δεκάτῃ γενεῇ μάλα πάντα | * τελεῖται * νῦν δ' ὅσ' ἀπὸ πρώτης γενεῆς ἔσται τάδε λέξω. |
| SIb. | | 4 | 118 | εὐσεβίην μὲν ῥίψωσιν στυγεροὺς δὲ φόνους | * τελέωσι * πρὸ νηοῦ καὶ τότ' ἀπ' Ἰταλίης βασιλεὺς μέγας |
| FAch. | | 102 | | δι' ἐπιστολῶν καὶ ὁ μὴ εὑρίσκων διαλύσασθαι φόρους | * ἐτέλει * τῷ πέμψαντι. ὁ δὲ Αἴσωπος τὰ ἐκπεμπόμενα τῷ |
| FAch. | | 118 | | αὐτοῦ τὸν νοῦν ἐφοβήθη μὴ νικηθεὶς μέλλῃ φόρους | * τελεῖν * τῷ βασιλεῖ Λυκούργῳ. αὐτίκα οὖν τοὺς ἀπὸ |
| HCal. | | 24 | 23 | παῖδες. ἅμα γὰρ Ἀλέξανδρος ἐκέλευσεν τὸ ἔργον | * ἐτελέσθη. * καὶ οὐ τοσοῦτον ἡμᾶς ἡ τοῦ θανάτου ἐθρόησε |
| HCal. | | 28 | 10 | δὲ δορυφόρον ἐμφέρεσθαι. τῶν πασῶν τοίνυν | * τελεσθεισῶν * καὶ τῆς πόλεως περικαλλεστάτης ἐν παντὶ |
| LThe. | 9 | 22 | 7 | παντὶ σὺν οἴκῳ σάρκ' ἀποσυλῆσαι πόσθης ἄπο καὶ ῥ' | * ἐτέλεσσεν * ἀστεμφὲς δὲ τέτυκται ἐπεὶ θεὸς αὐτὸς ἔειπε. |
| LAri. | 13 | 12 | 14 | ἱερὸν ἦμαρ. καὶ πάλιν ἕβδομον ἦμαρ ἔην καὶ τῷ | * τετέλεστο * ἅπαντα καὶ ἑβδομάτῃ δ' ἠοῖ λίπομεν ῥόον ἐξ |
| LAri. | 13 | 12 | 16 | προείρηται. Λίνος δέ φησιν οὕτως ἑβδομάτῃ δ' ἠοῖ | * τετελεσμένα * πάντα τέτυκται καὶ πάλιν ἑβδόμη εἰν ἀγαθοῖς |
| **τελίσκω** | | | | 1 | |
| TJud. | | 12 | 9 | καίγε οἱ ἐν τῇ πόλει ἔλεγον μὴ εἶναι ἐν τῇ πύλῃ | * τελισκομένην * ὅτι ἐξ ἄλλου χωρίου ἐλθοῦσα πρὸς βραχὺ |
| **τέλλω** | | | | 1 | |
| SIb. | | 5 | 241 | βροτοῖσιν φαῖνέ τε καὶ προὔβαλλε καὶ ἤμερα πᾶσιν | * ἔτελλεν. * τοὔδ' ἕνεκεν στενόβουλε κακῶν ἀρχηγὲ μεγίστων |
| **τέλος** | | | | 53 | |
| Adam | | 19 | 1 | οὐ δώσω σοι φαγεῖν. ταῦτα εἶπε θέλων εἰς | * τέλος * δελεάσαι με. καὶ λέγει μοι ἐὰν μὴ ὀμόσῃς μοι ὅτι |
| Adam | | 24 | 3 | πολλὰ καὶ μὴ πλουτήσεις καὶ παχυνθήσει καὶ εἰς | * τέλος * μὴ ὑπάρξεις. καὶ ὧν ἐκυρίευες θηρίων |
| Hen. | | 10 | 2 | ἐπὶ τῷ ἐμῷ ὀνόματι κρύψον σεαυτὸν καὶ δήλωσον αὐτῷ | * τέλος * ἐπερχόμενον ὅτι ἡ γῆ ἀπόλλυται πᾶσα καὶ |
| Hen. | | 10B | 2 | τῷ ἐμῷ ὀνόματι κρύψον σεαυτὸν καὶ δήλωσον αὐτῷ | * τέλος * ἐπερχόμενον ὅτι ἡ γῆ ἀπόλλυται πᾶσα καὶ εἶπον αὐτῷ |
| Hen. | | 18 | 14 | μοι εἶπεν ὁ ἄγγελος οὗτός ἐστιν ὁ τόπος τὸ | * τέλος * τοῦ οὐρανοῦ καὶ γῆς δεσμωτήριον τοῦτο ἐγένετο τοῖς |
| Abr.1 | | 1 | 1 | αὐτοῦ ἔτη ἐννακόσια ἐνενήκοντα ἐννέα πάντα δὲ τὰ | * τέλη * τῆς ζωῆς αὐτοῦ ζήσας ἐν ἡσυχίᾳ καὶ πραότητι καὶ |
| Abr.1 | | 1 | 5 | δίκαιος ἀγαθὸς καὶ φιλόξενος καὶ φιλόχρηστος μέχρι | * τέλους * σὺ δὲ ἀρχάγγελε Μιχαὴλ ἄπελθε πρὸς τὸν φίλον μου |
| Abr.1 | | 4 | 8 | τὸ ὅραμα σὺ δὲ διακρινεῖς καὶ αὐτὸς γνώσεται τὸ | * τέλος * αὐτοῦ. καὶ ὁ ἀρχιστράτηγος εἶπεν κύριε πάντα γὰρ |
| Abr.1 | | 13 | 7 | ἄνθρωπος καὶ τότε λοιπὸν τῆς κρίσεως ἐκείνης τὸ | * τέλος * ἐγγὺς καὶ φοβερὰ ἡ ἀπόφασις καὶ ὁ λύων οὐδεὶς καὶ |
| Abr.1 | | 15 | 1 | Ἀβραάμ⟩ εἰς τὸν οἶκον αὐτοῦ ὅτι ἰδοὺ ἤγγικεν τὸ | * τέλος * αὐτοῦ καὶ τὸ ἄμετρον τῆς ζωῆς αὐτοῦ τελειοῦται καὶ |
| TLevi | | 5 | 6 | τὸ γένος Ἰσραὴλ τοῦ μὴ πατάξαι αὐτοὺς εἰς | * τέλος * ὅτι πᾶν πνεῦμα πονηρὸν εἰς αὐτὸν προσβάλλει. καὶ |
| TLevi | | 6 | 11 | αὐτούς. ἔφθασε δὲ ἡ ὀργὴ κυρίου ἐπ' αὐτοὺς εἰς | * τέλος. * καὶ εἶπον τῷ πατρὶ μὴ ὀργίζου κύριε ὅτι ἐν σοὶ |
| TLevi | | 14 | 1 | ἡμῶν. καὶ νῦν τέκνα ἔγνων ἀπὸ γραφῆς Ἐνὼχ ὅτι ἐπὶ | * τέλει * ἀσεβήσετε ἐπὶ κύριον χεῖρας ἐπιβάλλοντες ἐν πάσῃ |
| TLevi | | 16 | 3 | νόμον ἐν δυνάμει ὑψίστου πλάνον προσαγορεύσετε καὶ | * τέλος * ὡς νομίζετε ἀποκτενεῖτε αὐτὸν οὐκ εἰδότες αὐτοῦ τὸ |
| TDan | | 6 | 5 | ἐνισχύσει τὸν Ἰσραὴλ μὴ ἐμπεσεῖν αὐτὸν εἰς | * τέλος * κακῶν. ἔσται δὲ ἐν καιρῷ ἀνομίας τοῦ Ἰσραὴλ |
| TNep. | | 1 | 1 | ἀντίγραφον διαθήκης Νεφθαλὶμ ἧς διέθετο ἐν καιρῷ | * τέλους * αὐτοῦ ἐν ἔτει ἑκατοστῷ τριακοστῷ δευτέρῳ τῆς ζωῆς |
| TGad | | 8 | 2 | κύριος σωτῆρα τῷ Ἰσραήλ. ἔγνων γὰρ ὅτι ἐπὶ | * τέλει * ἀποστήσονται τὰ τέκνα ὑμῶν ἀπ' αὐτῶν καὶ ἐν πάσῃ |
| TAser | | 1 | 3 | διαβούλια καὶ δύο πράξεις καὶ δύο τρόπους καὶ δύο | * τέλη. * διὰ τοῦτο πάντα δύο εἰσίν ἓν κατέναντι τοῦ ἑνός. |
| TAser | | 1 | 9 | μεταστρέφει. ὅταν γὰρ ἐνάρξηται ὡς ἀγαθὸν ποιῶν τὸ | * τέλος * τῆς πράξεως αὐτοῦ εἰς κακὸν ποιεῖν ἀνελαύνει |
| TAser | | 2 | 1 | ψυχὴ λέγουσα φησί τὸ καλὸν ὑπὲρ τοῦ κακοῦ καὶ τὸ | * τέλος * τοῦ πράγματος εἰς κακίαν ἄγει. ἔστιν ἄνθρωπος--- |
| TAser | | 2 | 4 | τὸ κακὸν ὅπερ ἐστὶ τῷ ὀνόματι ὡς καλὸν τὸ δὲ | * τέλος * τῆς πράξεως ἔρχεται εἰς κακόν. ἄλλος κλέπτει |
| TAser | | 6 | 4 | ἀναστρεφόμενοι καὶ ἐν αὐτῷ καταπαύοντες. ὅτι τὰ | * τέλη * τῶν ἀνθρώπων δείκνυσι τὴν δικαιοσύνην αὐτῶν |
| TJos. | | 8 | 2 | δακρύων καὶ αἰτῶν λύτρωσιν ἀπὸ τῆς Αἰγυπτίας. | * τέλος * οὖν ἐπιλαμβάνεταί μου τῶν ἱματίων μετὰ βίας |
| TBen. | | 4 | 1 | αὐτῷ. ἴδετε τέκνα τοῦ ἀγαθοῦ ἀνδρὸς τὸ | * τέλος * μιμήσασθε οὖν ἐν ἀγαθῇ διανοίᾳ τὴν εὐσπλαγχνίαν |
| Asen. | | 12 | 2 | προστάγματά σου οὐ μὴ παραβαίνουσιν ἀλλ' εἰσίν ἕως | * τέλους * ποιοῦντες τὸ θέλημά σου. ὅτι σὺ κύριε ἐλάλησας |
| Sal. | | 1 | 1 | ἐβόησα πρὸς κύριον ἐν τῷ θλίβεσθαί με εἰς | * τέλος * πρὸς τὸν θεὸν ἐν τῷ ἐπιθέσθαι ἁμαρτωλοὺς ἐξάπινα |

|  | | | | |  |  |  |
|---|---|---|---|---|---|---|---|
| Sal. | 2 | 5 | | | αὐτῆς ἐξουθενώθη ἐνώπιον τοῦ θεοῦ ἠτιμήθη ἕως εἰς | τέλος | οἱ υἱοὶ καὶ αἱ θυγατέρες ἐν αἰχμαλωσίᾳ πονηρᾷ ἐν |
| Jer. | 9 | 15 | | | καὶ μεγαλαυχοῦντα καὶ λέγοντα ἐδώκαμεν τὸ | τέλος | ἡμῶν τῷ ἀέρι ποιῆσαι αὐτὰ ξηρανθῆναι μετὰ τοῦ |
| Bar. | 13 | 2 | | | Μιχαὴλ οὐ δύνασθε ὑποχωρεῖν ὑπ' αὐτῶν ἵνα μὴ εἰς | τέλος | κυριεύσῃ ὁ Ἐχθρὸς ἀλλ' εἴπατέ μοι τί αἰτεῖσθε. |
| Prop. | 2 | 15 | | | αὐτοῦ. καὶ ἔδωκεν ὁ θεὸς τῷ Ἱερεμίᾳ χάριν ἵνα τὸ | τέλος | τοῦ μυστηρίου αὐτοῦ οὐδὲ ποιήσειεν ἵνα γένηται |
| Prop. | 4 | 7 | | | Βελίαρ. ταῦτα ἔχουσιν οἱ δυνάσται ἐν νεότητι ἐπὶ | τέλει | δὲ θῆρες γίνονται ἁρπάζοντες ὀλοθρεύοντες |
| Prop. | 4 | 21 | | | ὅτι ὅτε καπνισθήσεται τὸ ἐκ βορρᾶ ἥξει τὸ | τέλος | Βαβυλῶνος ὅτε δὲ ὡς ἐν πυρὶ κεῖται τὸ τέλος πάσης |
| Prop. | 4 | 21 | | | τὸ τέλος Βαβυλῶνος δὲ δὲ ὡς ἐν πυρὶ κεῖται τὸ | τέλος | πάσης τῆς γῆς. ὅτε δὲ κατ' ἀνατολὰς ὕδωρ καθαρὸν |
| Prop. | 4 | 21B | | | πάντα τὰ ἔθνη ὅτε δὲ κατὰ νότον ἐν πυρὶ καίεται τὸ | τέλος | ἔσται πάσης τῆς γῆς. ἐὰν δὲ τὸ ἐν τῷ νότῳ ῥεύσῃ |
| Prop. | 7 | 1 | | | ἦν ἐκ Θεκουέ. καὶ Ἀμασίας πυκνῶς αὐτὸν τυμπανίσας | τέλος | καὶ ἀνεῖλεν αὐτὸν ὁ υἱὸς αὐτοῦ ἐν ῥοπάλῳ πλήξας |
| Prop. | 10 | 8 | | | τὴν γῆν ὅτε ἴδωσι λίθον βοῶντα οἰκτρῶς ἐγγίζειν τὸ | τέλος | καὶ ὅτε ἴδωσιν ἐν Ἱερουσαλὴμ πάντα τὰ ἔθνη ὅτι ἡ |
| Prop. | 12 | 14 | | | σκηνὴ τοῦ μαρτυρίου. καὶ ἐν αὐτοῖς γνωσθήσεται ἐπὶ | τέλει | κύριος ὅτι φωτίσουσι τοὺς διωκομένους ὑπὸ τοῦ |
| Prop. | 13 | 2 | | | Σαβαραθὰ προεφήτευσε περὶ τῆς πόλεως καὶ περὶ | τέλους | ἐθνῶν καὶ αἰσχύνης ἀσεβῶν καὶ θάνων ἐτάφη ἐν ἀγρῷ |
| Prop. | 15 | 5 | | | τὰ δὲ τῆς προφητείας εἶδεν ἐν Ἱερουσαλὴμ καὶ περὶ | τέλους | ἐθνῶν καὶ Ἰσραὴλ καὶ τοῦ ναοῦ καὶ ἀργίας |
| Esdr. | 3 | 13 | | | ἐν πολέμῳ τότε γνώσεσθε ὅτι ἐγγύς ἐστιν τὸ | τέλος | τότε οὖν οὔτε ἀδελφὸς ἀδελφὸν ἐλεεῖ οὔτε ἀνὴρ |
| Aris. | 9 | 4 | | | καὶ ποιούμενος ἀγορασμοὺς καὶ μεταγραφὰς ἐπὶ | τέλος | ἤγαγεν ὅσον ἐφ' ἑαυτῷ τὴν τοῦ βασιλέως πρόθεσιν. |
| Aris. | 187 | 4 | | | ἀνάπτωσιν πεποιημένοι πῶς ἂν τὴν βασιλείαν μέχρι | τέλους | ἄπταιστον ἔχων διατελοῖ; βραχὺ δὲ ἐπισχὼν εἶπεν |
| Aris. | 196 | 3 | | | τοῖς ἐγγόνοις τὴν αὐτὴν παραδιδοῖ διάθεσιν ἐπὶ | τέλει; | ὁ δὲ εἶπεν εὐχόμενος ἀεὶ πρὸς τὸν θεὸν ἀγαθὰς |
| Sib. | 3 | 211 | | | τί δὴ καθ' ἓν ἐξαγορεύω; ἀλλ' ὁπόταν τὰ πρῶτα | τέλος | λάβῃ αὐτίκα δ' ἔσται δεύτερ' ἐπ' ἀνθρώπους. καὶ |
| Sib. | 3 | 282 | | | σέθεν καὶ θαύματα σηκοῦ. ἀλλὰ μένει σ' ἀγαθοῖο | τέλος | καὶ δόξα μεγίστη ὡς ἐπέκρανε θεός σοι ἄμβροτος. καὶ |
| Sib. | 3 | 569 | | | γένος ἔσσεται ἀνδρῶν ὁππότε κεν τοῦτο προλάβῃ | τέλος | αἴσιμον ἦμαρ. οὐ γὰρ μὴ θύσητε θεῷ μέχρι πάντα |
| Sib. | 3 | 741 | | | ἵνα τῶνδε μετάσχῃς. ὁππότε δὴ καὶ τοῦτο λάβῃ | τέλος | αἴσιμον ἦμαρ ἱείς σε δὲ βροτοὺς ἥξει κρίσις ἀθανάτοιο |
| Sib. | 3 | 797 | | | ἐρέω μάλ' ἀριφραδὲς ὥστε νοῆσαι ἡνίκα δὴ πάντων τὸ | τέλος | γαίῃφι γένηται. ὁππότε κεν ῥομφαῖαι ἐν οὐρανῷ |
| Sib. | 3 | 807 | | | οἷα κυνηγεσίην θηρῶν ὀμίχλησιν ὁμοίη. τοῦτο | τέλος | πολέμοιο τελεῖ θεὸς οὐρανὸν οἰκῶν. ἀλλὰ χρὴ πάντας |
| Sib. | 5 | 262 | | | μόνον πεποθημένον ἄνθος φῶς ἀγαθὸν σεμνόν τε | τέλος | +πεποθημένον ἄγνος+ Ἰουδαίη χαρίεσσα καλὴ πόλις |
| FPho. | 52 | | | | ἀδικεῖ κακὸς ἀνὴρ ἢν δ' ὑπ' ἀνάγκης οὐκ ἐρέω τὸ | τέλος | βουλὴ δ' εὐθύνεθ' ἑκάστου. μὴ γαυροῦ σοφίῃ μήτ' |
| IDip. | 5 | 133 | 3 | | τὸν ὄντα κύριον πάντων ἀεὶ καὶ πατέρα τοῦτον διὰ | τέλους | τιμᾶν μόνον ἀγαθῶν τοσούτων εὑρετὴν καὶ κτίστορα. |
| IMen. | 5 | 120 | 2 | | γῆν ἀροῦντα νύκτα καὶ τὴν ἡμέραν. θεῷ δὲ θῦε διὰ | τέλους | δίκαιος ὢν μὴ λαμπρὸς ὢν ταῖς χλαμύσιν ὡς τῇ |

τέμενος
1

| Sib. | 5 | 493 | τῶν ἱερέων τις ἐρεῖ λινόστολος ἀνὴρ δεῦτε θεοῦ | τέμενος | καλὸν στήσωμεν ἀληθοῦς δεῦτε τὸν ἐκ προγόνων |
|---|---|---|---|---|---|

τέμνω
3

| Sib. | 4 | 78 | τὰ μὲν βυθοῦ ὑγρὰ κέλευθα πεζεύσει πλεύσει δὲ | ταμὼν | ὄρος ὑψικάρηνον ὃν φυγάδ' ἐκ πολέμου δειλὴ |
|---|---|---|---|---|---|
| FPho. | 187 | | ἀλόχωι ἐγκύμονι χεῖρα βάλαι. μηδ' αὖ παιδογόνον | τέμνειν | φύσιν ἄρσενα κούρου. μηδ' ἀλόγοις ζώιοισι |
| LThe. | 9 22 | 1 | ποίης τε πλήθοντα καὶ ὕλης τῶν δὲ μεσηγὺ ἀτραπιτὸς | τέτμηται | ἀραιὴ ⟨αὐλῶπις⟩ ἐν δ' ἑτέρωθι ἡ διερὴ Σικίμων |

Τένεδος
4

| Sib. | 3 | 486 | Γαλάταις δὲ πολύστονος ἔσσεται οἶκτος. ἥξει καὶ | Τενέδῳ | κακὸν ἔσχατον ἀλλὰ μέγιστον. καὶ Σικυῶν χάλκειος |
|---|---|---|---|---|---|

τένων
4

| Asen. | 22 | 7 | αὐτοῦ χαροποιοὶ καὶ ἐξαστράπτοντες ⟨καὶ ἦσαν⟩ οἱ | τένοντες | αὐτοῦ καὶ οἱ ὦμοι αὐτοῦ καὶ οἱ βραχίονες ὡς |
|---|---|---|---|---|---|
| Sib. | 5 | 138 | ποιηταὶ ἡνίκ' ἀπ' Ἰταλίης Ἰσθμοῦ πλήξειε | τένοντα | τῆς μεγάλης Ῥώμης βασιλεὺς μέγας ἰσόθεος φὼς ὃν |
| Sib. | 5 | 180 | ὀλοφύρομαι ἄτην Μέμφι πόνων ἀρχηγὸς ἔσῃ πληχθεῖσα | τένοντα | ἐν σοὶ πυραμίδες φωνὴ φθέγξονται ἀναιδῆ. |
| Sib. | 5 | 518 | ἠλλάξατο ῥοῖζος Αἰγόκερως δ' ἔπληξε νέου Ταύροιο | τένοντα | Ταῦρος δ' Αἰγοκέρωτος ἀφήρπασσε νόστιμον ἦμαρ. |

τεός
7

| Sib. | 4 | 105 | ἔχων ζυγὸν Ἰταλίδησιν. καὶ σὺ τάλαινα Κόρινθε | τεὴν | ποτ' ἐπόψει ἅλωσιν. Καρχηδὼν καὶ σεῖο χαμαὶ γόνυ |
|---|---|---|---|---|---|
| Sib. | 4 | 141 | σὲ δὲ πτόλιν οὔποτ' ἐροῦσιν ἡνίκ' ἂν ἀφροσύνῃσι | τεαῖς | ὑπὸ δούρασι πίπτῃς. καὶ Κῦρον τότε λοιμὸς ὀλεῖ |
| Sib. | 5 | 179 | ἐς Ἅιδου χῶρον ἄθεσμον. νῦν δὲ πάλιν Αἴγυπτε | τεὴν | ὀλοφύρομαι ἄτην Μέμφι πόνων ἀρχηγὸς ἔσῃ πληχθεῖσα |
| Sib. | 5 | 331 | ἔγνως θεὸς ἐν χαρίτεσσιν ἐς τὸ δοκεῖν προχάρισμα | τεὸν | πάντεσσι βροτοῖσιν εἶναι καὶ θεὸς |
| FPho. | 55 | | καὶ πολύολβος. μὴ δὲ παροιχομένοις κακοῖς τρύχου | τεὸν | ἧπαρ οὐκέτι γὰρ δύναται τὸ τετυγμένον εἶναι |
| FPho. | 195 | | ἔρως θεός ἐστι πάθος δ' αἴδηλον ἁπάντων. στέργε | τεὴν | ἄλοχον τί γὰρ ἥδιον καὶ ἄρειον ἢ ὅταν ἀνδρὶ γυνὴ |
| FPho. | 207 | | συνομαιμοσιν εἰς ἔριν ἔλθῃς. παισὶν μὴ χαλέπαινε | τεοῖσ' | ἀλλ' ἤπιος εἴης. ἢν δέ τι ταῖς ἀλίτῃ σε κολουέτω |

τέρας
16

| Prop. | 3 | 6 | ἔστι ἐπὶ γῆς ἐν πέτρᾳ κρεμάμενον. οὗτος ὁ προφήτης | τέρας | ἔδωκε τῷ λαῷ ὥστε προσέχειν τῷ ποταμῷ Χοβὰρ ὅτε |
|---|---|---|---|---|---|
| Prop. | 3 | 13 | ὅτι διαπεφράκαμεν ἀπώλετο ἡ ἐλπὶς ἡμῶν καὶ ἐν | τέρατι | τῶν ὀστεῶν τῶν νεκρῶν αὐτοὺς ἔπεισεν ὅτι ἔσται |
| Prop. | 3 | 18 | τοὺς τὸν νόμον φυλάσσοντας καὶ ἐποίησεν αὐτοῖς | τέρας | μέγα ὅτι οἱ ὄφεις ἀνήλισκον τὰ βρέφη αὐτῶν καὶ |
| Prop. | 4 | 21 | σπηλαίῳ τῷ βασιλικῷ μόνος ἐνδόξως. καὶ αὐτὸς ἔδωκε | τέρας | ἐν ὄρει τοῖς ὑπεράνω Βαβυλῶνος ὅτι ὅτε |
| Prop. | 5 | 2 | καὶ ἐτάφη ἐν τῇ γῇ αὐτοῦ ἐν εἰρήνῃ. καὶ ἔδωκεν | τέρας | ἥξειν κύριον ἐπὶ τῆς γῆς ἐὰν ἢ δρῦς ἢ ἐν Σηλὼμ |
| Prop. | 10 | 8 | ἐν τῷ σπηλαίῳ τοῦ Κενεζίου τοῦ κριτοῦ. καὶ ἔδωκε | τέρας | ἐπὶ Ἱερουσαλὴμ καὶ ὅλην τὴν γῆν ὅτε ἴδωσι λίθον |
| Prop. | 10 | 8B | εἰς τύπον τῆς τοῦ κυρίου ἀναστάσεως καὶ ἔδωκε | τέρας | ἐπὶ Ἰσραὴλ λέγων ὅτι ὅτε ἴδωσιν ἐπὶ Ἱερουσαλὴμ |
| Prop. | 11 | 2 | φυλῆς Συμεών. οὗτος μετὰ τὸν Ἰωνᾶν τῇ Νινευῒ | τέρας | ἔδωκεν ὅτι ὅτε τὸ ὕδατος γλυκέον καὶ πυρὸς ὑπογείου |
| Prop. | 12 | 10 | ἐπιστροφῆς. καὶ ἐτάφη ἐν ἀγρῷ ἰδίῳ μόνος. ἔδωκε δὲ | τέρας | τοῖς ἐν τῇ Ἰουδαίᾳ ὅτι ὄψονται ἐν τῷ ναῷ φῶς καὶ |
| Prop. | 15 | 1 | ἢ ἦν προβεβηκὼς κἀκεῖ πολλὰ τῷ λαῷ προεφήτευσε καὶ | τέρατα | ἔδωκεν εἰς ἀπόδειξιν. οὗτος εἶπε τῷ Ἰωσεδὲκ ὅτι |
| Prop. | 15 | 4 | ηὐλόγησε καὶ ὄνομα Ζοροβάβελ ἐπέθηκε καὶ ἐπὶ Κύρου | τέρας | ἔδωκεν εἰς νῖκος καὶ περὶ τῆς λειτουργίας αὐτοῦ |
| Prop. | 22 | 2 | Ἀβελμαοὺλ γῆς τοῦ Ῥουβὴν καὶ ἐπὶ τούτου γέγονε | τέρας | ὅτι ἡνίκα ἐτέχθη ἐν Γαλγάλοις ἡ δάμαλις ἡ χρυσῆ |
| Prop. | 23 | 2 | ἔθαψαν αὐτὸν μετὰ τοῦ πατρὸς αὐτοῦ Ἐκτὸς ἐγένοντο | τέρατα | ἐν τῷ ναῷ φαντασίας καὶ οὐκ ἴσχυον οἱ ἱερεῖς |
| HArt. | 9 27 | 29 | φθείρεσθαι. τὸν δὲ βασιλέα τούτων γενομένων τῶν | τεράτων | φάναι μετὰ μῆνα τοὺς λαοὺς ἀπολύσειν ἐὰν |
| HArt. | 9 27 | 32 | τὸ τὴν γῆν εἶναι Ἴσιν παιομένην δὲ τῇ ῥάβδῳ τὰ | τέρατα | ἀνεῖναι. τοῦ δὲ βασιλέως ἔτι ἀφρονουμένου τὸν |
| LEze. | 9 29 14 34 | | ῥάβδον θεοῦ τῇ δὴ πρὶν Αἰγύπτῳ κακὰ σημεῖα καὶ | τεράατ' | ἐξεμήσατο ἔτυψ' Ἐρυθρᾶς νῶτα καὶ ἔσχισεν μέσον |

τεράστιος
5

| Prop. | 3 | 12 | ὑπὸ τῶν ἐχθρῶν προσῆλθε τοῖς ἡγουμένοις καὶ διὰ | τεραστίων | φοβηθέντες ἐπαύσαντο. τοῦτο ἔλεγεν αὐτοῖς ὅτι |
|---|---|---|---|---|---|
| Prop. | 4 | 19 | καὶ τοῖς ἄλλοις βασιλεῦσι Περσῶν πολλὰ ἐποίησεν | τεράστια | ὅσα οὐκ ἔγραψαν. ἐκεῖ ἀπέθανε καὶ ἐτάφη ἐν τῷ |
| LEze. | 9 29 7 02 | | τὰ θ' ὕστερον. Ἔα τί μοι σημεῖον ἐκ βάτου τόδε | τεράστιόν | τε καὶ βροτοῖς ἀπιστία; ἄφνω βάτος μὲν καίεται |
| LEze. | 9 29 7 05 | | πᾶν μένει τὸ βλαστάνον. τί δή; προελθὼν ὄψομαι | τεράστιον | μέγιστον οὐ γὰρ πίστιν ἀνθρώποις φέρει. |
| LEze. | 9 29 14 28 | | λαοῖσι καὶ φρικτοῖς ὅπλοις. ἔπειτα θείων ἄρχεται | τεραστίων | θαυμάστ' ἰδέσθαι. καὶ τίς ἐξαίφνης μέγας |

τερατουργέω
1

| HArt. | 9 27 | 30 | καὶ τὰ ἱερὰ κατασκάψειν ἐὰν μὴ καὶ αὐτοὶ | τερατουργήσωσι | τι. τοὺς δὲ τότε διά τινων μαγγάνων καὶ |
|---|---|---|---|---|---|

τέρμα
8

| Hen. | 106 | 8 | ἡμῶν καὶ ἐρώτησον--- ⟨ἦλθ⟩εν πρὸς ἐμὲ εἰς τὰ | τέρματα | τῆς γῆς οὗ ⟨εἶδ⟩εν τότε εἶναί με καὶ εἶπέν μοι |
|---|---|---|---|---|---|
| Sib. | 3 | 756 | κατὰ γαῖαν ἄπασαν καὶ βασιλεὺς βασιλῆι φίλος μέχρι | τέρματος | ἔσται αἰῶνος κοινόν τε νόμον κατὰ γαῖαν ἄπασαν |
| Sib. | 5 | 229 | κῆρας ἀρχὴ καὶ καμάτοιο καὶ ἀνθρώποις μέγα | τέρμα | βλαπτομένης κτίσεως καὶ σῳζομένης πάλι Μοίραις |
| Sib. | 5 | 244 | ἤματι κείνῳ. ἀρχὴ καὶ καμάτοιο καὶ ἀνθρώποις μέγα | τέρμα | βλαπτομένης κτίσεως καὶ σῳζομένης πάλι Μοίραις |
| Sib. | 5 | 361 | θεὸν σοφὸν αἰὲν ἐόντα. ἔσσεται ὑστατίῳ καιρῷ περὶ | τέρμα | σελήνης κοσμομανῆς πόλεμος καὶ ἐπίκλοπος ἐν |
| Sib. | 5 | 476 | τε γυναικῶν. μυρία δ' οἰμώξει δειλὴ γενεὴ κατὰ | τέρμα | ἠελίου δύνοντος ἵν' Ἐμπαλι μηκέτ' ἀνέλθῃ ὠκεανοῦ |
| FPho. | 138 | | δ' ἐν πᾶσιν ἄριστος. ἀρχόμενος φείδου πάντων μὴ | τέρμ' | ἐπιδεύῃς. μὴ κτήνεα θνητοῖο βορὴν κατὰ μέτρον |
| IOrp. | 35 | | γαίη δ' ὑπὸ ποσσὶ βέβηκε χεῖρά τε δεξιτερὴν ἐπὶ | τέρματος | ὠκεανοῖο πάντοθεν ἐκτέτακεν περὶ γὰρ τρέμει |

τερπικέραυνος
2

| Sib. | 3 | 62 | γαίης κρατέουσα γενήσῃ λυπρὴ ὥστε βοῆσαι καὶ αὐτὸν | τερπικέραυνον | οὐρανόθεν φωνῇ μεγάλῃ μεγαλόσθενε Μέμφι ἡ |
|---|---|---|---|---|---|

τερπνός
2

| Aris. | 77 | 8 | ἀφίστασθαι διὰ τὴν περιαύγειαν καὶ τὸ τῆς ὄψεως | τερπνόν. | ποικίλη γὰρ ἦν ἡ τῆς ἐπιφανείας ἐνέργεια. |
|---|---|---|---|---|---|
| Sib. | 4 | 191 | πάντες δὲ τότ' εἰσόψονται ἑαυτοὺς νήδυμον ἡελίου | τερπνὸν | φάος εἰσορόωντες. ὦ μακαριστὸς ἐκεῖνον ὅς ἐς |

τερπνότης
2

| Job | 44 | 2 | οἰκίαν, καὶ πεποιήκαμεν μεγάλας εὐωχίας ἐν τῇ | τερπνότητι | τοῦ κυρίου. πάλιν ἐπεξήτησα εὐεργεσίας ποιεῖν |
|---|---|---|---|---|---|
| Aris. | 307 | 2 | οὕτως καθ' ἑκάστην εἰς τὸν τόπον ἔχοντα | τερπνότητα | διὰ τὴν ἡσυχίαν καὶ καταύγειαν συναγόμενοι τὸ |

τέρπω
9

| TDan. | 4 | 4 | μήτε εἰς τέρψιν μήτε εἰς ἀηδίαν. πρῶτον γὰρ | τέρπει | τὴν ἀκοὴν καὶ οὕτως ὀξύνει τὸν νοῦν νοῆσαι τὸ |
|---|---|---|---|---|---|
| TJos. | 17 | 3 | ἐν μακροθυμίᾳ συγκρύπτετε ἀλλήλων τὰ ἐλαττώματα. | τέρπεται | γὰρ ὁ θεὸς ἐπὶ ὁμονοίᾳ ἀδελφῶν καὶ ἐπὶ |
| TBen. | 6 | 3 | φθαρτοῖς οὐδὲ συνάγει πλοῦτον εἰς φιληδονίαν οὐ | τέρπεται | ἡδονῇ οὐ λυπεῖ τὸν πλησίον οὐκ ἐμπίπλαται |
| Aris. | 186 | 3 | εὐφροσύνου πλείονα χρόνον καὶ τὸ τηνικαῦτα πρὸς τὸ | τέρπεσθαι | τῶν δὲ ἡτοιμασμένων ἐτράπησαν τῶν λειτουργιῶν |
| Aris. | 198 | 3 | δὲ ἔτι ἕνα καταλήξω τὸ νῦν ἔχον ἵνα καὶ πρὸς τὸ | τέρπεσθαι | τραπέντες ἡδέως διεξάγωμεν ἐν δὲ ταῖς μετὰ |
| Aris. | 274 | 4 | καὶ προπίνων ἑκάστῳ πλεῖόν τι πρὸς τὸ | τερφθῆναι | ⟨ἐτράπη⟩ μετ' εὐφροσύνης τοῖς ἀνδράσι συνὼν |
| Aris. | 322 | 2 | ἐπηγγειλάμην ἀπέχεις τὴν διήγησιν ὦ Φιλόκρατες. | τέρπειν | γὰρ οἶμαι σε ταῦτα ἢ τὰ τῶν μυθολόγων βιβλία |
| Sib. | 3 | 34 | θυρῶν +τηρεῖτε+ τὸν ἐόντα θεὸν ὃς πάντα φυλάσσει | τερπόμενοι | κακότητι λίθων κρίσιν ἐκλαθέοντες ἀθανάτου |
| Sib. | 3 | 726 | ἰδεῦτε θεοῦ κατὰ δῆμον ἐπὶ στομάτεσσι πεσόντες | τέρψωμεν | ὕμνοισι θεὸν γενετῆρα κατ' οἴκους ἐχθρῶν ὅπλα |

Τερσι
2

| Job | 1 | 3 | καὶ τὰς τρεῖς θυγατέρας αὐτοῦ ὧν εἰσιν τὰ ὀνόματα | Τερσι | Χορος Υων Νικη Φορος Φιφη Φρουων Ἡμέρα Κασία |
|---|---|---|---|---|---|

τέρψις
2

| TDan | 4 | 3 | ὡς ἀγαθοὺς μὴ ἐπαίρεσθε μηδὲ μεταβάλλεσθε μήτε εἰς | τέρψιν | μήτε εἰς ἀηδίαν. πρῶτον γὰρ τέρπει τὴν ἀκοὴν καὶ |
|---|---|---|---|---|---|

FAch. 114 βασιλεὺς πορφυρίζουσαν ἔχεις τὴν ἀπὸ τῆς ὁράσεως * τέρψιν * καὶ τοὺς καρποὺς εὐανθεῖς ἀναλαμβάνεις. ὁ δὲ

τεσσαράκοντα 40

Adam 29 9 τοῦ θεοῦ ἣν ἔπλασεν; ἀλλὰ μετανοήσωμεν ἡμέρας * τεσσαράκοντα * ὅπως σπλαγχνισθῇ ἡμῖν ὁ θεὸς καὶ δώσῃ ἡμῖν
Adam 29 10 κρείσσονα τῆς τῶν θηρίων. ἐγὼ μὲν ποιήσω ἡμέρας * τεσσαράκοντα * σὺ δὲ ἡμέρας τριάκοντα τέσσαρας ὅτι σὺ οὐκ
Abr.2 2 10 μεμελημένων ἤκουσα δὲ ὅτι ἀπῆλθες σταδίους * τεσσεράκοντα * καὶ ἤνεγκας μόσχον καὶ ἔθυσας ἀγγέλοις
TLevi 12 5 ἱεράτευσα καὶ εἰκοσιοκτὼ ἐτῶν ἔλαβον γυναῖκα καὶ * τεσσαράκοντα * ἐτῶν εἰσῆλθον εἰς Αἴγυπτον. καὶ ἰδοὺ ἔστε
TLevi 18 2B033 αὐτοῦ μόνον πέντε μνᾶς καὶ εἰς μόσχον τέλειον * μ' * μναῖ καὶ εἰ κριὸς ἐκ προβάτων ἢ τράγος ἐξ αἰγῶν τὸ
TJud. 12 12 ἤλθομεν εἰς Αἴγυπτον πρὸς Ἰωσὴφ διὰ τὸν λιμόν. * τεσσαράκοντα * ἓξ ἐτῶν ἤμην καὶ ἑβδομήκοντα τρία ἔτη ἔζησα
Asen. 29 9 τῷ Ἰωσήφ. καὶ ἐβασίλευσεν Ἰωσὴφ ἐν Αἰγύπτῳ ἔτη * τεσσαράκοντα * ὀκτὼ καὶ μετὰ ταῦτα ἀπέδωκεν Ἰωσὴφ τὸ
Bar. 4 14 ἀποκαλύψῃ αὐτῷ ὁ θεὸς περὶ αὐτοῦ τί ποιήσει. καὶ * τεσσαράκοντα * ἡμέρας τὴν εὐχὴν ἐκτελέσαντος καὶ πολλὰ
Bar. 6 2 στέφανον πυρὸς ἐλαυνόμενον τὸ ἅρμα ὑπ' ἀγγέλων * τεσσαράκοντα. * καὶ ἰδοὺ ὄρνεον περιτρέχον ἔμπροσθεν τοῦ
Prop. 22 7 αὐτοῖς καὶ ἐξέλθουσαι δύο ἄρκοι ἐνέρρηξαν ἐξ αὐτῶν * μ * β'. γυνὴ προφήτου τελευτήσαντος ὀχλουμένη ὑπὸ δανιστῶν
Sedr. 13 6 ἀναιτήσεις με ἐὰν μετανοήσῃ ὁ ἁμαρτωλὸς εἰς ἡμέρας * τεσσαράκοντα * οὐ μὴ μνησθῶ πάσας τὰς ἁμαρτίας αὐτοῦ ἃς
Sedr. 16 4 ἀγαπητέ μου ὑπόσχομαι συμπαθῆσαι καὶ κάτωθεν τῶν * τεσσαράκοντα * ἡμερῶν ἕως εἴκοσι καὶ ὅστις μνησθῇ τοῦ
Job 9 6 καὶ ταῖς χήραις πάσαις εἶχον δὲ ἑκατὸν * τεσσαράκοντα * χιλιάδας ὄνων νομάδων, καὶ ἀφώρισα ἐξ αὐτῶν
Job 21 1 οὐ ἐντάλθῃ ὑπὸ τοῦ κελεύσαντός σε. καὶ ἐποίησα ἔτη * τεσσαράκοντα * ὀκτὼ ἐν τῇ κοπρίᾳ ἐκτὸς τῆς πόλεως ἐν ταῖς
Job 53 9 τουτέστιν ρ σ'. τὰ δὲ πάντα ἔτη τῆς ζωῆς αὐτοῦ σ * μ * η'. καὶ ἴδεν υἱοὺς τῶν υἱῶν αὐτοῦ ἕως τετάρτης γενεᾶς.
Aris. 105 2 τῆς δὲ πόλεώς ἐστι τὸ χύμα συμμέτρως ἔχον οἷον * τεσσαράκοντα * σταδίων ὄντος τοῦ περιβόλου καθόσον εἰκάσαι
FJub. 3 10 ἐπὶ μὲν ἀρρενογονίας ἀκάθαρτον αὐτὴν εἶναι ἐπὶ * τεσσαράκοντα * ἡμέρας ἐπὶ δὲ θηλυτοκίας ἕως ἡμερῶν π'.
FJub. 3 32 καὶ τῷ ὀγδόῳ ἐξερρίφησαν τοῦ παραδείσου μετὰ * τεσσαράκοντα * πέντε ἡμέρας τῆς παραβάσεως ἐν τῇ ἐπιτολῇ
FJub. 10 21 τὴν ἄβυσσον. γυνὴ Φαλεχ Δυμνα θυγάτηρ Σεννααρ. ἐπὶ * μ * γ' ἔτη ἔμειναν οἰκοδομοῦντες. τὸ ὕψος ' ε υ λ γ' πήχεις
FJub. 10 21 στάδιοι ιγ' (καὶ τοῦ ἄλλου) λ'. ἐπὶ γὰρ ἔτη * τεσσαράκοντα * οἰκοδομήσαντες ἐκείνου <Νεβρὼδ> μάλιστα
FIsa. 1 3 ἐρχόμενον Ἡσαΐαν ἀπὸ Γαλγάλων εἰς Ἱερουσαλὴμ καὶ * τεσσεράκοντα * υἱοὺς προφητῶν καὶ Ἰασοὺμ τὸν υἱὸν αὐτοῦ.
HDem. 9 21 17 τὸν Ἰακὼβ ὄντα ἐτῶν ἑκατὸν τριάκοντα Ῥουβὶν ἐτῶν * μ * ε' Συμεῶνα ἐτῶν μ δ' Λευὶν ἐτῶν μ γ' Ἰούδαν ἐτῶν μ
HDem. 9 21 17 ἑκατὸν τριάκοντα Ῥουβὶν ἐτῶν μ ε' Συμεῶνα ἐτῶν * μ * δ' Λευὶν ἐτῶν μ γ' Ἰούδαν ἐτῶν μ β' μηνῶν δύο
HDem. 9 21 17 Ῥουβὶν ἐτῶν μ ε' Συμεῶνα ἐτῶν μ δ' Λευὶν ἐτῶν * μ * γ' Ἰούδαν ἐτῶν μ β' μηνῶν δύο Νεφθαλεὶμ ἐτῶν μ α'
HDem. 9 21 17 ε' Συμεῶνα ἐτῶν μ δ' Λευὶν ἐτῶν μ γ' Ἰούδαν ἐτῶν * μ * β' μηνῶν δύο Νεφθαλεὶμ ἐτῶν μ α' μηνῶν ζ' Γὰδ ἐτῶν μ
HDem. 9 21 17 μ γ' Ἰούδαν ἐτῶν μ β' μηνῶν δύο Νεφθαλεὶμ ἐτῶν * μ * α' μηνῶν ζ' Γὰδ ἐτῶν μ α' μηνῶν γ' Ἀσὴρ ἐτῶν μ'
HDem. 9 21 17 β' μηνῶν δύο Νεφθαλεὶμ ἐτῶν μ α' μηνῶν ζ' Γὰδ ἐτῶν * μ * α' μηνῶν γ' Ἀσὴρ ἐτῶν μ' μηνῶν ὀκτὼ Ζαβουλὼν ἐτῶν μ'
HDem. 9 21 17 μ α' μηνῶν ζ' Γὰδ ἐτῶν μ α' μηνῶν γ' Ἀσὴρ ἐτῶν * μ' * μηνῶν ὀκτὼ Ζαβουλὼν ἐτῶν μ' Δεῖναν ἐτῶν λ θ' Βενιαμὶν
HDem. 9 21 17 α' μηνῶν γ' Ἀσὴρ ἐτῶν μ' μηνῶν ὀκτὼ Ζαβουλὼν ἐτῶν * μ' * Δεῖναν ἐτῶν λ θ' Βενιαμὶν ἐτῶν κ η'. τὸν δὲ Ἰωσὴφ
HDem. 9 21 19 Αἰγύπτῳ εὐλογήσαντα τοὺς Ἰωσὴφ υἱοὺς ὄντα ἐτῶν ρ * μ * ζ' καταλιπόντα Ἰωσὴφ ὄντα ἐτῶν ν ς'. Λευὶν δὲ
HDem. 9 21 19 γενόμενον ἐτῶν ρ λ ζ' τελευτῆσαι Κλὰθ δὲ ὄντα ἐτῶν * μ' * γεννῆσαι Ἀμβρὰμ ὃν ἐτῶν εἶναι ι δ' ἐν ᾧ τελευτῆσαι
HDem. 9 29 2 εἶναι γῆμαι Ἀβραὰμ τὴν Χεττούραν ὄντα ἐτῶν ρ * μ' * καὶ γεννῆσαι Ἰσαὰρ ἐξ αὐτῆς δεύτερον τὸν δὲ Ἰσαὰκ
HDem. 9 29 2 τὸν δὲ Ἰσαὰκ ὄντα ἐτῶν ἑκατὸν γεννῆσαι. ὥστε * μ * β' ἐτῶν ὕστερον γεγονέναι τὸν Ἰσαὰρ ἀφ' οὗ τὴν
HEup. 9 30 1 Μωσῆν τοῖς Ἰουδαίοις. Μωσῆν προφητεῦσαι ἔτη * μ' * εἶτα Ἰησοῦν τὸν τοῦ Ναυῆ υἱὸν ἔτη λ' βιῶσαι δ' αὐτὸν
HEup. 9 30 8 εἰς τὴν Ἰουδαίαν. βασιλεύσαντα δὲ τὸν Δαβὶδ ἔτη * μ' * Σολομῶνι τῷ υἱῷ τὴν ἀρχὴν παραδοῦναι ὄντι ἐτῶν ιβ'
HEup. 9 34 9 τοῦ ἱεροῦ στοὰν καὶ στύλους αὐτῇ ὑποστῆσαι χαλκοῦς * μ * η' κατασκευάσαι δὲ καὶ λουτῆρα χαλκοῦν μῆκος πηχῶν κ'
HEup. 9 34 20 ἔτη πεντήκοντα δύο ὧν ἐν εἰρήνῃ βασιλεῦσαι ἔτη * μ'. * εἶτα Ἰωναχεὶμ ἐπὶ τούτου προφητεῦσαι Ἱερεμίαν τὸν
HEup. 1 141 4 βασιλεύοντος Αἰγύπτου συνάγεσθαι ἔτη ' ε ρ * μ * θ'. ἀφ' οὗ δὲ χρόνου ἐξήγαγε Μωυσῆς τοὺς Ἰουδαίους ἐξ
HArt. 9 27 37 τοὺς δὲ Ἰουδαίους διαφυγόντας τὸν κίνδυνον * τεσσαράκοντα * ἔτη ἐν τῇ ἐρήμῳ διατρῖψαι βρέχοντος αὐτοῖς
FrAn. 574 3057 ὅτι ὁρκίζω σε τὸν καταδείξαντα τὰς ἑκατὸν * τεσσαράκοντα * γλώσσας καὶ διαμερίσαντα τῷ ἰδίῳ

τεσσαρακοντάκις 1

Prop. 4 9 ἔκλαιε καὶ ἠξίου κύριον πᾶσαν ἡμέραν καὶ νύκτα * τεσσαρακοντάκις * δεόμενος. Βεημὼθ ἐπεγίνετο αὐτῷ καὶ

τεσσαρακοστός 10

TLevi 11 7 καὶ συμβιβασμός. καὶ τρίτον ἔτεκέ μοι τὸν Μεραρὶ * τεσσαρακοστῷ * ἔτει ζωῆς μου. καὶ ἐπειδὴ ἐδυστόκησεν ἡ
TJud. 9 2 ἀπὸ Λαβάν. καὶ πληρωθέντων τῶν δεκαοκτὼ ἐτῶν ἐν * τεσσαρακοστῷ * ἔτει ζωῆς μου ἐπῆλθεν ἡμῖν Ἠσαῦ ὁ ἀδελφὸς
TNep. 5 1 εἰς πάντας τοὺς μακρὰν καὶ τοὺς ἐγγύς. ἐν γὰρ ἔτει * τεσσαρακοστῷ * ζωῆς μου εἶδον ἐν ὄρεσιν ἐλαίου κατὰ
FJub. 3 9 τι τῆς πλευρᾶς τοῦ Ἀδὰμ ἔπλασε τὴν γυναῖκα. τῇ * τεσσαρακοστῇ * ἕκτῃ ἡμέρᾳ τῆς κοσμοποιίας τετάρτῃ ἡμέρᾳ
FJub. 3 9 ὁ θεὸς τὸν Ἀδὰμ ἐν τῷ παραδείσῳ κατὰ τὴν * τεσσαρακοστὴν * ἡμέραν τῆς πλάσεως αὐτοῦ. τῇ ὀγδόῃ ἡμέρᾳ
FJub. 3 9 τῆς πλάσεως αὐτοῦ. τῇ ὀγδόῃ ἡμέρᾳ τῆς κοσμοποιίας * τεσσαρακοστῇ * τετάρτῃ δὲ τῆς πλάσεως τοῦ Ἀδὰμ ἡμέρᾳ
FJub. 3 11 δὲ θηλυτοκίας ἕως ἡμερῶν π'. ἐπειδὴ καὶ Ἀδὰμ τῇ * μ' * ἡμέρᾳ τῆς πλάσεως αὐτοῦ εἰσήχθη ἐν τῷ παραδείσῳ οὗ
FJub. 3 11 ἐν τῷ παραδείσῳ οὗ χάριν καὶ τὰ γεννώμενα τῇ * τεσσαρακοστῇ * ἡμέρᾳ εἰσφέρουσιν ἐν τῷ ἱερῷ κατὰ τὸν
FJub. 11 14 Θάρρα. Νίνου δὲ τοῦ πρώτου βασιλέως τῶν Ἀσσυρίων * τεσσαρακοστὸν * τρίτον ἄγοντος ἔτος τῆς βασιλείας γεννᾶται
FJub. 48 5 Γαβριὴλ τὰ περὶ τῆς γενέσεως τοῦ κόσμου. ἐν ρ * μ * δ' ἔτει τῆς ἐν Αἰγύπτῳ δουλείας ἤρξαντο Αἰγύπτιοι

τέσσαρες 44

Adam 29 6 αὐτοῦ. καὶ ἀφέντες αὐτὸν οἱ ἄγγελοι ἔλαβεν * τέσσαρα * γένη κρόκον καὶ νάρδον καὶ κάλαμον καὶ κινάμωμον
Adam 29 10 ποιήσω ἡμέρας τεσσαράκοντα σὺ δὲ ἡμέρας τριάκοντα * τέσσαρας * ὅτι σὺ οὐκ ἐπλάσθης τῇ ἡμέρᾳ τῇ ἕκτῃ ἐν ᾗ
Adam 33 2 εἰς τὸν οὐρανὸν ἴδεν ἅρμα φωτὸς ἐρχόμενον ὑπὸ * τεσσάρων * ἀετῶν λαμπρῶν ὃ οὐκ ἦν δυνατὸν γεννηθῆναι ἀπὸ
Adam 38 3 καὶ σάλπιγγας. καὶ ἰδοὺ κύριος στρατιῶν ἐπέβη καὶ * τέσσαρες * ἄνεμοι εἷλκον αὐτὸν καὶ τὰ Χερουβὶμ ἐπέχοντα
Hen. 9B 1 δεῖ ποιεῖν αὐτοὺς περὶ τούτων. καὶ ἀκούσαντες οἱ * τέσσαρες * μεγάλοι ἀρχάγγελοι Μιχαὴλ καὶ Οὐριὴλ καὶ
Hen. 18 2 καὶ τὸν λίθον ἴδον τῆς γωνίας τῆς γῆς. ἴδον τοὺς * τέσσαρας * ἀνέμους τὴν γῆν βαστάζοντας καὶ τὸ στερέωμα τοῦ
Hen. 22 2 ἄλλο ὄρος μέγα καὶ ὑψηλὸν πέτρας στερεάς. καὶ * τέσσαρες * τόποι ἐν αὐτῷ κοῖλοι βάθος ἔχοντες καὶ λίαν
TLevi 2 9 ἄγγελος πρός με μὴ θαύμαζε ἐπὶ τούτοις ἄλλους γὰρ * τέσσαρας * οὐρανοὺς ὄψει φαιδροτέρους καὶ ἀσυγκρίτους ὅτε
TLevi 18 2B047 ἐστὶν καὶ τοῦ σικλίου τὸ τέταρτον ὁλκὴ θερμῶν * δ' * ἐστὶν γίνεται ὁ σίκλος ὡσεὶ ις' θερμοὶ καὶ ὁλκῆς
TLevi 18 2B062 τῶν αἰώνων. καὶ ὅτε ἀνεπληρώθησάν μοι ἑβδομάδες * τέσσαρες * ἐν τοῖς ἔτεσιν τῆς ζωῆς μου ἐν ἔτει ὀγδόῳ καὶ
TJud. 3 6 μου ἐν τῇ χειρί μου λίθοις σφενδονίσας αὐτοὺς * τέσσαρας * ἐξ αὐτῶν ἀνεῖλον οἱ δὲ ἄλλοι ἔφυγον. καὶ Ἰακὼβ
TJud. 4 1 καὶ ἀπέκτεινα ἐξ αὐτῶν διακοσίους ἄνδρας καὶ * τέσσαρας * βασιλεῖς. καὶ ἀνῆλθον ἐπ' αὐτοὺς ἐπὶ τοῦ
TJud. 9 5 λίθους ἕως ταλάντων τριῶν καὶ ἀνελθὼν ἀνεῖλον * τέσσαρας * τοὺς δυνατοὺς ἐξ αὐτῶν. καὶ τῇ ἑξῆς ἐμβάντες
TJud. 16 1 οὖν τέκνα μου ὅρον οἴνου. ἔστι γὰρ ἐν αὐτῷ * τέσσαρα * πνεύματα πονηρὰ ἐπιθυμίας πυρώσεως ἀσωτίας
TAser 7 2 καταφθαρήσεται καὶ ὑμεῖς διασκορπισθήσεσθε εἰς τὰς * τέσσαρας * γωνίας τῆς γῆς καὶ ἔσεσθε ἐν διασπορᾷ
Asen. 2 11 μεγάλοις ᾠκοδομημένον. καὶ ἦσαν πύλαι τῇ αὐλῇ * τέσσαρες * σεσιδηρωμέναι καὶ ταύτας ἐφύλαττον ἀνὰ δεκαοκτὼ
Asen. 5 4 τῷ δευτέρῳ τοῦ Φαραὼ καὶ ἦσαν ἐζευγμένοι ἵπποι * τέσσαρες * λευκοὶ ὡσεὶ χιὼν χρυσοχάλινοι καὶ τὸ ἅρμα
Asen. 17 8 αὐτῆς ὁ ἄνθρωπος. καὶ εἶδεν Ἀσενὲθ ὡς ἅρμα * τεσσάρων * ἵππων πορευόμενον εἰς τὸν οὐρανὸν κατὰ
Asen. 24 18 εἰς πόλεμον). καὶ ἔδωκεν ὁ υἱὸς Φαραὼ τοῖς * τέσσαρσιν * ἀδελφοῖς ἀνὰ πεντακοσίους ἄνδρας καὶ αὐτοὺς
Asen. 24 20 ἐν τῇ ὕλῃ τοῦ καλάμου. (καὶ) γεγόνασιν εἰς * τέσσαρας * ἀρχάς. καὶ ἐκάθισαν ἐκεῖθεν τοῦ χειμάρρου ὡς
Bar. 8 4 τοῦ ἡλίου ὅταν τὴν ἡμέραν διαδρᾷ λαμβάνουσι * τέσσαρες * ἄγγελοι τοῦτον καὶ ἀναφέρουσιν εἰς τὸν οὐρανὸν
Esdr. 3 6 αὐτοὺς εἰ δὲ μὴ ἐκτενῶ τὴν χεῖρά μου καὶ ἀπὸ τῶν * τεσσάρων * περάτων δράξομαι τὴν οἰκουμένην καὶ συνάξω
Esdr. 4 7 ἔδωκέν μοι Μιχαὴλ καὶ Γαβριὴλ καὶ ἄλλους τριάκοντα * τέσσαρας * ἀγγέλους καὶ κατέβην ὀγδοήκοντα καὶ πέντε
Esdr. 5 2 τὸν Χριστιανῶν. καὶ ἴδον γυναῖκα κρεμαμένην καὶ * τέσσαρα * θηρία θηλάζοντα τοὺς μαστοὺς αὐτῆς. καὶ εἰπόν
Job 9 7 ἀπὸ πασῶν τῶν χωρῶν ἅπαντες. ἀνεῳγμέναι δὲ ἦσαν αἱ * τέσσαρες * θύραι τοῦ οἴκου μου ἐκέλευον δὲ τοῖς οἰκέταις
Job 42 3 νεφέλης, ἤκουον τῆς φωνῆς τοῦ λαλήσαντος καὶ οἱ * τέσσαρες * βασιλεῖς καὶ μετὰ τὸ παύσασθαι τὸν κύριον
Aris. 65 2 ὅλου τοῦ πλάτους τῆς τραπέζης στερεὸν δακτύλων * τεσσάρων * ὥστε τοὺς πόδας ἐνίεσθαι εἰς τοῦτο περόνας
Aris. 70 4 ἦσαν μέχρι τῆς κεφαλῆς. ἡ δ' αὐτὴ διάθεσις ἦν τῶν * τεσσάρων * ποδῶν πάντα ἐνεργῶς πεποιημένα καὶ προσηγμένα
Aris. 91 3 καθὼς ἐπιστώθην. προήγαγον γὰρ πλέον σταδίων * τεσσάρων * ἐκ τῆς πόλεως καὶ πρός τινα τόπον ἐκέλευσαν
FJub. 2 7 δρυμοὺς καὶ πάντα τὰ φυτὰ κατὰ γένος. ταῦτα τὰ * τέσσαρα * ἔργα τὰ μέγιστα ἐποίησεν ὁ θεὸς ἐν τῇ τρίτῃ
FJub. 2 14 τὰ κτήνη τὰ ἑρπετὰ τῆς γῆς τὸν ἄνθρωπον. ταῦτα τὰ * τέσσαρα * μεγάλα ἔργα ἐποίησεν ὁ θεὸς ἐν τῇ ἕκτῃ ἡμέρᾳ καὶ
FJub. 4 2 καὶ ἐπένθησαν αὐτὸν οἱ πρωτόπλαστοι ἑβδομαδικοὺς * τέσσαρας * ἤγουν ἔτη εἴκοσι ὀκτώ. τῷ ἑκατοστῷ εἰκοστῷ
FAch. 111 τινας ἰξευτὰς ἐκέλευσεν συλλαμβάνεσθαι * τέσσαρας * ἀετούς. συλληφθέντων δὲ τῶν ἀετῶν ἔτιλεν τὰ
HDem. 9 21 3 γῆμαι Λείαν καὶ Ῥαχὴλ ὄντα ἐτῶν ὀγδοήκοντα * τεσσάρων * καὶ γενέσθαι ἐν ἑπτὰ ἔτεσιν ἄλλοις αὐτῷ παιδία
HDem. 9 21 8 ἐτῶν δώδεκα μηνῶν δυοῖν Συμεῶνα ἐτῶν ἕνδεκα μηνῶν * τεσσάρων * Λευὶν ἐτῶν δέκα μηνῶν ἓξ Ἰούδαν ἐτῶν ἐννέα
HDem. 9 21 8 ἐτῶν ἑπτὰ μηνῶν δυοῖν Δεῖναν ἐτῶν ἓξ μηνῶν * τεσσάρων * Ἰωσὴφ ἐτῶν ἓξ μηνῶν τεσσάρων. παροικῆσαι δὲ
HDem. 9 21 8 Δεῖναν ἐτῶν ἓξ μηνῶν τεσσάρων Ἰωσὴφ ἐτῶν ἓξ μηνῶν * τεσσάρων. * παροικῆσαι δὲ Ἰσραὴλ παρὰ Ἐμμὼρ ἔτη δέκα καὶ
HDem. 9 21 9 ὑπὸ Συχὲμ τοῦ Ἐμμὼρ υἱοῦ ἐτῶν οὖσαν δεκαὲξ μηνῶν * τεσσάρων. * ἐξαλλομένους δὲ τοὺς Ἰσραὴλ υἱοὺς Συμεῶνα μὲν
HDem. 9 21 9 υἱοὺς Συμεῶνα μὲν ὄντα ἐτῶν εἰκοσιενὸς μηνῶν * τεσσάρων * Λευὶν δὲ ἐτῶν εἴκοσι μηνῶν ἓξ ἀποκτεῖναι τόν τε
HDem. 9 21 17 ἑκατὸν τριάκοντα Ῥουβὶν ἐτῶν μ ε' Συμεῶνα ἐτῶν μ * δ' * Λευὶν ἐτῶν μ γ' Ἰούδαν ἐτῶν μ β' μηνῶν δύο Νεφθαλεὶμ
HDem. 9 21 18 εἰς Αἴγυπτον τοὺς τοῦ Ἰωσὴφ συγγενεῖς ἔτη γ χ κ * δ'. * ἀπὸ δὲ τοῦ κατακλυσμοῦ ἕως τῆς Ἰακὼβ παρουσίας εἰς
HDem. 9 21 19 δὲ ὄντα ἐτῶν μ' γεννῆσαι Ἀμβρὰμ ὃν ἐτῶν εἶναι ι * δ' * ἐν ᾧ τελευτῆσαι Ἰωσὴφ ἐν Αἰγύπτῳ ὄντα ρ ι' ἐτῶν Κλὰθ
HEup. 9 34 5 ταλαντιαίοις τὴν ὁλκὴν μαστοειδέσι τὸν ῥυθμὸν * τέσσαρσι * δὲ τὸν ἀριθμόν. οὕτω δ' αὐτὸν χρυσῶσαι ἀπὸ
FrAn. 574 3066 πνεῦμα δαιμόνιον ὅτι ὁρκίζω σε τὸν συνσείοντα τοὺς * τέσσαρας * ἀνέμους ἀπὸ τῶν ἱερῶν Αἰώνων οὐρανοειδῆ

τεσσαρεσκαιδέκατος 7

Hen. 6B 7 Ἀζαλζὴλ ια' Φαρμαρὸς ιβ' Ἀμαριὴλ ιγ' Ἀναγημὰς * ιδ' * Θαυσαὴλ ιε' Σαμιὴλ ις' Σαριναὰς ιζ' Εὐμιὴλ ιη' Τυριὴλ
FJub. 3 9 τετάρτῃ ἡμέρᾳ τῆς ἑβδόμης ἑβδομάδος Παχὼν * τεσσαρεσκαιδεκάτῃ * Μαΐου ἐνάτῃ ἡλίου ὄντος ταύρῳ καὶ

FJub. 3 9 τρίτη ἡμέρᾳ τῆς κτίσεως τῇ δευτέρᾳ ἡμέρᾳ τῆς ✳ τεσσαρεσκαιδεκάτης ✳ ἑβδομάδος κατὰ τὴν θερινὴν τροπὴν
FJub. 48 5 σκότος ἡμέρας τρεῖς Μαρτίῳ τὰ πρωτότοκα. τῇ ✳ ιδ΄ ✳ τούτου τοῦ μηνὸς σκυλεύσαντες τοὺς Αἰγυπτίους
HDem. 9 21 5 ἄλλον τεκεῖν ᾧ ὄνομα Ζαβουλὼν καὶ τὴν αὐτὴν τῷ ✳ τεσσαρεσκαιδεκάτῳ ✳ ἔτει μηνὶ ὀγδόῳ τεκεῖν υἱὸν ὄνομα Δάν.
HDem. 9 21 5 ᾧ καὶ Λείαν τεκεῖν θυγατέρα Δείναν καὶ τεκεῖν τῷ ✳ τεσσαρεσκαιδεκάτῳ ✳ ἔτει μηνὶ ὀγδόῳ υἱὸν ὃν ὀνομασθῆναι
LAri. 7 32 18 ἄλληλα δοθείσης τε τῆς τῶν διαβατηρίων ἡμέρας τῇ ✳ τεσσαρεσκαιδεκάτῃ ✳ τοῦ μηνὸς μεθ᾽ ἑσπέραν ἐνστήξεται μὲν

τέταρτος
33

Hen. 6B 7 α΄ Σεμιαζᾶς ὁ ἄρχων αὐτῶν β΄ ᾿Αταρκούφ γ΄ ᾿Αρακιήλ ✳ δ΄ ✳ Χωβαβιὴλ ε΄ ᾿Οραμμαμὴ ϛ΄ ῾Ραμιὴλ ζ΄ Σαμψὶχ η΄ Ζακιὴλ
Hen. 8B 3 λυτήρια. ὁ ἔνατος ἐδίδαξεν ἀστροσκοπίαν. ὁ δὲ ✳ τέταρτος ✳ ἐδίδαξεν ἀστρολογίαν. ὁ δὲ ὄγδοος ἐδίδαξεν
TRub. 2 5 τρίτον πνεῦμα ἀκοῆς μεθ᾽ ἧς δίδοται διδασκαλία ✳ τέταρτον ✳ πνεῦμα ὀσφρήσεως μεθ᾽ ἧς ἐστι γεῦσις δεδομένη
TRub. 3 4 γαστρὶ τρίτον πνεῦμα μάχης ἐν τῷ ἥπατι καὶ τῇ χολῇ ✳ τέταρτον ✳ πνεῦμα ἀρεσκείας καὶ μαγγανείας ἵνα διὰ
TLevi 3 3 πνεύμασι τῆς πλάνης καὶ τοῦ Βελιάρ. οἱ δὲ εἰς τὸν ✳ τέταρτον ✳ ἐπάνω τούτων ἅγιοί εἰσιν ὅτι ἐν τῷ ἀνωτέρῳ
TLevi 8 7 ὁ τρίτος βυσσίνην με περιέβαλεν ὁμοίαν ἐφωΐδ. ὁ ✳ τέταρτος ✳ ζώνην μοι περιέθηκεν ὁμοίαν πορφύρᾳ. ὁ πέμπτος
TLevi 11 8 ὅτι καίγε αὐτὸς ἀπέθανεν. ἡ δὲ ᾿Ιωχάβεδ ἑξηκοστῷ ✳ τετάρτῳ ✳ ἔτει ἐτέχθη ἐν Αἰγύπτῳ ἔνδοξος ἦν ἤμην τότε ἐν
TLevi 12 4 καὶ υἱοὶ Μεραρὶ Μοολὶ καὶ ᾿Ομουσί. καὶ ἐνενηκοστῷ ✳ τετάρτῳ ✳ ἔτει μου ἔλαβεν ὁ ᾿Αμβρὰμ τὴν ᾿Ιωχάβεδ θυγατέρα
TLevi 17 5 ὁ δὲ τρίτος ἱερεὺς ἐν λύπῃ παραληφθήσεται. καὶ ὁ ✳ τέταρτος ✳ ἐν ὀδύνῃ ἔσται ὅτι προσθήσει ἐπ᾽ αὐτὸν ἡ ἀδικία
TLevi 18 2B043 ἐξ αἰγῶν τὸ τρίτον τοῦ σάτου καὶ τὸ ἔλαιον καὶ τὸ ✳ τέταρτον ✳ τοῦ σάτου τῷ ταύρῳ ἀναπεποιημένον ἐν τῇ
TLevi 18 2B047 ὁλκῆς τῆς μνᾶς ν΄ σίκλων ἐστὶν καὶ τοῦ σικλίου τὸ ✳ τέταρτον ✳ ὁλκὴ θερμῶν δ΄ ἐστὶν γίνεται ὁ σίκλος ὡσεὶ ιϛ΄
TLevi 18 2B068 ἔσονται ἀρχὴ βασιλέων ἱεράτευμα τῷ ᾿Ισραήλ. ἐν τῷ ✳ τετάρτῳ ✳ καὶ λ΄ ἔτει ἐγεννήθη ἐν τῷ πρώτῳ μηνὶ μιᾷ τοῦ
TJud. 1 3 συναχθέντες ἦλθον πρὸς αὐτὸν καὶ εἶπεν αὐτοῖς ✳ τέταρτος ✳ υἱὸς ἐγενόμην τῷ πατρί μου καὶ ἡ μήτηρ μου
TJud. 1 3 λέγουσα ἀνθομολογοῦμαι τῷ κυρίῳ ὅτι ἔδωκέ μοι καὶ ✳ τέταρτος ✳ υἱόν. ὀξὺς ἤμην καὶ σπουδαῖος ἐν νεότητί μου
TJud. 25 1 ἐσόμεθα Λευι πρῶτος δεύτερος ἐγὼ τρίτος ᾿Ιωσὴφ ✳ τέταρτος ✳ Βενιαμὶν πέμπτος Συμεὼν ἕκτος ᾿Ισαχὰρ καὶ οὕτως
TZab. 1 1 Ζαβουλὼν ὃ διέθετο τοῖς τέκνοις αὐτοῦ ἑκατοστῷ ✳ τετάρτῳ ✳ καὶ δεκάτῳ ἔτει τῆς ζωῆς αὐτοῦ μετὰ δύο ἔτη τοῦ
TNep. 1 2 αὐτοῦ. συνελθόντων τῶν υἱῶν αὐτοῦ ἐν ἑβδόμῳ μηνὶ ✳ τετάρτῃ ✳ τοῦ μηνὸς ὑγιαίνοντος αὐτοῦ ἐποίησε δεῖπνον
TBen. 7 2 δὲ πρῶτον ὁ φθόνος δεύτερον ἀπώλεια τρίτον θλῖψις ✳ τέταρτον ✳ αἰχμαλωσία πέμπτον ἔνδεια ἕκτον ταραχὴ ἕβδομον
Asen. 1 2 πᾶσαν τὴν γῆν Αἰγύπτου. καὶ ἦλθεν ᾿Ιωσὴφ ἐν τῷ ✳ τετάρτῳ ✳ μηνὶ τοῦ πρώτου ἔτους ὀκτωκαιδεκάτου τοῦ μηνὸς
Asen. 3 1 ἐν τῷ πρώτῳ ἔτει τῶν ἑπτὰ ἐτῶν τῆς εὐθηνίας ἐν τῷ ✳ τετάρτῳ ✳ μηνὶ ὀκτωκαιδεκάτῃ τοῦ μηνὸς ἦλθεν ᾿Ιωσὴφ εἰς τὰ
Esdr. 5 13 δευτέρου μὲν ὀγκοῦται τὸ τρίτον μὲν τριχοῦται ἐν τῷ ✳ τετάρτῳ ✳ μὲν ὀνυχοῦται τὸ πέμπτον ὧν ἀπογαλακτοῦται καὶ
Job 53 9 αὐτοῦ σ μ η΄. καὶ ἴδεν υἱοὺς τῶν υἱῶν αὐτοῦ ἕως ✳ τετάρτης ✳ γενεᾶς. γέγραπται δὲ ἀναστῆναι αὐτὸν μεθ᾽ ὧν ὁ
Aris. 48 1 Νεεμίας ᾿Ιώσηφος Θεοδόσιος Βασέας ᾿Ορνίας Δάκις. ✳ τετάρτης ✳ ᾿Ιωνάθας ᾿Αβραῖος ᾿Ελισσαῖος ᾿Ανανίας
Sib. 4 ἐμοῦ στόματος τάδ᾽ ἀληθινὰ πάντα λελέχθω. λόγος ✳ τέταρτος. ✳ κλῦτε λεὼς ᾿Ασίης μεγαλαυχέος Εὐρώπης τε ὅσσα
Sib. 5 155 μεγάλη τε πόλιν λαὸν τε δίκαιον. ἀλλ᾽ ὅταν ἐκ ✳ τετάρτου ✳ ἔτεος λάμψῃ μέγας ἀστὴρ ὃς πᾶσαν γαῖαν καθελεῖ
FJub. 2 8 μέγιστα ἐποίησεν ὁ θεὸς ἐν τῇ τρίτῃ ἡμέρᾳ. τῇ δὲ ✳ τετάρτῃ ✳ τὸν ἥλιον τὴν σελήνην τοὺς ἀστέρας ταῦτα τὰ τρία
FJub. 2 10 ταῦτα τὰ τρία ἔργα ἃ μεγάλα ἐποίησεν ὁ θεὸς ἐν τῇ ✳ τετάρτῃ ✳ ἡμέρᾳ. τῇ δὲ πέμπτῃ τὰ κήτη τὰ μεγάλα τοὺς
FJub. 3 1 τῆς δευτέρας ἑβδομάδος ὠνόμασε τὰ πετεινά. τῇ ✳ τετάρτῃ ✳ ἡμέρᾳ τῆς δευτέρας ἑβδομάδος ὠνόμασε τὰ ἑρπετά.
FJub. 3 9 τῇ τεσσαρακοστῇ ἕκτῃ ἡμέρᾳ τῆς κοσμοποιίας ✳ τετάρτῃ ✳ ἡμέρᾳ τῆς ἑβδόμης ἑβδομάδος Παχὼν
FJub. 3 9 αὐτοῦ. τῇ ὀγδόῃ ἡμέρᾳ τῆς κοσμοποιίας τεσσαρακοστῇ ✳ τετάρτῃ ✳ δὲ τῆς πλάσεως τοῦ ᾿Αδὰμ ἡμέρᾳ κυριακῇ Παχὼν
FJub. 48 5 Γαβριὴλ τὰ περὶ τῆς γενέσεως τοῦ κόσμου. ἐν ρ μ ✳ δ΄ ✳ ἔτει τῆς ἐν Αἰγύπτῳ δουλείας ἤρξαντο Αἰγύπτιοι
HDem. 9 21 3 τῷ δεκάτῳ μηνὶ ἕκτῳ Λευιν τῷ δὲ ἑνδεκάτῳ ἔτει μηνὶ ✳ τετάρτῳ ✳ ᾿Ιούδαν. ῾Ραχήλ τε μὴ τίκτουσαν ζηλῶσαι τὴν
HDem. 1 141 ἐκ Σαμαρείας αἰχμάλωτοι γεγόνασιν ἕως Πτολεμαίου ✳ τετάρτου ✳ ἔτη πεντακόσια ἑβδομήκοντα τρία μῆνας ἐννέα ἀφ᾽

τετραγράμματος
1

Sib. 3 24 ἄφθιτον ἤματα νύκτας αὐτὸς δὴ θεὸς ἔσθ᾽ ὁ πλάσας ✳ τετραγράμματον ✳ ᾿Αδὰμ τὸν πρῶτον πλασθέντα καὶ οὔνομα

τετράγωνος
1

Asen. 2 10 καὶ ἦν τεῖχος κύκλῳ τῆς αὐλῆς ὑψηλὸν σφόδρα λίθοις ✳ τετραγώνοις ✳ μεγάλοις ῳκοδομημένον. καὶ ἦσαν πύλαι τῇ
HHec. 1 22 198 δὲ πηχῶν ἑκατὸν ἔχων διπλᾶς πύλας. ἐν ᾧ βωμός ἐστι ✳ τετράγωνος ✳ οὐκ ἐκ τμητῶν ἀλλ᾽ ἐκ συλλέκτων ἀργῶν λίθων

τετραδάκτυλος
1

Aris. 75 3 ἑτέρων παρ᾽ ἑτέροις τοῖς γένεσι παραλλαγὴν ἐχόντων ✳ τετραδακτύλων ✳ οὐκ ἔλαττον ἀνεπλήρουν τὸ τῆς καλλονῆς

τετράδραχμον
1

Job 44 5 τότε ἕκαστος προσήνεγκέν μοι ἀνὰ ἀμνάδα μίαν καὶ ✳ τετράδραχμον ✳ χρυσίου καὶ ηὐλόγησεν κύριος πάντα ὅσα μοι

τετραέλαστος ✳
1

Bar. 6 2 με ὅπου ὁ ἥλιος ἐκπορεύεται. καὶ ἔδειξέ μοι ἅρμα ✳ τετραέλαστον ✳ ὃ ἦν ὑπόπυρον. καὶ ἐπὶ τοῦ ἅρματος ἄνθρωπος

τετρακισχίλιοι
1

Bar. 6 7 παμμεγέθη ὡς ἅλωνος τόπον ἔχων μέτρον ὡσεὶ μοδίων ✳ τετρακισχιλίων ✳ καὶ ἦσαν γράμματα χρυσᾶ. καὶ εἶπέν μοι ὁ

τετρακόσιοι
9

Jer. 9 14 γίνεται δὲ μετὰ τοὺς καιροὺς τούτους ἄλλα ἔτη ✳ τετρακόσια ✳ ἑβδομηκονταεπτὰ καὶ ἔρχεται εἰς τὴν γῆν. καὶ
Bar. 3 6 ἀφ᾽ οὗ τὸν πύργον (ὡς) ῳκοδόμησαν ἐπὶ πήχεις ✳ τετρακοσίας ✳ ἑξήκοντα τρεῖς. καὶ λαβόντες τρύπανον
Bar. 4 10 ἐπὶ τῆς γῆς καὶ ἀπώλεσε πᾶσαν σάρκα καὶ τὰς ✳ τετρακοσίας ✳ ἐννέα χιλιάδας τῶν γιγάντων καὶ ἀνῆλθεν τὸ
Prop. 21 8 μὲν θεὸν εὐλόγησαν τοὺς δὲ τοῦ Βάαλ ἀνεῖλον ὄντας ✳ τετρακοσίους ✳ πεντήκοντα. τῷ βασιλεῖ ᾿Οζίᾳ ἀποστείλαντι
Aris. 20 9 ταῦτα παρεισήχθησαν εἰς τὴν βασιλείαν. ὑπὲρ τὰ ✳ τετρακόσια ✳ τάλαντα τὴν δόσιν ἀπέφαινον εἶναι. καὶ τοῦ
FJub. 10 21 ἐπὶ μ γ΄ ἔτη ἔμειναν οἰκοδομοῦντες. τὸ ὕψος ῾ε ✳ υ ✳ λ γ΄ πήχεις καὶ δύω παλαισταί. τὸ πλάτος ἐπὶ σ γ΄
FIsa. 1 2 12 ᾿Αχαὰβ βασιλέως τοῦ ᾿Ισραὴλ ἦν διδάσκαλος τῶν ✳ τετρακοσίων ✳ προφητῶν τοῦ Βαὰλ καὶ αὐτὸς⟨⟩ ἐράπισεν καὶ
HEup. 9 34 11 ἑκάστη δίκτυῐ κώδωνας χαλκοῦς ταλαντιαίους ✳ τετρακοσίους ✳ καὶ ποιῆσαι ὅλας τὰς δίκτυας πρὸς τὸ ψοφεῖν
HEup. 9 34 16 καὶ τὸν ναὸν καταχρήσθεν εἶναι τάλαντα μυριάδων ✳ υ ✳ ξ΄. εἰς δὲ τοὺς ἥλους καὶ τὴν ἄλλην κατασκευὴν

τετράοδος
1

Abr.1 1 2 φιλόξενος ὁ δίκαιος. πήξας δὲ τὴν σκηνὴν αὐτοῦ ἐν ✳ τετραόδῳ ✳ τῆς δρυὸς τῆς Μαβρῆς τοὺς πάντας ἐδέχετο

τετράορα
1

LEze. 9 29 14 03 Φαραὼ μυρίων ὅπλων μέτα ἵππου τε πάσης καὶ ἁρμάτων ✳ τετραόρων ✳ καὶ προστάταισι καὶ παραστάταις ὁμοῦ ἦν

τετράπους
11

Abr.1 2 10 ἵππους ὅτι ἀνέχομαι τοῦτο τοῦ μὴ καθῖσαι ἐπὶ ζώου ✳ τετραπόδου ✳ μὴ γὰρ καὶ ὁ ἐμὸς βασιλεὺς οὐκ ἦν πλούσιος ἐν
Abr.1 2 11 ἀλλ᾽ ἐγὼ ἀπέχομαι τοῦτο τοῦ μὴ καθῖσαι ἐπὶ ζώου ✳ τετραπόδου ✳ ποτέ ἀπέλθωμεν δίκαια ψυχὴ πεζεύοντες ἕως τοῦ
Abr.Z 13 10 ἀρχαῖς καὶ ἐξουσίαις θρόνοις τε καὶ πάσῃ τῇ γῇ καὶ ✳ τετράποσιν ✳ καὶ θηρίοις τῆς γῆς καὶ πᾶσιν τοῖς ἐν ὕδασιν
Esdr. 3 11 καὶ εἶπεν ὁ θεὸς πρῶτον ποιήσω σεισμοὺς πᾶσιν ✳ τετραπόδοιν ✳ καὶ ἀνθρώποις καὶ ὅταν ἴδητε ὅτι ἀδελφὸς
Sedr. 7 9 οἶδα ὅτι ἀλόγον ἐστιν κακότεχνον ἡμίονος εἰς τὰ ✳ τετράποδα ✳ ἄλλου οὐκ ἔστιν ἀλλὰ τῆς μετὰ χαλιναρίου
Sedr. 8 3 τὰ κτήματά σου πρῶτον ἠγάπησας τὸν ἄνθρωπον εἰς τὰ ✳ τετράποδα ✳ τὸ πρόβατον εἰς τὰ ξύλα τὴν ἐλαίαν εἰς τοὺς
Sib. 3 692 λίθος ἠδὲ χάλαζα πολλὴ καὶ χαλεπὴ θάνατος ἐπ᾽ ✳ τετράποδ᾽ ✳ ἔσται. καὶ τότε γνώσονται θεὸν ἄμβροτον ὃς
Sib. 4 30 αἵμασιν ἐμψύχων μεμιασμένα καὶ θυσίησιν ✳ τετράποδα ✳ λεύσουσιν δ᾽ ἑνὸς θεοῦ εἰς μέγα κῦδος οὔτε
FJub. 3 28 ἀπὸ τοῦ ξύλου λαβεῖν καὶ φαγεῖν. τὰ θηρία καὶ τὰ ✳ τετράποδα ✳ καὶ τὰ ἑρπετὰ ὁμόφωνα εἶναι πρὸ τῆς παραβάσεως
LEze. 9 29 11 02 χεροῖν σοῖν τοῦτ᾽ ἔχεις; λέξον τάχος. (Μ). ῥάβδον ✳ τετραπόδων ✳ καὶ βροτῶν κολάστειραν. (Θ). ῥῖψον πρὸς οὖδας
LEze. 9 29 12 12 καὶ νεκροὺς θήσει βροτούς. καρποί τ᾽ ὀλοῦνται. ✳ τετραπόδων ✳ ὄλεσις σκότος ἔσται θήσω τρεῖς ἐφ᾽ ἡμέρας

τετράς
3

Sib. 5 40 παῖς κράτος ἐξαφελεῖ μετὰ δ᾽ αὐτὸν κοίρανος ἔσται ✳ τετράδος ✳ ἐκ κεραίης ✝τ✝ ἔφθος μόρος᾽ αὐτὰρ ἔπειτα
LEze. 9 29 13 04 καὶ μόσχους βοῶν ἄμωμα δεκάτῃ καὶ φυλαχθήτω μέχρι ✳ τετράς ✳ ἐπιλάμψει δεκάδι καὶ πρὸς ἑσπέραν θύσαντες ὁπτὰ
LAri. 13 12 13 βιβλίων ἱερῶν εἶναι. Ἡσίοδος μὲν οὕτως πρῶτον ἔνη ✳ τετράς ✳ τε καὶ ἑβδόμη ἱερὸν ἦμαρ καὶ πάλιν λέγει ἑβδομάτη

Τεύχιρα
1

Sib. 5 195 ᾿Εργῶν.+ Συήνην δ᾽ ὀλέσειε μέγας φὼς Αἰθιοπήων ✳ Τεύχιραν ✳ οἰκήσουσι βίη μελανόχροες ᾿Ινδοί. Πεντάπολι

τεῦχος
2

Aris. 179 2 τὰς ἐπιτυχίας. κελεύσας δὲ εἰς τάξιν ἀποδοῦναι τὰ ✳ τεύχη ✳ τὸ τηνικαῦτα ἀσπασάμενος τοὺς ἄνδρας εἶπε δίκαιον
Aris. 310 1 τὸν πάντα νόμον. καθὼς δὲ ἀνεγνώσθη τὰ ✳ τεύχη ✳ στάντες οἱ ἱερεῖς καὶ τῶν ἑρμηνέων οἱ πρεσβύτεροι

τεύχω
22

Aris. 30 6 εἰδότων προσαναφέρεται προνοίας γὰρ βασιλικῆς οὐ ✳ τέτευχε. ✳ δέον δὲ ἐστι καὶ ταῦθ᾽ ὑπάρχειν παρά σοι
Sib. 3 98 ἀπειλαὶ ἅς ποτ᾽ ἐπηπείλησε βροτοῖς ὅτε πύργον ✳ ἔτευξαν ✳ χώρῃ ἐν᾽ ᾿Ασσυρίῃ ὁμόφωνοί δ᾽ ἦσαν ἅπαντες καὶ
Sib. 3 463 δέ τε θείου. καὶ Σάμος ἐν καιρῷ βασιλῆα δώματα ✳ τεύξει. ✳ ᾿Ιταλίη σοὶ δ᾽ οὔτις ῎Αρης ἀλλότριος ἥξει ἀλλ᾽
Sib. 3 539 τε βροτοῖς καὶ λοιμὸς ἐπέσται χάλκειοί τε μέγαν ✳ τεύξει ✳ θεὸς οὐρανόθεν ὑψοῦ ἀβροχίην τ᾽ ἐπὶ γαῖαν ὅλην
Sib. 3 827 κόσμος τοῦ μὲν ἐγὼ νύμφη καὶ ἀφ᾽ αἵματος αὐτοῦ ✳ ἐτύχθην ✳ τῷ τε πρῶτ᾽ ἡμ⟨ῖ⟩ν ἐγένετο ῾ράδια πάντ᾽
Sib. 4 32 οὔτε κλοπαίων κέρδος ἀπεμπολέοντες ἃ δὴ ῥίγιστα ✳ τέτυκται ✳ οὐδ᾽ ἄρ᾽ ἐπ᾽ ἀλλοτρίῃ κοίτῃ πόθον αἰσχρὸν
Sib. 5 67 ἐν νεφέεσσιν. ποῦ σου λῆμα κραταιὸν ἐς ἀνθρώποισι ✳ τέτυκται; ✳ ἀνθ᾽ δ᾽ ἐξαμάχις ἐς ἐμοὺς παῖδας θεοχρίστους
Sib. 5 146 χεῖρας ἔθηκεν εἰς ἀλόχους ἥμαρτε καὶ ἐκ μιαρῶν ✳ τέτυκτο, ✳ ἥξει εἰς Μήδους καὶ Περσῶν μηχανὰ πολλὰ
Sib. 5 412 ἐπιβὰς γῆν+ κοὐκέτι σῆμα τοιοῦτον ἐπ᾽ ἀνθρώποισι ✳ τέτυκτο. ✳ ὥστε δοκεῖν ἑτέροις μεγάλην πόλιν ἐξαλαπάξαι.
FPho. 56 κακῶς πορίζων τεὸν ἦπαρ οὐκέτι μὴ δύναται ✳ τετυμμένον ✳ εἶναι ἄτυκτον. μὴ προπετὴς ἐς χεῖρα χαλίνου
FPho. 63 ἐς ὕβριν ἀέξει. θυμὸς ὑπερχόμενος μανίην ὀλοόφρονα ✳ τεύχει. ✳ ἡ ὀργὴ δ᾽ ἐστὶν ὄρεξις ὑπερβαίνουσα δὲ μῆνις·
FPho. 98 ἐπὶ πῦρ καθίσας μινύθῃς φίλον ἦτορ. μέτρα δὲ ✳ τεύχ᾽ ✳ ἔθ᾽ ἑοῖσι τὸ γὰρ μέτρον ἐστὶν ἄριστον. γαῖαν
FPho. 142 ἀλλότροπον οὔποτ᾽ ἐλέγξεις. βέλτερον ἀντ᾽ ἐχθροῦ ✳ τεύχειν ✳ φίλον εὐμένειαν. ἀρχόμενον τὸ κακὸν ἀτάλοις
FPho. 149 λεῖπε κυσὶν θηρῶν ἄπο θῆρες ἔδονται. φάρμακα μὴ ✳ τεύχειν ✳ μαγικῶν βίβλων ἀπέχεσθαι. νηπιάχοις ἀτάλοις μὴ
ISop. 5 113 2 ταῖς ἀληθείαισιν εἷς ἐστι(ν) θεὸς ὃς οὐρανόν τε ✳ ἔτευξε ✳ καὶ γαῖαν μακρὴν πόντου τε χαροπὸν οἶδμα καὶ

IOrp. 10 τοῦδε φαείνει εἷς ἔστ' αὐτογενὴς ἑνὸς ἔκγονα πάντα * τέτυκται * ἐν δ' αὐτοῖς αὐτὸς περινίσσεται οὐδέ τις αὐτὸν
IHom. 5 107 4 ἱερὸν ἦμαρ. ἑβδόμη ἦν ἱερή. ἑβδομάτη δ' ἠοῖ καὶ οἱ * τετύκοντο * ἅπαντα. ἑπτὰ δὲ πάντα τέτυκτο ἐν οὐρανῷ
IHom. 5 107 4 δ' ἠοῖ καὶ οἱ τετύκοντο ἅπαντα. ἑπτὰ δὲ πάντα * τέτυκτο * ἐν οὐρανῷ ἀστερόεντι ἐν κύκλοισι φανέντα
LThe. 9 22 6 αὐτούς. οὐ γὰρ δὴ θεμιτόν γε τόδ' Ἑβραίοισι * τέτυκται * γαμβροὺς ἄλλοθεν εἷς γε νυούς τ' ἀγέμεν ποτὶ
LThe. 9 22 7 ἀποσυλῆσαι πόσθης ἄπο καὶ ῥ' ἐτέλεσσεν ἀστεμφὲς δὲ * τέτυκται * ἐπεὶ θεὸς αὐτὸς ἔειπε. πορευθέντος οὖν εἰς τὴν
LAri. 13 12 16 δέ φησιν οὕτως ἑβδομάτη δ' ἠοῖ τετελεσμένα πάντα * τέτυκται * καὶ πάλιν ἑβδόμη εἰν ἀγαθοῖς καὶ ἑβδόμη ἐστί
LAri. 13 12 16 πρώτοισι καὶ ἑβδόμη ἐστί τελείη καὶ ἑπτὰ δὲ πάντα * τέτυκται * ἐν οὐρανῷ ἀστερόεντι ἐν κύκλοισι φανέντ'

τέφρα 20

Asen. 10 2 τὴν δέρριν τοῦ καταπετάσματος καὶ ἔπλησεν αὐτὴν * τέφρας * ἐκ τῆς ἑστίας καὶ ἀνήνεγκεν εἰς τὸ ὑπερῷον καὶ
Asen. 10 14 καὶ μετὰ ταῦτα ἔλαβεν Ἀσενὲθ τὴν δέρριν τῆς * τέφρας * καὶ κατέχεεν αὐτὴν ἐπὶ τὸ ἔδαφος. καὶ ἔλαβε τὴν
Asen. 10 14 τοῦ τριχώματος τῆς κεφαλῆς αὐτῆς καὶ κατέπασε * τέφραν * ἐπάνω τῆς κεφαλῆς αὐτῆς. καὶ ἔστρωσε τὴν τέφραν
Asen. 10 15 τέφραν ἐπάνω τῆς κεφαλῆς αὐτῆς. καὶ ἔστρωσε τὴν * τέφραν * εἰς τὸ ἔδαφος καὶ ἐπάτασσε ταῖς δυσὶ χερσὶ τὸ
Asen. 10 15 πυκνῶς καὶ ἔκλαυσε πικρῶς καὶ πέπτωκεν ἐπὶ τὴν * τέφραν * καὶ ἔκλαυσε κλαυθμῷ μεγάλῳ καὶ πικρῷ ὅλην τὴν
Asen. 10 16 ἰδοὺ πηλὸς πολὺς ἐκ τῶν δακρύων αὐτῆς καὶ ἐκ τῆς * τέφρας * εἰς τὸ ἔδαφος. καὶ ἔπεσε πάλιν Ἀσενὲθ ἐπὶ
Asen. 10 16 καὶ ἔπεσε πάλιν Ἀσενὲθ ἐπὶ πρόσωπον ἐπὶ τῆς * τέφρας * ἕως δείλης καὶ μέχρι τοῦ δῦναι τὸν ἥλιον. καὶ
Asen. 11 1 τὴν κεφαλὴν αὐτῆς Ἀσενὲθ ἐκ τοῦ ἐδάφους καὶ τῆς * τέφρας * οὗ ἦν ἐπικειμένη ὅτι ἦν κεκμηκυῖα σφόδρα καὶ
Asen. 11 1B τῆς κεφαλῆς αὐτῆς ἦσαν ἀπλο⟨ύ⟩μεναι ἀπὸ τῆς πολλῆς * τέφρας. * καὶ ἔπλεξεν Ἀσενὲθ τὰς χεῖρας αὐτῆς δάκτυλον
Asen. 11 1B αὐτῆς εἵλκυσεν ἀπὸ τῆς κεφαλῆς αὐτῆς καὶ κατέπασε * τέφραν * ἐπάνω τῆς κεφαλῆς αὐτῆς. καὶ ἔκαμεν Ἀσενὲθ καὶ
Asen. 11 17 καὶ νῦν ἐν τοῖς δάκρυσί μου τούτοις καὶ τῇ * τέφρᾳ * κατεσποδωμένη καὶ τῷ ῥύπῳ τῆς ταπεινώσεώς μου πῶς
Asen. 13 5 μου ἔρριψα ἀπὸ τῆς κεφαλῆς μου καὶ καταπέπασμαι * τέφραν. * ἰδοὺ τὸ ἔδαφος τοῦ θαλάμου μου τὸ κατεστρωμένον
Asen. 13 7 ὄν. ἰδοὺ κύριέ μου ἐκ τῶν δακρύων μου καὶ τῆς * τέφρας * πηλὸς γέγονε πολὺς ἐν τῷ θαλάμῳ μου ὡς ἐν ὁδῷ
Asen. 14 3 καὶ εἶδεν Ἀσενὲθ καὶ ἔπεσεν ἐπὶ πρόσωπον ἐπὶ τὴν * τέφραν. * καὶ ἦλθε πρὸς αὐτὴν ἄνθρωπος ἐκ τοῦ οὐρανοῦ καὶ
Asen. 14 12 ὀσφύος σου καὶ ἀποτίναξον ἀπὸ τῆς κεφαλῆς σου τὴν * τέφραν * ταύτην καὶ νίψαι τὸ πρόσωπόν σου καὶ τὰς χεῖράς
Asen. 14 15 ζώνην ἐπὶ τῷ στῆθι αὐτῆς. καὶ ἀπεσείσατο τὴν * τέφραν * ἐκ τῆς κεφαλῆς αὐτῆς καὶ ἐνίψατο τὰς χεῖρας αὐτῆς
Asen. 15 3 τῆς ἐνδείας σου. ἰδοὺ ἐκ τῶν δακρύων σου καὶ τῆς * τέφρας * ταύτης πηλὸς πολὺς γέγονε πρὸ προσώπου σου.
Sib. 4 133 φλέξῃ πόλιας καὶ ἄνδρας ὀλέσσῃ πολλὴ δ' αἰθαλόεσσα * τέφρη * μέγαν αἰθέρα πλήσῃ καὶ ψεκάδες πίπτωσιν ἀπ'
Sib. 4 179 κόνις δ' ἔσετ' αἰθαλόεσσα. ἀλλ' ὅταν ἤδη πάντα * τέφρη * σποδόεσσα γένηται καὶ πῦρ κοιμήσῃ θεὸς ἄσπετον
LEze. 9 29 12 05 τε πλῆθος καὶ σκνίπας ἐμβαλῶ χθονί. ἔπειτα * τέφραν * οἷς καμιναίαν πάσω ἀναβρυήσει δ' ἐν βροτοῖς ἕλκη

τεφρόω 3

Asen. 27 11 ῥομφαῖαι αὐτῶν ἐκ τῶν χειρῶν αὐτῶν ἐπὶ τὴν γῆν καὶ * ἐτεφρώθησαν. * καὶ εἶδον οἱ υἱοὶ Βάλλας καὶ Ζέλφας τὸ ῥῆμα
Sib. 5 124 ἐπώνυμος ἐξαπολεῖται. Βιθυνοὶ κλαύσουσιν ἐὴν χθόνα * τεφρωθεῖσαν * καὶ Συρίην μεγάλην καὶ Φοινίκην πολύφυλον.
Sib. 5 315 καὶ φῦλον ἀναιδές. εἶθ' ὅτ' ἀναιάξουσι κακὴν χθόνα * τεφρωθεῖσαν * Λέσβος ὑπ' Ἠριδανοῦ αἰώνιον ἐξαπολεῖται.

τεχνάζω 1

FEz. 64 70 9 δύναμαί τι πράττειν μὴ ὁρῶν ποῦ ἀπέρχομαι; ἀλλὰ * τεχνασώμεθα. * τίλας χόρτον τὸν πλησίον καὶ πλέξας

τέχνασμα 1

LEze. 9 28 3 10 οἴκων βασιλικῶν πρὸς ἔργα γὰρ θυμός μ' ἄνωγε καὶ * τέχνασμα * βασιλέως. ὁρῶ δὲ πρῶτον ἄνδρας ἐν χειρῶν νόμῳ

τέχνη 14

TNep. 2 6 καὶ τὸ ἔργον αὐτοῦ καὶ ὡς ὁ νοῦς αὐτοῦ οὕτω καὶ ἡ * τέχνη * αὐτοῦ καὶ ὡς ἡ προαίρεσις αὐτοῦ οὕτω καὶ ἡ πρᾶξις
TNep. 8 7 καὶ γὰρ αἱ ἐντολαὶ τοῦ νόμου διπλαῖ εἰσι καὶ μετὰ * τέχνης * πληροῦνται. καιρὸς γὰρ συνουσίας γυναικὸς αὐτοῦ
Aris. 28 7 καὶ τὴν ἑκάστου κατασκευὴν διὰ τὸ μεγαλομερείᾳ καὶ * τέχνῃ * διαφέρειν ἕκαστον αὐτῶν. τῆς δὲ εἰσδόσεώς ἐστιν
Aris. 56 2 τὰ καλῶς ἔχοντα. τῇ μὲν οὖν ποικιλίᾳ τῶν * τεχνῶν * ἐκέλευσεν ὅτι μάλιστα χρήσασθαι σεμνῶς ἅπαντα
Aris. 70 6 πεποιημένα καὶ προσηγμένα τῆς ἐμπειρίας καὶ * τέχνης * τὰς ὑπεροχὰς ἀπαραλλάκτως ἔχοντα πρὸς τὴν
Aris. 72 5 ἐπετελέσθη θαυμασίως καὶ ἀξιολόγως ἔχοντα καὶ ταῖς * τέχναις * ἀμίμητα καὶ τῇ καλλονῇ διαπρεπῆ. τῶν δὲ κρατήρων
Aris. 74 3 λιθώσεως ποικίλης ἐμφαίνων σὺν ὡραιότητι τὸ τῆς * τέχνης * φιλόπονον. ἐπὶ δὲ τούτου ῥάβδωσις ἐφ' ᾗ διαπλοκὴ
Aris. 82 3 τοῖς μεγέθεσιν οὐκ ἔλαττον πεντακισχιλίων καὶ ταῖς * τέχναις * κρατιστεύοντα πάντα ὥστε πενταπλασίως τοῦ χρυσοῦ
Aris. 82 5 τιμιωτέραν εἶναι τὴν τῶν λίθων δόσιν καὶ τὴν τῶν * τεχνῶν * ἐνέργειαν. ὑπολαμβάνων οὖν καὶ τούτων τὴν
Aris. 156 4 ἥ τε ὀξύτης τοῦ πρὸς ἕκαστόν τι πράσσειν καὶ * τεχνῶν * εὕρεσις ἀπέραντον περιέχει τρόπον. διὸ
Sib. 3 14 ὃν χεὶρ οὐκ ἐποίησε λιθοξόος οὐδ' ἀπὸ χρυσοῦ * τέχνησ' * ἀνθρώπου φαίνει τύπος οὐδ' ἐλέφαντος ἀλλ' αὐτὸς
FPho. 88 ἄμφω μῦθον ἀκούσῃς.⟩ τὴν σοφίην σοφὸς εὐθύνει * τέχνας * δ' ὁμότεχνος. οὐ χωρεῖ μεγάλην διδαχὴν ἀδίδακτος
FPho. 155 πᾶς γὰρ ἀεργὸς ἀνὴρ ζώει κλοπίμων ἀπὸ χειρῶν. * ⟨τέχνη * ⟨γὰρ⟩ τρέφει ἄνδρα ἀεργὸν δ' ἴψατο λιμός.⟩ μὴ δ'
FPho. 158 μισθῶν φαγέοις ἀνυβρίστως. εἰ δέ τις οὐ δεδάηκε * τέχνης * σκάπτοιτο δικέλλῃ. ἔστι βίῳ πᾶν ἔργον ἐπὴν

τεχνίτευμα 1

Aris. 78 4 συνεχῶς ἐφ' ἕκαστον ἐπιβαλλούσης τῆς διανοίας * τεχνίτευμα. * καὶ πάλιν ὅτε πρὸς τὴν τῶν ἀργυρῶν

τεχνίτης 5

Sedr. 5 4 ἠγάπησας τὸν διάβολον διά τί οὐκ ἐφόνευσας τὸν * τεχνίτην * τῆς ἀδικίας; τίς δύναται πολεμεῖν ἀθεώρητον
Aris. 33 7 τι πλῆθος ἐκέλευσε δὲ τοὺς ῥισκοφύλακας τοῖς * τεχνίταις * ὧν ἂν προαιρῶνται τὴν ἐκλογὴν διδόναι καὶ
Aris. 51 6 ποιουμένου καὶ παρ' ἕκαστον ἐπιθεωροῦντος τοὺς * τεχνίτας. * διὸ παριδεῖν οὐδὲν ἠδύναντο οὐδὲ εἰκῇ
Aris. 63 2 τῶν λίθων τῆς ᾠοθεσίας στέφανον ἐποίησαν οἱ * τεχνῖται * πάγκαρπον ἐν ὑπεροχῇ προδήλως ἔχοντα βοτρύων
Aris. 81 2 γὰρ τὸν δημόσιον χρηματισμὸν παρίει τοῖς δὲ * τεχνίταις * παρήδρευεν ἐπιμελῶς ἵνα καθηκόντως τῷ τόπῳ

τεχνουργία 1

Aris. 80 2 ῥισκοφυλακίοις τοιαύτη κατασκευὴ τῇ πολυτελείᾳ καὶ * τεχνουργίᾳ * οὔτ' ἔν τινι ἄλλῳ. πρόνοιαν γὰρ οὐ μικρὰν

τέως 2

TZab. 10 4 κύριος πῦρ αἰώνιον καὶ ἀπολέσει αὐτοὺς ἕως γενεῶν. * τέως * ἐγὼ εἰς τὴν ἀνάπαυσίν μου ἀποτρέχω ὡς οἱ πατέρες
Esdr. 6 21 μὴ παύσωμαι δικαζόμενός σε. καὶ εἶπεν ὁ θεὸς δὸς * τέως * τὴν παρακαταθήκην ὁ στέφανός σοι ἡτοίμασται δεῦρο

Τηθύς 1

Sib. 3 22 τε πλήθουσαν ἄστρα τε λαμπετόωντα κραταιὰν μητέρα * Τηθὺν * πηγὰς καὶ ποταμοὺς πῦρ ἄφθιτον ἤματα νύκτας αὐτὸς

τήκω 6

Hen. 1 6 βουνοὶ ὑψηλοὶ τοῦ διαρυῆναι ὄρη καὶ * τακήσονται * ὡς κηρὸς ἀπὸ προσώπου πυρὸς ἐν φλογί. καὶ
Hen. 90 2 καὶ ταπεινωθήσεται καὶ ἔσται κατακαιόμενον καὶ * τηκόμενον * ὡς κηρὸς ἀπὸ πυρὸς οὕτως κατακαήσεται περὶ
TLevi 4 1 κτίσεως κλονουμένης καὶ τῶν ἀοράτων πνευμάτων * τηκομένων * καὶ τοῦ ᾅδου σκυλευομένου ἐπὶ τῷ πάθει τοῦ
Asen. 28 10 τὰς ῥομφαίας αὐτῶν ἐκ τῶν χειρῶν αὐτῶν καὶ ἰδοὺ * τετήκασιν * ἐπὶ τὴν γῆν ὥσπερ κηρὸς ἀπὸ προσώπου πυρός.
FMan. 2 22 15 αὐτὸν καὶ ἐγένετο περὶ αὐτὸν φλὸξ πυρὸς καὶ * ἐτάκησαν * πάντα τὰ περὶ αὐτὸν σίδηρα καὶ ἰάσατο κύριος
FEsd. 8 23 οὗ τὸ βλέμμα ξηραίνει ἀβύσσους καὶ ἡ ἀπειλὴ * τήκει * ὄρη καὶ ἡ ἀλήθεια μένει εἰς τὸν αἰῶνα.

τηλεφαής 1

LPhi. 9 37 2 στρωφᾶται καὶ ξηρὰ πέδῳ κεκονιμένα κρήνης * τηλεφαῆ * δείκνυσιν ὑπέρτατα θάμβεα λαῶν. αἰπὺ δ' ἄρ'

τηλικοῦτος 3

Abr.2 8 7 ἐπὶ τὸν θρόνον ἀνὰ μέσον τῶν δύο πυλώνων τούτων ἐν * τηλικαύτῃ * δόξῃ καὶ πλῆθος ἀγγέλων κυκλόθεν αὐτῷ
Aris. 312 5 διάνοιαν. καὶ πρὸς τὸν Δημήτριον εἶπε πῶς * τηλικούτων * συντετελεσμένων οὐδεὶς ἐπεβάλετο τῶν
HEup. 9 32 1 παρὰ χρηστοῦ ἀνδρὸς καὶ δεδοκιμασμένου ὑπὸ * τηλικούτου * θεοῦ. περὶ δὲ ὧν γράφεις μοι περὶ τῶν κατὰ

τῆμος 1

Sib. 3 471 τιθήνη. ἀλλ' ὅτ' ἀπ' Ἰταλίης λυμήτης ἵξεται ἀνὴρ * τῆμος * Λαοδίκεια καταπρηνὴς ἐριποῦσα Καρῶν ἀγλαὸν ἄστυ

τηνίκα 2

Sib. 3 117 ὅρκοι γάρ τ' ἐγένοντο πατρὸς μερίδες τε δίκαιαι. * τηνίκα * δὴ πατρὸς τέλεος χρόνος ἵκετο γήρως καὶ ῥ' ἔθανεν
Sib. 3 817 μαινομένην ψεύστειραν ἐπὴν δὲ γένηται ἅπαντα * τηνίκα * μου μνήμην ποιήσετε κοὐκέτι μ' οὐδεὶς μαινομένην

τηνικαῦτα 3

Aris. 179 2 κελεύσας δὲ εἰς τάξιν ἀποδοῦναι τὰ τεύχη τὸ * τηνικαῦτα * ἀσπασάμενος τοὺς ἄνδρας εἶπε δίκαιον ἦν
Aris. 186 3 κραυγῆς καὶ χαρᾶς εὐφροσύνου πλείονα χρόνον καὶ τὸ * τηνικαῦτα * πρὸς τὸ τέρπεσθαι διὰ τῶν ἡτοιμασμένων
Aris. 306 2 καὶ τοῦτο τίνος χάριν ἀπονιζόμενοι τὰς χεῖρας τὸ * τηνικαῦτα * εὔχονται; διεσάφουν δὲ ὅτι μαρτύριόν ἐστι τοῦ

τηρέω 19

Adam 15 3 πάντα δέδωκεν ἐμοί. καὶ ἕκαστος ἡμῶν τὸ ἑαυτοῦ * ἐτήρει. * καὶ ἐλάλησε τῷ ὄφει ὁ διάβολος λέγων ἀνάστα ἐλθὲ
Adam 26 4 σοῦ καὶ ἀνὰ μέσον τοῦ σπέρματος αὐτῶν. αὐτὸς σοῦ * τηρήσει * κεφαλὴν καὶ σὺ ἐκείνου πτέρναν ἕως τῆς ἡμέρας
Hen. 100 5 τοὺς δικαίους καὶ ἁγίους τῶν ἁγίων ἀγγέλων καὶ * τηρηθήσονται * ὡς κόριον ὀφθαλμοῦ ἕως οὗ ἐκλείπῃ τὰ κακὰ
TRub. 5 5 γυνὴ δολιευομένη ἐν τούτοις εἰς κόλασιν τοῦ αἰῶνος * τετήρηται. * οὕτως γὰρ ἔθελξαν τοὺς ἐγρηγόρους πρὸ τοῦ
TZab. 4 3 αὐτόν. καὶ ὁρῶντες κἀμὲ μὴ ἐσθίοντα ἔθεντό με * τηρεῖν * αὐτὸν ἕως οὗ ἐπράθη. ἐποίησε δὲ ἐν τῷ λάκκῳ τρεῖς
TDan 5 1 μου τὰς ἐντολὰς τοῦ κυρίου καὶ τὸν νόμον αὐτοῦ * τηρήσατε * ἀπόστητε δὲ ἀπὸ θυμοῦ καὶ μισήσατε τὸ ψεῦδος
TGad 7 5 αὐτὰ ἐν κακοῖς ἢ μετανοοῦσιν ἀφίησιν ἢ ἀμετανοήτῳ * τηρεῖ * εἰς αἰῶνα τὴν κόλασιν. ὁ γὰρ πένης καὶ ἄφθονος ἐπὶ
TJos. 6 6 μου δι' ἀγγέλου ἀπεκάλυψέ μοι τὴν κακίαν σου καὶ * ἐτήρησα * αὐτὸ εἰς ἔλεγχόν σου εἰ ἄρα ἰδοῦσα αὐτὸ
Sedr. 16 2 ἐπαρέβλεπον τὰ πταίσματα αὐτοῦ ὅτε δὲ πάλιν ἀνὴρ * ἐτήρουν * αὐτοῦ τὴν διάνοιαν ὅταν δὲ πάλιν γηράσῃ καὶ τηρῶ
Sedr. 16 2 αὐτοῦ τὴν διάνοιαν ὅταν δὲ πάλιν γηράσῃ καὶ * τηρῶ * αὐτὸν ὅπως μετανοήσῃ. λέγει Σεδρὰχ κύριε σὺ ταῦτα
Aris. 263 2 (τις) εἰς ὑπερηφανίαν; ἀπεκρίθη δὲ εἰ τὴν ἰσότητα * τηροῖ * καὶ παρ' ἕκαστον ἑαυτὸν ὑπομιμνήσκοι καθὼς
Sib. 3 33 φωτῶν καὶ ναοῖς ἀθέοισι καθεζόμενοι πρὸ θυράων * +τηρεῖτε+ * τὸν ἐόντα θεὸν ὃς πάντα φυλάσσει τερπόμενοι
FMan. 2 22 14 με ταῖς ἀνομίαις μου μηδὲ εἰς τὸν αἰῶνα μηνίσας * τηρήσῃς * τὰ κακά μοι μηδὲ καταδικάσῃς με ἐν τοῖς
FEz. 186 6 εις τριβολους κ>αι ακανθας αντι χ<ορτου και ουκ * ετηρη>σατε * την εμην εν<τολην αλλα πας πυμη>ν εξ υμων

FAch. 104 ἦν γὰρ φίλος αὐτοῦ γνήσιος. μηδενὸς ἱστοροῦντος * ἐτήρει * αὐτὸν ἐν τῇ φυλακῇ ἀνήγγειλεν δὲ τῷ βασιλεῖ ὅτι
FAch. 107 ποιῆσαι ἐὰν ἀληθεύεις ὅτι Αἴσωπος ζῇ. ἐκεῖνον γὰρ * τηρήσας * ἐφύλαξας εἰς ἐμὴν σωτηρίαν. πλὴν ἄμοιρόν σε οὐκ
FPho. 13 ψευδῆ φεύγειν τὰ δίκαια βραβεύειν. παρθεσίην * τηρεῖν * πίστιν δ' ἐν πᾶσι φυλάσσειν. μέτρα νέμειν τὰ
HArt. 9 27 35 ἔμπειρον ὄντα τὸν Μώϋσον τῆς χώρας τὴν ἄμπωτιν * τηρήσαντα * διὰ ξηρᾶς τῆς θαλάσσης τὸ πλῆθος περαιῶσαι.
LEze. 9 29 13 14 θάνατος Ἑβραίων ἄπο. ταύτην δ' ἑορτὴν δεσπότῃ * τηρήσετε * ἐφθ' ἡμέρας ἄζυμα καὶ οὐ βρωθήσεται ζύμη. κακῶν

τηρήμων * 1
SIb. 5 400 διὰ χειρὸς ἀνάγνου οἶκον ἀεὶ θάλλοντα θεοῦ * τηρήμονα * ναὸν ἐξ ἁγίων γεγαῶτα καὶ ἄφθιτον αἰὲν ἐόντα ἐκ

τιάρα 2
Asen. 3 6 πάντων ἦσαν ἐκτετυπωμένα ἐν αὐτοῖς. καὶ ἔθηκε * τιάραν * ἐπὶ τῆς κεφαλῆς αὐτῆς καὶ διάδημα ἔσφιγξε περὶ
Asen. 13 5 καὶ περιεζωσάμην σχοινίον καὶ σάκκον. ἰδοὺ τὴν * τιάραν * μου καὶ τὸ διάδημά μου ἔρριψα ἀπὸ τῆς κεφαλῆς μου

Τίβερις 1
SIb. 5 170 ἐχιδνοχαρὴς χήρη καθεδοῖο παρ' ὄχθας καὶ ποταμὸς * Τίβερίς * σε κλαύσεται ἣν παράκοιτιν ἧτε μιαιφόνον ἦτορ

Τίγρις 4
Adam 29 10 τὴν κτίσιν αὐτοῦ. ἀλλ' ἀνάστα καὶ πορεύου εἰς τὸν * Τίγριν * ποταμὸν καὶ λάβε λίθον καὶ θὲς ὑπὸ τοὺς πόδας σου
Adam 29 12 μὴ εὑρὼν τόπον εἰς τὸν Ἀδὰμ ἐπορεύθη εἰς τὸν * Τίγριν * ποταμὸν πρός με. καὶ λαβὼν σχῆμα ἀγγέλου ἔστη
SIb. 4 64 δ' ὑπὸ δούρασι Μῆδοι πίπτοντες φεύξονται ὑπὲρ μέγα * Τίγριδος * ὕδωρ. Περσῶν δὲ κράτος ἔσται ὅλου κόσμοιο
HEup. 9 39 3 Βαβυλωνίοις ὀψοποιήσειν καὶ σκάψειν τὰς τοῦ * Τίγριδος * καὶ Εὐφράτου διώρυχας αἰχμαλωτισθέντας. τὸν δὲ

τίθημι 78
Adam 8 1 ἡμῖν ὁ θεός. καὶ ἐλθὼν ἐν τῷ παραδείσῳ ὁ δεσπότης * ἔθηκε * τὸν θρόνον αὐτοῦ καὶ ἐκάλησε φωνῇ φοβερᾷ λέγων
Adam 17 3 τί ποιεῖς ἐν τῷ παραδείσῳ; καὶ εἶπον αὐτῷ ὁ θεὸς * ἔθετο * ἡμᾶς ὥστε φυλάσσειν καὶ ἐσθίειν ἐξ αὐτοῦ. ἀπεκρίθη
Adam 19 3 ἐμοῦ τὸν ὅρκον τότε ἦλθε καὶ ἐπέβη ἐπ' αὐτὸν καὶ * ἔθετο * ἐπὶ τὸν καρπὸν ὃν ἔδωκε μοι φαγεῖν τὸν ἰὸν τῆς
Adam 25 4 τοῦτο ἐκ τῶν λόγων σου κρινῶ σε διὰ τὴν ἔχθραν ἣν * ἔθετο * ὁ ἐχθρὸς ἐν σοί. στραφήσει δὲ πάλιν πρὸς τὸν ἄνδρα
Adam 26 4 ἐποίησας αὐτοὺς ἐκβληθῆναι ἐκ τοῦ παραδείσου. καὶ * θήσω * ἔχθραν ἀνὰ μέσον σοῦ καὶ ἀνὰ μέσον τοῦ σπέρματος
Adam 28 4 ἕως εἰς τὸν αἰῶνα. ἔχεις δὲ τὸν πόλεμον ὃν * ἔθετο * ὁ ἐχθρὸς ἐν σοί. ἀλλ' ἐξερχομένου σου ἐκ τοῦ
Adam 29 10 πορεύου εἰς τὸν Τίγριν ποταμὸν καὶ λάβε λίθον καὶ * θὲς * ὑπὸ τοὺς πόδας σου καὶ στῆθι ἐνδεδυμένη ἐν τῷ ὕδατι
Adam 31 3 ἀπ' ἐμοῦ ἀλλ' ἴσα ἀποθνήσκομεν ἀμφότεροι καὶ αὐτὴ * τεθήσει * εἰς τὸν τόπον τὸν ἐμόν. κἂν ἀποθανῶ κατάλειψόν
Adam 40 5 ἔλαβον δὲ οἱ ἄγγελοι ἐν τῷ καιρῷ ἐκείνῳ καὶ * ἔθεντο * αὐτὸν ἐπὶ τὴν πέτραν ἕως οὗ ἐτάφη Ἀδὰμ ὁ πατὴρ
Adam 40 7 εἰς τὸν παράδεισον καὶ ἤγαγον εὐωδίας πολλὰς καὶ * ἔθεντο * αὐτὰς ἐν τῇ γῇ. καὶ μετὰ ταῦτα ἔλαβον τὰ δύο
Adam 42 3 περὶ τῆς κοιμήσεως τοῦ Ἀδάμ. οὐ γὰρ ἐγίνωσκεν ποῦ * ἐτέθη * ἐπειδὴ ἐν τῷ ἐλθεῖν τὸν κύριον ἐπὶ τὸν παράδεισον
Abr.Z 11 9 ἐπίβαρυς γένωμαι. καὶ λέγει ὁ κύριος τῷ Ἐνὼχ * τίθημι * σημεῖον πρός σε ἵνα γράψῃς ἁμαρτίας ψυχῆς ἐπὶ τοῦ
TRub. 7 2 ἀπέθανε Ῥουβὴμ ἐντειλάμενος τοῖς υἱοῖς αὐτοῦ. καὶ * ἔθεντο * αὐτὸν ἐν σορῷ ἕως ὅτε ἀνενέγκαντες αὐτὸν ἐξ
TSIm. 8 2 μετὰ τῶν πατέρων αὐτοῦ ἑκατὸν εἴκοσιν ἐτῶν. καὶ * ἔθηκαν * αὐτὸν ἐν θήκῃ ξύλων ἀσήπτων τοῦ ἀναγαγεῖν τὰ ὀστᾶ
TLevI 19 5 πατέρας αὐτοῦ ζήσας ἑκατὸν τριάκοντα ἑπτὰ ἔτη. καὶ * ἔθηκαν * αὐτὸν ἐν σορῷ καὶ ὕστερον ἔθαψαν αὐτὸν ἐν Χεβρὼν
TZab. 4 3 Γὰδ ἀνέλωσιν αὐτόν. καὶ ὁρῶντες κἀμὲ μὴ ἐσθίοντα * ἔθεντό * με τηρεῖν αὐτὸν ἕως οὗ ἐπράθη. ἐποίησε δὲ ἐν τῷ
TZab. 10 6 ζωῆς ὑμῶν. καὶ ταῦτα εἰπὼν ἐκοιμήθη ὕπνῳ καλῷ καὶ * ἔθηκαν * αὐτὸν οἱ υἱοὶ αὐτοῦ ἐν θήκῃ ὕστερον δὲ
TJos. 20 3 ἐγγὺς Βάλλας παρὰ τὸν ἱππόδρομον πλησίον Ῥαχὴλ * θέτε * αὐτήν. καὶ ταῦτα εἰπὼν ἐκτείνας τοὺς πόδας αὐτοῦ
TBen. 12 2 Βενιαμὶν ἑκατὸν εἰκοσιπέντε ἐτῶν ἐν γήρει καλῷ καὶ * ἔθηκαν * αὐτὸν ἐν παραθήκῃ. καὶ ἐνενηκοστῷ πρώτῳ ἔτει τῆς
Asen. 3 6 καὶ ψέλια εἰς τὰς χεῖρας καὶ τοὺς πόδας αὐτῆς * ἔθετο * καὶ ἀναξυρίδας χρυσᾶς περιέθηκε τοῖς ποσὶν αὐτῆς
Asen. 3 6 εἰδώλων πάντων ἦσαν ἐκτετυπωμένα ἐν αὐτοῖς. καὶ * ἔθηκε * τιάραν ἐπὶ τῆς κεφαλῆς αὐτῆς καὶ διάδημα ἔσφιγξε
Asen. 8 5 ἐξέτεινεν Ἰωσὴφ τὴν χεῖρα αὐτοῦ τὴν δεξιὰν καὶ * ἔθηκε * πρὸς τὸ στῆθος αὐτῆς ἀνάμεσον τῶν δύο μασθῶν αὐτῆς
Asen. 8 9 τὸν θεόν. καὶ ἐπῆρε τὴν χεῖρα αὐτοῦ τὴν δεξιὰν καὶ * ἔθηκεν * ἐπάνω τῆς κεφαλῆς αὐτῆς καὶ εἶπεν κύριε ὁ θεὸς
Asen. 10 10 τὰ ψέλια ἀπὸ τῶν χειρῶν καὶ τῶν ποδῶν αὐτῆς καὶ * ἔθηκε * πάντα εἰς τὸ ἔδαφος. καὶ ἔλαβε τὴν στολὴν αὐτῆς
Asen. 11 1B ἑπτὰ ἡμερῶν. καὶ ἀνέστη ἐπὶ τὰ γόνατα αὐτῆς καὶ * ἔθηκε * τὴν χεῖρα αὐτῆς ἐπὶ τὸ ἔδαφος καὶ ἀνένευσε μικρὸν
Asen. 12 2 τῶν ἀνέμων ὁ θεμελιώσας τὴν γῆν ἐπὶ τῶν ὑδάτων ὁ * θεὶς * λίθους μεγάλους ἐπὶ τῆς ἀβύσσου τοῦ ὕδατος καὶ οἱ
Asen. 15 14 ἐξέτεινεν Ἀσενὲθ τὴν χεῖρα αὐτῆς τὴν δεξιὰν καὶ * τέθηκεν * ἐπὶ τῶν γονάτων αὐτοῦ καὶ εἶπεν δέομαί σου
Asen. 16 17 καὶ ἐξέτεινε τὸ δεύτερον τὴν χεῖρα αὐτοῦ καὶ * ἔθηκε * τὸν δάκτυλον αὐτοῦ ἐπὶ τὸ ἄκρον τοῦ κηρίου τὸ
Asen. 26 6 Ἀσενέθ. καὶ ἔλαβεν ἕκαστος τὴν ῥομφαίαν αὐτοῦ καὶ * ἔθηκεν * ἐπὶ τὸν μηρὸν αὐτοῦ καὶ ἔλαβον τὰς ἀσπίδας αὐτῶν
Asen. 26 6 τὸν μηρὸν αὐτοῦ καὶ ἔλαβον τὰς ἀσπίδας αὐτῶν καὶ * ἔθηκαν * ἐπὶ τοὺς βραχίονας αὐτῶν καὶ (ἔλαβον) τὰ δόρατα
Sal. 9 9 σὺ ᾑρετίσω τὸ σπέρμα Αβρααμ παρὰ πάντα τὰ ἔθνη καὶ * ἔθου * τὸ ὄνομά σου ἐφ' ἡμᾶς κύριε καὶ οὐκ ἀπώσῃ εἰς τὸν
Sal. 17 6 καὶ οὐκ ἐδόξασαν τὸ ὄνομά σου τὸ ἔντιμον. ἐν δόξῃ * ἔθεντο * βασίλειον ἀντὶ ὕψους αὐτῶν ἠρήμωσαν τὸν θρόνον
Jer. 9 32 καὶ Ἀβιμέλεχ ἔθαψαν αὐτὸν καὶ λαβόντες τὸν λίθον * ἔθηκαν * ἐπὶ τὸ μνῆμα αὐτοῦ ἐπιγράψαντες ἐν αὐτῷ οὕτως
Bar. 2 1 δύναται περᾶσαι αὐτὸν οὐδὲ ξένη πνοὴ ἐκ πασῶν ὧν * ἔθετο * ὁ θεός. καὶ λαβών με ἤγαγέν με ἐπὶ τὸν πρῶτον
Prop. 1 1 θνήσκει ὑπὸ Μανασσῆ πρισθεὶς εἰς δύο καὶ * ἐτέθη * ὑποκάτω δρυὸς Ῥωγὴλ ἐχόμενα τῆς διαβάσεως τῶν
Prop. 2 8 ἕως νῦν τιμῶσι παρθένον λοχὸν καὶ βρέφος ἐν φάτνῃ * τιθέντες * προσκυνοῦσι καὶ Πτολεμαίῳ τῷ βασιλεῖ τὴν αἰτίαν
Prop. 2 12 ἀναστήσεται καὶ ἐξελεύσεται ἐκ τῆς πέτρας καὶ * τεθήσεται * ἐν ὄρει Σινᾶ καὶ πάντες οἱ ἅγιοι πρὸς αὐτὸν
Esdr. 2 11 καὶ εἶπεν ὁ θεὸς αἱ χεῖρές μου αἱ ἄχρανται. καὶ * ἐθέμην * αὐτὸν ἐν τῷ παραδείσῳ φυλάττειν τὴν νομὴν τοῦ
Sedr. 4 4 ὁ θεὸς ἐγὼ ἐποίησα τὸν πρωτόπλαστον Ἀδὰμ καὶ * ἔθηκα * αὐτὸν ἐν τῷ παραδείσῳ ἐν μέσῳ τοῦ φυτοῦ τῆς ζωῆς
Sedr. 16 9 τὴν ψυχήν μου δέσποτα. καὶ ἔλαβεν αὐτὸν ὁ θεὸς καὶ * ἔθηκεν * αὐτὸν ἐν τῷ παραδείσῳ μετὰ τῶν ἁγίων ἁπάντων. ᾧ ἡ
Job 20 9 αὐτὸν τόπον λέγων παράμεινον ἐν τῷ αὐτῷ τόπῳ ἐν ᾧ * ἐτέθης * ἄχρις οὗ ἐνταλῶ σοι τοῦ κελεύσαντός σε. καὶ
Aris. 15 7 ταλαιπωρίαις κατευθύνοντός σοι τὴν βασιλείαν τοῦ * τεθεικότος * αὐτοῖς θεοῦ τὸν νόμον καθὼς περιειργασμαι.
Aris. 32 7 ἀξίως καὶ τῶν πραγμάτων καὶ τῆς σῆς προαιρέσεως * θῶμεν * εὐσήμως. εὐτύχει διὰ παντός. τῆς δὲ εἰσδόσεως
Aris. 77 3 πρὸς τὴν τῆς ἀληθείας ἔμφασιν. ὡς γὰρ ἐπετελέσθη * τεθέντων * τῶν κατασκευασμάτων ἑτέρου παρ' ἕτερον λέγω δὲ
Aris. 113 3 καὶ τὴν κατασκευὴν τῆς πόλεως καὶ τῶν κωμῶν * ἔθεντο * κατὰ λόγον. πολὺ δὲ πλῆθος καὶ τῶν ἀρωμάτων καὶ
Aris. 133 1 ταῦτ' οὖν ἐξεργαζόμενος ἀκριβῶς καὶ πρόδηλα * θεὶς * ἔδειξεν ὅτι κἂν ἐννοηθῇ τις κακίαν ἐπιτελεῖν οὐκ ἂν
Aris. 147 1 δὲ ἀδικοῦσι νεκρούς τε καὶ ζῶντας. παράσημον οὖν * ἔθετο * διὰ τούτων ἀκάθαρτα προσονομάσας ὅτι δέον ἐστὶ
Aris. 158 4 δὲ καὶ ἐπὶ τῶν πυλῶν καὶ θυρῶν προστέταχε μὲν ἡμῖν * τιθέναι * τὰ λόγια πρὸς τὸ μνείαν εἶναι θεοῦ καὶ ἐπὶ τῶν
Aris. 180 1 προτεῖναι διὸ πεποίηκα τοῦτο πρῶτον. μεγάλην δὲ * τέθειμαι * τὴν ἡμέραν ταύτην ἐν ᾗ παραγεγόνατε καὶ κατ'
Aris. 284 4 ὅσα παίζεται μετὰ περιστολῆς καὶ πρὸ ὀφθαλμῶν * τιθέναι * τὰ τοῦ βίου μετ' εὐσχημοσύνης καὶ καταστολῆς
SIb. 3 104 ὤρσαν τοὔνεκά τοι Βαβυλῶνα βροτοὶ πόλει οὔνομ' * ἔθεντο. * αὐτὰρ ἐπεὶ πύργος τ' ἔπεσεν γλῶσσαί τ' ἀνθρώπων
SIb. 3 112 οὓς ἐκάλεσσαν ἄνθρωποι γαῖάν τε καὶ οὐρανὸν οὔνομα * θέντες * οὕνεκά τοι πρώτιστοι ἔσαν μερόπων ἀνθρώπων.
SIb. 3 164 πᾶσαν γαῖαν καὶ βασιλεῦσι τά τ' ἐσσόμεν' ἐν φρεσὶ * θεῖναι. * καὶ μοι τοῦτο θεὸς πρῶτον νόῳ ἐγγυάλιξεν ὅσσαι
SIb. 3 299 πᾶσαν γαῖαν καὶ βασιλεῦσι τά τ' ἐσσόμεν' ἐν φρεσὶ * θεῖναι. * καὶ μοι τοῦτο θεὸς πρῶτον νόῳ ἔνθετο λέξαι ὅσσα
SIb. 3 418 σοὶ δὲ μάλιστα γόους μόχθους στοναχάς τε φέρουσα * θήσει * ἀγήρατον δ' ἔσται κλέος ἐσσομένοισιν. καί τις
SIb. 3 448 ἐρασταῖς κάλλεσιν ἠδ' ὄλβῳ δεινὸν ζυγὸν αὐχένι * θήσῃ. * Λύδιος αὖ σεισμὸς δὲ τὰ Περσίδος ἐξεναρίξει
SIb. 3 548 θύεις τ' εἰδώλοις; τίς τοι πλάνον ἐν φρεσὶ * θῆκεν * ταῦτα τελεῖν προλιποῦσα θεοῦ μεγάλοιο πρόσωπον;
SIb. 3 601 θεοῦ ἁγνὸν νόμον +ὃν παρέβησαν+. ἀνθ' ὧν ἀθάνατος * θήσει * πάντεσσι βροτοῖσιν ἄτην καὶ λιμὸν καὶ πήματα τε
SIb. 3 667 πορθεῖν βουλήσονται ἀπηνέα γαῖαν ἵκωνται. * θήσουσιν * κύκλῳ πόλεως μιαροὶ βασιλῆες τὸν θρόνον αὐτοῦ
SIb. 3 700 ἀτέλεστα οὐδ' ἀτελεύτητον ὅ,τι κεν μόνον ἐν φρεσὶ * θείῃ * ἄψευστον γὰρ πνεῦμα θεοῦ πέλεται κατὰ κόσμον. υἱοὶ
SIb. 4 147 ὅν ποτε Ῥώμη αὐτὴ συλήσασα πολυκτέανον κατὰ δῶμα * θήκατο * καὶ δὶς ἔπειτα τοσαῦτα καὶ ἀλλ' ἀποδώσει εἰς
SIb. 5 19 γυναικὸς ἀδουλώτου ἐπὶ κῦμα πεσούσης. καὶ θεσμοὺς * θήσει * λαοῖς καὶ πάνθ' ὑποτάξει ἐν μακρῷ δὲ χρόνῳ ἑτέρῳ
SIb. 5 52 τείρομαι ἡ τριτάλαινα κακὴν φάτιν ἐν φρεσὶ * θέσθαι * +"Ισιδος ἡ γνωστὴ+ καὶ χρησμῶν ἔνθεον ὕμνον.
SIb. 5 145 φῶτες ἄριστοι ὤλεσε γὰρ πολλοὺς καὶ γαστέρι χεῖρας * ἔθηκεν * εἰς ἀλόχους ἥμαρτε καὶ ἐκ μιαρῶν ἐτέτυκτο. ἥξει
SIb. 5 157 γαῖαν καθελεῖ μόνος εἵνεκα τιμῆς +αὐτοὶ πρῶτον * ἔθηκάν * τ' εἰναλίῳ Ποσειδῶνι+ ἥξει δ' οὐρανόθεν ἀστὴρ
SIb. 5 490 ἅπαντες κλαύσονται σε κακῶς θεὸν ἄφθιτον ἐν φρεσὶ * θέντες * γνώσονται τὸ μηδὲν ὅσοι θεὸν ἐξύμνησαν. καὶ
FIsa. 1 5 προφητῶν καὶ Ἰασοὺμ τὸν υἱὸν αὐτοῦ. (ἐκέλευσεν) * τεθῆναι * αὐτῷ δίφρον οὐκ ἐκάθισεν δὲ ἐπὶ τὸν δίφρον ἀλλ'
FMan. 2 22 13 εἰς σωτηρίαν. σὺ οὖν κύριε ὁ θεὸς τῶν δικαίων οὐκ * ἔθου * μετάνοιαν δικαίοις τῷ Ἀβραὰμ καὶ Ἰσαὰκ καὶ Ἰακὼβ
FMan. 2 22 13 Ἰσαὰκ καὶ Ἰακὼβ τοῖς οὐχ ἡμαρτηκόσιν σοι ἀλλ' * ἔθου * μετάνοιαν ἐπ' ἐμοὶ τῷ ἁμαρτωλῷ διότι ἥμαρτον ὑπὲρ
FAch. 109 γυναικί σου κρύπτου καὶ ἀπορρήτων μηδὲν αὐτῇ δῆλον * τίθει * τὸ γὰρ γένος ἀντίπαλον ὂν πρὸς τὴν συμβίωσιν ὅλην
IOrp. 2 ἐπίθεσθε βέβηλοι φεύγοντες δικαίων θεσμοὺς θείοιο * τιθέντος * πάντες ὁμῶς σὺ δ' ἄκουε φαεσφόρου ἔκγονε Μήνης
HDem. 9 21 4 αὐτοῦ ἔτους μηνὸς δωδεκάτου υἱὸν καὶ ὄνομα αὐτῷ * θέσθαι * Ἰσσάχαρ. καὶ πάλιν Λείαν τῷ τρισκαιδεκάτῳ ἔτει
HEup. 9 34 7 λαβόντα τὴν ὑπὸ Μωυσέως ἐν τῇ σκηνῇ τοῦ μαρτυρίου * τεθεῖσαν * στῆσαι δ' ἐξ ἑκατέρου μέρους τοῦ σηκοῦ τὰς μὲν
HEup. 9 34 14 Μωσῆς εἰς Ἱεροσόλυμα ἐνεγκεῖν καὶ ἐν τῷ οἴκῳ * θεῖναι. * καὶ τὴν κιβωτὸν δὲ καὶ τὸν βωμὸν τὸν χρυσοῦν καὶ
LEze. 9 29 12 11 οὐρανὸν χάλαζα νῦν σὺν πυρὶ πεσεῖται καὶ νεκροὺς * θήσει * βροτούς. καρποὶ τ' ὀλοῦνται τετραπόδων τε σώματα
LEze. 9 29 12 13 καρποὶ τ' ὀλοῦνται τετραπόδων τε σώματα σκότος τε * θήσω * τρεῖς ἐφ' ἡμέρας ὅλας ἀκρίδας τε πέμψω καὶ περισσὰ
LEze. 9 29 14 23 δὲ χάρμα πάντας εἶχεν ἐν μέρει. ἐπειθ' ὑπ' αὐτοὺς * θήκαμεν * παρεμβολὴν (Βεελζεφὼν τις κλῄζεται πόλις
FrAn. 574 3040 καὶ ἂν ᾖς ὅτι ὁρκίζω σε κατὰ τῆς σφραγῖδος ἧς * ἔθετο * Σολομὼν ἐπὶ τὴν γλῶσσαν τοῦ Ἱηρεμίου καὶ

τιθήνη 1
SIb. 3 469 ἐναρίξεαι αὐτήν. ἔσσῃ δ' οὐκ ἀγαθῶν μήτηρ θηρῶν δὲ * τιθήνη. * ἀλλ' ὅτ' ἀπ' Ἰταλίης λυμήτης ἵξεται ἀνὴρ τῆμος

τίκτω 74
Adam 25 2 μου ἔσει ἐν καμάτοις καὶ ἐν πόνοις ἀφορήτοις. * τέξει * τέκνα ἐν πολλοῖς τρόποις καὶ ἐν μιᾷ ὥρᾳ ἔλθεις τοῦ
Adam 25 2 τέκνα ἐν πολλοῖς τρόποις καὶ ἐν μιᾷ ὥρᾳ ἔλθεις τοῦ * τεκεῖν * καὶ ἀπολέσεις τὴν ζωήν σου ἐκ τῆς ἀνάγκης σου τῆς
Hen. 7 2 βοτάνας ἐδήλωσαν αὐταῖς. αἱ δὲ ἐν γαστρὶ λαβοῦσαι * ἐτέκοσαν * γίγαντας μεγάλους ἐκ πηχῶν τρισχιλίων οἵτινες
Hen. 7B 1 μιαίνεσθαι ἐν αὐταῖς ἕως τοῦ κατακλυσμοῦ καὶ * ἔτεκον * αὐτοῖς γένη τρία πρῶτον γίγαντας μεγάλους. οἱ δὲ

740 τίκτω

| | | | | | | |
|---|---|---|---|---|---|---|
| Hen. | | 9B | 9 | ποιεῖν. καὶ νῦν ἰδοὺ αἱ θυγατέρες τῶν ἀνθρώπων | * ἔτεκον * | ἐξ αὐτῶν υἱοὺς γίγαντας κίβδηλα ἐπὶ τῆς γῆς τῶν |
| Hen. | | 99 | 5 | ἀπωλείας τῆς ἀδικίας. ἐν αὐτῷ ⟨τῷ καὶ⟩ρῷ ἐκείνῳ αἱ | * τίκτουσαι * | ἐκβαλοῦσιν καὶ ἐκσπάσουσιν καὶ ἐγκαταλείψουσιν |
| Hen. | | 106 | 1 | δὲ χρόνον ἔλαβεν Μαθουσάλεκ τῷ υἱῷ μου γυναῖκα καὶ | * ἔτεκεν * | υἱὸν καὶ ἐκάλεσεν τὸ ὄνομα αὐτοῦ Λάμεχ. |
| Hen. | | 106 | 1 | ὅτε εἰς ἡλικίαν ἐπῆλθεν ἔλαβεν αὐτῷ γυναῖκα καὶ | * ἔτεκεν * | αὐτῷ παιδίον καὶ ὅτε ἐγεννήθη τὸ παιδίον ἦν τὸ |
| Hen. | | 106 | 17A | μετ' αὐτῶν ἁμαρτάνουσιν καὶ ἔγημαν ἐξ αὐτῶν καὶ | * τίκτουσιν * | οὐχ ὁμοίους πνεύμασιν ἀλλὰ σαρκίνους καὶ ἔσται |
| TRub. | | 5 | 7 | ἐπιθυμοῦσαι τῇ διανοίᾳ τὰς φαντασίας αὐτῶν | * ἔτεκον * | γίγαντας. ἐφαίνοντο γὰρ αὐταῖς οἱ ἐγρήγοροι ἕως |
| TLevi | | 2 | 1 | εἶπε πρὸς αὐτοὺς ἐγὼ Λευὶ ἐν Χαρρὰν συνελήφθην καὶ | * ἐτέχθην * | ἐκεῖ καὶ μετὰ ταῦτα ἦλθον σὺν τῷ πατρὶ εἰς |
| TLevi | | 11 | 2 | ἤμην ἐτῶν εἰκοσιοκτὼ ᾗ ὄνομα Μελχά. καὶ συλλαβοῦσα | * ἔτεκε * | καὶ ἐκάλεσε τὸ ὄνομα αὐτοῦ Γηρσὰμ ὅτι ἐν τῇ γῇ |
| TLevi | | 11 | 7 | ὅ ἐστιν ἀρχὴ μεγαλείου καὶ συμβιβασμός. καὶ τρίτον | * ἔτεκέ * | μοι τὸν Μεραρὶ τεσσαρακοστῷ ἔτει ζωῆς μου. καὶ |
| TLevi | | 11 | 8 | ἀπέθανεν. ἡ δὲ Ἰωχάβεδ ἑξηκοστῷ τετάρτῳ ἔτει | * ἐτέχθη * | ἐν Αἰγύπτῳ ἔνδοξος γὰρ ἤμην τότε ἐν μέσῳ τῶν |
| TLevi | | 12 | 1 | μέσῳ τῶν ἀδελφῶν μου. καὶ ἔλαβε Γηρσὰμ γυναῖκα καὶ | * ἔτεκεν * | αὐτῷ τὸν Λομνὶ καὶ τὸν Σεμεΐ. καὶ υἱοὶ Καὰθ |
| TLevi | | 18 | 2B063 | ἀδελφοῦ μητρός μου. καὶ ἐν γαστρὶ λαβοῦσα ἐξ ἐμοῦ | * ἔτεκεν * | υἱὸν πρῶτον καὶ ἐκάλεσα τὸ ὄνομα αὐτοῦ Γηρσὰμ |
| TLevi | | 18 | 2B066 | ἐγεννήθη ἐπὶ δυσμὰς ἡλίου. καὶ πάλιν συλλαβοῦσα | * ἔτεκεν * | ἐξ ἐμοῦ κατὰ τὸν καιρὸν τὸν καθήκοντα τῶν |
| TLevi | | 18 | 2B069 | πάλιν συνεγενόμην αὐτῇ καὶ ἐν γαστρὶ ἔλαβεν καὶ | * ἔτεκέν * | μοι υἱὸν τρίτον καὶ ἐκάλεσα τὸ ὄνομα αὐτοῦ Μεραρὶ |
| TJud. | | 8 | 3 | μοι τὴν θυγατέρα αὐτοῦ Βησσουὲ εἰς γυναῖκα. αὐτὴ | * ἔτεκέ * | μοι τὸν Ἢρ καὶ Αὐνὰν καὶ Σηλὼμ ὧν τοὺς δύο |
| TIss. | | 1 | 2 | ὑμῶν ἐνωτίσασθε ῥήματα ἠγαπημένοι ὑπὸ κυρίου. ἐγὼ | * ἐτέχθην * | πέμπτος υἱὸς τῷ Ἰακὼβ ἐν μισθῷ τῶν μανδραγόρων. |
| TIss. | | 1 | 15 | νυκτί. καὶ ἔγνω Ἰακὼβ τὴν Λείαν καὶ συλλαβοῦσά με | * ἔτεκε * | καὶ διὰ ὸν μισθὸν ἐκλήθην Ἰσαχάρ. τότε ὤφθη τῷ |
| TIss. | | 2 | 1 | Ἰακὼβ ἄγγελος κυρίου λέγων ὅτι δύο τέκνα Ῥαχὴλ | * τέξεται * | ὅτι διέπτυσε συνουσίαν ἀνδρὸς καὶ ἐξελέξατο |
| TIss. | | 2 | 2 | ἀντὶ συνουσίας ἀπέδω τὰ δύο μῆλα ὀκτὼ υἱοὺς εἶχε | * τεκεῖν * | διὰ τοῦτο ἓξ ἔτεκε τοὺς δὲ δύο Ῥαχὴλ ὅτι ἐν τοῖς |
| TIss. | | 2 | 2 | τὰ δύο μῆλα ὀκτὼ υἱοὺς εἶχε τεκεῖν διὰ τοῦτο ἓξ | * ἔτεκε * | τοὺς δὲ δύο Ῥαχὴλ ὅτι ἐν τοῖς μανδραγόροις |
| TNep. | | 1 | 6 | τὴν Βάλλαν τῷ Ἰακὼβ καὶ ἐπὶ τῶν μηρῶν Ῥαχὴλ | * ἔτεκέ * | με διὰ τοῦτο ἐκλήθην Νεφθαλίμ. καὶ ἠγάπησέ με |
| TNep. | | 1 | 9 | Δεβόρρας τῆς τροφοῦ Ῥεβέκκας ἥτις ἐν μιᾷ ἡμέρᾳ | * ἐτέχθη * | ἐν ᾗ καὶ ἡ Ῥαχὴλ ὁ δὲ Ῥώθεος ἐκ τοῦ γένους ἦν |
| TNep. | | 1 | 11 | αὐτῷ Αιναν τὴν παιδίσκην αὐτοῦ εἰς γυναῖκα ἥτις | * ἔτεκε * | θυγατέρα καὶ ἐκάλεσεν τὸ ὄνομα αὐτῆς Ζέλφαν ἐπ' |
| TNep. | | 1 | 12 | Ζέλφαν ἐπ' ὀνόματι τῆς κώμης ἐν ᾗ ᾐχμαλωτεύθη ἐξῆς | * ἔτεκε * | τὴν Βάλλαν λέγουσα καινόσπουδός μου ἡ θυγάτηρ |
| TNep. | | 1 | 12 | λέγουσα καινόσπουδός μου ἡ θυγάτηρ εὐθὺς γὰρ | * τεχθεῖσα * | ἔσπευδε θηλάζειν. καὶ ἐπειδὴ κοῦφος ἤμην τοῖς |
| TJos. | | 3 | 7 | ἔχειν με ὡς υἱὸν καὶ ηὐξάμην πρὸς κύριον καὶ | * ἔτεκεν * | ἄρρεν. ἕως οὖν χρόνου ὡς υἱόν με περιεπτύσσετο |
| TBen. | | 1 | 2 | καὶ φιλήσας αὐτοὺς εἶπεν ὡς Ἰσαὰκ ἑκατοστῷ ἔτει | * ἐτέχθη * | τῷ Ἀβραὰμ οὕτως κἀγὼ τῷ Ἰακώβ. ἐπειδὴ οὖν |
| TBen. | | 1 | 4 | τὴν παιδίσκην αὐτῆς ἐθήλασα. ἡ γὰρ Ῥαχὴλ μετὰ τὸ | * τεκεῖν * | τὸν Ἰωσὴφ δώδεκα ἔτη ἐστείρευσεν καὶ προσηύξατο |
| TBen. | | 1 | 4 | κυρίῳ μετὰ νηστείας δώδεκα ἡμέρας καὶ συλλαβοῦσα | * ἔτεκέ * | με. σφόδρα γὰρ ὁ πατὴρ ἡμῶν ἠγάπα τὴν Ῥαχὴλ καὶ |
| Asen. | | 2 | 6 | τῇ Ἀσενὲθ καὶ ἦσαν πᾶσαι ὁμήλικαι ἐν μιᾷ νυκτὶ | * τεχθεῖσαι * | σὺν τῇ Ἀσενὲθ καὶ ἠγάπα αὐτὰς πάνυ. καὶ ἦσαν |
| Asen. | | 6 | 4 | γεννήσει τοιοῦτον κάλλος καὶ ποία κοιλία γυναικὸς | * τέξεται * | τοιοῦτον φῶς; ταλαίπωρος ἐγὼ καὶ ἄφρων ὅτι |
| Asen. | | 13 | 14 | καὶ οὐκ ᾔδειν ὅτι υἱὸς σοῦ ἐστιν. τίς γὰρ ἀνθρώπων | * τέξεται * | τοιοῦτον κάλλος καὶ τοσαύτην σοφίαν καὶ ἀρετὴν |
| Asen. | | 17 | 4 | ὑπηρετοῦσαί μοι συντεθραμμέναι μοι ἐκ νεότητός μου | * τεχθεῖσαι * | σὺν ἐμοὶ ἐν μιᾷ νυκτὶ κἀγὼ ἀγαπῶ αὐτὰς ὡς |
| Asen. | | 21 | 9 | Ἀσενὲθ καὶ συνέλαβεν Ἀσενὲθ ἐκ τοῦ Ἰωσὴφ καὶ | * ἔτεκε * | τὸν Μανασσῆ καὶ τὸν Ἐφραὶμ τὸν ἀδελφὸν αὐτοῦ ἐν |
| Bar. | | 3 | 5 | ἐν οἷς μία γυνὴ πλινθεύουσα ἐν τῇ ὥρᾳ τοῦ | * τεκεῖν * | αὐτὴν οὐ συνεχωρήθη ἀπολυθῆναι ἀλλὰ πλινθεύουσα |
| Bar. | | 3 | 5 | αὐτὴν οὐ συνεχωρήθη ἀπολυθῆναι ἀλλὰ πλινθεύουσα | * ἔτεκεν * | καὶ τὸ τέκνον αὐτῆς ἐν τῷ λεντίῳ ἐβάσταζεν καὶ |
| Bar. | | 6 | 8 | ταῦτα. καὶ ἀνέγνων. καὶ ἔλεγον οὕτως οὔτε γῆ με | * τίκτει * | οὔτε οὐρανὸς ἀλλὰ τίκτουσί με πτέρυγες πυρός. καὶ |
| Bar. | | 6 | 8 | ἔλεγον οὕτως οὔτε γῆ με τίκτει οὔτε οὐρανὸς ἀλλὰ | * τίκτουσί * | με πτέρυγες πυρός. καὶ εἶπον κύριε τί ἐστι τὸ |
| Prop. | | 16 | 1 | Βαβυλῶνος.⟩ Μαλαχίας. οὗτος μετὰ τὴν ἐπιστροφὴν | * τίκτεται * | ἐν Σωφᾶ καὶ ἔτι πάνυ νέος καλὸν βίον ἔσχηκε. |
| Prop. | | 21 | 2 | ὅτι ἡ Θέσβις δόμα ἦν τοῖς ἱερεῦσιν. ὅτε εἶχε | * τεχθῆναι * | εἶδε Σοβαχὰ ὁ πατὴρ αὐτοῦ ὅτι ἄνδρες |
| Prop. | | 22 | 2 | τοῦ Ῥουβὴν καὶ ἐπὶ τούτου γέγονε τέρας ὅτι ἡνίκα | * ἐτέχθη * | ἐν Γαλγάλοις ἡ δάμαλις ἡ χρυσῆ ὀξὺν ἐβόησεν ὥστε |
| Prop. | | 22 | 3 | καὶ εἶπεν ὁ ἱερεὺς διὰ τῶν δήλων ὅτι προφήτης | * ἐτέχθη * | Ἰσραὴλ ὃς καθελεῖ τὰ γλυπτὰ αὐτῶν καὶ τὰ χωνευτὰ |
| Prop. | | 22 | 11 | δὲ σχεῖν εὐξάμενος πεποίηκε συλλαβεῖν καὶ | * τεκεῖν * | εἶτα ἀποθανόντα τὸν παῖδα εὐξάμενος πάλιν ἤγειρεν |
| Aris. | | 152 | 5 | οὐ μόνον γὰρ πρὸς ἄρσενας προσάγουσιν ἀλλὰ καὶ | * τεκούσας * | ἔτι δὲ καὶ θυγατέρας μολύνουσιν. ἡμεῖς δὲ ἀπὸ |
| Sib. | | 3 | 132 | τε Κρόνῳ καὶ μοῖρα πέληται. ὁππότε κεν δὲ Ῥέη | * τίκτῃ * | παρὰ τήνδ' ἐκάθηντο Τιτῆνες καὶ τέκνα διέσπων |
| Sib. | | 3 | 135 | παρὰ μητρὶ τρέφεσθαι. ἀλλ' ὅτε τὴν τριτάτην γενεὴν | * τέκε * | πότνια Ῥείη τίχθ' Ἥρην πρώτην καὶ ἐπεὶ ἴδον |
| Sib. | | 3 | 136 | ἀλλ' ὅτε τὴν τριτάτην γενεὴν τέκε πότνια Ῥείη | * τίχθ' * | Ἥρην πρώτην καὶ ἐπεὶ ἴδον ὀφθαλμοῖσιν θῆλυ γένος |
| Sib. | | 3 | 138 | πρὸς αὐτοὺς ἄγριοι ἄνδρες Τιτῆνες. καὶ ἔπειτα Ῥέη | * τέκεν * | ἄρσενα παῖδα τὸν ταχέως διέπεμψε λάθρῃ ἰδίῃ τε |
| Sib. | | 3 | 143 | Ποσειδάωνα λαθραίως. τὸ τρίτον αὖ Πλούτωνα Ῥέη | * τέκε * | δῖα γυναικῶν Δωδώνην παριοῦσα ὅθεν ῥέεν ὑγρὰ |
| Sib. | | 3 | 235 | τ' ἀρετήν τε κοὐ φιλοχρημοσύνην ἥτις κακὰ μυρία | * τίκτει * | θνητοῖς ἀνθρώποις πόλεμον καὶ λιμὸν ἄπειρον. |
| Sib. | | 3 | 381 | καὶ πᾶν κακὸν ἤμασι κείνοις. ἀλλὰ Μακηδονίη βαρὺ | * τέξεται * | Ἀσίδι πῆμα Εὐρώπῃ δὲ μέγιστον ἀνασταχυώσεται |
| Sib. | | 4 | 17 | κτίσματα πρὸς ζωὴν ὄμβροι θ' ἅμα καρπὸν ἀρούρης | * τίκτοντες * | καὶ δένδρα καὶ ἄμπελον ἠδέ τ' ἐλαίην. οὗτος |
| Sib. | | 5 | 140 | βασιλεὺς μέγας ἰσόθεος φὼς ὅν φάσ' αὐτὸς ὁ Ζεὺς | * ἔτεκεν * | καὶ πότνια Ἥρη ὅστις παμμούσῳ φθόγγῳ μελιηδέας |
| FEz. | 30 | 30 | 3 | τυφλὸς τῷ χωλῷ οὐκ αὐτὸς ὀφθαλμοί μου γέγονας; καὶ | * τέξεται * | ἡ δάμαλις καὶ ἐροῦσιν οὐ τέτοκεν. μετανοήσατε |
| FEz. | 30 | 30 | 3 | μου γέγονας; καὶ τέξεται ἡ δάμαλις καὶ ἐροῦσιν οὐ | * τέτοκεν. * | μετανοήσατε οἶκος Ἰσραὴλ ἀπὸ τῆς ἀνομίας ὑμῶν. |
| FPho. | | | 176 | ἄγαμος μή πως νώνυμνος ὄληαι δός τι φύσει καὐτὸς | * τέκε * | δ' ἔμπαλιν ὡς ἐλοχεύθης. μὴ προαγωγεύσῃς ἄλοχον |
| FPho. | | | 178 | μὴ προαγωγεύσῃς ἄλοχον σέο τέκνα μιαίνων οὐ γὰρ | * τίκτει * | παῖδας ὁμοίους μοιχικὰ λέκτρα. μητρυιῆς μὴ ψαῦε |
| FPho. | | | 185 | γυνὴ φθείρῃ βρέφος ἔμβρυον ἔνδοθι γαστρὸς μηδὲ | * τεκοῦσα * | κυσὶν ῥίψῃ καὶ γυψὶν ἕλωρα. μηδ' ἐπὶ σῇ ἀλόχῳ |
| HDem. | 9 | 21 | 3 | ἐνδεκάτῳ ἔτει μηνὶ τετάρτῳ Ἰούδαν. Ῥαχὴλ τε μὴ | * τίκτουσαν * | ζηλῶσαι τὴν ἀδελφὴν καὶ παρακοιμίσαι τῷ Ἰακὼβ |
| HDem. | 9 | 21 | 3 | τὸν Νεφθαλεὶμ τῷ ἐνδεκάτῳ ἔτει μηνὶ πέμπτῳ καὶ | * τεκεῖν * | τῷ δωδεκάτῳ ἔτει μηνὶ δευτέρῳ υἱὸν ὃν ὑπὸ Λείας |
| HDem. | 9 | 21 | 3 | αὐτῆς τοῦ αὐτοῦ ἔτους καὶ μηνὸς δωδεκάτου ἕτερον | * τεκεῖν * | ὃν καὶ αὐτὸν προσαγορευθῆναι ὑπὸ Λείας Ἀσήρ. καὶ |
| HDem. | 9 | 21 | 4 | τῷ αὐτῷ χρόνῳ τῷ δωδεκάτῳ ἔτει μηνὶ τρίτῳ καὶ | * τεκεῖν * | τοῦ αὐτοῦ ἔτους μηνὸς δωδεκάτου υἱὸν καὶ ὄνομα |
| HDem. | 9 | 21 | 5 | Λείαν τῷ τρισκαιδεκάτῳ ἔτει μηνὶ δεκάτῳ υἱὸν ἄλλον | * τεκεῖν * | ᾧ ὄνομα Ζαβουλὼν καὶ τὴν αὐτὴν τῷ |
| HDem. | 9 | 21 | 5 | καὶ τὴν αὐτὴν τῷ τεσσαρεσκαιδεκάτῳ ἔτει μηνὶ ὀγδόῳ | * τεκεῖν * | υἱὸν ὄνομα Δάν. ἐν ᾧ καὶ Ῥαχὴλ λαβεῖν ἐν γαστρὶ |
| HDem. | 9 | 21 | 5 | Ῥαχὴλ λαβεῖν ἐν γαστρὶ τῷ αὐτῷ χρόνῳ ᾧ καὶ Λείαν | * τεκεῖν * | θυγατέρα Δείναν καὶ τεκεῖν τῷ τεσσαρεσκαιδεκάτῳ |
| HDem. | 9 | 21 | 5 | αὐτῷ χρόνῳ ᾧ καὶ Λείαν τεκεῖν θυγατέρα Δείναν καὶ | * τεκεῖν * | τῷ τεσσαρεσκαιδεκάτῳ ἔτει μηνὶ ὀγδόῳ υἱὸν ὃν |
| HDem. | 9 | 21 | 10 | γεννῆσαι αὐτὸν ἐκεῖ Βενιαμὶν καὶ τελευτῆσαι Ῥαχὴλ | * τεκοῦσαν * | τὸν Βενιαμὶν συμβιῶσαι δ' αὐτῇ τὸν Ἰακὼβ ἔτη |
| LEze. | 9 | 28 | 2 14 | ῥίπτειν ποταμὸν ἐς βαθύρροον. ἐνταῦθα μήτηρ ἡ | * τεκοῦσ' * | ἔκρυπτέ με τρεῖς μῆνας ὡς ἔφασκεν. οὐ λαθοῦσα δὲ |
| LEze. | 9 | 29 | 12 42 | λατρεύσετε τὰ πρωτότευκτα ζῷα θύοντες θεῷ ὅσ' ἂν | * τέκωσι * | παρθένοι πρώτως τέκνα τἀρσενικὰ διανοίγοντα |
| LEze. | 64 | 29 | 6 02 | ὦ πᾶσιν ἀρχὴ καὶ πέρας κακῶν ὄφις σύ τ' ὦ βαρὺν | * τίκτουσα * | θησαυρὸν κακῶν πλάνη τυφλοῦ ποδηγὲ ἀγνοίας βίου |
| τίλλω | | | 4 | | | |
| Sal. | | 13 | 3 | ἐπεδράμοσαν αὐτοῖς πονηρὰ ἐν τοῖς ὁδοῦσιν αὐτῶν | * ἔτιλλοσαν * | σάρκας αὐτῶν καὶ ἐν ταῖς μύλαις ἔθλων ὀστᾶ |
| FIsa. | 1 | 2 | 11 | τοῦ Ἰσραήλ. καὶ οὗτοι οὐκ ἤσθιον εἰ μὴ βοτάνας | * τίλλον⟨τε⟩ς * | ἐκ τῶν ὀρέων καὶ----- ⟨---⟩αν μετὰ Ἠσα⟨ίο⟩υ |
| FEz. | 64 | 70 | 10 | πράττειν μὴ ὁρῶν ποῦ ἀπέρχομαι; ἀλλὰ τεχνασώμεθα. | * τίλας * | χόρτον τὸν πλησίον καὶ πλέξας σχοινίον ἠκόντισε τῷ |
| FAch. | | 111 | | τέσσαρας ἀετούς. συλληφθέντων δὲ τῶν ἀετῶν | * ἔτιλεν * | τὰ ἔσχατα πτερὰ ἐν οἷς δοκοῦσιν ἵπτασθαι. οὕτως |
| τιμάω | | | 31 | | | |
| TLevi | | 13 | 3 | τὸν νόμον τοῦ θεοῦ ὅτι πᾶς ὃς γνώσεται νόμον θεοῦ | * τιμηθήσεται * | καὶ οὐκ ἔσται ξένος ὅπου ὑπάγει. καίγε |
| TGad | | 6 | 6 | μετανοεῖ τοῦ μηκέτι πλημμελῆσαι εἰς σε ἀλλὰ καὶ | * τιμήσει * | σε καὶ φοβηθήσεται καὶ εἰρηνεύσει. ἐὰν δὲ |
| TGad | | 8 | 1 | εἴπατε δὲ καὶ ὑμεῖς ταῦτα τοῖς τέκνοις ὑμῶν ὅπως | * τιμήσωσιν * | Ἰουδὰν καὶ τὸν Λευὶ ὅτι ἐξ αὐτῶν ἀνατελεῖ |
| TJos. | | 10 | 6 | τὰ πάντα παρελεύσεται+ καὶ ἐμέτρουν ἐμαυτὸν καὶ | * ἐτίμων * | τοὺς ἀδελφούς μου καὶ διὰ τὸν φόβον αὐτῶν ἐσιώπων |
| TJos. | | 11 | 1 | πράξει ὑμῶν πρὸ ὀφθαλμῶν τὸν τοῦ θεοῦ φόβον καὶ | * τιμᾶτε * | τοὺς ἀδελφοὺς ὑμῶν πᾶς γὰρ ὁ ποιῶν νόμον κυρίου |
| TJos. | | 19 | 6 | οὖν τέκνα μου φυλάξατε τὰς ἐντολὰς κυρίου καὶ | * τιμᾶτε * | τὸν Ἰούδαν καὶ τὸν Λευὶ ὅτι ἐξ αὐτῶν ἀνατελεῖ |
| Prop. | | 2 | 8 | ἐκ παρθένου γενομένου ἐν φάτνῃ). δι' ὃ καὶ ἕως νῦν | * τιμῶσι * | παρθένον λοχὸν καὶ βρέφος ἐν φάτνῃ τιθέντες |
| Prop. | | 16 | 2 | πάνυ νέος καλὸν βίον ἔσχηκε. καὶ ἐπειδὴ πᾶς ὁ λαὸς | * ἐτίμα * | αὐτὸν ὡς ὅσιον καὶ πρᾶον ἐκάλεσεν αὐτὸν Μαλαχὶ ὅ |
| Aris. | | 8 | 2 | ἡμῖν. χρυσοῦ γὰρ χάρις ἢ κατασκευή τις ἄλλη τῶν | * τετιμημένων * | παρὰ τοῖς κενοδόξοις ὠφέλειαν οὐκ ἔχει τὴν |
| Aris. | | 19 | 8 | τῷ μεγίστῳ θεῷ τὴν τούτων ἀπόλυσιν. μεγίστως γὰρ | * τετιμημένος * | ὑπὸ τοῦ κρατοῦντος τὰ πάντα καὶ δεδοξασμένος |
| Aris. | | 40 | 3 | Ἀνδρέαν τῶν ἀρχισωματοφυλάκων καὶ Ἀριστέαν | * τιμωμένους * | παρ' ἡμῖν διαλεξομένους σοι καὶ κομίζοντας |
| Aris. | | 43 | 2 | ἀργυρίου τάλαντα ἑκατὸν ἅπερ ἐκόμισεν Ἀνδρέας τῶν | * τετιμημένων * | παρά σοι καὶ Ἀριστέας ἄνδρες καλοὶ καὶ |
| Aris. | | 183 | 7 | μετὰ τὴν ἑαυτοῦ κλισίαν οὐδὲν ἐλλιπὼν εἰς τὸ | * τιμᾶν * | τοὺς ἄνδρας. ὡς δὲ κατεκλίθησαν ἐκέλευσε τῷ |
| Aris. | | 186 | 6 | ἐν οἷς καὶ βασιλικοὶ παῖδες ἦσαν καὶ τῶν | * τιμωμένων * | ὑπὸ τοῦ βασιλέως. ὅτε δὲ καιρὸν ἔλαβεν ἐκ |
| Aris. | | 234 | 3 | δέκατον ἠρώτα τί μέγιστόν ἐστι δόξης; ὁ δὲ εἶπε τὸ | * τιμᾶν * | τὸν θεὸν τοῦτο δ' ἐστὶν οὐ δώροις οὐδὲ θυσίαις |
| Aris. | | 244 | 4 | ἀφαιρεῖται τὰς εὐημερίας ἑτέρους δὲ δοξάζων εἰς τὸ | * τιμᾶσθαι * | προάγει. καλῶς δὲ καὶ τοῦτον ἀποδεξάμενος τὸν |
| Aris. | | 285 | 4 | τῶν ἐνεργειῶν φιλοσοφεῖς διὰ καλοκἀγαθίαν ὑπὸ θεοῦ | * τιμώμενος. * | εὐαρεστήσας δὲ τοῖς προειρημένοις πρὸς τὸν |
| Sib. | | 3 | 279 | γενετῆρα θεῶν πάντων τ' ἀνθρώπων οὐκ ἔθελες | * τιμᾶν * | θνητῶν εἴδωλα δ' ἐτίμας. ἀνθ' ὧν ἑπτὰ χρόνων |
| Sib. | | 3 | 279 | τ' ἀνθρώπων οὐκ ἔθελες τιμᾶν θνητῶν εἴδωλα δ' | * ἐτίμας. * | ἀνθ' ὧν ἑπτὰ χρόνων δεκάδας γῆ καρποδότειρα |
| Sib. | | 3 | 590 | καμόντων πήλινα μιλτόχριστα ζῳογραφίας τυποειδεῖς | * τιμῶσιν * | ὅσα πέρ τε βροτοὶ κενεόφρονι βουλῇ ἀλλὰ γὰρ |
| Sib. | | 3 | 593 | ὄρθριοι ἐξ εὐνῆς αἰεὶ χρόα ἁγνίζοντες ὕδατι καὶ | * τιμῶσι * | μόνον τὸν ἀεὶ μεδέοντα ἀθάνατον καὶ ἔπειτα γονεῖς |
| Sib. | | 3 | 605 | ἀθάνατον γενέτην πάντων ἀνθρώπων οὐκ ἔθελον | * τιμᾶν * | ὁσίως εἴδωλα δ' ἐτίμων χειροποίητα σέβοντες ἃ |
| Sib. | | 3 | 605 | πάντων ἀνθρώπων οὐκ ἔθελον τιμᾶν ὁσίως εἴδωλα δ' | * ἐτίμων * | χειροποίητα σέβοντες ἃ ῥίψουσιν βροτοὶ αὐτοὶ ἐν |
| Sib. | | 3 | 630 | ἐστὶ θεὸς κοὐκ ἔστιν ἔτ' ἄλλος. τὴν δὲ δικαιοσύνην | * τίμα * | καὶ μηδένα θλῖβε. ταῦτα γὰρ ἀθάνατος κέλεται |
| FAch. | | 109 | | καὶ πρῶτον μὲν θεὸν σέβου ὡς δεῖ. βασιλέα | * τίμα * | τὸ γὰρ κράτος ἰσότιμόν ἐστι. τὸν καθηγητήν σου τίμα |
| FAch. | | 109 | | τὸ γὰρ κράτος ἰσότιμόν ἐστι. τὸν καθηγητήν σου | * τίμα * | ἴσα γονεῦσι τούτους γὰρ εὖ ποιεῖν χρὴ διὰ τὴν φύσιν |
| FAch. | | 109 | | κύριον μόνον ἐντρέπωνταί σε ἀλλὰ καὶ ὡς εὐεργέτην | * τιμῶσιν. * | θυμοῦ κράτει. ἐάν τι παρηκμακὼς μανθάνῃς μὴ |

FPho. 8 βάζειν τὰ δ' ἐτήτυμα πάντ' ἀγορεύειν. πρῶτα θεὸν * τιμᾶν * μετέπειτα δὲ σεῖο γονῆας. πάντα δίκαια νέμειν μὴ
FPho. 180 μὴ ψαῦε τὰ δεύτερα λέκτρα γονῆος μητέρα δ' ὣς * τίμα * τὴν μητέρος ἴχνια βᾶσαν. μηδέ τι παλλακίσιν πατρὸς
IDIp. 5 133 3 κύριον πάντων ἀεὶ καὶ πατέρα τοῦτον διὰ τέλους * τιμᾶν * μόνον ἀγαθῶν τοσούτων εὑρετὴν καὶ κτίστορα. οἴει
HArt. 9 27 16 καὶ τὴν ἐν ἐκείνῳ πόλιν Μερόην προσαγορεῦσαι * τιμᾶσθαι * δὲ τὴν Μέρριν ταύτην ὑπὸ τῶν ἐγχωρίων οὐκ
τιμή 28
Adam 18 1 ὑμᾶς ἀγνοεῖν. δεῦρο οὖν καὶ φάγε καὶ νόησον τὴν * τιμὴν * τοῦ ξύλου. ἐγὼ δὲ εἶπον αὐτῷ φοβοῦμαι μήποτε
Hen. 5 1 σκέποντα τὰ δένδρα καὶ πᾶς ὁ καρπὸς αὐτῶν εἰς * τιμὴν * καὶ δόξαν. διανοήθητε καὶ γνῶτε περὶ πάντων τῶν
Hen. 14 16 ἐν γλώσσαις πυρὸς καὶ ὅλος διαφέρων ἐν δόξῃ καὶ ἐν * τιμῇ * καὶ ἐν μεγαλωσύνῃ ὥστε μὴ δύνασθαί με ἐξειπεῖν ὑμῖν
Hen. 98 3 ὑπαρχόντων ὑμῶν ‹καὶ τῆς› πάσης δόξης καὶ τῆς * τιμῆς * ‹ὑμῶν καὶ› εἰς ἀτιμίαν καὶ ἐρήμωσιν ‹καὶ σφαγὴν›
Hen. 99 1 καὶ τοῖς ἔργοις τοῖς ψευδέσιν λαμβάνοντες * τιμὴν * καὶ δόξαν ἀπολώλατε οὐκ ἔστιν ὑμῖν σωτηρία εἰς
Hen. 103 3 περὶ› ὑμῶν ὅτι ἀγαθὰ καὶ ἡ χαρὰ καὶ ἡ * τ‹ιμὴ› * ἡτοίμασται καὶ ἐγγέγραπται ταῖς ψ‹υχαῖς› τῶν
TZab. 3 1 οὗ ἐπώλησαν αὐτὸν τοῖς Ἰσμαηλίταις. καὶ γὰρ τῆς * τιμῆς * τοῦ Ἰωσὴφ τέκνα ἐγὼ οὐκ ἐκοινώνησα ἀλλὰ Συμεὼν
TZab. 3 2 καὶ Γὰδ καὶ οἱ ἄλλοι ἓξ ἀδελφοὶ ἡμῶν λαβόντες τὴν * τιμὴν * τοῦ Ἰωσὴφ ἐπριάσαντο ὑποδήματα ἑαυτοῖς καὶ ταῖς
TZab. 3 3 τοῖς τέκνοις αὐτῶν εἰπόντες οὐ φαγόμεθα αὐτὴν ὅτι * τιμὴ * αἵματος τοῦ ἀδελφοῦ ἡμῶν αὕτη ἀλλὰ καταπατήσει
TJos. 16 3 αὐτῶν δηλοῖ τῇ δεσποίνῃ ὅτι πολλὴν αἰτοῦσι * τιμὴν * τοῦ παιδός. ἡ δὲ ἀπέστειλεν ἕτερον εὐνοῦχον
TBen. 6 5 ἔχει δύο γλώσσας εὐλογίας καὶ κατάρας ὕβρεως καὶ * τιμῆς * λύπης καὶ χαρᾶς ἡσυχίας καὶ ταραχῆς ὑποκρίσεως καὶ
Esdr. 7 14 παρέδωκεν τὴν τιμίαν αὐτοῦ ψυχὴν μετὰ μεγάλης * τιμῆς * μηνὶ ὀκτωβρίῳ εἰς τὰς ιη'. καὶ κηδεύσαντες αὐτὸν
Esdr. 7 16 προστρέχουσιν αὐτῷ ἐκ πόθου. ᾧ πρέπει δόξα κράτος * τιμὴ * καὶ προσκύνησις τῷ πατρὶ καὶ τῷ υἱῷ καὶ τῷ ἁγίῳ
Job 43 7 αὐτοῦ παρῆλθεν, σέσηπται αὐτοῦ ὁ θρόνος καὶ ἡ * τιμὴ * τοῦ σκηνώματος αὐτοῦ ἐν τῷ ᾅδῃ τυγχάνει ἠγάπησεν τὸ
Job 47 4 ἐν τοῖς οὐρανοῖς ἀγνοεῖτε οὖν ὑμεῖς, τέκνα, τὴν * τιμὴν * τῶν σπαρτῶν τούτων; τούτων με κατηξίωσεν ὁ κύριος
Aris. 37 2 ἀποδόντες τοῖς κρατοῦσι τὴν κατ' ἀξίαν ἀργυρικὴν * τιμὴν * διορθούμενοι καὶ εἴ τι κακῶς ἐπράχθη διὰ τὰς τῶν
Aris. 175 6 τριάκοντα εἰς τὴν αὐλὴν παρῖεσθαι τοὺς δὲ ἥκοντας * τιμῆς * καταξιῶν μείζονος καὶ τὴν ὑπεροχὴν κρίνων τοῦ
Aris. 178 4 πεπληρωμένος. ἡ γὰρ τῆς ψυχῆς ἔντασις καὶ τὸ τῆς * τιμῆς * ὑπερτεῖνον δακρύειν ἀναγκάζει κατὰ τὰς ἐπιτυχίας.
Aris. 228 5 πεποίηται ἐντολὴν μεγίστην περὶ τῆς τῶν γονέων * τιμῆς. * ἑπομένως δὲ τὴν τῶν φίλων ἐγκρίνει διάθεσιν
Aris. 272 3 δὲ τοῦτον ἕτερον ἐπηρώτα τί διαφυλάσσει χάριτα καὶ * τιμήν; * ὁ δὲ εἶπεν ἀρετή. καλῶν γὰρ ἔργων ἐστὶν ἐπιτέλεια
SIb. 3 120 ἔριν ὦρσαν ὃς πάντεσσι βροτοῖσιν ἔχων βασιληΐδα * τιμὴν * ἄρξει καὶ μαχέσαντο Κρόνος Τιτάν τε πρὸς αὐτούς.
SIb. 5 156 μέγας ἀστὴρ ὃς πᾶσαν γαῖαν καθελεῖ μόνος εἵνεκα * τιμῆς * +αὐτοὶ πρῶτον ἔθηκάν τ' εἰναλίῳ Ποσειδῶνι+ ἥξει δ'
SIb. 5 176 κείνη ὡς τὸ πάλαι ὅτε σὰς ὁ μέγας θεὸς εὕρατο * τιμάς. * μεῖνον ἄθεσμε μόνη πυρὶ δὲ φλεγέθοντι μιγεῖσα
FAch. 101 χρόνους ἐν τῇ Σάμῳ διατρίψας ὁ Αἴσωπος καὶ πολλῶν * τιμῶν * καταξιωθεὶς ἠβουλήθη περιελθεῖν τὴν οἰκουμένην καὶ
FPho. 222 γενεῇ δ' ἀτάλαντον πρέσβυν ὁμήλικα πατρὸς ἴσαις * τιμαῖσι * γέραιρε. γαστρὸς ὀφειλόμενον δασμὸν παρέχειν
HArt. 9 27 6 τῶν ὄχλων ἀγαπηθῆναι καὶ ὑπὸ τῶν ἱερέων ἰσοθέου * τιμῆς * καταξιωθέντα προσαγορευθῆναι Ἑρμῆν διὰ τὴν τῶν
HHec. 1 22 189 πεντακοσίους εἰσίν. οὗτος ὁ ἄνθρωπος τετευχὼς τῆς * τιμῆς * ταύτης καὶ συνήθης ἡμῖν γενόμενος παραλαβὼν τινας
FrAn. 1 226 39 - - >καμπτουσιν αυτω τον< - - >την του σιτου * τιμην< * - >λωσαντες μετα την< - - >αργυρωνητον η του ν< -
τίμημα 2
Job 23 3 ἄνθρωπον. καὶ ὁ Σατανᾶς ἔλεγεν αὐτῇ παράσχου τὸ * τίμημα * καὶ λάβε ὃ θέλεις. ἀποκριθεῖσα δὲ αὐτῷ λέγει
FAch. 101 τὴν οἰκουμένην καὶ ἐν τοῖς ἀκροατηρίοις διελέγετο. * τιμήματα * δὲ ἀργυρικὰ λαμβάνων πᾶσάν τε χώραν περιελθὼν ὁ
τίμιος 20
Abr.1 2 3 προχαιρετίσας τὸν δίκαιον Ἀβραὰμ εἶπεν χαίροις * τιμιώτατε * πάτερ δικαία ψυχὴ φίλε γνήσιε τοῦ θεοῦ τοῦ
Abr.1 2 4 εἶπεν δὲ Ἀβραὰμ πρὸς τὸν ἀρχιστράτηγον χαίροις * τιμιώτατε * στρατιῶτα ἡλιόρατε καὶ πανευπρεπέστατε ὑπὲρ
Abr.1 3 6 τῷ πατρί σου Ἀβραὰμ χαρίσεταί σοι καὶ τὴν * τιμίαν * εὐχὴν τοῦ πατρός σου καὶ τῆς μητρός σου. εἶπεν δὲ
Abr.1 3 11 ἀρχιστρατήγου ἐπὶ τῆς λεκάνης καὶ ἐγένοντο λίθοι * τίμιοι. * ἰδὼν δὲ Ἀβραὰμ τὸ γεγονὸς καὶ ἐκπλαγεὶς ἔλαβεν
Abr.1 6 7 δάκρυα αὐτοῦ ὀψὲ ἐν τῷ νιπτῆρι πίπτοντα ἐγένοντο * τίμιοι * λίθοι καὶ ἐκβαλὼν ἐκ τοῦ κόλπου αὐτοῦ δέδωκεν
Abr.1 7 9 λαβεῖν τὴν δικαίαν σου ψυχὴν καὶ νῦν γίνωσκε * τιμιώτατε * Ἀβραὰμ ὅτι μέλλεις καταλιπεῖν ἐν τῷ καιρῷ
Abr.1 16 9 ἰδὼν αὐτὸν ὁ θάνατος προσεκύνησεν λέγων χαίροις * τίμιε * Ἀβραὰμ δικαία ψυχὴ φίλε τοῦ θεοῦ τοῦ ὑψίστου καὶ
Abr.1 20 10 ὁ ἀρχάγγελος μετὰ πλήθους ἀγγέλων καὶ ἦραν τὴν * τιμίαν * αὐτοῦ ψυχὴν ἐν ταῖς χερσὶν αὐτῶν ἐν σινδόνι
Abr.1 20 12 ἐν τῇ γῇ τῆς ἐπαγγελίας ἐν τῇ δρυῒ τῇ Μαβρῇ τὴν δὲ * τιμίαν * αὐτοῦ ψυχὴν ὀψικεύοντες ἄγγελοι ἀνήρχοντο εἰς τὸν
TLevi 17 3 ἀγαπητῶν συλληφθήσεται καὶ ἔσται ἡ ἱερωσύνη αὐτοῦ * τιμία * καὶ παρὰ πᾶσι δοξασθήσεται. ὁ δὲ τρίτος ἱερεὺς ἐν
Asen. 2 2 καὶ οἱ τοῖχοι αὐτοῦ λίθοις ποικίλοις καὶ * τιμίοις * πεπλακωμένοι καὶ ἦν ἡ ὀροφὴ τοῦ θαλάμου ἐκείνου
Asen. 18 6 ζώνην χρυσῆν καὶ βασιλικὴν ἥτις ἦν διὰ λίθων * τιμίων. * καὶ περιέθηκεν ἐν ταῖς χερσὶν αὐτῆς ψέλια χρυσᾶ
Asen. 18 6 καὶ εἰς τοὺς πόδας ἀναξυρίδας χρυσᾶς καὶ κόσμον * τίμιον * περιέθηκε περὶ τὸν τράχηλον αὐτῆς ἐν ᾧ ἦσαν λίθοι
Asen. 18 6 περὶ τὸν τράχηλον αὐτῆς ἐν ᾧ ἦσαν λίθοι πολυτελεῖς * τίμιοι * ἠρτημένοι ἀναρίθμητοι καὶ στέφανον χρυσοῦν
Sal. 17 17 ἐν ἐρήμοις σωθῆναι ψυχὰς αὐτῶν ἀπὸ κακοῦ καὶ * τίμιον * ἐν ὀφθαλμοῖς παροικίας ψυχὴ σεσῳσμένη ἐξ αὐτῶν.
Sal. 17 43 τὰ ῥήματα αὐτοῦ πεπυρωμένα ὑπὲρ χρυσίον τὸ πρῶτον * τίμιον * ἐν συναγωγαῖς διακρινεῖ λαοῦ φυλὰς ἡγιασμένου οἱ
Esdr. 7 14 ἠτήσω ἀπόδωσω ἐνὶ ἑκάστῳ. καὶ εὐθέως παρέδωκεν τὴν * τιμίαν * αὐτοῦ ψυχὴν μετὰ μεγάλης τιμῆς μηνὶ ὀκτωβρίῳ εἰς
Esdr. 7 15 κηδεύσαντες αὐτὸν μετὰ θυμιαμάτων καὶ ψαλμῶν τὸ * τίμιον * καὶ ἅγιον αὐτοῦ σῶμα νέμει ῥῶσιν ψυχῶν καὶ
Aris. 82 4 κρατιστεύοντα πάντα ὥστε πενταπλασίως τοῦ χρυσοῦ * τιμιωτέραν * εἶναι τὴν τῶν λίθων δόσιν καὶ τὴν τῶν τεχνῶν
FrAn. 1 217 10 ἄνδρας δύο μαχομένους πρὸς ἀλλήλους εὑρόντας λίθον * τίμιον * καί φησι πρὸς αὐτοὺς ἵνα τί ἀδελφοὶ μάχεσθε; δότε
τιμωρέω 4
Hen. 22 13 οἱ ἐνθάδε θλιβέντες ἔλαττον κολάζονται αὐτῶν οὐ * τιμωρηθήσονται * ἐν ἡμέρᾳ τῆς κρίσεως οὐδὲ μὴ μετεγερθῶσιν
TJos. 14 1 ἐστὶν ἡ κρίσις σου ὅτι καὶ τὸν κλαπέντα ἐλεύθερον * τιμωρεῖς * ὡς ἀδικήσαντα. ὡς δὲ οὐκ ἤλλαξα λόγον
Jer. 7 24 αὐτὸν σκέπουσιν τὸ πρόσωπον αὐτοῦ ἵνα μὴ ἴδῃ πῶς * τιμωρεῖται * αὐτὸς ὁ υἱὸς καὶ πλείονα φθαρῇ ἀπὸ τῆς λύπης.
FIsa. 1 6 τὰς χεῖρας αὐτοῦ ‹ἐπ' αὐτὸν τὸν μέλλοντά› με * τιμωρεῖν * βασάνοις. ζῇ κύριος καὶ ὁ ἀγαπητὸς καὶ τὸ
τιμωρία 4
TJos. 3 1 ποσάκις ἡ Αἰγυπτία ἠπείλησέ μοι θάνατον ποσάκις * τιμωρίαις * παραδοῦσα ἀνεκαλέσατό με καὶ ἠπείλησέ μοι μὴ
Jer. 7 24 υἱὸν μονογενῆ ἔχων τούτου δὲ παραδοθέντος εἰς * τιμωρίαν * οἱ ἰδόντες τὸν πατέρα αὐτοῦ καὶ παραμυθούμενοι
Aris. 208 6 γινώσκων ὅτι τὸ τῶν ἀνθρώπων ζῆν ἐν ὀδύναις τε καὶ * τιμωρίαις * καθέστηκεν. ἐπινοῶν οὖν ἕκαστα πρὸς τὸν ἔλεον
HArt. 9 27 31 δὲ βασιλέα φρονηματισθέντα ἐπὶ τῷ γεγονότι πάσῃ * τιμωρίᾳ * καὶ κολάσει καταικίζειν τοὺς Ἰουδαίους. τὸν δὲ
τινάσσω 2
SIb. 4 58 λείψει καὶ κύκλα σελήνης γῆ δὲ κλόνῳ σεισμοῖο * τινασσομένη * μεγάλοιο πολλὰς πρηνίξει πόλιας καὶ ἔργ'
SIb. 5 528 μένος κρατεροῖο Φαεινοῦ ὦρτο μὲν Οὐρανὸς αὐτὸς ἕως * ἐτίναξε * μαχητὰς θυμωθεὶς δ' ἔρριψε καταπρηνεῖς ἐπὶ
τίνω 2
SIb. 3 200 θεὸς κακὸν ἐγγυαλίξει υἱοῖς γὰρ κρατεροῖο δίκας * τίσουσι * Κρόνοιο οὕνεκά τοι δῆσάν τε Κρόνον καὶ μητέρα
SIb. 3 259 προσέταξε ποιεῖν καὶ ἣν ἄρα τις παρακούσῃ ἠὲ νόμῳ * τίσειε * δίκην ἢ χερσὶ βροτείαις ἠὲ λαθὼν θνητοὺς πάσῃ
τίπτε 1
SIb. 3 9 ἄνθρωποι θεόπλαστον ἔχοντες ἐν εἰκόνι μορφὴν * τίπτε * μάτην πλάζεσθε καὶ οὐκ εὐθεῖαν ἀταρπὸν βαίνετε
τις 278 τι τινός τινές τινα τινος τινι τινῶν τινας τις τινες τινί τινά τινων τισιν τίς τί τινάς τιν'
τίς 368 τι τις τινες τινος τινι τινα τισι τινας
Τιτάν 12
Hen. 9 9 πάσας τὰς ἁμαρτίας. καὶ αἱ γυναῖκες ἐγέννησαν * τιτᾶνας * ὑφ' ὧν ὅλη ἡ γῆ ἐπλήσθη αἵματος καὶ ἀδικίας. καὶ
SIb. 3 110 προτέρους γένετ' ἄνδρας. καὶ βασίλευσε Κρόνος καὶ * Τιτὰν * Ἰαπετός τε Γαίης τέκνα φέριστα καὶ Οὐρανοῦ οὓς
SIb. 3 121 ἔχων βασιληΐδα τιμὴν ἄρξει καὶ μαχέσαντο Κρόνος * Τιτάν * τε πρὸς αὐτούς. τοὺς δὲ Ῥέη καὶ Γαῖα φιλοστέφανός
SIb. 3 129 καὶ εἶδος ἄριστος. ὅρκους δ' αὖτε Κρόνῳ μεγάλους * Τιτὰν * ἐπέθηκεν μὴ θρέψ' ἀρσενικῶν παίδων γένος ὡς
SIb. 3 133 ὁππότε κεν δὲ Ῥέη τίκτῃ παρὰ τηνδ' ἐκάθηντο * Τιτῆνες * καὶ τέκνα διέσπων ἄρσενα πάντα θήλεα δὲ ζώοντ'
SIb. 3 138 θῆλυ γένος ᾤχοντο πρὸς αὐτοὺς ἄγριοι ἄνδρες * Τιτῆνες. * καὶ ἔπειτα Ῥέη τέκεν ἄρσενα παῖδα τὸν ταχέως
SIb. 3 147 Πηνειῷ καὶ μιν στύγιον καλέουσιν. ἤνικα δ' ἤκουσαν * Τιτῆνες * παῖδας ἐόντας λάθριον οὓς ἔσπειρε Κρόνος Ῥείη
SIb. 3 149 τε σύνευνος ἐξήκοντα δέ τοι παῖδας συναγείρατο * Τιτὰν * καὶ ῥ' εἶχ' ἐν δεσμοῖσι Κρόνον Ῥείην τε σύνευνον
SIb. 3 156 γάρ τε βροτοῖς αὕτη πολέμοιο καταρχή). καὶ τότε * Τιτάνεσσι * θεὸς κακὸν ἐγγυάλιξεν. καὶ πᾶσαι γενεαὶ
SIb. 3 157 Τιτάνεσσι θεὸς κακὸν ἐγγυάλιξεν. καὶ πᾶσαι γενεαὶ * Τιτάνων * ἠδὲ Κρόνοιο κάτθανον. αὐτὰρ ἔπειτα χρόνου
SIb. 3 199 ἐπ' ἀνθρώπους τίς δ' ἀρχὴ τούτων ἔσται; πρῶτον * Τιτάνεσσι * θεὸς κακὸν ἐγγυαλίξει υἱοῖς γὰρ κρατεροῖο
LEze. 9 29 14 25 (Βεελζεφὼν τις κλήζεται πόλις βροτοῖς). ἐπεὶ δὲ * Τιτὰν * ἥλιος δυσμαῖς προσῆν ἐπεσχομεν θέλοντες ὄρθριον
τίχι cf. τύχη
τίω 1
LThe. 9 22 9 εἶναι. βλάπτε θεὸς Σικίμων οἰκήτορας οὐ γὰρ * ἔτιον * εἰς αὐτοὺς ὅστις κε μόλῃ κακὸς οὐδὲ μὲν ἐσθλός
τλάω 1
SIb. 4 122 Εὐφρήταο ὁππότε δὴ μητρῷον ἄγος στυγεροῖο φόνοιο * τλήσεται * ἄλλα τε πολλὰ κακῇ σὺν χειρὶ πιθήσας. πολλοὶ δ'
τλήμων 3
SIb. 4 107 Καρχηδὼν καὶ σεῖο χαμαὶ γόνυ πύργος ἐρείσει. * τλῆμον * Λαοδίκεια σὲ δὲ στρώσει ποτὲ σεισμὸς πρηνίξας
SIb. 4 140 ἀείρας Εὐφρήτην διαβὰς πολλαῖς ἅμα μυριάδεσσιν. * τλήμων * Ἀντιόχεια σὲ δὲ πτόλιν οὔποτ' ἐροῦσιν ἡνίκ' ἂν
SIb. 5 287 τί δή μοι ταῦτα νόος σοφὸς ἐγγυαλίζει; ἄρτι δέ σε * τλήμων * Ἀσίη κατοδύρομαι οἰκτρῶς καὶ γένος Ἰώνων Καρῶν
τμήγω 1
SIb. 5 32 ταράξει ἀθλεύων ἐλάων κτείνων καὶ μυρία τολμῶν καὶ * τμήξει * τὸ δίκυμον ὄρος λύθρῳ τε παλάξει ἀλλ' ἔσται καὶ
τμῆμα 4
LArI. 7 32 17 τοῦ πρώτου μηνὸς τοῦτο δὲ εὑρίσκεσθαι τὸ πρῶτον * τμῆμα * τοῦ ἡλιακοῦ ἢ ὥς τινες αὐτῶν ὠνόμασαν ζῳοφόρου

LArl.   7   32   17   ἑορτῇ μὴ μόνον τὸν ἥλιον ἰσημερινὸν διαπορεύεσθαι  *  τμῆμα  *  καὶ τὴν σελήνην δέ. τῶν γὰρ ἰσημερινῶν τμημάτων
LArl.   7   32   18        τμῆμα καὶ τὴν σελήνην δέ. τῶν γὰρ ἰσημερινῶν  *  τμημάτων  *  ὄντων δύο τοῦ μὲν ἐαρινοῦ τοῦ δὲ μετοπωρινοῦ
LArl.   7   32   18   δὲ ὃ μὲν κατὰ τὸ ἐαρινὸν ἰσημερινὸν ὁ ἥλιος  *  τμῆμα  *  ἡ δὲ ἐξ ἀνάγκης κατὰ τὸ φθινοπωρινὸν ἰσημερινὸν ἡ
        τμητός
                  1
HHec.   1   22   198  διπλᾶς πύλας. ἐν ᾧ βωμός ἐστι τετράγωνος οὐκ ἐκ  *  τμητῶν  *  ἀλλ' ἐκ συλλέκτων ἀργῶν λίθων οὕτω συγκείμενος
        τόθεν
LEze.   9   29 16 04   νάπῃ. ἔστιν γὰρ ὥς που καὶ σὺ τυγχάνεις ὁρῶν ἐκεῖ  *  τόθεν  *  δὲ φέγγος ἐξέλαμψέ νυν κατ' εὐφρόνης σημεῖον ὡς
        τοί                                                                   18
Slb.        3   104        καὶ θνητοῖσιν ἐπ' ἀλλήλους ἔριν ὦρσαν τοὔνεκά  *  τοι  *  Βαβυλῶνα βροτοὶ πόλει οὔνομ' ἔθεντο. αὐτὰρ ἐπεὶ
Slb.        3   113   ἄνθρωποι γαῖάν τε καὶ οὐρανὸν οὔνομα θέντες οὕνεκά  *  τοι  *  πρώτιστοι ἔσαν μερόπων ἀνθρώπων. τρισσαὶ δὴ μερίδες
Slb.        3   128   καὶ κρῖναν βασιλῆα Κρόνον πάντων βασιλεύειν οὕνεκά  *  τοι  *  πρέσβιστος ἔην καὶ εἶδος ἄριστος. ὅρκους δ' αὖτε
Slb.        3   141        τρεῖς ἄνδρας ἐνόρκους Κρῆτας ἑλοῦσα τοὔνεκά  *  τοι  *  Δι' ἐπωνομάσανθ' ὁτιὴ διεπέμφθη. ὡς δ' αὖτε
Slb.        3   149   οὓς ἔσπειρε Κρόνος Ῥείη τε σύνευνος ἐξήκοντα δέ  *  τοι  *  παῖδας συναγείρατο Τιτὰν καὶ ῥ' εἶχ' ἐν δεσμοῖσι
Slb.        3   201   υἱοῖς γὰρ κρατεροῖο δίκας τίσουσι Κρόνοιο οὕνεκά  *  τοι  *  δῆσάν τε Κρόνον καὶ μητέρα κεδνήν. δεύτερον αὖθ'
Slb.        3   212   λάβῃ αὐτίκα δ' ἔσται δεύτερ' ἐπ' ἀνθρώπους. καὶ  *  τοι  *  πρώτιστα βοήσω ἀνδράσιν εὐσεβέσιν ἥξει κακὸν οἳ περὶ
Slb.        3   301   καὶ μοι τοῦτο θεὸς πρῶτον νόῳ ἔνθετο λέξαι ὅσσα γέ  *  τοι  *  Βαβυλῶνι ἐμήσατο ἄλγεα λυγρά ἀθάνατος ὅτι οἱ ναὸν
Slb.        3   445   μὲν ἀδούλωτος χρόνον ἔσσῃ ἡμερίη θυγάτηρ πουλύς δέ  *  τοι  *  ὄλβος ὄπισθεν ἔσσεται ἐν πόντῳ δ' ἕξεις κράτος
Slb.        3   548   καταφθιμένοισι πορίζεις θύεις τ' εἰδώλοις; τίς  *  τοι  *  πλάνον ἐν φρεσὶ θῆκεν ταῦτα τελεῖν προλιποῦσα θεοῦ
Slb.        3   737        ἀκίνητος γὰρ ἀμείνων πάρδαλιν ἐκ κοίτης μή  *  τοι  *  κακὸν ἀντιβολήσῃ ἀλλ' ἀπέχου μηδ' ἴσχ' ὑπερήφανον ἐν
Slb.        3   796        χεὶρ γὰρ θεοῦ ἔσσετ' ἐπ' αὐτούς. σῆμα δέ  *  τοι  *  ἐρέω μάλ' ἀριφραδές ὥστε νοῆσαι ἡνίκα δὴ πάντων τὸ
Slb.        5   2    ἀλλ' ἄγε μοι στονόεντα χρόνον κλύε Λατινιδάων. ἦ  *  τοι  *  μὲν πρώτιστα μετ' ὀλλυμένους βασιλῆας Αἰγύπτου τοὺς
Slb.        5   220   σὴν γαῖαν ὀλεῖ καὶ κόψει ὡς προτέθειται. τούτῳ γάρ  *  τοι  *  δῶκε θεὸς μένος ἕξ τὸ ποιῆσαι οἶά τις οὐ πρότερος
FPho.      124        εὐεπίην ἀσκεῖν ἥτις μάλα πάντας ὀνήσει. δῆλον  *  τοι  *  λόγος ἀνδρὶ τομώτερόν ἐστι σιδήρου ὅπλων ἑκάστῳ
FPho.      161        εὑρεῖα θάλασσα εἰ δὲ γεηπονίην μεθέπειν μακραὶ  *  τοι  *  ἄρουραι. οὐδὲν ἄνευ καμάτου πέλει ἀνδράσιν εὐπετές
FPho.      224   δασμὸν παρέχειν θεράποντι. δούλωι τακτὰ νέμοις ἵνα  *  τοι  *  καταθύμιος εἴη. στίγματα μὴ γράψῃς ἐπονειδίζων
ISop.   5  111   4    σώσει πάντα ἃ πρόσθ(εν) ἀπώλεσεν. τὴν τοῦδε γάρ  *  τοι  *  Ζεὺς ἔγημε μητέρα οὐ χρυσόμορφος οὐδ' ἐπημφιεσμένος
        τοιγάρ
                  1
Hen.        5    5   ψεύμασιν ὑμῶν σκληροκάρδιοι οὐκ ἔστιν εἰρήνη ὑμῖν.  *  τοιγάρ  *  τὰς ἡμέρας ὑμῶν ὑμεῖς καταράσεσθε καὶ τὰ ἔτη τῆς
        τοιγαροῦν
                  3
Hen.      102   9   καὶ ὄψονται εἰς τὸν αἰῶνα ἡμᾶς φαγεῖν καὶ πεῖν.  *  τοιγαροῦν  *  ἁρπάσαι καὶ ἁμαρτάνειν καὶ λωποδυτεῖν καὶ
Bar.        4   16   προσλαβεῖν καὶ τὴν εἰς παράδεισον εἴσοδον. γίνωσκε  *  τοιγαροῦν  *  ὃ Βαροὺχ ὅτι ὥσπερ ὁ 'Αδὰμ δι' αὐτοῦ τοῦ ξύλου
HHec.   1   22   191   κατοίκησιν αὐτῶν καὶ τὴν πολιτείαν γεγραμμένην.  *  τοιγαροῦν  *  καὶ κακῶς ἀκούοντες ὑπὸ τῶν ἀστυγειτόνων καὶ
        τοιγάρτοι
                  1
Slb.        5   444   ὅμηρα εἰς 'Ρώμην πέμψασα καὶ 'Ασίδι θητεύοντας  *  +τοιγάρτοι  *  καὐτὴ βασιλὶς φρονέουσ' εἰς κρίσιν ἀντιδίκων
        τοίνυν
                  8
Hen.      101   1   ψύχους καὶ τῶν μαστίγων αὐτῶν. κατανοήσατε  *  τοίνυν  *  υἱοὶ τῶν ἀνθρώπων τὰ ἔργα τοῦ ὑψίστου καὶ
Abr.1       1    4   καὶ τὸ ἄδηλον τοῦ βίου πέρας. προσκαλεσάμενος  *  τοίνυν  *  ὁ δεσπότης θεὸς τὸν ἀρχάγγελον Μιχαὴλ αὐτοῦ καὶ
Abr.1       2    2   ἐρχόμενον δίκην στρατιώτου εὐπρεπεστάτου ἀναστὰς  *  τοίνυν  *  ὁ ἱερώτατος 'Αβραὰμ ὑπηντήθη αὐτῷ καθότι ἔθος
Job       41    5   λέγων ἔχειν τὸν ἑαυτοῦ θρόνον ἐν οὐρανοῖς.  *  τοίνυν  *  ἐμοῦ ἀκούσατε καὶ γνωρίσω ὑμῖν τὴν μερίδα αὐτοῦ
FEz.   64  70    8   τῶν ὄχλων τῶν κληθέντων εἰς τὴν εὐφρασίαν; δεῦρο  *  τοίνυν  *  καθὼς ἐποίησεν ἡμῖν ἀσύμβολα καὶ ὁ δὲ ἕτερος
FEz.   64  70   12   ἐν τῇ βασιλείᾳ σου καὶ οὐδείς ἐστι παγανός. πόθεν  *  τοίνυν  *  ἴχνη παγανῶν ἐν τῷ παραδείσῳ; ὁ δὲ ἐθαύμασεν. ὡς
FAch.     106        καὶ ἀπείρως ἔχομεν πρὸς τὰ τοιαῦτα. συγγνώμης  *  τοίνυν  *  τυχεῖν ἀξιοῦμεν. ὁ δὲ βασιλεὺς ὀργισθεὶς
HCal.      28   10        'Αντίοχον δὲ δορυφόρον ἐμφέρεσθαι. τῶν πασῶν  *  τοίνυν  *  τελεσθεισῶν καὶ τῆς πόλεως περικαλλεστάτης ἐν
        τοῖος
                  2
Slb.        5   70   ἐπ' ἀνδράσι τοῖς ἀγαθοῖσιν ἕξεις ἀντὶ τόσων  *  τοῖαν  *  τροφὸν εἵνεκα ποινῆς. οὐκέτι σοι +φανερῶς+ θέμις
FPho.     229   σώματός εἰσι καθαροί. ταῦτα δικαιοσύνης μυστήρια  *  τοῖα  *  βιεῦντες ζωὴν ἐκτελέοιτ' ἀγαθὴν μέχρι γήρατος οὐδοῦ.
        τοιοῦτος
                  59   τοιαύτα τοιαύτη τοιοῦτο τοιοῦτός τοιοῦτοι τοιούτων τοιαύτην τοιαύτης τοιαύτη
                       τοιούτοις τοιοῦτο τοιοῦτος τοιούτους τοιαύτας τοιαύταις τοιούτῳ
        τοῖχος
                  12
Hen.       14   10   οἶκον μέγαν οἰκοδομημένον ἐν λίθοις χαλάζης καὶ οἱ  *  τοῖχοι  *  τοῦ οἴκου ὡς λιθόπλακες καὶ πᾶσαι ἦσαν ἐκ χιόνος
TLevi     18  2B025   ἐν αὐτοῖς τότε ἄρξῃ κατασπένδειν τὸ αἷμα ἐπὶ τὸν  *  τοῖχον  *  τοῦ θυσιαστηρίου. καὶ πάλιν νίψαι σου τὰς χεῖρας
Asen.       2   2   καὶ εὐπρεπὴς λίθοις πορφυροῖς κατεστρωμένος καὶ οἱ  *  τοῖχοι  *  αὐτοῦ λίθοις ποικίλοις καὶ τιμίοις πεπλακωμένοι
Asen.       2   3   χρυσῇ. καὶ ἦσαν ἐντὸς τοῦ θαλάμου ἐκείνου εἰς τοὺς  *  τοίχους  *  πεπηγμένοι οἱ θεοὶ τῶν Αἰγυπτίων ὧν οὐκ ἦν
Asen.      11   1C   τῇ δυνάμει αὐτῆς. καὶ ἀπεστράφη ἄνω πρὸς τὸν  *  τοῖχον  *  καὶ ἐκάθισεν ὑποκάτω τῆς θυρίδος τῆς βλεπούσης
Asen.      11   15   καὶ βοήσω πρὸς αὐτόν. καὶ ἀνέστη 'Ασενὲθ ἀπὸ τοῦ  *  τοίχου  *  οὗ ἐκαθέζετο καὶ ἀπεστράφη πρὸς τὴν θυρίδα τὴν
Asen.      11   15   τὸ ὄνομα τοῦ θεοῦ. καὶ ἀπεστράφη πάλιν πρὸς τὸν  *  τοῖχον  *  οὗ ἐκάθιτο καὶ ἐπάτασσε τῇ χειρὶ τὴν κεφαλὴν
Asen.      11   19   μου πρὸς αὐτόν. καὶ ἀνέστη 'Ασενὲθ πάλιν ἀπὸ τοῦ  *  τοίχου  *  οὗ ἐκάθητο καὶ ἀνορθώθη ἐπὶ τὰ γόνατα αὐτῆς καὶ
Aris.      90   2   καὶ πάντα ταῦτα μεμολιβῶσθαι κατ' ἐδάφους καὶ τῶν  *  τοίχων  *  ἐπὶ δὲ τούτων κεχύσθαι πολὺ τι πλῆθος κονιάσεως
FJub.       4   31B   ὑπὸ τοῦ Λάμεχ τὸν Κάϊν ἀνῃρῆσθαι ἀκουσίως  *  τοῖχον  *  γὰρ οἰκοδομῶν προσανέτρεψεν αὐτὸν ὄπιθεν ὄντος
FJub.      10   21   τὸ ὕψος τρίτον μιᾶς πλίνθου. ⟨τὸ ἔκταμα τοῦ ἑνὸς  *  τοίχου)  *  στάδιοι ιγ' ⟨καὶ τοῦ ἄλλου⟩ λ'. ἐπὶ γὰρ ἔτη
IEur.   5   75   1   τεκτόνων πλασθεὶς ὑπὸ δέμας τὸ θεῖον περιβάλοι  *  τοίχων  *  πτυχαῖς;
        τοκεύς
                  4
Slb.        3   126   καὶ ἄλλους ἀνθρώπους οἵ τ' ἦσαν ἀφ' αἵματος ἠδὲ  *  τοκήων  *  καὶ κρῖναν βασιλῆα Κρόνον πάντων βασιλεύειν
Slb.        3   473   παρὰ θέσκελον ὕδωρ σιγήσεις μεγάλαυχον ἀποιμώξασα  *  τοκῆα.  *  Θρῇκες δὲ Κρόβυζοι ἀναστήσονται ἀν' Αἶμον.
Slb.        3   476   τὸν +πολύκαρπον+ λιμὸν πουλυετὲς δὲ ⟨ἀποιμώξασα  *  τοκῆα⟩.  *  Κῦρος καὶ Σαρδὼ μεγάλαις χειμῶνος ἀέλλαις καὶ
FPho.     217   δόμων ὀφθῆμεν ἑάσῃς. κάλλος δυστήρητον ἔφυ παίδων  *  τοκέεσσιν.  *  ⟨στέργε φίλους ἄχρις θανάτου πίστις γὰρ
        τόλμα
                  5
Asen.      11   9   μεμίαται ἐκ τῆς τραπέζης αὐτῶν καὶ οὐκ ἔστι μοι  *  τόλμη  *  ἐπικαλέσασθαι κύριον τὸν θεὸν τοῦ οὐρανοῦ τὸν
Slb.        4   154   ἑνὶ κόσμῳ --- παλίμβολοι --- ἐπ' οὐχ ὁσίοισι δὲ  *  τόλμαις  *  ζῶντες ὕβριν ῥέξουσι ἀτάσθαλα καὶ κακὰ ὄλμα
Slb.        5   386   ὕστερον εὐφρανθεὶς. μητρολέται παύσασθε θράσους  *  τόλμης  *  τε κακοῦργου οἳ τὸ πάλαι παίδων κοίτην ἐπορίζετ'
FPho.      66   ζῆλος τῶν ἀγαθῶν ἐσθλὸς φαύλων δ' ὑπέρογκος.  *  τόλμα  *  κακῶν ὀλοὴ μέγ' ὀφέλλει δ' ἐσθλὰ πονεῦντα. σεμνὸς
HCal.      24   24        καὶ οὐ τοσούτων ἡμᾶς ἡ τοῦ θανάτου ἐθρόησε  *  τόλμῃ  *  ὅσον τὸ μὴ κερδᾶναί τι προσδοκῶντες. οὕτως εὐχερῶς
        τολμάω
                  15
Hen.        7   4   ✦        αὐτοῖς οἱ ἄνθρωποι ἐπιχορηγεῖν οἱ γίγαντες  *  ἐτόλμησαν  *  ἐπ' αὐτοὺς καὶ κατησθίοσαν τοὺς ἀνθρώπους. καὶ
Abr.2       4   10   καὶ ἐξελθεῖν ἀπὸ τοῦ σώματος κἀγὼ κύριε οὐκ  *  ἐτόλμησα  *  αὐτῷ ἐκφᾶναι λόγον ὅτι φίλος σου ἐστὶν καὶ
Abr.2       6   7   ἣν ἡ φωνὴ αὐτοῦ καὶ εἶπεν Σάρρα τῷ 'Αβραάμ πῶς  *  ἐτόλμησας  *  κλαῦσαι εἰσελθόντος τοῦ ἀνθρώπου πρὸς ἡμᾶς εἰς
Abr.2      13   1   ὅτε δὲ ἤγγισαν αἱ ἡμέραι τοῦ θανάτου 'Αβραὰμ οὐκ  *  ἐτόλμησεν  *  ὁ θάνατος ἐγγίσαι αὐτῷ τοῦ ἐξενέγκαι τὴν ψυχὴν
Abr.2      13   11   οὐχ εὑρέθη ὁμοίος σου. καὶ εἶπεν τῷ θανάτῳ 'Αβραάμ  *  ἐτόλμησας  *  ψεύσασθαι ὁρῶ τὴν ὡραιότητά σου ὅτι οὐκ ἔστιν
Asen.      11   11   ἀνθρώπου τεθλιμμένου ἐν καιρῷ θλίψεως αὐτοῦ. ὅθεν  *  τολμήσω  *  κἀγὼ καὶ ἐπιστρέψω πρὸς αὐτὸν καὶ καταφεύξομαι
Asen.      11   14        ὑπερασπιστὴς καὶ τῶν τεθλιμμένων βοηθός.  *  τολμήσω  *  καὶ βοήσω πρὸς αὐτόν. καὶ ἀνέστη 'Ασενὲθ ἀπὸ τοῦ
Asen.      11   18   ἅγιον αὐτοῦ; τί νῦν ποιήσω ἡ ταλαίπωρος ἐγώ; ἀλλὰ  *  τολμήσω  *  μᾶλλον καὶ ἀνοίξω τὸ στόμα μου πρὸς αὐτὸν καὶ
Asen.      11   18   διαλλαγήσεταί μοι καὶ ἀφήσει μοι πᾶσαν ἁμαρτίαν.  *  τολμήσω  *  οὖν ἀνοῖξαι τὸ στόμα μου πρὸς αὐτόν. καὶ ἀνέστη
Asen.      28   7   καὶ καταπαύσω τὴν ὀργὴν αὐτῶν διότι ὑμεῖς μεγάλα  *  τετολμήκατε  *  κατέναντι αὐτῶν. θαρσεῖτε οὖν καὶ μὴ
Bar.       12   6   κενὰ οὐ γέμοντα. μὴ ἄρχοντο λυπούμενοι καὶ οὐκ  *  ἐτόλμησαν  *  ἐγγίσαι διότι οὐκ εἶχον τέλεια τὰ βραβεῖα. καὶ
Prop.       3   10   ὕδωρ ἵνα ἐκφύγωσιν εἰς τὸ πέραν γενόμενοι. καὶ οἱ  *  τολμήσαντες  *  τῶν ἐχθρῶν ἐπιδιῶξαι κατεποντίσθησαν. οὗτος
Job       24   7   πόνος, ἀλλὰ καὶ μὴ ἐμπλήσκεσθαί σε τοῦ ἄρτου ὥστε  *  τολμῆσαί  *  με ἀναισχύντως ἐξελθεῖν εἰς τὴν ἀγοράν, +εἰ
Slb.        5   31   καὶ πάντα ταράξεις ἀθλείων ἐλάων νεκτας μυρία  *  τολμῶν  *  καὶ τιμήξει ὁ δίκμων ὅρος λύθρῳ τε παλάξει ἀλλ'
FMos.       9   1        διελέγετο περὶ τοῦ Μωϋσέως σώματος οὐκ  *  ἐτόλμησεν  *  αὐτὸς ἐπενεγκεῖν βλασφημίαν ἀλλὰ εἶπεν
        τολμηρός
                  5
Asen.      17   9   ἅρματος ἐκείνου. καὶ εἶπεν 'Ασενὲθ ἄφρων ἐγὼ καὶ  *  τολμηρὰ  *  διότι λελάληκα παρρησίᾳ καὶ εἶπον ὅτι ἄνθρωπος
Asen.      17   10   καὶ φεῖσαι τῆς παιδίσκης σου διότι ἐγὼ λελάληκα  *  τολμηρῶς  *  ἐνώπιόν σου ἐν ἀγνοίᾳ πάντα τὰ ῥήματά μου. καὶ
Asen.      21   19   ἥμαρτον ἐνώπιόν σου πολλὰ ἥμαρτον καὶ λελάληκα  *  τολμηρὰ  *  ἐν ματαιότητι καὶ εἶπον ὅτι οὐκ ἔστιν ἀνήρ
Asen.      23   7   αὐτοὺς ὁ υἱὸς Φαραώ, καὶ ἦν Συμεὼν ἀνὴρ θρασύς καὶ  *  τολμηρῶς  *  εἰς τὸν παράδεισον εἰσελθεῖν καὶ διὰ τὸ πρῶτος
FJub.       3   23   τε καὶ πόδας ἐκέκτητο. ἀφῃρέθη δὲ ταῦτα διὰ τὸ  *  τολμηρῶς  *  εἰς τὸν παράδεισον εἰσελθεῖν καὶ διὰ τὸ πρῶτος
        τολυπεύω
                  1
LThe.   9   22   3   οὐ μὴν τελέθειν ἐπεμαίετο πάμπαν ἀλλὰ δόλον  *  τολύπευσε  *  καὶ εἰς λέχος ἀνέρι πέμπε Λείαν ἢ οἱ ἔην
        τομός
                  1
FPho.     124   ἥτις μάλα πάντας ὀνήσει. δῆλον τοι λόγος ἀνδρὶ  *  τομώτερόν  *  ἐστι σιδήρου ὅπλον ἑκάστωι νεῖμε θεὸς φύσιν
        τοξεύω
                  1
HHec.   1   22   204   εἰς τὸν τόπον τοῦτον οὐκ ἂν ἦλθε φοβούμενος μὴ  *  τοξεύσας  *  αὐτὸν ἀποκτείνῃ Μοσόλλαμος ὁ 'Ιουδαῖος. διὰ τὴν
        τόξον                                                                  9
Hen.       17   3   ἀστέρων καὶ τῶν βροντῶν καὶ εἰς τὰ ἀεροβαθῆ ὅπου  *  τόξον  *  πυρὸς καὶ τὰ βέλη καὶ τὰς θήκας αὐτῶν καὶ τὰς
TJud.       3   3   τὸν 'Αχὼρ βασιλέα ἄνδρα γιγάντων βάλλοντα  *  τόξα  *  ἔμπροσθε καὶ ὄπισθεν ἐφ' ἵππου ἀνελόμενος λίθον

TJud. 7 5 κορυφὴν κἀκεῖνοι ἐσφενδόνουν ἐπ' ἐμὲ λίθοις καὶ * τόξοις * καὶ εἰ μὴ Δὰν ὁ ἀδελφός μου συνεμάχησέ μοι εἶχόν
TJud. 9 3 πατρός μου ἐν λαῷ βαρεῖ καὶ ἰσχυρῷ καὶ ἔπεσεν ἐν * τόξῳ * Ἰακὼβ καὶ ἤρθη νεκρὸς ἐν ὄρει Σηὶρ καὶ πορευόμενος
Sal. 17 33 κυρίου. οὐ γὰρ ἐλπιεῖ ἐπὶ ἵππον καὶ ἀναβάτην καὶ * τόξον * οὐδὲ πληθυνεῖ αὐτῷ χρυσίον οὐδὲ ἀργύριον εἰς
Sib. 3 730 θυρεοὺς κόρυθας παμποίκιλά θ' ὅπλα πολλά τε καὶ * τόξων * πληθὺν βελέων ἀδίκων τε οὐδὲ γὰρ ἐκ δρυμοῦ ξύλα
Sib. 5 117 Ἴβηρας καὶ Βαβυλῶνας Μασσαγέτας τε φιλοπτολέμους * τόξοισί * τε πιστούς. Ἀσὶς ὅλη πυρίφλεκτος ἕως νήσων
FJub. 38 2 βιασθεὶς Ἰακὼβ ὑπὸ τοῦ Ἰούδα ἐνέτεινε * τόξον * καὶ πλήξας κατὰ τοῦ δεξιοῦ μαζοῦ τὸν Ἡσαῦ
HHec. 1 22 203 ἀναχωρεῖν αὖθις σιωπήσας καὶ παρελκύσας τὸ * τόξον * ἔβαλε καὶ τὸν ὄρνιθα πατάξας ἀπέκτεινεν.
τόξος 1
Abr.2 14 4 διὰ τοῦτό τινες ἐν ῥομφαίᾳ τελευτῶσιν ὡς ἐπὶ * τόξου⟩. * ἐν ἐκείνῃ τῇ ἡμέρᾳ ἐτελεύτησαν ἑπτὰ παῖδες τοῦ
τοξότης 3
Asen. 24 19 καλάμου. καὶ σὺ λαβὲ μετά σου πεντήκοντα ἄνδρας * τοξότας * ἐφ' ἵπποις καὶ πορεύου ἔμπροσθεν ⟨ἡμῶν⟩ ἀπὸ
Asen. 25 4 καὶ ἔλαβε μετ' αὐτοῦ πεντήκοντα ἄνδρας ἱππεῖς * τοξότας * καὶ ἀπῆλθεν ἔμπροσθεν αὐτῶν καθὰ ἐλάλησαν αὐτῷ
HHec. 1 22 201 Μοσόλλαμος ἄνθρωπος ἱκανὸς κατὰ ψυχὴν εὔρωστος καὶ * τοξότης * ὑπὸ δὴ πάντων ὁμολογούμενος καὶ τῶν Ἑλλήνων καὶ
τοπικός 1
LAri. 8 10 15 τὸ πῦρ φλεγόμενον ἐθεωρεῖτο ὥστε τὴν κατάβασιν μὴ * τοπικὴν * εἶναι πάντη γὰρ ὁ θεός ἐστιν. ἀλλὰ τὴν τοῦ πυρὸς
τόπος 140
Adam 29 12 εἰσακούσηται αὐτοῦ ὁ θεός. ὁ δὲ διάβολος μὴ εὑρὼν * τόπον * εἰς τὸν Ἀδὰμ ἐπορεύθη εἰς τὸν Τίγριν ποταμὸν πρός
Adam 31 3 ἀποθνήσκομεν ἀμφότεροι καὶ αὐτὴ τεθήσει εἰς τὸν * τόπον * τὸν ἐμόν. κἂν ἀποθανῶ κατάλειψόν με καὶ μηδεὶς μου
Adam 39 1 μου οὐκ ἂν ἐχαίροντο οἱ κατάγοντές σε εἰς τὸν * τόπον * τοῦτον. πλὴν λέγω σοι ὅτι τὴν χαρὰν αὐτῶν
Adam 39 3 γένεσθαι αὐτὸν ἐν ὑπερηφανίᾳ εἰσβληθήσεται εἰς τὸν * τόπον * τοῦτον ἵνα ἴδῃ σε καθήμενον ἐπάνω αὐτοῦ. τότε
Adam 40 6 ἆραι αὐτοὺς εἰς τὰ μέρη τοῦ παραδείσου εἰς τὸν * τόπον * ὅπου ἦρεν χοῦν ὁ θεὸς καὶ ἔπλασεν τὸν Ἀδάμ. καὶ
Adam 40 6 τὸν Ἀδάμ. καὶ ἐποίησεν ὀρυγῆναι τῶν δύο τὸν * τόπον. * καὶ ἀπέστειλεν ὁ θεὸς ἑπτὰ ἀγγέλους εἰς τὸν
Adam 40 7 ταῦτα ἔλαβον τὰ δύο σώματα καὶ ἔθαψαν αὐτὰ εἰς τὸν * τόπον * εἰς ὃν ὤρυξαν καὶ ᾠκοδόμησαν αὐτοί. ἐκάλεσεν δὲ ὁ
Adam 42 2 τότε ὁ κύριος καὶ οἱ ἄγγελοι ἐπορεύθησαν εἰς τὸν * τόπον * αὐτῶν. Εὔα δὲ καὶ αὐτὴ πληρωθέντων τῶν ἓξ ἡμερῶν
Adam 42 4 Σήθ. καὶ προσηύξατο Εὔα κλαίουσα ἵνα ταφῇ εἰς τὸν * τόπον * ὅπου ἦν Ἀδὰμ ὁ ἀνὴρ αὐτῆς. μετὰ δὲ τὸ τελέσαι
Hen. 17 1 ὁμοῦ τελεσθήσονται. καὶ παραλαβόντες με εἴς τινα * τόπον * ἀπήγαγον ἐν ᾧ οἱ ὄντες ἐκεῖ γίνονται ὡς πῦρ φλέγον
Hen. 17 2 ὡσεὶ ἄνθρωποι. καὶ ἀπήγαγόν με εἰς ζοφώδη * τόπον * καὶ εἰς ὄρος οὗ ἡ κεφαλὴ ἀφικνεῖτο εἰς τὸν
Hen. 17 3 οὗ ἡ κεφαλὴ ἀφικνεῖτο εἰς τὸν οὐρανόν. καὶ εἶδον * τόπον * τῶν φωστήρων καὶ τοὺς θησαυροὺς τῶν ἀστέρων καὶ
Hen. 18 6 τὸ στήριγμα τοῦ οὐρανοῦ ἐπάνω. παρῆλθον καὶ ἴδον * τόπον * καιόμενον νυκτὸς καὶ ἡμέρας ὅπου τὰ ἑπτὰ ὄρη ἀπὸ
Hen. 18 10 καὶ πῦρ καιόμενον ἴδον. κἀπέκεινα τῶν ὀρέων τούτων * τόπος * ἐστὶν πέρας τῆς μεγάλης γῆς ἐκεῖ συντελεσθήσονται
Hen. 18 12 εἰς ὕψος. καὶ ἐπέκεινα τοῦ χάσματος τούτου ἴδον * τόπον * ὅπου οὐδὲ στερέωμα οὐρανοῦ ἐπάνω οὔτε γῆ ἦ
Hen. 18 12 αὐτοῦ οὔτε ὕδωρ ἦν ὑπὸ αὐτὸ οὔτε πετεινὸν ἀλλὰ * τόπος * ἦν ἔρημος καὶ φοβερός. ἐκεῖ ἴδον ἑπτὰ ἀστέρας ὡς
Hen. 18 14 ὧν πυνθανομένῳ μοι εἶπεν ὁ ἄγγελος οὗτός ἐστιν ὁ * τόπος * τὸ τέλος τοῦ οὐρανοῦ καὶ γῆς δεσμωτήριον τοῦτο
Hen. 18 15 πρόσταγμα κυρίου ἐν ἀρχῇ τῆς ἀνατολῆς αὐτῶν ὅτι * τόπος * ἔξω τοῦ οὐρανοῦ κενός ἐστιν ὅτι οὐκ ἐξῆλθαν ἐν
Hen. 21 2 ἐπάνω οὔτε γῆν τεθέαμαι τεθεμελιωμένην ἀλλὰ * τόπον * ἀκατασκεύαστον καὶ φοβερόν. καὶ ἐκεῖ τεθέαμαι ἑπτὰ
Hen. 21 7 τῶν ἁμαρτημάτων αὐτῶν. κἀκεῖθεν ἐφώδευσα εἰς ἄλλον * τόπον * τούτου φοβερώτερον καὶ τεθέαμαι ἔργα φοβερώτερα
Hen. 21 7 ἐκεῖ καιόμενον καὶ φλεγόμενον καὶ διακοπὴν εἶχεν ὁ * τόπος * ἕως τῆς ἀβύσσου πλήρης στύλων πυρὸς μεγάλου
Hen. 21 8 ἰδεῖν οὐδὲ εἰκάσαι. τότε εἶπον ὡς φοβερὸς ὁ * τόπος * καὶ ὡς δεινὸς τῇ ὁράσει. τότε ἀπεκρίθη μοι ὁ εἷς
Hen. 21 10 περὶ τῆς προσόψεως τῆς δεινῆς. καὶ εἶπεν οὗτος ὁ * τόπος * δεσμωτήριον ἀγγέλων ὧδε συνσχεθήσονται μέχρι
Hen. 21B 2 οὔτε οὐρανὸν ἐπάνω οὔτε γῆν τεθεμελιωμένην ἀλλὰ * τόπον * ἀκατασκεύαστον καὶ φοβερόν. καὶ ἐκεῖ τεθέαμαι ζ'
Hen. 22 1 ἀλήθειαν φιλοσπευδεῖς; κἀκεῖθεν ἐφώδευσα εἰς ἄλλον * τόπον * καὶ ἔδειξέν μοι πρὸς δυσμὰς ἄλλο ὄρος μέγα καὶ
Hen. 22 2 ὄρος μέγα καὶ ὑψηλὸν πέτρας στερεάς. καὶ τέσσαρες * τόποι * ἐν αὐτῷ κοῖλοι βάθος ἔχοντες καὶ λίαν λεῖοι τρεῖς
Hen. 22 3 ἀγγέλων ὃς μετ' ἐμοῦ ἦν καὶ εἶπέν μοι οὗτοι οἱ * τόποι * οἱ κοῖλοι ἵνα ἐπισυνάγωνται εἰς αὐτοὺς τὰ πνεύματα
Hen. 22 4 πάσας τὰς ψυχὰς τῶν ἀνθρώπων. καὶ οὗτοι οἱ * τόποι * εἰς ἐπισύνσχεσιν αὐτῶν ἐποίησαν μέχρι τῆς ἡμέρας
Hen. 23 1 κυριεύων τοῦ αἰῶνος. κἀκεῖθεν ἐφώδευσα εἰς ἄλλον * τόπον * πρὸς δυσμὰς τῶν περάτων τῆς γῆς. καὶ ἐθεασάμην πῦρ
Hen. 25 5 εἰς ζωὴν εἰς βορρᾶν καὶ μεταφυτευθήσεται ἐν * τόπῳ * ἁγίῳ παρὰ τὸν οἶκον τοῦ θεοῦ βασιλέως τοῦ αἰῶνος.
Hen. 26 1 καὶ ἐκεῖθεν ἐφώδευσα εἰς τὸ μέσον τῆς γῆς καὶ ἴδον * τόπον * ηὐλογημένον ἐν ᾧ δένδρα ἔχοντα παραφυάδας μενούσας
Hen. 29 1 ὕδωρ καὶ δρόσον. ἔτι ἐκεῖθεν ἐπορεύθην εἰς ἄλλον * τόπον * ἐν τῷ Βαβδηρὰ καὶ πρὸς ἀνατολὰς τοῦ ὄρους τούτου
Hen. 30 1 τούτων ᾠχόμην πρὸς ἀνατολὰς μακρὰν καὶ ἴδον * τόπον * ἄλλον μέγαν φάραγγα ὕδατος ἐν ᾧ καὶ δένδρον χρόα
Hen. 100 1 μνημο⟩νήσουσιν τὰς ἀδικίας ⟨ὑμῶν.⟩ καὶ τότε ἐν ἑνὶ * τόπῳ--- * ⟨ῥέῃ τὰ α⟩ἷμα⟨τα αὐτῶν. καὶ ἄνθρωπο⟩ς οὐκ
Hen. 100 4 ἐβοήθουν τῇ ἀδικίᾳ καὶ συστραφήσονται εἰς ἕνα * τόπον * καὶ ὁ ὕψιστος ἐγερθήσεται ἐν ἡμέρᾳ κρίσεως ποιῆσαι
Abr.1 10 2 εἶδεν ἀροτριῶντας ἑτέρους ἁμαξηγοῦντας ἐν ἄλλῳ δὲ * τόπῳ * ποιμαινεύοντας ἀλλαχοῦ ἀγραυλοῦντας καὶ ὀρχουμένους
Abr.1 10 2 ὀρχουμένους παίζοντας καὶ κιθαρίζοντας ἐν ἄλλῳ δὲ * τόπῳ * παλαίοντας καὶ δικαζομένους ἀλλαχοῦ κλαίοντας
Abr.1 10 8 δρυμοῦ καὶ κατέφαγον αὐτούς. καὶ εἶδεν εἰς ἕτερον * τόπον * ἄνδρα μετὰ γυναικὸς εἰς ἀλλήλους πορνεύοντας καὶ
Abr.1 10 10 ἡ γῆ καὶ κατέπιεν αὐτούς.⟩ καὶ εἶδεν εἰς ἕτερον * τόπον * ἀνθρώπους διορύττοντας οἴκους καὶ ἁρπάζοντας τὰ
Abr.1 13 12 αὐτὸν ὁ ἄγγελος τῆς κρίσεως καὶ ἀναφέρει εἰς τὸν * τόπον * τῶν ἁμαρτωλῶν πικρότατον ποτήριον εἴ τινος δὲ τὸ
Abr.2 4 6 θεὸν καὶ ἐπορεύθησαν πάντες οἱ ἄγγελοι εἰς τοὺς * τόπους * αὐτῶν. ἀποκριθεὶς δὲ Μιχαὴλ ἐνώπιον τοῦ θεοῦ
Abr.2 8 13 ὃν ἔπλασεν ὁ θεὸς καὶ ἤγαγεν αὐτὸν εἰς τὸν * τόπον * τοῦτον ὥστε θεωρῆσαι πᾶσαν ψυχὴν ἐξερχομένην ἐκ
Abr.2 9 8 εἴασεν αὐτὴν ἐν μόχθῳ οὐδὲ ἐν ἀναπαύσει ἀλλ' ἐν * τόπῳ * μεσότητος ἐκείνας μὲν τὰς ψυχὰς ἦρεν εἰς ἀπώλειαν.
Abr.2 9 11 Μιχαὴλ καὶ εἶπεν ὁ θάνατος ἄγει αὐτοὺς εἰς τὸν * τόπον * τοῦ κριτηρίου ἵνα ὁ κριτὴς κρίνῃ αὐτούς. λέγει
Abr.2 10 1 λέγει Ἀβραὰμ τῷ Μιχαὴλ θέλω ἵνα ἀπάξῃς με εἰς τὸν * τόπον * τοῦ κριτηρίου ὅπως κἀγὼ θεάσωμαι πῶς κρίνει. τότε
Abr.2 10 2 νεφέλην ἀναγαγεῖν τὸν Μιχαὴλ καὶ τὸν Ἀβραὰμ ἐν * τόπῳ * ᾧ ἐστιν παράδεισος ἐκ μέρους αὐτοῦ. ὅτε οὖν ἔφθασεν
Abr.2 10 3 ἐκ μέρους αὐτοῦ. ὅτε οὖν ἔφθασεν εἰς τὸν * τόπον * ὅπου ἦν ὁ κριτὴς ⟨ἐλθόντος τοῦ ἀγγέλου ἀπέδωκεν
Abr.2 11 2 ὁ Ἄβελ ὁ πρῶτος μαρτυρήσας καὶ ἠνέχθη εἰς τὸν * τόπον * τοῦτον ἵνα κρίνῃ οὗτος δὲ ὁ ἀποφαινόμενός ἐστιν
Abr.2 12 1 κόλασιν. ἐγένετο δὲ μετὰ τὸ θεωρῆσαι Ἀβραὰμ τὸν * τόπον * τοῦ κριτηρίου ἀπήγαγεν αὐτὸν ἡ νεφέλη ἐν τῷ
Abr.2 12 9 καὶ εἶδεν Ἀβραάμ τινας ἐρχομένους εἰς ἔρημον * τόπον * τοῦ ποιῆσαι φόνον. καὶ εἶπεν Ἀβραὰμ πρὸς Μιχαὴλ
TRub. 3 11 εἰ μὴ γὰρ εἶδον ἐγὼ Βάλλαν λουομένην ἐν σκεπεινῷ * τόπῳ * οὐκ ἐνέπιπτον εἰς τὴν ἀνομίαν τὴν μεγάλην.
TLevi 16 5 ὑμῶν ἔρημα ἕως ἐδάφους μεμιαμμένα καὶ οὐκ ἔσται * τόπος * ὑμῶν καθαρὸς ἀλλ' ἐν τοῖς ἔθνεσιν ἔσεσθε εἰς
TDan 6 7 ἔσται ἴσος αὐτῷ. τὸ δὲ ὄνομα αὐτοῦ ἔσται ἐν παντὶ * τόπῳ * Ἰσραὴλ καὶ ἐν τοῖς ἔθνεσι σωτήρ. διατηρήσατε οὖν
TJos. 2 6 οὐδὲ ὡς γηγενὴς ἀσθενεῖ ἢ ἀπωθεῖται ἐπὶ πᾶσι δὲ * τόποις * παρίσταται καὶ ἐν διαφόροις τρόποις παρακαλεῖ ἐν
Asen. 15 7 πᾶσαν ὥραν τὸν ὕψιστον καὶ πᾶσι τοῖς μετανοοῦσι * τόπον * ἀναπαύσεως ἡτοίμασεν ἐν τοῖς οὐρανοῖς. καὶ
Asen. 16 20 εἶπεν ὁ ἄνθρωπος ταῖς μελίσσαις ὑπάγετε δὴ εἰς τὸν * τόπον * ὑμῶν. καὶ ἀνέστησαν πᾶσαι αἱ μέλισσαι καὶ
Asen. 16 22 αὐταῖς ἀνάστητε καὶ ὑμεῖς καὶ ἀπέλθετε εἰς τὸν * τόπον * ὑμῶν. καὶ ἀνέστησαν αἱ τεθνηκυῖαι μέλισσαι καὶ
Asen. 17 9 ἰδοὺ νῦν πορεύεται πάλιν εἰς τὸν οὐρανὸν εἰς τὸν * τόπον * αὐτοῦ. καὶ εἶπεν ἐν ἑαυτῇ ἵλεως ἔσο κύριε τῇ δούλῃ
Asen. 22 13 αὐτὸς Λευὶς ἠγάπα τὴν Ἀσενὲθ πάνυ καὶ ἑώρα τὸν * τόπον * τῆς καταπαύσεως αὐτῆς ἐν τοῖς ὑψίστοις ⟨καὶ τὰ
Asen. 26 5 τὴν σιτοδοσίαν αὐτοῦ. καὶ ἦλθεν Ἀσενὲθ ἐπὶ τὸν * τόπον * τοῦ χειμάρρου καὶ οἱ ἑξακόσιοι ἄνδρες μετ' αὐτῆς.
Asen. 29 4 καὶ νῦν ἀπόστρεψον τὴν ῥομφαίαν σου εἰς τὸν * τόπον * αὐτῆς καὶ δεῦρο βοήθησόν μοι καὶ θεραπεύσομεν
Sal. 16 9 ἀνωφελοῦς. τὰ ἔργα τῶν χειρῶν μου κατεύθυνον ἐν * τόπῳ * σου καὶ τὰ διαβήματά μου ἐν τῇ μνήμῃ σου
Jer. 5 7 καὶ οὐκ ἐπέγνω αὐτὴν οὔτε τὴν οἰκίαν οὔτε τὸν * τόπον * ἑαυτοῦ οὔτε τὸ γένος ἑαυτοῦ οὔτε τινὰ τῶν γνωρίμων
Jer. 5 32 τῆς γῆς ἡ ἀνάπαυσις τῶν ψυχῶν τῶν δικαίων ἐν παντὶ * τόπῳ. * εἶτα λέγει τῷ γηραιῷ ἀνθρώπῳ ποῖός ἐστιν ὁ μὴν
Jer. 6 1 τῆς δεξιᾶς χειρὸς ἀπεκατέστησεν αὐτὸν εἰς τὸν * τόπον * ὅπου ἦν Βαρούχ καθεζόμενος εὗρε δὲ αὐτὸν ἐν
Jer. 7 13 ἐλθὼν ἀνεπαύσατο ἐπί τι ξύλον ἔξω τῆς πόλεως εἰς * τόπον * ἔρημον. ἐσιώπησε δὲ ἕως οὗ διῆλθεν Ἱερεμίας αὐτὸς
Jer. 7 14 παρὰ τοῦ βασιλέως Ναβουχοδονόσορ λέγων δός μοι * τόπον * ποῦ θάψω τοὺς νεκροὺς τοῦ λαοῦ μου καὶ ἔδωκεν αὐτῷ
Jer. 7 28 μου ὀδυνώμενος καὶ κλαίων. νῦν οὖν δεήθητι εἰς τὸν * τόπον * ὅπου εἶ σὺ καὶ Ἀβιμέλεχ ὑπὲρ τοῦ λαοῦ τούτου ὅπως
Jer. 8 6 ἀναστάντες ὑποστρέψωμεν εἰς Βαβυλῶνα εἰς τὸν * τόπον * ἡμῶν καὶ ἐπορεύθησαν. ἐλθόντων δὲ αὐτῶν εἰς
Jer. 8 8 ἀφ' ἡμῶν. καὶ ἐπιγνόντες ὑπέστρεψαν καὶ ἦλθον εἰς * τόπον * ἔρημον μακρόθεν τῆς Ἱερουσαλὴμ καὶ ᾠκοδόμησαν
Jer. 8 9 ἄγγελος τῆς δικαιοσύνης καὶ εἰσάξει ὑμᾶς εἰς τὸν * τόπον * ὑμῶν τὸν ὑψηλόν. ἔμειναν δέ οἱ τοῦ Ἱερεμίου
Bar. 4 2 ⟨καὶ διῆλθον πορείας⟩ μετὰ τοῦ ἀγγέλου ἀπὸ τοῦ * τόπου * ἐκείνου ὡσεὶ πορείας ἡμερῶν ἑκατὸν ὀγδοήκοντα
Bar. 6 7 δεξιὸν πτερὸν αὐτοῦ γράμματα παμμεγέθη ὡς ἅλωνος * τόπον * ἔχων μέτρον ὡσεὶ μοδίων τετρακισχιλίων καὶ ἦσαν
Bar. 6 13 ἐγένετο βροντὴ ὡς ἦχος βροντῆς καὶ ἐσαλεύθη ὁ * τόπος * ἐν ᾧ ἱστάμεθα. καὶ ἠρώτησα τὸν ἄγγελον κύριέ μου
Prop. 1 9 τὸ μυστήριον Δαυὶδ καὶ Σολομῶντος καὶ ἐμίανεν ὀστᾶ * τόπου * πατέρων αὐτοῦ διὰ τοῦτο ὁ θεὸς ἐπηράσατο εἰς
Prop. 2 2 βληθεὶς ὑπὸ τοῦ λαοῦ ἀποθνήσκει. κεῖται δὲ ἐν τῷ * τόπῳ * τῆς οἰκήσεως Φαραὼ ὅτι οἱ Αἰγύπτιοι ἐδόξασαν αὐτὸν
Prop. 2 4 ὅσοι εἰσὶ πιστοὶ θεοῦ ἕως σήμερον εὔχονται ἐν τῷ * τόπῳ * καὶ λαμβάνοντες τοῦ χοὸς τοῦ τόπου δήγματα ἀσπίδων
Prop. 2 4 εὔχονται ἐν τῷ τόπῳ καὶ λαμβάνοντες τοῦ χοὸς τοῦ * τόπου * δήγματα ἀσπίδων θεραπεύουσι (καὶ πολλοὶ αὐτὰ τὰ
Prop. 2 5 ἀνδρῶν ὅτι Ἀλέξανδρος ὁ Μακεδὼν ἐπιστὰς τῷ * τόπῳ * τοῦ προφήτου καὶ ἐπιγνοὺς αὐτοῦ μυστήρια εἰς
Prop. 2 13 καὶ νεφέλη ἐσκέπασε τὸ ὄνομα καὶ οὐδεὶς νοεῖ τὸν * τόπον * οὔτε ἀναγνῶναι αὐτὸν ⟨δύναται⟩ ἕως σήμερον καὶ ἕως
Prop. 21 7 ὁ δὲ Ἠλίας καὶ ὕδατος πολλοῦ πληρώσας τὸν * τόπον * ἔνθα ἦν ἡ θυσία ηὔξατο καὶ εὐθὺς ἐπέπεσε πῦρ καὶ
Sedr. 16 5 μὴ ἴδῃ κολαστήριον ἀλλὰ ἔσται μετὰ τῶν δικαίων ἐν * τόπῳ * ἀναψύξεως καὶ ἀναπαύσεως καὶ εἴ τις συγγράψει τὸν
Job 3 6 ἐμῆς ψυχῆς ἐλθών, δέομαί σου, εἴπερ οὗτός ἐστιν ὁ * τόπος * τοῦ Σατανᾶ ἐν ᾧ ἀπατηθήσονται οἱ ἄνθρωποι, δός μοι
Job 3 6 δός μοι ἐξουσίαν ἵνα ἀπελθὼν καθαρίσω αὐτοῦ τὸν * τόπον, * ἵνα ποιήσω μηκέτι σπένδεσθαι αὐτόν. καὶ τίς ἐστιν
Job 4 1 ἐμοὶ εἶπεν τὸ φῶς ὅτι μὲν καθαρίσαι τοῦτον τὸν * τόπον * δυνήσῃ, ἀλλὰ ὑποδείκνυμί σοι πάντα ἅπερ ἐνετείλατό
Job 4 4 τάδε λέγει κύριος ἐὰν ἐπιχειρήσεις καθαρίσαι τὸν * τόπον * τοῦ Σατανᾶ, ἐπαναστήσεταί σοι μετὰ ὀργῆς εἰς
Job 17 4 μὲν ναὸν τοῦ μεγάλου θεοῦ καθελὼν καὶ ἀφανίσας τὸν * τόπον * τῆς σπονδῆς διὸ κἀγὼ ἀνταποδώσω αὐτῷ καθὰ ἔπραξεν

```
Job       20    9   ἀφήλατο σκώληξ, ἦρον καὶ κατήγγιζον εἰς τὸν αὐτὸν × τόπον × λέγων παράμεινον ἐν τῷ αὐτῷ τόπῳ ἐν ᾧ ἐτέθης ἄχρις
Job       20    9   εἰς τὸν αὐτὸν τόπον λέγων παράμεινον ἐν τῷ αὐτῷ × τόπῳ × ἐν ᾧ ἐτέθης ἄχρις οὗ ἐνταλῇ ὑπὸ τοῦ κελεύσαντός
Job       24    2   τῆς σωτηρίας σου; καὶ ἐγὼ πλανῆτις καὶ λάτρις × τόπον × ἐκ τόπου περιερχομένη διὸ ἀπώλετο ἀπὸ γῆς τὸ
Job       24    2   σωτηρίας σου; καὶ ἐγὼ πλανῆτις καὶ λάτρις τόπον ἐκ × τόπου × περιερχομένη διὸ ἀπώλετο ἀπὸ γῆς τὸ μνημόσυνόν
Job       49    2   διάλεκτον τῶν ἀρχῶν, ἐδοξολόγησεν δὲ τοῦ ὑψηλοῦ × τόπου × τὸ ποίημα. διότι εἴ τις βούλεται γνῶναι τὸ ποίημα
Aris.      3    6   ὠφέλειαν τοῖς σὺν ἑαυτῷ καὶ τοῖς κατὰ τοὺς ἄλλους × τόπους × πολίταις πρὸς τὴν ἑρμηνείαν τοῦ θείου νόμου διὰ
Aris.     22    3   τῷ πατρὶ ἡμῶν εἰς τοὺς κατὰ Συρίαν καὶ Φοινίκην × τόπους × ἐπελθόντες τὴν τῶν Ἰουδαίων χώραν ἐγκρατεῖς
Aris.     52    3   τὸ κατασκεύασμα. προσέταξε δὲ πυθέσθαι τῶν ἀνὰ τὸν × τόπον × πηλίκη τίς ἐστιν ἡ προοῦσα καὶ κειμένη κατὰ τὸ
Aris.     54    1   οὐ γὰρ αἱρεῖσθαι τὸ κεῖσθαι μόνον ἐν τῷ × τόπῳ × ⟨τὰ⟩ παρ' αὐτοῦ πολὺ δὲ μᾶλλον χάριν ἕξειν ἐὰν τὰς
Aris.     81    3   δὲ τεχνίταις παρήδρευεν ἐπιμελῶς ἵνα καθηκόντως τῷ × τόπῳ × συντελέσωσιν εἰς ὃν ἀπεστέλλετο τὰ τῶν ἔργων. διὸ
Aris.     81    6   βασιλέως καὶ τοῦ προστατοῦντος ἀρχιερέως τοῦ × τόπου. × καὶ γὰρ τὸ τῶν λίθων πλῆθος ἄφθονον καὶ μεγάλοι
Aris.     83    4   χώρας πρῶτον δηλώσω. ὡς γὰρ παρεγενήθημεν ἐπὶ τοὺς × τόπους × ἐθεωροῦμεν τὴν πόλιν μέσην κειμένην τῆς ὅλης
Aris.     87    2   θυσιαστηρίου κατασκευὴ συμμέτρως ἔχουσαν πρὸς τὸν × τόπον × καὶ τὰ θύματα διὰ τοῦ πυρὸς ἐξαναλούμενα τὴν
Aris.     87    4   τῆς πρὸς αὐτὸ πρὸς τὴν εὐκοσμίαν ἔχοντος τοῦ × τόπου × καθηκόντως τὸ κλίμα τῶν λειτουργούντων ἱερέων
Aris.     88    3   καθέστηκε καὶ κλίματα πρὸς τοὺς καθήκοντας × τόπους × ἔχει τῆς τῶν ὑδάτων ἐπιφορᾶς ἕνεκεν ἡ γίνεται διὰ
Aris.     91    4   πλέον σταδίων τεσσάρων ἐκ τῆς πόλεως καὶ πρός τινα × τόπον × ἐκέλευσαν κατακύψαντα συνακοῦσαι τοῦ γινομένου.
Aris.     94    1   τὸ προειρημένον ἐπιτελεῖται. πρὸς δὲ τὴν ἀνάπαυσιν × τόπος × αὐτοῖς ἐστιν ἀποτεταγμένος οὗ καθίζουσιν οἱ
Aris.     95    3   ὥσθ' ὑπολαμβάνειν μηθ' ἕνα ἄνθρωπον ἐν τῷ × τόπῳ × παρεῖναι πρὸς τοὺς ἑπτακοσίους παρόντων τῶν
Aris.    100    3   ἀναβάντες ἐθεωροῦμεν ἡ κεῖται μὲν ἐν ὑψηλοτάτῳ × τόπῳ × πύργοις ἐξησφαλισμένη πλείοσι μέχρι κορυφῆς
Aris.    100    5   ὡς μεταλαμβάνομεν πρὸς φυλακὴν τῶν περὶ τὸ ἱερὸν × τόπων × ἵνα ἐὰν ἐπίθεσίς τις ἢ νεωτερισμὸς ἢ πολεμίων
Aris.    101    3   τῶν πύργων τῆς ἄκρας καὶ ὀργάνων ποικίλων καὶ τῶν × τόπων × κατὰ κορυφὴν ὄντος τῶν προειρημένων περιβόλων
Aris.    105    6   διὰ τούτων διεξόδους. ἀνάκλασιν γὰρ ἔχει τὰ τῶν × τόπων × ὡς ἂν ἐπ' ὄρους τῆς πόλεως ᾠκοδομημένης. εἰσὶ δὲ
Aris.    113    2   νομή. διὸ καλῶς ἔβλεψαν ὅτι πολυανθρωπίας οἱ × τόποι × προσδέονται καὶ τὴν κατασκευὴν τῆς πόλεως καὶ τῶν
Aris.    114    3   καὶ χρυσοῦ παρακομίζεται διὰ τῶν Ἀράβων εἰς τὸν × τόπον. × ἐργάσιμος γὰρ καὶ πρὸς τὴν ἐμπορίαν ἐστὶ
Aris.    115    5   ἐκτισμένην. μέση δὲ κεῖται πρὸς τοὺς προειρημένους × τόπους × οὐκ ἀπέχουσα τούτων πολύ. ἔχει δὲ πάντα δαψιλῆ
Aris.    120    4   ἀλλοτριωθῆναι παρεύρεσιν λαβόντων εἰς τοὺς × τόπους × εἰσόδου διὰ τοῦτο τὴν διαβολὴν γεγονέναι ταύτην.
Aris.    124    4   μέγιστον ἡγεῖται τὸ μεταπέμπεσθαι καθ' ὃν ἂν × τόπον × ὀνομασθῇ τις ἄνθρωπος διαφέρων ἀγωγῇ καὶ φρονήσει
Aris.    132    3   ἡ δύναμις αὐτοῦ φανερὰ γίνεται πεπληρωμένου παντὸς × τόπου × τῆς δυναστείας καὶ οὐθὲν αὐτὸν λανθάνει τῶν ἐπὶ
Aris.    157    3   θείᾳ δυνάμει σὺν κατασκευῇ. πάντα γὰρ χρόνον καὶ × τόπον × ὥρικε πρὸς τὸ διὰ παντὸς μνημονεύειν τοῦ
Aris.    214    5   ᾗ πέτασθαι φερομένους καὶ διαιρεῖν εἰς ἑτέρους × τόπους × καὶ τοιαῦτα ἕτερα καίτοι ταῦθ' ὑπολαμβάνομεν
Aris.    304    5   ἀσπασμὸν τοῦ βασιλέως ἀπελύοντο πρὸς τὸν ἑαυτῶν × τόπον. × ὡς δὲ ἔθος ἐστὶ πᾶσι τοῖς Ἰουδαίοις ἀπονιψάμενοι
Aris.    307    2   καθὼς δὲ προειρήκαμεν οὕτως καθ' ἑκάστην εἰς τὸν × τόπον × ἔχοντα τερπνότητα διὰ τὴν ἡσυχίαν καὶ καταύγειαν
Aris.    308    2   ὁ Δημήτριος τὸ πλῆθος τῶν Ἰουδαίων εἰς τὸν × τόπον × οὗ καὶ τὰ τῆς ἑρμηνείας ἐτελέσθη παρανέγνω πᾶσι
FJub.     18   13   θυσάτω σοι τὸν υἱὸν αὐτοῦ. εἰς ἐκεῖνον δὲ τὸν × τόπον × τὸν Ἀβραὰμ οἰκοδομῆσαι ἔνθα Δαβὶδ ὕστερον
FIsa.  1   2    8   ἀναχωρήσα⟨ς⟩ ἀπὸ Βηθλεὲμ ἐκά⟨θ⟩ισεν ἐν τῷ ὄρει ἐν × τόπῳ × ἐρήμῳ. καὶ Μιχαίας ὁ προφήτης καὶ Ἀνανίας ὁ γέρων
FIsa.  1   3    1   τὸν Μιχαί(α)ν. καὶ Βεχειρὰ ἔγνω ⟨κ⟩αὶ εἶδεν ⟨τὸν × τό⟨π⟩ον × τοῦ Ἠσαίου ⟨καὶ τῶν προφητῶν τῶν⟩ μετ'
FAch.    116        τὸν πύργον; ὃ δὲ λέγει ἕτοιμοι εἰσιν ἐπὰν σὺ τὸν × τόπον × δείξης. ὁ δὲ βασιλεὺς θαυμάσας ἔξω τῆς πόλεως
HEup.  9  30    5   τὸν Δαβὶδ οἰκοδομῆσαι ἱερὸν τῷ θεῷ ἀξιοῦν τὸν θεὸν × τόπον × αὐτῷ δεῖξαι τοῦ θυσιαστηρίου. ἔνθα δὴ ἄγγελον αὐτῷ
HEup.  9  30    5   ἔνθα δὴ ἄγγελον αὐτῷ ὀφθῆναι ἑστῶτα ἐπάνω τοῦ × τόπου × οὗ τὸν βωμὸν ἱδρῦσθαι ἐν Ἱεροσολύμοις καὶ
HEup.  9  34    3   σοι παίδων καλῶς ποιήσεις ἐπιστείλας τοῖς κατὰ × τόπον × ἐπάρχοις ὅπως χορηγῆται τὰ δέοντα. διελθὼν δὲ
HArt.  9  18    1   ἐκεῖ εἴκοσι πάλιν εἰς τοὺς κατὰ Συρίαν ἀπαλλαγῆναι × τόπους × τῶν δὲ τούτῳ συνελθόντων πολλοὺς ἐν Αἰγύπτῳ
HArt.  9  27    3   Μέμριν ἦν Χενεφρῇ τινι κατεγγυῆσαι τῶν ὑπὲρ Μέμριν × τόπων × βασιλεύοντι πολλοὺς γὰρ τότε τῆς Αἰγύπτου
HArt.  9  27    9   τὸ μέγεθος τῆς στρατιᾶς πόλιν ἐν τούτῳ κτίσαι τῷ × τόπῳ × καὶ τὴν Ἶβιν ἐν αὐτῇ καθιερῶσαι διὰ τὸ ταύτην τὰ
HArt.  9  27   15   τὸ σῶμα διακομίσαντας εἰς τοὺς ὑπὲρ Αἴγυπτον × τόπους × θάψαι ὑπολαβόντα τὸν Μώϋσον ὑπὸ τοῦ Χανεθώθου
HArt.  9  27   19   δὲ εἰς τὴν Ἀραβίαν καὶ Ῥαγουὴλ τῷ τῶν × τόπων × ἄρχοντι συμβιοῦν λαβόντα τὴν ἐκείνου θυγατέρα τὸν
HArt.  9  27   21   μήτε ὕλης μήτε ἄλλης τινὸς ξυλείας οὔσης ἐν τῷ × τόπῳ. × τὸν δὲ Μώϋσον δείσαντα τὸ γεγονὸς φεύγειν φωνῆν δ'
HArt.  9  27   34   κατὰ τὴν Ἀραβίαν ποταμοὺς καὶ διαβάντας ἱκανὸν × τόπον × ἐπὶ τὴν Ἐρυθρὰν τριταίους ἐλθεῖν θάλασσαν.
HHec.  1  22  186  ἐν Γάζῃ μάχην ὁ Πτολεμαῖος ἐγένετο τῶν περὶ Συρίαν × τόπων × ἐγκρατὴς καὶ πολλοὶ τῶν ἀνθρώπων πυνθανόμενοι τὴν
HHec.  1  22  204  εἰ γὰρ ἠδύνατο προγιγνώσκειν τὸ μέλλον εἰς τὸν × τόπον × τοῦτον οὐκ ἂν ἦλθε φοβούμενος μὴ τοξεύσας αὐτὸν
LEze.  9  29 14 07 μέσοισι καὶ φαλαγγικοὶ διεκδρομὰς ἔχοντες ἅρμασιν × τόπους × ἱππεῖς δ' ἔταξε τοὺς μὲν ἐξ εὐωνύμων ἐκ δεξιῶν δὲ
LEze.  9  29 16 02 διώλεσε. κράτιστον Μωσῇ πρόσχες οἷον εὕρομεν × τόπον × πρὸς αὐτῇ τῇδέ γ' εὐαεῖ νάπῃ. ἔστιν γὰρ ὥς που καὶ
LAri.  8  10   14  πέντε οὔσης τῆς περιόδου περὶ αὐτὸ κατὰ πάντα × τόπον × τῆς ὁράσεως πᾶσιν αὐτοῖς κυκλόθεν ὡς ἦσαν
LAri.  8  10   16  αὐτῇ προσείη. τῶν γὰρ φυομένων κατὰ τὸ ὄρος × τόπων × φλεγομένων σφοδρῶς οὐδὲ ἐξανάλωσεν ἀλλ' ἔμεινε
```

τορεία
3

```
Aris.     58    3   στρεπτὰ τὴν ἀνάγλυφὴν ἔχοντα σχοινίδων ἔκτυπον τῇ × τορείᾳ × θαυμαστῶς ἔχουσαν ἐκ τῶν τριῶν μερῶν ἦν γὰρ
Aris.     73    3   ἀπὸ τῆς βάσεως μέχρι τοῦ μέσου τὴν διασκευὴν τῇ × τορείᾳ × καὶ τὴν τῶν λίθων ἀνὰ μέσον τῶν φολίδων σύνδεσιν
Aris.     79    4   πολυτελεῖς ἐνέντες λίθους καὶ τὰς λοιπὰς δὲ × τορείας × διηλλαγμένως ἐπετέλεσαν ἅπαντα φιλοτιμηθέντες
```

τορευτής
1

```
HEup.  9  34    9          ποιῆσαι δὲ καὶ τὰς βάσεις τοῦ λουτῆρος × τορευτὰς × χωνευτὰς δώδεκα καὶ τῷ ὕψει ἀνδρομήκεις καὶ
```

τόσος
3

```
Sib.      3  351  δασμοφόρου Ἀσίης ὑπεδέξατο Ῥώμη χρήματά κεν τρὶς × τόσσα × δεδέξεται ἔμπαλιν Ἀσὶς ἐκ Ῥώμης ὀλοὴν δ'
Sib.      5   70  ᾤρυνας ἐπ' ἀνδράσι τοῖς ἀγαθοῖσιν ἕξεις ἀντὶ × τόσων × τοίαν τροφὸν εἴνεκα ποινῆς. οὐκέτι σοι +φανερῶς+
Sib.      5  310  ἀθέων ἀνδρῶν ἀδίκων καὶ ἀθέσμων ῥιφθεῖσ' οὐκέτι × τόσσον × ἐς αἰθέρα +ἅρμα προδώσει+ ἀλλὰ μενεῖ νεκρὰ ἐν
```

τοσόσδε
1

```
Sib.      3  568  καὶ δοῦλον ὑπεκφεύξῃ ζυγὸν αὖτις. ἀλλὰ μέχρις γε × τοσοῦδ' × ἀσεβῶν γένος ἔσσεται ἀνδρῶν ὁππότε κεν τοῦτο
```

τοσοῦτος
22

```
TZab.      8    3   ὅσον γὰρ ἄνθρωπος σπλαγχνίζεται εἰς τὸν πλησίον × τοσοῦτον × κύριος εἰς αὐτόν. ὅτε γὰρ κατήλθομεν εἰς
Asen.     13   14   τὶς γὰρ ἄνθρωπον τέξεται τοιοῦτον κάλλος καὶ × τοσαύτην × σοφίαν καὶ ἀρετὴν καὶ δύναμιν ὡς ὁ πάγκαλος
Jer.       5   20   τοῦ Ἱερεμίου ὅτι ἐπερωτᾷς περὶ αὐτοῦ μετὰ × τοσοῦτον × χρόνον; Ἱερεμίας γὰρ ἐν Βαβυλῶνι ἐστι μετὰ τοῦ
Bar.       1    3   λέγοντά μοι σύνες ὦ ἄνθρωπε ἄνερ ἐπιθυμιῶν καὶ μὴ × τοσοῦτόν × σε μέλη περὶ τῆς σωτηρίας Ἱερουσαλὴμ ὅτι τάδε
Bar.       2    5   καὶ ὅσον διαφέρει ἀπὸ τῆς γῆς ἕως τοῦ οὐρανοῦ × τοσοῦτόν × ἐστιν καὶ τὸ πάχος αὐτοῦ δι' ἕσον πάλιν ἐστὶ
Bar.       4    9   τῆς ἀμπέλου αὐτοῦ. καὶ εἶπον ἐγὼ Βαροὺχ καὶ ἐπεὶ × τοσοῦτόν × κακοῦ αἰτία γέγονεν ἡ ἄμπελος καὶ κατάρας
Bar.       4    9   θεοῦ καὶ τοῦ πρωτοπλάστου ἀναίρεσις πῶς ἄρτι εἰς × τοσαύτην × χρείαν ἐστίν; καὶ εἶπεν ὁ ἄγγελος ὀρθῶς ἐρωτᾶς
Bar.       5    3   καὶ ὅσον ἀνδρῶν τριακοσίων μόλιβδος ἀκοντίζεται × τοσαύτη × ἐστὶν ἡ κοιλία αὐτοῦ. ἐλθὲ οὖν ὅπως δείξω σοι
Bar.       8    3   τῆς κεφαλῆς τοῦ ἡλίου καὶ διὰ τί ἐστι τὸ ὄρνεον × τοσοῦτον × τεταπεινωμένον; καὶ εἶπέν μοι ὁ ἄγγελος ὁ
Job       30    5   ἐν τῇ οἰκίᾳ αὐτῶ ἐρρημένου; πῶς οὖν νῦν εἰς τὴν × τοσαύτην × νεκρότητα κατέπεσεν; ἐγένετο δὲ μετὰ τὰς ἑπτὰ
Job       41    3   μεῖνατε με, ἕως καὶ τὸ περὶ τούτου δείξω αὐτῷ, ὅτι × τοσαύτας × ἡμέρας ἐποιήσατε ἀνεχόμενοί τοῦ Ἰὼβ καυχωμένου
Aris.     13    6   Αἰθιόπων βασιλέα μάχεσθαι σὺν Ψαμμιτίχῳ ἀλλ' οὐ × τοσοῦτοι × τῷ πλήθει παρεγενήθησαν ὅσους Πτολεμαῖος ὁ τοῦ
Aris.    182    6   συγχρῶνται πρὸς τὰ ποτὰ καὶ βρωτὰ καὶ στρωμνὰς × τοσοῦτοι × καὶ προεστῶτες ἦσαν καὶ κατὰ τοὺς ἐθισμοὺς
Aris.    290    3   ἄρχεις ἐστὶ καθὼς σὺ βασιλεὺς μέγας ὑπάρχεις οὐ × τοσοῦτον × τῇ δόξῃ τῆς ἀρχῆς καὶ πλούτῳ προσῳχον ὅσον
Sib.      3  354   δ' ἐξ Ἀσίης Ἰταλῶν δόμον ἀμφεπόλευσαν εἰκοσάκις × τοσσοῦτοι × ἐν Ἀσίδι θητεύσουσιν Ἰταλοὶ ἐν πενίῃ ἀνὰ
Sib.      4  147   πολυκτεάνων αἷα δῶμα θήκατο καὶ δὶς ἔπειτα × τοσσαῦτα × καὶ ἀλλ' ἀποδώσει εἰς Ἀσίην τότε δ' ἔσται
FAch.    115   εὐχερῶς (μὲν ἀληθοῦς) πρόσφερε ἐκεῖνον ὀνομάζων × τοσοῦτον × γὰρ διαφέρει Λυκούργος ὡς Ζεὺς τῶν ἐπὶ τὸν
IDip.  5 133    3   καὶ πατέρα τοῦτον διὰ τέλους τιμᾶν μόνον ἀγαθῶν × τοσοῦτον × εὑρετὴν καὶ κτίστορα. ὡς σὺ τοὺς θανόντας ὦ
HDem.  9  21   14  πενταπλασίονα μερίδα ἔδωκε μὴ δυνάμενον ἢ ἀφ' οὐ × τοσαύτα × καταναλῶσαι κρέα. τοῦτο οὖν αὐτῶν πεποιηκέναι
HHec.  1  22  195  κα. παμφορωτάτης χώρας νέμονταί τε ἡ γὰρ Ἰουδαία × τοσαύτη × πλάτος ἐστίν. ἔστι τῶν Ἰουδαίων τὰ μὲν πολλὰ
HCal.    24   23  Ἀλέξανδρος ἐκέλευσεν τὸ ἔργον ἐτελέσθη. καὶ οὐ × τοσοῦτον × ἡμᾶς ἡ τοῦ θανάτου ἔθρόησε τόλμα ὅσον τὸ μὴ
LEze.  9  29 12 39 δ' ἀπὸ ἑπτὰ διοδοιποροῦντες ἡμέρας ὁδὸν πάντες × τοσαύτας × ἡμέρας ἔτος κάτα ἄζυμα ἔδεσθε καὶ θεῷ
```

τότε
242 τότε τότ' ότε

Τουβὶ
1

```
FIsa.  1   2    5   τῶν δικαίων ἐν χερσὶ Μανασσῆ καὶ ἐν χερσὶν τοῦ × Τουβὶ × τοῦ Χανανίτου καὶ ἐν χερσὶν Ἰωνὰν τοῦ Ναθὼθ καὶ
```

Τουριήλ
1

```
Hen.       6    7   Βαρακιὴλ Ἀνανθνὰ Θωνιὴλ Ῥαμιὴλ Ἀσέαλ Ῥακειὴλ × Τουριήλ. × οὗτοί εἰσιν ἀρχαὶ αὐτῶν οἱ ⟨ἐπὶ⟩ δέκα. ἐκ τοῦ
```

τουτέστι
6

```
TJud.     15    3   ὡς κἀγὼ γυμνωθείς. ἔδωκα γὰρ τὴν ῥάβδον μου × τουτέστι × τὸ στήριγμα τῆς ἐμῆς φυλῆς καὶ τὴν ζώνην μου
TJud.     15    3   τὸ στήριγμα τῆς ἐμῆς φυλῆς καὶ τὴν ζώνην μου × τουτέστι × τὴν δύναμιν καὶ τὸ διάδημα τουτέστι τὴν δόξαν
TJud.     15    3   τὴν ζώνην μου τουτέστι τὴν δύναμιν καὶ τὸ διάδημα × τουτέστι × τὴν δόξαν τῆς βασιλείας μου. καίγε μετανοήσας
Prop.     15    7   προφήτης Δαυὶδ ἐν τοῖς τελευταίοις ψαλμοῖς × τουτέστιν × αἰνεῖτε τὸν θεὸν ἐν ψαλμοῖς καὶ χοροῖς περὶ
Prop.     16    3   ἐν ἡμέραις ἀναρχίας ὡς γέγραπται ἐν Σφαρφωτὶμ × τουτέστιν × ἐν βίβλῳ κριτῶν. καὶ ἔτι νέος προσετέθη πρὸς
Job       53    9   πληγὴν λαβὼν πάντα διπλᾶ ἔλαβε καὶ τὰ ἔτη διπλᾶ × τουτέστιν × ρ ο'. τὰ δὲ πάντα ἔτη τῆς ζωῆς αὐτοῦ σ μη'.
```

τόφρα
1

```
LThe.  9  22   11  λεῖψε δ' ἔτι σπαίρουσαν ἐπεὶ πόνος ἄλλος ὀρώρει. × τόφρα × δὲ καὶ Λευὶν μένος ἄσχετος ἔλλαβε χαίτης γούνων
```

τράγος
3

```
TLevi     18 2B 034 μόσχον τέλειον μ' μναῖ καὶ εἰ κριὸς ἐκ προβάτων ἢ × τράγος × ἐξ αἰγῶν τὸ προσφερόμενον ἢ καὶ τούτῳ λ' μναῖ καὶ
```

TLevi 18 2B039 τοῦ σάτου καὶ τῷ κριῷ τὸ ἥμισυ τοῦ σάτου καὶ τῷ ✻ τράγῳ ✻ τὸ ἴσον καὶ τῷ ἀρνίῳ καὶ τῷ ἐρίφῳ τὸ τρίτον τοῦ
TLevi 18 2B042 καὶ τῷ μοσχαρίῳ σάτον σεμίδαλιν καὶ τῷ κριῷ καὶ τῷ ✻ τράγῳ ✻ τὰ δύο μέρη τοῦ σάτου καὶ τῷ ἀρνίῳ καὶ τῷ ἐρίφῳ ἐξ

τραγῳδία
1
Aris. 316 2 οὕτως ἀποκατασταῆναι. καὶ παρὰ Θεοδέκτου δὲ τοῦ τῶν ✻ τραγῳδιῶν ✻ ποιητοῦ μετέλαβον ἐγὼ διότι παραφέρειν

Τράλλεις
2
Sib. 3 459 φάραγγας καὶ πολλὰς ψυχὰς Ἀίδης ὁμοθυμαδὸν ἕξει. ✻ Τράλλις ✻ δ' ἡ γείτων Ἐφέσου σεισμῷ καταλύσει τείχεά τ'
Sib. 5 289 πολυχρύσων. αἰαῖ ⟨σοι⟩ Σάρδεις αἰαῖ πολυήρατε ✻ Τράλλις ✻ αἰαῖ Λαοδίκεια καλὴ πόλι ὡς ἀπολεῖσθε σεισμοῖς

τράπεζα
54
Abr.1 4 2 ἑτοίμασον δὲ ἡμῖν ἐκεῖ δίφρον καὶ λυχνίαν καὶ ✻ τράπεζαν ✻ ἐν ἀφθονίᾳ παντὸς ἀγαθοῦ καλλώπισον τὸ οἴκημα
Abr.1 4 4 ἀμφότεροι ἐπὶ τὰ κλινάρια μέσον αὐτῶν ⟨ὑπῆρχε⟩ ✻ τράπεζα ✻ ἐν ἀφθονίᾳ παντὸς ἀγαθοῦ. ἐγερθεὶς οὖν ὁ
Abr.1 4 9 ἀσώματα καὶ οὐκ ἐσθίουσιν οὐδὲ πίνουσιν καὶ οὗτος ✻ τράπεζάν ✻ μοι παρέθετο ἐν ἀφθονίᾳ ἀγαθῶν τῶν ἐπιγείων
Abr.1 4 9 ποιήσω; πῶς διαλάθω μετὰ τούτων καθήμενος ἐν μιᾷ ✻ τραπέζῃ ✻ μετ' αὐτοῦ; ὁ δὲ κύριος εἶπε ⟨κάτελθε⟩ πρὸς
Abr.1 4 10 τῶν χειρῶν σου καὶ διὰ στόματός σου πάντα ἐπὶ τῆς ✻ τραπέζης ✻ καὶ συνευφράνθητι καὶ σὺ μετ' αὐτοῦ μόνον δὲ τὰ
Abr.1 5 1 οἶκον τοῦ Ἀβραὰμ καὶ ἐκαθέσθη μετ' αὐτοῦ ἐν τῇ ✻ τραπέζῃ ✻ Ἰσαὰκ δὲ ὑπηρέτει αὐτούς. τελεσθέντος δὲ τοῦ
Abr.1 6 4 καὶ θυσάντες ἡμεῖς τὸν μόσχον παρέθηκας αὐτοῖς ✻ τράπεζαν ✻ δαπανηθέντων δὲ τῶν κρεάτων εἰσῆλθεν πάλιν ὁ
Abr.1 12 6 ὅμοιος υἱῷ θεοῦ ἔμπροσθεν δὲ αὐτοῦ ἵστατο ✻ τράπεζα ✻ κρυσταλλοειδὴς ὅλως διὰ χρυσοῦ ἐπάνω δὲ τῆς
Abr.1 12 7 κρυσταλλοειδὴς ὅλως διὰ χρυσοῦ ἐπάνω δὲ τῆς ✻ τραπέζης ✻ ⟨ἦν⟩ βιβλίον κείμενον τὸ πάχος αὐτοῦ πήχεων
Abr.1 12 9 χάρτην καὶ μέλαν καὶ κάλαμον πρὸ προσώπου δὲ τῆς ✻ τραπέζης ✻ ἐκάθητο ἄγγελος φωτοφόρος κρατῶν ἐν τῇ χειρὶ
Abr.1 12 13 ἀπεγράφετο τὰς ἁμαρτίας καὶ ὁ ἀνὴρ πρὸ προσώπου τῆς ✻ τραπέζης ✻ ὁ τὸν ζυγὸν κατέχων ἐζύγιζεν τὰς ψυχὰς καὶ ὁ
TLevi 8 16 σπέρματί σου καὶ ἔδεσθε πᾶν ὡραῖον ὁράσει καὶ τὴν ✻ τράπεζαν ✻ κυρίου διανεμήσεται τὸ σπέρμα σου καὶ ἐξ αὐτῶν
TJud. 21 5 ὑπέρ σε ἐξελέξατο κύριος ἐγγίζειν αὐτῷ καὶ ἐσθίειν ✻ τράπεζαν ✻ αὐτοῦ καὶ ἀπαρχὰς ἐντρυφήματα υἱῶν Ἰσραήλ. σὺ
Asen. 7 1 καὶ ἔνιψαν τοὺς πόδας αὐτοῦ καὶ παρέθηκαν αὐτῷ ✻ τράπεζαν ✻ κατ' ἰδίαν διότι Ἰωσὴφ οὐ συνήσθιε μετὰ τῶν
Asen. 8 5 αὐτῆς εἴδωλα νεκρὰ καὶ κωφὰ καὶ ἐσθίει ἐκ τῆς ✻ τραπέζης ✻ αὐτῶν ἄρτον ἀγχόνης καὶ πίνει ἐκ τῆς σπονδῆς
Asen. 11 9 τῆς θυσίας αὐτῶν καὶ τὸ στόμα μου μεμίαται ἐκ τῆς ✻ τραπέζης ✻ αὐτῶν καὶ οὐκ ἔστι μοι τόλμη ἐπικαλέσασθαι
Asen. 12 2 στόμα μου ἀπὸ τῶν θυσιῶν τῶν εἰδώλων καὶ ἀπὸ τῆς ✻ τραπέζης ✻ τῶν θεῶν τῶν Αἰγυπτίων. ἥμαρτον κύριε ἥμαρτον
Asen. 15 14 οὐκ ἐκάθισεν ἐπ' αὐτὴν πώποτε. καὶ παραθήσω σοι ✻ τράπεζαν ✻ καὶ εἰσοίσω σοι ἄρτον καὶ φάγεσαι καὶ οἶνον σοι
Asen. 16 1 συντόμως. καὶ ἔσπευσεν Ἀσενὲθ καὶ παρέθηκεν αὐτῷ ✻ τράπεζαν ✻ καινὴν καὶ ἐπορεύετο κομίσαι αὐτῷ ἄρτον. καὶ
Asen. 16 5 ταμιεῖόν σου καὶ εὑρήσεις κηρίον μελίσσης ἐπὶ τῆς ✻ τραπέζης ✻ κείμενον. ἄρον αὐτὸ καὶ κόμισον ὧδε. καὶ εἶπεν
Asen. 16 8 αὐτῆς καὶ εὗρε κηρίον μελίσσης κείμενον ἐπὶ τῆς ✻ τραπέζης. ✻ καὶ ἦν τὸ κηρίον μέγα καὶ λευκὸν ὡσεὶ χιὼν καὶ
Asen. 16 10 καὶ ἤνεγκε τῷ ἀνθρώπῳ καὶ παρέθηκεν αὐτὸ ἐπὶ τῆς ✻ τραπέζης ✻ ἣν ἡτοίμασεν ἐνώπιον αὐτοῦ. καὶ εἶπεν αὐτῇ ὁ
Asen. 17 3 ⟨πληγῆς⟩ τοῦ κηρίου καὶ εὐθέως ἀνέβη πῦρ ἐκ τῆς ✻ τραπέζης ✻ καὶ κατέφαγε τὸ κηρίον καὶ τὴν τράπεζαν οὐκ
Asen. 17 3 πῦρ ἐκ τῆς τραπέζης καὶ κατέφαγε τὸ κηρίον καὶ τὴν ✻ τράπεζαν ✻ οὐκ ἠδίκησεν. καὶ ἐξῆλθεν ἐκ τῆς καύσεως τοῦ
Asen. 17 7 καὶ εἶπεν ὁ ἄνθρωπος τῇ Ἀσενὲθ μετάθες τὴν ✻ τράπεζαν ✻ ταύτην. καὶ ἐπεστράφη Ἀσενὲθ τοῦ μεταθῆναι τὴν
Asen. 17 8 ταύτην. καὶ ἐπεστράφη Ἀσενὲθ τοῦ μεταθῆναι τὴν ✻ τράπεζαν ✻ καὶ εὐθέως ἀπῆλθεν ἐξ ὀφθαλμῶν αὐτῆς ὁ
Asen. 21 14 ἀγχόνης ἔφαγον καὶ ποτήριον ἐνέδρας ἔπιον ἀπὸ τῆς ✻ τραπέζης ✻ τοῦ θανάτου.⟩ ⟨ἥμαρτον κύριε ἥμαρτον ἐνώπιόν
Job 10 1 καὶ λάβωσιν ὅσον χρῄζουσιν. ἦσαν δὲ μοι καὶ ✻ τράπεζαι ✻ ἱδρυμέναι τριάκοντα ἐν τῷ οἴκῳ μου ἀκίνητοι
Job 10 2 ξένοις μόνοις εἶχον δὲ καὶ τῶν χηρῶν ἄλλας δώδεκα ✻ τραπέζας ✻ κειμένας καὶ εἴ τις ξένος προήρχετο αἰτῆσαι
Job 10 3 αἰτῆσαι ἐλεημοσύνην, ἀνάγκην εἶχεν τρέφεσθαι ἐν τῇ ✻ τραπέζῃ ✻ πρὶν ἢ λαβεῖν τὴν χρείαν καὶ οὐδὲ ἐπέτρεπον
Job 10 6 τὸν καρπὸν αὐτῶν ἀφορίζειν τοῖς πένησιν εἰς τὴν ✻ τράπεζαν ✻ αὐτῶν εἶχον δὲ ἀρτοκόπια πεντήκοντα ἀφ' ὧν
Job 10 7 ἀφ' ὧν ἔταξα εἰς τὴν ὑπηρεσίαν τῆς τῶν πτωχῶν ✻ τραπέζης. ✻ ἦσαν δὲ καὶ ξένοι τινὲς ἰδόντες τὴν ἐμὴν
Job 12 1 κἂν διακονῆσαι τοῖς πτωχοῖς σήμερον ἐν τῇ σῇ ✻ τραπέζῃ. ✻ καὶ συγχωρηθεὶς ὑπηρέτει καὶ ἔτρωγεν καὶ
Job 18 3 μου ἥρπαζον. εἰ ἐμοὶ ὀφθαλμοὶ ἔβλεπον τὴν ✻ τραπεζῶν ✻ μου καὶ κραββάτων ἄνδρας εὐτελεῖς καὶ ἀτίμους
Job 25 5 τὴν τρίχα αὐτῆς ἀντὶ ἄρτων. ἴδε ἡ ἔχουσα ἑπτὰ ✻ τραπέζας ✻ ἀκινήτους ἐπὶ τῆς οἰκίας. εἰς ἃς ἤσθιον οἱ
Job 32 7 τοῦ θρόνου σου; σὺ εἶ ὁ τὰς ἱδρυμένας ἑξήκοντα ✻ τραπέζας ✻ τοῖς πτωχοῖς στηρίξας ποῦ νῦν τυγχάνει ἡ δόξα
Aris. 22 11 ὀψωνίων δόσει τοὺς δὲ λοιποὺς ἀπὸ τῆς βασιλικῆς ✻ τραπέζης. ✻ νομίζομεν γὰρ καὶ παρὰ τὴν τοῦ πατρὸς ἡμῶν
Aris. 33 5 δὲ καὶ εἰς κατασκευὴν κρατήρων τε καὶ φιαλῶν καὶ ✻ τραπεζῶν ✻ καὶ σπονδείων χρυσίου μὲν ὁλκῆς τάλαντα
Aris. 42 6 εἴκοσι καὶ ἀργυρᾶς τριάκοντα κρατῆρας πέντε καὶ ✻ τράπεζαν ✻ εἰς ἀνάθεσιν καὶ εἰς προσαγωγὴν θυσιῶν καὶ εἰς
Aris. 51 8 οὐδὲ εἰκῇ συντελέσαι. πρῶτον δέ σοι τὰ περὶ τῆς ✻ τραπέζης ✻ ἐξηγήσομαι. προεθυμήθη μὲν οὖν ὁ βασιλεὺς
Aris. 59 4 κειμένου δὲ κατὰ τῆς στεφάνης τὸ μὲν εἰς αὐτὴν τὴν ✻ τράπεζαν ✻ ἀπόκλιμα τὴν διατύπωσιν ἔχειν τῆς ὡραιότητος τὸ
Aris. 62 5 ἐχούσαις τὴν πρὸς ἄλληλα θέσιν περὶ ὅλην τὴν ✻ τράπεζαν. ✻ ὑπὸ δὲ τὴν ἐκτύπωσιν τῶν λίθων τῆς φωθεσίας
Aris. 63 7 χρόαν ἀνέδωσε τῷ χρυσίῳ κύκλῳ περὶ ὅλην τὴν τῆς ✻ τραπέζης ✻ κατασκευὴν κατὰ κόσμον. μετὰ δὲ τὴν τοῦ
Aris. 64 4 διαλυφῆς ⟨διὰ τὸ⟩ ⟨καὶ⟩ κατ' ἀμφότερα τὰ μέρη τὴν ✻ τράπεζαν ✻ πρὸς τὴν χρῆσιν πεποιῆσθαι καθ' ὃ ἂν μέρος
Aris. 65 2 ἔλασμα γὰρ ἐποίησαν καθ' ὅλου τοῦ πλάτους τῆς ✻ τραπέζης ✻ στερεὸν δακτύλων τεσσάρων ὥστε τοὺς πόδας
Aris. 66 1 τῆς κατασκευῆς οὔσης. ἐπ' αὐτῆς δὲ τῆς ✻ τραπέζης ✻ μαίανδρον ἔκτυπον ἐποίησαν ἐν ὑπεροχῇ λίθους
Aris. 68 2 ἔχοντας κρινωτὰς ἀνάκλασιν κρίνων ὑπὸ τὴν ✻ τράπεζαν ✻ λαμβανόντων τὰ δὲ τῆς ἐντὸς προσόψεως ὀρθὴν
Aris. 71 1 ἁπάντων. ἐποίησαν δὲ τριμερὲς τὸ στόμα τῆς ✻ τραπέζης ✻ οἱονεὶ τρίπτυχον πελεκίνοις συναρμοζόμενα
Aris. 71 5 ἡμιπηχίου δὲ οὐκ ἐλάσσονος ἦν τὸ πάχος τῆς ✻ τραπέζης ✻ ὥστε πολλῶν εἶναι ταλάντων τὴν ὅλην διασκευήν.
Sib. 5 267 παῖδες περιτιμήσουσιν καὶ μούσαις ἁγίαισι ✻ τράπεζαν ✻ ἐπιστήσονται παντοίαις θυσίαισι καὶ εὐχαῖς ἐν
Sib. 5 470 πάντων δ' ἐκ μελάθρων θῆρες κατέδουσι ✻ τράπεζαν ✻ αὐτοί τ' οἰωνοί τε βροτοὺς κατέδουσιν ἅπαντας
FPho. 81 πλεόνεσσι καθήκει. καλὸν ξεινίζειν ταχέως λιταῖσι ✻ τράπεζαις· ✻ ἡ πλείσταις δολίαισι βραδυντικῶς παρὰ καιρόν.
FPho. 156 λιμός.⟩ μὴ δ' ἄλλου παρὰ δαιτὸς ἔδοις σκυβάλισμα ✻ τράπεζαν ✻ ἀλλ' ἀπὸ τῶν ἰδίων μισθῶν φαγέοις ἀνυβρίστως.
HEup. 9 34 15 καὶ τὸν βωμὸν τὸν χρυσοῦν καὶ τὴν λυχνίαν καὶ τὴν ✻ τράπεζαν ✻ καὶ τὰ ἄλλα σκεύη ἐκεῖ καταθέσθαι καθὼς

τραπεζίτης
1
Aris. 26 7 τοῖς ὑπηρέταις τῶν ταγμάτων καὶ βασιλικοῖς ✻ τραπεζίταις. ✻ οὕτω δοχθὲν ἐκεκύρωτο ἐν ἡμέραις ἑπτὰ

τραπεζόκορος
1
FPho. 91 γὰρ δὴ νοέουσ' οἱ μηδέποτ' ἐσθλὰ μαθόντες. μὴ δὲ ✻ τραπεζοκόρους ✻ κόλακας ποιεῖσθαι ἑταίρους πολλοὶ γὰρ

τραῦμα
5
Asen. 27 2 κρόταφον αὐτοῦ τὸν εὐώνυμον καὶ ἐτραυμάτισεν αὐτὸν ✻ τραύματι ✻ βαρεῖ. καὶ ἔπεσεν ὁ υἱὸς Φαραὼ ἀπὸ τοῦ ἵππου
Asen. 29 4 δεῦρο βοήθησόν μοι καὶ θεραπεύσομεν αὐτὸν ἀπὸ τοῦ ✻ τραύματος ✻ αὐτοῦ καὶ ἐὰν ζήσῃ ἔσται ἡμῶν φίλος μετὰ ταῦτα
Asen. 29 5 ἀπὸ τοῦ προσώπου αὐτοῦ καὶ ἔδησε τελαμῶνα εἰς τὸ ✻ τραῦμα ✻ αὐτοῦ καὶ ἐπέθηκαν αὐτὸν ἐπὶ τὸν ἵππον αὐτοῦ καὶ
Asen. 29 7 καὶ ἐν τῇ τρίτῃ ἡμέρᾳ ἀπέθανεν ὁ υἱὸς Φαραὼ ἐκ τοῦ ✻ τραύματος ✻ τοῦ λίθου Βενιαμὶν τοῦ παιδαρίου. καὶ Φαραὼ
Prop. 17 4B πρὸς αὐτὸν ἐπειδὴ διὰ σοῦ νομίζεις γεγενῆσθαι τὸ ✻ τραῦμα ✻ διὰ σοῦ καὶ ἡ θεραπεία γενήσεται. ἀπελθὼν οὖν

τραυματίζω
1
Asen. 27 2 καὶ ἐπάταξε τὸν κρόταφον αὐτοῦ τὸν εὐώνυμον καὶ ✻ ἐτραυμάτισεν ✻ αὐτὸν τραύματι βαρεῖ. καὶ ἔπεσεν ὁ υἱὸς

τραχηλιάω
1
Jer. 6 21 τὰ δικαιώματά μου ἀλλὰ ὑψώθη ἡ καρδία ὑμῶν καὶ ✻ ἐτραχηλιάσατε ✻ ἐνώπιόν μου ἐν ὀργῇ καὶ θυμῷ παρέδωκα ὑμᾶς

τραχηλοκοπέω
1
FAch. 106 αὐτοῖς δύνασθε λῦσαι τὸ τοῦ πύργου ζήτημα ἢ πάντας ✻ τραχηλοκοπήσω; ✻ οἱ δὲ φίλοι εἶπον οὐκ οἴδαμεν πῶς πύργος

τράχηλος
18
Adam 29 10 πόδας σου καὶ στῆθι ἐνδεδυμένη ἐν τῷ ὕδατι ἕως τοῦ ✻ τραχήλου. ✻ καὶ μὴ ἐξέλθῃ λόγος ἐκ τοῦ στόματός σου
Abr.1 5 8 μοι ταχέως ὅπως εἰσέλθω καὶ κρεμασθῶ ἐπὶ τοῦ ✻ τραχήλου ✻ σου καὶ ἀσπάσωμαί σε πρὶν σε ἄρουσιν ἀπ' ἐμοῦ.
Abr.1 5 9 ἤνοιξεν αὐτῷ εἰσελθὼν δὲ Ἰσαὰκ ἐκρεμάσθη ἐπὶ τὸν ✻ τραχήλου ✻ αὐτοῦ καὶ ἤρξατο κλαίειν φωνὴν μεγάλην.
Abr.1 15 5 δὲ Ἰσαὰκ ὁ υἱὸς αὐτοῦ καὶ περιεπλάκη εἰς τὸν ✻ τράχηλον ✻ αὐτοῦ ὁμοίως καὶ πάντες οἱ δοῦλοι αὐτοῦ καὶ αἱ
Abr.2 6 2 καὶ εἰσῆλθεν Ἰσαὰκ καὶ ἐκρέμασεν ἑαυτὸν εἰς τὸν ✻ τράχηλον ✻ τοῦ πατρὸς αὐτοῦ κλαίων καὶ καταφιλῶν αὐτὸν
TLevi 18 2B028 τὸ αἷμα ἐπὶ τῆς κεφαλῆς αὐτῆς καὶ μετὰ τοῦτο τὸν ✻ τράχηλον ✻ καὶ μετὰ τοῦτο τοὺς ὤμους καὶ μετὰ ταῦτα τὸ
TNep. 2 8 θεὸς καλὰ τὰς πέντε αἰσθήσεις ἐν τῇ κεφαλῇ καὶ ✻ τράχηλον ✻ συνάπτει τῇ κεφαλῇ καὶ τρίχας πρὸς δόξαν εἶτα
Asen. 3 6 χρυσᾶ περιέθηκε τοῖς ποσὶν αὐτῆς καὶ περὶ τὸν ✻ τράχηλον ✻ αὐτῆς περιέθετο κόσμον πολύτιμον καὶ λίθους
Asen. 18 6 χρυσᾶς καὶ κόσμον τίμιον περιέθηκε περὶ τὸν ✻ τράχηλον ✻ αὐτῆς ἐν ᾧ ἦσαν λίθοι πολυτελεῖς τίμιοι
Asen. 18 9 τοῦ θεοῦ εὐθηνοῦσα ἐν τοῖς καρποῖς αὐτῆς καὶ ὁ ✻ τράχηλος ✻ αὐτῆς ὡς κυπαρίσσου παμποικίλας ⟨καὶ οἱ μασθοὶ
Asen. 22 9 ἐκράτησε τοῦ αὐχένος Ἰακὼβ καὶ κατεφίλησεν ἐπὶ τὸν ✻ τράχηλον ✻ τοῦ πατρὸς αὐτῆς ⟨καθὼς κρέμαται τις ἐπὶ τὸν
Asen. 22 9 τοῦ πατρὸς αὐτῆς ⟨καθὼς κρέμαται τις ἐπὶ τὸν ✻ τράχηλον ✻ τοῦ πατρὸς αὐτοῦ ὅταν ἐκ πολέμου ἐπανέλθῃ εἰς
Sal. 2 14 αἱ θυγατέρες σὺν αἰχμαλωσίᾳ πονηρᾷ καὶ ἐπὶ σφραγῖδι ὁ ✻ τράχηλος ✻ αὐτῶν καὶ ἐν ἐπισήμῳ ἐν τοῖς ἔθνεσιν, καὶ
Sal. 8 29 ἡ πίστις σου μεθ' ἡμῶν. καὶ ἡμεῖς ἐσκληρύναμεν τὸν ✻ τράχηλον ✻ ἡμῶν καὶ σὺ παιδευτὴς ἡμῶν εἶ. μὴ ὑπερίδῃς ἡμᾶς
Jer. 7 8 ἐκ τοῦ κοφίνου τοῦ Ἀβιμέλεχ ἔδησεν αὐτὰ εἰς τὸν ✻ τράχηλον ✻ τοῦ ἀετοῦ καὶ εἶπεν αὐτῷ σοὶ λέγω βασιλεῦ τῶν
Jer. 7 13 ἴστε ὁ ἀετὸς ἐπετάσθη ἔχων τὴν ἐπιστολὴν εἰς τὸν ✻ τράχηλῳ ✻ αὐτοῦ καὶ ἀπῆλθεν εἰς Βαβυλῶνα καὶ ἐλθὼν
Jer. 7 30 ὄντες; καὶ μετὰ ταῦτα ἔδησε τὴν ἐπιστολὴν εἰς τὸν ✻ τράχηλον ✻ τοῦ ἀετοῦ Ἱερεμίας λέγων ἄπελθε ἐν εἰρήνῃ καὶ
FJub. 26 34 ἂν καθέλῃς καὶ ἐκλύσῃς τὸν ζυγὸν αὐτοῦ ἀπὸ τοῦ ✻ τραχήλου ✻ σου. τῷ ρ ν γ' ἔτει τοῦ Ἰσαὰκ ἐπανῆλθεν Ἰακὼβ

τραχύς
7
Hen. 10 5 τῷ Δαδουὴλ κἀκεῖ βάλε αὐτὸν καὶ ὑπόθες αὐτῷ λίθους ✻ τραχεῖς ✻ καὶ ὀξεῖς καὶ ἐπικάλυψον αὐτῷ τὸ σκότος. καὶ
Hen. 10B 5 αὐτόν. καὶ ὑπόθες αὐτῷ λίθους ὀξεῖς καὶ λίθους ✻ τραχεῖς ✻ καὶ ἐπικάλυψον αὐτῷ σκότος καὶ οἰκησάτω ἐκεῖ εἰς
Hen. 24 2 τρία ἐπὶ νότον ἐκ τῶν καὶ φάραγγες βαθεῖαι καὶ ✻ τραχεῖαι ✻ μία τῇ μιᾷ οὐκ ἐγγίζουσαι καὶ τῷ ὄρει Ἑβδόμῳ
Sal. 8 17 σου δεῦτε εἰσέλθατε μετ' εἰρήνης. ὡμάλισεν ὁδοὺς ✻ τραχείας ✻ ἀπὸ εἰσόδου αὐτοῦ ἤνοιξαν πύλας ἐπὶ Ιερουσαλημ
Aris. 118 4 κρημνῶν παρακειμένων καὶ φαράγγων βαθέων ἔτι δὲ ✻ τραχείας ✻ οὔσης πάσης τῆς περιεχούσης πᾶσαν τὴν χώραν

746 τραχύς

| | | | | | | |
|---|---|---|---|---|---|---|
| Aris. | | 122 | 5 | τοῦτο γὰρ κάλλιστόν ἐστιν ἀποτεθειμένοι τὸ | * τραχὺ * | καὶ βάρβαρον τῆς διανοίας ὁμοίως δὲ καὶ τὸ |
| Sib. | | 3 | 777 | μεγάλοιο θεοῖο) καὶ πᾶσαι πεδίοιο τρίβοι καὶ | * τρηχέες * | ὄχθαι οὔρεά θ' ὑψήεντα καὶ ἄγρια κύματα πόντου |

τρεῖς 107

| | | | | | | |
|---|---|---|---|---|---|---|
| Adam | | 5 | 3 | καὶ συνήχθησαν πάντες. ἦν γὰρ οἰκισθεῖσα ἡ γῆ εἰς | * τρία * | μέρη. καὶ ἦλθον πάντες ἐπὶ τὴν θύραν τοῦ οἴκου ἐν ᾧ |
| Adam | | 13 | 6 | σου ἐπειδὴ ἐπληρώθη τὸ μέτρον τῆς ζωῆς αὐτοῦ εἴσω | * τριῶν * | ἡμερῶν. ἐξερχομένης δὲ τῆς ψυχῆς αὐτοῦ μέλλεις |
| Adam | | 33 | 4 | καὶ τοῦ ἅρματος. ἴδον δὲ ἐγὼ θυμιατήρια χρυσᾶ καὶ | * τρεῖς * | φιάλας. καὶ ἰδοὺ πάντες οἱ ἄγγελοι μετὰ λίβανον |
| Adam | | 37 | 4 | καὶ ἤγαγεν αὐτὸν ἐνώπιον τοῦ θεοῦ. ἐποίησεν δὲ | * τρεῖς * | ὥρας κείμενος. καὶ μετὰ ταῦτα ἐξέτεινεν τὴν χεῖρα |
| Adam | | 40 | 1 | εἰς τὸν παράδεισον ἐν τῷ τρίτῳ οὐρανῷ καὶ ἔνεγκε | * τρεῖς * | σινδόνας βυσσίνας καὶ συρικάς. καὶ εἶπεν ὁ θεὸς τῷ |
| Adam | | 40 | 2 | εὐωδίας ἐκχέατε ἐπ' αὐτόν. καὶ ἐκήδευσαν αὐτὸν οἱ | * τρεῖς * | μεγάλοι ἄγγελοι. ὅτε δὲ ἐτέλεσαν κηδεύοντες τὸν |
| Adam | | 43 | 1 | ἐδίδαξεν τὸν Σὴθ πῶς κηδεύσῃ τὴν Εὔαν. καὶ ἦλθαν | * τρεῖς * | ἄγγελοι καὶ ἦραν τὸ σῶμα αὐτῆς καὶ ἔθαψαν αὐτὸ |
| Hen. | | 7B | 1 | αὐταῖς ἕως τοῦ κατακλυσμοῦ καὶ ἔτεκον αὐτοῖς γένη | * τρία * | πρῶτον γίγαντας μεγάλους. οἱ δὲ γίγαντες ἐτέκνωσαν |
| Hen. | | 18 | 6 | καὶ ἡμέρας ὅπου τὰ ἑπτὰ ὄρη ἀπὸ λίθων πολυτελῶν | * 〈τρία〉 * | εἰς ἀνατολὰς καὶ τρία εἰς νότον βάλλοντα. καὶ τὰ |
| Hen. | | 18 | 6 | ὄρη ἀπὸ λίθων πολυτελῶν 〈τρία〉 εἰς ἀνατολὰς καὶ | * τρία * | εἰς νότον βάλλοντα. καὶ τὰ μὲν πρὸς ἀνατολὰς ἀπὸ |
| Hen. | | 22 | 2 | τόποι ἐν αὐτῷ κοῖλοι βάθος ἔχοντες καὶ λίαν λεῖοι | * τρεῖς * | αὐτῶν σκοτινοὶ καὶ εἷς φωτινὸς καὶ πηγὴ ὕδατος ἀνὰ |
| Hen. | | 22 | 9 | ἓν ἀπὸ τοῦ ἑνός; καὶ ἀπεκρίθη μοι λέγων οὗτοι οἱ | * τρεῖς * | ἐποιήθησαν χωρίζεσθαι τὰ πνεύματα τῶν νεκρῶν καὶ |
| Hen. | | 24 | 2 | τῇ καλλονῇ καὶ πάντα ἔντιμα καὶ ἔνδοξα καὶ εὐειδῆ | * τρία * | ἐπ' ἀνατολὰς ἐστηριγμένα ἐν τῷ ἑνὶ καὶ τρία ἐπὶ |
| Hen. | | 24 | 2 | εὐειδῆ τρία ἐπ' ἀνατολὰς ἐστηριγμένα ἐν τῷ ἑνὶ καὶ | * τρία * | ἐπὶ νότον ἐν τῷ ἑνὶ καὶ φάραγγες βαθεῖαι καὶ |
| Hen. | | 26 | 4 | καὶ ἄλλην φάραγγα βαθεῖαν καὶ ξηρὰν ἐπ' ἄκρων τῶν | * τριῶν * | ὀρέων. καὶ πᾶσαι φάραγγές εἰσιν βαθεῖαι ἐκ πέτρας |
| Hen. | | 106 | 16 | τόδε τὸ παιδίον τὸ γεννηθὲν καταλειφθήσεται καὶ | * τρία * | αὐτοῦ τέκνα σωθήσεται ἀποθανόντων τῶν ἐπὶ τῆς γῆς |
| Abr.1 | | 6 | 4 | οὐ γινώσκω. εἶπεν δὲ Σάρρα εἶδες κύριέ μου τοὺς | * τρεῖς * | ἄνδρας τοὺς ἐπουρανίους τοὺς ἐπιξενισθέντας ἐν τῇ |
| Abr.1 | | 6 | 5 | ἐπαγγελίας ἡμῖν ἐδωρήσατο τὸν Ἰσαάκ; ἐκ γὰρ τῶν | * τριῶν * | ἀνδρῶν οὗτός ἐστιν ὁ εἷς ἐξ αὐτῶν. εἶπεν δὲ |
| Abr.1 | | 6 | 6 | εἶπον ἐν τῇ καρδίᾳ μου οὗτοι οἱ πόδες ἐκ τῶν | * τριῶν * | ἀνδρῶν εἰσίν οὓς ἔνιψα τότε καὶ γὰρ τὰ δάκρυα |
| Abr.1 | | 12 | 7 | 〈ἦν〉 βιβλίον κείμενον τὸ πάχος αὐτοῦ πήχεων | * τριῶν * | 〈καὶ τὸ πλάτος αὐτοῦ πήχεων ἓξ〉 ἐκ δεξιῶν δὲ αὐτοῦ |
| Abr.1 | | 13 | 8 | φοβερὰ ἡ ἀπόφασις καὶ ὁ λύων οὐδεὶς καὶ λοιπὸν διὰ | * τριῶν * | βημάτων γίνεται ἡ κρίσις τοῦ κόσμου καὶ |
| Abr.1 | | 13 | 8 | ἑνὸς ἢ δύο μαρτύρων οὐκ ἀσφαλίζεται λόγος ἀλλ' ἐπὶ | * τριῶν * | μαρτύρων σταθήσεται πᾶν ῥῆμα οἱ δὲ δύο ἄγγελοι οἱ |
| Abr.2 | | 6 | 10 | ἦ ἄρα ὅτι παραφρενοῦσα λέγω ὅτι εἷς ἐστιν τῶν | * τριῶν * | τῶν ὑπὸ τῶν δένδρων Μαμβρὴ τῶν ἐπιξενωθέντων ἡμῖν |
| Abr.2 | | 10 | 8 | καὶ ἦν μετ' αὐτῶν ἀνὴρ παμμεγέθης σφόδρα εἶχεν δὲ | * τρεῖς * | στεφάνους ἐπὶ τῆς κεφαλῆς αὐτοῦ καὶ ὁ εἷς |
| TLevi | | 8 | 11 | ἱερατεύειν με κυρίῳ. εἶπαν δὲ πρός με Λευὶ εἰς | * τρεῖς * | ἀρχὰς διαιρεθήσεται τὸ σπέρμα σου εἰς σημεῖον |
| TLevi | | 18 | 2B034 | τὸ προσφερόμενον ἢ καὶ τούτῳ λ' μναῖ καὶ τῷ στέατι | * τρεῖς * | μναῖ καὶ εἰ ἄρνα ἐκ προβάτων ἢ ἔριφον ἐξ αἰγῶν κ' |
| TJud. | | 7 | 3 | ὀλοθρεύσαμεν καὶ πάντα τὰ αὐτῶν προνομεύσαντες τὰ | * τρία * | τείχη αὐτῶν καθείλομεν. καὶ ἐν τῇ Θάμνᾳ |
| TJud. | | 9 | 5 | μου καὶ ἀνῆλθον ἀποδεχόμενος λίθους ἕως ταλάντων | * τριῶν * | καὶ ἀνελθὼν ἀνεῖλον τέσσαρες τοὺς δυνατοὺς ἐξ |
| TJud. | | 12 | 12 | λιμόν. τεσσαράκοντα ἓξ ἐτῶν ἤμην καὶ ἑβδομήκοντα | * τρία * | ἔτη ἔζησα ἐκεῖ. καὶ νῦν ὅσα ἐγὼ ὑμῖν ἐντέλλομαι |
| TZab. | | 4 | 4 | τηρεῖν αὐτὸν ἕως οὗ ἐπράθη. ἐποίησε δὲ ἐν τῷ λάκκῳ | * τρεῖς * | ἡμέρας καὶ τρεῖς νύκτας καὶ οὕτως ἐπράθη ἄσιτος. |
| TZab. | | 4 | 4 | οὗ ἐπράθη. ἐποίησε δὲ ἐν τῷ λάκκῳ τρεῖς ἡμέρας καὶ | * τρεῖς * | νύκτας καὶ οὕτως ἐπράθη ἄσιτος. καὶ ἀκούσας |
| TJos. | | 11 | 8 | ἐν ἀργυρίῳ καὶ χρυσίῳ καὶ ἤμην μετ' αὐτοῦ μῆνας | * τρεῖς * | καὶ ἡμέρας πέντε. κατ' ἐκεῖνον τὸν καιρὸν παρῄει ἡ |
| TJos. | | 19 | 2 | διαιρέθησαν καὶ διεσπάρησαν τῇ γῇ ὁμοίως καὶ οἱ | * τρεῖς. * | καὶ εἶδον ὅτι ἐκ τοῦ Ἰουδὰ ἐγεννήθη παρθένος |
| Asen. | | 2 | 7 | ὡμίλει αὐταῖς οὐδὲ παιδίον ἄρρεν. καὶ ἦσαν θυρίδες | * τρεῖς * | τῷ θαλάμῳ τῷ μεγάλῳ τῆς Ἀσενὲθ ὅπου ἡ παρθενία |
| Jer. | | 9 | 12 | ἀλλ' ἔμειναν περικύκλῳ τοῦ σκηνώματος αὐτοῦ ἡμέρας | * τρεῖς * | λέγοντες ποίᾳ ὥρᾳ μέλλει ἀναστῆναι; μετὰ δὲ τρεῖς |
| Jer. | | 9 | 13 | τρεῖς λέγοντες ποίᾳ ὥρᾳ μέλλει ἀναστῆναι; μετὰ δὲ | * τρεῖς * | ἡμέρας εἰσῆλθεν ἡ ψυχὴ αὐτοῦ εἰς τὸ σῶμα αὐτοῦ καὶ |
| Bar. | | 3 | 6 | (ὡς) ᾠκοδόμησαν ἐπὶ πήχεις τετρακοσίας ἑξήκοντα | * τρεῖς. * | καὶ λαβόντες τρύπανον ἔσπευδον τρυπῆσαι τὸν |
| Prop. | | 21 | 4 | εἰσί ταῦτα ηὔξατο Ἠλίας καὶ οὐκ ἔβρεξεν ἐπὶ ἔτη | * τρία * | καὶ πάλιν ηὔξατο μετὰ τρία ἔτη καὶ γέγονε πολὺς |
| Prop. | | 21 | 4 | καὶ οὐκ ἔβρεξεν ἐπὶ ἔτη τρία καὶ πάλιν ηὔξατο μετὰ | * τρία * | ἔτη καὶ γέγονε πολὺς ὑετὸς ἐν Σαρεφθοῖς τῆς |
| Sedr. | | 11 | 8 | τῶν δακτύλων ἄγονται. τὰς παλάμας ἁπλονοῦσιν οἱ | * τρεῖς * | ἁρμοὶ καὶ τὰ κάλλη σωρεύουν καὶ ἄρτι πάροικοι |
| Sedr. | | 12 | 5 | ἐπιστρέψας ζῶν τὰ ἑκατὸν 〈ἢ〉 ὀγδοήκοντα μετανοήσας | * τρία * | ἔτη καὶ ποιήσῃ καρπὸν δικαιοσύνης καὶ φθάσῃ ὁ |
| Sedr. | | 13 | 1 | ἁμαρτίας αὐτοῦ. λέγει αὐτῷ Σεδρὰχ πολλά εἰσιν τὰ | * τρία * | ἔτη κύριέ μου μὴ φθάσῃ ὁ θάνατος αὐτοῦ καὶ οὐ |
| Sedr. | | 13 | 2 | εἰκόνα σου καὶ σπλαγχνίσθητι ὅτι πολλά εἰσιν τὰ | * τρία * | ἔτη. λέγει αὐτὸν ὁ θεὸς ἐὰν μετὰ ἑκατὸν ἔτη ζήσῃ |
| Sedr. | | 16 | 1 | λέγει κύριος τὸν Σεδρὰχ ἐποίησα τὸν ἄνθρωπον ἐν | * τρισὶ * | τάξεσιν ὅτε ἐστίν νέος ὡς νέου αὐτοῦ ἐπαράβλεπον |
| Job | | 1 | 2 | οἰκονομίαν, ἐκάλεσεν τοὺς ἑπτὰ υἱοὺς αὐτοῦ καὶ τὰς | * τρεῖς * | θυγατέρας αὐτοῦ ὧν εἰσιν τὰ ὀνόματα Τερσι Χορος |
| Job | | 15 | 3 | δειπνῆσαι μετ' αὐτοῦ, συμπαραλαμβάνοντες καὶ τὰς | * τρεῖς * | ἀδελφὰς μεθ' ἑαυτῶν τὰ δὲ ἐπικείμενα ταῖς |
| Job | | 17 | 5 | εἶπον αὐτῷ ἔχει ἑπτὰ υἱοὺς καὶ θυγατέρας | * τρεῖς * | μὴ ἄρα καταφύγωσιν εἰς ἑτέρας χώρας καὶ ἐντύχωσιν |
| Job | | 20 | 5 | καὶ τὸν θρόνον μου κατέστρεψεν, καὶ ἐποίησεν | * τρεῖς * | ὥρας ἐπὶ τὸν θρόνον μου μὴ δυνηθεὶς ἐξελθεῖν καὶ |
| Job | | 23 | 7 | ὑποθοῦ μοι τὴν τρίχα τῆς κεφαλῆς σου καὶ λάβε | * τρεῖς * | ἄρτους ἴσως δυνήσεσθε ζῆσαι ἐν τρισὶν ἡμέραις. |
| Job | | 23 | 7 | σου καὶ λάβε τρεῖς ἄρτους ἴσως δυνήσεσθε ζῆσαι ἐν | * τρισὶν * | ἡμέραις. τότε λέγει ἐν ἑαυτῇ τί γάρ μοι ἡ θρὶξ |
| Job | | 23 | 10 | τὴν τρίχα τῆς κεφαλῆς αὐτῆς καὶ ἔδωκεν αὐτῇ | * τρεῖς * | ἄρτους πάντων βλεπόντων ἡ δὲ λαβοῦσα ἦλθεν καὶ |
| Job | | 24 | 9 | παράσχου τὴν τρίχα τῆς κεφαλῆς σου καὶ λάμβανε | * τρεῖς * | ἄρτους ἴσως ζήσεσθε ἐν τρισὶν ἡμέραις. κἀγὼ |
| Job | | 24 | 9 | σου καὶ λάμβανε τρεῖς ἄρτους ἴσως ζήσεσθε ἐν | * τρισὶν * | ἡμέραις. κἀγὼ ἐκκακήσασα εἶπον αὐτῷ ἀναστὰς |
| Job | | 27 | 6 | καταισχυνθεὶς ὁ Σατανᾶς ἀνεχώρησεν ἀπ' ἐμοῦ ἐν | * τρισὶν * | ἔτεσιν. νῦν οὖν τέκνα μου μακροθυμήσατε καὶ ὑμεῖς |
| Job | | 28 | 5 | καὶ τύπτοντες τὰς χεῖρας ἔλεγον ὅτι ἡμῶν τῶν | * τριῶν * | βασιλέων τὰ χρήματα, ἐὰν συναχθῇ εἰς ἓν ἐπὶ τὸ |
| Job | | 30 | 2 | ταραχθέντων τῶν στρατευμάτων αὐτῶν βλεπόντων τοὺς | * τρεῖς * | βασιλεῖς κατερρημένους ἐν τῇ γῇ ἐπὶ ὥρας τρεῖς |
| Job | | 30 | 2 | τρεῖς βασιλεῖς κατερρημένους ἐν τῇ γῇ ἐπὶ ὥρας | * τρεῖς * | ὡσεὶ νεκρούς, τότε ἀναστάντες συνελάλουν ἀλλήλοις |
| Job | | 31 | 4 | ἵνα δυνηθῶσιν προσεγγίσαι μοι καὶ ἐποίησαν | * τρεῖς * | ἡμέρας χορηγοῦντες τὰ θυμιάματα καὶ ὅτε πλησίον |
| Job | | 38 | 7 | ἰδοὺ γὰρ (ἐ)πάρωμεν μεθ' ἑαυτῶν τοὺς ἰατροὺς τῶν | * τριῶν * | βασιλειῶν ἡμῶν καὶ βούλει θεραπευθῆναι ὑπ' αὐτῶν; |
| Job | | 46 | 5 | τὸ δακτύλιον ὕπαγε εἰς τὴν κρυπτὴν καὶ ἔνεγκε τὰ | * τρία * | σκευάρια τοῦ χρυσοῦ, ἵνα δῶ ὑμῖν τὴν κληρονομίαν. ἡ |
| Job | | 46 | 7 | ἤνεγκεν αὐτὰ καὶ ἤνοιξεν καὶ ἀνήνεγκεν τὰς | * τρεῖς * | χορδὰς τὰς ποικίλας ὡς μὴ δύνασθαί τινα ἄνθρωπον |
| Job | | 47 | 5 | τοὺς σκώληκας καλέσας με παρέσχετό μοι ταύτας τὰς | * τρεῖς * | χορδὰς λέγων μοι ἀνάστα, ζῶσαι ὥσπερ ἀνὴρ τὴν |
| Job | | 51 | 1 | τῆς Ἀμαλθείας κέρας. μετὰ δὲ τὸ παύσασθαι τὰς | * τρεῖς * | ὑμνολογούσας, ἐπικειμένου τοῦ κυρίου καὶ ἐμοῦ |
| Job | | 51 | 4 | ὅλον πλείστων σημειώσεων τῶν ὕμνων παρὰ τῶν | * τριῶν * | θυγατέρων τοῦ ἀδελφοῦ μου σωτήριον ταῦτα εἶναι, |
| Job | | 52 | 1 | ὅτι ταῦτά ἐστιν τὰ μεγαλεῖα τοῦ θεοῦ. καὶ μετὰ | * τρεῖς * | ἡμέρας ποιουμένου τοῦ Ιωβ νοσεῖν ἐπὶ τῆς κλίνης, |
| Job | | 52 | 2 | τὸ σημεῖον τῆς περιζώσεως ἧς περιεζώσατο καὶ μετὰ | * τρεῖς * | ἡμέρας εἶδεν τοὺς ἐλθόντας ἐπὶ τὴν ψυχὴν αὐτοῦ καὶ |
| Job | | 52 | 9 | μεγάλῳ ἅρματι, καὶ ἠσπάσατο τὸν Ιωβ, βλεπουσῶν τῶν | * τριῶν * | θυγατέρων καὶ αὐτοῦ τοῦ πατρὸς βλέποντος, ἄλλων δέ |
| Job | | 52 | 12 | περισταλὲν ἀπηνέχθη εἰς τὸν τάφον προηγουμένων τῶν | * τριῶν * | θυγατέρων αὐτοῦ καὶ περιεζωσμένων, ὑμνολογουσῶν ἐν |
| Job | | 53 | 7 | κωλύοντες μὴ εἰσαχθῆναι αὐτὸν ἐν τῷ τάφῳ καὶ μετὰ | * τρεῖς * | ἡμέρας ἐνέθεντο αὐτὸν εἰς τὸν τάφον ἐν καλῷ ὕπνῳ, |
| Job | | 53 | 9 | τοῦ αἰῶνος, ἀμὴν καταλείψας υἱοὺς ζ' καὶ θυγατέρας | * τρεῖς * | καὶ οὐχ εὑρέθησαν κατὰ τὰς θυγατέρας Ιωβ βελτίους |
| Aris. | | 13 | 1 | Ἰουδαίων χώρας εἰς Αἴγυπτον μετήγαγεν ἀφ' ὧν ὡσεὶ | * τρεῖς * | μυριάδας καθοπλίσας ἀνδρῶν ἐκλεκτῶν εἰς τὴν χώραν |
| Aris. | | 24 | 9 | μηδὲν οἰκονομεῖν τὰς δ' ἀπογραφὰς ἐν ἡμέραις | * τρισὶν * | ἀφ' ἧς ἡμέρας ἔκκειται τὸ πρόσταγμα ποιεῖσθαι |
| Aris. | | 58 | 4 | ἔκτυπον τῇ τορείᾳ θαυμαστῶς ἔχουσαν ἐκ τῶν | * τριῶν * | μερῶν ἦν γὰρ τρίγωνα. καὶ καθ' ἕκαστον μέρος ἡ |
| Aris. | | 84 | 2 | τὸ ἱερὸν ἐκπρεπῶς ἔχον καὶ οἱ περίβολοι | * τρεῖς * | ὑπὲρ ἑβδομήκοντα δὲ πήχεις τῷ μεγέθει καὶ τὸ |
| Aris. | | 294 | 3 | ὑμῶν διδαχὴν ἐμοὶ πρὸς τὸ βασιλεύειν. ἑκάστῳ δὲ | * τρία * | τάλαντα προσέταξεν ἀργυρίου δοθῆναι καὶ τὸν |
| Aris. | | 301 | 1 | ἣν ἔχεις φιλομάθειαν εἰς τὰ χρήσιμα. μετὰ δὲ | * τρεῖς * | ἡμέρας ὁ Δημήτριος παραλαβὼν αὐτοὺς καὶ διελθὼν τὸ |
| Aris. | | 319 | 4 | χρησάμενος. ἑκάστῳ γὰρ στολὰς ἔδωκε τῶν κρατίστων | * τρεῖς * | καὶ χρυσίου τάλαντα δύο καὶ κυλίκιον ταλάντου καὶ |
| Sib. | | 3 | 52 | χρόνοιο. καὶ τότε Λατίνων ἀπαραίτητος χόλος ἀνδρῶν | * τρεῖς * | Ῥώμην οἰκτρῇ μοίρῃ καταδηλήσονται. πάντες δ' |
| Sib. | | 3 | 140 | ταχέως διέπεμψε λάθρη ἰδίῃ τε τρέφεσθαι ἐς Φρυγίην | * τρεῖς * | ἄνδρας ἐνόρκους Κρῆτας ἐλοῦσα τοὔνεκά τοι Δί' |
| Sib. | | 5 | 24 | ἄρξει καὶ Βαβυλῶνα βαλεῖ δορὶ δὴ τότε Μήδους. εἶτα | * τριῶν * | ἀριθμῶν κεραίην ὅστις λάχεν ἄρξει. δὶς δέκα δ' |
| Sib. | | 5 | 35 | ἰσάζων θεῷ αὐτὸν ἐλέγξει δ' οὔ μιν ἐόντα. | * τρεῖς * | δὲ μετ' αὐτὸν ἄνακτες ὑπ' ἀλλήλων ἀπολοῦνται. εἶτά |
| Sib. | | 5 | 51 | σοῖσι κλάδοισι τάδ' ἔσσεται ἤματα πάντα. τὸν μέτα | * τρεῖς * | ἄρξουσιν ὁ δὲ τρίτος ὀψὲ κρατήσει. τείρομαι ἡ |
| FJub. | | 2 | 10 | τὸν ἥλιον τὴν σελήνην τοὺς ἀστέρας ταῦτα τὰ | * τρία * | ἔργα τὰ μεγάλα ἐποίησεν ὁ θεὸς ἐν τῇ τετάρτῃ ἡμέρᾳ. |
| FJub. | | 2 | 12 | τὰ ἐν τοῖς ὕδασι τὰ πετεινὰ τὰ πτερωτά. ταῦτα τὰ | * τρία * | ἔργα τὰ μεγάλα ἐποίησεν ὁ θεὸς ἐν τῇ πέμπτῃ ἡμέρᾳ. |
| FJub. | | 3 | 9 | Παχὼν ὀκτωκαιδεκάτῃ Μαΐου τρισκαιδεκάτῃ μετὰ | * τρεῖς * | ἡμέρας τῆς ἐν τῷ παραδείσῳ αὐτοῦ εἰσόδου ἡλίου |
| FJub. | | 4 | 10 | δὲ τῷ Ἀδὰμ καὶ ἄλλοι υἱοὶ ἐννέα μετὰ τοὺς | * τρεῖς * | τούτους ὡς εἶναι αὐτῷ δύο μὲν θυγατέρας ἄρρενας δὲ |
| FJub. | | 10 | 21 | ἄβυσσον. γυνὴ Φαλεχ Δυμνα θυγάτηρ Σενναάρ. ἐπὶ μ | * γ' * | ἔτη ἔμειναν οἰκοδομοῦντες. τὸ ὕψος ͵ε υ λ γ' πήχεις |
| FJub. | | 10 | 21 | ἐπὶ μ γ' ἔτη ἔμειναν οἰκοδομοῦντες. τὸ ὕψος ͵ε υ λ | * γ' * | πήχεις καὶ δύω παλαισταί. τὸ πλάτος ἐπὶ σ γ' |
| FJub. | | 10 | 21 | υ λ γ' πήχεις καὶ δύω παλαισταί. τὸ πλάτος ἐπὶ σ | * γ' * | πλίνθους. τῆς πλίνθου τὸ ὕψος τρίτον μιᾶς πλίνθου. |
| FJub. | | 46 | 3 | ἀνεῖλον τοὺς πλείστους. Ἰωσὴφ ιζ' ἐτῶν ἐπράθη καὶ | * τριὰ * | ἔτη ἐποίησεν δοῦλος καὶ γ' ἔτη ἐν τῇ φυλακῇ καὶ π' |
| FJub. | | 46 | 3 | ιζ' ἐτῶν ἐπράθη καὶ τριὰ ἔτη ἐποίησεν δοῦλος καὶ | * γ' * | ἔτη ἐν τῇ φυλακῇ καὶ π' πάσης γῆς Ἐγύπτου ἄρχων. τόν |
| FJub. | | 48 | 5 | χάλαζα Ἰανουαρίῳ ἀκρὶς Φεβρουαρίῳ σκότος ἡμέρας | * τρεῖς * | Μαρτίῳ τὰ πρωτότοκα. τῇ ιδ' τούτου τοῦ μηνὸς |
| FAch. | | 121 | | οὔτε ἠκούσαμέν ποτε. ὁ δὲ Αἴσωπος ἔφη δός μοι | * τριῶν * | ἡμερῶν καὶ ἀποκριθήσομαί σοι. καὶ ἐξελθὼν ἀπὸ τοῦ |
| FAch. | | 122 | | τὸν παρελθόντα 〈μετὰ τὸ〉 παρεσχηκέναι. μετὰ δὲ τὰς | * τρεῖς * | ἡμέρας ἦλθεν ὁ Αἴσωπος πρὸς τὸν βασιλέα Νεκταναβῶν |
| FAch. | | 123 | | σοφίαν κεκτημένος. δοὺς δὲ αὐτῷ φόρους ἐτῶν | * τριῶν * | ἔπεμψεν αὐτὸν μετὰ ἐπιστολῶν εἰρηνικῶν. ὁ δὲ |
| HDem. | 9 | 21 | 10 | Βενιαμὶν συμβιῶσαι δ' αὐτῇ τὸν Ἰακὼβ ἔτη εἴκοσι | * τρία. * | αὐτόθεν δὲ ἐλθεῖν τὸν Ἰακὼβ εἰς Μαμβρὶ τῆς Χεβρὼν |
| HDem. | 9 | 21 | 17 | Ῥουβὶν ἐτῶν μ ε' Συμεῶνα ἐτῶν μ δ' Λευὶν ἐτῶν μ | * γ' * | Ἰούδαν ἐτῶν μ β' μηνῶν δύο Νεφθαλεὶμ ἐτῶν μ α' μηνῶν |
| HDem. | 9 | 21 | 17 | Νεφθαλεὶμ ἐτῶν μ α' μηνῶν ζ' Γὰδ ἐτῶν μ α' μηνῶν | * γ' * | Ἀσὴρ ἐτῶν μ' μηνῶν ὀκτὼ Ζαβουλὼν ἐτῶν μ' Δεῖναν ἐτῶν |
| HDem. | 9 | 21 | 19 | ὄντα ρ ι' ἐτῶν Κλὰθ δὲ γενόμενον ἐτῶν ἑκατὸν λ | * γ' * | τελευτῆσαι. Ἀμβρὰμ δὲ λαβεῖν γυναῖκα τὴν τοῦ θείου |
| HDem. | 9 | 29 | 15 | Αἰθιοπίδα γῆμαι γυναῖκα. ἐκεῖθεν ἦλθον ἡμέρας | * τρεῖς. * | μὴ ἔχοντα δὲ ὕδωρ ἐκεῖ γλυκὺ ἀλλὰ πικρὸν τοῦ θεοῦ |

HDem. 9 29 16 ὅπλα ἔσχον ἄνοπλοι ἐξελθόντες ἔφασαν γὰρ * τριῶν * ἡμερῶν ὁδὸν ἐξελθόντες καὶ θυσιάσαντες πάλιν
HDem. 1 141 2 ἕως Πτολεμαίου τετάρτου ἔτη πεντακόσια ἑβδομήκοντα * τρία * μῆνας ἐννέα ἀφ' οὗ δὲ ἐξ Ἱεροσολύμων ἔτη τριακόσια
HDem. 1 141 2 ἐξ Ἱεροσολύμων ἔτη τριακόσια τριάκοντα ὀκτὼ μῆνας * τρεῖς. *
HCle. 1 15 241 ἐγένοντο παῖδες ἱκανοί. αὐτῶν καὶ τὰ ὀνόματα * τρεῖς * Ἀφέραν Σουρειμ Ἰάφραν. ἀπὸ Σουρειμ μὲν τὴν
LEze. 9 28 2 15 ἐς βαθύρροον. ἐνταῦθα μήτηρ ἡ τεκοῦσ' ἔκρυπτέ με * τρεῖς * μῆνας ὡς ἔφασκεν. οὐ λαθοῦσα δὲ ὑπεξέθηκε κόσμον
LEze. 9 29 12 13 τ' ὀλοῦνται τετραπόδων τε σώματα σκότος τε θήσω * τρεῖς * ἐφ' ἡμέρας ὅλας ἀκρίδας τε πέμψω καὶ περισσὰ
FrAn. 1 217 17 καὶ θεῖον λίθον τοῦτον εὗρες; ἰδοὺ γὰρ ἔτη * τρία * σήμερον Ἱερουσαλὴμ δονεῖται καὶ ἀκαταστατεῖ διὰ
τρέμω 14
Hen. 14 14 καὶ τρόμος με ἔλαβεν. καὶ ἤμην σειόμενος καὶ * τρέμων * καὶ ἔπεσον. ἐθεώρουν ἐν τῇ ὁράσει μου καὶ ἰδοὺ
Hen. 14 24 ἤμην ἕως τούτου ἐπὶ πρόσωπόν μου βεβλημένος καὶ * τρέμων * καὶ ὁ κύριος τῷ στόματι αὐτοῦ ἐκάλεσέν με καὶ
Hen. 102 2 ἤχῳ μεγάλῳ (καὶ) τὴν γῆν σύμπασαν σειομένην καὶ * τρέμουσαν * καὶ συνταρασσομένην. καὶ οἱ ἄγγελοι
Hen. 102 3 αὐτοῖς καὶ ὁ οὐρανὸς καὶ οἱ φωστῆρες σειόμενοι καὶ * τρέμοντες * ἅπαντες οἱ υἱοὶ τῆς γῆς καὶ ὑμεῖς ἁμαρτωλοὶ
Abr.1 9 5 τῇ σῇ προστάξει πάντα ὑπείκεται καὶ φρίττει καὶ * τρέμει * ἀπὸ προσώπου δυνάμεώς σου κἀγὼ δέδοικα ἀλλὰ μίαν
Abr.1 16 3 ἔμπροσθεν τοῦ ἀοράτου θεοῦ φρίττων καὶ στένων καὶ * τρέμων * ἀπεκδεχόμενος) τὴν κέλευσιν τοῦ δεσπότου. λέγει
Asen. 10 1 στῆθος αὐτῆς πυκνῶς καὶ ἐφοβεῖτο φόβον μέγαν καὶ * ἔτρεμε * τρόμον βαρύν. καὶ ἀνέστη Ἀσενὲθ ἀπὸ τῆς κλίνης
Esdr. 7 7 ὁ διδοὺς τροφὴν πάσῃ σαρκὶ ὃν πάντα φρίσσει καὶ * τρέμει * ἀπὸ προσώπου δυνάμεώς σου ἐπάκουσόν μου τὸν πολλὰ
FMan. 2 22 12 φοβερῷ καὶ ἐνδόξῳ ὀνόματί σου ὃν πάντα φρίσσει καὶ * τρέμει * ἀπὸ προσώπου δυνάμεώς σου ὅτι ἄστεκτος ἡ
FAch. 115 ὥρας εὐσταθεῖν. ἐὰν θέλῃ ὀργίζεσθαι τὸ ἴδιον ἱερὸν * τρέμειν * ποιεῖ καὶ φοβερὰ βροντήσας καὶ δεινὸν ἀστράψας
IEsc. 5 131 3 καὶ πέτραι καὶ πᾶσα πηγὴ καὶ ὕδατος συστήματα. * τρέμει * δ' ὄρη καὶ γαῖα καὶ πελώριος βυθὸς θαλάσσης καὶ
IOrp. 36 ἐπὶ τέρματος ὠκεανοῖο πάντοθεν ἐκτέτακεν περὶ γὰρ * τρέμει * οὔρεα μακρὰ καὶ ποταμοὶ πολιῆς τε βάθος χαροποῖο
LEze. 9 29 11 07 οἴκτειρον σύ με πέφρικ' ἰδὼν μέλη δὲ σώματος * τρέμει. * (θ). μηδὲν φοβηθῇς χεῖρα δ' ἐκτείνας λαβὲ οὐρὰν
FrAn. 574 3072 τῷ ὀνόματι αὐτοῦ τῷ ἁγίῳ ιαεωβαφρενεμουν. λόγος ὃν * τρέμει * γέννα πυρὸς καὶ φλόγες περιφλογίζουσι καὶ σίδηρος
τρέπω 18
Job 20 1 ὁ Σατανᾶς ὅτι οὐδὲν δύναται με εἰς ὀλιγωρίαν * τρέψαι * καὶ ἀπελθὼν ᾐτήσατο τὸ σῶμά μου παρὰ τοῦ κυρίου
Aris. 17 5 θεοῦ τὸ γένος τῶν ἀνθρώπων καὶ μεταλλοιοῦται καὶ * τρέπεται * πάλιν ὑπ' αὐτοῦ διὸ πολλαχῶς καὶ ποικίλως
Aris. 162 4 τοῦ λόγου δυναστείᾳ συγχρωμένους ἐπὶ τὴν ἀδικίαν * τρέπεσθαι. * καὶ ἐπὶ τῶν κνωδάλων δὲ ταὐτὸν ἔστιν εὑρεῖν.
Aris. 186 4 ηνικαῦτα πρὸς τὸ τέρπεσθαι διὰ τῶν ἡτοιμασμένων * ἐτράπησαν * τῶν λειτουργιῶν ἁπασῶν διὰ τῆς τοῦ Δωροθέου
Aris. 198 3 ἕνα καταλήξω τὸ νῦν ἔχον ἵνα καὶ πρὸς τὸ τέρπεσθαι * τραπέντες * ἡδέως διεξάγωμεν ἐν δὲ ταῖς μετὰ ταῦτα ἐξ
Aris. 202 2 τοῦ δὲ βασιλέως ἐπινεύσαντος τὰ περὶ τούτων ἔληξεν * ἐτράπησαν * δὲ πρὸς εὐφροσύνην. ἐπιλαβούσης δὲ τῆς ἑσπέρας
Aris. 208 7 καθέστηκεν. ἐπινοῶν οὖν ἕκαστα πρὸς τὸν ἔλεον * τραπήσῃ * καὶ γὰρ ὁ θεὸς ἐλεήμων ἐστίν. ἀποδεξάμενος δὲ
Aris. 216 5 δὲ πάντα διαλογισμὸν καὶ πρᾶξιν ἐπὶ τὰ κάλλιστα * τρεπομένην * κατευθύνει καὶ ἐγρηγορότος καὶ ἐν ὕπνῳ. διὸ
Aris. 217 4 τὴν ἀπόκρισιν ἔχεις ὡς ἂν ἀποφήνῃ πρὸς τὸ δεῖπνον * τραπησόμεθα. * ἠρώτα δὲ πῶς ἂν μηδὲν ἀνάξιον ἑαυτῶν
Aris. 220 4 καὶ τὰ μὲν πρὸς τούτους ὡς ἔληξεν ἐπὶ τὴν ἐξῆς * ἐτράπησαν * τῆς συμποσίας διάταξιν. τῇ δὲ ἐχομένῃ τῆς
Aris. 245 3 πῶς ἂν μὴ εἰς ῥαθυμίαν μηδὲ ἐπὶ τὰς ἡδονὰς * τρέποιτο; * ὁ δὲ προχείρως ἔχων εἶπεν ὅτι μεγάλης
Aris. 247 3 καὶ τῶν παρόντων ταὐτὰ ποιούντων ἐπὶ τὸ μέλπειν * ἐτράπησαν. * τῇ δὲ ἐχομένῃ τὸν καιρὸν λαβὼν ἐπηρώτα τὸν
Aris. 261 6 μετὰ ταῦτα πρὸς τὸ προπιεῖν ὁ βασιλεὺς (λαμβάνειν) * ἐτράπη * χαρᾷ πεπληρωμένος. τῇ δ' ἐξῆς καθὼς πρότερον ἡ
Aris. 262 4 βασιλεὺς ἐπηρώτα. πρὸς τὸν πρῶτον δὲ ἔφη πῶς ἂν μὴ * τραπείη * (τις) εἰς ὑπερηφανίαν; ἀπεκρίθη δὲ εἰ τὴν
Aris. 274 4 καὶ προπίνων ἑκάστῳ πλεῖόν τι πρὸς τὸ τερφθῆναι * (ἐτράπη) * μετ' εὐφροσύνης τοῖς ἀνδράσι συνὼν καὶ χαρᾶς
Aris. 277 4 φυσικῶς ἅπαντες εἶπεν ἀκρατεῖς καὶ ἐπὶ τὰς ἡδονὰς * τρεπόμενοι * γεγόνασιν ὧν χάριν ἀδικία πέφυκε καὶ τὸ τῆς
Aris. 294 6 συμπόσιον ἀδιαλείπτως τοῦ βασιλέως εἰς εὐφροσύνην * τραπέντος. * ἐγὼ δὲ εἰ πεπλεόνακα τούτοις ὦ Φιλόκρατες
Aris. 305 3 τῇ θαλάσσῃ τὰς χεῖρας ὡς ἂν εὔξωνται πρὸς τὸν θεὸν * ἐτρέποντο * πρὸς τὴν ἀνάγνωσιν καὶ τὴν ἑκάστου διασάφησιν.
τρέφω 17
Asen. 2 7 θαλάμῳ τῷ μεγάλῳ τῆς Ἀσενὲθ ὅπου ἡ παρθενία αὐτῆς * ἐτρέφετο. * καὶ ἦν ἡ μία θυρὶς ἡ πρώτη μεγάλη σφόδρα
Sal. 5 9 καὶ σὺ δώσεις μοι. τὰ πετεινὰ καὶ τοὺς ἰχθύας σὺ * τρέφεις * ἐν τῷ διδόναι σε ὑετὸν ἐρήμοις εἰς ἀνατολὴν
Sal. 5 11 αὐτῶν. τοὺς βασιλεῖς καὶ ἄρχοντας καὶ λαοὺς σὺ * τρέφεις * ὁ θεὸς καὶ πτωχοῦ καὶ πένητος ἡ ἐλπὶς τίς ἐστιν
Bar. 4 5 κακῶς τὸν βίον μετερχομένων ἐσθίων καὶ ὑπ' αὐτῶν * τρέφεται * καὶ οὗτός ἐστιν ὁ Ἅιδης ὅστις καὶ αὐτὸς
Prop. 10 4B λιμὸν μέγαν ἐπὶ τῆς γῆς ἔφυγεν ἐν τῇ ἐρήμῳ καὶ * ἐτρέφετο * ἐκ τῶν κοράκων τῆς ἐρήμου καὶ ἔπιεν ὕδωρ ἐκ τοῦ
Prop. 22 18 ἐχθροὺς ἀβλαβεῖς τε αὐτοὺς φυλάξας διέσωσε καὶ * ἔθρεψεν * τοῦτο μαθὼν ὁ βασιλεὺς Συρίας ἐπαύσατο τοῦ
Sedr. 11 5 εὔκρατοι καλοδιδακτοὶ καματηροὶ δι' ἃς τὸ σκεῦος * τρέφεται * ὦ χεῖρες εὔστοχοι ἀπὸ πάντων οἱ σωρεύοντες τοὺς
Job 10 3 ξένος προήρχετο αἰτῆσαι ἐλεημοσύνην, ἀνάγκην εἶχεν * τρέφεσθαι * ἐν τῇ τραπέζῃ πρὶν ἢ λαβεῖν τὴν χρείαν καὶ
Job 14 2 κιθάραν καὶ διεγειρόμην τὸ καθ' ἡμέραν μετὰ τὸ * τρέφεσθαι * τὰς χήρας, καὶ ἐλάμβανον τὴν κιθάραν καὶ
SIb. 3 130 ὅρκους δ' αὖτε Κρόνῳ μεγάλους Τιτὰν ἐπέθηκεν μὴ * θρέψ' * ἀρσενικῶν παίδων γένος ὡς βασιλεύσῃ αὐτὸς ὅταν
SIb. 3 134 ἄρσενα πάντα θήλεα δὲ ζώοντ' εἴων παρὰ μητρὶ * τρέφεσθαι. * ἀλλ' ὅτε τὴν τριτάτην γενεὴν τέκε πότνια
SIb. 3 139 ἄρσενα παῖδα τὸν ταχέως διέπεμψε λάθρῃ ἰδίῃ τε * τρέφεσθαι * ἐς Φρυγίην τρεῖς ἄνδρας ἐνόρκους Κρῆτας ἑλοῦσα
SIb. 3 254 ἄνδρα Μωσῆν ὃν παρ' ἕλους βασιλὶς εὑροῦσ' ἐκόμιζεν * θρεψαμένη * δ' υἱὸν ἐκαλέσσατο. ἡνίκα δ' ἦλθεν λαὸν ὅδ'
SIb. 3 765 ἄρσενος ἄκριτον εὐνὴν τὴν δ' ἰδίαν γένναν παίδων * τρέφε * μηδὲ φόνευε ταῦτα γὰρ ἀθάνατος κεχολώσεται ὅς κεν
FAch. 111 οἷς δοκοῦσιν ἵπτασθαι. οὕτως τε αὐτοὺς ἐκέλευσεν * τρέφεσθαι * καὶ βαστάζειν παιδία μανθάνειν. γενάμενοι δὲ
FPho. 155 ἀεργὸς ἀνὴρ ζώει κλοπίμων ἀπὸ χειρῶν. (τέχνη (γὰρ) * τρέφει * ἄνδρα ἀεργὸν δ' ἴψατο λιμός.) μὴ δ' ἄλλου παρὰ
FPho. 210 γενεῆς ἢ δημογέροντες. μὴ μὲν ἐπ' ἄρσενι παιδὶ * τρέφειν * πλοκάμους ἐπὶ χαίτης. μὴ κορυφὴν πλέξῃς μήθ'
τρέχω 14
Abr.1 3 6 ἔστιν ἀπὸ τοῦ γένους τῶν κατοικούντων τὴν γῆν. καὶ * ἔδραμεν * Ἰσαὰκ καὶ προσεκύνησεν καὶ προσέπεσεν τοῖς
Abr.1 3 8 πόδας ὅτι ἀπὸ μακρᾶς ὁδοῦ πρὸς ἡμᾶς ἐκοπίασεν. καὶ * δραμὼν * Ἰσαὰκ εἰς τὸ φρέαρ ἄντλησας ὕδωρ ἐπὶ τῆς λεκάνης
TJud. 2 5 τῷ χοίρῳ τῷ ἀγρίῳ συνέδραμον καὶ προλαβὼν ἐν τῷ * τρέχειν * με κατεσπάραξα αὐτόν. πάρδαλις ἐν Χεβρὼν
TJud. 3 1 τὰ ποίμνια καὶ πολὺς λαὸς μετ' αὐτῶν κἀγὼ μόνος * δραμὼν * ἐπὶ τὸν βασιλέα Ἀσοὺρ συνέσχον αὐτὸν καὶ ἐπὶ τὰς
TJud. 25 5 ἐξυπνισθήσονται ἐν ζωῇ. καὶ οἱ ἔλαφοι Ἰακὼβ * δραμοῦνται * ἐν ἀγαλλιάσει καὶ οἱ ἀετοὶ Ἰσραὴλ
TBen. 2 3 χιτῶνα ἔδωκέ μοι περίζωμα καὶ φραγελλώσας με εἶπε * τρέχειν. * ἐν δὲ τῷ ὑπάγειν αὐτὸν κρύψαι τὸ ἱμάτιόν μου
Asen. 19 10 καὶ ἐξέτεινε καὶ Ἀσενὲθ τὰς χεῖρας αὐτῆς καὶ * ἔδραμε * πρὸς Ἰωσὴφ καὶ ἔπεσεν ἐπὶ τὸ στῆθος αὐτοῦ. καὶ
Asen. 28 8 καὶ οἱ ἀδελφοὶ αὐτῶν. καὶ ἰδοὺ οἱ υἱοὶ Λίας ἦλθον * τρέχοντες * ὡς ἔλαφοι τριέτεις κατ' αὐτῶν. καὶ κατέβη
Asen. 29 2 κροτάφου αὐτοῦ κατέρρεεν ἐπὶ τῷ στόματι αὐτοῦ. καὶ * ἔδραμεν * ἐπ' αὐτὸν Βενιαμὶν καὶ ἔλαβε τὴν ῥομφαίαν αὐτοῦ
Asen. 29 3 καὶ ἤμελλε πατάξαι τὸ στῆθος τοῦ υἱοῦ Φαραώ. καὶ * ἔδραμεν * ἐπ' αὐτὸν Λευὶς καὶ ἐκράτησε τῆς χειρὸς αὐτοῦ
Jer. 2 1 ταῦτα εἰπὼν ὁ κύριος ἀπῆλθεν ἀπὸ τοῦ Ἱερεμίου. * δραμὼν * δὲ Ἱερεμίας ἀνήγγειλε ταῦτα τῷ Βαροὺχ καὶ
Jer. 9 9 ἤκουσε δὲ πᾶς ὁ λαὸς τοῦ κλαυθμοῦ αὐτῶν καὶ * ἔδραμον * ἐπ' αὐτοὺς πάντες καὶ εἶδον Ἱερεμίαν
Jer. 9 31 ἐν μέσῳ ὑμῶν ἵσταται. ὡς δὲ εἶδον αὐτὸν εὐθέως * ἔδραμον * πρὸς αὐτὸν μετὰ πολλῶν λίθων καὶ ἐπληρώθη αὐτοῦ
FAch. 120 δοκοῖς ἐστεγασμένη καὶ (περὶ) μίαν ἑκάστην αὐτῶν * τρέχουσι * γυναῖκες δύο. ὁ δὲ Αἴσωπος ἔφη τοῦτο τὸ
τρῆμα 1
Aris. 61 2 εἶχον ἀμίμητον τῇ ποιήσει. πάντες δ' ἦσαν διὰ * τρημάτων * κατειλημμένοι χρυσαῖς περόναις πρὸς τὴν
τριάδελφος 1
SIb. 5 215 λυγρὸν ὄλεθρον ἡνίκα γὰρ στρεπτοῖσι μίτοις Μοῖραι * τριάδελφοι * κλωσάμεναι φεύγοντα δόλῳ ἰσθμοῖο παρ' ὄχθην
τριάκοντα 38
Adam 5 1 δόξαν καὶ θυσίαν τῷ θεῷ. ἐποίησεν δὲ Ἀδὰμ υἱοὺς * τριάκοντα * καὶ θυγατέρας τριάκοντα. ἔζησεν δὲ Ἀδὰμ ἔτη
Adam 5 1 ἐποίησεν δὲ Ἀδὰμ υἱοὺς τριάκοντα καὶ θυγατέρας * τριάκοντα. * ἔζησεν δὲ Ἀδὰμ ἔτη ἐνακόσια τριάκοντα. καὶ
Adam 5 1 θυγατέρας τριάκοντα. ἔζησεν δὲ Ἀδὰμ ἔτη ἐνακόσια * τριάκοντα. * καὶ περιπεσὼν εἰς νόσον ἐβόησεν φωνῇ μεγάλῃ
Adam 29 10 ὡς μὲν ποιήσω ἡμέρας τεσσαράκοντα σὺ δὲ ἡμέρας * τριάκοντα * τέσσαρας ὅτι σὺ οὐκ ἐπλάσθης τῇ ἡμέρᾳ τῇ ἕκτῃ
TRub. 1 8 κύριον ὅτι ἤθελε κύριος ἀνελεῖν με. ἤμην γὰρ ἐτῶν * τριάκοντα * ὅτε ἔπραξα τὸ πονηρὸν ἐνώπιον κυρίου καὶ ἑπτὰ
TLevi 18 2B034 ἢ τράγος ἐξ αἰγῶν τὸ προσφερόμενον ἢ καὶ τούτῳ * λ' * μναῖ καὶ τῷ στέατι τρεῖς μναῖ καὶ εἰ ἄρνα ἐκ προβάτων
TLevi 18 2B065 ἀπὸ τῆς ἀρχῆς ἱερωσύνης (ἔσται τὸ σπέρμα αὐτοῦ). * λ' * ἐτῶν ἤμην ὅτε ἐγεννήθη ἐν τῇ ζωῇ μου καὶ ἐν τῷ ι'
TLevi 19 4 καὶ προσετέθη πρὸς τοὺς πατέρας αὐτοῦ ζήσας ἑκατὸν * τριάκοντα * ἑπτὰ ἔτη. καὶ ἔθηκαν αὐτὸν ἐν σορῷ καὶ ὕστερον
TIss. 3 5 πορευόμενος ἐν ἁπλότητι ὀφθαλμῶν. διὰ τοῦτο * τριάκοντα * ἐτῶν ἔλαβον ἐμαυτῷ γυναῖκα ὅτι ὁ κάματος
TGad 1 4 ὁ οὖν Ἰωσὴφ ἐποίμαινε μεθ' ἡμῶν ὡς ἡμέρας * τριάκοντα * καὶ τρυφερὸς ὢν ἐμαλακίσθη ἀπὸ τοῦ καύματος
TGad 2 3 ἐγὼ καὶ Ἰούδας πεπράκαμεν αὐτὸν τοῖς Ἰσμαηλίταις * τριάκοντα * χρυσῶν καὶ τὰ δέκα ἀποκρύψαντες τὰ εἴκοσι
Asen. 23 2 ἐν ταῖς δυσὶ ταύταις ῥομφαίαις ὑμῶν κατεκόπησαν * τριάκοντα * χιλιάδες ἀνδρῶν πολεμιστῶν. καὶ ἰδοὺ ἐγὼ
Bar. 2 2 εἰσήλθομεν ὡς ἐν πτέρυξιν ὡσεὶ πορείας ὁδοῦ ἡμερῶν * τριάκοντα. * ὑπέδειξέν μοι ἔνδον τοῦ οὐρανοῦ πεδίον.
Esdr. 4 7 ἴδε. καὶ ἔδωκέν μοι Μιχαὴλ καὶ Γαβριὴλ καὶ ἄλλους * τριάκοντα * τέσσαρας ἀγγέλους καὶ κατέβην ὀγδοήκοντα καὶ
Esdr. 4 13 τὴν ψυχὴν αὐτοῦ. καὶ πάλιν κατήγαγόν με βαθμοὺς * τριάκοντα * καὶ ἴδον ἐκεῖ βράσματα πυρὸς καὶ ἐν αὐτοῖς
Job 9 2 μοι καὶ τὰ ἀρθέντα μοι. εἶχον γὰρ ἑκατὸν * τριάκοντα * χιλιάδας προβάτων καὶ ἀφώρισα ἀπ' αὐτῶν
Job 10 1 ὅσον χρήζουσιν. ἦσαν δέ μοι καὶ τράπεζαι ἱδρυμέναι * τριάκοντα * ἐν τῷ οἴκῳ μου ἀκίνητοι πάσας ὥρας τοῖς ξένοις
Aris. 42 6 τὰς φιάλας ἃς ἀπέστειλας χρυσᾶς εἴκοσι καὶ ἀργυρᾶς * τριάκοντα * κρατῆρας πέντε καὶ τράπεζαν εἰς ἀνάθεσιν καὶ
Aris. 175 5 δὲ παρὰ βασιλέων ἢ πόλεων ἐν ὑπεροχαῖς μόλις ἐν * τριάκοντα * εἰς τὴν αὐλὴν παρίεσθαι τοὺς δὲ ἥκοντας τιμῆς
Aris. 314 4 ταραχὴν λάβοι τῆς διανοίας πλεῖον ἡμερῶν * τριάκοντα * κατὰ δὲ τὴν ἄνεσιν ἐξιλάσκεσθαι τὸν θεὸν σαφὲς
Aris. 320 3 δέκα καὶ τὰ ἀκόλουθα πάντα καὶ κυλικεῖον ταλάντων * τριάκοντα * καὶ στολὰς δέκα καὶ πορφύραν καὶ στέφανον
FJub. 10 21 ἐπὶ μ γ' ἔτη ἔμειναν οἰκοδομοῦντες. τὸ ὕψος ε υ * λ * γ' πήχεις καὶ δύο παλαισταί. τὸ πλάτος ἐπὶ σ γ'
FJub. 10 21 τοῦ ἑνὸς τοίχου) στάδιοι ιγ' (καὶ τοῦ ἄλλου) * λ'. * ἐπὶ γὰρ ἔτη τεσσαράκοντα οἰκοδομήσαντες ἐκεῖνοι
FAch. 120 ἐπάνω τοῦ στύλου πόλεις δεκαδύο καὶ τούτων ἑκάστη * τριάκοντα * δοκοῖς ἐστεγασμένη καὶ (περὶ) μίαν ἑκάστην

| | | | | |
|---|---|---|---|---|
| FAch. | | 120 | οἱ μῆνες διὰ τὸ διηνεκῶς αὐτοὺς πολιτεύεσθαι οἱ δὲ ✶ | τριάκοντα ✶ δοκοὶ ἢ τριανταήμερος στεγάζουσα τὸν χρόνον |
| HDem. | 9 21 | 2 | τὸν μὲν πατέρα καταλιπόντα Ἰσαὰκ ἐτῶν ἑκατὸν ✶ | τριάκοντα ✶ ἑπτὰ αὐτὸν δὲ ὄντα ἐτῶν ἑβδομήκοντα ἑπτά. |
| HDem. | 9 21 | 11 | μεῖναι ἔτη δεκατρία ὥστ' εἶναι αὐτῶν ἐτῶν ✶ | τριάκοντα ✶ Ἰακὼβ δὲ ἐτῶν ἑκατὸν εἴκοσιν ἐν ᾧ καὶ |
| HDem. | 9 21 | 16 | πέντε Ἰσαὰκ ἐτῶν ἑξήκοντα Ἰακὼβ ἐτῶν ἑκατὸν ✶ | τριάκοντα ✶ γίνεσθαι τὰ πάντα ἔτη ἐν γῇ Χαναὰν ο ι ε'. καὶ |
| HDem. | 9 21 | 17 | ἐλθεῖν εἰς Αἴγυπτον τὸν Ἰακὼβ ὄντα ἐτῶν ἑκατὸν ✶ | τριάκοντα ✶ Ῥουβὶν ἐτῶν μ ε' Συμεῶνα ἐτῶν μ δ' Λευὶν ἐτῶν |
| HDem. | 9 21 | 17 | ἐτῶν μ' μηνῶν ὀκτὼ Ζαβουλὼν ἐτῶν μ' Δεῖναν ἐτῶν ✶ | λ ✶ θ' Βενιαμὶν ἐτῶν κ η'. τὸν δὲ Ἰωσὴφ γενέσθαι ἐν |
| HDem. | 9 21 | 18 | ἐτῶν κ η'. τὸν δὲ Ἰωσὴφ γενέσθαι ἐν Αἰγύπτῳ ἔτη ✶ | λ ✶ θ'. εἶναι δὲ ἀπὸ τοῦ Ἀδὰμ ἕως τοῦ εἰσελθεῖν εἰς |
| HDem. | 9 21 | 19 | Ἰωσὴφ ὄντα ἐτῶν ν ϛ'. Λευὶν δὲ γενόμενον ἐτῶν ρ ✶ | λ ✶ ζ' τελευτῆσαι Κλὰθ δὲ ὄντα ἐτῶν μ' γεννῆσαι Ἀμβρὰμ ὃν |
| HDem. | 9 21 | 19 | ὄντα ρ ι' ἐτῶν Κλὰθ δὲ γενόμενον ἐτῶν ἑκατὸν ✶ | λ ✶ γ' τελευτῆσαι. Ἀμβρὰμ δὲ λαβεῖν γυναῖκα τὴν τοῦ θείου |
| HDem. | 9 21 | 19 | ὄντα ἐτῶν ο η' καὶ γενόμενον Ἀμβρὰμ ἐτῶν ρ ✶ | λ ✶ ε' τελευτῆσαι. φυγεῖν μέντοι γε τὸν Μωσῆν εἰς Μαδιὰμ |
| HDem. | 1 141 | 2 | ἐννέα ἀφ' οὗ δὲ ἐξ Ἱεροσολύμων ἔτη τριακόσια ✶ | τριάκοντα ✶ ὀκτὼ μῆνας τρεῖς. |
| HEup. | 9 30 | 1 | ἔτη μ' εἶτα Ἰησοῦν τὸν τοῦ Ναυῆ υἱὸν ἔτη ✶ | λ' ✶ βιῶσαι δ' αὐτὸν ἔτη ρ ι' πῆξαί τε τὴν ἱερὰν σκηνὴν ἐν |
| HEup. | 9 34 | 16 | ἄλλην κατασκευὴν ἀργυρίου τάλαντα χίλια διακόσια ✶ | τριάκοντα ✶ δύο χαλκοῦ δὲ εἰς τοὺς κίονας καὶ τὸν λουτῆρα |
| HArt. | 9 27 | 4 | καὶ τὴν φιλοσοφίαν ἐξευρεῖν ἔτι δὲ τὴν πόλιν εἰς ✶ | λ ϛ' νομοὺς διελεῖν καὶ ἑκάστῳ τῶν νομῶν ἀποτάξαι τὸν |

**τριακονταδύο**
1

| | | | | |
|---|---|---|---|---|
| FJub. | | 11 | 1 | θυγάτηρ Ὢρ υἱοῦ Χεζὰ. Ῥαγὰβ γενόμενος ἑκατὸν ✶ | τριακονταδύο ✶ ἐτῶν ἐγέννησε τὸν Σεροὺχ. ἐπὶ τούτου οἱ |

**τριακόσιοι**
13

| | | | | |
|---|---|---|---|---|
| Abr.2 | | 3 | 2 | δένδρον μέγαν ἐν τῇ ὁδῷ παμμεγέθει ἔχοντα κλάδους ✶ | τριακοσίους ✶ ὅμοιον ἐρεικίνου ἤκουον δὲ φωνὴν ἐκ τῶν |
| Bar. | | 4 | 7 | καὶ εἶπεν ὁ ἄγγελος ἄκουσον κύριος ὁ θεὸς ἐποίησεν ✶ | τριακοσίους ✶ ἑξήκοντα ποταμοὺς ὧν οἱ πρῶτοι πάντων |
| Bar. | | 5 | 3 | ἡ κοιλία τούτου ὁ Ἅιδης ἐστίν. καὶ ὅσον ἀνδρῶν ✶ | τριακοσίων ✶ μόλιβδος ἀκοντίζεται τοσαύτη ἐστὶν ἡ κοιλία |
| Bar. | | 6 | 13 | εἰπέν μοι ὁ ἄγγελος ἄρτι ἀνοίγουσιν οἱ ἄγγελοι τὰς ✶ | τριακοσίας ✶ ἑξήκοντα πέντε πύλας τοῦ οὐρανοῦ καὶ |
| Job | | 15 | 4 | ὑπὲρ αὐτῶν θυσίας κατὰ ἀριθμὸν αὐτῶν, περιστερὰς ✶ | τριακοσίας, ✶ ἐρίφους αἰγῶν πεντήκοντα καὶ πρόβατα δεκαδύο |
| Sib. | | 5 | 21 | ἐν μακρῷ δὲ χρόνῳ ἑτέρῳ παραδώσεται ἀρχὴν ὅς τε ✶ | τριηκοσίων ✶ ἀριθμῶν κεραίην ἐπὶ πρώτην ἕξει καὶ ποταμοῦ |
| Sib. | | 5 | 38 | ὃς δεκάτην κεραίην δείκνυσι πρόδηλον. τοῦ δὲ ✶ | τριηκοσίης ✶ κεραίης ὅ,τι πρῶτον ἐλέγχων τῆς κράτος |
| Sib. | | 5 | 42 | ἀριθμῶν γεραρὸς βροτός. αὐτὰρ ἐπ' αὐτῷ ὥστε ✶ | τριηκοσίης ✶ κεραίης λάχεν ἔντυπον ἀρχὴν Κελτὸς ὀρειοβάτης |
| FJub. | | 3 | 32 | ἐποίησε δὲ ὁ Ἀδὰμ ἐν τῷ παραδείσῳ ἑβδομάδα ἡμερῶν ✶ | τριακοσίων ✶ ἑξήκοντα πέντε. καὶ ἐξεβλήθη σὺν τῇ γυναικὶ |
| HDem. | 9 21 | 15 | δοῦναι ἑκάστῳ διπλᾶς ξὺ δὲ Βενιαμὶν πέντε καὶ ✶ | τριακοσίους ✶ χρυσοῦς καὶ τῷ ταχὺ δὴ ἀποσteῖλαι κατὰ |
| HDem. | 9 21 | 18 | ἕως τῆς Ἰακὼβ παρουσίας εἰς Αἴγυπτον ἔτη α ✶ | τ ✶ ξ' ἀφ' οὗ δὲ ἐκλεγῆναι Ἀβραὰμ ἐκ τῶν ἐθνῶν καὶ ἐλθεῖν |
| HDem. | 1 141 | 2 | τρία μῆνας ἐννέα ἀφ' οὗ δὲ ἐξ Ἱεροσολύμων ἔτη ✶ | τριακόσια ✶ τριάκοντα ὀκτὼ μῆνας τρεῖς. |
| HHec. | 1 22 | 195 | καὶ Φοινίκην μετέστησαν διὰ τὴν ἐν Συρίᾳ στάσιν. ✶ | τριακοσίας ✶ μυριάδας ἀρουρῶν σχεδὸν τῆς ἀρίστης καὶ |

**τριακοσιοστός**
6

| | | | | |
|---|---|---|---|---|
| FJub. | | 12 | 12 | ἦν τοῦ Ἀρραν ἀδελφὴ τῆς Μελχας καὶ τοῦ Λωτ. τῷ 'γ ✶ τ ✶ κ ο γ' ἔτει τοῦ κόσμου Ἀβραὰμ δὲ ξ α' ἐνεπύρισεν |

**τριακοστός**

| | | | | |
|---|---|---|---|---|
| TLevi | | 11 | 4 | ὅτι οὐκ ἔσται ἐν πρώτῃ τάξει. καὶ ὁ Καὰθ ἐγεννήθη ✶ | τριακοστῷ ✶ πέμπτῳ ἔτει πρὸς ἀνατολὰς ἡλίου. εἶδον δὲ ἐν |
| TLevi | 18 2B068 | | βασιλέων ἱεράτευσα τῷ Ἰσραήλ. ἐν τῷ τετάρτῳ καὶ ✶ | λ' ✶ ἔτει ἐγεννήθη ἐν τῷ πρώτῳ μηνὶ μιᾷ τοῦ μηνὸς ἐπ' |
| TNep. | | 1 | 1 | ἧς διέθετο ἐν καιρῷ τέλους αὐτοῦ ἐν ἔτει ἑκατοστῷ ✶ | τριακοστῷ ✶ δευτέρῳ τῆς ζωῆς αὐτοῦ. συνελθόντων τῶν υἱῶν |
| Esdr. | | 1 | 2 | ἀγαπητοῦ τοῦ θεοῦ. εὐλόγησον πάτερ. ἐγένετο ἐν τῷ ✶ | τριακοστῷ ✶ ἔτει δευτέρᾳ καὶ εἰκάδι τοῦ μηνὸς ἥμην ἐν τῷ |
| FJub. | | 4 | 9 | ὁ Ἀδὰμ καὶ ἡ Εὔα ἀπέθεντο τὸ πένθος. τῷ ἑκατοστῷ ✶ | λ ✶ πέμπτῳ ἔτει ἔλαβεν ὁ Κάϊν τὴν ἰδίαν ἀδελφὴν |
| FJub. | | 4 | 31 | θυγάτηρ Βαραχιὴλ πατραδέλφου αὐτοῦ. τῷ αὐτῷ Σ ✶ | λ' ✶ ἔτει καὶ Κάϊν ἀπέθανεν ἐμπεσόντος ἐπ' αὐτὸν τοῦ |

**τριανταήμερος** ✶

| | | | | |
|---|---|---|---|---|
| FAch. | | | | αὐτοὺς πολιτεύεσθαι οἱ δὲ τριάκοντα δοκοὶ ἢ ✶ | τριανταήμερος ✶ στεγάζουσα τὸν χρόνον ⟨αἱ δὲ⟩ |

**Τριβαλλοὶ**

| | | | | |
|---|---|---|---|---|
| Sib. | | 5 | 504 | ἀλλ' ὅταν ἐκπρολιπόντες ἀναιδέα φῦλα ✶ | Τριβαλλῶν ✶ Αἰθίοπες μέλλωσ' +Αἴγυπτον ἐῆν τε+ ἀροῦσθαι |

**τρίβολος**
2

| | | | | |
|---|---|---|---|---|
| Adam | | 24 | 2 | αὐτὴν καὶ οὐ δώσει τὴν ἰσχὺν αὐτῆς. ἀκάνθας καὶ ✶ | τριβόλους ✶ ἀνατελεῖ σοι καὶ ἐν ἱδρῶτι τοῦ προσώπου σου |
| FEz. | | 186 | 5 | απο νομης της) καλης και πορευ(εσθαι εις ✶ | τριβολους ✶ κ)αι ακανθας αντι χ(ορτου και ουκ ετηρησατε |

**τρίβος**
4

| | | | | |
|---|---|---|---|---|
| Sib. | | 3 | 721 | πέλεται πάντων κατὰ γαῖαν. ἡμεῖς δ' ἀθανάτοιο ✶ | τρίβου ✶ πεπλανημένοι ἦμεν ἔργα δὲ χειροποίητα σεβάσμεθα |
| Sib. | | 3 | 777 | καλέουσι βροτοὶ μεγάλοιο θεοῖο) καὶ πᾶσαι πεδίοιο ✶ | τρίβοι ✶ καὶ τρηχέες ὄχθαι οὐρεά θ' ὑψήεντα καὶ ἄγρια |
| ISop. | 5 122 | 1 | φῦλα βαστάζει πυρουμένη καὶ γὰρ καθ' ᾅδην δύο ✶ | τρίβους ✶ νομίζομεν μίαν δικαίων χάτέραν τῶν ἀδίκων. |
| IDip. | 5 121 | 1 | ὀφθαλμὸς ὃς τὰ πάντα ὁρᾷ. καὶ γὰρ καθ' Ἅιδην δύο ✶ | τρίβους ✶ νομίζομεν μίαν δικαίων ἑτέραν δὲ ἀσεβῶν εἶναι |

**τρίβω**
1

| | | | | |
|---|---|---|---|---|
| Hen. | | 31 | 3 | δένδρα πλήρη ἐξαιτῆς ἐν ὁμοιώματι ἀμυγδάλων ὅταν ✶ | τρίβωσιν ✶ διὸ εὐωδέστερον ὑπὲρ πάντων τῶν ἀρωμάτων.--- |

**τρίγωνος**
3

| | | | | |
|---|---|---|---|---|
| Adam | | 42 | 1 | μετὰ δὲ τὰ ῥήματα ταῦτα ἐποίησεν ὁ θεὸς σφραγῖδα ✶ | τρίγωνον ✶ καὶ ἐσφράγισεν τὸ μνημεῖον ἵνα μηδείς τι ποιήσῃ |
| Aris. | | 58 | 4 | τορεία θαυμαστῶς ἔχουσαν ἐκ τῶν τριῶν μερῶν ἦν γὰρ ✶ | τρίγωνα. ✶ καὶ καθ' ἕκαστον μέρος ἡ διατύπωσις τῆς |
| Aris. | | 60 | 1 | συνέβαινε μετεώρων ἐπικειμένη ὡς προειρήκαμεν ✶ | τριγώνων ✶ κατεσκευασμένων καθ' ὃ ἂν μέρος στρέφοιτο. |

**τριέτης**
1

| | | | | |
|---|---|---|---|---|
| Asen. | | 28 | 8 | καὶ ἰδοὺ οἱ υἱοὶ Λίας ἦλθον τρέχοντες ὡς ἔλαφοι ✶ | τριέτεις ✶ κατ' αὐτῶν. καὶ κατέβη Ἀσενὲθ ἐκ τοῦ ὀχήματος |

**τριημερίζω** ✶

| | | | | |
|---|---|---|---|---|
| TJos. | | 3 | 5 | λαμβάνουσιν. ἐὰν δὲ ἀπεδήμει οἶνον οὐκ ἔπινον καὶ ✶ | τριημερίζων ✶ ἐλάμβανόν μου τὴν δίαιταν καὶ ἐδίδουν αὐτῇ |

**τρικέφαλος**
1

| | | | | |
|---|---|---|---|---|
| Abr.1 | | 17 | 16 | καὶ ποταμὸν ἄγριον κοχλάζοντα καὶ δράκοντα ✶ | τρικέφαλον ✶ φοβερὸν καὶ ποτήρια μεμεστωμένα φαρμάκων καὶ |

**τρίκλινος**
11

| | | | | |
|---|---|---|---|---|
| Abr.1 | | 4 | 1 | αὐτοῦ) ἄπελθε υἱέ μου ἀγαπητὲ εἰς τὸ ταμεῖον τοῦ ✶ | τρικλίνου ✶ καὶ καλλώπισον αὐτὸ καὶ στρῶσαι μοι ἐκεῖ δύο |
| Abr.1 | | 4 | 4 | δὲ Ἀβραὰμ τὸν Μιχαὴλ ἀνῆλθεν ἐν τῷ οἰκήματι τοῦ ✶ | τρικλίνου ✶ καὶ ἐκαθέσθησαν ἀμφότεροι ἐπὶ τὰ κλινάρια |
| Abr.1 | | 5 | 3 | αὐτοῦ πάτερ ἤθελα κἀγὼ ἀναπεσεῖν μεθ' ὑμῶν ἐν τῷ ✶ | τρικλίνῳ ✶ τούτῳ ἔγγιστα ὑμῶν ἀγαπῶ γὰρ ἀκούειν τὴν |
| Abr.1 | | 5 | 4 | δὲ Ἀβραὰμ οὐχὶ τέκνον Ἰσαὰκ ἀλλὰ ἄπελθε ἐν τῷ σῷ ✶ | τρικλίνῳ ✶ καὶ ἀνάπαυσαι καὶ μὴ γενώμεθα ἐπιβαρεῖς τοῦ |
| Abr.1 | | 5 | 5 | λαβὼν τὴν εὐχὴν παρ' αὐτῶν ἀπῆλθεν ἐν τῷ ἰδίῳ ✶ | τρικλίνῳ ✶ καὶ ἀνέπεσεν ⟨ἐπὶ τῆς κλίνης αὐτοῦ⟩. Ἔρριψε δὲ |
| Abr.1 | | 5 | 7 | ἐπὶ τῆς κλίνης αὐτοῦ καὶ ἦλθε δρομαίως ἐν τῷ ✶ | τρικλίνῳ ✶ ἔνθα ὁ πατὴρ αὐτοῦ ἦν κοιμώμενος μετὰ τοῦ |
| Abr.1 | | 7 | 1 | καταλιπὼν δὲ Ἀβραὰμ τὴν Σάρραν εἰσῆλθεν ἐν τῷ ✶ | τρικλίνῳ ✶ καὶ εἶπε πρὸς Ἰσαὰκ δεῦρο υἱέ μου ἀγαπητὲ |
| Abr.1 | | 15 | 3 | ἱερώτατον εἰς τὸν οἶκον αὐτοῦ καὶ ἀπελθὼν ἐν τῷ ✶ | τρικλίνῳ ✶ αὐτοῦ ἐκάθισεν ⟨ἐπὶ τῆς κλίνης αὐτοῦ⟩. ἦλθεν δὲ |
| Abr.1 | | 16 | 7 | Ἀβραάμ. ὁ δὲ δίκαιος Ἀβραὰμ ἰδὼν ἐξῆλθεν ἐκ τοῦ ✶ | τρικλίνου ✶ αὐτοῦ καὶ ἐκαθέσθη ὑποκάτω τῶν δένδρων τῆς |
| Abr.1 | | 17 | 1 | δὲ καὶ ὁ θάνατος ἕως ἐκεῖ ἀνέβη δὲ Ἀβραὰμ εἰς τὸ ✶ | τρίκλινον ✶ αὐτοῦ ἀνέβη καὶ ὁ θάνατος ἀνέπεσε δὲ Ἀβραὰμ |
| Aris. | | 319 | 5 | καὶ χρυσίου τάλαντα δύο καὶ κυλικίων ταλάντου καὶ ✶ | τρικλίνου ✶ πᾶσαν κατάστρωσιν. ἔπεμψε δὲ καὶ τῷ Ἐλεαζάρῳ |

**τρικυμία**
2

| | | | | |
|---|---|---|---|---|
| TNep. | | 6 | 5 | πέλαγος ἐφερόμεθα καὶ ἐπληρώθη τὸ πλοῖον ὑδάτων ἐν ✶ | τρικυμίαις ✶ περιρρησσόμενον ὥστε καὶ συντρίβεσθαι αὐτό. |
| Job | | 18 | 7 | ἐν θαλασσίῳ πλοίῳ καὶ μεσοπελαγίσας ἰδὼν τὴν ✶ | τρικυμίαν ✶ καὶ τὴν ἐναντίωσιν τῶν ἀνέμων ἔρριψεν εἰς |

**τριμερής**
1

| | | | | |
|---|---|---|---|---|
| Aris. | | 71 | 1 | ἀληθείας διάθεσιν τετυπωμένων ἁπάντων. ἐποίησαν δὲ ✶ | τριμερὲς ✶ τὸ στόμα τῆς τραπέζης οἱονεὶ τρίπτυχον |

**τριπλόος**
1

| | | | | |
|---|---|---|---|---|
| TDan | | 3 | 4 | βλέπει. διὰ τοῦτο ὁ θυμούμενος ἐὰν μὲν ᾖ δυνατὸς ✶ | τριπλῆν ✶ ἔχει τὴν δύναμιν ἐν τῷ θυμῷ μίαν μὲν διὰ τῆς |

**Τρίπολις**
1

| | | | | |
|---|---|---|---|---|
| Sib. | | 5 | 321 | γῆν χωσαμένη παρὰ χεύμασι Θερμώδοντος. πετροφυὴς ✶ | Τρίπολις ✶ τε παρ' ὕδασι Μαιάνδροιο κύμασι νυκτερινοῖσι |

**τρίπτυχος**
1

| | | | | |
|---|---|---|---|---|
| Aris. | | 71 | 2 | ἐποίησαν δὲ τριμερὲς τὸ στόμα τῆς τραπέζης οἱονεὶ ✶ | τρίπτυχον ✶ πελεκίνοις συναρμοζόμενα γομφωτοῖς πρὸς ἑαυτὰ |

**τρίς**
2

| | | | | |
|---|---|---|---|---|
| Sib. | | 3 | 351 | δασμοφόρου Ἀσίης ὑπεδέξατο Ῥώμη χρήματά κεν ✶ | τρὶς ✶ τόσσα δεδέξεται ἔμπαλιν Ἀσὶς ἐκ Ῥώμης ὀλοὴν δ' |

**τρισάγιος**
2

| | | | | |
|---|---|---|---|---|
| Abr.1 | | 20 | 12 | ἄγγελοι ἀνήρχοντο εἰς τὸν οὐρανὸν ψάλλοντες τὸν ✶ | τρισάγιον ✶ ὕμνον τῷ δεσπότῃ τῶν ὅλων θεῷ καὶ ἕστησαν |
| HCal. | | 28 | 15 | ἀνεξιχνίαστον ἐπὶ τῶν) Σεραφὶμ ἐποχούμενον καὶ ✶ | τρισαγίῳ ✶ φωνῇ δοξαζόμενον. ἐν τούτοις στὰς Ἀλέξανδρος |

**τρισκαίδεκα**
4

| | | | | |
|---|---|---|---|---|
| FJub. | | 10 | 21 | μιᾶς πλίνθου. ⟨τὸ ἔκταμα τοῦ ἑνὸς τοίχου⟩ στάδιοι ✶ ιγ' ✶ ⟨καὶ τοῦ ἄλλου⟩ λ'. ἐπὶ γὰρ ἔτη τεσσαράκοντα |
| HEup. | 9 34 | 4 | ἄρξασθαι οἰκοδομεῖν τὸ ἱερὸν τοῦ θεοῦ ὄντα ἐτῶν ✶ | τρισκαίδεκα ✶ ἐργάζεσθαι δὲ τὰ ἔθνη τὰ προειρημένα καὶ |

**τρισκαιδέκατος**
4

| | | | | |
|---|---|---|---|---|
| Hen. | | 6B | 7 | θ' Βαλκιὴλ ι' Ἀζαζὴλ ια' Φαρμαρὸς ιβ' Ἀμαριὴλ ✶ | ιγ' ✶ Ἀναγημὰς ιδ' Θαυσαὴλ ιε' Σαμιὴλ ιϛ' Σαριναῖς ιζ' |
| FJub. | | 3 | 9 | τοῦ Ἀδὰμ ἡμέρᾳ κυριακῇ Πάχων ὀκτωκαιδεκάτη Μαΐου ✶ | τρισκαιδεκάτῃ ✶ μετὰ τρεῖς ἡμέρας τῆς ἐν τῷ παραδείσῳ |
| HDem. | 9 21 | 5 | καὶ ὄνομα αὐτῷ θέσθαι Ἰσσάχαρ. καὶ πάλιν Λείαν τῷ ✶ | τρισκαιδεκάτῳ ✶ ἔτει μηνὶ δεκάτῳ υἱὸν ἄλλον τεκεῖν ᾧ ὄνομα |
| HAno. | 9 17 | 3 | εἶναι δὲ μεθερμηνευομένην Χαλδαίων πόλιν ⟨ἢ⟩ ἐν ✶ | τρισκαιδεκάτῃ ✶ γενέσθαι Ἀβραὰμ γενεᾷ εὐγενείᾳ καὶ σοφίᾳ |

**τρισμός**
2

| | | | | |
|---|---|---|---|---|
| Bar. | | 11 | 5 | φωνὴ ἀνοίγητωσαν αἱ πύλαι. καὶ ἠνοίγη καὶ ἐγένετο ✶ | τρισμὸς ✶ ὡς βροντῆς. καὶ ἦλθεν Μιχαὴλ καὶ συνήντησεν αὐτῷ |

**τρισσός**
1

| | | | | |
|---|---|---|---|---|
| Sib. | | 3 | 114 | θέντες οὕνεκά τοι πρώτιστοι ἔσαν μερόπων ἀνθρώπων. ✶ | τρισσαὶ ✶ δὴ μερίδες γαίης κατὰ κλῆρον ἑκάστου καὶ |

Sib. 5 222 οὐ πρότερος τῶν συμπάντων βασιλήων πρῶτα μὲν ἐκ * τρισσῶν * κεφαλῶν σὺν πληγάδι ῥίζας +στησάμενος+ μεγάλως

**τρισχίλιοι**  8

Hen. 7 2 λαβοῦσαι ἐτέκοσαν γίγαντας μεγάλους ἐκ πηχῶν * τρισχίλων * οἵτινες κατησθίοσαν τούς κόπους τῶν ἀνθρώπων.
Job 9 4 καμήλους ἐννακισχιλίους, καὶ ἐξ αὐτῶν ἐξελεξάμην * τρισχιλίας * ἐργάζεσθαι πᾶσαν πόλιν, καὶ γομώσας ἀγαθῶν
Job 10 5 ἐξελθεῖν τὴν θύραν μου κόλπῳ κενῷ εἶχον δὲ * τρισχίλια * καὶ πεντακόσια ζεύγη βοῶν, καὶ ἐξελεξάμην ἐξ
Job 16 3 προβάτων τὰ ταγέντα εἰς ἔνδυσιν τῶν χηρῶν, καὶ τὰς * τρισχιλίας * καμήλους καὶ τὰς πεντακοσίας ὄνους καὶ τὰ
Job 32 2 οὖν τυγχάνει ἡ δόξα τοῦ θρόνου σου; σὺ εἶ ὁ τὰς * τρισχιλίας * καμήλους ἐκτάξας εἰς μεταφορὰν τῶν ἀγαθῶν
HDem. 9 21 18 εἰς Αἴγυπτον τούς τοῦ Ἰωσήφ συγγενεῖς ἔτη * γ * χ κ δ'. ἀπὸ δὲ τοῦ κατακλυσμοῦ ἕως τῆς Ἰακώβ
HEup. 9 34 16 δὲ τῷ θεῷ θυσίαν μυρίαν πρόβατα δισχίλια μόσχους * τρισχιλίους * πεντακοσίους. τὸ δὲ σύμπαν χρυσίον τὸ εἰς
HArt. 9 25 2 γὰρ αὐτὸν πρόβατα μὲν ἑπτακισχίλια καμήλους δὲ * τρισχιλίας * ζεύγη βοῶν πεντακόσια ὄνους θηλείας νομάδας

**τρισχιλιοστός**  1

FJub. 12 12 ἦν τοῦ Αρραν ἀδελφὴ τῆς Μελχας καὶ τοῦ Λωτ. τῷ * ' γ * τ ο γ' ἔτει τοῦ κόσμου Ἀβραὰμ δὲ ξ α' ἐνεπύρισεν

**τριταῖος**

HArt. 9 27 34 καὶ διαβάντας ἱκανὸν τόπον ἐπὶ τὴν Ἐρυθρὰν * τριταίους * ἐλθεῖν θάλασσαν. Μεμφίτας μὲν οὖν λέγειν

**τριτάλας**  6

Sib. 5 52 ἄρξουσιν ὁ δὲ τρίτος ὀψὲ κρατήσει. τείρομαι ἡ * τριτάλαινα * κακὴν φάτιν ἐν φρεσὶ θέσθαι +Ἴσιδος ἡ
Sib. 5 137 φάσκων θηρῶν μορφάς· ποτε γεννᾶν+. Ἑλλάδα τὴν * τριτάλαιναν * ἀναιάξουσι ποιηταὶ ἡνίκ' ἀπ' Ἰταλίης ἰσθμοῦ
Sib. 5 333 εἶναι καὶ προσέχειν οἷον θεὸς ἐγγυάλιξεν. ἱμείρω * τριτάλαινα * τὰ Θρηκῶν ἔργα ἰδέσθαι καὶ τεῖχος διθάλασσον
Sib. 5 342 πανδήμει κρατέουσι κακὴν ἔριν ὁπλισθέντες. Ἰταλίη * τριτάλαινα * μενεῖς πανέρημος ἄκλαυστος ἐν γαίῃ θαλερῇ
Sib. 5 484 τοῖς ἀγαθοῖσιν ὅσοι θεὸν ἐξύμνησαν. Ἴσι θεὰ * τριτάλαινα * μενεῖς ἐπὶ χεύμασι Νείλου μούνη μαινάς
Sib. 5 488 ἐπικείμενε πολλοὺς κείσῃ πτῶμα μέγιστον ἐν Αἰγύπτῳ * τριταλαίνη. * ὅσσοι δ' Αἰγύπτου πόθον ἤγαγον εἴς σε

**τριτατος**  2

Sib. 3 135 δὲ ζώοντ' εἴων παρὰ μητρὶ τρέφεσθαι. ἀλλ' ὅτε τὴν * τριτάτην * γενεὴν τέκε πότνια Ῥείη τίχθ' Ἥρην πρώτην καὶ
Sib. 5 103 ἕκαστον ὅλον βίον ἐξαλαπάξει ὥστε μένειν μοῖραν * τριτάτην * δειλοῖσι βροτοῖσιν. αὐτὸς δ' ἐκ δυσμῶν

**τρίτος**  58

Adam 37 3 εἰς τὴν Ἀχερουσίαν λίμνην καὶ ἀπέλουσεν αὐτὸν * τρίτον * καὶ ἤγαγεν αὐτὸν ἐνώπιον τοῦ θεοῦ. ἐποίησεν δὲ
Adam 37 5 Μιχαὴλ λέγων ἄρον αὐτὸν εἰς τὸν παράδεισον ἕως * τρίτῳ * οὐρανῷ καὶ ἄφες αὐτὸν ἐκεῖ ἕως τῆς ἡμέρας
Adam 40 1 ἀρχαγγέλῳ Μιχαὴλ ἄπελθε εἰς τὸν παράδεισον ἐν τῷ * τρίτῳ * οὐρανῷ καὶ ἔνεγκε τρεῖς σινδόνας βυσσίνας καὶ
Hen. 6B 7 αὐτῶν. α' Σεμιαζᾶς ὁ ἄρχων αὐτῶν β' Ἀταρκούφ * γ' * Ἀρακιὴλ δ' Χωβαβιὴλ ε' Ὁραμμαμὴ ς' Ῥαμιὴλ ζ'
Hen. 8B 3 ὁ δὲ ὄγδοος ἐδίδαξεν ἀεροσκοπίαν. ὁ δὲ * τρίτον * ἐδίδαξε τὰ σημεῖα τῆς γῆς. ὁ δὲ ἕβδομος ἐδίδαξε
Abr.1 5 6 εἰς τὴν καρδίαν Ἰσαὰκ ὡς ἐν ὀνείροις περὶ ὥραν * τρίτην * τῆς νυκτός. διϋπνισθεὶς δὲ Ἰσαὰκ ἀνέστη ἐπὶ τῆς
Abr.1 13 7 τοῦ Ἰσραὴλ καὶ πᾶσα πνοὴ καὶ πᾶσα κτίσις τὸ δὲ * τρίτον * ὑπὸ τοῦ δεσπότου θεοῦ τῶν ἁπάντων κριθήσεται πᾶς
Abr.1 20 11 καὶ ἀρώμασιν ἐκήδευσαν δὲ τὸ σῶμα τοῦ δικαίου ἕως * τρίτης * ἡμέρας τῆς τελειώσεως αὐτοῦ καὶ ἔθαψαν αὐτὸν ἐν
TRub. 2 5 δεύτερον πνεῦμα ὁράσεως μεθ' ἧς γίνεται ἐπιθυμία * τρίτον * πνεῦμα ἀκοῆς μεθ' ἧς δίδοται διδασκαλία τέταρτον
TRub. 3 4 ἔγκειται δεύτερον πνεῦμα ἀπληστίας ἐν τῇ γαστρὶ * τρίτον * πνεῦμα μάχης ἐν τῷ ἥπατι καὶ τῇ χολῇ τέταρτον
TLevi 2 8 κρεμάμενον ἀνάμεσον τούτου κἀκείνου. καὶ ἐπὶ τῷ * τρίτῳ * οὐρανῷ πολὺ φωτεινότερον καὶ φαιδρότερον παρὰ
TLevi 3 3 τῶν ἐπαγωγῶν εἰς ἐκδίκησιν τῶν ἀνόμων. ἐν τῷ * τρίτῳ * εἰσὶν αἱ δυνάμεις τῶν παρεμβολῶν οἱ ταχθέντες εἰς
TLevi 8 6 καὶ περιέθηκέ μοι στολὴν ἁγίαν καὶ ἔνδοξον. ὁ δὲ * τρίτος * βυσσίνην με περιέβαλεν ὁμοίαν ἐφούδ. ὁ τέταρτος
TLevi 8 14 οὐ γενήσεται. ὁ δεύτερος ἔσται ἐν ἱερωσύνῃ. ὁ * τρίτος * ἐπικληθήσεται αὐτῷ ὄνομα καινὸν ὅτι βασιλεὺς ἐκ
TLevi 11 7 Καὰθ ὅ ἐστιν ἀρχὴ μεγαλείου καὶ συμβιβασμός. καὶ * τρίτον * ἔτεκέ μοι τὸν Μεραρὶ τεσσαρακοστῷ ἔτει ζωῆς μου.
TLevi 12 6 εἰσῆλθον εἰς Αἴγυπτον. καὶ ἰδού ἐστε τέκνα μου * τρίτη * γενεά. Ἰωσὴφ ἑκατοστῷ ὀκτωκαιδεκάτῳ ἔτει
TLevi 17 4 αὐτοῦ τιμία καὶ παρὰ πᾶσι δοξασθήσεται. ὁ δὲ * τρίτος * ἱερεὺς ἐν λύπῃ παραληφθήσεται. καὶ ὁ τέταρτος ἐν
TLevi 18 2B040 καὶ τῷ τράγῳ τὸ ἴσον καὶ τῷ ἀρνίῳ καὶ τῷ ἐρίφῳ τὸ * τρίτον * τοῦ σάτου καὶ σεμίδαλις καθήκουσα αὐτοῖς τῷ ταύρῳ
TLevi 18 2B042 τοῦ σάτου καὶ τῷ ἀρνίῳ καὶ τῷ ἐρίφῳ ἐξ αἰγῶν τὸ * τρίτον * τοῦ σάτου καὶ τὸ ἔλαιον καὶ τὸ τέταρτον τοῦ σάτου
TLevi 18 2B045 ἐξ τῷ ταύρῳ καὶ τὸ ἥμισυ αὐτοῦ τῷ κριῷ καὶ τὸ * τρίτον * αὐτοῦ τῷ ἐρίφῳ. καὶ πᾶσα ἡ σεμίδαλις
TLevi 18 2B046 ἐπ' αὐτὴν λιβάνου ὁλκὴ σίκλων δύο καὶ τὸ * τρίτον * τοῦ σάτου τὸ τρίτον τοῦ ὑφή ἐστιν καὶ τὰ δύο μέρη
TLevi 18 2B046 λιβάνου ὁλκὴ σίκλων δύο καὶ τὸ τρίτον τοῦ σάτου τὸ * τρίτον * τοῦ ὑφή ἐστιν καὶ τὰ δύο μέρη τοῦ βάτου καὶ ὁλκῆς
TLevi 18 2B069 αὐτῇ καὶ ἐν γαστρὶ ἔλαβεν καὶ ἔτεκέν μοι υἱὸν * τρίτον * καὶ ἐκάλεσα τὸ ὄνομα αὐτοῦ Μεραρὶ ἐλυπήθην γὰρ
TJud. 10 2 ἐκ γῆς Χανάαν. καὶ ἄγγελος κυρίου ἀνεῖλεν αὐτὸν τῇ * τρίτῃ * ἡμέρᾳ τῇ νυκτὶ καὶ αὐτὸς οὐκ ἔγνω αὐτὴν κατὰ
TJud. 25 1 ἡμῶν ἐν Ἰσραὴλ ἐσόμεθα Λευὶ πρῶτος δεύτερος ἐγὼ * τρίτος * Ἰωσὴφ τέταρτος Βενιαμὶν πέμπτος Συμεὼν ἕκτος
TDan 3 4 δὲ διὰ τοῦ πλούτου παραπείθων καὶ νικῶν ἐν ἀδίκῳ * τρίτην * τὴν φυσικὴν ἔχων τοῦ σώματος καὶ δι' ἑαυτοῦ δρῶν
TNep. 2 2 πνεῦμα ἐντίθησι καὶ οὐκ ἔστι λεῖπον ἓν ἐκ τοῦ ἑνὸς * τρίτον * τριχὸς σταθμῷ γὰρ καὶ μέτρῳ καὶ κανόνι πᾶσα
TJos. 13 5 καὶ εἰσαχθεὶς προσεκύνησα τῷ ἀρχιευνούχῳ * τρίτος * γὰρ ἦν ἐν ἀξίᾳ παρὰ τῷ Φαραὼ ἄρχων πάντων τῶν
TBen. 7 2 Βελιὰρ ἔστι δὲ πρῶτον ὁ φθόνος δεύτερον ἀπώλεια * τρίτον * θλῖψις τέταρτον αἰχμαλωσία πέμπτον ἔνδεια ἕκτον
Asen. 2 5 καὶ πᾶς ὁ κόσμος τῆς παρθενίας αὐτῆς. καὶ ἦν ὁ * τρίτος * θάλαμος ταμιεῖον τῆς Ἀσενέθ καὶ ἦν ἐν αὐτῷ πάντα
Asen. 2 7 καὶ ἡ δευτέρα ἦν ἀποβλέπουσα εἰς μεσημβρίαν καὶ ἡ * τρίτη * ἦν ἀποβλέπουσα εἰς βορρᾶν ἐπὶ τὸ ἄμφοδον τῶν
Asen. 17 3 μου ἃ λελάληκα πρός σε σήμερον. καὶ ἐξέτεινε * τρίτον * τὴν δεξιὰν χεῖρα αὐτοῦ ὁ ἄνθρωπος καὶ ἥψατο τῆς
Asen. 19 11 ἔδωκεν αὐτῇ πνεῦμα σοφίας καὶ κατεφίλησεν αὐτὴν τὸ * τρίτον * καὶ ἔδωκεν αὐτῇ πνεῦμα ἀληθείας. καὶ
Asen. 29 7 τῷ Λευὶ ἐπὶ τὴν γῆν καὶ εὐλόγησεν αὐτόν. καὶ ἐν τῇ * τρίτῃ * ἡμέρᾳ ἀπέθανεν ὁ υἱὸς Φαραὼ ἐκ τοῦ τραύματος τοῦ
Jer. 7 10 τοῦ κιβωτὸν ἀλλὰ ὁμοιώθητι τῇ περιστερᾷ ἥτις ἐκ * τρίτου * φάσιν ἤνεγκε τῷ δικαίῳ. οὕτως καὶ σὺ ἄρον τὴν
Bar. 7 2 σοι ἐν τῷ πρώτῳ καὶ δευτέρῳ οὐρανῷ εἰσιν καὶ ἐν τῷ * τρίτῳ * οὐρανῷ διέρχεται ὁ ἥλιος καὶ δίδοῖ τῷ κόσμῳ τὸ
Bar. 10 1 μαθὼν παρὰ τοῦ ἀρχαγγέλου λαβὼν ἤγαγέν με εἰς * τρίτον * οὐρανόν. καὶ εἶδον πεδίον ἁπλοῦν καὶ ἐν μέσῳ
Prop. 9 3 πολλὰ ὑπομείνας δι' αὐτὸν περιεσώζετο. οὗτος ἦν ὁ * τρίτος * πεντηκόνταρχος οὗ Ἐφέλεατο Ἠλίας καὶ κατέβη πρὸς
Esdr. 5 13 μὲν σύνολόν ἐστιν τὸ δεύτερον μὲν ὀγκοῦται τὸ * τρίτον * μὲν τριχοῦται τὸ τέταρτον μὲν ὀνυχοῦται τὸ
Sedr. 2 4 ἀνῆλθεν εἰς τοὺς οὐρανοὺς καὶ ἔστησεν αὐτὸν ἕως * τρίτου * οὐρανοῦ καὶ ἔστιν ἐν αὐτῷ ἡ φλὸξ τῆς θεότητος. καὶ
Aris. 47 3 Σίμων Σομόηλος Ἀδαῖος Ματταθίας Ἐσχλεμίας. * τρίτης * Νεεμίας Ἰώσηφος Θεοδόσιος Βασέας Ὀρνίας Δάκις.
Sib. 3 143 ὡς δ' αὕτως διέπεμψε Ποσειδάωνα λαβραίως. τὸ * τρίτον * αὖ Πλούτωνα Ῥέη τέκε δῖα γυναικῶν Δωδώνῃ
Sib. 3 544 σὺ οὐρανὸν ἔκτισε καὶ γῆν πάντων δ' ἀνθρώπων τὸ * τρίτον * μέρος θεὸς ἔσται αὐτίς. Ἑλλὰς δὴ τί πέποιθας ἐπ'
Sib. 5 51 ἔσσεται ἤματα πάντα. τὸν μετὰ τρεῖς ἄρξουσιν ὁ δὲ * τρίτος * ὀψὲ κρατήσει. τείρομαι ἡ τριτάλαινα κακὴν φάτιν
FMos. 1 153 1 τὸ πνεῦμα αὐτοῦ καὶ ὁ κόσμος ἐγένετο. ἔσχεν δὲ καὶ * τρίτον * ὄνομα ἐν οὐρανῷ μετὰ τὴν ἀνάληψιν Μελχι. λόγῳ
FJub. 2 5 τὸ ἔργον ἐποίησεν ὁ θεὸς ἐν τῇ δευτέρᾳ ἡμέρᾳ. * τρίτον * δὲ ἡμέρᾳ τὰς θαλάσσας τοὺς ποταμοὺς τὰς πηγὰς καὶ
FJub. 2 7 τὰ τέσσαρα ἔργα τὰ μέγιστα ἐποίησεν ὁ θεὸς ἐν τῇ * τρίτῃ * ἡμέρᾳ. τῇ δὲ τετάρτῃ τὸν ἥλιον τὴν σελήνην τοὺς
FJub. 3 1 συντελείας. τῇ πρώτῃ ἡμέρᾳ ἑβδομάδος ἥτις ἦν * τρίτη * μὲν ἡμέρα τῆς πλάσεως τοῦ Ἀδὰμ ὀγδόη δὲ τοῦ
FJub. 3 1 ἡμέρᾳ τῆς ἑβδομάδος ὠνόμασε τὴν * τρίτην * ἡμέραν τῆς ἑβδομάδος ὠνόμασε τὰ πετεινά.
FJub. 3 9 τῆς βρώσεως τοῦ ξύλου τῆς γνώσεως. τῇ ἐνενηκοστῇ * τρίτῃ * ἡμέρᾳ τῆς κτίσεως τῇ δευτέρᾳ ἡμέρᾳ τῆς
FJub. 4 11 τῇ ἀδελφῇ τῇ μείζονι Σαυὴ οὕτω καλουμένῃ. ὁ δὲ Σὴθ * τρίτος * υἱὸς μετὰ τὸν Ἄβελ γεννηθεὶς τῇ λεγομένῃ αὐτοῦ
FJub. 10 21 τὸ πλάτος ἐπὶ ο γ' πλίνθους. τῇ πλίνθου τὸ ὕψος * τρίτον * μιᾶς πλίνθου. ‹τὸ ἕκταμα τοῦ ἑνὸς τοίχου› στάδιοι
FJub. 11 14 δὲ τοῦ πρώτου βασιλέως τῶν Ἀσσυρίων τεσσαρακοστὸν * τρίτον * ἄγοντος ἔτος τῆς βασιλείας γεννᾶται Ἀβραάμ.
FJub. 12 12 τοῦ Αρραν ἀδελφὴ τῆς Μελχας καὶ τοῦ Λωτ. τῷ ' γ τ ο * γ' * ἔτει τοῦ κόσμου Ἀβραὰμ δὲ ξ α' ἐνεπύρισεν Ἀβραὰμ τὰ
FJub. 29 12 τὸν ζυγὸν αὐτοῦ ἀπὸ τοῦ τραχήλου σου. τῷ ' γ τ ο * γ' * ἔτει τοῦ Ἰσαὰκ ἐπανῆλθεν Ἰακὼβ πρὸς αὐτὸν ἀπὸ
HDem. 9 21 4 Ζελφὰν τῷ αὐτῷ χρόνῳ τῷ δωδεκάτῳ ἔτει μηνὶ * τρίτῳ * καὶ τεκεῖν τοῦ αὐτοῦ ἔτους μηνὸς δωδεκάτου υἱὸν
HDem. 9 21 17 γίνεσθαι τὰ πάντα ἔτη ἐν γῇ Χανάαν σ ι ε'. καὶ τῷ * τρίτῳ * ἔτει λιμοῦ οὔσης ἐν Αἰγύπτῳ ἐλθεῖν εἰς Αἴγυπτον
LEze. 9 29 8 10 γεννητόρων Ἀβραάμ τε καὶ Ἰσαὰκ καὶ Ἰακώβου * τρίτου. * μνησθεὶς δ' ἐκείνων καὶ ἔτ' ἐμῶν δωρημάτων

**τριχόω**

Esdr. 5 13 ἐστιν τὸ δεύτερον μὲν ὀγκοῦται τὸ τρίτον μὲν * τριχοῦται * τὸ τέταρτον μὲν ὀνυχοῦται τὸ πέμπτον μὲν

**τρίχωμα**  3

Hen. 106 2 τὸ σῶμα λευκότερον χιόνος καὶ πυρρότερον ῥόδου τὸ * τρίχωμα * πᾶν λευκὸν καὶ ὡς ἔρια λευκὰ καὶ οὖλον καὶ
Hen. 106 10 λευκότερον χιόνος καὶ πυρρότερον ῥόδου καὶ τὸ * τρίχωμα * τῆς κεφαλῆς αὐτοῦ λευκότερον ἐρίων λευκῶν καὶ τὰ
Asen. 10 14 περὶ τὴν ὀσφὺν αὐτῆς. καὶ ἔλυσε τὸ ἐμπλόκιον τοῦ * τριχώματος * τῆς κεφαλῆς αὐτῆς καὶ κατέπασε τέφραν ἐπάνω

**Τροία**  2

Sib. 3 206 πολέμοιο. Φρύγες δ' ἔκπαγλοι ὀλοῦνται πάντες καὶ * Τροίη * κακὸν ἔσσεται ἤματι κείνῳ. αὐτίκα καὶ Πέρσῃσι καὶ
Sib. 5 9 τὸν γενεῆς τε καὶ αἵματος Ἀσσαράκοιο ὃς μόλεν ἐκ * Τροίης * ὅστις πυρὸς ἔσχισεν ὁρμὴν πολλοὺς δ' αὖ μετ'

**τρομάζω**  5

Abr.1 16 3 βασιλεύς. ἀκούσας δὲ ὁ θάνατος ἔφριξεν καὶ * ἐτρόμαξεν * καὶ δειλίᾳ πολὺ συνεχόμενος ‹καὶ ἐλθὼν μετὰ
Asen. 6 1 ἡ ψυχὴ αὐτῆς καὶ παρείθη τὰ γόνατα αὐτῆς καὶ * ἐτρόμαξε * ὅλον τὸ σῶμα αὐτῆς καὶ ἐφοβήθη φόβον μέγαν.
Asen. 14 10 ἐπὶ τὴν γῆν. καὶ ἐφοβήθη Ἀσενὲθ φόβον μέγαν καὶ * ἐτρόμαξε * πάντα τὰ μέλη αὐτῆς. καὶ εἶπεν αὐτῇ ὁ ἄνθρωπος
Asen. 23 15 ῥομφαίας αὐτῶν ἐσπασμένας καὶ ἐφοβήθη σφόδρα καὶ * ἐτρόμαξεν * ὅλῳ τῷ σώματι αὐτοῦ διότι ἤστραπτον αἱ
Asen. 26 8 αὐτὸν Ἀσενὲθ καὶ ἐφοβήθη καὶ ἐταράχθη σφόδρα καὶ * ἐτρόμαξεν * ὅλον τὸ σῶμα αὐτῆς. καὶ ἐπεκαλέσατο τὸ ὄνομα

**τρομέω**  1

IOrp. 43 κατὰ δίπλακα θεσμόν. ἄλλως οὐ θεμιτὸν δὲ λέγειν * τρομέω * δέ γε γυῖα ἐν νόῳ ἐξ ὑπάτου κραίνει περὶ πάντ'

**τρόμος**  9

Hen. 1 5 πάντα τὰ ἄκρα τῆς γῆς) καὶ λήμψεται αὐτοὺς * τρόμος * καὶ φόβος μέγας μέχρι τῶν περάτων τῆς γῆς. καὶ
Hen. 13 3 καὶ αὐτοὶ πάντες ἐφοβήθησαν καὶ ἔλαβεν αὐτοὺς * τρόμος * καὶ φόβος. καὶ ἠρώτησαν ὅπως γράψω αὐτοῖς

| Hen. | 14 | 13 | τροφή ζωῆς οὐκ ἦν ἐν αὐτῷ φόβος με ἐκάλυψεν καὶ | ✶ τρόμος ✶ | με ἔλαβεν. καὶ ἤμην σειόμενος καὶ τρέμων καὶ |
| TSim. | 4 | 8 | τὸν ὕπνον ἀφαιρεῖ καὶ κλόνον παρέχει τῇ ψυχῇ καὶ | ✶ τρόμον ✶ | τῷ σώματι ὅτι καίγε ἐν ὕπνῳ τις ζῆλος κακίας |
| TJud. | 3 | 8 | τῇ ἰσχύι πηχῶν ιβ'. καὶ ἐπέπεσεν ἐπ' αὐτοὺς | ✶ τρόμος ✶ | καὶ ἐπαύσαντο πολεμοῦντες ἀφ' ἡμῶν. διὰ τοῦτο |
| Asen. | 9 | 1 | διότι ἦν ἐν αὐτῇ χαρὰ καὶ λύπη καὶ φόβος πολὺς καὶ | ✶ τρόμος ✶ | καὶ ἱδρὼς συνεχὴς ὡς ἤκουσε πάντα τὰ ῥήματα |
| Asen. | 10 | 1 | αὐτῆς πυκνῶς καὶ ἐφοβεῖτο φόβον μέγαν καὶ ἔτρεμε | ✶ τρόμον ✶ | βαρύν. καὶ ἀνέστη Ἀσενὲθ ἀπὸ τῆς κλίνης αὐτῆς |
| Sedr. | 14 | 12 | ἀλλ' ἵστανται καὶ οὐ προσκυνοῦσιν ἐν φόβῳ καὶ ἐν | ✶ τρόμῳ ✶ | ἀλλὰ μεγαλορημονοῦσιν ἃ οὐ δέχομαι ἐγὼ οὔτε οἱ |
| Sib. | 3 | 532 | ἰδίας κτήσεις καὶ πλούτων ἅπαντα ἐχθρὸν καρπίζοντα | ✶ τρόμος ✶ | δ' ὑπὸ γούνασιν ἔσται. φεύξονται δ' ἑκατὸν εἰς δ' |

| Sib. | 5 | 255 | ἐχθραῖς διολοῦνται +ἀλλ' ἐπι+στήσει τε κακῶν αἰῶνι | ✶ τρόπαια. ✶ | εἰς δέ τις ἔσσεται αὔτις ἀπ' αἰθέρος ἔξοχος |
| FAch. | 108 | | τοῦ βίου τῆς αἰσχύνης (μετὰ) τὸν θάνατον ζῶντα δὲ | ✶ τρόπαιον ✶ | εἶναι τῆς ἰδίας συνειδήσεως. συγχωρήσας δὲ ὁ |

| FJub. | 3 | 9 | τῆς τεσσαρεσκαιδεκάτης ἑβδομάδος κατὰ τὴν θερινὴν | ✶ τροπὴν ✶ | ἡλίου ὄντος καὶ σελήνης καρκίνῳ τῇ εἰκοστῇ πέμπτῃ |
| HAno. 9 | 17 | 4 | τοῦ θεοῦ εἰς Φοινίκην ἐλθόντα κατοικῆσαι καὶ | ✶ τροπὰς ✶ | ἡλίου καὶ σελήνης καὶ τὰ ἄλλα πάντα διδάξαντα |
| LAri. 8 | 10 | 11 | ἄλλων. ἀμετάβλητα μέν ἐστι τὰς αὐτὰς δ' ἐν αὐτοῖς | ✶ τροπὰς ✶ | λαμβάνει καὶ φθοράς. ἡ στάσις οὖν ἡ θεία κατὰ |

| Aris. | 150 | 2 | τὰ τῆς συγχωρήσεως ἡμῖν ἐπὶ τούτων καὶ τῶν κτηνῶν | ✶ τροπολογῶν ✶ | ἐκτέθειται. τὸ γὰρ διχηλεύειν καὶ διαστέλλειν |

| Adam | 9 | 3 | ἀναπαύσομαι ἀπὸ τῆς νόσου μου καὶ δηλώσω σοι τὸν | ✶ τρόπον ✶ | ἐν ᾧ ἠπατήθημεν τὸ πρότερον. ἐπορεύθη δὲ Σὴθ καὶ |
| Adam | 14 | 3 | τὰ τέκνα τῶν τέκνων ἡμῶν καὶ ἀνάγγειλον αὐτοῖς τὸν | ✶ τρόπον ✶ | τῆς παραβάσεως ἡμῶν. τότε λέγει ἡ Εὔα πρὸς αὐτοὺς |
| Adam | 25 | 2 | καὶ ἐν πόνοις ἀφορήτοις. τέξει τέκνα ἐν πολλοῖς | ✶ τρόποις ✶ | καὶ ἐν μιᾷ ὥρᾳ ἔλθεις τοῦ τεκεῖν καὶ ἀπολέσεις |
| Adam | 30 | 1 | τοῦ ὕδατος. νῦν οὖν τεκνία μου ἐδήλωσα ὑμῖν τὸν | ✶ τρόπον ✶ | ἐν ᾧ ἠπατήθημεν. ὑμεῖς δὲ φυλάξατε ἑαυτοὺς μὴ |
| Hen. | 106 | 13 | ὁ κύριος πρόσταγμα ἐπὶ τῆς γῆς καὶ τὸν αὐτὸν | ✶ τρόπον ✶ | τέκνων τεθέαμαι καὶ ἐσήμανά σοι ἐν γὰρ τῇ γενεᾷ |
| TLevi | 6 | 8 | κακὰ ἐπὶ Σίκιμα διότι ἤθελον τὴν Σάρραν ποιῆσαι ὃν | ✶ τρόπον ✶ | ἐποίησαν Δίναν τὴν ἀδελφὴν ἡμῶν καὶ κύριος |
| TGad | 2 | 2 | μῖσος καὶ ἤθελον αὐτὸν ἐκλεῖξαι ἐκ γῆς ζώντων ὃν | ✶ τρόπον ✶ | ἐκλείχει ὁ μόσχος τὰ χλωρὰ ἀπὸ τῆς γῆς. διὸ ἐγὼ |
| TAser | 1 | 3 | ἀνθρώπων καὶ δύο διαβούλια καὶ δύο πράξεις καὶ δύο | ✶ τρόπους ✶ | καὶ δύο τέλη. διὰ τοῦτο πάντα δύο εἰσὶν ἓν |
| TJos. | 2 | 6 | ἐπὶ πᾶσι δὲ τόποις παρίσταται καὶ ἐν διαφόροις | ✶ τρόποις ✶ | παρακαλεῖ ἐν βραχεῖ ἀφιστάμενος εἰς τὸ δοκιμάσαι |
| Asen. | 23 | 12 | ἀνδρὶ θεοσεβεῖ ἀδικεῖν πάντα ἄνθρωπον κατ' οὐδένα | ✶ τρόπον. ✶ | ἐὰν δέ τις ἀδικήσαι βούλεται ἄνδρα θεοσεβῆ οὐκ |
| Job | 27 | 3 | ὑπάρχεις, ἐγώ εἰμι ἐν ὀχλήσει μεγάλη ἐγένου γὰρ ὃν | ✶ τρόπον ✶ | ἀθλητὴς μετὰ ἀθλητοῦ, καὶ εἰς τὸν ἕνα κατέρραξεν |
| Aris. | 7 | 5 | οὐ μόνον κατὰ τὸ συγγενὲς ἀδελφῷ καθεστῶτι τὸν | ✶ τρόπον ✶ | ἀλλὰ καὶ τῇ πρὸς τὸ καλὸν ὁρμῇ τὸν αὐτὸν ὄντα |
| Aris. | 11 | 7 | Συριακῇ χρήσθαι τὸ δ' οὐκ ἔστιν ἀλλ' ἕτερος | ✶ τρόπος. ✶ | μεταλαβὼν δὲ ἕκαστα ὁ βασιλεὺς εἶπε γραφῆναι |
| Aris. | 24 | 6 | ἐστι σωμάτων ἐν οἰκείαις πανταχῆ καθ' ὁντινοῦν | ✶ τρόπον ✶ | ἐν τῇ βασιλείᾳ κομιζομένους τοὺς ἔχοντας τὸ |
| Aris. | 44 | 4 | σὺ καὶ ἀνεπίλησα τοὺς πολίτας ἡμῶν κατὰ πολλοὺς | ✶ ⟨τρόπους⟩ ✶ | εὐηργέτηκας. εὐθέως οὖν προσηγάγομεν ὑπὲρ σοῦ |
| Aris. | 144 | 4 | ταῦτα Μωϋσῆς ἀλλὰ πρὸς ἁγνὴν ἐπίσκεψιν καὶ | ✶ τρόπων ✶ | ἐξαρτισμὸν δικαιοσύνης ἕνεκεν σεμνῶς πάντα |
| Aris. | 149 | 3 | ἕκαστα διάθεσιν πῶς οὐ φυλακτέον παντάπασι τοὺς | ✶ τρόπους ✶ | εἰς τοῦτο κατακλασθῆναι; πάντα οὖν τὰ τῆς |
| Aris. | 153 | 1 | περὶ ὃν δέ ἐστιν ὁ προειρημένος τῆς διαστολῆς | ✶ τρόπος ✶ | περὶ τούτων εἶναι καὶ τὸν τῆς μνήμης |
| Aris. | 156 | 4 | τι πράσσειν καὶ τεχνῶν εὑρέσεις ἀπέραντον περιέχει | ✶ τρόπον. ✶ | διὸ παρακελεύεται μνείαν ἔχειν ὡς συντηρεῖται τὰ |
| Aris. | 163 | 2 | δὲ ταῦτόν ἐστιν εὑρεῖν. κακοποιητικὸς γὰρ ὁ | ✶ τρόπος ✶ | ἐστὶ καὶ γαλῆς καὶ μυῶν καὶ τῶν τούτοις ὁμοίων |
| Aris. | 166 | 2 | τεκνοποιεῖ δὲ τῷ στόματι. καὶ διὰ τοῦτο ὁ τοιοῦτος | ✶ τρόπος ✶ | τῶν ἀνθρώπων ἀκάθαρτός ἐστιν ὅσα γὰρ δι' ἀκοῆς |
| Aris. | 170 | 7 | τοῦ διατάξαντος. τῆς γὰρ ἑαυτοῦ ψυχῆς τοῦ παντὸς | ✶ τρόπου ✶ | τὴν προσφορὰν ποιεῖται ἢ τὴν θυσίαν προσάγων. καὶ |
| Aris. | 209 | 3 | ἐπυνθάνετο τοῦ κατὰ τὸ ἑξῆς τίς ἀναγκαιότατος | ✶ τρόπος ✶ | βασιλείας; τὸ συντηρεῖν εἶπεν αὐτὸν ἀδωροδόκητον |
| Aris. | 215 | 2 | πλὴν ὅσον ἔμοιγε ἐφικτὸν οὕτω διειλημμαι κατὰ πάντα | ✶ τρόπον ✶ | σὲ βασιλεῦ καὶ τὰ λεγόμενα καὶ τὰ πραττόμενα πρὸς |
| Aris. | 219 | 3 | ἀληθῶς βασιλεύεις θεοῦ δόντος σοι καταξίως τῶν | ✶ τρόπων ✶ | τὴν ἡγεμονίαν. τοῦ δὲ βασιλέως εὖ μάλα |
| Aris. | 227 | 5 | φιλοτιμίαν δεῖν χαριστικὴν ἔχειν ἵνα τούτῳ τῷ | ✶ τρόπῳ ✶ | μετάγωμεν αὐτοὺς ἐπὶ τὸ καθῆκον καὶ συμφέρον |
| Aris. | 248 | 6 | ἔφη εἰ τέκνων ἄφροντίς τις εἴη μὴ κατὰ πάντα | ✶ τρόπον ✶ | ἀγαγεῖν σπεύδοι εὐχόμεθα μὴ πρὸς τὸν θεὸν |
| Aris. | 264 | 4 | εὔνοιαν συντηροῦσιν ἀκέραιον πρὸς αὐτόν καὶ τῶν | ✶ τρόπων ✶ | ὅσοι μετέχουσιν αὐτῷ. θεοῦ δὲ ἐπιφάνεια γίνεται |
| Aris. | 276 | 3 | λέγει καὶ ἐν πλείονι χρόνῳ τὰ αὐτὰ δι' ἑτέρων | ✶ τρόπων ✶ | ἐπερωτῶν. τὸ δὲ νοῦν ἔχειν ὀξὺν καὶ δύνασθαι |
| Sib. | 3 | 430 | παρίσταμαί τε ποιῆσαι ψευδογραφῶν κατὰ πάντα | ✶ τρόπον ✶ | μέρομας κενοκράνους. καὶ θανέειν μάλλον τοῖσιν |
| Sib. | 4 | 35 | ἐπ' ἄρσενος ὕβριν ἀπεχθέα τε στυγερήν τε). ὧν | ✶ τρόπον ✶ | εὐσεβίην τε καὶ ἤθεα ἄνερες ἄλλοι οὔποτε |
| FJub. | 48 | 14 | τοῦτο πεποιηκότες. ἐν τῇ θαλάσσῃ κατεστράφησαν ὃν | ✶ τρόπον ✶ | τὰ βρέφη τῶν Ἑβραίων ἐν τῷ ποταμῷ ἀπέπνιγον |
| FEz. 64 | 70 | 9 | ἡμῖν ἀμυνώμεθα αὐτόν. ὁ δὲ ἕτερος ἠρώτα ποίῳ | ✶ τρόπῳ; ✶ | ὁ δὲ εἶπεν ἀπέλθωμεν εἰς τὸν παράδεισον αὐτοῦ καὶ |
| FEz. 64 | 70 | 15 | τί οὖν ποιεῖ ὁ κριτὴς ὁ δίκαιος; ἀναγνοὺς ποίῳ | ✶ τρόπῳ ✶ | ἀμφότεροι ἐξεύχθησαν ἐπιτίθησι τὸν χωλὸν τῷ πηρῷ |
| FAch. | 113 | | ἄστρων οὕτω καὶ σὺ τῇ κερατοειδεῖ μορφῇ σελήνης | ✶ τρόπον ✶ | ἔχεις οἱ δὲ ἄρχοντές σου τοῖς περὶ ἐκείνην |

| Asen. | 18 | 2 | ἡμῶν ἔστηκεν. καὶ ἔσπευσεν Ἀσενὲθ καὶ ἐκάλεσε τὸν | ✶ τροφέα ✶ | αὐτῆς τὸν ἐπάνω τῆς οἰκίας αὐτῆς καὶ εἶπεν αὐτῷ |
| Asen. | 18 | 3 | θεοῦ ἔρχεται πρὸς ἡμᾶς σήμερον. καὶ εἶδεν αὐτὴν ὁ | ✶ τροφεὺς ✶ | αὐτῆς καὶ ἰδοὺ ἦν τὸ πρόσωπον αὐτῆς συμπεπτωκὸς |
| Asen. | 18 | 5 | ἕνεκα τὸ πρόσωπόν μου συμπέπτωκεν. καὶ ἀπῆλθεν ὁ | ✶ τροφεὺς ✶ | αὐτῆς καὶ ἡτοίμασε τὴν οἰκίαν καὶ τὸ δεῖπνον. |
| Asen. | 18 | 7 | χειρὶ αὐτῆς. καὶ ἐμνήσθη Ἀσενὲθ τῶν ῥημάτων τοῦ | ✶ τροφέως ✶ | αὐτῆς διότι εἶπεν αὐτῇ ὅτι συμπέπτωκε τὸ |
| Asen. | 18 | 11 | ἀποπλύνω τὸ κάλλος τὸ μέγα τοῦτο. καὶ ἦλθεν ὁ | ✶ τροφεὺς ✶ | αὐτῆς τοῦ εἰπεῖν αὐτῇ ὅτι πάντα ἡτοίμασται ὡς |
| FrAn. 1 | 226 | 23 | - - )παντος παντος του σιτου υπ( )του εφανη | ✶ τροφευς ✶ | κ( - Ιωσ)ηφ μνησθεις του Ιακ(ωβ - - τη)ν γην |

| LEze. 9 | 28 | 2 29 | ἐς ἀγκάλας. εἶπεν δὲ θυγάτηρ βασιλέως τοῦτον γύναι | ✶ τρόφευε ✶ | κἀγὼ μισθὸν ἀποδώσω σέθεν. ὄνομα δὲ Μωσῆν |

| Adam | 26 | 2 | σὺ ἐκ πάντων τῶν κτηνῶν. στερηθήσει τῆς | ✶ τροφῆς ✶ | σου ἧς ἤσθιες καὶ χοῦν φάγει πάσας τὰς ἡμέρας τῆς |
| Adam | 29 | 9 | ὅπως σπλαγχνισθῇ ἡμῖν ὁ θεὸς καὶ δώσῃ ἡμῖν | ✶ τροφὴν ✶ | κρείσσονα τῆς τῶν θηρίων. ἐγὼ μὲν ποιήσω ἡμέρας |
| Hen. | 14 | 13 | ἐκεῖνον θερμὸν ὡς πῦρ καὶ χιόνων ὡς χιὼν καὶ πᾶσα | ✶ τροφὴ ✶ | ζωῆς οὐκ ἦν ἐν αὐτῷ φόβος με ἐκάλυψεν καὶ τρόμος |
| TBen. | 11 | 1 | διὰ τὰς ἁρπαγὰς ὑμῶν ἀλλ' ἐργάτης κυρίου διαδώσει | ✶ τροφὴν ✶ | τοῖς ἐργαζομένοις τὸ ἀγαθόν. καὶ ἀναστήσεται ἐκ |
| Prop. | 3 | 11 | οὗτος διὰ προσευχῆς αὐτομάτως αὐτοῖς δαψιλῆ | ✶ τροφὴν ✶ | ἰχθύων παρέσχετο καὶ πολλοῖς ἐκλείπουσι ζωὴν |
| Prop. | 4 | 7 | ἐπὶ τὴν πόλιν καὶ ἐν νηστείαις ἤσκησεν ἀπὸ πάσης | ✶ τροφῆς ✶ | ἐπιθυμητῆς καὶ ἦν ἀνὴρ ξηρὸς τὴν ἰδέαν ἀλλὰ |
| Prop. | 4 | 8 | ὡς βοῦς ἤσθιε χόρτον καὶ ἐγένετο ἀνθρωπίνης φύσεως | ✶ τροφή. ✶ | διὰ τοῦτο καὶ ὁ Ναβουχοδονόσορ μετὰ τὴν πέψιν ἐν |
| Esdr. | 7 | 7 | τοὺς οὐρανοὺς ἄρας τὸν προφήτην Ἠλίαν ὁ δίδους | ✶ τροφὴν ✶ | πάσῃ σαρκὶ ὃν πάντα φρίσσει καὶ τρέμει ἀπὸ |
| Job | 22 | 1 | μοι, μόλις ἐπιτρέψαντες ἔχειν αὐτὴν τὴν ἰδίαν | ✶ τροφήν ✶ | καὶ αὐτὴ λαμβάνουσα διεμέριζεν αὐτῇ τε καὶ ἐμοί, |
| Job | 24 | 5 | ἄρτον προσένεγκό σοι οὐκέτι γὰρ δὴ μόλις τὴν ἐμὴν | ✶ τροφὴν ✶ | λαμβάνω καὶ διαμερίζω σοί τε καὶ ἐμοί, ἐννοουμένη |
| Job | 38 | 2 | καρδία μου ἀκούσατε ὃ ἐπερωτῶ ὑμᾶς. διὰ στόματος ἡ | ✶ τροφὴ ✶ | εἰσέρχεται, καὶ πάλιν τὸ ὕδωρ διὰ τοῦ αὐτοῦ |
| Aris. | 145 | 3 | καθαριότητι πυρὸς καὶ ὀσπρίοις χρώμενα πρὸς τὴν | ✶ τροφὴ ✶ | οἷον περιστεραὶ τρυγόνες ἄτταχοι πέρδιχες ἔτι δὲ |
| Aris. | 146 | 3 | τῇ περὶ ἑαυτὰ δυνάμει τὰ λοιπὰ καὶ τὴν | ✶ τροφὴν ✶ | ἔχοντα δαπάνησιν τῶν προειρημένων ἡμέρων μετὰ |
| Aris. | 154 | 2 | ζωῆς καὶ συστάσεως λαμβάνειν. τὸ γὰρ ζῆν διὰ τῆς | ✶ τροφῆς ✶ | συνεστάναι νομίζει. διὸ παρακελεύεται καὶ διὰ τῆς |
| Aris. | 155 | 5 | πρῶτον μὲν ἡ σύμπηξις τοῦ σώματος καὶ ἡ τῆς | ✶ τροφῆς ✶ | διοίκησις καὶ ἡ περὶ ἕκαστον μέλος διαστολὴ πολλῷ |
| Aris. | 164 | 2 | καὶ κακοποιοῦσι μύες οὐ μόνον πρὸς τὴν ἑαυτῶν | ✶ τροφὴν ✶ | ἀλλὰ καὶ εἰς τὸ παντελῶς ἄχρηστον γίνεσθαι |
| Aris. | 190 | 6 | τὸ τῶν ἀνθρώπων γένος ὁ ὑγείαν καὶ | ✶ τροφὴν ✶ | καὶ τὰ λοιπὰ καλῶς παρασκευάζων ἅπαντα. |
| FAch. | 109 | | διπλασίους δεῖ ἀποδιδόναι χάριτας. τὴν καθημερινὴν | ✶ τροφὴν ✶ | χρησίμην λάμβανε καθόσον δύνῃ ἵνα καὶ εἰς αὔριον |
| HAno. 9 | 17 | 5 | προελέσθαι τοῖς δυστυχοῦσιν ἐπεμβαίνειν ἀλλὰ τὰς | ✶ τροφὰς ✶ | λαβόντα τῶν νεανίσκων ἀποδοῦναι τὰ αἰχμάλωτα |
| LEze. 9 | 28 | 3 06 | δωρήματα. Ἕως μὲν οὖν τὸν παῖδος εἴχομεν χρόνον | ✶ τροφαῖσι ✶ | βασιλικαῖσι καὶ παιδεύμασιν ἅπανθ' ὑπισχνεῖθ' |

| TNep. | 1 | 9 | ἐστι Βάλλα θυγάτηρ Ῥωθέου ἀδελφοῦ Δεβόρρας τῆς | ✶ τροφοῦ ✶ | Ῥεβέκκας ἥτις ἐν μιᾷ ἡμέρᾳ ἐτέχθη ἐν ᾗ καὶ ἡ |
| Sib. | 5 | 70 | ἐπ' ἀνδράσι τοῖς ἀγαθοῖσιν ἕξεις ἀντὶ τόσων τοίων | ✶ τροφόν ✶ | εἶναι ποινῆς. οὐκέτι σοι +φανερῶς+ θέμις ἔσται |
| LEze. 9 | 28 | 2 24 | τάδε Μαριὰμ ἀδελφὴ προσδραμοῦσα βασιλίδι θέλεις | ✶ τροφόν ✶ | σοι παιδὶ τῷδ' εὕρω ταχὺ ἐκ τῶν Ἑβραίων; ἡ δ' |

| Hen. | 14 | 18 | ὑψηλὸν καὶ τὸ εἶδος αὐτοῦ ὡσεὶ κρυστάλλινον καὶ | ✶ τροχὸς ✶ | ὡς ἡλίου λάμποντος καὶ ὄρος χερουβίν. καὶ ὑποκάτω |
| Hen. | 18 | 4 | ἀνέμους τῶν οὐρανῶν στρέφοντας καὶ διανεύοντας τὸν | ✶ τροχὸν ✶ | τοῦ ἡλίου καὶ πάντας τοὺς ἀστέρας. ἴδον τοὺς ἐπὶ |
| Bar. | 9 | 3 | ἐν σχήματι γυναικὸς καὶ καθημένην ἐπὶ ἄρματος | ✶ τροχοῦ. ✶ | καὶ ἦσαν ἔμπροσθεν αὐτῆς βόες καὶ ἀμνοὶ ἐν τῷ |
| Sib. | 5 | 207 | καὶ Αἰθίοπες μεγάθυμοι ἡνίκα γὰρ +τούτους+ | ✶ τροχὸς ✶ | Ἄξονος Αἰγοκεράτας Ταῦρος τ' ἐν Διδύμοις μέσον |
| FPho. | 27 | | δ' ἀπερίεικτος ἄνδρα. κοινὰ πάθη πάντων ὁ βίος | ✶ τροχὸς ✶ | ἄφθονος ὄλβος. πλοῦτον ἔχων σὴν χετρα |
| LEze. 9 | 29 | 14 40 | νυκτὸς εἰσεκύρσαμεν βοηδρομοῦντες ἁρμάτων δ' ἄφνω | ✶ τροχοὶ ✶ | οὐκ ἐστρέφοντο δέσμιοι δ' ὡς ἥρμοσαν. ἀπ' οὐρανοῦ |

| TJos. | 6 | 2 | καὶ εἶδον ἄνδρα φοβερὸν ἐπιδιδόντα μοι μετὰ τοῦ | ✶ τρυβλίου ✶ | μάχαιραν. καὶ συνῆκα ὅτι ἡ περιεργία αὐτῆς εἰς |
| Esdr. | 6 | 26 | κλαύσατέ με πάντες οἱ ἅγιοι καὶ δίκαιοι ὅτι εἰς τὸ | ✶ τρύβλιον ✶ | τοῦ ᾅδου εἰσῆλθον. καὶ εἶπεν αὐτῷ ὁ θεὸς |
| Aris. | 320 | 5 | καὶ βυσσίνων ὀθονίων ἱστοὺς ἑκατὸν καὶ φιάλας καὶ | ✶ τρύβλια ✶ | καὶ κρατῆρας χρυσοῦς δύο πρὸς ἀνάθεσιν. ἔγραψε |

| Asen. | 25 | 2 | ὄψεσθαι βούλομαι τὸν πατέρα μου διότι πορεύομαι | ✶ τρυγῆσαι ✶ | τὴν ἄμπελόν μου τὴν νεόφυτον. καὶ εἶπον αὐτῷ οἱ |

| Asen. | 24 | 15 | τὸν ἀγρὸν τῆς κληρονομίας ἡμῶν διότι ὥρα ἐστὶ τοῦ | ✶ τρυγητοῦ. ✶ | καὶ ἔδωκε μετ' αὐτῆς ἑξακοσίους ἄνδρας |

| Aris. | 145 | 4 | ὀσπρίοις χρώμενα πρὸς τὴν τροφὴν οἷον περιστεραὶ | ✶ τρυγόνες ✶ | ἄτταχοι πέρδικες ἔτι δὲ χῆνες καὶ τὰ ἄλλα ὅσα |

τρύπανον
                      1
Bar.     3     7    πήχεις τετρακοσίας ἑξήκοντα τρεῖς. καὶ λαβόντες ✳ τρύπανον ✳ ἔσπευδον τρυπῆσαι τὸν οὐρανὸν λέγοντες ἴδωμεν

τρυπάω
                      1
Bar.     3     7    ἑξήκοντα τρεῖς. καὶ λαβόντες τρύπανον ἔσπευδον ✳ τρυπῆσαι ✳ τὸν οὐρανὸν λέγοντες ἴδωμεν ὀστράκινός ἐστιν ὁ

τρυφάω
                      1
TJos.    9     2    ἐν σωφροσύνῃ ἢ τὸν ἐν ταμιείοις βασιλείων ✳ τρυφῶντα ✳ μετὰ ἀκολασίας. ὁ δὲ ἐν σωφροσύνῃ διάγων θέλει

τρυφερός
                      5
TGad    1     4   Ἰωσὴφ ἐποίμαινε μεθ᾽ ἡμῶν ὡς ἡμέρας τριάκοντα καὶ ✳ τρυφερὸς ✳ ὢν ἐμαλακίσθη ἀπὸ τοῦ καύματος καὶ ὑπέστρεψεν
Sib.    3  527  καὶ τέκνα βαθυζώνους τε γυναῖκας ἐκ θαλάμων ἁπαλὰς ✳ τρυφεροῖς ✳ ποσὶ πρόσθε πεσούσας ὄψονται δεσμοῖσιν ὑπ᾽
Sib.    5   92  πολὺν καὶ νόστιμον ἦμαρ --- κούκέτι σοι ῥεύσει ✳ τρυφερὸν ✳ πόμα--- --- ἤξει γὰρ Πέρσης ἐπὶ σὸν +δάπος+
Sib.    5  325  ἐθέλουσαν ἐλεῖν Φοίβου τὴν γείτονα χώραν Μίλητον ✳ τρυφερὴν ✳ ἀπολεῖ πρηστήρ ποτ᾽ ἄνωθεν ἀνθ᾽ ὧν εἴλετο τὴν
Sib.    5  328  μελέτην καὶ σώφρονα βουλήν+. ἵλαθι παγγενέτωρ ✳ τρυφερῇ ✳ χθονὶ τῇ πολυκάρπῳ Ἰουδαίᾳ μεγάλη ἵνα σᾶς

τρυφή
                      9
TJud.  25    2  Ἰωσὴφ ἡ σκηνή τὸν Βενιαμὶν οἱ φωστῆρες τὸν Δὰν ἡ ✳ τρυφὴ ✳ τὸν Νεφθαλὶμ ὁ ἥλιος τὸν Γὰδ ἐλαία τὸν Ἀσὴρ καὶ
TJos.   3    4  ἔτεσιν ἐκείνοις καὶ ἐφαινόμην τῷ Αἰγυπτίῳ ὡς ἐν ✳ τρυφῇ ✳ διάγων ὅτι οἱ διὰ τὸν θεὸν νηστεύοντες τοῦ
TBen.   6    3  τέρπεται ἡδονῇ οὐ λυπεῖ τὸν πλησίον οὐκ ἐμπίπλαται ✳ τρυφῆς ✳ οὐ πλανᾶται μετεωρισμοῖς ὀφθαλμῶν κύριος γάρ ἐστι
Asen.  16  14  τοῦτο πεποιήκασιν αἱ μέλισσαι τοῦ παραδείσου τῆς ✳ τρυφῆς ✳ ἐκ τῆς δρόσου τῶν ῥόδων τῆς ζωῆς τῶν ὄντων ἐν τῷ
Asen.  16  16  σου πιανθήσονται ὡς αἱ κέδροι τοῦ παραδείσου τῆς ✳ τρυφῆς ✳ τοῦ θεοῦ καὶ δυνάμεις ἀκάματοι περισχήσουσί σε
Sedr.  11  11  ἐν νυκτὶ καὶ ἐν ἡμέρᾳ τὰ πάντα σωρεύοντες τὰς ✳ τρυφὰς ✳ καὶ τὰς πόσεις καὶ τὸ σκεῦος διατρέφοντες. ὧ
FPho.     61  ἀγαθὸν πλεονάζον ἔφυ θνητοῖσιν ὄνειαρ ἡ πολλὴ δὲ ✳ τρυφὴ ✳ πρὸς ἀμέτρους ἕλκετ᾽ ἔρωτας ὑψαυχεῖ δ᾽ ὁ πολὺς
FPho.   122  μὴ δ᾽ ἀντιπνέειν ἀνέμοισιν. μὴ μεγαληγορίῃ ✳ τρυφῶν ✳ φρένα λυσσωθείς. εὐεπίην ἄσκει ἥτις μάλα πάντας
IDip. 5 121   1  καὶ κτίστορα. οἴει σὺ τοὺς θανόντας ὦ Νικήρατε ✳ τρυφῆς ✳ ἁπάσης μεταλαβόντας ἐν βίῳ καὶ γῆν καλύψειν ὡς

τρύχω
                      1
FPho.     55  θ᾽ ἅμα καὶ πολύολβος. μὴ δὲ παροιχομένοισι κακοῖς ✳ τρύχου ✳ τεὸν ἧπαρ οὐκέτι γὰρ δύναται τὸ τετυγμένον εἶναι

τρωγλοκολπίτης ✳
                      1
TZab.    4    6  ἀφέντες γὰρ τὴν ὁδὸν τὴν μεγάλην ἐπορεύθησαν διὰ ✳ Τρωγλοκολπιτῶν ✳ ἐν τῇ συντόμῳ. καὶ οὐκ ἔφαγε Ῥουβὴμ

τρώγω
                      1
Job    12     2  ἐν τῇ σῇ τραπέζῃ. καὶ συγχωρηθεὶς ὑπηρέτει καὶ ✳ ἔτρωγεν ✳ καὶ ἑσπέρας γινομένης ἐξερχόμενος ἀπελθεῖν εἰς

τυγχάνω
                   49
Adam   9    2  ὅτι δι᾽ ἐμὲ τοῦτό σοι γέγονεν δι᾽ ἐμὲ ἐν καμάτοις ✳ τυγχάνεις. ✳ εἶπε δὲ Ἀδὰμ τῇ Εὔᾳ ἀνάστα καὶ πορεύου μετὰ
Abr.1 19  13  καὶ ἀσπίδων καὶ κεράτων καὶ βασιλίσκων ⟨καὶ ✳ τυχόντες ✳ βροντῆς ἀνυποφόρου καὶ ἀστραπῆς φοβερᾶς
Abr.2  9    2  ἐγὼ ὅτι μὲν γάρ εἰμι ἄνθρωπος εὐρὺς τῷ σώματι ✳ τυγχάνων; ✳ καὶ οὐ δυνήσομαι εἰσελθεῖν εἰς τὴν στενὴν
Asen.  11  12  οἶδεν εἰ ὄψεται τὴν ταπείνωσίν μου καὶ ἐλεήσει με; ✳ τυχὸν ✳ ὄψεται τὴν ἐρήμωσίν μου ταύτην καὶ οἰκτειρήσει με
Asen.  27    3  Φαραὼ ἀπὸ τοῦ ἵππου αὐτοῦ ἐπὶ τὴν γῆν ἡμιθανής ✳ τυγχάνων. ✳ καὶ ἐπήδησε Βενιαμὶν καὶ ἀνέβη ἐπὶ τὴν πέτραν
Bar.   17    4  με τοιούτου ἀξιώματος. ὦ καὶ ὑμεῖς ἀδελφοὶ οἱ ✳ τυχόντες ✳ τῆς τοιαύτης ἀποκαλύψεως δοξάσατε καὶ αὐτοὶ τὸν
Prop.  25    1  πάντας ὑπερθαυμάσαι καὶ τὸν ὑπατικὸν πῶς ρ κ᾽ ἐτῶν ✳ τυγχάνων ✳ ὑπέμεινε τὰς αἰκίας καὶ ἐκέλευσεν πάντα
Job    27    1  δεικνυσιν ἐν γαλεάγρᾳ· μὴ τὸ πετεινὸν ἀνίπταται ✳ τυγχάνων ✳ ἐν τῷ καρτάλῳ; ἐξελθὼν πολέμησόν με. τότε
Job    28    1  παντὸς ἡ μακροθυμία. καὶ ὅτε ἐπλήρωσα εἴκοσι ἔτη ✳ τυγχάνων ✳ ἐν τῇ πληγῇ, καὶ ἤκουσαν οἱ βασιλεῖς τὰ
Job    32    2  πρόβατα ἐκτάξας εἰς τὴν τῶν πτωχῶν ἔνδυσιν ποῦ οὖν ✳ τυγχάνει ✳ ἡ δόξα τοῦ θρόνου σου; σὺ εἶ ὁ τὰς τρισχιλίας
Job    32    3  εἰς μεταφορὰν τῶν ἀγαθῶν τοῖς πένησιν ποῦ οὖν ✳ τυγχάνει ✳ ἡ δόξα τοῦ θρόνου σου; σὺ εἶ ὁ τὰς χιλίας βοῦς
Job    32    3  βοῦς ἐκτάξας τοῖς πένησιν εἰς ἀροτρίαν ποῦ οὖν ✳ τυγχάνει ✳ ἡ δόξα τοῦ θρόνου σου; σὺ εἶ ὁ τοὺς χρυσέους
Job    32    4  ἔχων, νυνὶ δὲ καθήμενος ἐπὶ κοπρίας ποῦ νῦν ✳ τυγχάνει ✳ ἡ δόξα τοῦ θρόνου σου; σὺ εἶ ὁ θρόνον ἐκ
Job    32    5  πολυτελῶν ἔχων, νυνὶ δὲ ἐν σποδῷ καθήμενος ποῦ νῦν ✳ τυγχάνει ✳ ἡ δόξα τοῦ θρόνου σου; τίς γὰρ κατὰ σε ἐν μέσῳ
Job    32    6  ὡς γὰρ φυτὸν ἧς εὐώδους μήλου συνανθῶν ποῦ νῦν ✳ τυγχάνει ✳ ἡ δόξα τοῦ θρόνου σου; σὺ εἶ ὁ τὰς ἱδρυμένας
Job    32    7  ἐξήκοντα τραπέζας τοῖς πτωχοῖς στηρίξας ποῦ νῦν ✳ τυγχάνει ✳ ἡ δόξα τοῦ θρόνου σου; σὺ εἶ ὁ τὰ θυμιατήρια
Job    32    9  νυνὶ δὲ προσδοκᾷς τὴν φαῦσιν τῆς σελήνης ποῦ οὖν ✳ τυγχάνει ✳ ἡ δόξα τοῦ θρόνου σου; σὺ εἶ ὁ τὸ ἄλειμμα ἔχων
Job    32  10  ἔχων ἐκ τοῦ λιβάνου, νυνὶ δὲ ἐν ἀπορίᾳ ὢν ποῦ οὖν ✳ τυγχάνει ✳ ἡ δόξα τοῦ θρόνου σου; σὺ εἶ ὁ καταγελάσας τῶν
Job    32  11  ἁμαρτανόντων, νυνὶ δὲ ἐγένου εἰς χλεύην ποῦ νῦν ✳ τυγχάνει ✳ ἡ δόξα τοῦ θρόνου σου; σὺ εἶ Ἰωβ ὁ τὴν μεγάλην
Job    32  12  σου; σὺ εἶ Ἰωβ ὁ τὴν μεγάλην δόξαν ἔχων ποῦ νῦν ✳ τυγχάνει ✳ ἡ δόξα τοῦ θρόνου σου; τοῦ δὲ Ελιου μακρύναντος
Job    36    5  ἀκούομεν ὅτι εὐστακεῖ. ἀλλ᾽ εἰ ἀληθῶς ἐν τούτῳ ✳ τυγχάνεις, ✳ ἐρωτήσω σε λόγον, καὶ ἐὰν ἀποκριθῇς μοι πρὸς
Job    43    7  ὁ θρόνος καὶ ἡ τιμὴ τοῦ σκηνώματος αὐτοῦ ἐν τῷ ᾅδῃ ✳ τυγχάνουσι ✳ ἡγάπησεν τὸ τοῦ ὄφεως κάλλος, καὶ τὰς λεπίδας
Aris.  10    5  παρόντων οὖν ἡμῶν ἐρωτηθεὶς πόσαι τινές μυριάδες ✳ τυγχάνουσι ✳ βιβλίων; εἶπεν ὑπὲρ τὰς εἴκοσι βασιλεῦ
Aris.  29    4  βιβλίων ὅπως συναναχθῇ καὶ τὰ διαπεπτωκότα ✳ τύχῃ ✳ τῆς προσηκούσης ἐπισκευῆς πεποιημένος οὐ παρέργως
Aris.  30    3  βιβλία σὺν ἑτέροις ὀλίγοις τισὶν ἀπολείπει ✳ τυγχάνει ✳ γὰρ Ἑβραϊκοῖς γράμμασι καὶ φωνῇ λεγόμενα
Aris.  51    2  τὰ μὲν πρὸς τὴν τοῦ βασιλέως ἐπιστολὴν τοιαύτης ✳ ἐτύγχανεν ✳ ἀντιγραφῆς ὑπὸ τῶν περὶ τὸν Ἐλεάζαρον. ὡς δὲ
Aris. 121    2  ἄνδρας καὶ παιδείᾳ διαφέροντας ἅτε δὴ γονέων ✳ τετευχότας ✳ ἐνδόξων οἵτινες οὐ μόνον τὴν τῶν Ἰουδαϊκῶν
Aris. 130    5  συζῶσιν ἐξ ἀγνοίας ἐπανορθώσεως εἰς τὸν βίον ✳ ἔτυχον. ✳ διαστειλάμενος οὖν τὰ τῆς εὐσεβείας καὶ
Aris. 166    4  κακοῖς ἑτέρους ἐνεκύλισαν ἀκαθαρσίαν οὐ τὴν ✳ τυχοῦσαν ✳ ἐπετέλεσαν μιανθέντες αὐτοὶ παντάπασι τῷ τῆς
Aris. 191    2  ἂν ἐν τοῖς χρηματισμοῖς καὶ διακρίσεσιν εὐφημίας ✳ τυγχάνοι ✳ καὶ ὑπὸ τῶν ἀποτυγχανόντων, ὁ δὲ εἶπεν εἰ πᾶσιν
Aris. 237    3  ἐκεῖνος δὲ ἔφη σωφροσύνη ταύτης δὲ οὐκ ἔστι ✳ τυχεῖν ✳ ἐὰν μὴ θεὸς κατασκευάσῃ τὴν διάνοιαν εἰς τοῦτο.
Aris. 257    3  τοῦτον ἕτερον ἠρώτα πῶς ἂν ἀποδοχῆς ἐν ξενιτείᾳ ✳ τυγχάνοι; ✳ πᾶσιν ἴσος γινόμενος ἔφη καὶ μᾶλλον ἥττων ἢ
Aris. 283    5  διατρίβειν ὅσαι πρὸς τοὺς βασιλεῖς ἀναγεγραμμέναι ✳ τυγχάνουσι ✳ πρὸς ἐπανόρθωσιν καὶ διαμονὴν ἀνθρώπων. ὃ σὺ
Aris. 299    3  καὶ εἴ τι μὴ δεόντως γέγονε διορθώσεως ✳ τυγχάνει ✳ τὸ πεπραγμένον. πάντ᾽ οὖν ἀκριβῶς παρὰ τῶν
Aris. 302    4  τῆς συμφωνίας γινόμενον πρεπόντως ἀναγραφῆς οὕτως ✳ ἐτύγχανε ✳ παρὰ τοῦ Δημητρίου. καὶ μέχρι μὲν ὥρας ἐνάτης
Aris. 308    5  οἵτινες μεγάλης ἀποδοχῆς καὶ παρὰ τοῦ πλήθους ✳ ἔτυχον ✳ ὡς ἂν μεγάλων ἀγαθῶν παραίτιοι γεγονότες. ὡσαύτως
Aris. 318    5  ἕξειν αὐτοὺς φίλους καὶ πολυωρίας τῆς μεγίστης ✳ τεύξεσθαι ✳ παρ᾽ αὐτοῦ. τὰ δὲ πρὸς τὴν ἐκπομπὴν αὐτῶν
Sib.    3  484  ὄλβον. Μυσῶν γαῖα μάκαιρα γένος βασιλήιον ἄφνω ✳ +τεύξεται. ✳ οὐ μὴν πουλὺν ἐπὶ χρόνον ἔσσετ᾽ ἀληθῶς
Sib.    3  634  βροτοῖς λοιμοῖο τελευτὴ ἔλθῃ καὶ φοβεροῖο δίκης ⟨τε⟩ ✳ τύχωσιν ✳ δαμέντες καὶ βασιλεὺς βασιλῆα λάβῃ χώραν τ᾽
Sib.    5  236  κόσμου καλαὶ πτύχες ἠλλάχθησαν. εἰς Ἔριν ἡμετέρην ✳ τυχὸν ✳ ὕστατα ταῦτα προβάλλειν πῶς τι λέγεις; πείσω σε καὶ
FMos. 2 629   5  τοῦ Μωϋσέως καὶ διὰ τοῦτο μὴ συγχωρεῖσθαι αὐτῷ ✳ τυχεῖν ✳ τῆς ἐντίμου ταφῆς.
FAch. 106      ἀπείρως ἔχομεν πρὸς τὰ τοιαῦτα. συγγνώμης τοίνυν ✳ τυχεῖν ✳ ἀξιοῦμεν. ὁ δὲ βασιλεὺς ὀργισθεὶς ἐκέλευσεν τῷ
FAch. 107      καὶ ἐκέλευσεν αὐτὸν ὁ βασιλεὺς ἐπιμελείας ✳ τυχεῖν ✳ καὶ ἀμφιασθέντα ἀσπάσασθαι. ὁ δὲ Αἴσωπος εἰς
IDip. 5 121   2  πονηρὰ καὶ δοκῶν ἁλίσκεται ὅταν σχολὴν ἄγουσα ✳ τυγχάνῃ ✳ Δίκη. ὁρᾶτε ὅσοι δοκεῖτε οὐκ εἶναι θεόν. δὶς
HArt. 9  27  31  ἴσθωμι τοὺς κάμνοντας οὕτως πάλιν ἀνθρώπους ✳ τυχεῖν ✳ τοὺς Ἰουδαίους. πάλιν τε ὁν Μωϋσῶν βάτραχον διὰ
HHec. 1  22 189  μάλιστα καὶ πεντακοσίους εἰσίν. οὗτος ὁ ἄνθρωπος ✳ τετευχὼς ✳ τῆς τιμῆς ταύτης καὶ συνήθης ἡμῖν γενόμενος
LEze. 9  29 16 03  αὐτῇ τῇδέ γ᾽ εὐαεῖ νάπῃ. ἔστιν γὰρ ὥς που καὶ σὺ ✳ τυγχάνεις ✳ ὁρῶν ἐκεῖ τόθεν δὲ φέγγος ἐξέλαμψε νυν κατ᾽
LAri. 8  10   1  καὶ πόδες καὶ περίπατος ἐπὶ τῆς θείας δυνάμεως ἃ ✳ τεύξεται ✳ λόγου καθήκοντος καὶ οὐκ ἀντιδοξεῖται τοῖς
LAri. 8  10   6  σημαινόμενον καθ᾽ ὅσον ἂν ᾖ δυνατός. εἰ δὲ μὴ ✳ τεύξομαι ✳ τοῦ πράγματος μηδὲ πείσω δὴ τῷ νομοθέτῃ

τύμβος
                      1
FPho.   100  γαῖαν ἐπιμοιρᾶσθαι ἀταρχύτοις νεκύεσσιν. μὴ ✳ τύμβον ✳ φθιμένων ἀνορύξῃς μηδ᾽ ἄθεατα δείξῃς ἠελίωι καὶ

τυμπανίζω
                      1
Prop.    7    1  Ἀμὼς ἦν ἐκ Θεκουέ. καὶ Ἀμασίας πυκνῶς αὐτὸν ✳ τυμπανίσας ✳ τέλος καὶ ἀνεῖλεν αὐτὸν ὁ υἱὸς αὐτοῦ ἐν

τύμπανον
                      2
Asen.  13    9  ὕδωρ οὐκ ἔπιον καὶ τὸ στόμα μου γέγονε ξηρὸν ὡς ✳ τύμπανον ✳ καὶ ἡ γλῶσσά μου ὡς κέρας καὶ τὰ χείλη μου ὡς
Job    52    4  ἔδωκεν θυμιατήριον, τῇ δὲ Ἀμαλθείας κέρας ἔδωκεν ✳ τύμπανον, ✳ ὅπως εὐλογήσωσιν τοὺς ἐλθόντας ἐπὶ τὴν ψυχὴν

τυποειδής
                      1
Sib.    3  589  θεῶν εἴδωλα καμόντων πήλινα μιλτόχριστα ζωογραφίας ✳ τυποειδεῖς ✳ τιμῶσιν ὅσα πέρ τε βροτοὶ κενόφρονι βουλῇ

τύπος
                   16
Hen.  106    5  ἀλλὰ τοῖς τέκνοις τῶν ἀγγέλων τοῦ οὐρανοῦ καὶ ὁ ✳ τύπος ✳ ἀλλοιότερος οὐχ ὅμοιος ἡμῖν τὰ ὄμματά ἐστιν ὡς
Hen.  106  10  καὶ νῦν ἐγεννήθη τέκνον Λάμεχ τῷ υἱῷ μου καὶ ὁ ✳ τύπος ✳ αὐτοῦ καὶ ἡ εἰκὼν αὐτοῦ (οὐχ ὅμοιος ἀνθρώποις καὶ
Abr.1 19   9  καὶ ἀνύπαρκτοι γινόμενοι τελευτῶσιν καὶ εἰς ✳ τύπος ✳ κρημνοῦ θεωροῦσιν τὸν θάνατον τὸ δὲ πρόσωπον τῆς
Abr.2 11   4  ἀπόφασιν· καὶ εἶπεν Μιχαὴλ ἐὰν τὴν ἀπόφασιν παρὰ ✳ τύπον ✳ οὐ συγχωρεῖται ἀλλ᾽ οὐδὲ ἀφ᾽ ἑαυτοῦ Ἐνὼχ
TLevi  8  14  ἀναστήσεται καὶ ποιήσει ἱερατείαν νέαν κατὰ τὸν ✳ τύπον ✳ τῶν ἐθνῶν εἰς πάντα τὰ ἔθνη. ἡ δὲ παρουσία αὐτοῦ
TZab.   3    6  πυλῶνος καὶ οὕτως προσεκύνησαν τῷ Ἰωσὴφ κατὰ τὸν ✳ τύπον ✳ τοῦ Φαραώ. οὐ μόνον δὲ προσεκύνησαν αὐτῷ ἀλλὰ καὶ
Prop.    2  14  τῷ δακτύλῳ τοῦ θεοῦ καὶ γέγονεν ὁ ✳ τύπος ✳ ὡς γλυφὴ σιδήρου καὶ νεφέλη ἐσκέπασε τὸ ὄνομα καὶ
Prop.    3  16  καὶ ἐν νυκτὶ νεφέλη ὡς πῦρ γίνεται κατὰ τὸν ✳ τύπον ✳ τὸν ἀρχαῖον ὅτι οὐ μὴ παύσηται ἡ δόξα τοῦ θεοῦ ἐκ
Prop.    3  16  τῶν ἀπίστων. οὗτος κατὰ τὸν Μωϋσῆν εἶδε τὸν ✳ τύπον ✳ τοῦ τὸ τεῖχος καὶ περίτειχος πλατὺ καθὼς εἶπε καὶ ὁ
Prop.  10  8B  ἠφάνισται ὅλη. οὗτός ἐστιν Ἰωνᾶς ὁ γενόμενος εἰς ✳ τύπον ✳ τῆς τοῦ κυρίου ἀναστάσεως καὶ ἔδωκε τέρας ἐπὶ
Aris.  34    4  διέλθωμεν. ἦν δὲ ἡ τοῦ βασιλέως ἐπιστολὴ τὸν ✳ τύπον ✳ ἔχουσα τοῦτον βασιλεὺς Πτολεμαῖος Ἐλεαζάρῳ
Sib.    3  14  λιθοτελεῖ οὐδ᾽ ἀπὸ χρυσοῦ τέχνησ᾽ ἀνέδειξεν αἰώνιος αὐτὸς ✳ τύπον ✳ οὐδ᾽ ἀργύρου ἀλλ᾽ αὐτὸς ἀνέδειξεν αἰώνιος αὐτὸς
Sib.    3  27  τε μεσημβρίην τε καὶ ἄρκτον αὐτὸς δ᾽ ἐστήριξε ✳ τύπον ✳ μορφῆς μερόπων τε καὶ θῆρας ποίησε καὶ ἑρπετὰ καὶ
Sib.    5  14  δ᾽ ἐπὶ πουλὺ κρατήσει ἕξει δ᾽ ἐκ δεκάδος πρῶτον ✳ τύπον ✳ ὥστε μετ᾽ αὐτὸν ἄρχειν στοιχείων ὅστις λάχε
FJub.    2  24  καὶ σάββατον ὡς καταπαύσιμος προσηγορεύθη καὶ ὡς ✳ τύπος ✳ τῆς ἑβδόμης χιλιοετηρίδος καὶ τῆς τῶν ἁμαρτωλῶν

| | | | | | |
|---|---|---|---|---|---|
| ISop. | 5 113 | 2 | ἐκ λίθων ἢ χαλκέων ἢ χρυσοτεύκτων ἢ ἐλεφαντίνων | * τύπους * | θυσίας τε τούτοις καὶ κακὰς πανηγύρεις στέφοντες |

τυπόω

| | | | | | |
|---|---|---|---|---|---|
| Aris. | 70 | 9 | τῶν φύλλων θέσιν πρὸς τὴν τῆς ἀληθείας διάθεσιν | * τετυπωμένων * | ἀπάντων. ἐποίησαν δὲ τριμερὲς τὸ στόμα τῆς |
| FAch. | 122 | | αὐτό. πανοῦργος δὲ ὢν ὁ Αἴσωπος καθέζεται καὶ | * τυποῖ * | ἑαυτῷ δανείου γραφὴν τοιαύτην τῷ Νεκταναβῷ |

τύπτω

| | | | | | |
|---|---|---|---|---|---|
| Adam | 42 | 8 | αὕτη ἀναβλέψασα εἰς τὸν οὐρανὸν ἀνεστέναξεν | * τύπτουσα * | τὸ στῆθος αὐτῆς καὶ λέγουσα θεὲ τῶν ἀπάντων |
| Abr.1 | 12 | 1 | τῷ βλέμματι καὶ ἤλαυνον μυριάδαν ψυχὰς ἀνηλεῶς | * τύπτοντες * | ἐν πυρίναις χαρζαναῖς καὶ μίαν ψυχὴν κρατῶν ὁ |
| TJos. | 2 | 3 | μου ἐφύλαξέ με ἀπὸ φλογὸς καιομένης. ἐφυλακίσθην | * ἐτυπτήθην * | ἐμυκτηρίσθην καὶ ἔδωκέ με κύριος εἰς |
| TJos. | 13 | 4 | καὶ οὐκ ἐπίστευσεν αὐτῷ ἀλλ' ἐκέλευσε γυμνὸν | * τύπτεσθαι * | αὐτόν. ἐπιμένοντος δὲ αὐτοῦ τοῖς λόγοις λέγει |
| TJos. | 13 | 9 | δὲ ἠπίστησε λέγων ὅτι ψεύδῃ καὶ γυμνῶν με ἐκέλευσε | * τύπτεσθαι. * | ἡ δὲ Μέμφις ἑώρα διὰ θυρίδος τυπτομένου μου |
| TJos. | 14 | 1 | ἐκέλευσε τύπτεσθαι. ἡ δὲ Μέμφις ἑώρα διὰ θυρίδος | * τυπτομένου * | μου καὶ ἀποστέλλει πρὸς τὸν ἄνδρα αὐτῆς |
| TJos. | 14 | 2 | τιμωρεῖς ὡς ἀδικήσαντα. ὡς δὲ οὐκ ἤλλαξα λόγον | * τυπτόμενος * | ἐκέλευσε φυλακισθῆναί με ἕως οὗ ἔλθωσι φησὶν |
| Job | 28 | 5 | ἀναφέρειν τοὺς πολυτελεῖς λίθους, ἀπεθαύμαζον καὶ | * τύπτοντες * | τὰς χεῖρας ἔλεγον ὅτι ἡμῶν τῶν τριῶν βασιλέων |
| Aris. | 192 | 6 | τὰς ἁμαρτίας οὐδὲ κατὰ τὴν μεγαλωσύνην τῆς ἰσχύος | * τύπτοντος * | αὐτοὺς ἀλλ' ἐπιεικείᾳ χρωμένου τοῦ θεοῦ. εὖ δὲ |
| Sib. | 3 | 5 | ἀλλά τί μοι κραδίη πάλι πάλλεται ἠδέ γε θυμὸς | * τυπτόμενος * | μάστιγι βιάζεται ἔνδοθεν ἀγγέλλειν |
| FAch. | 106 | | πάντας μεταστῆναι. ἐπελάβετο δὲ τὴν ὄψιν ἑαυτοῦ | * τύπων * | καὶ ⟨ἤρξατο⟩ καταιλλεσθαι καὶ ὀδύρεσθαι τὸν |
| LEze. | 9 28 | 3 19 | μάλιστα δ' αὐτοὺς συγγενεῖς πατουμένους λέγω τί | * τύπτεις * | ἀσθενέστερον σέθεν; ὁ δ' εἶπεν ἡμῖν τίς σ' |
| LEze. | 9 29 | 14 35 | δὴ πρὶν Αἰγύπτῳ κακὰ σημεῖα καὶ τέρατ' ἐξεμήσατο | * ἔτυψ' * | Ἐρυθρᾶς νῶτα καὶ ἔσχισεν μέσον βάθος θαλάσσης οἱ |

τύπωσις

| | | | | | |
|---|---|---|---|---|---|
| Aris. | 75 | 5 | ἐναργές. ἐπὶ δὲ τῆς στεφάνης τοῦ στόματος κρίνων | * τύπωσις * | σὺν ἀνθεμίσι καὶ βοτρύων σχοινιαὶ διάπλοκοι |

τυραννέω

| | | | | | |
|---|---|---|---|---|---|
| Job | 17 | 5 | εἰς ἑτέρας χώρας καὶ ἐντύχωσιν καθ' ἡμῶν ὡς | * τυραννούντων, * | καὶ λοιπὸν ἐπαναστάντες ἀποκτείνωσιν ἡμᾶς. |

τυραννικός

| | | | | | |
|---|---|---|---|---|---|
| Abr.1 | 17 | 13 | μορφὴν ἣν περιεκέκτητο καὶ περιεβάλετο στολὴν | * τυραννικὴν * | καὶ ἐποίησεν ὄψιν ζοφερὰν παντὸς θηρίου |
| Asen. | 23 | 6 | Συμεὼν καὶ Λευὶς κατενύγησαν σφόδρα διότι σχήματι | * τυραννικῷ * | ἐλάλησε πρὸς αὐτοὺς ὁ υἱὸς Φαραώ. καὶ ἦν |

τυραννίς

| | | | | | |
|---|---|---|---|---|---|
| Sib. | 3 202 | | τε Κρόνον καὶ μητέρα κεδνήν. δεύτερον αὖθ' Ἕλλησι | * τυραννίδες * | ἠδ' ἀγέρωχοι ἔσσονται βασιλῆες ὑπερφίαλοι καὶ |

τύραννος

| | | | | | |
|---|---|---|---|---|---|
| Aris. | 289 | 5 | ἄρξαντες ὄχλων χαλεπώτεροι τῶν ἀνοσίων | * τυράννων * | ἐξέβησαν. ἀλλὰ ὡς προεῖπον ἦθος χρηστὸν καὶ |
| Sib. | 5 368 | | παραχρῆμα. ἄνδρας τ' ἐξολέσει πολλοὺς μεγάλους τε | * τυράννους * | πάντας τ' ἐμπρήσει ὡς οὐδέποτ' ἄλλος ἐποίει |
| HAri. | 9 25 | 4 | τὸν Θαιμανιτῶν βασιλέα καὶ Βαλδὰδ τὸν Σαυχαίων | * τύραννον * | καὶ Σωφὰρ τὸν Μινναίων βασιλέα ἐλθεῖν δὲ καὶ |
| LEze. | 9 28 | 4 05 | Αἰθίοπες ἄνδρες μέλανες ἄρχων δ' ἐστὶ γῆς εἷς καὶ | * τύραννος * | καὶ στρατηλάτης μόνος. ἄρχει δὲ πόλεως τῆσδε |

Τυριήλ

| | | | | | |
|---|---|---|---|---|---|
| Hen. | 6B | 7 | ιδ' Θαυσαὴλ ιε' Σαμιὴλ ις' Σαρινᾶς ιζ' Εὐμιὴλ ιη' | * Τυριὴλ * | ιθ' Ἰουμιὴλ κ' Σαριήλ. καὶ ἔλαβον ἑαυτοῖς |

Τύριος

| | | | | | |
|---|---|---|---|---|---|
| Sib. | 4 | 90 | κακὴ μετόπισθεν ἅλωσις Κᾶρες δ' οἰκήσουσι Τύρον | * Τύριοι * | δ' ἀπολοῦνται. καὶ Σάμον ἄμμος ἅπασαν ὑπ' |
| HEup. | 9 34 | 2 | τῶν κατὰ τοὺς λαοὺς τοὺς παρ' ἡμῖν ἀπέσταλκά σοι | * Τυρίων * | καὶ Φοινίκων ὀκτακισμυρίους καὶ ἀρχιτέκτονά σοι |
| HEup. | 9 34 | 2 | καὶ ἀρχιτέκτονά σοι ἀπέσταλκα ἄνθρωπον | * Τύριον * | ἐκ μητρὸς Ἰουδαίας ἐκ φυλῆς τῆς Δαβίδ. ὑπὲρ |
| HEup. | 9 34 | 4 | ἐπὶ τὸ ὄρος τὸ τοῦ Λιβάνου μετὰ τῶν Σιδωνίων καὶ | * Τυρίων * | μετήνεγκε τὰ ξύλα τὰ προκεκομμένα ὑπὸ τοῦ πατρὸς |
| HThe. | 9 34 | 19 | τὸν περισσεύσαντα χρυσὸν τὸν Σολομῶνα τῷ | * Τυρίων * | βασιλεῖ πέμψαι τὸν δὲ εἰκόνα τῆς θυγατρὸς ζῷον |

Τύρος

| | | | | | |
|---|---|---|---|---|---|
| Sib. | 4 | 90 | θήβησι κακὴ μετόπισθεν ἅλωσις Κᾶρες δ' οἰκήσουσι | * Τύρον * | Τύριοι δ' ἀπολοῦνται. καὶ Σάμον ἄμμος ἅπασαν ὑπ' |
| Sib. | 5 455 | | ἀκρὶς δ' οὐκ ὀλίγη χθόνα Κύπριον ἐξολοθρεύσει. εἰς | * Τύρον * | αἰνόμοροι μέροπες κλαύσεσθε βλέποντες. Φοινίκη |
| HEup. | 9 30 | 4 | αὖθις δὲ ἐπιστρατεῦσαι ἐπὶ Σούρωνα βασιλέα | * Τύρου * | καὶ Φοινίκης οὓς καὶ ἀναγκάσαι φόρους Ἰουδαίοις |
| HEup. | 9 33 | 1 | Σολομῶνος. βασιλεὺς Σολομῶν Σούρωνι τῷ βασιλεῖ | * Τύρου * | καὶ Σιδῶνος καὶ Φοινίκης φίλῳ πατρικῷ χαίρειν. |
| HEup. | 9 34 | 18 | ἑκατὸν καὶ ἀρώματα πέμψαι τῷ δὲ Σούρωνι εἰς | * Τύρον * | πέμψαι τὸν χρυσοῦν κίονα τὸν ἐν Τύρῳ ἀνακείμενον |
| HEup. | 9 34 | 18 | Σούρωνι εἰς Τύρον πέμψαι τὸν χρυσοῦν κίονα τὸν ἐν | * Τύρῳ * | ἀνακείμενον ἐν τῷ ἱερῷ τοῦ Διός. ποιῆσαι δὲ τὸν |

τυφλός

| | | | | | |
|---|---|---|---|---|---|
| TRub. | 2 | 9 | ἀγνοίας πεπλήρωται καὶ αὕτη τὸν νεώτερον ὁδηγεῖ ὡς | * τυφλὸν * | ἐπὶ βόθρον καὶ ὡς κτῆνος ἐπὶ κρημνόν. ἐπὶ πᾶσι |
| Job | 17 | 3 | καταλιπών, ὁ διαδεδωκὼς τοῖς ἐπιδεομένοις καὶ | * τυφλοῖς * | καὶ χωλοῖς, καὶ τὸν μὲν ναὸν τοῦ μεγάλου θεοῦ |
| Job | 53 | 3 | ἦρται ἡ δύναμις τῶν ἀδυνάτων, ἦρται τὸ φῶς τῶν | * τυφλῶν, * | ἦρται ὁ πατὴρ τῶν ὀρφανῶν, ἦρται ὁ τῶν ξένων |
| Sib. | 5 350 | | πάντα μελανθείη σκοτίη δ' ἔσται κατὰ γαῖαν καὶ | * τυφλοὶ * | μέροπες θῆρές τε κακοὶ καὶ δίζύς. ἔσσεται ἦμαρ |
| FEz. | 64 70 | 6 | δὲ οὐκ εἶχεν ἀλλ' ἢ μόνον δύο θέα ἕνα χωλὸν καὶ ἕνα | * τυφλόν * | καὶ ἕκαστος ⟨αὐτῶν⟩ κατ' ἰδίαν ἐκαθέζετο καὶ κατ' |
| FEz. | 64 70 | 7 | δὲ τῶν δύο παγανῶν τοῦ τε χωλοῦ καὶ τοῦ | * τυφλοῦ * | οἱ δὲ ἠγανάκτησαν ἐν ἑαυτοῖς καὶ ἐπιβουλὴν |
| FEz. | 64 70 | 8 | παράδεισον δὲ εἶχεν ὁ βασιλεὺς καὶ ἀπὸ μήκοθεν ὁ | * τυφλὸς * | ἐλάλει τῷ χωλῷ λέγων πόσον ἦν ἡμῶν τὸ κλάσμα τοῦ |
| FEz. | 64 70 | 9 | δύναμαι χωλὸς ὢν καὶ μὴ δυνάμενος ἐπισαίνειν; ὁ δὲ | * τυφλὸς * | ἔφη αὐτῷ ἐγὼ δύναμαί τι πρᾶττειν μὴ ὁρῶν ποῦ |
| FEz. | 64 70 | 10 | χόρτον τὸν πλησίον καὶ πλέξας σχοινίον ἠκόντισε τῷ | * τυφλῷ * | καὶ εἶπεν κράτει καὶ δεῦρο πρὸς τὸ σχοινίον πρός |
| FEz. | 64 70 | 13 | ὁ δὲ ἐθαύμασε. ὡς μετεστείλατο τὸν χωλὸν καὶ τὸν | * τυφλὸν * | καὶ ἠρώτησε τὸν τυφλὸν μὴ σὺ κατῆλθες εἰς τὸν |
| FEz. | 64 70 | 13 | τὸν χωλὸν καὶ τὸν τυφλὸν καὶ ἠρώτησε τὸν | * τυφλὸν * | μὴ σὺ κατῆλθες εἰς τὸν παράδεισον; ὁ δὲ ἔφη οἴμοι |
| FEz. | 64 70 | 16 | ἑκάτεροι ἀλλήλους ἐλέγχουσιν ὁ μὲν χωλὸς λέγων τῷ | * τυφλῷ * | οὐ σύ με ἐβάστασας καὶ ἀπήνεγκας; καὶ ὁ τυφλὸς τῷ |
| FEz. | 64 70 | 16 | τῷ τυφλῷ οὐ σύ με ἐβάστασας καὶ ἀπήνεγκας; καὶ ὁ | * τυφλὸς * | τῷ χωλῷ οὐκ αὐτὸς ὀφθαλμοί μου γέγονας; καὶ |
| FPho. | 24 | | χρήζοντι παράσχου. ἄστεγον εἰς οἶκον δέξαι καὶ | * τυφλοῦ * | ὁδήγει. ναυηγοὺς οἴκτιρον ἐπεὶ πλόος ἐστὶν |
| LEze. | 64 29 | 6 03 | ὄφις σύ τ' ὦ βαρὺν τίκτουσα θησαυρὸν κακῶν πλάνη | * τυφλοῦ * | ποδηγὲ ἀγνοίας βίου χαίρουσα θρήνοις καὶ |

τυφλόω

| | | | | | |
|---|---|---|---|---|---|
| TSim. | 2 | 7 | ὁ ἄρχων τῆς πλάνης ἀποστείλας τὸ πνεῦμα τοῦ ζήλου | * ἐτύφλωσέ * | μου τὸν νοῦν μὴ προσέχειν αὐτῷ ὡς ἀδελφῷ καὶ μὴ |
| TJud. | 11 | 1 | τὸ γένος Χανάαν ἀλλὰ τὸ διαβούλιον τῆς νεότητος | * ἐτύφλωσε * | τὴν καρδίαν μου. καὶ ἰδὼν αὐτὴν οἰνοχοοῦσαν ἐν |
| TJud. | 18 | 3 | τοῦ πατρός ἐστιν ὅτι ταῦτα ἀφιστᾷ ναῶν θεοῦ καὶ | * τυφλοῖ * | τὸ διαβούλιον τῆς ψυχῆς καὶ ὑπερηφανίαν |
| TJud. | 18 | 6 | τοῦ θεοῦ δουλεύειν θεῷ ὑπακούειν οὐ δύναται ὅτι | * ἐτύφλωσαν * | τὴν ψυχὴν αὐτοῦ καὶ ἐν ἡμέρᾳ ὡς ἐν νυκτὶ |
| TJud. | 19 | 4 | καὶ ἐλεήμων συνέγνω ὅτι ἐν ἀγνοίᾳ ἐποίησα. | * ἐτύφλωσε * | γάρ με ὁ ἄρχων τῆς πλάνης καὶ ἠγνόησα ὡς |
| TDan. | 2 | 4 | αὐτὸν τὸ πνεῦμα τοῦ θυμοῦ τὰ δίκτυα τῆς πλάνης καὶ | * τυφλοῖ * | τοὺς φυσικοὺς ὀφθαλμοὺς αὐτοῦ διὰ τοῦ ψεύδους |
| TGad. | 3 | 3 | ἀσπάζεται ὑπερηφανίαν ἀγαπᾷ ὅτι τὸ μῖσος | * ἐτύφλωσε * | τὴν ψυχὴν αὐτοῦ καθὼς κἀγὼ ἔβλεπον ἐν τῷ |

τύφλωσις

| | | | | | |
|---|---|---|---|---|---|
| TLevi | 13 | 7 | σοφοῦ τὴν σοφίαν οὐδεὶς δύναται ἀφελέσθαι εἰ μὴ | * τύφλωσις * | ἀσεβείας καὶ πήρωσις ἁμαρτίας ὅτι γενήσεται |
| TDan. | 2 | 2 | τὴν ἀλήθειαν καὶ τὴν μακροθυμίαν ἀπόλεσθε. | * τύφλωσίς * | ἐστιν ἐν τῷ θυμῷ τέκνα μου καὶ οὐκ ἔστι τις |

τυφλώττω

| | | | | | |
|---|---|---|---|---|---|
| TJos. | 7 | 5 | εἶπον αὐτῇ ἵνα τί ταράσσῃ καὶ θορυβῇ ἐν ἁμαρτίαις | * τυφλώττουσα; * | μνήσθητι ὅτι ἐὰν ἀνέλῃς σεαυτὴν ἢ Σηθὼν ἢ |

τῦφος

| | | | | | |
|---|---|---|---|---|---|
| FJub. | 11 | 2 | ἐπὶ τούτου οἱ ἄνθρωποι τὸν κατ' ἀλλήλων αὐξήσαντες | * τῦφον * | στρατηγούς τε ἑαυτοῖς κατεστήσαντο καὶ βασιλεῖς. |

τύχη

| | | | | | |
|---|---|---|---|---|---|
| FAch. | 110 | | ἐλεεῖν μὴ μέλλε ἀλλὰ κοπία διδοὺς ἐπιστάμενος τὴν | * τύχην * | μὴ οὖσαν παράμονον. ψίθυρον καὶ διάβολον ἄνδρα εἰ |
| FrAn. | 1 226 | 18 | ⟩ευθυς σιτου οντος πο⟨λλου - ειπε⟩ν συναγαγετε μοι | * τιχι * | οθε⟨ν - - ⟩λιμος δε αυτην παροδευε⟨ι - ⟩νη ποτε |

ὑάκινθος

| | | | | | |
|---|---|---|---|---|---|
| Asen. | 2 | 8 | καὶ ἦν ἡ κλίνη ἐστρωμένη πορφυρᾷ χρυσοϋφῇ ἐξ | * ὑακίνθου * | καὶ πορφύρας καὶ βύσσου καθυφασμένη. καὶ ἐν |
| Asen. | 3 | 6 | αἱ στολαὶ αὐτῆς καὶ ἐνεδύσατο στολὴν βυσσίνην ἐξ | * ὑακίνθου * | χρυσοϋφῇ καὶ ἐζώσατο ζώνην χρυσῆν καὶ ψέλια εἰς |
| Asen. | 13 | 3 | ἀπεθέμην μου τὴν βασιλικήν στολὴν τὴν ἐξ | * ὑακίνθου * | χρυσοϋφῇ καὶ ἐνεδυσάμην χιτῶνα μελανὸν καὶ |
| Asen. | 16 | 18 | ὡσεὶ χιὼν καὶ τὰ πτερὰ αὐτῶν ὡς πορφύρα καὶ ὡς | * ὑάκινθος * | καὶ ὡς κόκκος καὶ ὡς βύσσινα ἱμάτια χρυσοϋφῆ |
| Asen. | 18 | 6 | τῷ στεφάνῳ ἔμπροσθεν ἐπὶ τῷ μετώπῳ αὐτῆς ἦν λίθος | * ὑάκινθος * | μέγας καὶ κύκλῳ τοῦ λίθου τοῦ μεγάλου ἦσαν ἓξ |

ὑβρίζω

| | | | | | |
|---|---|---|---|---|---|
| TJud. | 7 | 5 | οὗ ἦν πᾶσα ἡ ἀποφυγὴ τῶν πολεμίων βασιλέων. τότε | * ὑβριζόμενος * | ἐθυμώθην καὶ ὥρμησα ἐπ' αὐτοὺς ἐπὶ τὴν |
| TBen. | 5 | 4 | εἰς διάνοιαν τὸ σκότος ἀποδιδράσκει αὐτοῦ. ἐὰν γὰρ | * ὑβρίσῃ * | τις ἄνδρα ὅσιον μετανοεῖ ἐλεεῖ γὰρ ὁ ὅσιος τὸν |
| TBen. | 9 | 3 | εἰσελεύσεται εἰς τὸν πρῶτον ναὸν καὶ ἐκεῖ κύριος | * ὑβρισθήσεται * | καὶ ἐξουθενωθήσεται καὶ ἐπὶ ξύλου |
| Asen. | 23 | 3 | τοῦτο ποιήσατε καὶ ποιήσατε μετ' ἐμοῦ ἔλεος διότι | * ὑβρίσατε * | ἐγὼ πάνυ παρὰ τοῦ ἀδελφοῦ ὑμῶν Ἰωσὴφ διότι |
| Asen. | 23 | 14 | ἐξεδίκησε κύριος ὁ θεὸς τὴν ὕβριν τῶν Σικημιτῶν ἣν | * ὕβρισαν * | τοὺς υἱοὺς Ἰσραὴλ διὰ τὴν ἀδελφὴν ἡμῶν Δῖναν ἣν |
| Jer. | 5 | 23 | εἶπεν εἰ μὴ ἧς πρεσβύτης καὶ ὅτι οὐκ ἔξον ἀνθρώπῳ | * ὑβρίσαι * | τοὺς μείζονας αὐτοῦ ἐπικατεγέλων ἄν σοι καὶ ἔλεγον |
| Jer. | 6 | 17 | λυπουμένους διὰ τὴν πόλιν τὴν ἐρημωθεῖσαν καὶ | * ὑβρισθεῖσαν. * | διὰ τοῦτο ἐσπλαγχνίσθη ὁ κύριος ἐπὶ τὸν |
| FJub. | 37 | 18 | τῶν γονικῶν ἐντολῶν. τοῦ δὲ μὴ ἀνεχομένου ἀλλ' | * ὑβρίζοντος * | καὶ ὀνειδίζοντος βιασθεὶς Ἰακὼβ ὑπὸ τοῦ |
| FIsa. | 1 2 | 12 | προφητῶν τοῦ Βαὰλ αὐτός⟩ ἐράπισεν καὶ | * ὑβρίσεν * | Μιχαίαν υἱὸν Ἰεμμαδὰ τὸν προφήτην, καὶ |
| FIsa. | 1 2 | 13 | Μιχαίαν υἱὸν Ἰεμμαδὰ τὸν προφήτην. καὶ αὐτὸς δὲ | * ὑβρίσθη * | ὑπὸ Ἀχαὰβ καὶ ἐβλήθη Μιχαίας εἰς φυλακήν. |
| FPho. | 189 | | ἀλόγοις ζώιοισι βατήριον ἐς λέχος ἐλθεῖν. μηδ' | * ὕβριζε * | γυναῖκα ἐπ' αἰσχυντοῖς λεχέεσσιν. μὴ παραβῆις |

ὕβρις

| | | | | | |
|---|---|---|---|---|---|
| TLevi | 2 3B007 | | καὶ διαλογισμῶν τὸν πονηρὸν καὶ πορνείαν καὶ | * ὕβριν * | ἀπόστρεψον ἀπ' ἐμοῦ. δειχθήτω μοι δέσποτα τὸ |
| TJud. | 16 | 3 | δὲ ⟨μὴ⟩ μηδὲ ὅλως πίετε ἵνα μὴ ἁμάρτητε ἐν λόγοις | * ὕβρεως * | καὶ μάχης καὶ συκοφαντίας καὶ παραβάσεως ἐντολῶν |
| TGad. | 5 | 1 | συκοφαντίαν ἐκδιδάσκει καὶ ὀργὴν καὶ πόλεμον καὶ | * ὕβριν * | καὶ πᾶσαν πλεονεξίαν κακῶν καὶ τοῦ διαβολικοῦ τὴν |

TBen. 6 5 διάνοια οὐκ ἔχει δύο γλώσσας εὐλογίας καὶ κατάρας * ὕβρεως * καὶ τιμῆς λύπης καὶ χαρᾶς ἡσυχίας καὶ ταραχῆς
Asen. 7 4 δώρων πολυτίμων ἀπέπεμπεν Ἰωσὴφ μετὰ ἀπειλῆς καὶ * ὕβρεως * διότι ἔλεγεν Ἰωσὴφ οὐχ ἁμαρτήσω ἐνώπιον κυρίου
Asen. 23 14 ταῖς δυσὶ ῥομφαίαις ἐξεδίκησε κύριος ὁ θεὸς τὴν * ὕβριν * τῶν Σικιμιτῶν ἣν ὕβρισαν τοὺς υἱοὺς Ἰσραὴλ διὰ
Asen. 24 9 Ἰσμαηλίταις κἀγὼ ἀνταποδώσω αὐτοῖς κατὰ πᾶσαν * ὕβριν * αὐτῶν ἣν ἐπονηρεύσαντο κατ' ἐμοῦ. μόνον
Asen. 28 4 χειρῶν τῶν ἀδελφῶν ἡμῶν διότι αὐτοὶ ἔκδικοι τῆς * ὕβρεώς * σου παρεγένοντο πρός σε καὶ αἱ ῥομφαῖαι αὐτῶν
Asen. 28 14 τῷ πλησίον σου. τῷ κυρίῳ δώσεις ἐκδικήσειν τὴν * ὕβριν * αὐτῶν. καὶ αὐτοὶ ἀδελφοὶ ὑμῶν εἰσι καὶ γένος τοῦ
Sal. 2 26 καὶ οὐκ ἐχρόνισα ἕως ἔδειξέν μοι ὁ θεὸς τὴν * ὕβριν * αὐτοῦ ἐκκεκεντημένον ἐπὶ τῶν ὀρέων Αἰγύπτου ὑπὲρ
Sal. 2 27 θαλάσσης τὸ σῶμα αὐτοῦ διαφερόμενον ἐπὶ κυμάτων ἐν * ὕβρει * πολλῇ καὶ οὐκ ἦν ὁ θάπτων ὅτι ἐξουθένωσεν αὐτὸν ἐν
Sib. 3 352 ἔμπαλιν Ἀσὶς ἐκ Ῥώμης ὀλοὴν δ' ἀποτίσεται * ὕβριν * ἐς αὐτήν. ὅσσοι δ' ἐξ Ἀσίης Ἰταλῶν δόμον
Sib. 3 455 φωτῶν ὀλλυμένων ἄλοχοι δὲ σὺν ἀγλαοφαρέσι κούραις * ὕβριν * ἀεικελίην ἰδίην ἀποθωΰξουσιν ται μὲν ὑπὲρ +νεκύων+
Sib. 3 529 ὄψονται δεσμοῖσιν ὑπ' ἐχθρῶν βαρβαροφώνων πᾶσαν * ὕβριν * δεινὴν πάσχοντας κοὐκ ἔσετ' αὐτοῖς μικρὸν
Sib. 4 34 κοίτῃ πόθον αἰσχρὸν ἔχοντες (οὐδὲ ἐπ' ἄρσενος * ὕβριν * ἀπεχθέα τε στυγερήν τε). ὧν τρόπον εὐσεβίην τε καὶ
Sib. 4 155 παλίμβολοι --- ἐπ' οὐχ ὁσίοισι δὲ τόλμαις ζῶντες * ὕβριν * ῥέξωσιν ἀτάσθαλα καὶ κακὰ ἔργα εὐσεβέων δ' οὐδεὶς
Sib. 4 158 αὐτοὺς πάντας ὑπ' ἀφροσύνης μέγα νήπιοι ἐξολέσωσιν * ὕβρεσι * χαίροντες καὶ ἐφ' αἵμασι χεῖρας ἔχοντες καὶ τότε
Sib. 4 164 μεθέντες φάσγανα καὶ στοναχὰς ἀνδροκτασίας τε καὶ * ὕβρεις * ἐν ποταμοῖς λούσασθε ὅλον δέμας ἀενάοισιν χεῖράς
Sib. 5 184 δικαίως αἰῶσιν σίγησον ὅπως παύσῃ κακότητος. * ὕβρι * κακῶν θησαυρὲ πόνων μαινὰς πολύθρηνε αἰνοπαθὴς
Sib. 5 231 βλαπτομένης κτίσεως καὶ σῳζομένης πάλι Μοίραις * ὕβρι * κακῶν ἀρχηγὲ καὶ ἀνθρώποις μέγα πῆμα τίς σε βροτῶν
Sib. 5 389 καὶ τέγεσιν πόρνας ἐστήσατε τὰς πάλαι ἁγνὰς * ὕβρεσι * καὶ κολάσει κάσχημοσύνῃ πολυμόχθῳ. --- ἐν σοὶ γὰρ
FPho. 62 ἕλκετ' ἔρωτας ὑψαυχεῖ δ' ὁ πολὺς πλοῦτος καὶ ἐς * ὕβριν * ἀέξει. θυμὸς ὑπερχόμενος μανίην ὀλοόφρονα τεύχει.
LThe. 9 22 8 διαγνῶναι τόν τε Ἐμμὼρ καὶ τὸν Συχὲμ ἀνελεῖν τὴν * ὕβριν * τῆς ἀδελφῆς μὴ βουληθέντα πολιτικῶς ἐνεγκεῖν ταῦτα
LEze. 9 29 12 17 τούτοις τέκν' ἀποκτενῶ βροτῶν πρωτόγονα. παύσω δ' * ὕβριν * ἀνθρώπων κακῶν. Φαραὼ δὲ βασιλεὺς πείσετ' οὐδὲν ὧν
LEze. 64 29 6 05 θρήνοις καὶ στενάγμασι βροτῶν ὑμεῖς ἀθέσμους εἰς * ὕβρεις * ὁμοσπόρων τὰς μισαδέλφους ὁπλίσαντες ὠλένας Κάϊν

ὑβριστής 1

Bar. 16 4 τῶν ἐντολῶν μου καὶ τῶν ἐκκλησιῶν μου καὶ * ὑβρισταὶ * τῶν ἱερέων τῶν τοὺς λόγους μου κηρυττόντων

ὑγιαίνω 6

TLevi 1 2 καὶ ὅσα συναντήσει αὐτοῖς ἕως ἡμέρας κρίσεως. * ὑγιαίνων * ἦν ὅτε ἐκάλεσεν αὐτοὺς πρὸς ἑαυτὸν ὤφθη γὰρ
TNep. 1 2 τῶν υἱῶν αὐτοῦ ἐν ἑβδόμῳ μηνὶ τετάρτῃ τοῦ μηνὸς * ὑγιαίνοντος * αὐτοῦ ἐποίησε δεῖπνον αὐτοῖς καὶ κώθωνα. καὶ
TAser 1 2 αὐτοῦ ἑκατοστῷ εἰκοστῷ ἕκτῳ ἔτει ζωῆς αὐτοῦ. ἔτι * ὑγιαίνων * εἶπε πρὸς αὐτοὺς ἀκούσατε τέκνα Ἀσὴρ τοῦ
Job 35 2 ἀλλὰ καὶ ἐν πληγαῖς πολλαῖς ὄντι ἰδοὺ ἡμεῖς ὅλως * ὑγιαίνοντες * οὐκ ἰσχύσαμεν προσεγγίσαι αὐτῷ διὰ τὴν
Aris. 41 6 τέκνα καλῶς ἂν ἔχοι καὶ ὡς βουλόμεθα καὶ αὐτοὶ δὲ * ὑγιαίνομεν. * λαβόντες τὴν παρὰ σοῦ ἐπιστολὴν μεγάλως
FAch. 109 δύνῃ ἵνα καὶ εἰς αὔριον ἐργατικώτερος ᾖς καὶ οὕτως * ὑγιαίνῃς. * ἐν βασιλικῇ αὐλῇ ἐάν τι ἀκούσῃς τοῦτο

ὑγίεια 5

TNep. 2 8 κοιλίαν εἰς διάκρισιν στομάχου κάλαμον πρὸς * ὑγίειαν * ἧπαρ πρὸς θυμὸν χολὴν πρὸς πικρίαν εἰς γέλωτα
Jer. 7 9 λέγω βασιλεῦ τῶν πετεινῶν ἄπελθε ἐν εἰρήνῃ μεθ' * ὑγείας * καὶ τὴν φάσιν ἔνεγκόν μοι. μὴ ὁμοιωθῇς τῷ κόρακι
Aris. 190 5 ὡς ὁ θεὸς εὐεργετεῖ τὸ τῶν ἀνθρώπων γένος δ * ὑγείαν * αὐτοῖς καὶ τροφὴν καὶ τὰ λοιπὰ κατὰ καιρὸν
Aris. 237 2 συνομολογήσας δὲ τὸν ἐχόμενον ἠρώτα τί πρὸς * ὑγείαν * μάλιστα συντείνει; ἐκεῖνος δὲ ἔφη σωφροσύνη
Aris. 259 3 πολυωρεῖ τὸ τῶν ἀνθρώπων γένος χορηγῶν αὐτοῖς καὶ * ὑγείαν * καὶ εὐαισθησίαν καὶ τὰ λοιπὰ καὶ αὐτὸς ἀκόλουθόν

ὑγιής 4

TIss. 7 9 καὶ ἀπέθανε πέμπτος ἐν γήρει καλῷ πᾶν μέλος ἔχων * ὑγιὲς * καὶ ἰσχύων ὕπνωσεν ὕπνον αἰώνιον.
Esdr. 5 13 τὰ κλεῖθρα τοῦ πυλῶνος τῆς γυναικὸς καὶ γεννᾶται * ὑγιής * εἰς τὴν γῆν. καὶ εἶπεν ὁ προφήτης κύριε εἰ καλὸν
Aris. 250 5 φύσει κατεσκεύασται ἀσθενὲς δέον δ' ἐστὶ κατὰ τὸ * ὑγιὲς * χρῆσθαι καὶ μὴ πρὸς ἔριν ἀντιπράσσειν. κατορθοῦται
HHec. 1 22 204 οὐ προϊδὼν περὶ τῆς ἡμετέρας πορείας ἡμῖν ἄν τι * ὑγιὲς * ἀπήγγελλεν; εἰ γὰρ ἠδύνατο προγιγνώσκειν τὸ μέλλον

ὑγρασία 1

Job 20 8 τὸ σῶμά μου εἶχον καὶ συνέβρεχον τὴν γῆν ἐκ τῆς * ὑγρασίας * καὶ ἰχῶρες τοῦ σώματος σκώληκες πολλοὶ ἦσαν ἐν

ὑγρός 4

Sib. 3 144 Ῥέη τέκε δῖα γυναικῶν Δωδώνην παριοῦσα ὅθεν ῥέεν * ὑγρὰ * κέλευθα Εὐρώπου ποταμοῖο καὶ εἰς ἅλα μύρατο ὕδωρ
Sib. 4 77 μέγα ἔγχος ἀείρας νηυσὶν ἀμετρήτοισιν τὰ μὲν βυθοῦ * ὑγρὰ * κέλευθα πεζεύσει πλεύσει δὲ ταμὼν ὄρος ὑψικάρηνον
LEze. 9 28 2 31 ἀποδώσω σέθεν. ὄνομα δὲ Μωσῆν ὠνόμαζε τοῦ χάριν * ὑγρᾶς * ἀνεῖλε ποταμίας ἀπ' ἠόνος. ἐπεὶ δὲ καιρὸς νηπίων
LEze. 9 29 16 07 ὡς στῦλος πυρός. ἐνταῦθα λειμῶν' εὕρομεν κατάσκιον * ὑγράς * τε λιβάδας δαψιλὴς χῶρος βαθὺς πηγὰς ἀφύσσων

ὑδογενής 1

IOrp. 41 ἔχων καὶ μέσσην ἠδὲ τελευτὴν ὡς λόγος ἀρχαίων ὡς * ὑδογενὴς * διέταξεν ἐκ θεόθεν γνώμῃσι λαβὼν κατὰ δίπλακα

ὑδραγωγός 1

Hen. 28 3 τῶν σπερμάτων ὕδωρ ἄνομβρον ἄνωθεν φερόμενον ὡς * ὑδραγωγὸς * δαψιλὴς ὡς πρὸς βορρᾶν ἐπὶ δυσμῶν πάντοθεν

ὑδρευτικός 1

HArt. 9 27 4 λιθοθεσίας καὶ τὰ Αἰγύπτια ὅπλα καὶ τὰ ὄργανα τὰ * ὑδρευτικὰ * καὶ πολεμικὰ καὶ τὴν φιλοσοφίαν ἐξευρεῖν ἔτι

ὑδρηλός 1

LThe. 9 22 1 τὴν πόλιν. ἡ δ' ἄρ' ἔην ἀγαθή τε καὶ αἰγινόμος καὶ * ὑδρηλὴ * οὐδὲ μὲν ἔσκεν ὁδὸς δολιχὴ πόλιν εἰσαφικέσθαι

ὑδρία 1

Prop. 21 5 τῆς Σιδωνίας ἐποίησε διὰ ῥήματος κυρίου τὴν * ὑδρίαν * τῆς χήρας μὴ ἐκλεῖψαι καὶ τὴν καψάκην τοῦ ἐλαίου

ὑδροφορέω 1

Job 21 2 μου τοῖς ἐμοῖς ὀφθαλμοῖς τὴν πρώτην μου γυναῖκα * ὑδροφοροῦσαν * εἰς οἶκόν τινος εὐσχήμονος ὡς παιδίσκην ἕως

ὑδροχόος 2

Sib. 5 527 Λέοντος ἠδὲ Κύων ὤλισθεν ἀπὸ φλογὸς Ἠελίοιο * Ὑδροχόον * δ' ἐπύρωσε μένος κρατεροῖο Φαεινοῦ ὦρτο μὲν
LPhi. 9 37 3 θάμβεα λαῶν. αἰπὺ δ' ἄρ' ἐκπτύουσι διὰ χθονὸς * ὑδροχόοισι * σωλῆνες.

ὕδωρ 133

Adam 29 10 θὲς ὑπὸ τοὺς πόδας σου καὶ στῆθι ἐνδεδυμένη ἐν τῷ * ὕδατι * ἕως τοῦ τραχήλου. καὶ μὴ ἐξέλθῃ λόγος ἐκ τοῦ
Adam 29 11 τῆς κεφαλῆς αὐτοῦ ἠπλοῦτο εὐχομένου αὐτοῦ ἐν τῷ * ὕδατι. * καὶ ἔκραξε φωνῇ μεγάλῃ λέγων σοὶ λέγω τῷ ὕδατι
Adam 29 11 τῷ ὕδατι. καὶ ἔκραξε φωνῇ μεγάλῃ λέγων σοὶ λέγω τῷ * ὕδατι * τοῦ Ἰορδάνου στῆθι καὶ εὔχου ὁμοῦ καὶ πάντα τὰ
Adam 29 12 ἔρρεεν ἐπὶ τὴν γῆν. καὶ λέγει μοι ἔξελθε ἐκ τοῦ * ὕδατος * καὶ παῦσαι τοῦ κλαυθμοῦ. ἤκουσε γὰρ ὁ θεὸς τῆς
Adam 29 13 δεύτερον ἠπάτησέν με ὁ ἐχθρός. καὶ ἐξέβην ἀπὸ τοῦ * ὕδατος. * νῦν οὖν τεκνία μου ἐδήλωσα ὑμῖν τὸν τρόπον ἐν ᾧ
Hen. 13 7 ἄφεσις καὶ μακρότης. καὶ πορευθεὶς ἐκάθισα ἐπὶ τῶν * ὑδάτων * Δὰν ἐν γῇ Δὰν ἥτις ἐστὶν ἐκ δεξιῶν Ἑρμωνειεὶμ
Hen. 14 11 καὶ μεταξὺ αὐτῶν χερουβὶν πύρινα καὶ οὐρανὸς αὐτῶν * ὕδωρ * καὶ πῦρ φλεγόμενον κύκλῳ τῶν τειχῶν καὶ θύραι πυρὶ
Hen. 17 4 καὶ τὰς ἀστραπὰς πάσας. καὶ ἀπήγαγόν με μέχρι * ὑδάτων * ζώντων καὶ μέχρι πυρὸς δύσεως ὅ ἐστιν καὶ παρέχον
Hen. 17 5 μέχρι ποταμοῦ πυρὸς ἐν ᾧ κατατρέχει τὸ πῦρ ὡς * ὕδωρ * καὶ ῥέει εἰς θάλασσαν μεγάλην δύσεως. ἴδον τοὺς
Hen. 17 7 χειμερινοὺς καὶ τὴν ἔκχυσιν τῆς ἀβύσσου πάντων * ὑδάτων. * ἴδον τὸ στόμα τῆς γῆς πάντων τῶν ποταμῶν καὶ τὸ
Hen. 18 12 ἐπάνω οὔτε γῆ ἡ τεθεμελιωμένη ὑποκάτω αὐτοῦ οὔτε * ὕδωρ * ἦν ὑπὸ αὐτὸ οὔτε πετεινόν ἀλλὰ τόπος ἦν ἔρημος καὶ
Hen. 22 2 τρεῖς αὐτῶν σκοτινοὶ καὶ εἷς φωτινὸς καὶ πηγὴ * ὕδατος * ἀνὰ μέσον αὐτοῦ. καὶ εἶπον πῶς λεῖα τὰ κοιλώματα
Hen. 22 9 ἐχωρίσθη εἰς τὰ πνεύματα τῶν δικαίων οὗ ἡ πηγὴ τοῦ * ὕδατος * ἐν αὐτῷ φωτινή καὶ οὕτως ἐκτίσθη τῶν ἁμαρτωλῶν
Hen. 26 2 κἀκεῖ τεθέαμαι ὄρος ἅγιον ὑποκάτω τοῦ ὄρους * ὕδωρ * ἐξ ἀνατολῶν καὶ τὴν δύσιν εἶχεν πρὸς νότον. καὶ
Hen. 26 3 φάραγγα βαθεῖαν οὐκ ἔχουσαν πλάτος καὶ δι' αὐτῆς * ὕδωρ * πορεύεται ὑποκάτω ὑπὸ τὸ ὄρος. καὶ πρὸς δυσμὰς
Hen. 28 2 αὐτὸ μόνον πλήρης δένδρων καὶ ἀπὸ τῶν σπερμάτων * ὕδωρ * ἄνομβρον ἄνωθεν φερόμενον ὡς ὑδραγωγὸς δαψιλὴς ὡς
Hen. 28 3 δαψιλὴς ὡς πρὸς βορρᾶν ἐπὶ δυσμῶν πάντοθεν ἀνάγει * ὕδωρ * καὶ δρόσον. ἔτι ἐκεῖθεν ἐπορεύθην εἰς ἄλλον τόπον
Hen. 30 1 ἀνατολὰς μακρὰν καὶ ἴδον τόπον ἄλλον μέγαν φάραγγα * ὕδατος * ἐν ᾧ καὶ δένδρον χρόα ἀρωμάτων ὁμοίων σχίνῳ καὶ
Hen. 97 10 ἡμῶν καὶ ἀγαθὰ πολλὰ ἐν ταῖς οἰκίαις ἡμῶν. καὶ ὡς * ὕδωρ * ἐκχυθήσεται. πεπλάνησθε ὅτι οὐ μὴ παραμείνῃ ὁ
Hen. 98 2 αὐτοῖς εἰς βρώματα καὶ ἐν ταῖς οἰκίαις αὐτῶν ὡς * ὕδωρ * ἐκχυθήσονται (διὰ τὸ μ)ὴ ἐπιστήμην αὐτοὺς μηδὲ
Hen. 101 6 ἀπολοῦν)ται. οὐχὶ πᾶσα ἡ θάλασσα καὶ (πάντα τὰ) * ὕδατα * αὐτῆς ἔργον τοῦ ὑψ(ίστου ἐστὶ) καὶ αὐτὸς
Abr.1 3 7 πρὸς Ἰσαὰκ τὸν υἱὸν αὐτοῦ τέκνον Ἰσαὰκ ἄντλησον * ὕδωρ * ἐκ τοῦ φρέατος καὶ ἔνεγκέ μοι ὧδε ἐπὶ τῆς λεκάνης
Abr.1 3 8 ἐκοπίασεν. καὶ δραμὼν Ἰσαὰκ εἰς τὸ φρέαρ ἀντλήσας * ὕδωρ * ἐπὶ τῆς λεκάνης ἀνήνεγκεν (πρὸς) αὐτόν. προσελθὼν
Abr.1 4 5 ὁ ἀρχιστράτηγος ἐξῆλθεν ἔξω ὡς δῆθεν γαστρὸς χρείᾳ * ὕδατος * χύσιν ποιήσας καὶ ἀνῆλθεν εἰς τοὺς οὐρανοὺς ἐν
Abr.1 19 11 κοχλάζοντος ἔδειξά σοι διότι πολλοὶ ὑπὸ ἐμβάσεως * ὑδάτων * πολλῶν ἁρπαζόμενοι καὶ ὑπὸ μεγίστων ποταμῶν
Abr.2 3 6 λέγων αὐτῷ ἀγαπητέ μου υἱὲ Ἰσαὰκ ἀνάστηθι πλῆσον * ὕδωρ * ἐπὶ τῆς λεκάνης καὶ φέρε ἵνα νίψωμεν τοὺς πόδας τοῦ
Abr.2 3 7 μου ὅτι τοῦτο ὕστερόν μοι γενήσεται τὸ ἐπιπλῆσαι * ὕδωρ * εἰς νιπτῆρα καὶ πλῦναι πόδας ἀνθρώπου ξενιζομένου
Abr.2 13 10 τετράποσιν καὶ θηρίοις τῆς γῆς καὶ πᾶσιν τοῖς ἐν * ὕδασιν * μέχρι ἕως τοῦ οὐρανοῦ καὶ οὐχ εὑρέθη ὅμοιός σου.
TLevi 2 3B001 ἐγὼ ἔπλυνα τὰ ἱμάτιά μου καὶ καθαρίσας αὐτὰ ἐν * ὕδατι * καθαρῷ καὶ ὅλος ἐλουσάμην ἐν ὕδατι ζῶντι καὶ πάσας
TLevi 2 3B002 αὐτὰ ἐν ὕδατι καθαρῷ καὶ ὅλος ἐλουσάμην ἐν * ὕδατι * ζῶντι καὶ πάσας τὰς ὁδούς μου ἐποίησα εὐθείας.
TLevi 2 7 τοῦ πρώτου οὐρανοῦ εἰς τὸν δεύτερον καὶ εἶδον ἐκεῖ * ὕδωρ * κρεμάμενον ἀνάμεσον τούτου κἀκείνου. καὶ εἶδον
TLevi 4 1 σχιζομένων καὶ τοῦ ἡλίου σβεννυμένου καὶ τῶν * ὑδάτων * ξηραινομένων καὶ τοῦ πυρὸς καταπτήσσοντος καὶ
TLevi 8 5 καὶ ἔδωκέ μοι ῥάβδον κρίσεως. ὁ δεύτερος ἔλουσέ με * ὕδατι * καθαρῷ καὶ ἐψώμισέ με ἄρτον καὶ οἶνον ἅγια ἁγίων
TLevi 16 5 καὶ οἰκτιρήσας προσδέξηται ὑμᾶς ἐν πίστει καὶ * ὕδατι. * καὶ ὅτι ἠκούσατε περὶ τῶν ἑβδομήκοντα ἑβδομάδων
TLevi 18 2B019 ἀνθρώπου. καὶ ὅταν εἰσπορεύῃ ἐν τοῖς ἁγίοις λούου * ὕδατι * πρῶτον καὶ τότε ἐνδιδύσκου τὴν στολήν τῆς
TLevi 18 5 καὶ ἡ γνῶσις κυρίου χυθήσεται ἐπὶ τῆς γῆς ὡς * ὕδωρ * θαλασσῶν καὶ οἱ ἄγγελοι τῆς δόξης τοῦ προσώπου
TLevi 18 7 συνέσεως καὶ ἁγιασμοῦ καταπαύσει ἐπ' αὐτὸν ἐν τῷ * ὕδατι. * αὐτὸς δώσει τὴν μεγαλωσύνην κυρίου τοῖς υἱοῖς
TJud. 6 1 πάντα τὰ ἐν αὐτῇ σκυλεύσαντες. καὶ ὡς ἤμην ἐν τοῖς * ὕδασι * Χωζηβὰ οἱ ἀπὸ Ἰωβὴλ ἦλθον ἐφ' ἡμᾶς εἰς πόλεμον

TJud. 12 3 ἑπτὰ ἡμέρας παρὰ τὴν πύλην. μεθυσθεὶς οὖν ἐγὼ ἐν * ὕδασι * Χωζηβὰ οὐκ ἐπέγνων αὐτὴν ἀπὸ τοῦ οἴνου καὶ ἠπάτησέ
TIss. 1 5 ὃ ἐποίει ἡ γῆ Ἀρὰμ ἐν ὕψει ὑποκάτω φάραγγος * ὑδάτων. * εἶπε δὲ Ῥαχὴλ οὐ δώσω αὐτά σοι ὅτι ἔσονταί μοι
TZab. 2 7 τούτων ὧν ὤρυξαν οἱ πατέρες ἡμῶν καὶ οὐχ εὗρον * ὕδωρ. * διὰ γὰρ τοῦτο ἐκώλυσε κύριος τοῦ ἀναβῆναι ὕδωρ ἐν
TZab. 2 8 ὕδωρ. διὰ γὰρ τοῦτο ἐκώλυσε κύριος τοῦ ἀναβῆναι * ὕδωρ * ἐν αὐτοῖς ἵνα γένηται περιποίησις τοῦ Ἰωσήφ. καὶ
TZab. 9 1 μνησίκακος σπλάγχνα ἐλέους οὐκ ἔχει. προσέχετε τὰ * ὕδατα * ὅτι ὅτε ἐπὶ τὸ αὐτὸ πορεύεται λίθους ξύλα γῆν
TNep. 6 5 ἐπὶ τὸ πέλαγος ἐφερόμεθα καὶ ἐπληρώθη τὸ πλοῖον * ὑδάτων * ἐν τρικυμίαις περιρρησσόμενον ὥστε καὶ
TAser 7 2 τῆς γῆς καὶ ἔσεσθε ἐν διασπορᾷ ἐξουθενωμένοι ὡς * ὕδωρ * ἄχρηστον ἕως οὗ ὁ ὕψιστος ἐπισκέψηται τὴν γῆν. καὶ
TAser 7 3 ἐν ἡσυχίᾳ συντρίβων τὴν κεφαλὴν τοῦ δράκοντος δι᾽ * ὕδατος * οὕτως σώσει τὸν Ἰσραὴλ καὶ πάντα τὰ ἔθνη θεός
Asen. 2 12 γὰρ ἦν θερισμοῦ. καὶ ἦν ἐν τῇ αὐλῇ ἐκ δεξιῶν πηγὴ * ὕδατος * πλουσίου ζῶντος καὶ ὑποκάτωθεν τῆς πηγῆς ἦν ληνὸς
Asen. 2 12 ὑποκάτωθεν τῆς πηγῆς ἦν ληνὸς μεγάλη δεχομένη τὸ * ὕδωρ * τῆς πηγῆς ἐκείνης. ἔνθα ἐπορεύετο ποταμὸς διὰ μέσης
Asen. 10 1 ἔκλαιεν ἕως ἔδυ ὁ ἥλιος. καὶ ἄρτον οὐκ ἔφαγε καὶ * ὕδωρ * οὐκ ἔπιεν καὶ ἐπῆλθεν ἡ νὺξ καὶ ἐκάθευδον πάντες οἱ
Asen. 10 17 Ἀσενὲθ τὰς ἑπτὰ ἡμέρας καὶ ἄρτον οὐκ ἔφαγε καὶ * ὕδωρ * οὐκ ἔπιεν ἐν ⟨ἐκείναις⟩ ταῖς ἑπτὰ ἡμέραις τῆς
Asen. 12 2 τὸν νῶτον τῶν ἀνέμων ὁ θεμελιώσας τὴν γῆν ἐπὶ τῶν * ὑδάτων * ὁ θεὶς λίθους μεγάλους ἐπὶ τῆς ἀβύσσου τοῦ ὕδατος
Asen. 12 2 ὑδάτων ὁ θεὶς λίθους μεγάλους ἐπὶ τῆς ἀβύσσου τοῦ * ὕδατος * καὶ οἱ λίθοι οὐ βυθισθήσονται ἀλλ᾽ εἰσὶν ὡς φύλλα
Asen. 12 2 βυθισθήσονται ἀλλ᾽ εἰσὶν ὡς φύλλα δρυὸς ἐπάνω τῶν * ὑδάτων * καὶ εἰσι λίθοι ζῶντες καὶ τῆς φωνῆς σου ἀκούουσι
Asen. 13 9 ἑπτὰ νύκτας ἤμην νῆστις καὶ ἄρτον οὐκ ἔφαγον καὶ * ὕδωρ * οὐκ ἔπιεν καὶ τὸ στόμα μου γέγονε ξηρὸν ὡς τύμπανον
Asen. 14 12 καὶ νίψαι τὸ πρόσωπόν σου καὶ τὰς χεῖράς σου * ὕδατι * ζῶντι καὶ ἔνδυσαι στολὴν λινῆν καινὴν ἄθικτον καὶ
Asen. 14 15 καὶ ἐνίψατο τὰς χεῖρας αὐτῆς καὶ τὸ πρόσωπον αὐτῆς * ὕδατι * ζῶντι. καὶ ἔλαβε θέριστρον λινοῦν ἄθικτον καὶ
Asen. 18 8 με. καὶ εἶπε τῇ συντρόφῳ αὐτῆς ἐξένεγκέ μοι * ὕδωρ * καθαρὸν ἀπὸ τῆς πηγῆς καὶ νίψομαι τὸ πρόσωπόν μου.
Asen. 18 9 καὶ νίψομαι τὸ πρόσωπόν μου. καὶ ἤνεγκεν αὐτῇ * ὕδωρ * καθαρὸν ἀπὸ τῆς πηγῆς καὶ ἐνέχεεν αὐτὸ ἐν τῇ
Asen. 18 9 τὸ πρόσωπον αὐτῆς καὶ ὁρᾷ τὸ πρόσωπον αὐτῆς ἐν τῷ * ὕδατι * καὶ ἦν ὡς ὁ ἥλιος καὶ οἱ ὀφθαλμοὶ αὐτῆς ὡς
Asen. 18 10 τοῦ ὑψίστου). καὶ ὡς εἶδεν Ἀσενὲθ ἑαυτὴν ἐν τῷ * ὕδατι * ἐθαμβήθη ἐπὶ τῇ ὁράσει καὶ ἐχάρη χαρὰν μεγάλην καὶ
Asen. 20 2 τοῦ θρόνου Πεντεφρῆ τοῦ πατρὸς αὐτῆς. καὶ ἤνεγκεν * ὕδωρ * τοῦ νίψαι τοὺς πόδας αὐτοῦ. καὶ εἶπεν Ἰωσὴφ ἐλθάτω
Sal. 8 20 βουλῇ ἐξέχεεν τὸ αἷμα τῶν οἰκούντων Ἰερουσαλὴμ ὡς * ὕδωρ * ἀκαθαρσίας. ἀπήγαγεν τοὺς υἱοὺς καὶ τὰς θυγατέρας
Jer. 2 5 μᾶλλον σχίσωμεν τὰς καρδίας ἡμῶν καὶ μὴ ἀντλήσωμεν * ὕδωρ * ἐπὶ τὰς ποτίστρας ἀλλὰ κλαύσωμεν καὶ γεμίσωμεν
Jer. 3 8 τοῦ κτίσαντός σε ὁ πλάσας σε ἐν τῇ περιουσίᾳ τῶν * ὑδάτων * ὁ σφραγίσας σε ἐν ἑπτὰ σφραγῖσιν ἐν ἑπτὰ καιροῖς
Jer. 6 23 καὶ τῆς Βαβυλῶνος. δοκιμάσεις δὲ αὐτοὺς ἐκ τοῦ * ὕδατος * τοῦ Ἰορδάνου ὃ μὴ ἀκούων φανερὸς γενήσεται τοῦτο
Jer. 9 16 λευκὼν γενήσεται ἢ χιὼν μελανθήσεται τὰ γλυκέα * ὕδατα * ἄλμυρὰ γενήσονται καὶ τὰ ἄλμυρὰ γλυκέα ἐν τῷ
Bar. 4 10 ἐννέα χιλιάδας τῶν γιγάντων καὶ ἀνῆλθεν τὸ * ὕδωρ * ἐπάνω τῶν ὑψηλῶν ἐπὶ πήχεις δεκαπέντε εἰσῆλθε τὸ
Bar. 4 10 ἐπάνω τῶν ὑψηλῶν ἐπὶ πήχεις δεκαπέντε εἰσῆλθε τὸ * ὕδωρ * εἰς τὸν παράδεισον καὶ ἦρεν πᾶν ἄνθος τε δὴ κλῆμα
Bar. 4 11 καὶ ἐξέβαλεν ἔξω. καὶ ὅταν ἐφάνη ἡ γῆ ἀπὸ τοῦ * ὕδατος * καὶ ἐξῆλθε Νῶε τῆς κιβωτοῦ ἤρξατο φυτεύειν ἐκ τῶν
Bar. 10 2 καὶ εἶδον πεδίον ἁπλοῦν καὶ ἐν μέσῳ αὐτοῦ λίμνην * ὑδάτων. * καὶ ἦσαν ἐν αὐτῷ πλήθη ὀρνέων ἐκ πασῶν γενεῶν
Bar. 10 6 ὅταν ὁμιλῶσι συνδιάγοντες χοροὶ χοροί. τὸ δὲ * ὕδωρ * ἐστὶν ὅπερ τὰ νέφη λαμβάνοντα βρέχουσιν ἐπὶ τῆς γῆς
Bar. 10 8 λέγουσιν οἱ ἄνθρωποι ὅτι ἀπὸ τῆς θαλάσσης ἐστὶ τὸ * ὕδωρ * ὅπερ βρέχει· καὶ εἶπεν ὁ ἄγγελος τὸ μὲν βρέχον ἀπὸ
Bar. 10 9 τὸ μὲν βρέχον ἀπὸ τῆς θαλάσσης καὶ τῶν ἐπὶ γῆς * ὑδάτων * καὶ τοῦτό ἐστιν τὸ δὲ τὸ τοὺς καρποὺς ἐνεργοῦν ἐκ
Prop. 1 1 ὑποκάτω δρυὸς Ῥωγὴλ ἐχόμενα τῆς διαβάσεως τῶν * ὑδάτων * ὧν ἀνάλωσεν Ἐζεκίας χώσας αὐτά. καὶ ὁ θεὸς τὸ
Prop. 1 2 ὅτι πρὸ τοῦ θανεῖν ὀλιγωρήσας ηὔξατο πιεῖν * ὕδωρ * καὶ εὐθέως ἀπεστάλη αὐτῷ ἐξ αὐτοῦ διὰ τοῦτο ἐκλήθη
Prop. 1 3 καὶ τὰς κολυμβήθρας ἐπὶ εὐχῇ τοῦ Ἡσαΐου μικρὸν * ὕδωρ * ἐξελήλυθεν ὅτι ἦν ὁ λαὸς ἐν συγκλεισμῷ ἀλλοφύλων
Prop. 1 3 καὶ ἵνα μὴ διαφθαρῇ ἡ πόλις ὡς ⟨μὴ⟩ ἔχουσα * ὕδωρ. * ἤρουων γὰρ οἱ πολέμιοι πόθεν πίνουσιν; καὶ ἔχοντες
Prop. 1 4 τῷ Σιλωάμ. ἐὰν οὖν οἱ Ἰουδαῖοι ἤρχοντο ἐξήρχετο * ὕδωρ * ἐὰν δὲ ἀλλόφυλοι οὔ. διὸ ἕως σήμερον αἰφνιδίως
Prop. 1 5 μετὰ θάνατον αὐτοῦ ὡσαύτως ἔχωσι τὴν ἀπόλαυσιν τοῦ * ὕδατος * ὅτι καὶ χρησμὸς ἐδόθη αὐτοῖς περὶ αὐτοῦ. ἔστι δὲ
Prop. 2 3 ηὔξατο φαγεῖν καὶ αἱ ἀσπίδες αὐτοὺς ἔασαν καὶ τῶν * ὑδάτων * οἱ θῆρες οὓς καλοῦσιν οἱ Αἰγύπτιοι μὲν νεφωβ
Prop. 2 4 θεραπεύουσι (καὶ πολλοὶ αὐτὰ τὰ θηρία καὶ τὰ τοῦ * ὕδατος * φυγαδεύουσιν.) ἡμεῖς δὲ ἠκούσαμεν ἐκ τῶν παίδων
Prop. 3 10 αὐτοῖς εἰς ἀναίρεσιν. καὶ ἐποίησε στῆναι τὸ * ὕδωρ * ἵνα ἐκφύγωσιν εἰς τὸ πέραν γενόμενοι. καὶ οἱ
Prop. 4 21B τὸ τέλος πάσης τῆς γῆς. ὅτε δὲ κατ᾽ ἀνατολὰς * ὕδωρ * καθαρὸν ἐξελεύσεται τότε ἀπὸ τῆς θήρας ὁ θεὸς φανεὶς ὡς
Prop. 4 22 ἔσται πάσης τῆς γῆς. ἐὰν δὲ ἐν τῷ νότῳ ῥεύσῃ * ὕδατα * ἐπιστρέψει ὁ λαὸς εἰς γῆν αὐτοῦ καὶ ἐὰν αἷμα ῥεύσῃ
Prop. 10 4B καὶ ἐτρέφετο ἐκ τῶν κοράκων τῆς ἐρήμου καὶ ἔπιεν * ὕδωρ * ἐκ τοῦ χειμάρρου καὶ ὡς ἐξηράνθη ὁ χείμαρρος
Prop. 11 2 μετὰ τὸν Ἰωνᾶν τῇ Νινευῒ ἱέρειας ἔδωκεν ὅτι ὑπὸ * ὑδάτων * γλυκέων καὶ πυρὸς ὑπογείου ἀπολεῖται ὃ καὶ
Prop. 21 7 ἐνάτης καὶ οὐδεὶς αὐτοῖς ἐπήκουεν ὁ δὲ Ἡλίας καὶ * ὕδατος * πολλοῦ πληρώσας τὸν τόπον ἔνθα ἦν ἡ θυσία ηὔξατο
Prop. 21 7 εὐθὺς ἐπέπεσε πῦρ καὶ ἀνήλωσε τὴν θυσίαν καὶ τὸ * ὕδωρ * ἐξέλειπεν καὶ πάντες τὸν μὲν θεὸν εὐλόγησαν τοὺς δὲ
Prop. 22 5 τὸν Ἰορδάνην τῇ μηλωτῇ τῇ Ἡλίου καὶ διῃρέθη τὸ * ὕδωρ * καὶ διέβη ἐπὶ ξηρῷ τῷ ποδὶ τὰ ὕδατα ἐν
Prop. 22 6 τὸ ὕδωρ καὶ διέβη καὶ αὐτὸς ξηρῷ τῷ ποδὶ τὰ * ὕδατα * ἐν Ἱεριχὼ πονηρά ἦν καὶ ἄγονα καὶ ἀκούσας παρὰ
Prop. 22 6 τῆς πόλεως ἐπεκαλέσατο τὸν θεὸν καὶ εἶπεν ἴαμαι τὰ * ὕδατα * ταῦτα καὶ οὐκ ἔσται ἔτι ἐκεῖθεν θάνατος καὶ
Prop. 22 6 ἔτι ἐκεῖθεν θάνατος καὶ ἀτεκνουμένη καὶ ἰάθησαν τὰ * ὕδατα * ἕως τῆς ἡμέρας ταύτης. παίδων ἀτακτούντων κατ᾽
Esdr. 4 27 τοῦ θεοῦ καὶ τοὺς λίθους ἄρτους ποιήσας καὶ τὸ * ὕδωρ * εἰς οἶνον. καὶ εἶπεν ὁ προφήτης κύριε γνώρισόν μοι
Job 38 3 διὰ στόματος ἡ τροφὴ εἰσέρχεται, καὶ πάλιν τὸ * ὕδωρ * διὰ τοῦ αὐτοῦ στόματος πίνεται καὶ πέμπεται ἐν τῇ
Aris. 88 3 κλίματος πρὸς ταῖς καθήκοντας τόπους ἔχει τῆς τῶν * ὑδάτων * ἐπιφορᾶς ἕνεκεν ἢ γίνεται διὰ τὴν συμβῖξιν τὴν ἀπὸ
Aris. 89 1 κτηνῶν προσάγονται κατὰ τὰς τῶν ἑορτῶν ἡμέρας. * ὕδατος * δὲ ἀνέκλειπτός ἐστι σύστασις ὡς ἂν καὶ πηγῆς
Aris. 91 5 συνακοῦσαι τοῦ γινομένου ψόφου τῆς ἀπαντήσεως τῶν * ὑδάτων * ὥστε συμφανές μοι γεγονέναι τὸ μέγεθος τῶν
Sib. 3 93 μεγάλοιο ὅταν τάδε πάντα γένηται. Ὦ Ὦ δῆ πλωτῶν * ὑδάτων * καὶ χέρσου ἀπάσης ἡελίου ἀνιόντος ὃς οὐ δὴ καὶ
Sib. 3 145 ὑγρὰ κέλευθα Εὐρώπου ποταμοῖο καὶ εἰς ἅλα μύρου * ὕδωρ * ἄμμιγα Πηνειῷ καὶ μιν στύγιον καλέουσιν. ἡνίκα δ᾽
Sib. 3 440 ἐκ κορυφάων χάσμας᾽ ἀνοιγομένης πέτρης κελαρύξεται * ὕδωρ * μέχρι κε καὶ Πατάρων μαντήια σήματα παύσῃ. Κύζικος
Sib. 3 461 ἀνδρῶν τε λεῶν βαρυθύμων ὀμβρήσει δέ τε γαῖα * ὕδωρ * ζεστὸν ποτὶ δ᾽ αὐτῆς γαῖα βαρυνομένη πίεται ὀσμὴ δέ
Sib. 3 472 ἐριποῦσα Καρῶν ἀγλαὸν ἄστυ Λύκου παρὰ θέσκελον * ὕδωρ * σιγήσεις μεγάλαυχον ἀποιμώξασα τοκῆα. Θρήικες δὲ
Sib. 3 593 ὠλένας ἄγναις ὄρθριοι ἐξ εὐνῆς αἰεὶ χρόα ἁγνίζοντες * ὕδασι * καὶ τιμῶσι μόνον τὸν ἀεὶ μεδέοντα ἀθάνατον καὶ
Sib. 3 824 καὶ λέξαι θνητοῖς. ὅτε γὰρ κατεκλύζετο κόσμος * ὕδασι * καὶ τις ἀνὴρ μόνος εὐδόκιμος ἐλέλειφθη ὑλοτόμῳ ἐνὶ
Sib. 3 825 εὐδόκιμος ἐλείφθη ὑλοτόμῳ ἐνὶ οἴκῳ ἐπιπλώσας * ὑδάτεσσιν * σὺν θηρσὶν πτηνοῖσί θ᾽ ἵν᾽ ἐμπλησθῇ πάλι
Sib. 4 64 Μῆδοι πίπτοντες φεύξονται ὑπὲρ μέγα Τίγριδος * ὕδωρ. * Περσῶν δὲ κράτος ἔσται ὅλου κόσμου μέγιστον οἷς
Sib. 4 75 ἡνίκα Νεῖλος ἄλλοθί που ὑπὸ γαῖαν ἀποκρύψει μέλαν * ὕδωρ * ἥξει δ᾽ ἐξ Ἀσίης βασιλεὺς μέγα ἔγχος ἀείρας
Sib. 4 113 βρονταῖς καὶ σεισμοῖσιν ἁλὸς πετάσει μέλαν * ὕδωρ+. * Ἀρμενίη καὶ σοὶ δὲ μένει δούλειος ἀνάγκη ἥξει
Sib. 4 129 ὀλέσσει Κύπρον ὅταν πολύκλυστον ὑπερκλονέῃ μέλαν * ὕδωρ. * ἀλλ᾽ ὁπόταν θνήσκῃ σὸν ῥωχθὸς Ἰταλίδος γῆς
Sib. 4 149 ἔσται ὑπέρκτησις πολέμοιο. Καρῶν δὲ πτολίεθρα παρ᾽ * ὕδασι * Μαιάνδροιο ὅσσα πεπύργωνται περικαλλέα πικρᾶς
Sib. 4 151 πικρὸς ὀλέσσει λιμὸς ὅταν Μαίανδρος ἀποκρύψῃ μέλαν * ὕδωρ. * ἀλλ᾽ ὅταν εὐσεβὴς μὲν ἀπ᾽ ἀνθρώπων ἀπόληται
Sib. 5 27 ἕξει ὑλακὴ κεῖνος δὲ καθ᾽ ὕστατον Ὠκεανοῖο ἕξεθ᾽ * ὕδωρ * +ἄμπωτιν ὑπ᾽ αὐσσονίσιν+ ἄἰξας. πεντήκοντα δ᾽ ὅτις
Sib. 5 321 χεύμασι θερμόδοντος. πετροφυὴς Τρίπολίς τε παρ᾽ * ὕδασι * Μαιάνδροιο κύμασι νυκτερινοῖσιν ὑπ᾽ ἠόνι κληρωθεῖσα
Sib. 5 378 οὐρανίων δαπέδων βρέξει μερόπεσσιν πῦρ καὶ αἷμα * ὕδωρ * πρηστήρ γνόφος οὐρανίη νὺξ καὶ φθίσις ἐν πολέμῳ καὶ
Sib. 5 449 τότε νήας Ἀσὶς δ᾽ ἢ κεφαλὴ τότε πάμφορον Ἔσσεται * ὕδωρ * καὶ Κρήτη πεδίον. Κύπρος δ᾽ ἕξει μέγα πῆμα
Sib. 5 478 ἵν᾽ ἔμπαλι μηκέτ᾽ ἀνέλθῃ Ὠκεανὸν μέλας ἵν᾽ ἐφ᾽ * ὕδασι * βαπτισθείη πολλῶν γὰρ μερόπων εἶδεν κακότητας
FJub. 2 2 ἡμέρᾳ ἐποίησε τοὺς ἀνωτέρους οὐρανοὺς τὴν γῆν τὰ * ὕδατα * ἐξ ὧν ἐστι χιὼν καὶ κρύσταλος καὶ χάλαζα καὶ
FJub. 2 4 ἡμέρᾳ. ἐν δὲ τῇ δευτέρᾳ τὸ στερέωμα τὸ ἐν μέσῳ τῶν * ὑδάτων * καὶ τῇ διαμέρισιν τῶν ὑδάτων τοῦ στερεώματος
FJub. 2 4 καὶ τὴν διαμέρισιν τῶν ἐπάνω τοῦ στερεώματος * ὑδάτων * καὶ τῶν ὑποκάτω τοῦ στερεώματος ἐπὶ πρόσωπον
FJub. 2 11 μεγάλα τοὺς ἰχθύας καὶ τὰ ἄλλα ἑρπετὰ τὰ ἐν τοῖς * ὕδασι * τὰ πετεινὰ τὰ πτερωτά. ταῦτα τὰ τρία ἔργα τὰ
FJub. 47 5 υἱὸς δικαίου ἂν κληθείη κατὰ κόσμον βασιλέως ἐξ * ὕδατος. * καταλιπὼν δὲ Μωϋσῆς τὰς κατ᾽ Αἴγυπτον διατριβὰς
FJub. 48 5 δέχεσθαι τὴν δεκάπληγον. ἐν μηνὶ Ἰουνίῳ τὰ * ὕδατα * εἰς αἷμα μετεβλήθη Ἰουλίῳ βάτραχοι Αὐγούστῳ
FMan. 2 22 10 ἐδίδοτε αὐτῷ ἐκ πιτύρων ἄρτος ἐν σταθμῷ βραχὺς καὶ * ὕδωρ * σὺν ὄξει ὀλίγον ἐν μέτρῳ ὥστε ζῆν αὐτὸν καὶ ἦν
FPho. 96 μὴ πίστευε πολυτροπίας ἐστὶν ὅμιλος λαὸς (γὰρ) καὶ * ὕδωρ * μὴ ἀκατάσχετα πάντα. μὴ δὲ μάτην ἐπὶ πῦρ
IEsc. 5 131 2 ποτὲ μὲν ὡς πῦρ φαίνεται ἄπλατος ὁρμὴ ποτὲ δὲ * ὕδωρ * ποτὲ ⟨δὲ⟩ γνόφος καὶ θηρσὶν αὐτὸς γίνεται
IEsc. 5 131 3 δὲ αὐτῷ θάλασσα καὶ πέτραι καὶ πᾶσα πηγὴ καὶ * ὕδατος * συστήματα. τρέμει δ᾽ ὄρη καὶ γαῖα καὶ πελώριος
HDem. 9 29 15 γυναῖκα. ἐκεῖθεν ἦλθον ἡμέρας τρεῖς. μὴ ἔχουσα * ὕδωρ. * ἐκεῖ γλυκὺ ἀλλὰ πικρὸν τοῦ θεοῦ εἰπόντος ξύλου τι
HDem. 9 29 15 τι ἐμβαλεῖν εἰς τὴν πηγὴν καὶ γενεάσαι γλυκὺ τὸ * ὕδωρ. * ἐκεῖθεν δὲ εἰς Ἐλεὶμ ἐλθεῖν καὶ εὑρεῖν ἐκεῖ
HDem. 9 29 15 εἰς Ἐλεὶμ ἐλθεῖν καὶ εὑρεῖν ἐκεῖ δώδεκα μὲν πηγὰς * ὑδάτων * ἑβδομήκοντα δὲ στελέχη φοινίκων. ἐπιζητεῖν δέ
HArt. 9 27 28 καὶ τὴν κατάβασιν αὐτοῦ γίνεσθαι συναγαγεῖν δὲ τὸ * ὕδωρ * ἐποζέσαι τά τε ποτάμια διαφθεῖραι ζῷα τούς τε
HArt. 9 27 29 ποταμὸν τὸν δὲ Μώϋσον πάλιν τῇ ῥάβδῳ πατάξαντα τὸ * ὕδωρ * συστεῖλαι τὸ ῥεῦμα. τούτου δὲ γενομένου τὸν βασιλέα
HArt. 9 27 36 τὸν δὲ Μώϋσον ἀκούσαντα ἐπιθιγεῖν τῇ ῥάβδῳ τοῦ * ὕδατος * καὶ οὕτως τὸ μὲν νᾶμα διαστῆναι τὴν δὲ δύναμιν
LEze. 9 29 12 03 μὲν αἷμα ποτάμιον ῥυήσεται πηγαί τε πᾶσαι καὶ * ὑδάτων * συστήματα βατράχων τε πλῆθος καὶ σκνῖπας ἐμβαλῶ

**ὑετίζω**
1
FrAn. 574 3049 τὸν ἐξαγαγόντα ἐξ ἀδήλων καὶ πυκνοῦντα τὰ νέφη καὶ * ὑετίζοντα * τὴν γῆν καὶ εὐλογοῦντα τοὺς καρποὺς αὐτῆς ὃν

**ὑέτιος**
1
LPhi. 9 37 2 βαθὺν ῥόον ἐξανιείσης. ῥεῦμα γὰρ ὑψιφάεννον ἐν * ὑετίοις * νιφετοῖσιν ἱέμενον πολυγηθὲς ὑπαὶ πύργοις

**ὑετός**
5
Sal. 5 9 καὶ τοὺς ἰχθύας σὺ τρέφεις ἐν τῷ διδόναι σε * ὑετὸν * ἐρήμοις εἰς ἀνατολὴν χλόης ἡτοίμασας χορτάσματα ἐν
Sal. 17 18 αὐτῶν ὑπὸ ἀνόμων ὅτι ἀνέσχεν ὁ οὐρανὸς τοῦ στάξαι * ὑετὸν * ἐπὶ τὴν γῆν. πηγαὶ συνεσχέθησαν αἰώνιοι ἐξ ἀβύσσων
Prop. 21 4 καὶ πάλιν ηὔξατο μετὰ τρία ἔτη καὶ γέγονε πολὺς * ὑετὸς * ἐν Σαρεφθοῖς τῆς Σιδωνίας ἐποίησε διὰ ῥήματος

ὑετός 755

| | | | |
|---|---|---|---|
| Esdr. | 2 | 29 | Ἐσδρὰμ τοιαύτη γάρ ἐστιν ἡ ἡμέρα τῆς κρίσεως ἐν ᾗ * ὑετὸς * ἐπὶ τῆς γῆς οὐ γίνεται ἐστὶν γὰρ κατὰ τὴν ἑσπέραν |
| Sib. | 3 | 690 | κρινεῖ πάντας πολέμῳ θεὸς ἠδὲ μαχαίρῃ καὶ πυρὶ καὶ * ὑετῷ * τε κατακλύζοντι καὶ ἔσται θεῖον ἀπ᾽ οὐρανόθεν αὐτὰρ |
| υἱοποίητος | | 1 | |
| FAch. | 108 | | καὶ ἀπελογεῖτο πῶς ψεῦδος αὐτοῦ κατηγόρησεν ὁ * υἱοποίητος * καὶ τὴν ἀλήθειαν μεθ᾽ ὅρκου παρεστήσατο. τοῦ |
| υἱός | | 403 | |
| Adam | 1 | 3 | δύο. καὶ ἐν γαστρὶ εἴληφεν Εὔα καὶ ἐγέννησε δύο * υἱοὺς * τὸν Διάφωτον τὸν καλούμενον Κάϊν καὶ τὸν Ἀμιλαβὲς |
| Adam | 2 | 2 | μου ἴδον ἐγὼ κατ᾽ ὄναρ τῇ νυκτὶ ταύτῃ τὸ αἷμα τοῦ * υἱοῦ * μου Ἀμιλαβὲς τοῦ ἐπιλεγομένου Ἄβελ βαλλόμενον εἰς |
| Adam | 3 | 2 | ὅτι τὸ μυστήριον ὃ οἶδας μὴ ἀναγγείλῃς Κάϊν τῷ * υἱῷ * σου ὅτι ὀργῆς υἱός ἐστιν. ἀλλὰ μὴ λυποῦ δώσω σοι γὰρ |
| Adam | 3 | 2 | ὃ οἶδας μὴ ἀναγγείλῃς Κάϊν τῷ υἱῷ σου ὅτι ὀργῆς * υἱός * ἐστιν. ἀλλὰ μὴ λυποῦ δώσω σοι γὰρ ἀντ᾽ αὐτοῦ ἕτερον |
| Adam | 3 | 2 | ἀλλὰ μὴ λυποῦ δώσω σοι γὰρ ἀντ᾽ αὐτοῦ ἕτερον * υἱὸν * οὗτος δηλώσει πάντα ὅσα ποιήσῃς. σὺ δὲ μὴ εἴπῃς |
| Adam | 3 | 3 | αὐτοῦ καὶ ἡ Εὔα ἔχοντες τὴν λύπην περὶ Ἄβελ τοῦ * υἱοῦ * αὐτῶν. μετὰ δὲ ταῦτα ἔγνω Ἀδὰμ τὴν γυναῖκα αὐτοῦ |
| Adam | 4 | 2 | τὸν Σήθ. καὶ λέγει Ἀδὰμ τῇ Εὔᾳ ἰδοὺ ἐγεννήσαμεν * υἱὸν * ἀντὶ Ἄβελ ὃν ἀπέκτεινεν Κάϊν. δώσωμεν δόξαν καὶ |
| Adam | 5 | 1 | δώσωμεν δόξαν καὶ θυσίαν τῷ θεῷ. ἐποίησεν δὲ Ἀδὰμ * υἱοὺς * τριάκοντα καὶ θυγατέρας τριάκοντα. ἔζησεν δὲ Ἀδὰμ |
| Adam | 5 | 2 | ἐβόησεν φωνῇ μεγάλῃ λέγων ἐλθέτωσαν πρός με οἱ * υἱοί * μου πάντες ὅπως ὄψομαι αὐτοὺς πρὶν ἀποθανεῖν με. |
| Adam | 5 | 4 | ἐν ᾧ εἰσήρχετο εὔξασθαι τῷ θεῷ. εἶπε δὲ αὐτῷ Σὴθ ὁ * υἱὸς * αὐτοῦ πάτερ Ἀδὰμ τί σοί ἐστιν νόσος; καὶ λέγει |
| Adam | 6 | 3 | καταπαύσῃ ὁ πόνος ἀπὸ σοῦ. λέγει αὐτῷ ὁ Ἀδὰμ οὐχὶ * υἱέ * μου Σὴθ ἀλλὰ νόσον καὶ πόνους ἔχω. λέγει αὐτῷ Σὴθ |
| Adam | 9 | 1 | τῷ σώματι. ταῦτα δὲ λέγων ὁ Ἀδὰμ τοῖς * υἱοῖς * αὐτοῦ ἀνεστέναξε μέγα καὶ εἶπεν τί ποιήσω ὅτι ἐν |
| Adam | 9 | 3 | εἶπε δὲ Ἀδὰμ τῇ Εὔᾳ ἀνάστα καὶ πορεύου μετὰ τοῦ * υἱοῦ * ἡμῶν Σὴθ πλησίον τοῦ παραδείσου καὶ ἐπίθετε γῆν ἐπὶ |
| Adam | 10 | 1 | παραδείσου καὶ πορευομένων αὐτῶν εἶδεν ἡ Εὔα τὸν * υἱὸν * αὐτῆς καὶ θηρίον πολεμοῦντα αὐτόν. ἔκλαυσε δὲ ἡ Εὔα |
| Adam | 31 | 1 | τὸ ἀγαθόν. ταῦτα δὲ εἰποῦσα ἐν μέσῳ τῶν * υἱῶν * αὐτῆς κοιμωμένου τοῦ Ἀδὰμ ἐν τῇ νόσῳ αὐτοῦ ἄλλην |
| Adam | 34 | 1 | θεοῦ καὶ ἔκλαυσα ἐκ τοῦ φόβου καὶ ἐβόησα πρὸς τὸν * υἱόν * μου Σὴθ λέγουσα ἀνάστα Σὴθ ἐκ τοῦ σώματος τοῦ |
| Adam | 35 | 4 | τὰς χεῖρας τοῦ ἀοράτου θεοῦ ἡμῶν; τίνες δέ εἰσιν * υἱέ * μου Σὴθ οἱ δύο αἰθίοπες οἱ παριστάμενοι ἐπὶ τὴν |
| Adam | 42 | 3 | μόνου καὶ οὐδεὶς ἐγίνωσκεν ἐπὶ τῆς γῆς πλὴν τοῦ * υἱοῦ * αὐτοῦ Σήθ. καὶ προσηύξατο Εὔα κλαίουσα ἵνα ταφῇ εἰς |
| Hen. | 6 | 1 | τῆς ζωῆς αὐτῶν. καὶ ἐγένετο οὗ ἂν ἐπληθύνθησαν οἱ * υἱοὶ * τῶν ἀνθρώπων ἐν ἐκείναις ταῖς ἡμέραις ἐγεννήθησαν |
| Hen. | 6 | 2 | ὡραῖαι καὶ καλαί. καὶ ἐθεάσαντο αὐτάς οἱ ἄγγελοι * υἱοὶ * οὐρανοῦ καὶ ἐπεθύμησαν αὐτὰς καὶ εἶπαν πρὸς |
| Hen. | 6B | 1 | τῶν ἐγρηγόρων. καὶ ἐγένετο ὅτε ἐπληθύνθησαν οἱ * υἱοὶ * τῶν ἀνθρώπων, ἐγεννήθησαν αὐτοῖς θυγατέρες ὡραῖαι. |
| Hen. | 8B | 1 | λίθους καὶ τὰ βαφικά. καὶ ἐποίησαν ἑαυτοῖς οἱ * υἱοὶ * τῶν ἀνθρώπων καὶ ταῖς θυγατράσιν αὐτῶν καὶ |
| Hen. | 9B | 6 | δὲ τὰ ἐπιτηδεύματα αὐτοῦ εἰδέναι τὰ μυστήρια οἱ * υἱοὶ * τῶν ἀνθρώπων. τῷ Σεμιαζᾷ τὴν ἐξουσίαν ἔδωκας ἔχειν |
| Hen. | 9B | 9 | νῦν ἰδοὺ αἱ θυγατέρες τῶν ἀνθρώπων ἔτεκον ἐξ αὐτῶν * υἱοὺς * γίγαντας κίβδηλα ἐπὶ τῆς γῆς τῶν ἀνθρώπων |
| Hen. | 10 | 1 | ἐλάλησεν καὶ εἶπεν καὶ ἔπεμψεν Ἰστραὴλ πρὸς τὸν * υἱὸν * Λέμεχ εἶπον αὐτῷ ἐπὶ τῷ ἐμῷ ὀνόματι κρύψον σεαυτὸν |
| Hen. | 10 | 7 | ἵνα ἰάσωνται τὴν πληγὴν ἵνα μὴ ἀπόλωνται πάντες οἱ * υἱοὶ * τῶν ἀνθρώπων ἐν τῷ μυστηρίῳ ὅλῳ ᾧ ἐπέταξαν οἱ |
| Hen. | 10 | 7 | ὅλῳ ᾧ ἐπέταξαν οἱ ἐγρήγοροι καὶ ἐδίδαξαν τοὺς * υἱοὺς * αὐτῶν καὶ ἠρημώθη πᾶσα ἡ γῆ ἀφανισθεῖσα ἐν τοῖς |
| Hen. | 10 | 9 | ἐπὶ τοὺς μαζηρέους ἐπὶ τοὺς κιβδήλους καὶ τοὺς * υἱοὺς * τῆς πορνείας καὶ ἀπόλεσον τοὺς υἱοὺς τῶν ἐγρηγόρων |
| Hen. | 10 | 9 | καὶ τοὺς υἱοὺς τῆς πορνείας καὶ ἀπόλεσον τοὺς * υἱοὺς * τῶν ἐγρηγόρων ἀπὸ τῶν ἀνθρώπων πέμψον αὐτοὺς ἐν |
| Hen. | 10 | 12 | αὐταῖς ἐν ἀκαθαρσίᾳ αὐτῶν καὶ ὅταν κατασφαγῶσιν οἱ * υἱοὶ * αὐτῶν καὶ ἴδωσιν τὴν ἀπώλειαν τῶν ἀγαπητῶν καὶ |
| Hen. | 10 | 15 | ἀπόλεσον πάντα τὰ πνεύματα τῶν κιβδήλων καὶ τοὺς * υἱοὺς * τῶν ἐγρηγόρων διὰ τὸ ἀδικῆσαι τοὺς ἀνθρώπους. καὶ |
| Hen. | 10B | 1 | ὁ μέγας ἐλάλησε καὶ ἔπεμψε τὸν Οὐριὴλ πρὸς τὸν * υἱὸν * Λάμεχ λέγων πορεύου πρὸς τὸν Νῶε καὶ εἶπον αὐτῷ τῷ |
| Hen. | 10B | 3 | τῆς γῆς. δίδαξον τὸν δίκαιον τί ποιήσει τὸν * υἱὸν * Λάμεχ καὶ τὴν ψυχὴν αὐτοῦ εἰς ζωὴν συντηρήσει καὶ |
| Hen. | 10B | 7 | ἵνα ἰάσωνται τὴν πληγὴν καὶ μὴ ἀπόλωνται πάντες οἱ * υἱοὶ * τῶν ἀνθρώπων ἐν τῷ μυστηρίῳ ὃ εἶπον οἱ ἐγρήγοροι |
| Hen. | 10B | 7 | τῷ μυστηρίῳ ὃ εἶπον οἱ ἐγρήγοροι καὶ ἐδίδαξαν τοὺς * υἱοὺς * τῶν ἀνθρώπων καὶ ἠρημώθη πᾶσα ἡ γῆ ἐν τοῖς ἔργοις |
| Hen. | 10B | 9 | ἐπὶ τοὺς γίγαντας ἐπὶ τοὺς κιβδήλους ἐπὶ τοὺς * υἱοὺς * τῆς πορνείας καὶ ἀπόλεσον τοὺς υἱοὺς τῶν ἐγρηγόρων |
| Hen. | 10B | 9 | ἐπὶ τοὺς υἱοὺς τῆς πορνείας καὶ ἀπόλεσον τοὺς * υἱοὺς * τῶν ἐγρηγόρων ἀπὸ τῶν υἱῶν τῶν ἀνθρώπων πέμψον |
| Hen. | 10B | 9 | καὶ ἀπόλεσον τοὺς υἱοὺς τῶν ἐγρηγόρων ἀπὸ τῶν * υἱῶν * τῶν ἀνθρώπων πέμψον αὐτοὺς εἰς ἀλλήλους ἐξ αὐτῶν |
| Hen. | 10B | 12 | ἐν τῇ ἀκαθαρσίᾳ αὐτῶν. καὶ ὅταν κατασφαγῶσιν οἱ * υἱοὶ * αὐτῶν καὶ ἴδωσι τὴν ἀπώλειαν τῶν ἀγαπητῶν αὐτῶν |
| Hen. | 11 | 1 | καὶ κατενεγκεῖν αὐτὰ ἐπὶ τὰ ἔργα ἐπὶ τὸν κόπον τῶν * υἱῶν * τῶν ἀνθρώπων. καὶ τότε ἀλήθεια καὶ εἰρήνη |
| Hen. | 12 | 4 | αἰῶνος μετὰ τῶν γυναικῶν ἐμιάνθησαν καὶ ὥσπερ οἱ * υἱοὶ * τῆς γῆς ποιοῦσιν οὕτως καὶ αὐτοὶ ποιοῦσιν καὶ |
| Hen. | 12 | 5 | ὑμῖν εἰρήνη οὔτε ἄφεσις. καὶ περὶ ὧν χαίρουσιν τῶν * υἱῶν * αὐτῶν τὸν φόνον τῶν ἀγαπητῶν αὐτῶν ὄψονται καὶ ἐπὶ |
| Hen. | 12 | 6 | τῶν ἀγαπητῶν αὐτῶν ὄψονται καὶ ἐπὶ τῇ ἀπωλείᾳ τῶν * υἱῶν * αὐτῶν στενάξουσιν καὶ δεηθήσονται εἰς τὸν αἰῶνα καὶ |
| Hen. | 13 | 8 | ὁράσεις ὀργῆς καὶ ἦλθεν φωνὴ λέγουσα εἶπον τοῖς * υἱοῖς * τοῦ οὐρανοῦ τοῦ ἐλέγξαι αὐτούς. καὶ ἔξυπνος |
| Hen. | 14 | 3 | ὃς ἔκτισεν καὶ ἔδωκεν ἐλέγξασθαι ἐγρηγόρους τοὺς * υἱοὺς * τοῦ οὐρανοῦ. ἐγὼ τὴν ἐρώτησιν ὑμῶν τῶν ἀγγέλων |
| Hen. | 14 | 6 | αἰῶνος καὶ ἵνα περὶ τούτων ἴδητε τὴν ἀπώλειαν τῶν * υἱῶν * ὑμῶν τῶν ἀγαπητῶν καὶ ὅτι οὐκ ἔσται ὑμῖν ὄνησις |
| Hen. | 15 | 3 | ἐμιάνθητε καὶ ἐλάβετε ἑαυτοῖς γυναῖκας; ὥσπερ * υἱοὶ * τῆς γῆς ἐποιήσατε καὶ ἐγεννήσατε ἑαυτοῖς τέκνα |
| Hen. | 15 | 3 | τῆς γῆς ἐποιήσατε καὶ ἐγεννήσατε ἑαυτοῖς τέκνα * υἱοὺς * γίγαντας. καὶ ὑμεῖς ἦτε ἅγιοι καὶ πνεύματα ζῶντα |
| Hen. | 15 | 12 | πνεύματα. καὶ ἐξαναστήσει ταῦτα εἰς τοὺς * υἱοὺς * τῶν ἀνθρώπων καὶ τῶν γυναικῶν ὅτι ἐξεληλύθασιν ἀπ᾽ |
| Hen. | 15B | 12 | καὶ ἐξαναστήσονται τὰ πνεύματα ἐπὶ τοὺς * υἱοὺς * τῶν ἀνθρώπων καὶ τῶν γυναικῶν ὅτι ἐξ αὐτῶν |
| Hen. | 90 | 3 | περὶ πάντων τῶν ἔργων αὐτοῦ. καὶ νῦν ἐγὼ λέγω ὑμῖν * υἱοῖς * ἀνθρώπων ὀργὴ μεγάλη καθ᾽ ὑμῶν κατὰ τῶν υἱῶν ὑμῶν |
| Hen. | 90 | 3 | ὑμῖν υἱοῖς ἀνθρώπων ὀργὴ μεγάλη καθ᾽ ὑμῶν κατὰ τῶν * υἱῶν * ὑμῶν καὶ οὐ παύσεται ἡ ὀργὴ αὕτη ἀφ᾽ ὑμῶν μέχρι |
| Hen. | 90 | 3 | ἡ ὀργὴ αὕτη ἀφ᾽ ὑμῶν μέχρι καιροῦ σφαγῆς τῶν * υἱῶν * ὑμῶν. καὶ ἀπολοῦνται οἱ ἀγαπητοὶ ὑμῶν καὶ |
| Hen. | 100 | 2 | ἄνθρωπο⟩ς οὐκ ⟨ἀφέξ⟩ει τὴν ⟨χεῖρα αὐτοῦ ἀπ⟩ὸ τοῦ * υἱοῦ * αὐ⟨τοῦ οὔτ᾽ ἀ⟩πὸ τοῦ ἀγαπητοῦ αὐτοῦ ἀποκτεῖναι |
| Hen. | 100 | 6 | οἱ φρόνιμοι τῶν ἀνθρώπων καὶ κατανοήσουσιν οἱ * υἱοὶ * τῆς γῆς ἐπὶ τοὺς λόγους τούτους τῆς ἐπιστολῆς |
| Hen. | 101 | 1 | ψύχους καὶ τῶν μαστίγων αὐτῶν. κατανοήσατε τοίνυν * υἱοὶ * τῶν ἀνθρώπων τὰ ἔργα τοῦ ὑψίστου καὶ φοβήθητε τοῦ |
| Hen. | 102 | 3 | καὶ οἱ φωστῆρες σειόμενοι καὶ τρέμοντες ἅπαντες οἱ * υἱοὶ * τῆς γῆς καὶ ὑμεῖς ἁμαρτωλοὶ ἐπικατάρατοι εἰς τὸν |
| Hen. | 106 | 1 | τῆς ἀληθείας. μετὰ δὲ χρόνον ἔλαβεν Μαθουσάλεκ τῷ * υἱῷ * μου γυναῖκα καὶ ἔτεκεν υἱὸν καὶ ἐκάλεσεν τὸ ὄνομα |
| Hen. | 106 | 1 | ἔλαβεν Μαθουσάλεκ τῷ υἱῷ μου γυναῖκα καὶ ἔτεκεν * υἱὸν * καὶ ἐκάλεσεν τὸ ὄνομα αὐτοῦ Λάμεχ. ἐταπεινώθη ἡ |
| Hen. | 106 | 10 | ἦλθον ὧδε πάτερ καὶ νῦν ἐγεννήθη τέκνον Λάμεχ τῷ * υἱῷ * μου καὶ ὁ τύπος αὐτοῦ καὶ ἡ εἰκὼν αὐτοῦ ἰοὺχ ὅμοιος |
| Hen. | 106 | 12 | εὐλόγησεν τὸν κύριον τοῦ αἰῶνος καὶ ἐφοβήθη ὁ * υἱός * μου Λάμεχ καὶ ἔφυγεν πρὸς ἐμὲ καὶ οὐ πιστεύει ὅτι |
| Hen. | 106 | 12 | μου Λάμεχ καὶ ἔφυγεν πρὸς ἐμὲ καὶ οὐ πιστεύει ὅτι * υἱὸς * αὐτοῦ ἐστιν ἀλλὰ ὅτι ἐξ ἀγγέλων--- τὴν ἀκρίβειαν ἣν |
| Hen. | 106 | 18 | ὑμῶν κατάλειμμα ἐφ᾽ οὗ ἂν καταπαύσητε καὶ (οἱ) * υἱοὶ * αὐτοῦ ἀπὸ τῆς φθορᾶς τῆς γῆς καὶ ἀπὸ πάντων τῶν |
| Hen. | 107 | 2 | καὶ νῦν ἀπότρεχε τέκνον καὶ σήμανον Λάμεχ τῷ * υἱῷ * σου ὅτι τὸ παιδίον τοῦτο τὸ γεννηθὲν τέκνον αὐτοῦ |
| Abr.1 | 2 | 1 | ζεύγη βοῶν ἀροτριασμοῦ προεδρεύοντα μετὰ τοὺς * υἱοὺς * Μασὲκ καὶ ἑτέροις παισὶν τὸν ἀριθμὸν δώδεκα. καὶ |
| Abr.1 | 2 | 4 | ἡλιόρατε καὶ πανευπρεπέστατε ὑπὲρ πάντας τοὺς * υἱοὺς * τῶν ἀνθρώπων καλῶς ἔοικας τούτου χάριν αἰτοῦμαι |
| Abr.1 | 2 | 9 | ὁμιλίαν. εἶπεν δὲ Ἀβραὰμ τοῖς παισὶν αὐτοῦ τοῖς * υἱοῖς * Μασὲκ ἀπέλθατε εἰς τὴν ἀγέλην τῶν ἵππων καὶ |
| Abr.1 | 3 | 5 | ἰδοὺ ὁ ἄνθρωπος ὁ καθεζόμενος μετὰ τοῦ πατρός μου * υἱὸς * οὐκ ἔστιν ἀπὸ τοῦ γένους τῶν κατοικούντων τὴν γῆν. |
| Abr.1 | 3 | 7 | τῆς μητρός σου. εἶπεν δὲ Ἀβραὰμ πρὸς Ἰσαὰκ τὸν * υἱὸν * αὐτοῦ τέκνον Ἰσαὰκ ἄντλησον ὕδωρ ἐκ τοῦ φρέατος |
| Abr.1 | 4 | 1 | τῇ καρδίᾳ αὐτοῦ. ⟨εἶπεν δὲ Ἀβραὰμ πρὸς Ἰσαὰκ τὸν * υἱὸν * αὐτοῦ⟩ ἄπελθε υἱέ μου ἀγαπητὲ εἰς τὸ ταμεῖον τοῦ |
| Abr.1 | 4 | 1 | δὲ Ἀβραὰμ πρὸς Ἰσαὰκ τὸν υἱὸν αὐτοῦ⟩ ἄπελθε * υἱέ * μου ἀγαπητὲ εἰς τὸ ταμεῖον τοῦ τρικλίνου καὶ |
| Abr.1 | 4 | 3 | ὅτι καὶ ἡ ὅρασις αὐτοῦ ὑπερφέρει πάντας τοὺς * υἱοὺς * τῶν ἀνθρώπων. ὁ δὲ Ἰσαὰκ ἡτοίμασεν πάντα καλῶς |
| Abr.1 | 4 | 8 | αὐτοῦ ἐγὼ δὲ ἐπιβαλῶ τῷ πνεύματι τῷ ἁγίῳ ἐπὶ τὸν * υἱὸν * αὐτοῦ τὸν Ἰσαὰκ καὶ ῥίψω τὴν μνήμην τοῦ θανάτου |
| Abr.1 | 5 | 14 | ἀδελφὴ Σάρρα οὐκ ἔστιν οὕτως ὃ σὺ λέγεις ἀλλ᾽ ὁ * υἱός * σου Ἰσαὰκ ὡς ἐμοὶ δοκεῖ ὄνειρον ἐθεάσατο καὶ ἦλθεν |
| Abr.1 | 7 | 1 | εἰσῆλθεν ἐν τῷ τρικλίνῳ καὶ εἶπε πρὸς Ἰσαὰκ δεῦρο * υἱέ * μου ἀγαπητὲ ἀνάγγειλόν μοι τὴν ἀλήθειαν τί τὰ |
| Abr.1 | 8 | 6 | καὶ χαρισάμενός σοι καρπὸν κοιλίας ἐν γήρει * υἱὸν * τὸν Ἰσαὰκ ἀμὴν λέγω σοι εὐλογῶν εὐλογήσω σε καὶ |
| Abr.1 | 12 | 5 | ἐπ᾽ αὐτῷ ἐκάθητο ἀνὴρ θαυμαστὸς ἡλιόρατος ὅμοιος * υἱῷ * θεοῦ ἔμπροσθεν δὲ αὐτοῦ ἵστατο τράπεζα |
| Abr.1 | 13 | 2 | τὸν φοβερὸν τὸν ἐπὶ θρόνου καθήμενον; οὗτός ἐστιν * υἱὸς * τοῦ πρωτοπλάστου ὁ ἐπιλεγόμενος Ἄβελ ὃν ἀπέκτεινεν |
| Abr.1 | 15 | 5 | ἀναληφθέντα αὐτὸν ἀφ᾽ ἡμῶν. ἦλθεν δὲ Ἰσαὰκ ὁ * υἱὸς * αὐτοῦ καὶ περιεπλάκη ἐπὶ τὸν τράχηλον αὐτοῦ ὁμοίως |
| Abr.1 | 15 | 6 | δικαιώτατε ἰδοὺ ἡ γυνή σου Σάρρα ἰδοὺ καὶ ὁ * υἱός * σου ὁ ἠγαπημένος ἰδοὺ δὴ πάντες οἱ παῖδες καὶ |
| Abr.1 | 16 | 6 | ἡλιόμορφον⟩ καὶ γέγονεν εὐπρεπὴς ὡραῖος ὑπὲρ τοὺς * υἱοὺς * τῶν ἀνθρώπων ἀρχαγγέλου δὲ περιβαλόμενος μορφὴν |
| Abr.1 | 20 | 6 | αὐτοῦ⟩ ὡσεὶ θρόμβοι αἵματος. ἦλθεν δὲ Ἰσαὰκ ὁ * υἱὸς * αὐτοῦ καὶ ἔπεσεν ἐπὶ τὸ στῆθος αὐτοῦ ⟨κλαίων ἦλθε |
| Abr.1 | 20 | 15 | τῆς αἰωνίου ζωῆς δοξάζοντες τῷ πατρὶ καὶ τῷ * υἱῷ * καὶ τῷ ἁγίῳ πνεύματι νῦν καὶ ἀεὶ καὶ εἰς τοὺς αἰῶνας |
| Abr.2 | 2 | 12 | πορευομένων ἐκάλεσεν Ἀβραὰμ Δαμασκὸν Ἐλεέζερ τὸν * υἱὸν * ἕνα τῶν οἰκοτρόφων αὐτοῦ λέγων ἄπαγε κτῆνος ἵνα |
| Abr.2 | 3 | 6 | παῖδες καθὼς παρήγγειλεν Ἀβραὰμ ἐκάλεσεν δὲ τὸν * υἱὸν * αὐτοῦ Ἰσαὰκ λέγων αὐτῷ ἀγαπητέ μου υἱὲ Ἰσαὰκ |
| Abr.2 | 3 | 6 | δὲ τὸν υἱὸν αὐτοῦ Ἰσαὰκ λέγων αὐτῷ ἀγαπητέ μου * υἱὲ * Ἰσαὰκ ἀνάστηθι πλῆσον ὕδωρ ἐπὶ τῆς λεκάνης καὶ φέρε |
| Abr.2 | 4 | 16 | τὴν μνήμην τοῦ θανάτου Ἀβραὰμ εἰς τὴν καρδίαν τοῦ * υἱοῦ * αὐτοῦ Ἰσαὰκ κατ᾽ ὄναρ. τότε Μιχαὴλ ἦλθεν εἰς τὸν |
| Abr.2 | 5 | 2 | ἔπιον καὶ εὐφράνθησαν. λέγει δὲ Ἀβραὰμ Ἰσαὰκ τῷ * υἱῷ * αὐτοῦ ἀνάστηθι στρῶσον τὴν κλίνην τοῦ ἀνθρώπου |
| Abr.2 | 5 | 3 | αὐτῷ ὁ πατὴρ αὐτοῦ καὶ ἀποκριθεὶς Ἀβραὰμ εἶπεν τῷ * υἱῷ * αὐτοῦ ἐποίησας καθὼς εἶπόν σοι; ἀπεκρίθη Ἰσαὰκ καὶ |
| Abr.2 | 6 | 3 | καὶ καταφιλῶν αὐτὸν ἔκλαυσεν δὲ Ἀβραὰμ σὺν τῷ * υἱῷ * αὐτοῦ εἶδεν δὲ αὐτοὺς Μιχαὴλ καὶ συνέκλαυσεν αὐτοῖς |
| Abr.2 | 7 | 3 | Ἀβραὰμ φράσον τί ἦλθες. εἶπεν δὲ αὐτῷ Μιχαὴλ ὁ * υἱός * σου Ἰσαὰκ δηλώσει σοι. λέγει Ἀβραὰμ Ἰσαὰκ τῷ υἱῷ |
| Abr.2 | 7 | 4 | σου Ἰσαὰκ δηλώσει σοι. λέγει Ἀβραὰμ Ἰσαὰκ τῷ * υἱῷ * αὐτοῦ υἱέ μου ἀγαπητὲ εἰπέ μοι τί οἶδας κατ᾽ ὄναρ. |
| Abr.2 | 7 | 4 | δηλώσει σοι. λέγει Ἀβραὰμ Ἰσαὰκ τῷ υἱῷ αὐτοῦ * υἱέ * μου ἀγαπητὲ εἰπέ μοι τί οἶδας κατ᾽ ὄναρ. ἀπεκρίθη |
| TRub. | 1 | 1 | ἀντίγραφον διαθήκης Ῥουβὴμ ὅσα ἐνετείλατο τοῖς * υἱοῖς * αὐτοῦ πρὶν ἢ ἀποθανεῖν αὐτὸν ἐν ἑκατοστῷ εἰκοστῷ |
| TRub. | 1 | 2 | ἀρρωστοῦντι συνήχθησαν ἐπισκέψασθαι αὐτόν οἱ * υἱοὶ * καὶ υἱοὶ τῶν υἱῶν αὐτοῦ. καὶ εἶπεν αὐτοῖς τεκνία |
| TRub. | 1 | 2 | συνήχθησαν ἐπισκέψασθαι αὐτόν οἱ υἱοὶ καὶ * υἱοὶ * τῶν υἱῶν αὐτοῦ. καὶ εἶπεν αὐτοῖς τεκνία μου ἐγὼ |
| TRub. | 1 | 2 | συνήχθησαν ἐπισκέψασθαι αὐτόν οἱ υἱοὶ καὶ υἱοὶ τῶν * υἱῶν * αὐτοῦ. καὶ εἶπεν αὐτοῖς τεκνία μου ἐγὼ ἀποθνήσκω |
| TRub. | 4 | 7 | αὐτὸν ποιεῖ καὶ γέλωτα παρὰ τῷ Βελιὰρ καὶ τοῖς * υἱοῖς * τῶν ἀνθρώπων. ἐπειδὴ γὰρ ἐφύλαξεν ἑαυτὸν Ἰωσὴφ |

| | | | | | |
|---|---|---|---|---|---|
| TRub. | 6 | 5 | ἐν τῇ ἐπιθυμίᾳ αὐτῆς. διὰ τοῦτο ζηλώσετε τοὺς | * υἱοὺς * | Λευὶ καὶ ζητήσετε ὑψωθῆναι ὑπὲρ αὐτοὺς ἀλλ᾽ οὐ |
| TRub. | 7 | 1 | αἰώνων. καὶ ἀπέθανε Ῥουβὴμ ἐντειλάμενος τοῖς | * υἱοῖς * | αὐτοῦ. καὶ ἔθεντο αὐτὸν ἐν σορῷ ἕως ὅτε |
| TSim. | 1 | 1 | φθόνου. ἀντίγραφον λόγων Συμεὼν ἃ ἐλάλησε τοῖς | * υἱοῖς * | αὐτοῦ πρὸ τοῦ θανεῖν αὐτὸν ἑκατοστῷ εἰκοστῷ ἔτει |
| TSim. | 2 | 2 | καρδίᾳ μου. ἐγὼ ἐγεννήθην ἐξ Ἰακὼβ τοῦ πατρός μου | * υἱὸς * | δεύτερος καὶ Λεία ἡ μήτηρ μου ἐκάλεσέ με Συμεῶνα |
| TSim. | 4 | 6 | ἠγάπησεν ἡμᾶς ὡς τὴν ψυχὴν αὐτοῦ καὶ ὑπὲρ τοὺς | * υἱοὺς * | αὐτοῦ ἐδόξασεν ἡμᾶς καὶ πλοῦτον καὶ κτήνη καὶ |
| TSim. | 5 | 4 | Βελιάρ. ἑώρακα γὰρ ἐν χαρακτῆρι γραφῆς Ἐνὼχ ὅτι | * υἱοὶ * | ὑμῶν μεθ᾽ ὑμῶν ἐν πορνείᾳ φθαρήσονται καὶ ἐν Λευὶ |
| TSim. | 8 | 1 | αὐτῶν. καὶ συνετέλεσε Συμεὼν ἐντελλόμενος τοῖς | * υἱοῖς * | αὐτοῦ καὶ ἐκοιμήθη μετὰ τῶν πατέρων αὐτοῦ ἑκατὸν |
| TSim. | 9 | 1 | ἕκαστος τὸν ἀδελφὸν αὐτοῦ. καὶ ἔκλαυσαν | * υἱοὶ * | Συμεὼν τὸν πατέρα αὐτῶν κατὰ τὸν νόμον τοῦ πένθους |
| TLevi | 1 | 1 | ἀντίγραφον λόγων Λευὶ ὅσα διέθετο τοῖς | * υἱοῖς * | αὐτοῦ πρὸ τῆς τελευτῆς αὐτοῦ κατὰ πάντα ἃ |
| TLevi | 2 | 3B015 | σε αὐτὸς καὶ μὴ ἀποστρέψῃς τὸ πρόσωπόν σου ἀπὸ τοῦ | * υἱοῦ * | παιδός σου Ἰακώβ. σὺ κύριε εὐλόγησας τὸν Ἀβραὰμ |
| TLevi | 2 | 3B018 | κρίσιν ἀληθινὴν εἰς πάντα τὸν αἰῶνα ἐμὲ καὶ τοὺς | * υἱούς * | μου εἰς πάσας τὰς γενεὰς τῶν αἰώνων καὶ μὴ |
| TLevi | 2 | 3B019 | πάσας τὰς γενεὰς τῶν αἰώνων καὶ μὴ ἀποστήσῃς τὸν | * υἱὸν * | τοῦ παιδός σου ἀπὸ τοῦ προσώπου σου πάσας τὰς |
| TLevi | 2 | 4 | ἔτι δεόμενος. καὶ ἐλυπούμην περὶ τοῦ γένους τῶν | * υἱῶν * | τῶν ἀνθρώπων καὶ ηὐξάμην κυρίῳ ὅπως σωθῶ. τότε |
| TLevi | 3 | 10 | προσώπου τῆς μεγαλωσύνης αὐτοῦ σαλεύονται οἱ δὲ | * υἱοὶ * | τῶν ἀνθρώπων ἐπὶ τούτοις ἀναισθητοῦντες ἁμαρτάνουσι |
| TLevi | 4 | 1 | οὖν γινώσκετε ὅτι ποιήσει κύριος κρίσιν ἐπὶ τοὺς | * υἱοὺς * | τῶν ἀνθρώπων ὅτι τῶν πετρῶν σχιζομένων καὶ τοῦ |
| TLevi | 4 | 2 | τοῦ διελεῖν σε ἀπὸ τῆς ἀδικίας καὶ γενέσθαι αὐτῷ | * υἱὸν * | καὶ θεράποντα καὶ λειτουργὸν τοῦ προσώπου αὐτοῦ. |
| TLevi | 4 | 4 | ἕως ἐπισκέψηται κύριος πάντα τὰ ἔθνη ἐν σπλάγχνοις | * υἱοῦ * | αὐτοῦ ἕως αἰῶνος. πλὴν οἱ υἱοί σου ἐπιβαλοῦσι |
| TLevi | 4 | 4 | ἔθνη ἐν σπλάγχνοις υἱοῦ αὐτοῦ ἕως αἰῶνος. πλὴν οἱ | * υἱοί * | σου ἐπιβαλοῦσι χεῖρας ἐπ᾽ αὐτὸν τοῦ ἀποσκολοπίσαι |
| TLevi | 4 | 5 | δέδοταί σοι βουλὴ καὶ σύνεσις τοῦ συνετίσαι τοὺς | * υἱούς * | σου περὶ αὐτοῦ ὅτι ὁ εὐλογῶν αὐτὸν εὐλογημένος |
| TLevi | 5 | 4 | ἀπέσταλκέ με. καὶ συνετέλεσα τῷ καιρῷ ἐκείνῳ τοὺς | * υἱοὺς * | Ἐμμὼρ καθὼς γέγραπται ἐν ταῖς πλαξὶ τῶν οὐρανῶν. |
| TLevi | 6 | 3 | πατρί μου καὶ Ῥουβὴμ τῷ ἀδελφῷ μου ἵνα εἴπῃ τοῖς | * υἱοῖς * | Ἐμμὼρ τοῦ περιτμηθῆναι αὐτοὺς ὅτι ἐζήλωσα διὰ τὸ |
| TLevi | 12 | 2 | καὶ ἔτεκεν αὐτῷ τὸν Λομνὶ καὶ τὸν Σεμεΐ. καὶ | * υἱοὶ * | Καὰθ Ἀμβρὰμ Ἰσαὰρ Χεβρὼν Ὀζιήλ. καὶ υἱοὶ Μεραρὶ |
| TLevi | 12 | 3 | καὶ υἱοὶ Καὰθ Ἀμβρὰμ Ἰσαὰρ Χεβρὼν Ὀζιήλ. καὶ | * υἱοὶ * | Μεραρὶ Μοολὶ καὶ Ὁμουσί. καὶ ἐνενηκοστῷ τετάρτῳ |
| TLevi | 18 | 2B049 | καὶ ἱερεῖς ἔσονται πᾶν τὸ σπέρμα σου καὶ τοῖς | * υἱοῖς * | σου οὕτως ἔντειλον ἵνα ποιήσουσιν κατὰ τὴν κρίσιν |
| TLevi | 18 | 2B050 | ὁ πατὴρ Ἀβραὰμ ποιεῖν καὶ ἐντέλλεσθαι τοῖς | * υἱοῖς * | μου. καὶ νῦν τέκνον χαίρω ὅτι ἐξελέχθης εἰς |
| TLevi | 18 | 2B062 | Ἀβραὰμ τοῦ πατρός μου Μελχὰ θυγατέρα Βαθουὴλ | * υἱοῦ * | Λαβὰν ἀδελφοῦ μητρός μου. καὶ ἐν γαστρὶ λαβοῦσα ἐξ |
| TLevi | 18 | 2B063 | μητρός μου. καὶ ἐν γαστρὶ λαβοῦσα ἐξ ἐμοῦ ἔτεκεν | * υἱὸν * | πρῶτον καὶ ἐκάλεσα τὸ ὄνομα αὐτοῦ Γηρσὰμ εἶπα γὰρ |
| TLevi | 18 | 2B069 | αὐτῇ καὶ ἐν γαστρὶ ἔλαβεν καὶ ἔτεκέν μοι | * υἱὸν * | τρίτον καὶ ἐκάλεσα τὸ ὄνομα αὐτοῦ Μεραρὶ ἐλυπήθην |
| TLevi | 18 | 8 | τῷ ὕδατι. αὐτὸς δώσει τὴν μεγαλωσύνην κυρίου τοῖς | * υἱοῖς * | αὐτοῦ ἐν ἀληθείᾳ εἰς τὸν αἰῶνα καὶ οὐκ ἔσται |
| TLevi | 19 | 4 | καὶ οὕτως ἐπαύσατο Λευὶ ἐντελλόμενος τοῖς | * υἱοῖς * | αὐτοῦ καὶ ἐξέτεινε τοὺς πόδας αὐτοῦ καὶ προσετέθη |
| TJud. | 1 | 1 | πορνειας. ἀντίγραφον λόγων Ἰουδὰ ὅσα ἐλάλησε τοῖς | * υἱοῖς * | αὐτοῦ πρὸ τοῦ ἀποθανεῖν αὐτόν. συναχθέντες ἦλθον |
| TJud. | 1 | 3 | ἦλθον πρὸς αὐτὸν καὶ εἶπεν αὐτοῖς τέταρτος | * υἱὸς * | ἐγενόμην τῷ πατρί μου καὶ ἡ μήτηρ μου ὠνόμασέ με |
| TJud. | 1 | 3 | ἀνθομολογοῦμαι τῷ κυρίῳ ὅτι ἔδωκέ μοι καὶ τέταρτον | * υἱόν. * | ὀξὺς ἤμην καὶ σπουδαῖος ἐν νεότητί μου καὶ |
| TJud. | 5 | 6 | τῇ αἰχμαλωσίᾳ ἡμῶν καὶ παραδόντες αὐτὴν τοῖς | * υἱοῖς * | ἡμῶν συνήψαμεν πρὸς αὐτοὺς ἕως Θαφφοὺ κἀκείνους |
| TJud. | 9 | 1 | ἡμῶν καὶ ἡμεῖς μετὰ τοῦ ἀδελφοῦ αὐτοῦ Ἠσαὺ καὶ οἱ | * υἱοὶ * | αὐτοῦ μεθ᾽ ἡμῶν μετὰ τὸ ἐλθεῖν ἡμᾶς ἐκ Μεσοποταμίας |
| TJud. | 9 | 4 | Ειρραμνα ἀπέθανεν. ἡμεῖς δὲ ἐδιώξαμεν ἐπὶ τοὺς | * υἱοὺς * | Ἠσαύ. ἦν δὲ τούτοις πόλις καὶ τεῖχος σιδηροῦν καὶ |
| TJud. | 10 | 1 | ἕως ὅτε κατήλθομεν εἰς Αἴγυπτον. μετὰ ταῦτα Ἤρ ὁ | * υἱός * | μου ἄγεται τὴν Θαμὰρ ἐκ Μεσοποταμίας θυγατέρα |
| TJud. | 11 | 5 | ἐν ὀδύνῃ ψυχῆς μου καίγε αὕτη ἀπέθανεν ἐν πονηρίᾳ | * υἱῶν * | αὐτῆς. μετὰ δὲ τοὺς λόγους τούτους χηρευούσης τῆς |
| TJud. | 13 | 3 | τὴν Χαναναίαν καὶ εἰς Θαμὰρ τὴν νυμφευθεῖσαν τοῖς | * υἱοῖς * | μου. καὶ ἔλεγον τῷ πενθερῷ μου συμβουλεύσομαι τῷ |
| TJud. | 14 | 5 | ἁμαρτίαν μεγάλην καὶ ἀνεκάλυψα κάλυμμα ἀκαθαρσίας | * υἱῶν * | μου. πιὼν οἶνον οὐκ αἰσχύνθην ἐντολὴν θεοῦ καὶ |
| TJud. | 17 | 3 | γένος μου ἐν πονηρίᾳ ὅτι καίγε σοφοὺς ἄνδρας τῶν | * υἱῶν * | μου ἀλλοιώσουσι καὶ βασιλείαν Ἰουδὰ σμικρυνθῆναι |
| TJud. | 21 | 5 | καὶ ἐσθίειν τράπεζαν αὐτοῦ καὶ ἀπαρχὰς ἐντρυφήματα | * υἱῶν * | Ἰσραήλ. σὺ δὲ ἔσῃ βασιλεὺς ἐν Ἰακὼβ καὶ ἔσῃ |
| TJud. | 21 | 7 | καταπίνοντες ἀνθρώπους ὡς ἰχθύας θυγατέρας καὶ | * υἱοὺς * | ἐλευθέρους καταδουλώσουσιν οἴκους ἀγροὺς ποίμνια |
| TJud. | 24 | 1 | μου ὡς ὁ ἥλιος τῆς δικαιοσύνης συμπορευόμενος τοῖς | * υἱοῖς * | τῶν ἀνθρώπων ἐν πραότητι καὶ δικαιοσύνῃ καὶ πᾶσα |
| TJud. | 24 | 3 | ἐκχεεῖ πνεῦμα χάριτος ἐφ᾽ ὑμᾶς καὶ ἔσεσθε αὐτῷ εἰς | * υἱοὺς * | ἐν ἀληθείᾳ καὶ πορεύσεσθε ἐν προστάγμασιν αὐτοῦ |
| TJud. | 26 | 4 | καὶ ταῦτα εἰπὼν ἐκοιμήθη Ἰούδας καὶ ἐποίησαν οἱ | * υἱοὶ * | αὐτοῦ κατὰ πάντα ὅσα ἐνετείλατο αὐτοῖς καὶ ἔθαψαν |
| TIss. | 1 | 1 | απλοτητος. ἀντίγραφον λόγων Ἰσαχάρ. καλέσας τοὺς | * υἱοὺς * | αὐτοῦ εἶπεν αὐτοῖς ἀκούσατε τέκνα Ἰσαχὰρ τοῦ |
| TIss. | 1 | 2 | ῥήματα ἠγαπημένοι ὑπὸ κυρίου. ἐγὼ ἐτέχθην πέμπτος | * υἱὸς * | τῷ Ἰακὼβ ἐν μισθῷ τῶν μανδραγόρων. Ῥουβὴμ γὰρ |
| TIss. | 1 | 8 | Ἰακὼβ τὴν νύκτα ταύτην ἀντὶ τῶν μανδραγόρων τοῦ | * υἱοῦ * | σου. εἶπε δὲ Λεία πρὸς αὐτὴν μὴ καυχῶ καὶ μὴ |
| TIss. | 2 | 2 | ἡ μήτηρ μου ἀντὶ συνουσίας ἀπέδω τὰ δύο μῆλα ὀκτὼ | * υἱοὺς * | εἶχε τεκεῖν διὰ τοῦτο ἓξ ἔτεκε τοὺς δὲ δύο Ῥαχήλ |
| TIss. | 5 | 7 | καὶ ὁ Λευὶ καὶ ὁ Ἰουδὰς ἐδοξάσθη παρὰ κυρίου ἐν | * υἱοῖς * | Ἰακὼβ καὶ γὰρ κύριος ἐκλήρωσεν ἐν αὐτοῖς καὶ τῷ |
| TIss. | 6 | 1 | τέκνα μου ὅτι ἐν ἐσχάτοις καιροῖς καταλείψουσιν οἱ | * υἱοὶ * | ὑμῶν τὴν ἁπλότητα καὶ κολληθήσονται τῇ ἀπληστίᾳ καὶ |
| TZab. | 1 | 2 | τοῦ θανάτου Ἰωσήφ. καὶ εἶπεν αὐτοῖς ἀκούσατέ μου | * υἱοὶ * | Ζαβουλὼν προσέχετε ῥήμασι πατρὸς ὑμῶν. ἐγώ εἰμι |
| TZab. | 4 | 9 | χιτῶνα Ἰωσὴφ καὶ ἐροῦμεν ἐπίγνωθι εἰ χιτὼν τοῦ | * υἱοῦ * | σού ἐστιν οὗτος καὶ ἐποίησαν οὕτως. τὸν γὰρ χιτῶνα |
| TZab. | 5 | 4 | αὐτοῦ οὕτως καὶ ὁ κύριος ποιήσει αὐτῷ. καὶ γάρ οἱ | * υἱοὶ * | τῶν ἀδελφῶν μου ἠσθένουν ἀπέθνῃσκον διὰ Ἰωσὴφ ὅτι |
| TZab. | 5 | 4 | οὐκ ἐποίησαν ἔλεος ἐν σπλάγχνοις αὐτῶν οἱ δὲ ἐμοὶ | * υἱοὶ * | ἄνοσοι διεφυλάχθησαν ὡς οἴδατε. καὶ ὅτε ἤμην ἐν γῇ |
| TZab. | 9 | 7 | ἐστὶ καὶ εὔσπλαγχνος μὴ λογιζόμενος κακίαν τοῖς | * υἱοῖς * | τῶν ἀνθρώπων διότι σάρξ εἰσι καὶ τὰ πνεύματα τῆς |
| TZab. | 9 | 8 | πτέρυξιν αὐτοῦ. αὐτὸς λυτρώσεται πᾶσαν αἰχμαλωσίαν | * υἱῶν * | ἀνθρώπων ἐκ τοῦ Βελιὰρ καὶ πᾶν πνεῦμα πλάνης |
| TZab. | 10 | 2 | γὰρ πάλιν ἐν μέσῳ ὑμῶν ὡς ἡγούμενος ἐν μέσῳ | * υἱῶν * | αὐτοῦ καὶ εὐφρανθήσομαι ἐν μέσῳ τῆς φυλῆς μου ὅσοι |
| TZab. | 10 | 6 | ταῦτα εἰπὼν ἐκοιμήθη ὕπνῳ καλῷ καὶ ἔθηκαν αὐτόν οἱ | * υἱοὶ * | αὐτοῦ ἐν θήκῃ ὕστερον δὲ ἀναγαγόντες αὐτὸν εἰς |
| TDan | 1 | 1 | καὶ ψευδους. ἀντίγραφον λόγων Δὰν ὧν εἶπε τοῖς | * υἱοῖς * | αὐτοῦ ἐπ᾽ ἐσχάτων τῶν ἡμερῶν αὐτοῦ ἑκατοστῷ |
| TDan | 1 | 2 | αὐτοῦ. καλέσας τὴν πατριὰν αὐτοῦ εἶπεν ἀκούσατε | * υἱοὶ * | Δὰν λόγων μου προσέχετε ῥήμασι στόματος τοῦ πατρὸς |
| TDan | 1 | 6 | τοῦ ζήλου καὶ τῆς ἀλαζονείας ἔλεγέ μοι καίγε σὺ | * υἱὸς * | αὐτοῦ. καὶ ἓν τῶν πνευμάτων τοῦ Βελιὰρ συνήργει μοι |
| TDan | 5 | 6 | τῷ Λευὶ ὑπακούσονται τοῦ παρεδρεύειν τοῖς | * υἱοῖς * | Λευὶ τοῦ ποιεῖν αὐτοὺς ἐξαμαρτάνειν ἐνώπιον |
| TDan | 5 | 7 | τοῦ ποιεῖν αὐτοὺς ἐξαμαρτάνειν ἐνώπιον κυρίου. καὶ | * υἱοὶ * | μου ἐγγίζοντές εἰσι τῷ Λευὶ καὶ συνεξαμαρτάνοντες |
| TDan | 5 | 7 | τῷ Λευὶ καὶ συνεξαμαρτάνοντες αὐτοῖς ἐν πᾶσιν καὶ | * υἱοὶ * | Ἰουδὰ ἔσονται ἐν πλεονεξίᾳ ἁρπάζοντες τὰ ἀλλότρια |
| TDan | 7 | 2 | καὶ ὕπνωσεν ὕπνον αἰώνιον. καὶ ἔθαψαν αὐτόν οἱ | * υἱοὶ * | αὐτοῦ. καὶ μετὰ ταῦτα ἀνήνεγκαν τὰ ὀστᾶ αὐτοῦ |
| TNep. | 1 | 2 | τριακοστῷ δευτέρῳ τῆς ζωῆς αὐτοῦ. συνελθόντων τῶν | * υἱῶν * | αὐτοῦ ἐν ἑβδόμῳ μηνὶ τετάρτῃ τοῦ μηνὸς ὑγιαίνοντος |
| TNep. | 1 | 5 | τὸ χθὲς ἀποθανεῖται. ἤρξατο οὖν λέγειν τοῖς | * υἱοῖς * | αὐτοῦ ἀκούσατε τέκνα μου υἱοὶ Νεφθαλὶμ ἀκούσατε |
| TNep. | 1 | 5 | οὖν λέγειν τοῖς υἱοῖς αὐτοῦ ἀκούσατε τέκνα μου | * υἱοὶ * | Νεφθαλὶμ ἀκούσατε λόγους πατρὸς ὑμῶν. ἐγὼ ἐγεννήθην |
| TNep. | 6 | 1 | ἑστηκότα ἐν τῇ θαλάσσῃ Ἰαμνείας καὶ ἡμεῖς οἱ | * υἱοὶ * | αὐτοῦ σὺν αὐτῷ. καὶ ἰδοὺ πλοῖον ἤρχετο ἁρμενίζον |
| TNep. | 9 | 3 | τὸ πρόσωπον αὐτοῦ καὶ ἀπέθανεν. καὶ ἐποίησαν οἱ | * υἱοὶ * | αὐτοῦ κατὰ πάντα ὅσα ἐνετείλατο αὐτοῖς Νεφθαλὶμ ὁ |
| TGad | 1 | 1 | ἀντίγραφον διαθήκης Γὰδ ἃ ἐλάλησεν αὐτὸς τοῖς | * υἱοῖς * | αὐτοῦ ἐν ἔτει ἑκατοστῷ εἰκοστῷ ἑβδόμῳ ζωῆς αὐτοῦ |
| TGad | 1 | 2 | ἑκατοστῷ εἰκοστῷ ἑβδόμῳ ζωῆς αὐτοῦ λέγων ἔνατος | * υἱὸς * | ἐγενόμην τῷ Ἰακὼβ καὶ ἤμην ἀνδρεῖος ἐπὶ τῶν |
| TGad | 1 | 6 | ἠγάπα αὐτόν. καὶ εἶπεν Ἰωσὴφ τῷ πατρὶ ἡμῶν ὅτι | * υἱοὶ * | Ζέλφας καὶ Βάλλας θύουσι τὰ καλὰ καὶ κατεσθίουσιν |
| TAser | 1 | 1 | αρετης. ἀντίγραφον διαθήκης Ἀσὴρ ἃ ἐλάλησε τοῖς | * υἱοῖς * | αὐτοῦ ἑκατοστῷ εἰκοστῷ ἕκτῳ ἔτει ζωῆς αὐτοῦ. ἔτι |
| TAser | 1 | 3 | θεοῦ ὑποδείξω ὑμῖν. δύο ὁδοὺς ἔδωκεν ὁ θεὸς τοῖς | * υἱοῖς * | τῶν ἀνθρώπων καὶ δύο διαβούλια καὶ δύο πράξεις καὶ |
| TAser | 8 | 2 | ὕπνῳ καλῷ κοιμηθείς. καὶ μετὰ ταῦτα ἐποίησαν οἱ | * υἱοὶ * | αὐτοῦ ὡς ἐνετείλατο αὐτοῖς καὶ ἀναγαγόντες αὐτὸν |
| TJos. | 1 | 1 | ἐν τῷ μέλλειν αὐτὸν ἀποθνῄσκειν καλέσας τοὺς | * υἱοὺς * | αὐτοῦ καὶ τοὺς ἀδελφοὺς αὐτοῦ εἶπεν αὐτοῖς τέκνα |
| TJos. | 1 | 2 | Ἰωσὴφ τοῦ ἠγαπημένου ὑπὸ Ἰσραὴλ ἐνωτίσασθε | * υἱοὶ * | τοῦ πατρὸς ὑμῶν. ἐγὼ εἶδον ἐν τῇ ζωῇ μου τὸν φθόνον |
| TJos. | 2 | 5 | οὐ γὰρ ὡς ἄνθρωπος ἐπαισχύνεται ὁ θεὸς οὐδὲ ὡς | * υἱὸς * | ἀνθρώπου δειλιᾷ οὐδὲ ὡς γηγενὴς ἀσθενεῖ ἢ ἀπωθεῖται |
| TJos. | 3 | 7 | ἀρρενικὸν οὐκ ἦν αὐτῇ προσεποιεῖτο ἔχειν με ὡς | * υἱὸν * | καὶ ηὐξάμην πρὸς κύριον καὶ ἔτεκεν ἄρρεν. ἕως οὖν |
| TJos. | 3 | 8 | πρὸς κύριον καὶ ἔτεκεν ἄρρεν. ἕως οὖν χρόνου ὡς | * υἱόν * | με περιεπτύσσετο κἀγὼ ἠγνόουν ἔσχατον εἰς πορνείαν |
| TJos. | 5 | 4 | θάλπουσά με δώροις καὶ πέμπουσα πᾶσαν ἀπόλαυσιν | * υἱῶν * | ἀνθρώπων. καὶ ἀποστέλλει μοι βρῶμα ἐν γοητείᾳ |
| TJos. | 10 | 6 | μὴ εἰπεῖν τοῖς Ἰσμαηλίταις τὸ γένος μου ὅτι | * υἱός * | εἰμι Ἰακὼβ ἀνδρὸς μεγάλου καὶ δυνατοῦ. καὶ ὑμεῖς |
| TJos. | 15 | 2 | εἶπας σεαυτὸν δοῦλον εἶναι; καὶ ἰδοὺ ἔγνωμεν ὅτι | * υἱὸς * | εἶ ἀνδρὸς μεγάλου ἐν γῇ Χανάαν καὶ πενθεῖ ὁ πατήρ |
| TJos. | 17 | 7 | καίγε πᾶν ὃ ἦν ἐν χειρί μου αὐτοῖς ἔδωκα. οἱ | * υἱοὶ * | αὐτῶν υἱοί μου καὶ οἱ υἱοί μου ὡς δοῦλοι αὐτῶν ἡ |
| TJos. | 17 | 7 | πᾶν ὃ ἦν ἐν χειρί μου αὐτοῖς ἔδωκα. οἱ υἱοὶ αὐτῶν | * υἱοί * | μου καὶ οἱ υἱοί μου ὡς δοῦλοι αὐτῶν ἡ ψυχὴ αὐτῶν |
| TJos. | 17 | 7 | μου αὐτοῖς ἔδωκα. οἱ υἱοὶ αὐτῶν υἱοί μου καὶ οἱ | * υἱοί * | μου ὡς δοῦλοι αὐτῶν ἡ ψυχὴ αὐτῶν ψυχή μου καὶ πᾶν |
| TBen. | 1 | 1 | καθαρας. ἀντίγραφον λόγων Βενιαμὶν ὧν διέθετο τοῖς | * υἱοῖς * | αὐτοῦ ζήσας ἔτη ἑκατὸν εἰκοσιπέντε. καὶ φιλήσας |
| TBen. | 1 | 5 | γὰρ ὁ πατὴρ ἡμῶν ἠγάπα τὴν Ῥαχὴλ καὶ ηὔχετο δύο | * υἱοὺς * | ἰδεῖν ἀπ᾽ αὐτῆς. διὰ τοῦτο ἐκλήθην υἱὸς ἡμερῶν ὅ |
| TBen. | 1 | 6 | δύο υἱοὺς ἰδεῖν ἀπ᾽ αὐτῆς. διὰ τοῦτο ἐκλήθην | * υἱὸς * | ἡμερῶν ὅ ἐστι Βενιαμίν. ὅτε οὖν εἰσῆλθον εἰς |
| TBen. | 2 | 2 | αἵματι καὶ πέμψαντες εἶπον ἐπίγνωθι εἰ ὁ χιτὼν τοῦ | * υἱοῦ * | σου οὗτος. καὶ λέγει μοι ναὶ ἀδελφὲ καὶ γὰρ ὅτε |
| TBen. | 3 | 6 | τοῦ πατρὸς ἡμῶν Ἰωσὴφ ἵνα προσεύξηται περὶ τῶν | * υἱῶν * | ἵνα μὴ λογίσηται αὐτοῖς ὁ κύριος εἴ τι ἐνεθυμήθησαν |
| TBen. | 12 | 3 | καὶ ἐνενηκοστῷ πρώτῳ ἔτει τῆς εἰσόδου τῶν | * υἱῶν * | Ἰσραὴλ εἰς Αἴγυπτον αὐτοί καὶ οἱ ἀδελφοὶ αὐτῶν |
| Asen. | 1 | 6 | τῆς οἰκουμένης. καὶ ἐμνηστεύοντο αὐτὴν πάντες οἱ | * υἱοὶ * | τῶν μεγιστάνων καὶ υἱοὶ τῶν σατραπῶν καὶ υἱοὶ |
| Asen. | 1 | 6 | αὐτὴν πάντες οἱ υἱοὶ τῶν μεγιστάνων καὶ | * υἱοὶ * | τῶν σατραπῶν καὶ υἱοὶ πάντων τῶν βασιλέων καὶ |
| Asen. | 1 | 6 | οἱ υἱοὶ τῶν μεγιστάνων καὶ υἱοὶ τῶν σατραπῶν καὶ | * υἱοὶ * | πάντων τῶν βασιλέων καὶ νεανίσκοι πάντες καὶ |
| Asen. | 1 | 7 | πρὸς ἀλλήλους δι᾽ αὐτήν. καὶ ἤκουσε περὶ αὐτῆς ὁ | * υἱὸς * | Φαραὼ ὁ πρωτότοκος καὶ ἐξελιπάρει τὸν πατέρα αὐτοῦ |
| Asen. | 1 | 7 | δοῦναι αὐτὴν αὐτῷ εἰς γυναῖκα. καὶ εἶπε τῷ Φαραὼ ὁ | * υἱὸς * | αὐτοῦ ὁ πρωτότοκος δός μοι πάτερ τὴν Ἀσενὲθ τὴν |
| Asen. | 4 | 10 | καὶ φυγάδι καὶ πεπραμένῳ; οὐχ οὗτός ἐστιν ὁ | * υἱὸς * | τοῦ ποιμένος ἐκ γῆς Χαναὰν καὶ αὐτὸς κατελήφθη ἐπ᾽ |
| Asen. | 4 | 11 | τῶν Αἰγυπτίων; οὐχὶ ἀλλὰ γαμηθήσομαι τῷ | * υἱῷ * | τοῦ βασιλέως τῷ πρωτοτόκῳ ὅτι αὐτός ἐστι βασιλεὺς |
| Asen. | 6 | 2 | οὐχὶ λελάληκα λέγουσα ὅτι Ἰωσὴφ ἔρχεται ὁ | * υἱὸς * | τοῦ ποιμένος ἐκ γῆς Χαναάν; καὶ νῦν ἰδοὺ ὁ ἥλιος ἐκ |

| | | | | | |
|---|---|---|---|---|---|
| Asen. | 6 | 3 | ῥήματα πονηρὰ περὶ αὐτοῦ καὶ οὐκ ᾔδειν ὅτι Ἰωσὴφ | * υἱὸς * | τοῦ θεοῦ ἐστιν. τίς γὰρ ἀνθρώπων ἐπὶ γῆς γεννήσει |
| Asen. | 6 | 5 | ἀπὸ προσώπου αὐτοῦ ὅπως μὴ ὄψηταί με Ἰωσὴφ ὁ | * υἱὸς * | τοῦ θεοῦ διότι λελάληκα πονηρὰ περὶ αὐτοῦ; καὶ ποῦ |
| Asen. | 7 | 5 | ἐντολῶν τοῦ πατρὸς αὐτοῦ. διότι ἔλεγεν Ἰακὼβ τῷ | * υἱῷ * | αὐτοῦ Ἰωσὴφ καὶ πᾶσι τοῖς υἱοῖς αὐτοῦ φυλάξασθε |
| Asen. | 7 | 5 | ἔλεγεν Ἰακὼβ τῷ υἱῷ αὐτοῦ Ἰωσὴφ καὶ πᾶσι τοῖς | * υἱοῖς * | αὐτοῦ φυλάξασθε τέκνα μου ἰσχυρῶς ἀπὸ γυναικὸς |
| Asen. | 13 | 13 | κύριόν μου Ἰωσὴφ διότι οὐκ ᾔδειν ἐγὼ ἡ ἀθλία ὅτι | * υἱὸς * | σοῦ ἐστιν ἐπειδὴ εἶπόν μοι οἱ ἄνθρωποι ὅτι Ἰωσὴφ |
| Asen. | 13 | 13 | σοῦ ἐστιν ἐπειδὴ εἶπόν μοι οἱ ἄνθρωποι ὅτι Ἰωσὴφ | * υἱὸς * | τοῦ ποιμένος ἐστὶν ἐκ γῆς Χαναάν. κἀγὼ ἡ ἀθλία |
| Asen. | 13 | 13 | καὶ λελάληκα περὶ αὐτοῦ πονηρὰ καὶ οὐκ ᾔδειν ὅτι | * υἱὸς * | σοῦ ἐστιν. τίς γὰρ ἀνθρώπων τέξεται τοιοῦτον κάλλος |
| Asen. | 16 | 14 | καὶ πάντες οἱ ἐκλεκτοὶ τοῦ θεοῦ καὶ πάντες οἱ | * υἱοὶ * | τοῦ ὑψίστου ὅτι κηρίον ζωῆς ἐστι τοῦτο καὶ πᾶς ὃς |
| Asen. | 18 | 9 | τοῦ ὑψίστου καὶ ἐν ταῖς ⟨παρειαῖς⟩ ἐρυθρὸς ὡς αἷμα | * υἱοῦ * | ἀνθρώπου καὶ τὰ χείλη αὐτῆς ὡς ῥόδον ζωῆς |
| Asen. | 18 | 11 | ὁ θεὸς τοῦ οὐρανοῦ ἐξελέξατό σε εἰς νύμφην τῷ | * υἱῷ * | αὐτοῦ τῷ πρωτοτόκῳ Ἰωσήφ; καὶ ἔτι λαλούντων αὐτῶν |
| Asen. | 19 | 8 | καὶ⟩ τὰ τείχη σου ἀδαμάντινα ⟨τείχη ζωῆς⟩ διότι οἱ | * υἱοὶ * | τοῦ ζῶντος θεοῦ ἐνοικήσουσιν ἐν τῇ πόλει τῆς |
| Asen. | 21 | 4 | σε εἰς νύμφην τῷ Ἰωσὴφ ὅτι αὐτός ἐστιν ὁ | * υἱὸς * | τοῦ θεοῦ ὁ πρωτότοκος καὶ σὺ θυγάτηρ ὑψίστου |
| Asen. | 21 | 20 | σου πολλὰ ἥμαρτον ἀλλ᾿ ἐγὼ ἔσομαι νύμφη τοῦ | * υἱοῦ * | τοῦ μεγάλου βασιλέως τοῦ πρωτοτόκου.⟩ ⟨ἥμαρτον |
| Asen. | 22 | 2 | ἔτη τοῦ λιμοῦ. καὶ ἤκουσεν Ἰακὼβ περὶ Ἰωσὴφ τοῦ | * υἱοῦ * | αὐτοῦ καὶ ἦλθεν Ἰσραὴλ εἰς Αἴγυπτον σὺν πάσῃ τῇ |
| Asen. | 22 | 11 | αὐτοὺς Συμεὼν καὶ Λευὶς οἱ ἀδελφοὶ Ἰωσὴφ οἱ | * υἱοὶ * | Λίας μόνον οἱ δὲ υἱοὶ Ζέλφας καὶ Βάλλας τῶν |
| Asen. | 22 | 11 | Λευὶς οἱ ἀδελφοὶ Ἰωσὴφ οἱ υἱοὶ Λίας μόνον οἱ δὲ | * υἱοὶ * | Ζέλφας καὶ Βάλλας τῶν παιδισκῶν Λίας καὶ Ῥαχὴλ οὐ |
| Asen. | 23 | 1 | καὶ τὴν Ἀσενὲθ εἶδεν αὐτοὺς ἀπὸ τοῦ τείχους ὁ | * υἱὸς * | Φαραὼ ὁ πρωτότοκος. καὶ εἶδεν τὴν Ἀσενὲθ καὶ |
| Asen. | 23 | 2 | εἶπεν οὐχὶ οὕτως ἔσται. καὶ ἀπέστειλεν ἀγγέλους ὁ | * υἱὸς * | Φαραὼ καὶ ἐκάλεσε πρὸς ἑαυτὸν Συμεὼν καὶ Λευί. καὶ |
| Asen. | 23 | 2 | καὶ ἔστησαν ἐνώπιον αὐτοῦ. καὶ εἶπεν αὐτοῖς ὁ | * υἱὸς * | Φαραὼ ὁ πρωτότοκος γινώσκω ἐγὼ σήμερον ὅτι ὑμεῖς |
| Asen. | 23 | 6 | διότι σχήματι τυραννικῷ ἐλάλησε πρὸς αὐτοὺς ὁ | * υἱὸς * | Φαραώ. καὶ ἦν Συμεὼν ἀνὴρ θρασὺς καὶ τολμηρὸς καὶ |
| Asen. | 23 | 7 | ἑλκύσαι αὐτὴν ἐκ τοῦ κολεοῦ αὐτῆς καὶ πατάξαι τὸν | * υἱὸν * | Φαραὼ διότι σκληρὰ ἐλάλησεν αὐτοῖς. καὶ εἶδε Λευὶς |
| Asen. | 23 | 10 | ἡμῖν ἀποδοῦναι κακὸν ἀντὶ κακοῦ. καὶ εἶπε Λευὶς τῷ | * υἱῷ * | Φαραὼ μετὰ παρρησίας ἱλαρῷ προσώπῳ ⟨καὶ ὀργὴ οὐκ ἦν |
| Asen. | 23 | 10 | τοῦ ὑψίστου καὶ Ἰωσὴφ ὁ ἀδελφὸς ἡμῶν ἐστιν ὡς | * υἱὸς * | τοῦ θεοῦ πρωτότοκος. καὶ πῶς ποιήσωμεν ἡμεῖς τὸ |
| Asen. | 23 | 14 | ὁ θεὸς τὴν ὕβριν τῶν Σικημιτῶν ἣν ὕβρισαν τοὺς | * υἱοὺς * | Ἰσραὴλ διὰ τὴν ἀδελφὴν ἡμῶν Δίναν ἣν ἐμίανε Συχὲμ |
| Asen. | 23 | 14 | διὰ τὴν ἀδελφὴν ἡμῶν Δίναν ἣν ἐμίανε Συχὲμ ὁ | * υἱὸς * | Ἐμμώρ. καὶ εἶδεν ὁ υἱὸς Φαραὼ τὰς ῥομφαίας αὐτῶν |
| Asen. | 23 | 15 | Δίναν ἣν ἐμίανε Συχὲμ ὁ υἱὸς Ἐμμώρ. καὶ εἶδεν ὁ | * υἱὸς * | Φαραὼ τὰς ῥομφαίας αὐτῶν ἐσπασμένας καὶ ἐφοβήθη |
| Asen. | 23 | 15 | ὡς φλόγα πυρὸς καὶ ἠμαυρώθησαν οἱ ὀφθαλμοὶ τοῦ | * υἱοῦ * | Φαραὼ καὶ ἔπεσεν ἐπὶ πρόσωπον αὐτοῦ ἐπὶ τὴν γῆν |
| Asen. | 23 | 17 | Ἰωσὴφ ῥῆμα πονηρόν. καὶ ἐξῆλθον ἀπὸ προσώπου τοῦ | * υἱοῦ * | Φαραὼ Συμεὼν καὶ Λευίς. καὶ ἦν ὁ υἱὸς Φαραὼ πλήρης |
| Asen. | 24 | 1 | προσώπου τοῦ υἱοῦ Φαραὼ Συμεὼν καὶ Λευίς. καὶ ἦν ὁ | * υἱὸς * | Φαραὼ πλήρης φόβου καὶ λύπης διότι ἐφοβεῖτο τοὺς |
| Asen. | 24 | 2 | αὐτῷ οἱ παῖδες αὐτοῦ εἰς τὸ οὖς λέγοντες ἰδού οἱ | * υἱοὶ * | Βάλλας καὶ οἱ υἱοὶ Ζέλφας παιδισκῶν Λίας καὶ Ῥαχὴλ |
| Asen. | 24 | 2 | εἰς τὸ οὖς λέγοντες ἰδού οἱ υἱοὶ Βάλλας καὶ οἱ | * υἱοὶ * | Ζέλφας παιδισκῶν Λίας καὶ Ῥαχὴλ γυναικῶν Ἰακὼβ |
| Asen. | 24 | 3 | ὑποχείριοι κατὰ τὸ θέλημά σου. καὶ ἀπέστειλεν ὁ | * υἱὸς * | Φαραὼ ἀγγέλους καὶ ἐκάλεσεν αὐτοὺς πρὸς ἑαυτόν. καὶ |
| Asen. | 24 | 3 | καὶ ἔστησαν ἐνώπιον αὐτοῦ. καὶ εἶπεν αὐτοῖς ὁ | * υἱὸς * | Φαραὼ ῥῆμά μοί ἐστι πρὸς ὑμᾶς διότι ὑμεῖς ἐστέ |
| Asen. | 24 | 5 | σου καὶ ποιήσομεν κατὰ τὸ θέλημά σου. καὶ ἐχάρη ὁ | * υἱὸς * | Φαραὼ χαρὰν μεγάλην σφόδρα καὶ εἶπε τοῖς παισὶν |
| Asen. | 24 | 7 | καὶ ἀπέστησαν πάντες. καὶ ἐψεύσατο αὐτοῖς ὁ | * υἱὸς * | Φαραὼ καὶ εἶπεν ἰδοὺ εὐλογία καὶ θάνατος πρὸ |
| Asen. | 24 | 11 | βοηθός. καὶ ὡς ἤκουσαν οἱ ἄνδρες τῶν ῥημάτων τοῦ | * υἱοῦ * | Φαραὼ ἐταράχθησαν σφόδρα καὶ ἐλυπήθησαν καὶ εἶπον |
| Asen. | 24 | 11 | σφόδρα καὶ ἐλυπήθησαν καὶ εἶπον πρὸς τὸν | * υἱὸν * | Φαραὼ δεόμεθά σου κύριε βοήθησον ἡμῖν. καὶ εἶπεν |
| Asen. | 24 | 12 | σου κύριε βοήθησον ἡμῖν. καὶ εἶπεν αὐτοῖς ὁ | * υἱὸς * | Φαραὼ ἐγὼ ἔσομαι ὑμῖν βοηθὸς ἐὰν ἀκούσητε τῶν |
| Asen. | 24 | 14 | ποιήσομεν κατὰ τὸ θέλημά σου. καὶ εἶπεν αὐτοῖς ὁ | * υἱὸς * | Φαραὼ ἐγὼ ἀποκτενῶ τὸν πατέρα μου Φαραὼ τῇ νυκτὶ |
| Asen. | 24 | 18 | ἡμῖν ἄνδρας ⟨δυνατοὺς εἰς πόλεμον⟩. καὶ ἔδωκεν ὁ | * υἱὸς * | Φαραὼ τοῖς τέσσαρσιν ἀδελφοῖς ἀνὰ πεντακοσίους |
| Asen. | 24 | 19 | κατέναντι τῶν ὀφθαλμῶν αὐτοῦ. καὶ ἐχάρη ὁ | * υἱὸς * | Φαραὼ ὡς ἤκουσε τὰ ῥήματα ταῦτα. καὶ ἐξαπέστειλεν |
| Asen. | 25 | 1 | αὐτῶν ἡ ὁδὸς πλατεῖα καὶ εὐρύχωρος. καὶ ἀνέστη ὁ | * υἱὸς * | Φαραὼ ἐν τῇ νυκτὶ ταύτῃ καὶ ἦλθεν ἐπὶ τὸν θάλαμον |
| Asen. | 25 | 2 | αὐτῷ τί προστάσσεις κύριε; καὶ εἶπεν αὐτοῖς ὁ | * υἱὸς * | Φαραὼ ὄψεσθαι βούλομαι τὸν πατέρα μου διότι |
| Asen. | 25 | 3 | μικρόν. καὶ εἶπεν ἡμῖν μηδεὶς ἐγγισάτω μου μηδὲ ὁ | * υἱός * | μου ὁ πρωτότοκος. καὶ ὡς ἤκουσε ταῦτα ἀπῆλθε |
| Asen. | 25 | 4 | ὁ πρωτότοκος. καὶ ὡς ἤκουσε ταῦτα ἀπῆλθε σπεύδων ὁ | * υἱὸς * | Φαραὼ καὶ ἔλαβε μετ᾿ αὐτοῦ πεντήκοντα ἄνδρας ἱππεῖς |
| Asen. | 26 | 6 | τοῦ ὀχήματος αὐτῆς ἔμπροσθεν. καὶ ἔγνω Λευὶς ὁ | * υἱὸς * | Λίας ταῦτα πάντα τῷ πνεύματι ὡς προφήτης καὶ |
| Asen. | 26 | 6 | ὡς προφήτης καὶ ἀνήγγειλε τοῖς ἀδελφοῖς αὐτοῦ τοῖς | * υἱοῖς * | Λίας τὸν κίνδυνον τῆς Ἀσενέθ. καὶ ἔλαβεν ἕκαστος |
| Asen. | 26 | 7 | ταχεῖ. καὶ ἔφυγεν Ἀσενὲθ ἔμπροσθεν καὶ ἰδοὺ ὁ | * υἱὸς * | Φαραὼ ἀπαντᾷ αὐτῇ καὶ πεντήκοντα ἄνδρες ἱππεῖς μετ᾿ |
| Asen. | 27 | 2 | τὴν χεῖρα αὐτοῦ καὶ ἠκόντισε κατέναντι τοῦ | * υἱοῦ * | Φαραὼ καὶ ἐπάταξε τὸν κρόταφον αὐτοῦ τὸν εὐώνυμον |
| Asen. | 27 | 3 | ἐτραυμάτισεν αὐτὸν τραύματι βαρεῖ. καὶ ἔπεσεν ὁ | * υἱὸς * | Φαραὼ ἀπὸ τοῦ ἵππου αὐτοῦ ἐπὶ τὴν γῆν ἡμιθανής |
| Asen. | 27 | 5 | τοὺς πεντήκοντα ἄνδρας τοὺς ὄντας μετὰ τοῦ | * υἱοῦ * | τοῦ Φαραώ. καὶ ἔδυσαν πάντας οἱ λίθοι διὰ τῶν |
| Asen. | 27 | 6 | πάντας οἱ λίθοι διὰ τῶν κροτάφων αὐτῶν. καὶ οἱ | * υἱοὶ * | Λίας Ῥουβὴμ καὶ Συμεὼν Λευὶς καὶ Ἰούδας Ἰσάχαρ |
| Asen. | 27 | 7 | καὶ ἔφυγον ἀπὸ προσώπου αὐτῶν οἱ ἀδελφοὶ αὐτῶν οἱ | * υἱοὶ * | Βάλλας καὶ Ζέλφας καὶ εἶπον ἀπολώλαμεν ἀπὸ τῶν |
| Asen. | 27 | 7 | ἀπολώλαμεν ἀπὸ τῶν ἀδελφῶν ἡμῶν καὶ τέθνηκεν ὁ | * υἱὸς * | Φαραὼ ἐν χειρὶ Βενιαμὶν τοῦ παιδαρίου καὶ πάντες οἱ |
| Asen. | 28 | 1 | αὐτῶν ἐπὶ τὴν γῆν καὶ ἐτεφρώθησαν. καὶ εἶδον οἱ | * υἱοὶ * | Βάλλας καὶ Ζέλφας τὸ ῥῆμα τὸ μέγα τοῦτο καὶ |
| Asen. | 28 | 8 | Δὰν καὶ Γὰδ καὶ οἱ ἀδελφοὶ αὐτῶν. καὶ ἰδού οἱ | * υἱοὶ * | Λίας ἦλθον τρέχοντες ὡς ἔλαφοι τριέτεις κατ᾿ αὐτῶν. |
| Asen. | 28 | 9 | φωνῆς μεγάλης καὶ ἐζήτουν τοὺς ἀδελφοὺς αὐτῶν τοὺς | * υἱοὺς * | τῶν παιδισκῶν τοῦ πατρὸς αὐτῶν τοῦ ἀνελεῖν αὐτούς. |
| Asen. | 29 | 1 | μήποτε ἐν τῇ ὀργῇ αὐτῶν κατακόψωσιν αὐτούς. καὶ ὁ | * υἱὸς * | Φαραὼ ἀνέστη ἀπὸ τῆς γῆς καὶ ἀνεκάθισε καὶ ἔπτυεν |
| Asen. | 29 | 2 | ἐπὶ τῷ μηρῷ αὐτοῦ καὶ ἤμελλε πατάξαι τὸ στῆθος τοῦ | * υἱοῦ * | Φαραώ. καὶ ἔδραμεν ἐπ᾿ αὐτὸν Λευὶς καὶ ἐκράτησε τῆς |
| Asen. | 29 | 5 | Φαραὼ ἔσται ὡς πατὴρ ἡμῶν. καὶ ἀνέστησε Λευὶς τὸν | * υἱὸν * | Φαραὼ ἐκ τῆς γῆς καὶ ἀπένιψε τὸ αἷμα ἀπὸ τοῦ |
| Asen. | 29 | 7 | εὐλόγησεν αὐτόν. καὶ ἐν τῇ τρίτῃ ἡμέρᾳ ἀπέθανεν ὁ | * υἱὸς * | Φαραὼ ἐκ τοῦ τραύματος τοῦ λίθου Βενιαμὶν τοῦ |
| Asen. | 29 | 8 | Βενιαμὶν τοῦ παιδαρίου. καὶ Φαραὼ ἐπένθησε τὸν | * υἱὸν * | αὐτοῦ τὸν πρωτότοκον σφόδρα καὶ ἐκ τοῦ πένθους |
| Asen. | 29 | 9 | ὅτε ἀπέθανε Φαραώ. καὶ ἦν Ἰωσὴφ ὡς πατὴρ τοῦ | * υἱοῦ * | Φαραὼ τοῦ νεωτέρου ἐν γῇ Αἰγύπτου ⟨πάσας τὰς ἡμέρας |
| Sal. | 2 | 3 | ἐν ὑποδήμασιν αὐτῶν ἐν ὑπερηφανίᾳ ἀνθ᾿ ὧν οἱ | * υἱοὶ * | Ιερουσαλημ ἐμίαναν τὰ ἅγια κυρίου ἐβεβηλοῦσαν τὰ |
| Sal. | 2 | 6 | ἐνώπιον τοῦ θεοῦ ἠτιμώθη ἕως εἰς τέλος. οἱ | * υἱοὶ * | καὶ αἱ θυγατέρες ἐν αἰχμαλωσίᾳ πονηρᾷ ἐν σφραγῖδι ὁ |
| Sal. | 2 | 11 | κρίματά σου πάντα τὰ δίκαια ὁ θεός. ἔστησαν τοὺς | * υἱοὺς * | Ιερουσαλημ εἰς ἐμπαιγμὸν ἀντὶ πορνῶν ἐν αὐτῇ πᾶς ὁ |
| Sal. | 8 | 9 | κρυφίοις αἱ παρανομίαι αὐτῶν ἐν παροργισμῷ | * υἱὸς * | μετὰ μητρὸς καὶ πατὴρ μετὰ θυγατρὸς συνεφύροντο. |
| Sal. | 8 | 18 | τείχη αὐτῆς. εἰσῆλθεν ὡς πατὴρ εἰς οἶκον | * υἱῶν * | αὐτοῦ μετ᾿ εἰρήνης ἔστησεν τοὺς πόδας αὐτοῦ μετὰ |
| Sal. | 8 | 21 | Ιερουσαλημ ὡς ὕδωρ ἀκαθαρσίας. ἀπήγαγεν τοὺς | * υἱοὺς * | καὶ τὰς θυγατέρας αὐτῶν ἃ ἐγέννησαν ἐν βεβηλώσει. |
| Sal. | 9 | 4 | χειρῶν ἡμῶν καὶ ἐν τῇ δικαιοσύνῃ σου ἐπισκέπτῃ | * υἱοὺς * | ἀνθρώπων. ὁ ποιῶν δικαιοσύνην θησαυρίζει ζωὴν αὐτῷ |
| Sal. | 13 | 9 | ὁ ἁμαρτωλὸς τῷ δικαίῳ ὅτι νουθετήσει δίκαιον ὡς | * υἱὸν * | ἀγαπήσεως καὶ ἡ παιδεία αὐτοῦ ὡς πρωτοτόκου. ὅτι |
| Sal. | 17 | 15 | τοῦ σθένους αὐτῶν. καὶ ἐπεκρατοῦσαν αὐτῶν οἱ | * υἱοὶ * | τῆς διαθήκης ἐν μέσῳ ἐθνῶν συμμίκτων οὐκ ἦν ἐν |
| Sal. | 17 | 21 | ἰδὲ κύριε καὶ ἀνάστησον αὐτοῖς τὸν βασιλέα αὐτῶν | * υἱὸν * | Δαυιδ εἰς τὸν καιρὸν ὃν εἵλου σὺ ὁ θεὸς τοῦ |
| Sal. | 17 | 27 | αὐτῶν εἰδὼς κακίαν γνώσεται γὰρ αὐτοὺς ὅτι πάντες | * υἱοὶ * | θεοῦ εἰσιν αὐτῶν. καὶ καταμερίσει αὐτοὺς ἐν ταῖς |
| Sal. | 17 | 31 | τὴν δόξαν αὐτοῦ φέροντες δῶρα τοὺς ἐξησθενηκότας | * υἱοὺς * | αὐτῆς καὶ ἰδεῖν τὴν δόξαν κυρίου ἣν ἐδόξασεν αὐτὴν |
| Sal. | 18 | 3 | γῆν μετὰ ἐλέους καὶ ἡ ἀγάπη σου ἐπὶ σπέρμα Αβρααμ | * υἱοὺς * | Ισραηλ. ἡ παιδεία σου ἐφ᾿ ἡμᾶς ὡς υἱὸν πρωτότοκον |
| Sal. | 18 | 4 | Αβρααμ υἱοὺς Ισραηλ. ἡ παιδεία σου ἐφ᾿ ἡμᾶς ὡς | * υἱὸν * | πρωτότοκον μονογενῆ ἀποστρέψαι ψυχὴν εὐήκοον ἀπὸ |
| Jer. | 1 | 1 | του προφητου. ἐγένετο ἡνίκα ᾐχμαλωτεύθησαν οἱ | * υἱοὶ * | Ἰσραὴλ ἀπὸ τοῦ βασιλέως τῶν Χαλδαίων ἐλάλησεν ὁ |
| Jer. | 5 | 30 | γάλα. ἰδὼν δὲ αὐτὰ ὁ γηραιὸς ἄνθρωπος εἶπεν ὦ | * υἱέ * | μου δίκαιος ἄνθρωπος εἶ σὺ καὶ οὐκ ἠθέλησεν ὁ θεὸς |
| Jer. | 6 | 13 | γράψον οὖν ἐν τῇ ἐπιστολῇ ὅτι λάλησον τοῖς | * υἱοῖς * | Ἰσραὴλ ὁ γενόμενος ἐν ὑμῖν ξένος ἀφορισθήτω καὶ |
| Jer. | 7 | 23 | δὲ καὶ ἐπιστολὴν ὁ Ἱερεμίας τῷ Βαροὺχ λέγων οὕτως | * υἱέ * | μου ἀγαπητὲ μὴ ἀμελήσῃς ἐν ταῖς προσευχαῖς σου |
| Jer. | 7 | 24 | τῷ λαῷ ὑπὸ τῶν Βαβυλωνίων. ὥσπερ γὰρ πατὴρ | * υἱὸν * | μονογενῆ ἔχων τούτου δὲ παραδοθέντος εἰς τιμωρίαν |
| Jer. | 7 | 24 | πρόσωπον αὐτοῦ ἵνα μὴ ἴδῃ πῶς τιμωρεῖται αὐτὸς ὁ | * υἱὸς * | καὶ πλείονα φθαρῇ ἀπὸ τῆς λύπης. οὕτως γάρ σε |
| Jer. | 9 | 13 | θεὸν ἐν μιᾷ φωνῇ πάντες δοξάσατε τὸν θεὸν καὶ τὸν | * υἱὸν * | τοῦ θεοῦ τὸν ἐξυπνίζοντα ἡμᾶς Ἰησοῦν Χριστὸν τὸ |
| Jer. | 9 | 19 | ψυχάς. ταῦτα λέγοντος τοῦ Ἱερεμίου περὶ τοῦ | * υἱοῦ * | τοῦ θεοῦ ὅτι ἔρχεται εἰς τὸν κόσμον ὠργίσθη ὁ λαὸς |
| Jer. | 9 | 20 | εἶπε ταῦτα πάλιν ἐστὶ τὰ ῥήματα τὰ ὑπὸ Ἡσαΐου τοῦ | * υἱοῦ * | Ἀμὼς εἰρημένα λέγοντος ὅτι εἶδον τὸν θεὸν καὶ τὸν |
| Jer. | 9 | 20 | Ἀμὼς εἰρημένα λέγοντος ὅτι εἶδον τὸν θεὸν καὶ τὸν | * υἱὸν * | τοῦ θεοῦ. δεῦτε οὖν καὶ μὴ ἀποκτείνωμεν αὐτὸν τῷ |
| Jer. | 9 | 30 | αὐτοῦ. τότε ἐβόησε ὁ λίθος λέγων ὦ μωροὶ | * υἱοὶ * | Ἰσραὴλ διά τί λιθοβολεῖτέ με νομίζοντες ὅτι ἐγὼ |
| Bar. | 2 | 4 | αὐτοῦ ἢ τί τὸ πεδίον; ἵνα κἀγὼ ἀπαγγείλω τοῖς | * υἱοῖς * | τῶν ἀνθρώπων. καὶ εἶπέν μοι ὁ ἄγγελος οὗ τὸ ὄνομα |
| Bar. | 4 | 17 | πίνοντες οὔτε ἀδελφὸς ἀδελφὸν ἐλεεῖ οὔτε πατὴρ | * υἱὸν * | οὔ⟨τε⟩ τέκνα γονεῖς ἀλλὰ διὰ τῆς πτώσεως τοῦ οἴνου |
| Bar. | 15 | 3 | τὸν μισθὸν καθὼς ἠνέγκατε καὶ ἀπόδοτε τοῖς | * υἱοῖς * | τῶν ἀνθρώπων. εἶτα λέγει καὶ τοῖς τὰ γέμοντα |
| Bar. | 16 | 1 | μὴ ἔστε σκυθρωποὶ καὶ μὴ κλαίετε μηδὲ ἐάσατε τοὺς | * υἱοὺς * | τῶν ἀνθρώπων. ἀλλ᾿ ἐπειδὴ παρώργισάν με ἐν τοῖς |
| Prop. | 4 | 4 | Ναβουχοδονόσορ παρακαλοῦντος αὐτὸν Βαλτάσαρ τοῦ | * υἱοῦ * | αὐτοῦ ὅτε ἐγένετο θηρίον καὶ κτῆνος ἵνα μὴ |
| Prop. | 6 | 1 | Ἐφραΐμ. πολλὰ ποιήσας τῷ Ἀχαὰβ ὑπὸ Ἰωρὰμ τοῦ | * υἱοῦ * | αὐτοῦ ἀνῃρέθη κρημνῷ ὅτι ἤλεγχεν αὐτὸν ἐπὶ ταῖς |
| Prop. | 7 | 1 | πυκνῶς αὐτὸν τυμπανίσας τέλος καὶ ἀνεῖλεν αὐτὸν ὁ | * υἱὸς * | αὐτοῦ ἐν ῥοπάλῳ πλήξας αὐτοῦ τὸν κρόταφον καὶ ἔτι |
| Prop. | 10 | 4 | τὴν γῆν ἔφυγεν. καὶ ἐλθὼν εὗρε τὴν χήραν μετὰ τοῦ | * υἱοῦ * | αὐτῆς οὐ γὰρ ἠδύνατο μένειν μετὰ ἀπεριτμήτων καὶ |
| Prop. | 10 | 4B | καὶ ἦλθεν εἰς Σαρεφθᾶ καὶ εὗρε τὴν χήραν μετὰ τοῦ | * υἱοῦ * | αὐτῆς Ἰωνᾶν καὶ εὐλόγησεν αὐτὴν σίτῳ καὶ ἐλαίῳ καὶ |
| Prop. | 10 | 5 | ἠδύνατο μένειν μετὰ ἀπεριτμήτων καὶ θανόντα τὸν | * υἱὸν * | αὐτῆς πάλιν ἤγειρεν ἐκ νεκρῶν ὁ θεὸς διὰ τοῦ Ἠλία |
| Prop. | 10 | 5B | ὅτι οὐ δύναται ἀποδρᾶσαι θεόν. καὶ θανόντα τὸν | * υἱὸν * | αὐτῆς Ἰωνᾶν πάλιν ἤγειρεν αὐτὸν ὁ θεὸς ἐκ νεκρῶν |
| Prop. | 10 | 6B | αὐτὴν ἐχόμενα τῆς βαλάνου Δεββώρας. καὶ γενόμενος | * υἱὸς * | Ἰωνᾶς μέγας ἐπέμφθη ὑπὸ κυρίου εἰς Νινευΐ τὴν |
| Prop. | 15 | 2 | εἰς ἀπόδειξιν. οὗτος εἶπε τῷ Ἰωσεδὲκ ὅτι γεννήσει | * υἱὸν * | καὶ ἐν Ἱερουσαλὴμ ἱερατεύσει. οὗτος καὶ τὸν |
| Prop. | 15 | 3 | Ἱερουσαλὴμ ἱερατεύσει. οὗτος καὶ τὸν Σαλαθιὴλ ἐφ᾿ | * υἱῷ * | ηὐλόγησε καὶ ὄνομα Ζοροβάβελ ἐπέθηκε καὶ ἐπὶ Κύρου |
| Prop. | 18 | 4B | νόμον τοῦ ὑψίστου ταῦτα προεῖπεν Ἠλεὶ πρὸς τοὺς | * υἱοὺς * | αὐτοὺς ἱερατεῦσαι. καὶ ἀπέθανε καὶ ἐτάφη σύνεγγυς |

Prop. 21 5 καὶ τὴν καψάκην τοῦ ἐλαίου μὴ ἐλαττωθῆναι τὸν * υἱὸν * αὐτῆς ἀποθανόντα ἤγειρεν ὁ θεὸς ἐκ νεκρῶν εὐξαμένου
Prop. 22 13 ἐκ νεκρῶν. εἰς Γάλγαλα ἐλθὼν κατήχθη παρὰ τοῖς * υἱοῖς * τῶν προφητῶν καὶ ἑψεθέντος προσφαγίου καὶ
Prop. 22 14 πάντων πεποίηκεν ἀβλαβὲς καὶ ἡδὺ τὸ βρῶμα τῶν * υἱῶν * τῶν προφητῶν κοπτόντων ξύλα παρὰ τὸν Ἰορδάνην
Prop. 23 1 ὁ νεκρὸς εὐθὺς ἀνέζησεν. Ζαχαρίας ἐξ Ἱερουσαλὴμ * υἱὸς * Ἰωδαὲ τοῦ ἱερέως ὃν ἀπέκτεινεν Ἰωὰς ὁ βασιλεὺς
Prop. 25 1 ἐξηράνθη ἡ χεὶρ τοῦ βασιλέως παραυτίκα. Σίμων ὁ * υἱὸς * τοῦ Κλωπᾶ ὁ ἀνεψιὸς τοῦ κυρίου συκοφαντηθεὶς ὑπὸ
Esdr. 2 6 ὁ θεος ἐρώτησον Ἀβραὰμ τὸν πατέραν ὑμῶν. ποῖον * υἱὸν * δικάζεσθαι ἐν πατρὶ καὶ δεῦρο δικάζου μεθ' ἡμῶν.
Esdr. 4 27 καὶ εἶπέν μοι οὗτός ἐστιν ὁ λέγων ἐγώ εἰμι ὁ * υἱὸς * τοῦ θεοῦ καὶ τοὺς λίθους ἄρτους ποιήσας καὶ τὸ ὕδωρ
Esdr. 4 35 καὶ γέρων καὶ μηδεὶς αὐτῷ πιστεύει ὅτι ἔστιν ὁ * υἱός * μου ὁ ἀγαπητός. καὶ μετὰ ταῦτα σαλπίσει σάλπιγξ καὶ
Esdr. 6 16 ψυχὴν αὐτοῦ. τότε λέγει πρὸς τὸν μονογενῆν αὐτοῦ * υἱὸν * κάτελθε υἱέ μου ἀγαπητὲ μετὰ στρατιὰν ἀγγέλων
Esdr. 6 16 τότε λέγει πρὸς τὸν μονογενῆν αὐτοῦ υἱὸν κάτελθε * υἱέ * μου ἀγαπητὲ μετὰ στρατιὰν ἀγγέλων πολλὴν λαβὼν τὴν
Esdr. 7 16 δόξα κράτος τιμὴ καὶ προσκύνησις τῷ πατρὶ καὶ τῷ * υἱῷ * καὶ τῷ ἁγίῳ πνεύματι νῦν καὶ ἀεὶ καὶ εἰς τοὺς αἰῶνας
Sedr. 3 2 πρὸ στόματος θεοῦ; λέγει αὐτῷ Σεδρὰχ ναὶ ἔχει ὁ * υἱὸς * δίκην μέ τὸν πατέρα κύριέ μου διά τί ἐποίησας τὴν
Sedr. 6 5 καὶ ἁμαρτωλός. ποῖος πατὴρ προικίσας εἰπέ μοι τῷ * υἱῷ * αὐτοῦ καὶ λαβὼν τὴν οὐσίαν καταλιπὼν τὸν πατέρα
Sedr. 6 6 ἀλλοτρίῳ; καὶ ἰδὼν ὁ πατὴρ ὅτι ἐγκατέλιπεν αὐτὸν ὁ * υἱὸς * καπνίζεται ἡ καρδία αὐτοῦ. καὶ ἀπελθὼν ὁ πατὴρ
Sedr. 9 1 χωρίζομαι ἀπὸ τὸ γένος ἡμῶν. καὶ εἶπεν ὁ θεὸς τὸν * υἱὸν * αὐτοῦ τὸν μονογενῆ ὕπαγε λαβὲ τὴν ψυχὴν τοῦ
Sedr. 9 2 ἀπόθου αὐτὴν ἐν τῷ παραδείσῳ. λέγει ὁ μονογενὴς * υἱὸς * τὸν Σεδρὰχ ⟨δός μοι τὴν παρακαταθήκην⟩ ἣν παρέθετο
Sedr. 9 4 Σεδρὰχ οὐ δίδωμί σοι τὴν ψυχήν μου. λέγει αὐτὸν ὁ * υἱὸς * καὶ διά τί ἀπεστάλην ἐγὼ καὶ ἦλθα ὧδε σὺ δέ μοι
Job 1 2 ἐξετέλει αὐτοῦ τὴν οἰκονομίαν, ἐκάλεσεν τοὺς ἑπτὰ * υἱοὺς * αὐτοῦ καὶ τὰς τρεῖς θυγατέρας αὐτοῦ ὧν εἰσιν τὰ
Job 1 6 τοῦ πατρὸς τῆς μητρὸς ὑμῶν ἐγὼ γάρ εἰμι ἐκ τῶν * υἱῶν * Ησαυ ἀδελφοῦ Ιακωβ, οὗ ἡ μήτηρ ὑμῶν ἐστιν Δινα, ἐξ
Job 15 4 δὲ ἐπικείμενα ταῖς θεραπαινίσιν, ἐπειδὴ γὰρ καὶ οἱ * υἱοί * μου ἀνέκειντο τοῖς ἀρρενικοῖς δούλοις τοῖς
Job 15 6 σύνταξιν ἵνα δεηθῆτε ὑπὲρ τῶν τέκνων μου μή ἄρα οἱ * υἱοί * μου ἥμαρτον ἐνώπιον κυρίου καυχώμενοι λέγοντες μετὰ
Job 15 9 ἀνέφερον ἐπὶ τὸ θυσιαστήριον τοῦ θεοῦ, μήπως οἱ * υἱοί * μου ἐνενοήσαντο κακὰ ἐν τῇ καρδίᾳ αὐτῶν πρὸς τὸν
Job 17 5 γῆς. καὶ αὐτοὶ ἀποκριθέντες εἶπον αὐτῷ ἔχει ἑπτὰ * υἱοὺς * καὶ θυγατέρας τρεῖς μὴ ἄρα καταφύγωσιν εἰς ἑτέρας
Job 24 2 διὸ ἀπώλετο ἀπὸ γῆς τὸ μνημόσυνόν σου, οἱ * υἱοί * μου καὶ αἱ θυγατέρες τῆς ἐμῆς κοιλίας οὓς εἰς κενὸν
Job 53 9 ἐν πάσα_ς ταῖς γενεαῖς τοῦ αἰῶνος, ἀμὴν καταλείψας * υἱοὺς * ζ' καὶ θυγατέρας τρεῖς καὶ οὐχ εὑρέθησαν κατὰ τὰς
Job 53 9 τὰ δε πάντα ἔτη τῆς ζωῆς αὐτοῦ σ μ η'. καὶ ἴδεν * υἱοὺς * τῶν υἱῶν αὐτοῦ ἕως τετάρτης γενεᾶς. γέγραπται δὲ
Job 53 9 ἔτη τῆς ζωῆς αὐτοῦ σ μ η'. καὶ ἴδεν υἱοὺς τῶν * υἱῶν * αὐτοῦ ἕως τετάρτης γενεᾶς. γέγραπται δὲ ἀναστῆναι
Sib. 3 152 ἐν +ζωσμοῖς+ ἐφύλασσεν. καὶ τότε +δὴ μιν+ ἄκουσαν * υἱοὶ * κρατεροῖο Κρόνοιο καὶ οἱ ἐπήγειραν πόλεμον μέγαν
Sib. 3 200 ἔσται; πρῶτον Τιτάνεσσι θεὸς κακὸν ἐγγυαλίξει * υἱοῖς * γὰρ κρατεροῖο δίκας τίσουσι Κρόνοιο οὕνεκά τοι
Sib. 3 254 παρ' ἕλους βασιλὶς εὑροῦσ' ἐκόμιζεν θρεψαμένη δ' * υἱὸν * ἐκαλέσσατο. ἡνίκα δ' ἦλθεν λαὸν ὅδ' ἡγεμονῶν ὃν ἀπ'
Sib. 3 399 κόψει πορφυρέης γενεῆς γενετῆρα μαχητὴν καὐτὸς ὑφ' * +υἱῶν * ὧν ἐς ὁμόφρονα αἴσιον ἄρρης+ φθεῖται καὶ τότε δὴ
Sib. 3 456 ται μὲν ὑπὲρ +νεκύων+ ται δ' ὀλλυμένων ὑπὲρ * υἱῶν. * σημεῖον Κύπρου σεισμὸς φθίσει δὲ φάραγγας καὶ
Sib. 3 514 ὅσα σο. κακὰ μοῖρα πελάζει+ (πολλὰ δὲ) καὶ Λυκίων * υἱοῖς * Μυσῶν τε Φρυγῶν τε. πολλὰ δὲ Παμφύλων ἔθνη Λυδῶν
Sib. 3 702 θείη ἄψευστον γὰρ πνεῦμα θεοῦ πέλεται κατὰ κόσμον. * υἱοὶ * δ' αὖ μεγάλοιο θεοῦ περὶ ναὸν ἅπαντες ἡσυχίως
Sib. 3 776 ἀλλ' ὃν ἔδωκε θεὸς πιστοῖς ἄνδρεσσι γεραίρειν. * (υἱὸν * γὰρ καλέουσι βροτοὶ μεγάλοιο θεοῖο) καὶ πᾶσαι
FJos. 190 καὶ εἶπα αὐτῷ τὸ ὄνομα αὐτοῦ καὶ πόσος ἐστὶν ἐν * υἱοῖς * θεοῦ οὐχὶ σὺ Οὐριὴλ ὄγδοος ἐμοῦ κἀγὼ Ἰσραὴλ
FJos. 190 δυνάμεως κυρίου καὶ ἀρχιχιλίαρχός εἰμι ἐν * υἱοῖς * θεοῦ; οὐχὶ ἐγὼ Ἰσραὴλ ὁ ἐν προσώπῳ θεοῦ
FJos. 23 15 πλαξὶ τοῦ οὐρανοῦ ὅσα συμβήσεται ὑμῖν καὶ τοῖς * υἱοῖς * ὑμῶν.
FMos. 2 17 17 Μωσῆς προσκαλεσάμενος Ἰησοῦν * υἱὸν * Ναυῆ καὶ διαλεγόμενος πρὸς αὐτὸν ἔφη καὶ
FJub. 4 1 τῷ ἑβδομηκοστῷ ἔτει ἐγεννήθη αὐτοῖς πρωτότοκος * υἱὸς * ὁ Κάϊν. τῷ ἑβδομηκοστῷ ἑβδόμῳ ἔτει γεγενῆσθαι τὸν
FJub. 4 11 τῇ μείζονι Σαυὴ οὕτω καλουμένη. ὁ δὲ Σὴθ τρίτος * υἱὸς * μετὰ τὸν Ἄβελ γεννηθεὶς τῇ λεγομένῃ αὐτοῦ ἀδελφῇ
FJub. 4 10 ἀδελφῇ Ἀζουρᾷ. γεγόνασι δὲ τῷ Ἀδὰμ καὶ ἄλλοι * υἱοὶ * ἐννέα μετὰ τοὺς τρεῖς τούτους ὡς εἶναι αὐτῷ δύο μὲν
FJub. 8 5 ἔκρυψε παρ' ἑαυτῷ. γυνὴ Καιναν Μελχα θυγάτηρ Μαδαι * υἱοῦ * Ιαφεθ. γυνὴ Σαλα Μωαχα θυγάτηρ Χεεδαμ πατραδέλφου
FJub. 10 1 ⟨οἱ ἐγρήγοροι⟩ μετὰ θάνατον ἐπλάνησαν τοὺς * υἱοὺς * Νῶε καὶ εὐξαμένου τοῦ Νῶε ἵνα ἀποστῶσιν ἀπ' αὐτῶν
FJub. 11 1 κρίσει τοῦτον ἐπάταξε. γυνὴ Ραγαυ Ωρα θυγάτηρ Οὐρ * υἱοῦ * Χεζα. Ῥαγαὺ γενόμενος ἑκατὸν τριακονταδύο ἐτῶν
FJub. 17 16 τῷ θεῷ εἶπεν εἰ ἀγαπᾷ σε Ἀβραὰμ θυσάτω σοι τὸν * υἱὸν * αὐτοῦ. εἰς ἐκεῖνον δὲ τὸν τόπον τὸν Ἀβραὰμ
FJub. 19 11 Ἀβραὰμ ἐκ τῆς ἐσχάτης αὐτοῦ γυναικὸς Χετούρας * υἱοὺς * πέντε. ἐτῶν δὲ ξ' ὃν ὁ Ἰσαὰκ ἐγέννησεν τὸν
FJub. 31 9 Μεσοποταμίας. καὶ ἀναβλέψας Ἰσαὰκ καὶ ἰδὼν τοὺς * υἱοὺς * Ἰακὼβ ηὐλόγησε τὸν Λευὶ ὡς ἀρχιερέα καὶ τὸν
FJub. 37 1 μετὰ οὖν τὸ τελευτῆσαι τὸν Ἰσαὰκ κινηθεὶς ὑπὸ τῶν * υἱῶν * ὁ Ἡσαῦ καὶ ἀθροίσας ἔθνη ἦλθε κατὰ τοῦ Ἰακὼβ καὶ
FJub. 37 9 καὶ ἀθροίσας ἔθνη ἦλθε κατὰ τοῦ Ἰακὼβ καὶ τῶν * υἱῶν * αὐτοῦ εἰς πόλεμον. Ἰακὼβ δὲ ἀποκλείσας τὰς πύλας
FJub. 38 3 κατέβαλε. τοῦ δὲ θανόντος ἀνοίξαντες τὰς πύλας οἱ * υἱοὶ * Ἰακὼβ ἀνεῖλον τοὺς πλείστους. Ἰωσὴφ ιζ' ἐτῶν
FJub. 47 5 οὗ ἀνελήφθη Μωϋσῆς ὑπὸ τῆς βασιλίσσης. ὁ δ' αὐτὸς * υἱὸς * τῇ θυγατρὶ Φαραῶ Θερμούθιδι τῇ καὶ Φαρὶῃ βασιλίδι
FJub. 47 5 πᾶσαν Αἰγυπτίων ἀσκηθεὶς παίδευσιν ὡς βασιλίδος * υἱὸς * δικαίως ἂν κληθεὶη κατὰ κόσμον βασιλεὺς ἐξ ὕδατος.
FIsa. 1 1 ἔτει βασιλεύοντος Ἐζεκίου καλέσαι Μανασσῆν τὸν * υἱὸν * αὐτοῦ ὄντα ἐτῶν ἕνδεκα ἔμπροσθεν Ἡσαΐου τοῦ
FIsa. 1 1 ἔμπροσθεν Ἡσαΐου τοῦ προφήτου καὶ Ἰασοὺμ τοῦ * υἱοῦ * αὐτοῦ. παρέδωκεν αὐτῷ τοὺς λόγους οὓς αὐτὸς εἶδεν
FIsa. 1 3 ἀπὸ Γαλγάλων εἰς Ἱερουσαλὴμ καὶ τεσσεράκοντα * υἱοὺς * προφητῶν καὶ Ἰασοὺμ τὸν υἱὸν αὐτοῦ. ⟨ἐκέλευσεν⟩
FIsa. 1 3 καὶ τεσσεράκοντα υἱοὺς προφητῶν καὶ Ἰασοὺμ τὸν * υἱὸν * αὐτοῦ. ⟨ἐκέλευσεν⟩ τεθῆναι αὐτῷ δίφρον οὐκ ἐκάθισεν
FIsa. 1 8 τὸ λαλοῦν ἐν ἐμοὶ ὅτι ἐν ταῖς χερσὶ Μανασσῆ τοῦ * υἱοῦ * σου βασάνοις ἀπαλλαγήσομαι. κατοικήσει ὁ Σατανᾶς ἐν
FIsa. 1 12 δὲ τῇ ὥρᾳ διελογίζετο Ἐζεκίας τοῦ ἀποκτεῖναι τὸν * υἱὸν * αὐτοῦ Μανασσῆν. καὶ εἶπεν Ἡσαΐας πρὸς Ἐζεκίαν
FIsa. 1 2 9 ὁ γέρων καὶ ⟨Ἰ⟩ωὴλ καὶ Ἀμβακοὺμ καὶ Ἰ(σ)ασοὺφ ὁ * υἱὸς * αὐτοῦ καὶ πολλοὶ τῶν πιστῶν τῶν πιστευόντων εἰς
FIsa. 1 2 12 ᾧ ⟨ὄ⟩νομα ἦν Βελιχειὰρ ἐκ τῆς συγγενίας Σεδεκίου * υἱοῦ * Χανανὶ τοῦ ψευδοπροφήτου ὃς ἦν κατοικῶν ἐν Βηθανίᾳ.
FIsa. 1 2 12 ὃς ἦν κατοικῶν ἐν Βηθανίᾳ. καὶ Σεδεκίας * υἱὸς * Χανανὶ ὃς ἦν ἀδελφὸς τοῦ πατρὸς αὐτοῦ ἐν ταῖς
FIsa. 1 2 12 Βαὰλ καὶ αὐτὸ⟨ς⟩ ἐράπισεν καὶ ὕβρισεν τὸν Μιχαίαν * υἱὸν * Ἰεμμαδὰ τὸν προφήτην. καὶ αὐτὸς δὲ ὑβρ⟨ίσ⟩θη ὑπὸ
FIsa. 1 2 13 τοῦ ψευδοπροφήτο⟨υ⟩ ὄντος. ἦσαν μετὰ Ὀχοζείου * υἱὸν * Ἀλά⟨μ⟩ ἐν Σεμμωμα----- καὶ Ἠλείας ⟨ὁ προφή⟩της ἐκ
FIsa. 1 2 15 ⟨κα⟩ὶ ἀκούσαντες οἱ προφῆται ⟨ο⟩ὶ μετὰ Ὀχοζείου * υἱὸν * Ἀλὰμ καὶ ⟨ὁ⟩ διδάσκαλος αὐτῶν Ἰαλλαρίας ἐξ ὄρους
FEz. 64 70 7 ἴδιαν ᾤκει. γάμους δὲ ποιήσας ὁ βασιλεὺς τῷ ἰδίῳ * υἱῷ * ἐκάλεσε πάντας τοὺς ἐν τῇ αὐτοῦ βασιλείᾳ
FEz. 1 8 3 οἶκος Ἰσραὴλ ἀπὸ τῆς ἀνομίας ὑμῶν. εἶπον τοῖς * υἱοῖς * τοῦ λαοῦ μου ἐὰν ὦσιν αἱ ἁμαρτίαι ὑμῶν ἀπὸ τῆς γῆς
FAch. 103 τινὰ εὐγενῆ ἐν Βαβυλῶνι ἄτεκνος ὑπάρχων τοῦτον * υἱὸν * ἐποιήσατο καὶ τῷ βασιλεῖ παρέστησεν ὡς διάδοχον
FPho. 208 ἀλλ' ἤπιος εἴης. ἢν δέ τι παῖς ἀλίτῃ σε κολουέτω * υἱέα * μήτηρ ἢ καὶ πρεσβύτατοι γενεῆς ἢ δημογέροντες. μὴ
HDem. 9 19 4 δὲ χρόνον τὸν θεὸν τῷ Ἀβραὰμ προστάξαι Ἰσαὰκ τὸν * υἱὸν * ὁλοκαρπῶσαι αὐτῷ. τὸν δὲ ἀναγαγόντα τὸν παῖδα ἐπὶ
HDem. 9 21 3 πέμπτῳ καὶ τεκεῖν τῷ δωδεκάτῳ ἔτει μηνὶ δευτέρῳ * υἱὸν * ὃν ὑπὸ Λείας Γὰδ ὀνομασθῆναι καὶ ἐκ τῆς αὐτῆς τοῦ
HDem. 9 21 4 τρίτῳ καὶ τεκεῖν τοῦ αὐτοῦ ἔτους μηνὸς δωδεκάτου * υἱὸν * καὶ ὄνομα αὐτῷ θέσθαι Ἰσσάχαρ. καὶ πάλιν Λείαν τῷ
HDem. 9 21 5 καὶ πάλιν Λείαν τῷ τρισκαιδεκάτῳ ἔτει μηνὶ δεκάτῳ * υἱὸν * ἄλλον τεκεῖν ᾧ ὄνομα Ζαβουλὼν καὶ τὴν αὐτὴν τῷ
HDem. 9 21 5 αὐτὴν τῷ τεσσαρεσκαιδεκάτῳ ἔτει μηνὶ ὀγδόῳ τεκεῖν * υἱὸν * ὄνομα Δάν. ἐν ᾧ καὶ Ῥαχὴλ λαβεῖν ἐν γαστρὶ τῷ αὐτῷ
HDem. 9 21 5 καὶ τεκεῖν τῷ τεσσαρεσκαιδεκάτῳ ἔτει μηνὶ ὀγδόῳ * υἱὸν * ὃν ὀνομασθῆναι Ἰωσὴφ ὥστε γεγονέναι ἐν τοῖς ἑπτὰ
HDem. 9 21 9 τὴν Ἰσραὴλ θυγατέρα Δεῖναν ὑπὸ Συχὲμ τοῦ Ἐμμὼρ * υἱοῦ * ἐτῶν οὖσαν δεκαὲξ μηνῶν τεσσάρων. ἐξαλλομένους δὲ
HDem. 9 21 9 μηνῶν τεσσάρων. ἐξαλλομένους δὲ τοὺς Ἰσραὴλ * υἱοὺς * Συμεῶνα μὲν ὄντα ἐτῶν εἰκοσιενὸς μηνῶν τεσσάρων
HDem. 9 21 9 μηνῶν ἓξ ἀποκτεῖναι τόν τε Ἐμμὼρ καὶ Συχὲμ τὸν * υἱὸν * αὐτοῦ καὶ πάντας τοὺς ἄρσενας διὰ τὴν Δείνας φθορὰν
HDem. 9 21 14 διὰ τὸ ἐκ τῆς Λείας τῷ πατρὶ αὐτοῦ γεγονέναι * υἱοὺς * ἑπτὰ ἐκ δὲ Ῥαχὴλ τῆς μητρὸς αὐτοῦ δύο διὰ τοῦτο
HDem. 9 21 14 δύο γενέσθαι οὖν ἑπτὰ ὅσας καὶ τοὺς ἐκ τῆς Λείας * υἱοὺς * λαβεῖν. ὡσαύτως δὲ καὶ ἐπὶ τοῦ τὰς στολὰς δοῦναι
HDem. 9 21 19 Ἰακὼβ ἐν Αἰγύπτῳ εὐλογήσαντα τοὺς Ἰωσὴφ * υἱοὺς * ὄντα ἐτῶν ρ μ ζ' καταλιπόντα Ἰωσὴφ ὄντα ἐτῶν ν
HEup. 9 30 1 Μωσῆν προφητεῦσαι ἔτη μ' εἶτα Ἰησοῦν τὸν τοῦ Ναυῆ * υἱὸν * ἔτη λ' βιῶσαι δ' αὐτὸν ἔτη ρ ι' πῆξαί τε τὴν ἱερὰν
HEup. 9 30 3 δὲ ἔτη κ α' τελευτῆσαι. εἶτα Δαβὶδ τὸν τούτου * υἱὸν * δυναστεῦσαι ὃν καταστρέψασθαι Σύρους τοὺς παρὰ τὸν
HEup. 9 30 6 ὄνομα Διαναθὰν προστάξαι τε αὐτῷ τοῦτον ὅπως τῷ * υἱῷ * ἐπιτρέψῃ τὴν οἰκοδομίαν αὐτὸν δὲ εὐτρεπίζειν τὰ πρὸς
HEup. 9 30 8 βασιλεύσαντα δὲ τὸν Δαβὶδ ἔτη μ' Σολομῶνι τῷ * υἱῷ * τὴν ἀρχὴν παραδοῦναι ὄντι ἐτῶν ιβ' ἐνώπιον Ἠλεὶ τοῦ
HArt. 9 23 1 τῆς χώρας. τῷ Ἀβραὰμ Ἰωσὴφ ἀπόγονον γενέσθαι * υἱὸν * δὲ Ἰακώβου συνέσει δὲ καὶ φρονήσει παρὰ τοὺς
HArt. 9 23 1 γὰρ τοὺς τῶν Ἀράβων βασιλεῖς ἀπογόνους Ἰσραὴλ * υἱοὺς * τοῦ Ἀβραὰμ Ἰσαὰκ δὲ ἀδελφούς. ἐλθόντα δὲ αὐτὸν
HArt. 9 27 1 δεσπότην γενέσθαι. Ἀβραὰμ τελευτήσαντος καὶ τοῦ * υἱοῦ * αὐτοῦ Μεμψασθενὼθ ὁμοίως δὲ καὶ βασιλέως τῶν
HArt. 9 27 1 τῶν Αἰγυπτίων τὴν δυναστείαν παραλαβεῖν τὸν * υἱὸν * αὐτοῦ Παλμανώθην. τοῦτον δὲ τοῖς Ἰουδαίοις φαύλως
HArt. 9 25 1 τὸν Ἡσαῦ γήμαντα Βασσάραν * υἱὸν * ἐν Ἐδὼμ γεννῆσαι Ἰὼβ κατοικεῖν δὲ τοῦτον ἐν τῇ
HCle. 1 15 241 γήμαντά τε τὴν Ἄφρα θυγατέρα Ἡρακλέα γεννῆσαι * υἱὸν * ἐξ αὐτῆς Δίδωρον τούτου δὲ γενέσθαι Σόφωνα ἀφ' οὗ
HAno. 9 17 9 γεννῆσαι τὸν πατέρα τῶν Φοινίκων τούτου δὲ Χοὺμ * υἱὸν * γενέσθαι ὃν ὑπὸ τῶν Ἑλλήνων λέγεσθαι Ἄσβολον
HAno. 9 17 9 Ἄτλαντα τὸν αὐτὸν καὶ Ἐνὼχ τοῦ δὲ Ἐνὼχ γενέσθαι * υἱὸν * Μαθουσάλαν ὃν πάντα δι' ἀγγέλων θεοῦ γνῶναι καὶ
LThe. 9 22 3 ἑτέρην ἀμφοῖν δ' ἔμιγη σὺν ὁμαίμοσιν ἦσι. τῷ δ' * υἱεῖς * ἐγένοντο νόῳ πεπνυμένοι αἰνῶς ἕνδεκα καὶ κούρη
LThe. 9 22 4 δοῦναι. καὶ αὐτὸν μὲν τὸν Ἰακὼβ γεωμορεῖν τοὺς δὲ * υἱοὺς * αὐτοῦ ἕνδεκα τὸν ἀριθμὸν ὄντας ποιμαίνειν τὴν δὲ
LThe. 9 22 4 θεάσασθαι τὴν πόλιν Συχὲμ δὲ τὸν τοῦ Ἐμμὼρ * υἱὸν * ἰδόντα ἐρασθῆναι αὐτῆς καὶ ἁρπάσαντα ὡς ἑαυτὸν
LThe. 9 22 8 παρακαλοῦντος περιτέμνεσθαι ἕνα τῶν Ἰακὼβ * υἱῶν * τὸ ὄνομα Συμεῶνα διαγνῶναι τόν τε Ἐμμὼρ καὶ τὸν
FrAn. 17 2069 24 νομην⟨ - - ⟩και ηρξαν⟨το - - ⟩της χειρος μ⟨ - - * ⟩ΰϊων * της⟨ - - ⟩ημερα το⟨υ - - και εν τ⟨ - - ⟩ολου
FrAn. 1 226 51 και π⟨ - ⟩εχετε ετερον συγγονον⟨ - ⟩ημος των * υιων * Ιακωβ κ⟨ - τ⟩ον θν νυνι σωσον ημας ο θ⟨ς Αβρααμ -

ὑλαγμα 1

Sib. 3 487 κακὸν ἔσχατον ἀλλὰ μέγιστον. καὶ Σικυὼν χάλκειος * ὑλάγμασι * καὶ σέ Κόρινθε αὐχήσει ἐπὶ πᾶσιν ἴσον δὲ

ὑλάσσω 1

Asen. 11 1 ὄρθρος ἦν καὶ τὰ ὄρνεα ἐλάλουν ἤδη καὶ οἱ κύνες * ὕλαττον * ἐπὶ τοὺς διοδεύοντας καὶ ἀνένευσε μικρὸν τὴν

ὕλη
11

| | | | | | |
|---|---|---|---|---|---|
| Asen. | 24 | 19 | εἰς τὸν χείμαρρον καὶ κρυβησόμεθα εἰς τὴν | ὕλην | τοῦ καλάμου. καὶ σὺ λαβὲ μετά σου πεντήκοντα ἄνδρας |
| Asen. | 24 | 20 | καὶ ἦλθον εἰς τὸν χείμαρρον καὶ ἀπεκρύβησαν ἐν τῇ | ὕλη | τοῦ καλάμου. ⟨καὶ⟩ γεγόνασιν εἰς τέσσαρας ἀρχάς. καὶ |
| Asen. | 24 | 20 | ἐπανέμειναν οἱ λοιποὶ καὶ ἐκάθισαν καὶ αὐτοὶ ἐν τῇ | ὕλη | τοῦ καλάμου ἔνθεν κἀκεῖθεν τῆς ὁδοῦ ἀνὰ πεντακόσιοι |
| Asen. | 27 | 8 | τὴν Ἀσενέθ καὶ τὸν Βενιαμὶν καὶ φύγωμεν εἰς τὴν | ὕλην | τοῦ καλάμου τούτου. καὶ ἦλθον ἐπὶ Ἀσενέθ |
| Asen. | 28 | 7 | αἰδούμενοι πάντα ἄνθρωπον. πορεύθητε δὲ εἰς τὴν | ὕλην | τοῦ καλάμου τούτου ἕως ἐξιλεώσομαι αὐτοὺς περὶ ὑμῶν |
| Asen. | 28 | 8 | κύριος ἀνάμεσον ἐμοῦ καὶ ὑμῶν. καὶ ἔφυγον εἰς τὴν | ὕλην | τοῦ καλάμου Δὰν καὶ Γὰδ καὶ οἱ ἀδελφοὶ αὐτῶν. καὶ |
| Asen. | 28 | 16 | μὴ ἀποκτεῖναι αὐτούς. καὶ αὐτοὶ ἦσαν ἐγγὺς ἐν τῇ | ὕλη | τοῦ καλάμου. καὶ ἔγνω Λευὶς ὁ ἀδελφὸς αὐτῶν καὶ οὐκ |
| Sib. | 5 | 395 | οὐκέτι γὰρ +παρὰ σοῖο τὴν τῆς+ φιλοθρέμμονος | ὕλης | παρθενικαὶ κοῦραι πῦρ ἔνθεον ὤρήσουσιν. ἔσβεσται |
| FPho. | | 144 | ἀκέσασθαι. ⟨ἐξ ὀλίγου σπινθῆρος ἀθέσφατος αἴθεται | ὕλη. | ἐγκρατὲς ἦτορ ἔχειν καὶ λωβητῶν δ' ἀπέχεσθαι. φεῦγε |
| HArt. | 9 27 | 21 | ἐκ τῆς γῆς πῦρ ἀναφθῆναι καὶ τοῦτο κάεσθαι μήτε | ὕλης | μήτε ἄλλης τινὸς ξυλείας οὔσης ἐν τῷ τόπῳ. τὸν δὲ |
| LThe. | 9 22 | 1 | δύ' οὔρεα φαίνετ' ἐρυμνὰ ποίης τε πλήθοντα καὶ | ὕλης | τῶν δὲ μεσηγὺ ἀτραπιτὸς τέτμηται ἀραιὴ ⟨αὐλῶπις⟩ ἐν |

ὑλοτόμος
1

| | | | | | |
|---|---|---|---|---|---|
| Sib. | 3 | 825 | ὕδασι καὶ τις ἀνὴρ μόνος εὐδόκιμητος ἐλείφθη | ὑλοτόμῳ | ἐνὶ οἴκῳ ἐπιπλώσας ὑδάτεσσιν σὺν θηρσὶν πτηνοῖσί |

ὑμεῖς
545   ὑμῶν ὑμῖν ὑμᾶς ὑμεῖς υμεις υμων ὕμας υμιν

ὑμήν
2

| | | | | | |
|---|---|---|---|---|---|
| Aris. | 176 | 4 | Ἰουδαϊκοῖς γράμμασι θαυμασίως εἰργασμένου τοῦ | ὑμένος | καὶ τῆς πρὸς ἄλληλα συμβολῆς ἀνεπαισθήτου |
| Aris. | 177 | 2 | ὡς δὲ ἀπεκάλυψαν αὐτὰ τῶν ἀνειλημάτων καὶ τοὺς | ὑμένας | ἀνείλιξαν πολὺν ἐπιστὰς χρόνον καὶ προσκυνήσας |

ὑμνέω
13

| | | | | | |
|---|---|---|---|---|---|
| Adam | 17 | 1 | τότε ὁ Σατανᾶς ἐγένετο ἐν εἴδει ἀγγέλου καὶ | ὑμνεῖ | τὸν θεὸν καθάπερ οἱ ἄγγελοι. καὶ παρέκυψεν ἐκ τοῦ |
| Adam | 22 | 3 | ἐπιβεβηκὼς ἐπὶ ἄρματος Χερουβὶμ καὶ οἱ ἄγγελοι | ὑμνοῦντες | αὐτόν. ἐν ᾧ δὲ ἦλθεν ὁ θεὸς εἰς τὸν παράδεισον |
| Adam | 37 | 6 | ὅπου εἶπεν αὐτῷ ὁ θεός. καὶ πάντες οἱ ἄγγελοι | ὑμνουν | ὑμνον ἀγγελικὸν θαυμάζοντες ἐπὶ τῇ συγχωρήσει τοῦ |
| Hen. | 27 | 5 | κύριον τῆς δόξης καὶ τὴν δόξαν αὐτοῦ ἐδήλωσα καὶ | ὑμνησα | μεγαλοπρεπῶς. καὶ ἐκεῖθεν ἐπορεύθην εἰς τὸ μέσον |
| TJos. | 8 | 5 | ἠσθένει ἀπὸ τῆς λύπης καὶ ἐπηκροᾶτό μου πῶς | ὑμνουν | κύριον ὢν ἐν οἴκῳ σκότους καὶ ἐν ἱλαρᾷ φωνῇ |
| TBen. | 4 | 4 | ἐάν τις ἀνδρεῖος ἐπαινεῖ τὸν σώφρονα πιστεύων | ὑμνεῖ | τὸν πένητα ἐλεεῖ τῷ ἀσθενεῖ συμπαθεῖ τὸν θεὸν |
| Asen. | 15 | 12Β | τί ἐστι τὸ ὄνομά σου κύριε ἀνάγγειλόν μοι ἵνα | ὑμνήσω | καὶ δοξάσω σε εἰς τὸν αἰῶνα χρόνον καὶ εἶπεν αὐτῇ |
| Job | 14 | 2 | τὴν κιθάραν καὶ ἔψαλλον αὐτοῖς, καὶ αὐταὶ | ὑμνουν | καὶ ἐκ τοῦ ψαλτηρίου ἀνεμίμνησκον αὐτὰς τοῦ θεοῦ |
| Sib. | 5 | 151 | ἔλεν καὶ ἔφλεξε πολίτας λαοὺς εἰσανιόντας ὅσους | ὑμνησα | δικαίως τούτου γὰρ +φανέντος+ ⟨ὅλη⟩ κτίσις |
| FMan. | 2 22 | 14 | ἐν πάσαις ταῖς ἡμέραις τῆς ζωῆς μου ὅτι σέ | ὑμνεῖ | πᾶσα ἡ δύναμις τῶν οὐρανῶν καὶ σοῦ ἐστιν ἡ δόξα |
| FSop. | 5 77 | 2 | ἡλίου ἀνατέλλοντος οἰκοῦντας ἐν ναοῖς σωτηρίας καὶ | ὑμνοῦντας | θεὸν ἄρρητον ὕψιστον. |
| FrAn. | 574 | 3060 | αὐχενίων γιγάντων τοῖς πρηστῆρσι καταφλέξαντα ὃν | ὑμνεῖ | ὁ οὐρανὸς τῶν οὐρανῶν ὃν ὑμνοῦσι τὰ πτερυγώματα |
| FrAn. | 574 | 3061 | καταφλέξαντα ὃν ὑμνεῖ ὁ οὐρανὸς τῶν οὐρανῶν ὃν | ὑμνοῦσι | τὰ πτερυγώματα τοῦ χερουβίμ. ὁρκίζω σε τὸν |

ὑμνολογέω
2

| | | | | | |
|---|---|---|---|---|---|
| Job | 51 | 1 | Ἀμαλθείας κέρας. μετὰ δὲ τὸ παύσασθαι τὰς τρεῖς | ὑμνολογούσας, | ἐπικειμένου τοῦ κυρίου καὶ ἐμοῦ Νηρέου |
| Job | 52 | 12 | τῶν τριῶν θυγατέρων αὐτοῦ καὶ περιεζωσμένων, | ὑμνολογουσῶν | ἐν ὕμνοις τοῦ πατρός. καὶ ἐγὼ Νηρεύς ὁ |

ὑμνολογία
1

| | | | | | |
|---|---|---|---|---|---|
| Job | 48 | 3 | ὕμνον ἀναπέμψασα τῷ θεῷ κατὰ τὴν τῶν ἀγγέλων | ὑμνολογίαν | καὶ τοὺς ὕμνους οὓς ἀπεφθέγξατο εἴασεν τὸ |

ὕμνος
24

| | | | | | |
|---|---|---|---|---|---|
| Adam | 37 | 6 | εἶπεν αὐτῷ ὁ θεός. καὶ πάντες οἱ ἄγγελοι ὑμνουν | ὕμνον | ἀγγελικὸν θαυμάζοντες ἐπὶ τῇ συγχωρήσει τοῦ Ἀδάμ. |
| Abr.1 | 20 | 12 | ἀνήρχοντο εἰς τὸν οὐρανὸν ψάλλοντες τὸν τρισάγιον | ὕμνον | τῷ δεσπότῃ τῶν ὅλων θεῷ καὶ ἔστησαν αὐτὸν εἰς |
| TLevi | 3 | 8 | ἐν δὲ τῷ μετ' αὐτόν εἰσι θρόνοι ἐξουσίαι ἐν ᾧ | ὕμνοι | ἀεὶ τῷ θεῷ προσφέρονται. ὅταν οὖν ἐπιβλέψῃ κύριος |
| TGad | 7 | 2 | μνημονεύοντες ὅτι πᾶσα σὰρξ ἀποθανεῖται κυρίῳ δὲ | ὕμνον | προσφέρετε τῷ παρέχοντι τὰ καλὰ καὶ συμφέροντα |
| Sal. | 3 | 1 | ἵνα τί ὑπνοῖς ψυχὴ καὶ οὐκ εὐλογεῖς τὸν κύριον; | ὕμνον | καινὸν ψάλατε τῷ θεῷ τῷ αἰνετῷ. ψάλλε καὶ |
| Sal. | 10 | | ἐπὶ οἶκον Ισραηλ εἰς τὸν αἰῶνα καὶ ἔτι. ἐν | ὕμνοις | τῷ Σαλωμων. μακάριος ἀνὴρ οὗ ὁ κύριος ἐμνήσθη ἐν |
| Sal. | 14 | | καὶ ἐπὶ τοὺς φοβουμένους αὐτὸν τὸ ἔλεος αὐτοῦ. | ὕμνος | τῷ Σαλωμων. πιστὸς κύριος τοῖς ἀγαπῶσιν αὐτὸν ἐν |
| Sal. | 16 | | καὶ ἁμαρτωλοὶ ἀπολοῦνται εἰς τὸν αἰῶνα χρόνον. | ὕμνος | τῷ Σαλωμων εἰς ἀντίληψιν ὁσίοις. ἐν τῷ νυστάξαι |
| Job | 43 | 2 | Ελιους οὐ κατηξίωσεν, ἀναλαβὼν Ελιφας πνεῦμα εἶπεν | ὕμνον, | ἐπιφωνούντων αὐτῷ τῶν ἄλλων φίλων καὶ τῶν |
| Job | 44 | 1 | ζῶσιν οὐκ ἔσχεν. μετὰ δὲ τὸ παύσασθαι Ελιφαν τοῦ | ὕμνου, | ὑποφωνούντων αὐτῷ πάντων καὶ κυκλούντων τὸν |
| Job | 48 | 3 | γῆς φρονεῖν, ἀπεφθέγξατο δὲ τῇ ἀγγελικῇ διαλέκτῳ, | ὕμνον | ἀναπέμψασα τῷ θεῷ κατὰ τὴν τῶν ἀγγέλων ὑμνολογίαν |
| Job | 48 | 3 | τῷ θεῷ κατὰ τὴν τῶν ἀγγέλων ὑμνολογίαν καὶ τοὺς | ὕμνους | οὓς ἀπεφθέγξατο εἴασεν τὸ πνεῦμα ἐν στολῇ τῇ |
| Job | 49 | 3 | τὸ ποίημα τῶν οὐρανῶν, δυνήσεται εὑρεῖν ἐν τοῖς | ὕμνοις | Κασίας. καὶ τότε περιεζώσατο καὶ ἄλλη ἡ |
| Job | 51 | 4 | τὸ βιβλίον ὅλον πλείστων σημειώσεων τῶν | ὕμνων | παρὰ τῶν τριῶν θυγατέρων τοῦ ἀδελφοῦ μου σωτήριον |
| Job | 52 | 12 | θυγατέρων αὐτοῦ καὶ περιεζωσμένων, ὑμνολογουσῶν ἐν | ὕμνοις | τοῦ πατρός. καὶ ἐγὼ Νηρεύς ὁ ἀδελφὸς αὐτοῦ μετὰ |
| Sib. | 3 | 246 | ἰάλλει πληροῦντες μεγάλοιο θεοῦ φάτιν ἔννομον | ὕμνων | πᾶσι γὰρ Οὐράνιος κοινὴ ἐτελέσσατο γαῖαν. ἡνίκα |
| Sib. | 3 | 295 | ὡς πάρος ἦεν. ἡνίκα δή μοι θυμὸς ἐπαύσατο ἔνθεον | ὕμνων | καὶ λιτόμαι γενετήρα μέγαν παύσασθαι ἀνάγκης καὶ |
| Sib. | 3 | 306 | ἀλάλαγμος ὀλέσσει καὶ πληγὴ μεγάλοιο θεοῦ ἡγήτορος | ὕμνων. | ἀέριος γάρ σοι Βαβυλὼν ἥξει ποτ' ἄνωθεν ἰαύτὰρ |
| Sib. | 3 | 489 | βοήσεται αὐλός. ἡνίκα δή μοι θυμὸς ἐπαύσατο ἔνθεον | ὕμνων | καὶ πάλι μοι μεγάλοιο θεοῦ φάτις ἐν στήθεσσιν |
| Sib. | 3 | 715 | κεῖνος ἡδὺν ἀπὸ στομάτων δὲ λόγον ἄξουσιν ἐν | ὕμνοις | δεῦτε πεσόντες ἅπαντες ἐπὶ χθονὶ λισσώμεσθα |
| Sib. | 3 | 726 | θεοῦ κατὰ δῆμον ἐπὶ στομάτεσσι πεσόντες τέρψωμεν | ὕμνοισι | θεὸν γενετῆρα κατ' οἴκους ἐχθρῶν ὅπλα |
| Sib. | 3 | 53 | φρεσὶ θέσθαι +Ἰσιδος ἡ γνωστή+ καὶ χρησμῶν ἔνθεον | ὕμνων. | πρῶτον μὲν περὶ σεῖο βάσιν ναοῦ πολυκλαύστου |
| Sib. | 5 | 141 | καὶ πότνια Ἥρη ὅστις παμμούσῳ φθόγγῳ μελιηδέας | ὕμνους | θεατροκοπῶν ἀπολεῖ πολλοὺς σὺν μητρὶ ταλαίνῃ. |
| Sib. | 5 | 263 | ἅγνος+ Ἰουδαίη χαρίεσσα καλὴ πόλις ἔνθεος | ὕμνων. | οὐκέτι βακχεύσει περὶ σὴν χθόνα ποὺς ἀκάθαρτος |

ὑπάγω
8

| | | | | | |
|---|---|---|---|---|---|
| Abr.2 | 6 | 13 | εἰσιν οἱ πόδες οὓς ἔπλυνα ὑπὸ τῶν δένδρων Μαμβρῆ | ὑπάγοντες | ῥύσασθαι τὸν ἀδελφὸν Λὼτ ἀπὸ Σοδόμων τότε |
| TLevi | 13 | 3 | νόμον θεοῦ τιμηθήσεται καὶ οὐκ ἔσται ξένος ὅπου | ὑπάγει. | καίγε πολλοὺς φίλους ὑπὲρ γονεῖς κτήσεται καὶ |
| TBen. | 2 | 4 | περίζωμα καὶ φραγελλώσας με εἶπε τρέχειν. ἐν δὲ τῷ | ὑπάγειν | αὐτὸν κρύψαι τὸ ἱμάτιον μου ὑπήντησεν αὐτῷ λέων |
| Asen. | 16 | 20 | Ἀσενέθ. καὶ εἶπεν ὁ ἄνθρωπος ταῖς μελίσσαις | ὑπάγετε | δὴ εἰς τὸν τόπον ὑμῶν. καὶ ἀνέστησαν πᾶσαι αἱ |
| Jer. | 7 | 12 | εἰς τὰ δεξιὰ μήτε εἰς τὰ ἀριστερὰ ἀλλ' ὡς βέλος | ὕπαγων | ὀρθῶς ἄπελθε ἐν τῇ δυνάμει τοῦ θεοῦ καὶ ἔσται ἡ |
| Sedr. | 9 | 1 | ἡμῶν. καὶ εἶπεν ὁ θεὸς τὸν υἱὸν αὐτοῦ τὸν μονογενῆ | ὕπαγε | λαβὲ τὴν ψυχὴν τοῦ ἠγαπημένου μου Σεδρὰχ καὶ |
| Sedr. | 11 | 20 | γλεύφορον πάγγνωστον καὶ ἄρτι πεσὸν εἰς τὴν γῆν | ὕπαγε | κάλλος σου ἀφανὲς γίνεται. λέγει αὐτὸν ὁ Χριστός |
| Job | 46 | 5 | λεγομένην Ἡμέραν λέγει αὐτῇ λαβοῦσα τὸ δακτύλιον | ὕπαγε | εἰς τὴν κρυπτὴν καὶ ἔνεγκε τὰ τρία σκευάρια τοῦ |

ὑπακοή
1

| | | | | | |
|---|---|---|---|---|---|
| TJud. | 17 | 3 | σμικρυνθῆναί ποιήσουσιν ἣν ἔδωκέ μοι κύριος ἐν | ὑπακοῇ | πατρός. οὐδέποτε γὰρ ἐλύπησα λόγον Ἰακὼβ τοῦ |

ὑπακούω
14

| | | | | | |
|---|---|---|---|---|---|
| TRub. | 3 | 8 | ἀληθείας καὶ μὴ συνίων ἐν τῷ νόμῳ τοῦ θεοῦ μήτε | ὑπακούων | νουθεσίας πατέρων αὐτοῦ ὥσπερ κἀγὼ ἔπαθον ἐν τῷ |
| TSim. | 7 | 1 | ἀνθρώποις ἔσωσεν ἀνθρώπους. καὶ νῦν τεκνία μου | ὑπακούετε | Λευὶ καὶ ἐν Ἰούδᾳ λυτρωθήσεσθε καὶ μὴ |
| TJud. | 1 | 4 | υἱόν. ὀξὺς ἤμην καὶ σπουδαῖος ἐν νεότητί μου καὶ | ὑπήκουον | τῷ πατρὶ μου κατὰ πάντα λόγον καὶ εὐλόγουν τὴν |
| TJud. | 13 | 1 | λόγων μου τοῦ ποιεῖν τὰ δικαιώματα κυρίου καὶ | ὑπακούειν | ἐντολὰς κυρίου θεοῦ. καὶ μὴ πορεύεσθε ὀπίσω |
| TJud. | 18 | 5 | καὶ εὐλογίας οὐ μέμνηται καὶ προφήτῃ λαλοῦντι οὐχ | ὑπακούει | καὶ λόγῳ εὐσεβείας προσοχθίζει. δύο γὰρ πάθη |
| TJud. | 18 | 6 | γὰρ πάθη ἐναντία τῶν ἐντολῶν τοῦ θεοῦ δουλεύοντα θεῷ | ὑπακούει | οὐ δύναται ὅτι ἐτύφλωσεν τὴν ψυχὴν αὐτοῦ καὶ |
| TIss. | 5 | 8 | τὴν ἱερατείαν τῷ δὲ τὴν βασιλείαν. αὐτοῖς οὖν | ὑπακούσατε | καὶ τῇ ἁπλότητι τοῦ πατρὸς ὑμῶν περιπατήσατε |
| TZab. | 9 | 4 | χεῖρας πόδας ἀλλὰ πάντα τὰ μέλη τῇ μιᾷ κεφαλῇ | ὑπακούει. | ἔγνων ἐν γραφῇ πατέρων μου ὅτι ἐν ἐσχάταις |
| TDan. | 5 | 6 | πνεύματα τῆς πορνείας καὶ τῆς ὑπερηφανίας τῷ Λευὶ | ὑπακούσονται | τοῦ παρεδθενῖν τοῖς υἱοῖς Λευὶ τοῦ ποιεῖν |
| TGad | 8 | 3 | καὶ ὀλίγον ἡσυχάσας πάλιν εἶπεν αὐτοῖς τέκνα μου | ὑπακούσατε | τοῦ πατρὸς ὑμῶν καὶ θάψατέ με σύνεγγυς τῶν |
| Job | 4 | 8 | γνῷς ὅτι ἀπροσωπόληπτός ἐστιν, ἀποδιδοὺς ἑκάστῳ τῷ | ὑπακούοντι | ἀγαθὰ καὶ ἐγερθήσῃ ἐν τῇ ἀναστάσει ἔσῃ γὰρ ὡς |
| Aris. | 44 | 2 | πάντα γὰρ ὅσα σοι συμφέρει καὶ εἰ παρὰ πλεῖστον | ὑπακουσόμεθα | τούτῳ γὰρ φιλίας καὶ ἀγαπήσεως αὐτόθεν |
| Sib. | 3 | 95 | ἡελίου ἀνιόντος ὅς οὐ δὴ καὶ πάλι δύνει πάνθ' | ὑπακουόντων | κόσμον πάλιν εἰσανιόντι τοὔνεκ' ἄρ' αὐτὸς |
| HArt. | 9 27 | 14 | προβαλέσθαι τοὺς ἀναιρήσοντας αὐτούς. μηδενὸς δ' | ὑπακούσαντος | ὀνειδίσαι τὸν Χενεφρῆν Χανεθώθην τὸν |

ὑπάνδρος
3

| | | | | | |
|---|---|---|---|---|---|
| Abr.2 | 12 | 2 | ἐπὶ τὴν γῆν εἶδεν ἄνθρωπον μοιχεύοντα γυναῖκα | ὑπάνδρον. | καὶ εἶπεν Ἀβραὰμ τῷ Μιχαὴλ θεωρεῖς τὴν |
| TRub. | 3 | 10 | ἐν ὄψει γυναικὸς μηδὲ ἰδιάζετε μετὰ θηλείας | ὑπάνδρου | μηδὲ περιεργάζεσθε πρᾶξιν γυναικῶν. εἰ μὴ γὰρ |
| TLevi | 14 | 6 | ἐν πλεονεξίᾳ τὰς ἐντολὰς κυρίου διδάξετε τὰς | ὑπάνδρους | βεβηλώσετε καὶ παρθένους Ἰερουσαλὴμ μιανεῖτε |

ὑπαντάω
3

| | | | | | |
|---|---|---|---|---|---|
| Abr.1 | 2 | 2 | εὐπρεπεστάτου ἀναστὰς τοίνυν ὁ ἱερώτατος Ἀβραὰμ | ὑπηντήθη | αὐτῷ καθότι ἔθος εἶχεν τοῖς ἐπιξένοις |
| Abr.1 | 16 | 8 | πρὸς αὐτὸν ἐν πολλῇ δόξῃ καὶ ὡραιότητι καὶ ἀνάστας | ὑπήντησεν | αὐτὸν νομίζων ὅτι ἀρχιστράτηγον εἶναι. καὶ |
| TBen. | 2 | 4 | ἐν δὲ τῷ ὑπάγειν αὐτὸν κρύψαι τὸ ἱμάτιον μου | ὑπήντησεν | αὐτῷ λέων καὶ ἀνέστησεν αὐτόν. καὶ οὕτως οἱ |

ὕπαρξις
5

| | | | | | |
|---|---|---|---|---|---|
| TLevi | 17 | 9 | αἰχμαλωσίᾳ καὶ ἐν προνομῇ ἔσονται καὶ ἡ γῆ καὶ ἡ | ὕπαρξις | αὐτῶν ἀφανισθήσεται. καὶ ἐν πέμπτῃ ἑβδομάδι |
| TZab. | 8 | 6 | διασκορπίζει καὶ τὴν ψυχὴν ταράσσει καὶ τὴν | ὕπαρξιν | ἀφανίζει. ὁ γὰρ μνησίκακος σπλάγχνα ἐλέους οὐκ |
| HArt. | 9 23 | 3 | τόν τε πατέρα καὶ τοὺς ἀδελφοὺς κομίζοντας πολλὴν | ὕπαρξιν | καὶ κατοικισθῆναι ἐν τῇ Ἡλίου πόλει καὶ Σάει |
| HArt. | 9 27 | 35 | ⟨ἅμα⟩ καὶ τοῖς καθιερωμένοις ζῴοις διὰ δὴ τὴν | ὕπαρξιν | τοὺς Ἰουδαίους τῶν Αἰγυπτίων χρησαμένους |
| HArt. | 9 25 | 4 | τῆς τε νόσου αὐτῶν ἀπολῦσαι καὶ πολλὰς κύριον | ὑπάρξεων | ποιῆσαι. |

ὑπάρχω
71

| | | | | | |
|---|---|---|---|---|---|
| Adam | 24 | 3 | καὶ μὴ πλουτήσεις καὶ παχυνθήσει καὶ εἰς τέλος μὴ | ὑπάρξεις. | καὶ ὧν ἐκυρίευες θηρίων ἐπαναστήσονταί σοι ἐν |

Hen. 5 6 τὴν γῆν καὶ πᾶσιν ὑμῖν τοῖς ἁμαρτωλοῖς οὐχ * ὑπάρξει * σωτηρία ἀλλὰ ἐπὶ πάντας ὑμᾶς κατάλυσις κατάρα.
Hen. 15 6 μὴ ἐκλείπῃ αὐτοῖς πᾶν ἔργον ἐπὶ τῆς γῆς. ὑμεῖς δὲ * ὑπήρχετε * πνεύματα ζῶντα αἰώνια καὶ οὐκ ἀποθνήσκοντα εἰς
Hen. 97 8 δικαιοσύνης καὶ ἐρεῖτε πλούτῳ πεπλουτήκαμεν καὶ τὰ * ὑπάρχοντα * ἐσχήκαμεν καὶ κεκτήμεθα καὶ πᾶν ὃ ἐὰν
Hen. 98 3 ⟨ἔχειν⟩. οὕτω ἀπολεῖσθε κοινῶς μετὰ πάντων ⟨τῶν⟩ * ὑπαρχόντων * ὑμῶν ⟨καὶ τῆς⟩ πάσης δόξης καὶ τῆς τιμῆς
Hen. 101 5 πάντες φοβοῦνται ἔξω δὲ τὰ ⟨ἀγαθὰ πάντα⟩ καὶ τὰ * ὑπάρχοντα * αὐτῶν ἐκβάλλουσιν εἰς τὴν θάλασσαν καὶ
Abr.1 1 1 ζήσας ἐν ἡσυχίᾳ καὶ πραότητι καὶ δικαιοσύνῃ πάνυ * ὑπῆρχεν * φιλόξενος ὁ δίκαιος. πήξας δὲ τὴν σκηνὴν αὐτοῦ
Abr.1 1 5 καὶ ἔστιν ἐν ἐμπορίᾳ βίου πραγμάτων πολλῶν καὶ * ὑπάρχει * πλούσιος πάνυ παρὰ πάντων δὲ δίκαιος ἀγαθὸς καὶ
Abr.1 4 3 οὗτος ὁ ἐπιξενισθεὶς ἡμῖν σήμερον ἐνδοξότερος * ὑπάρχει * βασιλέων καὶ ἀρχόντων ὅτι καὶ ἡ ὅρασις αὐτοῦ
Abr.1 4 4 ἐκαθέσθησαν ἀμφότεροι ἐπὶ τὰ κλινάρια μέσον αὐτῶν * ⟨ὑπῆρχε⟩ * τράπεζα ἐν ἀφθονίᾳ παντὸς ἀγαθοῦ. ἐγερθεὶς οὖν
Abr.1 4 9 εἶπεν κύριε πάντα γὰρ τὰ ἐπουράνια πνεύματα * ὑπάρχουσιν * ἀσώματα καὶ οὐκ ἐσθίουσιν οὐδὲ πίνουσιν καὶ
Abr.1 4 11 πέρας καὶ ἵνα ποιήσῃ διάταξιν περὶ πάντων τῶν * ὑπαρχόντων * αὐτοῦ ὅτι ηὐλόγησα αὐτὸν ὡς τοὺς ἀστέρας τοῦ
Abr.1 5 11 αὐτοὺς κλαίοντας ἔκλαυσε καὶ αὐτός. Σάρρα δὲ * ὑπάρχουσα * ἐν τῇ σκηνῇ αὐτῆς ἤκουσε τοῦ κλαυθμοῦ αὐτοῦ
Abr.1 7 8 αὐτοῦ καὶ ἡ σελήνη ὁμοίως ἡ μήτηρ αὐτοῦ Σάρρα * ὑπάρχουσα * ὁ δὲ ⟨ἀνὴρ ὁ⟩ φωτοφόρος ἐκ τοῦ οὐρανοῦ καταβὰς
Abr.1 8 9 ⟨καὶ τῆς Εὔας⟩ ἀπέθανον; καὶ οὐδέ οἱ βασιλεῖς * ὑπῆρχον * ἀθάνατοι οὐδεὶς ⟨ἐκ τῶν⟩ προπατόρων ἐξέφυγεν τὸ
Abr.1 8 11 διάταξιν περὶ τοῦ οἴκου σου καὶ περὶ πάντων τῶν * ὑπαρχόντων * σοι καὶ ὅπως εὐλογήσῃς τὸν ἠγαπημένον σου
Abr.1 20 2 ἑβδομήκοντα δύο εἰσίν θάνατοι καὶ εἷς μὲν θάνατος * ὑπάρχει * ὁ δίκαιος ὁ ἔχων ὅρον καὶ πολλοὶ τῶν ἀνθρώπων
TJud. 23 3 ὀφθαλμῶν νηπίων ἀναίρεσιν καὶ συμβίων ἀφαίρεσιν * ὑπαρχόντων * ἁρπαγὴν ναοῦ θεοῦ ἐμπυρισμὸν γῆς ἐρήμωσιν
Asen. 7 8 συγγενείᾳ αὐτοῦ εἰ θυγάτηρ ὑμῶν ἐστι καὶ παρθένος * ὑπάρχει * ἡκέτω ὅτι ἀδελφή μού ἐστι καὶ ἀγαπῶ αὐτὴν ἀπὸ
Asen. 12 5 ἐν τῷ πλούτῳ μου ὑπὲρ πάντας ἀνθρώπους νυνὶ δὲ * ὑπάρχω * ὀρφανὴ καὶ ἔρημος καὶ ἐγκαταλελειμμένη ἀπὸ πάντων
Job 4 5 ἐπιφέρει δέ σοι πληγὰς πολλὰς ἀφαιρεῖταί σου τὰ * ὑπάρχοντα, * τὰ παιδία σου ἀναιρήσει ἀλλ᾽ ἐὰν ὑπομείνῃς,
Job 4 7 τοῦ αἰῶνος. καὶ πάλιν ἀνακάμψω σε ἐπὶ τὰ * ὑπάρχοντά * σου, καὶ ἀποδοθήσεταί σοι διπλάσιον, ἵνα γνῷς
Job 8 2 ὅρκωσεν τὸν κύριον ἵνα λάβῃ ἐξουσίαν κατὰ τῶν * ὑπαρχόντων * μου. καὶ τότε λαβὼν τὴν ἐξουσίαν ἦλθεν καὶ
Job 16 7 τὰ ὑπόλοιπα τῶν θρεμμάτων μου. καὶ τῶν * ὑπαρχόντων * μοι ἀνήγγειλάν μοι τὴν ἀπώλειαν, καὶ ἐδόξασα
Job 20 1 ἐγένετο εἴη τὸ ὄνομα κυρίου εὐλογημένον. τῶν οὖν * ὑπαρχόντων * μοι πάντων ἀπολομένων ἔμαθεν ὁ Σατανᾶς ὅτι
Job 26 3 ὑποφέρεις καὶ τὴν τῶν τέκνων ἡμῶν ἀπώλειαν καὶ τῶν * ὑπαρχόντων * +βουλόμενος+ ἡμᾶς λαλῆσαί τι πρὸς κύριον, ἵνα
Job 26 4 οὐκ ἀνεμνήσθης τῶν μεγάλων ἐκείνων ἀγαθῶν ἐν οἷς * ὑπήρχομεν; * εἰ οὖν τὰ ἀγαθὰ ἐδεξάμεθα ἐκ χειρὸς κυρίου τὰ
Job 27 2 σαρκίνῳ ὄντι, ἐγὼ δέ εἰμι πνεῦμα σὺ μὲν ἐν πληγῇ * ὑπάρχεις, * ἐγώ εἰμι ἐν ὀχλήσει μεγάλῃ ἐγένου γὰρ ὂν
Job 28 9 μὴ ἀνελθὼν ἐν τῇ πόλει. πάλιν ἠρώτησαν περὶ τῶν * ὑπαρχόντων * μου καὶ ἐδηλώθη αὐτοῖς τὰ συμβεβηκότα μοι.
Job 30 4 τὰ κατ᾽ ἐμέ, διαλογιζόμενοι τὰ κτήνη καὶ τὰ * ὑπάρχοντά * μου λέγοντες μὴ οὐκ οἴδαμεν τὰ πολλὰ ἀγαθὰ τὰ
Job 32 8 τῆς εὐώδους ἐκκλησίας ἔχων, νυνὶ ἐν δυσωδίᾳ * ὑπάρχεις * σὺ εἶ ὁ τοὺς χρυσέους λύχνους ἐπὶ τὰς ἀργυρᾶς
Job 33 5 ἔσονται ἐν τῇ καταστροφῇ αὐτοῦ. ἐμοὶ δὲ ὁ θρόνος * ὑπάρχει * ἐν τῇ ἁγίᾳ γῇ καὶ ἡ δόξα αὐτοῦ ἐν τῷ αἰῶνί ἐστιν
Job 33 9 καὶ ἡ εὐπρέπεια αὐτῆς ἐν τοῖς ἅρμασιν τοῦ πατρὸς * ὑπάρχει. * καὶ ἐμοῦ ταῦτα λέγοντος πρὸς αὐτοὺς ἵνα
Job 35 5 κατὰ ψυχήν; τίς γὰρ οὐκ ἂν ἐκπλαγείη καὶ μανῇ * ὑπάρχων * ἐν πληγαῖς; ἀλλ᾽ ἔασόν με προσεγγίσαι αὐτῷ, καὶ
Job 36 3 τοῖς ἐπουρανίοις συνέστηκεν ἡ καρδία μου διότι οὐχ * ὑπάρχει * ἐν οὐρανῷ ταραχή. ὑπολαβὼν δὲ Βαλδαδ λέγει ὅτι
Job 37 3 θεῷ τῷ ζῶντι. καὶ πάλιν εἶπέν μοι τίς ἀφείλατο τὰ * ὑπάρχοντά * σου ἢ ἐπήνεγκέν σοι τὰς πληγὰς ταύτας; καὶ ἐγὼ
Job 37 5 σοι τὰς πληγὰς ταύτας ἢ ἀφελόμενός σου τὰ * ὑπάρχοντα. * εἰ ἐδίδου καὶ ἀφείλατο, ἐχρῆν αὐτὸν ὅλως μὴ
Job 37 8 ταῦτα. καὶ πάλιν λέγω σοι, εἰ ἐν τῷ καθεστηκότι * ὑπάρχεις, * δεῖξον, εἰ ἔστιν σοι φρόνησις, διά τί ἥλιον
Job 38 6 ἀλλὰ βουλόμεθα γνῶναι εἰ ἐν τῷ καθεστῶτι * ὑπάρχεις, * καὶ ἰδοὺ ἀληθῶς ἔγνωμεν ὅτι ἡ σύνεσίς σου οὐκ
Job 40 4 ἐπὶ τὴν γῆν προσκυνοῦσα καὶ εἶπεν νῦν ἔγνων ὅτι * ὑπάρχει * μοι μνημόσυνον παρὰ κυρίου ἀναστήσομαι δὴ καὶ
Job 41 5 ἀκούσατε καὶ γνωρίσω ὑμῖν τὴν μερίδα αὐτοῦ οὐχ * ὑπάρχουσαν. * τότε Ελιους ἐμπνευσθεὶς ἐν τῷ Σατανᾷ ἐξεῖπέν
Job 44 5 χρυσίου καὶ ηὐλόγησεν κύριος πάντα ὅσα μοι * ὑπῆρχεν, * καὶ πεποίηκέν με εἶναι ἐν τῷ διπλῷ. καὶ νῦν
Job 45 4 ἰδοὺ οὖν τεκνία μου διαμερίζω ὑμῖν πάντα ὅσα μοι * ὑπάρχει, * πρὸς τὸ δεσπόζειν ἕκαστον τοῦ μέρους ἑαυτοῦ
Aris. 5 6 καὶ βουλόμενον συνακούειν ὅσα πρὸς ἐπισκευὴν ψυχῆς * ὑπάρχει. * καὶ πρότερον δὲ διεπεμψάμην σοι περὶ ὧν
Aris. 15 5 τίνα λόγον ἕξομεν πρὸς ἀποστολὴν ἐν οἰκετίαις * ὑπαρχόντων * ἐν τῇ σῇ βασιλείᾳ πληθῶν ἱκανῶν; ἀλλὰ τελείᾳ
Aris. 25 4 ἐφ᾽ ᾧ τοῦ φανέντος ἐνόχου τὴν κυρίαν ἕξειν τὰ δὲ * ὑπάρχοντα * τῶν τοιούτων εἰς τὸ βασιλικὸν ἀναληφθήσεται.
Aris. 30 4 καὶ φωνῇ λεγόμενα ἀμελέστερον δὲ καὶ οὐχ ὡς * ὑπάρχει * σεσήμανται καθὼς ὑπὸ τῶν εἰδότων προσαναφέρεται
Aris. 31 1 γὰρ βασιλικῆς οὐ τέτευχε. δέον δέ ἐστι καὶ ταῦθ᾽ * ὑπάρχειν * παρά σοι διηκριβωμένα διὰ τὸ καὶ φιλοσοφωτέραν
Aris. 38 5 ἐκ τῶν παρ᾽ ὑμῶν λεγομένων Ἑβραϊκῶν γραμμάτων ἵν᾽ * ὑπάρχῃ * καὶ ταῦτα παρ᾽ ἡμῖν ἐν βιβλιοθήκῃ σὺν τοῖς ἄλλοις
Aris. 60 5 στρέφοιτο. λίθων τε πολυτελῶν ἐν αὐτῷ διαθέσεις * ὑπῆρχον * ἀνὰ μέσον τῶν σχοινίδων ἕτερος παρὰ ἕτερον
Aris. 80 1 ποιῆσαι. καθόλου γὰρ οὔτ᾽ ἐν τοῖς βασιλικοῖς * ὑπῆρχε * ῥισκοφυλακίοις τοιαύτη κατασκευὴ τῇ πολυτελείᾳ
Aris. 84 4 καὶ τὸ μῆκος τῆς κατὰ τὸν οἶκον διασκευῆς * ὑπῆρχε * μεγαλομερείᾳ καὶ χορηγίᾳ κατὰ πάντα ὑπερβαλλούσῃ
Aris. 86 2 ἡ διατύπωσις θυρώσει κατὰ πᾶν ὁμοιοτάτη * ὑπῆρχε * καὶ μάλιστα διὰ τὴν τοῦ πνεύματος ὑποδρομὴν
Aris. 89 3 ἔτι δὲ θαυμασίων καὶ ἀδιηγήτων ὑποδοχείων * ὑπαρχόντων * ὑπὸ γῆν καθὼς ἀπέφαινον πέντε σταδίων
Aris. 193 3 χρείαις ἀήττητος εἴη; ὁ δὲ εἶπεν εἰ μὴ πεποιθὼς * ὑπάρχοι * τοῖς ὄχλοις μηδὲ ταῖς δυνάμεσιν ἀλλὰ τὸν θεὸν
Aris. 207 4 σεαυτῷ τὰ κακὰ παρεῖναι μέτοχος δὲ τῶν ἀγαθῶν * ὑπάρχειν * ἁπάντων εἰ πράσσοις τοῦτο πρὸς τοὺς
Aris. 242 2 δὲ τούτων καὶ δόξα καὶ προκοπὴ παρὰ τοῖς τοιούτοις * ὑπάρξει * τὸ γὰρ συνεργὲς εὐνόως γινόμενον ὡς ἐξ ἑαυτοῦ
Aris. 290 2 δυνατὸν ἄρχειν ἐστὶ καθὼς σὺ βασιλεὺς μέγας * ὑπάρχεις * οὐ τοσοῦτον τῇ δόξῃ τῆς ἀρχῆς καὶ πλούτῳ
Sib. 3 267 σηκὸν φεύξῃ ἐπεί σοι μοῖρα λιπεῖν πέδον ἁγνὸν * ὑπάρχει. * ἀχθήσῃ δὲ πρὸς Ἀσσυρίους καὶ νήπια τέκνα ὄψει
Sib. 5 174 νῦν δέ σέ καὶ σοὺς πάντας ὀλεῖ θεὸς αἰὲν * ὑπάρχων * κοὐκέτι σου σημεῖον ἔτ᾽ ἔσσεται ἐν χθονὶ κείνῃ
FAch. 103 Αἴσωπος ἐπιγνούς τινα εὐγενῆ ἐν Βαβυλῶνι ἄτεκνος * ὑπάρχων * τοῦτον υἱὸν ἐποιήσατο καὶ τῷ βασιλεῖ παρέστησεν
FAch. 115 ἀκτῖσι ὥσπερ γὰρ ὁ ἥλιος ⟨λαμπρὸς⟩ καὶ ἀμίαντος * ὑπάρχει * οὕτως καὶ σὺ καθαρὸν σεαυτὸν τοῖς ἀνθρώποις τοῖς
FAch. 116 ἔχει πτηνοὺς ἀνθρώπους. σὺ δὲ θέλεις ἄνθρωπος * ὑπάρχων * ἰσοθέῳ βασιλεῖ ἐρίζειν; ὁ δὲ Νεκταναβὼν ἔφη
FAch. 119 κατηγορεῖτε ἑαυτῶν καὶ τοῦ θεοῦ ὀφείλει γὰρ θεὸς * ὑπάρχων * τὴν ἑνὸς ἑκάστου διάνοιαν εἰδέναι. πλὴν λέγετε ὃ
FPho. 109 δέδεκται. πλουτῶν μὴ φείδου μέμνησ᾽ ὅτι θνητὸς * ὑπάρχεις * οὐκ ἔνι εἰς Ἅιδην ὄλβον καὶ χρήματ᾽ ἄγεσθαι.
HArt. 9 27 3 γὰρ τότε τῆς Αἰγύπτου βασιλεύειν ταύτην δὲ στεῖραν * ὑπάρχουσαν * ὑποβαλέσθαι τινὸς τῶν Ἰουδαίων παιδίον τοῦτο
LAri. 8 10 11 οὐδὲ θηρίον ἄνθρωπος. καὶ ἐπὶ τῶν λοιπῶν δὲ ταὐτὸν * ὑπάρχει * φυτῶν τε καὶ ἐπὶ τῶν ἄλλων. ἀμετάβλητα μέν ἐστι
LAri. 8 10 15 ἀλλὰ τὴν τοῦ πυρὸς δύναμιν παρὰ πάντα θαυμάσιον * ὑπάρχουσαν * διὰ τὸ πάντ᾽ ἀναλίσκειν ἔδειξε φλεγομένην
LAri. 13 12 4 τοῦ διακρατεῖσθαι θείᾳ δυνάμει τὰ πάντα καὶ γενητὰ * ὑπάρχειν * καὶ ἐπὶ πάντων εἶναι τὸν θεόν. λέγει δ᾽ οὕτως.
LAri. 13 12 11 τις εἶπε Σολομῶν αὐτὴν πρὸ οὐρανοῦ καὶ γῆς * ὑπάρχειν * τὸ δὴ σύμφωνόν ἐστι τῷ προειρημένῳ. τὸ δὲ
FrAn. 1 217 8 τῷ θεῷ μου ὅτι ἐπλάνησέ με διασκορπίσαι τὰ * ὑπάρχοντά * μου. πορευομένου δὲ αὐτοῦ εἶδεν ἄνδρας δύο

ὑπατίθη cf. ἀπατάω

ὑπατικός 2
Prop. 25 1 ὑπὸ τῶν αἱρέσεων κατηγορήθη ἐπὶ Ἀττικοῦ * ὑπατικοῦ. * καὶ ἐπὶ πολλὰς ἡμέρας αἰκιζόμενος ἐμαρτύρησεν
Prop. 25 1 ἐμαρτύρησεν ὡς πάντας ὑπερθαυμάσαι καὶ τὸν * ὑπατικὸν * πῶς ρ κ᾽ ἐτῶν τυγχάνων ὑπέμεινε τὰς αἰκίας καὶ

ὕπατος 1
IOrp. 44 οὐ θεμιτὸν δὲ λέγειν τρομέω δέ γε γυῖα ἐν νόῳ ἐξ * ὑπάτου * κραίνει περὶ πάντ᾽ ἐνὶ τάξει. ὦ τέκνον σὺ δὲ

ὑπείκω 3
Abr.1 9 5 ἀλλὰ θνητὸς ἐπειδὴ οὖν τῇ σῇ προστάξει πάντα * ὑπείκεται * καὶ φρίττει καὶ τρέμει ἀπὸ προσώπου δυνάμεώς
HCal. 24 14 πράξω. οἱ δὲ ἀπελθόντες τοῖς ἄρχουσιν αὐτῶν εἶπον. * ὑπείκειν * Ἀλέξανδρον καὶ σῴζεσθαι χρεὼν οὐ γάρ ἐστιν
HCal. 24 30 ἄστατος βουλή. ὡς οὖν ταῦτα ἤκουσαν Ἀλεξάνδρῳ * ὑπείκειν * κελεύονται. ταῖς ἱερατικαῖς οὖν στολαῖς ἑαυτούς

ὑπεκτίθημι 1
LEze. 9 28 2 16 ἔκρυπτέ με τρεῖς μῆνας ὡς ἔφασκεν. οὐ λαθοῦσα δὲ * ὑπεξέθηκε * κόσμον ἀμφιθεῖσά μοι παρ᾽ ἄκρα ποταμοῦ λάσιον

ὑπεκφεύγω 1
Sib. 3 567 πολέμοιο δυσηχέος ἠδὲ φόβοιο καὶ λοιμοῦ καὶ δοῦλον * ὑπεκφεύξῃ * ζυγὸν αὖτις. ἀλλὰ μέχρις γε τοσοῦδ᾽ ἀσεβῶν

ὑπεμβρυόω 1
ISop. 5 111 4 ἐπημφιεσμένος πτίλον κύκνειον ὡς κόρην Πλευρωνίαν * ὑπημβρύωσεν * ἀλλ᾽ ὁλοσχερὴς ἀνήρ. ταχὺς δὲ βαθμοῖς

ὑπένερθε 1
LEze. 9 29 6 06 τὸ δ᾽ εἰσθεᾶσθαι γῆν ὅλην τ᾽ οἰκουμένην καὶ τὰ * ὑπένερθε * καὶ ὑπὲρ οὐρανὸν θεοῦ ὄψει τά τ᾽ ὄντα τά τε

ὑπεξέρχομαι 1
Asen. 24 10 λαβὲ παρ᾽ ἐμοῦ ἄνδρας δυνατοὺς εἰς πόλεμον καὶ * ὑπέξελθε * αὐτοῖς καθὰ σοι ἐπράξαντο καὶ ἐγὼ ἔσομαί σοι

ὑπέρ 100 ὑπέρ

ὑπεράγω 1
Esdr. 2 21 ἐφ᾽ ἡμᾶς. καὶ εἶπεν ὁ θεὸς αἱ ἁμαρτίαι ὑμῶν * ὑπεράγουσιν * τὴν χρηστότητάν μου. καὶ εἶπεν ὁ προφήτης

ὑπεραίρω 2
Aris. 16 6 γίνεται τοῦτον ἁπάντων ἡγεῖσθαί τε καὶ κυριεύειν. * ὑπερηρκὼς * δὲ σύμπαντας ἀνθρώπους τῇ λαμπρότητι τῆς ψυχῆς
Aris. 290 4 ὅσον ἐπιεικείᾳ καὶ φιλανθρωπίᾳ πάντας ἀνθρώπους * ὑπερῆρκας * τοῦ θεοῦ σοι δεδωρημένου ταῦτα. ἐπὶ πλεῖονα

ὑπεράνω 4
Abr.1 7 2 ⟨εἶδον⟩ τῇ νυκτὶ ταύτῃ τὸν ἥλιον καὶ τὴν σελήνην * ὑπεράνω * τῆς κεφαλῆς μου καὶ τὰς ἀκτῖνας αὐτοῦ κυκλοῦντα
Abr.1 14 4 ⟨εἶπεν δὲ ὁ ἀσώματος⟩ μίαν δικαιοσύνην ἐὰν κέκτητο * ὑπεράνω * τῶν ἁμαρτιῶν ἔρχεται εἰς τὸ σώζεσθαι. ⟨εἶπεν δὲ
TLevi 3 4 πάντων καταλύει ἡ μεγάλη δόξα ἐν ἁγίῳ ἁγίων * ὑπεράνω * πάσης ἁγιότητος. ἐν τῷ μετ᾽ αὐτόν οἱ ἄγγελοι
Prop. 4 21 μόνος ἐνδόξως. καὶ αὐτὸς ἔδωκε τέρας ἐν ὄρεσι τοῖς * ὑπεράνω * Βαβυλῶνος ὅτι ὅτε καπνισθήσεται τὸ ἐκ βορρᾶ ἥξει

ὑπερασπίζω 3
TBen. 4 5 συμπαθεῖ τὸν θεὸν ἀνυμνεῖ τὸν ἔχοντα φόβον θεοῦ * ὑπερασπίζει * αὐτοῦ τῷ ἀγαπῶντι τὸν θεὸν συνεργεῖ τὸν

```
Asen.    11   13   καὶ οἰκτειρήσει με ἢ ὄψεται τὴν ὀρφανίαν μου καὶ  * ὑπερασπιεῖ *  μου διότι αὐτός ἐστιν ὁ πατὴρ τῶν ὀρφανῶν καὶ
Asen.    28   10   μὴ ποιήσητε αὐτοῖς κακὸν ἀντὶ κακοῦ διότι κύριος  * ὑπερήσπισέ *  με ἀπ' αὐτῶν καὶ ἔθραυσε τὰς ῥομφαίας αὐτῶν
ὑπερασπιστής                                3
Asen.    11   13   ἐστιν ὁ πατὴρ τῶν ὀρφανῶν καὶ τῶν δεδιωγμένων  * ὑπερασπιστὴς *  καὶ τῶν τεθλιμμένων βοηθός. τολμήσω καὶ
Asen.    12   13   σὺ εἶ ὁ πατὴρ τῶν ὀρφανῶν καὶ τῶν δεδιωγμένων  * ὑπερασπιστὴς *  καὶ τῶν τεθλιμμένων βοηθός. ἐλέησόν με
Sal.      7    7   καὶ οὐκ ἰσχύσει πρὸς ἡμᾶς ἔθνος. ὅτι σὺ  * ὑπερασπιστὴς *  ἡμῶν καὶ ἡμεῖς ἐπικαλεσόμεθά σε καὶ σὺ
ὑπερβαίνω                                  9
Abr.2     8    6   αὐτοῦ) καὶ ἔκλαιεν καὶ ἐγέλα ὥστε τὸν κλαυθμὸν  * ὑπερβῆναι *  τὸν γέλωτα. καὶ εἶπεν Ἀβραὰμ τῷ Μιχαὴλ τί
Abr.2     8    7   οὗτος δὲ κλαίων καὶ γελῶν ὥστε τὸν κλαυθμὸν  * ὑπερβῆναι *  τῷ γέλωτι ἑπταπλασίως; καὶ εἶπεν Μιχαὴλ τῷ
Abr.2     8   16   ἀπαγομένας εἰς τὴν ζωὴν θεώρησον οὖν αὐτὸν πῶς  * ὑπερβαίνει *  ὁ κλαυθμὸς τὸν γέλωτα ἐπειδὴ θεωρεῖ τὸ
Abr.2     8   16   τῆς πύλης τῆς ἀπαγούσης εἰς τὴν ἀπώλειαν διὰ τοῦτο  * ὑπερβαίνει *  ὁ κλαυθμὸς τὸν γέλωτα ἑπταπλασίως. καὶ εἶπεν
Aris.   122    7   καὶ τὸ κατοίεσθαι καὶ νομίζειν ὑπερφρονεῖν ἑτέρους  * ὑπερβεβηκότες *  τὴν δ' ὁμιλίαν καὶ τὸ συνακούειν καὶ πρὸς
FPho.    35        μιαίνεις. ἀγροῦ γειτονέοντος ἀπόσχεο μὴ δ' ἄρ'  * ὑπερβῇς. *  πάντων μέτρον ἄριστον ὑπερβασίαι δ' ἀλεγειναί.
FPho.    64        μανίην ὀλόφρονα τεύχει. ὀργὴ δ' ἐστὶν ὄρεξις  * ὑπερβαίνουσα *  δὲ μῆνις. ζῆλος τῶν ἀγαθῶν ἐσθλὸς φαύλων δ'
HAno.  9  17   3   γενέσθαι Ἀβραὰμ γενεᾷ εὐγενείᾳ καὶ σοφίᾳ πάντας  * ὑπερβεβηκότα *  ὃν δὴ καὶ τὴν ἀστρολογίαν καὶ Χαλδαϊκὴν
FrAn.   574 3063   τῇ θαλάσσῃ τεῖχος ἐξ ἄμμου καὶ ἐπιτάξαντα αὐτῇ μὴ  * ὑπερβῆναι *  καὶ ἐπήκουσεν ἡ ἄβυσσος. καὶ σὺ ἐπάκουσον πᾶν
ὑπερβαλλόντως                               1
Job      41    4   ἀθρόως εἰς τὸ αὐτοῦ ὕψωμα καὶ ἰδοὺ μεγάλως καὶ  * ὑπερβαλλόντως *  λελάληκεν λέγων ἔχειν τὸν ἑαυτοῦ θρόνον ἐν
ὑπερβάλλω                                  2
Aris.    84    5   ὑπῆρχε μεγαλομερείᾳ καὶ χορηγίᾳ κατὰ πάντα  * ὑπερβαλλούσῃ *  διῳκοδομημένων ἁπάντων. καὶ τοῦ θυρώματος
Aris.   109    1   εἶναι. τοῦτο δὲ ἐγίνετο περὶ τὴν Ἀλεξάνδρειαν  * ὑπερβάλλουσαν *  πάσας τῷ μεγέθει καὶ εὐδαιμονίᾳ τὰς
ὑπερβασία                                  3
Sib.      3  118   τέλεος χρόνος ἵκετο γήρως καὶ ῥ' ἔθανεν καὶ παῖδες  * ὑπερβασίην *  ὅρκοισιν δεινὴν ποιήσαντες ἐπ' ἀλλήλους ἔριν
FPho.    36        ἀπόσχεο μὴ δ' ἄρ' ὑπερβῇς. πάντων μέτρον ἄριστον  * ὑπερβασίαι *  δ' ἀλεγειναί. ⟨κτῆσις ὀνήσιμος ἐσθ' ὁσίων
FPho.    69B       δὲ πιεῖν καὶ μυθολογεύειν. πάντων μέτρον ἄριστον  * ὑπερβασίαι *  δ' ἀλεγειναί. μὴ φθονέοις ἀγαθῶν ἑτάροις μὴ
ὑπερεῖδον                                  1
Sal.      8   30   τὸν τράχηλον ἡμῶν καὶ σὺ παιδευτὴς ἡμῶν εἶ. μὴ  * ὑπερίδῃς *  ἡμᾶς ὁ θεὸς ἡμῶν ἵνα μὴ καταπίωσιν ἡμᾶς ἔθνη ὡς
ὑπερένδοξος                                1
Abr.1    16   10   θάνατον χαίροις ἡλιόρατε θεσμοσυλλήπτωρ ἐνδοξότατε  * ὑπερένδοξε *  φωτοφόρε ἀνὴρ θαυμάσιε πόθεν ἧκεν ἡ σὴ
ὑπερέχω                                    6
Hen.     24    3   καὶ τῷ ὄρει ἕβδομον ὄρος ἀνὰ μέσον τούτων καὶ  * ὑπερεῖχεν *  τῷ ὕψει ὅμοιον καθέδρᾳ θρόνου καὶ περιεκύκλου
TJud.    21    4   ἔδωκε τὰ ἐπὶ τῆς γῆς ἐκείνῳ τὰ ἐν οὐρανοῖς. ὡς  * ὑπερέχει *  οὐρανὸς τῆς γῆς οὕτως ὑπερέχει θεοῦ ἱερατεία
TJud.    21    4   τὰ ἐν οὐρανοῖς. ὡς ὑπερέχει οὐρανὸς τῆς γῆς οὕτως  * ὑπερέχει *  θεοῦ ἱερατεία τῆς ἐπὶ γῆς βασιλείας ἐὰν μὴ δι'
Bar.     10    3   τὸν γέρανον ὡς βόας μεγάλους. καὶ πάντα μεγάλα  * ὑπερέχοντα *  τῶν ἐν κόσμῳ. καὶ ἠρώτασα τὸν ἄγγελον. τί
HEup.  9  34   9   ε' ποιῆσαι δὲ ἐπ' αὐτῷ στεφάνην πρὸς τὴν βάσιν ἔξω  * ὑπερέχουσαν *  πῆχυν ἕνα πρὸς τὸ τοὺς ἱερεῖς τούς τε πόδας
HEup.  9  34  11   ἀλυσιδωτοὺς καὶ στῆσαι αὐτοὺς ἐπὶ μηχανημάτων  * ὑπερεχόντων *  τῷ ὕψει τὸν ναὸν πήχεις κ' καὶ σκιάζειν
ὑπερηφανεύομαι                             1
Sal.      2    1   ψαλμὸς τῷ Σαλωμων περὶ Ιερουσαλημ. ἐν τῷ  * ὑπερηφανεύεσθαι *  τὸν ἁμαρτωλὸν ἐν κριῷ κατέβαλε τείχη
ὑπερηφανία                                21
Adam     39    3   δὲ τὸν καθίσαντα ἐπ' αὐτῷ πρὶν γενέσθαι αὐτὸν ἐν  * ὑπερηφανίᾳ *  εἰσβληθήσεται εἰς τὸν τόπον τοῦτον ἵνα ἴδῃ σε
Hen.      5    8   οὐ μὴ ἁμαρτήσονται ἔτι οὐ κατ' ἀλήθειαν οὔτε κατὰ  * ὑπερηφανίαν *  καὶ ἔσται ἐν ἀνθρώπῳ πεφωτισμένῳ φῶς καὶ
TRub.     3    5   ἵνα διὰ περιεργίας θρασέως ὤφθη πέμπτον πνεῦμα  * ὑπερηφανίας *  ἵνα καυχᾶται καὶ μεγαλοφρονῇ ἕκτον πνεῦμα
TLevi     1    1   διαθηκη Λευι. περὶ ἱερωσυνης καὶ  * ὑπερηφανιας. *  ἀντίγραφον λόγων Λευὶ ὅσα διέθετο τοῖς
TJud.    13    2   ὑμῶν μηδὲ ἐν ἐνθυμήσεσι διαβουλίων ὑμῶν ἐν  * ὑπερηφανίᾳ *  καρδίας ὑμῶν καὶ μὴ καυχᾶσθε ἐν ἔργοις ἰσχύος
TJud.    18    3   νόμου θεοῦ καὶ τυφλοῖ τὸ διαβούλιον τῆς ψυχῆς καὶ  * ὑπερηφανίας *  ἐκδιδάσκει καὶ οὐκ ἀφίει αὐθρα ἐλεῆσαι τὸν
TDan.     5    6   καὶ ὅτι πάντα τὰ πνεύματα τῆς πορνείας καὶ τῆς  * ὑπερηφανίας *  τῷ Λευι ὑπακούονται τοῦ παρεδρεύειν τοῖς
TGad.     3    3   ψέγει τῷ κατορθοῦντι φθονεῖ καταλαλιὰν ἀσπάζεται  * ὑπερηφανίαν *  ἀγαπᾷ ὅτι τὸ μῖσος ἐτύφλωσε τὴν ψυχὴν αὐτοῦ
Asen.    21   21   ἀπὸ τῆς δυναστείας μου καὶ ἐταπείνωσέ με ἀπὸ τῆς  * ὑπερηφανίας *  μου καὶ ⟨τῷ⟩ κάλλ⟨ει⟩ αὐτοῦ ἤγρευσέ με καὶ
Sal.      2    2   ἔθνη ἀλλότρια κατεπατοῦσαν ἐν ὑποδήμασιν αὐτῶν ἐν  * ὑπερηφανίᾳ *  ἀνθ' ὧν οἱ υἱοὶ Ιερουσαλημ ἐμίαναν τὰ ἅγια
Sal.      2   25   τοῦ ἀποδοῦναι αὐτοῖς εἰς κεφαλὰς τοῦ εἰπεῖν τὴν  * ὑπερηφανίαν *  τοῦ δράκοντος ἐν ἀτιμίᾳ. καὶ οὐκ ἐχρόνισα
Sal.      4   24   παρανόμου. ἐξάραι ὁ θεὸς τοὺς ποιοῦντας ἐν  * ὑπερηφανίᾳ *  πᾶσαν ἀδικίαν ὅτι κριτὴς μέγας καὶ κραταιὸς
Sal.     17    6   ἀντὶ ὕψους αὐτῶν ἠρήμωσαν τὸν θρόνον Δαυιδ ἐν  * ὑπερηφανίᾳ *  ἀλλάγματος. καὶ σὺ ὁ θεὸς καταβαλεῖς αὐτοὺς
Sal.     17   13   οὐκ ἐφείσατο. ἐν ἀλλοτριότητι ὁ ἐχθρὸς ἐποίησεν  * ὑπερηφανίαν *  καὶ ἡ καρδία αὐτοῦ ἀλλοτρία ἀπὸ τοῦ θεοῦ
Sal.     17   23   ἐξῶσαι ἁμαρτωλοὺς ἀπὸ κληρονομίας ἐκτρῖψαι  * ὑπερηφανίαν *  ἁμαρτωλοῦ ὡς σκεύη κεραμέως ἐν ῥάβδῳ σιδηρᾷ
Sal.     17   41   ἰσότητι πάντας αὐτοὺς ἄξει καὶ οὐκ ἔσται ἐν αὐτοῖς  * ὑπερηφανία *  τοῦ καταδυναστευθῆναι ἐν αὐτοῖς. αὕτη ἡ
Job      15    8   διότι βδέλυγμά ἐστιν ἐναντίον τοῦ θεοῦ ἡ  * ὑπερηφανία. *  καὶ πάλιν ἐξαίρετον μόσχον ἀνέφερον ἐπὶ τὸ
Aris.   262    4   πρὸς τὸν πρῶτον δὲ ἔφη πῶς ἂν μὴ τραπείη ⟨τις⟩ εἰς  * ὑπερηφανίαν; *  ἀπεκρίθη δὲ εἰ τὴν ἰσότητα τηροῖ καὶ παρ'
Aris.   269    3   εἶπε πῶς ἀδοξία γίνεται; ἐκεῖνος δὲ ἔφησεν ὅταν  * ὑπερηφανία *  καθηγῆται καὶ θράσος ἄληκτον ἀτιμασμὸς
Sib.      3  183   δ' ἔσσεται ἀνδράσι κείνοις πτωμ' ὁπόταν ἄρξωνθ'  * ὑπερηφανίης *  ἀδίκοιο. αὐτίκα δ' ἐν τούτοις ἀσεβείας
Sib.      5   90   θρέπτειρα ⟨πολίων⟩ οὔ λείψει πόλεμός τ' οὐ --- τῆς  * ὑπερηφανίης *  δώσεις ὅσα πρόσθεν ἔρεξας. σιγήσεις αἰῶνα
ὑπερήφανος                                12
TLevi    17   11   οἱ ἱερεῖς εἰδωλολατροῦντες μάχιμοι φιλάργυροι  * ὑπερήφανοι *  ἄνομοι ἀσελγεῖς παιδοφθόροι καὶ κτηνοφθόροι.
Asen.     2    1   καὶ καταπτύουσα πάντα ἄνδρα καὶ ἦν ἀλαζὼν καὶ  * ὑπερήφανος *  πρὸς πάντα ἄνθρωπον. καὶ οὐδεὶς ἀνὴρ ἑώρακεν
Asen.    12    5   ἱερέως ἢ παρθένος καὶ βασίλισσα ἢ ποτε σοβαρὰ καὶ  * ὑπερήφανος *  καὶ εὐθηνοῦσα ἐν τῷ πλούτῳ μου ὑπὲρ πάντας
Asen.    21   12   οἴκῳ τοῦ πατρός μου καὶ ἤμην παρθένος ἀλαζὼν καὶ  * ὑπερήφανος. *  ⟨ἥμαρτον κύριε ἥμαρτον ἐνώπιόν σου πολλὰ
Asen.    21   16   μου καὶ ἐπὶ τῷ κάλλει μου καὶ ἤμην ἀλαζὼν καὶ  * ὑπερήφανος. *  ⟨ἥμαρτον κύριε ἥμαρτον ἐνώπιόν σου πολλὰ
Sal.      2   31   καὶ ἀρχὰς ὁ ἀνιστῶν ἐμὲ εἰς δόξαν καὶ κοιμίζων  * ὑπερηφάνους *  εἰς ἀπώλειαν αἰῶνα ἐν ἀτιμίᾳ ὅτι οὐκ
Aris.   170    5   μηθὲν ἄγριον ὅπως οἱ προσφέροντες τὰς θυσίας μηθὲν  * ὑπερήφανον *  ἑαυτοῖς συνιστορῶσι σημειώσει κεχρημένοι τοῦ
Aris.   191    4   ὁ δὲ εἶπεν εἰ πᾶσιν ἴσος γένοιο τῷ λόγῳ καὶ μηδὲν  * ὑπερήφανος *  μηδὲ τῇ περὶ σεαυτὸν ἰσχύι πράσσοις κατὰ τῶν
Aris.   211    3   ἑαυτοῦ καὶ μὴ τῷ πλούτῳ καὶ τῇ δόξῃ φερόμενον  * ὑπερήφανον *  καὶ ἄσχημόν τι ἐπιθυμῆσαι εἰ καλῶς λογίζοιο
Aris.   263    4   ὑπερήφανος ὢν ἄνθρωπος ἡγεῖται. καὶ ὁ θεὸς τοὺς  * ὑπερηφάνους *  καθαιρεῖ τοὺς δὲ ἐπιεικεῖς καὶ ταπεινοὺς
Sib.      3  732   ξύλα κόψετε εἰς πυρὸς αὐγήν.) ἀλλὰ τάλαιν' Ἑλλὰς  * ὑπερήφανα *  παῦε φρονοῦσα λίσσεο δ' ἀθάνατον μεγαλήτορα
Sib.      3  738   μή τοι κακὸν ἀντιβολήσῃ ἀλλ' ἀπέχου μηδ' ἴσχ'  * ὑπερήφανον *  ἐν στήθεσσιν θυμὸν ὑπερφίαλον στείλας πρὸς
ὑπερθαυμάζω                                1
Prop.    25    1   πολλὰς ἡμέρας αἰκιζόμενος ἐμαρτύρησεν ὡς πάντας  * ὑπερθαυμάσαι *  καὶ τὸν ὑπατικὸν πῶς ρ κ' ἐτῶν τυγχάνων
ὑπέρθεν                                    1
Sib.      5  344   ἐξαπολέσθαι. ἔσται δ' +αἰθέρος+ οὐρανὸς εὐρὺς  * ὕπερθεν *  βροντηδὸν κελάδημα θεοῦ φωνὴν +ἐπακοῦσαι+ ἠελίου
ὑπέρθυρον                                  1
Aris.    85    3   τῶν περὶ αὐτὸ συνδέσμων κατὰ τὰς φλιὰς καὶ τῆς τῶν  * ὑπερθύρων *  ἀσφαλείας ἔκδηλος ἦν ἡ τῶν χρημάτων γεγονυῖα
ὑπερκλονέομαι *                            1
Sib.      4  129   δ' ἅμα σεισμὸς ὀλέσσει Κύπρον ὅταν πολύκλυστον  * ὑπερκλονέῃ *  μέλαν ὕδωρ. ἀλλ' ὁπόταν χθονίης ἀπὸ ῥωγάδος
ὑπερκόσμιος                                1
Job      33    3   τὴν οὖσαν ἐν τοῖς ἁγίοις. ἐμοῦ ὁ θρόνος ἐν τῷ  * ὑπερκοσμίῳ *  ἐστίν, καὶ ἡ τούτου δόξα καὶ ἡ εὐπρέπεια ἐκ
ὑπέρκτησις *                               1
Sib.      4  148   τοσαῦτα καὶ ἄλλ' ἀποδώσει εἰς Ἀσίην τότε δ' ἔσται  * ὑπέρκτησις *  πολέμοιο. Καρῶν δὲ πτολίεθρα παρ' ὕδασι
ὑπερκύπτω                                  1
Sib.      4   60   πόλιας καὶ ἔρυ' ἀνθρώπων ἐκ δὲ βυθοῦ τότε νῆσοι  * ὑπερκύψουσι *  θαλάσσης. ἀλλ' ὅταν Εὐφρήτης μέγας αἵματι
ὑπέρμαχος                                  1
Sib.      3  709   γὰρ πολέμοιο κακοῦ μάλα δ' ἔσσεται αὐτοῖς αὐτὸς  * ὑπέρμαχος *  ἀθάνατος καὶ χεὶρ Ἁγίοιο. καὶ τότε δὴ νῆσοι
ὑπερμεγέθης                                1
Asen.    24    1   ἀπὸ τοῦ κάλλους Ἀσενὲθ καὶ ἐλυπεῖτο λύπην μεγάλην  * ὑπερμεγέθη. *  καὶ εἶπον αὐτῷ οἱ παῖδες αὐτοῦ εἰς τὸ οὖς
ὑπέρογκος                                  1
TAser     2    8   καὶ τῷ πλούτῳ πολλοὺς παρασύρει καὶ ἐκ τῆς  * ὑπερόγκου *  κακίας ποιεῖ ἐντολὰς καὶ τοῦτο διπρόσωπόν
FPho.    65        δὲ μῆνις. ζῆλος τῶν ἀγαθῶν ἐσθλὸς φαύλων δ'  * ὑπέρογκος. *  τόλμα κακῶν ὀλοή μέγ' ὀφέλλει δ' ἐσθλὰ
ὑπέροπλος                                  2
Aris.    52    1   ἐξηγήσομαι. προεθυμεῖτο μὲν οὖν ὁ βασιλεὺς  * ὑπέροπλόν *  τι ποιῆσαι τοῖς μέτροις τὸ κατασκεύασμα.
FPho.    59        φόνον ἐξετέλεσσεν. ἔστω κοινὰ πάθη μηδὲν μέγα μηδ'  * ὑπέροπλον. *  οὐκ ἀγαθὸν πλεονάζον ἔφυ θνητοῖσιν ὄνειαρ ἢ
ὑπεροχή                                   10
Aris.    60    2   πρὸς τὴν τοῦ προσάγοντος εἶναι θεωρίαν. διὸ τὴν  * ὑπεροχὴν *  ὀξεῖαν εἶναι τῶν δύο κλιμάτων συνέβαινε
Aris.    63    3   στεφάνων ἐποίησαν τὸ τεχνῖται πάγκαρπον ἐν  * ὑπεροχῇ *  προδήλως ἔχοντα βοτρύων καὶ σταχύων ἔτι δὲ
Aris.    66    2   δὲ τῆς τραπέζης μαίανδρον ἔκτυπον ἐποίησαν ἐν  * ὑπεροχῇ *  λίθους κατὰ μέσον πολυτελεῖς τῶν
Aris.    70    6   καὶ προσηγμένα τῆς ἐμπειρίας καὶ τέχνης τὰς  * ὑπεροχὰς *  ἀπαραλλάκτως ἔχοντα πρὸς τὴν ἀλήθειαν ὥστε καὶ
Aris.    79    5   διηλλαγμένως ἐπετέλεσαν ἅπαντα φιλοτιμηθέντες εἰς  * ὑπεροχὴν *  δόξης τοῦ βασιλέως ποιῆσαι. καθόλου γὰρ οὔτ' ἐν
```

Aris. 175 4 ἀφικνουμένους τοὺς δὲ παρὰ βασιλέων ἢ πόλεων ἐν * ὑπεροχαῖς * μόλις ἐν τριάκοντα εἰς τὴν αὐλὴν παρίεσθαι
Aris. 175 6 τοὺς δὲ ἥκοντας τιμῆς καταξιῶν μείζονος καὶ τὴν * ὑπεροχὴν * κρίνων τοῦ πέμψαντος ἀπολύσας οὓς ἐνόμιζε
Aris. 196 7 τὸν χαρι-ζόμενον ταῦτα καὶ οὐ δι' ἑαυτοὺς ἔχειν τὴν * ὑπεροχὴν * ἁπάντων. ἐπιμαρτυρήσας δὲ τούτοις τοῦ μετὰ
Aris. 218 2 ἐπίβλεπε διὰ παντὸς εἰς τὴν σεαυτοῦ δόξαν καὶ τὴν * ὑπεροχὴν * ἵνα τούτοις ἀκόλουθα καὶ λέγῃς καὶ διανοῇ
FAch. 115 σκοτεινὴν ποιεῖ καὶ ἀφανῆ (πάντ)α γὰρ ἐν * ὑπεροχῇ * καταπαύει. ὁ δὲ Νεκταναβὼν (τὴν) εὐστοχίαν αὐτοῦ

ὑπερπλεονάζω 1
Sal. 5 16 οὐ μνημονεύει ὁ θεὸς ἐν συμμετρίᾳ αὐταρκείας ἐὰν * ὑπερπλεονάσῃ * ὁ ἄνθρωπος ἐξαμαρτάνει. ἱκανὸν τὸ μέτριον

ὑπερτείνω 2
Aris. 178 4 ἡ γὰρ τῆς ψυχῆς ἔντασις καὶ τὸ τῆς τιμῆς * ὑπερτεῖνον * δακρύειν ἀναγκάζει κατὰ τὰς ἐπιτυχίας.
Aris. 246 6 καὶ τῇ λοιπῇ συναναστροφῇ τῶν σὺν αὐτῷ καὶ μηθὲν * ὑπερτείνοντας * τοῦ δέοντος ἐν ταῖς φιλοφρονήσεσι καὶ τοῖς

ὑπέρτερος 2
LPhi. 9 20 1 τὸ μηρίον ὥς ποτε θεσμοῖς 'Αβραὰμ κλυτοηχὲς * ὑπερτέρῳ * ἄμματι δεσμῶν παμφαὲς πλήμμυρε μεγαυχήτοισι
LPhi. 9 37 2 καὶ ξηρὰ πέδῳ κεκονιμένα κρήνης τηλεφαῆ δεικνυσιν * ὑπέρτατα * θάμβεα λαῶν. αἰπὺ δ' ἄρ' ἐκπτύουσι διὰ χθονὸς

ὑπερτίθημι 1
Aris. 55 5 οὔσης οὐθὲν ἂν ἐσπάνιζε διόπερ οὐ παραβατέον οὐδὲ * ὑπερθετέον * τὰ καλῶς ἔχοντα. τῇ μὲν οὖν ποικιλίᾳ τῶν

ὑπέρτιμος 1
FrAn. 1 217 13 τοῦτον παρασχόντων οὐ γὰρ ᾔδεσαν τοῦ λίθου τὸ * ὑπέρτιμον * ἀπῆλθεν εἰς 'Ιερουσαλὴμ τὸν λίθον ἐπιφερόμενος

ὑπερφέρω 2
Abr.1 4 3 βασιλέων καὶ ἀρχόντων ὅτι καὶ ἡ ὅρασις αὐτοῦ * ὑπερφέρει * πάντας τοὺς υἱοὺς τῶν ἀνθρώπων. ὁ δὲ 'Ισαὰκ
Aris. 122 10 συντηροῦντες καὶ μᾶλλον ἐν τούτοις βουλόμενοι * ὑπερφέρειν * ἕτερος ἑτέρου καὶ τοῦ καθηγουμένου πάντες

ὑπερφίαλος 5
Sib. 3 73 δι' οἴδματος εἰς γαῖαν ἥξῃ καὶ Βελιαρ φλέξῃ καὶ * ὑπερφιάλους * ἀνθρώπους πάντας ὅσοι τούτῳ πίστιν
Sib. 3 171 Λυδῶν τε γένος πολυχρύσων. αὐτὰρ ἔπειθ' Ἕλληνες * ὑπερφίαλοι * καὶ ἄναγνοι +ἄλλο+ Μακηδονίης ἔθνος μέγα
Sib. 3 203 Ἕλλησι τυραννίδες ἠδ' ἀγέρωχοι ἔσσονται βασιλῆες * ὑπερφίαλοι * καὶ ἄναγνοι κλεψίγαμοι καὶ πάντα κακοὶ καὶ
Sib. 3 552 καὶ πένθ' ἑκατοντάδες ἄλλαι ἐξ οὗ δὴ βασίλευσαν * ὑπερφίαλοι * βασιλῆες 'Ελλήνων οἳ πρῶτα βροτοῖς κακὰ
Sib. 3 739 ἀπέχου μηδ' ἴσχ' ὑπερήφανον ἐν στήθεσσιν θυμὸν * ὑπερφίαλον * στείλας πρὸς ἀγῶνα κραταιόν. καὶ δούλευε θεῷ

ὑπερφρονέω 1
Aris. 122 6 διανοίας ὁμοίως δὲ καὶ τὸ κατοίεσθαι καὶ νομίζειν * ὑπερφρονεῖν * ἑτέρους ὑπερβεβηκότες τὴν δ' ὁμιλίαν καὶ τὸ

ὑπέρχομαι 1
FPho. 63 δ' ὁ πολὺς πλοῦτος καὶ ἐς ὕβριν ἀέξει. θυμὸς * ὑπερχόμενος * μανίην ὀλοόφρονα τεύχει. ὀργὴ δ' ἐστὶν

ὑπερῷος 12
Asen. 2 1 καὶ ὑψηλὸς σφόδρα καὶ ἐπάνω τοῦ πύργου ἐκείνου ἦν * ὑπερῷον * ἔχον θαλάμους δέκα. καὶ ἦν ὁ πρῶτος θάλαμος
Asen. 4 1 αὐτῆς. καὶ ἔσπευσε καὶ κατέβη τὴν κλίμακα ἐκ τοῦ * ὑπερῴου * καὶ ἦλθε πρὸς τὸν πατέρα αὐτῆς καὶ τὴν μητέρα
Asen. 5 2 ταῦτα +λεγόντων+ περὶ 'Ιωσὴφ καὶ ἀνέβη εἰς τὸ * ὑπερῷον * καὶ εἰσῆλθεν εἰς τὸν θάλαμον αὐτῆς καὶ ἔστη ἐπὶ
Asen. 7 2 αὐτοῦ λέγων τίς ἐστιν ἡ γυνὴ ἐκείνη ἡ ἑστῶσα ἐν τῷ * ὑπερῴῳ * πρὸς τὴν θυρίδα; ἀπελθέτω δὴ ἐκ τῆς οἰκίας
Asen. 7 7 Πεντεφρῆς κύριε ἐκείνη ἣν ἑώρακας ἑστῶσαν ἐν τῷ * ὑπερῴῳ * οὐκ ἔστι γυνὴ ἀλλοτρία ἀλλ' ἔστι θυγάτηρ ἡμῶν
Asen. 8 1 ἀδελφήν μου. καὶ ἀνέβη ἡ μήτηρ τῆς 'Ασενὲθ εἰς τὸ * ὑπερῷον * καὶ ἤγαγε αὐτὴν καὶ ἔστησεν αὐτὴν ἐνώπιον τοῦ
Asen. 9 1 μεγάλην σφόδρα καὶ ἔσπευσε καὶ ἀπῆλθεν εἰς τὸ * ὑπερῷον * πρὸς ἑαυτὴν καὶ πέπτωκεν ἐπὶ τῆς κλίνης αὐτῆς
Asen. 10 2 κλίνης αὐτῆς καὶ κατέβη ἡσύχως τὴν κλίμακα ἐκ τοῦ * ὑπερῴου * καὶ ἦλθεν εἰς τὸν πυλῶνα καὶ ἡ πυλωρὸς ἐκάθευδε
Asen. 10 2 αὐτὴν τέφρας ἐκ τῆς ἑστίας καὶ ἀνήνεγκεν εἰς τὸ * ὑπερῷον * καὶ ἀπέθηκεν αὐτὴν εἰς τὸ ἔδαφος. καὶ ἔκλεισε
Asen. 10 12 διὰ τῆς θυρίδος τῆς βλεπούσης πρὸς βορρᾶν ἀπὸ τοῦ * ὑπερῴου * αὐτῆς πτωχοῖς καὶ δεομένοις. καὶ ἔλαβεν 'Ασενὲθ
Asen. 19 2 καὶ ἔσπευσεν 'Ασενὲθ καὶ κατέβη τὴν κλίμακα ἐκ τοῦ * ὑπερῴου * σὺν ταῖς ἑπτὰ παρθένοις εἰς συνάντησιν τῷ 'Ιωσὴφ
Prop. 3 5 ὅτι εἰλικτόν ἐστι καὶ ἀπόκρυφον ἐξ ἐπιπέδου * ὑπερῷον * καὶ ἔστι ἐπὶ γῆς ἐν πέτρᾳ κρεμάμενον. οὗτος ὁ

ὑπέχω 1
Sal. 16 13 ἀρκέσει μοι τὸ δοθέν. ὅτι ἐὰν μὴ σὺ ἐνισχύσῃς τίς * ὑφέξεται * παιδείαν ἐν πενίᾳ; ἐν τῷ ἐλέγχεσθαι ψυχὴν ἐν

ὑπήκοος 2
Aris. 254 1 ἀφελεῖται πολλῶν διὰ τὸ κύριον εἶναι. πάντων δ' * ὑπηκόων * ὄντων καὶ μηδενὸς ἐναντιουμένου τινος χάριν
FAch. 111 εἰς τὸν ἀέρα δεδεμένοι καλῳδίοις δεδεμένοι δὲ * ὑπήκοοι * ἦσαν τοῖς παισὶν πρὸς τὸ ἐν ᾧ ἠβούλοντο (μέρος)

ὑπηρεσία 3
Prop. 4 1 ἐκ φυλῆς 'Ιούδα γένους τῶν ἐξεχόντων τῆς βασιλικῆς * ὑπηρεσίας * ἀλλ' ἔτι νήπιος ἤχθη ἐκ τῆς 'Ιουδαίας εἰς γῆν
Job 10 7 εἶχον δὲ ἀρτοκόπια πεντήκοντα ἀφ' ὧν ἔταξα εἰς τὴν * ὑπηρεσίαν * τῆς τῶν πτωχῶν τραπέζης. ἦσαν δὲ καὶ ξένοι
Job 15 1 ὀλιγωρίας τοῦ γογγυσμοῦ. καὶ τὰ ἐμὰ τέκνα μετὰ τὴν * ὑπηρεσίαν * τῆς διακονίας ἦρον καθ' ἡμέραν τὸ δεῖπνον

ὑπηρετέω 10
Abr.1 5 1 καὶ ἐκαθέσθη μετ' αὐτοῦ ἐν τῇ τραπέζῃ 'Ισαὰκ δὲ * ὑπηρέτει * αὐτούς. τελεσθέντος δὲ τοῦ δείπνου ἐποίησεν
Abr.2 3 5 τὰ ποίμνια καὶ ἐνέγκατε θρέμματα θύσατε ταχέως καὶ * ὑπηρετήσατε * ἵνα φάγωμεν καὶ πίωμεν ὅτι εὐφρασία γίνεται
Abr.2 6 6 Μιχαὴλ καὶ εἶπεν οὐχὶ Σάρρα ἡ τοῖς δικαίοις * ὑπηρετοῦσα * οὐκ ἤνεγκα φάσιν περὶ Λὼτ καὶ ὡς ἤκουσεν
TJos. 14 3 καὶ εὐγενῆ παῖδα ὃν ἔδει εἶναι μᾶλλον ἄνετον καὶ * ὑπηρετεῖν * σοι; ἤθελε γάρ με ὁρᾶν ἐν πόθῳ ἁμαρτίας καὶ
TBen. 3 8 ἐθνῶν καὶ 'Ισραὴλ καὶ καταργήσει Βελιὰρ καὶ τοὺς * ὑπηρετοῦντας * αὐτῷ. ἴδετε τέκνα τοῦ ἀγαθοῦ ἀνδρὸς τὸ
Asen. 17 4 τὸν ἄνθρωπον κύριέ εἰσι σὺν ἐμοὶ ἑπτὰ παρθένοι * ὑπηρετοῦσαι * μοι συντεθραμμέναι μοι ἐκ νεότητός μου
Job 11 1 τὴν ἐμὴν προθυμίαν, καὶ ἐπεθύμησαν καὶ αὐτοὶ * ὑπηρετεῖν * τῇ διακονίᾳ καὶ ἄλλοι τινὲς ἦσάν ποτε
Job 12 2 πτωχοῖς σήμερον ἐν τῇ σῇ τραπέζῃ. καὶ συγχωρηθεὶς * ὑπηρέτει * καὶ ἔτρωγεν καὶ ἑσπέρας γινομένης ἐξερχόμενος
Aris. 92 5 καὶ ἑκάστῳ τὸ διατεταγμένον μέλει. καὶ ἀδιαλείπτως * ὑπηρετοῦσιν * οἱ μὲν τὴν ξυλείαν οἱ δὲ ἔλαιον οἱ δὲ
IEsc. 5 131 3 ἀνέμῳ νεφέλῃ τε καὶ ἀστραπῇ βροντῇ βροχῇ. * ὑπηρετεῖ * δὲ αὐτῷ θάλασσα καὶ πέτραι καὶ πᾶσα πηγὴ καὶ

ὑπηρέτης 3
Abr.2 10 16 ἐνταῦθα δὲ οὐκ ἐληθαργήθησαν. ἦραν οὖν αὐτὴν οἱ * ὑπηρέται * τῆς ὀργῆς καὶ ἐβασάνισαν αὐτήν. καὶ ἀποκριθεὶς
Aris. 26 6 τῶν διαφόρων δόσιν ἀθρόαν οὖσαν ἀπομερίσαι τοῖς * ὑπηρέταις * τῶν ταγμάτων καὶ βασιλικοῖς τραπεζίταις. οὕτω
Aris. 111 2 δὲ ποιούμενος καὶ χρηματιστὰς καὶ τοὺς τούτων * ὑπηρέτας * ἐπέταξε κατὰ νομοὺς ὅπως μὴ πορισμὸν

ὑπισχνέομαι 6
Sedr. 16 4 λέγει αὐτὸν ὁ κύριος Σεδρὰχ ἀγαπητέ μου * ὑπόσχομαι * συμπαθῆσαι καὶ κάτωθεν τῶν τεσσαράκοντα ἡμερῶν
Sib. 3 769 ἅγιον νόμον ὅς ποτ' ἔδωκεν εὐσεβέσιν τοῖς πᾶσιν * ὑπέσχετο * γαῖαν ἀνοίξειν καὶ κόσμον μακάρων τε πύλας καὶ
HArt. 9 27 14 προσαγορευόμενον ὑπ' αὐτοῦ τὸν δὲ ὀνειδισθέντα * ὑποσχέσθαι * τὴν ἐπίθεσιν λαβόντα καιρόν. ὑπὸ δὲ τοῦτον
HArt. 9 27 15 ὑπὸ δὲ τοῦτον τὸν καιρὸν τῆς Μέρριδος τελευτησάσης * ὑποσχέσθαι * τὸν Χενεφρῆν τῷ τε Μωΰσῳ καὶ τῷ Χανεθώθῃ τὸ
LThe. 9 22 3 νειηγενὲς αἷμα λελογχώς. τῷ δὲ γάμον κούρης μὲν * ὑπέσχετο * καὶ κατένευσεν ὁπλοτάτης οὐ μὴν τελέθειν
LEze. 9 28 3 07 χρόνον τροφαῖσι βασιλικαῖσι καὶ παιδεύμασιν ἅπανθ' * ὑπισχνεῖθ' * ὡς ἀπὸ σπλάγχνων ἐῶν ἐπεὶ δὲ πλήρης κόλπος

ὕπνος 34
Hen. 13 10 αὐτοῖς πάσας τὰς ὁράσεις ἃς εἶδον κατὰ τοὺς * ὕπνους * καὶ ἠρξάμην λαλεῖν τοὺς λόγους τῆς δικαιοσύνης
Hen. 14 2 μεγάλου ἐν ταύτῃ τῇ ὁράσει. ἐγὼ εἶδον κατὰ τοὺς * ὕπνους * μου ὃ νῦν λέγω ἐν γλώσσῃ σαρκίνῃ ἐν τῷ πνεύματι
Hen. 100 5 ἠδ' ἁμαρτία. καὶ ἀπ' ἐκείνου ὑπνώσουσιν εὐσεβεῖς * ὕπνον * ἡδὺν καὶ οὐκ ἔσται οὐκέτι ὁ ἐκφοβῶν αὐτούς. τότε
TRub. 3 1 ἐπὶ κρημνόν. ἐπὶ πᾶσι τούτοις ὄγδοον πνεῦμα τοῦ * ὕπνου * ἐστὶ μεθ' οὗ ἐκτίσθη ἔκστασις φύσεως καὶ εἰκὼν τοῦ
TRub. 3 7 διὰ τῆς δωροληψίας. ἐπὶ πᾶσι τούτοις τὸ πνεῦμα τοῦ * ὕπνου * τὸ ὄγδοον πνεῦμα συνάπτεται πλάνῃ καὶ φαντασίᾳ.
TSim. 4 8 ἐᾷ τὴν σύνεσιν ἐν ἀνθρώποις ἐνεργεῖν ἀλλὰ καὶ τὸν * ὕπνον * ἀφαιρεῖ καὶ κλόνον παρέχει τῇ ψυχῇ καὶ τρόμον
TSim. 4 9 παρέχει τῇ ψυχῇ καὶ τρόμον τῷ σώματι ὅτι καίγε ἐν * ὕπνῳ * τις ζῆλος κακίας αὐτὸν φαντάζων κατεσθίει καὶ ἐν
TLevi 2 5 καὶ ηὐξάμην κυρίῳ ὅπως σωθῶ. τότε ἐπέπεσεν ἐπ' ἐμὲ * ὕπνος * καὶ ἐθεασάμην ὄρος ὑψηλὸν τοῦτο ὄρος 'Ασπίδος ἐν
TJud. 18 4 καὶ συνέχει αὐτὸν ἐν μόχθοις καὶ πόνοις καὶ ἀφιστᾷ * ὕπνον * αὐτοῦ καὶ καταδαπανᾷ σάρκας αὐτοῦ καὶ θυσίας θεοῦ
TIss. 3 5 οὐκ ἐνενόουν ἡδονὴν γυναικὸς ἀλλὰ διὰ τοῦ κόπου ὁ * ὕπνος * μου περιεγένετο. καὶ πάντοτε ἔχαιρεν ἐπὶ τῇ
TIss. 7 9 γήρει καλῷ πᾶν μέλος ἔχων ὑγιὲς καὶ ἴσχυων ὕπνωσεν * ὕπνον * αἰώνιον.
TZab. 10 6 τὰς ἡμέρας τῆς ζωῆς ὑμῶν. καὶ ταῦτα εἰπὼν ἐκοιμήθη * ὕπνῳ * καλῷ καὶ ἔθηκαν αὐτὸν οἱ υἱοὶ αὐτοῦ ἐν θήκῃ ὕστερον
TDan 7 1 καὶ ταῦτα εἰπὼν κατεφίλησεν αὐτοὺς καὶ ὕπνωσεν * ὕπνον * αἰώνιον. καὶ ἔθαψαν αὐτὸν οἱ υἱοὶ αὐτοῦ. καὶ μετὰ
TNep. 2 6 καὶ τὸ στόμα αὐτοῦ ὡς ὁ ὀφθαλμὸς αὐτοῦ οὕτω καὶ ὁ * ὕπνος * ὡς ἡ ψυχὴ αὐτοῦ οὕτω καὶ ὁ λόγος αὐτοῦ ἢ ἐν
TAser 8 1 αὐτοῖς λέγων θάψατέ με εἰς Χεβρών. καὶ ἀπέθανεν * ὕπνῳ * καλῷ κοιμηθείς. καὶ μετὰ ταῦτα ἐποίησαν οἱ υἱοὶ
TJos. 20 4 καὶ ταῦτα εἰπὼν ἐκτείνας τοὺς πόδας αὐτοῦ ἐκοιμήθη * ὕπνον * αἰώνιον. καὶ ἐπένθησεν αὐτὸν πᾶς 'Ισραὴλ καὶ πᾶσα
Asen. 18 4 'Ασενὲθ τῆς κεφαλῆς μου πόνος γέγονε βαρὺς καὶ ὁ * ὕπνος * ἀπέστη ἀπὸ τῶν ὀφθαλμῶν μου καὶ τούτου ἕνεκα τὸ
Sal. 4 15 ὀδύναις καὶ πενίᾳ καὶ ἀπορίᾳ ἡ ζωὴ αὐτοῦ κύριε ὁ * ὕπνος * αὐτοῦ ἐν λύπαις καὶ ἡ ἐξέγερσις αὐτοῦ ἐν ἀπορίαις.
Sal. 4 16 καὶ ἡ ἐξέγερσις αὐτοῦ ἐν ἀπορίαις. ἀφαιρεθείη * ὕπνος * ἀπὸ κροτάφων αὐτοῦ ἐν νυκτὶ ἀποπέσοι ἀπὸ παντὸς
Sal. 6 4 καὶ σάλῳ θαλασσῶν οὐ πτοηθήσεται. ἐξανέστη ἐξ * ὕπνου * αὐτοῦ καὶ ηὐλόγησεν τῷ ὀνόματι κυρίου ἐπ'
Jer. 5 2 κοιμώμενος ἔτη ἑξηκονταὲξ καὶ οὐκ ἐξυπνίσθη ἐκ τοῦ * ὕπνου * αὐτοῦ. καὶ μετὰ ταῦτα ἐγερθεὶς ἀπὸ τοῦ ὕπνου αὐτοῦ
Jer. 5 2 τοῦ ὕπνου αὐτοῦ. καὶ μετὰ ταῦτα ἐγερθεὶς ἀπὸ τοῦ * ὕπνου * αὐτοῦ εἶπεν ὅτι ἡδέως ἐκοιμήθην ὀλίγον ἀλλὰ
Jer. 5 2 ἐστὶν ἡ κεφαλή μου ὅτι οὐκ ἐκορέσθην τοῦ * ὕπνου * μου. εἶτα ἀνακαλύψας τὸν κόφινον τῶν σύκων εὗρεν
Jer. 5 9 ὅτι διὰ τῆς ὁδοῦ τοῦ ὄρους ἦλθον ἐγερθεὶς ἀπὸ τοῦ * ὕπνου * μου καὶ βαρείας οὔσης τῆς κεφαλῆς μου διὰ τὸ μὴ
Jer. 5 10 οὔσης τῆς κεφαλῆς μου διὰ τὸ μὴ κορεσθῆναί με τοῦ * ὕπνου * πεπλάνημαι τὴν ὁδόν. θαυμαστὸν εἰπεῖν τοῦτο
Job 53 7 τρεῖς ἡμέρας ἐνέθεντο αὐτὸν εἰς τὸν τάφον ἐν καλῷ * ὕπνῳ, * λαβόντα ὄνομα ὀνομαστὸν ἐν πάσαις ταῖς γενεαῖς τοῦ
Aris. 160 4 τὴν κίνησιν καὶ ὑπόληψιν ἑαυτῶν ὅταν εἰς * ὕπνον * ἔρχωνται καὶ τὴν ἔγερσιν ὥς θεῖα τίς ἐστι καὶ
Aris. 213 2 δὲ ἐπαινέσας εἶπε πρὸς τὸν ἑξῆς πῶς ἂν ἐν τοῖς * ὕπνοις * ἀτάραχος εἴη; ὁ δὲ ἔφη δυσαπολόγητον ἠρώτηκας

```
Aris.    213    4          γὰρ οὐ δυνάμεθα ἐν τούτοις τοῖς κατὰ τὸν  ⋇ ὕπνον ⋇ ἑαυτοὺς ἀλλὰ περιεχόμεθα ἀλογίστῳ κατὰ τάδε
Aris.    216    3    πράγμασιν ἐγρηγορὼς τὴν διαγωγὴν ποιεῖται καὶ καθ' ⋇ ὕπνον ⋇ ἐν τοῖς αὐτοῖς ἡ διάνοια τὴν ἀναστροφὴν ἔχει θεὸς
Aris.    216    6         τρεπομένην κατευθύνει καὶ ἐγρηγορότος καὶ ἐν ⋇ ὕπνῳ. ⋇ διὸ καὶ περὶ σὲ διὰ παντός ἐστιν εὐστάθεια.
HArt.  9  27   23          τῶν φυλάκων οὓς μὲν τελευτῆσαι τινὰς δὲ ὑπὸ τοῦ ⋇ ὕπνου ⋇ παρεθῆναι τά τε ὅπλα κατεαγῆναι. ἐξελθόντα δὲ τὸν
LEze.  9  29  5 15    ὡς παρεμβολῇ βροτῶν. εἶτ' ἐμφοβηθεὶς ἐξανίσταμ' ἐξ ⋇ ὕπνου. ⋇ ὦ ξένε καλόν σοι τοῦτ' ἐσήμηνεν θεὸς ζῆν δ' ὅταν
FrAn. 17 Z069   4           ἕτερος τ⟨ο⟩υ ετερους⟨ - - ⟩ων αναβλεψας τ⟨ - ⋇ ⟩υπνω ⋇ ειδον τον⟨ - - ⟩και εθεωρουν⟨ - - ⟩εκ του ουρανους
     ὑπνόω                                                      7
Hen.     100    5             οὗ ἐκλείπῃ τὰ κακὰ ἠδ' ἁμαρτία. καὶ ἀπ' ἐκείνου ⋇ ὑπνώσουσιν ⋇ εὐσεβεῖς ὕπνον ἡδὺν καὶ οὐκ ἔσται οὐκέτι ὁ
TRub.     3   12      ἡ διάνοιά μου τὴν γυναικείαν γύμνωσιν οὐκ εἴασέ με ⋇ ὑπνῶσαι ⋇ ἕως οὗ ἔπραξα τὸ βδέλυγμα. ἀπόντος γὰρ Ἰακὼβ
TIss.     7    9          ἐν γήρει καλῷ πᾶν μέλος ἔχων ὑγιὲς καὶ ἰσχύων ⋇ ὑπνώσας ⋇ ὕπνον αἰώνιον.
TDan     7    1             μου. καὶ ταῦτα εἰπὼν κατεφίλησεν αὐτούς καὶ ⋇ ὕπνωσεν ⋇ ὕπνον αἰώνιον. καὶ ἔθαψαν αὐτὸν οἱ υἱοὶ αὐτοῦ.
Sal.      3    1            αὐτοῦ. ψαλμὸς τῷ Σαλωμων περὶ δικαίων. ἵνα τί ⋇ ὑπνοῖς ⋇ ψυχὴ καὶ οὐκ εὐλογεῖς τὸν κύριον; ὕμνον καινὸν
Sal.     16    1      μου ἀπὸ κυρίου παρὰ μικρὸν ὠλίσθησα ἐν καταφορᾷ ⋇ ὑπνούντων ⋇ μακρὰν ἀπὸ θεοῦ παρ' ὀλίγον ἐξεχύθη ἡ ψυχή μου
Jer.      5    2         κλίνας τὴν κεφαλὴν αὐτοῦ ἐπὶ τὸν κόφινον τῶν σύκων ⋇ ὕπνωσεν ⋇ κοιμώμενος ἔτη ἑξηκονταὲξ καὶ οὐκ ἐξυπνίσθη ἐκ
     ὑπό                      276  ὑπό ὑφ' ὑπ' ὕπο υπο υπ ὕπο ὑπ ὑπαί
     ὑποβάλλω                  2
TSim.     3    3         φαγεῖν οὔτε πιεῖν οὔτε ποιῆσαι τι ἀγαθὸν πάντοτε ⋇ ὑποβάλλει ⋇ ἀνελεῖν τὸν φθονούμενον καὶ ὁ μὲν φθονούμενος
HArt.  9  27    3        Αἰγύπτου βασιλεύειν ταύτην δὲ στεῖραν ὑπάρχουσαν ⋇ ὑποβαλέσθαι ⋇ τινὸς τῶν Ἰουδαίων παιδίον τοῦτο δὲ Μώϋσον
     ὑποβρύχιος               2
Abr.1    19   12       μεγάλῃ περιπεσόντες ⟨ἐν τοῖς⟩ ναυαγίοις γεγονότες ⋇ ὑποβρύχιοι ⋇ γίνονται θαλάσσιον θάνατον βλέποντες τῆς δὲ
HCal.    24   21         ἐξέστησαν γὰρ ἡμᾶς ἐν τῇ φάραγγι τῇ μεγάλῃ ὡς ⋇ ὑποβρύχιον ⋇ ἑαυτοὺς ποιήσαντες οἱ τῶν Μακεδόνων παῖδες.
     ὑπόγειος                 2
Prop.    11    2          τέρας ἔδωκεν ὅτι ὑπὸ ὑδάτων γλυκέων καὶ πυρὸς ⋇ ὑπογείου ⋇ ἀπολεῖται ὃ καὶ γέγονεν ἡ γὰρ περιέχουσα αὐτὴν
FrAn.   574 3043      ἐὰν ᾖς ἐπουράνιον ἢ ἀέριον εἴτε ἐπίγειον εἴτε ⋇ ὑπόγειον ⋇ ἢ καταχθόνιον ἢ Ἐβουσαῖον ἢ Χερσαῖον ἢ
     ὑπογράφω                 3
TIss.     4    3         ἐσθῆτα διάφορον οὐ θέλει χρόνους μακροὺς οὐχ ⋇ ὑπογράφει ⋇ ζῆν ἀλλὰ μόνον ἐκδέχεται τὸ θέλημα τοῦ θεοῦ.
Aris.    268    5       τελευτήσασι μὲν γὰρ καὶ κακῶν ἀπολελυμένοις οὐχ ⋇ ὑπογράφει ⋇ λύπην ὁ λόγος ἀλλ' ἐφ' ἑαυτοὺς ἀναφέροντες καὶ
HEup.  9  30    8        καὶ γράψαι πρὸς Οὔαφρην τὸν Αἰγύπτου βασιλέα τὴν ⋇ ὑπογεγραμμένην ⋇ ἐπιστολήν. ἐπιστολη Σολομωνος. βασιλεὺς
     ὑπόδειγμα               2
Aris.    143    5          κατὰ τὴν χρῆσιν καὶ οἷς συγχρώμεθα. χάριν δὲ ⋇ ὑποδείγματος ⋇ ἐν ᾗ δεύτερον ἐπιδραμὼν σοι σημανῶ. μὴ γὰρ
HEup.  9  34    7        χρυσᾶ ⟨δέκα⟩ δέκα τάλαντα ἑκάστην ὁλκὴν ἀγούσας ⋇ ὑπόδειγμα ⋇ λαβόντα τὴν ὑπὸ Μωυσέως ἐν τῇ σκηνῇ τοῦ
     ὑποδείκνυμι             29
Adam     23    3           τὸ κράτος σου δέσποτα. λέγει αὐτῷ ὁ θεὸς τίς σοι ⋇ ὑπέδειξεν ⋇ ὅτι γυμνὸς εἶ εἰ μὴ ὅτι ἐγκατέλιπας τὴν
Hen.      8    1          ὅπλα καὶ ἀσπίδας καὶ θώρακας διδάγματα ἀγγέλων καὶ ⋇ ὑπέδειξεν ⋇ αὐτοῖς τὰ μέταλλα καὶ τὴν ἐργασίαν αὐτῶν καὶ
Hen.     13    2          τῶν ἀσεβειῶν καὶ τῆς ἀδικίας καὶ τῆς ἁμαρτίας ὅσα ⋇ ὑπέδειξας ⋇ τοῖς ἀνθρώποις. τότε πορευθεὶς εἴρηκα πᾶσιν
Hen.     106   19          καὶ ἀπὸ πασῶν τῶν συντελειῶν ἐπὶ τῆς γῆς--- ⋇ ὑπέδειξέν ⋇ μοι καὶ ἐμήνυσεν καὶ ἐν ταῖς πλαξὶν τοῦ
Abr.1    17   14    ἀγριωτέραν καὶ πάσης ἀκαθαρσίας ἀκαθαρσωτέραν καὶ ⋇ ὑπέδειξε ⋇ ⟨τῷ Ἀβραὰμ⟩ κεφαλὰς δρακόντων πυρίνους ἑπτὰ
Abr.2     7   20          τῷ πατρί μου περὶ τούτου ὅπως ἂν κελεύσῃ μοι καὶ ⋇ ὑποδείξω ⋇ σοι πάντα. καὶ ἀπῆλθεν Μιχαὴλ εἰς τοὺς οὐρανοὺς
Abr.2     8    2            ἄπελθε καὶ ἀνάλαβε σωματικῶς τὸν Ἀβραὰμ καὶ ⋇ ὑποδείξον ⋇ αὐτῷ πάντα καὶ εἴ τι δ' ἂν εἴπῃ σοι ποίησον
TLevi    18 ZB049        ἵνα ποιήσουσιν κατὰ τὴν κρίσιν ταύτην ὡς σοι ⋇ ὑπέδειξα. ⋇ οὕτως γὰρ μοι ἐνετείλατο ὁ πατήρ Ἀβραὰμ
TNep.     8    1          ἐφοβούμην τοὺς ἀδελφούς μου. καὶ ἰδοὺ τέκνα μου ⋇ ὑπέδειξα ⋇ ὑμῖν καιροὺς ἐσχάτους ὅτι πάντα γενήσεται ἐν
TAser     1    2         τοῦ πατρὸς ὑμῶν καὶ πᾶν τὸ εὐθὲς ἐνώπιον τοῦ θεοῦ ⋇ ὑπέδειξα ⋇ ὑμῖν. δύο ὁδοὺς ἔδωκεν ὁ θεὸς τοῖς υἱοῖς τῶν
Bar.      1    4          γάρ με πρὸ προσώπου σου ὅπως ἀναγγείλω καὶ ⋇ ὑποδείξω ⋇ σοι πάντα τοῦ θεοῦ. ἡ γὰρ βασιλεία σου ηὐκοσθη
Bar.      1    6    λέγει μοι ὁ ἄγγελος παῦσον τὸν θεὸν παροξύνειν καὶ ⋇ ὑποδείξω ⋇ σοι ἄλλα μυστήρια τούτων μείζονα. καὶ εἶπον ἐγὼ
Bar.      1    7         καὶ εἶπον ἐγὼ Βαροὺχ ζῇ κύριος ὁ θεὸς ὅτι ἐὰν ⋇ ὑποδείξῃς ⋇ μοι καὶ ἀκούσω παρά σου λόγον οὐ μὴ προσθήσω
Bar.      1    8          καὶ εἶπέν μοι ὁ ἄγγελος τῶν δυνάμεων δεῦρο καὶ ⋇ ὑποδείξω ⋇ σοι τὰ μυστήρια τοῦ θεοῦ. καὶ λαβών με ἤγαγεν
Bar.      2    3          πτέρυξιν ὡσεὶ πορείας ὁδοῦ ἡμερῶν τριάκοντα. καὶ ⋇ ὑπέδειξέν ⋇ μοι ἔνδον τοῦ οὐρανοῦ πεδίον. καὶ ἦσαν
Bar.      2    6          πάλιν λέγει μοι ὁ ἄγγελος τῶν δυνάμεων δεῦρο καὶ ⋇ ὑποδείξω ⋇ σοι μείζονα μυστήρια. εἶπον δὲ ἐγὼ δέομαί σου
Bar.      3    1    ἄγγελος κυρίου ἤγαγέν με εἰς δεύτερον οὐρανόν. καὶ ⋇ ὑπέδειξέν ⋇ μοι ⟨ἐν⟩ κάκεῖ θύραν ὁμοίαν τῆς πρώτης. καὶ
Job       1    4         περικυκλώσαντες, τέκνα μου περικυκλώσατέ με ἵνα ⋇ ὑποδείξω ⋇ ὑμῖν ἃ ἐποίησεν κύριος μετ' ἐμοῦ καὶ τὰ
Job       3    2           Ιωβαφ. καὶ εἶπον ἰδοὺ ἐγώ. καὶ εἶπεν ἀνάστηθι καὶ ⋇ ὑποδείξω ⋇ σοι τίς ἐστιν οὗτος ὃν γνῶναι θέλεις οὗτος οὗ
Job       4    1         ὅτι μὲν καθαρίσαι τοῦτόν τον τόπον δυνήσῃ, ἀλλὰ ⋇ ὑποδείκνυμί ⋇ σοι πάντα ἅπερ ἐνετειλατό μοι κύριος
Job       9    1       καὶ ἧρέν μου σύμπαντα τὸν πλοῦτον. ἀκούσατε οὖν, ⋇ ὑποδείξω ⋇ γὰρ ὑμῖν πάντα τὰ συμβεβηκότα μοι καὶ τὰ
Job      16    1    ποιοῦντος ἐν τοῖς ἑπτὰ ἔτεσιν μετὰ τὸ τὸν ἄγγελον ⋇ ὑποδεῖξαι ⋇ μοι, εἶτα μετὰ τὸ ἐκάλεσεν τὴν ἐξουσίαν τὸν
Job      29    1        τὴν πόλιν ἅμα τοῖς πολίταις καὶ ὁ μὲν πολῖταί μου ⋇ ὑπέδειξαν ⋇ με αὐτῶ, οἱ δὲ ἀντέτειναν λέγοντες μὴ εἶναί
Job      33    2         τῆς κραυγῆς εἶπεν αὐτοῖς Ιωβ σιωπήσατε νῦν ⋇ ὑποδείξω ⋇ ὑμῖν τὸν θρόνον μου καὶ τὴν δόξαν καὶ τὴν
Job      42    2        καὶ νεφῶν εἶπεν, καὶ τὸν μὲν Ελιους ἐμέμψατο, ⋇ ὑποδείξας ⋇ μοι τὸν ἐν αὐτῷ λαλήσαντα μὴ εἶναι ἄνθρωπον
Job      47    9    λήθην ἔσχον ὁ δὲ κύριος ἐλάληισέ μοι ἐν δυνάμει, ⋇ ὑποδείξας ⋇ μοι τὰ γενόμενα καὶ τὰ μέλλοντα. νῦν οὖν,
Aris.    112    2         δὲ ταῦτα διὰ τὸ καλῶς ἡμῖν τὸν Ἐλεάζαρον ⋇ ὑποδεδειχέναι ⋇ τὰ προειρημένα. μεγάλη γάρ ἐστιν ἡ τῶν
Aris.    128    1       αὐτοῦς. ἄξιον δὲ ἐπιμνησθῆναι ⟨διὰ⟩ βραχέων τῶν ⋇ ὑποδειχθέντων ⋇ ὑπ' αὐτοῦ πρὸς τὰ δι' ἡμῶν ἐπιζητηθέντα.
Sib.      3   555       +θανεόντων+ ὧν ἕνεκεν τὰ μάταια φρονεῖν ὑμῖν ⋇ ὑπεδείχθη. ⋇ ἀλλ' ὁπόταν μεγάλοιο θεοῦ χόλος ἔσσεται ὑμῖν
     ὑποδεικνύω               2
Hen.     103   15          ἀπέκτειναν ἡμᾶς καὶ εἰς ὀλίγους ἤγαγον. καὶ οὐχ ⋇ ὑποδεικνύουσιν ⋇ περὶ τῶν πεφονευμένων ἡμῶν καὶ οὐκ
Job      32    1          αὐτῶν. ἀκούσατε οὖν τοῦ κλαυθμοῦ τοῦ Ελιου ⋇ ὑποδεικνύοντος ⋇ τοῖς παισὶν τὸν πλοῦτον τοῦ Ιωβ. σὺ εἶ ὁ
     ὑποδέχομαι               6
Abr.1     1    2          τε καὶ ξένους γείτονάς τε καὶ παροδίτας ἴσον ⋇ ὑπεδέχετο ⋇ ὁ ὅσιος καὶ πανίερος καὶ δίκαιος καὶ φιλόξενος
Abr.2     4   10        ὅτι φίλος σού ἐστιν καὶ δίκαιος ἄνθρωπος ξένους ⋇ ὑποδεχόμενος ⋇ παρακαλῶ οὖν κύριε κέλευσον ἀποστεῖλαι τὴν
Sib.      3   350       ἔτος τὸ παρελθὸν ἄμεινον πόσσον δασμοφόρου Ἀσίης ⋇ ὑπεδέξατο ⋇ Ῥώμη χρήματά κεν τρὶς τόσσα δεδέξεται ἔμπαλιν
Sib.      4   79       ταμὼν ὄρος ὑψικάρηνον ὃν φυγάδ' ἐκ πολέμου δειλὴ ⋇ ὑποδέξεται ⋇ Ἀσίς. Σικελίην δὲ πολλάκι κῦμα πελάξει μάλα
LThe.  9  22    3      λιπὼν δριμεῖαν ἐνιπὴν αὐτοκασιγνήτοιο πρόφρων ⋇ ὑπέδεκτο ⋇ δόμονδε Λάβαν ὅς οἱ ἔην μὲν ἀνεψιὸς ἀλλὰ τότ'
LThe.  9  22    4       τὸν Ἰακὼβ ἐλθεῖν εἰς τὰ Σίκιμα πρὸς Ἐμμὼρ τὸν δὲ ⋇ ὑποδέξασθαι ⋇ αὐτὸν καὶ μέρος τι τῆς χώρας δοῦναι. καὶ
     ὑποδέω (-δήσω)            4
LEze.  9  29 13 07   οὕτως φάγεσθε ταῦτα περιεζωσμένοι καὶ κοῖλα ποσὶν ⋇ ὑποδέδεσθε ⋇ καὶ χειρὶ βακτηρίαν ἔχοντες. ἐν σπουδῇ τε γὰρ
     ὑπόδημα                  4
TZab.     3    2          ἡμῶν λαβόντες τὴν τιμὴν τοῦ Ἰωσὴφ ἐπρίασαντο ⋇ ὑποδήματα ⋇ ἑαυτοῖς καὶ ταῖς γυναιξὶν αὐτῶν καὶ τοῖς
TZab.     3    4       ἀναστῆσαι σπέρμα τῷ ἀδελφῷ αὐτοῦ ὑπολυθήσεσθαι τὸ ⋇ ὑπόδημα ⋇ καὶ ἐμπτύεσθαι εἰς τὸ πρόσωπον. καὶ οἱ ἀδελφοὶ
TZab.     3    5      ζωὴν ἀδελφοῦ αὐτῶν καὶ κύριος ὑπέλυσεν αὐτοὺς τὸ ⋇ ὑπόδημα ⋇ Ἰωσήφ. καὶ γὰρ ἐλθόντες ἐν Αἰγύπτῳ ὑπελύθησαν
Sal.      2    2        τὸ θυσιαστήριόν σου ἔθνη ἀλλότρια κατεπατοῦσαν ἐν ⋇ ὑποδήμασιν ⋇ αὐτῶν ἐν ὑπερηφανίᾳ ἀνθ' ὧν οἱ υἱοὶ
     ὑποδιαβαίνω ⋇            1
Sedr.     8    9        ἐποίησα τὴν θάλασσαν πόσα κύματα ἤγειραν καὶ πόσα ⋇ ὑποδιέβησαν ⋇ καὶ πόσα μέλλουν ἐγεῖραι καὶ πόσοι ἄνεμοι
     ὑπόδικος                 1
Bar.      4    9    τοσούτου κακοῦ αἰτία γέγονεν ἡ ἄμπελος καὶ κατάρας ⋇ ὑπόδικος ⋇ παρὰ θεοῦ καὶ τοῦ πρωτοπλάστου ἀναίρεσις πῶς
     ὑποδοχεῖον               2
Aris.    89    3     φυσικῶς ἐπιρρεούσης ἔτι δὲ θαυμασίων καὶ ἀδιηγήτων ⋇ ὑποδοχείων ⋇ ὑπαρχόντων ὑπὸ γῆν καθὼς ἀπέφαινον πέντε
Aris.    91    2         θυμάτων αἵματα. πεπυσμένος δὲ καὶ αὐτὸς τὴν τῶν ⋇ ὑποδοχείων ⋇ κατασκευὴν δηλώσω καθὼς ἐπιστώθην. προήγαγον
     ὑποδοχή                  2
Aris.    183    3          πάντα τὰ δι' αὐτοῦ χειριζόμενα πρὸς τὰς τοιαύτας ⋇ ὑποδοχὰς ⋇ διαμεμερισμένα. διμερῆ τε ἐποίησε τὰ τῶν
     ὑποδρομή                 2
Aris.    86    3    ὁμοιοτάτη ὑπῆρχε καὶ μάλιστα διὰ τὴν τοῦ πνεύματος ⋇ ὑποδρομὴν ⋇ ἀδιάλειπτον κίνησιν λαβανούσης τῆς διυφῆς διὰ
Aris.    86    5      τῆς διυφῆς διὰ τὸ ἀπ' ἐδάφους γίνεσθαι τὴν ⋇ ὑποδρομὴν ⋇ κατὰ τὴν κόλπωσιν μέχρι τῆς ἄνω διατάσεως
     ὑποζώννυμι               1
Sal.     17   22     σὺ ὁ θεὸς τοῦ βασιλεῦσαι ἐπὶ Ισραηλ παῖδά σου καὶ ⋇ ὑπόζωσον ⋇ αὐτὸν ἰσχὺν τοῦ θραῦσαι ἄρχοντας ἀδίκους
     ὑποκάτω                 16
Hen.     14   19     τροχὸς ὡς ἡλίου λάμποντος καὶ ὄρος χερουβίν. καὶ ⋇ ὑποκάτω ⋇ τοῦ θρόνου ἐξεπορεύοντο ποταμοὶ πυρὸς φλεγόμενοι
Hen.     18   12        στερέωμα οὐρανοῦ ἐπάνω αὐτῇ γῇ ᾗ τεθεμελιωμένη ⋇ ὑποκάτω ⋇ αὐτοῦ οὔτε ὕδωρ ἢν ὑπ' αὐτὸ οὔτε πετεινὸν ἀλλὰ
Hen.     26    2         τοῦ δένδρου ἐκκοπέντος. κάκεῖ τεθέαμαι θρὸς ἅγιον ⋇ ὑποκάτω ⋇ τοῦ ὄρους ὕδωρ ἐξ ἀνατολῆς καὶ τὴν δύσιν εἶχεν
Hen.     26    3           οὐκ ἔχουσαν πλάτος καὶ δι' αὐτῆς ὕδωρ πορεύεται ⋇ ὑποκάτω ⋇ ὑπὸ τὸ ὄρος. καὶ πρὸς δυσμὰς τούτου ἄλλο ὄρος
Abr.1    16    7      ἰδὼν ἐξῆλθεν ἐκ τῆς πατρίνου αὐτοῦ οἰκίας καὶ ⋇ ὑποκάτω ⋇ τῶν δένδρων τὴν μαρπίνην τὴν σιαγόνα καὶ τὸ
TLevi     3    7     εὐωδίας λογικὴν καὶ ἀναίμακτον προσφοράν. ἐν δὲ τῷ ⋇ ὑποκάτω ⋇ εἰσὶν οἱ ἄγγελοι οἱ φέροντες τὰς ἀποκρίσεις τοῖς
TLevi    18 ZB025         ταῦτα εἴρηκεν ὅτι ταῦτά ἐστιν ἃ σε ἀναφέρειν ⋇ ὑποκάτω ⋇ τῆς ὁλοκαυτώσεως ἐπὶ τοῦ θυσιαστηρίου. καὶ τὸ
TIss.     1    5     δὲ ἦσαν μῆλα εὐώδημα ἃ ἐνεγκεῖ ἰὴ ᾽Αρὰμ ἐν ὕψει ⋇ ὑποκάτω ⋇ φάραγγος ὑδάτων. τότε δὲ ᾽Ραχὴλ οὐ δώσω αὐτά σοι
Asen.    11   1C        καὶ ἀπεστράφη ἄνω πρὸς τὸν τοῖχον καὶ ἐκάθισεν ⋇ ὑποκάτω ⋇ τῆς θυρίδος τῆς βλεπούσης κατὰ ἀνατολάς. καὶ τὴν
Asen.    23   15       Φαραὼ καὶ ἔπεσεν ἐπὶ πρόσωπον αὐτοῦ ἐπὶ τὴν γῆν ⋇ ὑποκάτω ⋇ τῶν ποδῶν αὐτῶν. καὶ ἐξέτεινε Λευὶς τὴν χεῖρα
```

Prop. 1 1 θνήσκει ὑπὸ Μανασσῆ πρισθεὶς εἰς δύο καὶ ἐτέθη * ὑποκάτω * δρυὸς Ῥωγὴλ ἐχόμενα τῆς διαβάσεως τῶν ὑδάτων ὧν
Job 27 3 καὶ εἷς τὸν ἕνα κατέρραξαν καὶ ὁ μὲν ἐπάνω τὸν * ὑποκάτω * ἐφίμωσεν πλήσας τὸ στόμα αὐτοῦ ἄμμου καὶ πᾶν
Job 27 4 τὸ στόμα αὐτοῦ ἄμμου καὶ πᾶν μέλος συγκλάσας * ὑποκάτω * αὐτοῦ ὄντος, καὶ ἐνέγκαντος αὐτοῦ τὴν καρτερίαν
Job 27 5 μέγα ἐφώνησεν ἀκμὴν ὁ ἐπάνω. οὕτω καὶ σύ, Ιωβ, * ὑποκάτω * ἧς καὶ ἐν πληγῇ, ἀλλ' ἐνίκησας τὰ παλαιστρικά
FJub. 2 2 τῶν ἐν οὐρανοῖς καὶ ἐν τῇ γῇ τὰς ἀβύσσους τήν τε * ὑποκάτω * τῆς γῆς καὶ τοῦ χάους καὶ σκότος ἑσπέρα καὶ νὺξ
FJub. 2 4 τῶν ἐπάνω τοῦ στερεώματος ὑδάτων καὶ τῶν * ὑποκάτω * τοῦ στερεώματος ἐπὶ πρόσωπον πάσης τῆς γῆς.
ὑποκάτωθεν 2
TLevi 2 3B013 κακοῦ. παραδοὺς διὸ δὴ καὶ τὴν ἀνομίαν ἐξάλειψον * ὑποκάτωθεν * τοῦ οὐρανοῦ καὶ συντελέσαι τὴν ἀνομίαν ἀπὸ
Asen. 2 12 τῇ αὐλῇ ἐκ δεξιῶν πηγὴ ὕδατος πλουσίου ζῶντος καὶ * ὑποκάτωθεν * τῆς πηγῆς ἦν ληνὸς μεγάλη δεχομένη τὸ ὕδωρ
ὑπόκειμαι 3
Sal. 16 8 με κάλλος γυναικὸς παρανομούσης καὶ παντὸς * ὑποκειμένου * ἀπὸ ἁμαρτίας ἀνωφελοῦς. τὰ ἔργα τῶν χειρῶν
Aris. 105 4 πύργων θέσιν θεατροειδῆ καὶ φαινομένων διόδων τῶν * ὑποκειμένων * τῶν δ' ἐπάνωθεν εἰθισμένως καὶ τὰς διὰ
LAri. 8 10 12 ἡ στάσις οὖν ἡ θεία κατὰ ταῦτα ἂν λέγοιτο πάντων * ὑποκειμένων * τῷ θεῷ. λέγεται δὲ καὶ κατάβασις ἐπὶ τὸ ὄρος
ὑποκρίνω 4
TAser 7 3 σώσει τὸν Ἰσραὴλ καὶ πάντα τὰ ἔθνη θεὸς εἰς ἄνδρα * ὑποκρινόμενος. * εἴπατε οὖν ταῦτα τοῖς τέκνοις ὑμῶν μὴ
Sal. 4 20 τοῦ ἡλίου ἐν ἀτιμίᾳ. ὀφθαλμοὺς ἐκκόψαισαν κόρακες * ὑποκρινομένων * ὅτι ἠρήμωσαν οἴκους πολλοὺς ἀνθρώπων ἐν
Sal. 4 22 αὐτοὺς ἀπὸ τῆς γῆς ὅτι ψυχὰς ἀκάκων παραλογισμῷ * ὑπεκρίνοντο. * μακάριοι οἱ φοβούμενοι τὸν κύριον ἐν ἀκακίᾳ
Aris. 219 3 φαίνεσθαι τὸ γὰρ πρόσωπον ὃ δέον αὐτούς ἐστιν * ὑποκρίνεσθαι * τοῦτο συνθεωροῦντες ἀκόλουθα πάντα
ὑπόκρισις 3
TBen. 6 5 καὶ τιμῆς λύπης καὶ χαρᾶς ἡσυχίας καὶ ταραχῆς * ὑποκρίσεως * καὶ ἀληθείας πενίας καὶ πλούτου ἀλλὰ μίαν
Sal. 4 6 ἐν ἱλαρότητι ὡς ἄκακος. ἐξᾶραι ὁ θεὸς τοὺς ἐν * ὑποκρίσει * ζῶντας μετὰ ὁσίων ἐν φθορᾷ σαρκὸς αὐτοῦ καὶ
Aris. 219 4 συνθεωροῦντες ἀκόλουθα πάντα πράσσουσι σὺ δὲ οὐχ * ὑπόκρισιν * ἔχεις ἀλλ' ἀληθῶς βασιλεύεις θεοῦ δόντος σοι
ὑποκριτής 1
Aris. 219 2 καὶ λαλοῦσιν. οὐ γὰρ ἐλάχιστόν σε δεῖ τῶν * ὑποκριτῶν * φαίνεσθαι τὸ γὰρ πρόσωπον ὃ δέον αὐτούς ἐστιν
ὑποκρύπτω 2
TJud. 6 5 ἀπὸ τῆς κορυφῆς τοῦ ὄρους ἐν ᾗ ἦν ἡ πόλις. καὶ * ὑποκρυβέντες * ἐγὼ καὶ Συμεὼν ἐξόπισθεν ἐπελαβόμεθα τῶν
Bar. 7 5 δόξαν ἐταπεινώθην φόβῳ μεγάλῳ καὶ ἐξέφυγον καὶ * ὑπεκρύβην * ἐν ταῖς πτέρυξι τοῦ ἀγγέλου. καὶ εἶπέν μοι ὁ
ὑπολαμβάνω 22
Hen. 98 7 οὐκ ἔσται ὑμῖν ἔργον ἀποκεκρυμμένον ἄδικον. μὴ * ὑπολάβητε * τῇ ψυχῇ ὑμῶν μηδὲ ὑπολάβητε τῇ καρδίᾳ ὑμῶν ὅτι
Hen. 98 7 ἄδικον. μὴ ὑπολάβητε τῇ ψυχῇ ὑμῶν μηδὲ * ὑπολάβητε * τῇ καρδίᾳ ὑμῶν ὅτι οὐ γινώσκουσιν οὐδὲ
Hen. 106 6 ὡς ἀκτῖνες τοῦ ἡλίου καὶ ἔνδοξον τὸ πρόσωπον καὶ * ὑπολαμβάνω * ὅτι οὐκ ἔστιν ἐξ ἐμοῦ ἀλλὰ ἐξ ἀγγέλου καὶ
Abr.1 7 2 εἰσῆλθες πρὸς ἡμᾶς κλαίων οὕτως ἐν ὀλιγωρίᾳ πολλῇ; * ὑπολαβὼν * δὲ Ἰσαὰκ ἤρξατο λέγειν ἰδοὺ ἐγὼ κύριέ μου
Job 36 4 ἡ καρδία μου διότι οὐχ ὑπάρχει ἐν οὐρανῷ ταραχή. * ὑπολαβὼν * δὲ Βαλδαδ λέγει ὅτι μὲν γινώσκομεν τὴν γῆν
Job 37 5 πληγὰς ταύτας; καὶ ἐγὼ εἶπον ὅτι ὁ θεός. καὶ πάλιν * ὑπολαβὼν * εἶπεν πρός με ἐπὶ τῷ θεῷ ἐλπίζεις; πῶς οὖν,
Job 38 5 διαχωρίζει; εἶπεν δὲ ὁ Βαλδαδ ἀγνοῶ. ἐγὼ πάλιν * ὑπολαβὼν * εἶπον αὐτῷ εἰ οὖν τὴν τοῦ σώματος πορείαν οὐ
Job 38 6 οὐ καταλαμβάνεις, πῶς τὰ ἐπουράνια καταλήψει; * ὑπολαβὼν * δὲ καὶ Σοφαρ εἶπεν οὐχὶ τὰ ὑπὲρ ἡμᾶς ἐρευνῶμεν,
Job 40 1 τὸν οὐρανόν; διὸ ἔκφανον ἡμῖν τὸ ἀληθές. ἐγὼ δὲ * ὑπολαβὼν * εἶπον αὐτοῖς ἐγείρατέ με ἵνα σταθῶ. οἱ δὲ
Aris. 11 6 τῶν γραμμάτων θέσει καθὸ καὶ φωνὴν ἰδίαν ἔχουσιν. * ὑπολαμβάνονται * Συριακῇ χρῆσθαι τὸ δ' οὐκ ἔστιν ἀλλ'
Aris. 19 2 διανακύψας καὶ προσβλέψας ἱλαρῷ τῷ προσώπῳ πόσας * ὑπολαμβάνεις * μυριάδας ἔσεσθαι; ἔφη. παρεστὼς δὲ Ἀνδρέας
Aris. 83 1 τὴν τῶν λίθων δόσιν καὶ τὴν τῶν τεχνῶν ἐνέργειαν. * ὑπολαμβάνων * οὖν καὶ τούτων τὴν ἀναγραφὴν ἀναγκαίαν εἶναι
Aris. 95 2 τὰ τῆς λειτουργίας. ἥ τε πᾶσα σιγὴ καθέστηκεν ὥσθ' * ὑπολαμβάνειν * μηθ' ἕνα ἄνθρωπον ἐν τῷ τόπῳ παρεῖναι πρὸς
Aris. 201 3 ναὶ βασιλεῦ προνοίᾳ γὰρ τῶν ὅλων διοικουμένων καὶ * ὑπειληφότων * ὀρθῶς τοῦτο ὅτι θεόκτιστόν ἐστιν ἄνθρωπος
Aris. 214 3 ὡς θεωρουμένοις ἀλογιστοῦμεν δὲ καθόσον * ὑπολαμβάνομεν * καὶ ἐπὶ πέλαγος καὶ ἐν πλοίοις ἢ πολεῖν ἢ
Aris. 214 5 εἰς ἑτέρους τόπους καὶ τοιαῦτα ἕτερα καίτοι ταῦθ' * ὑπολαμβάνομεν * καθεστάναι. πλὴν ὅσον ἔμοιγε ἐφικτὸν οὕτω
Aris. 221 2 ἐχομένη τῆς αὐτῆς διατάξεως γενηθείσης ὅτε καιρὸν * ὑπελάμβανεν * ὁ βασιλεὺς εἶναι τοῦ πυνθάνεσθαί τι τῶν
Aris. 227 3 ἡμῖν οἴονται πάντες ὅτι πρὸς τούτους δέον ἐγὼ δ' * ὑπολαμβάνω * πρὸς τοὺς ἀντιδοξοῦντας φιλοτιμίαν δεῖν
HArt. 9 27 7 Αἰθιόπων ἐπιστρατευσαμένων τῇ Αἰγύπτῳ τὸν Χενεφρῆν * ὑπολαβόντα * εὑρηκέναι καιρὸν εὔθετον πέμψαι τὸν Μώϋσον
HArt. 9 27 7 δυνάμεως τὸ δὲ τῶν γεωργῶν αὐτῷ συστῆσαι πλῆθος * ὑπολαβόντα * ῥᾳδίως αὐτὸν διὰ τὴν τῶν στρατιωτῶν ἀσθένειαν
HArt. 9 27 15 διακομίσαντας εἰς τοὺς ὑπὲρ Αἴγυπτον τόπους θάψαι * ὑπολαβόντα * τὸν Μώϋσον ὑπὸ τοῦ Χανεθώθου ἀναιρεθήσεσθαι.
LAri. 13 12 11 ἀποπεπαυκέναι τὸν θεὸν ἐν αὐτῇ τοῦτο οὐχ ὥς τινες * ὑπολαμβάνουσι * μηκέτι ποιεῖν τι τὸν θεὸν καθέστηκεν ἀλλ'
ὑπολαμπάς 1
Asen. 14 9 καὶ αἱ τρίχες τῆς κεφαλῆς αὐτοῦ ὡς φλὸξ πυρὸς * ὑπολαμπάδος * καιομένης καὶ αἱ χεῖρες καὶ οἱ πόδες ὥσπερ
ὑπόληψις 1
Aris. 160 3 λόγῳ ἀλλὰ καὶ διαλήψει θεωροῦντας τὴν κίνησιν καὶ * ὑπόληψιν * ἑαυτῶν ὅταν εἰς ὕπνον ἔρχωνται καὶ τὴν ἔγερσιν
ὑπόλοιπος 1
Job 16 6 νυνὶ δὲ ἐπανισταμένων μοι καὶ ἀφαιρουμένων τὰ * ὑπόλοιπα * τῶν θρεμμάτων μου. καὶ τῶν ὑπαρχόντων μοι
ὑπολύω 3
TZab. 3 4 τὸν μὴ θέλοντα ἀναστῆσαι σπέρμα τῷ ἀδελφῷ αὐτοῦ * ὑπολυθήσεσθαι * τὸ ὑπόδημα καὶ ἐμπτύεσθαι εἰς τὸ πρόσωπον.
TZab. 3 5 οὐκ ἠθέλησαν εἰς ζωὴν ἀδελφοῦ αὐτῶν καὶ κύριος * ὑπέλυσεν * αὐτοὺς τὸ ὑπόδημα Ἰωσήφ. καὶ γὰρ ἐλθόντες ἐν
TZab. 3 6 τὸ ὑπόδημα Ἰωσήφ. καὶ γὰρ ἐλθόντες ἐν Αἰγύπτῳ * ὑπελύθησαν * ὑπὸ τῶν παίδων Ἰωσὴφ ἔμπροσθε τοῦ πυλῶνος
ὑπομένω 14
TDan 5 13 ἔσται εἰς δόξασμα θεοῦ ἕως τοῦ αἰῶνος. καὶ οὐκέτι * ὑπομένει * Ἰερουσαλὴμ ἐρήμωσιν οὐδὲ αἰχμαλωτίζεται
TNep. 7 1 πληρωθῆναι κατὰ καιρὸν αὐτῶν πολλὰ τοῦ Ἰσραὴλ * ὑπομείναντος. * τότε λέγει μοι ὁ πατήρ μου πιστεύω ὅτι ζῇ
TJos. 17 1 ἵνα μὴ ἐτασθῇ ὁ εὐνοῦχος. ὁρᾶτε τέκνα πόσα * ὑπέμεινα * ἵνα μὴ καταισχύνω τοὺς ἀδελφούς μου. καὶ ὑμεῖς
Sal. 10 2 μάστιγας καθαρισθήσεται χρηστὸς γὰρ ὁ κύριος τοῖς * ὑπομένουσιν * παιδείαν. ὀρθώσει γὰρ ὁδοὺς δικαίων καὶ οὐ
Sal. 14 1 πιστὸς κύριος τοῖς ἀγαπῶσιν αὐτὸν ἐν ἀληθείᾳ τοῖς * ὑπομένουσιν * παιδείαν αὐτοῦ τοῖς πορευομένοις ἐν
Sal. 16 15 σου ἐν σαρκὶ αὐτοῦ καὶ ἐν θλίψει πενίας ἐν τῷ * ὑπομεῖναι * δίκαιον ἐν τούτοις ἐλεηθήσεται ὑπὸ κυρίου.
Prop. 9 2 ἀγροῦ Βηθαχαράμ. οὗτος ἦν μαθητὴς Ἡλία καὶ πολλὰ * ὑπομείνας * δι' αὐτὸν περιεσώζετο. οὗτος ἦν ὁ τρίτος
Prop. 25 1 καὶ τὸν ὑπατικὸν πῶς ρ κ' ἐτῶν τυγχάνων * ὑπέμεινε * τὰς αἰκίας καὶ ἐκέλευσεν αὐτὸν σταυρωθῆναι.)
Job 4 6 σου τὰ ὑπάρχοντα, τὰ παιδία σου ἀναιρήσει ἀλλ' ἐὰν * ὑπομείνῃς, * ποιήσω σου τὸ ὄνομα ὀνομαστὸν ἐν πάσαις ταῖς
Job 5 1 ἐγὼ τεκνία μου ἀνταπεκρίθην αὐτῷ ὅτι ἄχρι θανάτου * ὑπομείνω * καὶ οὐ μὴ ἀναποδίσω. καὶ μετὰ τὸ σφραγισθῆναί
Job 26 4 ἀγαθὰ ἐδεξάμεθα ἐκ χειρὸς κυρίου τὰ κακὰ πάλιν οὐχ * ὑπομένομεν; * ἀλλὰ μακροθυμήσωμεν ἕως ἂν ὁ κύριος
Aris. 175 7 τοῦ πέμψαντος ἀπολύσας οὓς ἐνόμιζε περισσοὺς * ὑπέμενε * περιπατῶν ἕως ἂν παραγινομένους ἀσπάσηται.
Sib. 5 269 ἐν θεοτίμοις ἐκ μικρᾶς στενότητος ὅσοι καμάτους * ὑπέμειναν * πλείονα καὶ χαρίεντα +καλὸν ἄρξουσι+ δίκαιοι
HHec. 1 22 192 τοὺς Ἰουδαίους οὐ προσσχεῖν ἀλλὰ καὶ πολλὰς * ὑπομεῖναι * πληγὰς καὶ ζημίας ἀποτῖσαι μεγάλας ἕως αὐτοῖς
ὑπομιμνήσκω 5
TLevi 9 6 τοῦ καταλῦσαι καὶ Ἰσαὰκ ἐκάλει με συνεχῶς τοῦ * ὑπομνῆσαί * με νόμον κυρίου καθὼς ἔδειξέ μοι ὁ ἄγγελος τοῦ
Esdr. 2 22 τὴν χρηστότητάν μου. καὶ εἶπεν ὁ προφήτης * ὑπόμνησον * τῶν γραφῶν ὁ πατήρ μου ἐκμετρήσας τὴν
Aris. 1 4 διὰ τό σέ περὶ πολλοῦ πεποιῆσθαι παρ' ἕκαστα * ὑπομιμνήσκοντος * συνακοῦσαι περὶ ὧν ἀπεστάλημεν καὶ διά
Aris. 263 2 δὲ εἰ τὴν ἰσότητα τηροῖ καὶ παρ' ἕκαστον ἑαυτὸν * ὑπομιμνήσκοι * καθὼς ἄνθρωπος ὢν ἀνθρώπων ἡγεῖται. καὶ ὁ
Aris. 286 4 παραλαμβάνοντα τοὺς φιλομαθεῖς καὶ δυναμένους * ὑπομιμνήσκειν * τὰ χρήσιμα τῇ βασιλείᾳ καὶ τοῖς τῶν
ὑπόμνημα 5
Hen. 13 4 τρόμος καὶ φόβος. καὶ ἠρώτησαν ὅπως γράψω αὐτοῖς * ὑπομνήματα * ἐρωτήσεως ἵνα γένηται αὐτοῖς ἄφεσις καὶ ἵνα
Hen. 13 4 γένηται αὐτοῖς ἄφεσις καὶ ἵνα ἐγὼ ἀναγνῶ αὐτοῖς τὸ * ὑπόμνημα * τῆς ἐρωτήσεως ἐνώπιον κυρίου τοῦ οὐρανοῦ ὅτι
Hen. 13 6 ὧν ἡμαρτήκεισαν καὶ κατεκρίθησαν. τότε ἔγραψα τὸ * ὑπόμνημα * τῆς ἐρωτήσεως αὐτῶν καὶ τὰς δεήσεις περὶ τῶν
Hen. 13 7 ἐστὶν ἐκ δεξιῶν Ἑρμωνειεὶμ δύσεως ἀνεγίγνωσκον τὸ * ὑπόμνημα * τῶν δεήσεων αὐτῶν. ὡς ἐκοιμήθην καὶ ἰδοὺ
Abr.2 10 7 μου. ὁ δὲ κριτὴς ἐκέλευσεν ⟨ἐλθεῖν⟩ τὸν τὸ * ὑπόμνημα * γράφοντα καὶ ἰδοὺ Χερουβὶμ βαστάζοντα βιβλία
ὑπομνηματογράφος 1
FIsa. 1 3 αὐτοῦ. ⟨ἤκουσεν⟩ Σωμνὰς ὁ γραμματεὺς καὶ Ἀσοὺρ ὁ * ὑπομνηματογράφος * ἐρχόμενον Ἡσαΐαν ἀπὸ Γαλγάλων εἰς
ὑπομονή 5
TJos. 2 7 ἐστὶν ἡ μακροθυμία καὶ πολλὰ ἀγαθὰ δίδωσιν ἡ * ὑπομονή. * ποσάκις ἡ Αἰγυπτία ἠπείλησέ μοι θάνατον ποσάκις
TJos. 10 1 αὐτῆς. ὁρᾶτε οὖν τέκνα μου πόσα κατεργάζεται ἡ * ὑπομονὴ * καὶ προσευχὴ μετὰ νηστείας. καὶ ὑμεῖς οὖν ἐὰν
TJos. 10 2 ἐὰν τὴν σωφροσύνην καὶ τὴν ἁγνείαν μετέλθητε ἐν * ὑπομονῇ * καὶ ταπεινώσει καρδίας κύριος κατοικήσει ἐν ὑμῖν
Sal. 2 36 ὅτι χρηστὸς ὁ κύριος τοῖς ἐπικαλουμένοις αὐτὸν ἐν * ὑπομονῇ * ποιῆσαι κατὰ τὸ ἔλεος αὐτοῦ τοῖς ὁσίοις αὐτοῦ
Job 1 5 μοι πάντα ἐγὼ γάρ εἰμι ὁ πατὴρ ὑμῶν Ιωβ ἐν πάσῃ * ὑπομονῇ * γενόμενος, ὑμεῖς δὲ γένος ἐκλεκτὸν ἔντιμον ἐκ
ὑπονοέω 1
TBen. 9 1 μᾶλλον οἰκοδομεῖ αὐτὸς δὲ οὐ μιαίνεται. * ὑπονοῶ * δὲ καὶ πράξεις ἐν ὑμῖν οὐ καλὰς ἔσεσθαι ἀπὸ λόγων
ὑπόνοια 1
Aris. 316 4 πρός τι δρᾶμα τὰς ὄψεις ἀπεγλαυκώθη καὶ λαβὼν * ὑπόνοιαν * ὅτι διὰ τοῦτ' αὐτῷ τὸ σύμπτωμα γέγονεν
ὑποπίπτω 3
TJos. 7 8 εἶπον οὕτως καὶ οὐ δι' αὐτήν. ἐὰν γάρ τις πάθει * ὑποπέσῃ * ἐπιθυμίας πονηρᾶς καὶ τούτῳ δουλωθῇ ὡς κἀκείνη
Prop. 4 15 ὅτι ἀποκατέστησεν ἑπτὰ μησὶ τὰ ἓξ ἔτη καὶ ἓξ μῆνας * ὑπέπιπτε * κυρίῳ καὶ ὡμολόγει τὴν ἀσέβειαν αὐτοῦ καὶ μετὰ
Aris. 214 2 αἰσθήσει. πάσχομεν γὰρ κατὰ τὴν ψυχὴν ἐπὶ τοῖς * ὑποπίπτουσιν * ὡς θεωρουμένοις ἀλογιστοῦμεν δὲ καθόσον

ὑποπτεύω
1
Hen.    101    5   ὑπάρχοντα αὐτῶν ἐκβάλουσιν εἰς τὴν θάλασσαν καὶ  ✶ ὑποπτεύουσιν ✶ ἐν τῇ καρδίᾳ αὐτῶν ὅτι ἡ ‹θάλασσα
ὑπόπυρος
1
Bar.      6    2  ἐκπορεύεται. καὶ ἔδειξέ μοι ἅρμα τετραέλαστον ὃ ἦν  ✶ ὑπόπυρον. ✶ καὶ ἐπὶ τοῦ ἅρματος ἄνθρωπος καθήμενος φορῶν
ὑποσημειόω
1
Job      51    3  Ἰὼβ ἐπὶ τῆς κλίνης μου ἤκουσα ἐγὼ τὰ μεγαλεῖα μιᾶς  ✶ ὑποσημειουμένης ✶ τῇ μιᾷ καὶ ἀνεγραψάμην τὸ βιβλίον ὅλον
ὑποσκελίζω
2
TDan      6    3  τοῦ ἐχθροῦ στήσεται διὰ τοῦτο σπουδάζει ὁ ἐχθρὸς  ✶ ὑποσκελίζειν ✶ πάντας τοὺς ἐπικαλουμένους τὸν κύριον. οἶδε
TJos.     4    1  μου ἐνώπιον τοῦ ἀνδρὸς αὐτῆς βουλομένη καταμόνας  ✶ ὑποσκελίσαι ✶ με. ἐδόξαζέ με ὡς σώφρονα φανερῶς καὶ ἐν
ὑπόσπονδος
1
TJud.     7    8          αὐτοῖς οὐθὲν κακὸν ἀλλ' ἐποιήσαμεν αὐτοὺς  ✶ ὑποσπόνδους ✶ καὶ ἀπεδώκαμεν αὐτοῖς πᾶσαν τὴν αἰχμαλωσίαν.
ὑπόστασις
4
TRub.     2    7  ἰσχὺς ἐν αὐτοῖς κτίζεται ὅτι ἐν βρώμασίν ἐστιν ἡ  ✶ ὑπόστασις ✶ τῆς ἰσχύος ἕβδομον πνεῦμα σπορᾶς καὶ συνουσίας
TZab.     2    4  καὶ τὰ ἥπατά μου ἐξεχύθησαν ἐπ' ἐμὲ καὶ πᾶσα ἡ  ✶ ὑπόστασις ✶ τῶν σπλάγχνων μου ἐχαυνοῦτο ἐπὶ τὴν ψυχήν μου.
Sal.     15    5  ἁμαρτωλοὺς ἀπὸ προσώπου κυρίου ὀλεθρεῦσαι πᾶσαν  ✶ ὑπόστασιν ✶ ἁμαρτωλῶν ὅτι τὸ σημεῖον τοῦ θεοῦ ἐπὶ δικαίους
Sal.     17   24  ὡς σκεύη κεραμέως ἐν ῥάβδῳ σιδηρᾷ συντρῖψαι πᾶσαν  ✶ ὑπόστασιν ✶ αὐτῶν ὀλεθρεῦσαι ἔθνη παράνομα ἐν λόγῳ
ὑποστηρίζω
1
Job      40    1          οἱ δὲ ἤγειράν με ἑκατέρωθεν τοὺς βραχίονάς μου  ✶ ὑποστηρίζοντες ✶ καὶ τότε σταθεὶς ἐξωμολογησάμην πρὸς τὸν
ὑποστρέφω
8
TGad      1    5          καὶ τρυφερὸς ὢν ἐμαλακίσθη ἀπὸ τοῦ καύματος καὶ  ✶ ὑπέστρεψεν ✶ εἰς Χεβρὼν πρὸς τὸν πατέρα αὐτοῦ καὶ
Jer.      5   13  ἔστιν ἡ πόλις πεπλάνημαι ἐν τῇ ὁδόν. καὶ πάλιν  ✶ ὑπέστρεψεν ✶ εἰς τὴν πόλιν καὶ ἐζήτησε καὶ οὐδένα εὗρε τῶν
Jer.      8    4  καταλείψωμεν τὰς γυναῖκας ἡμῶν εἰς τὸν αἰῶνα ἀλλ'  ✶ ὑποστρέφωμεν ✶ αὐτὰς μεθ' ἡμῶν εἰς τὴν πόλιν ἡμῶν.
Jer.      8    6  πόλιν ταύτην. καὶ εἶπον πρὸς ἑαυτοὺς ἀναστάντες  ✶ ὑποστρέφωμεν ✶ εἰς Βαβυλῶνα εἰς τὸν τόπον ἡμῶν καὶ
Jer.      8    8  ἐπειδὴ κρυφῇ ἐξήλθετε ἀφ' ἡμῶν. καὶ ἐπιγνόντες  ✶ ὑπέστρεψαν ✶ καὶ ἦλθον εἰς τόπον ἔρημον μακρόθεν τῆς
Prop.    17    3  τῇ νυκτὶ ἐκείνῃ ἔγνω ὅτι ἐποίησε τὴν ἁμαρτίαν. καὶ  ✶ ὑπέστρεψε ✶ πενθῶν καὶ περιβαλὼν αὐτῷ ἐπέμεινεν ἐκεῖ θέλων
Prop.    17   4B  κύριος ἐλέγξαι αὐτὸν καὶ γνοὺς τῷ πνεύματι ὁ ὅσιος  ✶ ὑπέστρεψε ✶ πενθῶν πάσας τὰς ἡμέρας καὶ ὅτε ἀνεῖλε τὸν
Job       7    9  ἂν καθὼς προσετάχθη μοι ὑπὸ τοῦ δεσπότου μου. καὶ  ✶ ὑποστρέψασα ✶ προσήνεγκεν αὐτῷ τὸν κεκαυμένον ἄρτον
ὑποταγή
1
Adam     10    3  πῶς ἐνίσχυσαν οἱ ὀδόντες σου; πῶς οὐκ ἐμνήσθης τῆς  ✶ ὑποταγῆς ✶ σου ὅτι πρότερον ὑπετάγης τῇ εἰκόνι τοῦ θεοῦ;
ὑποτάσσω
17
Adam     10    3  πῶς οὐκ ἐμνήσθης τῆς ὑποταγῆς σου ὅτι πρότερον  ✶ ὑπετάγης ✶ τῇ εἰκόνι τοῦ θεοῦ; τότε τὸ θηρίον ἐβόησε λέγων
TJud.    21    2  κύριέ τὴν βασιλείαν κάκείνῳ τὴν ἱερατείαν καὶ  ✶ ὑπέταξε ✶ τὴν βασιλείαν τῇ ἱερωσύνῃ. ἐμοὶ ἔδωκε τὰ ἐπὶ τῆς
Sedr.     6    2  καὶ κληρονόμον οὐρανοῦ καὶ γῆς καὶ πάντα αὐτῷ  ✶ ὑπέταξα ✶ καὶ τὴν ζῷον φεύγει ἀπ' αὐτοῦ καὶ ἀπὸ προσώπου
Aris.    11    2  κωλῦον οὖν εἶπεν ἐστί σε τοῦτο ποιῆσαι; πάντα γὰρ  ✶ ὑποτέτακταί ✶ σοι τὰ πρὸς τὴν χρείαν. ὁ δὲ Δημήτριος εἶπεν
Aris.   205    6  δαπάνην εἰς τὰ κενὰ καὶ μάταια συντελοῖ τοὺς ‹δὲ›  ✶ ὑποτεταγμένους ✶ εὐεργεσίᾳ πρὸς εὔνοιαν ἄγοι τὴν ἑαυτοῦ
Aris.   207    5  ὑπάρχειν ἁπάντων εἰ πράσσοις τοῦτο πρὸς τοὺς  ✶ ὑποτεταγμένους ✶ καὶ τοὺς ἁμαρτάνοντας εἰ τοὺς καλοὺς καὶ
Aris.   257    6  κατὰ φύσιν καὶ τὸ τῶν ἀνθρώπων γένος τοὺς  ✶ ὑποτασσομένους ✶ φιλανθρωπεῖ. ἐπιμαρτυρήσας δὲ τούτοις
Aris.   265    3  ἠρώτα τίς ἐστι βασιλεῖ κτῆσις ἀναγκαιοτάτη; τῶν  ✶ ὑποτεταγμένων ✶ φιλανθρωπία καὶ ἀγάπησις ἀπεκρίνατο. διὰ
Aris.   266    3  δὲ ἔφησε τὸ πεῖσαι τοὺς ἀντιλέγοντα διὰ τῆς  ✶ ὑποτεταγμένης ✶ τάξεως τὰς βλάβας ἐπιδεικνύντα. οὕτω γὰρ
Aris.   273    5  διαλαμβάνων ὅτι κακὸν οὐδὲν εἴργασαι τῶν  ✶ ὑποτεταγμένων ✶ οὐθενὶ πάντες δὲ ἀγωνιοῦνται περὶ τῶν
Aris.   289    2  καὶ γὰρ ἐκ βασιλέων βασιλεῖς γινόμενοι πρὸς τοὺς  ✶ ὑποτεταγμένους ✶ ἀνήμεροι τε καὶ σκληροὶ καθίστανται πολλῷ
Aris.   291    4  τοῦτο εἶπε τὸ διὰ παντὸς ἐν εἰρήνῃ καθεστάναι τοὺς  ✶ ὑποτεταγμένους ✶ καὶ κομίζεσθαι τὸ δίκαιον ταχέως ἐν ταῖς
Sib.      5   19  κῦμα πεσούσης. καὶ θεσμοὺς θήσει λαοῖς καὶ πάνθ'  ✶ ὑποτάξει ✶ ἐν μακρῷ δὲ χρόνῳ ἑτέρῳ παραδώσεται ἀρχὴν ὅς τε
FAch.   102    5  κατειληφέναι ἀλλὰ καὶ τὰ πλείονα μέρη τῆς Ἑλλάδος  ✶ ὑποτέτακται. ✶ ὁ δὲ Αἴσωπος ἐπιγνοὺς τινα εὐγενῆ ἐν
LThe. 9  22    8  πορευθέντος οὖν εἰς τὴν πόλιν τοῦ Ἐμμὼρ καὶ τοὺς  ✶ ὑποτασσομένους ✶ παρακαλοῦντος περιτέμνεσθαι ἕνα τῶν
LAri. 8  10   10  κατασκευή. καὶ γὰρ ἐπὶ πάντων ὁ θεὸς καὶ πάνθ'  ✶ ὑποτέτακται ✶ καὶ στάσιν εἴληφεν ὥστε τοὺς ἀνθρώπους
FrAn.   574 3080  τὸν ὁρκισμὸν τοῦτον χοίρειον μὴ φαγεῖν καὶ  ✶ ὑποταγήσεται ✶ σ‹ο›ι πᾶν πνεῦμα καὶ δαιμόνιον ὁποῖον ἐὰν
ὑποτελέω
1
HEup. 9  30    4  καὶ Φοινίκης οὓς καὶ ἀναγκάσαι φόρους Ἰουδαίοις  ✶ ὑποτελεῖν ✶ πρός τε Οὔαφρὴν τὸν Αἰγύπτιον βασιλέα φιλίαν
ὑποτίθημι
5
Hen.     10    5          τὴν οὖσαν ἐν τῷ Δαδουὴλ κάκεῖ βάλε αὐτὸν καὶ  ✶ ὑπόθες ✶ αὐτῷ λίθους τραχεῖς καὶ ὀξεῖς καὶ ἐπικάλυψον αὐτῷ
Hen.     10B    5  ἐρήμῳ Δουδαὴλ καὶ ἐκεῖ πορευθεὶς βάλε αὐτόν. καὶ  ✶ ὑπόθες ✶ αὐτῷ λίθους ὀξεῖς καὶ λίθους τραχεῖς καὶ
TIss.     5    3  κύριον καὶ τὸν πλησίον πένητα καὶ ἀσθενῆ ἐλέατε.  ✶ ὑπόθετε ✶ τὸν νῶτον ὑμῶν εἰς τὸ γεωργεῖν καὶ ἐργάζεσθε ἐν
Prop.    21    6  γενέσθαι θυσίαν παρὰ τε αὐτοῦ κάκείνων καὶ μὴ  ✶ ὑποθεῖναι ✶ πῦρ ἀλλ' ἕκαστον εὔξασθαι καὶ τὸν ἐπακούοντα
Job      23    7  αὐτὰ νῦν οὖν εἰ μὴ ἔχεις ἐν χερσίν σου ἀργύριον,  ✶ ὑποθοῦ ✶ μοι τὴν τρίχα τῆς κεφαλῆς σου καὶ λάβε τρεῖς
ὑποτρέχω
1
LThe. 9  22    1  ὑπὸ ῥίζῃ δεδημημένον ἀμφὶ δὲ τεῖχος λισσὸν ὑπώρειαν  ✶ ὑποδέδρομεν ✶ αἰπύθεν ἕρκος. ἐνθένδε ξένε ποιμενόφι πτόλιν
ὑπουργέω
1
TDan      3    4  μίαν μὲν διὰ τῆς δυνάμεως καὶ τῆς βοηθείας τῶν  ✶ ὑπουργούντων ✶ δεύτερον δὲ διὰ τοῦ πλούτου παραπειθὼν καὶ
ὑπουργία
1
Job      40    4  πόλιν καὶ καμμύσω ὀλίγον καὶ ἀνακτήσομαι πρὸ τῆς  ✶ ὑπουργείας ✶ τῆς δουλείας μου. καὶ ἀπελθοῦσα εἰς τὴν πόλιν
ὑποφέρω
8
Adam      8    2          καὶ λέγει ἐπειδὴ ἐγκατέλιπας τὴν διαθήκην μου  ✶ ὑπήνεγκα ✶ τῷ σώματί σου ἑβδομήκοντα πληγάς. πρῶτον νόσος
Adam      9    2  κύριέ μου Ἀδὰμ δός μοι τὸ ἥμισυ τῆς νόσου σου καὶ  ✶ ὑπενέγκω ✶ αὐτὸ ὅτι δι' ἐμὲ τοῦτό σοι γέγονεν δι' ἐμὲ ἐν
Adam     11    2  ἡμῶν αἱ φύσεις μεταλλάγησαν. νῦν οὖν οὐ δυνήσει  ✶ ὑπενεγκεῖν ✶ ἐὰν ἀπάρξωμαι ἐλέγχειν σε. λέγει ὁ Σὴθ πρὸς
Abr.1    20    5  μου ἐν πολλῷ ταλανίζεται μεταστῆθι ἐν ὀλίγοις οὐχ  ✶ ὑποφέρω ✶ γὰρ θεωρῶν σου τὸ εἶδος ‹κατῆλθε γὰρ ὁ ἱδρώς ἐκ
Esdr.     1   17  ἐλεήσω. καὶ εἶπεν Ἐσδρὰμ ὅτι τὴν ὀργήν σου οὐχ  ✶ ὑποφέρουσιν ✶ καὶ εἶπεν ὁ θεὸς ὅτι τῶν τοιούτων ταῦτα. καὶ
Job      26    2  τί ῥῆμα πρὸς κύριον καὶ τελεύτα. ὅλως καὶ ταῦτα  ✶ ὑποφέρω ✶ καὶ ὑποφέρεις καὶ τὴν τῶν τέκνων ἡμῶν ἀπώλειαν
Job      26    3  κύριον καὶ τελεύτα. ὅλως καὶ ταῦτα ὑποφέρω καὶ  ✶ ὑποφέρεις ✶ καὶ τὴν τῶν τέκνων ἡμῶν ἀπώλειαν καὶ τῶν
FBar.    14    1  μέλλον ἐσ‹ε›σθαι καὶ εἰπ‹ε›ς μ‹ο›ι ‹ὅτι ὑπ ἐθνῶν›  ✶ ὑπενεχθησε‹ται ✶ ἡ ὑπὸ σοῦ λεχθεῖσα› πρᾶξις καὶ νῦν ‹οἶδα
ὑπόφορος
1
TJud.     9    7  γενόμενοι βουλῆς τοῦ πατρὸς ἡμῶν ἐδεξάμεθα αὐτοὺς  ✶ ὑποφόρους. ✶ καὶ ἦσαν διδόντες ἡμῖν πυροῦ κόρους
ὑποφωνέω
3
Job      31    8          κλαυθμὸν μέγαν σὺν θρήνῳ βασιλικῷ ἀνεφώνησεν  ✶ ὑποφωνούντων ✶ καὶ τῶν ἄλλων βασιλέων καὶ τῶν στρατευμάτων
Job      33    1  θρόνου σου; τοῦ δὲ Ἐλιοῦ μακρύναντος τὸν κλαυθμὸν  ✶ ὑποφωνούντων ✶ αὐτῷ τῶν συμβασιλέων ὥστε γενέσθαι μεγάλην
Job      44    1  οὐκ ἔσχεν. μετὰ δὲ τὸ παύσασθαι Ελιφαν τοῦ ὕμνου,  ✶ ὑποφωνούντων ✶ αὐτῷ πάντων καὶ κυκλούντων τὸ θυσιαστήριον,
ὑποχείριος
2
Asen.    24    2  Ἀσενὲθ καὶ φθονοῦσιν αὐτοῖς καὶ οὗτοι ἔσονταί σοι  ✶ ὑποχείριοι ✶ κατὰ τὸ θέλημά σου. καὶ ἀπέστειλεν ὁ υἱὸς
Aris.    12    7  τοὺς μὲν μετῴκιζεν οὓς δὲ ἠχμαλώτιζε φόβῳ πάντα  ✶ ὑποχείρια ✶ ποιούμενος ἐν ὅσῳ καὶ πρὸς δέκα μυριάδας ἐκ
ὑποχωρέω
3
Bar.     13    1          ὅτι πονηροῖς ἀνθρώποις παρεδόθημεν καὶ θέλομεν  ✶ ὑποχωρῆσαι ✶ ὑπ' αὐτῶν. καὶ εἶπεν Μιχαὴλ οὐ δύνασθε
Bar.     13    2  ὑποχωρῆσαι ὑπ' αὐτῶν. καὶ εἶπεν Μιχαὴλ οὐ δύνασθε  ✶ ὑποχωρεῖν ✶ ὑπ' αὐτῶν ἵνα μὴ εἰς τέλος κυριεύσῃ ὁ Ἐχθρὸς
Job      27    2  καὶ σταθεὶς ἔκλαυσεν λέγων Ἴδε, Ἰώβ, διαφωνῶ καὶ  ✶ ὑποχωρῶ ✶ σοι σαρκίνῳ ὄντι, ἐγὼ δέ εἰμι πνεῦμα σὺ μὲν ἐν
ὕπτιος
1
Sib.      5  296  εἰς ἅλα δῖαν πρηνὴς ἠύτε νῆας ἐπικλύουσιν ἄελλαι.  ✶ +ὕπτια ✶ δ' οἰμώξει+ Ἔφεσος κλαίουσα παρ' ὄχθαις καὶ νηὸν
ὑπώρεια
1
LThe. 9  22    1  νέρθεν ὑπὸ ῥίζῃ δεδημημένον ἀμφὶ δὲ τεῖχος λισσὸν  ✶ ὑπώρειαν ✶ ὑποδέδρομεν αἰπύθεν ἕρκος. ἐνθένδε ξένε
ὗς
5
Hen.     89   42  καὶ οἱ κύνες ἤρξαντο κατεσθίειν τὰ πρόβατα καὶ οἱ  ✶ ὕες ✶ καὶ οἱ ἀλώπεκες κατήσθιον αὐτὰ μέχρι οὗ ἤγειρεν ὁ
Hen.     89   43  εἰς τοὺς ἀλώπεκας καὶ μετ' αὐτοὺς εἰς τοὺς  ✶ ὕας ✶ καὶ ἀπώλεσεν ὕας πολλοὺς καὶ μετ' αὐτοὺς ‹ἐλυμήνατο
Hen.     89   43  ἀλώπεκας καὶ μετ' αὐτοὺς εἰς τοὺς ὕας καὶ ἀπώλεσεν  ✶ ὕας ✶ πολλοὺς καὶ μετ' αὐτοὺς ‹ἐλυμήνατο› τοὺς κύνας. καὶ
TAser     2    9          ἔστιν ὅλον δὲ κακόν ἐστιν. οἱ τοιοῦτοι ὡς  ✶ ὕες ✶ εἰσι δασύποδες ὅτι ἐξ ἡμίσειας εἰσὶ καθαροὶ τὸ δὲ
ὕσσωπος
1
LEze. 9  29 13 11  δὲ πᾶς. καὶ ὅταν θύσητε δὲ δέσμην λαβόντες χερσὶν  ✶ ὑσσώπου ✶ κόμης εἰς αἷμα βάψαι καὶ θιγεῖν σταθμῶν δυοῖν
ὑστάτιος
5
Sib.      3  197  θεὸς νόῳ ἔνθετο λέξαι τί πρῶτον τί δ' Ἔπειτα τί δ'  ✶ ὑστάτιον ✶ κακὸν ἔσται πάντας ἐπ' ἀνθρώπους τίς δ' ἀρχή
Sib.      5   74  ἀναβήσῃ. ταῦτα μὲν Αἰγύπτῳ θεὸς ἔννεπεν ἐξαυδῆσαι  ✶ ὑστατίῳ ✶ καιρῷ ὅτε πάγκακοι ἄνδρες ἔσονται. ἀλλὰ
Sib.      5  348  ἔσονται οὐδὲ σελήνιος λαμπρὸν φάος ἔσεται αὐτίς  ✶ ὑστατίῳ ✶ καιρῷ ὁπόταν θεὸς ἡγεμονεύσῃ. πάντα μελανθείη
Sib.      5  361  στέργειν γενετῆρα θεὸν σοφὸν αἰὲν ἐόντα. ἔσσεται  ✶ ὑστατίῳ ✶ καιρῷ περὶ τέρμα σελήνης κοσμομανὲς πόλεμος καὶ
Sib.      5  447  ἀντὶ λόγων σκολιῶν πικρὸν λόγον ἐχθροῖς. ἔσται δ'  ✶ ὑστατίῳ ✶ καιρῷ ξηρός ποτε πόντος κούκέτι πλωτεύσουσιν ἐς
ὑστερέω
3
Adam     26    2  τῆς ζωῆς σου. ἐπὶ τῷ στήθει καὶ τῇ κοιλίᾳ πορεύσει  ✶ ὑστερηθεὶς ✶ καὶ χειρῶν καὶ ποδῶν σου. οὐκ ἀφεθήσεταί σοι
Sal.     18    2          οἱ ὀφθαλμοί σου ἐπιβλέποντες ἐπ' αὐτὰ καὶ οὐχ  ✶ ὑστερήσει ✶ ἐξ αὐτῶν τὰ ὦτά σου ἐπακούει εἰς δέησιν πτωχοῦ

Job 9 5 ἀπελθεῖν καὶ ἐπιδιδόναι τοῖς ἀδυνάτοις καὶ τοῖς × ὑστερουμένοις × καὶ ταῖς χήραις πάσαις εἶχον δὲ ἑκατὸν

ὑστέρημα 1

TBen. 11 5 με Ἰακὼβ ὁ πατήρ μου λέγων αὐτὸς ἀναπληρώσει τὰ × ὑστερήματα × τῆς φυλῆς σου. καὶ ὡς ἐπλήρωσε τοὺς λόγους

ὕστερος 23

Abr.2 3 7 εἰς ἡμᾶς λέγω γὰρ ἐν τῇ ψυχῇ μου ὅτι τοῦτο × ὕστερόν × μοι γενήσεται τὸ ἐπιπλῆσαι ὕδωρ εἰς νιπτῆρα καὶ

TLevi 19 5 τριάκοντα ἑπτὰ ἔτη. καὶ ἔθηκαν αὐτὸν ἐν σορῷ × ὕστερον × ἔθαψαν αὐτὸν ἐν Χεβρὼν ἀνὰ χεῖρα Ἀβραὰμ καὶ

TZab. 10 7 ὕπνῳ καλῷ καὶ ἔθηκαν αὐτὸν οἱ υἱοὶ αὐτοῦ ἐν θήκῃ × ὕστερον × δὲ ἀναγαγόντες αὐτὸν εἰς Χεβρὼν ἔθαψαν μετὰ τῶν

TBen. 11 2 τὸ ἀγαθόν. καὶ ἀναστήσει ἐκ τοῦ σπέρματός μου ἐν × ὑστέροις × καιροῖς ἀγαπητὸς κυρίου ἀκούων ἐπὶ γῆς φωνὴν

Sal. 2 28 ἐν ἀτιμίᾳ. οὐκ ἐλογίσατο ὅτι ἄνθρωπός ἐστιν καὶ τὸ × ὕστερον × οὐκ ἐλογίσατο εἶπεν ἐγὼ κύριος γῆς καὶ θαλάσσης

Prop. 22 16 γνώμην αὐτοῦ πρὸς Ναιμᾶν καὶ αἰτήσαντα ἀργύριον × ὕστερον × ἐλθόντα καὶ ἀρνούμενον ἤλεγξε καὶ κατηράσατο

Sib. 4 101 ὀλισθαίνουσι πόλιες. ἥξει καὶ Ῥοδίοις κακὸν × ὕστατον × ἀλλὰ μέγιστον. οὐδὲ Μακηδονίης ἔσται κράτος ἀλλ'

Sib. 5 26 ἄρξει κεφαλὴν ἐπὶ πρώτην ἕξει ἄναξ κεῖνος δὲ καθ' × ὕστατον × Ὠκεανοῖο ἵξεθ' ὕδωρ +ἄμπωτιν ὑπ' αὐσονίσιν+

Sib. 5 236 καλαὶ πτύχες ἠλλάχθησαν. εἰς Ἔριν ἡμετέρην τυχὸν × ὕστατα × ταῦτα προβάλλου πῶς τί λέγεις; πείσω σε καὶ εἴ τι

Sib. 5 385 λαὸς σοφὸς ὅσπερ ἐλείφθη πειραθεὶς κακότητος ἵν' × ὕστερον × εὐφρανθείη. μητρολέται παύσασθε θράσους τόλμης

Sib. 5 432 οὐ φόνος οὐδὲ κυδοιμὸς ἔρις δ' ἐν πᾶσι δικαίη. × ὕστατος × ἔσθ' ἁγίων καιρὸς ὅτε ταῦτα περαίνει θεὸς

Sib. 5 506 +Αἴγυπτον ἔην τε+ ἀροῦσθαι ἄρξονται κακότητος ἵν' × ὕστερα × καὶ πάντα γένηται. νηὸν γὰρ καθελοῦσιν μέγαν

FMos. 6 132 3 πολὺ τὸ βρῖθον ἐπαγόμενος ὃ δὲ ἐπικατελθὼν × ὕστερον × τὴν δόξαν διηγεῖτο ἣν ἐθεᾶτο διαθρῆσαι δυνηθείς

FJub. 18 13 δὲ τὸν τόπον τὸν Ἀβραὰμ οἰκοδομῆσαι ἔνθα Δαβὶδ × ὕστερον × ἱδρύσατο τὸ ἱερόν. ἐγέννησεν πάλιν Ἀβραὰμ ἐκ

FMan. 2 23 3 νῦν ἐγὼ πορεύσομαι καθὰ ἐπιθυμεῖ ἡ ψυχή μου καὶ × ὕστερον × ἐπιστρέψω πρὸς κύριον.

IDip. 5 121 3 πεφυκὼς τὸν χρόνον κερδαινέτω χρόνῳ γὰρ οὗτος × ὕστερον × δώσει δίκην.

HDem. 9 29 2 Ἰσαὰκ ὄντα ἐτῶν ἑκατὸν γεννῆσαι. ὥστε μ β' ἐτῶν × ὕστερον × γεγονέναι τὸν Ἰσαὰρ ἀφ' οὗ τὴν Σεπφώραν

HEup. 9 34 9 δώδεκα καὶ τῷ ὕψει ἀνδρομήκεις καὶ στῆσαι ἐξ × ὑστέρου × μέρους ὑπὸ τὸν λουτῆρα ἐκ δεξιῶν τοῦ

HEup. 9 34 13 δὲ τὸ ἀνάκτορον πρῶτον μὲν ἱερὸν Σολομῶνος × ὕστερον × δὲ παρεφθαρμένως τὴν πόλιν ἀπὸ τοῦ ἱεροῦ

HAno. 9 17 4 τοὺς Φοίνικας εὑάρεστῆσαι τῷ βασιλεῖ αὐτοῖς × ὕστερον × δὲ Ἀρμενίους ἐπιστρατεῦσαι τοῖς Φοίνιξι

HAno. 9 18 2 εἰς Φοινίκην καὶ τοὺς Φοίνικας ἀστρολογίαν διδάξαι × ὕστερον × δὲ εἰς Αἴγυπτον παραγενέσθαι.

LEze. 9 29 6 07 οὐρανὸν θεοῦ ὄψει τά τ' ὄντα τά τε προτοῦ τά θ' × ὕστερον. × ἔα τί μοι σημεῖον ἐκ βάτου τόδε τεράστιόν τε

FrAn. 1 217 6 καὶ ὑπὸ μηδενὸς ἐκ θείας δοκιμασίας ἐλεούμενος × ὕστερον × ἐν ἑαυτῷ λέγει μικροψυχήσας ἀπελεύσομαι εἰς

ὑφαίνω 1

Job 25 7 ὅτι αὕτη ἐστὶν ἥτις εἶχεν τὴν ἔνδυσιν ἐκ βύσσου × ὑφασμένην × σὺν χρυσῷ, νῦν δὲ φορεῖ ῥακκώδη καὶ

ὑφαπλόω 1

Abr.1 4 2 παντὸς ἀγαθοῦ καλλώπισον τὸ οἴκημα τέκνον καὶ × ὑφάπλωσον × σινδόνας καὶ πορφύραν καὶ βύσσον θυμίασον δὲ

ὑφή 1

TLevi 18 2B046 σίκλων δύο καὶ τὸ τρίτον τοῦ σάτου τὸ τρίτον τοῦ × ὑφή × ἐστιν καὶ τὰ δύο μέρη τοῦ βάτου καὶ ὁλκῆς τῆς μνᾶς

ὑφηγέομαι 5

HEup. 9 34 2 τῶν ὑπὸ τὸν οὐρανὸν πάντων κατ' ἀρχιτεκτονίαν × ὑφηγήσεται × σοι καὶ ποιήσει. περὶ δὲ τῶν δεόντων καὶ

ὑφίστημι

Hen. 100 13 αὐτῶν καὶ πᾶσαι αἱ μάστιγες αὐτῶν οὐ δύνασθε × ὑποστῆναι × ἔμπροσθεν ψύχους καὶ τῶν μαστίγων αὐτῶν.

Job 7 13 ποιῆσον εἴ τι γὰρ βούλει ἀγάγαι μοι, ἑτοίμός εἰμι × ὑποστῆναι × ἅπερ ἐπιφέρεις μοι. ὅτε δὲ ἀπέστη ἀπ' ἐμοῦ,

Job 26 1 ἰδοὺ ἐγὼ δέκα ἑπτὰ ἔτη ἔχω ἐν ταῖς πληγαῖς, × ὑφιστάμενος × τοὺς σκώληκας τοῦ ἐν τῷ σώματί μου καὶ οὐκ

HEup. 9 34 9 πρὸς βορρᾶν μέρος τοῦ ἱεροῦ στοὰν καὶ στύλους αὐτῇ × ὑποστῆναι × χαλκοῦς μ η' κατεσκεύασαν δὲ καὶ λουτῆρα

LEze. 9 29 12 24 πέλει ἐν τῷδ' ἀπάξω λαὸν εἰς ἄλλην χθόνα εἰς ἣν × ὑπέστην × πατράσιν Ἑβραίων γένους. λέξεις δὲ λαῷ παντὶ

ὑφαυχέω 1

FPho. 62 ἡ πολλὴ δὲ τρυφὴ πρὸς ἀμέτρους ἕλκετ' ἔρωτας × ὑφαυχεῖ × δ' ὁ πολὺς πλοῦτος καὶ ἐς ὕβριν ἀέξει. θυμὸς

ὑψεῖς 1

Sib. 3 778 πᾶσαι πεδίοιο τρίβοι καὶ τρηχέες ὄχθαι οὐρεά θ' × ὑψήεντα × καὶ ἄγρια κύματα πόντου εὔβατα καὶ εὔπλωτα

ὑψηλός 31

Hen. 1 6 σεισθήσονται καὶ πεσοῦνται καὶ διαλυθήσονται ὄρη × ὑψηλὰ × καὶ ταπεινωθήσονται βουνοὶ ὑψηλοὶ τοῦ διαρυῆναι

Hen. 1 6 διαλυθήσονται ὄρη ὑψηλὰ καὶ ταπεινωθήσονται βουνοὶ × ὑψηλοὶ × τοῦ διαρυῆναι καὶ τακήσονται ὡς κηρὸς ἀπὸ

Hen. 12 4 τοῦ οὐρανοῦ οἵτινες ἀπολιπόντες τὸν οὐρανὸν τὸν × ὑψηλὸν × τὸ ἁγίασμα τῆς στάσεως τοῦ αἰῶνος μετὰ τῶν

Hen. 14 18 αὐτοῦ ἦν πῦρ φλέγον. ἐθεώρουν δὲ καὶ εἶδον θρόνον × ὑψηλὸν × καὶ τὸ εἶδος αὐτοῦ ὡσεὶ κρυστάλλινον καὶ τροχὸς

Hen. 15 3 περὶ δὲ τί ἀπελίπετε τὸν οὐρανὸν τὸν × ὑψηλὸν × τὸν ἅγιον τοῦ αἰῶνος καὶ μετὰ τῶν γυναικῶν

Hen. 22 1 καὶ ἔδειξέν μοι πρὸς δυσμὰς ἄλλο ὄρος μέγα καὶ × ὑψηλὸν × πέτρας στερεάς. καὶ τέσσαρες τόποι ἐν αὐτῷ κοῖλοι

Hen. 25 3 τούτου σφόδρα. καὶ ἀπεκρίθη λέγων τοῦτο τὸ ὄρος τὸ × ὑψηλὸν × οὗ ἡ κορυφὴ ὁμοία θρόνου θεοῦ καθέδρα ἐστὶν οὗ

Hen. 26 3 ἔτχειν πρὸς νότον. καὶ ἴδον πρὸς ἀνατολὰς ἄλλο ὄρος × ὑψηλότερον × τούτου καὶ ἀνὰ μέσον αὐτοῦ φάραγγα βαθεῖαν

Abr.2 10 9 δὲ τρεῖς στεφάνους ἐπὶ τῆς κεφαλῆς αὐτοῦ καὶ ὁ εἷς × ὑψηλότερος × τοῦ ἑτέρου στεφάνου οὗτοι δέ οἱ καλούμενοι

Abr.2 13 7 ψυχή μου ἐν ἐμοὶ πάντως οὐκ εἰμὶ ἄξιός σου ὑπὲρ × ὑψηλὸν × πνεῦμα εἰ ἐγὼ δὲ σάρξ εἰμι καὶ αἷμα διὰ τοῦτο οὐ

TLevi 2 5 ψυχή μου ἐπέπεσεν ἐπ' ἐμὲ ὕπνος καὶ ἐθεασάμην ὄρος × ὑψηλὸν × τοῦτο ὄρος Ἀσπίδος ἐν Ἀβελμαούλ. καὶ ἰδοὺ

TLevi 8 15 τὰ ἔθνη. ἡ δὲ παρουσία αὐτοῦ ἄφραστος ὡς προφήτου × ὑψηλοῦ × ἐκ σπέρματος Ἀβραὰμ πατρὸς ἡμῶν. πᾶν ἐπιθυμητὸν

TLevi 11 5 ἀνατολὰς ἡλίου, εἶδον ἐν τῷ ὁράματι ἐν μέσῳ ἐν × ὑψηλοῖς × ἵστατο πάσης τῆς συναγωγῆς διὰ τοῦτο ἐκάλεσα τὸ

TJud. 6 5 ἐγὼ καὶ Συμεὼν ἐξόπισθεν ἐπελαβόμεθα τῶν × ὑψηλὸς × καὶ ὅλην τὴν πόλιν ὁλοθρεύσαμεν. καὶ ἡ ἑξῆς

Asen. 2 1 τῷ Πεντεφρῇ παρακειμένος τῇ οἰκίᾳ αὐτοῦ μέγας καὶ × ὑψηλὸς × σφόδρα καὶ ἐπάνω τοῦ πύργου ἐκείνου ἦν ὑπερῷον

Asen. 2 10 τῇ οἰκίᾳ κυκλόθεν καὶ ἦν τεῖχος κύκλῳ τῆς αὐλῆς × ὑψηλὸν × σφόδρα λίθοις τετραγώνοις μεγάλοις ᾠκοδομημένον.

Asen. 14 5 ἡ θύρα τοῦ θαλάμου μου κέκλεισται καὶ ὁ πύργος × ὑψηλός × ἐστι καὶ πῶς ἄρα εἰσῆλθεν εἰς τὸν θάλαμόν μου;

Sal. 11 2 Ἰσραηλ ἐν τῇ ἐπισκοπῇ αὐτῶν. στῆθι Ἱερουσαλημ ἐφ' × ὑψηλοῦ × καὶ ἴδε τὰ τέκνα σου ἀπὸ ἀνατολῶν καὶ δυσμῶν

Sal. 11 4 ἐκ νήσων μακρόθεν συνήγαγεν αὐτοὺς ὁ θεός. ὄρη × ὑψηλὰ × ἐταπείνωσεν εἰς ὁμαλισμὸν αὐτοῖς οἱ βουνοὶ

Sal. 17 19 πηγαὶ συνεσχέθησαν αἰώνιοι ἐξ ἀβύσσων ἀπὸ ὀρέων × ὑψηλῶν × ὅτι οὐκ ἦν ἐν αὐτοῖς ποιῶν δικαιοσύνην καὶ κρίμα.

Jer. 8 9 καὶ εἰσάξει ὑμᾶς εἰς τὸν τόπον ὑμῶν τὸν × ὑψηλόν. × ἔμειναν δέ οἱ τοῦ Ἱερεμίου χαίροντες καὶ

Bar. 4 10 τῶν γιγάντων καὶ ἀνήλθεν τὸ ὕδωρ ἐπάνω τῶν × ὑψηλῶν × καὶ ἐπὶ πήχεις δεκαπέντε εἰσῆλθε τὸ ὕδωρ ἐπὶ τὸν

Prop. 11 3 αὐτὴν ἐν σεισμῷ καὶ πῦρ ἐκ τῆς ἐρήμου ἐπελθὸν τὸ × ὑψηλότερον × αὐτῆς μέρος ἐνέπρησεν. ἀπέθανε δὲ ἐν εἰρήνῃ

Esdr. 5 17 καὶ εἰς κρίσιν παρέδωκας; καὶ εἶπεν ὁ θεὸς × ὑψηλῷ × τῷ κηρύγματι οὐ μὴ ἐλεήσω τοὺς παρερχομένους τὴν

Job 49 2 τὴν διάλεκτον τῶν ἀρχῶν, ἐδοξολόγησεν δὲ τοῦ × ὑψηλοῦ × τόπου τὸ ποίημα. διότι εἴ τις χωρήσαι γνῶναι τὸ

Aris. 83 6 πόλιν μέσην κειμένη τῆς ὅλης Ἰουδαίας ἐπ' ὄρους × ὑψηλὴν × ἔχοντος τὴν ἀνάτασιν. ἐπὶ δὲ τῆς κορυφῆς

Aris. 100 3 τῆς πόλεως ἀναβάντες ἐθεωροῦμεν ἣ κεῖται μὲν ἐν × ὑψηλοτάτῳ × τόπῳ πύργοις ἐξησφαλισμένη πλείοσι μέχρι

Sib. 3 439 καὶ στοναχὰς λήψῃ καὶ ἀνήριθμον αἷμα. ὦ Κρᾶγος × ὑψηλὸν × Λυκίης ὄρος ἐκ κορυφάων χάσματ' ἀνοιγομένης

Sib. 3 682 πάντως φανεῖται. ἠέριαι δὲ φάραγγες ἐν οὔρεσιν × ὑψηλοῖσιν × ἔσσονται πλήρεις νεκύων ῥεύσουσι δὲ πέτραι

FEz. 186 25 προσεβαινον τῆς πρεσβυτας αδυναμουν⟨τας ε⟩πι τα × ὑψηλα × και π⟨ ⟩δια το οδαγους μη εχειν ⟩εος εισιν οι της

FAch. 105 οἰκοδομῆσαι πύργον μήτε γῆς μήτε οὐρανοῦ ἀπτόμενον × ὑψηλόν. × ἀπόστειλόν μοι τοὺς οἰκοδομοῦντας αὐτὸν καὶ

ὑψιβρεμέτης 2

Sib. 3 1 ἐκ τοῦ δευτέρου λόγου περὶ θεοῦ. × +ὑψιβρεμέτα × μάκαρ οὐράνιε ὃς ἔχεις τὰ Χερουβὶμ+

Sib. 5 433 ὕστατος ἔσθ' ἁγίων καιρὸς ὅτε ταῦτα περαίνει θεὸς × ὑψιβρεμέτης × κτίστης ναοῖο μεγίστου. αἰαῖ σοι Βαβυλὼν

ὑψικάρηνος 1

Sib. 4 78 βυθοῦ ὑγρὰ κέλευθα πεζεύσει πλεύσει δὲ ταμὼν ὄρος × ὑψικάρηνον × ὃν φυγὰδ' ἐκ πολέμου δειλὴ ὑποδέξεται Ἀσίς.

ὑψικέραυνος ×

Sib. 5 302 +ἄνδρεσσι+ βροτοῖσιν ἐξολέσει γὰρ πάντας ἀναιδέας × ὑψικέραυνος × βρονταῖς τε στεροπαῖς τε κεραυνοῖς τε

ὕψιστος 99

Hen. 9 3 λεγόντων εἰσαγάγετε τὴν κρίσιν ἡμῶν πρὸς τὸν × ὕψιστ⟨ον⟩. × καὶ εἶπα⟨ν⟩ τῷ κυρίῳ σὺ εἶ κύριος τῶν κυρίων

Hen. 9B 3 λέγοντα ὅτι εἰσαγάγετε τὴν κρίσιν ἡμῶν πρὸς τὸν × ὕψιστον × καὶ τὴν ἀπώλειαν ἡμῶν ἐνώπιον τῆς δόξης τῆς

Hen. 9B 4 εἰς πάντας τοὺς αἰῶνας καὶ τὰ ἑξῆς. ⟨τότε ὁ × ὕψιστος × ἐκέλευσε τοῖς ἁγίοις ἀρχαγγέλοις καὶ ἔδησαν τοὺς

Hen. 10 1 λέγει. τί δεῖ ποιῆσαι αὐτοὺς περὶ τούτου; τότε × Ὕψιστος × εἶπεν περὶ τούτων ὁ μέγας Ἅγιος καὶ ἐλάλησε

Hen. 10B 1 ἐπ' αὐτοὺς εἰς πάσας τὰς γενεὰς τοῦ αἰῶνος. τότε ὁ × Ὕψιστος × εἶπε καὶ ὁ ἅγιος ὁ μέγας ἐλάλησε καὶ ἔπεμψε τὸν

Hen. 98 7 ὑμῶν θεωρεῖται ἀπογράφεται αὐτὰ ἐνώπιον τοῦ × ὑψίστου. × ἀπὸ τοῦ ⟨νῦν⟩ ἐπίγνωτε ὅτι πᾶντα τὰ ἀδικήματα

Hen. 99 3 εἰσαγάγωσιν τὰ ἁμαρτήματα τῶν ἀδίκων ἐνώπιον τοῦ × ὑψίστου × θεοῦ εἰς μνημόσυνον καὶ τότε συν⟨ταραχ⟩θήσονται

Hen. 99 10 καὶ μαθήσονται αὐτοὺς ποιῆσαι τὰς ἐντολὰς τοῦ × ὑψίστου × καὶ πορεύσονται ἐν ὁδοῖς δικαιοσύνης αὐτοῦ καὶ

Hen. 100 4 τῇ ἀδικίᾳ καὶ συστραφήσονται εἰς ἓν ἅπαντα τὸν × ὕψιστον × ἐγερθήσεται ἐν ἡμέρᾳ κρίσεως ποιῆσαι ἐκ πάντων

Hen. 101 1 κατανοήσατε τοινυν υἱοὶ τῶν ἀνθρώπων τὰ ἔργα τοῦ × ὑψίστου × καὶ φοβήθητε τοῦ ποιῆσαι τὸ πονηρὸν ἐναντίον

Hen. 101 6 ἡ θάλασσα καὶ ⟨πάντα τὰ⟩ ὕδατα αὐτῆς ἔργον τοῦ × ὑψίστου × ἐστὶ καὶ αὐτὸς συνεστήσατο τὰ π⟨έρατα αὐτῆς⟩

Abr.1 9 1 ἔρχῃ; λαβὼν δὲ ὁ ἀρχιστράτηγος παρανέσεις τοῦ × ὑψίστου × κατῆλθεν πρὸς τὸν Ἀβραὰμ καὶ ἰδὼν αὐτὸν ὁ

Abr.1 9 2 εἶπεν αὐτῷ πάντα ὅσα ἤκουσεν παρὰ τοῦ × ὑψίστου × τότε οὖν ὁ ὅσιος καὶ δίκαιος Ἀβραὰμ ἀναστὰς

Abr.1 9 3 ἀρχιστράτηγε τοῦ διακονῆσαί μοι ἔτι ἅπαξ· τὸν × ὕψιστον × καὶ ἐρεῖς αὐτῷ ὅτι τάδε λέγει ὁ Ἀβραὰμ ὅτι

Abr.1 14 8 ζωῇ μου πρὸ τοῦ ἀποθανεῖν με. παραλαβὼν δὲ ταῦτα ὁ × ὕψιστος × κελεύει τὸν ἀρχιστράτηγον Μιχαὴλ καὶ λέγει αὐτῷ

Abr.1 15 11 εἰς τοὺς οὐρανοὺς καὶ ἔστη ἐνώπιον τοῦ θεοῦ τοῦ × ὑψίστου × καὶ εἶπεν κύριε παντοκράτωρ ἰδοὺ εἰσήκουσα τοῦ

Abr.1 15 13 ἔδειξα αὐτῷ καὶ πάλιν λέγει οὐκ ἀκολουθῶ σε. καὶ ὁ × ὕψιστος × ἔφη πρὸς τὸν ἀρχιστράτηγον πάλιν οὕτως λέγει ὁ

Abr.1 16 1 ἀθάνατε βασιλεῦ τί ῥῆμα καὶ γενήσεται. τότε ὁ * ὕψιστος * εἶπεν κάλεσόν μοι ὧδε τὸν θάνατον τὸν κεκλημένον
Abr.1 16 6 ταῦτα ἀκούσας ὁ θάνατος ἐξῆλθεν ἀπὸ προσώπου τοῦ * ὑψίστου * καὶ περιεβάλετο στολὴν λαμπροτάτην ⟨καὶ ἐποίησεν
Abr.1 16 9 τίμιε Ἀβραὰμ δικαία ψυχὴ φίλε τοῦ θεοῦ τοῦ * ὑψίστου * καὶ τῶν ἀγγέλων ὁμόσκηνε. εἶπεν δὲ ὁ Ἀβραὰμ
Abr.2 14 7 αὐτοῦ Ἀβραὰμ πλησίον τῆς μητρὸς αὐτοῦ δοξάζων τὸν * ὕψιστον * θεὸν ᾧ ἡ δόξα εἰς τοὺς αἰῶνας τῶν αἰώνων. ἀμήν.
TSim. 2 5 καὶ τὰ σπλάγχνα μου ἀσυμπαθῆ ὅτι καὶ ἡ ἀνδρεία ἀπὸ * ὑψίστου * δέδοται τοῖς ἀνθρώποις ἐν ψυχαῖς καὶ ἐν σώμασιν.
TSim. 6 7 τότε ἀναστήσομαι ἐν εὐφροσύνῃ καὶ εὐλογήσω τὸν * ὕψιστον * ἐν τοῖς θαυμασίοις αὐτοῦ ὅτι θεὸς σῶμα λαβὼν καὶ
TLevi 3 10 ἀναισθητοῦντες ἁμαρτάνουσι καὶ παροργίζουσι τὸν * ὕψιστον. * νῦν οὖν γινώσκετε ὅτι ποιήσει κύριος κρίσιν ἐπὶ
TLevi 4 1 καὶ τοῦ ᾅδου σκυλευομένου ἐπὶ τῷ πάθει τοῦ * ὑψίστου * οἱ ἄνθρωποι ἀπιστοῦντες ἐπιμενοῦσιν ἐν ταῖς
TLevi 4 2 διὰ τοῦτο ἐν κολάσει κριθήσονται. εἰσήκουσεν οὖν ὁ * ὕψιστος * τῆς προσευχῆς σου τοῦ διελεῖν σε ἀπὸ τῆς ἀδικίας
TLevi 5 1 εἶδον τὸν ναὸν τὸν ἅγιον καὶ ἐπὶ θρόνου δόξης τὸν * ὕψιστον. * καὶ εἶπέ μοι Λευί σοὶ δέδωκα τὰς εὐλογίας τῆς
TLevi 5 7 μετὰ ταῦτα ὥσπερ ἔξυπνος γενόμενος εὐλόγησα τὸν * ὕψιστον * καὶ τὸν ἄγγελον τὸν παραιτούμενον τὸ γένος τοῦ
TLevi 16 3 καὶ ἄνδρα ἀνακαινοποιοῦντα νόμον ἐν δυνάμει * ὑψίστου * πλάνον προσαγορεύσετε καὶ τέλος ὡς νομίζετε
TLevi 18 2B030 σου εἰς εὐδόκησιν καὶ ὀσμὴν εὐωδίας ἔναντι κυρίου * ὑψίστου. * καὶ ὅσα ἂν ποιῇς ἐν τάξει ποίει ἃ ποιῇς ἐν
TLevi 18 2B051 εἰς ἱερωσύνην ἁγίαν καὶ προσενεγκεῖν θυσίαν κυρίῳ * ὑψίστῳ * ὡς καθήκει κατὰ τὸ προστεταγμένον τοῦτο ποιεῖν.
TLevi 18 2B058 λέγω ἠγαπημένος σὺ τῷ πατρί σου καὶ ἅγιος κυρίου * ὑψίστου * καὶ ἠγαπημένος ἔσῃ ὑπὲρ πάντας τοὺς ἀδελφούς
TLevi 18 7 πατρικῆς ὡς ἀπὸ Ἀβραὰμ πατρὸς Ἰσαάκ. καὶ δόξα * ὑψίστου * ἐπ᾽ αὐτὸν ῥηθήσεται καὶ πνεῦμα συνέσεως καὶ
TJud. 24 4 αὐτοῦ πρώτοις καὶ ἐσχάτοις. οὗτος ὁ βλαστὸς θεοῦ * ὑψίστου * καὶ αὕτη ἡ πηγὴ εἰς ζωὴν πάσης σαρκός. τότε
TIss. 2 5 ἀνέθηκεν αὐτοὺς ἐν οἴκῳ κυρίου προσενέγκασα ἱερεῖ * ὑψίστου * τῷ ὄντι ἐν τῷ καιρῷ ἐκείνῳ. ὅτε οὖν ἡδρύνθην
TNep. 2 3 τριχὸς σταθμῷ γὰρ καὶ μέτρῳ καὶ κανόνι πᾶσα κτίσις * ὑψίστου. * καὶ καθάπερ οἶδεν ὁ κεραμεὺς ἑνὸς ἑκάστου τὴν
TGad 3 1 ἀληθείας τοῦ ποιεῖν δικαιοσύνην καὶ πάντα νόμον * ὑψίστου * καὶ μὴ πλανᾶσθαι τῷ πνεύματι τοῦ μίσους ὅτι
TGad 5 4 αὐτοῦ. οὐ καταλαλεῖ ἀνδρὸς ἐπειδὴ ὁ φόβος τοῦ * ὑψίστου * νικᾷ τὸ μῖσος. φοβούμενος γὰρ μὴ προσκρούσῃ
TAser 2 6 πλεονεκτῶν τὸν πλησίον παροργίζει τὸν θεὸν καὶ τὸν * ὕψιστον * ἐπιορκεῖ καὶ τὸν πτωχὸν ἐλεᾷ τὸν ἐντολέα τοῦ
TAser 5 4 ἀπὸ τῆς ἀληθείας κυρίου καὶ τὰς ἐντολὰς τοῦ * ὑψίστου * ἐξεζήτησα κατὰ πᾶσαν ἰσχύν μου πορευόμενος
TAser 7 2 διασπορᾷ ἐξουθενώμενοι ὡς ὕδωρ ἄχρηστον ἕως οὗ ὁ * ὕψιστος * ἐπισκέψηται τὴν γῆν. καὶ αὐτὸς ἐλθὼν ὡς ἄνθρωπος
TJos. 1 4 μου ἐφύλαξέ με εἰς λάκκον με ἐχάλασαν καὶ ὁ * ὕψιστος * ἀνήγαγέ με ἐπράθην εἰς δοῦλον καὶ ὁ κύριος
TJos. 1 6 καὶ ὁ θεὸς παρεκάλεσέ με ἐν ἀσθενείᾳ ἤμην καὶ ὁ * ὕψιστος * ἐπεσκέψατό με ἐν φυλακῇ ἤμην καὶ ὁ σωτὴρ
TJos. 3 10 δόλον αὐτῆς καὶ τὴν πλάνην. καὶ ἔλεγον αὐτῇ ῥήματα * ὑψίστου * εἰ ἄρα ἀποστρέψει ἀπὸ τῆς ἐπιθυμίας αὐτῆς τῆς
TJos. 9 3 ἐν σωφροσύνῃ διάγων θέλει καὶ δόξαν καὶ εἰ οἶδεν ὁ * ὕψιστος * ὅτι συμφέρει παρέχει αὐτῷ καὶ ταῦτα ὡς κἀμοί.
TJos. 10 3 ὅτι ἠγάπησε τὴν σωφροσύνην. ὅπου δὲ κατοικεῖ ὁ * ὕψιστος * κἂν τις περιπέσῃ φθόνῳ ἢ δουλείᾳ ἢ συκοφαντίᾳ ἢ
TBen. 4 5 τῷ ἀγαπῶντι τὸν θεὸν συνεργεῖ τὸν ἀθετοῦντα τὸν * ὕψιστον * νουθετῶν ἐπιστρέφει καὶ τὸν ἔχοντα χάριν
TBen. 9 2 ἐκεῖ συναχθήσονται καὶ πάντα τὰ ἔθνη ἕως οὗ ὁ * ὕψιστος * ἀποστείλῃ τὸ σωτήριον αὐτοῦ ἐν ἐπισκοπῇ
Asen. 8 2 τῷ Ἰωσὴφ χαίροις κύριέ μου εὐλογημένε τῷ θεῷ τῷ * ὑψίστῳ. * καὶ εἶπεν Ἰωσὴφ τῇ Ἀσενὲθ εὐλογήσει σε κύριος
Asen. 8 9 καὶ εἶπεν κύριε ὁ θεὸς τοῦ πατρός μου Ἰσραὴλ ὁ * ὕψιστος * ὁ δυνατὸς τοῦ Ἰακὼβ ὁ ζωοποιήσας τὰ πάντα καὶ
Asen. 9 1 ὅσα ἐλάλησεν αὐτῇ ἐν τῷ ὀνόματι τοῦ θεοῦ τοῦ * ὑψίστου. * καὶ ἔκλαυσε κλαυθμῷ μεγάλῳ καὶ πικρῷ καὶ
Asen. 11 7 μου ταύτῃ. καὶ κύριος ὁ θεὸς τοῦ δυνατοῦ Ἰωσὴφ ὁ * ὕψιστος * μισεῖ πάντας τοὺς σεβομένους τὰ εἴδωλα διότι
Asen. 11 9 ἐπικαλέσασθαι κύριον τὸν θεὸν τοῦ οὐρανοῦ τὸν * ὕψιστον * τὸν κραταιὸν τοῦ δυνατοῦ Ἰωσὴφ διότι ἐμιάνθη τὸ
Asen. 11 17 μου πῶς ἐγὼ ἀνοίξω τὸ στόμα μου πρὸς τὸν * ὕψιστον * καὶ πῶς ὀνομάσω τὸ ἅγιον αὐτοῦ ὄνομα τὸ φοβερὸν
Asen. 14 8 οἴκου κυρίου καὶ στρατιάρχης πάσης στρατιᾶς τοῦ * ὑψίστου. * ἀνάστηθι καὶ στῆθι ἐπὶ τοὺς πόδας σου καὶ
Asen. 15 7 καταφεύξονται ἔθνη πολλὰ ἐπὶ κύριον τὸν θεὸν τὸν * ὕψιστον * καὶ ὑπὸ τὰς πτέρυγάς σου σκεπασθήσονται λαοὶ
Asen. 15 7 σου διαφυλαχθήσονται οἱ προσκείμενοι τῷ θεῷ τῷ * ὑψίστῳ * ἐν ὀνόματι τῆς μετανοίας. διότι ἡ μετάνοιά ἐστιν
Asen. 15 7 διότι ἡ μετάνοιά ἐστιν ἐν τοῖς οὐρανοῖς θυγάτηρ * ὑψίστου * καλὴ καὶ ἀγαθὴ σφόδρα. καὶ αὕτη ἐκλιπάρει τὸν
Asen. 15 7 καὶ ἀγαθὴ σφόδρα. καὶ αὕτη ἐκλιπάρει τὸν θεὸν τὸν * ὕψιστον * ὑπὲρ σοῦ πᾶσαν ὥραν καὶ ὑπὲρ πάντων τῶν
Asen. 15 7 ὑπὲρ πάντων τῶν μετανοούντων ἐν ὀνόματι θεοῦ τοῦ * ὑψίστου * ἐπειδὴ πατήρ ἐστι τῆς μετανοίας. καὶ αὕτη ἐστίν
Asen. 15 7 ὑμᾶς σφόδρα καὶ περὶ ὑμῶν ἐρωτᾷ πᾶσαν ὥραν τὸν * ὕψιστον * καὶ πᾶσι τοῖς μετανοοῦσι τόπον ἀναπαύσεως
Asen. 15 8 ἔστιν ἐπιεικὴς καὶ πραεῖα. καὶ διὰ τοῦτο ὁ πατὴρ ὁ * ὕψιστος * ἀγαπᾷ αὐτὴν καὶ πάντες οἱ ἄγγελοι αἰδοῦνται
Asen. 15 12 γῆν καὶ εἶπεν αὐτῷ εὐλογημένος κύριος ὁ θεός σου ὁ * ὕψιστος * ὅς ἐξαπέστειλέ σε τοῦ ῥύσασθαί με ἐκ τοῦ σκότους
Asen. 15 12B ἐμὸν ὄνομα ἐν τοῖς οὐρανοῖς ἐστιν ἐν τῇ βίβλῳ τοῦ * ὑψίστου * γεγραμμένον τῷ δακτύλῳ τοῦ θεοῦ ἐν ἀρχῇ τῆς
Asen. 15 12B βίβλου πρὸ πάντων ὅτι ἐγὼ ἄρχων εἰμὶ τοῦ οἴκου τοῦ * ὑψίστου. * καὶ πάντα τὰ ὀνόματα τὰ γεγραμμένα ἐν τῇ βίβλῳ
Asen. 15 12B καὶ πάντα τὰ ὀνόματα τὰ γεγραμμένα ἐν τῇ βίβλῳ τοῦ * ὑψίστου * ἄρρητά ἐστι καὶ ἀνθρώπῳ οὔτε εἰπεῖν οὔτε ἀκοῦσαι
Asen. 16 14 διότι ἀπεκαλύφθη σοι τὰ ἀπόρρητα μυστήρια τοῦ * ὑψίστου * καὶ μακάριοι πάντες οἱ προσκείμενοι κυρίῳ τῷ θεῷ
Asen. 16 14 πάντες οἱ ἐκλεκτοὶ τοῦ θεοῦ καὶ πάντες οἱ υἱοὶ τοῦ * ὑψίστου * ὅτι κηρίον ζωῆς ἔστι τοῦτο καὶ πᾶς ὃς ἂν φάγῃ ἐξ
Asen. 16 16 σάρκες σου βρύουσιν ὡς ἄνθη ζωῆς ἀπὸ τῆς γῆς τοῦ * ὑψίστου * καὶ τὰ ὀστᾶ σου πιανθήσονται ὡς αἱ κέδροι τοῦ
Asen. 17 6 ἄνθρωπος καὶ εἶπεν εὐλογήσει ὑμᾶς κύριος ὁ θεὸς ὁ * ὕψιστος. * καὶ ἔσεσθε κίονες ἑπτὰ τῆς πόλεως τῆς καταφυγῆς
Asen. 18 9 ἀνατέλλων καὶ αἱ παρειαὶ αὐτῆς ὡς ἄρουραι τοῦ * ὑψίστου * καὶ ἐν ταῖς ⟨παρειαῖς⟩ ἐρυθρὸς ὡς αἷμα υἱοῦ
Asen. 18 9 ⟨καὶ οἱ μασθοὶ αὐτῆς ὡς τὰ ὄρη τοῦ θεοῦ τοῦ * ὑψίστου⟩. * καὶ ὡς εἶδεν Ἀσενὲθ ἑαυτὴν ἐν τῷ ὕδατι
Asen. 19 5 καταφεύξονται ἔθνη πολλὰ ἐπὶ κύριον τὸν θεὸν τὸν * ὕψιστον. * καὶ εἶπέ μοι ὁ ἄνθρωπος πορεύσομαι καὶ πρὸς
Asen. 19 8 Ἰωσὴφ πρὸς Ἀσενὲθ εὐλογημένη εἶ σὺ τῷ θεῷ τῷ * ὑψίστῳ * καὶ εὐλογημένον τὸ ὄνομά σου εἰς τοὺς αἰῶνας
Asen. 19 8 κύριος ὁ θεὸς ἐθεμελίωσε τὰ τείχη σου ⟨ἐν τοῖς * ὑψίστοις * καὶ⟩ τὰ τείχη σου ἀδαμάντινα ⟨τείχη ζωῆς⟩ διότι
Asen. 21 4 ἐστιν ὁ υἱὸς τοῦ θεοῦ ὁ πρωτότοκος καὶ σὺ θυγάτηρ * ὑψίστου * κληθήσῃ καὶ νύμφη Ἰωσὴφ ἀπὸ τοῦ νῦν καὶ ἕως τοῦ
Asen. 21 6 καὶ εἶπε Φαραὼ εὐλογήσει ὑμᾶς κύριος ὁ θεὸς ὁ * ὕψιστος * καὶ πληθυνεῖ ὑμᾶς καὶ μεγαλυνεῖ καὶ δοξάσει ὑμᾶς
Asen. 21 15 τὸν θεὸν τοῦ οὐρανοῦ οὐδὲ ἐπεποίθειν ἐπὶ τῷ θεῷ τῷ * ὑψίστῳ * τῆς ζωῆς. ἥμαρτον κύριε ⟨ἥμαρτον ἐνώπιόν σου⟩
Asen. 21 21 τῷ θεῷ τῶν αἰώνων καὶ τῷ ἄρχοντι τοῦ ⟨οἴκου⟩ τοῦ * ὑψίστου * καὶ ἔδωκέ μοι φαγεῖν ἄρτον ζωῆς καὶ ⟨πιεῖν⟩
Asen. 22 8 ἡ νύμφη μου ἢ γυνή σου; εὐλογημένη ἔσται τῷ θεῷ τῷ * ὑψίστῳ. * καὶ ἐκάλεσεν αὐτὴν Ἰακὼβ πρὸς ἑαυτὸν καὶ
Asen. 22 13 πρὸς τὸν κύριον καὶ ἦν ἀνὴρ συνίων καὶ προφήτης * ὑψίστου * καὶ ὀξέως βλέπων τοῖς ὀφθαλμοῖς αὐτοῦ καὶ αὐτὸς
Asen. 22 13 ⟨τῷ δακτύλῳ τοῦ θεοῦ⟩ καὶ ᾔδει τὰ ἄρρητα θεοῦ τοῦ * ὑψίστου * καὶ ἀπεκάλυπτεν αὐτὰ τῇ Ἀσενὲθ κρυφῇ διότι καὶ
Asen. 22 13 καὶ ἑώρα τὸν τόπον τῆς καταπαύσεως αὐτῆς ἐν τοῖς * ὑψίστοις * ⟨καὶ τὰ τείχη αὐτῆς ὡς τείχη ἀδαμάντινα αἰώνια
Asen. 23 10 θεοσεβεῖς καὶ ὁ πατὴρ ἡμῶν ἐστὶ φίλος τοῦ θεοῦ τοῦ * ὑψίστου * καὶ Ἰωσὴφ ὁ ἀδελφὸς ἡμῶν ἐστίν ὡς υἱὸς τοῦ θεοῦ
Asen. 25 6 πειράσητε πονηρεύσασθαι κατ᾽ αὐτοῦ βοήσει πρὸς τὸν * ὕψιστον * καὶ πέμψει πῦρ ἐξ οὐρανοῦ καὶ καταφάγεται ὑμᾶς
Sal. 18 10 ἐλέους. διάψαλμα. μέγας ἡμῶν ὁ θεὸς καὶ ἔνδοξος ἐν * ὑψίστοις * κατοικῶν ὁ διατάξας ἐν πορείᾳ φωστῆρας εἰς
Prop. 4 3 καὶ ἦν ἀνὴρ ξηρὸς τὴν ἰδέαν ἀλλὰ ὡραῖος ἐν χάριτι * ὑψίστου. * οὗτος πολλὰ ηὔξατο ὑπὲρ τοῦ Ναβουχοδονόσορ
Prop. 18 4B αὐτοῦ καὶ ὅτι παραβήσεται Σολομὼν τὸν νόμον τοῦ * ὑψίστου * ταῦτα προεῖπεν Ἠλεὶ πρὸς τοὺς υἱοὺς αὐτοὺς
Esdr. 1 2 ἤμην ἐν τῷ οἴκῳ μου καὶ κράξας λέγων πρὸς τὸν * ὕψιστον * κύριε δὸς τὴν δόξαν ἵνα ἴδω τὰ μυστήριά σου. καὶ
Sib. 3 519 ἕκαστον ἐξαυδῶ; πᾶσιν γὰρ ὅσοι χθόνα ναιετάουσιν * Ὕψιστος * δεινὴν ἐπιπέμψει ἔθνεσι πληγήν. Ἕλλησιν δ᾽
Sib. 3 574 γένος ἔσσεται αὖτις βουλαῖς ἠδὲ νόῳ προσκείμενοι * Ὑψίστοιο * οἳ ναὸν μεγάλοιο θεοῦ περικυδανέουσιν λοιβῇ τε
Sib. 3 580 ἁγίως ὁλοκαρπεύοντες. ἐν δὲ δικαιοσύνῃ νόμου * Ὑψίστοιο * λαχόντες ὄλβιοι οἰκήσουσι πόλεις καὶ πίονας
Sib. 3 719 πρὸς ναὸν ἐπεὶ μόνος ἐστὶ δυνάστης καὶ νόμον * ὑψίστοιο * θεοῦ φραζώμεθα πάντες ὅστε δικαιότατος πέλεται
FSop. 5 77 2 ἐν ναοῖς σωτηρίας καὶ ὑμνοῦντας θεὸν ἄρρητον * ὕψιστον. *
IEsc. 5 131 3 γοργὸν ὄμμα δεσπότου. πάντα δυνατὴ γὰρ δόξα * ὑψίστου * ⟨θεοῦ⟩.
HAno. 9 17 5 ἱερὸν Ἀργαριζὶν ὃ εἶναι μεθερμηνευόμενον ὄρος * ὑψίστου * παρὰ δὲ τοῦ Μελχισεδὲκ ἱερέως ὄντος τοῦ θεοῦ καὶ
LPhi. 9 24 1 τοῖσιν ἕδος μακαριστὸν ὅλης μέγας ἔκτισεν ἄκτωρ * ὕψιστος * καὶ πρόσθεν ἀφ᾽ Ἀβραάμοιο καὶ Ἰσὰκ Ἰακὼβ
LEze. 9 29 14 47 ἡμῶν. καὶ τις ἠλάλαξ᾽ ἰδὼν φεύγωμεν οἴκοι πρόσθεν * Ὑψίστου * χέρας οἷς μὲν γὰρ ἐστ᾽ ἀρωγὸς ἡμῖν δ᾽ ἀθλίοις

ὑψιτένων * 1
FPho. 202 ἵππους εὐγενέας διζήμεθα γειαρότας τε ταύρους * ὑψιτένοντας * ἀτὰρ σκυλάκων πανάριστον γῆμαι δ᾽ οὐκ ἀγαθὴν

ὑψιφάεννος 1
LPhi. 9 37 2 ἐμπίπλησι βαθὺν ῥόον ἐξανιείσης. ῥεῦμα γὰρ * ὑψιφάεννον * ἐν ὑετίοις νιφετοῖσιν ἱέμενον πολυγηθὲς ὕπαι

ὑψόθι 1
Sib. 3 102 ἀνάγκην πνεύμασιν αὐτὰρ ἔπειτ᾽ ἄνεμοι μέγαν * ὑψόθι * πύργον ῥίψαν καὶ θνητοῖσιν ἐπ᾽ ἀλλήλους ἔριν ὦρσαν

ὕψος 29
Hen. 18 11 καὶ οὐκ ἦν μέτρον οὔτε εἰς βάθος οὔτε εἰς * ὕψος. * καὶ ἐπέκεινα τοῦ χάσματος τούτου ἴδον τόπον ὅπου
Hen. 24 3 ἕβδομον ὄρος ἀνὰ μέσον τούτων καὶ ὑπερεῖχεν τῷ * ὕψει * ὅμοιον καθέδρᾳ θρόνου καὶ περιεκύκλου δένδρα αὐτῷ
Hen. 26 4 τούτου ἄλλο ὄρος ταπεινότερον αὐτοῦ καὶ οὐκ ἔχον * ὕψος * καὶ φάραγγα βαθεῖαν καὶ ξηρὰν ἀνὰ μέσον αὐτῶν καὶ
Hen. 32 4 μεγάλην. ὅμοιον τὸ δένδρον ἐκεῖνο στροβιλέᾳ τὸ * ὕψος * τὰ δὲ φύλλα αὐτοῦ κερατίᾳ ὅμοια ὁ δὲ καρπὸς αὐτοῦ
Abr.1 19 9 πρόσωπον τοῦ κρημνοῦ ἔδειξά σοι διότι πολλοὶ ἀπὸ * ὕψους * δένδρων ⟨ἢ⟩ κρημνοῦ κατερχόμενοι καὶ ἀνύπαρκτοι
Abr.2 7 10 εἰς ἀνάπαυσιν αἴρουσιν αὐτὸν ἀπὸ ταπεινώσεως εἰς * ὕψος * αἴρουσιν αὐτὸν ἀπὸ στενοχωρίας εἰς εὐρυχωρίαν
TLevi 2 8 φωτεινότερον καὶ φαιδρότερον παρὰ τοὺς δύο καὶ γὰρ * ὕψος * ἦν ἐν αὐτῷ ἄπειρον. καὶ εἶπον τῷ ἀγγέλῳ διατί
TIss. 1 5 ταῦτα δὲ ἦσαν μῆλα εὐώδημα ἃ ἐποίει ἡ γῆ Ἀρὰμ ἐν * ὕψει * ὑποκάτω φάραγγος ὑδάτων. εἶπε δὲ Ῥαχὴλ οὐ δώσω
TNep. 5 7 γὰρ Ἰωσὴφ ἔλαβεν αὐτὸν καὶ συνανῆλθεν αὐτῷ εἰς * ὕψος. * καὶ εἶδον ὅτι ἤμην ἐν κήποις καὶ ἰδοὺ γραφὴ ἁγία
Sal. 17 6 σου τὸ ἔντιμον. ἐν δόξῃ ἔθεντο βασίλειον ἀντὶ * ὕψους * αὐτῶν ἠρήμωσαν τὸν θρόνον Δαυιδ ἐν ὑπερηφανίᾳ
Jer. 9 15 ἡμῶν τῷ ἀέρι ποιήσει αὐτὰ ξηρανθῆναι μετὰ τοῦ * ὕψους * τῶν κλάδων αὐτῶν καὶ ποιήσει αὐτὰ κριθῆναι τὸ
Job 50 1 τὸ στόμα ἀποφθεγγόμενον ἐν τῇ διαλέκτῳ τῶν ἐν * ὕψει, * ἐπεὶ καὶ αὐτῆς ἡ καρδία ἠλλοιοῦτο ἀφισταμένη ἀπὸ
Aris. 57 2 δύο γὰρ πήχεων τὸ μῆκος ⟨πήχεος δὲ τὸ εὖρος⟩ τὸ δὲ * ὕψος * πήχεος καὶ ἡμίσους συνετέλουν χρυσίου δοκίμου
Aris. 74 2 ἔχοντες. εἶτα μαίανδρος ἐπέκειτο πηχυαῖος * ὕψει * τὴν δ᾽ ἐκτύπωσιν ἐνυπῆρχε διὰ λιθώσεως ποικίλης
Aris. 93 3 σχεδὸν ἑκάστου ἀναρρίπτουσιν ἑκατέραις θαυμασίως * ὕψος * ἱκανὸν καὶ οὐχ ἁμαρτάνουσι τῆς ἐπιθέσεως. ὁμοίως δὲ

| | | | | |
|---|---|---|---|---|
| Sib. | | 3 | 64 | Σεβαστηνῶν ἥξει Βελίαρ μετόπισθεν καὶ στήσει ὀρέων * ὕψος * στήσει δὲ θάλασσαν ἠέλιον πυρόεντα μέγαν λαμπράν τε |
| Sib. | | 5 | 106 | σύμπασαν γαῖαν πολιορκῶν πᾶσαν ἐρημῶν. ἀλλ' ὅταν * ὕψος * ἔχῃ κρατερὸν καὶ θάρσος +ἀηδὲς+ ἥξει καὶ μακάρων |
| FJub. | | 10 | 21 | Σενναάρ. ἐπὶ μ γ' ἔτη ἔμειναν οἰκοδομοῦντες. τὸ * ὕψος * 'ε υ λ γ' πήχεις καὶ δύω παλαισταί. τὸ πλάτος ἐπὶ σ |
| FJub. | | 10 | 21 | τὸ πλάτος ἐπὶ σ γ' πλίνθους. τῆς πλίνθου τὸ * ὕψος * τρίτον μιᾶς πλίνθου. ⟨τὸ ἔκταμα τοῦ ἑνὸς τοίχου⟩ |
| FMan. | 2 | 22 | 13 | μου καὶ οὐκέτι εἰμὶ ἄξιος ἀτενίσαι καὶ ἰδεῖν τὸ * ὕψος * τοῦ οὐρανοῦ ἀπὸ πλήθους τῶν ἀδικιῶν μου |
| FBar. | | 13 | 1 | επι το ⟨ορος Σιων και ιδου φων⟩η εξηλθεν εξ * ὑ⟨ψους * και ειπε μοι ανα⟩στα επι τους πο⟨δας σου Βαρουχ |
| FAch. | | 116 | | τοὺς ἀετοὺς καὶ εἰς ἀέρα ἵπτασθαι. καὶ εἰς * ὕψος * γενάμενοι ἐφώνουν ἐπίδοτε πηλὸν καὶ πλίνθους καὶ |
| IEsc. | 5 | 131 | 3 | ὄρη καὶ γαῖα καὶ πελώριος βυθὸς θαλάσσης καὶ ὀρέων * ὕψος * μέγα ἐπὰν ἐπιβλέψῃ γοργὸν ὄμμα δεσπότου. πάντα |
| HEup. | 9 | 34 | 9 | χαλκοῦν μῆκος πηχῶν κ' καὶ πλάτος πηχῶν κ' τὸ δὲ * ὕψος * πηχῶν ε' ποιῆσαι δὲ ἐπ' αὐτῷ στεφάνην πρὸς τὴν |
| HEup. | 9 | 34 | 9 | τοῦ λουτῆρος τορευτὰς χωνευτὰς δώδεκα καὶ τῷ * ὕψει * ἀνδρομήκεις καὶ στῆσαι ἐξ ὑστέρου μέρους ὑπὸ τὸν |
| HEup. | 9 | 34 | 10 | τοῦ θυσιαστηρίου. ποιῆσαι δὲ καὶ βάσιν χαλκῆν τῷ * ὕψει * πηχῶν δυοῖν κατὰ τὸν λουτῆρα ἵν' ἐφεστήκῃ ἐπ' αὐτῆς |
| HEup. | 9 | 34 | 10 | καὶ τὸ θυσιαστήριον πηχῶν κ ε' ἐπὶ πήχεις κ' τὸ δὲ * ὕψος * πηχῶν δώδεκα. ποιῆσαι δὲ καὶ δακτυλίους δύο χαλκοῦς |
| HEup. | 9 | 34 | 11 | καὶ στῆσαι αὐτοὺς ἐπὶ μηχανημάτων ὑπερεχόντων τῷ * ὕψει * τὸν ναὸν πήχεις κ' καὶ σκιάζειν ἐπάνω παντὸς τοῦ |
| HHec. | 1 | 22 | 198 | οὕτω συγκείμενος πλευρὰν μὲν ἑκάστην εἴκοσι πήχεων * ὕψος * δὲ δεκάπηχυ. καὶ παρ' αὐτὸν οἴκημα μέγα οὗ βωμός |
| ὑψόσε | | | | 1 |
| Sib. | | 5 | 252 | ἄχρι δὲ καὶ Ἰόπης τεῖχος μέγα κυκλώσαντες * ὑψόσ' * ἀείρονται ἄχρι καὶ νεφέων ἐρεβεννῶν. οὐκέτι |
| ὑψοῦ | | | | 1 |
| Sib. | | 3 | 539 | ἐπέσται χάλκειόν τε μέγαν τεύξει θεὸς οὐρανὸν * ὑψοῦ * ἀβροχίην τ' ἐπὶ γαῖαν ὅλην αὐτὴν δὲ σιδηρᾶν. αὐτὰρ |
| ὑψόω | | | | 19 |
| Abr.1 | | 9 | 8 | τὸν δίκαιον Ἀβραὰμ ἐπὶ τὸ ἅρμα τὸ χερουβικὸν καὶ * ὕψωσον * αὐτὸν εἰς τὸν αἰθέρα τοῦ οὐρανοῦ, ⟨ὅπως ἴδῃ πᾶσαν |
| Abr.1 | | 10 | 1 | ἔλαβεν τὸν Ἀβραὰμ ἐπὶ ἅρματος χερουβικοῦ καὶ * ὕψωσεν * αὐτὸν εἰς τὸν αἰθέρα τοῦ οὐρανοῦ⟩ καὶ ἤγαγεν |
| TRub. | | 6 | 5 | διὰ τοῦτο ζηλώσετε τοὺς υἱοὺς Λευὶ καὶ ζητήσετε * ὑψωθῆναι * ὑπὲρ αὐτοὺς ἀλλ' οὐ δυνήσεσθε. ὁ γὰρ θεὸς |
| TJud. | | 21 | 8 | καὶ προκόψουσιν ἐπὶ τὸ κακὸν ἐν πλεονεξίᾳ * ὑψούμενοι. * καὶ ἔσονται ὡς καταιγίδες ψευδοπροφῆται καὶ |
| TNep. | | 5 | 3 | ἥλιον καὶ ὁ Ἰούδας φθάσας ἐπίασε τὴν σελήνην καὶ * ὑψώθησαν * ἀμφότεροι σὺν αὐτοῖς. καὶ ὄντος τοῦ Λευὶ ὡς |
| TGad | | 7 | 2 | ἴσως γὰρ ὑμῖν συμφέρει οὕτως. καὶ ἐὰν ἐπὶ πλεῖον * ὑψοῦται * μὴ φθονεῖτε μνημονεύοντες ὅτι πᾶσα σάρξ |
| TJos. | | 1 | 7 | πικροῖς καὶ ἐρρύσατό με ἐν φθόνοις συνδούλων καὶ * ὕψωσέ * με. καὶ οὕτως Φωτιμὰρ ὁ ἀρχιμάγειρος Φαραὼ |
| TJos. | | 10 | 3 | σωφροσύνην οὐ μόνον ἐκ τῶν κακῶν ῥύεται ἀλλὰ καὶ * ὑψοῖ * καὶ δοξάζει αὐτὸν ὡς κἀμέ. πάντως γὰρ ὁ ἄνθρωπος ἢ |
| TJos. | | 10 | 5 | οἱ ἀδελφοί μου πῶς ἠγάπησέ με ὁ πατήρ μου καὶ οὐχ * ὑψούμην * ἐν τῇ καρδίᾳ μου. καίπερ νήπιος ὢν εἶχον τὸν |
| TJos. | | 17 | 8 | ἡ γῆ μου γῆ αὐτῶν ἡ βουλὴ αὐτῶν βουλή μου. καὶ οὐχ * ὕψωσα * ἐμαυτὸν ἐν αὐτοῖς ἐν ἀλαζονείᾳ διὰ τὴν κοσμικὴν |
| TJos. | | 18 | 1 | ὑμεῖς πορευθῆτε ἐν ταῖς ἐντολαῖς κυρίου τέκνα μου * ὑψώσει * ὑμᾶς ἐνταῦθα καὶ εὐλογήσει ἐν ἀγαθοῖς εἰς αἰῶνας. |
| TBen. | | 9 | 3 | ὑβρισθήσεται καὶ ἐξουθενωθήσεται καὶ ἐπὶ ξύλου * ὑψωθήσεται. * καὶ ἔσται τὸ ἅπλωμα τοῦ ναοῦ σχιζόμενον καὶ |
| Asen. | | 12 | 2 | ὄντα καὶ τὰ φαινόμενα ἐκ τῶν ἀφανῶν καὶ μὴ ὄντων ὁ * ὑψώσας * τὸν οὐρανὸν καὶ θεμελιώσας αὐτὸν ἐν στερεώματι |
| Sal. | | 1 | 5 | τὴν γῆν καὶ ἡ δόξα αὐτῶν ἕως ἐσχάτου τῆς γῆς. * ὑψώθησαν * ἕως τῶν ἄστρων εἶπαν οὐ μὴ πέσωσιν καὶ |
| Jer. | | 6 | 21 | καμίνου ὅτι οὐκ ἐφυλάξατε τὰ δικαιώματά μου ἀλλὰ * ὑψώθη * ἡ καρδία ὑμῶν καὶ ἐτραχηλιάσατε ἐνώπιόν μου ἐν |
| Esdr. | | 4 | 32 | μέτωπον αὐτοῦ γραφὴ ἀντίχριστος. ἕως τοῦ οὐρανοῦ * ὑψώθη * ἕως τοῦ ᾅδου καταβήσει. ποτὲ μὲν γενήσεται παιδίον |
| Aris. | | 263 | 4 | καθαιρεῖ τοὺς δὲ ἐπιεικεῖς καὶ ταπεινοὺς * ὑψοῖ. * παρακαλέσας δὲ αὐτὸν τὸν ἑξῆς ἐπηρώτα τίσι δεῖ |
| Sib. | | 3 | 582 | ὄλβιοι οἰκήσουσι πόλεις καὶ πίονας ἀγροὺς αὐτοὶ δ' * ὑψωθέντες * ὑπ' ἀθανάτοιο προφῆται +καὶ+ μέγα χάρμα |
| IMen. | 5 | 120 | 2 | ἥδεται καὶ οὐκ ἀδίκοις πονοῦντα δὲ ἐᾷ τὸν ἴδιον * ὑψῶσαι * βίον τὴν γῆν ἀροῦντα νύκτα καὶ τὴν ἡμέραν. θεῷ δὲ |
| ὕψωμα | | | | 2 |
| Job | | 41 | 4 | προτέρας, καὶ ἐποίησεν ἑαυτὸν ἀθρόως εἰς τὸ αὐτοῦ * ὕψωμα * καὶ ἰδοὺ μεγάλως καὶ ὑπερβαλλόντως λελάληκεν λέγων |
| FPho. | | | 73 | πολὺ κρείσσοσιν ἡλίου αὐγαῖς οὐ χθὼν οὐρανίοισ' * ὑψώμασι * νέρθεν ἐοῦσα οὐ ποταμοὶ πελάγεσσιν. ἀεὶ δ' |
| Υων | | | | 1 |
| Job | | 1 | 3 | θυγατέρας αὐτοῦ ὧν εἰσιν τὰ ὀνόματα Τερσι Χορος * Υων * Νικη Φορος Φιφη Φρουων Ἡμέρα Κασία Ἀμαλθείας κέρας |
| φαγεῖν | | | | 79 (cf.+ ἐσθίω, ἔσθω, ἔδω, πατέομαι (ἐσθίω)) |
| Adam | | 7 | 2 | τὸν κύριον. καὶ ἔδωκεν αὐτῇ ὁ ἐχθρὸς καὶ * ἔφαγεν * ἀπὸ τοῦ ξύλου ἐγνωκὼς ὅτι οὐκ ἤμην ἔγγιστα αὐτῆς |
| Adam | | 7 | 3 | αὐτῆς οὔτε οἱ ἅγιοι ἄγγελοι. ἔπειτα ἔδωκε κἀμοὶ * φαγεῖν. * καὶ ὀργίσθη ἡμῖν ὁ θεός. καὶ ἐλθὼν ἐν τῷ |
| Adam | | 11 | 2 | τῶν θηρίων ἐκ σοῦ ἐγένετο. πῶς ἠνοίγη τὸ στόμα σου * φαγεῖν * ἀπὸ τοῦ ξύλου περὶ οὗ ἐνετείλατό σοι ὁ θεὸς μὴ |
| Adam | | 11 | 2 | ἀπὸ τοῦ ξύλου περὶ οὗ ἐνετείλατό σοι ὁ θεὸς μὴ * φαγεῖν * ἐξ αὐτοῦ; διὰ τοῦτο καὶ ἡμῶν αἱ φύσεις |
| Adam | | 18 | 1 | ἐστέ. οὐ γὰρ θέλω ὑμᾶς ἀγνοεῖν. δεῦρο οὖν καὶ * φάγε * καὶ νόησον τὴν τιμὴν τοῦ ξύλου. ἐγὼ δὲ εἶπον αὐτῷ |
| Adam | | 18 | 3 | καθὼς εἶπεν ἡμῖν. καὶ λέγει μοι μὴ φοβοῦ. ἅμα γὰρ * φάγῃς * ἀνοιχθήσονταί σου οἱ ὀφθαλμοὶ καὶ ἔσεσθε ὡς θεοὶ |
| Adam | | 18 | 4 | ἔσεσθε ὅμοιοι αὐτοῦ ἐφθόνησεν ὑμῖν καὶ εἶπεν οὐ * φάγεσθαι * ἐξ αὐτοῦ. σὺ δὲ πρόσχες τῷ φυτῷ καὶ ὄψει δόξαν |
| Adam | | 19 | 1 | ἐστράφη καὶ λέγει μοι μεταμεληθεὶς οὐ δώσω σοι * φαγεῖν. * ταῦτα εἶπε θέλων εἰς τέλος δελεάσαι με. καὶ |
| Adam | | 19 | 3 | ἐπ' αὐτὸν καὶ ἔθετο ἐπὶ τὸν καρπὸν ὃν ἔδωκε μοι * φαγεῖν * τὸν ἰὸν τῆς κακίας αὐτοῦ τοῦτ' ἔστι τῆς |
| Adam | | 19 | 3 | τὸν κλάδον ἐπὶ τὴν γῆν ἔλαβον ἀπὸ τοῦ καρποῦ καὶ * ἔφαγον. * καὶ ἐν αὐτῇ τῇ ὥρᾳ ἠνεῴχθησαν οἱ ὀφθαλμοί μου |
| Adam | | 20 | 5 | ἐμαυτῇ περιζώματα καὶ ἔστι παρὰ τὸ φυτὸν ἐξ οὗ * ἔφαγον. * καὶ ἐβόησα αὐτῇ τῇ ὥρᾳ λέγουσα Ἀδὰμ Ἀδὰμ ποῦ |
| Adam | | 21 | 3 | λέγουσα δεῦρο κύριέ μου Ἀδὰμ ἐπάκουσόν μου καὶ * φάγε * ἀπὸ τοῦ καρποῦ τοῦ δένδρου οὗ εἶπεν ἡμῖν ὁ θεὸς τοῦ |
| Adam | | 21 | 3 | τοῦ καρποῦ τοῦ δένδρου οὗ εἶπεν ἡμῖν ὁ θεὸς τοῦ μὴ * φαγεῖν * ἀπ' αὐτοῦ καὶ ἔσει ὡς θεός. καὶ ἀποκριθεὶς ὁ |
| Adam | | 21 | 4 | ὀργισθῇ μοι ὁ θεός. ἐγὼ δὲ εἶπον μὴ φοβοῦ ἅμα γὰρ * φάγῃς * ἔσει γινώσκων καλὸν καὶ πονηρόν. καὶ τότε ταχέως |
| Adam | | 21 | 5 | καλὸν καὶ πονηρόν. καὶ τότε ταχέως πείσασα αὐτὸν * ἔφαγεν. * καὶ ἠνεῴχθησαν αὐτοῦ οἱ ὀφθαλμοὶ καὶ ἔγνω τὴν |
| Adam | | 24 | 2 | ἀνατελεῖ σοι καὶ ἐν ἱδρώτητι τοῦ προσώπου σου * φάγει * τὸν ἄρτον σου. ἔσει δὲ ἐν καμάτοις πολυτρόποις. |
| Adam | | 26 | 2 | στερηθήσει τῆς τροφῆς σου ἧς ἤσθιες καὶ χοῦν * φάγει * πάσας τὰς ἡμέρας τῆς ζωῆς σου. ἐπὶ τῷ στήθει καὶ |
| Adam | | 28 | 2 | εἶπεν κύριε δός μοι ἐκ τοῦ φυτοῦ τῆς ζωῆς ἵνα * φάγω * πρὶν ἢ ἐκβληθῆναί με. τότε ὁ κύριος ἐλάλησεν πρὸς |
| Adam | | 29 | 7 | τῷ Ἀδὰμ ἀνάστα καὶ φρόντισον ἡμῖν βρώματα ἵνα * φάγωμεν * καὶ ζήσωμεν ἵνα μὴ ἀποθάνωμεν. ἐγερθῶμεν καὶ |
| Hen. | | 32 | 6 | ὁ μετ' ἐμοῦ ὢν τοῦτο τὸ δένδρον φρονήσεως ἐξ οὗ * ἔφαγεν * ὁ πατήρ σου. καὶ οἱ κύνες ἤρξαντο κατεσθίειν τὰ |
| Hen. | | 98 | 11 | καὶ ἔσθοντες αἷμα πόθ⟩εν ὑμῖν ἔσο⟨νται ἀγαθὰ ἵνα * φάγητε---⟩ * ---⟨ἔργα τῆ⟩ς ἀδικίας διότι ἐλπίδας κα⟨λὰς |
| Hen. | | 102 | 8 | καὶ σωθήτωσαν καὶ ὄψονται εἰς τὸν αἰῶνα ἡμᾶς * φαγεῖν * καὶ πεῖν. τοιγαροῦν ἁρπάσαι καὶ ἁμαρτάνειν καὶ |
| Abr.2 | | 3 | 5 | θρέμματα θύσατε ταχέως καὶ ὑπηρετήσατε ἵνα * φάγωμεν * καὶ πίωμεν ὅτι εὐφρασία γίνεται σήμερον. καὶ |
| Abr.2 | | 4 | 15 | πρὸς Ἀβραὰμ καὶ εἴ τι ἂν ἴδῃς αὐτὸν ἐσθίοντα * φάγε * καὶ σὺ ἐξ αὐτῶν καὶ ὅπου δ' ἂν κοιμηθῇ κοιμήθητι |
| Abr.2 | | 5 | 1 | Ἀβραὰμ καὶ εὗρεν αὐτὸν ἑτοιμάσαντα τὸ δεῖπνον καὶ * ἔφαγον * καὶ ἔπιον καὶ εὐφράνθησαν. λέγει δὲ Ἀβραὰμ |
| Abr.2 | | 6 | 11 | ἔθυσας καὶ ἔδωκάς μοι λέγων ἀναστᾶσα ποίησον ἵνα * φάγωμεν * μετὰ τῶν ἀνθρώπων τούτων ἐν τῷ οἴκῳ ἡμῶν. καὶ |
| TSim. | | 3 | 2 | διανοίας τοῦ ἀνθρώπου καὶ οὐκ ἀφίησιν αὐτὸν οὔτε * φαγεῖν * οὔτε πιεῖν οὔτε ποιῆσαί τι ἀγαθὸν πάντοτε |
| TLevi | | 18 | 2B056 | σαρκί. καὶ ὃ ἐὰν ἐν οἴκῳ +ουσης+ σεαυτὸν πᾶν κρέας * φαγεῖν * κάλυπτε τὸ αἷμα αὐτοῦ τῇ γῇ πρῶτον πρὶν ἢ φαγεῖν |
| TLevi | | 18 | 2B056 | φαγεῖν κάλυπτε τὸ αἷμα αὐτοῦ τῇ γῇ πρῶτον πρὶν ἢ * φαγεῖν * σε ἀπὸ τῶν κρεῶν καὶ οὐκέτι ἔσῃ ἐσθίων ἐπὶ τοῦ |
| TLevi | | 18 | 11 | ῥομφαίαν κατὰ τοῦ Ἀδὰμ καὶ δώσει τοῖς ἁγίοις * φαγεῖν * ἐκ τοῦ ξύλου τῆς ζωῆς καὶ πνεῦμα ἁγιωσύνης ἔσται |
| TIss. | | 2 | 5 | κύριος τῆς Ῥαχὴλ ὅτι καίγε ποθήσασα αὐτοὺς οὐκ * ἔφαγεν * ἀλλὰ ἀνέθηκεν αὐτοὺς ἐν οἴκῳ κυρίου προσενέγκασα |
| TIss. | | 7 | 5 | συνεστέναξα καὶ πτωχῷ μετέδωκα τὸν ἄρτον μου. οὐκ * ἔφαγον * μόνος ὅριον οὐκ ἔλυσα εὐσέβειαν ἐποίησα ἐν πάσαις |
| TZab. | | 3 | 3 | γυναιξὶν αὐτῶν καὶ τοῖς τέκνοις αὐτῶν εἰπόντες οὐ * φαγόμεθα * αὐτὴν ὅτι τιμὴ αἵματος τοῦ ἀδελφοῦ ἡμῶν αὕτη |
| TZab. | | 4 | 7 | διὰ Τρωγλοκολπιτῶν ἐν τῇ συντόμῳ. καὶ οὐκ * ἔφαγε * Ῥουβὴμ ἄρτον ἐν τῇ ἡμέρᾳ ἐκείνῃ. προσελθὼν οὖν |
| TNep. | | 9 | 2 | εἰς Χεβρὼν καὶ θάψωσι μετὰ τῶν πατέρων αὐτοῦ. καὶ * φαγὼν * καὶ πιὼν ἐν ἱλαρότητι ψυχῆς συνεκάλυψε τὸ πρόσωπον |
| TGad | | 1 | 7 | ἔθυσα περὶ οὗ ἐλυπούμην ὅτι οὐκ ἠδύνατο ζῆν καὶ * ἐφάγομεν * αὐτὸν καὶ εἶπε τῷ πατρὶ ἡμῶν. καὶ ἐνεκότουν τῷ |
| TJos. | | 6 | 4 | ἐπέγνω τὸ βρῶμα καὶ λέγει πρός με τί τοῦτο ὅτι οὐκ * ἔφαγες * ἀπὸ τοῦ βρώματος; καὶ εἶπον πρὸς αὐτὴν ὅτι |
| TJos. | | 6 | 7 | κακία ἀσεβούντων λαβὼν ἐνώπιον αὐτῆς ἐξαυτῆς * ἔφαγον * εἰπὼν ὁ θεὸς τῶν πατέρων μου καὶ ὁ ἄγγελος |
| Asen. | | 8 | 9 | ⟨κρυφαίᾳ⟩ καὶ ἀναζωοποίησον αὐτὴν τῇ ζωῇ σου καὶ * φαγέτω * ἄρτον ζωῆς σου καὶ πιέτω ποτήριον εὐλογίας σου |
| Asen. | | 9 | 3 | καὶ περιέμενε τοῦ γενέσθαι ἑσπέρα⟨ν⟩. καὶ Ἰωσὴφ * ἔφαγε * καὶ ἔπιε καὶ εἶπε τοῖς παισὶν αὐτοῦ ζεύξατε τοὺς |
| Asen. | | 10 | 1 | καὶ ἔκλαιεν ἕως ἔδυ ὁ ἥλιος. καὶ ἄρτον οὐκ * ἔφαγε * καὶ ὕδωρ οὐκ ἔπιεν καὶ ἐπῆλθεν ἡ νὺξ καὶ ἐκάθευδον |
| Asen. | | 10 | 13 | τοῖς ἀλλοτρίοις. εἶπε γὰρ ἐν ἑαυτῇ Ἀσενὲθ οὐ μὴ * φάγωσιν * οἱ κύνες μου ἐκ τοῦ δείπνου μου καὶ ἐκ τῆς |
| Asen. | | 10 | 13 | τοῦ δείπνου μου καὶ ἐκ τῆς θυσίας τῶν εἰδώλων ἀλλὰ * φαγέτωσαν * αὐτά οἱ κύνες οἱ ἀλλότριοι. καὶ μετὰ ταῦτα |
| Asen. | | 10 | 17 | ἐποίησεν Ἀσενὲθ τὰς ἑπτὰ ἡμέρας καὶ ἄρτον οὐκ * ἔφαγε * καὶ ὕδωρ οὐκ ἔπιεν ἐν ⟨ἐκείναις⟩ ταῖς ἑπτὰ ἡμέραις |
| Asen. | | 11 | 9 | εἴδωλα νεκρὰ καὶ κωφὰ καὶ εὐλόγησα αὐτὰ καὶ * ἔφαγον * ἐκ τῆς θυσίας αὐτῶν καὶ τὸ στόμα μου μεμίαται ἐκ |
| Asen. | | 13 | 9 | ἡμέρας καὶ ἑπτὰ νύκτας ἤμην νήστης καὶ ἄρτον οὐκ * ἔφαγον * καὶ ὕδωρ οὐκ ἔπιον καὶ τὸ στόμα μου γέγονε ξηρὸν |
| Asen. | | 15 | 5 | καὶ ἀναπλασθήσῃ καὶ ἀναζωοποιηθήσῃ καὶ * φαγεῖς * ἄρτον εὐλογημένον ζωῆς καὶ πιεῖς ποτήριον |
| Asen. | | 15 | 14 | παραθήσω σοι τράπεζαν καὶ εἰσοίσω σοι ἄρτον καὶ * φάγεσαι * καὶ οἴσω σοι ἐκ τοῦ ταμιείου μου οἶνον παλαιὸν |
| Asen. | | 16 | 14 | κυρίῳ τῷ θεῷ ἐν μετανοίᾳ ὅτι ἐκ τούτου τοῦ κηρίου * φάγονται. * διότι τοῦτο τὸ κηρίον ἐστὶ πνεῦμα ζωῆς. καὶ |
| Asen. | | 16 | 14 | ὑψίστου ὅτι κηρίον ζωῆς ἐστι τοῦτο καὶ πᾶς ὃς ἂν * φάγῃ * ἐξ αὐτοῦ οὐκ ἀποθανεῖται εἰς τὸν αἰῶνα χρόνον. καὶ |
| Asen. | | 16 | 15 | καὶ ἀπέκλασεν ἀπὸ τοῦ κηρίου μέρος μικρὸν καὶ * ἔφαγεν * αὐτὸς καὶ τὸ κατάλοιπον ἐνέβαλε τῇ χειρὶ αὐτοῦ |
| Asen. | | 16 | 15 | τῇ χειρὶ αὐτοῦ εἰς τὸ στόμα Ἀσενὲθ καὶ εἶπεν αὐτῇ * φάγε. * καὶ ἔφαγεν. καὶ εἶπεν ὁ ἄνθρωπος τῇ Ἀσενὲθ ἰδοὺ |
| Asen. | | 16 | 15 | εἰς τὸ στόμα Ἀσενὲθ καὶ εἶπεν αὐτῇ φάγε. καὶ * ἔφαγεν. * καὶ εἶπεν ὁ ἄνθρωπος τῇ Ἀσενὲθ ἰδοὺ δὴ ἔφαγες |
| Asen. | | 16 | 16 | ἔφαγεν. καὶ εἶπεν ὁ ἄνθρωπος τῇ Ἀσενὲθ ἰδοὺ δὴ * ἔφαγες * ἄρτον ζωῆς καὶ ἔπιες ποτήριον ἀθανασίας καὶ |
| Asen. | | 19 | 5 | τοῦ οὐρανοῦ σήμερον καὶ ἔδωκέ μοι ἄρτον ζωῆς καὶ * ἔφαγον * καὶ ποτήριον εὐλογίας καὶ ἔπιον καὶ εἶπέ μοι |
| Asen. | | 20 | 8 | τῷ θεῷ τῷ ζωοποιοῦντι τοὺς νεκρούς. καὶ μετὰ ταῦτα * ἔφαγον * καὶ ἔπιον καὶ εὐφράνθησαν. καὶ εἶπε Πεντεφρῆς τῷ |
| Asen. | | 21 | 14 | ἥμαρτον ἐνώπιόν σου πολλὰ ἥμαρτον ἄρτον ἀγχόνης * ἔφαγον * καὶ ποτήριον ἐνέδρας ἔπιον ἀπὸ τῆς τραπέζης τοῦ |
| Asen. | | 21 | 21 | τῷ ἄρχοντι τοῦ ⟨οἴκου⟩ τοῦ ὑψίστου καὶ ἔδωκέ μοι * φαγεῖν * ἄρτον ζωῆς καὶ ⟨πιεῖν⟩ ποτήριον σοφίας καὶ |
| Asen. | | 22 | 10 | οἶκον αὐτοῦ⟩ καὶ κατεφίλησεν αὐτόν. καὶ μετὰ ταῦτα * ἔφαγον * καὶ ἔπιον. καὶ ἐπορεύθησαν Ἰωσὴφ καὶ Ἀσενὲθ εἰς |

Prop. 4 16 ἀπέδωκεν αὐτῷ τὴν βασιλείαν. οὔτε ἄρτον ἢ κρέα * ἔφαγεν * οὔτε οἶνον ἔπιεν ἐξομολογούμενος ὅτι ὁ Δανιὴλ
Prop. 21 2 αὐτὸν ἐσπαργάνουν καὶ φλόγα πυρὸς ἐδίδουν αὐτῷ * φαγεῖν * καὶ ἐλθὼν ἀνήγγειλεν ἐν Ἱερουσαλὴμ καὶ εἶπεν
Sedr. 4 5 φυτοῦ τῆς ζωῆς καὶ εἶπα αὐτῷ ἀπὸ πάντων τῶν καρπῶν * φάγε * μόνον τὸ ξύλον τῆς ζωῆς φύλαξον ἐὰν γὰρ φάγῃς ἀπ'
Sedr. 4 5 φάγε μόνον τὸ ξύλον τῆς ζωῆς φύλαξον ἐὰν γὰρ * φάγῃς * ἀπ' αὐτοῦ θανάτῳ ἀποθανεῖ. αὐτὸς δὲ παρήκουσέ μου
Sedr. 4 6 μου τὴν ἐντολὴν καὶ ὑπὸ τοῦ διαβόλου ἀπατηθεὶς * ἔφαγεν * ἀπὸ τοῦ ξύλου. λέγει αὐτῷ Σεδρὰχ σοῦ θελήματος
Job 7 2 εἰπὸν τῷ Ἰωβ δός μοι ἄρτον ἐκ τῶν χειρῶν σου ἵνα * φάγω. * καὶ ἐγὼ ἄρτον ἐκκεκαυμένον δέδωκα τῇ παιδὶ διδόναι
Job 7 4 διδόναι αὐτῷ, καὶ εἶπον αὐτῷ ὅτι μηκέτι προσδόκα * φαγεῖν * ἐκ τῶν ἐμῶν ἄρτων, ὅτι ἀπηλλοτρίωσαί μου. καὶ ἡ
Job 7 10 αὐτῷ τάδε λέγει ὁ κύριός μου ὅτι οὐκέτι οὐ μὴ * φάγῃς * ἐκ τῶν ἄρτων μου διότι ἀπηλλοτριώθην σου ἀκμὴν καὶ
Job 22 3 παρὰ τῶν ἀρτοπρατῶν ἕως ἂν προσενέγκῃ μοι καὶ * φάγομαι. * καὶ ὁ Σατανᾶς τοῦτο γνοὺς μετεσχηματίσθη εἰς
SIb. 3 791 μόσχοις νομάδες αὐλισθήσονται σαρκοβόρος τε λέων * φάγεται * ἄχυρον παρὰ φάτνῃ ὡς βοῦς καὶ παῖδες μάλα νήπιοι
SIb. 4 26 δὴ στέρξουσι μέγαν θεὸν εὐλογέοντες πρὶν πιέειν * φαγέειν * τε πεποιθότες εὐσεβίῃσιν οἳ νηοὺς μὲν ἅπαντας
SIb. 5 224 +στησάμενος+ μεγάλως ἑτέροις δώσειε πάσασθαι ὥστε * φαγέειν * σάρκας γονέων βασιλῆος ἀνάγνου. πᾶσι γὰρ
FJub. 3 21 τὸν Ἀδὰμ ἀπροόπτως ἀπὸ τοῦ ξύλου λαβεῖν καὶ * φαγεῖν * καὶ μὴ προσχεῖν ὅλως τῷ λόγῳ τῆς Εὔας ὅτι
FJub. 3 23 καὶ διὰ τὸ πρῶτος ἀπὸ τοῦ ξύλου λαβεῖν καὶ * φαγεῖν. * τὰ θηρία καὶ τὰ τετράποδα καὶ τὰ ἑρπετὰ ὁμόφωνα
FPho. 31 κοινὸς ἅπας ὁ βίος καὶ ὁμόφρονα πάντα. ⟨αἷμα δὲ μὴ * φαγέειν * εἰδωλοθύτων ἀπέχεσθαι.⟩ τὸ ξίφος ἀμφιβαλοῦ μὴ
FPho. 157 σκυβάλισμα τραπέζης ἀλλ' ἀπὸ τῶν ἰδίων μισθῶν * φαγέοις * ἀνυβρίστως. εἰ δέ τις οὐ δεδάηκε τέχνης
LEze. 9 29 13 06 ἑσπέραν θύσαντες ὀπτὰ πάντα σὺν τοῖς ἔνδοθεν οὕτως * φάγεσθε * ταῦτα περιεζωσμένοι καὶ κοῖλα ποσσὶν ὑποδέδεσθε
FrAn. 4 1 2 αὐτῷ ἐν πολέμῳ ἐν μαχαίρᾳ πεσεῖται. ἃ οὐκ * ἔφαγον * ἅγιοι ταῦτα φάγονται Ἀσσύριοι. ἡνίκα Ζαχαρίαν
FrAn. 4 1 2 ἐν μαχαίρᾳ πεσεῖται. ἃ οὐκ ἔφαγον ἅγιοι ταῦτα * φάγονται * Ἀσσύριοι. ἡνίκα Ζαχαρίαν τὸν προφήτην ἀνεῖλεν
FrAn. 574 3080 τὸν παραλαμβάνοντα τὸν ὁρκισμὸν τοῦτον χοίρειον μὴ * φαγεῖν * καὶ ὑποταγήσεταί σ⟨ο⟩ι πᾶν πνεῦμα καὶ δαιμόνιον

φαέθω 1

SIb. 5 512 ὧν οὐκ ἐφύλαξαν ὅ μιν θεὸς ἐγγυάλιξεν. Ἠελίου * φαέθοντος * ἐν ἀστράσιν εἶδον ἀπειλὴν ἠδὲ Σεληναίης δεινὸν

φαεινός 1

SIb. 5 527 Ἠελίοιο Ὑδροχόον δ' ἐπύρωσε μένος κρατεροῖο * Φαεινοῦ * ὦρτο μὲν Οὐρανὸς αὐτὸς ἕως ἐτίναξε μαχητὰς

φαείνω 1

IOrp. 9 ἄνακτα ἀθάνατον. παλαιὸς δὲ λόγος περὶ τοῦδε * φαείνει * εἷς ἔστ' αὐτογενής ἑνὸς ἔκγονα πάντα τέτυκται ἐν

φαεσφόρος 1

IOrp. 3 θεσμοὺς θείοιο τιθέντος πάντες ὁμῶς σὺ δ' ἄκουε * φαεσφόρου * ἔκγονε Μήνης Μουσαῖ'. ἐξερέω γὰρ ἀληθέα μηδέ

φαιδρός 4

TLevi 2 8 καὶ εἶδον τρίτον οὐρανὸν πολὺ φωτεινότερον καὶ * φαιδρότερον * παρὰ τοὺς δύο καὶ γὰρ ὕψος ἦν ἐν αὐτῷ
TLevi 2 9 ἐπὶ τούτοις ἄλλους γὰρ τέσσαρας οὐρανοὺς ὄψει * φαιδροτέρους * καὶ ἀσυγκρίτους ὅτε ἀνέλθῃς ἐκεῖ ὅτι σὺ
TBen. 5 5 προσευχόμενος πρὸς ὀλίγον ταπεινωθῇ μετ' οὐ πολὺ * φαιδρότερος * ἀναφαίνεται οἷος γέγονεν Ἰωσὴφ ὁ ἀδελφός
SIb. 5 421 καὶ πόλιν ἣν ἐπόθησε θεὸς ταύτην ἐποίησεν * φαιδροτέραν * ἄστρων τε καὶ ἡλίου ἠδὲ σελήνης καὶ κόσμον

φαιδρύνω 1

LEze. 9 28 2 20 βασιλέως ἅβραις ὁμοῦ κατῆλθε λουτροῖς χρῶτα * φαιδρῦναι * νέον ἰδοῦσα δ' εὐθὺς καὶ λαβοῦσ' ἀνείλετο ἔγνω

φαίνω 60

Adam 36 3 αὐτῇ Σὴθ οὐκ ἀπέστη τὸ φῶς αὐτῶν ἀλλ' οὐ δύνανται * φαίνειν * ἐνώπιον τοῦ φωτὸς τῶν ὅλων τοῦ πατρὸς τῶν φωτῶν
Hen. 1 4 τοῦ αἰῶνος ἐπὶ γῆν πατήσει ἐπὶ τὸ Σεινὰ ὄρος καὶ * φανήσεται * ἐκ τῆς παρεμβολῆς αὐτοῦ καὶ φανήσεται ἐν τῇ
Hen. 1 4 ὄρος καὶ φανήσεται ἐκ τῆς παρεμβολῆς αὐτοῦ καὶ * φανήσεται * ἐν τῇ δυνάμει τῆς ἰσχύος αὐτοῦ ἀπὸ τοῦ οὐρανοῦ
Hen. 1 8 καὶ πάντων ἀντιλήμψεται καὶ βοηθήσει ἡμῖν καὶ * φανήσεται * αὐτοῖς φῶς καὶ ποιήσει ἐπ' αὐτοὺς εἰρήνην. ὅτι
Hen. 2 1 ἐν τῷ τεταγμένῳ καιρῷ καὶ ταῖς ἑορταῖς αὐτῶν * φαίνονται * καὶ οὐ παραβαίνουσιν τὴν ἰδίαν τάξιν. ἴδετε
Hen. 2 2 οὐδὲν τῶν ἐπὶ γῆς ἀλλὰ πάντα ἔργα θεοῦ ὑμῖν * φαίνεται. * ἴδετε τὴν θερείαν καὶ τὸν χειμῶνα---
Hen. 17 1 ὄντες ἐκεῖ γίνονται ὡς πῦρ φλέγον καὶ ὅταν θέλωσιν * φαίνονται * ὡσεὶ ἄνθρωποι. καὶ ἀπήγαγόν με εἰς ζοφώδη
Hen. 104 2 θλίψεσιν ὡσεὶ φωστῆρες τοῦ οὐρανοῦ ἀναλάμψετε καὶ * φανεῖτε * αἱ θυρίδες τοῦ οὐρανοῦ ἀνοιχθήσονται ὑμῖν καὶ ἡ
Hen. 104 3 ὑμῶν ἀκουσθήσεται καὶ ἡ κρίσις ὑμῶν ἣν κράζετε καὶ * φανεῖται * ἐφ' ὅσα συλλαβήσεται ὑμῖν περὶ τῆς θλίψεως ὑμῶν
Abr.1 20 5 δὲ τὰ μέλη τῆς σαρκός μου δίκην μολύβδου βάρος μοι * φαίνονται * καὶ τὸ πνεῦμά μου ἐν πολλῷ ταλανίζεται
TRub. 5 7 τῇ διανοίᾳ τὰς φαντασίας αὐτῶν ἔτεκον γίγαντας. * ἐφαίνοντο * γὰρ αὐταῖς οἱ ἐγρήγοροι ἕως τοῦ οὐρανοῦ
TSIm. 4 9 νοῦν καὶ ὡς πνεῦμα πονηρὸν καὶ ἰοβόλον ἔχων οὕτως * φαίνεται * τοῖς ἀνθρώποις. διὰ τοῦτο Ἰωσὴφ ἦν ὡραῖος τῷ
TSIm. 6 5 ἐνδοξασθήσεται ὅτι κύριος ὁ θεὸς μέγας τοῦ Ἰσραὴλ * φαινόμενος * ἐπὶ γῆς ὡς ἄνθρωπος καὶ σῴζων ἐν αὐτῷ τὸν
TJos. 3 4 καὶ ἐνήστευον ἐν τοῖς ἑπτὰ ἔτεσιν ἐκείνοις καὶ * ἐφαινόμην * τῷ Αἰγυπτίῳ ὡς ἐν τρυφῇ διάγων ὅτι οἱ διὰ τὸν
TJos. 19 7 ἐπιτελεῖται ὡς ὀπωροφυλάκιον ὅτι μετὰ τὸ θέρος οὐ * φανήσεται. * οἶδα ὅτι μετὰ τὴν τελευτήν μου οἱ Αἰγύπτιοι
TBen. 10 7 προσκυνοῦντες τὸν βασιλέα τῶν οὐρανῶν τὸν ἐπὶ γῆς * φανέντα * μορφῇ ἀνθρώπου ταπεινώσεως καὶ ὅσοι ἐπίστευσαν
TBen. 10 9 πάντα τὰ ἔθνη ὅσα οὐκ ἐπίστευσαν αὐτῷ ἐπὶ γῆς * φανέντι * καὶ ἐλέγξει ἐν τοῖς ἐκλεκτοῖς τῶν ἐθνῶν τὸν
Asen. 12 2 τὰ ἀόρατα εἰς τὸ φῶς ὁ ποιήσας τὰ ὄντα καὶ τὰ * φαινόμενα * ἐκ τῶν ἀφανῶν καὶ μὴ ὄντων ὁ ὑψώσας τὸν
Asen. 14 2 καὶ ἰδοὺ ἐγγὺς τοῦ ἑωσφόρου ἐσχίσθη ὁ οὐρανὸς καὶ * ἐφάνη * φῶς μέγα καὶ ἀνεκλάλητον. καὶ εἶδεν Ἀσενὲθ καὶ
Sal. 2 17 πονηρὰς σφόδρα. ἀνεκάλυψας τὰς ἁμαρτίας αὐτῶν ἵνα * φανῇ * τὸ κρίμα σου ἐξήλειψας τὸ μνημόσυνον αὐτῶν ἀπὸ τῆς
Jer. 5 31 λέγω σοι ἀνάβλεψον εἰς τὸν ἀγρὸν καὶ ἴδε ὅτι οὐκ * ἐφάνη * ἡ αὔξησις τῶν γενημάτων. ἴδε καὶ τὰ σῦκα ὅτι
Jer. 7 18 τοῖς πατράσιν ἡμῶν ἐν τῇ ἐρήμῳ διὰ Μωϋσέως καὶ νῦν * ἐφάνη * ἡμῖν διὰ τοῦ ἀετοῦ τούτου; καὶ εἶπεν ὁ ἀετός σοι
Bar. 4 11 εἰς τὸ παντελὲς καὶ ἐξέβαλεν ἔξω. καὶ ὅταν * ἐφάνη * ἡ γῆ ἀπὸ τοῦ ὕδατος καὶ ἐξῆλθε Νῶε τῆς κιβωτοῦ
Prop. 4 21B ὕδωρ καθαρὸν ἐξελεύσεται τότε ἐπὶ γῆς ὁ θεὸς * φανεὶς * ὡς ἄνθρωπος καὶ εἰς ἑαυτὸν ἀναδέξεται ἀνομίας τῆς
Job 31 5 ὁ ὡς ἡ σελήνη καὶ οἱ ἀστέρες οἱ ἐν τῷ μεσονυκτίῳ * φαίνοντες; * καὶ εἶπον αὐτῷ ἐγώ εἰμι. καὶ οὕτως κλαύσας
Aris. 25 4 προσαγγέλλειν περὶ τῶν ἀπειθησάντων ἐφ' ᾧ τοῦ * φανέντος * ἐνόχου τὴν κυρίαν ἕξειν τὰ δὲ ὑπάρχοντα τῶν
Aris. 32 1 θεωρίαν ὥς φησιν Ἑκαταῖος ὁ Ἀβδηρίτης. ἐὰν οὖν * φαίνηται * βασιλεῦ γραφήσεται πρὸς τὸν ἀρχιερέα τὸν ἐν
Aris. 55 2 τὰ προσυντετελεσμένα βραχύμετρα καθέστηκεν ἀλλὰ * φαίνεται * πρός τινα λόγον εἶπεν οὕτως συνεστηκέναι τοῖς
Aris. 105 3 ἔχει δὲ τὴν τῶν πύργων θέσιν θεατροειδῆ καὶ * φαινομένων * διόδων τῶν ὑποκειμένων τῶν δ' ἐπάνωθεν
Aris. 155 4 θαυμαστά. κατανοούμενα γὰρ καὶ μεγάλα καὶ ἔνδοξα * φαίνεται * πρῶτον μὲν ἡ σύμπηξις τοῦ σώματος καὶ ἡ τῆς
Aris. 175 2 χρειῶν καλεῖν δὲ τοὺς ἀνθρώπους. οὐ πᾶσι παραδόξου * φανέντος * διὰ τὸ κατὰ ἔθος εἶναι πεμπταίους εἰς πρόσωπον
Aris. 219 2 λαλοῦσιν. οὐ γὰρ ἐλάχιστόν σε δεῖ τῶν ὑποκριτῶν * φαίνεσθαι * τὸ γὰρ πρόσωπον ὃ δέον αὐτούς ἐστιν
Aris. 241 4 ἀτυχοῦσι μὲν ἐλαττοῦσθαι καὶ κακοπαθῶμεν ὡς αὐτοὶ * φαίνεται * τὸ συγγενὲς ὅσον ἰσχῦον ἐστὶ τελουμένων δὲ
Aris. 249 6 θεοῦ διδόντος σοὶ πρὸς πάντας χάριν φιλόπατρις * φανήσῃ. * τούτου δὲ ἀκούσας τοῦ κατὰ τὸ ἑξῆς ἐπυνθάνετο
Aris. 257 4 ἴσος γινόμενος ἔφη καὶ μᾶλλον ἥττων ἢ καθυπερέχων * φαινόμενος * πρὸς οὓς ξενιτεύει. κοινῶς γὰρ ὁ θεὸς τὸ
Aris. 296 5 καὶ πᾶσι τοῖς παραληψομένοις τὴν ἀναγραφὴν ἄπιστον * φανεῖται. * ψεύσασθαι μὲν οὖν οὐ καθῆκόν ἐστι περὶ τῶν
SIb. 3 14 ἐποίησε λιθοξόος οὐδ' ἀπὸ χρυσοῦ τέχνης' ἀνθρώπου * φαίνει * τύπος οὐδ' ἐλέφαντος ἀλλ' αὐτὸς ἀνέδειξεν αἰώνιος
SIb. 3 48 βασιλεία μεγίστη ἀθανάτου βασιλῆος ἐπ' ἀνθρώποισι * φανεῖται. * ἥξει δ' ἁγνὸς ἄναξ πάσης γῆς σκῆπτρα κρατήσων
SIb. 3 681 τε πελώρων ῥήξει κυάνεόν τ' ἔρεβος πάντεσσι * φανεῖται. * ἠέριαι δὲ φάραγγες ἐν οὔρεσιν ὑψηλοῖσιν
SIb. 5 120 ὀλεῖται καὶ Πιτάνη πανέρημος ἐν ἀνθρώποισι * φανεῖται. * Λέσβος ὅλη δύσει βαθὺν εἰς βυθὸν ὥστ'
SIb. 5 152 λαοὺς εἰσανιόντας ὅσους ὕμνησα δικαίως τούτου γὰρ * +φανέντος+ * ⟨ὅλ⟩η κτίσις ἐξετινάχθη καὶ βασιλεῖς ὤλοντο
SIb. 5 241 γλῶσσα μελισταγέουσα καλὸν πόμα πᾶσι βροτοῖσιν * φαινέ * τε καὶ προὔβαλλε καὶ ἤμερα πᾶσιν ἔτελλεν. τοῦδ'
SIb. 5 522 ἐν Κριῷ Διδύμων ἠλλάξατο μοῖραν Πλειὰς δ' οὐκέτ' * ἔφαινε * Δράκων δ' ἠρνήσατο ζώνην Ἰχθύες εἰσεδύοντο κατὰ
FEll. 4 228 εἰς τοὺς αἰῶνας. τοῦ Ἀντιχρίστου οἷος μέλλῃ τότε * φαίνεσθαι * ἡ κεφαλὴ αὐτοῦ φλὸξ πυρὸς ὁ ὀφθαλμὸς αὐτοῦ ὁ
FEz. 64 70 11 εἴτε ἠδίκησαν εἴτε καὶ οὐκ ἠδίκησαν ὅμως τὰ ἴχνη * πέφηνεν * ἐν τῷ παραδείσῳ. καταλύσαντες δὲ ἐκ τῶν γάμων οἱ
FAch. 115 ποιεῖ γὰρ ⟨ἐκεῖνος⟩ τὸν ἥλιον καὶ τὴν σελήνην * φαίνειν * καὶ τὰς ὥρας εὐσταθεῖν. ἐὰν θέλῃ ὀργίζεσθαι τὸ
FPho. 1 γνωμαι. ταῦτα δίκῃσι' ὁσίῃσι θεοῦ βουλεύματα * φαίνει * Φωκυλίδης ἀνδρῶν ὁ σοφώτατος ὄλβια δῶρα. μήτε
IEsc. 5 131 2 καθεστάναι. οὐκ οἶσθα δ' αὐτόν ποτὲ μὲν ὡς πῦρ * φαίνεται * ἄπλατος ὁρμή ποτὲ δ' ὕδωρ ποτὲ ⟨δὲ⟩ γνόφος καὶ
IOrp. 5 ἐξερέω γὰρ ἀληθέα μηδέ σε τὰ πρὶν ἐν στήθεσσι * φανέντα * φίλης αἰῶνος ἀμέρσῃ εἰς δὲ λόγον θεῖον βλέψας
IHom. 5 107 4 δὲ πάντα τέτυκτο ἐν οὐρανῷ ἀστερόεντι ἐν κύκλοισι * φανέντα * ἐπιτελλομένοις ἐνιαυτοῖς.
HDem. 9 29 16 ὁδὸν ἐξελθόντες καὶ θυσιάσαντες πάλιν ἀνακάμψειν. * φαίνεται * οὖν τοὺς μὴ κατακλυσθέντας τοῖς ἐκείνων ὅπλοις
HEup. 9 34 5 καὶ κυπαρισσίνοις ὥστε τὴν λιθίνην οἰκοδομὴν μὴ * φαίνεσθαι * χρυσῶσαί τε τὸν ναὸν ἔσωθεν χωννύντα πλινθία
HCal. 28 17 εἶπε καὶ δημιουργὲ ὁρατῶν καὶ ἀοράτων συνεργός μοι * φάνηθι * ὧν πράττειν μέλλω. κατιὼν δὲ τοῦ πύργου εἰς τὰ
LThe. 9 22 1 πονεῦσιν. ἐξ αὐτῆς δὲ μάλ' ἄγχι δύ' οὔρεα * φαίνετ' * ἐρυμνὰ ποίης τε πλήθοντα καὶ ὕλης τῶν δὲ μεσηγὺ
LEze. 9 29 16 16 ἠδὲ χρώμασι. στῆθος μὲν αὐτοῦ πορφυροῦν * ἐφαίνετο * σκέλη δὲ μιλτόχρωτα καὶ κατ' αὐχένων
LEze. 9 29 16 21 μὲν τῇ κόρῃ προσέβλεπε κύκλῳ κόρη δὲ κόκκος ὡς * ἐφαίνετο. * φωνὴν δὲ πάντων εἶχεν ἐκπρεπεστάτην. βασιλεὺς
LEze. 9 29 16 23 εἶχεν ἐκπρεπεστάτην. βασιλεὺς δὲ πάντων ὀρνέων * ἐφαίνετο * ὡς ἦν νοῆσαι πάντα γὰρ τὰ πτήν' ὁμοῦ ὄπισθεν
LArl. 8 10 5 καὶ συνέσεως ἀλλὰ τῷ γραπτῷ μόνον προσκειμένοις οὐ * φαίνεται * μεγαλεῖόν τι διασαφῶν. ἄρξομαι δὲ λαμβάνειν
LArl. 13 12 16 δὲ πάντα τέτυκται ἐν οὐρανῷ ἀστερόεντι ἐν κύκλοισι * φανέντ' * ἐπιτελλομένοις ἐνιαυτοῖς. δεῖν τὰ διαβατήρια
FrAn. 1 226 23 - - )παντος παντος του σιτου υπ⟨ )του * εφανη * τροφευς κ⟨ - Ιωση⟩φ μνησθεις του Ιακ⟨ωβ - - τη⟩ν

φαιός 1

SIb. 5 190 σθένος; ἄγριος ἀνὴρ ἐξολέσει λαὸν σὺ δὲ εἵματα * φαιὰ * λαβοῦσα θρηνήσεις δύστηνε μόνη καὶ πάντ' ἀποτίσεις

φαλαγγικός * 1

LEze. 9 29 14 06 ἐκτεταγμένων ὄχλος. πεζοὶ μὲν ἐν μέσοισι καὶ * φαλαγγικοὶ * διεκδρομὰς ἔχοντες ἅρμασιν τόπους ἱππεῖς δ'

φάλαγξ 1

HCal. 24 4 Ἀλεξάνδρῳ. καὶ προστάσσει τινὰς τῆς Μακεδονικῆς * φάλαγγος * νεανίσκους λίαν μαχιμωτάτους ἐν τῇ παρακειμένῃ

Φάλεχ

FJub. 10 18 δὲ λοιπὰ ἐννέα μέρη ἐβλήθη εἰς τὴν ἄβυσσον. γυνὴ * Φαλεχ * Δυμνα θυγάτηρ Σενναααρ. ἐπὶ μ γ' ἔτη ἔμεινεν

| | | | |
|---|---|---|---|
| **Φαληρεύς** | | | 3 |
| Aris. | 9 | 2 | ἐπὶ τῆς τοῦ βασιλέως βιβλιοθήκης Δημήτριος ὁ * Φαληρεὺς * ἐχρηματίσθη πολλὰ διάφορα πρὸς τὸ συναγαγεῖν εἰ |
| LAri. 13 | 12 | 1 | τῶν ἐν αὐτῇ. διηρμήνευται γὰρ πρὸ Δημητρίου τοῦ * Φαληρέως * δι' ἑτέρων πρὸ τῆς Ἀλεξάνδρου καὶ Περσῶν |
| LAri. 13 | 12 | 2 | προσενεγκαμένου μείζονα φιλοτιμίαν Δημητρίου τοῦ * Φαληρέως * πραγματευσαμένου τὰ περὶ τούτων. δεῖ γὰρ |
| **Φαμαῆλ** | | | 1 |
| Bar. | 2 | 5 | καὶ εἶπέν μοι ὁ ἄγγελος οὗ τὸ ὄνομα αὐτοῦ * Φαμαῆλ * ἡ θύρα αὕτη ἣν ὁρᾷς ἐστὶν τοῦ οὐρανοῦ καὶ ὅσον |
| **φανερός** | | | 14 |
| Hen. | 9 | 5 | καὶ πᾶσαν τὴν ἐξουσίαν ἔχων καὶ πάντα ἐνώπιόν σου * φανερὰ * καὶ ἀκάλυπτα. καὶ πάντα σὺ ὁρᾷς ἃ ἐποίησεν Ἀζαὴλ |
| Hen. | 9B | 5 | καὶ πάντων τὴν ἐξουσίαν ἔχων καὶ πάντα ἐνώπιόν σου * φανερὰ * καὶ ἀκάλυπτα καὶ πάντα ὁρᾷς καὶ οὐκ ἔστιν ὃ |
| TAser | 2 | 3 | αἱρεῖται ἐν κακῷ δι' αὐτὸν καὶ περὶ τούτου * φανερὸν * ὅτι διπρόσωπόν ἐστι τὸ δὲ πᾶν κακὴ πρᾶξις. καίγε |
| TJos. | 4 | 2 | καταμόνας ὑποσκελίσαι με. ἐδόξαζέ με ὡς σώφρονα * φανερῶς * καὶ ἐν κρυφῇ ἔλεγέ μοι μὴ φοβηθῇς τὸν ἄνδρα μου |
| Jer. | 6 | 23 | δὲ αὐτοὺς ἐκ τοῦ ὕδατος τοῦ Ἰορδάνου ὁ μὴ ἀκούων * φανερὸς * γενήσεται τοῦτο τὸ σημεῖόν ἐστι τῆς μεγάλης |
| Prop. | 14 | 1 | τάχα νέος ἦλθεν ἐκ Βαβυλῶνος εἰς Ἰερουσαλὴμ καὶ * φανερῶς * περὶ τῆς ἐπιστροφῆς τοῦ λαοῦ προεφήτευσε καὶ |
| Aris. | 21 | 3 | οἴομαι κατακεχωρίσθαι. πολλῷ γὰρ ἡ μεγαλομέρεια * φανερωτέρα * καὶ εὔδηλος ἔσται τοῦ βασιλέως τοῦ θεοῦ |
| Aris. | 127 | 4 | προτιθέμενος οὖν ταῦτα καὶ τὰ τούτοις παραπλήσια * φανερὸς * ἦν τὴν διάθεσιν οἷος ἦν πρὸς αὐτούς. ἄξιον δὲ |
| Aris. | 132 | 2 | μόνος ὁ θεός ἐστι καὶ διὰ πάντων ἡ δύναμις αὐτοῦ * φανερὰ * γίνεται πεπληρωμένου παντὸς τόπου τῆς δυναστείας |
| Aris. | 132 | 5 | ὑπ' ἀνθρώπων κρυφίως ἀλλ' ὅσα ποιεῖ τις αὐτῷ * φανερὰ * καθέστηκε καὶ τὰ μέλλοντα γίνεσθαι ταῦτ' οὖν |
| Sib. | 5 | 71 | ἀντὶ τόσων τοίαν τροφὸν εἵνεκα ποινῆς. οὐκέτι σοι * +φανερῶς+ * θέμις ἔσται ἐν μακάρεσσιν ἐξ ἄστρων πέπτωκας |
| FAch. | 118 | | τῇ νυκτί. ὁ Νεκταναβὼν ἔφη τῷ Αἰσώπῳ οὐκ αἰσχύνει * φανερῶς * ψευδόμενος; πῶς γὰρ ἠδύνατο παραγενέσθαι ἐν μιᾷ |
| LAri. 13 | 12 | 1 | δεικνύναι τὴν ἑαυτοῦ διὰ πάντων μεγαλειότητα. * φανερὸν * ὅτι κατηκολούθησεν ὁ Πλάτων τῇ καθ' ἡμᾶς |
| LAri. 13 | 12 | 1 | κατηκολούθησεν ὁ Πλάτων τῇ καθ' ἡμᾶς νομοθεσίᾳ καὶ * φανερός * ἐστι περιειργασμένος ἕκαστα τῶν ἐν αὐτῇ. |
| **φανερόω** | | | 2 |
| Abr.2 | 14 | 2 | καὶ ἦρεν ὁ θάνατος τὴν δικαιοσύνην ἀφ' ἑαυτοῦ καὶ * ἐφανέρωσεν * αὐτῷ τὴν σαπρότητα οὕτως δὲ ἐφανέρωσεν ἑαυτὸν |
| Abr.2 | 14 | 2 | ἑαυτοῦ καὶ ἐφανέρωσεν αὐτῷ τὴν σαπρότητα οὕτως δὲ * ἐφανέρωσεν * ἑαυτὸν εἶχεν δύο κεφαλάς τινὲς μὲν τῶν |
| **φαντάζω** | | | 1 |
| TSim. | 4 | 9 | τῷ σώματι ὅτι καίγε ἐν ὕπνῳ τις ζῆλος κακίας αὐτὸν * φαντάζων * κατεσθίει καὶ ἐν πνεύμασι πονηροῖς διαταράσσει |
| **φαντασία** | | | 3 |
| TRub. | 3 | 7 | τοῦ ὕπνου τὸ ὄγδοον πνεῦμα συνάπτεται πλάνη καὶ * φαντασίᾳ. * καὶ οὕτως ἀπόλλυται πᾶς νεώτερος σκοτίζων τὸν |
| TRub. | 5 | 7 | αὐταῖς κἀκεῖναι ἐπιθυμοῦσαι τῇ διανοίᾳ τὰς * φαντασίας * αὐτῶν ἔτεκον γίγαντας. ἐφαίνοντο γὰρ αὐταῖς οἱ |
| Prop. | 23 | 2 | τοῦ πατρὸς αὐτοῦ ἔκτοτε ἐγένοντο τέρατα ἐν τῷ ναῷ * φαντασίας * καὶ οὐκ ἴσχυον οἱ ἱερεῖς ἰδεῖν ὀπτασίαν |
| **φάντασμα** | | | 1 |
| Hen. | 99 | 7 | τε <καὶ λιθίνας> καὶ ὀστρακίνας καὶ λατρεύ<οντες * φαν>τάσμασιν * καὶ δαιμονίοι<ς καὶ βδελύγ>μασιν καὶ |
| **φάος** | | | 9 |
| Sib. | 3 | 285 | ἀγνοῖσι νόμοισιν ὁππότε σεῖο καμὸν ὀρθὸν γόνυ πρὸς * φάος * ἄρῃ. καὶ τότε δὴ θεὸς οὐράνιος πέμψει βασιλῆα |
| Sib. | 3 | 420 | πρέσβυς βροτὸς ἔσσεται αὖτις ψευδόπατρις δύσει δὲ * φάος * ἐν ὀπῇσιν ἑῇσιν νοῦν δὲ πολὺν καὶ ἔπος διανοίαις |
| Sib. | 3 | 494 | καὶ πάσαις πόλεσιν παραλίαις οὐδεμί' ὑμῶν πρὸς * φάος * ἠελίοιο παρέσσεται ἐν φαΐ κοινῷ οὐδ' ἔτι τῆς ζωῆς |
| Sib. | 3 | 494 | οὐδεμί' ὑμῶν πρὸς φάος ἠελίοιο παρέσσεται ἐν * φαΐ * κοινῷ οὐδ' ἔτι τῆς ζωῆς ἀριθμὸς καὶ φῦλον ἔτ' ἔσται |
| Sib. | 4 | 191 | δὲ τότ' εἰσόψονται ἑαυτοὺς νήδυμον ἠελίου τερπνὸν * φάος * εἰσορόωντες. ὦ μακαριστὸς ἐκεῖνον ὃς ἐς χρόνον |
| Sib. | 5 | 347 | ἄφθιτοι οὐκέτ' ἔσονται οὐδὲ σεληναίης λαμπρὸν * φάος * ἔσσεται αὖτις ὑστατίῳ καιρῷ ὁπόταν θεὸς ἡγεμονεύῃ. |
| Sib. | 5 | 482 | πτύχας ἀμφικαλύψει δεύτερον αὐτὰρ ἔπειτα θεοῦ * φάος * ἡγεμονεύσει ἀνδράσι τοῖς ἀγαθοῖσιν ὅσοι θεὸν |
| FPho. | | 103 | ἀνθρώποιο καὶ τάχα δ' ἐκ γαίης ἐλπίζομεν ἐς * φάος * ἐλθεῖν λείψαν' ἀποιχομένων ὀπίσω δὲ θεοὶ |
| LAri. 13 | 12 | 13 | ἦμαρ καὶ πάλιν λέγει ἑβδομάτη δ' αὖτις λαμπρὸν * φάος * ἠελίοιο. Ὅμηρος δὲ οὕτω λέγει ἑβδομάτη δήπειτα |
| **φάραγξ** | | | 16 |
| Hen. | 24 | 2 | ἐν τῷ ἑνὶ καὶ τρία ἐπὶ νότον ἐν τῷ ἑνὶ καὶ * φάραγγες * βαθεῖαι καὶ τραχεῖαι μία τῇ μιᾷ οὐκ ἐγγίζουσαι |
| Hen. | 26 | 3 | ἄλλο ὄρος ὑψηλότερον τούτου καὶ ἀνὰ μέσον αὐτοῦ * φάραγγα * βαθεῖαν οὐκ ἔχουσαν πλάτος καὶ δι' αὐτῆς ὕδωρ |
| Hen. | 26 | 4 | ἄλλο ὄρος ταπεινότερον αὐτοῦ καὶ οὐκ ἔχον ὕψος καὶ * φάραγγα * βαθεῖαν καὶ ξηρὰν ἀνὰ μέσον αὐτῶν καὶ ἄλλην |
| Hen. | 26 | 4 | βαθεῖαν καὶ ξηρὰν ἀνὰ μέσον αὐτῶν καὶ ἄλλην * φάραγγα * βαθεῖαν καὶ ξηρὰν ἐπ' ἄκρων τῶν τριῶν ὀρέων. καὶ |
| Hen. | 26 | 5 | καὶ ξηρὰν ἐπ' ἄκρων τῶν τριῶν ὀρέων. καὶ πᾶσαι * φάραγγές * εἰσιν βαθεῖαι ἐκ πέτρας στερεᾶς καὶ δένδρον οὐκ |
| Hen. | 26 | 6 | οὐκ ἐφυτεύετο ἐπ' αὐτάς. καὶ ἐθαύμασα περὶ τῆς * φάραγγος * καὶ λίαν ἐθαύμασα. καὶ εἶπον διά τί ἡ γῆ αὕτη ἡ |
| Hen. | 27 | 1 | ἡ εὐλογημένη καὶ πᾶσα πλήρης δένδρων αὕτη δὲ ἡ * φάραγξ * κεκατηραμένη ἐστίν; γῆ κατάρατος τοῖς |
| Hen. | 30 | 1 | πρὸς ἀνατολὰς μακρὰν καὶ ἴδον τόπον ἄλλον μέγαν * φάραγγα * ὕδατος ἐν ᾧ καὶ δένδρον χρόα ἀρωμάτων ὁμοίων |
| Hen. | 30 | 3 | ἀρωμάτων ὁμοίων σχίνῳ καὶ τὰ παρὰ τὰ χείλη τῶν * φαράγγων * τούτων ἴδον κιννάμωμον ἀρωμάτων καὶ ἐπέκεινα |
| TIss. | 1 | 5 | μῆλα εὐώδημα ἃ ἐποίει ἡ γῆ Ἀρὰμ ἐν ὕψει ὑποκάτω * φάραγγος * ὑδάτων. εἶπε δὲ Ῥαχὴλ οὐ δώσω αὐτά σοι ὅτι |
| Aris. | 118 | 3 | στενάς εἶναι τὰς παρόδους κρημνῶν παρακειμένων καὶ * φαράγγων * βαθέων ἔτι δὲ τραχείας οὔσης πάσης τῆς |
| Sib. | 3 | 457 | ὑπὲρ υἱῶν. σημεῖον Κύπρου σεισμὸς φθίσει δὲ * φάραγγας * καὶ πολλὰς ψυχὰς Ἀΐδης ὁμοθυμαδὸν ἕξει. |
| Sib. | 3 | 682 | κυάνεόν τ' ἔρεβος πάντεσσι φανεῖται. ἠέριαι δὲ * φάραγγες * ἐν οὔρεσιν ὑψηλοῖσιν ἔσσονται πλήρεις νεκύων |
| FMos. 6 | 132 | 2 | τὸν μὲν μετ' ἀγγέλων τὸν δὲ ἐπὶ τὰ ὄρη περὶ τὰς * φάραγγας * κηδείας ἀξιούμενον. εἶδεν δὲ Ἰησοῦς τὴν θέαν |
| HCal. | 24 | 5 | νεανίσκους λίαν μαχιμωτάτους ἐν τῇ παρακειμένῃ * φάραγγι * ἑαυτοὺς ἀκοντίσαι. οἱ δὲ τὸ προσταχθὲν αὐτοῦ |
| HCal. | 24 | 21 | χρῆμα τούτοις ἀπέρχεσθαι. ἐξέστησαν γὰρ ἡμᾶς ἐν τῇ * φάραγγι * τῇ μεγάλῃ ὡς ὑποβρύχιον ἑαυτοὺς ποιήσαντες οἱ |
| **Φαραώ** | | | 80 |
| TZab. | 3 | 6 | οὕτως προσεκύνησαν τῷ Ἰωσὴφ κατὰ τὸν τύπον τοῦ * Φαραώ. * οὐ μόνον δὲ προσεκύνησαν αὐτῷ ἀλλὰ καὶ |
| TJos. | 2 | 1 | καὶ ὕψωσέ με. καὶ οὕτως Φωτιμὰρ ὁ ἀρχιμάγειρος * Φαραὼ * ἐπίστευσέ μοι τὸν οἶκον αὐτοῦ. καὶ ἠγωνισάμην πρὸς |
| TJos. | 8 | 4 | τῇ ἑξῆς μαστίξας με ἔπεμψέ με εἰς τὴν εἱρκτὴν τοῦ * Φαραώ. * ὡς οὖν ἤμην ἐν πέδαις ἡ Αἰγυπτία ἠσθένει ἀπὸ τῆς |
| TJos. | 13 | 5 | τῷ ἀρχιευνούχῳ τρίτος γὰρ ἦν ἐν ἀξίᾳ παρὰ τῷ * Φαραὼ * ἄρχων πάντων τῶν εὐνούχων ἔχων γυναῖκα καὶ τέκνα |
| Asen. | 1 | 1 | ἐν τῷ μηνὶ τῷ δευτέρῳ πέμπτῃ τοῦ μηνὸς ἐξαπέστειλε * Φαραὼ * τὸν Ἰωσὴφ κυκλεῦσαι πᾶσαν τὴν γῆν Αἰγύπτου. καὶ |
| Asen. | 1 | 3 | καὶ ἦν ἀνὴρ ἐν τῇ πόλει ἐκείνῃ σατράπης τοῦ * Φαραὼ * καὶ οὗτος ἦν ἄρχων πάντων τῶν σατραπῶν καὶ τῶν |
| Asen. | 1 | 3 | ἄρχων πάντων τῶν σατραπῶν καὶ τῶν μεγιστάνων τοῦ * Φαραώ. * καὶ ἦν ὁ ἀνὴρ οὗτος πλούσιος σφόδρα καὶ φρόνιμος |
| Asen. | 1 | 3 | καὶ φρόνιμος καὶ ἐπιεικὴς καὶ ἦν σύμβουλος τοῦ * Φαραὼ * ὅτι ἦν ὑπὲρ πάντας τοὺς μεγιστᾶνας Φαραὼ συνίων. |
| Asen. | 1 | 3 | τοῦ Φαραὼ ὅτι ἦν ὑπὲρ πάντας τοὺς μεγιστᾶνας * Φαραὼ * συνίων. καὶ ὄνομα τῷ ἀνδρὶ ἐκείνῳ Πεντεφρῆς ἱερεὺς |
| Asen. | 1 | 7 | ἀλλήλους δι' αὐτήν. καὶ ἤκουσε περὶ αὐτῆς ὁ υἱὸς * Φαραὼ * ὁ πρωτότοκος καὶ ἐξελιπάρει τὸν πατέρα αὐτοῦ τοῦ |
| Asen. | 1 | 7 | τοῦ δοῦναι αὐτὴν αὐτῷ εἰς γυναῖκα. καὶ εἶπε τῷ * Φαραὼ * ὁ υἱὸς αὐτοῦ ὁ πρωτότοκος δός μοι πάτερ τὴν |
| Asen. | 1 | 8 | ἱερέως Ἡλιουπόλεως εἰς γυναῖκα. καὶ εἶπεν αὐτῷ * Φαραὼ * ὁ πατὴρ αὐτοῦ ἵνα τί σὺ ζητεῖς γυναῖκα ἥττον σου |
| Asen. | 4 | 7 | ἐστιν ἄρχων πάσης τῆς γῆς Αἰγύπτου καὶ ὁ βασιλεὺς * Φαραὼ * κατέστησεν αὐτὸν βασιλέα πάσης τῆς γῆς καὶ |
| Asen. | 4 | 10 | ἐνέβαλεν αὐτὸν εἰς τὴν φυλακὴν τοῦ σκότους καὶ * Φαραὼ * ἐξήγαγεν αὐτὸν ἐκ τῆς φυλακῆς καθότι συνέκρινε τὸ |
| Asen. | 5 | 4 | εἰσῆλθεν Ἰωσὴφ ἑστὼς ἐπὶ τῷ ἅρματι τῷ δευτέρῳ τοῦ * Φαραὼ * καὶ ἦσαν ἐζευγμένοι ἵπποι τέσσαρες λευκοὶ ὡσεὶ |
| Asen. | 20 | 9 | καὶ εἶπεν Ἰωσὴφ ἐγὼ πορεύσομαι αὔριον πρὸς * Φαραὼ * τὸν βασιλέα διότι αὐτός ἐστιν ὡς πατήρ μου καὶ |
| Asen. | 21 | 2 | αὐτοῦ. καὶ ἀνέστη Ἰωσὴφ τὸ πρωῒ καὶ ἀπῆλθε πρὸς * Φαραὼ * καὶ εἶπεν αὐτῷ δός μοι τὴν Ἀσενὲθ θυγατέρα |
| Asen. | 21 | 3 | ἱερέως Ἡλιουπόλεως εἰς γυναῖκα. καὶ ἐχάρη ὁ * Φαραὼ * χαρὰν μεγάλην καὶ εἶπε τῷ Ἰωσὴφ οὐκ ἰδοὺ αὕτη |
| Asen. | 21 | 3 | τοῦ νῦν καὶ εἰς τὸν αἰῶνα χρόνον. καὶ ἀπέστειλε * Φαραὼ * καὶ ἐκάλεσε τὸν Πεντεφρῆ <καὶ ἦλθε> καὶ ἤγαγε τὴν |
| Asen. | 21 | 4 | καὶ ἤγαγε τὴν Ἀσενὲθ καὶ ἔστησεν αὐτὴν ἐνώπιον * Φαραώ. * καὶ εἶδεν αὐτὴν Φαραὼ καὶ ἐθαμβήθη ἐπὶ τῷ κάλλει |
| Asen. | 21 | 4 | καὶ ἔστησεν αὐτὴν ἐνώπιον Φαραώ. καὶ εἶδεν αὐτὴν * Φαραὼ * καὶ ἐθαμβήθη ἐπὶ τῷ κάλλει αὐτῆς καὶ εἶπεν |
| Asen. | 21 | 5 | Ἰωσὴφ ἀπὸ τοῦ νῦν καὶ ἕως τοῦ αἰῶνος. καὶ ἔλαβε * Φαραὼ * τὸν Ἰωσὴφ καὶ τὴν Ἀσενὲθ καὶ ἐπέθηκε στεφάνους |
| Asen. | 21 | 5 | ἐν τῷ οἴκῳ αὐτοῦ ἐξ ἀρχῆς καὶ ἄνωθεν καὶ ἔστησε * Φαραὼ * τὴν Ἀσενὲθ ἐκ δεξιῶν τοῦ Ἰωσὴφ καὶ ἐπέθηκε τὰς |
| Asen. | 21 | 6 | χεῖρ αὐτοῦ ἦν ἐπὶ τῆς κεφαλῆς Ἀσενὲθ καὶ εἶπε * Φαραὼ * εὐλογήσει ὑμᾶς κύριος ὁ θεὸς ὁ ὕψιστος καὶ |
| Asen. | 21 | 7 | ὑμᾶς εἰς τοὺς αἰῶνας. καὶ περιέστρεψεν αὐτοὺς * Φαραὼ * πρὸς ἀλλήλους ἐπὶ τὰ πρόσωπα αὐτῶν καὶ προσήγαγεν |
| Asen. | 21 | 8 | καὶ κατεφίλησαν ἀλλήλους. καὶ μετὰ ταῦτα ἐποίησε * Φαραὼ * γάμους καὶ δεῖπνον μέγα καὶ πότον πολὺν ἐν ἑπτὰ |
| Asen. | 23 | 1 | τὴν Ἀσενὲθ εἶδεν αὐτοὺς ἀπὸ τοῦ τείχους ὁ υἱὸς * Φαραὼ * ὁ πρωτότοκος. καὶ εἶδεν τὴν Ἀσενὲθ καὶ κατενύγη |
| Asen. | 23 | 2 | οὐχὶ οὕτως ἔσται. καὶ ἀπέστειλεν ἀγγέλους ὁ υἱὸς * Φαραὼ * καὶ ἐκάλεσε πρὸς ἑαυτὸν Συμεὼν καὶ Λευί. καὶ ἦλθον |
| Asen. | 23 | 2 | καὶ ἔστησαν ἐνώπιον αὐτοῦ. καὶ εἶπεν αὐτοῖς ὁ υἱὸς * Φαραὼ * ὁ πρωτότοκος γινώσκω ἐγὼ σήμερον ὅτι ὑμεῖς ἐστὲ |
| Asen. | 23 | 6 | διότι σχήματι τυραννικῷ ἐλάλησε πρὸς αὐτοὺς ὁ υἱὸς * Φαραώ. * καὶ ἦν Συμεὼν ἀνὴρ θρασὺς καὶ τολμηρὸς καὶ |
| Asen. | 23 | 7 | αὐτὴν ἐκ τοῦ κολεοῦ αὐτῆς καὶ πατάξαι τὸν υἱὸν * Φαραὼ * διότι σκληρὰ ἐλάλησεν αὐτοῖς. καὶ εἶδε Λευὶς τὴν |
| Asen. | 23 | 10 | ἀποδοῦναι κακὸν ἀντὶ κακοῦ. καὶ εἶπε Λευὶς τῷ υἱῷ * Φαραὼ * μετὰ παρρησίας ἱλαρῷ προσώπῳ <καὶ ὀργὴ οὐκ ἦν ἐν |
| Asen. | 23 | 15 | ἣν ἐμίανε Συχὲμ ὁ υἱὸς Ἐμμώρ. καὶ εἶδεν ὁ υἱὸς * Φαραὼ * τὰς ῥομφαίας αὐτῶν ἐσπασμένας καὶ ἐφοβήθη σφόδρα |
| Asen. | 23 | 15 | φλόγα πυρὸς καὶ ἠμαυρώθησαν οἱ ὀφθαλμοὶ τοῦ υἱοῦ * Φαραὼ * καὶ ἔπεσεν ἐπὶ πρόσωπον αὐτοῦ ἐπὶ τὴν γῆν ὑποκάτω |
| Asen. | 23 | 17 | ῥῆμα πονηρόν. καὶ ἐξῆλθον ἀπὸ προσώπου τοῦ υἱοῦ * Φαραὼ * Συμεὼν καὶ Λευίς. καὶ ἦν ὁ υἱὸς Φαραὼ πλήρης φόβου |
| Asen. | 24 | 1 | τοῦ υἱοῦ Φαραὼ Συμεὼν καὶ Λευίς. καὶ ἦν ὁ υἱὸς * Φαραὼ * πλήρης φόβου καὶ λύπης διότι ἐφοβεῖτο τοὺς |
| Asen. | 24 | 3 | κατὰ τὸ θελημά σου. καὶ ἀπέστειλεν ὁ υἱὸς * Φαραὼ * ἀγγέλους καὶ ἐκάλεσεν αὐτοὺς πρὸς ἑαυτόν. καὶ |
| Asen. | 24 | 3 | καὶ ἔστησαν ἐνώπιον αὐτοῦ. καὶ εἶπεν αὐτοῖς ὁ υἱὸς * Φαραὼ * ῥῆμά μοί ἐστι πρὸς ὑμᾶς διότι ὑμεῖς ἐστὲ ἄνδρες |
| Asen. | 24 | 5 | καὶ ποιήσομεν κατὰ τὸ θελημά σου. καὶ ἐχάρη ὁ υἱὸς * Φαραὼ * χαρὰν μεγάλην σφόδρα καὶ εἶπε τοῖς παισὶν αὐτοῦ |
| Asen. | 24 | 7 | καὶ ἀπέστησαν πάντες. καὶ ἐψεύσατο αὐτοῖς ὁ υἱὸς * Φαραὼ * καὶ εἶπεν ἰδοὺ εὐλογία καὶ θάνατος πρὸ προσώπου |
| Asen. | 24 | 8 | ἤκουσα ἐγὼ Ἰωσὴφ τοῦ ἀδελφοῦ ὑμῶν λέγοντος πρὸς * Φαραὼ * τὸν πατέρα μου περὶ ὑμῶν ὅτι τέκνα παιδισκῶν τοῦ |
| Asen. | 24 | 10 | μόνον ἀποθανεῖται ὁ πατήρ μου. καὶ ἐπήνεσεν αὐτῷ * Φαραὼ * ὁ πατήρ μου καὶ εἶπεν αὐτῷ καλῶς εἴρηκας τέκνον. |
| Asen. | 24 | 11 | καὶ ὡς ἤκουσαν οἱ ἄνδρες τῶν ῥημάτων τοῦ υἱοῦ * Φαραὼ * ἐταράχθησαν σφόδρα καὶ ἐλυπήθησαν καὶ εἶπον πρὸς |

```
Asen.   24   11        σφόδρα καὶ ἐλυπήθησαν καὶ εἶπον πρὸς τὸν υἱὸν  × Φαραὼ ×  δεόμεθά σου κύριε βοήθησον ἡμῖν. καὶ εἶπεν αὐτοῖς
Asen.   24   12       σου κύριε βοήθησον ἡμῖν. καὶ εἶπεν αὐτοῖς ὁ υἱὸς  × Φαραὼ ×  ἐγὼ ἔσομαι ὑμῖν βοηθὸς ἐὰν ἀκούσητε τῶν ῥημάτων
Asen.   24   14          κατὰ τὸ θέλημά σου. καὶ εἶπεν αὐτοῖς ὁ υἱὸς  × Φαραὼ ×  ἐγὼ ἀποκτενῶ τὸν πατέρα μου Φαραὼ τῇ νυκτὶ ταύτῃ
Asen.   24   14    αὐτοῖς ὁ υἱὸς Φαραὼ ἐγὼ ἀποκτενῶ τὸν πατέρα μου  × Φαραὼ ×  τῇ νυκτὶ ταύτῃ διότι Φαραὼ ὁ πατήρ μου ὡς πατὴρ
Asen.   24   14 ἀποκτενῶ τὸν πατέρα μου Φαραὼ τῇ νυκτὶ ταύτῃ διότι  × Φαραὼ ×  ὁ πατήρ μου ὡς πατήρ ἐστι τοῦ Ἰωσὴφ καὶ εἶπεν
Asen.   24   18   ἄνδρας ⟨δυνατοὺς εἰς πόλεμον⟩. καὶ ἔδωκεν ὁ υἱὸς  × Φαραὼ ×  τοῖς τέσσαρσιν ἀδελφοῖς ἀνὰ πεντακοσίους ἄνδρας
Asen.   24   19   κατέναντι τῶν ὀφθαλμῶν αὐτοῦ. καὶ ἐχάρη ὁ υἱὸς  × Φαραὼ ×  ὡς ἤκουσε τὰ ῥήματα ταῦτα. καὶ ἐξαπέστειλεν αὐτοὺς
Asen.   25    1   ἡ ὁδὸς πλατεῖα καὶ εὐρύχωρος. καὶ ἀνέστη ὁ υἱὸς  × Φαραὼ ×  ἐν τῇ νυκτὶ ταύτῃ καὶ ἦλθεν ἐπὶ τὸν θάλαμον τοῦ
Asen.   25    2 αὐτῷ τί προστάσσεις κύριε; καὶ εἶπεν αὐτοῖς ὁ υἱὸς  × Φαραὼ ×  ὄψεσθαι βούλομαι τὸν πατέρα μου διότι πορεύομαι
Asen.   25    4        καὶ ὡς ἤκουσε ταῦτα ἀπῆλθε σπεύδων ὁ υἱὸς  × Φαραὼ ×  καὶ ἔλαβε μετ' αὐτοῦ πεντήκοντα ἄνδρας ἱππεῖς
Asen.   26    7       καὶ ἔφυγεν Ἀσενὲθ ἔμπροσθεν καὶ ἰδοὺ ὁ υἱὸς  × Φαραὼ ×  ἀπαντᾷ αὐτῇ καὶ πεντήκοντα ἄνδρες ἱππεῖς μετ'
Asen.   27    2        τὴν χεῖρα αὐτοῦ καὶ ἠκόντισε κατέναντι τοῦ υἱοῦ  × Φαραὼ ×  καὶ ἐπάταξε τὸν κρόταφον αὐτοῦ τὸν εὐώνυμον καὶ
Asen.   27    3            αὐτοῦ τραύματι βαρεῖ. καὶ ἔπεσεν ὁ υἱὸς  × Φαραὼ ×  ἀπὸ τοῦ ἵππου αὐτοῦ ἐπὶ τὴν γῆν ἡμιθανὴς τυγχάνων.
Asen.   27    5      πεντήκοντα ἄνδρας τοὺς ὄντας μετὰ τοῦ υἱοῦ τοῦ  × Φαραώ. ×  καὶ ἔδυσαν πάντας οἱ λίθοι διὰ τῶν κροτάφων
Asen.   27    7         ἀπὸ τῶν ἀδελφῶν ἡμῶν καὶ τέθνηκεν ὁ υἱὸς  × Φαραὼ ×  ἐν χειρὶ Βενιαμὶν τοῦ παιδαρίου καὶ πάντες οἱ μετ'
Asen.   29    1   ἐν τῇ ὀργῇ αὐτῶν κατακόψωσιν αὐτούς. καὶ ἰδοὺ ὁ υἱὸς  × Φαραὼ. ×  ἀνέστη ἀπὸ τῆς γῆς καὶ ἀνεκάθισε καὶ ἔπτυεν αἷμα
Asen.   29    2 μηρῷ αὐτοῦ καὶ ἤμελλε πατάξαι τὸ στῆθος τοῦ υἱοῦ  × Φαραώ. ×  καὶ ἔδραμεν ἐπ' αὐτὸν Λευὶς καὶ ἐκράτησε τῆς
Asen.   29    4 ζήσῃ ἔσται ἡμῶν φίλος μετὰ ταῦτα καὶ ὁ πατὴρ αὐτοῦ  × Φαραὼ ×  ἔσται ὡς πατὴρ ἡμῶν. καὶ ἀνέστησε Λευὶς τὸν υἱὸν
Asen.   29    5  ἔσται ὡς πατὴρ ἡμῶν. καὶ ἀνέστησε Λευὶς τὸν υἱὸν  × Φαραὼ ×  ἐκ τῆς γῆς καὶ ἀπένιψε τὸ αἷμα ἀπὸ τοῦ προσώπου
Asen.   29    5  τὸν ἵππον αὐτοῦ καὶ ἐκόμισεν αὐτὸν τῷ πατρὶ αὐτοῦ  × Φαραὼ ×  καὶ διηγήσατο αὐτῷ πάντας τοὺς λόγους τούτους. καὶ
Asen.   29    6     αὐτῷ πάντας τοὺς λόγους τούτους. καὶ ἀνέστη  × Φαραὼ ×  ἀπὸ τοῦ θρόνου αὐτοῦ καὶ προσεκύνησε τῷ Λευὶ ἐπὶ
Asen.   29    7       αὐτόν. καὶ ἐν τῇ τρίτῃ ἡμέρᾳ ἀπέθανεν ὁ υἱὸς  × Φαραὼ ×  ἐκ τοῦ τραύματος τοῦ λίθου Βενιαμὶν τοῦ παιδαρίου.
Asen.   29    8   τραύματος τοῦ λίθου Βενιαμὶν τοῦ παιδαρίου. καὶ  × Φαραὼ ×  ἐπένθησε τὸν υἱὸν αὐτοῦ τὸν πρωτότοκον σφόδρα καὶ
Asen.   29    8 σφόδρα καὶ ἐκ τοῦ πένθους ἐμαλακίσθη καὶ ἀπέθανε  × Φαραὼ ×  ἐτῶν ἑκατὸν ἐννέα καὶ κατέλιπε τὸ διάδημα αὐτοῦ τῷ
Asen.   29    9   μετὰ ταῦτα ἀπέδωκεν Ἰωσὴφ τὸ διάδημα τῷ ἐκγόνῳ  × Φαραὼ ×  τῷ νεωτέρῳ ὃς ἦν ἐπὶ μασθῷ ὅτε ἀπέθανε Φαραώ. καὶ
Asen.   29    9    Φαραὼ τῷ νεωτέρῳ ὃς ἦν ἐπὶ μασθῷ ὅτε ἀπέθανε  × Φαραώ. ×  καὶ ἦν Ἰωσὴφ ὡς πατὴρ τοῦ υἱοῦ Φαραὼ τοῦ
Asen.   29    9 ὅτε ἀπέθανε Φαραώ. καὶ ἦν Ἰωσὴφ ὡς πατὴρ τοῦ υἱοῦ  × Φαραὼ ×  τοῦ νεωτέρου ἐν γῇ Αἰγύπτου ⟨πάσας τὰς ἡμέρας τῆς
Prop.    2    2 λαοῦ ἀποθνήσκει. κεῖται δὲ ἐν τῷ τόπῳ τῆς οἰκήσεως  × Φαραὼ ×  ὅτι οἱ Αἰγύπτιοι ἐδόξασαν αὐτὸν εὐεργετηθέντες δι'
FJub.   47    5         ὑπὸ τῆς βασιλίσσης. ὁ δ' αὐτὸς υἱὸς τῇ θυγατρὶ  × Φαραὼ ×  Θερμούθιδι τῇ καὶ Φαρίῃ βασιλίδι οὔσῃ εἰσποιηθεὶς
LEze.  9  28  2 09        δόλων καθ' ἡμῶν πολὺν ἐμηχανήσατο βασιλεὺς  × Φαραὼ ×  τοὺς μὲν ἐν πλινθεύμασιν οἰκοδομίας τε βαρέσιν
LEze.  9  28  3 25 καὶ πάντα βασιλεῖ ταῦτ' ἀπήγγειλεν ταχὺ ζητεῖ δὲ  × Φαραὼ ×  τὴν ἐμὴν ψυχὴν λαβεῖν ἐγὼ δ' ἀκούσας ἐκποδών
LEze.  9  29 12 18 βροτῶν πρωτόγονα. παύσω δ' ὕβριν ἀνθρώων κακῶν.  × Φαραὼ ×  δὲ βασιλεὺς πείσετ' οὐδὲν ὧν λέγω πλὴν τέκνων
LEze.  9  29 14 02 ὡς γὰρ σὺν ὄχλῳ τῷδ' ἀφώρμησεν δόμων βασιλεὺς  × Φαραὼ ×  μυρίων ὅπλων μετὰ ἵππου τε πάσης καὶ ἁρμάτων
FrAn.  1  226     9     - ⟩ες τῆς γῆς καὶ εκτος σου⟨ - ⟩λης ηθελησα α  × Φαραὼ⟨ ×  -⟩ου καμε σωσον μη φ⟨ ⟩λως-- ει μακαρισωσιν με⟨
FrAn.  1  226    27       - - τη⟩ν γην εκαλυψε⟨ - - το⟩ν λιμον ευθυν⟨ -  × Φαραω ×  - επι του Ιωσηφ - - μ⟩ακαρια⟨ - - Ιωσ⟩ηφ μνησθεις
FrAn.     574  3036 νεφέλη ἡμερινὴ καὶ ῥυσάμενον αὐτοῦ τὸν λαὸν Ἔργου  × Φαραὼ ×  καὶ ἐπενέγκαντα ἐπὶ Φαραὼ τὴν δεκάπληγον διὰ τὸ
FrAn.     574  3036     αὐτοῦ τὸν λαὸν Ἔργου Φαραὼ καὶ ἐπενέγκαντα ἐπὶ  × Φαραὼ ×  τὴν δεκάπληγον διὰ τὸ παρακούειν αὐτῶν. ὁρκίζω σε
```

**Φαρεθώθην** (1)
```
HArt.   9   18    1 ἐλθεῖν εἰς Αἴγυπτον πρὸς τὸν τῶν Αἰγυπτίων βασιλέα  × Φαρεθώθην ×  καὶ τὴν ἀστρολογίαν αὐτὸν διδάξαι μείναντα δὲ
```

**Φαρίος** (1)
```
FJub.   47    5  ὁ δ' αὐτὸς υἱὸς τῇ θυγατρὶ Φαραὼ Θερμούθιδι τῇ καὶ  × Φαρίῃ ×  βασιλίδι οὔσῃ εἰσποιηθεὶς καὶ πᾶσαν Αἰγυπτίων
```

**Φαρισαῖος** (1)
```
FrAn.     574  3044 ὑπόγειον ἢ καταχθόνιον ἢ Ἐβουσαῖον ἢ Χερσαῖον ἢ  × Φαρισαῖον. ×  λάλησον ὁποῖον ἐὰν ᾖς ὅτι ὁρκίζω σε θεὸν
```

**φαρμακεία** (6)
```
Hen.     7        1   αὐτὰς καὶ μιαίνεσθαι ἐν αὐταῖς καὶ ἐδίδαξαν αὐτὰς  × φαρμακείας ×  καὶ ἐπαοιδὰς καὶ ῥιζοτομίας καὶ τὰς βοτάνας
Hen.     7B       2  αὐτῶν καὶ ἐδίδαξαν ἑαυτοὺς καὶ τὰς γυναῖκας ἑαυτῶν  × φαρμακείας ×  καὶ ἐπαοιδίας. ἐδίδαξεν τοὺς ἀνθρώπους Ἀζαὴλ
Hen.     8B       3   βοτανῶν τῆς γῆς. ὁ δὲ ἑνδέκατος Φάρμαρος ἐδίδαξε  × φαρμακείας ×  ἐπαοιδίας σοφίας καὶ ἐπαοιδῶν λυτήρια. ὁ
Sib.     5      165      εἰς αἰῶνας πανέρημος) σὸν στυγέουσ' Ἔδαφος ὅτι  × φαρμακίην ×  ἐπόθησας μοιχεῖαι παρά σοι καὶ παίδων μῖξις
FJub.    4       15              νῦν δὲ ἐν χρόνοις τοῦ Ἰάρεδ καὶ ἐπέκεινα  × φαρμακεία ×  καὶ μαγεία ἀσέλγεια μοιχεία τε καὶ ἀδικία.
FIsa.  1  2       5 ἥτις ἐσπάρη ἐν ⟨Ἱερουσαλήμ. κα⟨ὶ⟩ ἐπλήθυνεν ⟨ἡ⟩  × φαρμακεία ×  καὶ ἡ μαγεία καὶ ἡ μαντεία καὶ οἱ κληδονισμοὶ
```

**φάρμακον** (7)
```
Abr.1   17   16              τρικέφαλον φοβερὸν καὶ ποτήρια μεμεστωμένα  × φαρμάκων ×  καὶ ἁπλῶς εἰπεῖν ἔδειξεν αὐτὸν πολλὴν ἀγριότητα
Abr.1   19    6           τῆς φοβερᾶς ἀστραπῆς καὶ τί τὰ ποτήρια τὰ δυσώδη  × φάρμακα ×  καὶ μεμεστωμένα δίδαξόν μοι περὶ πάντων. καὶ ὁ
Abr.1   19   16        ἐκλείπουσιν ἔδειξέ μοι ποτήρια δηλητήρια  × φάρμακα ×  μεμεστωμένα διότι πολλοὶ τῶν ἀνθρώπων ὑπὸ ἑτέρων
Abr.1   19   16           διότι πολλοὶ τῶν ἀνθρώπων ὑπὸ ἑτέρων τινῶν  × φάρμακα ×  ποτισθέντες παρευθὺς ἀπαλλάσσονται παραλόγως.
TRub.    4    9   ἐποίησεν αὐτῷ ἡ Αἰγυπτία καὶ μάγους παρεκάλεσε καὶ  × φάρμακα ×  αὐτῷ προσήνεγκεν καὶ οὐκ ἐδέξατο τὸ διαβούλιον
TJos.    2    7 ἀνέδειξε καὶ ἐν πᾶσιν αὐτοῖς ἐμακροθύμησα ὅτι μέγα  × φάρμακόν ×  ἐστιν ἡ μακροθυμία καὶ πολλὰ ἀγαθὰ δίδωσιν ἡ
FPho.     149    δὲ λείψανα λεῖπε κυσὶν θηρῶν ἄπο θῆρες ἔδονται.  × φάρμακα ×  μὴ τεύχειε μαγικῶν βίβλων ἀπέχεσθαι. νηπιάχοις
```

**φαρμακός** (1)
```
Sib.     3      225 πταρμῶν σημεῖ' οἰωνοπόλων τε πετεινὰ οὐ μάντιες οὐ  × φαρμακοὺς ×  οὐ μὴν ἐπαοιδοὺς οὐ μύθων μωρῶν ἀπάτας
```

**Φαρμαρός** (2)
```
Hen.     6B       7       ζ' Σαμψὶχ η' Ζακιήλ θ' Βαλκιήλ ι' Ἀζαλζὴλ ια'  × Φαρμαρὸς ×  ιβ' Ἀμαριὴλ ιγ' Ἀναγημάς ιδ' Θαυσαὴλ ιε'
Hen.     8B       3   τοῦ νοὸς καὶ ῥίζας βοτανῶν τῆς γῆς. ὁ δὲ ἑνδέκατος  × Φάρμαρος ×  ἐδίδαξε φαρμακείας ἐπαοιδίας σοφίας καὶ
```

**Φαρμουθὶ** (2)
```
FJub.    3    1      τοῦ Ἀπριλλίου μηνὸς καὶ ἕκτῃ τοῦ παρ' Αἰγυπτίοις  × Φαρμουθὶ ×  ὠνόμασεν Ἀδὰμ τὰ ἄγρια θηρία θείῳ τινὶ
FJub.    3    5        μὲν Ῥωμαίους Ἀπριλλίου ἕκτῃ κατὰ δὲ Αἰγυπτίους  × Φαρμουθὶ ×  ἑνδεκάτη λαβὼν ὁ θεὸς μέρος τι τῆς πλευρᾶς τοῦ
```

**φάρυγξ** (2)
```
Sedr.   10    3                   εἰς πάντα τὰ μέλη σου; ἀναφέρυσται διὰ  × φάρυγγος ×  καὶ λάρυγγος καὶ τοῦ στόματος καὶ οἵαν ὥραν
Job     38    3  τοῦ αὐτοῦ στόματος πίνεται καὶ πέμπεται ἐν τῇ αὐτῇ  × φάρυγγι ×  ὅταν δὲ καταβῇ τὰ δύο εἰς τὸν ἀφεδρῶνα, τότε
```

**φάσγανον** (1)
```
Sib.     4      164      ὀργὴν παντοίην ἀγάγητε θεὸν μέγαν ἀλλὰ μεθέντες  × φάσγανα ×  καὶ στοναχὰς ἀνδροκτασίας τε καὶ ὕβρεις ἐν
```

**φάσις** (11)
```
Abr.1    5   13     οὗτος ὁ ἀδελφὸς ὁ ἐπιξενισθεὶς ἡμῖν σήμερον μήτι  × φάσιν ×  λόγου ἤνεγκε περὶ Λὼτ τοῦ ἀδελφοῦ σου ⟨τοῦ
Abr.2    3    3 δὲ φωνὴν ἐκ τῶν κλάδων αὐτῆς λεγούσης ἄγιος ὁ τὴν  × φάσιν ×  ἐνέγκας. καὶ ἤκουσεν Ἀβραὰμ τῆς φωνῆς καὶ
Abr.2    6    5   μου Ἀβραὰμ τί ἔχετε κλαίοντες ὀψέ; καὶ ἄρτι μή τι  × φάσιν ×  ἤνεγκας τῷ κυρίῳ μου Ἀβραὰμ περὶ τοῦ ἀδελφοῦ Λὼτ
Abr.2    6    6   οὐχὶ Σάρρα ἡ τοῖς δικαίοις ὑπηρετοῦσα οὐκ ἤνεγκα  × φάσιν ×  περὶ Λὼτ καὶ ὡς ἤκουσεν Σάρρα λαλοῦντος τοῦ Μιχαὴλ
Jer.     6    8       ἡμῖν ὁ κύριος πῶς δυνησώμεθα ἀποστεῖλαι τὴν  × φάσιν ×  τῷ Ἰερεμίᾳ εἰς Βαβυλῶνα διὰ τὴν σκέπην τὴν
Jer.     6   10  πῶς ἀποστείλωμεν πρὸς Ἰερεμίαν εἰς Βαβυλῶνα τὴν  × φάσιν ×  ταύτην; ἔτι δὲ προσευχομένου τοῦ Βαρούχ ἰδοὺ
Jer.     7    5 καὶ εἶπεν αὐτῷ ὁ ἀετὸς ἀπεστάλην ὧδε ὅπως πᾶσαν  × φάσιν ×  ἣν θέλεις ἀποστείλῃς δι' ἐμοῦ. καὶ εἶπεν αὐτῷ
Jer.     7    6      καὶ εἶπεν ὁ Βαροὺχ εἰ δύνασαι σὺ ἐπᾶραι τὴν  × φάσιν ×  ταύτην τῷ Ἰερεμίᾳ εἰς Βαβυλῶνα; καὶ εἶπεν αὐτῷ ὁ
Jer.     7    9   τῶν πετεινῶν ἄπελθε ἐν εἰρήνῃ μεθ' ὑγείας καὶ τὴν  × φάσιν ×  ἔνεγκόν μοι. μὴ ὁμοιωθῇς τῷ κόρακι ὃν ἐξαπέστειλε
Jer.     7   10 κιβωτὸν ἀλλὰ ὁμοιώθητι τῇ περιστερᾷ ἥτις ἐκ τρίτου  × φάσιν ×  ἤνεγκε τῷ δικαίῳ. οὕτως καὶ σὺ ἄρον τὴν καλὴν
Jer.     7   11      ἤνεγκε τῷ δικαίῳ. οὕτως καὶ σὺ ἄρον τὴν καλὴν  × φάσιν ×  ταύτην τῷ Ἰερεμίᾳ καὶ τοῖς σὺν αὐτῷ δεσμίοις ἵνα
```

**φάσκω** (2)
```
Sib.     5      136 Πηνειὸς βαθύρους μορφὰς θηρῶν ἀπὸ γαίης Ἠπιδανὸς  × φάσκων ×  θηρῶν μορφὰς ποτε γεννᾷν+. Ἑλλάδα τὴν
LEze.  9  28  2 15 ἐνταῦθα μήτηρ ἡ τεκοῦσ' ἔκρυπτέ με τρεῖς μῆνας ὡς  × ἔφασκεν. ×  οὐ λαθοῦσα δὲ ὑπεξέθηκε κόσμον ἀμφιθεῖσά μοι
```

**φάσμα** (6)
```
Hen.    15B   11    μηδὲν ἐσθίοντα ἀλλ' ἀσιτοῦντα καὶ ῥιπτοῦντα καὶ  × φάσματα ×  ποιοῦντα καὶ διψῶντα καὶ προσκόπτοντα. καὶ
```

**φάτις** (6)
```
Sib.     3      162    Αἰγύπτου τότε Ῥώμης. καὶ τότε μοι μεγάλοιο θεοῦ  × φάτις ×  ἐν στήθεσσιν ἵστατο καὶ μ' ἐκέλευσε προφητεῦσαι
Sib.     3      246  θέρους ἀπόμοιραν ἰάλλει πληροῦντες μεγάλοιο θεοῦ  × φάτις ×  ἔννομον ὕμνον πᾶσι γὰρ Οὐράνιος κοινὴν ἐτελέσσατο
Sib.     3      297   μέγαν παύσασθαι ἀνάγκη καὶ πάλι μοι μεγάλοιο θεοῦ  × φάτις ×  ἐν στήθεσσιν ἵστατο καὶ μ' ἐκέλευσε προφητεῦσαι
Sib.     3      490   ἐπαύσατο ἔνθεον ὕμνον καὶ πάλι μοι μεγάλοιο θεοῦ  × φάτις ×  ἐν στήθεσσιν ἵστατο καὶ μ' ἐκέλευσε προφητεῦσαι
Sib.     5       52    τρίτος ὀψὲ κρατήσει. τείρομαι ἡ τριτάλαινα κακή  × φάτις ×  ἐν φρεσὶ θέσθαι +Ἴσιδος ἡ γνωστή+ καὶ χρησμῶν
LPhi.  9  20      1       βριήπυος αἰνετὸς ἴσχων ἀθάνατον ποίησεν ἑὴν  × φάτιν ×  ἐξότε κείνου ἔκγονος αἰνογόνοιο πολύμνιον Ἑλλαχε
```

**φάτνη** (4)
```
Prop.    2    7       συμπεσεῖν (διὰ σωτῆρος ἐκ παρθένου γενομένου ἐν  × φάτνῃ). ×  δι' ὃ καὶ ἕως νῦν τιμῶσι παρθένον λοχὸν καὶ
Prop.    2    8   ὃ καὶ ἕως νῦν τιμῶσι παρθένον λοχὸν καὶ βρέφος ἐν  × φάτνῃ ×  τιθέντες προσκυνοῦσι καὶ Πτολεμαίῳ τῷ βασιλεῖ τὴν
Job     40    6        ὑπὸ τῶν ἀρχόντων οἷς ἐδούλευεν καὶ περί τινα  × φάτνην ×  ἐκοιμήθη καὶ τετελεύτηκεν εὐθυμήσασα. καὶ ὁ μὲν
Sib.     3      791       σαρκοβόρος τε λέων φάγεται ἄχυρον παρὰ  × φάτνῃ ×  ὡς βοῦς καὶ παῖδες μάλα νήπιοι ἐν δεσμοῖσιν
```

**φάτνωμα** (3)
```
HEup.  9  34      6 ἐδάφους ἕως τῆς ὀροφῆς τό τε ὀρόφωμα ποιῆσαι ἐκ  × φατνωμάτων ×  χρυσῶν τὸ δὲ δῶμα ποιῆσαι χαλκοῦν ἀπὸ
HEup.  9  34      8 κατακοσμῆσαι χρυσίῳ καὶ ἀργυρίῳ καὶ καταστεγάσαι  × φατνώμασι ×  κεδρίνοις καὶ κυπαρισσίνοις. ποιῆσαι δὲ καὶ
```

HEup. 9 34 11 ὅπως μὴ καθίζῃ ἐπὶ τοῦ ἱεροῦ μηδὲ νοσσεύῃ ἐπὶ τοῖς * φατνώμασι * τῶν πυλῶν καὶ στοῶν καὶ μολύνῃ τοῖς
φαυλίζω 1
HArt. 9 27 26 εἰς δέλτον κατασφραγίσασθαι τῶν τε ἱερέων τὸν * φαυλίσαντα * ἐν τῇ πινακίδι τὰ γεγραμμένα μετὰ σπασμοῦ τὸν
φαῦλος 5
Aris. 142 2 ὅπως οὖν μηθενὶ συναλισγούμενοι μηδ᾽ ὁμιλοῦντες * φαύλοις * διαστροφὰς λαμβάνωμεν πάντοθεν ἡμᾶς περιέφραξεν
Sib. 3 362 δὲ γαίης πάλιν οὐρανὸν εἰς ἀνεγείρει ὅττι βροτοὶ * φαύλου * ζωῆς ἀδίκου τ᾽ ἐνέχοντο. ἔσται καὶ Σάμος ἄμμος
FPho. 65 ὑπερβαίνουσα δὲ μῆνις. ζῆλος τῶν ἀγαθῶν ἐσθλὸς * φαύλων * δ᾽ ὑπέρογκος. τόλμα κακῶν ὀλοή μέγ᾽ ὀφέλλει δ᾽
HArt. 9 27 2 υἱὸν αὐτοῦ Παλμανώθην. τοῦτον δὲ τοῖς Ἰουδαίοις * φαύλως * προσφέρεσθαι καὶ πρῶτον μὲν τήν τε Σάιν
HAri. 9 25 4 τῆς οἰκίας αὐθημερὸν δὲ αὐτοῦ καὶ τὸ σῶμα ἑλκῶσαι. * φαύλως * δὲ αὐτοῦ διακειμένου ἐλθεῖν εἰς ἐπίσκεψιν Ἐλίφαν
φαῦσις 1
Job 32 9 τὰς ἀργυρᾶς λυχνίας ἔχων, νυνὶ δὲ προσδοκᾷς τὴν * φαῦσιν * τῆς σελήνης ποῦ οὖν τυγχάνει ἡ δόξα τοῦ θρόνου
Φεβρουάριος 1
FJub. 48 5 καὶ ἕλκη Δεκεμβρίῳ χάλαζα Ἰανουαρίῳ ἀκρὶς * Φεβρουαρίῳ * σκότος ἡμέρας τρεῖς Μαρτίῳ τὰ πρωτότοκα. τῇ
φέγγος 6
Asen. 14 9 αὐτοῦ ἦν ὡς ἀστραπὴ καὶ οἱ ὀφθαλμοὶ αὐτοῦ ὡς * φέγγος * ἡλίου καὶ αἱ τρίχες τῆς κεφαλῆς αὐτοῦ ὡς φλὸξ
Bar. 6 14 καὶ ἦλθεν φωνὴ λέγουσα φωτόδοτα δὸς τῷ κόσμῳ τὸ * φέγγος. * καὶ ἀκούσας τὸν κτύπον τοῦ ὀρνέου εἶπον κύριε τί
Bar. 7 2 οὐρανῷ διέρχεται ὁ ἥλιος καὶ διδοῖ τῷ κόσμῳ τὸ * φέγγος. * ἀλλ᾽ ἔκδεξαι καὶ ὄψει δόξαν θεοῦ. καὶ ἐν τῷ
Job 43 5 ζῶσιν. καὶ ὁ λύχνος αὐτοῦ σβεσθεὶς ἠφάνισεν τὸ * φέγγος * αὐτοῦ, ἡ δὲ τῆς λαμπάδος αὐτοῦ δόξα ἀποβήσεται
LEze. 9 29 14 42 ἐστρέφοντο δέσμιοι δ᾽ ὡς ἥρμοσαν. ἀπ᾽ οὐρανοῦ δὲ * φέγγος * ὡς πυρὸς μέγα ὤφθη τι ἡμῖν ὡς μὲν εἰκάζειν παρῆν
LEze. 9 29 16 04 γὰρ ὥς που καὶ σὺ τυγχάνεις ὁρῶν ἐκεῖ τόθεν δὲ * φέγγος * ἐξέλαμψέ νυν κατ᾽ εὐφρόνης σημεῖον ὡς στῦλος
φείδομαι 20
Hen. 98 12 παραδοθήσεσθε καὶ ἀποκτενοῦσιν ὑμᾶς καὶ οὐ μὴ * φείσονται * ὑμῶν. οὐαὶ ὑμῖν οἱ ἐπιχαίροντες τοῖς κακοῖς
Hen. 99 5 ἐπὶ τὰ νήπια αὐτῶν οὐ⟨δὲ ἐπὶ τὰ θηλά⟩ζοντα οὐδὲ μὴ * φείσονται--- * ⟨καὶ⟩ οἱ γλύφοντες εἰκόνα⟨ς ἀργυ⟩ρᾶς καὶ
Abr.1 15 14 θεοῦ ἡμῶν ⟨οὕτως λέγει ὁ φίλος σου Ἀβραὰμ καὶ ἐγὼ * φείδομαι * τοῦ ἅψασθαι αὐτοῦ⟩ ὅτι ἐξ ἀρχῆς φίλος σου
Abr.1 15 15 οὐ κἂν Ἰακὼβ ὁ θαυμάσιος ἄνθρωπος καὶ διὰ τοῦτο * φείδομαι * τοῦ ἅψασθαι τούτου κέλευσον ἀθάνατε βασιλεῦ τί
TSim. 2 7 μου τὸν νοῦν μὴ προσέχειν αὐτῷ ὡς ἀδελφῷ καὶ μὴ * φείσασθαι * Ἰακὼβ τοῦ πατρός μου. ἀλλ᾽ ὁ θεὸς αὐτοῦ καὶ ὁ
TJos. 16 4 ἐὰν καὶ δύο μνᾶς χρυσίου ζητοῦσι πρόσεχε μὴ * φείσασθαι * χρυσίου μόνον πριάμενος τὸν παῖδα ἄγαγε. καὶ
Asen. 12 4 μου καὶ πρός σε ἀποκαλύψω τὰς ἀνομίας μου. * φεῖσαί * μου κύριε ὅτι ἥμαρτον ἐνώπιόν σου πολλὰ ἠνόμησα
Asen. 17 10 εἶπεν ἐν ἑαυτῇ ἵλεως ἔσο κύριε τῇ δούλῃ σου καὶ * φεῖσαι * τῆς παιδίσκης σου διότι ἐγὼ λελάληκα τολμηρῶς
Asen. 28 10 αὐτούς. καὶ εἶπε πρὸς αὐτοὺς Ἀσενὲθ δέομαι ὑμῶν * φείσασθε * τῶν ἀδελφῶν ὑμῶν καὶ μὴ ποιήσητε αὐτοῖς κακὸν
Asen. 28 11 κύριος πολεμεῖ πρὸς αὐτοὺς ὑπὲρ ἡμῶν. καὶ ὑμεῖς * φείσασθε * αὐτῶν διότι ἀδελφοὶ ὑμῶν εἰσι καὶ αἷμα τοῦ
Sal. 2 23 Ιερουσαλημ ἐν ἐπαγωγῇ ἐθνῶν ὅτι ἐνέπαιξαν καὶ οὐκ * ἐφείσαντο * ἐν ὀργῇ καὶ θυμῷ μετὰ μηνίσεως καὶ
Sal. 5 14 καὶ πλούσιον καὶ οὗ ἐστιν ἡ ἐλπὶς ἐπὶ σέ οὐ * φείσεται * ἐν δόματι. ἐπὶ πᾶσαν τὴν γῆν τὸ ἔλεός σου κύριε
Sal. 13 1 δικαίων. δεξιὰ κυρίου ἐσκέπασέν με δεξιὰ κυρίου * ἐφείσατο * ἡμῶν ὁ βραχίων κυρίου ἔσωσεν ἡμᾶς ἀπὸ ῥομφαίας
Sal. 13 10 ἀγαπήσεως καὶ ἡ παιδεία αὐτοῦ ὡς πρωτοτόκου. ὅτι * φείσεται * κύριος τῶν ὁσίων αὐτοῦ καὶ τὰ παραπτώματα αὐτῶν
Sal. 17 12 καὶ τοὺς ἄρχοντας τῆς γῆς εἰς ἐμπαιγμὸν καὶ οὐκ * ἐφείσατο. * ἐν ἀλλοτριότητι ὁ ἐχθρὸς ἐποίησεν ὑπερηφανίαν
Prop. 9 3 περιεσώζετο. οὗτος ἦν ὁ τρίτος πεντηκόνταρχος οὗ * ἐφείσατο * Ἠλίας καὶ κατέβη πρὸς Ὀχοζίαν. τοῦ Ἀχαὰβ
Job 22 3 οὐαί μοι, τάχα οὔτε ἄρτου χορτάζεται. καὶ οὐκ * ἐφείδετο * ἐξελθεῖν ἐν τῇ ἀγορᾷ προσαιτῆσαι ἄρτον παρὰ τῶν
Aris. 258 3 μεγάλα καὶ σεμνὰ ταῖς ποιήσεσιν ἐπιτελοῖ πρὸς τὸ * φείσασθαι * τοὺς θεωροῦντας διὰ τὴν καλλονὴν καὶ μηθένα
FPho. 109 κόνις ἐσμέν ἀὴρ δ᾽ ἀνὰ πνεῦμα δέδεκται. πλουτῶν μὴ * φείδου * μέμνησ᾽ ὅτι θνητὸς ὑπάρχεις οὐκ ἔνι εἰς Ἀιδην
FPho. 138 πᾶσι νέμειν ἰσότης δ᾽ ἐν πᾶσιν ἄριστον. ἀρχόμενος * φείδου * πάντων μὴ τέρμ᾽ ἐπιδεύῃς. μὴ κτήνους θνητοῖο
φειδώ 2
Sal. 5 13 χεῖρά σου ἐν ἐλέει; ἡ χρηστότης ἀνθρώπου ἐν * φειδοῖ * καὶ ἡ αὔριον καὶ ἐὰν δευτερώσῃ ἄνευ γογγυσμοῦ καὶ
Sib. 5 510 τε κακοὺς πάντας τ᾽ +ἀνόμους τε+. κοὐκέτι δὴ * φειδὼ * τις ἔτ᾽ ἔσσεται ἐν χθονὶ κείνῃ ἀνθ᾽ ὧν οὐκ
φερέσβιος 1
Sib. 3 401 δὴ παραφυόμενον κέρας ἄρξει. ἔσται καὶ Φρυγίῃ δὲ * φερεσβίῳ * αὐτίκα τέκμαρ ὁππότε κεν Ῥείης μιαρὸν γένος ἐν
φέριστος 2
Sib. 3 111 βασίλευσε Κρόνος καὶ Τιτὰν Ἰαπετός τε Γαίης τέκνα * φέριστα * καὶ Οὐρανοῦ οὓς ἐκάλεσσαν ἄνθρωποι γαῖάν τε καὶ
LEze. 9 29 8 01 μέγιστον οὐ γὰρ πίστιν ἀνθρώποις φέρει. ἐπίσχες ὦ * φέριστε * μὴ προσεγγίσῃς Μωσῆ πρὶν ἢ τῶν σῶν ποδῶν λῦσαι
φερνή 1
FPho. 200 ἄγεσθαι λατρεύσεις ἀλόχωι λυγρῆς χάριν εἵνεκα * φερνῆς. * ἵππους εὐγενέας διζήμεθα γειαρότας τε ταύρους
φερσωθι * 1
FrAn. 574 3012 εμωρι θεωχιψοϊθ σιθεμεωχ σωθη ιωη μιμιψωθιωωφ * φερσωθι * αεηιουω ιωη εωχαριφθα ἔξελθε ἀπὸ τοῦ δεῖνα κοινὰ
φέρω 110
Adam 6 2 οὕτως ἐστὶν ἀνάγγειλόν μοι καὶ ἐγὼ πορεύσομαι καὶ * ἐνέγκω * σοι καρπὸν ἀπὸ τοῦ παραδείσου. ἐπιθήσω γὰρ κόπρον
Adam 6 2 μου κύριος καὶ ἀποστελεῖ τὸν ἄγγελον αὐτοῦ καὶ * ἐνέγκω * σοι ἵνα καταπαύσῃ ὁ πόνος ἀπὸ σοῦ. λέγει αὐτῷ ὁ
Adam 9 3 ἐκ τοῦ δένδρου ἐν ᾧ ῥέει τὸ ἔλαιον ἐξ αὐτοῦ καὶ * ἐνέγκῃς * μοι καὶ ἀλείψομαι καὶ ἀναπαύσομαι ἀπὸ τῆς νόσου
Adam 29 9 τί ἐμνήσθης τῆς κακίας ταύτης ἵνα φόνον ποιήσω καὶ * ἐνέγκω * θάνατον τῇ ἐμῇ πλευρᾷ; ἢ πῶς ἐπενέγκω χεῖρα τῇ
Adam 40 1 ἄπελθε εἰς τὸν παράδεισον ἐν τῷ τρίτῳ οὐρανῷ καὶ * ἔνεγκε * τρεῖς σινδόνας βυσσίνας καὶ συρικάς. καὶ εἶπεν ὁ
Adam 40 2 σινδόνας καὶ σκεπάσατε τὸ σῶμα τοῦ Ἀδὰμ καὶ * ἐνεγκόντες * ἔλαιον ἐκ τοῦ ἐλαίου τῆς εὐωδίας ἐκχέατε ἐπ᾽
Adam 40 3 ὅτε δὲ ἐτέλεσαν κηδεύοντες τὸν Ἀδὰμ εἶπεν ὁ θεὸς * ἐνεχθῆναι * καὶ τὸ σῶμα τοῦ Ἄβελ. καὶ ἐνεγκόντες ἄλλας
Adam 40 3 εἶπεν ὁ θεὸς ἐνεχθῆναι καὶ τὸ σῶμα τοῦ Ἄβελ. καὶ * ἐνεγκόντες * ἄλλας σινδόνας ἐκήδευσαν αὐτὸν ἐπειδὴ
Hen. 28 2 δένδρων καὶ ἀπὸ τῶν σπερμάτων ὕδωρ ἄνομβρον ἄνωθεν * φερόμενον * ὡς ὑδραγωγὸς δαψιλὴς ὡς πρὸς βορρᾶν ἐπὶ δυσμῶν
Abr.1 2 9 υἱοῖς Μασὲκ ἀπέλθατε εἰς τὴν ἀγέλην τῶν ἵππων καὶ * ἐνέγκατε * δύο ἵππους εὐμενεῖς δὲ καὶ ἡμέρους
Abr.1 2 10 εἶπεν δὲ ὁ ἀρχιστράτηγος μὴ κύριέ μου Ἀβραὰμ μὴ * ἐνέγκωσιν * ἵππους ὅτι ἀνέχομαι τούτου τοῦ μὴ καθίσαι ἐπὶ
Abr.1 3 7 τέκνον Ἰσαὰκ ἄντλησον ὕδωρ ἐκ τοῦ φρέατος καὶ * ἔνεγκέ * μοι ὧδε ἐπὶ τῆς λεκάνης ἵνα νίψωμεν τοῦ ἀνθρώπου
Abr.1 4 2 θυμίαμα καὶ βοτάνας εὐόσμους ἐκ τοῦ παραδείσου * ἐνέγκας * πλήρωσον τὸν οἶκον ἄναψον δὲ λύχνους ἑπτὰ διὰ
Abr.1 5 13 ὁ ἐπιξενισθεὶς ἡμῖν σήμερον μήτι φάσιν λόγου * ἤνεγκε * περὶ Λὼτ τοῦ ἀδελφοῦ σου ⟨τοῦ οἰκοῦντος ἐν
Abr.1 11 1 ἃς ἀπώλεσεν. ἔστρεψεν δὲ ὁ Μιχαὴλ τὸ ἅρμα καὶ * ἤνεγκεν * τὸν Ἀβραὰμ ⟨εἰς τὴν ἀνατολὴν ἐν τῇ πύλῃ τοῦ
Abr.1 11 5 καὶ εἰσαγομένας καὶ εἶδον ἄλλας ψυχὰς ὀλίγας καὶ * ἐφέροντο * ὑπὸ ἀγγέλων διὰ τῆς στενῆς πύλης. καὶ ⟨ὅτε⟩
Abr.1 12 16 ὁ ἄγγελος ὁ κρατῶν τὴν ψυχὴν ἐν τῇ χειρὶ αὐτοῦ καὶ * ἤνεγκεν * αὐτὴν ἔμπροσθεν τοῦ κριτοῦ καὶ εἶπεν ὁ κριτής
Abr.2 2 5 ἔγγιστά μου καὶ καθέζου ὀλίγην ὥραν καὶ ποιήσω * ἐνεχθῆναι * ἡμῖν ζῷον ἵνα ἀπελθόντες ἐν τῷ οἴκῳ ἡμῶν
Abr.2 2 10 ἤκουσα δὲ ὅτι ἀπῆλθες σταδίους τεσσεράκοντα καὶ * ἤνεγκας * μόσχον καὶ ἔθυσας ἀγγέλοις ξενιζομένοις ἐν τῷ
Abr.2 3 3 ἐκ τῶν κλάδων αὐτῆς λεγούσης ἅγιος ὁ τὴν φάσιν * ἐνέγκας. * καὶ ἤκουσεν Ἀβραὰμ τῆς φωνῆς καὶ ἡσύχασεν
Abr.2 3 5 αὐτοῦ ἀναστάντες ἐξέλθατε εἰς τὰ ποίμνια καὶ * ἐνέγκατε * θρέμματα θύσατε ταχέως καὶ ὑπηρετήσατε ἵνα
Abr.2 3 6 καὶ πίωμεν ὅτι εὐφρασία γίνεται σήμερον. καὶ * ἤνεγκαν * οἱ παῖδες καθὼς παρήγγειλεν Ἀβραὰμ ἐκάλεσεν δὲ
Abr.2 3 6 Ἰσαὰκ ἀνάστηθι πλῆσον ὕδωρ ἐπὶ τῆς λεκάνης καὶ * φέρε * ἵνα νίψωμεν τοὺς πόδας τοῦ ξένου τοῦ ἐπιξενωθέντος
Abr.2 3 8 ἀκούσας Ἰσαὰκ τοῦ πατρὸς αὐτοῦ λαλοῦντος δακρύων * ἤνεγκεν * τὴν λεκάνην λέγων ὦ πάτερ τί ἐστιν τοῦτο ὃ εἶπας
Abr.2 6 5 τί ἔχετε κλαίοντες ὀψέ; καὶ ἄρτι μή τι φάσιν * ἤνεγκας * τῷ κυρίῳ μου Ἀβραὰμ περὶ τοῦ ἀδελφοῦ Λὼτ ⟨ὅτι
Abr.2 6 6 εἶπεν οὐχὶ Σάρρα ἡ τοῖς δικαίοις ὑπηρετοῦσα οὐκ * ἤνεγκα * φάσιν περὶ Λὼτ καὶ ὡς ἤκουσεν Σάρρα λαλοῦντος τοῦ
Abr.2 6 10 ἡμῖν ὅτε συναπῆλθες ⟨ἐν τῷ πεδίῳ⟩ καὶ * ἤνεγκας * τὸν μόσχον καὶ ἔθυσας καὶ ἔδωκάς μοι λέγων
Abr.2 9 7 ἐν ταῖς ψυχαῖς ταύταις καὶ ἐὰν εὕρωμεν ἀξίαν * ἐνεχθῆναι * εἰς τὴν ζωὴν ἐνέγκωμεν αὐτήν. καὶ ἀπελθόντες
Abr.2 9 7 καὶ ἐὰν εὕρωμεν ἀξίαν ἐνεχθῆναι εἰς τὴν ζωὴν * ἐνέγκωμεν * αὐτήν. καὶ ἀπελθόντες Μιχαὴλ καὶ Ἀβραὰμ
Abr.2 9 10 τῶν ψυχῶν ἃς ἐλαύνει ὁ ἄγγελος αὐτός ἐστιν ὁ * φέρων * αὐτὰς ἀπὸ τοῦ σώματος ἢ οὔ; ἀπεκρίθη Μιχαὴλ καὶ
Abr.2 11 2 οὗτός ἐστιν ὁ Ἄβελ ὁ πρῶτος μαρτυρήσας καὶ * ἠνέχθη * εἰς τὸν τόπον τοῦτον ἵνα κρίνῃ οὗτος δὲ ὁ
TSim. 2 9 τῶν χειρῶν μου. ὡς γὰρ ἐγὼ ἐπορεύθην ἐν Σικίμοις * ἐνέγκαι * ἄλειμμα τοῖς ποιμνίοις καὶ Ῥουβὴμ εἰς Δωθάϊμ
TLevi 3 7 προσφοράν. ἐν δὲ τῷ ὑποκάτω εἰσὶν οἱ ἄγγελοι οἱ * φέροντες * τὰς ἀποκρίσεις τοῖς ἀγγέλοις τοῦ προσώπου
TLevi 18 2B059 ἐν τῇ γῇ καὶ τὸ σπέρμα σου ἕως πάντων τῶν αἰώνων * ἐνεχθήσεται * ἐν βιβλίῳ μνημοσύνου ζωῆς καὶ οὐκ
TIss. 1 3 τῷ Ἰακὼβ ἐν μισθῷ τῶν μανδραγόρων. Ῥουβὴμ γὰρ * ἤνεγκε * μανδραγόρους ἐκ τοῦ ἀγροῦ καὶ προαπαντήσασα
TIss. 3 1 γεωργὸς τῶν πατέρων μου καὶ τῶν ἀδελφῶν μου καὶ * ἔφερον * καρποὺς ἐξ ἀγρῶν κατὰ καιρὸν αὐτῶν καὶ εὐλόγησέ
TNep. 2 2 κεραμεὺς οἶδε τὸ σκεῦος πόσον χωρεῖ καὶ πρὸς αὐτὸ * φέρει * πηλὸν οὕτω καὶ ὁ κύριος πρὸς ὁμοίωσιν τοῦ
TNep. 6 5 αὐχένας. καὶ ἡμεῖς χειμαζόμενοι ἐπὶ τὸ πέλαγος * ἐφερόμεθα * καὶ ἐπληρώθη τὸ πλοῖον ὑδάτων ἐν τρικυμίαις
TJos. 11 5 πρὸς μετάβολον ἐμπορίας αὐτῶν ἕως ἐπιστρέψωσι * φέροντες * ἐμπορίαν. καὶ ὁ κύριος ἔδωκέ μοι χάριν ἐν
Asen. 4 2 ὡς νύμφην θεοῦ. καὶ ἐξήνεγκαν πάντα τὰ ἀγαθὰ ὅσα * ἐνήνοχαν * ἐξ ἀγροῦ τῆς κληρονομίας αὐτῶν καὶ ἔδωκαν τῇ
Asen. 10 9 αὐτῆς. καὶ ἔλαβε τὸν χιτῶνα αὐτῆς τὸν μελανὸν καὶ * ἤνεγκεν * αὐτὸν εἰς τὸν θάλαμον αὐτῆς καὶ ἔκλεισε πάλιν
Asen. 15 14 σοι τράπεζαν καὶ εἰσοίσω σοι ἄρτον καὶ φάγεσαι καὶ * οἴσω * σοι ἐκ τοῦ ταμιείου μου οἶνον παλαιὸν καὶ καλὸν οὗ
Asen. 15 15 ὁδόν σου. καὶ εἶπεν αὐτῇ ὁ ἄνθρωπος σπεῦσον καὶ * φέρε * συντόμως. καὶ ἔσπευσεν Ἀσενὲθ καὶ παρέθηκεν αὐτῷ
Asen. 16 1 κόμισαι αὐτῷ ἄρτον. καὶ εἶπεν αὐτῇ ὁ ἄνθρωπος * φέρε * δή μοι καὶ κηρίον μελίσσης. καὶ ἔστη Ἀσενὲθ καὶ
Asen. 16 4 διότι ἐγγύς ἐστιν ὁ ἀγρὸς τῆς κληρονομίας ἡμῶν καὶ * οἴσει * σοι ἐκεῖθεν ταχέως κηρίον μελίσσης καὶ παραθήσω
Asen. 16 10 ἐστίν. καὶ ἔλαβεν Ἀσενὲθ τὸ κηρίον ἐκεῖνο καὶ * ἤνεγκε * τῷ ἀνθρώπῳ καὶ παρέθηκεν αὐτὸ ἐπὶ τῆς τραπέζης ἣν
Asen. 16 10 ἔστι κηρίον μελίσσης ἐν τῷ ταμιείῳ μου; καὶ ἰδοὺ * ἐνήνοχας * κηρίον μελίσσης θαυμαστόν. καὶ ἐφοβήθη Ἀσενὲθ
Asen. 18 9 ἀπὸ τῆς πηγῆς καὶ νίψομαι τὸ πρόσωπόν μου. καὶ * ἤνεγκεν * αὐτῇ ὕδωρ καθαρὸν ἀπὸ τῆς πηγῆς καὶ ἐνέχεεν αὐτὸ
Asen. 20 2 ἐπὶ τοῦ θρόνου Πεντεφρῆ τοῦ πατρὸς αὐτῆς. καὶ * ἤνεγκεν * ὕδωρ τοῦ νίψαι τοὺς πόδας αὐτοῦ. καὶ εἶπεν

Sal. 1 6 καὶ ἐξύβρισαν ἐν τοῖς ἀγαθοῖς αὐτῶν καὶ οὐκ * ἤνεγκαν. * αἱ ἁμαρτίαι αὐτῶν ἐν ἀποκρύφοις καὶ ἐγὼ οὐκ
Sal. 8 2 ὡς ἀνέμου πολλοῦ σφόδρα ὡς καταιγὶς πυρὸς πολλοῦ * φερομένου * δι' ἐρήμου. καὶ εἶπα ‹ἐν› τῇ καρδίᾳ μου ποῦ
Sal. 17 31 ἔθνη ἀπ' ἄκρου τῆς γῆς ἰδεῖν τὴν δόξαν αὐτοῦ * φέροντες * δῶρα τοὺς ἐξησθενηκότας υἱοὺς αὐτῆς καὶ ἰδεῖν
Jer. 3 15 τὸ χωρίον τοῦ Ἀγρίππα διὰ τῆς ὁδοῦ τοῦ ὄρους καὶ * ἐνεγκὼν * ὀλίγα σῦκα δίδου τοῖς νοσοῦσι τοῦ λαοῦ ὅτι ἐπὶ
Jer. 5 1 ὧν ὁ κύριος ἐμήνυεν αὐτῷ δι' αὐτῶν. ὁ δὲ Ἀβιμέλεχ * ἤνεγκε * τὰ σῦκα τῷ καύματι καὶ καταλαβὼν δένδρον ἐκάθισεν
Jer. 5 25 ὁ πατήρ μου Ἱερεμίας εἰς τὸ χωρίον τοῦ Ἀγρίππα * ἐνέγκαι * ὀλίγα σῦκα ἵνα δίδωμεν τοῖς νοσοῦσι τοῦ λαοῦ;
Jer. 5 25 ἵνα δίδωμεν τοῖς νοσοῦσι τοῦ λαοῦ; καὶ ἀπελθὼν * ἤνεγκον * αὐτὰ καὶ ἐλθὼν ἐπί τι δένδρον τῷ καύματι ἐκάθισα
Jer. 5 30 ἠθέλησεν ὁ θεὸς ἰδεῖν σε τὴν ἐρήμωσιν τῆς πόλεως * ἤνεγκε * γὰρ ταύτην τὴν ἔκστασιν ἐπὶ σέ. ἰδοὺ γὰρ ἑξήκοντα
Jer. 6 16 δὲ Βαρούχ ἀπέστειλεν εἰς τὴν ἀγορὰν τῶν ἐθνῶν καὶ * ἤνεγκε * χάρτην καὶ μέλανα καὶ ἔγραψεν ἐπιστολὴν
Jer. 7 9 ἄπελθε ἐν εἰρήνῃ μεθ' ὑγείας καὶ τὴν φάσιν * ἔνεγκόν * μοι. μὴ ὁμοιωθῇς τῷ κόρακι ὃν ἐξαπέστειλε Νῶε
Jer. 7 10 ἀλλὰ ὁμοιώθητι τῇ περιστερᾷ ἥτις ἐκ τρίτου φάσιν * ἤνεγκε * τῷ δικαίῳ. οὕτως καὶ σὺ ἆρον τὴν καλὴν φάσιν
Jer. 7 15 λαὸν καὶ ἐλθὲ ἐνταῦθα ἵνα ἀκούσωσι ἐπιστολῆς ἧς * ἤνεγκά * σοι ἀπὸ τοῦ Βαρούχ καὶ τοῦ Ἀβιμέλεχ. ἀκούσας δὲ
Jer. 9 24 οὐ πάντα ὅσα εἶδον διηγήσωμαι ὑμῖν. εἶπε δὲ αὐτοῖς * ἐνέγκατέ * μοι λίθον ὧδε καὶ ἔστησεν αὐτὸν καὶ εἶπεν τὸ
Bar. 7 4 ἥλιον ἐξαστράπτοντα καὶ τοὺς ἀγγέλους μετ' αὐτοῦ * φέροντας * καὶ στέφανον ἐπὶ τὴν κεφαλὴν αὐτοῦ οὗ τὴν θέαν
Bar. 12 1 καὶ ἐν τῷ ὁμιλεῖν με αὐτοῖς ἰδοὺ ἦλθον ἄγγελοι * φέροντες * κανίσκια γέμοντα ἀνθῶν καὶ ἔδωκαν αὐτὰ πρὸς τὸν
Bar. 12 6 αἱ ἀρεταὶ τῶν δικαίων. καὶ εἶδον ἑτέρους ἀγγέλους * φέροντας * κανίσκια κενὰ οὐ γέμοντα. καὶ ἤρχοντο
Bar. 12 7 καὶ ἐβόησε Μιχαὴλ λέγων δεῦτε καὶ ὑμεῖς ἄγγελοι * φέρετε * ὃ ἠνέγκατε. καὶ ἐλυπήθη Μιχαὴλ σφόδρα καὶ ὁ μετ'
Bar. 12 7 Μιχαὴλ λέγων δεῦτε καὶ ὑμεῖς ἄγγελοι φέρετε ὃ * ἠνέγκατε. * καὶ ἐλυπήθη Μιχαὴλ σφόδρα καὶ ὁ μετ' ἐμοῦ
Bar. 15 1 τῇ ὥρᾳ κατῆλθεν ὁ Μιχαὴλ καὶ ἠνοίγη ἡ πύλη καὶ * ἤνεγκεν * ἔλαιον. καὶ τοὺς ἀγγέλους τοὺς ἐνεγκόντας τὰ
Bar. 15 2 ἡ πύλη καὶ ἤνεγκεν ἔλαιον. καὶ τοὺς ἀγγέλους τοὺς * ἐνεγκόντας * τὰ κανίσκια πλήρη ἐπλήρωσεν αὐτὰ ἐλαίῳ λέγων
Bar. 15 3 καλῶς ἐπισυνάγουσιν. καὶ λέγει καὶ τοὺς ἀποκένους * φέροντας * τοὺς κανίσκους δεῦτε καὶ ὑμεῖς ἀπολάβετε τὸν
Bar. 15 3 δεῦτε καὶ ὑμεῖς ἀπολάβετε τὸν μισθὸν καθὼς * ἠνέγκατε * καὶ ἀπόδοτε τοῖς υἱοῖς τῶν ἀνθρώπων. εἶτα λέγει
Bar. 15 4 υἱοῖς τῶν ἀνθρώπων. εἶτα λέγει καὶ τοῖς τὰ γέμοντα * ἐνεγκοῦσι * καὶ τοῖς τὰ ἀπόκενα πορευθέντες εὐλογήσατε
Bar. 16 1 τοῦ κυρίου ὑμῶν. καὶ στραφεὶς λέγει καὶ τοῖς μηδὲν * ἐνεγκοῦσιν * τάδε λέγει κύριος μὴ ἔστε σκυθρωποὶ καὶ μὴ
Bar. 17 3 με εἰς τὸ ἀπ' ἀρχῆς. καὶ εἰς ἑαυτὸν ἐλθὼν δόξαν * ἔφερον * τῷ θεῷ τῷ ἀξιώσαντι με τοιούτου ἀξιώματος. ὦ καὶ
Prop. 2 6 τοὺς λεγομένους ἀργόλας ὅ ἐστιν ὀφιομάχους οὓς * ἤνεγκεν * ἐκ τοῦ Ἄργους τῆς Πελοποννήσου ὅθεν καὶ ἀργόλαι
Prop. 21 11 ἀνήλωσε τὸ πῦρ ἐκ προστάγματος κυρίου. κόρακες * ἔφερον * αὐτῷ ἄρτους τὸ πρωΐ δείλης δὲ κρέα τῇ μηλωτῇ
Job 7 7 τὸ γεγονός, εἶπεν τῇ παιδὶ ἀπελθοῦσα, κακὴ δούλη, * φέρε * τὸν δοθέντα σοι δοθῆναί μοι ἄρτον. καὶ ἔκλαυσεν
Job 27 4 καὶ πᾶν μέλος συγκλάσας ὑποκάτω αὐτοῦ ὄντος, καὶ * ἐνέγκαντος * αὐτοῦ τὴν καρτερίαν καὶ μὴ διαφωνήσαντος μέγα
Job 46 5 λαβοῦσα τὸ δακτύλιον ὕπαγε εἰς τὴν κρυπτὴν καὶ * ἔνεγκε * τὰ τρία σκευάρια τοῦ χρυσοῦ, ἵνα δῶ ὑμῖν τὴν
Job 46 6 ἵνα δῶ ὑμῖν τὴν κληρονομίαν. ἡ δὲ ἀπελθοῦσα * ἤνεγκεν * αὐτὰ καὶ ἤνοιξεν καὶ ἀνήνεγκεν τὰς τρεῖς χορδὰς
Job 53 5 οὐ κλαύσει ἐπὶ τὸν ἄνθρωπον τοῦ θεοῦ; ἅμα τε * ἤνεγκαν * τὸ σῶμα πρὸς τὸν τάφον, περιεκύκλωσαν πᾶσαι αἱ
Aris. 197 2 ταῦτα ἐπυνθάνετο πῶς ἂν τὰ συμβαίνοντα μετρίως * φέροι; * ἐκεῖνος δὲ ἔφησεν εἰ πρόληψιν λαμβάνοις ὅτι
Aris. 211 3 καλῶς ἄρχειν ἑαυτοῦ καὶ μὴ τῷ πλούτῳ καὶ τῇ δόξῃ * φερόμενον * ὑπερήφανον καὶ ἄσχημόν τι ἐπιθυμῆσαι εἰ καλῶς
Aris. 214 4 καὶ ἐπὶ πέλαγος καὶ ἐν πλοίοις ἢ πολεῖν ἢ πέτασθαι * φερομένους * καὶ διαίρειν εἰς ἑτέρους τόπους καὶ τοιαῦτα
Sib. 3 62 ἔκαστ' ἀγορεύσω ὅσσαις ἐν πόλεσιν μέροπες κακότητα * φέρουσιν. * ἐκ δὲ Σεβαστηνῶν ἥξει Βελίαρ μετόπισθεν καὶ
Sib. 3 370 πουλυετὴς εὔρωστος ἀχείματος ἠδ' ἀχάλαζος πάντα * φέρων * καὶ πτηνὰ καὶ ἑρπετὰ θηρία γαίης. ὦ μακαριστὸς
Sib. 3 417 λιποῦσα σοὶ δὲ μάλιστα γόους μόχθους στοναχάς τε * φέρουσα * θήσει ἀγήρατον δ' ἔσται κλέος ἐσσομένοισιν. καὶ
Sib. 3 536 αὐτοὺς αἰσχρῶς φυρόμενοι πολέμῳ δεινῷ τε κυδοιμῷ * οἴσουσιν * ἐχθροῖσι χαρὰν Ἕλλησι δὲ πένθος. δούλειος δ'
Sib. 3 583 προφῆται +καὶ+ μέγα χάρμα βροτοῖς πάντεσσι * φέροντες. * μούνοις γάρ σφιν δῶκε θεὸς μέγας εὔφρονα
Sib. 3 664 ἐπὶ τήνδε γε γαῖαν ἀθρόοι ὁρμήσονται ἑαυτοῖς κῆρα * φέροντες * σηκὸν γὰρ μεγάλοιο θεοῦ καὶ φῶτας ἀρίστους
Sib. 3 773 τε. πάσης δ' ἐκ γαίης λίβανον καὶ δῶρα πρὸς οἴκους * οἴσουσιν * μεγάλοιο θεοῦ κοὐκ ἔσσεται ἄλλος οἶκος ἐπ'
Sib. 4 71 Ἑλλήσποντον πλεύσει Φρυξὶ βαρεῖαν ἰδ' Ἀσίδι κῆρα * φέρουσα. * αὐτὰρ ἐς Αἴγυπτον πολυαύλακα πυροφόρον τε λιμὸς
Sib. 5 3 βασιλῆας Αἰγύπτου τοὺς πάντας ἴση κατὰ γαῖα * φέρεσκεν * καὶ μετὰ τὸν Πέλλης πολιήτορα ᾧ ὕπο πᾶσα
Sib. 5 281 μωροῖς. εὐσεβέων δὲ μόνων ἁγία χθὼν πάντα τάδ' * οἴσει * νᾶμα μελισταγέος ἀπὸ πέτρης ἠδ' ἀπὸ πηγῆς καὶ
Sib. 5 502 Αἰγύπτῳ ναὸς μέγας ἔσσεται ἁγνὸς κεἰς αὐτὸν θυσίας * οἴσει * λαὸς θεότευκτος κείνοισιν δώσει θεὸς ἄφθιτος
FMos. 8 163 20 ἀναγορεύοντος διὰ τὸ πατάξαι τὸν Αἰγύπτιον οὐκ * ἐνεγκὼν * τὴν κατ' αὐτοῦ βλασφημίαν ὁ Ἄγγελος ἐπιτιμῆσαι
FAch. 104 ἁπτόμενος θάνατον ἐνακμᾶται. ὁ δὲ νεανίσκος βαρέως * φέρων * τοὺς λόγους τοῦ Αἰσώπου καταπεισθεὶς ὑπὸ τῶν φίλων
FAch. 111 βαστάζειν παιδία μανθάνειν. γενάμενοι δὲ τέλειοι * ἔφερον * τοὺς παῖδας. οἱ δὲ βαστάζοντες ἀνίπταντο εἰς τὸν
FAch. 111 παισὶν πρὸς τὸ ἐν ᾧ ἠβούλοντο ‹μέρος› (βούλημα) * φερόμενοι. * τῷ δὲ θέρει ἀποταξάμενος ὁ Αἴσωπος τῷ βασιλεῖ
FAch. 115 ἀνθρώποις τοῖς βουλομένοις κατοπτεύειν παρέστησας * φέρων * καὶ λαμπρὸς μὲν εἶ ὡς ὁ ἥλιος οὗτοι δὲ διάπυροι
FPho. 168 πυροῖο νεοτριβὲς ἄχθος ἔχουσιν ἢ κριθῶν αἰεὶ δὲ * φέρων * φορέοντα διώκει ἐκ θέρεος ποτὶ χεῖμα βορῆν
IOrp. 38 καὶ ποταμοὶ πολιῆς τε βάθος χαροποῖο θαλάσσης οὐδὲ * φέρειν * δύναται κρατερὸν μένος. ἔστι δὲ πάντῃ αὐτὸς
HEup. 9 34 14 καὶ τὰ σκεύη ἃ ἐποίησε Μωσῆς εἰς Ἱεροσόλυμα * ἐνεγκεῖν * καὶ ἐν τῷ οἴκῳ θεῖναι. καὶ τὴν κιβωτὸν δὲ καὶ
HArt. 9 27 12 ζῷα τὰ καθιερωθέντα ὑπὸ τοῦ Μωΰσου κελεύειν ἐκεῖ * φέροντας * θάπτειν κατακρύπτειν θέλοντα τὰ τοῦ Μωΰσου
HHec. 1 22 192 ἀνακαθῆραι καὶ πᾶσιν αὐτοῦ τοῖς στρατιώταις ὁμοίως * φέρειν * τὸν χοῦν προστάξαντος μόνους τοὺς Ἰουδαίους οὐ
LThe. 9 22 8 τὴν ὕβριν τῆς ἀδελφῆς μὴ βουληθέντα πολιτικῶς * ἐνεγκεῖν * ταῦτα δὲ διαγνόντα Λευὶ τῷ ἀδελφῷ κοινώσασθαι
LEze. 9 29 7 06 ὄψομαι τεράστιον μέγιστον οὐ γὰρ πίστιν ἀνθρώποις * φέρει. * ἐπίσχες ὦ φέριστε μὴ προσεγγίσῃς Μωσῆ πρὶν ἢ τῶν
LEze. 9 29 12 33 γυναικὸς λήψεται σκεύη κόσμον τε πάνθ' ὃν ἄνθρωπος * φέρει * χρυσόν τε καὶ ‹τὸν› ἄργυρον ἠδὲ καὶ στολὰς ἵν' ὧν
LAri. 8 10 7 λέγομεν μεγάλην χεῖρα ἔχει ὁ βασιλεὺς * φερομένων * τῶν ἀκουόντων ἐπὶ τὴν δύναμιν ἣν ἔχεις.
FrAn. 1 217 23 Ἀαρὼν τοῦ ἀρχιερέως ἔχων. λαβὼν αὐτὸν δὸς τῷ * ἐνέγκαντι * αὐτὸν χρυσίον πολὺ καὶ ἀργύριον ἅμα δὲ καί

φερώνυμος 1

HEup. 9 34 13 ἱεροῦ Ἱερουσαλὴμ ὀνομασθῆναι ὑπὸ δὲ τῶν Ἑλλήνων * φερωνύμως * Ἱεροσόλυμα λέγεσθαι. συντελέσαντα δὲ τὸ ἱερὸν

φεύγω 67

Adam 12 2 Σὴθ ἰδοὺ ἀφίσταμαι ἀπὸ τῆς εἰκόνος τοῦ θεοῦ. τότε * ἔφυγε * τὸ θηρίον καὶ ἀφῆκεν αὐτὸν πεπληγμένον καὶ
Hen. 89 47 ὁ πρῶτος τὸν κριὸν τὸν δεύτερον ἐπεδίωκεν καὶ * ἔφυγεν * ἀπὸ προσώπου αὐτοῦ εἶτ' ἐθεώρουν τὸν κριὸν τὸν
Hen. 89 49 ἐπληθύνθησαν καὶ πάντες οἱ κύνες καὶ οἱ ἀλώπεκες * ἔφυγον * ἀπ' αὐτοῦ καὶ ἐφοβοῦντο αὐτόν. παρὰ δὲ τοῦ ὄρους
Hen. 103 12 ἡμᾶς καὶ περικλείουσιν ἡμᾶς ἐζητήσαμεν πο‹ῦ * φύγωμεν› * ἀπ' αὐτῶν ὅπως ἀναψύχ‹ωμεν.›--- ἐκράξαμεν ἐπὶ
Hen. 106 4 εὐλόγησεν τῷ κυρίῳ καὶ ἐφοβήθη Λάμεχ ἀπ' αὐτοῦ καὶ * ἔφυγεν * καὶ ἦλθεν πρὸς Μαθουσάλεκ τὸν πατέρα αὐτοῦ καὶ
Hen. 106 12 κύριον τοῦ αἰῶνος καὶ ἐφοβήθη ὁ υἱός μου Λάμεχ καὶ * ἔφυγεν * πρὸς ἐμὲ καὶ οὐ πιστεύει ὅτι υἱὸς αὐτοῦ ἐστιν
TRub. 5 5 οὐ γὰρ δύναται γυνὴ ἄνθρωπον βιάσασθαι. * φεύγετε * οὖν τὴν πορνείαν τέκνα μου καὶ προστάσσετε ταῖς
TLevi 15 3 τοῦ θεοῦ καὶ πάντες οἱ θεωροῦντες ὑμᾶς * φεύξονται * ἀφ' ὑμῶν. καὶ εἰ μὴ δι' Ἀβραὰμ καὶ Ἰσαὰκ καὶ
TJud. 3 6 αὐτοὺς τέσσαρας ἐξ αὐτῶν ἀνεῖλον οἱ δὲ ἄλλοι * ἔφυγον. * καὶ Ἰακὼβ ὁ πατὴρ ἡμῶν ἀνεῖλε τὸν Βεελισὰ
TJud. 7 7 ἐπήλθομεν οὖν ἐπ' αὐτοὺς μετὰ θυμοῦ καὶ πάντες * ἔφυγον * καὶ διελθόντες δι' ἄλλης ὁδοῦ ἐδεήθησαν τοῦ
TIss. 7 7 ὑμεῖς ποιήσατε τέκνα μου καὶ πᾶν πνεῦμα τοῦ Βελιὰρ * φεύξεται * ἀφ' ὑμῶν καὶ πᾶσα πρᾶξις πονηρῶν ἀνθρώπων οὐ
TDan 5 1 τὸ ψεῦδος ἵνα κύριος κατοικήσῃ ἐν ὑμῖν καὶ * φύγῃ * ἀφ' ὑμῶν ὁ Βελιάρ. ἀλήθειαν φθέγγεσθε ἕκαστος πρὸς
TNep. 6 6 ὥστε καὶ συντρίβεσθαι αὐτό. καὶ Ἰωσὴφ ἐπὶ ἀκατίου * φεύγει * χωριζόμεθα δὲ καὶ ἡμεῖς ἐπὶ σανίδων δέκα Λευὶ
TNep. 8 4 δι' ὑμῶν ἐν τοῖς ἔθνεσι καὶ ὁ διάβολος * φεύξεται * ἀφ' ὑμῶν καὶ τὰ θηρία φοβηθήσονται ὑμᾶς καὶ ὁ
TGad 5 2 καὶ ταῦτα ἐκ πείρας λέγω ὑμῖν τέκνα μου ὅπως * φεύξησθε * τὸ μῖσος καὶ κολληθῆτε τῇ ἀγάπῃ τοῦ κυρίου. ἡ
TJos. 8 3 ὅτι μαινομένη βίᾳ κρατεῖ τὰ ἱμάτιά μου γυμνὸς * ἔφυγον. * κἀκείνη ἐσυκοφάντησέ με καὶ ἐνέβαλέ με εἰς
TBen. 5 2 ἐὰν ἦτε ἀγαθοποιοῦντες καὶ τὰ ἀκάθαρτα πνεύματα * φεύξεται * ἀφ' ὑμῶν καὶ αὐτὰ τὰ θηρία φοβηθήσονται ὑμᾶς.
TBen. 7 1 ἔστι καὶ οὐκ ἔχει ἁπλότητα. διὰ τοῦτο τέκνα μου * φεύγετε * τὴν κακίαν τοῦ Βελιὰρ ὅτι μάχαιραν δίδωσι τοῖς
Asen. 5 2 Ἰωσὴφ πρὸ τῶν θυρῶν τῆς αὐλῆς ἡμῶν ἕστηκε. καὶ * ἔφυγεν * Ἀσενὲθ ἀπὸ προσώπου τοῦ πατρὸς καὶ τῆς μητρὸς
Asen. 12 8 καταδιωκόντων με. ὡς γὰρ παιδίον νήπιον φοβούμενον * φεύγει * πρὸς τὸν πατέρα αὐτοῦ καὶ ὁ πατὴρ ἐκτείνας τὰς
Asen. 24 19 κατακόψομεν τοὺς ἄνδρας τοὺς ὄντας μετ' αὐτῆς. καὶ * φεύξεται * Ἀσενὲθ ἔμπροσθεν μετὰ τοῦ ὀχήματος αὐτῆς καὶ
Asen. 26 5 καὶ τοὺς προδρόμους αὐτῆς ἀπέκτειναν πάντας καὶ * ἔφυγεν * Ἀσενὲθ μετὰ τοῦ ὀχήματος αὐτῆς ἔμπροσθεν. καὶ
Asen. 26 7 καὶ κατεδίωξαν ὀπίσω τῆς Ἀσενὲθ δρόμῳ ταχεῖ. καὶ * ἔφυγεν * Ἀσενὲθ ἔμπροσθεν καὶ ἰδοὺ ὁ υἱὸς Φαραὼ ἀπαντᾷ
Asen. 27 7 πάντας καὶ ἀπέκτειναν δισχιλίους οἱ ἐξ ἄνδρες. καὶ * ἔφυγον * ἀπὸ προσώπου αὐτῶν οἱ ἀδελφοὶ αὐτῶν οἱ υἱοὶ
Asen. 27 8 ἀποκτείνωμεν τὴν Ἀσενὲθ καὶ τὸν Βενιαμὶν καὶ * φύγωμεν * εἰς τὴν ὕλην τοῦ καλάμου τούτου. καὶ ἦλθον ἐπὶ
Asen. 28 8 πλὴν κρινεῖ κύριος ἀνάμεσον ἐμοῦ καὶ ὑμῶν. καὶ * ἔφυγον * εἰς τὴν ὕλην τοῦ καλάμου Δὰν καὶ Γὰδ καὶ οἱ
Asen. 28 14 ὑμῶν εἰσι καὶ γένος τοῦ πατρὸς ὑμῶν Ἰσραὴλ καὶ * ἔφυγον * μηκόθεν ἀπὸ προσώπου ὑμῶν. λοιπὸν συγγνώμην
Sal. 11 4 ὑψηλὰ ἐταπείνωσεν εἰς ὁμαλισμὸν αὐτοῖς οἱ βουνοὶ * ἐφύγοσαν * ἀπὸ εἰσόδου αὐτῶν οἱ δρυμοὶ ἐσκίασαν αὐτοῖς ἐν
Sal. 15 7 λιμὸς καὶ ῥομφαία καὶ θάνατος ἀπὸ δικαίων μακρὰν * φεύξονται * γὰρ ὡς διωκόμενοι πολέμου ἀπὸ ὁσίων
Sal. 17 16 αὐτοῖς ὁ ποιῶν ἐν Ἱερουσαλὴμ ἔλεος καὶ ἀλήθειαν. * ἐφύγοσαν * ἀπ' αὐτῶν οἱ ἀγαπῶντες συναγωγὰς ὁσίων ὡς
Sal. 17 25 παράνομα ἐν λόγῳ στόματος αὐτοῦ ἐν ἀπειλῇ αὐτοῦ * φυγεῖν * ἔθνη ἀπὸ προσώπου αὐτοῦ καὶ ἐλέγξαι ἁμαρτωλοὺς ἐν
Prop. 2 12 ἐκεῖ ἐκδεχόμενοι κύριον καὶ τὸν ἐχθρὸν * φεύγοντες * ἀνελεῖν αὐτοὺς θέλοντα. ἐν τῇ πέτρᾳ ἐσφράγισε
Prop. 10 4 τὸν οἶκον Ἀχαὰβ καλέσας λιμὸν ἐπὶ τὴν γῆν * ἔφυγεν. * καὶ ἐλθὼν εὗρε τὴν χήραν μετὰ τοῦ υἱοῦ αὐτῆς οὐ
Prop. 10 4B Σαμαρείας καὶ ἐκάλεσε λιμὸν μέγαν ἐπὶ τῆς γῆς * ἔφυγεν * ἐν τῇ ἐρήμῳ καὶ ἐτρέφετο ἐκ τῶν κοράκων τῆς
Prop. 12 3 σφόδρα. καὶ ὅτε ἦλθε Ναβουχοδονόσορ ἐν Ἱερουσαλὴμ * ἔφυγεν * εἰς Ὀστρακίνην καὶ παρῴκησεν ἐν γῇ Ἰσμαήλ. ὡς
Sedr. 6 3 καὶ γῆς καὶ πάντα αὐτῷ ὑπέταξα καὶ πᾶν ζῷον * φεύγει * ἀπ' αὐτοῦ καὶ ἀπὸ προσώπου αὐτοῦ ἀλλ' αὐτὸς τὰ
Sib. 3 265 θεοῖο. ἀλλ' ἄρα καὶ τούτοις κακὸν ἔσσεται οὐδὲ * φύγονται * λοιμόν. καὶ σὺ δὲ κάρτα λιπὼν περικαλλέα σηκὸν
Sib. 3 267 λοιμόν. καὶ σὺ δὲ κάρτα λιπὼν περικαλλέα σηκὸν * φεύξῃ * ἐπεί σοι μοῖρα λιπεῖν πέδον ἁγνὸν ὑπάρχει. ἀχθήσῃ
Sib. 3 378 καυτῶν +ἠδέ τε δυσνομίη μῶμος φθόνος ὀργὴ ἄνοια * φεύξετ' * ἀπ' ἀνθρώπων πενίη καὶ φεύξετ' ἀνάγκη+ καὶ φόνος

Sib. 3 378 φθόνος ὀργὴ ἄνοια φεύξετ' ἀπ' ἀνθρώπων πενίη καὶ * φεύξετ' * ἀνάγκη+ καὶ φόνος οὐλόμεναί τ' ἔριδες καὶ νείκεα
Sib. 3 533 ἐχθρὸν καρπίζοντα τρόμος δ' ὑπὸ γούνασιν ἔσται. * φεύξονται * δ' ἑκατὸν εἷς δ' αὐτοὺς πάντας ὀλέσσει πέντε
Sib. 3 546 ἐπ' ἀνδράσιν ἡγεμόνεσσιν θνητοῖς οἷς οὐκ ἔστι * φυγεῖν * θανάτοιο τελευτήν; πρός τί τε δῶρα μάταια
Sib. 3 637 δ' ἔθνεα πορθήσῃ καὶ φῦλα δυνάσται ἡγεμόνες δὲ * φύγωσιν * ἐς ἄλλην γαῖαν ἅπαντες +ἀλλαχθῇ δέ τε γαῖα
Sib. 3 763 ἀλλὰ κατασπεύσαντες ἑὰς φρένας ἐν στήθεσσιν * φεύγετε * λατρείας ἀνόμους τῷ ζῶντι λάτρευε μοιχείας
Sib. 4 64 ἐν πολέμῳ Περσῶν δ' ὑπὸ δούρασι Μῆδοι πίπτοντες * φεύξονται * ὑπὲρ μέγα Τίγριδος ὕδωρ. Περσῶν δὲ κράτος
Sib. 4 96 Μακηδόνες οἱ δ' ὑπὸ Βάκτρων καὶ Σούσων * φεύξονται * ἐς Ἑλλάδα γαῖαν ἅπαντες. ἔσσεται ἐσσομένοις
Sib. 4 120 τότ' ἀπ' Ἰταλίης βασιλεὺς μέγας οἷά τε δράστης * φεύξετ' * ἄφαντος ἄπυστος ὑπὲρ πόρον Εὐφρήταο ὁππότε δὴ
Sib. 5 44 σπεύδων δ' ἐπὶ δῆριν ἑῶν μοῖραν ἀεικελίην οὐ * φεύξεται * ἀλλὰ καμεῖται ὃν κόνις ἀλλοτρίη κρύψει νέκυν
Sib. 5 143 θεστροκοπῶν ἀπολεῖ πολλοὺς σὺν μητρὶ ταλαίνῃ. * φεύξεται * ἐκ Βαβυλῶνος ἄναξ φοβερὸς καὶ ἀναιδὴς ὃν πάντες
Sib. 5 216 γὰρ στρεπτοῖσι μίτοις Μοῖραι τριάδελφοι κλωσάμεναι * φεύγοντα * δόλῳ Ἰσθμοῖο παρ' ὄχθην ἄξουσιν μετέωρον ἕως
Sib. 5 364 ἥξει δ' ἐκ περάτων γαίης μητροκτόνος ἀνὴρ * φεύγων * ἠδὲ νόῳ ὀξύστομα μερμηρίζων ὃς πᾶσαν γαῖαν
FIsa. 1 3 3 καὶ ποταμῶν (καὶ) Γωζάν. οὗτος ἦν νεώτερος καὶ * ἔφυγεν * καὶ ἦλθεν εἰς Ἰε⟨ρου⟩σαλὴμ ἡμ⟨έρ⟩αις ⟨Ἐζε⟩κίου
FIsa. 1 3 5 καὶ κατηγορήθη ὑπὸ τῶν παίδων Ἐζεκίου καὶ * ἔφυγεν * εἰς τὴν χώραν Βηθλεέμ. καὶ ἔπεισαν καὶ
FPho. 12 σὲ θεὸς μετέπειτα δικάσσει. μαρτυρίην ψευδῆ * φεύγειν * τὰ δίκαια βραβεύειν. παρθεσίην τηρεῖν πίστιν δ'
FPho. 146 ὕλη. ἐγκρατὲς ἦτορ ἔχειν καὶ λωβητῶν δ' ἀπέχεσθαι. * φεῦγε * κακὴν φήμην φεῦγ' ἀνθρώπους ἀθεμίστους.⟩ μὴ δέ τι
FPho. 146 ἔχειν καὶ λωβητῶν δ' ἀπέχεσθαι. φεῦγε κακὴν φήμην * φεῦγ' * ἀνθρώπους ἀθεμίστους.⟩ μὴ δέ τι θηρόβορον δαίσῃ
FPho. 151 ἀπέχεσθαι. νηπιάχοις ἀταλοῖς μὴ ἅψῃ χεῖρα βιαίως. * φεῦγε * διχοστασίην καὶ ἔριν πολέμου προσιόντος. μὴ κακὸν
IOrp. 2 φθέγξομαι οἷς θέμις ἐστί θύρας δ' ἐπίθεσθε βέβηλοι * φεύγοντες * δικαίων θεσμοὺς θείοιο τιθέντος πάντες ὁμῶς σὺ
IDip. 5 121 1 βίῳ καὶ γῆν καλύψειν ὡς ἀπὸ τοῦ πάντ' εἰς χρόνον * πεφευγέναι * τὸ θεῖον ὡς λεληθότας; ἔστιν Δίκης ὀφθαλμὸς
IMen. 5 120 2 χλαμύσιν ὡς τῇ καρδίᾳ. +βροντῆς ἐὰν+ ἀκούσῃς μὴ * φύγῃς * μη⟨δὲν⟩ συνειδὼς αὐτὸς αὑτῷ δέσποτα ὁ γὰρ θεὸς
HDem. 9 21 1 τὸν Ἰακὼβ γενόμενον ἐτῶν ἑβδομήκοντα πέντε * φυγεῖν * εἰς Χαρρὰν τῆς Μεσοποταμίας ἀποσταλέντα ὑπὸ τῶν
HDem. 9 29 1 ο η' καὶ γενόμενον Ἀμβρὰμ ἐτῶν ρ λ ς' τελευτῆσαι. * φυγεῖν * μέντοι γε τὸν Μωσῆν εἰς Μαδιὰμ καὶ συνοικῆσαι
HArt. 9 27 17 τὴν ἐπιβουλὴν ἐπιγνόντα συμβουλεῦσαι τῷ ἀδελφῷ * φυγεῖν * εἰς τὴν Ἀραβίαν τὸν δὲ πεισθέντα ἀπὸ Μέμφεως τὸν
HArt. 9 27 21 ἐν τῷ τόπῳ. τὸν δὲ Μώϋσον δείσαντα τὸ γεγονὸς * φεύγειν * φωνὴν δ' αὐτῷ θείαν εἰπεῖν στρατεύειν ἐπ'
HArt. 9 27 33 διὰ νυκτὸς ἀποτελέσαι ὥστε τοὺς τὸν σεισμὸν * φεύγοντας * ἀπὸ τῆς χαλάζης ἀναιρεῖσθαι τούς τε τὴν
LEze. 9 29 12 37 δ' ἐς ἴδιον χῶρον εἰσέλθηθ' ὅπως ἀφ' ἧσπερ ἠοῦς * ἐφύγετ' * Αἰγύπτου δ' ἄπο ἑπτὰ διοδοιποροῦντες ἡμέρας ὁδὸν
LEze. 9 29 14 47 ἐρροίβδει μέγα σύνεγγυς ἡμῶν. καί τις ἠλάλαξ' ἰδὼν * φεύγωμεν * οἴκοι πρόσθεν Ὑψίστου χέρας οἷς μὲν γάρ ἐστ'

φεωχ * 1
FrAn. 574 3016 κασσιτερίνῳ γράφε ϊαηω αβραωθιωχ φθα μεσενψινιαω * φεωχ * ιαηω χαρσοκ καὶ περίαπτε τὸν πάσχοντα παντὸς

φήμη 4
Asen. 1 6 ὄνομα τῆς παρθένου ἐκείνης Ἀσενέθ. καὶ ἀπῆλθεν ἡ * φήμη * τοῦ κάλλους αὐτῆς εἰς πᾶσαν τὴν γῆν ἐκείνην καὶ ἕως
Sib. 5 246 κτίσεως καὶ σῳζομένης πάλι Μοίραις κλῦθι πικρᾶς * φήμης * δυσηχέος ἀνδράσι πῆμα. ἀλλ' ὁπόταν Περσὶς γαῖ'
FPho. 146 ἦτορ ἔχειν καὶ λωβητῶν δ' ἀπέχεσθαι. φεῦγε κακὴν * φήμην * φεῦγ' ἀνθρώπους ἀθεμίστους.⟩ μὴ δέ τι θηρόβορον
IOrp. 46 γλώσσης εὖ μάλ' ἐπικρατέων στέρνοισι δὲ ἔνθεο * φήμην. * (εἷς Ζεὺς εἷς Ἀΐδης εἷς Ἥλιος εἷς Διόνυσος)

φημί 121
Abr.1 2 6 τὸ σὸν κάλλος δίδαξόν με. ὁ δὲ ἀρχιστράτηγος * ἔφη * ἐγὼ δίκαιε ἄνθρωπε ἐκ τῆς μεγάλης πόλεως ἔρχομαι
Abr.1 2 7 κύριέ μου πορεύθητι μετ' ἐμοῦ εἰς τὴν χώραν. ⟨καὶ * φησίν * ὁ ἀρχιστράτηγος ἔρχομαι. ἀπελθόντες δὲ ἐν τῇ χώρᾳ⟩
Abr.1 15 13 καὶ πάλιν λέγει οὐκ ἀκολουθῶ σε. καὶ ὁ Ὕψιστος * ἔφη * πρὸς τὸν ἀρχιστράτηγον πάλιν οὕτως λέγει ὁ φίλος μου
TAser 2 1 πνεύματος πεπλήρωται. ἔστιν οὖν ψυχὴ λέγουσα * φησί * τὸ καλὸν ὑπὲρ τοῦ κακοῦ καὶ τὸ τέλος τοῦ πράγματος
TJos. 13 3 λέγων δέομαί σου κύριε οὐκ οἶδα ὃ λέγεις. ὁ δὲ * ἔφη * πόθεν οὖν σοι ὁ παῖς ὁ Ἑβραῖος; καὶ εἶπεν οἱ
TJos. 14 2 τυπτόμενος ἐκέλευσε φυλακισθῆναί με ἕως οὗ ἔλθωσι * φησίν * οἱ κύριοι τοῦ παιδός. καὶ ἡ γυνὴ αὐτοῦ λέγει πρὸς
TJos. 16 1 ἐδήλωσε τῷ ἀνδρὶ αὐτῆς πρίασθαί με ἀκούω γάρ * φησίν * ὅτι πωλοῦσιν αὐτόν. καὶ ἀπέστειλεν εὐνοῦχον τοῖς
Prop. 2 8 πατράσιν ἡμῶν παραδοθὲν καὶ ἐκδεχόμεθα τὸ πέρας * φησίν * τοῦ μυστηρίου αὐτοῦ. οὗτος ὁ προφήτης πρὸ τῆς
Prop. 12 12 ὅτι ὑπὸ ἔθνους δυτικοῦ γενήσεται. τότε ἅπλωμά * φησι * τοῦ Δαβὴρ εἰς μικρὰ ῥαγήσεται καὶ τὰ ἐπίκρανα τῶν
Job 34 4 παρέρχονται καὶ αἱ ἡγεμονίαι αὐτῶν καὶ ἰδοὺ ἡμῖν, * φησίν, * ἔσται ἕως αἰῶνος. ἀναστὰς δὲ ἐν μεγάλῃ ταραχῇ
Aris. 19 3 τῷ προσώπῳ πόσας ὑπολαμβάνεις μυριάδας ἔσεσθαι; * ἔφη. * παρεστὼς δὲ Ἀνδρέας ἀπεφήνατο βραχεῖ πλεῖον
Aris. 31 7 τινα καὶ σεμνὴν εἶναι τὴν ἐν αὐτοῖς θεωρίαν ὡς * φησιν * Ἑκαταῖος ὁ Ἀβδηρίτης. ἐὰν οὖν φαίνηται βασιλεῦ
Aris. 124 2 καὶ ἡμῶν ἐπαγγελλομένων εὖ φροντίσειν περὶ τούτων * ἔφη * καὶ λίαν διαγωνιᾶν εἰδέναι γὰρ ὅτι φιλάγαθος ὢν ὁ
Aris. 130 1 δεισιδαιμόνως πρὸς ταῦτα οὕτως ἐνήρξατο θεωρεῖς * ἔφη * τὰς ἀναστροφὰς καὶ τὰς ὁμιλίας οἷον ἐνεργάζονται
Aris. 135 2 ἀγάλματα γὰρ ποιήσαντες ἐκ λίθων καὶ ξύλων εἰκόνας * φασίν * εἶναι τῶν ἐξευρόντων τι πρὸς τὸ ζῆν αὐτοῖς
Aris. 195 2 τί κάλλιστον αὐτῷ πρὸς τὸ ζῆν ἂν εἴη; κἀκεῖνος * ἔφη * τὸ γινώσκειν ὅτι θεὸς δυναστεύει τῶν ἁπάντων καὶ ἐπὶ
Aris. 197 3 πῶς ἂν τὰ συμβαίνοντα μετρίως φέροι; ἐκεῖνος δὲ * ἔφησεν * εἰ πρόληψιν λαμβάνοις ὅτι γέγοναν ὑπὸ τοῦ θεοῦ
Aris. 208 2 μετ' αὐτὸν εἶπε πῶς ἂν φιλάνθρωπος εἴη; κἀκεῖνος * ἔφη * θεωρῶν ὡς ἐν πολλῷ χρόνῳ καὶ κακοπαθείαις μεγίσταις
Aris. 210 3 τί τὸ τῆς εὐσεβείας ἐστὶ κατάστημα; ἐκεῖνος δὲ * ἔφη * τὸ διαλαμβάνειν ὅτι πάντα διὰ παντὸς ὁ θεὸς ἐνεργεῖ
Aris. 211 2 ἕτερον εἶπε τίς ὅρος τοῦ βασιλεύειν ἐστίν; ὁ δὲ * ἔφη * τὸ καλῶς ἄρχειν ἑαυτοῦ καὶ μὴ τῷ πλούτῳ καὶ τῇ δόξῃ
Aris. 213 2 τὸν ἑξῆς πῶς ἂν ἐν τοῖς ὕπνοις ἀτάραχος εἴη; ὁ δὲ * ἔφη * δυσαπολόγητον ἠρώτηκας πρᾶγμα. συναναφέρειν γὰρ οὐ
Aris. 222 1 ἑξῆς ἐρώτησιν τίς ἐστιν ἀρχὴ κρατίστη; ἐκεῖνος δὲ * ἔφη * τὸ κρατεῖν ἑαυτοῦ καὶ μὴ συγκαταφέρεσθαι ταῖς
Aris. 224 3 εἶπε πῶς ἂν ἐκτὸς εἴη φθόνου; διαλιπὼν δὲ ἐκεῖνος * ἔφη * πρῶτον εἰ νοήσαι ὅτι ὁ θεὸς πᾶσι μερίζει δόξαν τε
Aris. 227 2 ἠρώτα πρὸς τίνα δεῖ φιλότιμον εἶναι; ἐκεῖνος δὲ * ἔφη * πρὸς τοὺς φιλικῶς ἔχοντας ἡμῖν οἴονται πάντες ὅτι
Aris. 230 3 ἂν πταίσας πάλιν τῆς αὐτῆς κρατήσαι δόξης; ὁ δὲ * ἔφη * σὲ μὲν οὐ δυνατόν ἐστι πταῖσαι πᾶσι γὰρ χάριτας
Aris. 232 2 τὸν ἕτερον εἶπε πῶς ἂν ἐκτὸς γένοιτο λύπης; ὁ δὲ * ἔφησεν * εἰ μηδένα βλάπτοι πάντας δὲ ὠφελοῖ τῇ δικαιοσύνῃ
Aris. 237 2 ἠρώτα τί πρὸς ὑγείαν μάλιστα συντείνει; ἐκεῖνος δὲ * ἔφη * σωφροσύνη ταύτης δὲ οὐκ ἔστι τυχεῖν ἐὰν μὴ θεὸς
Aris. 238 2 εἰς τοῦτο. παρακαλέσας δὲ τοῦτον πρὸς τὸν ἕτερον * ἔφη * πῶς ἂν γονεῦσι τὰς ἀξίας ἀποδῴη χάριτας; ὃς δὲ εἶπε
Aris. 240 3 εἶπε πῶς ἂν μηθὲν παράνομον πράσσοι; πρὸς τοῦτο * ἔφησε * γινώσκων ὅτι τὰς ἐπινοίας ὁ θεὸς ἔδωκε τοῖς
Aris. 248 2 τὸν ἑξῆς τίς ἐστιν ἀμέλεια μεγίστη; πρὸς τοῦτ' * ἔφη * εἰ τέκνων ἀφροντις τις εἴη καὶ μὴ κατὰ πάντα τρόπον
Aris. 249 1 σωφροσύνης μετασχεῖν θεοῦ δυνάμει τοῦτο γίνεται. * φήσας * δὲ εὐλογεῖν ἄλλον ἠρώτα πῶς ἂν φιλόπατρις εἴη;
Aris. 250 2 ἁρμόσαι γυναικί; ⟨γινώσκων⟩ ὅτι μὲν θρασύ ἐστιν * ἔφη * τὸ θῆλυ γένος καὶ δραστικὸν ἐφ' ὃ βούλεται πρᾶγμα
Aris. 252 2 τὸν ἑξῆς ἠρώτα πῶς ⟨ἂν⟩ ἀναμάρτητος εἴη; ὁ δὲ * ἔφη * σεμνῶς ἅπαντα πράσσων καὶ μετὰ διαλογισμοῦ καὶ μὴ
Aris. 252 6 καὶ διὰ κρίσεως ἐπιτελῶν ταῦτα ἀναμάρτητος * ἔφησεν * ἂν εἴης ὦ βασιλεῦ. τὸ δ' ἐπινοεῖν ταῦτα καὶ ἐν
Aris. 254 5 ἁπάσης τούτῳ δὲ κατακολουθεῖν ἀναγκαῖόν ἐστί σε * ἔφησεν * ὦ βασιλεῦ. καλῶς δὲ ἀποκεκρίσθαι φήσας τοῦτον
Aris. 255 1 ἐστί σε ἔφησεν ὦ βασιλεῦ. καλῶς δὲ ἀποκεκρίσθαι * φήσας * τοῦτον ἐπυνθάνετο τοῦ μετέπειτα τί ἐστιν εὐβουλία;
Aris. 257 3 ἐν ξενιτείᾳ τυγχάνοι; πᾶσιν ἴσος γινόμενος * ἔφη * καὶ μᾶλλον ἥττων ἢ καθυπερέχων φαινόμενος πρὸς οὓς
Aris. 260 1 ταῦτα καὶ διαμένει. εὖ δὲ καὶ τοῦτον εἰρηκέναι * φήσας * τὸν δέκατον ἠρώτα τί ἐστι σοφίας καρπός; ὁ δὲ εἶπε
Aris. 262 3 ἀπολιπόντας ὁ βασιλεὺς ἐπηρώτα. πρὸς τὸν πρῶτον δὲ * ἔφη * πῶς ἂν μὴ τραπείη (τις) εἰς ὑπερηφανίαν; ἀπεκρίθη δὲ
Aris. 264 2 τίσι δεῖ συμβούλοις χρῆσθαι; τοῖς διὰ πολλῶν * ἔφη * πεπειραμένοις πραγμάτων καὶ τὴν εὔνοιαν συντηροῦσιν
Aris. 266 3 διεπυνθάνετο τί πέρας ἐστὶ λόγου; κἀκεῖνος δὲ * ἔφησε * τὸ πεῖσαι τὸν ἀντιλέγοντα διὰ τῆς ὑποτεταγμένης
Aris. 267 2 θεοῦ δὲ ἐνεργείᾳ κατευθύνεται πειθώ. εὖ δὲ λέγειν * φήσας * αὐτὸν ἕτερον ἠρώτα πῶς ἂν παμμιγῶν ὄχλων ὄντων ἐν
Aris. 269 1 πᾶν κακὸν θεοῦ δυνάμει γίνεται. ὡς ἔδει δὲ * φήσας * αὐτὸν ἀποκρίνεσθαι πρὸς ἕτερον εἶπε πῶς ἀδοξία
Aris. 269 3 πρὸς ἕτερον εἶπε πῶς ἀδοξία γίνεται; ἐκεῖνος δὲ * ἔφησεν * ὅταν ὑπερηφανία καθηγῆται καὶ θράσος ἄληκτον
Aris. 271 3 ἑτέρῳ εἶπε τί βασιλείαν διατηρεῖ; πρὸς τοῦτ' * ἔφη * μέριμνα καὶ φροντὶς ὡς οὐδὲν κακουργηθήσεται διὰ τῶν
Aris. 276 1 τῆς ἐρωτήσεως πῶς ἂν ἀπαραλόγιστος εἴη; ἐκεῖνος δὲ * ἔφη * δοκιμάζων καὶ τὸν λέγοντα καὶ τὸ λεγόμενον καὶ περὶ
Aris. 279 3 ἠρώτα τίσι δεῖ κατακολουθεῖν τοὺς βασιλεῖς; ὁ δὲ * ἔφη * τοῖς νόμοις ἵνα δικαιοπραγοῦντες ἀνακτῶνται τοὺς
Aris. 282 1 εὐεργετεῖς τοὺς ὑπὸ σεαυτόν. ὁ δὲ ἀποκεκρίσθαι * φήσας * αὐτὸν εὖ ἄλλον ἠρώτα τίνα θαυμάζειν ἄξιόν ἐστιν
Aris. 282 2 ἠρώτα τίνα θαυμάζειν ἄξιόν ἐστιν ἄνθρωπον; ὁ δὲ * ἔφη * τὸν κεχορηγημένον δόξῃ καὶ πλούτῳ καὶ δυνάμει καὶ
Aris. 284 3 τὰς διαγωγὰς ἐν ταῖς ἀνέσεσι καὶ ῥᾳθυμίαις; ὁ δὲ * ἔφη * θεωρεῖν ὅσα παίζεται μετὰ περιστολῆς καὶ πρὸ
Aris. 286 3 εἶπε πῶς δεῖ διὰ τῶν συμποσίων διεξάγειν; ὁ δὲ * ἔφησε * παραλαμβάνοντα τοὺς φιλομαθεῖς καὶ δυναμένους
Aris. 288 4 ἐπ' αὐτῶν ἢ ἐκ βασιλέως βασιλέα; ἐκεῖνος δὲ * ἔφη * τὸν ἄριστον τῇ φύσει. καὶ γὰρ ἐκ βασιλέων βασιλεῖς
Aris. 313 1 τῶν ἱστορικῶν ἢ ποιητῶν ἐπιμνησθῆναι; ἐκεῖνος δὲ * ἔφη * διὰ τὸ σεμνὴν εἶναι τὴν νομοθεσίαν καὶ διὰ θεοῦ
Aris. 314 1 τοῦ θεοῦ πληγέντες τῆς ἐπιβολῆς ἀπέστησαν. καὶ γὰρ * ἔφησεν * ἀκηκοέναι Θεοπόμπου διότι μέλλων τινὰ τῶν
Sib. 3 815 ἀναιδέα οἱ δέ με Κίρκης μητρὸς καὶ Γνωστοῖο πατρὸς * φήσουσι * Σίβυλλαν μαινομένην ψεύστειραν ἐπὴν δὲ γένηται
Sib. 3 818 μου μνήμην ποιήσετε κοὐκέτι μ' οὐδεὶς μαινομένην * φήσειε * θεοῦ μεγάλοιο προφῆτιν. οὐ γὰρ ἐμοὶ δήλωσεν ἃ
Sib. 5 140 τῆς μεγάλης Ῥώμης βασιλεὺς μέγας ἰσόθεος φὼς ὃν * φάσ' * αὐτὸς ὁ Ζεὺς ἔτεκεν καὶ πότνια Ἥρη ὅστις παμμούσῳ
FMos. 2 17 17 Ἰησοῦν υἱὸν Ναυῆ καὶ διαλεγόμενος πρὸς αὐτὸν * ἔφη * καὶ προεθεάσατό με ὁ θεὸς πρὸ καταβολῆς κόσμου εἶναι
FMos. 8 163 20 ὁ Ἄγγελος ἐπιτιμήσαι σοι ὁ θεὸς πρὸς τὸν διάβολον * ἔφη. * τὸν Μιχαὴλ τὸν ἀρχάγγελον τῇ τοῦ Μωϋσέως ταφῇ
FJub. 26 34 τοῦ Ἀβραὰμ τῷ ιε' ἔτει τῆς ζωῆς Ἰακώβ. τῷ Ἠσαῦ * ἔφη * ἐν ταῖς εὐλογίαις ὁ Ἰσαὰκ ἔσται δὲ ἡνίκα ἂν καθέλῃς
FEz. 64 70 9 χωλὸς ὢν καὶ μὴ δυνάμενος ἐπισαίνειν; ὁ δὲ τυφλὸς * ἔφη * αὐτὸς ἐγὼ δύναμαί τι πράττειν μὴ ὁρῶν ποῦ ἀπέρχομαι;
FEz. 64 70 13 τὸν τυφλὸν μὴ σὺ κατῆλθες εἰς τὸν παράδεισον; ὁ δὲ * ἔφη * οἴμοι κύριε ὁρᾷς ἡμῶν τὴν ἀδυναμίαν οἶδας ὅτι ⟨οὐχ⟩
FAch. 106 ἐκάλεσεν τοὺς φίλους ἀνελθεῖν ἐν οἷς καὶ Ἕρμιππον * ἔφη * τε αὐτοῖς δύνασθε λῦσαι τὸ τοῦ πύργου ζήτημα ἢ
FAch. 107 ἠθέλησεν τὸ ἑαυτοῦ ἁμάρτημα εὔκαιρον ⟨δεῖξαι⟩ καὶ * φησιν * δέσποτα βασιλεῦ ἡ σήμερον ἐσχάτη εἶναί μοι οἶδα. ὁ
FAch. 107 εἶναί μοι οἶδα. ὁ δὲ Λυκοῦργος πρὸς αὐτόν τί * φῄς; * ὁ δὲ ἐπιταγὴν βασιλέως μὴ ποιήσας ἐπ' ἐμαυτὸν
FAch. 107 δὲ ἀκούσας ὁ Λυκοῦργος περιχαρὴς ἐγένετο καὶ * ἔφη * πρὸς τὸν Ἕρμιππον ὄφελον ἠδυνάμην ἣν λέγεις σεαυτοῦ
FAch. 108 συγχωρήσας δὲ ὁ βασιλεὺς ἐκείνῳ τὸ ζῆν * ἔφη * τῷ Αἰσώπῳ λαβὼν τὴν ἐπιστολὴν τοῦ τῶν Αἰγυπτίων

FAch. 108 ἀνάγνωθι. ὁ δὲ γνοὺς τὸ ζήτημα καὶ μειδιάσας * φησίν * ἀντίγραφον αὐτῷ οὕτως πέμψω σοι τοὺς οἰκοδομοῦντας
FAch. 112 ἀηδῶς δὲ ἀκούσας μετεκαλέσατο τοὺς φίλους καὶ * φησιν * ἄνδρες ἐνεδρεύθην ἀκούσας Αἴσωπον τεθνάναι
FAch. 113 εἰμι. πῶς βλέπεις τοὺς περὶ ἐμὲ πάντας; ὁ δὲ * ἔφη * τῇ σελήνῃ ἔοικας καὶ οἱ περὶ σέ τοῖς ἄστροις ὥσπερ
FAch. 114 τίνι ἴκελόν με βλέπεις καὶ τοὺς περὶ ἐμέ; ὁ δὲ * ἔφη * σέ μὲν ἡλίῳ τῷ τῆς ἐαρινῆς ὥρας τοὺς δὲ περί σέ τοῖς
FAch. 115 δὲ Αἰσώπου ἐλθόντος ἐπύθετο τίνι ἴκελός εἰμι; ὁ δὲ * ἔφη * σὺ τῷ ἡλίῳ καὶ οἱ περὶ σέ ταῖς ἀκτῖσι ὥσπερ γὰρ ὁ
FAch. 115 ⟨ὡς⟩ αἱ ἀκτῖνες. ὁ δὲ βασιλεὺς θαυμάσας αὐτὸν * ἔφη * οὕτως τῆς βασιλείας περιμενούσης συμβαίνει Λυκοῦργον
FAch. 116 αὐτοῦ εἰδὼς καὶ τὸ εὔθετον τῆς γλώττης (διάλεκτον) * ἔφη * πρὸς αὐτὸν ἤγαγές μοι τοὺς μέλλοντας οἰκοδομεῖν τὸν
FAch. 116 πρὸς τὴν οἰκοδομὴν χρεία ἐστίν. ὁ δὲ Νεκταναβὼν * ἔφη * πόθεν ἐμοὶ πτηνοὺς ἀνθρώπους; ὁ δὲ Αἴσωπός φησιν
FAch. 116 ἔφη πόθεν ἐμοὶ πτηνοὺς ἀνθρώπους; ὁ δὲ Αἴσωπός * φησιν * ἀλλὰ Λυκοῦργος ἔχει πτηνοὺς ἀνθρώπους. σὺ δὲ
FAch. 116 ὑπάρχων ἰσοθέῳ βασιλεῖ ἐρίζειν; ὁ δὲ Νεκταναβὼν * ἔφη * Αἴσωπε ἥττημαι. τὸ δὲ ἐπερωτώμενον ἀποκρίνου μοι. ὁ
FAch. 118 εἴδωλον ὃ σέβονται οἱ Αἰγύπτιοι; ὁ δὲ Αἴσωπος * ἔφη * ἀλλὰ Λυκοῦργος ἠδικήθη ὑπ' αὐτῆς ταύτῃ τῇ νυκτὶ
FAch. 118 αὐτὸν ἡ αἴλουρος τῇδε τῇ νυκτί. ὁ Νεκταναβὼν * ἔφη * τῷ Αἰσώπῳ οὐκ αἰσχύνει φανερῶς ψευδόμενος; πῶς γὰρ
FAch. 118 αἴλουρος ἀπὸ Αἰγύπτου εἰς Βαβυλῶνα; ὁ δὲ Αἴσωπος * ἔφη * ⟨πῶς⟩ τῶν παρ' ἐμὲ χρεμετιζόντων ἵππων ἀκοῦσαι ⟨αἱ⟩
FAch. 119 κατεκλίθησαν ἐν τῷ δείπνῳ. καὶ τῶν Ἡλιουπολιτῶν * ἔφη * τις πρὸς τὸν Αἴσωπον ἡμεῖς ἀπεστάλημεν ἀπὸ τοῦ θεοῦ
FAch. 120 ἑκάστην αὐτῶν τρέχουσι γυναῖκες δύο. ὁ δὲ Αἴσωπος * ἔφη * τοῦτο τὸ πρόβλημα παρ' ἡμῖν παῖδες λύουσιν. (οἱ γὰρ
FAch. 121 εὑρηκέναι νίκας. καὶ παραγεναμένου τοῦ Αἰσώπου * ἔφη * αὐτῷ ὁ βασιλεὺς Νεκταναβὼν ἔτι ἓν ἡμῖν ἐπίλυσον κἀγὼ
FAch. 121 ὃ οὔτε εἴδομεν οὔτε ἠκούσαμέν ποτε. ὁ δὲ Αἴσωπος * ἔφη * δός μοι τριῶν ἡμερῶν καὶ ἀποκριθήσομαί σοι. καὶ
FAch. 121 διελογίζετο ἐν ἑαυτῷ ὁ Αἴσωπος ὅ,τι περ ἐὰν εἴπω * φήσουσιν * εἰδέναι αὐτό. πανοῦργος δὲ ὢν ὁ Αἴσωπος
FAch. 122 ὁ δὲ Αἴσωπος ἐκβαλὼν τὸ χειρόγραφον ⟨ψευδῆ⟩ * ἔφη * ἀνάγνωτε τὸν κοινὸν τοῦτον. οἱ δὲ φίλοι τοῦ βασιλέως
FAch. 122 κοινὸν τοῦτον. οἱ δὲ φίλοι τοῦ βασιλέως Νεκταναβὼν * ἔφησαν * ψευδόμενοι τοῦτον καὶ ἑωράκαμεν καὶ ἀκηκόαμεν
FAch. 122 καὶ ἑωράκαμεν καὶ ἀκηκόαμεν πολλάκις. ὁ δὲ Αἴσωπος * ἔφη * χαίρω μαρτυρούντων. ἀποδοθήτω παραυτὰ τὰ χρήματα ἡ
FAch. 122 τῆς ἀποδόσεως. ὁ δὲ βασιλεὺς Νεκταναβὼν ἀκούσας * ἔφη * πόθεν μαρτυρεῖτε περὶ τῶν ἐγὼ οὐκ ἐποφείλω; οἱ δὲ
FAch. 122 οὔτε εἴδομεν οὔτε ἠκούσαμέν ποτε. ὁ δὲ Αἴσωπος * ἔφη * εἰ ταῦτα ὑμῖν οὕτως δοκεῖ λέλυται τὸ πρόβλημα. ὁ δὲ
FAch. 123 οὕτως δοκεῖ λέλυται τὸ πρόβλημα. ὁ δὲ Νεκταναβὼν * ἔφη * μακάριος Λυκοῦργος ἐν τῇ βασιλείᾳ αὐτοῦ τοιαύτην
HDem. 9 21 7 ἐσθίεσθαι τῶν κτηνῶν τὸ ἐν τοῖς μηροῖς νεῦρον. καὶ * φάναι * αὐτῷ τὸν ἄγγελον ἀπὸ τοῦδε μηκέτι Ἰακὼβ ἀλλ'
HDem. 9 21 10 ἑπτά. ἐλθόντα τε οὖν αὐτὸν εἰς Λουζὰ τῆς Βαιθὴλ * φάναι * τὸν θεὸν μηκέτι Ἰακὼβ ἀλλ' Ἰσραὴλ ὀνομάζεσθαι.
HDem. 9 21 13 αὐτὸν δεδηλωκέναι ἐλθόντων γὰρ αὐτοῦ τῶν συγγενῶν * φάναι * αὐτοῖς ἐὰν κληθῶσιν ὑπὸ τοῦ βασιλέως καὶ ἐρωτῶνται
HDem. 9 29 16 πῶς οἱ Ἰσραηλῖται ὅπλα ἔσχον ἄνοπλοι ἐξελθόντες * ἔφασαν * γὰρ τριῶν ἡμερῶν ὁδὸν ἐξελθόντες καὶ θυσιάσαντες
HEup. 9 39 3 ζῶντα αὐτὸν ἐπιβαλέσθαι κατακαῦσαι τὸν δὲ * φάναι * τοῖς ξύλοις τούτοις Βαβυλωνίοις ὀψοποιήσειν καὶ
HArt. 9 27 12 εἴ τι ἄλλο ἐστὶν εὔχρηστον τοῖς ἀνθρώποις τὸν δὲ * φάναι * γένος τῶν βοῶν διὰ τὸ τὴν γῆν ἀπὸ τούτων ἀροῦσθαι
HArt. 9 27 22 πρὸς αὐτὸν καὶ πυνθάνεσθαι ἐφ' ὅ,τι ἥκοι τὸν δὲ * φάναι * διότι προστάσσειν αὐτῷ τὸν τῆς οἰκουμένης δεσπότην
HArt. 9 27 29 τὸν δὲ βασιλέα τούτων γενομένων τῶν τεράτων * φάναι * μετὰ μῆνα τοὺς λαοὺς ἀπολύσειν ἐὰν ἀποκαταστήσῃ
HArt. 9 27 30 βασιλέα τοὺς ἱερεῖς τοὺς ὑπὲρ Μέμφιν καλέσαι καὶ * φάναι * αὐτοὺς ἀναιρήσειν καὶ τὰ ἱερὰ κατασκάψειν ἐὰν μὴ
HAri. 9 25 4 Ἐλιοῦν τὸν Βαραχιὴλ τὸν Ζωβίτην παρακαλούμενον δὲ * φάναι * καὶ χωρὶς παρακλήσεως ἐμμενεῖν αὐτὸν ἔν τε τῇ
HAno. 9 17 6 τε γυναῖκα αὐτοῦ τὸν βασιλέα τῶν Αἰγυπτίων γῆμαι * φάντος * αὐτοῦ ἀδελφὴν εἶναι. οὐκ ἠδύνατο αὐτῇ συγγενέσθαι
HAno. 9 17 7 καὶ τὸν οἶκον μάντεις δὲ αὐτοῦ καλέσαντος τούτους * φάναι * μὴ εἶναι χήραν τὴν γυναῖκα τὸν δὲ βασιλέα τῶν
HAno. 9 17 8 καὶ τὰ λοιπὰ τοῦτον αὐτοῖς εἰσηγήσασθαι * φάμενον * Βαβυλωνίους ταῦτα καὶ αὐτὸν εὑρηκέναι τὴν δὲ
HHec. 1 22 203 δείξαντος δὲ τοῦ μάντεως αὐτῷ τὸν ὄρνιθα καὶ * φήσαντος * ἐὰν μὲν αὐτοῦ μένῃ προσμένειν συμφέρειν πᾶσιν
HHec. 1 22 204 καί τινων ἄλλων καὶ καταρωμένων αὐτῷ τί μαίνεσθε * ἔφη * κακοδαίμονες; εἶτα τὸν ὄρνιθα λαβὼν εἰς τὰς χεῖρας
HHec. 1 22 204 εἶτα τὸν ὄρνιθα λαβὼν εἰς τὰς χεῖρας πῶς γὰρ οὗτος * ἔφη * τὴν αὑτοῦ σωτηρίαν οὐ προϊδὼν περὶ τῆς ἡμετέρας
HCal. 24 38 ἡμῖν θεοῖς τοιαύτην εὐταξίαν εἶδον ἱερέων. ὁ δέ * φησιν * θεὸν ἡμεῖς ἕνα δουλεύομεν ὃς ἐποίησεν οὐρανὸν καὶ
HCal. 24 41 ἀνθρώπων δεδύνηται. ἐπὶ τούτοις Ἀλέξανδρος * ἔφη * ⟨ὡς ἀληθινοῦ θεοῦ ἄξιοι θεραπευταὶ ἄπιτε ἐν εἰρήνῃ⟩
LThe. 9 22 5 Ἰακὼβ αἰτεῖν αὐτὴν πρὸς γάμου κοινωνίαν τὸν δὲ οὐ * φάναι * δώσειν πρὶν ἂν ἢ πάντας τοὺς οἰκοῦντας τὰ Σίκιμα
LThe. 9 22 5 τὰ Σίκιμα περιτεμνομένους Ἰουδαΐσαι τὸν δὲ Ἐμμὼρ * φάναι * πείσειν αὐτούς. οὐ γὰρ δὴ θεμιτόν γε τόδ'
LThe. 9 22 8 παρορμῆσαι λόγιον προφερόμενον τὸν θεὸν ἀνελεῖν * φάμενον * τοῖς Ἀβραὰμ ἀπογόνοις δέκα ἔθνη δώσειν. εὖ γὰρ
LThe. 9 22 9 μῦθόν ⟨γε⟩ πεπυσμένος εἰμὶ θεοῖο δώσειν γάρ ποτ' * ἔφησε * δέκ' ἔθνεα παισὶν Ἀβραάμ. τὸν δὲ θεὸν αὐτοῖς
LAri. 8 10 8 ὁ θεός σε ἐξ Αἰγύπτου. καὶ πάλιν εἰρηκέναι αὐτῷ * φησι * τὸν θεὸν ἀποστελῶ τὴν χεῖρά μου καὶ πατάξω τοὺς
LAri. 8 10 8 ἐπὶ τοῦ γεγονότος θανάτου τῶν κτηνῶν καὶ τῶν ἄλλων * φησί * τῷ βασιλεῖ τῶν Αἰγυπτίων λέγων ἰδοὺ χεὶρ κυρίου
LAri. 8 10 13 λόγον. δηλοῦται γὰρ ὡς τὸ ὄρος ἐκαίετο πυρὶ καθώς * φησιν * ἡ νομοθεσία διὰ τὸ τὸν θεὸν καταβεβηκέναι
LAri. 13 12 3 κόσμου θεοῦ λόγους εἴρηκεν ὁ Μωσῆς. συνεχῶς γὰρ * φησιν * ἐφ' ἑκάστου καὶ εἶπεν ὁ θεὸς καὶ ἐγένετο. δοκοῦσι
LAri. 13 12 6 λέγει δ' οὕτως. καὶ Ἄρατος δὲ περὶ τῶν αὐτῶν * φησιν * οὕτως ἐκ θεοῦ ἀρχώμεσθα τὸν οὐδέποτ' ἄνδρες ἐῶσιν
LAri. 13 12 16 ἀληθείας λαμβάνομεν καθὼς προείρηται. Λίνος δέ * φησιν * οὕτως ἑβδομάτῃ δ' ἠοῖ τετελεσμένα πάντα τέτυκται
FrAn. 1 217 10 μαχομένους πρὸς ἀλλήλους εὑρόντας λίθον τίμιον καὶ * φησι * πρὸς αὐτοὺς ἵνα τί ἀδελφοὶ μάχεσθε; δότε μοι αὐτὸν
FrAn. 1 227 5 δεκα Χ⟨αναναιων τ⟩ου ενος δειχα επυνθ⟨αν – ⟩ι δε * φησιν * ακουσον⟨ – ⟩υν καθ ημων κα⟨ – – ⟩και οργιζομεν⟨ –

φημίζω 3

Sib. 3 2 ὃς ἔχεις τὰ Χερουβὶμ+ ἱδρυμένος λίτομαι παναληθέα * φημίξασαν * παῦσον βαιόν με κέκμηκε γὰρ ἔνδοθεν ἦτορ. ἀλλά
Sib. 3 406 ἐν πόλει αὐτάνδρῳ σεισίχθονος ἐννοσιγαίου ἥν ποτε * φημίξουσιν * ἐπωνυμίην Δορύλαιον ἀρχαίης Φρυγίης
Sib. 5 7 νέκυν δ' ὤρεξε Φιλίππῳ οὐ Διὸς οὐκ Ἄμμωνος ἀληθέα * φημιχθέντα * καὶ μετὰ τὸν γενεῆς τε καὶ αἵματος

φθα * 1

FrAn. 574 3015 ἐπὶ λαμνίῳ κασσιτερίνῳ γράφε ϊαηω αβραωθιωχ * φθα * μεσενψινιαω φεωχ ιαηω χαρσοκ καὶ περίαπτε τὸν

φθάνω 17

Abr.1 1 3 καὶ πανίερος καὶ δίκαιος καὶ φιλόξενος Ἀβραάμ. * ἔφθασε * δὲ καὶ ἐπὶ τοῦτον τὸ κοινὸν καὶ ἀπαραίτητον τοῦ
Abr.1 5 8 ὁ πατὴρ αὐτοῦ ἦν κοιμώμενος μετὰ τοῦ ἀρχαγγέλου. * φθάσας * οὖν Ἰσαὰκ πρὸς τὴν θύραν ἔκραξε λέγων πάτερ
Abr.2 2 13 ἀλλὰ περιπατήσωμεν μετεωριζόμενοι μέχρις οὗ * φθάσωμεν * εἰς τὸν οἶκόν σου. ἐπορεύθησαν δέ οἱ ἀμφότεροι
Abr.2 10 3 τόπῳ ᾧ ἐστιν παράδεισος ἐκ μέρους αὐτοῦ. ὅτε οὖν * ἔφθασεν * εἰς τὸν τόπον ὅπου ἦν ὁ κριτὴς ⟨ἐλθόντος τοῦ
TRub. 5 7 ἐφαίνοντο γὰρ αὐταῖς οἱ ἐγρήγοροι ἕως τοῦ οὐρανοῦ * φθάνοντες. * φυλάσσεσθε οὖν ἀπὸ τῆς πορνείας καὶ εἰ θέλετε
TLevi 6 11 τὰς γυναῖκας αὐτῶν καὶ ξενηλατοῦντες αὐτούς. * ἔφθασε * δὲ ἡ ὀργὴ κυρίου ἐπ' αὐτοὺς εἰς τέλος. καὶ εἶπον
TNep. 5 3 καὶ ὁ Λευὶ ἐκράτησε τὸν ἥλιον καὶ ὁ Ἰούδας * φθάσας * ἐπίασε τὴν σελήνην καὶ ὑψώθησαν ἀμφότεροι σὺν
TNep. 5 7 αὐτοῦ καὶ θέλοντες πιάσαι αὐτὸν οὐκ ἠδυνήθημεν. * φθάσας * γὰρ Ἰωσὴφ ἔλαβεν αὐτὸν καὶ συνανῆλθεν αὐτῷ εἰς
TNep. 6 9 τοῦ κυρίου. ὡς δὲ ἐπαύσατο ὁ χειμὼν τὸ σκάφος * ἔφθασεν * ἐπὶ τὴν γῆν ὥσπερ ἐν εἰρήνῃ. καὶ ἰδοὺ ἦλθεν
Prop. 17 3B αὐτῷ ἐπέμεινεν ἐκεῖ θέλων θάψαι τὸν νεκρὸν καὶ μὴ * φθάσας * ἐλθεῖν πρὸς Δαυὶδ τῇ νυκτὶ ἐκείνῃ ἐποίησε τὴν
Sedr. 12 5 τρία ἔτη καὶ ποιήσῃ καρπὸν δικαιοσύνης καὶ * φθάσῃ * ὁ θάνατος οὐ μὴ μνησθῶ πάσας τὰς ἁμαρτίας αὐτοῦ.
Sedr. 13 1 αὐτῷ Σεδρὰχ πολλά εἰσιν τὰ τρία ἔτη κύριέ μου μὴ * φθάσῃ * ὁ θάνατος αὐτοῦ καὶ οὐ πληρώσῃ τὴν μετάνοιαν αὐτοῦ
Sedr. 13 5 πλάσμα σου πολύς ἐστιν ὁ χρόνος μὴ ὁ θάνατος αὐτοῦ * φθάσῃ * καὶ ἁρπάσῃ αὐτὸν συντόμως. λέγει αὐτὸν ὁ σωτὴρ
Aris. 137 4 τῶν ἀνθρώπων τῶν πρὶν εἰσὶ πολλοὶ καὶ οὐκ ἂν * φθάνοιεν * αὐτοὺς προσκυνοῦντες. καὶ νομίζουσιν οἱ ταῦτα
FJub. 11 14 ἡ μήτηρ ἐκάλεσεν ἐπ' ὀνόματι τοῦ ἑαυτῆς πατρὸς * ἔφθη * γὰρ ἐκεῖνος πρὸ τῆς τούτου γεννήσεως
FEz. 64 70 10 σχοινίον πρός με. ὡς δὲ ἐποίησεν ὃ προετράπη ὅτε * ἔφθασε * λέγει δεῦρό μοι γενοῦ πόδες καὶ βάστασόν με καὶ
FrAn. 1 226 20 οθε⟨ν – – ⟩λιμος δε αυτην παροδευε⟨ι – ⟩νη ποτε * φθανει * δε το α⟨ ⟩ντας λαβων το προστασσ⟨ομενον – –

φθαρτός 3

Hen. 2 2 αὐτῇ γενομένων ἀπ' ἀρχῆς μέχρι τελειώσεως ὥς εἰσιν * φθαρτὰ * ὡς οὐκ ἀλλοιοῦνται οὐδὲν τῶν ἐπὶ γῆς ἀλλὰ πάντα
Abr.1 4 9 μοι παρέθετο ἐν ἀφθονίᾳ ἀγαθῶν τῶν ἐπιγείων * φθαρτῶν * καὶ νῦν κύριε τί ποιήσω; πῶς διαλάθω μετὰ τούτων
TBen. 6 2 ὁδηγεῖ τὴν ψυχὴν αὐτοῦ. οὐχ ὁρᾷ ἐμπαθῶς τοῖς * φθαρτοῖς * οὐδὲ συνάγει πλοῦτον εἰς φιληδονίαν οὐ τέρπεται

φθέγγομαι 5

TDan 5 2 ἐν ὑμῖν καὶ φύγῃ ἀφ' ὑμῶν ὁ Βελιάρ. ἀλήθειαν * φθέγγεσθε * ἕκαστος πρὸς τὸν πλησίον αὐτοῦ καὶ οὐ μὴ
Job 18 4 ἄνδρας εὐτελεῖς καὶ ἀτίμους καὶ οὐκ ἠδυνάμην * φθέγξασθαι * ἠτονημένος γὰρ ἤμην ὡς γυνὴ παρειμένη τὰς
Sib. 5 181 ἔσῃ πληχθεῖσα τένοντας ἐν σοὶ πυραμίδες φωνὴν * φθέγξονται * ἀναιδῆ. +Πυθὼν+ ἡ τὸ πάλαι δίπολις κληθεῖσα
IOrp. 1 * φθέγξομαι * οἷς θέμις ἐστί θύρας δ' ἐπίθεσθε βέβηλοι
IOrp. 50 μεγάλου σοφὸν ἔργον) (αὐδὴν ὁρκίζω σε πατρὸς τὴν * φθέγξατο * πρῶτον) (ἡνίκα κόσμον ἅπαντα ἑαῖς στηρίξατο

φθείρω 12

TSim. 4 8 πνεῦμα τοῦ φθόνου ὅτι ἀγριοῖ τοῦτο τὴν ψυχὴν καὶ * φθείρει * τὸ σῶμα ὀργὴν καὶ πόλεμον παρέχει τῷ διαβουλίῳ
TSim. 5 4 γραφῆς Ἐνὼχ ὅτι υἱοὶ ὑμῶν μεθ' ὑμῶν ἐν πορνείᾳ * φθαρήσονται * καὶ ἐν Λευὶ ἀδικήσουσιν ἐν ῥομφαίᾳ. ἀλλ' οὐ
TJud. 19 4 καὶ ἠγνόησα ὡς ἄνθρωπος καὶ ὡς σάρξ ἐν ἁμαρτίαις * φθαρεὶς * καὶ ἐπέγνων τὴν ἐμαυτοῦ ἀσθένειαν νομίζων
Asen. 26 3 μου καὶ δώσω ἄρτον πᾶσι τοῖς ἀνθρώποις καὶ οὐ μὴ * φθαρήσεται * ἀπὸ προσώπου κυρίου πᾶσα ἡ γῆ. καὶ ἀπῆλθεν
Jer. 7 24 ἵνα μὴ ἴδῃ πῶς τιμωρεῖται αὐτὸς ὁ υἱὸς καὶ πλείονα * φθαρῇ * ἀπὸ τῆς λύπης. οὕτως γάρ σε ἐλέησεν ὁ θεὸς καὶ οὐκ
Job 33 4 ἐστιν. ὁ κόσμος ὅλος παρελεύσεται καὶ ἡ δόξα αὐτοῦ * φθαρήσεται * καὶ οἱ προσέχοντες αὐτῷ ἔσονται ἐν τῇ
FPho. 184 κασιγνήτων ἀλόχων ἐπὶ δέμνια βαίνειν. μηδὲ γυνὴ * φθείρῃ * βρέφος ἔμβρυον ἔνδοθι γαστρὸς μηδὲ τεκοῦσα κυσὶν
IMen. 5 119 2 δεῖ γὰρ τὸν ἄνδρα χρήσιμον πεφυκέναι μὴ παρθένους * φθείροντα * καὶ μοιχώμενον κλέπτοντα καὶ σφάττοντα
HDem. 9 21 9 παροικῆσαι δὲ Ἰσραὴλ παρὰ Ἐμμὼρ ἔτη δέκα καὶ * φθαρῆναι * τὴν Ἰσραὴλ θυγατέρα Δείναν ὑπὸ Συχὲμ τοῦ
HArt. 9 27 28 ποτάμια διαφθεῖραι ζῶα τούς τε λαοὺς διὰ τὴν δίψαν * φθείρεσθαι. * τὸν δὲ βασιλέα τούτων γενομένων τῶν τεράτων
HAno. 9 17 7 εἶναι. οὐκ ἠδύνατο αὐτῇ συγγενέσθαι καὶ συνέβη * φθείρεσθαι * αὐτοῦ τὸν λαὸν καὶ τὸν οἶκον μάντεις δὲ αὐτοῦ
LThe. 9 22 4 αὐτῆς καὶ ἁρπάσαντα ὡς ἑαυτὸν διακομίσαι καὶ * φθεῖραι * αὐτήν. αὖθις δὲ σὺν τῷ πατρὶ ἐλθόντα πρὸς τὸν

φθινοπωρινός 1

LAri. 7 32 18 ἰσημερινὸν ὁ ἥλιος τμῆμα ἢ δὲ ἐξ ἀνάγκης κατὰ τὸ * φθινοπωρινὸν * ἰσημερινὸν ἡ σελήνη.

**φθινόπωρον**

| | | | | | |
|---|---|---|---|---|---|
| FJub. | 2 | 2 | φωνῶν βροντῶν ἀστραπῶν ψύχους καύματος χειμῶνος * φθινοπώρου * ἔαρος καὶ θέρους καὶ πάντων τῶν πνευμάτων τῶν |

**φθίνω**

| FJub | | | 2 | | |
|---|---|---|---|---|---|
| Hen. | 24 | 4 | καὶ τὰ φύλλα αὐτοῦ καὶ τὸ ἄνθος καὶ τὸ δένδρον οὐ * φθίνει * εἰς τὸν αἰῶνα. οἱ δὲ περὶ τὸν καρπὸν ὡσεὶ βότρυες |
| Sib. | 3 | 457 | ταὶ δ' ὀλλυμένων ὑπὲρ υἱῶν. σημεῖον Κύπρου σεισμός * φθίσει * δὲ φάραγγας καὶ πολλὰς ψυχὰς Ἅιδης ὁμοθυμαδὸν |

**φθίσις**

| Sib. | 5 | 379 | πῦρ καὶ αἷμα ὕδωρ πρηστὴρ γνόφος οὐρανίη νὺξ καὶ * φθίσις * ἐν πολέμῳ καὶ ἐπὶ σφαγῇσιν ὀμίχλη πάντας ὁμοῦ τ' |

**φθίω**

| Sib. | 3 | 400 | καὐτὸς ὑφ' +υἱῶν ὧν ἐς ὁμόφρονα αἴσιον ἄρρης+ * φθεῖται * καὶ τότε δὴ παραφυόμενον κέρας ἄρξει. ἔσται καὶ |
| FPho. | 100 | | γαῖαν ἐπιμοιρᾶσθαι ἀταρχύτοις νεκύεσσιν. μὴ τύμβον * φθιμένων * ἀνορύξῃς μηδ' ἀθέατα δείξῃς ἠελίωι καὶ |
| FPho. | 105 | | δὲ θεοὶ τελέθονται. ψυχαὶ γὰρ μίμνουσιν ἀκήριοι ἐν * φθιμένοισιν. * πνεῦμα γάρ ἐστι θεοῦ χρῆσις θνητοῖσι καὶ |

**φθόγγος**

| Sib. | 5 | 141 | αὐτὸς ὁ Ζεὺς ἔτεκεν καὶ πότνια Ἥρη ὅστις παμμούσῳ * φθόγγῳ * μελιηδέας ὕμνους θεατροκόπων ἀπολεῖ πολλοὺς σὺν |

**φθονέω**

| | | | | 18 | |
|---|---|---|---|---|---|
| Adam | 18 | 4 | τοῦτο δὲ γινώσκων ὁ θεὸς ὅτι ἔσεσθε ὅμοιοι αὐτοῦ * ἐφθόνησεν * ὑμῖν καὶ εἶπεν οὐ φάγεσθαι ἐξ αὐτοῦ. σὺ δὲ |
| TSim. | 2 | 14 | Ἰακὼβ τοῦ πατρός μου διὰ Ἰωσὴφ τὸν ἀδελφόν μου * φθονήσας * αὐτῷ. καὶ νῦν τέκνα μου φυλάξασθε ἀπὸ τῶν |
| TSim. | 3 | 3 | ποιῆσαί τι ἀγαθὸν πάντοτε ὑποβάλλει ἀνελεῖν τὸν * φθονούμενον * καὶ ὁ μὲν φθονούμενος πάντοτε ἀνθεῖ ὁ δὲ |
| TSim. | 3 | 3 | ὑποβάλλει ἀνελεῖν τὸν φθονούμενον καὶ ὁ μὲν * φθονούμενος * πάντοτε ἀνθεῖ ὁ δὲ φθονῶν μαραίνεται. δύο |
| TSim. | 3 | 3 | καὶ ὁ μὲν φθονούμενος πάντοτε ἀνθεῖ ὁ δὲ * φθονῶν * μαραίνεται. δύο ἔτη ἡμερῶν ἐν φόβῳ κυρίου ἐκάκωσα |
| TSim. | 3 | 6 | καὶ γίνεται ἡ διάνοια κούφη καὶ λοιπὸν συμπαθεῖ τῷ * φθονουμένῳ * καὶ οὐ καταγινώσκει τῶν ἀγαπώντων αὐτὸν καὶ |
| TGad | 3 | 3 | τοῦτον οὐκ ἀγαπᾷ τὴν ἀλήθειαν ψέγει τῷ κατορθοῦντι * φθονεῖ * καταλαλιὰν ἀσπάζεται ὑπερηφανίαν ἀγαπᾷ ὅτι τὸ |
| TGad | 7 | 2 | ὑμῖν συμφέρει οὕτως. καὶ ἐὰν ἐπὶ πλεῖον ὑφοῦται μὴ * φθονεῖτε * καὶ μνημονεύοντες ὅτι πᾶσα σὰρξ ἀποθανεῖται κυρίῳ |
| TBen. | 4 | 4 | ἀγαπᾷ ὡς τὴν ψυχὴν αὐτοῦ. ἐάν τις δοξάζηται οὐ * φθονεῖ * ἐάν τις πλουτῇ οὐ ζηλοῖ ἐάν τις ἀνδρεῖος ἐπαινεῖ |
| Asen. | 22 | 11 | Λίας καὶ Ῥαχὴλ οὐ συμπροέπεμψαν αὐτοὺς διότι * ἐφθόνουν * καὶ ἤχθραινον αὐτοῖς. καὶ ἦν Λευῒς ἐκ δεξιῶν |
| Asen. | 24 | 2 | Ἰακὼβ ἐχθραίνονται τῷ Ἰωσὴφ καὶ τῇ Ἀσενὲθ καὶ * φθονοῦσιν * αὐτοῖς. καὶ οὗτοι ἔσονταί σοι ὑποχείριοι κατὰ |
| Bar. | 4 | 8 | συνεχώρησεν τὸν Ἀδὰμ ἅψασθαι αὐτοῦ. καὶ διὰ τοῦτο * φθονήσας * ὁ διάβολος ἠπάτησεν αὐτὸν διὰ τῆς ἀμπέλου |
| Esdr. | 5 | 3 | αὐτῆς. καὶ εἶπόν μοι οἱ ἄγγελοι αὕτη τὸ γάλα * ἐφθόνησεν * τοῦ δοῦναι ἀλλὰ καὶ τὰ νήπια ἐν τοῖς ποταμοῖς |
| FAch. | 109 | | ὀξύτερα βάδιζε τῆς γλώττης. τοῖς εὖ πράττουσι μὴ * φθόνει * ἀλλὰ σύγχαιρε καὶ μεθέξεις αὐτῶν τῆς εὐπραξίας ὁ |
| FAch. | 109 | | σύγχαιρε καὶ μεθέξεις αὐτῶν τῆς εὐπραξίας ὁ γὰρ * φθονῶν * ἀγνοῶν ἑαυτὸν βλάπτει. δούλων σου ἐπιμελοῦ |
| FPho. | 70 | | πάντων μέτρον ἄριστον ὑπερβασίαι δ' ἀλεγειναί. μὴ * φθονέοις * ἀγαθῶν ἑτάροις μὴ μῶμον ἀνάψῃς. ἄφθονοι |
| FPho. | 72 | | ἄφθονοι Οὐρανίδαι καὶ ἐν ἀλλήλοις τελέθουσιν. οὐ * φθονέει * μήνη πολὺ κρείσσοσιν ἠλίου αὐγαῖς οὐ χθῶν |
| HArt. | 9 | 27 | τὸν δὲ Χενεφρὴν ὁρῶντα τὴν ἀρετὴν τοῦ Μωΰσου * φθονῆσαι * αὐτῷ καὶ ζητεῖν αὐτὸν ἐπ' εὐλόγῳ αἰτίᾳ τινὶ |

**φθόνος**

| | | | | 22 | |
|---|---|---|---|---|---|
| TSim. | | 1 | | διαθήκη Συμεών. περὶ * φθόνου. * ἀντίγραφον λόγων Συμεὼν ἃ ἐλάλησε τοῖς υἱοῖς |
| TSim. | 2 | 13 | ἀποκατασταθῶ καὶ ἀπόσχωμαι ἀπὸ παντὸς μολυσμοῦ καὶ * φθόνου * καὶ ἀπὸ πάσης ἀφροσύνης. ἔγνων γὰρ ὅτι πονηρὸν |
| TSim. | 3 | 1 | μου φυλάξασθε ἀπὸ τῶν πνευμάτων τῆς πλάνης καὶ τοῦ * φθόνου. * καὶ γὰρ ὁ φθόνος κυριεύει πάσης τῆς διανοίας τοῦ |
| TSim. | 3 | 2 | τῶν πνευμάτων τῆς πλάνης καὶ τοῦ φθόνου. καὶ γὰρ ὁ * φθόνος * κυριεύει πάσης τῆς διανοίας τοῦ ἀνθρώπου καὶ οὐκ |
| TSim. | 3 | 4 | ἐν νηστείᾳ τὴν ψυχήν μου καὶ ἔγνων ὅτι ἡ λύσις τοῦ * φθόνου * διὰ φόβου θεοῦ γίνεται. ἐάν τις ἐπὶ κύριον |
| TSim. | 3 | 6 | τῶν ἀγαπώντων αὐτὸν καὶ οὕτως παύεται τοῦ * φθόνου. * καὶ ἦν ἐρωτῶν ὁ πατὴρ περὶ ἐμοῦ ὅτι ἑώρα με |
| TSim. | 4 | 5 | φυλάξασθε οὖν τέκνα μου ἀπὸ παντὸς ζήλου καὶ * φθόνου * καὶ πορεύεσθε ἐν ἁπλότητι ψυχῆς καὶ ἐν ἀγαθῇ |
| TSim. | 4 | 7 | ἀγαθῇ καρδίᾳ καὶ ἀποστήσατε ἀφ' ὑμῶν τὸ πνεῦμα τοῦ * φθόνου * ὅτι ἀγριοῖ τοῦτο τὴν ψυχὴν καὶ φθείρει τὸ σῶμα |
| TSim. | 6 | 2 | τῶν ψυχῶν ὑμῶν. ἐὰν δὲ ἀφέλητε ἀφ' ὑμῶν τὸν * φθόνον. * καὶ πᾶσαν σκληροτραχηλίαν ὡς ῥόδον ἀνθήσει τὰ |
| TDan | 2 | 5 | δίδωσιν αὐτῷ καρδίαν ἰδίαν κατὰ τοῦ ἀδελφοῦ εἰς * φθόνον. * πονηρὸς δὲ θυμὸς τέκνα μου κἂν αὐτῇ τῇ ψυχῇ |
| TGad | 4 | 5 | εἴ πως θανατώσει αὐτόν. τὸ γὰρ μῖσος ἐνεργεῖ τῷ * φθόνῳ * καὶ κατὰ τῶν εὐπραγούντων τὴν προκοπὴν ἀκούων καὶ |
| TJos. | 1 | 3 | υἱοὶ τοῦ πατρὸς ὑμῶν. ἐγὼ εἶδον ἐν τῇ ζωῇ μου τὸν * φθόνον * καὶ τὸν θάνατον καὶ οὐκ ἐπλανήθην ἐν τῇ ἀληθείᾳ |
| TJos. | 1 | 7 | μοι ἐν λόγοις Αἰγυπτίοις πικρὸς καὶ ἐρρύσατό με ἐν * φθόνοις * συνδούλων καὶ ὕψωσέ με. καὶ οὕτως φωτίμαρ ὁ |
| TJos. | 10 | 3 | ὅπου δὲ κατοικεῖ ὁ ὕψιστος κἂν τις περιπέσῃ * φθόνῳ * ἢ δουλείᾳ ἢ συκοφαντίᾳ ἢ σκοτίᾳ κύριος ὁ ἐν αὐτῷ |
| TBen. | 7 | 2 | ἡ διάνοια διὰ τοῦ Βελιὰρ ἔστι δὲ πρῶτον ὁ * φθόνος * δεύτερον ἀπώλεια τρίτον θλῖψις τέταρτον |
| TBen. | 7 | 5 | ἑπτὰ ὅτι ἕως τοῦ αἰῶνος οἱ ὁμοιούμενοι τῷ Κάιν ἐν * φθόνῳ * καὶ εἰς τὴν μισαδελφίαν τῇ αὐτῇ κολάσει κριθήσονται. |
| TBen. | 8 | 1 | καὶ ὑμεῖς οὖν τέκνα μου ἀποδράσατε τὴν κακίαν τοῦ * φθόνον * τε καὶ τὴν μισαδελφίαν καὶ προσκολλᾶσθε τῇ |
| Bar. | 13 | 4 | πορνεῖαι μοιχεῖαι κλεψίαι καταλαλιαὶ ἐπιορκίαι * φθόνοι * μέθαι ἔρεις ζῆλος γογγυσμὸς ψιθυρισμὸς |
| Aris. | 224 | 2 | ἀρεσθεὶς πρὸς τὸν ἐχόμενον εἶπε πῶς ἂν ἐκτὸς εἴη * φθόνου; * διαλιπὼν δὲ ἐκεῖνος ἔφη πρῶτον εἰ νοῆσαι ὅτι ὁ |
| Sib. | 3 | 377 | φιλίῃ ξείνων ἄπο καὐτῶν +ἠδέ τε δυσνομίῃ μῶμος * φθόνος * * ὀργή ἄνοια φεύξειτ' ἀπ' ἀνθρώπων πενίη καὶ φεύξετ' |
| Sib. | 3 | 662 | ἀλλήλοις +κοτέειν ἐπαμύνοντες κακὰ θυμῷ+ ὁ * φθόνος * οὐκ ἀγαθὸν πέλεται δειλοῖσι βροτοῖσιν. ἀλλὰ πάλιν |
| FJub. | 10 | 1 | μετὰ τὸν κατακλυσμὸν τῷ 'β π β' ἔτει τοῦ κόσμου * φθόνῳ * κινούμενοι (οἱ ἐγρήγοροι) μετὰ θάνατον ἐπλάνησαν |

**φθορά**

| | | | | 8 | |
|---|---|---|---|---|---|
| Hen. | 106 | 17B | τῆς γῆς καὶ πραΰνεῖ τὴν γῆν ἀπὸ τῆς οὔσης ἐν αὐτῇ * φθορᾶς. * καὶ νῦν λέγε Λάμεχ ὅτι τέκνον σού ἐστιν δικαίως |
| Hen. | 106 | 18 | ἐφ' οὗ ἂν καταπαύσητε καὶ (οἱ) υἱοὶ αὐτοῦ ἀπὸ τῆς * φθορᾶς * τῆς γῆς καὶ ἀπὸ πάντων τῶν ἁμαρτωλῶν καὶ ἀπὸ |
| Asen. | 27 | 10 | με καὶ ῥυσάμενός με ἐκ τῶν εἰδώλων καὶ τῆς * φθορᾶς * τοῦ θανάτου ὁ εἰπών μοι ὅτι εἰς τὸν αἰῶνα ζήσεται |
| Sal. | 4 | 6 | ὁ θεὸς τοὺς ἐν ὑποκρίσει ζώντας μετὰ ὁσίων ἐν * φθορᾷ * σαρκὸς αὐτοῦ καὶ πενίᾳ τὴν ζωὴν αὐτοῦ ἀνακαλῶμαι ὁ |
| Sib. | 3 | 336 | λιμοῦ θανάτοιό τε σῆμα βροτοῖσιν ἡγεμόνων τε * +φθοράν+ * ἀνδρῶν μεγάλων τ' ἐπισήμων. σήματα δ' ἔσσεται |
| HDem. | 9 | 21 | 9 υἱὸν αὐτοῦ καὶ πάντας τοὺς ἄρσενας διὰ τὴν Δειλὰς * φθορὰν * Ἰακὼβ δὲ τότε εἶναι ἐτῶν ἑκατὸν ἑπτά. ἐλθόντα τε |
| LAri. | 8 | 10 | 11 ἐστι τάς αὐτάς δ' ἐν οὐτῶς τρόπας λαμβάνει καὶ * φθοράς. * ἡ στάσις οὖν ἡ θεία κατὰ ταῦτα ἂν λέγοιτο πάντων |
| FrAn. | 1 | 226 | 9 — ->φρονιμωτερο<ν ->τον ως εμε ημετε< )ου και * φθορας * )με μνηϑ)εις του Ιακωβ< — >ες της γης |

**φιάλη**

| | | | | 9 | |
|---|---|---|---|---|---|
| Adam | 33 | 4 | ἅρματος. ἴδον δὲ ἐγὼ θυμιατήρια χρυσᾶ καὶ τρεῖς * φιάλας. * καὶ ἰδοὺ πάντες οἱ ἄγγελοι μετὰ λιβάνου καὶ |
| Adam | 38 | 2 | θυμιατήρια ἐν χερσὶν αὐτῶν ἄλλοι δὲ κιθάρας καὶ * φιάλας * καὶ σάλπιγγας. καὶ ἰδοὺ κύριος στρατιῶν ἐπέβη καὶ |
| Bar. | 11 | 8 | καὶ ἴδον τὸν ἀρχιστράτηγον Μιχαὴλ κρατοῦντα * φιάλην * μεγάλην σφόδρα τὸ βάθος αὐτῆς ὅσον ἀπὸ οὐρανοῦ |
| Bar. | 12 | 8 | ὁ ἀρχάγγελος τοὺς κανίσκους ἔβαλεν αὐτοὺς εἰς τὴν * φιάλην. * καὶ λέγει μοι ὁ ἄγγελος ταῦτα τὰ ἄνθθεν εἰσιν αἱ |
| Bar. | 12 | 8 | καὶ ὁ μετ' ἐμοῦ ἄγγελος διὸ οὐκ ἐγέμισαν τὴν * φιάλην. * καὶ εἶθ' οὕτως ἦλθον ἕτεροι ἄγγελοι κλαίοντας καὶ |
| Aris. | 33 | 4 | ἔδωκε δὲ καὶ εἰς κατασκευὴν κρατήρων τε καὶ * φιαλῶν * καὶ τραπέζης καὶ σπονδείων χρυσίου μὲν ὁλκῆς |
| Aris. | 42 | 2 | τὸν θεὸν ἡμῖν εὐσέβειαν. ἐπεδείξαμεν δὲ καὶ τὰς * φιάλας * ἃς ἀπέστειλας χρυσᾶς εἴκοσι καὶ ἀργυρᾶς τριάκοντα |
| Aris. | 79 | 1 | τῶν ἐνηργημένων τὴν πολυτεχνίαν. τὰς δὲ χρυσᾶς * φιάλας * διετόρευσαν στεφάνοις ἀμπέλου κατὰ μέσον περὶ δὲ |
| Aris. | 320 | 5 | διαπρεπῆ καὶ βυσσίνων ὀθονίων ἱστοὺς ἑκατὸν καὶ * φιάλας * καὶ τρύβλια καὶ κρατῆρας χρυσοῦς δύο πρὸς |

**φιλάγαθος**

| Aris. | 124 | 2 | περὶ τούτων ἔφη καὶ λίαν διαγωνιᾶν εἰδέναι γὰρ ὅτι * φιλάγαθος * ὢν ὁ βασιλεὺς πάντων μέγιστον ἡγεῖται τὸ |
| Aris. | 292 | 2 | γίνεται διὰ τὸν ἡγούμενον ὅταν μισοπόνηρος ᾖ καὶ * φιλάγαθος * καὶ περὶ πολλοῦ ποιούμενος ψυχὴν ἀνθρώπου |

**Φιλάδελφος**

| | | | | 1 | |
|---|---|---|---|---|---|
| LAri. | 13 | 12 | 2 τῶν διὰ τοῦ νόμου πάντων ἐπὶ τοῦ προσαγορευθέντος * Φιλαδέλφου * βασιλέως σοῦ δὲ προγόνου προσενεγκαμένου |

**φιλαλήθης**

| | | | | 1 | |
|---|---|---|---|---|---|
| Aris. | 206 | 6 | προσλαμβάνειν δὲ δεῖ τοῦτό σε βασιλεῦ διότι * φιλαλήθης * ὁ θεός ἐστιν. ἀποδεξάμενος δὲ εὖ μάλα καὶ |

**φιλανθρωπέω**

| | | | | 1 | |
|---|---|---|---|---|---|
| Aris. | 257 | 6 | καὶ τὸ τῶν ἀνθρώπων γένος τοὺς ὑποτασσομένους * φιλανθρωπεῖ. * ἐπιμαρτυρήσας δὲ τούτοις ἄλλον ἠρώτα πῶς |

**φιλανθρωπία**

| Aris. | 265 | 3 | βασιλεῖ κτῆσις ἀναγκαιοτάτη; τῶν ὑποτεταγμένων * φιλανθρωπία * καὶ ἀγάπησις ἀπεκρίνατο. διὰ γὰρ τούτων |
| Aris. | 290 | 4 | τῆς ἀρχῆς καὶ πλούτῳ προσχὼν ὅσον ἐπιεικείᾳ καὶ * φιλανθρωπίᾳ * πάντας ἀνθρώπους ὑπερῆρκας τοῦ θεοῦ σοι |
| HHec. | 1 | 22 | 186 πολλοὶ τῶν ἀνθρώπων πυνθανόμενοι τὴν ἡπιότητα καὶ * φιλανθρωπίαν * τοῦ Πτολεμαίου συναπαίρειν εἰς Αἴγυπτον |

**φιλάνθρωπος**

| | | | | 4 | |
|---|---|---|---|---|---|
| Abr.2 | 2 | 4 | ὁ πορευόμενος τὴν ὁδόν; καὶ ἀπεκρίθη αὐτῷ Μιχαὴλ * φιλάνθρωπος * (εἶ σύ). λέγει αὐτῷ Ἀβραάμ ἐλθὲ ἐγγιστά μου |
| Asen. | 13 | 1 | ἐκ πάντων καὶ πρὸς σὲ κατέφυγον κύριε ὅτι σὺ εἶ ὁ * φιλάνθρωπος. * ἰδοὺ πάντα τὰ ἀγαθὰ τῆς ψυχῆς μου κατέλιπον καὶ |
| Aris. | 36 | 5 | διὰ τούτων καὶ ἡμεῖς δὲ παραλαβόντες τὴν βασιλείαν * φιλανθρωπότερον * ἁπαντῶμεν τοῖς πᾶσι πολὺ δὲ μᾶλλον τοῖς |
| Aris. | 208 | 1 | ἄγει. ἐπαινέσας αὐτὸν τῷ μετ' αὐτὸν εἶπε πῶς ἂν * φιλάνθρωπος * εἴη; κἀκεῖνος ἔφη θεωρῶν ὡς ἐν πολλῷ χρόνῳ |

**φιλαργυρία**

| TJud. | | 1 | | διαθήκη Ἰούδα. περὶ ἀνδρείας καὶ * φιλαργυρίας * καὶ πορνείας. ἀντίγραφον λόγων Ἰούδα ὅσα |
| TJud. | 18 | 2 | φυλάξασθε οὖν τέκνα μου ἀπὸ τῆς πορνείας καὶ τῆς * φιλαργυρίας * ἀκούσατε Ἰούδα τοῦ πατρὸς ὑμῶν ὅτι ταῦτα |
| TJud. | 19 | 1 | καὶ ἐν ἡμέρᾳ ὡς ἐν νυκτὶ πορεύεται. τέκνα μου ἡ * φιλαργυρία * πρὸς εἴδωλα ὁδηγεῖ ὅτι ἐν πλάνῃ δι' ἀργυρίου |

**φιλάργυρος**

| TLevi | 17 | 11 | ἥξουσιν οἱ ἱερεῖς εἰδωλολατροῦντες μάχιμοι * φιλάργυροι * ὑπερήφανοι ἄνομοι ἀσελγεῖς παιδοφθόροι καὶ |

**φιλέω**

| TBen. | 1 | 2 | τοῖς υἱοῖς αὐτοῦ ζήσας ἔτη ἑκατὸν εἰκοσιπέντε. καὶ * φιλήσας * αὐτοὺς εἶπεν ὡς Ἰσαὰκ ἑκατοστῷ ἔτει ἐτέχθη τῷ |
| Asen. | 8 | 5 | τὸν ἀδελφόν σου. καὶ ὡς προσῆλθεν Ἀσενὲθ * φιλῆσαι * τὸν Ἰωσὴφ ἐξέτεινεν Ἰωσὴφ τὴν χεῖρα αὐτοῦ τὴν |
| Asen. | 8 | 5 | καὶ χρίεται χρίσματι εὐλογημένῳ ἀφθαρσίας * φιλῆσαι * γυναῖκα ἀλλοτρίαν ἥτις εὐλογεῖ τῷ στόματι αὐτῆς |
| Asen. | 8 | 6 | καὶ χρίεται χρίσματι ἀπωλείας. ἀλλ' ἀνὴρ θεοσεβὴς * φιλήσει * τὴν μητέρα αὐτοῦ καὶ τὴν ἀδελφὴν τὴν ἐκ τῆς |

```
Asen.      8    7        όμοίως καί γυναικί θεοσεβεῖ οὐκ ἔστι προσῆκον  ×  φιλῆσαι  ×  ἄνδρα ἀλλότριον διότι βδέλυγμά ἐστι τοῦτο
Asen.     15    7       καί αὕτη ἐστίν ἐπίσκοπος πάντων τῶν παρθένων καί  ×  φιλεῖ  ×  ὑμᾶς σφόδρα καί περί ὑμῶν ἐρωτᾷ πᾶσαν ὥραν τόν
Sedr.     11    4          κίνησις καλλίστε καί καλλίστατε ἀπό πάντων  ×  φιλούμενον  ×  καί ἄρτι πεσών εἰς τήν γῆν ἄγνωστος γίνεται.
Sib.       3  711  δή νῆσοι πᾶσαι πόλιες τ' ἐρέουσιν ὁπόσον ἀθάνατος  ×  φιλέει  ×  τούς ἄνδρας ἐκείνους. πάντα γάρ αὐτοῖσιν
      φιληδονία                       5
TRub.      2    8  σπορᾶς καί συνουσίας μεθ' ἧς συνεισέρχεται διά τῆς  ×  φιληδονίας  ×  ἡ ἁμαρτία διά τοῦτο ἔσχατόν ἐστι τῆς κτίσεως
TRub.      3    6        ἀδικίας μεθ' ἧς κλοπή καί γριπίσματα ἵνα ποιήσῃ  ×  φιληδονίαν  ×  καρδίας αὐτοῦ ἡ γάρ ἀδικία συνεργεῖ τοῖς
TIss.      2    3  ὅτι διά τέκνα ἤθελε συνεῖναι τῷ Ἰακώβ καί οὐ διά  ×  φιληδονίαν. ×  προσθεῖσα γάρ καί τῇ ἐπαύριον ἀπέδοτο τόν
TBen.      6    2  ὁρᾷ ἐμπαθῶς τοῖς φθαρτοῖς οὐδέ συνάγει πλοῦτον εἰς  ×  φιληδονίαν  ×  οὐ τέρπεται ἡδονῇ οὐ λυπεῖ τόν πλησίον οὐκ
Prop.      4    6        τοῦ μυστηρίου τούτου ὅτι κτῆνος γέγονε διά τήν  ×  φιληδονίαν  ×  καί τό σκληροτράχηλον καί ὅτι ὡς βοῦς ὑπό
      φιλήκοος                          1
Aris.    239    2            προσεπινεύσας δέ τούτῳ τόν ἑξῆς ἥρώτα πῶς ἄν  ×  φιλήκοος  ×  εἴη; ἐκεῖνος δέ εἶπε διαλαμβάνων ὅτι πάντα
      φιλία                            8
Aris.     40    6      πρός ἡμᾶς περί ὧν ἐάν βούλῃ κεχαρισμένος ἔσῃ καί  ×  φιλίας  ×  ἄξιόν τι πράξεις ὡς ἐπιτελεσθησομένων τήν
Aris.     44    2        καί εἰ παρά φύσιν ἐστίν ὑπακουσόμεθα τοῦτο γάρ  ×  φιλίας  ×  καί ἀγαπήσεως σημεῖόν ἐστι. μεγάλα γάρ καί σύ καί
Aris.    225    4    πρός πάντας ἀνθρώπους εὔνοιαν καί κατεργασάμενος  ×  φιλίας  ×  λόγον οὐθενός ἂν ἔχοις τό δέ κεχαριτῶσθαι πρός
Aris.    228    7      φίλον. σύ δέ καλῶς ποιεῖς ἅπαντας ἀνθρώπους εἰς  ×  φιλίαν  ×  πρός ἑαυτόν καθιστάς. παρακαλέσας δέ καί τοῦτον
Aris.    231    2  ἐφ' οἷς πταίουσιν οὐκέτι χρή ταῦτα πράσσειν ἀλλά  ×  φιλίαν  ×  κατακτησομένους δικαιοπραγεῖν. θεοῦ δέ δῶρον
Sib.       3  124  Δημήτηρ Ἑστίη τε εὐπλόκαμός τε Διώνη ἥγαγον ἐς  ×  φιλίην  ×  συναγείρασαι βασιλῆας πάντας ἀδελφειούς τε
Sib.       3  376         βροτοῖς ὁμόνοια σαόφρων καί στοργή πίστις  ×  φιλίη  ×  ξείνων ἄπο καύτῶν +ἠδέ τε δυσνομίη μῶμος φθόνος
HEup.   9  30    5      ὑποτελεῖν πρός τε Οὐάφρην τόν Αἰγύπτιον βασιλέα  ×  φιλίαν  ×  συνθέσθαι. βουλόμενόν τε τόν Δαβίδ οἰκοδομῆσαι
      φιλικός                          1
Aris.    227    2  τίνα δεῖ φιλότιμον εἶναι; ἐκεῖνος δέ ἔφη πρός τούς  ×  φιλικῶς  ×  ἔχοντας ἡμῖν οἴονται πάντες ὅτι πρός τούτους
      φίλιππος                         4
Sib.       5    6  ἑσπερίη πολύολβος ὅν Βαβυλών ἤλεγξε νέκυν δ' ὤρεξε  ×  φιλίππῳ  ×  οὐ Διός οὐκ Ἄμμωνος ἀληθέα φημιχθέντα καί μετά
HCal.     28    6         ἵδρυσε περί αὐτόν δέ Σελεύκου καί Ἀντιόχου καί  ×  φιλίππου  ×  ἰατροῦ καί τήν μέν Σελεύκου κέρας ἔχουσαν
HCal.     28    8      πεποίηκε διά τε τό ἀνδρεῖον καί δυσμάχητον  ×  φιλίππου  ×  δέ σχῆμα ἔχειν καί ἰατρικόν καί στρατιωτικόν
HCal.     28   19  καί Σέλευκον μέν ἄρχοντα τῶν Περσῶν καθίστησι  ×  φίλιππον  ×  δέ Αἰγυπτίων ἡγεῖσθαι προστέτακτο Ἀλέξανδρος
      φιλοδίκαιος                       1
Aris.    209    6  καί τούς τοιούτους φιλοποιεῖσθαι καί γάρ ὁ θεός  ×  φιλοδίκαιός  ×  ἐστιν. ἐπισημήνας καί τοῦτον πρός τόν ἕτερον
      φιλοδοξέω                         1
Aris.     80    4  ἄλλῳ. πρόνοιαν γάρ οὐ μικράν ἐποιεῖτο ὁ βασιλεύς  ×  φιλοδοξῶν  ×  εἰς τά καλῶς ἔχοντα. πολλάκις γάρ τόν δημόσιον
      φιλοθρέμμων                       1
Sib.       5  395  πόλι κῶμον ἔχουσα οὐκέτι γάρ +παρά σοῖο τήν τῆς+  ×  φιλοθρέμμονος  ×  ὕλης παρθενικαί κοῦραι πῦρ ἔνθεον
      Φιλοκράτης                        6
Aris.                            ἀριστέας  ×  φιλοκρατει  ×  ἀξιολόγου διηγήσεως ὤ Φιλόκρατες περί τῆς
Aris.      1    1       ἀριστέας φιλοκρατει ἀξιολόγου διηγήσεως ὤ  ×  φιλόκρατες  ×  περί τῆς γενηθείσης ἡμῖν ἐντυχίας πρός
Aris.    120    7  καί περί τούτων ἔδει κεφαλαιωδῶς σεσήμαγκά σοι ὤ  ×  φιλόκρατες  ×  ἄδελφε τά δέ τῆς ἑρμηνείας ἑπομένως
Aris.    171    3  φυσικήν διάνοιαν τοῦ νόμου προήγημαι διασαφῆσαί σοι  ×  φιλόκρατες  ×  δι' ἥν ἔχεις φιλομάθειαν. ὁ δέ Ἐλεάζαρος
Aris.    295    1     τραπέντος. ἐγώ δέ εἰ πεπλεόνακα τούτοις ὤ  ×  φιλόκρατες  ×  συγγνώμην ἔχειν. τεθαυμακώς γάρ τούς ἄνδρας
Aris.    322    2  σύ δέ καθώς ἐπηγγειλάμην ἀπέχεις τήν διήγησιν ὤ  ×  φιλόκρατες. ×  τέρπειν γάρ οἴμαί σε ταῦτα ἤ τά τῶν
      φιλολογέω                         1
FAch.    109           ἐλάττονα φρονεῖ ἁμαρτάνειν. ἐν οἴνῳ μή  ×  φιλολόγει  ×  ἐπιδεικνύμενος παιδείαν ἀκαίρως γάρ
      φιλομάθεια                        2
Aris.    171    4      προήγμαι διασαφῆσαί σοι Φιλόκρατες δι' ἥν ἔχεις  ×  φιλομάθειαν. ×  ὁ δέ Ἐλεάζαρος ποιησάμενος θυσίαν καί τούς
Aris.    300    3    μεταλαβόντες κατακεχωρίκαμεν εἰδότες ἥν ἔχεις  ×  φιλομάθειαν  ×  εἰς τά χρήσιμα. μετά δέ τρεῖς ἡμέρας ὁ
      φιλομαθής                         3
Aris.      1    6  πεπείραμαι σαφῶς ἐκθέσθαι σοι κατειληφώς ἥν ἔχεις  ×  φιλομαθῆ  ×  διάθεσιν ὅπερ μέγιστόν ἐστιν ἀνθρώπῳ
Aris.      7    1      ἀρχιερέων περί τοῦ γένους τῶν Ἰουδαίων.  ×  φιλομαθῶς  ×  γάρ ἔχοντί σοι περί τῶν δυναμένων ὠφελῆσαι
Aris.    286    3  διεξάγειν; ὁ δέ ἔφησε παραλαμβάνοντα τούς  ×  φιλομαθεῖς  ×  καί δυναμένους ὑπομιμνήσκειν τά χρήσιμα τῇ
      φιλονεικέω                        1
TGad       6    4  ὁμολογήσας μετανοήσῃ ἄφες αὐτῷ ἐάν τε ἀρνεῖται μή  ×  φιλονείκει  ×  αὐτῷ μήποτε ὀμόσαντος αὐτοῦ δισσῶς ἁμαρτήσῃς.
      φιλοξενία                         3
Abr.1     17    7    μου αἱ γάρ δικαιοσύναι σου καί τό ἄμετρον τῆς  ×  φιλοξενίας  ×  σου καί τό μέγεθος τῆς ἀγάπης σου τῆς πρός
Abr.1     20   15  ἀδελφοί μου ἀγαπητοί τοῦ πατριάρχου Ἀβραάμ τήν  ×  φιλοξενίαν  ×  ζηλώσωμεν καί τήν ἐνάρετον αὐτοῦ κτησώμεθα
Prop.     10   5B  Ἠλία. καί ἀπέδωκεν αὐτόν τῇ μητρί αὐτοῦ διά τήν  ×  φιλοξενίαν  ×  αὐτῆς. καί ἀναστάς μετά τόν λιμόν ἦλθεν ἐν γῇ
      φιλόξενος                         3
Abr.1      1    1  ἐν ἡσυχίᾳ καί πραότητι καί δικαιοσύνῃ πάνυ ὑπῆρχεν  ×  φιλόξενος  ×  ὁ δίκαιος. πήξας δέ τήν σκηνήν αὐτοῦ ἐν
Abr.1      1    2  ὑπεδέχετο ὁ ὅσιος καί πανίερος καί δίκαιος καί  ×  φιλόξενος  ×  Ἀβραάμ. ἔφθασε δέ καί ἐπί τοῦτον τό κοινόν
Abr.1      1    5  πλούσιος πάνυ παρά πάντων δέ δίκαιος ἀγαθός καί  ×  φιλόξενος  ×  καί φιλόχρηστος μέχρι τέλους σύ δέ ἀρχάγγελε
      φιλόπατρις                        2
Aris.    249    1   γίνεται. φήσας δέ εὐλογεῖν ἄλλον ἥρωτα πῶς ἄν  ×  φιλόπατρις  ×  εἴη; προτιθέμενος εἶπεν ὅτι καλόν ἐν ἰδίᾳ καί
Aris.    249    6  ἐπιτελεῖς θεοῦ διδόντος σοι πρός πάντας χάριν  ×  φιλόπατρις  ×  φανήσῃ. τούτου δέ ἀκούσας τοῦ κατά τό ἑξῆς
      φιλοποιέω                         1
Aris.    209    5  βίου καί δικαιοσύνην προτιμᾶν καί τούς τοιούτους  ×  φιλοποιεῖσθαι  ×  καί γάρ ὁ θεός φιλοδίκαιός ἐστιν.
      φιλοπόλεμος                       1
Sib.       5  117  ὀλέσει καί Ἴβηρας καί Βαβυλῶνας Μασσαγέτας τε  ×  φιλοπτολέμους  ×  τόξοισί τε πιστούς. Ἀσίς ὅλη πυρίφλεκτος
      φιλοπονία                         1
Aris.    112    3  προειρημένα. μεγάλη γάρ ἐστιν ἡ τῶν γεωργουμένων  ×  φιλοπονία. ×  καί γάρ ἐλαΐκοῖς πλήθεσι σύνδενδρός ἐστι καί
      φιλόπονος                         1
Aris.     74    4  ποικίλης ἐμφαίνων σύν ὡραιότητι τό τῆς τέχνης  ×  φιλόπονον. ×  ἐπί δέ τούτου ῥάβδωσις ἐφ' ᾗ διαπλοκή ῥόμβων
      φίλος                            70
Abr.1      1    2  βασιλεῖς τε καί ἄρχοντας ἀναπήρους καί ἀδυνάτους  ×  φίλους  ×  τε καί ξένους γειτονάς τε καί παροδίτας ἴσον
Abr.1      1    4  πρός αὐτόν κάτελθε Μιχαήλ ἀρχιστράτηγε <πρός τόν>  ×  φίλον  ×  μου Ἀβραάμ καί εἰπέ αὐτῷ περί τοῦ θανάτου ἵνα
Abr.1      1    6     τέλους σύ δέ ἀρχάγγελε Μιχαήλ ἄπελθε πρός τόν  ×  φίλον  ×  μου τόν Ἀβραάμ τόν ἡγαπημένον μοι καί ἀνάγγειλον
Abr.1      2    3  Ἀβραάμ εἶπεν χαίροις τιμιώτατε πάτερ δικαία ψυχή  ×  φίλε  ×  γνήσιε τοῦ θεοῦ τοῦ ἐπουρανίου. εἶπεν δέ Ἀβραάμ
Abr.1      2    6  παρά τοῦ μεγάλου βασιλέως ἀπεστάλην διαδοχήν  ×  φίλον  ×  αὐτοῦ γνησίου ἀποκομίζομαι ὅτι καί αὐτόν ὁ
Abr.1      4    7  κύριος εἶπεν ἄπελθε Μιχαήλ ἀρχιστράτηγε πρός τόν  ×  φίλον  ×  μου τόν Ἀβραάμ καί ὅτι ἄν λέγῃ σοι τοῦτο καί
Abr.1      8    2             πρός τόν δεσπότην ὅτι καί τοῦτο λέγει ὁ  ×  φίλος  ×  σου Ἀβραάμ ὅτι οὐ μή σε ἀκολουθήσω ἀλλ' ὅτι
Abr.1      8    4      εἶπεν δέ ὁ θεός τόν Μιχαήλ ἄπελθε πρός τόν  ×  φίλον  ×  μου Ἀβραάμ <ἔτι ἅπαξ> καί εἰπέ αὐτόν οὕτως
Abr.1      9    7        καί ἀνήγγειλεν αὐτῷ πάντα λέγων τάδε λέγει ὁ  ×  φίλος  ×  σου Ἀβραάμ ὅτι ἤθελον θεάσασθαι πᾶσαν τήν
Abr.1     15   12  καί εἶπεν κύριε παντοκράτωρ ἰδού εἰσήκουσα τοῦ  ×  φίλου  ×  σου Ἀβραάμ πάντα ὅσα εἶπεν πρός σε καί τάς
Abr.1     15   13  ἔφη πρός τόν ἀρχιστράτηγον πάλιν οὕτως λέγει ὁ  ×  φίλος  ×  μου Ἀβραάμ ὅτι οὐκ ἀκολουθῶ σε; καί <ὁ
Abr.1     15   14  ἐκ προσώπου κυρίου τοῦ θεοῦ ἡμῶν <οὕτως λέγει ὁ  ×  φίλος  ×  σου Ἀβραάμ καί ἐγώ φείδομαι τοῦ ἄψασθαι αὐτοῦ>
Abr.1     15   14  καί ἐγώ φείδομαι τοῦ ἄψασθαι αὐτοῦ> ὅτι ἐξ ἀρχῆς  ×  φίλος  ×  σου <ἐστίν> καί πάντα τά ἀρεστά <ἐνώπιόν> σου
Abr.1     16    5  σου καί ὅλην τήν ἐνδοξότητα καί κάτελθε πρός τόν  ×  φίλον  ×  μου τόν Ἀβραάμ λαβέ αὐτόν καί ἄγαγε αὐτόν
Abr.1     16    5  ἐνθάδε ἀλλά μετά κολακείας τούτου παράλαβε ὅτι  ×  φίλος  ×  γνήσιός ἐστιν. ταῦτα ἀκούσας ὁ θάνατος ἐξῆλθεν ἀπό
Abr.1     16    9        λέγων χαίροις τίμιε Ἀβραάμ δικαία ψυχή  ×  φίλε  ×  τοῦ θεοῦ τοῦ ὑψίστου καί τῶν ἀγγέλων ὁμόσκηνε.
Abr.1     20   14  τοῦ θεοῦ καί πατρός λέγουσα οὕτως ἄρατε οὖν τόν  ×  φίλον  ×  μου τόν Ἀβραάμ εἰς τόν παράδεισον ἔνθα εἰσίν αἱ
Abr.2      4   10  κἀγώ κύριε οὐκ ἐτόλμησα αὐτῷ ἐκφᾶναι λόγον ὅτι  ×  φίλος  ×  σού ἐστιν καί δίκαιος ἄνθρωπος ξένος ὑποδεχόμενος
Abr.2      8    2  πάντα καί εἴ τι δ' ἄν εἴπῃ σοι ποίησον αὐτῷ ὅτι  ×  φίλος  ×  μού ἐστι. ἦλθεν οὖν Μιχαήλ καί ἀνέλαβεν τόν
Abr.2     12    5  Μιχαήλ εἴ τι δ' ἄν εἴπῃ Ἀβραάμ ἄκουσον αὐτοῦ ὅτι  ×  φίλος  ×  μού ἐστιν καί ἥγαγεν αὐτόν ἡ νεφέλη καί ἀτενίσας
Abr.2     14    6  τήν ψυχήν αὐτοῦ εἰς τούς οὐρανούς εὐλογοῦντες τόν  ×  φίλον  ×  κυρίου εἰσήνεγκαν δέ αὐτόν εἰς τήν ἀνάπαυσιν.
TLevi     13    4  καί οὐκ ἔσται ξένος ὅπου ὑπάγει. καίγε πολλούς  ×  φίλους  ×  ὑπέρ γονεῖς κτήσεται καί ἐπιθυμήσουσι πολλοί τῶν
TLevi     13    8   ἀλλοτρίας πατρίς καί ἐν μέσῳ ἐχθρῶν εὑρεθήσεται  ×  φίλος. ×  ἐάν διδάσκῃ ταῦτα καί πράττῃ σύνθρονος ἔσται
TJud.     23    3    πολιορκίαν καί κύνας εἰς διασπασμόν ἐχθρῶν καί  ×  φίλων  ×  ὀνειδισμούς ἀπώλειαν καί σφακελισμόν ὀφθαλμῶν
TDan       2    3  προφήτης κυρίου παρακούει ἐάν δίκαιος οὐ βλέπει  ×  φίλον  ×  οὐ γνωρίζει. περιβάλλει γάρ αὐτόν τό πνεῦμα τοῦ
Asen.     23    4  εἰς γυναῖκα σύ ὑμεῖς ἔσεσθέ μοι εἰς φίλους καί  ×  φίλος  ×  τοῦ θεοῦ τοῦ ὑψίστου καί Ἰωσήφ ὁ ἀδελφός ἡμῶν
Asen.     23   10  ἡμεῖς ἐσμέν ἄνδρες θεοσεβεῖς καί ὁ πατήρ ἡμῶν ἐστι  ×  φίλος  ×  τοῦ θεοῦ τοῦ ὑψίστου καί Ἰωσήφ ὁ ἀδελφός ἡμῶν
Asen.     29    4  ἀπό τοῦ τραύματος αὐτοῦ καί ἐάν ζήσῃ ἔσται ἡμῶν  ×  φίλος  ×  μετά ταῦτα καί ὁ πατήρ αὐτοῦ Φαραώ ἔσται ὡς πατήρ
Bar.      15    2  ἀπενέγκατε δότε ἑκατονταπλασίονα τόν μισθόν τοῖς  ×  φίλοις  ×  ἡμῶν τό ἐμόνεως ἐργασαμένοις καί καλά ἔργα.
Bar.      15    4  καί τοῖς τά ἀπόκενα πορευθέντες εὐλογήσατε τούς  ×  φίλους  ×  ἡμῶν καί εἴπατε αὐτοῖς ὅτι τάδε λέγει κύριος ἐπί
Esdr.      3   14  ἀδελφόν ἐλεεῖ οὔτε ἀνήρ γυναῖκα οὐ τέκνα γονεῖς οὐ  ×  φιλεῖ  ×  φίλους οὐ δοῦλος τόν κύριον αὐτός ἀναβήσεται γάρ ὁ
```

Esdr      3    14     ἐλεεῖ οὔτε ἀνήρ γυναῖκα οὐ τέκνα γονεῖς οὐ φίλοι * φίλους * οὐ δοῦλος τὸν κύριον αὐτός ἀναβήσεται γὰρ ὁ
Job      34     2     ἵνα σιωπήσωσιν, ὀργισθεὶς Ελιφας εἶπεν τοῖς ἄλλοις * φίλοις * τί χρήσιμον ὅτι οὕτω παραγεγόναμεν σὺν τοῖς
Job      39     4     κλαίουσα ἔλεγεν μνήσθητί μου ὁ Ελιφας καὶ οἱ δύο * φίλοι * σου, ὅτι ὁποία τις ἤμην μεθ' ὑμῶν, καὶ πῶς
Job      42     5     πρὸς Ελιφαν τί ἤ, Ελιφα, ἥμαρτες σὺ καὶ οἱ δύο σου * φίλοι; * κ οὐ γὰρ λελαλήκατε ἀληθῶς κατὰ τοῦ θεράποντός μου
Job      43     3     πνεῦμα εἶπεν ὕμνον, ἐπιφωνούντων αὐτῷ τῶν ἄλλων * φίλων * καὶ τῶν στρατευμάτων πλησίον τοῦ θυσιαστηρίου
Job      44     3     τοῖς πτωχοῖς, καὶ παρεγένοντο πρός με πάντες οἱ * φίλοι * μου καὶ ὅσοι ᾔδεισαν εὐποιεῖν, καὶ ἠρώτησάν με
Aris.    41     3     ταῦτα Ἐλεάζαρος ἀρχιερεὺς βασιλεῖ Πτολεμαίῳ * φίλῳ * γνησίῳ χαίρειν. αὐτός τε ἔρρωσο καὶ ἡ βασίλισσα
Aris.    45     3     σοῦ θυσίας καὶ τῆς ἀδελφῆς καὶ τῶν τέκνων καὶ τῶν * φίλων * καὶ ηὔξατο πᾶν τὸ πλῆθος ἵνα σοι γένηται καθὼς
Aris.   125     4     ἕξειν συμβουλευόντων παρρησίᾳ πρὸς τὸ συμφέρον τῶν * φίλων * ὃ δὴ σύνεστι τοῖς ἀποστελλομένοις ὑπ' αὐτοῦ. καὶ
Aris.   190     3     ἕτερον ἐπηρώτα πῶς ἂν εὐνόους ἑαυτῷ ἔχοι τοὺς * φίλους; * κἀκεῖνος εἶπεν εἰ θεωροῖησαν πολλήν σε πρόνοιαν
Aris.   228     5     περὶ τῆς τῶν γονέων τιμῆς. ἑπομένως δὲ τὴν τῶν * φίλων * ἐγκρίνει διάθεσιν προσονομάσας ἴσον τῇ ψυχῇ τὸν
Aris.   228     6     ἐγκρίνει διάθεσιν προσονομάσας ἴσον τῇ ψυχῇ τὸν * φίλον. * σὺ δὲ καλῶς ποιεῖς ἅπαντας ἀνθρώπους εἰς φιλίαν
Aris.   268     3     λυπεῖσθαι; πρὸς ταῦτα ἀπεκρίθη τὰ συμβαίνοντα τοῖς * φίλοις * ὅταν θεωρῶμεν πολυχρόνια καὶ ἀνέκφευκτα γινόμενα.
Aris.   318     4     γενέσθαι παραγενηθέντας δὲ ὡς θέμις ἕξειν αὐτοὺς * φίλους * καὶ πολυδωρίας τῆς μεγίστης τεύξεσθαι παρ' αὐτοῦ.
Sib.      3   756     μεγάλη κατὰ γαῖαν ἅπασαν καὶ βασιλεὺς βασιλῆι * φίλος * μέχρι τέρματος ἔσται αἰῶνος κοινόν τε νόμον κατὰ
Sib.      5    22     ἀριθμῶν κεραίην ἐπὶ πρώτην ἕξει καὶ ποταμοῦ * φίλου * οὔνομα ὅς τ' ἐπὶ Πέρσας ἄρξει καὶ Βαβυλῶνα βαλεῖ
FEsd.     7   103     ὑπὲρ δεσποτῶν οὔτε συγγενεῖς ὑπὲρ συγγενῶν οὔτε * φίλοι * ὑπὲρ φίλων οὔτε δίκαιοι ὑπὲρ ἀδίκων ἀλλ' ἕκαστος
FEsd.     7   103     οὔτε συγγενεῖς ὑπὲρ συγγενῶν οὔτε φίλοι ὑπὲρ * φίλων * οὔτε δίκαιοι ὑπὲρ ἀδίκων ἀλλ' ἕκαστος ὑπὲρ τοῦ
FAch.   104           φέρων τοὺς λόγους τοῦ Αἰσώπου καταπεισθεὶς ὑπὸ τῶν * φίλων * ψευδῶς διέβαλεν τὸν Αἴσωπον πρὸς τὸν βασιλέα
FAch.   104           δακτυλίῳ ἐπέδωκεν τῷ Λυκούργῳ λέγων ὁ πιστὸς * φίλος * σου ἴδε πῶς κατὰ τῆς βασιλείας σου βουλεύεται. ὁ
FAch.   104           Αἴσωπον ὡς προδότην. ὁ δὲ οὐκ ἀνεῖλεν αὐτὸν ἦν γὰρ * φίλος * αὐτοῦ γνήσιος. μηδενὸς ἱστορούντος ἑτήρει αὐτὸν ἐν
FAch.   106           ἐγένετο ἐπὶ τῷ ἐξαπίνης πτώματι. ἐκάλεσεν τοὺς * φίλους * ἀνελθεῖν ἐν οἷς καὶ Ἕρμιππον ἔφη τε αὐτοῖς
FAch.   106           τὸ τοῦ πύργου ζήτημα ἤ πάντας τραχηλοκοπήσω; οἱ δὲ * φίλοι * εἶπον οὐκ οἴδαμεν πῶς πύργος οἰκοδομεῖται μήτε
FAch.   110           βέλτιον γὰρ ἐχθροῖς καταλιπεῖν ἤ ζῶντα τῶν * φίλων * ἐπιδέεσθαι. εὐπροσήγορος καὶ κοινὸς γίνου τοῖς
FAch.   112           παραστῆναι. ἡδέως δὲ ἀκούσας μετεκαλέσατο τοὺς * φίλους * καὶ φησιν ἄνδρες ἐνεδρεύθην ἀκούσας Αἴσωπος
FAch.   115           ἐνδυσάμενος στολὴν λευκὴν ὅ τε Νεκταναβὼν καὶ τοῖς * φίλοις * αὐτοῦ κοκκίνας περιβαλὼν στολὰς ἐκάθισεν. τοῦ δὲ
FAch.   121           στέλλει τῷ βασιλεῖ Λυκούργῳ. εἰς δέ τις τῶν * φίλων * αὐτοῦ εἶπεν ἐρωτήσωμεν αὐτὸν πρόβλημα εἰπόντες τί
FAch.   122           τὸν βασιλέα Νεκταναβὼ καὶ εὗρεν αὐτὸν μετὰ τῶν * φίλων * προσδεχόμενον πρὸς τὸ ἀπορῆσαι. ὁ δὲ Αἴσωπος
FAch.   122           <ψευδῆ> ἔφη ἀνάγνωτε τὸν κοινὸν τοῦτον. οἱ δὲ * φίλοι * τοῦ βασιλέως Νεκταναβὼν ἔφησαν ψευδόμενοι τοῦτον
FPho.    97           πάντα. ἡ δὲ μάτην ἐπὶ πῦρ καθίσας μινύθεις * φίλον * ἦτορ. μέτρα δὲ τεῦξ' ἔθ' ἔσται τὸ γὰρ μέτρον ἐστὶν
FPho.   142           οὔποτ' ἐλέγξεις. βέλτερον ἀντ' ἐχθροῦ τεύχειν * φίλον * εὐμενέοντα. ἀρχόμενον τὸ κακὸν κόπτειν ἕλκος τ'
FPho.   196           γὰρ ἡδύτερον καὶ ἄρειον ἤ ὅταν ἀνδρὶ γυνή φρονέῃ * φίλα * γήραος ἄχρις καὶ πόσις ᾗ ἀλόχωι μηδ' ἐμπέσῃ
FPho.   218           κάλλος δυστήρητον ἔφυ παίδων τοκέεσσιν. ⟨στέργε * φίλους * ἄχρις θανάτου πίστις γὰρ ἀμείνων.⟩ συγγενέσιν
IOrp.     5           γὰρ ἀληθέα μηδέ σε τὰ πρὶν ἐν στήθεσσι φανέντα * φίλης * αἰῶνος ἀμέρση εἰς δὲ λόγον θεῖον βλέψας τούτῳ
IMen.    5   120   1  ὁ γὰρ θεὸς βλέπει σε πλησίον παρών. μηδὲ βελόνης ὦ * φίλτατε * ἐπιθυμήσῃς ποτέ ἀλλοτρίας ὁ γὰρ θεὸς δικαίοις
HEup.    9    31   1     βασιλεῖ Σολομῶν Οὔαφρῃ βασιλεῖ Αἰγύπτου * φίλῳ * πατρικῷ χαίρειν. γίνωσκέ με παρειληφότα τὴν
HEup.    9    33   1     Σούρωνι τῷ βασιλεῖ Τύρου καὶ Σιδῶνος καὶ Φοινίκης * φίλῳ * πατρικῷ χαίρειν. γίνωσκέ με παρειληφότα τὴν
HEup.    9    34   4     τὰ δέοντα. διελθὼν δὲ Σολωμῶν ἔχων τοὺς πατρικοὺς * φίλους * ἐπὶ τὸ ὄρος τὸ τοῦ Λιβάνου μετὰ τῶν Σιδωνίων καὶ
HArt.    9    27  13     δὲ αὐτὸν τῶν Αἰγυπτίων ὁρκωμοτῆσαι τοὺς * φίλους * μὴ ἐξαγγεῖλαι τῷ Μωϋσᾷ τὴν ἐπισυνισταμένην αὐτῷ

        φιλοσοφέω                                                3
Aris.   285     3     σὺ δὲ πᾶσαν ἠσκηκὼς καταστολὴν διὰ τῶν ἐνεργειῶν * φιλοσοφεῖς * διὰ καλοκἀγαθίαν ὑπὸ θεοῦ τιμώμενος.
FJub.    48     1     Μωϋσῆς τὰς κατ' Αἴγυπτον διατριβὰς εἰς τὴν ἔρημον * ἐφιλοσόφει * διδασκόμενος παρὰ τοῦ ἀρχαγγέλου Γαβριὴλ τὰ
FJub.    48     1     Μωϋσῆς τὰς κατ' Αἴγυπτον διατριβὰς εἰς τὴν ἔρημον * ἐφιλοσόφει * διδασκόμενος παρὰ τοῦ ἀρχαγγέλου Γαβριὴλ τὰ

        φιλοσοφία                                                4
Aris.   256     2     δὲ καὶ τοῦτον εἰπὼν ἄλλον ἠρώτα τί ἐστι * φιλοσοφία; * τὸ καλῶς διαλογίζεσθαι πρὸς ἕκαστον τῶν
FAch.   101           ᾗ ἐβασίλευεν Λυκοῦργος. ἐπιδειξάμενος δὲ αὐτοῦ τὴν * φιλοσοφίαν * μέγας παρὰ τοῖς Βαβυλωνίοις ἀνεδείχθη ὥστε
FAch.   102           συνίσταντο οὔτε μάχαις ἔγραφον γὰρ προβλήματα * φιλοσοφίας * δι' ἐπιστολῶν καὶ ὁ μὴ εὑρίσκων διαλύσασθαι
HArt.    9    27   4  καὶ τὰ ὄργανα τὰ ὑδρευτικὰ καὶ πολεμικὰ καὶ τὴν * φιλοσοφίαν * ἐξευρεῖν ἔτι δὲ τὴν πόλιν εἰς λ ϛ' νομοὺς

        φιλόσοφος                                                8
Aris.    31     2     ταῦθ' ὑπάρχειν παρά σοι διηκριβωμένα διὰ τὸ καὶ * φιλοσοφωτέραν * εἶναι καὶ ἀκέραιον τὴν νομοθεσίαν ταύτην
Aris.   200     2     δὲ πάντων καὶ κρότῳ σημηναμένων τὸν Ἐρετριέα * φιλόσοφος * εἶπεν ὁ βασιλεὺς οὐκ ὀλίγοι ὑμῖν παρῆσαν
Aris.   201     1  τὴν καταρχὴν ποιούμενοι. Μενέδαμος δὲ ὁ Ἐρετριεὺς * φιλόσοφος * εἶπε ναί βασιλεῦ πρόνοια γὰρ τῶν ὅλων
Aris.   235     3     συνεπιφωνούντων τῶν παρόντων μάλιστα δὲ τῶν * φιλοσόφων. * καὶ γὰρ ταῖς ἀγωγαῖς καὶ τῷ λόγῳ πολὺ
Aris.   296     1     κατεσφαίνοντό μοι καὶ τοῖς παροῦσι μάλιστα δὲ τοῖς * φιλοσόφοις. * οἷόμαι δὲ καὶ πᾶσι τοῖς παραληφομένοις τὴν
LAri.    8    10   4     προφήτης ἀνακεκήρυκται ὧν εἰσιν οἱ προειρημένοι * φιλόσοφοι * καὶ πλείονες ἕτεροι καὶ ποιηταὶ παρ' αὐτοῦ
LAri.   13    12   1     ἐπεξήγησις ὡς εὔδηλον εἶναι τὸν προειρημένον * φιλόσοφον * εἰληφέναι πολλὰ γέγονε γὰρ πολυμαθὴς καθὼς καὶ
LAri.   13    12   8     ἐπεζητημένοις προενηνέγμεθα ταῦτα. πᾶσι γὰρ τοῖς * φιλοσόφοις * ὁμολογεῖται διότι δεῖ περὶ θεοῦ διαλήψεις

        φιλοσπευδέω                                               2
Hen.     21     5     Ἐνὼχ περὶ τίνος ἐρωτᾷς ἤ περὶ τίνος τὴν ἀλήθειαν * φιλοσπευδεῖς; * οὗτοί εἰσιν τῶν ἀστέρων τοῦ οὐρανοῦ οἱ
Hen.    21B     5     Ἐνὼχ περὶ τίνος ἐρωτᾷς ἤ περὶ τίνος τὴν ἀλήθειαν * φιλοσπευδεῖς; * κἀκεῖθεν ἐφώδευσα εἰς ἄλλον τόπον καὶ

        φιλοστέφανος                                              1
Sib.      3   122  Κρόνος Τιτάν τε πρὸς αὐτούς. τοὺς δὲ Ῥέη καὶ Γαῖα * φιλοστέφανός * τ' Ἀφροδίτη Δημήτηρ Ἑστίη τε εὐπλόκαμος

        φιλότεκνος                                                1
Asen.    12     8     σὺ κύριε ἔκτεινον τὰς χεῖράς σου ἐπ' ἐμὲ ὡς πατὴρ * φιλότεκνος * καὶ ἅρπασόν με ἐκ τῆς γῆς. ἰδοὺ γὰρ ὁ λέων ὁ

        φιλότης                                                   1
FPho.   219           ἄχρις θανάτου πίστις γὰρ ἀμείνων.⟩ συγγενέσιν * φιλότητα * νέμοις ὁσίην θ' ὁμόνοιαν. αἰδεῖσθαι

        φιλοτιμέομαι                                              1
Aris.    79     5     λοιπὰς δὲ τορείας διηλλαγμένως ἐπετέλεσαν ἅπαντα * φιλοτιμηθέντες * εἰς ὑπεροχὴν δόξης τοῦ βασιλέως ποιῆσαι.

        φιλοτιμία                                                 2
Aris.   227     4     δέον ἐγὼ δ' ὑπολαμβάνω πρὸς τοὺς ἀντιδοξοῦντας * φιλοτιμίαν * δεῖν χαριστικὴν ἔχειν ἵνα τούτῳ τῷ τρόπῳ
LAri.   13    12   2  βασιλέως σοῦ δὲ προγόνου προσενεγκαμένου μείζονα * φιλοτιμίαν * Δημητρίου τοῦ Φαληρέως πραγματευσαμένου τὰ

        φιλότιμος                                                 1
Aris.   227     1     εὐφημήσας δὲ τοῦτον ἕτερον ἠρώτα πρὸς τίνα δεῖ * φιλότιμον * εἶναι; ἐκεῖνος δὲ ἔφη πρὸς τοὺς φιλικῶς

        φιλοφρονέομαι                                             4
Aris.   198     1     δὲ τὴν εὐψυχίαν δίδωσιν ὃν ἱκετεύειν ἀναγκαῖον. * φιλοφρονηθεὶς * δὲ καὶ τοῦτον καλῶς εἶπεν ἅπαντας
Aris.   235     5     ποιούμενοι. μετὰ δὲ ταῦτα ὁ βασιλεὺς εἰς τὸ * φιλοφρονεῖσθαι * προῆλθε διὰ τῶν προπόσεων. τῇ δὲ ἐπιούσῃ
Aris.   268     1     ὡς καὶ ποιεῖς θεοῦ σοι διδόντος εὖ λογίζεσθαι. * φιλοφρονηθεὶς * δὲ τούτῳ πρὸς τὸν ἕτερον εἶπεν ἐπὶ τίσι
Aris.   274     3     ἐπισημήνας δὲ κρότῳ πάντας αὐτοὺς ἀπεδέξατο * φιλοφρονούμενος * καὶ προπίνων ἑκάστῳ πλεῖόν τι πρὸς τὸ

        φιλοφρόνησις                                              1
Aris.   246     7     αὐτῷ καὶ μηθὲν ὑπερτείνοντας τοῦ δέοντος ἐν ταῖς * φιλοφρονήσεσι * καὶ τοῖς λοιποῖς τοῖς κατὰ τὴν ἀγωγήν.

        φιλοφροσύνη                                               1
Aris.   220     2     τοῦ δὲ βασιλέως εὖ μάλα συγκροτήσαντος μετὰ * φιλοφροσύνης * ἐπὶ πλείονα χρόνον τοὺς ἀνθρώπους καθυπνοῦν

        φιλόφρων                                                  2
Aris.   173     4     παρειμένοι δ' εἰς τὴν αὐλὴν Ἀνδρέας τε καὶ ἐγὼ * φιλοφρόνως * ἠσπασάμεθα τὸν βασιλέα καὶ τὰς ἐπιστολὰς
Aris.   230     1     κέκτησαι πάντα περιέχων ἐν αὐτῇ τὰ ἀγαθά. λίαν δὲ * φιλοφρόνως * ἐπικροτήσας εἶπε πρὸς τὸν ἕτερον πῶς ἂν

        φιλοχρημοσύνη                                             4
Sib.      3   189     δὲ συγκόψει καὶ πάντα κακῶν ἀναπλήσει αἰσχροβίῳ * φιλοχρημοσύνη * κακοκερδεῖ πλούτῳ ἐν πολλαῖς χώρῃσι
Sib.      3   235     οἳ δὲ μεριμνῶσίν τε δικαιοσύνην τ' ἀρετήν τε κοὐ * φιλοχρημοσύνην * ἥτις κακὰ μυρία τίκτει θνητοῖς ἀνθρώποις
Sib.      3   642     ἔλθωσιν χρυσοῦ τε καὶ ἀργύρου εἵνεκεν ἔσται ἤ * φιλοχρημοσύνη * κακὰ ποιμαίνουσα πόλεσσιν+. χώρη ἐν
FPho.    42           χώρης δ' οὔ τι βέβαιον ἔχει πέδον ἀνθρώποισιν. ἤ * φιλοχρημοσύνη * μήτηρ κακότητος ἁπάσης. χρυσὸς ἀεὶ δόλος

        φιλόχρηστος                                               1
Abr.      1     5     παρὰ πάντων δὲ δίκαιος ἀγαθὸς καὶ φιλόξενος καὶ * φιλόχρηστος * μέχρι τέλους σὺ δὲ ἀρχάγγελε Μιχαὴλ ἄπελθε

        Φίλων                                                     1
LPhi.    9    20   1                             * Φίλωνος * περὶ τοῦ αὐτοῦ. Ἐκλινον ἀρχεγόνοισι τὸ μηρίον ὡς

        φιμός                                                     1
Sib.      5   439     δέ σε δεινοὶ πάντα κρατεῖν ἐποίησαν. ἔχε στόμα * φιμῷ * ἄναγνε Χαλδαίων γενεή μήτ' εἴρεο μηδὲ μέριμνα πῶς

        φιμόω                                                     1
Job      27     3  εἰς τὸν ἕνα κατέρραξαν καὶ ὁ μὲν ἐπάνω τὸν ὑποκάτω * ἐφίμωσεν * πλήσας τὸ στόμα αὐτοῦ ἄμμου καὶ πᾶν μέλος

        Φιφη                                                      1
Job      1     3     ὧν εἰσιν τὰ ὀνόματα Τερσι Χορος Υων Νικη Φορος * Φιφη * Φρουων Ἡμέρα Κασια Ἀμαλθείας κέρας καλέσας δὲ

        φλεγέθω                                                   2
Sib.      5   177     θεὸς εὕρατο τιμάς. μεῖνον ἄθεσμε μόνη πυρὶ δὲ * φλεγέθοντι * μιγεῖσα ταρτάρεον οἴκησον ἐς Ἅιδου χῶρον
Sib.      5   303     ὑψικέραυνος βρονταῖς τε στεροπαῖς τε κεραυνοῖς τε * φλεγέθουσιν * ἀνδράσι δυσμενέεσσι καὶ ὡς ἀσεβεῖς

φλεγμονή 1
Asen. 13 9 μου συμπέπτωκε καὶ οἱ ὀφθαλμοί μου ἐν αἰσχύνῃ * φλεγμονῆς * ἐγένοντο ἐκ τῶν δακρύων μου τῶν πολλῶν καὶ ἡ
φλέγω 23
Hen. 14 12 χερουβὶν πύρινα καὶ οὐρανὸς αὐτῶν ὕδωρ καὶ πῦρ * φλεγόμενον * κύκλῳ τῶν τειχῶν καὶ θύραι πυρὶ καιόμεναι.
Hen. 14 17 καὶ διαδρομαὶ ἀστέρων καὶ ἡ στέγη αὐτοῦ ἦν πῦρ * φλέγον. * ἐθεώρουν δὲ καὶ εἶδον θρόνον ὑψηλὸν καὶ τὸ εἶδος
Hen. 14 19 καὶ ὑποκάτω τοῦ θρόνου ἐξεπορεύοντο ποταμοὶ πυρὸς * φλεγόμενοι * καὶ οὐκ ἐδυνάσθην ἰδεῖν. καὶ ἡ δόξα ἡ μεγάλη
Hen. 14 22 καὶ οὐκ ἐδύνατο πᾶσα σάρξ ἰδεῖν αὐτοῦ τὸ πῦρ * φλεγόμενον * κύκλῳ καὶ πῦρ μέγα παρειστήκει αὐτῷ καὶ
Hen. 17 1 τόπον ἀπήγαγον ἐν ᾧ οἱ ὄντες ἐκεῖ γίνονται ὡς πῦρ * φλέγον * καὶ ὅταν θέλωσιν φαίνονται ὡσεὶ ἄνθρωποι. καὶ
Hen. 21 7 ἔργα φοβερώτερα πῦρ μέγα ἐκεῖ καιόμενον καὶ * φλεγόμενον * καὶ διακοπὴν εἶχεν ὁ τόπος ἕως τῆς ἀβύσσου
Hen. 100 9 χειρῶν ὑμῶν ὅτι ἀπὸ τῶν ἁγίων ἔργων ἀπεπλα<νήθητε> * -->φλεγομ<--- > * πᾶσα νεφέλη καὶ ὁμίχλη καὶ δρόσος καὶ
Sib. 3 73 φλογέουσα δι' οἴδματος εἰς γαῖαν ἥξῃ καὶ Βελίαρ * φλέξῃ * καὶ ὑπερφιάλους ἀνθρώπους πάντας ὅσοι τούτῳ πίστιν
Sib. 3 85 ῥεύσει δὲ πυρὸς μαλεροῦ καταράκτης ἀκάματος * φλέξει * δὲ γαῖαν φλέξει δὲ θάλασσαν καὶ πόλον οὐράνιον
Sib. 3 85 πυρὸς μαλεροῦ καταράκτης ἀκάματος φλέξει δὲ γαῖαν * φλέξει * δὲ θάλασσαν καὶ πόλον οὐράνιον καὶ ἤματα καὶ
Sib. 3 503 καὶ πικρὴν μοίρην πέμψει θεὸς αὐτοῖς ἐξ ἐδάφους * φλέξας * πόλιας καὶ πολλὰ θέμεθλα. αἰαῖ σοι Κρήτη
Sib. 3 524 τε βοῶν τ' ἀγέλας ἐριμύκων δώματά τ' εὐποίητα πυρὶ * φλέξουσιν * ἀθέσμως πολλὰ δὲ σώματα δοῦλα πρὸς ἄλλην γαῖαν
Sib. 3 761 ἐστὶ θεὸς κοὐκ ἔστιν ἔτ' ἄλλος αὐτὸς καὶ πυρὶ * φλέξειεν * χαλεπῶν γένος ἀνδρῶν. ἀλλὰ κατασπεύσαντες ἑὰς
Sib. 4 132 ἀποστραφθεὶς εἰς οὐρανὸν εὐρὺν ἵκηται πολλὰς δὲ * φλέξῃ * πόλιας καὶ ἄνδρας ὀλέσσῃ πολλὴ δ' αἰθαλόεσσα τέφρη
Sib. 4 176 κόσμος ἅπας μύκημα καὶ ὄμβριμον ἦχον ἀκούσει. * φλέξει * δὲ χθόνα πᾶσαν ἅπαν δ' ὀλέσει γένος ἀνδρῶν καὶ
Sib. 5 150 κακῶν εἰς ἔθνος ἀληθὲς ὃς ναὸν θεότευκτον ἕλεν καὶ * ἔφλεξε * πολίτας λαοὺς εἰσανιόντας ὅσους ὕμνησα δικαίως
Sib. 5 159 ἥξει δ' οὐρανόθεν ἀστὴρ μέγας εἰς ἅλα δῖαν καὶ * φλέξει * πόντον βαθὺν αὐτήν τε Βαβυλῶνα Ἰταλίης γαῖάν θ'
Sib. 5 419 δ' ἐκ βάθρων εἷλεν πόλιν ἐν πυρὶ πολλῷ καὶ δήμους * ἔφλεξε * βροτῶν τῶν πρόσθε κακούργων καὶ πόλιν ἣν ἐπόθησε
ISop. 5 121 4 ἡ δὲ βοσκηθεῖσα φλὸξ ἅπαντα τἀπίγεια καὶ μετάρσια * φλέξει * μανεῖσα. ἐπὰν δὲ ἐκλίπῃ τὸ πᾶν φροῦδος μὲν ἔσται
LAri. 8 10 13 θεὸν καταβεβηκέναι σαλπίγγων τε φωνὰς καὶ τὸ πῦρ * φλεγόμενον * ἀνυποστάτως εἶναι. τοῦ γὰρ παντὸς πλήθους
LAri. 8 10 14 αὐτοῖς κυκλόθεν ὡς ἦσαν παρεμβεβληκότες τὸ πῦρ * φλεγόμενον * ἐθεωρεῖτο ὥστε τὴν κατάβασιν μὴ τοπικὴν εἶναι
LAri. 8 10 15 ὑπάρχουσαν διὰ τὸ πάντ' ἀναλίσκειν ἔδειξε * φλεγομένην * ἀνυποστάτως μηδὲν δ' ἐξαναλίσκουσαν εἰ μὴ τὸ
LAri. 8 10 16 αὐτῇ προσείη. τῶν γὰρ φυομένων κατὰ τὸ ὄρος τόπων * φλεγομένων * σφοδρῶς οὐδὲν ἐξανάλωσεν ἀλλ' ἔμεινε τῶν
φλιά 1
Aris. 85 2 θυρώματος δὲ καὶ τῶν περὶ αὐτὸ συνδέσμων κατὰ τὰς * φλιὰς * καὶ τῆς τῶν ὑπερθύρων ἀσφαλείας ἔκδηλος ἦν ἡ τῶν
φλογερός 1
Abr.1 17 14 ἑπτὰ καὶ πρόσωπα δεκατέσσαρα καὶ πρόσωπον πυρὸς * φλογερώτερον * καὶ πολλῆς ἀγριότητος ‹καὶ πρόσωπον κρημνοῦ
φλογέω * 1
Sib. 3 72 ὁπόταν μεγάλοιο θεοῦ πελάσωσιν ἀπειλαὶ καὶ δύναμις * φλογέουσα * δι' οἴδματος εἰς γαῖαν ἥξῃ καὶ Βελίαρ φλέξῃ
φλογίζω 2
Sal. 12 3 οἴκους ἐν γλώσσῃ ψευδεῖ ἐκκόψαι δένδρα εὐφροσύνης * φλογιζούσης * παρανόμους συγχέαι οἴκους ἐν πολέμῳ χείλεσιν
Job 16 3 τὸν Σατανᾶν, τότε λοιπὸν ἀνηλεῶς κατῆλθεν καὶ * ἐφλόγισεν * τὰς ἑπτὰ χιλιάδας τῶν προβάτων τὰ ταγέντα εἰς
φλόγινος 1
Adam 28 3 λήψει νῦν ἀπ' αὐτοῦ. ὡρίσθη γὰρ τῷ Χερουβὶμ καὶ τῇ * φλογίνῃ * ῥομφαίᾳ τῇ στρεφομένῃ φυλάσσειν αὐτὸ διά σέ ὅπως
φλογόεις 1
Sib. 3 390 πορφυρέην λώπην ἐπιειμένος ὤμοις ἄγριος ἀλλοδίκης * φλογόεις * ἤγειρε γὰρ αὐτοῦ πρόσθε κεραυνὸς φῶτα κακὸν δ'
φλόξ 21
Hen. 1 6 ὄρη καὶ τακήσονται ὡς κηρὸς ἀπὸ προσώπου πυρὸς ἐν * φλογί. * καὶ διασχισθήσεται ἡ γῆ σχίσμα ῥαγάδι καὶ πάντα
Hen. 103 8 ἀνάγκῃ μεγάλῃ καὶ ἐν σκότει καὶ ἐν παγίδι καὶ ἐν * φλογὶ * καιομένῃ καὶ εἰς κρίσιν μεγάλην εἰσελεύσονται αἱ
TJos. 2 2 ἀλλ' ὁ θεὸς Ἰσραὴλ τοῦ πατρός μου ἐφύλαξέ με ἀπὸ * φλογὸς * καιομένης. ἐφυλακίσθην ἐτυπτήθην ἐμυκτηρίσθην καὶ
Asen. 12 11 με ὡς λέων καὶ διασπαράξῃ με καὶ βάλῃ με εἰς τὴν * φλόγα * τοῦ πυρὸς καὶ τὸ πῦρ ἐμβάλει με εἰς τὴν καταιγίδα
Asen. 14 9 ὡς φέγγος ἡλίου καὶ αἱ τρίχες τῆς κεφαλῆς αὐτοῦ ὡς * φλὸξ * πυρὸς ὑπολαμπάδος καιομένης καὶ αἱ χεῖρες καὶ οἱ
Asen. 17 8 εἰς τὸν οὐρανὸν κατὰ ἀνατολάς. καὶ τὸ ἅρμα ἦν ὡς * φλὸξ * πυρὸς καὶ οἱ ἵπποι ὡς ἀστραπή. καὶ ὁ ἄνθρωπος
Asen. 23 15 σώματι αὐτοῦ διότι ἤστραπτον αἱ ῥομφαῖαι αὐτῶν ὡς * φλόγα * πυρὸς καὶ ἠμαυρώθησαν οἱ ὀφθαλμοὶ τοῦ υἱοῦ Φαραὼ
Sal. 12 4 ὀστᾶ ψιθύρων ἀπὸ φοβουμένων κύριον ἐν πυρὶ * φλογὸς * γλῶσσα ψίθυρος ἀπόλοιτο ἀπὸ ὁσίων. φυλάξαι κύριος
Sal. 15 4 ταῦτα οὐ σαλευθήσεται εἰς τὸν αἰῶνα ἀπὸ κακοῦ * φλὸξ * πυρὸς καὶ ὀργὴ ἀδίκων οὐχ ἅψεται αὐτοῦ ὅταν ἐξέλθῃ
Prop. 21 2 προσηγόρευον καὶ ὅτι ἐν πυρὶ αὐτὸν ἐσπαργάνουν καὶ * φλόγα * πυρὸς ἐδίδουν αὐτῷ φαγεῖν καὶ ἐλθὼν ἀνήγγειλεν ἐν
Esdr. 1 24 αἰῶνι ὅτι ἀτελεύτητος αὐτῶν ἡ κρίσις καὶ ἡ * φλὸξ * ἄσβεστος. ταῦτα αὐτοῦ λαλοῦντός μου ἦλθεν Μιχαὴλ
Sedr. 2 4 αὐτὸν ἕως τρίτου οὐρανοῦ καὶ ἔστη ἐν αὐτῷ ἡ * φλὸξ * τῆς θεότητος. καὶ λέγει αὐτὸν ὁ κύριος καλῶς ἦλθες
Sib. 3 618 ἐπὶ χθονὶ πουλυβοτείρῃ ἔργα δὲ χειροποίητα πυρὸς * φλογὶ * πάντα πεσεῖται. καὶ τότε δὴ χάρμην μεγάλην θεὸς
Sib. 4 81 μάλα πᾶσαν χεῦμα πυρὸς μεγάλοιο ἐρευγομένης * φλογὸς * Αἴτνης ἠδὲ Κρότων πέσεται μεγάλη πόλις εἰς βαθὺ
Sib. 5 346 κελάδημα θεοῦ φωνὴν +ἐπακοῦσαι+ ἠελίου δ' αὐτοῦ * φλόγες * ἄφθιτοι οὐκέτ' ἔσονται οὐδὲ σεληναίης λαμπρὸν
Sib. 5 515 θεὸς δ' ἐπέτρεψε μάχεσθαι. ἀντὶ γὰρ Ἡελίου μακραὶ * φλόγες * ἐστασίαζον Φωσφόρος ἔσχε μάχην ἐπιβὰς ἐς νῶτα
Sib. 5 526 ἐπῆλθε+ διὰ δεινοῖο Λέοντος ἠδὲ Κύων ὤλισθεν ἀπὸ * φλογὸς * Ἡελίοιο Ὑδροχόον δ' ἐπύρωσε μένος κρατεροῖο
FEll. 4 228 οἷος μέλλῃ τότε φαίνεσθαι ἡ κεφαλὴ αὐτοῦ * φλὸξ * πυρὸς ὁ ὀφθαλμὸς αὐτοῦ ὁ δεξιὸς κέκραται αἵματος. ὁ
FMan. 2 22 15 κύριος καὶ ᾤκτείρησεν αὐτὸν καὶ ἐγένετο περὶ αὐτὸν * φλὸξ * πυρὸς καὶ ἐτάκησαν πάντα τὰ περὶ αὐτὸν σίδηρα καὶ
ISop. 5 121 4 θησαυρὸν σχάσῃ χρυσωπὸς αἰθὴρ ἡ δὲ βοσκηθεῖσα * φλὸξ * ἅπαντα τἀπίγεια καὶ μετάρσια φλέξει μανεῖσα. ἐπὰν
FrAn. 574 3073 ιαεωβαφρενεμουν. λόγος ὃν τρέμει γέννα πυρὸς καὶ * φλόγες * περιφλογίζουσι καὶ σίδηρος λακᾷ καὶ πᾶν ὄρος ἐκ
φλυκτίς 1
FJub. 48 5 κυνόμυια Ὀκτωβρίῳ κτηνῶν πτῶσις Νοεμβρίῳ * φλυκτίδες * καὶ ἕλκη Δεκεμβρίῳ χάλαζα Ἰανουαρίῳ ἀκρίς
φοβερός 40
Adam 8 1 ὁ δεσπότης ἔθηκε τὸν θρόνον αὐτοῦ καὶ ἐκάλησε φωνῇ * φοβερᾷ * λέγων Ἀδὰμ ποῦ εἶ καὶ ἵνα τί κρύβῃ σε ἀπὸ
Adam 13 6 τῆς ψυχῆς αὐτοῦ μέλλεις θεάσασθαι τὴν ἄνοδον αὐτῆς * φοβεράν. * εἰπὼν δὲ ταῦτα ὁ ἄγγελος ἀπῆλθεν ἀπ' αὐτῶν.
Adam 34 1 τῶν ἁγίων. καὶ αὖθις ἴδον ἐγὼ Εὔα δύο μεγάλα καὶ * φοβερὰ * μυστήρια ἐνώπιον τοῦ θεοῦ ‹καὶ ἔκλαυσα ἐκ τοῦ
Adam 37 1 ἄγγελοι οἱ ἐπ' ὄψεσιν κείμενοι καὶ ἐβόησαν φωνὴν * φοβερὰν * λέγοντες εὐλογημένη ἡ δόξα κυρίου ἀπὸ ποιημάτων
Hen. 18 12 ἦν ὑπὸ αὐτὸ οὔτε πετεινὸν ἀλλὰ τόπος ἦν ἔρημος καὶ * φοβερός. * ἐκεῖ ἴδον ἑπτὰ ἀστέρας ὡς ὄρη μεγάλα καιόμενα
Hen. 21 2 ἕως τῆς ἀκατασκευάστου. κἀκεῖ ἐθεασάμην ἔργον * φοβερὸν * ἑώρακα οὔτε οὐρανὸν ἐπάνω οὔτε γῆν τεθέαμαι
Hen. 21 2 τεθεμελιωμένην ἀλλὰ τόπον ἀκατασκεύαστον καὶ * φοβερόν. * καὶ ἐκεῖ τεθέαμαι ἑπτὰ τῶν ἀστέρων τοῦ οὐρανοῦ
Hen. 21 7 αὐτῶν. κἀκεῖθεν ἐφώδευσα εἰς ἄλλον τόπον τούτου * φοβερώτερον * καὶ τεθέαμαι ἔργα φοβερώτερα πῦρ μέγα ἐκεῖ
Hen. 21 7 ἄλλον τόπον τούτου φοβερώτερον καὶ τεθέαμαι ἔργα * φοβερώτερα * πῦρ μέγα ἐκεῖ καιόμενον καὶ φλεγόμενον καὶ
Hen. 21 8 πλάτος ἠδυνήθην ἰδεῖν οὐδὲ εἰκάσαι. τότε εἶπον ὡς * φοβερὸς * ὁ τόπος καὶ ὡς δεινὸς τῇ ὁράσει. τότε ἀπεκρίθη
Hen. 21 9 οὕτως καὶ ἐπτοήθης; καὶ ἀπεκρίθην περὶ τούτου τοῦ * φοβεροῦ * καὶ περὶ τῆς προσόψεως τῆς δεινῆς. καὶ εἶπεν
Hen. 21B 2 μέρχι τῆς ἀκατασκευάστου. καὶ ἐκεῖ ἐθεασάμην ἔργον * φοβερόν. * ἑώρακα οὔτε οὐρανὸν ἐπάνω οὔτε γῆν
Hen. 21B 2 γῆν τεθεμελιωμένην ἀλλὰ τόπον ἀκατασκεύαστον καὶ * φοβερόν. * καὶ ἐκεῖ τεθέαμαι ζ' ἀστέρας τοῦ οὐρανοῦ
Abr.1 11 4 κεχρυσωμένου καὶ ἦν ἡ ἰδέα τοῦ ἀνδρὸς ἐκείνου * φοβερὰ * ὁμοία τοῦ δεσπότου καὶ εἶδον ψυχὰς πολλὰς
Abr.1 12 4 πλατείας καὶ ἐν μέσῳ τῶν δύο πυλῶν ἵσταται θρόνος * φοβερὸς * ἐν εἴδει κρυστάλλου ἐξαστράπτων ὡς πῦρ καὶ ἐπ'
Abr.1 13 2 θεωρεῖς πανόσιε καὶ δίκαιε Ἀβραὰμ τὸν ἄνδρα τὸν * φοβερὸν * τὸν ἐπὶ θρόνου καθήμενον; οὗτός ἐστιν υἱὸς τοῦ
Abr.1 13 7 τότε λοιπὸν τῆς κρίσεως ἐκείνης τὸ τέλος ἐγγὺς καὶ * φοβερὰ * ἡ ἀπόφασις καὶ ὁ λύων οὐδεὶς καὶ λοιπὸν διὰ τριῶν
Abr.1 17 14 πρόσωπον ἀσπίδος ἀγριώτερον› καὶ πρόσωπον λέοντος * φοβεροῦ * καὶ πρόσωπον κεράστου καὶ βασιλίσκου ἔδειξεν δὲ
Abr.1 17 15 καὶ πρόσωπον ξιφηφόρον καὶ πρόσωπον ἀστραπῆς * φοβερῶς * ἐξαστράπτον καὶ ἦχον βροντῆς φοβερᾶς ἔδειξεν δὲ
Abr.1 17 15 ἀστραπῆς φοβερῶς ἐξαστράπτον καὶ ἦχον βροντῆς * φοβερᾶς * ἔδειξεν δὲ καὶ ἕτερον πρόσωπον θαλάσσης ἀγρίας
Abr.1 17 16 ποταμὸν ἄγριον κοχλάζοντα καὶ δράκοντα τρικέφαλον * φοβερὸν * καὶ ποτήρια μεμεστωμένα φαρμάκων καὶ ἁπλῶς
Abr.1 19 6 με καὶ ὑπὲρ τῆς βροντῆς τῆς ἀνυποφόρου καὶ τῆς * φοβερᾶς * ἀστραπῆς καὶ τί τὰ ποτήρια τὰ δυσώδη φάρμακα καὶ
Abr.1 19 13 βλέποντες τῆς δὲ βροντῆς τῆς ἀνυποφόρου καὶ τῆς * φοβερᾶς * ἀστραπῆς ἔδειξά σοι διότι πολλοὶ τῶν ἀνθρώπων ἐν
Abr.1 19 13 ‹καὶ τυχόντες βροντῆς ἀνυποφόρου καὶ ἀστραπῆς * φοβερᾶς * ἐλθούσης ἀνάρπαστοι γίνονται καὶ οὕτω τὸν
TJos. 6 2 ὁ εὐνοῦχος ὁ κομίζων αὐτὸ ἀνέβλεψα καὶ εἶδον ἄνδρα * φοβερὸν * ἐπιδιδόντα μοι μετὰ τοῦ τρυβλίου μάχαιραν. καὶ
Asen. 11 7 σεβομένους τὰ εἴδωλα διότι θεὸς ζηλωτής ἐστι καὶ * φοβερὸς * ἐπὶ πάντας τοὺς σεβομένους θεοὺς ἀλλοτρίους. διὰ
Asen. 11 17 ὕψιστον καὶ πῶς ὀνομάσω τὸ ἅγιον αὐτοῦ ὄνομα τὸ * φοβερὸν * μήποτε ὀργισθῇ μοι κύριος διότι ἐν ταῖς ἀνομίαις
Esdr. 4 37 ἄφθαρτοι. τότε ὁ ἀντικείμενος ἀκούσας τῆς * φοβερᾶς * ἀπειλῆς κρυβήσεται εἰς τὸ σκότος τὸ ἐξώτερον.
Esdr. 4 43 εἶπεν ὁ θεὸς ἐπειδὴ ἀκούσας μου ὁ ἀντικείμενος τῆς * φοβερᾶς * ἀπειλῆς κρυβήσεται καὶ διὰ τοῦτο χωνεύσω τὴν γῆν
Aris. 194 2 ἀποδεξάμενος δὲ καὶ τοῦτον τὸν ἕτερον ἠρώτα πῶς ἂν * φοβερὸς * εἴη τοῖς ἐχθροῖς; ὁ δὲ εἶπεν εἰ τῇ τῶν ὅπλων καὶ
Sib. 3 173 +ἄλλο+ Μακηδονίης ἔθνος μέγα ποικίλον ἄρξει οἳ * φοβερὸν * πολέμοιο νέφος ἥξουσι βροτοῖσιν. ἀλλά μιν
Sib. 3 505 αἰαῖ σοι Κρήτη πολυώδυνε εἴς σέ περ ἥξει πληγὴ καὶ * φοβερὰ * αἰώνιος +ἐξαλαπάξει+ καί σε καπνιζομένην πᾶσα
Sib. 3 634 κεν πάντεσσι βροτοῖς λοιμοῖο τελευτὴ ἔλθῃ καὶ * φοβεροῖο * δίκης ‹τε›τύχωσι δαμέντες καὶ βασιλεὺς βασιλῆα
Sib. 5 143 σὺν μητρὶ ταλαίνῃ. φεύξεται ἐκ Βαβυλῶνος ἄναξ * φοβερὸς * καὶ ἀναιδὴς ὃν πάντες στυγέουσι βροτοὶ καὶ φῶτες
FMan. 2 22 12 ὁ κλείσας τὴν ἄβυσσον καὶ σφραγισάμενος αὐτὴν τῷ * φοβερῷ * καὶ ἐνδόξῳ ὀνόματί σου ὃν πάντα φρίσσει καὶ
FAch. 115 θέλῃ ὀργίζεσθαι τὸ ἴδιον ἱερὸν τρέμειν ποιεῖ καὶ * φοβερὰ * βροντήσας καὶ δεινὸν ἀστράψας καὶ σείσας
IDip. 5 121 1 ποιήσει ‹ὁ› θεὸς ὁ πάντων δεσπότης οὗ τὸ ὄνομα * φοβερόν * ‹ἐστιν› οὐδ' ἂν ὀνομάσαιμι ἐγώ. ὃς τοῖς
HCal. 24 17 φύσεως ἀνθρώπων ὁ Μακεδόνων στρατὸς ὡς γὰρ ἐν ἡμῖν * φοβερὸς * καθέστηκεν ὁ θάνατος τοῖς Μακεδόσι οὐχ οὕτως
LEze. 9 29 11 04 πρὸς οὖδας καὶ ἀποχώρησον ταχύ. δράκων γὰρ ἔσται * φοβερὸς * ὥστε θαυμάσαι. (Μ). ἰδοὺ βέβληται δέσποθ' ἵλεως

| | | | | | |
|---|---|---|---|---|---|
| LEze. 9 | 29 11 | 06 | (Μ). ἰδοὺ βέβληται δέσποθ' ἵλεως γενοῦ ὡς | * φοβερὸς * | ὡς πέλωρος οἴκτειρον σύ με πέφρικ' ἰδὼν μέλη δὲ |

φοβέω 99

| | | | | | |
|---|---|---|---|---|---|
| Adam | 10 | 3 | θεοῦ. καὶ εἶπε πρὸς τὸ θηρίον ὦ θηρίον πονηρὸν οὐ | * φοβήσει * | τὴν εἰκόνα τοῦ θεοῦ πολεμῆσαι αὐτήν; πῶς ἠνοίγη |
| Adam | 16 | 4 | καὶ ἡμεῖς ἐξεβλήθημεν δι' αὐτοῦ. λέγει αὐτῷ ὁ ὄφις | * μὴ φοβοῦ * | μήποτε ὀργισθῇ μοι ὁ θεός. λέγει αὐτῷ ὁ |
| Adam | 16 | 5 | ὀργισθῇ μοι ὁ θεός. λέγει αὐτῷ ὁ διάβολος μὴ | * φοβοῦ * | γενοῦ μοι σκεῦος κἀγὼ λαλήσω διὰ στόματός σου |
| Adam | 18 | 2 | καὶ νόησον τὴν τιμὴν τοῦ ξύλου. ἐγὼ δὲ εἶπον αὐτῷ | * φοβοῦμαι * | μήποτε ὀργισθῇ μοι ὁ θεὸς καθὼς εἶπεν ἡμῖν. καὶ |
| Adam | 18 | 3 | μοι ὁ θεὸς καθὼς εἶπεν ἡμῖν. καὶ λέγει μοι μὴ | * φοβοῦ. * | ἅμα γὰρ φάγῃς ἀνοιχθήσονταί σου οἱ ὀφθαλμοὶ καὶ |
| Adam | 18 | 5 | αὐτοῦ. εἶπον δὲ αὐτῷ ὅτι ὡραῖον τοῖς ὀφθαλμοῖς. | * ἐφοβήθην * | δὲ λαβεῖν ἀπὸ τοῦ καρποῦ καὶ λέγει μοι δεῦρο |
| Adam | 21 | 4 | ἔσει ὡς θεός. καὶ ἀποκριθεὶς ὁ πατὴρ ὑμῶν εἶπεν | * φοβοῦμαι * | μήποτε ὀργισθῇ μοι ὁ θεός. ἐγὼ δὲ εἶπον μὴ |
| Adam | 21 | 4 | μήποτε ὀργισθῇ μοι ὁ θεός. ἐγὼ δὲ εἶπον μὴ | * φοβοῦ * | ἅμα γὰρ φάγῃς ἔσει γινώσκων καλὸν καὶ πονηρόν. καὶ |
| Adam | 22 | 2 | ὁ θεὸς εἰς τὸν παράδεισον ἔρχεται κρῖναι ἡμᾶς. | * ἐφοβήθημεν * | δὲ καὶ ἐκρύβημεν. καὶ ἦλθεν ὁ θεὸς εἰς τὸν |
| Adam | 23 | 2 | σε ὡς νομίζοντες ὅτι οὐχ εὑρισκόμεθα ὑπὸ σοῦ ἀλλὰ | * φοβοῦμαι * | ὅτι γυμνός εἰμι καὶ ᾐδέσθην τὸ κράτος σου |
| Hen. | 1 | 5 | τῆς ἰσχύος αὐτοῦ ἀπὸ τοῦ οὐρανοῦ τῶν οὐρανῶν. καὶ | * φοβηθήσονται * | πάντες καὶ πιστεύσουσιν οἱ ἐγρήγοροι (καὶ |
| Hen. | 6 | 3 | καὶ εἶπεν Σεμειαζᾶς πρὸς αὐτοὺς ὃς ἦν ἄρχων αὐτῶν | * φοβοῦμαι * | μὴ οὐ θελήσετε ποιῆσαι τὸ πρᾶγμα τοῦτο καὶ |
| Hen. | 6B | 3 | γῆς. καὶ εἶπε Σεμιαζᾶς ὁ ἄρχων αὐτῶν πρὸς αὐτοὺς | * φοβοῦμαι * | μὴ οὐ θελήσητε ποιῆσαι τὸ πρᾶγμα τοῦτο καὶ |
| Hen. | 13 | 3 | πορευθεὶς εἴρηκα πᾶσιν αὐτοῖς καὶ αὐτοὶ πάντες | * ἐφοβήθησαν * | καὶ ἔλαβεν αὐτοὺς τρόμος καὶ φόβος. καὶ |
| Hen. | 15 | 1 | ὁ γραμματεὺς καὶ τῆς φωνῆς αὐτοῦ ἤκουσα μὴ | * φοβηθῇς * | Ἐνὼχ ἄνθρωπος ἀληθινὸς καὶ γραμματεὺς τῆς |
| Hen. | 21 | 9 | ἀγγέλων ὃς μετ' ἐμοῦ ἦν καὶ εἶπέν μοι Ἐνὼχ διά τί | * ἐφοβήθης; * | οὕτως καὶ ἐπτοήθης; καὶ ἀπεκρίθην περὶ τούτου |
| Hen. | 89 | 49 | οἱ κύνες καὶ οἱ ἀλώπεκες ἔφυγον ἀπ' αὐτοῦ καὶ | * ἐφοβοῦντο * | αὐτόν. παρὰ δὲ τοῦ ὄρους ἐν ᾧ ὤμοσαν καὶ |
| Hen. | 101 | 1 | τοίνυν υἱοὶ τῶν ἀνθρώπων τὰ ἔργα τοῦ ὑψίστου καὶ | * φοβήθητε * | τοῦ ποιῆσαι τὸ πονηρὸν ἐναντίον αὐτοῦ. ἐὰν |
| Hen. | 101 | 5 | σεσαλευμένα τὰ πλοῖα αὐτῶν καὶ χειμαζόμενοι πάντες | * φοβοῦνται * | ἔξω δὲ τὰ (ἀγαθὰ πάντα) καὶ τὰ ὑπάρχοντα αὐτῶν |
| Hen. | 101 | 7 | αὐτὴν ἄμμῳ; (καὶ ἀπὸ τῆς) ἐμβριμήσεως αὐτοῦ | * (φοβοῦνται * | καὶ ξη)ραίνονται καὶ οἱ ἰχθύες--- (--γῆν) καὶ |
| Hen. | 101 | 8 | ἐν τῇ θαλάσσῃ; οἱ ναύκληροι τὴν θάλασσαν | * φοβοῦνται. * | καὶ ὅταν ἐκβάλῃ ἐφ' ὑμᾶς τὸν κλύδωνα τοῦ |
| Hen. | 102 | 2 | δῷ ἐφ' ὑμᾶς φωνὴν αὐτοῦ ἔσεσθε συνσειόμενοι καὶ | * φοβούμενοι * | ἤχῳ μεγάλῳ (καὶ) τὴν γῆν σύμπασαν σειομένην |
| Hen. | 103 | 4 | μεγάλου εἰς πάσας τὰς γενεὰς τῶν αἰώνων. μὴ οὖν | * φοβεῖσθε * | τοὺς ὀνειδισμοὺς αὐτῶν. καὶ ὑμεῖς οἱ νεκροὶ τῶν |
| Hen. | 104 | 5 | μετέσχεν τῶν βιαζομένων καὶ κατεσθόντων ὑμᾶς. (μὴ | * φοβεῖσθε) * | τὰ κακὰ ἐν τῇ ἡμέρᾳ τῆς κρίσεως τῆς μεγάλης |
| Hen. | 104 | 6 | ἐξ ὑμῶν ἔσται εἰς πάσας τὰς γενεὰς τῶν αἰώνων. μὴ | * φοβεῖσθε * | οἱ δίκαιοι ὅταν ἴδητε τοὺς ἁμαρτωλοὺς |
| Hen. | 106 | 4 | καὶ ἀνέῳξεν τὸ στόμα καὶ εὐλόγησεν τῷ κυρίῳ καὶ | * ἐφοβήθη * | Λάμεχ ἀπ' αὐτοῦ καὶ ἔφυγεν καὶ ἦλθεν πρὸς |
| Hen. | 106 | 12 | τὸ στόμα εὐλόγησεν τὸν κύριον τοῦ αἰῶνος καὶ | * ἐφοβήθη * | ὁ υἱός μου Λάμεχ καὶ ἔφυγεν πρὸς ἐμὲ καὶ οὐ |
| Abr.2 | 13 | 4 | δὲ Ἀβραὰμ τὸν θάνατον ἔγγιστα αὐτοῦ καθήμενον | * ἐφοβήθη * | φόβον μέγαν. καὶ ἀποκριθεὶς Ἀβραὰμ εἶπεν |
| TSim. | 2 | 3 | δυνατὸς ἐγενόμην σφόδρα οὐκ ἐδειλίασα πρᾶξιν οὐδὲ | * ἐφοβήθην * | ἀπὸ παντὸς πράγματος. ἡ γὰρ καρδία μου ἦν |
| TLevi | 13 | 1 | ἀπέθανεν. καὶ νῦν τέκνα μου ἐντέλλομαι ὑμῖν ἵνα | * φοβεῖσθε * | τὸν κύριον ἡμῶν ἐξ ὅλης καρδίας καὶ πορεύεσθε |
| TJud. | 7 | 11 | ὅτε ἐγένετο ὁ πόλεμος οὗτος καὶ ἦσαν οἱ Χαναναῖοι | * φοβούμενοι * | με καὶ τοὺς ἀδελφούς μου. ἦν δέ μοι καὶ κτήνη |
| TZab. | 1 | 6 | πατρί μου τὸ γενόμενον. καὶ ἔκλαιον πολλὰ ἐν κρυφῇ | * ἐφοβούμην * | γὰρ τοὺς ἀδελφούς μου ὅτι συνέθεντο πάντες |
| TZab. | 4 | 2 | οὐ συνέτρωγεν αὐτοῖς προσεῖχε δὲ τῷ λάκκῳ ὅτι | * ἐφοβεῖτο * | μὴ ἀποπηδήσαντες Συμεὼν καὶ Γὰδ ἀνέλωσιν αὐτόν. |
| TZab. | 10 | 5 | ἀνάπαυσίν μου ἀποτρέχω ὡς οἱ πατέρες μου ὑμεῖς δὲ | * φοβεῖσθε * | κύριον τὸν θεὸν ὑμῶν ἐν πάσῃ ἰσχύι πάσας τὰς |
| TDan | 6 | 1 | βασιλεύσει ἐν ἀληθείᾳ ἐν τοῖς οὐρανοῖς. καὶ νῦν | * φοβήθητε * | τὸν κύριον τέκνα μου καὶ προσέχετε ἑαυτοῖς ἀπὸ |
| TNep. | 7 | 4 | τοῖς σπλάγχνοις ἀναγγεῖλαι ὅτι πέπραται ἀλλ' | * ἐφοβούμην * | τοὺς ἀδελφούς μου. καὶ ἰδοὺ τέκνα μου ὑπέδειξα |
| TNep. | 8 | 4 | καὶ ὁ διάβολος φεύξεται ἀφ' ὑμῶν καὶ τὰ θηρία | * φοβηθήσονται * | ὑμᾶς καὶ ὁ κύριος ἀγαπήσει ὑμᾶς καὶ οἱ |
| TGad | 3 | 2 | ἐὰν ποιῇ νόμον κυρίου τοῦτον οὐκ ἐπαινεῖ ἐὰν | * φοβῆται * | κύριον καὶ θέλῃ δίκαια τοῦτον οὐκ ἀγαπᾷ τὴν |
| TGad | 5 | 5 | ἀνδρὸς ἐπειδὴ ὁ φόβος τοῦ ὑψίστου νικᾷ τὸ μῖσος. | * φοβούμενος * | γὰρ μὴ προσκρούσῃ κυρίῳ οὐ θέλει τὸ καθόλου |
| TGad | 6 | 6 | μηκέτι πλημμελῆσαι εἰς σὲ ἀλλὰ καὶ τιμήσει σε καὶ | * φοβηθήσεται * | καὶ εἰρηνεύσει. ἐὰν δὲ ἀναιδὴς ἐστι καὶ |
| TJos. | 2 | 4 | τοῦ δεσμοφύλακος. οὐ μὴ γὰρ ἐγκαταλίπῃ τοὺς | * φοβουμένους * | αὐτὸν οὐκ ἐν σκότει ἢ δεσμοῖς ἢ θλίψεσιν ἢ |
| TJos. | 4 | 2 | με ὡς σώφρονα φανερῶς καὶ ἐν κρυφῇ ἔλεγέ μοι μὴ | * φοβηθῇς * | τὸν ἄνδρα μου καὶ γὰρ πέπεισται περὶ τῆς |
| TJos. | 5 | 3 | ἐγὼ ἐξαγγελῶ τὴν ἀνομίαν τῆς ἀσεβείας σου πᾶσιν. | * φοβηθεῖσα * | οὖν ἐκείνη ἠξίου ἵνα μηδενὶ ἐξαγγείλω τὴν |
| TJos. | 15 | 5 | πωλῆσαί με ἵνα μὴ εὑρεθῶ ἐν χερσὶν αὐτῶν. | * ἐφοβοῦντο * | γὰρ τὸν Ἰακὼβ ἵνα μὴ ποιήσῃ ἐν αὐτοῖς |
| TBen. | 2 | 5 | αὐτῷ λέων καὶ ἀνεῖλεν αὐτόν. καὶ οὕτως οἱ μέτοχοι | * φοβηθέντες * | διαπωλοῦσί με τοῖς ἑταίροις αὐτῶν. καὶ ὑμεῖς |
| TBen. | 3 | 3 | ὁ ἔχων τὴν διάνοιαν ἀγαθὴν πάντα βλέπει ὀρθῶς. | * φοβεῖσθε * | κύριον καὶ ἀγαπᾶτε τὸν πλησίον. καὶ ἐὰν τὰ |
| TBen. | 3 | 4 | ἀνελεῖν αὐτὸν καὶ ὁ θεὸς ἐσκέπασεν αὐτὸν ὁ γὰρ | * φοβούμενος * | τὸν θεὸν καὶ ἀγαπῶν τὸν πλησίον αὐτοῦ ὑπὸ τοῦ |
| TBen. | 5 | 2 | πνεύματα φεύξεται ἀφ' ὑμῶν καὶ αὐτὰ τὰ θηρία | * φοβηθήσονται * | ὑμᾶς. ὅπου γὰρ ἔνι φῶς ἀγαθῶν ἔργων εἰς |
| TBen. | 10 | 10 | ἀπηλλοτριώθησαν θεοῦ γενόμενοι οὐ τέκνα ἐν μερίδι | * φοβουμένων * | κύριον. ὑμεῖς δὲ ἐὰν πορεύησθε ἐν ἁγιασμῷ |
| Asen. | 2 | 3 | ἀργυροῖ. καὶ πάντας ἐκείνους ἐσέβετο Ἀσενὲθ καὶ | * ἐφοβεῖτο * | αὐτοὺς καὶ θυσίας αὐτοῖς ἐπετέλει καθ' ἡμέραν. |
| Asen. | 6 | 1 | γόνατα αὐτῆς καὶ ἐτρόμαξεν ὅλον τὸ σῶμα αὐτῆς καὶ | * ἐφοβήθη * | φόβον μέγαν. καὶ ἀνεστέναξε καὶ εἶπεν ἐν τῇ |
| Asen. | 7 | 2 | θυρίδα; ἀπελθέτω δὴ ἐκ τῆς οἰκίας ταύτης. διότι | * ἐφοβεῖτο * | Ἰωσὴφ λέγων μήποτε καὶ αὕτη ἐνοχλήσῃ με. ὅτι |
| Asen. | 8 | 8 | καὶ αὐτὸς διότι ἦν Ἰωσὴφ πραΰς καὶ ἐλεήμων καὶ | * φοβούμενος * | τὸν θεόν. καὶ ἐπῆρε τὴν χεῖρα αὐτοῦ τὴν |
| Asen. | 10 | 1 | καὶ ἐπάτασσε τῇ χειρὶ τὸ στῆθος αὐτῆς πυκνῶς καὶ | * ἐφοβεῖτο * | φόβον μέγαν καὶ ἔτρεμε τρόμον βαρύν. καὶ ἀνέστη |
| Asen. | 11 | 15 | ἐξεπέτασε τὰς χεῖρας αὐτῆς εἰς τὸν οὐρανόν. καὶ | * ἐφοβήθη * | ἀνοῖξαι τὸ στόμα αὐτῆς καὶ ὀνομάσαι τὸ ὄνομα τοῦ |
| Asen. | 12 | 8 | με ὑπὸ τῶν καταδιωκόντων με. ὡς γὰρ παιδίον νήπιον | * φοβούμενον * | φεύγει πρὸς τὸν πατέρα αὐτοῦ καὶ ὁ πατὴρ |
| Asen. | 14 | 10 | αὐτῆς ἐπὶ τοὺς πόδας αὐτοῦ ἐπὶ τὴν γῆν. καὶ | * ἐφοβήθη * | Ἀσενὲθ φόβον μέγαν καὶ ἐτρόμαξε πάντα τὰ μέλη |
| Asen. | 14 | 11 | καὶ εἶπεν αὐτῇ ὁ ἄνθρωπος θάρσει Ἀσενὲθ καὶ μὴ | * φοβηθῇς * | ἀλλ' ἀνάστηθι καὶ στῆθι ἐπὶ τοὺς πόδας σου καὶ |
| Asen. | 16 | 11 | καὶ ἰδοὺ ἐνήνοχας κηρίον μελίσσης θαυμαστόν. καὶ | * ἐφοβήθη * | Ἀσενὲθ καὶ εἶπεν κύριε ἐγὼ οὐκ εἶχον κηρίον |
| Asen. | 16 | 13 | τῇ χειρὶ αὐτοῦ τῇ δεξιᾷ τὴν κεφαλὴν αὐτῆς. καὶ | * ἐφοβήθη * | Ἀσενὲθ τὴν χεῖρα τοῦ ἀνθρώπου διότι σπινθῆρες |
| Asen. | 18 | 11 | ὡς εἶδεν αὐτὴν ἐπτοήθη καὶ ἔστη ἄφωνος ἐπιπολὺ καὶ | * ἐφοβήθη * | φόβον μέγαν καὶ ἔπεσεν ἐπὶ τοὺς πόδας αὐτῆς καὶ |
| Asen. | 23 | 15 | ὁ υἱὸς Φαραὼ τὰς ῥομφαίας αὐτῶν ἐσπασμένας καὶ | * ἐφοβήθη * | σφόδρα καὶ ἐτρόμαξεν ὅλῳ τῷ σώματι αὐτοῦ διότι |
| Asen. | 23 | 16 | καὶ ἐκράτησεν αὐτὸν καὶ εἶπεν αὐτῷ ἀνάστηθι καὶ μὴ | * φοβηθῇς * | πλὴν φύλαξαι ἔτι τοῦ μὴ λαλῆσαι περὶ τοῦ ἀδελφοῦ |
| Asen. | 24 | 1 | καὶ ἦν ὁ υἱὸς Φαραὼ πλήρης φόβου καὶ λύπης διότι | * ἐφοβεῖτο * | τοὺς ἀδελφοὺς Ἰωσὴφ Συμεὼν καὶ Λευίς καὶ |
| Asen. | 26 | 2 | ἀπ' ἐμοῦ. καὶ εἶπεν αὐτῇ Ἰωσὴφ θάρσει καὶ μὴ | * φοβοῦ * | ἀλλὰ πορεύου διότι κύριος μετὰ σοῦ ἐστι καὶ αὐτὸς |
| Asen. | 26 | 8 | ἱππεῖς μετ' αὐτοῦ. καὶ εἶδεν αὐτὸν Ἀσενὲθ καὶ | * ἐφοβήθη * | καὶ ἐταράχθη σφόδρα καὶ ἐτρόμαξεν ὅλον τὸ σῶμα |
| Asen. | 27 | 1 | αὐτῷ ἄρρητον καὶ ἰσχὺς ὡς σκύμνος λέοντος καὶ ἦν | * φοβούμενος * | τὸν κύριον σφόδρα. καὶ κατεπήδησε Βενιαμὶν |
| Asen. | 27 | 10 | αἵματος πλήρεις. καὶ εἶδεν αὐτοὺς Ἀσενὲθ καὶ | * ἐφοβήθη * | σφόδρα καὶ εἶπεν κύριε ὁ θεός μου ὁ |
| Asen. | 28 | 1 | υἱοὶ Βάλλας καὶ Ζέλφας τὸ ῥῆμα τὸ μέγα τοῦτο καὶ | * ἐφοβήθησαν * | σφόδρα καὶ εἶπον κύριος πολεμεῖ καθ' ἡμῶν |
| Asen. | 28 | 7 | αὐτῶν. καὶ εἶπεν αὐτοῖς Ἀσενὲθ θαρσεῖτε καὶ μὴ | * φοβεῖσθε * | ἀπὸ τῶν ἀδελφῶν ὑμῶν διότι αὐτοί εἰσιν ἄνδρες |
| Asen. | 28 | 7 | ὑμῶν διότι αὐτοί εἰσιν ἄνδρες θεοσεβεῖς καὶ | * φοβούμενοι * | τὸν θεὸν καὶ αἰδούμενοι πάντα ἄνθρωπον. |
| Asen. | 28 | 7 | τετολμήκατε κατέναντι αὐτῶν. θαρσεῖτε οὖν καὶ μὴ | * φοβεῖσθε * | πλὴν κρινεῖ κύριος ἀνάμεσον ἐμοῦ καὶ ὑμῶν. καὶ |
| Asen. | 28 | 17 | αὐτῶν καὶ οὐκ ἀνήγγειλε τοῖς ἀδελφοῖς αὐτοῦ. | * ἐφοβήθη * | γὰρ μήποτε ἐν τῇ ὀργῇ αὐτῶν κατακόψωσιν αὐτούς. |
| Sal. | 2 | 33 | κρίνων τὴν ὑπ' οὐρανόν. εὐλογεῖτε τὸν θεὸν οἱ | * φοβούμενοι * | τὸν κύριον ἐν ἐπιστήμῃ ὅτι τὸ ἔλεος κυρίου |
| Sal. | 2 | 33 | κύριον ἐν ἐπιστήμῃ ὅτι τὸ ἔλεος κυρίου ἐπὶ τοὺς | * φοβουμένους * | αὐτὸν μετὰ κρίματος τοῦ διαστεῖλαι ἀνὰ μέσον |
| Sal. | 3 | 12 | αὕτη ἡ μερὶς τῶν ἁμαρτωλῶν εἰς τὸν αἰῶνα οἱ δὲ | * φοβούμενοι * | τὸν κύριον ἀναστήσονται εἰς ζωὴν αἰώνιον καὶ |
| Sal. | 4 | 21 | ἐν ἐπιθυμίᾳ καὶ οὐκ ἐμνήσθησαν θεοῦ καὶ οὐκ | * ἐφοβήθησαν * | τὸν θεὸν ἐν ἅπασι τούτοις καὶ παρώργισαν τὸν |
| Sal. | 4 | 23 | ψυχὰς ἀκάκων παραλογισμῷ ὑπεκρίνοντο. μακάριοι οἱ | * φοβούμενοι * | τὸν κύριον ἐν ἀκακίᾳ αὐτῶν ὁ κύριος ῥύσεται |
| Sal. | 5 | 18 | εἰς πλησμονὴν ἐν δικαιοσύνῃ. εὐφρανθείησαν οἱ | * φοβούμενοι * | κύριον ἐν ἀγαθοῖς καὶ ἡ χρηστότης σου ἐπὶ |
| Sal. | 8 | 5 | ἡ ὀσφύς μου ἀπὸ ἀκοῆς παρελύθη γόνατά μου | * ἐφοβήθη * | ἡ καρδία μου ἐταράχθη τὰ ὀστᾶ μου ὡς λίνον. εἶπα |
| Sal. | 12 | 4 | ἐν ἀπορίᾳ καὶ σκορπισθείησαν ὀστᾶ ψιθύρων ἀπὸ | * φοβουμένων * | κύριον ἐν πυρὶ φλογὸς γλῶσσα ψιθύρος ἀπόλοιτο |
| Sal. | 13 | 12 | ἐπὶ δὲ τοὺς ὁσίους τὸ ἔλεος κυρίου καὶ ἐπὶ τοὺς | * φοβουμένους * | αὐτὸν τὸ ἔλεος αὐτοῦ. ὕμνος τῷ Σαλωμων. |
| Sal. | 15 | 13 | ἐπισκέπτηται ὁ θεὸς τὴν γῆν ἐν κρίματι αὐτοῦ οἱ δὲ | * φοβούμενοι * | τὸν κύριον ἐλεηθήσονται ἐν αὐτῇ καὶ ζήσονται |
| Jer. | 5 | 5 | ἔτι ὀλίγον ὅτι βεβαρημένη ἐστὶν ἡ κεφαλή μου ἀλλὰ | * φοβοῦμαι * | μήπως κοιμηθῶ καὶ βραδυνῶ τοῦ ἐξυπνισθῆναί με |
| Bar. | 7 | 6 | πτέρυξι τοῦ ἀγγέλου. καὶ εἶπέν μοι ὁ ἄγγελος μὴ | * φοβοῦ * | Βαρούχ ἀλλ' ἔκδεξαι καὶ ὄψει καὶ τὴν δύσιν αὐτῶν. |
| Prop. | 3 | 12 | ἐχθρῶν προσῆλθε τοῖς ἡγουμένοις καὶ διὰ τεραστίων | * φοβηθέντες * | ἐπαύσαντο. τοῦτο ἔλεγεν αὐτοῖς ὅτι |
| Esdr. | 7 | 2 | ᾄδου ἀνεκαλεσάμην ἵνα τὸ τῶν ἀνθρώπων γένος μὴ οὖν | * φοβηθῇ * | τὸν θάνατον. τὸ γὰρ ἐξ ἐμοῦ ᾖγουν ἡ ψυχὴ |
| Job | 17 | 6 | ἀποκτείνωσιν ἡμᾶς. καὶ εἶπεν αὐτοῖς μὴ | * φοβηθῆτε * | ὅλως τὰ πλεῖονα τῶν κτημάτων αὐτοῦ ἤδη ἀπώλεσα |
| Job | 43 | 9 | ἔσται εἰς βορὰν οὐκ ἐκτήσατο ἑαυτῷ τὸν κύριον οὐδὲ | * ἐφοβήθη * | αὐτόν, ἀλλὰ καὶ τοὺς ἐντίμους αὐτοῦ παρώργισεν |
| Sib. | 3 | 29 | ποίησε καὶ ἑρπετὰ καὶ πετεηνά. οὐ σέβετ' οὐδὲ | * φοβεῖσθε * | θεὸν ματαίως δὲ πλανᾶσθε προσκυνέοντες ὄφεις τε |
| Sib. | 3 | 277 | ἀλλὰ πλανηθεὶς εἰδώλοις ἐλάτρευσας ἀεικέσιν οὐδὲ | * φοβηθεὶς * | ἀθάνατον γενετῆρα θεῶν πάντων τ' ἀνθρώπων οὐκ |
| Sib. | 5 | 78 | καὶ κνώδαλα θρησκεύοντες πολλὰ μάλ' ἄλλυδις ἄλλα | * φοβούμενοι * | οἷς λόγος οὐδεὶς οὐ νοῦς οὐκ ἀκοὴ ἅτε μοι |
| FIsa. 1 | 3 | 3 | Σαμαρίαν ἐν ὁδῷ+ τοῦ πατρὸς αὐτοῦ ὅτι τὸν Ἐζεκίαν | * ἐφοβεῖτο. * | καὶ εὑρέθη ἐν τῷ χρόνῳ Ἐζεκίου λαλῶν λόγους |
| FAch. | 118 | | ἐκτιτρώσκειν; ὁ δὲ βασιλεὺς ἰδὼν αὐτοῦ τὸν νοῦν | * ἐφοβήθη * | μὴ νικηθεὶς μέλλῃ φόρους τελεῖν τῷ βασιλεῖ |
| HHec. 1 | 22 | 204 | τὸ μέλλον εἰς τὸν τόπον τοῦτον οὐκ ἂν ἦλθε | * φοβούμενος * | μὴ τοξεύσας αὐτὸν ἀποκτείνῃ Μοσόλλαμος ὁ |
| LEze. 9 | 29 11 | 08 | με πέφρικ' ἰδὼν μέλη δὲ σώματος τρέμει. (Θ). μηδὲν | * φοβηθῇς * | χεῖρα δ' ἐκτείνας λαβὲ οὐρὰν πάλιν δὲ ῥάβδος |
| LEze. 9 | 29 12 | 20 | πλὴν τέκνον αὐτοῦ πρωτόγονον ἕξει νεκρὸν καὶ τότε | * φοβηθεὶς * | λαὸν ἐκπέμψει ταχὺ πρὸς τοῖσδε λέξεις πᾶσιν |
| FrAn. | 574 | 3017 | περίαπτε τὸν πάσχοντα παντὸς δαίμονος φρικτὸν ὃ | * φοβεῖται. * | στήσας ἄντικρυς ὅρκιζε. ἔστιν δὲ ὁ ὁρκισμὸς |
| FrAn. | 574 | 3074 | καὶ σίδηρος λακᾷ καὶ πᾶν ὄρος ἐκ θεμελίου | * φοβεῖται. * | ὁρκίζω σε πᾶν πνεῦμα δαιμόνιον τὸν ἐφορῶντα |

φόβος 52

| | | | | | |
|---|---|---|---|---|---|
| Adam | 34 | 1 | μυστήρια ἐνώπιον τοῦ θεοῦ καὶ ἔκλαυσα ἐκ τοῦ | * φόβου * | καὶ ἐβόησα πρὸς τὸν υἱόν μου Σὴθ λέγουσα ἀνάστα |

Hen. 1 5 τὰ ἄκρα τῆς γῆς) καὶ λήμψεται αὐτοὺς τρόμος καὶ * φόβος * μέγας μέχρι τῶν περάτων τῆς γῆς. καὶ σεισθήσονται
Hen. 13 3 πάντες ἐφοβήθησαν καὶ ἔλαβεν αὐτοὺς τρόμος καὶ * φόβος. * καὶ ἠρώτησαν ὅπως γράψω αὐτοῖς ὑπομνήματα
Hen. 14 13 ψυχρὸν ὡς χιὼν καὶ πᾶσα τροφὴ ζωῆς οὐκ ἦν ἐν αὐτῷ * φόβος * με ἐκάλυψεν καὶ τρόμος με ἔλαβεν. καὶ ἤμην
Hen. 100 8 ἀγρυπνοῦντες νοῆσαι τὸ κακὸν περιέχει ὑμᾶς * φόβος * καὶ οὐκ ἔστιν ὁ ἀντιλαμβανόμενος ὑμῶν. οὐαὶ ὑμῖν
Abr.1 16 3 καὶ δειλίᾳ πολὺ συνεχόμενος (καὶ ἐλθὼν μετὰ * φόβου * πολλοῦ ἔστη ἔμπροσθεν τοῦ ἀοράτου θεοῦ φρίττων καὶ
Abr.2 13 4 τὸν θάνατον ἔγγιστα αὐτοῦ καθήμενον ἐφοβήθη * φόβον * μέγαν. καὶ ἀποκριθεὶς Ἀβραὰμ εἶπεν παρακαλῶ σε
Abr.2 13 20 ποιοῦσιν στέφανον ἐπὶ τὴν κεφαλήν μου ἐν μεγάλῳ * φόβῳ * καὶ ταράσσω αὐτὸν σφόδρα. καὶ εἶπεν αὐτῷ Ἀβραὰμ
Abr.2 14 5 ἡμέρᾳ ἐτελεύτησαν ἑπτὰ παῖδες τοῦ Ἀβραὰμ διὰ τὸν * φόβον * τοῦ θανάτου ηὔξατο δὲ Ἀβραὰμ πρὸς κύριον καὶ
TRub. 4 1 αὐτῶν ἀλλὰ πορεύεσθε ἐν ἁπλότητι καρδίας ἐν * φόβῳ * κυρίου καὶ μοχθοῦντες ἐν ἔργοις καὶ ἀποπλανώμενοι
TSim. 3 4 ἄνθει ὁ δὲ φθονῶν μαραίνεται. δύο ἔτη ἡμερῶν ἐν * φόβῳ * κυρίου ἐκάκωσα ἐν νηστείᾳ τὴν ψυχήν μου καὶ ἔγνων
TSim. 3 4 τὴν ψυχήν μου καὶ ἔγνων ὅτι ἡ λύσις τοῦ φθόνου διὰ * φόβου * θεοῦ γίνεται. ἐάν τις ἐπὶ κύριον καταφύγῃ
TLevi 13 7 ταραχὴν καὶ θλῖψιν θερίσετε. σοφίαν κτήσασθε ἐν * φόβῳ * θεοῦ μετὰ σπουδῆς ὅτι ἐὰν γένηται αἰχμαλωσία καὶ
TJud. 16 2 αἰσχροκερδίας. ἐὰν πίνητε οἶνον ἐν εὐφροσύνῃ μετὰ * φόβου * θεοῦ αἰδούμενοι ἐὰν γὰρ πίνητε μὴ αἰδούμενοι καὶ
TJud. 16 2 ἐὰν γὰρ πίνητε μὴ αἰδούμενοι καὶ ἀποστῇ ὁ τοῦ θεοῦ * φόβος * λοιπὸν γίνεται μέθη καὶ παρεισέρχεται ἡ
TNep. 2 9 οὕτως οὖν τέκνα μου ἐν τάξει ἐστὲ εἰς ἀγαθὰ ἐν * φόβῳ * θεοῦ καὶ μηδὲν ἄτακτον ποιεῖτε ἐν καταφρονήσει μηδὲ
TGad 5 4 τὸ διαβούλιον αὐτοῦ. οὐ καταλαλεῖ ἀνδρὸς ἐπειδὴ ὁ * φόβος * τοῦ ὑψίστου νικᾷ τὸ μῖσος. φοβούμενος γὰρ μὴ
TJos. 10 5 ἐν τῇ καρδίᾳ μου. καίπερ νήπιος ὢν εἶχον τὸν * φόβον * τοῦ θεοῦ ἐν τῇ διανοίᾳ μου +ᾔδειν γὰρ ὅτι τὰ πάντα
TJos. 10 6 ἐμαυτὸν καὶ ἐτίμων τοὺς ἀδελφούς μου καὶ διὰ τὸν * φόβον * αὐτῶν ἐσιώπων πιπρασκόμενος μὴ εἰπεῖν τοῖς
TJos. 11 1 ἐν πάσῃ πράξει ὑμῶν πρὸ ὀφθαλμῶν τὸν τοῦ θεοῦ * φόβον * καὶ τιμᾶτε τοὺς ἀδελφοὺς ὑμῶν πᾶς γὰρ ὁ ποιῶν
TBen. 3 4 Βελιὰρ οὐ δύναται πληγῆναι σκεπαζόμενος ὑπὸ τοῦ * φόβου * τοῦ θεοῦ καὶ ὑπὸ ἐπιβουλῆς ἀνθρώπων ἢ θηρίων οὐ
TBen. 4 5 τῷ ἀσθενεῖ συμπαθεῖ τὸν θεὸν ἀνυμνεῖ τὸν ἔχοντα * φόβον * θεοῦ ὑπερασπίζει αὐτοῦ τῷ ἀγαπῶντι τὸν θεὸν
Asen. 6 1 αὐτῆς καὶ ἐτρόμαξεν ὅλον τὸ σῶμα αὐτῆς καὶ ἐφοβήθη * φόβον * μέγαν. καὶ ἀνεστέναξε καὶ εἶπεν ἐν τῇ καρδίᾳ αὐτῆς
Asen. 9 1 αὐτῆς ἀσθενοῦσα διότι ἦν ἐν αὐτῇ χαρὰ καὶ λύπη καὶ * φόβος * πολὺς καὶ τρόμος καὶ ἱδρὼς συνεχὴς ὡς ἤκουσε πάντα
Asen. 10 1 τῇ χειρὶ τὸ στῆθος αὐτῆς πυκνῶς καὶ ἐφοβεῖτο * φόβον * μέγαν καὶ ἔτρεμε τρόμον βαρύν. καὶ ἀνέστη Ἀσενὲθ
Asen. 12 8 τὸν αὐχένα τοῦ πατρὸς αὐτοῦ καὶ (ἀναπνεῖ) ἀπὸ τοῦ * φόβου * αὐτοῦ καὶ ἀναπαύεται πρὸς τὸ στῆθος τοῦ πατρὸς
Asen. 14 10 τοὺς πόδας αὐτοῦ ἐπὶ τὴν γῆν. καὶ ἐφοβήθη Ἀσενὲθ * φόβον * μέγαν καὶ ἐτρόμαξε πάντα τὰ μέλη αὐτῆς. καὶ εἶπεν
Asen. 18 11 αὐτὴν ἐπτοήθη καὶ ἔστη ἄφωνος ἐπιπολὺ καὶ ἐφοβήθη * φόβον * μέγαν καὶ ἔπεσεν ἐπὶ τοὺς πόδας αὐτῆς καὶ εἶπεν τί
Asen. 24 1 Φαραὼ Συμεὼν καὶ Λευΐς. καὶ ἦν ὁ υἱὸς Φαραὼ πλήρης * φόβου * καὶ λύπης διότι ἐφοβεῖτο τοὺς ἀδελφοὺς Ἰωσήφ
Sal. 6 5 αὐτοῦ καὶ κύριος εἰσήκουσεν προσευχὴν παντὸς ἐν * φόβῳ * θεοῦ. καὶ πᾶν αἴτημα ψυχῆς ἐλπιζούσης πρὸς αὐτὸν
Sal. 17 34 θεοῦ καὶ ἐλεήσει πάντα τὰ ἔθνη ἐνώπιον αὐτοῦ ἐν * φόβῳ. * πατάξει γὰρ γῆν τῷ λόγῳ τοῦ στόματος αὐτοῦ εἰς
Sal. 17 40 αὐτόν; ἰσχυρὸς ἐν ἔργοις αὐτοῦ καὶ κραταιὸς ἐν * φόβῳ * θεοῦ ποιμαίνων τὸ ποίμνιον κυρίου ἐν πίστει καὶ
Sal. 18 7 τῇ ἐρχομένῃ ὑπὸ ῥάβδον παιδείας χριστοῦ κυρίου ἐν * φόβῳ * θεοῦ αὐτοῦ ἐν σοφίᾳ πνεύματος καὶ δικαιοσύνης καὶ
Sal. 18 8 καὶ ἰσχύος κατευθῦναι ἄνδρα ἐν ἔργοις δικαιοσύνης * φόβῳ * θεοῦ καταστῆσαι πάντας αὐτοὺς ἐνώπιον κυρίου γενεὰ
Sal. 18 9 πάντας αὐτοὺς ἐνώπιον κυρίου γενεὰ ἀγαθὴ ἐν * φόβῳ * θεοῦ ἐν ἡμέραις ἐλέους. διάψαλμα. μέγας ἡμῶν ὁ θεὸς
Sal. 18 11 καὶ οὐ παρέβησαν ἀπὸ ὁδοῦ ἧς ἐνετείλω αὐτοῖς ἐν * φόβῳ * θεοῦ ἡ ὁδὸς αὐτῶν καθ' ἑκάστην ἡμέραν ἀφ' ἧς ἡμέρας
Bar. 7 5 ἐγὼ δὲ ἰδὼν τὴν τοιαύτην δόξαν ἐταπεινώθην * φόβῳ * μεγάλῳ καὶ ἐξέφυγον καὶ ὑπεκρύβην ἐν ταῖς πτέρυξι
Bar. 13 1 ἕτεροι ἄγγελοι κλαίοντες καὶ ὀδυρόμενοι καὶ μετὰ * φόβου * λέγοντες ἴδε ἡμᾶς μεμελανωμένους κύριε ὅτι
Sedr. 14 12 ἐκκλησίαις ἀλλ' ἵστανται καὶ οὐ προσκυνοῦσιν ἐν * φόβῳ * καὶ ἐν τρόμῳ ἀλλὰ μεγαλορημονοῦσιν ἃ οὐ δέχομαι ἐγὼ
Aris. 12 7 μετὰ ἀνδρείας τοὺς μὲν μετῴκιζεν οὓς δὲ ᾐχμαλώτιζε * φόβῳ * πάντα ὑποχείρια ποιούμενος ἐν ὅσῳ καὶ πρὸς δέκα
Aris. 36 4 κτίσας ἀπέδωκεν αὐτοῖς ὅπως τὸ τῶν Αἰγυπτίων ἔθνος * φόβον * (μὴ) ἔχῃ διὰ τούτων καὶ ἡμεῖς δὲ παραλαβόντες τὴν
Aris. 95 5 τῶν προσαγόντων δὲ τὰ θύματα πολύ τι πλῆθος ἀλλὰ * φόβῳ * καὶ καταξίως μεγάλης θειότητος ἅπαντ' ἐπιτελεῖται.
Aris. 99 2 ταῖς λειτουργίαις. ἡ δὲ συμφάνεια τούτων ἐμποιεῖ * φόβον * καὶ ταραχὴν ὥστε νομίζειν εἰς ἕτερον ἐληλυθέναι
Aris. 159 5 τῆς ἑαυτῶν κατασκευῆς ἐπὶ πᾶσι δὲ τὸν περὶ θεοῦ * φόβον. * κελεύει δὲ καὶ κοιταζομένους καὶ διανισταμένους
Aris. 189 5 ὅτι πᾶν ἐννόημα σαφές ἐστι θεῷ καταρχὴν δὲ θείου * φόβου * λαμβάνων ἐν οὐδενὶ διαπίπτοις. καὶ τοῦτον δὲ εὖ
Aris. 194 6 διδοὺς ἀνοχὰς καὶ ἐνδεικνύμενος τὰ τῆς δυναστείας * φόβον * ἐγκατασκευάζει πάσῃ διανοίᾳ. καὶ τοῦτον δὲ
Aris. 270 4 διὰ τὴν εὔνοιαν εἶπε συνοῦσί σοι καὶ μὴ διὰ τὸν * φόβον * μηδὲ διὰ πολυωρίαν ἐπανάγουσι πάντα πρὸς τὸ
Sib. 3 178 ἄρξει πολλοὺς δὲ σαλεύσει καὶ πᾶσιν βασιλεῦσι * φόβον * μετόπισθε ποιήσει πολλὸν δ' αὖ χρυσὸν τε καὶ
Sib. 3 566 θεοῦ ὁλοκαρπώσασα ἐκφεύξῃ πολέμοιο δυσηχέος ἠδὲ * φόβοιο * καὶ λοιμοῦ καὶ δοῦλον ὑπεκφεύξῃ ζυγὸν αὖτις. ἀλλὰ
Sib. 3 679 καὶ πᾶσα θάλασσα φρίξει ὑπ' ἀθανάτοιο προσώπου καὶ * φόβος * ἔσται. ἠλιβάτους κορυφάς τ' ὀρέων βουνούς τε
Sib. 4 87 γένος ἔλθῃ καὶ τότε Πέρσῃσιν ζυγὰ δούλια καὶ * φόβος * ἔσται. αὐτὰρ ἐπεὶ σκήπτροισι Μακηδόνες αὐχήσουσιν
FrAn. 1 226 53 θ νυνι σωσον ημας ο θ(ς Αβρααμ – )ενοι δε τον * φοβον * προς βραχ(υ – – βα)σιλει Ιωσηφ μη οργιζου β(ασιλευ

Φοῖβος 3
Sib. 4 4 ἀφ' ἡμετέρου παναληθέα μαντεύεσθαι οὐ ψευδοῦς * Φοίβου * χρησμηγόρος ὅντε μάταιοι ἄνθρωποι θεὸν εἶπον
Sib. 5 324 σε θεοῖό ποθ' ἥδε πρόνοια. μή μ' ἐθέλουσαν ἐλεῖν * Φοίβου * τὴν γείτονα χώραν Μίλητον τρυφερὴν ἀπολεῖ πρηστὴρ
Sib. 5 326 ἀπολεῖ πρηστὴρ ποτ' ἄνωθεν ἀνθ' ὧν εἵλετο τὴν * Φοίβου * δολόεσσαν ἀοιδὴν +τήν τε σοφὴν ἀνδρῶν μελέτην καὶ

Φοινίκη 9
Aris. 12 5 ἐκεῖνος γὰρ ἐπελθὼν τὰ κατὰ κοίλην Συρίαν καὶ * Φοινίκην * ἅπαντα συγχρώμενος εὐημερίᾳ μετὰ ἀνδρείας τοὺς
Aris. 22 3 τῷ πατρὶ ἡμῶν εἰς τοὺς κατὰ Συρίαν καὶ * Φοινίκην * τόπους ἐπελθόντες τὴν τῶν Ἰουδαίων χώραν
Sib. 5 125 ἐὴν χθόνα τεφρωθεῖσαν καὶ Συρίην μεγάλην καὶ * Φοινίκην * πολύφυλον. αἰαῖ σοὶ Λυκίη ὅσα σοὶ κακὰ
Sib. 5 456 εἰς Τύρον αἰνόμοροι μέροπες κλαύσεσθε βλέποντες. * Φοινίκη * δεινός σε μένει χόλος ἄχρι πεσεῖν σε πτῶμα κακὸν
HEup. 9 30 4 δὲ ἐπιστρατεῦσαι ἐπὶ Σούρωνα βασιλέα Τύρου καὶ * Φοινίκης * οὓς καὶ ἀναγκάσαι φόρους Ἰουδαίοις ὑποτελεῖν
HEup. 9 33 1 Σολομῶνι Σούρωνι τῷ βασιλεῖ Τύρου καὶ Σιδῶνος καὶ * Φοινίκης * φίλῳ πατρικῷ χαίρειν. γίνωσκέ με παρειληφότα
HAno. 9 17 4 τῷ θεῷ. τοῦτον δὲ διὰ τὰ προστάγματα τοῦ θεοῦ εἰς * Φοινίκην * ἐλθόντα κατοικῆσαι καὶ τροπὰς ἡλίου καὶ σελήνης
HAno. 9 18 2 ἐπιστήμην παιδευθέντα πρῶτον μὲν ἐλθεῖν εἰς * Φοινίκην * καὶ τοὺς Φοίνικας ἀστρολογίαν διδάξαι ὕστερον
HHec. 1 22 194 καὶ μετὰ τὸν Ἀλεξάνδρου θάνατον εἰς Αἴγυπτον καὶ * Φοινίκην * μετέστησαν διὰ τὴν ἐν Συρίᾳ στάσιν. τριακοσίας

φοινικοβάλανος 1
HEup. 9 34 17 Αἰγύπτου βασιλεῖ Οὐαφρῇ ἐλαίου μετρητὰς μυρίους * φοινικοβαλάνων * ἀρτάβας χιλίας μέλιτος δὲ ἀγγεῖα ἑκατὸν

Φοῖνιξ, -ισσα 13
Sib. 3 168 οἶκος μὲν γὰρ πρώτιστος Σολομώνιος ἄρξει * Φοίνικές * τ' Ἀσίης ἐπιβήτορες ἠδὲ καὶ ἄλλων νήσων
Sib. 3 492 καί μ' ἐκέλευσε προφητεῦσαι κατὰ γαῖαν. αἰαῖ * Φοινίκων * γένει ἀνδρῶν ἠδὲ γυναικῶν καὶ πάσαις πόλεσιν
Sib. 3 597 πρὸς ἀρσενικοὺς παῖδας μίγνυνται ἀνάγνως ὅσσα τε * Φοίνικες * Αἰγύπτιοι ἠδὲ Λατῖνοι Ἑλλάς τ' εὐρύχορος καὶ
Sib. 5 203 θεοῦ τέκνοις ἐποίησαν ἡνίκα Σιδονίοις βασιλεὺς * Φοῖνιξ * Γαλικανὸν ἤγαγεν ἐκ Συρίης πλῆθος πολὺ καί σε
HEup. 9 26 1 τοῖς Ἰουδαίοις πρῶτον παρὰ δὲ Ἰουδαίων * Φοίνικας * παραλαβεῖν Ἕλληνας δὲ παρὰ Φοινίκων νόμους τε
HEup. 9 26 1 δὲ Ἰουδαίων Φοίνικας παραλαβεῖν Ἕλληνας δὲ παρὰ * Φοινίκων * νόμους τε πρῶτον γράψαι Μωσῆν τοῖς Ἰουδαίοις.
HEup. 9 30 3 τὴν Κομμαγηνὴν καὶ τοὺς ἐν Γαλαδηνῇ Ἀσσυρίους καὶ * Φοίνικας. * στρατεῦσαι δ' αὐτὸν καὶ ἐπὶ Ἰδουμαίους καὶ
HEup. 9 34 2 τοὺς λαοὺς τοὺς παρ' ἡμῖν ἀπέσταλκά σοι Τυρίων καὶ * Φοινίκων * ὀκτακισμυρίους καὶ ἀρχιτέκτονά σοι ἀπέσταλκα
HEup. 9 34 17 δὲ τὸν Σολομῶνα καὶ τοὺς Αἰγυπτίους καὶ τοὺς * Φοίνικας * ἑκάστους εἰς τὴν ἑαυτῶν ἑκάστῳ χρυσοῦ σίκλους
HAno. 9 17 4 ἡλίου καὶ σελήνης καὶ τὰ ἄλλα πάντα διδάξαντα τοὺς * Φοίνικας * εὐαρεστῆσαι τῷ βασιλεῖ αὐτῶν. ὕστερον δὲ
HAno. 9 17 4 αὐτῶν. ὕστερον δὲ Ἀρμενίους ἐπιστρατεῦσαι τοῖς * Φοίνιξι * νικησάντων δὲ καὶ αἰχμαλωτισαμένων τὸν
HAno. 9 17 9 τοῦτον δὲ τὸν Χαναὰν γεννῆσαι τὸν πατέρα τῶν * Φοινίκων * τούτου δὲ Χοὺμ υἱὸν γενέσθαι ὃν ὑπὸ τῶν
HAno. 9 18 2 πρῶτον μὲν ἐλθεῖν εἰς Φοινίκην καὶ τοὺς * Φοίνικας * ἀστρολογίαν διδάξαι ὕστερον δὲ εἰς Αἴγυπτον

φοῖνιξ (ὁ) 10
Hen. 24 4 εἰς τὸν αἰῶνα. οἱ δὲ περὶ τὸν καρπὸν ὡσεὶ βότρυες * φοινίκων. * τότε εἶπον ὡς καλὸν τὸ δένδρον τοῦτό ἐστιν καὶ
TNep. 5 4 τοῦ Λευὶ ὡς ἡλίου νεανίας τις ἐπιδίδωσιν αὐτῷ βάϊα * φοινίκων * δώδεκα καὶ Ἰούδας ἦν λαμπρὸς ὡς ἡ σελήνη καὶ
Asen. 4 2 Ἀσενὲθ ἐπί τε τῇ ὀπώρᾳ καὶ τῇ σταφυλῇ καὶ τοῖς * φοίνιξι * καὶ ταῖς περιστεραῖς καὶ ταῖς ῥοαῖς καὶ τοῖς
Bar. 6 10 καὶ τί τὸ ὄνομα αὐτοῦ; καὶ εἶπέν μοι ὁ ἄγγελος * φοῖνιξ * καλεῖται τὸ ὄνομα αὐτοῦ. καὶ τί ἐσθίει; καὶ εἶπέν
Bar. 7 5 ἰδεῖν. καὶ ἅμα τῷ λάμψαι τὸν ἥλιον ἐξέτεινε καὶ ὁ * φοῖνιξ * τὰς αὐτοῦ πτέρυγας. ἐγὼ δὲ ἰδὼν τὴν τοιαύτην
Aris. 63 4 ὑπεροχῇ προδήλως ἔχοντα βοτρύων καὶ σταχύων ἔτι δὲ * φοινίκων * καὶ μήλων ἐλαίας τε καὶ ῥοῶν καὶ τῶν
Aris. 112 6 καὶ μέλιτι πολλῷ. τὰ μὲν τῶν ἄλλων ἀκροδρύων καὶ * φοινίκων * οὐδ' ἀριθμεῖται παρ' αὐτοῖς. κτήνη τε πολλὰ
FJub. 16 31 πρῶτος Ἀβραὰμ ἐκύκλου τὸ θυσιαστήριον κλάδοις * φοινίκων * καὶ ἐλαιῶν. τὸν Ἰσαὰκ ἐτῶν κ ε' εἶναι ὅτε πρὸς
HDem. 9 29 15 δώδεκα μὲν πηγὰς ὑδάτων ἑβδομήκοντα δὲ στελέχη * φοινίκων. * ἐπιζητεῖν δέ τινα πῶς οἱ Ἰσραηλῖται ὅπλα
LEze. 9 29 16 09 δώδεκ' ἐκ μιᾶς πέτρας στελέχη δ' ἐρυμνὰ πολλὰ * φοινίκων * πέλει ἔγκαρπα δεκάκις ἑπτὰ καὶ ἐπίρρυτος χλόη

φοίνιος 1
LEze. 64 29 6 07 τὰς μισαδέλφους ὁπλίσαντες ὠλένας Κάϊν μολῦναι * φοινίῳ * πρῶτον λύθρῳ ἐπείσατον γῆν καὶ τὸν ἐξ ἀκηράτων

φοιτάω 1
Sib. 4 74 τε λιμὸς ἀκαρπίη τε περιπλομένων ἐνιαυτῶν εἴκοσι * φοιτήσει * σταχυητρόφος ἡνίκα Νεῖλος ἄλλοθί που ὑπὸ γαῖαν

φολιδωτός 1
Aris. 73 2 τῶν δὲ κρατήρων δύο μὲν ἦσαν (χρυσοῖ) τῇ κατασκευῇ * φολιδωτὴν * ἔχοντες ἀπὸ τῆς βάσεως μέχρι τοῦ μέσου τὴν

φολίς 1
Aris. 73 3 τῇ τορείᾳ καὶ τὴν τῶν λίθων ἀνὰ μέσον τῶν * φολίδων * σύνδεσιν πολυτέχνως ἔχοντες. εἶτα μαίανδρος

φονεύς 1
FMos. 8 163 20 τοῦ διαβόλου κατὰ τοῦ Μωϋσέως βλασφημοῦντος καὶ * φονέα * ἀναγορεύοντος διὰ τὸ πατάξαι τὸν Αἰγύπτιον οὐκ

φονεύω 14
Adam 3 1 τι πρὸς αὐτούς. πορευθέντες δὲ ἀμφότεροι εὗρον * πεφονευμένον * τὸν Ἄβελ ἀπὸ χειρὸς Κάϊν τοῦ ἀδελφοῦ

Adam 40 4 ἐκήδευσαν αὐτὸν ἐπειδὴ ἀκήδευτος ἦν ἀφ' ἧς ἡμέρας * ἐφόνευσεν * αὐτὸν Κάϊν ὁ ἀδελφὸς αὐτοῦ. καὶ πολλὰ ἐθέλησεν

Hen. 22 7 τοῦτο τὸ πνεῦμά ἐστιν τὸ ἐξελθὸν ἀπὸ "Αβελ ὃν * ἐφόνευσε * Κάϊν ὁ ἀδελφὸς καὶ "Αβελ ἐντυγχάνει περὶ αὐτοῦ

Hen. 22 12 οἵτινες ἐνφανίζουσιν περὶ τῆς ἀπωλείας ὅταν * φονευθῶσιν * ἐν ταῖς ἡμέραις τῶν ἁμαρτωλῶν. καὶ οὕτως

Hen. 99 15 τὴν ἀκνομίαν) καὶ ἐπεκρίθη τῇ ἀδικίᾳ * φονεύ(ο)ντες * τὸν πλησίον αὐτῶ(ν ἕως τῆς) ἡμέρας τῆς

Hen. 100 2 ἀδελφοῦ αὐτοῦ ἐξ ὄρθρων μέχρις οὗ δύναι τὸν ἥλιον * φονευθήσονται * ἐπὶ τὸ αὐτό. καὶ διαπορεύεται ἵππος ἕως

Hen. 103 15 ὀλίγους ἤγαγον. καὶ οὐχ ὑποδεικνύουσιν περὶ τῶν * πεφονευμένων * ἡμῶν καὶ οὐκ ἀναμιμνήσκουσιν περὶ τῶν

Sedr. 5 4 ἐὰν τὸν ἄνθρωπον ἠγάπησας τὸν διάβολον διὰ τί οὐκ * ἐφόνευσας * τὸν τεχνίτην τῆς ἀδικίας; τίς δύναται πολεμεῖν

Sib. 3 765 εὐνὴν τὴν δ' ἰδίαν γένναν παίδων τρέφε μηδὲ * φόνευε * ταῦτα γὰρ ἀθάνατος κεχολώσεται ὃς κεν ἁμάρτῃ. καὶ

Sib. 5 204 Γαλικανὸν ἤγαγεν ἐκ Συρίης πλῆθος πολὺ καὶ σε * φονεύσει * αὐτήν 'Ραβέννῃ τε καὶ εἰς φόνον ἡγεμονεύσει.

FIsa. 1 2 14 Σαμαρία εἰς χεῖρας 'Αλνασὰρ παραδοθήσεται ἀνθ' ὧν * ἐφόνευεν * τοὺς προφήτας τοῦ Θεοῦ. (καὶ) ἀκούσαντες οἱ

FIsa. 1 2 16 μετέπεισαν τὸν 'Οχοζείαν βασιλέα Γομόρρων καὶ * ἐφόν(ν)ευσαν * τὸν Μιχα(α)ν. καὶ Βεχειρὰ ἔγνω <κ>αὶ εἶδεν

HArt. 9 27 18 τε χεῖρα κατασχεῖν αὐτοῦ καὶ σπασάμενον τὸ ξίφος * φονεῦσαι * τὸν Χανεθώθην διεκδρᾶναι δὲ εἰς τὴν 'Αραβίαν

LThe. 9 22 10 ἀναιρεῖν ἔπειτα δὲ καὶ τὸν 'Εμμὼρ καὶ τὸν Συχὲμ * φονεῦσαι. * 'Ως τότε δὴ Συμεὼν μὲν 'Εμὼρ ὥρουσεν ἐπ' αὐτὸν

**φόνος**    25

Adam 29 9 'Αδὰμ εἶπεν μοι τί ἐμνήσθης τῆς κακίας ταύτης ἵνα * φόνον * ποιήσω καὶ ἐνέγκω θάνατον τῇ ἐμῇ πλευρᾷ; ἢ πῶς

Hen. 12 6 ἄφεσις. καὶ περὶ ὧν χαίρουσιν τῶν υἱῶν αὐτῶν * φόνον * τῶν ἀγαπητῶν αὐτῶν ὄψονται καὶ ἐπὶ τῇ ἀπωλείᾳ τῶν

Abr.1 10 5 ἀρχιστράτηγος οὗτοί εἰσιν οἱ κλέπται οἱ βουλόμενοι * φόνον * ἐργάσασθαι καὶ κλέψαι καὶ θῦσαι καὶ ἀπολέσαι.

Abr.2 10 6 ἀπέκτεινας αὐτήν. καὶ ἀπεκρίθη ἡ ψυχὴ καὶ εἶπεν * φόνος * οὐ γέγονεν δι' ἐμοῦ ἀλλ' αὕτη κατεψεύσατό μου. ὁ

Abr.2 10 12 ὁ ἀνὴρ εἶπεν ὦ ταλαίπωρε ψυχὴ πῶς λέγεις ὅτι * φόνος * οὐ γέγονεν δι' ἐμοῦ οὐχὶ σὺ ἀπελθοῦσα

Abr.2 12 9 τινας ἐρχομένους εἰς ἔρημον τόπον τοῦ ποιῆσαι * φόνον. * καὶ εἶπεν 'Αβραὰμ πρὸς Μιχαὴλ θεωρεῖς τὴν ἀνομίαν

Bar. 4 17 ἀλλὰ διὰ τῆς πτώσεως τοῦ οἴνου πάντα γίνονται οἷον * φόνοι * μοιχεῖαι πορνεῖαι ἐπιορκεῖαι κλοπαὶ καὶ τὰ τούτοις

Bar. 8 5 μοιχείας κλοπὰς ἁρπαγὰς εἰδωλολατρείας μέθας * φόνους * ἔρεις ζήλη καταλαλιὰς γογγυσμοὺς ψιθυρισμοὺς

Bar. 13 4 πνευματικοὺς πατέρας οὐδὲ εἰς ἀγαθὸν ἕν. ἀλλ' ὅπου * φόνος * καὶ αὐτοὶ ἐν μέσῳ ἐκεῖ καὶ ὅπου πορνεύεται μοιχεῖαι

Prop. 4 21B τοῦ νόμου (καὶ πρεσβυτέρων τοῦ λαοῦ 'Ισραήλ. τότε * φόνος * ἔσται τοῦ Βελίαρ). εὐθέως δὲ χαρὰ ἐκχυθήσεται εἰς

Prop. 4 22 ἐπιστρέψει ὁ λαὸς εἰς γῆν αὐτοῦ καὶ ἐὰν αἷμα ῥεύσῃ * φόνος * ἔσται τοῦ Βελίαρ ἐν πάσῃ τῇ γῇ. καὶ ἐκοιμήθη ἐν

Sib. 3 379 φεύξετ' ἀπ' ἀνθρώπων πενίη καὶ φεύξετ' ἀνάγκη+ καὶ * φόνος * οὐλόμεναί τ' ἔριδες καὶ νείκεα λυγρά καὶ

Sib. 3 392 δ' 'Ασίη ζυγὸν ἕξει πᾶσα πολὺν δὲ χθὼν πίεται * φόνον * ὀμβρηθεῖσα. ἀλλὰ καὶ ῶς πανάϊστον ἅπαντ' 'Αίδης

Sib. 4 31 λεύσουσι δ' ἑνὸς θεοῦ εἰς μέγα κῦδος οὔτε * φόνον * ῥέξαντες ἀτάσθαλον οὔτε κλοπαῖον κέρδος

Sib. 4 68 ὅσσα κεν ἄνδρες ἀπεύξωνται κακὰ ἔργα φυλόπιδές τε * φόνοι * τε διχοστασίαι τε φυγαί τε πύργων τε πρηνισμοὶ

Sib. 4 118 πεποιθότες εὐσεβίην μὲν ῥίψωσιν στυγεροὺς δὲ * φόνους * τελέωσι πρὸ νηοῦ καὶ τότ' ἀπ' 'Ιταλίης βασιλεὺς

Sib. 4 121 πόρον Εὐφρήταο ὁππότε δὴ μητρῶον ἄγος στυγεροῖο * φόνοιο * πλήσεται ἄλλα τε πολλὰ κακῇ σὺν χειρὶ πιθήσας.

Sib. 5 205 πολὺ καὶ σε φονεύσει αὐτήν 'Ραβέννῃ τε καὶ εἰς * φόνον * ἡγεμονεύσει. 'Ινδοὶ μὴ θαρσεῖτε καὶ Αἰθίοπες

Sib. 5 225 γονέων βασιλῆος ἀνάγνου. πᾶσι γὰρ ἀνθρώποισι * φόνος * καὶ δείματα κεῖται εἵνεκα τῆς μεγάλης πόλεως λαοῦ

Sib. 5 431 οὐδὲ γαμοκλοπίαι καὶ παίδων Κύπρις ἄθεσμος οὐ * φόνος * οὐδὲ κυδοιμὸς Ἔρις δ' ἐν πᾶσι δικαίη. ὕστατος Ἔσθ'

FMos. 2 629 5 ἀλλ' ἐπιφέροντος ἔγκλημα διὰ τὸν τοῦ Αἰγυπτίου * φόνον * ὡς αὐτοῦ ὄντος τοῦ Μωϋσέως καὶ διὰ τοῦτο μὴ

FPho. 32 εἰδωλοθύτων ἀπέχεσθαι.> τὸ ξίφος ἀμφιβαλοῦ μὴ πρὸς * φόνον * ἀλλ' ἐς ἄμυναν. εἴθε δὲ μὴ χρήζοις μήτ' ἔκνομα

FPho. 46 πῆμα ποθεινὸν σεῦ γὰρ ἔκητι μάχαι τε λεηλασίαι τε * φόνοι * τε ἐχθρὰ δὲ τέκνα γονεῦσιν ἀδελφειοί τε συναίμοις.

FPho. 58 χαλίνου δ' ἄγριον ὀργὴν πολλάκι γὰρ πλήξας ἀέκων * φόνον * ἐξετέλεσσεν. ἔστω κοινὰ πάθη μηδὲν μέγα μηδ'

LEze. 9 28 3 16 ὥστε μὴ εἰσιδεῖν ἕτερόν τιν' ἡμᾶς κἀπογυμνῶσαι * φόνον. * τῇ 'παύριον δὲ πάλιν ἰδὼν ἄνδρας δύο μάλιστα δ'

**φορά**    1

HArt. 9 23 4 τὸν τῶν ἑπτὰ ἐτῶν σῖτον γενόμενον κατὰ τὴν * φοράν * ἄπλετον παραθέσθαι καὶ τῆς Αἰγύπτου δεσπότην

**φοράς**    1

TJud. 2 3 δρόμου καὶ πᾶν ὃ ἦν ἐν τοῖς πεδίοις κατελάμβανον. * φοράδα * ἀγρίαν κατέλαβον καὶ πιάσας ἡμέρωσα καὶ λέοντα

**φορέω**    8

TBen. 4 1 εὐσπλαγχνίαν αὐτοῦ ἵνα καὶ ὑμεῖς στεφάνους δόξης * φορέσητε. * ὁ ἀγαθὸς ἄνθρωπος οὐκ ἔχει σκοτεινὸν ὀφθαλμὸν

Bar. 6 2 ὑπόπυρον. καὶ ἐπὶ τοῦ ἅρματος ἄνθρωπος καθήμενος * φορῶν * στέφανον πυρὸς ἐλαυνόμενον τὸ ἅρμα ὑπ' ἀγγέλων

Esdr. 3 1 καὶ εἶπεν ὁ προφήτης κύριε οἶδας ὅτι σάρκα * φορῶ * ἀνθρωπίνην καὶ πῶς δύναμαι ἀριθμῆσαι τοὺς ἀστέρας

Esdr. 4 4 κύριε ἐγὼ οὐ δύναμαι ἐξαριθμῆσαι σάρκα ἀνθρωπίνην * φορῶ * ἀλλ' οὐδὲ παύσομαι δικαζόμενός σε. θέλω δέσποτα

Job 25 7 τὴν ἔνδυσιν ἐκ βύσσου ὑφασμένην σὺν χρυσῷ, νῦν δὲ * φορεῖ * ῥακκώδη καὶ ἀντικαταλλάσσει τὴν τρίχα ἀντὶ ἄρτων

Aris. 96 3 καὶ τῆς δόξης ἣ συνίσταται διὰ τὴν ἔνδυσιν οὗ * φορεῖ * χιτῶνος καὶ τῶν περὶ αὐτὸν λίθων χρυσοῦ γὰρ

Aris. 97 2 διυφασμένη καλλίστοις χρώμασιν. ἐπὶ δὲ τοῦ στήθους * φορεῖ * τὸ λεγόμενον λόγιον ἐν ᾧ συνεσφιγμένοι λίθοι

FPho. 168 νεοτριβὲς ἄχθος ἔχουσιν ἢ κριθῶν αἰεὶ δὲ φέρων * φορέοντα * διώκει ἐκ θέρεος ποτὶ χεῖμα βορὴν σφετέρην

**φόρος**    10

FAch. 102 τοῖς καιροῖς ἔθος εἶχον οἱ βασιλεῖς παρ' ἀλλήλων * φόρους * λαμβάνειν διὰ τῆς ἐναρέτου μάχης οὔτε γὰρ ἐν

FAch. 102 δι' ἐπιστολῶν καὶ ὁ μὴ εὑρίσκων διαλύσασθαι * φόρους * ἐτέλει τῷ πέμψαντι. ὁ δὲ Αἴσωπος τὰ ἐκπεμπόμενα

FAch. 102 ἔπεμπεν τοῖς βασιλεῦσιν καὶ μὴ εὑρίσκοντες * φόρους * ἐχορήγουν. καὶ οὕτως ἡ τῶν Βαβυλωνίων βασιλεία

FAch. 105 ἀποκριθησόμενον ὅ,τι ἂν αὐτὸν ἐρωτήσῃ καὶ λάβε * φόρους * ἐτῶν δέκα τῆπ--- ἄλης τῆς χώρας. ἀναγνοὺς δὲ ὁ

FAch. 118 ἰδῶν αὐτοῦ τὸν νοῦν ἐφοβήθη μὴ νικηθεὶς μέλλῃ * φόρους * τελεῖν τῷ βασιλεῖ Λυκούργῳ. αὐτίκα οὖν τοὺς ἀπὸ

FAch. 121 διὰ τὸν σαπρόμορφον καὶ κατάρατον τοῦτον μέ(λλω) * φόρους * στέλλειν τῷ βασιλεῖ Λυκούργῳ. εἰς δέ τις τῶν

FAch. 121 Νεκταναβὼ ἔτι ἐν ἡμῖν ἐπίλυσον κἀγὼ παράσχω * φόρους * Λυκούργῳ λέξον ἡμῖν ὃ οὔτε εἴδομεν οὔτε ἠκούσαμεν

FAch. 123 αὐτοῦ τοιαύτην σοφίαν κεκτημένος. δοὺς δὲ αὐτῷ * φόρους * ἐτῶν τριῶν ἔπεμψεν αὐτὸν μετὰ ἐπιστολῶν

HEup. 9 30 4 βασιλέα Τύρου καὶ Φοινίκης οὓς καὶ ἀναγκάσαι * φόρους * 'Ιουδαίοις ὑποτελεῖν πρός τε Οὔαφρῆν τὸν

HCal. 24 47 αὐτοῖς. ἔστωσαν ταῦτα τὰ δῶρα καὶ ἐμοὶ ἀφωρισμένος * φόρος * κυρίῳ τῷ θεῷ. ἐγὼ δὲ οὐ λήψομαι ἐξ ὑμῶν οὐδέν.

**Φορος**    1

Job 1 3 αὐτοῦ ὧν εἰσιν τὰ ὀνόματα Τερσι Χορος Υων Νικη * Φορος * Φιφη Φρουων 'Ημέρα Κασια 'Αμαλθείας κέρας καλέσας

**φορτίον**    2

Job 18 7 καὶ κληρονομεῖν μέρος τῆς δόξης αὐτῆς, καὶ ὡς * φορτίον * ἐμβαλλόμενος ἐν θαλασσίῳ πλοίῳ καὶ μεσοπελαγίσας

Job 18 7 τὴν ἐναντίωσιν τῶν ἀνέμων ἔρριψεν εἰς θάλασσαν τὸ * φορτίον * λέγων θέλω ἀπολέσθαι τὰ πάντα, μόνον εἰσελθεῖν

**φουκά** *    1

Hen. 18 8 αὐτῶν ἦν εἰς οὐρανὸν ὥσπερ θρόνος θεοῦ ἀπὸ λίθου * φουκὰ * καὶ ἡ κορυφὴ τοῦ θρόνου ἀπὸ λίθου σαπφείρου καὶ

**φραγελλόω**    1

TBen. 2 3 ἀποδύσας με τὸν χιτῶνα ἔδωκέ μοι περίζωμα καὶ * φραγελλώσας * με εἶπε τρέχειν. ἐν δὲ τῷ ὑπάγειν αὐτὸν

**φράζω**

Abr.2 7 2 καὶ εἶπεν ἐγώ εἰμι Μιχαήλ. καὶ εἶπεν αὐτῷ 'Αβραάμ * φράσον * τί ἦλθες. εἶπεν δὲ αὐτῷ Μιχαὴλ ὁ υἱός σου 'Ισαὰκ

Sib. 3 719 ἐπεὶ μόνος ἐστὶ δυνάστης καὶ νόμον ὑψίστοιο θεοῦ * φραζώμεθα * πάντες ὅστε δικαιότατος πέλεται πάντων κατὰ

HCal. 24 36 τῶν ἱερέων λέγει αὐτῷ. ὡς θεοειδὲς ὑμῶν τὸ σχῆμα. * φράσον * δή μοι καὶ τίνα ὑμεῖς σέβεσθε θεόν; οὐ γὰρ ἐν

**φρέαρ**    4

Abr.1 3 7 τὸν υἱὸν αὐτοῦ τέκνον 'Ισαὰκ ἄντλησον ὕδωρ ἐκ τοῦ * φρέατος * καὶ ἔνεγκέ μοι ὧδε ἐπὶ τῆς λεκάνης ἵνα νίψωμεν

Abr.1 3 8 ὁδοῦ πρὸς ἡμᾶς ἐκοπίασεν. καὶ δραμὼν 'Ισαὰκ εἰς τὸ * φρέαρ * ἀντλήσας ὕδωρ ἐπὶ τῆς λεκάνης ἀνήνεγκεν <πρὸς>

TJos. 7 3 ἔξω τοῦ ἀνδρός αὐτῆς καὶ λέγει μοι ἄγχομαι ἢ εἰς * φρέαρ * ἢ εἰς κρημνὸν ῥίπτω ἐμαυτὴν ἐὰν μή μοι συμπεισθῇς.

FJub. 16 10 τῆς κατὰ Μαμβρῆ δρυὸς ἀναστὰς ὁ 'Αβραὰμ ἐπὶ τὸ * φρέαρ * κατασκεινοῖ τοῦ ὅρκου. ἑαυτῷ δὲ ἰδίᾳ καὶ τοῖς

**φρήν**    14

Sib. 3 164 κατὰ πᾶσαν γαῖαν καὶ βασιλεῦσι τά τ' ἐσσόμεν' ἐν * φρεσὶ * θεῖναι. καί μοι τοῦτο θεὸς πρώτῳ νόῳ ἐγγυάλιξεν

Sib. 3 275 θεοῦ καὶ τείχεα μακρὰ πάντα χαμαὶ πεσέονται ὅτι * φρεσὶν * οὐκ ἐπίθησας ἀθανάτοιο θεοῦ ἁγνῷ νόμῳ ἀλλὰ

Sib. 3 299 κατὰ πᾶσαν γαῖαν καὶ βασιλεῦσι τά τ' ἐσσόμεν' ἐν * φρεσὶ * θεῖναι. καί μοι τοῦτο θεὸς πρώτῳ νόῳ ἔνθετο λέξαι

Sib. 3 548 ὁρίζεις θύεις τ' εἰδώλοις; τίς τοι πλάνον ἐν * φρεσὶ * θῆκεν ταῦτα τελεῖν προλιποῦσα θεοῦ μεγάλοιο

Sib. 3 562 μεγάλοιο τίς ἔσται. ἀλλ' ἄγε καὶ μάθε τοῦτο καὶ ἐν * φρεσὶ * κάτθεο σῇσιν ὅσσα περιπλομένων ἐνιαυτῶν κήδεα

Sib. 3 700 οὐκ ἀτέλεστα οὐδ' ἀτελεύτητον ὅ,τι κεν μόνον ἐν * φρεσὶ * θείη ἄψευστον γὰρ πνεῦμα θεοῦ πέλεται κατὰ κόσμον.

Sib. 3 762 χαλεπὸν γένος ἀνδρῶν. ἀλλὰ κατασπεύδοντε ἐὰς * φρένας * ἐν σπήθεσσιν φεύγετε λατρείας ἀνόμους τῷ ζῶντι

Sib. 4 18 καὶ ἄμπελον ἠδέ τ' ἐλαίην. οὗτός μοι μάστιγα διὰ * φρενὸς * ἤλασεν εἴσω ἀνθρώποις ὅσα νῦν τε καὶ

Sib. 4 170 χόλον πάλιν ἥνπερ ἅπαντες εὐσέβιην περιτίμιον ἐνὶ * φρεσὶν * ἀσκήσητε. εἰ δ' οὔ μοι πειθοισθε κακόφρονες ἀλλ'

Sib. 5 52 φῶ κρατήσει. κλαύσει δὲ τριτάλαινα κακὴν φάτιν ἐν * φρεσὶ * θέσθαι + "Ισιδος ἡ γνωστὴ καὶ χρησμῶν ἔνθεο

Sib. 5 490 εἴς σε ἅπαντες κλαύσονται κατὰ κακῶς θεὸν ἄφθιτον ἐν * φρεσὶ * θέντες γνώσονται σε τὸ μηδὲν ὅσοι θεὸν ἐξύμνησαν.

FPho. 20 θλῖβε πένητα. γλώσσῃ νοῦν ἔχεμεν κρυπτὸν λόγον ἐν * φρεσὶν * ἴσχειν. μήτ' ἀδικεῖν ἐθέλῃς μήτ' οὖν ἀδικοῦντα

FPho. 122 μήτ' ἀντινύειν ἀνέμοισιν. μὴ μεγαληγορίῃ τρυφάω * φρένα * λυσσωθείης. εὑπείην ἀσκεῖν ἥτις μάλα πάντας

IMen. 5 119 2 νομίζει τὸν θεὸν καθιστάναι πεπλάνηται ἐκεῖνος καὶ * φρένας * κούφας ἔχει. δεῖ γὰρ τὸν ἄνδρα χρήσιμον πεφυκέναι

**φρικτός**    3

LEze. 9 29 14 05 τετραδῶν καὶ προστάταισι καὶ παραστάταις ὁμοῦ ἦν * φρικτὸς * ἀνδρῶν ἐκτεταγμένων ὄχλος. πεζοὶ μὲν ἐν μέσοισι

LEze. 9 29 14 27 θέλοντες ὄρθριον μάχην πεποιθότες λαοῖσι καὶ * φρικτοῖς * ὅπλοις. ἔπειτα θέλων ἄρχεται τεραστίων θαυμάστ'

FrAn. 574 3017 χαρσοκ καὶ περίαπτε τὸν πάσχοντα παντὸς δαίμονος * φρικτὸν * ὃ φοβεῖται. στήσας ἄντικρυς ὅρκιζε. ἔστιν δὲ ὁ

**φρικώδης**    1

Abr.1 17 14 καὶ πολλῆς ἀγριότητος <καὶ πρόσωπον κρημνοῦ * φρικωδεστάτου> * καὶ πρόσωπον σκοτώδους γνοφερώτερον καὶ

**φρίσσω**

Abr.1 9 5 ἐπειδὴ οὖν τῇ σῇ προστάξει πάντα ὑπείκεται καὶ * φρίττει * καὶ τρέμει ἀπὸ προσώπου δυνάμεώς σου κἀγὼ

Abr.1    16    3    κτίσεως ὁ ἀθάνατος βασιλεύς. ἀκούσας δὲ ὁ θάνατος * ἔφριξεν * καὶ ἐτρόμαξεν καὶ δειλίᾳ πολὺ συνεχόμενος ⟨καὶ
Abr.1    16    3    μετὰ φόβου πολλοῦ ἔστη ἔμπροσθεν τοῦ ἀοράτου θεοῦ * φρίττων * καὶ στένων καὶ τρέμων ἀπεκδεχόμενος⟩ τὴν
Esdr.    7    7    Ἡλίαν ὁ διδοὺς τροφὴν πάσῃ σαρκὶ ὃν πάντα * φρίσσει * καὶ τρέμει ἀπὸ προσώπου δυνάμεώς σου ἐπάκουσόν
Sib.    3    679    πετεινῶν πᾶσί τ' ἀνθρώπων ψυχαὶ καὶ πᾶσα θάλασσα * φρίξει * ὑπ' ἀθανάτοιο προσώπου καὶ φόβος ἔσται. ἠλιβάτους
FMan.    2    22    12    αὐτὴν τῷ φοβερῷ καὶ ἐνδόξῳ ὀνόματί σου ὃν πάντα * φρίσσει * καὶ τρέμει ἀπὸ προσώπου δυνάμεώς σου ἐν
LEze.    9    29  11  07    ἵλεως γενοῦ ὡς φοβερὸς ὡς πέλωρος οἴκτειρον σύ με * πέφρικ' * ἰδὼν μέλη δὲ σώματος τρέμει. (Θ). μηδὲν φοβηθῇς
                    9
φρονέω
Job    48    2    καὶ ἀνέλαβεν ἄλλην καρδίαν, μηκέτι τὰ τῆς γῆς * φρονεῖν, * ἀπεφθέγξατο δὲ τῇ ἀγγελικῇ διαλέκτῳ, ὕμνον
Aris.    236    4    ἠρώτα τῶν προαποκεκριμένων εἶπε δὲ τῷ πρώτῳ τὸ * φρονεῖν * εἰ διδακτόν ἐστιν; ὁ δ' εἶπε ψυχῆς ἐστι
Sib.    3    38    καὶ κακοηθῶν λεκτροκλόπων εἰδωλολατρῶν δόλια * φρονεόντων * οἷς κακὸν ἐν στέρνοισιν ἔνι μεμαμηνένος
Sib.    3    555    καταφθιμένων +θανεόντων+ ὧν ἕνεκεν τὰ μάταια * φρονεῖν * ὑμῖν ὑπεδείχθη. ἀλλ' ὁπόταν μεγάλοιο θεοῦ χόλος
Sib.    3    732    πυρὸς αὐγήν.) ἀλλὰ τάλαιν' Ἑλλὰς ὑπερήφανα παῦε * φρονοῦσα * λίσσεο δ' ἀθάνατον μεγαλήτορα καὶ προφύλαξαι
Sib.    5    444    καὶ Ἀσίδι θητεύοντας +τοιγάρτοι καύτῇ βασιλὶς * φρονέουσ' * εἰς κρίσιν ἀντιδίκων ἥξεις ὧν εἵνεκα λύτρα
FAch.    109        τὸ γένος τοῦτό ἐστιν καὶ κολακευόμενον ἐλάττονα * φρονεῖ * ἁμαρτάνειν. ἐν οἴνῳ μὴ φιλολόγει ἐπιδεικνύμενος
FPho.    196        τί γὰρ ἡδύτερον καὶ ἄρειον ἢ ὅταν ἀνδρὶ γυνὴ * φρονέῃ * φίλα γήραος ἄχρις καὶ πόσις ᾗ ἀλόχῳ μηδ'
FPho.    227        παρ' ἄνακτι. λάμβανε καὶ βουλὴν παρὰ οἰκέτου εὖ * φρονέοντος. * ἀγνείη ψυχῆς οὐ σώματός εἰσι καθαρμοί. ταῦτα
                    1
φρονηματίζομαι
HArt.    9    27    31    ποιῆσαι καὶ τὸν ποταμὸν μεταχρῶσαι. τὸν δὲ βασιλέα * φρονηματισθέντα * ἐπὶ τῷ γεγονότι πάσῃ τιμωρίᾳ καὶ κολάσει
                    9
φρόνησις
Hen.    32    3    καλὰ καὶ ἔνδοξα καὶ μεγαλοπρεπῆ καὶ τὸ δένδρον τῆς * φρονήσεως * οὗ ἐσθίουσιν ἅγιοι τοῦ καρποῦ αὐτοῦ καὶ
Hen.    32    3    οὗ ἐσθίουσιν ἅγιοι τοῦ καρποῦ αὐτοῦ καὶ ἐπίστανται * φρόνησιν * μεγάλην. ὅμοιον τὸ δένδρον ἐκεῖνο στροβιλέᾳ τὸ
Hen.    32    6    ὁ ἅγιος ἄγγελος ὁ μετ' ἐμοῦ ὧν τοῦτο τὸ δένδρον * φρονήσεως * ἐξ οὗ ἔφαγεν ὁ πατήρ σου. καὶ οἱ κύνες ἤρξαντο
Hen.    98    3    ἐκχυθήσονται ⟨διὰ τὸ μὴ ἐπιστήμην αὐτοὺς μηδὲ * φρόνησιν * μηδεμίαν (ἔχειν). οὕτω ἀπολεῖσθε κοινῶς μετὰ
TNep.    2    8    τῇ κεφαλῇ καὶ τρίχας πρὸς δόξαν εἶτα καρδίαν εἰς * φρόνησιν * κοιλίαν εἰς διάκρισιν στομάχου κάλαμον πρὸς
Job    37    8    ἐν τῷ καθεστηκότι ὑπάρχεις, δεῖξον, εἰ ἔστιν σοι * φρόνησις, * καὶ διά τί ἥλιον μὲν ἄγνωμον ἀνατέλλοντα ἐν
Job    38    1    τοῦ θεοῦ. καὶ ἐγὼ πρὸς ταῦτα εἶπον ἔστιν μὲν * φρόνησιν * ἐν ἐμοί, καὶ συνέστηκεν ἡ καρδία μου διὰ τί οὖν
Aris.    124    4    ἂν τόπον ὀνομασθῇ τις ἄνθρωπος διαφέρων ἀγωγῇ * φρονήσει * παρ' ἑτέρους. μετείληφα γὰρ καλῶς αὐτὸν λέγειν
HArt.    9    23    1    ἀπόγονον γενέσθαι υἱὸν δὲ Ἰακώβου συνέσει δὲ καὶ * φρονήσει * παρὰ τοὺς ἄλλους διενεγκόντα ὑπὸ τῶν ἀδελφῶν
                    12
φρόνιμος
Adam    16    2    πρὸς αὐτὸν καὶ λέγει αὐτῷ ὁ διάβολος ἀκούω ὅτι * φρονιμώτερος * εἶ ὑπὲρ πάντα τὰ θηρία. ἐγὼ δὲ ἦλθον
Hen.    98    1    μεγάλην παραδοθήσεσθε. καὶ νῦν ὀμνύω ὑμῖν τοῖς * φρονίμοις * καὶ οὐχὶ τοῖς ἄφροσι ὅτι πολλὰς ὄψεσθε ἐπὶ τῆς
Hen.    98    9    ὅτι ἀπολεῖσθε διὰ τὴν ἀφροσύνην ὑμῶν καὶ τῶν * ⟨φρονίμων⟩ * οὐ μὴ ἀκούσητε καὶ τὰ ἀγαθὰ οὐκ ἀπαντήσει
Hen.    99    10    ἀπολεῖσθε. καὶ τότε μακάριοι πάντες οἱ ἀκούσαντες * φρονίμων * λόγους καὶ μαθήσονται αὐτοὺς ποιῆσαι τὰς
Hen.    100    6    οὐκ ἔσται οὐκέτι ὁ ἐκφοβῶν αὐτούς. τότε ὄψονται οἱ * φρονίμων * τῶν ἀνθρώπων καὶ κατανοήσουσιν οἱ υἱοὶ τῆς γῆς
Hen.    104    12    μυστήριον δεύτερον ὅτι δικαίοις καὶ ὁσίοις καὶ * φρονίμοις * δοθήσονται αἱ βίβλοι μου εἰς χαρὰν ἀληθείας
TNep.    8    10    τῶν λοιπῶν ἐντολῶν. γίνεσθε οὖν σοφοὶ ἐν θεῷ καὶ * φρόνιμοι * εἰδότες τάξιν ἐντολῶν αὐτοῦ καὶ θεσμοὺς παντὸς
Asen.    1    3    τοῦ Φαραώ. καὶ ἦν ὁ ἀνὴρ οὗτος πλούσιος σφόδρα καὶ * φρόνιμος * καὶ ἐπιεικὴς καὶ ἦν σύμβουλος τοῦ Φαραὼ ὅτι ἦν
Sedr.    6    2    ὅτι πάντα εὐδιάλλακτα ἐπέταξα αὐτὸν ἐποίησα αὐτὸν * φρόνιμον * καὶ κληρονόμον οὐρανοῦ καὶ γῆς καὶ πάντα αὐτῷ
Aris.    130    4    δι' ὅλου τοῦ ζῆν εἰσιν ἐὰν δὲ σοφοῖς καὶ * φρονίμοις * συζῶσιν ἐξ ἀγνοίας ἐπανορθώσεως εἰς τὸν βίον
Sib.    5    366    καθελεῖ καὶ πάντα κρατήσει πάντων τ' ἀνθρώπων * φρονιμώτερα * πάντα νοήσει ἧς χάριν ὤλετό τ' αὐτὸς ἐλεῖ
FrAn.    1    226    4    θ(άλασσα - - )πυληⁿ - - αληθως μετ αυταⁿ - - )φρονιμοτεροⁿν * - )τον ως εμε ημετεⁿλ ου και φθορας ραλε
                    6
φροντίζω
Adam    29    7    ἡμέρας ἐπεινάσαμεν. καὶ εἶπον τῷ Ἀδὰμ ἀνάστα καὶ * φρόντισον * ἡμῖν βρώματα ἵνα φάγωμεν καὶ ζήσωμεν ἵνα μὴ
Adam    31    3    ἀνάγγειλόν μοι; τότε λέγει ὁ Ἀδὰμ τῇ Εὔᾳ μὴ θέλε * φροντίζειν * περὶ πραγμάτων οὐ γὰρ βραδυνεῖς ἀπ' ἐμοῦ ἀλλ'
Aris.    121    4    περιεποιήσαντο αὐτοῖς ἀλλὰ καὶ τῆς τῶν Ἑλληνικῶν * ἐφρόντισαν * οὐ παρέργως κατασκευῆς διὸ καὶ πρὸς τὰς
Aris.    124    1    καθ' ὃ ἂν δυνώμεθα. καὶ ἡμῶν ἐπαγγελλομένων εὖ * φροντίζειν * περὶ τούτων ἔφη καὶ λίαν διαγωνιᾶν εἰδέναι
Aris.    245    6    τί τὴν διάνοιαν εἶναι τῆς δὲ τούτων ἐπιμελείας * φροντίζειν * θεὸν δὲ ἀξιοῦν ὅπως μηθὲν ἐλλίπῃ τῶν
HEup.    9    32    1    Λεοντοπολίτου καὶ Ἀθριβίτου ἀνὰ μυρίους. * φρόντισον * δὲ καὶ τὰ δέοντα αὐτοῖς καὶ τὰ ἄλλα ὅπως
φροντίς
Aris.    8    3    τὴν αὐτὴν ὅσον ἡ παιδείας ἀγωγὴ καὶ ἡ περὶ τούτων * φροντίς. * ἵνα δὲ μὴ περὶ τῶν προλεγομένων μηκύνοντες
Aris.    271    3    τί βασιλείαν διατηρεῖ; πρὸς τοῦτ' ἔφη μέριμνα καὶ * φροντὶς * ὡς οὐδὲν κακουργηθήσεται διὰ τῶν ἀποτεταγμένων
φροῦδος
ISop.    5    122    1    καὶ μετάρσια φλέξει μανεῖσα. ἐπὰν δὲ ἐκλίπῃ τὸ πᾶν * φροῦδος * μὲν ἔσται κυμάτων ἅπας βυθὸς γῆ δὲ ἑδράνων
φρουρέω
Esdr.    2    13    πεποίηκεν. καὶ εἶπεν ὁ προφήτης οὐχὶ ὑπὸ ἀγγέλου * ἐφρουρεῖτο; * καὶ ὑπὸ τῶν Χερουβὶμ ζωῆ ἐφυλάττετο εἰς τὸν
FPho.    213        κομᾶν χλιδαναῖς δὲ γυναιξίν. παιδὸς δ' εὐμόρφου * φρουρεῖν * νεοτήσιον ὥρην πολλοὶ γὰρ λυσσῶσι πρὸς ἄρσενα
                    2
φρούριον
Aris.    13    2    ἀνδρῶν ἐκλεκτῶν εἰς τὴν χώραν κατῴκισεν ἐν τοῖς * φρουρίοις * ἤδη μὲν καὶ πρότερον ἱκανῶν εἰσεληλυθότων σὺν
Aris.    36    3    ὁμοίως δὲ καὶ τοὺς προόντας κρίνας πιστοὺς * φρούρια * κτίσας ἀπέδωκεν αὐτοῖς ὅπως τὸ τῶν Αἰγυπτίων
                    1
φρουων
Job    1    3    εἰσιν τὰ ὀνόματα Τερσι Χορος Υων Νικη Φορος Φιφη * Φρουων * Ἡμέρα Κασία Ἀμαλθείας κέρας καλέσας δὲ αὐτοῦ τὰ
                    4
Φρυγία
Sib.    3    140    τὸν ταχέως διέπεμψε λάθρῃ ἰδίῃ τε τρέφεσθαι ἐς * Φρυγίην * τρεῖς ἄνδρας ἐνόρκους Κρῆτας ἑλοῦσα τοὔνεκά τοι
Sib.    3    401    καὶ τότε δὴ παραφυόμενον κέρας ἄρξει. ἔσται καὶ * Φρυγίη * δὲ φερεσβίῳ αὐτίκα τέκμαρ ὁππότε κεν Ῥείης
Sib.    3    407    ἣν ποτε φημίξουσιν ἐπωνυμίην Δορύλαιον ἀρχαίης * Φρυγίης * πολυδακρύτοιο κελαινῆς. ἔστ' ἄρα καιρὸς ἐκεῖνος
Sib.    5    130    ἄμυρον καὶ τὴν μυρίπνουν ποτε χέρσον. ἔσται καὶ * Φρυγίη * δεινὸς χόλος εἵνεκα λύπης ἧς χάριν ἢ Διὸς ἦλθε
Φρύξ
Sib.    3    169    ἠδὲ καὶ ἄλλων νήσων Παμφύλων τε γένος Περσῶν τε * Φρυγῶν * τε Καρῶν καὶ Μυσῶν Λυδῶν τε γένος πολυχρύσων.
Sib.    3    205    πάντα κακοὶ καὶ οὐκέτι θνητοῖς ἄμπαυσις πολέμοιο. * Φρύγες * δ' Ἐκπαγλοι ὀλοῦνται πάντες καὶ Τροίη κακὸν
Sib.    3    514    πελάζει+ (πολλὰ δὲ) καὶ Λυκίων υἱοῖς Μυσῶν τε * Φρυγῶν * τε. πολλὰ δὲ Παμφύλων ἔθνη Λυδῶν τε πεσεῖται
Sib.    4    71    ὅταν μεγάλαυχος ἐπὶ πλατὺν Ἑλλήσποντον πλεύσει * Φρυξὶ * βαρεῖαν ἰδ' Ἀσίδι κῆρα φέρουσα. αὐτὰρ ἐς Αἴγυπτον
                    2
φυγαδεύω
TGad    5    7    κατὰ θεὸν ἀληθὴς μετάνοια ἀναιρεῖ τὴν ἄγνοιαν καὶ * φυγαδεύει * τὸ σκότος καὶ φωτίζει τοὺς ὀφθαλμοὺς καὶ
Prop.    2    4    (καὶ πολλοὶ αὐτὰ τὰ θηρία καὶ τὰ τοῦ ὕδατος * φυγαδεύουσιν.) * ἡμεῖς δὲ ἠκούσαμεν ἐκ τῶν παίδων
                    3
φυγάς
Asen.    4    9    παραδοῦναί με ὡς αἰχμάλωτον ἀνδρὶ ἀλλοφύλῳ καὶ * φυγάδι * καὶ πεπραμένῳ; οὐχ οὗτός ἐστιν ὁ υἱὸς τοῦ
Sib.    4    79    πεζεύσει πλεύσει δὲ ταμὼν ὄρος ὑψικάρηνον ὃν * φυγάδ' * ἐκ πολέμου δειλὴ ὑποδέξεται Ἀσίς. Σικελίην δὲ
Sib.    4    138    τότε νεῖκος ἐγειρομένου πολέμοιο ἥξει καὶ Ῥώμης ὁ * φυγὰς * μέγα ἔγχος ἀείρας Εὐφρήτην διαβὰς πολλαῖς ἅμα
                    2
φυγή
Sib.    4    68    κακὰ ἔργα φυλόπιδές τε φόνοι τε διχοστασίαι τε * φυγαί * τε πύργων τε πρηνισμοὶ ἀναστασίαι τε πόλεων Ἑλλὰς
HArt.    9    27    18    τὸν δὲ Χανεθώθην πυθόμενον τοῦ Μωϋσου τὴν * φυγὴν * ἐνεδρεύειν ὡς ἀναιρήσοντα ἰδόντα δὲ ἐρχόμενον
                    13
φυλακή
Hen.    100    5    κρίσεως ποιῆσαι ἐκ πάντων κρίσιν μεγάλην καὶ τάξει * φυλακὴν * ἐπὶ πάντας τοὺς δικαίους καὶ ἁγίους τῶν ἁγίων
TJos.    1    6    με ἐν ἀσθενείᾳ ἤμην καὶ ὁ Ὕψιστος ἐπεσκέψατό με ἐν * φυλακῇ * ἤμην καὶ ὁ σωτὴρ ἐχαρίτωσέ με ἐν δεσμοῖς καὶ
TJos.    8    4    ἔφυγον. κἀκείνη ἐσυκοφάντησέ με καὶ ἐνέβαλέ με εἰς * φυλακὴν * ἐν οἴκῳ αὐτοῦ ὁ Αἰγύπτιος καὶ τῇ ἑξῆς μαστίξας
Asen.    4    10    αὐτοῦ καὶ ὁ κύριος αὐτοῦ ἐνέβαλεν αὐτὸν εἰς τὴν * φυλακὴν * τοῦ σκότους καὶ Φαραὼ ἐξήγαγεν αὐτὸν ἐκ τῆς
Asen.    4    10    τοῦ σκότους καὶ Φαραὼ ἐξήγαγεν αὐτὸν ἐκ τῆς * φυλακῆς * καθότι συνέκρινε τὸ ἐνύπνιον αὐτοῦ καθὰ
Aris.    100    5    λίθοις ἀνῳκοδομημένων αὐτῶν ὡς μεταλαμβάνομεν πρὸς * φυλακῆς * τῶν περὶ τὸ ἱερὸν τόπων ἵνα ἐὰν ἐπίθεσίς τις ἢ
Aris.    104    6    πέντε κατὰ αὐτὸ τοῦ γὰρ ἱεροῦ τὴν πᾶσαν εἶναι * φυλακὴν * τὴν ἄκραν καὶ τὸν καταβαλλόμενον αὐτὴν τὴν
Aris.    125    3    ἔχων ἄνδρας δικαίους καὶ σώφρονας τὴν μεγίστην ἂν * φυλακὴν * τῆς βασιλείας ἕξειν συμβουλευόντων παρρησίᾳ πρὸς
FJub.    46    3    καὶ τριὰ ἔτη ἐποίησεν δοῦλος καὶ γ' ἔτη ἐν τῇ * φυλακῇ * καὶ π' πάσης γῆς Ἐγύπτου ἄρχων. τόν τε γὰρ
FIsa.    1    2    13    δὲ ὑβρί(σ)θη ὑπὸ Ἀχαὰβ καὶ ἐβλήθη Μιχαίας εἰς * φυλακήν. * ⟨καὶ ἦν⟩ μ⟨ε⟩τὰ Σεδεκίου τοῦ ψευδοπροφήτο⟨υ⟩
FMan.    2    22    10    ἦν δεδεμένος καὶ κατασεσιδηρωμένος ὅλος ἐν οἴκῳ * φυλακῆ * καὶ ἐδίδοτο αὐτῷ ἐκ πιτύρων ἄρτος ἐν σταθμῷ
FAch.    104        γνήσιος. μηδενὸς ἱστοροῦντος ἑτέρει αὐτόν τις ἢ * φυλακῆ * ἀνήγγειλεν δὲ τῷ βασιλεῖ ὅτι τεθανάτωκα τὸν
HArt.    9    27    23    ἀπολῦσαι τοὺς Ἰουδαίους. τὸν δὲ πυθόμενον εἰς * φυλακὴν * αὐτὸν καθεῖρξαι νυκτὸς δὲ ἐπιγενομένης τάς τε
φυλακίζω
TJos.    2    3    τοῦ πατρός μου ἐφύλαξέ με ἀπὸ φλογὸς καιομένης. * ἐφυλακίσθην * ἐτυπτήθην ἐμυκτηρίσθην καὶ ἔδωκέ με κύριος
TJos.    14    2    ὡς δὲ οὐκ ἤλλαξα λόγον τυπτόμενος ἐκέλευσε * φυλακισθῆναί * με ἕως οὗ ἔλθωσι φησὶν οἱ κύριοι τοῦ
                    2
φυλακτήριον
Job    47    11    οὐδὲ τὰς ἐνθυμήσεις αὐτοῦ ἐν τῇ διανοίᾳ ὑμῶν διότι * φυλακτήριόν * ἐστιν τοῦ πατρὸς ἐγερθεῖσαι οὖν περιζώσασθε
FrAn.    574    3014    ιωη εωχαριφθα Εξελθε ἀπὸ τοῦ δεῖνα κοινὰ τὸ δὲ * φυλακτήριον * ἐπὶ λαμνίῳ κασσιτερίνῳ γράφε ιαηω αβρααθιωχ
                    9
φύλαξ
Asen.    5    6    καὶ γυνὴ ἀλλότριοι ἔμειναν ἔξω τῆς αὐλῆς διότι οἱ * φύλακες * τῶν πυλῶν ἐπεσπάσαντο καὶ ἔκλεισαν τὰς θύρας καὶ

Asen. 25 1 τοῦ ἀποκτεῖναι ἐν ῥομφαίᾳ τὸν πατέρα αὐτοῦ. καὶ οἱ * φύλακες * τοῦ πατρὸς αὐτοῦ διεκώλυον αὐτὸν τοῦ εἰσελθεῖν
Asen. 25 3 τὴν ἄμπελόν μου τὴν νεόφυτον. καὶ εἶπον αὐτῷ οἱ * φύλακες * κεφαλῆς πόνον πονεῖ ὁ πατήρ σου καὶ ἠγρύπνησεν
Bar. 6 3 ἐστι τὸ ὄρνεον τοῦτο; καὶ λέγει μοι τοῦτό ἐστιν ὁ * φύλαξ * τῆς οἰκουμένης. καὶ εἶπον κύριε πῶς ἐστιν φύλαξ
Bar. 6 4 ὁ φύλαξ τῆς οἰκουμένης. καὶ εἶπον κύριε πῶς ἐστιν * φύλαξ * τῆς οἰκουμένης; δίδαξόν με. καὶ εἶπέν μοι ὁ
FAch. 106 ἀξιοῦμεν. ὁ δὲ βασιλεὺς ὀργισθεὶς ἐκέλευσεν τῷ * φύλακι * τοῦ ζῆν πάντας μεταστῆναι. ἐπελάβετο δὲ τὴν ὄψιν
HArt. 9 27 23 πάσας αὐτομάτως ἀνοιχθῆναι τοῦ δεσμωτηρίου καὶ τῶν * φυλάκων * οὓς μὲν τελευτῆσαι τινὰς δὲ ὑπὸ τοῦ ὕπνου
HArt. 9 27 24 δὲ ἀνεῳγμένας τὰς θύρας εἰσελθεῖν καὶ ἐνθάδε τῶν * φυλάκων * παρειμένων τὸν βασιλέα ἐξεγεῖραι. τὸν δὲ
FrAn. 1 226 14 με⟨ - - ⟩εν τη νοσω⟨ - ⟩ευμαρων μεν το πλ⟨ ⟩υκας * φυλακας⟨ * - ⟩ευσεν Ιωσηφ μνησθεις τ⟨ου Ιακωβ⟩ - ⟩θεις

φύλαρχος 2
Aris. 97 4 τοῖς γένεσι χρυσῷ κεκολλημένοι τὰ τῶν * φυλάρχων * ὀνόματα κατὰ τὴν ἐξ ἀρχῆς διάταξιν γενηθεῖσαν
HEup. 9 30 8 ιβ' ἐνώπιον Ἡλεὶ τοῦ ἀρχιερέως καὶ τῶν δώδεκα * φυλάρχων * καὶ παραδοῦναι αὐτῷ τόν τε χρυσὸν καὶ ἄργυρον

φυλάσσω 87
Adam 3 3 ταῦτα εἶπεν ὁ θεὸς τῷ ἀρχαγγέλῳ αὐτοῦ. Ἀδὰμ δὲ * ἐφύλαξεν * τὸ ῥῆμα ἐν τῇ καρδίᾳ αὐτοῦ μετ' αὐτοῦ καὶ ἡ Εὔα
Adam 10 2 οἱ ἁμαρτήσαντες καταράσονταί με λέγοντες ὅτι οὐκ * ἐφύλαξεν * ἡ Εὔα τὴν ἐντολὴν τοῦ θεοῦ. καὶ εἶπε πρὸς τὸ
Adam 15 2 ὑμῖν πῶς ἠπάτησεν ἡμᾶς ὁ ἐχθρός. ἐγένετο ἐν τῷ * φυλάσσειν * ἡμᾶς τὸν παράδεισον ἐφυλάττομεν ἕκαστος ἡμῶν
Adam 15 2 ἐγένετο ἐν τῷ φυλάσσειν ἡμᾶς τὸν παράδεισον * ἐφυλάττομεν * ἕκαστος ἡμῶν τὸ λαχόν τι αὐτῷ μέρος ἀπὸ τοῦ
Adam 15 2 ἡμῶν τὸ λαχόν τι αὐτῷ μέρος ἀπὸ τοῦ θεοῦ. ἐγὼ δὲ * ἐφύλαττον * ἐν τῷ κλήρῳ μου νότον καὶ δύσιν. ἐπορεύθη δὲ ὁ
Adam 17 3 παραδείσῳ; καὶ εἶπον αὐτῷ ὁ θεὸς ἔθετο ἡμᾶς ὥστε * φυλάσσειν * καὶ ἐσθίειν ἐξ αὐτοῦ. ἀπεκρίθη ὁ διάβολος διὰ
Adam 23 3 ἐγκατέλιπας τὴν ἐντολήν μου ἣν παρέδωκά σοι τοῦ * φυλάξαι * αὐτήν; τότε Ἀδὰμ ἐμνήσθη τοῦ λόγου οὗ ἐλάλησα
Adam 24 3 σοι ἐν ἀκαταστασίᾳ ὅτι τὴν ἐντολήν μου οὐκ * ἐφύλαξας. * στραφεὶς δὲ πρός με ὁ κύριος λέγει ἐπειδὴ
Adam 28 3 τῷ Χερουβὶμ καὶ τῇ φλογίνῃ ῥομφαίᾳ τῇ στρεφομένῃ * φυλάσσειν * αὐτὸ διὰ σὲ ὅπως μὴ γεύσῃ ἀπ' αὐτοῦ καὶ
Adam 28 4 ἐν σοί. ἀλλ' ἐξερχομένου σου ἐκ τοῦ παραδείσου ἐὰν * φυλάξεις * ἑαυτὸν ἀπὸ παντὸς κακοῦ ὡς βουλόμενος ἀποθανεῖν
Adam 30 1 ἐδήλωσα ὑμῖν τὸν τρόπον ἐν ᾧ ἠπατήθημεν. ὑμεῖς δὲ * φυλάξατε * ἑαυτοὺς μὴ ἐγκαταλιπεῖν τὸ ἀγαθόν. ταῦτα δὲ
Adam 39 1 καὶ λέγει αὐτῷ ὁ θεὸς Ἀδὰμ τί τοῦτο ἐποίησας; εἰ * ἐφύλαξας * τὴν ἐντολήν μου οὐκ ἂν ἐχαίροντο οἱ κατάγοντές
Hen. 100 7 τοὺς δικαίους ἐν ἡμέρᾳ ἀνάγκης στερεᾶς καὶ * φυλάξητε * αὐτοὺς ἐν πυρὶ ὅτι κομιεῖσθε κατὰ τὰ ἔργα ὑμῶν.
TRub. 3 9 μου. καὶ νῦν τέκνα τὴν ἀλήθειαν ἀγαπήσατε καὶ αὕτη * φυλάξει * ὑμᾶς. διδάσκω ὑμᾶς ἀκούσατε Ῥουβὴμ τοῦ πατρὸς
TRub. 4 5 παρεφυλαξάμην καὶ οὐχ ἥμαρτον. διὰ τοῦτο τέκνα μου * φυλάξασθε * πάντα ὅσα ἐντέλλομαι ὑμῖν καὶ οὐ μὴ
TRub. 4 8 τῷ Βελιὰρ καὶ τοῖς υἱοῖς τῶν ἀνθρώπων. ἐπειδὴ γὰρ * ἐφύλαξεν * ἑαυτὸν Ἰωσὴφ ἀπὸ πάσης γυναικὸς καὶ τὰς
TRub. 6 1 γὰρ αὐταῖς οἱ ἐγρήγοροι ἕως τοῦ οὐρανοῦ φθάνοντες. * φυλάσσεσθε * οὖν ἀπὸ τῆς πορνείας καὶ εἰ θέλετε καθαρεύειν
TRub. 6 1 τῆς πορνείας καὶ εἰ θέλετε καθαρεύειν τῇ διανοίᾳ * φυλάσσετε * τὰς αἰσθήσεις ἀπὸ πάσης θηλείας. κἀκείναις δὲ
TSim. 3 1 τὸν ἀδελφόν μου φθονήσας αὐτῷ. καὶ νῦν τέκνα μου * φυλάξασθε * ἀπὸ τῶν πνευμάτων τῆς πλάνης καὶ τοῦ φθόνου.
TSim. 4 5 μοι ἀλλὰ καὶ ἠγάπησέ με ὡς τοὺς ἄλλους ἀδελφούς. * φυλάξασθε * οὖν τέκνα μου ἀπὸ παντὸς ζήλου καὶ φθόνου καὶ
TSim. 5 3 εὑρίσκοντες χάριν ἐνώπιον θεοῦ καὶ ἀνθρώπων. καὶ * φυλάσσεσθε * τοῦ μὴ πορνεύειν ὅτι ἡ πορνεία μήτηρ ἐστὶ
TSim. 7 3 ἵνα καὶ ὑμεῖς ἐντείλησθε τοῖς τέκνοις ὑμῶν ὅπως * φυλάξωσιν * αὐτὰ εἰς τὰς γενεὰς αὐτῶν. καὶ συνετέλεσε
TSim. 8 3 αὐτὰ ἐν πολέμῳ Αἰγυπτίων κρυφῇ. τὰ γὰρ ὀστᾶ Ἰωσὴφ * ἐφύλαττον * οἱ Αἰγύπτιοι ἐν τοῖς ταμιείοις τῶν βασιλείων.
TLevi 8 17 καὶ κριταὶ καὶ γραμματεῖς ὅτι ἐπὶ στόματος αὐτῶν * φυλαχθήσεται * τὸ ἅγιον. καὶ ἐξυπνισθεὶς συνῆκα ὅτι τοῦτο
TLevi 10 1 ἀπαρχάς. καὶ πᾶσαν θυσίαν ἅλατι ἁλιεῖς. νῦν οὖν * φυλάξασθε * ὅσα ἐντέλλομαι ὑμῖν τέκνα ὅτι ὅσα ἤκουσα παρὰ
TJud. 13 1 ὑμῖν ἐντέλλομαι ἀκούσατε τέκνα τοῦ πατρὸς ὑμῶν καὶ * φυλάξατε * πάντας τοὺς λόγους μου τοῦ ποιεῖν τὰ δικαιώματα
TJud. 16 1 καὶ τοῦ πτωχοῦ τὸ τῆς πτωχείας ἐλάχιστον στήριγμα. * φυλάσσεσθε * οὖν τέκνα μου ὅρον οἴνου. ἔστι γὰρ ἐν αὐτῷ
TJud. 18 2 τοῦ δικαίου ὅσα κακὰ ποιήσετε ἐν ἐσχάταις ἡμέραις. * φυλάξασθε * οὖν τέκνα μου ἀπὸ τῆς πορνείας καὶ τῆς
TJud. 22 3 τὸν Ἰακὼβ ἐν εἰρήνῃ καὶ πάντα τὰ ἔθνη. καὶ αὐτὸς * φυλάξει * κράτος βασιλείας μου ἕως τοῦ αἰῶνος. ὅρκῳ γὰρ
TJud. 26 1 καὶ πάντες οἱ λαοὶ δοξάσουσι κύριον εἰς αἰῶνας. * φυλάξατε * οὖν τέκνα μου πάντα νόμον κυρίου ὅτι ἐστὶν
TIss. 5 1 μὴ ἴδῃ διεστραμμένως τι τῶν ἐντολῶν τοῦ κυρίου. * φυλάξατε * οὖν νόμον θεοῦ τέκνα μου καὶ τὴν ἁπλότητα
TZab. 5 1 εἶπεν ὁ Δάν. καὶ νῦν τέκνα μου ἀναγγελῶ ὑμῖν τοῦ * φυλάσσειν * τὰς ἐντολὰς κυρίου καὶ ποιεῖν ἔλεος ἐπὶ τὸν
TZab. 10 2 αὐτοῦ καὶ εὐφρανθήσομαι ἐν μέσῳ τῆς φυλῆς μου ὅσοι * ἐφύλαξαν * νόμον κυρίου καὶ ἐντολὰς Ζαβουλὼν πατρὸς αὐτῶν.
TDan 5 1 κύριος ἀπ' αὐτῆς καὶ κυριεύει αὐτῆς ὁ Βελιάρ. * φυλάξατε * οὖν τέκνα μου τὰς ἐντολὰς τοῦ κυρίου καὶ τὸν
TGad 1 3 τῷ Ἰακὼβ καὶ ἤμην ἀνδρεῖος ἐπὶ τῶν ποιμνίων. ἐγὼ * ἐφύλαττον * ἐν νυκτὶ τὸ ποίμνιον καὶ ὅταν ἤρχετο λέων ἢ
TGad 4 1 τὴν ψυχὴν αὐτοῦ καθὼς κἀγὼ ἔβλεπον ἐν τῷ Ἰωσήφ. * φυλάξασθε * οὖν τέκνα μου ἀπὸ τοῦ μίσους ὅτι εἰς αὐτὸν τὸν
TAser 6 3 τὰ κατὰ τῶν ἀνθρώπων ἀγωνιζόμενα. τὸν νόμον κυρίου * φυλάξατε * καὶ μὴ προσέχετε τὸ κακὸν ὡς καλὸν ἀλλ' εἰς τὸ
TJos. 1 4 αὐτοὶ ἤθελόν με ἀνελεῖν καὶ ὁ θεὸς τῶν πατέρων μου * ἐφύλαξέ * με εἰς λάκκον με ἐχάλασαν καὶ ὁ ὕψιστος ἀνήγαγέ
TJos. 2 2 μετ' αὐτῆς ἀλλ' ὁ θεὸς Ἰσραὴλ τοῦ πατρός μου * ἐφύλαξέ * με ἀπὸ φλογὸς καιομένης. ἐφυλακίσθην ἐτυπτήθην
TJos. 9 5 μάλιστα κοσμουμένη πρὸς ἀπάτησίν μου. καὶ ὁ κύριος * ἐφύλαξέ * με ἀπὸ τῶν ἐγχειρημάτων αὐτῆς. ὁρᾶτε οὖν τέκνα
TJos. 19 6 αὐτῶν ἐν ἐσχάταις ἡμέραις. ὑμεῖς οὖν τέκνα μου * φυλάξατε * τὰς ἐντολὰς κυρίου καὶ τιμᾶτε τὸν Ἰούδαν καὶ
TBen. 3 1 μου ἀγαπήσατε κύριον τὸν θεὸν τοῦ οὐρανοῦ καὶ * φυλάξατε * ἐντολὰς αὐτοῦ μιμούμενοι τὸν ἀγαθὸν καὶ ὅσιον
TBen. 10 3 καὶ τὸν νόμον κυρίου καὶ τὰς ἐντολὰς αὐτοῦ * φυλάξατε. * ταῦτα γὰρ ὑμᾶς ἀντὶ πάσης κληρονομίας διδάσκω.
TBen. 10 5 Ἰακώβ. πάντα ταῦτα ἡμᾶς κατεκληρονόμησαν εἰπόντες * φυλάξατε * τὰς ἐντολὰς τοῦ θεοῦ ἕως ὅτε ὁ κύριος ἀποκαλύψῃ
Asen. 2 11 πύλαι τῇ αὐλῇ τέσσαρες σεσιδηρωμέναι καὶ ταύτας * ἐφύλαττον * ἀνὰ δεκαοκτὼ ἄνδρες δυνατοὶ νεανίσκοι ἔνοπλοι.
Asen. 7 5 τῷ υἱῷ αὐτοῦ Ἰωσὴφ καὶ πᾶσι τοῖς υἱοῖς αὐτοῦ * φυλάξασθε * τέκνα μου ἰσχυρῶς ἀπὸ γυναικὸς ἀλλοτρίας τοῦ
Asen. 12 2 λίθοι ζῶντες καὶ τῆς φωνῆς σου ἀκούουσι κύριε καὶ * φυλάσσουσι * τὰς ἐντολάς σου ἃς ἐνετείλω αὐτοῖς καὶ τὰ
Asen. 12 14 καὶ τῶν τεθλιμμένων βοηθός. ἐλέησόν με κύριε καὶ * φύλαξόν * με ⟨τὴν⟩ παρθένον ἁγνὴν τὴν ἐγκαταλελειμμένην
Asen. 23 13 ῥομφαία οὐκ ἔστιν ἐν ταῖς χερσὶν αὐτοῦ. καὶ σὺ μὲν * φύλαξαι * ἔτι τοῦ λαλῆσαι περὶ τοῦ ἀδελφοῦ ἡμῶν Ἰωσὴφ
Asen. 23 16 αὐτὸν καὶ εἶπεν αὐτῷ ἀνάστηθι καὶ μὴ φοβηθῇς πλὴν * φύλαξαι * ἔτι τοῦ μὴ λαλῆσαι περὶ τοῦ ἀδελφοῦ ἡμῶν Ἰωσὴφ
Sal. 6 2 αἱ ὁδοὶ αὐτοῦ κατευθύνονται ὑπὸ κυρίου καὶ * πεφυλαγμένα * ἔργα χειρῶν αὐτοῦ ὑπὸ κυρίου θεοῦ αὐτοῦ. ἀπὸ
Sal. 12 5 ἐν πυρὶ φλογὸς γλῶσσα ψίθυρος ἀπόλοιτο ἀπὸ ὁσίων. * φυλάξαι * κύριος ψυχὴν ἡσύχιον μισοῦσαν ἀδίκους καὶ
Jer. 2 5 λέγων πάτερ τί ἔστι τοῦτο; εἶπε δὲ αὐτῷ Ἱερεμίας * φύλαξαι * τοῦ σχίσαι τὰ ἱμάτια σου ἀλλὰ μᾶλλον σχίσωμεν
Jer. 3 8 ἑπτὰ καιροῖς καὶ μετὰ ταῦτα λήψῃ τὴν ὡραιότητά σου * φύλαξον * τὰ σκεύη τῆς λειτουργίας ἕως τῆς συνελεύσεως τοῦ
Jer. 4 4 λέγω ἥλιε λάβε τὰς κλεῖδας τοῦ ναοῦ τοῦ θεοῦ καὶ * φύλαξον * αὐτὰς ἕως ἡμέρας ἐν ᾗ ἐξετάσει σε κύριος περὶ
Jer. 4 7 περὶ αὐτῶν. διότι ἡμεῖς οὐχ εὑρέθημεν ἄξιοι τοῦ * φυλάξαι * αὐτὰς ὅτι ἐπίτροποι τοῦ ψεύδους ἐγενήθημεν. ἔτι
Jer. 6 7 σου ὑπὸ τοῦ ἀγγέλου τῆς δικαιοσύνης. ὁ * φυλάξας * τὸν κόφινον τῶν σύκων αὐτὸς πάλιν φυλάξει σε ἐν
Jer. 6 7 ὁ φυλάξας τὸν κόφινον τῶν σύκων αὐτὸς πάλιν * φυλάξει * σε ἐν τῇ δυνάμει αὐτοῦ. ταῦτα εἰπὼν ὁ Βαρούχ
Jer. 6 21 ἐκ γῆς Αἰγύπτου ἐκ τῆς μεγάλης καμίνου διότι οὐκ * ἐφυλάξατε * τὰ δικαιώματά μου ἀλλὰ ὑψώθη ἡ καρδία ὑμῶν καὶ
Jer. 7 22 εἶπεν αὐτοῖς πάντα ὅσα ἐκ τῆς ἐπιστολῆς ἠκούσατε * φυλάξατε * καὶ εἰσάξει ἡμᾶς κύριος εἰς τὴν πόλιν ἡμῶν.
Prop. 3 17 ἠσέβουν εἰς τὸν κύριον διώκοντες τοὺς τὸν νόμον * φυλάσσοντας * καὶ ἐποίησεν αὐτοῖς τέρας μέγα ὅτι οἱ ὄφεις
Prop. 17 28 Δαυὶδ ἔσπευσε τοῦ ἐλθεῖν καὶ ἀναγγεῖλαι αὐτῷ ὥστε * φυλάξασθαι * ἀπὸ τῆς ἀνομίας. καὶ ἐνεπόδισεν αὐτὸν ὁ
Prop. 22 18 εἰς Σαμάρειαν παρὰ τοὺς ἐχθροὺς ἀβλαβεῖς τε αὐτοὺς * φυλάξας * διέσωσε καὶ ἔθρεψεν τοῦτο μαθὼν ὁ βασιλεὺς
Esdr. 2 11 μου αἱ ἄχρανται. καὶ ἐθέμην αὐτὸν ἐν τῷ παραδείσῳ * φυλάττειν * τὴν νομὴν τοῦ ξύλου τῆς ζωῆς ἐπειδὴ οὖν
Esdr. 2 14 ὑπὸ ἀγγέλου ἐφρουρεῖτο; καὶ ὑπὸ τῶν Χερουβὶμ ζωῇ * ἐφυλάττετο * εἰς τὸν ἀτελεύτητον αἰῶνα καὶ πῶς ὑπατίθη ὁ
Esdr. 2 15 ἀτελεύτητον αἰῶνα καὶ πῶς ὑπατίθη ὁ ὑπ' ἀγγέλων * φυλαττόμενος; * ἐκέλευες παραγενέσθαι παντὸς καὶ πρόσεχε
Esdr. 5 19 διὰ τὸν ἄνθρωπον καὶ ὁ ἄνθρωπος τὰς ἐντολάς μου οὐ * φυλάττει. * καὶ εἶπεν ὁ προφήτης κύριε ἀποκάλυψόν μοι τὰς
Sedr. 4 5 ἀπὸ πάντων τῶν καρπῶν φάγε μόνον τὸ ξύλον τῆς ζωῆς * φύλαξον * ἐὰν γὰρ φάγῃς ἀπ' αὐτοῦ θανάτῳ ἀποθανεῖ. αὐτὸς
Sedr. 7 11 ἡμεῖς θέλομεν σὺ δὲ ἔχεις ἀγγέλους ἀπόστειλον τοῦ * φυλάξαι * αὐτοὺς καὶ ὅταν κινήσῃ ὁ ἄνθρωπος πρὸς τὴν
Sedr. 8 2 διότι τοὺς δικαίους μου ἀγγέλους ἀπέστειλα τοῦ * φυλάσσειν * αὐτὸν ἐν νυκτὶ καὶ ἡμέρᾳ. λέγει Σεδρὰχ οἶδα
Job 9 3 καὶ ἀδυνάτων ἦν δέ μοι ἀγέλη κυνῶν ὀκτακόσιοι * φυλάσσοντές * μου τὸν οἶκον εἶχον δὲ καμήλους
Aris. 102 1 κορυφὴν ὄντος τῶν προειρημένων περιβόλων ὡσανεὶ * φυλασσομένων * τῶν πύργων ὑπὸ τῶν πιστοτάτων ἀνδρῶν καὶ τῇ
Aris. 149 2 προειρημένων διὰ τὴν περὶ ἕκαστα διάθεσιν πῶς οὐ * φυλακτέον * παντάπασι τοὺς τρόπους εἰς τοῦτο
Aris. 311 5 τοῦτο πράσσοντες ἵνα διὰ παντὸς ἀένναα καὶ μένοντα * φυλάσσηται. * προσφωνηθέντων δὲ καὶ τούτων τῷ βασιλεῖ
Sib. 3 33 πρὸ θυράων +τηρεῖτε+ τὸν ἐόντα θεὸν ὃς πάντα * φυλάσσει * τερπόμενοι κακότητι λίθων κρίσιν ἐκλαθέοντες
Sib. 3 151 τε σύνευνον κρύψεν δ' ἐν γαίῃ καὶ ἐν +ζωσμοῖς+ * ἐφύλασσεν. * καὶ τότε +δὴ μιν+ ἄκουσαν υἱοὶ κρατεροῖο
Sib. 3 632 βροτοῖσιν. ἀλλὰ σὺ τοῦ μεγάλοιο θεοῦ μήνιμα * φύλαξαι * ὁππότε κεν πάντεσσι βροτοῖς λοιμοῖο τελευτὴ ἔλθῃ
Sib. 3 764 φεύγετε λατρείας ἀνόμους τῷ ζῶντι λάτρευε μοιχείας * πεφύλαξο * καὶ ἄρσενος ἄκριτον εὐνὴν τὴν δ' ἰδίαν γένναν
Sib. 5 511 φειδώ τις ἔτ' ἔσσεται ἐν χθονὶ κείνῃ ἀνθ' ὧν οὐκ * ἐφύλαξαν * ὅ μιν θεὸς ἐγγυάλιξεν. Ἠελίου φαέθοντος ἐν
FAch. 107 ἐὰν ἀληθεύεις ὅτι Αἴσωπος ζῇ. ἐκεῖνον γὰρ τηρήσας * ἐφύλαξας * εἰς ἐμὴν σωτηρίαν. πλὴν ἄμοιρόν σε οὐκ ἀφήσω
FAch. 109 οὐ δικαίας μοι χάριτας ἀποδέδωκας. καὶ νῦν οὖν * φύλαξον * τούτους ὡς παρακαταθήκην. καὶ πρῶτον μὲν δὸν
FPho. 13 βραβεύειν. παρθενίην τηρεῖν πίστιν δ' ἐν πᾶσι * φυλάσσειν. * μέτρα νέμειν τὰ δίκαια καλὸν δ' ἐπίμετρον
FPho. 215 λυσσῶσι πρὸς ἄρσενα μεῖξιν ἔρωτος. παρθενικὴν δὲ * φύλασσε * πολυκλείστοις θαλάμοισιν μὴ δέ μιν ἄχρι γάμων
HArt. 9 27 16 τῷ Μωΰσῳ τῶν συνειδότων ἐξαγγεῖλαί τινα τὸν δὲ * φυλάσσοντα * αὐτὸν τὴν μὲν Μέρριν θάψαι τὸν δὲ ποταμὸν καὶ
LEze. 9 29 13 03 πρόβατα καὶ μόσχους βοῶν ἄμωμα δεκάτῃ καὶ * φυλαχθήτω * μέχρι τετρὰς ἐπιλάμψει δεκάδι καὶ πρὸς ἑσπέραν
FrAn. 574 3084 τὸ φύσημα ἕως τοῦ προσώπου καὶ ἐκκριθήσεται. * φύλασσε * καθαρός. ὁ γὰρ λόγος ἐστὶν ἑβραϊκὸς καὶ
FrAn. 574 3085 φύλασσε καθαρός. ὁ γὰρ λόγος ἐστὶν ἑβραϊκὸς καὶ * φυλασσόμενος * παρὰ καθαροῖς ἀνδράσιν.

φυλή 34
Abr.1 13 6 τῇ δευτέρᾳ παρουσίᾳ ⟨κριθήσονται⟩ ὑπὸ τῶν δώδεκα * φυλῶν * τοῦ Ἰσραὴλ καὶ πᾶσα πνοὴ καὶ πᾶσα κτίσις τὸ δὲ
TSim. 7 1 Ἰούδα λυτρωθήσεσθε καὶ μὴ ἐπαίρεσθε ἐπὶ τὰς δύο * φυλὰς * ταύτας ὅτι ἐξ αὐτῶν ἀνατελεῖ ὑμῖν τὸ σωτήριον τοῦ
TJud. 15 3 γὰρ τὴν ῥάβδον μου τουτέστι τὸ στήριγμα τῆς ἐμῆς * φυλῆς * καὶ τὴν ζώνην μου τουτέστι τὴν δύναμιν καὶ τὸ

TZab. 10 2 ἐν μέσῳ υἱῶν αὐτοῦ καὶ εὐφρανθήσομαι ἐν μέσῳ τῆς * φυλῆς * μου ὅσοι ἐφύλαξαν νόμον κυρίου καὶ ἐντολὰς
TDan 5 10 αὐτοῦ βοῶν ὑμῖν εἰρήνην. καὶ ἀνατελεῖ ὑμῖν ἐκ τῆς * φυλῆς * Ἰουδὰ καὶ Λευι τὸ σωτήριον κυρίου καὶ αὐτὸς
TAser 7 6 Δάν οἱ ἀδελφοί μου οἵ χώρας αὐτῶν ἀγνοήσουσι καὶ * φυλὴν * καὶ γλῶσσαν αὐτῶν. ἀλλ' ἐπισυνάξει ὑμᾶς κύριος ἐν
TBen. 9 2 ἔσται ὁ ἔσχατος ὑπὲρ τὸν πρῶτον. καὶ δώδεκα * φυλαὶ * ἐκεῖ συναχθήσονται καὶ πάντα τὰ ἔθνη ἕως οὗ ὁ
TBen. 11 5 μου λέγων αὐτὸς ἀναπληρώσει τὰ ὑστερήματα τῆς * φυλῆς * σου. καὶ ὡς ἐπλήρωσε τοὺς λόγους αὐτοῦ εἶπεν
Asen. 8 6 τὴν ἐκ τῆς μητρὸς αὐτοῦ καὶ τὴν ἀδελφὴν τὴν ἐκ τῆς * φυλῆς * καὶ τῆς συγγενείας αὐτοῦ καὶ τὴν γυναῖκα τὴν
Sal. 17 26 λαὸν ἅγιον οὗ ἀφηγήσεται ἐν δικαιοσύνῃ καὶ κρινεῖ * φυλὰς * λαοῦ ἡγιασμένου ὑπὸ κυρίου θεοῦ αὐτοῦ καὶ οὐκ
Sal. 17 28 θεοῦ εἰσιν αὐτῶν. καὶ καταμερίσει αὐτοὺς ἐν ταῖς * φυλαῖς * αὐτῶν ἐπὶ τῆς γῆς καὶ πάροικος καὶ ἀλλογενὴς οὐ
Sal. 17 43 τὸ πρῶτον τίμιον ἐν συναγωγαῖς διακρινεῖ λαοῦ * φυλὰς * ἡγιασμένου οἱ λόγοι αὐτοῦ ὡς λόγοι ἁγίων ἐν μέσῳ
Sal. 17 44 ἡμέραις ἐκείναις ἰδεῖν τὰ ἀγαθὰ Ισραηλ ἐν συναγωγῇ * φυλῶν * ἃ ποιήσει ὁ θεός. ταχύναι ὁ θεὸς ἐπὶ Ισραηλ τὸ
Prop. 3 17 ὅτι κτισθήσεται. οὗτος ἔκρινεν ἐν Βαβυλῶνι τὴν * φυλὴν * Δὰν καὶ τοῦ Γὰδ ὅτι ἠσέβουν εἰς τὸν κύριον
Prop. 4 1 τὰς ἡμέρας τῆς ζωῆς αὐτοῦ. Δανιήλ. οὗτος μὲν ἦν ἐκ * φυλῆς * Ἰούδα γένους τῶν ἐξεχόντων τῆς βασιλικῆς
Prop. 5 1 ἐν εἰρήνῃ ὁ ὅσιος. Ὡσηέ. οὗτος ἦν ἐκ Βελεμὼθ τῆς * φυλῆς * Ἰσάχαρ καὶ ἐτάφη ἐν τῇ γῇ αὐτοῦ ἐν εἰρήνῃ. καὶ
Prop. 6 1 καὶ γένωνται δρύες δώδεκα. Μιχαίας ὁ Μωραθὶ ἦν ἐκ * φυλῆς * Ἐφραΐμ. πολλὰ ποιήσας τῷ Ἀχαὰβ ὑπὸ Ἰωρὰμ τοῦ
Prop. 10 7 ἐτάφη ἐν σπηλαίῳ Κενεζέου κριτοῦ γενομένου μιᾶς * φυλῆς * ἐν ἡμέραις τῆς ἀναρχίας. καὶ κατοικήσας ἐν γῇ Σαὰρ
Prop. 11 1 Ναοὺμ ἀπὸ Ἐλκεσὶ πέραν τοῦ Ἰσβηγαβαρὶν * φυλῆς * Συμεών. οὗτος μετὰ τὸν Ἰωνᾶν τῇ Νινευῒ τέρας
Prop. 12 1 ἐν εἰρήνῃ καὶ ἐτάφη ἐν τῇ γῇ αὐτοῦ. Ἀμβακοὺμ ἐκ * φυλῆς * ἦν Συμεὼν ἐξ ἀγροῦ Βηθζουχάρ. οὗτος εἶδε πρὸ τῆς
Prop. 13 1 ἐν τῷ ἰδίῳ ἀγρῷ μονώτατος ἐνδόξως.) Σοφονίας ἐκ * φυλῆς * ἦν Συμεὼν ἀγροῦ Σαβαραθὰ προεφήτευσε περὶ τῆς
Prop. 17 18 αὐτὸν νόμον κυρίου Ναθὰν ὁ προφήτης τοῦ Δαυὶδ ἐκ * φυλῆς * ἱερωσύνης ἦν. ἐγεννήθη δὲ ἐν Γαβαῷ καὶ αὐτὸς
Prop. 21 1 ἐν ἀγρῷ αὐτοῦ. Ἠλίας Θεσβίτης ἐκ γῆς Ἀράβων * φυλῆς * Ἀαρὼν οἰκῶν ἐν Γαλαὰδ ὅτι ἡ Θέσβις δόμα ἦν τοῖς
Aris. 32 5 τῶν κατὰ τὸν νόμον τὸν ἑαυτῶν ἀφ' ἑκάστης * φυλῆς * ἓξ ὅπως τὸ σύμφωνον ἐκ τῶν πλειόνων ἐξετάσαντες
Aris. 39 4 τοῦ νόμου καὶ δυνατοὺς ἑρμηνεῦσαι ἀφ' ἑκάστης * φυλῆς * ἓξ ὅπως ἐκ τῶν πλειόνων τὸ σύμφωνον εὑρεθῇ διὰ τὸ
Aris. 46 3 ἄνδρας καλοὺς καὶ ἀγαθοὺς πρεσβυτέρους ἀφ' ἑκάστης * φυλῆς * ἓξ οὓς καὶ ἀπεστείλαμεν ἔχοντας τὸν νόμον. καλῶς
Aris. 47 1 ἡμᾶς ἀσφαλῶς οἱ ἄνδρες. ἔρρωσο. εἰσὶ δὲ πρώτης * φυλῆς * Ἰώσηφος Ἐζεκίας Ζαχαρίας Ἰωάννης Ἐζεκίας
Sib. 3 288 ἕκαστον ἐν αἵματι καὶ πυρὸς αὐγῇ. ἔστι δέ τις * φυλὴ * βασιλήιος ἧς γένος ἔσται ἄπταιστον καὶ τοῦτο
FIsa. 1 3 2 τὴν Σαμαρίαν καὶ λαβεῖν τὰς ἐν(νέ)α ἥμισυ * φυλὰς * ἐν αἰχμαλωσίᾳ καὶ ἀπενέγκαι αὐτοὺς εἰς ὄρη Μήδων
HDem. 1 141 1 τοῖς ἐκείνων ὅπλοις χρήσασθαι. τὴν Ἰούδα * φυλὴν * καὶ Βενιαμειν καὶ Λευι μὴ αἰχμαλωτισθῆναι ὑπὸ τοῦ
HDem. 1 141 2 ἔτη ἑκατὸν εἴκοσι ὀκτὼ μῆνας ἕξ. ἀφ' οὗ δὲ αἱ * φυλαὶ * αἱ δέκα ἐκ Σαμαρείας αἰχμάλωτοι γεγόνασιν ἕως
HEup. 9 34 2 ἄνθρωπον Τύριον ἐκ μητρὸς Ἰουδαίας ἐκ τῆς * φυλῆς * τῆς Δαβίδ. ὑπὲρ ὧν ἂν αὐτὸν ἐρωτήσῃς τῶν ὑπὸ τὸν
HEup. 9 34 4 ἐργάζεσθαι δὲ τὰ ἔθνη τὰ προειρημένα καὶ * φυλὰς * δώδεκα τῶν Ἰουδαίων καὶ παρέχειν ταῖς ἐκκαίδεκα
HEup. 9 34 4 ταῖς ἐκκαίδεκα μυριάσι τὰ δέοντα πάντα κατὰ μῆνα * φυλὴν * μίαν. θεμελιῶσαί τε τὸν ναὸν τοῦ θεοῦ μῆκος πηχῶν

φύλλον 11

Adam 20 4 ἄφαντος ἐγένετο. ἐγὼ δὲ ἐζήτουν ἐν τῷ μέρει μου * φύλλα * ὅπως καλύψω τὴν αἰσχύνην μου καὶ οὐχ εὗρον. ἅπαντα
Adam 20 4 ἅπαντα γὰρ τὰ φυτὰ τοῦ ἐμοῦ μέρους κατερρύη τὰ * φύλλα * παρὲξ τοῦ σύκου μόνου. λαβοῦσα δὲ φύλλα ἀπ' αὐτοῦ
Adam 20 5 τὰ φύλλα παρὲξ τοῦ σύκου μόνου. λαβοῦσα δὲ * φύλλα * ἀπ' αὐτοῦ ἐποίησα ἐμαυτῇ περιζώματα καὶ ἔστι παρὰ
Hen. 5 1 καταμάθετε καὶ ἴδετε πάντα τὰ δένδρα--- πῶς τὰ * φύλλα * χλωρὰ ἐν αὐτοῖς σκέποντα τὰ δένδρα καὶ πᾶς ὁ
Hen. 24 4 ὀσμὴν εἶχεν εὐωδεστέραν πάντων ἀρωμάτων καὶ τὰ * φύλλα * αὐτοῦ καὶ τὸ ἄνθος καὶ τὸ δένδρον οὐ φθίνει εἰς
Hen. 24 5 τὸ δένδρον τοῦτό ἐστιν καὶ εὐῶδες καὶ ὡραῖα τὰ * φύλλα * καὶ τὰ ἄνθη αὐτοῦ ὡραῖα τῇ ὁράσει. τότε ἀπεκρίθη
Hen. 32 4 ὅμοιον τὸ δένδρον ἐκεῖνο στροβιλέᾳ τὸ ὕψος τὰ δὲ * φύλλα * αὐτοῦ κερατίᾳ ὅμοια ὁ δὲ καρπὸς αὐτοῦ ὡσεὶ βότρυες
TLevi 9 12 τὴν θυσίαν νίπτου. δώδεκα δένδρων ἀεὶ ἐχόντων * φύλλα * ἄναγε κυρίῳ ὡς κἀμὲ Ἀβραὰμ ἐδίδαξεν. καὶ παντὸς
Asen. 12 2 ὕδατος καὶ οἱ λίθοι οὐ βυθισθήσονται ἀλλ' εἰσὶν ὡς * φύλλα * δρυὸς ἐπάνω τῶν ὑδάτων καὶ εἰσὶ λίθοι ζῶντες καὶ
Sedr. 8 8 θέλουν πεσεῖν καὶ πόσα θέλουν γενηθῆναι καὶ πόσα * φύλλα * ἔχουσιν; εἰπέ μοι Σεδρὰχ ἀφ' οὗ ἐποίησα τὴν
Aris. 70 8 τὸν ἀέρα πνεύματος κίνησιν ἐπιδέχεσθαι τὴν τῶν * φύλλων * θέσιν πρὸς τὴν τῆς ἀληθείας διάθεσιν τετυπωμένων

φυλλοροέω 1

FrAn. 2 11 3 συμβάλετε ἑαυτοὺς ξύλῳ λάβετε ἄμπελον πρῶτον μὲν * φυλλοροεῖ * εἶτα βλαστὸς γίνεται μετὰ ταῦτα ὄμφαξ εἶτα

φῦλον 12

Sib. 3 216 δικαίων ἀνδρῶν ἔκγονοί εἰσιν ὅμως καὶ τῶνδε βοήσω * φῦλον * καὶ γενεὴν πατέρων καὶ δῆμον ἁπάντων πάντα
Sib. 3 495 ἐν φαῒ κοινῷ οὐδ' ἔτι τῆς ζωῆς ἀριθμὸς καὶ * φῦλον * ἔτ' ἔσται ἀντ' ἀδίκου γλώττης ἀνόμου τε βίου καὶ
Sib. 3 636 λάβῃ χώραν τ' ἀφέληται ἔθνη δ' ἔθνεα πορθήσῃ καὶ * φῦλα * δυνάσται ἡγεμόνες δὲ φύγωσιν ἐς ἄλλην γαῖαν ἅπαντες
Sib. 3 677 οἱ κατὰ πόντον πάντα τε θηρία γῆς ἠδ' ἄσπετα * φῦλα * πετεινῶν πᾶσαί τ' ἀνθρώπων ψυχαὶ καὶ πᾶσα θάλασσα
Sib. 4 136 τότε μῆνιν ἐπουρανίοιο θεοῖο εὐσεβέων ὅτι * φῦλον * ἀναίτιον ἐξολέσουσιν. ἐς δὲ δύσιν τότε νεῖκος
Sib. 5 314 ἔχων ἀνθ' ὧν ἐμόγησεν Κυμαίων δῆμος χαλεπὸς καὶ * φῦλον * ἀναιδές. εἶθ' ὅτ' ἀναιάξουσι κακὴν χθόνα
Sib. 5 359 ἄφθιτος ἐξαπολέσσῃ πᾶν γένος ἀνθρώπων +βίοτον+ καὶ * φῦλον * ἀναιδὲς δεῖ στέργειν γενετῆρα θεὸν σοφὸν αἰὲν
Sib. 5 504 (ἐμ)βιοτεύειν. ἀλλ' ὅταν ἐκπρολιπόντες ἀναιδέα * φῦλα * Τριβαλλῶν Αἰθίοπες μέλλωσ' +Αἴγυπτον ἐὴν τε+
FPho. 170 θέρεος ποτὶ χεῖμα βορὴν σφετέρην ἐπάγοντες ἄτρυτοι * φῦλον * δ' ὀλίγον τελέθει πολύμοχθον. κάμνει δ' ἠεροφοῖτις
ISop. 5 122 1 βυθὸς γῇ δὲ ἑδράνων ἔρημος οὐδ' ἀὴρ ἔτι πτερωτὰ * φῦλα * βαστάσει πυρουμένη καὶ γὰρ καθ' ᾅδην δύο τρίβους
IOrp. 27 μερόπων κραίνοντα εἰ μὴ μουνογενής τις ἀπορρὼξ * φύλου * ἄνωθεν Χαλδαίων ἴδρις γὰρ ἔην ἄστροιο πορείης καὶ
LEze. 9 28 4 03 Λιβύη μὲν ἡ γῆ πᾶσα κλῄζεται ξένε οἰκοῦσι δ' αὐτὴν * φῦλα * παντοίων γενῶν Αἰθίοπες ἄνδρες μέλανες ἄρχων δ'

φύλοπις 4

Sib. 3 451 ῥίγιστά περ ἄλγη. Σιδονίων δ' ὀλοὸς βασιλεὺς καὶ * +φύλοπις * ἄλλων ποντοπόρων σαμίοις ὀλοὸν δ' ἕξουσιν
Sib. 4 62 αἵματι πλημμύρηται καὶ τότε δὴ Μήδοις Πέρσαισί τε * φύλοπις * αἰνὴ στήσεται ἐν πολέμῳ Περσῶν δ' ὑπὸ δούρασι
Sib. 4 68 ἔσται δ' ὅσσα κεν ἄνδρες ἀπεύξωνται κακὰ ἔργα * φυλόπιδές * τε φόνοι τε διχοστασίαι τε φυγαὶ τε πύργων τε
Sib. 4 142 δούρασι πίπτῃς. καὶ Κύρρον τότε λοιμὸς ὀλεῖ καὶ * φύλοπις * αἰνή. αἰαῖ Κύπρε τάλαινα σὲ δὲ πλατὺ κῦμα

φυράω 1

TJos. 6 1 υἱῶν ἀνθρώπων. καὶ ἀποστέλλει μοι βρῶμα ἐν γοητείᾳ * πεφυραμένον. * καὶ ὡς ἦλθεν ὁ εὐνοῦχος ὁ κομίζων αὐτὸ

φυρμός 1

Sal. 2 13 κατὰ τὸ κρίμα σου ἀνθ' ὧν αὐταὶ ἐμιαίωσαν αὐτὰς ἐν * φυρμῷ * ἀναμείξεως. τὴν κοιλίαν μου καὶ τὰ σπλάγχνα μου

φύρω 3

TBen. 2 2 τῷ πατρί μου ὅτε ἐπώλησάν με; καὶ εἶπον αὐτῷ ὅτι * ἔφυραν * τὸν χιτῶνά σου αἵματι καὶ πέμψαντες εἶπον
Sib. 3 535 δὲ κινήσουσι βαρὺν χόλον οἵ δὲ πρὸς αὐτοὺς αἰσχρῶς * φυρόμενοι * πολέμῳ δεινῷ τε κυδοιμῷ οἴσουσιν ἐχθροῖσι
HEup. 9 30 5 μὴ ἱδρύ(ε)σθαι τὸ ἱερὸν διὰ τὸ αἵματι ἀνθρωπίνῳ * πεφύρθαι * καὶ πολλὰ ἔτη πεπολεμηκέναι εἶναι δ' αὐτῷ ὄνομα

φυσάω 2

Sib. 5 29 δ' ὅτις κεραίην λάχε κοίρανος ἔσται δεινὸς ὄφις * φυσῶν * πόλεμον βαρὺν ὅς ποτε χεῖρας ἧς γενεῆς τανύσας
FrAn. 574 3082 πᾶν πνεῦμα καὶ δαιμόνιον ὁποῖον ἐὰν ἦν. ὁρκίζων δὲ * φύσα * ἀπὸ τῶν ἄκρων καὶ τῶν ποδῶν ἀπαίρων τὸ φύσημα ἕως

φύσημα 1

FrAn. 574 3083 δὲ φύσα ἀπὸ τῶν ἄκρων καὶ τῶν ποδῶν ἀπαίρων τὸ * φύσημα * ἕως τοῦ προσώπου καὶ ἐκκριθήσεται. φύλασσε

φυσικός 13

TDan 2 4 τοῦ θυμοῦ τὰ δίκτυα τῆς πλάνης καὶ τυφλοῖ τοὺς * φυσικοὺς * ὀφθαλμοὺς αὐτοῦ διὰ τοῦ ψεύδους σκοτοῖ τὴν
TDan 3 4 πλούτου παραπείθων καὶ νικῶν ἐν ἀδίκῳ τρίτην τὴν * φυσικὴν * ἔχων τοῦ σώματος καὶ δι' ἑαυτοῦ δρῶν τὸ κακόν.
TNep. 1 διαθηκη Νεφθαλιμ. περι * φυσικης * αγαθοτητος. αντιγραφον διαθηκης Νεφθαλιμ ἧς
Aris. 89 2 ἐστι σύστασις ὡς ἂν καὶ πηγῆς ἔσωθεν πολυρρύτου * φυσικῶς * ἐπιρρεούσης ἔτι δὲ θαυμασίων καὶ ἀδιηγήτων
Aris. 97 6 ἀπαυγάζοντες ἕκαστος ἀνεξήγητον τῆς ἰδιότητος τὴν * φυσικὴν * χρόαν. ἐπὶ δὲ τῆς κεφαλῆς ἔχει τὴν λεγομένην
Aris. 143 2 καὶ ὁράσεως νομικῶς. τὸ γὰρ καθόλου πάντα πρὸς τὸν * φυσικὸν * λόγον ὅμοια καθέστηκεν ὑπὸ μιᾶς δυνάμεως
Aris. 171 2 ἄξια λόγου καθεστάναι διὸ τὴν σεμνότητα καὶ * φυσικὴν * διάνοιαν τοῦ νόμου προῆγμαι διασαφῆσαί σοι
Aris. 222 3 μὴ συγκαταφέρεσθαι ταῖς ὁρμαῖς. πᾶσι γὰρ ἀνθρώποις * φυσικόν * εἶναι τὸ πρός τι τὴν διάνοιαν ῥέπειν τοῖς μὲν
Aris. 277 3 οὐ παραδέχονται τῶν ἀνθρώπων οἱ πλείονες; ὅτι * φυσικῶς * ἅπαντες εἶπεν ἀκρατεῖς καὶ ἐπὶ τὰς ἡδονὰς
FAch. 119 Ἡλιουπόλεως μετεπέμπατο προφήτας ἐπισταμένους καὶ * φυσικὰ * ἐρωτήματα. καὶ συλλαλοῦντες αὐτῷ περὶ τοῦ Αἰσώπου
LAri. 8 10 2 ὑφ' ἡμῶν οὐδέν. παρακαλέσαι δέ σε βούλομαι πρὸς τὸ * φυσικῶς * λαμβάνειν τὰς ἐκδοχὰς καὶ τὴν ἁρμόζουσαν ἔννοιαν
LAri. 8 10 3 λόγους ποιούμενος λέγω δὲ τῶν κατὰ τὴν ἐπιφάνειαν * φυσικὰς * διαθέσεις ἀπαγγέλλει καὶ μεγάλων πραγμάτων
LAri. 13 12 9 πᾶσι τὴν βιοτὴν ἑβδόμην ἡμέραν ἣ δὴ καὶ πρώτη * φυσικῶς * ἂν λέγοιτο φωτὸς γένεσις ἐν ᾧ τὰ πάντα

φυσιόω 2

TLevi 14 7 ἡ μεῖξις ὑμῶν Σόδομα καὶ Γόμορρα ἐν ἀσεβείᾳ καὶ * φυσιωθήσεσθε * ἐπὶ τῇ ἱερωσύνῃ κατὰ τῶν ἀνθρώπων
TLevi 14 8 οὐ μόνον δὲ ἀλλὰ καὶ κατὰ τῶν ἐντολῶν τοῦ θεοῦ * φυσιούμενοι * καταπαίξετε τὰ ἅγια ἐν καταφρονήσει

φύσις 20

Adam 11 2 ὁ θεὸς μὴ φαγεῖν ἐξ αὐτοῦ; διὰ τοῦτο καὶ ἡμῶν αἱ * φύσεις * μετηλλάγησαν. νῦν οὐ δυνήσει ὑπενεγκεῖν ἐὰν
TRub. 3 1 πνεῦμα τοῦ ὕπνου ἐστὶ μεθ' οὗ ἐκτίσθη ἔκστασις * φύσεως * καὶ εἰκὼν τοῦ θανάτου. τούτοις τοῖς πνεύμασι
TRub. 3 3 τὸ πνεῦμα τῆς πλάνης. πρῶτον τὸ τῆς πορνείας ἐν τῇ * φύσει * καὶ ταῖς αἰσθήσεσιν ἔγκειται δεύτερον πνεῦμα
TDan 3 5 ὁ θυμούμενος διπλῆν ἔχει τὴν δύναμιν παρὰ τὴν τῆς * φύσεως * βοηθεῖ γὰρ αὐτοῖς ὁ θυμὸς πάντοτε ἐν παρανομίᾳ.
TNep. 3 4 πάντα ἵνα μὴ γένησθε ὡς Σόδομα ἥτις ἐνήλλαξε τάξιν * φύσεως * αὐτῆς. ὁμοίως δὲ καὶ οἱ ἐγρήγοροι ἐνήλλαξαν τάξιν
TNep. 3 5 αὐτῆς. ὁμοίως δὲ καὶ οἱ ἐγρήγοροι ἐνήλλαξαν τάξιν * φύσεως * αὐτῶν οὓς καὶ κατηράσατο κύριος ἐπὶ τοῦ
Prop. 4 8 ὅτι ὡς βοῦς ἤσθιε χόρτον καὶ ἐγένετο ἀνθρωπίνης * φύσεως * τροφή. διὰ τοῦτο καὶ ὁ Ναβουχοδονόσορ μετὰ τὴν
Job 3 3 τοῦ διαβόλου, ἐν ᾧ ἀπατηθήσεται ἡ ἀνθρωπίνη * φύσις. * καὶ ἐγὼ ἀκούσας κατέπεσα ἐπὶ τὴν κλίνην μου
Aris. 44 2 γράμμασι. πάντα γὰρ ὅσα σοι συμφέρει καὶ εἰ παρὰ * φύσιν * ἐστὶν ὑπακουσόμεθα τοῦτο γὰρ φιλίας καὶ ἀγαπήσεως

Aris. 56 3 μάλιστα χρήσασθαι σεμνῶς ἅπαντα διανοούμενος καὶ * φύσιν * ἔχων ἀγαθὴν εἰς τὸ συνιδεῖν πραγμάτων ἔμφασιν. ὅσα
Aris. 250 4 καὶ μεταπίπτον εὐκόπως διὰ παραλογισμοῦ καὶ τῇ * φύσει * κατεσκεύασται ἀσθενὲς δέον δ' ἐστὶ κατὰ τὸ ὑγιὲς
Aris. 257 5 γὰρ ὁ θεὸς τὸ ταπεινούμενον προσδέχεται κατὰ * φύσιν * καὶ τὸ τῶν ἀνθρώπων γένος τοὺς ὑποτασσομένους
Aris. 288 4 ἐκ βασιλέως βασιλέα; ἐκεῖνος δὲ ἔφη τὸν ἄριστον τῇ * φύσει. * καὶ γὰρ ἐκ βασιλέων βασιλεῖς γινόμενοι πρὸς τοὺς
Sib. 5 212 αἰθέριος κατὰ γαῖαν +ἄστρων δ' ἐν μαχίμοις+ καινὴ * φύσις * ὥστ' ἀπολέσθαι ἐν πυρὶ καὶ στοναχαῖσιν ὅλην γῆν
FAch. 109 τίμα ἴσα γονεῦσι τούτους γὰρ εὖ ποιεῖν χρὴ διὰ τὴν * φύσιν * τῷ δὲ ἐκ προαιρέσεως στέρξαντι διπλασίους δεῖ
FPho. 125 τομώτερόν ἐστι σιδήρου ὅπλον ἑκάστωι νεῖμε θεὸς * φύσιν * ἠερόφοιτον ὄρνισιν πώλοις ταχυτῆτ' ἀλκήν τε
FPho. 176 μὴ μείνῃς ἄγαμος μή πως νώνυμος ὄληαι δός τι * φύσει * καὐτὸς τέκε δ' ἔμπαλιν ὡς ἐλοχεύθης. μὴ
FPho. 187 ἐγκύμονι χεῖρα βάλῃαι. μηδ' αὖ παιδογόνον τέμνειν * φύσιν * ἄρσενα κούρου. μηδ' ἀλόγοις ζώιοισι βατήριον ἐς
FPho. 190 ἐπ' αἰσχυντοῖς λεχέεσσιν. μὴ παραβῇς εὐνὰς * φύσεως * ἐς Κύπριν ἄθεσμον οὐδ' αὐτοῖς θήρεσσι συνεύαδον
HCal. 24 16 χρεὼν οὐ γάρ ἐστιν ἡμῖν ἐλπὶς σωτηρίας. ἔξω γὰρ * φύσεως * ἀνθρώπων ὁ Μακεδόνων στρατὸς ὡς γὰρ ἐν ἡμῖν

φυτεία 2
Sal. 14 4 τοῦ κυρίου τὰ ξύλα τῆς ζωῆς ὅσιοι αὐτοῦ. ἡ * φυτεία * αὐτῶν ἐρριζωμένη εἰς τὸν αἰῶνα οὐκ ἐκτιλήσονται
Bar. 4 8 κύριος ὁ θεὸς καὶ ἐκατηράσατο αὐτὸν καὶ τὴν * φυτείαν * αὐτοῦ. ἐν ᾧ καὶ διὰ τοῦτο οὐ συνεχώρησεν τὸν

φύτευμα 2
Hen. 10B 3 ἐκφεύξεται δι' αἰῶνος καὶ ἐξ αὐτοῦ φυτευθήσεται * φύτευμα * καὶ σταθήσεται πάσας τὰς γενεὰς τοῦ αἰῶνος. καὶ
HHec. 1 22 199 ἄγαλμα δ' οὐκ ἔστιν οὐδ' ἀνάθημα τὸ παράπαν οὐδὲ * φύτευμα * παντελῶς οὐδὲν οἷον ἀλσῶδες ἤ τι τοιοῦτον.

φυτεύω 15
Hen. 10 16 καὶ τῆς ἀληθείας εἰς τοὺς αἰῶνας μετὰ χαρᾶς * φυτευθήσεται. * καὶ νῦν πάντες οἱ δίκαιοι ἐκφεύξονται καὶ
Hen. 10 19 καὶ πάντα τὰ δένδρα τῆς γῆς ἀγαλλιάσονται * φυτευθήσεται * καὶ ἔσονται φυτεύοντες ἀμπέλους καὶ ἡ
Hen. 10 19 τῆς γῆς ἀγαλλιάσονται φυτευθήσεται καὶ ἔσονται * φυτεύοντες * ἀμπέλους καὶ ἡ ἄμπελος ἣν ἂν φυτεύσωσιν
Hen. 10 19 ἔσονται φυτεύοντες ἀμπέλους καὶ ἡ ἄμπελος ἣν ἂν * φυτεύσωσιν * ποιήσουσιν πρόχους οἴνου χιλιάδας καὶ ὑπ'
Hen. 10B 3 συντηρήσει καὶ ἐκφεύξεται δι' αἰῶνος καὶ ἐξ αὐτοῦ * φυτευθήσεται * φύτευμα καὶ σταθήσεται πάσας τὰς γενεὰς τοῦ
Hen. 26 5 εἰσιν βαθεῖαι ἐκ πέτρας στερεᾶς καὶ δένδρον οὐκ * ἐφυτεύετο * ἐπ' αὐτάς. καὶ ἐθαύμασα περὶ τῆς φάραγγος καὶ
Asen. 2 11 ἄνδρες δυνατοὶ νεανίσκοι ἔνοπλοι. καὶ ἦσαν * πεφυτευμένα * ἐντὸς τῆς αὐλῆς παρὰ τὸ τεῖχος δένδρα ὡραῖα
Jer. 9 14 καὶ τὸ δένδρον τῆς ζωῆς τὸ ἐν μέσῳ τοῦ παραδείσου * φυτευθὲν * ποιήσει πάντα τὰ δένδρα τὰ ἄκαρπα ποιῆσαι
Bar. 4 8 τὸν Ἀδάμ; καὶ εἶπεν ὁ ἄγγελος ἡ ἄμπελός ἐστιν ἣν * ἐφύτευσεν * ὁ ἄγγελος Σαμαὴλ ὅτινη ὠργίσθη κύριος ὁ θεὸς
Bar. 4 11 ἀπὸ τοῦ ὕδατος καὶ ἐξῆλθε Νῶε τῆς κιβωτοῦ ἤρξατο * φυτεύειν * ἐκ τῶν εὑρισκομένων φυτῶν. εὗρε δὲ καὶ τὸ κλῆμα
Bar. 4 13 ἐγὼ εἶπον αὐτῷ τὰ περὶ ἐκείνου. καὶ εἶπεν ἆρα * φυτεύσω * αὐτὸ ἤ τι; ἐπεὶ Ἀδὰμ δι' αὐτοῦ ἀπώλετο μὴ καὶ
Bar. 4 15 αὐτοῦ τὸν Σαρασαὴλ καὶ εἶπεν αὐτῷ ἀναστὰς Νῶε * φύτευσον * τὸ κλῆμα ὅτι τάδε λέγει κύριος τὸ πικρὸν τούτου
Sib. 3 397 βροτολοιγὸς ἐκ δέκα δὴ κεράτων +παρὰ δὴ φυτὸν ἄλλο * φυτεύσει+ * κόψει πορφυρέης γενεῆς γενετῆρα μαχητὴν καὐτὸς
Sib. 3 433 δέξεται ἔργα. καὶ Λυκίη Λοκροῖο γένος κακὰ πολλὰ * φυτεύσει. * Χαλκηδὼν στεινοῖο πόρον πόντοιο λαχοῦσα καὶ σε
FJub. 7 1 τοῦ μηνὸς τοῦ πέμπτου. τούτῳ τῷ ͵β σ ν α' ἔτει Νῶε * ἐφύτευσεν * ἀμπελῶνα ἐν ὄρει Λουβὰρ τῆς Ἀρμενίας. τῷ ͵β φ

φυτόν 20
Adam 7 1 μητέρα ὑμῶν δι' ἧς καὶ ἀποθνήσκω ἔδωκεν ἡμῖν πᾶν * φυτὸν * ἐν τῷ παραδείσῳ. περὶ ἑνὸς δὲ ἐνετείλατο ἡμῖν μὴ
Adam 17 4 ὄφεως καλῶς ποιεῖτε ἀλλ' οὐκ ἐσθίετε ἀπὸ παντὸς * φυτοῦ. * κἀγὼ εἶπον ναὶ ἀπὸ πάντων ἐσθίομεν παρὲξ ἑνὸς
Adam 18 5 καὶ εἶπεν οὐ φάγεσθαι ἐξ αὐτοῦ. σὺ δὲ πρόσχες τῷ * φυτῷ * καὶ ὄψει δόξαν μεγάλην. ἐγὼ δὲ προσέσχον τῷ φυτῷ
Adam 18 5 φυτῷ καὶ ὄψει δόξαν μεγάλην. ἐγὼ δὲ προσέσχον τῷ * φυτῷ * καὶ ἴδον δόξαν μεγάλην περὶ αὐτοῦ. εἶπον δὲ αὐτῷ
Adam 20 3 δὲ καὶ περὶ τοῦ ὅρκου. ἐκεῖνος δὲ κατῆλθεν ἀπὸ τοῦ * φυτοῦ * καὶ ἄφαντος ἐγένετο. ἐγὼ δὲ ἐζήτουν ἐν τῷ μέρει
Adam 20 4 τὴν αἰσχύνην μου καὶ οὐχ εὗρον. ἅπαντα γὰρ τὰ * φυτὰ * τοῦ ἐμοῦ μέρους κατερρύη τὰ φύλλα παρὲξ τοῦ σύκου
Adam 20 5 αὐτοῦ ἐποίησα ἐμαυτῇ περιζώματα καὶ ἔστι παρὰ τὸ * φυτὸν * ἐξ οὗ ἔφαγον. καὶ ἐβόησα αὐτῇ τῇ ὥρᾳ λέγουσα Ἀδὰμ
Adam 22 3 ᾧ δὲ ἦλθεν ὁ θεὸς εἰς τὸν παράδεισον ἐξήνθησαν τὰ * φυτὰ * τοῦ κλήρου τοῦ Ἀδὰμ καὶ τὰ ἐμὰ πάντα ἐστερεῖτο.
Adam 28 2 καὶ ἀποκριθεὶς ὁ Ἀδὰμ εἶπεν κύριε δός μοι ἐκ τοῦ * φυτοῦ * τῆς ζωῆς ἵνα φάγω πρὶν ἢ ἐκβληθῆναί με. τότε ὁ
Adam 38 4 ἦλθον εἰς τὸν παράδεισον καὶ ἐκινήθησαν πάντα τὰ * φυτὰ * τοῦ παραδείσου ὡς πάντας ἀνθρώπους γεγεννημένους ἐκ
Hen. 10 16 καὶ πᾶν ἔργον πονηρίας ἐκλειπέτω καὶ ἀναφανήτω τὸ * φυτὸν * τῆς δικαιοσύνης καὶ τῆς ἀληθείας εἰς τοὺς αἰῶνας
Bar. 4 11 τῆς κιβωτοῦ ἤρξατο φυτεύειν ἐκ τῶν εὑρισκομένων * φυτῶν. * εὗρε δὲ καὶ τὸ κλῆμα καὶ λαβὼν ἐλογίζετο ἐν ἑαυτῷ
Bar. 4 14 παρακαλῶ ὅπως ἀποκαλύψῃς μοι τί ποιήσω περὶ τοῦ * φυτοῦ * τούτου. ἀπέστειλε δὲ ὁ θεὸς τὸν ἄγγελον αὐτοῦ τὸν
Esdr. 5 21 ἀπήγαγόν με οἱ ἄγγελοι κατὰ ἀνατολὰς καὶ ἴδον τὸ * φυτὸν * τῆς ζωῆς. καὶ ἴδον ἐκεῖ τὸν Ἐνὼχ καὶ Ἠλίαν καὶ
Sedr. 4 4 Ἀδὰμ καὶ ἔθηκα αὐτὸν ἐν τῷ παραδείσῳ ἐν μέσῳ τοῦ * φυτοῦ * τῆς ζωῆς καὶ εἶπα αὐτῷ ἀπὸ πάντων τῶν καρπῶν φάγε
Job 32 6 τίς γὰρ κατά σε ἐν μέσῳ τῶν τέκνων σου; ὡς γὰρ * φυτὸν * ἧς εὐώδους μήλου συνανθῶν ποῦ νῦν τυγχάνει ἡ δόξα
Sib. 3 397 καὶ κόψει βροτολοιγὸς ἐκ δέκα δὴ κεράτων +παρὰ δὴ * φυτὸν * ἄλλο φυτεύσει+ κόψει πορφυρέης γενεῆς γενετῆρα
FJub. 2 7 τὰ κάρπιμά τε καὶ ἄκαρπα τοὺς δρυμοὺς καὶ πάντα τὰ * φυτὰ * κατὰ γένος. ταῦτα τὰ τέσσαρα ἔργα τὰ μέγιστα
LAri. 8 10 11 ἄνθρωπος. καὶ ἐπὶ τῶν λοιπῶν δὲ ταὐτὸν ὑπάρχει * φυτῶν * τε καὶ ἐπὶ τῶν ἄλλων. ἀμετάβλητα μέν ἐστι τὰς
LAri. 13 12 6 βουσί τε καὶ μακέλῃσι λέγει δ' ὅτε δεξιαὶ ὧραι καὶ * φυτὰ * γυρῶσαι καὶ σπέρματα πάντα βαλέσθαι. σαφῶς οἴομαι

φύω 14
Aris. 147 6 ὡς τὰ τῶν προειρημένων πτηνῶν ἥμερα ζῷα τὰ * φυόμενα * τῶν ὀσπρίων ἐπὶ γῆς δαπανᾷ καὶ οὐ καταδυναστεύει
Aris. 270 7 ὃς γὰρ ἐπὶ τὸ πλεονεκτεῖν ὁρμᾶται προδότης * πέφυκε. * σὺ δὲ πάντας εὐνόους ἔχεις θεοῦ σοι καλὴν βουλὴν
Aris. 277 4 τὰς ἡδονὰς τρεπόμενοι γεγόνασιν ὧν χάριν ἀδικία * πέφυκε * καὶ τὸ τῆς πλεονεξίας χύμα. τὸ δὲ τῆς ἀρετῆς
Sib. 3 228 οὐδὲ μὲν ἀστρονομοῦσι τὰ γὰρ πλάνα πάντα * πέφυκεν * ὅσσα κεν ἄφρονες ἄνδρες ἐρευνώωσι κατ' ἦμαρ
Sib. 3 410 καὶ τείχεα λύσει. σήματα δ' οὐκ ἀγαθοῖο κακοῖο δὲ * φύσεται * ἀρχή. παμφύλου πολέμοιο δαήμονας ἕξει ἄνακτας
FPho. 60 μηδὲν μέγα μηδ' ὑπέροπλον. οὐκ ἀγαθὸν πλεονάζον * ἔφυ * θνητοῖσιν ὄνειαρ ἡ πολλὴ δὲ τρυφὴ πρὸς ἀμέτρους
FPho. 130 σοφίης λόγος ἐστὶν ἄριστος.) βέλτερος ἀλκήεντος * ἔφυ * σεσοφισμένος ἀνὴρ ἀγροὺς καὶ πόλιας σοφίη καὶ νῆα
FPho. 217 γάμων πρὸ δόμων ὀφθῆμεν ἐάσῃς. κάλλος δυστήρητον * ἔφυ * παίδων τοκέεσσιν. (στέργε φίλους ἄχρις θανάτου
IDip. 5 121 3 ἐστι(ν) γὰρ ἔστιν εἰ δέ τις πράττει καλῶς κακὸς * πεφυκὼς * τὸν χρόνον κερδαινέτω χρόνῳ γὰρ οὗτος ὕστερον
IMen. 5 119 2 καὶ φρένας κούφας ἔχει. δεῖ γὰρ τὸν ἄνδρα χρήσιμον * πεφυκέναι * μὴ παρθένους φθείροντα καὶ μοιχώμενον
LEze. 9 29 9 01 ὅπως σὺ λαὸν τὸν ἐμὸν ἐξάγοις χθονός. οὐκ εὔλογος * πέφυκα * γλῶσσα δ' ἐστί μοι δύσφραστος ἰσχνόφωνος ὥστε μὴ
LEze. 9 29 16 11 πέλει ἔγκαρπα δεκάκις ἑπτὰ καὶ ἐπίρρυτος χλόη * πέφυκε * θρέμμασιν χορτάσματα. ἕτερον δὲ πρὸς τοῖσδ'
LAri. 8 10 16 τὸ παρὰ τοῦ θεοῦ δυναμικὸν αὐτῇ προσείη. τῶν γὰρ * φυομένων * κατὰ τὸ ὄρος τόπων φλεγομένων σφοδρῶς οὐδὲν
LAri. 13 12 13 πᾶς ὁ κόσμος κυκλεῖται τῶν ζῳογονουμένων καὶ τῶν * φυομένων * ἀπάντων. τῷ δὲ σάββατον αὐτὴν προσαγορεύεσθαι

Φωκυλίδης 2
FPho. * Φωκυλίδου * γνῶμαι. ταῦτα δίκῃσι' ὁσίῃσι θεοῦ βουλεύματα
FPho. 2 ταῦτα δίκῃσι' ὁσίῃσι θεοῦ βουλεύματα φαίνει * Φωκυλίδης * ἀνδρῶν ὁ σοφώτατος ὄλβια δῶρα. μήτε

φωλεύω 1
Sib. 5 149 πρώτους οὓς ἐπόθησε καὶ οἷς κλέος ἐγκατέθηκεν * φωλεύων * μετὰ τῶνδε κακῶν εἰς ἔθνος ἀληθὲς ὅς ναὸν

φωνέω 7
Hen. 14 8 ἰδοὺ νεφέλαι ἐν τῇ ὁράσει ἐκάλουν καὶ ὁμίχλαι με * ἐφώνουν * καὶ διαδρομαὶ τῶν ἀστέρων καὶ διαστραπαί με
Bar. 6 16 ὁ ἥλιος γὰρ ἑτοιμάζεται ὑπὸ τῶν ἀγγέλων καὶ * φωνεῖ * ὁ ἀλέκτωρ. καὶ εἶπον ἐγὼ καὶ ποῦ ἀποσχολεῖται ὁ
Bar. 7 1 ἐγὼ καὶ ποῦ ἀποσχολεῖται ὁ ἥλιος ἀφ' οὗ ὁ ἀλέκτωρ * φωνεῖ; * καὶ εἶπέν μοι ὁ ἄγγελος ἄκουσον Βαρούχ πάντα ὅσα
Job 27 4 αὐτοῦ τὴν καρτερίαν καὶ μὴ διαφωνήσαντος μέγα * ἐφώνησεν * ἀκμὴν ὁ ἐπάνω. οὕτω καὶ σύ, Ιωβ, ὑποκάτω ἧς καὶ
Sib. 5 259 Ἑβραίων ὁ ἄριστος ὅς ἠέλιόν ποτε στήσει * φωνήσας * ῥήσει τε καλῇ καὶ χείλεσιν ἁγνοῖς. μηκέτι τείρεο
FAch. 116 καὶ εἰς ἀέρα ἵπτασθαι. καὶ εἰς ὕψος γενάμενοι * ἐφώνουν * ἐπίδοτε πηλὸν καὶ πλίνθους καὶ ξύλα καὶ ὅσα πρὸς
LAri. 8 10 16 ἐκφάνσει μὴ προκειμένων ὀργάνων τοιούτων μηδὲ τοῦ * φωνήσοντος * ἀλλὰ θείᾳ κατασκευῇ γινομένων ἁπάντων ὥστε

φωνή 104
Adam 5 2 τριάκοντα. καὶ περιπεσὼν εἰς νόσον ἐβόησεν * φωνῇ * μεγάλῃ λέγων ἐλθέτωσαν πρός με οἱ υἱοί μου πάντες
Adam 8 1 ὁ δεσπότης ἔθηκε τὸν θρόνον αὐτοῦ καὶ ἐκάλησε * φωνῇ * φοβερᾷ λέγων Ἀδὰμ ποῦ εἶ καὶ ἵνα τί κρύβῃ σε ἀπὸ
Adam 29 11 ἠπλοῦτο εὐχομένου αὐτοῦ ἐν τῷ ὕδατι. καὶ ἔκραξε * φωνῇ * μεγάλῃ λέγων σοὶ λέγω τῷ ὕδατι τοῦ Ἰορδάνου στῆθι
Adam 37 1 οἱ ἄγγελοι οἱ ἐπ' ὄψεσιν κείμενοι καὶ ἐβόησαν * φωνὴν * φοβερὰν λέγοντες εὐλογημένη ἡ δόξα κυρίου ἀπὸ
Adam 37 3 τὸ πλάσμα τῶν χειρῶν αὐτοῦ Ἀδάμ. ὅτε δὲ εἶπον τὰς * φωνὰς * ταύτας οἱ ἄγγελοι ἰδοὺ ἦλθεν ἓν τῶν Σεραφὶμ
Adam 40 4 ἀνεπήδα τὸ σῶμα αὐτοῦ ἀπὸ τῆς γῆς. καὶ ἐξήρχετο * φωνὴ * ἀπὸ τῆς γῆς λέγουσα οὐ κρυβήσεται εἰς τὴν γῆν
Hen. 9 2 ἐπὶ τῆς γῆς καὶ εἶπαν πρό(ς) ἀλλήλους * φωνὴ * βοώντω(ν) ἐπὶ τῆς γῆς μέχρι πυλῶν τοῦ οὐρανοῦ.
Hen. 13 8 ἐπ' ἐμὲ ἐπέπιπτον καὶ ἴδον ὁράσεις ὀργῆς καὶ ἦλθεν * φωνὴ * λέγουσα εἶπον τοῖς υἱοῖς τοῦ οὐρανοῦ τοῦ ἐλέγξαι
Hen. 15 1 ἄνθρωπος τῆς ἀληθείας ὁ γραμματεὺς καὶ τῆς * φωνῆς * αὐτοῦ ἤκουσα μὴ φοβηθῇς Ἐνὼχ ἄνθρωπος ἀληθινὸς
Hen. 15 1 καὶ γραμματεὺς τῆς ἀληθείας πρόσελθε ὧδε καὶ τῆς * φωνῆς * μου ἄκουσον. πορεύθητι καὶ εἰπὲ τοῖς πέμψασίν σε
Hen. 22 5 τεθέαμαι ἀνθρώπους νεκροὺς ἐντυγχάνοντας καὶ ἡ * φωνὴ * αὐτοῦ μέχρι τοῦ οὐρανοῦ προέβαινεν καὶ ἐνετύγχανεν.
Hen. 22 6 τὸ πνεῦμα τὸ ἐντυγχάνον τίνος ἐστίν δι' ὃ οὕτως ἡ * φωνὴ * αὐτοῦ προβαίνει καὶ ἐντυγχάνει ἕως τοῦ οὐρανοῦ; καὶ
Hen. 27 2 οἵτινες ἐροῦσιν τῷ στόματι αὐτῶν κατὰ κυρίου * φωνὴν * ἀπρεπῆ καὶ περὶ τῆς δόξης αὐτοῦ σκληρὰ λαλήσουσιν.
Hen. 102 1 ποῦ ἀποδράντες σωθήσεσθε; καὶ ὅταν δῷ ἐφ' ὑμᾶς * φωνὴν * αὐτοῦ ἔσεσθε συνσειόμενοι καὶ φοβούμενοι ἦχῳ
Hen. 103 14 ἡμῶν οὐκ ἀπεδέξαντο οὐδὲ ἐβούλοντο ἐπακοῦσαι τῆς * φωνῆς * ἡμῶν. καὶ οὐκ ἀντελαμβάνοντο ἡμῶν οὐχ εὑρόντες
Hen. 106 8 εἶναί με καὶ εἶπέν μοι πάτερ (μου) ἐπάκουσον τῆς * φωνῆς * μου καὶ ἧκε (πρός) ἐμέ. καὶ ἤκουσα τὴν φωνὴν αὐτοῦ
Hen. 106 8 τῆς φωνῆς μου καὶ ἧκε (πρός) ἐμέ. καὶ ἤκουσα τὴν * φωνὴν * αὐτοῦ καὶ ἦλθον πρὸς αὐτὸν καὶ εἶπα ἰδοὺ πάρειμι
Abr.1 3 3 κυπάρισσος κατὰ πρόσταξιν θεοῦ τὸ δένδρον ἐβόησεν * φωνὴν * ἀνθρωπίνην καὶ εἶπεν ἅγιος ἅγιος ἅγιος κύριος ὁ
Abr.1 3 4 τὸ μυστήριον νομίσας ὅτι ὁ ἀρχιστράτηγος τὴν * φωνὴν * τοῦ δένδρου οὐκ ἤκουσεν. ἐλθόντες δὲ πλησίον (τοῦ
Abr.1 5 9 ἐπὶ τὸν τράχηλον αὐτοῦ καὶ ἤρξατο κλαίειν * φωνὴν * μεγάλην. συγκινηθεὶς οὖν τὰ σπλάγχνα ὁ Ἀβραὰμ

Abr.1 10 6 ἀπολέσαι. εἶπεν δὲ Ἀβραὰμ κύριε εἰσάκουσον τῆς * φωνῆς * μου καὶ κέλευσον ἵνα ἐξέλθωσιν θηρία ἐκ τοῦ δρυμοῦ
Abr.1 10 12 τοῦ οὐρανοῦ καὶ κατέφαγεν αὐτούς. καὶ εὐθέως ἦλθεν * φωνὴ * ἐκ τοῦ οὐρανοῦ πρὸς τὸν ἀρχιστράτηγον οὕτως λέγων
Abr.1 14 13 θεοῦ ἐπὶ πολλὴν δὲ ὥραν παρακαλούντων αὐτῶν ἦλθεν * φωνὴ * λέγουσα ἐκ τοῦ οὐρανοῦ Ἀβραὰμ Ἀβραὰμ εἰσήκουσε
Abr.1 15 1 οὐκ ἀπαιτήσομαι. εἶπεν δὲ καὶ τὸν ἀρχιστράτηγον ἡ * φωνὴ * τοῦ κυρίου Μιχαὴλ Μιχαὴλ ὁ ἐμὸς λειτουργὸς
Abr.1 20 13 καὶ δοξολογίας γενομένης ἦλθεν ἡ ἄχραντος * φωνὴ * τοῦ θεοῦ καὶ πατρὸς λέγουσα οὕτως ἄρατε οὖν τὸν
Abr.2 3 3 κλάδους τριακοσίους ὅμοιον ἐρεικίνου ἤκουον δὲ * φωνὴν * ἐκ τῶν κλάδων αὐτῆς λεγούσης ἅγιος ὁ τὴν φάσιν
Abr.2 3 4 ἅγιος ὁ τὴν φάσιν ἐνέγκας. καὶ ἤκουσεν Ἀβραὰμ τῆς * φωνῆς * καὶ ἡσύχασεν ἐνώπιον αὐτοῦ καὶ ἔκρυψεν τὸ
Abr.2 5 6 ταμείῳ εἰσῆλθεν καὶ ἐκοιμήθη καὶ οὐ παρήκουσεν τῆς * φωνῆς * οὐδὲ τῆς ἐντολῆς τοῦ πατρὸς αὐτοῦ. ἐγένετο δὲ ὡς
Abr.2 6 6 τῶν κατοικούντων ἐπὶ τῆς γῆς ὅτι ἔνδοξος ἦν ἡ * φωνὴ * αὐτοῦ καὶ εἶπεν Σάρρα τῷ Ἀβραὰμ πῶς ἐτόλμησας
TLevi 2 3B017 εὐλογημένον εἰς τοὺς αἰῶνας. εἰσάκουσον δὲ καὶ τῆς * φωνῆς * τοῦ παιδός σου Λευὶ γενέσθαι σοι ἐγγὺς καὶ μέτοχον
TLevi 18 6 ἐκ τοῦ ναοῦ τῆς δόξης ἥξει ἐπ' αὐτὸν ἁγίασμα μετὰ * φωνῆς * πατρικῆς ὡς ἀπὸ Ἀβραὰμ πατρὸς Ἰσαάκ. καὶ δόξα
TIss. 1 4 Ῥαχὴλ ἔλαβεν αὐτούς. ἔκλαιε δὲ Ῥουβὴμ καὶ ἐπὶ τῇ * φωνῇ * αὐτοῦ ἐξῆλθε Λεία ἡ μήτηρ μου. ταῦτα δὲ ἦσαν μῆλα
TJos. 8 5 πῶς ὕμνουν κύριον ὧν ἐν οἴκῳ σκότους καὶ ἐν ἱλαρᾷ * φωνῇ * χαίρων ἐδόξαζον τὸν θεόν μου μόνον ὅτι διὰ
TJos. 9 4 ἀσθενοῦσα κατῄει πρός με ἐν ἀωρίᾳ καὶ ἤκουε τῆς * φωνῆς * μου προσευχομένου συνίων δὲ ἐγὼ τοὺς στεναγμοὺς
TBen. 11 2 ἐν ὑστέροις καιροῖς ἀγαπητὸς κυρίου ἀκούων ἐπὶ γῆς * φωνὴν * αὐτοῦ καὶ ποιῶν εὐδοκίαν θελήματος αὐτοῦ γνῶσιν
Asen. 12 2 ἐπάνω τῶν ὑδάτων καὶ εἰσι λίθοι ζῶντες καὶ τῆς * φωνῆς * σου ἀκούουσι κύριε καὶ φυλάσσουσι τὰς ἐντολάς σου
Asen. 27 11 τῶν πονηρῶν τούτων. καὶ ἤκουσε κύριος ὁ θεὸς τῆς * φωνῆς * Ἀσενὲθ καὶ εὐθέως ἔπεσον αἱ ῥομφαῖαι αὐτῶν ἐκ τῶν
Asen. 28 9 προσεκύνησαν αὐτῇ ἐπὶ τὴν γῆν καὶ ἔκλαυσαν μετὰ * φωνῆς * μεγάλης καὶ ἐζήτουν τοὺς ἀδελφοὺς αὐτῶν τοὺς υἱοὺς
Sal. 8 1 αὐτοῖς. τῷ Σαλωμων εἰς νεῖκος. θλῖψιν καὶ * φωνὴν * πολέμου ἤκουσεν τὸ οὖς μου φωνὴν σάλπιγγος ἠχούσης
Sal. 8 1 θλῖψιν καὶ φωνὴν πολέμου ἤκουσεν τὸ οὖς μου * φωνὴν * σάλπιγγος ἠχούσης σφαγὴν καὶ ὄλεθρον φωνὴ λαοῦ
Sal. 8 2 οὖς μου φωνὴν σάλπιγγος ἠχούσης σφαγὴν καὶ ὄλεθρον * φωνὴ * λαοῦ πολλοῦ ὡς ἀνέμου πολλοῦ σφόδρα ὡς καταιγὶς
Sal. 8 4 <ἐν> τῇ καρδίᾳ μου ποῦ ἄρα κρινεῖ αὐτὸν ὁ θεός; * φωνὴν * ἤκουσα εἰς Ιερουσαλημ πόλιν ἁγιάσματος συνετρίβη ἡ
Sal. 11 1 ἐν σάλπιγγι σημασίας ἁγίων κηρύξατε ἐν Ιερουσαλημ * φωνὴν * εὐαγγελιζομένου ὅτι ἠλέησεν ὁ θεὸς Ισραηλ ἐν τῇ
Jer. 2 2 αὐτοῦ καὶ τὰ ἱμάτια αὐτοῦ διερρωγότα ἔκραξε * φωνῇ * μεγάλῃ λέγων πάτερ Ἰερεμία τί ἔστι σοι ἢ ποῖον
Jer. 3 2 τῆς πόλεως Ἰερεμίας καὶ Βαρούχ. καὶ ἰδοὺ ἐγένετο * φωνὴ * σαλπίγγων καὶ ἐξῆλθον ἄγγελοι ἐκ τοῦ οὐρανοῦ
Jer. 3 8 αὐτὰ καὶ παράδος αὐτὰ τῇ γῇ λέγων ἄκουε γῆ τῆς * φωνῆς * τοῦ κτίσαντός σε ὁ πλάσας σε ἐν τῇ περιουσίᾳ τῶν
Jer. 5 32 αὐτῶν οὐκ ἔστι καὶ γνῶθι. τότε ἔκραξε μεγάλῃ * φωνῇ * Ἀβιμέλεχ λέγων εὐλογήσω σε ὁ θεὸς τοῦ οὐρανοῦ καὶ
Jer. 6 10 τὸ μέγα ὄνομα ὃ οὐδεὶς δύναται γνῶναι ἄκουσον τῆς * φωνῆς * τῶν δούλων σου καὶ γενοῦ γνῶσις ἐν τῇ καρδίᾳ ἡμῶν.
Jer. 6 22 ὑμᾶς τῇ καμίνῳ εἰς Βαβυλῶνα. ἐὰν οὖν ἀκούσητε τῆς * φωνῆς * μου λέγει κύριος ἐκ στόματος Ἰερεμίου τοῦ παιδός
Jer. 7 2 ἐκτὸς τοῦ μνημείου. καὶ ἀποκριθεὶς ἀνθρωπίνῃ * φωνῇ * εἶπεν αὐτῷ ὁ ἀετὸς χαῖρε Βαροὺχ ὁ οἰκονόμος τῆς
Jer. 7 15 κατέναντι τοῦ ἀετοῦ. καὶ ἔκραξεν ὁ ἀετὸς μεγάλῃ * φωνῇ * λέγων σοὶ λέγω Ἰερεμία ὁ ἐκλεκτὸς τοῦ θεοῦ ἄπελθε
Jer. 7 28 ὑπὲρ τοῦ λαοῦ τούτου ὅπως εἰσακούσωσιν τῆς * φωνῆς * μου καὶ τῶν κριμάτων τοῦ στόματός μου καὶ
Jer. 9 3 πρός σέ περὶ τοῦ ἐλέους σου παρακαλῶ περὶ τῆς * φωνῆς * τῆς γλυκείας τῶν δύο Σεραφὶμ παρακαλῶ περὶ ἄλλης
Jer. 9 8 καὶ Ἀβιμέλεχ κλαίοντες καὶ κράζοντες μεγάλῃ τῇ * φωνῇ * οὐαὶ ἡμῖν ὅτι ὁ πατὴρ ἡμῶν Ἰερεμίας κατέλιπεν ἡμᾶς
Jer. 9 11 ἡτοίμασαν ἑαυτοὺς ἵνα κηδεύσωσιν αὐτόν. καὶ ἰδοὺ * φωνὴ * ἦλθε λέγουσα μὴ κηδεύετε τὸν ἔτι ζῶντα ὅτι ἡ ψυχὴ
Jer. 9 12 εἰς τὸ σῶμα αὐτοῦ πάλιν. καὶ ἀκούσαντες τῆς * φωνῆς * οὐκ ἐκήδευσαν αὐτὸν ἀλλ' ἔμειναν περικύκλῳ τοῦ
Jer. 9 13 ἡ ψυχὴ αὐτοῦ εἰς τὸ σῶμα αὐτοῦ καὶ ἐπῆρε τὴν * φωνὴν * αὐτοῦ ἐν μέσῳ πάντων καὶ εἶπε δοξάσατε τὸν θεὸν ἐν
Jer. 9 13 ἐν μέσῳ πάντων καὶ εἶπε δοξάσατε τὸν θεὸν ἐν μιᾷ * φωνῇ * πάντες δοξάσατε τὸν θεὸν καὶ τὸν υἱὸν τοῦ θεοῦ τὸν
Bar. 6 13 καὶ ἠρώτησα τὸν ἄγγελον κύριέ μου τί ἐστιν ἡ * φωνὴ * αὕτη; καὶ εἶπέν μοι ὁ ἄγγελος ἄρτι ἀνοίγουσιν οἱ
Bar. 6 14 καὶ διαχωρίζεται τὸ φῶς ἀπὸ τοῦ σκότους. καὶ ἦλθεν * φωνὴ * λέγουσα φωτόδοτα δὸς τῷ κόσμῳ τὸ φέγγος. καὶ
Bar. 11 3 ἀνάμεινον καὶ ὄψει τὴν δόξαν τοῦ θεοῦ. καὶ ἐγένετο * φωνὴ * μεγάλη ὡς βροντή. καὶ εἶπον κύριε τί ἐστιν ἡ φωνὴ
Bar. 11 3 φωνὴ μεγάλη ὡς βροντή. καὶ εἶπον κύριε τί ἐστιν ἡ * φωνὴ * αὕτη; καὶ εἶπέν μοι ἄρτι κατέρχεται ὁ ἀρχιστράτηγος
Bar. 11 5 δέξηται τὰς δεήσεις τῶν ἀνθρώπων. καὶ ἰδοὺ ἦλθεν * φωνὴ * ἀνοιγήτωσαν αἱ πύλαι. καὶ ἤνοιξαν καὶ ἐγένετο
Bar. 14 1 ὁ Μιχαὴλ καὶ ἐκλείσθησαν αἱ θύραι. καὶ ἐγένετο * φωνὴ * ὡς βροντή. καὶ ἠρώτησα τὸν ἄγγελον τί ἐστιν ἡ φωνή;
Bar. 14 2 φωνὴ ὡς βροντή. καὶ ἠρώτησα τὸν ἄγγελον τί ἐστιν ἡ * φωνή; * καὶ εἶπέν μοι ἄρτι προσφέρει Μιχαὴλ τὰς τῶν
Bar. 16 4 τέκνα αὐτῶν ἐν δαιμονίοις. ὅτι οὐκ εἰσήκουσαν τῆς * φωνῆς * μου οὐδὲ ἐσυνετήρησαν τῶν ἐντολῶν μου οὐδὲ
Esdr. 1 8 καὶ ἀπήγαγόν με εἰς τὰς κρίσεις. καὶ ἤκουσα * φωνῆς * λεγούσης μοι ἐλέησον ἡμᾶς ἐκλεκτὲ τοῦ θεοῦ
Esdr. 4 14 πυρὸς καὶ ἐν αὐτοῖς πλῆθος ἁμαρτωλῶν καὶ τὴν * φωνὴν * αὐτῶν ἤκουον τὰς δὲ μορφὰς οὐκ ἔβλεπον. καὶ
Esdr. 6 3 Ἀκὴρ Ἀρφουγιτόνος Βεβουρὸς Ζεβουλεῶν. τότε ἦλθεν * φωνὴ * πρός με δεῦρο τελεύτα Ἐσδρὰμ ἀγαπητέ μου δοὺς τὴν
Esdr. 7 13 ὡς τὰ Σόδομα καὶ Γόμορρα. καὶ ἦλθεν αὐτῷ * φωνὴ * λέγουσα Ἐσδρὰμ ἀγαπητέ μου πάντα ὅσα ἠτήσω ἀποδώσω
Sedr. 2 1 κυρίου ἡμῶν Ἰησοῦ Χριστοῦ. δέσποτα εὐλόγησον. καὶ * φωνὴν * ἀοράτως ἐδέξατο ἐν ταῖς ἀκοαῖς αὐτοῦ ὧδε Σεδρὰχ
Sedr. 2 2 καὶ εἶπεν Σεδρὰχ τί κύριέ μου; καὶ εἶπεν αὐτῷ ἡ * φωνὴ * ἐγὼ ἀπεστάλην πρός σε ἵνα ἀναβάσω σε ὧδε εἰς τὸν
Sedr. 11 19 ὦ πρόσωπον καλομύριστον ὀφθαλμοὶ φωταγωγοὶ * φωνὴ * σάλπιγγος ἦχος γλῶσσα εὐδιάλλακτε γένειον
Job 3 1 καὶ ἐν τῇ νυκτὶ κοιμωμένου μου ἦλθέν μοι μεγάλη * φωνὴ * ἐν μείζονι φωτὶ λέγουσα Ιωβαβ Ιωβαβ. καὶ εἶπον ἰδοὺ
Job 40 9 ἀνέκραξαν μετὰ μυκήματος κλαυθμοῦ ἐπ' αὐτήν, καὶ ἡ * φωνὴ * ἔδωκεν διὰ πάσης τῆς πόλεως. καὶ τότε εἰσεπήδησαν
Job 42 3 κυρίου λαλήσαντός μοι διὰ τῆς νεφέλης, ἤκουον τῆς * φωνῆς * τοῦ λαλήσαντος καὶ οἱ τέσσαρες βασιλεῖς καὶ μετὰ
Aris. 11 6 καθάπερ Αἰγύπτιοι τῇ τῶν γραμμάτων θέσει καθὸ καὶ * φωνὴν * ἰδίαν ἔχουσιν. ὑπολαμβάνονται Συριακῇ χρῆσθαι τὸ
Aris. 30 3 ἀπολείπει τυγχάνει γὰρ Ἑβραϊκοῖς γράμμασι καὶ * φωνῇ * λεγόμενα ἀμελέστερον δὲ καὶ οὐχ ὡς ὑπάρχει
Aris. 178 2 ταῦτα. ὁμοθυμαδὸν δὲ πάντων εἰπόντων ὑπὸ μίαν * φωνὴν * τῶν τε παραγεγονότων καὶ τῶν συμπαρόντων εὖ
Aris. 235 1 καὶ συντελουμένων. μετὰ μείζονος δὲ * φωνῆς * πάντας αὐτοὺς ὁ βασιλεὺς ἠσπάζετο καὶ παρεκάλει
Aris. 281 2 δικαιοσύνης δεδωκότος. ἀποδεξάμενος δὲ αὐτὸν μετὰ * φωνῆς * ἐπὶ τὸν ἐχόμενον ἐπιβλέψας εἶπε τίνας δεῖ
Aris. 293 2 καταλήξαντος δὲ τούτου κατερράγη κρότος μετὰ * φωνῆς * καὶ χαρᾶς ἐπὶ πλείονα χρόνον. ὡς δὲ ἐπαύσατο ὁ
Sib. 3 106 πύργος τ' ἔπεσεν γλῶσσαί τ' ἀνθρώπων παντοδαπαῖς * φωναῖσι * διέστρεφον αὐτὰρ ἅπασα γαῖα βροτῶν πληροῦτο
Sib. 3 669 αὐτοῦ ἕκαστος ἔχων καὶ λαὸν ἀπειθῆ. καὶ ῥα θεὸς * φωνῇ * μεγάλῃ πρὸς πάντα λαλήσει λαὸν ἀπαίδευτον
Sib. 4 23 δὲ πάντα λεὼς ἐπάκουε Σιβύλλης ἐξ ὁσίου στόματος * φωνὴν * προχέοντος ἀληθῆ. ὄλβιοι ἀνθρώπων κεῖνοι κατὰ
Sib. 5 63 ὥστε βοῆσαι καὶ αὐτὸν τερπικέραυνον οὐρανόθεν * φωνῇ * μεγάλῃ μεγαλόσθενε Μέμφι ἡ τὸ πάλαι δειλοῖσι
Sib. 5 181 ἀρχηγὸς ἔσῃ πληχθεῖσα τένοντας ἐν σοὶ πυραμίδες * φωνὴν * φθέγξονται ἀναιδῆ. +Πυθὼν+ ἡ τὸ πάλαι δίπολις
Sib. 5 345 οὐρανὸς εὐρὺς ὕπερθεν βροντηδὸν κελάδημα θεοῦ * φωνὴν * +ἐπακοῦσαι+ ἠελίου δ' αὐτοῦ φλόγες ἄφθιτοι οὐκέτ'
FJub. 2 2 καὶ γνόφων χιόνος καὶ χαλάζης καὶ πάγου ἄγγελοι * φωνῶν * βροντῶν ἀστραπῶν ψύχους καύματος χειμῶνος
FJub. 3 28 τοῖς πρωτοπλάστοις διότι ὁ ὄφις ἀνθρωπίνῃ * φωνῇ * ἐλάλησε τῇ Εὔᾳ. τῷ ἑβδόμῳ ἔτει παρέβη καὶ τῷ ὀγδόῳ
FMan. 2 22 15 ἡ δόξα εἰς τοὺς αἰῶνας ἀμήν. καὶ ἐπήκουσεν τῆς * φωνῆς * αὐτοῦ κύριος καὶ ᾠκτείρησεν αὐτὸν καὶ ἐγένετο περὶ
FBar. 13 1 εγω> Βαρουχ ϊστηκειν επι το <ορος Σιων και ιδου * φων>η * εξηλθεν εξ ϋ<ψους και ειπε μοι ανα>στα επι τους
FEz. 186 27 και π< >δια το οδαγους μη ε<χειν >εος εισιν οι της * φων<ης * >ανεβλεψα δε κ< >ου κρεμαμενου< >ανου καθιπταμ<
HArt. 9 18 1 Ἑρμιοὺθ ὃ εἶναι μεθερμηνευθὲν κατὰ τὴν Ἑλληνίδα * φωνὴν * Ἰουδαῖοι καλεῖσθαι δὲ αὐτοὺς Ἑβραίους ἀπὸ
HArt. 9 27 21 τῷ τόπῳ. τὸν δὲ Μώϋσον δείσαντα τὸ γεγονὸς φεύγειν * φωνὴν * δ' αὐτῷ θείαν εἰπεῖν στρατεύειν ἐπ' Αἴγυπτον καὶ
HArt. 9 27 36 τῶν Αἰγυπτίων χρησαμένους διακομίζειν. τῷ δὲ Μωΰσῳ * φωνὴν * θείαν γενέσθαι πατάξαι τὴν θάλασσαν τῇ ῥάβδῳ καὶ
HCal. 28 15 ἐπὶ τῶν> Σεραφὶμ ἐποχούμενον καὶ τρισαγίῳ * φωνῇ * δοξαζόμενον. ἐν τούτοις στὰς Ἀλέξανδρος ηὔξατο καὶ
LEze. 9 29 14 20 εἰς μάχην χέρας ἰδόντες ἡμᾶς ἠλάλαξαν ἔνδακρυν * φωνὴν * πρὸς αἰθέρα τ' ἐτάθησαν ἀθρόοι θεὸν πατρῷον. ἦν
LEze. 9 29 16 22 κόρῃ προσέβλεπε κύκλῳ κόρη δὲ κόκκος ὡς ἐφαίνετο. * φωνὴν * δὲ πάντων εἶχεν ἐκπρεπεστάτην. βασιλεὺς δὲ πάντων
LAri. 8 10 13 διὰ τὸ τὸν θεὸν καταβεβηκέναι σαλπίγγων τε * φωνὰς * καὶ τὸ πῦρ φλεγόμενον ἀνυποστάτως εἶναι. τοῦ γὰρ
LAri. 8 10 16 τῶν ἁπάντων ἡ χλόη πυρὸς ἄθικτος σαλπίγγων τε * φωναὶ * σφοδρότερον συνηκούοντο σὺν τῇ τοῦ πυρὸς
LAri. 8 10 17 ὡς προείρηται μηδὲν μήτε τὰς τῶν σαλπίγγων * φωνὰς * δι' ἀνθρωπίνης ἐνεργείας ἢ κατασκευῆς ὀργάνων
LAri. 13 12 3 τὰ περὶ τούτων. δεῖ γὰρ λαμβάνειν τὴν θείαν * φωνὴν * οὐ ῥητὸν λόγον ἀλλ' ἔργων κατασκευὰς καθὼς καὶ διὰ
LAri. 13 12 4 τε καὶ Σωκράτης καὶ Πλάτων λέγοντες ἀκούειν * φωνῆς * θεοῦ τὴν κατασκευὴν τῶν ὅλων συνθεωροῦντες ἀκριβῶς

φώρ 1

FPho. 135 πολλάκι συνθνήισκουσι κακοῖσ' οἱ συμπαρέοντες. * φωρῶν * μὴ δέξῃ κλοπίμην ἄδικον παραθήκην ἀμφότεροι

φῶς 69

Adam 33 2 γηΐνων. καὶ ἀτενίσασα εἰς τὸν οὐρανὸν ἴδεν ἅρμα * φωτὸς * ἐρχόμενον ὑπὸ τεσσάρων ἀετῶν λαμπρῶν ὃ οὐκ ἦν
Adam 36 2 μου Ἀδάμ. λέγει αὐτῷ ἡ Εὔα καὶ ποῦ ἐστιν τὸ * φῶς * αὐτῶν καὶ διά τί γεγόνασι μελανοειδεῖς; καὶ λέγει
Adam 36 3 μελανοειδεῖς; καὶ λέγει αὐτῇ Σὴθ οὐκ ἀπέστη τὸ * φῶς * αὐτῶν ἀλλ' οὐ δύνανται φαίνειν ἐνώπιον τοῦ φωτὸς τῶν
Adam 36 3 τὸ φῶς αὐτῶν ἀλλ' οὐ δύνανται φαίνειν ἐνώπιον τοῦ * φωτὸς * τῶν ὅλων τοῦ πατρὸς τῶν φωτῶν καὶ διὰ τοῦτο ἐκρύβη
Adam 36 3 φαίνειν ἐνώπιον τοῦ φωτὸς τῶν ὅλων τοῦ πατρὸς τῶν * φωτῶν * καὶ διὰ τοῦτο ἐκρύβη τὸ φῶς ἀπ' αὐτῶν. λέγοντος δὲ
Adam 36 3 ὅλων τοῦ πατρὸς τῶν φωτῶν καὶ διὰ τοῦτο ἐκρύβη τὸ * φῶς * ἀπ' αὐτῶν. λέγοντος δὲ τοῦ Σὴθ ταῦτα πρὸς τὴν μητέρα
Hen. 1 8 καὶ βοηθήσει ἡμῖν καὶ φανήσεται αὐτοῖς * φῶς * καὶ ποιήσει ἐπ' αὐτοὺς εἰρήνην. ὅτι ἔρχεται σὺν ταῖς
Hen. 5 6 καὶ εἰρήνη καὶ ἐπιείκεια ἔσται αὐτοῖς σωτηρία * φῶς * ἀγαθὸν καὶ αὐτοὶ κληρονομήσουσιν τὴν γῆν καὶ πᾶσιν
Hen. 5 7 ὑμᾶς κατάλυσις κατάρα. καὶ τοῖς ἐκλεκτοῖς ἔσται * φῶς * καὶ χάρις καὶ εἰρήνη καὶ αὐτοὶ κληρονομήσουσιν τὴν
Hen. 5 8 ἔσται κατάρα. τότε δοθήσεται τοῖς ἐκλεκτοῖς * φῶς * καὶ χάρις καὶ αὐτοὶ κληρονομήσουσιν τὴν γῆν. τότε
Hen. 5 8 κατὰ ὑπερηφανίαν καὶ ἔσται ἐν ἀνθρώπῳ πεφωτισμένῳ * φῶς * καὶ ἀνθρώπῳ ἐπιστήμονι νόημα καὶ οὐ μὴ
Hen. 10 5 εἰς τοὺς αἰῶνας καὶ τὴν ὄψιν αὐτοῦ πώμασον καὶ * φῶς * μὴ θεωρείτω καὶ ἐν τῇ ἡμέρᾳ τῆς μεγάλης τῆς κρίσεως
Hen. 10B 5 ἐκεῖ εἰς τὸν αἰῶνα καὶ τὴν ὄψιν αὐτοῦ πώμασον καὶ * φῶς * μὴ θεωρείτω. καὶ ἐν τῇ ἡμέρᾳ τῆς κρίσεως ἀπαχθήσεται
Hen. 104 8 ὑμῶν <ἐξ> ἡμερῶν. καὶ νῦν ἀποδεικνύω ὑμῖν ὅτι * φῶς * καὶ σκότος ἡμέρα καὶ νὺξ ἐποπτεύουσιν τὰς ἁμαρτίας
Abr.1 9 8 ἀρχιστράτηγον Μιχαὴλ καὶ λέγει αὐτῷ λαβὲ νεφέλην * φωτὸς * <καὶ> ἀγγέλους τοὺς ἐπὶ τῷ ἅρματι τὴν ἐξουσίαν
Abr.1 16 8 καὶ ἰδοὺ ὀσμὴ εὐωδίας ἤρχετο πρὸς τὸν Ἀβραὰμ καὶ * φωτὸς * ἀπαύγασμα περιστραφεὶς δὲ Ἀβραὰμ εἶδεν τὸν

| | | | | | |
|---|---|---|---|---|---|
| Abr.2 | 6 | 8 | ἢ πῶς ἐδάκρυσάν σου οἱ ὀφθαλμοὶ τῶν βημάτων τοῦ | * φωτὸς * | ἀνατείλαντος εἰς τὸν οἶκον ἡμῶν; ἡ γὰρ σήμερον |
| Abr.2 | 7 | 6 | ἰδοὺ ἀνὴρ παμμεγέθης λίαν λάμπων ἐκ τοῦ οὐρανοῦ ὡς | * φῶς * | καλούμενος πατὴρ τοῦ φωτὸς καὶ ἔλαβεν τὸν ἥλιον ἐκ |
| Abr.2 | 7 | 6 | λάμπων ἐκ τοῦ οὐρανοῦ ὡς φῶς καλούμενος πατὴρ τοῦ | * φωτὸς * | καὶ ἔλαβεν τὸν ἥλιον ἐκ τῆς κεφαλῆς μου καὶ ἔασεν |
| Abr.2 | 7 | 8 | κύριε μὴ ἐπάρῃς τὴν δόξαν τῆς κεφαλῆς μου καὶ τὸ | * φῶς * | τοῦ οἴκου μου καὶ πᾶσαν τὴν δόξαν τὴν ἐμὴν ἐπένθησεν |
| Abr.2 | 7 | 10 | ἀνὴρ καὶ εἶπέν μοι μὴ κλαύσῃς ὅτι ἔλαβον τὸ | * φῶς * | τοῦ οἴκου σου ἀνελήφθη γὰρ ἀπὸ καμάτου εἰς ἀνάπαυσιν |
| Abr.2 | 7 | 11 | εὐρυχωρίαν αἴρουσιν αὐτὸν ἀπὸ τοῦ σκότους εἰς τὸ | * φῶς * | καὶ ἀποκριθεὶς εἶπον αὐτῷ παρακαλῶ σε κύριε λαβὲ τὰς |
| TLevi | 4 | 3 | καὶ θεράποντα καὶ λειτουργὸν τοῦ προσώπου αὐτοῦ. | * φῶς * | γνώσεως φωτεινὸν φωτιεῖς ἐν Ἰακὼβ καὶ ὡς ὁ ἥλιος |
| TLevi | 14 | 4 | καὶ ἐπάξητε κατάραν ἐπὶ τὸ γένος ἡμῶν ὑπὲρ ὧν τὸ | * φῶς * | τοῦ νόμου τὸ δοθὲν ἐν ὑμῖν εἰς φωτισμὸν παντὸς |
| TLevi | 18 | 3 | ἄστρον αὐτοῦ ἐν οὐρανῷ ὡς βασιλεὺς φωτίζων | * φῶς * | γνώσεως ὡς ἐν ἡλίῳ ἡμέρας καὶ μεγαλυνθήσεται ἐν τῇ |
| TLevi | 19 | 1 | πάντα ἠκούσατε ἕλεσθε οὖν ἑαυτοῖς ἢ τὸ σκότος ἢ τὸ | * φῶς * | ἢ νόμον κυρίου ἢ ἔργα Βελιάρ. καὶ ἀπεκρίθημεν ἡμεῖς |
| TZab. | 9 | 8 | αὐτῶν. καὶ μετὰ ταῦτα ἀνατελεῖ ὑμῖν αὐτὸς ὁ κύριος | * φῶς * | δικαιοσύνης καὶ ἴασις καὶ εὐσπλαγχνία ἐπὶ ταῖς |
| TNep. | 2 | 7 | ἢ ἐν νόμῳ Βελιάρ. καὶ ὡς κεχώρισται ἀνάμεσον | * φωτὸς * | καὶ σκότους ὁράσεως καὶ ἀκοῆς οὕτω κεχώρισται |
| TNep. | 2 | 10 | οὕτως οὐδὲ ἐν σκότει δυνήσεσθε ποιῆσαι ἔργα | * φωτός. * | μὴ οὖν σπουδάζετε ἐν πλεονεξίᾳ διαφθεῖραι τὰς |
| TGad | 5 | 1 | τῆς ἀληθείας καὶ τὰ μικρὰ μεγάλα ποιεῖ τὸ σκότος | *'φῶς * | προσέχει τὸ γλυκὺ πικρὸν λέγει καὶ συκοφαντίαν |
| TAser | 5 | 2 | τὴν δόξαν ἡ ἀτιμία τὴν ἡμέραν ἡ νὺξ καὶ τὸ | * φῶς * | τὸ σκότος τὰ δὲ πάντα ὑπὸ ἡμέραν εἰσὶ καὶ ὑπὸ ζωὴν |
| TAser | 5 | 3 | οὐδὲ τὸ δίκαιον ἄδικον ὅτι πᾶσα ἀλήθεια ὑπὸ τοῦ | * φωτός * | ἔστι καθὼς τὰ πάντα ὑπὸ τὸν θεόν. ταῦτα πάντα |
| TJos. | 20 | 2 | μεθ' ὑμῶν ὅτι ἀναγομένων τῶν ὀστέων μου κύριος ἐν | * φωτὶ * | ἔσται μεθ' ὑμῶν καὶ Βελιὰρ ἐν σκότει ἔσται μετὰ τῶν |
| TBen. | 5 | 3 | καὶ αὐτὰ τὰ θηρία φοβηθήσονται ὑμᾶς. ὅπου γὰρ ἔνι | * φῶς * | ἀγαθῶν ἔργων εἰς διάνοιαν τὸ σκότος ἀποδιδράσκει |
| TBen. | 11 | 2 | αὐτοῦ γνῶσιν καινὴν φωτίζων πάντα τὰ ἔθνη | * φῶς * | γνώσεως ἐπεμβαίνων τῷ Ἰσραὴλ ἐν σωτηρίᾳ καὶ ἁρπάζων |
| Asen. | 6 | 2 | τὴν οἰκίαν ἡμῶν σήμερον καὶ λάμπει εἰς αὐτὴν ὡς | * φῶς * | ἐπὶ τῆς γῆς. ἐγὼ δὲ ἄφρων καὶ θρασεῖα ἐξουδένωσα |
| Asen. | 6 | 4 | κάλλος καὶ ποία κοιλία γυναικὸς τέξεται τοιοῦτον | * φῶς; * | ταλαίπωρος ἐγὼ καὶ ἄφρων ὅτι λελάληκα τῷ πατρί μου |
| Asen. | 6 | 6 | αὐτὸς ὁρᾷ καὶ οὐδὲν κρυπτὸν λέληθεν αὐτὸν διὰ τὸ | * φῶς * | τὸ μέγα τὸ ὂν ἐν αὐτῷ; καὶ νῦν ἵλεώς μοι κύριε ὁ |
| Asen. | 8 | 9 | τὰ πάντα καὶ καλέσας ἀπὸ τοῦ σκότους εἰς τὸ | * φῶς * | καὶ ἀπὸ τῆς πλάνης εἰς τὴν ἀλήθειαν καὶ ἀπὸ τοῦ |
| Asen. | 12 | 1 | πάσῃ τῇ κτίσει σου ὁ ἐξενέγκας τὰ ἀόρατα εἰς τὸ | * φῶς * | ὁ ποιήσας τὰ ὄντα καὶ τὰ φαινόμενα ἐκ τῶν ἀφανῶν καὶ |
| Asen. | 14 | 1 | μου διότι ὁ ἀστὴρ οὗτος ἄγγελος καὶ κῆρυξ τοῦ | * φωτὸς * | τῆς μεγάλης ἡμέρας ἀνέτειλεν. καὶ ἔτι ἑώρα Ἀσενὲθ |
| Asen. | 14 | 2 | ἐγγὺς τοῦ ἑωσφόρου ἐσχίσθη ὁ οὐρανὸς καὶ ἐφάνη | * φῶς * | μέγα καὶ ἀνεκλάλητον. καὶ εἶδεν Ἀσενὲθ καὶ ἔπεσεν |
| Asen. | 20 | 6 | κληρονομίας αὐτῶν. καὶ εἶδον τὴν Ἀσενὲθ ὡς εἶδος | * φωτὸς * | καὶ ἦν τὸ κάλλος αὐτῆς ὡς κάλλος οὐράνιον. καὶ |
| Sal. | 3 | 12 | ἀναστήσονται εἰς ζωὴν αἰώνιον καὶ ἡ ζωὴ αὐτῶν ἐν | * φωτὶ * | κυρίου καὶ οὐκ ἐκλείψει ἔτι. διαλογὴ τοῦ Σαλωμων |
| Jer. | 6 | 9 | λέγων ἡ δύναμις ἡμῶν ὁ θεὸς κύριε τὸ ἐκλεκτὸν | * φῶς * | τὸ ἐξελθὸν ἐκ στόματός σου. παρακαλοῦμεν καὶ δεόμεθά |
| Jer. | 6 | 12 | Βαροὺχ ἅπαντας τοὺς λόγους τούτους ὁ σύμβουλος τοῦ | * φωτὸς * | μὴ μεριμνήσῃς τὸ πῶς ἀποστείλῃς πρὸς Ἰερεμίαν |
| Jer. | 6 | 12 | πρὸς Ἰερεμίαν ἔρχεται γὰρ πρός σε ὥρᾳ τοῦ | * φωτὸς * | αὔριον ἀετὸς καὶ σὺ ἐπισκέψῃ πρὸς Ἰερεμίαν. |
| Jer. | 9 | 3 | ἅγιος ἅγιος τὸ θυμίαμα τῶν δένδρων τῶν ζώντων τὸ | * φῶς * | τὸ ἀληθινὸν τὸ φωτίζον με ἕως οὗ ἀναληφθῶ πρός σέ |
| Jer. | 9 | 13 | τοῦ θεοῦ τὸν ἐξυπνίζοντα ἡμᾶς Ἰησοῦν Χριστὸν τὸ | * φῶς * | τῶν αἰώνων πάντων ὁ ἄσβεστος λύχνος ἡ ζωὴ τῆς |
| Jer. | 9 | 16 | γενήσονται καὶ τὰ ἁλμυρὰ γλυκέα ἐν τῷ μεγάλῳ | * φωτὶ * | τῆς εὐφροσύνης τοῦ θεοῦ. καὶ εὐλογήσει τὰς νήσους |
| Jer. | 9 | 25 | μοι λίθον ὧδε καὶ ἔστησεν αὐτὸν καὶ εἶπεν τὸ | * φῶς * | τῶν αἰώνων ποίησον τὸν λίθον τοῦτον καθ' ὁμοιότητά |
| Bar. | 6 | 13 | πέντε πύλας τοῦ οὐρανοῦ καὶ διαχωρίζεται τὸ | * φῶς * | ἀπὸ τοῦ σκότους. καὶ ἦλθεν φωνὴ λέγουσα φωτόδοτα δὸς |
| Prop. | 12 | 10 | δὲ τέρας τοῖς ἐν τῇ Ἰουδαίᾳ ὅτι ὄψονται ἐν τῷ ναῷ | * φῶς * | καὶ οὕτως ἴδωσι τὴν δόξαν τοῦ ναοῦ. καὶ περὶ |
| Prop. | 21 | 3 | ὁ χρησμὸς μὴ δειλιάσῃς ἔσται γὰρ ἡ οἴκησις αὐτοῦ | * φῶς * | καὶ ὁ λόγος αὐτοῦ ἀπόφασις καὶ κρινεῖ τὸν Ἰσραήλ. |
| Job | 3 | 1 | κοιμωμένου μου ἦλθέν μοι μεγάλη φωνὴ ἐν μείζονι | * φωτὶ * | λέγουσα Ιωβαβ Ιωβαβ. καὶ εἶπον ἰδοὺ ἐγώ. καὶ εἶπεν |
| Job | 4 | 1 | ταύτης τῆς χώρας; καὶ ἀποκριθεὶς ἐμοὶ εἶπεν τὸ | * φῶς * | ὅτι μὲν καθαρίσαι τοῦτον τὸν τόπον δυνήσῃ, ἀλλὰ |
| Job | 43 | 6 | κρίμα ὅτι οὗτός ἐστιν ὁ τοῦ σκότους καὶ οὐχὶ τοῦ | * φωτός * | οἱ δὲ θυρωροὶ τῆς σκοτίας κληρονομήσουσιν αὐτοῦ |
| Job | 53 | 3 | ὅτι σήμερον ἦρται ἡ δύναμις τῶν ἀδυνάτων, ἦρται τὸ | * φῶς * | τῶν τυφλῶν, ἦρται ὁ πατὴρ τῶν ὀρφανῶν, ἦρται ὁ τῶν |
| Sib. | 3 | 453 | ὄλεθρον+ +αἵματι μὲν δάπεδον+ κελαρύξεται εἰς ἅλα | * φωτῶν * | ὀλλυμένων ἄλοχοι δὲ σὺν ἀγλαοφαρέσι κούραις ὕβριν |
| Sib. | 3 | 787 | καὶ γῆν. ἐν σοὶ δ' οἰκήσει σοὶ δ' ἔσσεται ἀθάνατον | * φῶς * | ἠδὲ λύκοι τε καὶ ἄρνες ἐν οὔρεσιν ἄμμιγ' ἔδονται |
| Sib. | 5 | 262 | θειογενὲς πάμπλουτε μόνον πεποθημένον ἄνθος | * φῶς * | ἀγαθὸν σεμνόν τε τέλος +πεποθημένον ἁγνος+ Ἰουδαίη |
| FJub. | 2 | 2 | τῆς γῆς καὶ τοῦ χάους καὶ σκότος ἑσπέρα καὶ νὺξ τὸ | * φῶς * | ἡμέρας τε καὶ ὄρθρου. ταῦτα τὰ ἑπτὰ μέγιστα ἔργα |
| FJub. | 2 | 16 | τῇ γῇ ἐν ταῖς θαλάσσαις καὶ ἐν ταῖς ἀβύσσοις ἐν τῷ | * φωτὶ * | καὶ ἐν τῷ σκότει καὶ ἐν πᾶσι. καὶ ἀνεπαύσατο ὁ θεὸς |
| FSop. 5 | 77 | 2 | ἁγίῳ καὶ ἦν ἑκάστου αὐτῶν ὁ θρόνος ἑπταπλασίων | * φωτὸς * | ἡλίου ἀνατέλλοντος οἰκοῦντας ἐν ναοῖς σωτηρίας καὶ |
| HHec. 1 | 22 | 199 | χρυσᾶ δύο τάλαντα τὴν ὁλκήν. ἐπὶ δὲ τούτων | * φῶς * | ἐστιν ἀναπόσβεστον καὶ τὰς νύκτας καὶ τὰς ἡμέρας. |
| LThe. 9 | 22 | 2 | ἔτησιν ἀρχὸς Ἐμὼρ σὺν παιδὶ Συχὲμ μάλ' ἀτειρέε | * φῶτε. * | Ἰακὼβ Συρίην κτηνοτρόφον ἷκτο καὶ εὐρὺ ῥεῖθρον |
| LEze. 9 | 29 | 5 03 | τιν' εἶναι μέχρις οὐρανοῦ πτυχὸς ἐν τῷ καθῆσθαι | * φῶτα * | γενναῖόν τινα διάδημ' ἔχοντα καὶ μέγα σκῆπτρον χερὶ |
| LAri. 13 | 12 | 9 | ἑβδόμην ἡμέραν ἣ δὴ καὶ πρώτη φυσικῶς ἂν λέγοιτο | * φωτὸς * | γένεσις ἐν ᾧ τὰ πάντα συνθεωρεῖται. μεταφέροιτο δ' |
| LAri. 13 | 12 | 10 | δ' ἂν τὸ αὐτὸ καὶ ἐπὶ τῆς σοφίας τὸ γὰρ πᾶν | * φῶς * | ἐστιν ἐξ αὐτῆς. καί τινες εἰρήκασι τῶν ἐκ τῆς |
| φώς | | | 9 | | |
| Sib. | 3 | 31 | θύοντες εἰδώλοις τ' ἀλάλοις λιθίνοις θ' ἱδρύμασι | * φωτῶν * | καὶ ναοῖς ἀθέοισι καθεζόμενοι πρὸ θυράων +τηρεῖτε+ |
| Sib. | 3 | 391 | φλογόεις ἤγειρε γὰρ αὐτοῦ πρόσθε κεραυνὸς | * φῶτα * | κακὸν δ' Ἀσίη ζυγὸν ἕξει πᾶσα πολὺν δὲ χθὼν πίεται |
| Sib. | 3 | 665 | ἑαυτοῖς κῆρα φέροντες σηκὸν γὰρ μεγάλοιο θεοῦ καὶ | * φῶτας * | ἀρίστους πορθεῖν βουλήσονται ὁπηνίκα γαῖαν |
| Sib. | 5 | 10 | ὁρμὴν πολλοὺς δ' αὖ μετ' ἄνακτας ἀρηιφίλους μετὰ | * φῶτας * | καὶ μετὰ νηπιάχους θηρὸς τέκνα μηλοφάγοιο ἔσσετ' |
| Sib. | 5 | 109 | ἐπὶ τοῦτον πάντας ὀλεῖ βασιλεῖς μεγάλους καὶ | * φῶτας * | ἀρίστους. εἶθ' οὕτως κρίσις ἔσται ὑπ' ἀφθίτου |
| Sib. | 5 | 139 | τένοντα τῆς μεγάλης Ῥώμης βασιλεὺς μέγας ἰσόθεος | * φὼς * | ὅν φάσ' αὐτὸς ὁ Ζεὺς ἔτεκεν καὶ πότνια Ἥρη ὅστις |
| Sib. | 5 | 144 | φοβερὸς καὶ ἀναιδὴς ὃν πάντες στυγέουσι βροτοὶ καὶ | * φῶτες * | ἄριστοι ὤλεσε γὰρ πολλοὺς καὶ γαστέρι χεῖρας |
| Sib. | 5 | 194 | ἀθέσμων εἵνεκα ἔργων.+ Συήνην δ' ὀλέσειε μέγας | * φὼς * | Αἰθιοπήων Τεύχιραν οἰκήσουσι βίῃ μελανόχροες Ἰνδοί. |
| Sib. | 5 | 380 | σφαγῇσιν ὁμίχλη πάντας ὁμοῦ τ' ὀλέσει βασιλεῖς καὶ | * φῶτας * | ἀρίστους. εἶθ' οὕτως πολέμοιο πεπαύσεται οἰκτρὸς |
| φωστήρ | | | 11 | | |
| Hen. | 2 | 1 | οὐρανῷ πῶς οὐκ ἠλλοίωσαν τὰς ὁδοὺς αὐτῶν καὶ τοὺς | * φωστῆρας * | τοὺς ἐν τῷ οὐρανῷ ὡς τὰ πάντα ἀνατέλλει καὶ |
| Hen. | 17 | 3 | ἀφικνεῖτο εἰς τὸν οὐρανόν. καὶ εἶδον τόπον τῶν | * φωστήρων * | καὶ τοὺς θησαυροὺς τῶν ἀστέρων καὶ τῶν βροντῶν |
| Hen. | 20 | 4 | ὁ εἷς τῶν ἁγίων ἀγγέλων ὁ ἐκδικῶν τὸν κόσμον τῶν | * φωστήρων. * | Μιχαὴλ ὁ εἷς τῶν ἁγίων ἀγγέλων ὁ ἐπὶ τῶν τοῦ |
| Hen. | 20B | 4 | ὁ εἷς τῶν ἁγίων ἀγγέλων ὁ ἐκδικῶν τὸν κόσμον τῶν | * φωστήρων. * | Μιχαὴλ ὁ εἷς τῶν ἁγίων ἀγγέλων ὃς ἐπὶ τῶν τοῦ |
| Hen. | 23 | 4 | τὸ πρὸς δυσμὰς πῦρ τὸ ἐκδιῶκόν ἐστιν πάντας τοὺς | * φωστῆρας * | τοῦ οὐρανοῦ. καὶ ἔδειξέν μοι ὄρη πυρὸς καιόμενα |
| Hen. | 102 | 3 | τὸ συνταχθὲν αὐτοῖς καὶ ὁ οὐρανὸς καὶ οἱ | * φωστῆρες * | σειόμενοι καὶ τρέμοντες ἅπαντες οἱ υἱοὶ τῆς γῆς |
| Hen. | 104 | 2 | ἐν τοῖς κακοῖς καὶ ἐν ταῖς θλίψεσιν ὡσεὶ | * φωστῆρες * | τοῦ οὐρανοῦ ἀναλάμψετε καὶ φανεῖτε αἱ θυρίδες |
| TLevi | 14 | 3 | καθαρὸς ὁ οὐρανὸς ὑπὲρ τὴν γῆν καὶ ὑμεῖς οἱ | * φωστῆρες * | τοῦ οὐρανοῦ ὡς ὁ ἥλιος καὶ ἡ σελήνη. τί |
| TJud. | 25 | 2 | Ζαβουλὼν τὰ ὄρη τὸν Ἰωσὴφ ἡ σκηνὴ τὸν Βενιαμὶν οἱ | * φωστῆρες * | τὸν Δὰν ἡ τρυφὴ τὸν Νεφθαλὶμ ὁ ἥλιος τὸν Γὰδ |
| Sal. | 18 | 10 | ἔνδοξος ἐν ὑψίστοις κατοικῶν ὁ διατάξας ἐν πορείᾳ | * φωστῆρας * | εἰς καιροὺς ὡρῶν ἀφ' ἡμερῶν εἰς ἡμέρας καὶ οὐ |
| Sib. | 3 | 88 | εἰς ἓν χωνεύσει καὶ εἰς καθαρὸν διαλέξει. κοὐκέτι | * φωστήρων * | σφαιρώματα καγχαλόωντα οὐ νὺξ οὐκ ἠὼς οὐκ ἤματα |
| φωσφόρος | | | 3 | | |
| Sib. | 5 | 516 | ἀντὶ γὰρ Ἡελίου μακραὶ φλόγες ἐστασίαζον | * Φωσφόρος * | ἔσχε μάχην ἐπιβὰς ἐς νῶτα Λέοντος ἠδὲ Σεληναίης |
| FrAn. | 574 | 3045 | λάλησον ὁποῖον ἐὰν ἧς ὅτι ὁρκίζω σε θεὸν | * φωσφόρον * | ἀδάμαστον τὸν τὰ ἐν καρδίᾳ πάσης ζωῆς |
| FrAn. | 574 | 3068 | τῶν ἱερῶν Αἰώνων οὐρανοειδῆ θαλασσοειδῆ νεφελοειδῆ | * φωσφόρον * | ἀδάμαστον. ὁρκίζω σε τὸν ἐν τῇ καθαρᾷ |
| φωταγωγέω | | | 2 | | |
| Abr.1 | 7 | 2 | κεφαλῆς μου καὶ τὰς ἀκτῖνας αὐτοῦ κυκλοῦντα καὶ | * φωταγωγοῦντά * | με καὶ ταῦτα οὕτως ἐμοῦ θεωροῦντος καὶ |
| Jer. | 5 | 34 | ἔδωκε τῷ γηραιῷ ἀνθρώπῳ καὶ λέγει αὐτῷ ὁ θεὸς | * φωταγωγήσει * | σε εἰς τὴν ἄνω πόλιν Ἱερουσαλήμ. μετὰ ταῦτα |
| φωταγωγία | | | 1 | | |
| Sedr. | 16 | 7 | αἰῶνος. καὶ λέγει Σεδρὰχ κύριε καὶ εἴ τις ποιήσει | * φωταγωγίαν * | τοῦ δούλου σου ῥῦσαι αὐτὸν κύριε ἀπὸ παντὸς |
| φωταγωγός | | | 2 | | |
| Sedr. | 11 | 18 | ἐστολισμένον. ὦ πρόσωπον καλομύριστον ὀφθαλμοὶ | * φωταγωγοὶ * | φωνὴ σάλπιγγος ἦχος γλῶσσα εὐδιάλλακτε γένειον |
| Sedr. | 11 | 19 | κεφαλὴ οὐρανομήκες ἐστολισμένον σῶμα τὸ | * φωταγωγὸν * | γλεύφορον πάγγνωστον καὶ ἄρτι πεσὸν εἰς τὴν |
| φωτεινός | | | 10 | | |
| Hen. | 22 | 2 | καὶ λίαν λεῖοι τρεῖς αὐτῶν σκοτινοὶ καὶ εἷς | * φωτινὸς * | καὶ πηγὴ ὕδατος ἀνὰ μέσον αὐτοῦ. καὶ εἶπον πῶς |
| Hen. | 22 | 9 | πνεύματα τῶν δικαίων οὗ ἡ πηγὴ τοῦ ὕδατος ἐν αὐτῷ | * φωτινή * | καὶ οὕτως ἐκτίσθη τῶν ἁμαρτωλῶν ὅταν ἀποθάνωσιν |
| Abr.2 | 7 | 10 | ἐπάρῃς τὴν δόξαν τῆς δυνάμεως ἡμῶν καὶ ἀπεκρίθη ὁ | * φωτεινὸς * | ἀνὴρ καὶ εἶπέν μοι μὴ κλαύσῃς ὅτι ἔλαβον τὸ φῶς |
| Abr.2 | 7 | 14 | τὰς ἀκτῖνας λάβωσιν ἄνω καὶ ὡς ἦν ταῦτα λέγων ὁ | * φωτεινὸς * | ἄνθρωπος εἶδον καὶ τὸν ἥλιον τοῦ οἴκου μου |
| TLevi | 2 | 8 | τούτου κἀκείνου. καὶ εἶδον τρίτον οὐρανὸν πολὺ | * φωτεινότερον * | καὶ φαιδρότερον παρὰ τοὺς δύο καὶ γὰρ ὕψος |
| TLevi | 4 | 3 | καὶ λειτουργὸν τοῦ προσώπου αὐτοῦ. φῶς γνώσεως | * φωτεινὸν * | φωτιεῖς ἐν Ἰακὼβ καὶ ὡς ὁ ἥλιος ἔσῃ παντὶ |
| Sedr. | 7 | 5 | καὶ Ἀδὰμ μίαν χαρακτῆρα ἦσαν ἡ δὲ γυνὴ τοῦ Ἀδὰμ | * φωτεινοτέρα * | ἐστὶν ἐν τῷ κάλλει τῆς σελήνης καὶ τὴν ζωὴν |
| Job | 52 | 6 | ἐπὶ τὴν ψυχὴν αὐτοῦ αἱ δὲ λαβοῦσαι εἶδον τὰ | * φωτεινὰ * | ἅρματα τὰ ἐλθόντα ἐπὶ τὴν ψυχὴν αὐτοῦ, καὶ |
| FAch. | 115 | | τῆς βασιλείας ⟨αὐτοῦ τὴν ὑμῶν λαμπρότητα⟩ | * [φωτεινὴν] * | σκοτεινὴν ποιεῖ καὶ ἀφανῆ ⟨πάντ⟩α γὰρ ἐν |
| FrAn. | 574 | 3034 | ιαηλ. ὁρκίζω σε τὸν ὀπτανθέντα τῷ Ἰσραὴλ ἐν στύλῳ | * φωτινῷ * | καὶ νεφέλῃ ἡμερινῇ καὶ ῥυσάμενον αὐτοῦ τὸν λαὸν |
| φωτίζω | | | 9 | | |
| Hen. | 5 | 8 | οὔτε κατὰ ὑπερηφανίαν καὶ ἔσται ἐν ἀνθρώπῳ | * πεφωτισμένῳ * | φῶς καὶ ἀνθρώπῳ ἐπιστήμονι νόημα καὶ οὐ μὴ |
| TLevi | 4 | 3 | τοῦ προσώπου αὐτοῦ. φῶς γνώσεως φωτεινὸν | * φωτιεῖς * | ἐν Ἰακὼβ καὶ ὡς ὁ ἥλιος ἔσῃ παντὶ σπέρματι |
| TLevi | 18 | 3 | καὶ ἀνατελεῖ ἄστρον αὐτοῦ ἐν οὐρανῷ ὡς βασιλεὺς | * φωτίζων * | φῶς γνώσεως ὡς ἐν ἡλίῳ ἡμέρας καὶ μεγαλυνθήσεται |
| TLevi | 18 | 9 | τὰ ἔθνη πληθυνθήσονται ἐν γνώσει ἐπὶ τῆς γῆς καὶ | * φωτισθήσονται * | διὰ χάριτος κυρίου ὁ δὲ Ἰσραὴλ |

TGad 5 7 ἀναιρεῖ τὴν ἄγνοιαν καὶ φυγαδεύει τὸ σκότος καὶ * φωτίζει * τοὺς ὀφθαλμοὺς καὶ γνῶσιν παρέχει τῇ ψυχῇ καὶ
TBen. 6 4 οὐκ οἶδεν κύριος γὰρ ἐν αὐτῷ κατοικεῖ καὶ * φωτίζει * τὴν ψυχὴν αὐτοῦ καὶ χαίρει πρὸς πάντας ἐν παντὶ
TBen. 11 2 καὶ ποιῶν εὐδοκίαν θελήματος αὐτοῦ γνῶσιν καινὴν * φωτίζων * πάντα τὰ ἔθνη φῶς γνώσεως ἐπεμβαίνων τῷ Ἰσραὴλ
Jer. 9 3 τῶν δένδρων τῶν ζώντων τὸ φῶς τὸ ἀληθινὸν τὸ * φωτίζον * με ἕως οὗ ἀναληφθῶ πρός σέ περὶ τοῦ ἐλέους σου
Prop. 12 14 καὶ ἐν αὐτοῖς γνωσθήσεται ἐπὶ τέλει κύριος ὅτι * φωτίσουσι * τοὺς διωκομένους ὑπὸ τοῦ ὄφεως ἐν σκότει ὡς ἐξ

Φωτιμάρ 1

TJos. 2 1 με ἐν φθόνοις συνδούλων καὶ ὕψωσέ με. καὶ οὕτως * Φωτιμὰρ * ὁ ἀρχιμάγειρος Φαραὼ ἐπίστευσέ μοι τὸν οἶκον

φωτισμός 1

TLevi 14 4 ἡμῶν ὑπὲρ ὧν τὸ φῶς τοῦ νόμου τὸ δοθὲν ἐν ὑμῖν εἰς * φωτισμὸν * παντὸς ἀνθρώπου τοῦτον θέλοντες ἀνελεῖν

φωτοδότης 1

Bar. 6 14 τὸ φῶς ἀπὸ τοῦ σκότους. καὶ ἦλθεν φωνὴ λέγουσα * φωτόδοτα * δὸς τῷ κόσμῳ τὸ φέγγος. καὶ ἀκούσας τὸν κτύπον

φωτοειδής 1

Sedr. 7 4 καὶ τὸν ἥλιον καὶ εἶπα ἴδετε ἀλλήλους ποῖός ἐστιν * φωτοειδής * ὁ δὲ ἥλιος καὶ Ἀδὰμ μίαν χαρακτῆρα ἦσαν ἡ δὲ

φωτοφόρος 6

Abr.1 7 3 εἶδον καὶ τὸν οὐρανὸν ἀνεῳγότα καὶ εἶδον ἄνδρα * φωτοφόρον * ἐκ τοῦ οὐρανοῦ κατελθόντα ὑπὲρ ἑπτὰ ἡλίους
Abr.1 7 5 καὶ ἀδημονοῦντος εἶδον τὸν ἄνδρα ἐκεῖνον τὸν * φωτοφόρον * ἐκ δευτέρου ἐκ τοῦ οὐρανοῦ ἐξελθόντα καὶ
Abr.1 7 8 ὁμοίως ἡ μήτηρ αὐτοῦ Σάρρα ὑπάρχουσα ὁ δὲ ⟨ἀνὴρ ὁ⟩ * φωτοφόρος * ἐκ τοῦ οὐρανοῦ καταβὰς οὗτός ἐστιν ὁ ἐκ τοῦ
Abr.1 12 9 πρὸ προσώπου δὲ τῆς τραπέζης ἐκάθητο ἄγγελος * φωτοφόρος * κρατῶν ἐν τῇ χειρὶ αὐτοῦ ζυγὸν ἀριστερῶν δὲ
Abr.1 14 8 σου τῆς δικαίας καὶ ἰδοὺ ἔλαβεν αὐτὴν ἄγγελος * φωτοφόρος * καὶ ἀνήνεγκεν αὐτὴν ἐν τῷ παραδείσῳ. εἶπεν δὲ
Abr.1 16 10 ἡλιόρατε θεσμοσυλλήπτωρ ἐνδοξότατε ὑπερένδοξε * φωτοφόρε * ἀνὴρ θαυμάσιε πόθεν ἦκεν ἡ σὴ ἐνδοξότης πρὸς

Χαβερ 1

FJub. 11 7 ἀλλήλοις ἐνήρξαντο. γυνὴ Σερουχ Μελχα θυγάτηρ * Χαβερ * πατραδέλφου αὐτοῦ. γυνὴ Ναχωρ Ιεσθα θυγάτηρ Νεσθα

Χαβρίας 1

Aris. 48 2 τετάρτης Ἰωνάθας Ἀβραῖος Ἐλισσαῖος Ἀνανίας * Χαβρίας---. * πέμπτης Ἴσακος Ἰάκωβος Ἰησοῦς Σαββαταῖος

χαίνω 1

Abr.1 10 9 πορνεύοντας καὶ εἶπεν ⟨κύριε⟩ κέλευσον ὅπως * χάνῃ * ἡ γῆ καὶ καταπίῃ αὐτοὺς ⟨καὶ εὐθὺς ἐδιχάσθη ἡ γῆ

χαίρω 67

Adam 39 1 τοῦτο ἐποίησας; εἰ ἐφύλαξας τὴν ἐντολήν μου οὐκ ἂν * ἔχαιρον τὸ * οἱ κατάγοντές σε εἰς τὸν τόπον τοῦτον. πλὴν
Hen. 5 6 ἀσεβεῖς ἐν ὑμῖν ὀμοῦνται καὶ πάντες οἱ ἀναμάρτητοι * χαρήσονται * καὶ ἔσται αὐτοῖς λύσις ἁμαρτιῶν καὶ πᾶν ἔλεος
Hen. 12 5 καὶ οὐκ ἔσται ὑμῖν εἰρήνη οὔτε ἄφεσις. καὶ περὶ ὧν * χαίρουσιν * τῶν υἱῶν αὐτῶν τὸν φόνον τῶν ἀγαπητῶν αὐτῶν
Hen. 25 6 τοῦ αἰῶνος. τότε εὐφρανθήσονται εὐφραινόμενοι καὶ * χαρήσονται * καὶ εἰς τὸ ἅγιον εἰσελεύσονται αἱ ὀσμαὶ αὐτοῦ
Hen. 98 16 αὐτῶν πλανᾶσθε ὑμεῖς αὐτοὶ καὶ οὐκ ἔστιν ὑμῖν * χαίρειν * ἀλλὰ ταχέως ἀπολεῖσθε. οὐαὶ ὑμῖν οἱ ποιοῦντες
Hen. 102 3 ἐπικατάρατοι εἰς τὸν αἰῶνα οὐκ ἔστιν ὑμῖν * χαίρειν. * θαρσεῖτε ψυχαὶ τῶν δικαίων τῶν ἀποθανόντων τῶν
Hen. 103 4 ταῖς ψ⟨υχαῖς⟩ τῶν ἀποθανόντων εὐσεβῶν καὶ * χαρήσονται * καὶ οὐ μὴ ἀπόλωνται τὰ πνεύματα αὐτῶν οὐδὲ τὸ
Hen. 103 8 ταῖς γενεαῖς τοῦ αἰῶνος. οὐαὶ ὑμῖν οὐκ ἔστιν ὑμῖν * χαίρειν. * μὴ γὰρ εἴπητε οἱ δίκαιοι ὅσιοι ὄντες ἐν τῇ ζωῇ
Hen. 104 13 καὶ αὐτοὶ πιστεύσουσιν αὐταῖς καὶ ἐν αὐταῖς * χαρήσονται * καὶ ἀγαλλιάσονται πάντες οἱ δίκαιοι μαθεῖν ἐξ
Abr.1 2 3 προχαιρετίσας τὸν δίκαιον Ἀβραὰμ εἶπεν * χαίροις * τιμιώτατε πάτερ δικαία ψυχὴ φίλε γνήσιε τοῦ θεοῦ
Abr.1 2 4 εἶπεν δὲ Ἀβραὰμ πρὸς τὸν ἀρχιστράτηγον * χαίροις * τιμιώτατε στρατιῶτα ἡλιόρατε καὶ πανευπρεπέστατε
Abr.1 11 7 ἐκαθέζετο ἐπὶ τοῦ θρόνου αὐτοῦ ἐν εὐφροσύνῃ πολλῇ * χαίρων * καὶ ἀγαλλιώμενος. ἠρώτησεν δὲ ὁ Ἀβραὰμ τὸν
Abr.1 11 8 κοσμούμενος ποτὲ μὲν κλαίει καὶ ὀδύρεται ποτὲ δὲ * χαίρεται * καὶ ἀγάλλεται ἐν εὐφροσύνῃ; εἶπεν δὲ ὁ
Abr.1 11 10 τότε ἀνίσταται καὶ κάθηται ἐπὶ τοῦ θρόνου αὐτοῦ * χαίρων * καὶ ἀγαλλιώμενος ἐν εὐφροσύνῃ ὅτι αὕτη ἡ πύλη
Abr.1 11 10 εἰς τὸν παράδεισον ⟨ἀπέρχονται⟩ καὶ διὰ τοῦτο * χαίρει * ὁ πρωτόπλαστος Ἀδὰμ διότι θεωρεῖ τὰς ψυχὰς
Abr.1 16 9 εἶναι. καὶ ἰδὼν αὐτὸν ὁ θάνατος προσεκύνησεν λέγων * χαίροις * τίμιε Ἀβραὰμ δικαία ψυχὴ φίλε τοῦ θεοῦ τοῦ
Abr.1 16 10 ὀμόσκηνε. εἶπεν δὲ ὁ Ἀβραὰμ πρὸς τὸν θάνατον * χαίροις * ἡλιόρατε θεσμοσυλλήπτωρ ἐνδοξότατε ὑπερένδοξε
TLevi 18 ZB051 καὶ ἐντέλλεσθαι τοῖς υἱοῖς μου. καὶ νῦν τέκνον * χαίρω * ὅτι ἐξελέχθης εἰς ἱερωσύνην ἁγίαν καὶ προσενεγκεῖν
TLevi 18 5 ἀγαλλιάσονται ἐν ταῖς ἡμέραις αὐτοῦ καὶ ἡ γῆ * χαρήσεται * καὶ αἱ νεφέλαι εὐφρανθήσονται καὶ ἡ γνῶσις
TLevi 18 5 καὶ οἱ ἄγγελοι τῆς δόξης τοῦ προσώπου κυρίου * χαρήσονται * ἐν αὐτῷ. οἱ οὐρανοὶ ἀνοιγήσονται καὶ ἐκ τοῦ
TLevi 18 14 ἀγαλλιάσεται Ἀβραὰμ καὶ Ἰσαὰκ καὶ Ἰακὼβ κἀγὼ * χαρήσομαι * καὶ πάντες οἱ ἅγιοι ἐνδύσονται εὐφροσύνην. καὶ
TIss. 3 6 διὰ τοῦ κόπου ὁ ὕπνος μου περιεγένετο. καὶ πάντοτε * ἔχαιρεν * ἐπὶ τῇ ἁπλότητί μου ὁ πατήρ μου. εἴ τι γὰρ
TDan 1 5 τοῦ θανάτου Ἰωσὴφ ἀνδρὸς ἀληθινοῦ καὶ ἀγαθοῦ καὶ * ἔχαιρον * ἐπὶ τῇ πράσει Ἰωσὴφ ὅτι ὑπὲρ ἡμᾶς ὁ πατὴρ αὐτὸν
TJos. 8 5 ὕμνουν κύριον ὢν ἐν οἴκῳ σκότους καὶ ἐν ἱλαρᾷ φωνῇ * χαίρων * ἐδόξαζον τὸν θεόν μου μόνον ὅτι διὰ προφάσεως
TJos. 19 4 αὐτὰ ὁ ἀμνὸς καὶ ἀπώλεσεν εἰς καταπάτησιν. καὶ * ἔχαιρεν * ἐπ' αὐτῷ οἱ ἄγγελοι καὶ οἱ ἄνθρωποι καὶ πᾶσα ἡ
TBen. 6 4 ἐν αὐτῷ κατοικεῖ καὶ φωτίζει τὴν ψυχὴν αὐτοῦ καὶ * χαίρει * πρὸς πάντας ἐν παντὶ καιρῷ. ἡ ἀγαθὴ διάνοια οὐκ
Asen. 3 3 τοῦ οἴκου σου. καὶ ἤκουσε ταῦτα Πεντεφρῆς καὶ * ἐχάρη * χαρὰν μεγάλην σφόδρα καὶ εἶπεν εὐλογητὸς κύριος ὁ
Asen. 3 5 κληρονομίας αὐτῶν ὁ πατὴρ καὶ ἡ μήτηρ αὐτῆς καὶ * ἐχάρη * καὶ εἶπεν πορεύσομαι καὶ ὄψομαι τὸν πατέρα μου καὶ
Asen. 4 1 καὶ ἠσπάσατο αὐτοὺς καὶ κατεφίλησεν αὐτούς. καὶ * ἐχάρησαν * Πεντεφρῆς καὶ ἡ γυνὴ αὐτοῦ ἐπὶ τῇ θυγατρὶ αὐτῶν
Asen. 4 2 κληρονομίας αὐτῶν καὶ ἔδωκαν τῇ θυγατρὶ αὐτῶν. καὶ * ἐχάρη * ἐπὶ πᾶσι τοῖς ἀγαθοῖς Ἀσενὲθ ἐπί τε τῇ ὀπώρᾳ καὶ
Asen. 7 8 σε διότι ἡ θυγάτηρ ἡμῶν ὡς ἀδελφή σού ἐστιν. καὶ * ἐχάρη * Ἰωσὴφ χαρὰν μεγάλην σφόδρα διότι εἶπε Πεντεφρῆς
Asen. 8 2 πάντα ἄνδρα ἀλλότριον. καὶ εἶπεν Ἀσενὲθ τῷ Ἰωσὴφ * χαίροις * κύριέ μου εὐλογημένε τῷ θεῷ τῷ ὑψίστῳ. καὶ εἶπεν
Asen. 9 1 ἐν τῇ αἰωνίῳ ζωῇ σου εἰς τὸν αἰῶνα χρόνον. καὶ * ἐχάρη * Ἀσενὲθ ἐπὶ τῇ εὐλογίᾳ τοῦ Ἰωσὴφ χαρὰν μεγάλην
Asen. 14 1 οὐρανοῦ κατὰ ἀνατολάς. καὶ εἶδεν αὐτὸν Ἀσενὲθ καὶ * ἐχάρη * καὶ εἶπεν ἄρα ἐπήκουσε κύριος ὁ θεὸς τῆς προσευχῆς
Asen. 15 9 ἐλεύσεται πρός σε Ἰωσὴφ σήμερον καὶ ὄψεταί σε καὶ * χαρήσεται * ἐπὶ σε καὶ ἀγαπήσει σε καὶ ἔσται σου νυμφίος
Asen. 15 10 παραγίνεται πρός σε σήμερον καὶ ὄψεταί σε καὶ * χαρήσεται. * καὶ ὡς ἐτέλεσεν ὁ ἄνθρωπος λαλῶν τὰ ῥήματα
Asen. 15 11 καὶ ὡς ἐτέλεσεν ὁ ἄνθρωπος λαλῶν τὰ ῥήματα ταῦτα * ἐχάρη * Ἀσενὲθ χαρὰν μεγάλην ἐπὶ πᾶσι τοῖς ῥήμασιν αὐτοῦ
Asen. 18 10 ἑαυτὴν ἐν τῷ ὕδατι ἐθαμβήθη ἐπὶ τῇ ὁράσει καὶ * ἐχάρη * χαρὰν μεγάλην καὶ οὐκ ἔνιψε τὸ πρόσωπον αὐτῆς εἶπε
Asen. 20 7 γάμου. καὶ ἐθαμβήθησαν ἐπὶ τῷ κάλλει αὐτῆς καὶ * ἐχάρησαν * καὶ ἔδωκαν δόξαν τῷ θεῷ τῷ ζωοποιοῦντι τοὺς
Asen. 21 3 Πεντεφρῆ ἱερέως Ἡλιουπόλεως εἰς γυναῖκα. καὶ * ἐχάρη * Φαραὼ χαρὰν μεγάλην καὶ εἶπε τῷ Ἰωσὴφ οὐκ ἰδοὺ
Asen. 24 5 παῖδές σου καὶ ποιήσομεν κατὰ τὸ θέλημά σου. καὶ * ἐχάρη * ὁ υἱὸς Φαραὼ χαρὰν μεγάλην σφόδρα καὶ εἶπε τοῖς
Asen. 24 19 ἀποκτενοῦμεν κατέναντι τῶν ὀφθαλμῶν αὐτοῦ. καὶ * ἐχάρη * ὁ υἱὸς Φαραὼ ὡς ἤκουσε τὰ ῥήματα ταῦτα. καὶ
Jer. 6 17 γράφει τῷ Ἱερεμίᾳ ἐν τῇ αἰχμαλωσίᾳ τῆς Βαβυλῶνος * χαῖρε * καὶ ἀγαλλιῶ ὅτι ὁ θεὸς οὐκ ἀφῆκεν ἡμᾶς ἐξελθεῖν ἐκ
Jer. 7 2 καὶ ἀποκριθεὶς ἀνθρωπίνῃ φωνῇ εἶπεν αὐτῷ ὁ ἀετός * χαῖρε * Βαροὺχ ὁ οἰκονόμος τῆς πίστεως. καὶ εἶπεν αὐτῷ
Jer. 9 1 τόπον ὑμῶν τὸν ὑψηλόν. ἔμειναν δὲ οἱ τοῦ Ἱερεμίου * χαίροντες * καὶ ἀναφέροντες θυσίας ὑπὲρ τοῦ λαοῦ ἐννέα
Bar. 11 6 ὁ ὢν μετ' ἐμοῦ καὶ προσεκύνησεν αὐτὸν καὶ εἶπεν * χαίροις * ὁ ἐμὸς ἀρχιστράτηγος καὶ παντὸς τοῦ ἡμετέρου
Bar. 11 7 τάγματος. καὶ εἶπεν ὁ ἀρχιστράτηγος Μιχαὴλ * χαίροις * καὶ σὺ ὁ ἡμέτερος ἀδελφὸς καὶ ὁ τὰς ἀποκαλύψεις
Esdr. 2 2 καὶ Γαβριὴλ καὶ οἱ ἀπόστολοι πάντες καὶ εἶπον * χαῖρε * πιστὲ τοῦ θεοῦ ἄνθρωπε. ⟨καὶ εἶπεν Ἔσδρα⟩ ἀνάστα
Job 43 15 προηγουμένων τῶν στεφάνων μετ' ἐγκωμίων. * χαιρέτωσαν * οἱ ἅγιοι, ἀγαλλιάσθωσαν ἐν καρδίᾳ, ὅτι
Aris. 35 1 τούτον βασιλεὺς Πτολεμαῖος Ἐλεαζάρῳ ἀρχιερεῖ * χαίρειν * καὶ ἐρρῶσθαι. ἐπεὶ συμβαίνει πλείονας τῶν
Aris. 41 3 Ἐλεάζαρος ἀρχιερεὺς βασιλεῖ Πτολεμαίῳ φίλῳ γνησίῳ * χαίρειν. * αὐτός τε ἔρρωσο καὶ ἡ βασίλισσα Ἀρσινόη ἡ
Aris. 42 2 λαβόντες τὴν παρὰ σοῦ ἐπιστολὴν μεγάλως * ἐχάρημεν * διὰ τὴν προαίρεσίν σου καὶ τὴν καλὴν βουλὴν καὶ
Aris. 312 2 προσφωνηθέντων δὲ καὶ τούτων τῷ βασιλεῖ μεγάλως * ἐχάρη * τὴν γὰρ πρόθεσιν ἣν εἶχεν ἀσφαλῶς ἔδοξε
Sib. 4 158 πάντας ὑπ' ἀφροσύνης μέγα νήπιοι ἐξολέσωσιν ὕβρεσι * χαίροντες * καὶ ἐφ' αἵμασι χεῖρας ἔχοντες καὶ τότε
Sib. 5 100 ὕλη δώρων χάριν ὧν ἀπὸ σεῖο στεψαμένη κεφαλὴν * ἐχάρη * πίπτουσ' ἐπὶ γαίης. αὐτὸς δ' ὃς Περσῶν ἔλαχεν
FEII. 10 94 4 οὓς ἤκουσεν οὐδὲ ἐπὶ καρδίαν ἀνθρώπου ἀνέβη καὶ * χαρήσονται * ἐπὶ τῇ βασιλείᾳ τοῦ κυρίου αὐτῶν εἰς τοὺς
FBar. 12 3 ακτι⟨νες του ηλιου λα⟩μπουσιν και ου μη προσ⟨δοκα * χαιρησειν⟩ * μηδε επ⟨ι⟩ πολυ καταδικα⟨ζε αληθως γαρ εν⟩
FAch. 105 Νεκταναβὼν βασιλεὺς Αἰγύπτου Λυκούργῳ Βαβυλωνίῳ * χαίρειν. * θέλω οἰκοδομῆσαι πύργον μήτε γῆς μήτε οὐρανοῦ
FAch. 110 ἑτέροις ἀναθήσεται. ἐπὶ μεγάλῃ κτήσει μὴ * χαῖρε * μηδὲ ἐπὶ μικρᾷ λυποῦ. ταῦτα δὴ εἰπὼν ὁ Αἴσωπος
FAch. 122 ἑωράκαμεν καὶ ἀκηκόαμεν πολλάκις. ὁ δὲ Αἴσωπος ἔφη * χαίρω * μαρτυρούντων. ἀποδοθήτω παραυτὰ τὰ χρήματα ἡ
HEup. 9 31 1 Σολομῶν Οὐαφρῇ βασιλεῖ Αἰγύπτου φίλῳ πατρικῷ * χαίρειν. * γίνωσκε με παρειληφότα τὴν βασιλείαν παρὰ Δαβὶδ
HEup. 9 32 1 βασιλεὺς Οὐαφρῆς Σολομῶνι βασιλεῖ μεγάλῳ * χαίρειν. * ἅμα τῷ ἀναγνῶναι τὴν παρὰ σοῦ ἐπιστολὴν σφόδρα
HEup. 9 32 1 ἅμα τῷ ἀναγνῶναι τὴν παρὰ σοῦ ἐπιστολὴν σφόδρα * ἐχάρην * καὶ λαμπρὰν ἡμέραν ἤγαγον ἐγώ τε καὶ ἡ δύναμις
HEup. 9 33 1 Τύρου καὶ Σιδῶνος καὶ Φοινίκης φίλῳ πατρικῷ * χαίρειν. * γίνωσκέ με παρειληφότα τὴν βασιλείαν παρὰ Δαβὶδ
HEup. 9 34 1 επιστολη Σουρωνος. Σούρων Σολομῶνι βασιλεῖ μεγάλῳ * χαίρειν. * εὐλογητὸς ὁ θεὸς ὃς τὸν οὐρανὸν καὶ τὴν γῆν
HEup. 9 34 1 ἅμα τῷ ἀναγνῶναι τὴν παρὰ σοῦ ἐπιστολὴν σφόδρα * ἐχάρην * καὶ εὐλόγησα τὸν θεὸν ἐπὶ τῷ παρειληφέναι σέ τὴν
LEze. 64 29 6 04 θησαυρὸν κακῶν πλάνη τυφλοῦ ποδηγὲ ἀγνοίας βίου * χαίρουσα * θρήνοις καὶ στενάγμασι βροτῶν ὑμεῖς ἀθέσμους

χαίτη 2

FPho. 210 μὴ μὲν ἐπ' ἄρσενι παιδὶ τρέφειν πλοκάμους ἐπὶ * χαίτης. * μὴ κορυφὴν πλέξῃς μηθ' ἅμματα λοξὰ κορύμβων.
LThe. 9 22 11 ὀρώρει. τόφρα δὲ καὶ Λευὶν μένος ἄσχετος ἔλλαβε * χαίτης * γούνων ἁπτόμενον Συχὲμ ἄσπετα μαργήναντα. ἤλασε

χάλαζα 13

Hen. 14 9 εἰσῆλθον μέχρις ἤγγισα τείχους οἰκοδομῆς ἐν λίθοις * χαλάζης * καὶ γλώσσης πυρὸς κύκλῳ αὐτῶν καὶ ἤρξαντο
Hen. 14 10 καὶ ἤγγισα εἰς οἶκον μέγαν οἰκοδομημένον ἐν λίθοις * χαλάζης * καὶ οἱ τοῖχοι τοῦ οἴκου ὡς λιθόπλακες καὶ πᾶσαι
Bar. 16 3 κάμπην καὶ βροῦχον ἐρυσίβην καὶ ἀκρίδα * χάλαζαν * μετ' ἀστραπῶν καὶ ὀργῆς. καὶ διχοτομήσατε αὐτοὺς
Sib. 3 691 καὶ ἔσται θεῖον ἀπ' οὐρανόθεν αὐτὰρ λίθος ἠδὲ * χάλαζα * πολλὴ καὶ χαλεπὴ θάνατος δ' ἐπὶ τετράποδ' ἔσται.
Sib. 3 754 αὐχμὸς ἔτ' ἔσται οὐ λιμὸς καρπῶν τε κακορρέκτειρα * χάλαζα * ἀλλὰ μὲν εἰρήνη μεγάλη κατὰ γαῖαν ἅπασαν καὶ

SIb.  5  93  πόμα--- --- ἥξει γὰρ Πέρσης ἐπὶ σὸν +δάπος+ ὥστε ⁎ χάλαζα ⁎ καὶ σὴν γαῖαν ὀλεῖ καὶ ἀνθρώπους κακοτέχνους
FJub.  2  2  γῆν τὰ ὕδατα ἐξ ὧν ἐστι χιὼν καὶ κρύσταλλος καὶ ⁎ χάλαζα ⁎ καὶ παγετοὶ καὶ δρόσος τὰ πνεύματα τὰ
FJub.  2  2  πνεόντων ἄγγελοι νεφελῶν καὶ γνόφων χιόνος καὶ ⁎ χάλαζης ⁎ καὶ πάγου ἄγγελοι φωνῶν βροντῶν ἀστραπῶν ψύχους
FJub.  48  5  πτῶσις Νοεμβρίῳ φλυκτίδες καὶ ἔλκη Δεκεμβρίῳ ⁎ χάλαζα ⁎ Ἰανουαρίῳ ἀκρὶς Φεβρουαρίῳ σκότος ἡμέρας τρεῖς
HArt.  9  27  33  τοῦ δὲ βασιλέως ἔτι ἀφρονουμένου τὸν Μωϋσέα ⁎ χάλαζαν ⁎ τε καὶ σεισμὸν διὰ νυκτὸς ἀποτελέσαι ὥστε τοὺς
HArt.  9  27  33  ἀποτελέσαι ὥστε τοὺς τὸν σεισμὸν φεύγοντας ἀπὸ τῆς ⁎ χάλαζης ⁎ ἀναιρεῖσθαι τούς τε τὴν χάλαζαν ἐκκλίνοντας ὑπὸ
HArt.  9  27  33  φεύγοντας ἀπὸ τῆς χαλάζης ἀναιρεῖσθαι τούς τε τὴν ⁎ χάλαζαν ⁎ ἐκκλίνοντας ὑπὸ τῶν σεισμῶν διαφθείρεσθαι.
LEze.  9  29 12 10  δ' οἷς ἔνεστι καρδία σκληρά. πικραίνω δ' οὐρανὸν ⁎ χάλαζα ⁎ νῦν σὺν πυρὶ πεσεῖται καὶ νεκροὺς θήσει βροτούς.

**χαλάω**
　　　　1
TJos.  1  4  ὁ θεὸς τῶν πατέρων μου ἐφύλαξέ με εἰς λάκκον με ⁎ ἐχάλασαν ⁎ καὶ ὁ ὕψιστος ἀνήγαγέ με ἐπράθην εἰς δοῦλον καὶ

**χαλβάνη**
　　　　1
Hen.  31  1  ἐξ αὐτῶν νέκταρ τὸ καλούμενον σαρρὰν καὶ ⁎ χαλβάνη. ⁎ καὶ ἐπέκεινα τῶν ὀρέων τούτων ἴδον ἄλλο ὄρος

**Χαλδαϊκός**
　　　　2
FJub.  11  8  διακρίσεις καὶ τῶν ἐπὶ γῆς ἁπάντων καὶ πᾶσαν ⁎ Χαλδαϊκὴν ⁎ μαντείαν. Ναχὼρ δὲ γενόμενος ὁ θ' ἐτῶν
HAno.  9  17  3  πάντας ὑπερβεβηκότα ὃν δὴ καὶ τὴν ἀστρολογίαν καὶ ⁎ Χαλδαϊκὴν ⁎ εὑρεῖν ἐπὶ τε τὴν εὐσέβειαν ὁρμήσαντα

**Χαλδαῖος**
　　　　19
TNep.  1  10  καὶ ἡ Ῥαχὴλ ὁ δὲ Ῥώθεος ἐκ τοῦ γένους ἦν Ἀβραὰμ ⁎ Χαλδαῖος ⁎ θεοσεβὴς ἐλεύθερος καὶ εὐγενής. καὶ
TNep.  5  8  λέγουσα Ἀσσύριοι Μῆδοι Πέρσαι Ἐλυμαῖοι Γελαχαῖοι ⁎ Χαλδαῖοι ⁎ Σύροι κληρονομήσουσιν ἐν αἰχμαλωσίᾳ τὰ δώδεκα
Jer.  1  1  οἱ υἱοὶ Ἰσραὴλ ἀπὸ τοῦ βασιλέως τῶν ⁎ Χαλδαίων ⁎ ἐλάλησεν ὁ θεὸς πρὸς Ἰερεμίαν λέγων Ἰερεμία ὁ
Jer.  1  3  νῦν οὖν ἀναστάντες ἐξέλθατε πρὸ τοῦ ἡ δύναμις τῶν ⁎ Χαλδαίων ⁎ κυκλώσει αὐτήν. καὶ ἀπεκρίθη Ἰερεμίας λέγων
Jer.  1  5  παραδίδως τὴν πόλιν τὴν ἐκλεκτὴν εἰς χεῖρας τῶν ⁎ Χαλδαίων ⁎ ἵνα καυχήσηται ὁ βασιλεὺς μετὰ τοῦ πλήθους τοῦ
Jer.  2  7  παραδίδως τὴν πόλιν εἰς χεῖρας τοῦ βασιλέως τῶν ⁎ Χαλδαίων ⁎ τοῦ αἰχμαλωτεῦσαι τὸν λαὸν εἰς Βαβυλῶνα.
Jer.  4  1  εἶπεν αὐτῷ. πρωΐας δὲ γενομένης ἰδοὺ ἡ δύναμις τῶν ⁎ Χαλδαίων ⁎ ἐκύκλωσε τὴν πόλιν. ἐσάλπισεν δὲ ὁ μέγας
Jer.  4  1  λέγων εἰσέλθατε εἰς τὴν πόλιν ἡ δύναμις τῶν ⁎ Χαλδαίων ⁎ ἰδοὺ γὰρ ἠνεῴχθη ὑμῖν ἡ πύλη. εἰσελθέτω οὖν ὁ
Prop.  3  1  γῆς Ἀρίρα ἐκ τῶν ἱερέων καὶ ἀπέθανεν ἐν τῇ γῇ τῶν ⁎ Χαλδαίων ⁎ ἐπὶ τῆς αἰχμαλωσίας πολλὰ προφητεύσας τοῖς ἐν
Prop.  3  9  καὶ ποτε πλήθους συνόντος αὐτῷ ἔδειξαν οἱ ⁎ Χαλδαῖοι ⁎ μὴ ἀντάραιο καὶ ἐπῆλθον αὐτοῖς εἰς ἀναίρεσιν.
Prop.  4  1  ἀλλ' ἔτι νήπιος ἤχθη ἐκ τῆς Ἰουδαίας εἰς γῆν ⁎ Χαλδαίων ⁎ ἐγεννήθη δὲ ἐν Βεθώρῳ τῇ ἀνωτέρᾳ καὶ ἦν ἀνὴρ
Prop.  12  4  καὶ παρῴκησεν ἐν γῇ Ἰσμαήλ. ὡς δὲ ἐπέστρεψαν οἱ ⁎ Χαλδαῖοι ⁎ καὶ οἱ κατάλοιποι οἱ ὄντες ἐν Ἱερουσαλὴμ εἰς
Prop.  15  1  τῶν ἱερέων ἐνδόξως ὡς αὐτοί. Ζαχαρίας ἦλθεν ἀπὸ ⁎ Χαλδαίων ⁎ ἤδη προβεβηκὼς κἀκεῖ πολλὰ τῷ λαῷ προεφήτευσε
SIb.  3  218  δολόφρον. ἔστι πόλις --- κατὰ χθονὸς Οὔρ ⁎ Χαλδαίων ⁎ ἐξ ἧς δὴ γένος ἐστὶ δικαιοτάτων ἀνθρώπων οἷσιν
SIb.  3  227  οὔ μύθων μωρῶν ἀπάτας ἐγγαστεριμύθων οὐδέ τε ⁎ Χαλδαίων ⁎ τὰ προμάντια ἀστρολογοῦσιν οὐδὲ μὲν
SIb.  5  440  πάντα κρατεῖν ἐπολίησαν. ἔχε στόμα φιμῷ ἄναγνε ⁎ Χαλδαίων ⁎ γενεὴ μήτ' εἴρεο μηδὲ μέριμνα πῶς Περσῶν ἄρξεις
FJub.  11  9  αὐτοῦ. γυνὴ Ναχὼρ Ιεσθα θυγάτηρ Νεσθα τοῦ ⁎ Χαλδαίου. ⁎ αὐξηθέντα δὲ τὸν Ναχὼρ ἐδίδαξεν ὁ πατὴρ πάντων
IOrp.  28  εἰ μὴ μουνογενής τις ἀπορρὼξ φύλου ἄνωθεν ⁎ Χαλδαίων ⁎ ἴδρις γὰρ ἔην ἄστροιο πορείης καὶ σφαίρης
HAno.  9  17  3  λέγειν πόλιν Οὐρίην εἶναι δὲ μεθηρμηνευμένην ⁎ Χαλδαίων ⁎ πόλιν (ἣ) ἐν τρισκαιδεκάτῃ γενέσθαι Ἀβραὰμ

**Χαλέβ**
　　　　2
Aris.  50  3  ἑνδέκατος Σαμούηλος Ἰώσηφος Ἰούδας Ἰωνάθης ⁎ Χαλέβ ⁎ Δοσίθεος. δωδεκάτης Ἰσάλος Ἰωάννης Θεοδόσιος
FMos.  6  132  3  τὴν θέαν ταύτην κάτω πνεύματι ἐπαρθεὶς σὺν καὶ τῷ ⁎ Χαλὲβ ⁎ ἀλλ' οὐχ ὁμοίως ἄμφω θεῶνται ἀλλ' ὃ μὲν καὶ θᾶττον

**χαλεπαίνω**
　　　　7
SIb.  5  232  μέγα πῆμα τίς σε βροτῶν ἐπόθησε τίς ἔνδοθεν οὔ ⁎ χαλέπηνεν ⁎ ἐν σοὶ τίς βασιλεὺς σεμνὸν βίον ὤλεσε ῥιφθείς.
FPho.  207  κτεάνων συνομαίμοσιν εἰς ἔριν ἔλθῃς. παισὶν μὴ ⁎ χαλέπαινε ⁎ τεοῖσ' ἀλλ' ἤπιος εἴης. ἢν δέ τι παῖς ἀλίτηι

**χαλεπός**
　　　　4
Aris.  289  5  καὶ πενίας μετεσχηκότες ἄρξαντες ὄχλων ⁎ χαλεπώτεροι ⁎ τῶν ἀνοσίων τυράννων ἐξέβησαν. ἀλλὰ ὡς
SIb.  3  325  δυσμῶν ὣς ἥξετε πικρὸν ἐς ἦμαρ. ἥξετε καὶ ⁎ χαλεποῖο ⁎ διωκόμεναι ὑπ' ἀγῶνος δεινοῦ καὶ χαλεποῦ δεινὴ
SIb.  3  326  καὶ χαλεποῖο διωκόμεναι ὑπ' ἀγῶνος δεινοῦ καὶ ⁎ χαλεποῦ ⁎ ἐν δεινῇ κρίσις ἔσσεται αὖτις καὶ κατ' ἀνάγκην
SIb.  3  692  ἀπ' οὐρανόθεν αὐτὰρ λίθος ἠδὲ χάλαζα πολλὴ καὶ ⁎ χαλεπὴ ⁎ θάνατος δ' ἐπὶ τετράποδ' ἔσται. καὶ τότε
SIb.  5  761  θεὸς κοὐκ ἔστιν ἔτ' ἄλλος αὐτὸς καὶ πυρὶ φλέξειεν ⁎ χαλεπῶν ⁎ γένος ἀνδρῶν. ἀλλὰ κατασπεύσαντες ἑὰς φρένας ἐν
SIb.  5  314  σημεῖον ἔχων ἀνθ' ὧν ἐμόγησεν Κυμαίων δῆμος ⁎ χαλεπός ⁎ καὶ φῦλον ἀναιδές. εἶθ' ὅτ' ἀναίξουσι κακήν
FrAn.  9  17  4  βασιλεὺς οὐκ εἰς μακρὰν περὶ τὸν οἶκον ἐχρήσατο ⁎ χαλεπῇ ⁎ συμφορᾷ. ἑβδόμῃ γὰρ ἡμέρᾳ τῆς ἀναιρέσεως τοῦ

**χαλέπτω**
　　　　1
FPho.  44  ἀνθρώποισιν. χρυσὲ κακῶν ἀρχηγὲ βιοφθόρε πάντα ⁎ χαλέπτων ⁎ εἴθε σε μὴ θνητοῖσι γενέσθαι πῆμα ποθεινὸν σεῦ

**χαλινάριον**
　　　　1
Sedr.  7  10  εἰς τὰ τετράποδα ἄλλον οὐκ ἔστιν ἀλλὰ τῆς μετὰ ⁎ χαλιναρίου ⁎ κόπτομεν αὐτὸ ὅπου ἡμεῖς θέλομεν σὺ δὲ ἔχεις

**χαλινός**
　　　　1
FBar.  12  4  ⟨πρὸς σε ἡ οργη η νυν υπο τ⟩ης μακροθυμιας ως ⁎ χαλινω ⁎ κατεχεται και⟩ ειπων ταυτα ενηστευσα ημε⟩ρας ζ'

**χαλινόω**
　　　　4
FPho.  57  τὸ τετυγμένον εἶναι ἄτυκτον. μὴ προπετὴς ἐς χεῖρα ⁎ χαλίνου ⁎ δ' ἄγριον ὀργὴν πολλάκι γὰρ πλήξας ἀέκων φόνον

**χάλκειος**
　　　　14
SIb.  3  487  καὶ Τενέδῳ κακὸν ἔσχατον ἀλλὰ μέγιστον. καὶ Σικυὼν ⁎ χάλκειος ⁎ ὑλάγμασι καὶ σέ Κόρινθε αὐχήσει ἐπὶ πᾶσιν ἴσον
SIb.  3  539  πᾶσι δ' ὁμοῦ πόλεμός τε βροτοῖς καὶ λοιμὸς ἐπέσται ⁎ χάλκειόν ⁎ τε μέγαν τεύξει θεὸς οὐρανὸν ὑψοῦ ἀβροχίην τ'
SIb.  3  587  οὐκ ἀπάτῃσι κεναῖς οὐδ' ἔργῳ ἀνθρώπων χρύσεα καὶ ⁎ χάλκεια ⁎ καὶ ἀργύρου ἠδ' ἐλέφαντος καὶ ξυλίνων λιθίνων τε
IOrp.  33  ἐκφαίνει δὲ πυρὸς σέλας Ἰφιγενήτου. οὗτος γὰρ ⁎ χάλκειον ⁎ ἐς οὐρανὸν ἐστήρικται χρυσέῳ εἰνὶ θρόνῳ γαίη δ'

**χάλκεος**
TLevi  6  1  καὶ ὡς ἠρχόμην πρὸς τὸν πατέρα μου εὗρον ἀσπίδα ⁎ χαλκῆν ⁎ διὸ καὶ τὸ ὄνομα τοῦ ὄρους Ἀσπὶς ὃ ἔστιν ἐγγὺς
TJud.  9  4  ἦν δὲ τούτοις πόλις καὶ τεῖχος σιδηροῦν καὶ πύλαι ⁎ χαλκαῖ ⁎ καὶ οὐκ ἠδυνήθημεν εἰσελθεῖν ἐν αὐτῇ καὶ
Bar.  3  7  λέγοντες ἴδωμεν ὀστράκινός ἐστιν ὁ οὐρανὸς ἢ ⁎ χαλκοῦς ⁎ ἢ σιδηροῦς. ταῦτα ἰδὼν ὁ θεὸς οὐ συνεχώρησεν
SIb.  5  83  ἄνθρωποι δέξαντο θεοὺς ξυλίνους λιθίνους ἢ ⁎ χαλκοῦς ⁎ τε χρυσοῦς τε καὶ ἀργυρέους τε ματαίους ἀψύχους
ISop.  5  113  2  πημάτων παραψυχὴν θεῶν ἀγάλματα ἐκ λίθων ἢ ⁎ χαλκέων ⁎ ἢ χρυσοτεύκτων ἢ ἐλεφαντίνων τύπους θυσίας τε
HEup.  9  34  5  δόμον λίθινον καὶ ἔνδοθεν κυπαρίσσινον πελεκίνοις ⁎ χαλκοῦν ⁎ ταλαντιαίοις καταλαμβάνοντας τοὺς δύο δόμους.
HEup.  9  34  6  ποιῆσαι ἐκ φατνωμάτων χρυσῶν τὸ δὲ δῶμα ποιῆσαι ⁎ χαλκοῦν ⁎ ἀπὸ κεραμίδων χαλκῶν χαλκὸν χωνεύσαντα καὶ
HEup.  9  34  6  χρυσῶν τὸ δὲ δῶμα ποιῆσαι χαλκοῦν ἀπὸ κεραμίδων ⁎ χαλκῶν ⁎ χαλκὸν χωνεύσαντα καὶ τοῦτον καταχέαντα. ποιῆσαι
HEup.  9  34  6  καὶ τοῦτον καταχέαντα. ποιῆσαι δὲ δύο στύλους ⁎ χαλκοῦς ⁎ μ η' κατασκευάσαι δὲ καὶ λουτῆρα χαλκοῦν μῆκος
HEup.  9  34  9  μέρος τοῦ ἱεροῦ στοὰν καὶ στύλους αὐτῇ ὑποστῆσαι ⁎ χαλκοῦς ⁎ μ η' κατασκευάσαι δὲ καὶ λουτῆρα χαλκοῦν μῆκος
HEup.  9  34  9  ὑποστῆσαι χαλκοῦς μ η' κατασκευάσαι δὲ καὶ λουτῆρα ⁎ χαλκοῦν ⁎ μῆκος πηχῶν κ' καὶ πλάτος πηχῶν κ' τὸ δὲ ὕψος
HEup.  9  34  10  ἐκ δεξιῶν τοῦ θυσιαστηρίου. ποιῆσαι δὲ καὶ βάσιν ⁎ χαλκῆν ⁎ τῷ ὕψει πηχῶν ἴν' ὕψει δυσὶν φερτὴν ἐφεστήκῃ
HEup.  9  34  11  ὕψος πηχῶν δώδεκα. ποιῆσαι δὲ καὶ δακτυλίους δύο ⁎ χαλκοῦς ⁎ ἀλυσιδωτοὺς καὶ στῆσαι αὐτοὺς ἐπὶ μηχανήματι
HEup.  9  34  11  τοῦ ἱεροῦ καὶ προσκρεμάσαι ἑκάστῃ δικτυϊ κώδωνας ⁎ χαλκοῦς ⁎ ταλαντιαίους τετρακοσίους καὶ ποιῆσαι ὅλας τὰς

**Χαλκηδών**
　　　　9
SIb.  3  434  ἔργα. καὶ Λυκίη Λοκροῖο γένος κακὰ πολλὰ φυτεύσει. ⁎ Χαλκηδὼν ⁎ στεινοῖο πόρον πόντοιο λαχοῦσα καὶ σε μολὼν

**χαλκός**
Aris.  119  2  καὶ ἐκ τῶν παρακειμένων ὀρέων τῆς Ἀραβίας μέταλλα ⁎ χαλκοῦ ⁎ καὶ σιδήρου συνίστασθαι πρότερον. ἐκλέλειπται δὲ
SIb.  3  79  καὶ ῥίψῃ χρυσόν τε καὶ ἄργυρον εἰς ἄλα ὅταν +καὶ ⁎ χαλκόν ⁎ τε+ σίδηρον ἐφημερίων ἀνθρώπων εἰς πόντον ῥίψῃ
SIb.  3  292  πάντες Περσῶν βασιλεῖς ἐπικουρήσουσιν χρυσὸν καὶ ⁎ χαλκόν ⁎ τε πολύκμητόν τε σίδηρον. αὐτὸς γὰρ δώσει θεὸς
SIb.  3  218  ἢ πάντες τοι πάλαι ἐκκύμανται πέτρηι πολυλμᾶτι ⁎ χαλκῷ ⁎ καὶ σὴν γαῖαν ἐμοὶ καὶ κόψει ὡς προτέθειται. τούτῳ
HEup.  9  30  6  τὰ πρὸς τὴν κατασκευὴν ἀνήκοντα χρυσίον ἀργύριον ⁎ χαλκὸν ⁎ λίθους ξύλα κυπαρίσσινα καὶ κέδρινα. ἀκούσαντα δὲ
HEup.  9  30  8  καὶ παραδοῦναι αὐτῷ τόν τε χρυσίον καὶ ἄργυρον καὶ ⁎ χαλκὸν ⁎ καὶ λίθον καὶ ξύλα κυπαρίσσινα καὶ κέδρινα. καὶ
HEup.  9  34  6  τὸ δὲ δῶμα ποιῆσαι χαλκοῦν ἀπὸ κεραμίδων χαλκῶν ⁎ χαλκὸν ⁎ χωνεύσαντα καὶ τοῦτον καταχέαντα. ποιῆσαι δὲ δύο
HEup.  9  34  16  ἀργυρίου τάλαντα χίλια διακόσια τριάκοντα δύο ⁎ χαλκὸν ⁎ δὲ εἰς τοὺς κίονας καὶ τὸν λουτῆρα καὶ τὴν στοὰν
HEup.  9  39  5  τὸν δὲ χρυσὸν τὸν ἐν τῷ ἱερῷ καὶ ἄργυρον καὶ ⁎ χαλκὸν ⁎ ἐκλέξαντα εἰς Βαβυλῶνα ἀποστελλα χωρὶς τῆς

**Χάμ**
　　　　6
TSim.  6  4  οἱ Χετταῖοι ἐξολοθρευθήσονται. τότε ἐκλείψει ἡ γῆ ⁎ Χὰμ ⁎ καὶ πᾶς ὁ λαὸς ἀπολεῖται. τότε καταπαύσει ἡ γῆ πᾶσα

**χαμαί**
　　　　6
Abr.1  11  6  καὶ τὰς παρειὰς τοῦ πώγωνος καὶ ἔρριπτεν αὐτὸν ⁎ χαμαὶ ⁎ ἀπὸ τοῦ θρόνου κλαίων καὶ ὀδυρόμενος. καὶ ὅτε
Abr.1  11  11  τὰς τρίχας τῆς κεφαλῆς αὐτοῦ καὶ ῥίπτει ἑαυτὸν ⁎ χαμαὶ ⁎ κλαίων καὶ ὀδυρόμενος πικρῶς διότι ἡ ὁδὸς πλατεῖα
Jer.  9  9  ἐπ' αὐτοὺς πάντες καὶ εἶδον Ἰερεμίαν ἀνακείμενον ⁎ χαμαὶ ⁎ ὥσπερ τεθνηκότα. καὶ διέρρηξαν τὰ ἱμάτια αὐτῶν καὶ
SIb.  3  275  πεδίον πλήρωσει πᾶσα χαράδρα. τείχεα δ' εὐποίητα ⁎ χαμαὶ ⁎ πεσέονται ὅτι φρεσὶν οὐκ ἐπίθησαν ἀθανάτοιο θεοῦ
SIb.  3  685  πεδίον πλήρωσει πᾶσα χαράδρα. τείχεα δ' εὐποίητα ⁎ χαμαὶ ⁎ πεσέονται ἅπαντα ἀνδρῶν δυσμενέων ὅτι τὸν νόμον
SIb.  3  106  Κόρινθε τεήν ποτ' ἐπόψει ἅλωσιν. Καρχηδὼν καὶ σεῖο ⁎ χαμαὶ ⁎ γόνυ πύργος ἐρείσει. τλῆμον Λαοδίκεια σέ δὲ

**χαμοκοιτέω**
　　　　1
TJos.  4  3  αὐτῷ περὶ ἡμῶν οὐ μὴ πιστεύσῃ. ἐν τούτοις πᾶσιν ⁎ ἐχαμοκοίτουν ⁎ ἐγὼ ἐν σάκκῳ καὶ ἐδεόμην τοῦ θεοῦ ὅπως

**χαμυνχελ ⁎**
FrAn.  574  3031  ακραμμ. λόγος αωθ ιαθαβαθρα χαχθαβραθα ⁎ χαμυνχελ ⁎ αβρωθ σὺ αβρασιλωθ αλληλου ϊελωσαϊ ιαηλ.
　　　　27
**Χαναάν**
TSim.  6  3  ἕως εἰς μακρὰν ἔσονται. τότε ἀπολεῖται σπέρμα ⁎ Χαναάν ⁎ καὶ ἐγκατάλειμμα οὐκ ἔσται τῷ Ἀμαλὴκ καὶ

TLevi 12 5 ἡ θυγάτηρ μου. ὀκτὼ ἐτῶν ἤμην ὅτε εἰσῆλθον εἰς γῆν * Χανάαν * καὶ ὀκτωκαίδεκα ἐτῶν ὅτε ἀπέκτεινα τὸν Συχὲμ καὶ
TJud. 10 2 καὶ ἠπορεῖτο περὶ τῆς Θαμὰρ ὅτι οὐκ ἦν ἐκ γῆς * Χανάαν. * καὶ ἄγγελος κυρίου ἀνεῖλεν αὐτὸν τῇ τρίτῃ ἡμέρᾳ
TJud. 10 6 γὰρ πρὸς τὴν Θαμὰρ ὅτι οὐκ ἦν ἐκ θυγατέρων * Χανάαν * ὡς αὐτή. κἀγὼ ᾔδειν ὅτι πονηρὸν τὸ γένος Χανάαν
TJud. 11 1 Χανάαν ὡς αὐτή. κἀγὼ ᾔδειν ὅτι πονηρὸν τὸ γένος * Χανάαν * ἀλλὰ τὸ διαβούλιον τῆς νεότητος ἐτύφλωσε τὴν
TJud. 11 3 μου ἐπορεύθη καὶ ἔλαβε τῷ Σηλὼμ γυναῖκα ἐκ γῆς * Χανάαν. * γνοὺς δὲ ὃ ἐποίησε κατηρασάμην αὐτῇ ἐν ὀδύνῃ
TZab. 5 5 ἄνοσοι διεφυλάχθησαν ὡς οἴδατε. καὶ ὅτε ἤμην ἐν γῇ * Χανάαν * εἰς παράλιον ἐθήρευον θήραν ἰχθύων Ἰακὼβ τῷ
TJos. 12 2 λέγουσι δὲ ὅτι καὶ κλοπῇ ἔκλεψαν αὐτὸν ἐκ γῆς * Χανάαν * νῦν οὖν ποίησον μετ' αὐτοῦ κρίσιν καὶ ἀφελοῦ τὸν
TJos. 13 8 μοι πῶς αὐτῶν ἐγένου δοῦλος; καὶ εἶπον ὅτι ἐκ γῆς * Χανάαν * ἐπριαντό με. ὁ δὲ ἠπίστησε λέγων ὅτι ψεύδη καὶ
TJos. 15 2 καὶ ἰδοὺ ἔγνωμεν ὅτι υἱὸς εἶ ἀνδρὸς μεγάλου ἐν γῇ * Χανάαν * καὶ πενθεῖ ὁ πατήρ σου ἐν σάκκῳ. καὶ πάλιν ἤθελον
TBen. 12 3 τὰ ὀστᾶ τῶν πατέρων αὐτῶν ἐν κρυφῇ ἐν τῷ πολέμῳ * Χανάαν. * καὶ ἔθαψαν αὐτοὺς ἐν Χεβρὼν παρὰ τοὺς πόδας τῶν
TBen. 12 4 τῶν πατέρων αὐτῶν. καὶ αὐτοὶ ἐπέστρεψαν ἐκ γῆς * Χανάαν * καὶ ᾤκησαν ἐν Αἰγύπτῳ ἕως ἡμέρας ἐξόδου αὐτῶν ἐκ
Asen. 4 10 οὐχ οὗτός ἐστιν ὁ υἱὸς τοῦ ποιμένος ἐκ γῆς * Χαναὰν * καὶ αὐτὸς κατελήφθη ἐπ' αὐτοφώρῳ κοιμώμενος μετὰ
Asen. 6 2 ὅτι Ἰωσὴφ ἔρχεται ὁ υἱὸς τοῦ ποιμένος ἐκ γῆς * Χαναάν; * καὶ νῦν ἰδοὺ ὁ ἥλιος ἐκ τοῦ οὐρανοῦ ἥκει πρὸς
Asen. 13 13 ἄνθρωποι ὅτι Ἰωσὴφ υἱὸς τοῦ ποιμένος ἐστὶν ἐκ γῆς * Χαναάν. * κἀγὼ ἡ ἀθλία πεπίστευκα αὐτοῖς καὶ πεπλάνημαι.
FJub. 12 14 καὶ ἐξῆλθε Θαρὰ σὺν Ἀβραὰμ τοῦ ἐλθεῖν εἰς γῆν * Χαναὰν * καὶ μεταγνοὺς ᾤκησεν ἐν Χαρρὰν εἰδωλομανῶν ἕως
HDem. 9 21 6 παιδία. θέλοντα δὲ τὸν Ἰακὼβ πρὸς τὸν πατέρα εἰς * Χαναὰν * ἀπιέναι ἀξιωθέντα ὑπὸ Λάβαν ἄλλα ἔτη ἓξ μεῖναι
HDem. 9 21 7 παρὰ Λάβαν ἔτη εἴκοσι. πορευομένῳ δ' αὐτῷ εἰς * Χαναὰν * ἄγγελον τοῦ θεοῦ παλαῖσαι καὶ ἅψασθαι τοῦ πλάτους
HDem. 9 21 8 ἀλλ' Ἰσραὴλ ὀνομασθήσεσθαι. καὶ ἐλθεῖν αὐτὸν τῆς * Χαναὰν * γῆς εἰς ἑτέραν πόλιν Σικίμων ἔχοντα παιδία
HDem. 9 21 16 τῆς μητρὸς εἶναι ἴσον. οἰκῆσαι δὲ αὐτοὺς ἐν γῇ * Χαναὰν * ἀφ' οὗ ἐκλεγῆναι Ἀβραὰμ ἐκ τῶν ἐθνῶν καὶ
HDem. 9 21 16 ἐκλεγῆναι Ἀβραὰμ ἐκ τῶν ἐθνῶν καὶ μετελθεῖν εἰς * Χαναὰν * Ἀβραὰμ ἐτῶν εἴκοσι πέντε Ἰσαὰκ ἐτῶν ἑξήκοντα
HDem. 9 21 16 ἐτῶν ἑκατὸν τριάκοντα γίνεσθαι τὰ πάντα ἔτη ἐν γῇ * Χαναὰν * σ ι ε'. καὶ τῷ τρίτῳ ἔτει λιμοῦ οὔσης ἐν Αἰγύπτῳ
HDem. 9 21 18 Ἀβραὰμ ἐκ τῶν ἐθνῶν καὶ ἐλθεῖν ἐκ Χαρρὰν εἰς * Χαναὰν * ἕως εἰς Αἴγυπτον τοὺς περὶ Ἰακὼβ ἐλθεῖν ἔτη σ ι
HDem. 9 21 19 Λευὶν δὲ ἐν Αἰγύπτῳ ἐπιγενέσθαι ἔτη ιζ' ἀφ' οὗ ἐκ * Χαναὰν * αὐτὸν ἐλθεῖν εἰς Αἴγυπτον ὥστε εἶναι αὐτὸν ἐτῶν
HAno. 9 17 9 ὃν εἶναι Κρόνον ἐκ τούτου δὲ γενέσθαι Βῆλον καὶ * Χαναὰν * τοῦτον δὲ τὸν Χαναὰν γεννῆσαι τὸν πατέρα τῶν
HAno. 9 17 9 τούτου δὲ γενέσθαι Βῆλον καὶ Χαναὰν τοῦτον δὲ τὸν * Χαναὰν * γεννῆσαι τὸν πατέρα τῶν Φοινίκων τούτου δὲ Χοὺμ
FrAn. 1 227 1 – >τ<η> γη ημω<ν – – >ταις σου< – – >εβησαν εις * Χαναaν< * – – ε>σκιρτα και το βλεμμ<α – – τ>ον αριθμον των

Χαναναῖος 8

TLevi 7 1 ὀργίζου κύριε ὅτι ἐν σοὶ ἐξουδενώσει κύριος τοὺς * Χαναναίους * καὶ δώσει τὴν γῆν αὐτῶν σοὶ καὶ τῷ σπέρματί
TJud. 3 1 ἀνεῖλον αὐτόν. καὶ ὅτε ἦλθον οἱ δύο βασιλεῖς τῶν * Χαναναίων * τεθωρακισμένοι ἐπὶ τὰ ποίμνια καὶ πολὺς λαὸς
TJud. 7 11 ἐτῶν ἤμην ὅτε ἐγένετο ὁ πόλεμος οὗτος καὶ ἦσαν οἱ * Χαναναῖοι * φοβούμενοί με καὶ τοὺς ἀδελφούς μου. ἦν δέ μοι
TJud. 13 3 παρετάξατο ἐν ἐμοὶ ἕως συνέπεσα εἰς Βησσουὲ τὴν * Χαναναίαν * καὶ εἰς Θαμὰρ τὴν νυμφευθεῖσαν τοῖς υἱοῖς μου.
TJud. 14 6 οὐκ αἰσχύνθην ἐντολὴν θεοῦ καὶ ἔλαβον γυναῖκα * Χαναναίαν. * διὸ συνέσεως χρήζει ὁ πίνων οἶνον τέκνα μου
TJud. 17 1 ἀργύριον καὶ εὐμορφίαν ἐπλανήθην εἰς Βησσουὲ τὴν * Χαναναίαν. * ὅτι οἶδα ἐγὼ ὅτι διὰ τὰ δύο ταῦτα ἔσεσθε τὸ
LEze. 9 28 2 01 ἀφ' οὗ δ' Ἰακὼβ γῆν λιπὼν * Χαναναίαν * κατῆλθ' ἔχων Αἴγυπτον ἑπτάκις δέκα ψυχὰς σὺν
FrAn. 1 227 3 ε>σκιρτα και το βλεμμ<α – – τ>ον αριθμον των δεκα * Χ<αναναιων * τ>ου ενος δειχα επυνθ<αν – >ι δε φησιν

Χαναν 2

FIsa. 1 2 12 ἦν Βελιχειὰρ ἐκ τῆς συγγενίας Σεδεκίου υἱοῦ * Χαναν * τοῦ ψευδοπροφήτου ὃς ἦν κατοικῶν ἐν Βηθανίᾳ. καὶ
FIsa. 1 2 12 ὃς ἦν κατοικῶν ἐν Βηθανίᾳ. καὶ Σεδεκίας υἱὸς * Χαναν * ὃς ἦν ἀδελφὸς τοῦ πατρὸς αὐτοῦ ἐν δὲ ταῖς ἡμέραις

Χανανίτης 1

FIsa. 1 2 5 ἐν χερσὶ Μανασσῆ καὶ ἐν χερσὶν τοῦ Τουβὶ τοῦ * Χανανίτου * καὶ ἐν χερσὶν Ἰωνὰν τοῦ Ναθὼθ καὶ ἐν χερσὶν

Χανανῖτις 1

TJud. 16 4 καὶ μυστήρια Ἰακὼβ τοῦ πατρός μου ἀπεκάλυψα τῇ * Χανανίτιδι * Βησσουὲ οἷς εἶπεν ὁ θεὸς μὴ ἀποκαλύψαι. καὶ

Χανεθώθης 5

HArt. 9 27 14 μηδενὸς δ' ὑπακούσαντος ὀνειδίσαι τὸν Χενεφρῆν * Χανεθώθην * τὸν μάλιστα προσαγορευόμενον ὑπ' αὐτοῦ τὸν δὲ
HArt. 9 27 15 ὑποσχέσθαι τὸν Χενεφρῆν τῷ τε Μωΰσῳ καὶ τῷ * Χανεθώθῃ * τὸ σῶμα διακομίσαντας εἰς τοὺς ὑπὲρ Αἴγυπτον
HArt. 9 27 15 τόπους θάψαι ὑπολαβόντα τὸν Μώϋσον ὑπὸ τοῦ * Χανεθώθου * ἀναιρεθήσεσθαι. πορευομένων δὲ αὐτῶν τὴν
HArt. 9 27 18 ἀπαλλάσσεσθαι εἰς τὴν Ἀραβίαν. τὸν δὲ * Χανεθώθην * πυθόμενον τοῦ Μωΰσου τὴν φυγὴν ἐνεδρεύειν ὡς
HArt. 9 27 18 αὐτοῦ καὶ σπασάμενον τὸ ξίφος φονεῦσαι τὸν * Χανεθώθην * διεκδρᾶναι δὲ εἰς τὴν Ἀραβίαν καὶ Ῥαγουήλῳ

χάος 4

Hen. 10 13 τοῦ αἰῶνος τῶν αἰώνων. τότε ἀπαχθήσονται εἰς τὸ * χάος * τοῦ πυρὸς καὶ εἰς τὴν βάσανον καὶ εἰς τὸ
Hen. 10B 13 τοῦ αἰῶνος τῶν αἰώνων. τότε ἀπενεχθήσονται εἰς τὸ * χάος * τοῦ πυρὸς καὶ εἰς τὴν βάσανον καὶ εἰς τὸ
Hen. 20 5 ὁ ἐπὶ τῶν τοῦ λαοῦ ἀγαθῶν τεταγμένος καὶ ἐπὶ τῷ * χάῳ. * Σαριὴλ ὁ εἷς τῶν ἁγίων ἀγγέλων ὁ ἐπὶ τῶν πνευμάτων
FJub. 2 2 τῇ γῇ τὰς ἀβύσσους τήν τε ὑποκάτω τῆς γῆς καὶ τοῦ * χάους * καὶ σκότος ἑσπέρα καὶ νὺξ τὸ φῶς ἡμέρας τε καὶ

χαρά 34

Adam 38 1 τῇ συγχωρήσει τοῦ Ἀδάμ. μετὰ δὲ τὴν γεγενομένην * χαρὰν * τοῦ Ἀδὰμ ἐβόησεν πρὸς τὸν πατέρα ὁ ἀρχάγγελος
Adam 39 2 σε εἰς τὸν τόπον τοῦτον. πλὴν λέγω σοι ὅτι τὴν * χαρὰν * αὐτῶν ἐπιστρέψω εἰς λύπην τὴν δὲ λύπην σου
Adam 39 2 ἐπιστρέψω εἰς λύπην τὴν δὲ λύπην σου ἐπιστρέψω εἰς * χαρὰν * καὶ ἐπιστρέψω σε εἰς τὴν ἀρχήν σου καὶ καθίσω σε
Hen. 5 9 ἡ ζωὴ αὐτῶν αὐξηθήσεται ἐν εἰρήνῃ καὶ τὰ ἔτη τῆς * χαρᾶς * αὐτῶν πληθυνθήσεται ἐν ἀγαλλιάσει καὶ εἰρήνῃ
Hen. 10 16 δικαιοσύνης καὶ τῆς ἀληθείας εἰς τοὺς αἰῶνας μετὰ * χαρᾶς * φυτευθήσεται. καὶ νῦν πάντες οἱ δίκαιοι
Hen. 103 3 καὶ ἐγκεκολαμμέν<α περὶ> ὑμῶν ὅτι ἀγαθὰ καὶ ἡ * χαρὰ * καὶ ἡ τ<ιμὴ> ἡτοίμασται καὶ ἐγγέγραπται ταῖς
Hen. 104 12 ὁσίοις καὶ φρονίμοις δοθήσονται αἱ βίβλοι μου εἰς * χαρὰν * ἀληθείας καὶ αὐτοὶ πιστεύσουσιν αὐταῖς καὶ ἐν
TLevi 17 2 ἡ ἱερωσύνη αὐτοῦ πλήρης μετὰ κυρίου καὶ ἐν ἡμέρᾳ * χαρᾶς * αὐτοῦ ἐπὶ σωτηρίᾳ κόσμου αὐτὸς ἀναστήσεται. ἐν τῷ
TJud. 25 4 καὶ οἱ ἐν λύπῃ τελευτήσαντες ἀναστήσονται ἐν * χαρᾷ * καὶ οἱ ἐν πτωχείᾳ διὰ κύριον πλουτισθήσονται καὶ οἱ
TJud. 25 5 ἀγαλλιάσει καὶ οἱ ἀετοὶ Ἰσραὴλ πετασθήσονται ἐν * χαρᾷ * οἱ δὲ ἀσεβεῖς πενθήσουσι καὶ οἱ ἁμαρτωλοὶ
TAser 6 6 ἐν ἐπιθυμίαις καὶ ἔργοις πονηροῖς ἐὰν δὲ ἡσύχως ἐν * χαρᾷ * ἐγνώρισε τὸν ἄγγελον τῆς εἰρήνης ⟨ὃς⟩ παρακαλέσει
TBen. 6 5 εὐλογίας καὶ κατάρας ὕβρεως καὶ τιμῆς λύπης καὶ * χαρᾶς * ἡσυχίας καὶ ταραχῆς ὑποκρίσεως καὶ ἀληθείας πενίας
Asen. 3 3 οἴκου σου. καὶ ἤκουσε ταῦτα Πεντεφρῆς καὶ ἐχάρη * χαρὰν * μεγάλην σφόδρα καὶ εἶπεν εὐλογητὸς κύριος ὁ θεὸς
Asen. 4 1 καὶ ἡ γυνὴ αὐτοῦ ἐπὶ τῇ θυγατρὶ αὐτῶν Ἀσενὲθ * χαρὰν * μεγάλην διότι ἑώρων αὐτὴν κεκοσμημένην ὡς νύμφην
Asen. 7 8 θυγάτηρ ἡμῶν ὡς ἀδελφή σού ἐστιν. καὶ ἐχάρη Ἰωσὴφ * χαρὰν * μεγάλην σφόδρα διότι εἶπε Πεντεφρῆς ὅτι παρθένος
Asen. 9 1 καὶ ἐχάρη Ἀσενὲθ ἐπὶ τῇ εὐλογίᾳ τοῦ Ἰωσὴφ * χαρὰν * μεγάλην σφόδρα καὶ ἔσπευσε καὶ ἀπῆλθεν εἰς τὸ
Asen. 9 1 ἐπὶ τῆς κλίνης αὐτῆς ἀσθενοῦσα διότι ἦν ἐν αὐτῇ * χαρὰ * καὶ λύπη καὶ φόβος πολὺς καὶ τρόμος καὶ ἱδρὼς
Asen. 15 11 ὁ ἄνθρωπος λαλῶν τὰ ῥήματα ταῦτα ἐχάρη Ἀσενὲθ * χαρὰν * μεγάλην ἐπὶ πᾶσι τοῖς ῥήμασιν αὐτοῦ καὶ ἔπεσεν ἐπὶ
Asen. 18 10 ἐν τῷ ὕδατι ἐθαμβήθη ἐπὶ τῇ ὁράσει καὶ ἐχάρη * χαρὰν * μεγάλην καὶ οὐκ ἔνιψε τὸ πρόσωπον αὐτῆς εἶπε γὰρ
Asen. 21 3 ἱερέως Ἡλιουπόλεως εἰς γυναῖκα. καὶ ἐχάρη Φαραὼ * χαρὰν * μεγάλην καὶ εἶπε τῷ Ἰωσὴφ οὐκ ἰδοὺ αὕτη
Asen. 24 5 κατὰ τὸ θέλημά σου. καὶ ἐχάρη ὁ υἱὸς Φαραὼ * χαρὰν * μεγάλην σφόδρα καὶ εἶπε τοῖς παισὶν αὐτοῦ ἀπόστητε
Sal. 8 16 γῆν αὐτῆς. ἀπήντησαν αὐτῷ οἱ ἄρχοντες τῆς γῆς μετὰ * χαρᾶς * εἶπαν αὐτῷ ἐπευκτὴ ἡ ὁδός σου δεῦτε εἰσέλθατε μετ'
Jer. 6 3 τῷ σαρκικῷ οἴκῳ σου τὸ πένθος σου μετεστράφη εἰς * χαρὰν * ἔρχεται γὰρ ὁ ἱκανὸς καὶ ἀρεῖ σε ἐν τῷ σκηνώματί
Bar. 15 4 ἐπὶ πολλῶν ὑμᾶς καταστήσει εἰσέλθατε εἰς τὴν * χαρὰν * τοῦ κυρίου ὑμῶν. καὶ στραφεὶς λέγει καὶ τοῖς μηδὲν
Prop. 4 21B Ἰσραήλ. τότε φόνος ἔσται τοῦ Βελίαρ>. εὐθέως δὲ * χαρὰ * ἐκχυθήσεται εἰς πάντα τὰ ἔθνη ὅτε δὲ κατὰ νότον ἐν
Aris. 178 3 καὶ τῶν συμπαρόντων εὖ βασιλεῦ προήχθη δακρῦσαι τῇ * χαρᾷ * πεπληρωμένος. ἡ γὰρ τῆς ψυχῆς ἔντασις καὶ τὸ τῆς
Aris. 186 2 δὲ ταῦτα τούτου κατερράγη κρότος μετὰ κραυγῆς καὶ * χαρᾶς * εὐφροσύνου πλείονα χρόνον καὶ τὸ τηνικαῦτα πρὸς τὸ
Aris. 261 2 βίον ἐν ἀληθείᾳ διεξάγειν. ἐκ τούτων γὰρ κρατίστη * χαρὰ * καὶ ψυχῆς εὐστάθειά σοι γίνεται μέγιστε βασιλεῦ καὶ
Aris. 261 6 πρὸς τὸ προπιεῖν ὁ βασιλεὺς (λαμβάνειν) ἐτράπη * χαρᾷ * πεπληρωμένος. τῇ δ' ἑξῆς καθὼς πρότερον ἡ διάταξις
Aris. 274 5 ⟨ἐτράπη⟩ μετ' εὐφροσύνης τοῖς ἀνδράσι συνὼν καὶ * χαρᾶς * πλείονος. τῇ ἑβδόμῃ δὲ τῶν ἡμερῶν πλείονος
Aris. 293 2 δὲ τούτου κατερράγη κρότος μετὰ φωνῆς καὶ * χαρᾶς * ἐπὶ πλείονα χρόνον. ὡς δὲ ἐπαύσατο ὁ βασιλεὺς
Aris. 294 5 ἀποκαταστήσοντα παῖδα. συνεπιφωνησάντων δὲ πάντων * χαρᾶς * ἐπληρώθη τὸ συμπόσιον ἀδιαλείπτως τοῦ βασιλέως εἰς
Sib. 3 536 πολέμῳ δεινῷ τε κυδοιμῷ οἴσουσιν ἐχθροῖσι * χαρὰν * Ἕλλησι δὲ πένθος. δούλειος δ' ἄρα --- ζυγὸς
FrAn. 1 217 12 μοι αὐτὸν καὶ λάβετε νομίσματα δύο. τῶν δὲ μετὰ * χαρᾶς * τοῦτον παρασχόντων οὐ γὰρ ᾔδεσαν τοῦ λίθου τὸ

χαράδρα 1

Sib. 3 684 ῥεύσουσι δὲ πέτραι αἵματι καὶ πεδίον πληρώσει πᾶσα * χαράδρα. * τείχεα δ' εὐποίητα χαμαὶ πεσέονται ἅπαντα

χαρακτήρ 3

TSim. 5 4 θεοῦ καὶ προσεγγίζουσα τῷ Βελιάρ. ἑώρακα γὰρ ἐν * χαρακτῆρι * γραφῆς Ἐνὼχ ὅτι υἱοὶ ὑμῶν μεθ' ὑμῶν ἐν
Sedr. 7 4 ποῖός ἐστιν φωτοειδὴς ὁ δὲ ἥλιος καὶ Ἀδὰμ μίαν * χαρακτῆρα * ἦσαν ἡ δὲ γυνὴ τοῦ Ἀδὰμ φωτεινοτέρα ἐστὶν ἐν
Aris. 11 4 χρείαν. ὁ δὲ Δημήτριος εἶπεν ἑρμηνείας προσδεῖται * χαρακτῆρσι * γὰρ ἰδίοις κατὰ τὴν Ἰουδαίαν χρῶνται καθάπερ

χαρακτηρίζω 1

Aris. 153 2 τρόπος περὶ τοῦτον εἶναι καὶ τὸν τῆς μνήμης * κεχαρακτήρικεν. * πάντα γὰρ ὅσα διχηλεῖ καὶ μηρυκισμὸν

χάραξ 1

Aris. 139 3 ἐπίγνωσιν τῶν ἁπάντων περιέφραξεν ἡμᾶς ἀδιακόποις * χάραξι * καὶ σιδηροῖς τείχεσιν ὅπως μηθενὶ τῶν ἄλλων ἐθνῶν

χαρζανή * 1

Abr.1 12 1 μυριάδαν ψυχὰς ἀνηλεῶς τύπτοντες ἐν πυρίναις * χαρζαναῖς * καὶ μίαν ψυχὴν κρατῶν ὁ ἄγγελος ἐν τῇ χειρὶ

χαρίεις 2

Sib. 5 263 σεμνόν τε τέλος +πεποθημένον ἄγνος+ Ἰουδαίη * χαρίεσσα * καλὴ πόλις ἔνθεος ὕμνων. οὐκέτι βακχεύσει περὶ
Sib. 5 270 στενότητος ὅσοι καμάτους ὑπέμειναν πλείονα καὶ * χαρίεντα * +καλὸν ἄρξουσι+ δίκαιοι οἱ δὲ κακοὶ στείλαντες

χαρίζομαι (-ω) 14
Abr.1 3 6 καὶ ὁ ἀρχιστράτηγος ηὐλόγησεν τὸν Ἰσαὰκ καὶ εἶπε * χαρίσεται * σοι κύριος ὁ θεὸς τὴν ἐπαγγελίαν αὐτοῦ ἣν
Abr.1 3 6 αὐτοῦ ἣν ἐπηγγείλατο τῷ πατρί σου Ἀβραὰμ * χαρίσεται * σοι καὶ τὴν τιμίαν εὐχὴν τοῦ πατρός σου καὶ
Abr.1 8 6 ὁ διαλύσας μήτραν Σάρρας τῆς στειρώσεως καὶ * χαρισάμενός * σοι καρπὸν κοιλίας ἐν γήρει υἱὸν τὸν Ἰσαὰκ
TSim. 4 6 ἡμᾶς καὶ πλοῦτον καὶ κτήνη καὶ καρποὺς πᾶσιν ἡμῖν * ἐχαρίσατο. * καὶ ὑμεῖς οὖν τέκνα μου ἀγαπητὰ ἀγαπήσατε
Esdr. 1 13 καὶ εἶπεν Ἐσδρὰμ κύριε τοὺς δικαίους τί * χαρίζεις; * ὥσπερ γὰρ μίσθιος ἐξυπηρετησάμενος τὸν χρόνον
Sedr. 7 5 ἐστὶν ἐν τῷ κάλλει τῆς σελήνης καὶ τὴν ζωὴν * ἐχαρίσατο * αὐτῆς. λέγει Σεδρὰχ καὶ τί ὠφελοῦν τὰ κάλλη
Job 43 1 τότε Ελιφας καὶ Βαλδαδ καὶ Σωφαρ γνόντες ὅτι * ἐχαρίσατο * αὐτοῖς ὁ κύριος τὴν ἁμαρτίαν αὐτῶν, τὸν δὲ
Aris. 38 2 καθεστάκαμεν. βουλομένων δ' ἡμῶν καὶ τούτοις * χαρίζεσθαι * καὶ πᾶσι τοῖς κατὰ τὴν οἰκουμένην Ἰουδαίοις
Aris. 40 6 γράφων δὲ καὶ σὺ πρὸς ἡμᾶς περὶ ὧν ἐὰν βούλῃ * κεχαρισμένος * ἔσῃ καὶ φιλίας ἄξιόν τι πράξεις ὡς
Aris. 196 7 τῇ δόξῃ μηδὲ τῷ πλούτῳ θεὸν γὰρ εἶναι τὸν * χαριζόμενον * ταῦτα καὶ οὐ δι' ἑαυτοὺς ἔχειν τὴν ὑπεροχὴν
Aris. 215 4 ἑαυτῷ συνιστορῇς ὅτι τὸ κατ' ἀρετὴν συντηρῶν οὔτε * χαρίζεσθαι * προαιρῇ παρὰ λόγον οὐδὲ ἐξουσίᾳ χρώμενος τὸ
Aris. 228 3 ἔκτον ἐκέλευσεν ἀποφήνασθαι πυνθανόμενος τίσι δεῖ * χαρίζεσθαι; * ἐκεῖνος δ' ἀπεκρίθη γονεῦσι διὰ παντὸς καὶ
FAch. 108 καὶ τῷ Αἰσώπῳ τὴν ἐξ ἀρχῆς διοίκησιν τῶν πραγμάτων * ἐχαρίσατο * τὸν δὲ Ἥλιον αὐτῷ παρέσχεν. ὁ δὲ λαβὼν τὸν
FrAn. 9 17 5 τῆς ἀναιρέσεως τοῦ προφήτου ἐξαπίνης αὐτῷ μάλα * κεχαρισμένος * ὁ παῖς ἀπολώλει. συμβαλὼν δὲ κατὰ θεομηνίαν

χάρις 58
Hen. 5 7 κατάλυσις κατάρα. καὶ τοῖς ἐκλεκτοῖς ἔσται φῶς καὶ * χάρις * καὶ εἰρήνη καὶ αὐτοὶ κληρονομήσουσιν τὴν γῆν ὑμῖν
Hen. 5 8 κατάρα. τότε δοθήσεται τοῖς ἐκλεκτοῖς φῶς καὶ * χάρις * καὶ αὐτοὶ κληρονομήσουσιν τὴν γῆν. τότε δοθήσεται
Hen. 99 13 πλίνθων πᾶσαν οἰκοδομὴν ποιεῖτε οἷς οὐκ ἔστιν ὑμῖν * χά(ρις). * οὐαὶ οἱ ἐξουθενοῦντες τὴν θεμελίωσιν καὶ τὴν
Abr.1 2 5 πάντας τοὺς υἱοὺς τῶν ἀνθρώπων καλῶς ἔοικας τούτου * χάριν * αἰτοῦμαι τῆς σῆς παρουσίας ὅθεν ἔοικεν τὸ νέον τῆς
Abr.1 13 4 ἀλλὰ πᾶς ἄνθρωπος ἐξ ἀνθρώπου κρίνεται τούτου * χάριν * αὐτῷ ἔδωκε κρίσιν κρῖναι τὸν κόσμον μέχρι τῆς
TRub. 4 8 καὶ τὰς ἐννοίας ἐκαθάρισεν ἀπὸ πάσης πορνείας εὗρε * χάριν * ἐνώπιον κυρίου καὶ ἀνθρώπων. καὶ γὰρ πολλὰ
TSim. 4 5 τὸν πατράδελφον ὑμῶν ἵνα δῷη καὶ ὑμῖν ὁ θεὸς * χάριν * καὶ δόξαν καὶ εὐλογίαν ἐπὶ τὰς κεφαλὰς ὑμῶν καθὼς
TSim. 5 2 ὑμῶν ἐνώπιον τῶν ἀνθρώπων καὶ ἔσεσθε εὑρίσκοντες * χάριν * ἐνώπιον θεοῦ καὶ ἀνθρώπων. καὶ φυλάσσεσθε τοῦ μὴ
TLevi 2 3B009 ἰσχὺν δός μοι ποιῆσαι τὰ ἀρέσκοντά σοι καὶ εὑρεῖν * χάριν * ἐνώπιόν σου καὶ αἰνεῖν τοὺς λόγους σου μετ' ἐμοῦ
TLevi 18 9 ἐν γνώσει ἐπὶ τῆς γῆς καὶ φωτισθήσονται διὰ * χάριτος * κυρίου ὁ δὲ Ἰσραὴλ ἐλαττωθήσεται ἐν ἀγνωσίᾳ καὶ
TJud. 2 1 ἔσῃ κατευοδούμενος ἐν πᾶσι. καὶ ἔδωκέ μοι κύριος * χάριν * ἐν πᾶσι τοῖς ἔργοις μου ἔν τε τῷ ἀγρῷ καὶ ἐν τῷ
TJud. 24 2 εὐλογίαν πατρὸς ἁγίου καὶ αὐτὸς ἐκχεεῖ πνεῦμα * χάριτος * ἐφ' ὑμᾶς καὶ ἔσεσθε αὐτῷ εἰς υἱοὺς ἐν ἀληθείᾳ
TJos. 3 4 ὅτι οἱ διὰ τὸν θεὸν νηστεύοντες τοῦ προσώπου τὴν * χάριν * λαμβάνουσιν. ἐὰν δὲ ἀπεδήμει οἶνον οὐκ ἔπινον καὶ
TJos. 11 6 φέροντες ἐμπορίαν. καὶ ὁ κύριος ἔδωκέ μοι * χάριν * ἐν ὀφθαλμοῖς τοῦ μεταβόλου καὶ ἐπίστευσέ μοι τὸν
TJos. 12 3 σου καὶ εὐλογήσει σε ὁ θεὸς τῶν Ἑβραίων ὅτι * χάρις * ἐκ τοῦ οὐρανοῦ ἐστιν ἐπ' αὐτῷ. δεῦρο δὴ τέκνον μου καὶ
TJos. 19 6 Λευὶ ὅτι ἐξ αὐτῶν ἀνατελεῖ ὑμῖν ὁ ἀμνὸς τοῦ θεοῦ * χάριτι * σῴζων πάντα τὰ ἔθνη καὶ τὸν Ἰσραήλ. ἡ γὰρ
TBen. 4 5 τὸν ὕψιστον νουθετῶν ἐπιστρέφει καὶ τὸν ἔχοντα * χάριν * πνεύματος ἀγαθοῦ ἀγαπᾷ κατὰ τὴν ψυχὴν αὐτοῦ. ἐὰν
Asen. 4 7 καὶ ἐπιστήμῃ καὶ πνεῦμα θεοῦ ἐστιν ἐπ' αὐτῷ καὶ * χάρις * κυρίου μετ' αὐτοῦ. δεῦρο δὴ τέκνον μου καὶ
Asen. 13 15 τὴν ψυχήν μου. διατήρησον αὐτὸν ἐν τῇ σοφίᾳ τῆς * χάριτός * σου. καὶ σὺ κύριε παράθου με αὐτῷ εἰς παιδίσκην
Asen. 15 13 καὶ ἐπαινετὰ σφόδρα. καὶ εἶπεν Ἀσενὲθ εἰ εὗρον * χάριν * ἐνώπιόν σου κύριε καὶ γνώσομαι ὅτι ποιήσεις πάντα
Asen. 16 3 τῷ ταμιείῳ αὐτῆς. καὶ εἶπεν αὐτῇ ὁ ἄνθρωπος τίνος * χάριν * ἵστασαι; καὶ εἶπεν Ἀσενὲθ πέμψω δὴ παιδάριον εἰς
Prop. 1 5 καὶ ἐπειδὴ διὰ τοῦ Ἡσαΐου τοῦτο γέγονε μνήμης * χάριν * καὶ ὁ λαὸς πλησίον αὐτὸν ἐπιμελῶς ἔθαψε καὶ
Prop. 2 15 ἐκ τοῦ νόμου αὐτοῦ. καὶ ἔδωκεν ὁ θεὸς τῷ Ἱερεμίᾳ * χάριν * ἵνα τὸ τέλος τοῦ μυστηρίου αὐτοῦ αὐτὸς ποιήσειεν
Prop. 4 3 καὶ ἦν ἀνὴρ ξηρὸς τὴν ἰδέαν ἀλλὰ ὡραῖος ἐν * χάριτι * ὑψίστου. οὗτος πολλὰ ηὔξατο ὑπὲρ τοῦ
Sedr. 8 1 κρατήσω αὐτοῦ τὸν πόδα λέγει ὅτι οὐκ ἐποίησάς μοι * χάριν * εἰς τὸν κόσμον ἀλλὰ ἀφῆκα αὐτὸν εἰς τὸ θέλημα
Aris. 8 1 πρὸς τὸ καλὸν ὁρμῇ τὸν αὐτὸν ὄντα ἡμῖν. χρυσοῦ γὰρ * χάρις * ἢ κατασκευή τις ἄλλη τῶν τετιμημένων παρὰ τοῖς
Aris. 54 2 μόνον ἐν τῷ τόπῳ (τὰ) παρ' αὐτοῦ πολὺ δὲ μᾶλλον * χάριν * ἔξειν ἐὰν τὰς καθηκούσας λειτουργίας ἐπὶ τῶν ὑπ'
Aris. 143 4 ὧν ἀπεχόμεθα κατὰ τὴν χρῆσιν καὶ οἷς συγχρώμεθα. * χάριν * δὲ ὑποδείγματος ἓν ἢ δεύτερον ἐπιδραμὼν σοι
Aris. 144 3 λόγον ἔλθῃς ὅτι μυῶν καὶ γαλῆς ἢ τῶν τοιούτων * χάριν * περιεργίαν ποιούμενος ἐνομοθέτει ταῦτα Μωϋσῆς ἀλλὰ
Aris. 179 4 τοὺς ἄνδρας εἶπε δίκαιον ἦν θεοσεβεῖς ἄνδρες ὧν * χάριν * ὑμᾶς μετεπεμψάμην ἐκείνοις πρῶτον σεβασμὸν
Aris. 226 3 δοξαζόμενος διαμένοι; εἶπε δὲ τῇ προθυμίᾳ καὶ ταῖς * χάρισι * πρὸς τοὺς ἄλλους μεταδοτικὸς ὢν καὶ μεγαλομερὴς
Aris. 230 4 ὁ δὲ ἔφη σὲ μὲν οὐ δυνατόν ἐστι πταῖσαι πᾶσι γὰρ * χάριτας * ἔσπαρκας αἳ βλαστάνουσιν εὔνοιαν ἣ τὰ μέγιστα
Aris. 238 2 τὸν ἕτερον ἔφη πῶς ἂν γονεῦσι τὰς ἀξίας ἀποδῷῃ * χάριτας; * ὁ δὲ εἶπε μηδὲν αὐτοὺς λυπήσας τοῦτο δ' οὐκ
Aris. 249 6 τοῦτ' ἐπιτελεῖς θεοῦ διδόντος σοὶ πρὸς πάντας * χάριν * φιλόπατρις φανήσῃ. τούτου δὲ ἀκούσας τοῦ κατὰ τὸ
Aris. 254 2 δ' ὑπηκόων ὄντων καὶ μηδενὸς ἐναντιουμένου τίνος * χάριν * θυμωθήσεται; γινώσκειν δὲ δεῖ διότι θεὸς τὸν πάντα
Aris. 272 2 θαρσύνας δὲ τοῦτον ἕτερον ἐπηρώτα τί διαφυλάσσει * χάριτα * καὶ τιμήν; ὁ δὲ εἶπεν ἀρετή. καλῶν γὰρ ἔργων
Aris. 277 4 καὶ ἐπὶ τὰς ἡδονὰς τρεπόμενοι γεγόνασιν ὧν * χάριν * ἀδικίᾳ πέφυκε καὶ τὸ τῆς πλεονεξίας χύμα. τὸ δὲ
Aris. 306 2 ἑκάστου διασάφησιν. ἐπηρώτησα δὲ καὶ τοῦτο τίνος * χάριν * ἀπονιζόμενοι τὰς χεῖρας τὸ τηνικαῦτα εὔχονται;
Aris. 314 5 ἐξιλάσκεσθαι τὸν θεὸν σαφὲς αὐτῷ γενέσθαι τίνος * χάριν * τὸ συμβαῖνόν ἐστι. δι' ὀνείρου δὲ σημανθέντος ὅτι
Sib. 4 46 ἄρουραν πνεῦμα θεοῦ δόντος ζωήν θ' ἅμα καὶ * χάριν * αὐτοῖς. ἀλλὰ τὰ μὲν δεκάτῃ γενεῇ μάλα πάντα
Sib. 4 189 ἄφθιτον ὄλβον πνεῦμα θεοῦ δόντος ζωήν θ' ἅμα καὶ * χάριν * αὐτοῖς εὐσεβέσιν πάντες δὲ τότ' εἰσόψονται ἑαυτούς
Sib. 5 59 κλύσαι γῆν πᾶσαν ἐπαρδεῦσαί τε ῥόοισιν σιγήσει δὲ * χάρις * γαίης καὶ δόξα προσώπου. Μέμφι σὺ μὲν κλαύσῃ ὑπὲρ
Sib. 5 99 πολύολβος πολλὰ καμοῦσα. κλαύσεται Ἀσὶς ὅλη δώρων * χάριν * ὧν ἀπὸ σεῖο στεψαμένη κεφαλὴν ἐχάρη πίπτουσ' ἐπὶ
Sib. 5 131 ἔσται καὶ Φρυγίῃ δεινὸς χόλος εἵνεκα λύπης ἧς * χάριν * ἡ Διὸς ἦλθε Ῥέη κἀκεῖ προσέμεινεν. πόντος ὀλεῖ
Sib. 5 330 γνώμας ἐπίδωμεν. ταύτην γὰρ πρώτην ἔγνως θεὸς ἐν * χαρίτεσσιν * ἐς τὸ δοκεῖν προχάρισμα τεὸν πάντεσσι
Sib. 5 367 πάντων τ' ἀνθρώπων φρονιμώτερα πάντα νοήσει ἧς * χάριν * ὤλετό τ' αὐτὸς ἑλεῖ ταύτην παραχρῆμα. ἄνδρας τ'
Sib. 5 495 δεῖτε τὸν ἐκ προγόνων δεινὸν νόμον ἀλλάξωμεν τοῦ * χάριν * οἱ λιθίνοις καὶ ὀστρακίνοισι θεοῖσιν πομπὰς καὶ
FJub. 3 11 ἡμέρᾳ τῆς πλάσεως αὐτοῦ εἰσήχθη ἐν τῷ παραδείσῳ οὗ * χάριν * καὶ τὰ γεννώμενα τῇ τεσσαρακοστῇ ἡμέρᾳ εἰσφέρουσιν
FAch. 109 Λῖνε δι' ὧν καὶ πρότερον παιδευθεὶς οὐ δικαίας μοι * χάριτας * ἀποδέδωκας. καὶ νῦν οὖν φύλαξον τούτους ὡς
FAch. 109 ἐκ προαιρέσεως στέρξαντι διπλασίους δεῖ ἀποδιδόναι * χάριτας. * τὴν καθημερινὴν τροφὴν χρησίμην λάμβανε καθόσον
FPho. 9 σεῖο γονῆας. πάντα δίκαια νέμειν μὴ δὲ κρίσιν ἐς * χάριν * ἕλκειν. μὴ ῥίψῃς πενίην ἀδίκως μὴ κρῖνε πρόσωπον
FPho. 200 οἰκάδ' ἄγεσθαι λατρεύσεις ἀλόχῳ λυγρῇς * χάριν * εἵνεκα φερνῆς. ἵππους εὐγενέας διζήμεθα γειαρότας
IOrp. 15 ἐξ ἀγαθοῖο κακὸν θνητοῖσι δίδωσι ἀνθρώποις αὐτῷ δὲ * χάρις * καὶ πόλεμον κρυόεντα καὶ ἄλγεα
IMen. 5 119 2 καὶ μοιχώμενον κλέπτοντα καὶ σφάττοντα χρημάτων * χάριν * τἀλλότρια βλέποντα κἀπιθυμοῦντα ἤτοι γυναικὸς
HArt. 9 27 5 ἱερεῦσιν ἐξαίρετον χώραν. ταῦτα δὲ πάντα ποιῆσαι * χάριν * τοῦ τὴν μοναρχίαν βεβαίαν τῷ Χενεφρῇ διαφυλάξαι.
HArt. 9 27 11 μὲν ἐπὶ τὰ ὅρια τῆς Αἰθιοπίας πέμψαι προφυλακῆς * χάριν * τοῖς δὲ προστάξαι τὸν ἐν Διὸς πόλει ναὸν ἐξ ὀπτῆς
LEze. 9 28 2 30 μισθὸν ἀποδώσω σέθεν. ὄνομα δὲ Μωσῆν ὠνόμαζε τοῦ * χάριν * ὑγρᾶς ἀνεῖλε ποταμίας ἀπ' ἠόνος. ἐπεὶ δὲ καιρὸς
LEze. 9 29 12 31 πρόπαντ' ὄχλον. ὅταν δὲ μέλλῃτ' ἀποτρέχειν δώσω * χάριν * λαῷ γυνή τε παρὰ γυναικὸς λήψεται σκεύη κόσμον τε

χάρισμα 1
FJub. 3 1 Φαρμουθὶ ὠνόμασεν Ἀδὰμ τὰ ἄγρια θηρία θείῳ τινὶ * χαρίσματι. * τῇ δευτέρᾳ ἡμέρᾳ τῆς δευτέρας ἑβδομάδος

χαριστήριος 2
Aris. 19 6 εἶπον καὶ γὰρ ἄξιόν ἐστι τῆς σῆς μεγαλοψυχίας ὅπως * χαριστήριον * ἀναθῇ τῷ μεγίστῳ θεῷ τὴν τούτων ἀπόλυσιν.
Aris. 19 9 ὑπὲρ τοὺς προγόνους εἰ καὶ μέγιστα ποιήσεις * χαριστήρια * καθῆκόν ἐστί σοι. διαχυθεὶς δὲ εὖ μάλα τοῖς

χαριστικός 2
Aris. 37 4 εὐσεβῶς τοῦτο πρᾶξαι καὶ τῷ μεγίστῳ θεῷ * χαριστικὸν * ἀνατιθέντες ὃς ἡμῖν τὴν βασιλείαν ἐν εἰρήνῃ
Aris. 227 4 ὑπολαμβάνω πρὸς τοὺς ἀντιδοξοῦντας φιλοτιμίαν δεῖν * χαριστικὴν * ἔχειν ἵνα τούτῳ τῷ τρόπῳ μετάγωμεν αὐτοὺς ἐπὶ

χαριτόω 3
TJos. 1 6 ὁ ὕψιστος ἐπεσκέψατό με ἐν φυλακῇ ἤμην καὶ ὁ σωτὴρ * ἐχαρίτωσέ * με ἐν δεσμοῖς καὶ ἔλυσέ με ἐν διαβολαῖς καὶ
Asen. 21 10 ἤρξατο Ἀσενὲθ ἐξομολογεῖσθαι κυρίῳ τῷ θεῷ καὶ * ἐχαρίτωσε * δεομένη ἐπὶ πᾶσιν οἷς ἠξίωται ἀγαθοῖς παρὰ
Aris. 225 5 κατεργασάμενος φιλίας λόγον οὐθενὸς ἂν ἔχοις τὸ δὲ * κεχαριτῶσθαι * πρὸς πάντας ἀνθρώπους καὶ καλὸν δῶρον

χάρμα 3
Sib. 3 583 δ' ὑψωθέντες ὑπ' ἀθανάτοιο προφῆται +καὶ+ μέγα * χάρμα * βροτοῖς πάντεσσι φέροντες. μούνοις γάρ σφιν δῶκε
Sib. 3 770 γαῖαν ἀνοίξειν καὶ κόσμον μακάρων τε πύλας καὶ * χάρματα * πάντα καὶ νοῦν ἀθάνατον αἰώνιον εὐφροσύνην τε.
LEze. 9 29 14 22 θεὸν πατρῷον. ἦν πολὺς δ' ἀνδρῶν ὄχλος. ἡμᾶς δὲ * χάρμα * πάντας εἶχεν ἐν μέρει. ἐπειθ' ὑπ' αὐτοὺς θήκαμεν

χάρμη 2
Sib. 3 619 πυρὸς φλογὶ πάντα πεσεῖται. καὶ τότε δὴ * χάρμην * μεγάλην θεὸς ἀνδράσι δώσει καὶ γὰρ γῆ καὶ δένδρα
FPho. 118 ἄδηλον.) μήτε κακοῖσ' ἄχθου μήτ' οὖν ἐπαγάλλεο * χάρμῃ * πολλάκις ἐν βιότῳ καὶ θαρσαλέοισιν ἄπιστον πῆμα

χαροποιός 1
Asen. 22 7 μέχρι τοῦ στήθους αὐτοῦ καὶ οἱ ὀφθαλμοὶ αὐτοῦ * χαροποιοὶ * καὶ ἐξαστράπτοντες (καὶ ἦσαν) οἱ τένοντες

χαροπός 4
Sib. 3 223 οὔτε πελώρια ἔργα μεριμνῶσιν κατὰ γαίης οὔτε βάθος * χαροποῖο * θαλάσσης Ὠκεανοῖο οὐ πταρμῶν σημεῖ' οἰωνοπόλων
FEII. 4 228 αὐτοῦ ὁ δεξιὸς κέκραται αἵματος. ὁ δὲ εὐώνυμος * χαροπός * ἔχων δύο κόρας τὰ δὲ βλέ(φαρα) αὐτοῦ λευκὰ τὸ δὲ
ISop. 5 113 2 ὃς οὐρανὸν τε ἔτευξε καὶ γαῖαν μακρὴν πόντου τε * χαροπὸν * οἶδμα καὶ ἀνέμων βίαν. θνητοὶ δὲ πολλοὶ καρδίαν
IOrp. 37 γὰρ τρέμει οὔρεα μακρὰ καὶ ποταμοὶ πολιῆς τε βάθος * χαροποῖο * θαλάσσης οὐδὲ φέρειν δύναται κρατερὸν μένος.

Χαρράν 7
TLevi 2 1 καὶ ὅτε συνήχθησαν εἶπε πρὸς αὐτοὺς ἐγὼ Λευὶ ἐν * Χαρρὰν * συνελήφθην καὶ ἐτέχθην ἐκεῖ καὶ μετὰ ταῦτα ἦλθον
FJub. 12 14 τοῦ ἐλθεῖν εἰς γῆν Χαναὰν καὶ μεταγνοὺς ᾤκησεν ἐν * Χαρρὰν * εἰδωλομανῶν ἕως θανάτου αὐτοῦ. ὁ ἄγγελος ὁ λαλῶν

HDem. 9 21 1 Ἰακὼβ γενόμενον ἐτῶν ἑβδομήκοντα πέντε φυγεῖν εἰς * Χαρράν * τῆς Μεσοποταμίας ἀποσταλέντα ὑπὸ τῶν γονέων διὰ
HDem. 9 21 2 λάβῃ ἐκεῖθεν γυναῖκα. ἀφορμῆσαι οὖν τὸν Ἰακὼβ εἰς * Χαρράν * τῆς Μεσοποταμίας τὸν μὲν πατέρα καταλιπόντα
HDem. 9 21 6 ἄλλα ἔτη ἓξ μεῖναι ὥστε τὰ πάντα αὐτὸν μεῖναι ἐν * Χαρράν * παρὰ Λάβαν ἔτη εἴκοσι. πορευομένῳ δ' αὐτῷ εἰς
HDem. 9 21 18 οὗ δὲ ἐκλεγῆναι Ἀβραὰμ ἐκ τῶν ἐθνῶν καὶ ἐλθεῖν ἐκ * Χαρράν * εἰς Χαναὰν ἕως εἰς Αἴγυπτον τοὺς περὶ Ἰακὼβ
HDem. 9 21 19 τοὺς περὶ Ἰακὼβ ἐλθεῖν ἔτη σ ι ε΄. Ἰακὼβ δὲ εἰς * Χαρράν * πρὸς Λάβαν ἐλθεῖν ἐτῶν ὄντα π΄ καὶ γεννῆσαι Λευὶν

χαρσοκ *
                                                                                                       1
FrAn. 574 3016 γράφε ϊαηω αβρααθιωχ φθα μεσενψινιαω φεωχ ιαηω * χαρσοκ * καὶ περίαπτε τὸν πάσχοντα παντὸς δαίμονος φρικτὸν

χάρτης                                                                                                 3
Abr.1 12 8 καὶ ἐξ ἀριστερῶν ἵσταντο δύο ἄγγελοι κρατοῦντες * χάρτην * καὶ μέλαν καὶ κάλαμον πρὸ προσώπου δὲ τῆς
Jer. 6 16 ἀπέστειλεν εἰς τὴν ἀγορὰν τῶν ἐθνῶν καὶ ἤνεγκε * χάρτην * καὶ μέλανα καὶ ἔγραψεν ἐπιστολὴν περιέχουσαν
Jer. 7 11 τοῖς σὺν αὐτῷ δεσμίοις ἵνα εὖ σοι γένηται ἄρον τὸν * χάρτην * τοῦτον τῷ λαῷ καὶ τῷ ἐκλεκτῷ τοῦ θεοῦ. ἐὰν

χάσμα                                                                                                  5
Hen. 18 11 γῆς ἐκεῖ συντελεσθήσονται οἱ οὐρανοί. καὶ ἴδον * χάσμα * μέγα εἰς τοὺς στύλους τοῦ πυρὸς καταβαίνοντας καὶ
Hen. 18 12 οὔτε εἰς βάθος οὔτε εἰς ὕψος. καὶ ἐπέκεινα τοῦ * χάσματος * τούτου ἴδον τόπον ὅπου οὐδὲ στερέωμα οὐρανοῦ
Sib. 3 341 καρποφόρου τὸ δὲ ῥεῦμα τὸ μύριον αὐχέν' ἐφέξει. * χάσματα * ἠδὲ βάραθρ' ἀχανῆ πολλαὶ δὲ πόλεις αὔτανδροι
Sib. 3 440 αἷμα. καὶ Κράγος ὑψηλὸν Λυκίης ὄρος ἐκ κορυφάων * χάσματ' * ἀνοιγομένης πέτρης κελαρύξεται ὕδωρ μέχρι κε καὶ
Sib. 5 294 --- Ἀρτέμιδος σηκὸς Ἐφέσου πηγνύμενος * χάσμασι * καὶ σεισμοῖσι ποθ' ὕξεται εἰς ἅλα δῖαν πρηνής

χαυνόω                                                                                                 1
TZab. 2 4 ἐπ' ἐμὲ καὶ πᾶσα ἡ ὑπόστασις τῶν σπλάγχνων μου * ἐχαυνοῦτο * ἐπὶ τὴν ψυχήν μου. ἔκλαιε δὲ καὶ Ἰωσὴφ κἀγὼ

Χαφραθά                                                                                               1
HDem. 9 21 10 ἀλλ' Ἰσραὴλ ὀνομάζεσθαι. ἐκεῖθεν δὲ ἐλθεῖν εἰς * Χαφραθὰ * ἔνθεν παραγενέσθαι εἰς Ἐφραθὰ ἣν εἶναι Βηθλεὲμ

χαχθαβραθα *                                                                                          1
FrAn. 574 3031 ιακουθ αβλαναθαναλβα ακραμμ. λόγος αωθ ιαθαβαθρα * χαχθαβραθα * χαμυνχελ αβρωωθ σὺ αβρασιλωθ αλληλου ϊελωσαϊ

Χεβρών                                                                                                19
TRub. 7 2 ἕως ὅτε ἀνενέγκαντες αὐτὸν ἐξ Αἰγύπτου ἔθαψαν ἐν * Χεβρών * ἐν τῷ σπηλαίῳ τῷ διπλῷ ὅπου οἱ πατέρες αὐτοῦ.
TSim. 8 2 θήκῃ ξύλων ἀσήπτων τοῦ ἀναγαγεῖν τὰ ὀστᾶ αὐτοῦ ἐν * Χεβρών. * καὶ ἀνήνεγκαν αὐτὰ ἐν πολέμῳ Αἰγυπτίων κρυφῇ. τὰ
TLevi 9 5 πάντα δι' ἐμοῦ τῷ κυρίῳ. καὶ ἦλθομεν εἰς * Χεβρών * τοῦ καταλῦσαι. ἐκάλει με συνεχῶς τοῦ
TLevi 12 2 Λομνὶ καὶ τὸν Σεμεΐ. καὶ υἱοὶ Καὰθ Ἀμβρὰμ Ἰσαὰρ * Χεβρὼν * Ὀζιήλ. καὶ υἱοὶ Μεραρὶ Μοολὶ καὶ Ὁμουσί.
TLevi 19 5 ἔθηκαν αὐτὸν ἐν σορῷ καὶ ὕστερον ἔθαψαν αὐτὸν ἐν * Χεβρὼν * ἀνὰ χεῖρα Ἀβραὰμ καὶ Ἰσαὰκ καὶ Ἰακώβ.
TJud. 2 6 ἐν τῷ τρέχειν με κατεσπάραξα αὐτόν. πάρδαλις ἐν * Χεβρὼν * προσεπήδησεν ἐπὶ τὸν κύνα καὶ πιάσας αὐτὴν ἀπὸ
TJud. 4 3 δύο βασιλεῖς ἀνεῖλον καὶ οὕτως ἐλευθερώσαμεν τὴν * Χεβρὼν * καὶ ἐλάβομεν πᾶσαν τὴν αἰχμαλωσίαν τῶν βασιλέων.
TJud. 26 3 ποιεῖν οἱ βασιλεύοντες καὶ ἀναγάγετέ με εἰς * Χεβρὼν * μεθ' ὑμῶν. καὶ ταῦτα εἰπὼν ἐκοιμήθη Ἰούδας καὶ
TJud. 26 4 πάντα ὅσα ἐνετείλατο αὐτοῖς καὶ ἔθαψαν αὐτὸν ἐν * Χεβρὼν * μετὰ τῶν πατέρων αὐτοῦ.
TIss. 7 8 καὶ ἐνετείλατο αὐτοῖς ὅπως ἀναγάγωσιν αὐτὸν ἐν * Χεβρὼν * κἀκεῖ αὐτὸν θάψωσιν ἐν τῷ σπηλαίῳ μετὰ τῶν
TZab. 10 7 αὐτοῦ ἐν θήκῃ ὕστερον δὲ ἀναγαγόντες αὐτὸν εἰς * Χεβρὼν * ἔθαψαν μετὰ τῶν πατέρων αὐτοῦ.
TNep. 9 1 παρεκάλεσεν ἵνα μετακομίσωσι τὰ ὀστᾶ αὐτοῦ εἰς * Χεβρὼν * καὶ θάψωσι μετὰ τῶν πατέρων αὐτοῦ. καὶ φαγὼν καὶ
TGad. 1 5 ὧν ἐμαλακίσθη ἀπὸ τοῦ καύματος καὶ ὑπέστρεψεν εἰς * Χεβρὼν * πρὸς τὸν πατέρα αὐτοῦ καὶ ἀνέκλινεν αὐτὸν πλησίον
TGad. 8 5 μετὰ πέντε ἔτη ἀνήγαγον αὐτὸν καὶ ἔθαψαν αὐτὸν εἰς * Χεβρὼν * μετὰ τῶν πατέρων αὐτοῦ.
TAser 8 1 αὐτοῖς ταῦτα ἐνετείλατο αὐτοῖς λέγων θάψατέ με εἰς * Χεβρών. * καὶ ἀπέθανεν ὕπνῳ καλῷ κοιμηθείς. καὶ μετὰ ταῦτα
TBen. 12 1 τὰ ὀστᾶ μου ἐξ Αἰγύπτου καὶ θάψατέ με εἰς * Χεβρὼν * ἐγγὺς τῶν πατέρων μου. καὶ ἀπέθανε Βενιαμὶν
TBen. 12 3 ἐν κρυφῇ ἐν τῷ πολέμῳ Χαναάν. καὶ ἔθαψαν αὐτοὺς ἐν * Χεβρὼν * παρὰ τοὺς πόδας τῶν πατέρων αὐτῶν. καὶ αὐτοὶ
Prop. 3 4 ἔστιν ὁ τάφος σπηλαίου διπλοῦν ὅτι καὶ Ἀβραὰμ ἐν * Χεβρὼν * πρὸς τὴν ὁμοιότητα αὐτοῦ ἐποίησε τὸν τάφον
HDem. 9 21 11 τρία. αὐτόθεν δὲ ἐλθεῖν τὸν Ἰακὼβ εἰς Μαμβρῆ τῆς * Χεβρὼν * πρὸς Ἰσαὰκ τὸν πατέρα. εἶναι δὲ τότε Ἰωσὴφ ἐτῶν

Χεεδαμ                                                                                                1
FJub. 8 6 θυγάτηρ Μαδαι υἱοῦ Ιαφεθ. γυνὴ Σαλα Μωαχα θυγάτηρ * Χεεδαμ * πατραδέλφου αὐτοῦ. γυνὴ Εβερ Αζουρα θυγάτηρ

Χεζα                                                                                                  1
FJub. 11 1 τοῦτον ἐπάταξε. γυνὴ Ραγαυ Ωρα θυγάτηρ Οὖρ υἱοῦ * Χεζα. * Ῥαγὰβ γενόμενος ἑκατὸν τριακονταδύο ἐτῶν ἐγέννησε

χεῖλος                                                                                                20
Adam 29 10 λόγος ἐκ τοῦ στόματός σου ἀνάξιοι γὰρ ἔσμεν καὶ τὰ * χείλη * ἡμῶν οὐκ ἔστι καθαρά. ἐπορεύθη δὲ Ἀδὰμ εἰς τὸν
Hen. 30 3 δένδρον χρόα ἀρωμάτων ὁμοίων σχίνῳ καὶ τὰ παρὰ τὰ * χείλη * τῶν φαράγγων τούτων ἴδον κιννάμωμον ἀρωμάτων καὶ
Abr.1 1 5 τὰ ἄστρα τοῦ οὐρανοῦ καὶ ὡς τὴν ἄμμον τὴν παρὰ τὸ * χεῖλος * τῆς θαλάσσης καὶ ἔστιν ἐν ἐμπορίᾳ βίου πραγμάτων
Abr.1 4 11 ἄστερας τοῦ οὐρανοῦ καὶ ὡς τὴν ἄμμον τὴν παρὰ τὸ * χεῖλος * τῆς θαλάσσης. τότε ὁ ἀρχιστράτηγος Μιχαὴλ
TIss. 7 4 ἐγένετο ἐν καρδίᾳ μου ψεῦδος οὐκ ἀνῆλθε διὰ τῶν * χειλέων * μου. παντὶ ἀνθρώπῳ ὀδυνωμένῳ συνεστέναξα καὶ
Asen. 13 9 ξηρὸν ὡς τύμπανον καὶ ἡ γλῶσσά μου ὡς κέρας καὶ τὰ * χείλη * μου ὡς ὄστρακον καὶ τὸ πρόσωπόν μου συμπέπτωκε καὶ
Asen. 16 19 καὶ ἐποίησαν ἐπὶ τῷ στόματι αὐτῆς καὶ ἐπὶ τὰ * χείλη * αὐτῆς κηρίον ὅμοιον τῷ κηρίῳ τῷ παρακειμένῳ τῷ
Asen. 18 9 ⟨παρειαῖς⟩ ἐρυθρὸς ὡς αἷμα υἱοῦ ἀνθρώπου καὶ τὰ * χείλη * αὐτῆς ὡς ῥόδον ζωῆς ⟨ἐξερχόμενον ἐκ τῆς κάλυκος
Asen. 21 7 ἐπὶ τὸ στόμα αὐτῶν καὶ ⟨ἤρσεν⟩ αὐτοὺς ἐπὶ τὰ * χείλη * αὐτῶν καὶ κατεφίλησαν ἀλλήλους. καὶ μετὰ ταῦτα
Sal. 12 3 φλογιζούσης παρανόμους συγχέαι οἴκους ἐν πολέμῳ * χείλεσιν * ψιθύροις. μακρύναι ὁ θεὸς ἀπὸ ἀκάκων χείλη
Sal. 12 4 χείλεσιν ψιθύροις. μακρύναι ὁ θεὸς ἀπὸ ἀκάκων * χείλη * παρανόμων ἐν ἀπορίᾳ καὶ σκορπισθείησαν ὀστᾶ
Sal. 15 3 καινὸν μετὰ ᾠδῆς ἐν εὐφροσύνῃ καρδίας καρπὸν * χειλέων * ἐν ὀργάνῳ ἡρμοσμένῳ γλώσσης ἀπαρχὴ χειλέων ἀπὸ
Sal. 15 3 καρπὸν χειλέων ἐν ὀργάνῳ ἡρμοσμένῳ γλώσσης ἀπαρχὴ * χειλέων * ἀπὸ καρδίας ὁσίας καὶ δικαίας ὁ ποιῶν ταῦτα οὐ
Sal. 16 10 ἐν τῇ μνήμῃ σου διαφύλαξον. τὴν γλῶσσάν μου καὶ τὰ * χείλη * μου ἐν λόγοις ἀληθείας περίστειλον ὀργὴν καὶ θυμὸν
Esdr. 3 10 τὰ ἄστρα τοῦ οὐρανοῦ καὶ ὡς τὴν ἄμμον τὴν παρὰ τὸ * χεῖλος * τῆς θαλάσσης εἰπέ μοι Σεδρὰχ ἀπὸ κτίσεως κόσμου
Sedr. 8 9 μέλλουν ἐγεῖται καὶ πόσοι ἄνεμοι πνέουσιν παρὰ τὸ * χεῖλος * τῆς θαλάσσης; εἰπέ μοι Σεδράχ ἀπὸ κτίσεως κόσμου
Aris. 79 2 στεφάνους ἀμπέλου κατὰ μέσον περὶ δὲ τὰ * χείλη * κισσοῦ τε καὶ μυρσίνης ἔτι δ' ἐλαίας ἀνέπλεξαν
Sib. 5 259 ὃς ἡέλιόν ποτε στήσει φωνήσας ῥήσει τε καλῇ καὶ * χείλεσιν * ἁγνοῖς. μηκέτι τείρεο θυμὸν ἐνὶ στήθεσσι
Sib. 5 280 κατέδειξεν σεμνύνειν στομάτεσσι κενοῖς καὶ * χείλεσι * μωροῖς. εὐσεβέων δὲ μόνων ἅγια χθὼν πάντα τάδ'
FEll. 4 228 ἔχων δύο κόρας τὰ δὲ βλέφαρα] αὐτοῦ λευκὰ τὸ δὲ * χεῖλος * αὐτοῦ τὸ κάτω μέγα ὁ δεξιὸς αὐτοῦ μηρὸς λεπτὸς

χεῖμα                                                                                                 3
FPho. 169 αἰεὶ δὲ φέρων φορέοντα διώκει ἐκ θέρεος ποτὶ * χεῖμα * βορὴν σφετέρην ἐπάγοντες ἄτρυτοι φῦλον δ' ὀλίγον

χειμάζω                                                                                               10
Hen. 101 5 καὶ χειμῶνος σεσαλευμένα τὰ πλοῖα αὐτῶν καὶ * χειμαζόμενοι * πάντες φοβοῦνται ἔξω δὲ τὰ ⟨ἀγαθὰ πάντα⟩
TJud. 21 6 ὡς θάλασσα. ὥσπερ γὰρ ἐν αὐτῇ δίκαιοι καὶ ἄδικοι * χειμάζονται * οἱ μὲν αἰχμαλωτιζόμενοι οἱ δὲ πλουτοῦντες
TNep. 6 5 ὁ πατὴρ ἀφ' ἡμῶν ὁ κρατῶν τοὺς αὐχένας. καὶ ἡμεῖς * χειμαζόμενοι * ἐπὶ τὸ πέλαγος ἐφερόμεθα καὶ ἐπληρώθη τὸ

χειμάρροος                                                                                            10
Asen. 24 19 ἡμεῖς πορευσόμεθα νυκτὸς καὶ ἐνεδρεύσομεν εἰς τὸν * χείμαρρον * καὶ κρυβησόμεθα εἰς τὴν ὕλην τοῦ καλάμου. καὶ
Asen. 24 20 ἀνδρῶν πολεμιστῶν σὺν αὐτοῖς. καὶ ἦλθον εἰς τὸν * χείμαρρον * καὶ ἀπεκρύβησαν ἐν τῇ ὕλῃ τοῦ καλάμου. ⟨καὶ⟩
Asen. 24 20 εἰς τέσσαρας ἀρχάς. καὶ ἐκάθισαν ἐκεῖθεν τοῦ * χειμάρρου * ὡς πρὸς τὸ μέρος τὸ ἔμπροσθεν ἔνθεν κάκεῖθεν
Asen. 24 20 τῆς ὁδοῦ ἀνὰ πεντακόσιοι ἄνδρες καὶ ἐντεῦθεν τοῦ * χειμάρρου * ἐπανέμειναν οἱ λοιποὶ καὶ ἐκάθισαν καὶ αὐτοὶ
Asen. 26 5 αὐτοῦ. καὶ ἦλθεν Ἀσενὲθ ἐπὶ τὸν τόπον μετ' * χειμάρρου * καὶ ἐκάθισαν οἱ ἑξακόσιοι ἄνδρες μετ' αὐτῆς. καὶ
Asen. 27 2 ἀπὸ τοῦ ὀχήματος καὶ ἔλαβε λίθον στρογγύλον ἐκ τοῦ * χειμάρρου * καὶ ἐπλήρωσε τὴν χεῖρα αὐτοῦ καὶ ἠκόντισε
Asen. 27 4 εἶπε τῷ ἡνιόχῳ τῆς Ἀσενὲθ δός μοι λίθους ἐκ τοῦ * χειμάρρου. * καὶ ἔδωκεν αὐτῷ λίθους πεντήκοντα. καὶ
Prop. 10 4B ἐκ τῶν κοράκων τῆς ἐρήμου καὶ ἔπιεν ὕδωρ ἐκ τοῦ * χειμάρρους * ἐπελίπανεν ὁ προφήτης καὶ ἦλθεν εἰς Σαρεφθὰ
Prop. 10 4B καὶ ἔπιεν ὕδωρ ἐκ τοῦ χειμάρρου καὶ ὡς ἐξηράνθη ὁ * χειμάρρους * ἐπελίπανεν ὁ προφήτης καὶ ἦλθεν εἰς Σαρεφθὰ
Aris. 117 3 χώραν οὗτος δὲ ἔξεισιν εἰς θάλασσαν. ἄλλοι δὲ * χείμαρροι * λεγόμενοι κατίασι περιλαμβάνοντες τὰ πρὸς τὴν

χειμερινός                                                                                            3
Hen. 17 7 οὐ περιπατεῖ. ἴδον τοὺς ἄνεμους τῶν γνόφων τοὺς * χειμερινοὺς * καὶ τὴν ἔκχυσιν τῆς ἀβύσσου πάντων ὑδάτων.

χειμέριος                                                                                             12
Sib. 4 144 Κύπρε τάλαινα σὲ δὲ πλατὺ κῦμα θαλάσσης κρύψει * χειμερίῃσιν * ἀναρριφθεῖσαν ἀέλλαις. ἥξει δ' εἰς Ἀσίην
Sib. 5 375 +δῶ δ'+ ἐκ δυσμῶν βασιλῆι δ' ὄλεθρον. καὶ τότε * χειμερίη * πνοιὴ πνεύσει κατὰ γαῖαν καὶ πεδίον πολέμοιο
Sib. 5 464 ὃν παύσει Ῥώμης βασιλεὺς δυσμῶν τε δυνάσται. * χειμερίη * ὁπόταν ῥιπὴ στάξῃ χιονώδης πηγνυμένου μεγάλου

χειμών                                                                                                12
Hen. 2 3 ἔργα θεοῦ ὑμῖν φαίνεται. ἴδετε τὴν θερείαν καὶ τὸν * χειμῶνα--- * καταμάθετε καὶ ἴδετε πάντα τὰ δένδρα--- πῶς
Hen. 101 4 πλωιζομένους τὴν θάλασσαν ὑπὸ τοῦ κ⟨λύδωνος καὶ * χειμῶνος * σεσαλευμένα τὰ πλοῖα αὐτῶν καὶ χειμαζόμενοι
TZab. 6 8 τοῦ πατρός μου ἐξαρκῶν. τὸ θέρος ἥλιευον καὶ * χειμῶνι * ἐποιμαίνον μετὰ τῶν ἀδελφῶν μου. νῦν ἀπαγγελῶ
TZab. 7 1 ὑμῖν ἃ ἐποίησα. εἶδον θλιβόμενον ἐν γυμνότητι * χειμῶνι * καὶ σπλαγχνισθεὶς ἐπ' αὐτὸν κλέψαι ἱμάτιον ἐκ
TNep. 6 4 εἰς τὸ πλοῖον ἡμῶν. ὡς δὲ εἰσήλθομεν γίνεται * χειμὼν * σφοδρὸς καὶ λαῖλαψ ἀνέμου μεγάλου καὶ ἀφίπταται ὁ
TNep. 6 9 πάντων κραυγὴ πρὸς τὸν κύριου. ὡς δὲ ἐπαύσατο ὁ * χειμὼν * τὸ σκάφος ἔφθασεν ἐπὶ τὴν γῆν ὥσπερ ἐν εἰρήνῃ.
Sib. 3 90 ἠὼς οὐκ ἤματα πολλὰ μεριμνᾷς οὐκ ἔαρ οὐχὶ θέρος οὐ * χειμῶν' * οὐ μετόπωρον. καὶ τότε δὴ μεγάλοιο θεοῦ κρίσις
Sib. 3 477 δὲ (ἀποιμώξασα τοκῆα). Κύρνος καὶ Σαρδὼ μεγάλαις * χειμῶνος * ἀέλλαις καὶ πληγαῖς ἁγίοιο θεοῦ κατὰ βένθεα
Sib. 5 300 πρηστῆρα βαλεῖ κατὰ κράτος ἀνάγνου. * χειμῶνος * βορέης Ἔσσεται ἤματι καὶ τότε δὴ
FJub. 2 2 ἄγγελοι φωνῶν βροντῶν ἀστραπῶν ψύχους καύματος * χειμῶνος * φθινοπώρου ἔαρος καὶ θέρους καὶ πάντων τῶν
FAch. 108 πύργον καὶ τὸν ἀποκριθησόμενον τὰ ἐρωτήματα ἐὰν ὁ * χειμὼν * παρέλθῃ. γράψας οὕτως ἔπεμψεν διὰ τῶν πρεσβευτῶν

| | | | | |
|---|---|---|---|---|
| LPhl | 9 | 37 | 1 | μοίρης. κρήνην εἶναι ταύτην δὲ ἐν μὲν τῷ * χειμῶνι * ξηραίνεσθαι ἐν δὲ τῷ θέρει πληροῦσθαι. νηχόμενος |
| χεὶρ | | | | 247 |
| Adam | | | 1 | τῷ θεράποντι αὐτοῦ ὅτε τὰς πλάκας τοῦ νόμου ἐκ * χειρὸς * αὐτοῦ ἐδέξατο διδαχθεὶς παρὰ τοῦ ἀρχαγγέλου |
| Adam | | 3 | 1 | δὲ ἀμφότεροι εὗρον πεφονευμένον τὸν Ἄβελ ἀπὸ * χειρὸς * Κάϊν τοῦ ἀδελφοῦ αὐτοῦ. καὶ λέγει ὁ θεὸς Μιχαὴλ |
| Adam | | 26 | 2 | τῷ στήθει καὶ τῇ κοιλίᾳ πορεύσει ὑστερηθεὶς καὶ * χειρῶν * καὶ ποδῶν σου. οὐκ ἀφεθήσεταί σοι ὠτίον οὔτε |
| Adam | | 29 | 9 | καὶ ἐνέγκω θάνατον τῇ ἐμῇ πλευρᾷ; ἢ πῶς ἐπενέγκω * χεῖρα * τῇ εἰκόνι τοῦ θεοῦ ἣν ἔπλασεν; ἀλλὰ μετανοήσωμεν |
| Adam | | 31 | 4 | εὖξαι τῷ θεῷ ἕως οὗ ἀποδώσω τὸ πνεῦμά μου εἰς τὰς * χεῖρας * τοῦ δεδωκότος μοι αὐτὸ διότι οὐκ οἴδαμεν πῶς |
| Adam | | 33 | 1 | τοῦ ἀπαντῆσαι αὐτῷ. ἀναστᾶσα δὲ Εὕα ἐπέβαλεν τὴν * χεῖρα * αὐτῆς ἐπὶ τὸ πρόσωπον αὐτοῦ. καὶ λέγει αὐτῇ ὁ |
| Adam | | 33 | 5 | ἅγιε συγχώρησον ὅτι εἰκών σού ἐστιν καὶ ποίημα τῶν * χειρῶν * σου τῶν ἁγίων. καὶ αὖθις ἴδον ἐγὼ Εὕα δύο μεγάλα |
| Adam | | 35 | 3 | μου Σήθ τί ἐστίν μοι; πότε παραδοθήσεται εἰς τὰς * χεῖρας * τοῦ ἀοράτου θεοῦ ἡμῶν; τίνες δέ εἰσιν υἱέ μου Σήθ |
| Adam | | 37 | 2 | ἀπὸ ποιημάτων αὐτοῦ ὅτι ἠλέησεν τὸ πλάσμα τῶν * χειρῶν * αὐτοῦ Ἀδάμ. ὅτε δὲ εἶπον τὰς φωνὰς ταύτας οἱ |
| Adam | | 37 | 4 | τρεῖς ὥρας κείμενος. καὶ μετὰ ταῦτα ἐξέτεινεν τὴν * χεῖρα * αὐτοῦ ὁ πατὴρ τῶν ὅλων καθήμενος ἐπὶ θρόνου αὐτοῦ |
| Adam | | 38 | 2 | τὴν τάξιν αὐτοῦ τινὲς μὲν ἔχοντες θυμιατήρια ἐν * χερσὶν * αὐτῶν ἄλλοι δὲ κιθάρας καὶ φιάλας καὶ σάλπιγγας. |
| Hen. | | 10 | 4 | καὶ τῷ Ῥαφαὴλ εἶπεν δῆσον τὸν Ἀζαὴλ ποσὶν καὶ * χερσὶν * καὶ βάλε αὐτὸν εἰς τὸ σκότος καὶ ἄνοιξον τὴν |
| Hen. | | 10B | 4 | Ῥαφαὴλ εἶπε πορεύου Ῥαφαὴλ καὶ δῆσον τὸν Ἀζαὴλ * χερσὶ * καὶ ποσὶ συμπόδισον αὐτὸν καὶ ἔμβαλε αὐτὸν εἰς τὸ |
| Hen. | | 98 | 5 | (στεῖρα) γυναικὶ οὐκ ἐδόθη ἀλλὰ διὰ τὰ ἔργα τῶν * χειρῶν * ὅτι οὐχ ὡρίσθη δούλην εἶναι δούλην ἄνωθεν οὐκ |
| Hen. | | 98 | 12 | κα⟨λὰς ἔχετε ὑμῖ⟩ν; νῦν γνωστὸν ὑμῖν ἔστω ὅτι εἰς * ⟨χεῖρας * τ⟩ῶν δικαίων παραδοθήσεσθε καὶ ἀποκτενοῦσιν ὑμᾶς |
| Hen. | | 100 | 2 | τὰ α⟩ἷμα⟨τα αὐτῶν. καὶ ἄνθρωπο⟩ς οὐκ ⟨ἀφέξ⟩ει τὴν * ⟨χεῖρα * αὐτοῦ ἀπ⟩ὸ τοῦ υἱοῦ αὐ⟨τοῦ οὔτ᾿ ἀ⟩πὸ τοῦ ἀγαπητοῦ |
| Hen. | | 100 | 9 | λόγοις τοῦ στόματος ὑμῶν καὶ ἐπὶ τοῖς ⟨ἔργοις⟩ τῶν * χειρῶν * ὑμῶν ὅτι ἀπὸ τῶν ἁγίων ἔργων ἀπεπλα⟨νήθητε⟩ |
| Hen. | | 106 | 3 | ἔλαμψεν ἡ οἰκία ὡσεὶ ἥλιος. καὶ ἀνέστη ἐκ τῶν * χειρῶν * τῆς μαίας καὶ ἀνέῳξεν τὸ στόμα καὶ εὐλόγησεν τῷ |
| Hen. | | 106 | 11 | τοῦ ἡλίου ἀκτῖσιν καὶ ἀνέστη ἀπὸ τῶν τῆς μαίας * χειρῶν * καὶ ἀνοίξας τὸ στόμα εὐλόγησεν τὸν κύριον τοῦ |
| Abr.1 | | 4 | 10 | ἐπὶ σέ πνεῦμα παμφάγον καὶ ἀναλίσκει ἐκ τῶν * χειρῶν * σου καὶ διὰ στόματός σου πάντα ἐπὶ τῆς τραπέζης |
| Abr.1 | | 10 | 4 | δὲ Ἀβραὰμ εἶδεν ἄνδρας ξιφηφόρους ἐν ταῖς * χερσὶν * αὐτοῦ κρατοῦντας ξίφη ἠκονημένα καὶ ἠρώτησεν |
| Abr.1 | | 12 | 2 | χαρζαναῖς καὶ μίαν ψυχὴν κρατῶν ὁ ἄγγελος ἐν τῇ * χειρὶ * αὐτοῦ καὶ διήγαγον πάσας τὰς ψυχὰς εἰς τὴν |
| Abr.1 | | 12 | 9 | τραπέζης ἐκάθητο ἄγγελος φωτοφόρος κρατῶν ἐν τῇ * χειρὶ * αὐτοῦ ζυγὸν ἀριστερῶν δὲ αὐτοῦ ἐκάθητο ἄγγελος |
| Abr.1 | | 12 | 10 | ἐκάθητο ἄγγελος πύρινος ἀνηλεὴς καὶ ἀπότομος ἐν τῇ * χειρὶ * αὐτοῦ κατέχων σάλπιγγα ἔνδοθεν αὐτῆς ἔχων πῦρ |
| Abr.1 | | 12 | 16 | καὶ ἰδοὺ ὁ ἄγγελος ὁ κρατῶν τὴν ψυχὴν ἐν τῇ * χειρὶ * αὐτοῦ καὶ ἤνεγκεν αὐτὴν ἔμπροσθεν τοῦ κριτοῦ καὶ |
| Abr.1 | | 13 | 10 | ὁ δὲ ἡλιόμορφος ἄγγελος ὁ τὸν ζυγὸν κατέχων ἐν τῇ * χειρὶ * αὐτοῦ οὗτός ἐστιν ὁ Δοκιὴλ ὁ ἀρχάγγελος ὁ δίκαιος |
| Abr.1 | | 13 | 11 | ὁ δὲ πύρινος ἄγγελος καὶ ἀπότομος ὁ κατέχων ἐν τῇ * χειρὶ * αὐτοῦ τὸ πῦρ οὗτός ἐστιν Πυρουὴλ ὁ ⟨ἀρχ⟩άγγελος ὁ |
| Abr.1 | | 14 | 1 | ἀρχιστράτηγε τὴν ψυχὴν ἣν κατεῖχεν ὁ ἄγγελος ἐν τῇ * χειρὶ * αὐτοῦ πῶς κατεδικάσθη ἐν τῷ μέσῳ; εἶπεν δὲ ὁ |
| Abr.1 | | 16 | 7 | τῶν δένδρων τῶν μαβρινῶν τὴν σιαγόνα αὐτοῦ τῇ * χειρὶ * κατέχων καὶ ἐκδεχόμενος τὴν κέλευσιν τοῦ |
| Abr.1 | | 18 | 7 | ὅμως λέγω σοι τὴν ἀλήθειαν καὶ γὰρ εἰ μὴ ἡ δεξιὰ * χεὶρ * τοῦ κυρίου ἦν μετὰ σοῦ ἐν τῇ ὥρᾳ ἐκείνῃ καὶ σὺ τοῦ |
| Abr.1 | | 20 | 8 | ⟨πρὸς⟩ τὸν Ἀβραὰμ δεῦρο ἄσπασαι τὴν δεξιάν μου * χεῖραν * καὶ ἐλθεῖν σοι ἱλαρότης καὶ ζωὴ καὶ δύναμις. |
| Abr.1 | | 20 | 9 | γὰρ τὸν Ἀβραὰμ ὁ θάνατος καὶ ἠσπάσατο τὴν * χεῖρα * αὐτοῦ καὶ εὐθέως ἐκολλᾶτο ἡ ψυχὴ αὐτοῦ ἐν τῇ χειρὶ |
| Abr.1 | | 20 | 9 | χεῖρα αὐτοῦ καὶ εὐθέως ἐκολλᾶτο ἡ ψυχὴ αὐτοῦ ἐν τῇ * χειρὶ * τοῦ θανάτου. καὶ εὐθέως παρέστη Μιχαὴλ ὁ |
| Abr.1 | | 20 | 10 | ἀγγέλων καὶ ἦραν τὴν τιμίαν αὐτοῦ ψυχὴν ἐν ταῖς * χερσὶν * αὐτῶν ἐν σινδόνι θεοϋφαντῷ. καὶ μυρίσμασι |
| Abr.2 | | 9 | 5 | ψυχὰς ὡς μυριάδας ἓξ μίαν δὲ ψυχὴν κρατῶν ἐν τῇ * χειρὶ * αὐτοῦ καὶ ἀπῆξεν τὰς μυριάδας τῶν ψυχῶν εἰς τὴν |
| Abr.2 | | 9 | 8 | εἰ μὴ μόνον ἐκείνην ἣν κατεῖχεν ὁ ἄγγελος ἐν τῇ * χειρὶ * αὐτοῦ εὗρε γὰρ τὰς ἁμαρτίας ἰσοζυγούσας μετὰ τῶν |
| Abr.2 | | 10 | 3 | ἀγγέλου ἀπέδωκεν τὴν ψυχὴν ἐκείνην ἣν εἶχεν ἐν τῇ * χειρὶ * αὐτοῦ εἰς τὸν κριτήν⟩. καὶ ἤκουσεν ψυχῆς κραζούσης |
| Abr.2 | | 10 | 10 | δέ οἱ καλούμενοι μάρτυρες. καὶ εἶχεν ὁ ἀνὴρ ἐν τῇ * χειρὶ * αὐτοῦ κάλαμον χρυσοῦν καὶ λέγει αὐτῷ ὁ κριτής |
| TSim. | | 2 | 8 | ἀποστείλας τὸν ἄγγελον αὐτοῦ ἐρρύσατο αὐτὸν ἐκ τῶν * χειρῶν * μου. ὡς γὰρ ἐγὼ ἐπορεύθην ἐν Σικίμοις ἐνέγκαι |
| TSim. | | 2 | 12 | συνεπόδισέ με ὁ θεὸς καὶ ἐκώλυσεν ἀπ᾿ ἐμοῦ δρᾶσιν * χειρῶν * ὅτι ἡ χείρ μου ἡ δεξιὰ ἡμίξηρος ἦν ἐπὶ ἡμέρας |
| TSim. | | 2 | 12 | ὁ θεὸς καὶ ἐκώλυσεν ἀπ᾿ ἐμοῦ δρᾶσιν χειρῶν ὅτι ἡ * χείρ * μου ἡ δεξιὰ ἡμίξηρος ἦν ἐπὶ ἡμέρας ἑπτά. καὶ ἔγνων |
| TSim. | | 9 | 1 | Αἴγυπτον ἕως ἡμέρας ἐξόδου αὐτῶν ἀπ᾿ Αἰγύπτου ἐν * χειρὶ * Μωυσῆ. |
| TLevi | | 2 | 3B004 | μου ἤνοιξα καὶ ἐλάλησα καὶ τοὺς δακτύλους τῶν * χειρῶν * μου καὶ τὰς χεῖράς μου ἀνεπέτασα εἰς ἀλήθειαν |
| TLevi | | 2 | 3B004 | ἐλάλησα καὶ τοὺς δακτύλους τῶν χειρῶν μου καὶ τὰς * χεῖράς * μου ἀνεπέτασα εἰς ἀλήθειαν κατέναντι τῶν ἁγίων. |
| TLevi | | 4 | 4 | υἱοῦ αὐτοῦ ἕως αἰῶνος. πλὴν οἱ υἱοί σου ἐπιβαλοῦσι * χεῖρας * ἐπ᾿ αὐτὸν τοῦ ἀποσκολοπίσαι αὐτόν. καὶ διὰ τοῦτο |
| TLevi | | 8 | 10 | μοι περιέθηκεν ἱερατείας. καὶ ἐπλήρωσαν τὰς * χεῖράς * μου θυμιάματος ὥστε ἱερατεύειν με κυρίῳ. εἶπαν δὲ |
| TLevi | | 14 | 1 | γραφῆς Ἐνὼχ ὅτι ἐπὶ τέλει ἀσεβήσετε ἐπὶ κύριον * χεῖρας * ἐπιβάλλοντες ἐν πάσῃ κακίᾳ καὶ αἰσχυνθήσονται ἐφ᾿ |
| TLevi | | 14 | 2 | τῆς ἀσεβείας τῶν ἀρχιερέων οἵτινες ἐπιβαλοῦσι τὰς * χεῖρας * αὐτῶν ἐπὶ τὸν σωτῆρα τοῦ κόσμου. καθαρὸς ὁ |
| TLevi | | 18 | 2B020 | τῆς ἱερωσύνης καὶ ὅταν ἐνδιδύσκῃ νίπτου πάλιν τὰς * χεῖράς * σου καὶ τοὺς πόδας σου πρὸ τοῦ ἐγγίσαι πρὸς τὸν |
| TLevi | | 18 | 2B021 | ὅσα δεῖ ἀνενέγκαι ἐπὶ τὸν βωμὸν πάλιν νίπτου τὰς * χεῖράς * σου καὶ τοὺς πόδας σου. καὶ ἀνάφερε τὰ ξύλα |
| TLevi | | 18 | 2B026 | τοῖχον τοῦ θυσιαστηρίου. καὶ πάλιν νίψαι σου τὰς * χεῖρας * καὶ τοὺς πόδας ἀπὸ τοῦ αἵματος καὶ ἄρξῃ τὰ μέλη |
| TLevi | | 18 | 2B052 | καὶ τὸν οἶνον καὶ τὸν λίβανον ἐπιδέχου ἐκ τῶν * χειρῶν * αὐτῶν ἐπὶ πάντα κτήνη. καὶ ἐπὶ πᾶσαν ὥραν νίπτου |
| TLevi | | 18 | 2B053 | ἐπὶ πάντα κτήνη. καὶ ἐπὶ πᾶσαν ὥραν νίπτου τὰς * χεῖρας * καὶ τοὺς πόδας ὅταν πορεύῃ πρὸς τὸ θυσιαστήριον |
| TLevi | | 18 | 2B054 | τῆς στολῆς σου οὐκ ἀνήψῃς αὐτῷ αὐθημερόν. καὶ τὰς * χεῖρας * καὶ τοὺς πόδας νίπτου διὰ παντὸς ἀπὸ πάσης σαρκὸς |
| TLevi | | 19 | 5 | ἐν σορῷ καὶ ὕστερον ἔθαψαν αὐτὸν ἐν Χεβρὼν ἀνὰ * χεῖρα * Ἀβραὰμ καὶ Ἰσαὰκ καὶ Ἰακώβ. |
| TJud. | | 3 | 6 | πρός με. ἐνειλήσας οὖν τὴν στολήν μου ἐν τῇ * χειρὶ * μου λίθοις σφενδονίσας αὐτοὺς τέσσαρας ἐξ αὐτῶν |
| TIss. | | 3 | 7 | καὶ τότε ἐγώ. καὶ κύριος ἐδιπλασίαζε τὰ ἀγαθὰ ἐν * χερσὶ * μου. ᾔδει δὲ καὶ Ἰακὼβ ὅτι ὁ θεὸς συνεργεῖ τῇ |
| TZab. | | 2 | 2 | Ἰακὼβ τοῦ πατρὸς ἡμῶν. μὴ ἐπαγάγετε ἐπ᾿ ἐμὲ τὰς * χεῖρας * ὑμῶν τοῦ ἐκχέαι αἷμα ἀθῷον ὅτι οὐχ ἥμαρτον εἰς |
| TZab. | | 2 | 3 | εἰ δὲ καὶ ἥμαρτον ἐν παιδείᾳ παιδεύσατέ με τὴν δὲ * χεῖρα * ὑμῶν μὴ ἐπενέγκητε διὰ Ἰακὼβ τὸν πατέρα ἡμῶν. ὡς |
| TZab. | | 7 | 4 | συμπάσχετε ἐν σπλάγχνοις ἐλέους. οἶδα ὅτι ἡ * χεὶρ * μου οὐχ εὗρε πρὸς τὸ παρὸν ἐπιδοῦναι τῷ χρῄζοντι |
| TZab. | | 9 | 4 | ὁ κύριος κεφαλὴν μίαν ἔχει. ἔδωκε δύο ὤμους * χεῖρας * πόδας ἀλλὰ πάντα τὰ μέλη τῇ μιᾷ κεφαλῇ ὑπακούει. |
| TDan | | 1 | 9 | Ἰακὼβ τοῦ πατρὸς ἡμῶν οὐκ ἐνέβαλεν αὐτὸν εἰς τὰς * χεῖράς * μου ἵνα εὕρω αὐτὸν μόνον οὐδὲ ἔασέ με τὸ ἀνόμημα |
| TGad | | 1 | 3 | κατεδίωκον αὐτὸ καὶ πιάζων τὸν πόδα αὐτοῦ τῇ * χειρί * μου καὶ γυρεύων ἐσκότουν καὶ ἠκόντιζον αὐτὸ ἐπὶ |
| TGad | | 2 | 5 | καὶ ὁ θεὸς τῶν πατέρων μου ἐρρύσατο αὐτὸν ἐκ τῶν * χειρῶν * μου ἵνα ποιήσω ἀνόμημα ἐν Ἰσραήλ. καὶ νῦν |
| TAser | | 7 | 2 | οἶδα γὰρ ὅτι ἁμαρτήσετε καὶ παραδοθήσεσθε εἰς * χεῖρας * ἐχθρῶν ὑμῶν καὶ ἡ γῆ ὑμῶν ἐρημωθήσεται καὶ τὰ |
| TJos. | | 1 | 5 | με εἰς αἰχμαλωσίαν ἐλήφθην καὶ ἡ κραταιὰ αὐτοῦ * χεὶρ * ἐβοήθησέ μοι ἐν λιμῷ συνεσχέθην καὶ αὐτὸς ὁ κύριος |
| TJos. | | 11 | 7 | μοι τὸν οἶκον αὐτοῦ. καὶ εὐλόγησεν αὐτὸν κύριος ἐν * χειρί * μου καὶ ἐπλήθυνεν αὐτὸν ἐν ἀργυρίῳ καὶ χρυσίῳ καὶ |
| TJos. | | 12 | 2 | ἀνδρὶ αὐτῆς περὶ τοῦ μεταβόλου ὅτι ἐπλούτησεν ἐν * χειρὶ * νέου τινὸς Ἑβραίου λέγουσι δὲ ὅτι καὶ κλοπῇ |
| TJos. | | 15 | 4 | εἰμι. τότε βουλεύονται πωλῆσαί με ἵνα μὴ εὑρεθῶ ἐν * χερσὶν * αὐτῶν. ἐφοβοῦντο γὰρ τὸν Ἰακὼβ ἵνα μὴ ποιήσῃ ἐν |
| TJos. | | 17 | 6 | θλιβῆναι ἕως μικροῦ πράγματος καίγε πᾶν ὃ ἦν ἐν * χειρί * μου αὐτοῖς ἔδωκα. οἱ υἱοὶ αὐτῶν υἱοί μου καὶ οἱ |
| TBen. | | 6 | 1 | μου. τὸ διαβούλιον τοῦ ἀγαθοῦ ἀνδρὸς οὐκ ἔστιν ἐν * χειρὶ * πλάνης πνεύματος Βελιὰρ ὁ γὰρ ἄγγελος τῆς εἰρήνης |
| Asen. | | 3 | 6 | καὶ ἐζώσατο ζώνην χρυσῆν καὶ ψέλια εἰς τὰς * χεῖρας * καὶ τοὺς πόδας αὐτῆς ἔθετο καὶ ἀναξυρίδας χρυσᾶς |
| Asen. | | 4 | 5 | μητρός. καὶ ἐκράτησε Πεντεφρῆς ὁ πατὴρ αὐτῆς τῇ * χειρὶ * αὐτοῦ τῇ δεξιᾷ τὴν χεῖρα τὴν δεξιὰν τῆς θυγατρὸς |
| Asen. | | 4 | 5 | ὁ πατὴρ αὐτῆς τῇ χειρὶ αὐτοῦ τῇ δεξιᾷ τὴν * χεῖρα * τὴν δεξιὰν τῆς θυγατρὸς αὐτοῦ καὶ κατεφίλησεν |
| Asen. | | 5 | 5 | δώδεκα ἀκτῖνες χρυσαῖ. καὶ ῥάβδος βασιλικὴ ἐν τῇ * χειρὶ * αὐτοῦ τῇ ἀριστερᾷ καὶ ἐν τῇ χειρὶ αὐτοῦ τῇ δεξιᾷ |
| Asen. | | 5 | 5 | βασιλικὴ ἐν τῇ χειρὶ αὐτοῦ τῇ ἀριστερᾷ καὶ ἐν τῇ * χειρὶ * αὐτοῦ τῇ δεξιᾷ εἶχεν ἐκτεταμένον κλάδον ἐλαίας καὶ |
| Asen. | | 8 | 5 | Ἀσενὲθ φιλῆσαι τὸν Ἰωσὴφ ἐξέτεινεν Ἰωσὴφ τὴν * χεῖρα * αὐτοῦ τὴν δεξιὰν καὶ ἔθηκε πρὸς τὸ στῆθος αὐτῆς |
| Asen. | | 8 | 9 | καὶ ἐλεήμων καὶ φοβούμενος τὸν θεόν. καὶ ἐπῆρε τὴν * χεῖρα * αὐτοῦ τὴν δεξιὰν καὶ ἔθηκεν ἐπάνω τῆς κεφαλῆς |
| Asen. | | 8 | 9 | αὐτὴν τῷ πνεύματί σου καὶ ἀνάπλασον αὐτὴν τῇ * χειρί * σου τῇ ⟨κρυφαίᾳ⟩ καὶ ἀναζωοποίησον αὐτὴν τῇ ζωῇ |
| Asen. | | 10 | 1 | μόνη καὶ ἐνεθυμεῖτο καὶ ἔκλαιε καὶ ἐπάτασσε τῇ * χειρὶ * τὸ στῆθος αὐτῆς πυκνῶς καὶ ἐφοβεῖτο φόβον μέγαν |
| Asen. | | 10 | 10 | κεφαλῆς αὐτῆς καὶ τὸ διάδημα καὶ τὰ ψέλια ἀπὸ τῶν * χειρῶν * καὶ τῶν ποδῶν αὐτῆς καὶ ἔθηκε πάντα εἰς τὸ |
| Asen. | | 10 | 15 | τὴν τέφραν εἰς τὸ ἔδαφος καὶ ἐπάτασσε ταῖς δυσὶ * χερσὶ * τὸ στῆθος αὐτῆς πυκνῶς καὶ ἔκλαυσε πικρῶς καὶ |
| Asen. | | 11 | 1B | καὶ ἀνέστη ἐπὶ τὰ γόνατα αὐτῆς καὶ ἔθηκε τὴν * χεῖρα * αὐτῆς ἐπὶ τὸ ἔδαφος καὶ ἀνένευσε μικρὸν ἀπὸ τῆς |
| Asen. | | 11 | 1B | ἀπὸ τῆς πολλῆς τέφρας. καὶ ἔπλεξεν Ἀσενὲθ τὰς * χεῖρας * αὐτῆς δάκτυλον πρὸς δάκτυλον καὶ ἔσεισε τὴν |
| Asen. | | 11 | 1B | καὶ ἔνθεν καὶ ἐπάτασσε συνεχῶς τὸ στῆθος ταῖς * χερσὶν * αὐτῆς καὶ ἔβαλε τὴν κεφαλὴν αὐτῆς εἰς τὸν κόλπον |
| Asen. | | 11 | 2 | τὸν κόλπον αὐτῆς πλέξασα τοὺς δακτύλους αὐτῆς τῶν * χειρῶν * ἐπὶ τὸ γόνυ τὸ δεξιὸν καὶ τὸ στόμα αὐτῆς ἦν |
| Asen. | | 11 | 15 | καὶ ἀνορθώθη ἐπὶ τὰ γόνατα αὐτῆς καὶ ἐξεπέτασε τὰς * χεῖρας * αὐτῆς εἰς τὸν οὐρανόν. καὶ ἐφοβήθη ἀνοῖξαι τὸ |
| Asen. | | 11 | 15 | πάλιν πρὸς τὸν τοῖχον καὶ ἐκάθισε καὶ ἐπάτασσε τῇ * χειρὶ * τὴν κεφαλὴν αὐτῆς καὶ τὸ στῆθος αὐτῆς πολλάκις καὶ |
| Asen. | | 11 | 19 | καὶ ἀνορθώθη ἐπὶ τὰ γόνατα αὐτῆς καὶ ἐξεπέτασε τὰς * χεῖρας * αὐτῆς εἰς ἀνατολὰς καὶ ἀνέβλεψε τοῖς ὀφθαλμοῖς |
| Asen. | | 12 | 8 | πρὸς τὸν πατέρα αὐτοῦ καὶ ὁ πατὴρ ἐκτείνας τὰς * χεῖρας * αὐτοῦ ἁρπάζει αὐτὸ ἐκ τῆς γῆς καὶ ἐναγκαλίζεται |
| Asen. | | 12 | 8 | πρὸς τὸ στῆθος αὐτοῦ καὶ τὸ παιδίον σφίγγει τὰς * χεῖρας * αὐτοῦ ἐπὶ τὸν αὐχένα τοῦ πατρὸς αὐτοῦ καὶ |
| Asen. | | 12 | 8 | νηπιότητος αὐτοῦ οὕτως καὶ σὺ κύριε ἔκτεινον τὰς * χεῖράς * σου ἐπ᾿ ἐμὲ ὡς πατὴρ φιλότεκνος καὶ ἅρπασόν με ἐκ |
| Asen. | | 12 | 11 | καταδιώκει με ἀλλὰ σὺ κύριε ῥῦσαί με ἐκ τῶν * χειρῶν * αὐτοῦ καὶ ἐκ τοῦ στόματος αὐτοῦ ἐξελοῦ με μήποτε |
| Asen. | | 14 | 9 | αὐτοῦ ὡς φλὸξ πυρὸς ὑπολαμπάδος καιομένης καὶ αἱ * χεῖρες * καὶ οἱ πόδες ὥσπερ σίδηρος ἐκ πυρὸς ἀπολάμπων καὶ |
| Asen. | | 14 | 9 | πυρὸς ἀπολάμπων καὶ σπινθῆρες ἀπεπήδων ἀπό τε τῶν * χειρῶν * καὶ τῶν ποδῶν αὐτοῦ. καὶ εἶδεν Ἀσενὲθ καὶ ἔπεσεν |
| Asen. | | 14 | 12 | τέφραν ταύτην καὶ νίψαι τὸ πρόσωπόν σου καὶ τὰς * χεῖράς * σου ὕδατι ζῶντι καὶ ἔνδυσαι στολὴν λινῆν καινὴν |
| Asen. | | 14 | 15 | τὴν τέφραν ἐκ τῆς κεφαλῆς αὐτῆς καὶ ἐνίψατο τὰς * χεῖρας * αὐτῆς καὶ τὸ πρόσωπον αὐτῆς ὕδατι ζῶντι. καὶ |
| Asen. | | 15 | 14 | αὐτῇ ὁ ἄνθρωπος λάλησον. καὶ ἐξέτεινεν Ἀσενὲθ τὴν * χεῖρα * αὐτῆς τὴν δεξιὰν καὶ τέθηκεν ἐπὶ τῶν γονάτων αὐτοῦ |
| Asen. | | 16 | 13 | καὶ ἐκάλεσεν αὐτὴν πρὸς ἑαυτὸν καὶ ἐξέτεινε τὴν * χεῖρα * αὐτοῦ τὴν δεξιὰν καὶ ἐκράτησε τὴν κεφαλὴν αὐτῆς |
| Asen. | | 16 | 13 | καὶ ἐκράτησε τὴν κεφαλὴν αὐτῆς καὶ ἐπέσεισε τῇ * χειρὶ * αὐτοῦ τῇ δεξιᾷ τὴν κεφαλὴν αὐτῆς. καὶ ἐφοβήθη |
| Asen. | | 16 | 13 | δεξιᾷ τὴν κεφαλὴν αὐτῆς. καὶ ἐφοβήθη Ἀσενὲθ τὴν * χεῖρα * τοῦ ἀνθρώπου διότι σπινθῆρες ἀπεπήδων ἀπὸ τῆς |

| | | | | | |
|---|---|---|---|---|---|
| Asen. | 16 | 13 | τοῦ ἀνθρώπου διότι σπινθῆρες ἀπεπήδων ἀπὸ τῆς | * χειρὸς * | αὐτοῦ ὡς ἀπὸ σιδήρου κοχλάζοντος. καὶ ἐπέβλεψεν |
| Asen. | 16 | 13 | Ἀσενὲθ ἀτενίζουσα τοῖς ὀφθαλμοῖς αὐτῆς εἰς τὴν | * χεῖρα * | τοῦ ἀνθρώπου. καὶ εἶδεν ὁ ἄνθρωπος καὶ ἐμειδίασε |
| Asen. | 16 | 15 | εἰς τὸν αἰῶνα χρόνον. καὶ ἐξέτεινεν ὁ ἄνθρωπος τὴν | * χεῖρα * | αὐτοῦ τὴν δεξιὰν καὶ ἀπέκλασεν ἀπὸ τοῦ κηρίου |
| Asen. | 16 | 15 | καὶ ἔφαγεν αὐτὸς καὶ τὸ κατάλοιπον ἐνέβαλε τῇ | * χειρὶ * | αὐτοῦ εἰς τὸ στόμα Ἀσενὲθ καὶ εἶπεν αὐτῇ φάγε. |
| Asen. | 16 | 16B | θεοῦ ‹τοῦ βασιλέως τῶν αἰώνων›. καὶ ἐξέτεινε τὴν | * χεῖρα * | αὐτοῦ τὴν δεξιὰν ὁ ἄνθρωπος καὶ ἥψατο τοῦ κηρίου |
| Asen. | 16 | 17 | ὡς ἦν ἐν ἀρχῇ. καὶ πάλιν ὁ ἄνθρωπος ἐξέτεινε τὴν | * χεῖρα * | αὐτοῦ τὴν δεξιὰν καὶ ἐπέθηκε τὸν δάκτυλον αὐτοῦ |
| Asen. | 16 | 17 | ἐγένετο ὡς αἷμα›. καὶ ἐξέτεινε τὸ δεύτερον τὴν | * χεῖρα * | αὐτοῦ καὶ ἔθηκε τὸν δάκτυλον αὐτοῦ ἐπὶ τὸ ἄκρον |
| Asen. | 17 | 3 | πρός σε σήμερον. καὶ ἐξέτεινε τρίτον τὴν δεξιὰν | * χεῖρα * | αὐτοῦ ὁ ἄνθρωπος καὶ ἥψατο τῆς ‹πληγῆς› τοῦ κηρίου |
| Asen. | 18 | 3 | ἑπτὰ ἡμερῶν καὶ ἐλυπήθη καὶ ἔκλαυσε καὶ ἔλαβε τὴν | * χεῖρα * | αὐτῆς τὴν δεξιὰν καὶ κατεφίλησεν αὐτὴν καὶ εἶπεν |
| Asen. | 18 | 6 | ἥτις ἦν διὰ λίθων τιμίων. καὶ περιέθηκεν ἐν ταῖς | * χερσὶν * | αὐτῆς ψέλια χρυσᾶ καὶ εἰς τοὺς πόδας ἀναξυρίδας |
| Asen. | 18 | 6 | κεφαλὴν αὐτῆς ὡς νύμφη καὶ ἔλαβε σκῆπτρον ἐν τῇ | * χειρὶ * | αὐτῆς. καὶ ἐμνήσθη Ἀσενὲθ τῶν ῥημάτων τοῦ τροφέως |
| Asen. | 19 | 10 | τί σὺ ἕστηκας ἀπὸ μακρόθεν μου; καὶ ἐξέτεινε τὰς | * χεῖρας * | αὐτοῦ Ἰωσὴφ καὶ ἐκάλεσε τὴν Ἀσενὲθ ‹ἐν νεύματι |
| Asen. | 19 | 10 | τῶν ὀφθαλμῶν αὐτοῦ›. καὶ ἐξέτεινε καὶ Ἀσενὲθ τὰς | * χεῖρας * | αὐτῆς καὶ ἔδραμε πρὸς Ἰωσὴφ καὶ ἔπεσεν ἐπὶ τὸ |
| Asen. | 20 | 1 | ἀλλήλοις ἐπιπολὺ καὶ ἔσφιγξαν τὰ δεσμὰ τῶν | * χειρῶν * | αὐτῶν. καὶ εἶπεν Ἀσενὲθ τῷ Ἰωσὴφ δεῦρο κύριέ |
| Asen. | 20 | 2 | ἡμῶν καὶ δεῖπνον μέγα πεποίηκα. καὶ ἐκράτησε τὴν | * χεῖρα * | αὐτοῦ τὴν δεξιὰν καὶ εἰσήγαγεν αὐτὸν εἰς τὴν |
| Asen. | 20 | 4 | σου. διότι οἱ πόδες σου πόδες μού εἰσι καὶ αἱ | * χεῖρές * | σου χεῖρές μού εἰσι καὶ ἡ ψυχή σου ψυχή μου καὶ |
| Asen. | 20 | 4 | οἱ πόδες σου πόδες μού εἰσι καὶ αἱ χεῖρές σου | * χεῖρές * | μού εἰσι καὶ ἡ ψυχή σου ψυχή μου καὶ οὐ μὴ σοῦ |
| Asen. | 20 | 5 | καὶ ἔνιψε τοὺς πόδας αὐτοῦ. καὶ ἐθεώρει Ἰωσὴφ τὰς | * χεῖρας * | αὐτῆς καὶ ἦσαν ὡς χεῖρες ζωῆς ‹καὶ οἱ δάκτυλοι |
| Asen. | 20 | 5 | καὶ ἐθεώρει Ἰωσὴφ τὰς χεῖρας αὐτῆς καὶ ἦσαν ὡς | * χεῖρες * | ζωῆς ‹καὶ οἱ δάκτυλοι αὐτῆς λεπτοὶ ὡς δάκτυλοι |
| Asen. | 20 | 5 | ὀξυγράφου›. καὶ μετὰ ταῦτα ἐκράτησεν Ἰωσὴφ τὴν | * χεῖρα * | αὐτῆς τὴν δεξιὰν καὶ κατεφίλησεν αὐτὴν καὶ Ἀσενὲθ |
| Asen. | 21 | 6 | τὴν Ἀσενὲθ ἐκ δεξιῶν τοῦ Ἰωσὴφ καὶ ἐπέθηκε τὰς | * χεῖρας * | αὐτοῦ ἐπὶ τὰς κεφαλὰς αὐτῶν καὶ ἡ δεξιὰ χεὶρ |
| Asen. | 21 | 6 | τὰς χεῖρας αὐτοῦ ἐπὶ τὰς κεφαλὰς αὐτῶν καὶ ἡ δεξιὰ | * χεὶρ * | αὐτοῦ ἦν ἐπὶ τῆς κεφαλῆς Ἀσενὲθ καὶ εἶπε Φαραὼ |
| Asen. | 22 | 9 | καὶ κατεφίλησεν αὐτήν. καὶ ἐξέτεινεν Ἀσενὲθ τὰς | * χεῖρας * | αὐτῆς καὶ ἐκράτησε τοῦ αὐχένος Ἰακὼβ καὶ |
| Asen. | 22 | 13 | καὶ Ἰωσὴφ ἐξ εὐωνύμων. καὶ ἐκράτησεν Ἀσενὲθ τὴν | * χεῖρα * | Λευί. καὶ ἠγάπησεν Ἀσενὲθ τὸν Λευὶ σφόδρα ὑπὲρ |
| Asen. | 23 | 7 | ἀνὴρ θρασὺς καὶ τολμηρὸς καὶ ἐνεθυμήθη βαλεῖν τὴν | * χεῖρα * | αὐτοῦ ἐπὶ τὴν κώπην τῆς ῥομφαίας αὐτοῦ καὶ ἑλκύσαι |
| Asen. | 23 | 12 | ἐκεῖνος ὁ θεοσεβὴς διότι ῥομφαία οὐκ ἔστιν ἐν ταῖς | * χερσὶν * | αὐτοῦ. καὶ σὺ μὲν φύλαξαι ἔτι τοῦ λαλῆσαι περὶ |
| Asen. | 23 | 16 | ὑποκάτω τῶν ποδῶν αὐτῶν. καὶ ἐξέτεινε Λευὶς τὴν | * χεῖρα * | αὐτοῦ τὴν δεξιὰν καὶ ἐκράτησεν αὐτὸν καὶ εἶπεν |
| Asen. | 24 | 19 | καὶ ἐλεύσεται Ἀσενὲθ καὶ ἐμπεσεῖται εἰς τὰς | * χεῖρας * | ἡμῶν. καὶ ἡμεῖς κατακόψομεν τοὺς ἄνδρας τοὺς |
| Asen. | 24 | 19 | μετὰ τοῦ ὀχήματος αὐτῆς καὶ ἐμπεσεῖται εἰς τὰς | * χεῖράς * | σου καὶ ποιήσεις αὐτῇ καθὰ ἐπιθυμεῖ ἡ ψυχή σου. |
| Asen. | 26 | 6 | αὐτῶν καὶ ‹ἔλαβον› τὰ δόρατα αὐτῶν ἐν ταῖς δεξιαῖς | * χερσὶν * | αὐτῶν καὶ κατεδίωξαν ὀπίσω τῆς Ἀσενὲθ δρόμῳ |
| Asen. | 27 | 2 | λίθον στρογγύλον ἐκ τοῦ χειμάρρου καὶ ἐπλήρωσε τὴν | * χεῖρα * | αὐτοῦ καὶ ἠκόντισε κατέναντι τοῦ υἱοῦ Φαραὼ καὶ |
| Asen. | 27 | 7 | ἀπὸ τῶν ἀδελφῶν ἡμῶν καὶ τέθνηκεν ὁ υἱὸς Φαραὼ ἐν | * χειρὶ * | Βενιαμὶν τοῦ παιδαρίου καὶ πάντες οἱ μετ' αὐτοῦ |
| Asen. | 27 | 7 | παιδαρίου καὶ πάντες οἱ μετ' αὐτοῦ ἀπολώλασιν ἐν | * χειρὶ * | μιᾷ τοῦ παιδαρίου Βενιαμίν. καὶ νῦν δεῦτε |
| Asen. | 27 | 10 | εἰς τὸν αἰῶνα ζήσεται ἡ ψυχή σου ῥῦσαί με ἐκ τῶν | * χειρῶν * | τῶν ἀνδρῶν τῶν πονηρῶν τούτων. καὶ ἤκουσε κύριος |
| Asen. | 27 | 11 | Ἀσενὲθ καὶ εὐθέως ἔπεσον αἱ ῥομφαῖαι αὐτῶν ἐκ τῶν | * χειρῶν * | αὐτῶν ἐπὶ τὴν γῆν καὶ ἐτεφρώθησαν. καὶ εἶδον οἱ |
| Asen. | 28 | 4 | οἱ δοῦλοί σου ἐλέησον ἡμᾶς καὶ ῥῦσαι ἡμᾶς ἐκ τῶν | * χειρῶν * | τῶν ἀδελφῶν ἡμῶν διότι αὐτοὶ ἔκδικοι τῆς ὕβρεώς |
| Asen. | 28 | 10 | με ἀπ' αὐτῶν καὶ ἔθραυσε τὰς ῥομφαίας αὐτῶν ἐκ τῶν | * χειρῶν * | αὐτῶν καὶ ἰδοὺ τετήκασιν ἐπὶ τὴν γῆν ὥσπερ κηρὸς |
| Asen. | 28 | 14 | σήμερον. καὶ ἐξέτεινεν Ἀσενὲθ τὴν δεξιὰν αὐτῆς | * χεῖρα * | καὶ ἥψατο τῆς γενειάδος τοῦ Συμεὼν καὶ κατεφίλησεν |
| Asen. | 28 | 15 | καὶ ἦλθε πρὸς αὐτὴν Λευὶς καὶ κατεφίλησε τὴν | * χεῖρα * | αὐτῆς τὴν δεξιὰν καὶ ἔγνω ὅτι σῶσαι ἤθελε τοὺς |
| Asen. | 29 | 3 | καὶ ἔδραμεν ἐπ' αὐτὸν Λευὶς καὶ ἐκράτησε τῆς | * χειρὸς * | αὐτοῦ καὶ εἶπεν μηδαμῶς ἄδελφε ποιήσεις τὸ πρᾶγμα |
| Sal. | 2 | 7 | αὐτῶν ἐποίησεν αὐτοῖς ὅτι ἐγκατέλιπεν αὐτοὺς εἰς | * χεῖρας * | κατισχυόντων. ἀπέστρεψεν γὰρ τὸ πρόσωπον αὐτοῦ |
| Sal. | 2 | 22 | κυρίου καὶ εἶπον ἱκάνωσον κύριε τοῦ βαρύνεσθαι | * χεῖρά * | σου ἐπὶ Ιερουσαλημ ἐν ἐπαγωγῇ ἐθνῶν ὅτι ἐνέπαιξαν |
| Sal. | 4 | 3 | ἐν λόγοις κατακρῖναι ἁμαρτωλοὺς ἐν κρίσει καὶ ἡ | * χεὶρ * | αὐτοῦ ἐν πρώτοις ἐπ' αὐτὸν ὡς ἐν ζήλει καὶ αὐτὸς |
| Sal. | 4 | 16 | κροτάφων αὐτοῦ ἐν νυκτὶ ἀποπέσοι ἀπὸ παντὸς ἔργου | * χειρῶν * | αὐτοῦ ἐν ἀτιμίᾳ. κενὸς χερσὶν αὐτοῦ εἰσέλθοι εἰς |
| Sal. | 4 | 17 | ἀπὸ παντὸς ἔργου χειρῶν αὐτοῦ ἐν ἀτιμίᾳ. κενὸς | * χερσὶν * | αὐτοῦ εἰσέλθοι εἰς τὸν οἶκον αὐτοῦ καὶ ἐλλιπὴς ὁ |
| Sal. | 5 | 6 | δέησιν ἡμῶν ὅτι σὺ ὁ θεὸς ἡμῶν εἶ. μὴ βαρύνῃς τὴν | * χεῖρά * | σου ἐφ' ἡμᾶς ἵνα μὴ δι' ἀνάγκην ἁμάρτωμεν. καὶ ἐὰν |
| Sal. | 5 | 12 | ἀλλ' ἢ σὺ εὐφρᾶναι ψυχὴν ταπεινοῦ ἐν τῷ ἀνοῖξαι | * χεῖρά * | σου ἐν ἐλέει; ἡ χρηστότης ἀνθρώπου ἐν φειδοῖ καὶ ἡ |
| Sal. | 6 | 2 | κατευθύνονται ὑπὸ κυρίου καὶ πεφυλαγμένα ἔργα | * χειρῶν * | αὐτοῦ ὑπὸ κυρίου θεοῦ αὐτοῦ. ἀπὸ ὁράσεως πονηρῶν |
| Sal. | 9 | 4 | ἡμῶν τοῦ ποιῆσαι δικαιοσύνην καὶ ἀδικίαν ἐν ἔργοις | * χειρῶν * | ἡμῶν καὶ ἐν τῇ δικαιοσύνῃ σου ἐπισκέπτῃ υἱοὺς |
| Sal. | 16 | 9 | ὑποκειμένου ἀπὸ ἁμαρτίας ἀνωφελοῦς. τὰ ἔργα τῶν | * χειρῶν * | μου κατεύθυνον ἐν τόπῳ σου καὶ τὰ διαβήματά μου |
| Sal. | 16 | 14 | παιδείαν ἐν πενίᾳ; ἐν τῷ ἐλέγχεσθαι ψυχὴν ἐν | * χειρὶ * | σαπρίας αὐτοῦ ἡ δοκιμασία σου ἐν σαρκὶ αὐτοῦ καὶ |
| Sal. | 18 | 1 | χριστοῦ κυρίου. κύριε τὸ ἔλεός σου ἐπὶ τὰ ἔργα τῶν | * χειρῶν * | σου εἰς τὸν αἰῶνα ἡ χρηστότης σου μετὰ δόματος |
| Jer. | 1 | 5 | παντοκράτωρ παραδίδως τὴν πόλιν τὴν ἐκλεκτὴν εἰς | * χεῖρας * | τῶν Χαλδαίων ἵνα καυχήσηται ὁ βασιλεὺς μετὰ τοῦ |
| Jer. | 1 | 6 | θεοῦ; μὴ κύριέ μου ἀλλ' εἰ θέλημά σού ἐστιν ἐκ τῶν | * χειρῶν * | σου ἀφανισθήτω. καὶ εἶπε κύριος τῷ Ἰερεμίᾳ |
| Jer. | 2 | 7 | Ἰερεμίας ὅτι ὁ θεὸς παραδίδωσι τὴν πόλιν εἰς | * χεῖρας * | τοῦ βασιλέως τῶν Χαλδαίων τοῦ αἰχμαλωτεῦσαι τὸν |
| Jer. | 3 | 2 | ἄγγελοι ἐκ τοῦ οὐρανοῦ κατέχοντες λαμπάδας ἐν ταῖς | * χερσὶν * | αὐτῶν καὶ ἔστησαν ἐπὶ τὰ τείχη τῆς πόλεως. |
| Jer. | 3 | 6 | νῦν κύριε ἐγνώκαμεν ὅτι παραδίδως τὴν πόλιν εἰς | * χεῖρας * | τῶν ἐχθρῶν αὐτῆς καὶ ἀπαροῦσι τὸν λαὸν εἰς |
| Jer. | 4 | 6 | διὰ τὰς ἁμαρτίας τοῦ ἠγαπημένου λαοῦ παρεδόθη εἰς | * χεῖρας * | ἐχθρῶν διὰ τὰς ἁμαρτίας ἡμῶν καὶ τοῦ λαοῦ. ἀλλὰ |
| Jer. | 6 | 1 | ἄγγελος κυρίου ἦλθε καὶ κρατήσας αὐτοῦ τῆς δεξιᾶς | * χειρὸς * | ἀπεκατέστησεν αὐτὸν εἰς τὸν τόπον ὅπου ἦν Βαροὺχ |
| Bar. | | 2 | ὅτε καὶ Ἀβιμελὲχ ἐπὶ Ἀγρίππα τὸ χωρίον τῇ | * χειρὶ * | θεοῦ διεφυλάχθη καὶ οὗτος ἐκάθητο ἐπὶ τὰς ὡραίας |
| Prop. | 24 | 3 | καὶ προφητεύοντος αὐτοῦ ἐξέτεινεν ὁ βασιλεὺς τὴν | * χεῖρα * | αὐτοῦ συλλαβεῖν αὐτὸν καὶ ἐξηράνθη ἡ χεὶρ τοῦ |
| Prop. | 24 | 3 | τὴν χεῖρα αὐτοῦ συλλαβεῖν αὐτὸν καὶ ἐξηράνθη ἡ | * χεὶρ * | τοῦ βασιλέως παραυτίκα. Σίμων ὁ υἱὸς τοῦ Κλωπᾶ ὁ |
| Esdr. | 1 | 10 | τοῦ πυρός. καὶ εἶπεν Ἔσδρᾶμ ἐλέησον τὰ ἔργα τῶν | * χειρῶν * | σου εὔσπλαγχνε καὶ πολυέλεος ἐμὲ κρῖνον ὑπὲρ τῶν |
| Esdr. | 2 | 11 | Ἀδὰμ τὸν πρῶτον τίς ἐποίησεν; καὶ εἶπεν ὁ θεὸς αἱ | * χεῖρές * | μου αἱ ἄχρανται. καὶ ἔθεμην αὐτὸν ἐν τῷ παραδείσῳ |
| Esdr. | 3 | 6 | μακροθυμήσω ἐπ' αὐτοὺς εἰ δὲ μὴ ἐκτενῶ τὴν | * χεῖρά * | μου καὶ ἀπὸ τῶν τεσσάρων περάτων δράξομαι τὴν |
| Sedr. | 3 | 7 | ὁ κύριος ὁ ἄνθρωπος ἔργον μου ἐστὶν καὶ πλάσμα τῶν | * χειρῶν * | μου καὶ παιδεύω αὐτὸν καθὼς εὑρίσκω. λέγει αὐτῷ |
| Sedr. | 4 | 3 | κύριέ μου; διὰ τί ἐκοπίασας τὰς ἀχράντους σοῦ | * χεῖρας * | καὶ ἔπλασας τὸν ἄνθρωπον ἐπεὶ οὐκ ἤθελες ἐλεῆσαι |
| Sedr. | 5 | 3 | τί παρέβη τὸ πρόσταγμά σου καὶ οὐ προσῆλθεν τῶν | * χειρῶν * | σου τὸ πλαστούργημα; ἐὰν τὸν ἄνθρωπον ἠγάπησας |
| Sedr. | 11 | 5 | καὶ ἄρτι πεσὼν εἰς τὴν γῆν ἄγνωστος γίνεται. ὦ | * χεῖρες * | εὔκρατοι καλοδίδακτοι καματηροὶ δι' ἃς τὸ σκεῦος |
| Sedr. | 11 | 6 | καλοδίδακτοι καματηροὶ δι' ἃς τὸ σκεῦος τρέφεται ὦ | * χεῖρες * | εὔστοχοι ἀπὸ πάντων οἱ σωρεύοντες τοὺς οἴκους |
| Sedr. | 11 | 14 | τοὺς ἁγίους καὶ ἄρτι ἀκίνητοι μένετε. ὦ κεφαλὴ καὶ | * χεῖρες * | καὶ πόδες ἕως ἄρτι σῴζω σε. ὦ ψυχὴ τί γάρ σε |
| Job | 7 | 2 | τῇ θυρωρῷ λέγων εἰπὸν τῷ Ιωβ δός μοι ἄρτον ἐκ τῶν | * χειρῶν * | σου ἵνα φάγω. καὶ ἐγὼ ἄρτον ἐκκεκαυμένον δέδωκα |
| Job | 20 | 3 | μοι πληγὴν καὶ τότε παρέδωκέν με ὁ κύριος εἰς | * χεῖρας * | αὐτοῦ χρήσασθαι τῷ σώματι ὡς ἠβούλετο, τῆς δὲ |
| Job | 23 | 7 | οὐκ ἂν ἀπελάβετε αὐτὰ νῦν οὖν εἰ μὴ ἔχεις ἐν | * χερσὶν * | σου ἀργύριον, ὑποθοῦ μοι τὴν τρίχα τῆς κεφαλῆς |
| Job | 26 | 4 | ἐν οἷς ὑπήρχομεν; εἰ οὖν τὰ ἀγαθὰ ἐδεξάμεθα ἐκ | * χειρὸς * | κυρίου τὰ κακὰ πάλιν οὐχ ὑπομένομεν; ἀλλὰ |
| Job | 28 | 5 | πολυτελεῖς λίθους, ἀπεθαύμαζον καὶ τύπτοντες τὰς | * χεῖρας * | ἔλεγον ὅτι ἡμῶν τῶν τριῶν βασιλέων τὰ χρήματα, |
| Job | 31 | 2 | ἀναστάντες προσήγγισάν μοι ἔχοντες εὐωδίας ἐν ταῖς | * χερσὶν * | αὐτῶν, συνόντων αὐτοῖς τῶν στρατιωτῶν αὐτῶν καὶ |
| Aris. | 159 | 2 | τὰ λόγια πρὸς τὸ μνείαν εἶναι θεοῦ καὶ ἐπὶ τῶν | * χειρῶν * | δὲ διαρρήδην τὸ σημεῖον κελεύει περιῆφθαι σαφῶς |
| Aris. | 183 | 6 | ὁ βασιλεὺς τοὺς γὰρ ἡμίσεις ἐκέλευσεν ἀνὰ | * χεῖρα * | κατακλῖναι τοὺς δὲ λοιποὺς μετὰ τὴν ἑαυτοῦ κλισίαν |
| Aris. | 305 | 3 | πᾶσι τοῖς Ἰουδαίοις ἀπονιψάμενοι τῇ θαλάσσῃ τὰς | * χεῖρας * | ὡς ἂν εὔξωνται πρὸς τὸν θεὸν ἐτρέποντο πρὸς τὴν |
| Aris. | 306 | 2 | δὲ καὶ τοῦτο τίνος χάριν ἀπονιζόμενοι τὰς | * χεῖρας * | τὸ τηνικαῦτα εὔχονται; διεσάφουν δὲ ὅτι μαρτύριόν |
| Aris. | 306 | 4 | μηδὲν εἰργάσθαι κακὸν πᾶσα γὰρ ἐνέργεια διὰ τῶν | * χειρῶν * | γίνεται καλῶς καὶ ὁσίως μεταφέροντες ἐπὶ τὴν |
| Sib. | 3 | 13 | ναίων αὐτοφυὴς ἀόρατος ὁρώμενος αὐτὸς ἅπαντα ὃν | * χεὶρ * | οὐκ ἐποίησε λιθοξόος οὐδ' ἀπὸ χρυσοῦ τέχνης' |
| Sib. | 3 | 259 | καὶ ἦν ἄρα τις παρακούσῃ ἠὲ νόμῳ τίσειε δίκην ἢ | * χερσὶ * | βροτείαις ἠὲ λαθὼν θνητοὺς πάσῃ δίκῃ ἐξαπολεῖται. |
| Sib. | 3 | 425 | σοφῶς ἐπέων γὰρ ἐμῶν μέτρων τε κρατήσει πρῶτος γὰρ | * χείρεσσιν * | ἐμὰς βίβλους ἀναπλώσει αὐτὸς δ' αὖ μάλα |
| Sib. | 3 | 559 | στενάχουσαι ἄντα πρὸς οὐρανὸν εὐρὺν ἀνασχόμεναι | * χέρας * | αὐτῶν ἄρξονται βασιλῆα μέγαν ἐπαμύντορα κλήζειν |
| Sib. | 3 | 672 | ἔσσεται ἐκ μεγάλοιο θεοῦ καὶ πάντες ὀλοῦνται | * χειρὸς * | ἀπ' ἀθανάτοιο ἀπ' οὐρανόθεν δὲ πεσοῦνται ῥομφαῖαι |
| Sib. | 3 | 676 | γαῖα δὲ παγγενέτειρα σαλεύσεται ἤμασι κείνοις | * χειρὸς * | ἀπ' ἀθανάτοιο καὶ ἰχθύες οἱ κατὰ πόντον πάντα τε |
| Sib. | 3 | 708 | ἔσσονται ἐν ἄστεσιν ἠδ' ἐνὶ χώραις. οὐ | * χεὶρ * | γὰρ πολέμοιο κακοῦ μάλα δ' ἔσσεται αὐτὸς αὐτὸς |
| Sib. | 3 | 709 | δ' ἔσσεται αὐτοῖς αὐτὸς ὑπέρμαχος ἀθάνατος καὶ | * χεὶρ * | Ἁγίοιο. καὶ τότε δὴ νῆσοι πᾶσαι πόλιές τ' ἐρέουσιν |
| Sib. | 3 | 795 | δράκοντες ἅμ' ἀσπίσι κοιμήσονται κοὐκ ἀδικήσουσιν | * χεὶρ * | γὰρ θεοῦ ἔσσετ' ἐπ' αὐτοῖς. σῆμα δέ τοι ἐρέω μάλ' |
| Sib. | 4 | 6 | ἐπεψεύσαντο δὲ μάντιν ἀλλὰ θεοῦ μεγάλοιο τὸν οὐ | * χέρες * | ἔπλασαν ἀνδρῶν εἰδώλοις ἀλάλοισι λιθοξέστοισιν |
| Sib. | 4 | 11 | οὐδὲ μετρῆσαι ὄμμασιν ἐν θνητοῖς οὐ πλασθέντα | * χερὶ * | θνητῇ ὃς καθορῶν ἅμα πάντας ὑπ' οὐδενὸς αὐτὸς |
| Sib. | 4 | 122 | στυγεροῖο φόνοιο τλήσεται ἄλλα τε πολλὰ κακῇ σὺν | * χειρὶ * | πιθήσας. πολλοὶ δ' ἀμφὶ θρόνῳ Ῥώμης πέδον |
| Sib. | 4 | 158 | νήπιοι ἐξολέσωσιν ὕβρεσι χαίροντες καὶ ἐφ' αἵμασι | * χεῖρας * | ἔχοντες καὶ τότε γινώσκειν θεὸν οὐκέτι πρηΰν |
| Sib. | 4 | 166 | ὕβρεις ἐν ποταμοῖς λούσασθε ὅλον δέμας ἀενάοισιν | * χεῖράς * | τ' ἐκτανύσαντες ἐς αἰθέρα τῶν πάρος ἔργων |
| Sib. | 5 | 29 | ἔσται δεινὸς ὄφις φυσῶν πόλεμον βαρὺν ὅς ποτε | * χεῖρας * | ἧς γενεῆς τανύσας ὀλέσει καὶ πάντα ταράξει |
| Sib. | 5 | 145 | καὶ φῶτες ἄριστοι ὤλεσε γὰρ πολλοὺς καὶ γαστέρι | * χεῖρας * | ἔθηκεν εἰς ἀλόχους ἥμαρτε καὶ ἐκ μιαρῶν ἐτέτυκτο. |
| Sib. | 5 | 399 | ἐγὼ ῥιπτούμενον οἶκον πρηνηδὸν πυρὶ τεγγόμενον διὰ | * χειρὸς * | ἀνάγνου οἶκον ἀεὶ θάλλοντα θεοῦ τηρήμονα ναὸν ἐξ |
| Sib. | 5 | 415 | γὰρ οὐρανίων νώτων ἀνὴρ μακαρίτης σκῆπτρον ἔχων ἐν | * χερσὶν * | ὅ οἱ θεὸς ἐγγυάλιξεν καὶ πάντων ἐκράτησε καλῶς |
| FJub. | 3 | 23 | καὶ πεινῆς. ὁ ὄφις ἀπὸ κτήνους ἑρπετὸν ἐγένετο | * χεῖράς * | τε καὶ πόδας ἐκέκτητο. ἀφῃρέθη δὲ ταῦτα διὰ τὸ |
| FJub. | 36 | 9 | προεῖπεν ὅτι ἐὰν ἐπαναστῇ τῷ Ἰακὼβ ὁ Ἠσαῦ εἰς | * χεῖρας * | αὐτοῦ πεσεῖται. μετὰ οὖν τὸ τελευτῆσαι τὸν Ἰσαὰκ |
| FIsa. | 1 | 6 | ἀλλ' ἐπὶ τὴν κλίνην τοῦ βασιλέως. ἐπιθήσῃ τὰς | * χεῖρας * | αὐτοῦ ‹ἐπ' αὐτὸν τὸν μέλλοντά› με τιμωρεῖν |

FIsa. 1 8 καὶ τὸ πνεῦμα τὸ λαλοῦν ἐν ἐμοὶ ὅτι ἐν ταῖς * χερσὶ * Μανασσῆ τοῦ υἱοῦ σου βασάνοις ἀπαλλαγήσομαι.
FIsa. 1 13 τὴν βουλήν σου οὐ μὴ γὰρ ἔσται δεῖ <με> ἐν ταῖς * χερσὶ * Μανασσῆ ἐξελθεῖν. ἐτελεύτησεν δὲ Ἐζεκίας καὶ
FIsa. 1 2 5 καὶ ἡ πορνεία καὶ ὁ διωγμὸς τῶν δικαίων ἐν * χερσὶ * Μανασσῆ καὶ ἐν χερσὶν τοῦ Τουβὶ τοῦ Χανανίτου καὶ
FIsa. 1 2 5 καὶ ὁ διωγμὸς τῶν δικαίων ἐν χερσὶ Μανασσῆ καὶ ἐν * χερσὶν * τοῦ Τουβὶ τοῦ Χανανίτου καὶ ἐν χερσὶν Ἰωνὰν τοῦ
FIsa. 1 2 5 καὶ ἐν χερσὶν τοῦ Τουβὶ τοῦ Χανανίτου καὶ ἐν * χερσὶν * Ἰωνὰν τοῦ Ναθὼθ καὶ ἐν χερσὶν Σαδὼκ τοῦ ἐπὶ τῶν
FIsa. 1 2 5 Χανανίτου καὶ ἐν χερσὶν Ἰωνὰν τοῦ Ναθὼθ καὶ ἐν * χερσὶν * Σαδὼκ τοῦ ἐπὶ τῶν πραγματειῶν. καὶ οἱ λοιποὶ
FIsa. 1 2 14 ἐν κλίνῃ ἀρρωστίας ἀποθανεῖται καὶ ἡ Σαμαρία εἰς * χεῖρας * Ἀλνασὰρ παραδοθήσεται ἀνθ' ὧν ἐφόνευεν τοὺς
FPho. 4 Κύπριν ὀρίνειν μήτε δόλους ῥάπτειν μήθ' αἵματι * χεῖρα * μιαίνειν. μὴ πλουτεῖν ἀδίκως ἀλλ' ἐξ ὁσίων
FPho. 23 δίδου μὴ δ' αὔριον ἐλθέμεν εἴπῃς πληρώσει σέο * χεῖρ'. * ἔλεον χρῄζοντι παράσχου. ἄστεγον εἰς οἶκον δέξαι
FPho. 26 ὁδήγει. ναυηγοὺς οἴκτιρον ἐπεὶ πλόος ἐστὶν ἄδηλος. * χεῖρα * πεσόντι δίδου σῶσον δ' ἀπερίστατον ἄνδρα. κοινὰ
FPho. 28 ὁ βίος τροχὸς ἄστατος ὄλβος. πλοῦτον ἔχων σὴν * χεῖρα * πενητεύουσιν ὄρεξον ὧν σοι ἔδωκε θεὸς τούτων
FPho. 34 ἔκνομα μήτε δικαίως ἣν γὰρ ἀποκτείνῃς ἐχθρὸν σέο * χεῖρα * μιαίνεις. ἀγροῦ γειτονέοντος ἀπόσχεο μὴ δ' ἄρ'
FPho. 57 τὸ τετυγμένον εἶναι ἄτυκτον. μὴ προπετὴς ἐς * χεῖρα * χαλίνου δ' ἄγριον ὀργὴν πολλάκι γὰρ πλήξας ἀέκων
FPho. 150 βίβλων ἀπέχεσθαι. νηπιάχοις ἀταλοῖς μὴ ἅψῃ * χεῖρα * βιαίως. φεῦγε διχοστασίην καὶ ἔριν πολέμου
FPho. 154 βιοτεύσῃς πᾶς γὰρ ἀεργὸς ἀνὴρ ζώει κλοπίμων ἀπὸ * χειρῶν. * <τέχνη <γὰρ> τρέφει ἄνδρα ἀεργὸν δ' ἴψατο
FPho. 186 καὶ γυψὶν ἕλωρα. μηδ' ἐπὶ σῇ ἀλόχῳ ἐγκύμονι * χεῖρα * βάλῃαι. μηδ' αὖ παιδογόνον τέμνειν φύσιν ἄρσενα
IOrp. 20 ἐμὸν δείξω σοι ὁππηνίκα δέρκομαι αὐτοῦ ἴχνια καὶ * χεῖρα * στιβαρὴν κρατεροῖο θεοῖο. αὐτὸν δ' οὐχ ὁρόω περὶ
IOrp. 35 χρυσέῳ εἰνὶ θρόνῳ γαίῃ δ' ὑπὸ ποσσὶ βέβηκε * χεῖρά * τε δεξιτερὴν ἐπὶ τέρματος ὠκεανοῖο πάντοθεν
HEup. 9 34 9 τὸ τοὺς ἱερεῖς τούς τε πόδας προσκλύζεσθαι καὶ τὰς * χεῖρας * νίπτεσθαι ἐπιβαίνοντας ποιῆσαι δὲ καὶ τὰς βάσεις
HArt. 9 27 18 ἐπ' αὐτὸν τὸν δὲ Μώϋσον προκαταταχήσαντα τήν τε * χεῖρα * κατασχεῖν αὐτοῦ καὶ σπασάμενον τὸ ξίφος φονεῦσαι
HHec. 1 22 204 ἔφη κακοδαίμονες; εἶτα τὸν ὄρνιθα λαβὼν εἰς τὰς * χεῖρας * πῶς γὰρ οὗτος ἔφη τὴν αὐτοῦ σωτηρίαν οὐ προϊδὼν
LPhI. 9 20 1 σφαράγοιο παρακλιδὸν ἀθροισθέντος ἀλλ' ὁ μὲν ἐν * χείρεσσι * κερασφόρον ὤπασε κριόν. τοῖσιν ἕδος μακαριστὸν
LThe. 9 22 11 ἐπ' αὐτὸν πλῆξέ τέ οἱ κεφαλὴν δειρὴν δ' ἕλεν ἐν * χερὶ * λαιῇ λεῖψε δ' ἔτι σπαίρουσαν ἐπεὶ πόνος ἄλλος
LEze. 9 28 2 06 χρόνων κακούμενον κακῶν ὑπ' ἀνδρῶν καὶ δυναστείας * χερός. * ἰδὼν γὰρ ἡμῶν γένναν ἄλις ηὐξημένην δόλον καθ'
LEze. 9 28 3 11 καὶ τέχνασμα βασιλέως. ὁρῶ δὲ πρῶτον ἄνδρας ἐν * χειρῶν * νόμῳ τὸν μέν γ' Ἑβραῖον τὸν δὲ γένος Αἰγύπτιον.
LEze. 9 29 5 04 γενναῖόν τινα διάδημ' ἔχοντα καὶ μέγα σκῆπτρον * χερὶ * εὐωνύμῳ μάλιστα. δεξιᾷ δέ μοι ἔνευσε κἀγὼ πρόσθεν
LEze. 9 29 11 01 μὲν πρὸς ἡμᾶς ὁ δὲ λαβὼν σέθεν πάρα. (Θ). τί δ' ἐν * χεροῖν * σοῖν τοῦτ' ἔχεις; λέξον τάχος. (Μ). ῥάβδον
LEze. 9 29 11 08 ἰδὼν μέλη δὲ σώματος τρέμει. (Θ). μηδὲν φοβηθῇς * χεῖρα * δ' ἐκτείνας λαβὲ οὐρὰν πάλιν δὲ ῥάβδος ἔσσεθ'
LEze. 9 29 11 10 οὐρὰν πάλιν δὲ ῥάβδος ἔσσεθ' ὥσπερ ἦν. ἔνθες δὲ * χεῖρ' * εἰς κόλπον ἐξένεγκέ τε. (Μ). ἰδοὺ τὸ ταχθὲν
LEze. 9 29 13 07 περιεζωσμένοι καὶ κοῖλα ποσσὶν ὑποδέδεσθε καὶ * χερὶ * βακτηρίαν ἔχοντες. ἐν σπουδῇ τε γὰρ βασιλεὺς
LEze. 9 29 13 11 δὲ πᾶς. καὶ ὅταν θύσητε δὲ δέσμην λαβόντες * χερσὶν * ὑσσώπου κόμης εἰς αἷμα βάψαι καὶ θιγεῖν σταθμῶν
LEze. 9 29 14 18 δόμων ἀποσκευὴ αὐτοὶ δ' ἄνοπλοι πάντες εἰς μάχην * χέρας * ἰδόντες ἡμᾶς ἠλάλαξαν ἔνδακρυν φωνὴν πρὸς αἰθέρα
LEze. 9 29 14 47 τις ἠλάλαξ' ἰδὼν φεύγωμεν οἴκοι πρόσθεν Ὑψίστου * χέρας * οἷς μὲν γάρ ἐστ' ἀρωγὸς ἡμῖν δ' ἀθλίοις ὄλεθρον
LAri. 8 10 1 διότι σημαίνεται διὰ τοῦ νόμου τοῦ παρ' ἡμῖν καὶ * χεῖρες * καὶ βραχίων καὶ πρόσωπον καὶ πόδες καὶ περίπατος
LAri. 8 10 7 τῷ μὴ δυναμένῳ διαιρεῖσθαι τὰ ἐκείνῳ νενοημένα. * χεῖρες * μὲν οὖν νοοῦνται προδήλως καὶ ἐφ' ἡμῶν
LAri. 8 10 7 ὧν βουλόμενός τι κατεργάσασθαι λέγομεν μεγάλην * χεῖρα * ἔχει ὁ βασιλεὺς φερομένων τῶν ἀκουόντων ἐπὶ τὴν
LAri. 8 10 8 καὶ διὰ τῆς νομοθεσίας ἡμῶν λέγων ὁ Μωσῆς οὕτως ἐν * χειρὶ * κραταιᾷ ἐξήγαγεν ὁ θεός σε ἐξ Αἰγύπτου. καὶ πάλιν
LAri. 8 10 8 πάλιν εἰρηκέναι αὐτῷ φησι τὸν θεὸν ἀποστελῶ τὴν * χεῖρά * μου καὶ πατάξω τοὺς Αἰγυπτίους. καὶ ἐπὶ τοῦ
LAri. 8 10 8 τῶν ἄλλων φησὶ τῷ βασιλεῖ τῶν Αἰγυπτίων λέγων ἰδοὺ * χεὶρ * κυρίου ἐπέσται ἐν τοῖς κτήνεσί σου καὶ ἐν πᾶσι τοῖς
LAri. 8 10 8 ἐν τοῖς πεδίοις θάνατος μέγας ὥστε δηλοῦσθαι τὰς * χεῖρας * ἐπὶ δυνάμεως εἶναι θεοῦ καὶ γὰρ ἔστι μεταφέροντας
LAri. 8 10 8 πᾶσαν ἰσχὺν τῶν ἀνθρώπων καὶ τὰς ἐνεργείας ἐν ταῖς * χερσὶν * εἶναι. διόπερ καλῶς ὁ νομοθέτης ἐπὶ τὸ μεγαλεῖον
LAri. 8 10 9 ἐπὶ τὸ μεγαλεῖον μετενήνοχε λέγων τὰς συντελείας * χεῖρας * εἶναι θεοῦ. στάσις δὲ θεία καλῶς ἂν λέγοιτο κατὰ
FrAn. 17 2069 23 ουρανου< - - την νομην< - - >και ηρξαν<το - - >της * χειρος * μ< - - >ϋϊων της< - - >ημερα το<υ - - και

χειραγωγία 1
Aris. 239 5 πρὸς τὰ τῶν καιρῶν (ἄν) ἀντιπράσσηται σὺν * χειραγωγίᾳ * θεοῦ τοῦτο δ' ἐστὶν αἱ τῶν πράξεων τελειώσεις

χειρίζω 1
Aris. 183 3 προστασίαν. συνέστρωσε δὲ πάντα τὰ δι' αὐτοῦ * χειριζόμενα * πρὸς τὰς τοιαύτας ὑποδοχὰς διαμεμερισμένα.

χειρόγραφος 2
Job 11 11 σοι δυνάμεθα. κἀγὼ ἀνυπερθέτως προέφερον αὐτοῖς τὸ * χειρόγραφον * καὶ ἀνεγίνωσκον στέφανον ἐπιφερόμενος
FAch. 122 πρὸς τὸ ἀπορῆσαι. ὁ δὲ Αἴσωπος ἐκβαλὼν τὸ * χειρόγραφον * <ψευδῆ> ἔφη ἀνάγνωτε τὸν κοινὸν τοῦτον. οἱ

χειροποίητος 4
SIb. 3 606 ἀνθρώπων οὐκ ἔθελον τιμᾶν ὁσίως εἴδωλα δ' ἐτίμων * χειροποίητα * σέβοντες ἃ ῥίψουσιν βροτοὶ αὐτοὶ ἐν σχισμαῖς
SIb. 3 618 ἀθανάτῳ γόνυ λευκὸν ἐπὶ χθονὶ πουλυβοτείρῃ ἔργα δὲ * χειροποίητα * πυρὸς φλογὶ πάντα πεσεῖται. καὶ τότε δὴ
SIb. 3 722 δ' ἀθανάτοιο τρίβου πεπλανημένοι ἤμεν ἔργα δὲ * χειροποίητα * σεβάσμεθα ἄφρονι θυμῷ εἴδωλα ξόανά τε
SIb. 4 28A ἀφιδρύματα κωφῶν καὶ λίθινα ξόανα καὶ ἀγάλματα * χειροποίητα. * αἵμασιν ἐμψύχων μεμιασμένα καὶ θυσίῃσιν

χείρων 3 (cf.+ κακός)
Bar. 4 16 τὸν ἐξ αὐτοῦ γεννώμενον οἶνον ἀπλήστως δρῶντες * χεῖρον * τοῦ Ἀδὰμ τὴν παράβασιν ἀπεργάζονται καὶ τῆς τοῦ
Bar. 13 4 ὅμοια ἐκεῖ εἰσιν ἐργάται τῶν τοιούτων καὶ ἑτέρων * χειρόνων. * διὸ δεόμεθα ἐξελθεῖν ἡμᾶς ἀπ' αὐτῶν. καὶ εἶπεν
FBar. 14 3 ους ειπες> λογους και τι π<λεον εν τουτω η τινα * χει>ρονα * τ<ο>υτ<ων---

Χενεφρής 9
HArt. 9 27 3 τοῦτον δὲ γεννῆσαι θυγατέρα Μέρριν ἣν * Χενεφρῆ * τινι κατεγγυῆσαι τῶν ὑπὲρ Μέμφιν τόπων
HArt. 9 27 5 πάντα ποιῆσαι χάριν τοῦ τὴν μοναρχίαν βεβαίαν τῷ * Χενεφρῇ * διαφυλάξαι. πρότερον γὰρ ἀδιατάκτους ὄντας τοὺς
HArt. 9 27 7 διὰ τὴν τῶν ἱερῶν γραμμάτων ἑρμηνείαν. τὸν δὲ * Χενεφρῆν * ὁρῶντα τὴν ἀρετὴν τοῦ Μωΰσου φθονῆσαι αὐτῷ καὶ
HArt. 9 27 7 ποτε τῶν Αἰθιόπων ἐπιστρατευσαμένων τῇ Αἰγύπτῳ τὸν * Χενεφρῆν * ὑπολαβόντα εὑρηκέναι καιρὸν εὔθετον πέμψαι τὸν
HArt. 9 27 11 δὲ τούτους ἀλλὰ καὶ τοὺς ἱερεῖς ἅπαντας. τὸν δὲ * Χενεφρῆν * λυθέντος τοῦ πολέμου λόγῳ μὲν αὐτὸν ἀποδέξασθαι
HArt. 9 27 12 τῶν βοῶν διὰ τὸ τὴν γῆν ἀπὸ τούτων ἀροῦσθαι τὸν δὲ * Χενεφρῆν * προσαγορεύσαντα ταῦρον Ἄπιν κελεῦσαι ἱερὸν
HArt. 9 27 14 αὐτόν. μηδενὸς δ' ὑπακούσαντος ὀνειδίσαι τὸν * Χενεφρῆν * Χανεθώθην τὸν μάλιστα προσαγορευόμενον ὑπ'
HArt. 9 27 15 καιρὸν τῆς Μέρριδος τελευτησάσης ὑποσχέσθαι τὸν * Χενεφρῆν * τῷ τε Μωΰσῳ καὶ τῷ Χανεθώθῃ τὸ σῶμα
HArt. 9 27 20 τὴν Αἴγυπτον. ὑπὸ δὲ τὸν αὐτὸν χρόνον καὶ τὸν * Χενεφρῆν * πρῶτον ἁπάντων ἀνθρώπων ἐλεφαντιάσαντα

χέρνιψ 1
ISop. 5 111 6 νυμφικοῖς ἐπεστάθη ὁ μοιχός. ὃ δ' οὔτε δαιτὸς οὔτε * χέρνιβος * θιγὼν πρὸς λέκτρον ᾕει καρδίαν ὠδαγμένος ὅλην

χερουβικός * 2
Abr.1 9 8 καὶ κατάλαβε τὸν δίκαιον Ἀβραὰμ ἐπὶ τὸ ἅρμα τὸ * χερουβικὸν * καὶ ὕψωσον αὐτὸν εἰς τὸν αἰθέρα τοῦ οὐρανοῦ
Abr.1 10 1 ὁ ἀρχάγγελος Μιχαὴλ ἔλαβεν τὸν Ἀβραὰμ ἐπὶ ἅρματος * χερουβικοῦ * καὶ ὕψωσεν αὐτὸν εἰς τὸν αἰθέρα τοῦ οὐρανοῦ)

Χερουβίμ 17
Adam 19 2 ὃ οἶδα λέγω σοι μὰ τὸν θρόνον τοῦ δεσπότου καὶ τὰ * Χερουβὶμ * καὶ τὸ ξύλον τῆς ζωῆς ὅτι δώσω καὶ τῷ ἀνδρί
Adam 22 3 ὁ θεὸς εἰς τὸν παράδεισον ἐπιβεβηκὼς ἐπὶ ἅρματος * Χερουβὶμ * καὶ οἱ ἄγγελοι ὑμνοῦντες αὐτόν. ἐν ᾧ δὲ ἦλθεν ὁ
Adam 28 3 τὸν Ἀδὰμ οὐ λήψει νῦν ἀπ' αὐτοῦ. ὡρίσθη γὰρ τῷ * Χερουβὶμ * καὶ τῇ φλογίνῃ ῥομφαίᾳ τῇ στρεφομένῃ φυλάσσειν
Adam 32 2 εἰς τοὺς ἐκλεκτούς σου ἀγγέλους ἥμαρτον εἰς τὰ * Χερουβὶμ * ἥμαρτον εἰς τὸν ἀσάλευτόν σου θρόνον ἥμαρτον
Adam 38 3 ἐπέβη καὶ τέσσαρες ἄνεμοι εἷλκον αὐτὸν καὶ τὰ * Χερουβὶμ * ἐπέχοντα τοῖς ἀνέμοις καὶ οἱ ἄγγελοι ἐκ τοῦ
Hen. 14 11 ὡς διαδρομαὶ ἀστέρων καὶ ἀστραπαὶ καὶ μεταξὺ αὐτῶν * χερουβὶν * πύρινα καὶ οὐρανὸς αὐτῶν ὕδωρ καὶ πῦρ
Hen. 14 18 καὶ τροχὸς ὡς ἡλίου λάμποντος καὶ ὄρος * χερουβίν. * καὶ ὑποκάτω τοῦ θρόνου ἐξεπορεύοντο ποταμοὶ
Hen. 20 7 ἀγγέλων ὁ ἐπὶ τοῦ παραδείσου καὶ τῶν δρακόντων καὶ * χερουβείν. * ἀρχαγγέλων ὀνόματα ἑπτά. ὁ εἷς τῶν ἁγίων
Hen. 20B 7 ἀγγέλων ὁ ἐπὶ τοῦ παραδείσου καὶ τῶν δρακόντων καὶ * χερουβίν. * Ῥεμειὴλ ὁ εἷς τῶν ἁγίων ἀγγέλων ὃν ἔταξεν ὁ
Abr.2 10 8 <ἐλθεῖν> τὸν τὸ ὑπόμνημα γράφοντα καὶ ἰδοὺ * Χερουβὶμ * βαστάζοντα βιβλία δύο καὶ ἦν μετ' αὐτῶν ἀνὴρ
Abr.2 10 11 ὁ ἀνὴρ τὴν μίαν βίβλον ἐκ τῶν δύο τῶν οὐσῶν ἐκ τῶν * Χερουβὶμ * καὶ ἀνεζήτησεν τῆς ψυχῆς τὴν ἁμαρτίαν. καὶ
Esdr. 2 14 προφήτης οὐχὶ ὑπὸ ἀγγέλου ἐφρουρεῖτο; καὶ ὑπὸ τῶν * Χερουβὶμ * ζωῇ ἐφυλάττετο εἰς τὸν ἀτελεύτητον αἰῶνα καὶ
Esdr. 2 26 καὶ εἶπεν ὁ προφήτης ἀποκάλυψόν σου τὰ * Χερουβὶμ * καὶ ἔλθωμεν ὁμοῦ εἰς κρίσιν καὶ δεῖξόν μοι τὴν
Esdr. 7 6 σπιθαμὴν καὶ τὴν γῆν κατέχων δρακὶ ὁ ἡνιοχῶν τὰ * Χερουβὶμ * ὁ ἅρματι πυρίνῳ εἰς τοὺς οὐρανοὺς ἄρας τὸν
Job 50 2 ἀπὸ τῶν κοσμικῶν λελάληκεν γὰρ ἐν τῇ διαλέκτῳ τῶν * Χερουβὶμ * δοξολογοῦσα τὸν δεσπότην τῶν ἀρετῶν ἐνδειξαμένη
SIb. 3 1 περὶ θεοῦ. +ὑψιβρεμέτα μάκαρ οὐράνιε ὃς ἔχεις τὰ * Χερουβὶμ+ * ἱδρυμένος λίτομαι παναληθέα φημίξασαν παῦσον
FrAn. 574 3061 οὐρανὸς τῶν οὐρανῶν ὃν ὑμνοῦσι τὰ πτερυγώματα τοῦ * χερουβίμ. * ὁρκίζω σε τὸν περιθέντα ὄρη τῇ θαλάσσῃ τεῖχος

Χερσαῖος 1
FrAn. 574 3044 εἴτε ὑπόγειον ἢ καταχθόνιον ἢ Ἐβουσαῖον ἢ * Χερσαῖον * ἢ Φαρισαῖον. λάλησον ὁποῖον ἐὰν ᾖς ὅτι ὁρκίζω

χερσεύω 1
HArt. 9 23 2 τε γῆν διελεῖν καὶ ὅροις διασημήνασθαι καὶ πολλὴν * χερσευομένην * γεωργήσιμον ἀποτελέσαι καί τινας τῶν

χέρσος 4
SIb. 3 93 ὅταν τάδε πάντα γένηται. Ω Ω δὴ πλωτῶν ὑδάτων καὶ * χέρσου * ἁπάσης ἠελίου ἀνιόντος ὃς οὐ δὴ καὶ πάλι δύνει
SIb. 5 129 πικροῖς τὴν Λυκίης ἄμυρον καὶ τὴν μυρίπνουν ποτε * χέρσον. * ἔσται καὶ Φρυγίῃ δεινὸς χόλος εἵνεκα λύπης ἧς
SIb. 5 411 μεγάλῳ καὶ ἀνδράσι κυδαλίμοισιν. αὐτὸς δ' ὤλετο * +χέρσον * ἀπ' ἀθανάτην ἐπιβὰς γῆν+ κοὐκέτι σῆμα τοιοῦτον
SIb. 5 453 Σαλαμῖνα πόλιν μεγάλην μέγα πῆμα παθοῦσαν νῦν μὲν * χέρσος * ἄκαρπος ἐπ' ἠόνος ἔσσεται αὖθις. ἀκρὶς δ' οὐκ

Χετταῖος 1
TSim. 6 3 καὶ ἀπολοῦνται πάντες οἱ Καππάδοκες καὶ πάντες οἱ * Χετταῖοι * ἐξολοθρευθήσονται. τότε ἐκλείψει ἡ γῆ Χὰμ καὶ

**Χεττούρα** 5

| FJub. | 19 | 11 | | πάλιν Ἀβραὰμ ἐκ τῆς ἐσχάτης αὐτοῦ γυναικὸς × Χετούρας × υἱοὺς πέντε. ἐτῶν δὲ ξ΄ ὃν ὁ Ἰσαὰκ ἐγέννησεν |
| HDem. | 9 | 29 | 1 | ὅσα στοχάζεσθαι ἀπὸ τῶν ὀνομάτων τῶν γενομένων ἐκ × Χεττούρας × τοῦ Ἀβραὰμ γένους ἐκ τοῦ Ἰεζὰν τοῦ γενομένου |
| HDem. | 9 | 29 | 1 | γένους ἐκ τοῦ Ἰεζὰν τοῦ γενομένου Ἀβραὰμ ἐκ × Χεττούρας × ἐκ δὲ τοῦ Ἰεζὰν γενέσθαι Δαδὰν ἐκ δὲ Δαδὰν |
| HDem. | 9 | 29 | 2 | τοῦ Ἰσαὰκ ἀφ᾽ οὗ Μωσῆν εἶναι γῆμαι Ἀβραὰμ τὴν × Χεττούραν × ὄντα ἐτῶν ρ μ΄ καὶ γεννῆσαι Ἰσαὰρ ἐξ αὐτῆς |
| HCle. | 1 | 15 | 240 | ἐκ τῆς × Χετούρας × Ἀβράμῳ ἐγένοντο παῖδες ἱκανοί. αὐτῶν καὶ τὰ |

**χεῦμα** 5

| Sib. | 4 | 81 | Ἀσὶς. Σικελίην δὲ τάλαιναν ἐπιφλέξει μάλα πᾶσαν × χεῦμα × πυρὸς μεγάλοιο ἐρευγομένης φλογὸς Αἴτνης ἠδὲ |
| Sib. | 4 | 82 | Αἴτνης ἠδὲ Κρότων πέσεται μεγάλη πόλις εἰς βαθὺ × χεῦμα. × ἔσται δ᾽ Ἑλλάδι νεῖκος ἐν ἀλλήλοις δὲ μανέντες |
| Sib. | 5 | 320 | ἔχειν χῶρον πολύδακρυν ἐς γῆν χωσαμένη παρὰ × χεύμασι × Θερμώδοντος. πετροφυῆς Τρίπολίς τε παρ᾽ ὕδασι |
| Sib. | 5 | 484 | θεὸν ἐξύμνησαν. Ἶσι θεὰ τριτάλαινα μενεῖς ἐπὶ × χεύμασι × Νείλου μούνη μαινὰς ἄναυδος ἐπὶ ψαμάθοις |
| IOrp. | 31 | κνώδακα πνεύματα δ᾽ ἡνιοχεῖ περὶ τ᾽ ἤέρα καὶ περὶ × χεῦμα × νάματος ἐκφαίνει δὲ πυρὸς σέλας Ἰφιγενήτου. οὗτος |

**χέω** 2

| TLevi | 18 | 5 | καὶ αἱ νεφέλαι εὐφρανθήσονται καὶ ἡ γνῶσις κυρίου × χυθήσεται × ἐπὶ τῆς γῆς ὡς ὕδωρ θαλασσῶν καὶ οἱ ἄγγελοι |
| Aris. | 90 | 2 | κατ᾽ ἐδάφους καὶ τῶν τοίχων ἐπὶ δὲ τούτων × κεχύσθαι × πολύ τι πλῆθος κονιάσεως ἐνεργῶς γεγενημένων |

**χήν** 17

| Aris. | 145 | 4 | οἷον περιστεραὶ τρυγόνες ἄττακοι πέρδικες ἔτι δὲ × χῆνες × καὶ τὰ ἄλλα ὅσα τοιαῦτα. περὶ ὧν δὲ ἀπηγόρευται |

**χήρα**

| Prop. | 10 | 4 | λιμὸν ἐπὶ τὴν γῆν ἔφυγεν. καὶ ἐλθὼν εὗρε τὴν × χήραν × μετὰ τοῦ υἱοῦ αὐτῆς οὐ γὰρ ἠδύνατο μένειν μετὰ |
| Prop. | 10 | 4Β | ὁ προφήτης καὶ ἦλθεν εἰς Σαρεφθὰ καὶ εὗρε τὴν × χήραν × μετὰ τοῦ υἱοῦ αὐτῆς Ἰωνὰν καὶ εὐλόγησεν αὐτὴν |
| Prop. | 21 | 5 Σιδωνίας ἐποίησε διὰ ῥήματος κυρίου τὴν ὑδρίαν τῆς × χήρας × μὴ ἐκλεῖψαι καὶ τὴν καψάκην τοῦ ἐλαίου μὴ |
| Job | 9 | 3 | χιλιάδας ἑπτὰ καρῆναι εἰς ἔνδυσιν ὀρφανῶν καὶ × χηρῶν × καὶ πενήτων καὶ ἀδυνάτων ἦν δέ μοι ἀγέλη κυνῶν |
| Job | 9 | 5 | τοῖς ἀδυνάτοις καὶ τοῖς ὑστερουμένοις καὶ ταῖς × χήραις × πάσαις εἶχον δὲ ἑκατὸν τεσσαράκοντα χιλιάδας ὄνων |
| Job | 10 | 2 | πάσας ὥρας τοῖς ξένοις μόνοις εἶχον δὲ καὶ τῶν × χηρῶν × ἄλλας δώδεκα τραπέζας κειμένας καὶ εἴ τις ξένος |
| Job | 13 | 4 | ἀπέκαμνον καὶ οἱ δοῦλοί μου οἱ τὰ τῶν × χηρῶν × ἐδέσματα ἐψοῦντες, καὶ τῶν πενήτων ὀλιγωρούντων |
| Job | 14 | 2 | διεγειρόμην τὸ καθ᾽ ἡμέραν μετὰ τὸ τρέφεσθαι τὰς × χήρας, × καὶ ἐλάμβανον τὴν κιθάραν καὶ ἔψαλλον αὐτοῖς, καὶ |
| Job | 16 | 3 | χιλιάδας τῶν προβάτων τὰ ταγέντα εἰς ἔνδυσιν τῶν × χηρῶν, × καὶ τὰς τρισχιλίας καμήλους καὶ τὰς πεντακοσίας |
| Job | 53 | 3 | ᾖται ὁ τῶν ξένων ξενοδόχος, ᾖται ἡ ἔνδυσις τῶν × χηρῶν. × τίς λοιπὸν οὐ κλαύσει ἐπὶ τὸν ἄνθρωπον τοῦ θεοῦ; |
| Job | 53 | 5 | τὸ σῶμα πρὸς τὸν τάφον, περιεκύκλωσαν πᾶσαι αἱ × χῆραι × καὶ ὀρφανοὶ κωλύοντες μὴ εἰσαχθῆναι αὐτὸν ἐν τῷ |
| Sib. | 3 | 43 | πάντεσσι βροτοῖσιν πίστιν δ᾽ οὐ σχήσουσιν ὅλως × χῆραί × τε γυναῖκες στέρξουσιν κρυφίως ἄλλους πολλαὶ διὰ |
| Sib. | 3 | 77 | πειθόμενοι περὶ παντός. ἔνθ᾽ ὁπόταν κόσμου παντὸς × χήρη × βασιλεύσῃ καὶ ῥίψῃ χρυσόν τε καὶ ἄργυρον εἰς ἅλα |
| Sib. | 3 | 242 | πολὺ πλουτῶν τις ἀνὴρ τὸν ἐλάττονα λυπεῖ +οὐδέ γε × χήρας × θλίβει μᾶλλον δ᾽ αὖτε+ βοηθεῖ αἰεὶ ἐπαρκείων σίτῳ |
| Sib. | 5 | 169 | ἀκάθαρτε πόλι Λατινίδος αἴης μαινὰς ἐχιδνοχαρής × χήρη × καθεδοῖο παρ᾽ ὄχθας καὶ ποταμὸς Τίβερίς σε |
| Sib. | 5 | 185 | πόνων μαινὰς πολύθρηνε αἰνοπαθὴς πολύδακρυ μενεῖς × χήρη × διὰ παντός. πουλυετὴς ἐγένου σὺ μόνη κόσμοιο |
| HAno. | 9 | 17 | 7 μάντεις δὲ αὐτοῦ καλέσαντος τούτους φάναι μὴ εἶναι × χήραν × τὴν γυναῖκα τὸν δὲ βασιλέα τῶν Αἰγυπτίων οὕτως |

**χηραμός** 1

| FPho. | 172 | ἀριστόπονός τε μέλισσα ἠὲ πέτρης κοίλης κατὰ × χηραμὸν × ἢ δονάκεσσιν ἢ δρυὸς ὠγυγίης κατὰ κοιλάδος |

**χηρεύω** 2

| TJud. | 12 | 1 | ἐν πονηρίᾳ υἱῶν αὐτῆς. μετὰ δὲ τοὺς λόγους τούτους × χηρευούσης × τῆς Θαμὰρ μετὰ δύο ἔτη ἀκούσασα ὅτι ἀνέρχομαι |
| Sib. | 3 | 81 ἀνθρώπων εἰς πόντον ῥίψῃ τότε δὴ στοιχεῖα πρόπαντα × χηρεύσει × κόσμου ὁπόταν θεὸς αἰθέρι ναίων οὐρανὸν εἱλίξῃ |

**χθές** 1 (cf.+ ἐχθές)

| TNep. | 1 | 4 | εὐλογῶν κύριον ἐκραταίωσεν ὅτι μετὰ τὸ δεῖπνον τὸ × χθὲς × ἀποθανεῖται. ἤρξατο οὖν λέγειν τοῖς υἱοῖς αὐτοῦ |

**χθόνιος** 1

| Sib. | 4 | 130 | πολύκλυστον ὑπερκλονέῃ μέλαν ὕδωρ. ἀλλ᾽ ὁπόταν × χθονίης × ἀπὸ ῥωγάδος Ἰταλίδος γῆς πυρὸς ἀποστραφείς |

**χθών** 34

| Sib. | 3 | 83 | εἰλεῖται καὶ πέσεται πολύμορφος ὅλος πόλος ἐν × χθονὶ × δὴ καὶ πελάγει ῥεύσει δὲ πυρὸς μαλεροῦ καταράκτης |
| Sib. | 3 | 180 | ἐξαλαπάξει ἐκ πόλεων πολλῶν πάλι δ᾽ ἔσσεται ἐν × χθονὶ × δὴ χρυσίον αὐτὰρ ἔπειτα καὶ ἄργυρος ἠδέ τε |
| Sib. | 3 | 218 | βροτὲ ποικιλόμητι δολόφρον. ἔστι πόλις --- κατὰ × χθονὸς × Οὒρ Χαλδαίων ἐξ ἧς δὴ γένος ἐστὶ δικαιοτάτων |
| Sib. | 3 | 392 | φῶτα κακὸν δ᾽ Ἀσίῃ ζυγὸν ἕξει ὑπὸ × χθονὶ × πλεῖται φόνον ὀμβρηθεῖσα. ἀλλὰ καὶ ὣς πανάοιστι |
| Sib. | 3 | 402 | αὐτίκα τέκμαρ ὁπότε κεν Ῥείης μιαρὸν γένος ἐν × χθονὶ × κῦμα ἀέναον ῥίζησιν ἀδιήντοισι τεθηλὸς αὐτόπρεμνον |
| Sib. | 3 | 506 | αἰώνιος +ἐξαλαπάξει+ καὶ σε καπνιζομένη πᾶσα × χθὼν × ὄψεται αὖτις κοῦ σε δι᾽ αἰῶνος λείψει πῦρ ἀλλὰ |
| Sib. | 3 | 518 | τί δὴ κατὰ μοῖραν ἕκαστον ἐξαυδῶ; ἤδη κατὰ ὅσοι × χθονὶ × ναιετάουσι ᾽Ύψιστος δεινὴν ἐπιπέμψει ἔθνεσι |
| Sib. | 3 | 617 | θεῷ μεγάλῳ βασιλῆι ἀθανάτῳ γόνυ λευκὸν ἐπὶ × χθονὶ × πουλυβοτείρῃ ἔργα δὲ χειροποίητα πυρὸς φλογὶ πάντα |
| Sib. | 3 | 716 | λόγον ἄξουσιν ἐν ὕμνοις δεῦτε πεσόντες ἅπαντες ἐπὶ × χθονὶ × λισσώμεσθα ἀθάνατον βασιλῆα θεὸν μέγαν ἀέναόν τε. |
| Sib. | 3 | 751 | ἀγαθῶν καὶ πίονες ἀγροὶ ἔσσοντ᾽ οὐδὲ μάχαιρα κατὰ × χθονὸς × οὐδὲ κυδοιμὸς οὐδὲ βαρὺ στενάχουσα σαλεύεται |
| Sib. | 3 | 753 | σαλεύεται οὐκέτι γαῖα οὐ πόλεμος οὐδ᾽ αὖτε κατὰ × χθονὸς × αὐχμὸς ἔτ᾽ ἔσται οὐ λιμὸς καρπῶν τε κακορρέκτειρα |
| Sib. | 3 | 793 | μάλα νήπιοι ἐν δεσμοῖσιν ἄξουσιν πηρὸν γὰρ ἐπὶ × χθονὶ × θῆρα ποιήσει. σὺν βρέφεσίν τε δράκοντες ἅμ᾽ ἀσπίσι |
| Sib. | 4 | 10 βροτῶν πολυαλγέα λώβην ἀλλ᾽ ὃν ἰδεῖν οὐκ ἔστιν ἀπὸ × χθονὸς × οὐδὲ μετρῆσαι ὄμμασιν ἐν θνητοῖς οὐ πλασθέντα |
| Sib. | 4 | 109 | ὃ Λυκίης Μύρα καλά σέ δ᾽ οὔποτε βρασσομένη × χθὼν × στηρίξει πρηνὴς δὲ κάτω πίπτουσ᾽ ἐπὶ γαίης εἰς |
| Sib. | 4 | 111 | κάτω πίπτουσ᾽ ἐπὶ γαίης εἰς ἑτέρην εὕξῃ προφυγεῖν × χθόνα × οἷα μέτοικος ἡνίκα δὴ Πατάρων +θμαδὸν πόντω |
| Sib. | 4 | 127 | δ᾽ ἅμα ἀνδροφονήσας Ἰουδαίων ὀλέσει μεγάλην × χθόνα × εὐράγυιαν. καὶ τότε δὴ Σαλαμῖνα Πάφον δ᾽ ἅμα |
| Sib. | 4 | 176 | ἅπας μύκημα καὶ ὄμβριμον ἦχον ἀκούσει. φλέξει δὲ × χθόνα × πᾶσαν ἅπαν δ᾽ ὀλέσει γένος ἀνδρῶν καὶ πάσας πόλιας |
| Sib. | 5 | 124 | καὶ ἐπώνυμος ἐξαπολεῖται. Βιθυνοὶ κλαύσουσιν × χθόνα × τεφρωθεῖσαν καὶ Συρίην μεγάλην καὶ Φοινίκην |
| Sib. | 5 | 175 | αἰὲν ὑπάρχων κοὔκέτι σου σημεῖον ἔτ᾽ ἔσσεται ἐν × χθονὶ × κείνῃ ὡς τὸ πάλαι ὅτε σὰς ὁ μέγας θεὸς εὕρατο |
| Sib. | 5 | 264 καλὴ πόλις ἔνθεος ὕμνων. οὐκέτι βακχεύσει περὶ σὴν × χθόνα × ποὺς ἀκάθαρτος Ἑλλήνων ὁμόθεσμον ἐνὶ στήθεσσιν |
| Sib. | 5 | 281 | κενοῖς καὶ χείλεσι μωροῖς. εὐσεβέων δὲ μόνων ἁγία × χθόνα × πάντα τάδ᾽ οἴσει νᾶμα μελισταγέος ἀπὸ πέτρης ἠδ᾽ |
| Sib. | 5 | 315 | καὶ φῦλον ἀναιδές. εἶθ᾽ ὅτ᾽ ἀναιάξουσι κακὴν × χθόνα × τεφρωθεῖσαν Λέσβος ὑπ᾽ Ἠριδανοῦ αἰῶνιον |
| Sib. | 5 | 328 | καὶ σώφρονα βουλήν+. ἵλαθι παγγενέτωρ τρυφερῇ × χθονὶ × τῇ πολυκάρπῳ Ἰουδαίᾳ μεγάλῃ ἵνα σᾶς γνῶμας |
| Sib. | 5 | 454 | ἐπ᾽ ἠόνος ἔσσεται αὖθις. ἀκρὶς δ᾽ οὐκ ὀλίγη × χθονὶ × Κύπριον ἐξολόβησεται. εἰς Τύρον αἰνόμοροι μέροπες |
| Sib. | 5 | 510 | +ἀνόμους τε+. κοὔκέτι δὴ φειδώ τις ἔτ᾽ ἔσσεται ἐν × χθονὶ × κείνῃ ἀνθ᾽ ὧν οὐκ ἐφύλαξαν 5 μιν θεὸς ἐγγυάλιξεν. |
| FPho. | 73 | οὖ φθονέει μήνη πολὺ κρείσσοσιν ἡλίου αὐγαῖς οὖ × χθὼν × οὐρανίοισ᾽ ὑψώμασι νέρθεν ἐοῦσα οὖ ποταμοὶ |
| IOrp. | 29 | γὰρ ἔην ἄστροιο πορείης καὶ σφαίρης κίνημ᾽ ἀμφὶ × χθονὶ × ὡς περιελιχὶ κυκλοτερὲς ἐν τῷ τε κατὰ σφέτερον |
| IOrp. | 39 | μένος. ἔστι δὲ πάντῃ αὐτὸς ἐπουράνιος καὶ ἐπὶ × χθονὶ × πάντα τελευτᾷ ἀρχὴν αὐτὸς ἔχων καὶ μέσσην ἠδὲ |
| LPhl. | 9 | 37 | 3 | ὑπέρτατα θάμβεα λαῶν. αἰπὺ δ᾽ ἄρ᾽ ἐκπτύουσι διὰ × χθονὸς × ὑδροχόοισι σωλῆνες. |
| LEze. | 9 | 29 | 8 17 | ὑπ᾽ ἐμοῦ τεταγμένα ὅπως σὺ λαὸν τὸν πρὸ ἡμῶν ἐξάγοις × χθονός. × οὐκ εὔλογος πέφυκα γλῶσσα δ᾽ ἐστί μοι δύσφραστος |
| LEze. | 9 | 29 12 04 | συστήματα βατράχων τε πλῆθος καὶ σκνῖπας ἐμβαλῶ × χθονὶ × ᾽Έπειτα τέφραν οἷς καμιναίαν πᾶσαν ἀναβρυήσει δ᾽ ἐν |
| LEze. | 9 | 29 12 23 πρῶτος ἐνιαυτῶν πέλει ἐν τῷδ᾽ ἁπάξ λαὸν εἰς ἄλλην × χθόνα × εἰς ἣν ὑπέστην πατράσιν Ἑβραίων γένους. λέξεις δὲ |
| LEze. | 64 | 29 6 09 καὶ τὸν ἐξ ἀκρήτων πεσεῖν᾽ αἰῶνων πρωτόπλαστον εἰς × χθόνα × ὑμεῖς ἐκτητήνασθε. |

**χιλιάς** 11

| Hen. | 10 | 17 | ἐκφεύξονται καὶ ἔσονται ζῶντες ἕως γεννήσωσιν × χιλιάδας × καὶ πᾶσαι αἱ ἡμέραι νεότητος αὐτῶν καὶ τὰ |
| Hen. | 10 | 19 | ἄμπελος ἦν ἂν φυτεύσωσιν ποιήσουσιν πρόχους οἴνου × χιλιάδας × καὶ ὑπ᾽ ὁροῦ (σπόρου) ποιήσει καθ᾽ ἕκαστον |
| Asen. | 16 | 17C | οἱ σίμβλοι ἦσαν ἀναρίθμητοι μυριάδες μυριάδων καὶ × χιλιάδες × χιλιάδων. καὶ ἦσαν αἱ μέλισσαι λευκαὶ ὡσεὶ χιὼν |
| Asen. | 16 | 17C | ἦσαν ἀναρίθμητοι μυριάδες μυριάδων καὶ χιλιάδες × χιλιάδων. × αἱ ἦσαν αἱ μέλισσαι μεγάλαι καὶ καλαὶ ὡσεὶ τὰ |
| Asen. | 23 | 2 | δυσὶ ταύταις ῥομφαίαις ὑμῶν κατεκόπησαν τριάκοντα × χιλιάδας × ἀνδρῶν πολεμιστῶν. καὶ ἰδοὺ ἐγὼ σήμερον λήψομαι |
| Asen. | 24 | 19 | τὰ ῥήματα ταῦτα. καὶ ἐξαπέστειλεν αὐτοὺς καὶ δύο × χιλιάδας × ἀνδρῶν πολεμιστῶν σὺν αὐτοῖς. καὶ ἦλθον εἰς τὸν |
| Bar. | 4 | 10 | ἀπώλεσε πᾶσαν σάρκα καὶ τὰς τετρακοσίας ἐννέα × χιλιάδας × τῶν γιγάντων καὶ ἀνῆλθεν τὸ ὕδωρ ἐπάνω τῶν |
| Job | 9 | 2 μοι καὶ τὰ ἀρθέντα μοι. εἶχον γὰρ ἑκατὸν τριάκοντα × χιλιάδας × προβάτων καὶ ἀφώρισα ἀπ᾽ αὐτῶν χιλιάδας ἑπτὰ |
| Job | 9 | 3 | τριάκοντα χιλιάδας προβάτων καὶ ἀφώρισα ἀπ᾽ αὐτῶν × χιλιάδας × ἑπτὰ καρῆναι εἰς ἔνδυσιν ὀρφανῶν καὶ χηρῶν καὶ |
| Job | 9 | 6 | ταῖς χήραις πάσαις εἶχον δὲ ἑκατὸν τεσσαράκοντα × χιλιάδας × ὄνων νομάδων, καὶ ἀφώρισα ἐξ αὐτῶν πεντακοσίας, |
| Job | 16 | 3 | λοιπὸν ἀνήλεως κατῆλθεν καὶ ἐφλόγισεν τὰς ἑπτὰ × χιλιάδας × τῶν προβάτων τὰ ταγέντα εἰς ἔνδυσιν τῶν χηρῶν, |

**χιλιοετηρίς** 1

| FJub. | 2 | 24 καταπαύσιμος προσηγορεύθη καὶ ὡς τύπος τῆς ἑβδόμης × χιλιοετηρίδος × καὶ τῆς τῶν ἁμαρτωλῶν συντελείας. τῇ πρώτῃ |

**χίλιοι** 12

| TJud. | 4 | 1 | καὶ παραταξάμενος μετὰ τῶν ἀδελφῶν μου ἐδίωξα × χιλίους × ἄνδρας καὶ ἀπέκτεινα ἐξ αὐτῶν διακοσίους ἄνδρας |
| TJud. | 9 | 8 | πυροῦ κόρους διακοσίους ἐλαίου βεθ φ᾽ οἴνου μέτρα × χιλίους × καὶ πεντακόσια ἕως ὅτε κατήλθομεν εἰς Αἴγυπτον. μετὰ |
| Job | 32 | 3 | οὖν τυγχάνει ἡ δόξα τοῦ θρόνου σου; σὺ εἶ ὁ τὰς × χιλίας × βοῦς ἐκτάξας τοῖς πένησιν εἰς ἀροτρίασ ποῦ οὖν |
| Sib. | 3 | 551 | οὔνομα παγγενέταο σέβας δ᾽ ἔχε μηδὲ λάθῃ σε. × χίλια × δ᾽ ἔστ᾽ ἔτεα καὶ πένθ᾽ ἑκατοντάδες ἄλλαι ἐξ οὗ δὴ |
| FJub. | 48 | 14 τὰ βρέφη τῶν Ἑβραίων ἐν τῷ ποταμῷ ἀπέπνιγον × χιλίων × ἀνδρῶν ἀποπνιγέντων ἰσχυρῶν Αἰγυπίων ἀνθ᾽ ἑνὸς |
| FAch. | 122 | τοιαύτην τῷ Νεκταναβῷ δεδανεισμένα παρὰ Λυκούργου × χίλια × τάλαντα χρυσίου χρόνον ἐνεὶς τὸν παρελθόντα +μετὰ |
| HDem. | 9 | 21 | 18 | ἕως τῆς Ἰακὼβ παρουσίας εἰς Αἴγυπτον ἔτη × α × τ ξ΄ ἀφ᾽ οὗ δὲ ἐκλεγῆναι Ἀβραὰμ ἐκ τῶν ἐθνῶν καὶ |
| HEup. | 9 | 34 | 14 καὶ θυσίαν τῷ θεῷ εἰς ὁλοκάρπωσιν προσαγαγεῖν βοῦς × χιλίους. × λαβόντα δὲ τὴν σκηνὴν καὶ τὸ θυσιαστήριον καὶ |
| HEup. | 9 | 34 | 16 | ἥλους καὶ τὴν ἄλλην κατασκευὴν ἀργυρίου τάλαντα × χίλια × διακόσια τριάκοντα δύο χαλκοῦ δὲ εἰς τοὺς κίονας |

HEup.    9   34    17    ἐλεΐου μετρητὰς μυρίους φοινικοβαλάνων ἀρτάβας * χιλίας * μέλιτος δὲ ἀγγεῖα ἑκατὸν καὶ ἀρώματα πέμψαι τῷ
HEup.    9   34    20    Διός. ποιῆσαι δὲ τὸν Σολομῶνα καὶ ἀσπίδας χρυσᾶς * χιλίας * ὧν ἑκάστην πεντακοσίων εἶναι χρυσῶν. βιῶσαι δὲ
HHec.    1   22   188    λαμβάνοντες καὶ τὰ κοινὰ διοικοῦντες περὶ * χιλίους * μάλιστα καὶ πεντακοσίους εἰσίν. οὗτος ὁ ἄνθρωπος

χιλιοστός
Hen.         7B     1    κατὰ τῶν ἀνόμων. οὗτοι καὶ οἱ λοιποὶ πάντες ἐν τῷ * χιλιοστῷ * ἑκατοστῷ ἑβδομηκοστῷ ἔτει τοῦ κόσμου ἔλαβον
                                                               3
χίμαρος
TZab.    4          9    εὗρον γάρ τι εἴπωμεν τῷ πατρὶ ἡμῶν Ἰακώβ. θύσωμεν * χίμαρον * αἰγῶν καὶ ἐμβάψωμεν τὸν χιτῶνα Ἰωσὴφ καὶ
Arls.     170         3    τῶν προσφερομένων ἔλεγε μόσχων τε καὶ κριῶν καὶ * χιμάρων * ὅτι δεῖ ταῦτα ἐκ βουκολίων καὶ ποιμνίων
Slb.      3       748    καὶ πίονα μῆλα καὶ βόας ἔκ τ' ὅλων ἄρνας αἰγῶν τε * χιμάρους) * πηγάς τε ῥήξει γλυκερὰς λευκοῖο γάλακτος
                                                               1
χιονικός
Hen.        14    10    ὡς λιθόπλακες καὶ πᾶσαι ἦσαν ἐκ χιόνος καὶ ἐδάφη * χιονικά * καὶ αἱ στέγαι ὡς διαδρομαὶ ἀστέρων καὶ ἀστραπαὶ
                                                               1
χιονώδης
Slb.      5       464    δυσμῶν τε δύνασαι. χειμερίη ὁπόταν ῥιπὴ στάξῃ * χιονώδης * πηγνυμένου μεγάλου ποταμοῦ λιμνῶν τε μεγίστων
Χῖος
Slb.      3       422    διανοίαις ἔμμετρον ἕξει οὐνόμασιν δυσὶ μισγόμενον * Χῖον * δὲ καλέσσει αὐτὸν καὶ γράψει τὰ κατ' Ἴλιον οὔ μὲν
                                                              18
χιτών
TZab.    4          9    Ἰακώβ. θύσωμεν χίμαρον αἰγῶν καὶ ἐμβάψωμεν τὸν * χιτῶνα * Ἰωσὴφ καὶ ἐροῦμεν ἐπίγνωθι εἰ χιτὼν τοῦ υἱοῦ σοῦ
TZab.    4          9    τὸν χιτῶνα Ἰωσὴφ καὶ ἐροῦμεν ἐπίγνωθι εἰ * χιτὼν * τοῦ υἱοῦ σοῦ ἐστιν οὗτος καὶ ἐποίησαν οὕτως. τὸν
TZab.    4         10    υἱοῦ σοῦ ἐστιν οὗτος καὶ ἐποίησαν οὕτως. τὸν γὰρ * χιτῶνα * τοῦ πατρὸς ἡμῶν ἐξέδυσαν τὸν Ἰωσὴφ ἐν τῷ μέλλειν
TZab.    4         11    καὶ ἐνέδυσαν αὐτὸν ἱμάτιον παλαιὸν δούλου. τὸν δὲ * χιτῶνα * εἶχε Συμεὼν καὶ οὐκ ἤθελε δοῦναι αὐτὸν θέλων τῇ
TBen.    2          2    μου ὅτε ἐπώλησάν με; καὶ εἶπον αὐτῷ ὅτι ἔφυραν τὸν * χιτῶνά * σου αἵματι καὶ πέμψαντες εἶπον ἐπίγνωθι εἰ ὁ
TBen.    2          2    σου αἵματι καὶ πέμψαντες εἶπον ἐπίγνωθι εἰ ὁ * χιτὼν * τοῦ υἱοῦ σου οὗτος. καὶ λέγει μοι ναὶ ἀδελφὲ καὶ
TBen.    2          3    με οἱ Ἰσμαηλῖται εἰς ἓξ αὐτῶν ἀπόδυσάς με τὸν * χιτῶνα * ἔδωκέ μοι περίζωμα καὶ φραγελλώσας με εἶπε
Asen.    5          5    ὅλον ἐκ χρυσίου καθαροῦ. καὶ ἦν Ἰωσὴφ ἐνδεδυμένος * χιτῶνα * λευκὸν καὶ ἔξαλλον καὶ ἡ στολὴ τῆς περιβολῆς
Asen.   10          8    αὐτῆς καὶ ἤνοιξε τὸ κιβώτιον αὐτῆς καὶ ἐξήνεγκε * χιτῶνα * μελανὸν καὶ ζοφώδη. καὶ οὗτος ἦν ὁ χιτὼν τοῦ
Asen.   10          8    ἐξήνεγκε χιτῶνα μελανὸν καὶ ζοφώδη. καὶ οὗτος ἦν ὁ * χιτὼν * τοῦ πένθους αὐτῆς ὅτε ἀπέθανεν ὁ ἀδελφὸς αὐτῆς ὁ
Asen.   10          9    καὶ ἐπένθησε τὸν ἀδελφὸν αὐτῆς. καὶ ἔλαβε τὸν * χιτῶνα * αὐτῆς τὸν μελανὸν καὶ ἤνεγκεν αὐτὸν εἰς τὸν
Asen.   10         10    τὴν βυσσίνην καὶ χρυσοϋφῆ καὶ ἐνεδύσατο τὸν * χιτῶνα * μελανὸν πένθους καὶ ἔλυσε τὴν ζώνην αὐτῆς τὴν
Asen.   13          3    τὴν βυσσίνην ἐξ ὑακίνθου χρυσούφῇ καὶ ἐνεδυσάμην * χιτῶνα * μελανὸν καὶ πενθήρη. ἰδοὺ λέλυκα τὴν ζώνην μου
Asen.   14         12    ἀκωλύτως ἐν τῷ δευτέρῳ σου θαλάμῳ καὶ ἀπόθου τὸν * χιτῶνα * τὸν μελανὸν τοῦ πένθους σου καὶ τὸν σάκκον ἀπόθου
Asen.   14         14    λινῆν καινὴν ἐπίσημον ἄθικτον καὶ ἀπεδύσατο τὸν * χιτῶνα * τὸν μελανὸν τοῦ πένθους καὶ ἀπέθετο τὸν σάκκον
Arls.    87          6    ἱερέων κεκαλυμμένων μέχρι τῶν σφυρῶν βυσσίνοις * χιτῶσιν. * ὁ δὲ οἶκος βλέπει πρὸς ἕω τὰ δ' ὀπίσθια αὐτοῦ
Arls.    96          3    τῆς δόξης ἣ συνίσταται διὰ τὴν ἔνδυσιν οὗ φορεῖ * χιτῶνος * καὶ τῶν περὶ αὐτὸν λίθων χρυσοῖ γὰρ κώδωνες περὶ
FEz.    186        16    εσομαι αυτοις πυμην κ(και εσομαι εγγυς αυτων ως ο * χ)ιτων * του χρωτος αυτων και επικαλεσονται με <και ερω
                                                              18
χιών
Hen.        14    10    τοῖχοι τοῦ οἴκου ὡς λιθόπλακες καὶ πᾶσαι ἦσαν ἐκ * χιόνος * καὶ ἐδάφη χιονικὰ καὶ αἱ στέγαι ὡς διαδρομαὶ
Hen.        14    13    εἰς τὸν οἶκον ἐκεῖνον θερμὸν ὡς πῦρ καὶ ψυχρὸν ὡς * χιών * καὶ πᾶσα τροφὴ ζωῆς οὐκ ἦν ἐν αὐτῷ φόβος με
Hen.        14    20    ὡς εἶδος ἡλίου λαμπρότερον καὶ λευκότερον πάσης * χιόνος. * καὶ οὐκ ἐδύνατο πᾶς ἄγγελος παρελθεῖν εἰς τὸν
Hen.        90     1    ὅτι εἰς τὸν αἰῶνα οὐ μὴ ἀποστῇ ἀπ' αὐτοῦ ψῦχος καὶ * χιὼν * καὶ πάχνη καὶ δρόσος οὐ μὴ καταβῇ εἰς αὐτὸ εἰ μὴ
Hen.       100    13    ἵνα καταυβάσιν ὅτι ἐὰν ἐπιρρίψῃ ἐφ' ὑμᾶς οἱ * χιλὼν * καὶ πάχνη καὶ ψῦχος αὐτῆς καὶ οἱ ἄνεμοι καὶ ὁ
Hen.       106     2    καὶ ὅτε ἐγεννήθη τὸ παιδίον ἦν τὸ σῶμα λευκότερον * χιόνος * καὶ πυρρότερον ῥόδου τὸ τρίχωμα πᾶν λευκὸν καὶ ὡς
Hen.       106    10    ὅμοιος ἀνθρώποις καὶ τὸ χρῶμα αὐτοῦ] λευκότερον * χιόνος * καὶ πυρρότερον ῥόδου καὶ τὸ τρίχωμα τῆς κεφαλῆς
TLevl    3          2    ὁρᾷ πάσας ἀδικίας ἀνθρώπων. ὁ δεύτερος ἔχει πῦρ * χιόνα * κρύσταλλον ἕτοιμα εἰς ἡμέραν προστάγματος κυρίου
Asen.    5          4    καὶ ἦσαν ἐζευγμένοι ἵπποι τέσσαρες λευκοὶ ὡσεὶ * χιὼν * χρυσοχάλινοι καὶ τὸ ἅρμα κατεσκεύαστο ὅλον ἐκ
Asen.   16          8    τραπέζης. καὶ ἦν τὸ κηρίον μέγα καὶ λευκὸν ὡσεὶ * χιὼν * καὶ πλῆρες μέλιτος. καὶ ἦν τὸ μέλι ἐκεῖνο ὡς δρόσος
Asen.   16         18    χιλιάδων. καὶ ἦσαν αἱ μέλισσαι λευκαὶ ὡσεὶ * χιὼν * καὶ τὰ πτερὰ αὐτῶν ὡς πορφύρα καὶ ὡς ὑάκινθος καὶ
Asen.   22          7    ὡραίου καὶ ἦν ἡ κεφαλὴ αὐτοῦ πᾶσα λευκὴ ὡσεὶ * χιὼν * καὶ αἱ τρίχες τῆς κεφαλῆς αὐτοῦ ἦσαν ὅλαι δασεῖαι
Jer.     9         16    καὶ ἡ κόκκινον ὡς ἔριον λευκὸν γενήσεται ἢ * χιὼν * μελανθήσεται τὰ γλυκέα ὕδατα ἁλμυρὰ γενήσονται καὶ
FJub.    2          2    ἀνωτέρους οὐρανοὺς τὴν γῆν τὰ ὕδατα ἐξ ὧν ἐστι * χιὼν * καὶ κρύσταλλος καὶ χάλαζα καὶ παγετοὶ καὶ δρόσος τὰ
FJub.    2          2    πνευμάτων πνεόντων ἄγγελοι νεφελῶν καὶ γνόφων * χιόνος * καὶ χαλάζης καὶ πάγου ἄγγελοι φωνῶν βροντῶν
HArt.    9   27   37    βρέχοντος αὐτοῖς τοῦ θεοῦ κριμνὸν ὅμοιον ἐλύμῳ * χιών. * καὶ παραπλήσιον τὴν χρόαν. γεγονέναι δὲ τὸν Μωϋσοῦ
LEze.    9   29 11 11    ἐξένεγκέ τε. (Μ). ἰδοὺ τὸ ταχθὲν γέγονεν ὥσπερεὶ * χιών. * (Θ). ἔνθες πάλιν δ' εἰς κόλπον ἔσται δ' ὥσπερ ἦν.
FrAn.   574  3023    μαροια βρακιιων πυριφανη ὁ ἐν μέσῃ ἀρούρης καὶ * χιόνος * καὶ ὁμίχλης ταννητις καταβάτω σου ὁ ἄγγελος ὁ

χλαμύς
IMen.  5  119   2    ἑτέρων τοιούτων ἢ κατασκευάσματα χρυσᾶς ποιήσας * χλαμύδας * ἤτοι πορφυρᾶς ἢ δι' ἐλέφαντος ἢ σμαράγδου ζῴδια
IMen.  5  120   2    δὲ εὗε διὰ τέλους δίκαιος ὢν μὴ λαμπρὸς ὢν ταῖς * χλαμύσιν * ὡς τῇ καρδίᾳ. +βροντῆς ἐὰν+ ἀκούσῃς μὴ φύγῃς
χλευάζω
TLevl    7          2    Σίκιμα λεγομένη πόλις ἀσυνέτων ὅτι ὡσεί τις * χλευάσαι * μωρὸν οὕτως ἐχλευάσαμεν αὐτοὺς ὅτι καίγε
TLevl    7          2    πόλις ἀσυνέτων ὅτι ὡσεί τις χλευάσαι μωρὸν οὕτως * ἐχλευάσαμεν * αὐτοὺς ὅτι καίγε ἀφροσύνην ἔπραξαν ἐν
                                                               1
χλευασμός
TLevl   14          1    οἱ ἀδελφοὶ ὑμῶν καὶ πᾶσι τοῖς ἔθνεσι γενήσεσθε * χλευασμός. * καὶ γὰρ ὁ πατὴρ ἡμῶν Ἰσραὴλ καθαρὸς ἔσται
                                                               2
χλεύη
Job      32    11    ἀδικούντων καὶ ἁμαρτανόντων, νυνὶ δὲ ἐγένου εἰς * χλεύην * ποῦ νῦν τυγχάνει ἡ δόξα τοῦ θρόνου σου; σὺ εἶ Ἰωβ
Slb.      4    37    οὔποτε μιμήσονται ἀναιδείην ποθέοντες ἀλλ' αὐτοὺς * χλεύῃ * τε γέλωτι τε μυχθίζοντες νήπιοι ἀφροσύνῃσιν
                                                               2
χλιδανός
Slb.      3   356    Ἰταλοὶ ἐν πενίῃ ἀνὰ μυρία δ' ὀφλήσουσιν. ὦ * χλιδανὴ * ζάχρυσε Λατινίδος ἔκγονε Ῥώμη παρθένε πολλάκι
FPho.      212    ἄμματα λοξὰ κορύμβων. ἄρσεσιν οὐκ ἐπέοικε κομᾶν * χλιδαναῖς * δὲ γυναιξίν. παιδὸς δ' εὐμόρφου φρουρεῖν
                                                               5
χλόη
Sal.      5          9    ἐν τῷ διδόναι σε ὑετὸν ἐρήμοις εἰς ἀνατολὴν * χλόης * ἡτοίμασας χορτάσματα ἐν ἐρήμῳ παντὶ ζῶντι καὶ ἐάν
Prop.    4         16    ὁ Δανιὴλ αὐτῷ προσέταξεν ἐν ὀσπρίοις βρεκτοῖς καὶ * χλόαις * ἐξιλεοῦσθαι κύριον. διὰ τοῦτο ἐκάλεσεν αὐτὸν
LEze.    9   29 12 15    καὶ περισσὰ βρώματα ἅπαντ' ἀναλώσουσι καὶ καρποῦ * χλόην. * ἐπὶ πᾶσι τούτοις τέκν' ἀποκτενῶ βροτῶν πρωτόγονα.
LEze.    9   29 16 11    φοινίκων πέλει ἔγκαρπα δεκάκις ἑπτὰ καὶ ἐπίρρυτος * χλόη * πέφυκε θρέμμασιν χορτάσματα. ἕτερον δὲ πρὸς τοῖσδ'
LArl.    8   10    16    σφοδρῶς οὐδέκα ἐξαπάλωσεν ἀλλ' ἔμεινε τῶν ἀστέρων ἢ * χλόη * πυρὸς ἄθικτος σαλπίγγων τε φωναὶ σφοδρότεραι
                                                               3
χλωρός
Hen.      5          1    καὶ ἴδετε πάντα τὰ δένδρα--- πῶς τὰ φύλλα * χλωρὰ * ἐν αὐτοῖς σκέπονται τὰ δένδρα καὶ πᾶς ὁ καρπὸς
TGad.    2          2    ἐκ γῆς ζώντων ὃν τρόπον ἐκλείχει ὁ μόσχος τὰ * χλωρὰ * ἀπὸ τῆς γῆς. διὸ ἐγὼ καὶ Ἰούδας πεπράκαμεν αὐτὸν
LEze.    9   29  7 04    ἄφνω βάτος μὲν καλεῖται πολλῷ πυρὶ αὐτοῦ δὲ * χλωρὸν * πᾶν μένει τὸ βλαστάνον. τί δή; προελθὼν ὄψομαι
                                                               4
χοανεύω
Esdr.    4    43    τῆς φοβερᾶς ἀπειλῆς κρυβήσεται καὶ διὰ τοῦτο * χωνεύσω * τὴν γῆν καὶ σὺν αὐτῇ τὸν ἀντάρτην τοῦ γένους τῶν
Slb.      3    87    πόλον οὐράνιον καὶ ἤματα καὶ κτίσιν αὐτὴν εἰς ἓν * χωνεύσει * καὶ εἰς καθαρὸν διαλέξει. κούκέτι φωστήρων
Slb.      5    84    ἀργυρέους τε χαλκοῦς ἀψύχους κωφούς καὶ ἐν πυρὶ * χωνευθέντα * ποιήσαντας μάτην νε πεποίθατες ἐν τοιούτοις.
HEup.    9   34    6    δῶμα ποιῆσαι χαλκοῦν ἀπὸ κεραμίδων χαλκῶν χαλκὸν * χωνεύσαντα * καὶ τοῦτον καταχέαντα. ποιῆσαι δὲ δύο στύλους
                                                               1
Χοβάρ
Prop.    3          6    τέρας ἔδωκε τῷ λαῷ ὥστε προσέχειν τῷ ποταμῷ * Χοβὰρ * ὅτε ἐκλείποι ἐπελπίζειν τὸ δρέπανον τῆς ἐρημώσεως
                                                               1
χοίρειος
FrAn.   574  3079    δέ σε τὸν παραλαμβάνοντα τὸν ὁρκισμὸν τοῦτον * χοίρειον * μὴ φαγεῖν καὶ ὑποταγήσεται σ<ο>ι πᾶν πνεῦμα καὶ
χοῖρος
TJud.    2          5    εἰ ἐπέστρεφε πρός με διέσπων αὐτὸ ὡς κύνα. τῷ * χοίρῳ * τῷ ἀγρίῳ συνέδραμον καὶ προλαβὼν ἐν τῷ τρέχειν με
                                                               5
χολή
TRub.    3          4    τῇ γαστρὶ τρίτον πνεῦμα μάχης ἐν τῷ ἥπατι καὶ τῇ * χολῇ * τέταρτον πνεῦμα ἀρεσκείας καὶ μαγγανείας ἵνα διὰ
TNep.    2          8    στομάχου κάλαμον πρὸς ὑγίειαν ἧπαρ πρὸς θυμὸν * χολὴ * πρὸς πικρίαν εἰς γέλωτα σπλῆνα νεφροὺς εἰς
Esdr.    2    25    τὸν προφήτην πῶς ἔχω αὐτοὺς ἐλεήσω; ὄξος καὶ * χολήν * με ἐπότισαν καὶ ὡς οὐδὲ τοῦτοι ἐμετενόησαν. καὶ
Esdr.    7     1    μου ἐγὼ ἀθάνατος ὢν σταυρὸν κατεδεξάμην ὄξος καὶ * χολὴν * ἐγευσάμην ἐν τάφῳ κατετέθην καὶ τοὺς ἐκλεκτούς μου
Job      43    ὄφεως κάλλος, καὶ τὰς λεπίδας τοῦ δράκοντος ἡ δὲ * χολὴ * αὐτοῦ καὶ ὁ ἰὸς αὐτοῦ ἔσται εἰς βορὰν οὐκ ἐκτήσατο
                                                              12
χόλος
Slb.      3    51    ἐπειγομένοιο χρόνου. καὶ τότε Λατίνων ἀπαραίτητος * χόλος * ἀνδρῶν τρεῖς Ῥώμην οἰκτρῇ μοίρῃ καταδηλήσονται.
Slb.      3   534    δ' αὐτοὺς πάντας ὀλέσει πέντε δὲ κινήσουσι βαρὺν * χόλος * οἳ δὲ πρὸς αὐτοὺς αἰσχρῶς φυρόμενοι πολέμῳ δεινῷ
Slb.      3   556    φρονεῖν ὑμῖν ὑπεδείχθη. ἀλλ' ὁπόταν μεγάλοιο θεοῦ * χόλος * ἔσσεται ὑμῖν δὴ τότ' ἐπιγνώσεσθε θεοῦ μεγάλοιο
Slb.      3   561    μέγαν ἐπαμύνοιντα κλήξειν καὶ ζητεῖν ῥυστῆρα * χόλος * Λατινόιο τίς ἔσται. ἀλλ' ἄγε καὶ μάθε τοῦτο καὶ ἐν
Slb.      4   160    καὶ τότε γινώσκειν θεὸν οὐκέτι πρηΰν ἐόντα ἀλλὰ * χόλῳ * βρύχοντα καὶ ἐξολέκοντα γενεδλην ἀνθρώπων ἅμα πᾶσαν
Slb.      4   169    θεὸς δώσει μετάνοιαν οὐδ' ὀλέσει παύσει δὲ * χόλῳ * πάλιν ἥνπερ ἅπαντες εὐσεβίην περίτιμον ἐνὶ φρεσὶν
Slb.      5   130    τὴν μυρίπνουν ποτὲ χέρσον. ἔσται καὶ Φρυγίη δεινὸς * χόλος * εἵνεκα λύπης ἧς χάριν ἢ Διὸς ἦλθε Ῥέη κἀκεῖ
Slb.      5   373    ὄχθου ποταμῶν βαθυδινῶν. τῆς τε Μακηδονίης στάξει * χόλος * ἐν πεδίοισιν --- συμμαχίην +δῶ δ' + ἐκ δυσμῶν

Slb. 5 456 κλαύσεσθε βλέποντες. Φοινίκη δεινός σε μένει * χόλος * ἄχρι πεσεῖν σε πτῶμα κακὸν Σειρῆνες ὅπως
Slb. 5 508 Αἰγυπτιάδος γῆς ἐν δὲ θεὸς βρέξει κατὰ γῆς δεινὸν * χόλον * αὐτοῖς ὥστ᾽ ὀλέσαι πάντας τε κακοὺς πάντας τ᾽
Slb. 5 513 ἐν ἀστράσιν εἶδον ἀπειλὴν ἠδὲ Σεληναίης δεινὸν * χόλον * ἐν στεροπῇσιν ἄστρα μάχην ὤδινε θεὸς δ᾽ ἐπέτρεψε
FPho. 101 ἀνορύξῃς μηδ᾽ ἀθέατα δείξῃς ἠελίωι καὶ δαιμόνιον * χόλον * ὄρσῃς. οὐ καλὸν ἁρμονίην ἀναλυέμεν ἀνθρώποιο καὶ

χολόω 1
Slb. 3 766 γένναν παίδων τρέφε μηδὲ φόνευε ταῦτα γὰρ ἀθάνατος * κεχολώσεται * ὅς κεν ἁμάρτῃ. καὶ τότε δὴ ἐξεγερεῖ

χοοπλάστης * 1
FrAn. 574 3047 τὸν τὰ ἐν καρδίᾳ πάσης ζωῆς ἐπιστάμενον τὸν * χουοπλάστην * τοῦ γένους τῶν ἀνθρώπων τὸν ἐξαγαγόντα ἐξ

χόος 12
Adam 26 2 κτηνῶν. στερηθήσει τῆς τροφῆς σου ἧς ἤσθιες καὶ * χοῦν * φάγει πάσας τὰς ἡμέρας τῆς ζωῆς σου. ἐπὶ τῷ στήθει
Adam 40 5 ἀφιέναι μοι τὸ πρῶτον πλάσμα τὸ ἀρθὲν ἀπ᾽ ἐμοῦ τὸν * χοῦν * ἐξ ἧς ἐλήφθη. ἔλαβον δέ οἱ ἄγγελοι ἐν τῷ καιρῷ
Adam 40 6 εἰς τὰ μέρη τοῦ παραδείσου εἰς τὸν τόπον ὅπου ἧρεν * χοῦν * ὁ θεὸς καὶ ἔπλασεν τὸν Ἀδάμ. καὶ ἐποίησεν ὀρυγῆναι
Jer. 2 1 διέρρηξεν ὁ Ἱερεμίας τὰ ἱμάτια αὐτοῦ καὶ ἐπέθηκεν * χοῦν * ἐπὶ τὴν κεφαλὴν αὐτοῦ καὶ εἰσῆλθεν εἰς τὸ
Jer. 2 2 τὸ ἁγιαστήριον τοῦ θεοῦ. ἰδὼν δὲ αὐτὸν ὁ Βαροὺχ * χοῦν * πεπασμένον ἐπὶ τὴν κεφαλὴν αὐτοῦ καὶ τὰ ἱμάτια
Jer. 2 3 ἐποίησεν ὁ λαός; ἐπειδὴ ὅταν ἡμάρτανεν ὁ λαὸς * χοῦν * ἔπασσεν ἐπὶ τὴν κεφαλὴν αὐτοῦ ὁ Ἱερεμίας καὶ
Jer. 4 6 λαοῦ ἕλκοντες εἰς Βαβυλῶνα. ὁ δὲ Βαροὺχ ἐπέθηκε * χοῦν * ἐπὶ τὴν κεφαλὴν αὐτοῦ καὶ ἐκάθισε καὶ ἔκλαυσε τὸν
Jer. 7 20 τῷ λαῷ. καὶ ἀκούσας ὁ λαὸς ἔκλαυσαν καὶ ἐπέθηκαν * χοῦν * ἐπὶ τὰς κεφαλὰς αὐτῶν καὶ ἔλεγον τῷ Ἱερεμίᾳ σῶσον
Jer. 9 9 καὶ διέρρηξαν τὰ ἱμάτια αὐτῶν καὶ ἐπέθηκαν * χοῦν * ἐπὶ τὰς κεφαλὰς αὐτῶν καὶ ἔκλαυσαν κλαυθμὸν πικρόν.
Prop. 2 4 σήμερον εὔχονται ἐν τῷ τόπῳ καὶ λαμβάνοντες τοῦ * χοὸς * τοῦ τόπου δήγματα ἀσπίδων θεραπεύουσι (καὶ πολλοὶ
FIsa. 1 10 τὰ ἱμάτια αὐτοῦ καὶ ἔκλαυσεν πικρῶς καὶ ἔβαλεν * χοῦν * ἐπὶ τὴν κεφαλὴν αὐτοῦ καὶ ἔπεσεν ἐπὶ πρόσωπον
HHec. 1 22 192 καὶ πᾶσιν αὐτοῦ τοῖς στρατιώταις ὁμοίως φέρειν τὸν * χοῦν * προστάξαντος μόνους τοὺς Ἰουδαίους οὐ προσσχεῖν

χορδή 5
Job 46 7 ἤνεγκεν αὐτὰ καὶ ἤνοιξεν καὶ ἀνήνεγκεν τὰς τρεῖς * χορδὰς * τὰς ποικίλας ὡς μὴ δύνασθαί τινα ἄνθρωπον λαλῆσαι
Job 46 9 σπινθῆρας πυρός, ὡς ἀκτῖνας τοῦ ἡλίου. καὶ δέδωκεν * χορδὴν * μίαν εἰπὼν λάβετε αὐτὰς περὶ τὸ στῆθος ὑμῶν ἵνα
Job 47 1 ἀδελφῶν ἡμῶν; τίς οὖν χρεία τῶν περιττῶν τούτων * χορδῶν; * μὴ ἐκ τούτων ἕξομεν τοῦ ζῆν; καὶ εἶπεν αὐταῖς ὁ
Job 47 3 οὐ μόνον ἐκ τούτων ἕξετε τοῦ ζῆν, ἀλλ᾽ αὗται αἱ * χορδαὶ * εἰσάξουσιν ὑμᾶς εἰς τὸν μείζονα αἰῶνα, ζῆσαι ἐν
Job 47 5 σκώληκας καλέσας με παρέσχετό μοι ταύτας τὰς τρεῖς * χορδὰς * λέγων μοι ἀνάστα, ζῶσαι ὥσπερ ἀνὴρ τὴν ὀσφῦν σου

χορηγέω 10
Sedr. 10 2 καὶ λέγει αὐτὸν ὁ θεὸς ἡ ψυχή σου οὐκ οἶδας ὅτι * χορηγεῖται * ἐν μέσῳ τῶν πνευμόνων σου καὶ τῆς καρδίας σου
Job 31 4 προσεγγίσαι μοι καὶ ἐποίησαν τρεῖς ἡμέρας * χορηγοῦντες * τὰ θυμιάματα καὶ ὅτε πλησίον μου ἐγένοντο,
Arls. 115 2 διὰ τῆς θαλάσσης. ἔχει γὰρ καὶ λιμένας εὐκαίρους * χορηγοῦντας * τόν τε κατὰ τὴν Ἀσκαλῶνα καὶ Ἰόππην καὶ
Arls. 259 2 γὰρ ὡς θεὸς πολυωρεῖ τὸ τῶν ἀνθρώπων γένος * χορηγῶν * αὐτοῖς καὶ ὑγείαν καὶ εὐαισθησίαν καὶ τὰ λοιπὰ
Arls. 282 2 τίνα θαυμάζειν ἄξιόν ἐστιν ἄνθρωπον; ὁ δὲ ἔφη τὸν * κεχορηγημένον * δόξῃ καὶ πλούτῳ καὶ δυνάμει καὶ ψυχὴν ἴσον
Arls. 303 4 περὶ τὴν τοῦ σώματος θεραπείαν ἀπελύοντο γίνεσθαι * χορηγουμένων * αὐτοῖς δαψιλῶς ὧν προῃροῦντο πάντων. ἐκτὸς
FAch. 102 ἔπεμπεν τοῖς βασιλεῦσιν καὶ μὴ εὑρίσκοντες φόρους * ἐχορήγουν. * καὶ οὕτως ἡ τῶν Βαβυλωνίων βασιλεία
HEup. 9 33 1 καὶ Μωαβῖτιν καὶ Ἀμμανῖτιν καὶ Γαλαδῖτιν * χορηγεῖσθαι * αὐτοῖς τὰ δέοντα ἐκ τῆς χώρας κατὰ μῆνα
HEup. 9 33 1 οἴνου ἐστὶ μέτρα δέκα. τὸ δὲ ἔλαιον καὶ τὰ ἄλλα * χορηγηθήσεται * αὐτοῖς ἐκ τῆς Ἰουδαίας ἱερεῖα δὲ εἰς
HEup. 9 34 3 ποιήσεις ἐπιστείλας τοῖς κατὰ τόπον ἐπάρχοις ὅπως * χορηγῆται * τὰ δέοντα. διελθὼν δὲ Σολομῶν ἔχων τοὺς

χορηγία 1
Arls. 84 4 κατὰ τὸν οἶκον διασκευῆς ὑπῆρχε μεγαλομερείᾳ καὶ * χορηγίᾳ * κατὰ πάντα ὑπερβαλλούσῃ διῳκοδομημένων ἁπάντων.

χορός 3
Bar. 10 5 αἱ ψυχαὶ τῶν δικαίων ὅταν ὁμιλῶσι συνδιάγοντες * χοροὶ * χοροί. τὸ δὲ ὕδωρ ἐστὶν ὅπερ τὰ νέφη λαμβάνοντα
Bar. 10 5 ψυχαὶ τῶν δικαίων ὅταν ὁμιλῶσι συνδιάγοντες χοροὶ * χοροί. * τὸ δὲ ὕδωρ ἐστὶν ὅπερ τὰ νέφη λαμβάνοντα
Prop. 15 7 ψαλμοῖς τουτέστιν αἰνεῖτε τὸν θεὸν ἐν ψαλμοῖς καὶ * χοροῖς * περὶ τῆς ἐπανόδου ἀπὸ Βαβυλῶνος.) Μαλαχίας. οὗτος

Χορός 1
Job 1 3 τρεῖς θυγατέρας αὐτοῦ ὧν εἰσιν τὰ ὀνόματα Τερσι * Χορος * Υων Νικη Φορος Φιφη Φρουων Ἡμέρα Κασία Ἀμαλθείας

χορτάζω 4
TJud. 21 8 καὶ πολλῶν σάρκας ἀδίκως κόρακας καὶ ἴβεις * χορτάσουσι * καὶ προκόψουσιν ἐπὶ τὸ κακὸν ἐν πλεονεξίᾳ
TJud. 25 4 πτωχείᾳ διὰ κύριον πλουτισθήσονται καὶ οἱ ἐν πενίᾳ * χορτασθήσονται * καὶ οἱ ἐν ἀσθενείᾳ ἰσχύσουσι καὶ οἱ διὰ
Job 22 2 λέγουσα μετ᾽ ὀδύνης οὐαί μοι, τάχα οὔτε ἄρτου * χορτάζεται. * καὶ οὐκ ἐφείδετο ἐξελθεῖν ἐν τῇ ἀγορᾷ
Job 25 10 μου τὰ ὀστᾶ ἀνάστηθι σύ, λαβὼν τοὺς ἄρτους * χορτάσθητι, * καὶ εἰπόν τι ῥῆμα πρὸς κύριον καὶ τελεύτα

χόρτασμα 2
Sal. 5 10 σε ὑετὸν ἐρήμοις εἰς ἀνατολὴν χλόης ἡτοίμασας * χορτάσματα * ἐν ἐρήμῳ παντὶ ζῶντι καὶ ἐὰν πεινάσωσιν πρός
LEze. 9 29 16 11 δεκάκις ἑπτὰ καὶ ἐπίρρυτος χλόη πέφυκε θρέμμασιν * χορτάσματα. * ἕτερον δὲ πρὸς τοῖσδ᾽ εἴδομεν ζῷον ξένον

χόρτος 4
Prop. 4 8 ἔγνω διὰ θεοῦ ὁ ἅγιος ὅτι ὡς βοῦς ἤσθιε * χόρτον * καὶ ἐγένετο ἀνθρωπίνης φύσεως τροφή. διὰ τοῦτο
Slb. 3 789 ἠδὲ λύκοι τε καὶ ἄρνες ἐν οὔρεσιν ἄμμιγ᾽ ἔδονται * χόρτον * παρδάλιές τ᾽ ἐρίφοις ἅμα βοσκήσονται ἄρκτοι σὺν
FEz. 64 70 10 μὴ ὁρῶν ποῦ ἀπέρχομαι; ἀλλὰ τεχνασώμεθα. τίλας * χόρτον * τὸν πλησίον καὶ πλέξας σχοινίον ἠκόντισε τῷ τυφλῷ
FEz. 186 5 και πορευ⟨εσθαι εις τριβολους κ⟩αι ακανθας αντι * χ⟨ορτου * και ουκ ετηρη⟩σατε την εμην εν⟨τολην αλλα πας

Χούμ 2
HAno. 9 17 9 Χαναὰν γεννῆσαι τὸν πατέρα τῶν Φοινίκων τούτου δὲ * Χοὺμ * υἱὸν γενέσθαι ὃν ὑπὸ τῶν Ἑλλήνων λέγεσθαι Ἄσβολον
LEze. 9 28 4 08 βροτοὺς ἱερεὺς ὅς ἐστ᾽ ἐμοῦ τε καὶ τούτων πατήρ. * (Χ.) * ὅμως κατειπεῖν χρή σε Σεπφώρα τάδε. (Σ). ξένῳ πατὴρ

χόω 3
Prop. 1 1 τῆς διαβάσεως τῶν ὑδάτων ὧν ἀπώλεσεν Ἐζεκίας * χώσας * αὐτά. καὶ ὁ θεὸς τὸ σημεῖον τοῦ Σιλωὰμ διὰ τὸν
Slb. 5 320 ἕξεις ὃν πεπόθηκας ἔχειν χῶρον πολύδακρυν ἐς γῆν * χωσαμένη * παρὰ χεύμασι Θερμώδοντος. πετροφυὴς Τρίπολίς τε
HEup. 9 34 5 οἰκοδομὴν μὴ φαίνεσθαι χρυσῶσαί τε τὸν ναὸν ἔσωθεν * χωννύντα * πλινθία χρυσᾶ πενταπήχη καὶ προστιθέναι

χραίνω 1
TAser 4 4 οὐ θέλει ἡμέραν ἀγαθὴν ἰδεῖν μετὰ ἀσώτων ἵνα μὴ * χράνῃ * τὸ στόμα καὶ μολύνῃ τὴν ψυχὴν καίγε τοῦτο

χράομαι (-ω) 28
Bar. 6 12 τὸ τοῦ σκώληκος ἀφόδευμα γίνεται κινάμωμον ᾧπερ * χρῶνται * βασιλεῖς καὶ ἄρχοντες. μεῖνον δὲ καὶ ὄψει δόξαν
Job 20 3 καὶ τότε παρέδωκέν με ὁ κύριος εἰς χεῖρας αὐτοῦ * χρήσασθαι * τῷ σώματι ὡς ἠβούλετο, τῆς δὲ ψυχῆς μου οὐκ
Job 21 3 τῆς ἀλαζονείας τῶν ἀρχόντων τῆς πόλεως ταύτης πῶς * χρῶνται * τῇ γαμετῇ μου ὡς δουλίδι. καὶ μετὰ ταῦτα
Arls. 2 6 πάντων κυριώτατον νενευκυῖα τὴν εὐσέβειαν ἀπλανεῖ * κεχρημένῃ * κανόνι διοικεῖ. τὴν προαίρεσιν ἔχοντες ἡμεῖς
Arls. 11 5 χαρακτῆρσι γὰρ ἰδίοις κατὰ τὴν Ἰουδαίαν * χρῶνται * καθάπερ Αἰγύπτιοι τῇ τῶν γραμμάτων θέσει καθὸ
Arls. 11 7 καὶ φωνὴν ἰδίαν ἔχουσιν. ὑπολαμβάνονται Συριακῇ * χρῆσθαι * τὸ δ᾽ οὐκ ἔστιν ἀλλ᾽ ἕτερος τρόπος. μεταλαβὼν δὲ
Arls. 14 8 αὐτῶν ἀπελάβομεν καθὼς προδεδήλωται τοιούτοις * ἐχρησάμεθα * λόγοις πρὸς τὸν βασιλέα μήποτε ἄλογον ᾖ
Arls. 20 4 τὰς δὲ ἀπογραφὰς ποιεῖσθαι παρ᾽ αὐτὰ μεγαλείως * χρησάμενος * τῇ προθυμίᾳ τοῦ θεοῦ τὴν πᾶσαν ἐπιτελέσαντος
Arls. 26 5 ὁ βασιλεὺς προσέθηκε μεγαλομερείᾳ καὶ μεγαλοψυχίᾳ * χρησάμενος * ἐκέλευσέ τε τὴν τῶν διαφόρων δόσιν ἀθρόαν
Arls. 56 2 μὲν οὖν ποικιλίᾳ τῶν τεχνῶν ἐκέλευσεν ὅτι μάλιστα * χρήσασθαι * σεμνῶς ἅπαντα διανοούμενος καὶ φύσιν ἔχων
Arls. 145 2 σεμνῶς πάντα ἀνατέτακται. τῶν γὰρ πτηνῶν οἷς * χρώμεθα * πάντα ἥμερα καθέστηκε καὶ διαφέρει καθαριότητι
Arls. 145 3 καὶ διαφέρει καθαριότητι πυροῖς καὶ ὀσπρίοις * χρώμενα * πρὸς τὴν τροφὴν οἷον περιστεραὶ τρυγόνες ἀττακοὶ
Arls. 170 6 μηθὲν ὑπερήφανον ἑαυτοῖς συνιστορῶσι σημειώσει * κεχρημένοι * τοῦ διατάξαντος. τῆς γὰρ ἑαυτοῦ ψυχῆς τοῦ
Arls. 184 2 κατεκλίθησαν ἐκέλευσε τῷ Δωροθέῳ τοῖς ἐθισμοῖς οἷς * χρῶνται * πάντες οἱ παραγινόμενοι πρὸς αὐτὸν ἀπὸ τῆς
Arls. 188 3 τὸ τοῦ θεοῦ διὰ παντὸς ἐπιεικές. μακροθυμίᾳ γὰρ * χρώμενος * καὶ κολάζων τοὺς αἰτίους ἐπιεικέστερον ⟨ἢ⟩
Arls. 192 6 τῆς ἰσχύος τύπτοντος αὐτοὺς ἀλλ᾽ ἐπιεικείᾳ * χρωμένου * τοῦ θεοῦ. εὖ δὲ καὶ τοῦτον κατεπαινέσας ἠρώτα
Arls. 194 4 εἶπεν εἰ τῇ τῶν ὅπλων καὶ δυνάμεων παρασκευῇ πολλῇ * χρώμενος * εἰδείη ταῦτα ὄντα κενὰ ἐπὶ πλείονα χρόνον πρὸς
Arls. 215 5 οὔτε χαρίζεσθαι προαιρῇ παρὰ λόγον οὐδὲ ἐξουσίᾳ * χρώμενος * τὸ δίκαιον αἴρεις. ἐπὶ πλεῖον γὰρ ἐν οἷς
Arls. 250 5 κατεσκεύασται ἀσθενὲς δέον δ᾽ ἐστὶ κατὰ τὸ ὑγιὲς * χρῆσθαι * καὶ μὴ πρὸς ἔριν ἀντιπράσσειν. κατορθοῦται γὰρ
Arls. 253 4 εἶπε γινώσκων ὅτι πάντων ἐξουσίαν ἔχει καὶ εἰ * χρήσαιτο * θυμῷ θάνατον ἐπιφέρει ὅπερ ἀνωφελὲς καὶ
Arls. 264 2 δὲ αὐτὸν τὸν ἑξῆς ἐπηρώτα τίσι δεῖ συμβούλοις * χρῆσθαι; * τοῖς διὰ πολλῶν ἔφη πεπειραμένοις πραγμάτων καὶ
Arls. 319 3 ἐκέλευσεν ἑτοιμάζειν μεγαλομερῶς τοῖς ἀνδράσι * χρησάμενος. * ἑκάστῳ γὰρ στολὰς ἔδωκε τῶν κρατίστων τρεῖς
FPho. 165 μυχάτους προλελοιπότες οἴκους ἔρχονται βιότου * κεχρημένοι * ὁππότ᾽ ἄρουραι λήια κειράμεναι καρπῶν
HDem. 9 29 16 οὖν τοὺς μὴ κατακλυσθέντας τοῖς ἐκείνων ὅπλοις * χρήσασθαι. * τὴν Ἰούδα φυλὴν καὶ Βενιαμειν καὶ Λευὶ μὴ
HArt. 9 27 34 τὸν βασιλέα τοὺς Ἰουδαίους ἀπολῦσαι τοὺς δὲ * χρησαμένους * παρὰ τῶν Αἰγυπτίων πολλὰ μὲν ἐκπώματα οὐκ
HArt. 9 27 35 διὰ τὸ τὴν ὕπαρξιν τοὺς Ἰουδαίους τῶν Αἰγυπτίων * χρησαμένους * διακομίζειν. τῷ δὲ Μωΰσῳ φωνὴν θείαν
LArl. 13 12 6 ἀγοραὶ μεστὴ δὲ θάλασσα καὶ λιμένες πάντη δὲ θεοῦ * κεχρήμεθα * πάντες. τοῦ γὰρ καὶ γένος ἐσμέν ὁ δ᾽ ἤπιος
FrAn. 9 17 4 Ἰουδαίας βασιλεὺς οὐκ εἰς μακρὰν περὶ τὸν οἶκον * ἐχρήσατο * χαλεπῇ συμφορᾷ. ἑβδόμῃ γὰρ ἡμέρᾳ τῆς ἀναιρέσεως

χρεία 20
Abr.1 4 5 οὖν ὁ ἀρχιστράτηγος ἐξῆλθεν ἔξω ὡς δῆθεν γαστρὸς * χρείᾳ * ὕδατος χύσιν ποιήσας καὶ ἀνῆλθεν εἰς τοὺς οὐρανοὺς
TZab. 6 5 ἰχθύας καὶ ποιήσας αὐτὰ ἀγαθῶς κατὰ τὴν ἑκάστου * χρείαν * προσέφερον πᾶσι συνάγων καὶ συμπάσχων. διὰ τοῦτο
Bar. 4 9 τοῦ πρωτοπλάστου ἀναίρεσις πῶς ἄρτι εἰς τοσαύτην * χρείαν * ἐστίν; καὶ εἶπεν ὁ ἄγγελος ὀρθῶς ἐρωτᾷς ὅτε
Job 10 3 εἶχεν τρέφεσθαι ἐν τῇ τραπέζῃ πρὶν ἢ λαβεῖν τὴν * χρείαν * καὶ οὐδὲ ἐπέτρεπον ἐξελθεῖν τὴν θύραν μου κόλπῳ
Job 47 1 εἶναι κρείττονα τῆς τῶν ἀδελφῶν ἡμῶν; τίς οὖν * χρεία * τῶν περιττῶν τούτων χορδῶν; μὴ ἐκ τούτων ἕξομεν

Aris. 11 3 πο.ῆσαι; πάντα γὰρ ὑποτέτακταί σοι τὰ πρὸς τὴν * χρείαν. * ὁ δὲ Δημήτριος εἶπεν ἑρμηνείας προσδεῖται
Aris. 14 6 ὑπὸ τῶν στρατιωτῶν δι' ἃς ἐπεποίηντο * χρείας * ἐν τοῖς πολεμικοῖς ἀγῶσιν ἡμεῖς δὲ ἐπεί τινα
Aris. 37 9 ἡμᾶς εἶναι τῆς περὶ τὴν αὐλὴν πίστεως ἀξίους ἐπὶ * χρειῶν * καθεστάκαμεν. βουλομένων δ' ἡμῶν καὶ τούτοις
Aris. 110 3 πλέον εἴκοσιν ἡμερῶν παρεπιδημεῖν καὶ τοῖς ἐπὶ τῶν * χρειῶν * ὁμοίως δι' ἐγγράπτων διαστολὰς ἔδωκεν ἐὰν
Aris. 126 2 ἐπιστοῦτο μὴ προΐεσθαι τοὺς ἀνθρώπους εἴ τις ἑτέρα * χρεία * πρὸς τὰ κατ' ἰδίαν αὐτῷ κατεπείγοι πρὸς δὲ τὴν
Aris. 174 4 ἐκέλευσε τοὺς λοιποὺς πάντας ἀπολῦσαι τοὺς ἐπὶ τῶν * χρειῶν * καλεῖν δὲ τοὺς ἀνθρώπους. οὐ πᾶσι παραδόξου
Aris. 193 2 ἠρώτα τὸν ἑξῆς πῶς ἂν ἐν ταῖς πολεμικαῖς * χρείαις * ἀήττητος εἴη; ὁ δὲ εἶπεν εἰ μὴ πεποιθὼς ὑπάρχοι
Aris. 258 6 τοὺς ἄλλους ἀμισθὶ συντελεῖν ἀναγκάζοι τὰ πρὸς τὴν * χρείαν. * διανοούμενος γὰρ ὡς θεὸς πολυωρεῖ τὸ τῶν
Aris. 271 4 διὰ τῶν ἀποτεταγμένων εἰς τοὺς ὄχλους ταῖς * χρείαις * καθὼς σὺ τοῦτο πράσσεις θεοῦ σοι τὴν σεμνὴν
Aris. 301 7 τὰ τῆς ἑρμηνείας ἐπιτελεῖν παρόντων ὅσα πρὸς τὴν * χρείαν * ἔδει καλῶς. οἱ δὲ ἐπετέλουν ἕκαστα σύμφωνα
FAch. 107 ἐπιγνοὺς οὖν ὁ στρατοφύλαξ τὰς ἀναγκαίας * χρείας * τοῦ βασιλέως ἠθέλησεν τὸ ἑαυτοῦ ἁμάρτημα εὔκαιρον
FAch. 116 καὶ πλίνθους καὶ ξύλα καὶ ὅσα πρὸς τὴν οἰκοδομὴν * χρεία * ἐστιν. ὁ δὲ Νεκταναβὼν ἔφη πόθεν ἐμοὶ πτηνοὺς
HEup. 9 31 1 μοι μέχρι τοῦ ἐπιτελέσαι πάντα κατὰ τὴν * χρείαν * καθότι ἐπιτέτακται. επιστολη Ουαφρη αντιγραφος.
HEup. 9 32 1 ἵνα ἀποκατασταθῶσιν εἰς τὴν ἰδίαν ὡς ἂν ἀπὸ τῆς * χρείας * γενόμενοι. επιστολη Σολομωνος. βασιλεὺς Σολομῶν
HEup. 9 33 1 ἡμῖν μέχρι τοῦ ἐπιτελέσαι τὴν τοῦ θεοῦ * χρείαν * καθότι μοι ἐπιτέτακται. γέγραφα δὲ καὶ εἰς τὴν

χρεμετίζω 2
FAch. 117 ἐπιτοκίους ἐὰν ἀκούσωσι τῶν ἐν Βαβυλῶνι ἵππων * χρεμετιζόντων * ἐκτιτρώσκουσιν. ὁ δὲ Αἴσωπος αὔριον περὶ
FAch. 118 εἰς Βαβυλῶνα; ὁ δὲ Αἴσωπος ἔφη ⟨πῶς⟩ τῶν παρ' ἐμὲ * χρεμετιζόντων * ἵππων ἀκοῦσαι ⟨αἱ⟩ ἐνθάδε ⟨δύνανται⟩ τῶν

χρή 8
Job 37 6 σου τὰ ὑπάρχοντα. εἰ ἐδίδου καὶ ἀφείλατο, * ἐχρῆν * αὐτὸν ὅλως μὴ δεδωκέναι τι οὐδέποτε βασιλεὺς
Aris. 107 6 χώρᾳ τινῶν δὲ ὀρεινῶν τῶν ⟨πρὸς μέσην τὴν χώραν * χρή⟩ * πρὸς τὴν γεωργίαν καὶ τὴν ἐπιμέλειαν τῆς γῆς
Aris. 231 2 εἰ δέ τινες πταίουσιν ἐφ' οἷς πταίουσιν οὐκέτι * χρὴ * ταῦτα πράσσειν ἀλλὰ φιλίαν κατακτησομένους
Sib. 3 808 τέλος πολέμοιο τελεῖ θεὸς οὐρανὸν οἰκῶν. ἀλλὰ * χρὴ * πάντας θύειν μεγάλῳ βασιλῆι. ταῦτά σοι Ἀσσυρίης
FAch. 109 σου τίμα ἴσα γονεῦσι τούτους γὰρ εὖ ποιεῖν * χρὴ * διὰ τὴν φύσιν τῷ δὲ ἐκ προαιρέσεως στέρξαντι
FPho. 133 ὅσιον κρύπτειν τὸν ἀτάσθαλον ἄνδρ' ἀνέλεγκτον ἀλλὰ * χρὴ * κακοεργὸν ἀποτρωπᾶσθαι ἀνάγκῃ. πολλάκι
HCal. 24 15 αὐτῶν εἶπον. ὑπείκειν Ἀλέξανδρον καὶ σῴζεσθαι * χρεὼν * οὐ γάρ ἐστιν ἡμῖν ἐλπὶς σωτηρίας. ἔξω γὰρ φύσεως
LEze. 9 28 4 08 ἐστ' ἐμοῦ τε καὶ τούτων πατήρ. (Χ.) ὅμως κατειπεῖν * χρὴ * σε Σεπφώρα τάδε. (Σ). ξένῳ πατὴρ με τῷδ' ἔδωκεν

χρῄζω 7
TJud. 14 7 θεοῦ καὶ ἔλαβον γυναῖκα Χαναναίαν. διὸ συνέσεως * χρῄζει * ὁ πίνων οἶνον τέκνα μου καὶ αὕτη ἐστὶν ἡ σύνεσις
TZab. 7 3 ἀγαθῇ καρδίᾳ. εἰ δὲ μὴ ἔχετε πρὸς καιρὸν δοῦναι τῷ * χρῄζοντι * συμπάσχετε ἐν σπλάγχνοις ἐλέους. οἶδα ὅτι ἡ
TZab. 7 4 ὅτι ἡ χείρ μου οὐχ εὗρε πρὸς τὸ παρὸν ἐπιδοῦναι τῷ * χρῄζοντι * καὶ ἐπὶ ἑπτὰ σταδίους συμπορευόμενος αὐτῷ
Job 9 8 διὰ τῆς ἄλλης ἐπανελθεῖν καὶ λάβωσιν ὅσον * χρῄζουσιν. * ἦσαν δέ μοι καὶ τράπεζαι ἱδρυμέναι τριάκοντα
FPho. 23 δ' αὔριον ἐλθέμεν εἴπῃς πληρώσει σέο χεῖρ'. ἔλεον * χρῄζοντι * παράσχου. ἄστεγον εἰς οἶκον δέξαι καὶ τυφλὸν
FPho. 29 χεῖρα πενητεύουσιν ὄρεξον ὧν σοι ἔδωκε θεὸς τούτων * χρῄζουσι * παράσχου. ἔστω κοινὸς ἅπας ὁ βίος καὶ ὁμόφρονα
FPho. 33 ἀμφιβαλοῦ μὴ πρὸς φόνον ἀλλ' ἐς ἄμυναν. εἴθε δὲ μὴ * χρῄζοις * μήτ' ἔκνομα μήτε δικαίως ἣν γὰρ ἀποκτείνῃς

χρῆμα 14
TJud. 21 7 ἐλευθέρους καταδουλώσουσιν οἴκους ἀγροὺς ποίμνια * χρήματα * ἁρπάσουσι καὶ πολλῶν σάρκας ἀδίκως κόρακας καὶ
Job 15 7 ἐσμὲν τοῦ πλουσίου τούτου ἀνδρός, ἡμῶν δέ ἐστιν τὰ * χρήματα * ταῦτα διὰ τί δὲ καὶ διακονοῦμεν; διότι βδέλυγμά
Job 28 5 τὰς χεῖρας ἔλεγον ὅτι ἡμῶν τὴν τριῶν βασιλέων τὰ * χρήματα, * ἐὰν συναχθῇ εἰς ἓν ἐπὶ τὸ αὐτό, οὐ μὴ ἀναλογήσῃ
Job 46 2 εἰς μερισμὸν αὐτοῖς τοῖς ἑπτὰ ἄρρεσιν ἀπὸ γὰρ τῶν * χρημάτων * οὐ παρέσχετο ταῖς θηλείαις αἱ δὲ λυπηθεῖσαι
Aris. 85 3 καὶ τῆς τῶν ὑπερθύρων ἀσφαλείας ἔκδηλος ἦν ἡ τῶν * χρημάτων * γεγονυῖα ἀφειδὴς δαπάνη. τοῦ τε καταπετάσματος
Sib. 3 351 ἄμεινον ὁππόσα δασμοφόρον Ἀσίης ὑπεδέξατο Ῥώμη * χρήματα * κεν τρὶς τόσσα δεδέξεται ἔμπαλιν Ἀσὶς ἐκ Ῥώμης
FAch. 110 δὲ στόμα πληγάς. ἐπὶ σωφροσύνῃ μεγαλοφρόνει μὴ ἐπὶ * χρήμασι * τὰ μὲν γὰρ καιρὸς ἀφείλετο ἡ δὲ ἀπόρθητος
FAch. 122 ἔφη χαίρω μαρτυρούντων. ἀποδοθήτω παραυτὰ τὰ * χρήματα * ἡ γὰρ προθεσμία παρῆλθεν τῆς ἀποδόσεως. ὁ δὲ
FAch. 123 τὰ πραχθέντα ἐν Αἰγύπτῳ καὶ ἀπεδέδωκεν αὐτῷ τὰ * χρήματα. * ἐκέλευσεν οὖν ὁ Λυκοῦργος ἀνδριάντα χρυσοῦν
FPho. 110 ὅτι θνητὸς ὑπάρχεις οὐκ ἔνι εἰς Ἅιδην ὄλβον καὶ * χρήματ' * ἄγεσθαι. πάντες ἴσον νέκυες ψυχῶν δὲ θεὸς
IMen. 5 119 2 φθείροντα καὶ μοιχώμενον κλέπτοντα καὶ σφάττοντα * χρημάτων * χάριν τἀλλότρια βλέποντα κἀπιθυμοῦντα ἤτοι
HAno. 9 17 5 πρέσβεων δὲ παραγενομένων πρὸς αὐτὸν ὅπως * χρήματα * λαβὼν ἀπολυτρώσῃ ταῦτα μὴ προελέσθαι τοῖς
HCal. 24 20 ἔχειν τὸ θανεῖν ὡς ἂν τις εἴποι πρὸς ἀναγκαῖόν τι * χρῆμα * τούτοις ἀπέρχεσθαι. ἐξέστησαν γὰρ ἡμᾶς ἐν τῇ
HCal. 24 45 ὅτι θεῷ ζῶντι ὑμεῖς δεδουλεύκατε. λαβόντες δὲ * χρημάτων * πλήθη ἔν τε χρυσῷ καὶ ἀργύρῳ ἤγαγον πρὸς τὸν

χρηματίζω 2
Aris. 9 2 τῆς τοῦ βασιλέως βιβλιοθήκης Δημήτριος ὁ Φαληρεὺς * ἐχρηματίσθη * πολλὰ διάφορα πρὸς τὸ συναγαγεῖν εἰ δυνατὸν
Aris. 298 3 σὺ γινώσκεις ἀφ' ἧς ἂν (ἡμέρας) ὁ βασιλεὺς ἄρξηται * χρηματίζειν * μέχρις οὗ κατακοιμηθῇ πάντα ἀναγράφεσθαι τὰ

χρηματισμός 5
Aris. 81 2 εἰς τὰ καλῶς ἔχοντα. πολλάκις γὰρ τὸν δημόσιον * χρηματισμὸν * παρεὶς τοῖς δὲ τεχνίταις παρήδρευεν ἐπιμελῶς
Aris. 175 3 πεμπταίους εἰς πρόσωπον ἔρχεσθαι βασιλεῖ τοὺς περὶ * χρηματισμὸν * ἀφικνουμένους τοὺς δὲ παρὰ βασιλέων ἢ πόλεων
Aris. 191 2 δὲ τούτῳ τὸν ἐχόμενον ἠρώτα πῶς ἂν ἐν τοῖς * χρηματισμοῖς * καὶ διακρίσεσιν εὐφημίας τυγχάνοι καὶ ὑπὸ
Aris. 297 6 τῶν ἀναγραφομένων ἕκαστα τῶν γινομένων ἔν τε τοῖς * χρηματισμοῖς * τοῦ βασιλέως καὶ ταῖς συμποσίαις
Aris. 299 2 τὰ τῇ πρότερον πεπραγμένα καὶ λελαλημένα πρὸ τοῦ * χρηματισμοῦ * παραναγινώσκεται καὶ εἴ τι μὴ δεόντως γέγονε

χρηματιστής 1
Aris. 111 1 ἐν ἡμέραις πέντε. πρὸ πολλοῦ δὲ ποιούμενος καὶ * χρηματιστὰς * καὶ τοὺς τούτων ὑπηρέτας ἐπέταξε κατὰ νομοὺς

χρήσιμος 7
Job 34 2 ὀργισθεὶς Ελιφας εἶπεν τοῖς ἄλλοις φίλοις τί * χρήσιμον * ὅτι οὕτω παραγεγόναμεν σὺν τοῖς στρατεύμασιν
Aris. 135 3 φασὶν εἶναι τῶν ἐξευρόντων τι πρὸς τὸ ζῆν αὐτοῖς * χρήσιμον * οἷς προσκυνοῦσι παρὰ πόδας ἔχοντες τὴν
Aris. 286 4 τοὺς φιλομαθεῖς καὶ δυναμένους ὑπομιμνήσκειν τὰ * χρήσιμα * τῇ βασιλείᾳ καὶ τοῖς τῶν ἀρχομένων βίοις
Aris. 300 3 εἰδότες ἣν ἔχεις φιλομάθειαν εἰς τὰ * χρήσιμα. * μετὰ δὲ τρεῖς ἡμέρας ὁ Δημήτριος παραλαβὼν
Sib. 3 230 ἐρευνῶσι κατ' ἦμαρ ψυχὰς γυμνάζοντες ἐς οὐδὲν * χρήσιμον * ἔργον καί ῥα πλάνας ἐδίδαξαν ἀεικελίους
FAch. 109 δεῖ ἀποδιδόναι χάριτας. τὴν καθημερινὴν τροφὴν * χρησίμην * λάμβανε καθόσον δύνῃ ἵνα καὶ εἰς αὔριον
IMen. 5 119 2 ἐκεῖνος καὶ φρένας κούφας ἔχει. δεῖ γὰρ τὸν ἄνδρα * χρήσιμον * πεφυκέναι μὴ παρθένους φθείροντα καὶ μοιχώμενον

χρῆσις 5
TNep. 2 4 καὶ καθάπερ οἶδεν ὁ κεραμεὺς ἑνὸς ἑκάστου τὴν * χρῆσιν * ὡς ἱκανὴ οὕτω καὶ ὁ κύριος οἶδε τὸ σῶμα ἕως τίνος
Aris. 64 5 (καὶ) κατ' ἀμφότερα τὰ μέρη τὴν τράπεζαν πρὸς τὴν * χρῆσιν * πεποιῆσθαι καθ' ὃ ἂν μέρος αἱρῶνται ὥστε καὶ τὴν
Aris. 65 5 κατὰ τὴν στεφάνην ἵνα καθ' ὃ ἂν αἱρῶνται μέρος ἡ * χρῆσις * ᾖ τὸ αὐτὸ δὲ κατὰ ἐπιφάνειαν θεωρεῖται
Aris. 143 4 ἕκαστον ἔχει λόγον βαθὺν ἀφ' ὧν ἀπεχόμεθα κατὰ τὴν * χρῆσιν * καὶ οἷς συγχρώμεθα. χάριν δὲ ὑποδείγματος ἓν ἢ
FPho. 106 ἀκήριοι ἐν φθιμένοισιν. πνεῦμα γάρ ἐστι θεοῦ * χρῆσις * θνητοῖσι καὶ εἰκὼν σῶμα γὰρ ἐκ γαίης ἔχομεν

χρησμηγόρος 1
Sib. 4 4 ἡμετέρου παναληθέα μαντεύεσθαι οὐ ψευδοῦς Φοίβου * χρησμηγόρος * ὄντε μάταιοι ἄνθρωποι θεὸν εἶπον ἐπεψεύσαντο

χρησμός 4
Prop. 1 5 ὡσαύτως ἔχωσι τὴν ἀπόλαυσιν τοῦ ὕδατος ὅτι καὶ * χρησμὸς * ἐδόθη αὐτοῖς περὶ αὐτοῦ. ἔστι δὲ ὁ τάφος ἐχόμενα
Prop. 21 3 ἐλθὼν ἀνήγγειλεν ἐν Ἱερουσαλὴμ καὶ εἶπεν αὐτῷ ὁ * χρησμὸς * μὴ δειλιάσῃς ἔσται γὰρ ἡ οἴκησίς αὐτοῦ φῶς καὶ ὁ
Prop. 23 2 οἱ ἱερεῖς ἰδεῖν ὀπτασίαν ἀγγέλων θεοῦ οὔτε δοῦναι * χρησμοὺς * ἐκ τοῦ Δαβεὶρ οὔτε ἐρωτῆσαι ἐν τῷ Ἐφοὺδ οὔτε
Sib. 5 53 κακὴν φάτιν ἐν φρεσὶ θέσθαι +Ἴσιδος ἡ γνωστή+ καὶ * χρησμῶν * ἔνθεον ὕμνον. πρῶτον μὲν περὶ σεῖο βάσιν ναοῦ

χρηστεύομαι 1
Sal. 9 6 κυρίου ἐν δικαιοσύνῃ κατ' ἄνδρα καὶ οἶκον. τίνι * χρηστεύσῃ * ὁ θεὸς εἰ μὴ τοῖς ἐπικαλουμένοις τὸν κύριον;

χρήστης 1
FPho. 83 δολίαισι βραδυνούσαις παρὰ καιρόν. μηδέποτε * χρήστης * πικρὸς γένῃ ἀνδρὶ πένητι. μηδέ τις ὄρνιθας

χρηστός 14
Hen. 32 1 πρὸς ἀνατολὰς τεθέαμαι ἑπτὰ ὄρη πλήρη νάρδου * χρηστοῦ * καὶ σχίνου καὶ κινναμώμου καὶ πιπέρεως. καὶ
TBen. 3 7 καὶ οὕτως ἐβόα Ἰακὼβ ὦ τέκνον Ἰωσὴφ ὦ τέκνον * χρηστὸν * ἐνίκησας τὰ σπλάγχνα Ἰακὼβ τοῦ πατρός σου. καὶ
Sal. 2 36 ἀποδοῦναι ἁμαρτωλῷ ἀνθ' ὧν ἐποίησεν δικαίῳ. ὅτι * χρηστὸς * ὁ κύριος τοῖς ἐπικαλουμένοις αὐτὸν ἐν ὑπομονῇ
Sal. 5 2 μέσῳ ἐπισταμένων τὰ κρίματά σου τὰ δίκαια ὅτι σὺ * χρηστὸς * καὶ ἐλεήμων ἡ καταφυγὴ τοῦ πτωχοῦ ἐν τῷ
Sal. 5 12 τίς ἐστιν εἰ μὴ σὺ κύριε; καὶ σὺ ἐπακούσῃ ὅτι τίς * χρηστὸς * καὶ ἐπιεικὴς ἀλλ' ἢ σὺ εὐφρᾶναι ψυχὴν ταπεινοῦ
Sal. 8 32 ἡ ἐλπὶς ἡμῶν κύριε καὶ ἡμεῖς οὐκ ἀφεξόμεθά σου ὅτι * χρηστὰ * τὰ κρίματά σου ἐφ' ἡμᾶς. ἡμῖν καὶ τοῖς τέκνοις
Sal. 10 2 ὁ ἑτοιμάζων νῶτον εἰς μάστιγας καθαρισθήσεται * χρηστὸς * γὰρ ὁ κύριος τοῖς ὑπομένουσιν παιδείαν. ὀρθώσει
Sal. 10 7 καὶ πτωχοὺς ἐλεήσει ὁ θεὸς ἐν εὐφροσύνῃ Ισραηλ ὅτι * χρηστὸς * καὶ ἐλεήμων ὁ θεὸς εἰς τὸν αἰῶνα καὶ συναγωγαὶ
Job 13 6 δῴη ἡμῖν ἐκ τῶν σαρκῶν αὐτοῦ ἐμπλησθῆναι; λίαν μου * χρηστοῦ * ὄντος. εἶχον δὲ ἓξ ψαλμοὺς καὶ δεκάχορδον
Aris. 290 1 ἀνοσίων τυράννων ἐξέβησαν. ἀλλὰ ὡς προεῖπον ἦθος * χρηστὸν * καὶ παιδείας κεκοινωνηκὸς δυνατὸν ἄρχειν ἐστί
FAch. 109 σοι μὴ σὺ ἐν τάχει ἀποθάνῃς. τῇ γυναικί σου * χρηστὰ * ὁμίλει ὅπως ἀνδρὸς ἄλλου πεῖραν μὴ θέλῃ λαβεῖν
HEup. 9 32 1 μου πᾶσα ἐπὶ τῷ παρειληφέναι σε τὴν βασιλείαν παρὰ * χρηστοῦ * ἀνδρὸς καὶ δεδοκιμασμένου ὑπὸ τηλικούτου θεοῦ.
HEup. 9 34 1 τὸν οὐρανὸν καὶ τὴν γῆν ἔκτισεν ὃς εἵλετο ἄνθρωπον * χρηστὸν * ἐκ χρηστοῦ ἀνδρὸς ἅμα τῷ ἀναγνῶναι τὴν παρὰ σοῦ
HEup. 9 34 1 καὶ τὴν γῆν ἔκτισεν ὃς εἵλετο ἄνθρωπον χρηστὸν ἐκ * χρηστοῦ * ἀνδρὸς ἅμα τῷ ἀναγνῶναι τὴν παρὰ σοῦ ἐπιστολὴν

χρηστότης 10
Sal. 5 13 ψυχὴν ταπεινοῦ ἐν τῷ ἀνοῖξαι χεῖρά σου ἐν ἐλέει; ἡ * χρηστότης * ἀνθρώπου ἐν φειδοῖ καὶ ἡ αὔριον καὶ ἐὰν

Sal. 5 14 καὶ τοῦτο θαυμάσειας. τὸ δὲ δόμα σου πολὺ μετὰ * χρηστότητος * καὶ πλούσιον καὶ οὗ ἐστιν ἡ ἐλπὶς ἐπὶ σέ οὐ
Sal. 5 15 ἐν δόματι. ἐπὶ πᾶσαν τὴν γῆν τὸ ἔλεός σου κύριε ἐν * χρηστότητι. * μακάριος οὗ μνημονεύει ὁ θεὸς ἐν συμμετρίᾳ
Sal. 5 18 οἱ φοβούμενοι κύριον ἐν ἀγαθοῖς καὶ ἡ * χρηστότης * σου ἐπὶ Ισραηλ ἐν τῇ βασιλείᾳ σου. εὐλογημένη
Sal. 8 28 ἡμᾶς συνάγαγε τὴν διασπορὰν Ισραηλ μετὰ ἐλέους καὶ * χρηστότητος * ὅτι ἡ πίστις σου μεθ' ἡμῶν. καὶ ἡμεῖς
Sal. 9 7 καὶ οὐκ εὐθυνεῖς περὶ ὧν ἡμάρτοσαν καὶ ἡ * χρηστότης * σου ἐπὶ ἁμαρτάνοντας ἐν μεταμελείᾳ. καὶ νῦν σὺ
Sal. 18 1 σου ἐπὶ τὰ ἔργα τῶν χειρῶν σου εἰς τὸν αἰῶνα ἡ * χρηστότης * σου μετὰ δόματος πλουσίου ἐπὶ Ισραηλ οἱ
Esdr. 2 21 καὶ εἶπεν ὁ θεὸς αἱ ἁμαρτίαι ὑμῶν ὑπεράγουσιν τὴν * χρηστότητάν * μου. καὶ εἶπεν ὁ προφήτης ὑπόμνησον τῶν
FMan. 2 22 12 ταῖς κακίαις τῶν ἀνθρώπων ὅτι σὺ ὁ θεὸς κατὰ τὴν * χρηστότητα * τῆς ἀγαθωσύνης σου ἐπηγγείλω μετανοίας ἄφεσιν
FMan. 2 22 14 νῦν κλίνω γόνυ καρδίας μου δεόμενος τῆς παρὰ σοῦ * χρηστότητος * ἡμάρτηκα κύριε ἡμάρτηκα καὶ τὰς ἀνομίας μου

χρῖσμα 4

Asen. 8 5 πίνει ποτήριον εὐλογημένον ἀθανασίας καὶ χρίεται * χρίσματι * εὐλογημένῳ ἀφθαρσίας φιλῆσαι γυναῖκα ἀλλοτρίαν
Asen. 8 5 ἐκ τῆς σπονδῆς αὐτῶν ποτήριον ἐνέδρας καὶ χρίεται * χρίσματι * ἀπωλείας. ἀλλ' ἀνὴρ θεοσεβὴς φιλήσει τὴν μητέρα
Asen. 15 5 πιεῖς ποτήριον εὐλογημένον ἀθανασίας καὶ χρισθήσῃ * χρίσματι * εὐλογημένῳ τῆς ἀφθαρσίας. θάρσει Ἀσενὲθ ἡ
Asen. 16 16 ζωῆς καὶ ἔπιες ποτήριον ἀθανασίας καὶ κέχρισαι * χρίσματι * ἀφθαρσίας. ἰδοὺ δὴ ἀπὸ τῆς σήμερον αἱ σάρκες

Χριστιανός 4

Esdr. 1 6 αὐτοὺς θέλω δικάσασθαι τὸν θεὸν περὶ τὸ γένος τῶν * Χριστιανῶν * καλὸν μὴ γεννηθῆναι τὸν ἄνθρωπον ἢ εἰσελθεῖν
Esdr. 2 7 οὐ μὴ παύσομαι δικαζόμενός σε ὑπὲρ τὸ γένος τῶν * Χριστιανῶν * ποῦ εἰσιν τὰ ἐλέη σου τὰ ἀρχαῖα κύριε; ποῦ
Esdr. 5 1 καὶ εἶπεν ὁ προφήτης ἐλέησον δέσποτα τὸ γένος τῶν * Χριστιανῶν. * καὶ ἴδον γυναῖκα κρεμαμένην καὶ τέσσαρα
Sedr. 1 λόγος περὶ ἀγάπης καὶ περὶ μετανοίας καὶ ὀρθοδόξων * Χριστιανῶν * καὶ περὶ δευτέρας παρουσίας τοῦ κυρίου ἡμῶν

χριστός 11

TRub. 6 8 παντὸς Ἰσραὴλ μέχρι τελειώσεως χρόνων ἀρχιερέως * χριστοῦ * ὃν εἶπε κύριος. ὀρκῶ ὑμᾶς τὸν θεὸν τοῦ οὐρανοῦ
Sal. 17 32 ἐν μέσῳ αὐτῶν ὅτι πάντες ἅγιοι καὶ βασιλεὺς αὐτῶν * χριστὸς * κυρίου. οὐ γὰρ ἐλπιεῖ ἐπὶ ἵππον καὶ ἀναβάτην καὶ
Sal. 18 εἰς τὸν αἰῶνα καὶ ἔτι. ψαλμὸς τῷ Σαλωμων ἔτι τοῦ * χριστοῦ * κυρίου. κύριε τὸ ἔλεός σου ἐπὶ τὰ ἔργα τῶν
Sal. 18 5 ἐλέους ἐν εὐλογίᾳ εἰς ἡμέραν ἐκλογῆς ἐν ἀνάξει * χριστοῦ * αὐτοῦ. μακάριοι οἱ γενόμενοι ἐν ταῖς ἡμέραις
Sal. 18 7 ἃ ποιήσει γενεᾷ τῇ ἐρχομένῃ ὑπὸ ῥάβδον παιδείας * χριστοῦ * κυρίου ἐν φόβῳ θεοῦ αὐτοῦ ἐν σοφίᾳ πνεύματος καὶ
Jer. 9 13 καὶ τὸν υἱὸν τοῦ θεοῦ τὸν ἐξυπνίζοντα ἡμᾶς Ἰησοῦν * Χριστὸν * τὸ φῶς τῶν αἰώνων πάντων ὁ ἄσβεστος λύχνος ἡ ζωὴ
Jer. 9 17 τοῦ ποιῆσαι καρπὸν ἐν τῷ λόγῳ τοῦ στόματος τοῦ * χριστοῦ * αὐτοῦ. αὐτὸς γὰρ ἐλεύσεται καὶ ἐξελεύσεται καὶ
Bar. 4 15 ἔλαβεν τὸ γένος τῶν ἀνθρώπων πάλιν διὰ Ἰησοῦ * Χριστοῦ * τοῦ Ἐμμανουὴλ ἐν αὐτῷ μέλλουσιν τὴν ἀνάκλησιν
Prop. 12 16 σκηνῇ ἁγίᾳ. οὗτος ὁ προφήτης περὶ τῆς ἐλεύσεως τοῦ * Χριστοῦ * πολλὰ προεφήτευσε. καὶ πρὸ δύο ἐτῶν τῆς
Sedr. 1 καὶ περὶ δευτέρας παρουσίας τοῦ κυρίου ἡμῶν Ἰησοῦ * Χριστοῦ. * δέσποτα εὐλόγησον. καὶ φωνὴν ἀοράτως ἐδέξατο ἐν
Sedr. 12 1 γῆν ὕπαγε κάλλος σου ἀφανὲς γίνεται. λέγει αὐτὸν ὁ * Χριστὸς * παῦσον Σεδρὰχ ἕως πότε δακρύζεις καὶ στενάζεις;

χρίω 6

TLevi 17 2 ἔσται ἱερωσύνη. ἐν τῷ πρώτῳ ἰωβηλαίῳ ὁ πρῶτος * χριόμενος * εἰς ἱερωσύνην μέγας ἔσται καὶ λαλήσει θεῷ ὡς
TLevi 17 3 κόσμου αὐτὸς ἀναστήσεται. ἐν τῷ δευτέρῳ ἰωβηλαίῳ ὁ * χριόμενος * ἐν πένθει ἀγαπητῶν συλληφθήσεται καὶ ἔσται ἡ
Asen. 8 5 ζωῆς καὶ πίνει ποτήριον εὐλογημένον ἀθανασίας καὶ * χρίεται * χρίσματι εὐλογημένῳ ἀφθαρσίας φιλῆσαι γυναῖκα
Asen. 8 5 πίνει ἐκ τῆς σπονδῆς αὐτῶν ποτήριον ἐνέδρας καὶ * χρίεται * χρίσματι ἀπωλείας. ἀλλ' ἀνὴρ θεοσεβὴς φιλήσει
Asen. 15 5 ζωῆς καὶ πιεῖς ποτήριον εὐλογημένον ἀθανασίας καὶ * χρισθήσῃ * χρίσματι εὐλογημένῳ τῆς ἀφθαρσίας. θάρσει
Asen. 16 16 ἔφαγες ἄρτον ζωῆς καὶ ἔπιες ποτήριον ἀθανασίας καὶ * κέχρισαι * χρίσματι ἀφθαρσίας. ἰδοὺ δὴ ἀπὸ τῆς σήμερον αἱ

χρόα 5

Hen. 30 2 τόπον ἄλλον μέγαν φάραγγα ὕδατος ἐν ᾧ καὶ δένδρον * χρόα * ἀρωμάτων ὁμοίων σχίνῳ καὶ τὰ παρὰ τὰ χείλη τῶν
Aris. 63 7 καρπῶν διατύπωσιν ἔχοντας ἑκάστου γένους τὴν * χρόαν * ἀνέδησαν τῷ χρυσίῳ κύκλῳ περὶ ὅλην τὴν τῆς
Aris. 96 6 ἑκάτερον δὲ τούτων ἄνθεσι πεποικιλμένοι ῥοΐσκοι τῇ * χρόᾳ * θαυμασίως ἔχοντες. κατέζωστο δὲ διαφόρῳ ζώνῃ
Aris. 97 6 ἕκαστος ἀνεξήγητον τῆς ἰδιότητος τὴν φυσικὴν * χρόαν. * ἐπὶ δὲ τῆς κεφαλῆς ἔχει τὴν λεγομένην κίδαριν ἐπὶ
HArt. 9 27 37 θεοῦ κρίμνον ὅμοιον ἐλύμῳ χιόνι παραπλήσιον τὴν * χρόαν. * γεγονέναι δὲ τὸν Μώϋσον μακρὸν πυρρακῆ πολιὸν

χρονίζω 2

Sal. 2 25 ἐκχέαι τὴν ὀργὴν αὐτῶν εἰς ἡμᾶς ἐν ἁρπάγματι. μὴ * χρονίσῃς * ὁ θεὸς τοῦ ἀποδοῦναι αὐτοῖς εἰς κεφαλὰς τοῦ
Sal. 2 26 τὴν ὑπερηφανίαν τοῦ δράκοντος ἐν ἀτιμίᾳ. καὶ οὐκ * ἐχρόνισα * ἕως ἔδειξέν μοι ὁ θεὸς τὴν ὕβριν αὐτοῦ

χρόνος 92

Adam 31 2 τῷ Ἀδὰμ ἡ Εὔα διά τί ἀποθνήσκεις κἀγὼ ζῶ ἢ πόσον * χρόνον * ἔχω ποιῆσαι μετὰ θάνατόν σου ἀνάγγειλόν μοι; τότε
Hen. 21 6 καὶ ἐδέθησαν ὧδε μέχρι τοῦ πληρῶσαι μύρια ἔτη τὸν * χρόνον * τῶν ἁμαρτημάτων αὐτῶν. κἀκεῖθεν ἐφώδευσα εἰς
Hen. 22 4 αὐτῶν καὶ μέχρι τοῦ διορισμοῦ καὶ διορισμένου * χρόνου * ἐν ᾧ ἡ κρίσις ἡ μεγάλη ἔσται ἐν αὐτοῖς. τεθέαμαι
Hen. 27 3 τῆς ἀληθινῆς ἐναντίον τῶν δικαίων εἰς τὸν ἅπαντα * χρόνον * ὧδε εὐλογήσουσιν οἱ ἀσεβεῖς τὸν κύριον τῆς δόξης
Hen. 106 1 ἐξ αὐτῶν πάσας τὰς ὁδοὺς τῆς ἀληθείας. μετὰ δὲ * χρόνον * ἔλαβεν Μαθουσάλεκ τῷ υἱῷ μου γυναῖκα καὶ ἔτεκεν
TRub. 6 8 καὶ θυσίας ὑπὲρ παντὸς Ἰσραὴλ μέχρι τελειώσεως * χρόνων * ἀρχιερέως χριστοῦ ὃν εἶπε κύριος. ὀρκῶ ὑμᾶς τὸν
TIss. 4 3 ποικίλων οὐκ ἐφίεται ἐσθῆτα διάφορον οὐ θέλει * χρόνους * μακροὺς οὐχ ὑπογράφει ζῆν ἀλλὰ μόνον ἐκδέχεται
TGad 5 11 ἀνηλεῶς ἐκρινόμην ἐπὶ μῆνας ἕνδεκα καθ' ὅσον * χρόνον * ἐνεῖχον τῷ Ἰωσὴφ ἕως ἵνα πραθῇ. καὶ νῦν τέκνα
TJos. 3 8 καὶ ηὐξάμην πρὸς κύριον καὶ ἔτεκεν ἄρρεν. ἕως οὖν * χρόνου * ὡς υἱόν με περιεπτύσσετο κἀγὼ ἠγνόουν ἔσχατον εἰς
TJos. 5 1 ῥύσεταί με κύριος ἀπ' αὐτῆς. πάλιν δὲ ἐν ἑτέρῳ * χρόνῳ * λέγει μοι εἰ μοιχεῦσαι οὐ θέλεις ἐγὼ ἀναιρῶ τὸν
Asen. 4 8 νύμφη καὶ αὐτὸς ἔσται σου νυμφίος εἰς τὸν αἰῶνα * χρόνον. * καὶ ὡς ἤκουσεν Ἀσενὲθ τὰ ῥήματα ταῦτα παρὰ τοῦ
Asen. 6 8 καὶ εἰς δούλην καὶ δουλεύσω αὐτῷ εἰς τὸν αἰῶνα * χρόνον. * καὶ εἰσῆλθεν Ἰωσὴφ εἰς τὴν οἰκίαν Πεντεφρῆ καὶ
Asen. 8 9 σου καὶ ζησάτω ἐν τῇ αἰωνίῳ ζωῇ σου εἰς τὸν αἰῶνα * χρόνον. * καὶ ἐχάρη Ἀσενὲθ ἐπὶ τῇ εὐλογίᾳ τοῦ Ἰωσὴφ
Asen. 12 11 τὸ μέγα τὸ ἀπ' αἰῶνος καὶ ἀπολοῦμαι εἰς τὸν αἰῶνα * χρόνον. * ῥῦσαί με κύριε πρὶν ἔλθῃ ἐπ' ἐμὲ ταῦτα πάντα.
Asen. 13 15 ἔσομαι αὐτῷ δούλη καὶ δουλεύσω αὐτῷ εἰς τὸν αἰῶνα * χρόνον. * καὶ ὡς ἐπαύσατο Ἀσενὲθ ἐξομολογουμένη τῷ κυρίῳ
Asen. 15 6 Ἰωσὴφ καὶ αὐτὸς ἔσται σοῦ νυμφίος εἰς τὸν αἰῶνα * χρόνον. * καὶ τὸ ὄνομά σου οὐκέτι κληθήσεται Ἀσενὲθ ἀλλ'
Asen. 15 7 καὶ αὕτη διακονήσει αὐτοῖς εἰς τὸν αἰῶνα * χρόνον. * καὶ ἔστιν ἡ μετάνοια καλὴ σφόδρα παρθένος καθαρὰ
Asen. 15 9 σου νυμφίος καὶ σὺ ἔσῃ αὐτῷ νύμφη εἰς τὸν αἰῶνα * χρόνον. * καὶ νῦν ἄκουσόν μου Ἀσενὲθ ἡ παρθένος ἁγνὴ καὶ
Asen. 15 12B μοι ἵνα ὑμνήσω καὶ δοξάσω σε εἰς τὸν αἰῶνα * χρόνον * καὶ εἶπεν αὐτῇ ὁ ἄνθρωπος ἵνα τί τοῦτο ζητεῖς τὸ
Asen. 16 14 ὃς ἂν φάγῃ ἐξ αὐτοῦ οὐκ ἀποθανεῖται εἰς τὸν αἰῶνα * χρόνον. * καὶ ἐξέτεινεν ὁ ἄνθρωπος τὴν χεῖρα αὐτοῦ τὴν
Asen. 17 6 πόλεως ἐκείνης ἐφ' ὑμᾶς ἀναπαύσονται εἰς τὸν αἰῶνα * χρόνον. * καὶ εἶπεν ὁ ἄνθρωπος τῇ Ἀσενὲθ μετάθες τὴν
Asen. 19 5 σήμερον καὶ αὐτὸς ἔσται σου νυμφίος εἰς τὸν αἰῶνα * χρόνον. * καὶ εἶπέ μοι οὐ κληθήσεται ἔτι τὸ ὄνομά σου
Asen. 21 3 καὶ ἔστω σου γυνὴ ἀπὸ τοῦ νῦν καὶ εἰς τὸν αἰῶνα * χρόνον. * καὶ ἀπέστειλε Φαραὼ καὶ ἐκάλεσε τὸν Πεντεφρῆ
Sal. 8 33 κύριε σωτὴρ ἡμῶν οὐ σαλευθησόμεθα ἔτι τὸν αἰῶνα * χρόνον. * αἰνετὸς κύριος ἐν τοῖς κρίμασιν αὐτοῦ ἐν στόματι
Sal. 15 13 θεοῦ αὐτῶν καὶ ἁμαρτωλοὶ ἀπολοῦνται εἰς τὸν αἰῶνα * χρόνον. * ὕμνος τῷ Σαλωμων εἰς ἀντίληψιν ὁσίοις. ἐν τῷ
Sal. 17 2 ἐν σοὶ ὁ θεὸς καυχήσεται ἡ ψυχὴ ἡμῶν. καὶ τίς ὁ * χρόνος * ζωῆς ἀνθρώπου ἐπὶ τῆς γῆς; κατὰ τὸν χρόνον αὐτοῦ
Sal. 17 2 τίς ὁ χρόνος ζωῆς ἀνθρώπου ἐπὶ τῆς γῆς; κατὰ τὸν * χρόνον * αὐτοῦ καὶ ἡ ἐλπὶς αὐτοῦ ἐπ' αὐτόν. ἡμεῖς δὲ
Jer. 5 20 Ἱερεμίου ὅτι ἐπερωτᾷς περὶ αὐτοῦ μετὰ τοσοῦτον * χρόνον; * Ἱερεμίας γὰρ ἐν Βαβυλῶνί ἐστι μετὰ τοῦ λαοῦ
Jer. 7 29 καὶ ἐξέλθωμεν ἐντεῦθεν. λέγω γάρ σοι ὅτι ὅλον τὸν * χρόνον * ὃν ἐποιήσαμεν ἐνταῦθα κατέχουσιν ἡμᾶς λέγοντες
Prop. 4 12 μόνος οὐκ ἠθέλησεν αὐτὸν ἰδεῖν ὅτι πάντα τὸν * χρόνον * τῆς ἀλλοιώσεως αὐτοῦ ἐν προσευχῇ ἦν περὶ αὐτοῦ
Esdr. 1 14 χαρίζεις; ὥσπερ γὰρ μίσθιος ἐξυπηρετησάμενος τὸν * χρόνον * αὐτοῦ καὶ πορεύεται καὶ πάλιν δοῦλος δουλεύσει
Sedr. 13 3 ἔμπροσθεν τῶν ἀνθρώπων καὶ εὕρω αὐτὸν μετὰ * χρόνον * ἀφίω πάσας τὰς ἁμαρτίας αὐτοῦ. λέγει πάλιν ὁ
Sedr. 13 5 σου καὶ πάλιν παρακαλῶ τὸ πλάσμα σου πολύς ἐστιν ὁ * χρόνος * μὴ ὁ θάνατος αὐτοῦ φθάσῃ καὶ ἁρπάσῃ αὐτὸν
Aris. 10 4 εἶπεν ὑπὲρ τὰς εἴκοσι βασιλεῦ σπουδάσω δ' ἐν ὀλίγῳ * χρόνῳ * πρὸς τὸ πληρωθῆναι πεντήκοντα μυριάδας τὰ λοιπά.
Aris. 17 1 ποίησαι τῶν ἐνεχομένων ταῖς οἰκετίαις. οὐδὲ πολὺν * χρόνον * ἐπισχὼν καὶ ἡμῶν κατὰ ψυχὴν πρὸς τὸν θεὸν
Aris. 35 4 ἐκ τῶν Ἱεροσολύμων ὑπὸ Περσῶν καθ' ὃν ἐπεκράτουν * χρόνον * ἔτι δὲ καὶ συνεληλυθέναι τῷ πατρὶ ἡμῶν εἰς τὴν
Aris. 119 3 ἐκλέλειπται δὲ ταῦτα καθ' ὃν ἐπεκράτησαν Πέρσαι * χρόνον * τῶν τότε προστατούντων ποιησαμένων διαβολὴν ὡς
Aris. 157 3 προειρημένα θείᾳ δυνάμει σὺν κατασκευῇ. πάντα γὰρ * χρόνον * καὶ τόπον ὥρικε πρὸς τὸ διὰ παντὸς μνημονεύειν
Aris. 177 2 καὶ τοὺς ὑμένας ἀνείλιξαν πολὺν ἐπιστὰς * χρόνον * καὶ προσκυνήσας σχεδὸν ἑπτάκις εἶπεν εὐχαριστῶ
Aris. 180 3 ἐνιαυτὸν ἐπίσημος ἔσται πάντα τὸν τῆς ζωῆς ἡμῶν * χρόνον * συντέτυχε γὰρ καὶ τὰ κατὰ τὴν νίκην ἡμῖν
Aris. 185 4 καὶ τοῖς ὁμονοοῦσι πάντα ἀνέκλειπτα τὸν τῆς ζωῆς * χρόνον. * εἰπόντος δὲ ταῦτα τούτου κατερράγη κρότος μετὰ
Aris. 186 3 κρότος μετὰ κραυγῆς καὶ χαρᾶς εὐφροσύνου πλείονα * χρόνον * καὶ τὸ τηνικαῦτα πρὸς τὸ τέρπεσθαι διὰ τῶν
Aris. 194 4 πολλῇ χρώμενος εἰδείη ταῦτα ὄντα κενὰ ἐπὶ πλείονα * χρόνον * πρὸς τὸ συμπέρασμα δρᾶν τι καὶ γὰρ ὁ θεὸς διδοὺς
Aris. 208 2 φιλάνθρωπος εἴη; κἀκεῖνος ἔφη θεωρῶν ὡς ἐν πολλῷ * χρόνῳ * καὶ κακοπαθείαις μεγίσταις αὔξει τε καὶ γεννᾶται
Aris. 220 3 μάλα συγκροτήσαντος μετὰ φιλοφροσύνης ἐπὶ πλείονα * χρόνον * τοὺς ἀνθρώπους καθυπνοῦν παρεκάλουν. καὶ τὰ μὲν
Aris. 276 3 τὸ λεγόμενον καὶ περὶ τίνος λέγει καὶ ἐν πλείονι * χρόνῳ * τὰ αὐτὰ δι' ἑτέρων τρόπων ἐπερωτῶν. τὸ δὲ νοῦν
Aris. 283 3 εἶπεν ἐν τίσι δεῖ πράγμασι τοὺς βασιλεῖς τὸν πλείω * χρόνον * διάγειν; ὁ δὲ εἶπεν ἐν ταῖς ἀναγνώσεσι καὶ ἐν
Aris. 291 1 τοῦ θεοῦ σοι δεδωρημένου ταῦτα. ἐπὶ πλείονα * χρόνον * καὶ τοῦτον ἐπαινέσας τὸν ἐπὶ πᾶσιν ἠρώτα τί
Aris. 293 2 κατερράγη κρότος μετὰ φωνῆς καὶ χαρᾶς ἐπὶ πλείονα * χρόνον. * ὡς δὲ ἐπαύσατο ὁ βασιλεὺς λαβὼν ποτήριον
Aris. 295 3 ὡς ἐκ τοῦ καιροῦ τὰς ἀποκρίσεις ἐποιοῦντο πολλοῦ * χρόνου * δεομένας καὶ τοῦ μὲν ἐρωτῶντος μεμεριμνηκότος
Aris. 322 4 ὠφελεῖν διάνοιαν καὶ ἐν τούτοις τὸν πλείονα * χρόνον * διατελεῖς. πειράσομαι δὲ καὶ τὰ λοιπὰ τῶν
Sib. 3 50 σκῆπτρα κρατήσων εἰς αἰῶνας ἅπαντας ἐπειγομένοιο * χρόνοιο. * καὶ τότε Λατίνων ἀπαραίτητος χόλος ἀνδρῶν τρεῖς
Sib. 3 117 πατρὸς μερίδες τε δίκαιαι. τηνίκα δὴ πατρὸς τέλεος * χρόνος * ἵκετο γήρως καὶ ῥ' ἔθανεν καὶ παῖδες ὑπερβασίην
Sib. 3 158 γενεαὶ Τιτάνων ἠδὲ Κρόνοιο κάτθανον. αὐτὰρ ἔπειτα * χρόνου * περιτελλομένοιο Αἰγύπτου βασίλειον ἐγείρατο εἶτα
Sib. 3 280 ἔθελες τιμᾶν θνητῶν εἴδωλα δ' ἐτίμας. ἀνθ' ὧν ἑπτὰ * χρόνων * δεκάδας γῆ καρποδότειρα ἔσσετ' ἔρημος ἅπασα σέθεν

| | | | | |
|---|---|---|---|---|
| Sib. | 3 289 | φυλὴ βασιλήιος ἧς γένος ἔσται ἄπταιστον καὶ τοῦτο | * χρόνοις * | περιτελλομένοισιν ἄρξει καὶ καινὸν σηκὸν θεοῦ |
| Sib. | 3 371 | καὶ ἑρπετὰ θηρία γαίης. ὦ μακαριστὸς ἐκεῖνον ὃς ἐς | * χρόνον * | ἔσσεται ἀνὴρ ἠὲ γυνὴ μακάρων +κενεήφατος ὅσσον |
| Sib. | 3 444 | σμαραγήσει. καὶ σὺ Ῥόδος πουλὺν μὲν ἀδούλωτος | * χρόνον * | ἔσσῃ ἡμερίη θυγάτηρ πουλὺς δέ τοι ὄλβος ὄπισθεν |
| Sib. | 3 484 | γένος βασιλήιον ἄφνω +τεύξεται. οὐ μὴν πουλὺν ἐπὶ | * χρόνον * | ἔσσετ' ἀληθῶς Καρχηδών+. Γαλάταις δὲ πολύστονος |
| Sib. | 3 649 | κηρύσσουσα τάλαινα μύσος μυρίων ἀνθρώπων --- πολλὰ | * χρόνων * | μήκη περιτελλομένων ἐνιαυτῶν πέλτας καὶ θυρεοὺς |
| Sib. | 3 728 | ἐχθρῶν ὅπλα ποριζόμενοι κατὰ γαῖαν ἅπασαν ἑπτὰ | * χρόνων * | μήκη περιτελλομένων ἐνιαυτῶν πέλτας καὶ θυρεοὺς |
| Sib. | 4 192 | φάος εἰσορόωντες. ὦ μακαριστὸς ἐκεῖνον ὃς ἐς | * χρόνον * | ἔσσεται ἀνήρ. λόγος πέμπτος. ἀλλ' ἄγε μοι |
| Sib. | 5 1 | ἀνήρ. λόγος πέμπτος. ἀλλ' ἄγε μοι στονόεντα | * χρόνον * | κλύε Λατινιδάων. ἤ τοι μὲν πρώτιστα μετ' |
| Sib. | 5 20 | θεσμοὺς θήσει λαοῖς καὶ πάνθ' ὑποτάξει ἐν μακρῷ δὲ | * χρόνῳ * | ἑτέρῳ παραδώσεται ἀρχὴν ὅς τε τριηκοσίων ἀριθμῶν |
| Sib. | 5 351 | θῆρές τε κακοὶ καὶ ὀιζύς. ἔσσεται ἦμαρ ἐκεῖνο | * χρόνον * | πολὺν ὥστε νοῆσαι αὐτὸν ἄνακτα θεὸν πανεπίσκοπον |
| FJub. | 1 1 | τῶν περὶ τὸν πρῶτον ἄνθρωπον καὶ τῶν μέχρις αὐτοῦ | * χρόνων * | καὶ περὶ τῆς νομοθεσίας τῆς μελλούσης παρ' αὐτοῦ |
| FJub. | 4 15 | ἔπειτα δὲ διὰ τῆς τοῦ Κάϊν ἀδελφοκτονίας νῦν δὲ ἐν | * χρόνοις * | τοῦ Ἰάρεδ καὶ ἐπέκεινα φαρμακεία καὶ μαγεία |
| FIsa. | 1 3 4 | αὐτοῦ ὅτι τὸν Ἐζεκίαν ἐφοβεῖτο. καὶ εὑρέθη ἐν τῷ | * χρόνῳ * | Ἐζεκίου λαλῶν λόγους ἀνομίας ἐν Ἰερουσαλὴμ καὶ |
| FAch. | 101 | πολλοὺς δὲ | * χρόνους * | ἐν τῇ Σάμῳ διατρίψας ὁ Αἴσωπος καὶ πολλῶν τιμῶν |
| FAch. | 105 | παρέλαβεν τὴν διοίκησιν τοῦ Αἰσώπου. μετὰ δὲ | * χρόνον * | ἀκούσας Νεκταναβὼν ὁ τῶν Αἰγυπτίων βασιλεὺς τὸν |
| FAch. | 120 | δὲ τριάκοντα δοκοὶ ἡ τριανταήμερος στεγάζουσα τὸν | * χρόνον * | ⟨αἱ δὲ⟩ περιερχόμεναι δύο γυναῖκες νὺξ καὶ ἡμέρα |
| FAch. | 122 | δεδανεισμένα παρὰ Λυκούργου χίλια τάλαντα χρυσίου | * χρόνον * | ἐνείς τὸν παρελθόντα ⟨μετὰ τὸ⟩ παρεσχηκέναι. μετὰ |
| FPho. | 114 | πένησί τε καὶ βασιλεῦσιν. οὐ πολὺν ἄνθρωποι ζῶμεν | * χρόνον * | ἀλλ' ἐπίκαιρον ψυχὴ δ' ἀθάνατος καὶ ἀγήρως ζῇ |
| ISop. | 5 121 4 | εὐσεβεῖν νομίζομεν. ἔσται γὰρ ἔσται κεῖνος αἰῶνος | * χρόνος * | ὅταν πυρὸς γέμοντα θησαυρὸν σχάσῃ χρυσωπὸς αἰθὴρ |
| IDip. | 5 121 1 | ἐν βίῳ καὶ γῆν καλύψειν ὡς ἀπὸ τοῦ πάντ' εἰς | * χρόνον * | πεφευγέναι τὸ θεῖον ὡς λεληθότας; ἔστιν Δίκης |
| IDip. | 5 121 1 | εἶναι ὁδόν. εἰ τοὺς δύω καλύψει ἡ γῆ τῷ παντὶ | * χρόνῳ * | εἰ γὰρ δίκαιος κἀσεβὴς ἕξουσιν ἓν ἅρπαζε ἀπελθὼν |
| IDip. | 5 121 3 | ἔστιν εἰ δέ τις πράττει καλῶς κακὸς πεφυκὼς τὸν | * χρόνον * | κερδαινέτω χρόνῳ γὰρ οὗτος ὕστερον δώσει δίκην. |
| IDip. | 5 121 3 | πράττει καλῶς κακὸς πεφυκὼς τὸν χρόνον κερδαινέτω | * χρόνῳ * | γὰρ οὗτος ὕστερον δώσει δίκην. |
| HDem. | 9 19 4 | μετ' οὐ πολὺν δὲ | * χρόνον * | τὸν θεὸν τῷ Ἀβραὰμ προστάξαι Ἰσαὰκ τὸν υἱὸν |
| HDem. | 9 21 3 | τῷ Ἰακὼβ τὴν ἑαυτῆς παιδίσκην Ζελφὰν τῷ αὐτῷ | * χρόνῳ * | ᾧ καὶ Βάλλαν συλλαβεῖν τὸν Νεφθαλεὶμ τῷ ἑνδεκάτῳ |
| HDem. | 9 21 4 | Ῥαχὴλ συλλαβεῖν καὶ τὴν παιδίσκην Ζελφὰν τῷ αὐτῷ | * χρόνῳ * | τῷ δωδεκάτῳ ἔτει μηνὶ τρίτῳ καὶ τεκεῖν τοῦ αὐτοῦ |
| HDem. | 9 21 5 | Δαν. ἐν ᾧ καὶ Ῥαχὴλ λαβεῖν ἐν γαστρὶ τῷ αὐτῷ | * χρόνῳ * | ᾧ καὶ Λείαν τεκεῖν θυγατέρα Δείναν καὶ τεκεῖν τῷ |
| HDem. | 9 29 3 | Μωσῆν καὶ τὴν Σεπφώραν κατὰ τοὺς αὐτοὺς γεγονέναι | * χρόνους. * | κατοικεῖν δὲ αὐτοὺς Μαδιὰμ πόλιν ἣν ἀπὸ ἑνὸς |
| HEup. | 1 141 5 | Αἰγύπτου συνάγεσθαι ἔτη ' ε ρ μ θ'. ἀφ' οὗ δὲ | * χρόνου * | ἐξήγαγε Μωυσῆς τοὺς Ἰουδαίους ἐξ Αἰγύπτου ἐπὶ |
| HArt. | 9 27 20 | προστάξαι λῃστεύειν τὴν Αἴγυπτον. ὑπὸ δὲ τὸν αὐτὸν | * χρόνον * | καὶ τὸν Χενεφρῆν πρῶτον ἁπάντων ἀνθρώπων |
| HCal. | 28 1 | δὲ οὐ λήψομαι ἐξ ὑμῶν οὐδέν. διατρίψας οὖν ἐκεῖσε | * χρόνον * | τινὰ τὴν πόλιν οἰκοδομεῖν ἐγχειρίζεται κίοσί τε |
| LPhi. | 9 24 1 | σκηπτοῦχος ἐν Αἰγύπτοιο θρόνοισι δινεύσας λαθραῖα | * χρόνου * | πλημμυρίδι μοίρης. κρήνην εἶναι ταύτην δὲ ἐν μὲν |
| LEze. | 9 28 2 05 | κακῶς πράσσοντα καὶ τεθλιμμένον ἐς ἄχρι τούτων τῶν | * χρόνων * | κακούμενον κακῶν ὑπ' ἀνδρῶν καὶ δυναστείας χερός. |
| LEze. | 9 28 3 05 | καὶ θεοῦ δωρήματα. ἕως μὲν οὖν τὸν παιδὸς εἴχομεν | * χρόνον * | τροφαῖσι βασιλικαῖσι καὶ παιδεύμασιν ἅπανθ' |
| LEze. | 9 29 13 18 | τοῦδε μηνὸς ἔξοδον διδοῖ θεὸς ἀρχὴ δὲ μηνῶν καὶ | * χρόνων * | οὗτος πέλει. ὡς γὰρ σὺν ὄχλῳ τῷδ' ἀφώρμησεν δόμων |
| LAri. | 13 12 11 | καταπεπαυκέναι τὴν τάξιν αὐτῶν οὕτως εἰς πάντα τὸν | * χρόνον * | τεταχέναι. σημαίνει γὰρ ὡς ἐν ἓξ ἡμέραις ἐποίησε |
| LAri. | 13 12 12 | καὶ τὴν γῆν καὶ πάντα τὰ ἐν αὐτοῖς ἵνα τοὺς | * χρόνους * | δηλώσῃ καὶ τὴν τάξιν προείπῃ τί τίνος προτερεῖ. |

χρύσεος 54

| | | | | |
|---|---|---|---|---|
| Adam | 33 4 | τοῦ πατρὸς καὶ τοῦ ἅρματος. ἴδον δὲ ἐγὼ θυμιατήρια | * χρυσᾶ * | καὶ τρεῖς φιάλας. καὶ ἰδοὺ πάντες οἱ ἄγγελοι μετὰ |
| Hen. | 99 7 | ⟨καὶ⟩ οἱ γλύφοντες εἰκόνα⟨ς ἀργυ⟩ρᾶς καὶ | * χρυσᾶς * | ξυλίνας τε ⟨καὶ λιθίνας⟩ καὶ ὀστρακίνας καὶ |
| Abr.Z | 10 10 | καὶ εἶχεν ὁ ἀνὴρ ἐν τῇ χειρὶ αὐτοῦ κάλαμον | * χρυσοῦν * | καὶ λέγει αὐτῷ ὁ κριτὴς σύστησον τὴν ἁμαρτίαν |
| TGad | 2 3 | πεπράκαμεν αὐτὸν τοῖς Ἰσμαηλίταις τριάκοντα | * χρυσῶν * | καὶ τὰ δέκα ἀποκρύψαντες τὰ εἴκοσι ἐδείξαμεν τοῖς |
| Asen. | 2 2 | πεπλακωμένοι καὶ ἦν ἡ ὀροφὴ τοῦ θαλάμου ἐκείνου | * χρυσῆ. * | καὶ ἦσαν ἐντὸς τοῦ θαλάμου ἐκείνου εἰς τοὺς |
| Asen. | 2 3 | πεπηγμένοι οἱ θεοὶ τῶν Αἰγυπτίων ὧν οὐκ ἦν ἀριθμὸς | * χρυσοῖ * | καὶ ἀργυροῖ. καὶ πάντας ἐκείνους ἐσέβετο Ἀσενὲθ |
| Asen. | 2 8 | ἐπὶ τὸ ἄμφοδον τῶν παραπορευομένων. καὶ ἦν κλίνη | * χρυσῆ * | ἑστῶσα ἐν τῷ θαλάμῳ ἀποβλέπουσα ⟨πρὸς τὴν θυρίδα⟩ |
| Asen. | 3 6 | βυσσίνην ἐξ ὑακίνθου χρυσοϋφῆ καὶ ἐζώσατο ζώνην | * χρυσῆν * | καὶ ψέλια εἰς τὰς χεῖρας καὶ τοὺς πόδας αὐτῆς |
| Asen. | 3 6 | χεῖρας καὶ τοὺς πόδας αὐτῆς ἔθετο καὶ ἀναξυρίδας | * χρυσᾶς * | περιέθηκε τοῖς ποσὶν αὐτῆς καὶ περὶ τὸν τράχηλον |
| Asen. | 5 5 | αὐτοῦ ἦν πορφυρᾶ ἐκ βύσσου χρυσοϋφὴς καὶ στέφανος | * χρυσο⟨ῦ⟩ς * | ἐπὶ τῆς κεφαλῆς αὐτοῦ καὶ κύκλῳ τοῦ στεφάνου |
| Asen. | 5 5 | καὶ ἐπάνω τῶν δώδεκα λίθων ἦσαν δώδεκα ἀκτῖνες | * χρυσαῖ. * | καὶ ῥάβδος βασιλικὴ ἐν τῇ χειρὶ αὐτοῦ τῇ |
| Asen. | 10 10 | μελανὸν πένθους καὶ ἔλυσε τὴν ζώνην αὐτῆς τὴν | * χρυσῆν * | καὶ περιεζώσατο σχοινίον καὶ ἀπέθετο τὴν κίδαριν |
| Asen. | 10 11 | τὴν στολὴν αὐτῆς τὴν ἐκλεκτὴν καὶ τὴν ζώνην τὴν | * χρυσῆν * | καὶ τὴν κίδαριν καὶ τὸ διάδημα καὶ ἔρριψεν πάντα |
| Asen. | 10 12 | θεοὺς αὐτῆς τοὺς ὄντας ἐν τῷ θαλάμῳ αὐτῆς τούς τε | * χρυσοῦς * | καὶ ἀργυροῦς ὧν οὐκ ἦν ἀριθμὸς καὶ συνέτριψεν |
| Asen. | 13 4 | μελανὸν καὶ πενθήρη. ἰδοὺ λέλυκα τὴν ζώνην μου τὴν | * χρυσῆν * | καὶ ἔρριψα αὐτὴν ἀπ' ἐμοῦ καὶ περιεζωσάμην |
| Asen. | 13 11 | κλέπται διήρπασαν αὐτοὺς οἵτινες ἦσαν ἀργυροῖ καὶ | * χρυσοῖ. * | καὶ πρός σὲ κατέφυγον κύριε ὁ θεός μου. ἀλλὰ σὺ |
| Asen. | 16 18 | καὶ ὡς βύσσινα ἱμάτια χρυσοϋφῆ καὶ διαδήματα | * χρυσᾶ * | ἐπὶ τὰς κεφαλὰς αὐτῶν καὶ κέντρα ἦσαν αὐταῖς ὀξέα |
| Asen. | 18 6 | εἶδε. καὶ ἐνεδύσατο αὐτήν. καὶ περιεζώσατο ζώνην | * χρυσῆν * | καὶ βασιλικὴν ἥτις ἦν διὰ λίθων τιμίων. καὶ |
| Asen. | 18 6 | τιμίων. καὶ περιέθηκεν ἐν ταῖς χερσὶν αὐτῆς ψέλια | * χρυσᾶ * | καὶ εἰς τοὺς πόδας ἀναξυρίδας χρυσᾶς καὶ κόσμον |
| Asen. | 18 6 | αὐτῆς ψέλια χρυσᾶ καὶ εἰς τοὺς πόδας ἀναξυρίδας | * χρυσᾶς * | καὶ κόσμον τίμιον περιέθηκε περὶ τὸν τράχηλον |
| Asen. | 18 6 | τίμιοι ἠρτημένοι ἀναρίθμητοι καὶ στέφανον | * χρυσοῦν * | περιέθηκεν ἐπὶ τὴν κεφαλὴν αὐτῆς καὶ ἐν τῷ |
| Asen. | 21 5 | τὸν Ἰωσὴφ καὶ τὴν Ἀσενὲθ καὶ ἐπέθηκε στεφάνους | * χρυσοῦς * | εἰς τὰς κεφαλὰς αὐτῶν οἵτινες ἦσαν ἐν τῷ οἴκῳ |
| Bar. | 6 7 | ὡσεὶ μοδίων τετρακισχιλίων καὶ ἦσαν γράμματα | * χρυσᾶ. * | καὶ εἶπέν μοι ὁ ἄγγελος ἀνάγνωθι ταῦτα. καὶ |
| Prop. | 22 2 | τέρας ὅτι ἡνίκα ἐτέχθη ἐν Γαλγάλοις ἡ δάμαλις ἡ | * χρυσῆ * | ὀξὺν ἐβόησεν ὥστε ἀκουσθῆναι εἰς Ἰερουσαλὴμ καὶ |
| Sedr. | 11 7 | ἐστολίσατε. ὦ δάκτυλοι καλλωπισμένοι καὶ ὑπὸ τῶν | * χρυσῶν * | καὶ ἀργυρῶν ἐστολισμένοι καὶ μεγάλα κτίσματα ὑπὸ |
| Job | 25 8 | τὴν τρίχα ἀντὶ ἄρτων. βλέπε τὴν τοὺς κραββάτους | * χρυσοῦς * | καὶ ἀργυρέους ἔχουσαν, νυνὶ δὲ πιπράσκουσαν τὴν |
| Job | 32 4 | οὖν τυγχάνει ἡ δόξα τοῦ θρόνου σου; σὺ εἶ ὁ τοὺς | * χρυσέους * | κραββάτους ἔχων, νυνὶ δὲ καθήμενος ἐπὶ κοπρίας |
| Job | 32 9 | ἔχων, νυνὶ ἐν δυσωδίᾳ ὑπάρχεις σὺ εἶ ὁ τοὺς | * χρυσέους * | λύχνους ἐπὶ τὰς ἀργυρᾶς λυχνίας ἔχων, νυνὶ δὲ |
| Aris. | 42 5 | ἐπεδείξαμεν δὲ καὶ τὰς φιάλας ἃς ἀπέστειλας | * χρυσᾶς * | εἴκοσι καὶ ἀργυρᾶς τριάκοντα κρατῆρας πέντε καὶ |
| Aris. | 61 2 | ποιήσει. πάντες δ' ἦσαν διὰ τρημάτων κατειλημμένοι | * χρυσαῖς * | περόναις πρὸς τὴν ἀσφάλειαν. ἐπὶ δὲ τῶν γωνιῶν |
| Aris. | 73 1 | τῇ καλλονῇ διαπρεπῆ. τῶν δὲ κρατήρων δύο μὲν ἦσαν | * ⟨χρυσοῖ⟩ * | τῇ κατασκευῇ φολιδωτὴν ἔχοντες ἀπὸ τῆς βάσεως |
| Aris. | 79 1 | εἶναι τῶν ἐνηργημένων τὴν πολυτεχνίαν. τὰς δὲ | * χρυσᾶς * | φιάλας διετόρευσαν στεφάνοις ἀμπέλου κατὰ μέσον |
| Aris. | 96 4 | ἔνδυσιν οὗ φορεῖ χιτῶνος καὶ τῶν περὶ αὐτὸν λίθων | * χρυσοῖ * | γὰρ κώδωνες περὶ τὸν ποδήρη εἰσίν αὐτοῦ μέλους |
| Aris. | 98 3 | τὸ καθηγιασμένον βασίλειον ἐκτυποῦν ἐπὶ πετάλῳ | * χρυσῷ * | γράμμασιν ἁγίοις τὸ ὄνομα τοῦ θεοῦ κατὰ μέσον τῶν |
| Aris. | 320 6 | ἱστοὺς ἑκατὸν καὶ φιάλας καὶ τρύβλια καὶ κρατῆρας | * χρυσοῦς * | δύο πρὸς ἀνάθεσιν. ἔγραψε δὲ καὶ παρακαλῶν ἵνα |
| Sib. | 3 58 | κοσμεῖσθέ τε πᾶσαι ναοῖς καὶ σταδίοις ἀγοραῖς | * χρυσοῖς * | ξοάνοις τε ἀργυρέοις λιθίνοις τε ἵν' ἔλθητ' εἰς |
| Sib. | 3 587 | οἵτινες οὐκ ἀπάτῃσι κεναῖς οὐδ' ἔργ' ἀνθρώπων | * χρύσεα * | καὶ χάλκεια καὶ ἀργύρου ἠδ' ἐλέφαντος καὶ ξυλίνων |
| Sib. | 5 83 | δέξαντο θεοὺς ξυλίνους λιθίνους τε χαλκοῦς τε | * χρυσοῦς * | τε καὶ ἀργυρέους τε ματαίους ἀψύχους κωφοὺς καὶ |
| Sib. | 5 437 | πάλαι μεγάλη καὶ πάμπολις οὐκέτι κείσῃ οὔρεσιν ἐν | * χρυσέοις * | καὶ νάμασιν Εὐφρήταο στρωθήσῃ σεισμοῖο κλόνῳ |
| FAch. | 123 | τὰ χρήματα. ἐκέλευσεν οὖν ὁ Λυκοῦργος ἀνδριάντα | * χρυσοῦν * | ἀνατεθῆναι τῷ Αἰσώπῳ μετὰ καὶ τῶν Μουσῶν καὶ |
| IOrp. | 34 | οὗτος γὰρ χάλκειον ἐς οὐρανὸν ἐστήρικται | * χρυσέῳ * | εἰνὶ θρόνῳ γαίῃ δ' ὑπὸ ποσσὶ βέβηκε χεῖρά τε |
| IMen. | 5 119 2 | ἢ ἐρίφων ἢ νὴ Δία ἑτέρων τοιούτων ἢ κατασκευάσματα | * χρυσᾶς * | ποιήσας χλαμύδας ἤτοι πορφυρᾶς ἢ δι' ἐλέφαντος ἢ |
| HDem. | 9 21 15 | ἑκάστῳ διπλᾶς τῷ δὲ Βενιαμὶν πέντε καὶ τριακοσίους | * χρυσοῦς * | καὶ τῷ πατρὶ δὲ ἀποστεῖλαι κατὰ ταὐτὰ ὥστε τὸν |
| HEup. | 9 34 5 | χρυσῶσαί τε τὸν ναὸν ἔσωθεν χωννύντα πλινθία | * χρυσᾶ * | πενταπήχη καὶ προστιθέναι προσηλοῦντα ἥλοις |
| HEup. | 9 34 6 | ἕως τῆς ὀροφῆς τό τε ὀρόφωμα ποιῆσαι ἐκ φατνωμάτων | * χρυσῶν * | τὸ δὲ δῶμα ποιῆσαι χαλκοῦν ἀπὸ κεραμίδων χαλκῶν |
| HEup. | 9 34 7 | δεξιῶν ὃν δὲ ἐξ εὐωνύμων. ποιῆσαι δὲ καὶ λυχνίας | * χρυσᾶς * | ⟨δέκα⟩ δέκα τάλαντα ἑκάστην ὁλκὴν ἀγούσας |
| HEup. | 9 34 8 | τὰς δὲ ἐξ εὐωνύμων. ποιῆσαι δ' αὐτὸν καὶ λύχνους | * χρυσοῦς * | ο' ὥστε καίεσθαι ἐφ' ἑκάστης λυχνίας ἑπτά. |
| HEup. | 9 34 15 | οἴκῳ θεῖναι. καὶ τὴν κιβωτὸν δὲ καὶ τὸν βωμὸν τὸν | * χρυσοῦν * | καὶ τὴν λυχνίαν καὶ τὴν τράπεζαν καὶ τὰ ἄλλα |
| HEup. | 9 34 18 | ἀρώματα πέμψαι τῷ δὲ Σούρωνι εἰς Τύρον πέμψαι τὸν | * χρυσοῦν * | κίονα τὸν ἐν Τύρῳ ἀνακείμενον ἐν τῷ ἱερῷ τοῦ |
| HEup. | 9 34 20 | ἱερῷ τοῦ Διός. ποιῆσαι δὲ τὸν Σολομῶνα καὶ ἀσπίδας | * χρυσᾶς * | χιλίας ὧν ἑκάστην πεντακοσίων εἶναι χρυσῶν. |
| HEup. | 9 34 20 | ἀσπίδας χρυσᾶς χιλίας ὧν ἑκάστην πεντακοσίων εἶναι | * χρυσῶν. * | βιῶσαι δὲ αὐτὸν ἔτη πεντήκοντα δύο ὧν ἐν εἰρήνῃ |
| HEup. | 9 39 2 | καταλαβεῖν τοὺς Ἰουδαίους θυσιάζοντας εἰδώλῳ | * χρυσῷ * | ᾧ εἶναι ὄνομα Βάαλ. τοῦτον δὲ αὐτοῖς τὴν μέλλουσαν |
| HHec. | 1 22 198 | οἴκημα μέγα οὗ βωμός ἐστι καὶ λυχνίον ἀμφότερα | * χρυσᾶ * | δύο τάλαντα τὴν ὁλκήν. ἐπὶ δὲ τούτων φῶς ἐστιν |
| HThe. | 9 34 19 | κατασκευάσαι καὶ ἔλυτρον τῷ ἀνδριάντι τὸν | * χρυσοῦν * | κίονα περιθεῖναι. |

χρυσικός 1

| | | | | |
|---|---|---|---|---|
| HEup. | 9 30 7 | Οὐρφῆ νῆσον κειμένην ἐν τῇ Ἐρυθρᾷ Θαλάσσῃ μέταλλα | * χρυσικὰ * | ἔχουσαν καὶ τὸ χρυσίον ἐκεῖθεν μετακομίσαι τοὺς |

χρύσινος 1

| | | | | |
|---|---|---|---|---|
| TJos. | 16 5 | τὸν παῖδα ἄγαγε. καὶ δίδει αὐτοῖς ὀγδοήκοντα | * χρυσίνους * | ἀντ' ἐμοῦ ἑκατὸν εἰπὼν τῇ Αἰγυπτίᾳ δεδόσθαι |

χρυσίον 32

| | | | | |
|---|---|---|---|---|
| Hen. | 8B 1 | πᾶν σκεῦος πολεμικὸν καὶ τὰ μέταλλα τῆς γῆς καὶ τὸ | * χρυσίον * | πῶς ἐργάσωνται καὶ ποιήσωσιν αὐτὰ κόσμια ταῖς |
| Hen. | 97 8 | μνημόσυνον εἰς ὑμᾶς κακόν. οὐαὶ ὑμῖν οἱ κτώμενοι | * χρυσίον * | καὶ ἀργύριον οὐκ ἀπὸ δικαιοσύνης καὶ ἐρεῖτε |
| Hen. | 98 2 | μεγαλωσύνῃ καὶ ἐν ἐξουσίᾳ. ἔσονται δὲ ἀργύριον καὶ | * χρυσίον * | ⟨παρ'⟩ αὐτοῖς εἰς βρώματα καὶ ἐν ταῖς οἰκίαις |
| Hen. | 100 12 | κα⟩ταβῆναι ὑμῖν καὶ δρόσῳ κα⟨ὶ νεφέλῃ⟩ καὶ ὁμίχλῃ | * χρυσίον * | διαγράψα⟨τε ἵνα κα⟩ταβῶσιν ὅτι ἐὰν ἐπιρρίψῃ ἐφ' |
| TLevi | 2 12 | ἡ ζωή σου καὶ αὐτὸς ἔσται σου ἀγρὸς ἀμπελὼν καρποὶ | * χρυσίον * | ἀργύριον. ἄκουσον οὖν περὶ τῶν ἑπτὰ οὐρανῶν. ὁ |
| TIss. | 4 2 | εἶδον ἐν αὐτῇ πᾶσαν εὐαρέστησιν κυρίου. ὁ ἁπλοῦς | * χρυσίον * | οὐκ ἐπιθυμεῖ τὸν πλησίον οὐ πλεονεκτεῖ βρωμάτων |

TJos. 11 4 εἰς Αἴγυπτον περὶ ἐμοῦ ἐμάχοντο τίς προσδοὺς * χρυσίον * λάβῃ με. διὸ πᾶσιν ἔδοξεν εἶναί με εἰς Αἴγυπτον
TJos. 11 7 ἐν χειρί μου καὶ ἐπλήθυνεν αὐτὸν ἐν ἀργυρίῳ καὶ * χρυσίῳ * καὶ ἤμην μετ' αὐτοῦ μῆνας τρεῖς καὶ ἡμέρας πέντε.
TJos. 16 4 ἕτερον εὐνοῦχον λέγουσα ἐὰν καὶ δύο μνᾶς * χρυσίου * ζητοῦσι πρόσεχε μὴ φείσασθαι χρυσίου μόνον
TJos. 16 4 καὶ δύο μνᾶς χρυσίου ζητοῦσι πρόσεχε μὴ φείσασθαι * χρυσίου * μόνον πριάμενος τὸν παῖδα ἄγαγε. καὶ δίδει
TJos. 18 3 μου ἔλαβον εἰς γυναῖκα καὶ ἑκατὸν τάλαντά μοι * χρυσίου * δέδοται σὺν αὐτῇ ὅτι κύριός μοι αὐτοὺς
Asen. 5 4 χιὼν χρυσοχάλινοι καὶ τὸ ἅρμα κατεσκεύαστο ὅλον ἐκ * χρυσίου * καθαροῦ. καὶ ἦν Ἰωσὴφ ἐνδεδυμένος χιτῶνα λευκὸν
Asen. 7 4 πρέσβεις οὓς ἔπεμπον πρὸς αὐτὸν αἱ γυναῖκες μετὰ * χρυσίου * καὶ ἀργυρίου καὶ δώρων πολυτίμων ἀπέπεμπεν
Asen. 23 3 λήψομαι ὑμᾶς ἐμαυτῷ εἰς ἑταίρους καὶ δώσω ὑμῖν * χρυσίον * καὶ ἀργύριον πολὺν καὶ παῖδας καὶ παιδίσκας καὶ
Sal. 17 33 ἵππον καὶ ἀναβάτην καὶ τόξον οὐδὲ πληθυνεῖ αὐτῷ * χρυσίον * οὐδὲ ἀργύριον εἰς πόλεμον καὶ πολλοῖς 〈λαοῖς〉 οὐ
Sal. 17 43 παιδεῦσαι αὐτόν. τὰ ῥήματα αὐτοῦ πεπυρωμένα ὑπὲρ * χρυσίον * τὸ πρῶτον τίμιον ἐν συναγωγαῖς διακρινεῖ λαοῦ
Prop. 1 8 ὅλου δὲ τοῦ λαοῦ. ἐκεῖ εἶχεν ὁ βασιλεὺς τὸ * χρυσίον * τὸ ἐξ Αἰθιοπίας καὶ τὰ ἀρώματα. καὶ ἐπειδὴ ὁ
Job 11 3 ποίησον σὺ μεθ' ἡμῶν ἔλεος καὶ πρόχρησον ἡμῖν * χρυσίον * ἵνα ἀπέλθωμεν εἰς τὰς μακρὰς πόλεις
Job 44 5 προσήνεγκέν μοι ἀνὰ ἀμνάδα μίαν καὶ τετράδραχμον * χρυσίου * καὶ ηὐλόγησεν κύριος πάντα ὅσα μοι ὑπῆρχεν, καὶ
Aris. 33 5 κρατήρων τε καὶ φιαλῶν καὶ τραπέζης καὶ σπονδείων * χρυσίου * μὲν ὁλκῆς τάλαντα πεντήκοντα καὶ ἀργυρίου
Aris. 57 2 τὸ εὖρος〉 τὸ δὲ ὕψος πήχεος καὶ ἡμίσους συνετέλουν * χρυσίου * δοκίμου στερεὰν πάντοθεν τὴν ποίησιν ἐργασάμενοι
Aris. 63 7 ἔχοντας ἑκάστου γένους τὴν χρόαν ἀνέδησαν τῷ * χρυσίῳ * κύκλῳ περὶ ὅλην τὴν τῆς τραπέζης κατασκευὴν κατὰ
Aris. 78 2 ἐνέργεια. προσορώντων γὰρ πρὸς αὐτὴν τὴν τοῦ * χρυσίου * κατασκευὴν ψυχαγωγία τις ἦν μετὰ θαυμασμοῦ
Aris. 319 4 ἑκάστῳ γὰρ στολὰς ἔδωκε τῶν κρατίστων τρεῖς καὶ * χρυσίου * τάλαντα δύο καὶ κυλίκιον ταλάντου καὶ τρικλίνου
Sib. 3 181 ἐκ πόλεων πολλῶν πάλι δ' ἔσσεται ἐν χθονὶ δίῃ * χρυσίον * αὐτὰρ ἔπειτα καὶ ἄργυρος ἠδέ τε κόσμος. καὶ
FAch. 122 δεδανεισμένα παρὰ Λυκούργου χίλια τάλαντα * χρυσίου * χρόνον ἕνεις τὸν παρελθόντα 〈μετὰ τὸ〉
HEup. 9 30 6 δὲ εὐτρεπίζειν τὰ πρὸς τὴν κατασκευὴν ἀνήκοντα * χρυσίον * ἀργύριον χαλκὸν λίθους ξύλα κυπαρίσσινα καὶ
HEup. 9 30 7 τῇ Ἐρυθρᾷ θαλάσσῃ μέταλλα χρυσικὰ ἔχουσαν καὶ τὸ * χρυσίον * ἐκεῖθεν μετακομίσαι τοὺς μεταλλευτὰς εἰς τὴν
HEup. 9 34 6 δὲ δύο στύλους χαλκοῦς καὶ καταχρυσῶσαι αὐτοὺς * χρυσίῳ * ἀδόλῳ δακτύλου τὸ πάχος. εἶναι δὲ τοὺς στύλους τῷ
HEup. 9 34 8 δὲ καὶ τὰς πύλας τοῦ ἱεροῦ καὶ κατακοσμῆσαι * χρυσίῳ * καὶ ἀργυρίῳ καὶ καταστεγάσαι φατνώμασι κεδρίνοις
HEup. 9 34 16 μόσχους τρισχιλίους πεντακοσίους. τὸ δὲ σύμπαν * χρυσίον * τὸ εἰς τοὺς δύο στύλους καὶ τὸν ναὸν καταχρησθὲν
FrAn. 1 217 24 ἀρχιερέως ἔχων. λαβὼν αὐτὸν δὸς τῷ ἐνέγκαντι αὐτὸν * χρυσίον * πολὺ καὶ ἀργύριον ἅμα δὲ καὶ ῥαπίσας αὐτὸν

χρυσογραφία 1
Aris. 176 3 διφθέραις ἐν αἷς 〈ἦν〉 ἡ νομοθεσία γεγραμμένη * χρυσογραφίᾳ * τοῖς Ἰουδαϊκοῖς γράμμασι θαυμασίως

χρυσόθρονος 1
Sib. 5 434 κτίστης ναοῖο μεγίστου. αἰαῖ σοι Βαβυλὼν * χρυσόθρονε * χρυσοπέδιλε πουλυετὴς βασίλεια μόνη κόσμοιο

χρυσόμορφος 1
ISop. 5 111 4 ἀπώλεσεν. τὴν τοῦδε γάρ τοι Ζεὺς ἔγημε μητέρα οὐ * χρυσόμορφος * οὐδ' ἐπημφιεσμένος πτίλον κύκνειον ὡς κόρην

χρυσοπέδιλος 1
Sib. 5 434 ναοῖο μεγίστου. αἰαῖ σοι Βαβυλὼν χρυσόθρονε * χρυσοπέδιλε * πουλυετὴς βασίλεια μόνη κόσμοιο κρατοῦσα ἡ

χρυσός 33
Abr.1 11 6 πύλης. καὶ 〈ὅτε〉 ἐθεώρει 〈ὁ ἀνὴρ θαυμάσιος ὁ ἐπὶ * χρυσοῦ * θρόνου καθήμενος διὰ τῆς στενῆς πύλης ὀλίγας
Abr.1 12 6 δὲ αὐτοῦ ἵστατο τράπεζα κρυσταλλοειδὴς ὅλως διὰ * χρυσοῦ * ἐπάνω δὲ τῆς τραπέζης 〈ἦν〉 βιβλίον κείμενον τὸ
TLevi 13 7 αἰχμαλωσία καὶ πόλεις ὀλοθρευθῶσι καὶ χῶραι καὶ * χρυσὸς * καὶ ἄργυρος καὶ πᾶσα κτῆσις ἀπολεῖται τοῦ σοφοῦ
TJud. 13 4 σου. καὶ ἔδειξέ μοι ἐπ' ὀνόματι τῆς θυγατρὸς αὐτοῦ * χρυσοῦ * πλῆθος ἄπειρον ἦν γὰρ βασιλεύς. καὶ αὐτὴν
TJud. 13 5 ἄπειρον ἦν γὰρ βασιλεύς. καὶ αὐτὴν κοσμήσας ἐν * χρυσῷ * καὶ μαργαρίταις ἐποίησεν ἡμῖν οἰνοχοεῖν ἐν τῷ
Asen. 2 4 ἔχων τὸν κόσμον καὶ τὰς θήκας Ἀσενὲθ καὶ ἦν * χρυσὸς * πολὺς ἐν αὐτῷ καὶ ἄργυρος καὶ ἱματισμὸς χρυσοϋφὴς
Job 25 6 ἀντὶ ἄρτων. βλέπε τίς εἶχεν τὸν νιπτῆρα τῶν ποδῶν * χρυσοῦ * καὶ ἀργύρου, νυνὶ δὲ ποσὶν βαδίζει ἐπὶ ἐδάφους,
Job 25 7 ἥτις εἶχεν τὴν ἔνδυσιν ἐκ βύσσου ὑφασμένην σὺν * χρυσῷ, * νῦν δὲ φορεῖ ῥακκώδη καὶ ἀντικαταλλάσσει τὴν
Job 46 5 εἰς τὴν κρυπτὴν καὶ ἔνεγκε τὰ τρία σκευάρια τοῦ * χρυσοῦ, * ἵνα δῶ ὑμῖν τὴν κληρονομίαν. ἡ δὲ ἀπελθοῦσα
Aris. 8 1 καὶ τῇ πρὸς τὸ καλὸν ὁρμῇ τοῦ αὐτὸν ὄντα ἡμῖν. * χρυσοῦ * γὰρ χάρις ἢ κατασκευὴ τις ἄλλη τῶν τετιμημένων
Aris. 55 1 οἷς καθῆκε ποιῶνται δεόντως. οὐ γὰρ ἕνεκεν σπάνεως * χρυσοῦ * τὰ προσυντετελεσμένα βραχύμετρα καθεστήκει ἀλλὰ
Aris. 57 4 ἐργασάμενοι λέγω δὲ οὐ περί τι περιεπτυγμένου τοῦ * χρυσοῦ * τὸν δὲ ἐλασμὸν αὐτὸν ἐπιδεδέσθαι. στεφάνην δὲ
Aris. 76 2 διάπλοκοι διετυποῦντο κυκλόθεν. οἱ μὲν οὖν διὰ τοῦ * χρυσοῦ * τοιαύτην εἶχον τὴν κατασκευὴν χωροῦντες ὑπὲρ δύο
Aris. 77 4 παρ' ἕτερον λέγω δὲ πρῶτον ἀργυροῦ κρατῆρος εἶτα * χρυσοῦ * πάλιν ἀργυροῦ καὶ χρυσοῦ παντελῶς ἀνεξήγητος
Aris. 77 5 ἀργυροῦ κρατῆρος εἶτα χρυσοῦ πάλιν ἀργυροῦ καὶ * χρυσοῦ * παντελῶς ἀνεξήγητος ἐγένετο τῆς προσόψεως ἡ
Aris. 82 4 τέχναις κρατιστεύοντα πάντα ὥστε πενταπλασίως τοῦ * χρυσοῦ * τιμιωτέραν εἶναι τὴν τῶν λίθων δόσιν καὶ τὴν τῶν
Aris. 97 4 λίθοι δεκαδύο διαλλάσσοντες τοῖς γένεσι * χρυσῷ * κεκολλημένοι τὰ τῶν φυλάρχων ὀνόματα κατὰ τὴν ἐξ
Aris. 114 2 δὲ πλῆθος καὶ τῶν ἀρωμάτων καὶ λίθων πολυτελῶν καὶ * χρυσοῦ * παρακομίζεται διὰ τῶν Ἀράβων εἰς τὸν τόπον.
Sib. 3 13 αὐτὸς ἅπαντα ὃν χεὶρ οὐκ ἐποίησε λιθοξόος οὐδ' ἀπὸ * χρυσοῦ * τέχνησ' ἀνθρώπου φαίνει τύπος οὐδ' ἐλέφαντος ἀλλ'
Sib. 3 78 ἔνθ' ὁπόταν κόσμου παντὸς χήρη βασιλεύσῃ καὶ ῥίψῃ * χρυσόν * τε καὶ ἄργυρον εἰς ἅλα δῖαν +καὶ χαλκόν τε+
Sib. 3 179 βασιλεῦσι φόβον μετόπισθε ποιήσει πολλὸν δ' αὖ * χρυσόν * τε καὶ ἄργυρον ἐξαλαπάξει ἐκ πόλεων πολλῶν πάλι
Sib. 3 292 καὶ πάντες Περσῶν βασιλεῖς ἐπικουρήσουσιν * χρυσόν * καὶ χαλκόν τε πολύκμητόν τε σίδηρον. αὐτὸς γὰρ
Sib. 3 641 ἐξαρύσῃ πλούτοιο καὶ ἀντίον εἰς ἔριν αὐτῶν ἔλθωσιν * χρυσοῦ * τε καὶ ἀργύρου εἵνεκεν ἔσται ἡ φιλοχρημοσύνη κακὰ
Sib. 3 658 δ' αὖ μεγάλοιο θεοῦ περικαλλέι πλούτῳ βεβριθὼς * χρυσῷ * τε καὶ ἀργύρῳ ἠδέ τε κόσμῳ πορφυρέῳ καὶ γαῖα
Sib. 5 405 οὐδὲ πέτρης ποίησε σοφὸς τέκτων παρὰ τούτοις οὐ * χρυσοῦ * κόσμον ἀπάτην ψυχῶν ἐσεβάσθη. ἀλλὰ μέγαν γενετῆρα
FPho. 43 ἡ φιλοχρημοσύνη μήτηρ κακότητος ἁπάσης. * χρυσὸς * ἀεὶ δόλος ἐστὶ καὶ ἄργυρος ἀνθρώποισιν. χρυσὲ
FPho. 44 χρυσὸς ἀεὶ δόλος ἐστὶ καὶ ἄργυρος ἀνθρώποισιν. * χρυσὲ * κακῶν ἀρχηγὲ βιοφθόρε πάντα χαλέπτων εἴθε σε μὴ
HEup. 9 30 8 καὶ τῶν δώδεκα φυλάρχων καὶ παραδοῦναι αὐτῷ τόν τε * χρυσὸν * καὶ ἄργυρον καὶ χαλκὸν καὶ λίθον καὶ ξύλα
HEup. 9 34 17 καὶ τοὺς Φοίνικας ἑκάστους εἰς τὴν ἑαυτῶν ἑκάστῳ * χρυσὸν * σίκλους δόντα δέκα τὸ δὲ τάλαντον εἶναι σίκλον.
HEup. 9 39 5 τὸν Ἰουδαίων βασιλέα Ἰωναχεὶμ ζωγρῆσαι τὸν δὲ * χρυσὸν * τὸν ἐν τῷ ἱερῷ καὶ ἄργυρον καὶ χαλκὸν ἐκλέξαντα
HThe. 9 34 19 θεοφιλου περι σολομωνος. τὸν περισσεύσαντα * χρυσὸν * τὸν Σολομῶνα τῷ Τυρίων βασιλεῖ πέμψαι τὸν δὲ
HCal. 24 45 δεδουλεύκατε. λαβόντες δὲ χρημάτων πλήθη ἔν τε * χρυσῷ * καὶ ἀργύρῳ ἤγαγον πρὸς τὸν Ἀλέξανδρον. ὁ δὲ οὐκ
LEze. 9 29 12 34 λήψεται σκεύη κόσμον τε πάνθ' ὃν ἄνθρωπος φέρει * χρυσόν * τε καὶ 〈τὸν〉 ἄργυρον ἠδὲ καὶ στολὰς ἵν' ὦν

χρυσότευκτος 1
ISop. 5 113 2 παραψυχὴν θεῶν ἀγάλματα ἐκ λίθων ἢ χαλκέων ἢ * χρυσοτεύκτων * ἢ ἐλεφαντίνων τύπους θυσίας τε τούτοις καὶ

χρυσοϋφής 7
Asen. 2 4 ἦν χρυσὸς πολὺς ἐν αὐτῷ καὶ ἄργυρος καὶ ἱματισμὸς * χρυσοϋφὴς * καὶ λίθοι ἐκλεκτοὶ καὶ πολυτελεῖς καὶ ὀθόναι
Asen. 2 8 κατὰ ἀνατολὰς καὶ ἦν ἡ κλίνη ἐστρωμένη πορφυρᾷ * χρυσοϋφεῖ * ἐξ ὑακίνθου καὶ πορφύρας καὶ βύσσου
Asen. 3 6 αὐτῆς καὶ ἐνεδύσατο στολὴν βυσσίνην ἐξ ὑακίνθου * χρυσοϋφῆ * καὶ ἐζώσατο ζώνην χρυσῆν καὶ ψέλια εἰς τὰς
Asen. 5 5 ἡ στολὴ τῆς περιβολῆς αὐτοῦ ἦν πορφυρᾶ ἐκ βύσσου * χρυσοϋφὴς * καὶ στέφανος χρυσο〈ῦ〉ς ἐπὶ τῆς κεφαλῆς αὐτοῦ
Asen. 10 10 τὴν στολὴν αὐτῆς τὴν βασιλικὴν τὴν βυσσίνην καὶ * χρυσοϋφῆ * καὶ ἐνεδύσατο χιτῶνα μελανὸν πένθους καὶ
Asen. 13 3 μου τὴν βασιλικὴν στολὴν τὴν βυσσίνην ἐξ ὑακίνθου * χρυσοϋφῆ * καὶ ἐνεδυσάμην χιτῶνα μελανὸν καὶ πενθήρη. ἰδοὺ
Asen. 16 18 ὡς ὑάκινθος καὶ ὡς κόκκος καὶ ὡς βύσσινα ἱμάτια * χρυσοϋφῆ * καὶ διαδήματα χρυσᾶ ἐπὶ τὰς κεφαλὰς αὐτῶν καὶ

χρυσοχάλινος 1
Asen. 5 4 ἦσαν ἐξευγμένοι ἵπποι τέσσαρες λευκοὶ ὡσεὶ χιὼν * χρυσοχάλινοι * καὶ τὸ ἅρμα κατεσκεύαστο ὅλον ἐκ χρυσίου

χρυσοχόος 1
FrAn. 1 217 14 τὸν λίθον ἐπιφερόμενος καὶ δείξας αὐτὸν * χρυσοχόῳ * παραχρῆμα τὸν λίθον ἐκεῖνος ἰδὼν ἀναστὰς

χρυσόω 3
Abr.1 11 4 τῶν δύο εἶδον ἄνδρα καθήμενον ἐπὶ τοῦ θρόνου * κεχρυσωμένου * καὶ ἦν ἡ ἰδέα τοῦ ἀνδρὸς ἐκείνου φοβερὰ
HEup. 9 34 5 ὥστε τὴν λιθίνην οἰκοδομὴν μὴ φαίνεσθαι * χρυσῶσαι * τε τὸν ναὸν ἔσωθεν χωννύντα πλινθία χρυσᾶ
HEup. 9 34 6 τὸν ῥυθμὸν τέσσαρσι δὲ τὸν ἀριθμόν. οὕτω δ' αὐτὸν * χρυσῶσαι * ἀπὸ ἐδάφους ἕως τῆς ὀροφῆς τό τε ὄροφωμα

χρυσωπός 1
ISop. 5 121 4 αἰῶνος χρόνος ὅταν πυρὸς γέμοντα θησαυρὸν σχάσῃ * χρυσωπὸς * αἰθὴρ ἡ δὲ βοσκηθεῖσα φλὸξ ἅπαντα τἀπίγεια καὶ

χρῶμα 5
Hen. 18 7 νότον βάλλοντα. καὶ τὰ μὲν πρὸς ἀνατολὰς ἀπὸ λίθου * χρώματος * τὸ δὲ ἦν ἀπὸ λίθου μαργαρίτου καὶ τὸ ἀπὸ λίθου
Hen. 98 2 ὅτι κάλλος περιθήσονται ἄνδρες ὡς γυναῖκες 〈καὶ〉 * χρῶμα * ὡραῖον ὑπὲρ παρθένους ἐν βασιλείᾳ καὶ μεγαλωσύνῃ
Hen. 106 10 καὶ ἡ εἰκὼν αὐτοῦ 〈οὐχ ὅμοιος ἀνθρώποις καὶ τὸ * χρῶμα * αὐτοῦ〉 λευκότερον χιόνος καὶ πυρρότερον ῥόδου καὶ
Aris. 97 2 δὲ διαφόρῳ ζώνῃ διαπρεπεῖ διυφασμένῃ καλλίστοις * χρώμασιν. * ἐπὶ δὲ τοῦ στήθους φορεῖ τὸ λεγόμενον λόγιον
LEze. 9 29 16 15 ἦν τὸ μῆκος ἀετοῦ σχεδὸν πτεροῖσι ποικίλοισιν ἠδὲ * χρώμασι. * στῆθος μὲν αὐτοῦ πορφυροῦν ἐφαίνετο σκέλη δὲ

χρώς 3
Sib. 3 592 πρὸς οὐρανὸν ὠλένας ἁγνὰς ὄρθριοι ἐξ εὐνῆς αἰεὶ * χρόα * ἁγνίζοντες ὕδατι καὶ τιμῶσι μόνον τὸν ἀεὶ μεδέοντα
FEz. 186 16 πυμην κ〈αι εσομαι εγγυς αυτων ως ο χ〉ιτων του * χρ〈ωτος * αυτων και επικαλεσ〉ονται με 〈και ερω ιδου
LEze. 9 28 2 20 θυγάτηρ βασιλέως ἄβραις ὁμοῦ κατῆλθε λουτροῖς * χρῶτα * φαιδρῦναι νέον ἰδοῦσα δ' εὐθὺς καὶ λαβοῦσ'

χύμα 3
Aris. 14 3 καὶ ῥώμῃ διαφέροντας καθώπλισε τὸ δὲ λοιπὸν * χύμα * πρεσβυτέρων καὶ νεωτέρων ἔτι δὲ γυναικῶν εἴασεν εἰς
Aris. 105 1 εἰρημένων οὕτως ἠσφαλίσθαι. τῆς δὲ πόλεως ἐστι τὸ * χύμα * συμμέτρως ἔχον οἷον τεσσαράκοντα σταδίων ὄντος τοῦ
Aris. 277 5 ὧν χάριν ἀδικία πέφυκε καὶ τὸ τῆς πλεονεξίας * χύμα. * τὸ δὲ τῆς ἀρετῆς κατάστημα κωλύει τοὺς

χύσις 1
Abr.1 4 5 ἐξῆλθεν ἔξω ὡς δῆθεν γαστρὸς χρείᾳ ὕδατος * χύσιν * ποιήσας καὶ ἀνῆλθεν εἰς τοὺς οὐρανοὺς ἐν ῥιπῇ

χυτός 1
Slb. 4 185 ὅσοι δ' ὑπὸ δυσσεβίῃσιν ἥμαρτον τοὺς δ' αὖτε * χυτὴ * κατὰ γαῖα καλύψει Τάρταρά τ' εὐρώεντα μυχοὶ στύγιοι
Χωβαβιήλ 1
Hen. 6B 7 Σεμιαζᾶς ὁ ἄρχων αὐτῶν β' Ἀταρκούφ γ' Ἀρακιὴλ δ' * Χωβαβιὴλ * ε' Ὀραμμαμὴ ς' Ῥαμιὴλ ζ' Σαμψὶχ η' Ζακιὴλ θ'
Χωζηβά 2
TJud. 6 1 τὰ ἐν αὐτῇ σκυλεύσαντες. καὶ ὡς ἤμην ἐν τοῖς ὕδασι * Χωζηβὰ * οἱ ἀπὸ Ἰωβὴλ ἦλθον ἐφ' ἡμᾶς εἰς πόλεμον καὶ
TJud. 12 3 ἡμέρας παρὰ τὴν πύλην. μεθυσθεὶς οὖν ἐγὼ ἐν ὕδασι * Χωζηβὰ * οὐκ ἐπέγνων αὐτὴν ἀπὸ τοῦ οἴνου καὶ ἠπάτησέ με τὸ
χωλός 11
Job 17 3 ὁ διαδεδωκὼς τοῖς ἐπιδεομένοις καὶ τυφλοῖς καὶ * χωλοῖς, * καὶ τὸν μὲν ναὸν τοῦ μεγάλου θεοῦ καθελὼν καὶ
FEz. 64 70 6 παγανὸν δὲ οὐκ εἶχεν ἀλλ' ἢ μόνον δύο ἕνα * χωλὸν * καὶ ἕνα τυφλὸν καὶ ἕκαστος ⟨αὐτῶν⟩ κατ' ἰδίαν
FEz. 64 70 7 βασιλεία περιεφρόνησε δὲ τῶν δύο παγανῶν τοῦ τε * χωλοῦ * καὶ τοῦ τυφλοῦ οἱ δὲ ἠγανάκτησαν ἐν ἑαυτοῖς καὶ
FEz. 64 70 8 ὁ βασιλεὺς καὶ ἀπὸ μήκοθεν ὁ τυφλὸς ἐλάλει τῷ * χωλῷ * λέγων πόσον ἦν ἡμῶν τὸ κλάσμα τοῦ ἄρτου μετὰ τῶν
FEz. 64 70 9 ἐκεῖ τὰ τοῦ παραδείσου. ὁ δὲ εἶπεν καὶ πῶς δύναμαι * χωλὸς * ὢν καὶ μὴ δυνάμενος ἐπισαίνειν; ὁ δὲ τυφλὸς ἔφη
FEz. 64 70 13 τῷ παραδείσῳ; ὁ δὲ ἐθαύμασε. ὡς μετεστείλατο τὸν * χωλὸν * καὶ τὸν τυφλὸν καὶ ἠρώτησε τὸν τυφλὸν μὴ σὺ
FEz. 64 70 14 οἶδας ὅτι ⟨οὐχ⟩ ὁρῶ ποῦ βαδίζω. εἶτα ἐλθὼν ἐπὶ τὸν * χωλὸν * καὶ αὐτὸν ἠρώτα σὺ κατῆλθες εἰς τὸν παράδεισόν
FEz. 64 70 15 ποίῳ τρόπῳ ἀμφότεροι ἐξεύχθησαν ἐπιτίθησι τὸν * χωλὸν * τῷ πηρῷ καὶ τοὺς ἀμφοτέρους ἐτάζει μάστιξι καὶ οὐ
FEz. 64 70 16 ἀρνήσασθαι. ἑκάτεροι ἀλλήλους ἐλέγχουσιν ὁ μὲν * χωλὸς * λέγων τῷ τυφλῷ οὐ σύ με ἐβάστασας καὶ ἀπήνεγκας;
FEz. 64 70 16 οὐ σύ με ἐβάστασας καὶ ἀπήνεγκας; καὶ ὁ τυφλὸς τῷ * χωλῷ * οὐκ αὐτὸς ὀφθαλμοί μου γέγονας; καὶ τέξεται ἡ
FEz. 186 11 κριον προς κριον⟩ και μοσχον προς μοσχ⟨ον και το * χωλο⟩ν * κατεδησω και το ενο⟨χλουμενον ια⟩σομαι και το
χῶμα 1
FJub. 46 14 ἐπέταξαν καὶ οἰκοδομῆσαι τείχη ταῖς πόλεσι καὶ * χώματα * ἀνεγεῖραι ἵνα δι' αὐτῶν ὁ ποταμὸς λιμνάζειν
χωνευτός 2
Prop. 22 3 ἐτέχθη Ἰσραὴλ ὃς καθελεῖ τὰ γλυπτὰ αὐτῶν καὶ τὰ * χωνευτὰ * καὶ θανὼν ἐτάφη ἐν Σαμαρείᾳ. τὰ δὲ σημεῖα ἃ
HEup. 9 34 9 ποιῆσαι δὲ καὶ τὰς βάσεις τοῦ λουτῆρος τορευτὰς * χωνευτὰς * δώδεκα καὶ τῷ ὕψει ἀνδρομήκεις καὶ στῆσαι ἐξ
χώρα 72
Abr.1 2 1 εἰς τὴν δρῦν τὴν Μαβρὴν καὶ εὗρε τὸν Ἀβραὰμ ἐν τῇ * χώρᾳ * ἔγγιστα ζεύγη βοῶν ἀροτριασμοῦ προεδρεύοντα μετὰ
Abr.1 2 7 εἶπεν δεῦρο κύριέ μου πορεύθητι μετ' ἐμοῦ εἰς τὴν * χώραν. * ⟨καὶ φησὶν ὁ ἀρχιστράτηγος ἔρχομαι. ἀπελθόντες δὲ
Abr.1 2 8 φησὶν ὁ ἀρχιστράτηγος ἔρχομαι. ἀπελθόντες δὲ ἐν τῇ * χώρᾳ⟩ * τοῦ ἀροτριασμοῦ ἐκαθέσθησαν πρὸς ὁμιλίαν. εἶπεν δὲ
TLevi 13 7 ἐὰν γένηται αἰχμαλωσία καὶ πόλεις ὀλοθρευθῶσι καὶ * χῶραι * καὶ χρυσὸς καὶ ἄργυρος καὶ πᾶσα κτῆσις ἀπολεῖται
TJud. 2 7 καὶ ἐρράγη ἐν τοῖς ὁρίοις Γάζης. βοῦν ἄγριον ἐν * χώρᾳ * νεμόμενον ἐκράτησα ἐκ τῶν κεράτων καὶ ἐν κύκλῳ
TAser 7 6 ὡς Γὰδ καὶ ὡς Δὰν οἱ ἀδελφοί μου οἳ * χώρας * αὐτῶν ἀγνοήσουσι καὶ φυλὴν καὶ γλῶσσαν αὐτῶν. ἀλλ'
Asen. 1 2 τὰ ὅρια Ἡλιουπόλεως καὶ ἦν συνάγων τὸν σῖτον τῆς * χώρας * ἐκείνης ὡς τὴν ἄμμον τῆς θαλάσσης. καὶ ἦν ἀνὴρ ἐν
Asen. 3 1 καὶ ἦν συνάγων τὸν σῖτον τῆς εὐθηνίας τῆς * χώρας * ἐκείνης. καὶ ὡς ἤγγισεν τῇ πόλει ἐκείνῃ Ἰωσὴφ
Prop. 10 2 ἀλλὰ παραλαβὼν τὴν μητέρα αὐτοῦ παρῴκησε τὴν Σοὺρ * χώραν * ἀλλοφύλων ἐθνῶν ἔλεγε γὰρ ὅτι οὕτως ἀφελῶ ὄνειδός
Prop. 10 6B ἀλλὰ παραλαβὼν τὴν μητέρα αὐτοῦ παρῴκησε τὴν Σοὺρ * χώραν * ἀλλοφύλων. ἔλεγε γὰρ ὅτι οὕτως ἀφελῶ τὸ ὄνειδός
Esdr. 5 12 καὶ ὁ ἄνθρωπος καταβάλλει τὸ σπέρμα αὐτοῦ ἐν τῇ * χώρᾳ * τῆς γυναικός. τὸ πρῶτον μὲν σύνολόν ἐστιν τὸ
Job 3 7 καὶ τίς ἐστιν ὁ κωλύων με βασιλεύοντα ταύτης τῆς * χώρας; * καὶ ἀποκριθεὶς ἐμοὶ εἶπεν τὸ φῶς ὅτι μὲν
Job 9 7 καὶ ἤρχοντό μοι εἰς ἀπάντησιν ἀπὸ πασῶν τῶν * χωρῶν * ἅπαντες. ἀνεῳγμέναι δὲ ἦσαν αἱ τέσσαρες θύραι τοῦ
Job 17 5 καὶ θυγατέρας τρεῖς μὴ ἄρα καταφύγωσιν εἰς ἑτέρας * χώρας * καὶ ἐντύχωσιν καθ' ἡμῶν ὡς τυραννούντων, καὶ
Job 25 4 ἧς αἱ κάμηλοι γεγομωμέναι ἀγαθῶν ἀπέφερον εἰς τὰς * χώρας * τοῖς πτωχοῖς, ὅτι νῦν ἀντιδίδωσιν τὴν τρίχα αὐτῆς
Job 28 2 μοι, ἀναστάντες ἦλθον πρός με ἕκαστος ἐκ τῆς ἰδίας * χώρας * ὅπως ἐπισκεψάμενοι παραμυθήσονταί με ἡνίκα δὲ
Job 34 3 προσεγκαλεῖ ἡμῖν διὸ ἀναχωρήσωμεν εἰς τὰς ἰδίας * χώρας * αὐτὸς ἐν ταλαιπωρίᾳ σκωλήκων κάθηται καὶ
Job 41 2 ἀναστῆναι αὐτοὺς καὶ πορευθῆναι εἰς τὴν ἑαυτῶν * χώραν, * καὶ ὁρκωθῆναι αὐτοὺς ὑπὸ Ελιου λέγοντος μείνατέ
Aris. 12 8 ἐν ὅσῳ καὶ πρὸς δέκα μυριάδας ἐκ τῆς τῶν Ἰουδαίων * χώρας * εἰς Αἴγυπτον μετήγαγεν ἀφ' ὧν ὡσεὶ τρεῖς μυριάδας
Aris. 13 2 τρεῖς μυριάδας καθοπλίσας ἀνδρῶν ἐκλεκτῶν εἰς τὴν * χώραν * κατῴκισεν ἐν τοῖς φρουρίοις ἤδη μὲν καὶ πρότερον
Aris. 22 4 καὶ Φοινίκην τόπους ἐπελθόντες τὴν τῶν Ἰουδαίων * χώραν * ἐγκρατεῖς ἐγένοντο σωμάτων Ἰουδαϊκῶν καὶ ταῦτα
Aris. 22 6 καὶ ταῦτα διακεκομίκασιν εἴς τε τὴν πόλιν καὶ τὴν * χώραν * ἢ καὶ πεπράκασιν ἑτέροις ὁμοίως δὲ καὶ εἴ τινες
Aris. 23 3 τούτους διὰ δὲ τὴν στρατιωτικὴν προπέτειαν τήν τε * χώραν * αὐτῶν κατεφθάρθαι καὶ τὴν τῶν Ἰουδαίων μεταγωγὴν
Aris. 35 3 συμβαίνει πλείονας τῶν Ἰουδαίων εἰς τὴν ἡμετέραν * χώραν * κατῳκίσθαι γενηθέντας ἀνασπάστους ἐκ τῶν
Aris. 83 3 ὁδὸν ἡμῖν γενομένην τὴν δὲ θέσιν τῆς ὅλης * χώρας * πρῶτον δηλώσω. ὡς γὰρ παρεγενήθημεν ἐπὶ τοὺς
Aris. 107 3 οἱ πρῶτοι σοφῶς δὲ ἐπινοήσαντες. τῆς γὰρ * χώρας * πολλῆς οὔσης καὶ καλῆς καί τινων μὲν πεδινῶν τῶν
Aris. 107 5 λεγομένης καὶ τῶν συναπτόντων τῇ τῶν Ἰδουμαίων * χώρᾳ * τινῶν δὲ ὀρεινῶν τῶν ⟨πρὸς μέσην τὴν χώραν χρὴ⟩
Aris. 107 6 χώρᾳ τινῶν δὲ ὀρεινῶν τῶν ⟨πρὸς μέσην τὴν * χώραν * χρὴ⟩ πρὸς τὴν γεωργίαν καὶ τὴν ἐπιμέλειαν τῆς γῆς
Aris. 107 9 πάντα μετὰ δαψιλείας πολλῆς ἐν πάσῃ τῇ προειρημένῃ * χώρᾳ. * τῶν δὲ πόλεων ὅσαι μέγεθος ἔχουσι καὶ τὴν
Aris. 108 3 ταύταις συμβέβηκεν εὐανδρεῖν ἀμελεῖσθαι δὲ τῆς * χώρας * πάντων ἐπὶ τὸ κατὰ ψυχὴν ἱλαροῦσθαι νενευκότων καὶ
Aris. 109 3 μεγέθει καὶ εὐδαιμονίᾳ τὰς πόλεις. οἱ γὰρ ἀπὸ τῆς * χώρας * εἰς αὐτὴν ἐπιξενούμενοι καταμένοντες ἐφ' ἱκανὸν
Aris. 112 4 σύνδενδρός ἐστι καὶ σιτικοῖς καρποῖς αὐτοῖς ἡ * χώρα * καὶ ὀσπρίοις ἔτι δὲ ἀμπέλῳ καὶ μέλιτι πολλῷ. τὰ μὲν
Aris. 114 4 γὰρ καὶ πρὸς τὴν ἐμπορίαν ἐστὶ κατεσκευασμένη ἡ * χώρα * καὶ πολύτεχνος ἡ πόλις οὐ σπανίζει δὲ οὐδὲν τῶν
Aris. 115 6 ἔχει δὲ πάντα δαψιλῆ κάθυγρος οὖσα πάντοθεν ἡ * χώρα * καὶ μεγάλην ἀσφάλειαν ἔχουσα. περιρρεῖ δ' αὐτὴν ὁ
Aris. 116 2 ὁ λεγόμενος Ἰορδάνης ποταμὸς ἀείρρους. ⟨τῆς δὲ * χώρας⟩ * οὐκ ἔλαττον ἑξακισχιλίων μυριάδων ἀρουρῶν κατὰ τὸ
Aris. 117 2 ποταμὸν ἐμβάλλει τὸ ῥεῦμα κατὰ τὴν Πτολεμαιέων * χώραν * οὗτος δὲ ἔξεισιν εἰς θάλασσαν. ἄλλοι δὲ χείμαρροι
Aris. 117 5 τὰ πρὸς τὴν Γάζαν μέρη καὶ τὴν Ἀζωτίων * χώραν. * περιέχεται δὲ ἀσφαλείαις αὐτοφυέσι δυσείσβολος
Aris. 118 5 δὲ τραχείας οὔσης πάσης τῆς περιεχούσης πᾶσαν τὴν * χώραν * ὀρεινῆς. ἐλέγετο δὲ καὶ ἐκ τῶν παρακειμένων ὀρέων
Aris. 120 2 μὴ διὰ τὴν μεταλλείαν τῶν εἰρημένων συμβῇ καὶ τὴν * χώραν * καταφθείρεσθαι καὶ σχεδὸν διὰ τὴν ἐκείνων
Aris. 152 3 ἐπιμισγόμενοι συντελοῦντες μεγάλην ἀδικίαν καὶ * χῶραι * καὶ πόλεις ὅλαι σεμνύνονται ἐπὶ τούτοις. οὐ μόνον
Aris. 223 2 ἡδονὰς εἰκός ἐστι κεκλῖσθαι τοῖς δὲ βασιλεῦσιν ἐπὶ * χώρας * κατάκτησιν κατὰ τὸ τῆς δόξης μέγεθος πλὴν ἐν πᾶσι
Slb. 3 99 ἄς ποτ' ἐπηπείλησε βροτοῖς ὅτε πύργον ἔτευξαν * χώρῃ * ἐν Ἀσσυρίῃ ὁμόφωνοι δ' ἦσαν ἅπαντες καὶ βούλοντ'
Slb. 3 190 φιλοχρημοσύνῃ κακοκερδεῖ πλούτῳ ἐν πολλαῖς * χώρῃσι * Μακηδονίῃ δὲ μάλιστα. μῖσος δ' ἐξεγερεῖ καὶ πᾶς
Slb. 3 305 ἁμαρτωλῶν γαῖαν ῥοῖζος ποθ' ἵκνεῖται καὶ πᾶσαν * χώρην * μερόπων ἀλαλαγμὸς ὀλέσσει καὶ πληγὴ μεγάλοιο θεοῦ
Slb. 3 319 ἑβδομάτῃ γενεῇ βασιλήων καὶ τότε παύσῃ. αἰαῖ σοι * χώρα * Γὼγ ἠδὲ Μαγὼγ μέσον οὖσα Αἰθιόπων ποταμῶν πόσον
Slb. 3 635 ⟨τε⟩τύχωσι δαμέντες καὶ βασιλεὺς βασιλῆα λάβῃ * χώρην * τ' ἀφέληται ἔθνη δ' ἔθνεα πορθήσῃ καὶ φῦλα
Slb. 3 643 ἔσται ἡ φιλοχρημοσύνη κακὰ ποιμαίνουσα πόλεσσιν+. * χώρῃ * ἐν ἀλλοτρίῃ ἄταφοι δὲ ἅπαντες ἔσονται καὶ τῶν μὲν
Slb. 3 707 ἀπτόλεμοι δ' ἔσσονται ἐν ἄστεσιν ἠδ' ἐνὶ * χώραις. * οὐ χεὶρ γὰρ πολέμοιο κακοῦ μάλα δ' ἔσσεται
Slb. 5 127 σοὶ κακὰ μηχανάαται πόντος ἀπ' αὐτομάτου ἐπιβὰς * χώρης * ἀλεγεινῆς ὥστε κλύσαι σεισμῷ τε κακῷ καὶ νάμασι
Slb. 5 134 +καὶ Λαπίθας δάπεδον κατὰ γῆν ἐναρίξει. Θεσσαλίην * χώρην * ἀπολεῖ ποταμὸς βαθυδίνης Πηνειὸς βαθύρους μορφὰς
Slb. 5 324 πρόνοια. μή μ' ἐθέλουσαν ἐλεῖν Φοίβου τὴν γείτονα * χώραν * Μίλητον τρυφερὴν ἀπολεῖ πρηστὴρ ποτ' ἄνωθεν ἀνθ'
FIsa. 1 3 1 τῶν⟩ μετ' αὐ⟨τοῦ. οὗτο⟩ς γὰρ ἦν οἰκῶν ἐν τῇ * χώρᾳ * Βηθλεὲμ καὶ ἐκολλήθη τῷ Μανασσῇ. καὶ αὐτὸς ἦν
FIsa. 1 3 5 ὑπὸ τῶν παίδων Ἐζεκίου καὶ ἔφυγεν εἰς τὴν * χώραν * Βηθλεέμ. καὶ ἔπεισαν καὶ κατηγόρησεν Μελχειρὰ τοῦ
FEz. 187 16 ⟩ον⟨ ⟩ι νυν υμ⟨ ⟩ται απο του ν⟨ μο⟩χθηρων και⟨ * ⟩χωρας⟨ * ⟩ης καλυπ⟨ ⟩γειν εται ε⟨
FAch. 101 διελέγετο. τιμήματα δὲ ἀργυρικὰ λαμβάνων πᾶσάν τε * χώραν * περιελθὼν ὁ Αἴσωπος ἐγένετο (δὲ) ἐν Βαβυλῶνι ἐν ᾗ
FAch. 105 ἐρωτήσω καὶ λάβε φόρους ἐτῶν δέκα ὑπέρ--- ὅλης τῆς * χώρας. * ἀναγνοὺς δὲ ὁ Λυκοῦργος τὴν ἐπιστολὴν περίλυπος
FPho. 41 πάντες γὰρ πενίης πειρώμεθα τῆς πολυπλάγκτου * χώρης * δ' οὔ τι βέβαιον ἔχει πέδον ἀνθρώποισιν. ἡ
HEup. 9 33 1 καὶ Γαλαδῖτιν χορηγεῖσθαι αὐτοῖς τὰ δέοντα ἐκ τῆς * χώρας * κατὰ μῆνα κόρους σίτου μυρίους ὁ δὲ κόρος ἐστὶν
HArt. 9 18 1 ἐν Αἰγύπτῳ καταμεῖναι διὰ τὴν εὐδαιμονίαν τῆς * χώρας. * τῷ Ἀβραὰμ Ἰωσὴφ ἀπόγονον γενέσθαι υἱὸν δὲ
HArt. 9 23 2 συσταθέντα τῷ βασιλεῖ διοικητὴν τῆς ὅλης γενέσθαι * χώρας. * καὶ πρότερον ἀτάκτως τῶν Αἰγυπτίων γεωμορούντων
HArt. 9 23 2 ἀτάκτως τῶν Αἰγυπτίων γεωμορούντων διὰ τὸ τὴν * χώραν * ἀδιαίρετον εἶναι καὶ τῶν ἐλασσόνων ὑπὸ τῶν
HArt. 9 27 4 καὶ ἴβεις ἀπονεῖμαι δὲ καὶ τοῖς ἱερεῦσιν ἐξαίρετον * χώραν. * ταῦτα δὲ πάντα ποιῆσαι χάριν τοῦ τὴν μοναρχίαν
HArt. 9 27 8 πέμψαι δὲ στρατηγοὺς τοὺς προκαθεδουμένους τῆς * χώρας * οὓς δὴ πλεονεκτεῖν ἐπιφανῶς κατὰ τὰς μάχας λέγειν
HArt. 9 27 35 μὲν οὖν λέγειν ἔμπειρον ὄντα τὸν Μώϋσον τῆς * χώρας * τὴν ἄμπωτιν τηρήσαντα διὰ ξηρᾶς τῆς θαλάσσης τὸ
HAri. 9 25 1 γεννῆσαι Ἰὼβ κατοικεῖν δὲ τοῦτον ἐν τῇ Αὐσίτιδι * χώρᾳ * ἐπὶ τοῖς ὅροις τῆς Ἰδουμαίας καὶ Ἀραβίας.
HCle. 1 15 241 δύο Ἀφέρα τε καὶ Ἰάφρα πόλιν τε Ἄφραν καὶ τὴν * χώραν * Ἀφρικὴν ὀνομασθῆναι τούτους γὰρ Ἡρακλεῖ
HHec. 1 22 193 τὸν βασιλέα δοῦναι τὴν ἄδειαν. τῶν γε μὴν εἰς τὴν * χώραν * πρὸς αὐτοὺς ἀφικνουμένων καὶ νεὼς καὶ βωμοὺς
HHec. 1 22 195 ἀρουρῶν σχεδὸν τῆς ἀρίστης καὶ παμφορωτάτης * χώρας * νέμονται ἡ γὰρ Ἰουδαία τοσαύτη πλάτος ἐστίν. ἔστι
HHec. 1 22 197 ἔστι τῶν Ἰουδαίων τὰ μὲν πολλὰ ὀχυρώματα κατὰ τὴν * χώραν * καὶ κῶμαι μία δὲ πόλις ὀχυρὰ πεντήκοντα μάλιστα
HHec. 2 4 43 πίστιν ἣν αὐτῷ παρέσχον Ἰουδαῖοι τὴν Σαμαρεῖτιν * χώραν * προσέθηκεν ἔχειν αὐτοῖς ἀφορολόγητον.
LThe. 9 22 4 Ἐμμὼρ τὸν δὲ ὑποδέξασθαι αὐτὸν καὶ μέρος τι τῆς * χώρας * δοῦναι. καὶ αὐτὸν μὲν τὸν Ἰακὼβ γεωμορεῖν τοὺς δὲ
LAri. 13 12 1 ἁπάντων αὐτοῖς ἐπιφάνεια καὶ κράτησις τῆς * χώρας * καὶ τῆς ὅλης νομοθεσίας ἐπεξήγησις ὡς εὔδηλον
χωρέω 4
TNep. 2 2 καθὼς γὰρ ὁ κεραμεὺς οἶδε τὸ σκεῦος πόσον * χωρεῖ * καὶ πρὸς αὐτὸ φέρει πηλὸν οὕτω καὶ ὁ κύριος πρὸς
Aris. 76 2 οὖν διὰ τοῦ χρυσοῦ τοιαύτην εἶχον τὴν κατασκευὴν * χωροῦντες * ὑπὲρ δύο μετρητὰς οἱ δ' ἀργυροῖ λεῖαν εἶχον
Slb. 3 18 γὰρ θνητὸς ἐὼν κατιδεῖν δύναται θεὸν ὄσσοις; ἢ τίς * χωρήσει * κἂν τοὔνομα μοῦνον ἀκοῦσαι οὐρανίου μεγάλοιο
FPho. 89 τὴν σοφίην σοφὸς εὐθύνει τέχνας δ' ὁμότεχνος. οὐ * χωρεῖ * μεγάλην διδαχὴν ἀδίδακτος ἀκουή οὐ γὰρ δὴ νοέουσ'
χωρίζω 20
Adam 42 6 ὥσπερ ἤμην μετ' αὐτοῦ ἐν τῷ παραδείσῳ ἀμφότεροι μὴ * χωρισθέντες * ἀπ' ἀλλήλων ὥσπερ ἐν τῇ παραβάσει

```
Adam   42      7  παραβάσει πλανηθέντες παρέβημεν τὴν ἐντολήν σου μὴ  *  χωρισθέντες  *  οὕτως καὶ νῦν κύριε μὴ χωρίσῃς ἡμᾶς. μετὰ δὲ
Adam   42      7  ἐντολήν σου μὴ χωρισθέντες οὕτως καὶ νῦν κύριε μὴ  *  χωρίσῃς  *  ἡμᾶς. μετὰ δὲ τὸ εὔξασθαι αὐτὴν ἀναβλέψασα εἰς
Hen.   22      8  τότε ἠρώτησα περὶ τῶν κυκλωμάτων πάντων διὰ τί  *  ἐχωρίσθησαν  *  ἓν ἀπὸ τοῦ ἑνός; καὶ ἀπεκρίθη μοι λέγων
Hen.   22      9  καὶ ἀπεκρίθη μοι λέγων οὗτοι οἱ τρεῖς ἐποιήθησαν  *  χωρίζεσθαι  *  τὰ πνεύματα τῶν νεκρῶν καὶ οὕτως ἐχωρίσθη εἰς
Hen.   22      9  χωρίζεσθαι τὰ πνεύματα τῶν νεκρῶν καὶ οὕτως  *  ἐχωρίσθη  *  εἰς τὰ πνεύματα τῶν δικαίων οὗ ἡ πηγὴ τοῦ
Hen.   22     11  κρίσις οὐκ ἐγενήθη ἐπ᾽ αὐτῶν ἐν τῇ ζωῇ αὐτῶν. ὧδε  *  χωρίζεται  *  τὰ πνεύματα αὐτῶν εἰς τὴν μεγάλην βάσανον
Hen.   22     12  ἐκεῖ δῆσει αὐτοὺς μέχρις αἰῶνος. καὶ οὕτως  *  ἐχωρίσθη  *  τοῖς πνεύμασιν τῶν ἐντυγχανόντων οἵτινες
TRub.   4      6  μὴ ἁμαρτήσητε. ὄλεθρος γὰρ ψυχῆς ἐστιν ἡ πορνεία  *  χωρίζουσα  *  θεοῦ καὶ προσεγγίζουσα τοῖς εἰδώλοις ὅτι αὕτη
TSim.   5      3  ὅτι ἡ πορνεία μήτηρ ἐστὶ πάντων τῶν κακῶν  *  χωρίζουσα  *  θεοῦ καὶ προσεγγίζουσα τῷ Βελιάρ. ἑώρακα γὰρ
TZab.   8      6  ἕκαστος τὴν κακίαν τοῦ ἀδελφοῦ αὐτοῦ ὅτι τοῦτο  *  χωρίζει  *  ἑνότητα καὶ πᾶσαν συγγένειαν διασκορπίζει καὶ
TNep.   2      7  αὐτοῦ ἢ ἐν νόμῳ κυρίου ἢ ἐν νόμῳ Βελιάρ. καὶ ὡς  *  κεχώρισται  *  ἀνάμεσον φωτὸς καὶ σκότους ὁράσεως καὶ ἀκοῆς
TNep.   2      7  ἀνάμεσον φωτὸς καὶ σκότους ὁράσεως καὶ ἀκοῆς οὕτω  *  κεχώρισται  *  ἀνάμεσον ἀνδρὸς καὶ ἀνδρὸς καὶ ἀνάμεσον
TNep.   6      6  συντρίβεσθαι αὐτό. καὶ ᾿Ιωσὴφ ἐπὶ ἀκατίου φεύγει  *  χωριζόμεθα  *  δὲ καὶ ἡμεῖς ἐπὶ σανίδων δέκα Λευὶ δὲ καὶ
Asen.  26      1  κληρονομίας ἡμῶν. καὶ δέδωκεν ἡ ψυχή μου ὅτι σὺ  *  χωρίζῃ  *  ἀπ᾽ ἐμοῦ. καὶ εἶπεν αὐτῇ ᾿Ιωσὴφ θάρσει καὶ μὴ
Sedr.   8     12  δὲ μήγε ἀπέρχομαι καὶ ἐγὼ εἰς τὴν κόλασιν καὶ οὐ  *  χωρίζομαι  *  ἀπὸ τὸ γένος ἡμῶν. καὶ εἶπεν ὁ θεὸς τὸν υἱὸν
Sedr.  10      4  καὶ ἀπὸ πάντων μελῶν καὶ ἔστι μεγάλη ἀνάγκη τοῦ  *  χωρισθῆναι  *  ἀπὸ τοῦ σώματος καὶ ἀποσπασθῆναι τῇ καρδίᾳ
Sedr.  11     16  εἰς τὸ ταπεινὸν καὶ ταλαίπωρον σῶμα; καὶ ἄρτι  *  χωριζομένη  *  ἀπ᾽ αὐτοῦ καὶ ἀνέρχεσαι ἔνθα καλεῖ (σε) ὁ
IEsc.   5 131  2                                                       *  χώριζε  *  θνητῶν τὸν θεὸν καὶ μὴ δόκει ὅμοιον σαυτῷ
LEze.   9  29 5 09  βασιλικὸν δ᾽ ἔδωκέ μοι διάδημα καὶ αὐτὸς ἐκ θρόνων  *  χωρίζεται.  *  ἐγὼ δ᾽ ἐσεῖδον γῆν ἅπασαν ἐγκύκλον καὶ ἔνερθε
```

χωρίον
```
                4
TJud.  12      9  μὴ εἶναι ἐν τῇ πύλῃ τελισκομένην ὅτι ἐξ ἄλλου  *  χωρίου  *  ἐλθοῦσα πρὸς βραχὺ ἐκάθισεν ἐν πύλῃ καὶ ἐνόμιζον
Jer.    3     15  ᾿Αβιμέλεχ λέγων ἆρον τὸν κόφινον καὶ ἄπελθε εἰς τὸ  *  χωρίον  *  τοῦ ᾿Αγρίππα διὰ τῆς ὁδοῦ τοῦ ὄρους καὶ ἐνεγκὼν
Jer.    5     25  ἀφ᾽ οὗ ἀπέστειλέ με ὁ πατήρ μου ᾿Ιερεμίας εἰς τὸ  *  χωρίον  *  τοῦ ᾿Αγρίππα ἐνέγκαι ὀλίγα σῦκα ἵνα δίδωμεν τοῖς
Bar.    2         ᾿Ιερουσαλὴμ ὅτε καὶ ᾿Αβιμέλεχ ἐπὶ ᾿Αγροίππα τὸ  *  χωρίον  *  τῇ χειρὶ θεοῦ διεφυλάχθη καὶ οὗτος ἐκάθητο ἐπὶ
```

χωρίς
```
               10
Adam   38      4  ἐκ τοῦ ᾿Αδὰμ νυστάξαι ἀπὸ τῆς εὐωδίας  *  χωρὶς  *  τοῦ Σὴθ μόνου ὅτι ἐγένετο καθορῶν τοῦ θεοῦ. καὶ
Hen.   16      1  ἐκ τῆς ψυχῆς τῆς σαρκὸς αὐτῶν ἔσται ἀφανίζοντα  *  χωρὶς  *  κρίσεως οὕτως ἀφανίσουσιν μέχρις ἡμέρας τελειώσεως
Hen.   16B     1  ψυχῆς αὐτῶν ὡς ἐκ τῆς σαρκὸς ἔσονται ἀφανίζοντα  *  χωρὶς  *  κρίσεως οὕτως ἀφανίσουσι μέχρις ἡμέρας τῆς
Aris. 123      3  δυσαποσπάστως ἔχοντες καὶ ἐκεῖνος αὐτοὺς  *  χωρὶς  *  καὶ τοῦ πρὸς τὸν βασιλέα γεγραφέναι περὶ τῆς
Aris. 165      1  κακοποιεῖν. τό τε τῆς γαλῆς γένος ἰδιάζον ἐστὶ  *  χωρὶς  *  γὰρ τοῦ προειρημένου ἕξει λυμαντικὸν κατάστημα διὰ
Aris. 254      3  θεὸς τὸν πάντα κόσμον διοικεῖ μετ᾽ εὐμενείας καὶ  *  χωρὶς  *  ὀργῆς ἁπάσης τούτῳ δὲ κατακολουθεῖν ἀναγκαῖόν ἐστι
IOrp.         17  καὶ ἄλγεα δακρυόεντα. οὐδέ τις ἔσθ᾽ ἕτερος  *  χωρὶς  *  μεγάλου βασιλῆος. αἵ κεν ἴδῃς αὐτὸν πρὶν δή ποτε
HEup.   9  39   5  καὶ χαλκὸν ἐκλέξαντα εἰς Βαβυλῶνα ἀποστεῖλαι  *  χωρὶς  *  τῆς καμίνου καὶ τῶν ἐν αὐτῇ πλακῶν ταύτην δὲ τὸν
HAri.   9  25   4  Βαραχιὴλ τὸν Ζωβίτην παρακαλούμενον δὲ φάναι καὶ  *  χωρὶς  *  παρακλήσεως ἐμμενεῖν αὐτὸν ἐν τε τῇ εὐσεβείᾳ καὶ
LAri.   8  10  14  τοῦ γὰρ παντὸς πλήθους μυριάδων οὐκ ἔλαττον ἑκατὸν  *  χωρὶς  *  τῶν ἀφηλίκων ἐκκλησιαζομένων κυκλόθεν τοῦ ὄρους
```

χωρισμός
```
                6
FJub.   3     10  ἐν τῷ Λευιτικῷ ἤτοι διὰ τὰς μετὰ τὴν πλάσιν τοῦ  *  χωρισμοῦ  *  αὐτῶν ἡμέρας ἐκ τοῦ παραδείσου ἐπὶ μὲν
```

χῶρος
```
Sib.    5 178  δὲ φλεγέθοντι μιγεῖσα ταρτάρεον οἴκησον ἐς ῞Αιδου  *  χῶρον  *  ἄθεσμον. νῦν δὲ πάλιν Αἴγυπτε τεὴν ὀλοφύρομαι ἄτην
Sib.    5 319  μόνη Πλούτωνι λιγεῖσα ἕξεις ὃν πεπόθηκας ἔχειν  *  χῶρον  *  πολύδακρυν ἐς γῆν χωσαμένη παρὰ χεύμασι
FPho.      49  νόον ἄλλ᾽ ἀγορεύων μηδ᾽ ὡς πετροφυῆς πολύπους κατὰ  *  χῶρον  *  ἀμείβου. πᾶσιν δ᾽ ἁπλόος ἴσθι τὰ δ᾽ ἐκ ψυχῆς
FPho.     113  κοινὰ μέλαθρα δόμων αἰῶνία καὶ πατρὶ ῞Αιδης ξυνὸς  *  χῶρος  *  ἅπασι πένησί τε καὶ βασιλεῦσιν. οὐ πολὺν ἄνθρωποι
LEze.   9  29 12 36  ἔπραξαν μισθὸν ἀπόδωσι βροτοῖς. ὅταν δ᾽ ἐς ἴδιον  *  χῶρον  *  εἰσέλθηθ᾽ ὅπως ἀφ᾽ ἧσπερ ἠοῦς ἔφυγετ᾽ Αἰγύπτου δ᾽
LEze.   9  29 16 07  λειμῶν᾽ εὕρομεν κατάσκιον ὑγράς τε λιβάδας δαψιλῆς  *  χῶρος  *  βαθὺς πηγὰς ἀφύσσων δώδεκ᾽ ἐκ μιᾶς πέτρας στελέχη
```

Χωχαριήλ
```
                1
Hen.    6      7  Κιμβρὰ Σαμμανὴ Δανειὴλ ᾿Αρεαρὼς Σεμιὴλ ᾿Ιωμειὴλ  *  Χωχαριὴλ  *  ᾿Εζεκιὴλ Βατριὴλ Σαθιὴλ ᾿Ατριὴλ Ταμιὴλ Βαρακιὴλ
```

Χωχιήλ
```
                1
Hen.    8      3  ᾿Αρμαρὼς ἐπαοιδῶν λυτήριον Βαρακιὴλ ἀστρολογίας  *  Χωχιὴλ  *  τὰ σημειωτικὰ Σαθιὴλ ἀστεροσκοπίαν Σεριὴλ
```

ψακάς
```
                1
Sib.    4 134  πολλὴ δ᾽ αἰθαλόεσσα τέφρη μέγαν αἰθέρα πλήσῃ καὶ  *  ψεκάδες  *  πίπτωσιν ἀπ᾽ οὐρανοῦ οἷά τε μίλτος γινώσκειν
```

ψαλίς
```
                2
Job    23     10  τριχὸς εἶπεν αὐτῷ ἀνάστα, ἆρον αὐτήν. τότε λαβὼν  *  ψαλίδα  *  ἔκειρεν τὴν τρίχα τῆς κεφαλῆς αὐτῆς καὶ ἔδωκεν
Job    24     10  αὐτῷ ἀναστὰς κειρόν με. καὶ οὕτως ἀναστὰς μετὰ  *  ψαλίδος  *  ἀτίμως ἔκειρέν μου τὴν τρίχα ἐν τῇ ἀγορᾷ
```

ψάλλω
```
                5
Abr.1  20     12  ὀψικεύοντες ἄγγελοι ἀνήρχοντο εἰς τὸν οὐρανὸν  *  ψάλλοντες  *  τὸν τρισάγιον ὕμνον τῷ δεσπότῃ τῶν ὅλων θεῷ
Sal.    3      1  ψυχὴ καὶ οὐκ εὐλογεῖς τὸν κύριον; ὕμνον καινὸν  *  ψάλατε  *  τῷ θεῷ τῷ αἰνετῷ. ψάλλε καὶ γρηγόρησον ἐπὶ τὴν
Sal.    3      2  τὸν κύριον; ὕμνον καινὸν ψάλατε τῷ θεῷ τῷ αἰνετῷ.  *  ψάλλε  *  καὶ γρηγόρησον ἐπὶ τὴν γρηγόρησιν αὐτοῦ ὅτι ἀγαθὸς
Job    14      2  τρέφεσθαι τὰς χήρας, καὶ ἐλάμβανον τὴν κιθάραν καὶ  *  ἔψαλλον  *  αὐτοῖς, καὶ αὐταὶ ὕμνουν καὶ ἐκ τοῦ ψαλτηρίου
Job    14      4  τὸ ψαλτήριον καὶ τὸν μισθὸν τῆς ἀνταποδόσεως  *  ἔψαλλον,  *  καὶ κατέπαυον αὐτὰς τῆς ὀλιγωρίας τοῦ
```

ψαλμός
```
               14
Sal.             αὐτῶν ἔθνη ἐβεβήλωσαν τὰ ἅγια κυρίου ἐν βεβηλώσει.  *  ψαλμοὶ  *  σολομωντος. ἐβόησα πρὸς κύριον ἐν τῷ θλίβεσθαί με
Sal.    2         κύριος εἰς τὸν αἰῶνα ἐνώπιον δούλων αὐτοῦ.  *  ψαλμὸς  *  τῷ Σαλωμων περὶ Ιερουσαλημ. ἐν τῷ ὑπερηφανεύεσθαι
Sal.    3         κύριος εἰς τὸν αἰῶνα ἐνώπιον δούλων αὐτοῦ.  *  ψαλμὸς  *  τῷ Σαλωμων περὶ δικαίων. ἵνα τί ὑπνοῖς ψυχὴ καὶ
Sal.    3      2  καὶ γρηγόρησον ἐπὶ τὴν γρηγόρησιν αὐτοῦ ὅτι ἀγαθὸς  *  ψαλμὸς  *  τῷ θεῷ ἐξ ἀγαθῆς καρδίας. δικαίοι μνημονεύουσιν
Sal.    5         κύριε τὸ ἔλεός σου ἐπὶ πάντας τοὺς ἀγαπῶντάς σε.  *  ψαλμὸς  *  τῷ Σαλωμων. κύριε ὁ θεὸς αἰνέσω τῷ ὀνόματί σου ἐν
Sal.   13         κληρονομήσαισαν ἐπαγγελίας κυρίου. τῷ Σαλωμων  *  ψαλμὸς  *  παράκλησις τῶν δικαίων. δεξιὰ κυρίου ἐσκέπασέν με
Sal.   15         δὲ ὅσιοι κυρίου κληρονομήσουσιν ζωὴν ἐν εὐφροσύνῃ.  *  ψαλμὸς  *  τῷ Σαλωμων μετὰ ᾠδῆς. ἐν τῷ θλίβεσθαί με
Sal.   15      3  ἄνθρωπος εἰ μὴ ἐξομολογήσασθαι τῷ ὀνόματί σου;  *  ψαλμὸν  *  καινὸν μετὰ ᾠδῆς ἐν εὐφροσύνῃ καρδίας καρπὸν
Sal.   17         δίκαιον ἐν τούτοις ἐλεηθήσεται ὑπὸ κυρίου.  *  ψαλμὸς  *  τῷ Σαλωμων μετὰ ᾠδῆς τῷ βασιλεῖ. κύριε σὺ αὐτὸς
Sal.   18         κύριος αὐτὸς βασιλεὺς ἡμῶν εἰς τὸν αἰῶνα καὶ ἔτι.  *  ψαλμὸς  *  τῷ Σαλωμων ἔτι τοῦ χριστοῦ κυρίου. κύριε τὸ ἔλεος
Prop.  15      7  ὁ πνευματικὸς προφήτης Δαυΐδ ἐν τοῖς τελευταίοις  *  ψαλμοῖς  *  τουτέστιν αἰνέτε τὸν θεὸν ἐν ψαλμοῖς καὶ χοροῖς
Prop.  15      7  τελευταίοις ψαλμοῖς τουτέστιν αἰνέτε τὸν θεὸν ἐν  *  ψαλμοῖς  *  καὶ χοροῖς περὶ τῆς ἐπανόδου ἀπὸ Βαβυλῶνος.)
Esdr.   7     15  τὰς ιη'. καὶ κηδεύσαντες αὐτὸν μετὰ θυμιαμάτων καὶ  *  ψαλμῶν  *  τὸ τίμιον καὶ ἅγιον αὐτοῦ σῶμα νέμει ῥῶσιν ψυχῶν
Job    14      1  ἐμπλησθῆναι; λίαν μου χρηστοῦ ὄντος. εἶχον δὲ ἓξ  *  ψαλμοὺς  *  καὶ δεκάχορδον κιθάραν καὶ διεγειρόμην τὸ καθ᾽
```

ψαλτήριον
```
                2
Job    14      3  καὶ ἔψαλλον αὐτοῖς, καὶ αὐταὶ ὕμνουν καὶ ἐκ τοῦ  *  ψαλτηρίου  *  ἀνεμίμνησκον αὐτὰς τοῦ θεοῦ ἵνα δοξάσωσιν τὸν
Job    14      4  ποτε διεγόγγυζον αἱ θεράπαιναί μου ἀνελάμβανον τὸ  *  ψαλτήριον  *  καὶ τὸν μισθὸν τῆς ἀνταποδόσεως ἔψαλλον, καὶ
```

ψαμαθηδόν *
```
                1
Sib.    5     97  σθεναρὸς πολυαίματος ἄφρονα λυσσῶν παμπληθεὶ  *  ψαμαθηδὸν  *  +ἀπαίξων σὸν ὄλεθρον+. καὶ τότ᾽ ἔσῃ πόλεως
```

ψάμαθος
```
Sib.    5 305  ὀλοθρεύσει ὥστε μένειν νέκυας κατὰ γῆς πλέονας  *  ψαμάθοιο.  *  ἥξει γὰρ καὶ Σμύρνα ἑὸν κλαίουσα +λυκουργὸν+
Sib.    5 485  μενεῖς ἐπὶ χεύμασι Νείλου μούνη μαινὰς ἄναυδος ἐπὶ  *  ψαμάθοις  *  ᾿Αχέροντος κούκέτι σου μνεία γε μενεῖ κατὰ
```

Ψαμμίτιχος
```
                1
Aris.  13      5  πρὸς τὸν τῶν Αἰθιόπων βασιλέα μάχεσθαι σὺν  *  Ψαμμιτίχῳ  *  ἀλλ᾽ οὐ τοσοῦτοι τῷ πλήθει παρεγενήθησαν ὅσους
```

ψάμμος
```
                1
FMan.   2  22  13  ἐπ᾽ ἐμοὶ τῷ ἁμαρτωλῷ διότι ἥμαρτον ὑπὲρ ἀριθμὸν  *  ψάμμου  *  θαλάσσης. ἐπλήθυναν αἱ ἀνομίαι μου κύριε
```

ψαύω
```
FPho.     179  τίκτει παῖδας ὁμοίους μοιχικὰ λέκτρα. μητρυιῆς μὴ  *  ψαῦε  *  τὰ δεύτερα λέκτρα γονῆς μητέρα δ᾽ ὡς τίμα τὴν
LEze.   9  29 12 27  τὸ πάσχα θύσαντας θεῷ τῇ πρόσθε νυκτὶ αἵματι  *  ψαῦσαι  *  θύρας ὅπως παρέλθῃ σῆμα δεινὸς ἄγγελος. ὑμεῖς δὲ
```

ψέγω
```
                2
TIss.   3      4  καὶ βάσκανος τῷ πλησίον οὐ κατελάλησά τινος οὐδὲ  *  ἔψεξα  *  βίον ἀνθρώπου πορευόμενος ἐν ἁπλότητι ὀφθαλμῶν.
TGad.   3      3  καὶ θέλῃ δίκαια τοῦτον οὐκ ἀγαπᾷ τὴν ἀλήθειαν  *  ψέγει  *  τῷ κατορθοῦντι φθονεῖ καταλαλιὰν ἀσπάζεται
```

ψέλιον
```
                5
Hen.    8      1  αὐτοῖς τὰ μέταλλα καὶ τὴν ἐργασίαν αὐτῶν καὶ  *  ψέλια  *  καὶ κόσμους καὶ στίβεις καὶ τὸ καλλιβλέφαρον καὶ
Asen.   3      6  ἐξ ὑακίνθου χρυσούφῃ καὶ ἐζώσατο ζώνην χρυσῆν καὶ  *  ψέλια  *  εἰς τὰς χεῖρας καὶ τοὺς πόδας αὐτῆς ἔθετο καὶ
Asen.   3      6  τῶν Αἰγυπτίων ἐγκεκολαμμένα πανταχοῦ ἐπὶ τε τοῖς  *  ψελίοις  *  καὶ τοῖς λίθοις καὶ τὰ πρόσωπα τῶν εἰδώλων
Asen.  10     10  κίδαριν ἐκ τῆς κεφαλῆς αὐτῆς καὶ τὸ διάδημα καὶ τὰ  *  ψέλια  *  ἀπὸ τῶν χειρῶν καὶ τῶν ποδῶν αὐτῆς καὶ ἔθηκε πάντα
Asen.  18      6  λίθων τιμίων. καὶ περιέθηκεν ἐν ταῖς χερσὶν αὐτῆς  *  ψέλια  *  χρυσᾶ καὶ εἰς τοὺς πόδας ἀναξυρίδας χρυσᾶς καὶ
```

ψευδής
```
               14
Hen.   98     15  ὑμῖν ἐλπὶς σωτηρίας. οὐαὶ ὑμῖν οἱ γράφοντες λόγους  *  ψευδεῖς  *  καὶ λόγους πλανήσεως αὐτοὶ γράφουσιν καὶ πολλοὺς
Hen.   99      1  ὑμῖν οἱ ποιοῦντες πλανήματα καὶ τοῖς ἔργοις τοῖς  *  ψευδέσιν  *  λαμβάνοντες τιμὴν καὶ δόξαν ἀπόλλατε οὐκ ἔστιν
Hen.   99      9  καταπλανήσουσιν ὑμᾶς ὑμεῖς καὶ τὰ ἔργα ὑμῶν τὰ  *  ψευδῆ  *  ἃ ἐποιήσατε καὶ ἐλαεργήσατε) καὶ ἐπὶ μιᾶς
Hen.  107      2  τὸ γεννηθὲν τέκνον δίκαιος ἐστι δικαίως καὶ οὐ  *  ψευδῶς.  *  καὶ ὅτε ἤκουσεν Μαθουσάλεκ τοὺς λόγους ᾿Ενὼχ τοῦ
```

| Sal. | 4 | 4 | ἐπὶ πᾶσαν γυναῖκα ἄνευ διαστολῆς ἡ γλῶσσα αὐτοῦ | * ψευδής * | ἐν συναλλάγματι μεθ' ὅρκου. ἐν νυκτὶ καὶ ἐν |
| Sal. | 12 | 1 | ἀπὸ γλώσσης παρανόμου καὶ ψιθύρου καὶ λαλούσης | * ψευδῆ * | καὶ δόλια. ἐν ποικιλίᾳ στροφῆς οἱ λόγοι τῆς |
| Sal. | 12 | 3 | αὐτοῦ. ἡ παροικία αὐτοῦ ἐμπρῆσαι οἴκους ἐν γλώσσῃ | * ψευδεῖ * | ἐκκόψαι δένδρα εὐφροσύνης φλογιζούσης παρανόμους |
| Sib. | 3 | 37 | γῆν. αἳ γένος αἰμοχαρὲς δόλιον κακὸν ἀσεβέων τε | * ψευδῶν * | διγλώσσων ἀνθρώπων καὶ κακοηθῶν λεκτροκλόπων |
| Sib. | 3 | 498 | στόμ' ἄναγνον καὶ δεινοὺς διέθεντο λόγους | * ψευδεῖς * | τ' ἀδίκους τε κἄστησαν κατέναντι θεοῦ μεγάλου |
| Sib. | 3 | 500 | κἄστησαν κατέναντι θεοῦ μεγάλου βασιλῆος κῆνοιξαν | * ψευδῶς * | μυσαρὸν στόμα. τοὔνεκ' ἄρ' αὐτοὺς ἐκπάγλως |
| Sib. | 4 | 4 | μέλλω ἀφ' ἡμετέρου παναληθέα μαντεύεσθαι οὐ | * ψευδοῦς * | Φοίβου χρησμηγόρος ὄντε μάταιοι ἄνθρωποι θεὸν |
| FIsa. 1 | 3 | 10 | 〈θεὸν〉 κ〈α〉ὶ ἰδοὺ ζῶ. βασι〈λ〉εῦ 〈γί〉νω〈σ〉κε ὅτι | * ψευδή〈ς〉 * | ἐστιν. καὶ τὴν Ἱ〈ε〉ρουσαλὴμ Σόδο〈μ〉α ἐκάλεσεν |
| FAch. | 122 | | τὸ ἀπαρῆσαι. ὁ δὲ Αἴσωπος ἐκβαλὼν τὸ χειρόγραφον | * 〈ψευδῆ〉 * | ἔφη ἀνάγνωτε τὸν κοινὸν τοῦτον. οἱ δὲ φίλοι τοῦ |
| FPho. | | 12 | δικόσῃς σέ θεὸς μετέπειτα δικάσσει. μαρτυρίην | * ψευδῆ * | φεύγειν τὰ δίκαια βραβεύειν. παρθεσίην τηρεῖν |

**ψευδογραφέω** 1
| Sib. | 3 | 430 | καὶ γε θεοὺς τούτοισι παρίστασθαι γε ποιήσει | * ψευδογραφῶν * | κατὰ πάντα τρόπον μέροπας κενοκράνους. καὶ |

**ψευδογράφος** 1
| Sib. | 3 | 419 | ἀγήρατον δ' ἔσται κλέος ἐσσομένοισιν. καὶ τις | * ψευδογράφος * | πρέσβυς βροτὸς ἔσσεται αὖτις ψευδόπατρις |

**ψευδόπατρις** *
| Sib. | 3 | 420 | καὶ τις ψευδογράφος πρέσβυς βροτὸς ἔσσεται αὖτις | * ψευδόπατρις * | δύσει δὲ φάος ἐν ὀπῆσιν ἔῃσιν νοῦν δὲ πολὺν |

**ψευδοπροφητεύω** 2
| FIsa. 1 | 3 | 1 | χώρᾳ Βηθλεὲμ καὶ ἐκολλήθη τῷ Μανασσῇ. καὶ αὐτὸς ἦν | * ψευδοπροφητεύων * | ἐν Ἱερουσαλὴμ καὶ πολλοὶ ἐξ Ἱερουσαλὴμ |
| FIsa. 1 | 3 | 7 | κα〉ὶ ἐν πέδαις---- ἀπελεύσῃ καὶ αὐτοὶ | * ψευδοπροφητεύουσιν * | καὶ τὸν Ἰσραὴλ καὶ τὸν Ἰούδαν |

**ψευδοπροφήτης** 4
| TJud. | 21 | 9 | ἐν πλεονεξίᾳ ὑψούμενοι. καὶ ἔσονται ὡς καταιγίδες | * ψευδοπροφῆται * | καὶ πάντας δικαίους διώξονται. ἐπάξει δὲ |
| Prop. | 19 | 2 | ἐπὶ ταῖς δαμάλεσι καὶ ἐτάφη ἐν Βεθὴλ σύνεγγυς τοῦ | * ψευδοπροφήτου * | τοῦ πλανήσαντος αὐτῶν. Ἀζαρίας ἐκ γῆς |
| FIsa. 1 | 2 | 12 | ἐκ τῆς συγγενείας Σεδεκίου υἱοῦ Χανανὶ τοῦ | * ψευδοπροφήτου * | ὃς ἦν κατοικῶν ἐν Βηθανίᾳ. καὶ Σεδεκίας |
| FIsa. 1 | 2 | 13 | Μιχαίας εἰς φυλακήν. 〈καὶ ἦν〉 μ〈ε〉τὰ Σεδεκίου τοῦ | * ψευδοπροφήτο〈υ〉 * | ὄντος. ἦσαν μετὰ Ὀχοζείου υἱοῦ Ἀλά〈μ〉 |

**ψεύδορκος** 1
| FPho. | | 17 | ἕλκειν. μὴ δ' ἐπιορκήσῃς μήτ' ἀγνὸς μήτε ἑκοντὶ | * ψεύδορκον * | στυγέει θεὸς ἄμβροτος ὅστις ὀμόσσῃ. σπέρματα |

**ψεῦδος** 22
| Hen. | 98 | 15 | αὐτοὶ γράφουσιν καὶ πολλοὺς ἀποπλανήσουσιν τοῖς | * ψεύδεσιν * | αὐτῶν πλανᾶσθε ὑμεῖς αὐτοὶ καὶ οὐκ ἔστιν ὑμῖν |
| Hen. | 104 | 9 | ὑ〉μῖν οὐ γὰρ εἰς δικαίωμα εἰσάγουσιν πάντα τὰ | * ψεύδη * | καὶ πᾶσα 〈ἡ πλάνη〉--- ---τῆς ἀληθείας |
| TRub. | 3 | 5 | ἵνα καυχᾶται καὶ μεγαλοφρονῇ ἕκτον πνεῦμα | * ψεύδους * | ἐν ἀπωλείᾳ καὶ ζήλῳ τοῦ πλάττειν λόγους καὶ |
| TIss. | 7 | 4 | οὐκ ἐπόθησα δόλος οὐκ ἐγένετο ἐν καρδίᾳ μου | * ψεύδους * | οὐκ ἀνῆλθε διὰ τῶν χειλέων μου. παντὶ ἀνθρώπῳ |
| TDan. | | 1 | διαθήκη Δαν. περὶ θυμοῦ καὶ | * ψεύδους. * | ἀντίγραφον λόγων Δὰν ὧν εἶπε τοῖς υἱοῖς αὐτοῦ |
| TDan. | 1 | 3 | ἡ ἀλήθεια μετὰ δικαιοπραγίας καὶ ἔσονται πονηρὸν τὸ | * ψεῦδος * | καὶ ὁ θυμὸς ὅτι πᾶσαν κακίαν ἐκδιδάσκει. |
| TDan. | 2 | 1 | ἐὰν μὴ διαφυλάξητε ἑαυτοὺς ἀπὸ τοῦ πνεύματος τοῦ | * ψεύδους * | καὶ τοῦ θυμοῦ καὶ ἀγαπήσητε τὴν ἀλήθειαν καὶ τὴν |
| TDan. | 2 | 4 | καὶ τυφλοῖ τοὺς φυσικοὺς ὀφθαλμοὺς αὐτοῦ διὰ τοῦ | * ψεύδους * | σκοτοῖ τὴν διάνοιαν αὐτοῦ καὶ τὴν ἰδίαν ὅρασιν |
| TDan. | 3 | 6 | πάντοτε ἐν παρανομίᾳ. τοῦτο τὸ πνεῦμα ἀεὶ μετὰ τοῦ | * ψεύδους * | ἐκ δεξιῶν τοῦ σατανᾶ πορεύεται ἵνα ἐν ὠμότητι |
| TDan. | 3 | 6 | ἐκ δεξιῶν τοῦ σατανᾶ πορεύεται ἵνα ἐν ὠμότητι καὶ | * ψεύδει * | γίνωνται αἱ πράξεις αὐτοῦ. οὐκοῦν σύνετε τὴν |
| TDan. | 4 | 6 | μὴ λυπεῖσθε ἀπὸ γὰρ. λύπης ἐγείρει θυμὸν μετὰ | * ψεύδους. * | ἔστι δὲ διπρόσωπον κακὸν θυμὸς μετὰ ψεύδους καὶ |
| TDan. | 4 | 7 | μετὰ ψεύδους. ἔστι δὲ διπρόσωπον κακὸν θυμὸς μετὰ | * ψεύδους * | καὶ συναναιροῦνται ἀλλήλοις ἵνα ταράξωσι τὴν |
| TDan. | 5 | 1 | τηρήσατε ἀπόστητε δὲ ἀπὸ θυμοῦ καὶ μισήσατε τὸ | * ψεῦδος * | ἵνα κύριος κατοικήσῃ ἐν ὑμῖν καὶ φύγῃ ἀφ' ὑμῶν ὁ |
| TDan. | 6 | 8 | ἔργου πονηροῦ καὶ ἀπορρίψατε τὸν θυμὸν καὶ πᾶν | * ψεῦδος * | καὶ ἀγαπήσατε τὴν ἀλήθειαν καὶ τὴν μακροθυμίαν |
| TGad. | 5 | 1 | ἀνθρώπων. κακὸν τὸ μῖσος ὅτι ἐνδελεχεῖ συμμένον τῷ | * ψεύδει * | λαλῶν κατὰ τῆς ἀληθείας καὶ τὸ μικρὰ μεγάλα ποιεῖ |
| TAser. | 5 | 3 | ζωὴ ἀναμένει. καὶ οὐκ ἔστιν εἰπεῖν τὴν ἀλήθειαν | * ψεῦδος * | οὐδὲ τὸ δίκαιον ἄδικον ὅτι πᾶσα ἀλήθεια ὑπὸ τοῦ |
| TBen. | 6 | 4 | δόξης καὶ ἀτιμίας ἀνθρώπων καὶ πάντα δόλον ἢ | * ψεῦδος * | μάχην καὶ λοιδορίαν οὐκ οἶδεν κύριος γὰρ ἐν αὐτῷ |
| Jer. | | 4 | ἄξιοι τοῦ φυλάξαι αὐτὰς ὅτι ἐπίτροποι τοῦ | * ψεύδους * | ἐγενήθησαν. ὅτι κλαίοντος Ἱερεμίου τῶν |
| Aris. | 206 | 3 | ἀπεκρίθη γινώσκων ὅτι μεγάλην αἰσχύνην ἐπιφέρει τὸ | * ψεῦδος * | πᾶσιν ἀνθρώποις πολλῷ δὲ μᾶλλον τοῖς βασιλεῦσιν |
| FAch. | 104 | | τοὺς λόγους τοῦ Αἰσώπου καταπεισθεὶς ὑπὸ τῶν φίλων | * ψεῦδος * | διέβαλεν τὸν Αἴσωπον πρὸς τὸν βασιλέα γράψας |
| FAch. | 108 | | ἐλέων ἠσπάσατο τὸν βασιλέα καὶ ἀπελογεῖτο πῶς | * ψεῦδος * | αὐτοῦ κατηγόρησεν ὁ υἱοποίητος καὶ τὴν ἀλήθειαν |
| FPho. | | 7 | ἀρκεῖσθαι παρ' ἑοῖσι καὶ ἀλλοτρίων ἀπέχεσθαι. | * ψεύδεα * | μὴ βάζειν τὰ δ' ἐτήτυμα πάντ' ἀγορεύειν. πρῶτα |

**ψεύδω** 12
| Hen. | 104 | 9 | ἐμῶν πάσας. μὴ πλανᾶσθε τῇ καρδίᾳ ὑμῶν μηδὲ | * ψεύδεσθε * | μηδὲ ἐξαλλοιώσητε τοὺς λόγους τῆς ἀληθείας μηδὲ |
| Hen. | 104 | 10 | οἱ ἁμαρτωλοὶ καὶ ἀλλάσσουσιν τοὺς πολλοὺς καὶ | * ψεύδονται * | καὶ πλάσσουσιν πλάσματα μεγάλα καὶ τὰς γραφὰς |
| Abr.2 | 13 | 11 | ὅμοιός σου. καὶ εἶπεν τῷ θανάτῳ Ἀβραὰμ ἐτόλμησας | * ψεύσασθαι * | ὁρῶ τὴν ὡραιότητά σου ὅτι οὐκ ἔστιν ἐκ τοῦ |
| TJos. | 13 | 9 | ἐκ γῆς Χανάαν ἐπριαντό με. ὁ δὲ ἡπίστησε λέγων ὅτι | * ψεύδῃ * | καὶ γυμνόν με ἐκέλευσε τύπτεσθαι. ἡ δὲ Μέμφις ἑώρα |
| Asen. | 24 | 7 | τοὺς ἄνδρας τούτους. καὶ ἀπέστησαν πάντες. καὶ | * ἐψεύσατο * | αὐτοὺς ὁ υἱὸς Φαραὼ καὶ εἶπεν ἰδοὺ εὐλογία καὶ |
| Prop. | 10 | 3 | ἐθνῶν ἔλεγε γὰρ ὅτι οὕτως ἀφελῶ ὄνειδός μου ὅτι | * ἐψευσάμην * | προφητεύσας κατὰ Νινευῆ τῆς μεγάλης πόλεως. ἢν |
| Prop. | 10 | 6B | ἔλεγε γὰρ ὅτι οὕτως ἀφελῶ ὁ θεὸς ὄνειδός μου ὅτι | * ἐψευσάμην * | προφητεύσας κατὰ Νινευῖ τῆς μεγάλης πόλεως. |
| Sedr. | 7 | 8 | ἐστιν δέσποτα; τῆς θεότητός σου ὁ λόγος οὐδέποτε | * ψεύδεται * | καὶ διὰ τί ἀποδίδως τὸν ἄνθρωπον; ἢ οὐ θέλεις |
| Aris. | 206 | 5 | γὰρ ἔχοντες ὃ βούλονται πράσσειν τίνος ἕνεκεν ἂν | * ψεύσαιτο; * | προσλαμβάνειν δὲ δεῖ τοῦτό σε βασιλεῦ διότι |
| Aris. | 297 | 1 | παρειλημμένοις τὴν ἀναγραφὴν ἄπιστον φανείται· | * ψεύσασθαι * | μὲν οὖν οὐ καθήκον ἐστὶ περὶ τῶν ἀναγραφομένων |
| FAch. | 118 | | ὁ Νεκταναβῶν ἔφη τῷ Αἰσώπῳ οὐκ αἰσχύνει φανερῶς | * ψευδόμενος; * | πῶς γὰρ ἠδύνατο παραγενέσθαι ἐν μιᾷ νυκτὶ |
| FAch. | 122 | | τοῦτον. οἱ δὲ φίλοι τοῦ βασιλέως Νεκταναβῶν ἔφησαν | * ψευδόμενοι * | τοῦτον καὶ ἑωράκαμεν καὶ ἀκηκόαμεν πολλάκις. |

**ψεῦμα** 1
| Hen. | 5 | 4 | τῆς μεγαλωσύνης αὐτοῦ. ὅτι κατελαλήσατε ἐν τοῖς | * ψεύμασιν * | ὑμῶν σκληροκάρδιοι οὐκ ἔστιν εἰρήνη ὑμῖν. |

**ψεύστειρα** *
| Sib. | 3 | 816 | καὶ Γνωστοῖο πατρὸς φήσουσι Σίβυλλαν μαινομένην | * ψεύστειραν * | ἐπὴν δὲ γένηται ἅπαντα τηνίκα μου μνήμην |

**ψιθυρισμός** 2
| Bar. | 8 | 5 | μέθας φόνους ἔρεις ζῆλη καταλαλιὰς γογγυσμοὺς | * ψιθυρισμοὺς * | μαντείας καὶ τὰ τούτων ὅμοια ἅτινα οὔκ εἰσι |
| Bar. | 13 | 4 | ἐπιορκίαι φθόνοι μέθαι ἔρεις ζῆλος γογγυσμὸς | * ψιθυρισμὸς * | εἰδωλολατρισμὸς μαντεία καὶ τὰ τούτοις ὅμοια |

**ψίθυρος** 5
| Sal. | 12 | 1 | παρανόμου καὶ πονηροῦ ἀπὸ γλώσσης παρανόμου καὶ | * ψιθύρου * | καὶ λαλούσης ψευδῆ καὶ δόλια. ἐν ποικιλίᾳ |
| Sal. | 12 | 3 | παρανόμους συγχέαι οἴκους ἐν πολέμῳ χείλεσιν | * ψιθύροις. * | μακρύναι ὁ θεὸς ἀπὸ ἀκάκων χείλη παρανόμων ἐν |
| Sal. | 12 | 4 | χείλη παρανόμων ἐν ἀπορίᾳ καὶ σκορπισθείησαν ὀστᾶ | * ψιθύρων * | ἀπὸ φοβουμένων κύριον ἐν πυρὶ φλογὸς γλῶσσα |
| Sal. | 12 | 4 | ἀπὸ φοβουμένων κύριον ἐν πυρὶ φλογὸς γλῶσσα | * ψιθύρων * | ἀπόλοιτο ἀπὸ ὁσίων. φυλάξαι κύριος ψυχὴν ἡσύχιον |
| FAch. | 110 | | διδοὺς ἐπιστάμενος τὴν τύχην μὴ οὖσαν παράμονον. | * ψίθυρον * | καὶ διάβολον ἄνδρα εἰ καὶ ἀδελφός σού ἐστι |

**ψοφέω** 1
| HEup. 9 | 34 | 11 | τετρακοσίους καὶ ποιῆσαι ὅλας τὰς δίκτυας πρὸς τὸ | * ψοφεῖν * | τοὺς κώδωνας καὶ ἀποσοβεῖν τὰ ὄρνεα ὅπως μὴ |

**ψόφος** 1
| Aris. | 91 | 5 | ἐκέλευσαν κατακύψαντα συνακοῦσαι τοῦ γινομένου | * ψόφου * | τῆς ἀπαντήσεως τῶν ὑδάτων ὥστε συμφανές μοι |

**ψύα** 1
| TNep. | 2 | 8 | πικρίαν εἰς γέλωτα σπλῆνα νεφροὺς εἰς πανουργίαν | * ψύας * | εἰς δύναμιν πλευρᾶς εἰς θήκην ὀσφὺν εἰς ἰσχὺν καὶ |

**ψύγω** 1
| TBen. | 8 | 3 | ἐπὶ κόπρον καὶ βόρβορον ἀλλὰ μᾶλλον ἀμφότερα | * ψύγει * | καὶ ἀπελαύνει τὴν δυσωδίαν οὕτω καὶ ὁ καθαρὸς νοῦς |

**ψῦξις** 1
| Adam | 24 | 3 | γλυκύτητος. θλιβεὶς ἀπὸ καύματος καὶ στενωθεὶς ἀπὸ | * ψύξεως. * | καὶ κοπιάσεις πολλὰ καὶ μὴ πλουτήσεις καὶ |

**ψυχαγωγία** 1
| Aris. | 78 | 3 | γὰρ πρὸς αὐτὴν τὴν τοῦ χρυσίου κατασκευὴν | * ψυχαγωγία * | τις ἦν μετὰ θαυμασμοῦ συνεχῶς ἐφ' ἕκαστον |

**ψυχή** 249
| Adam | 13 | 6 | ζωῆς αὐτοῦ εἴσω τριῶν ἡμερῶν. ἐξερχομένης δὲ τῆς | * ψυχῆς * | αὐτοῦ μέλλεις θεάσασθαι τὴν ἄνοδον αὐτῆς φοβεράν. |
| Adam | 42 | 8 | τῶν ἁπάντων δέξαι τὸ πνεῦμά μου. καὶ ἀπέδωκεν τὴν | * ψυχὴν * | αὐτῆς. καὶ ἦλθεν Μιχαὴλ καὶ ἐδίδαξεν τὸν Σὴθ πῶς |
| Adam | 43 | 3 | ὁ θεὸς καὶ οἱ ἄγγελοι ἡμεῖς εὐφραινόμεθα μετὰ τῆς | * ψυχῆς * | τῆς μεταστάσης ἀπὸ τῆς γῆς. ταῦτα εἰπὼν ὁ ἄγγελος |
| Hen. | 9 | 3 | τῆς γῆς μέχρι πυλῶν τοῦ οὐρανοῦ. ἐντυγχάνουσιν αἱ | * ψυχαὶ * | τῶν ἀνθρώπων λεγόντων εἰσάγατε τὴν κρίσιν ἡμῶν |
| Hen. | 9 | 10 | αἵματος καὶ ἀδικίας. καὶ νῦν ἰδοὺ βοῶσιν αἱ | * ψυχαὶ * | τῶν τετελευτηκότων καὶ ἐντυγχάνουσιν μέχρι τῶν |
| Hen. | 9B | 3 | εἶπον πρὸς ἀλλήλους ὅτι τὰ πνεύματα καὶ αἱ | * ψυχαὶ * | τῶν ἀνθρώπων στενάζουσιν ἐντυγχάνοντα καὶ λέγοντα |
| Hen. | 9B | 10 | ἡ γῆ ἐπλήσθη ἀδικίας. καὶ νῦν ἰδοὺ τὰ πνεύματα τῶν | * ψυχῶν * | αὐτῶν ὡς ἐκ τῆς σαρκὸς ἔσονται ἐντυγχάνουσιν μέχρι |
| Hen. | 10B | 3 | τὸν δίκαιον τί ποιήσει τὸν υἱὸν Λάμεχ καὶ τὴν | * ψυχὴν * | αὐτοῦ εἰς ζωὴν συντηρήσει καὶ ἐκφεύξεται δι' |
| Hen. | 16 | 1 | καὶ θανάτου ἀφ' ὧν τὰ πνεύματα ἐκπορευόμενα ἐκ τῆς | * ψυχῆς * | τῆς σαρκὸς αὐτῶν ἔσται ἀφανίζοντα χωρὶς κρίσεως |
| Hen. | 16B | 1 | ὀνομαστοὶ τὰ πνεύματα τὰ ἐκπορευόμενα ἀπὸ τῆς | * ψυχῆς * | αὐτῶν ὡς ἐκ τῆς σαρκὸς ἔσονται ἀφανίζοντα χωρὶς |
| Hen. | 22 | 3 | ἵνα ἐπισυνάγωνται εἰς αὐτοὺς τὰ πνεύματα τῶν | * ψυχῶν * | τῶν νεκρῶν. εἰς αὐτὸ τοῦτο ἐκρίθησαν ὧδε |
| Hen. | 22 | 3 | αὐτὸ τοῦτο ἐκρίθησαν ὧδε ἐπισυνάγεσθαι πάσας τὰς | * ψυχὰς * | τῶν ἀνθρώπων. καὶ οὗτοι οἱ τόποι εἰς ἐπισύνσχεσιν |
| Hen. | 98 | 7 | ὑμῖν ἔργου ἀποκεκρυμμένου ἀδίκως. μὴ ὑπολάβητε τῇ | * ψυχῇ * | ὑμῶν μηδὲ ὑπολάβητε τῇ καρδίᾳ ὑμῶν ἐστι ὅτι οὐ |
| Hen. | 102 | 4 | εἰς τὸν αἰῶνα οὐκ ἔστιν ὑμῖν χαίρειν. θαρσεῖτε | * ψυχαὶ * | τῶν δικαίων τῶν ἀποθανόντων τῶν δικαίων καὶ τῶν |
| Hen. | 102 | 5 | καὶ τῶν εὐσεβῶν καὶ μὴ λυπεῖσθε ὅτι κατέβησαν αἱ | * ψυχαὶ * | ὑμῶν εἰς ᾅδου μετὰ λύπης καὶ οὐκ ἀπηντήθη τῷ |

| | | | |
|---|---|---|---|
| Hen. | 102 | 11 | καὶ ἐγένοντο ὡς οὐκ ὄντες καὶ κατέβησαν αἱ * ψυχαὶ * αὐτῶν μετ' ὀδύνης εἰς ᾅδου--- ἐγὼ ὀμνύω ὑμῖν--- |
| Hen. | 103 | 3 | χαρὰ καὶ ἡ τ‹ιμὴ› ἡτοίμασται καὶ ἐγγέγραπται ταῖς * ψ‹υχαῖς› * τῶν ἀποθανόντων εὐσεβῶν καὶ χαρήσονται καὶ οὐ |
| Hen. | 103 | 7 | αὐτοὶ ὑμεῖς γινώσκετε ὅτι εἰς ᾅδου κατάξουσιν τὰς * ψυχὰς * ὑμῶν καὶ ἐκεῖ ἔσονται ἐν ἀνάγκῃ μεγάλῃ καὶ ἐν |
| Hen. | 103 | 8 | καιομένῃ καὶ εἰς κρίσιν μεγάλην εἰσελεύσονται αἱ * ψυχαὶ * ὑμῶν ἐν πάσαις ταῖς γενεαῖς τοῦ αἰῶνος. οὐαὶ ὑμῖν |
| Abr.1 | 2 | 3 | Ἀβραὰμ εἶπεν χαίροις τιμιώτατε πάτερ δικαία * ψυχὴ * φίλε γνήσιε τοῦ θεοῦ τοῦ ἐπουρανίου. εἶπεν δὲ |
| Abr.1 | 2 | 12 | καθίσαι ἐπὶ ζῴου τετραπόδου ποτέ ἀπέλθωμεν δικαία * ψυχὴ * πεζεύοντες ἕως τοῦ οἴκου σου μετεωριζόμενοι. καὶ |
| Abr.1 | 7 | 8 | θεοῦ ἀποσταλεὶς ὁ μέλλων λαβεῖν τὴν δικαίαν σου * ψυχήν * καὶ νῦν γίνωσκε τιμιώτατε Ἀβραὰμ ὅτι μέλλεις |
| Abr.1 | 7 | 10 | καινότερον καὶ λοιπὸν σὺ εἶ ὁ μέλλων λαβεῖν τὴν * ψυχήν * μου ἀπ' ἐμοῦ; καὶ λέγει ὁ ἀρχιστράτηγος ἐγώ εἰμι |
| Abr.1 | 7 | 12 | ὅτι σὺ εἶ ἄγγελος κυρίου καὶ ἀπεστάλης λαβεῖν τὴν * ψυχήν * μου ἀλλ' οὐ μή σε ἀκολουθήσω ὅπερ νῦν κελεύεις |
| Abr.1 | 10 | 15 | τὰς κρίσεις καὶ ἀνταποδόσεις καὶ μετανοήσῃ ἐπὶ τὰς * ψυχὰς * ‹τῶν ἁμαρτωλῶν› ἃς ἀπώλεσεν. ἔστρεψεν δὲ ὁ Μιχαὴλ |
| Abr.1 | 11 | 5 | ἀνδρὸς ἐκείνου φοβερὰ ὁμοία τοῦ δεσπότου καὶ εἶδον * ψυχὰς * πολλὰς ἐλαυνομένας ὑπὸ ἀγγέλων διὰ τῆς πλατείας |
| Abr.1 | 11 | 5 | τῆς πλατείας ὁδοῦ καὶ εἰσαγομένας καὶ εἶδον ἄλλας * ψυχὰς * ὀλίγας καὶ ἐφέροντο ὑπὸ ἀγγέλων διὰ τῆς στενῆς |
| Abr.1 | 11 | 6 | θρόνου καθήμενος διὰ τῆς στενῆς πύλης ὀλίγας * ψυχὰς * προσερχομένας καὶ διὰ τῆς πλατείας πύλης |
| Abr.1 | 11 | 7 | κλαίων καὶ ὀδυρόμενος. καὶ ὅτε ἐθεώρει πολλὰς * ψυχὰς * εἰσερχομένας διὰ τῆς στενῆς πύλης τότε ἀνίστατο |
| Abr.1 | 11 | 10 | καθότι πάντες ἐξ αὐτοῦ ἐγένοντο καὶ ὅτε ἴδῃ πολλὰς * ψυχὰς * εἰσερχομένας διὰ τῆς στενῆς πύλης τότε ἀνίσταται |
| Abr.1 | 11 | 10 | τοῦτο χαίρει ὁ πρωτόπλαστος Ἀδὰμ διότι θεωρεῖ τὰς * ψυχὰς * σῳζομένας ὅτε δὲ ἴδῃ πολλὰς ψυχὰς εἰσερχομένας διὰ |
| Abr.1 | 11 | 11 | διότι θεωρεῖ τὰς ψυχὰς σῳζομένας ὅτε δὲ ἴδῃ πολλὰς * ψυχὰς * εἰσερχομένας διὰ τῆς πλατείας πύλης τότε ἀρπάζει |
| Abr.1 | 11 | 12 | ὀλίγοι δέ οἱ σῳζόμενοι εἰς γὰρ τὰς ἑπτακισχιλίας * ψυχὰς * μόλις εὑρίσκεται μία ψυχὴ σῳζομένη καὶ ἀμόλυντος. |
| Abr.1 | 11 | 12 | γὰρ τὰς ἑπτακισχιλίας ψυχὰς μόλις εὑρίσκεται μία * ψυχὴ * σῳζομένη καὶ ἀμόλυντος. ἔτι δὲ ἡμῖν ταῦτα λαλοῦντος |
| Abr.1 | 12 | 1 | καὶ ἀπότομοι τῷ βλέμματι καὶ ἤλαυνον μυριάδαν * ψυχὰς * ἀνηλεῶς τύπτοντες ἐν πυρίναις χαρζαναῖς καὶ μίαν |
| Abr.1 | 12 | 2 | ἀνηλεῶς τύπτοντες ἐν πυρίναις χαρζαναῖς καὶ μίαν * ψυχὴν * κρατῶν ὁ ἄγγελος ἐν τῇ χειρὶ αὐτοῦ καὶ διήγαγον |
| Abr.1 | 12 | 2 | ὁ ἄγγελος ἐν τῇ χειρὶ αὐτοῦ καὶ διήγαγον πάσας τὰς * ψυχὰς * εἰς τὴν πλατεῖαν πύλην εἰς τὴν ἀπώλειαν. |
| Abr.1 | 12 | 11 | θρόνου αὐτοῦ καθήμενος ἔκρινεν καὶ ἀπεφήνατο τὰς * ψυχάς * οἱ δὲ δύο ἄγγελοι οἱ ‹ἐκ δεξιῶν καὶ› ἐξ ἀριστερῶν |
| Abr.1 | 12 | 13 | τῆς τραπέζης ὁ τὸν ζυγὸν κατέχων ἐζύγιζεν τὰς * ψυχὰς * καὶ ὁ πύρινος ἄγγελος ὁ τὸ πῦρ κατέχων ἐδοκίμαζε |
| Abr.1 | 12 | 14 | ἄγγελος ὁ τὸ πῦρ κατέχων ἐδοκίμαζε διὰ πυρὸς τὰς * ψυχὰς * τῶν ἀνθρώπων. ἠρώτησεν δὲ Ἀβραὰμ τὸν |
| Abr.1 | 12 | 16 | καὶ ἀνταπόδοσις. καὶ ἰδοὺ ὁ ἄγγελος ὁ κρατῶν τὴν * ψυχὴν * ἐν τῇ χειρὶ αὐτοῦ καὶ ἤνεγκεν αὐτὴν ἔμπροσθεν τοῦ |
| Abr.1 | 12 | 17 | τὴν βίβλον ταύτην καὶ εὑρέ μοι τὰς ἁμαρτίας τῆς * ψυχῆς * ταύτης. καὶ ἀνοίξας τὴν βίβλον εὗρεν αὐτῆς ζυγάδας |
| Abr.1 | 14 | 1 | πρὸς τὸν ἄγγελον κύριέ μου ἀρχιστράτηγε τὴν * ψυχὴν * ἣν κατεῖχεν ὁ ἄγγελος ἐν τῇ χειρὶ αὐτοῦ πῶς |
| Abr.1 | 14 | 3 | ἀπάντων. εἶπεν δὲ Ἀβραὰμ καὶ τί ἔτι λείπεται ἡ * ψυχὴ * εἰς τὸ σῴζεσθαι; ‹εἶπεν δὲ ὁ ἀσώματος› μίαν |
| Abr.1 | 14 | 5 | δεῦρο Μιχαὴλ ἀρχιστράτηγε ποιήσωμεν εὐχὴν ὑπὲρ τῆς * ψυχῆς * καὶ ἴδωμεν εἰ ἐπακούσεται ἡμῖν ὁ θεὸς καὶ ὁ |
| Abr.1 | 14 | 6 | ἐποίησαν δέησιν καὶ εὐχὴν πρὸς τὸν θεὸν ὑπὲρ τῆς * ψυχῆς * ‹καὶ εἰσήκουσεν ὁ θεὸς τὴν προσευχὴν αὐτῶν καὶ |
| Abr.1 | 14 | 6 | καὶ ἀναστάντες ἐκ τῆς προσευχῆς οὐκ εἶδον τὴν * ψυχὴν› * ἱσταμένην ἐκεῖσε. καὶ εἶπεν Ἀβραὰμ ‹πρὸς τὸν |
| Abr.1 | 14 | 7 | καὶ εἶπεν Ἀβραὰμ ‹πρὸς τὸν ἄγγελον› ποῦ ἐστιν ἡ * ψυχή; * εἶπεν δὲ ὁ ἀρχιστράτηγος σέσωσται διὰ τῆς εὐχῆς |
| Abr.1 | 14 | 11 | αὐτοῦ καὶ δεηθῶμεν αὐτοῦ τὸ ἔλεος ὑπὲρ τῶν * ψυχῶν * τῶν ἁμαρτωλῶν οὓς ἐγώ ποτε κακοφρονήσας ἀπώλεσα |
| Abr.1 | 16 | 5 | πρός με ἀλλὰ καὶ νῦν λέγω σοι μὴ ἐκφοβήσῃς τὴν * ψυχὴν * αὐτοῦ καὶ ἔλθῃς ἐνθάδε ἀλλὰ μετὰ κολακείας τοῦτον |
| Abr.1 | 16 | 9 | προσεκύνησεν λέγων χαίροις τιμίε Ἀβραὰμ δικαία * ψυχὴ * φίλε τοῦ θεοῦ τοῦ ὑψίστου καὶ τῶν ἀγγέλων ὁμόσκηνε. |
| Abr.1 | 16 | 15 | ὧδε; εἶπεν δὲ ὁ θάνατος διὰ τῆς δικαίας σου * ψυχῆς * παραγέγονα. ‹λέγει αὐτῷ Ἀβραὰμ› οἶδα τί λέγεις |
| Abr.1 | 19 | 3 | θάνατος εἶπεν οὐκ ἀναχωρῶ ἀπὸ σοῦ ἕως οὗ λάβω τὴν * ψυχήν * σου. καὶ ὁ Ἀβραὰμ στερρῷ τῷ βλέμματι καὶ ὀργίλῳ |
| Abr.1 | 20 | 9 | καὶ ἠσπάσατο τὴν χεῖρα αὐτοῦ καὶ εὐθέως ἐκολλάτο ἡ * ψυχὴ * αὐτοῦ ἐν τῇ χειρὶ τοῦ θανάτου. καὶ εὐθέως παρέστη |
| Abr.1 | 20 | 10 | μετὰ πλήθους ἀγγέλων καὶ ἦραν τὴν τιμίαν αὐτοῦ * ψυχὴν * ἐν ταῖς χερσὶν αὐτῶν ἐν σινδόνι θεοϋφαντῷ. καὶ |
| Abr.1 | 20 | 12 | ἐπαγγελίας ἐν τῇ δρυῒ τῇ Μαβρῇ τὴν δὲ τιμίαν αὐτοῦ * ψυχὴν * ὀψικεύοντες ἄγγελοι ἀνήρχοντο εἰς τὸν οὐρανὸν |
| Abr.2 | 3 | 7 | ξένου τοῦ ἐπιξενωθέντος εἰς ἡμᾶς λέγω γὰρ ἐν τῇ * ψυχῇ * μου ὅτι τοῦτο ὕστερόν μοι γενήσεται τὸ ἐπιπλῆσαι |
| Abr.2 | 4 | 13 | μάλιστα σὺ κύριε ἐξ ἀρχῆς ἐποίησας τοῦ ἐλεᾶν τὰς * ψυχὰς * ἡμῶν. τότε λέγει ὁ κύριος τῷ Μιχαὴλ Μιχαὴλ ὁ ἐμὸς |
| Abr.2 | 8 | 13 | αὐτὸν εἰς τὸν τόπον τοῦτον ὥστε θεωρῆσαι πᾶσαν * ψυχὴν * ἐξερχομένην ἐκ τοῦ σώματος ἐπειδὴ ἐξ αὐτοῦ ἦσαν |
| Abr.2 | 8 | 14 | ἐὰν οὖν θεωρῇς αὐτὸν κλαίοντα γνῶθι ‹ὅτι› ἐθεάσατο * ψυχὰς * ἀπαγομένας εἰς τὴν ἀπώλειαν καὶ ἐὰν ἴδῃς αὐτὸν |
| Abr.2 | 8 | 15 | τὴν ἀπώλειαν καὶ ἐὰν ἴδῃς αὐτὸν γελῶντα ἐθεάσατο * ψυχὰς * ὀλίγας ἀπαγομένας εἰς τὴν ζωὴν θεώρησον οὖν αὐτὸν |
| Abr.2 | 9 | 5 | ἐν τῇ ὥρᾳ ἐκείνῃ καὶ ἰδοὺ ἄγγελος ἐλαύνων * ψυχὰς * ὡς μυριάδας ἕξ μίαν δὲ ψυχὴν κρατῶν ἐν τῇ χειρὶ |
| Abr.2 | 9 | 5 | ἰδοὺ ἄγγελος ἐλαύνων ψυχὰς ὡς μυριάδας ἕξ μίαν δὲ * ψυχὴν * κρατῶν ἐν τῇ χειρὶ αὐτοῦ καὶ ἀπῆξεν τὰς μυριάδας |
| Abr.2 | 9 | 5 | ἐν τῇ χειρὶ αὐτοῦ καὶ ἀπῆξεν τὰς μυριάδας τῶν * ψυχῶν * εἰς τὴν πύλην τὴν ἀπάγουσαν εἰς τὴν ἀπώλειαν. |
| Abr.2 | 9 | 7 | εἶπεν τῷ Ἀβραὰμ ἀπελθόντες ἀναζητήσωμεν ἐν ταῖς * ψυχαῖς * ταύταις καὶ ἐὰν εὕρωμεν ἀξίαν ἐνεχθῆναι εἰς τὴν |
| Abr.2 | 9 | 9 | ἀναπαύσει ἀλλ' ἐν τόπῳ μεσότητος ἐκείνας μὲν τὰς * ψυχὰς * ἦρεν εἰς ἀπώλειαν. καὶ εἶπεν Ἀβραὰμ τῷ Μιχαὴλ |
| Abr.2 | 9 | 10 | τῷ Μιχαὴλ εἰπέ μοι κύριε τὰς ἕξ μυριάδας τῶν * ψυχῶν * ἃς ἐλαύνει ὁ ἄγγελος αὐτός ἐστιν ὁ φέρων αὐτὰς ἀπὸ |
| Abr.2 | 10 | 3 | ἣν ὁ κριτὴς ‹ἐλθόντος τοῦ ἀγγέλου ἀπέδωκεν τὴν * ψυχὴν * ἐκείνην ἣν εἶχεν ἐν τῇ χειρὶ αὐτοῦ εἰς τὸν |
| Abr.2 | 10 | 4 | ἐν τῇ χειρὶ αὐτοῦ εἰς τὸν κριτήν›. καὶ ἤκουσεν * ψυχῆς * κραζούσης ἐλέησόν με κύριε. λέγει αὐτῷ ὁ κριτὴς |
| Abr.2 | 10 | 6 | κοιλίας σου καὶ ἀπέκτεινας αὐτήν. καὶ ἀπεκρίθη ἡ * ψυχὴ * καὶ εἶπεν φόνος οὐ γέγονεν δι' ἐμοῦ ἀλλ' αὐτὴ |
| Abr.2 | 10 | 10 | καὶ λέγει αὐτῷ ὁ κριτὴς σύστησον τὴν ἁμαρτίαν τῆς * ψυχῆς * ταύτης. καὶ ἀνοίξας ὁ ἀνὴρ τὴν μίαν βίβλον ἐκ τῶν |
| Abr.2 | 10 | 11 | δύο τῶν οὐσῶν ἐκ τῶν Χερουβὶμ καὶ ἀνεζήτησεν τῆς * ψυχῆς * τὴν ἁμαρτίαν. καὶ ἀποκριθεὶς ὁ ἀνὴρ εἶπεν ὦ |
| Abr.2 | 10 | 12 | ἁμαρτίαν. καὶ ἀποκριθεὶς ὁ ἀνὴρ εἶπεν ὦ ταλαίπωρε * ψυχὴ * πῶς λέγεις ὅτι φόνος οὐ γέγονεν δι' ἐμοῦ οὐχὶ σὺ |
| Abr.2 | 10 | 15 | ἔλεγεν αὐτῇ ἐν ποίᾳ ὥρᾳ ἔπραξεν. ἀκούσασα δὲ ἡ * ψυχὴ * ταῦτα ἤνοιξεν τὸ στόμα αὐτῆς βοῶσα καὶ λέγουσα |
| Abr.2 | 11 | 5 | τῷ Μιχαὴλ δύναται Ἐνὼχ βαστάσαι τὸ μέρος τῶν * ψυχῶν; * ἢ δυνήσεται δοῦναι πάσης ψυχῆς ἀπόφασιν; καὶ |
| Abr.2 | 11 | 5 | τὸ μέρος τῶν ψυχῶν; ἢ δυνήσεται δοῦναι πάσης * ψυχῆς * ἀπόφασιν; καὶ εἶπεν Μιχαὴλ ἐὰν ἡ ἀπόφασις παρὰ |
| Abr.2 | 11 | 8 | ἐπειδὴ ἠτήσατο Ἐνὼχ τῷ κυρίῳ λέγων οὐ θέλω δοῦναι * ψυχῆς * ἀπόφασιν ὅπως μή τινος ἐπίβαρυς γένωμαι. καὶ λέγει |
| Abr.2 | 11 | 9 | Ἐνὼχ τίθημι σημεῖον πρός σε ἵνα γράφῃς ἁμαρτίας * ψυχῆς * ἐπὶ τοῦ βιβλίου καὶ ἐὰν ἡ ψυχὴ ἐλεηθῇ εὑρήσεις τὰς |
| Abr.2 | 11 | 10 | γράψῃς ἁμαρτίας ψυχῆς ἐπὶ τοῦ βιβλίου καὶ ἐὰν ἡ * ψυχὴ * ἐλεηθῇ εὑρήσεις τὰς ἁμαρτίας αὐτῆς ἐξηλειμμένας καὶ |
| Abr.2 | 11 | 11 | καὶ εἰσελεύσεται εἰς τὴν ζωὴν ἐὰν δὲ ἡ * ψυχὴ * μὴ ἐλεηθῇ εὑρήσεις τὰς ἁμαρτίας αὐτῆς γεγραμμένας |
| Abr.2 | 13 | 1 | ἐτόλμησεν ὁ θάνατος ἐγγίσαι αὐτῷ τοῦ ἐξενέγκαι τὴν * ψυχὴν * αὐτοῦ ἐκ τοῦ σώματος εἶπεν δὲ κύριος πρὸς Μιχαὴλ |
| Abr.2 | 13 | 6 | γάρ σε ἐθεασάμην ἔγγιστά μου καθήμενον ἐταράχθη ἡ * ψυχή * μου ἐν ἐμοὶ πάντως οὐκ εἰμὶ ἄξιός σου σὺ γὰρ ὑψηλὸν |
| Abr.2 | 13 | 16 | λέγει ὁ θάνατος ἐγώ εἰμι ὁ θάνατος ὁ ἐκφέρων τὰς * ψυχὰς * ἐκ τοῦ σώματος. καὶ λέγει Ἀβραὰμ σὺ εἶ ὁ θάνατος; |
| Abr.2 | 14 | 6 | δὲ ὡς ἐπέστρεψεν Ἀβραὰμ ἐξήνεγκεν ὁ θάνατος τὴν * ψυχὴν * αὐτοῦ ὡς ἐν ὀνείροις ἦλθον δὲ ἅρματα κυρίου τοῦ |
| Abr.2 | 14 | 6 | ἦλθον δὲ ἅρματα κυρίου τοῦ θεοῦ καὶ ἦραν τὴν * ψυχὴν * αὐτοῦ εἰς τοὺς οὐρανοὺς εὐλογοῦντες τὸν φίλον |
| TRub. | 1 | 9 | μῆνας ἐμαλακίσθην ἕως θανάτου. καὶ ἐν προαιρέσει * ψυχῆς * μου ἑπτὰ ἔτη μετενόησα ἐνώπιον κυρίου οἶνον καὶ |
| TRub. | 4 | 6 | ἐντέλλομαι ὑμῖν καὶ οὐ μὴ ἁμαρτήσητε. ὄλεθρος γὰρ * ψυχῆς * ἐστιν ἡ πορνεία χωρίζουσα θεοῦ καὶ προσεγγίζουσα |
| TRub. | 4 | 9 | αὐτῷ προσήνεγκεν καὶ οὐκ ἐδέξατο τὸ διαβούλιον τῆς * ψυχῆς * αὐτοῦ ἐπιθυμίαν πονηράν. διὰ τοῦτο ὁ θεὸς τῶν |
| TSim. | 2 | 5 | ἡ ἀνδρεία ἀπὸ ὑψίστου δέδοται τοῖς ἀνθρώποις ἐν * ψυχαῖς * καὶ ἐν σώμασιν. καὶ ἐν τῷ καιρῷ ἐκείνῳ ἐζήλωσα |
| TSim. | 3 | 4 | ἔτη ἡμερῶν ἐν φόβῳ κυρίου ἐκάκωσα ἐν νηστείᾳ τὴν * ψυχήν * μου καὶ ἔγνων ὅτι ἡ λύσις τοῦ φθόνου διὰ φόβου |
| TSim. | 4 | 5 | παντὸς ζήλου καὶ φθόνου καὶ πορεύεσθε ἐν ἁπλότητι * ψυχῆς * καὶ ἐν ἀγαθῇ καρδίᾳ ἐννοοῦντες τὸν πατράδελφον |
| TSim. | 4 | 6 | περὶ τοῦ λόγου τούτου ἀλλ' ἠγάπησεν ἡμᾶς ὡς τὴν * ψυχὴν * αὐτοῦ καὶ ὑπὲρ τοὺς υἱοὺς αὐτοῦ ἐδόξασεν ἡμᾶς καὶ |
| TSim. | 4 | 8 | ἀφ' ὑμῶν τὸ πνεῦμα τοῦ φθόνου ὅτι ἄγριοῖ τοῦτο τὴν * ψυχὴν * καὶ φθείρει τὸ σῶμα ὀργὴν καὶ πόλεμον παρέχει τῷ |
| TSim. | 4 | 8 | ἀλλὰ καὶ τὸν ὕπνον ἀφαιρεῖ καὶ κλόνον παρέχει τῇ * ψυχῇ * καὶ τρόμον τῷ σώματι ὅτι καίγε ἐν ὕπνῳ τις ζῆλος |
| TSim. | 4 | 9 | κατεσθίει καὶ ἐν πνεύμασι πονηροῖς διαταράσσει τὴν * ψυχὴν * αὐτοῦ καὶ ἐκθροεῖσθαι τὸ σῶμα ποιεῖ καὶ ἐν ταραχῇ |
| TSim. | 6 | 1 | ὑμῖν πάντα ὅπως δικαιωθῶ ἀπὸ τῆς ἁμαρτίας τῶν * ψυχῶν * ὑμῶν. ἐὰν δὲ ἀφέλητε ἀφ' ὑμῶν τὸν φθόνον καὶ πᾶσαν |
| TLevi | 13 | 6 | ἵνα εὕρητε ἐν τοῖς οὐρανοῖς καὶ σπείρετε ἐν ταῖς * ψυχαῖς * ὑμῶν ἀγαθὰ ἵνα εὕρητε αὐτὰ ἐν τῇ ζωῇ ὑμῶν. ἐὰν |
| TLevi | 18 | 2B055 | σαρκὸς καὶ μὴ ὀφθήτω ἐπὶ σοὶ πᾶν αἷμα καὶ πᾶσα * ψυχὴ * τὸ γὰρ αἷμα ψυχὴ ἐστιν ἐν τῇ σαρκί. καὶ ὃ ἐὰν ἐν |
| TLevi | 18 | 2B055 | ὀφθήτω ἐπὶ σοὶ πᾶν αἷμα καὶ πᾶσα ψυχὴ τὸ γὰρ αἷμα * ψυχὴ * ἐστιν ἐν τῇ σαρκί. καὶ ὃ ἐὰν ἐν οἴκῳ +ουσης+ |
| TJud. | 11 | 4 | γνοὺς δὲ ὃ ἐποίησε καταρασάμην αὐτὴ ἐν ὀδύνῃ * ψυχῆς * μου καίγε αὐτὴ ἀπέθανεν ἐν πονηρίᾳ υἱῶν αὐτῆς. |
| TJud. | 18 | 3 | ἀφιστᾷ νόμου θεοῦ καὶ τυφλοῖ τὸ διαβούλιον τῆς * ψυχῆς * καὶ ὑπερηφανίαν ἐκδιδάσκει καὶ οὐκ ἀφίει ἄνδρα |
| TJud. | 18 | 4 | ἄνδρα ἐλεῆσαι τὸν πλησίον αὐτοῦ στερίσκει τὴν * ψυχὴν * αὐτοῦ ἀπὸ πάσης ἀγαθοσύνης καὶ συνέχει αὐτὸν ἐν |
| TJud. | 18 | 6 | θεῷ ὑπακούειν οὐ δύναται ὅτι ἐτύφλωσαν τὴν * ψυχὴν * αὐτοῦ καὶ ἐν ἡμέρᾳ ὡς ἐν νυκτὶ πορεύεται. τέκνα |
| TJud. | 19 | 2 | καὶ εἰ μὴ ἡ μετάνοια σαρκός μου καὶ ἡ ταπείνωσις * ψυχῆς * μου καὶ αἱ εὐχαὶ Ἰακὼβ τοῦ πατρός μου ἄτεκνος |
| TIss. | 4 | 5 | διαβουλίοις αὐτοῦ ἐπελεύσεται οὐ βασκανία ἐκτήκει * ψυχὴν * αὐτοῦ οὐδὲ πορισμὸν ἐν ἀπληστίᾳ ἐννοεῖ πορεύεται |
| TZab. | 2 | 4 | ἡ ὑπόστασις τῶν σπλάγχνων μου ἐχαυνοῦτο ἐπὶ τὴν * ψυχήν * μου. ἔκλαιε δὲ καὶ Ἰωσὴφ κἀγὼ σὺν αὐτῷ καὶ |
| TZab. | 8 | 6 | ἑνότητα καὶ πᾶσαν συγγένειαν διασκορπίζει καὶ τὴν * ψυχὴν * ταράσσει καὶ τὴν ὕπαρξιν ἀφανίζει. ὁ γὰρ |
| TZab. | 9 | 6 | ἐν πάσαις ἀσθενείαις καὶ θλίψεσι καὶ ὀδύναις * ψυχῆς. * καὶ μετὰ ταῦτα μνησθήσεσθε κυρίου καὶ μετανοήσετε |
| TDan | 3 | 1 | φθόνον. πονηρὸς ὁ θυμὸς τέκνα μου καὶ γὰρ αὐτῇ τῇ * ψυχῇ * αὐτὸς γίνεται ψυχή. καὶ τὸ μὲν σῶμα ἰδιοποιεῖται |
| TDan | 3 | 1 | θυμὸς τέκνα μου καὶ γὰρ αὐτῇ τῇ ψυχῇ αὐτὸς γίνεται * ψυχή. * καὶ τὸ μὲν σῶμα ἰδιοποιεῖται τοῦ θυμώδους τῆς δὲ |
| TDan | 3 | 2 | καὶ τὸ μὲν σῶμα ἰδιοποιεῖται τοῦ θυμώδους τῆς δὲ * ψυχῆς * κατακυριεύει καὶ παρέχει τῷ σώματι δύναμιν ἰδίαν |
| TDan | 3 | 3 | ἰδίαν ἵνα ποιήσῃ πᾶσαν ἀνομίαν καὶ ὅταν πράξῃ ἡ * ψυχὴ * δικαιοῖ τὸ πραχθὲν ἐπειδὴ οὐ βλέπει. διὰ τοῦτο ὁ |
| TDan | 4 | 2 | αὐτοῦ καὶ οὕτως διεγείρει ἐν θυμῷ μεγάλῳ τὴν * ψυχὴν * αὐτοῦ. ὅτε οὖν λαλεῖ τις καθ' ὑμῶν ὑμεῖς μὴ |
| TDan | 4 | 7 | ἵνα ταράξωσι τὸ διαβούλιον ταρασσομένης δὲ τῆς * ψυχῆς * συνεχῶς ἀφίσταται κύριος ἀπ' αὐτῆς καὶ κυριεύει |
| TDan | 5 | 11 | ἡμῶν. καὶ τὴν αἰχμαλωσίαν λάβῃ ἀπὸ τοῦ Βελιὰρ * ψυχὰς * ἁγίων καὶ ἐπιστρέψει καρδίας ἀπειθεῖς πρὸς κύριον |
| TNep. | 2 | 6 | ὡς ὁ ὀφθαλμὸς αὐτοῦ οὕτω καὶ ὁ ὕπνος αὐτοῦ ὡς ἡ * ψυχὴ * αὐτοῦ οὕτω καὶ ὁ λόγος αὐτοῦ ἢ ἐν νόμῳ κυρίου ἢ ἐν |
| TNep. | 3 | 1 | τὰς πράξεις ὑμῶν ἢ ἐν λόγοις κενοῖς ἀπατᾶν τὰς * ψυχὰς * ὑμῶν ὅτι σιωπῶντες ἐν καθαρότητι καρδίας συνήσετε |
| TNep. | 9 | 2 | τῶν πατέρων αὐτοῦ. καὶ φαγὼν καὶ πιὼν ἐν ἱλαρότητι * ψυχῆς * συνεκάλυψε τὸ πρόσωπον αὐτοῦ καὶ ἀπέθανεν. καὶ |

| | | | | | |
|---|---|---|---|---|---|
| TGad | 2 | 1 | τέκνα ὅτι πλειστάκις ἤθελον ἀνελεῖν αὐτὸν ὅτι ἕως | * ψυχῆς * | ἐμίσουν αὐτὸν καὶ ὅλως οὐκ ἦν ἐν ἐμοὶ ἤπατα ἐλέους |
| TGad | 3 | 3 | ὑπερηφανίαν ἀγαπᾷ ὅτι τὸ μῖσος ἐτύφλωσε τὴν | * ψυχὴν * | αὐτοῦ καθὼς κἀγὼ ἔβλεπον ἐν τῷ Ἰωσήφ. φυλάξασθε |
| TGad | 5 | 7 | καὶ φωτίζει τοὺς ὀφθαλμοὺς καὶ γνῶσιν παρέχει τῇ | * ψυχῇ * | καὶ ὁδηγεῖ τὸ διαβούλιον πρὸς σωτηρίαν καὶ ἃ οὐκ |
| TGad | 6 | 1 | ἀγαπῶντες ἀλλήλους ἐν ἔργῳ καὶ λόγῳ καὶ διανοίᾳ | * ψυχῆς. * | ἐγὼ γὰρ κατὰ πρόσωπον τοῦ πατρὸς ἡμῶν εἰρηνικὰ |
| TGad | 6 | 2 | τοῦ μίσους ἐσκότιζέ μου τὸν νοῦν καὶ ἐτάρασσε τὴν | * ψυχήν * | μου τοῦ ἀνελεῖν αὐτόν. ἀγαπᾶτε οὖν ἀλλήλους ἀπὸ |
| TGad | 6 | 3 | αὐτῷ ἐν εἰρήνῃ ἐξορίσας τὸν ἰὸν τοῦ μίσους καὶ ἐν | * ψυχῇ * | σου μὴ κρατήσῃς δόλον καὶ ἐὰν ὁμολογήσας μετανοήσῃ |
| TGad | 7 | 7 | τῶν ἀνθρώπων. ἐξάρατε οὖν τὸ μῖσος ἀπὸ τῶν | * ψυχῶν * | ὑμῶν καὶ ἀγαπᾶτε ἀλλήλους ἐν εὐθύτητι καρδίας. |
| TAser | 1 | 6 | ἐν στέρνοις ἡμῶν διακρίνοντα αὐτάς. ἐὰν οὖν ἡ | * ψυχὴ * | θέλῃ ἐν καλῷ πᾶσα πρᾶξις αὐτῆς ἐστιν ἐν δικαιοσύνῃ |
| TAser | 2 | 1 | ἰοῦ πονηροῦ πνεύματος πεπλήρωται. ἔστιν οὖν | * ψυχὴ * | λέγουσα φησὶ τὸ καλὸν ὑπὲρ τοῦ κακοῦ καὶ τὸ τέλος |
| TAser | 2 | 7 | ἀθετεῖ καὶ παροξύνει καὶ τὸν πένητα ἀναπαύει τὴν | * ψυχὴν * | σπιλοῖ καὶ τὸ σῶμα λαμπρύνει πολλοὺς ἀναιρεῖ καὶ |
| TAser | 4 | 4 | μετὰ ἀσώτων ἵνα μὴ χράνῃ τὸ στόμα καὶ μολύνῃ τὴν | * ψυχὴν * | καίγε τοῦτο διπρόσωπον ὅλον δὲ καλόν ἐστιν ὅτι οἱ |
| TAser | 6 | 5 | κυρίου καὶ τοῦ σατανᾶ. ἐὰν γὰρ τεταραγμένη ἡ | * ψυχὴ * | ἀπέρχεται βασανίζεται ὑπὸ τοῦ πονηροῦ πνεύματος οὗ |
| TJos. | 2 | 6 | ἐν βραχεῖ ἀφιστάμενος εἰς τὸ δοκιμάσαι τῆς | * ψυχῆς * | τὸ διαβούλιον. ἐν δέκα πειρασμοῖς δόκιμόν με |
| TJos. | 6 | 2 | καὶ συνῆκα ὅτι ἡ περιεργία αὐτῆς εἰς ἀποπλάνησιν | * ψυχῆς * | ἐστίν. καὶ ἐξελθόντος αὐτοῦ ἔκλαιον μήτε ἐκεῖνο |
| TJos. | 13 | 1 | καὶ λέγει αὐτῷ τί ταῦτα ἀκούω ὅτι κλέπτεις τὰς | * ψυχὰς * | ἐκ γῆς Ἑβραίων εἰς παῖδας μετεμπολῶν; πεσὼν οὖν |
| TJos. | 17 | 7 | αὐτῶν υἱοί μου καὶ οἱ υἱοί μου ὡς δοῦλοι αὐτῶν ἡ | * ψυχὴ * | αὐτῶν ψυχή μου καὶ πᾶν ἄλγημα αὐτῶν ἄλγημά μου καὶ |
| TJos. | 17 | 7 | μου καὶ οἱ υἱοί μου ὡς δοῦλοι αὐτῶν ἡ ψυχὴ αὐτῶν | * ψυχή * | μου καὶ πᾶν ἄλγημα αὐτῶν ἄλγημά μου καὶ πᾶσα |
| TBen. | 4 | 3 | ὑπὸ τοῦ ἀγαθοῦ τοὺς δὲ δικαίους ἀγαπᾷ ὡς τὴν | * ψυχὴν * | αὐτοῦ. ἐάν τις δοξάζηται οὐ φθονεῖ ἐάν τις πλουτῇ |
| TBen. | 4 | 5 | τὸν ἔχοντα χάριν πνεύματος ἀγαθοῦ ἀγαπᾷ κατὰ τὴν | * ψυχὴν * | αὐτοῦ. ἐὰν ἔχητε ἀγαθὴν διάνοιαν τέκνα καὶ οἱ |
| TBen. | 5 | 5 | ἐλεεῖ γὰρ ὁ ὅσιος τὸν λοίδορον καὶ σιωπᾷ. κἄν τις | * ψυχὴν * | δικαίαν προδοίῃ καὶ ὁ δίκαιος προσευχόμενος πρὸς |
| TBen. | 6 | 1 | Βελιὰρ ὁ γὰρ ἄγγελος τῆς εἰρήνης ὁδηγεῖ τὴν | * ψυχὴν * | αὐτοῦ. οὐχ ὁρᾷ ἐμπαθῶς τοῖς φθαρτοῖς οὐδὲ συνάγει |
| TBen. | 6 | 4 | οἶδεν κύριος γὰρ ἐν αὐτῷ κατοικεῖ καὶ φωτίζει τὴν | * ψυχὴν * | αὐτοῦ καὶ χαίρει πρὸς πάντας ἐν παντὶ καιρῷ. ἡ |
| TBen. | 6 | 6 | ὃ ποιεῖ ἢ λαλεῖ ἢ ὁρᾷ οἶδεν ὅτι κύριος ἐπισκέπτει | * ψυχὴν * | αὐτοῦ καὶ καθαίρει τὴν διάνοιαν αὐτοῦ πρὸς τὸ μὴ |
| Asen. | 6 | 1 | τοῦ ἅρματος καὶ κατενύγη ἰσχυρῶς καὶ παρεκλάσθη ἡ | * ψυχὴ * | αὐτῆς καὶ παρείθη τὰ γόνατα αὐτῆς καὶ ἐτρόμαξεν |
| Asen. | 13 | 15 | παρατίθημί σοι αὐτὸν ὅτι ἐγὼ ἀγαπῶ αὐτὸν ὑπὲρ τὴν | * ψυχήν * | μου. διατήρησον αὐτὸν ἐν τῇ σοφίᾳ τῆς χάριτός σου. |
| Asen. | 20 | 4 | μού εἰσι καὶ αἱ χεῖρές σου χεῖρές μού εἰσι καὶ ἡ | * ψυχή * | σου ψυχή μου καὶ οὐ μὴ σοῦ νίψῃ ἄλλη τοὺς πόδας. |
| Asen. | 20 | 4 | καὶ αἱ χεῖρές σου χεῖρές μού εἰσι καὶ ἡ ψυχή σου | * ψυχή * | μου καὶ οὐ μὴ σοῦ νίψῃ ἄλλη τοὺς πόδας. καὶ |
| Asen. | 24 | 19 | τὰς χεῖράς σου καὶ ποιήσεις αὐτῇ καθὰ ἐπιθυμεῖ ἡ | * ψυχή * | σου. καὶ μετὰ ταῦτα ἀποκτενοῦμεν τὸν Ἰωσὴφ |
| Asen. | 26 | 1 | εἰς τὸν ἀγρὸν τῆς κληρονομίας ἡμῶν. καὶ δέδοικεν ἡ | * ψυχή * | μου ὅτι σὺ χωρίζῃ ἀπ' ἐμοῦ. καὶ εἶπεν αὐτῇ Ἰωσὴφ |
| Asen. | 27 | 10 | θανάτου ὁ εἰπών μοι ὅτι εἰς τὸν αἰῶνα ζήσεται ἡ | * ψυχή * | σου ῥῦσαί με ἐκ τῶν χειρῶν τῶν ἀνδρῶν τῶν πονηρῶν |
| Sal. | 2 | 24 | σου. ὅτι οὐκ ἐν ζήλει ἐποίησαν ἀλλ' ἐν ἐπιθυμίᾳ | * ψυχῆς * | ἐκχέαι τὴν ὀργὴν αὐτῶν εἰς ἡμᾶς ἐν ἁρπάγματι. μὴ |
| Sal. | 3 | 1 | ψαλμὸς τῷ Σαλωμων περὶ δικαίων. ἵνα τί ὑπνοῖς | * ψυχὴ * | καὶ οὐκ εὐλογεῖς τὸν κύριον; ὕμνον καινὸν ψάλατε τῷ |
| Sal. | 3 | 8 | ἐξιλάσατο περὶ ἀγνοίας ἐν νηστείᾳ καὶ ταπεινώσει | * ψυχῆς * | αὐτοῦ καὶ ὁ κύριος καθαρίζει πᾶν ἄνδρα ὅσιον καὶ |
| Sal. | 4 | 13 | ἐν λόγοις ἀναπτερώσεως. οὐκ ἐμπίπλαται ἡ | * ψυχὴ * | αὐτοῦ ὡς ᾅδης ἐν πᾶσι τούτοις. γένοιτο κύριε ἡ |
| Sal. | 4 | 17 | καὶ ἐλλιπὴς ὁ οἶκος αὐτοῦ ἀπὸ παντὸς οὗ ἐμπλήσει | * ψυχὴν * | αὐτοῦ ἐν μονώσει ἀτεκνίας τὸ γῆρας αὐτοῦ εἰς |
| Sal. | 4 | 22 | θεὸν καὶ παρώξυναν. ἐξάραι αὐτοὺς ἀπὸ τῆς γῆς ὅτι | * ψυχὰς * | ἀκάκων παραλογισμῷ ὑπεκρίνοντο. μακάριοι οἱ |
| Sal. | 5 | 12 | ὅτι τίς χρηστὸς καὶ ἐπιεικὴς ἀλλ' ἢ σὺ εὐφρᾶναι | * ψυχὴν * | ταπεινοῦ ἐν τῷ ἀνοῖξαι χεῖρά σου ἐν ἐλέει; ἡ |
| Sal. | 6 | 3 | ὁράσεως πονηρῶν ἐνυπνίων αὐτοῦ οὐ ταραχθήσεται ἡ | * ψυχὴ * | αὐτοῦ ἐν διαβάσει ποταμῶν καὶ σάλῳ θαλασσῶν οὐ |
| Sal. | 6 | 6 | προσευχὴν παντὸς ἐν φόβῳ θεοῦ. καὶ πᾶν αἴτημα | * ψυχῆς * | ἐλπιζούσης πρὸς αὐτὸν ἐπιτελεῖ ὁ κύριος εὐλογητὸς |
| Sal. | 9 | 4 | σου ὁ θεός; τὰ ἔργα ἡμῶν ἐν ἐκλογῇ καὶ ἐξουσίᾳ τῆς | * ψυχῆς * | ἡμῶν τοῦ ποιῆσαι δικαιοσύνην καὶ ἀδικίαν ἐν ἔργοις |
| Sal. | 9 | 5 | παρὰ κυρίῳ καὶ ὁ ποιῶν ἀδικίαν αὐτὸς αἴτιος τῆς | * ψυχῆς * | ἐν ἀπωλείᾳ τὰ γὰρ κρίματα κυρίου ἐν δικαιοσύνῃ |
| Sal. | 9 | 6 | ἐπικαλουμένοις τὸν κύριον; καθαριεῖς ἐν ἁμαρτίαις | * ψυχὴν * | ἐν ἐξομολογήσει ἐν ἐξαγορίαις ὅτι αἰσχύνη ἡμῖν καὶ |
| Sal. | 9 | 10 | περὶ ἡμῶν καὶ ἡμεῖς ἐλπιοῦμεν ἐπί σέ ἐν ἐπιστροφῇ | * ψυχῆς * | ἡμῶν. τοῦ κυρίου ἡ ἐλεημοσύνη ἐπὶ οἶκον Ισραηλ εἰς |
| Sal. | 12 | 1 | τῷ Σαλωμων ἐν γλώσσῃ παρανόμων. κύριε ῥῦσαι τὴν | * ψυχήν * | μου ἀπὸ ἀνδρὸς παρανόμου καὶ πονηροῦ ἀπὸ γλώσσης |
| Sal. | 12 | 5 | γλῶσσα ψίθυρος ἀπόλοιτο ἀπὸ ὁσίων. φυλάξαι κύριος | * ψυχὴν * | ἡσύχιον μισοῦσαν ἀδίκους καὶ κατευθύναι κύριος |
| Sal. | 16 | 1 | τῷ Σαλωμων εἰς ἀντίληψιν ὁσίοις. ἐν τῷ νυστάξαι | * ψυχήν * | μου ἀπὸ κυρίου παρὰ μικρὸν ὠλίσθησα ἐν καταφορᾷ |
| Sal. | 16 | 2 | ὑπνούντων μακρὰν ἀπὸ θεοῦ παρ' ὀλίγον ἐξεχύθη ἡ | * ψυχή * | μου εἰς θάνατον σύνεγγυς πυλῶν ᾅδου μετὰ ἁμαρτωλοῦ |
| Sal. | 16 | 3 | πυλῶν ᾅδου μετὰ ἁμαρτωλοῦ ἐν τῷ διενεχθῆναι | * ψυχήν * | μου ἀπὸ κυρίου θεοῦ Ισραηλ εἰ μὴ ὁ κύριος |
| Sal. | 16 | 12 | εὐδοκίᾳ δὲ μετὰ ἱλαρότητος στήρισον τὴν | * ψυχήν * | μου ἐν τῷ ἐνισχῦσαί σε τὴν ψυχήν μου ἀρκέσει μοι |
| Sal. | 16 | 12 | στήρισον τὴν ψυχήν μου ἐν τῷ ἐνισχῦσαί σε τὴν | * ψυχήν * | μου ἀρκέσει μοι τὸ δοθέν. ὅτι ἐὰν μὴ σὺ ἐνισχύσῃς |
| Sal. | 16 | 14 | τίς ὑφέξεται παιδείαν ἐν πενίᾳ; ἐν τῷ ἐλέγχεσθαι | * ψυχὴν * | ἐν χειρὶ σαπρίας αὐτοῦ ἡ δοκιμασία σου ἐν σαρκὶ |
| Sal. | 17 | 1 | τὸν αἰῶνα καὶ ἔτι ὅτι ἐν σοὶ ὁ θεὸς καυχήσεται ἡ | * ψυχὴ * | ἡμῶν. καὶ τίς ὁ χρόνος ζωῆς ἀνθρώπου ἐπὶ τῆς γῆς; |
| Sal. | 17 | 17 | ἀπὸ κοίτης αὐτῶν. ἐπλανῶντο ἐν ἐρήμοις σωθῆναι | * ψυχὰς * | αὐτῶν ἀπὸ κακοῦ καὶ τίμιον ἐν ὀφθαλμοῖς παροικίας |
| Sal. | 17 | 17 | αὐτῶν ἀπὸ κακοῦ καὶ τίμιον ἐν ὀφθαλμοῖς παροικίας | * ψυχὴ * | σεσῳσμένη ἐξ αὐτῶν. εἰς πᾶσαν τὴν γῆν ἐγενήθη ὁ |
| Sal. | 18 | 4 | ἐφ' ἡμᾶς ὡς υἱὸν πρωτότοκον μονογενῆ ἀποστρέψαι | * ψυχὴν * | εὐήκοον ἀπὸ ἀμαθίας ἐν ἀγνοίᾳ. καθαρίσαι ὁ θεὸς |
| Jer. | 5 | 32 | σε ὁ θεὸς τοῦ οὐρανοῦ καὶ τῆς γῆς ἡ ἀνάπαυσις τῶν | * ψυχῶν * | τῶν δικαίων ἐν παντὶ τόπῳ. εἶτα λέγει τῷ γηραιῷ |
| Jer. | 9 | 7 | καὶ Ἀβιμέλεχ ἐγένετο ὡς εἷς τῶν παραδιδόντων τὴν | * ψυχὴν * | αὐτοῦ. καὶ ἔμειναν Βαροὺχ καὶ Ἀβιμέλεχ κλαίοντες |
| Jer. | 9 | 11 | φωνὴ ἦλθε λέγουσα μὴ κηδεύετε τὸν ἔτι ζῶντα ὅτι ἡ | * ψυχὴ * | αὐτοῦ εἰσέρχεται εἰς τὸ σῶμα αὐτοῦ πάλιν. καὶ |
| Jer. | 9 | 13 | μέλλει ἀναστῆναι; μετὰ δὲ τρεῖς ἡμέρας εἰσῆλθεν ἡ | * ψυχὴ * | αὐτοῦ εἰς τὸ σῶμα αὐτοῦ καὶ ἐπῆρε τὴν φωνὴν αὐτοῦ |
| Jer. | 9 | 18 | ἐπὶ τὸ ὄρος τῶν ἐλαιῶν καὶ ἐμπλήσει τὰς πεινώσας | * ψυχάς. * | ταῦτα λέγοντος τοῦ Ἰερεμίου περὶ τοῦ υἱοῦ τοῦ |
| Bar. | 10 | 5 | λίμνην καὶ ἄλλα θαυμαστὰ ἐν αὐτῷ οὗπερ ἔρχονται αἱ | * ψυχαὶ * | τῶν δικαίων ὅταν ὁμιλῶσι συνδιάγοντες χοροὶ χοροί. |
| Esdr. | 1 | 11 | σου εὔσπλαγχνε καὶ πολυέλεος ἐμὲ κρῖνον ὑπὲρ τῶν | * ψυχῶν * | τῶν ἁμαρτωλῶν συμφέρει γὰρ μίαν ψυχὴν κολάσασθαι |
| Esdr. | 1 | 11 | ὑπὲρ τῶν ψυχῶν τῶν ἁμαρτωλῶν συμφέρει γὰρ μίαν | * ψυχὴν * | κολάσασθαι καὶ μὴ ὅλον τὸν κόσμον εἰς ἀπώλειαν |
| Esdr. | 4 | 12 | ἐκέλευσεν ἀνελεῖν τὰ βρέφη. καὶ εἶπον ἐγὼ οὐαὶ τὴν | * ψυχὴν * | αὐτοῦ. καὶ πάλιν κατήγαγόν με βαθμοὺς τριάκοντα |
| Esdr. | 5 | 13 | καὶ τὸ ἕκτον μὲν ἕτοιμον γίνεται καὶ λαμβάνει τὴν | * ψυχὴν * | τὸ ἕβδομον παρασκευάζεται τὸ ἔννατον μὲν ἀνοίγεται |
| Esdr. | 6 | 4 | παρακαταθήκην. καὶ εἶπεν ὁ προφήτης καὶ πόθεν τὴν | * ψυχήν * | μου ἔχετε ἐξενεγκεῖν; καὶ εἶπον οἱ ἄγγελοι διὰ τοῦ |
| Esdr. | 6 | 15 | ἄπρακτοι λέγοντες κύριε οὐ δυνάμεθα παραλαβεῖν τὴν | * ψυχὴν * | αὐτοῦ. τότε λέγει πρὸς τὸν μονογενῆν αὐτοῦ υἱὸν |
| Esdr. | 6 | 16 | μου ἀγαπητὲ μετὰ στρατιὰν ἀγγέλων πολλὴν λαβὼν τὴν | * ψυχὴν * | τοῦ ἀγαπητοῦ μου Ἐσδράμ. λαβὼν γὰρ ὁ κύριος |
| Esdr. | 6 | 18 | καὶ εἶπεν ὁ προφήτης κύριε ἐὰν ἄρῃς τὴν | * ψυχήν * | μου ἀπ' ἐμοῦ τίς σοι λείψει δικάζεσθαι ὑπὲρ τοῦ |
| Esdr. | 7 | 3 | μὴ οὖν φοβηθῇ τὸν θάνατον. τὸ γὰρ ἐξ ἐμοῦ ἥγουν ἡ | * ψυχὴ * | ἀπέρχεται εἰς τὸν οὐρανὸν τὸ δὲ ἐκ τῆς γῆς ἥγουν τὸ |
| Esdr. | 7 | 14 | ἑνὶ ἑκάστῳ. καὶ εὐθέως παρέδωκεν τὴν τιμίαν αὐτοῦ | * ψυχὴν * | μετὰ μεγάλης τιμῆς μηνὶ ὀκτωβρίῳ εἰς τὰς ιη'. καὶ |
| Esdr. | 7 | 15 | ψαλμῶν τὸ τίμιον καὶ ἅγιον αὐτοῦ σῶμα νέμει ῥῶσιν | * ψυχῶν * | καὶ σωμάτων ἀεννάως τοῖς προστρέχουσιν αὐτῷ ἐκ |
| Sedr. | 9 | 1 | ὁ θεὸς τὸν υἱὸν αὐτοῦ τὸν μονογενῆ ὕπαγε λαβὲ τὴν | * ψυχὴν * | τοῦ ἠγαπημένου μου Σεδρὰχ καὶ ἀπόθου αὐτὴν ἐν τῷ |
| Sedr. | 9 | 3 | ἐκ βρέφους. λέγει Σεδρὰχ οὐ δίδωμί σοι τὴν | * ψυχήν * | μου. λέγει αὐτὸν ὁ υἱὸς καὶ διά τί ἀπεστάλην ἐγὼ |
| Sedr. | 9 | 5 | παρὰ τοῦ πατρός μου μὴ ἀναισχύντως λάβω τὴν | * ψυχήν * | σου εἰ ⟨δὲ⟩ μὴ δός μοι τὴν ποθεινοτάτην ψυχήν σου. |
| Sedr. | 9 | 5 | τὴν ψυχήν σου εἰ ⟨δὲ⟩ μὴ δός μοι τὴν ποθεινοτάτην | * ψυχήν * | σου. καὶ εἶπεν Σεδρὰχ τὸν θεὸν καὶ πόθεν μέλλεις |
| Sedr. | 10 | 1 | εἶπεν Σεδρὰχ τὸν θεὸν καὶ πόθεν μέλλεις λαβεῖν τὴν | * ψυχήν * | μου καὶ ἐκ ποίου μέλους; καὶ λέγει αὐτὸν ὁ θεὸς ἡ |
| Sedr. | 10 | 2 | μου καὶ ἐκ ποίου μέλους; καὶ λέγει αὐτὸν ὁ θεὸς ἡ | * ψυχή * | σου οὐκ οἶδας ὅτι χορηγεῖται ἐν μέσῳ τῶν πνευμόνων |
| Sedr. | 11 | 15 | ὦ κεφαλὴ καὶ χεῖρες καὶ πόδες ἕως ἄρτι σώζω σε. ὦ | * ψυχὴ * | τί γάρ σε ἐνέβαλεν εἰς τὸ ταπεινὸν καὶ ταλαίπωρον |
| Sedr. | 16 | 8 | καὶ λέγει ὁ δοῦλος τοῦ θεοῦ Σεδρὰχ ἄρτι λαβὲ τὴν | * ψυχήν * | μου δέσποτα. καὶ ἔλαβεν αὐτὸν ὁ θεὸς καὶ ἔθηκεν |
| Job | 3 | 5 | καὶ λέγων κύριέ μου ὁ ἐπὶ τῇ σωτηρίᾳ τῆς ἐμῆς | * ψυχῆς * | ἐλθών, δέομαί σου, εἴπερ οὗτός ἐστιν ὁ τόπος τοῦ |
| Job | 20 | 3 | αὐτοῦ χρήσασθαι τῷ σώματι ὡς ἠβούλετο, τῆς δὲ | * ψυχῆς * | μου οὐκ ἔδωκεν αὐτῷ τὴν ἐξουσίαν καὶ προσῆλθέν μοι |
| Job | 26 | 2 | σκώληκας τοὺς ἐν τῷ σώματί μου καὶ οὐκ ἐβαρήθη ἡ | * ψυχή * | μου διὰ τοὺς πόνους ὅσον διὰ τὸ ῥῆμα ὃ εἶπας ὅτι |
| Job | 35 | 4 | αὐτοῦ τῆς εὐδαιμονίας τῆς προτέρας, καὶ ἐμάνη κατὰ | * ψυχήν; * | τίς γὰρ οὐκ ἂν ἐκπλαγείη καὶ μανῇ ὑπάρχων ἐν |
| Job | 47 | 11 | δυνηθῆτε θεάσασθαι τοὺς ἐρχομένους ἐπὶ τὴν ἐμὴν | * ψυχήν, * | ἵνα θαυμάσητε τὰ τοῦ θεοῦ κτίσματα. οὕτως |
| Job | 52 | 2 | καὶ μετὰ τρεῖς ἡμέρας εἶδεν τοὺς ἐλθόντας ἐπὶ τὴν | * ψυχὴν * | αὐτοῦ καὶ εὐθέως ἀναστὰς ἔλαβεν κιθάραν καὶ ἔδωκεν |
| Job | 52 | 5 | τύμπανον, ὅπως εὐλογήσωσιν τοὺς ἐλθόντας ἐπὶ τὴν | * ψυχὴν * | αὐτοῦ αἱ δὲ λαβοῦσαι εἶδον τὰ φωτεινὰ ἅρματα τὰ |
| Job | 52 | 6 | εἶδον τὰ φωτεινὰ ἅρματα τὰ ἐλθόντα ἐπὶ τὴν | * ψυχὴν * | αὐτοῦ, καὶ ηὐλόγησαν καὶ ἐδόξασαν ἑκάστη ἐν τῇ |
| Job | 52 | 10 | ἄλλων δέ τινων μὴ βλεπόντων λαβὼν δὲ τὴν | * ψυχὴν * | ἀνεπετάσθη ἐναγκαλισάμενος αὐτὴν καὶ ἀνεβίβασεν |
| Aris. | 2 | 4 | τὸ πρᾶγμα πεπειραμένῳ. οὕτω γὰρ κατασκευάζεται | * ψυχῆς * | καθαρὰ διάθεσις ἀναλαβοῦσα τὰ κάλλιστα καὶ πρὸς τὸ |
| Aris. | 5 | 6 | ἡμᾶς καὶ βουλόμενον συνακούειν ὅσα πρὸς ἐπισκευὴν | * ψυχῆς * | ὑπάρχει. καὶ πρότερον δὲ διεπεμψάμην σοι περὶ ὧν |
| Aris. | 14 | 5 | εἰς τὴν οἰκετίαν οὐχ οὕτως τῇ προαιρέσει κατὰ | * ψυχὴν * | ἔχων ὡς κατακρατούμενος ὑπὸ τῶν στρατιωτῶν δι' ἃς |
| Aris. | 15 | 6 | σῇ βασιλείᾳ πληθῶν ἱκανῶν; ἀλλὰ τελείᾳ καὶ πλουσίᾳ | * ψυχῇ * | ἀπόλυσον τοὺς συνεχομένους ἐν ταλαιπωρίαις |
| Aris. | 16 | 7 | ὑπερηρκὼς δὲ σύμπαντας ἀνθρώπους τῇ λαμπρότητι τῆς | * ψυχῆς * | ἀπόλυσιν ποιῆσαι τῶν ἐνεχομένων ταῖς οἰκετίαις. |
| Aris. | 17 | 2 | οἰκετίαις. οὐδὲ πολὺν χρόνον ἐπισχὼν καὶ ἡμῶν κατὰ | * ψυχὴν * | πρὸς τὸν θεὸν εὐχομένων τὴν διάνοιαν αὐτοῦ |
| Aris. | 108 | 4 | ἀμελεῖσθαι δὲ τῆς χώρας πάντων ἐπὶ τὸ κατὰ | * ψυχὴν * | ἱλαροῦσθαι νενευκότων καὶ τῇ κατασκευῇ πάντας |
| Aris. | 139 | 6 | κατὰ μηδὲν ἁγνοὶ καθεστῶτες κατὰ σῶμα καὶ κατὰ | * ψυχὴν * | ἀπολελυμένοι ματαίων δοξῶν τὸν μόνον θεὸν καὶ |
| Aris. | 147 | 2 | τούτων ἀκάθαρτα προσονομάσας ὅτι δέον ἐστὶ κατὰ | * ψυχὴν * | οἷς ἡ νομοθεσία διατέτακται δικαιοσύνῃ συγχρῆσθαι |
| Aris. | 161 | 4 | μηρυκισμόν. οὐ γὰρ εἰκῇ καὶ κατὰ τὸ ἐμπεσὸν εἰς | * ψυχὴν * | νενομοθέτηται πρὸς δ' ἀλήθειαν καὶ σημείωσιν ὀρθοῦ |
| Aris. | 170 | 7 | κεχρημένοι τοῦ διατάξαντος. τῆς γὰρ ἑαυτοῦ | * ψυχῆς * | τοῦ παντὸς τρόπου τὴν προσφορὰν ποιεῖται ὁ τὴν |
| Aris. | 178 | 4 | προήχθη δακρῦσαι τῇ χαρᾷ πεπληρωμένος. ἡ γὰρ τῆς | * ψυχῆς * | ἔντασις καὶ τὸ τῆς τιμῆς ὑπερτεῖνον δακρύειν |
| Aris. | 214 | 1 | ἀλογιστῳ κατὰ τάδε αἰσθήσει. πάσχομεν γὰρ κατὰ τὴν | * ψυχὴν * | ἐπὶ τοῖς ὑποπίπτουσιν ὡς θεωρουμένοις ἀλογιστοῦμεν |
| Aris. | 228 | 6 | τῶν φίλων ἐγκρίνει διάθεσιν προσονομάσας ἴσον τῇ | * ψυχῇ * | τὸν φίλον. σὺ δὲ καλῶς ποιεῖς ἅπαντας ἀνθρώπους εἰς |

| Aris. | 234 | 4 | θεὸν τοῦτο δ᾽ ἐστίν οὐ δώροις οὐδὲ θυσίαις ἀλλὰ | * | ψυχῆς | * | καθαρότητι καὶ διαλήψεως ὁσίας καθὼς ὑπὸ τοῦ θεοῦ |
| Aris. | 236 | 4 | τῷ πρώτῳ τὸ φρονεῖν εἰ διδακτὸν ἐστιν; ὁ δ᾽ εἶπε | * | ψυχῆς | * | ἐστι κατασκευὴ διὰ θείας δυνάμεως ἐπιδέχεσθαι πᾶν |
| Aris. | 261 | 2 | ἀληθείᾳ διεξάγειν. ἐκ τούτων γὰρ κρατίστη χαρὰ καὶ | * | ψυχῆς | * | εὐστάθειά σοι γίνεται μέγιστε βασιλεῦ καὶ ἐλπίδες |
| Aris. | 273 | 4 | διὰ τὸ δύο πλεονάζειν τῶν ἑβδομήκοντα πῶς ἂν κατὰ | * | ψυχὴν | * | καὶ ἐν τοῖς πολέμοις εἰρηνικῶς ἔχοι; ὁ δὲ |
| Aris. | 282 | 3 | τὸν κεχορηγημένον δόξῃ καὶ πλούτῳ καὶ δυνάμει καὶ | * | ψυχὴν | * | ἴσον πᾶσιν ὄντα καθὼς σὺ τοῦτο ποιῶν ἀξιοθαύμαστος |
| Aris. | 292 | 3 | ἧ καὶ φιλάγαθος καὶ περὶ πολλοῦ ποιούμενος | * | ψυχὴν | * | ἀνθρώπου σῴζειν καθὼς καὶ σὺ μέγιστον κακὸν ἥγησαι |
| Sib. | 3 | 230 | ὅσσα κεν ἄφρονες ἄνδρες ἐρευνῶσι κατ᾽ ἦμαρ | * | ψυχὰς | * | γυμνάζοντες ἐς οὐδὲν χρήσιμον ἔργον καὶ ῥα πλάνας |
| Sib. | 3 | 458 | Κύπρου σεισμὸς φθίσει δὲ φάραγγας καὶ πολλὰς | * | ψυχὰς | * | ᾿Αίδης ὁμοθυμαδὸν ἕξει. Τράλλις δ᾽ ἡ γείτων |
| Sib. | 3 | 558 | θεοῦ μεγάλοιο πρόσωπον. πᾶσαι δ᾽ ἀνθρώπων | * | ψυχαὶ | * | μεγάλα στενάχουσιν ὄντα πρὸς οὐρανὸν εὐρὺν |
| Sib. | 3 | 678 | γῆς ἠδ᾽ ἄσπετα φῦλα πετεινῶν πᾶσαι τ᾽ ἀνθρώπων | * | ψυχαὶ | * | καὶ πᾶσα θάλασσα φρίξει ὑπ᾽ ἀθανάτοιο προσώπου καὶ |
| Sib. | 3 | 724 | ξόανά τε καταφθιμένων ἀνθρώπων. ταῦτα βοήσουσιν | * | ψυχαὶ | * | πιστῶν ἀνθρώπων ἰδεῦτε θεοῦ κατὰ δῆμον ἐπὶ |
| Sib. | 5 | 402 | ναὸν ἐξ ἁγίων γεγαῶτα καὶ ἄφθιτον αἰὲν ἐόντα ἐκ | * | ψυχῆς | * | ἐλπιζόμενον καὶ σώματος +αὐτοῦ+ οὐ γὰρ ἀκηδέστως |
| Sib. | 5 | 405 | σοφὸς τέκτων παρὰ τούτοις οὐ χρυσοῦ κόσμον ἀπάτην | * | ψυχῶν | * | ἐσεβάσθη. ἀλλὰ μέγαν γενετῆρα θεὸν πάντων |
| Sib. | 5 | 497 | καὶ τελετὰς ποιούμενοι οὐκ ἐνόησαν. στρέψμεν | * | ψυχὰς | * | θεὸν ἄφθιτον ἐξημνοῦντες αὐτὸν τὸν γενετῆρα τὸν |
| FMan. | 2 23 | 3 | μετέγνω καὶ νῦν ἐγὼ πορεύσομαι καθὰ ἐπιθυμεῖ ἡ | * | ψυχή | * | μου καὶ ὕστερον ἐπιστρέψω πρὸς κύριον. |
| FEz. | 64 70 | 14 | ὁ δὲ ἀποκριθεὶς εἶπεν ὦ κύριε πικρᾶναί μου τὴν | * | ψυχὴν | * | ἐν τῷ μέρει τῆς ἀδυναμίας βούλει. καὶ λοιπὸν ἡ |
| FPho. | | 50 | κατὰ χῶρον ἀμείβου. πᾶσιν δ᾽ ἁπλὸς ἴσθι τὰ δ᾽ ἐκ | * | ψυχῆς | * | ἀγόρευε. ὅστις ἑκὼν ἀδικεῖ κακὸς ἀνήρ ἦν δ᾽ ὑπ᾽ |
| FPho. | | 105 | λεῖψαν᾽ ἀποιχομένων ὀπίσω δὲ θεοὶ τελέθονται. | * | ψυχαὶ | * | γὰρ μίμνουσιν ἀκήριοι ἐν φθιμένοισιν. πνεῦμα γὰρ |
| FPho. | | 111 | ὄλβιον καὶ χρήματ᾽ ἄγεσθαι. πάντες ἴσον νέκυες | * | ψυχῶν | * | δὲ θεὸς βασιλεύει. κοινὰ μέλαθρα δόμων αἰώνια καὶ |
| FPho. | | 115 | οὐ πολὺν ἄνθρωποι ζώων χρόνον ἀλλ᾽ ἐπίκαιρον | * | ψυχὴ | * | δ᾽ ἀθάνατος καὶ ἀγήρως ζῆι διὰ παντός. ⟨οὐδεὶς |
| FPho. | | 228 | καὶ βουλὴν παρὰ οἰκέτου εὖ φρονέοντος. ἀγνείη | * | ψυχῆς | * | οὐ σώματός εἰσι καθαρμοί. ταῦτα δικαιοσύνης |
| HHec. | 1 22 | 187 | δ᾽ ἀξιώματι τῷ παρὰ τοῖς ὁμοέθνοις μέγας καὶ τὴν | * | ψυχὴν | * | οὐκ ἀνόητος ὅτι δὲ καὶ λέγειν δυνατὸς καὶ τῶν |
| HHec. | 1 22 | 201 | ᾿Ιουδαίων ὄνομα Μοσόλλαμος ἄνθρωπος ἱκανὸς κατὰ | * | ψυχὴν | * | εὐρωστός καὶ τοξότης ὑπὸ δὴ πάντων ὁμολογούμενος |
| HCal. | 28 | 21 | ᾿Αλέξανδρος δὲ Μακεδονίοις ἐπεστήρικτο αἱ | * | ψυχαὶ | * | Μακεδόνων ᾿Αλεξάνδρῳ ἐκρέμαντο. |
| LThe. | 9 22 | 11 | μέσην δῦ δὲ ξίφος ὀξὺ σπλάγχνα διὰ στέρνων λίπε δὲ | * | ψυχὴ | * | δέμας εὐθύς. πυθώνειος δὲ καὶ τοὺς ἑτέρους |
| LEze. | 9 28 | 2 03 | λιπὼν Χαναναίαν κατῆλθ᾽ ἔχων Αἴγυπτον ἑπτάκις δέκα | * | ψυχὰς | * | σὺν αὐτῷ καὶ ἐπεγέννησεν πολὺν λαὸν κακῶς |
| LEze. | 9 28 | 3 25 | ταῦτ᾽ ἀπήγγειλεν ταχὺ ζητεῖ δὲ Φαραὼ τὴν ἐμὴν | * | ψυχὴν | * | λαβεῖν ἐγὼ δ᾽ ἀκούσας ἐκποδὼν μεθίσταμαι καὶ νῦν |
| LAri. 13 | 12 | 15 | ἐξ ᾿Αχέροντος. τοῦτο δὴ σημαίνων ὡς ἀπὸ τῆς κατὰ | * | ψυχὴν | * | λήθης καὶ κακίας ἐν τῷ κατὰ ἀλήθειαν ἑβδόμῳ λόγῳ |

ψῦχος
4

| Hen. | 90 | 1 | αὐτῶν ὅτι εἰς τὸν αἰῶνα οὐ μὴ ἀποστῇ ἀπ᾽ αὐτοῦ | * | ψῦχος | * | καὶ χιὼν καὶ πάχνη καὶ δρόσος οὐ μὴ καταβῇ εἰς |
| Hen. | 100 | 13 | ὅτι ἐὰν ἐπιρρίψῃ ἐφ᾽ ὑμᾶς χιὼν καὶ πάχνη καὶ | * | ψῦχος | * | αὐτῆς καὶ οἱ ἄνεμοι καὶ ὁ παγετὸς αὐτῶν καὶ πᾶσαι |
| Hen. | 100 | 13 | αἱ μάστιγες αὐτῶν οὐ δύνασθε ὑποστῆναι ἔμπροσθεν | * | ψύχους | * | καὶ τῶν μαστίγων αὐτῶν. κατανοήσατε τοίνυν υἱοὶ |
| FJub. | 2 | 2 | χαλάζης καὶ πάγου ἄγγελοι φωνῶν βροντῶν ἀστραπῶν | * | ψύχους | * | καύματος χειμῶνος φθινοπώρου ἔαρος καὶ θέρους καὶ |

ψυχοτρόφος
1

| Sib. | 5 | 500 | γεγαῶτα τὸν πρύτανιν πάντων τὸν ἀληθέα τὸν βασιλῆα | * | ψυχοτρόφον | * | γενετῆρα θεὸν μέγαν αἰὲν ἐόντα. καὶ τότ᾽ ἐν |

ψυχρός
1

| Hen. | 14 | 13 | εἰσῆλθον εἰς τὸν οἶκον ἐκεῖνον θερμὸν ὡς πῦρ καὶ | * | ψυχρὸν | * | ὡς χιὼν καὶ πᾶσα τροφὴ ζωῆς οὐκ ἦν ἐν αὐτῷ φόβος |

ψωμίζω
1

| TLevi | 8 | 5 | κρίσεως. ὁ δεύτερος ἔλουσέ με ὕδατι καθαρῷ καὶ | * | ἐψώμισέ | * | με ἄρτον καὶ οἶνον ἅγια ἁγίων καὶ περιέθηκέ μοι |

ὦ
2

| Sib. | 3 | 93 | ἥξει αἰῶνος μεγάλοιο ὅταν τάδε πάντα γένηται. | * | ῍Ω | * | ῍Ω δὴ πλωτῶν ὑδάτων καὶ χέρσου ἁπάσης ἡελίου ἀνιόντος |
| Sib. | 3 | 93 | ἥξει αἰῶνος μεγάλοιο ὅταν τάδε πάντα γένηται. ῍Ω | * | ῍Ω | * | δὴ πλωτῶν ὑδάτων καὶ χέρσου ἁπάσης ἡελίου ἀνιόντος ὃς |

ῶ
59 ῶ ω
1

ὠγύγιος
1

| FPho. | | 173 | ἠὲ πέτρης κοίλης χηραμὸν ἢ δονάκεσσιν ἢ δρυὸς | * | ὠγυγίης | * | κατὰ κοιλάδος ἔνδοθι σίμβλων σμήνεσι μυριότρητα |

ᾠδή
cf. ἀοιδή

ὧδε
29 ὧδε

ὠδίνω
2

| Sib. | 5 | 514 | Σεληναίης δεινὸν χόλον ἐν στεροπῇσιν ἄστρα μάχην | * | ὤδινε | * | θεὸς δ᾽ ἐπέτρεψε μάχεσθαι. ἀντὶ γὰρ ᾿Ηελίου μακραὶ |

ὠδίς
2

| Sal. | 3 | 9 | καταρᾶται ζωὴν αὐτοῦ τὴν ἡμέραν γενέσεως αὐτοῦ καὶ | * | ὠδῖνας | * | μητρός. προσέθηκεν ἁμαρτίας ἐφ᾽ ἁμαρτίας τῇ ζωῇ |
| Job | 18 | 4 | ὡς γυνὴ παρειμένη τὰς ὀσφύας ἀπὸ τοῦ πλήθους τῶν | * | ὠδίνων, | * | μνησθεὶς μάλιστα τοῦ προσημανθέντος μοι πολέμου |

᾿Ωκεανός
8

| Abr.2 | 8 | 3 | ἐπὶ νεφέλης καὶ ἀπήνεγκεν αὐτὸν ἡ νεφέλη ἐπὶ τὸν | * | ᾿Ωκεανὸν | * | ποταμόν. καὶ ἀτενίσας ᾿Αβραὰμ εἶδεν δύο πύλας |
| Sib. | 3 | 223 | μεριμνῶσιν κατὰ γαίης οὔτε βάθος χαροποῖο θαλάσσης | * | ᾿Ωκεανοῖο | * | οὐ πταρμῶν σημεῖ᾽ οἰωνοπόλων τε πετεινὰ οὐ |
| Sib. | 5 | 26 | ἐπὶ πρώτην ἕξει ἄναξ κεῖνος δὲ καθ᾽ ὕστατον | * | ᾿Ωκεανοῖο | * | ἵξεθ᾽ ὕδωρ +ἄμπωτιν ὑπ᾽ αὐσονίοισιν+ ἀίξας. |
| Sib. | 5 | 201 | ἔσσεται ἐν Βρυγέεσσι καὶ ἐν Γάλλοις πολυχρύσοις | * | ὠκεανὸς | * | κελαδῶν πληρούμενος αἵματι πολλῷ καυτοῦ γὰρ |
| Sib. | 5 | 472 | αὐτοί τ᾽ οἰωνοί τε βροτοὺς κατέδουσιν ἅπαντας | * | ὠκεανός | * | τε κακοῦ πλησθήσεται ἐκ πολέμοιο αἱματόεις |
| Sib. | 5 | 478 | τέρμα ἡελίου δύνοντος ἵν᾽ ἔμπαλι μηκέτ᾽ ἀνέλθῃ | * | ὠκεανοῦ | * | μέλας ἵν᾽ ἐφ᾽ ὕδασι βαπτισθείη πολλῶν γὰρ |
| Sib. | 5 | 530 | καταπρηνεῖς ἐπὶ γαῖαν. ῥίμφα μὲν οὖν πληγέντες ἐπ᾽ | * | ᾿Ωκεανοῖο | * | λοετρὰ ἦψαν γαῖαν θύσαων ἐμεινε δ᾽ ἀνάστερος |
| IOrp. | | 35 | ὑπὸ ποσσὶ βέβηκε χεῖρά τε δεξιτερὴν ἐπὶ τέρματος | * | ᾿Ωκεανοῖο | * | πάντοθεν ἐκτέταχεν περὶ γὰρ τρέμει οὔρεα μακρὰ |

ὠκύς
1

| LEze. 9 | 29 14 37 | | βάθος θαλάσσης οἱ δὲ σύμπαντες σθένει ὤρουσαν | * | ὠκεῖς | * | ἁλμυρᾶς δι᾽ ἀτραποῦ. ἡμεῖς δ᾽ ἐπ᾽ αὐτῆς ᾠχόμεσθα |

ὠλένη
2

| Sib. | 3 | 591 | κενεόφρονι βουλῇ ἀλλὰ γὰρ ἀείρουσι πρὸς οὐρανὸν | * | ὠλένας | * | ἁγνὰς ὄρθριοι ἐξ εὐνῆς αἰεὶ χρόα ἁγνίζοντες ὕδατι |
| LEze. 64 | 29 6 06 | | εἰς ὕβρεις ὁμοσπόρων τὰς μισαδέλφους ὁπλίσαντες | * | ὠλένας | * | Κάϊν μολῦναι φοινίῳ πρώτων λύθρῳ ἐπείσατον γῆν |

ὦμος
7

| TLevi | 18 | 2B028 | καὶ μετὰ τοῦτο τὸν τράχηλον καὶ μετὰ τοῦτο τοὺς | * | ὤμους | * | καὶ μετὰ ταῦτα τὸ στῆθος μετὰ τῶν πλευρῶν καὶ μετὰ |
| TZab. | 9 | 4 | ὃ ἐποίησεν ὁ κύριος κεφαλὴν μίαν ἔχει. ἔδωκε δύο | * | ὤμους | * | χεῖρας πόδας ἀλλὰ πάντα τὰ μέλη τῇ μιᾷ κεφαλῇ |
| Asen. | 22 | 7 | ἐξαστράπτοντες ⟨καὶ ἦσαν⟩ οἱ τένοντες αὐτοῦ καὶ οἱ | * | ὦμοι | * | αὐτοῦ καὶ οἱ βραχίονες ὡς ἀγγέλου ⟨καὶ⟩ οἱ μηροὶ |
| Jer. | 5 | 7 | οὖν ᾖρε τὸν κόφινον τῶν σύκων καὶ ἐπέθηκεν ἐπὶ τῶν | * | ὤμων | * | αὐτοῦ καὶ εἰσῆλθεν εἰς ᾿Ιερουσαλὴμ καὶ οὐκ ἐπέγνω |
| Job | 7 | 1 | νῦν. ὁ δὲ Σατανᾶς ἀκούσας ἀπῆλθεν καὶ ἐπέθετο τοῖς | * | ὤμοις | * | ἀσσάλιον, καὶ ἐλθὼν λάμπουσαν ἦ θυμωρῷ λέγων |
| Aris. | 151 | 2 | τῶν ὅλων σωμάτων μετ᾽ ἐνεργείας ἀπέρεισιν ἐπὶ τοὺς | * | ὤμους | * | ἔχει καὶ τὰ σκέλη. μετὰ διαστολῆς οὖν ἅπαντα |
| Sib. | 3 | 389 | ὄλβιον οὖδας ἀνὴρ πορφυρέην λώπην ἐπειμένος | * | ὤμοις | * | ἄγριος ἀλλοδίκης φλόγεος ἤγειρε γὰρ αὐτοῦ πρόσθε |

ὠμότης
3

| TDan. | 3 | 6 | τοῦ ψεύδους ἐκ δεξιῶν τοῦ σατανᾶ πορεύεται ἵνα ἐν | * | ὠμότητι | * | καὶ ψεύδει γίνωνται αἱ πράξεις αὐτοῦ. οὐκοῦν |

φοθεσία *

| Aris. | 62 | 2 | τὴν στεφάνην κυκλόθεν τὰ πρὸς τὴν ἄνω πρόσοψιν | * | φοθεσία | * | κατεσκεύαστο διάλιθος ἐκτύπωσιν ἔχουσα προοχῆς |
| Aris. | 63 | 2 | τὴν τράπεζαν. ὑπὸ δὲ τὴν ἐκτύπωσιν τῶν λίθων τῆς | * | φοθεσίας | * | στέφανον ἐποίησαν οἱ τεχνῖται πάγκαρπον ἐν |
| Aris. | 64 | 2 | στεφάνου διάθεσιν ὁμοίως ⟨κάτω τὰ⟩ κατὰ τὴν τῆς | * | φοθεσίας | * | διασκευὴν (ἦ) κατεσκεύαστο καὶ τὰ λοιπὰ τῆς |

῏Ωρα
1

| FJub. | 11 | 1 | καταπεσὼν θείᾳ κρίσει τοῦτον ἐπάταξε. γυνὴ Ραγαυ | * | ῍Ωρα | * | θυγάτηρ ῍Ουρ υἱοῦ Χεξα. ῾Ραγὰβ γενόμενος ἑκατὸν |

῏Ωρα
60

| Adam | 7 | 2 | ἐξ αὐτοῦ δι᾽ οὗ καὶ ἀποθνήσκομεν. ἤγγισε δὲ ἡ | * | ὥρα | * | τῶν ἀγγέλων τῶν διατηρούντων τὴν μητέρα ὑμῶν τοῦ |
| Adam | 20 | 1 | ἔλαβον ἀπὸ τοῦ καρποῦ καὶ ἔφαγον. καὶ ἐν αὐτῇ τῇ | * | ὥρᾳ | * | ἠνεῴχθησαν οἱ ὀφθαλμοί μου καὶ ἔγνων ὅτι γυμνὴ ἤμην |
| Adam | 21 | 1 | παρὰ τὸ φυτὸν ἐξ οὗ ἔφαγον. καὶ ἐβόησα ἐν τῇ αὐτῇ | * | ὥρᾳ | * | λέγουσα ᾿Αδὰμ ποῦ εἶ; ἀνάστα ἐλθὲ πρός με καὶ |
| Adam | 22 | 1 | με ἐκ τῆς δόξης τοῦ θεοῦ. καὶ αὐτῇ τῇ | * | ὥρᾳ | * | ἠκούσαμεν τοῦ ἀρχαγγέλου Μιχαὴλ σαλπίζοντος ἐκ τῆς |
| Adam | 25 | 2 | τέξει τέκνα ἐν πολλοῖς τρόποις καὶ ἐν μιᾷ | * | ὥρᾳ | * | ἔλθεις τοῦ τεκεῖν καὶ ἀπολέσεις τὴν ζωήν σου ἐκ τῆς |
| Adam | 37 | 4 | ἤγαγεν αὐτὸν ἐνώπιον θεοῦ. ἐποίησεν δὲ τρεῖς | * | ὥρας | * | κείμενος. καὶ μετὰ ταῦτα ἐξέτεινεν τὴν χεῖρα αὐτοῦ |
| Abr.1 | 5 | 6 | θανάτου εἰς τὴν καρδίαν ᾿Ισαὰκ ὡς ἐν ὀνείρῳ περὶ | * | ὥραν | * | τρίτην τῆς νυκτός. διϋπνισθεὶς δὲ ᾿Ισαὰκ ἀνέστη ἐπὶ |
| Abr.1 | 14 | 13 | δέησιν ἐνώπιον κυρίου τοῦ θεοῦ ἐπὶ πολλὴν δὲ | * | ὥραν | * | παρακαλούντων αὐτῶν ἦλθεν φωνὴ λέγουσα ἐκ τοῦ |
| Abr.1 | 18 | 7 | εἰ μὴ ἡ δεξιὰ χείρ σου τοῦ κυρίου ἦν μετὰ σοῦ ἐν τῇ | * | ὥρᾳ | * | ἐκείνῃ καὶ σὺ τοῦ βίου τούτου ἀπαλλάξαι εἶχες. καὶ ἡ |
| Abr.1 | 19 | 13 | ἀστραπῆς ἔδειξέ σοι διότι πολλοὶ τῶν ἀνθρώπων ἐν | * | ὥρᾳ | * | θυμοῦ δρακόντων καὶ ἀσπίδων καὶ κεράστων |
| Abr.1 | 20 | 7 | ὁ ἔχων ὅρον καὶ πολλοὶ τῶν ἀνθρώπων παρὰ μίαν | * | ὥραν | * | εἰς θάνατον ἔρχονται παραδιδόμενοι τῷ τάφῳ ἰδοὺ γὰρ |
| Abr.2 | 2 | 5 | αὐτῷ ᾿Αβραὰμ ἐλθὲ ἔγγισον σὺ καὶ καθεζου ἐπ᾽ ὀλίγην | * | ὥραν | * | καὶ ποιήσω ἐνεχθῆναι ἡμῖν ζῷον ἵνα ἀπελθόντες ἐν τῷ |
| Abr.2 | 2 | 5 | ζῷον ἵνα ἀπελθόντες ἐν τῷ οἴκῳ ἡμῶν ταύτην τὴν | * | ὥραν | * | πρός με διίξωμεν ὅτι ἡμῶν ἐστι τὴν ἑσπέραν ἐστὶν καὶ ἀναστὰς |
| Abr.2 | 6 | 1 | οὐδὲ τῆς ἐντολῆς τοῦ πατρὸς αὐτοῦ. ἐγένετο δὲ ὡς | * | ὥρα | * | ἑβδόμη τῆς νυκτὸς καὶ διυπνισθεὶς ᾿Ισαὰκ ἦλθεν πρὸς |
| Abr.2 | 7 | 13 | τὰς ἀκτῖνας μετ᾽ | * | ὥρᾳ | * | ταύτῃ λάμπουσαι καὶ αἱ ἀκτῖνες πᾶσαι εἰ μὴ πληρωθῶσιν |
| Abr.2 | 7 | 13 | μοι αἱ ἀκτῖνες πᾶσαι εἰ μὴ πληρωθῶσιν αἱ δώδεκα | * | ὧραι | * | τῆς ἡμέρας ἵνα ὅλας τὰς ἀκτῖνας λάβωσιν ἄνω καὶ ὡς |
| Abr.2 | 9 | 5 | καὶ ἑστῶτος τοῦ ᾿Αβραὰμ καὶ θαυμάζοντος ἐν τῇ | * | ὥρᾳ | * | ἐκείνῃ καὶ ἰδοὺ ἄγγελος ἐλαύνων ψυχὰς ὡς μυριάδας ἓξ |
| Abr.2 | 10 | 14 | καὶ τὰς ἄλλας ἁμαρτίας ἔλεγεν αὐτῇ ἐν ποίᾳ | * | ὥρᾳ | * | ἔπραξεν. ἀκούσασα δὲ ἡ ψυχὴ ταῦτα ἤνοιξεν τὸ στόμα |
| Abr.2 | 12 | 4 | ἐκ τοῦ οὐρανοῦ καὶ καταφάγῃ αὐτοῦς). καὶ ἐν ἐκείνῃ τῇ | * | ὥρᾳ | * | κατέβη πῦρ ἐκ τοῦ οὐρανοῦ καὶ κατέφαγεν αὐτούς. |
| Abr.2 | 12 | 11 | θηρία καὶ καταφαγέτωσαν αὐτοὺς ⟨καὶ ἐν ἐκείνῃ τῇ | * | ὥρᾳ | * | ἦλθον θηρία ἐκ τῆς ἐρήμου καὶ κατέφαγον αὐτούς⟩. καὶ |

Abr.2 12 14 ἐκ τῶν ἁμαρτιῶν αὐτῶν καὶ σωθήσονται. ἐν ἐκείνῃ τῇ * ὥρᾳ * ἐπέστρεψεν Μιχαὴλ τὸν Ἀβραὰμ ἐπὶ τὴν γῆν. ἐγένετο
TLevi 18 2B053 ἐκ τῶν χειρῶν αὐτῶν ἐπὶ πάντα κτήνη. καὶ ἐπὶ πᾶσαν * ὥραν * νίπτου τὰς χεῖρας καὶ τοὺς πόδας ὅταν πορεύῃ πρὸς
TJud. 3 4 καὶ ἀπέκτεινα αὐτόν. καὶ πολεμήσας τὸν Ἀχὼρ ἐπὶ * ὥρας * δύο ἀπέκτεινα αὐτὸν καὶ εἰς δύο μερίδας ποιήσας τὴν
TJos. 8 1 αὐτὸ πρὸς ἐπιθυμίαν πονηράν. λέγω ὑμῖν τέκνα ὅτι * ὥρα * ἦν ὡσεὶ ἕκτη ὅτε ἐξῆλθεν ἀπ' ἐμοῦ κἀγὼ γόνυ κλίνας
TBen. 3 7 Ἰακὼβ τοῦ πατρός σου. καὶ περιλαβὼν αὐτὸν ἐπὶ δύο * ὥρας * κατεφίλει λέγων πληρωθήσεται ἐν σοὶ προφητεία
Asen. 2 11 καρποφόρα πάντα. καὶ ἦν ὁ καρπὸς αὐτῶν πέπειρος * ὥρα * γὰρ ἦν θερισμοῦ. καὶ ἦν ἐν τῇ αὐλῇ ἐκ δεξιῶν πηγὴ
Asen. 3 2 πρὸς Πεντεφρῆ τὸν ἱερέα λέγων πρός σε καταλύσω ὅτι * ὥρα * μεσημβρίας ἐστὶ καὶ καιρὸς ἀρίστου καὶ καῦμα μέγα
Asen. 3 5 ὅτι ἥκασιν ἐξ ἀγροῦ τῆς κληρονομίας ἡμῶν. διότι * ὥρα * ἦν θερισμοῦ. καὶ ἔσπευσεν Ἀσενὲθ εἰς τὸν θάλαμον
Asen. 15 7 αὕτη ἐκλιπάρει τὸν θεὸν τὸν ὕψιστον ὑπὲρ σοῦ πᾶσαν * ὥραν * καὶ ὑπὲρ πάντων τῶν μετανοούντων ἐν ὀνόματι θεοῦ
Asen. 15 7 καὶ φιλεῖ ὑμᾶς σφόδρα καὶ περὶ ὑμῶν ἐρωτᾷ πᾶσαν * ὥραν * τὸν ὕψιστον καὶ πᾶσι τοῖς μετανοοῦσι τόπον
Asen. 24 3 ἐκάλεσεν αὐτοὺς πρὸς ἑαυτόν. καὶ ἦλθον πρὸς αὐτὸν * ὥρᾳ * πρώτῃ τῆς νυκτὸς καὶ ἔστησαν ἐνώπιον αὐτοῦ. καὶ
Asen. 24 15 αὔριον εἰς τὸν ἀγρὸν τῆς κληρονομίας ἡμῶν διότι * ὥρα * ἐστὶ τοῦ τρυγητοῦ. καὶ ἔδωκε μετ' αὐτῆς ἑξακοσίους
Sal. 18 10 κατοικῶν ὁ διατάξας ἐν πορείᾳ φωστῆρας εἰς καιροὺς * ὡρῶν * ἀφ' ἡμερῶν εἰς ἡμέρας καὶ οὐ παρέβησαν ἀπὸ ὁδοῦ ἧς
Jer. 1 10 αὐτῷ τὰ ῥήματα ταῦτα. καὶ ἀναστάντες ἕκτην * ὥραν * τῆς νυκτὸς ἔλθετε ἐπὶ τὰ τείχη τῆς πόλεως καὶ δείξω
Jer. 2 9 εἶπεν αὐτῷ Ἱερεμίας ἔκδεξαι μικρὸν μετ' ἐμοῦ ἕως * ὥρας * ἕκτης τῆς νυκτὸς ἵνα γνῷς ὅτι ἀληθές ἐστι τὸ ῥῆμα
Jer. 3 1 ἦσαν διερρωγότα τὰ ἱμάτια αὐτῶν. ὡς δὲ ἐγένετο ἡ * ὥρα * τῆς νυκτὸς καθὼς εἶπεν ὁ κύριος τῷ Ἱερεμίᾳ ἦλθον
Jer. 5 25 οὔπω ἐστὶ καιρὸς ἀπελθεῖν εἰς Βαβυλῶνα. πόση γὰρ * ὥρα * ἐστὶν ἀφ' οὗ ἀπέστειλέ με ὁ πατήρ μου Ἱερεμίας εἰς
Jer. 6 12 πῶς ἀποστείλῃς πρὸς Ἱερεμίαν ἔρχεται γὰρ πρός σε * ὥρα * τοῦ φωτὸς αὔριον ἀετὸς καὶ σὺ ἐπισκέψῃ πρὸς
Jer. 9 12 τοῦ σκηνώματος αὐτοῦ ἡμέρας τρεῖς λέγοντες ποίᾳ * ὥρᾳ * μέλλει ἀναστῆναι; μετὰ δὲ τρεῖς ἡμέρας εἰσῆλθεν ἡ
Bar. 3 5 τὸ πλινθεύειν. ἐν οἷς μία γυνὴ πλινθεύουσα ἐν τῇ * ὥρᾳ * τοῦ τεκεῖν αὐτὴν οὐ συνεχωρήθη ἀπολυθῆναι ἀλλὰ
Bar. 14 1 ἕως οὗ μάθω παρὰ κυρίου τό τί γένηται. καὶ αὐτῇ τῇ * ὥρᾳ * ἀπῆλθεν ὁ Μιχαὴλ καὶ ἐκλείσθησαν αἱ θύραι. καὶ
Bar. 15 1 Μιχαὴλ τὰς τῶν ἀνθρώπων ἀρετὰς τῷ θεῷ. καὶ αὐτῇ τῇ * ὥρᾳ * κατῆλθεν ὁ Μιχαὴλ καὶ ἠνοίγη ἡ πύλη καὶ ἤνεγκεν
Prop. 21 7 οἱ μὲν οὖν τοῦ Βάαλ ηὔχοντο καὶ κατετέμνοντο ἕως * ὥρας * ἐνάτης καὶ οὐδεὶς αὐτοῖς ἐπήκουεν ὁ δὲ Ἠλίας καὶ
Esdr. 3 4 διὰ σὲ προφῆτά μου εἶπόν σοι τὴν ἡμέραν τὴν δὲ * ὥραν * οὐκ εἶπόν σοι. καὶ εἶπεν ὁ προφήτης κύριε εἰπέ μοι
Sedr. 10 3 φάρυγγος καὶ λάρυγγος καὶ τοῦ στόματος καὶ οἵαν * ὥραν * μέλλει ἐξέρχεσθαι ἀρχὴν σπάρναται καὶ συνάζεται ἀπὸ
Job 7 12 οὕτως ποιήσω καὶ τὸ σῶμά σου τοιοῦτον ἐν γὰρ μιᾷ * ὥρᾳ * ἀπέρχομαι καὶ ἐρημώσω σε. καὶ ἀνταπεκρίθην αὐτῷ ὅ
Job 10 1 ἱδρυμέναι τριάκοντα ἐν τῷ οἴκῳ μου ἀκίνητοι πάσας * ὥρας * τοῖς ξένοις μόνοις εἶχον δὲ καὶ τῶν χηρῶν ἄλλας
Job 20 5 καὶ τὸν θρόνον μου κατέστρεψεν, καὶ ἐποίησεν τρεῖς * ὥρας * ἐπὶ τὸν θρόνον μου μὴ δυνηθεὶς ἐξελθεῖν καὶ
Job 30 2 τοὺς τρεῖς βασιλεῖς κατερρημένους ἐν τῇ γῇ ἐπὶ * ὥρας * τρεῖς ὡσεὶ νεκρούς, τότε ἀναστάντες συνελάλουν
Aris. 303 2 οὕτως ἐτύγχανε παρὰ τοῦ Δημητρίου. καὶ μέχρι μὲν * ὥρας * ἐνάτης τὰ τῆς συνεδρείας ἐγίνετο μετὰ δὲ ταῦτα περὶ
Sib. 3 627 καὶ ἀρνῶν πρωτοτόκων αἰγῶν τε περιπλομένῃσιν ἐν * ὥραις. * ἀλλὰ μιν ἱλάσκου θεὸν ἄμβροτον αἴ κ' ἐλεήσῃ.
Sib. 4 56 ἔσσεται ἔργα νὺξ ἔσται σκοτόεσσα μέσῃ ἐνὶ ἤματος * ὥρῃ * ἄστρα δ' ἀπ' οὐρανόθεν λείψει καὶ κύκλα σελήνης γῇ
FIsa. 1 12 βουλὴν τοῦ σατανᾶ ἐν τῷ Μανασσῇ. ἐν ἐκείνῃ δὲ τῇ * ὥρᾳ * διελογίζετο Ἐζεκίας τοῦ ἀποκτεῖναι τὸν υἱὸν αὐτοῦ
FAch. 114 τοὺς περὶ ἐμέ; ὁ δὲ ἔφη σὲ μὲν ἡλίῳ τῷ τῆς ἐαρινῆς * ὥρας * τοὺς δὲ περὶ σὲ τοῖς ἐκ τῆς γῆς καρποῖς ὡς γὰρ
FAch. 115 τὸν ἥλιον καὶ τὴν σελήνην φαίνειν καὶ τὰς * ὥρας * εὐσταθεῖν. ἐὰν θέλῃ ὀργίζεσθαι τὸ ἴδιον ἱερὸν
FAch. 118 γὰρ ἀλεκτρυόνα νέον καὶ μάχιμον ἔτι δὲ καὶ τὰς * ὥρας * αὐτῷ ἐσήμαινεν καὶ ἀπέκτεινεν αὐτὸν ἡ αἴλουρος τῇδε
FAch. 119 ἐλθεῖν ἅμα δὲ καὶ τὸν Αἴσωπον. τῇ οὖν τακτῇ * ὥρᾳ * ἐλθόντες κατεκλίθησαν ἐν τῷ δείπνῳ. καὶ τῶν
FPho. 116 παντός. ⟨οὐδεὶς γιγνώσκει τί μετ' αὔριον ἢ τί μεθ' * ὥραν. * ἄσκοπός ἐστι βροτῶν θάνατος τὸ δὲ μέλλον ἄδηλον.⟩
FPho. 213 δὲ γυναιξίν. παιδὸς δ' εὐμόρφου φρουρεῖν νεοτήσιον * ὥρην * πολλοὶ γὰρ λυσσῶσι πρὸς ἄρσενα μεῖξιν ἔρωτος.
LAri. 13 12 6 ἀρίστη βουσί τε καὶ μακέλῃσι λέγει δ' ὅτε δεξιαὶ * ὧραι * καὶ φυτὰ γυρῶσαι καὶ σπέρματα πάντα βαλέσθαι. σαφῶς

ὡραῖος 21

Adam 18 5 ἴδον δόξαν μεγάλην περὶ αὐτοῦ. εἶπον δὲ αὐτῷ ὅτι * ὡραῖον * τοῖς ὀφθαλμοῖς. ἐφοβήθην δὲ λαβεῖν ἀπὸ τοῦ καρποῦ
Hen. 6 1 ἐν ἐκείναις ταῖς ἡμέραις ἐγεννήθησαν θυγατέρες * ὡραῖαι * καὶ καλαί. καὶ ἐθεάσαντο αὐτὰς οἱ ἄγγελοι υἱοὶ
Hen. 6B 1 οἱ υἱοὶ τῶν ἀνθρώπων, ἐγεννήθησαν αὐτοῖς θυγατέρες * ὡραῖαι. * καὶ ἐπεθύμησαν αὐτὰς οἱ ἐγρήγοροι καὶ
Hen. 24 5 ὡς καλὸν τὸ δένδρον τοῦτό ἐστιν καὶ εὐῶδες καὶ * ὡραῖα * τὰ φύλλα καὶ τὰ ἄνθη αὐτοῦ ὡραῖα τῇ ὁράσει. τότε
Hen. 24 5 καὶ εὐῶδες καὶ ὡραῖα τὰ φύλλα καὶ τὰ ἄνθη αὐτοῦ * ὡραῖα * τῇ ὁράσει. τότε ἀπεκρίθη μοι Μιχαὴλ εἷς τῶν ἁγίων
Hen. 98 2 κάλλος περιθήσονται ἄνδρες ὡς γυναῖκες ⟨καὶ⟩ χρῶμα * ὡραῖον * ὑπὲρ παρθένους ἐν βασιλείᾳ καὶ μεγαλωσύνῃ καὶ ἐν
Abr.1 16 6 ἐποίησεν ὄψιν ἡλιόμορφον⟩ καὶ γέγονεν εὐπρεπὴς * ὡραῖος * ὑπὲρ τοὺς υἱοὺς τῶν ἀνθρώπων ἀρχαγγέλου δὲ
TRub. 3 4 πνεῦμα ἀρεσκείας καὶ μαγγανείας ἵνα διὰ περιεργίας * ὡραῖος * ὀφθῇ πέμπτον πνεῦμα ὑπερηφανίας ἵνα καυχᾶται καὶ
TSim. 5 1 οὕτως φαίνεται τοῖς ἀνθρώποις. διὰ τοῦτο Ἰωσὴφ ἦν * ὡραῖος * τῷ εἴδει καὶ καλὸς τῇ ὄψει ὅτι οὐκ ἐνῴκησεν ἐν
TLevi 8 16 σοὶ ἔσται καὶ τῷ σπέρματί σου καὶ ἔδεσθε πᾶν * ὡραῖον * ὁράσει καὶ τὴν τράπεζαν κυρίου διανεμήσεται τὸ
TJos. 9 5 καὶ τὰς κνήμας ἵνα συμπέσω εἰς αὐτὴν πάνυ γὰρ ἦν * ὡραία * μάλιστα κοσμουμένη πρὸς ἀπάτησίν μου. καὶ ὁ κύριος
TJos. 18 4 ἐδούλωσεν. καίγε ὡραιότητα ἔδωκέ μοι ὡς ἄνθος ὑπὲρ * ὡραίους * Ἰσραὴλ καὶ διεφύλαξέ με ἕως γήρως ἐν δυνάμει
Asen. 1 4 θυγάτηρ αὐτῷ παρθένος ἐτῶν ὀκτωκαίδεκα μεγάλη καὶ * ὡραία * καὶ καλὴ τῷ εἴδει σφόδρα ὑπὲρ πάσας τὰς παρθένους
Asen. 1 5 θυγατράσι τῶν Ἑβραίων καὶ ἦν μεγάλη ὡς Σάρρα καὶ * ὡραία * ὡς Ῥεβέκκα καὶ καλὴ ὡς Ῥαχήλ. καὶ ἦν τὸ ὄνομα
Asen. 2 11 πεφυτευμένα ἐντὸς τῆς αὐλῆς παρὰ τὸ τεῖχος δένδρα * ὡραῖα * παντοδαπὰ καὶ καρποφόρα πάντα. καὶ ἦν ὁ καρπὸς
Asen. 4 2 καὶ ταῖς ῥοαῖς καὶ τοῖς σύκοις διότι ἦσαν πάντα * ὡραῖα * καὶ καλὰ τῇ γεύσει. καὶ εἶπε Πεντεφρῆς τῇ θυγατρὶ
Asen. 8 5 καὶ ἦσαν οἱ μασθοὶ αὐτῆς ἤδη ἑστῶτες ὥσπερ μῆλα * ὡραῖα. * καὶ εἶπεν Ἰωσὴφ οὐκ ἔστι προσῆκον ἀνδρὶ θεοσεβεῖ
Asen. 22 7 σφόδρα καὶ τὸ γῆρας αὐτοῦ ὥσπερ νεότης ἀνδρὸς * ὡραίου * καὶ ἦν ἡ κεφαλὴ αὐτοῦ πᾶσα λευκὴ ὡσεὶ χιὼν καὶ αἱ
Bar. 2 τῇ χειρὶ θεοῦ διεφυλάχθη καὶ οὕτος ἐκάθητο ἐπὶ τὰς * ὡραίας * πύλας ὅπου ἔκειτο τὰ τῶν ἁγίων ἅγια. οἵ νῦν ἐγὼ
Bar. 9 6 ποτὲ δὲ λήγει; ἄκουσον ὦ Βαρούχ ταύτην ἣν βλέπεις * ὡραία * ἦν γεγραμμένη ὑπὸ θεοῦ ὡς οὐκ ἄλλη. καὶ ἐν τῇ
Prop. 4 3 τροφῆς ἐπιθυμητῆς καὶ ἦν ἀνὴρ ξηρὸς τὴν ἰδέαν ἀλλὰ * ὡραῖος * ἐν χάριτι ὑψίστου. οὗτος πολλὰ ηὔξατο ὑπὲρ τοῦ

ὡραιότης 20

Abr.1 16 4 τὰς πικρίας σου πάσας ἀποβαλοῦ περιβαλοῦ δὲ τὴν * ὡραιότητά * σου καὶ ὅλην τὴν ἐνδοξότητα καὶ κάτελθε πρὸς
Abr.1 16 8 τὸν θάνατον ἐρχόμενον πρὸς αὐτὸν ἐν πολλῇ δόξῃ καὶ * ὡραιότητι * καὶ ἀναστὰς ὑπήντησεν αὐτὸν νομίζων τὸν
Abr.1 17 6 πρὸς πάντας οὕτως ἀπέρχει ἐν εὐμορφίᾳ καὶ δόξῃ καὶ * ὡραιότητι * τοιαύτῃ; ὁ θάνατος εἶπεν οὐχὶ κύριέ μου αἱ γὰρ
Abr.1 17 7 θεὸν ἐγένετο στέφανος ἐπὶ τῆς ἐμῆς κεφαλῆς καὶ ἐν * ὡραιότητι * καὶ ἐν ἡσυχίᾳ πολλῇ καὶ κολακείᾳ ἀπέρχομαι
Abr.1 17 12 ἐμοῦ ἐστίν. τότε ὁ θάνατος ἀπεκδύσατο πᾶσαν τὴν * ὡραιότητα * καὶ τὰ κάλλη καὶ πᾶσαν τὴν δόξαν καὶ τὴν
Abr.1 18 1 θάνατε κρῦψαί σου τὴν ἀγριότητα καὶ περιβαλοῦ τὴν * ὡραιότητα * καὶ μορφὴν ἣν εἶχες τὸ πρότερον. εὐθέως δὲ ὁ
Abr.1 18 2 ἔκρυψεν τὴν ἀγριότητα αὐτοῦ καὶ περιεβάλετο τὴν * ὡραιότητα * αὐτοῦ ἣν εἶχεν τὸ πρότερον. εἶπεν δὲ Ἀβραὰμ
Abr.2 13 2 πρὸς Μιχαὴλ ἀπελθὼν κόσμησον τὸν θάνατον ἐν πολλῇ * ὡραιότητι * καὶ ἀπόστειλον αὐτὸν πρὸς Ἀβραὰμ ὅπως
Abr.2 13 3 καὶ ἀπελθὼν Μιχαὴλ ἐκόσμησεν τὸν θάνατον ἐν πολλῇ * ὡραιότητι * καὶ ἀπέστειλε πρὸς Ἀβραάμ. ἰδὼν δὲ Ἀβραὰμ
Abr.2 13 8 οὐ δύναμαι βαστάσαι τὴν δόξαν σου θεωρῶ γὰρ τὴν * ὡραιότητά * σου ὅτι οὐκ ἔστιν ἐκ τοῦ κόσμου τούτου. καὶ
Abr.2 13 11 τῷ θανάτῳ Ἀβραὰμ ἐτόλμησας ψεύσασθαι ὁρῶ τὴν * ὡραιότητά * σου ὅτι οὐκ ἔστιν ἐκ τοῦ κόσμου τούτου. καὶ
Abr.2 13 12 καὶ εἶπεν ὁ θάνατος τῷ Ἀβραὰμ νομίζεις ὅτι ἡ * ὡραιότης * αὕτη ἐμή ἐστιν; καὶ ὅτι ποιῶ τὴν ὡραιότητα
Abr.2 13 12 ὅτι ἡ ὡραιότης αὕτη ἐμή ἐστιν; καὶ ὅτι ποιῶ τὴν * ὡραιότητα * ταύτην μετὰ παντὸς ἀνθρώπου; καὶ εἶπεν Ἀβραὰμ
Abr.2 13 13 ἀνθρώπου; καὶ εἶπεν Ἀβραὰμ τίνος οὖν ἐστιν ἡ * ὡραιότης * αὕτη; εἶπεν δὲ ὁ θάνατος τῷ Ἀβραὰμ οὐδεὶς
Abr.2 13 18 δὲ ὁ θάνατος τῷ Ἀβραὰμ νομίζεις ὅτι ἐμή ἐστιν ἡ * ὡραιότης * αὕτη; ἣ μετὰ πάντων ποιῶ; οὐχὶ ἀλλ' ἐὰν οὖν τις
TJos. 18 4 σὺν αὐτῇ ὅτι κύριός μοι αὐτοὺς ἐδούλωσεν. καίγε * ὡραιότητα * ἔδωκέ μοι ὡς ἄνθος ὑπὲρ ὡραίους Ἰσραὴλ καὶ
Jer. 3 8 σφραγῖσιν ἐν ἑπτὰ καιροῖς καὶ μετὰ ταῦτα λήψῃ τὴν * ὡραιότητα * σου φύλαξον τὰ σκεύη τῆς λειτουργίας ἕως τῆς
Aris. 59 5 τὴν τράπεζαν ἀπόκλιμα τὴν διατύπωσιν ἔχειν τῆς * ὡραιότητος * τὸ δὲ ἐκτὸς κλίμα πρὸς τὴν τοῦ προσάγοντος
Aris. 66 4 δὲ ὄνυχος καὶ τῶν ἄλλων γενῶν τῶν διαφερόντων ἐν * ὡραιότητι. * μετὰ δὲ τὴν τοῦ μαιάνδρου διάθεσιν ἐπέκειτο
Aris. 74 3 ἐνυπῆρχε διὰ λιθώσεως ποικίλης ἐμφαίνων σὺν * ὡραιότητι * τὸ τῆς τέχνης φιλόπονον. ἐπὶ δὲ τούτου

ὠρέω 1

Sib. 5 396 φιλοθρέμμονος ὕλης παρθενικαὶ κοῦραι πῦρ ἔνθεον * ὠρήσουσιν. * ἔσβεσται παρὰ σεῖο πάλαι πεποθημένος οἶκος

Ὠρίων 2

Sib. 5 520 δ' Αἰγοκέρωτος ἀφήρπασε νόστιμον ἦμαρ. καὶ Ζυγὸν * Ὠρίων * ἀπενόσφισε μηκέτι μεῖναι Παρθένος ἐν Κριῷ Διδύμων
Sib. 5 524 ζωστῆρα Λέοντος Καρκίνος οὐκ ἐνέμεινεν ἔδεισε γὰρ * Ὠρίωνα * Σκορπίος +οὐρὰν ἐπῆλθε+ διὰ δεινοῖο Λέοντος ἠδὲ

ὡς (ὅς) 577 ὡς ὥς ὧς

ὡσανεί 1

Aris. 102 1 κατὰ κορυφὴν ὄντος τῶν προειρημένων περιβόλων * ὡσανεὶ * φυλασσομένων τῶν πύργων ὑπὸ τῶν πιστοτάτων ἀνδρῶν

ὡσαύτως 9

TLevi 17 7 πλησίον αὐτοῦ. ὁ πέμπτος ἐν σκότει παραληφθήσεται * ὡσαύτως * καὶ ὁ ἕκτος καὶ ὁ ἕβδομος. ἐν δὲ τῷ ἑβδόμῳ ἔσται
TAser 2 3 ἐστιν. καὶ ἔστιν ἄνθρωπος ἀγαπῶν τὸν πονηρευόμενον * ὡσαύτως * ἐστὶν ἐν πονηρίᾳ ὅτι καὶ ἀποθανεῖν αἱρεῖται ἐν
Prop. 1 5 ἐνδόξως ἵνα δι' εὐχῶν αὐτοῦ καὶ μετὰ θάνατον αὐτοῦ * ὡσαύτως * ἔχωσι τὴν ἀπόλαυσιν τοῦ ὕδατος ὅτι καὶ χρησμὸς
Prop. 2 6 ἐκ τῆς γῆς τὸ γένος τῶν ἀσπίδων καὶ ἐκ τοῦ ποταμοῦ * ὡσαύτως * τοὺς κροκοδείλους καὶ οὕτως ἐνέβαλε τοὺς ὄφεις
Aris. 158 3 ἐκ τῶν περιβολαίων παράσημον ἡμῖν μνείας δέδωκεν * ὡσαύτως * δὲ καὶ ἐπὶ τῶν πυλῶν καὶ θυρῶν προστέταχε μὲν
Aris. 197 4 θεοῦ πάντες ἄνθρωποι μετασχεῖν τῶν μεγίστων κακῶν * ὡσαύτως * δὲ καὶ ἀγαθῶν καὶ οὐκ ἔστιν ἄνθρωπον ὄντα τούτων
Aris. 243 1 ἀλλὰ δέον ⟨θεὸν⟩ ἱκετεύειν πάντα ἀγαθοποιεῖν. * ὡσαύτως * δὲ ἐκείνοις ἀποδεξάμενος αὐτὸν ἄλλον ἠρώτα πῶς
Aris. 309 1 ἔτυχον ὡς ἂν μεγάλων ἀγαθῶν παραίτιοι γεγονότες. * ὡσαύτως * δὲ καὶ τὸν Δημήτριον ἀποδεξάμενοι παρεκάλεσαν
HDem. 9 21 15 οὖν ἑπτὰ ὅσας καὶ τοὺς ἐκ τῆς Λείας υἱοὺς λαβεῖν. * ὡσαύτως * δὲ καὶ ἐπὶ τοῦ τὰς στολὰς δοῦναι ἑκάστῳ διπλᾶς

ὡσεί 25 ὡσεί

Ὠσηέ 1

Prop. 5 1 ἐν πάσῃ τῇ γῇ. καὶ ἐκοιμήθη ἐν εἰρήνῃ ὁ ὅσιος. * Ὠσηέ. * οὗτος ἦν ἐκ Βελεμὼθ τῆς φυλῆς Ἰσάχαρ καὶ ἐτάφη

ὥσπερ                                  35  ὥσπερ
ὡσπερεί                                 2
Hen.       5     2      τὰ ἔργα καὶ οὐκ ἀλλοιοῦνται αὐτῶν τὰ ἔργα ἀλλ᾽ * ὡσπερεί * κατὰ ἐπιταγὴν τὰ πάντα γίνεται. ἴδετε πῶς ἡ
LEze.   9   29 11 11    κόλπον ἐξένεγκέ τε. (Μ). ἰδοὺ τὸ ταχθὲν γέγονεν * ὡσπερεί * χιών. (Θ). ἔνθες πάλιν δ᾽ εἰς κόλπον ἔσται δ᾽
ωσσαρθιωμι *                            1
FrAn.    574  3010      ἔψει μετὰ σαμψούχου ἀχρωτίστου λέγων ἴωηλ * ωσσαρθιωμι * εμωρι θεωχιψοϊθ σιθεμεωχ σωθη ιωη μιμιψωθιωωφ
ὥστε                                   74  ὥστε ὥσθ᾽ ὥστ᾽
ὡτίον                                   1
Adam      26     3      καὶ χειρῶν καὶ ποδῶν σου. οὐκ ἀφεθήσεταί σοι * ὡτίον * οὔτε πτέρυξ οὔτε ἓν μέλος τούτων ὧν σὺ ἐδελέασας
ὠφέλεια                                 4
Aris.      3     5      πολιτῶν καὶ τῶν ἄλλων καὶ κατακεκτημένον μεγίστην * ὠφέλειαν * τοῖς σὺν ἑαυτῷ καὶ τοῖς κατὰ τοὺς ἄλλους τόπους
Aris.      8     2      τις ἄλλη τῶν τετιμημένων παρὰ τοῖς κενοδόξοις * ὠφέλειαν * οὐκ ἔχει τὴν αὐτὴν ὅσον ἡ παιδείας ἀγωγὴ καὶ ἡ
Aris.     23     6      ἦν ἡ παρὰ τό γε δέον γεγονυῖα ἐκ τῶν στρατιωτῶν * ὠφέλεια * διὸ παντελῶς ἀνεπιεικής ἐστι καὶ ἡ τῶν ἀνθρώπων
Aris.    241     2      αὐτοῖς. ἀποδεξάμενος δὲ αὐτὸν πρὸς ἕτερον εἶπε τίς * ὠφέλεια * συγγενείας ἐστίν; ὁ δὲ ἀπεφήνατο ἐὰν τοῖς
ὠφελέω                                  8
Adam      16     1      λέγων ἀνάστα ἐλθὲ πρός με καὶ εἴπω σοι ῥῆμα ἐν ᾧ * ὠφεληθῇς. * καὶ ἀναστὰς ἦλθε πρὸς αὐτὸν καὶ λέγει αὐτῷ ὁ
Esdr.      6    23      ἤρξατο λέγειν ὁ προφήτης μετὰ δακρύων ὦ δέσποτα τί * ὠφέλησα * δικαζόμενός σε καὶ μέλλω εἰς γῆν καταπίπτειν;
Sedr.      7     6      καὶ τὴν ζωὴν ἐχαρίσατο αὐτῆς. λέγει Σεδρὰχ καὶ τί * ὠφελοῦν * τὰ κάλλη ἐὰν εἰς γῆν μαραίνωνται; πῶς εἶπας
Aris.      7     2      φιλομαθῶς γὰρ ἔχοντί σοι περὶ τῶν δυναμένων * ὠφελῆσαι * διάνοιαν δέον ἐστὶ μεταδιδόναι μάλιστα μὲν πᾶσι
Aris.    232     3      λύπης; ὁ δὲ ἔφησεν εἰ μηδένα βλάπτοι πάντας δὲ * ὠφελοῖ * τῇ δικαιοσύνῃ κατακολουθῶν τοὺς γὰρ ἀπ᾽ αὐτῆς
Aris.    294     2      μοι γέγονεν ἀγαθὰ παραγενηθέντων ὑμῶν πολλὰ γὰρ * ὠφέλημαι * καταβεβλημένων ὑμῶν διδαχὴν ἐμοὶ πρὸς τὸ
Aris.    322     4      βιβλία. νένευκας γὰρ πρὸς περιεργίαν τῶν δυναμένων * ὠφελεῖν * διάνοιαν καὶ ἐν τούτοις τὸν πλείονα χρόνον
FIsa.      1    11      ἔπεσεν ἐπὶ πρόσωπον αὐτοῦ. καὶ εἶπεν Ἡσαΐας οὐκ * ὠφελήσεις * σεαυτὸν οὐδὲν ⟨δεῖ⟩ πληρωθῆναι τὴν βουλὴν τοῦ
ὠχράω                                   1
FAch.    107            παραγεναμένου δὲ αὐτοῦ ῥυποῦντος καὶ κομῶντος καὶ * ὠχρῶντος * διὰ τὴν πολυχρόνιον συνοχὴν ἀποστραφεὶς ὁ

CORPUS DES TEXTES

1 διήγησις καὶ πολιτεία Ἀδὰμ καὶ Εὔας τῶν πρωτοπλάστων
ἀποκαλυφθεῖσα παρὰ θεοῦ Μωϋσῆ τῷ θεράποντι αὐτοῦ ὅτε
τὰς πλάκας τοῦ νόμου ἐκ χειρὸς αὐτοῦ ἐδέξατο διδαχθεὶς
παρὰ τοῦ ἀρχαγγέλου Μιχαήλ. κύριε εὐλόγησον.
- 1 -
1 αὕτη ἡ διήγησις Ἀδὰμ καὶ Εὔας. μετὰ τὸ ἐξελθεῖν αὐτοὺς
ἐκ τοῦ παραδείσου
2 ἔλαβεν Ἀδὰμ Εὔαν καὶ ἀνῆλθεν εἰς τὴν ἀνατολὴν καὶ
ἔμεινεν ἐκεῖ ἔτη δέκα καὶ ὀκτὼ καὶ μῆνας δύο.
3 καὶ ἐν γαστρὶ εἴληφεν Εὔα καὶ ἐγέννησε δύο υἱοὺς τὸν
Διάφωτον τὸν καλούμενον Κάϊν καὶ τὸν Ἀμιλαβὲς τὸν
καλούμενον Ἄβελ.
- 2 -
1 καὶ μετὰ ταῦτα ἐγένοντο μετ' ἀλλήλων Ἀδὰμ καὶ Εὔα.
κοιμωμένων δὲ αὐτῶν εἶπεν Εὔα τῷ κυρίῳ αὐτῆς Ἀδὰμ
2 κύριέ μου ἴδον ἐγὼ κατ' ὄναρ τῇ νυκτὶ ταύτῃ τὸ αἷμα τοῦ
υἱοῦ μου Ἀμιλαβὲς τοῦ ἐπιλεγομένου Ἄβελ βαλλόμενον
εἰς τὸ στόμα Κάϊν τοῦ ἀδελφοῦ αὐτοῦ καὶ ἔπιεν αὐτὸ
ἀνελεημόνως. παρεκάλει δὲ αὐτὸν συγχωρῆσαι αὐτῷ ὀλίγον
ἐξ αὐτοῦ.
3 αὐτὸς δὲ οὐκ ἤκουσεν αὐτοῦ ἀλλ' ὅλον κατέπιεν αὐτό. καὶ
οὐκ ἔμεινεν ἐπὶ τὴν κοιλίαν αὐτοῦ ἀλλ' ἐξῆλθεν ἔξω τοῦ
στόματος αὐτοῦ.
4 εἶπε δὲ Ἀδὰμ ἀναστάντες πορευθῶμεν καὶ ἴδωμεν τί ἐστι
τὸ γεγονὸς αὐτοῖς μήποτε ὁ ἐχθρὸς πολεμῇ τι πρὸς
αὐτούς.
- 3 -
1 πορευθέντες δὲ ἀμφότεροι εὗρον πεφονευμένον τὸν Ἄβελ
ἀπὸ χειρὸς Κάϊν τοῦ ἀδελφοῦ αὐτοῦ.
2 καὶ λέγει ὁ θεὸς Μιχαὴλ τῷ ἀρχαγγέλῳ εἰπὲ τῷ Ἀδὰμ ὅτι
τὸ μυστήριον ὃ οἶδας μὴ ἀναγγείλῃς Κάϊν τῷ υἱῷ σου ὅτι
ὀργῆς υἱός ἐστιν. ἀλλὰ μὴ λυποῦ δώσω σοι γὰρ ἀντ' αὐτοῦ
ἕτερον υἱὸν οὗτος δηλώσει πάντα ὅσα ποιήσῃς. σὺ δὲ μὴ
εἴπῃς αὐτῷ μηδέν.
3 ταῦτα εἶπεν ὁ θεὸς τῷ ἀρχαγγέλῳ αὐτοῦ. Ἀδὰμ δὲ
ἐφύλαξεν τὸ ῥῆμα ἐν τῇ καρδίᾳ αὐτοῦ μετ' αὐτοῦ καὶ ἡ
Εὔα ἔχοντες τὴν λύπην περὶ Ἄβελ τοῦ υἱοῦ αὐτῶν.
- 4 -
1 μετὰ δὲ ταῦτα ἔγνω Ἀδὰμ τὴν γυναῖκα αὐτοῦ καὶ ἐν
γαστρὶ ἔσχεν καὶ ἐγέννησεν τὸν Σήθ.
2 καὶ λέγει Ἀδὰμ τῇ Εὔᾳ ἰδοὺ ἐγεννήσαμεν υἱὸν ἀντὶ Ἄβελ
ὃν ἀπέκτεινεν Κάϊν. δώσωμεν δόξαν καὶ θυσίαν τῷ θεῷ.
- 5 -
1 ἐποίησεν δὲ Ἀδὰμ υἱοὺς τριάκοντα καὶ θυγατέρας
τριάκοντα. ἔζησεν δὲ Ἀδὰμ ἔτη ἐνακόσια τριάκοντα.
2 καὶ περιπεσὼν εἰς νόσον ἐβόησεν φωνῇ μεγάλῃ λέγων
ἐλθέτωσαν πρός με οἱ υἱοί μου πάντες ὅπως ὄψομαι αὐτοὺς
πρὶν ἀποθανεῖν με.
3 καὶ συνήχθησαν πάντες. ἦν γὰρ οἰκισθεῖσα ἡ γῆ εἰς τρία
μέρη. καὶ ἦλθον πάντες ἐπὶ τὴν θύραν τοῦ οἴκου ἐν ᾧ
εἰσήρχετο εὔξασθαι τῷ θεῷ.
4 εἶπε δὲ αὐτῷ Σήθ ὁ υἱὸς αὐτοῦ πάτερ Ἀδάμ τί σοί ἐστιν
νόσος;
5 καὶ λέγει τεκνία μου πόνος πολὺς συνέχει με. καὶ
λέγουσιν αὐτῷ τί ἐστιν πόνος καὶ νόσος;
- 6 -
1 καὶ ἀποκριθεὶς Σήθ λέγει αὐτῷ μὴ ἐμνήσθης πάτερ τοῦ
παραδείσου ἐξ ὧν ἤσθιες καὶ ἐλυπήθης ἐπιθύμησας αὐτῶν;
2 ἐὰν οὕτως ἐστίν ἀνάγγειλόν μοι καὶ ἐγὼ πορεύσομαι καὶ
ἐνέγκω σοι καρπὸν ἀπὸ τοῦ παραδείσου. ἐπιθήσω γὰρ
κόπρον ἐπὶ τὴν κεφαλήν μου καὶ κλαύσομαι καὶ
προσεύξομαι καὶ εἰσακούσεταί μου κύριος καὶ ἀποστελεῖ
τὸν ἄγγελον αὐτοῦ καὶ ἐνέγκω σοι ἵνα καταπαύσῃ ὁ πόνος
ἀπὸ σοῦ.
3 λέγει αὐτῷ ὁ Ἀδὰμ οὐχὶ υἱέ μου Σὴθ ἀλλὰ νόσον καὶ
πόνον ἔχω. λέγει αὐτῷ Σὴθ καὶ πῶς σοι ἐγένοντο;
- 7 -
1 εἶπε δὲ αὐτῷ ὁ Ἀδὰμ ὅτε ἐποίησεν ἡμᾶς ὁ θεὸς ἐμέ τε
καὶ τὴν μητέρα ὑμῶν δι' ἧς καὶ ἀποθνήσκω ἔδωκεν ἡμῖν
πᾶν φυτὸν ἐν τῷ παραδείσῳ. περὶ ἑνὸς δὲ ἐνετείλατο ἡμῖν
μὴ ἐσθίειν ἐξ αὐτοῦ δι' οὗ καὶ ἀποθνήσκομεν.
2 ἤγγισε δὲ ἡ ὥρα τῶν ἀγγέλων τῶν διατηρούντων τὴν μητέρα
ὑμῶν τοῦ ἀναβῆναι καὶ προσκυνῆσαι τὸν κύριον. καὶ
ἔδωκεν αὐτῇ ὁ ἐχθρὸς καὶ ἔφαγεν ἀπὸ τοῦ ξύλου ἐγνωκὼς
ὅτι οὐκ ἤμην ἔγγιστα αὐτῆς οὔτε οἱ ἅγιοι ἄγγελοι.
3 ἔπειτα ἔδωκε κἀμοὶ φαγεῖν.
- 8 -
1 καὶ ὀργίσθη ἡμῖν ὁ θεός. καὶ ἐλθὼν ἐν τῷ παραδείσῳ ὁ
δεσπότης ἔθηκε τὸν θρόνον αὐτοῦ καὶ ἐκάλεσε φωνῇ φοβερᾷ
λέγων Ἀδὰμ ποῦ εἶ καὶ ἵνα τί κρύβῃ σε ἀπὸ προσώπου
μου; μὴ δυνήσηται κρυβῆναι οἰκία τῷ οἰκοδομήσαντι
αὐτήν;
2 καὶ λέγει ἐπειδὴ ἐγκατέλιπας τὴν διαθήκην μου ὑπήνεγκα
τῷ σώματί σου ἑβδομήκοντα πληγάς. πρῶτον νόσος πληγὴ ὁ
βιασμὸς τῶν ὀφθαλμῶν. δεύτερον πληγῆς ἀκοῆς. καὶ οὕτως
καθεξῆς πᾶσαι αἱ πληγαὶ παρακολουθοῦσαι τῷ σώματι.
- 9 -
1 ταῦτα δὲ λέγων ὁ Ἀδὰμ τοῖς υἱοῖς αὐτοῦ ἀνεστέναξε μέγα
καὶ εἶπεν τί ποιήσω ὅτι ἐν μεγάλῃ λύπῃ εἰμί;
2 ἔκλαυσε δὲ ἡ Εὔα λέγουσα κύριέ μου Ἀδὰμ δός μοι τὸ
ἥμισυ τῆς νόσου σου καὶ ὑπενέγκω αὐτὸ ὅτι δι' ἐμὲ τοῦτό
σοι γέγονεν δι' ἐμὲ ἐν καμάτοις τυγχάνεις.
3 εἶπε δὲ Ἀδὰμ τῇ Εὔᾳ ἀνάστα καὶ πορεύου μετὰ τοῦ υἱοῦ
ἡμῶν Σὴθ πλησίον τοῦ παραδείσου καὶ ἐπίθετε γῆν ἐπὶ τὰς
κεφαλὰς ὑμῶν καὶ κλαύσατε δεόμενοι τοῦ θεοῦ ὅπως
σπλαγχνισθῇ ἐπ' ἐμοὶ καὶ ἀποστείλῃ τὸν ἄγγελον αὐτοῦ
εἰς τὸν παράδεισον καὶ δώσῃ μοι ἐκ τοῦ δένδρου ἐν ᾧ
ῥέει τὸ ἔλαιον ἐξ αὐτοῦ καὶ ἐνέγκῃς μοι καὶ ἀλείψωμαι
καὶ ἀναπαύσω περὶ τῆς νόσου μου καὶ δηλώσω σοι τὸν
τρόπον ἐν ᾧ ἠπατήθημεν τὸ πρότερον.
- 10 -
1 ἐπορεύθη δὲ Σὴθ καὶ ἡ Εὔα εἰς τὰ μέρη τοῦ παραδείσου

καὶ πορευομένων αὐτῶν εἶδεν ἡ Εὔα τὸν υἱὸν αὐτῆς καὶ
θηρίον πολεμοῦντα αὐτόν.
2 ἔκλαυσε δὲ ἡ Εὔα λέγουσα οἴμμοι οἴμμοι ὅτι ἐὰν ἔλθω εἰς
τὴν ἡμέραν τῆς ἀναστάσεως πάντες οἱ ἁμαρτήσαντες
καταράσονταί με λέγοντες ὅτι οὐκ ἐφύλαξεν ἡ Εὔα τὴν
ἐντολὴν τοῦ θεοῦ.
3 καὶ εἶπε πρὸς τὸ θηρίον ὦ θηρίον πονηρὸν οὐ φοβήσει τὴν
εἰκόνα τοῦ θεοῦ πολεμῆσαι αὐτήν; πῶς ἠνοίγη τὸ στόμα
σου; πῶς ἐνίσχυσαν οἱ ὀδόντες σου; πῶς οὐκ ἐμνήσθης τῆς
ὑποταγῆς σου ὅτι πρότερον ὑπετάγης τῇ εἰκόνι τοῦ θεοῦ;
- 11 -
1 τότε τὸ θηρίον ἐβόησε λέγων ὦ Εὔα οὐ πρὸς ἡμᾶς ἡ
πλεονεξία σου οὔτε ὁ κλαυθμός σου ἀλλὰ πρός σὲ ἐπειδὴ ἡ ἀρχὴ
τῶν θηρίων ἐκ σοῦ ἐγένετο.
2 πῶς ἠνοίγη τὸ στόμα σου φαγεῖν ἀπὸ τοῦ ξύλου περὶ οὗ
ἐνετείλατό σοι ὁ θεὸς μὴ φαγεῖν ἐξ αὐτοῦ; διὰ τοῦτο καὶ
ἡμῶν αἱ φύσεις μετηλλάγησαν. νῦν οὖν οὐ δυνήσει
ὑπενεγκεῖν ἐὰν ἀπάρξωμαι ἐλέγχειν σε.
- 12 -
1 λέγει ὁ Σὴθ πρὸς τὸ θηρίον κλεῖσαί σου τὸ στόμα καὶ
σίγα καὶ ἀπόστηθι ἀπὸ τῆς εἰκόνος τοῦ θεοῦ ἕως ἡμέρας
τῆς κρίσεως.
2 τότε λέγει τὸ θηρίον τῷ Σὴθ ἰδοὺ ἀφίσταμαι ἀπὸ τῆς
εἰκόνος τοῦ θεοῦ. τότε ἔφυγε τὸ θηρίον καὶ ἀφῆκεν αὐτὸν
πεπληγμένον καὶ ἐπορεύθη εἰς τὴν σκηνὴν αὐτοῦ.
- 13 -
1 ἐπορεύθη δὲ Σὴθ μετὰ Εὔας πλησίον τοῦ παραδείσου. καὶ
ἔκλαυσαν δεόμενοι τοῦ θεοῦ ὅπως ἀποστείλῃ τὸν ἄγγελον
αὐτοῦ καὶ δώσει αὐτοῖς τὸ ἔλαιον τοῦ ἐλέου.
2 καὶ ἀπέστειλε ὁ θεὸς Μιχαὴλ τὸν ἀρχάγγελον. καὶ εἶπεν
αὐτῷ Σὴθ ἄνθρωπε τοῦ θεοῦ μὴ κάμῃς εὐχόμενος ἐπὶ τῇ
ἱκεσίᾳ ταύτῃ περὶ τοῦ ξύλου ἐν ᾧ ῥέει τὸ ἔλαιον ἀλεῖψαι
τὸν πατέρα σου Ἀδάμ.
3 οὐ γενήσεται σοι νῦν ἀλλ' ἐπ' ἐσχάτων τῶν ἡμερῶν. τότε
ἀναστήσεται πᾶσα σὰρξ ἀπὸ Ἀδὰμ ἕως τῆς ἡμέρας ἐκείνης
τῆς μεγάλης ὅσοι ἔσονται λαὸς ἅγιος.
4 τότε αὐτοῖς δοθήσεται πᾶσα εὐφροσύνη τοῦ παραδείσου.
καὶ ἔσται ὁ θεὸς ἐν μέσῳ αὐτῶν
5 καὶ οὐκ ἔσονται ἔτι ἐξαμαρτάνοντες ἐνώπιον αὐτοῦ ὅτι
ἀρθήσεται ἀπ' αὐτῶν ἡ καρδία ἡ πονηρὰ καὶ δοθήσεται
αὐτοῖς καρδία συνετιζομένη τὸ ἀγαθὸν καὶ λατρεύειν θεῷ
μόνῳ.
6 σὺ δὲ πάλιν πορεύου πρὸς τὸν πατέρα σου ἐπειδὴ ἐπληρώθη
τὸ μέτρον τῆς ζωῆς αὐτοῦ εἴσω τριῶν ἡμερῶν. ἐξερχομένης
δὲ τῆς ψυχῆς αὐτοῦ μέλλεις θεάσασθαι τὴν ἄνοδον αὐτῆς
φοβεράν.
- 14 -
1 εἰπὼν δὲ ταῦτα ὁ ἄγγελος ἀπῆλθεν ἀπ' αὐτῶν. ἦλθε δὲ Σὴθ
καὶ ἡ Εὔα εἰς τὴν σκηνὴν ὅπου ἔκειτο ὁ Ἀδάμ.
2 λέγει δὲ Ἀδὰμ τῇ Εὔᾳ ὦ Εὔα τί κατειργάσω ἐν ἡμῖν;
ἐπήνεγκας ἐφ' ἡμᾶς ὀργὴν μεγάλην ἥτις ἐστὶ θάνατος
κατακυριεύων παντὸς τοῦ γένους ἡμῶν.
3 λέγει Ἀδὰμ τῇ Εὔᾳ κάλεσον πάντα τὰ τέκνα ἡμῶν καὶ τὰ
τέκνα τῶν τέκνων ἡμῶν καὶ ἀνάγγειλον αὐτοῖς τὸν τρόπον
τῆς παραβάσεως ἡμῶν.
- 15 -
1 τότε λέγει ἡ Εὔα πρὸς αὐτοὺς ἀκούσατε πάντα τὰ τέκνα
μου καὶ τὰ τέκνα τῶν τέκνων μου κἀγὼ ἀναγγελῶ ὑμῖν πῶς
ἠπάτησεν ἡμᾶς ὁ ἐχθρός.
2 ἐγένετο ἐν τῷ φυλάσσειν ἡμᾶς τὸν παράδεισον ἐφυλάττομεν
ἕκαστος ἡμῶν τὸ λαχόν τι αὐτῷ μέρος ἀπὸ τοῦ θεοῦ. ἐγὼ
δὲ ἐφύλαττον ἐν τῷ κλήρῳ μου νότον καὶ δύσιν.
3 ἐπορεύθη δὲ ὁ διάβολος εἰς τὸν κλῆρον τοῦ Ἀδὰμ ὅπου ἦν
τὰ θηρία ἐπειδὴ τὰ θηρία ἐμέρισεν ὁ θεός. τὰ ἀρσενικὰ
πάντα δέδωκε τῷ πατρὶ ὑμῶν καὶ τὰ θηλυκὰ πάντα δέδωκεν
ἐμοί. καὶ ἕκαστος ἡμῶν τὸ ἑαυτοῦ ἐτήρει.
- 16 -
1 καὶ ἐλάλησε τῷ ὄφει ὁ διάβολος λέγων ἀνάστα ἐλθὲ πρός
με καὶ εἴπω σοι ῥῆμα ἐν ᾧ ὠφεληθῇς.
2 καὶ ἀναστὰς ἦλθε πρὸς αὐτὸν καὶ λέγει αὐτῷ ὁ διάβολος
ἄκουω ὅτι φρονιμώτερος εἶ ὑπὲρ πάντα τὰ θηρία. ἐγὼ δὲ
ἦλθον κατανοῆσαί σε. εὗρον δέ σε μείζονα πάντων τῶν
θηρίων. καὶ ὁμιλῶ σοι. ὅμως προσκυνεῖς τὸν
ἐλαχιστότερον.
3 διὰ τί ἐσθίεις ἐκ τῶν ζιζανίων τοῦ Ἀδὰμ καὶ τῆς
γυναικὸς αὐτοῦ καὶ οὐχὶ ἐκ τοῦ παραδείσου; ἀνάστα καὶ
ποιήσωμεν αὐτὸν ἐκβληθῆναι ἐκ τοῦ παραδείσου ὡς καὶ
ἡμεῖς ἐξεβλήθημεν δι' αὐτοῦ.
4 λέγει αὐτῷ ὁ ὄφις φοβοῦμαι μήποτε ὀργισθῇ μοι ὁ θεός.
5 λέγει αὐτῷ ὁ διάβολος μὴ φοβοῦ γενοῦ μοι σκεῦος κἀγὼ
λαλήσω διὰ στόματός σου ῥήματα πρὸς τὸ ἐξαπατῆσαι
αὐτούς.
- 17 -
1 καὶ εὐθέως ἐκρεμάσθη ἐκ τῶν τειχέων τοῦ παραδείσου. καὶ
ὅτε ἀνῆλθον οἱ ἄγγελοι τοῦ θεοῦ προσκυνῆσαι τότε ὁ
Σατανᾶς ἐγένετο ἐν εἴδει ἀγγέλου καὶ ὕμνει τὸν θεὸν
καθάπερ οἱ ἄγγελοι.
2 καὶ παρέκυψεν ἐκ τοῦ τείχους καὶ ἴδον αὐτὸν ὅμοιον
ἀγγέλου. καὶ λέγει μοι σὺ εἶ ἡ Εὔα; καὶ εἶπον αὐτῷ ἐγώ
εἰμι. καὶ λέγει μοι τί ποιεῖς ἐν τῷ παραδείσῳ;
3 καὶ εἶπον αὐτῷ ὁ θεὸς ἔθετο ἡμᾶς ὥστε φυλάσσειν καὶ
ἐσθίειν ἐξ αὐτοῦ.
4 ἀπεκρίθη ὁ διάβολος διὰ στόματος τοῦ ὄφεως καλῶς
ποιεῖτε ἀλλ' οὐκ ἐσθίετε ἀπὸ παντὸς φυτοῦ.
5 κἀγὼ εἶπον ναὶ ἀπὸ πάντων ἐσθίομεν παρὲξ ἑνὸς μόνου ὃ
ἐστι μέσον τοῦ παραδείσου περὶ οὗ ἐνετείλατο ἡμῖν ὁ
θεὸς μὴ ἐσθίειν ἐξ αὐτοῦ ἐπεὶ θανάτῳ ἀποθανεῖτε.
- 18 -
1 τότε λέγει μοι ὁ ὄφις ζῇ ὁ θεὸς ὅτι λυποῦμαι περὶ ὑμῶν
ὅτι ὡς κτήνη ἐστέ. οὐ γὰρ θέλω ὑμᾶς ἀγνοεῖν. δεῦρο οὖν
καὶ φάγε καὶ νόησον τὴν τιμὴν τοῦ ξύλου.
2 ἐγὼ δὲ εἶπον αὐτῷ φοβοῦμαι μήποτε ὀργισθῇ μοι ὁ θεὸς

καθὼς εἶπεν ἡμῖν.

3 καὶ λέγει μοι μὴ φοβοῦ. ἅμα γὰρ φάγῃς ἀνοιχθήσονταί σου
   οἱ ὀφθαλμοὶ καὶ ἔσεσθε ὡς θεοὶ γινώσκοντες τί ἀγαθὸν
   καὶ τί πονηρόν.

4 τοῦτο δὲ γινώσκων ὁ θεὸς ὅτι ἔσεσθε ὅμοιοι αὐτοῦ
   ἐφθόνησεν ὑμῖν καὶ εἶπεν οὐ φάγεσθαι ἐξ αὐτοῦ.

5 σὺ δὲ πρόσχες τῷ φυτῷ καὶ ὄψει δόξαν μεγάλην. ἐγὼ δὲ
   προσέσχον τῷ φυτῷ καὶ ἴδον δόξαν μεγάλην περὶ αὐτοῦ.
   εἶπον δὲ αὐτῷ ὅτι ὡραῖον τοῖς ὀφθαλμοῖς. ἐφοβήθην δὲ
   λαβεῖν ἀπὸ τοῦ καρποῦ καὶ λέγει μοι δεῦρο δώσω σοι
   ἀκολούθει μοι.

- 19 -

1 ἤνοιξα δὲ καὶ εἰσῆλθεν ἔσω εἰς τὸν παράδεισον. καὶ
   διώδευσεν ἔμπροσθέν μου. καὶ περιπατήσας ὀλίγον ἐστράφη
   καὶ λέγει μοι μεταμεληθεὶς οὐ δώσω σοι φαγεῖν. ταῦτα
   εἶπε θέλων εἰς τέλος δελεάσαι με. καὶ λέγει μοι ἐὰν μὴ
   ὁμόσῃς μοι οὐ δίδης καὶ τῷ ἀνδρί σου.

2 ἐγὼ δὲ εἶπον αὐτῷ ὅτι οὐ γινώσκω ποίῳ ὅρκῳ ὁμόσω σοι.
   πλὴν ὃ οἶδα λέγω σοι μὰ τὸν θρόνον τοῦ δεσπότου καὶ τὰ
   Χερουβὶμ καὶ τὸ ξύλον τῆς ζωῆς ὅτι δώσω καὶ τῷ ἀνδρί
   μου.

3 ὅτε δὲ ἔλαβεν ἀπ' ἐμοῦ τὸν ὅρκον τότε ἦλθε καὶ ἐπέβη
   ἐπ' αὐτὸν καὶ ἔθετο ἐπὶ τὸν καρπὸν ὃν ἔδωκε μοι φαγεῖν
   τὸν ἰὸν τῆς κακίας αὐτοῦ τοῦτ' ἔστι τῆς ἐπιθυμίας.
   ἐπιθυμία γάρ ἐστι κεφαλὴ πάσης ἁμαρτίας. καὶ κλίνας τὸν
   κλάδον ἐπὶ τὴν γῆν ἔλαβον ἀπὸ τοῦ καρποῦ καὶ ἔφαγον.

- 20 -

1 καὶ ἐν αὐτῇ τῇ ὥρᾳ ἠνεώχθησαν οἱ ὀφθαλμοί μου καὶ ἔγνων
   ὅτι γυμνὴ ἤμην τῆς δικαιοσύνης ἧς ἤμην ἐνδεδυμένη.

2 καὶ ἔκλαυσα λέγουσα τί τοῦτο ἐποίησας ὅτι ἀπηλλοτριώθην
   ἐκ τῆς δόξης μου ἧς ἤμην ἐνδεδυμένη.

3 ἔκλαιον δὲ καὶ περὶ τοῦ ὅρκου. ἐκεῖνος δὲ κατῆλθεν ἀπὸ
   τοῦ φυτοῦ καὶ ἄφαντος ἐγένετο.

4 ἐγὼ δὲ ἐζήτουν ἐν τῷ μέρει μου φύλλα ὅπως καλύψω τὴν
   αἰσχύνην μου καὶ οὐχ εὗρον. ἅπαντα γὰρ τὰ φυτὰ τοῦ ἐμοῦ
   μέρους κατερρύη τὰ φύλλα παρὲξ τοῦ σύκου μόνου.

5 λαβοῦσα δὲ φύλλα ἀπ' συκῆς ἐποίησα ἐμαυτῇ περιζώματα
   καὶ ἔστι παρὰ τὸ φυτὸν ἐξ οὗ ἔφαγον.

- 21 -

1 καὶ ἐβόησα αὐτῇ τῇ ὥρᾳ λέγουσα Ἀδὰμ Ἀδὰμ ποῦ εἶ;
   ἀνάστα ἐλθὲ πρός με καὶ δείξω σοι μέγα μυστήριον.

2 ὅτε δὲ ἦλθεν ὁ πατὴρ ὑμῶν εἶπον αὐτῷ λόγους παρανομίας
   οἵτινες κατήγαγον ἡμᾶς ἀπὸ μεγάλης δόξης.

3 ἅμα γὰρ ἦλθεν ἠνοίγη τὸ στόμα καὶ ὁ διάβολος ἐλάλει καὶ
   ἠρξάμην νουθετεῖν αὐτὸν λέγουσα δεῦρο κύριέ μου Ἀδὰμ
   ἐπάκουσόν μου καὶ φάγε ἀπὸ τοῦ καρποῦ τοῦ δένδρου οὗ
   εἶπεν ἡμῖν ὁ θεὸς τοῦ μὴ φαγεῖν ἀπ' αὐτοῦ καὶ ἔσει ὡς
   θεός.

4 καὶ ἀποκριθεὶς ὁ πατὴρ ὑμῶν εἶπεν φοβοῦμαι μήποτε
   ὀργισθῇ μοι ὁ θεός. ἐγὼ δὲ εἶπον μὴ φοβοῦ ἅμα γὰρ φάγῃς
   ἔσει γινώσκων καλὸν καὶ πονηρόν.

5 καὶ τότε ταχέως πεῖσσα αὐτὸν ἔφαγεν. καὶ ἠνεώχθησαν
   αὐτοῦ οἱ ὀφθαλμοὶ καὶ ἔγνω τὴν γύμνωσιν αὐτοῦ.

6 καὶ λέγει μοι ὦ γύναι πονηρά τί κατειργάσω ἐν ἡμῖν;
   ἀπηλλοτρίωσάς με ἐκ τῆς δόξης τοῦ θεοῦ.

- 22 -

1 καὶ αὐτῇ τῇ ὥρᾳ ἠκούσαμεν τοῦ ἀρχαγγέλου Μιχαὴλ
   σαλπίζοντος ἐν τῇ σάλπιγγι αὐτοῦ καὶ καλοῦντος τοὺς
   ἀγγέλους καὶ λέγοντος.

2 τάδε λέγει κύριος ἔλθατε μετ' ἐμοῦ εἰς τὸν παράδεισον
   καὶ ἀκούσατε τοῦ κρίματος ἐν ᾧ κρινῶ τὸν Ἀδάμ. καὶ ὡς
   ἠκούσαμεν τοῦ ἀρχαγγέλου σαλπίζοντος εἴπομεν ἰδοὺ ὁ
   θεὸς εἰς τὸν παράδεισον ἔρχεται κρῖναι ἡμᾶς. ἐφοβήθημεν
   δὲ καὶ ἐκρύβημεν.

3 καὶ ἦλθεν ὁ θεὸς εἰς τὸν παράδεισον ἐπιβεβηκὼς ἐπὶ
   ἅρματος Χερουβὶμ καὶ οἱ ἄγγελοι ὑμνοῦντες αὐτόν. ἐν ᾧ
   δὲ ἦλθεν ὁ θεὸς εἰς τὸν παράδεισον ἐξήνθησαν τὰ φυτὰ
   τοῦ κλήρου τοῦ Ἀδὰμ καὶ τὰ ἐμὰ πάντα ἐστερεῖτο.

4 καὶ ὁ θρόνος τοῦ θεοῦ ἐστηρίζετο ὅπου ἦν τὸ ξύλον τῆς
   ζωῆς.

- 23 -

1 καὶ ἐκάλεσεν ὁ θεὸς τὸν Ἀδὰμ λέγων Ἀδὰμ ποῦ ἐκρύβης;
   νομίζεις ὅτι οὐχ εὑρίσκω σε; μὴ κρυβήσεται οἶκος τῷ
   οἰκοδομήσαντι αὐτόν;

2 τότε ἀποκριθεὶς ὁ πατὴρ ὑμῶν εἶπεν οὐχὶ κύριέ μου οὐ
   κρυβόμεθά σε ὡς νομίζοντες ὅτι οὐχ εὑρισκόμεθα ὑπὸ σοῦ
   ἀλλὰ φοβοῦμαι ὅτι γυμνός εἰμι καὶ ᾐδέσθην τὸ κράτος σου
   δέσποτα.

3 λέγει αὐτῷ ὁ θεὸς τίς σοι ὑπέδειξεν ὅτι γυμνὸς εἶ εἰ μὴ
   ὅτι ἐγκατέλιπας τὴν ἐντολήν μου ἣν παρέδωκά σοι τοῦ
   φυλάξαι αὐτήν;

4 τότε Ἀδὰμ ἐμνήσθη τοῦ λόγου οὗ ἐλάλησα αὐτῷ ὅτε ἤθελον
   ἀπατῆσαι αὐτὸν ὅτι ἀκινδύνόν σε ποιήσω παρὰ τοῦ θεοῦ.

5 καὶ στραφεὶς πρός με εἶπεν τί τοῦτο ἐποίησας; κἀγὼ
   εἶπον ὅτι ὁ ὄφις ἠπάτησέ με.

- 24 -

1 καὶ λέγει ὁ θεὸς τῷ Ἀδὰμ ἐπειδὴ παρήκουσας τὴν ἐντολήν
   μου καὶ ἤκουσας τῆς γυναικός σου ἐπικατάρατος ἡ γῆ
   ἕνεκα σοῦ.

2 ἐργάσῃ αὐτὴν καὶ οὐ δώσει τὴν ἰσχὺν αὐτῆς. ἀκάνθας καὶ
   τριβόλους ἀνατελεῖ σοι καὶ ἐν ἱδρῶτι τοῦ προσώπου σου
   φάγῃ τὸν ἄρτον σου. ἔσει δὲ ἐν καμάτοις πολυτρόποις.
   καμῇ καὶ μὴ ἀναπαύσῃ. θλιβεὶς ἀπὸ πικρίας καὶ μὴ γεύσει
   γλυκύτητος.

3 θλιβεὶς ἀπὸ καύματος καὶ στενωθεὶς ἀπὸ ψύξεως. καὶ
   κοπιάσεις πολλὰ καὶ μὴ πλουτήσεις καὶ παχυνθήσει καὶ
   εἰς τέλος μὴ ὑπάρξεις. καὶ ὧν ἐκυρίευες θηρίων
   ἐπαναστήσονταί σοι ἐν ἀκαταστασίᾳ ὅτι τὴν ἐντολήν μου
   οὐκ ἐφύλαξας.

- 25 -

1 στραφεὶς δὲ πρός με ὁ κύριος λέγει ἐπειδὴ ἐπήκουσας τοῦ
   ὄφεως καὶ παρήκουσας τὴν ἐντολήν μου ἔσει ἐν καμάτοις

καὶ ἐν πόνοις ἀφορήτοις.

2 τέξει τέκνα ἐν πολλοῖς τρόποις καὶ ἐν μιᾷ ὥρᾳ ἔλθεις
   τοῦ τεκεῖν καὶ ἀπολέσεις τὴν ζωήν σου ἐκ τῆς ἀνάγκης
   σου τῆς μεγάλης καὶ τῶν ὀδυνῶν.

3 ἐξομολογήσει δὲ καὶ εἴπεις κύριε κύριε σῶσόν με καὶ οὐ
   μὴ ἐπιστρέψω εἰς τὴν ἁμαρτίαν τῆς σαρκὸς ἀλλὰ καὶ πάλιν
   ἐπιστρέψεις.

4 διὰ τοῦτο ἐκ τῶν λόγων σου κρινῶ σε διὰ τὴν ἔχθραν ἣν
   ἔθετο ὁ ἐχθρὸς ἐν σοί. στραφήσει δὲ πάλιν πρὸς τὸν
   ἄνδρα σου καὶ αὐτός σου κυριεύσει.

- 26 -

1 μετὰ δὲ τὸ εἰπεῖν μοι ταῦτα εἶπεν τῷ ὄφει ἐν ὀργῇ
   μεγάλῃ λέγων ἐπειδὴ ἐποίησας τοῦτο καὶ ἐγένου σκεῦος
   ἀχάριστον ἕως ἂν πλανήσῃς τοὺς παρειμένους τῇ καρδίᾳ
   ἐπικατάρατος σὺ ἐκ πάντων τῶν κτηνῶν.

2 στερηθήσει τῆς τροφῆς σου ἧς ἤσθιες καὶ χοῦν φάγει
   πάσας τὰς ἡμέρας τῆς ζωῆς σου. ἐπὶ τῷ στήθει καὶ τῇ
   κοιλίᾳ πορεύσει ὑστερηθεὶς καὶ χειρῶν καὶ ποδῶν σου.

3 οὐκ ἀφεθήσεταί σοι ὠτίον οὔτε πτέρυξ οὔτε ἓν μέλος
   τούτων ὧν σὺ ἐδελέασας ἐν τῇ κακίᾳ σου καὶ ἐποίησας
   αὐτοὺς ἐκβληθῆναι ἐκ τοῦ παραδείσου.

4 καὶ θήσω ἔχθραν ἀνὰ μέσον σου καὶ ἀνὰ μέσον τοῦ
   σπέρματος αὐτῶν. αὐτός σου τηρήσει κεφαλήν καὶ σὺ
   ἐκείνου πτέρναν ἕως τῆς ἡμέρας τῆς κρίσεως.

- 27 -

1 ταῦτα εἰπὼν κελεύει τοῖς ἀγγέλοις αὐτοῦ ἐκβληθῆναι ἡμᾶς
   ἐκ τοῦ παραδείσου.

2 ἐλαυνομένων δὲ ἡμῶν καὶ ὀδυρομένων παρεκάλεσεν ὁ πατὴρ
   ὑμῶν Ἀδὰμ τοὺς ἀγγέλους λέγων ἐάσατέ με μικρὸν ὅπως
   παρακαλέσω τὸν θεὸν καὶ σπλαγχνισθῇ καὶ ἐλεήσῃ με ὅτι
   ἐγὼ μόνος ἥμαρτον.

3 αὐτοὶ δὲ ἐπαύσαντο τοῦ ἐλαύνειν αὐτόν. ἐβόησεν δὲ Ἀδὰμ
   μετὰ κλαυθμοῦ λέγων συγχώρησόν μοι κύριε ὃ ἐποίησα.

4 τότε λέγει ὁ κύριος τοῖς ἀγγέλοις αὐτοῦ τί ἐπαύσασθε
   ἐκβάλλοντες τὸν Ἀδὰμ ἐκ τοῦ παραδείσου; μὴ ἐμόν ἐστι
   τὸ ἁμάρτημα ἢ κακῶς ἔκρινα;

5 τότε οἱ ἄγγελοι πεσόντες ἐπὶ τὴν γῆν προσεκύνησαν τῷ
   κυρίῳ λέγοντες δίκαιος εἶ κύριε καὶ εὐθύτητας κρίνεις.

- 28 -

1 στραφεὶς δὲ πρὸς τὸν Ἀδὰμ εἶπεν οὐκ ἀφήσω σε ἀπὸ τοῦ
   νῦν εἶναι ἐν τῷ παραδείσῳ.

2 καὶ ἀποκριθεὶς ὁ Ἀδὰμ εἶπεν κύριε δός μοι ἐκ τοῦ φυτοῦ
   τῆς ζωῆς ἵνα φάγω πρὶν ἢ ἐκβληθῆναί με.

3 τότε ὁ κύριος ἐλάλησεν πρὸς τὸν Ἀδὰμ οὐ λήψει νῦν ἀπ'
   αὐτοῦ. ὡρίσθη γὰρ τῷ Χερουβὶμ καὶ τῇ φλογίνῃ ῥομφαίᾳ τῇ
   στρεφομένῃ φυλάσσειν αὐτὸ διὰ σέ ὅπως μὴ γεύσῃ ἀπ'
   αὐτοῦ καὶ ἀθάνατος ἔσῃ εἰς τὸν αἰῶνα.

4 ἔχεις δὲ τὸν πόλεμον ὃν ἔθετο ὁ ἐχθρὸς ἐν σοί. ἀλλ'
   ἐξερχομένου σου ἐκ τοῦ παραδείσου ἐὰν φυλάξεις ἑαυτὸν
   ἀπὸ παντὸς κακοῦ ὡς βουλόμενος ἀποθανεῖν ἀναστάσεως
   πάλιν γενομένης ἀναστήσω σε καὶ δοθήσεταί σοι ἐκ τοῦ
   ξύλου τῆς ζωῆς καὶ ἀθάνατος ἔσει εἰς τὸν αἰῶνα.

- 29 -

1 ταῦτα εἰπὼν ὁ κύριος ἐκέλευσεν τοῖς ἀγγέλοις αὐτοῦ
   ἐκβληθῆναι ἡμᾶς ἐκ τοῦ παραδείσου.

2 ἔκλαυσε δὲ ὁ πατὴρ ὑμῶν ἔμπροσθεν τῶν ἀγγέλων ἀπέναντι
   τοῦ παραδείσου καὶ λέγουσιν οἱ ἄγγελοι αὐτῷ τί θέλεις
   ποιήσωμέν σοι Ἀδάμ;

3 ἀποκριθεὶς δὲ ὁ πατὴρ ὑμῶν εἶπεν τοῖς ἀγγέλοις ἰδοὺ
   ἐκβάλλετέ με δέομαι ὑμῶν ἄφετέ με ἆραι εὐωδίας ἐκ τοῦ
   παραδείσου ἵνα μετὰ τὸ ἐξελθεῖν με ἀνενέγκω θυσίαν τῷ
   θεῷ ὅπως εἰσακούσεται μου ὁ θεός.

4 καὶ προσελθόντες εἶπον οἱ ἄγγελοι τῷ κυρίῳ Ἰαὴλ αἰώνιε
   βασιλεῦ κέλευσον δοθῆναι τῷ Ἀδὰμ θυμιάματα εὐώδιας ἐκ
   τοῦ παραδείσου.

5 καὶ ἐκέλευσεν ὁ θεὸς ἐλθεῖναι τὸν Ἀδὰμ ἵνα λάβῃ εὐώδιας
   καὶ σπέρματα εἰς διατροφὴν αὐτοῦ.

6 καὶ ἀφέντες αὐτὸν οἱ ἄγγελοι ἔλαβεν τέσσαρα γένη κρόκον
   καὶ νάρδον καὶ κάλαμον καὶ κινάμωμον καὶ ἕτερα σπέρματα
   εἰς διατροφὴν αὐτοῦ. καὶ λαβὼν ταῦτα ἐξῆλθεν ἐκ τοῦ
   παραδείσου καὶ ἐγενόμεθα ἐπὶ τῆς γῆς.

7 ἐγένετο δὲ ἡμᾶς πενθῆσαι ἡμέρας ἑπτά. καὶ μετὰ ἑπτὰ
   ἡμέρας ἐπεινάσαμεν. καὶ εἶπον τῷ Ἀδὰμ ἀνάστα καὶ
   φρόντισον ἡμῖν βρώματα ἵνα φάγωμεν καὶ ζήσωμεν ἵνα μὴ
   ἀποθάνωμεν. ἐγερθέντες καὶ κυκλώσαμεν τὴν γῆν εἰ οὕτως
   εἰσακούσῃ ἡμῶν ὁ θεός. καὶ ἀνέστημεν καὶ διωδεύσαμεν
   πᾶσαν τὴν γῆν ἐκείνην καὶ οὐχ εὕρομεν.

8 καὶ ἀποκριθεῖσα εἶπον τῷ Ἀδὰμ ἀνάστα κύριέ μου καὶ
   ἀνάλωσόν με ἵνα ἀναπαύσωμαι ἀπὸ προσώπου σου καὶ ἀπὸ
   προσώπου τοῦ θεοῦ καὶ ἀπὸ προσώπου τῶν ἀγγέλων ὅπως
   παύσωνται ἐφ' ἡμᾶς ὀργιζόμενοί σου δι' ἐμέ.

9 τότε ἀποκριθεὶς ὁ Ἀδὰμ εἶπεν μοι τί ἐμνήσθης τῆς
   κακίας ταύτης ἵνα φόνον ποιήσω καὶ ἐνέγκω θάνατον τῇ
   ἐμῇ πλευρᾷ; ἢ πῶς ἐπενέγκω χεῖρά τῇ εἰκόνι τοῦ θεοῦ ἣν
   ἔπλασεν; ἀλλὰ μετανοήσωμεν ἡμέρας τεσσαράκοντα ὅπως
   σπλαγχνισθῇ ἡμῖν ὁ θεὸς καὶ δώσῃ ἡμῖν τροφὴν κρείσσονα
   τῆς τῶν θηρίων.

10 ἐγὼ μὲν ποιήσω ἡμέρας τεσσαράκοντα σὺ δὲ ἡμέρας
   τριάκοντα τέσσαρας ὅτι σὺ οὐκ ἐπλάσθης τῇ ἡμέρᾳ τῇ ἕκτῃ
   ἐν ᾗ ἐτέλεσεν ὁ θεὸς τὴν κτίσιν αὐτοῦ. ἀλλ' ἀνάστα καὶ
   πορεύου εἰς τὸν Τίγριν ποταμὸν καὶ λάβε λίθον καὶ θὲς
   ὑπὸ τοὺς πόδας σου καὶ στῆθι ἐνδεδυμένη ἐν τῷ ὕδατι ἕως
   τοῦ τραχήλου. καὶ μὴ ἐξέλθῃ λόγος ἐκ τοῦ στόματός σου
   ἀνάξιοι γάρ ἐσμεν καὶ τὰ χείλη ἡμῶν οὐκ ἔστι καθαρά.

11 ἐπορεύθη δὲ Ἀδὰμ εἰς τὸν Ἰορδάνην ποταμὸν καὶ ἡ θρὶξ
   τῆς κεφαλῆς αὐτοῦ ἤπλωτο εὐχομένου αὐτοῦ ἐν τῷ ὕδατι.
   καὶ ἔκραξε φωνῇ μεγάλῃ λέγων σοὶ λέγω τῷ ὕδατι τοῦ
   Ἰορδάνου στῆθι καὶ εὔχου ὁμοῦ καὶ πάντα τὰ θηρία καὶ
   πάντα τὰ πετεινὰ καὶ πάντα τὰ ἑρπετὰ τῆς γῆς καὶ
   θάλασσα. καὶ πάντες οἱ ἄγγελοι καὶ πάντα τὰ ποιήματα
   τοῦ θεοῦ ἐκύκλωσαν τὸν Ἀδὰμ ὡς τεῖχος κύκλῳ αὐτοῦ
   κλαίοντες καὶ προσευχόμενοι τῷ θεῷ ὑπὲρ τοῦ Ἀδὰμ ὅπως

εἰσακούσεται αὐτοῦ ὁ θεός.

12 ὁ δὲ διάβολος μὴ εὑρὼν τόπον εἰς τὸν Ἀδὰμ ἐπορεύθη εἰς
τὸν Τίγριν ποταμὸν πρός με. καὶ λαβὼν σχῆμα ἀγγέλου
ἔστη ἐνώπιόν μου κλαίων καὶ τὰ δάκρυα αὐτοῦ ἔρρεεν ἐπὶ
τὴν γῆν. καὶ λέγει μοι ἔξελθε ἐκ τοῦ ὕδατος καὶ παῦσαι
τοῦ κλαυθμοῦ. ἤκουσε γὰρ ὁ θεὸς τῆς δεήσεώς σου ὅτι καὶ
ἡμεῖς οἱ ἄγγελοι καὶ πάντα τὰ ποιήματα αὐτοῦ
παρεκαλέσαμεν τὸν θεὸν ὑπὲρ ὑμῶν.

13 καὶ ταῦτα εἰπὼν δεύτερον ἠπάτησέν με ὁ ἐχθρός. καὶ
ἐξέβην ἀπὸ τοῦ ὕδατος.
        - 30 -

1 νῦν οὖν τεκνία μου ἐδήλωσα ὑμῖν τὸν τρόπον ἐν ᾧ
ἠπατήθημεν. ὑμεῖς δὲ φυλάξατε ἑαυτοὺς μὴ ἐγκαταλιπεῖν
τὸ ἀγαθόν.
        - 31 -

1 ταῦτα δὲ εἰποῦσα ἐν μέσῳ τῶν υἱῶν αὐτῆς κοιμωμένου τοῦ
Ἀδὰμ ἐν τῇ νόσῳ αὐτοῦ ἄλλην δὲ εἶχεν μίαν ἡμέραν
ἐξελθεῖν ἐκ τοῦ σώματος αὐτοῦ.

2 καὶ λέγει τῷ Ἀδὰμ ἡ Εὔα διὰ τί ἀποθνήσκεις κἀγὼ ζῶ ἢ
πόσον χρόνον ἔχω ποιῆσαι μετὰ θάνατόν σου ἀνάγγειλόν
μοι;

3 τότε λέγει ὁ Ἀδὰμ τῇ Εὔᾳ μὴ θέλε φροντίζειν περὶ
πραγμάτων οὐ γὰρ βραδυνεῖς ἀπ' ἐμοῦ ἀλλ' ἴσα
ἀποθνήσκομεν ἀμφότεροι καὶ αὐτὴ τεθήσει εἰς τὸν τόπον
τὸν ἐμόν. κἂν ἀποθάνω καταλειψόν με καὶ μηδείς μου
ἅψηται ἕως οὗ ἄγγελος λαλήσει τι περὶ ἐμοῦ.

4 οὐ γὰρ ἐπιλήσεταί μου ὁ θεὸς ἀλλὰ ζητήσει τὸ ἴδιον
σκεῦος ὃ ἔπλασεν. ἀνάστα μᾶλλον εὖξαι τῷ θεῷ ἕως οὗ
ἀποδῶσω τὸ πνεῦμά μου εἰς τὰς χεῖρας τοῦ δεδωκότος μοι
αὐτὸ διότι οὐκ οἴδαμεν πῶς ἀπαντήσωμεν τοῦ ποιήσαντος
ἡμᾶς ἢ ὀργισθῇ ἡμῖν ἢ ἐπιστρέψῃ τοῦ ἐλεῆσαι ἡμᾶς.
        - 32 -

1 τότε ἀνέστη ἡ Εὔα καὶ ἐξῆλθεν ἔξω. καὶ πεσοῦσα ἐπὶ τὴν
γῆν ἔλεγεν

2 ἥμαρτον ὁ θεὸς ἥμαρτον ὁ πατὴρ τῶν ἁπάντων ἥμαρτον σοι
ἥμαρτον εἰς τοὺς ἐκλεκτούς σου ἀγγέλους ἥμαρτον εἰς τὰ
Χερουβὶμ ἥμαρτον εἰς τὸν ἀσάλευτόν σου θρόνον ἥμαρτον
κύριε ἥμαρτον πολλὰ ἥμαρτον ἐναντίον σου καὶ πᾶσα
ἁμαρτία δι' ἐμὲ γέγονεν ἐν τῇ κτίσει.

3 ἔτι εὐχομένης τῆς Εὔας ἐπὶ τὰ γόνατα αὐτῆς οὔσης ἰδοὺ
ἦλθεν πρὸς αὐτὴν ὁ ἄγγελος τῆς ἀνθρωπότητος καὶ
ἀνέστησεν αὐτὴν λέγων

4 ἀνάστα Εὔα ἐκ τῆς μετανοίας σου. ἰδοὺ γὰρ ὁ Ἀδὰμ ὁ
ἀνήρ σου ἐξῆλθεν ἀπὸ τοῦ σώματος αὐτοῦ. ἀνάστα καὶ ἴδε
τὸ πνεῦμα αὐτοῦ ἀναφερόμενον εἰς τὸν ποιήσαντα αὐτὸν
τοῦ ἀπαντῆσαι αὐτῷ.
        - 33 -

1 ἀναστᾶσα δὲ Εὔα ἐπέβαλεν τὴν χεῖρα αὐτῆς ἐπὶ τὸ
πρόσωπον αὐτοῦ. καὶ λέγει αὐτῇ ὁ ἄγγελος ἆρον καὶ αὐτὴν
ἀπὸ τῶν γηΐνων.

2 καὶ ἀτενίσασα εἰς τὸν οὐρανὸν ἴδεν ἅρμα φωτὸς ἐρχόμενον
ὑπὸ τεσσάρων ἀετῶν λαμπρῶν ὃ οὐκ ἦν δυνατὸν γεννηθῆναι
ἀπὸ κοιλίας ἢ εἰπεῖν τὴν δόξαν αὐτῶν ἢ ἰδεῖν τὸ
πρόσωπον αὐτῶν καὶ ἀγγέλους προάγοντας τὸ ἅρμα.

3 ὅτε δὲ ἦλθεν ὅπου ἔκειτο ὁ πατὴρ ὑμῶν Ἀδὰμ ἔστη τὸ
ἅρμα καὶ τὰ Σεραφὶμ ἀνὰ μέσον τοῦ πατρὸς καὶ τοῦ
ἅρματος.

4 ἴδον δὲ ἐγὼ θυμιατήρια χρυσᾶ καὶ τρεῖς φιάλας. καὶ ἰδοὺ
πάντες οἱ ἄγγελοι μετὰ λιβάνου καὶ θυμιατήρια ἦλθον ἐν
σπουδῇ ἐπὶ τὸ θυσιαστήριον καὶ ἐνεφύσων αὐτά. καὶ ἡ
ἀτμὶς τοῦ θυμιάματος ἐκάλυψεν τὰ στερεώματα.

5 καὶ προσέπεσαν οἱ ἄγγελοι τῷ θεῷ βοῶντες καὶ λέγοντες
Ἰαὴλ ἅγιε συγχώρησον ὅτι εἰκών σού ἐστιν καὶ ποίημα
τῶν χειρῶν σου τῶν ἁγίων.
        - 34 -

1 καὶ αὖθις ἴδον ἐγὼ Εὔα δύο μεγάλα καὶ φοβερὰ μυστήρια
ἐνώπιον τοῦ θεοῦ καὶ ἔκλαυσα ἐκ τοῦ φόβου καὶ ἐβόησα
πρὸς τὸν υἱόν μου Σὴθ λέγουσα

2 ἀνάστα Σὴθ ἐκ τοῦ σώματος τοῦ πατρός σου καὶ ἐλθὲ πρός
με καὶ ἴδε ἃ οὐκ εἶδεν ὀφθαλμός ποτε τινὸς καὶ πῶς
δέονται ὑπὲρ τοῦ πατρός σου Ἀδάμ.
        - 35 -

1 τότε ἀνέστη Σὴθ καὶ ἦλθεν πρὸς τὴν μητέρα αὐτοῦ καὶ
λέγει αὐτῇ διὰ τί κλαίεις;

2 καὶ λέγει αὐτῷ ἀνάβλεψον τοῖς ὀφθαλμοῖς σου καὶ ἴδε τὰ
ἑπτὰ στερεώματα ἀνεῳγμένα καὶ πῶς κεῖται τὸ σῶμα τοῦ
πατρός σου ἐπὶ πρόσωπον καὶ πάντες οἱ ἄγγελοι μετ'
αὐτοῦ εὐχόμενοι ὑπὲρ αὐτοῦ καὶ λέγοντες συγχώρησον αὐτῷ
ὁ πατὴρ τῶν ὅλων ὅτι εἰκών σού ἐστιν.

3 ἆρα δὲ τέκνον μου Σὴθ τί ἐστιν μοι; πότε παραδοθήσεται
εἰς τὰς χεῖρας τοῦ ἀοράτου θεοῦ ἡμῶν;

4 τίνες δέ εἰσιν υἱέ μου Σὴθ οἱ δύο αἰθίοπες οἱ
παριστάμενοι ἐπὶ τὴν προσευχὴν τοῦ πατρός σου;
        - 36 -

1 λέγει δὲ Σὴθ τῇ μητρὶ αὐτοῦ ὅτι εἰσὶν ὁ ἥλιος καὶ ἡ
σελήνη καὶ αὐτοὶ προσπίπτοντες καὶ εὐχόμενοι ὑπὲρ τοῦ
πατρός μου Ἀδάμ.

2 λέγει αὐτῷ ἡ Εὔα καὶ ποῦ ἐστιν τὸ φῶς αὐτῶν καὶ διὰ τί
γεγόνασι μελανοειδεῖς;

3 καὶ λέγει αὐτῇ Σὴθ οὐκ ἀπέστη τὸ φῶς αὐτῶν ἀλλ' οὐ
δύνανται φαίνειν ἐνώπιον τοῦ φωτὸς τῶν ὅλων τοῦ πατρὸς
τῶν φώτων καὶ διὰ τοῦτο ἐκρύβη τὸ φῶς ἀπ' αὐτῶν.
        - 37 -

1 λέγοντος δὲ τοῦ Σὴθ ταῦτα πρὸς τὴν μητέρα αὐτοῦ Εὔαν
ἰδοὺ ἐσάλπισεν ὁ ἄγγελος καὶ ἀνέστησαν πάντες οἱ
ἄγγελοι οἱ ἐπ' ὄψεσιν κείμενοι καὶ ἐβόησαν φωνῇ
φοβερὰν λέγοντες

2 εὐλογητὴ ἡ δόξα κυρίου ἀπὸ ποιημάτων αὐτοῦ ὅτι
ἠλέησεν τὸ πλάσμα τῶν χειρῶν αὐτοῦ Ἀδάμ.

3 ὅτε δὲ εἶπον τὰς φωνὰς ταύτας οἱ ἄγγελοι ἰδοὺ ἦλθεν ἓν
τῶν Σεραφὶμ ἑξαπτερύγων καὶ ἥρπασεν τὸν Ἀδὰμ καὶ
ἀπήγαγεν αὐτὸν εἰς τὴν Ἀχερουσίαν λίμνην καὶ ἀπέλουσεν

αὐτὸν τρίτον καὶ ἤγαγεν αὐτὸν ἐνώπιον τοῦ θεοῦ.

4 ἐποίησεν δὲ τρεῖς ὥρας κείμενος καὶ μετὰ ταῦτα
ἐξέτεινεν τὴν χεῖρα αὐτοῦ ὁ πατὴρ τῶν ὅλων καθήμενος
ἐπὶ θρόνου αὐτοῦ καὶ ἦρεν τὸν Ἀδὰμ καὶ παρέδωκεν αὐτὸν
τῷ ἀρχαγγέλῳ Μιχαὴλ λέγων

5 ἆρον αὐτὸν εἰς τὸν παράδεισον ἕως τρίτου οὐρανοῦ καὶ
ἄφες αὐτὸν ἐκεῖ ἕως τῆς ἡμέρας ἐκείνης τῆς μεγάλης τῆς
οἰκονομίας ἧς ποιήσω εἰς τὸν κόσμον.

6 τότε ὁ Μιχαὴλ ἦρεν τὸν Ἀδὰμ καὶ ἀφῆκεν αὐτὸν ὅπου
εἶπεν αὐτῷ ὁ θεός. καὶ πάντες οἱ ἄγγελοι ὕμνουν ὕμνον
ἀγγελικὸν θαυμάζοντες ἐπὶ τῇ συγχωρήσει τοῦ Ἀδάμ.
        - 38 -

1 μετὰ δὲ τὴν γεγενομένην χαρὰν τοῦ Ἀδὰμ ἐβόησεν πρὸς
τὸν πατέρα ὁ ἀρχάγγελος Μιχαὴλ διὰ τὸν Ἀδάμ.

2 καὶ ἐλάλησεν ὁ πατὴρ πρὸς αὐτὸν ἵνα συναχθῶσιν πάντες
οἱ ἄγγελοι ἐνώπιον τοῦ θεοῦ ἕκαστος κατὰ τὴν τάξιν
αὐτοῦ τινες μὲν ἔχοντες θυμιατήρια ἐν χερσὶν αὐτῶν
ἄλλοι δὲ κιθάρας καὶ φιάλας καὶ σάλπιγγας.

3 καὶ ἰδοὺ κύριος στρατιῶν ἐπέβη καὶ τέσσαρες ἄνεμοι
εἷλκον αὐτὸν καὶ τὰ Χερουβὶμ ἐπέχοντα τοῖς ἀνέμοις καὶ
οἱ ἄγγελοι ἐκ τοῦ οὐρανοῦ προάγοντες αὐτὸν καὶ ἐλθόντες
ἐπὶ τὴν γῆν ὅπου ἦν τὸ σῶμα τοῦ Ἀδάμ.

4 καὶ ἦλθον εἰς τὸν παράδεισον καὶ ἐκινήθησαν πάντα τὰ
φυτὰ τοῦ παραδείσου ὡς πάντας ἀνθρώπους γεγεννημένους
ἐκ τοῦ Ἀδὰμ νυστάξαι ἀπὸ τῆς εὐωδίας χωρὶς τοῦ Σὴθ
μόνου ὅτι ἐγένετο καθορῶν τοῦ θεοῦ.
        - 39 -

1 καὶ ἦλθεν πρὸς τὸ σῶμα τοῦ Ἀδὰμ καὶ ἐλυπήθη σφόδρα ἐπ'
αὐτῷ. καὶ λέγει αὐτῷ ὁ θεός Ἀδὰμ τί τοῦτο ἐποίησας; εἰ
ἐφύλαξας τὴν ἐντολήν μου οὐκ ἂν ἔχαιρον οἱ κατάγοντές
σε εἰς τὸν τόπον τοῦτον.

2 πλὴν λέγω σοι ὅτι τὴν χαρὰν αὐτῶν ἐπιστρέψω εἰς λύπην
τὴν δὲ λύπην σου ἐπιστρέψω εἰς χαρὰν καὶ ἐπιστρέψω σε
εἰς τὴν ἀρχήν σου καὶ καθίσω σε εἰς τὸν θρόνον τοῦ
ἀπατήσαντός σε.

3 ἐκεῖνος δὲ τὸν καθίσαντα ἐπ' αὐτῷ πρὶν γένεσθαι αὐτὸν
ἐν ὑπερηφανίᾳ εἰσβληθήσεται εἰς τὸν τόπον τοῦτον ἵνα
ἴδῃ σε καθήμενον ἐπάνω αὐτοῦ. τότε κατακριθήσεται αὐτὸς
καὶ οἱ ἀκούσαντες αὐτοῦ καὶ λυπηθήσεται ὁρῶν σε
καθήμενον ἐπὶ τοῦ θρόνου αὐτοῦ.
        - 40 -

1 μετὰ ταῦτα εἶπεν ὁ θεὸς τῷ ἀρχαγγέλῳ Μιχαὴλ ἄπελθε εἰς
τὸν παράδεισον ἐν τῷ τρίτῳ οὐρανῷ καὶ ἔνεγκε τρεῖς
σινδόνας βυσσίνας καὶ συρικάς.

2 καὶ εἶπεν ὁ θεὸς τῷ Μιχαὴλ καὶ τῷ Γαβριὴλ καὶ τῷ Οὐριὴλ
στρώσατε σινδόνας καὶ σκεπάσατε τὸ σῶμα τοῦ Ἀδὰμ καὶ
ἐνεγκόντες ἔλαιον ἐκ τοῦ ἐλαίου τῆς εὐωδίας ἐκχέατε ἐπ'
αὐτόν. καὶ ἐκήδευσαν αὐτὸν οἱ τρεῖς μεγάλοι ἄγγελοι.

3 ὅτε δὲ ἐτέλεσαν κηδεύοντες τὸν Ἀδὰμ εἶπεν ὁ θεὸς
ἐνεχθῆναι καὶ τὸ σῶμα τοῦ Ἄβελ. καὶ ἐνεγκόντες ἄλλας
σινδόνας ἐκήδευσαν αὐτὸν

4 ἐπειδὴ ἀκήδευτος ἦν ἀφ' ἧς ἡμέρας ἐφόνευσεν αὐτὸν Κάϊν
ὁ ἀδελφὸς αὐτοῦ. καὶ πολλὰ ἐθέλησεν κρύψαι αὐτὸν ὁ Κάϊν
ἀλλ' οὐκ ἐδυνήθη ὅτι ἀνεπήδα τὸ σῶμα αὐτοῦ ἀπὸ τῆς γῆς.
καὶ ἐξήρχετο φωνὴ ἀπὸ τῆς γῆς λέγουσα

5 οὐ κρυβήσεται εἰς τὴν γῆν ἕτερον πλάσμα ἕως οὗ ἀφιέναι
μοι τὸ πρῶτον πλάσμα τὸ ἀρθὲν ἀπ' ἐμοῦ τὸν χοῦν ἐξ ἧς
ἐλήφθη. ἔλαβον δέ οἱ ἄγγελοι ἐν τῷ καιρῷ ἐκείνῳ καὶ
ἔθεντο αὐτὸν ἐπὶ τὴν πέτραν ἕως οὗ ἐτάφη Ἀδὰμ ὁ πατὴρ
αὐτοῦ.

6 καὶ προσέταξεν ὁ θεὸς μετὰ τὸ κηδεῦσαι καὶ τὸν Ἄβελ
ἆραι αὐτοὺς εἰς τὰ μέρη τοῦ παραδείσου εἰς τὸν τόπον
ὅπου ἦρεν χοῦν ὁ θεὸς καὶ ἔπλασεν τὸν Ἀδάμ. καὶ
ἐποίησεν ὀρυγῆναι τῶν δύο τὸν τόπον.

7 καὶ ἀπέστειλεν ὁ θεὸς ἑπτὰ ἀγγέλους εἰς τὸν παράδεισον
καὶ ἤγαγον εὐωδίας πολλὰς καὶ ἔθεντο αὐτὰς ἐν τῇ γῇ.
καὶ μετὰ ταῦτα ἔλαβον τὰ δύο σώματα καὶ ἔθαψαν αὐτὰ εἰς
τὸν τόπον εἰς ὃν ὤρυξαν καὶ ᾠκοδόμησαν αὐτοί.
        - 41 -

1 ἐκάλεσεν δὲ ὁ θεὸς τὸν Ἀδὰμ καὶ εἶπεν Ἀδὰμ Ἀδάμ.
ἀπεκρίθη τὸ σῶμα ἐκ τῆς γῆς καὶ εἶπεν ἰδοὺ ἐγὼ κύριε.

2 καὶ εἶπεν αὐτῷ ὁ θεὸς ὅτι εἶπόν σοι ὅτι γῆ εἶ καὶ εἰς
γῆν ἀπελεύσει. πάλιν τὴν ἀνάστασιν ἐπαγγέλομαί σοι
ἀναστήσω σε ἐν τῇ ἀναστάσει μετὰ παντὸς γένους ἀνθρώπων
τοῦ ἐκ τοῦ σπέρματός σου.
        - 42 -

1 μετὰ δὲ τὰ ῥήματα ταῦτα ἐποίησεν ὁ θεὸς σφραγῖδα
τρίγωνον καὶ ἐσφράγισεν τὸ μνημεῖον ἵνα μηδείς τι
ποιήσῃ αὐτῷ ἐν ταῖς ἓξ ἡμέραις ἕως οὗ ἀποστραφῇ ἡ
πλευρὰ αὐτοῦ πρὸς αὐτόν.

2 τότε ὁ κύριος καὶ οἱ ἄγγελοι ἐπορεύθησαν εἰς τὸν τόπον
αὐτῶν.

3 Εὔα δὲ καὶ αὐτὴ πληρωθέντων τῶν ἓξ ἡμερῶν ἐκοιμήθη. ἔτι
δὲ ζώσης αὐτῆς ἔκλαυσεν περὶ τῆς κοιμήσεως τοῦ Ἀδάμ.
οὐ γὰρ ἐγίνωσκεν ποῦ ἐτέθη ἐπειδὴ ἐν τῷ ἐλθεῖν τὸν
κύριον ἐπὶ τὸν παράδεισον τοῦ κηδεῦσαι τὸν Ἀδὰμ
ἐκοιμήθησαν ἅπαντες ἕως οὗ ἐτέλεσεν τοῦ κηδεῦσαι τὸν
Ἀδὰμ πλὴν τοῦ Σὴθ μόνου καὶ οὐδεὶς ἐγίνωσκεν ἐπὶ τῆς
γῆς πλὴν τοῦ υἱοῦ αὐτῆς Σήθ.

4 καὶ προσηύξατο Εὔα κλαίουσα ἵνα ταφῇ εἰς τὸν τόπον ὅπου
ἦν Ἀδὰμ ὁ ἀνὴρ αὐτῆς. μετὰ δὲ τὸ τελέσαι αὐτῆς τὴν
εὐχὴν λέγει

5 κύριε δέσποτα θεὲ πάσης ἀρετῆς μὴ ἀπαλλοτριώσῃς με τοῦ
σώματος Ἀδάμ ἐξ οὗ ἧρές με ἐκ τῶν μελῶν αὐτοῦ.

6 ἀλλὰ ἀξίωσον κἀμὲ τὴν ἀναξίαν καὶ ἁμαρτωλὸν εἰσελθεῖν
μετὰ τοῦ σκηνώματος αὐτοῦ. ὥσπερ ἤμην μετ' αὐτοῦ ἐν τῷ
παραδείσῳ ἀμφότεροι μὴ χωρισθέντες ἀπ' ἀλλήλων

7 οὕτως δὲ ἐν τῇ παραβάσει πλανηθέντες παρέβημεν τὴν ἐντολήν
σου μὴ χωρισθέντες οὕτως καὶ νῦν κύριε μὴ χωρίσῃς ἡμᾶς.

8 μετὰ δὲ τὸ εὔξασθαι αὐτὴν ἀναβλέψασα εἰς τὸν οὐρανὸν
ἀνεστέναξεν τύπτουσα τὸ στῆθος αὐτῆς καὶ λέγουσα θεὲ
τῶν ἁπάντων δέξαι τὸ πνεῦμά μου. καὶ ἀπέδωκεν τὴν ψυχὴν

αὐτῆς.
- 43 -

1 καὶ ἦλθεν Μιχαὴλ καὶ ἐδίδαξεν τὸν Σὴθ πῶς κηδεύσῃ τὴν
Εὕαν. καὶ ἦλθαν τρεῖς ἄγγελοι καὶ ἦραν τὸ σῶμα αὐτῆς
καὶ ἔθαψαν αὐτὸ ὅπου ἦν τὸ σῶμα τοῦ Ἀδὰμ καὶ τοῦ
Ἄβελ.

2 καὶ μετὰ ταῦτα ἐλάλησεν ὁ Μιχαὴλ τῷ Σὴθ λέγων οὕτως
κήδευσον πάντα ἄνθρωπον ἀποθνήσκοντα ἕως ἡμέρας τῆς
ἀναστάσεως.

3 μετὰ δὲ τὸ δοῦναι αὐτὸν νόμον εἶπεν παρ' ἓξ ἡμερῶν μὴ
πενθήσετε τῇ δὲ ἑβδόμῃ ἡμέρᾳ κατάπαυσον καὶ εὐφράνθητι
ἐν αὐτῇ ὅτι ἐν αὐτῇ ὁ θεὸς καὶ οἱ ἄγγελοι ἡμεῖς
εὐφραινόμεθα μετὰ τῆς ψυχῆς τῆς μεταστάσης ἀπὸ τῆς γῆς.

4 ταῦτα εἰπὼν ὁ ἄγγελος ἀνῆλθεν εἰς τὸν οὐρανὸν δοξάζων
καὶ λέγων ἀλληλούϊα. ἅγιος ἅγιος ἅγιος κύριος εἰς δόξαν
θεοῦ πατρός. ἀμήν.

Liber Henochi
-------------

- 1 -

1 λόγος εὐλογίας Ἑνὼχ καθὼς εὐλόγησεν ἐκλεκτοὺς δικαίους
οἵτινες ἔσονται εἰς ἡμέραν ἀνάγκης ἐξᾶραι πάντας τοὺς
ἐχθροὺς καὶ σωθήσονται δίκαιοι.

2 καὶ ἀναλαβὼν τὴν παραβολὴν αὐτοῦ εἶπεν Ἑνὼχ ἄνθρωπος
δίκαιός ἐστιν ⟨ᾧ⟩ ὅρασις ἐκ θεοῦ αὐτῷ ἀνεῳγμένη ἦν ἔχων
τὴν ὅρασιν τοῦ ἁγίου (καὶ) τοῦ οὐρανοῦ. Ἔδειξέν μοι καὶ
ἀπὸ λόγων ἁγίων ἤκουσα ἐγὼ καὶ ὡς ἤκουσα παρ' αὐτῶν
πάντα καὶ ἔγνων ἐγὼ θεωρῶν καὶ οὐκ εἰς τὴν νῦν γενεὰν
διενοούμην ἀλλὰ ἐπὶ πόρρω οὖσαν ἐγὼ λαλῶ.

3 καὶ περὶ τῶν ἐκλεκτῶν νῦν λέγω καὶ περὶ αὐτῶν ἀνέλαβον
τὴν παραβολήν μου. καὶ ἐξελεύσεται ὁ ἅγιός μου ὁ μέγας
ἐκ τῆς κατοικήσεως αὐτοῦ

4 καὶ ὁ θεὸς τοῦ αἰῶνος ἐπὶ γῆν πατήσει ἐπὶ τὸ Σεινᾶ ὄρος
καὶ φανήσεται ἐκ τῆς παρεμβολῆς αὐτοῦ καὶ φανήσεται ἐν
τῇ δυνάμει τῆς ἰσχύος αὐτοῦ ἀπὸ τοῦ οὐρανοῦ τῶν
οὐρανῶν.

5 καὶ φοβηθήσονται πάντες καὶ πιστεύσουσιν οἱ ἐγρήγοροι
(καὶ ᾄσουσιν ἀπόκρυφα ἐν πᾶσιν τοῖς ἄκροις τῆς ⟨γῆς⟩
καὶ σεισθήσονται πάντα τὰ ἄκρα τῆς γῆς) καὶ λήμψεται
αὐτοὺς τρόμος καὶ φόβος μέγας μέχρι τῶν περάτων τῆς
γῆς.

6 καὶ σεισθήσονται καὶ πεσοῦνται καὶ διαλυθήσονται ὄρη
ὑψηλὰ καὶ ταπεινωθήσονται βουνοὶ ὑψηλοὶ τοῦ διαρυῆναι
ὄρη καὶ τακήσονται ὡς κηρὸς ἀπὸ προσώπου πυρὸς ἐν
φλογί.

7 καὶ διασχισθήσεται ἡ γῆ σχίσμα ῥαγάδι καὶ πάντα ὅσα
ἐστὶν ἐπὶ τῆς γῆς ἀπολεῖται καὶ κρίσις ἔσται κατὰ
πάντων.

8 καὶ μετὰ τῶν δικαίων τὴν εἰρήνην ποιήσει καὶ ἐπὶ τοὺς
ἐκλεκτοὺς ἔσται συντήρησις καὶ εἰρήνη καὶ ἐπ' αὐτοὺς
γενήσεται ἔλεος καὶ ἔσονται πάντες τοῦ θεοῦ καὶ τὴν
εὐδοκίαν δώσει αὐτοῖς καὶ πάντας εὐλογήσει καὶ πάντων
ἀντιλήμψεται καὶ βοηθήσει ἡμῖν καὶ φανήσεται αὐτοῖς φῶς
καὶ ποιήσει ἐπ' αὐτοὺς εἰρήνην.

9 ὅτι ἔρχεται σὺν ταῖς μυριάσιν αὐτοῦ καὶ τοῖς ἁγίοις
αὐτοῦ ποιῆσαι κρίσιν κατὰ πάντων καὶ ἀπολέσει πάντας
τοὺς ἀσεβεῖς καὶ ἐλέγξει πᾶσαν σάρκα περὶ πάντων ἔργων
τῆς ἀσεβείας αὐτῶν ὧν ἠσέβησαν καὶ σκληρῶν ὧν ἐλάλησαν
λόγων (καὶ περὶ πάντων ὧν κατελάλησαν) κατ' αὐτοῦ
ἁμαρτωλοὶ ἀσεβεῖς.

- 2 -

1 κατανοήσατε πάντα τὰ ἔργα ἐν τῷ οὐρανῷ πῶς οὐκ
ἠλλοίωσαν τὰς ὁδοὺς αὐτῶν καὶ τοὺς φωστῆρας τοὺς ἐν τῷ
οὐρανῷ ὡς τὰ πάντα ἀνατέλλει καὶ δύνει τεταγμένος
ἕκαστος ἐν τῷ τεταγμένῳ καιρῷ καὶ ταῖς ἑορταῖς αὐτῶν
φαίνονται καὶ οὐ παραβαίνουσιν τὴν ἰδίαν τάξιν.

2 ἴδετε τὴν γῆν καὶ διανοήθητε περὶ τῶν ἔργων τῶν ἐν αὐτῇ
γενομένων ἀπ' ἀρχῆς μέχρι τελειώσεως ὡς εἰσιν φθαρτὰ ὡς
οὐκ ἀλλοιοῦνται οὐδὲν τῶν ἐπὶ γῆς ἀλλὰ πάντα ἔργα θεοῦ
ὑμῖν φαίνεται.

3 ἴδετε τὴν θερείαν καὶ τὸν χειμῶνα--- καταμάθετε καὶ
ἴδετε πάντα τὰ δένδρα---

- 5 -

1 πῶς τὰ φύλλα χλωρὰ ἐν αὐτοῖς σκέπονται τὰ δένδρα καὶ πᾶς
ὁ καρπὸς αὐτῶν εἰς τιμὴν καὶ δόξαν. διανοήθητε καὶ
γνῶτε περὶ πάντων τῶν ἔργων αὐτοῦ καὶ νοήσατε ὅτι θεὸς
ζῶν ἐποίησεν αὐτὰ οὕτως καὶ ζῇ εἰς πάντας τοὺς αἰῶνας

2 καὶ τὰ ἔργα αὐτοῦ πάντα ὅσα ἐποίησεν εἰς τοὺς αἰῶνας
ἀπὸ ἐνιαυτοῦ εἰς ἐνιαυτὸν γινόμενα πάντα οὕτως καὶ
πάντα ὅσα ἀποτελοῦσιν αὐτῷ τὰ ἔργα καὶ οὐκ ἀλλοιοῦνται
αὐτῶν τὰ ἔργα ἀλλ' ὡσπερεὶ κατὰ ἐπιταγὴν τὰ πάντα
γίνεται.

3 ἴδετε πῶς ἡ θάλασσα καὶ οἱ ποταμοὶ ὡς ὁμοίως
ἀποτελοῦσιν καὶ οὐκ ἀλλοιοῦσιν αὐτῶν τὰ ἔργα ἀπὸ τῶν
λόγων αὐτοῦ.

4 ὑμεῖς δὲ οὐκ ἐνεμείνατε οὐδὲ ἐποιήσατε κατὰ τὰς ἐντολὰς
αὐτοῦ ἀλλὰ ἀπέστητε καὶ κατελαλήσατε μεγάλους καὶ
σκληροὺς λόγους ἐν στόματι ἀκαθαρσίας ὑμῶν κατὰ τῆς
μεγαλωσύνης αὐτοῦ. ὅτι κατελαλήσατε ἐν τοῖς ψεύμασιν
ὑμῶν σκληροκάρδιοι οὐκ ἔστιν εἰρήνη ὑμῖν.

5 τοιγὰρ τὰς ἡμέρας ὑμῶν ὑμεῖς καταράσεσθε καὶ τὰ ἔτη τῆς
ζωῆς ὑμῶν ἀπολεῖται καὶ τὰ ἔτη τῆς ἀπωλείας ὑμῶν
πληθυνθήσεται ἐν κατάρᾳ αἰώνων καὶ οὐκ ἔσται ὑμῖν ἔλεος
καὶ εἰρήνη.

6 τότε ἔσται τὰ ὀνόματα ὑμῶν εἰς κατάραν αἰώνιον πᾶσιν
τοῖς δικαίοις καὶ ἐν ὑμῖν καταράσονται πάντες οἱ
καταρώμενοι καὶ πάντες οἱ ἁμαρτωλοὶ καὶ ἀσεβεῖς ἐν ὑμῖν

ὁμοῦνται καὶ πάντες οἱ ἀναμάρτητοι χαρήσονται καὶ ἔσται
αὐτοῖς λύσις ἁμαρτιῶν καὶ πᾶν ἔλεος καὶ εἰρήνη καὶ
ἐπιείκεια ἔσται αὐτοῖς σωτηρία φῶς ἀγαθὸν καὶ αὐτοὶ
κληρονομήσουσιν τὴν γῆν καὶ πᾶσιν ὑμῖν τοῖς ἁμαρτωλοῖς
οὐχ ὑπάρξει σωτηρία ἀλλὰ ἐπὶ πάντας ὑμᾶς κατάλυσις
κατάρα.

7 καὶ τοῖς ἐκλεκτοῖς ἔσται φῶς καὶ χάρις καὶ εἰρήνη καὶ
αὐτοὶ κληρονομήσουσιν τὴν γῆν ὑμῖν δὲ τοῖς ἀσεβέσιν
ἔσται κατάρα.

8 τότε δοθήσεται τοῖς ἐκλεκτοῖς φῶς καὶ χάρις καὶ αὐτοὶ
κληρονομήσουσιν τὴν γῆν. τότε δοθήσεται πᾶσιν τοῖς
ἐκλεκτοῖς σοφία καὶ πάντες οὗτοι ζήσονται καὶ οὐ μὴ
ἁμαρτήσονται ἔτι οὐ κατ' ἀλήθειαν οὔτε κατὰ ὑπερηφανίαν
καὶ ἔσται ἐν ἀνθρώπῳ πεφωτισμένῳ φῶς καὶ ἀνθρώπῳ
ἐπιστήμονι νόημα καὶ οὐ μὴ πλημμελήσουσιν

9 οὐδὲ μὴ ἁμάρτωσιν πάσας τὰς ἡμέρας τῆς ζωῆς αὐτῶν καὶ
οὐ μὴ ἀποθάνωσιν ἐν ὀργῇ θυμοῦ ἀλλὰ τὸν ἀριθμὸν αὐτῶν
ζωῆς ἡμερῶν πληρώσουσιν καὶ ἡ ζωὴ αὐτῶν αὐξηθήσεται ἐν
εἰρήνῃ καὶ τὰ ἔτη τῆς χαρᾶς αὐτῶν πληθυνθήσεται ἐν
ἀγαλλιάσει καὶ εἰρήνῃ αἰῶνος ἐν πάσαις ταῖς ἡμέραις τῆς
ζωῆς αὐτῶν.

- 6 -

1 καὶ ἐγένετο οὗ ἂν ἐπληθύνθησαν οἱ υἱοὶ τῶν ἀνθρώπων ἐν
ἐκείναις ταῖς ἡμέραις ἐγεννήθησαν θυγατέρες ὡραῖαι καὶ
καλαί.

2 καὶ ἐθεάσαντο αὐτὰς οἱ ἄγγελοι υἱοὶ οὐρανοῦ καὶ
ἐπεθύμησαν αὐτὰς καὶ εἶπαν πρὸς ἀλλήλους δεῦτε
ἐκλεξώμεθα ἑαυτοῖς γυναῖκας ἀπὸ τῶν ἀνθρώπων καὶ
γεννήσωμεν ἑαυτοῖς τέκνα.

3 καὶ εἶπεν Σεμιαζᾶς πρὸς αὐτοὺς ὃς ἦν ἄρχων αὐτῶν
φοβοῦμαι μὴ οὐ θελήσετε ποιῆσαι τὸ πρᾶγμα τοῦτο καὶ
ἔσομαι ἐγὼ μόνος ὀφειλέτης ἁμαρτίας μεγάλης.

4 ἀπεκρίθησαν οὖν αὐτῷ πάντες ὀμόσωμεν ὅρκῳ πάντες καὶ
ἀναθεματίσωμεν πάντες ἀλλήλους μὴ ἀποστρέψαι τὴν γνώμην
ταύτην μέχρις οὗ ἂν τελέσωμεν αὐτὴν καὶ ποιήσωμεν τὸ
πρᾶγμα τοῦτο.

5 τότε ὤμοσαν πάντες ὁμοῦ καὶ ἀνεθεμάτισαν ἀλλήλους ἐν
αὐτῷ-----

7 καὶ ταῦτα τὰ ὀνόματα τῶν ἀρχόντων αὐτῶν Σεμιαζᾶ οὗτος
ἦν ἄρχων αὐτῶν Ἀραθὰκ Κιμβρὰ Σαμμανὴ Δανειὴλ Ἀρεαρῶς
Σεμιὴλ Ἰωμειὴλ Χωχαριὴλ Ἐξεκιὴλ Βατριὴλ Σαθιὴλ
Ἀτριὴλ Ταμιὴλ Βαρακιὴλ Ἀνανθὰ Θωνιὴλ Ῥαμιὴλ Ἀσεὰλ
Ῥακειὴλ Τουριὴλ.

8 οὗτοί εἰσιν ἀρχαὶ αὐτῶν οἱ ⟨ἐπὶ⟩ δέκα.

- 6.B -

ἐκ τοῦ πρώτου βιβλίου Ἑνὼχ περὶ τῶν ἐγρηγόρων.

1 καὶ ἐγένετο ὅτε ἐπληθύνθησαν οἱ υἱοὶ τῶν ἀνθρώπων,
ἐγεννήθησαν αὐτοῖς θυγατέρες ὡραῖαι.

2 καὶ ἐπεθύμησαν αὐτὰς οἱ ἐγρήγοροι καὶ ἀπεπλανήθησαν
ὀπίσω αὐτῶν καὶ εἶπον πρὸς ἀλλήλους ἐκλεξώμεθα ἑαυτοῖς
γυναῖκας ἀπὸ τῶν θυγατέρων τῶν ἀνθρώπων τῆς γῆς.

3 καὶ εἶπε Σεμιαζᾶς ὁ ἄρχων αὐτῶν πρὸς αὐτοὺς φοβοῦμαι μὴ
οὐ θελήσητε ποιῆσαι τὸ πρᾶγμα τοῦτο καὶ ἔσομαι ἐγὼ
μόνος ὀφειλέτης ἁμαρτίας μεγάλης.

4 καὶ ἀπεκρίθησαν αὐτῷ πάντες καὶ εἶπον, ὁμόσωμεν ἅπαντες
ὅρκῳ καὶ ἀναθεματίσωμεν ἀλλήλους τοῦ μὴ ἀποστρέψαι τὴν
γνώμην ταύτην μέχρις οὗ ἀποτελέσωμεν αὐτήν.

5 τότε πάντες ὤμοσαν ὁμοῦ καὶ ἀνεθεμάτισαν ἀλλήλους.

6 ἦσαν δὲ οὗτοι διακόσιοι οἱ καταβάντες ἐν ταῖς ἡμέραις
Ἰάρεδ εἰς τὴν κορυφὴν τοῦ Ἑρμονιεὶμ ὄρους καὶ
ἐκάλεσαν τὸ ὄρος Ἑρμὼμ καθότι ὤμοσαν καὶ ἀνεθεμάτισαν
ἀλλήλους ἐν αὐτῷ.

7 καὶ ταῦτα τὰ ὀνόματα τῶν ἀρχόντων αὐτῶν. αʹ Σεμιαζᾶς ὁ
ἄρχων αὐτῶν βʹ Ἀταρκούφ γʹ Ἀρακιὴλ δʹ Χωβαβιὴλ εʹ
Ὁραμμμαήλ ϛʹ Ῥαμιὴλ ζʹ Σαμψίχ ηʹ Ζακιὴλ θʹ Βαλκιὴλ ιʹ
Ἀζαλζὴλ ιαʹ Φαρμαρὸς ιβʹ Ἀμαριὴλ ιγʹ Ἀναγημὰς ιδʹ
Θαυσαὴλ ιεʹ Σαμιὴλ ιϛʹ Σαρινᾶς ιζʹ Εὔμιὴλ ιηʹ Τυριὴλ
ιθʹ Ἰουμιὴλ κʹ Σαριὴλ.

- 7 -

1 καὶ ἔλαβον ἑαυτοῖς γυναῖκας ἕκαστος αὐτῶν ἐξελέξαντο
ἑαυτοῖς γυναῖκας καὶ ἤρξαντο εἰσπορεύεσθαι πρὸς αὐτὰς
καὶ μιαίνεσθαι ἐν αὐταῖς καὶ ἐδίδαξαν αὐτὰς φαρμακείας
καὶ ἐπαοιδὰς καὶ ῥιζοτομίας καὶ τὰς βοτάνας ἐδήλωσαν
αὐταῖς.

2 αἱ δὲ ἐν γαστρὶ λαβοῦσαι ἔτεκον γίγαντας μεγάλους ἐκ
πηχῶν τρισχιλίων

3 οἵτινες κατήσθιον τοὺς κόπους τῶν ἀνθρώπων. ὡς δὲ οὐκ
ἐδυνήθησαν αὐτοῖς οἱ ἄνθρωποι ἐπιχορηγεῖν

4 οἱ γίγαντες ἐτόλμησαν ἐπ' αὐτοὺς καὶ κατησθίοσαν τοὺς
ἀνθρώπους.

5 καὶ ἤρξαντο ἁμαρτάνειν ἐν τοῖς πετεινοῖς καὶ τοῖς
⟨θ⟩ηρίοις καὶ ἑρπετοῖς καὶ τοῖς ⟨ἰ⟩χθύσιν καὶ ἀλλήλων
τὰς σάρκας κατεσθίειν καὶ τὸ αἷμα ἔπινον.

6 τότε ἡ γῆ ἐνέτυχεν κατὰ τῶν ἀνόμων.

- 7.B -

1 οὗτοι καὶ οἱ λοιποὶ πάντες ἐν τῷ χιλιοστῷ ἑκατοστῷ
ἑβδομηκοστῷ ἔτει τοῦ κόσμου ἔλαβον ἑαυτοῖς γυναῖκας καὶ
ἤρξαντο μιαίνεσθαι ἐν αὐταῖς ἕως τοῦ κατακλυσμοῦ καὶ
ἔτεκον αὐτοῖς γένη τρία πρῶτον γίγαντας μεγάλους.

2 οἱ δὲ γίγαντες ἐτέκνωσαν Ναφηλείμ καὶ τοῖς Ναφηλείμ
ἐγεννήθησαν Ἐλιούδ. καὶ ἦσαν αὐξανόμενοι κατὰ τὴν
μεγαλειότητα αὐτῶν καὶ ἐδίδαξαν ἑαυτοὺς καὶ τὰς
γυναῖκας ἑαυτῶν φαρμακείας καὶ ἐπαοιδίας.

- 8 -

1 ἐδίδαξεν τοὺς ἀνθρώπους Ἀζαὴλ μαχαίρας ποιεῖν καὶ ὅπλα
καὶ ἀσπίδας καὶ θώρακας διδάγματα ἀγγέλων καὶ ὑπέδειξεν
αὐτοῖς τὰ μέταλλα καὶ τὴν ἐργασίαν αὐτῶν καὶ ψέλια καὶ
κόσμους καὶ στίβεις καὶ τὸ καλλιβλέφαρον καὶ παντοίους
λίθους ἐκλεκτοὺς καὶ τὰ βαφικά.

2 καὶ ἐγένετο ἀσέβεια πολλὴ καὶ ἐπόρνευσαν καὶ
ἀπεπλανήθησαν καὶ ἠφανίσθησαν ἐν πάσαις ταῖς ὁδοῖς
αὐτῶν.

3 Σεμιαζᾶς ἐδίδαξεν ἐπα⟨ο⟩ιδὰς καὶ ῥιζοτομίας Ἀρμαρὼς
ἐπαοιδῶν λυτήριον Βαρακιὴλ ἀστρολογίας Χωχιὴλ τὰ
σημειωτικὰ Σαθιὴλ ἀστεροσκοπίαν Σεριὴλ σεληναγωγίας.

4 τῶν οὖν ἀνθρώπων ἀπολλυμένων ἡ βο⟨ὴ⟩ εἰς οὐρανοὺς
ἀνέβη.

- 8.B -

1 πρῶτος Ἀζαὴλ ὁ δέκατος τῶν ἀρχόντων ἐδίδαξε ποιεῖν
μαχαίρας καὶ θώρακας καὶ πᾶν σκεῦος πολεμικὸν καὶ τὰ
μέταλλα τῆς γῆς καὶ τὸ χρυσίον πῶς ἐργάωνται καὶ
ποιήσωσιν αὐτὰ κόσμια ταῖς γυναιξὶ καὶ τὸν ἄργυρον.
ἔδειξε δὲ αὐτοῖς καὶ τὸ στίλβειν καὶ τὸ καλλωπίζειν καὶ
τοὺς ἐκλεκτοὺς λίθους καὶ τὰ βαφικά. καὶ ἐποίησαν
ἑαυτοῖς οἱ υἱοὶ τῶν ἀνθρώπων καὶ ταῖς θυγατράσιν αὐτῶν
καὶ παρέβησαν καὶ ἐπλάνησαν τοὺς ἁγίους.

2 καὶ ἐγένετο ἀσέβεια πολλὴ ἐπὶ τῆς γῆς καὶ ἠφάνισαν τὰς
ὁδοὺς αὐτῶν.

3 ἔτι δὲ καὶ ὁ πρώταρχος αὐτῶν Σεμιαζᾶς ἐδίδαξεν εἶναι
ὀργὰς κατὰ τοῦ νοὸς καὶ ῥίζας βοτανῶν τῆς γῆς. ὁ δὲ
ἐνδέκατος Φαρμαρὸς ἐδίδαξε φαρμακείας ἐπαοιδίας σοφίας
καὶ ἐπαοιδῶν λυτήρια. ὁ ἔνατος ἐδίδαξεν ἀστροσκοπίαν. ὁ
δὲ τέταρτος ἐδίδαξεν ἀστρολογίαν. ὁ δὲ ὄγδοος ἐδίδαξεν
ἀεροσκοπίαν. ὁ δὲ τρίτος ἐδίδαξε τὰ σημεῖα τῆς γῆς. ὁ
δὲ ἕβδομος ἐδίδαξε τὰ σημεῖα τοῦ ἡλίου ὁ δὲ εἰκοστὸς
ἐδίδαξε τὰ σημεῖα τῆς σελήνης. πάντες οὗτοι ἤρξαντο
ἀνακαλύπτειν τὰ μυστήρια ταῖς γυναιξὶν αὐτῶν καὶ τοῖς
τέκνοις αὐτῶν. μετὰ δὲ ταῦτα ἤρξαντο οἱ γίγαντες
κατεσθίειν τὰς σάρκας τῶν ἀνθρώπων

4 καὶ ἤρξαντο οἱ ἄνθρωποι ἐλαττοῦσθαι ἐπὶ τῆς γῆς.

- 9 -

1 τότε παρ⟨α⟩κύψαντες Μιχαὴλ καὶ Οὐ⟨ρι⟩ὴλ καὶ Ῥαφαὴλ καὶ
Γαβριή⟨λ⟩ οὗτοι ἐκ τοῦ οὐρανοῦ ἐθεάσαν⟩το αἷμα πολὺ
ἐκχυννόμεν⟨ον⟩ ἐπὶ τῆς γῆς

2 καὶ εἶπαν πρό⟨ς⟩ ἀλλήλους φωνὴ βοώντω⟨ν⟩ ἐπὶ τῆς γῆς
μέχρι πυλῶν τοῦ οὐρανοῦ.

3 ἐντυγχάνουσιν αἱ ψυχαὶ τῶν ἀνθρώπων λεγόντων εἰσαγάγετε
τὴν κρίσιν ἡμῶν πρὸς τὸν ὕψιστ⟨ον⟩.

4 καὶ εἶπα⟨ν⟩ τῷ κυρίῳ σὺ εἶ κύριος τῶν κυρίων καὶ ὁ θεὸς
τῶν θεῶν καὶ βασιλεὺς τῶν αἰώνων ὁ θρόνος τῆς δόξης σου
εἰς πάσας τὰς γενεὰς τοῦ αἰῶνος καὶ τὸ ὄνομά σου τὸ
ἅγιον καὶ μέγα καὶ εὐλογητὸν εἰς πάντας τοὺς αἰῶνας.

5 σὺ γὰρ ἐποίησας τὰ πάντα καὶ πᾶσαν τὴν ἐξουσίαν ἔχων
καὶ πάντα ἐνώπιόν σου φανερὰ καὶ ἀκάλυπτα.

6 καὶ πάντα σὺ ὁρᾷς ἃ ἐποίησεν Ἀζαὴλ ὃς ἐδίδαξεν πάσας
τὰς ἀδικίας ἐπὶ τῆς γῆς καὶ ἐδήλωσεν τὰ μυστήρια τοῦ
αἰῶνος τὰ ἐν τῷ οὐρανῷ ἃ ἐπιτηδεύουσιν ⟨καὶ⟩ ἔγνωσαν
ἄνθρωποι

7 καὶ Σεμιαζᾶς ᾧ τὴν ἐξουσίαν ἔδωκας ἄρχειν τῶν σὺν αὐτῷ
ἅμα ὄντων.

8 καὶ ἐπορεύθησαν πρὸς τὰς θυγατέρας τῶν ἀνθρώπων τῆς γῆς
καὶ συνεκοιμήθησαν αὐταῖς καὶ ἐμιάνθησαν καὶ ἐδήλωσαν
αὐταῖς πάσας τὰς ἁμαρτίας.

9 καὶ αἱ γυναῖκες ἐγέννησαν τιτᾶνας ὑφ' ὧν ὅλη ἡ γῆ
ἐπλήσθη αἵματος καὶ ἀδικίας.

10 καὶ νῦν ἰδοὺ βοῶσιν αἱ ψυχαὶ τῶν τετελευτηκότων καὶ
ἐντυγχάνουσιν μέχρι τῶν πυλῶν τοῦ οὐρανοῦ καὶ ἀνέβη ὁ
στεναγμὸς αὐτῶν καὶ οὐ δύναται ἐξελθεῖν ἀπὸ προσώπου
τῶν ἐπὶ τῆς γῆς γινομένων ἀνομημάτων.

11 καὶ σὺ πάντα οἶδας πρὸ τοῦ αὐτὰ γενέσθαι καὶ σὺ ὁρᾷς
ταῦτα καὶ ἐᾷς αὐτοὺς καὶ οὐδὲ ἡμῖν λέγεις τί δεῖ ποιεῖν
αὐτοὺς περὶ τούτων.

- 9.B -

1 καὶ ἀκούσαντες οἱ τέσσαρες μεγάλοι ἀρχάγγελοι Μιχαὴλ
καὶ Οὐριὴλ καὶ Ῥαφαὴλ καὶ Γαβριὴλ παρέκυψαν ἐπὶ τὴν
γῆν ἐκ τῶν ἁγίων τοῦ οὐρανοῦ.

2 καὶ θεασάμενοι αἷμα πολὺ ἐκκεχυμένον ἐπὶ τῆς γῆς καὶ
πᾶσαν ἀδικίαν καὶ ἀνομίαν γινομένην ἐπ' αὐτῆς

3 εἰσελθόντες εἶπον πρὸς ἀλλήλους ὅτι τὰ πνεύματα καὶ αἱ
ψυχαὶ τῶν ἀνθρώπων στενάζουσιν ἐντυγχάνοντα καὶ λέγοντα
ὅτι εἰσαγάγετε τὴν κρίσιν ἡμῶν πρὸς τὸν ὕψιστον καὶ τὴν
ἀπώλειαν ἡμῶν ἐνώπιον τῆς δόξης τῆς μεγαλωσύνης ἐνώπιον
τοῦ κυρίου τῶν κυρίων πάντων τῇ μεγαλωσύνῃ.

4 καὶ εἶπον τῷ κυρίῳ τῶν αἰώνων σὺ εἶ ὁ θεὸς τῶν θεῶν καὶ
κύριος τῶν κυρίων καὶ ὁ βασιλεὺς τῶν βασιλευόντων καὶ
θεὸς τῶν αἰώνων καὶ ὁ θρόνος τῆς δόξης σου εἰς πάσας
τὰς γενεὰς καὶ τὸ ὄνομά σου ἅγιον καὶ
εὐλογημένον εἰς πάντας τοὺς αἰῶνας καὶ τὰ ἐξῆς. [τότε ὁ
ὕψιστος ἐκέλευσε τοῖς ἁγίοις ἀρχαγγέλοις καὶ ἔδησαν
τοὺς ἐξάρχους αὐτῶν καὶ ἔβαλον αὐτοὺς εἰς τὴν ἄβυσσον

ἕως τῆς κρίσεως καὶ τὰ ἐξῆς. καὶ ταῦτα μὲν ὁ Ἐνὼχ
μαρτυρεῖ.]

5 σὺ γὰρ εἶ ὁ ποιήσας τὰ πάντα καὶ πάντων τὴν ἐξουσίαν
ἔχων καὶ πάντα ἐνώπιόν σου φανερὰ καὶ ἀκάλυπτα καὶ
πάντα ὁρᾷς καὶ οὐκ ἔστιν ὃ κρυβῆναί σε δύναται.

6 ὁρᾷς ὅσα ἐποίησεν Ἀζαὴλ καὶ ὅσα εἰσήνεγκεν ὅσα
ἐδίδαξεν ἀδικίας καὶ ἁμαρτίας ἐπὶ τῆς γῆς καὶ πάντα
δόλον ἐπὶ τῆς ξηρᾶς. ἐδίδαξε γὰρ τὰ μυστήρια καὶ
ἀπεκάλυψε τῷ αἰῶνι τὰ ἐν οὐρανῷ. ἐπιτηδεύουσιν δὲ τὰ
ἐπιτηδεύματα αὐτοῦ εἰδέναι τὰ μυστήρια οἱ υἱοὶ τῶν
ἀνθρώπων.

7 τῷ Σεμιαζᾷ τὴν ἐξουσίαν ἔδωκας ἔχειν τῶν σὺν αὐτῷ ἅμα
ὄντων.

8 καὶ ἐπορεύθησαν πρὸς τὰς θυγατέρας τῶν ἀνθρώπων τῆς γῆς
καὶ συνεκοιμήθησαν μετ' αὐτῶν καὶ ἐν ταῖς θηλείαις
ἐμιάνθησαν καὶ ἐδήλωσαν αὐταῖς πάσας τὰς ἁμαρτίας καὶ
ἐδίδαξαν αὐτὰς μίσητρα ποιεῖν.

9 καὶ νῦν ἰδοὺ αἱ θυγατέρες τῶν ἀνθρώπων ἔτεκον ἐξ αὐτῶν
υἱοὺς γίγαντας κίβδηλα ἐπὶ τῆς γῆς τῶν ἀνθρώπων
ἐκκέχυται καὶ ὅλη ἡ γῆ ἐπλήσθη ἀδικίας.

10 καὶ νῦν ἰδοὺ τὰ πνεύματα τῶν ψυχῶν τῶν ἀποθανόντων
ἀνθρώπων ἐντυγχάνουσιν καὶ μέχρι τῶν πυλῶν τοῦ οὐρανοῦ
ἀνέβη ὁ στεναγμὸς αὐτῶν καὶ οὐ δύναται ἐξελθεῖν ἀπὸ
προσώπου τῶν ἐπὶ τῆς γῆς γινομένων ἀδικημάτων.

11 καὶ σὺ αὐτὰ οἶδας πρὸ τῶν αὐτὰ γενέσθαι καὶ ὁρᾷς αὐτοὺς
καὶ ἐᾷς αὐτοὺς καὶ οὐδὲν λέγεις. τί δεῖ ποιῆσαι αὐτοὺς
περὶ τούτου;

- 10 -

1 τότε Ὕψιστος εἶπεν περὶ τούτων ὁ μέγας Ἅγιος καὶ
ἐλάλησεν καὶ εἶπεν καὶ ἔπεμψεν Ἰστραὴλ πρὸς τὸν υἱὸν
Λέμεχ

2 εἶπον αὐτῷ ἐπὶ τῷ ἐμῷ ὀνόματι κρύφον σεαυτὸν καὶ
δήλωσον αὐτῷ τέλος ἐπερχόμενον ὅτι ἡ γῆ ἀπόλλυται πᾶσα
καὶ κατακλυσμὸς μέλλει γίνεσθαι πάσης τῆς γῆς καὶ
ἀπολέσει πάντα ὅσα ἐστὶν ⟨ἐν⟩ αὐτῇ.

3 καὶ δίδαξον αὐτὸν ὅπως ἐκφύγῃ καὶ μενεῖ τὸ σπέρμα αὐτοῦ
εἰς πάσας τὰς γενεὰς τοῦ αἰῶνος.

4 καὶ τῷ Ῥαφαὴλ εἶπεν δῆσον τὸν Ἀζαὴλ ποσὶν καὶ χερσὶν
καὶ βάλε αὐτὸν εἰς τὸ σκότος καὶ ἄνοιξον τὴν ἔρημον τὴν
οὖσαν ἐν τῷ Δαδουὴλ κἀκεῖ βάλε αὐτὸν

5 καὶ ὑπόθες αὐτῷ λίθους τραχεῖς καὶ ὀξεῖς καὶ ἐπικάλυψον
αὐτῷ τὸ σκότος. καὶ οἰκησάτω ἐκεῖ εἰς τοὺς αἰῶνας καὶ
τὴν ὄψιν αὐτοῦ πώμασον καὶ φῶς μὴ θεωρείτω

6 καὶ ἐν τῇ ἡμέρᾳ τῆς μεγάλης τῆς κρίσεως ἀπαχθήσεται εἰς
τὸν ἐμπυρισμόν.

7 καὶ ἰαθήσεται ἡ γῆ ἣν ἠφάνισαν οἱ ἄγγελοι καὶ τὴν ἴασιν
τῆς γῆς δήλωσον ἵνα ἰάσωνται τὴν πληγήν ἵνα μὴ
ἀπόλωνται πάντες οἱ υἱοὶ τῶν ἀνθρώπων ἐν τῷ μυστηρίῳ
ὅλῳ ᾧ ἐπέταξαν οἱ ἐγρήγοροι καὶ ἐδίδαξαν τοὺς υἱοὺς
αὐτῶν

8 καὶ ἠρημώθη πᾶσα ἡ γῆ ἀφανισθεῖσα ἐν τοῖς ἔργοις τῆς
διδασκαλίας Ἀζαὴλ καὶ ἐπ' αὐτῷ γράψον τὰς ἁμαρτίας
πάσας.

9 καὶ τῷ Γαβριὴλ εἶπεν ὁ κύριος πορεύου ἐπὶ τοὺς
μαζηρέους ἐπὶ τοὺς κιβδήλους καὶ τοὺς υἱοὺς τῆς
πορνείας καὶ ἀπόλεσον τοὺς υἱοὺς τῶν ἐγρηγόρων ἀπὸ τῶν
ἀνθρώπων πέμψον αὐτοὺς ἐν πολέμῳ ἀπωλείας. μακρότης γὰρ
ἡμερῶν οὐκ ἔσται αὐτοῖς

10 καὶ πᾶσα ἐρώτησις ⟨οὐκ⟩ ἔσται τοῖς πατράσιν αὐτῶν καὶ
περὶ αὐτῶν ὅτι ἐλπίζουσιν ζῆσαι ζωὴν αἰώνιον καὶ ὅτι
ζήσεται ἕκαστος αὐτῶν ἔτη πεντακόσια

11 καὶ εἶπεν Μιχαὴλ πορεύου καὶ δήλωσον Σεμιαζᾷ καὶ τοῖς
λοιποῖς τοῖς σὺν αὐτῷ ταῖς γυναιξὶν μιγεῖσιν μιανθῆναι
ἐν αὐταῖς ἐν ἀκαθαρσίᾳ αὐτῶν

12 καὶ ὅταν κατασφαγῶσιν οἱ υἱοὶ αὐτῶν καὶ ἴδωσιν τὴν
ἀπώλειαν τῶν ἀγαπητῶν καὶ δῆσον αὐτοὺς ἑβδομήκοντα
γενεὰς εἰς τὰς νάπας τῆς γῆς μέχρι ἡμέρας κρίσεως αὐτῶν
καὶ συντελεσμοῦ ἕως τελεσθῇ τὸ κρίμα τοῦ αἰῶνος τῶν
αἰώνων.

13 τότε ἀπαχθήσονται εἰς τὸ χάος τοῦ πυρὸς καὶ εἰς τὴν
βάσανον καὶ εἰς τὸ δεσμωτήριον συγκλείσεως αἰῶνος.

14 καὶ ὃς ἂν κατακαυθῇ καὶ ἀφανισθῇ ἀπὸ τοῦ νῦν μετ' αὐτῶν
ὁμοῦ δεθήσονται μέχρι τελειώσεως γενεᾶς.

15 ἀπόλεσον πάντα τὰ πνεύματα τῶν κιβδήλων καὶ τοὺς υἱοὺς
τῶν ἐγρηγόρων διὰ τὸ ἀδικῆσαι τοὺς ἀνθρώπους.

16 καὶ ἀπόλεσον πᾶσαν ἀδικίαν πᾶσαν ἀπὸ τῆς γῆς καὶ πᾶν
ἔργον πονηρίας ἐκλειπέτω καὶ ἀναφανήτω τὸ φυτὸν τῆς
δικαιοσύνης καὶ τῆς ἀληθείας εἰς τοὺς αἰῶνας μετὰ χαρᾶς
φυτευθήσεται.

17 καὶ νῦν πάντες οἱ δίκαιοι ἐκφεύξονται καὶ ἔσονται
ζῶντες ἕως γεννήσωσιν χιλιάδας καὶ πᾶσαι αἱ ἡμέραι
νεότητος αὐτῶν καὶ τὰ σάββατα αὐτῶν μετὰ εἰρήνης
πληρώσουσιν.

18 τότε ἐργασθήσεται πᾶσα ἡ γῆ ἐν δικαιοσύνῃ καὶ
καταφυτευθήσεται δένδρον ἐν αὐτῇ καὶ πλησθήσεται
εὐλογίας.

19 καὶ πάντα τὰ δένδρα τῆς γῆς ἀγαλλιάσονται φυτευθήσεται
καὶ ἔσονται φυτεύοντες ἄμπελον καὶ ἡ ἄμπελος ἣν ἂν
φυτεύσωσιν ποιήσουσιν πρόχους οἴνου χιλιάδας καὶ ὑπ'
ὅρου (σπόρου) ποιήσει καθ' ἕκαστον μέτρον ἐλαίας
ποιήσει ἀνὰ βάτους δέκα.

20 καὶ σὺ καθάρισον τὴν γῆν ἀπὸ πάσης ἀκαθαρσίας καὶ ἀπὸ
πάσης ἀδικίας καὶ ἀπὸ πάσης ἁμαρτίας καὶ ἀσεβείας καὶ
πάσας τὰς ἀκαθαρσίας τὰς γινομένας ἐπὶ τῆς γῆς
ἐξάλειψον.

21 καὶ ἔσονται πάντες λατρεύοντες οἱ λαοὶ καὶ εὐλογοῦντες
πάντες ἐμοὶ καὶ προσκυνοῦντες.

22 καὶ καθαρισθήσεται πᾶσα ἡ γῆ ἀπὸ παντὸς μιάσματος καὶ
ἀπὸ πάσης ἀκαθαρσίας καὶ ὀργῆς καὶ μάστιγος καὶ οὐκέτι
πέμψω ἐπ' αὐτοὺς εἰς πάσας τὰς γενεὰς τοῦ αἰῶνος.

- 10.B -

1 τότε ὁ ὕψιστος εἶπε καὶ ὁ ἅγιος ὁ μέγας ἐλάλησε καὶ

ἔπεμψε τὸν Οὐριὴλ πρὸς τὸν υἱὸν Λάμεχ λέγων

2 πορεύου πρὸς τὸν Νῶε καὶ εἶπον αὐτῷ τῷ ἐμῷ ὀνόματι
κρύψον σεαυτὸν καὶ δήλωσον αὐτῷ τέλος ἐπερχόμενον ὅτι ἡ
γῆ ἀπόλλυται πᾶσα καὶ εἶπον αὐτῷ ὅτι κατακλυσμὸς μέλλει
γίνεσθαι πάσης τῆς γῆς ἀπολέσαι πάντα ἀπὸ προσώπου τῆς
γῆς.

3 δίδαξον τὸν δίκαιον τί ποιήσει τὸν υἱὸν Λάμεχ καὶ τὴν
ψυχὴν αὐτοῦ εἰς ζωὴν συντηρήσει καὶ ἐκφεύξεται δι'
αἰῶνος καὶ ἐξ αὐτοῦ φυτευθήσεται φύτευμα καὶ σταθήσεται
πάσας τὰς γενεὰς τοῦ αἰῶνος.

4 καὶ τῷ Ῥαφαὴλ εἶπε πορεύου Ῥαφαὴλ καὶ δῆσον τὸν
Ἀζαὴλ χερσὶ καὶ ποσὶ συμπόδισον αὐτὸν καὶ ἔμβαλε αὐτὸν
εἰς τὸ σκότος καὶ ἄνοιξον τὴν ἔρημον τὴν οὖσαν ἐν τῇ
ἐρήμῳ Δουδαὴλ καὶ ἐκεῖ πορευθεὶς βάλε αὐτόν.

5 καὶ ὑπόθες αὐτῷ λίθους ὀξεῖς καὶ λίθους τραχεῖς καὶ
ἐπικάλυψον αὐτῷ σκότος καὶ οἰκησάτω ἐκεῖ εἰς τὸν αἰῶνα
καὶ τὴν ὄψιν αὐτοῦ πώμασον καὶ φῶς μὴ θεωρείτω.

6 καὶ ἐν τῇ ἡμέρᾳ τῆς κρίσεως ἀπαχθήσεται εἰς τὸν
ἐμπυρισμὸν τοῦ πυρός.

7 καὶ ἴασαι τὴν γῆν ἣν ἠφάνισαν οἱ ἐγρήγοροι καὶ τὴν
ἴασιν τῆς πληγῆς δήλωσον ἵνα ἰάσωνται τὴν πληγὴν καὶ μὴ
ἀπόλωνται πάντες οἱ υἱοὶ τῶν ἀνθρώπων ἐν τῷ μυστηρίῳ ᾧ
εἶπον οἱ ἐγρήγοροι καὶ ἐδίδαξαν τοὺς υἱοὺς τῶν ἀνθρώπων

8 καὶ ἠρημώθη πᾶσα ἡ γῆ ἐν τοῖς ἔργοις τῆς διδασκαλίας
Ἀζαὴλ καὶ ἐπ' αὐτῇ γράψον πάσας τὰς ἁμαρτίας.

9 καὶ τῷ Γαβριὴλ εἶπε πορεύου Γαβριὴλ ἐπὶ τοὺς γίγαντας
ἐπὶ τοὺς κιβδήλους ἐπὶ τοὺς υἱοὺς τῆς πορνείας καὶ
ἀπόλεσον τοὺς υἱοὺς τῶν ἐγρηγόρων ἀπὸ τῶν υἱῶν τῶν
ἀνθρώπων πέμψον αὐτοὺς εἰς ἀλλήλους ἐξ αὐτῶν εἰς αὐτοὺς
ἐν πολέμῳ καὶ ἐν ἀπωλείᾳ. καὶ μακρότης ἡμερῶν οὐκ ἔσται
αὐτοῖς

10 καὶ πᾶσα ἐρώτησις οὐκ ἔστι τοῖς πατράσιν αὐτῶν ὅτι
ἐλπίζουσι ζῆσαι ζωὴν αἰώνιον καὶ ὅτι ζήσεται ἕκαστος
αὐτῶν ἔτη πεντακόσια.

11 καὶ τῷ Μιχαὴλ εἶπε πορεύου Μιχαὴλ δῆσον Σεμιαζᾶν καὶ
τοὺς ἄλλους σὺν αὐτῷ τοὺς συμμιγέντας ταῖς θυγατράσι
τῶν ἀνθρώπων τοῦ μιανθῆναι ἐν αὐταῖς ἐν τῇ ἀκαθαρσίᾳ
αὐτῶν.

12 καὶ ὅταν κατασφαγῶσιν οἱ υἱοὶ αὐτῶν καὶ ἴδωσι τὴν
ἀπώλειαν τῶν ἀγαπητῶν αὐτῶν δῆσον αὐτοὺς ἐπὶ
ἑβδομήκοντα γενεὰς εἰς τὰς νάπας τῆς γῆς μέχρι ἡμέρας
κρίσεως αὐτῶν μέχρι ἡμέρας τελειώσεως τελεσμοῦ ἕως
συντελεσθῇ κρίμα τοῦ αἰῶνος τῶν αἰώνων.

13 τότε ἀπενεχθήσονται εἰς τὸ χάος τοῦ πυρὸς καὶ εἰς τὴν
βάσανον καὶ εἰς τὸ δεσμωτήριον τῆς συγκλείσεως τοῦ
αἰῶνος.

14 καὶ ὃς ἂν κατακριθῇ καὶ ἀφανισθῇ ἀπὸ τοῦ νῦν μετ' αὐτῶν
δεθήσεται μέχρι τελειώσεως γενεᾶς αὐτῶν.

- 11 -

1 καὶ τότε ἀνοίξω τὰ ταμεῖα τῆς εὐλογίας τὰ ὄντα ἐν τῷ
οὐρανῷ καὶ κατενεγκεῖν αὐτὰ ἐπὶ τὰ ἔργα ἐπὶ τὸν κόπον
τῶν υἱῶν τῶν ἀνθρώπων.

2 καὶ τότε ἀλήθεια καὶ εἰρήνη κοινωνήσουσιν ὁμοῦ εἰς
πάσας τὰς ἡμέρας τοῦ αἰῶνος καὶ εἰς πάσας τὰς γενεὰς
τῶν ἀνθρώπων.

- 12 -

1 πρὸ τούτων τῶν λόγων ἐλήμφθη Ἐνὼχ καὶ οὐδεὶς τῶν
ἀνθρώπων ἔγνω ποῦ ἐλήμφθη καὶ ποῦ ἐστιν καὶ τί ἐγένετο
αὐτῷ.

2 καὶ ἦν τὰ ἔργα αὐτοῦ μετὰ τῶν ἐγρηγόρων καὶ μετὰ τῶν ἁγίων
αἱ ἡμέραι αὐτοῦ.

3 καὶ ἑστὼς ἤμην Ἐνὼχ εὐλογῶν τῷ κυρίῳ τῆς μεγαλωσύνης
τῷ βασιλεῖ τῶν αἰώνων. καὶ ἰδού οἱ ἐγρήγοροι τοῦ ἁγίου
τοῦ μεγάλου ἐκάλουν με

4 Ἐνὼχ ὁ γραμματεὺς τῆς δικαιοσύνης πορεύου καὶ εἰπὲ
τοῖς ἐγρηγόροις τοῦ οὐρανοῦ οἵτινες ἀπολιπόντες τὸν
οὐρανὸν τὸν ὑψηλὸν τὸ ἁγίασμα τῆς στάσεως τοῦ αἰῶνος
μετὰ τῶν γυναικῶν ἐμιάνθησαν καὶ ὥσπερ οἱ υἱοὶ τῆς γῆς
ποιοῦσιν οὕτως καὶ αὐτοὶ ποιοῦσιν καὶ ἔλαβον ἑαυτοῖς
γυναῖκας. ἀφανισμὸν μέγαν ἠφανίσατε τὴν γῆν.

5 καὶ οὐκ ἔσται ὑμῖν εἰρήνη οὔτε ἄφεσις. καὶ περὶ ὧν
χαίρονται τῶν υἱῶν αὐτῶν

6 τὸν φόνον τῶν ἀγαπητῶν αὐτῶν ὄψονται καὶ ἐπὶ τῇ ἀπωλείᾳ
τῶν υἱῶν αὐτῶν στενάξουσιν καὶ δεηθήσονται εἰς τὸν
αἰῶνα καὶ οὐκ ἔσται αὐτοῖς εἰς ἔλεον καὶ εἰρήνην.

- 13 -

1 ὁ δὲ Ἐνὼχ τῷ Ἀζαὴλ εἶπεν πορεύου οὐκ ἔσται σοι
εἰρήνη. κρίμα μέγα ἐξῆλθεν κατὰ σοῦ δῆσαί σε

2 καὶ ἀνοχὴ καὶ ἐρώτησίς σοι οὐκ ἔσται περὶ ὧν ἔδειξας
ἀδικημάτων καὶ περὶ πάντων τῶν ἔργων τῶν ἀσεβειῶν καὶ
τῆς ἀδικίας καὶ τῆς ἁμαρτίας ὅσα ὑπέδειξας τοῖς
ἀνθρώποις.

3 τότε πορευθεὶς εἴρηκα πᾶσιν αὐτοῖς καὶ αὐτοὶ πάντες
ἐφοβήθησαν καὶ ἔλαβεν αὐτοὺς τρόμος καὶ φόβος.

4 καὶ ἠρώτησαν ὅπως γράψω αὐτοῖς ὑπομνήματα ἐρωτήσεως ἵνα
γένηται αὐτοῖς ἄφεσις καὶ ἵνα ἐγὼ ἀναγνῶ αὐτοῖς τὸ
ὑπόμνημα τῆς ἐρωτήσεως ἐνώπιον κυρίου τοῦ οὐρανοῦ.

5 ὅτι αὐτοὶ οὐκ ἔτι δύνανται λαλῆσαι οὐδὲ ἀπᾶραι αὐτῶν
τοὺς ὀφθαλμοὺς εἰς τὸν οὐρανὸν ἀπὸ αἰσχύνης περὶ ὧν
ἡμαρτήκεισαν καὶ κατεκρίθησαν.

6 τότε ἔγραψα τὸ ὑπόμνημα τῆς ἐρωτήσεως αὐτῶν καὶ τὰς
δεήσεις περὶ τῶν πνευμάτων αὐτῶν καὶ περὶ ὧν δέονται
ὅπως αὐτοῖς γένηται ἄφεσις καὶ μακρότης.

7 καὶ πορευθεὶς ἐκάθισα ἐπὶ τῶν ὑδάτων Δὰν ἐν γῇ Δὰν ἥτις
ἐστὶν ἐκ δεξιῶν Ἑρμωνειεὶμ δύσεως ἀνεγίνωσκον τὸ
ὑπόμνημα τῶν δεήσεων αὐτῶν.

8 ὡς ἐκοιμήθην καὶ ἰδοὺ ὄνειροι ἐπ' ἐμὲ ἦλθον καὶ ὁράσεις
ἐπ' ἐμὲ ἐπέπιπτον καὶ ἴδον ὁράσεις ὀργῆς καὶ ἦλθεν φωνὴ
λέγουσα εἰπὸν τοῖς υἱοῖς τοῦ οὐρανοῦ τοῦ ἐλέγξαι
αὐτούς.

9 καὶ ἔξυπνος γενόμενος ἦλθον πρὸς αὐτοὺς καὶ πάντες
συνηγμένοι ἐκάθηντο πενθοῦντες ἐν Ἐβελσατὰ ἥτις ἐστὶν

ἀνὰ μέσον τοῦ Λιβάνου καὶ Σενισὴλ περικεκαλυμμένοι τὴν
ὄψιν.

10 ἐνώπιον αὐτῶν καὶ ἀνήγγειλα αὐτοῖς πάσας τὰς ὁράσεις ἃς
εἶδον κατὰ τοὺς ὕπνους καὶ ἠρξάμην λαλεῖν τοὺς λόγους
τῆς δικαιοσύνης ἐλέγχων τοὺς ἐγρηγόρους τοῦ οὐρανοῦ.

- 14 -

1 βίβλος λόγων δικαιοσύνης καὶ ἐλέγξεως ἐγρηγόρων τῶν ἀπὸ
τοῦ αἰῶνος κατὰ τὴν ἐντολὴν τοῦ ἁγίου τοῦ μεγάλου ἐν
ταύτῃ τῇ ὁράσει.

2 ἐγὼ εἶδον κατὰ τοὺς ὕπνους μου ὃ νῦν λέγω ἐν γλώσσῃ
σαρκίνῃ ἐν τῷ πνεύματι τοῦ στόματός μου ὃ ἔδωκεν ὁ
μέγας τοῖς ἀνθρώποις λαλεῖν ἐν αὐτοῖς καὶ νοήσει
καρδίᾳ.

3 ὃς ἔκτισεν καὶ ἔδωκεν ἐλέγξασθαι ἐγρηγόρους τοὺς υἱοὺς
τοῦ οὐρανοῦ.

4 ἐγὼ τὴν ἐρώτησιν ὑμῶν τῶν ἀγγέλων ἔγραψα καὶ ἐν τῇ
ὁράσει μου τοῦτο ἐδείχθη καὶ οὔτε ἡ ἐρώτησις ὑμῶν
παρεδέχθη

5 ἵνα μηκέτι εἰς τὸν οὐρανὸν ἀναβῆτε ἐπὶ πάντας τοὺς
αἰῶνας καὶ ἐν τοῖς δεσμοῖς τῆς γῆς ἐρρέθη δῆσαι ὑμᾶς
εἰς πάσας τὰς γενεὰς τοῦ αἰῶνος

6 καὶ ἵνα περὶ τῶν ἴδητε τὴν ἀπώλειαν τῶν υἱῶν ὑμῶν
τῶν ἀγαπητῶν καὶ ὅτι οὐκ ἔσται ὑμῖν ὄνησις αὐτῶν ἀλλὰ
πεσοῦνται ἐνώπιον ὑμῶν ἐν μαχαίρᾳ.

7 καὶ ἡ ἐρώτησις ὑμῶν περὶ αὐτῶν οὐκ ἔσται οὐδὲ περὶ ὑμῶν
καὶ ὑμεῖς κλαίοντες καὶ δεόμενοι καὶ μὴ λαλοῦντες πᾶν
ῥῆμα ἀπὸ τῆς γραφῆς ἧς ἔγραψα.

8 καὶ ἐμοὶ ἐφ' ὁράσει οὕτως ἐδείχθη ἰδοὺ νεφέλαι ἐν τῇ
ὁράσει ἐκάλουν καὶ ὁμίχλαι με ἐφώνουν καὶ διαδρομαὶ τῶν
ἀστέρων καὶ διαστραπαὶ με κατεσπούδαζον καὶ ἐθορύβαζόν
με καὶ ἄνεμοι ἐν τῇ ὁράσει μου ἐξεπέτασάν με

9 καὶ ἐπῆράν με ἄνω καὶ εἰσήνεγκάν με εἰς τὸν οὐρανὸν καὶ
εἰσῆλθον μέχρις ἤγγισα τείχους οἰκοδομῆς ἐν λίθοις
χαλάζης καὶ γλώσσης πυρὸς κύκλῳ αὐτῶν καὶ ἤρξαντο
ἐκφοβεῖν με.

10 καὶ εἰσῆλθον εἰς τὰς γλώσσας τοῦ πυρὸς καὶ ἤγγισα εἰς
οἶκον μέγαν οἰκοδομημένον ἐν λίθοις χαλάζης καὶ οἱ
τοῖχοι τοῦ οἴκου ὡς λιθόπλακες καὶ πᾶσαι ἦσαν ἐκ χιόνος
καὶ ἐδάφη χιονικὰ

11 καὶ αἱ στέγαι ὡς διαδρομαὶ ἀστέρων καὶ ἄστραπαι καὶ
μεταξὺ αὐτῶν χερουβὶν πύρινα καὶ οὐρανὸς αὐτῶν ὕδωρ

12 καὶ πῦρ φλεγόμενον κύκλῳ τῶν τειχῶν καὶ θύραι πυρὶ
καιόμεναι.

13 εἰσῆλθον εἰς τὸν οἶκον ἐκεῖνον θερμὸν ὡς πῦρ καὶ ψυχρὸν
ὡς χιὼν καὶ πᾶσα τροφὴ ζωῆς οὐκ ἦν ἐν αὐτῷ φόβος με
ἐκάλυψεν καὶ τρόμος με ἔλαβεν.

14 καὶ ἤμην σειόμενος καὶ τρέμων καὶ ἔπεσον. ἐθεώρουν ἐν
τῇ ὁράσει μου

15 καὶ ἰδοὺ ἄλλη θύρα ἀνεῳγμένη κατέναντί μου καὶ ὁ οἶκος
μείζων τούτου καὶ ὅλος οἰκοδομημένος ἐν γλώσσαις πυρὸς

16 καὶ ὅλος διαφέρων ἐν δόξῃ καὶ ἐν τιμῇ καὶ ἐν μεγαλωσύνῃ
ὥστε μὴ δύνασθαί με ἐξειπεῖν ὑμῖν περὶ τῆς δόξης καὶ
περὶ τῆς μεγαλωσύνης αὐτοῦ.

17 τὸ ἔδαφος αὐτοῦ ἦν πυρὸς τὸ δὲ ἀνώτερον αὐτοῦ ἦσαν
ἄστραπαι καὶ διαδρομαὶ ἀστέρων καὶ ἡ στέγη αὐτοῦ ἦν πῦρ
φλέγον.

18 ἐθεώρουν δὲ καὶ εἶδον θρόνον ὑψηλὸν καὶ τὸ εἶδος αὐτοῦ
ὡσεὶ κρυστάλλινον καὶ τροχὸς ὡς ἡλίου λάμποντος καὶ
ὄρος χερουβίν.

19 καὶ ὑποκάτω τοῦ θρόνου ἐξεπορεύοντο ποταμοὶ πυρὸς
φλεγόμενοι καὶ οὐκ ἐδυνάσθην ἰδεῖν.

20 καὶ ἡ δόξα ἡ μεγάλη ἐκάθητο ἐπ' αὐτῷ τὸ περιβόλαιον
αὐτοῦ ὡς εἶδος ἡλίου λαμπρότερον καὶ λευκότερον πάσης
χιόνος.

21 καὶ οὐκ ἐδύνατο πᾶς ἄγγελος παρελθεῖν εἰς τὸν οἶκον
τοῦτον καὶ ἰδεῖν τὸ πρόσωπον αὐτοῦ διὰ τὸ ἔντιμον καὶ
ἔνδοξον καὶ οὐκ ἐδύνατο πᾶσα σάρξ ἰδεῖν αὐτόν

22 τὸ πῦρ φλεγόμενον κύκλῳ καὶ πῦρ μέγα παρειστήκει αὐτῷ
καὶ οὐδεὶς ἐγγίζει αὐτῷ. κύκλῳ μυρίαι μυριάδες
ἑστήκασιν ἐνώπιον αὐτοῦ καὶ πᾶς λόγος αὐτοῦ ἔργον.

23 καὶ οἱ ἅγιοι τῶν ἀγγέλων οἱ ἐγγίζοντες αὐτῷ οὐκ
ἀποχωροῦσιν νυκτὸς οὔτε ἀφίστανται αὐτοῦ.

24 κἀγὼ ἤμην ἕως τούτου ἐπὶ πρόσωπόν μου βεβλημένος καὶ
τρέμων καὶ ὁ κύριος τῷ στόματι αὐτοῦ ἐκάλεσέν με καὶ
εἶπέν μοι πρόσελθε ὧδε Ἐνὼχ καὶ τὸν λόγον μου ἄκουσον.

25 καὶ προσελθών μοι εἷς τῶν ἁγίων ἤγειρέν με καὶ ἔστησέν
με καὶ προσήγαγέν με μέχρι τῆς θύρας ἐγὼ δὲ τὸ πρόσωπόν
μου κάτω ἔκυφον.

- 15 -

1 καὶ ἀποκριθεὶς εἶπέν μοι ὁ ἄνθρωπος ὁ ἀληθινὸς ἄνθρωπος
τῆς ἀληθείας ὁ γραμματεὺς καὶ τῆς φωνῆς αὐτοῦ ἤκουσα μὴ
φοβηθῇς Ἐνὼχ ἄνθρωπος ἀληθινὸς καὶ γραμματεὺς τῆς
ἀληθείας πρόσελθε ὧδε καὶ τῆς φωνῆς μου ἄκουσον.

2 περιφθῆτι καὶ εἶπε τοῖς πέμψασίν σε ἐρωτῆσαι ὑμᾶς ἔδει
περὶ τῶν ἀνθρώπων καὶ μὴ τοὺς ἀνθρώπους περὶ ὑμῶν.

3 διὰ τί ἀπελίπετε τὸν οὐρανὸν τὸν ὑψηλὸν τὸν ἅγιον τοῦ
αἰῶνος καὶ μετὰ τῶν γυναικῶν ἐκοιμήθητε καὶ μετὰ τῶν
θυγατέρων τῶν ἀνθρώπων ἐμιάνθητε καὶ ἐλάβετε ἑαυτοῖς
γυναῖκας; ὥσπερ υἱοὶ τῆς γῆς ἐποιήσατε καὶ ἐγεννήσατε
ἑαυτοῖς τέκνα υἱοὺς γίγαντας.

4 καὶ ὑμεῖς ἦτε ἅγιοι καὶ πνεύματα ζῶντα αἰώνια ἐν τῷ
αἵματι τῶν γυναικῶν ἐμιάνθητε καὶ ἐν αἵματι σαρκὸς
ἐγεννήσατε καὶ ἐν αἵματι ἀνθρώπων ἐπεθυμήσατε. καθὼς
καὶ αὐτοὶ ποιοῦσιν σάρκα καὶ αἷμα οἵτινες ἀποθνήσκουσιν
καὶ ἀπόλλυνται.

5 διὰ τοῦτο ἔδωκα αὐτοῖς θηλείας ἵνα σπερματίζουσιν εἰς
αὐτὰς καὶ τεκνώσουσιν ἐν αὐταῖς τέκνα οὕτως ἵνα μὴ
ἐκλείπῃ αὐτοῖς πᾶν ἔργον ἐπὶ τῆς γῆς.

6 ὑμεῖς δὲ ὑπήρχετε πνεύματα ζῶντα αἰώνια καὶ οὐκ
ἀποθνήσκοντα εἰς πάσας τὰς γενεὰς τοῦ αἰῶνος.

7 καὶ διὰ τοῦτο οὐκ ἐποίησα ἐν ὑμῖν θηλείας τὰ πνεύματα
τοῦ οὐρανοῦ ἐν τῷ οὐρανῷ ἡ κατοίκησις αὐτῶν.

8 καὶ νῦν οἱ γίγαντες οἱ γεννηθέντες ἀπὸ τῶν πνευμάτων
καὶ σαρκὸς πνεύματα ἰσχυρὰ ἐπὶ τῆς γῆς καὶ ἐν τῇ γῇ ἡ
κατοίκησις αὐτῶν ἔσται.

9 πνεύματα πονηρὰ ἐξῆλθον ἀπὸ τοῦ σώματος αὐτῶν διότι ἀπὸ
τῶν ἀνωτέρων ἐγένοντο καὶ ἐκ τῶν ἁγίων ἐγρηγόρων ἡ ἀρχὴ
τῆς κτίσεως αὐτῶν καὶ ἀρχὴ θεμελίου πνεύματα πονηρὰ
κληθήσεται.

10 πνεύματα οὐρανοῦ ἐν τῷ οὐρανῷ ἡ κατοίκησις αὐτῶν ἔσται
καὶ τὰ πνεύματα ἐπὶ τῆς γῆς τὰ γεννηθέντα ἐπὶ τῆς γῆς ἡ
κατοίκησις αὐτῶν ἔσται.

11 καὶ τὰ πνεύματα τῶν γιγάντων νεφέλας ἀδικοῦντα
ἀφανίζοντα καὶ ἐμπίπτοντα καὶ συμπαλαίοντα καὶ
συνρίπτοντα ἐπὶ τῆς γῆς πνεύματα σκληρὰ γιγάντων καὶ
δρόμους ποιοῦντα καὶ μηδὲν ἐσθίοντα ἀλλ' ἀσιτοῦντα καὶ
διψῶντα καὶ προσκόπτοντα πνεύματα.

12 καὶ ἐξαναστήσει ταῦτα εἰς τοὺς υἱοὺς τῶν ἀνθρώπων καὶ
τῶν γυναικῶν ὅτι ἐξεληλύθασιν ἀπ' αὐτῶν
      - 15.B -

8 καὶ νῦν οἱ γίγαντες οἱ γεννηθέντες ἀπὸ πνευμάτων καὶ
σαρκὸς πνεύματα πονηρὰ ἐπὶ τῆς γῆς καλέσουσιν αὐτοὺς
ὅτι ἡ κατοίκησις αὐτῶν ἔσται ἐπὶ τῆς γῆς.

9 πνεύματα πονηρὰ ἔσονται τὰ πνεύματα ἐξεληλυθότα ἀπὸ τοῦ
σώματος τῆς σαρκὸς αὐτῶν διότι ἀπὸ τῶν ἀνθρώπων
ἐγένοντο καὶ ἐκ τῶν ἁγίων τῶν ἐγρηγόρων ἡ ἀρχὴ τῆς
κτίσεως αὐτῶν καὶ ἀρχὴ θεμελίου πνεύματα πονηρὰ

10 ἐπὶ τῆς γῆς ἔσονται

11 τὰ πνεύματα τῶν γιγάντων νεμόμενα ἀδικοῦντα ἀφανίζοντα
ἐμπίπτοντα καὶ συμπαλαίοντα καὶ ῥιπτοῦντα ἐπὶ τῆς γῆς
καὶ δρόμους ποιοῦντα καὶ μηδὲν ἐσθίοντα ἀλλ' ἀσιτοῦντα
καὶ ῥιπτοῦντα καὶ φάσματα ποιοῦντα καὶ διψῶντα καὶ
προσκόπτοντα.

12 καὶ ἐξαναστήσονται τὰ πνεύματα ἐπὶ τοὺς υἱοὺς τῶν
ἀνθρώπων καὶ τῶν γυναικῶν ὅτι ἐξ αὐτῶν ἐξεληλύθασι.
      - 16 -

1 ἀπὸ ἡμέρας σφαγῆς καὶ ἀπωλείας καὶ θανάτου ἀφ' ὧν τὰ
πνεύματα ἐκπορευόμενα ἐκ τῆς ψυχῆς τῆς σαρκὸς αὐτῶν
ἔσται ἀφανίζοντα χωρὶς κρίσεως οὕτως ἀφανίσουσιν μέχρις
ἡμέρας τελειώσεως τῆς κρίσεως τῆς μεγάλης ἐν ᾗ ὁ αἰὼν ὁ
μέγας τελεσθήσεται.

2 καὶ νῦν ἐγρηγόροις τοῖς πέμψασίν σε ἐρωτῆσαι περὶ αὐτῶν
οἵτινες ἐν οὐρανῷ ἦσαν.

3 ὑμεῖς ἐν τῷ οὐρανῷ ἦτε καὶ πᾶν μυστήριον ὃ οὐκ
ἀνεκαλύφθη ὑμῖν καὶ μυστήριον τὸ ἐκ τοῦ θεοῦ
γεγενημένον ἔγνωτε καὶ τοῦτο ἐμηνύσατε ταῖς γυναιξὶν ἐν
ταῖς σκληροκαρδίαις ὑμῶν καὶ ἐν τῷ μυστηρίῳ τούτῳ
πληθύνουσιν αἱ θήλειαι καὶ οἱ ἄνθρωποι τὰ κακὰ ἐπὶ τῆς
γῆς.

4 εἶπον οὖν αὐτοῖς οὐκ ἔστιν εἰρήνη.
      - 16.B -

1 καὶ ἀπὸ ἡμέρας καιροῦ σφαγῆς καὶ ἀπωλείας καὶ θανάτου
τῶν γιγάντων Ναφηλεὶμ οἱ ἰσχυροὶ τῆς γῆς οἱ μεγάλοι
ὀνομαστοὶ τὰ πνεύματα τὰ ἐκπορευόμενα ἀπὸ τῆς ψυχῆς
αὐτῶν ὡς ἐκ τῆς σαρκὸς ἔσονται ἀφανίζοντα χωρὶς κρίσεως
οὕτως ἀφανίσουσι μέχρις ἡμέρας τῆς τελειώσεως ἕως τῆς
κρίσεως τῆς μεγάλης ἐν ᾗ ὁ αἰὼν ὁ μέγας τελεσθήσεται
ἐφ' ἅπαξ ὁμοῦ τελεσθήσονται.
      - 17 -

1 καὶ παραλαβόντες με εἴς τινα τόπον ἀπήγαγον ἐν ᾧ οἱ
ὄντες ἐκεῖ γίνονται ὡς πῦρ φλέγον καὶ ὅταν θέλωσιν
φαίνονται ὡσεὶ ἄνθρωποι.

2 καὶ ἀπήγαγόν με εἰς ζοφώδη τόπον καὶ εἰς ὄρος οὗ ἡ
κεφαλὴ ἀφικνεῖτο εἰς τὸν οὐρανόν.

3 καὶ εἶδον τόπον τῶν φωστήρων καὶ τοὺς θησαυροὺς τῶν
ἀστέρων καὶ τῶν βροντῶν καὶ εἰς τὰ ἀεροβαθῆ ὅπου τόξον
πυρὸς καὶ τὰ βέλη καὶ τὰς θήκας αὐτῶν καὶ τὰς ἀστραπὰς
πάσας.

4 καὶ ἀπήγαγόν με μέχρι ὑδάτων ζώντων καὶ μέχρι πυρὸς
δύσεως ὅ ἐστιν καὶ παρέχουν πάσας τὰς δύσεις τοῦ ἡλίου.

5 καὶ ἤλθομεν μέχρι ποταμοῦ πυρὸς ἐν ᾧ κατατρέχει τὸ πῦρ
ὡς ὕδωρ καὶ ῥέει εἰς θάλασσαν μεγάλην δύσεως.

6 ἴδον τοὺς μεγάλους ποταμοὺς καὶ μέχρι τοῦ μεγάλου
ποταμοῦ καὶ μέχρι τοῦ μεγάλου σκότους κατήντησα καὶ
ἀπῆλθον ὅπου πᾶσα σὰρξ οὐ περιπατεῖ.

7 ἴδον τοὺς ἀνέμους τῶν γνόφων τοὺς χειμερινοὺς καὶ τὴν
ἔκχυσιν τῆς ἀβύσσου πάντων ὑδάτων.

8 ἴδον τὸ στόμα τῆς γῆς πάντων τῶν ποταμῶν καὶ τὸ στόμα
τῆς ἀβύσσου.
      - 18 -

1 ἴδον τοὺς θησαυροὺς τῶν ἀνέμων πάντων ἴδον ὅτι ἐν
αὐτοῖς ἐκόσμησεν πάσας τὰς κτίσεις καὶ τὸν θεμέλιον τῆς
γῆς καὶ τὸν λίθον ἴδον τῆς γωνίας τῆς γῆς.

2 ἴδον τοὺς τέσσαρας ἀνέμους τὴν γῆν βαστάζοντας

3 καὶ τὸ στερέωμα τοῦ οὐρανοῦ καὶ αὐτοὶ ἱστᾶσιν μεταξὺ
γῆς καὶ οὐρανοῦ.

4 ἴδον ἀνέμους τῶν οὐρανῶν στρέφοντας καὶ διανεύοντας τὸν
τροχὸν τοῦ ἡλίου καὶ πάντας τοὺς ἀστέρας.

5 ἴδον τοὺς ἐπὶ τῆς γῆς ἀνέμους βαστάζοντας ἐν νεφέλῃ.
ἴδον πέρατα τῆς γῆς τὸ στήριγμα τοῦ οὐρανοῦ ἐπάνω.

6 παρῆλθον καὶ ἴδον τόπον καιόμενον νυκτὸς καὶ ἡμέρας
ὅπου τὰ ἑπτὰ ὄρη ἀπὸ λίθων πολυτελῶν ⟨τρία⟩ εἰς
ἀνατολὰς καὶ τρία εἰς νότον βάλλοντα.

7 τὸ μὲν πρὸς ἀνατολὴν ἀπὸ λίθου χρώματος τὸ δὲ ἦν
ἀπὸ λίθου μαργαρίτου καὶ τὸ ἀπὸ λίθου ταθὲν τὸ δὲ κατὰ
νότον ἀπὸ λίθου πυρροῦ

8 τὸ δὲ μέσον αὐτῶν ἦν εἰς οὐρανὸν ὥσπερ θρόνος θεοῦ ἀπὸ
λίθου φουκὰ καὶ ἡ κορυφὴ τοῦ θρόνου ἀπὸ λίθου σαπφείρου

9 καὶ πῦρ καιόμενον ἴδον. κἀπέκεινα τῶν ὀρέων τούτων

10 τόπος ἐστὶν πέρας τῆς μεγάλης γῆς ἐκεῖ συντελεσθήσονται
οἱ οὐρανοί.

11 καὶ ἴδον χάσμα μέγα εἰς τοὺς στύλους τοῦ πυρὸς
καταβαίνοντας καὶ οὐκ ἦν μέτρον οὔτε εἰς βάθος οὔτε εἰς
ὕψος.

12 καὶ ἐπέκεινα τοῦ χάσματος τούτου ἴδον τόπον ὅπου οὐδὲ
στερέωμα οὐρανοῦ ἐπάνω οὔτε γῆ ἡ τεθεμελιωμένη ὑποκάτω
αὐτοῦ οὔτε ὕδωρ ἦν ὑπὸ αὐτὸ οὔτε πετεινὸν ἀλλὰ τόπος ἦν
ἔρημος καὶ φοβερός.

13 ἐκεῖ ἴδον ἑπτὰ ἀστέρας ὡς ὄρη μεγάλα καιόμενα περὶ ὧν
πυνθανομένῳ μοι

14 εἶπεν ὁ ἄγγελος οὗτός ἐστιν ὁ τόπος τὸ τέλος τοῦ
οὐρανοῦ καὶ γῆς δεσμωτήριον τοῦτο ἐγένετο τοῖς ἄστροις
καὶ ταῖς δυνάμεσιν τοῦ οὐρανοῦ.

15 καὶ οἱ ἀστέρες οἱ κυλιόμενοι ἐν τῷ πυρὶ οὗτοί εἰσιν οἱ
παραβάντες πρόσταγμα κυρίου ἐν ἀρχῇ τῆς ἀνατολῆς αὐτῶν
ὅτι τόπος ἔξω τοῦ οὐρανοῦ κενός ἐστιν ὅτι οὐκ ἐξῆλθαν
ἐν τοῖς καιροῖς αὐτῶν.

16 καὶ ὠργίσθη αὐτοῖς καὶ ἔδησεν αὐτοὺς μέχρι καιροῦ
τελειώσεως αὐτῶν ἁμαρτίας ⟨αὐτῶν⟩ ἐνιαυτῶν μυρίων.
      - 19 -

1 καὶ εἶπέν μοι Οὐριὴλ ἐνθάδε οἱ μιγέντες ἄγγελοι ταῖς
γυναιξὶν στήσονται καὶ τὰ πνεύματα αὐτῶν πολύμορφα
γενόμενα λυμαίνεται τοὺς ἀνθρώπους καὶ πλανήσει αὐτοὺς
ἐπιθύειν τοῖς δαιμονίοις μέχρι τῆς μεγάλης κρίσεως ἐν ᾗ
κριθήσονται εἰς ἀποτελείωσιν.

2 καὶ αἱ γυναῖκες αὐτῶν τῶν παραβάντων ἀγγέλων εἰς
σειρῆνας γενήσονται.

3 κἀγὼ Ἐνὼχ ἴδον τὰ θεωρήματα μόνος τὰ πέρατα πάντων καὶ
οὐ μὴ ἴδῃ οὐδὲ εἷς ἀνθρώπων ὡς ἐγὼ ἴδον.
      - 19.B -

3 ---ἀνθρώπων ὡς ἐγὼ εἶδον.
      - 20 -

1 ἄγγελοι τῶν δυνάμεων.

2 Οὐριὴλ ὁ εἷς τῶν ἁγίων ἀγγέλων ὁ ἐπὶ τοῦ κόσμου καὶ τοῦ
ταρτάρου.

3 Ῥαφαὴλ ὁ εἷς τῶν ἁγίων ἀγγέλων ὁ ἐπὶ τῶν πνευμάτων τῶν
ἀνθρώπων

4 Ῥαγουὴλ ὁ εἷς τῶν ἁγίων ἀγγέλων ὁ ἐκδικῶν τὸν κόσμον
τῶν φωστήρων.

5 Μιχαὴλ ὁ εἷς τῶν ἁγίων ἀγγέλων ὁ ἐπὶ τῶν τοῦ λαοῦ
ἀγαθῶν τεταγμένος καὶ ἐπὶ τῷ χάῳ.

6 Σαριὴλ ὁ εἷς τῶν ἁγίων ἀγγέλων ὁ ἐπὶ τῶν πνευμάτων
οἵτινες ἐπὶ τῷ πνεύματι ἁμαρτάνουσιν.

7 Γαβριὴλ ὁ εἷς τῶν ἁγίων ἀγγέλων ὁ ἐπὶ τοῦ παραδείσου
καὶ τῶν δρακόντων καὶ χερουβείν. ἀρχαγγέλων ὀνόματα
ἑπτά.
      - 20.B -

2 ὁ εἷς τῶν ἁγίων ἀγγέλων ὁ ἐπὶ τοῦ κόσμου καὶ τοῦ
ταρτάρου.

3 Ῥαφαὴλ ὁ εἷς τῶν ἁγίων ἀγγέλων ὁ ἐπὶ τῶν πνευμάτων τῶν
ἀνθρώπων.

4 Ῥαγουὴλ ὁ εἷς τῶν ἁγίων ἀγγέλων ὁ ἐκδικῶν τὸν κόσμον
τῶν φωστήρων.

5 Μιχαὴλ ὁ εἷς τῶν ἁγίων ἀγγέλων ὃς ἐπὶ τῶν τοῦ λαοῦ
ἀγαθῶν τέτακται καὶ ἐπὶ τῷ λαῷ.

6 Σαριὴλ ὁ εἷς τῶν ἁγίων ἀγγέλων ὁ ἐπὶ τῶν πνευμάτων
οἵτινες ἐπὶ τῷ πνεύματι ἁμαρτάνουσιν.

7 Γαβριὴλ ὁ εἷς τῶν ἁγίων ἀγγέλων ὁ ἐπὶ τοῦ παραδείσου
καὶ τῶν δρακόντων καὶ χερουβίν. Ῥεμειὴλ ὁ εἷς τῶν
ἁγίων ἀγγέλων ὃν ἔταξεν ὁ θεὸς ἐπὶ τῶν ἀνισταμένων.
ὀνόματα ζ' ἀρχαγγέλων.
      - 21 -

1 καὶ ἐφώδευσα ἕως τῆς ἀκατασκευάστου.

2 κἀκεῖ ἐθεασάμην ἔργον φοβερὸν ἑώρακα οὔτε οὐρανὸν ἐπάνω
οὔτε γῆν τεθέαμαι τεθεμελιωμένην ἀλλὰ τόπον
ἀκατασκεύαστον καὶ φοβερόν.

3 καὶ ἐκεῖ τεθέαμαι ἑπτὰ τῶν ἀστέρων τοῦ οὐρανοῦ
δεδεμένους καὶ ἐρριμμένους ἐν αὐτῷ ὁμοίους ὄρεσιν
μεγάλοις καὶ ἐν πυρὶ καιομένους.

4 τότε εἶπον διὰ ποίαν αἰτίαν ἐπεδέθησαν καὶ διὰ τί ὧδε
ἐρίφησαν;

5 τότε εἶπέν μοι Οὐριὴλ ὁ εἷς τῶν ἁγίων ἀγγέλων ὃς μετ'
ἐμοῦ ἦν καὶ αὐτὸς ἡγεῖτο αὐτῶν καὶ εἶπέν μοι Ἐνὼχ περὶ
τίνος ἐρωτᾷς ἢ περὶ τίνος τὴν ἀλήθειαν φιλοσπευδεῖς;

6 οὗτοί εἰσιν τῶν ἀστέρων τοῦ οὐρανοῦ οἱ παραβάντες τὴν
ἐπιταγὴν τοῦ κυρίου καὶ ἐδέθησαν ὧδε μέχρι τοῦ πληρῶσαι
μύρια ἔτη τὸν χρόνον τῶν ἁμαρτημάτων αὐτῶν.

7 κἀκεῖθεν ἐφώδευσα εἰς ἄλλον τόπον τούτου φοβερώτερον
καὶ τεθέαμαι ἔργα φοβερώτερα πῦρ μέγα ἐκεῖ καιόμενον
καὶ φλεγόμενον καὶ διακοπὴν εἶχεν ὁ τόπος ἕως τῆς
ἀβύσσου πλήρης στύλων πυρὸς μεγάλων καταφερομένων οὔτε
μέτρον οὔτε πλάτος ἠδυνήθην ἰδεῖν οὐδὲ εἰκάσαι.

8 τότε εἶπον ὡς φοβερὸς ὁ τόπος καὶ ὡς δεινὸς τῇ ὁράσει.

9 τότε ἀπεκρίθη μοι ὁ εἷς τῶν ἁγίων ἀγγέλων ὃς μετ' ἐμοῦ
ἦν καὶ εἶπέν μοι Ἐνὼχ διὰ τί ἐφοβήθης; οὕτως καὶ
ἐπτοήθης; καὶ ἀπεκρίθην περὶ τούτου τοῦ φοβεροῦ καὶ
περὶ τῆς προσόψεως τῆς δεινῆς.

10 καὶ εἶπεν οὗτος ὁ τόπος δεσμωτήριον ἀγγέλων ὧδε
συνσχεθήσονται μέχρι αἰῶνος εἰς τὸν αἰῶνα.
      - 21.B -

1 καὶ ἐφώδευσα μέχρι τῆς ἀκατασκευάστου.

2 καὶ ἐκεῖ ἐθεασάμην ἔργον φοβερόν. ἑώρακα οὔτε οὐρανὸν
ἐπάνω οὔτε γῆν τεθεμελιωμένην ἀλλὰ τόπον ἀκατασκεύαστον
καὶ φοβερόν.

3 καὶ ἐκεῖ τεθέαμαι ζ' ἀστέρας τοῦ οὐρανοῦ δεδεμένους καὶ
ἐρριμμένους ἐν αὐτῷ ὁμοῦ ὁμοίους ὁράσει μεγάλῃ καὶ ἐν
πυρὶ καιομένους.

4 τότε εἶπον διὰ ποίαν αἰτίαν ἐπεδέθησαν καὶ διὰ ποίαν
αἰτίαν ἐρίφησαν ὧδε;

5 καὶ εἶπέν μοι Οὐριὴλ ὁ εἷς τῶν ἁγίων ἀγγέλων ὁ μετ'
ἐμοῦ ὢν καὶ αὐτὸς αὐτῶν ἡγεῖτο καὶ εἶπέν μοι Ἐνὼχ περὶ
τίνος ἐρωτᾷς ἢ περὶ τίνος τὴν ἀλήθειαν φιλοσπευδεῖς;
      - 22 -

1 κἀκεῖθεν ἐφώδευσα εἰς ἄλλον τόπον καὶ ἔδειξέν μοι πρὸς
δυσμὰς ἄλλο ὄρος μέγα καὶ ὑψηλὸν πέτρας στερεάς.

2 καὶ τέσσαρες τόποι ἐν αὐτῷ κοῖλοι βάθος ἔχοντες καὶ

λίαν λεῖοι τρεῖς αὐτῶν σκοτινοὶ καὶ εἷς φωτινὸς καὶ
πηγὴ ὕδατος ἀνὰ μέσον αὐτοῦ. καὶ εἶπον πῶς λεῖα τὰ
κοιλώματα ταῦτα καὶ ὀλοβαθῆ καὶ σκοτινὰ τῇ ὁράσει;

3 τότε ἀπεκρίθη  Ῥαφαὴλ ὁ εἷς τῶν ἁγίων ἀγγέλων ὃς μετ'
ἐμοῦ ἦν καὶ εἶπέν μοι οὗτοι οἱ τόποι οἱ κοῖλοι ἵνα
ἐπισυνάγωνται εἰς αὐτοὺς τὰ πνεύματα τῶν ψυχῶν τῶν
νεκρῶν. εἰς αὐτὸ τοῦτο ἐκρίθησαν ὧδε ἐπισυνάγεσθαι
πάσας τὰς ψυχὰς τῶν ἀνθρώπων.

4 καὶ οὗτοι οἱ τόποι εἰς ἐπισύνσχεσιν αὐτῶν ἐποίησαν
μέχρι τῆς ἡμέρας τῆς κρίσεως αὐτῶν καὶ μέχρι τοῦ
διορισμοῦ καὶ διορισμένου χρόνου ἐν  ᾧ ἡ κρίσις ἡ μεγάλη
ἔσται ἐν αὐτοῖς.

5 τεθέαμαι ἀνθρώπους νεκροὺς ἐντυγχάνοντας καὶ ἡ φωνὴ
αὐτοῦ μέχρι τοῦ οὐρανοῦ προέβαινεν καὶ ἐνετύγχανεν.

6 καὶ ἠρώτησα  Ῥαφαὴλ τὸν ἄγγελον ὃς μετ' ἐμοῦ ἦν καὶ
εἶπα αὐτῷ τοῦτο τὸ πνεῦμα  τὸ ἐντυγχάνον τίνος ἐστὶν δι'
ὃ οὕτως ἡ φωνὴ αὐτοῦ προβαίνει  καὶ ἐντυγχάνει ἕως τοῦ
οὐρανοῦ;

7 καὶ ἀπεκρίθη μοι λέγων τοῦτο  τὸ πνεῦμά ἐστιν τὸ ἐξελθὸν
ἀπὸ  Ἄβελ ὃν ἐφόνευσε Κάιν ὁ ἀδελφὸς καὶ  Ἄβελ
ἐντυγχάνει περὶ αὐτοῦ μέχρι τοῦ ἀπολέσαι τὸ σπέρμα
αὐτοῦ ἀπὸ  προσώπου τῆς γῆς καὶ  ἀπὸ τοῦ  σπέρματος τῶν
ἀνθρώπων ἀφανισθῇ τὸ σπέρμα αὐτοῦ.

8 τότε ἠρώτησα περὶ τῶν κυκλωμάτων πάντων διὰ τί
ἐχωρίσθησαν ἓν ἀπὸ τοῦ ἑνός;

9 καὶ ἀπεκρίθη μοι λέγων οὗτοι οἱ τρεῖς ἐποιήθησαν
χωρίζεσθαι τὰ πνεύματα  τῶν νεκρῶν καὶ οὕτως ἐχωρίσθη
εἰς τὰ πνεύματα τῶν δικαίων οὗ ἡ πηγὴ τοῦ ὕδατος ἐν
αὐτῷ φωτινή.

10 καὶ οὕτως ἐκτίσθη τῶν ἁμαρτωλῶν ὅταν ἀποθάνωσιν καὶ
ταφῶσιν εἰς τὴν γῆν καὶ  κρίσις οὐκ ἐγενήθη ἐπ' αὐτῶν ἐν
τῇ ζωῇ αὐτῶν.

11 ὧδε χωρίζεται τὰ πνεύματα  αὐτῶν εἰς τὴν μεγάλην βάσανον
ταύτην μέχρι τῆς μεγάλης ἡμέρας τῆς κρίσεως τῶν
μαστίγων καὶ  τῶν βασάνων  τῶν κατηραμένων  μέχρι αἰῶνος
ἣν ἀνταπόδοσις  τῶν πνευμάτων ἐκεῖ δήσει αὐτοὺς μέχρις
αἰῶνος.

12 καὶ οὕτως ἐχωρίσθη τοῖς πνεύμασιν τῶν ἐντυγχανόντων
οἵτινες ἐνφανίζουσιν περὶ τῆς  ἀπωλείας ὅταν φονευθῶσιν
ἐν ταῖς ἡμέραις τῶν ἁμαρτωλῶν.

13 καὶ οὕτως ἐκτίσθη τοῖς πνεύμασιν τῶν  ἀνθρώπων ὅσοι οὐκ
ἔσονται ὅσιοι ἀλλὰ  ἁμαρτωλοὶ ὅσοι ἀσεβεῖς  καὶ μετὰ τῶν
ἀνόμων  ἔσονται μέτοχοι.  τὰ δὲ  πνεύματα ὅτι  οἱ ἐνθάδε
θλιβέντες ἔλαττον κολάζονται  αὐτῶν οὐ τιμωρηθήσονται ἐν
ἡμέρᾳ τῆς κρίσεως οὐδὲ μὴ μετεγερθῶσιν ἐντεῦθεν.

14 τότε ηὐλόγησα  τὸν κύριον τῆς δόξης  καὶ εἶπα εὐλογητὸς
εἶ κύριε ὁ τῆς δικαιοσύνης κυριεύων τοῦ αἰῶνος.

- 23 -

1 κἀκεῖθεν ἐφώδευσα εἰς ἄλλον τόπον πρὸς δυσμὰς τῶν
περάτων τῆς γῆς.

2 καὶ ἐθεασάμην  πῦρ διατρέχον  καὶ οὐκ  ἀναπαυόμενον οὐδὲ
ἐλλεῖπον τοῦ δρόμου ἡμέρας καὶ νυκτὸς ἅμα διαμένον.

3 καὶ ἠρώτησα λέγων τί ἐστιν τὸ μὴ ἔχον ἀνάπαυσιν;

4 τότε ἀπεκρίθη  μοι  Ῥαγουὴλ ὁ εἷς τῶν ἁγίων ἀγγέλων ὃς
μετ' ἐμοῦ ἦν οὗτος ὁ δρόμος τοῦ πυρὸς τὸ πρὸς δυσμὰς
πῦρ τὸ ἐκδιῶκόν ἐστιν  πάντας τοὺς φωστῆρας τοῦ οὐρανοῦ.

- 24 -

1 καὶ ἔδειξέν μοι ὄρη πυρὸς καιόμενα νυκτός.

2 καὶ ἐπέκεινα αὐτῶν ἐπορεύθην καὶ ἐθεασάμην ἑπτὰ ὄρη
ἔνδοξα  πάντα ἑκάτερα  τοῦ ἑκατέρου διαλλάσσοντα ὧν οἱ
λίθοι ἔντιμοι τῇ  καλλονῇ καὶ  πάντα ἔντιμα  καὶ ἔνδοξα
καὶ εὐειδῆ τρία ἐπ' ἀνατολὰς ἐστηριγμένα ἓν τῷ ἑνὶ καὶ
τρία ἐπὶ νότον ἓν τῷ ἑνὶ καὶ φάραγγες βαθεῖαι καὶ
τραχεῖαι μία τῇ μιᾷ οὐκ ἐγγίζουσαι

3 καὶ τῷ ὄρει ἑβδόμῳ ὄρος  ἀνὰ μέσον τούτων καὶ ὑπερεῖχεν
τῷ ὕψει ὅμοιον  καθέδρᾳ θρόνου καὶ περιεκύκλου δένδρα
αὐτῷ εὐειδῆ.

4 καὶ ἦν ἐν αὐτοῖς δένδρον ὃ οὐδέποτε ὤσφρανμαι καὶ
οὐδεὶς ἕτερος αὐτῷ ηὐφράνθη καὶ οὐδὲν ἕτερον ὅμοιον
αὐτῷ ὀσμὴν εἶχεν εὐωδεστέραν πάντων ἀρωμάτων καὶ τὰ
φύλλα αὐτοῦ  καὶ τὸ ἄνθος  καὶ τὸ δένδρον  οὐ φθίνει εἰς
τὸν αἰῶνα. οἱ δὲ περὶ  τὸν καρπὸν ὡσεὶ βότρυες φοινίκων.

5 τότε εἶπον  ὡς καλὸν  τὸ δένδρον τοῦτό ἐστιν καὶ εὐῶδες
καὶ ὡραῖα  τὰ φύλλα καὶ  τὰ ἄνθη αὐτοῦ  ὡραῖα τῇ ὁράσει.

6 τότε ἀπεκρίθη μοι Μιχαὴλ εἷς τῶν  ἁγίων ἀγγέλων ὃς μετ'
ἐμοῦ ἦν καὶ αὐτὸς αὐτῶν ἡγεῖτο

- 25 -

1 καὶ εἶπέν  μοι  Ἑνώχ τί ἐρωτᾷς  καὶ τί  ἐθαύμασας ἐν τῇ
ὀσμῇ τοῦ δένδρου καὶ διὰ  τί θέλεις τὴν ἀλήθειαν μαθεῖν;

2 τότε ἀπεκρίθην αὐτῷ περὶ  πάντων εἰδέναι θέλω μάλιστα δὲ
περὶ τοῦ δένδρου τούτου σφόδρα.

3 καὶ ἀπεκρίθη λέγων  τοῦτο τὸ  ὑψηλὸν οὗ ἡ κορυφὴ
ὁμοία θρόνου θεοῦ καθέδρα ἐστὶν οὗ καθίζει ὁ μέγας
κύριος ὁ ἅγιος τῆς δόξης ὁ βασιλεὺς τοῦ αἰῶνος ὅταν
καταβῇ ἐπισκέψασθαι τὴν γῆν ἐπ' ἀγαθῷ.

4 καὶ τοῦτο τὸ  δένδρον εὐωδίας  καὶ οὐδεμία σάρξ ἐξουσίαν
ἔχει ἅψασθαι αὐτοῦ μέχρι τῆς μεγάλης κρίσεως ἐν ᾗ
ἐκδίκησις πάντων καὶ τελείωσις μέχρις αἰῶνος τότε
δικαίοις καὶ ὁσίοις δοθήσεται.

5 ὁ καρπὸς  αὐτοῦ τοῖς  ἐκλεκτοῖς εἰς  ζωὴν εἰς βορρᾶν καὶ
μεταφυτευθήσεται ἐν  τόπῳ ἁγίῳ  παρὰ τὸν  οἶκον τοῦ θεοῦ
βασιλέως τοῦ αἰῶνος.

6 τότε  εὐφρανθήσονται  εὐφραινόμενοι  καὶ  χαρήσονται καὶ
εἰς τὸ ἅγιον εἰσελεύσονται αἱ ὀσμαὶ αὐτῶν ἐν τοῖς
ὀστέοις αὐτῶν καὶ ζωὴν πλείονα ζήσονται ἐπὶ γῆς ἣν
ἔζησαν οἱ πατέρες σου καὶ ἐν ταῖς ἡμέραις αὐτῶν καὶ
βάσανοι καὶ πληγαὶ καὶ μάστιγες οὐχ ἅψονται αὐτῶν.

7 τότε ηὐλόγησα τὸν θεὸν τῆς  δόξης τὸν βασιλέα τοῦ αἰῶνος
ὃς ἡτοίμασεν ἀνθρώποις τὰ τοιαῦτα δικαίοις καὶ αὐτὰ
ἔκτισεν καὶ εἶπεν δοῦναι αὐτοῖς.

- 26 -

1 καὶ ἐκεῖθεν ἐφώδευσα εἰς τὸ μέσον τῆς γῆς καὶ ἴδον

τόπον ηὐλογημένον ἐν ᾧ δένδρα ἔχοντα παραφυάδας
μενούσας καὶ βλαστούσας τοῦ δένδρου ἐκκοπέντος.

2 κἀκεῖ τεθέαμαι ὄρος ἅγιον ὑποκάτω τοῦ ὄρους ὕδωρ ἐξ
ἀνατολῶν καὶ τὴν δύσιν εἶχεν πρὸς νότον.

3 καὶ ἴδον πρὸς  ἀνατολὰς ἄλλο ὄρος  ὑψηλότερον τούτου καὶ
ἀνὰ μέσον αὐτοῦ  φάραγγα βαθεῖαν οὐκ  ἔχουσαν πλάτος καὶ
δι' αὐτῆς ὕδωρ πορεύεται ὑποκάτω ὑπὸ τὸ ὄρος.

4 καὶ πρὸς δυσμὰς τούτου  ἄλλο ὄρος ταπεινότερον αὐτοῦ καὶ
οὐκ ἔχον  ὕψος καὶ  φάραγγα βαθεῖαν  καὶ ξηρὰν ἀνὰ μέσον
αὐτῶν καὶ ἄλλην φάραγγα βαθεῖαν  καὶ ξηρὰν ἐπ' ἄκρων τῶν
τριῶν ὀρέων.

5 καὶ πᾶσαι φάραγγές εἰσιν βαθεῖαι ἐκ  πέτρας στερεᾶς καὶ
δένδρον οὐκ ἐφυτεύετο ἐπ' αὐτάς.

6 καὶ ἐθαύμασα περὶ τῆς φάραγγος καὶ λίαν ἐθαύμασα.

- 27 -

1 καὶ εἶπον διὰ τί ἡ γῆ  αὕτη ἡ εὐλογημένη καὶ πᾶσα πλήρης
δένδρων αὐτὴ δὲ ἡ φάραγξ κεκατηραμένη ἐστίν;

2 γῆ κατάρατος τοῖς  κεκατηραμένοις ἐστὶν μέχρι αἰῶνος.
ὧδε ἐπισυναχθήσονται πάντες οἱ κεκατηραμένοι οἵτινες
ἐροῦσιν τῷ στόματι αὐτῶν κατὰ κυρίου φωνὴν ἀπρεπῆ καὶ
περὶ τῆς δόξης αὐτοῦ σκληρὰ λαλήσουσιν. ὧδε
ἐπισυναχθήσονται καὶ ὧδε ἔσται τὸ οἰκητήριον.

3 ἐπ' ἐσχάτοις αἰῶσιν ἐν ταῖς ἡμέραις τῆς κρίσεως τῆς
ἀληθινῆς ἐναντίον τῶν δικαίων  εἰς τὸν ἅπαντα χρόνον ὧδε
εὐλογήσουσιν οἱ ἀσεβεῖς τὸν κύριον τῆς δόξης τὸν
βασιλέα τοῦ αἰῶνος

4 ἐν ταῖς ἡμέραις τῆς  κρίσεως αὐτῶν εὐλογήσουσιν ἐν ἐλέει
ὡς ἐμέρισεν αὐτοῖς.

5 τότε ηὐλόγησα τὸν  κύριον τῆς δόξης  καὶ τὴν δόξαν αὐτοῦ
ἐδήλωσα καὶ ὕμνησα μεγαλοπρεπῶς.

- 28 -

1 καὶ ἐκεῖθεν  ἐπορεύθην εἰς  τὸ μέσον Μανδοβαρὰ καὶ ἴδον
αὐτὸ ἔρημον καὶ αὐτὸ μόνον

2 πλήρης δένδρων καὶ ἀπὸ τῶν σπερμάτων ὕδωρ ἄνομβρον
ἄνωθεν φερόμενον

3 ὡς ὑδραγωγὸς δαψιλὴς ὡς  πρὸς βορρᾶν ἐπὶ δυσμῶν πάντοθεν
ἀνάγει ὕδωρ καὶ δρόσον.

- 29 -

1 ἔτι ἐκεῖθεν ἐπορεύθην εἰς ἄλλον  τόπον ἐν τῷ Βαβδηρὰ καὶ
πρὸς ἀνατολὰς τοῦ ὄρους τούτου ᾠχόμην

2 καὶ  ἴδον κρίσεως δένδρα πνέοντα ἀρωμάτων λιβάνων καὶ
ζμύρνας καὶ τὰ δένδρα αὐτῶν ὅμοια καρύαις.

- 30 -

1 καὶ ἐπέκεινα τούτων ᾠχόμην πρὸς ἀνατολὰς μακρὰν καὶ
ἴδον τόπον ἄλλον μέγαν φάραγγα ὕδατος

2 ἐν ᾧ καὶ δένδρον χρόα ἀρωμάτων ὁμοίων σχίνῳ

3 καὶ τὸ παρὰ τὰ χείλη τῶν φαράγγων τούτων ἴδον
κινναμώμου ἀρωμάτων καὶ ἐπέκεινα τούτων ᾠχόμην πρὸς
ἀνατολάς.

- 31 -

1 καὶ ἴδον ἄλλα ὄρη καὶ ἐν αὐτοῖς ἄλση δένδρων καὶ
ἐκπορευόμενον ἐξ  αὐτῶν νέκταρ τὸ  καλούμενον σαρρὰν καὶ
χαλβάνη.

2 καὶ ἐπέκεινα τῶν ὀρέων τούτων ἴδον ἄλλο ὄρος πρὸς
ἀνατολὰς τῶν περάτων  τῆς γῆς καὶ  πάντα τὰ δένδρα πλήρη
ἐξαυτῆς ἐν ὁμοιώματι ἀμυγδάλων

3 ὅταν τριβῶσιν διὸ εὐωδέστερον ὑπὲρ πάντων τῶν
ἀρωμάτων.---

- 32 -

1 εἰς βορρᾶν πρὸς ἀνατολὰς  τεθέαμαι ἑπτὰ ὄρη πλήρη νάρδου
χρηστοῦ καὶ σχίνου καὶ κινναμώμου καὶ πιπέρεως.

2 κἀκεῖθεν ἐφώδευσα ἐπὶ τὰς ἀρχὰς πάντων τῶν ὀρέων
τούτων μακρὰν ἀπέχων πρὸς ἀνατολὰς τῆς γῆς καὶ διέβην
ἐπάνω τῆς ἐρυθρᾶς θαλάσσης καὶ  ᾠχόμην ἐπ' ἄκρων καὶ ἀπὸ
τούτου διέβην ἐπάνω του Ζωτιήλ.

3 καὶ ἦλθον πρὸς  τὸν παράδεισον τῆς  δικαιοσύνης καὶ ἴδον
μακρόθεν τῶν  δένδρων τούτων  δένδρα πλείονα  καὶ μεγάλα
δύο μὲν ἐκεῖ μεγάλα σφόδρα καλὰ καὶ ἔνδοξα καὶ
μεγαλοπρεπῆ καὶ  τὸ δένδρον  τῆς φρονήσεως  οὗ ἐσθίουσιν
ἅγιοι τοῦ καρποῦ αὐτοῦ καὶ ἐπίστανται φρόνησιν μεγάλην.

4 ὅμοιον τὸ δένδρον  ἐκεῖνο στροβιλέᾳ τὸ  ὕψος τὰ δὲ φύλλα
αὐτοῦ κερατίᾳ ὅμοια ὁ δὲ  καρπὸς αὐτοῦ ὡσεὶ βότρυες
ἀμπέλου ἱλαροὶ λίαν ἡ δὲ  ὀσμὴ αὐτοῦ διέτρεχεν πόρρω ἀπὸ
τοῦ δένδρου.

5 τότε εἶπον ὡς καλὸν τὸ δένδρον καὶ ὡς ἐπίχαρι τῇ
ὁράσει.

6 τότε ἀπεκρίθη  Ῥαφαὴλ ὁ ἅγιος ἄγγελος  ὁ μετ'  ἐμοῦ ὢν
τοῦτο τὸ δένδρον φρονήσεως ἐξ οὗ ἔφαγεν ὁ πατήρ σου.

- 89 -

42 καὶ οἱ  κύνες ἤρξαντο κατεσθίειν τὰ  πρόβατα καὶ οἱ ὕες
καὶ οἱ ἀλώπεκες κατήσθιον αὐτὰ μέχρι οὗ ἤγειρεν ὁ
κύριος τῶν προβάτων κριὸν ἕνα ἐκ τῶν προβάτων.

43 καὶ ὁ κριὸς οὗτος ἤρξατο κερατίζειν καὶ ἐπιδιώκειν ἐν
τοῖς κέρασιν καὶ ἐνετίνασσεν εἰς τοὺς ἀλώπεκας καὶ μετ'
αὐτοὺς εἰς  τοὺς ὕας  καὶ ἀπώλεσεν  ὕας πολλοὺς καὶ μετ'
αὐτοὺς ⟨ἐλυμήνατο⟩ τοὺς κύνας.

44 καὶ τὰ  πρόβατα ὧν  οἱ ὀφθαλμοὶ  ἠνοίγησαν ἐθεάσαντο τὸν
κριὸν τὸν ἐν τοῖς προβάτοις ἕως οὗ ἀφῆκεν τὴν ὁδὸν
αὐτοῦ καὶ ἤρξατο πορεύεσθαι ἀνοδία.

45 καὶ ὁ κύριος τῶν προβάτων  ἀπέστειλεν τὸν ἄρνα τοῦτον
ἐπὶ ἄρνα ἕτερον τοῦ στῆσαι αὐτὸν εἰς  κριὸν ἐν ἀρχῇ τῶν
προβάτων ἀντὶ τοῦ κριοῦ τοῦ ἀφέντος τὴν ὁδὸν αὐτοῦ.

46 καὶ ἐπορεύθη πρὸς αὐτὸν καὶ ἐλάλησεν αὐτῷ σιγῇ κατὰ
μόνας καὶ  ἤγειρεν αὐτὸν εἰς κριὸν  καὶ εἰς ἄρχοντα καὶ
εἰς ἡγούμενον τῶν προβάτων καὶ οἱ κύνες ἐπὶ πᾶσιν
τούτοις ἔθλιβον τὰ πρόβατα.

47 ⟨καὶ⟩ ὁ κριὸς ὁ πρῶτος  τὸν κριὸν τὸν δεύτερον ἐπεδίωκεν
καὶ ἔφυγεν ἀπὸ προσώπου αὐτοῦ εἶτ' ἐθεώρουν τὸν κριὸν
τὸν πρῶτον ἕως οὗ ἔπεσεν ἔμπροσθεν τῶν κυνῶν.

48 καὶ ὁ κριὸς ὁ δεύτερος ἀναπηδήσας ἀφηγήσατο τῶν
προβάτων.

49 καὶ τὰ πρόβατα ηὐξήθησαν  καὶ ἐπληθύνθησαν καὶ πάντες οἱ

κύνες   καὶ   οἱ   ἀλώπεκες   ἔφυγον   ἀπ'   αὐτοῦ   καὶ   ἐφοβοῦντο
αὐτόν.
- 90 -

1 παρὰ   δὲ   τοῦ   ὅρους   ἐν   ᾧ   ὤμοσαν   καὶ   ἀνεθεμάτισαν   πρὸς τὸν
πλησίον   αὐτῶν   ὅτι   εἰς   τὸν   αἰῶνα   οὐ   μὴ   ἀποστῇ   ἀπ'   αὐτοῦ
ψῦχος   καὶ   χιὼν   καὶ   πάχνη   καὶ   δρόσος   οὐ   μὴ   καταβῇ   εἰς
αὐτὸ   εἰ   μὴ   εἰς   κατάραν   καταβήσεται   ἐπ'   αὐτὸ   μέχρις
ἡμέρας   κρίσεως   τῆς   μεγάλης.
2 ἐν   τῷ   καιρῷ   ἐκείνῳ   κατακαυθήσεται   καὶ   ταπεινωθήσεται
καὶ   ἔσται   κατακαιόμενον   καὶ   τηκόμενον   ὡς   κηρὸς   ἀπὸ
πυρὸς   οὕτως   κατακαήσεται   περὶ   πάντων   τῶν   ἔργων   αὐτοῦ.
3 καὶ   νῦν   ἐγὼ   λέγω   ὑμῖν   υἱοῖς   ἀνθρώπων   ὀργὴ   μεγάλη   καθ'
ὑμῶν   κατὰ   τῶν   υἱῶν   ὑμῶν   καὶ   οὐ   παύσεται   ἡ   ὀργὴ   αὕτη   ἀφ'
ὑμῶν   μέχρι   καιροῦ   σφαγῆς   τῶν   υἱῶν   ὑμῶν.
4 καὶ   ἀπολοῦνται   οἱ   ἀγαπητοὶ   ὑμῶν   καὶ   ἀποθανοῦνται   οἱ
ἔντιμοι   ὑμῶν   ἀπὸ   πάσης   τῆς   γῆς   ὅτι   πᾶσαι   αἱ   ἡμέραι   τῆς
ζωῆς   αὐτῶν   ἀπὸ   τοῦ   νῦν   οὐ   μὴ   ἔσονται   πλείω   τῶν   ἑκατὸν
εἴκοσιν   ἐτῶν.
5 καὶ   μὴ   δόξητε   ἔτι   ζῆσαι   ἐπὶ   πλείονα   ἔτη   οὐ   γάρ   ἐστιν
ἐπ'   αὐτοῖς   πᾶσα   ὁδὸς   ἐκφεύξεως   ἀπὸ   τοῦ   νῦν   διὰ   τὴν
ὀργὴν   ἣν   ὠργίσθη   ὑμῖν   ὁ   βασιλεὺς   πάντων   τῶν   αἰώνων   μὴ
νομίσητε   ὅτι   ἐκφεύξεσθε   ταῦτα.
- 97 -

6 ⟨καὶ   ἀναγνωσθήσο⟩νται   ⟨πάντες⟩   οἱ   λόγοι   τῶν   ἀνομιῶν
ὑμῶν   ⟨ἐνώπιον⟩   τοῦ   μεγάλου   ἁγίου   κατὰ   πρόσωπον   ὑμῶν
εἶτ'   ἀναφελεῖ   τὰ   πάντα   ἔργα   τὰ   μετασχόντα   ἐν   τῇ   ἀνομίᾳ.
7 οὐαὶ   ὑμῖν   οἱ   ἁμαρτωλοὶ   ⟨οἱ⟩   ἐν   μέσῳ   τῆς   θαλάσσης   καὶ
ἐπὶ   τῆς   ξηρᾶς   ὄντες   μνημόσυνον   εἰς   ὑμᾶς   κακόν.
8 οὐαὶ   ὑμῖν   οἱ   κτώμενοι   χρυσίον   καὶ   ἀργύριον   οὐκ   ἀπὸ
δικαιοσύνης   καὶ   ἐρεῖτε   πλούτῳ   πεπλουτήκαμεν   καὶ   τὰ
ὑπάρχοντα   ἐσχήκαμεν   καὶ   κεκτήμεθα
9 καὶ   πᾶν   ὃ   ἐὰν   θελήσωμεν   ποιήσωμεν   ὅτι   ἀργύριον
τεθησαυρίκαμεν   ἐν   τοῖς   θησαυροῖς   ἡμῶν   καὶ   ἀγαθὰ   πολλὰ
ἐν   ταῖς   οἰκίαις   ἡμῶν.
10 καὶ   ὡς   ὕδωρ   ἐκχυθήσεται.   πεπλάνησθε   ὅτι   οὐ   μὴ   παραμείνῃ
ὁ   πλοῦτος   ὑμῶν   ἀλλὰ   ταχὺ   ⟨ἀναπτήσεται⟩   ἀπὸ   ὑμῶν   ὅτι
ἀδίκως   πάντα   κέκτησθε   καὶ   ὑμεῖς   εἰς   κατάραν   μεγάλην
παραδοθήσεσθε.
- 98 -

1 καὶ   νῦν   ὀμνύω   ὑμῖν   τοῖς   φρονίμοις   καὶ   οὐχὶ   τοῖς   ἄφροσι
ὅτι   πολλὰς   ὄψεσθε   ἐπὶ   τῆς   γῆς   ἀνομίας
2 ὅτι   κάλλος   περιθήσονται   ἄνδρες   ὡς   γυναῖκες   ⟨καὶ⟩   χρῶμα
ὡραῖον   ὑπὲρ   παρθένους   ἐν   βασιλείᾳ   καὶ   μεγαλωσύνῃ   καὶ   ἐν
ἐξουσίᾳ.   ἔσονται   δὲ   ἀργύριον   καὶ   χρυσίον   ⟨παρ'⟩   αὐτοῖς
εἰς   βρώματα   καὶ   ἐν   ταῖς   οἰκίαις   αὐτῶν   ὡς   ὕδωρ
ἐκχυθήσονται
3 ⟨διὰ   τὸ   μ⟩ὴ   ἐπιστήμην   αὐτοὺς   μηδὲ   φρόνησιν   μηδεμίαν
⟨ἔχειν⟩.   οὕτω   ἀπολεῖσθε   κοινῶς   μετὰ   πάντων   ⟨τῶν⟩
ὑπαρχόντων   ὑμῶν   ⟨καὶ   τῆς⟩   πάσης   δόξης   καὶ   τῆς   τιμῆς
⟨ὑμῶν   καὶ⟩   εἰς   ἀτιμίαν   καὶ   ἐρήμωσιν   ⟨καὶ   σφαγὴν⟩
μεγάλην   τ⟨ὰ   πνεύματα   ὑμῶν   εἰς   τὴν   κάμινον   τοῦ   πυρὸς
ἐμβληθήσεται.⟩
4 ---ἐπὶ   τὴν   ⟨γῆν   οὐκ   ἀπεστάλη   ἀλλ'   αὐτὴ   οἱ   ἄνθρω⟩ποι
ἀφ'   ἑαυτῶν   ⟨ἔκτισαν   καὶ   εἰς   κατάραν⟩   μεγάλην   ἀφίξονται
οἱ   ποιοῦντες   ⟨αὐτήν⟩.
5 καὶ   δουλεία   ⟨στεῖρα⟩   γυναικὶ   οὐκ   ἐδόθη   ἀλλὰ   διὰ   τὰ   ἔργα
τῶν   χειρῶν   ὅτι   οὐχ   ὡρίσθη   δούλην   εἶναι.   δούλην   ἄνωθεν
οὐκ   ἐδόθη   ἀλλὰ   ἐκ   καταδυναστείας   ἐγένετο.   ὁ⟨μοίως⟩   οὐδὲ
ἡ   ἀνομία   ἄνωθεν   ἐδόθη   ἀλλ'   ἐκ   παραβάσεως.   ὁμοίως   οὐδὲ
στεῖρα   γυνὴ   ἐκτίσθη   ἀλλ'   ἐξ   ἰδίων   ἀδικημάτων   ἐπετιμήθη
ἀτεκνίᾳ   ⟨καὶ⟩   ἄτεκνος   ἀποθανεῖται.
6 ὀμνύω   ὑμῖν   ἁμαρτωλοὶ   κατὰ   τοῦ   ἁγίου   τοῦ   μεγάλου   ὅτι   τὰ
ἔργα   ὑμῶν   τὰ   πονηρὰ   ἔσται   ἀνακεκαλυμμένα   ἐν   τῷ   οὐρανῷ
οὐκ   ἔσται   ὑμῖν   ἔργον   ἀποκεκρυμμένον   ἄδικον.
7 μὴ   ὑπολάβητε   τῇ   ψυχῇ   ὑμῶν   μηδὲ   ὑπολάβητε   τῇ   καρδίᾳ   ὑμῶν
ὅτι   οὐ   γινώσκουσιν   οὐδὲ   βλέπουσιν   οὐδὲ   τὰ   ἀδικήματα
ὑμῶν   θεωρεῖται   οὐδὲ   ἀπογράφεται   αὐτὰ   ἐνώπιον   τοῦ
ὑψίστου.
8 ἀπὸ   τοῦ   ⟨νῦν⟩   ἐπίγνωτε   ὅτι   πάντα   τὰ   ἀδικήματα   ὑμῶν
ἀπογράφονται   ἡμέραν   ἐξ   ⟨ἡμέρας⟩   μέχρι   τῆς   κρίσεως   ὑμῶν.
9 οὐαὶ   ὑμῖν   ἄφρονες   ὅτι   ἀπολεῖσθε   διὰ   τὴν   ἀφροσύνην   ὑμῶν
καὶ   τῶν   ⟨φρονίμων⟩   οὐ   μὴ   ἀκούσητε   καὶ   τὰ   ἀγαθὰ   οὐκ
ἀπαντήσει   ὑμῖν   τὰ   δὲ   κ⟨ακὰ   περιέξει⟩   ὑμᾶς.
10 καὶ   νῦν   γινώσκετε   ὅτι⟨ι   ἡτοίμασται⟩   ὑμῖν   εἰς   ἡμέραν
ἀπωλείας.   ⟨μὴ   ἐλπίζε⟩τε   σωθῆναι   ἁμαρτωλοὶ   ἀπ⟨ελθόντες⟩
ἀποθάνετε   γινώσκοντε⟨ς   ὅτι   ἡτοίμασ⟩ται   εἰς   ἡμέραν
κρίσεως   μ⟨εγάλης   καὶ   ⟨στε⟩νοχωρίας   μείζονος   τ⟨οῖς
πνεύμασιν   ὑμῶν.⟩
11 οὐαὶ   ὑμῖν   οἱ   σκληροτρ⟨ἀχηλοι   τῇ   καρδίᾳ   ποιοῦντες   τὸ
κα⟨κὸν   καὶ   ἔσθοντες   αἷ   μα   πόθ⟩εν   ὑμῖν   ἔσον⟨ται   ἀγαθὰ   ἵνα
φάγητε---⟩
12 ---⟨ἔργα   τῇ⟩ς   ἀδικίας   ⟨ιότι   ἐλπίδας   κα⟨λὰς   ἔχετε   ὑμῖ⟩ν;
νῦν   γνωστὸν   ὑμῖν   ἔστω   ὅτι   εἰς   ⟨χεῖρας   τ⟩ῶν   δικαίων
παραδοθήσεσθε   καὶ   ἀποκτενοῦσιν   ὑμᾶς   καὶ   οὐ   μὴ   φείσονται
ὑμῶν.
13 οὐαὶ   ὑμῖν   οἱ   ἐπιχαίροντες   τοῖς   κακοῖς   τῶν   δικαίων   τάφος
ὑμῶν   οὐ   μὴ   ὀρυγῇ.
14 οὐαὶ   ὑμῖν   οἱ   βουλόμενοι   ἀκυρῶσαι   τοὺς   λόγους   τῶν
δικαίων   οὐ   μὴ   γένηται   ὑμῖν   ἐλπὶς   σωτηρίας.
15 οὐαὶ   ὑμῖν   οἱ   γράφοντες   λόγους   ψευδεῖς   καὶ   λόγους
πλανήσεως   αὐτοὶ   γράφουσιν   καὶ   πολλοὺς   ἀποπλανήσουσιν
τοῖς   ψεύδεσιν   αὐτῶν
16 πλανᾶσθε   ὑμεῖς   αὐτοὶ   καὶ   οὐκ   ἔστιν   ὑμῖν   χαίρειν   ἀλλὰ
ταχέως   ἀπολεῖσθε.
- 99 -

1 οὐαὶ   ὑμῖν   οἱ   ποιοῦντες   πλανήματα   καὶ   τοῖς   ἔργοις   τοῖς
ψευδέσιν   λαμβάνοντες   τιμὴν   καὶ   δόξαν   ἀπολῶλατε   οὐκ
ἔστιν   ὑμῖν   σωτηρία   εἰς   ἀγαθόν.
2 οὐαὶ   ὑμῖν   οἱ   ἐξαλλοιοῦντες   τοὺς   λόγους   τοὺς   ἀληθινοὺς
καὶ   διαστρέφοντες   τὴν   αἰωνίαν   διαθήκην   καὶ   λογιζόμενοι
ἑαυτοὺς   ἀναμαρτήτους   ἐν   τῇ   γῇ   καταποθήσονται.
3 τότε   ἑτοιμάζεσθε   οἱ   δίκαιοι   καὶ   προέχεσθε   τὰς   ἐντεύξεις

ὑμῶν   εἰς   μνημόσυνον   δίδοτε   αὐτὰς   ἐν   διαμαρτυρίᾳ   ἐνώπιον
τῶν   ἀγγέλων   ὅπως   εἰσαγάγωσιν   τὰ   ἁμαρτήματα   τῶν   ἀδίκων
ἐνώπιον   τοῦ   ὑψίστου   θεοῦ   εἰς   μνημόσυνον
4 καὶ   τότε   συν⟨ταραχ⟩θήσονται   καὶ   ἀνασταθήσονται   ἐν
⟨ἡμέρ⟩ᾳ   ἀπωλείας   τῆς   ἀδικίας.
5 ἐν   αὐτῷ   ⟨τῷ   και⟩ρῷ   ἐκείνῳ   αἱ   τίκτουσαι   ἐκβαλοῦσιν   καὶ
ἐκσπάσουσιν   καὶ   ἐγκαταλείψουσιν   ⟨τὸ   νήπιο⟩ν   βρέφος   καὶ
αἱ   ἐν   γαστρὶ   ἔχου⟨σαι   ἐκτρώσο⟩υσιν   καὶ   αἱ   θηλάζουσαι
ῥίψ⟨ουσιν   τὰ   τέκ⟩να   αὐτῶν   καὶ   οὐ   μὴ   ἐπι⟨στρέψου⟩σιν   ἐπὶ
τὰ   νήπια   αὐτῶν   οὐδὲ   ἐπὶ   τὰ   θηλά⟨ζοντα   οὐδὲ   μὴ
φείσονται---
7 ⟨καὶ⟩   οἱ   γλύφοντες   εἰκόνα⟨ς   ἀργυ⟩ρᾶς   καὶ   χρυσᾶς   ξυλίνας
τε   ⟨καὶ   λιθίνας⟩   καὶ   ὀστρακίνας   καὶ   λατρεύ⟨οντες
φαν⟩τάσμασιν   καὶ   δαιμονίοι⟨ς   καὶ   βδελύγ⟩μασιν   καὶ
πνεύμασιν   πονη⟨ροῖς   καὶ⟩   πάσαις   ταῖς   πλάναις   οὐ   κατ'
ἐπι⟨στήμην⟩   καὶ   πᾶν   βοήθημα   οὐ   μὴ   εὕρητε   ⟨ἀπ'⟩   αὐτῶν.
8 καὶ   πλανηθήσονται   ἐν   ἀφροσύνῃ   τῆς   καρδίας   αὐτῶν   καὶ   τὰ
ὁράματα   τῶν   ἐνυπνίων   καταπλανήσουσιν   ὑμᾶς
9 ὑμεῖς   καὶ   τὰ   ἔργα   ὑμῶν   τὰ   ψευδῆ   ἃ   ἐποιήσατε   καὶ
ἐλαερυ⟨γήσατε⟩   καὶ   ἐπὶ   μιᾶς   ἀπολεῖσθε.
10 καὶ   τότε   μακάριοι   πάντες   οἱ   ἀκούσαντες   φρονίμων   λόγων
καὶ   μαθήσονται   αὐτοὺς   ποιῆσαι   τὰς   ἐντολὰς   τοῦ   ὑψίστου
καὶ   πορεύσονται   ἐν   ὁδοῖς   δικαιοσύνης   αὐτοῦ   καὶ   οὐ   μὴ
πλανήσουσιν   μετὰ   τῶν   πλανώντων   καὶ   σωθήσονται.
13 οὐαὶ   οἱ   οἰκοδομοῦντες   τὰς   οἰκοδομὰς   αὐτῶν   οὐκ   ἐκ   κόπων
ἰδίων   καὶ   ἐκ   λίθων   καὶ   ἐκ   πλίνθων   πᾶσαν   οἰκοδομὴν
ποιεῖτε   οἷς   οὐκ   ἔστιν   ὑμῖν   χά⟨ρις⟩.
14 οὐαὶ   οἱ   ἐξουθενοῦντες   τὴν   θεμελίωσιν   καὶ   τὴν
κληρονομίαν   τῶν   πατέρων   αὐτῶν   τὴν   ἀπ'   αἰῶνος   ⟨ὅτι⟩
διώξεται   ὑμᾶς   πνεῦμα   πλανήσεως   οὐκ   ἔστιν   ὑμῖν
ἀναπαῦσαι.
15 οὐαὶ   ὑμῖν   οἱ   ποιοῦντες   τὴν   ἀ⟨νομίαν⟩   καὶ   ἐπιβοηθοῦντες
τῇ   ἀδι⟨κίᾳ   φονεύ⟩οντες   τὸν   πλησίον   αὐτῶ⟨ν   ἕως   τῆς⟩
ἡμέρας   τῆς   κρίσεως   τῆς   ⟨μεγάλης⟩
16 ὅτι   τότε   ἐκτρίψει   τὴν   δόξ⟨αν   ὑμῶν⟩   καὶ   ἐπεγερεῖ   τὸν
θυμὸν   ⟨αὐτοῦ   καθ'⟩   ὑμῶν   ἀπολεῖ   πάντας   ὑ⟨μᾶς   ἐν   ῥομ⟩φαίᾳ
καὶ   πάντες   οἱ   δί⟨καιοι   μνημο⟩νήσουσιν   τὰς   ἀδικίας
⟨ὑμῶν.⟩
- 100 -

1 καὶ   τότε   ἐν   ἑνὶ   τόπῳ---   ⟨ῥέη   τὰ   α⟩ἵματα   αὐτῶν.
2 καὶ   ἄνθρωπο⟩ς   οὐκ   ⟨ἀφέξ⟩ει   τὴν   ⟨χεῖρα   αὐτοῦ   ἀπ⟩ὸ   τοῦ
υἱοῦ   αὐ⟨τοῦ   οὔτ'   ἀ⟩πὸ   τοῦ   ἀγαπητοῦ   αὐτοῦ   ἀποκτεῖναι
αὐτὸν   καὶ   ὁ   ἁμαρτωλὸς   ἀπὸ   τοῦ   ἐντίμου   οὔτε   ἀπὸ   τοῦ
ἀδελφοῦ   αὐτοῦ   ἐξ   ὄρθρων   μέχρις   οὗ   δύναι   τὸν   ἥλιον
φονευθήσονται   ἐπὶ   τὸ   αὐτό.
3 καὶ   διαπορεύσεται   ἵππος   ἕως   τοῦ   στήθους   αὐτοῦ   διὰ   τοῦ
αἵματος   τῶν   ἁμαρτωλῶν   καὶ   τὸ   ἅρμα   μέχρι   ἀξόνων
καταβήσεται.
4 καὶ   καταβήσονται   ἄγγελοι   καταδύνοντες   εἰς   τὰ   ἀπόκρυφα
ἐν   ἡμέρᾳ   ἐκείνῃ   οἵτινες   ἐβοήθουν   τῇ   ἀδικίᾳ   καὶ
συστραφήσονται   εἰς   ἕνα   τόπον   καὶ   ὁ   ὕψιστος   ἐγερθήσεται
ἐν   ἡμέρᾳ   κρίσεως   ποιῆσαι   ἐκ   πάντων   κρίσιν   μεγάλην
5 καὶ   τάξει   φυλακὴν   ἐπὶ   πάντας   τοὺς   δικαίους   καὶ   ἁγίους
τῶν   ἁγίων   ἀγγέλων   καὶ   τηρηθήσονται   ὡς   κόρην   ὀφθαλμοῦ
ἕως   οὗ   ἐκλείπῃ   τὰ   κακὰ   ἠδ'   ἁμαρτία.   καὶ   ἀπ'   ἐκείνου
ὑπνώσουσιν   εὐσεβεῖς   ὕπνον   ἡδὺν   καὶ   οὐκ   ἔσται   οὐκέτι   ὁ
ἐκφοβῶν   αὐτούς.
6 τότε   ὄψονται   οἱ   φρόνιμοι   τῶν   ἀνθρώπων   καὶ   κατανοήσουσιν
οἱ   υἱοὶ   τῆς   γῆς   ἐπὶ   τοὺς   λόγους   τούτους   τῆς   ἐπιστολῆς
ταύτης   καὶ   γνώσονται   ὅτι   οὐ   δύναται   ὁ   πλοῦτος   αὐτῶν
διασῶσαι   αὐτοὺς   ἐν   τῇ   πτώσει   τῆς   ἀδικίας.
7 οὐαὶ   ὑμῖν   οἱ   ἄδικοι   ὅταν   ἐκθλίβητε   τοὺς   δικαίους   ἐν
ἡμέρᾳ   ἀνάγκης   στερεᾶς   καὶ   φυλάξητε   αὐτοὺς   ἐν   πυρὶ   ὅτι
κομεῖσθε   κατὰ   τὰ   ἔργα   ὑμῶν.
8 οὐαὶ   ὑμῖν   σκληροκάρδιοι   ἀγρυπνοῦντες   νοῆσαι   τὸ   κακὸν
περιέχει   ὑμᾶς   φόβος   καὶ   οὐκ   ἔστιν   ὁ   ἀντιλαμβανόμενος
ὑμῶν.
9 οὐαὶ   ὑμῖν   πᾶσιν   τοῖς   ἁμαρτωλοῖς   ἐπὶ   τοῖς   ἔργοις   τοῦ
στόματος   ὑμῶν   καὶ   οὐαὶ   ὑμῖν   πᾶσιν   τοῖς   ἁμαρτωλοῖς   ἐπὶ   τοῖς
λόγοις   τοῦ   στόματος   ὑμῶν   καὶ   ἐπὶ   τοῖς   ⟨ἔργοις⟩   τῶν
χειρῶν   ὑμῶν   ὅτι   ἀπὸ   τῶν   ἁγίων   ἔργων   ἀπεπλα⟨νήθητε⟩
--⟩φλεγομ---⟩
11 πᾶσα   νεφέλη   καὶ   ὁμίχλη   καὶ   δρόσος   καὶ   ὄμβρος---   ἐπὶ
ταῖς   ἁμαρτίαις   ὑμῶν.
12 δίδοτε   οὖν   ὄμβρῳ   δῶρα   ἵνα   μὴ   ⟨κωλυθῇ   κα⟩ταβῆναι   ὑμῖν
καὶ   δρόσῳ   κα⟨ὶ   νεφέλῃ⟩   καὶ   ὁμίχλῃ   χρυσίον   διαγράψα⟨τε
ἵνα   κα⟩ταβῶσιν
13 ὅτι   ἐὰν   ἐπιρρίψῃ   ἐφ'   ὑμ⟨ᾶς   χι⟩ὼν   καὶ   πάχνη   καὶ   ψῦχος
αὐτῆς   καὶ   οἱ   ἄνεμοι   καὶ   ὁ   παγετὸς   αὐτῶν   καὶ   πᾶσαι   αἱ
μάστιγες   αὐτῶν   οὐ   δύνασθε   ὑποστῆναι   ἔμπροσθεν   ψύχους
καὶ   τῶν   μαστίγων   αὐτῶν.
- 101 -

1 κατανοήσατε   τοίνυν   υἱοὶ   τῶν   ἀνθρώπων   τὰ   ἔργα   τοῦ
ὑψίστου   καὶ   φοβήθητε   τοῦ   ποιῆσαι   τὸ   πονηρὸν   ἐναντίον
αὐτοῦ.
2 ἐὰν   ἀποκλείσῃ   τὰς   θυρίδας   τοῦ   οὐρανοῦ   καὶ   κωλύσῃ   τὴν
δρόσον   καὶ   τὸν   ὄμβρον   καταβῆναι   εἵνεκα   ὑμῶν   τί
ποιήσετε;
3 ἐὰν   ἀποστείληται   τὸν   θυμὸν   αὐτοῦ   ἐφ'   ὑμᾶς   καὶ   ἐπὶ   τὰ
ἔργα   ὑμῶν   οὐχὶ   ἔσεσθε   δεόμενοι   αὐτοῦ;   διὰ   τί   ὑμεῖς
λαλεῖτε   τῷ   στόματι   ὑμῶν   μεγάλα   καὶ   σκληρὰ   ἐπὶ   τῇ
μεγαλωσύνῃ   αὐτοῦ;
4 ὅτι   τοὺς   ναυκλήρους   τοὺς   πλωιζομένους   τὴν   θάλασσαν
ὑπὸ   τοῦ   κ⟨λύδω⟩νος   καὶ   χειμῶνος   σεσαλευμένα   τὰ   πλοῖα
αὐτῶν
5 καὶ   χειμαζόμενοι   πάντες   φοβοῦνται   ἔξω   δὲ   τὰ   ⟨ἀγαθὰ
πάντα⟩   καὶ   τὰ   ὑπάρχοντα   αὐτῶν   ἐκβάλλουσιν   εἰς   τὴν
θάλασσαν   καὶ   ὑποπτεύουσιν   ἐν   τῇ   καρδίᾳ   αὐτῶν   ὅτι   ἡ
⟨θάλασσα   κα⟩ταπίεται   αὐτοὺς   καὶ   ⟨ἐν   τῇ   ἀπολοῦν⟩ται.
6 οὐχὶ   πᾶσα   ἡ   θάλασσα   καὶ   ⟨πάντα   τὰ⟩   ὕδατα   αὐτῆς   ἔργον
τοῦ   ὑψ⟨ίστου   ἐστὶ⟩   καὶ   αὐτὸς   συνεστήσατο   τὰ   π⟨έρατα
αὐ⟩τῶν   καὶ   συνέδησεν   αὐτ⟨ὴν   καὶ   περι⟩έφραξεν   αὐτὴν

ἄμμῳ;
7 <καὶ ἀπὸ τῆς> ἐμβριμήσεως αὐτοῦ <φοβοῦνται καὶ
ξη>ραίνονται καὶ οἱ ἰχθύες---
8 <--γῆν> καὶ πάντα τὰ ἐν αὐτοῖς; καὶ τίς ἔδωκεν
ἐπιστήμην πᾶσιν τοῖς κινουμένοις ἐν τῇ θαλάσσῃ; οἱ
ναύκληροι τὴν θάλασσαν φοβοῦνται.
- 102 -
1 καὶ ὅταν ἐκβάλῃ ἐφ' ὑμᾶς τὸν κλύδωνα τοῦ πυρὸς τῆς
καύσεως ὑμῶν ποῦ ἀποδράντες σωθήσεσθε; καὶ ὅταν δῷ ἐφ'
ὑμᾶς φωνὴν αὐτοῦ
2 ἔσεσθε συνσειόμενοι καὶ φοβούμενοι ἤχῳ μεγάλῳ (καὶ) τὴν
γῆν σύμπασαν σειομένην καὶ τρέμουσαν καὶ
συνταρασσομένην.
3 καὶ οἱ ἄγγελοι συντελοῦντες τὸ συνταχθὲν αὐτοῖς καὶ ὁ
οὐρανὸς καὶ οἱ φωστῆρες σειόμενοι καὶ τρέμοντες ἅπαντες
οἱ υἱοὶ τῆς γῆς καὶ ὑμεῖς ἁμαρτωλοὶ ἐπικατάρατοι εἰς
τὸν αἰῶνα οὐκ ἔστιν ὑμῖν χαίρειν.
4 θαρσεῖτε ψυχαὶ τῶν δικαίων τῶν ἀποθανόντων τῶν δικαίων
καὶ τῶν εὐσεβῶν
5 καὶ μὴ λυπεῖσθε ὅτι κατέβησαν αἱ ψυχαὶ ὑμῶν εἰς ᾅδου
μετὰ λύπης καὶ οὐκ ἀπηντήθη τῷ σώματι τῆς σαρκὸς ὑμῶν
ἐν τῇ ζωῇ ὑμῶν κατὰ τὴν ὁσιότητα ὑμῶν ἐπεὶ αἱ ἡμέραι ἃς
ἦτε ἡμέραι ἦσαν ἁμαρτωλῶν καὶ καταράτων ἐπὶ τῆς γῆς.
6 ὅταν ἀποθάνητε τότε ἐροῦσιν οἱ ἁμαρτωλοὶ ὅτι εὐσεβεῖς
κατὰ τὴν εἱμαρμένην ἀπεθάνοσαν καὶ τί αὐτοῖς
περιεγένετο ἐπὶ τοῖς ἔργοις αὐτῶν;
7 καὶ αὐτοὶ ὁμοίως ἡμῖν ἀπεθάνοσαν. ἴδετε οὖν ὡς
ἀποθνήσκουσιν μετὰ λύπης καὶ σκότους καὶ τί αὐτοῖς
ἐγένετο περισσόν;
8 ἀπὸ τοῦ νῦν ἀναστήτωσαν καὶ σωθήτωσαν καὶ ὄψονται εἰς
τὸν αἰῶνα ἡμᾶς φαγεῖν καὶ πεῖν.
9 τοιγαροῦν ἁρπάσαι καὶ ἁμαρτάνειν καὶ λωποδυτεῖν καὶ
ἐγκτᾶσθαι καὶ <ἰδεῖν> ἡμέρας ἀγαθάς.
10 ἴδετε οὖν οἱ δικαιοῦντες <ἑαυτ>οὺς ὁποία ἐγένετο αὐτῶν
ἡ καταστροφὴ ὅτι πᾶσα δικαιοσύνη οὐχ εὑρέθη ἐν αὐτοῖς
ἕως ἀπέθανον
11 καὶ ἀπώλοντο καὶ ἐγένοντο ὡς οὐκ ὄντες καὶ κατέβησαν αἱ
ψυχαὶ αὐτῶν μετ' ὀδύνης εἰς ᾅδου---
- 103 -
1 ἐγὼ ὀμνύω ὑμῖν---
2 ἐπίσταμαι τὸ μυστήριον τοῦτο ἀν<έγνων> γὰρ τὰς πλάκας
τοῦ οὐρανοῦ καὶ εἶδον τὴν γραφὴν ἀναγκαίαν ἔγνων τὰ
γ<εγραμμέ>να ἐν αὐταῖς καὶ ἐγκεκολαμμέν<α περὶ> ὑμῶν
3 ὅτι ἀγαθὰ καὶ ἡ χαρὰ καὶ ἡ τ<ιμὴ> ἡτοίμασται καὶ
ἐγγέγραπται ταῖς ψ<υχαῖς> τῶν ἀποθανόντων εὐσεβῶν
4 καὶ χαρήσονται καὶ οὐ μὴ ἀπόλωνται τὰ πνεύματα αὐτῶν
οὐδὲ τὸ μνημόσυνον ἀπὸ προσώπου τοῦ μεγάλου εἰς πάσας
τὰς γενεὰς τῶν αἰώνων. μὴ οὖν φοβεῖσθε τοὺς ὀνειδισμοὺς
αὐτῶν.
5 καὶ ὑμεῖς οἱ νεκροὶ τῶν ἁμαρτωλῶν ὅταν ἀποθάνητε
ἐροῦσιν ἐφ' ὑμῖν μακάριοι ἁμαρτωλοὶ πάσας τὰς ἡμέρας
αὐτῶν ὅσας εἴδοσαν ἐν τῇ ζωῇ αὐτῶν
6 καὶ ἐνδόξως ἀπεθάνοσαν καὶ κρίσις οὐκ ἐγενήθη ἐν τῇ ζωῇ
αὐτῶν.
7 αὐτοὶ ὑμεῖς γινώσκετε ὅτι εἰς ᾅδου κατάξουσιν τὰς ψυχὰς
ὑμῶν
8 καὶ ἐκεῖ ἔσονται ἐν ἀνάγκῃ μεγάλῃ καὶ ἐν σκότει καὶ ἐν
παγίδι καὶ ἐν φλογὶ καιομένῃ καὶ εἰς κρίσιν μεγάλην
εἰσελεύσονται αἱ ψυχαὶ ὑμῶν ἐν πάσαις ταῖς γενεαῖς τοῦ
αἰῶνος. οὐαὶ ὑμῖν οὐκ ἔστιν ὑμῖν χαίρειν.
9 μὴ γὰρ εἴπητε οἱ δίκαιοι ὅσιοι ὄντες ἐν τῇ ζωῇ τῶν
ἡμερῶν τῆς θλίψεως κόπους ἐκοπιάσαμεν καὶ ἀνηλώμεθα καὶ
ὀλίγοι ἐγενήθημεν καὶ ἀντιλήμπτορα οὐχ εὑρήκαμεν
10 συντετριμμένοι καὶ ἀπολώλαμεν καὶ ἀπηλπίσμεθα καὶ
μηκέτι εἰδέναι σωτηρίαν ἡμέραν ἐξ ἡμέρας.
11 ἠλπίσαμεν γενέσθαι κεφαλὴ ἐγενήθημεν κέρ<κος
ἐκο>πιάσαμεν ἐργαζόμενοι καὶ τῶν ὀψωνίων οὐ
κεκυριεύκαμεν. ἐγενήθημεν κατάβρωμα ἁμαρτωλῶν <οἱ
ἄνο>μοι ἐβάρυναν ἐφ' ἡμᾶς τὸν ζυγόν.
12 οἳ κυριεύουσιν οἱ ἐχθροὶ ἡμῶν ἐγκεντρίζουσιν ἡμᾶς καὶ
περικλείουσιν ἡμᾶς ἐζητήσαμεν πο<ῦ φύγωμεν> ἀπ' αὐτῶν
ὅπως ἀναψύχ<ωμεν.>---
14 ἐκράξαμεν ἐπὶ τοὺς καταβάλλοντας καὶ βιαζομένους ἡμᾶς
καὶ τὰς ἐντεύξεις ἡμῶν οὐκ ἀπεδέξαντο οὐδὲ ἐβούλοντο
ἐπακοῦσαι τῆς φωνῆς ἡμῶν.
15 καὶ οὐκ ἀντελαμβάνοντο ἡμῶν οὐχ εὑρόντες κατὰ τῶν
βιαζομένων καὶ κατεσθόντων ἡμᾶς ἀλλὰ στερεοῦσιν αὐτοὺς
ἐφ' ἡμᾶς ἀπέκτειναν ἡμᾶς καὶ εἰς ὀλίγους ἤγαγον. καὶ
οὐχ ὑποδεικνύουσιν περὶ τῶν πεφονευμένων ἡμῶν καὶ οὐκ
ἀναμιμνήσκουσιν περὶ τῶν ἁμαρτωλῶν αὐτῶν τὰς ἁμαρτίας
αὐτῶν.
- 104 -
1 ὀμνύω ὑμῖν ὅτι οἱ ἄγγελοι ἐν τῷ οὐρανῷ ἀναμιμνήσκουσιν
<ὑμῶν> εἰς ἀγαθὸν ἐνώπιον τῆς δόξης τοῦ μεγάλου.
2 θαρσεῖτε δὴ ὅτι ἐπαλαιώθητε ἐν τοῖς κακοῖς καὶ ἐν ταῖς
θλίψεσιν ὡσεὶ φωστῆρες τοῦ οὐρανοῦ ἀναλάμψετε καὶ
φανεῖτε αἱ θυρίδες τοῦ οὐρανοῦ ἀνοιχθήσονται ὑμῖν
3 καὶ ἡ κραυγὴ ὑμῶν ἀκουσθήσεται καὶ ἡ κρίσις ὑμῶν ἣν
κράζετε καὶ φανεῖται ἐφ' ὅσα συλλαβήσεται ὑμῖν περὶ τῆς
θλίψεως ὑμῶν καὶ ἐκ πάντων ὅστις μετέσχεν τῶν
βιαζομένων καὶ κατεσθόντων ὑμᾶς.
5 <μὴ φοβεῖσθε> τὰ κακὰ ἐν τῇ ἡμέρᾳ τῆς κρίσεως τῆς
μεγάλης καὶ οὐ μὴ εὑρεθῆτε ὡς οἱ ἁμαρτωλοί. <ἀλλ' ὑμεῖς
οἱ ἁμαρτωλοὶ> σκυλήσεσθε καὶ κρίσις αἰώνιος ἐξ ὑμῶν
ἔσται εἰς πάσας τὰς γενεὰς τῶν αἰώνων.
6 μὴ φοβεῖσθε οἱ δίκαιοι ὅταν ἴδητε τοὺς ἁμαρτωλοὺς
κατισχύοντας καὶ εὐοδουμένους καὶ μὴ μέτοχοι αὐτῶν
γίνεσθε ἀλλὰ μακρὰν ἀπέχεσθε ἀπὸ πάντων τῶν ἀδικημάτων
αὐτῶν.
7 μὴ γὰρ εἴπητε οἱ ἁμαρτωλοὶ <ὅτι> οὐ μὴ ἐκζητηθῶσιν αἱ
ἁμαρτίαι ὑμῶν <ἐξ> ἡμερῶν.
8 καὶ νῦν ἀποδεικνύω ὑμῖν ὅτι φῶς καὶ σκότος ἡμέρα καὶ
νὺξ ἐποπτεύουσιν τὰς ἁμαρτίας ὑμῶν πάσας.
9 μὴ πλανᾶσθε τῇ καρδίᾳ ὑμῶν μηδὲ ψεύδεσθε μηδὲ
ἐξαλλοιώσητε τοὺς λόγους τῆς ἀληθείας μηδὲ καταψεύδεσθε
τῶν <λόγων τοῦ> ἁγίου καὶ μὴ δότε ἔπαινον ταῖς <εἰκόσιν
ὑ>μῶν οὐ γὰρ εἰς δικαίωμα εἰσάγ<ουσιν πάντα τὰ ψεύδ>η
καὶ πᾶσα <ἡ πλάνη>---
10 ---τῆς ἀληθείας ἐξαλλοιοῦσιν καὶ ἀντιγράφουσιν οἱ
ἁμαρτωλοὶ καὶ ἀλλάσσουσιν τοὺς πολλοὺς καὶ ψεύδονται
καὶ πλάσσουσιν πλάσματα μεγάλα καὶ τὰς γραφὰς
ἀναγράφουσιν ἐπὶ τοῖς ὀνόμασιν αὐτῶν
11 καὶ ὄφελον πάντας τοὺς λόγους μου γράφωσιν ἐπ' ἀληθείας
ἐπὶ τὰ ὀνόματα αὐτῶν καὶ μήτε ἀφέλωσιν μήτε ἀλλοιώσωσιν
τῶν λόγων τούτων ἀλλὰ πάντα ἐπ' ἀληθείας γράφωσιν ἃ ἐγὼ
διαμαρτυροῦμαι αὐτοῖς.
12 καὶ πάλιν ἐγὼ γινώσκω μυστήριον δεύτερον ὅτι δικαίοις
καὶ ὁσίοις καὶ φρονίμοις δοθήσονται αἱ βίβλοι μου εἰς
χαρὰν ἀληθείας
13 καὶ αὐτοὶ πιστεύσουσιν αὐταῖς καὶ ἐν αὐταῖς χαρήσονται
καὶ ἀγαλλιάσονται πάντες οἱ δίκαιοι μαθεῖν ἐξ αὐτῶν
πάσας τὰς ὁδοὺς τῆς ἀληθείας.
- 106 -
1 μετὰ δὲ χρόνον ἔλαβεν Μαθουσάλεκ τῷ υἱῷ μου γυναῖκα καὶ
ἔτεκεν υἱὸν καὶ ἐκάλεσεν τὸ ὄνομα αὐτοῦ Λάμεχ.
ἐταπεινώθη ἡ δικαιοσύνη μέχρι τῆς ἡμέρας ἐκείνης. καὶ
ὅτε εἰς ἡλικίαν ἐπῆλθεν ἔλαβεν αὐτῷ γυναῖκα καὶ ἔτεκεν
αὐτῷ παιδίον
2 καὶ ὅτε ἐγεννήθη τὸ παιδίον ἦν τὸ σῶμα λευκότερον
χιόνος καὶ πυρρότερον ῥόδου τὸ τρίχωμα πᾶν λευκὸν καὶ
ὡς ἔρια λευκὰ καὶ οὖλον καὶ ἔνδοξον. καὶ ὅτε ἀνέῳξεν
τοὺς ὀφθαλμοὺς ἔλαμψεν ἡ οἰκία ὡσεὶ ἥλιος.
3 καὶ ἀνέστη ἐκ τῶν χειρῶν τῆς μαίας καὶ ἀνέῳξεν τὸ στόμα
καὶ εὐλόγησεν τῷ κυρίῳ
4 καὶ ἐφοβήθη Λάμεχ ἀπ' αὐτοῦ καὶ ἔφυγεν καὶ ἦλθεν πρὸς
Μαθουσάλεκ τὸν πατέρα αὐτοῦ καὶ εἶπεν αὐτῷ
5 τέκνον ἐγεννήθη μου ἀλλοῖον οὐχ ὅμοιον τοῖς ἀνθρώποις
ἀλλὰ τοῖς τέκνοις τῶν ἀγγέλων τοῦ οὐρανοῦ καὶ ὁ τύπος
ἀλλοιότερος οὐχ ὅμοιος ἡμῖν τὰ ὄμματά ἐστιν ὡς ἀκτῖνες
τοῦ ἡλίου καὶ ἔνδοξον τὸ πρόσωπον
6 καὶ ὑπολαμβάνω ὅτι οὐκ ἔστιν ἐξ ἐμοῦ ἀλλὰ ἐξ ἀγγέλου
καὶ εὐλαβοῦμαι αὐτὸν μήποτέ τι ἔσται ἐν ταῖς ἡμέραις
αὐτοῦ ἐν τῇ γῇ.
7 καὶ παραιτοῦμαι π<άτερ καὶ> δέομαι βάδισον πρὸς Ἐνώ<χ
τὸν πατέρα ἡμῶν καὶ ἐρώτησον>---
8 <ἦλθ>εν πρὸς ἐμὲ εἰς τὰ τέρματα τῆς γῆς οὗ <εἶδ>εν τότε
εἶναί με καὶ εἶπέν μοι πάτερ <μου> ἐπάκουσον τῆς φωνῆς
μου καὶ ἧκε <πρὸς> ἐμέ. καὶ ἤκουσα τὴν φωνὴν αὐτοῦ καὶ
ἦλθον πρὸς αὐτὸν καὶ εἶπα ἰδοὺ πάρειμι τέκνον διά τί
ἐλήλυθας πρὸς ἐμὲ τέκνον;
9 καὶ ἀπεκρίθη λέγων δι' ἀνάγκην μεγάλην ἦλθον ὧδε πάτερ
10 καὶ νῦν ἐγεννήθη τέκνον Λάμεχ τῷ υἱῷ μου καὶ ὁ τύπος
αὐτοῦ καὶ ἡ εἰκὼν αὐτοῦ (οὐχ ὅμοιος ἀνθρώποις καὶ τὸ
χρῶμα αὐτοῦ) λευκότερον χιόνος καὶ πυρρότερον ῥόδου καὶ
τὸ τρίχωμα τῆς κεφαλῆς αὐτοῦ λευκότερον ἐρίων λευκῶν
καὶ τὰ ὄμματα αὐτοῦ ἀφόμοια ταῖς τοῦ ἡλίου ἀκτῖσιν
11 καὶ ἀνέστη ἀπὸ τῶν τῆς μαίας χειρῶν καὶ ἀνοίξας τὸ
στόμα εὐλόγησεν τὸν κύριον τοῦ αἰῶνος
12 καὶ ἐφοβήθη ὁ υἱός μου Λάμεχ καὶ ἔφυγεν πρὸς ἐμὲ καὶ οὐ
πιστεύει ὅτι υἱὸς αὐτοῦ ἐστιν ἀλλὰ ὅτι ἐξ ἀγγέλων---
τὴν ἀκρίβειαν ἣν +ἔχεις+ καὶ τὴν ἀλήθειαν.
13 τότε ἀπεκρίθην λέγων ἀνακαινίσει ὁ κύριος πρόσταγμα ἐπὶ
τῆς γῆς καὶ τὸν αὐτὸν τρόπον τέκνον τεθέαμαι καὶ
ἐσήμανά σοι ἐν γὰρ τῇ γενεᾷ Ἰάρεδ τοῦ πατρός μου
παρέβησαν τὸν λόγον κυρίου ἀπὸ τῆς διαθήκης τοῦ
οὐρανοῦ.
14 καὶ ἰδοὺ ἁμαρτάνουσιν καὶ παραβαίνουσιν τὸ ἔθος καὶ
μετὰ γυναικῶν συγγίνονται καὶ μετ' αὐτῶν ἁμαρτάνουσιν
καὶ ἔγημαν ἐξ αὐτῶν
17A καὶ τίκτουσιν οὐχ ὁμοίους πνεύμασιν ἀλλὰ σαρκίνους
15 καὶ ἔσται ὀργὴ μεγάλη ἐπὶ τῆς γῆς καὶ κατακλυσμὸς καὶ
ἔσται ἀπώλεια μεγάλη ἐπὶ ἐνιαυτὸν ἕνα
16 καὶ τόδε τὸ παιδίον τὸ γεννηθὲν καταλειφθήσεται καὶ
τρία αὐτοῦ τέκνα σωθήσεται ἀποθανόντων τῶν ἐπὶ τῆς γῆς
17B καὶ πραΰνεῖ τὴν γῆν ἀπὸ τῆς οὔσης ἐν αὐτῇ φθορᾶς.
18 καὶ νῦν λέγε Λάμεχ ὅτι τέκνον σού ἐστιν δικαίως καὶ
ὁσίως <καὶ> κάλεσον αὐτοῦ τὸ ὄνομα <Νῶε> αὐτὸς γὰρ
ἔσται ὑμῶν κατάλειμμα ἐφ' οὗ ἂν καταπαύσητε καὶ (οἱ)
υἱοὶ αὐτοῦ ἀπὸ τῆς φθορᾶς τῆς γῆς καὶ ἀπὸ πάντων τῶν
ἁμαρτωλῶν καὶ ἀπὸ πασῶν τῶν συντελειῶν ἐπὶ τῆς γῆς---
19 ὑπέδειξέν μοι καὶ ἐμήνυσεν καὶ ἐν ταῖς πλαξὶν τοῦ
οὐρανοῦ ἀνέγνων αὐτά.
- 107 -
1 τότε τεθέαμαι τὰ ἐγγεγραμμένα ἐπ' αὐτῶν ὅτι γενεὰ
γενεᾶς κακ<ίων ἔσται> καὶ εἶδον τόδε μέχρις τοῦ
ἀνασ<τῆναι> γενεὰν δικαιοσύνης καὶ ἡ κακία ἀπολεῖται
καὶ ἡ ἁμαρτία ἀλλάξει ἀπὸ τῆς γῆς καὶ τὰ ἀγαθὰ ἥξει ἐπὶ
τῆς γῆς ἐπ' αὐτούς.
2 καὶ νῦν ἀπότρεχε τέκνον καὶ σήμανον Λάμεχ τῷ υἱῷ σου
ὅτι τὸ παιδίον τοῦτο τὸ γεννηθὲν τέκνον αὐτοῦ ἐστιν
δικαίως καὶ οὐ ψευδῶς.
3 καὶ ὅτε ἤκουσεν Μαθουσάλεκ τοὺς λόγους Ἐνὼχ τοῦ πατρὸς
αὐτοῦ μυστηριακῶς γὰρ ἐδήλωσεν αὐτῷ <ἐπέστρεψεν καὶ
ἐδήλωσεν αὐτῷ.> καὶ ἐκλήθη τὸ ὄνομα αὐτοῦ Νῶε εὐφραίνων
τὴν γῆν ἀπὸ τῆς ἀπωλείας. ΕΠΙΣΤΟΛΗ ΕΝΩΧ.

1 διαθήκη τοῦ ὁσίου πατρὸς ἡμῶν δικαίου πατριάρχου
  Ἀβραάμ διαλύων δὲ καὶ θανάτου πεῖραν τὸ πῶς δὴ ἕκαστος
  ἐτελεύτησεν. εὐλόγησον.
  - 1 -
1 ἔζησεν Ἀβραάμ τὸ μέτρον τῆς ζωῆς αὐτοῦ ἔτη ἐννακόσια
  ἐνενήκοντα ἐννέα πάντα δὲ τὰ τέλη τῆς ζωῆς αὐτοῦ ζήσας
  ἐν ἡσυχίᾳ καὶ πραότητι καὶ δικαιοσύνῃ πάνυ ὑπῆρχεν
  φιλόξενος ὁ δίκαιος.
2 πήξας δὲ τὴν σκηνὴν αὐτοῦ ἐν τετραόδῳ τῆς δρυὸς τῆς
  Μαβρῆς τοὺς πάντας ἐδέχετο πλουσίους καὶ πένητας
  βασιλεῖς τε καὶ ἄρχοντας ἀναπήρους καὶ ἀδυνάτους φίλους
  τε καὶ ξένους γείτονάς τε καὶ παροδίτας ἴσον ὑπεδέχετο
  ὁ ὅσιος καὶ πανίερος καὶ δίκαιος καὶ φιλόξενος Ἀβραάμ.
3 ἔφθασε δὲ καὶ ἐπὶ τούτου τὸ κοινὸν καὶ ἀπαραίτητον τοῦ
  θανάτου πικρὸν ποτήριον καὶ τὸ ἄδηλον τοῦ βίου πέρας.
4 προσκαλεσάμενος τοίνυν ὁ δεσπότης θεὸς τὸν ἀρχάγγελον
  Μιχαὴλ αὐτοῦ καὶ εἶπεν πρὸς αὐτὸν κάτελθε Μιχαὴλ
  ἀρχιστράτηγε ⟨πρὸς τὸν φίλον μου Ἀβραάμ⟩ καὶ εἰπὲ
  αὐτὸν περὶ τοῦ θανάτου ἵνα διατάξεται περὶ τῶν
  πραγμάτων αὐτοῦ
5 ὅτι ηὐλόγησα αὐτὸν ὡς τὰ ἄστρα τοῦ οὐρανοῦ καὶ ὡς τὴν
  ἄμμον τὴν παρὰ τὸ χεῖλος τῆς θαλάσσης καὶ ἔστιν ἐν
  ἐμπορίᾳ βίου πραγμάτων πολλῶν καὶ ὑπάρχει πλούσιος πάνυ
  παρὰ πάντων δὲ δίκαιος ἀγαθὸς καὶ φιλόξενος καὶ
  φιλόχρηστος μέχρι τέλους
6 σὺ δὲ ἀρχάγγελε Μιχαὴλ ἄπελθε πρὸς τὸν φίλον μου τὸν
  Ἀβραάμ τὸν ἠγαπημένον μοι καὶ ἀνάγγειλον αὐτὸν περὶ
  τοῦ θανάτου καὶ πληροφόρησον αὐτὸν ὅτι
7 μέλλει ἔρχεσθαι ἐν τῷ καιρῷ τούτῳ ἐκ τοῦ ματαίου κόσμου
  τούτου καὶ μέλλει ἐκδημεῖν ἐκ τοῦ σώματος καὶ πρὸς τὸν
  ἴδιον δεσπότην ἀπελεύσει ἐν ἀγαθοῖς.
  - 2 -
1 ἐξελθὼν δὲ ὁ ἀρχιστράτηγος ἐκ προσώπου κυρίου θεοῦ
  κατῆλθε πρὸς τὸν Ἀβραὰμ εἰς τὴν δρῦν τὴν Μαβρὴν καὶ
  εὗρε τὸν Ἀβραὰμ ἐν τῇ χώρᾳ ἔγγιστα ζεύγη βοῶν
  ἀροτριασμοῦ προεδρεύοντα μετὰ τοὺς υἱοὺς Μασὲκ καὶ
  ἑτέροις παισὶν τὸν ἀριθμὸν δώδεκα. καὶ ἰδοὺ ὁ
  ἀρχιστράτηγος ἤρχετο πρὸς αὐτόν.
2 ἰδὼν δὲ Ἀβραὰμ τὸν ἀρχιστράτηγον Μιχαὴλ ἀπὸ μηκόθεν
  ἐρχόμενον δίκην στρατιώτου εὐπρεπεστάτου ἀναστὰς τοίνυν
  ὁ ἱερώτατος Ἀβραὰμ ὑπηντήθη αὐτῷ καθότι ἔθος εἶχεν
  τοῖς ἐπιξένοις προσυπαντᾶν καὶ ἐπιδεχόμενος.
3 ὁ δὲ ἀρχιστράτηγος προχαιρετίσας τὸν δίκαιον Ἀβραάμ
  εἶπεν χαίροις τιμιώτατε πάτερ δικαία ψυχὴ φίλε γνήσιε
  τοῦ θεοῦ τοῦ ἐπουρανίου.
4 εἶπεν δὲ Ἀβραὰμ πρὸς τὸν ἀρχιστράτηγον χαίροις
  τιμιώτατε στρατιῶτα ἡλιόρατε καὶ πανευπρεπέστατε ὑπὲρ
  πάντας τοὺς υἱοὺς τῶν ἀνθρώπων καλῶς ἔοικας
5 τούτου χάριν αἰτοῦμαι τῆς σῆς παρουσίας ὅθεν ἔοικεν τὸ
  νέον τῆς ἡλικίας σου· δίδαξόν με τῷ σῷ ἱκέτῃ πόθεν καὶ
  ἐκ ποίας στρατιᾶς καὶ ἐκ ποίας ὁδοῦ παραγέγονας τὸ σὸν
  κάλλος δίδαξόν με.
6 ὁ δὲ ἀρχιστράτηγος ἔφη ἐγὼ δίκαιε ἄνθρωπε ἐκ τῆς
  μεγάλης πόλεως ἔρχομαι παρὰ τοῦ μεγάλου βασιλέως
  ἀπεστάλην διαδοχὴν φίλου αὐτοῦ γνησίου ἀποκομίζομαι ὅτι
  καὶ αὐτὸν ὁ βασιλεὺς πρὸς αὐτὸν προσκαλεῖται.
7 καὶ ὁ Ἀβραὰμ εἶπεν δεῦρο κύριέ μου πορεύθητι μετ' ἐμοῦ
  εἰς τὴν χώραν. ⟨καὶ φησὶν ὁ ἀρχιστράτηγος ἔρχομαι.
8 ἀπελθόντες δὲ ἐν τῇ χώρᾳ⟩ τοῦ ἀροτριασμοῦ ἐκαθέσθησαν
  πρὸς ὁμιλίαν.
9 εἶπεν δὲ Ἀβραὰμ τοῖς παισὶν αὐτοῦ τοῖς υἱοῖς Μασὲκ
  ἀπέλθατε εἰς τὴν ἀγέλην τῶν ἵππων καὶ ἐνέγκατε δύο
  ἵππους εὐμενεῖς δὲ καὶ ἡμέρους δεδαμασμένους ὅπως ἂν
  καθεσθῶμεν ἐγώ τε καὶ ὁ ἄνθρωπος οὗτος ὁ ἐπίξενος.
10 εἶπεν δὲ ὁ ἀρχιστράτηγος μὴ κύριέ μου Ἀβραὰμ μὴ
  ἐνέγκωσι ἵππους ὅτι ἀνέχομαι τούτου τοῦ μὴ καθίσαι ἐπὶ
  ζῴου τετραπόδου
11 μὴ γὰρ καὶ ὁ ἐμὸς βασιλεύς οὐκ ἦν πλούσιος ἐν ἐμπορίᾳ
  πολλῇ ἔχων ἐξουσίαν καὶ ἀνθρώποις καὶ κτήνεσιν
  παντοίοις· ἀλλ' ἐγὼ ἀπέχομαι τοῦτο τοῦ μὴ καθίσαι ἐπὶ
  ζῴου τετραπόδου ποτέ
12 ἀπέλθωμεν δικαία ψυχὴ πεζεύοντες ἕως τοῦ οἴκου σου
  μετεωριζόμενοι. καὶ εἶπεν Ἀβραὰμ ἀμὴν γένοιτο κύριε.
  - 3 -
1 ἀπέρχονται ἀπὸ τοῦ ἀγροῦ πρὸς τὸν οἶκον αὐτοῦ.
2 κατὰ δὲ τῆς ὁδοῦ ἐκείνης ἵστατο δένδρον κυπάρισσος
3 κατὰ πρόσταξιν θεοῦ τὸ δένδρον ἐβόησεν φωνὴν ἀνθρωπίνην
  καὶ εἶπεν ἅγιος ἅγιος ἅγιος κύριος ὁ προσκαλούμενος
  ἑαυτοῦ τοῖς ἀγαπῶσιν αὐτόν.
4 ἔκρυψεν Ἀβραὰμ τὸ μυστήριον νομίσας ὅτι ὁ
  ἀρχιστράτηγος τὴν φωνὴν τοῦ δένδρου οὐκ ἤκουσεν.
5 ἐλθόντες δὲ πλησίον ⟨τοῦ οἴκου ἐν τῇ αὐλῇ⟩ ἐκαθέσθησαν
  καὶ ἰδὼν Ἰσαὰκ τὴν πρόσοψιν τοῦ ἀγγέλου εἶπεν πρὸς
  Σάρραν τὴν μητέρα αὐτοῦ κυρία μου μῆτηρ ἰδοὺ ὁ ἄνθρωπος
  ὁ καθεζόμενος μετὰ τοῦ πατρός μου υἱός οὐκ ἔστιν ἀπὸ
  τοῦ γένους τῶν κατοικούντων τὴν γῆν.
6 καὶ ἔδραμεν Ἰσαὰκ καὶ προσεκύνησεν καὶ προσέπεσεν τοῖς
  ποσὶν τοῦ ἀσωμάτου καὶ ὁ ἀρχιστράτηγος ηὐλόγησεν τὸν
  Ἰσαὰκ καὶ εἶπε χαρίσεταί σοι κύριος ὁ θεὸς τὴν
  ἐπαγγελίαν αὐτοῦ ἣν ἐπηγγείλατο τῷ πατρί σου Ἀβραὰμ
  χαρίσεταί σοι καὶ τὴν τιμίαν εὐχὴν τοῦ πατρός σου καὶ
  τῆς μητρός σου.
7 εἶπεν δὲ Ἀβραὰμ πρὸς Ἰσαὰκ τὸν υἱὸν αὐτοῦ τέκνον
  Ἰσαὰκ ἄντλησον ὕδωρ ἐκ τοῦ φρέατος καὶ ἔνεγκέ μοι ὧδε
  ἐπὶ τῆς λεκάνης ἵνα νίψωμεν τοῦ ἀνθρώπου τούτου τοῦ
  ἐπιξένου τοὺς πόδας ὅτι ἀπὸ μακρᾶς ὁδοῦ πρὸς ἡμᾶς
  ἐκοπίασεν.
8 καὶ δραμὼν Ἰσαὰκ εἰς τὸ φρέαρ ἀντλήσας ὕδωρ ἐπὶ τῆς
  λεκάνης ἀνήνεγκεν ⟨πρὸς⟩ αὐτόν.
9 προσελθὼν οὖν Ἀβραὰμ ἔνιπτεν τοὺς πόδας τοῦ
  ἀρχιστρατήγου Μιχαὴλ ἐκινήθησαν δὲ τὰ σπλάγχνα τοῦ
  Ἀβραὰμ καὶ ἐδάκρυσεν ἐπὶ τὸν ξένον.

10 καὶ ἰδὼν αὐτὸν Ἰσαὰκ κλαίοντα ἔκλαυσεν καὶ αὐτὸς ἰδὼν
  δὲ ὁ ἀρχιστράτηγος κλαίοντας συνεδάκρυσεν καὶ αὐτὸς
  μετ' αὐτούς.
11 ἔπιπτον δὲ τὰ δάκρυα τοῦ ἀρχιστρατήγου ἐπὶ τῆς λεκάνης
  καὶ ἐγένοντο λίθοι τίμιοι.
12 ἰδὼν δὲ Ἀβραὰμ τὸ γεγονὸς καὶ ἐκπλαγεὶς ἔλαβεν τοὺς
  λίθους κρυφαίως καὶ ἔκρυψεν τοῖς πᾶσι τὸ μυστήριον
  μόνον ἔχων ἐν τῇ καρδίᾳ αὐτοῦ.
  - 4 -
1 ⟨εἶπεν δὲ Ἀβραὰμ πρὸς Ἰσαὰκ τὸν υἱὸν αὐτοῦ⟩ ἄπελθε
  υἱέ μου ἀγαπητὲ εἰς τὸ ταμεῖον τοῦ τρικλίνου καὶ
  καλλώπισον αὐτὸ καὶ στρῶσαί μοι ἐκεῖ δύο κλινάρια ἕνα
  ἐμοὶ καὶ ἕνα τοῦ ἀνθρώπου τούτου τοῦ ἐπιξενισθέντος
  ἡμῖν σήμερον
2 ἑτοίμασον δὲ ἡμῖν ἐκεῖ δίφρον καὶ λυχνίαν καὶ τράπεζαν
  ἐν ἀφθονίᾳ παντὸς ἀγαθοῦ καλλώπισον τὸ οἴκημα τέκνον
  καὶ ὑφάπλωσον σινδόνα καὶ πορφύραν καὶ βύσσον θυμίασον
  δὲ παντοῖον καὶ καλὸν θυμίαμα καὶ βοτάνας εὐόσμους ἐκ
  τοῦ παραδείσου ἐνέγκας πλήρωσον τὸν οἶκον
3 ἄναψον δὲ λύχνους ἑπτὰ διὰ ἐλαίου ὅπως εὐφρανθῶμεν ὅτι
  ὁ ἄνθρωπος οὗτος ὁ ἐπιξενισθεὶς ἡμῖν σήμερον
  ἐνδοξότερος ὑπάρχει βασιλέων καὶ ἀρχόντων ὅτι καὶ ἡ
  ὅρασις αὐτοῦ ὑπερφέρει πάντας τοὺς υἱοὺς τῶν ἀνθρώπων.
4 ὁ δὲ Ἰσαὰκ ἡτοίμασεν πάντα καλῶς παραλαβὼν δὲ Ἀβραὰμ
  τὸν Μιχαὴλ ἀνῆλθεν ἐν τῷ οἰκήματι τοῦ τρικλίνου καὶ
  ἐκαθέσθησαν ἀμφότεροι ἐπὶ τὰ κλινάρια μέσον αὐτῶν
  ⟨ὑπῆρχε⟩ τράπεζα ἐν ἀφθονίᾳ παντὸς ἀγαθοῦ.
5 ἐγερθεὶς οὖν ὁ ἀρχιστράτηγος ἐξῆλθεν ἔξω ὡς δῆθεν
  γαστρὸς χρεία ὕδατος χύσιν ποιήσας καὶ ἀνῆλθεν εἰς τοὺς
  οὐρανοὺς ἐν ῥιπῇ ὀφθαλμοῦ καὶ ἔστη ἐνώπιον τοῦ θεοῦ καὶ
  εἶπεν πρὸς τὸν δεσπότην.
6 κύριε κύριε ἵνα γινώσκῃ τὸ σὸν κράτος ὅτι ἐγὼ τὴν
  μνήμην τοῦ θανάτου πρὸς τὸν δίκαιον ἄνδρα ἐκεῖνον
  ἀναγγεῖλαι οὐ δύναμαι.
7 ὁ δὲ κύριος εἶπεν ἄπελθε Μιχαὴλ ἀρχιστράτηγε πρὸς τὸν
  φίλον μου τὸν Ἀβραὰμ καὶ ὅτι ἂν λέγῃ σοι τοῦτο καὶ
  ποίει καὶ ὅτι ἂν ἐσθίῃ συνέσθιε καὶ σὺ μετ' αὐτοῦ
8 ἐγὼ δὲ ἐπιβαλῶ τῷ πνεύματι τῷ ἁγίῳ ἐπὶ τὸν υἱὸν αὐτοῦ
  τὸν Ἰσαὰκ καὶ ῥίψω τὴν τοῦ θανάτου εἰς τὴν
  καρδίαν τοῦ Ἰσαὰκ ὡς ἐν ὁράματι ἵνα καὶ αὐτὸς ἐν
  ὀνείρῳ θεάσῃ τὸν θάνατον τοῦ πατρὸς αὐτοῦ καὶ Ἰσαὰκ δὲ
  ἀναγγελεῖ τὸ ὅραμα σὺ δὲ διακρινεῖς καὶ αὐτὸς γνώσεται
  τὸ τέλος αὐτοῦ.
9 καὶ ὁ ἀρχιστράτηγος εἶπεν κύριε πάντα γὰρ τὰ ἐπουράνια
  πνεύματα ὑπάρχουσιν ἀσώματα καὶ οὐκ ἐσθίουσιν οὐδὲ
  πίνουσιν καὶ οὗτος τράπεζάν μοι παρέθετο ἐν ἀφθονίᾳ
  ἀγαθῶν τῶν ἐπιγείων φθαρτῶν καὶ νῦν κύριε τί ποιήσω;
  πῶς διαλάθω μετὰ τούτων καθήμενος ἐν μιᾷ τραπέζῃ μετ'
  αὐτοῦ;
10 ὁ δὲ κύριος εἶπε ⟨κάτελθε⟩ πρὸς αὐτὸν καὶ περὶ τούτου
  μὴ σὺ μελετῷ καθεζομένου γάρ σου μετ' αὐτοῦ ἐγὼ
  ἀποστελῶ ἐπὶ σὲ πνεῦμα παμφάγον καὶ ἀναλίσκει ἐκ τῶν
  χειρῶν σου καὶ διὰ στόματός σου πάντα ἐπὶ τῆς τραπέζης
  καὶ συνευφράνθητι καὶ σὺ μετ' αὐτοῦ
11 μόνον δὲ τὰ τοῦ ὁράματος διακρινεῖς καλῶς ὅπως ἂν γνώσῃ
  ὁ Ἀβραὰμ τὴν τοῦ θανάτου δρεπάνην καὶ τὸ τοῦ βίου
  ἄδηλον πέρας καὶ ἵνα ποιήσῃ διάταξιν περὶ πάντων τῶν
  ὑπαρχόντων αὐτοῦ ὅτι ηὐλόγησα αὐτὸν ὡς τοὺς ἀστέρας τοῦ
  οὐρανοῦ καὶ ὡς τὴν ἄμμον τὴν παρὰ τὸ χεῖλος τῆς
  θαλάσσης.
  - 5 -
1 τότε ὁ ἀρχιστράτηγος Μιχαὴλ κατῆλθεν εἰς τὸν οἶκον τοῦ
  Ἀβραὰμ καὶ ἐκαθέσθη μετ' αὐτοῦ ἐν τῇ τραπέζῃ Ἰσαὰκ δὲ
  ὑπηρέτει αὐτούς.
2 τελεσθέντος δὲ τοῦ δείπνου ἐποίησεν Ἀβραὰμ κατὰ τὸ
  ἔθος εὐχὴν καὶ Μιχαὴλ μετ' αὐτοῦ καὶ ἀνεπαύσαντο
  ἕκαστος ἐν τῇ κλίνῃ αὐτοῦ.
3 εἶπε δὲ Ἰσαὰκ πρὸς τὸν πατέρα αὐτοῦ πάτερ ἤθελα κἀγὼ
  ἀναπεσεῖν μεθ' ὑμῶν ἐν τῷ τρικλίνῳ τούτῳ ἔγγιστα ὑμῶν
  ἀγαπῶ γὰρ ἀκούειν τὴν διαφορὰν τῆς ὁμιλίας αὐτοῦ τοῦ
  ἐναρέτου ἀνδρὸς τούτου.
4 εἶπεν δὲ Ἀβραὰμ οὐχὶ τέκνον Ἰσαὰκ ἀλλὰ ἄπελθε ἐν τῷ σῷ
  τρικλίνῳ καὶ ἀνάπαυσαι καὶ μὴ γενώμεθα ἐπιβαρεῖς τοῦ
  ἀνθρώπου τούτου.
5 τότε Ἰσαὰκ λαβὼν τὴν εὐχὴν παρ' αὐτῶν ἀπῆλθεν ἐν τῷ
  ἰδίῳ τρικλίνῳ καὶ ἀνέπεσεν ⟨ἐπὶ τῆς κλίνης αὐτοῦ⟩.
6 ἔρριψε δὲ ὁ θεὸς τὴν μνήμην τοῦ θανάτου εἰς τὴν καρδίαν
  Ἰσαὰκ ὡς ἐν ὀνείροις περὶ ὥραν τρίτην τῆς νυκτός.
7 διϋπνισθεὶς δὲ Ἰσαὰκ ἀνέστη ἐπὶ τῆς κλίνης αὐτοῦ καὶ
  ἦλθε δρομαίως ἐν τῷ τρικλίνῳ ἔνθα ὁ πατὴρ αὐτοῦ ἦν
  κοιμώμενος μετὰ τοῦ ἀρχαγγέλου.
8 φθάσας οὖν Ἰσαὰκ πρὸς τὴν θύραν ἔκραξε λέγων πάτερ
  πάτερ ἀνάστα οὖν ἄνοιξόν μοι ταχέως ὅπως εἰσέλθω καὶ
  κρεμασθῶ ἐπὶ τοῦ τραχήλου σου καὶ ἀσπάσωμαί σε πρίν σε
  ἀροῦσιν ἀπ' ἐμοῦ.
9 ἀναστὰς οὖν Ἀβραὰμ ἤνοιξεν αὐτῷ εἰσελθὼν δὲ Ἰσαὰκ
  ἐκρεμάσθη ἐπὶ τὸν τράχηλον αὐτοῦ καὶ ἤρξατο κλαίειν
  φωνὴν μεγάλην.
10 συγκινηθεὶς οὖν τὰ σπλάγχνα ὁ Ἀβραὰμ ἔκλαυσεν οὖν καὶ
  αὐτὸς μεγάλως ἰδὼν δὲ ὁ ἀρχιστράτηγος αὐτοὺς κλαίοντας
  ἔκλαυσε καὶ αὐτός.
11 Σάρρα δὲ ὑπάρχουσα ἐν τῇ σκηνῇ αὐτῆς ἤκουσεν τοῦ
  κλαυθμοῦ αὐτοῦ καὶ ἦλθε δρομαῖα ἐπ' αὐτοὺς καὶ εὗρεν
  αὐτοὺς περιπλακομένους καὶ κλαίοντας.
12 εἶπε δὲ μετὰ κλαυθμοῦ κύριέ μου Ἀβραὰμ τί ἐστι τοῦτο
  ὅτι κλαίεται; ἀνάγγειλόν μοι
13 κύριέ μου μὴ οὗτος ὁ ἀδελφὸς ὁ ἐπιξενισθεὶς ἡμῖν
  σήμερον μήτι φάσιν λόγου ἤνεγκε περὶ Λὼτ τοῦ ἀδελφοῦ
  σου ⟨τοῦ οἰκοῦντος ἐν Σοδόμοις ὅτι ἀπέθανεν⟩ καὶ ⟨διὰ
  τοῦτο⟩ οὕτως πενθεῖται;
14 προλαβὼν δὲ ὁ ἀρχιστράτηγος εἶπε πρὸς Σάρρα ἀδελφὴ
  Σάρρα οὐκ ἔστιν οὕτως ὃ σὺ λέγεις ἀλλ' ὁ υἱός σου

'Ισαὰκ ὡς ἐμοὶ δοκεῖ ὄνειρον ἐθεάσατο καὶ ἦλθεν πρὸς
ἡμᾶς κλαίων καὶ ἡμεῖς τοῦτον ἰδόντες τὰ σπλάγχνα
κινηθέντες ἐκλαύσαμεν.

- 6 -

1 ἀκούσασα δὲ Σάρρα τὴν διαφορὰν τῆς ὁμιλίας τοῦ
ἀρχιστρατήγου εὐθέως ἐγνώρισεν ὅτι ἄγγελος κυρίου ἦν ὁ
λαλῶν.

2 συννεύει οὖν Σάρρα τὸν Ἀβραὰμ τὰ πρὸς τὴν θύραν ἔξω
ἐλθεῖν καὶ λέγει αὐτὸν κύριέ μου Ἀβραὰμ οὐ γινώσκεις
τίς ἐστιν οὗτος ὁ ἀνήρ;

3 εἶπεν δὲ Ἀβραὰμ οὐ γινώσκω.

4 εἶπεν δὲ Σάρρα εἶδες κύριέ μου τοὺς τρεῖς ἄνδρας τοὺς
ἐπουρανίους τοὺς ἐπιξενισθέντας ἐν τῇ σκηνῇ ἡμῶν παρὰ
τὴν δρῦν τὴν Μαμβρῆν καὶ θυσάντες ἡμεῖς τὸν μόσχον
παρέθηκας αὐτοῖς τράπεζαν

5 δαπανηθέντων δὲ τῶν κρεάτων εἰσῆλθεν πάλιν ὁ μόσχος καὶ
ἐθήλαξεν τῇ μητρὶ αὐτοῦ ἐν ἀγαλλιάσει οὐκ οἶδας κύριέ
μου Ἀβραὰμ ὅτι καὶ καρπὸν κοιλίας ἐξ ἐπαγγελίας ἡμῖν
ἐδωρήσατο τὸν Ἰσαάκ; ἐκ γὰρ τῶν τριῶν ἀνδρῶν οὗτός
ἐστιν ὁ εἷς ἐξ αὐτῶν.

6 εἶπεν δὲ Ἀβραὰμ ὦ Σάρρα τοῦτο ἀληθὲς εἴρηκας δόξα καὶ
εἰρήνη παρὰ θεοῦ καὶ πατρός καὶ γὰρ ἐγὼ τῇ ὀψὲ βραδείᾳ
ὅτε ἔνιπτον τοὺς πόδας αὐτοῦ ἐν τῇ λεκάνῃ τοῦ νιπτῆρος
εἶπον ἐν τῇ καρδίᾳ μου οὗτοι οἱ πόδες ἐκ τῶν τριῶν
ἀνδρῶν εἰσὶν οὓς ἔνιψα τότε

7 καὶ γὰρ τὰ δάκρυα αὐτοῦ ὀψὲ ἐν τῷ νιπτῆρι πίπτοντα
ἐγένοντο τίμιοι λίθοι καὶ ἐκβαλὼν ἐκ τοῦ κόλπου αὐτοῦ
δέδωκεν αὐτὰ τῇ Σάρρᾳ λέγων εἰ ἀπιστεῖς μοι θέασον
ταῦτα.

8 λαβοῦσα δὲ αὐτὰ ἡ Σάρρα προσεκύνησεν καὶ ἡσπάζετο ταῦτα
⟨καὶ εἶπε⟩ δόξα τῷ θεῷ τῷ δεικνύοντι ἡμῖν θαυμάσια καὶ
νῦν γίνωσκε κύριέ μου Ἀβραὰμ ὅτι ἀποκάλυψίς τινος
ἔργου ἡμῖν ἐστιν κἄν τε ἀγαθὸν κἄν τε πονηρόν.

- 7 -

1 καταλιπὼν δὲ Ἀβραὰμ τὴν Σάρραν εἰσῆλθεν ἐν τῷ τρικλίνῳ
καὶ εἶπε πρὸς Ἰσαὰκ δεῦρο υἱέ μου ἀναγγείλόν
μοι τὴν ἀλήθειαν τί τὰ ὁραθέντα σοι καὶ τί πέπονθας ὅτι
οὕτως εἰσῆλθες πρὸς ἡμᾶς κλαίων οὕτως ἐν ὀλιγωρίᾳ
πολλῇ;

2 ὑπολαβὼν δὲ Ἰσαὰκ ἤρξατο λέγειν ἰδοὺ ἐγὼ κύριέ μου
⟨εἶδον⟩ τῇ νυκτὶ ταύτῃ τὸν ἥλιον καὶ τὴν σελήνην
ὑπεράνω τῆς κεφαλῆς μου καὶ τὰς ἀκτῖνας αὐτοῦ κυκλοῦντα
καὶ φωταγωγοῦντά με

3 καὶ ταῦτα οὕτως ἐμοῦ θεωροῦντος καὶ διαλογιζομένου
εἶδον καὶ τὸν οὐρανὸν ἀνεῳγότα καὶ εἶδον ἄνδρα
φωτοφόρον ἐκ τοῦ οὐρανοῦ κατελθόντα ὑπὲρ ἑπτὰ ἡλίους
ἀστράπτοντα

4 ἐλθὼν ἀνὴρ ὁ ἡλιόμορφος ἐκεῖνος ἔλαβεν τὸν ἥλιον
ἀπὸ τῆς κεφαλῆς ⟨μου⟩ καὶ ἀνῆλθεν εἰς τοὺς οὐρανοὺς
ὅθεν καὶ ἐξῆλθεν καὶ ἐλυπήθην μεγάλως ὅτι ἔλαβεν τὸν
ἥλιον ἀπ' ἐμοῦ

5 μετ' ὀλίγον ὡς ἔτι μου λυπουμένου καὶ ἀδημονοῦντος
εἶδον τὸν ἄνδρα ἐκεῖνον τὸν φωτοφόρον ἐκ δευτέρου ἐκ
τοῦ οὐρανοῦ ἐξελθόντα καὶ ἔλαβεν ἀπ' ἐμοῦ καὶ τὴν
σελήνην ἐκ τῆς κεφαλῆς μου

6 ἔκλαυσα δὲ μεγάλως καὶ παρεκάλεσα τὸν ἄνδρα ἐκεῖνον καὶ
εἶπον μὴ κύριε μὴ ἄρῃς ἀπ' ἐμοῦ τὴν δόξαν μου ἐλέησόν
με καὶ εἰσάκουσόν μου ⟨ἐὰν⟩ τὸν ἥλιον ἦρας κἄν τὴν
σελήνην ἔασον ἐπ' ἐμέ.

7 εἶπεν δὲ εἶπεν ἄφες ἀρτίως ἀναληφθῆναι αὐτοὺς ⟨εἰς τὴν
ἄνω βασιλείαν ὅτι θέλει αὐτοὺς ἐκεῖ καὶ ἦρεν αὐτοὺς⟩
ἀπ' ἐμοῦ τὰς δὲ ἀκτῖνας αὐτῶν ἔασεν ἐπ' ἐμέ.

8 εἶπεν δὲ ὁ ἀρχιστράτηγος ἄκουσον δίκαιε Ἀβραὰμ ὁ μὲν
ἥλιος ὃν ἑώρακεν ὁ παῖς σὺ εἶ ὁ πατὴρ αὐτοῦ καὶ ἡ
σελήνη ὁμοίως ἡ μήτηρ αὐτοῦ Σάρρα ὑπάρχουσα ὁ δὲ ⟨ἀνὴρ
ὁ⟩ φωτοφόρος ἐκ τοῦ οὐρανοῦ καταβὰς οὗτός ἐστιν ὁ ἐκ
τοῦ θεοῦ ἀποσταλεὶς ὁ μέλλων λαβεῖν τὴν δικαίαν σου
ψυχήν

9 καὶ νῦν γίνωσκε τιμιώτατε Ἀβραὰμ ὅτι μέλλεις
καταλιπεῖν ἐν τῷ καιρῷ τούτῳ τὸν κοσμικὸν βίον καὶ πρὸς
τὸν θεὸν ἀποδημεῖν.

10 εἶπε δὲ Ἀβραὰμ πρὸς τὸν ἀρχιστράτηγον ὦ θαῦμα θαυμάτων
καινότερον καὶ λοιπὸν σὺ εἶ ὁ μέλλων λαβεῖν τὴν ψυχήν
μου ἀπ' ἐμοῦ;

11 καὶ λέγει ὁ ἀρχιστράτηγος ἐγώ εἰμι Μιχαὴλ ὁ
ἀρχιστράτηγος ⟨ὁ παρεστηκὼς ἐνώπιον τοῦ θεοῦ⟩ καὶ
ἀπεστάλην πρός σε ὅπως ἀναγγείλω σοι τὴν μνήμην τοῦ
θανάτου καὶ εἶθ' οὕτως ἀπελεύσομαι πρὸς αὐτὸν καθὼς
ἐκέλευσέ μοι.

12 εἶπε δὲ Ἀβραὰμ νῦν ἔγνωκα κἀγὼ ὅτι σὺ εἶ ἄγγελος
κυρίου καὶ ἀπεστάλης λαβεῖν τὴν ψυχήν μου ἀλλ' οὐ μή σε
ἀκολουθήσω ὅπερ νῦν κελεύεις ποίησον.

- 8 -

1 ὁ δὲ ἀρχιστράτηγος ἀκούσας τὸ ῥῆμα τοῦτο εὐθέως ἀφανὴς
ἐγένετο καὶ ἀνῆλθεν εἰς τοὺς οὐρανοὺς καὶ ἔστη ἐνώπιον
τοῦ θεοῦ καὶ ἀνήγγειλεν πάντα ἅπερ εἶδεν ἐν τῷ οἴκῳ τοῦ
Ἀβραάμ.

2 εἶπεν δὲ καὶ τοῦτο ὁ ἀρχιστράτηγος πρὸς τὸν δεσπότην
ὅτι καὶ τοῦτο λέγει ὁ φίλος σου Ἀβραὰμ ὅτι οὐ μή σε
ἀκολουθήσω ἀλλ' ὅτι κελεύεις ποίησον

3 ἀρτίως δέσποτα παντοκράτορ ὅτι κελεύει ἡ σὴ δόξα καὶ
βασιλεία ἡ ἀθάνατος.

4 εἶπεν δὲ ὁ θεὸς τὸν Μιχαὴλ ἄπελθε πρὸς τὸν φίλον μου
τὸν Ἀβραὰμ ⟨ἔτι ἅπαξ⟩ καὶ εἶπε αὐτὸν οὕτως

5 τάδε λέγει ὁ θεός σου τί σε ἐγκατέλειπα ἐπὶ τῆς γῆς;
ἐγώ εἰμι ὁ θεός σου ὁ ἀναγαγών σε εἰς τὴν γῆν τῆς
ἐπαγγελίας σου ὁ εὐλογήσας σε ὑπὲρ ἄμμον θαλάσσης καὶ
ὡς τοὺς ἀστέρας τοῦ οὐρανοῦ

6 ὁ διαλύσας μήτραν Σάρρας τῆς στειρώσεως καὶ χαρισάμενός
σοι καρπὸν κοιλίας ἐν γήρει υἱὸν τὸν Ἰσαάκ

7 ἀμὴν λέγω σοι εὐλογῶν εὐλογήσω σε καὶ πληθύνων πληθυνῶ
τὸ σπέρμα σου καὶ δώσω σοι ὅσα ἂν αἰτήσῃς παρ' ἐμοῦ

οὕτως εἰμὶ ἐγὼ κύριος ὁ θεός σου καὶ πλὴν ἐμοῦ οὐκ
ἔστιν ἄλλος

8 σὺ δέ τί ἀνθέστηκας ἀπ' ἐμοῦ καὶ τί ἐν σοὶ λύπη
ἀνάγγειλόν μοι ⟨καὶ ἵνα τί ἀνθέστηκας τὸν ἄγγελόν μου⟩;

9 ἢ οὐκ οἶδας ὅτι πάντες οἱ ἀπὸ τοῦ Ἀδὰμ ⟨καὶ τῆς Εὔας⟩
ἀπέθανον; καὶ οὐδὲ οἱ βασιλεῖς ὑπῆρχον ἀθάνατοι οὐδεὶς
⟨ἐκ τῶν⟩ προπατόρων ἐξέφυγεν τὸ τοῦ θανάτου κειμήλιον
πάντες ἀπέθανον πάντες ἐν τῷ ᾅδῃ καθείλοντο καὶ πάντες
τῇ τοῦ θανάτου δρεπάνῃ συλλέγονται

10 ἐπὶ σὲ δὲ οὐκ ἀπεστάλη θάνατος οὐκ εἴασα ὡς θανατηφόρον
ἀπελθεῖν οὐ συνεχώρησα τῇ τοῦ θανάτου δρεπάνῃ
συναντῆσαί σοι οὐ παρεχώρησα τὰ τοῦ ᾅδου δίκτυα
συμπλέξαι σοι οὐκ ἠθέλησά τινι κακῷ συναντῆσαί σοι

11 ἀλλὰ πρὸς παράκλησιν τῶν ἀγαθῶν τὸν ἐμὸν ἀρχιστράτηγον
ἀπέστειλα πρός σε ἵνα γνώσῃς τὴν ἐκ τοῦ κόσμου
μετάστασιν καὶ ποιήσῃς διάταξιν περὶ τοῦ οἴκου σου καὶ
περὶ πάντων τῶν ὑπαρχόντων σοι καὶ ὅπως εὐλογήσῃς τὸν
ἠγαπημένον σου ⟨Ἰσαάκ⟩ καὶ νῦν γνώρισον ὅτι οὐ μὴ θέλω
λυπῆσαί σε ταῦτα πεποίηκα

12 ἵνα τί σὺ εἶπας τὸν ἀρχιστράτηγόν μου ὅτι οὐ μή σε
ἀκολουθήσω; ἵνα τί τοῦτο εἴρηκας; ⟨ἢ οὐκ οἶδας⟩ ὅτι ἐὰν
ἐάσω τὸν θάνατον ἀπελθεῖν σοι τότε ἂν εἶχον ἰδεῖν κἄν
ἔρχῃ κἂν οὐκ ἔρχῃ

- 9 -

1 λαβὼν δὲ ὁ ἀρχιστράτηγος τὰς παραινέσεις τοῦ ὑψίστου
κατῆλθεν πρὸς τὸν Ἀβραὰμ καὶ ἰδὼν αὐτὸν ὁ δίκαιος
ἔπεσεν ἐπὶ τὸ ἔδαφος τῆς γῆς ὡς νεκρός.

2 ὁ δὲ ἀρχιστράτηγος εἶπεν αὐτῷ πάντα ὅσα ἤκουσεν παρὰ
τοῦ ὑψίστου τότε οὖν ὁ ὅσιος καὶ δίκαιος Ἀβραὰμ
ἀναστὰς μετὰ πολλῶν δακρύων προσέπεσεν τοῖς ποσὶν τοῦ
ἀσωμάτου καὶ ἱκέτευεν αὐτὸν λέγων

3 δέομαί σου ἀρχιστράτηγε τῶν ἄνω δυνάμεων ἐπειδὴ οὐκ
ἀπηξίωσας αὐτὸν ὅλως πρὸς ἐμὲ τὸν ἁμαρτωλὸν καὶ ἀνάξιον
ἱκέτην σου καθεκάστην ἔρχεσθαι παρακαλῶ σε καὶ νῦν
ἀρχιστράτηγε τοῦ διακονῆσαί μοι ἔτι ἅπαξ πρὸς τὸν
ὕψιστον καὶ ἐρεῖς αὐτῷ ὅτι

4 τάδε λέγει ὁ Ἀβραὰμ ὅτι κύριε κύριε ἐν παντὶ ἔργῳ καὶ
λόγῳ ὃ ᾐτησάμην παρὰ σου ἐποίησας καὶ ἔδωκάς μοι κατὰ
τῆς καρδίας μου καὶ πᾶσαν τὴν βουλήν μου ἐπλήρωσας

5 καὶ νῦν κύριε οὐκ ἀνθίσταμαι τὸ σὸν κράτος ὅτι κἀγὼ
γινώσκω ὅτι οὐκ ἔσομαι ἀθάνατος ἀλλὰ θνητὸς ἐπειδὴ οὖν
τῇ σῇ προστάξει πάντα ὑπείκεται καὶ φρίττει καὶ τρέμει
ἀπὸ προσώπου δυνάμεώς σου κἀγὼ δέδοικα ἀλλὰ μίαν
αἴτησιν αἰτοῦμαι παρά σου

6 καὶ νῦν δέσποτα κύριε εἰσάκουσον τῆς δεήσεώς μου ἔτι ἐν
τούτῳ ⟨τῷ σώματι ὢν⟩ θέλω ἰδεῖν πᾶσαν τὴν οἰκουμένην
καὶ τὰ ποιήματα ⟨πάντα⟩ ὅσα διὰ λόγου ἑνὸς συνέστησω
δέσποτα καὶ ὅτε ἴδω ταῦτα τότε καὶ νῦν ἐὰν μετέλθω τοῦ
βίου ἄλυπός εἰμι.

7 ἀπῆλθεν πάλιν ὁ ἀρχιστράτηγος καὶ ἔστη ἐνώπιον τοῦ
ἀοράτου πατρὸς καὶ ἀνήγγειλεν αὐτῷ πάντα λέγων τάδε
λέγει ὁ φίλος σου Ἀβραὰμ ὅτι ἠθέλον θεάσασθαι πᾶσαν
τὴν οἰκουμένην ἐν τῇ ζωῇ μου πρὸ τοῦ ἀποθανεῖν με.

8 ἀκούσας δὲ ταῦτα ὁ ὕψιστος κελεύει τὸν ἀρχιστράτηγον
Μιχαὴλ καὶ λέγει αὐτῷ λαβὲ νεφέλην φωτὸς ⟨καὶ⟩ ἀγγέλους
τοὺς ἐπὶ τῷ ἅρματι τὴν ἐξουσίαν ἔχοντας καὶ κατάλαβε
τὸν δίκαιον Ἀβραὰμ ἐπὶ τὸ ἅρμα τὸ χερουβικὸν καὶ
ὕψωσον αὐτὸν εἰς τὸν αἰθέρα τοῦ οὐρανοῦ ⟨ὅπως ἴδῃ πᾶσαν
τὴν οἰκουμένην.

- 10 -

1 καὶ κατελθὼν ὁ ἀρχάγγελος Μιχαὴλ ἔλαβεν τὸν Ἀβραὰμ ἐπὶ
ἅρματος χερουβικοῦ καὶ ὕψωσεν αὐτὸν εἰς τὸν αἰθέρα τοῦ
οὐρανοῦ καὶ ἤγαγεν αὐτὸν ἐπὶ τῆς νεφέλης καὶ ἑξήκοντα
ἀγγέλους καὶ ἀνήρχετο ὁ Ἀβραὰμ ἐπὶ ὀχήματος ἐφ' ὅλην
τὴν οἰκουμένην.

2 ἐώρα δὲ Ἀβραὰμ τὸν κόσμον καθὼς ἦγεν ἡ ἡμέρα ἐκείνη
ἄλλους μὲν εἶδεν ἀροτριῶντας ἑτέρους ἁμαξηγοῦντας ἐν
ἄλλῳ δὲ τόπῳ ποιμαινεύοντας ἀλλαχοῦ ἀγραυλοῦντας καὶ
ὀρχουμένους παίζοντας καὶ κιθαρίζοντας ἐν ἄλλῳ δὲ τόπῳ
παλαίοντας καὶ δικαζομένους ἀλλαχοῦ κλαίοντας ἔπειτα
καὶ τεθνεῶτας ἐν μνήματι ἀγουμένους

3 εἶδεν δὲ καὶ νεονύμφους ὀψικευομένους καὶ ἁπλῶς εἰπεῖν
εἶδεν πάντα τὰ τοῦ κόσμου γινόμενα ἀγαθὰ καὶ πονηρά.

4 διερχόμενος δὲ Ἀβραὰμ εἶδεν ἄνδρας ξιφηφόρους ἐν ταῖς
χερσὶν αὐτοῦ κρατοῦντας ξίφη ἠκονημένα καὶ ἠρώτησεν
⟨Ἀβραὰμ τὸν ἀρχιστράτηγον⟩ τίνες εἰσὶν οὗτοι;

5 καὶ εἶπεν ὁ ἀρχιστράτηγος οὗτοί εἰσιν οἱ κλέπται οἱ
βουλόμενοι φόνον ἐργάσασθαι καὶ κλέψαι καὶ θῦσαι καὶ
ἀπολέσαι.

6 εἶπεν δὲ Ἀβραὰμ κύριε εἰσάκουσον τῆς φωνῆς μου καὶ
κέλευσον ἵνα ἐξέλθωσιν θηρία ἐκ τοῦ δρυμοῦ καὶ
καταφάγωσιν αὐτούς.

7 καὶ ἅμα τῷ λόγῳ αὐτοῦ ἐξῆλθον θηρία ἐκ τοῦ δρυμοῦ καὶ
κατέφαγον αὐτούς.

8 καὶ εἶδεν εἰς ἕτερον τόπον ἄνδρα μετὰ γυναικὸς εἰς
ἀλλήλους πορνεύοντας

9 καὶ εἶπεν ⟨κύριε⟩ κέλευσον ὅπως χάνῃ ἡ γῆ καὶ καταπίῃ
αὐτοὺς ⟨καὶ εὐθὺς ἐδιχάσθη ἡ γῆ καὶ κατέπιεν αὐτούς.⟩

10 καὶ εἶδεν εἰς ἕτερον τόπον ἀνθρώπους διορύττοντας
οἴκους καὶ ἁρπάζοντας τὰ ἀλλότρια πράγματα

11 καὶ εἶπεν Ἀβραὰμ κύριε κέλευσον ἵνα κατέλθῃ πῦρ ἐκ τοῦ
οὐρανοῦ καὶ καταφάγηται αὐτοὺς καὶ ἅμα τῷ λόγῳ αὐτοῦ
κατῆλθεν πῦρ ἐκ τοῦ οὐρανοῦ καὶ κατέφαγεν αὐτούς.

12 καὶ εὐθέως ἦλθεν φωνὴ ἐκ τοῦ οὐρανοῦ πρὸς τὸν
ἀρχιστράτηγον οὕτως λέγων κέλευσον Μιχαὴλ ἀρχιστράτηγε
στῆναι τὸ ἅρμα καὶ ἀπόστρεψον τὸν Ἀβραὰμ ἵνα μὴ ἴδῃ
πᾶσαν τὴν οἰκουμένην

13 ἐὰν γὰρ ἴδῃ πάντας τοὺς ἐν ἁμαρτίᾳ διάγοντας καὶ
ἀπολέσει πᾶν τὸ ἀνάστημα ἰδοὺ γὰρ ὁ Ἀβραὰμ οὐχ ἥμαρτεν
καὶ τοὺς ἁμαρτωλοὺς οὐκ ἐλεᾷ

14 ἐγὼ δὲ ἐποίησα τὸν κόσμον καὶ οὐ θέλω ἀπολέσαι ἐξ αὐτῶν
οὐδένα ἀναμένω δὲ τὸν θάνατον τῶν ἁμαρτωλῶν ἕως οὗ

ἐπιστρέψαι καὶ ζῆσαι

15 ἀνάγαγε ⟨δὲ⟩ τὸν Ἀβραὰμ ἐν τῇ πρώτῃ πύλῃ τοῦ οὐρανοῦ ὅπως θεάσηται ἐκεῖ τὰς κρίσεις καὶ ἀνταποδόσεις καὶ μετανοήσῃ ἐπὶ τὰς ψυχὰς ⟨τῶν ἁμαρτωλῶν⟩ ἃς ἀπώλεσεν.
    – 11 –

1 ἔστρεψεν δὲ ὁ Μιχαὴλ τὸ ἅρμα καὶ ἤνεγκεν τὸν Ἀβραὰμ ⟨εἰς τὴν ἀνατολὴν ἐν τῇ πύλῃ τοῦ οὐρανοῦ τῇ πρώτῃ

2 καὶ εἶδεν ἐκεῖ ὁ Ἀβραὰμ⟩ δύο ὁδοὺς ⟨ἡ⟩ μία ὁδὸς ⟨στενὴ καὶ τεθλιμμένη ἡ δὲ ἑτέρα⟩ πλατεῖα καὶ εὐρύχωρος.

3 ⟨καὶ εἶδεν ἐκεῖ⟩ δύο πύλας μία πύλη πλατεῖα ἡ κατὰ τῆς πλατείας ὁδοῦ καὶ μία πύλη στενὴ ἡ κατὰ τῆς στενῆς ὁδοῦ.

4 ἔξωθεν δὲ τῶν πυλῶν τῶν ἐκεῖσε τῶν δύο εἶδον ἄνδρα καθήμενον ἐπὶ τοῦ θρόνου κεχρυσωμένου καὶ ἦν ἡ ἰδέα τοῦ ἀνδρὸς ἐκείνου φοβερὰ ὁμοία τοῦ δεσπότου

5 καὶ εἶδον ψυχὰς πολλὰς ἐλαυνομένας ὑπὸ ἀγγέλων διὰ τῆς πλατείας ὁδοῦ καὶ εἰσερχομένας καὶ εἶδον ἄλλας ψυχὰς ὀλίγας καὶ ἐφέροντο ὑπὸ ἀγγέλων διὰ τῆς στενῆς πύλης.

6 καὶ ⟨ὅτε⟩ ἐθεώρει ⟨ὁ ἀνὴρ⟩ θαυμάσιος ὁ ἐπὶ χρυσοῦ θρόνου καθήμενος διὰ τῆς στενῆς πύλης ὀλίγας ψυχὰς προσερχομένας καὶ διὰ τῆς πλατείας πύλης ἀμετρήτους ἀπαγομένας εὐθέως⟩ ὁ ἀνὴρ ὁ ὅσιος ἐκεῖνος ὁ θαυμάσιος ἥρπαξεν τὰς τρίχας τῆς κεφαλῆς αὐτοῦ καὶ τὰς παρειὰς τοῦ πώγωνος καὶ ἔρριπτεν αὐτὸν χαμαὶ ἀπὸ τοῦ θρόνου κλαίων καὶ ὀδυρόμενος.

7 καὶ ὅτε ἐθεώρει πολλὰς ψυχὰς εἰσερχομένας διὰ τῆς στενῆς πύλης τότε ἀνίστατο ἀπὸ τῆς γῆς καὶ ἐκαθέζετο ἐπὶ τοῦ θρόνου αὐτοῦ ἐν εὐφροσύνῃ πολλῇ χαίρων καὶ ἀγαλλιώμενος.

8 ἠρώτησεν δὲ ὁ Ἀβραὰμ τὸν ἀρχιστράτηγον κύριέ μου ἀρχιστράτηγε τίς ἐστιν οὗτος ὁ ἀνὴρ πανθαύμαστος ὁ ἐν τοιαύτῃ δόξῃ κοσμούμενος ποτὲ μὲν κλαίει καὶ ὀδύρεται ποτὲ δὲ χαίρεται καὶ ὀγάλλεται ἐν εὐφροσύνῃ;

9 εἶπεν δὲ ὁ ἀρχιστράτηγος οὗτός ἐστιν ὁ πρωτόπλαστος Ἀδὰμ καὶ κάθηται ὧδε ἐν τῇ αὐτοῦ δόξῃ καὶ βλέπει τὸν κόσμον καθότι πάντες ἐξ αὐτοῦ ἐγένοντο

10 καὶ ὅτε ἴδῃ πολλὰς ψυχὰς εἰσερχομένας διὰ τῆς στενῆς πύλης τότε ἀνίσταται καὶ κάθηται ἐπὶ τοῦ θρόνου αὐτοῦ χαίρων καὶ ἀγαλλιώμενος ἐν εὐφροσύνῃ ὅτι αὕτη ἡ πύλη ⟨τῶν δικαίων ἐστίν ἡ στενὴ⟩ ἡ ἀπάγουσα εἰς τὴν ζωὴν καὶ εἰσερχόμενοι δι' αὐτῆς εἰς τὸν παράδεισον ⟨ἀπέρχονται⟩ καὶ διὰ τοῦτο χαίρει ὁ πρωτόπλαστος Ἀδὰμ διότι θεωρεῖ τὰς ψυχὰς σωζομένας

11 ὅτε δὲ ἴδῃ πολλὰς ψυχὰς εἰσερχομένας διὰ τῆς πλατείας πύλης τότε ἁρπάζει τὰς τρίχας τῆς κεφαλῆς αὐτοῦ καὶ ῥίπτει ἑαυτὸν χαμαὶ κλαίων καὶ ὀδυρόμενος πικρῶς διότι ἡ ὁδὸς πλατεῖα τῶν ἁμαρτωλῶν ἐστιν ἡ ἀπάγουσα εἰς τὴν ἀπώλειαν καὶ εἰς τὴν κόλασιν τὴν αἰώνιον καὶ διὰ τοῦτο ὁ πρωτόπλαστος Ἀδὰμ ἀνίσταται ἀπὸ τοῦ θρόνου αὐτοῦ κλαίων καὶ ὀδυρόμενος ἐπὶ τῇ ἀπωλείᾳ τῶν ἁμαρτωλῶν διότι πολλοί εἰσιν οἱ ἀπολλύμενοι ὀλίγοι δέ οἱ σωζόμενοι

12 εἰς γὰρ τὰς ἑπτακισχιλίας ψυχὰς μόλις εὑρίσκεται μία ψυχὴ σωζομένη καὶ ἀμόλυντος.
    – 12 –

1 ἔτι δὲ ἡμῖν ταῦτα λαλοῦντος ἰδοὺ δύο ἄγγελοι πύρινοι τῇ ὄψει καὶ ἀνηλεεῖς τῇ γνώμῃ καὶ ἀπότομοι τῷ βλέμματι καὶ ἤλαυνον μυριάδαν ψυχὰς ἀνηλεῶς τύπτοντες ἐν πυρίναις χαρζαναῖς

2 καὶ μίαν ψυχὴν κρατῶν ὁ ἄγγελος ἐν τῇ χειρὶ αὐτοῦ καὶ διήγαγον πάσας τὰς ψυχὰς εἰς τὴν πλατεῖαν πύλην εἰς τὴν ἀπώλειαν.

3 ἠκολουθήσαμεν δὲ ἡμεῖς τοῖς ἀγγέλοις καὶ ἤλθομεν ἔσωθεν τῆς πύλης ἐκείνης τῆς πλατείας

4 καὶ ἐν μέσῳ τῶν δύο πυλῶν ἵσταται θρόνος φοβερὸς ἐν εἴδει κρυστάλλου ἐξαστράπτων ὡς πῦρ

5 καὶ ἐπ' αὐτῷ ἐκάθητο ἀνὴρ θαυμαστὸς ἡλιόρατος ὅμοιος υἱῷ θεοῦ

6 ἔμπροσθεν δὲ αὐτοῦ ἵστατο τράπεζα κρυσταλλοειδὴς ὅλως διὰ χρυσοῦ

7 ἐπάνω δὲ τῆς τραπέζης ⟨ἦν⟩ βιβλίον κείμενον τὸ πάχος αὐτοῦ πήχεων τριῶν ⟨καὶ τὸ πλάτος αὐτοῦ πήχεων ἕξ⟩

8 ἐκ δεξιῶν δὲ αὐτοῦ καὶ ἐξ ἀριστερῶν ἵσταντο δύο ἄγγελοι κρατοῦντες χάρτην καὶ μέλαν καὶ κάλαμον

9 πρὸ προσώπου δὲ τῆς τραπέζης ἐκάθητο ἄγγελος φωτοφόρος κρατῶν ἐν τῇ χειρὶ αὐτοῦ ζυγόν

10 ἀριστερῶν δὲ αὐτοῦ ἐκάθητο ἄγγελος πύρινος ἀνηλεὴς καὶ ἀπότομος ἐν τῇ χειρὶ αὐτοῦ κατέχων σάλπιγγα ἔνδοθεν αὐτῆς ἔχων πῦρ παμφάγον δοκιμαστήριον τῶν ἁμαρτωλῶν

11 καὶ ὁ μὲν ἀνὴρ ὁ θαυμάσιος ὁ ἐπὶ τοῦ θρόνου αὐτοῦ καθήμενος ἔκρινεν καὶ ἀπεφήνατο τὰς ψυχάς

12 οἱ δὲ δύο ἄγγελοι οἱ ⟨ἐκ δεξιῶν καὶ⟩ ἐξ ἀριστερῶν ⟨ἀπεγράφοντο⟩ καὶ ὁ δεξιὸς ἀπεγράφετο τὰς δικαιοσύνας καὶ ὁ ἐξ ἀριστερῶν ἀπεγράφετο τὰς ἁμαρτίας

13 ὁ δὲ ἔμεν πρὸ προσώπου τῆς τραπέζης ὁ τὸν ζυγὸν κατέχων ἐζύγιζεν τὰς ψυχὰς

14 καὶ ὁ πύρινος ἄγγελος ὁ τὸ πῦρ κατέχων ἐδοκίμαζε διὰ πυρὸς τὰς ψυχὰς τῶν ἀνθρώπων

15 ἠρώτησεν δὲ Ἀβραὰμ τὸν ἀρχιστράτηγον καὶ λέγει τί ἐστι ταῦτα ἃ θεωροῦμεν; καὶ εἶπεν ὁ ἀρχιστράτηγος ταῦτα ἅπερ βλέπεις ὦσιε Ἀβραὰμ τοῦτό ἐστιν ἡ κρίσις καὶ ἀνταπόδοσις.

16 καὶ ἰδοὺ ὁ ἄγγελος ὁ κρατῶν τὴν ψυχὴν ἐν τῇ χειρὶ αὐτοῦ καὶ ἤνεγκεν αὐτὴν ἔμπροσθεν τοῦ κριτοῦ

17 καὶ εἶπεν ὁ κριτὴς ἑνὶ τῶν ἀγγέλων τῶν καθυπουργούντων αὐτῷ ἄνοιξόν μοι τὴν βίβλον ταύτην καὶ εὑρέ μοι τὰς ἁμαρτίας τῆς ψυχῆς ταύτης.

18 καὶ ἀνοίξας τὴν βίβλον εὗρεν αὐτῆς ζυγάδας τὰς ἁμαρτίας καὶ τὰς δικαιοσύνας ἐξ ἴσου οὔτε ταῖς βασανισταῖς ἐξέδωκεν αὐτὴν οὔτε τοῖς σωζομένοις ἀλλ' ἔστησεν αὐτὴν εἰς τὸ μέσον
    – 13 –

---

1 καὶ εἶπεν Ἀβραὰμ κύριέ μου ἀρχιστράτηγε τίς ἐστιν ὁ κριτὴς οὗτος ὁ πανθαύμαστος; καὶ τίνες οἱ ἄγγελοι οἱ ἀπογραφόμενοι; καὶ τίς ὁ ἄγγελος ὁ ἡλιόμορφος ὁ τὸν ζυγὸν κατέχων; καὶ τίς ὁ πύρινος ἄγγελος ὁ τὸ πῦρ δοκιμάζων;

2 εἶπεν δὲ ὁ ἀρχιστράτηγος θεωρεῖς πανόσιε καὶ δίκαιε Ἀβραὰμ τὸν ἄνδρα τὸν φοβερὸν τὸν ἐπὶ θρόνου καθήμενον; οὗτός ἐστιν υἱὸς τοῦ πρωτοπλάστου ὁ ἐπιλεγόμενος Ἀβελ ὃν ἀπέκτεινεν Κάιν ὁ πονηρότατος

3 καὶ κάθηται ὧδε κρῖναι πᾶσαν τὴν κτίσιν καὶ ἐλέγχων δικαίους καὶ ἁμαρτωλοὺς διότι εἶπεν ὁ θεὸς ὅτι οὐκ ἐγὼ κρίνω τὸν κόσμον ἀλλὰ πᾶς ἄνθρωπος ἐξ ἀνθρώπου κρίνεται

4 τούτου χάριν αὐτῷ ἔδωκε κρίσιν κρῖναι τὸν κόσμον μέχρι τῆς μεγάλης ἐνδόξου αὐτοῦ παρουσίας καὶ τότε δικαιότατε Ἀβραὰμ γενήσεται τελεία κρίσις καὶ ἀνταπόδοσις αἰωνία καὶ ἀμετάθετος ἣν ἄλλος οὐδεὶς δυνήσεται ἀνακρῖναι

5 πᾶς ἄνθρωπος ἐκ τοῦ πρωτοπλάστου γεγένηται καὶ διὰ τοῦτο ἐνταῦθα πρῶτον ἐκ τοῦ τοιούτου ἀνθρώπου κρίνεται

6 καὶ ἐν τῇ δευτέρᾳ παρουσίᾳ ⟨κριθήσονται⟩ ὑπὸ τῶν δώδεκα φυλῶν τοῦ Ἰσραὴλ καὶ πᾶσα πνοὴ καὶ πᾶσα κτίσις

7 τὸ δὲ τρίτον ὑπὸ τοῦ δεσπότου θεοῦ τῶν ἀπάντων κριθήσεται πᾶς ἄνθρωπος καὶ τότε λοιπὸν τῆς κρίσεως ἐκείνης τὸ τέλος ἐγγὺς καὶ φοβερὰ ἡ ἀπόφασις καὶ ὁ λύων οὐδείς

8 καὶ λοιπὸν διὰ τριῶν βημάτων γίνεται ἡ κρίσις τοῦ κόσμου καὶ ἀνταπόδοσις καὶ διὰ τοῦτο καὶ νῦν ἐπὶ ἑνὸς ἢ δύο μαρτύρων οὐκ ἀσφαλίζεται λόγος ἀλλ' ἐπὶ τριῶν μαρτύρων σταθήσεται πᾶν ῥῆμα

9 οἱ δὲ δύο ἄγγελοι οἱ ⟨ἐκ δεξιῶν καὶ⟩ ἐξ ἀριστερῶν ἐρχόμενοι ἀπογράφονται τὰς ἁμαρτίας καὶ τὰς δικαιοσύνας ὁ μὲν ἐκ δεξιῶν ἄγγελος ἀπογράφεται ⟨τὰς δικαιοσύνας ὁ δὲ ἐξ ἀριστερῶν⟩ τοὺς ἁμαρτωλοὺς

10 ὁ δὲ ἡλιόμορφος ἄγγελος ὁ τὸν ζυγὸν κατέχων ἐν τῇ χειρὶ αὐτοῦ οὗτός ἐστιν ὁ Δοκιὴλ ὁ ἀρχάγγελος ὁ δίκαιος ζυγοστάτης καὶ ζυγίζει τὰς ἁμαρτίας καὶ τὰς δικαιοσύνας ἐν δικαιοσύνῃ θεοῦ

11 ὁ δὲ πύρινος ἄγγελος καὶ ἀπότομος ὁ κατέχων ἐν τῇ χειρὶ αὐτοῦ τὸ πῦρ οὗτός ἐστιν Πυρουὴλ ὁ ⟨ἀρχ⟩άγγελος ὁ ἐπὶ τὸ πῦρ ἔχων τὴν ἐξουσίαν καὶ δοκιμάζει τὰ τῶν ἀνθρώπων ἔργα διὰ πυρός

12 καὶ εἴ τινος τὸ ἔργον κατακαύσει τὸ πῦρ εὐθέως λαμβάνει αὐτὸν ὁ ἄγγελος τῆς κρίσεως καὶ ἀναφέρει εἰς τὸν τόπον τῶν ἁμαρτωλῶν πικρότατον ποτήριον

13 εἴ τινος δὲ τὸ ἔργον τὸ πῦρ δοκιμάσει καὶ μὴ ἅψεται αὐτοῦ οὗτος δικαιοῦται καὶ λαμβάνει αὐτὸν ὁ τῆς δικαιοσύνης ἄγγελος καὶ ἀναφέρει αὐτὸν εἰς τὸ σώζεσθαι ἐν τῷ κλήρῳ τῶν δικαίων

14 καὶ οὕτως δίκαιε Ἀβραὰμ τὰ πάντα ἐν πᾶσιν ἐν πυρὶ καὶ ζυγῷ δοκιμάζονται.
    – 14 –

1 εἶπεν δὲ Ἀβραὰμ πρὸς τὸν ἄγγελον κύριέ μου ἀρχιστράτηγε τὴν ψυχὴν ἣν κατεῖχεν ὁ ἄγγελος ἐν τῇ χειρὶ αὐτοῦ πῶς κατεδικάσθη ἐν τῷ μέσῳ;

2 εἶπεν δὲ ὁ ἀρχιστράτηγος ἄκουσον δίκαιε Ἀβραὰμ διότι εὗρεν ὁ κριτὴς τὰς ἁμαρτίας αὐτῆς ⟨καὶ τὰς δικαιοσύνας⟩ ζυγάδας καὶ οὔτε εἰς κρίσιν ἐξέδοτο αὐτὴν οὔτε εἰς τὸ σώζεσθαι ἕως οὗ ἔλθῃ ὁ κριτὴς καὶ θεὸς τῶν ἀπάντων.

3 εἶπεν δὲ Ἀβραὰμ καὶ τί ἔτι λείπεται ἡ ψυχὴ εἰς τὸ σώζεσθαι;

4 ⟨εἶπεν δὲ ὁ ἀσώματος⟩ μίαν δικαιοσύνην ἐὰν κέκτητο ὑπεράνω τῶν ἁμαρτιῶν ἔρχεται εἰς τὸ σώζεσθαι.

5 ⟨εἶπεν δὲ Ἀβραὰμ πρὸς τὸν ἀρχιστράτηγον⟩ δεῦρο Μιχαὴλ ἀρχιστράτηγε ποιήσωμεν εὐχὴν ὑπὲρ τῆς ψυχῆς καὶ ἴδωμεν εἰ ἐπακούσεται ἡμῖν ὁ θεὸς καὶ ὁ ἀρχιστράτηγος εἶπεν ἀμὴν γένοιτο.

6 καὶ ἐποίησαν δέησιν καὶ εὐχὴν πρὸς τὸν θεὸν ὑπὲρ τῆς ψυχῆς ⟨καὶ εἰσήκουσεν ὁ θεὸς τὴν προσευχὴν αὐτῶν καὶ ἀναστάντες ἐκ τῆς προσευχῆς οὐκ εἶδον τὴν ψυχὴν⟩ ἱσταμένην ἐκεῖσε.

7 καὶ εἶπεν Ἀβραὰμ ⟨πρὸς τὸν ἄγγελον⟩ ποῦ ἐστιν ἡ ψυχή;

8 εἶπεν δὲ ὁ ἀρχιστράτηγος σέσωσται διὰ τῆς εὐχῆς σου τῆς δικαίας καὶ ἰδοὺ ἔλαβεν αὐτὴν ἄγγελος φωτοφόρος καὶ ἀνήνεγκεν αὐτὴν ἐν τῷ παραδείσῳ.

9 εἶπεν δὲ Ἀβραὰμ δοξάζω τὸ ὄνομα τοῦ θεοῦ τοῦ ὑψίστου καὶ τὸ ἔλεος αὐτοῦ τὸ ἀμέτρητον.

10 εἶπεν δὲ Ἀβραὰμ πρὸς τὸν ἀρχιστράτηγον δέομαί σου ἀρχάγγελε εἰσάκουσον τῆς δεήσεώς μου καὶ παρακαλέσωμεν ἔτι τὸν κύριον καὶ προσπέσωμεν τοῖς οἰκτιρμοῖς αὐτοῦ

11 καὶ δεηθῶμεν αὐτοῦ τὸ ἔλεος ὑπὲρ τῶν ψυχῶν τῶν ἁμαρτωλῶν οὓς ἐγώ ποτε κακοφρονήσας ἀπώλεσα οὓς ποτε κατέπιεν ἡ γῆ καὶ οὓς διεμερίσαντο τὰ θηρία καὶ οὓς ποτε κατέφαγεν τὸ πῦρ διὰ τοὺς ἐμοὺς λόγους

12 νῦν ἔγνωκα ἐγὼ ὅτι ἥμαρτον ἐνώπιον τοῦ θεοῦ δεῦρο Μιχαὴλ ἀρχιστράτηγε τῶν ἄνω δυνάμεων δεῦρο παρακαλέσωμεν τὸν θεὸν μετὰ σπουδῆς καὶ πολλῶν δακρύων ὅπως ἀφήσει μοι τὸ ἁμάρτημα καὶ αὐτοὺς συγχωρήσει.

13 καὶ εὐθέως εἰσήκουσεν αὐτοῦ ὁ ἀρχιστράτηγος καὶ ἐποίησαν δέησιν ἐνώπιον κυρίου τοῦ θεοῦ ἐπὶ πολλὴν δὲ ὥραν παρακαλούντων αὐτῶν ἦλθεν φωνὴ λέγουσα ἐκ τοῦ οὐρανοῦ

14 Ἀβραὰμ Ἀβραὰμ εἰσήκουσα κύριος τῆς δεήσεώς σου καὶ ἀφίεταί σοι ἡ ἁμαρτία καὶ οὓς ποτε νομίζεις ὅτι ἀπώλεσας ἐγὼ αὐτοὺς ἀνεκαλεσάμην καὶ εἰς ζωὴν αἰώνιον αὐτοὺς ἤγαγον δι' ἄκραν ἀγαθότητα

15 ⟨διότι πρόσκαιρον κρίσιν αὐτοὺς ἀνταπέδωκας⟩ ἐγὼ δὲ οὕσπερ ἀποδώσω ἐπὶ τῆς γῆς ζῶντας ἐν τῷ θανάτῳ οὐκ ἀπαιτήσομαι.
    – 15 –

1 εἶπεν δὲ καὶ τὸν ἀρχιστράτηγον ἡ φωνὴ τοῦ κυρίου Μιχαὴλ Μιχαὴλ ὁ ἐμὸς λειτουργῶν ἀπόστρεψον ⟨τὸν Ἀβραὰμ⟩ εἰς τὸν οἶκον αὐτοῦ ὅτι ἰδοὺ ἤγγικεν τὸ τέλος αὐτοῦ καὶ τὸ ἄμετρον τῆς ζωῆς αὐτοῦ τελειοῦται καὶ ποιήσει διάταξιν

περὶ τοῦ οἴκου αὐτοῦ καὶ πάντα ὅσα βούλεται καὶ εἶθ'
οὕτως παράλαβε αὐτὸν σὺ καὶ προσάγαγε αὐτὸν πρός με.

2 διαστρέψας δὲ ὁ ἀρχιστράτηγος τὴν νεφέλην ἤγαγεν τὸν
Ἀβραὰμ τὸν ἱερώτατον εἰς τὸν οἶκον αὐτοῦ

3 καὶ ἀπελθὼν ἐν τῷ τρικλίνῳ αὐτοῦ ἐκάθισεν ⟨ἐπὶ τῆς
κλίνης αὐτοῦ⟩.

4 ἦλθεν δὲ Σάρρα ἡ γυνὴ αὐτοῦ καὶ περιεπλάκη τοῖς ποσὶν
τοῦ ἀσωμάτου ἱκετεύουσα καὶ λέγουσα εὐχαριστῶ σοι κύριέ
μου ὅτι ἀνήνεγκας τὸν κύριον τὸν Ἀβραὰμ ἰδοὺ γὰρ
ἐνομίζομεν ἀναληφθέντα αὐτὸν ἀφ' ἡμῶν.

5 ἦλθεν δὲ Ἰσαὰκ ὁ υἱὸς αὐτοῦ καὶ περιεπλάκη ἐπὶ τὸν
τράχηλον αὐτοῦ ὁμοίως καὶ πάντες οἱ δοῦλοι αὐτοῦ καὶ αἱ
δουλίδες αὐτοῦ περιεπλάκησαν κύκλῳ τοῦ Ἀβραὰμ
δοξάζοντες τὸν θεὸν τὸν ἅγιον

6 εἶπεν δὲ ὁ ἀσώματος πρὸς Ἀβραὰμ ἄκουσον δικαιώτατε
ἰδοὺ ἡ γυνή σου Σάρρα ἰδοὺ καὶ ὁ υἱός σου ὁ ἠγαπημένος
ἰδοὺ δὴ πάντες οἱ παῖδες καὶ παιδίσκαι σου κύκλῳ σου

7 ποίησον διάταξιν περὶ πάντων ὧν ἐὰν βούλῃ ὅτι ἤγγισεν ἡ
ἡμέρα ἐν ᾗ μέλλεις ἐκδημεῖν ἐκ τοῦ σώματος ἔτι ἅπαξ
πρὸς τὸν κύριον ἔρχεσθαι.

8 εἶπεν δὲ Ἀβραὰμ ὁ κύριος εἶπεν ἢ ἀφ' ἑαυτοῦ σὺ τοῦτο
λέγεις;

9 ὁ δὲ ἀρχιστράτηγος εἶπεν ἅπερ ὁ δεσπότης ἐκέλευσεν κἀγὼ
σοι λέγω.

10 εἶπεν δὲ Ἀβραὰμ οὐ μή σε ἀκολουθήσω.

11 ἀκούσας δὲ ὁ ἀρχιστράτηγος τοὺς λόγους τούτους εὐθέως
ἐξῆλθεν ἐκ προσώπου τοῦ Ἀβραὰμ καὶ ἀνῆλθεν εἰς τοὺς
οὐρανοὺς καὶ ἔστη ἐνώπιον τοῦ θεοῦ τοῦ ὑψίστου

12 καὶ εἶπεν κύριε παντοκράτωρ ἰδοὺ εἰσήκουσα τοῦ φίλου
σου Ἀβραὰμ πάντα ὅσα εἶπεν πρός σε καὶ τὰς αἰτήσεις
αὐτοῦ ἐπλήρωσα καὶ ἔδειξα αὐτῷ τὴν δυναστείαν σου καὶ
πᾶσαν τὴν ὑπ' οὐρανὸν γῆν τε καὶ θάλασσαν κρίσιν καὶ
ἀνταπόδοσιν διὰ νεφέλης καὶ ἁρμάτων ἔδειξα αὐτῷ καὶ
πάλιν λέγει οὐκ ἀκολουθῶ σε.

13 καὶ ὁ ὕψιστος ἔφη πρὸς τὸν ἀρχιστράτηγον πάλιν οὕτως
λέγει ὁ φίλος μου Ἀβραὰμ ὅτι οὐκ ἀκολουθῶ σε;

14 καὶ ⟨ὁ ἀρχάγγελος⟩ εἶπεν ἐκ προσώπου κυρίου τοῦ θεοῦ
ἡμῶν ⟨οὕτως λέγει ὁ φίλος σου Ἀβραὰμ καὶ ἐγὼ φείδομαι
τοῦ ἅψασθαι αὐτοῦ⟩ ὅτι ἐξ ἀρχῆς φίλος σου ⟨ἐστὶν⟩ καὶ
πάντα τὰ ἀρεστὰ ⟨ἐνώπιόν⟩ σου ἐποίησεν

15 καὶ οὐκ ἔστιν ⟨ἄνθρωπος⟩ ὅμοιος αὐτοῦ ἐπὶ τῆς γῆς οὐ
κἂν Ἰακὼβ ὁ θαυμάσιος ἄνθρωπος καὶ διὰ τοῦτο φείδομαι
τοῦ ἅψασθαι τούτου κέλευσον ἀθάνατε βασιλεῦ τί ῥῆμα καὶ
γενήσεται.

- 16 -

1 τότε ὁ ὕψιστος εἶπεν κάλεσόν μοι ὧδε τὸν θάνατον τὸν
κεκλημένον τὸ ἀναίσχυντον πρόσωπον καὶ ἀνέλεον βλέμμα.

2 καὶ ἀπελθὼν Μιχαὴλ εἶπεν τῷ θανάτῳ δεῦρο καλεῖ σε ὁ
δεσπότης τῆς κτίσεως ὁ ἀθάνατος βασιλεύς.

3 ἀκούσας δὲ ὁ θάνατος ἔφριξεν καὶ ἐτρόμαξεν καὶ δειλίᾳ
πολὺ συνεχόμενος ⟨καὶ ἐλθὼν μετὰ φόβου πολλοῦ ἔστη
ἔμπροσθεν τοῦ ἀοράτου θεοῦ φρίττων καὶ στένων καὶ
τρέμων ἀπεκδεχόμενος⟩ τὴν κέλευσιν τοῦ δεσπότου.

4 λέγει οὖν ὁ ἀόρατος θεὸς τὸν θάνατον δεῦρο οὖν τὸ
πικρὸν καὶ ἄγριον τοῦ κόσμου ὄνομα κρῦψαί σου τὴν
ἀγριότητα καὶ πάσας σου τὰς παρειὰς καὶ τὰς πικρίας σου
πάσας ἀποβαλοῦ περιβαλοῦ δὲ τὴν ὡραιότητά σου καὶ ὅλην
τὴν ἐνδοξότητα

5 καὶ κάτελθε πρὸς τὸν φίλον μου Ἀβραὰμ καὶ λαβὲ
αὐτὸν καὶ ἄγαγε αὐτὸν πρός με ἀλλὰ καὶ νῦν λέγω σοι μὴ
ἐκφοβήσῃς τὴν ψυχὴν αὐτοῦ καὶ ἔλθῃς ἐνθάδε ἀλλὰ μετὰ
κολακείας τοῦτον παράλαβε ὅτι φίλος γνήσιός ἐστιν.

6 ταῦτα ἀκούσας ὁ θάνατος ἐξῆλθεν ἀπὸ προσώπου τοῦ
ὑψίστου καὶ περιεβάλετο στολὴν λαμπροτάτην ⟨καὶ
ἐποίησεν ὄψιν ἡλιόμορφον⟩ καὶ γέγονεν εὐπρεπὴς ὡραῖος
ὑπὲρ τοὺς υἱοὺς τῶν ἀνθρώπων ἀρχαγγέλου δὲ
περιβαλόμενος μορφὴν τὰς παρειὰς αὐτοῦ πῦρ ἀπαυγάζων
καὶ ἀπῆλθεν πρὸς τὸν Ἀβραάμ.

7 ὁ δὲ δίκαιος Ἀβραὰμ ἰδὼν ἐξῆλθεν ἐκ τοῦ τρικλίνου
αὐτοῦ καὶ ἐκαθέσθη ὑποκάτω τῶν δένδρων τῶν μαβρινῶν τὴν
σιαγόνα αὐτοῦ τῇ χειρὶ κατέχων καὶ ἐκδεχόμενος τὴν
κέλευσιν τοῦ ἀρχιστρατήγου.

8 καὶ ἰδοὺ ὀσμὴ εὐωδίας ἤρχετο πρὸς τὸν Ἀβραὰμ καὶ φωτὸς
ἀπαύγασμα περιστραφεὶς δὲ Ἀβραὰμ εἶδεν τὸν θάνατον
ἐρχόμενον πρὸς αὐτὸν ἐν πολλῇ δόξῃ καὶ ὡραιότητι καὶ
ἀναστὰς ὑπήντησεν αὐτὸν νομίζων τὸν ἀρχιστράτηγον
εἶναι.

9 καὶ ἰδὼν αὐτὸν ὁ θάνατος προσεκύνησεν λέγων χαίροις
τίμιε Ἀβραὰμ δικαία ψυχὴ φίλε τοῦ θεοῦ τοῦ ὑψίστου καὶ
τῶν ἀγγέλων ὁμόσκηνε.

10 εἶπεν δὲ ὁ Ἀβραὰμ πρὸς τὸν θάνατον χαίροις ἡλιόρατε
θεσμοσυλλήπτωρ ἐνδοξότατε ὑπερένδοξε φωτοφόρε ἀνὴρ
θαυμάσιε πόθεν ἧκεν ἡ σὴ ἐνδοξότης πρὸς ἡμᾶς καὶ τίς εἶ
σύ;

11 λέγει αὐτῷ ὁ θάνατος Ἀβραὰμ πάτερ δικαιότατε ἰδοὺ λέγω
σοι τὴν ἀλήθειαν ἐγώ εἰμι τὸ πικρὸν τοῦ θανάτου
ποτήριον.

12 λέγει οὖν Ἀβραὰμ οὐχὶ ἀλλὰ σὺ ⟨εἶ⟩ ἡ εὐπρέπεια τοῦ
κόσμου σὺ εἶ ἡ δόξα καὶ τὸ κάλλος τῶν ἀγγέλων καὶ τῶν
ἀνθρώπων σὺ εἶ πάσης ⟨μορφῆς⟩ εὐμορφότερος καὶ λέγεις
ὅτι ἐγώ εἰμι τὸ πικρὸν τοῦ θανάτου ποτήριον καὶ οὐ
λέγεις ⟨μᾶλλον⟩ ὅτι ἐγώ εἰμι παντὸς ἀγαθοῦ
εὐμορφότερος.

13 εἶπεν δὲ ὁ θάνατος ἐγώ πάτερ λέγω σοι τὴν ἀλήθειαν
ὁποῖον ὄνομα ὠνόμασέν με ὁ θεός ἐκεῖνο καὶ λέγω σοι.

14 εἶπεν δὲ Ἀβραὰμ εἰς τί ἐλήλυθας ὧδε;

15 εἶπεν δὲ ὁ θάνατος διὰ τῆς δικαίας σου ψυχῆς
παραγέγονα.

16 ⟨λέγει αὐτῷ Ἀβραάμ⟩ οἶδα τί λέγεις ἀλλ' οὐ μή σε
ἀκολουθήσω. ὁ δὲ θάνατος ἐσιώπα καὶ οὐκ ἀπεκρίθη.

- 17 -

1 ἀνέστη δὲ Ἀβραὰμ καὶ ἦλθεν εἰς τὸν οἶκον αὐτοῦ

ἠκολούθει δὲ καὶ ὁ θάνατος ἕως ἐκεῖ ἀνέβη δὲ Ἀβραὰμ
εἰς τὸ τρίκλινον αὐτοῦ ἀνέβη καὶ ὁ θάνατος ἀνέπεσεν δὲ
Ἀβραὰμ ἐπὶ τῆς κλίνης αὐτοῦ ἦλθεν οὖν καὶ ὁ θάνατος
καὶ ἔστη παρὰ τοὺς πόδας αὐτοῦ.

2 εἶπεν οὖν Ἀβραὰμ ἄπελθε ἄπελθε ἀπ' ἐμοῦ ὅτι θέλω
ἀναπαύσεσθαι ἐν τῇ κλίνῃ μου.

3 ὁ δὲ θάνατος λέγει οὐκ ἀναχωρῶ ἕως οὗ λάβω τὸ πνεῦμά
σου ἀπό σου.

4 λέγει αὐτῷ Ἀβραὰμ κατὰ τοῦ θεοῦ τοῦ ἀθανάτου σοι λέγω
εἰπὲ ἡμῖν τὸ ἀληθὲς σὺ εἶ ὁ θάνατος;

5 λέγει αὐτῷ ὁ θάνατος ἐγώ εἰμι ὁ τὸν κόσμον λυμαίνων.

6 εἶπεν δὲ Ἀβραὰμ δέομαί σου ἐπειδὴ σὺ εἶ ὁ θάνατος
ἀνάγγειλόν μοι καὶ πρὸς πάντας οὕτως ἀπέρχει ἐν
εὐμορφίᾳ καὶ δόξῃ καὶ ὡραιότητι τοιαύτῃ;

7 ὁ δὲ θάνατος εἶπεν οὐχὶ κύριέ μου αἱ γὰρ δικαιοσύναι σου
καὶ τὸ ἄμετρον τῆς φιλοξενίας σου καὶ τὸ μέγεθος τῆς
ἀγάπης σου τῆς πρὸς θεὸν ἐγένετο στέφανος ἐπὶ τῆς ἐμῆς
κεφαλῆς καὶ ἐν ὡραιότητι καὶ ἐν ἡσυχίᾳ πολλῇ καὶ
κολακείᾳ ἀπέρχομαι τοῖς δικαίοις

8 τοῖς δὲ ⟨ἁμαρτωλοῖς⟩ οὕτως ἀπέρχομαι ἐν πολλῇ σαπρίᾳ
καὶ ἀγριότητι καὶ μεγίστῃ πικρίᾳ καὶ ἀγρίῳ τῷ βλέμματι
καὶ ἀνίλεως ἀπέρχομαι τοῖς ἁμαρτωλοῖς τοῖς μὴ πράξασιν
ἔλεον.

9 εἶπεν δὲ Ἀβραὰμ δέομαί σου ἐπάκουσόν μου καὶ δίδαξόν
μοι τὴν ἀγριότητά σου καὶ πᾶσαν τὴν σαπρίαν.

10 εἶπεν δὲ ὁ θάνατος οὐ μὴ δυνηθῇς θεάσασθαι τὴν ἐμὴν
ἀγριότητα δικαιότατε.

11 εἶπεν δὲ Ἀβραὰμ ναὶ δυνήσομαι θεάσασθαι σου πᾶσαν τὴν
ἀγριότητα ἕνεκεν τοῦ ὀνόματος τοῦ θεοῦ τοῦ ζῶντος ὅτι ἡ
δύναμις τοῦ θεοῦ μου τοῦ ἐπουρανίου μετ' ἐμοῦ ἐστίν.

12 τότε ὁ θάνατος ἀπεκδύσατο πᾶσαν τὴν ὡραιότητα καὶ τὰ
κάλλη καὶ πᾶσαν τὴν δόξαν καὶ τὴν ἡλιόμορφον μορφὴν ἣν
περιεκέκτητο

13 καὶ περιεβάλετο στολὴν τυραννικὴν καὶ ἐποίησεν ὄψιν
ζοφερὰν παντὸς θηρίου ἀγριωτέραν καὶ πάσης ἀκαθαρσίας
ἀκαθαρτοτέραν

14 καὶ ὑπέδειξε ⟨τῷ Ἀβραὰμ⟩ κεφαλὰς δρακόντων πυρίνους
ἑπτὰ καὶ πρόσωπα δεκατέσσαρα καὶ πρόσωπον πυρὸς
φλογερώτερον καὶ πολλῆς ἀγριότητος ⟨καὶ πρόσωπον
κρημνοῦ φρικωδεστάτου⟩ καὶ πρόσωπον σκοτώδους
γνοφερώτερον καὶ πρόσωπον ἐχίδνης ζοφοειδέστατον ⟨καὶ
πρόσωπον ἀσπίδος ἀγριώτερον⟩ καὶ πρόσωπον λέοντος
φοβεροῦ καὶ πρόσωπον κεράστου καὶ βασιλίσκου

15 ἔδειξεν δὲ καὶ πρόσωπον ῥομφαίας πύρινον καὶ πρόσωπον
ξιφηφόρον καὶ πρόσωπον ἀστραπῆς φοβερῶς ἐξαστράπτον καὶ
ἦχον βροντῆς φοβεράς

16 ἔδειξεν δὲ καὶ ἕτερον πρόσωπον θαλάσσης ἀγρίας
κυματιζούσης καὶ ποταμοῦ ἀγρίου κοχλάζοντα καὶ δράκοντα
τρικέφαλον φοβερὸν καὶ ποτήρια μεμεστωμένα φαρμάκων

17 καὶ ἁπλῶς εἰπεῖν ἔδειξεν αὐτὸν πολλὴν ἀγριότητα καὶ
πικρίαν ἀβάστακτον ⟨καὶ⟩ πᾶσαν νόσον θανατηφόρον ⟨ἀώρως
θνῄσκοντα⟩

18 ὡς τῆς ὀσμῆς τοῦ θανάτου καὶ πολλῆς πικρίας καὶ
ἀγριότητος ἐτελεύτησαν παῖδες καὶ παιδίσκαι ἑπτὰ

19 καὶ ὁ δίκαιος Ἀβραὰμ ἦλθεν εἰς ὀλιγωρίαν θανάτου ὥστε
ἐκλείπειν τὸ πνεῦμα αὐτοῦ.

- 18 -

1 καὶ ταῦτα οὕτως ἰδὼν ὁ πανίερος Ἀβραὰμ εἶπεν πρὸς τὸν
θάνατον δέομαί σου πανώλεθρε θάνατε κρῦψαί σου τὴν
ἀγριότητα καὶ περιβαλοῦ τὴν ὡραιότητα καὶ μορφὴν ἣν
εἶχες τὸ πρότερον.

2 εὐθέως δὲ ὁ θάνατος ἔκρυψεν τὴν ἀγριότητα αὐτοῦ καὶ
περιεβάλετο τὴν ὡραιότητα αὐτοῦ ἣν εἶχεν τὸ πρότερον.

3 εἶπεν δὲ Ἀβραὰμ πρὸς τὸν θάνατον τί τοῦτο ἐποίησας ὅτι
ἀπέκτεινας πάντας τοὺς παῖδάς καὶ παιδίσκας μου; ἢ ὁ
θεὸς ἐν τούτῳ σε ἀπέστειλεν;

4 καὶ ὁ θάνατος εἶπεν οὐχὶ κύριέ μου οὐκ ἔστιν οὕτως ὡς
σὺ λέγεις ἐγὼ δὲ διὰ σέ ἀπεστάλην ὧδε.

5 εἶπεν δὲ Ἀβραὰμ πρὸς τὸν θάνατον καὶ πῶς οὗτοι
τεθνήκασιν οὐ κἂν ὁ κύριος εἶπεν;

6 εἶπεν δὲ ὁ θάνατος εἶπεν τὸν Ἀβραὰμ πίστευσόν μοι ὅτι καὶ
τοῦτο θαυμαστόν ἐστιν ὅτι οὐκ ἂν καὶ σὺ μετ' αὐτοὺς
ἀφηρπάγης ἀλλὰ ὅμως λέγω σοι τὴν ἀλήθειαν

7 ὅτι γὰρ εἰ μὴ ἡ δεξιὰ χεὶρ τοῦ κυρίου ἦν μετὰ σοῦ ἐν τῇ
ὥρᾳ ἐκείνῃ καὶ σὺ τοῦ βίου τούτου ἀπαλλάξαι εἶχες.

8 καὶ ὁ δίκαιος εἶπεν νῦν ἔγνων κἀγὼ ὅτι εἰς ὀλιγωρίαν
θανάτου ἦλθον ὥστε ἐκλείπειν τὸ πνεῦμά μου

9 ἀλλὰ δέομαί σου πανώλεθρε θάνατε ἐπειδὴ (οὖν οἱ παῖδες)
ἀώρως τεθνήκασιν δεῦρο δεηθῶμεν κυρίῳ τῷ θεῷ ἡμῶν ὅπως
εἰσακούσῃ ἡμῖν ὁ θεὸς καὶ ἀναστήσῃ τοὺς ἐξαώρους
τεθνήξαντας διὰ τῆς σῆς ἀγριότητος.

10 καὶ εἶπεν ὁ θάνατος ἀμὴν γένοιτο ἀναστὰς οὖν Ἀβραὰμ
ἔπεσεν ἐπὶ πρόσωπον ἐπὶ τὴν γῆν προσευχόμενος καὶ ὁ
θάνατος σὺν αὐτῷ

11 καὶ ἀπέστειλεν ὁ θεὸς πνεῦμα ζωῆς ἐπὶ τοὺς
τελευτήσαντας καὶ ἀνεζωοποιήθησαν τότε οὖν ὁ δίκαιος
Ἀβραὰμ ἔδωκεν δόξαν τῷ θεῷ.

- 19 -

1 καὶ ἀνελθὼν ἐν τῇ κλίνῃ αὐτοῦ ἀνέπεσεν ἐλθὼν καὶ ὁ
θάνατος ἔστη ἔμπροσθεν αὐτοῦ.

2 εἶπεν δὲ Ἀβραὰμ πρὸς αὐτὸν ἔξελθε ἀπ' ἐμοῦ ὅτι θέλω
ἀναπαύεσθαι ὅτι ἐν ὀλιγωρίᾳ περίκειταί το πνεῦμά μου.

3 καὶ ὁ θάνατος εἶπεν οὐκ ἀναχωρῶ ἀπὸ σοῦ ἕως οὗ λάβω τὴν
ψυχήν σου.

4 καὶ ὁ Ἀβραὰμ στερρῷ τῷ βλέμματι καὶ ὀργίλῳ τῷ προσώπῳ
εἶπεν πρὸς τὸν θάνατον τίς ὁ προστάξας σοι τοῦτο
λέγειν; σὺ ἀφ' ἑαυτοῦ ταῦτα λέγεις τοιαῦτα ῥήματα
καυχώμενος καὶ οὐ μή σε ἀκολουθήσω ἕως ὁ
ἀρχιστράτηγος Μιχαὴλ ἔλθῃ καὶ ἀπέλθω μετ' αὐτοῦ

5 ἀλλὰ καὶ τοῦτο λέγω σοι εἴ περ θέλεις ἀκολουθήσω σοι
δίδαξόν με πάσας σου τὰς μεταμορφώσεις τὰς ἑπτὰ κεφαλὰς
τῶν δρακόντων τὰς πονηρὰς καὶ τί τὸ πρόσωπον τοῦ

κρημνοῦ καὶ τίς ἡ ῥομφαία ἡ ἀπότομος καὶ τίς ὁ ποταμὸς
ὁ μεγάλα κοχλάζων καὶ τίς ἡ βεβορβορωμένη θάλασσα ἡ
ἀγρίως κυματίζουσα

6 δίδαξόν με καὶ ὑπὲρ τῆς βροντῆς τῆς ἀνυποφόρου καὶ τῆς
φοβερᾶς ἀστραπῆς καὶ τί τὰ ποτήρια τὰ δυσώδη φάρμακα
καὶ μεμεστωμένα δίδαξόν μοι περὶ πάντων.

7 καὶ ὁ θάνατος εἶπεν ἄκουσον δίκαιε τοὺς ἑπτὰ αἰῶνας ἐγὼ
λυμαίνω τὸν κόσμον καὶ πάντας εἰς ᾅδην κατάγω βασιλεῖς
καὶ ἄρχοντας πλουσίους καὶ πένητας δούλους καὶ
ἐλευθέρους καὶ διὰ τοῦτό σοι ἔδειξα τὰς ἑπτὰ κεφαλὰς
τῶν δρακόντων

8 τὸ δὲ πρόσωπον τοῦ πυρὸς ἔδειξά σοι ὅτι πολλοὶ ὑπὸ
πυρὸς καιόμενοι τελευτῶσιν καὶ διὰ πυρίνου προσώπου
θάνατον βλέπουσιν

9 τὸ δὲ πρόσωπον τοῦ κρημνοῦ ἔδειξά σοι διότι πολλοὶ ἀπὸ
ὕψους δένδρων ⟨ἢ⟩ κρημνοῦ κατερχόμενοι καὶ ἀνύπαρκτοι
γινόμενοι τελευτῶσιν καὶ εἰς τύπον κρημνοῦ θεωροῦσιν
τὸν θάνατον

10 τὸ δὲ πρόσωπον τῆς ῥομφαίας ἔδειξά σοι διότι πολλοὶ ἐν
πολέμοις ὑπὸ ῥομφαίας ἀναιροῦνται καὶ θεωροῦσιν ἐν
ῥομφαίᾳ τὸν θάνατον

11 τὸ δὲ πρόσωπον τοῦ μεγάλου ποταμοῦ τοῦ κοχλάζοντος
ἔδειξά σοι διότι πολλοὶ ὑπὸ ἐμβάσεως ὑδάτων πολλῶν
ἁρπαζόμενοι καὶ ὑπὸ μεγίστων ποταμῶν ἐπαιρόμενοι
ἀποπνίγονται καὶ τελευτῶσιν ἀώρως τὸν θάνατον βλέπουσιν

12 τὸ δὲ πρόσωπον τῆς θαλάσσης τῆς ἀγρίας κυματιζούσης
ἔδειξά σοι διότι πολλοὶ ἐν θαλάσσῃ κλυδωνίῳ μεγάλῃ
περιπεσόντες ⟨ἐν τοῖς⟩ ναυαγίοις γεγονότες ὑποβρύχιοι
γίνονται θαλάσσιον θάνατον βλέποντες

13 τῆς δὲ βροντῆς τῆς ἀνυποφόρου καὶ τῆς φοβερᾶς ἀστραπῆς
ἔδειξά σοι διότι πολλοὶ τῶν ἀνθρώπων ἐν ὥρᾳ θυμοῦ
δρακόντων καὶ ἀσπίδων καὶ κεράστων καὶ βασιλίσκων ⟨καὶ
τυχόντες βροντῆς ἀνυποφόρου καὶ ἀστραπῆς φοβερᾶς
ἐλθούσης ἀνάρπαστοι γίνονται καὶ οὕτω τὸν θάνατον
βλέπουσιν

14 ἔδειξά σοι καὶ θηρία ἰοβόλα ἀσπίδας καὶ βασιλίσκους⟩
καὶ παρδάλεις καὶ λέοντας καὶ σκύμνους καὶ ἄρκους καὶ
ἔχιδνας καὶ ἁπλῶς εἰπεῖν παντὸς θηρίου πρόσωπον ἔδειξά
σοι δικαιότατε διότι πολλοὶ τῶν ἀνθρώπων ὑπὸ θηρίων
ἀναιροῦνται

15 ἄλλοι μὲν ὑπὸ κεράστου ἀπαλλάσσονται ἕτεροι δὲ ὑπὸ
ἐχίδνης ἀποφυσούμενοι ἐκλείπουσιν ἄλλοι δὲ ὑπὸ ὄφεων
ἰοβόλων καὶ ἐχίδνης ἀποφυσούμενοι ἐκλείπουσιν

16 ἔδειξά σοι δὲ καὶ ποτήρια δηλητήρια φάρμακα μεμεστωμένα
διότι πολλοὶ τῶν ἀνθρώπων ὑπὸ ἑτέρων τινῶν φάρμακα
ποτισθέντες παρευθὺς ἀπαλλάσσονται παραλόγως.

– 20 –

1 εἶπεν δὲ Ἀβραὰμ δέομαί σου ἔστιν καὶ παράλογος
θάνατος; ἀνάγγειλόν μοι.

2 λέγει ὁ θάνατος ἀμὴν ἀμὴν λέγω σοι ἐν ἀληθείᾳ θεοῦ
λόγου ὅτι ἑβδομήκοντα δύο εἰσὶν θάνατοι καὶ εἷς μὲν
θάνατος ὑπάρχει ὁ δίκαιος ὁ ἔχων ὅρον καὶ πολλοὶ τῶν
ἀνθρώπων παρὰ μίαν ὥραν εἰς θάνατον ἔρχονται
παραδιδόμενοι τῷ τάφῳ

3 ἰδοὺ γὰρ ἀνήγγειλά σοι πάντα ὅσα ἂν ᾐτήσω ἄρτι λέγω σοι
δικαιότατε τί γὰρ οὖν; πᾶσαν βουλὴν κατάλιπε καὶ
ἀκολούθει μοι καθότι ὁ θεὸς τῶν ἁπάντων προσέταξέν μοι.

4 εἶπεν δὲ Ἀβραὰμ πρὸς τὸν θάνατον ἄπελθε ἀπ' ἐμοῦ ἔτι
μικρὸν ἵνα ἀναπαύσωμαι ἐν τῇ κλίνῃ μου ὅτι ἀθυμία πολλὴ
μοί ἐστιν

5 ἀφ' ⟨οὗ⟩ ἐθεασάμην σε τοῖς ὀφθαλμοῖς μου καὶ ἡ ἰσχύς
μου ἐκλείπει πάντα δὲ τὰ μέλη τῆς σαρκός μου δίκην
μολύβδου βάρος μοι φαίνονται καὶ τὸ πνεῦμά μου ἐν πολλῷ
ταλανίζεται μεταστῆθι ἐν ὀλίγοις οὐχ ὑποφέρω γὰρ θεωρῶν
σου τὸ εἶδος ⟨κατῆλθε γὰρ ὁ ἱδρὼς ἐκ τῆς ὄψεως αὐτοῦ⟩
ὡσεὶ θρόμβοι αἵματος.

6 ἦλθεν δὲ Ἰσαὰκ ὁ υἱὸς αὐτοῦ καὶ ἔπεσεν ἐπὶ τὸ στῆθος
αὐτοῦ ⟨κλαίων ἦλθε δὲ καὶ ἡ Σάρρα ἡ γυνὴ αὐτοῦ καὶ⟩
περιεπλάκη τοῖς ποσὶν τοῦ Ἀβραὰμ ὀδυρομένη πικρῶς.

7 ἤλθοσαν δὲ πάντες οἱ δοῦλοι καὶ ἔκλαιον πικρῶς
ὀδυρόμενοι καὶ Ἀβραὰμ ἦλθεν εἰς ὀλιγωρίαν ⟨θανάτου⟩.

8 εἶπεν δὲ ὁ θάνατος ⟨πρὸς⟩ τὸν Ἀβραὰμ δεῦρο ἄσπασαι τὴν
δεξιάν μου χεῖραν καὶ ἐλθεῖν σοι ἱλαρότης καὶ ζωὴ καὶ
δύναμις.

9 πεπλάνηκεν γὰρ τὸν Ἀβραὰμ ὁ θάνατος καὶ ἠσπάσατο τὴν
χεῖρα αὐτοῦ καὶ εὐθέως ἐκολλᾶτο ἡ ψυχὴ αὐτοῦ ἐν τῇ
χειρὶ τοῦ θανάτου.

10 καὶ εὐθέως παρέστη Μιχαὴλ ὁ ἀρχάγγελος μετὰ πλήθους
ἀγγέλων καὶ ἦραν τὴν τιμίαν αὐτοῦ ψυχὴν ἐν ταῖς χερσὶν
αὐτῶν ἐν σινδόνι θεοϋφαντῷ.

11 καὶ μυρίσμασι θεοπνεύστοις καὶ ἀρώμασιν ἐκήδευσαν δὲ τὸ
σῶμα τοῦ δικαίου ἕως τρίτης ἡμέρας τῆς τελειώσεως αὐτοῦ
καὶ ἔθαψαν αὐτὸν ἐν τῇ γῇ τῆς ἐπαγγελίας ἐν τῇ δρυῒ τῇ
Μαβρῇ

12 τὴν δὲ τιμίαν αὐτοῦ ψυχὴν ὀψικεύοντες ἄγγελοι ἀνήρχοντο
εἰς τὸν οὐρανὸν ψάλλοντες τὸν τρισάγιον ὕμνον τῷ
δεσπότῃ τῶν ὅλων θεῷ καὶ ἔστησαν αὐτὸν εἰς προσκύνησιν
τοῦ θεοῦ καὶ πατρός

13 καὶ δὴ πολλῆς ἀνυμνήσεως καὶ δοξολογίας γενομένης ἦλθεν
ἡ ἄχραντος φωνὴ τοῦ θεοῦ καὶ πατρὸς λέγουσα οὕτως

14 ἄρατε οὖν τὸν φίλον μου τὸν Ἀβραὰμ εἰς τὸν παράδεισον
ἔνθα εἰσίν αἱ σκηναὶ τῶν δικαίων μου καὶ μοναὶ τῶν
ἁγίων μου Ἰσαὰκ καὶ Ἰακὼβ ἐν τῷ κόλπῳ αὐτοῦ ἔνθα οὐκ
ἔστιν πόνος οὐ λύπη οὐ στεναγμὸς ἀλλ' εἰρήνη καὶ
ἀγαλλίασις καὶ ζωὴ ἀτελεύτητος.

15 μεθ' οὗ καὶ ἡμεῖς ἀδελφοί μου ἀγαπητοὶ τοῦ πατριάρχου
Ἀβραὰμ τὴν φιλοξενίαν ζηλώσωμεν καὶ τὴν ἐνάρετον αὐτοῦ
κτησώμεθα πολιτείαν ἵνα ἀξιωθῶμεν τῆς αἰωνίου ζωῆς
δοξάζοντες τῷ πατρὶ καὶ τῷ υἱῷ καὶ τῷ ἁγίῳ πνεύματι νῦν
καὶ ἀεὶ καὶ εἰς τοὺς αἰῶνας τῶν αἰώνων. ἀμήν.

1 ἀποκάλυψις ἀποκαλυφθεῖσα τῷ πατρὶ ἡμῶν Ἀβραὰμ ὑπὸ
Μιχαὴλ τοῦ ἀρχαγγέλου περὶ τῆς διαθήκης αὐτοῦ. κύριε
εὐλόγησον.
- 1 -
1 ἐγένετο ἡνίκα ἤγγισαν αἱ ἡμέραι Ἀβραὰμ παραστῆναι
ἐλάλησεν κύριος πρὸς Μιχαὴλ λέγων
2 ἀναστὰς πορεύου πρὸς Ἀβραὰμ λέγων πρὸς αὐτὸν
ἐξερχόμενος ἐξελεύσει τοῦ βίου τούτου
3 ὅτι ἤγγισάν σου αἱ ἡμέραι ὅπως διοικήσεις τὸν οἶκόν σου
πρὸ τοῦ μεταχθῆναί σε ἀπὸ τοῦ κόσμου.
- 2 -
1 τότε Μιχαὴλ ἐπορεύθη καὶ ἦλθεν πρὸς Ἀβραὰμ συνήντησεν
δὲ αὐτῷ καθεζομένου ἔγγιστα τῶν βοῶν εἰς ἀροτριασμὸν
ἦν δὲ γηραλέος τῇ ἡλικίᾳ
2 ἠσπάσατο δὲ Ἀβραὰμ τὸν Μιχαὴλ μὴ γινώσκων τίς ἐστιν
3 καὶ εἶπεν πόθεν εἶ σὺ ἄνθρωπε ὁ πορευόμενος τὴν ὁδόν;
4 καὶ ἀπεκρίθη αὐτῷ Μιχαὴλ φιλάνθρωπος ⟨εἶ σύ⟩.
5 λέγει αὐτῷ Ἀβραάμ ἐλθὲ ἔγγιστά μου καὶ καθέζου ὀλίγην
ὥραν καὶ ποιήσω ἐνεχθῆναι ἡμῖν ζῷον ἵνα ἀπελθόντες ἐν
τῷ οἴκῳ ἡμῶν ταύτῃ τὴν ὥραν πρός με διϊέναι ὅτι πρὸς
ἑσπέραν ἐστὶν
6 καὶ ἀναστὰς τῷ πρωῒ πορεύου ὅπου ἂν βούλῃ μήπως
συναντήσῃ σοι θηρίον πονηρὸν καὶ ταραχθῇς
7 ἠρώτησεν δὲ Μιχαὴλ τὸν Ἀβραὰμ λέγων λέγε μοι τί ἐστιν
τὸ ὄνομά σου πρὶν εἰσελθεῖν με εἰς τὸν οἶκόν σου καὶ
ἐπιβαρής σοι γενήσωμαι.
8 ἀπεκρίθη Ἀβραὰμ λέγων αὐτῷ οἱ γονεῖς μου ὠνόμασάν με
Ἀβρὰμ καὶ ὁ κύριος ἐκάλεσέν με λέγων ἀνάστηθι καὶ
πορεύου ἐκ τοῦ οἴκου τοῦ πατρός σου καὶ τῆς γῆς σου καὶ
τῶν συγγενῶν σου καὶ ἐλθὲ εἰς τὴν γῆν ἣν ἄν σοι δείξω.
9 ἤκουσα δὲ αὐτοῦ καὶ ἦλθον εἰς τὴν γῆν ἣν εἶπέν μοι
κύριος καὶ ἤλλαξεν τὸ ὄνομά μου λέγων οὐκέτι κληθήσει
Ἀβρὰμ ἀλλ' ἔσται τὸ ὄνομά σου Ἀβραάμ.
10 ἀπεκρίθη Μιχαὴλ καὶ εἶπεν αὐτῷ κύριε ἄφες μοι ὅτι
ἐπιξενοῦμαι πατὴρ ἀνθρώπων μεμελημένων ἤκουσα δὲ ὅτι
ἀπῆλθες σταδίους τεσσεράκοντα καὶ ἤνεγκας μόσχον καὶ
ἔθυσας ἀγγέλοις ξενιζομένοις ἐν τῷ οἴκῳ σου ὅπως
εὐφρανθῶσιν
11 καὶ ἀναστάντων καὶ πορευομένων
12 ἐκάλεσεν Ἀβραὰμ Δαμασκὸν Ἐλεέζερ τὸν υἱὸν ἕνα τῶν
οἰκοτρόφων αὐτοῦ λέγων ἄπαγε κτῆνος ἵνα καθίσῃ ἐπ' αὐτῷ
ὁ ξένος ὅτι ἔκαμεν ἐν τῇ ὁδῷ.
13 ἀπεκρίθη Μιχαὴλ καὶ εἶπεν μὴ σκύλου τὸ παιδάριον ἀλλὰ
περιπατῶμεν μετεωριζόμενοι μέχρις οὗ φθάσωμεν εἰς τὸν
οἶκόν σου.
- 3 -
1 ἐπορεύθησαν δὲ οἱ ἀμφότεροι
2 καὶ ἤγγισαν ἔγγιστα τῆς πόλεως ὡς ἀπὸ σταδίων δύο καὶ
ηὗρον δένδρον μέγαν ἐν τῇ ὁδῷ παμμεγέθει ἔχοντα κλάδους
τριακοσίους ὅμοιον ἐρεικίνου
3 ἤκουσεν δὲ φωνὴν ἐκ τῶν κλάδων αὐτῆς λεγούσης ἅγιος ὁ
τὴν φάσιν ἐνέγκας.
4 καὶ ἤκουσεν Ἀβραὰμ τῆς φωνῆς καὶ ἡσύχασεν ἐνώπιον
αὐτοῦ καὶ ἔκρυψεν τὸ μυστήριον ἐν τῇ καρδίᾳ αὐτοῦ λέγων
ἆρα τί ἐστιν τὸ μυστήριον τοῦτο;
5 ὅτε δὲ ἦλθεν ἐν τῷ οἴκῳ λέγει Ἀβραὰμ τοῖς παισὶν αὐτοῦ
ἀναστάντες ἐξέλθατε εἰς τὸ ποίμνια καὶ ἐνέγκατε
θρέμματα θύσατε ταχέως καὶ ὑπηρετήσατε ἵνα φάγωμεν καὶ
πίωμεν ὅτι εὐφρασία γίνεται σήμερον.
6 καὶ ἤνεγκαν οἱ παῖδες καθὼς παρήγγειλεν Ἀβραὰμ
ἐκάλεσε δὲ τὸν υἱὸν αὐτοῦ Ἰσαὰκ λέγων αὐτῷ ἀγαπητέ
μου υἱὲ Ἰσαὰκ ἀνάστηθι πλῆσον ὕδωρ ἐπὶ τῆς λεκάνης καὶ
φέρε ἵνα νίψωμεν τοὺς πόδας τοῦ ξένου τοῦ ἐπιξενωθέντος
εἰς ἡμᾶς
7 λέγω γὰρ ἐν τῇ ψυχῇ μου ὅτι τοῦτο ὕστερόν μοι γενήσεται
τὸ ἐπιπλῆσαι ὕδωρ εἰς νιπτῆρα καὶ πλῦναι πόδας ἀνθρώπου
ξενιζομένου πρὸς ἡμᾶς.
8 καὶ ἀκούσας Ἰσαὰκ τοῦ πατρὸς αὐτοῦ λαλοῦντος δακρύων
ἤνεγκεν τὴν λεκάνην λέγων
9 ὦ πάτερ τί ἐστιν τοῦτο ὃ εἶπας ὅτι ἔσχατόν μοι ἐγένετο
τοῦτο τοῦ νίψαι πόδας ἀνθρώπου ξενιζομένου ἐν τῷ οἴκῳ
ἡμῶν;
10 καὶ ἰδὼν Ἀβραὰμ τὸν Ἰσαὰκ κλαίοντα ἔκλαυσεν καὶ αὐτὸς
σφοδρῶς ἰδὼν δὲ Μιχαὴλ κλαίοντας αὐτοὺς συνέκλαυσεν
αὐτοῖς
11 καὶ ἔπεσαν τὰ δάκρυα Μιχαὴλ ἐπὶ τῆς λεκάνης καὶ
ἐγένοντο λίθος.
- 4 -
1 ἤκουσε δὲ Σάρρα τοὺς κλαυθμοὺς αὐτῶν οὖσα ἐν τῇ σκηνῇ
καὶ ἐξελθοῦσα εἶπεν τῷ Ἀβραάμ τί ἐστιν ὅτι οὕτως
κλαίετε;
2 καὶ ἀπεκρίθη αὐτῇ Ἀβραάμ οὐδὲν κακόν ἐστιν εἴσελθε εἰς
τὴν σκηνήν σου καὶ τὰ ἴδιά σου ἐργάζου μὴ ἐπιβαρὴς γένῃ
τῷ ξένῳ τούτῳ ἀνθρώπῳ.
3 ἀνεχώρησεν δὲ Σάρρα ὡς ἤμελλεν ἑτοιμάζειν τὸ ἄριστον.
4 ἤγγισεν δὲ ὁ ἥλιος δύνειν καὶ ἐξῆλθεν Μιχαὴλ καὶ
ἀνελήφθη εἰς τοὺς οὐρανοὺς προσκυνῆσαι ἐνώπιον τοῦ θεοῦ
5 τοῦ γὰρ ἡλίου δύνοντες προσκυνοῦσιν πάντες οἱ ἄγγελοι
τὸν θεὸν πρῶτος δὲ αὐτῶν ἐστιν Μιχαὴλ καὶ προσεκύνησεν
πρῶτος τὸν θεὸν
6 καὶ ἐπορεύθησαν πάντες οἱ ἄγγελοι εἰς τοὺς τόπους
αὐτῶν.
7 ἀποκριθεὶς δὲ Μιχαὴλ ἐνώπιον τοῦ θεοῦ εἶπεν κύριε
κέλευσόν ⟨με ἐρωτῆσαι ἐνώπιον⟩ τῆς μεγάλης δόξης σου.
8 καὶ εἶπεν ὁ κύριος λέγε Μιχαήλ.
9 καὶ εἶπεν κύριε σύ με ἀπέστειλας πρὸς Ἀβραὰμ τὸν παῖδά
σου εἰπεῖν αὐτῷ ἀποχωρισθῆναι ἀπὸ τοῦ κόσμου καὶ
ἐξελθεῖν ἀπὸ τοῦ σώματος αὐτοῦ
10 κἀγὼ κύριε οὐκ ἐτόλμησα αὐτῷ ἐκφᾶναι λόγον ὅτι φίλος
σού ἐστιν καὶ δίκαιος ἄνθρωπος ξένους ὑποδεχόμενος
11 παρακαλῶ οὖν κύριε κέλευσον ἀποστεῖλαι τὴν μνήμην τοῦ
θανάτου Ἀβραὰμ ἐν τῇ καρδίᾳ αὐτοῦ ἵνα εἰδῇ Ἀβραάμ

ἑαυτῷ
12 καὶ μὴ ἐγὼ αὐτῷ εἴπω μεγάλη γὰρ συντομή ἐστιν οὗτος ὁ
λόγος ὅτι οὐκ ἐξέρχῃ ἐν σώματι
13 μάλιστα σὺ κύριε ἐξ ἀρχῆς ἐποίησας τοῦ ἐλεᾶν τὰς ψυχὰς
ἡμῶν.
14 τότε λέγει ὁ κύριος τῷ Μιχαήλ Μιχαὴλ ὁ ἐμὸς ἀνάστηθι
καὶ πορεύου πρὸς Ἀβραάμ
15 καὶ εἴ τι ἂν ἴδῃς αὐτὸν ἐσθίοντα φάγε καὶ σὺ ἐξ αὐτῶν
καὶ ὅπου δ' ἂν κοιμηθῇ κοιμήθητι καὶ σὺ μετ' αὐτοῦ
16 ῥίψω δὲ τὴν μνήμην τοῦ θανάτου Ἀβραὰμ εἰς τὴν καρδίαν
τοῦ υἱοῦ αὐτοῦ Ἰσαὰκ κατ' ὄναρ.
- 5 -
1 καὶ Μιχαὴλ ἦλθεν εἰς τὸν οἶκον Ἀβραὰμ καὶ εὗρεν αὐτὸν
ἑτοιμάσαντα τὸ δεῖπνον καὶ ἔφαγον καὶ ἔπιον καὶ
εὐφράνθησαν.
2 λέγει δὲ Ἀβραάμ Ἰσαὰκ τῷ υἱῷ αὐτοῦ ἀνάστηθι στρῶσον
τὴν κλίνην τοῦ ἀνθρώπου σπεύδει γὰρ ἀναπαῆναι καὶ ἄψον
λύχνον ἐπὶ τῆς οἰκίας.
3 καὶ ἐποίησεν Ἰσαὰκ καθὼς ἐνετείλατο αὐτῷ ὁ πατὴρ αὐτοῦ
καὶ ἀποκριθεὶς Ἀβραὰμ εἶπεν τῷ υἱῷ αὐτοῦ ἐποίησας
καθὼς εἶπόν σοι;
4 ἀπεκρίθη Ἰσαὰκ καὶ εἶπεν τῷ πατρὶ αὐτοῦ πάτερ εἰπὲ
κἀμοὶ ὅπως εἰσέλθω κἀγὼ ἔγγιστα ὑμῶν κοιμηθῆναι.
5 ἀπεκρίθη Ἀβραὰμ καὶ εἶπεν μὴ ἐπιβαρεῖς γενώμεθα τῷ
ξένῳ ἀνθρώπῳ ἀλλὰ ἄπελθε ἐν τῷ
ταμείῳ σου καὶ ἀναπαύου.
6 καὶ ἀπελθὼν Ἰσαὰκ ἐν τῷ ταμείῳ εἰσῆλθεν καὶ ἐκοιμήθη
καὶ οὐ παρήκουσεν τῆς φωνῆς οὐδὲ τῆς ἐντολῆς τοῦ πατρὸς
αὐτοῦ.
- 6 -
1 ἐγένετο δὲ ὡς ὥρα ἑβδόμη τῆς νυκτὸς καὶ διυπνισθεὶς
Ἰσαὰκ ἦλθεν πρὸς τὴν θύραν τοῦ πατρὸς αὐτοῦ λέγων
πάτερ ἄνοιξόν μοι ἵνα συναπολαύσω πρὶν σε ἀροῦσιν ἀπ'
ἐμοῦ.
2 ἀνέστη δὲ Ἀβραὰμ καὶ ἤνοιξεν καὶ εἰσῆλθεν Ἰσαὰκ καὶ
ἐκρέμασεν ἑαυτὸν εἰς τὸν τράχηλον τοῦ πατρὸς αὐτοῦ
κλαίων καὶ καταφιλῶν αὐτὸν
3 ἔκλαυσεν δὲ Ἀβραὰμ σὺν τῷ υἱῷ αὐτοῦ εἶδεν δὲ αὐτοὺς
Μιχαὴλ καὶ συνέκλαυσεν αὐτοῖς
4 ἤκουσεν δὲ καὶ ἡ Σάρρα ἐν τῇ σκηνῇ αὐτῆς καὶ ἀνέστη καὶ
ἦλθεν πρὸς τὴν θύραν τοῦ ταμείου ὅπου Ἀβραὰμ ἐκάθευδεν
καὶ ἔκραξεν λέγουσα
5 κύριέ μου Ἀβραάμ τί ἔχετε κλαίοντες ὀψέ; καὶ ἄρτι μὴ
τι φάσιν ἤνεγκας τῷ κυρίῳ μου Ἀβραὰμ περὶ τοῦ ἀδελφοῦ
Λὼτ ⟨ὅτι ἀπέθανεν ἢ ἄλλο τι συνέβη ἐφ' ἡμᾶς⟩;
6 ἀπεκρίθη Μιχαὴλ καὶ εἶπεν οὐχὶ Σάρρα ἐν τοῖς δικαίοις
ὑπηρετοῦσα οὐκ ἤνεγκα φάσιν περὶ Λὼτ καὶ ὡς ἤκουσεν
Σάρρα λαλοῦντος τοῦ Μιχαὴλ ἔγνω τὴν διαφορὰν τῆς
ὁμιλίας αὐτοῦ ὅτι διαφέρει πάντα ἄνθρωπον τῶν
κατοικούντων ἐπὶ τῆς γῆς ὅτι ἔνδοξος ἦν ἡ φωνὴ αὐτοῦ
7 εἶπεν δὲ Σάρρα τῷ Ἀβραάμ πῶς ἐτόλμησας κλαῦσαι
εἰσελθόντος τοῦ ἀνθρώπου πρὸς ἡμᾶς εἰς τὸν οἶκον ἡμῶν;
8 ἢ πῶς ἐδάκρυσάν σου οἱ ὀφθαλμοὶ τῶν βημάτων τοῦ φωτὸς
ἀνατείλαντος εἰς τὸν οἶκον ἡμῶν; ἡ γὰρ σήμερον ἡμέρα
εὐφρασία ἐστίν.
9 λέγει Ἀβραάμ πόθεν γινώσκεις ὅτι ὁ ἄνθρωπος οὗτος τοῦ
θεοῦ ἐστιν;
10 ἀπεκρίθη Σάρρα καὶ εἶπεν ἦ ἄρα ὅτι παραφρενοῦσα λέγω
ὅτι εἷς ἐστιν τῶν τριῶν τῶν ὑπὸ τῶν δένδρων Μαμβρῆ τῶν
ἐπιξενωθέντων ἡμῖν ὅτε συναπῆλθες ⟨ἐν τῷ πεδίῳ⟩ καὶ
ἤνεγκας τὸν μόσχον καὶ ἔθυσας
11 καὶ ἔδωκάς μοι λέγων ἀναστᾶσα ποίησον ἵνα φάγωμεν μετὰ
τῶν ἀνθρώπων τούτων ἐν τῷ οἴκῳ ἡμῶν.
12 καὶ ἀπεκρίθη αὐτῇ Ἀβραὰμ καλῶς κυρὰ Σάρρα ἐνόησας
13 ὅτι κἀγὼ τοὺς πόδας αὐτῶν ἔπλυνα καὶ ἐγνώρισα ἐν τῇ
καρδίᾳ μου ὅτι οὗτοί εἰσιν οἱ πόδες οὓς ἔπλυνα ὑπὸ τῶν
δένδρων Μαμβρῆ ὑπάγοντες ῥύσασθαι τὸν ἀδελφὸν Λὼτ ἀπὸ
Σοδόμων τότε ἐγνώρισάν μοι τὸ μυστήριον.
- 7 -
1 τότε Ἀβραὰμ εἶπεν τῷ Μιχαήλ δήλωσόν μοι τίς εἶ σύ.
2 ἀπεκρίθη Μιχαὴλ καὶ εἶπεν ἐγώ εἰμι Μιχαήλ. καὶ εἶπεν
αὐτῷ Ἀβραάμ φράσον τί ἦλθες.
3 εἶπεν δὲ αὐτῷ Μιχαὴλ ὁ υἱός σου Ἰσαὰκ δηλώσει σοι.
4 λέγει Ἀβραάμ Ἰσαὰκ τῷ υἱῷ αὐτοῦ υἱέ μου ἀγαπητὲ εἰπέ
μοι τί οἶδας κατ' ὄναρ.
5 ἀπεκρίθη Ἰσαὰκ τῷ πατρὶ αὐτοῦ εἶδον κατ' ὄναρ ἐμαυτὸν
ὡς τὸν ἥλιον καὶ τὴν σελήνην καὶ στέφανος ἐπὶ τὴν
κεφαλήν μου ἐγένετο
6 καὶ ἰδοὺ ἀνὴρ παμμεγέθης λίαν λάμπων ἐκ τοῦ οὐρανοῦ ὡς
φῶς καλούμενος πατὴρ τοῦ φωτός
7 καὶ ἔλαβεν τὸν ἥλιον ἐκ τῆς κεφαλῆς μου καὶ ἔασεν τὰς
ἀκτῖνας ἐν μέσῳ μου
8 ἔκλαυσα δὲ ἐγὼ καὶ εἶπον παρακαλῶ σε κύριε μὴ ἐπάρῃς
τὴν δόξαν τῆς κεφαλῆς μου καὶ τὸ φῶς τοῦ οἴκου μου καὶ
πᾶσαν τὴν δόξαν τὴν ἐμήν
9 ἐπένθησεν δὲ ὁ ἥλιος καὶ ἡ σελήνη καὶ οἱ ἀστέρες
λέγοντες μὴ ἐπάρῃς τὴν δόξαν τῆς δυνάμεως ἡμῶν
10 καὶ ἀπεκρίθη ὁ φωτεινὸς ἀνὴρ καὶ εἶπέν μοι μὴ κλαύσῃς
ὅτι ἔλαβον τὸ φῶς τοῦ οἴκου σου ἀνελήφθη γὰρ ἀπὸ
καμάτου εἰς ἀνάπαυσιν αἴρουσιν αὐτὸν ἀπὸ ταπεινώσεως
εἰς ὕψος
11 αἴρουσιν αὐτὸν ἀπὸ στενοχωρίας εἰς εὐρυχωρίαν αἴρουσιν
αὐτὸν ἀπὸ τοῦ σκότους εἰς τὸ φῶς
12 καὶ ἀποκριθεὶς εἶπον αὐτῷ παρακαλῶ σε κύριε λαβὲ τὰς
ἀκτῖνας μετ' αὐτοῦ
13 ὁ δὲ εἶπέν μοι οὐκ ἐν τῇ ὥρᾳ ταύτῃ λάμπουσί μοι αἱ
ἀκτῖνας πᾶσαι εἰ μὴ πληρωθῶσιν αἱ δώδεκα ὧραι τῆς
ἡμέρας ἵνα ὅλας τὰς ἀκτῖνας λάβωσιν ἄνω
14 καὶ ἐν τῷ ταῦτα λέγων ὁ φωτεινὸς ἄνθρωπος εἶδον καὶ τὸν
ἥλιον τοῦ οἴκου μου ἀναβαίνοντα εἰς τοὺς οὐρανοὺς
15 καὶ εἶδον τὸν ἥλιον γενόμενον ⟨ὅμοιον⟩ τοῦ πατρός μου.
16 καὶ ἀπεκρίθη Μιχαὴλ καὶ εἶπεν ἐν ἀληθείᾳ ἀληθῶς ἐγένετο

ὁ ἥλιος Ἰσαὰκ ὁ πατήρ σού ἐστιν Ἀβραὰμ ἀναλαμβάνεται εἰς τοὺς οὐρανοὺς

17 τὸ δὲ σῶμα αὐτοῦ μένει ἐπὶ τῆς γῆς ἕως πληρωθῶσιν ἑξακισχίλια ἔτη ἐν ᾧ ἐγερθήσεται πᾶσα σάρξ

18 νῦν οὖν Ἀβραὰμ διάθου περὶ τῶν παίδων σου τελειῶσίς σε ἔχει εἰς τὴν οἰκονομίαν σου.

19 καὶ ἀποκριθεὶς Ἀβραὰμ εἶπεν τῷ Μιχαὴλ παρακαλῶ σε κύριε εἰ ἐξέρχομαι ἐκ τοῦ σώματος ἐθέλω ἀναληφθῆναι ἵνα θεάσωμαι ὅτι κτῆμα ὅλον ἔκτισεν ὁ κύριος ἐν οὐρανῷ καὶ ἐπὶ γῆς πρὸ τοῦ μετενεχθῆναί με.

20 καὶ ἀπεκρίθη Μιχαὴλ καὶ εἶπεν τοῦτο οὐκ ἔστιν ἐμὸν ποιῆσαι ἀλλὰ ἀπελθὼν ἀναγγελῶ τῷ πατρί μου περὶ τούτου ὅπως ἂν κελεύσῃ μοι καὶ ὑποδείξω σοι πάντα.

- 8 -

1 καὶ ἀπῆλθεν Μιχαὴλ εἰς τοὺς οὐρανοὺς καὶ ἐλάλησεν ἐνώπιον τοῦ θεοῦ περὶ τοῦ Ἀβραάμ.

2 καὶ ἀποκριθεὶς ὁ κύριος εἶπεν τῷ Μιχαὴλ ἄπελθε καὶ ἀνάλαβε σωματικῶς τὸν Ἀβραὰμ καὶ ὑπόδειξον αὐτῷ πάντα καὶ εἴ τι δ' ἂν εἴπῃ σοι ποίησον αὐτῷ ὅτι φίλος μού ἐστιν.

3 ἦλθεν οὖν Μιχαὴλ καὶ ἀνέλαβεν τὸν Ἀβραὰμ σώματι ἐπὶ νεφέλης καὶ ἀπήνεγκεν αὐτὸν ἡ νεφέλη ἐπὶ τὸν Ὠκεανὸν ποταμόν.

4 καὶ ἀτενίσας Ἀβραὰμ εἶδεν δύο πύλας μίαν μὲν μικρὰν τὴν δὲ ἑτέραν μεγάλην

5 ἀνὰ μέσον δὲ τῶν πυλῶν ἐκαθέζετο ἀνὴρ ⟨ἐπὶ θρόνου δόξης μεγάλης καὶ πλῆθος ἀγγέλων κύκλῳ αὐτοῦ⟩

6 καὶ ἔκλαιεν καὶ ἐγέλα ὥστε τὸν κλαυθμὸν ὑπερβῆναι τὸν γέλωτα.

7 καὶ εἶπεν Ἀβραὰμ τῷ Μιχαὴλ τί ἐστιν κύριε οὗτος ὁ καθήμενος ἐπὶ τὸν θρόνον ἀνὰ μέσον τῶν δύο πυλώνων τούτων ἐν τηλικαύτῃ δόξῃ καὶ πλῆθος ἀγγέλων κυκλόθεν αὐτῷ παραστήκον οὗτος δὲ καλαίων καὶ γελῶν ὥστε τὸν κλαυθμὸν ὑπερβῆναι τῷ γέλωτι ἑπταπλασίως;

8 καὶ εἶπεν Μιχαὴλ τῷ Ἀβραὰμ οὐκ ἐπέγνως αὐτόν;

9 καὶ εἶπεν Ἀβραὰμ οὐχὶ κύριε.

10 καὶ εἶπεν Μιχαὴλ θεωρεῖς τὰς δύο πύλας ταύτας τὴν μικρὰν καὶ τὴν μεγάλην;

11 αὗταί εἰσιν αἱ δύο πύλαι αἱ ἀπάγουσαι εἰς τὴν δόξαν καὶ εἰς τὸν θάνατον ἡ μὲν μία πύλη αὕτη ἐστὶν ἡ ἀπάγουσα εἰς τὴν ζωήν ἡ δὲ ἑτέρα πύλη ἡ ἁπλουμένη αὕτη ἐστὶν ἡ ἀπάγουσα εἰς τὴν ἀπώλειαν

12 οὗτος ὁ ἀνὴρ ὁ καθεζόμενος ἐν μέσῳ αὐτῶν οὗτός ἐστιν ὁ Ἀδὰμ ὁ πρῶτος ἄνθρωπος ὃν ἔπλασεν ὁ θεὸς

13 καὶ ἤγαγεν αὐτὸν εἰς τὸν τόπον τοῦτον ὥστε θεωρῆσαι πᾶσαν ψυχὴν ἐξερχομένην ἐκ τοῦ σώματος ἐπειδὴ ἐξ αὐτοῦ ἦσαν πάντες

14 ἐὰν οὖν θεωρῇς αὐτὸν κλαίοντα γνῶθι ⟨ὅτι⟩ ἐθεάσατο ψυχὰς ἀπαγομένας εἰς τὴν ἀπώλειαν

15 καὶ ἐὰν ἴδῃς αὐτὸν γελῶντα ἐθεάσατο ψυχὰς ὀλίγας ἀπαγομένας εἰς τὴν ζωήν

16 θεώρησον οὖν αὐτὸν πῶς ὑπερβαίνει ὁ κλαυθμὸς τὸν γέλωτα ἐπειδὴ θεωρεῖ τὸ περισσὸν τοῦ κόσμου ἀπαγόμενον διὰ τῆς πύλης τῆς ἀπαγούσης εἰς τὴν ἀπώλειαν διὰ τοῦτο ὑπερβαίνει ὁ κλαυθμὸς τὸν γέλωτα ἑπταπλασίως.

- 9 -

1 καὶ εἶπεν Ἀβραὰμ τῷ Μιχαὴλ ὥστε οὖν τὸν μὴ δυνάμενον εἰσελθεῖν εἰς τὴν στενὴν πύλην οὐ δύναται εἰσελθεῖν εἰς τὴν ζωήν; λέγει Ἀβραὰμ Μιχαὴλ ναί.

2 ἔκλαυσεν δὲ Ἀβραὰμ λέγων οὐαί μοι τί ποιήσω ἐγὼ ὅτι μὲν γὰρ εἰμὶ ἄνθρωπος εὐρὺς τῷ σώματι τυγχάνων;

3 καὶ οὐ δυνήσομαι εἰσελθεῖν εἰς τὴν στενὴν πύλην ὅτι οὐδεὶς δύναται εἰσελθεῖν ἐν αὐτῇ εἰ μὴ παιδία ὡς δέκα ἐτῶν.

4 καὶ εἶπεν Μιχαὴλ σὺ ὅλως εἰσέρχει ἐν αὐτῇ καὶ πάντες ὅσοι ὅμοιοί σου εἰσὶν ἀλλὰ οἱ πλείονες εἰσάγονται τοῦ κόσμου διὰ τῆς πύλης τῆς αἱρούσης εἰς τὴν ἀπώλειαν.

5 καὶ ἑστῶτος τοῦ Ἀβραὰμ καὶ θαυμάζοντος ἐν τῇ ὥρᾳ ἐκείνῃ καὶ ἰδοὺ ἄγγελος ἐλαύνων ψυχὰς ὡς μυριάδας ἓξ μίαν δὲ ψυχὴν κρατῶν ἐν τῇ χειρὶ αὐτοῦ καὶ ἀπῆξεν τὰς μυριάδας τῶν ψυχῶν εἰς τὴν πύλην τὴν ἀπάγουσαν εἰς τὴν ἀπώλειαν.

6 λέγει δὲ Ἀβραὰμ μὴ οὗτοι ἀπέρχονται εἰς τὴν ἀπώλειαν;

7 καὶ ἀποκριθεὶς Μιχαὴλ εἶπεν τῷ Ἀβραὰμ ἀπελθόντες ἀναζητήσωμεν ἐν ταῖς ψυχαῖς ταύταις καὶ ἐὰν εὕρωμεν ἀξίαν ἐνεχθῆναι εἰς τὴν ζωὴν ἐνέγκωμεν αὐτήν.

8 καὶ ἀπελθόντες Μιχαὴλ καὶ Ἀβραὰμ ἐξήτησαν καὶ οὐκ εὗρον ἀξίαν ζωῆς εἰ μὴ μόνον ἐκείνην ἣν κατεῖχεν ὁ ἄγγελος ἐν τῇ χειρὶ αὐτοῦ εὗρε γὰρ τὰς ἁμαρτίας ἰσοζυγούσας μετὰ τῶν ἀγαθῶν ἔργων αὐτῆς καὶ οὐκ εἴασεν αὐτὴν ἐν μόχθῳ οὐδὲ ἐν ἀναπαύσει ἀλλ' ἐν τόπῳ μεσότητος

9 ἐκείνας μὲν τὰς ψυχὰς ἦρεν εἰς ἀπώλειαν.

10 καὶ εἶπεν Ἀβραὰμ τῷ Μιχαὴλ εἰπέ μοι κύριε τὰς ἓξ μυριάδας τῶν ψυχῶν ἃς ἐλαύνει ὁ ἄγγελος αὐτός ἐστιν ὁ φέρων αὐτὰς ἀπὸ τοῦ σώματος ἢ οὔ;

11 ἀπεκρίθη Μιχαὴλ καὶ εἶπεν ὁ θάνατος ἄγει αὐτοὺς εἰς τὸν τόπον τοῦ κριτηρίου ἵνα ὁ κριτὴς κρίνῃ αὐτούς.

- 10 -

1 λέγει Ἀβραὰμ τῷ Μιχαὴλ θέλω ἵνα ἀπάξῃς με εἰς τὸν τόπον τοῦ κριτηρίου ὅπως κἀγὼ θεάσωμαι πῶς κρίνει.

2 τότε Μιχαὴλ ἐποίησεν τὴν νεφέλην ἀναγαγεῖν τὸν Μιχαὴλ καὶ τὸν Ἀβραὰμ ἐν τόπῳ ᾧ ἐστιν παράδεισος ἐκ μέρους αὐτοῦ.

3 ὅτε οὖν ἔφθασεν εἰς τὸν τόπον ὅπου ἦν ὁ κριτὴς ⟨ἐλθόντος τοῦ ἀγγέλου ἀπέδωκεν τὴν ψυχὴν ἐκείνην ἣν εἶχεν ἐν τῇ χειρὶ αὐτοῦ εἰς τὸν κριτήν⟩.

4 καὶ ἤκουσεν ψυχῆς κραζούσης ἐλέησόν με κύριε.

5 καὶ εἶπεν αὐτῇ ὁ κριτὴς πῶς σε ἐλεήσω ὡς σὺ αὐτὴν οὐκ ἐλεήσας τὴν θυγατέραν; ἀλλὰ ἀνέστης ἐπὶ τὸν καρπὸν τῆς κοιλίας σου καὶ ἀπέκτεινας αὐτήν.

6 καὶ ἀπεκρίθη ἡ ψυχὴ καὶ εἶπεν φόνος οὐ γέγονεν δι' ἐμοῦ ἀλλ' αὕτη κατεψεύσατό μου.

7 ὁ δὲ κριτὴς ἐκέλευσεν ⟨ἐλθεῖν⟩ τὸν τὸ ὑπόμνημα γράφοντα

8 καὶ ἰδοὺ Χερουβὶμ βαστάζοντα βιβλία δύο καὶ ἦν μετ' αὐτῶν ἀνὴρ παμμεγέθης σφόδρα εἶχεν δὲ τρεῖς στεφάνους ἐπὶ τῆς κεφαλῆς αὐτοῦ

9 καὶ ὁ εἷς ὑψηλότερος τοῦ ἑτέρου στεφάνου οὗτοι δέ οἱ καλούμενοι μάρτυρες.

10 καὶ εἶχεν ὁ ἀνὴρ ἐν τῇ χειρὶ αὐτοῦ κάλαμον χρυσοῦν καὶ λέγει αὐτῷ ὁ κριτὴς σύστησον τὴν ἁμαρτίαν τῆς ψυχῆς ταύτης.

11 καὶ ἀνοίξας ὁ ἀνὴρ τὴν μίαν βίβλον ἐκ τῶν δύο τῶν οὐσῶν ἐκ τῶν Χερουβὶμ καὶ ἀνεζήτησεν τῆς ψυχῆς τὴν ἁμαρτίαν.

12 καὶ ἀποκριθεὶς ὁ ἀνὴρ εἶπεν ὦ ταλαίπωρε ψυχὴ πῶς λέγεις ὅτι φόνος οὐ γέγονεν δι' ἐμοῦ

13 οὐχὶ σὺ ἀπελθοῦσα τελευτήσαντος τοῦ ἀνδρός σου καὶ ἐμοίχευσας μετὰ τοῦ ἀνδρὸς τῆς θυγατρός σου ⟨καὶ τὴν θυγατέρα σου ἀπέκτεινας⟩;

14 καὶ τὰς ἄλλας ἁμαρτίας ἔλεγεν αὐτῇ ἐν ποίᾳ ὥρᾳ ἔπραξεν.

15 ἀκούσασα δὲ ἡ ψυχὴ ταῦτα ἤνοιξεν τὸ στόμα αὐτῆς βοῶσα καὶ λέγουσα οἴμοι ὅτι πάσας τὰς ἁμαρτίας ἃς ἐποίησα ἐν τῷ κόσμῳ οὖσα ἐλεθάργησα ἐνταῦθα δὲ οὐκ ἐληθαργήθησαν.

16 ἦραν οὖν αὐτὴν οἱ ὑπηρέται τῆς ὀργῆς καὶ ἐβασάνισαν αὐτήν.

- 11 -

1 καὶ ἀποκριθεὶς Ἀβραὰμ εἶπεν τῷ Μιχαὴλ κύριε τίς ἐστιν οὗτος ὁ κρίνων ὅτι οὐ κρίνει πρὶν ὁ ἀποφαινόμενος ἀνώρθωσε;

2 καὶ λέγει Μιχαὴλ τῷ Ἀβραὰμ θεωρεῖς σὺ τὸν κριτήν; οὗτός ἐστιν ὁ Ἄβελ ὁ πρῶτος μαρτυρήσας καὶ ἠνέχθη εἰς τὸν τόπον τοῦτον ἵνα κρίνῃ

3 οὗτος δὲ ὁ ἀποφαινόμενός ἐστιν Ἐνὼχ ὁ πατήρ σου οὗτός ἐστιν ὁ διδάσκαλος τοῦ οὐρανοῦ καὶ γραμματεὺς τῆς δικαιοσύνης

4 καὶ ἀπέστειλεν δὲ αὐτὸν ὁ κύριος ἐνταῦθα ὅπως ἀναγράφεται τὰς ἁμαρτίας καὶ τὰς δικαιοσύνας ἑκάστου.

5 καὶ εἶπεν Ἀβραὰμ τῷ Μιχαὴλ δύναται Ἐνὼχ βαστάσαι τὸ μέρος τῶν ψυχῶν; ἢ δυνήσεται δοῦναι πάσης ψυχῆς ἀπόφασιν;

6 καὶ εἶπεν Μιχαὴλ ἐὰν ἡ ἀπόφασις παρὰ τύπον οὐ συγχωρεῖται ἀλλ' οὐδὲ ἀφ' ἑαυτοῦ Ἐνὼχ ἀποφαίνεται

7 ἀλλ' ὁ κύριός ἐστιν ὁ ἀποφαινόμενος καὶ τοῦ δὲ Ἐνὼχ ἐστὶν τὸ γράψαι.

8 ἐπειδὴ ηὔξατο Ἐνὼχ τῷ κυρίῳ λέγων οὐ θέλω δοῦναι ψυχῆς ἀπόφασιν ὅπως μή τινος ἐπιβαρὺς γένωμαι.

9 καὶ λέγει ὁ κύριος τῷ Ἐνὼχ τίθημι σημεῖόν πρός σε ἵνα γράψῃς ἁμαρτίας ψυχῆς ἐπὶ τὸ βιβλίου

10 καὶ ἐὰν ἡ ψυχὴ ἐλεηθῇ εὑρήσεις τὰς ἁμαρτίας αὐτῆς ἐξηλειμμένας καὶ εἰσελεύσεται εἰς τὴν ζωήν

11 ἐὰν δὲ ἡ ψυχὴ μὴ ἐλεηθῇ εὑρήσεις τὰς ἁμαρτίας αὐτῆς γεγραμμένας καὶ βληθήσεται εἰς τὴν κόλασιν.

- 12 -

1 ἐγένετο δὲ μετὰ τὸ θεωρῆσαι Ἀβραὰμ τὸν τόπον τοῦ κριτηρίου ἀπήγαγεν αὐτὸν ἡ νεφέλη ἐν τῷ στερεώματι

2 καὶ κατανοήσας Ἀβραὰμ ἐπὶ τὴν γῆν εἶδεν ἄνθρωπον μοιχεύοντα γυναῖκα ὕπανδρον.

3 καὶ εἶπεν Ἀβραὰμ τῷ Μιχαὴλ θεωρεῖς τὴν ἀνομίαν ταύτην; εἰπὲ κατελθεῖν πῦρ ἐκ τοῦ οὐρανοῦ καὶ καταφάγῃ αὐτούς.

4 ἐν ἐκείνῃ τῇ ὥρᾳ κατέβη πῦρ ἐκ τοῦ οὐρανοῦ καὶ κατέφαγεν αὐτούς.

5 ἐπειδὴ εἶπεν ὁ κύριος τῷ Μιχαὴλ εἴ τι δ' ἂν εἴπῃ Ἀβραὰμ ἄκουσον αὐτοῦ ὅτι φίλος μού ἐστιν.

6 καὶ ἤγαγεν αὐτὸν ἡ νεφέλη καὶ ἀτενίσας πάλιν Ἀβραὰμ εἶδεν ἀνθρώπους ἐπὶ τῆς γῆς καταλαλοῦντας

7 καὶ εἶπεν Ἀβραὰμ ἄνοιξον τὴν γῆν καὶ καταπίῃ αὐτοὺς ζῶντας

8 καὶ εὐθέως κατέπιεν αὐτοὺς ζῶντας ἡ γῆ.

9 καὶ πάλιν ἤγαγεν αὐτοὺς ἡ νεφέλη καὶ εἶδεν Ἀβραὰμ τινας ἐρχομένους εἰς ἔρημον τόπον τοῦ ποιῆσαι φόνον.

10 καὶ εἶπεν Ἀβραὰμ πρὸς Μιχαὴλ θεωρεῖς τὴν ἀνομίαν αὐτῶν; καὶ εἶπεν ἐλθέτωσαν θηρία καὶ καταφαγέτωσαν αὐτούς

11 ⟨καὶ ἐν ἐκείνῃ τῇ ὥρᾳ ἦλθον θηρία ἐκ τῆς ἐρήμου καὶ κατέφαγον αὐτούς⟩.

12 καὶ ἐλάλησεν κύριος πρὸς Μιχαὴλ λέγων μετάστρεψον τὸν Ἀβραὰμ κάτω εἰς τὴν γῆν καὶ μὴ ἐάσῃς αὐτὸν κυκλῶσαι πᾶσαν τὴν κτίσιν εἰ δὲ μή γε ἀπόλλει ὅλην τὴν κτίσιν ἣν ἐποίησα οὐ σπλαχνίζεται γὰρ ἐπ' αὐτοὺς ἐπειδὴ οὐκ αὐτὸς ἐποίησεν αὐτούς

13 ἀλλ' ἐγὼ ἐποίησα αὐτοὺς διὰ τοῦτο σπλαχνίζομαι ἐπ' αὐτοὺς τάχα εἰ ἐπιστρέψουσιν καὶ μετανοήσωσιν ἐκ τῶν ἁμαρτιῶν αὐτῶν καὶ σωθήσονται.

14 ἐν ἐκείνῃ τῇ ὥρᾳ ἐπέστρεψεν Μιχαὴλ τὸν Ἀβραὰμ ἐπὶ τὴν γῆν.

15 ἐγένετο δὲ ἡνίκα ἀπέθανεν Σάρρα

16 ἔθαψεν αὐτὴν Ἀβραάμ.

- 13 -

1 ὅτε δὲ ἤγγισαν αἱ ἡμέραι τοῦ θανάτου Ἀβραὰμ οὐκ ἐτόλμησεν ὁ θάνατος ἐγγίσαι αὐτῷ τοῦ ἐξενεγκαὶ τὴν ψυχὴν αὐτοῦ ἐκ τοῦ σώματος εἶπεν δὲ κύριος πρὸς Μιχαὴλ

2 ἀπελθὼν κόσμησον τὸν θάνατον ἐν πολλῇ ὡραιότητι καὶ ἀπόστειλον αὐτὸν πρὸς Ἀβραὰμ ὅπως θεάσηται τοῖς ὀφθαλμοῖς αὐτοῦ.

3 καὶ ἀπελθὼν Μιχαὴλ ἐκόσμησεν τὸν θάνατον ἐν πολλῇ ὡραιότητι καὶ ἀπέστειλεν πρὸς Ἀβραάμ.

4 ἰδὼν δὲ Ἀβραὰμ τὸν θάνατον ἔγγιστα αὐτοῦ καθήμενον ἐφοβήθη φόβον μέγαν.

5 καὶ ἀποκριθεὶς Ἀβραὰμ εἶπεν παρακαλῶ σε δήλωσόν μοι τίς εἶ ἀπόστηθι ἀπ' ἐμοῦ

6 ἀφ' οὗ γάρ σε ἐθεασάμην ἔγγιστά μου καθήμενον ἐταράχθη ἡ ψυχή μου ἐν ἐμοὶ

7 πάντως οὐκ εἰμὶ ἄξιός σου σὺ γὰρ ὑψηλὸν πνεῦμα εἶ ἐγὼ δὲ σάρξ εἰμι καὶ αἷμα διὰ τοῦτο οὐ δύναμαι βαστάσαι τὴν δόξαν σου

8 θεωρῶ γὰρ τὴν ὡραιότητά σου ὅτι οὐκ ἔστιν ἐκ τοῦ κόσμου

τούτου.
9 καὶ εἶπεν ὁ θάνατος τῷ Ἀβραάμ λέγω σοι ἐν ὅλῳ τῷ
κτίσματι ὃ ἔκτισεν ὁ θεὸς οὐχ εὑρέθη ὅμοιός σου
10 ἐζήτει γὰρ ἐν τοῖς ἀγγέλοις καὶ ἀρχαγγέλοις καὶ ἀρχαῖς
καὶ ἐξουσίαις θρόνοις τε καὶ πάσῃ τῇ γῇ καὶ τετράποσιν
καὶ θηρίοις τῆς γῆς καὶ πᾶσιν τοῖς ἐν ὕδασιν μέχρι ἕως
τοῦ οὐρανοῦ καὶ οὐχ εὑρέθη ὅμοιός σου.
11 καὶ εἶπεν τῷ θανάτῳ Ἀβραάμ ἐτόλμησας ψεύσασθαι ὁρῶ τὴν
ὡραιότητά σου ὅτι οὐκ ἔστιν ἐκ τοῦ κόσμου τούτου.
12 καὶ εἶπεν ὁ θάνατος τῷ Ἀβραάμ νομίζεις ὅτι ἡ ὡραιότης
αὕτη ἐμή ἐστιν; καὶ ὅτι ποιῶ τὴν ὡραιότητα ταύτην μετὰ
παντὸς ἀνθρώπου;
13 καὶ εἶπεν Ἀβραάμ τίνος οὖν ἐστιν ἡ ὡραιότης αὕτη;
14 εἶπεν δὲ ὁ θάνατος τῷ Ἀβραάμ οὐδεῖς ἐστιν σαπρότερός
μου. λέγει αὐτῷ Ἀβραάμ δεῖξόν μοι τίς εἶ.
15 εἶπεν δὲ ὁ θάνατος ἐγώ εἰμι τὸ πικρότερον ὄνομα ἐγώ
εἰμι ὁ κλαυθμὸς ἐγώ εἰμι ἡ πτῶσις πάντων.
16 λέγει αὐτῷ Ἀβραάμ καὶ τίς εἶ σύ; καὶ λέγει ὁ θάνατος
ἐγώ εἰμι ὁ θάνατος ὁ ἐκφέρων τὰς ψυχὰς ἐκ τοῦ σώματος.
17 καὶ λέγει Ἀβραάμ σὺ εἶ ὁ θάνατος; δύνασαι προτρέψασθαι
πάντας ἐκβληθῆναι ἐκ τοῦ σώματος;
18 εἶπεν δὲ ὁ θάνατος τῷ Ἀβραάμ νομίζεις ὅτι ἐμή ἐστιν ἡ
ὡραιότης αὕτη; ἢ μετὰ πάντων ποιῶ; οὐχὶ
19 ἀλλ᾽ ἐὰν οὖν τις δίκαιος πρὸς αὐτὸν λαμβάνουσιν ὅλην
τὴν δικαιοσύνην καὶ γίνεται στέφανος ἐπὶ τὴν κεφαλήν
μου καὶ ἀπέρχομαι πρὸς αὐτὸν ἐν πιθανότητι καὶ
δικαιοσύνῃ αὐτοῦ
20 ἐὰν δὲ ἁμαρτωλὸς ᾖ ἀπέρχομαι πρὸς αὐτὸν ἐν μεγάλῃ
σαπρότητι ἀλλὰ καὶ τὰς ἁμαρτίας αὐτοῦ πάσας ποιοῦσιν
στέφανον ἐπὶ τὴν κεφαλήν μου ἐν μεγάλῳ φόβῳ καὶ ταράσσω
αὐτὸν σφόδρα.
- 14 -
1 καὶ εἶπεν αὐτῷ Ἀβραάμ δεῖξόν μοι καὶ τὴν σαπρότητά
σου.
2 καὶ ἦρεν ὁ θάνατος τὴν δικαιοσύνην ἀφ᾽ ἑαυτοῦ καὶ
ἐφανέρωσεν αὐτῷ τὴν σαπρότητα οὕτως δὲ ἐφανέρωσεν
ἑαυτὸν εἶχεν δύο κεφαλάς
3 τινὲς μὲν τῶν κεφαλῶν αὐτοῦ εἶχον πρόσωπα δρακόντων διὰ
τοῦτό τινες ὑπὸ ἀσπίδων τελευτῶσιν
4 ⟨ἄλλαι δὲ κεφαλαὶ ὅμοιαι ῥομφαιῶν διὰ τοῦτό τινες ἐν
ῥομφαίᾳ τελευτῶσιν ὡς ἐπὶ τόξου⟩.
5 ἐν ἐκείνῃ τῇ ἡμέρᾳ ἐτελεύτησαν ἑπτὰ παῖδες τοῦ Ἀβραάμ
διὰ τὸν φόβον τοῦ θανάτου ηὔξατο δὲ Ἀβραάμ πρὸς κύριον
καὶ ἀνέστησεν αὐτούς.
6 ἐγένετο δὲ ὡς ἐπέστρεψεν Ἀβραάμ ἐξήνεγκεν ὁ θάνατος
τὴν ψυχὴν αὐτοῦ ὡς ἐν ὀνείροις ἦλθον δὲ ἅρματα κυρίου
τοῦ θεοῦ καὶ ἦραν τὴν ψυχὴν αὐτοῦ εἰς τοὺς οὐρανοὺς
εὐλογοῦντες τὸν φίλον κυρίου εἰσήνεγκαν δὲ αὐτὸν εἰς
τὴν ἀνάπαυσιν.
7 ἔθαψεν δὲ Ἰσαὰκ τὸν πατέρα αὐτοῦ Ἀβραάμ πλησίον τῆς
μητρὸς αὐτοῦ δοξάζων τὸν ὕψιστον θεὸν ᾧ ἡ δόξα εἰς τοὺς
αἰῶνας τῶν αἰώνων. ἀμήν.

διαθήκη Ρουβήμ.
1 περὶ ἐννοιων.
- 1 -
1 ἀντίγραφον διαθήκης Ρουβήμ ὅσα ἐνετείλατο τοῖς υἱοῖς
αὐτοῦ πρὶν ἢ ἀποθανεῖν αὐτὸν ἐν ἑκατοστῷ εἰκοστῷ πέμπτῳ
ἔτει τῆς ζωῆς αὐτοῦ.
2 μετὰ ἔτη δύο τῆς τελευτῆς Ἰωσὴφ ἀρρωστοῦντι συνήχθησαν
ἐπισκέψασθαι αὐτὸν οἱ υἱοὶ καὶ υἱοὶ τῶν υἱῶν αὐτοῦ.
3 καὶ εἶπεν αὐτοῖς τεκνία μου ἐγὼ ἀποθνήσκω καὶ πορεύομαι
ὁδὸν πατέρων μου.
4 καὶ ἰδὼν ἐκεῖ Ἰούδαν καὶ Γὰδ καὶ Ἀσὴρ τοὺς ἀδελφοὺς
αὐτοῦ εἶπεν αὐτοῖς ἀναστήσατέ με ἀδελφοὶ ὅπως εἴπω τοῖς
ἀδελφοῖς μου καὶ τοῖς τέκνοις μου ὅσα ἔχω ἐν τῇ καρδίᾳ
μου κρυπτὰ ἐκλιπὼν γὰρ ἤδη εἰμὶ ἀπὸ τοῦ νῦν.
5 καὶ ἀναστὰς κατεφίλησεν αὐτοὺς καὶ κλαύσας εἶπεν
ἀκούσατε ἀδελφοί μου ἐνωτίσασθε Ρουβήμ τοῦ πατρὸς ὑμῶν
ὅσα ἐντέλλομαι ὑμῖν.
6 καὶ ἰδοὺ ἐπιμαρτύρομαι ὑμῖν τὸν θεὸν τοῦ οὐρανοῦ
σήμερον τοῦ μὴ πορευθῆναι ἐν ἀγνοίᾳ νεότητος καὶ
πορνείᾳ ἐν ᾗ ἐξεχύθην ἐγὼ καὶ ἐμίανα τὴν κοίτην τοῦ
πατρός μου Ἰακώβ.
7 λέγω γὰρ ὑμῖν ὅτι ἐνέπληξέ με πληγὴν μεγάλην ἐν ταῖς
λαγῶσί μου ἐπὶ μῆνας ἑπτὰ καὶ εἰ μὴ Ἰακὼβ ὁ πατὴρ ἡμῶν
προσηύξατο περὶ ἐμοῦ πρὸς κύριον ὅτι ἤθελε κύριος
ἀνελεῖν με.
8 ἤμην γὰρ ἐτῶν τριάκοντα ὅτε ἔπραξα τὸ πονηρὸν ἐνώπιον
κυρίου καὶ ἑπτὰ μῆνας ἐμαλακίσθην ἕως θανάτου.
9 καὶ ἐν προαιρέσει ψυχῆς μου ἑπτὰ ἔτη μετενόησα ἐνώπιον
κυρίου
10 οἶνον καὶ σίκερα οὐκ ἔπιον καὶ κρέας οὐκ εἰσῆλθεν εἰς
τὸ στόμα μου καὶ πᾶν ἄρτον ἐπιθυμίας οὐκ ἐγευσάμην
πενθῶν ἐπὶ τῇ ἁμαρτίᾳ μου μεγάλη γὰρ ἦν καὶ οὐ μὴ
γένηται ἐν τῷ Ἰσραὴλ οὕτως.
- 2 -
1 καὶ νῦν ἀκούσατέ μου τέκνα ἃ εἶδον περὶ τῶν ἑπτὰ
πνευμάτων τῆς πλάνης ἐν τῇ μετανοίᾳ μου.
2 ἑπτὰ πνεύματα ἐδόθη κατὰ τοῦ ἀνθρώπου ἀπὸ τοῦ Βελιὰρ
καὶ αὐτά εἰσι κεφαλὴ τῶν ἔργων τοῦ νεωτερισμοῦ
3 καὶ ἑπτὰ πνεύματα ἐδόθη αὐτῷ ἐπὶ τῆς κτίσεως τοῦ εἶναι
ἐν αὐτοῖς πᾶν ἔργον ἀνθρώπου.
4 πρῶτον πνεῦμα ζωῆς μεθ᾽ ἧς ἡ σύστασις κτίζεται δεύτερον
πνεῦμα ὁράσεως μεθ᾽ ἧς γίνεται ἐπιθυμία

5 τρίτον πνεῦμα ἀκοῆς μεθ᾽ ἧς δίδοται διδασκαλία τέταρτον
πνεῦμα ὀσφρήσεως μεθ᾽ ἧς ἐστι γεῦσις δεδομένη εἰς
συνολκὴν ἀέρος καὶ πνοῆς
6 πέμπτον πνεῦμα λαλιᾶς μεθ᾽ ἧς γίνεται γνῶσις
7 ἕκτον πνεῦμα γεύσεως μεθ᾽ ἧς γίνεται βρῶσις βρωτῶν καὶ
ποτῶν καὶ ἰσχὺς ἐν αὐτοῖς κτίζεται ὅτι ἐν βρώμασίν
ἐστιν ἡ ὑπόστασις τῆς ἰσχύος
8 ἕβδομον πνεῦμα σπορᾶς καὶ συνουσίας μεθ᾽ ἧς
συνεισέρχεται διὰ τῆς φιληδονίας ἡ ἁμαρτία
9 διὰ τοῦτο ἔσχατόν ἐστι τῆς κτίσεως καὶ πρῶτον τῆς
νεότητος ὅτι ἀγνοίας πεπλήρωται καὶ αὕτη τὸν νεώτερον
ὁδηγεῖ ὡς τυφλὸν ἐπὶ βόθρον καὶ ὡς κτῆνος ἐπὶ κρημνόν.
- 3 -
1 ἐπὶ πᾶσι τούτοις ὄγδοον πνεῦμα τοῦ ὕπνου ἐστὶ μεθ᾽ οὗ
ἐκτίσθη ἔκστασις φύσεως καὶ εἰκὼν τοῦ θανάτου.
2 τούτοις τοῖς πνεύμασι συμμίγνυται τὸ πνεῦμα τῆς πλάνης.
3 πρῶτον τὸ τῆς πορνείας ἐν τῇ φύσει καὶ ταῖς αἰσθήσεσιν
ἔγκειται δεύτερον πνεῦμα ἀπληστίας ἐν τῇ γαστρί
4 τρίτον πνεῦμα μάχης ἐν τῷ ἥπατι καὶ τῇ χολῇ τέταρτον
πνεῦμα ἀρεσκείας καὶ μαγγανείας ἵνα διὰ περιεργίας
ὡραῖος ὀφθῇ
5 πέμπτον πνεῦμα ὑπερηφανίας ἵνα καυχᾶται καὶ μεγαλοφρονῇ
ἕκτον πνεῦμα ψεύδους ἐν ἀπωλείᾳ καὶ ζήλῳ τοῦ πλάττειν
λόγους καὶ κρύπτειν λόγους αὐτοῦ ἀπὸ γένους καὶ οἰκείων
6 ἕβδομον πνεῦμα ἀδικίας μεθ᾽ ἧς κλοπὴ καὶ γριπίσματα ἵνα
ποιήσῃ φιληδονίαν καρδίας αὐτοῦ ἡ γὰρ ἀδικία συνεργεῖ
τοῖς λοιποῖς πνεύμασι διὰ τῆς δωρολημψίας.
7 ἐπὶ πᾶσι τούτοις τὸ πνεῦμα τοῦ ὕπνου τὸ ὄγδοον πνεῦμα
συνάπτεται πλάνῃ καὶ φαντασίᾳ.
8 καὶ οὕτως ἀπόλλυται πᾶς νεώτερος σκοτίζων τὸν νοῦν ἀπὸ
τῆς ἀληθείας καὶ μὴ συνίων ἐν τῷ νόμῳ τοῦ θεοῦ μήτε
ὑπακούων νουθεσίας πατέρων αὐτοῦ ὥσπερ κἀγὼ ἔπαθον ἐν
τῷ νεωτερισμῷ μου.
9 καὶ νῦν τέκνα τὴν ἀλήθειαν ἀγαπήσατε καὶ αὕτη φυλάξει
ὑμᾶς. διδάσκω ὑμᾶς ἀκούσατε Ρουβήμ τοῦ πατρὸς ὑμῶν.
10 μὴ προσέχετε ἐν ὄψει γυναικὸς μηδὲ ἰδιάζετε μετὰ
θηλείας ὑπάνδρου μηδὲ περιεργάζεσθε πρᾶξιν γυναικῶν.
11 εἰ μὴ γὰρ εἶδον ἐγὼ Βάλλαν λουομένην ἐν σκεπεινῷ τόπῳ
οὐκ ἐνέπιπτον εἰς τὴν ἀνομίαν τὴν μεγάλην.
12 συλλαβοῦσα γὰρ ἡ διάνοιά μου τὴν γυναικείαν γύμνωσιν
οὐκ εἴασέ με ὑπνῶσαι ἕως οὗ ἔπραξα τὸ βδέλυγμα.
13 ἀπόντος γὰρ Ἰακὼβ τοῦ πατρὸς ἡμῶν πρὸς Ἰσαὰκ τὸν

πατέρα αὐτοῦ ὄντων ἡμῶν ἐν Γάδερ πλησίον Ἐφραθὰ οἴκου      οἱ πατέρες αὐτοῦ.
Βηθλέεμ Βάλλα ἦν μεθύουσα καὶ κοιμωμένη ἀκάλυφος
κατέκειτο ἐν τῷ κοιτῶνι

14 κἀγὼ εἰσελθὼν καὶ ἰδὼν τὴν γύμνωσιν αὐτῆς ἔπραξα τὴν
ἀσέβειαν καὶ καταλιπὼν αὐτὴν κοιμωμένην ἐξῆλθον.

15 καὶ εὐθέως ἄγγελος τοῦ θεοῦ ἀπεκάλυψε τῷ πατρί μου
Ἰακὼβ περὶ τῆς ἀσεβείας μου καὶ ἐλθὼν ἐπένθει ἐπ' ἐμοὶ
μηκέτι ἀψάμενος αὐτῆς.

- 4 -

1 μὴ οὖν προσέχετε κάλλος γυναικῶν μηδὲ ἐννοεῖσθε τὰς
πράξεις αὐτῶν ἀλλὰ πορεύεσθε ἐν ἁπλότητι καρδίας ἐν
φόβῳ κυρίου καὶ μοχθοῦντες ἐν ἔργοις καὶ ἀποπλανώμενοι
ἐν γράμμασι καὶ ἐν τοῖς ποιμνίοις ὑμῶν ἕως ὁ κύριος δώῃ
ὑμῖν σύζυγον ἣν αὐτὸς θέλει ἵνα μὴ πάθητε ὡς κἀγώ.

2 ἄχρι τελευτῆς τοῦ πατρὸς ἡμῶν οὐκ εἶχον παρρησίαν
ἀτενίσαι εἰς πρόσωπον Ἰακὼβ ἢ λαλῆσαί τινι τῶν ἀδελφῶν
διὰ τοὺς ὀνειδισμούς.

3 καὶ ἕως νῦν ἡ συνείδησίς μου συνέχει με περὶ τῆς
ἁμαρτίας μου.

4 καίγε παρεκάλεσέ με ὁ πατήρ μου ὅτι ηὔξατο περὶ ἐμοῦ
πρὸς κύριον ἵνα παρέλθῃ ἀπ' ἐμοῦ ἡ ὀργὴ κυρίου καθὼς
ἔδειξέ μοι κύριος. ἀπὸ τότε μετανοῶν παρεφυλαξάμην καὶ
οὐχ ἥμαρτον.

5 διὰ τοῦτο τέκνα μου φυλάξασθε πάντα ὅσα ἐντέλλομαι ὑμῖν
καὶ οὐ μὴ ἁμαρτήσητε.

6 ὄλεθρος γὰρ ψυχῆς ἐστιν ἡ πορνεία χωρίζουσα θεοῦ καὶ
προσεγγίζουσα τοῖς εἰδώλοις ὅτι αὕτη ἐστὶ πλανῶσα τὸν
νοῦν καὶ τὴν διάνοιαν καὶ κατάγει νεανίσκους εἰς ᾅδην
οὐκ ἐν καιρῷ αὐτῶν.

7 καὶ γὰρ πολλοὺς ἀπώλεσεν ἡ πορνεία ὅτι κἂν ᾖ τις γέρων
ἢ εὐγενής ὄνειδος αὐτὸν ποιεῖ καὶ γέλωτα παρὰ τῷ Βελιὰρ
καὶ τοῖς υἱοῖς τῶν ἀνθρώπων.

8 ἐπειδὴ γὰρ ἐφύλαξεν ἑαυτὸν Ἰωσὴφ ἀπὸ πάσης γυναικὸς
καὶ τὰς ἐννοίας ἐκαθάρισεν ἀπὸ πάσης πορνείας εὗρε
χάριν ἐνώπιον κυρίου καὶ ἀνθρώπων.

9 καὶ γὰρ πολλὰ ἐποίησεν αὐτῷ ἡ Αἰγυπτία καὶ μάγους
παρεκάλεσε καὶ φάρμακα αὐτῷ προσήνεγκεν καὶ οὐκ ἐδέξατο
τὸ διαβούλιον τῆς ψυχῆς αὐτοῦ ἐπιθυμίαν πονηράν.

10 διὰ τοῦτο ὁ θεὸς τῶν πατέρων μου ἐρρύσατο αὐτὸν ἀπὸ
παντὸς ὁρατοῦ καὶ κεκρυμμένου θανάτου.

11 ἐὰν γὰρ μὴ κατισχύσῃ ἡ πορνεία τὴν ἔννοιαν οὐδὲ Βελιὰρ
κατισχύσει ὑμῶν.

- 5 -

1 πονηραί εἰσιν αἱ γυναῖκες τέκνα μου ὅτι μὴ ἔχουσαι
ἐξουσίαν ἢ δύναμιν ἐπὶ τὸν ἄνθρωπον δολιεύονται ἐν
σχήμασι πῶς αὐτὸν πρὸς αὑτὰς ἐπισπάσονται

2 καὶ ὃν διὰ δυνάμεως οὐκ ἰσχύει καταγωνίσασθαι τοῦτον
δι' ἀπάτης καταγωνίζεται.

3 ὅτι καίγε περὶ αὐτῶν εἶπέ μοι ὁ ἄγγελος τοῦ θεοῦ καὶ
ἐδίδαξέ με ὅτι αἱ γυναῖκες ἡττῶνται τῷ πνεύματι τῆς
πορνείας ὑπὲρ τὸν ἄνθρωπον καὶ ἐν καρδίᾳ μηχανῶνται
κατὰ τῶν ἀνθρώπων καὶ διὰ τῆς κοσμήσεως πλανῶσιν αὐτῶν
πρῶτον τὰς διανοίας καὶ διὰ τοῦ βλέμματος τὸν ἰὸν
ἐνσπείρουσι καὶ τότε τῷ ἔργῳ αἰχμαλωτίζουσιν

4 οὐ γὰρ δύναται γυνὴ ἄνθρωπον βιάσασθαι.

5 φεύγετε οὖν τὴν πορνείαν τέκνα μου καὶ προστάσσετε ταῖς
γυναιξὶν ὑμῶν καὶ ταῖς θυγατράσιν ἵνα μὴ κοσμῶνται τὰς
κεφαλὰς καὶ τὰς ὄψεις αὐτῶν ὅτι πᾶσα γυνὴ δολιευομένη
ἐν τούτοις εἰς κόλασιν τοῦ αἰῶνος τετήρηται.

6 οὕτως γὰρ ἔθελξαν τοὺς ἐγρηγόρους πρὸ τοῦ κατακλυσμοῦ
κἀκεῖνοι συνεχῶς ὁρῶντες αὐτὰς ἐγένοντο ἐν ἐπιθυμίᾳ
ἀλλήλων καὶ συνέλαβον τῇ διανοίᾳ τὴν πρᾶξιν καὶ
μετεσχηματίζοντο εἰς ἀνθρώπους καὶ ἐν τῇ συνουσίᾳ τῶν
ἀνδρῶν αὐτῶν συνεφαίνοντο αὐταῖς

7 κἀκεῖναι ἐπιθυμοῦσαι τῇ διανοίᾳ τὰς φαντασίας αὐτῶν
ἔτεκον γίγαντας. ἐφαίνοντο γὰρ αὐταῖς οἱ ἐγρήγοροι ἕως
τοῦ οὐρανοῦ φθάνοντες.

- 6 -

1 φυλάσσεσθε οὖν ἀπὸ τῆς πορνείας καὶ εἰ θέλετε
καθαρεύειν τῇ διανοίᾳ φυλάσσετε τὰς αἰσθήσεις ἀπὸ πάσης
θηλείας.

2 κἀκείναις δὲ ἐντείλασθε μὴ συνδυάζειν ἀνθρώποις ἵνα καὶ
αὐταὶ καθαρεύωσι τῇ διανοίᾳ.

3 αἱ γὰρ συνεχεῖς συντυχίαι κἂν μὴ πραχθῇ τὸ ἀσέβημα
αὐταῖς μέν ἐστι νόσος ἀνίατος ἡμῖν δὲ ὄνειδος τοῦ
Βελιὰρ αἰώνιον

4 ὅτι ἡ πορνεία οὔτε σύνεσιν οὔτε εὐσέβειαν ἔχει ἐν ἑαυτῇ
καὶ πᾶς ζῆλος κατοικεῖ ἐν τῇ ἐπιθυμίᾳ αὐτῆς.

5 διὰ τοῦτο ζηλώσετε τοὺς υἱοὺς Λευὶ καὶ ζητήσετε
ὑψωθῆναι ὑπὲρ αὐτοὺς ἀλλ' οὐ δυνήσεσθε.

6 ὁ γὰρ θεὸς ποιήσει τὴν ἐκδίκησιν αὐτῶν καὶ ἀποθανεῖσθε
θανάτῳ πονηρῷ.

7 τῷ γὰρ Λευὶ ἔδωκε κύριος τὴν ἀρχὴν καὶ τῷ Ἰούδᾳ μετ'
αὐτῶν κἀμοὶ καὶ Δὰν καὶ Ἰωσὴφ τοῦ εἶναι εἰς ἄρχοντας.

8 διὰ τοῦτο ἐντέλλομαι ὑμῖν ἀκούειν τοῦ Λευὶ ὅτι αὐτὸς
γνώσεται νόμον κυρίου καὶ διαστελεῖ εἰς κρίσιν καὶ
θυσίας ὑπὲρ παντὸς Ἰσραὴλ μέχρι τελειώσεως χρόνων
ἀρχιερέως χριστοῦ ὃν εἶπε κύριος.

9 ὁρκῶ ὑμᾶς τὸν θεὸν τοῦ οὐρανοῦ ποιῆσαι ἀλήθειαν ἕκαστος
πρὸς τὸν πλησίον αὐτοῦ καὶ ἀγάπην ἕκαστος πρὸς τὸν
ἀδελφὸν αὐτοῦ

10 καὶ πρὸς τὸν Λευὶ ἐγγίσατε ἐν ταπεινώσει καρδίας ἵνα
δέξησθε εὐλογίαν ἐκ τοῦ στόματος αὐτοῦ.

11 αὐτὸς γὰρ εὐλογήσει τὸν Ἰσραὴλ καὶ τὸν Ἰούδαν ὅτι ἐν
αὐτῷ ἐξελέξατο κύριος βασιλεῦσαι πάντων τῶν λαῶν.

12 καὶ προσκυνήσατε τῷ σπέρματι αὐτοῦ ὅτι ὑπὲρ ἡμῶν
ἀποθανεῖται ἐν πολέμοις ὁρατοῖς καὶ ἀοράτοις καὶ ἔσται
ἐν ὑμῖν βασιλεὺς αἰώνων.

- 7 -

1 καὶ ἀπέθανε Ρουβὴμ ἐντειλάμενος τοῖς υἱοῖς αὐτοῦ.

2 καὶ ἔθεντο αὐτὸν ἐν σορῷ ἕως ὅτε ἀνενέγκαντες αὐτὸν ἐξ
Αἰγύπτου ἔθαψαν ἐν Χεβρὼν ἐν τῷ σπηλαίῳ τῷ διπλῷ ὅπου

διαθηκη Συμεων.
1 περι φθονου.
- 1 -
1 ἀντίγραφον λόγων Συμεὼν ἃ ἐλάλησε τοῖς υἱοῖς αὐτοῦ πρὸ
τοῦ θανεῖν αὐτὸν ἑκατοστῷ εἰκοστῷ ἔτει τῆς ζωῆς αὐτοῦ
ἐν ᾧ ἔτει ἀπέθανεν Ἰωσήφ.
2 ἦλθον γὰρ ἐπισκέψασθαι αὐτὸν ἀρρωστοῦντα καὶ ἐνισχύσας
ἐκάθισε καὶ κατεφίλησεν αὐτοὺς καὶ εἶπεν αὐτοῖς
- 2 -
1 ἀκούσατε τέκνα ἀκούσατε Συμεὼν τοῦ πατρὸς ὑμῶν ὅσα ἔχω
ἐν τῇ καρδίᾳ μου.
2 ἐγὼ ἐγεννήθην ἐξ Ἰακὼβ τοῦ πατρός μου υἱὸς δεύτερος
καὶ Λεία ἡ μήτηρ μου ἐκάλεσέ με Συμεῶνα ὅτι ἤκουσε
κύριος τῆς δεήσεως αὐτῆς.
3 δυνατὸς ἐγενόμην σφόδρα οὐκ ἐδειλίασα πρᾶξιν οὐδὲ
ἐφοβήθην ἀπὸ παντὸς πράγματος.
4 ἡ γὰρ καρδία μου ἦν σκληρὰ καὶ τὰ ἥπατά μου ἀκίνητα καὶ
τὰ σπλάγχνα μου ἀσυμπαθῆ
5 ὅτι καὶ ἡ ἀνδρεία ἀπὸ ὑψίστου δέδοται τοῖς ἀνθρώποις ἐν
ψυχαῖς καὶ ἐν σώμασιν.
6 καὶ ἐν τῷ καιρῷ ἐκείνῳ ἐζήλωσα τὸν Ἰωσὴφ ὅτι ἠγάπα
αὐτὸν ὁ πατὴρ ἡμῶν
7 καὶ ἐστήρισα ἐπ' αὐτὸν τὰ ἥπατά μου τοῦ ἀνελεῖν αὐτὸν
ὅτι ὁ ἄρχων τῆς πλάνης ἀποστείλας τὸ πνεῦμα τοῦ ζήλου
ἐτύφλωσέ μου τὸν νοῦν μὴ προσέχειν αὐτῷ ὡς ἀδελφῷ καὶ
μὴ φείσασθαι Ἰακὼβ τοῦ πατρός μου.
8 ἀλλ' ὁ θεὸς αὐτοῦ καὶ ὁ θεὸς τῶν πατέρων αὐτοῦ
ἀποστείλας τὸν ἄγγελον αὐτοῦ ἐρρύσατο αὐτὸν ἐκ τῶν
χειρῶν μου.
9 ὡς γὰρ ἐγὼ ἐπορεύθην ἐν Σικίμοις ἐνέγκαι ἄλειμμα τοῖς
ποιμνίοις καὶ Ῥουβὴμ εἰς Δωθάϊμ ὅπου τὰ ἐγχρῄζοντα
ἡμῖν καὶ πᾶσα ἡ ἀπόθεσις Ἰούδας ὁ ἀδελφὸς ἡμῶν
ἐπώλησεν αὐτὸν τοῖς Ἰσμαηλίταις.
10 καὶ ἐλθὼν Ῥουβὴμ ἐλυπήθη ἤθελε γὰρ αὐτὸν διασῶσαι πρὸς
τὸν πατέρα.
11 ἐγὼ δὲ ὠργίσθην πρὸς τὸν Ἰούδαν ὅτι ζῶντα αὐτὸν
ἀπέλυσε καὶ ἐποίησα μῆνας πέντε ὀργιζόμενος αὐτῷ ἐπὶ τῷ
λόγῳ τούτῳ.
12 καίγε συνεπόδισέ με ὁ θεὸς καὶ ἐκώλυσεν ἀπ' ἐμοῦ δρᾶσιν
χειρῶν ὅτι ἡ χείρ μου ἡ δεξιὰ ἡμίξηρος ἦν ἐπὶ ἡμέρας
ἑπτά.
13 καὶ ἔγνων τέκνα ὅτι περὶ Ἰωσὴφ τοῦτό μοι συνέβη καὶ
μετανοήσας ἔκλαυσα καὶ ηὐξάμην κυρίῳ ἵνα ἀποκατασταθῶ
καὶ ἀπόσχωμαι ἀπὸ παντὸς μολυσμοῦ καὶ φθόνου καὶ ἀπὸ
πάσης ἀφροσύνης.
14 ἔγνων γὰρ ὅτι πονηρὸν πρᾶγμα ἐνεθυμήθην ἐνώπιον κυρίου
καὶ Ἰακὼβ τοῦ πατρός μου διὰ Ἰωσὴφ τὸν ἀδελφόν μου
φθονήσας αὐτῷ.
- 3 -
1 καὶ νῦν τέκνα μου φυλάξασθε ἀπὸ τῶν πνευμάτων τῆς
πλάνης καὶ τοῦ φθόνου.
2 καὶ γὰρ ὁ φθόνος κυριεύει πάσης τῆς διανοίας τοῦ
ἀνθρώπου καὶ οὐκ ἀφίησιν αὐτὸν οὔτε φαγεῖν οὔτε πιεῖν
οὔτε ποιῆσαί τι ἀγαθὸν
3 πάντοτε ὑποβάλλει ἀνελεῖν τὸν φθονούμενον καὶ ὁ μὲν
φθονούμενος πάντοτε ἀνθεῖ ὁ δὲ φθονῶν μαραίνεται.
4 δύο ἔτη ἡμερῶν ἐν φόβῳ κυρίου ἐκάκωσα ἐν νηστείᾳ τὴν
ψυχήν μου καὶ ἔγνων ὅτι ἡ λύσις τοῦ φθόνου διὰ φόβου
θεοῦ γίνεται.
5 ἐάν τις ἐπὶ κύριον καταφύγῃ ἀποτρέχει τὸ πονηρὸν πνεῦμα
ἀπ' αὐτοῦ καὶ γίνεται ἡ διάνοια κούφη
6 καὶ λοιπὸν συμπαθεῖ τῷ φθονουμένῳ καὶ οὐ καταγινώσκει
τῶν ἀγαπώντων αὐτὸν καὶ οὕτως παύεται τοῦ φθόνου.
- 4 -
1 καὶ ἦν ἐρωτῶν ὁ πατὴρ περὶ ἐμοῦ ὅτι ἑώρα με σκυθρωπὸν
καὶ ἔλεγον τὰ ἥπατά μου κακοῦμαι ἐγώ.
2 ἐπένθουν γὰρ παρὰ πάντας ὅτι ἐγὼ ἤμην αἴτιος τῆς
πράσεως Ἰωσήφ.
3 καὶ ὅτε κατέβημεν εἰς Αἴγυπτον καὶ ἔδησέ με ὡς
κατάσκοπον ἔγνων ὅτι δικαίως πάσχω καὶ οὐκ ἐλυπούμην.
4 Ἰωσὴφ δὲ ἦν ἀνὴρ ἀγαθὸς καὶ ἔχων πνεῦμα θεοῦ ἐν ἑαυτῷ
εὔσπλαγχνος καὶ ἐλεήμων οὐκ ἐμνησικάκησέ μοι ἀλλὰ καὶ
ἠγάπησέ με ὡς τοὺς ἄλλους ἀδελφούς.
5 φυλάξασθε οὖν τέκνα μου ἀπὸ παντὸς ζήλου καὶ φθόνου καὶ
πορεύεσθε ἐν ἁπλότητι ψυχῆς καὶ ἐν ἀγαθῇ καρδίᾳ
ἐννοοῦντες τὸν πατράδελφον ὑμῶν ἵνα δώῃ καὶ ὑμῖν ὁ θεὸς
χάριν καὶ δόξαν καὶ εὐλογίαν ἐπὶ τὰς κεφαλὰς ὑμῶν καθὼς
εἴδετε ἐν αὐτῷ.
6 πάσας τὰς ἡμέρας οὐκ ὠνείδισεν ἡμᾶς περὶ τοῦ λόγου
τούτου ἀλλ' ἠγάπησεν ἡμᾶς ὡς τὴν ψυχὴν αὐτοῦ καὶ ὑπὲρ
τοὺς υἱοὺς αὐτοῦ ἐδόξασεν ἡμᾶς καὶ πλοῦτον καὶ κτήνη
καὶ καρποὺς πᾶσιν ἡμῖν ἐχαρίσατο.
7 καὶ ὑμεῖς οὖν τέκνα μου ἀγαπητὰ ἀγαπήσατε ἕκαστος τὸν
ἀδελφὸν αὐτοῦ ἐν ἀγαθῇ καρδίᾳ καὶ ἀποστήσατε ἀφ' ὑμῶν
τὸ πνεῦμα τοῦ φθόνου
8 ὅτι ἀγριοῖ τοῦτο τὴν ψυχὴν καὶ φθείρει τὸ σῶμα ὀργὴν
καὶ πόλεμον παρέχει τῷ διαβουλίῳ καὶ εἰς αἵματα
παροξύνει καὶ εἰς ἔκστασιν ἄγει τὴν διάνοιαν καὶ οὐκ ἐᾷ
τὴν σύνεσιν ἐν ἀνθρώποις ἐνεργεῖν ἀλλὰ καὶ τὸν ὕπνον
ἀφαιρεῖ καὶ κλόνον παρέχει τῇ ψυχῇ καὶ τρόμον τῷ σώματι
9 ὅτι καίγε ἐν ὕπνῳ τις ζῆλος κακίας αὐτὸν φαντάζων
κατεσθίει καὶ ἐν πνεύμασι πονηροῖς διαταράσσει τὴν
ψυχὴν αὐτοῦ καὶ ἐκθροεῖσθαι τὸ σῶμα ποιεῖ καὶ ἐν ταραχῇ
διυπνίζεσθαι τὸν νοῦν καὶ ὡς πνεῦμα πονηρὸν καὶ ἰοβόλον
ἔχων οὕτως φαίνεται τοῖς ἀνθρώποις.
- 5 -
1 διὰ τοῦτο Ἰωσὴφ ἦν ὡραῖος τῷ εἴδει καὶ καλὸς τῇ ὄψει
ὅτι οὐκ ἐνῴκησεν ἐν αὐτῷ οὐδὲν πονηρὸν ἐκ γὰρ ταραχῆς
τοῦ πνεύματος τὸ πρόσωπον δηλοῖ.
2 καὶ νῦν τέκνα μου ἀγαθύνατε τὰς καρδίας ὑμῶν ἐνώπιον
κυρίου καὶ εὐθύνατε τὰς ὁδοὺς ὑμῶν ἐνώπιον τῶν ἀνθρώπων
καὶ ἔσεσθε εὑρίσκοντες χάριν ἐνώπιον θεοῦ καὶ ἀνθρώπων.

3 καὶ φυλάσσεσθε τοῦ μὴ πορνεύειν ὅτι ἡ πορνεία μήτηρ
ἐστὶ πάντων τῶν κακῶν χωρίζουσα θεοῦ καὶ προσεγγίζουσα
τῷ Βελιάρ.
4 ἑώρακα γὰρ ἐν χαρακτῆρι γραφῆς Ἐνὼχ ὅτι υἱοὶ ὑμῶν μεθ'
ὑμῶν ἐν πορνείᾳ φθαρήσονται καὶ ἐν Λευὶ ἀδικήσουσιν ἐν
ῥομφαίᾳ.
5 ἀλλ' οὐ δυνήσονται πρὸς Λευὶ ὅτι πόλεμον κυρίου
πολεμήσει καὶ νικήσει πᾶσαν παρεμβολὴν ὑμῶν
6 καὶ ἔσονται ὀλιγοστοὶ ἐπιμεριζόμενοι ἐν τῷ Λευὶ καὶ
Ἰούδᾳ καὶ οὐκ ἔσται ἐξ ὑμῶν εἰς ἡγεμονίαν καθὼς καὶ ὁ
πατήρ μου Ἰακὼβ προεφήτευσεν ἐν εὐλογίαις.
- 6 -
1 ἰδοὺ προείρηκα ὑμῖν πάντα ὅπως δικαιωθῶ ἀπὸ τῆς
ἁμαρτίας τῶν ψυχῶν ὑμῶν.
2 ἐὰν δὲ ἀφέλητε ἀφ' ὑμῶν τὸν φθόνον καὶ πᾶσαν
σκληροτραχηλίαν ὡς ῥόδον ἀνθήσει τὰ ὀστᾶ μου ἐν Ἰσραὴλ
καὶ ὡς κρίνον ἡ σάρξ μου ἐν Ἰακὼβ καὶ ἔσται ἡ ὀσμή μου
ὡς ὀσμὴ Λιβάνου καὶ πληθυνθήσονται ὡς κέδροι ἅγιοι ἐξ
ἐμοῦ ἕως αἰῶνος καὶ οἱ κλάδοι αὐτῶν ἕως εἰς μακρὰν
ἔσονται.
3 τότε ἀπολεῖται σπέρμα Χανάαν καὶ ἐγκατάλειμμα οὐκ ἔσται
τῷ Ἀμαλὴκ καὶ ἀπολοῦνται πάντες οἱ Καππάδοκες καὶ
πάντες οἱ Χετταῖοι ἐξολοθρευθήσονται.
4 τότε ἐκλείψει ἡ γῆ Χὰμ καὶ πᾶς ὁ λαὸς ἀπολεῖται. τότε
καταπαύσει ἡ γῆ πᾶσα ἀπὸ ταραχῆς καὶ πᾶσα ἡ ὑπ' οὐρανὸν
ἀπὸ πολέμου.
5 τότε Σὴμ ἐνδοξασθήσεται ὅτι κύριος ὁ θεὸς μέγας τοῦ
Ἰσραὴλ φαινόμενος ἐπὶ γῆς ὡς ἄνθρωπος καὶ σῴζων ἐν
αὐτῷ τὸν Ἀδάμ.
6 τότε δοθήσονται πάντα τὰ πνεύματα τῆς πλάνης εἰς
καταπάτησιν καὶ ἄνθρωποι βασιλεύσουσι τῶν πονηρῶν
πνευμάτων.
7 τότε ἀναστήσομαι ἐν εὐφροσύνῃ καὶ εὐλογήσω τὸν ὕψιστον
ἐν τοῖς θαυμασίοις αὐτοῦ ὅτι θεὸς σῶμα λαβὼν καὶ
συνεσθίων ἀνθρώποις ἔσωσεν ἀνθρώπους.
- 7 -
1 καὶ νῦν τεκνία μου ὑπακούετε Λευὶ καὶ ἐν Ἰούδᾳ
λυτρωθήσεσθε καὶ μὴ ἐπαίρεσθε ἐπὶ τὰς δύο φυλὰς ταύτας
ὅτι ἐξ αὐτῶν ἀνατελεῖ ὑμῖν τὸ σωτήριον τοῦ θεοῦ.
2 ἀναστήσει γὰρ κύριος ἐκ τοῦ Λευὶ ὡς ἀρχιερέα καὶ ἐκ τοῦ
Ἰούδα ὡς βασιλέα θεὸν καὶ ἄνθρωπον. οὗτος σώσει πάντα
τὰ ἔθνη καὶ τὸ γένος τοῦ Ἰσραήλ.
3 διὰ τοῦτο πάντα ταῦτα ἐντέλλομαι ὑμῖν ἵνα καὶ ὑμεῖς
ἐντείλησθε τοῖς τέκνοις ὑμῶν ὅπως φυλάξωσιν αὐτὰ εἰς
τὰς γενεὰς αὐτῶν.
- 8 -
1 καὶ συνετέλεσε Συμεὼν ἐντελλόμενος τοῖς υἱοῖς αὐτοῦ καὶ
ἐκοιμήθη μετὰ τῶν πατέρων αὐτοῦ ἑκατὸν εἴκοσι ἐτῶν.
2 καὶ ἔθηκαν αὐτὸν ἐν θήκῃ ξύλων ἀσήπτων τοῦ ἀναγαγεῖν τὰ
ὀστᾶ αὐτοῦ ἐν Χεβρών. καὶ ἀνήνεγκαν αὐτὰ ἐν πολέμῳ
Αἰγυπτίων κρυφῇ.
3 τὰ γὰρ ὀστᾶ Ἰωσὴφ ἐφύλαττον οἱ Αἰγύπτιοι ἐν τοῖς
ταμιείοις τῶν βασιλείων.
4 ἔλεγον γὰρ αὐτοὺς οἱ ἐπαοιδοὶ ὅτι ἐν ἐξόδῳ ὀστῶν Ἰωσὴφ
ἔσται ἐν πάσῃ γῇ Αἰγύπτῳ σκότος καὶ γνόφος καὶ πληγὴ
μεγάλη σφόδρα τοῖς Αἰγυπτίοις ὥστε μετὰ λύχνου μὴ
ἐπιγινώσκειν ἕκαστος τὸν ἀδελφὸν αὐτοῦ.
- 9 -
1 καὶ ἔκλαυσαν υἱοὶ Συμεὼν τὸν πατέρα αὐτῶν κατὰ τὸν
νόμον τοῦ πένθους καὶ ἦσαν εἰς Αἴγυπτον ἕως ἡμέρας
ἐξόδου αὐτῶν ἀπ' Αἰγύπτου ἐν χειρὶ Μωυσῆ.

0 διαθηκη Λευι.
1 περι ιερωσυνης και υπερηφανιας.
      - 1 -
1 ἀντίγραφον λόγων Λευί  ὅσα διέθετο τοῖς υἱοῖς αὐτοῦ πρὸ
  τῆς τελευτῆς αὐτοῦ κατὰ πάντα ἃ ποιήσουσι καὶ ὅσα
  συναντήσει αὐτοῖς ἕως ἡμέρας κρίσεως.
2 ὑγιαίνων ἦν ὅτε  ἐκάλεσεν αὐτοὺς  πρὸς ἑαυτὸν  ὤφθη γὰρ
  αὐτῷ ὅτι  μέλλει  ἀποθνήσκειν.  καὶ ὅτε συνήχθησαν εἶπε
  πρὸς αὐτούς
      - 2 -
1 ἐγὼ Λευὶ ἐν Χαρρὰν συνελήφθην  καὶ ἐτέχθην ἐκεῖ καὶ μετὰ
  ταῦτα ἦλθον σὺν τῷ πατρὶ εἰς Σίκιμα.
2 ἤμην δὲ νεώτερος ὡσεὶ ἐτῶν εἴκοσιν ὅτε ἐποίησα μετὰ
  Συμεὼν τὴν ἐκδίκησιν τῆς ἀδελφῆς ἡμῶν Δίνας ἀπὸ τοῦ
  Ἐμμώρ.
3 ὡς δὲ ἐποιμαίνομεν ἐν  Ἀβελμαοὺλ πνεῦμα συνέσεως κυρίου
  ἦλθεν ἐπ᾽ ἐμὲ καὶ πάντας ἑώρων ἀνθρώπους ἀφανίσαντας
  τὴν ὁδὸν αὐτῶν  καὶ ὅτι τείχη  ᾠκοδόμησεν ἑαυτῇ ἡ ἀδικία
  καὶ ἐπὶ πύργους ἡ ἀνομία κάθηται

3Β. 1 τότε ἐγὼ ἔπλυνα τὰ ἱμάτιά μου καὶ καθαρίσας αὐτὰ ἐν
  ὕδατι καθαρῷ
3Β. 2 ὅλος  ἐλουσάμην ἐν  ὕδατι ζῶντι  καὶ πάσας τὰς ὁδούς
  μου ἐποίησα εὐθείας.
3Β. 3 τότε τοὺς  ὀφθαλμούς μου  καὶ τὸ  πρόσωπόν μου  ἦρα πρὸς
  τὸν οὐρανὸν καὶ τὸ στόμα μου ἤνοιξα καὶ ἐλάλησα
3Β. 4 καὶ τοὺς  δακτύλους τῶν  χειρῶν μου καὶ τὰς  χεῖράς μου
  ἀνεπέτασα εἰς ἀλήθειαν κατέναντι  τῶν ἁγίων. καὶ ηὐξάμην
  καὶ εἶπα
3Β. 5 κύριε γινώσκεις πάσας τὰς καρδίας καὶ πάντας τοὺς
  διαλογισμοὺς ἐννοιῶν σὺ μόνος ἐπίστασαι.
3Β. 6 καὶ νῦν  τέκνα μου  μετ᾽ ἐμοῦ.  καὶ δός  μοι πάσας ὁδοὺς
  ἀληθείας.
3Β. 7 μάκρυνον ἀπ᾽ ἐμοῦ κύριε τὸ πνεῦμα τὸ ἄδικον καὶ
  διαλογισμὸν τὸν πονηρὸν καὶ πορνείαν καὶ ὕβριν
  ἀπόστρεψον ἀπ᾽ ἐμοῦ.
3Β. 8 δειχθήτω μοι δέσποτα  τὸ πνεῦμα τὸ ἅγιον καὶ βουλὴν καὶ
  σοφίαν καὶ γνῶσιν καὶ ἰσχὺν δός μοι
3Β. 9 ποιῆσαι τὰ ἀρεσκοντά σοι  καὶ εὑρεῖν  χάριν ἐνώπιόν σου
  καὶ αἰνεῖν τοὺς λόγους σου μετ᾽ ἐμοῦ κύριε
3Β. 10 καὶ μὴ κατισχυσάτω με  πᾶς σατανᾶς  πλανῆσαί με ἀπὸ τῆς
  ὁδοῦ σου.
3Β. 11 καὶ ἐλέησόν  με καὶ  προσάγαγέ με  εἶναί σου  δοῦλος καὶ
  λατρεῦσαί σοι καλῶς.
3Β. 12 τεῖχός εἰρήνης σου γενέσθαι κύκλῳ  μου καὶ σκέπη σου τῆς
  δυναστείας σκεπασάτω με ἀπὸ παντὸς κακοῦ.
3Β. 13 παράδοσιν διὸ δὴ καὶ τὴν ἀνομίαν ἐξάλειψον ὑποκάτωθεν
  τοῦ οὐρανοῦ καὶ συντελέσαι  τὴν ἀνομίαν ἀπὸ προσώπου τῆς
  γῆς
3Β. 14 καθάρισον τὴν  καρδίαν μου δέσποτα  ἀπὸ πάσης ἀκαθαρσίας
  καὶ προσδρομαι πρός σε αὐτός
3Β. 15 καὶ μὴ  ἀποστρέψῃς τὸ  πρόσωπόν σου  ἀπὸ τοῦ υἱοῦ παιδός
  σου Ἰακώβ. σὺ κύριε  εὐλόγησας τὸν  Ἀβραὰμ πατέρα μου
  καὶ Σάρραν μητέρα μου
3Β. 16 καὶ εἶπας  δοῦναι αὐτοῖς σπέρμα  δίκαιον εὐλογημένον εἰς
  τοὺς αἰῶνας.
3Β. 17 εἰσάκουσον δὲ καὶ τῆς φωνῆς τοῦ παιδός σου Λευὶ
  γενέσθαι σοι ἐγγὺς
3Β. 18 καὶ μέτοχον ποίησον τοῖς λόγοις σου ποιεῖν κρίσιν
  ἀληθινὴν εἰς πάντα τὸν αἰῶνα  ἐμὲ καὶ τοὺς υἱούς μου εἰς
  πάσας τὰς γενεὰς τῶν αἰώνων
3Β. 19 καὶ μὴ ἀποστήσῃς τὸν υἱὸν τοῦ παιδός σου ἀπὸ τοῦ
  προσώπου σου πάσας  τὰς ἡμέρας τοῦ  αἰῶνος. καὶ ἐσιώπησα
  ἔτι δεόμενος.
4 καὶ ἐλυπούμην περὶ τοῦ γένους  τῶν υἱῶν τῶν ἀνθρώπων καὶ
  ηὐξάμην κυρίῳ ὅπως σωθῶ.
5 τότε ἐπέπεσεν ἐπ᾽ ἐμὲ  ὕπνος καὶ  ἐθεασάμην ὄρος ὑψηλὸν
  τοῦτο ὄρος  Ἀσπίδος ἐν  Ἀβελμαούλ.
6 καὶ  ἰδοὺ ἠνεῴχθησαν  οἱ οὐρανοὶ  καὶ ἄγγελος  θεοῦ εἶπε
  πρός με Λευὶ εἴσελθε.
7 καὶ εἰσῆλθον ἐκ τοῦ πρώτου  οὐρανοῦ εἰς τὸν δεύτερον καὶ
  εἶδον ἐκεῖ  ὕδωρ  κρεμάμενον ἀνάμεσον τούτου κἀκείνου.
8 καὶ εἶδον τρίτον οὐρανὸν πολὺ φωτεινότερον καὶ
  φαιδρότερον παρὰ τοὺς δύο καὶ γὰρ ὕψος ἦν ἐν αὐτῷ
  ἄπειρον.
9 καὶ εἶπον  τῷ ἀγγέλῳ διατί οὕτως;  καὶ εἶπεν ὁ ἄγγελος
  πρός με μὴ θαύμαζε ἐπὶ τούτοις ἄλλους γὰρ τέσσαρας
  οὐρανοὺς ὄψει  φαιδροτέρους καὶ  ἀσυγκρίτους ὅτε ἀνέλθῃς
  ἐκεῖ
10 ὅτι σὺ ἐγγὺς  κυρίου στήσῃ καὶ  λειτουργὸς αὐτοῦ ἔσῃ καὶ
  μυστήρια αὐτοῦ  ἐξαγγελεῖς τοῖς  ἀνθρώποις καὶ  περὶ τοῦ
  μέλλοντος λυτροῦσθαι τὸν  Ἰσραὴλ κηρύξεις
11 καὶ  διὰ σοῦ  καὶ  Ἰούδα  ὀφθήσεται κύριος  ἐν ἀνθρώποις
  σῴζων ἐν αὐτοῖς πᾶν γένος ἀνθρώπων
12 καὶ ἐκ μερίδος κυρίου ἡ ζωή σου καὶ αὐτὸς ἔσται σου
  ἀγρὸς ἀμπελὼν καρπὸ χρυσίου ἀργύριον.
      - 3 -
1 ἄκουσον οὖν περὶ τῶν ἑπτὰ οὐρανῶν. ὁ κατώτερος διὰ
  τοῦτο στυγνότερός ἐστιν ἐπειδὴ οὗτος  ὁρᾷ πάσας ἀδικίας
  ἀνθρώπων.
2 ὁ δεύτερος ἔχει  πῦρ χιόνα κρύσταλλον  ἕτοιμα εἰς ἡμέραν
  προστάγματος κυρίου ἐν τῇ  δικαιοκρισίᾳ τοῦ θεοῦ ἐν αὐτῷ
  εἰσι πάντα τὰ πνεύματα  τῶν ἐπαγωγῶν  εἰς ἐκδίκησιν τῶν
  ἀνόμων.
3 ἐν τῷ τρίτῳ εἰσίν αἱ δυνάμεις τῶν παρεμβολῶν οἱ
  ταχθέντες εἰς  ἡμέραν κρίσεως ποιῆσαι  ἐκδίκησιν ἐν τοῖς
  πνεύμασι τῆς πλάνης καὶ τοῦ Βελιάρ. οἱ δὲ εἰς τὸν
  τέταρτον ἐπάνω τούτων ἅγιοί εἰσιν
4 ὅτι ἐν τῷ ἀνωτέρῳ πάντων  καταλύει ἡ μεγάλη δόξα ἐν ἁγίῳ
  ἁγίων ὑπεράνω πάσης ἁγιότητος.
5 ἐν τῷ μετ᾽ αὐτὸν οἱ  ἄγγελοι εἰσι τοῦ προσώπου κυρίου οἱ
  λειτουργοῦντες καὶ ἐξιλασκόμενοι  πρὸς κύριον ἐπὶ πάσαις
  ταῖς ἀγνοίαις τῶν δικαίων.

6 προσφέρουσι δὲ κυρίῳ ὀσμὴν εὐωδίας λογικὴν καὶ
  ἀναίμακτον προσφοράν.
7 ἐν δὲ τῷ ὑποκάτω εἰσὶν οἱ ἄγγελοι οἱ φέροντες τὰς
  ἀποκρίσεις τοῖς ἀγγέλοις τοῦ προσώπου κυρίου.
8 ἐν δὲ τῷ μετ᾽ αὐτῶν εἰσι  θρόνοι ἐξουσίαι ἐν ᾧ ὕμνοι ἀεὶ
  τῷ θεῷ προσφέρονται.
9 ὅταν οὖν ἐπιβλέψῃ κύριος ἐφ᾽ ἡμᾶς πάντες ἡμεῖς
  σαλευόμεθα καὶ  οἱ οὐρανοὶ καὶ  ἡ γῆ καὶ  αἱ ἄβυσσοι ἀπὸ
  προσώπου τῆς μεγαλωσύνης αὐτοῦ σαλεύονται
10 οἱ δὲ υἱοὶ τῶν ἀνθρώπων ἐπὶ τούτοις ἀναισθητοῦντες
  ἁμαρτάνουσι καὶ παροργίζουσι τὸν ὕψιστον.
      - 4 -
1 νῦν  οὖν γινώσκετε  ὅτι ποιήσει  κύριος κρίσιν  ἐπὶ τοὺς
  υἱοὺς  τῶν ἀνθρώπων  ὅτι τῶν  πετρῶν σχιζομένων  καὶ τοῦ
  ἡλίου σβεννυμένου  καὶ τῶν  ὑδάτων ξηραινομένων  καὶ τοῦ
  πυρὸς καταπτήσσοντος  καὶ πάσης  κτίσεως κλονουμένης καὶ
  τῶν ἀοράτων πνευμάτων τηκομένων καὶ τοῦ ᾅδου
  σκυλευομένου ἐπὶ τῷ πάθει τοῦ ὑψίστου οἱ ἄνθρωποι
  ἀπιστοῦντες ἐπιμενοῦσιν  ἐν ταῖς ἀδικίαις διὰ  τοῦτο ἐν
  κολάσει κριθήσονται.
2 εἰσήκουσεν οὖν ὁ  ὕψιστος τῆς προσευχῆς σου τοῦ διελεῖν
  σε ἀπὸ τῆς ἀδικίας καὶ  γενέσθαι αὐτῷ υἱὸν καὶ θεράποντα
  καὶ λειτουργὸν τοῦ προσώπου αὐτοῦ.
3 φῶς γνώσεως  φωτεινὸν φωτιεῖς ἐν  Ἰακὼβ  καὶ ὡς ὁ ἥλιος
  ἔσῃ παντὶ σπέρματι Ἰσραήλ.
4 καὶ δοθήσεταί σοι εὐλογία καὶ  παντὶ τῷ σπέρματί σου ἕως
  ἐπισκέψηται κύριος πάντα τὰ ἔθνη ἐν σπλάγχνοις υἱοῦ
  αὐτοῦ ἕως αἰῶνος.  πλὴν οἱ  υἱοί σου ἐπιβαλοῦσι χεῖρας
  ἐπ᾽ αὐτὸν τοῦ ἀποσκολοπίσαι αὐτόν.
5 καὶ διὰ τοῦτο δέδοταί σοι βουλὴ καὶ σύνεσις τοῦ
  συνετίσαι τοὺς υἱούς σου περὶ αὐτοῦ
6 ὅτι ὁ εὐλογῶν αὐτὸν  εὐλογημένος ἔσται οἱ δὲ καταρώμενοι
  αὐτὸν ἀπολοῦνται.
      - 5 -
1 καὶ ἤνοιξέ μοι ὁ ἄγγελος τὰς πύλας τοῦ οὐρανοῦ καὶ
  εἶδον τὸν ναὸν τὸν ἅγιον καὶ ἐπὶ θρόνου δόξης τὸν
  ὕψιστον.
2 καὶ εἶπέ μοι Λευὶ σοὶ  δέδωκα τὰς εὐλογίας τῆς ἱερατείας
  ἕως οὗ ἐλθὼν παροικήσω ἐν μέσῳ τοῦ Ἰσραήλ.
3 τότε ὁ ἄγγελος ἤγαγέ με ἐπὶ  τὴν γῆν καὶ ἔδωκέ μοι ὅπλον
  καὶ ῥομφαίαν  καὶ εἶπε  ποίησον ἐκδίκησιν  ἐν Συχὲμ ὑπὲρ
  Δίνας κἀγὼ ἔσομαι μετὰ σου ὅτι κύριος ἀπέσταλκέ με.
4 καὶ συνετέλεσα τῷ  καιρῷ ἐκείνῳ τοὺς  υἱοὺς Ἐμμὼρ καθὼς
  γέγραπται ἐν ταῖς πλαξὶ τῶν οὐρανῶν.
5 εἶπον δὲ  αὐτῷ δέομαι  κύριε εἰπέ  μοι τὸ  ὄνομά σου ἵνα
  ἐπικαλέσωμαι ἐν τῇ ἡμέρᾳ θλίψεως.
6 καὶ εἶπεν ἐγώ εἰμι ὁ ἄγγελος ὁ παραιτούμενος τὸ γένος
  Ἰσραὴλ τοῦ μὴ  πατάξαι αὐτοὺς εἰς  τέλος ὅτι πᾶν πνεῦμα
  πονηρὸν εἰς αὐτὸν προσβάλλει.
7 καὶ μετὰ ταῦτα ὥσπερ ἔξυπνος γενόμενος εὐλόγησα τὸν
  ὕψιστον καὶ τὸν  ἄγγελον τὸν παραιτούμενον  τὸ γένος τοῦ
  Ἰσραὴλ καὶ πάντων τῶν δικαίων.
      - 6 -
1 καὶ ὡς ἠρχόμην  πρὸς τὸν πατέρα  μου εὖρον ἀσπίδα χαλκῆν
  διὸ καὶ  τὸ ὄνομα τοῦ  ὄρους Ἀσπὶς ὅ  ἐστιν ἐγγὺς Γεβὰλ
  ἐκ δεξιῶν Ἀβιλὰ
2 καὶ  συνετήρουν τοὺς  λόγους τούτους  ἐν τῇ  καρδίᾳ μου.
3 ἐγὼ συνεβούλευσα τῷ πατρί μου  καὶ Ῥουβὴμ τῷ ἀδελφῷ μου
  ἵνα εἴπῃ τοῖς  υἱοῖς Ἐμμὼρ τοῦ  περιτμηθῆναι αὐτοὺς ὅτι
  ἐξήλωσα διὰ τὸ βδέλυγμα ὃ ἐποίησαν ἐν Ἰσραήλ.
4 καὶ ὡς ἀνεῖλον τὸν Συχὲμ ἐν πρώτοις καὶ Συμεὼν τὸν
  Ἐμμώρ.
5 καὶ μετὰ  ταῦτα ἐλθόντες  οἱ ἀδελφοὶ  ἐπάταξαν τὴν πόλιν
  ἐν στόματι ῥομφαίας.
6 καὶ ἤκουσεν ὁ πατὴρ καὶ ὠργίσθη καὶ ἐλυπήθη ὅτι
  κατεδέξαντο τὴν  περιτομὴν καὶ  μετὰ τοῦτο  ἀπέθανον καὶ
  ἐν ταῖς εὐλογίαις ἄλλως ἐποίησεν.
7 ἡμάρτομεν γὰρ  ὅτι παρὰ  γνώμην αὐτοῦ  τοῦτο πεποιήκαμεν
  καίγε ἐμαλακίσθη ἐν τῇ ἡμέρᾳ ἐκείνῃ.
8 ἀλλ᾽ ἐγὼ εἶδον ὅτι ἀπόφασις θεοῦ ἦν εἰς κακὰ ἐπὶ Σίκιμα
  διότι ἤθελον τὴν Σάρραν ποιῆσαι ὃν τρόπον ἐποίησαν
  Δίναν τὴν ἀδελφὴν ἡμῶν καὶ κύριος ἐκώλυσεν αὐτούς.
9 καὶ οὕτως ἐδίωξαν  Ἀβραὰμ τὸν πατέρα ἡμῶν  ξένον ὄντα
  καὶ κατεπάτησαν τὰ ποίμνια  ὀγκούμενα ὄντα ἐπ᾽ αὐτὸν καὶ
  Ἰεβλαε τὸν οἰκογενῆ αὐτοῦ σφόδρα αἰκίσαντο.
10 καίγε οὕτως ἐποίουν πάντας τοὺς ξένους ἐν δυναστείᾳ
  ἁρπάζοντες τὰς γυναῖκας  αὐτῶν καὶ ξενηλατοῦντες αὐτούς.
11 ἔφθασε δὲ ἡ ὀργὴ κυρίου ἐπ᾽ αὐτοὺς εἰς τέλος.
      - 7 -
1 καὶ εἶπον τῷ πατρὶ μὴ ὀργίζου κύριε ὅτι ἐν σοὶ
  ἐξουδενώσει  κύριος τοὺς  Χαναναίους καὶ δώσει τὴν γῆν
  αὐτῶν σοὶ καὶ τῷ σπέρματί σου μετὰ σε.
2 ἔσται  γὰρ ἀπὸ  σήμερον Σίκιμα λεγομένη πόλις ἀσυνέτων
  ὅτι ὡσεὶ  τις χλευάσαι  μωρὸν οὕτως ἐχλευάσαμεν αὐτοὺς
3 ὅτι καίγε ἀφροσύνην ἔπραξαν ἐν Ἰσραὴλ μιᾶναι τὴν
  ἀδελφὴν ἡμῶν.
4 καὶ λαβόντες ἐκεῖθεν τὴν  ἀδελφὴν ἡμῶν ἀπάραντες ἤλθομεν
  εἰς Βεθήλ.
      - 8 -
1 κἀκεῖ πάλιν εἶδον πρᾶγμα ὥσπερ τὸ πρότερον μετὰ τὸ
  ποιῆσαι ἡμέρας ἑβδομήκοντα.
2 καὶ εἶδον ἑπτὰ ἀνθρώπους ἐν ἐσθῆτι  λευκῇ λέγοντάς μοι
  ἀνάστας ἔνδυσαι τὴν στολὴν τῆς ἱερατείας καὶ τὸν
  στέφανον τῆς δικαιοσύνης καὶ  τὸ λόγιον τῆς συνέσεως καὶ
  τὸν ποδήρη τῆς  ἀληθείας καὶ  τὸ πέταλον τῆς πίστεως καὶ
  τὴν μίτραν τοῦ σημείου καὶ τὸ ἐφοὺδ τῆς προφητείας.
3 καὶ εἰς ἕκαστος αὐτῶν ἕκαστον βαστάζοντες ἐπέθηκάν μοι
  καὶ εἶπαν ἀπὸ τοῦ  νῦν γίνου εἰς ἱερέα  κυρίου σὺ καὶ τὸ
  σπέρμα σου ἕως αἰῶνος.
4 καὶ ὁ πρῶτος  ἤλειψέ με ἐλαίῳ ἁγίῳ  καὶ ἔδωκέ μοι ῥάβδον
  κρίσεως.
5 ὁ δεύτερος ἔλουσέ  με ὕδατι καθαρῷ  καὶ ἐψώμισέ με ἄρτον

καὶ οἶνον ἅγια ἁγίων καὶ περιέθηκέ μοι στολὴν ἁγίαν καὶ ἔνδοξον.

6 ὁ τρίτος βυσσίνην με περιέβαλεν ὁμοίαν ἐφούδ.

7 ὁ τέταρτος ζώνην μοι περιέθηκεν ὁμοίαν πορφύρᾳ.

8 ὁ πέμπτος κλάδον μοι ἐλαίας ἔδωκε πιότητος.

9 ὁ ἕκτος στέφανόν μοι τῇ κεφαλῇ περιέθηκεν.

10 ὁ ἕβδομος διάδημά μοι περιέθηκεν ἱερατείας. καὶ ἐπλήρωσαν τὰς χεῖράς μου θυμιάματος ὥστε ἱερατεύειν με κυρίῳ.

11 εἶπαν δὲ πρός με Λευὶ εἰς τρεῖς ἀρχὰς διαιρεθήσεται τὸ σπέρμα σου εἰς σημεῖον δόξης κυρίου ἐπερχομένου

12 καὶ ὁ πιστεύσας πρῶτος ἔσται κλῆρος μέγας ὑπὲρ αὐτὸν οὐ γενήσεται.

13 ὁ δεύτερος ἔσται ἐν ἱερωσύνῃ.

14 ὁ τρίτος ἐπικληθήσεται αὐτῷ ὄνομα καινὸν ὅτι βασιλεὺς ἐκ τοῦ Ἰουδὰ ἀναστήσεται καὶ ποιήσει ἱερατείαν νέαν κατὰ τὸν τύπον τῶν ἐθνῶν εἰς πάντα τὰ ἔθνη.

15 ἡ δὲ παρουσία αὐτοῦ ἄφραστος ὡς προφήτου ὑψηλοῦ ἐκ σπέρματος Ἀβραὰμ πατρὸς ἡμῶν.

16 πᾶν ἐπιθυμητὸν ἐν Ἰσραὴλ σοὶ ἔσται καὶ τῷ σπέρματί σου καὶ ἔδεσθε πᾶν ὡραῖον ὁράσει καὶ τὴν τράπεζαν κυρίου διανεμήσεται τὸ σπέρμα σου

17 καὶ ἐξ αὐτῶν ἔσονται ἀρχιερεῖς καὶ κριταὶ καὶ γραμματεῖς ὅτι ἐπὶ στόματος αὐτῶν φυλαχθήσεται τὸ ἅγιον.

18 καὶ ἐξυπνισθεὶς συνῆκα ὅτι τοῦτο ὅμοιον ἐκείνου ἐστίν.

19 καὶ ἔκρυψα καίγε τοῦτο ἐν τῇ καρδίᾳ μου καὶ οὐκ ἀνήγγειλα αὐτὸ παντὶ ἀνθρώπῳ ἐπὶ τῆς γῆς.

- 9 -

1 καὶ μεθ' ἡμέρας δύο ἀνέβημεν ἐγὼ καὶ Ἰούδας πρὸς Ἰσαὰκ μετὰ τοῦ πατρὸς ἡμῶν.

2 καὶ εὐλόγησέ με ὁ πατὴρ τοῦ πατρός μου κατὰ πάντας τοὺς λόγους τῶν ὁράσεών μου ὧν εἶδον καὶ οὐκ ἠθέλησε πορευθῆναι μεθ' ἡμῶν εἰς Βεθήλ.

3 ὡς δὲ ἤλθομεν εἰς Βεθὴλ εἶδεν ὁ πατήρ μου Ἰακὼβ ἐν ὁράματι περὶ ἐμοῦ ὅτι ἔσομαι αὐτοῖς εἰς ἱερέα πρὸς τὸν θεόν.

4 καὶ ἀναστὰς τὸ πρωὶ ἀπεδεκάτωσε πάντα δι' ἐμοῦ τῷ κυρίῳ.

5 καὶ ἤλθομεν εἰς Χεβρὼν τοῦ καταλῦσαι

6 καὶ Ἰσαὰκ ἐκάλει με συνεχῶς τοῦ ὑπομνῆσαί με νόμον κυρίου καθὼς ἔδειξέ μοι ὁ ἄγγελος τοῦ θεοῦ.

7 καὶ ἐδίδασκέ με νόμον ἱερωσύνης θυσιῶν ὁλοκαυτωμάτων ἀπαρχῶν ἑκουσίων σωτηρίων.

8 καὶ ἦν καθ' ἑκάστην ἡμέραν συνετίζων με καὶ εἰς ἐμὲ ἀσχολούμενος ἦν ἐνώπιον κυρίου.

9 καὶ ἔλεγεν πρόσεχε τέκνον ἀπὸ τοῦ πνεύματος τῆς πορνείας τοῦτο γὰρ ἐνδελεχιεῖ καὶ μέλλει διὰ τοῦ σπέρματός σου μιαίνειν τὰ ἅγια.

10 λάβε οὖν σεαυτῷ γυναῖκα ἔτι νέος ὢν μὴ ἔχουσαν μῶμον μηδὲ βεβηλωμένην μηδὲ ἀπὸ γένους ἀλλοφύλων ἢ ἐθνῶν.

11 καὶ πρὸ τοῦ εἰσελθεῖν εἰς τὰ ἅγια λοῦου καὶ ἐν τῷ θύειν νίπτου καὶ ἀπαρτίζων πάλιν τὴν θυσίαν νίπτου.

12 δώδεκα δένδρων ἀεὶ ἐχόντων φύλλα ἄναγε κυρίῳ ὡς κἀμὲ Ἀβραὰμ ἐδίδαξεν.

13 καὶ παντὸς ζώου καθαροῦ καὶ πετεινοῦ καθαροῦ πρόσφερε θυσίαν κυρίῳ.

14 καὶ παντὸς πρωτογεννήματος καὶ οἴνου πρόσφερε ἀπαρχάς. καὶ πᾶσαν θυσίαν ἅλατι ἁλιεῖς.

- 10 -

1 νῦν οὖν φυλάξασθε ὅσα ἐντέλλομαι ὑμῖν τέκνα ὅτι ὅσα ἤκουσα παρὰ τῶν πατέρων μου ἀνήγγειλα ὑμῖν.

2 ἀθῷός εἰμι ἀπὸ πάσης ἀσεβείας ὑμῶν καὶ παραβάσεως ἣν ποιήσετε ἐπὶ συντελείᾳ τῶν αἰώνων εἰς τὸν σωτῆρα τοῦ κόσμου ἀσεβοῦντες πλανῶντες τὸν Ἰσραὴλ καὶ ἐπεγείροντες αὐτῷ κακὰ μεγάλα παρὰ κυρίου.

3 καὶ ἀνομήσετε σὺν τῷ Ἰσραὴλ ὥστε μὴ βαστάξαι τὴν Ἰερουσαλὴμ ἀπὸ προσώπου πονηρίας ὑμῶν ἀλλὰ σχίσαι τὸ ἔνδυμα τοῦ ναοῦ ὥστε μὴ κατακαλύπτειν ἀσχημοσύνην ὑμῶν.

4 καὶ διασπαρήσεσθε αἰχμάλωτοι ἐν τοῖς ἔθνεσιν καὶ ἔσεσθε εἰς ὀνειδισμὸν καὶ εἰς κατάραν καὶ εἰς καταπάτημα.

5 ὁ γὰρ οἶκος ὃν ἂν ἐκλέξηται κύριος Ἰερουσαλὴμ κληθήσεται καθὼς περιέχει βίβλος Ἐνὼχ τοῦ δικαίου.

- 11 -

1 ὅτε οὖν ἔλαβον γυναῖκα ἤμην ἐτῶν εἰκοσιοκτὼ ᾗ ὄνομα Μελχά.

2 καὶ συλλαβοῦσα ἔτεκε καὶ ἐκάλεσε τὸ ὄνομα αὐτοῦ Γηρσὰμ ὅτι ἐν τῇ γῇ ἡμῶν πάροικοι ἦμεν Γηρσὰμ γὰρ παροικία γράφεται.

3 εἶδον δὲ περὶ αὐτοῦ ὅτι οὐκ ἔσται ἐν πρώτῃ τάξει.

4 καὶ ὁ Καὰθ ἐγεννήθη τριακοστῷ πέμπτῳ ἔτει πρὸς ἀνατολὰς ἡλίου.

5 εἶδον δὲ ἐν ὁράματι ὅτι μέσος ἐν ὑψηλοῖς ἵστατο πάσης τῆς συναγωγῆς.

6 διὰ τοῦτο ἐκάλεσα τὸ ὄνομα αὐτοῦ Καάθ ὅ ἐστιν ἀρχὴ μεγαλείου καὶ συμβιβασμός.

7 τρίτον ἔτεκέ μοι τὸν Μεραρὶ τεσσαρακοστῷ ἔτει ζωῆς μου. καὶ ἐπειδὴ ἐδυστόκησεν ἡ μήτηρ αὐτοῦ ἐκάλεσεν αὐτὸν Μεραρὶ ὅ ἐστι πικρία μου ὅτι καίγε αὐτὸς ἀπέθανεν.

8 ἡ δὲ Ἰωχάβεδ ἑξηκοστῷ τετάρτῳ ἔτει ἐτέχθη ἐν Αἰγύπτῳ ἔνδοξος γὰρ ἤμην τότε ἐν μέσῳ τῶν ἀδελφῶν μου.

- 12 -

1 καὶ ἔλαβε Γηρσὰμ γυναῖκα καὶ ἔτεκεν αὐτῷ τὸν Λομνὶ καὶ τὸν Σεμεΐ.

2 καὶ υἱοὶ Καὰθ Ἀμβρὰμ Ἰσαὰρ Χεβρὼν Ὀζιήλ.

3 καὶ υἱοὶ Μεραρὶ Μοολὶ καὶ Ὀμουσί.

4 καὶ ἐνενηκοστῷ τετάρτῳ ἔτει μου ἔλαβεν ὁ Ἀμβρὰμ τὴν Ἰωχάβεδ θυγατέρα μου αὐτῷ εἰς γυναῖκα ὅτι ἐν μιᾷ ἡμέρᾳ ἐγεννήθησαν αὐτὸς καὶ ἡ θυγάτηρ μου.

5 ὀκτὼ ἐτῶν ἤμην ὅτε εἰσῆλθον εἰς γῆν Χαναὰν καὶ ὀκτωκαίδεκα ἐτῶν ὅτε ἀπέκτεινα τὸν Συχὲμ καὶ

ἐννεακαίδεκα ἐτῶν ἱεράτευσα καὶ εἰκοσιοκτὼ ἐτῶν ἔλαβον γυναῖκα καὶ τεσσαράκοντα ἐτῶν εἰσῆλθον εἰς Αἴγυπτον.

6 καὶ ἰδοὺ ἐστε τέκνα μου τρίτη γενεά.

7 Ἰωσὴφ ἑκατοστῷ ὀκτωκαιδεκάτῳ ἔτει ἀπέθανεν.

- 13 -

1 καὶ νῦν τέκνα μου ἐντέλλομαι ὑμῖν ἵνα φοβεῖσθε τὸν κύριον ἡμῶν ἐξ ὅλης καρδίας καὶ πορεύεσθε ἐν ἁπλότητι κατὰ πάντα τὸν νόμον αὐτοῦ.

2 διδάξατε δὲ καὶ ὑμεῖς τὰ τέκνα ὑμῶν γράμματα ἵνα ἔχωσι σύνεσιν ἐν πάσῃ τῇ ζωῇ αὐτῶν ἀναγινώσκοντες ἀδιαλείπτως τὸν νόμον τοῦ θεοῦ

3 ὅτι πᾶς ὃς γνώσεται νόμον θεοῦ τιμηθήσεται καὶ οὐκ ἔσται ξένος ὅπου ὑπάγει.

4 καίγε πολλοὺς φίλους ὑπὲρ γονεῖς κτήσεται καὶ ἐπιθυμήσουσι πολλοὶ τῶν ἀνθρώπων δουλεῦσαι αὐτῷ καὶ ἀκοῦσαι νόμον ἐκ τοῦ στόματος αὐτοῦ.

5 ποιήσατε δικαιοσύνην τέκνα μου ἐπὶ τῆς γῆς ἵνα εὕρητε ἐν τοῖς οὐρανοῖς

6 καὶ σπείρετε ἐν ταῖς ψυχαῖς ὑμῶν ἀγαθὰ ἵνα εὕρητε αὐτὰ ἐν τῇ ζωῇ ὑμῶν. ἐὰν γὰρ σπείρητε κακὰ πᾶσαν ταραχὴν καὶ θλῖψιν θερίσετε.

7 σοφίαν κτήσασθε ἐν φόβῳ θεοῦ μετὰ σπουδῆς ὅτι ἐὰν γένηται αἰχμαλωσία καὶ πόλεις ὀλοθρευθῶσι καὶ χῶραι καὶ χρυσὸς καὶ ἄργυρος καὶ πᾶσα κτῆσις ἀπολεῖται τοῦ σοφοῦ τὴν σοφίαν οὐδεὶς δύναται ἀφελέσθαι εἰ μὴ τύφλωσις ἀσεβείας καὶ πήρωσις ἁμαρτίας.

8 ὅτι γενήσεται αὐτῷ αὐτὴ καὶ παρὰ τοῖς πολεμίοις λαμπρὰ καὶ ἐπὶ γῆς ἀλλοτρίας πατρὶς καὶ ἐν μέσῳ ἐχθρῶν εὑρεθήσεται φίλος.

9 ἐὰν διδάσκῃ ταῦτα καὶ πράττῃ σύνθρονος ἔσται βασιλέων ὡς καὶ Ἰωσὴφ ὁ ἀδελφὸς ἡμῶν.

- 14 -

1 καὶ νῦν τέκνα ἔγνων ἀπὸ γραφῆς Ἐνὼχ ὅτι ἐπὶ τέλει ἀσεβήσετε ἐπὶ κύριον χεῖρας ἐπιβάλλοντες ἐν πάσῃ κακίᾳ καὶ αἰσχυνθήσονται ἐφ' ὑμῖν οἱ ἀδελφοὶ ὑμῶν καὶ πᾶσι τοῖς ἔθνεσι γενήσεσθε χλευασμός.

2 ὅταν γὰρ ὁ πατὴρ ἡμῶν Ἰσραὴλ καθαρὸς ἔσται ἀπὸ τῆς ἀσεβείας τῶν ἀρχιερέων οἵτινες ἐπιβαλοῦσι τὰς χεῖρας αὐτῶν ἐπὶ τὸν σωτῆρα τοῦ κόσμου.

3 καθαρὸς ὁ οὐρανὸς ὑπὲρ τὴν γῆν καὶ ὑμεῖς οἱ φωστῆρες τοῦ οὐρανοῦ ὡς ὁ ἥλιος καὶ ἡ σελήνη.

4 τί ποιήσουσι πάντα τὰ ἔθνη ἐὰν ὑμεῖς σκοτισθῆτε ἐν ἀσεβείᾳ καὶ ἐπάξετε κατάραν ἐπὶ τὸ γένος ὑμῶν ὑπὲρ ὧν τὸ φῶς τοῦ νόμου τὸ δοθὲν ἐν ὑμῖν εἰς φωτισμὸν παντὸς ἀνθρώπου τοῦτον θέλοντες ἀνελεῖν ἐναντίας ἐντολὰς διδάσκοντες τοῖς τοῦ θεοῦ δικαιώμασι

5 τὰς προσφορὰς κυρίου λῃστεύσετε καὶ ἀπὸ τῶν μερίδων αὐτοῦ κλέψετε καὶ πρὸ τοῦ θυσιάσαι κυρίῳ λήψεσθε τὰ ἐκλεκτὰ ἐν καταφρονήσει ἐσθίοντες μετὰ πορνῶν

6 ἐν πλεονεξίᾳ τὰς ἐντολὰς κυρίου διδάξετε τὰς ὑπάνδρους βεβηλώσετε καὶ παρθένους Ἰερουσαλὴμ μιανεῖτε καὶ πόρναις καὶ μοιχαλίσι συναφθήσεσθε θυγατέρας ἐθνῶν λήψεσθε εἰς γυναῖκας καθαρίζοντες αὐτὰς καθαρισμῷ παρανόμῳ καὶ γενήσεται ἡ μεῖξις ὑμῶν Σόδομα καὶ Γόμορρα ἐν ἀσεβείᾳ

7 καὶ φυσιωθήσεσθε ἐπὶ τῇ ἱερωσύνῃ κατὰ τῶν ἀνθρώπων ἐπαιρόμενοι οὐ μόνον δὲ ἀλλὰ καὶ κατὰ τῶν ἐντολῶν τοῦ θεοῦ

8 φυσιούμενοι καταπαίξετε τὰ ἅγια ἐν καταφρονήσει γελοιάζοντες.

- 15 -

1 διὰ ταῦτα ὁ ναὸς ὃν ἂν ἐκλέξηται κύριος ἔρημος ἔσται ἐν ἀκαθαρσίᾳ καὶ ὑμεῖς αἰχμάλωτοι ἔσεσθε εἰς πάντα τὰ ἔθνη

2 καὶ ἔσεσθε βδέλυγμα ἐν αὐτοῖς καὶ λήψεσθε ὀνειδισμὸν καὶ αἰσχύνην αἰώνιον παρὰ τῆς δικαιοκρισίας τοῦ θεοῦ

3 καὶ πάντες οἱ ὁρῶντες ὑμᾶς φεύξονται ἀφ' ὑμῶν.

4 καὶ εἰ μὴ δι' Ἀβραὰμ καὶ Ἰσαὰκ καὶ Ἰακὼβ τοὺς πατέρας ἡμῶν εἷς ἐκ τοῦ σπέρματός μου οὐ μὴ καταλειφθῇ ἐπὶ τῆς γῆς.

- 16 -

1 καὶ νῦν ἔγνων ἐν βιβλίῳ Ἐνὼχ ὅτι ἑβδομήκοντα ἑβδομάδας πλανηθήσεσθε καὶ τὴν ἱερωσύνην βεβηλώσετε καὶ τὰς θυσίας μιανεῖτε

2 καὶ τὸν νόμον ἀφανίσετε καὶ λόγους προφητῶν ἐξουθενήσετε ἐν διαστροφῇ διώξετε ἄνδρας δικαίους καὶ εὐσεβεῖς μισήσετε ἀληθινῶν λόγων βδελύξεσθε

3 καὶ ἄνδρα ἀνακαινοποιοῦντα νόμον ἐν δυνάμει ὑψίστου πλάνον προσαγορεύσετε καὶ τέλος ὡς νομίζετε ἀποκτενεῖτε αὐτὸν οὐκ εἰδότες αὐτοῦ τὸ ἀνάστημα τὸ ἀθῷον αἷμα ἐν κακίᾳ ἐπὶ κεφαλὰς ὑμῶν ἀναδεχόμενοι.

4 δι' αὐτὸν ἔσται τὰ ἅγια ὑμῶν ἔρημα ἕως ἐδάφους μεμιαμμένα

5 καὶ οὐκ ἔσται τόπος ὑμῶν καθαρὸς ἀλλ' ἐν τοῖς ἔθνεσιν ἔσεσθε εἰς κατάραν καὶ εἰς διασκορπισμὸν ἕως αὐτὸς πάλιν ἐπισκέψηται καὶ οἰκτιρήσας προσδέξηται ὑμᾶς ἐν πίστει καὶ ὕδατι.

- 17 -

1 καὶ ὅτι ἠκούσατε περὶ τῶν ἑβδομήκοντα ἑβδομάδων ἀκούσατε καὶ περὶ τῆς ἱερωσύνης.

2 καθ' ἕκαστον γὰρ ἰωβηλαῖον ἔσται ἱερωσύνη. ἐν τῷ πρώτῳ ἰωβηλαίῳ ὁ πρῶτος χριόμενος εἰς ἱερωσύνην μέγας ἔσται καὶ λαλήσει θεῷ ὡς πατρὶ καὶ ἡ ἱερωσύνη αὐτοῦ πλήρης κυρίου καὶ ἐν ἡμέρᾳ χαρᾶς αὐτοῦ ἐπὶ σωτηρίᾳ κόσμου αὐτὸς ἀναστήσεται.

3 ἐν τῷ δευτέρῳ ἰωβηλαίῳ ὁ χριόμενος ἐν πένθει ἀγαπητῶν συλληφθήσεται καὶ ἔσται ἡ ἱερωσύνη αὐτοῦ τιμία καὶ παρὰ πᾶσι δοξασθήσεται.

4 ὁ δὲ τρίτος ἱερεὺς ἐν λύπῃ παραληφθήσεται.

5 ὁ δὲ τέταρτος ἐν ὀδύνῃ ἔσται ὅτι προσθήσει ἐπ' αὐτὸν ἡ ἀδικία εἰς πλῆθος καὶ πᾶς Ἰσραὴλ μισήσουσιν ἕκαστος τὸν πλησίον αὐτοῦ.

6 ὁ πέμπτος ἐν σκότει παραληφθήσεται

7 ὡσαύτως καὶ ὁ ἕκτος καὶ ὁ ἕβδομος.
8 ἐν δὲ τῷ ἑβδόμῳ ἔσται μιασμὸς ὃν οὐ δύναμαι εἰπεῖν
    ἐνώπιον κυρίου καὶ ἀνθρώπων ὅτι αὐτοὶ γνώσονται οἱ
    ποιοῦντες αὐτά.
9 διὰ τοῦτο ἐν αἰχμαλωσίᾳ καὶ ἐν προνομῇ ἔσονται καὶ ἡ γῆ
    καὶ ἡ ὕπαρξις αὐτῶν ἀφανισθήσεται.
10 καὶ ἐν πέμπτῃ ἑβδομάδι ἐπιστρέψουσιν εἰς γῆν ἐρημώσεως
    αὐτῶν καὶ ἀνακαινοποιήσουσιν οἶκον κυρίου.
11 ἐν δὲ τῷ ἑβδόμῳ ἑβδοματικῷ ἥξουσιν οἱ ἱερεῖς
    εἰδωλολατροῦντες μάχιμοι φιλάργυροι ὑπερήφανοι ἄνομοι
    ἀσελγεῖς παιδοφθόροι καὶ κτηνοφθόροι.
    - 18 -
1 καὶ μετὰ τὸ γενέσθαι τὴν ἐκδίκησιν αὐτῶν παρὰ κυρίου
    ἐκλείψει ἡ ἱερατεία.
2 τότε ἐγερεῖ κύριος ἱερέα καινὸν ᾧ πάντες οἱ λόγοι
    κυρίου ἀποκαλυφθήσονται καὶ αὐτὸς ποιήσει κρίσιν
    ἀληθείας ἐπὶ τῆς γῆς ἐν πλήθει ἡμερῶν.
2B. 11 καὶ ἀνήλθομεν ἀπὸ Βεθὴλ καὶ κατελύσαμεν ἐν τῇ αὐλῇ
    Ἀβραὰμ τοῦ πατρὸς ἡμῶν παρὰ Ἰσαὰκ τὸν πατέρα ἡμῶν.
2B. 12 καὶ εἶδεν Ἰσαὰκ ὁ πατὴρ ἡμῶν πάντας ἡμᾶς καὶ ηὐλόγησεν
    ἡμᾶς καὶ ηὐφράνθη.
2B. 13 καὶ ὅτε ἔγνω ὅτι ἐγὼ ἱεράτευσα τῷ κυρίῳ δεσπότῃ τοῦ
    οὐρανοῦ ἤρξατο διδάσκειν με τὴν κρίσιν ἱερωσύνης καὶ
    εἶπεν·
2B. 14 τέκνον Λευὶ πρόσεχε σεαυτῷ ἀπὸ πάσης ἀκαθαρσίας ἡ
    κρίσις σου μεγάλη ἀπὸ πάσης σαρκός.
2B. 15 καὶ νῦν τὴν κρίσιν τῆς ἀληθείας ἀναγγελῶ σοι καὶ οὐ μὴ
    κρύψω ἀπὸ σου πᾶν ῥῆμα. διδάξω σε
2B. 16 πρόσεχε σεαυτῷ ἀπὸ παντὸς συνουσιασμοῦ καὶ ἀπὸ πάσης
    ἀκαθαρσίας καὶ ἀπὸ πάσης πορνείας.
2B. 17 σὺ +πρῶτος+ ἀπὸ τοῦ σπέρματος λάβε σεαυτῷ καὶ μὴ
    βεβηλώσῃς τὸ σπέρμα σου μετὰ +πολλῶν+ ἐκ σπέρματος γὰρ
    ἁγίου εἶ καὶ τὸ σπέρμα σου ἁγίασον καὶ τὸ σπέρμα τοῦ
    ἁγιασμοῦ σου ἐστὶν ἱερεὺς ἅγιος κληθήσεται τῷ σπέρματι
    Ἀβραάμ.
2B. 18 ἐγγὺς εἶ κυρίου καὶ σὺ ἐγγὺς τῶν ἀγίων αὐτοῦ. γίνου
    καθαρὸς ἐν τῷ σώματί σου ἀπὸ πάσης ἀκαθαρσίας παντὸς
    ἀνθρώπου.
2B. 19 καὶ ὅταν εἰσπορεύῃ ἐν τοῖς ἀγίοις λούου ὕδατι πρῶτον
    καὶ τότε ἐνδιδύσκου τὴν στολὴν τῆς ἱερωσύνης
2B. 20 καὶ ὅταν ἐνδιδύσκῃ νίπτου πάλιν τὰς χεῖράς σου καὶ τοὺς
    πόδας σου πρὸ τοῦ ἐγγίσαι πρὸς τὸν βωμὸν προσενέγκαι
    ὁλοκάρπωσιν·
2B. 21 καὶ ὅταν μέλλῃς προσφέρειν ὅσα δεῖ ἀνενέγκαι ἐπὶ τὸν
    βωμὸν πάλιν νίπτου τὰς χεῖράς σου καὶ τοὺς πόδας σου.
2B. 22 καὶ ἀνάφερε τὰ ξύλα πρῶτον ⟨ἐ⟩σχισμένα ἐπισκοπῶν αὐτὰ
    πρῶτον ἀπὸ παντὸς μολυσμοῦ
2B. 23 ιβ΄ ξύλα εἴρηκέν μοι ἐπὶ τὸν βωμὸν προσφέρει⟨ν⟩ ὧν
    ἐστιν ὁ καπνὸς αὐτῶν ἡδὺς ἀναβαίνων.
2B. 24 καὶ ταῦτα τὰ ὀνόματα αὐτῶν κέδρον καὶ ουεδεφωνα καὶ
    σχῖνον καὶ στρόβιλον καὶ πίτυν καὶ ολδινα καὶ βερωθα
    +καν+ θεχαι καὶ κυπάρισσον καὶ δάφνην καὶ μυρσίνην καὶ
    ἀσφάλαθον.
2B. 25 ταῦτα εἴρηκεν ὅτι ταῦτά ἐστιν ἅ σε ἀναφέρειν ὑποκάτω
    τῆς ὁλοκαυτώσεως ἐπὶ τοῦ θυσιαστηρίου. καὶ τὸ πῦρ τότε
    ἄρξῃ ἐκκαίειν ἐν αὐτοῖς τότε ἄρξῃ κατασπένδειν τὸ αἷμα
    ἐπὶ τὸν τοῖχον τοῦ θυσιαστηρίου.
2B. 26 καὶ πάλιν νίψαι σου τὰς χεῖρας καὶ τοὺς πόδας ἀπὸ τοῦ
    αἵματος καὶ ἄρξῃ τὰ μέλη ἀναφέρειν ἡλισμένα
2B. 27 τὴν κεφαλὴν ἀνάφερε πρῶτον καὶ κάλυπτε αὐτὴν τῷ στέατι
    καὶ μὴ ὀπτανέσθω τὸ αἷμα ἐπὶ τῆς κεφαλῆς αὐτῆς
2B. 28 καὶ μετὰ τοῦτο τὸν τράχηλον καὶ μετὰ τοῦτο τοὺς ὤμους
    καὶ μετὰ ταῦτα τὸ στῆθος μετὰ τῶν πλευρῶν καὶ μετὰ
    ταῦτα τὴν ὀσφὺν σὺν τῷ νώτῳ καὶ μετὰ ταῦτα τοὺς πόδας
    πεπλυμένους σὺν τοῖς ἐνδοσθίοις
2B. 29 καὶ πάντα ἡλισμένα ἐν ἅλατι ὡς καθήκει αὐτοῖς αὐτάρκως.
2B. 30 καὶ μετὰ ταῦτα σεμίδαλιν ἀναπεποιημένον ἐν ἐλαίῳ καὶ
    μετὰ ταῦτα οἶνον σπείσον καὶ θυμίασον ἐπάνω λίβανον +τὸ
    ηεεσθαι+ τὸ ἔργον σοι ἐν τάξει καὶ πᾶσα προσφορά σου
    εἰς εὐόδωσιν καὶ ὀσμὴν εὐωδίας ἔναντι κυρίου ὑψίστου.
2B. 31 καὶ ὅσα ἂν ποιῇς ἐν τάξει ποίει ἃ ποιῇς ἐν μέτρῳ καὶ
    σταθμῷ καὶ μὴ περισσεύῃς μηθὲν ὅσα οὐ καθήκει. καὶ +τῷ
    καθηκι τῶν+ οὕτως ξύλο καθήκει ἀναφέρεσθαι ἐπὶ τὸν
    βωμὸν
2B. 32 τῷ ταύρῳ τῷ τελείῳ τάλιντον ξύλων καθήκει αὐτῷ ἐν
    σταθμῷ καὶ εἰς τὸ στiαρ μόνον ἀναφέρεσθαι ἓξ μνᾶς καὶ
    τῷ ταύρῳ τῷ δευτέρῳ τεντήκοντα μνᾶς καὶ εἰς τὸ στέαρ
    αὐτοῦ μόνον πέντε μνᾶς.
2B. 33 καὶ εἰς μόσχον τέλειον μ΄ μναῖ
2B. 34 καὶ εἰ κριὸς ἐκ προβάτων ἢ τράγος ἐξ αἰγῶν τὸ
    προσφερόμενον ᾖ καὶ τούτῳ λ΄ μναῖ καὶ τῷ στέατι τρεῖς
    μναῖ
2B. 35 καὶ εἰ ἄρνα ἐκ προβάτων ἢ ἔριφον ἐξ αἰγῶν κ΄ μναῖ καὶ
    τῷ στέατι β΄ μναῖ
2B. 36 καὶ εἰ ἀμνὸς τέλειος ἐνιαύσιος ἢ ἔριφος ἐξ αἰγῶν ιε΄
    μναῖ καὶ τῷ στέατι μίου ἥμισυ μνᾶν.
2B. 37 καὶ ἄλας +ἀποδεδεικτωι+ τῷ ταύρῳ τῷ μεγάλῳ ἀλίσαι τὸ
    κρέας αὐτοῦ καὶ ἀνένε/κε ἐπὶ τὸν βωμόν. σάτον καθήκει
    τῷ ταύρῳ καὶ ᾧ ἂν περισσεύσῃ τοῦ ἁλὸς ἁλίσου ἐν αὐτῷ τὸ
    δέρμα
2B. 38 καὶ τῷ ταύρῳ τῷ δευτέρῳ τὰ πέντε μέρη ἀπὸ τῶν ἓξ μερῶν
    τοῦ σάτου καὶ τοῦ μόσχου τὸ δίμοιρον τοῦ σάτου
2B. 39 καὶ τῷ κριῷ τὸ ἥμισυ τοῦ σάτου καὶ τῷ τράγῳ τὸ ἴσον
2B. 40 καὶ τῷ ἀρνίῳ καὶ τῷ ἐρίφῳ τὸ τρίτον τοῦ σάτου καὶ
    σεμιδάλις καθήκουσα αὐτοῖς
2B. 41 τῷ ταύρῳ τῷ μεγάλῳ καὶ τῷ ταύρῳ τῷ β΄ καὶ τῷ μοσχαρίῳ
    σάτον σεμιδάλιν
2B. 42 καὶ τῷ κριῷ καὶ τῷ τράγῳ τὰ δύο μέρη τοῦ σάτου καὶ τῷ
    ἀρνίῳ καὶ τῷ ἐρίφῳ ἐξ αἰγῶν τὸ τρίτον τοῦ σάτου καὶ τὸ
    ἔλαιον
2B. 43 καὶ τὸ τέταρτον τοῦ σάτου τῷ ταύρῳ ἀναπεποιημένον ἐν τῇ
    σεμιδάλει ταύτῃ

2B. 44 καὶ τῷ κριῷ τὸ ἕκτον τοῦ σάτου καὶ τῷ ἀρνίῳ τὸ ὄγδοον
    τοῦ σάτου καὶ ἀμνοῦ καὶ οἶνον κατὰ τὸ μέτρον τοῦ ἐλαίου
    τῷ ταύρῳ καὶ τῷ κριῷ καὶ τῷ ἐρίφῳ κατασπεῖσαι σπονδήν.
2B. 45 λιβανωτοῦ σίκλοι ἓξ τῷ ταύρῳ καὶ τὸ ἥμισυ αὐτοῦ τῷ κριῷ
    καὶ τὸ τρίτον αὐτοῦ τῷ ἐρίφῳ. καὶ πᾶσα ἡ σεμίδαλις
    ἀναπεποιημένη
2B. 46 ᾗ⟨ν⟩ ἂν προσαγάγῃς μόνον οὐκ ἐπὶ στέατος προσχωθήσεται
    ἐπ' αὐτὴν λιβάνου ὁλκὴ σίκλων δύο καὶ τὸ τρίτον τοῦ
    σάτου τὸ τρίτον τοῦ ὑφὴ ἐστιν
2B. 47 καὶ τὰ δύο μέρη τοῦ βάτου καὶ ὁλκῆς τῆς μνᾶς ν΄ σίκλων
    ἐστὶν καὶ τοῦ σικλίου τὸ τέταρτον ὁλκὴ θερμῶν δ΄ ἐστιν
    γίνεται ὁ σίκλος ὡσεὶ ιϛ΄ θερμοὶ καὶ ὁλκῆς μιᾶς.
2B. 48 καὶ νῦν τέκνον μου ἄκουσον τοὺς λόγους μου καὶ ἐνώτισαι
    τὰς ἐντολάς μου καὶ μὴ ἀποστήτωσαν οἱ λόγοι μου οὗτοι
    ἀπὸ τῆς καρδίας σου ἐν πάσαις ταῖς ἡμέραις σου ὅτι
    ἱερεὺς σὺ ἅγιος κυρίου
2B. 49 καὶ ἱερεῖς ἔσονται πᾶν τὸ σπέρμα σου καὶ τοῖς υἱοῖς σου
    οὕτως ἐντείλου ἵνα ποιήσουσιν κατὰ τὴν κρίσιν ταύτην ὡς
    σοι ὑπέδειξα.
2B. 50 οὕτως γάρ μοι ἐνετείλατο ὁ πατὴρ Ἀβραὰμ ποιεῖν καὶ
    ἐντέλλεσθαι τοῖς υἱοῖς μου.
2B. 51 καὶ νῦν τέκνον χαίρω ὅτι ἐξελέχθης εἰς ἱερωσύνην ἁγίαν
    καὶ προσενεγκεῖν θυσίαν κυρίῳ ὑψίστῳ ὡς καθῆκεν κατὰ τὸ
    προστεταγμένον τοῦτο ποιεῖν.
2B. 52 ὅταν παραλαμβάνῃς θυσίαν ποιεῖν ἔναντι κυρίου ἀπὸ πάσης
    σαρκὸς κατὰ τὸν λογισμὸν τῶν ξύλων ἐπιδέχου οὕτως ὡς
    σοι ἐντέλλομαι καὶ τὸ ἅλας καὶ τὴν σεμίδαλιν καὶ τὸν
    οἶνον καὶ τὸν λίβανον ἐπιδέχου ἐκ τῶν χειρῶν αὐτῶν ἐπὶ
    πάντα κτήνη.
2B. 53 καὶ ἐπὶ πᾶσαν ὥραν νίπτου τὰς χεῖρας καὶ τοὺς πόδας
    ὅταν πορεύῃ πρὸς τὸ θυσιαστήριον καὶ ὅταν ἐκπορεύῃς ἐκ
    τῶν ἀγίων πᾶν αἷμα μὴ ἁπτέσθω τῆς στολῆς σου οὐκ ἀνήψῃς
    αὐτῷ αὐθημερόν.
2B. 54 καὶ τὰς χεῖρας καὶ τοὺς πόδας νίπτου διὰ παντὸς ἀπὸ
    πάσης σαρκὸς
2B. 55 καὶ μὴ ὀφθήτω ἐπὶ σοι πᾶν αἷμα καὶ πᾶσα ψυχὴ τὸ γὰρ
    αἷμα ψυχή ἐστιν ἐν τῇ σαρκί.
2B. 56 καὶ ὃ ἐὰν ἐν οἴκῳ +ουσης+ σεαυτὸν πᾶν κρέας φαγεῖν
    κάλυπτε τὸ αἷμα αὐτοῦ τῇ γῇ πρῶτον πρὶν ἢ φαγεῖν σε ἀπὸ
    τῶν κρεῶν καὶ οὐκέτι ἔσῃ ἐσθίων ἐπὶ τοῦ αἵματος.
2B. 57 οὕτως γάρ μοι ἐνετείλατο ὁ πατήρ μου Ἀβραὰμ ὅτι οὕτως
    εὖρεν ἐν τῇ γραφῇ τῆς βίβλου τοῦ Νῶε περὶ τοῦ αἵματος.
2B. 58 καὶ νῦν ὡς σοι τέκνον ἀγαπητὸν ἐγὼ λέγω ἠγαπημένος σὺ
    τῷ πατρί σου καὶ ἅγιος κυρίου ὑψίστου καὶ ἠγαπημένος
    ἔσῃ ὑπὲρ πάντας τοὺς ἀδελφούς σου.
2B. 59 τῷ σπέρματί σου εὐλογηθήσεται ἐν τῇ γῇ καὶ τὸ σπέρμα
    σου ἕως πάντων τῶν αἰώνων ἐνεχθήσεται ἐν βιβλίῳ
    μνημοσύνου ζωῆς
2B. 60 καὶ οὐκ ἐξαλειφθήσεται τὸ ὄνομά σου καὶ τὸ ὄνομα τοῦ
    σπέρματός σου ἕως τῶν αἰώνων.
2B. 61 καὶ νῦν τέκνον Λευὶ εὐλογημένον ἔσται τὸ σπέρμα σου ἐπὶ
    τῆς γῆς εἰς πάσας τὰς γενεὰς τῶν αἰώνων.
2B. 62 καὶ ὅτε ἀνεπληρώθησάν μοι ἑβδομάδες τέσσαρες ἐν τοῖς
    ἔτεσιν τῆς ζωῆς μου ἐν ἔτει ὀγδόῳ καὶ εἰκοστῷ ἔλαβον
    γυναῖκα ἐμαυτῷ ἐκ τῆς συγγενείας Ἀβραὰμ τοῦ πατρός μου
    Μελχὰ θυγατέρα Βαθουὴλ υἱοῦ Λαβὰν ἀδελφοῦ μητρός μου.
2B. 63 καὶ ἐν γαστρὶ λαβοῦσα ἐξ ἐμοῦ ἔτεκεν υἱὸν πρῶτον καὶ
    ἐκάλεσα τὸ ὄνομα αὐτοῦ Γηρσὰμ εἶπα γὰρ ὅτι πάροικον
    ἔσται τὸ σπέρμα μου ἐν τῇ γῇ ᾗ ἐγεννήθην πάροικοί ἐσμεν ὡς
    τούτῳ ἐν τῇ γῇ ἡμετέρᾳ νομιζομένῳ.
2B. 64 καὶ ἐπὶ τοῦ παιδαρίου εἶδον ἐγὼ ἐν τῷ ὁράματί μου ὅτι
    ἐκβεβλημένος ἔσται αὐτὸς καὶ τὸ σπέρμα αὐτοῦ ἀπὸ τῆς
    ἀρχῆς ἱερωσύνης (ἔσται τὸ σπέρμα αὐτοῦ).
2B. 65 λ΄ ἐτῶν ἤμην ὅτε ἐγεννήθη ἐν τῇ ζωῇ μου καὶ ἐν τῷ ι΄
    μηνὶ ἐγεννήθη ἐπὶ δυσμὰς ἡλίου.
2B. 66 καὶ πάλιν συλλαβοῦσα ἔτεκεν ἐξ ἐμοῦ κατὰ τὸν καιρὸν τὸν
    καθήκοντα τῶν γυναικῶν καὶ ἐκάλεσα τὸ ὄνομα αὐτοῦ Καάθ.
2B. 67 καὶ ὅτε ἐγεννήθη ἑώρακα ὅτι ἐπ' αὐτῷ ἔσται ἡ συναγωγὴ
    παντὸς τοῦ λαοῦ καὶ ὅτι αὐτοῦ ἔσται ἡ ἀρχιερωσύνη ἡ
    μεγάλη αὐτὸς καὶ τὸ σπέρμα αὐτοῦ ἔσονται ἀρχὴ βασιλέων
    ἱεράτευμα τῷ Ἰσραήλ.
2B. 68 ἐν τῷ τετάρτῳ καὶ λ΄ ἔτει ἐγεννήθη ἐν τῷ πρώτῳ μηνὶ μιᾷ
    τοῦ μηνὸς ἐπ' ἀνατολῆς ἡλίου.
2B. 69 καὶ πάλιν συνεγενόμην αὐτῇ καὶ ἐν γαστρὶ ἔλαβεν καὶ
    ἔτεκέν μοι υἱὸν τρίτον καὶ ἐκάλεσα τὸ ὄνομα αὐτοῦ
    Μεραρὶ ἐλυπήθην γὰρ περὶ αὐτοῦ
3 οὗτος ἀνατελεῖ ἄστρον ἐν οὐρανῷ ὡς βασιλεὺς φωτίζων
    φῶς γνώσεως ὡς ἐν ἡλίῳ ἡμέρας καὶ μεγαλυνθήσεται ἐν τῇ
    οἰκουμένῃ ἕως ἀναλήψεως αὐτοῦ.
4 οὗτος ἀναλάμψει ὡς ὁ ἥλιος ἐν τῇ γῇ καὶ ἐξαρεῖ πᾶν
    σκότος ἐκ τῆς ὑπ' οὐρανὸν καὶ ἔσται εἰρήνη ἐν πάσῃ τῇ
    γῇ.
5 οἱ οὐρανοὶ ἀγαλλιάσονται ἐν ταῖς ἡμέραις αὐτοῦ καὶ ἡ γῆ
    χαρήσεται καὶ αἱ νεφέλαι εὐφρανθήσονται καὶ ἡ γνῶσις
    κυρίου χυθήσεται ἐπὶ τῆς γῆς ὡς ὕδωρ θαλασσῶν καὶ οἱ
    ἄγγελοι τῆς δόξης τοῦ προσώπου κυρίου χαρήσονται ἐν
    αὐτῷ.
6 οἱ οὐρανοὶ ἀνοιγήσονται καὶ ἐκ τοῦ ναοῦ τῆς δόξης ἥξει
    ἐπ' αὐτὸν ἁγίασμα μετὰ φωνῆς πατρικῆς ὡς ἀπὸ Ἀβραὰμ
    πατρὸς Ἰσαάκ.
7 καὶ δόξα ὑψίστου ἐπ' αὐτὸν ῥηθήσεται καὶ πνεῦμα
    συνέσεως καὶ ἁγιασμοῦ καταπαύσει ἐπ' αὐτὸν ἐν τῷ ὕδατι.
8 αὐτὸς δώσει τὴν μεγαλωσύνην κυρίου τοῖς υἱοῖς αὐτοῦ ἐν
    ἀληθείᾳ εἰς τὸν αἰῶνα καὶ οὐκ ἔσται διαδοχὴ αὐτῷ εἰς
    γενεὰς καὶ γενεὰς ἕως τοῦ αἰῶνος.
9 καὶ ἐπὶ τῆς ἱερωσύνης αὐτοῦ τὰ ἔθνη πληθυνθήσονται ἐν
    γνώσει ἐπὶ τῆς γῆς καὶ φωτισθήσεται διὰ χάριτος κυρίου
    ὁ δὲ Ἰσραὴλ ἐλαττωθήσεται ἐν ἀγνοίᾳ καὶ σκοτισθήσεται
    ἐν πένθει ἐπὶ τῆς ἱερωσύνης αὐτοῦ ἐκλείψει πᾶσα ἁμαρτία
    καὶ οἱ ἄνομοι καταπαύσουσιν εἰς κακὰ οἱ δὲ δίκαιοι
    καταπαύσουσιν ἐν αὐτῷ.
10 καίγε αὐτὸς ἀνοίξει τὰς θύρας τοῦ παραδείσου καὶ στήσει

τὴν ἀπειλοῦσαν ῥομφαίαν κατὰ τοῦ Ἀδὰμ
11 καὶ δώσει τοῖς ἁγίοις φαγεῖν ἐκ τοῦ ξύλου τῆς ζωῆς καὶ
   πνεῦμα ἁγιωσύνης ἔσται ἐπ' αὐτοῖς.
12 καὶ ὁ Βελιὰρ δεθήσεται ὑπ' αὐτοῦ καὶ δώσει ἐξουσίαν
   τοῖς τέκνοις αὐτοῦ τοῦ πατεῖν ἐπὶ τὰ πονηρὰ πνεύματα.
13 καὶ εὐφρανθήσεται κύριος ἐπὶ τοῖς τέκνοις αὐτοῦ καὶ
   εὐδοκήσει κύριος ἐπὶ τοῖς ἀγαπητοῖς αὐτοῦ ἕως τῶν
   αἰώνων.
14 τότε ἀγαλλιάσεται Ἀβραὰμ καὶ Ἰσαὰκ καὶ Ἰακὼβ κἀγὼ
   χαρήσομαι καὶ πάντες οἱ ἅγιοι ἐνδύσονται εὐφροσύνην.
   - 19 -
1 καὶ νῦν τέκνα μου πάντα ἠκούσατε ἕλεσθε οὖν ἑαυτοῖς ἢ
   τὸ σκότος ἢ τὸ φῶς ἢ νόμον κυρίου ἢ ἔργα Βελιάρ.
2 καὶ ἀπεκρίθημεν ἡμεῖς τῷ πατρὶ λέγοντες ἐνώπιον κυρίου
   πορευσόμεθα κατὰ τὸν νόμον αὐτοῦ.
3 καὶ εἶπεν ὁ πατὴρ ἡμῶν μάρτυς κύριος καὶ μάρτυρες οἱ
   ἄγγελοι αὐτοῦ καὶ μάρτυς ἐγὼ καὶ μάρτυρες ὑμεῖς περὶ
   τοῦ λόγου τοῦ στόματος ὑμῶν. καὶ εἴπομεν μάρτυρες.
4 καὶ οὕτως ἐπαύσατο Λευὶ ἐντελλόμενος τοῖς υἱοῖς αὐτοῦ
   καὶ ἐξέτεινε τοὺς πόδας αὐτοῦ καὶ προσετέθη πρὸς τοὺς
   πατέρας αὐτοῦ ζήσας ἑκατὸν τριάκοντα ἑπτὰ ἔτη.
5 καὶ ἔθηκαν αὐτὸν ἐν σορῷ καὶ ὕστερον ἔθαψαν αὐτὸν ἐν
   Χεβρὼν ἀνὰ χεῖρα Ἀβραὰμ καὶ Ἰσαὰκ καὶ Ἰακώβ.

Testamenta XII Patriarcharum (Juda)
------------------------------------

διαθηκη Ιουδα.
1 περι ανδρειας και φιλαργυριας και πορνειας.
   - 1 -
1 ἀντίγραφον λόγων Ἰουδὰ ὅσα ἐλάλησε τοῖς υἱοῖς αὐτοῦ
   πρὸ τοῦ ἀποθανεῖν αὐτόν.
2 συναχθέντες ἦλθον πρὸς αὐτὸν καὶ εἶπεν αὐτοῖς
3 τέταρτος υἱὸς ἐγενόμην τῷ πατρί μου καὶ ἡ μήτηρ μου
   ὠνόμασέ με Ἰουδὰ λέγουσα ἀνθομολογοῦμαι τῷ κυρίῳ ὅτι
   ἔδωκέ μοι καὶ τέταρτον υἱόν.
4 ὀξὺς ἤμην καὶ σπουδαῖος ἐν νεότητί μου καὶ ὑπήκουον τῷ
   πατρί μου κατὰ πάντα λόγον
5 καὶ εὐλόγουν τὴν μητέρα μου καὶ τὴν ἀδελφὴν τῆς μητρός
   μου.
6 καὶ ἐγένετο ὡς ἠνδρώθην καὶ ὁ πατήρ μου Ἰακὼβ ηὔξατό
   μοι λέγων βασιλεὺς ἔσῃ κατευοδούμενος ἐν πᾶσι.
   - 2 -
1 καὶ ἔδωκέ μοι κύριος χάριν ἐν πᾶσι τοῖς ἔργοις μου ἔν
   τε τῷ ἀγρῷ καὶ ἐν τῷ οἴκῳ
2 ὡς εἶδον ὅτε συνέδραμον τῇ ἐλάφῳ καὶ πιάσας αὐτὴν
   ἐποίησα βρῶμα τῷ πατρί μου.
3 τὰς δορκάδας ἐκράτουν διὰ τοῦ δρόμου καὶ πᾶν ὃ ἦν ἐν
   τοῖς πεδίοις κατελάμβανον. φοράδα ἀγρίαν κατέλαβον καὶ
   πιάσας ἡμέρωσα
4 καὶ λέοντα ἀπέκτεινα καὶ ἀφελόμην ἔριφον ἐκ τοῦ
   στόματος αὐτοῦ. ἄρκον λαβὼν ἐκ τοῦ ποδὸς ἀπεκύλισα εἰς
   κρημνὸν καὶ πᾶν θηρίον εἰ ἐπέστρεφε πρός με διέσπων
   αὐτὸ ὡς κύνα.
5 τῷ χοίρῳ τῷ ἀγρίῳ συνέδραμον καὶ προλαβὼν ἐν τῷ τρέχειν
   με κατεσπάραξα αὐτόν.
6 πάρδαλις ἐν Χεβρὼν προσεπήδησεν ἐπὶ τὸν κύνα καὶ πιάσας
   αὐτὴν ἀπὸ τῆς οὐρᾶς ἀπηκόντισα αὐτὴν καὶ ἐρράγη ἐν τοῖς
   ὁρίοις Γάζης.
7 βοῦν ἄγριον ἐν χώρᾳ νεμόμενον ἐκράτησα ἐκ τῶν κεράτων
   καὶ ἐν κύκλῳ συσσείσας καὶ σκοτίσας ῥίψας ἀνεῖλον
   αὐτόν.
   - 3 -
1 καὶ ὅτε ἦλθον οἱ δύο βασιλεῖς τῶν Χαναναίων
   τεθωρακισμένοι ἐπὶ τὰ ποίμνια καὶ πολὺς λαὸς μετ' αὐτῶν
   κἀγὼ μόνος δραμὼν ἐπὶ τὸν βασιλέα Ἀσοὺρ συνέσχον αὐτὸν
   καὶ ἐπὶ τὰς κνημῖδας κρούσας κατέσπασα καὶ οὕτως
   ἀνεῖλον αὐτόν.
2 καὶ τὸν ἕτερον βασιλέα Ταφουὲ καθήμενον ἐπὶ τοῦ ἵππου
   ἀνεῖλον αὐτὸν καὶ οὕτως πάντα τὸν λαὸν διεσκόρπισα.
3 τὸν Ἀχὼρ βασιλέα ἄνδρα γιγάντων βάλλοντα τόξα ἔμπροσθε
   καὶ ὄπισθεν ἐφ' ἵππου ἀνελόμενος λίθον λιτρῶν ξ'
   ἀκοντίσας ἔδωκα τῷ ἵππῳ καὶ ἀπέκτεινα αὐτόν.
4 καὶ πολεμήσας τὸν Ἀχὼρ ἐπὶ ὥρας δύο ἀπέκτεινα αὐτὸν
   καὶ εἰς δύο μερίδας ποιήσας τὴν ἀσπίδα αὐτοῦ συνέκοψα
   τοὺς πόδας αὐτοῦ.
5 ἐν δὲ τῷ ἐκδύειν με αὐτοῦ τὸν θώρακα ἰδοὺ ὀκτὼ ἄνδρες
   ἑταῖροι αὐτοῦ ἤρξαντο πολεμεῖν πρός με.
6 ἐνειλήσας οὖν τὴν στολήν μου ἐν τῇ χειρί μου λίθοις
   σφενδονίσας αὐτοὺς τέσσαρας ἐξ αὐτῶν ἀνεῖλον οἱ δὲ
   ἄλλοι ἔφυγον.
7 καὶ Ἰακὼβ ὁ πατὴρ ἡμῶν ἀνεῖλε τὸν Βεελισὰ βασιλέα
   πάντων τῶν βασιλέων γίγαντα τῇ ἰσχύι πηχῶν ιβ'.
8 καὶ ἐπέπεσεν ἐπ' αὐτοὺς τρόμος καὶ ἐπαύσαντο
   πολεμοῦντες ἀφ' ἡμῶν.
9 διὰ τοῦτο ἀμέριμνος ἦν ὁ πατήρ μου ἐν τοῖς πολέμοις ὅτι
   ἐγὼ ἤμην ἐν τοῖς ἀδελφοῖς μου.
10 εἶδε γὰρ ἐν ὁράματι περὶ ἐμοῦ ὅτι ἄγγελος δυνάμεως
   ἕπεταί μοι ἐν πᾶσι τοῦ μὴ ἡττᾶσθαι.
   - 4 -
1 καὶ κατὰ νότον γέγονεν ἡμῖν πόλεμος μείζων τοῦ ἐν
   Σικίμοις καὶ παραταξάμενος μετὰ τῶν ἀδελφῶν μου ἐδίωξα
   χιλίους ἄνδρας καὶ ἀπέκτεινα ἐξ αὐτῶν διακοσίους ἄνδρας
   καὶ τέσσαρες βασιλεῖς.
2 καὶ ἀνῆλθον ἐπ' αὐτοὺς ἐπὶ τοῦ τείχους καὶ ἄλλους δύο
   βασιλεῖς ἀνεῖλον
3 καὶ οὕτως ἐλευθερώσαμεν τὴν Χεβρὼν καὶ ἐλάβομεν πᾶσαν
   τὴν αἰχμαλωσίαν τῶν βασιλέων.

   - 5 -
1 τῇ ἑξῆς ἀπήλθομεν εἰς Ἀρεταὴ πόλιν κραταιὰν καὶ
   τειχήρη καὶ ἀπροσέγγιστον ἀπειλοῦσαν ἡμῖν θάνατον.
2 ἐγὼ οὖν καὶ Γὰδ προσήξαμεν ἀπὸ ἀνατολῶν τῆς πόλεως
   Ῥουβὴμ δὲ καὶ Λευὶ ἀπὸ δυσμῶν καὶ νότου.
3 καὶ νομίσαντες οἱ ἐπὶ τοῦ τείχους ὅτι ἡμεῖς μόνοι ἐσμέν
   ἐφελκύσθησαν ἐφ' ἡμᾶς
4 καὶ οὕτως λάθρᾳ οἱ ἀδελφοί ἐξ ἑκατέρων πασσάλοις
   ἐπανέβησαν τῷ τείχει καὶ εἰσῆλθον εἰς τὴν πόλιν
   ἀγνοούντων αὐτῶν.
5 καὶ ἐλάβομεν αὐτὴν ἐν στόματι μαχαίρας καὶ τοὺς ἐν τῷ
   πύργῳ καταφυγόντας ἐμπρήσαντες τὸν πύργον σὺν αὐτοῖς
   ἐλάβομεν.
6 καὶ ἐν τῷ ἀπιέναι ἡμᾶς ἄνδρες Θαφφοὺ ἐπέβαλον τῇ
   αἰχμαλωσίᾳ ἡμῶν καὶ παραδόντες αὐτὴν τοῖς υἱοῖς ἡμῶν
   συνήψαμεν πρὸς αὐτοὺς ἕως Θαφφοὺ
7 κἀκείνους ἀπεκτείναμεν καὶ τὴν πόλιν ἐνεπρήσαμεν πάντα
   τὰ ἐν αὐτῇ σκυλεύσαντες.
   - 6 -
1 καὶ ὡς ἤμην ἐν τοῖς ὕδασι Χωζηβὰ οἱ ἀπὸ Ἰωβὴλ ἦλθον
   ἐφ' ἡμᾶς εἰς πόλεμον
2 καὶ συνήψαμεν αὐτοῖς καὶ τοὺς ἀπὸ Σιλὼμ συμμάχους αὐτῶν
   ἀπεκτείναμεν καὶ οὐκ ἐδώκαμεν αὐτοῖς διέξοδον τοῦ
   εἰσελθεῖν πρὸς ἡμᾶς.
3 καὶ οἱ ἀπὸ Μαχὶρ ἐπῆλθον ἡμῖν τῇ πέμπτῃ ἡμέρᾳ λαβεῖν
   τὴν αἰχμαλωσίαν καὶ προσάξαντες αὐτοῖς ἐν καρτερᾷ μάχῃ
   περιεγενόμεθα ὅτι ἦσαν πλῆθος δυνατῶν ἐν αὐτοῖς καὶ
   ἀπεκτείναμεν αὐτοὺς πρὸ τοῦ ἀναβῆναι τὴν ἀνάβασιν.
4 ὡς δὲ ἤλθομεν ἐν τῇ πόλει αὐτῶν αἱ γυναῖκες αὐτῶν
   ἐκύλιον ἐφ' ἡμᾶς λίθους ἀπὸ τῆς κορυφῆς τοῦ ὄρους ἐν ᾗ
   ἦν ἡ πόλις.
5 καὶ ὑποκρυβέντες ἐγὼ καὶ Συμεὼν ἐξόπισθεν ἐπελαβόμεθα
   τῶν ὑψηλῶν καὶ ὅλην τὴν πόλιν ὀλοθρεύσαμεν.
   - 7 -
1 καὶ τῇ ἑξῆς ἐρρέθη πρὸς ἡμᾶς ὅτι Γαᾶς πόλις βασιλέων ἐν
   ὄχλῳ βαρεῖ ἔρχεται πρὸς ἡμᾶς.
2 ἐγὼ οὖν καὶ Δὰν προσποιησάμενοι Ἀμορραίους ὡς σύμμαχοι
   ἤλθομεν εἰς τὴν πόλιν αὐτῶν.
3 νυκτὶ δὲ βαθείᾳ ἐλθοῦσι τοῖς ἀδελφοῖς ἠνοίξαμεν τὰς
   πύλας καὶ πάντας αὐτοὺς καὶ τὰ αὐτῶν ὀλοθρεύσαμεν καὶ
   πάντα τὰ αὐτῶν προνομεύσαντες τὰ τρία τείχη αὐτῶν
   καθείλομεν.
4 καὶ ἐν τῇ Θάμνα προσηγγίσαμεν οὗ ἦν πᾶσα ἡ ἀποφυγὴ τῶν
   πολεμίων βασιλέων.
5 τότε ὑβριζόμενος ἐθυμώθην καὶ ὥρμησα ἐπ' αὐτοὺς ἐπὶ τὴν
   κορυφὴν κἀκεῖνοι ἐσφενδόνουν ἐπ' ἐμὲ λίθοις καὶ τόξοις
6 καὶ εἰ μὴ Δὰν ὁ ἀδελφός μου συνεμάχησέ μοι εἶχόν με
   ἀνελεῖν.
7 ἐπήλθομεν οὖν ἐπ' αὐτοὺς μετὰ θυμοῦ καὶ πάντες ἔφυγον
   καὶ διελθόντες δι' ἄλλης ὁδοῦ ἐδεήθησαν τοῦ πατρός μου
   καὶ ἐποίησεν εἰρήνην μετ' αὐτῶν
8 καὶ οὐκ ἐποιήσαμεν αὐτοῖς οὐθὲν κακὸν ἀλλ' ἐποιήσαμεν
   αὐτοὺς ὑποσπόνδους καὶ ἀπεδώκαμεν αὐτοῖς πᾶσαν τὴν
   αἰχμαλωσίαν.
9 καὶ ᾠκοδόμησα ἐγὼ τὴν Θάμνα καὶ ὁ πατήρ μου τὴν
   Ῥαμβαηλ.
10 εἴκοσιν ἐτῶν ἤμην ὅτε ἐγένετο ὁ πόλεμος οὗτος
11 καὶ ἦσαν οἱ Χαναναῖοι φοβούμενοί με καὶ τοὺς ἀδελφούς
   μου.
   - 8 -
1 ἦν δέ μοι καὶ κτήνη πολλὰ καὶ εἶχον ἀρχιποίμενα Ἰρὰν
   τὸν Ὀδολαμίτην
2 πρὸς ὃν ἐλθὼν εἶδον Βάρσαν βασιλέα Ὀδολάμ. καὶ
   ἐποίησεν ἡμῖν πότον καὶ παρακαλέσας δίδωσί μοι τὴν
   θυγατέρα αὐτοῦ Βησσουὲ εἰς γυναῖκα.
3 αὕτη ἔτεκέ μοι τὸν Ἢρ καὶ Αὐνὰν καὶ Σηλὼμ ὧν τοὺς δύο
   ἀτέκνους ἀνεῖλε κύριος ὁ γὰρ Σηλὼμ ἔζησε καὶ τὰ τέκνα
   αὐτοῦ ὑμεῖς ἐστε.
   - 9 -
1 δεκαοκτὼ ἔτη ἐποιήσαμεν εἰρήνην ὁ πατὴρ ἡμῶν καὶ ἡμεῖς
   μετὰ τοῦ ἀδελφοῦ αὐτοῦ Ἡσαὺ καὶ οἱ υἱοὶ αὐτοῦ μεθ'

ἡμῶν μετὰ τὸ ἐλθεῖν ἡμᾶς ἐκ Μεσοποταμίας ἀπὸ Λαβάν.
2 καὶ πληρωθέντων τῶν δεκαοκτὼ ἐτῶν ἐν τεσσαρακοστῷ ἔτει
ζωῆς μου ἐπῆλθεν ἡμῖν Ἠσαῦ ὁ ἀδελφὸς τοῦ πατρός μου ἐν
λαῷ βαρεῖ καὶ ἰσχυρῷ
3 καὶ ἔπεσεν ἐν τόξῳ Ἰακὼβ καὶ ἤρθη νεκρὸς ἐν ὄρει Σηὶρ
καὶ πορευόμενος ἐπάνω Εἱρραμνὰ ἀπέθανεν.
4 ἡμεῖς δὲ ἐδιώξαμεν ἐπὶ τοὺς υἱοὺς Ἠσαύ. ἦν δὲ τούτοις
πόλις καὶ τεῖχος σιδηροῦν καὶ πύλαι χαλκαῖ καὶ οὐκ
ἠδυνήθημεν εἰσελθεῖν ἐν αὐτῇ καὶ περικαθίσαντες
ἐπολιορκοῦμεν αὐτούς.
5 καὶ ὡς οὐκ ἤνοιγον μετὰ ἡμέρας εἴκοσιν ὁρώντων αὐτῶν
προσάγω κλίμακα καὶ τὴν ἀσπίδα ἐπὶ τῆς κεφαλῆς μου καὶ
ἀνῆλθον ἀποδεχόμενος λίθους ἕως ταλάντων τριῶν καὶ
ἀνελθὼν ἀνεῖλον τέσσαρες τοὺς δυνατοὺς ἐξ αὐτῶν.
6 καὶ τῇ ἑξῆς ἐμβάντες Ῥουβὴμ καὶ Γὰδ ἀνεῖλον ἑτέρους
ἑξήκοντα.
7 τότε αἰτοῦσιν ἡμᾶς τὰ πρὸς εἰρήνην καὶ γενόμενοι βουλῆς
τοῦ πατρὸς ἡμῶν ἐδεξάμεθα αὐτοὺς ὑποφόρους.
8 καὶ ἦσαν διδόντες ἡμῖν πυροῦ κόρους διακοσίους ἐλαίου
βεθ φ´ οἴνου μέτρα χίλια πεντακόσια ἕως ὅτε κατήλθομεν
εἰς Αἴγυπτον.
- 10 -
1 μετὰ ταῦτα Ἦρ ὁ υἱός μου ἄγεται τὴν Θαμὰρ ἐκ
Μεσοποταμίας θυγατέρα Ἀράμ.
2 ἦν δὲ Ἦρ πονηρὸς καὶ ἠπορεῖτο περὶ τῆς Θαμὰρ ὅτι οὐκ
ἦν ἐκ γῆς Χαναάν. καὶ ἄγγελος κυρίου ἀνεῖλεν αὐτὸν τῇ
τρίτῃ ἡμέρᾳ τῇ νυκτί
3 καὶ αὐτὸς οὐκ ἔγνω αὐτὴν κατὰ πανουργίαν τῆς μητρὸς
αὐτοῦ οὐ γὰρ ἤθελεν ἔχειν τέκνα ἀπ᾽ αὐτῆς.
4 ἐν ταῖς ἡμέραις τοῦ θαλάμου ἐπεγάμβρευσα αὐτῇ τὸν Αὐνὰν
καίγε οὗτος ἐν πονηρίᾳ οὐκ ἔγνω αὐτὴν ποιήσας σὺν αὐτῇ
ἐνιαυτόν.
5 καὶ ὅτε ἠπείλησα αὐτῷ συνῆλθε μὲν αὐτῇ διέφθειρε δὲ τὸ
σπέρμα ἐπὶ τὴν γῆν κατὰ τὴν ἐντολὴν τῆς μητρὸς αὐτοῦ
καίγε οὗτος ἐν πονηρίᾳ ἀπέθανεν.
6 ἤθελον δὲ καὶ τὸν Σηλὼμ δοῦναι αὐτῇ ἀλλ᾽ ἡ γυνή μου
Βησσουὲ οὐκ ἀφῆκεν ἐπονηρεύετο γὰρ πρὸς τὴν Θαμὰρ ὅτι
οὐκ ἦν ἐκ θυγατέρων Χαναὰν ὡς αὐτή.
- 11 -
1 κἀγὼ ᾔδειν ὅτι πονηρὸν τὸ γένος Χαναάν ἀλλὰ τὸ
διαβούλιον τῆς νεότητος ἐτύφλωσε τὴν καρδίαν μου.
2 καὶ ἰδὼν αὐτὴν οἰνοχοοῦσαν ἐν μέθῃ οἴνου ἠπατήθην καὶ
συνέπεσα πρὸς αὐτήν.
3 αὐτὴ ἀπόντος μου ἐπορεύθη καὶ ἔλαβε τῷ Σηλὼμ γυναῖκα ἐκ
γῆς Χαναάν.
4 γνοὺς δὲ ὃ ἐποίησε κατηρασάμην αὐτῇ ἐν ὀδύνῃ ψυχῆς μου
5 καὶ αὕτη ἀπέθανεν ἐν πονηρίᾳ υἱῶν αὐτῆς.
- 12 -
1 μετὰ δὲ τοὺς λόγους τούτους χηρευούσης τῆς Θαμὰρ μετὰ
δύο ἔτη ἀκούσασα ὅτι ἀνέρχομαι κεῖραι ἐκάθισε
κοσμηθεῖσα κόσμῳ νυμφικῷ ἐκάθισεν ἐν Ἐνὰν τῇ πόλει
πρὸς τὴν πύλην.
2 νόμος γὰρ Ἀμορραίων τὴν γαμοῦσαν προκαθίσαι ἐν πορνείᾳ
ἑπτὰ ἡμέρας παρὰ τὴν πύλην.
3 μεθυσθεὶς οὖν ἐγὼ ἐν ὕδασι Χοζηβὰ οὐκ ἐπέγνων αὐτὴν ἀπὸ
τοῦ οἴνου καὶ ἠπάτησέ με τὸ κάλλος αὐτῆς διὰ τοῦ
σχήματος τῆς κοσμήσεως.
4 καὶ ἐκκλίνας πρὸς αὐτὴν εἶπον εἰσέλθω πρός σε. καὶ εἶπέ
μοι τί μοι δώσεις; καὶ ἔδωκα αὐτῇ τὴν ῥάβδον μου καὶ
τὴν ζώνην καὶ τὸ διάδημα τῆς βασιλείας καὶ συνελθὼν
αὐτῇ συνείληφεν.
5 ἀγνοῶν δὲ ὃ ἐποίησεν ἤθελον ἀνελεῖν αὐτὴν πέμψασα δὲ ἐν
κρυπτῷ τοὺς ἀρραβῶνας κατῄσχυνέ με.
6 καλέσας δὲ αὐτὴν ἤκουσα καὶ τοὺς ἐν μυστηρίῳ λόγους οὓς
καθεύδων σὺν αὐτῇ ἐν τῇ μέθῃ μου ἐλάλησα καὶ οὐκ
ἠδυνήθην ἀνελεῖν αὐτὴν ὅτι παρὰ κυρίου ἦν.
7 ἔλεγον δὲ μήποτε ἐν δολιότητι ἐποίησε παρὰ ἄλλης
λαβοῦσα τὸν ἀρραβῶνα.
8 ἀλλ᾽ οὐδὲ ἤγγισα αὐτῇ ἔτι ἕως θανάτου μου ὅτι βδέλυγμα
ἐποίησα τοῦτο ἐν παντὶ Ἰσραήλ.
9 καίγε οἱ ἐν τῇ πόλει ἔλεγον μὴ εἶναι ἐν τῇ πύλῃ
τελισκομένην ὅτι ἐξ ἄλλου χωρίου ἐλθοῦσα πρὸς βραχὺ
ἐκάθισεν ἐν πύλῃ
10 καὶ ἐνόμιζον ὅτι οὐδεὶς ἔγνω ὅτι εἰσῆλθον πρὸς αὐτήν.
11 καὶ μετὰ ταῦτα ἤλθομεν εἰς Αἴγυπτον πρὸς Ἰωσὴφ διὰ τὸν
λιμόν.
12 τεσσαράκοντα ἓξ ἐτῶν ἤμην καὶ ἑβδομήκοντα τρία ἔτη
ἔζησα ἐκεῖ.
- 13 -
1 καὶ νῦν ὅσα ἐγὼ ὑμῖν ἐντέλλομαι ἀκούσατε τέκνα τοῦ
πατρὸς ὑμῶν καὶ φυλάξατε πάντας τοὺς λόγους μου τοῦ
ποιεῖν τὰ δικαιώματα κυρίου καὶ ὑπακούειν ἐντολῆς
κυρίου θεοῦ.
2 καὶ μὴ πορεύεσθε ὀπίσω τῶν ἐπιθυμιῶν ὑμῶν μηδὲ ἐν
ἐνθυμήσει διαβουλίων ὑμῶν ἐν ὑπερηφανίᾳ καρδίας ὑμῶν
καὶ μὴ καυχᾶσθε ἐν ἔργοις ἰσχύος νεότητος ὑμῶν ὅτι
καίγε τοῦτο πονηρὸν ἐν ὀφθαλμοῖς κυρίου.
3 ἐπειδὴ γὰρ κἀγὼ καυχησάμενος ὅτι ἐν πολέμοις οὐκ
ἠπάτησέ με πρόσωπον γυναικὸς εὐμόρφου ὠνείδιζον Ῥουβὴμ
τὸν ἀδελφόν μου περὶ Βάλλας γυναικὸς πατρός μου τὸ
πνεῦμα τοῦ ζήλου καὶ τῆς πορνείας παρετάξατο ἐν ἐμοὶ
ἕως συνέπεσα εἰς Βησσουὲ τὴν Χαναναίαν καὶ εἰς Θαμὰρ
τὴν νυμφευθεῖσαν τοῖς υἱοῖς μου.
4 καὶ ἔλεγον τῷ πενθερῷ μου συμβουλεύσομαι τῷ πατρί μου
καὶ οὕτως λήψομαι τὴν θυγατέρα σου. καὶ ἔδειξέ μοι ἐπ᾽
ὀνόματι τῆς θυγατρὸς αὐτοῦ χρυσοῦ πλῆθος ἄπειρον ἦν γὰρ
βασιλεύς.
5 καὶ αὐτὴν κοσμήσας ἐν χρυσῷ καὶ μαργαρίταις ἐποίησεν
ἡμῖν οἰνοχοεῖν ἐν τῷ δείπνῳ ἐν κάλλει γυναικῶν.
6 καὶ ὁ οἶνος διέστρεψέ μου τοὺς ὀφθαλμοὺς καὶ ἡμαύρωσέ
μου τὴν καρδίαν ἡ ἡδονή.
7 καὶ ἐρασθεὶς αὐτῆς συνέπεσα καὶ παρέβην ἐντολὴν κυρίου

καὶ ἐντολὴν πατέρων μου καὶ ἔλαβον αὐτὴν εἰς γυναῖκα.
8 καὶ ἀνταπέδωκέ μοι κύριος κατὰ τὸ διαβούλιον τῆς
καρδίας μου ὅτι οὐκ ηὐφράνθην ἐπὶ τοῖς τέκνοις αὐτῆς.
- 14 -
1 καὶ νῦν τέκνα μου μὴ μεθύσκεσθε οἴνῳ ὅτι ὁ οἶνος
διαστρέφει τὸν νοῦν ἀπὸ τῆς ἀληθείας καὶ ἐμβάλλει ὀργὴν
ἐπιθυμίας καὶ ὁδηγεῖ εἰς πλάνην τοὺς ὀφθαλμούς.
2 τὸ γὰρ πνεῦμα τῆς πορνείας τὸν οἶνον ὡς διάκονον πρὸς
τὰς ἡδονὰς ἔχει τοῦ νοὸς ὅτι καίγε τὰ δύο ταῦτα
ἀφιστῶσι τὴν δύναμιν τοῦ ἀνθρώπου.
3 ἐὰν γάρ τις πίῃ οἶνον εἰς μέθην ἐν διαλογισμοῖς
ῥυπαροῖς συνταράσσει τὸν νοῦν εἰς πορνείαν καὶ
ἐκθερμαίνει τὸ σῶμα πρὸς μεῖξιν καὶ εἰ πάρεστι τὸ τῆς
ἐπιθυμίας αἴτιον πράσσει τὴν ἁμαρτίαν καὶ οὐκ
αἰσχύνεται.
4 τοιοῦτός ἐστιν ὁ οἶνος τέκνα μου ὅτι ὁ μεθύων οὐδένα
αἰδεῖται.
5 ἰδοὺ γὰρ κἀμὲ ἐπλάνησε μὴ αἰσχυνθῆναι πλῆθος ἐν τῇ
πόλει ὅτι ἐν ὀφθαλμοῖς πάντων ἐξέκλινα πρὸς τὴν Θαμὰρ
καὶ ἐποίησα ἁμαρτίαν μεγάλην καὶ ἀνεκάλυψα κάλυμμα
ἀκαθαρσίας υἱῶν μου.
6 πιὼν οἶνον οὐκ αἰσχύνθην ἐντολὴν θεοῦ καὶ ἔλαβον
γυναῖκα Χαναναίαν.
7 διὸ συνέσεως χρῄζει ὁ πίνων οἶνον τέκνα μου καὶ αὕτη
ἐστὶν ἡ σύνεσις τῆς οἰνοποσίας ἵνα ἕως ὅτε ἔχει αἰδῶ
πίνῃ
8 ἐὰν δὲ παρέλθῃ τὸν ὅρον τοῦτον ἐμβάλλει εἰς τὸν νοῦν τὸ
πνεῦμα τῆς πλάνης καὶ ποιεῖ τὸν μέθυσον αἰσχρορρημονεῖν
καὶ παρανομεῖν καὶ μὴ αἰσχύνεσθαι ἀλλὰ καὶ ἐγκαυχᾶσθαι
τῇ ἀτιμίᾳ νομίζοντα εἶναι καλόν.
- 15 -
1 ὁ πορνεύων ζημιούμενος οὐκ αἰσθάνεται καὶ ἀδοξῶν οὐκ
αἰσχύνεται
2 κἂν γάρ τις βασιλεύσῃ πορνεύων γυμνούμενος τῆς
βασιλείας ἐξέρχεται δουλωθεὶς τῇ πορνείᾳ ὡς κἀγὼ
γυμνωθείς.
3 ἔδωκα γὰρ τὴν ῥάβδον μου τουτέστι τὸ στήριγμα τῆς ἐμῆς
φυλῆς καὶ τὴν ζώνην μου τουτέστι τὴν δύναμιν καὶ τὸ
διάδημα τουτέστι τὴν δόξαν τῆς βασιλείας μου.
4 καίγε μετανοήσας ἐπὶ τούτοις οἶνον καὶ κρέας οὐκ ἔλαβον
ἕως γήρως καὶ μάχης οὐκ εἶδον εὐφροσύνην οὐκ εἶδον.
5 καὶ ἔδειξέ μοι ὁ ἄγγελος τοῦ θεοῦ ὅτι ἕως τοῦ αἰῶνος
καὶ βασιλεῖ καὶ πτωχῷ αἱ γυναῖκες κατακυριεύουσιν
6 καὶ τοῦ μὲν βασιλέως αἴρουσι τὴν δόξαν τοῦ δὲ ἀνδρείου
τὴν δύναμιν καὶ τοῦ πτωχοῦ τὸ τῆς πτωχείας ἐλάχιστον
στήριγμα.
- 16 -
1 φυλάσσεσθε οὖν τέκνα μου ὅρον οἴνου. ἔστι γὰρ ἐν αὐτῷ
τέσσαρα πνεύματα πονηρὰ ἐπιθυμίας πυρώσεως ἀσωτίας
αἰσχροκερδίας.
2 ἐὰν πίνητε οἶνον ἐν εὐφροσύνῃ μετὰ φόβου θεοῦ
αἰδούμενοι ἐὰν γὰρ πίνητε μὴ αἰδούμενοι καὶ ἀποστῇ ὁ
τοῦ θεοῦ φόβος λοιπὸν γίνεται μέθη καὶ παρεισέρχεται ἡ
ἀναισχυντία.
3 εἰ δὲ ⟨μὴ⟩ μηδὲ ὅλως πίετε ἵνα μὴ ἁμάρτητε ἐν λόγοις
ὕβρεως καὶ μάχης καὶ συκοφαντίας καὶ παραβάσεως ἐντολῶν
θεοῦ καὶ ἀπολεῖσθε οὐκ ἐν καιρῷ ὑμῶν.
4 καίγε μυστήρια θεοῦ καὶ ἀνθρώπων ἀλλοτρίοις ἀποκαλύπτει
ὁ οἶνος ὡς κἀγὼ ἐντολὰς θεοῦ καὶ μυστήρια Ἰακὼβ τοῦ
πατρός μου ἀπεκάλυψα τῇ Χανανίτιδι Βησσουὲ οἷς εἶπεν ὁ
θεὸς μὴ ἀποκαλύψαι. καὶ πολέμου δὲ καὶ ταραχῆς αἴτιος
γίνεται ὁ οἶνος.
- 17 -
1 ἐντέλλομαι οὖν ὑμῖν τέκνα μου μὴ ἀγαπᾶν ἀργύριον μηδὲ
ἐμβλέπειν εἰς κάλλος γυναικῶν ὅτι καίγε δι᾽ ἀργύριον
καὶ εὐμορφίαν ἐπλανήθην εἰς Βησσουὲ τὴν Χαναναίαν.
2 ὅτι οἶδα ἐγὼ ὅτι διὰ τὰ δύο ταῦτα ἔσεσθε τὸ γένος μου
ἐν πονηρίᾳ
3 ὅτι καίγε σοφοὺς ἄνδρας τῶν υἱῶν μου ἀλλοιώσουσι καὶ
βασιλείαν Ἰουδὰ σμικρυνθῆναι ποιήσουσιν ἣν ἔδωκέ μοι
κύριος ἐν ὑπακοῇ πατρός.
4 οὐδέποτε γὰρ ἐλύπησα λόγον Ἰακὼβ τοῦ πατρός μου ὅτι
πάντα ὅσα εἶπεν ἐποίουν.
5 καὶ Ἀβραὰμ ὁ πατὴρ τοῦ πατρός μου εὐλόγησέ με
βασιλεύειν ἐν Ἰσραὴλ καὶ Ἰσαὰκ ἐπευλόγησέ με ὁμοίως
οὕτως.
6 καὶ ἐγὼ οἶδα ὅτι ἐξ ἐμοῦ στήσεται τὸ βασίλειον.
- 18 -
1 ὅτι καίγε ἀνέγνων ἐν βίβλοις Ἐνὼχ τοῦ δικαίου ὅσα κακὰ
ποιήσετε ἐν ἐσχάταις ἡμέραις.
2 φυλάξασθε οὖν τέκνα μου ἀπὸ τῆς πορνείας καὶ τῆς
φιλαργυρίας ἀκούσατε Ἰουδὰ τοῦ πατρὸς ὑμῶν
3 ὅτι ταῦτα ἀφιστᾷ νόμου θεοῦ καὶ τυφλοῖ τὸ διαβούλιον
τῆς ψυχῆς καὶ ὑπερηφανίαν ἐκδιδάσκει καὶ οὐκ ἀφίει
ἄνδρα ἐλεῆσαι τὸν πλησίον αὐτοῦ
4 στερίσκει τὴν ψυχὴν αὐτοῦ ἀπὸ πάσης ἀγαθοσύνης καὶ
συνέχει αὐτὸν ἐν μόχθοις καὶ πόνοις καὶ ἀφιστᾷ ὕπνον
αὐτοῦ καὶ κατανανᾷ σάρκας αὐτοῦ
5 καὶ θυσίας θεοῦ ἐμποδίζει καὶ εὐλογίας οὐ μέμνηται καὶ
προφήτῃ λαλοῦντι οὐχ ὑπακούει καὶ λόγῳ εὐσεβείας
προσοχθίζει.
6 δύο γὰρ πάθη ἐναντία τῶν ἐντολῶν τοῦ θεοῦ δουλεύων θεῷ
ὑπακούειν οὐ δύναται ὅτι ἐτύφλωσαν τὴν ψυχὴν αὐτοῦ καὶ
ἐν ἡμέρᾳ ὡς ἐν νυκτὶ πορεύεται.
- 19 -
1 τέκνα μου ἡ φιλαργυρία πρὸς εἴδωλα ὁδηγεῖ ὅτι ἐν πλάνῃ
δι᾽ ἀργύριον τοὺς μὴ ὄντας θεοὺς ὀνομάζουσι καὶ ποιεῖ
τὸν ἔχοντα αὐτὴν εἰς ἔκστασιν ἐμπεσεῖν.
2 διὰ ἀργύριον ἐγὼ ἀπώλεσα τὰ τέκνα μου καὶ εἰ μὴ ἡ
μετάνοια σαρκός μου καὶ ἡ ταπείνωσις ψυχῆς μου καὶ αἱ
εὐχαὶ Ἰακὼβ τοῦ πατρός μου ἄτεκνος εἶχον ἀποθανεῖν.
3 ἀλλ᾽ ὁ θεὸς τῶν πατέρων μου ὁ οἰκτίρμων καὶ ἐλεήμων

συνέγνω ὅτι ἐν ἀγνοίᾳ ἐποίησα.

4 ἐτύφλωσε γάρ με ὁ ἄρχων τῆς πλάνης καὶ ἠγνόησα ὡς
ἄνθρωπος καὶ ὡς σάρξ ἐν ἁμαρτίαις φθαρεὶς καὶ ἐπέγνων
τὴν ἐμαυτοῦ ἀσθένειαν νομίζων ἀκαταμάχητος εἶναι.

- 20 -

1 ἐπίγνωτε οὖν τέκνα μου ὅτι δύο πνεύματα σχολάζουσι τῷ
ἀνθρώπῳ τὸ τῆς ἀληθείας καὶ τὸ τῆς πλάνης

2 καὶ μέσον ἐστὶ τὸ τῆς συνέσεως τοῦ νοὸς οὗ ἐὰν θέλῃ
κλῖναι.

3 καίγε τὰ τῆς ἀληθείας καὶ τὰ τῆς πλάνης γέγραπται ἐπὶ
τὸ στῆθος τοῦ ἀνθρώπου καὶ ἓν ἕκαστον αὐτῶν γνωρίζει
κύριος.

4 καὶ οὐκ ἔστι καιρὸς ἐν ᾧ δυνήσεται λαθεῖν ἀνθρώπων ἔργα
ὅτι ἐν στήθει ὀστέων αὐτοῦ ἐγγέγραπται ἐνώπιον κυρίου.

5 καὶ τὸ πνεῦμα τῆς ἀληθείας μαρτυρεῖ πάντα καὶ κατηγορεῖ
πάντων καὶ ἐμπεπύρισται ὁ ἁμαρτήσας ἐκ τῆς ἰδίας
καρδίας καὶ ἆραι πρόσωπον οὐ δύναται πρὸς τὸν κριτήν.

- 21 -

1 καὶ νῦν τέκνα ἀγαπήσατε τὸν Λευὶ ἵνα διαμείνητε καὶ μὴ
ἐπαίρεσθε ἐπ' αὐτὸν ἵνα μὴ ἐξολοθρευθῆτε.

2 ἐμοὶ γὰρ ἔδωκε κύριος τὴν βασιλείαν κἀκείνῳ τὴν
ἱερατείαν καὶ ὑπέταξε τὴν βασιλείαν τῇ ἱερωσύνῃ.

3 ἐμοὶ ἔδωκε τὰ ἐπὶ τῆς γῆς ἐκείνῳ τὰ ἐν οὐρανοῖς.

4 ὡς ὑπερέχει οὐρανὸς τῆς γῆς οὕτως ὑπερέχει θεοῦ
ἱερατεία τῆς ἐπὶ γῆς βασιλείας ἐὰν μὴ δι' ἁμαρτίας
ἀποπέσῃ κυρίου καὶ κυριευθῇ ὑπὸ τῆς ἐπιγείου βασιλείας.

5 καὶ γὰρ αὐτὸν ὑπέρ σε ἐξελέξατο κύριος ἐγγίζειν αὐτῷ
καὶ ἐσθίειν τράπεζαν αὐτοῦ καὶ ἀπαρχὰς ἐντρυφήματα υἱῶν
Ἰσραήλ.

6 σὺ δὲ ἔσῃ βασιλεὺς ἐν Ἰακὼβ καὶ ἔσῃ αὐτοῖς ὡς θάλασσα.
ὥσπερ γὰρ ἐν αὐτῇ δίκαιοι καὶ ἄδικοι χειμάζονται οἱ μὲν
αἰχμαλωτιζόμενοι οἱ δὲ πλουτοῦντες οὕτως καὶ ἐν σοὶ πᾶν
γένος ἀνθρώπων οἱ μὲν κινδυνεύουσιν αἰχμαλωτιζόμενοι οἱ
δὲ πλουτήσουσιν ἁρπάζοντες.

7 ὅτι οἱ βασιλεύοντες ἔσονται ὡς κήτη καταπίνοντες
ἀνθρώπους ὡς ἰχθύας θυγατέρας καὶ υἱοὺς ἐλευθέρους
καταδουλώσουσιν οἴκους ἀγροὺς ποίμνια χρήματα ἁρπάσουσι

8 καὶ πολλῶν σάρκας ἀδίκως κόρακας καὶ ἴβεις χορτάσουσι
καὶ προκόψουσιν ἐπὶ τὸ κακὸν ἐν πλεονεξίᾳ ὑψούμενοι.

9 καὶ ἔσονται ὡς καταιγίδες ψευδοπροφῆται καὶ πάντας
δικαίους διώξονται.

- 22 -

1 ἐπάξει δὲ αὐτοῖς κύριος διαιρέσεις κατ' ἀλλήλων καὶ
πόλεμοι συνεχεῖς ἔσονται ἐν Ἰσραήλ

2 καὶ ἐν ἀλλοφύλοις συντελεσθήσεται ἡ βασιλεία μου ἕως
τοῦ ἐλθεῖν τὸ σωτήριον Ἰσραήλ ἕως παρουσίας τοῦ θεοῦ
τῆς δικαιοσύνης τοῦ ἡσυχάσαι τὸν Ἰακὼβ ἐν εἰρήνῃ καὶ
πάντα τὰ ἔθνη.

3 καὶ αὐτὸς φυλάξει κράτος βασιλείας μου ἕως τοῦ αἰῶνος.
ὅρκῳ γὰρ ὤμοσέ μοι κύριος μὴ ἐκλείψαι τὸ βασίλειόν μου
ἐκ τοῦ σπέρματός μου πάσας τὰς ἡμέρας ἕως τοῦ αἰῶνος.

- 23 -

1 πολλὴ δὲ λύπη μοί ἐστι τέκνα μου διὰ τὰς ἀσελγείας καὶ
γοητείας καὶ εἰδωλολατρείας ἃς ποιήσετε εἰς τὸ
βασίλειον ἐγγαστριμύθοις ἐξακολουθοῦντες κληδόσι καὶ
δαίμοσι πλάνης.

2 τὰς θυγατέρας ὑμῶν μουσικὰς καὶ δημοσίας ποιήσετε καὶ
ἐπιμιγήσεσθε ἐν βδελύγμασιν ἐθνῶν

3 ἀνθ' ὧν ἄξει κύριος ἐφ' ὑμᾶς λιμὸν καὶ λοιμὸν θάνατον
καὶ ῥομφαίαν ἐκδικοῦσαν πολιορκίαν καὶ κύνας εἰς
διασπασμὸν ἐχθρῶν καὶ φίλων ὀνειδισμοὺς ἀπώλειαν καὶ
σφακελισμὸν ὀφθαλμῶν νηπίων ἀναίρεσιν καὶ συμβίων
ἀφαίρεσιν ὑπαρχόντων ἁρπαγὴν ναοῦ θεοῦ ἐμπυρισμὸν γῆς
ἐρήμωσιν ὑμῶν αὐτῶν δουλείαν ἐν ἔθνεσιν

4 καὶ ἐκτεμοῦσιν ἐξ ὑμῶν εἰς εὐνούχους ταῖς γυναιξὶν
αὐτῶν.

5 καὶ ὡς ἂν ἐπιστρέψητε πρὸς κύριον ἐν τελείᾳ καρδίᾳ
μεταμελούμενοι καὶ πορευόμενοι ἐν πάσαις ταῖς ἐντολαῖς
τοῦ θεοῦ καὶ ἐπισκέψεται ὑμᾶς κύριος ἐν ἐλέει καὶ
ἀναγάγῃ ἀπὸ τῆς αἰχμαλωσίας τῶν ἐχθρῶν ὑμῶν.

- 24 -

1 καὶ μετὰ ταῦτα ἀνατελεῖ ὑμῖν ἄστρον ἐξ Ἰακὼβ ἐν εἰρήνῃ
καὶ ἀναστήσεται ἄνθρωπος ἐκ τοῦ σπέρματός μου ὡς ὁ
ἥλιος τῆς δικαιοσύνης συμπορευόμενος τοῖς υἱοῖς τῶν
ἀνθρώπων ἐν πραότητι καὶ δικαιοσύνῃ καὶ πᾶσα ἁμαρτία
οὐχ εὑρηθήσεται ἐν αὐτῷ.

2 καὶ ἀνοιγήσονται ἐπ' αὐτὸν οἱ οὐρανοὶ ἐκχέαι πνεύματος
εὐλογίαν πατρὸς ἁγίου καὶ αὐτὸς ἐκχεεῖ πνεῦμα χάριτος
ἐφ' ὑμᾶς

3 καὶ ἔσεσθε αὐτῷ εἰς υἱοὺς ἐν ἀληθείᾳ καὶ πορεύσεσθε ἐν
προστάγμασιν αὐτοῦ πρώτοις καὶ ἐσχάτοις.

4 οὗτος ὁ βλαστὸς θεοῦ ὑψίστου καὶ αὕτη ἡ πηγὴ εἰς ζωὴν
πάσης σαρκός.

5 τότε ἀναλάμψει σκῆπτρον βασιλείας μου καὶ ἀπὸ τῆς ῥίζης
ὑμῶν γενήσεται πυθμήν.

6 καὶ ἐν αὐτῷ ἀναβήσεται ῥάβδος δικαιοσύνης τοῖς ἔθνεσι
κρῖναι καὶ σῶσαι πάντας τοὺς ἐπικαλουμένους κύριον.

- 25 -

1 καὶ μετὰ ταῦτα ἀναστήσεται Ἀβραὰμ καὶ Ἰσαὰκ καὶ
Ἰακὼβ εἰς ζωὴν καὶ ἐγὼ καὶ οἱ ἀδελφοί μου ἔξαρχοι
σκήπτρων ἡμῶν ἐν Ἰσραὴλ ἐσόμεθα Λευὶ πρῶτος δεύτερος
ἐγὼ τρίτος Ἰωσὴφ τέταρτος Βενιαμὶν πέμπτος Συμεὼν
ἕκτος Ἰσαχὰρ καὶ οὕτως καθεξῆς πάντες.

2 καὶ κύριος εὐλογήσει τὸν Λευὶ ὁ ἄγγελος τοῦ προσώπου
ἐμὲ αἱ δυνάμεις τῆς δόξης τὸν Συμεὼν ὁ οὐρανὸς τὸν
Ῥουβὴμ τὸν Ἰσαχὰρ ἡ γῆ ἡ θάλασσα τὸν Ζαβουλὼν τὰ ὄρη
τὸν Ἰωσὴφ ἡ σκηνὴ τὸν Βενιαμὶν οἱ φωστῆρες τὸν Δὰν ἡ
τρυφὴ τὸν Νεφθαλὶμ ὁ ἥλιος τὸν Γὰδ ἐλαία τὸν Ἀσήρ.

3 καὶ ἔσται εἰς λαὸς κυρίου καὶ γλῶσσα μία καὶ οὐκ ἔσται
ἔτι πνεῦμα πλάνης τοῦ Βελιὰρ ὅτι ἐμβληθήσεται ἐν τῷ
πυρὶ εἰς τὸν αἰῶνα καὶ ἐπέκεινα.

4 καὶ οἱ ἐν λύπῃ τελευτήσαντες ἀναστήσονται ἐν χαρᾷ καὶ

οἱ ἐν πτωχείᾳ διὰ κύριον πλουτισθήσονται καὶ οἱ ἐν
πενίᾳ χορτασθήσονται καὶ οἱ ἐν ἀσθενείᾳ ἰσχύσουσι καὶ
οἱ διὰ κύριον ἀποθανόντες ἐξυπνισθήσονται ἐν ζωῇ.

5 καὶ οἱ ἔλαφοι Ἰακὼβ δραμοῦνται ἐν ἀγαλλιάσει καὶ οἱ
ἀετοὶ Ἰσραὴλ πετασθήσονται ἐν χαρᾷ οἱ δὲ ἀσεβεῖς
πενθήσουσι καὶ οἱ ἁμαρτωλοὶ κλαύσονται καὶ πάντες οἱ
λαοὶ δοξάσουσι κύριον εἰς αἰῶνας.

- 26 -

1 φυλάξατε οὖν τέκνα μου πάντα νόμον κυρίου ὅτι ἐστὶν
ἐλπὶς πᾶσι τοῖς κατευθύνουσι τὰς ὁδοὺς αὐτῶν.

2 καὶ εἶπε πρὸς αὐτοὺς ἑκατὸν δεκαεννέα ἐτῶν ἐγὼ
ἀποθνήσκω σήμερον ἐν ὀφθαλμοῖς ὑμῶν.

3 μηδείς με ἐνταφιάσει πολυτελεῖ ἐσθῆτι ἢ τὴν κοιλίαν μου
ἀναρρήξει ὅτι ταῦτα μέλλουσι ποιεῖν οἱ βασιλεύοντες καὶ
ἀναγάγετέ με εἰς Χεβρὼν μεθ' ὑμῶν.

4 καὶ ταῦτα εἰπὼν ἐκοιμήθη Ἰούδας καὶ ἐποίησαν οἱ υἱοὶ
αὐτοῦ κατὰ πάντα ὅσα ἐνετείλατο αὐτοῖς καὶ ἔθαψαν αὐτὸν
ἐν Χεβρὼν μετὰ τῶν πατέρων αὐτοῦ.

διαθηκη Ισαχαρ.

1 περι απλοτητος.

  - 1 -

1 ἀντίγραφον λόγων Ἰσαχάρ. καλέσας τοὺς υἱοὺς αὐτοῦ
εἶπεν αὐτοῖς ἀκούσατε τέκνα Ἰσαχάρ τοῦ πατρὸς ὑμῶν
ἐνωτίσασθε ῥήματα ἠγαπημένοι ὑπὸ κυρίου.

2 ἐγὼ ἐτέχθην πέμπτος υἱὸς τῷ Ἰακὼβ ἐν μισθῷ τῶν
μανδραγόρων.

3 Ῥουβὴμ γὰρ ἤνεγκε μανδραγόρους ἐκ τοῦ ἀγροῦ καὶ
προαπαντήσασα Ῥαχὴλ ἔλαβεν αὐτούς.

4 ἔκλαιε δὲ Ῥουβὴμ καὶ ἐπὶ τῇ φωνῇ αὐτοῦ ἐξῆλθε Λεία ἡ
μήτηρ μου.

5 ταῦτα δὲ ἦσαν μῆλα εὐώδημα ἃ ἐποίει ἡ γῆ Ἀρὰμ ἐν ὕψει
ὑποκάτω φάραγγος ὕδατος.

6 εἶπε δὲ Ῥαχὴλ οὐ δώσω αὐτά σοι ὅτι ἔσονταί μοι ἀντὶ
τέκνων.

7 ἦσαν δὲ μῆλα δύο. καὶ εἶπε Λεία ἱκανούσθω σοι ὅτι
ἔλαβες τὸν ἄνδρα παρθενίας μου μὴ καὶ ταῦτα λήψῃ;

8 ἡ δὲ εἶπεν ἰδοὺ ἔστω σοι Ἰακὼβ τὴν νύκτα ταύτην ἀντὶ
τῶν μανδραγόρων τοῦ υἱοῦ σου.

9 εἶπε δὲ Λεία πρὸς αὐτήν μὴ καυχῶ καὶ μὴ δοξάζου ἐμὸς
γάρ ἐστιν ὁ Ἰακὼβ κἀγὼ γυνὴ νεότητος αὐτοῦ.

10 ἡ δὲ Ῥαχὴλ εἶπεν τί οὖν; ὅτι ἐμοὶ πρῶτον ἥρμοσται καὶ
δι᾽ ἐμὲ ἐδούλευσε τῷ πατρὶ ἡμῶν ἔτη δεκατέσσαρα.

11 τί σοι ποιήσω ὅτι ἐπλήθυνεν ὁ δόλος καὶ ἡ πανουργία τῶν
ἀνθρώπων καὶ ὁ δόλος προχωρεῖ ἐπὶ τῆς γῆς. εἰ δὲ μὴ οὐκ
ἂν ἧς σὺ ὁρῶσα πρόσωπον Ἰακὼβ

12 οὐ γὰρ γυνὴ αὐτοῦ σὺ εἶ. ἀλλ᾽ ἐν δόλῳ ἀντ᾽ ἐμοῦ
εἰσήχθης.

13 καὶ ἐπλάνησέ με ὁ πατήρ μου καὶ μεταστήσας με τῇ νυκτὶ
ἐκείνῃ οὐκ εἴασέ με ἰδεῖν ὅτι εἰ ἤμην ἐκεῖ οὐκ ἐγίνετο
τοῦτο.

14 καὶ εἶπε Ῥαχὴλ λάβε ἕνα μανδραγόραν καὶ ἀντὶ τοῦ ἑνὸς
ἐκμισθῶ σοι αὐτὸν ἐν μιᾷ νυκτί.

15 καὶ ἔγνω Ἰακὼβ τὴν Λείαν καὶ συλλαβοῦσά με ἔτεκε καὶ
διὰ τὸν μισθὸν ἐκλήθην Ἰσαχάρ.

  - 2 -

1 τότε ὤφθη τῷ Ἰακὼβ ἄγγελος κυρίου λέγων ὅτι δύο τέκνα
Ῥαχὴλ τέξεται ὅτι διέπτυσε συνουσίαν ἀνδρὸς καὶ
ἐξελέξατο ἐγκράτειαν.

2 καὶ εἰ μὴ Λεία ἡ μήτηρ μου ἀντὶ συνουσίας ἀπέδω τὰ δύο
μῆλα ὀκτὼ υἱοὺς εἶχε τεκεῖν διὰ τοῦτο ἓξ ἔτεκε τοὺς δὲ
δύο Ῥαχὴλ ὅτι ἐν τοῖς μανδραγόροις ἐπεσκέψατο αὐτὴν
κύριος.

3 εἶδε γὰρ ὅτι διὰ τέκνα ἤθελε συνεῖναι τῷ Ἰακὼβ καὶ οὐ
διὰ φιληδονίαν.

4 προσθεῖσα γὰρ καὶ τῇ ἐπαύριον ἀπέδοτο τὸν Ἰακὼβ ἵνα
λάβῃ καὶ τὸν ἄλλον μανδραγόραν. διὰ τοῦτο ἐν τοῖς
μανδραγόροις ἐπήκουσε κύριος τῆς Ῥαχὴλ

5 ὅτι καίγε ποθήσασα αὐτοὺς οὐκ ἔφαγεν ἀλλὰ ἀνέθηκεν
αὐτοὺς ἐν οἴκῳ κυρίου προσενέγκασα ἱερεῖ ὑψίστου τῷ
ὄντι ἐν τῷ καιρῷ ἐκείνῳ.

  - 3 -

1 ὅτε οὖν ἡδρύνθην τέκνα μου ἐπορευόμην ἐν εὐθύτητι
καρδίας καὶ ἐγενόμην γεωργὸς τῶν πατέρων μου καὶ τῶν
ἀδελφῶν μου καὶ ἔφερον καρποὺς ἐξ ἀγρῶν κατὰ καιρὸν
αὐτῶν

2 καὶ εὐλόγησέ με ὁ πατήρ μου βλέπων ὅτι ἐν ἁπλότητι
πορεύομαι.

3 καὶ οὐκ ἤμην περίεργος ἐν ταῖς πράξεσί μου οὐδὲ πονηρὸς
καὶ βάσκανος τῷ πλησίον

4 οὐ κατελάλησά τινος οὐδὲ ἔψεξα βίον ἀνθρώπου
πορευόμενος ἐν ἁπλότητι ὀφθαλμῶν.

5 διὰ τοῦτο τριάκοντα ἐτῶν ἔλαβον ἐμαυτῷ γυναῖκα ὅτι ὁ
κάματος κατήσθιε τὴν ἰσχύν μου καὶ οὐκ ἐνενόουν ἡδονὴν
γυναικὸς ἀλλὰ διὰ τοῦ κόπου μου ὁ ὕπνος μου περιεγένετο.

6 καὶ πάντοτε ἔχαιρεν ἐπὶ τῇ ἁπλότητί μου ὁ πατήρ μου. εἴ
τι γὰρ ἔκαμνον πᾶσαν ὀπώραν καὶ πᾶν πρωτογένημα πρῶτον
διὰ τοῦ ἱερέως κυρίῳ προσέφερον ἔπειτα τῷ πατρί μου καὶ
τότε ἐγώ.

7 καὶ κύριος ἐδιπλασίαζε τὰ ἀγαθὰ ἐν χερσί μου. ᾔδει δὲ
καὶ Ἰακὼβ ὅτι ὁ θεὸς συνεργεῖ τῇ ἁπλότητί μου

8 παντὶ γὰρ πένητι καὶ παντὶ θλιβομένῳ παρεῖχον τῆς γῆς
τὰ ἀγαθὰ ἐν ἁπλότητι καρδίας.

  - 4 -

1 καὶ νῦν ἀκούσατέ μου τέκνα καὶ πορεύεσθε ἐν ἁπλότητι
καρδίας ὅτι εἶδον ἐν αὐτῇ πᾶσαν εὐαρέστησιν κυρίου.

2 ὁ ἁπλοῦς χρυσίον οὐκ ἐπιθυμεῖ τὸν πλησίον οὐ πλεονεκτεῖ
βρωμάτων ποικίλων οὐκ ἐφίεται ἐσθῆτα διάφορον οὐ θέλει

3 χρόνους μακροὺς οὐχ ὑπογράφει ζῆν ἀλλὰ μόνον ἐκδέχεται
τὸ θέλημα τοῦ θεοῦ.

4 καίγε τὰ πνεύματα τῆς πλάνης οὐδὲν ἰσχύουσι πρὸς αὐτόν.
οὐ γὰρ εἶδεν ἐπιδέξασθαι κάλλος θηλείας ἵνα μὴ ἐν
διαστροφῇ μιάνῃ τὸν νοῦν αὐτοῦ

5 οὐ ζῆλος ἐν διαβουλίοις αὐτοῦ ἐπελεύσεται οὐ βασκανία
ἐκτήκει ψυχὴν αὐτοῦ οὐδὲ πορισμὸν ἐν ἀπληστίᾳ ἐννοεῖ

6 πορεύεται γὰρ ἐν εὐθύτητι ζωῆς καὶ πάντα ὁρᾷ ἐν
ἁπλότητι μὴ ἐπιδεχόμενος ὀφθαλμοῖς πονηρίας ἀπὸ τῆς
πλάνης τοῦ κόσμου ἵνα μὴ ἴδῃ διεστραμμένως τι τῶν
ἐντολῶν τοῦ κυρίου.

  - 5 -

1 φυλάξατε οὖν νόμον θεοῦ τέκνα μου καὶ τὴν ἁπλότητα
κτήσασθε καὶ ἐν ἀκακίᾳ πορεύεσθε μὴ περιεργαζόμενοι
ἐντολὰς κυρίου καὶ τοῦ πλησίον τὰς πράξεις

2 ἀλλ᾽ ἀγαπᾶτε κύριον καὶ τὸν πλησίον πένητα καὶ ἀσθενῆ
ἐλεᾶτε.

3 ὑπόθετε τὸν νῶτον ὑμῶν εἰς τὸ γεωργεῖν καὶ ἐργάζεσθε ἐν
ἔργοις γῆς καθ᾽ ἑκάστην γεωργίαν δῶρα μετ᾽ εὐχαριστίας
κυρίῳ προσφέροντες

4 ὅτι ἐν πρωτογενήμασι καρπῶν γῆς εὐλόγησέ σε κύριος
καθὼς εὐλόγησε πάντας τοὺς ἁγίους ἀπὸ Ἄβελ ἕως τοῦ
νῦν.

5 οὐ γὰρ δέδοταί σοι ἄλλη μερίς ἢ τῆς πιότητος τῆς γῆς ἧς
ἐν πόνοις οἱ καρποί

6 ὅτι ὁ πατὴρ ἡμῶν Ἰακὼβ ἐν εὐλογίαις γῆς καὶ ἀπαρχῶν
καρπῶν εὐλόγησέ με.

7 καὶ ὁ Λευὶ καὶ ὁ Ἰουδὰς ἐδοξάσθη παρὰ κυρίου ἐν υἱοῖς
Ἰακὼβ καὶ γὰρ κύριος ἐκλήρωσεν ἐν αὐτοῖς καὶ τῷ μὲν
ἔδωκε τὴν ἱερατείαν τῷ δὲ τὴν βασιλείαν.

8 αὐτοῖς οὖν ὑπακούσατε καὶ τῇ ἁπλότητι τοῦ πατρὸς ὑμῶν
περιπατήσατε ὅτι καὶ τῷ Γὰδ ἐδόθη ἀπολέσαι τὰ
πειρατήρια τὰ ἐπερχόμενα τῷ Ἰσραήλ.

  - 6 -

1 οἶδα τέκνα μου ὅτι ἐν ἐσχάτοις καιροῖς καταλείψουσιν οἱ
υἱοὶ ὑμῶν τὴν ἁπλότητα καὶ κολληθήσονται τῇ ἀπληστίᾳ
καὶ ἀφέντες τὴν ἀκακίαν προσπελάσουσι τῇ κακουργίᾳ καὶ
καταλιπόντες τὰς ἐντολὰς κυρίου κολληθήσονται τῷ Βελιὰρ

2 καὶ ἀφέντες τὸ γεώργιον ἐξακολουθήσουσι τοῖς πονηροῖς
διαβουλίοις αὐτῶν καὶ διασπαρήσονται ἐν τοῖς ἔθνεσι καὶ
δουλεύσουσι τοῖς ἐχθροῖς αὐτῶν.

3 καὶ ὑμεῖς οὖν εἴπατε ταῦτα τοῖς τέκνοις ὑμῶν ὅπως ἐὰν
ἁμαρτήσωσι τάχιον ἐπιστρέψωσι πρὸς κύριον

4 ὅτι ἐλεήμων ἐστὶ καὶ ἐξελεῖται αὐτοὺς τοῦ ἐπιστρέψαι
εἰς τὴν γῆν αὐτῶν.

  - 7 -

1 ἑκατὸν εἰκοσιδύο ἐτῶν εἰμι ἐγὼ καὶ οὐκ ἔγνων ἐπ᾽ ἐμὲ
ἁμαρτίαν εἰς θάνατον.

2 πλὴν τῆς γυναικός μου οὐκ ἔγνων ἄλλην οὐκ ἐπόρνευσα ἐν
μετεωρισμῷ ὀφθαλμῶν μου

3 οἶνον εἰς ἀποπλάνησιν οὐκ ἔπιον πᾶν ἐπιθύμημα τοῦ
πλησίον οὐκ ἐπόθησα

4 δόλος οὐκ ἐγένετο ἐν καρδίᾳ μου ψεῦδος οὐκ ἀνῆλθε διὰ
τῶν χειλέων μου.

5 παντὶ ἀνθρώπῳ ὀδυνωμένῳ συνεστέναξα καὶ πτωχῷ μετέδωκα
τὸν ἄρτον μου. οὐκ ἔφαγον μόνος ὅριον οὐκ ἔλυσα
εὐσέβειαν ἐποίησα ἐν πάσαις ταῖς ἡμέραις μου καὶ
ἀλήθειαν.

6 τὸν κύριον ἠγάπησα ἐν πάσῃ τῇ ἰσχύι μου ὁμοίως καὶ
πάντα ἄνθρωπον ἠγάπησα ὡς τέκνα μου.

7 ταῦτα καὶ ὑμεῖς ποιήσατε τέκνα μου καὶ πᾶν πνεῦμα τοῦ
Βελιὰρ φεύξεται ἀφ᾽ ὑμῶν καὶ πᾶσα πρᾶξις πονηρῶν
ἀνθρώπων οὐ κυριεύσει ὑμῶν καὶ πάντα ἄγριον θῆρα
καταδουλώσεσθε ἔχοντες μεθ᾽ ἑαυτῶν τὸν θεὸν τοῦ οὐρανοῦ
συμπορευόμενον τοῖς ἀνθρώποις ἐν ἁπλότητι καρδίας.

8 καὶ ἐνετείλατο αὐτοῖς ὅπως ἀναγάγωσιν αὐτὸν ἐν Χεβρὼν
κἀκεῖ αὐτὸν θάψωσιν ἐν τῷ σπηλαίῳ μετὰ τῶν πατέρων
αὐτοῦ.

9 καὶ ἐξέτεινε τοὺς πόδας αὐτοῦ καὶ ἀπέθανε πέμπτος ἐν
γήρει καλῷ πᾶν μέλος ἔχων ὑγιὲς καὶ ἰσχύων ὕπνωσεν
ὕπνον αἰώνιον.

διαθήκη Ζαβουλων.

1 περὶ εὐσπλαγχνίας καὶ ἐλέους.

- 1 -

1 ἀντίγραφον Ζαβουλὼν ὃ διέθετο τοῖς τέκνοις αὐτοῦ
ἑκατοστῷ τετάρτῳ καὶ δεκάτῳ ἔτει τῆς ζωῆς αὐτοῦ μετὰ
δύο ἔτη τοῦ θανάτου Ἰωσήφ.

2 καὶ εἶπεν αὐτοῖς ἀκούσατέ μου υἱοὶ Ζαβουλὼν προσέχετε
ῥήμασι πατρὸς ὑμῶν.

3 ἐγώ εἰμι Ζαβουλὼν δόσις ἀγαθὴ τοῖς γονεῦσί μου. ἐν γὰρ
τῷ γεννηθῆναί με ηὐξήθη ὁ πατὴρ ἡμῶν ἕως σφόδρα καὶ τὰ
ποίμνια καὶ τὰ βουκόλια ὅτε ἐν τοῖς ποικίλοις ῥάβδοις
εἶχε τὸν κλῆρον.

4 οὐκ ἔγνων τέκνα μου ὅτι ἥμαρτον ἐν ταῖς ἡμέραις μου
παρεκτὸς ἐννοίας.

5 οὐδὲ μιμνήσκομαι ὅτι παρανομίαν ἐποίησα πλὴν τὴν
ἄγνοιαν ἣν ἐποίησα ἐπὶ τοῦ Ἰωσὴφ ὅτι ἐσκέπασα ἐπὶ τοῖς
ἀδελφοῖς μου μὴ εἰπεῖν τῷ πατρί μου τὸ γενόμενον.

6 καὶ ἔκλαιον πολλὰ ἐν κρυφῇ ἐφοβούμην γὰρ τοὺς ἀδελφούς
μου ὅτι συνέθεντο πάντες ὁμοῦ εἴ τις ἐξείποι τὸ
μυστήριον ἀναιρεθῆναι αὐτὸν μαχαίρᾳ.

7 πλὴν ὅτε ἐβούλοντο ἀνελεῖν αὐτὸν πολλὰ διεμαρτυράμην
αὐτοῖς μετὰ δακρύων τοῦ μὴ ποιῆσαι τὴν ἀνομίαν ταύτην.

- 2 -

1 ἦλθον γὰρ Συμεὼν καὶ Γὰδ ἐπὶ τὸν Ἰωσὴφ μετ' ὀργῆς τοῦ
ἀνελεῖν αὐτὸν καὶ πεσὼν ἐπὶ πρόσωπον Ἰωσὴφ ἔλεγεν
αὐτοῖς

2 ἐλεήσατέ με ἀδελφοί μου οἰκτειρήσατε τὰ σπλάγχνα Ἰακὼβ
τοῦ πατρὸς ἡμῶν, μὴ ἐπαγάγετε ἐπ' ἐμὲ τὰς χεῖρας ὑμῶν
τοῦ ἐκχέαι αἷμα ἀθῷον ὅτι οὐχ ἥμαρτον εἰς ὑμᾶς.

3 εἰ δὲ καὶ ἥμαρτον ἐν παιδείᾳ παιδεύσατέ με τὴν δὲ χεῖρα
ὑμῶν μὴ ἐπενέγκητε διὰ Ἰακὼβ τὸν πατέρα ἡμῶν.

4 ὡς δὲ ἔλεγε τὰ ῥήματα ταῦτα εἰς οἶκτον ἦλθον ἐγὼ καὶ
ἠρξάμην κλαίειν καὶ τὰ ἥπατά μου ἐξεχύθησαν ἐπ' ἐμὲ καὶ
πᾶσα ἡ ὑπόστασις τῶν σπλάγχνων μου ἐχαυνοῦτο ἐπὶ τὴν
ψυχήν μου.

5 ἔκλαιε δὲ καὶ Ἰωσὴφ κἀγὼ σὺν αὐτῷ καὶ ἐβόμβει ἡ καρδία
μου καὶ οἱ ἁρμοὶ τοῦ σώματός μου ἐξέστησαν καὶ οὐκ
ἠδυνάμην τοῦ στῆναι.

6 καὶ ἰδών με συγκλαίοντα αὐτῷ κἀκείνους ἐπερχομένους
ἀνελεῖν αὐτὸν κατέφυγεν ὀπίσω μου δεόμενος αὐτῶν.

7 ἀναστὰς δὲ Ῥουβὴμ εἶπεν ἀδελφοὶ μὴ ἀποκτείνωμεν αὐτὸν
ἀλλὰ ῥίψωμεν αὐτὸν εἰς ἕνα τῶν λάκκων τῶν ξηρῶν τούτων
ὃν ὤρυξαν οἱ πατέρες ἡμῶν καὶ οὐχ εὗρον ὕδωρ.

8 διὰ γὰρ τοῦτο ἐκώλυσε κύριος τοῦ ἀναβῆναι ὕδωρ ἐν
αὐτοῖς ἵνα γένηται περιποίησις τοῦ Ἰωσήφ.

9 καὶ ἐποίησε κύριος οὕτως ἕως οὗ ἐπώλησαν αὐτὸν τοῖς
Ἰσμαηλίταις.

- 3 -

1 καὶ γὰρ τῆς τιμῆς τοῦ Ἰωσὴφ τέκνα ἐγὼ οὐκ ἐκοινώνησα

2 ἀλλὰ Συμεὼν καὶ Γὰδ καὶ οἱ ἄλλοι ἐξ ἀδελφοὶ ἡμῶν
λαβόντες τὴν τιμὴν τοῦ Ἰωσὴφ ἐπριάσαντο ὑποδήματα
ἑαυτοῖς καὶ ταῖς γυναιξὶν αὐτῶν καὶ τοῖς τέκνοις αὐτῶν
εἰπόντες

3 οὐ φαγόμεθα αὐτὴν ὅτι τιμὴ αἵματος τοῦ ἀδελφοῦ ἡμῶν
αὕτη ἀλλὰ καταπατήσει καταπατήσωμεν αὐτὴν ἀνθ' ὧν εἶπε
βασιλεύειν ἐφ' ἡμᾶς καὶ ἴδωμεν τί ἔσται τὰ ἐνύπνια
αὐτοῦ.

4 διὰ τοῦτο ἐν γραφῇ νόμου Ἐνὼχ γέγραπται τὸν μὴ θέλοντα
ἀναστῆσαι σπέρμα τῷ ἀδελφῷ αὐτοῦ ὑπολυθήσεσθαι τὸ
ὑπόδημα καὶ ἐμπτύεσθαι εἰς τὸ πρόσωπον.

5 καὶ οἱ ἀδελφοὶ Ἰωσὴφ οὐκ ἠθέλησαν εἰς ζωὴν ἀδελφοῦ
αὐτῶν καὶ κύριος ὑπέλυσεν αὐτοὺς τὸ ὑπόδημα Ἰωσήφ.

6 καὶ γὰρ ἐλθόντες ἐν Αἰγύπτῳ ὑπελύθησαν ὑπὸ τῶν παίδων
Ἰωσὴφ ἔμπροσθε τοῦ πυλῶνος καὶ οὕτως προσεκύνησαν τῷ
Ἰωσὴφ κατὰ τὸν τύπον τοῦ Φαραώ.

7 οὐ μόνον δὲ προσεκύνησαν αὐτῷ ἀλλὰ καὶ ἐνεπτύσθησαν
παραχρῆμα πεσόντες ἔμπροσθεν αὐτοῦ καὶ οὕτως ᾐσχύνθησαν
ἔμπροσθε τῶν Αἰγυπτίων.

8 μετὰ ταῦτα γὰρ ἤκουσαν οἱ Αἰγύπτιοι πάντα τὰ κακὰ ἃ
ἐποιήσαμεν τῷ Ἰωσήφ.

- 4 -

1 μετὰ ταῦτα ἔλαβον ἐσθίειν ἐκεῖνοι.

2 ἐγὼ γὰρ δύο ἡμέρας καὶ δύο νύκτας οὐκ ἐγευσάμην
σπλαγχνιζόμενος ἐπὶ Ἰωσήφ. καὶ Ἰούδας οὐ συνέτρωγεν
αὐτοῖς προσεῖχε δὲ τῷ λάκκῳ ὅτι ἐφοβεῖτο μὴ
ἀποπηδήσαντες Συμεὼν καὶ Γὰδ ἀνέλωσιν αὐτόν.

3 καὶ ὁρῶντες κἀμὲ μὴ ἐσθίοντα ἔθεντό με τηρεῖν αὐτὸν ἕως
οὗ ἐπράθη.

4 ἐποίησε δὲ ἐν τῷ λάκκῳ τρεῖς ἡμέρας καὶ τρεῖς νύκτας
καὶ οὕτως ἐπράθη ἄσιτος.

5 καὶ ἀκούσας Ῥουβὴμ ὅτι ἐπράθη ἀπόντος αὐτοῦ
περισχισάμενος ἐθρήνει λέγων πῶς ὄψομαι τὸ πρόσωπον
Ἰακὼβ τοῦ πατρός μου;

6 καὶ λαβὼν τὸ ἀργύριον κατέδραμε τοῖς ἐμπόροις καὶ
οὐδένα εὗρεν ἀφέντες γὰρ τὴν ὁδὸν τὴν μεγάλην
ἐπορεύθησαν διὰ Τρωγλοκολπιτῶν ἐν τῇ συντόμῳ.

7 καὶ οὐκ ἔφαγε Ῥουβὴμ ἄρτον ἐν τῇ ἡμέρᾳ ἐκείνῃ.
προσελθὼν οὖν Δὰν εἶπεν αὐτῷ

8 μὴ κλαῖε μηδὲ πένθει εὗρον γάρ τι εἴπωμεν τῷ πατρὶ ἡμῶν
Ἰακώβ.

9 θύσωμεν χίμαρον αἰγῶν καὶ ἐμβάψωμεν τὸν χιτῶνα Ἰωσὴφ
καὶ ἐροῦμεν ἐπίγνωθι εἰ χιτὼν τοῦ υἱοῦ σού ἐστιν οὗτος
καὶ ἐποίησαν οὕτως.

10 τὸν γὰρ χιτῶνα τοῦ πατρὸς ἡμῶν ἐξέδυσαν τὸν Ἰωσὴφ ἐν
τῷ μέλλειν πιπράσκειν αὐτὸν καὶ ἐνέδυσαν αὐτὸν ἱμάτιον
παλαιὸν δούλου.

11 τὸν δὲ χιτῶνα εἶχε Συμεὼν καὶ οὐκ ἤθελε δοῦναι αὐτὸν
θέλων τῇ ῥομφαίᾳ αὐτοῦ κατακόψαι αὐτὸν ὀργιζόμενος ὅτι
ἔζησε καὶ οὐκ ἀνεῖλεν αὐτόν.

12 ἀναστάντες δὲ κατ' αὐτοῦ πάντες ὁμοῦ εἴπομεν ὅτι ἐὰν μὴ
δῷς ἐροῦμεν ὅτι σὺ μόνος ἐποίησας τὸ πονηρὸν ἐν
Ἰσραήλ.

13 καὶ οὕτως δίδωσιν αὐτὸν καὶ ἐποίησαν καθὼς εἶπεν ὁ Δάν.

- 5 -

1 καὶ νῦν τέκνα μου ἀναγγελῶ ὑμῖν τοῦ φυλάσσειν τὰς
ἐντολὰς κυρίου καὶ ποιεῖν ἔλεος ἐπὶ τὸν πλησίον καὶ
εὐσπλαγχνίαν πρὸς πάντας ἔχειν οὐ μόνον πρὸς ἀνθρώπους
ἀλλὰ καὶ εἰς ἄλογα.

2 διὰ γὰρ ταῦτα εὐλόγησέ με κύριος καὶ πάντων τῶν ἀδελφῶν
μου ἀσθενούντων ἐγὼ ἄνοσος παρῆλθον οἶδε γὰρ κύριος
ἑκάστου τὴν προαίρεσιν.

3 ἔχετε οὖν ἔλεος ἐν σπλάγχνοις ὑμῶν τέκνα μου ὅτι ὡς ἄν
τις ποιήσῃ τῷ πλησίον αὐτοῦ οὕτως καὶ ὁ κύριος ποιήσει
αὐτῷ.

4 καὶ γὰρ οἱ υἱοὶ τῶν ἀδελφῶν μου ἠσθένουν ἀπέθνησκον διὰ
Ἰωσὴφ ὅτι οὐκ ἐποίησαν ἔλεος ἐν σπλάγχνοις αὐτῶν οἱ δὲ
ἐμοὶ υἱοὶ ἄνοσοι διεφυλάχθησαν ὡς οἴδατε.

5 καὶ ὅτε ἤμην ἐν γῇ Χανάαν εἰς παράλιον ἐθήρευον θήραν
ἰχθύων Ἰακὼβ τῷ πατρί μου καὶ πολλῶν ἀγχομένων ἐν τῇ
θαλάσσῃ ἐγὼ ἀβλαβὴς διέμεινα.

- 6 -

1 πρῶτος ἐγὼ ἐποίησα σκάφος ἐν θαλάσσῃ ἐπιπλεῖν ὅτι
κύριος ἔδωκέ μοι σύνεσιν καὶ σοφίαν ἐν αὐτῷ

2 καὶ καθῆκα ξύλον ὄπισθεν αὐτοῦ καὶ ὀθόνην ἐξέτεινα ἐν
ὀρθῷ ξύλῳ ἐν μέσῳ

3 καὶ ἐν αὐτῷ διαπορευόμενος τοὺς αἰγιαλοὺς ἥλιευον
ἰχθύας οἴκῳ τοῦ πατρός μου ἕως ἤλθομεν εἰς Αἴγυπτον

4 καὶ ἐκ τῆς θήρας μου παντὶ ἀνθρώπῳ ξένῳ σπλαγχνιζόμενος
ἐδίδουν.

5 εἰ δὲ ἦν ξένος ἢ νοσῶν ἢ γηράσας ἑψήσας τοὺς ἰχθύας καὶ
ποιήσας αὐτὰ ἀγαθῶς κατὰ τὴν ἑκάστου χρείαν προσέφερον
πᾶσι συνάγων καὶ συμπάσχων.

6 διὰ τοῦτο καὶ ὁ κύριος πολὺν ἰχθὺν ἐποίησέ μοι θήραν. ὁ
γὰρ μεταδιδοὺς τῷ πλησίον λαμβάνει πολλαπλασίονα παρὰ
κυρίου.

7 πέντε ἔτη ἥλιευσα παντὶ ἀνθρώπῳ ὃν ἑωράκειν μεταδιδοὺς
καὶ παντὶ τῷ οἴκῳ τοῦ πατρός μου ἐξαρκῶν.

8 τὸ θέρος ἥλιευον καὶ ἐν χειμῶνι ἐποίμαινον μετὰ τῶν
ἀδελφῶν μου.

- 7 -

1 νῦν ἀναγγελῶ ὑμῖν ἃ ἐποίησα. εἶδον θλιβόμενον ἐν
γυμνότητι χειμῶνος καὶ σπλαγχνισθεὶς ἐπ' αὐτὸν κλέψας
ἱμάτιον ἐκ τοῦ οἴκου μου κρυφαίως ἔδωκα τῷ θλιβομένῳ.

2 καὶ ὑμεῖς οὖν τέκνα μου ἐξ ὧν παρέχει ὑμῖν ὁ θεὸς
ἀδιακρίτως πάντας σπλαγχνιζόμενοι ἐλεᾶτε καὶ παρέχετε
παντὶ ἀνθρώπῳ ἐν ἀγαθῇ καρδίᾳ.

3 εἰ δὲ μὴ ἔχετε πρὸς καιρὸν δοῦναι τῷ χρῄζοντι
συμπάσχετε ἐν σπλάγχνοις ἐλέους.

4 οἶδα ὅτι ἡ χείρ μου οὐχ εὗρε πρὸς τὸ παρὸν ἐπιδοῦναι τῷ
χρῄζοντι καὶ ἐπὶ ἑπτὰ σταδίους συμπορευόμενος αὐτῷ
ἔκλαιον καὶ τὰ σπλάγχνα μου ἐστρέφετο ἐπ' αὐτῷ εἰς
συμπάθειαν.

- 8 -

1 καὶ ὑμεῖς οὖν τέκνα μου ἔχετε εὐσπλαγχνίαν κατὰ παντὸς
ἀνθρώπου ἐν ἐλέει ἵνα καὶ ὁ κύριος εἰς ὑμᾶς
σπλαγχνισθεὶς ἐλεήσῃ ὑμᾶς.

2 ὅτι καίγε ἐπ' ἐσχάτων ἡμερῶν ὁ θεὸς ἀποστέλλει τὸ
σπλάγχνον αὐτοῦ ἐπὶ τῆς γῆς καὶ ὅπου εὕρῃ σπλάγχνα
ἐλέους ἐν αὐτῷ κατοικεῖ.

3 ὅσον γὰρ ἄνθρωπος σπλαγχνίζεται εἰς τὸν πλησίον
τοσοῦτον κύριος εἰς αὐτόν.

4 ὅτε γὰρ κατήλθομεν εἰς Αἴγυπτον Ἰωσὴφ οὐκ
ἐμνησικάκησεν εἰς ἡμᾶς ἐμὲ δὲ ἰδὼν ἐσπλαγχνίσθη.

5 εἰς ὃν ἐμβλέποντες καὶ ὑμεῖς ἀμνησίκακοι γίνεσθε τέκνα
μου καὶ ἀγαπᾶτε ἀλλήλους καὶ μὴ λογίζεσθε ἕκαστος τὴν
κακίαν τοῦ ἀδελφοῦ αὐτοῦ

6 ὅτι τοῦτο χωρίζει ἑνότητα καὶ πᾶσαν συγγένειαν
διασκορπίζει καὶ τὴν ψυχὴν ταράσσει καὶ τὴν ὕπαρξιν
ἀφανίζει. ὁ γὰρ μνησίκακος σπλάγχνα ἐλέους οὐκ ἔχει.

- 9 -

1 προσέχετε εἰς τὰ ὕδατα ὅτι ὅτε ἐπὶ τὸ αὐτὸ πορεύεται λίθους
ξύλα γῆν ἄμμον κατασύρει

2 ἐὰν δὲ εἰς πολλὰ διαιρεθῇ ἡ γῆ ἀφανίζει αὐτὰ καὶ
γίνεται εὐκαταφρόνητα.

3 καὶ ὑμεῖς ἐὰν διαιρεθῆτε ἔσεσθε οὕτως.

4 μὴ σχισθῆτε εἰς δύο κεφαλὰς ὅτι πᾶν ὃ ἐποίησεν ὁ κύριος
κεφαλὴν μίαν ἔχει. ἔδωκε δύο ὤμους χεῖρας πόδας ἀλλὰ
πάντα τὰ μέλη τῇ μιᾷ κεφαλῇ ὑπακούουσι.

5 ἔγνων ἐν γραφῇ πατέρων μου ὅτι ἐν ἐσχάταις ἡμέραις
ἀποστήσεσθε ἀπὸ κυρίου καὶ διαιρεθήσεσθε ἐν Ἰσραὴλ καὶ
δύο βασιλεῦσιν ἐξακολουθήσετε καὶ πᾶν βδέλυγμα ποιήσετε
καίγε πᾶν εἴδωλον προσκυνήσετε

6 καὶ αἰχμαλωτεύσουσιν ὑμᾶς οἱ ἐχθροὶ ὑμῶν καὶ
κακωθήσεσθε ἐν τοῖς ἔθνεσιν ἐν πάσαις ἀσθενείαις καὶ
θλίψεσι καὶ ὀδύναις ψυχῆς.

7 καὶ μετὰ ταῦτα μνησθήσεσθε κυρίου καὶ μετανοήσετε καὶ
ἐπιστρέψει ὑμᾶς ὅτι ἐλεήμων ἐστὶ καὶ εὔσπλαγχνος μὴ
λογιζόμενος κακίαν τοῖς υἱοῖς τῶν ἀνθρώπων διότι σάρξ
εἰσι καὶ τὰ πνεύματα τῆς πλάνης ἀπατᾷ αὐτοὺς ἐπὶ πάσαις
πράξεσιν αὐτῶν.

8 καὶ μετὰ ταῦτα ἀνατελεῖ ὑμῖν αὐτὸς ὁ κύριος φῶς
δικαιοσύνης καὶ ἴασις καὶ εὐσπλαγχνία ἐπὶ ταῖς πτέρυξιν
αὐτοῦ. αὐτὸς λυτρώσεται πᾶσαν αἰχμαλωσίαν υἱῶν ἀνθρώπων
ἐκ τοῦ Βελίαρ καὶ πᾶν πνεῦμα πλάνης πατηθήσεται καὶ
ἐπιστρέψει πάντα τὰ ἔθνη εἰς παραζήλωσιν αὐτοῦ καὶ
ὄψεσθε θεὸν ἐν σχήματι ἀνθρώπου ⟨ἐν ναῷ⟩ ὃν ἂν
ἐκλέξηται κύριος Ἰερουσαλὴμ ὄνομα αὐτῷ.

9 καὶ πάλιν ἐν πονηρίᾳ λόγων ὑμῶν παροργίσετε αὐτὸν καὶ
ἀπορριφήσεσθε ἕως καιροῦ συντελείας.

- 10 -

1 καὶ νῦν τέκνα μου μὴ λυπεῖσθε ὅτι ἀποθνήσκω ἐγὼ μηδὲ
συμπίπτετε ὅτι ἀπολείπω.

2 ἀναστήσομαι γὰρ πάλιν ἐν μέσῳ ὑμῶν ὡς ἡγούμενος ἐν μέσῳ
υἱῶν αὐτοῦ καὶ εὐφρανθήσομαι ἐν μέσῳ τῆς φυλῆς μου ὅσοι

ἐφύλαξαν νόμον κυρίου καὶ ἐντολὰς Ζαβουλὼν πατρὸς
αὐτῶν.
3 ἐπὶ δὲ τοὺς ἀσεβεῖς ἐπάξει κύριος πῦρ αἰώνιον καὶ
ἀπολέσει αὐτοὺς ἕως γενεῶν.
4 τέως ἐγὼ εἰς τὴν ἀνάπαυσίν μου ἀποτρέχω ὡς οἱ πατέρες
μου
5 ὑμεῖς δὲ φοβεῖσθε κύριον τὸν θεὸν ὑμῶν ἐν πάσῃ ἰσχύι
πάσας τὰς ἡμέρας τῆς ζωῆς ὑμῶν.
6 καὶ ταῦτα εἰπὼν ἐκοιμήθη ὕπνῳ καλῷ καὶ ἔθηκαν αὐτόν οἱ
υἱοὶ αὐτοῦ ἐν θήκῃ
7 ὕστερον δὲ ἀναγόντες αὐτὸν εἰς Χεβρὼν ἔθαψαν μετὰ τῶν
πατέρων αὐτοῦ.

διαθηκη Δαν.
1 περι θυμου και ψευδους.
- 1 -
1 ἀντίγραφον λόγων Δὰν ὧν εἶπε τοῖς υἱοῖς αὐτοῦ ἐπ'
ἐσχάτων τῶν ἡμερῶν αὐτοῦ ἑκατοστῷ εἰκοστῷ πέμπτῳ ἔτει
τῆς ζωῆς αὐτοῦ.
2 καλέσας τὴν πατριὰν αὐτοῦ εἶπεν ἀκούσατε υἱοὶ Δὰν λόγων
μου προσέχετε ῥήμασι στόματος τοῦ πατρὸς ὑμῶν.
3 ἐπείρασα ἐν καρδίᾳ μου καὶ ἐν πάσῃ τῇ ζωῇ μου ὅτι καλὸν
θεῷ καὶ εὐάρεστον ἡ ἀλήθεια μετὰ δικαιοπραγίας καὶ ὅτι
πονηρὸν τὸ ψεῦδος καὶ ὁ θυμὸς ὅτι πᾶσαν κακίαν ἄνθρωπον
ἐκδιδάσκει.
4 ὁμολογῶ σήμερον ὑμῖν τέκνα μου ὅτι ἐν καρδίᾳ μου ἡδόμην
περὶ τοῦ θανάτου Ἰωσῆφ ἀνδρὸς ἀληθινοῦ καὶ ἀγαθοῦ
5 καὶ ἔχαιρον ἐπὶ τῇ πράσει Ἰωσήφ ὅτι ὑπὲρ ἡμᾶς ὁ πατὴρ
αὐτὸν ἠγάπα.
6 τὸ γὰρ πνεῦμα τοῦ ζήλου καὶ τῆς ἀλαζονείας ἔλεγέ μοι
καίγε σὺ υἱὸς αὐτοῦ.
7 καὶ ἓν τῶν πνευμάτων τοῦ Βελιὰρ συνήργει μοι λέγων λάβε
τὸ ξίφος τοῦτο καὶ ἐν αὐτῷ ἄνελε τὸν Ἰωσῆφ καὶ
ἀγαπήσει σε ὁ πατήρ σου ἀποθανόντος αὐτοῦ.
8 τοῦτό ἐστι τὸ πνεῦμα τοῦ θυμοῦ τὸ πεῖθόν με ἵνα ὡς
πάρδαλις ἐκμυζᾷ ἔριφον οὕτως ἐκμυζήσω τὸν Ἰωσῆφ.
9 ἀλλ' ὁ θεὸς Ἰακὼβ τοῦ πατρὸς ἡμῶν οὐκ ἐνέβαλεν αὐτὸν
εἰς τὰς χεῖράς μου ἵνα εὕρω αὐτὸν μόνον οὐδὲ ἔασέ με τὸ
ἀνόμημα τοῦτο ποιῆσαι ἵνα λυθῶσι δύο σκῆπτρα ἐν
Ἰσραήλ.
- 2 -
1 καὶ νῦν τέκνα μου ἐγὼ ἀποθνήσκω καὶ ἐν ἀληθείᾳ λέγω
ὑμῖν ὅτι ἐὰν μὴ διαφυλάξητε ἑαυτοὺς ἀπὸ τοῦ πνεύματος
τοῦ ψεύδους καὶ τοῦ θυμοῦ καὶ ἀγαπήσητε τὴν ἀλήθειαν
καὶ τὴν μακροθυμίαν ἀπολεῖσθε.
2 τύφλωσίς ἐστιν ἐν τῷ θυμῷ τέκνα μου καὶ οὐκ ἔστι τις
ὁρῶν πρόσωπον ἐν ἀληθείᾳ
3 ὅτι κἂν πατὴρ κἂν μήτηρ ἐστὶν ὡς πολεμίοις προσέχει
αὐτοῖς ἐὰν ᾖ ἀδελφὸς οὐκ οἶδεν ἐὰν προφήτης κυρίου
παρακούει ἐὰν δίκαιος οὐ βλέπει φίλον οὐ γνωρίζει.
4 περιβάλλει γὰρ αὐτὸν τὸ πνεῦμα τοῦ θυμοῦ τὰ δίκτυα τῆς
πλάνης καὶ τυφλοῖ τοὺς φυσικοὺς ὀφθαλμοὺς αὐτοῦ διὰ τοῦ
ψεύδους σκοτοῖ τὴν διάνοιαν αὐτοῦ καὶ τὴν ἰδίαν ὅρασιν
παρέχει αὐτῷ.
5 ἐν τίνι δὲ περιβάλλει τοὺς ὀφθαλμοὺς αὐτοῦ; ἐν μίσει
καρδίας καὶ δίδωσιν αὐτῷ καρδίαν ἰδίαν κατὰ τοῦ ἀδελφοῦ
εἰς φθόνον.
- 3 -
1 πονηρὸς ὁ θυμὸς τέκνα μου καὶ γὰρ αὐτῇ τῇ ψυχῇ αὐτὸς
γίνεται ψυχή.
2 καὶ τὸ μὲν σῶμα ἰδιοποιεῖται τοῦ θυμώδους τῆς δὲ ψυχῆς
κατακυριεύει καὶ παρέχει τῷ σώματι δύναμιν ἰδίαν ἵνα
ποιήσῃ πᾶσαν ἀνομίαν.
3 ὅταν πράξῃ ἡ ψυχὴ δικαιοῖ τὸ πραχθὲν ἐπειδὴ οὐ
βλέπει.
4 διὰ τοῦτο ὁ θυμούμενος ἐὰν μὲν ᾖ δυνατὸς τριπλῆν ἔχει
τὴν δύναμιν ἐν τῷ θυμῷ μίαν μὲν διὰ τῆς δυνάμεως καὶ
τῆς βοηθείας τῶν ὑπουργούντων δεύτερον δὲ διὰ τοῦ
πλούτου παραπείθων καὶ νικῶν ἐν ἀδίκῳ τρίτην τὴν
φυσικὴν ἔχων τοῦ σώματος καὶ δι' ἑαυτοῦ δρῶν τὸ κακόν.
5 ἐὰν δὲ ἀσθενὴς ᾖ ὁ θυμούμενος διπλῆν ἔχει τὴν δύναμιν
παρὰ τὴν τῆς φύσεως βοηθεῖ γὰρ αὐτοῖς ὁ θυμὸς πάντοτε
ἐν παρανομίᾳ.
6 τοῦτο τὸ πνεῦμα ἀεὶ μετὰ τοῦ ψεύδους ἐκ δεξιῶν τοῦ
σατανᾶ πορεύεται ἵνα ἐν ὠμότητι καὶ ψεύδει γίνωνται αἱ
πράξεις αὐτοῦ.
- 4 -
1 οὐκοῦν σύνετε τὴν δύναμιν τοῦ θυμοῦ ὅτι ματαία ἐστίν.
2 ἐν γὰρ λόγῳ παροξύνει πρῶτον εἶτα ἐν ἔργοις δυναμοῖ τὸν
ἐρεθιζόμενον καὶ ἐν ζημίαις πικραῖς ταράσσει τὸ
διαβούλιον αὐτοῦ καὶ οὕτως διεγείρει ἐν θυμῷ μεγάλῳ τὴν
ψυχὴν αὐτοῦ.
3 ὅτε οὖν λαλεῖ τις καθ' ὑμῶν ὑμεῖς μὴ κινεῖσθε εἰς θυμὸν
καὶ ἐάν τις ἐπαινῇ ὑμᾶς ὡς ἀγαθοὺς μὴ ἐπαίρεσθε μηδὲ
μεταβάλλεσθε μήτε εἰς τέρψιν μήτε εἰς ἀηδίαν.
4 πρῶτον γὰρ τέρπει τὴν ἀκοὴν καὶ οὕτως ὀξύνει τὸν νοῦν
νοῆσαι τὸ ἐρεθισθὲν καὶ τότε θυμωθεὶς νομίζει δικαίως
ὀργίζεσθαι.
5 ἐὰν ζημίᾳ ἐὰν ἀπωλείᾳ τινὶ περιπέσητε τέκνα μου μὴ
θροεῖσθε ὅτι αὐτὸ τὸ πνεῦμα ἐπιθυμῆσαι ποιεῖ τοῦ
ἀπολομένου ἵνα θυμωθῇ διὰ τοῦ πάθου.
6 ἐὰν ζημιωθῆτε ἑκουσίως μὴ λυπεῖσθε ἀπὸ γὰρ λύπης
ἐγείρει θυμὸν μετὰ ψεύδους.
7 ἔστι δὲ διπρόσωπον κακὸν θυμὸς μετὰ ψεύδους καὶ
συναίρονται ἀλλήλοις ἵνα ταράξωσι τὸ διαβούλιον.

ταρασσομένης δὲ τῆς ψυχῆς συνεχῶς ἀφίσταται κύριος ἀπ'
αὐτῆς καὶ κυριεύει αὐτῆς ὁ Βελιάρ.
- 5 -
1 φυλάξατε οὖν τέκνα μου τὰς ἐντολὰς τοῦ κυρίου καὶ τὸν
νόμον αὐτοῦ τηρήσατε ἀπόστητε δὲ ἀπὸ θυμοῦ καὶ μισήσατε
τὸ ψεῦδος ἵνα κύριος κατοικήσῃ ἐν ὑμῖν καὶ φύγῃ ἀφ'
ὑμῶν ὁ Βελιάρ.
2 ἀλήθειαν φθέγγεσθε ἕκαστος πρὸς τὸν πλησίον αὐτοῦ καὶ
οὐ μὴ ἐμπέσητε εἰς ἡδονὴν καὶ ταραχὰς ἀλλ' ἔσεσθε ἐν
εἰρήνῃ ἔχοντες τὸν θεὸν τῆς εἰρήνης καὶ οὐ μὴ κατισχύσῃ
ὑμῶν πόλεμος.
3 ἀγαπᾶτε τὸν κύριον ἐν πάσῃ τῇ ζωῇ ὑμῶν καὶ ἀλλήλους ἐν
ἀληθινῇ καρδίᾳ.
4 οἶδα γὰρ ὅτι ἐν ἐσχάταις ἡμέραις ἀποστήσεσθε τοῦ κυρίου
καὶ προσοχθιεῖτε τῷ Λευὶ καὶ πρὸς Ἰουδὰν ἀντιτάξεσθε
ἀλλ' οὐ δυνήσεσθε πρὸς αὐτούς. ἄγγελος γὰρ κυρίου
ὁδηγεῖ ἑκατέρους ὅτι ἐν αὐτοῖς στήσεται Ἰσραήλ.
5 καὶ ὡς ἂν ἀποστῆτε ἀπὸ κυρίου ἐν πάσῃ κακίᾳ πορεύεσθε
ποιοῦντες βδελύγματα ἐθνῶν ἐκπορνεύοντες ἐν γυναιξὶν
ἀνόμων καὶ ἐν πάσῃ πονηρίᾳ ἐνεργούντων ἐν ὑμῖν τῶν
πνευμάτων τῆς πλάνης.
6 ἀνέγνων γὰρ ἐν βίβλῳ Ἐνὼχ τοῦ δικαίου ὅτι ὁ ἄρχων ὑμῶν
ἐστιν ὁ σατανᾶς καὶ ὅτι πάντα τὰ πνεύματα τῆς πορνείας
καὶ τῆς ὑπερηφανίας τῷ Λευὶ ὑπακούσονται τοῦ
παρεδρεύειν τοῖς υἱοῖς Λευὶ τοῦ ποιεῖν αὐτοὺς
ἐξαμαρτάνειν ἐνώπιον κυρίου.
7 καὶ υἱοί μου ἐγγίζοντές εἰσι τῷ Λευὶ καὶ
συνεξαμαρτάνοντες αὐτοῖς ἐν πᾶσιν καὶ υἱοὶ Ἰουδὰ
ἔσονται ἐν πλεονεξίᾳ ἁρπάζοντες τὰ ἀλλότρια ὡς λέοντες.
8 διὰ τοῦτο ἀπαχθήσεσθε σὺν αὐτοῖς ἐν αἰχμαλωσίᾳ κἀκεῖ
ἀπολήψεσθε πάσας τὰς πληγὰς Αἰγύπτου καὶ πάσας πονηρίας
τῶν ἐθνῶν
9 καὶ οὕτως ἐπιστρέψαντες πρὸς κύριον ἐλεηθήσεσθε καὶ
ἄξει ὑμᾶς εἰς τὸ ἁγίασμα αὐτοῦ βοῶν ὑμῖν εἰρήνην.
10 καὶ ἀνατελεῖ ὑμῖν ἐκ τῆς φυλῆς Ἰουδὰ καὶ Λευὶ τὸ
σωτήριον κυρίου καὶ αὐτὸς ποιήσει πρὸς τὸν Βελιὰρ
πόλεμον καὶ τὴν ἐκδίκησιν τοῦ νίκους δώσει πατράσιν
ἡμῶν.
11 καὶ τὴν αἰχμαλωσίαν λάβῃ ἀπὸ τοῦ Βελιὰρ ψυχὰς ἁγίων καὶ
ἐπιστρέψει καρδίας ἀπειθεῖς πρὸς κύριον καὶ δώσει τοῖς
ἐπικαλουμένοις αὐτὸν εἰρήνην αἰώνιον
12 καὶ ἀναπαύσονται ἐν Ἐδὲμ ἅγιοι καὶ ἐπὶ τῆς νέας
Ἰερουσαλὴμ εὐφρανθήσονται δίκαιοι ἥτις ἔσται εἰς
δόξασμα θεοῦ ἕως τοῦ αἰῶνος.
13 καὶ οὐκέτι ὑπομένει Ἰερουσαλὴμ ἐρήμωσιν οὐδὲ
αἰχμαλωτίζεται Ἰσραὴλ ὅτι κύριος ἔσται ἐν μέσῳ αὐτῆς
τοῖς ἀνθρώποις συναναστρεφόμενος καὶ ἅγιος Ἰσραὴλ
βασιλεύων ἐπ' αὐτοὺς ἐν ταπεινώσει καὶ ἐν πτωχείᾳ καὶ ὁ
πιστεύων ἐπ' αὐτῷ βασιλεύσει ἐν ἀληθείᾳ ἐν τοῖς
οὐρανοῖς.
- 6 -
1 καὶ νῦν φοβήθητε τὸν κύριον τέκνα μου καὶ προσέχετε
ἑαυτοῖς ἀπὸ τοῦ σατανᾶ καὶ τῶν πνευμάτων αὐτοῦ.
2 ἐγγίζετε δὲ τῷ θεῷ καὶ τῷ ἀγγέλῳ τῷ παραιτουμένῳ ὑμᾶς
ὅτι οὗτός ἐστι μεσίτης θεοῦ καὶ ἀνθρώπων ἐπὶ τῆς
εἰρήνης Ἰσραὴλ καὶ κατέναντι τῆς βασιλείας τοῦ ἐχθροῦ
στήσεται
3 διὰ τοῦτο σπουδάζει ὁ ἐχθρὸς ὑποσκελίζειν πάντας τοὺς
ἐπικαλουμένους τὸν κύριον.
4 οἶδε γὰρ ὅτι ἐν ᾗ ἡμέρᾳ πιστεύσει Ἰσραὴλ
συντελεσθήσεται ἡ βασιλεία τοῦ ἐχθροῦ.
5 αὐτὸς ὁ ἄγγελος τῆς εἰρήνης ἐνισχύσει τὸν Ἰσραὴλ μὴ
ἐμπεσεῖν αὐτὸν εἰς τέλος κακῶν.
6 ἔσται δὲ ἐν καιρῷ ἀνομίας τοῦ Ἰσραὴλ ἀφιστάμενος ἀπ'
αὐτῶν κύριος καὶ μετελεύσεται ἐπὶ ἔθνη ποιοῦντα τὸ
θέλημα αὐτοῦ ὅτι οὐδεὶς τῶν ἀγγέλων ἔσται ἴσος αὐτῷ.
7 τὸ δὲ ὄνομα αὐτοῦ ἔσται ἐν παντὶ τόπῳ Ἰσραὴλ καὶ ἐν
τοῖς ἔθνεσι σωτήρ.
8 διατηρήσατε οὖν ἑαυτοὺς τέκνα μου ἀπὸ παντὸς ἔργου
πονηροῦ καὶ ἀπορρίψατε τὸν θυμὸν καὶ πᾶν ψεῦδος καὶ
ἀγαπήσατε τὴν ἀλήθειαν καὶ τὴν μακροθυμίαν
9 καὶ ἃ ἠκούσατε παρὰ τοῦ πατρὸς ὑμῶν μετάδοτε καὶ ὑμεῖς
τοῖς τέκνοις ὑμῶν ἵνα δέξηται ὑμᾶς ὁ σωτὴρ τῶν ἐθνῶν
ἔστι γὰρ ἀληθὴς καὶ μακρόθυμος πρᾶος καὶ ταπεινὸς καὶ
ἐκδιδάσκων τὴν τῶν ἔργων νόμον θεοῦ.
10 ἀπόστητε οὖν ἀπὸ πάσης ἀδικίας καὶ κολλήθητε τῇ
δικαιοσύνῃ τοῦ νόμου κυρίου καὶ ἔσται τὸ γένος μου εἰς
σωτηρίαν θεοῦ ἕως τοῦ αἰῶνος.
11 καὶ θάψατέ με ἐγγὺς τῶν πατέρων μου.
- 7 -
1 καὶ ταῦτα εἰπὼν κατεφίλησεν αὐτοὺς καὶ ὕπνωσεν ὕπνον
αἰώνιον.

2 καὶ ἔθαψαν αὐτὸν οἱ υἱοὶ αὐτοῦ. καὶ μετὰ ταῦτα
ἀνήνεγκαν τὰ ὀστᾶ αὐτοῦ σύνεγγυς Ἀβραὰμ καὶ Ἰσαὰκ καὶ
Ἰακώβ.
3 πλὴν ὡς ἐπροφήτευσεν αὐτοῖς Δὰν ὅτι ἐπιλάθωνται νόμον
θεοῦ αὐτῶν καὶ ἀλλοτριωθήσονται γῆς κλήρου αὐτῶν καὶ
γένους Ἰσραὴλ καὶ πατριᾶς αὐτῶν καὶ σπέρματος αὐτῶν
οὕτως καὶ γέγονεν.

διαθηκη Νεφθαλιμ.
1 περι φυσικης αγαθοτητος.
- 1 -
1 ἀντίγραφον διαθήκης Νεφθαλὶμ ἧς διέθετο ἐν καιρῷ τέλους
αὐτοῦ ἐν ἔτει ἑκατοστῷ τριακοστῷ δευτέρῳ τῆς ζωῆς
αὐτοῦ.
2 συνελθόντων τῶν υἱῶν αὐτοῦ ἐν ἑβδόμῳ μηνὶ τετάρτῃ τοῦ
μηνὸς ὑγιαίνοντος αὐτοῦ ἐποίησε δεῖπνον αὐτοῖς καὶ
κώθωνα.
3 καὶ μετὰ τὸ ἐξυπνισθῆναι αὐτὸν τὸ πρωὶ εἶπεν αὐτοῖς ὅτι
ἀποθνήσκω καὶ οὐκ ἐπίστευον αὐτῷ.
4 καὶ εὐλόγων κύριον ἐκραταιώσεν ὅτι μετὰ τὸ δεῖπνον τὸ
χθὲς ἀποθανεῖται.
5 ἤρξατο οὖν λέγειν τοῖς υἱοῖς αὐτοῦ ἀκούσατε τέκνα μου
υἱοὶ Νεφθαλὶμ ἀκούσατε λόγους πατρὸς ὑμῶν.
6 ἐγὼ ἐγεννήθην ἀπὸ Βάλλας καὶ ὅτι ἐν πανουργίᾳ ἐποίησε
Ῥαχὴλ καὶ ἔδωκεν ἀνθ' ἑαυτῆς τὴν Βάλλαν τῷ Ἰακὼβ καὶ
ἐπὶ τῶν μηρῶν Ῥαχὴλ ἔτεκέ με διὰ τοῦτο ἐκλήθην
Νεφθαλίμ.
7 καὶ ἠγάπησέ με Ῥαχὴλ ὅτι ἐπὶ τῶν μηρῶν αὐτῆς ἐγεννήθην
καὶ εἴδει ἁπαλὸν ὄντα κατεφίλει με λέγουσα ἴδοιμι
ἀδελφόν σου ἐκ τῆς κοιλίας μου κατὰ σέ.
8 ὅθεν καὶ ὅμοιός μοι ἦν ἐν πᾶσιν ὁ Ἰωσὴφ κατὰ τὰς εὐχὰς
Ῥαχήλ.
9 ἡ δὲ μήτηρ μού ἐστι Βάλλα θυγάτηρ Ῥωθέου ἀδελφοῦ
Δεβόρρας τῆς τροφοῦ Ῥεβέκκας ἥτις ἐν μιᾷ ἡμέρᾳ ἐτέχθη
ἐν ᾗ καὶ ἡ Ῥαχήλ
10 ὁ δὲ Ῥώθεος ἐκ τοῦ γένους ἦν Ἀβραὰμ Χαλδαῖος θεοσεβὴς
ἐλεύθερος καὶ εὐγενής.
11 καὶ αἰχμαλωτισθεὶς ἠγοράσθη ὑπὸ Λαβὰν καὶ ἔδωκεν αὐτῷ
Αἰναν τὴν παιδίσκην αὐτοῦ εἰς γυναῖκα ἥτις ἔτεκε
θυγατέρα καὶ ἐκάλεσεν τὸ ὄνομα αὐτῆς Ζέλφαν ἐπ' ὀνόματι
τῆς κώμης ἐν ᾗ ἠχμαλωτεύθη
12 ἑξῆς ἔτεκε τὴν Βάλλαν λέγουσα καινόσπουδός μου ἡ
θυγάτηρ εὐθὺς γὰρ τεχθεῖσα ἔσπευδε θηλάζειν.
- 2 -
1 καὶ ἐπειδὴ κοῦφος ἤμην τοῖς ποσί μου ὡς ἔλαφος ἔταξέ με
ὁ πατήρ μου Ἰακὼβ εἰς πᾶσαν ἀποστολὴν καὶ ἀγγελίαν
καίγε ὡς ἔλαφόν με εὐλόγησεν.
2 καθὼς γὰρ ὁ κεραμεὺς οἶδε τὸ σκεῦος πόσον χωρεῖ καὶ
πρὸς αὐτὸ φέρει πηλὸν οὕτω καὶ ὁ κύριος πρὸς ὁμοίωσιν
τοῦ πνεύματος ποιεῖ τὸ σῶμα καὶ πρὸς τὴν δύναμιν τοῦ
σώματος τὸ πνεῦμα ἐντίθησι
3 καὶ οὐκ ἔστι λεῖπον ἓν ἐκ τοῦ ἑνὸς τρίτον τριχὸς σταθμῷ
γὰρ καὶ μέτρῳ καὶ κανόνι πᾶσα κτίσις ὑψίστου.
4 καὶ καθάπερ οἶδεν ὁ κεραμεὺς ἑνὸς ἑκάστου τὴν χρῆσιν ὡς
ἱκανή οὕτω καὶ ὁ κύριος οἶδε τὸ σῶμα ἕως τίνος
διαρκέσει ἐν ἀγαθῷ καὶ πότε ἄρχεται ἐν κακῷ.
5 ὅτι οὐκ ἔστι πᾶν πλάσμα καὶ πᾶσα ἔννοια ἣν οὐκ ἔγνω
κύριος πάντα γὰρ ἄνθρωπον ἔκτισε κατ' εἰκόνα ἑαυτοῦ.
6 ὡς ἡ ἰσχὺς αὐτοῦ οὕτω καὶ τὸ ἔργον αὐτοῦ καὶ ὡς ὁ νοῦς
αὐτοῦ οὕτω καὶ ἡ τέχνη αὐτοῦ καὶ ὡς ἡ προαίρεσις αὐτοῦ
οὕτω καὶ ἡ πρᾶξις αὐτοῦ ὡς ἡ καρδία αὐτοῦ οὕτω καὶ τὸ
στόμα αὐτοῦ ὡς ὁ ὀφθαλμὸς αὐτοῦ οὕτω καὶ ὁ ὕπνος αὐτοῦ
ὡς ἡ ψυχὴ αὐτοῦ οὕτω καὶ ὁ λόγος αὐτοῦ ἢ ἐν νόμῳ κυρίου
ἢ ἐν νόμῳ Βελιάρ.
7 καὶ ὡς κεχώρισται ἀνάμεσον φωτὸς καὶ σκότους ὁράσεως
καὶ ἀκοῆς οὕτω κεχώρισται ἀνάμεσον ἀνδρὸς καὶ ἀνδρὸς
καὶ ἀνάμεσον γυναικὸς καὶ γυναικὸς καὶ οὐκ ἔστιν εἰπεῖν
ὅτι ἓν τῷ ἑνὶ τοῖς προσώποις ἢ τῷ νοΐ ὅμοιος.
8 πάντα γὰρ ἐν τάξει ἐποίησεν ὁ θεὸς καλὰ τὰς πέντε
αἰσθήσεις ἐν τῇ κεφαλῇ καὶ τὸν τράχηλον συνάπτει τῇ
κεφαλῇ καὶ τρίχας πρὸς δόξαν εἶτα καρδίαν εἰς φρόνησιν
κοιλίαν εἰς διάκρισιν στομάχου κάλαμον πρὸς ὑγίειαν
ἧπαρ πρὸς θυμὸν χολὴν εἰς πικρίαν εἰς γέλωτα σπλῆνα
νεφροὺς εἰς πανουργίαν ψύας εἰς δύναμιν πλευρὰς εἰς
θήκην ὀσφὺν εἰς ἰσχὺν καὶ τὰ ἑξῆς.
9 οὕτως οὖν τέκνα μου ἐν τάξει ἐστὲ εἰς ἀγαθὰ ἐν φόβῳ
θεοῦ καὶ μηδὲν ἄτακτον ποιεῖτε ἐν καταφρονήσει μηδὲ ἔξω
καιροῦ αὐτοῦ.
10 ὅτι ἐὰν εἴπῃς τῷ ὀφθαλμῷ ἀκοῦσαι οὐ δύναται οὕτως οὐδὲ
ἐν σκότει δυνήσεσθε ποιῆσαι ἔργα φωτός.
- 3 -
1 μὴ οὖν σπουδάζετε ἐν πλεονεξίᾳ διαφθεῖραι τὰς πράξεις
ὑμῶν ἢ ἐν λόγοις κενοῖς ἀπατᾶν τὰς ψυχὰς ὑμῶν ὅτι
σιωπῶντες ἐν καθαρότητι καρδίας συνήσετε τὸ θέλημα τοῦ
θεοῦ κρατεῖν καὶ ἀπορρίπτειν τὸ θέλημα τοῦ διαβόλου.
2 ἥλιος καὶ σελήνη καὶ ἀστέρες οὐκ ἀλλοιοῦσι τάξιν αὐτῶν
οὕτως καὶ ὑμεῖς μὴ ἀλλοιώσητε νόμον θεοῦ ἐν ἀταξίᾳ
πράξεων ὑμῶν.
3 ἔθνη πλανηθέντα καὶ ἀφέντα τὸν κύριον ἠλλοίωσαν τάξιν
αὐτῶν καὶ ἐπηκολούθησαν λίθοις καὶ ξύλοις
ἐξακολουθήσαντες πνεύμασι πλάνης.
4 ὑμεῖς δὲ μὴ οὕτως τέκνα μου γνόντες ἐν στερεώματι ἐν γῇ
καὶ ἐν θαλάσσῃ καὶ πᾶσι τοῖς δημιουργήμασι κύριον τὸν
ποιήσαντα ταῦτα πάντα ἵνα μὴ γένησθε ὡς Σόδομα ἥτις
ἐνήλλαξε τάξιν φύσεως αὐτῆς.

5 ὁμοίως δὲ καὶ οἱ ἐγρήγοροι ἐνήλλαξαν τάξιν φύσεως αὐτῶν
οὓς καὶ κατηράσατο κύριος ἐπὶ τοῦ κατακλυσμοῦ δι'
αὐτοὺς ἀπὸ κατοικεσίας καὶ καρπῶν τάξας τὴν γῆν
ἀοίκητον.
- 4 -
1 ταῦτα λέγω τέκνα μου ὅτι ἀνέγνων ἐν γραφῇ ἁγίᾳ Ἐνὼχ
ὅτι καίγε καὶ ὑμεῖς ἀποστήσεσθε ἀπὸ κυρίου πορευόμενοι
κατὰ πᾶσαν πονηρίαν ἐθνῶν καὶ ποιήσετε κατὰ πᾶσαν
ἀνομίαν Σοδόμων.
2 καὶ ἐπάξει ὑμῖν κύριος αἰχμαλωσίαν καὶ δουλεύσετε ἐκεῖ
τοῖς ἐχθροῖς ὑμῶν καὶ πάσῃ κακώσει καὶ θλίψει
συγκαλυφθήσεσθε ἕως ἂν ἀναλώσῃ κύριος πάντας ὑμᾶς.
3 καὶ μετὰ τὸ ὀλιγωθῆναι ὑμᾶς καὶ σμικρυνθῆναι
ἐπιστρέψετε καὶ ἐπιγνώσεσθε κύριον τὸν θεὸν ὑμῶν καὶ
ἐπιστρέψει ὑμᾶς εἰς τὴν γῆν ὑμῶν κατὰ τὸ πολὺ αὐτοῦ
ἔλεος.
4 καὶ ἔσται ὅταν ἥξουσιν ἐν γῇ πατέρων αὐτῶν πάλιν
ἐπιλάθωνται κυρίου καὶ ἀσεβήσουσιν
5 καὶ διασπείρει αὐτοὺς κύριος ἐπὶ προσώπου πάσης τῆς γῆς
ἄχρι τοῦ ἐλθεῖν τὸ σπλάγχνον κυρίου ἄνθρωπος ποιῶν
δικαιοσύνην καὶ ποιῶν ἔλεος εἰς πάντας τοὺς μακρὰν καὶ
τοὺς ἐγγύς.
- 5 -
1 ἐν γὰρ ἔτει τεσσαρακοστῷ ζωῆς μου εἶδον ἐν ὄρεσιν
ἐλαίου κατὰ ἀνατολὰς Ἱερουσαλὴμ ὅτι ὁ ἥλιος καὶ ἡ
σελήνη ἔστηκαν.
2 καὶ ἰδοὺ Ἰσαὰκ ὁ πατὴρ τοῦ πατρός μου λέγει ἡμῖν
προσδραμόντες κρατήσατε ἕκαστος κατὰ δύναμιν καὶ τοῦ
πιάσαντος ἔσται ὁ ἥλιος καὶ ἡ σελήνη.
3 καὶ πάντες ὁμοῦ ἐπεδράμομεν καὶ ὁ Λευὶ ἐκράτησε τὸν
ἥλιον καὶ ὁ Ἰούδας φθάσας ἔπιασε τὴν σελήνην καὶ
ὑψώθησαν ἀμφότεροι σὺν αὐτοῖς.
4 καὶ ὄντος τοῦ Λευὶ ὡς ἡλίου νεανίας τις ἐπιδίδωσιν αὐτῷ
βαΐα φοινίκων δώδεκα καὶ Ἰούδας ἦν λαμπρὸς ὡς ἡ σελήνη
καὶ ὑπὸ τοὺς πόδας αὐτοῦ ἦσαν δώδεκα ἀκτῖνες.
5 καὶ προσδραμόντες ἀλλήλοις ὁ Λευὶ καὶ Ἰούδας ἐκράτησαν
ἑαυτούς.
6 καὶ ἰδοὺ ταῦρος ἐπὶ τῆς γῆς ἔχων δύο κέρατα μεγάλα καὶ
πτέρυγες ἀετοῦ ἐπὶ τοῦ νώτου αὐτοῦ καὶ θέλοντες πιάσαι
αὐτὸν οὐκ ἠδυνήθημεν.
7 φθάσας γὰρ Ἰωσὴφ ἔλαβεν αὐτὸν καὶ συνανῆλθεν αὐτῷ εἰς
ὕψος.
8 καὶ εἶδον ὅτι ἤμην ἐν κήποις καὶ ἰδοὺ γραφὴ ἁγία ὤφθη
ἡμῖν λέγουσα Ἀσσύριοι Μῆδοι Πέρσαι Ἐλυμαῖοι Γελαχαῖοι
Χαλδαῖοι Σύροι κληρονομήσουσιν ἐν αἰχμαλωσίᾳ τὰ δώδεκα
σκῆπτρα τοῦ Ἰσραήλ.
- 6 -
1 καὶ πάλιν μετὰ μῆνας ἑπτὰ εἶδον τὸν πατέρα ἡμῶν Ἰακὼβ
ἑστηκότα ἐν τῇ θαλάσσῃ Ἰαμνείας καὶ ἡμεῖς οἱ υἱοὶ
αὐτοῦ σὺν αὐτῷ.
2 καὶ ἰδοὺ πλοῖον ἤρχετο ἀρμενίζον μεστὸν ταρίχων ἐκτὸς
ναυτῶν καὶ κυβερνήτου ἐπεγέγραπτο δὲ τὸ πλοῖον πλοῖον
Ἰακώβ.
3 καὶ λέγει ἡμῖν ὁ πατὴρ ἡμῶν ἐμβῶμεν εἰς τὸ πλοῖον ἡμῶν.
4 ὡς δὲ εἰσήλθομεν γίνεται χειμὼν σφοδρὸς καὶ λαῖλαψ
ἀνέμου μεγάλου καὶ ἀφίπταται ὁ πατὴρ ἀφ' ἡμῶν ὁ κρατῶν
τοὺς αὐχένας.
5 καὶ ἡμεῖς χειμαζόμενοι ἐπὶ τὸ πέλαγος ἐφερόμεθα καὶ
ἐπληρώθη τὸ πλοῖον ὑδάτων ἐν τρικυμίαις περιρρησσόμενον
ὥστε καὶ συντρίβεσθαι αὐτό.
6 καὶ Ἰωσὴφ ἐπὶ ἀκατίου φεύγει χωριζόμεθα δὲ καὶ ἡμεῖς
ἐπὶ σανίδων δέκα Λευὶ δὲ καὶ Ἰούδας ἦσαν ἐπὶ τὸ αὐτό.
7 διεσπάρημεν οὖν οἱ πάντες ἕως εἰς τὰ πέρατα.
8 ὁ δὲ Λευὶ περιβαλόμενος σάκκον περὶ πάντων ἡμῶν ἐδέετο
τοῦ κυρίου.
9 ὡς δὲ ἐπαύσατο ὁ χειμὼν τὸ σκάφος ἔφθασεν ἐπὶ τὴν γῆν
ὥσπερ ἐν εἰρήνῃ.
10 καὶ ἰδοὺ ἦλθεν Ἰακὼβ ὁ πατὴρ ἡμῶν καὶ ὁμοθυμαδὸν
ἠγαλλιώμεθα.
- 7 -
1 τὰ δύο ἐνύπνια εἶπον τῷ πατρί μου καὶ εἶπέ μοι δεῖ
ταῦτα πληρωθῆναι κατὰ καιρὸν αὐτῶν πολλὰ τοῦ Ἰσραὴλ
ὑπομείναντος.
2 τότε λέγει μοι ὁ πατήρ μου πιστεύω ὅτι ζῇ Ἰωσὴφ ὁρῶ
γὰρ πάντοτε ὅτι κύριος συγκαταριθμεῖ αὐτὸν μεθ' ὑμῶν.
3 καὶ κλαίων ἔλεγε ζῇς Ἰωσὴφ τέκνον μου καὶ οὐ βλέπω σέ
καὶ σὺ οὐχ ὁρᾷς Ἰακὼβ τὸν γεννήσαντά σε.
4 ἐποίησε δὲ ἡμᾶς δακρῦσαι ἐπὶ τοῖς λόγοις αὐτοῦ
τούτοις. καὶ ἑκαιόμην τοῖς σπλάγχνοις ἀναγγεῖλαι ὅτι
πέπραται ἀλλ' ἐφοβούμην τοὺς ἀδελφούς μου.
- 8 -
1 καὶ ἰδοὺ τέκνα μου ὑπέδειξα ὑμῖν καιροὺς ἐσχάτους ὅτι
πάντα γενήσεται τῷ Ἰσραήλ.
2 καὶ ὑμεῖς οὖν ἐντείλασθε τοῖς τέκνοις ὑμῶν ἵνα ἑνοῦνται
τῷ Λευὶ καὶ τῷ Ἰούδα. διὰ γὰρ τοῦ Ἰούδα ἀνατελεῖ
σωτηρία τῷ Ἰσραὴλ καὶ ἐν αὐτῷ εὐλογηθήσεται Ἰακώβ.
3 διὰ γὰρ τοῦ σκήπτρου αὐτοῦ ὀφθήσεται θεὸς κατοικῶν ἐν

ἀνθρώποις ἐπὶ τῆς γῆς σῶσαι τὸ γένος Ἰσραὴλ καὶ
ἐπισυνάξει δικαίους ἐκ τῶν ἐθνῶν.

4 ἐὰν ἐργάσησθε τὸ καλὸν τέκνα μου εὐλογήσουσιν ὑμᾶς καὶ
οἱ ἄνθρωποι καὶ οἱ ἄγγελοι καὶ θεὸς δοξασθήσεται δι᾽
ὑμῶν ἐν τοῖς ἔθνεσι καὶ ὁ διάβολος φεύξεται ἀφ᾽ ὑμῶν
καὶ τὰ θηρία φοβηθήσονται ὑμᾶς καὶ ὁ κύριος ἀγαπήσει
ὑμᾶς καὶ οἱ ἄγγελοι ἀνθέξονται ὑμῶν.

5 ὡς ἄν τις γὰρ τέκνον ἐκθρέψῃ καλῶς μνείαν ἔχει ἀγαθὴν
οὕτως καὶ ἐπὶ τοῦ καλοῦ ἔργου μνήμη παρὰ θεῷ ἀγαθή.

6 τὸν δὲ μὴ ποιοῦντα τὸ καλὸν καταράσονται οἱ ἄνθρωποι
καὶ οἱ ἄγγελοι καὶ ὁ θεὸς ἀδοξήσει ἐν τοῖς ἔθνεσι δι᾽
αὐτοῦ καὶ ὁ διάβολος οἰκειοῦται αὐτὸν ὡς ἴδιον σκεῦος
καὶ πᾶν θηρίον κατακυριεύσει αὐτοῦ καὶ ὁ κύριος μισήσει
αὐτόν.

7 καὶ γὰρ αἱ ἐντολαὶ τοῦ νόμου διπλαῖ εἰσι καὶ μετὰ
τέχνης πληροῦνται.

8 καιρὸς γὰρ συνουσίας γυναικὸς αὐτοῦ καὶ καιρὸς
ἐγκρατείας εἰς προσευχὴν αὐτοῦ.

9 καὶ δύο ἐντολαί εἰσιν καὶ εἰ μὴ γένωνται ἐν τάξει αὐτῶν
ἁμαρτίαν παρέχουσιν. οὕτως ἐστὶ καὶ ἐπὶ τῶν λοιπῶν
ἐντολῶν.

10 γίνεσθε οὖν σοφοὶ ἐν θεῷ καὶ φρόνιμοι εἰδότες τάξιν
ἐντολῶν αὐτοῦ καὶ θεσμοὺς παντὸς πράγματος ὅπως ὁ
κύριος ἀγαπήσει ὑμᾶς.

- 9 -

1 καὶ πολλὰ τοιαῦτα ἐντειλάμενος αὐτοῖς παρεκάλεσεν ἵνα
μετακομίσωσι τὰ ὀστᾶ αὐτοῦ εἰς Χεβρὼν καὶ θάψωσι μετὰ
τῶν πατέρων αὐτοῦ.

2 καὶ φαγὼν καὶ πιὼν ἐν ἱλαρότητι ψυχῆς συνεκάλυψε τὸ
πρόσωπον αὐτοῦ καὶ ἀπέθανεν.

3 καὶ ἐποίησαν οἱ υἱοὶ αὐτοῦ κατὰ πάντα ὅσα ἐνετείλατο
αὐτοῖς Νεφθαλὶμ ὁ πατὴρ αὐτῶν.

διαθήκη Γάδ.

1 περὶ μίσους.

- 1 -

1 ἀντίγραφον διαθήκης Γὰδ ἃ ἐλάλησεν αὐτὸς τοῖς υἱοῖς
αὐτοῦ ἐν ἔτει ἑκατοστῷ εἰκοστῷ ἑβδόμῳ ζωῆς αὐτοῦ λέγων

2 ἔνατος υἱὸς ἐγενόμην τῷ Ἰακὼβ καὶ ἤμην ἀνδρεῖος ἐπὶ
τῶν ποιμνίων.

3 ἐγὼ ἐφύλαττον ἐν νυκτὶ τὸ ποίμνιον καὶ ὅταν ἤρχετο λέων
ἢ λύκος ἢ πάρδαλις ἢ ἄρκος ἢ πᾶν θηρίον ἐπὶ τὴν ποίμνην
κατεδίωκον αὐτὸ καὶ πιάζων τὸν πόδα αὐτοῦ τῇ χειρί μου
καὶ γυρεύων ἐσκότουν καὶ ἠκόντιζον αὐτὸ ἐπὶ δύο
σταδίους καὶ οὕτως ἀνῄρουν.

4 ὁ οὖν Ἰωσὴφ ἐποίμαινε μεθ᾽ ἡμῶν ὡς ἡμέρας τριάκοντα
καὶ τρυφερὸς ὢν ἐμαλακίσθη ἀπὸ τοῦ καύματος

5 καὶ ὑπέστρεψεν εἰς Χεβρὼν πρὸς τὸν πατέρα αὐτοῦ καὶ
ἀνέκλινεν αὐτὸν πλησίον αὐτοῦ ὅτι ἠγάπα αὐτόν.

6 καὶ εἶπεν Ἰωσὴφ τῷ πατρὶ ἡμῶν ὅτι υἱοὶ Ζέλφας καὶ
Βάλλας θύουσι τὰ καλὰ καὶ κατεσθίουσιν αὐτὰ παρὰ γνώμην
Ἰουδὰ καὶ Ῥουβήμ.

7 εἶδε γὰρ ὅτι ἄρνον ἐξειλόμην ἐκ τοῦ στόματος τῆς ἄρκου
κἀκεῖνον ἐθανάτωσα καὶ τὸν ἄρνον ἔθυσα περὶ οὗ
ἐλυπούμην ὅτι οὐκ ἠδύνατο ζῆν καὶ ἐφάγομεν αὐτὸν καὶ
εἶπε τῷ πατρὶ ἡμῶν.

8 καὶ ἐνεκότουν τῷ Ἰωσὴφ περὶ τοῦ λόγου τούτου ἕως
ἡμέρας διαπράσεως αὐτοῦ εἰς Αἴγυπτον.

9 καὶ τὸ πνεῦμα τοῦ μίσους ἦν ἐν ἐμοὶ καὶ οὐκ ἤθελον οὔτε
δι᾽ ὀφθαλμῶν οὔτε δι᾽ ἀκοῆς ἰδεῖν τὸν Ἰωσήφ. καὶ κατὰ
πρόσωπον ἡμῶν ἤλεγξεν ἡμᾶς ὅτι ἄνευ Ἰουδὰ ἠσθίομεν τὰ
θρέματα καὶ πάντα ὅσα ἔλεγε τῷ πατρὶ ἐπείθετο αὐτῷ.

- 2 -

1 ὁμολογῶ νῦν τὴν ἁμαρτίαν μου τέκνα ὅτι πλειστάκις
ἤθελον ἀνελεῖν αὐτὸν ὅτι ἐκ ψυχῆς ἐμίσουν αὐτὸν καὶ
ὅλως οὐκ ἦν ἐν ἐμοὶ ἥπατα ἐλέους εἰς αὐτόν.

2 καίγε διὰ τὰ ἐνύπνια προσεθέμην μῖσος καὶ ἤθελον αὐτὸν
ἐκλεῖξαι ἐκ γῆς ζώντων ὃν τρόπον ἐκλείχει ὁ μόσχος τὰ
χλωρὰ ἀπὸ τῆς γῆς.

3 διὸ ἐγὼ καὶ Ἰούδας πεπράκαμεν αὐτὸν τοῖς Ἰσμαηλίταις
τριάκοντα χρυσῶν καὶ τὰ δέκα ἀποκρύψαντες τὰ εἴκοσι
ἐδείξαμεν τοῖς ἀδελφοῖς ἡμῶν.

4 καὶ οὕτως τῇ πλεονεξίᾳ ἐπληροφορήθην τῆς ἀναιρέσεως
αὐτοῦ.

5 καὶ ὁ θεὸς τῶν πατέρων μου ἐρρύσατο αὐτὸν ἐκ τῶν χειρῶν
μου ἵνα ποιήσω ἀνόμημα ἐν Ἰσραήλ.

- 3 -

1 καὶ νῦν ἀκούσατε τέκνα μου λόγους ἀληθείας τοῦ ποιεῖν
δικαιοσύνην καὶ πάντα νόμον ὑψίστου καὶ μὴ πλανᾶσθαι τῷ
πνεύματι τοῦ μίσους ὅτι κακόν ἐστιν ἐπὶ πάσαις πράξεσιν
ἀνθρώπων.

2 πᾶν ὃ ἐὰν ποιῇ ὁ μισῶν βδελύσσεται ἐὰν ποιῇ νόμον
κυρίου τοῦτον οὐκ ἐπαινεῖ ἐὰν φοβῆται κύριον καὶ θέλῃ
δίκαια τοῦτον οὐκ ἀγαπᾷ

3 τὴν ἀλήθειαν ψέγει τῷ κατορθοῦντι φθονεῖ καταλαλιὰν
ἀσπάζεται ὑπερηφανίαν ἀγαπᾷ ὅτι τὸ μῖσος ἐτύφλωσε τὴν
ψυχὴν αὐτοῦ καθὼς κἀγὼ ἔβλεπον ἐν τῷ Ἰωσήφ.

- 4 -

1 φυλάξασθε οὖν τέκνα μου ἀπὸ τοῦ μίσους ὅτι εἰς αὐτὸν
τὸν κύριον ἀνομίαν ποιεῖ.

2 οὐ γὰρ θέλει ἀκούειν λόγων ἐντολῶν αὐτοῦ περὶ ἀγάπης
τοῦ πλησίον καὶ εἰς τὸν θεὸν ἁμαρτάνει.

3 ἐὰν γὰρ πταίσῃ ὁ ἀδελφὸς εὐθὺς θέλει ἀναγγεῖλαι πᾶσι
καὶ σπεύδει ἵνα κριθῇ περὶ αὐτῆς καὶ κολασθεὶς ἀποθάνῃ.

4 ἐὰν δὲ ᾖ δοῦλος συμβάλλει αὐτὸν πρὸς τὸν κύριον αὐτοῦ

καὶ ἐν πάσῃ θλίψει ἐπιχειρεῖ κατ᾽ αὐτοῦ εἴ πως
θανατώσει αὐτόν.

5 τὸ γὰρ μῖσος ἐνεργεῖ τῷ φθόνῳ καὶ κατὰ τῶν εὐπραγούντων
τὴν προκοπὴν ἀκούων καὶ ὁρῶν πάντοτε ἀσθενεῖ.

6 ὥσπερ γὰρ ἡ ἀγάπη καὶ τοὺς νεκροὺς θέλει ζωοποιῆσαι καὶ
τοὺς ἐν ἀποφάσει θανάτου θελήσει ἀνακαλέσασθαι οὕτως τὸ
μῖσος τοὺς ζῶντας θέλει ἀποκτεῖναι καὶ τοὺς ἐν ὀλίγῳ
ἁμαρτήσαντας οὐ θέλει ζῆν.

7 τὸ γὰρ πνεῦμα τοῦ μίσους διὰ τῆς ὀλιγοψυχίας συνεργεῖ
τῷ σατανᾷ ἐν πᾶσιν εἰς θάνατον τῶν ἀνθρώπων τὸ δὲ
πνεῦμα τῆς ἀγάπης ἐν μακροθυμίᾳ συνεργεῖ τῷ νόμῳ τοῦ
θεοῦ εἰς σωτηρίαν ἀνθρώπων.

- 5 -

1 κακὸν τὸ μῖσος ὅτι ἐνδελεχεῖ συνεχῶς τῷ ψεύδει λαλῶν
κατὰ τῆς ἀληθείας καὶ τὰ μικρὰ μεγάλα ποιεῖ τὸ σκότος
φῶς προσέχει τὸ γλυκὺ πικρὸν λέγει καὶ συκοφαντίαν
ἐκδιδάσκει καὶ ὀργὴν καὶ πόλεμον καὶ ὕβριν καὶ πᾶσαν
πλεονεξίαν κακῶν καὶ ἰοῦ διαβολικοῦ τὴν καρδίαν πληροῖ.

2 καὶ ταῦτα ἐκ πείρας λέγω ὑμῖν τέκνα μου ὅπως φεύξησθε
τὸ μῖσος καὶ κολληθῆτε τῇ ἀγάπῃ τοῦ κυρίου.

3 ἡ δικαιοσύνη ἐκβάλλει τὸ μῖσος ἡ ταπείνωσις ἀναιρεῖ τὸ
μῖσος. ὁ γὰρ δίκαιος καὶ ταπεινὸς αἰδεῖται ποιῆσαι
ἄδικον οὐχ ὑπὸ ἄλλου καταγινωσκόμενος ἀλλ᾽ ὑπὸ τῆς
ἰδίας καρδίας ὅτι κύριος ἐπισκέπτει τὸ διαβούλιον
αὐτοῦ.

4 οὐ καταλαλεῖ ἀνδρὸς ἐπειδὴ ὁ φόβος τοῦ ὑψίστου νικᾷ τὸ
μῖσος.

5 φοβούμενος γὰρ μὴ προσκρούσῃ κυρίῳ οὐ θέλει τὸ καθόλου
οὐδὲ ἕως ἐννοίων ἀδικῆσαί ἄνθρωπον.

6 ταῦτα ἐγὼ ἔσχατον ἔγνων μετὰ τὸ μετανοῆσαί με περὶ τοῦ
Ἰωσήφ.

7 ἡ γὰρ κατὰ θεὸν ἀληθὴς μετάνοια ἀναιρεῖ τὴν ἄγνοιαν καὶ
φυγαδεύει τὸ σκότος καὶ φωτίζει τοὺς ὀφθαλμοὺς καὶ
γνῶσιν παρέχει τῇ ψυχῇ καὶ ὁδηγεῖ τὸ διαβούλιον πρὸς
σωτηρίαν

8 καὶ ἃ οὐκ ἔμαθεν ἀπὸ ἀνθρώπων οἶδε διὰ τῆς μετανοίας.

9 ἐπήγαγε γάρ μοι ὁ θεὸς νόσον ἥπατος καὶ εἰ μὴ αἱ εὐχαὶ
Ἰακὼβ τοῦ πατρός μου ὀλίγου διεφώνησεν ἀπ᾽ ἐμοῦ τὸ
πνεῦμά μου.

10 δι᾽ ὧν γὰρ ἄνθρωπος παρανομεῖ δι᾽ ἐκείνων καὶ
κολάζεται.

11 ἐπεὶ οὖν ἐνέκειτο τὰ ἥπατά μου ἀνηλεῶς κατὰ τοῦ Ἰωσὴφ
τῷ ἥπατι πάσχων ἀνηλεῶς ἐκρινόμην ἐπὶ μῆνας ἔνδεκα καθ᾽
ὅσον χρόνον ἐνεῖχον τῷ Ἰωσὴφ ἕως ἵνα πραθῇ.

- 6 -

1 καὶ νῦν τέκνα μου ἀγαπήσατε ἕκαστος τὸν ἀδελφὸν αὐτοῦ
καὶ ἐξάρατε τὸ μῖσος ἀπὸ τῶν καρδιῶν ὑμῶν ἀγαπῶντες
ἀλλήλους ἐν ἔργῳ καὶ λόγῳ καὶ διανοίᾳ ψυχῆς.

2 ἐγὼ γὰρ κατὰ πρόσωπον τοῦ πατρὸς ἡμῶν εἰρηνικὰ ἐλάλουν
τῷ Ἰωσὴφ καὶ ἐξελθόντος μου τὸ πνεῦμα τοῦ μίσους
ἐσκότιζέ μου τὸν νοῦν καὶ ἐτάρασσε τὴν ψυχήν μου τοῦ
ἀνελεῖν αὐτόν.

3 ἀγαπᾶτε οὖν ἀλλήλους ἀπὸ καρδίας καὶ ἐὰν ἁμάρτῃ εἴς σε
εἰπὲ αὐτῷ ἐν εἰρήνῃ ἐξορίσας τὸν ἰὸν τοῦ μίσους καὶ ἐν
ψυχῇ σου μὴ κρατήσῃς δόλον καὶ ἐὰν ὁμολογήσας μετανοήσῃ
ἄφες αὐτῷ.

4 ἐάν τε ἀρνεῖται μὴ φιλονείκει αὐτῷ μήποτε ὀμόσαντος
αὐτοῦ δισσῶς ἁμαρτήσῃς.

5 μὴ ἀκούσῃ ἐν μάχῃ ἀλλότριος μυστήριον ὑμῶν ἵνα μὴ
μισήσῃ σε ἐχθρανθῇ καὶ μεγάλην ἁμαρτίαν ἐργάσηται κατὰ
σοῦ ὅτι πολλάκις δολοφωνεῖ σε ἢ περιεργάζεταί σε ἐν
κακῷ λαβὼν ἀπὸ σοῦ τὸν ἰόν.

6 ἐὰν οὖν ἀρνεῖται καὶ αἰδεσθῇ ἐλεγχόμενος ἡσύχασον μὴ
  ἐξάξῃς αὐτόν. ὁ γὰρ ἀρνούμενος μετανοεῖ τοῦ μηκέτι
  πλημμελῆσαι εἰς σε ἀλλὰ καὶ τιμήσει σε καὶ φοβηθήσεται
  καὶ εἰρηνεύσει.
7 ἐὰν δὲ ἀναιδής ἐστι καὶ ἐνίσταται τῇ κακίᾳ καὶ οὕτως
  ἄφες αὐτῷ ἀπὸ καρδίας καὶ δὸς τῷ θεῷ τὴν ἐκδίκησιν.
  - 7 -
1 ἐάν τις ὑπὲρ ὑμᾶς εὐοδοῦται μὴ λυπεῖσθε ἀλλὰ καὶ
  εὔχεσθε ὑπὲρ αὐτοῦ ἵνα τελείως εὐοδοῦται ἴσως γὰρ ὑμῖν
  συμφέρει οὕτως.
2 καὶ ἐὰν ἐπὶ πλεῖον ὑψοῦται μὴ φθονεῖτε μνημονεύοντες
  ὅτι πᾶσα σάρξ ἀποθανεῖται κυρίῳ δὲ ὕμνον προσφέρετε τῷ
  παρέχοντι τὰ καλὰ καὶ συμφέροντα πᾶσιν ἀνθρώποις.
3 ἐξέτασον κρίματα κυρίου καὶ οὗτος οὐ καταλείψει καὶ
  ἡσυχάσει τὸ διαβούλιόν σου.
4 ἐὰν δὲ καὶ ἐκ κακῶν τις πλουτήσῃ ὡς Ἠσαῦ ὁ πατράδελφός
  μου μὴ ζηλώσητε ὅρον γὰρ κυρίου ἐκδέξασθε.
5 ἢ γὰρ ἀφαιρεῖται αὐτὰ ἐν κακοῖς ἢ μετανοοῦσιν ἀφίησιν ἢ
  ἀμετανοήτῳ τηρεῖ εἰς αἰῶνα τὴν κόλασιν.
6 ὁ γὰρ πένης καὶ ἄφθονος ἐπὶ πᾶσι κυρίῳ εὐχαριστῶν αὐτὸς
  παρὰ πάντας πλουτεῖ ὅτι οὐκ ἔχει τὸν πονηρὸν
  περισπασμὸν τῶν ἀνθρώπων.
7 ἐξάρατε οὖν τὸ μῖσος ἀπὸ τῶν ψυχῶν ὑμῶν καὶ ἀγαπᾶτε
  ἀλλήλους ἐν εὐθύτητι καρδίας.
  - 8 -
1 εἴπατε δὲ καὶ ὑμεῖς ταῦτα τοῖς τέκνοις ὑμῶν ὅπως
  τιμήσωσιν Ἰουδὰν καὶ τὸν Λευὶ ὅτι ἐξ αὐτῶν ἀνατελεῖ
  κύριος σωτῆρα τῷ Ἰσραήλ.
2 ἔγνων γὰρ ὅτι ἐπὶ τέλει ἀποστήσονται τὰ τέκνα ὑμῶν ἀπ'
  αὐτῶν καὶ ἐν πάσῃ πονηρίᾳ καὶ κακώσει καὶ διαφθορᾷ
  ἔσονται ἐνώπιον κυρίου.
3 καὶ ὀλίγον ἡσυχάσας πάλιν εἶπεν αὐτοῖς τέκνα μου
  ὑπακούσατε τοῦ πατρὸς ὑμῶν καὶ θάψατέ με σύνεγγυς τῶν
  πατέρων μου.
4 καὶ ἐξάρας τοὺς πόδας αὐτοῦ ἐκοιμήθη ἐν εἰρήνῃ.
5 καὶ μετὰ πέντε ἔτη ἀνήγαγον αὐτὸν καὶ ἔθαψαν αὐτὸν εἰς
  Χεβρὼν μετὰ τῶν πατέρων αὐτοῦ.

Testamenta XII Patriarcharum (Aser)
------------------------------------

διαθήκη Ασηρ.
1 περι δυο προσωπων κακιας και αρετης.
  - 1 -
1 ἀντίγραφον διαθήκης Ἀσὴρ ἃ ἐλάλησε τοῖς υἱοῖς αὐτοῦ
  ἑκατοστῷ εἰκοστῷ ἕκτῳ ἔτει ζωῆς αὐτοῦ.
2 ἔτι ὑγιαίνων εἶπε πρὸς αὐτοὺς ἀκούσατε τέκνα Ἀσὴρ τοῦ
  πατρὸς ὑμῶν καὶ πᾶν τὸ εὐθὲς ἐνώπιον τοῦ θεοῦ ὑποδείξω
  ὑμῖν.
3 δύο ὁδοὺς ἔδωκεν ὁ θεὸς τοῖς υἱοῖς τῶν ἀνθρώπων καὶ δύο
  διαβούλια καὶ δύο πράξεις καὶ δύο τρόπους καὶ δύο τέλη.
4 διὰ τοῦτο πάντα δύο εἰσὶν ἓν κατέναντι τοῦ ἑνός.
5 ὁδοὶ δύο καλοῦ καὶ κακοῦ ἐν οἷς εἰσι τὰ δύο διαβούλια
  ἐν στέρνοις ἡμῶν διακρίνοντα αὐτάς.
6 ἐὰν οὖν ἡ ψυχὴ θέλῃ ἐν καλῷ πᾶσα πρᾶξις αὐτῆς ἐστιν ἐν
  δικαιοσύνῃ κἂν ἁμάρτῃ εὐθὺς μετανοεῖ.
7 δίκαια γὰρ λογιζόμενος καὶ ἀπορρίπτων τὴν πονηρίαν
  ἀνατρέπει εὐθὺς τὸ κακὸν καὶ ἐκριζοῖ τὴν ἁμαρτίαν.
8 ἐὰν δὲ ἐν πονηρῷ κλίνῃ τὸ διαβούλιον πᾶσα πρᾶξις αὐτῆς
  ἐστιν ἐν πονηρίᾳ καὶ ἀποθούμενος τὸ ἀγαθὸν προσλαμβάνει
  τὸ κακὸν καὶ κυριευθεὶς ὑπὸ τοῦ Βελιὰρ κἂν ἀγαθὸν πράξῃ
  ἐν πονηρίᾳ αὐτὸ μεταστρέφει.
9 ὅταν γὰρ ἐνάρξηται ὡς ἀγαθὸν ποιῶν τὸ τέλος τῆς πράξεως
  αὐτοῦ εἰς κακὸν ποιεῖν ἀνελαύνει ἐπειδὴ ὁ θησαυρὸς τοῦ
  διαβουλίου τοῦ πονηροῦ πνεύματος πεπλήρωται.
  - 2 -
1 ἔστιν οὖν ψυχὴ λέγουσα φησὶ τὸ καλὸν ὑπὲρ τοῦ κακοῦ καὶ
  τὸ τέλος τοῦ πράγματος εἰς κακίαν ἄγει.
2 ἔστιν ἄνθρωπος--- ὅτι οὐκ οἰκτίρει λειτουργοῦντα αὐτῷ
  ἐν κακῷ καίγε τοῦτο διπρόσωπον ἀλλὰ τὸ ὅλον πονηρόν
  ἐστιν.
3 καὶ ἔστιν ἄνθρωπος ἀγαπῶν τὸν πονηρευόμενον ὡσαύτως
  ἐστιν ἐν πονηρίᾳ ὅτι καὶ ἀποθανεῖν αἱρεῖται ἐν κακῷ δι'
  αὐτὸν καὶ περὶ τούτου φανερὸν ὅτι διπρόσωπόν ἐστι τὸ δὲ
  πᾶν κακὴ πρᾶξις.
4 καίγε ἀγάπη οὖσα πονηρία ἐστὶ συγκρύπτουσα τὸ κακὸν
  ὅπερ ἐστὶ τῷ ὀνόματι ὡς καλὸν τὸ δὲ τέλος τῆς πράξεως
  ἔρχεται εἰς κακόν.
5 ἄλλος κλέπτει ἀδικεῖ ἁρπάζει πλεονεκτεῖ καὶ ἐλεεῖ τοὺς
  πτωχοὺς διπρόσωπον μὲν καὶ τοῦτο ὅλον δὲ πονηρόν ἐστιν.
6 πλεονεκτῶν τὸν πλησίον παροργίζει τὸν θεὸν καὶ τὸν
  ὕψιστον ἐπιορκεῖ καὶ τὸν πτωχὸν ἐλεᾷ τὸν ἐντολέα τοῦ
  νόμου κύριον ἀθετεῖ καὶ παροξύνει καὶ τὸν πένητα
  ἀναπαύει.
7 τὴν ψυχὴν σπιλοῖ καὶ τὸ σῶμα λαμπρύνει πολλοὺς ἀναιρεῖ
  καὶ ὀλίγους ἐλεεῖ καὶ τοῦτο μὲν διπρόσωπόν ἐστιν ὅλον
  δὲ πονηρόν ἐστιν.
8 ἄλλος μοιχεύει καὶ πορνεύει καὶ ἀπέχεται ἐδεσμάτων καὶ
  νηστεύων κακοποιεῖ καὶ τῇ δυναστείᾳ καὶ τῷ πλούτῳ
  πολλοὺς παρασύρει καὶ ἐκ τῆς ὑπερόγκου κακίας ποιεῖ
  ἐντολὰς καὶ τοῦτο διπρόσωπόν ἐστιν ὅλον δὲ κακόν ἐστιν.
9 οἱ τοιοῦτοι ὡς ὗες εἰσὶ δασύποδες ὅτι ἐξ ἡμισείας εἰσὶ
  καθαροὶ τὸ δὲ ἀληθὲς ἀκάθαροί εἰσιν.
10 καὶ γὰρ ὁ θεὸς ἐν ταῖς πλαξὶ τῶν οὐρανῶν οὕτως εἶπεν.
  - 3 -
1 ὑμεῖς οὖν τέκνα μου μὴ γίνεσθε κατ' αὐτοὺς διπρόσωποι
  ἀγαθότητος καὶ κακίας ἀλλὰ τῇ ἀγαθότητι μόνῃ κολλήθητε
  ὅτι ὁ θεὸς ἀναπαύεται εἰς αὐτὴν καὶ οἱ ἄνθρωποι

ποθοῦσιν αὐτήν
2 τὴν κακίαν ἀποδράσατε ἀναιροῦντες τὸν διάβολον ἐν ταῖς
  ἀγαθαῖς ὑμῶν πράξεσιν ὅτι οἱ διπρόσωποι οὐ θεῷ ἀλλὰ
  ταῖς ἐπιθυμίαις αὐτῶν δουλεύουσιν ἵνα τῷ Βελιὰρ ἀρέσωσι
  καὶ τοῖς ὁμοίοις αὐτῶν ἀνθρώποις.
  - 4 -
1 οἱ γὰρ ἀγαθοὶ ἄνδρες καὶ μονοπρόσωποι κἂν νομισθῶσι
  παρὰ τῶν διπροσώπων ἁμαρτάνειν δίκαιοί εἰσι παρὰ τῷ
  θεῷ.
2 πολλοὶ γὰρ ἀναιροῦντες τοὺς πονηροὺς δύο ποιοῦσιν ἔργα
  καλὸν διὰ κακοῦ ὅλον ἐστὶ δὲ καλὸν ὅτι τὸ κακὸν
  ἐκριζώσας ἀπώλεσεν.
3 ἔστι τις μισῶν τὸν ἐλεήμονα καὶ ἄδικον τὸν μοιχὸν καὶ
  νηστεύοντα καὶ αὐτό ἐστι διπρόσωπον ἀλλὰ τὸ πᾶν ἔργον
  ἀγαθόν ἐστιν ὅτι μιμεῖται κύριον μὴ προσδεχόμενος τὸ
  δοκοῦν καλὸν μετὰ τοῦ ἀληθινοῦ κακοῦ.
4 ἕτερος οὐ θέλει ἡμέραν ἀγαθὴν ἰδεῖν μετὰ ἀσώτων ἵνα μὴ
  χράνῃ τὸ στόμα καὶ μολύνῃ τὴν ψυχὴν καίγε τοῦτο
  διπρόσωπον ὅλον δὲ καλόν ἐστιν
5 ὅτι οἱ τοιοῦτοι δόρκοις καὶ ἐλάφοις ὅμοιοί εἰσιν ὅτι ἐν
  ἤθει ἀγρίῳ δοκοῦσιν ἀκάθαρτοι εἶναι τὸ δὲ πᾶν καθαροί
  εἰσιν ὅτι ἐν ζήλῳ θεοῦ πορεύονται ἀπεχόμενοι ὧν καὶ ὁ
  θεὸς διὰ τῶν ἐντολῶν μισῶν ἀπαγορεύει ἀπείργων τὸ κακὸν
  τοῦ ἀγαθοῦ.
  - 5 -
1 ὁρᾶτε οὖν τέκνα πῶς δύο εἰσὶν ἐν πᾶσιν ἓν κατέναντι τοῦ
  ἑνὸς καὶ ἓν ὑπὸ τοῦ ἑνὸς κέκρυπται
2 τὴν ζωὴν ὁ θάνατος διαδέχεται τὴν δόξαν ἡ ἀτιμία τὴν
  ἡμέραν ἡ νὺξ καὶ τὸ φῶς τὸ σκότος τὰ δὲ πάντα ὑπὸ
  ἡμέραν εἰσὶ καὶ ὑπὸ ζωὴν τὰ δίκαια διὸ καὶ τὸν θάνατον
  ἡ αἰώνιος ζωὴ ἀναμένει.
3 καὶ οὐκ ἔστιν εἰπεῖν τὴν ἀλήθειαν ψεῦδος οὐδὲ τὸ
  δίκαιον ἄδικον ὅτι πᾶσα ἀλήθεια ὑπὸ τοῦ φωτός ἐστι
  καθὼς τὰ πάντα ὑπὸ τὸν θεόν.
4 ταῦτα πάντα ἐδοκίμασα ἐν τῇ ζωῇ μου καὶ οὐκ ἐπλανήθην
  ἀπὸ τῆς ἀληθείας κυρίου καὶ τὰς ἐντολὰς τοῦ ὑψίστου
  ἐξεζήτησα κατὰ πᾶσαν ἰσχύν μου πορευόμενος μονοπροσώπως
  εἰς τὸ ἀγαθόν.
  - 6 -
1 προσέχετε οὖν τέκνα καὶ ὑμεῖς τὰς ἐντολὰς τοῦ κυρίου
  μονοπροσώπως ἀκολουθοῦντες τῇ ἀληθείᾳ
2 ὅτι οἱ διπρόσωποι δισσῶς κολάζονται. τὰ πνεύματα τῆς
  πλάνης μισήσατε τὰ κατὰ τῶν ἀνθρώπων ἀγωνιζόμενα.
3 τὸν νόμον κυρίου φυλάξατε καὶ μὴ προσέχετε τὸ κακὸν ὡς
  καλὸν ἀλλ' εἰς τὸ ὄντως καλὸν ἀποβλέπετε καὶ διατηρεῖτε
  αὐτὸ ἐν πάσαις ἐντολαῖς κυρίου εἰς αὐτὸ ἀναστρεφόμενοι
  καὶ ἐν αὐτῷ καταπαύοντες.
4 τὰ γὰρ τέλη τῶν ἀνθρώπων δεικνυσι τὴν δικαιοσύνην αὐτῶν
  γνωρίζοντες τοὺς ἀγγέλους κυρίου καὶ τοῦ σατανᾶ.
5 ἐὰν γὰρ τεταραγμένη ἡ ψυχὴ ἀπέρχεται βασανίζεται ὑπὸ
  τοῦ πονηροῦ πνεύματος οὗ καὶ ἐδούλευσεν ἐν ἐπιθυμίαις
  καὶ ἔργοις πονηροῖς
6 ἐὰν δὲ ἡσύχως ἐν χαρᾷ ἐγνώρισε τὸν ἄγγελον τῆς εἰρήνης
  ⟨ὃς⟩ παρακαλέσει αὐτὸν ἐν ζωῇ.
  - 7 -
1 μὴ γίνεσθε τέκνα ὡς Σόδομα ἥτις ἠγνόησε τοὺς ἀγγέλους
  κυρίου καὶ ἀπώλετο ἕως αἰῶνος.

2 οἶδα γὰρ ὅτι ἁμαρτήσετε καὶ παραδοθήσεσθε εἰς χεῖρας
ἐχθρῶν ὑμῶν καὶ ἡ γῆ ὑμῶν ἐρημωθήσεται καὶ τὰ ἅγια ὑμῶν
καταφθαρήσεται καὶ ὑμεῖς διασκορπισθήσεσθε εἰς τὰς
τέσσαρας γωνίας τῆς γῆς καὶ ἔσεσθε ἐν διασπορᾷ
ἐξουθενώμενοι ὡς ὕδωρ ἄχρηστον ἕως οὗ ὁ ὕψιστος
ἐπισκέψηται τὴν γῆν.
3 καὶ αὐτὸς ἐλθὼν ὡς ἄνθρωπος μετὰ ἀνθρώπων ἐσθίων καὶ
πίνων καὶ ἐν ἡσυχίᾳ συντρίβων τὴν κεφαλὴν τοῦ δράκοντος
δι' ὕδατος οὕτως σώσει τὸν Ἰσραὴλ καὶ πάντα τὰ ἔθνη
θεὸς εἰς ἄνδρα ὑποκρινόμενος.
4 εἴπατε οὖν ταῦτα τοῖς τέκνοις ὑμῶν μὴ ἀπειθεῖν αὐτῷ.
5 ἀνέγνων γὰρ ἐν ταῖς πλαξὶ τῶν οὐρανῶν ὅτι ἀπειθοῦντες
ἀπειθήσετε αὐτῷ καὶ ἀσεβοῦντες ἀσεβήσετε εἰς αὐτὸν μὴ
προσέχοντες τὸν νόμον τοῦ θεοῦ ἀλλ' ἐντολαῖς ἀνθρώπων.
6 διὰ τοῦτο διασκορπισθήσεσθε ὡς Γὰδ καὶ ὡς Δάν οἱ
ἀδελφοί μου οἳ χώρας αὐτῶν ἀγνοήσουσι καὶ φυλὴν καὶ
γλῶσσαν αὐτῶν.
7 ἀλλ' ἐπισυνάξει ὑμᾶς κύριος ἐν πίστει δι' ἐλπίδα
εὐσπλαγχνίας αὐτοῦ διὰ Ἀβραὰμ καὶ Ἰσαὰκ καὶ Ἰακώβ.
- 8 -
1 καὶ εἰπὼν αὐτοῖς ταῦτα ἐνετείλατο αὐτοῖς λέγων θάψατέ
με εἰς Χεβρών. καὶ ἀπέθανεν ὕπνῳ καλῷ κοιμηθείς.
2 καὶ μετὰ ταῦτα ἐποίησαν οἱ υἱοὶ αὐτοῦ ὡς ἐνετείλατο
αὐτοῖς καὶ ἀναγαγόντες αὐτὸν ἔθαψαν μετὰ τῶν πατέρων
αὐτοῦ.


Testamenta XII Patriarcharum (Joseph)
-------------------------------------

διαθήκη Ιωσηφ.
1 περὶ σωφροσυνης.
- 1 -
1 ἀντίγραφον διαθήκης Ἰωσήφ. ἐν τῷ μέλλειν αὐτὸν
ἀποθνήσκειν καλέσας τοὺς υἱοὺς αὐτοῦ καὶ τοὺς ἀδελφοὺς
αὐτοῦ εἶπεν αὐτοῖς
2 τέκνα μου καὶ ἀδελφοὶ ἀκούσατε Ἰωσὴφ τοῦ ἠγαπημένου
ὑπὸ Ἰσραὴλ ἐνωτίσασθε υἱοὶ τοῦ πατρὸς ὑμῶν.
3 ἐγὼ εἶδον ἐν τῇ ζωῇ μου τὸν φθόνον καὶ τὸν θάνατον καὶ
οὐκ ἐπλανήθην ἐν τῇ ἀληθείᾳ κυρίου.
4 οἱ ἀδελφοί μου οὗτοι ἐμίσησάν με καὶ ὁ κύριος ἠγάπησέ
με αὐτοὶ ἠθελόν με ἀνελεῖν καὶ ὁ θεὸς τῶν πατέρων μου
ἐφύλαξέ με εἰς λάκκον με ἐχάλασαν καὶ ὁ ὕψιστος ἀνήγαγέ
με
5 ἐπράθην εἰς δοῦλον καὶ ὁ κύριος ἐλευθέρωσέ με εἰς
αἰχμαλωσίαν ἐλήφθην καὶ ἡ κραταιὰ αὐτοῦ χεὶρ ἐβοήθησέ
μοι ἐν λιμῷ συνεσχέθην καὶ αὐτὸς ὁ κύριος διέθρεψέ με
6 μόνος ἤμην καὶ ὁ θεὸς παρεκάλεσέ με ἐν ἀσθενείᾳ ἤμην
καὶ ὁ ὕψιστος ἐπεσκέψατό με ἐν φυλακῇ ἤμην καὶ ὁ σωτὴρ
ἐχαρίτωσέ με ἐν δεσμοῖς καὶ ἔλυσέ με
7 ἐν διαβολαῖς καὶ συνηγόρησέ μοι ἐν λόγοις Αἰγυπτίων
πικροῖς καὶ ἐρρύσατό με ἐν φθόνοις συνδούλων καὶ ὕψωσέ
με.
- 2 -
1 καὶ οὕτως Φωτιμὰρ ὁ ἀρχιμάγειρος Φαραὼ ἐπίστευσέ μοι
τὸν οἶκον αὐτοῦ.
2 καὶ ἠγωνισάμην πρὸς γυναῖκα ἀναιδῆ ἐπειγουσάν με
παρανομεῖν μετ' αὐτῆς ἀλλ' ὁ θεὸς Ἰσραὴλ τοῦ πατρός
μου ἐφύλαξέ με ἀπὸ φλογὸς καιομένης.
3 ἐφυλακίσθην ἐτυπτήθην ἐμυκτηρίσθην καὶ ἔδωκέ με κύριος
εἰς οἰκτιρμοὺς ἐνώπιον τοῦ δεσμοφύλακος.
4 οὐ μὴ γὰρ ἐγκαταλίπῃ τοὺς φοβουμένους αὐτὸν οὐκ ἐν
σκότει ἢ δεσμοῖς ἢ θλίψεσιν ἢ ἀνάγκαις
5 οὐ γὰρ ὡς ἄνθρωπος ἐπαισχύνεται ὁ θεὸς οὐδὲ ὡς υἱὸς
ἀνθρώπου δειλιᾷ οὐδὲ ὡς γηγενὴς ἀσθενεῖ ἢ ἀπωθεῖται
6 ἐπὶ πᾶσι δὲ τόποις παρίσταται καὶ ἐν διαφόροις τρόποις
παρακαλεῖ ἐν βραχεῖ ἀφιστάμενος εἰς τὸ δοκιμάσαι τῆς
ψυχῆς τὸ διαβούλιον.
7 ἐν δέκα πειρασμοῖς δόκιμόν με ἀνέδειξε καὶ ἐν πᾶσιν
αὐτοῖς ἐμακροθύμησα ὅτι μέγα φάρμακόν ἐστιν ἡ
μακροθυμία καὶ πολλὰ ἀγαθὰ δίδωσιν ἡ ὑπομονή.
- 3 -
1 ποσάκις ἡ Αἰγυπτία ἠπείλησέ μοι θάνατον ποσάκις
τιμωρίαις παραδοῦσα ἀνεκαλέσατό με καὶ ἠπείλησέ μοι μὴ
θέλοντι συνελθεῖν αὐτῇ ἔλεγε δέ μοι
2 κυριεύσεις μου καὶ πάντων τῶν ἐμῶν ἐὰν ἐπιδῷς σεαυτὸν
εἰς ἐμὲ καὶ ἔσῃ ὡς δεσπότης ἡμῶν.
3 ἐγὼ οὖν ἐμνησκόμην λόγους πατρός μου Ἰακὼβ καὶ
εἰσερχόμενος εἰς τὸ ταμιεῖον προσηυχόμην κυρίῳ
4 καὶ ἐνήστευον ἐν τοῖς ἑπτὰ ἔτεσιν ἐκείνοις καὶ
ἐφαινόμην τῷ Αἰγυπτίῳ ὡς ἐν τρυφῇ διάγων ὅτι οἱ διὰ τὸν
θεὸν νηστεύοντες τοῦ προσώπου τὴν χάριν λαμβάνουσιν.
5 ἐὰν δὲ ἀπεδήμει οἶνον οὐκ ἔπινον καὶ τριημερίζων
ἐλάμβανόν μου τὴν δίαιταν καὶ ἐδίδουν αὐτὴν πένησι καὶ
ἀσθενοῦσιν.
6 καὶ ὤρθριζον πρὸς κύριον καὶ ἔκλαιον περὶ Μεμφίας τῆς
Αἰγυπτίας ὅτι σφόδρα ἀδιαλείπτως ἐνόχλει μοι καὶ ἐν
νυκτὶ εἰσῄει λόγῳ ἐπισκέψεως πρός με.
7 καὶ τὰ μὲν πρῶτα ὅτι τέκνον ἀρρενικὸν οὐκ ἦν αὐτῇ
προσεποιεῖτο ἔχειν με ὡς υἱὸν καὶ ηὐξάμην πρὸς κύριον
καὶ ἔτεκεν ἄρρεν.
8 ἕως οὖν χρόνου ὡς υἱόν με περιεπτύσσετο κἀγὼ ἠγνόουν
ἔσχατον εἰς πορνείαν με ἐφελκύσατο.
9 καὶ νοήσας ἐλυπήθην ἕως θανάτου καὶ ἐξελθούσης αὐτῆς
ἦλθον εἰς ἐμαυτὸν καὶ ἐπένθησα περὶ αὐτῆς ἡμέρας πολλὰς
ὅτι ἔγνων τὸν δόλον αὐτῆς καὶ τὴν πλάνην.
10 καὶ ἔλεγον αὐτῇ ῥήματα ὑψίστου εἰ ἄρα ἀποστρέψει ἀπὸ
τῆς ἐπιθυμίας αὐτῆς τῆς πονηρᾶς.
- 4 -

1 ποσάκις ὡς ἁγίῳ ἀνδρὶ ἐν λόγοις ἐκολάκευσέ με μετὰ
δόλου διὰ ῥημάτων ἐπαινοῦσα τὴν σωφροσύνην μου ἐνώπιον
τοῦ ἀνδρὸς αὐτῆς βουλομένη καταμόνας ὑποσκελίσαι με.
2 ἐδόξαζέ με ὡς σώφρονα φανερῶς καὶ ἐν κρυφῇ ἔλεγέ μοι μὴ
φοβηθῇς τὸν ἄνδρα μου καὶ γὰρ πέπεισται περὶ τῆς
σωφροσύνης σου ὅτι κἂν εἴπῃ τις αὐτῷ περὶ ἡμῶν οὐ μὴ
πιστεύσῃ.
3 ἐν τούτοις πᾶσιν ἐχαμοκοίτουν ἐγὼ ἐν σάκκῳ καὶ ἐδεόμην
τοῦ θεοῦ ὅπως ῥύσεταί με ὁ κύριος ἐκ τῆς Αἰγυπτίας.
4 ὡς δὲ οὐδὲν ἴσχυσε πάλιν ἐπὶ λόγῳ κατηχήσεως ἤρχετο
πρός με μαθεῖν λόγον κυρίου.
5 καὶ ἔλεγέ μοι εἰ θέλεις ἵνα καταλίπω τὰ εἴδωλα
συμπείσθητί μοι καὶ τὸν Αἰγύπτιον πεῖσω ἀποστῆναι τῶν
εἰδώλων ἐν νόμῳ κυρίου σου πορευόμενοι.
6 λέγω δὲ πρὸς αὐτὴν οὐκ ἐν ἀκαθαρσίᾳ θέλει κύριος τοὺς
σεβομένους αὐτὸν οὐδὲ ἐν τοῖς μοιχεύουσιν εὐδοκεῖ.
7 κἀκείνη ἐσιώπησε ποθοῦσα ἐκτελέσαι τὴν ἐπιθυμίαν αὐτῆς.
8 κἀγὼ προσετίθουν νηστείαν καὶ προσευχὴν ὅπως ῥύσεταί με
κύριος ἀπ' αὐτῆς.
- 5 -
1 πάλιν δὲ ἐν ἑτέρῳ χρόνῳ λέγει μοι εἰ μοιχεῦσαι οὐ
θέλεις ἐγὼ ἀναιρῶ τὸν Αἰγύπτιον καὶ οὕτως νόμῳ λήψομαί
σε εἰς ἄνδρα.
2 ἐγὼ οὖν ὡς ἤκουσα τοῦτο διέρρηξα τὴν στολήν μου καὶ
εἶπον γύναι αἰδέσθητι τὸν κύριον καὶ μὴ ποιήσῃς τὴν
πρᾶξιν τὴν πονηρὰν ταύτην ἵνα μὴ ἐξολοθρευθῇς ὅτι καίγε
ἐγὼ ἐξαγγελῶ τὴν ἐπίνοιαν τῆς ἀσεβείας σου πᾶσιν.
3 φοβηθεῖσα οὖν ἐκείνη ἠξίου ἵνα μηδενὶ ἐξαγγείλω τὴν
κακίαν αὐτῆς.
4 καὶ ἀνεχώρησε θάλπουσά με δώροις καὶ πέμπουσα πᾶσαν
ἀπόλαυσιν υἱῶν ἀνθρώπων.
- 6 -
1 καὶ ἀποστέλλει μοι βρῶμα ἐν γοητείᾳ πεφυραμένον.
2 καὶ ὡς ἦλθεν ὁ εὐνοῦχος ὁ κομίζων αὐτὸ ἀνέβλεψα καὶ
εἶδον ἄνδρα φοβερὸν ἐπιδιδόντα μοι μετὰ τοῦ τρυβλίου
μάχαιραν. καὶ συνῆκα ὅτι ἡ περιεργία αὐτῆς εἰς
ἀποπλάνησιν ψυχῆς ἐστίν.
3 καὶ ἐξελθόντος αὐτοῦ ἔκλαιον μήτε ἐκεῖνο μήτε ἄλλο τι
τῶν ἐδεσμάτων αὐτῆς γευσάμενος.
4 μετὰ οὖν μίαν ἡμέραν ἐλθοῦσα πρός με ἐπέγνω τὸ βρῶμα
καὶ λέγει πρός με τί τοῦτο ὅτι οὐκ ἔφαγες ἀπὸ τοῦ
βρώματος;
5 καὶ εἶπον πρὸς αὐτὴν ὅτι ἐπλήρωσας αὐτὸ θανάτου καὶ πῶς
εἶπας ὅτι οὐκ ἐγγίζω εἰδώλοις ἀλλὰ κυρίῳ μόνῳ;
6 νῦν οὖν γνῶθι ὅτι ὁ θεὸς τοῦ πατρός μου δι' ἀγγέλου
ἀπεκάλυψέ μοι τὴν κακίαν σου καὶ ἐτήρησα αὐτὸ εἰς
ἔλεγχόν σου εἰ ἄρα ἰδοῦσα αὐτὸ μετανοήσεις.
7 ἵνα δὲ μάθῃς ὅτι ἡμῶν τῶν ἐν σωφροσύνῃ θεοσεβούντων οὐ
κατισχύει κακία ἀσεβούντων λαβὼν ἐνώπιον αὐτῆς ἐξαυτῆς
ἔφαγον εἰπὼν ὁ θεὸς τῶν πατέρων μου καὶ ὁ ἄγγελος
Ἀβραὰμ ἔσται μετ' ἐμοῦ.
8 ἡ δὲ ἔπεσεν ἐπὶ πρόσωπον εἰς τοὺς πόδας μου καὶ ἔκλαυσε
καὶ ἀναστήσας αὐτὴν ἐνουθέτησα
9 καὶ συνέθετο τοῦ μὴ ποιῆσαι ἔτι τὴν ἀσέβειαν ταύτην.
- 7 -
1 ὅτι δὲ ἡ καρδία αὐτῆς ἐνέκειτο εἰς ἐμὲ πρὸς ἀκολασίαν
στενάζουσα προσέπιπτεν.
2 ἰδὼν δὲ αὐτὴ ὁ Αἰγύπτιος λέγει πρὸς αὐτὴν τί συνέπεσε
τὸ πρόσωπόν σου; ἡ δὲ εἶπε πόνον καρδίας ἐγὼ ἀλγῶ καὶ
οἱ στεναγμοὶ τοῦ πνεύματός μου συνέχουσί με. καὶ
ἐθεράπευεν αὐτὴν μὴ ἀσθενοῦσαν.
3 τότε εἰσεπήδησε πρός με ἔτι ὄντος ἔξω τοῦ ἀνδρὸς αὐτῆς
καὶ λέγει μοι ἀγχομαι ἢ εἰς φρέαρ ἢ εἰς κρημνὸν ῥίπτω
ἐμαυτὴν ἐὰν μή μοι συμπεισθῇς.
4 καὶ νοήσας ὅτι τὸ πνεῦμα τοῦ Βελίαρ αὐτὴν ἐνοχλεῖ
προσευξάμην κυρίῳ καὶ εἶπον πρὸς αὐτὴν
5 ἵνα τί ταράσσῃ καὶ θορυβῇ ἐν ἁμαρτίαις τυφλώττουσα;
μνήσθητι ὅτι ἐὰν ἀνέλῃς σεαυτὴν ἡ Σηθὼν ἡ παλλακὴ τοῦ
ἀνδρός σου ἡ ἀντίζηλός σου κολαφίσει τὰ τέκνα σου καὶ

ἀπολέσει τὸ μνημόσυνόν σου ἀπὸ τῆς γῆς.
6 καὶ λέγει πρός με ἴδε οὖν ἀγαπᾷς με ἀρκεῖ μοι μόνον ὅτι
  ἀντιποιῇ τῆς ζωῆς μου καὶ τῶν τέκνων μου ἔχω προσδοκίαν
  ἀπολαῦσαι τῆς ἐπιθυμίας μου.
7 καὶ οὐκ ἔγνω ὅτι διὰ τὸν θεόν μου εἶπον οὕτως καὶ οὐ
  δι' αὐτήν.
8 ἐὰν γάρ τις πάθει ὑποπέσῃ ἐπιθυμίας πονηρᾶς καὶ τούτῳ
  δουλωθῇ ὡς κἀκείνη κἂν ἀγαθόν τι ἀκούσῃ εἰς τὸ πάθος ὃ
  ἡττᾶται ἐκλαμβάνει αὐτὸ πρὸς ἐπιθυμίαν πονηράν.
  - 8 -
1 λέγω ὑμῖν τέκνα ὅτι ὥρα ἦν ὡσεὶ ἕκτη ὅτε ἐξῆλθεν ἀπ'
  ἐμοῦ κἀγὼ γόνυ κλίνας περὶ κύριον ὅλην τὴν ἡμέραν καὶ
  ὅλην τὴν νύκτα συνάψας περὶ τὸν ὄρθρον ἀνέστην δακρύων
  καὶ αἰτῶν λύτρωσιν ἀπὸ τῆς Αἰγυπτίας.
2 τέλος οὖν ἐπιλαμβάνεταί μου τῶν ἱματίων μετὰ βίας
  ἐφελκομένη με εἰς συνουσίαν.
3 ὡς οὖν εἶδον ὅτι μαινομένη βίᾳ κρατεῖ τὰ ἱμάτιά μου
  γυμνὸς ἔφυγον.
4 κἀκείνη ἐσυκοφάντησέ με καὶ ἐνέβαλέ με εἰς φυλακὴν ἐν
  οἴκῳ αὐτοῦ ὁ Αἰγύπτιος καὶ τῇ ἑξῆς μαστίξας με ἔπεμψέ
  με εἰς τὴν εἱρκτὴν τοῦ Φαραώ.
5 ὡς οὖν ἤμην ἐν πέδαις ἡ Αἰγυπτία ἠσθένει ἀπὸ τῆς λύπης
  καὶ ἐπηκροᾶτό μου πῶς ὕμνουν κύριον ὧν ἐν οἴκῳ σκότους
  καὶ ἐν ἱλαρᾷ φωνῇ χαίρων ἐδόξαζον τὸν θεόν μου μόνον
  ὅτι διὰ προφάσεως ἀπηλλάγην τῆς Αἰγυπτίας.
  - 9 -
1 πολλάκις ἔπεμψε πρός με λέγουσα εὐδόκησον πληρῶσαι τὴν
  ἐπιθυμίαν μου καὶ λυτρώσω σε τῶν δεσμῶν καὶ ἀπαλλάξω σε
  τοῦ σκότους.
2 καὶ οὐδὲ ἕως ἐννοιῶν ποτε ἔκλινα πρὸς αὐτήν. ἀγαπᾷ γὰρ
  ὁ θεὸς μᾶλλον τὸν ἐν λάκκῳ σκότους νηστεύοντα ἐν
  σωφροσύνῃ ἢ τὸν ἐν ταμιείοις βασιλείων τρυφῶντα μετὰ
  ἀκολασίας.
3 ὁ δὲ ἐν σωφροσύνῃ διάγων θέλει καὶ δόξαν καὶ εἰ οἶδεν ὁ
  ὕψιστος ὅτι συμφέρει παρέχει αὐτῷ καὶ ταῦτα ὡς κἀμοί.
4 ποσάκις καίπερ ἀσθενοῦσα κατῄει πρός με ἐν ἀωρίᾳ καὶ
  ἤκουε τῆς φωνῆς μου προσευχομένου συνίων δὲ ἐγὼ τοὺς
  στεναγμοὺς αὐτῆς ἐσιώπων.
5 καὶ γὰρ ὅτε ἤμην ἐν τῷ οἴκῳ αὐτῆς ἐγύμνου τοὺς
  βραχίονας αὐτῆς καὶ τὰ στέρνα καὶ τὰς κνήμας ἵνα
  συμπέσω εἰς αὐτήν πάνυ γὰρ ἦν ὡραία μάλιστα κοσμουμένη
  πρὸς ἀπάτησίν μου. καὶ ὁ κύριος ἐφύλαξέ με ἀπὸ τῶν
  ἐγχειρημάτων αὐτῆς.
  - 10 -
1 ὁρᾶτε οὖν τέκνα μου πόσα κατεργάζεται ἡ ὑπομονὴ καὶ
  προσευχὴ μετὰ νηστείας.
2 καὶ ὑμεῖς οὖν ἐὰν τὴν σωφροσύνην καὶ τὴν ἁγνείαν
  μετέλθητε ἐν ὑπομονῇ καὶ ταπεινώσει καρδίας κύριος
  κατοικήσει ἐν ὑμῖν ὅτι ἠγάπησε τὴν σωφροσύνην.
3 ὅπου δὲ κατοικεῖ ὁ ὕψιστος κἄν τις περιπέσῃ φθόνῳ ἢ
  δουλείᾳ ἢ συκοφαντίᾳ ἢ σκοτίᾳ ὀκύριος ὁ ἐν αὐτῷ κατοικῶν
  διὰ τὴν σωφροσύνην οὐ μόνον ἐκ τῶν κακῶν ῥύεταί ἀλλὰ
  καὶ ὑψοῖ καὶ δοξάζει αὐτὸν ὡς κἀμέ.
4 πάντως γὰρ ὁ ἄνθρωπος ἢ ἐν ἔργῳ ἢ ἐν λόγῳ ἢ ἐν διανοίᾳ
  συνέχεται.
5 γινώσκουσιν οἱ ἀδελφοί μου πῶς ἠγάπησέ με ὁ πατήρ μου
  καὶ οὐχ ὑψούμην ἐν τῇ καρδίᾳ μου. καίπερ νήπιος ὢν
  εἶχον τὸν φόβον τοῦ θεοῦ ἐν τῇ διανοίᾳ μου +ᾔδειν γὰρ
  ὅτι τὰ πάντα παρελεύσεται+
6 καὶ ἐμέτρουν ἐμαυτὸν καὶ ἐτίμων τοὺς ἀδελφούς μου καὶ
  διὰ τὸν φόβον αὐτῶν ἐσιώπων πιπρασκόμενος μὴ εἰπεῖν
  τοῖς Ἰσμαηλίταις τὸ γένος μου ὅτι υἱός εἰμι Ἰακὼβ
  ἀνδρὸς μεγάλου καὶ δυνατοῦ.
  - 11 -
1 καὶ ὑμεῖς οὖν ἔχετε ἐν πάσῃ πράξει ὑμῶν πρὸ ὀφθαλμῶν
  τὸν τοῦ θεοῦ φόβον καὶ τιμᾶτε τοὺς ἀδελφοὺς ὑμῶν πᾶς
  γὰρ ὁ ποιῶν νόμον κυρίου ἀγαπηθήσεται ὑπ' αὐτοῦ.
2 ἐλθὼν δὲ εἰς Ἰνδοκολπίτας μετὰ τῶν Ἰσμαηλιτῶν ἠρώτων
  με κἀγὼ εἶπον ὅτι δοῦλος αὐτῶν εἰμι ἐξ οἴκου ἵνα μὴ
  αἰσχύνω τοὺς ἀδελφούς μου.
3 λέγει δέ μοι ὁ μείζων αὐτῶν οὐκ εἶ δοῦλος σὺ ὅτι καὶ ἡ
  ὄψις σου δηλοῖ περὶ σοῦ καὶ ἠπείλει μοι ἕως θανάτου.
  ἐγὼ δὲ ἔλεγον ὅτι δοῦλος αὐτῶν εἰμι.
4 ὡς δὲ ἤλθομεν εἰς Αἴγυπτον περὶ ἐμοῦ ἐμάχοντο τίς
  προσδοὺς χρυσίον λάβῃ με.
5 διὸ πᾶσιν ἔδοξεν εἶναί με εἰς Αἴγυπτον πρὸς μετάβολον
  ἐμπορίας αὐτῶν ἕως ἐπιστρέψωσι φέροντες ἐμπορίαν.
6 καὶ ὁ κύριος ἔδωκέ μοι χάριν ἐν ὀφθαλμοῖς τοῦ μεταβόλου
  καὶ ἐπίστευσέ μοι τὸν οἶκον αὐτοῦ.
7 καὶ εὐλόγησεν αὐτὸν κύριος ἐν χειρί μου καὶ ἐπλήθυνεν
  αὐτὸν ἐν ἀργυρίῳ καὶ χρυσίῳ
8 καὶ ἤμην μετ' αὐτοῦ μῆνας τρεῖς καὶ ἡμέρας πέντε.
  - 12 -
1 κατ' ἐκεῖνον τὸν καιρὸν παρῄει ἡ Μεμφία ἐν λαμπήνῃ ἡ
  γυνὴ τοῦ Πετεφρὴ μετὰ δόξης πολλῆς καὶ ἐπέβαλεν ἐπ' ἐμὲ
  τοὺς ὀφθαλμοὺς αὐτῆς ὅτι εἶπον αὐτῇ οἱ εὐνοῦχοι περὶ
  ἐμοῦ.
2 καὶ λέγει τῷ ἀνδρὶ αὐτῆς περὶ τοῦ μεταβόλου ὅτι
  ἐπλούτησεν ἐν χειρὶ νέου τινός Ἑβραίου λέγουσι δὲ ὅτι
  καὶ κλοπῇ ἔκλεψεν αὐτὸν ἐκ γῆς Χανάαν
3 νῦν οὖν ποίησον μετ' αὐτοῦ κρίσιν καὶ ἀφελοῦ τὸν
  νεανίαν εἰς οἰκονόμον σου καὶ εὐλογήσει σε ὁ θεὸς τῶν
  Ἑβραίων ὅτι χάρις ἐκ τοῦ οὐρανοῦ ἐστιν ἐπ' αὐτῷ.
  - 13 -
1 ὁ δὲ Πετεφρὴς πεισθεὶς τοῖς λόγοις αὐτῆς ἐκέλευσεν
  ἀχθῆναι τὸν μετάβολον καὶ λέγει αὐτῷ τί ταῦτα ἀκούω ὅτι
  κλέπτεις τὰς ψυχὰς ἐκ γῆς Ἑβραίων εἰς παῖδας
  μεταπωλῶν;
2 πεσὼν οὖν ἐπὶ πρόσωπον αὐτοῦ ὁ μετάβολος ἐδέετο λέγων
  δέομαί σου κύριε οὐκ οἶδα ὃ λέγεις.
3 ὁ δὲ ἔφη πόθεν οὖν σοι ὁ παῖς ὁ Ἑβραῖος; καὶ εἶπεν οἱ
  Ἰσμαηλῖται παρέθεντό μοι αὐτὸν ἕως οὗ ἐπιστρέψωσιν.

4 καὶ οὐκ ἐπίστευσεν αὐτῷ ἀλλ' ἐκέλευσε γυμνὸν τύπτεσθαι
  αὐτόν. ἐπιμένοντος δὲ αὐτοῦ τοῖς λόγοις λέγει ὁ
  Πετεφρῆς ἀχθήτω ὁ νεανίσκος.
5 καὶ εἰσαχθεὶς προσεκύνησα τῷ ἀρχιευνούχῳ τρίτος γὰρ ἦν
  ἐν ἀξίᾳ παρὰ τῷ Φαραὼ ἄρχων πάντων τῶν εὐνούχων ἔχων
  γυναῖκα καὶ τέκνα καὶ παλλακάς.
6 καὶ διαχωρίσας με ἀπ' αὐτοῦ εἶπέ μοι δοῦλος εἶ ἢ
  ἐλεύθερος; καὶ εἶπον δοῦλος.
7 καὶ λέγει πρός με τίνος εἶ δοῦλος; καὶ λέγω αὐτῷ τῶν
  Ἰσμαηλιτῶν.
8 καὶ πάλιν λέγει μοι πῶς αὐτῶν ἐγένου δοῦλος; καὶ εἶπον
  ὅτι ἐκ γῆς Χανάαν ἐπρίαντό με.
9 ὁ δὲ ἠπίστησε λέγων ὅτι ψεύδῃ καὶ γυμνόν με ἐκέλευσε
  τύπτεσθαι.
  - 14 -
1 ἡ δὲ Μέμφις ἑώρα διὰ θυρίδος τυπτομένου μου καὶ
  ἀποστέλλει πρὸς τὸν ἄνδρα αὐτῆς λέγουσα ἄδικός ἐστιν ἡ
  κρίσις σου ὅτι καὶ τὸν κλαπέντα ἐλεύθερον τιμωρεῖς ὡς
  ἀδικήσαντα.
2 ὡς δὲ οὐκ ἤλλαξα λόγον τυπτόμενος ἐκέλευσε φυλακισθῆναί
  με ἕως οὗ ἔλθωσι φησὶν οἱ κύριοι τοῦ παιδός.
3 καὶ ἡ γυνὴ αὐτοῦ λέγει πρὸς αὐτὸν διὰ τί συνέχεις τὸν
  αἰχμάλωτον καὶ εὐγενῆ παῖδα ὃν ἔδει εἶναι μᾶλλον ἄνετον
  καὶ ὑπηρετεῖν σοι;
4 ἤθελε γὰρ με ὁρᾶν ἐν πόθῳ ἁμαρτίας καὶ ἠγνόουν ἐπὶ πᾶσι
  τούτοις.
5 ὁ δὲ εἶπε πρὸς τὴν Μέμφιν οὐκ ἔστι παρ' Αἰγυπτίοις πρὸ
  ἀποδείξεως ἀφαιρεῖσθαι τὰ ἀλλότρια.
6 ταῦτα εἶπε περὶ τοῦ μεταβόλου καὶ περὶ ἐμοῦ ὅτι ὤφειλα
  ἐγκατάκλειστος εἶναι.
  - 15 -
1 μετὰ δὲ εἰκοσιτέσσαρας ἡμέρας ἦλθον οἱ Ἰσμαηλῖται καὶ
  ἀκούσαντες ὅτι Ἰακὼβ ὁ πατήρ μου πενθεῖ περὶ ἐμοῦ
  εἶπον πρός με
2 τί ὅτι εἶπας σεαυτὸν δοῦλον εἶναι; καὶ ἰδοὺ ἔγνωμεν ὅτι
  υἱὸς εἶ ἀνδρὸς μεγάλου ἐν γῇ Χανάαν καὶ πενθεῖ ὁ πατήρ
  σου ἐν σάκκῳ.
3 καὶ πάλιν ἤθελον δακρῦσαι καὶ ἐπέσχον ἐμαυτὸν ἵνα μὴ
  αἰσχύνω τοὺς ἀδελφούς μου. καὶ εἶπα ἐγὼ οὐκ οἶδα δοῦλός
  εἰμι.
4 τότε βουλεύονται πωλῆσαί με ἵνα μὴ εὑρεθῶ ἐν χερσὶν
  αὐτῶν.
5 ἐφοβοῦντο γὰρ τὸν Ἰακὼβ ἵνα μὴ ποιήσῃ ἐν αὐτοῖς
  ἐκδίκησιν κινδύνου ἠκούσθη γὰρ ὅτι μέγας ἐστὶ παρὰ
  κυρίῳ καὶ ἀνθρώποις.
6 τότε λέγει ὁ μετάβολος αὐτοῖς λύσατέ με ἀπὸ τῆς κρίσεως
  Πετεφρῆ.
7 προσελθόντες οὖν αἰτοῦνταί με λέγοντες ὅτι ἐν ἀργυρίῳ
  ἠγοράσθη ἡμῖν. κἀκεῖνος ἀπέλυσεν ἡμᾶς.
  - 16 -
1 ἡ δὲ Μέμφις ἐδήλωσε τῷ ἀνδρὶ αὐτῆς πρίασθαί με ἀκούω
  γὰρ φησὶν ὅτι πωλοῦσιν αὐτόν.
2 καὶ ἀπέστειλεν εὐνοῦχον τοῖς Ἰσμαηλίταις αἰτοῦσά με
  εἰς διάπρασιν. καλέσας οὖν ὁ ἀρχιμάγειρος τοὺς
  Ἰσμαηλίτας ᾐτεῖτό με εἰς πρᾶσιν
3 καὶ μὴ θελήσας ποιῆσαι μετ' αὐτῶν ἀνεχώρησεν. ὁ δὲ
  εὐνοῦχος πειραθεὶς αὐτῶν δηλοῖ τῇ δεσποίνῃ ὅτι πολλὴν
  αἰτοῦσι τιμὴν τοῦ παιδός.
4 ἡ δὲ ἀπέστειλεν ἕτερον εὐνοῦχον λέγουσα ἐὰν καὶ δύο
  μνᾶς χρυσίου ζητοῦσι πρόσεχε μὴ φείσασθαι χρυσίου μόνον
  πριάμενος τὸν παῖδα ἄγαγε.
5 καὶ δίδει αὐτοῖς ὀγδοήκοντα χρυσίνους ἀντ' ἐμοῦ ἑκατὸν
  εἰπὼν τῇ Αἰγυπτίᾳ δεδόσθαι ἀντ' ἐμοῦ.
6 καὶ ἰδὼν ἐγὼ ἐσιώπησα ἵνα μὴ ἐπασχθῇ ὁ εὐνοῦχος.
  - 17 -
1 ὁρᾶτε τέκνα πόσα ὑπέμεινα ἵνα μὴ καταισχύνω τοὺς
  ἀδελφούς μου.
2 καὶ ὑμεῖς οὖν ἀγαπᾶτε ἀλλήλους καὶ ἐν μακροθυμίᾳ
  συγκρύπτετε ἀλλήλων τὰ ἐλαττώματα.
3 τέρπεται γὰρ ὁ θεὸς ἐπὶ ὁμονοίᾳ ἀδελφῶν καὶ ἐπὶ
  προαιρέσει καρδίας εὐδοκιμούσης εἰς ἀγάπην.
4 καὶ ὅτε ἦλθον οἱ ἀδελφοί μου εἰς Αἴγυπτον ὡς ἔγνωσαν
  ὅτι ἀπέστρεψα τὸ ἀργύριον αὐτοῖς καὶ οὐκ ὠνείδισα ἀλλὰ
  καὶ παρεκάλεσα αὐτούς.
5 καὶ μετὰ θάνατον Ἰακὼβ περισσοτέρως ἠγάπησα αὐτοὺς καὶ
  πάντα ὅσα ἐκέλευσεν ἐκ περισσοῦ ἐποίησα καὶ ἐθαύμαζον.
6 οὐκ ἀφῆκα αὐτοὺς θλιβῆναι ἕως μικροῦ πράγματος
  καίγε πᾶν ὃ ἦν ἐν χειρί μου αὐτοῖς ἔδωκα.
7 οἱ υἱοὶ αὐτῶν υἱοί μου καὶ οἱ υἱοὶ μου ὡς δοῦλοι αὐτῶν
  ἡ ψυχὴ αὐτῶν ψυχή μου καὶ πᾶν ἄλγημα αὐτῶν ἄλγημά μου
  καὶ πᾶσα μαλακία αὐτῶν ἀσθένειά μου ἡ γῆ μου γῆ αὐτῶν ἡ
  βουλὴ αὐτῶν βουλή μου.
8 καὶ οὐκ ὕψωσα ἐμαυτὸν ἐν αὐτοῖς ἐν ἀλαζονείᾳ διὰ τὴν
  κοσμικὴν δόξαν μου ἀλλ' ἤμην ἐν αὐτοῖς ὡς εἷς τῶν
  ἐλαχίστων.
  - 18 -
1 ἐὰν οὖν καὶ ὑμεῖς πορευθῆτε ἐν ταῖς ἐντολαῖς κυρίου
  τέκνα μου ὑψώσει ὑμᾶς ἐνταῦθα καὶ εὐλογήσει ἐν ἀγαθοῖς
  εἰς αἰῶνας.
2 καὶ ἐὰν θέλῃ τις κακοποιῆσαι ὑμᾶς ὑμεῖς τῇ ἀγαθοποιίᾳ
  εὔχεσθε ὑπὲρ αὐτοῦ καὶ ἀπὸ παντὸς κακοῦ λυτρωθήσεσθε
  διὰ κυρίου.
3 ἰδοὺ γὰρ ὁρᾶτε ὅτι διὰ τὴν μακροθυμίαν καὶ θυγατέρα
  κυρίου μου ἔλαβον εἰς γυναῖκα καὶ ἑκατὸν τάλαντά μοι
  χρυσίου δέδοται σὺν αὐτῇ ὅτι κύριός μοι αὐτοὺς
  ἐδούλωσεν.
4 καίγε ὡραιότητα ἔδωκέ μοι ὡς ἄνθος ὑπὲρ ὡραίους Ἰσραὴλ
  καὶ διεφύλαξέ με ἕως γήρως ἐν δυνάμει καὶ ἐν κάλλει ὅτι
  ἐγὼ ὅμοιος ἐν πᾶσι τῷ Ἰακώβ.
  - 19 -
1 ἀκούσατε τέκνα μου καὶ ὧν εἶδον ἐνυπνίων.
2 δώδεκα ἔλαφοι ἐνέμοντο καὶ οἱ ἐννέα διαιρέθησαν καὶ

διεσπάρησαν τῇ γῇ ὁμοίως καὶ οἱ τρεῖς.

3 καὶ εἶδον ὅτι ἐκ τοῦ Ἰουδὰ ἐγεννήθη παρθένος ἔχουσα
στολὴν βυσσίνην καὶ ἐξ αὐτῆς προῆλθεν ἀμνὸς ἄμωμος καὶ
ἐξ ἀριστερῶν αὐτοῦ ὡς λέων καὶ πάντα τὰ θηρία ὥρμουν
κατ' αὐτοῦ καὶ ἐνίκησεν αὐτὰ ὁ ἀμνὸς καὶ ἀπώλεσεν εἰς
καταπάτησιν.

4 καὶ ἔχαιρον ἐπ' αὐτῷ οἱ ἄγγελοι καὶ οἱ ἄνθρωποι καὶ
πᾶσα ἡ γῆ.

5 ταῦτα δὲ γενήσεται ἐν καιρῷ αὐτῶν ἐν ἐσχάταις ἡμέραις.

6 ὑμεῖς οὖν τέκνα μου φυλάξατε τὰς ἐντολὰς κυρίου καὶ
τιμᾶτε τὸν Ἰούδαν καὶ τὸν Λευὶ ὅτι ἐξ αὐτῶν ἀνατελεῖ
ὑμῖν ὁ ἀμνὸς τοῦ θεοῦ χάριτι σῴζων πάντα τὰ ἔθνη καὶ
τὸν Ἰσραήλ.

7 ἡ γὰρ βασιλεία αὐτοῦ βασιλεία αἰῶνος ἥτις οὐ
παρασαλεύεται. ἡ δὲ ἐμὴ βασιλεία ἐν ὑμῖν ἐπιτελεῖται ὡς
ὁπωροφυλάκιον ὅτι μετὰ τὸ θέρος οὐ φανήσεται.

- 20 -

1 οἶδα ὅτι μετὰ τὴν τελευτήν μου οἱ Αἰγύπτιοι θλίψουσιν
ὑμᾶς ἀλλ' ὁ θεὸς ποιήσει τὴν ἐκδίκησιν ὑμῶν καὶ εἰσάξει
ὑμᾶς εἰς γῆν ἐπαγγελίας τῶν πατέρων ὑμῶν.

2 ἀλλὰ συνανοίσετε τὰ ὀστᾶ μου μεθ' ὑμῶν ὅτι ἀναγομένων
τῶν ὀστέων μου κύριος ἐν φωτὶ ἔσται μεθ' ὑμῶν καὶ
Βελιὰρ ἐν σκότει ἔσται μετὰ τῶν Αἰγυπτίων.

3 καὶ Ζέλφαν τὴν μητέρα ὑμῶν ἀναγάγετε καὶ ἐγγὺς Βάλλας
παρὰ τὸν ἱππόδρομον πλησίον Ῥαχὴλ θέτε αὐτήν.

4 καὶ ταῦτα εἰπὼν ἐκτείνας τοὺς πόδας αὐτοῦ ἐκοιμήθη
ὕπνον αἰώνιον.

5 καὶ ἐπένθησεν αὐτὸν πᾶς Ἰσραὴλ καὶ πᾶσα ἡ Αἴγυπτος
πένθος μέγα.

6 καὶ γὰρ καὶ τοῖς Αἰγυπτίοις ὡς ἰδίοις μέλεσι συνέπασχε
καὶ εὐεργέτει παντὶ ἔργῳ καὶ βουλῇ καὶ πράγματι
παριστάμενος.

διαθήκη Βενιαμιν.

1 περὶ διανοίας καθαρᾶς.

- 1 -

1 ἀντίγραφον λόγων Βενιαμὶν ὧν διέθετο τοῖς υἱοῖς αὐτοῦ
ζήσας ἔτη ἑκατὸν εἰκοσιπέντε.

2 καὶ φιλήσας αὐτοὺς εἶπεν ὡς Ἰσαὰκ ἑκατοστῷ ἔτει ἐτέχθη
τῷ Ἀβραὰμ οὕτως κἀγὼ τῷ Ἰακώβ.

3 ἐπειδὴ οὖν Ῥαχὴλ τέθνηκε γεννῶσά με γάλα οὐκ ἔσχον.
Βάλλαν οὖν τὴν παιδίσκην αὐτῆς ἐθήλασα.

4 ἡ γὰρ Ῥαχὴλ μετὰ τὸ τεκεῖν τὸν Ἰωσὴφ δώδεκα ἔτη
ἐστείρευσεν καὶ προσηύξατο κυρίῳ μετὰ νηστείας δώδεκα
ἡμέρας καὶ συλλαβοῦσα ἔτεκέ με.

5 σφόδρα γὰρ ὁ πατὴρ ἡμῶν ἠγάπα τὴν Ῥαχὴλ καὶ ηὔχετο δύο
υἱοὺς ἰδεῖν ἀπ' αὐτῆς.

6 διὰ τοῦτο ἐκλήθην υἱὸς δεξιῶν ὅ ἐστι Βενιαμίν.

- 2 -

1 ὅτε οὖν εἰσῆλθον εἰς Αἴγυπτον καὶ ἀνεγνώρισέ με Ἰωσὴφ
ὁ ἀδελφός μου λέγει μοι τί εἶπον τῷ πατρί μου ὅτε
ἐπώλησάν με;

2 καὶ εἶπον αὐτῷ ὅτι ἔφυραν τὸν χιτῶνά σου αἵματι καὶ
πέμψαντες εἶπον ἐπίγνωθι εἰ ὁ χιτὼν τοῦ υἱοῦ σου οὗτος.

3 καὶ λέγει μοι ναὶ ἀδελφὲ καὶ γὰρ ὅτε ἔλαβόν με οἱ
Ἰσμαηλῖται εἷς ἐξ αὐτῶν ἀποδύσας με τὸν χιτῶνα ἔδωκέ
μοι περίζωμα καὶ φραγελλώσας με εἶπε τρέχειν.

4 ἐν δὲ τῷ ὑπάγειν αὐτὸν κρύψαι τὸ ἱμάτιόν μου ὑπήντησεν
αὐτῷ λέων καὶ ἀνεῖλεν αὐτόν.

5 καὶ οὕτως οἱ μέτοχοι φοβηθέντες διαπωλοῦσί με τοῖς
ἑταίροις αὐτῶν.

- 3 -

1 καὶ ὑμεῖς οὖν τέκνα μου ἀγαπήσατε κύριον τὸν θεὸν τοῦ
οὐρανοῦ καὶ φυλάξατε ἐντολὰς αὐτοῦ μιμούμενοι τὸν
ἀγαθὸν καὶ ὅσιον ἄνδρα Ἰωσήφ.

2 καὶ ἔστω ἡ διάνοια ὑμῶν εἰς τὸ ἀγαθὸν ὡς κἀμὲ οἴδατε. ὁ
ἔχων τὴν διάνοιαν ἀγαθὴν πάντα βλέπει ὀρθῶς.

3 φοβεῖσθε κύριον καὶ ἀγαπᾶτε τὸν πλησίον. καὶ ἐὰν τὰ
πνεύματα τοῦ Βελιὰρ εἰς πᾶσαν πονηρίαν θλίψεως
ἐξαιτήσωνται ὑμᾶς οὐ μὴ κατακυριεύσῃ ὑμῶν πᾶσα πονηρία
θλίψεως ὡς οὐδὲ Ἰωσὴφ τοῦ ἀδελφοῦ μου.

4 πόσοι τῶν ἀνθρώπων ἠθέλησαν ἀνελεῖν αὐτὸν καὶ ὁ θεὸς
ἐσκέπασεν αὐτόν ὁ γὰρ φοβούμενος τὸν θεὸν καὶ ἀγαπῶν
τὸν πλησίον ὑπὸ τοῦ ἀερίου πνεύματος τοῦ Βελιὰρ
οὐ δύναται πληγῆναι σκεπαζόμενος ὑπὸ τοῦ φόβου τοῦ θεοῦ

5 καὶ ὑπὸ ἐπιβουλῆς ἀνθρώπων ἢ θηρίων οὐ δύναται
κυριευθῆναι βοηθούμενος ὑπὸ τῆς τοῦ κυρίου ἀγάπης ἧς
ἔχει πρὸς τὸν πλησίον.

6 καὶ γὰρ ἐδεήθη τοῦ πατρὸς ἡμῶν Ἰωσὴφ ἵνα προσεύξηται
περὶ τῶν υἱῶν ἵνα μὴ λογίσηται αὐτοῖς ὁ κύριος εἴ τι
ἐνεθυμήθησαν πονηρὸν περὶ αὐτοῦ.

7 καὶ οὕτως ἐβόα Ἰακὼβ ὦ τέκνον Ἰωσὴφ ὦ τέκνον χρηστὸν
ἐνίκησας τὰ σπλάγχνα Ἰακὼβ τοῦ πατρός σου. καὶ
περιλαβὼν αὐτὸν ἐπὶ δύο ὥρας κατεφίλει λέγων

8 πληρωθήσεται ἐν σοὶ προφητεία οὐρανοῦ περὶ τοῦ ἀμνοῦ
τοῦ θεοῦ καὶ σωτῆρος τοῦ κόσμου ὅτι ἄμωμος ὑπὲρ ἀνόμων
παραδοθήσεται καὶ ἀναμάρτητος ὑπὲρ ἀσεβῶν ἀποθανεῖται
ἐν αἵματι διαθήκης ἐπὶ σωτηρίᾳ ἐθνῶν καὶ Ἰσραὴλ καὶ
καταργήσει Βελιὰρ καὶ τοὺς ὑπηρετοῦντας αὐτῷ.

- 4 -

1 ἴδετε τέκνα τοῦ ἀγαθοῦ ἀνδρὸς τὸ τέλος μιμήσασθε οὖν ἐν
ἀγαθῇ διανοίᾳ τὴν εὐσπλαγχνίαν αὐτοῦ ἵνα καὶ ὑμεῖς
στεφάνους δόξης φορέσητε.

2 ὁ ἀγαθὸς ἄνθρωπος οὐκ ἔχει σκοτεινὸν ὀφθαλμὸν ἐλεᾷ γὰρ
πάντας κἂν ὦσιν ἁμαρτωλοί

3 κἂν βουλεύωνται περὶ αὐτοῦ εἰς κακὰ οὗτος ἀγαθοποιῶν
νικᾷ τὸ κακὸν σκεπαζόμενος ὑπὸ τοῦ ἀγαθοῦ τοὺς δὲ
δικαίους ἀγαπᾷ ὡς τὴν ψυχὴν αὐτοῦ.

4 ἐάν τις δοξάζηται οὐ φθονεῖ ἐάν τις πλουτῇ οὐ ζηλοῖ ἐάν
τις ἀνδρεῖος ἐπαινεῖ τὸν σώφρονα πιστεύων ὑμνεῖ τὸν
πένητα ἐλεεῖ τῷ ἀσθενεῖ συμπαθεῖ τὸν θεὸν ἀνυμνεῖ

5 τὸν ἔχοντα φόβον θεοῦ ὑπερασπίζει αὐτοῦ τῷ ἀγαπῶντι τὸν
θεὸν συνεργεῖ τὸν ἀθετοῦντα τὸν ὕψιστον νουθετῶν
ἐπιστρέφει καὶ τὸν ἔχοντα χάριν πνεύματος ἀγαθοῦ ἀγαπᾷ
κατὰ τὴν ψυχὴν αὐτοῦ.

- 5 -

1 ἐὰν ἔχητε ἀγαθὴν διάνοιαν τέκνα καὶ οἱ πονηροὶ ἄνθρωποι
εἰρηνεύσουσιν ὑμῖν καὶ οἱ ἄσωτοι αἰδεσθέντες ὑμᾶς
ἐπιστρέψουσιν εἰς ἀγαθὸν καὶ οἱ πλεονέκται οὐ μόνον
ἀποστήσονται τοῦ πάθους ἀλλὰ καὶ τὰ τῆς πλεονεξίας
δώσουσι τοῖς θλιβομένοις.

2 ἐὰν ἦτε ἀγαθοποιοῦντες καὶ τὰ ἀκάθαρτα πνεύματα
φεύξεται ἀφ' ὑμῶν καὶ αὐτὰ τὰ θηρία φοβηθήσονται ὑμᾶς.

3 ὅπου γὰρ ἔνι φῶς ἀγαθῶν ἔργων εἰς διάνοιαν τὸ σκότος
ἀποδιδράσκει αὐτοῦ.

4 ἐὰν γὰρ ὑβρίσῃ τις ἄνδρα ὅσιον μετανοεῖ ἐλεεῖ γὰρ ὁ
ὅσιος τὸν λοίδορον καὶ σιωπᾷ.

5 κἂν τις ψυχὴν δικαίαν προδοίη καὶ ὁ δίκαιος
προσευχόμενος πρὸς ὀλίγον ταπεινωθῇ μετ' οὐ πολὺ
φαιδρότερος ἀναφαίνεται οἷος γέγονεν Ἰωσὴφ ὁ ἀδελφός
μου.

- 6 -

1 τὸ διαβούλιον τοῦ ἀγαθοῦ ἀνδρὸς οὐκ ἔστιν ἐν χειρὶ
πλάνης πνεύματος Βελιὰρ ὁ γὰρ ἄγγελος τῆς εἰρήνης
ὁδηγεῖ τὴν ψυχὴν αὐτοῦ.

2 οὐχ ὁρᾷ ἐμπαθῶς τοῖς φθαρτοῖς οὐδὲ συνάγει πλοῦτον εἰς
φιληδονίαν

3 οὐ τέρπεται ἡδονῇ οὐ λυπεῖ τὸν πλησίον οὐκ ἐμπίπλαται
τρυφῆς οὐ πλανᾶται μετεωρισμοῖς ὀφθαλμῶν κύριος γάρ
ἐστι μερὶς αὐτοῦ.

4 τὸ ἀγαθὸν διαβούλιον οὐκ ἐπιδέχεται δόξης καὶ ἀτιμίας
ἀνθρώπων καὶ πάντα δόλον ἢ ψεῦδος μάχην καὶ λοιδορίαν
οὐκ οἶδεν κύριος γὰρ ἐν αὐτῷ κατοικεῖ καὶ φωτίζει τὴν
ψυχὴν αὐτοῦ καὶ χαίρει πρὸς πάντας ἐν παντὶ καιρῷ.

5 ἡ ἀγαθὴ διάνοια οὐκ ἔχει δύο γλώσσας εὐλογίας καὶ
κατάρας τιμῆς καὶ λύπης καὶ χαρᾶς ἡσυχίας καὶ
ταραχῆς ὑποκρίσεως καὶ ἀληθείας πενίας καὶ πλούτου ἀλλὰ
μίαν ἔχει περὶ πάντας εἰλικρινῆ καὶ καθαρὰν διάθεσιν.

6 οὐκ ἔχει διπλῆν ὅρασιν οὐδὲ ἀκοὴν διπλῆν πᾶν γὰρ ὃ ποιεῖ ἢ
λαλεῖ ἢ ὁρᾷ οἶδεν ὅτι κύριος ἐπισκέπτει ψυχὴν αὐτοῦ

7 καὶ καθαίρει τὴν διάνοιαν αὐτοῦ πρὸς τὸ μὴ
καταγνωσθῆναι ὑπὸ θεοῦ καὶ ἀνθρώπων. καὶ τοῦ Βελιὰρ δὲ
πᾶν ἔργον διπλοῦν ἐστι καὶ οὐκ ἔχει ἁπλότητα.

- 7 -

1 διὰ τοῦτο τέκνα μου φεύγετε τὴν κακίαν τοῦ Βελιὰρ ὅτι
μάχαιραν δίδωσι τοῖς πειθομένοις αὐτῇ.

2 ἡ δὲ μάχαιρα ἑπτὰ κακῶν μήτηρ ἐστί. πρῶτον συλλαμβάνει
ἡ διάνοια διὰ τοῦ Βελιὰρ ἔστι δὲ πρῶτον ὁ φθόνος
δεύτερον ἀπώλεια τρίτον θλῖψις τέταρτον αἰχμαλωσία
πέμπτον ἔνδεια ἕκτον ταραχὴ ἕβδομον ἐρήμωσις.

3 διὰ τοῦτο καὶ ὁ Κάϊν ἑπτὰ ἐκδικίαις παραδίδοται ὑπὸ τοῦ
θεοῦ κατὰ γὰρ ἑκατὸν ἔτη μίαν πληγὴν ἐπήγαγεν αὐτῷ ὁ
κύριος.

4 διακοσίων ἐτῶν πάσχει ἐνακοσιοστῷ ἔτει ἐρημοῦται
ἐπὶ τοῦ κατακλυσμοῦ διὰ Ἄβελ τὸν δίκαιον ἀδελφὸν
αὐτοῦ. ἐν τοῖς ἑπτὰ κακοῖς ὁ Κάϊν ἐκρίνετο ὁ δὲ Λάμεχ
ἐν τοῖς ἑβδομηκοντάκις ἑπτὰ

5 ὅτι ἕως τοῦ   αἰῶνος οἱ ὁμοιούμενοι τῷ   Κάιν ἐν φθόνῳ εἰς
   τὴν μισαδελφίαν τῇ αὐτῇ κολάσει κριθήσονται.
   - 8 -
1 καὶ ὑμεῖς οὖν τέκνα μου   ἀποδράσατε τὴν κακίαν φθόνον τε
   καὶ τὴν   μισαδελφίαν καὶ   προσκολλᾶσθε τῇ   ἀγαθότητι καὶ
   τῇ ἀγάπῃ.
2 ὁ ἔχων   διάνοιαν καθαρὰν   ἐν ἀγάπῃ   οὐχ ὁρᾷ   γυναῖκα εἰς
   πορνείαν οὐ  γὰρ ἔχει   μιασμὸν ἐν   καρδίᾳ ὅτι ἀναπαύεται
   ἐν αὐτῷ τὸ πνεῦμα τοῦ θεοῦ.
3 ὥσπερ γὰρ ὁ  ἥλιος οὐ μιαίνεται   προσέχων ἐπὶ κόπρον καὶ
   βόρβορον ἀλλὰ  μᾶλλον ἀμφότερα  ψύγει καὶ  ἀπελαύνει τὴν
   δυσωδίαν οὕτω  καὶ ὁ  καθαρὸς νοῦς  ἐν τοῖς μιασμοῖς τῆς
   γῆς συνεχόμενος μᾶλλον οἰκοδομεῖ   αὐτὸς δὲ οὐ μιαίνεται.
   - 9 -
1 ὑπονοῶ δὲ καὶ πράξεις ἐν ὑμῖν οὐ καλὰς ἔσεσθαι ἀπὸ
   λόγων Ἐνὼχ τοῦ δικαίου. πορνεύσετε γὰρ πορνείαν
   Σοδόμων καὶ ἀπολεῖσθε ἕως βραχὺ καὶ ἀνανεώσεσθε ἐν
   γυναιξὶ στρήνους καὶ ἡ βασιλεία κυρίου οὐκ ἔσται ἐν
   ὑμῖν ὅτι εὐθὺς αὐτὸς λήψεται αὐτήν.
2 πλὴν ἐν μερίδι ὑμῶν γενήσεται ναὸς θεοῦ καὶ ἔνδοξος
   ἔσται ὁ ἔσχατος  ὑπὲρ τὸν πρῶτον. καὶ δώδεκα φυλαὶ ἐκεῖ
   συναχθήσονται καὶ πάντα τὰ ἔθνη ἕως οὗ ὁ ὕψιστος
   ἀποστείλῃ τὸ σωτήριον αὐτοῦ ἐν ἐπισκοπῇ μονογενοῦς
   προφήτου.
3 καὶ  εἰσελεύσεται εἰς  τὸν πρῶτον  ναὸν καὶ  ἐκεῖ κύριος
   ὑβρισθήσεται καὶ ἐξουθενωθήσεται καὶ ἐπὶ ξύλου
   ὑψωθήσεται.
4 καὶ ἔσται τὸ ἅπλωμα  τοῦ ναοῦ σχιζόμενον καὶ μεταβήσεται
   τὸ πνεῦμα τοῦ θεοῦ ἐπὶ τὰ ἔθνη ὡς πῦρ ἐκχυνόμενον.
5 καὶ ἀνελθὼν ἐκ τοῦ ᾅδου ἔσται ἀναβαίνων ἀπὸ γῆς εἰς
   οὐρανόν. ἔγνων δὲ  οἷος ἔσται ταπεινὸς  ἐπὶ γῆς καὶ οἷος
   ἔνδοξος ἐν οὐρανῷ.
   - 10 -
1 ὅτε δὲ  Ἰωσὴφ ἦν  ἐν Αἰγύπτῳ  ἐπεθύμουν ἰδεῖν τὴν ἰδέαν
   αὐτοῦ καὶ τὴν μορφὴν τῆς ὄψεως αὐτοῦ καὶ δι' εὐχῶν
   Ἰακὼβ τοῦ πατρός μου εἶδον αὐτὸν ἐν ἡμέρᾳ γρηγορῶν
   καθ' ὃ ἦν πᾶσα ἡ ἰδέα αὐτοῦ.
2 γινώσκετε οὖν τέκνα μου ὅτι ἀποθνήσκω.
3 ποιήσατε οὖν  ἀλήθειαν καὶ δικαιοσύνην  ἕκαστος μετὰ τοῦ
   πλησίον αὐτοῦ καὶ  κρίμα εἰς πιστοποίησιν  καὶ τὸν νόμον
   κυρίου καὶ τὰς ἐντολὰς αὐτοῦ φυλάξατε.
4 ταῦτα γὰρ ὑμᾶς ἀντὶ πάσης κληρονομίας διδάσκω. καὶ
   ὑμεῖς  οὖν δότε  αὐτὰ τοῖς  τέκνοις ὑμῶν  εἰς κατάσχεσιν
   αἰώνιον τοῦτο  γὰρ ἐποίησαν  καὶ Ἀβραὰμ  καὶ Ἰσαὰκ καὶ
   Ἰακώβ.
5 πάντα ταῦτα ἡμᾶς  κατεκληρονόμησαν εἰπόντες φυλάξατε τὰς
   ἐντολὰς τοῦ θεοῦ ἕως ὅτε  ὁ κύριος ἀποκαλύψῃ τὸ σωτήριον
   αὐτοῦ πᾶσι τοῖς ἔθνεσιν.
6 τότε ὄψεσθε  Ἐνὼχ Νῶε  καὶ Σὴμ  καὶ Ἀβραὰμ  καὶ Ἰσαὰκ
   καὶ Ἰακὼβ ἀνισταμένους ἐκ δεξιῶν ἐν ἀγαλλιάσει.
7 τότε καὶ  ἡμεῖς ἀναστησόμεθα  ἕκαστος ἐπὶ  σκῆπτρον ἡμῶν
   προσκυνοῦντες τὸν βασιλέα τῶν οὐρανῶν τὸν ἐπὶ γῆς
   φανέντα μορφῇ  ἀνθρώπου ταπεινώσεως  καὶ ὅσοι ἐπίστευσαν
   αὐτῷ ἐπὶ γῆς συγχαρήσονται αὐτῷ.
8 τότε καὶ πάντες ἀναστήσονται οἱ  μὲν εἰς δόξαν οἱ δὲ εἰς
   ἀτιμίαν. καὶ κρινεῖ  κύριος ἐν πρώτοις τὸν  Ἰσραὴλ περὶ
   τῆς εἰς  αὐτὸν ἀδικίας  ὅτι παραγενάμενον  θεὸν ἐν σαρκὶ
   ἐλευθερωτὴν οὐκ ἐπίστευσαν.
9 καὶ τότε  κρινεῖ πάντα  τὰ ἔθνη  ὅσα οὐκ ἐπίστευσαν αὐτῷ
   ἐπὶ γῆς φανέντι
10 καὶ ἐλέγξει ἐν τοῖς ἐκλεκτοῖς τῶν ἐθνῶν τὸν  Ἰσραὴλ
   ὥσπερ ἤλεγξε τὸν  Ἡσαὺ ἐν τοῖς Μαδιναίοις τοῖς
   ἀπειθήσασιν  ἀδελφοὺς αὐτῶν  γενέσθαι  διὰ τῆς πορνείας
   καὶ τῆς εἰδωλολατρείας καὶ ἀπηλλοτριώθησαν θεοῦ
   γενόμενοι οὐ τέκνα ἐν μερίδι φοβουμένων κύριον.
11 ὑμεῖς δὲ ἐὰν  πορεύησθε ἐν ἁγιασμῷ  κατὰ πρόσωπον κυρίου
   πάλιν κατοικήσετε  ἐπ' ἐλπίδι  ἐν ἐμοὶ  καὶ συναχθήσεται
   πᾶς Ἰσραὴλ πρὸς κύριον.
   - 11 -
1 καὶ οὐκέτι κληθήσομαι  λύκος ἅρπαξ διὰ  τὰς ἁρπαγὰς ὑμῶν
   ἀλλ'  ἐργάτης κυρίου  διαδίδων τροφὴν  τοῖς ἐργαζομένοις
   τὸ ἀγαθόν.
2 καὶ ἀναστήσεται ἐκ τοῦ σπέρματός μου ἐν ὑστέροις
   καιροῖς ἀγαπητὸς κυρίου  ἀκούων ἐπὶ γῆς  φωνὴν αὐτοῦ καὶ
   ποιῶν  εὐδοκίαν θελήματος  αὐτοῦ γνῶσιν καινὴν φωτίζων
   πάντα τὰ ἔθνη φῶς γνώσεως ἐπεμβαίνων τῷ Ἰσραὴλ ἐν
   σωτηρίᾳ καὶ  ἁρπάζων ὡς  λύκος ἀπ'  αὐτῶν καὶ  διδοὺς τῇ
   συναγωγῇ τῶν ἐθνῶν.
3 καὶ ἕως συντελείας τῶν  αἰώνων ἔσται ἐν συναγωγαῖς ἐθνῶν
   καὶ ἐν τοῖς ἄρχουσιν αὐτῶν  ὡς μουσικὸν μέλος ἐν στόματι
   πάντων
4 καὶ ἐν βίβλοις  ἁγίαις ἔσται ἀναγραφόμενος  καὶ τὸ ἔργον
   καὶ ὁ λόγος αὐτοῦ καὶ ἔσται ἐκλεκτὸς θεοῦ ἕως τοῦ
   αἰῶνος.
5 καὶ δι' αὐτὸν συνέτισέ με Ἰακὼβ ὁ πατήρ μου λέγων
   αὐτὸς ἀναπληρώσει τὰ ὑστερήματα τῆς φυλῆς σου.
   - 12 -
1 καὶ ὡς ἐπλήρωσε τοὺς  λόγους αὐτοῦ εἶπεν ἐντέλλομαι ὑμῖν
   τέκνα μου ἀνενέγκατε τὰ ὀστᾶ  μου ἐξ Αἰγύπτου καὶ θάψατέ
   με εἰς Χεβρὼν ἐγγὺς τῶν πατέρων μου.
2 καὶ ἀπέθανε  Βενιαμὶν ἑκατὸν  εἰκοσιπέντε ἐτῶν  ἐν γήρει
   καλῷ καὶ ἔθηκαν αὐτὸν ἐν παραθήκῃ.
3 καὶ ἐνενηκοστῷ πρώτῳ  ἔτει τῆς εἰσόδου  τῶν υἱῶν Ἰσραὴλ
   εἰς Αἴγυπτον αὐτοὶ καὶ οἱ ἀδελφοὶ αὐτῶν ἀνήγαγον τὰ
   ὀστᾶ τῶν  πατέρων αὐτῶν  ἐν κρυφῇ  ἐν τῷ  πολέμῳ Χανάαν.
   καὶ ἔθαψαν αὐτοὺς ἐν Χεβρὼν  παρὰ τοὺς πόδας τῶν πατέρων
   αὐτῶν.
4 καὶ αὐτοὶ ἐπέστρεψαν ἐκ γῆς Χανάαν καὶ ᾤκησαν ἐν
   Αἰγύπτῳ ἕως ἡμέρας ἐξόδου αὐτῶν ἐκ γῆς Αἰγύπτου.

- 1 -

1 καὶ ἐγένετο ἐν τῷ πρώτῳ ἔτει τῶν ἑπτὰ ἐτῶν τῆς εὐθηνίας
ἐν τῷ μηνὶ τῷ δευτέρῳ πέμπτῃ τοῦ μηνὸς ἐξαπέστειλε
Φαραὼ τὸν Ἰωσὴφ κυκλεῦσαι πᾶσαν τὴν γῆν Αἰγύπτου.
2 καὶ ἦλθεν Ἰωσὴφ ἐν τῷ τετάρτῳ μηνὶ τοῦ πρώτου ἔτους
ὀκτωκαιδεκάτῃ τοῦ μηνὸς εἰς τὰ ὅρια Ἡλιουπόλεως καὶ ἦν
συνάγων τὸν σῖτον τῆς χώρας ἐκείνης ὡς τὴν ἄμμον τῆς
θαλάσσης.
3 καὶ ἦν ἀνὴρ ἐν τῇ πόλει ἐκείνῃ σατράπης τοῦ Φαραὼ καὶ
οὗτος ἦν ἄρχων πάντων τῶν σατραπῶν καὶ τῶν μεγιστάνων
τοῦ Φαραώ. καὶ ἦν ὁ ἀνὴρ οὗτος πλούσιος σφόδρα καὶ
φρόνιμος καὶ ἐπιεικὴς καὶ ἦν σύμβουλος τοῦ Φαραὼ ὅτι ἦν
ὑπὲρ πάντας τοὺς μεγιστᾶνας Φαραὼ συνίων. καὶ ὄνομα τῷ
ἀνδρὶ ἐκείνῳ Πεντεφρῆς ἱερεὺς Ἡλιουπόλεως.
4 καὶ ἦν θυγάτηρ αὐτῷ παρθένος ἐτῶν ὀκτωκαίδεκα μεγάλη
καὶ ὡραία καὶ καλὴ ἣ εἶδει σφόδρα ὑπὲρ πάσας τὰς
παρθένους ἐπὶ τῆς γῆς.
5 καὶ αὕτη οὐδὲν εἶχεν ὅμοιον τῶν παρθένων τῶν Αἰγυπτίων
ἀλλὰ ἦν κατὰ πάντα ὁμοία ταῖς θυγατράσι τῶν Ἑβραίων
καὶ ἦν μεγάλη ὡς Σάρρα καὶ ὡραία ὡς Ῥεβέκκα καὶ καλὴ
ὡς Ῥαχήλ. καὶ ἦν τὸ ὄνομα τῆς παρθένου ἐκείνης
Ἀσενέθ.
6 καὶ ἀπῆλθεν ἡ φήμη τοῦ κάλλους αὐτῆς εἰς πᾶσαν τὴν γῆν
ἐκείνην καὶ ἕως περάτων τῆς οἰκουμένης. καὶ
ἐμνηστεύοντο αὐτὴν πάντες οἱ υἱοὶ τῶν μεγιστάνων καὶ
υἱοὶ τῶν σατραπῶν καὶ υἱοὶ πάντων τῶν βασιλέων καὶ
νεανίσκοι πάντες καὶ δυνατοὶ καὶ ἦν ἔρις πολλὴ ἐν
αὐτοῖς περὶ Ἀσενὲθ καὶ ἐπειρῶντο πολεμεῖν πρὸς
ἀλλήλους δι' αὐτήν.
7 καὶ ἤκουσε περὶ αὐτῆς ὁ υἱὸς Φαραὼ ὁ πρωτότοκος καὶ
ἐξελιπάρει τὸν πατέρα αὐτοῦ τοῦ δοῦναι αὐτὴν αὐτῷ εἰς
γυναῖκα. καὶ εἶπε τῷ Φαραῷ ὁ υἱὸς αὐτοῦ ὁ πρωτότοκος
δός μοι πάτερ τὴν Ἀσενὲθ τὴν θυγατέρα Πεντεφρῆ τοῦ
ἱερέως Ἡλιουπόλεως εἰς γυναῖκα.
8 καὶ εἶπεν αὐτῷ Φαραὼ ὁ πατὴρ αὐτοῦ ἵνα τί σὺ ζητεῖς
γυναῖκα ἥττόν σου καὶ σὺ βασιλεύς εἶ πάσης τῆς γῆς
Αἰγύπτου;
9 οὐκ ἰδοὺ ἡ θυγάτηρ τοῦ βασιλέως Μωὰβ Ἰωακεὶμ
κατεγγύηταί σοι καὶ αὕτη ἐστὶ βασίλισσα καὶ καλὴ
σφόδρα; ταύτην λάβε σεαυτῷ εἰς γυναῖκα.

- 2 -

1 καὶ ἦν Ἀσενὲθ ἐξουθενοῦσα καὶ καταπτύουσα πάντα ἄνδρα
καὶ ἦν ἀλαζὼν καὶ ὑπερήφανος πρὸς πάντα ἄνθρωπον. καὶ
οὐδεὶς ἀνὴρ ἑώρακεν αὐτὴν πώποτε καθότι ἦν πύργος τῷ
Πεντεφρῇ παρακείμενος τῇ οἰκίᾳ αὐτοῦ μέγας καὶ ὑψηλὸς
σφόδρα καὶ ἐπάνω τοῦ πύργου ἐκείνου ἦν ὑπερῷον ἔχον
θαλάμους δέκα.
2 καὶ ἦν ὁ πρῶτος θάλαμος μέγας καὶ εὐπρεπὴς λίθοις
πορφυροῖς κατεστρωμένος καὶ οἱ τοῖχοι αὐτοῦ λίθοις
ποικίλοις καὶ τιμίοις πεπλακωμένοι καὶ ἦν ἡ ὀροφὴ τοῦ
θαλάμου ἐκείνου χρυσῆ.
3 καὶ ἦσαν ἐντὸς τοῦ θαλάμου ἐκείνου εἰς τοὺς τοίχους
πεπηγμένοι οἱ θεοὶ τῶν Αἰγυπτίων ὧν οὐκ ἦν ἀριθμὸς
χρυσοῖ καὶ ἀργυροῖ. καὶ πάντας ἐκείνους ἐσέβετο Ἀσενὲθ
καὶ ἐφοβεῖτο αὐτοὺς καὶ θυσίας αὐτοῖς ἐπετέλει καθ'
ἡμέραν.
4 καὶ ἦν ὁ δεύτερος θάλαμος ἔχων τὸν κόσμον καὶ τὰς θήκας
Ἀσενὲθ καὶ ἦν χρυσὸς πολὺς ἐν αὐτῷ καὶ ἄργυρος καὶ
ἱματισμὸς χρυσοϋφὴς καὶ λίθοι ἐκλεκτοὶ καὶ πολυτελεῖς
καὶ ὀθόναι ἐπίσημοι καὶ πᾶς ὁ κόσμος τῆς παρθενίας
αὐτῆς.
5 καὶ ἦν ὁ τρίτος θάλαμος ταμιεῖον τῆς Ἀσενὲθ καὶ ἦν ἐν
αὐτῷ πάντα τὰ ἀγαθὰ τῆς γῆς.
6 καὶ τοὺς λοιποὺς ἑπτὰ θαλάμους εἶχον ἑπτὰ παρθένοι μία
ἑκάστη ἕνα θάλαμον κεκτημένη καὶ αὗται ἦσαν διακονοῦσαι
τῇ Ἀσενὲθ καὶ ἦσαν πᾶσαι ὁμήλικαι ἐν μιᾷ νυκτὶ
τεχθεῖσαι σὺν τῇ Ἀσενὲθ καὶ ἠγάπα αὐτὰς πάνυ. καὶ ἦσαν
καλαὶ σφόδρα ὡς τὰ ἄστρα τοῦ οὐρανοῦ καὶ ἀνὴρ οὐχ
ὡμίλει αὐταῖς οὐδὲ παιδίον ἄρρεν.
7 καὶ ἦσαν θυρίδες τρεῖς τῷ θαλάμῳ τῷ μεγάλῳ τῆς Ἀσενὲθ
ὅπου ἡ παρθενία αὐτῆς ἐτρέφετο. καὶ ἦν ἡ μία θυρὶς ἡ
πρώτη μεγάλη σφόδρα ἀποβλέπουσα ἐπὶ τὴν αὐλὴν εἰς
ἀνατολὰς καὶ ἡ δευτέρα ἦν ἀποβλέπουσα εἰς μεσημβρίαν
καὶ ἡ τρίτη ἦν ἀποβλέπουσα εἰς βορρᾶν ἐπὶ τὸ ἄμφοδον
τῶν παραπορευομένων.
8 καὶ ἦν κλίνη χρυσῆ ἑστῶσα ἐν τῷ θαλάμῳ ἀποβλέπουσα
⟨πρὸς τὴν θυρίδα⟩ κατὰ ἀνατολὰς καὶ ἡ κλίνη
ἐστρωμένη πορφυρᾷ χρυσοϋφῇ ἐξ ὑακίνθου καὶ πορφύρας καὶ
βύσσου καθυφασμένη.
9 καὶ ἐν ταύτῃ τῇ κλίνῃ ἐκάθευδεν Ἀσενὲθ μόνη καὶ ἀνὴρ ἢ
γυνὴ ἑτέρα οὐδέποτε ἐκάθισεν ἐπ' αὐτῇ πλὴν τῆς Ἀσενὲθ
μόνης.
10 καὶ ἦν αὐλὴ μεγάλη παρακειμένη τῇ οἰκίᾳ κυκλόθεν καὶ ἦν
τεῖχος κύκλῳ τῆς αὐλῆς ὑψηλὸν σφόδρα λίθοις τετραγώνοις
μεγάλοις ᾠκοδομημένον.
11 καὶ ἦσαν πύλαι τῇ αὐλῇ τέσσαρες σεσιδηρωμέναι καὶ
ταύτας ἐφύλαττον ἀνὰ δεκαοκτὼ ἄνδρες δυνατοὶ νεανίσκοι
ἔνοπλοι. καὶ ἦσαν πεφυτευμένα ἐντὸς τῆς αὐλῆς παρὰ τὸ
τεῖχος δένδρα ὡραῖα παντοδαπὰ καὶ καρποφόρα πάντα. καὶ
ἦν ὁ καρπὸς αὐτῶν πέπειρος ὥρα γὰρ ἦν θερισμοῦ.
12 καὶ ἦν ἐν τῇ αὐλῇ ἐκ δεξιῶν πηγὴ ὕδατος πλουσίου ζῶντος
καὶ ὑποκάτωθεν τῆς πηγῆς ἦν ληνὸς μεγάλη δεχομένη τὸ
ὕδωρ τῆς πηγῆς ἐκείνης. ἔνθα ἐπορεύετο ποταμὸς διὰ
μέσης τῆς αὐλῆς καὶ ἐπότιζε πάντα τὰ δένδρα τῆς αὐλῆς
ἐκείνης.

- 3 -

1 καὶ ἐγένετο ἐν τῷ πρώτῳ ἔτει τῶν ἑπτὰ ἐτῶν τῆς εὐθηνίας
ἐν τῷ μηνὶ τῷ τετάρτῳ μηνὶ ὀκτωκαιδεκάτῃ τοῦ μηνὸς ἦλθεν Ἰωσὴφ
εἰς τὰ ὅρια Ἡλιουπόλεως καὶ ἦν συνάγων τὸν σῖτον τῆς
εὐθηνίας τῆς χώρας ἐκείνης.
2 καὶ ὡς ἤγγισεν τῇ πόλει ἐκείνῃ Ἰωσὴφ ἀπέστειλεν
ἔμπροσθεν αὐτοῦ δώδεκα ἄνδρας πρὸς Πεντεφρῆ τὸν ἱερέα

λέγων πρός σε καταλύσω ὅτι ὥρα μεσημβρίας ἐστὶ καὶ
καιρὸς ἀρίστου καὶ καῦμα μέγα ἐστὶ τοῦ ἡλίου καὶ ἵνα
καταψύξω ὑπὸ τὴν σκιὰν τοῦ οἴκου σου.
3 καὶ ἤκουσε ταῦτα Πεντεφρῆς καὶ ἐχάρη χαρὰν μεγάλην
σφόδρα καὶ εἶπεν εὐλογητὸς κύριος ὁ θεὸς τοῦ Ἰωσὴφ ὅτι
ἄξιόν με ἡγήσατο ὁ κύριός μου Ἰωσὴφ ἔρχεσθαι πρὸς
ἡμᾶς.
4 καὶ ἐκάλεσε Πεντεφρῆς τὸν ἐπάνω τῆς οἰκίας αὐτοῦ καὶ
εἶπεν αὐτῷ σπεῦσον καὶ εὐτρέπισον τὴν οἰκίαν μου καὶ
δεῖπνον μέγα ἑτοίμασον διότι Ἰωσὴφ ὁ δυνατὸς τοῦ θεοῦ
ἔρχεται πρὸς ἡμᾶς σήμερον.
5 καὶ ἤκουσεν Ἀσενὲθ ὅτι ἥκασιν ἐξ ἀγροῦ τῆς κληρονομίας
αὐτῶν ὁ πατὴρ καὶ ἡ μήτηρ αὐτῆς καὶ ἐχάρη καὶ εἶπεν
πορεύσομαι καὶ ὄψομαι τὸν πατέρα μου καὶ τὴν μητέρα μου
ὅτι ἥκασιν ἐξ ἀγροῦ τῆς κληρονομίας ἡμῶν. διότι ὥρα ἦν
θερισμοῦ.
6 καὶ ἔσπευσεν Ἀσενὲθ εἰς τὸν θάλαμον αὐτῆς ὅπου ἔκειντο
αἱ στολαὶ αὐτῆς καὶ ἐνεδύσατο στολὴν βυσσίνην ἐξ
ὑακίνθου χρυσοϋφῆ καὶ ἐζώσατο ζώνην χρυσῆν καὶ ψέλια
εἰς τὰς χεῖρας καὶ τοὺς πόδας αὐτῆς ἔθετο καὶ
ἀναξυρίδας χρυσᾶς περιέθηκε τοῖς ποσὶν αὐτῆς καὶ περὶ
τὸν τράχηλον περιέθετο κόσμον πολύτιμον καὶ
λίθους πολυτελεῖς οἵτινες ἦσαν περιηρτημένοι πάντοθεν
καὶ ἦσαν τὰ ὀνόματα τῶν θεῶν τῶν Αἰγυπτίων
ἐγκεκολαμμένα πανταχοῦ ἐπί τε τοῖς ψελίοις καὶ τοῖς
λίθοις καὶ τὰ πρόσωπα τῶν εἰδώλων πάντων ἦσαν
ἐκτετυπωμένα ἐν αὐτοῖς. καὶ ἔθηκε τιάραν ἐπὶ τῆς
κεφαλῆς αὐτῆς καὶ διάδημα ἔσφιγξε περὶ τοὺς κροτάφους
αὐτῆς καὶ θερίστρῳ κατεκάλυψε τὴν κεφαλὴν αὐτῆς.

- 4 -

1 καὶ ἔσπευσε καὶ κατέβη τὴν κλίμακα ἐκ τοῦ ὑπερῴου καὶ
ἦλθε πρὸς τὸν πατέρα αὐτῆς καὶ τὴν μητέρα καὶ ἠσπάσατο
αὐτοὺς καὶ κατεφίλησεν αὐτούς. καὶ ἐχάρησαν Πεντεφρῆς
καὶ ἡ γυνὴ αὐτοῦ ἐπὶ τῇ θυγατρὶ αὐτῶν Ἀσενὲθ χαρὰν
μεγάλην διότι ἑώρων αὐτὴν κεκοσμημένην ὡς νύμφην θεοῦ.
2 καὶ ἐξήνεγκαν πάντα τὰ ἀγαθὰ ὅσα ἐνήνοχαν ἐξ ἀγροῦ τῆς
κληρονομίας αὐτῶν καὶ ἔδωκαν τῇ θυγατρὶ αὐτῶν. καὶ
ἐχάρη ἐπὶ πᾶσι τοῖς ἀγαθοῖς Ἀσενὲθ ἐπί τε τῇ ὀπώρᾳ καὶ
τῇ σταφυλῇ καὶ τοῖς φοίνιξι καὶ ταῖς περιστεραῖς καὶ
ταῖς ῥοαῖς καὶ τοῖς σύκοις διότι ἦσαν πάντα ὡραῖα καὶ
καλὰ τῇ γεύσει.
3 καὶ εἶπε Πεντεφρῆς τῇ θυγατρὶ αὐτοῦ Ἀσενὲθ τέκνον μου.
ἡ δὲ εἶπεν ἰδοὺ ἐγὼ κύριε.
4 καὶ εἶπεν αὐτῇ κάθισον δὴ ἀνάμεσον ἡμῶν καὶ λαλήσω πρός
σε τὰ ῥήματά μου.
5 καὶ ἐκάθισεν Ἀσενὲθ ἀνάμεσον τοῦ πατρὸς αὐτῆς καὶ τῆς
μητρός. καὶ ἐκράτησε Πεντεφρῆς ὁ πατὴρ αὐτῆς τῇ χειρὶ
αὐτοῦ τῇ δεξιᾷ τὴν χεῖρα τὴν δεξιὰν τῆς θυγατρὸς αὐτοῦ
καὶ κατεφίλησεν αὐτὴν καὶ εἶπεν αὐτῇ τέκνον μου
Ἀσενέθ.
6 καὶ αὕτη εἶπεν ἰδοὺ ἐγὼ κύριε. λαλησάτω δὴ ὁ κύριός μου
καὶ πατήρ μου.
7 καὶ εἶπεν αὐτῇ Πεντεφρῆς ὁ πατὴρ αὐτῆς Ἰωσὴφ ὁ δυνατὸς
τοῦ θεοῦ ἔρχεται πρὸς ἡμᾶς σήμερον. καὶ αὐτός ἐστιν
ἄρχων πάσης τῆς γῆς Αἰγύπτου καὶ ὁ βασιλεὺς Φαραὼ
κατέστησεν αὐτὸν βασιλέα πάσης τῆς γῆς καὶ σιτοδοτεῖ
πᾶσαν τὴν γῆν καὶ σῴζει αὐτὴν ἐκ τοῦ ἐπερχομένου λιμοῦ.
καὶ ἔστιν Ἰωσὴφ ἀνὴρ θεοσεβὴς καὶ σώφρων καὶ παρθένος
ὡς σὺ σήμερον καὶ ἔστιν Ἰωσὴφ ἀνὴρ δυνατὸς ἐν σοφίᾳ
καὶ ἐπιστήμῃ καὶ πνεῦμα θεοῦ ἐστιν ἐπ' αὐτῷ καὶ χάρις
κυρίου μετ' αὐτοῦ.
8 δεῦρο δὴ τέκνον μου καὶ παραδώσω σε αὐτῷ εἰς γυναῖκα
καὶ ἔσῃ αὐτῷ νύμφη καὶ αὐτὸς ἔσται σου νυμφίος εἰς τὸν
αἰῶνα χρόνον.
9 καὶ ὡς ἤκουσεν Ἀσενὲθ τὰ ῥήματα ταῦτα παρὰ τοῦ πατρὸς
αὐτῆς περιεχύθη αὐτῇ ἱδρὼς ἐρυθρὸς πολὺς ἐπὶ τοῦ
προσώπου αὐτῆς καὶ ἐθυμώθη ἐν ὀργῇ μεγάλῃ καὶ ἐνέβλεψε
τῷ πατρὶ αὐτῆς πλαγίως τοῖς ὀφθαλμοῖς αὐτῆς καὶ εἶπεν
ἵνα τί λαλεῖ ὁ κύριός μου καὶ πατὴρ μου κατὰ τὰ ῥήματα
ταῦτα παραδοῦναί με ὡς αἰχμάλωτον ἀνδρὶ ἀλλοφύλῳ καὶ
φυγάδι καὶ πεπραμένῳ;
10 οὐχ οὗτός ἐστιν ὁ υἱὸς τοῦ ποιμένος ἐκ γῆς Χαναὰν καὶ
αὐτὸς κατελήφθη ἐπ' αὐτοφώρῳ κοιμώμενος μετὰ τῆς κυρίας
αὐτοῦ καὶ ὁ κύριος αὐτοῦ ἐνέβαλεν αὐτὸν εἰς τὴν φυλακὴν
τοῦ σκότους καὶ Φαραὼ ἐξήγαγεν αὐτὸν ἐκ τῆς φυλακῆς
καθότι συνέκρινε τὸ ἐνύπνιον αὐτοῦ καθὰ συγκρίνουσι καὶ
αἱ γυναῖκες αἱ πρεσβύτεραι τῶν Αἰγυπτίων;
11 οὐχὶ ἀλλὰ γαμηθήσομαι τῷ υἱῷ τοῦ βασιλέως τῷ πρωτοτόκῳ
ὅτι αὐτός ἐστι βασιλεὺς πάσης τῆς γῆς Αἰγύπτου.
12 ταῦτα ἀκούσας Πεντεφρῆς ᾐδέσθη ἔτι λαλῆσαι τῇ θυγατρὶ
αὐτοῦ Ἀσενὲθ περὶ Ἰωσὴφ διότι θρασέως καὶ μετὰ
ἀλαζονείας καὶ ὀργῆς ἀπεκρίθη αὐτῷ.

- 5 -

1 καὶ εἰσεπήδησε νεανίσκος ἐκ τῆς θεραπείας Πεντεφρῆ καὶ
λέγει ἰδοὺ Ἰωσὴφ πρὸ τῶν θυρῶν τῆς αὐλῆς ἡμῶν ἕστηκε.
2 καὶ ἔφυγεν Ἀσενὲθ ἀπὸ προσώπου τοῦ πατρὸς καὶ τῆς
μητρὸς αὐτῆς ὡς ἤκουσε τὰ ῥήματα ταῦτα +λεγόντων+ περὶ
Ἰωσὴφ καὶ ἀνέβη εἰς τὸ ὑπερῷον καὶ εἰσῆλθεν εἰς τὸν
θάλαμον αὐτῆς καὶ ἔστη ἐπὶ τὴν θυρίδα τὴν μεγάλην τὴν
βλέπουσαν κατὰ ἀνατολὰς τοῦ ἰδεῖν τὸν Ἰωσὴφ
εἰσερχόμενον εἰς τὴν οἰκίαν τοῦ πατρὸς αὐτῆς.
3 καὶ ἐξῆλθον εἰς συνάντησιν τοῦ Ἰωσὴφ Πεντεφρῆς καὶ ἡ
γυνὴ αὐτοῦ καὶ πᾶσα ἡ συγγένεια αὐτοῦ.
4 καὶ ἠνοίχθησαν αἱ πύλαι τῆς αὐλῆς αἱ βλέπουσαι κατὰ
ἀνατολὰς καὶ εἰσῆλθεν Ἰωσὴφ ἑστὼς ἐπὶ τῷ ἅρματι τῷ
δευτέρῳ τοῦ Φαραὼ καὶ ἦσαν ἐζευγμένοι ἵπποι τέσσαρες
λευκοὶ ὡσεὶ χιὼν χρυσοχάλινοι καὶ τὸ ἅρμα κατεσκεύαστο
ὅλον ἐκ χρυσίου καθαροῦ.
5 καὶ ἦν Ἰωσὴφ ἐνδεδυμένος χιτῶνα λευκὸν καὶ ἔξαλλον καὶ
ἡ στολὴ τῆς περιβολῆς αὐτοῦ ἦν πορφυρᾶ ἐκ βύσσου
χρυσοϋφῆς καὶ στέφανος χρυσοῦς ἐπὶ τῆς κεφαλῆς αὐτοῦ
καὶ κύκλῳ τοῦ στεφάνου ἦσαν δώδεκα λίθοι ἐκλεκτοὶ καὶ

ἐπάνω τῶν δώδεκα λίθων ἦσαν δώδεκα ἀκτῖνες χρυσαῖ. καὶ
ῥάβδος βασιλικὴ ἐν τῇ χειρὶ αὐτοῦ τῇ ἀριστερᾷ καὶ ἐν τῇ
χειρὶ αὐτοῦ τῇ δεξιᾷ εἶχεν ἐκτεταμένον κλάδον ἐλαίας
καὶ ἦν πλῆθος καρποῦ ἐν αὐτῷ καὶ ἐν τῷ καρπῷ ἦν πιότης
ἐλαίου πολλοῦ.

6 καὶ εἰσῆλθεν Ἰωσὴφ εἰς τὴν αὐλὴν καὶ ἐκλείσθησαν αἱ
πύλαι τῆς αὐλῆς καὶ πᾶς ἀνὴρ καὶ γυνὴ ἀλλότριοι ἔμειναν
ἔξω τῆς αὐλῆς διότι οἱ φύλακες τῶν πυλῶν ἐπεσπάσαντο
καὶ ἔκλεισαν τὰς θύρας καὶ ἐξεκλείσθησαν πάντες οἱ
ἀλλότριοι.

7 καὶ ἦλθον Πεντεφρῆς καὶ ἡ γυνὴ αὐτοῦ καὶ πᾶσα ἡ
συγγένεια αὐτοῦ πλὴν τῆς θυγατρὸς αὐτῶν Ἀσενὲθ καὶ
προσεκύνησαν τῷ Ἰωσὴφ ἐπὶ πρόσωπον ἐπὶ τὴν γῆν. καὶ
κατέβη Ἰωσὴφ ἀπὸ τοῦ ἅρματος αὐτοῦ καὶ ἐδεξιώσατο
αὐτοὺς ἐν τῇ δεξιᾷ αὐτοῦ.

- 6 -

1 καὶ εἶδεν Ἀσενὲθ τὸν Ἰωσὴφ ἐπὶ τοῦ ἅρματος καὶ
κατενύγη ἰσχυρῶς καὶ παρεκλάσθη ἡ ψυχὴ αὐτῆς καὶ
παρελύθη τὰ γόνατα αὐτῆς καὶ ἐτρόμαξεν ὅλον τὸ σῶμα
αὐτῆς καὶ ἐφοβήθη φόβον μέγαν. καὶ ἀνεστέναξε καὶ εἶπεν
ἐν τῇ καρδίᾳ αὐτῆς

2 τί νῦν ἐγὼ ποιήσω ἡ ταλαίπωρος; οὐχὶ λελάληκα λέγουσα
ὅτι Ἰωσὴφ ἔρχεται ὁ υἱὸς τοῦ ποιμένος ἐκ γῆς Χαναάν;
καὶ νῦν ἰδοὺ ὁ ἥλιος ἐκ τοῦ οὐρανοῦ ἥκει πρὸς ἡμᾶς ἐν
τῷ ἅρματι αὐτοῦ καὶ εἰσῆλθεν εἰς τὴν οἰκίαν ἡμῶν
σήμερον καὶ λάμπει εἰς αὐτὴν ὡς φῶς ἐπὶ τῆς γῆς.

3 ἐγὼ δὲ ἄφρων καὶ θρασεῖα ἐξουδένωσα αὐτὸν καὶ ἐλάλησα
ῥήματα πονηρὰ περὶ αὐτοῦ καὶ οὐκ ᾔδειν ὅτι Ἰωσὴφ υἱὸς
τοῦ θεοῦ ἐστιν.

4 τίς γὰρ ἀνθρώπων ἐπὶ γῆς γεννήσει τοιοῦτον κάλλος καὶ
ποία κοιλία γυναικὸς τέξεται τοιοῦτον φῶς; ταλαίπωρος
ἐγὼ καὶ ἄφρων ὅτι λελάληκα τῷ πατρί μου περὶ αὐτοῦ
ῥήματα πονηρά.

5 καὶ νῦν ποῦ ἀπελεύσομαι καὶ ἀποκρυβήσομαι ἀπὸ προσώπου
αὐτοῦ ὅπως μὴ ὄψηταί με Ἰωσὴφ ὁ υἱὸς τοῦ θεοῦ διότι
λελάληκα πονηρὰ περὶ αὐτοῦ;

6 καὶ ποῦ ἀπελεύσομαι καὶ κρυβήσομαι ὅτι πᾶσαν ἀποκρυβὴν
αὐτὸς ὁρᾷ καὶ οὐδὲν κρυπτὸν λέληθεν αὐτὸν διὰ τὸ φῶς τὸ
μέγα τὸ ὂν ἐν αὐτῷ;

7 καὶ νῦν ἵλεώς μοι κύριε ὁ θεὸς τοῦ Ἰωσὴφ διότι
λελάληκα ἐγὼ κατ' αὐτοῦ ῥήματα πονηρὰ ἐν ἀγνοίᾳ.

8 καὶ νῦν δότω με ὁ πατήρ μου τῷ Ἰωσὴφ εἰς παιδίσκην καὶ
εἰς δούλην καὶ δουλεύσω αὐτῷ εἰς τὸν αἰῶνα χρόνον.

- 7 -

1 καὶ εἰσῆλθεν Ἰωσὴφ εἰς τὴν οἰκίαν Πεντεφρῆ καὶ
ἐκάθισεν ἐπὶ τοῦ θρόνου. καὶ ἔνιψαν τοὺς πόδας αὐτοῦ
καὶ παρέθηκαν αὐτῷ τράπεζαν κατ' ἰδίαν διότι Ἰωσὴφ οὐ
συνήσθιε μετὰ τῶν Αἰγυπτίων ὅτι βδέλυγμα ἦν αὐτῷ τοῦτο.

2 καὶ ἀναβλέψας Ἰωσὴφ τοῖς ὀφθαλμοῖς αὐτοῦ εἶδε
παρακύπτουσαν τὴν Ἀσενέθ. καὶ εἶπεν Ἰωσὴφ τῷ Πεντεφρῆ
καὶ πάσῃ τῇ συγγενείᾳ αὐτοῦ λέγων τίς ἐστιν ἡ γυνὴ
ἐκείνη ἡ ἑστῶσα ἐν τῷ ὑπερῴῳ πρὸς τὴν θυρίδα; ἀπελθέτω
δὴ ἐκ τῆς οἰκίας ταύτης. διότι ἐφοβεῖτο Ἰωσὴφ λέγων
μήποτε καὶ αὕτη ἐνοχλήσῃ με.

3 ὅτι ἠνώχλουν αὐτὸν πᾶσαι αἱ γυναῖκες καὶ αἱ θυγατέρες
τῶν μεγιστάνων καὶ τῶν σατραπῶν πάσης γῆς Αἰγύπτου τοῦ
κοιμηθῆναι μετ' αὐτοῦ καὶ αἱ γυναῖκες καὶ αἱ
θυγατέρες τῶν Αἰγυπτίων ὡς ἑώρων τὸν Ἰωσὴφ κακῶς
ἔπασχον ἐπὶ τῷ κάλλει αὐτοῦ.

4 ὁ δὲ Ἰωσὴφ ἐξουθένει αὐτὰς καὶ τοὺς πρέσβεις οὓς
ἔπεμπον πρὸς αὐτὸν αἱ γυναῖκες μετὰ χρυσίου καὶ
ἀργυρίου καὶ δώρων πολυτίμων ἀπέπεμπεν Ἰωσὴφ μετὰ
ἀπειλῆς καὶ ὕβρεως διότι ἔλεγεν Ἰωσὴφ οὐχ ἁμαρτήσω
ἐνώπιον κυρίου τοῦ θεοῦ τοῦ πατρός μου Ἰσραὴλ οὐδὲ
κατὰ πρόσωπον τοῦ πατρός μου Ἰακώβ.

5 καὶ τὸ πρόσωπον τοῦ πατρὸς αὐτοῦ Ἰακὼβ πρὸ ὀφθαλμῶν
αὐτοῦ εἶχεν Ἰωσὴφ πάντοτε καὶ ἐμέμνητο τῶν ἐντολῶν τοῦ
πατρὸς αὐτοῦ. διότι ἔλεγεν Ἰακὼβ τῷ υἱῷ αὐτοῦ Ἰωσὴφ
καὶ πᾶσι τοῖς υἱοῖς αὐτοῦ φυλάξασθε τέκνα μου ἰσχυρῶς
ἀπὸ γυναικὸς ἀλλοτρίας τοῦ κοινωνῆσαι αὐτῇ ἡ γὰρ
κοινωνία αὐτῆς ἀπώλειά ἐστι καὶ διαφθορά.

6 διὰ τοῦτο εἶπεν Ἰωσὴφ ἀπελθέτω ἡ γυνὴ ἐκείνη ἐκ τῆς
οἰκίας ταύτης.

7 καὶ εἶπεν αὐτῷ Πεντεφρῆς κύριε ἐκείνη ἣν ἑώρακας
ἑστῶσαν ἐν τῷ ὑπερῴῳ οὐκ ἔστι γυνὴ ἀλλοτρία ἀλλ' ἔστι
θυγάτηρ ἡμῶν παρθένος μισοῦσα πάντα ἄνδρα καὶ οὐκ ἔστιν
ἀνὴρ ἄλλος ὃς ἑώρακεν αὐτὴν πώποτε εἰ μὴ σὺ μόνος
σήμερον. καὶ εἰ βούλῃ ἐλεύσεται καὶ προσαγορεύσει σε
διότι ἡ θυγάτηρ ἡμῶν ὡς ἀδελφή σού ἐστι.

8 καὶ ἐχάρη Ἰωσὴφ χαρὰν μεγάλην σφόδρα διότι εἶπε
Πεντεφρῆς ὅτι παρθένος ἐστὶ μισοῦσα πάντα ἄνδρα. καὶ
εἶπεν Ἰωσὴφ ἐν ἑαυτῷ εἰ παρθένος ἐστὶ μισοῦσα πάντα
ἄνδρα οὐ μὴ ἐνοχλήσῃ μοι αὕτη. καὶ εἶπεν Ἰωσὴφ τῷ
Πεντεφρῆ καὶ πάσῃ τῇ συγγενείᾳ αὐτοῦ εἰ θυγάτηρ ὑμῶν
ἐστι καὶ παρθένος ὑπάρχει ἡκέτω ὅτι ἀδελφή μού ἐστι καὶ
ἀγαπῶ αὐτὴν ἀπὸ τῆς σήμερον ὡς ἀδελφήν μου.

- 8 -

1 καὶ ἀνέβη ἡ μήτηρ τῆς Ἀσενὲθ εἰς τὸ ὑπερῷον καὶ ἤγαγε
αὐτὴν καὶ ἔστησεν αὐτὴν ἐνώπιον τοῦ Ἰωσήφ. καὶ εἶπε
Πεντεφρῆς τῇ θυγατρὶ αὐτοῦ Ἀσενὲθ ἄσπασαι τὸν ἀδελφόν
σου διότι καὶ αὐτὸς παρθένος ἐστὶν ὡς σὺ σήμερον καὶ
μισεῖ πᾶσαν γυναῖκα ἀλλοτρίαν ὡς καὶ σὺ πάντα ἄνδρα
ἀλλότριον.

2 καὶ εἶπεν Ἀσενὲθ τῷ Ἰωσὴφ χαίροις κύριέ μου
εὐλογημένε τῷ θεῷ τῷ ὑψίστῳ.

3 καὶ εἶπεν Ἰωσὴφ τῇ Ἀσενὲθ εὐλογήσει σε κύριος ὁ θεὸς
ὁ ζωοποιήσας τὰ πάντα.

4 καὶ εἶπε Πεντεφρῆς τῇ θυγατρὶ αὐτοῦ Ἀσενὲθ πρόσελθε
καὶ καταφίλησον τὸν ἀδελφόν σου.

5 καὶ ὡς προσῆλθεν Ἀσενὲθ φιλῆσαι τὸν Ἰωσὴφ ἐξέτεινεν
Ἰωσὴφ τὴν χεῖρα αὐτοῦ τὴν δεξιὰν καὶ ἔθηκε πρὸς τὸ
στῆθος αὐτῆς ἀνάμεσον τῶν δύο μασθῶν αὐτῆς καὶ ἦσαν οἱ

μασθοὶ αὐτῆς ἤδη ἑστῶτες ὥσπερ μῆλα ὡραῖα. καὶ εἶπεν
Ἰωσὴφ οὐκ ἔστι προσῆκον ἀνδρὶ θεοσεβεῖ ὃς εὐλογεῖ τῷ
στόματι αὐτοῦ τὸν θεὸν τὸν ζῶντα καὶ ἐσθίει ἄρτον
εὐλογημένον ζωῆς καὶ πίνει ποτήριον εὐλογημένον
ἀθανασίας καὶ χρίεται χρίσματι εὐλογημένῳ ἀφθαρσίας
φιλῆσαι γυναῖκα ἀλλοτρίαν ἥτις εὐλογεῖ τῷ στόματι αὐτῆς
εἴδωλα νεκρὰ καὶ κωφὰ καὶ ἐσθίει ἐκ τῆς τραπέζης αὐτῶν
ἄρτον ἀγχόνης καὶ πίνει ἐκ τῆς σπονδῆς αὐτῶν ποτήριον
ἐνέδρας καὶ χρίεται χρίσματι ἀπωλείας.

6 ἀλλ' ἀνὴρ θεοσεβὴς φιλήσει τὴν μητέρα αὐτοῦ καὶ τὴν
ἀδελφὴν τὴν ἐκ τῆς μητρὸς αὐτοῦ καὶ τὴν ἀδελφὴν τὴν ἐκ
τῆς φυλῆς καὶ τῆς συγγενείας αὐτοῦ καὶ τὴν γυναῖκα τὴν
σύγκοιτον αὐτοῦ αἵτινες εὐλογοῦσι τῷ στόματι αὐτῶν τὸν
θεὸν τὸν ζῶντα.

7 ὁμοίως καὶ γυναικὶ θεοσεβεῖ οὐκ ἔστι προσῆκον φιλῆσαι
ἄνδρα ἀλλότριον διότι βδέλυγμά ἐστι τοῦτο ἐνώπιον
κυρίου τοῦ θεοῦ.

8 καὶ ὡς ἤκουσεν Ἀσενὲθ τὰ ῥήματα ταῦτα τοῦ Ἰωσὴφ
κατενύγη ἰσχυρῶς καὶ ἐλυπήθη σφόδρα καὶ ἀνεστέναξε καὶ
ἦν ἀτενίζουσα εἰς τὸν Ἰωσὴφ ἀνεῳγμένων τῶν ὀφθαλμῶν
αὐτῆς καὶ ἐπλήσθησαν δακρύων οἱ ὀφθαλμοὶ αὐτῆς. καὶ
εἶδεν αὐτὴν Ἰωσὴφ καὶ ἠλέησεν αὐτὴν σφόδρα καὶ
κατενύγη καὶ αὐτὸς διότι ἦν Ἰωσὴφ πραΰς καὶ ἐλεήμων
καὶ φοβούμενος τὸν θεόν.

9 καὶ ἐπῆρε τὴν χεῖρα αὐτοῦ τὴν δεξιὰν καὶ ἔθηκεν ἐπάνω
τῆς κεφαλῆς αὐτῆς καὶ εἶπεν κύριε ὁ θεὸς τοῦ πατρός μου
Ἰσραὴλ ὁ ὕψιστος ὁ δυνατὸς τοῦ Ἰακὼβ ὁ ζωοποιήσας τὰ
πάντα καὶ καλέσας ἀπὸ τοῦ σκότους εἰς τὸ φῶς καὶ ἀπὸ
τῆς πλάνης εἰς τὴν ἀλήθειαν καὶ ἀπὸ τοῦ θανάτου εἰς τὴν
ζωὴν σὺ κύριε εὐλόγησον τὴν παρθένον ταύτην καὶ
ἀνακαίνισον αὐτὴν τῷ πνεύματί σου καὶ ἀνάπλασον αὐτὴν
τῇ χειρί σου τῇ κρυφαίᾳ καὶ ἀναζωοποίησον αὐτὴν τῇ
ζωῇ σου καὶ φαγέτω ἄρτον ζωῆς σου καὶ πιέτω ποτήριον
εὐλογίας σου καὶ συγκαταρίθμησον αὐτὴν τῷ λαῷ σου ὃν
ἐξελέξω πρὶν γενέσθαι τὰ πάντα καὶ εἰσελθέτω εἰς τὴν
κατάπαυσίν σου ἣν ἡτοίμασας τοῖς ἐκλεκτοῖς σου καὶ
ζησάτω ἐν τῇ αἰωνίῳ ζωῇ σου εἰς τὸν αἰῶνα χρόνον.

- 9 -

1 καὶ ἐχάρη Ἀσενὲθ ἐπὶ τῇ εὐλογίᾳ τοῦ Ἰωσὴφ χαρὰν
μεγάλην σφόδρα καὶ ἔσπευσε καὶ ἀπῆλθεν εἰς τὸ ὑπερῷον
πρὸς ἑαυτὴν καὶ πέπτωκεν ἐπὶ τῆς κλίνης αὐτῆς ἀσθενοῦσα
διότι ἦν ἐν αὐτῇ χαρὰ καὶ λύπη καὶ φόβος πολὺς καὶ
τρόμος καὶ ἱδρὼς συνεχὴς ὡς ἤκουσε πάντα τὰ ῥήματα
Ἰωσὴφ ὅσα ἐλάλησεν αὐτῇ ἐν τῷ ὀνόματι τοῦ θεοῦ τοῦ
ὑψίστου.

2 καὶ ἔκλαυσε κλαυθμῷ μεγάλῳ καὶ πικρῷ καὶ μετενόει ἀπὸ
τῶν θεῶν αὐτῆς ὧν ἐσέβετο καὶ προσώχθισε τοῖς εἰδώλοις
πᾶσι καὶ περιέμενε τοῦ γενέσθαι ἑσπέραν.

3 καὶ Ἰωσὴφ ἔφαγε καὶ ἔπιε καὶ εἶπε τοῖς παισὶν αὐτοῦ
ζεύξατε τοὺς ἵππους εἰς τὰ ἅρματα εἶπε γὰρ ἀπελεύσομαι
καὶ κυκλεύσω πᾶσαν τὴν γῆν.

4 καὶ εἶπε Πεντεφρῆς πρὸς Ἰωσὴφ αὐλισθήτω δὴ ἐνταῦθα ὁ
κύριός μου σήμερον καὶ τὸ πρωῒ ἀπελεύσῃ τὴν ὁδόν σου.

5 καὶ εἶπεν Ἰωσὴφ οὐχὶ ἀλλ' ἀπελεύσομαι σήμερον διότι
αὕτη ἡ ἡμέρα ἐστὶν ἐν ᾗ ἤρξατο ὁ θεὸς ποιεῖν πάντα τὰ
κτίσματα αὐτοῦ καὶ τῇ ἡμέρᾳ τῇ ὀγδόῃ ὅταν ἐπαναστρέφῃ ἡ
ἡμέρα αὕτη ἐπαναστρέψω κἀγὼ πρὸς ὑμᾶς καὶ αὐλισθήσομαι
ἐνθάδε.

- 10 -

1 καὶ ἀπῆλθεν Ἰωσὴφ τὴν ὁδὸν αὐτοῦ καὶ Πεντεφρῆς καὶ
πᾶσα ἡ συγγένεια αὐτοῦ ἀπῆλθον εἰς τὸν κλῆρον αὐτῶν.
καὶ κατελείφθη Ἀσενὲθ μόνη μετὰ τῶν ἑπτὰ παρθένων καὶ
ἐβαρυθύμει καὶ ἔκλαιεν ἕως ἔδυ ὁ ἥλιος. καὶ ἄρτον οὐκ
ἔφαγε καὶ ὕδωρ οὐκ ἔπιεν καὶ ἐπῆλθεν ἡ νὺξ καὶ
ἐκάθευδον πάντες οἱ ἐν τῇ οἰκίᾳ καὶ αὐτὴ γρηγοροῦσα
μόνη καὶ ἐνεθυμεῖτο καὶ ἔκλαιε καὶ ἐπάτασσε τῇ χειρὶ τὸ
στῆθος αὐτῆς πυκνῶς καὶ ἐφοβεῖτο φόβον μέγαν καὶ ἔτρεμε
τρόμον βαρύν.

2 καὶ ἀνέστη Ἀσενὲθ ἀπὸ τῆς κλίνης αὐτῆς καὶ κατέβη
ἡσύχως τὴν κλίμακα ἐκ τοῦ ὑπερῴου καὶ ἦλθεν εἰς τὸν
πυλῶνα καὶ ἡ πυλωρὸς ἐκάθευδε μετὰ τῶν τέκνων αὐτῆς.
καὶ ἔσπευσεν Ἀσενὲθ καὶ καθεῖλεν ἐκ τῆς θυρίδος τὴν
δέρριν τοῦ καταπετάσματος καὶ ἔπλησεν αὐτὴν τέφρας ἐκ
τῆς ἑστίας καὶ ἀνήνεγκεν εἰς τὸ ὑπερῷον καὶ ἀπέθηκεν
αὐτὴν εἰς τὸ ἔδαφος.

3 καὶ ἔκλεισε τὴν θύραν ἀσφαλῶς καὶ τὸν μοχλὸν τὸν
σιδηροῦν καθῆκεν ἐκ πλαγίου καὶ ἐστέναξε στεναγμῷ
μεγάλῳ μετὰ κλαυθμοῦ πικροῦ.

4 καὶ ἤκουσεν ἡ παρθένος ἡ σύντροφος αὐτῆς ἣν ἠγάπα
Ἀσενὲθ παρὰ πάσας τὰς παρθένους καὶ ἐστέναγμον αὐτῆς
καὶ ἔσπευσε καὶ ἤγειρε τὰς ἄλλας ἓξ παρθένους. καὶ
ἦλθον πρὸς τὴν θύραν τῆς Ἀσενὲθ καὶ εὗρον τὴν θύραν
κεκλεισμένην.

5 καὶ ἤκουσαν τοῦ στεναγμοῦ καὶ τοῦ κλαυθμοῦ τῆς Ἀσενὲθ
καὶ εἶπον αὐτῇ τί σοί ἐστι δέσποινα καὶ διὰ τί σὺ
σκυθρωπάζεις καὶ τί ἐστι τὸ ἐνοχλοῦν σοι; ἄνοιξον ἡμῖν
καὶ ὀψόμεθα τί σοί ἐστι.

6 καὶ οὐκ ἤνοιξεν Ἀσενὲθ τὴν θύραν ἀλλ' εἶπεν αὐταῖς
ἔσωθεν τῆς κεφαλῆς μού ἐστι πόνος βαρὺς καὶ ἡσυχάζω ἐν
τῇ κλίνῃ μου καὶ ἀναστῆναι καὶ ἀνοῖξαι ὑμῖν οὐκ ἰσχύω
διότι ἠσθένησα ἀπὸ πάντων τῶν μελῶν μου.

7 ἀλλὰ πορεύεσθε ἑκάστη ὑμῶν εἰς τὸν θάλαμον ὑμῶν καὶ
ἀναπαύεσθε καὶ ἐμὲ ἐάσατε ἠρεμεῖν.

8 καὶ ἀπῆλθον αἱ παρθένοι ἑκάστη εἰς τὸν θάλαμον αὐτῆς.
καὶ ἀνέστη Ἀσενὲθ καὶ ἤνοιξε τὴν θύραν ἡσύχως καὶ
ἀπῆλθεν εἰς τὸν θάλαμον αὐτῆς τὸν δεύτερον ὅπου ἦσαν αἱ
θῆκαι τοῦ κόσμου αὐτῆς καὶ ἤνοιξε τὸ κιβώτιον αὐτῆς καὶ
ἐξήνεγκε χιτῶνα μελανὸν καὶ ζοφώδη. καὶ οὗτος ἦν ὁ
χιτὼν τοῦ πένθους αὐτῆς ὅτε ἀπέθανεν ὁ ἀδελφὸς αὐτῆς ὁ
νεώτερος. τοῦτον ἐνεδύσατο Ἀσενὲθ καὶ ἐπένθησε τὸν
ἀδελφὸν αὐτῆς.

9 καὶ ἔλαβε τὸν χιτῶνα αὐτῆς τὸν μελανὸν καὶ ἤνεγκεν

αὐτὸν εἰς τὸν θάλαμον αὐτῆς καὶ ἔκλεισε πάλιν τὴν θύραν
ἀσφαλῶς καὶ τὸν μοχλὸν καθῆκεν ἐκ πλαγίου.

10 καὶ ἔσπευσεν Ἀσενὲθ καὶ ἀπέθετο τὴν στολὴν αὐτῆς τὴν
βασιλικὴν τὴν βυσσίνην καὶ χρυσοῦφῆν καὶ ἐνεδύσατο τὸν
χιτῶνα μελανὸν πένθους καὶ ἔλυσε τὴν ζώνην αὐτῆς τὴν
χρυσῆν καὶ περιεζώσατο σχοινίον καὶ ἀπέθετο τὴν κίδαριν
ἐκ τῆς κεφαλῆς αὐτῆς καὶ τὸ διάδημα καὶ τὰ ψέλια ἀπὸ
τῶν χειρῶν καὶ τῶν ποδῶν αὐτῆς καὶ ἔθηκε πάντα εἰς τὸ
ἔδαφος.

11 καὶ ἔλαβε τὴν στολὴν αὐτῆς τὴν ἐκλεκτὸν καὶ τὴν ζώνην
τὴν χρυσῆν καὶ τὴν κίδαριν καὶ τὸ διάδημα καὶ ἔρριψεν
πάντα διὰ τῆς θυρίδος τῆς βλεπούσης πρὸς βορρᾶν τοῖς
πένησιν.

12 καὶ ἔσπευσεν Ἀσενὲθ καὶ ἔλαβε πάντας τοὺς θεοὺς αὐτῆς
τοὺς ὄντας ἐν τῷ θαλάμῳ αὐτῆς τοὺς τε χρυσοῦς καὶ
ἀργυροῦς ὧν οὐκ ἦν ἀριθμὸς καὶ συνέτριψεν αὐτοὺς εἰς
λεπτὰ καὶ ἔρριψε πάντα τὰ εἴδωλα τῶν Αἰγυπτίων διὰ τῆς
θυρίδος τῆς βλεπούσης πρὸς βορρᾶν ἀπὸ τοῦ ὑπερῴου αὐτῆς
πτωχοῖς καὶ δεομένοις.

13 καὶ ἔλαβεν Ἀσενὲθ τὸ δεῖπνον αὐτῆς τὸ βασιλικὸν καὶ τὰ
σιτιστὰ καὶ τοὺς ἰχθύας καὶ τὰ κρέα τῆς δαμάλεως καὶ
πάσας τὰς θυσίας τῶν θεῶν αὐτῆς καὶ τὰ σκεύη τοῦ οἴνου
τῆς σπονδῆς αὐτῶν καὶ ἔρριψε πάντα διὰ τῆς θυρίδος τῆς
βλεπούσης πρὸς βορρᾶν καὶ ἔδωκε πάντα τοῖς κυσὶ τοῖς
ἀλλοτρίοις. εἶπε γὰρ ἐν ἑαυτῇ Ἀσενὲθ οὐ μὴ φάγωσιν οἱ
κύνες μου ἐκ τοῦ δείπνου μου καὶ ἐκ τῆς θυσίας τῶν
εἰδώλων ἀλλὰ φαγέτωσαν αὐτὰ οἱ κύνες οἱ ἀλλότριοι.

14 καὶ μετὰ ταῦτα ἔλαβεν Ἀσενὲθ τὴν δέρριν τῆς τέφρας καὶ
κατέχεεν αὐτὴν ἐπὶ τὸ ἔδαφος. καὶ ἔλαβε τὴν δέρριν τοῦ
σάκκου καὶ περιεζώσατο περὶ τὴν ὀσφὺν αὐτῆς. καὶ ἔλυσε
τὸ ἐμπλόκιον τοῦ τριχώματος τῆς κεφαλῆς αὐτῆς καὶ
κατέπασε τέφραν ἐπάνω τῆς κεφαλῆς αὐτῆς.

15 καὶ ἔστρωσε τὴν τέφραν εἰς τὸ ἔδαφος καὶ ἐπάτασσε ταῖς
δυσὶ χερσὶ τὸ στῆθος αὐτῆς πυκνῶς καὶ ἔκλαυσε πικρῶς
καὶ πέπτωκεν ἐπὶ τὴν τέφραν καὶ ἔκλαυσε κλαυθμῷ μεγάλῳ
καὶ πικρῷ ὅλην τὴν νύκτα μετὰ στεναγμοῦ καὶ βριμήματος
ἕως πρωΐ.

16 καὶ ἀνέστη Ἀσενὲθ τὸ πρωῒ καὶ εἶδε καὶ ἰδοὺ πηλὸς
πολὺς ἐκ τῶν δακρύων αὐτῆς καὶ ἐκ τῆς τέφρας εἰς τὸ
ἔδαφος. καὶ ἔπεσε πάλιν Ἀσενὲθ ἐπὶ πρόσωπον ἐπὶ τῆς
τέφρας ἕως δείλης καὶ μέχρι τοῦ δῦναι τὸν ἥλιον.

17 καὶ οὕτως ἐποίησεν Ἀσενὲθ τὰς ἑπτὰ ἡμέρας καὶ ἄρτον
οὐκ ἔφαγε καὶ ὕδωρ οὐκ ἔπιεν ἐν ⟨ἐκείναις⟩ ταῖς ἑπτὰ
ἡμέραις τῆς ταπεινώσεως αὐτῆς.

- 11 -

1 καὶ τῇ ἡμέρᾳ τῇ ὀγδόῃ ἰδοὺ ὄρθρος ἦν καὶ τὰ ὄρνεα
ἐλάλουν ἤδη καὶ οἱ κύνες ὑλακτουν ἐπὶ τοὺς διοδεύοντας
καὶ ἀνένευσε μικρὸν τὴν κεφαλὴν αὐτῆς Ἀσενὲθ ἐκ τοῦ
ἐδάφους καὶ τῆς τέφρας οὗ ἦν ἐπικειμένη ὅτι ἦν
κεκμηκυῖα σφόδρα καὶ παρειμένη τοῖς μέλεσι διὰ τὴν
ἔνδειαν τῶν ἑπτὰ ἡμερῶν.

1B καὶ ἀνέστη ἐπὶ τὰ γόνατα αὐτῆς καὶ ἔθηκε τὴν χεῖρα
αὐτῆς ἐπὶ τὸ ἔδαφος καὶ ἀνένευσε μικρὸν ἀπὸ τῆς γῆς καὶ
τῇ κεφαλῇ κατανεύουσα καὶ αἱ τρίχες τῆς κεφαλῆς αὐτῆς
ἦσαν ἁπλο⟨ύ⟩μεναι ἀπὸ τῆς πολλῆς τέφρας. καὶ ἔπλεξεν
Ἀσενὲθ τὰς χεῖρας αὐτῆς δάκτυλον πρὸς δάκτυλον καὶ
ἔσεισε τὴν κεφαλὴν αὐτῆς ἔνθεν καὶ ἔνθεν καὶ ἐπάτασσε
συνεχῶς τὸ στῆθος ταῖς χερσὶν αὐτῆς καὶ ἔβαλε τὴν
κεφαλὴν αὐτῆς εἰς τὸν κόλπον αὐτῆς καὶ τὸ πρόσωπον
αὐτῆς ἦν κατάβροχον ἐκ τῶν δακρύων αὐτῆς καὶ ἐστέναξε
μετὰ στεναγμοῦ μεγάλου καὶ τὰς τρίχας αὐτῆς εἵλκυσεν
ἀπὸ τῆς κεφαλῆς αὐτῆς καὶ κατέπασε τέφραν ἐπάνω τῆς
κεφαλῆς αὐτῆς.

1C καὶ ἔκαμεν Ἀσενὲθ καὶ ὠλιγοψύχησε καὶ ἐξέλιπε τῇ
δυνάμει αὐτῆς. καὶ ἀπεστράφη ἄνω πρὸς τὸν τοῖχον καὶ
ἐκάθισεν ὑποκάτω τῆς θυρίδος τῆς βλεπούσης κατὰ
ἀνατολάς.

2 καὶ τὴν κεφαλὴν αὐτῆς ἐνέβαλεν εἰς τὸν κόλπον αὐτῆς
πλέξασα τοὺς δακτύλους αὐτῆς τῶν χειρῶν ἐπὶ τὸ γόνυ τὸ
δεξιὸν καὶ τὸ στόμα αὐτῆς ἦν κεκλεισμένον καὶ οὐκ
ἤνοιξεν αὐτὸ ἐν ταῖς ἑπτὰ ἡμέραις καὶ ἐν ταῖς ἑπτὰ νυξὶ
τῆς ταπεινώσεως αὐτῆς.

3 καὶ εἶπεν ἐν τῇ καρδίᾳ αὐτῆς τὸ στόμα μὴ ἀνοίξασα τί
ποιήσω ἐγὼ ἡ ταπεινὴ ἢ ποῦ ἀπέλθω πρὸς τίνα καταφύγω ἢ
τί λαλήσω ἐγὼ ἡ παρθένος καὶ ὀρφανὴ καὶ ἔρημος καὶ
ἐγκαταλελειμμένη καὶ μεμισημένη;

4 πάντες γὰρ μεμισήκασί με καὶ σὺν τούτοις ὁ πατήρ μου
καὶ ἡ μήτηρ μου διότι κἀγὼ μεμίσηκα τοὺς θεοὺς αὐτῶν
καὶ ἀπώλεσα αὐτοὺς καὶ ἔδωκα αὐτοὺς καταπατεῖσθαι ὑπὸ
τῶν ἀνθρώπων.

5 καὶ διὰ τοῦτο μεμισήκασί με ὁ πατήρ μου καὶ ἡ μήτηρ μου
καὶ πᾶσα ἡ συγγένειά μου καὶ εἶπον οὐκ ἔστι θυγάτηρ
ἡμῶν Ἀσενὲθ διότι τοὺς θεοὺς ἡμῶν ἀπώλεσεν.

6 καὶ πάντες ἄνθρωποι μισοῦσί με διότι κἀγὼ μεμίσηκα
πάντα ἄνδρα καὶ πάντας τοὺς μνηστευομένους με. καὶ νῦν
ἐν τῇ ταπεινώσει μου ταύτῃ πάντες μεμισήκασί με καὶ
ἐπιχαίρουσι τῇ θλίψει μου ταύτῃ.

7 καὶ κύριος Ἰωσὴφ ὁ δυνατοῦ Ἰωσὴφ ὁ ὕψιστος μισεῖ
πάντας τοὺς σεβομένους τὰ εἴδωλα διότι θεὸς ζηλωτής
ἐστι καὶ φοβερὸς ἐπὶ πάντας τοὺς σεβομένους θεοὺς
ἀλλοτρίους.

8 διὰ τοῦτο κἀμὲ μεμίσηκε διότι κἀγὼ ἐσεβάσθην εἴδωλα
νεκρὰ καὶ κωφὰ καὶ εὐλόγησα αὐτὰ

9 καὶ ἔφαγον ἐκ τῆς θυσίας αὐτῶν καὶ τὸ στόμα μου
μεμίαται ἐκ τῆς τραπέζης αὐτῶν καὶ οὐκ ἔστι μοι τόλμη
ἐπικαλέσασθαι κύριον τὸν θεὸν τοῦ οὐρανοῦ τὸν ὕψιστον
τὸν δυνατὸν τοῦ δυνατοῦ Ἰωσὴφ διότι ἐμιάνθη τὸ στόμα
μου ἀπὸ τῶν θυσιῶν τῶν εἰδώλων.

10 ἀλλ' ἀκήκοα πολλῶν λεγόντων ὅτι ὁ θεὸς τῶν Ἑβραίων
θεὸς ἀληθινός ἐστι καὶ θεὸς ζῶν καὶ θεὸς ἐλεήμων καὶ
οἰκτίρμων καὶ μακρόθυμος καὶ πολυέλεος καὶ ἐπιεικής καὶ
μὴ λογιζόμενος ἁμαρτίαν ἀνθρώπου ταπεινοῦ καὶ μὴ

ἐλέγχων ἀνομίας ἀνθρώπου τεθλιμμένου ἐν καιρῷ θλίψεως
αὐτοῦ.

11 ὅθεν τολμήσω κἀγὼ καὶ ἐπιστρέψω πρὸς αὐτὸν καὶ
καταφεύξομαι ἐπ' αὐτὸν καὶ ἐξομολογήσομαι αὐτῷ πάσας
τὰς ἁμαρτίας μου καὶ ἐκχέω τὴν δέησίν μου ἐνώπιον
αὐτοῦ.

12 τίς οἶδεν εἰ ὄψεται τὴν ταπείνωσίν μου καὶ ἐλεήσει με;
τυχὸν ὄψεται τὴν ἐρήμωσίν μου ταύτην καὶ οἰκτειρήσει με

13 ἢ ὄψεται τὴν ὀρφανίαν μου καὶ ὑπερασπιεῖ μου διότι
αὐτός ἐστιν ὁ πατὴρ τῶν ὀρφανῶν καὶ τῶν δεδιωγμένων
ὑπερασπιστὴς καὶ τῶν τεθλιμμένων βοηθός.

14 τολμήσω καὶ βοήσω πρὸς αὐτόν.

15 καὶ ἀνέστη Ἀσενὲθ ἀπὸ τοῦ τοίχου οὗ ἐκαθέζετο καὶ
ἀπεστράφη πρὸς τὴν θυρίδα τὴν βλέπουσαν πρὸς ἀνατολὰς
καὶ ἀνορθώθη ἐπὶ τὰ γόνατα αὐτῆς καὶ ἐξεπέτασε τὰς
χεῖρας αὐτῆς εἰς τὸν οὐρανόν. καὶ ἐφοβήθη ἀνοῖξαι τὸ
στόμα αὐτῆς καὶ ὀνομάσαι τὸ ὄνομα τοῦ θεοῦ. καὶ
ἀπεστράφη πάλιν πρὸς τὸν τοῖχον καὶ ἐκάθισε καὶ
ἐπάτασσε τῇ χειρὶ τὴν κεφαλὴν αὐτῆς καὶ τὸ στῆθος αὐτῆς
πολλάκις καὶ εἶπεν ἐν τῇ καρδίᾳ αὐτῆς οὐκ ἀνοίξασα τὸ
στόμα αὐτῆς

16 ταλαίπωρος ἐγὼ καὶ ὀρφανὴ καὶ ἔρημος τὸ στόμα μου
μεμίαται ἀπὸ τῶν θυσιῶν τῶν εἰδώλων καὶ ἀπὸ τῶν
εὐλογιῶν τῶν θεῶν τῶν Αἰγυπτίων.

17 καὶ νῦν ἐν τοῖς δάκρυσί μου τούτοις καὶ τῇ τέφρα
κατεσποδωμένη καὶ τῷ ῥύπῳ τῆς ταπεινώσεώς μου πῶς ἐγὼ
ἀνοίξω τὸ στόμα μου πρὸς τὸν ὕψιστον καὶ πῶς ὀνομάσω τὸ
ἅγιον αὐτοῦ ὄνομα τὸ φοβερὸν μήποτε ὀργισθῇ μοι κύριος
διότι ἐν ταῖς ἀνομίαις μου ἐγὼ ἐπεκαλεσάμην τὸ ὄνομα τὸ
ἅγιον αὐτοῦ;

18 τί νῦν ποιήσω ἢ ταλαίπωρος ἐγώ; ἀλλὰ τολμήσω μᾶλλον καὶ
ἀνοίξω τὸ στόμα μου πρὸς αὐτὸν καὶ ⟨ἐπικαλέσω⟩ τὸ ὄνομα
αὐτοῦ. καὶ εἰ θυμῷ κύριος πατάξει με αὐτὸς πάλιν
ἰάσεταί με καὶ ἐὰν παιδεύσῃ με ἐν ταῖς μάστιξιν αὐτοῦ
αὐτὸς ἐπιβλέψει ἐπ' ἐμοὶ πάλιν ἐν τῷ ἐλέει αὐτοῦ καὶ
ἐὰν θυμωθῇ ἐν ταῖς ἁμαρτίαις μου πάλιν διαλλαγήσεταί
μοι καὶ ἀφήσει μοι πᾶσαν ἁμαρτίαν. τολμήσω οὖν ἀνοῖξαι
τὸ στόμα μου πρὸς αὐτόν.

19 καὶ ἀνέστη Ἀσενὲθ πάλιν ἀπὸ τοῦ τοίχου οὗ ἐκάθητο καὶ
ἀνορθώθη ἐπὶ τὰ γόνατα αὐτῆς καὶ ἐξεπέτασε τὰς χεῖρας
αὐτῆς εἰς ἀνατολὰς καὶ ἀνέβλεψε τοῖς ὀφθαλμοῖς αὐτῆς
εἰς τὸν οὐρανὸν καὶ ἤνοιξε τὸ στόμα αὐτῆς πρὸς τὸν θεὸν
καὶ εἶπεν

- 12 -

1 κύριε ὁ θεὸς τῶν αἰώνων ὁ κτίσας τὰ πάντα καὶ
ζωοποιήσας ὁ δοὺς πνοὴν ζωῆς πάσῃ τῇ κτίσει σου ὁ
ἐξενέγκας τὰ ἀόρατα εἰς τὸ φῶς

2 ὁ ποιήσας τὰ ὄντα καὶ τὰ φαινόμενα ἐκ τῶν ἀφανῶν καὶ μὴ
ὄντων ὁ ὑψώσας τὸν οὐρανὸν καὶ θεμελιώσας αὐτὸν ἐν
στερεώματι ἐπὶ τὸν νῶτον τῶν ἀνέμων ὁ θεμελιώσας τὴν
γῆν ἐπὶ τῶν ὑδάτων ὁ θεὶς λίθους μεγάλους ἐπὶ τῆς
ἀβύσσου τοῦ ὕδατος καὶ οἱ λίθοι οὐ βυθισθήσονται ἀλλ'
εἰσὶν ὡς φύλλα δρυὸς ἐπάνω τῶν ὑδάτων καὶ εἰσι λίθοι
ζῶντες καὶ τῆς φωνῆς σου ἀκούουσι κύριε καὶ φυλάσσουσι
τὰς ἐντολάς σου ἃς ἐνετείλω αὐτοῖς καὶ τὰ προστάγματά
σου οὐ μὴ παραβαίνουσιν ἀλλ' εἰσὶν ἕως τέλους ποιοῦντες
τὸ θέλημά σου. ὅτι σὺ κύριε ἐλάλησας καὶ ἐζωογονήθησαν
ὅτι ὁ λόγος σου κύριε ζωή ἐστι πάντων τῶν κτισμάτων
σου.

3 πρός σέ καταφεύγω κύριε καὶ πρός σέ κεκράξομαι κύριε
σοὶ προσχέω τὴν δέησίν μου σοὶ ἐξομολογήσομαι τὰς
ἁμαρτίας μου καὶ πρός σέ ἀποκαλύψω τὰς ἀνομίας μου.

4 φεῖσαί μου κύριε ὅτι ἥμαρτον ἐνώπιόν σου πολλὰ ἠνόμησα
καὶ ἠσέβησα καὶ λελάληκα πονηρὰ καὶ ἄρρητα ἐνώπιόν σου.

5 μεμίαται τὸ στόμα μου ἀπὸ τῶν θυσιῶν τῶν εἰδώλων καὶ
ἀπὸ τῆς τραπέζης τῶν θεῶν τῶν Αἰγυπτίων. ἥμαρτον κύριε
ἐνώπιόν σου πολλὰ ἥμαρτον ἐν ἀγνοίᾳ καὶ ἐσεβάσθην
εἴδωλα νεκρὰ καὶ κωφά. καὶ νῦν οὐκ εἰμὶ ἀξία ἀνοῖξαι τὸ
στόμα μου πρός σέ κύριε. κἀγὼ Ἀσενὲθ θυγάτηρ Πεντεφρῆ
τοῦ ἱερέως ἡ παρθένος καὶ βασίλισσα ἥ ποτε σοβαρὰ καὶ
ὑπερήφανος καὶ εὐθηνοῦσα ἐν τῷ πλούτῳ μου ὑπὲρ πάντας
ἀνθρώπους νυνὶ δὲ ὑπάρχω ὀρφανὴ καὶ ἔρημος καὶ
ἐγκαταλελειμμένη ἀπὸ πάντων ἀνθρώπων.

6 σοί προσφεύγω κύριε καὶ σοὶ προσφέρω τὴν δέησίν μου καὶ
πρός σέ κεκράξομαι.

7 ῥῦσαί με πρὶν καταληφθῆναί με ὑπὸ τῶν καταδιωκόντων με.

8 ὡς γὰρ παιδίον νήπιον φοβούμενον φεύγει πρὸς τὸν πατέρα
αὐτοῦ καὶ ὁ πατὴρ ἐκτείνας τὰς χεῖρας αὐτοῦ ἁρπάζει
αὐτὸ ἐκ τῆς γῆς καὶ ἐναγκαλίζεται αὐτὸ πρὸς τὸ στῆθος
αὐτοῦ καὶ τὸ παιδίον σφίγγει τὰς χεῖρας αὐτοῦ ἐπὶ τὸν
αὐχένα τοῦ πατρὸς αὐτοῦ καὶ ⟨ἀναπνεῖ⟩ ἀπὸ τοῦ φόβου
αὐτοῦ καὶ ἀναπαύεται πρὸς τὸ στῆθος τοῦ πατρὸς αὐτοῦ ὁ
δὲ πατὴρ ⟨μειδιᾷ⟩ ἐπὶ τῇ ταραχῇ τῆς νηπιότητος αὐτοῦ
οὕτως καὶ σὺ κύριε ἔκτεινον τὰς χεῖράς σου ἐπ' ἐμὲ ὡς
πατὴρ φιλότεκνος καὶ ἅρπασόν με ἐκ τῆς γῆς.

9 ἰδοὺ γὰρ ὁ λέων ὁ ἄγριος ὁ παλαιὸς καταδιώκει με διότι
αὐτός ἐστι πατὴρ τῶν θεῶν τῶν Αἰγυπτίων καὶ τὰ τέκνα
αὐτοῦ εἰσιν οἱ θεοὶ τῶν εἰδωλομανῶν. κἀγὼ μεμίσηκα
αὐτοὺς ὅτι τέκνα τοῦ λέοντός εἰσι καὶ ἔρριψα πάντας ἀπ'
ἐμοῦ καὶ ἀπώλεσα αὐτούς.

10 ὁ λέων ὁ πατὴρ αὐτῶν θυμωθεὶς καταδιώκει με

11 ἀλλὰ σὺ κύριε ῥῦσαί με ἐκ τῶν χειρῶν αὐτοῦ καὶ ἐκ τοῦ
στόματος αὐτοῦ ἐξελοῦ με μήποτε ἁρπάσῃ με ὡς λέων καὶ
διασπαράξῃ με καὶ βάλῃ με εἰς τὴν φλόγα τοῦ πυρὸς καὶ
τὸ πῦρ ἐμβάλει με εἰς τὴν καταιγίδα καὶ ἡ καταιγὶς
περιειλίσσεται με ἐν σκότει καὶ ἐκβάλει με εἰς τὸν
βυθὸν τῆς θαλάσσης καὶ καταπίεται με τὸ κῆτος τὸ μέγα
τὸ ἀπ' αἰῶνος καὶ ἀπολοῦμαι εἰς τὸν αἰῶνα χρόνον.

12 ῥῦσαί με κύριε πρὶν ἔλθῃ ἐπ' ἐμὲ ταῦτα πάντα. ῥῦσαί με
κύριε τὴν ἔρημον ὅτι ὁ πατήρ μου καὶ ἡ μήτηρ μου ἠρνήσαντό με καὶ εἶπον οὐκ ἔστιν ἡμῶν
θυγάτηρ Ἀσενὲθ διότι ἀπώλεσα καὶ συνέτριψα τοὺς θεοὺς

αὐτῶν καὶ μεμίσηκα αὐτούς.

13 καὶ εἰμὶ νῦν ὀρφανὴ καὶ ἔρημος καὶ ἄλλη ἐλπὶς οὐκ ἔστι
μοι εἰ μὴ ἐπὶ σοὶ κύριε οὐδὲ ἑτέρα καταφυγὴ πλὴν τοῦ
ἐλέους σου κύριε διότι σὺ εἶ ὁ πατὴρ τῶν ὀρφανῶν καὶ
τῶν δεδιωγμένων ὑπερασπιστὴς καὶ τῶν τεθλιμμένων
βοηθός.

14 ἐλέησόν με κύριε καὶ φύλαξόν με ⟨τὴν⟩ παρθένον ἀγνὴν
τὴν ἐγκαταλελειμμένην καὶ ὀρφανὴν διότι σὺ εἶ κύριε
πατὴρ γλυκὺς καὶ ἀγαθὸς καὶ ἐπιεικής.

15 τίς πατὴρ οὕτω γλυκύς ἐστιν ὡς σὺ κύριε καὶ τίς οὕτω
ταχὺς ἐν ἐλέει ὡς σὺ κύριε καὶ τίς μακρόθυμος ἐπὶ ταῖς
ἁμαρτίαις ἡμῶν ὡς σὺ κύριε; ἰδοὺ γὰρ πάντα τὰ ⟨δόματα⟩
τοῦ πατρός μου Πεντεφρῆ ἃ δέδωκέ μοι εἰς κληρονομίαν
πρόσκαιρά εἰσι καὶ ἄφαντα τὰ δὲ ⟨δόματα⟩ τῆς
κληρονομίας σου κύριε ἄφθαρτά εἰσι καὶ αἰώνια.

- 13 -

1 ἐπίσκεψαι κύριε τὴν ταπείνωσίν μου καὶ ἐλέησόν με.
ἐπίβλεψον ἐπὶ τὴν ὀρφανίαν μου καὶ οἴκτειρόν με τὴν
τεθλιμμένην. ἰδοὺ γὰρ ἐγὼ ἀτέφυγον ἐκ πάντων καὶ πρός
σέ κατέφυγον κύριε τὸν μόνον φιλάνθρωπον.

2 ἰδοὺ πάντα τὰ ἀγαθὰ τῆς γῆς κατέλιπον καὶ πρός σέ
κατέφυγον κύριε ἐν τῷ σάκκῳ τούτῳ καὶ τῷ σποδῷ γυμνὴ
καὶ ὀρφανὴ καὶ μεμονωμένη.

3 ἰδοὺ ἀπεθέμην μου τὴν βασιλικὴν στολὴν τὴν βυσσίνην ἐξ
ὑακίνθου χρυσοῦφη καὶ ἐνεδυσάμην χιτῶνα μελανὸν καὶ
πενθήρη.

4 ἰδοὺ λέλυκα τὴν ζώνην μου τὴν χρυσῆν καὶ ἔρριψα αὐτὴν
ἀπ' ἐμοῦ καὶ περιεζωσάμην σχοινίον καὶ σάκκον.

5 ἰδοὺ τὴν τιάραν μου καὶ τὸ διάδημά μου ἔρριψα ἀπὸ τῆς
κεφαλῆς μου καὶ καταπέπασμαι τέφραν.

6 ἰδοὺ τὸ ἔδαφος τοῦ θαλάμου μου τὸ κατεστρωμένον λίθοις
ποικίλοις καὶ πορφυροῖς ὃ ἦν τὸ πρότερον
καταρραινόμενον μύροις καὶ ἐξεμάσσετο ὀθονίοις λαμπροῖς
νυνὶ καταρραίνεται τοῖς δάκρυσί μου καὶ ἠτιμάσθη
κατεσποδωμένον ὄν.

7 ἰδοὺ κύριε ἐκ τῶν δακρύων μου καὶ τῆς τέφρας πηλὸς
γέγονε πολὺς ἐν τῷ θαλάμῳ μου ὡς ἐν ὁδῷ πλατείᾳ.

8 ἰδοὺ κύριε τὸ δεῖπνόν μου τὸ βασιλικὸν καὶ τὰ σιτία
δέδωκα τοῖς κυσὶ τοῖς ἀλλοτρίοις.

9 καὶ ἰδοὺ ἐγὼ ἑπτὰ ἡμέρας καὶ ἑπτὰ νύκτας ἤμην νήστης
καὶ ἄρτον οὐκ ἔφαγον καὶ ὕδωρ οὐκ ἔπιον καὶ τὸ στόμα
μου γέγονε ξηρὸν ὡς τύμπανον καὶ ἡ γλῶσσά μου ὡς κέρας
καὶ τὰ χείλη μου ὡς ὄστρακον καὶ τὸ πρόσωπόν μου
συμπέπτωκε καὶ οἱ ὀφθαλμοί μου ἐν αἰσχύνῃ φλεγμονῆς
ἐγένοντο ἐκ τῶν δακρύων μου τῶν πολλῶν καὶ ἡ ἰσχύς μου
πᾶσα ἐκλέλοιπεν.

11 ἰδοὺ οὖν τοὺς θεοὺς πάντας οὓς ἐσεβόμην τὸ πρότερον
ἀγνοοῦσα νῦν ἔγνων ὅτι ἦσαν εἴδωλα κωφὰ καὶ νεκρὰ καὶ
δέδωκα αὐτοὺς καταπατεῖσθαι ὑπὸ τῶν ἀνθρώπων καὶ οἱ
κλέπται διήρπασαν αὐτοὺς οἵτινες ἦσαν ἀργυροῖ καὶ
χρυσοῖ.

12 καὶ πρός σέ κατέφυγον κύριε ὁ θεός μου. ἀλλὰ σὺ ῥῦσαί
με ἀπὸ τῶν πολλῶν μου ἀγνοημάτων

13 καὶ σύγγνωθί μοι διότι ἥμαρτόν σοι ἐν ἀγνοίᾳ παρθένος
οὖσα καὶ ἀδαὴς πεπλάνημαι καὶ λελάληκα βλάσφημα εἰς τὸν
κύριόν μου Ἰωσὴφ διότι οὐκ ᾔδειν ἐγὼ ἡ ἀθλία ὅτι υἱός
σοῦ ἐστιν ἐπειδὴ εἶπόν μοι οἱ ἄνθρωποι ὅτι Ἰωσὴφ υἱὸς
τοῦ ποιμένος ἐστὶν ἐκ γῆς Χαναάν. κἀγὼ ἡ ἀθλία
πεπίστευκα αὐτοῖς καὶ πεπλάνημαι. καὶ ἐξουδένωσα αὐτὸν
καὶ λελάληκα περὶ αὐτοῦ πονηρὰ καὶ οὐκ ᾔδειν ὅτι υἱὸς
σοῦ ἐστιν.

14 τίς γὰρ ἀνθρώπων τέξεται τοιοῦτον κάλλος καὶ τοσαύτην
σοφίαν καὶ ἀρετὴν καὶ δύναμιν ὡς ὁ πάγκαλος Ἰωσήφ;

15 κύριε παρατίθημι σοι αὐτὸν ὅτι ἐγὼ ἀγαπῶ αὐτὸν ὑπὲρ τὴν
ψυχήν μου. διατήρησον αὐτὸν ἐν τῇ σοφίᾳ τῆς χάριτός
σου. καὶ σὺ κύριε παράθου με αὐτῷ εἰς παιδίσκην καὶ
δούλην. κἀγὼ στρώσω τὴν κλίνην αὐτοῦ καὶ νίψω τοὺς
πόδας αὐτοῦ καὶ διακονήσω αὐτῷ καὶ ἔσομαι αὐτῷ δούλη
καὶ δουλεύσω αὐτῷ εἰς τὸν αἰῶνα χρόνον.

- 14 -

1 ὡς ἐπαύσατο Ἀσενὲθ ἐξομολογουμένη τῷ κυρίῳ ἰδοὺ ὁ
ἑωσφόρος ἀστὴρ ἀνέτειλεν ἐκ τοῦ οὐρανοῦ κατὰ ἀνατολάς.
καὶ εἶδεν αὐτὸν Ἀσενὲθ καὶ ἐχάρη καὶ εἶπεν ἄρα
ἐπήκουσε κύριος ὁ θεὸς τῆς προσευχῆς μου διότι ὁ ἀστὴρ
οὗτος ἄγγελος καὶ κῆρυξ τοῦ φωτὸς τῆς μεγάλης ἡμέρας
ἀνέτειλεν.

2 καὶ ἔτι ἑώρα Ἀσενὲθ καὶ ἰδοὺ ἐγγὺς τοῦ ἑωσφόρου
ἐσχίσθη ὁ οὐρανὸς καὶ ἐφάνη φῶς μέγα καὶ ἀνεκλάλητον.

3 καὶ εἶδεν Ἀσενὲθ καὶ ἔπεσεν ἐπὶ πρόσωπον ἐπὶ τὴν
τέφραν. καὶ ἦλθε πρὸς αὐτὴν ἄνθρωπος ἐκ τοῦ οὐρανοῦ καὶ
ἔστη ὑπὲρ κεφαλῆς Ἀσενέθ.

4 καὶ ἐκάλεσεν αὐτὴν καὶ εἶπεν Ἀσενὲθ Ἀσενέθ.

5 καὶ εἶπεν τίς ἐστιν ὁ καλῶν με διότι ἡ θύρα τοῦ θαλάμου
μου κέκλεισται καὶ ὁ πύργος ὑψηλός ἐστι καὶ πῶς ἄρα
εἰσῆλθεν εἰς τὸν θάλαμόν μου;

6 καὶ ἐκάλεσεν αὐτὴν ὁ ἄνθρωπος ἐκ δευτέρου καὶ εἶπεν
Ἀσενὲθ Ἀσενέθ.

7 καὶ εἶπεν ἰδοὺ ἐγὼ κύριε. τίς εἶ σὺ ἀνάγγειλόν μοι.

8 καὶ εἶπεν ὁ ἄνθρωπος ἐγὼ εἰμι ὁ ἄρχων τοῦ οἴκου κυρίου
καὶ στρατιάρχης πάσης στρατιᾶς τοῦ ὑψίστου. ἀνάστηθι
καὶ στῆθι ἐπὶ τοὺς πόδας σου καὶ λαλήσω πρός σέ τὰ
ῥήματά μου.

9 καὶ ἐπῆρε τὴν κεφαλὴν αὐτῆς Ἀσενὲθ καὶ εἶδε καὶ ἰδοὺ
ἀνὴρ κατὰ πάντα ὅμοιος τῷ Ἰωσὴφ τῇ στολῇ καὶ τῷ
στεφάνῳ καὶ τῇ ῥάβδῳ τῇ βασιλικῇ πλὴν τὸ πρόσωπον αὐτοῦ
ἦν ὡς ἀστραπὴ καὶ οἱ ὀφθαλμοὶ αὐτοῦ ὡς φέγγος ἡλίου καὶ
αἱ τρίχες τῆς κεφαλῆς αὐτοῦ ὡς φλὸξ πυρὸς ὑπολαμπάδος
καιομένης καὶ αἱ χεῖρες καὶ οἱ πόδες ὥσπερ σίδηρος ἐκ
πυρὸς ἀπολάμπων καὶ σπινθῆρες ἀπεπήδων ἀπό τε τῶν
χειρῶν καὶ τῶν ποδῶν αὐτοῦ.

10 καὶ εἶδεν Ἀσενὲθ καὶ ἔπεσεν ἐπὶ πρόσωπον αὐτῆς ἐπὶ
τοὺς πόδας αὐτοῦ ἐπὶ τὴν γῆν. καὶ ἐφοβήθη Ἀσενὲθ φόβον

μέγαν καὶ ἐτρόμαξε πάντα τὰ μέλη αὐτῆς.

11 καὶ εἶπεν αὐτῇ ὁ ἄνθρωπος θάρσει Ἀσενὲθ καὶ μὴ φοβηθῇς
ἀλλ' ἀνάστηθι καὶ στῆθι ἐπὶ τοὺς πόδας σου καὶ λαλήσω
πρός σέ τὰ ῥήματά μου.

12 καὶ ἀνέστη Ἀσενὲθ καὶ ἔστη ἐπὶ τοὺς πόδας αὐτῆς. καὶ
εἶπεν αὐτῇ ὁ ἄνθρωπος βάδιζε ἀκωλύτως ἐν τῷ δευτέρῳ σου
θαλάμῳ καὶ ἀπόθου τὸν χιτῶνα τὸν μελανὸν τοῦ πένθους
σου καὶ τὸν σάκκον ἀπόθου ἀπὸ τῆς ὀσφύος σου καὶ
ἀποτίναξον ἀπὸ τῆς κεφαλῆς σου τὴν τέφραν ταύτην καὶ
νίψαι τὸ πρόσωπόν σου καὶ τὰς χεῖράς σου ὕδατι ζῶντι
καὶ ἔνδυσαι στολὴν λινῆν καινὴν ἄθικτον καὶ ἐπίσημον
καὶ ζῶσαι τὴν ὀσφύν σου τὴν ζώνην τὴν καινὴν τὴν διπλῆν
τῆς παρθενίας σου.

13 καὶ ἐλθὲ πρός με καὶ λαλήσω σοι τὰ ῥήματά μου.

14 καὶ ἔσπευσεν Ἀσενὲθ καὶ εἰσῆλθεν εἰς τὸν θάλαμον αὐτῆς
τὸν δεύτερον ὅπου ἦσαν αἱ θῆκαι τοῦ κόσμου αὐτῆς καὶ
ἤνοιξε τὸ κιβώτιον αὐτῆς καὶ ἔλαβε στολὴν λινῆν καινὴν
ἐπίσημον ἄθικτον καὶ ἀπεδύσατο τὸν χιτῶνα τὸν μελανὸν
τοῦ πένθους καὶ ἀπέθετο τὸν σάκκον ἀπὸ τῆς ὀσφύος αὐτῆς
καὶ ἐνεδύσατο τὴν στολὴν αὐτῆς τὴν λινῆν τὴν ἐπίσημον
τὴν ἄθικτον καὶ ἐζώσατο τὴν ζώνην αὐτῆς τὴν διπλῆν
παρθενίας αὐτῆς μίαν ζώνην περὶ τὴν ὀσφὺν αὐτῆς καὶ
ἑτέραν ζώνην ἐπὶ τῷ στήθι αὐτῆς.

15 καὶ ἀπεσείσατο τὴν τέφραν ἐκ τῆς κεφαλῆς αὐτῆς καὶ
ἐνίψατο τὰς χεῖρας αὐτῆς καὶ τὸ πρόσωπον αὐτῆς ὕδατι
ζῶντι. καὶ ἔλαβε θέριστρον λινοῦν ἄθικτον καὶ ἐπίσημον
καὶ κατεκάλυψε τὴν κεφαλὴν αὐτῆς.

- 15 -

1 καὶ ἦλθε πρὸς τὸν ἄνθρωπον εἰς τὸν θάλαμον αὐτῆς τὸν
πρῶτον καὶ ἔστη ἐνώπιον αὐτοῦ. καὶ εἶπεν αὐτῇ ὁ
ἄνθρωπος ἀπόστειλον δὴ τὸ θέριστρον ἀπὸ τῆς κεφαλῆς σου
καὶ ἵνα τί σὺ τοῦτο πεποίηκας; διότι σὺ εἶ παρθένος
ἀγνὴ σήμερον καὶ ἡ κεφαλή σού ἐστιν ὡς ἀνδρὸς
νεανίσκου.

2 καὶ ἀπέστειλεν Ἀσενὲθ τὸ θέριστρον ἀπὸ τῆς κεφαλῆς
αὐτῆς. καὶ εἶπεν αὐτῇ ὁ ἄνθρωπος θάρσει Ἀσενὲθ ἡ
παρθένος ἀγνή. ἰδοὺ ἀκήκοα πάντων τῶν ῥημάτων τῆς
ἐξομολογήσεώς σου καὶ τῆς προσευχῆς σου.

3 ἰδοὺ ἑώρακα καὶ τὴν ταπείνωσιν καὶ τὴν θλῖψιν τῶν ἑπτὰ
ἡμερῶν τῆς ἐνδείας σου. ἰδοὺ ἐκ τῶν δακρύων σου καὶ τῆς
τέφρας ταύτης πηλὸς πολὺς γέγονε πρὸ προσώπου σου.

4 θάρσει Ἀσενὲθ ἡ παρθένος ἀγνή. ἰδοὺ γὰρ ἐγράφη τὸ
ὄνομά σου ἐν τῇ βίβλῳ τῶν ζώντων ἐν τῷ οὐρανῷ ἐν ἀρχῇ
τῆς βίβλου πρῶτον πάντων ἐγράφη τὸ ὄνομά σου τῷ δακτύλῳ
μου καὶ οὐκ ἐξαλειφθήσεται εἰς τὸν αἰῶνα.

5 ἰδοὺ δὴ ἀπὸ τῆς σήμερον ἀνακαινισθήσῃ καὶ ἀναπλασθήσῃ
καὶ ἀναζωοποιηθήσῃ καὶ φάγεσαι ἄρτον εὐλογημένον ζωῆς
καὶ πιεῖς ποτήριον εὐλογημένον ἀθανασίας καὶ χρισθήσῃ
χρίσματι εὐλογημένῳ τῆς ἀφθαρσίας.

6 θάρσει Ἀσενὲθ ἡ παρθένος ἀγνή. ἰδοὺ δέδωκά σε σήμερον
νύμφην τῷ Ἰωσὴφ καὶ αὐτὸς ἔσται σοῦ νυμφίος εἰς τὸν
αἰῶνα χρόνον.

7 καὶ τὸ ὄνομά σου οὐκέτι κληθήσεται Ἀσενὲθ ἀλλ' ἔσται
τὸ ὄνομά σου πόλις καταφυγῆς διότι ἐν σοὶ καταφεύξονται
ἔθνη πολλὰ ἐπὶ κύριον τὸν θεὸν τὸν ὕψιστον καὶ ὑπὸ τὰς
πτέρυγάς σου σκεπασθήσονται λαοὶ πολλοὶ πεποιθότες ἐπὶ
κυρίῳ τῷ θεῷ καὶ ἐν τῷ τείχει σου διαφυλαχθήσονται οἱ
προσκείμενοι τῷ θεῷ τῷ ὑψίστῳ ἐν ὀνόματι τῆς μετανοίας.
διότι ἡ μετάνοιά ἐστιν ἐν τοῖς οὐρανοῖς θυγάτηρ ὑψίστου
καλὴ καὶ ἀγαθὴ σφόδρα. καὶ αὕτη ἐκλιπάρει τὸν θεὸν τὸν
ὕψιστον ὑπὲρ σοῦ πᾶσαν ὥραν καὶ ὑπὲρ πάντων τῶν
μετανοούντων ἐν ὀνόματι θεοῦ τοῦ ὑψίστου ἐπειδὴ πατήρ
ἐστι τῆς μετανοίας. καὶ αὕτη ἐστὶν ἐπίσκοπος πάντων τῶν
παρθένων καὶ φιλεῖ ὑμᾶς σφόδρα καὶ περὶ ὑμῶν ἐρωτᾷ
πᾶσαν ὥραν τὸν ὕψιστον καὶ πᾶσι τοῖς μετανοοῦσι τόπον
ἀναπαύσεως ἡτοίμασεν ἐν τοῖς οὐρανοῖς. καὶ ἀνακαινιεῖ
πάντας τοὺς μετανοήσαντας καὶ αὕτη διακονήσει αὐτοῖς
εἰς τὸν αἰῶνα χρόνον.

8 καὶ ἔστιν ἡ μετάνοια καλὴ σφόδρα παρθένος καθαρὰ καὶ
γελῶσα πάντοτε καὶ ἔστιν ἐπιεικὴς καὶ πραεῖα. καὶ διὰ
τοῦτο ὁ πατὴρ ὁ ὕψιστος ἀγαπᾷ αὐτὴν καὶ πάντες οἱ
ἄγγελοι αἰδοῦνται αὐτήν. κἀγὼ ἀγαπῶ αὐτὴν σφόδρα διότι
ἀδελφή μού ἐστι καὶ αὐτή. καὶ καθότι ὑμᾶς τὰς παρθένους
ἀγαπᾷ κἀγὼ ὑμᾶς ἀγαπῶ.

9 καὶ ἰδοὺ ἐγὼ ἀπέρχομαι πρὸς Ἰωσὴφ καὶ λαλήσω αὐτῷ περὶ
σοῦ πάντα τὰ ῥήματά μου. καὶ ἐλεύσεται πρός σε Ἰωσὴφ
σήμερον καὶ ὄψεταί σε καὶ χαρήσεται ἐπὶ σε καὶ ἀγαπήσει
σε καὶ ἔσται σου νυμφίος καὶ σὺ ἔσῃ αὐτῷ νύμφη εἰς τὸν
αἰῶνα χρόνον.

10 καὶ νῦν ἄκουσόν μου Ἀσενὲθ ἡ παρθένος ἀγνὴ καὶ ἔνδυσαι
τὴν στολὴν τοῦ γάμου σου τὴν στολὴν τὴν ἀρχαίαν καὶ
πρώτην τὴν ἀποκειμένην ἐν τῷ θαλάμῳ σου ἀπ' ἀρχῆς καὶ
πάντα τὸν κόσμον τοῦ γάμου σου περίθου καὶ κατακόσμησον
σεαυτὴν ὡς νύμφην ἀγαθὴν καὶ πορεύου εἰς συνάντησιν τῷ
Ἰωσήφ. ἰδοὺ γὰρ αὐτὸς παραγίνεται πρός σε σήμερον καὶ
ὄψεταί σε καὶ χαρήσεται.

11 καὶ ὡς ἐτέλεσεν ὁ ἄνθρωπος λαλῶν τὰ ῥήματα ταῦτα ἐχάρη
Ἀσενὲθ χαρὰν μεγάλην ἐπὶ πᾶσι τοῖς ῥήμασιν αὐτοῦ καὶ
ἔπεσεν ἐπὶ τοὺς πόδας αὐτοῦ καὶ προσεκύνησεν αὐτῷ ἐπὶ
πρόσωπον εἰς τὴν γῆν καὶ εἶπεν αὐτῷ

12 εὐλογημένος κύριος ὁ θεός σου ὁ ὕψιστος ὃς ἐξαπέστειλέ
σε τοῦ ῥύσασθαί με ἐκ τοῦ σκότους καὶ ἀναγαγεῖν με ἀπὸ
τῶν θεμελίων τῆς ἀβύσσου καὶ εὐλογημένον τὸ ὄνομά σου
εἰς τὸν αἰῶνα.

12B τί ἐστι τὸ ὄνομά σου κύριε ἀνάγγειλόν μοι ἵνα ὑμνήσω
καὶ δοξάσω σε εἰς τὸν αἰῶνα χρόνον καὶ εἶπεν αὐτῇ ὁ
ἄνθρωπος ἵνα τί τοῦτο ζητεῖς τὸ ὄνομά μου Ἀσενέθ; τὸ
ἐμὸν ὄνομα ἐν τοῖς οὐρανοῖς ἐστιν ἐν τῇ βίβλῳ τοῦ
ὑψίστου γεγραμμένον τῷ δακτύλῳ τοῦ θεοῦ ἐν ἀρχῇ τῆς
βίβλου πρὸ πάντων ὅτι ἐγὼ ἄρχων εἰμὶ τοῦ οἴκου τοῦ
ὑψίστου. καὶ πάντα τὰ ὀνόματα τὰ γεγραμμένα ἐν τῇ βίβλῳ
τοῦ ὑψίστου ἄρρητά ἐστι καὶ ἀνθρώπῳ οὔτε εἰπεῖν οὔτε

ἀκοῦσαι ἐν τῷ κόσμῳ τούτῳ ἐγκεχώρηται ὅτι μεγάλα ἐστὶ
τὰ ὀνόματα ἐκεῖνα καὶ θαυμαστὰ καὶ ἐπαινετὰ σφόδρα.
13 καὶ εἶπεν Ἀσενὲθ εἰ εὗρον χάριν ἐνώπιόν σου κύριε καὶ
γνώσομαι ὅτι ποιήσεις πάντα τὰ ῥήματά σου ὅσα εἶπας
πρός με λαλησάτω δὴ ἡ παιδίσκη σου ἐνώπιόν σου.
14 καὶ εἶπεν αὐτῇ ὁ ἄνθρωπος λάλησον. καὶ ἐξέτεινεν
Ἀσενὲθ τὴν χεῖρα αὐτῆς τὴν δεξιὰν καὶ τέθηκεν ἐπὶ τῶν
γονάτων αὐτοῦ καὶ εἶπεν αὐτῷ δέομαί σου κύριε κάθισον
δὴ μικρὸν ἐπὶ τῆς κλίνης ταύτης διότι ἡ κλίνη αὕτη ἐστὶ
καθαρὰ καὶ ἀμίαντος καὶ ἀνὴρ ἢ γυνὴ οὐκ ἐκάθισεν ἐπ᾽
αὐτὴν πώποτε. καὶ παραθήσω σοι τράπεζαν καὶ εἰσοίσω σοι
ἄρτον καὶ φάγεσαι καὶ οἶσω σοι ἐκ τοῦ ταμείου μου
οἶνον παλαιὸν καὶ καλὸν οὗ ἡ πνοὴ αὐτοῦ ἐλεύσεται ἕως
τοῦ οὐρανοῦ καὶ πίεσαι ἐξ αὐτοῦ. καὶ μετὰ ταῦτα
ἀπελεύσῃ τὴν ὁδόν σου.
15 καὶ εἶπεν αὐτῇ ὁ ἄνθρωπος σπεῦσον καὶ φέρε συντόμως.
- 16 -
1 καὶ ἔσπευσεν Ἀσενὲθ καὶ παρέθηκεν αὐτῷ τράπεζαν καινὴν
καὶ ἐπορεύετο κόμισαι αὐτῷ ἄρτον. καὶ εἶπεν αὐτῇ ὁ
ἄνθρωπος φέρε δή μοι καὶ κηρίον μελίσσης.
2 καὶ ἔστη Ἀσενὲθ καὶ ἐλυπήθη διότι οὐκ εἶχε κηρίον
μελίσσης ἐν τῷ ταμείῳ αὐτῆς.
3 καὶ εἶπεν αὐτῇ ὁ ἄνθρωπος τίνος χάριν ἵστασαι;
4 καὶ εἶπεν Ἀσενὲθ πέμψω δὴ παιδάριον εἰς τὸ προάστειον
διότι ἐγγύς ἐστιν ὁ ἀγρὸς τῆς κληρονομίας ἡμῶν καὶ
οἴσει σοι ἐκεῖθεν ταχέως κηρίον μελίσσης καὶ παραθήσω
σοι κύριε.
5 καὶ εἶπεν αὐτῇ ὁ ἄνθρωπος βάδιζε καὶ εἴσελθε εἰς τὸ
ταμιεῖόν σου καὶ εὑρήσεις κηρίον μελίσσης ἐπὶ τῆς
τραπέζης κείμενον. ἆρον αὐτὸ καὶ κόμισον ὧδε.
6 καὶ εἶπεν Ἀσενὲθ κύριε κηρίον μελίσσης ἐν τῷ ταμιείῳ
μου οὐκ ἔστιν.
7 καὶ εἶπεν ὁ ἄνθρωπος βάδιζε καὶ εὑρήσεις.
8 καὶ εἰσῆλθεν Ἀσενὲθ εἰς τὸ ταμιεῖον αὐτῆς καὶ εὗρε
κηρίον μελίσσης κείμενον ἐπὶ τῆς τραπέζης. καὶ ἦν τὸ
κηρίον μέγα καὶ λευκὸν ὡσεὶ χιὼν καὶ πλῆρες μέλιτος.
καὶ ἦν τὸ μέλι ἐκεῖνο ὡς δρόσος τοῦ οὐρανοῦ καὶ ἡ πνοὴ
αὐτοῦ ὡς πνοὴ ζωῆς.
9 καὶ ἐθαύμασεν Ἀσενὲθ καὶ εἶπεν ἐν ἑαυτῇ ἆρα γε τὸ
κηρίον τοῦτο ἐκ τοῦ στόματος τοῦ ἀνθρώπου τούτου ἐξῆλθε
διότι ἡ πνοὴ αὐτοῦ ὡς πνοὴ τοῦ στόματος τοῦ ἀνθρώπου
τούτου ἐστίν.
10 καὶ ἔλαβεν Ἀσενὲθ τὸ κηρίον ἐκεῖνο καὶ ἤνεγκε τῷ
ἀνθρώπῳ καὶ παρέθηκεν αὐτὸ ἐπὶ τῆς τραπέζης ἣν
ἡτοίμασεν ἐνώπιον αὐτοῦ. καὶ εἶπεν αὐτῇ ὁ ἄνθρωπος τί
ὅτι εἶπας ὅτι οὐκ ἔστι κηρίον μελίσσης ἐν τῷ ταμιείῳ
μου· καὶ ἰδοὺ ἐνήνοχας κηρίον μελίσσης θαυμαστόν.
11 καὶ ἐφοβήθη Ἀσενὲθ καὶ εἶπεν κύριε ἐγὼ οὐκ εἶχον
κηρίον μέλιτος ἐν τῷ ταμιείῳ μου πώποτε ἀλλὰ σὺ
ἐλάλησας καὶ γέγονε. μήτιγε τοῦτο ἐκ τοῦ στόματός σου
ἐξῆλθε διότι ἡ πνοὴ αὐτοῦ ὡς πνοὴ τοῦ στόματός σου
ἐστιν.
12 καὶ ἐμειδίασεν ὁ ἄνθρωπος ἐπὶ τῇ συνέσει Ἀσενὲθ
13 καὶ ἐκάλεσεν αὐτὴν πρὸς ἑαυτὸν καὶ ἐξέτεινε τὴν χεῖρα
αὐτοῦ τὴν δεξιὰν καὶ ἐκράτησε τὴν κεφαλὴν αὐτῆς καὶ
ἐπέσεισε τῇ χειρὶ αὐτοῦ τῇ δεξιᾷ τὴν κεφαλὴν αὐτῆς. καὶ
ἐφοβήθη Ἀσενὲθ τὴν χεῖρα τοῦ ἀνθρώπου διότι σπινθῆρες
ἀπεπήδων ἀπὸ τῆς χειρὸς αὐτοῦ ὡς ἀπὸ σιδήρου
κοχλάζοντος. καὶ ἐπέβλεψεν Ἀσενὲθ ἀτενίζουσα τοῖς
ὀφθαλμοῖς αὐτῆς εἰς τὴν χεῖρα τοῦ ἀνθρώπου.
14 καὶ εἶδεν ὁ ἄνθρωπος καὶ ἐμειδίασε καὶ εἶπεν μακαρία εἶ
σὺ Ἀσενὲθ διότι ἀπεκαλύφθη σοι τὰ ἀπόρρητα μυστήρια
τοῦ ὑψίστου καὶ μακάριοι πάντες οἱ προσκείμενοι κυρίῳ
τῷ θεῷ ἐν μετανοίᾳ ὅτι ἐκ τούτου τοῦ κηρίου φάγονται.
διότι τοῦτο τὸ κηρίον ἐστὶ πνεῦμα ζωῆς. καὶ τοῦτο
πεποιήκασιν αἱ μέλισσαι τοῦ παραδείσου τῆς τρυφῆς ἐκ
τῆς δρόσου τῶν ῥόδων τῆς ζωῆς τῶν ὄντων ἐν τῷ παραδείσῳ
τοῦ θεοῦ. καὶ πάντες οἱ ἄγγελοι τοῦ θεοῦ ἐξ αὐτοῦ
ἐσθίουσι καὶ πάντες οἱ ἐκλεκτοὶ τοῦ θεοῦ καὶ πάντες οἱ
υἱοὶ τοῦ ὑψίστου ὅτι κηρίον ζωῆς ἐστι τοῦτο καὶ πᾶς ὃς
ἂν φάγῃ ἐξ αὐτοῦ οὐκ ἀποθανεῖται εἰς τὸν αἰῶνα χρόνου.
15 καὶ ἐξέτεινεν ὁ ἄνθρωπος τὴν χεῖρα αὐτοῦ τὴν δεξιὰν καὶ
ἀπέκλασεν ἀπὸ τοῦ κηρίου μέρος μικρὸν καὶ ἔφαγεν αὐτὸς
καὶ τὸ κατάλοιπον ἐνέβαλε τῇ χειρὶ αὐτοῦ εἰς τὸ στόμα
Ἀσενὲθ καὶ εἶπεν αὐτῇ φάγε. καὶ ἔφαγεν.
16 καὶ εἶπεν ὁ ἄνθρωπος τῇ Ἀσενὲθ ἰδοὺ δὴ ἔφαγες ἄρτον
ζωῆς καὶ ἔπιες ποτήριον ἀθανασίας καὶ κέχρισαι χρίσματι
ἀφθαρσίας. ἰδοὺ δὴ ἀπὸ τῆς σήμερον αἱ σάρκες σου
βρύουσιν ὡς ἄνθη ζωῆς ἀπὸ τῆς γῆς τοῦ ὑψίστου καὶ τὰ
ὀστᾶ σου πιανθήσονται ὡς αἱ κέδροι τοῦ παραδείσου τῆς
τρυφῆς τοῦ θεοῦ καὶ δυνάμεις ἀκάματοι περισχήσουσί σε
καὶ ἡ νεότης σου γῆρας οὐκ ὄψεται καὶ τὸ κάλλος σου εἰς
τὸν αἰῶνα οὐκ ἐκλείψει. καὶ ἔσῃ ὡς μητρόπολις
τετειχισμένη πάντων τῶν καταφευγόντων ἐπὶ τῷ ὀνόματι
κυρίου τοῦ θεοῦ ⟨τοῦ βασιλέως τῶν αἰώνων⟩.
16B καὶ ἐξέτεινε τὴν χεῖρα αὐτοῦ τὴν δεξιὰν ὁ ἄνθρωπος καὶ
ἥψατο τοῦ κηρίου οὗ ἀπέκλασε καὶ ἀπεκατεστάθη καὶ
ἐπληρώθη καὶ εὐθὺς ἐγένετο ὁλόκληρον ὡς ἦν ἐν ἀρχῇ.
17 καὶ πάλιν ὁ ἄνθρωπος ἐξέτεινε τὴν χεῖρα αὐτοῦ τὴν
δεξιὰν καὶ ἐπέθηκε τὸν δάκτυλον αὐτοῦ εἰς τὸ ἄκρον τοῦ
κηρίου τὸ βλέπον κατὰ ἀνατολὰς ⟨καὶ εἵλκυσεν ἐπὶ τὸ
ἄκρον τὸ βλέπον κατὰ δυσμὰς⟩ καὶ ἡ ὁδὸς τοῦ δακτύλου
αὐτοῦ ἐγένετο ὡς αἷμα⟩. καὶ ἐξέτεινε τὸ δεύτερον τὴν
χεῖρα αὐτοῦ καὶ ἔθηκε τὸν δάκτυλον αὐτοῦ ἐπὶ τὸ ἄκρον
τοῦ κηρίου τὸ βλέπον πρὸς βορρᾶν ⟨καὶ εἵλκυσεν ἐπὶ τὸ
ἄκρον τὸ βλέπον πρὸς μεσημβρίαν καὶ ἡ ὁδὸς τοῦ δακτύλου
αὐτοῦ ἐγένετο ὡς αἷμα⟩.
17B καὶ Ἀσενὲθ εἱστήκει ἐξ εὐωνύμων αὐτοῦ καὶ ἔβλεπε πάντα
ὅσα ἐποίει ὁ ἄνθρωπος. καὶ εἶπεν ὁ ἄνθρωπος τῷ κηρίῳ
δεῦρο.
17C καὶ ἀνέστησαν μέλισσαι ἐκ τῶν σίμβλων τοῦ κηρίου
ἐκείνου καὶ οἱ σίμβλοι ἦσαν ἀναρίθμητοι μυριάδες

μυριάδων καὶ χιλιάδες χιλιάδων.
18 καὶ ἦσαν αἱ μέλισσαι λευκαὶ ὡσεὶ χιὼν καὶ τὰ πτερὰ
αὐτῶν ὡς πορφύρα καὶ ὡς ὑάκινθος καὶ ὡς κόκκος καὶ ὡς
βύσσινα ἱμάτια χρυσοϋφῆ καὶ διαδήματα χρυσᾶ ἐπὶ τὰς
κεφαλὰς αὐτῶν καὶ κέντρα ἦσαν αὐταῖς ὀξέα καὶ οὐκ
ἠδίκουν τινά.
19 καὶ περιεπλάκησαν πᾶσαι αἱ μέλισσαι ἐκεῖναι τῇ Ἀσενὲθ
ἀπὸ ποδῶν ἕως κεφαλῆς. καὶ ἄλλαι μέλισσαι ἦσαν μεγάλαι
καὶ ἐκλεκταὶ ὡς βασίλισσαι αὐτῶν καὶ ἐξανέστησαν ἀπὸ
τῆς ⟨πληγῆς⟩ τοῦ κηρίου καὶ περιεπλάκησαν περὶ τὸ
πρόσωπον Ἀσενὲθ καὶ ἐποίησαν ἐπὶ τῷ στόματι αὐτῆς καὶ
ἐπὶ τὰ χείλη αὐτῆς κηρίον ὅμοιον τῷ κηρίῳ τῷ
παρακειμένῳ τῷ ἀνθρώπῳ.
20 καὶ πᾶσαι αἱ μέλισσαι ἐκεῖναι ἤσθιον ἀπὸ τοῦ κηρίου τοῦ
ὄντος ἐπὶ τῷ στόματι Ἀσενὲθ. καὶ εἶπεν ὁ ἄνθρωπος ταῖς
μελίσσαις ὑπάγετε δὴ εἰς τὸν τόπον ὑμῶν.
21 καὶ ἀνέστησαν πᾶσαι αἱ μέλισσαι καὶ ἐπετάσθησαν καὶ
ἀπῆλθον εἰς τὸν οὐρανόν.
22 καὶ ὅσαι ἠβουλήθησαν ἀδικῆσαι τὴν Ἀσενὲθ ἔπεσον ἐπὶ
τὴν γῆν καὶ ἀπέθανον. καὶ ἐξέτεινεν ὁ ἄνθρωπος τὴν
ῥάβδον αὐτοῦ ἐπὶ τὰς μελίσσας τὰς νεκρὰς καὶ εἶπεν
αὐταῖς ἀνάστητε καὶ ὑμεῖς καὶ ἀπέλθετε εἰς τὸν τόπον
ὑμῶν.
23 καὶ ἀνέστησαν αἱ τεθνηκυῖαι μέλισσαι καὶ ἀπῆλθον εἰς
τὴν αὐλὴν τὴν παρακειμένην τῇ οἰκίᾳ τῆς Ἀσενὲθ καὶ
ἐσκήνωσαν ἐπὶ τοῖς δένδροις τοῖς καρποφόροις.
- 17 -
1 καὶ εἶπεν ὁ ἄνθρωπος τῇ Ἀσενὲθ ἑώρακας τὸ ῥῆμα τοῦτο;
καὶ αὐτὴ εἶπεν ναὶ κύριε ἑώρακα ταῦτα πάντα.
2 καὶ εἶπεν αὐτῇ ὁ ἄνθρωπος οὕτως ἔσται πάντα τὰ ῥήματά
μου ἃ λελάληκα πρός σε σήμερον.
3 καὶ ἐξέτεινε τρίτον τὴν δεξιὰν χεῖρα αὐτοῦ ὁ ἄνθρωπος
καὶ ἥψατο τῆς ⟨πληγῆς⟩ τοῦ κηρίου καὶ εὐθέως ἀνέβη πῦρ
ἐκ τῆς τραπέζης καὶ κατέφαγε τὸ κηρίον καὶ τὴν τράπεζαν
οὐκ ἠδίκησεν.
4 καὶ ἐξῆλθεν ἐκ τῆς καύσεως τοῦ κηρίου εὐωδία πολλὴ καὶ
ἔπλησε τὸν θάλαμον. καὶ εἶπεν Ἀσενὲθ πρὸς τὸν ἄνθρωπον
κύριέ εἰσι σὺν ἐμοὶ ἑπτὰ παρθένοι ὑπηρετοῦσαί μοι
συντεθραμμέναι μοι ἐκ νεότητός μου τεχθεῖσαι σὺν ἐμοὶ
ἐν μιᾷ νυκτὶ κἀγὼ ἀγαπῶ αὐτὰς ὡς ἀδελφάς μου. καλέσω δὴ
αὐτὰς καὶ εὐλογήσεις αὐτὰς ὡς κἀμὲ εὐλόγησας
5 καὶ εἶπεν ὁ ἄνθρωπος κάλεσον αὐτάς.
6 καὶ ἐκάλεσεν Ἀσενὲθ τὰς ἑπτὰ παρθένους καὶ ἔστησεν
αὐτὰς ἐνώπιον τοῦ ἀνθρώπου. καὶ εὐλόγησεν αὐτὰς ὁ
ἄνθρωπος καὶ εἶπεν εὐλογήσει ὑμᾶς κύριος ὁ θεὸς ὁ
ὕψιστος. καὶ ἔσεσθε κίονες ἑπτὰ τῆς πόλεως τῆς
καταφυγῆς καὶ πᾶσαι αἱ σύνοικοι τῶν ἐκλεκτῶν τῆς πόλεως
ἐκείνης ἐφ᾽ ὑμᾶς ἀναπαύσονται εἰς τοὺς αἰῶνας χρόνου.
7 καὶ εἶπεν ὁ ἄνθρωπος τῇ Ἀσενὲθ μετάθες τὴν τράπεζαν
ταύτην.
8 καὶ ἐπεστράφη Ἀσενὲθ τοῦ μεταθῆναι τὴν τράπεζαν καὶ
εὐθέως ἀπῆλθεν ἐξ ὀφθαλμῶν αὐτῆς ὁ ἄνθρωπος. καὶ εἶδεν
Ἀσενὲθ ὡς ἅρμα τεσσάρων ἵππων πορευόμενον εἰς τὸν
οὐρανὸν κατὰ ἀνατολάς. καὶ τὸ ἅρμα ἦν ὡς φλὸξ πυρὸς καὶ
οἱ ἵπποι ὡς ἀστραπή. καὶ ὁ ἄνθρωπος εἱστήκει ἐπάνω τοῦ
ἅρματος ἐκείνου.
9 καὶ εἶπεν Ἀσενὲθ ἄφρων ἐγὼ καὶ τολμηρὰ διότι λελάληκα
παρρησίᾳ καὶ εἶπον ὅτι ἄνθρωπος ἦλθεν εἰς τὸν θάλαμόν
μου ἐκ τοῦ οὐρανοῦ καὶ οὐκ ᾔδειν ὅτι θεὸς ἦλθε πρός με.
καὶ ἰδοὺ νῦν πορεύεται πάλιν εἰς τὸν οὐρανὸν εἰς τὸν
τόπον αὐτοῦ.
10 καὶ εἶπεν ἐν ἑαυτῇ ἵλεως ἔσο κύριε τῇ δούλῃ σου καὶ
φεῖσαι τῆς παιδίσκης σου διότι ἐγὼ λελάληκα τολμηρῶς
ἐνώπιόν σου ἐν ἀγνοίᾳ πάντα τὰ ῥήματά μου.
- 18 -
1 καὶ ὡς ἔτι ἐλάλει Ἀσενὲθ ταῦτα ἐν ἑαυτῇ ἰδοὺ
εἰσεπήδησε νεανίσκος ἐκ τῆς θεραπείας Πεντεφρῆ καὶ
λέγει ἰδοὺ Ἰωσὴφ ὁ δυνατὸς τοῦ θεοῦ ἔρχεται πρὸς
⟨ἡμᾶς⟩ σήμερον. ὁ γὰρ πρόδρομος αὐτοῦ πρὸς τὰς πύλας
τῆς αὐλῆς ἡμῶν ἕστηκεν.
2 καὶ ἔσπευσεν Ἀσενὲθ καὶ ἐκάλεσε τὸν τροφέα αὐτῆς τὸν
ἐπάνω τῆς οἰκίας αὐτῆς καὶ εἶπεν αὐτῷ σπεῦσον καὶ
εὐτρέπισον τὴν οἰκίαν καὶ ἑτοίμασον δεῖπνον καλὸν ὅτι
Ἰωσὴφ ὁ δυνατὸς τοῦ θεοῦ ἔρχεται πρὸς ἡμᾶς σήμερον.
3 καὶ εἶδεν αὐτὴν ὁ τροφεὺς αὐτῆς καὶ ἰδοὺ ἦν τὸ πρόσωπον
αὐτῆς συμπεπτωκὸς ἐκ τῆς θλίψεως καὶ τοῦ κλαυθμοῦ καὶ
τῆς ἐνδείας τῶν ἑπτὰ ἡμερῶν. καὶ ἐλυπήθη καὶ ἔκλαυσε
καὶ ἔλαβε τὴν χεῖρα αὐτῆς τὴν δεξιὰν καὶ κατεφίλησεν αὐτὴν
καὶ εἶπεν τί σοι ἐστι τέκνον μου ὅτι οὕτως συμπέπτωκε
τὸ πρόσωπόν σου;
4 καὶ εἶπεν αὐτῷ Ἀσενὲθ τῆς κεφαλῆς μου πόνος γέγονε
βαρὺς καὶ ὁ ὕπνος ἀπέστη ἀπὸ τῶν ὀφθαλμῶν μου καὶ
τούτου ἕνεκα τὸ πρόσωπόν μου συμπέπτωκεν.
5 καὶ ἀπῆλθεν ὁ τροφεὺς αὐτῆς καὶ ἡτοίμασε τὴν οἰκίαν καὶ
τὸ δεῖπνον. καὶ ἐμνήσθη Ἀσενὲθ τοῦ ἀνθρώπου καὶ τῶν
ἐντολῶν αὐτοῦ καὶ ἔσπευσε καὶ εἰσῆλθεν εἰς τὸν θάλαμον
αὐτῆς τὸν δεύτερον ὅπου ἦσαν αἱ θῆκαι τοῦ κόσμου αὐτῆς
καὶ ἤνοιξε τὴν κιβωτὸν αὐτῆς τὴν μεγάλην καὶ ἐξήνεγκε
τὴν στολὴν αὐτῆς τὴν πρώτην τοῦ γάμου ὡς ἀστραπὴν τῷ
εἴδει καὶ ἐνεδύσατο αὐτήν.
6 καὶ περιεζώσατο ζώνην χρυσῆν καὶ βασιλικὴν ἥτις ἦν διὰ
λίθων τιμίων. καὶ περιέθηκεν εἰς ταῖς χερσὶν αὐτῆς ψέλια
χρυσᾶ καὶ εἰς τοὺς πόδας ἀναξυρίδας χρυσᾶς καὶ κόσμον
τίμιον περιέθηκε περὶ τὸν τράχηλον αὐτῆς ἐν ᾧ ἦσαν
λίθοι πολυτελεῖς τίμιοι ἠρτημένοι ἀναρίθμητοι καὶ
στέφανον χρυσοῦν περιέθηκεν ἐπὶ τὴν κεφαλὴν αὐτῆς καὶ
ἐν τῷ στεφάνῳ ἔμπροσθεν ἐπὶ τὸ μέτωπον αὐτῆς ἦν λίθος
ὑάκινθος μέγας καὶ κύκλῳ τοῦ λίθου τοῦ μεγάλου ἦσαν ἓξ
λίθοι πολυτελεῖς. καὶ θερίστρῳ κατεκάλυψε τὴν κεφαλὴν
αὐτῆς ὡς νύμφη καὶ ἔλαβε σκῆπτρον ἐν τῇ χειρὶ αὐτῆς.
7 καὶ ἐμνήσθη Ἀσενὲθ τῶν ῥημάτων τοῦ τροφέως αὐτῆς διότι
εἶπεν αὐτῇ ὅτι συμπέπτωκε τὸ πρόσωπόν σου. καὶ

ἀνεστέναξε καὶ ἐλυπήθη σφόδρα καὶ εἶπεν οἴμοι τῇ
ταπεινῇ ⟨ὅτι⟩ τὸ πρόσωπόν μου συμπέπτωκεν. ὄψεταί με
Ἰωσὴφ καὶ ἐξουδενώσει με.

8 καὶ εἶπε τῇ συντρόφῳ αὐτῆς ἐξένεγκέ μοι ὕδωρ καθαρὸν
ἀπὸ τῆς πηγῆς καὶ νίψομαι τὸ πρόσωπόν μου.

9 καὶ ἤνεγκεν αὐτῇ ὕδωρ καθαρὸν ἀπὸ τῆς πηγῆς καὶ ἐνέχεεν
αὐτὸ ἐν τῇ λεκάνῃ. καὶ ἔκυψεν Ἀσενὲθ νίψασθαι τὸ
πρόσωπον αὐτῆς καὶ ὁρᾷ τὸ πρόσωπον αὐτῆς ἐν τῷ ὕδατι
καὶ ἦν ὡς ὁ ἥλιος καὶ οἱ ὀφθαλμοὶ αὐτῆς ὡς ἑωσφόρος
ἀνατέλλων καὶ αἱ παρειαὶ αὐτῆς ὡς ἄρουραι τοῦ ὑψίστου
καὶ ἐν ταῖς ⟨παρειαῖς⟩ ἐρυθρὸς ὡς αἷμα υἱοῦ ἀνθρώπου
καὶ τὰ χείλη αὐτῆς ὡς ῥόδον ζωῆς ⟨ἐξερχόμενον ἐκ τῆς
κάλυκος αὐτοῦ καὶ οἱ ὀδόντες αὐτῆς ὡς πολεμισταὶ
συντεταγμένοι εἰς πόλεμον⟩ καὶ αἱ τρίχες τῆς κεφαλῆς
αὐτῆς ὡς ἄμπελος ἐν τῷ παραδείσῳ τοῦ θεοῦ εὐθηνοῦσα ἐν
τοῖς καρποῖς αὐτῆς καὶ ὁ τράχηλος αὐτῆς ὡς κυπάρισσος
παμποίκιλος ⟨καὶ οἱ μασθοὶ αὐτῆς ὡς τὰ ὄρη τοῦ θεοῦ τοῦ
ὑψίστου⟩.

10 καὶ ὡς εἶδεν Ἀσενὲθ ἑαυτὴν ἐν τῷ ὕδατι ἐθαμβήθη ἐπὶ τῇ
ὁράσει καὶ ἐχάρη χαρὰν μεγάλην καὶ οὐκ ἔνιψε τὸ
πρόσωπον αὐτῆς εἶπε γὰρ μήποτε ἀποπλύνω τὸ κάλλος τὸ
μέγα τοῦτο.

11 καὶ ἦλθεν ὁ τροφεὺς αὐτῆς τοῦ εἰπεῖν αὐτῇ ὅτι πάντα
ἡτοίμασται ὡς προσέταξας. καὶ ὡς εἶδεν αὐτὴν ἐπτοήθη
καὶ ἔστη ἄφωνος ἐπιπολὺ καὶ ἐφοβήθη φόβον μέγαν καὶ
ἔπεσεν ἐπὶ τοὺς πόδας αὐτῆς καὶ εἶπεν τί ἐστι τοῦτο
δέσποινά μου καὶ τίς ἐστιν ἡ καλλονὴ αὕτη ἡ μεγάλη καὶ
θαυμαστή; μήτιγε κύριος ὁ θεὸς τοῦ οὐρανοῦ ἐξελέξατό σε
εἰς νύμφην τῷ υἱῷ αὐτοῦ τῷ πρωτοτόκῳ Ἰωσήφ;

- 19 -

1 ἔτι λαλούντων αὐτῶν ταῦτα ἦλθε παιδάριον καὶ εἶπε
πρὸς Ἀσενὲθ ἰδοὺ Ἰωσὴφ πρὸς τὰς θύρας τῆς αὐλῆς ἡμῶν
ἵσταται.

2 καὶ ἔσπευσεν Ἀσενὲθ καὶ κατέβη τὴν κλίμακα ἐκ τοῦ
ὑπερῴου σὺν ταῖς ἑπτὰ παρθένοις εἰς συνάντησιν τῷ
Ἰωσὴφ καὶ ἔστη ἐν τῷ +προδρόμῳ+ τῆς οἰκίας.

3 καὶ εἰσῆλθεν Ἰωσὴφ εἰς τὴν αὐλὴν καὶ ἐκλείσθησαν αἱ
πύλαι καὶ ἀπέμειναν ἔξω πάντες ἀλλότριοι.

4 καὶ ἐξῆλθεν Ἀσενὲθ ἐκ τοῦ +προδρόμου+ εἰς συνάντησιν
τῷ Ἰωσὴφ καὶ εἶδεν αὐτὴν Ἰωσὴφ καὶ ἐθαμβήθη ἐπὶ τῷ
κάλλει αὐτῆς καὶ εἶπε πρὸς αὐτὴν τίς εἶ σὺ ταχέως
ἀνάγγειλόν μοι.

5 καὶ εἶπεν αὐτῷ ἐγώ εἰμι ἡ παιδίσκη σου Ἀσενὲθ καὶ τὰ
εἴδωλα πάντα ἀπέρριψα ἀπ' ἐμοῦ καὶ ἀπώλοντο. καὶ
ἄνθρωπος ἦλθε πρός με ἐκ τοῦ οὐρανοῦ σήμερον καὶ ἔδωκέ
μοι ἄρτον ζωῆς καὶ ἔφαγον καὶ ποτήριον εὐλογίας καὶ
ἔπιον καὶ εἶπέ μοι δέδωκά σε εἰς νύμφην τῷ Ἰωσὴφ
σήμερον καὶ αὐτὸς ἔσται σου νυμφίος εἰς τὸν αἰῶνα
χρόνον. καὶ εἰπέ μοι οὐ κληθήσεται ἔτι τὸ ὄνομά σου
Ἀσενὲθ ἀλλὰ κληθήσεται τὸ ὄνομά σου πόλις καταφυγῆς
καὶ κύριος ὁ θεὸς βασιλεύσει ἐθνῶν πολλῶν εἰς τοὺς
αἰῶνας διότι ἐν σοὶ καταφεύξονται ἔθνη πολλὰ ἐπὶ κύριον
τὸν θεὸν τὸν ὕψιστον.

6 καὶ εἰπέ μοι ὁ ἄνθρωπος πορεύσομαι καὶ πρὸς Ἰωσὴφ καὶ
λαλήσω εἰς τὰ ὦτα αὐτοῦ περὶ σου τὰ ῥήματά μου.

7 καὶ νῦν σὺ γινώσκεις κύριέ μου εἰ ἐλήλυθε πρὸς σε ὁ
ἄνθρωπος ἐκεῖνος καὶ λελάληκέ σοι περὶ ἐμοῦ.

8 καὶ εἶπεν Ἰωσὴφ πρὸς Ἀσενὲθ εὐλογημένη εἶ σὺ τῷ θεῷ
τῷ ὑψίστῳ καὶ εὐλογημένον τὸ ὄνομά σου εἰς τοὺς αἰῶνας
διότι κύριος ὁ θεὸς ἐθεμελίωσε τὰ τείχη σου ⟨ἐν τοῖς
ὑψίστοις καὶ⟩ τὰ τείχη σου ἀδαμάντινα ⟨τείχη ζωῆς⟩
διότι οἱ υἱοὶ τοῦ ζῶντος θεοῦ ἐνοικήσουσιν ἐν τῇ πόλει
τῆς καταφυγῆς σου καὶ κύριος ὁ θεὸς βασιλεύσει αὐτῶν
εἰς τοὺς αἰῶνας τῶν αἰώνων.

9 διότι ὁ ἄνθρωπος ἐκεῖνος ἦλθε πρός με σήμερον καὶ εἶπέ
μοι κατὰ τὰ ῥήματα ταῦτα περὶ σου. καὶ νῦν δεῦρο πρός
με ἡ παρθένος ἁγνὴ καὶ ἵνα τί σὺ ἕστηκας ἀπὸ μακρόθεν
μου;

10 καὶ ἐξέτεινε τὰς χεῖρας αὐτοῦ Ἰωσὴφ καὶ ἐκάλεσε τὴν
Ἀσενὲθ ⟨ἐν νεύματι τῶν ὀφθαλμῶν αὐτοῦ⟩. καὶ ἐξέτεινε
καὶ Ἀσενὲθ τὰς χεῖρας αὐτῆς καὶ ἔδραμε πρὸς Ἰωσὴφ καὶ
ἔπεσεν ἐπὶ τὸ στῆθος αὐτοῦ. καὶ ἐνηγκαλίσατο αὐτὴν ὁ
Ἰωσὴφ καὶ ἡ Ἀσενὲθ τὸν Ἰωσὴφ καὶ ἠσπάσαντο ἀλλήλους
ἐπιπολὺ καὶ ἀνέζησαν ἀμφότεροι τῷ πνεύματι αὐτῶν.

11 καὶ κατεφίλησεν ὁ Ἰωσὴφ τὴν Ἀσενὲθ καὶ ἔδωκεν αὐτῇ
πνεῦμα ζωῆς καὶ κατεφίλησεν αὐτὴν τὸ δεύτερον καὶ
ἔδωκεν αὐτῇ πνεῦμα σοφίας καὶ κατεφίλησεν αὐτὴν τὸ
τρίτον καὶ ἔδωκεν αὐτῇ πνεῦμα ἀληθείας.

- 20 -

1 καὶ περιεπλάκησαν ἀλλήλοις ἐπιπολὺ καὶ ἔσφιγξαν τὰ
δεσμὰ τῶν χειρῶν αὐτῶν. καὶ εἶπεν Ἀσενὲθ τῷ Ἰωσὴφ
δεῦρο κύριέ μου καὶ εἴσελθε εἰς τὴν οἰκίαν ἡμῶν διότι
ἐγὼ ἡτοίμασα τὴν οἰκίαν ἡμῶν καὶ δεῖπνον μέγα πεποίηκα.

2 καὶ ἐκράτησε τὴν χεῖρα αὐτοῦ τὴν δεξιὰν καὶ εἰσήγαγεν
αὐτὸν εἰς τὴν οἰκίαν καὶ ἐκάθισεν αὐτὸν ἐπὶ τοῦ
θρόνου Πεντεφρῆ τοῦ πατρὸς αὐτῆς. καὶ ἤνεγκεν ὕδωρ τοῦ
νίψαι τοὺς πόδας αὐτοῦ.

3 καὶ εἶπεν Ἰωσὴφ ἐλθάτω δὴ μία τῶν παρθένων καὶ νιψάτω
τοὺς πόδας μου.

4 καὶ εἶπε πρὸς αὐτὸν Ἀσενὲθ οὐχὶ κύριέ μου ὅτι σύ μου
εἶ κύριος ἀπὸ τοῦ νῦν καὶ ἐγὼ παιδίσκη σου. καὶ ἵνα τί
σὺ τοῦτο λαλεῖς ἄλλην παρθένον νίψαι τοὺς πόδας σου.
διότι οἱ πόδες σου πόδες μού εἰσι καὶ αἱ χεῖρές σου
χεῖρές μού εἰσι καὶ ἡ ψυχή σου ψυχή μου καὶ οὐ μὴ σοῦ
νίψῃ ἄλλη τοὺς πόδας.

5 καὶ ἐβιάσατο αὐτὸν καὶ ἔνιψε τοὺς πόδας αὐτοῦ. καὶ
ἐθεώρει Ἰωσὴφ τὰς χεῖρας αὐτῆς καὶ ἦσαν ὡς χεῖρες ζωῆς
⟨καὶ οἱ δάκτυλοι αὐτῆς λεπτοὶ ὡς δάκτυλοι γραφέως
ὀξυγράφου⟩. καὶ μετὰ ταῦτα ἐκράτησεν Ἰωσὴφ τὴν χεῖρα
αὐτῆς τὴν δεξιὰν καὶ κατεφίλησεν αὐτὴν καὶ Ἀσενὲθ
κατεφίλησε τὴν κεφαλὴν αὐτοῦ καὶ ἐκάθισεν ἐκ δεξιῶν
αὐτοῦ.

6 καὶ ἦλθον ὁ πατὴρ καὶ ἡ μήτηρ αὐτῆς καὶ πᾶσα ἡ
συγγένεια αὐτῆς ἐκ τοῦ ἀγροῦ τῆς κληρονομίας αὐτῶν. καὶ
εἶδον ὡς εἶδος φωτὸς καὶ ἦν τὸ κάλλος αὐτῆς
ὡς κάλλος οὐράνιον. καὶ εἶδον αὐτὴν καθημένην μετὰ τοῦ
Ἰωσὴφ καὶ ἐνδεδυμένην ἔνδυμα γάμου.

7 καὶ ἐθαμβήθησαν ἐπὶ τῷ κάλλει αὐτῆς καὶ ἐχάρησαν καὶ
ἔδωκαν δόξαν τῷ θεῷ τῷ ζωοποιοῦντι τοὺς νεκρούς.

8 καὶ μετὰ ταῦτα ἔφαγον καὶ ἔπιον καὶ εὐφράνθησαν. καὶ
εἶπε Πεντεφρῆς τῷ Ἰωσὴφ αὔριον ἐγὼ καλέσω πάντας τοὺς
μεγιστάνους καὶ τοὺς σατράπας πάσης γῆς Αἰγύπτου καὶ
ποιήσω ὑμῖν γάμους καὶ λήψῃ τὴν θυγατέρα μου Ἀσενὲθ
εἰς γυναῖκα.

9 καὶ εἶπεν Ἰωσὴφ ἐγὼ πορεύσομαι αὔριον πρὸς Φαραὼ τὸν
βασιλέα διότι αὐτός ἐστιν ὡς πατήρ μου καὶ κατέστησέ με
ἄρχοντα ἐπὶ πάσης τῆς γῆς Αἰγύπτου καὶ λαλήσω περὶ
Ἀσενὲθ εἰς τὰ ὦτα αὐτοῦ καὶ αὐτὸς δώσει μοι αὐτὴν εἰς
γυναῖκα.

10 καὶ εἶπεν αὐτῷ Πεντεφρῆς πορεύου μετ' εἰρήνης.

- 21 -

1 καὶ ἔμεινεν Ἰωσὴφ τὴν ἡμέραν ἐκείνην παρὰ τῷ Πεντεφρῆ
καὶ οὐκ ἐκοιμήθη μετὰ τῆς Ἀσενὲθ διότι εἶπεν Ἰωσὴφ οὐ
προσήκει ἀνδρὶ θεοσεβεῖ πρὸ τῶν γάμων κοιμηθῆναι μετὰ
τῆς γυναικὸς αὐτοῦ.

2 καὶ ἀνέστη Ἰωσὴφ τὸ πρωῒ καὶ ἀπῆλθε πρὸς Φαραὼ καὶ
εἶπεν αὐτῷ δός μοι τὴν Ἀσενὲθ θυγατέρα Πεντεφρῆ ἱερέως
Ἡλιουπόλεως εἰς γυναῖκα.

3 καὶ εἶπε Φαραὼ χαρὰν μεγάλην καὶ εἶπε τῷ Ἰωσὴφ οὐκ
ἰδοὺ αὕτη κατεγγύηταί σοι ἀπὸ τοῦ αἰῶνος; καὶ ἔστω σου
γυνὴ ἀπὸ τοῦ νῦν καὶ εἰς τὸν αἰῶνα χρόνον.

4 καὶ ἀπέστειλε Φαραὼ καὶ ἐκάλεσε τὸν Πεντεφρῆ ⟨καὶ ἦλθε⟩
καὶ ἤγαγε τὴν Ἀσενὲθ καὶ ἔστησεν αὐτὴν ἐνώπιον Φαραώ.
καὶ εἶδεν αὐτὴν Φαραὼ καὶ ἐθαμβήθη ἐπὶ τῷ κάλλει αὐτῆς
καὶ εἶπεν εὐλογήσαι σε κύριος ὁ θεὸς τοῦ Ἰωσὴφ τέκνον
καὶ διαμένῃ τὸ κάλλος σου τοῦτο εἰς τοὺς αἰῶνας διότι
⟨δικαίως⟩ κύριος ὁ θεὸς τοῦ Ἰωσὴφ ἐξελέξατό σε εἰς
νύμφην τῷ Ἰωσὴφ ὅτι αὐτός ἐστιν ὁ υἱὸς τοῦ θεοῦ ὁ
πρωτότοκος καὶ σὺ θυγάτηρ ὑψίστου κληθήσῃ καὶ νύμφη
Ἰωσὴφ ἀπὸ τοῦ νῦν καὶ ἕως τοῦ αἰῶνος.

5 καὶ ἔλαβε Φαραὼ τὸν Ἰωσὴφ καὶ τὴν Ἀσενὲθ καὶ ἐπέθηκε
στεφάνους χρυσοῦς εἰς τὰς κεφαλὰς αὐτῶν οἵτινες ἦσαν ἐν
τῷ οἴκῳ αὐτοῦ ἐξ ἀρχῆς καὶ ἄνωθεν καὶ ἔστησε Φαραὼ τὴν
Ἀσενὲθ ἐκ δεξιῶν τοῦ Ἰωσὴφ

6 καὶ ἐπέθηκε τὰς χεῖρας αὐτοῦ ἐπὶ τὰς κεφαλὰς αὐτῶν καὶ
ἡ δεξιὰ χεὶρ αὐτοῦ ἦν ἐπὶ τῆς κεφαλῆς Ἀσενὲθ καὶ εἶπε
Φαραὼ εὐλογήσει ὑμᾶς κύριος ὁ θεὸς ὁ ὕψιστος καὶ
πληθυνεῖ ὑμᾶς καὶ μεγαλυνεῖ καὶ δοξάσει ὑμᾶς εἰς τοὺς
αἰῶνας.

7 καὶ περιέστρεψεν αὐτοὺς Φαραὼ πρὸς ἀλλήλους ἐπὶ τὰ
πρόσωπα αὐτῶν καὶ προσήγαγεν αὐτοὺς ἐπὶ τὸ στόμα αὐτῶν
καὶ ⟨ἦρσεν⟩ αὐτοὺς ἐπὶ τὰ χείλη αὐτῶν καὶ κατεφίλησαν
ἀλλήλους.

8 καὶ μετὰ ταῦτα ἐποίησε Φαραὼ γάμους καὶ δεῖπνον μέγα
καὶ πότον πολὺν ἐν ἑπτὰ ἡμέραις. καὶ συνεκάλεσε πάντας
τοὺς ἄρχοντας τῆς γῆς Αἰγύπτου καὶ πάντας τοὺς βασιλεῖς
τῶν ἐθνῶν καὶ ἐκήρυξε πάσῃ τῇ γῇ Αἰγύπτου λέγων πᾶς
ἄνθρωπος ὃς ποιήσει ἔργον ἐν ταῖς ἑπτὰ ἡμέραις τῶν
γάμων Ἰωσὴφ καὶ Ἀσενὲθ θανάτῳ ἀποθανεῖται.

9 καὶ ἐγένετο μετὰ ταῦτα εἰσῆλθεν Ἰωσὴφ πρὸς Ἀσενὲθ καὶ
συνέλαβεν ἐκ τοῦ Ἰωσὴφ καὶ ἔτεκε τὸν Μανασσῆ
καὶ τὸν Ἐφραὶμ τὸν ἀδελφὸν αὐτοῦ ἐν τῷ οἴκῳ Ἰωσήφ.

10 ⟨καὶ τότε ἤρξατο Ἀσενὲθ ἐξομολογεῖσθαι κυρίῳ τῷ θεῷ
καὶ ἐχαρίτωσε δεομένη ἐπὶ πᾶσιν οἷς ἠξίωται ἀγαθοῖς
παρὰ κυρίου⟩

11 ἥμαρτον κύριε ⟨ἥμαρτον ἐνώπιόν σου πολλὰ ἥμαρτον⟩ ἐγὼ
Ἀσενὲθ ⟨θυγάτηρ Πεντεφρῆ ἱερέως Ἡλιουπόλεως ὃς ἐστιν
ἐπίσκοπος πάντων⟩.

12 ⟨ἥμαρτον κύριε⟩ ἥμαρτον ἐνώπιόν σου ⟨πολλὰ⟩ ἥμαρτον
⟨ἐγὼ ἤμην⟩ εὐθηνοῦσα ἐν τῷ οἴκῳ τοῦ πατρός μου καὶ ἤμην
παρθένος ἀλαζὼν καὶ ὑπερήφανος.

13 ⟨ἥμαρτον κύριε⟩ ἥμαρτον ἐνώπιόν σου πολλὰ ἥμαρτον⟩ καὶ
ἐσεβόμην θεοὺς ἀλλοτρίους ὧν οὐκ ⟨ἦν⟩ ἀριθμὸς καὶ
ἤσθιον ἄρτον ἐκ ⟨τῶν⟩ θυσι⟨ῶν⟩ αὐτῶν.

14 ⟨ἥμαρτον κύριε ἥμαρτον ἐνώπιόν σου πολλὰ ἥμαρτον⟩ ἄρτον
ἀγχόνης ἔφαγον καὶ ποτήριον ἐνέδρας ἔπιον ἀπὸ τῆς
τραπέζης τοῦ θανάτου.⟩

15 ⟨ἥμαρτον κύριε ἥμαρτον ἐνώπιόν σου πολλὰ ἥμαρτον⟩ καὶ
οὐκ ᾔδειν κύριον τὸν θεὸν τοῦ οὐρανοῦ οὐδὲ ἐπεποίθειν
ἐπὶ τῷ θεῷ τῷ ὑψίστῳ τῆς ζωῆς.

16 ⟨ἥμαρτον κύριε ⟨ἥμαρτον ἐνώπιόν σου⟩ πολλὰ ἥμαρτον⟩
ἐπεποίθειν γὰρ ἐπὶ τῷ πλούτῳ τῆς δόξης μου καὶ ἐπὶ τῷ
κάλλει μου καὶ ἤμην ἀλαζὼν καὶ ὑπερήφανος.

17 ⟨ἥμαρτον κύριε ἥμαρτον ἐνώπιόν σου πολλὰ ἥμαρτον⟩ καὶ
ἐξουθένουν πάντα ἄνδρα ἐπὶ τῆς γῆς καὶ οὐκ ἦν
⟨ἄνθρωπος⟩ ὃς +ἄν τι ποιήσει+ ἐνώπιόν μου.

18 ⟨ἥμαρτον κύριε ⟨ἥμαρτον ἐνώπιόν σου⟩ πολλὰ ἥμαρτον⟩ καὶ
⟨μεμίσηκα⟩ πάντας τοὺς μεμνηστευομένους με ⟨καὶ⟩
ἐξουθένουν αὐτοὺς καὶ κατέπτυον αὐτούς.

19 ⟨ἥμαρτον κύριε ἥμαρτον ἐνώπιόν σου πολλὰ ἥμαρτον⟩ καὶ
λελάληκα τολμηρὰ ἐν ματαιότητι καὶ εἶπον ὅτι οὐκ ἔστιν
ἀνὴρ δυνάστης ἐπὶ τῆς γῆς ὃς ἂν λύσῃ τὴν ζώνην τῆς
παρθενίας μου.

20 ἥμαρτον κύριε ἥμαρτον ἐνώπιόν σου πολλὰ ἥμαρτον ἀλλ'
ἐγὼ ἔσομαι νύμφη τοῦ υἱοῦ τοῦ μεγάλου βασιλέως τοῦ
πρωτοτόκου.

21 ⟨ἥμαρτον κύριε ἥμαρτον ἐνώπιόν σου πολλὰ ἥμαρτον⟩ ἕως
οὗ ἦλθεν Ἰωσὴφ ὁ δυνατὸς τοῦ θεοῦ. αὐτός με καθεῖλεν
ἀπὸ τῆς δυναστείας μου καὶ ἐταπείνωσέ με ἀπὸ τῆς
ὑπερηφανίας μου καὶ ⟨τῷ⟩ κάλλει αὐτοῦ ἤγρευσέ με καὶ
⟨τῇ⟩ σοφίᾳ αὐτοῦ ⟨ἐκράτησέ με⟩ ὡς ἰχθὺν ἐπ' ἀγκίστρῳ
καὶ τῷ πνεύματι τῆς δελεάσματι ⟨ἐδελέασέ με⟩
καὶ τῇ δυνάμει αὐτοῦ ἐστήριξέ ⟨με⟩ καὶ ἤγαγε με τῷ θεῷ
τῶν αἰώνων καὶ τῷ ἄρχοντι τοῦ ⟨οἴκου⟩ τοῦ ὑψίστου καὶ

ἐδωκέ μοι φαγεῖν ἄρτον ζωῆς καὶ ⟨πιεῖν⟩ ποτήριον σοφίας
καὶ ἐγενόμην αὐτοῦ νύμφη εἰς τοὺς αἰῶνας ⟨τῶν αἰώνων⟩.
- 22 -
1 καὶ ἐγένετο μετὰ ταῦτα παρῆλθον τὰ ἑπτὰ ἔτη τῆς
εὐθηνίας καὶ ἤρξαντο ἔρχεσθαι τὰ ἑπτὰ ἔτη τοῦ λιμοῦ.
2 καὶ ἤκουσεν Ἰακὼβ περὶ Ἰωσὴφ τοῦ υἱοῦ αὐτοῦ καὶ ἦλθεν
Ἰσραὴλ εἰς Αἴγυπτον σὺν πάσῃ τῇ συγγενείᾳ αὐτοῦ ἐν τῷ
δευτέρῳ ἔτει τοῦ λιμοῦ ἐν τῷ δευτέρῳ μηνὶ μιᾷ καὶ
εἰκάδι τοῦ μηνὸς καὶ κατῴκησεν ἐν γῇ Γεσέμ.
3 καὶ εἶπεν Ἀσενὲθ τῷ Ἰωσὴφ πορεύσομαι καὶ ὄψομαι τὸν
πατέρα σου διότι ὁ πατήρ σου Ἰσραὴλ ὡς πατήρ μοί ἐστι
καὶ θεός.
4 καὶ εἶπεν αὐτῇ Ἰωσὴφ πορεύσῃ σὺν ἐμοὶ καὶ ὄψῃ τὸν
πατέρα μου.
5 καὶ ἦλθεν Ἰωσὴφ καὶ Ἀσενὲθ ἐν γῇ Γεσὲμ πρὸς Ἰακώβ.
καὶ ἀπήντησαν αὐτοῖς οἱ ἀδελφοὶ Ἰωσὴφ καὶ προσεκύνησαν
αὐτοῖς ἐπὶ πρόσωπον ἐπὶ τὴν γῆν.
6 καὶ εἰσῆλθον πρὸς Ἰακώβ. καὶ ἦν Ἰσραὴλ καθήμενος ἐπὶ
τῆς κλίνης αὐτοῦ καὶ αὐτὸς ἦν πρεσβύτης ἐν γήρει
λιπαρῷ.
7 καὶ εἶδεν αὐτὸν Ἀσενὲθ καὶ ἐθαμβήθη ἐπὶ τῷ κάλλει
αὐτοῦ διότι ἦν Ἰακὼβ καλὸς τῷ εἴδει σφόδρα καὶ τὸ
γῆρας αὐτοῦ ὥσπερ νεότης ἀνδρὸς ὡραίου καὶ ἦν ἡ κεφαλὴ
αὐτοῦ πᾶσα λευκὴ ὡσεὶ χιὼν καὶ αἱ τρίχες τῆς κεφαλῆς
αὐτοῦ ἦσαν ὅλαι δασεῖαι καὶ πυκναὶ σφόδρα ⟨ὡς Αἰθίοπος⟩
καὶ ὁ πώγων αὐτοῦ λευκὸς καθειμένος μέχρι τοῦ στήθους
αὐτοῦ καὶ οἱ ὀφθαλμοὶ αὐτοῦ χαροποιοὶ καὶ
ἐξαστράπτοντες ⟨καὶ ἦσαν⟩ οἱ τένοντες αὐτοῦ καὶ οἱ ὦμοι
αὐτοῦ καὶ οἱ βραχίονες ὡς ἀγγέλου ⟨καὶ⟩ οἱ μηροὶ αὐτοῦ
καὶ αἱ κνῆμαι ⟨αὐτοῦ⟩ καὶ οἱ πόδες αὐτοῦ ὡσεὶ γίγαντος.
⟨καὶ ἦν Ἰακὼβ ὡς ἄνθρωπος ὃς ἐπάλαισε μετὰ θεοῦ.⟩
8 καὶ εἶδεν αὐτὸν Ἀσενὲθ καὶ ἐθαμβήθη καὶ προσεκύνησεν
αὐτῷ ἐπὶ πρόσωπον ἐπὶ τὴν γῆν. καὶ εἶπεν Ἰακὼβ πρὸς
Ἰωσὴφ αὕτη ἐστὶν ἡ νύμφη μου ἡ γυνή σου; εὐλογημένη
ἔσται τῷ θεῷ τῷ ὑψίστῳ.
9 καὶ ἐκάλεσεν αὐτὴν Ἰακὼβ πρὸς ἑαυτὸν καὶ εὐλόγησεν
αὐτὴν καὶ κατεφίλησεν αὐτήν. καὶ ἐξέτεινεν Ἀσενὲθ τὰς
χεῖρας αὐτῆς καὶ ἐκράτησε τοῦ αὐχένος Ἰακὼβ καὶ
ἐκρεμάσθη ἐπὶ τὸν τράχηλον τοῦ πατρὸς αὐτῆς ⟨καθὼς
κρέματαί τις ἐπὶ τὸν τράχηλον τοῦ πατρὸς αὐτοῦ ὅταν ἐκ
πολέμου ἐπανέλθῃ εἰς τὸν οἶκον αὐτοῦ⟩ καὶ κατεφίλησεν
αὐτούς.
10 καὶ μετὰ ταῦτα ἔφαγον καὶ ἔπιον. καὶ ἐπορεύθησαν Ἰωσὴφ
καὶ Ἀσενὲθ εἰς τὸν οἶκον αὐτῶν.
11 καὶ συμπροέπεμψαν αὐτοὺς Συμεὼν καὶ Λευὶς οἱ ἀδελφοὶ
Ἰωσὴφ οἱ υἱοὶ Λίας μόνον οἱ δὲ υἱοὶ Ζέλφας καὶ Βάλλας
τῶν παιδισκῶν Λίας καὶ Ῥαχὴλ οὐ συμπροέπεμψαν αὐτοὺς
διότι ἐφθόνουν καὶ ἤχθραινον αὐτοῖς.
12 καὶ ἦν Λευὶς ἐκ δεξιῶν τῆς Ἀσενὲθ καὶ Ἰωσὴφ ἐξ
εὐωνύμων.
13 καὶ ἐκράτησεν Ἀσενὲθ τὴν χεῖρα Λευί. καὶ ἠγάπησεν
Ἀσενὲθ τὸν Λευὶ σφόδρα ὑπὲρ πάντας τοὺς ἀδελφοὺς
Ἰωσὴφ ὅτι ἦν προσκείμενος πρὸς τὸν κύριον καὶ ἦν ἀνὴρ
συνιὼν καὶ προφήτης ὑψίστου καὶ ὀξέως βλέπων τοῖς
ὀφθαλμοῖς αὐτοῦ καὶ αὐτὸς ἑώρα γράμματα γεγραμμένα ἐν
τῷ οὐρανῷ ⟨τῷ δακτύλῳ τοῦ θεοῦ⟩ καὶ ᾔδει τὰ ἄρρητα θεοῦ
τοῦ ὑψίστου καὶ ἀπεκάλυπτεν αὐτὰ τῇ Ἀσενὲθ κρυφῇ διότι
καὶ αὐτὸς Λευὶς ἠγάπα τὴν Ἀσενὲθ πάνυ καὶ ἑώρα τὸν
τόπον τῆς καταπαύσεως αὐτῆς ἐν τοῖς ὑψίστοις ⟨καὶ τὰ
τείχη αὐτῆς ὡς τείχη ἀδαμάντινα αἰώνια καὶ τὰ θεμέλια
αὐτῆς τεθεμελιωμένα ὑπὲρ πέτρας τοῦ ἑβδόμου οὐρανοῦ.⟩
- 23 -
1 καὶ ἐγένετο ἐν τῷ παριέναι τὸν Ἰωσὴφ καὶ τὴν Ἀσενὲθ
εἶδεν αὐτοὺς ἀπὸ τοῦ τείχους ὁ υἱὸς Φαραὼ ὁ πρωτότοκος.
καὶ εἶδεν τὴν Ἀσενὲθ καὶ κατενύγη καὶ ἐδυσφόρει βαρέως
καὶ κακῶς εἶχε διὰ τὸ κάλλος αὐτῆς καὶ εἶπεν οὐχὶ οὕτως
ἔσται.
2 καὶ ἀπέστειλεν ἀγγέλους ὁ υἱὸς Φαραὼ καὶ ἐκάλεσε πρὸς
ἑαυτὸν Συμεὼν καὶ Λευί. καὶ ἦλθον πρὸς αὐτὸν οἱ ἄνδρες
καὶ ἔστησαν ἐνώπιον αὐτοῦ. καὶ εἶπεν αὐτοῖς ὁ υἱὸς
Φαραὼ ὁ πρωτότοκος γινώσκω ἐγὼ σήμερον ὅτι ὑμεῖς ἐστὲ
ἄνδρες δυνατοὶ ὑπὲρ πάντας ἀνθρώπους ἐπὶ τῆς γῆς καὶ ἐν
ταῖς δεξιαῖς ὑμῶν ταύταις κατέστραπται ἡ πόλις τῶν
Σικιμιτῶν καὶ ἐν ταῖς δυσὶ ταύταις ῥομφαίαις ὑμῶν
κατεκόπησαν τριάκοντα χιλιάδας ἀνδρῶν πολεμιστῶν.
3 καὶ ἰδοὺ ἐγὼ σήμερον λήψομαι ὑμᾶς ἐμαυτῷ εἰς ἑταίρους
καὶ δώσω ὑμῖν χρυσίον καὶ ἀργύριον πολὺν καὶ παῖδας καὶ
παιδίσκας καὶ οἴκους καὶ κληρονομίας μεγάλας. πλὴν τὸ
ῥῆμα τοῦτο ποιήσατε καὶ ποιήσατε μετ' ἐμοῦ ἔλεος διότι
ὑβρίσθην ἐγὼ πάνυ παρὰ τοῦ ἀδελφοῦ ὑμῶν Ἰωσὴφ διότι
ἔλαβεν αὐτὸς τὴν Ἀσενὲθ τὴν γυναῖκά μου τὴν ἐμοὶ
κατεγγυημένην ἀπ' ἀρχῆς.
4 καὶ νῦν δεῦτε συνάρασθε ἐμοὶ καὶ πολεμήσομεν πρὸς
Ἰωσὴφ τὸν ἀδελφὸν ὑμῶν καὶ ἀποκτενῶ αὐτὸν ἐν τῇ
ῥομφαίᾳ μου καὶ ἕξω τὴν Ἀσενὲθ εἰς γυναῖκα καὶ ὑμεῖς
ἔσεσθέ μοι καὶ εἰς ἀδελφοὺς καὶ φίλους πιστούς.
5 πλὴν τὸ ῥῆμα τοῦτο ποιήσατε. εἰ δὲ ὑμεῖς ὀκνήσητε
ποιῆσαι τὸ ῥῆμα τοῦτο καὶ ἐξουθενήσητε τὴν βουλήν μου
ἰδοὺ ἡ ῥομφαία μου ἡτοιμασται πρὸς ὑμᾶς.
6 καὶ ἅμα ταῦτα λέγων ἐγύμνωσε τὴν ῥομφαίαν αὐτοῦ καὶ
ἔδειξεν αὐτοῖς. ὡς δὲ ἤκουσαν τὰ ῥήματα ταῦτα οἱ ἄνδρες
Συμεὼν καὶ Λευὶς κατενύγησαν σφόδρα διότι σχήματι
τυραννικῷ ἐλάλησε πρὸς αὐτοὺς ὁ υἱὸς Φαραώ.
7 καὶ ἦν Συμεὼν ἀνὴρ θρασὺς καὶ τολμηρὸς καὶ ἐνεθυμήθη
βαλεῖν τὴν χεῖρα αὐτοῦ ἐπὶ τὴν κώπην τῆς ῥομφαίας αὐτοῦ
καὶ ἑλκῦσαι αὐτὴν ἐκ τοῦ κολεοῦ αὐτῆς καὶ πατάξαι τὸν
υἱὸν Φαραὼ διότι σκληρὰ ἐλάλησεν αὐτοῖς.
8 καὶ εἶδε Λευὶς τὴν ἐνθύμησιν τῆς καρδίας αὐτοῦ διότι ἦν
Λευὶς ἀνὴρ προφήτης καὶ ἐθεώρει ὀξέως τῇ διανοίᾳ αὐτοῦ
καὶ τοῖς ὀφθαλμοῖς αὐτοῦ καὶ ἀνεγίνωσκε ⟨τὰ γεγραμμένα⟩
ἐν τῇ καρδίᾳ τῶν ἀνθρώπων. καὶ ἐπάτησε Λευὶς τῷ ποδὶ
αὐτοῦ τὸν δεξιὸν πόδα τοῦ Συμεὼν καὶ ἔθλιψεν αὐτὸν καὶ

ἐσήμανεν αὐτῷ τοῦ παύσασθαι ἀπὸ τῆς ὀργῆς αὐτοῦ.
9 καὶ εἶπε Λευὶς τῷ Συμεὼν ἡσύχως ἵνα τί σὺ ὀργῇ θυμοῦσαι
πρὸς τὸν ἄνδρα τοῦτον; καὶ ἡμεῖς ἐσμὲν ἄνδρες θεοσεβεῖς
καὶ οὐ προσήκει ἡμῖν ἀποδοῦναι κακὸν ἀντὶ κακοῦ.
10 καὶ εἶπε Λευὶς τῷ υἱῷ Φαραὼ μετὰ παρρησίας ἱλαρῷ
προσώπῳ ⟨καὶ ὀργὴ οὐκ ἦν ἐν αὐτῷ οὐδὲ ἐλαχίστη ἀλλ'⟩ ἐν
πραότητι καρδίας ⟨εἶπε πρὸς αὐτὸν⟩ ἵνα τί λαλεῖ ὁ
κύριος ἡμῶν κατὰ τὰ ῥήματα ταῦτα; καὶ ἡμεῖς ἐσμὲν
ἄνδρες θεοσεβεῖς καὶ ὁ πατὴρ ἡμῶν ἐστι φίλος τοῦ θεοῦ
τοῦ ὑψίστου καὶ Ἰωσὴφ ὁ ἀδελφὸς ἡμῶν ἐστιν ὡς υἱὸς τοῦ
θεοῦ πρωτότοκος.
11 καὶ πῶς ποιήσωμεν ἡμεῖς τὸ ῥῆμα τοῦτο τὸ πονηρὸν καὶ
ἁμαρτήσωμεν ἐνώπιον τοῦ θεοῦ ἡμῶν καὶ ἐνώπιον τοῦ
πατρὸς ἡμῶν Ἰσραὴλ καὶ ἐνώπιον τοῦ ἀδελφοῦ ἡμῶν
Ἰωσήφ;
12 καὶ νῦν ἄκουε τῶν ῥημάτων μου. οὐ προσήκει ἀνδρὶ
θεοσεβεῖ ἀδικεῖν πάντα ἄνθρωπον κατ' οὐδένα τρόπον. ἐὰν
δέ τις ἀδικῆσαι βούλεται ἄνδρα θεοσεβῆ οὐκ ἀμύνεται
αὐτῷ ὁ ἀνὴρ ἐκεῖνος ὁ θεοσεβὴς διότι ῥομφαία οὐκ ἔστιν
ἐν ταῖς χερσὶν αὐτοῦ.
13 καὶ σὺ μὲν φύλαξαι ἔτι τοῦ λαλῆσαι περὶ τοῦ ἀδελφοῦ
ἡμῶν Ἰωσὴφ κατὰ τὰ ῥήματα ταῦτα. εἰ δὲ σὺ ἐπιμένεις τῇ
βουλῇ σου ταύτῃ τῇ πονηρᾷ ἰδοὺ αἱ ῥομφαῖαι ἡμῶν
ἐσπασμέναι ἐν ταῖς δεξιαῖς ἡμῶν ἐνώπιόν σου.
14 καὶ εἵλκυσαν τὰς ῥομφαίας αὐτῶν Συμεὼν καὶ Λευὶς ἐκ τῶν
κολεῶν αὐτῶν καὶ εἶπον ἰδοὺ ἑώρακας τὰς ῥομφαίας
ταύτας; ἐν ταύταις ταῖς δυσὶ ῥομφαίαις ἐξεδίκησε κύριος
ὁ θεὸς τὴν ὕβριν τῶν Σικημιτῶν ἣν ὕβρισαν τοὺς υἱοὺς
Ἰσραὴλ διὰ τὴν ἀδελφὴν ἡμῶν Δίναν ἣν ἐμίανε Συχὲμ ὁ
υἱὸς Ἑμμώρ.
15 καὶ εἶδεν ὁ υἱὸς Φαραὼ τὰς ῥομφαίας αὐτῶν ἐσπασμένας
καὶ ἐφοβήθη σφόδρα καὶ ἐτρόμαξεν ὅλῳ τῷ σώματι αὐτοῦ
διότι ἤστραπτον αἱ ῥομφαῖαι αὐτῶν ὡς φλόγα πυρὸς καὶ
ἠμαυρώθησαν οἱ ὀφθαλμοὶ τοῦ υἱοῦ Φαραὼ καὶ ἔπεσεν ἐπὶ
πρόσωπον αὐτοῦ ἐπὶ τὴν γῆν ὑποκάτω τῶν ποδῶν αὐτῶν.
16 καὶ ἐξέτεινε Λευὶς τὴν χεῖρα αὐτοῦ τὴν δεξιὰν καὶ
ἐκράτησεν αὐτὸν καὶ εἶπεν αὐτῷ ἀνάστηθι καὶ μὴ φοβηθῇς
πλὴν φύλαξαι ἔτι τοῦ μὴ λαλῆσαι περὶ τοῦ ἀδελφοῦ ἡμῶν
Ἰωσὴφ ῥῆμα πονηρόν.
17 καὶ ἐξῆλθον ἀπὸ προσώπου τοῦ υἱοῦ Φαραὼ Συμεὼν καὶ
Λευίς.
- 24 -
1 καὶ ἦν ὁ υἱὸς Φαραὼ πλήρης φόβου καὶ λύπης διότι
ἐφοβεῖτο τοὺς ἀδελφοὺς Ἰωσὴφ Συμεὼν καὶ Λευὶς καὶ
ἐβαρεῖτο ἀπὸ τοῦ κάλλους Ἀσενὲθ καὶ ἐλυπεῖτο λύπην
μεγάλην ὑπερμεγέθη.
2 καὶ εἶπον αὐτῷ οἱ παῖδες αὐτοῦ εἰς τὸ οὖς λέγοντες ἰδοὺ
οἱ υἱοὶ Βάλλας καὶ οἱ υἱοὶ Ζέλφας παιδισκῶν Λίας καὶ
Ῥαχὴλ γυναικῶν Ἰακὼβ ἐχθραίνονται τῷ Ἰωσὴφ καὶ τῇ
Ἀσενὲθ καὶ φθονοῦσιν αὐτοῖς καὶ οὗτοι ἔσονταί σοι
ὑποχειριοι κατὰ τὸ θέλημά σου.
3 καὶ ἀπέστειλεν ὁ υἱὸς Φαραὼ ἀγγέλους καὶ ἐκάλεσεν
αὐτοὺς πρὸς ἑαυτόν. καὶ ἦλθον πρὸς αὐτὸν ὥρᾳ πρώτῃ τῆς
νυκτὸς καὶ ἔστησαν ἐνώπιον αὐτοῦ. καὶ εἶπεν αὐτοῖς ὁ
υἱὸς Φαραὼ ῥῆμά μοί ἐστι πρὸς ὑμᾶς διότι ὑμεῖς ἐστὲ
ἄνδρες δυνατοί.
4 καὶ εἶπον αὐτῷ Δὰν καὶ Γὰδ οἱ πρεσβύτεροι ἀδελφοὶ
λαλησάτω δὴ ὁ κύριος ἡμῶν τοῖς παισὶν αὐτοῦ ὃ βούλεται
καὶ ἀκούσονται οἱ παῖδές σου καὶ ποιήσομεν κατὰ τὸ
θέλημά σου.
5 καὶ ἐχάρη ὁ υἱὸς Φαραὼ χαρὰν μεγάλην σφόδρα καὶ εἶπε
τοῖς παισὶν αὐτοῦ ἀπόστητε δὴ μικρὸν ἀπ' ἐμοῦ διότι
λόγος μοί ἐστι κρυπτὸς πρὸς τοὺς ἄνδρας τούτους.
6 καὶ ἀπέστησαν πάντες.
7 καὶ ἐψεύσατο αὐτοῖς ὁ υἱὸς Φαραὼ καὶ εἶπεν ἰδοὺ εὐλογία
καὶ θάνατος πρὸ προσώπου ὑμῶν. λάβετε οὖν μᾶλλον ὑμεῖς
τὴν εὐλογίαν καὶ μὴ τὸν θάνατον διότι ὑμεῖς ἐστὲ ἄνδρες
δυνατοὶ καὶ οὐκ ἀποθανεῖσθε ὡς γυναῖκες ἀλλ' ἀνδρίζεσθε
καὶ ἀμύνεσθε τοὺς ἐχθροὺς ὑμῶν.
8 διότι ἤκουσα ἐγὼ Ἰωσὴφ τοῦ ἀδελφοῦ ὑμῶν λέγοντος πρὸς
Φαραὼ τὸν πατέρα μου περὶ ὑμῶν ὅτι τέκνα παιδισκῶν τοῦ
πατρός μού εἰσι Δὰν καὶ Γὰδ καὶ Νεφθαλὶμ καὶ Ἀσὴρ καὶ
οὐκ εἰσὶν ἀδελφοί μου καὶ ἀναμενῶ τὸν θάνατον τοῦ
πατρός μου καὶ ἐκτρίψω αὐτοὺς ἐκ γῆς καὶ πᾶσαν τὴν
γενεὰν αὐτῶν μήποτε συγκληρονομήσωσι μεθ' ἡμῶν διότι
τέκνα παιδισκῶν εἰσιν.
9 καὶ οὗτοί με πεπράκασι τοῖς Ἰσμαηλίταις κἀγὼ
ἀνταποδώσω αὐτοῖς κατὰ πᾶσαν ὕβριν αὐτῶν ἣν
ἐπονηρεύσαντο κατ' ἐμοῦ. μόνον ἀποθανεῖται ὁ πατήρ μου.
10 καὶ ἐπήνεσεν αὐτὸν Φαραὼ ὁ πατὴρ μου καὶ εἶπεν αὐτῷ
καλῶς εἴρηκας τέκνον. λοιπὸν λαβὲ παρ' ἐμοῦ ἄνδρας
δυνατοὺς εἰς πόλεμον καὶ ὑπέξελθε αὐτοῖς καθά σοι
ἐπράξαντο καὶ ἐγὼ ἔσομαί σοι βοηθός.
11 καὶ ὡς ἤκουσαν οἱ ἄνδρες τῶν ῥημάτων τοῦ υἱοῦ Φαραὼ
ἐταράχθησαν σφόδρα καὶ ἐλυπήθησαν καὶ εἶπον πρὸς τὸν
υἱὸν Φαραὼ δεόμεθα σου κύριε βοήθησον ἡμῖν.
12 καὶ εἶπεν αὐτοῖς ὁ υἱὸς Φαραὼ ἐγὼ ἔσομαι ὑμῖν βοηθὸς
ἐὰν ἀκούσητε τῶν ῥημάτων μου.
13 καὶ εἶπον οἱ ἄνδρες ἰδοὺ ἡμεῖς ἐσμὲν παῖδές σου ἐνώπιόν
σου. πρόσταξον ἡμῖν καὶ ποιήσομεν κατὰ τὸ θέλημά σου.
14 καὶ εἶπεν αὐτοῖς ὁ υἱὸς Φαραὼ ἐγὼ ἀποκτενῶ τὸν πατέρα
μου Φαραὼ τῇ νυκτὶ ταύτῃ διότι Φαραὼ ὁ πατήρ μου ὡς
πατήρ ἐστι τοῦ Ἰωσὴφ καὶ εἶπεν αὐτῷ τοῦ βοηθῆσαι αὐτῷ
κατέναντι ὑμῶν. καὶ ὑμεῖς ἀποκτείνατε τὸν Ἰωσὴφ καὶ
λήψομαι ἐμαυτῷ τὴν Ἀσενὲθ εἰς γυναῖκα καὶ ὑμεῖς ἔσεσθέ
μοι ἀδελφοὶ καὶ συγκληρονόμοι τῶν ἐμῶν πάντων. πλὴν τὸ
ῥῆμα τοῦτο ποιήσατε.
15 καὶ εἶπον Δὰν καὶ Γὰδ ἡμεῖς ἐσμὲν παῖδές σου
σήμερον καὶ ποιήσομεν πάντα ἃ προσέταχας ἡμῖν. καὶ
ἡμεῖς ἀκηκόαμεν σήμερον τοῦ Ἰωσὴφ λέγοντος πρὸς τὴν
Ἀσενὲθ πορεύου αὔριον εἰς τὸν ἀγρὸν τῆς κληρονομίας
ἡμῶν διότι ὥρα ἐστὶ τοῦ τρυγητοῦ. καὶ ἔδωκε μετ' αὐτῆς

ἐξακοσίους ἄνδρας δυνατοὺς εἰς πόλεμον καὶ πεντήκοντα
προδρόμους.

16 καὶ νῦν ἄκουσον ἡμῶν καὶ λαλήσομεν πρὸς τὸν κύριον
ἡμῶν.

17 καὶ ἐλάλησαν αὐτῷ πάντας τοὺς ἐν κρυφῇ αὐτῶν λόγους
λέγοντες δὸς ἡμῖν ἄνδρας ⟨δυνατοὺς εἰς πόλεμον⟩.

18 καὶ ἔδωκεν ὁ υἱὸς Φαραὼ τοῖς τέσσαρσιν ἀδελφοῖς ἀνὰ
πεντακοσίους ἄνδρας καὶ αὐτοὺς κατέστησεν ἄρχοντας
αὐτῶν καὶ ἡγεμόνας.

19 καὶ εἶπον αὐτῷ Δὰν καὶ Γὰδ ἡμεῖς ἐσμέν παῖδές σου
σήμερον καὶ ποιήσομεν πάντα ἃ προστέταχας ἡμῖν. ἡμεῖς
πορευσόμεθα νυκτὸς καὶ ἐνεδρεύσομεν εἰς τὸν χείμαρρον
καὶ κρυβησόμεθα εἰς τὴν ὕλην τοῦ καλάμου. καὶ σὺ λαβὲ
μετὰ σου πεντήκοντα ἄνδρας τοξότας ἐφ' ἵπποις καὶ
πορεύου ἔμπροσθεν ⟨ἡμῶν⟩ ἀπὸ μακρόθεν. καὶ ἐλεύσεται
Ἀσενὲθ καὶ ἐμπεσεῖται εἰς τὰς χεῖρας ἡμῶν. καὶ ἡμεῖς
κατακόψομεν τοὺς ἄνδρας τοὺς ὄντας μετ' αὐτῆς. καὶ
φεύξεται Ἀσενὲθ ἔμπροσθεν μετὰ τοῦ ὀχήματος αὐτῆς καὶ
ἐμπεσεῖται εἰς τὰς χεῖράς σου καὶ ποιήσεις αὐτῇ καθὰ
ἐπιθυμεῖ ἡ ψυχή σου. καὶ μετὰ ταῦτα ἀποκτενοῦμεν τὸν
Ἰωσὴφ λυπούμενον περὶ Ἀσενὲθ καὶ τὰ τέκνα αὐτοῦ
ἀποκτενοῦμεν κατέναντι τῶν ὀφθαλμῶν αὐτοῦ. καὶ ἐχάρη ὁ
υἱὸς Φαραὼ ὡς ἤκουσε τὰ ῥήματα ταῦτα. καὶ ἐξαπέστειλεν
αὐτοὺς καὶ δύο χιλιάδας ἀνδρῶν πολεμιστῶν σὺν αὐτοῖς.

20 καὶ ἦλθον εἰς τὸν χείμαρρον καὶ ἀπεκρύβησαν ἐν τῇ ὕλῃ
τοῦ καλάμου. ⟨καὶ⟩ γεγόνασιν εἰς τέσσαρας ἀρχάς. καὶ
ἐκάθισαν ἐκεῖθεν τοῦ χειμάρρου ὡς πρὸς τὸ μέρος τὸ
ἔμπροσθεν ἔνθεν κἀκεῖθεν τῆς ὁδοῦ ἀνὰ πεντακόσιοι
ἄνδρες καὶ ἐντεῦθεν τοῦ χειμάρρου ἐπανέμειναν οἱ λοιποὶ
καὶ ἐκάθισαν καὶ αὐτοὶ ἐν τῇ ὕλῃ τοῦ καλάμου ἔνθεν
κἀκεῖθεν τῆς ὁδοῦ ἀνὰ πεντακόσιοι ἄνδρες. καὶ ἦν
ἀνάμεσον αὐτῶν ἡ ὁδὸς πλατεῖα καὶ εὐρύχωρος.

- 25 -

1 καὶ ἀνέστη ὁ υἱὸς Φαραὼ ἐν τῇ νυκτὶ ταύτῃ καὶ ἦλθεν ἐπὶ
τὸν θάλαμον τοῦ πατρὸς αὐτοῦ τοῦ ἀποκτεῖναι ἐν ῥομφαίᾳ
τὸν πατέρα αὐτοῦ. καὶ οἱ φύλακες τοῦ πατρὸς αὐτοῦ
διεκώλυον αὐτὸν τοῦ εἰσελθεῖν πρὸς τὸν πατέρα αὐτοῦ καὶ
εἶπον αὐτῷ τί προστάσσεις κύριε;

2 καὶ εἶπεν αὐτοῖς ὁ υἱὸς Φαραὼ ὄψεσθαι βούλομαι τὸν
πατέρα μου διότι πορεύομαι τρυγῆσαι τὴν ἄμπελόν μου τὴν
νεόφυτον.

3 καὶ εἶπον αὐτῷ οἱ φύλακες κεφαλῆς πόνον πονεῖ ὁ πατήρ
σου καὶ ἠγρύπνησεν ὅλην τὴν νύκτα καὶ νῦν ἡσυχάζει
μικρόν. καὶ εἶπεν ἡμῖν μηδεὶς ἐγγισάτω μου μηδὲ ὁ υἱός
μου ὁ πρωτότοκος.

4 καὶ ὡς ἤκουσε ταῦτα ἀπῆλθε σπεύδων ὁ υἱὸς Φαραὼ καὶ
ἔλαβε μετ' αὐτοῦ πεντήκοντα ἄνδρας ἱππεῖς τοξότας καὶ
ἀπῆλθεν ἔμπροσθεν αὐτῶν καθὰ ἐλάλησαν αὐτῷ Δὰν καὶ Γάδ.

5 καὶ ἐλάλησαν οἱ ἀδελφοὶ οἱ νεώτεροι Νεφθαλὶμ καὶ Ἀσὴρ
τοῖς ἀδελφοῖς αὐτῶν τοῖς πρεσβυτέροις τῷ Δὰν καὶ τῷ Γὰδ
λέγοντες ἵνα τί ὑμεῖς πονηρεύεσθε πάλιν κατὰ τοῦ πατρὸς
ἡμῶν Ἰσραὴλ καὶ κατὰ τοῦ ἀδελφοῦ ἡμῶν Ἰωσήφ; καὶ
αὐτὸν διαφυλάσσει ὁ κύριος ὡς κόρην ὀφθαλμοῦ. οὐκ ἰδοὺ
ἅπαξ πεπράκατε αὐτὸν καὶ ἔστι σήμερον βασιλεὺς πάσης
τῆς γῆς Αἰγύπτου καὶ σωτὴρ καὶ σιτοδότης;

6 καὶ νῦν πάλιν ἐὰν πειράσητε πονηρεύσασθαι κατ' αὐτοῦ
βοήσει πρὸς τὸν Ὕψιστον καὶ πέμψει πῦρ ἐξ οὐρανοῦ καὶ
καταφάγεται ὑμᾶς καὶ οἱ ἄγγελοι τοῦ θεοῦ πολεμήσουσι
καθ' ὑμῶν ὑπὲρ αὐτοῦ.

7 καὶ ὠργίσθησαν αὐτοῖς οἱ ἀδελφοὶ αὐτῶν οἱ πρεσβύτεροι
Δὰν καὶ Γὰδ καὶ εἶπον ἀλλ' ὡς γυναῖκες ἀποθανούμεθα; μὴ
γένοιτο.

8 καὶ ἐξῆλθον εἰς συνάντησιν τῷ Ἰωσὴφ καὶ τῇ Ἀσενέθ.

- 26 -

1 καὶ ἀνέστη τὸ πρωῒ Ἀσενὲθ καὶ εἶπε τῷ Ἰωσὴφ
πορεύσομαι καθὰ εἴρηκας εἰς τὸν ἀγρὸν τῆς κληρονομίας
ἡμῶν. καὶ δέδοικεν ἡ ψυχή μου ὅτι σὺ χωρίζῃ ἀπ' ἐμοῦ.

2 καὶ εἶπεν αὐτῇ Ἰωσὴφ θάρσει καὶ μὴ φοβοῦ ἀλλὰ πορεύου
διότι κύριος μετὰ σοῦ ἐστι καὶ αὐτὸς διαφυλάξει σε ὡς
κόρην ὀφθαλμοῦ ἀπὸ παντὸς πράγματος πονηροῦ.

3 διότι κἀγὼ πορεύσομαι ἐπὶ τὴν σιτοδοσίαν μου καὶ δώσω
ἄρτον πᾶσι τοῖς ἀνθρώποις καὶ οὐ μὴ φθαρήσεται ἀπὸ
προσώπου κυρίου πᾶσα ἡ γῆ.

4 καὶ ἀπῆλθεν Ἀσενὲθ ἐπὶ τὴν ὁδὸν αὐτῆς καὶ Ἰωσὴφ
ἀπῆλθεν ἐπὶ τὴν σιτοδοσίαν αὐτοῦ.

5 καὶ ἦλθεν Ἀσενὲθ ἐπὶ τὸν τόπον τοῦ χειμάρρου καὶ οἱ
ἑξακόσιοι ἄνδρες μετ' αὐτῆς. καὶ ἐξαίφνης ἐξεπήδησαν ἐκ
τῶν ἐνέδρων αὐτῶν οἱ ἐνεδρευταὶ καὶ συνέμιξαν πόλεμον
μετὰ τῶν ἀνδρῶν τῆς Ἀσενὲθ καὶ κατέκοψαν αὐτοὺς ἐν
στόματι ῥομφαίας καὶ τοὺς προδρόμους αὐτῆς ἀπέκτειναν
πάντας καὶ ἔφυγεν Ἀσενὲθ μετὰ τοῦ ὀχήματος αὐτῆς
ἔμπροσθεν.

6 καὶ ἔγνω Λευὶς ὁ υἱὸς Λίας ταῦτα πάντα τῷ πνεύματι ὡς
προφήτης καὶ ἀνήγγειλε τοῖς ἀδελφοῖς αὐτοῦ τοῖς υἱοῖς
Λίας τὸν κίνδυνον τῆς Ἀσενέθ. καὶ ἔλαβεν ἕκαστος τὴν
ῥομφαίαν αὐτοῦ καὶ ἔθηκεν ἐπὶ τὸν μηρὸν αὐτοῦ καὶ
ἔλαβον τὰς ἀσπίδας αὐτῶν καὶ ἔθηκαν ἐπὶ τοὺς βραχίονας
αὐτῶν καὶ ⟨ἔλαβον⟩ τὰ δόρατα αὐτῶν ἐν ταῖς δεξιαῖς
χερσὶν αὐτῶν καὶ κατεδίωξαν ὀπίσω τῆς Ἀσενὲθ δρόμῳ
ταχεῖ.

7 καὶ ἔφυγεν Ἀσενὲθ ἔμπροσθεν καὶ ἰδοὺ ὁ υἱὸς Φαραὼ
ἀπαντᾷ αὐτῇ καὶ πεντήκοντα ἄνδρες ἱππεῖς μετ' αὐτοῦ.

8 καὶ εἶδεν αὐτὸν Ἀσενὲθ καὶ ἐφοβήθη καὶ ἐταράχθη σφόδρα
καὶ ἐτρόμαξεν ὅλον τὸ σῶμα αὐτῆς. καὶ ἐπεκαλέσατο τὸ
ὄνομα κυρίου τοῦ θεοῦ αὐτῆς.

- 27 -

1 καὶ Βενιαμὶν ἐκάθητο ἐξ εὐωνύμων τῆς Ἀσενὲθ ἐν τῷ
ὀχήματι αὐτῆς. καὶ ἦν Βενιαμὶν παιδάριον ὀκτωκαίδεκα
ἐτῶν μέγα καὶ ἰσχυρὸν καὶ πρυτανικὸν καὶ ἦν κάλλος ἐν
αὐτῷ ἄρρητον καὶ ἰσχὺς ὡς σκύμνος λέοντος καὶ ἦν
φοβούμενον τὸν κύριον σφόδρα.

2 καὶ κατεπήδησε Βενιαμὶν ἀπὸ τοῦ ὀχήματος καὶ ἔλαβε

λίθον στρογγύλον ἐκ τοῦ χειμάρρου καὶ ἐπλήρωσε τὴν
χεῖρα αὐτοῦ καὶ ἠκόντισε κατέναντι τοῦ υἱοῦ Φαραὼ καὶ
ἐπάταξε τὸν κρόταφον αὐτοῦ τὸν εὐώνυμον καὶ
ἐτραυμάτισεν αὐτὸν τραύματι βαρεῖ.

3 καὶ ἔπεσεν ὁ υἱὸς Φαραὼ ἀπὸ τοῦ ἵππου αὐτοῦ ἐπὶ τὴν γῆν
ἡμιθανὴς τυγχάνων.

4 καὶ ἐπήδησε Βενιαμὶν καὶ ἀνέβη ἐπὶ τὴν πέτραν καὶ εἶπε
τῷ ἡνιόχῳ τῆς Ἀσενὲθ δός μοι λίθους ἐκ τοῦ χειμάρρου.

5 καὶ ἔδωκεν αὐτῷ λίθους πεντήκοντα. καὶ ἠκόντισε
Βενιαμὶν τοὺς πεντήκοντα λίθους καὶ ἀπέκτεινε τοὺς
πεντήκοντα ἄνδρας τοὺς ὄντας μετὰ τοῦ υἱοῦ τοῦ Φαραώ.
καὶ ἐδύσαν πάντες οἱ λίθοι διὰ τῶν κροτάφων αὐτῶν.

6 καὶ οἱ υἱοὶ Λίας Ῥουβὴμ καὶ Συμεὼν Λευὶς καὶ Ἰούδας
Ἰσσάχαρ καὶ Ζαβουλὼν κατεδίωξαν ὀπίσω τῶν ἀνδρῶν τῶν
ἐνεδρευόντων τῇ Ἀσενὲθ καὶ ἐπέπεσαν αὐτοῖς ἄφνω καὶ
κατέκοψαν αὐτοὺς πάντας καὶ ἀπέκτειναν δισχιλίους οἱ ἓξ
ἄνδρες.

7 καὶ ἔφυγον ἀπὸ προσώπου αὐτῶν οἱ ἀδελφοὶ αὐτῶν οἱ υἱοὶ
Βάλλας καὶ Ζέλφας καὶ εἶπον ἀπωλόμεθα ἀπὸ τῶν ἀδελφῶν
ἡμῶν καὶ τέθνηκεν ὁ υἱὸς Φαραὼ ἐν χειρὶ Βενιαμὶν τοῦ
παιδαρίου καὶ πάντες οἱ μετ' αὐτοῦ ἀπώλασιν ἐν χειρὶ
μιᾷ τοῦ παιδαρίου Βενιαμίν.

8 καὶ νῦν δεῦτε ἀποκτείνωμεν τὴν Ἀσενὲθ καὶ τὸν Βενιαμὶν
καὶ φύγωμεν εἰς τὴν ὕλην τοῦ καλάμου τούτου.

9 καὶ ἦλθον ἐπὶ Ἀσενὲθ ἐσπασμένας ἔχοντες τὰς ῥομφαίας
αὐτῶν αἵματος πλήρεις.

10 καὶ εἶδεν αὐτοὺς Ἀσενὲθ καὶ ἐφοβήθη σφόδρα καὶ εἶπεν
κύριε ὁ θεός μου ὁ ἀναζωοποιήσας με καὶ ῥυσάμενός με ἐκ
τῶν εἰδώλων καὶ τῆς φθορᾶς τοῦ θανάτου ὁ εἰπών μοι ὅτι
εἰς τὸν αἰῶνα ζήσεται ἡ ψυχή σου ῥῦσαί με ἐκ τῶν χειρῶν
τῶν ἀνδρῶν τῶν πονηρῶν τούτων.

11 καὶ ἤκουσε κύριος ὁ θεὸς τῆς φωνῆς Ἀσενὲθ καὶ εὐθέως
ἔπεσον αἱ ῥομφαίαι αὐτῶν ἐκ τῶν χειρῶν αὐτῶν ἐπὶ τὴν
γῆν καὶ ἐτεφρώθησαν.

- 28 -

1 καὶ εἶδον οἱ υἱοὶ Βάλλας καὶ Ζέλφας τὸ ῥῆμα τὸ μέγα
τοῦτο καὶ ἐφοβήθησαν σφόδρα καὶ εἶπον κύριος πολεμεῖ
καθ' ἡμῶν ὑπὲρ Ἀσενέθ.

2 καὶ ἔπεσον ἐπὶ πρόσωπον ἐπὶ τὴν γῆν καὶ προσεκύνησαν τῇ
Ἀσενὲθ καὶ εἶπον ἐλέησον ἡμᾶς τοὺς δούλους σου διότι
δέσποινα ἡμῶν σὺ εἶ καὶ βασίλισσα.

3 καὶ ἡμεῖς ἐπονηρευσάμεθα εἰς σε κακὰ καὶ κατὰ τοῦ
ἀδελφοῦ ἡμῶν Ἰωσὴφ καὶ κύριος ἀνταπέδωκεν ἡμῖν κατὰ τὰ
ἔργα ἡμῶν.

4 καὶ νῦν δεόμεθά σου ἡμεῖς οἱ δοῦλοί σου ἐλέησον ἡμᾶς
καὶ ῥῦσαι ἡμᾶς ἐκ τῶν χειρῶν τῶν ἀδελφῶν ἡμῶν διότι
αὐτοὶ ἔκδικοι τῆς ὕβρεώς σου παρεγένοντο πρός σε καὶ αἱ
ῥομφαῖαι αὐτῶν κατέναντι ἡμῶν εἰσιν.

5 καὶ οἴδαμεν ὅτι οἱ ἀδελφοὶ ἡμῶν ἄνδρες εἰσὶ θεοσεβεῖς
καὶ μὴ ἀποδιδόντες κακὸν ἀντὶ κακοῦ τινι ἀνθρώπῳ.

6 λοιπὸν γενοῦ ἵλεως τοῖς δούλοις σου δέσποινα ἐνώπιον
αὐτῶν.

7 καὶ εἶπεν αὐτοῖς Ἀσενὲθ θαρσεῖτε καὶ μὴ φοβεῖσθε ἀπὸ
τῶν ἀδελφῶν ὑμῶν διότι αὐτοί εἰσιν ἄνδρες θεοσεβεῖς καὶ
φοβούμενοι τὸν θεὸν καὶ αἰδούμενοι πάντα ἄνθρωπον.
πορεύθητε δὲ εἰς τὴν ὕλην τοῦ καλάμου τούτου ἕως
ἐξιλεώσομαι αὐτοὺς περὶ ὑμῶν καὶ καταπαύσω τὴν ὀργὴν
αὐτῶν διότι ὑμεῖς μεγάλα τετολμήκατε κατέναντι αὐτῶν.
θαρσεῖτε οὖν καὶ μὴ φοβεῖσθε πλὴν κρινεῖ κύριος
ἀνάμεσον ἐμοῦ καὶ ὑμῶν.

8 καὶ ἔφυγον εἰς τὴν ὕλην τοῦ καλάμου Δὰν καὶ Γὰδ καὶ οἱ
ἀδελφοὶ αὐτῶν. καὶ ἰδοὺ οἱ υἱοὶ Λίας ἦλθον τρέχοντες ὡς
ἔλαβοι τριέτεις κατ' αὐτῶν.

9 καὶ κατέβη Ἀσενὲθ ἐκ τοῦ ὀχήματος τῆς σκέπης αὐτῆς καὶ
ἐδεξίωσατο αὐτοὺς μετὰ δακρύων καὶ αὐτοὶ πεσόντες
προσεκύνησαν αὐτῇ ἐπὶ τὴν γῆν καὶ ἔκλαυσαν μετὰ φωνῆς
μεγάλης καὶ ἐζήτουν τοὺς ἀδελφοὺς αὐτῶν τοὺς υἱοὺς τῶν
παιδισκῶν τοῦ πατρὸς αὐτῶν τοῦ ἀνελεῖν αὐτούς.

10 καὶ εἶπε πρὸς αὐτοὺς Ἀσενὲθ δέομαι ὑμῶν φείσασθε τῶν
ἀδελφῶν ὑμῶν καὶ μὴ ποιήσητε αὐτοῖς κακὸν ἀντὶ κακοῦ
διότι κύριος ὑπερήσπισέ με ἀπ' αὐτῶν καὶ ἔθραυσε τὰς
ῥομφαίας αὐτῶν ἐκ τῶν χειρῶν αὐτῶν καὶ ἰδοὺ τετήκασιν
ἐπὶ τὴν γῆν ὥσπερ κηρὸς ἀπὸ προσώπου πυρός. καὶ ἔστι
τοῦτο ἱκανὸν αὐτοῖς ὅτι κύριος πολεμεῖ πρὸς αὐτοὺς ὑπὲρ
ἡμῶν.

11 καὶ ὑμεῖς φείσασθε αὐτῶν διότι ἀδελφοὶ ὑμῶν εἰσι καὶ
αἷμα τοῦ πατρὸς ὑμῶν Ἰσραήλ.

12 καὶ εἶπεν αὐτῇ Συμεὼν ἵνα τί ἡ δέσποινα ἡμῶν λαλεῖ
ἀγαθὰ ὑπὲρ τῶν ἐχθρῶν αὐτῆς;

13 οὐχὶ ἀλλὰ κατακόψωμεν αὐτοὺς ἐν ταῖς ῥομφαίαις ἡμῶν
διότι αὐτοὶ πρῶτοι ἐβουλεύσαντο κακὰ καθ' ἡμῶν καὶ κατὰ
τοῦ πατρὸς ἡμῶν Ἰσραὴλ καὶ κατὰ τοῦ ἀδελφοῦ ἡμῶν
Ἰωσὴφ ἤδη τοῦτο δὶς καὶ κατὰ σου δέσποινα καὶ
βασίλισσα ἡμῶν σήμερον.

14 καὶ ἐξέτεινεν Ἀσενὲθ τὴν δεξιὰν αὐτῆς χεῖρα καὶ ἥψατο
τῆς γενειάδος τοῦ Συμεὼν καὶ κατεφίλησεν αὐτὸν καὶ
εἶπεν μηδαμῶς ἄδελφε ποιήσεις κακὸν ἀντὶ κακοῦ τῷ
πλησίον σου. τῷ κυρίῳ δώσεις ἐκδικήσειν τὴν ὕβριν
αὐτῶν. καὶ αὐτοὶ ἀδελφοὶ ὑμῶν εἰσι καὶ γένος τοῦ πατρὸς
ὑμῶν Ἰσραὴλ καὶ ἔφυγον μηκόθεν ἀπὸ προσώπου ὑμῶν.
λοιπὸν συγγνώμην αὐτοῖς ἀπονείματε.

15 καὶ ἦλθε πρὸς αὐτὴν Λευὶς καὶ κατεφίλησε τὴν χεῖρα
αὐτῆς τὴν δεξιὰν καὶ ἔγνω ὅτι σῶσαι ἤθελε τοὺς ἄνδρας
ἐκ τῆς ὀργῆς τῶν ἀδελφῶν αὐτῶν τοῦ μὴ ἀποκτεῖναι
αὐτούς.

16 καὶ αὐτοὶ ἦσαν ἐγγὺς ἐν τῇ ὕλῃ τοῦ καλάμου.

17 καὶ ἔγνω Λευὶς ὁ ἀδελφὸς αὐτῶν καὶ οὐκ ἀνήγγειλε τοῖς
ἀδελφοῖς αὐτοῦ. ἐφοβήθη γὰρ μήποτε ἐν τῇ ὀργῇ αὐτῶν
κατακόψωσιν αὐτούς.

- 29 -

1 καὶ ὁ υἱὸς Φαραὼ ἀνέστη ἀπὸ τῆς γῆς καὶ ἀνεκάθισε καὶ
ἔπτυεν αἷμα ἀπὸ τοῦ στόματος αὐτοῦ διότι τὸ αἷμα ἀπὸ

τοῦ κροτάφου αὐτοῦ κατέρρεεν ἐπὶ τῷ στόματι αὐτοῦ.
2 καὶ ἔδραμεν ἐπ' αὐτὸν Βενιαμὶν καὶ ἔλαβε τὴν ῥομφαίαν
  αὐτοῦ καὶ εἵλκυσεν αὐτὴν ἐκ τοῦ κολεοῦ αὐτῆς διότι
  Βενιαμὶν ῥομφαίαν οὐκ εἶχεν ἐπὶ τῷ μηρῷ αὐτοῦ καὶ
  ἤμελλε πατάξαι τὸ στῆθος τοῦ υἱοῦ Φαραώ.
3 καὶ ἔδραμεν ἐπ' αὐτὸν Λευὶς καὶ ἐκράτησε τῆς χειρὸς
  αὐτοῦ καὶ εἶπεν μηδαμῶς ἄδελφε ποιήσεις τὸ πρᾶγμα τοῦτο
  διότι ἡμεῖς ἄνδρες θεοσεβεῖς ἐσμέν καὶ οὐ προσήκει
  ἀνδρὶ θεοσεβεῖ ἀποδοῦναι κακὸν ἀντὶ κακοῦ οὐδὲ
  πεπτωκότα καταπατῆσαι οὐδὲ ἐκθλῖψαι τὸν ἐχθρὸν αὐτοῦ
  ἕως θανάτου.
4 καὶ νῦν ἀπόστρεψον τὴν ῥομφαίαν σου εἰς τὸν τόπον αὐτῆς
  καὶ δεῦρο βοήθησόν μοι καὶ θεραπεύσωμεν αὐτὸν ἀπὸ τοῦ
  τραύματος αὐτοῦ καὶ ἐὰν ζήσῃ ἔσται ἡμῶν φίλος μετὰ
  ταῦτα καὶ ὁ πατὴρ αὐτοῦ Φαραὼ ἔσται ὡς πατὴρ ἡμῶν.
5 καὶ ἀνέστησε Λευὶς τὸν υἱὸν Φαραὼ ἐκ τῆς γῆς καὶ
  ἀπένιψε τὸ αἷμα ἀπὸ τοῦ προσώπου αὐτοῦ καὶ ἔδησε
  τελαμῶνα εἰς τὸ τραῦμα αὐτοῦ καὶ ἐπέθηκεν αὐτὸν ἐπὶ τὸν
  ἵππον αὐτοῦ καὶ ἐκόμισεν αὐτὸν τῷ πατρὶ αὐτοῦ Φαραὼ καὶ
  διηγήσατο αὐτῷ πάντας τοὺς λόγους τούτους.
6 καὶ ἀνέστη Φαραὼ ἀπὸ τοῦ θρόνου αὐτοῦ καὶ προσεκύνησε
  τῷ Λευὶ ἐπὶ τὴν γῆν καὶ εὐλόγησεν αὐτόν.
7 καὶ ἐν τῇ τρίτῃ ἡμέρᾳ ἀπέθανεν ὁ υἱὸς Φαραὼ ἐκ τοῦ
  τραύματος τοῦ λίθου Βενιαμὶν τοῦ παιδαρίου.
8 καὶ Φαραὼ ἐπένθησε τὸν υἱὸν αὐτοῦ τὸν πρωτότοκον σφόδρα
  καὶ ἐκ τοῦ πένθους ἐμαλακίσθη καὶ ἀπέθανε Φαραὼ ἐτῶν
  ἑκατὸν ἐννέα καὶ κατέλιπε τὸ διάδημα αὐτοῦ τῷ Ἰωσήφ.
9 καὶ ἐβασίλευσεν Ἰωσὴφ ἐν Αἰγύπτῳ ἔτη τεσσαράκοντα ὀκτὼ
  καὶ μετὰ ταῦτα ἀπέδωκεν Ἰωσὴφ τὸ διάδημα τῷ ἐκγόνῳ
  Φαραὼ τῷ νεωτέρῳ ὃς ἦν ἐπὶ μασθῷ ὅτε ἀπέθανε Φαραώ. καὶ
  ἦν Ἰωσὴφ ὡς πατὴρ τοῦ υἱοῦ Φαραὼ τοῦ νεωτέρου ἐν γῇ
  Αἰγύπτου ⟨πάσας τὰς ἡμέρας τῆς ζωῆς αὐτοῦ⟩.

## Psalmi Salomonis
-------------------

ψαλμοὶ σολομῶντος.
 - 1 -
1 ἐβόησα πρὸς κύριον ἐν τῷ θλίβεσθαί με εἰς τέλος πρὸς
  τὸν θεὸν ἐν τῷ ἐπιθέσθαι ἁμαρτωλοὺς
2 ἐξάπινα ἠκούσθη κραυγὴ πολέμου ἐνώπιόν μου ⟨εἶπα⟩
  ἐπακούσεταί μου ὅτι ἐπλήσθην δικαιοσύνης.
3 ἐλογισάμην ἐν καρδίᾳ μου ὅτι ἐπλήσθην δικαιοσύνης ἐν τῷ
  εὐθηνῆσαί με καὶ πολλὴν γενέσθαι ἐν τέκνοις.
4 ὁ πλοῦτος αὐτῶν διεδόθη εἰς πᾶσαν τὴν γῆν καὶ ἡ δόξα
  αὐτῶν ἕως ἐσχάτου τῆς γῆς.
5 ὑψώθησαν ἕως τῶν ἄστρων εἶπαν οὐ μὴ πέσωσιν
6 καὶ ἐξύβρισαν ἐν τοῖς ἀγαθοῖς αὐτῶν καὶ οὐκ ἤνεγκαν.
7 αἱ ἁμαρτίαι αὐτῶν ἐν ἀποκρύφοις καὶ ἐγὼ οὐκ ᾔδειν
8 αἱ ἀνομίαι αὐτῶν ὑπὲρ τὰ πρὸ αὐτῶν ἔθνη ἐβεβήλωσαν τὰ
  ἅγια κυρίου ἐν βεβηλώσει.
 - 2 -
ψαλμὸς τῷ Σαλωμὼν περὶ Ἱερουσαλήμ.
1 ἐν τῷ ὑπερηφανεύεσθαι τὸν ἁμαρτωλὸν ἐν κριῷ κατέβαλε
  τείχη ὀχυρὰ καὶ οὐκ ἐκώλυσας.
2 ἀνέβησαν ἐπὶ τὸ θυσιαστήριόν σου ἔθνη ἀλλότρια
  κατεπατοῦσαν ἐν ὑποδήμασιν αὐτῶν ἐν ὑπερηφανίᾳ
3 ἀνθ' ὧν οἱ υἱοὶ Ἱερουσαλὴμ ἐμίαναν τὰ ἅγια κυρίου
  ἐβεβηλοῦσαν τὰ δῶρα τοῦ θεοῦ ἐν ἀνομίαις.
4 ἕνεκεν τούτων εἶπεν ἀπορρίψατε αὐτὰ μακρὰν ἀπ' ἐμοῦ οὐκ
  εὐδοκῶ ἐν αὐτοῖς.
5 τὸ κάλλος τῆς δόξης αὐτῆς ἐξουθενώθη ἐνώπιον τοῦ θεοῦ
  ἠτιμώθη ἕως εἰς τέλος.
6 οἱ υἱοὶ καὶ αἱ θυγατέρες ἐν αἰχμαλωσίᾳ πονηρᾷ ἐν
  σφραγῖδι ὁ τράχηλος αὐτῶν ἐν ἐπισήμῳ ἐν τοῖς ἔθνεσιν.
7 κατὰ τὰς ἁμαρτίας αὐτῶν ἐποίησεν αὐτοῖς ὅτι ἐγκατέλιπεν
  αὐτοὺς εἰς χεῖρας κατισχυόντων.
8 ἀπέστρεψεν γὰρ τὸ πρόσωπον αὐτοῦ ἀπὸ ἐλέους αὐτῶν νέον
  καὶ πρεσβύτην καὶ τέκνα αὐτῶν εἰς ἅπαξ ὅτι πονηρὰ
  ἐποίησαν εἰς ἅπαξ τοῦ μὴ ἀκούειν.
9 καὶ ὁ οὐρανὸς ἐβαρυθύμησεν καὶ ἡ γῆ ἐβδελύξατο αὐτοὺς
  ὅτι οὐκ ἐποίησε πᾶς ἄνθρωπος ἐπ' αὐτῆς ὅσα ἐποίησαν.
10 καὶ γνώσεται ἡ γῆ τὰ κρίματά σου πάντα τὰ δίκαια ὁ
   θεός.
11 ἔστησαν τοὺς υἱοὺς Ἱερουσαλὴμ εἰς ἐμπαιγμὸν ἀντὶ πορνῶν
   ἐν αὐτῇ πᾶς ὁ παραπορευόμενος εἰσεπορεύετο κατέναντι
   τοῦ ἡλίου.
12 ἐνέπαιζον ταῖς ἀνομίαις αὐτῶν καθὰ ἐποίουν αὐτοὶ
   ἀπέναντι τοῦ ἡλίου παρεδειγμάτισαν ἀδικίας αὐτῶν.
13 καὶ θυγατέρες Ἱερουσαλὴμ βέβηλοι κατὰ τὸ κρίμα σου ἀνθ'
   ὧν αὐταὶ ἐμίαναν αὐτὰς ἐν φυρμῷ ἀναμείξεως.
14 τὴν κοιλίαν μου καὶ τὰ σπλάγχνα μου πονῶ ἐπὶ τούτοις
15 ἐγὼ δικαιώσω σε ὁ θεὸς ἐν εὐθύτητι καρδίας ὅτι ἐν τοῖς
   κρίμασίν σου ἡ δικαιοσύνη σου ὁ θεός.
16 ὅτι ἀπέδωκας τοῖς ἁμαρτωλοῖς κατὰ τὰ ἔργα αὐτῶν καὶ
   κατὰ τὰς ἁμαρτίας αὐτῶν τὰς πονηρὰς σφόδρα.
17 ἀνεκάλυψας τὰς ἁμαρτίας αὐτῶν ἵνα φανῇ τὸ κρίμα σου
   ἐξήλειψας τὸ μνημόσυνον αὐτῶν ἀπὸ τῆς γῆς.
18 ὁ θεὸς κριτὴς δίκαιος καὶ οὐ θαυμάσει πρόσωπον
19 ὠνείδισαν γὰρ ἔθνη Ἱερουσαλὴμ ἐν καταπατήσει κατεσπάσθη
   τὸ κάλλος αὐτῆς ἀπὸ θρόνου δόξης.
20 περιεζώσατο σάκκον ἀντὶ ἐνδύματος εὐπρεπείας σχοινίον
   περὶ τὴν κεφαλὴν αὐτῆς ἀντὶ στεφάνου.
21 περιείλατο μίτραν δόξης ἣν περιέθηκεν αὐτῇ ὁ θεὸς ἐν
   ἀτιμίᾳ τὸ κάλλος αὐτῆς ἀπερρίφη ἐπὶ τὴν γῆν.
22 καὶ ἐγὼ εἶδον καὶ ἐδεήθην τοῦ προσώπου κυρίου καὶ εἶπον
   ἱκάνωσον κύριε τοῦ βαρύνεσθαι χεῖρά σου ἐπὶ Ἱερουσαλὴμ
   ἐν ἐπαγωγῇ ἐθνῶν

23 ὅτι ἐνέπαιξαν καὶ οὐκ ἐφείσαντο ἐν ὀργῇ καὶ θυμῷ μετὰ
   μηνίσεως καὶ συντελεσθήσονται ἐὰν μὴ σὺ κύριε
   ἐπιτιμήσῃς αὐτοῖς ἐν ὀργῇ σου.
24 ὅτι οὐκ ἐν ζήλει ἐποίησαν ἀλλ' ἐν ἐπιθυμίᾳ ψυχῆς ἐκχέαι
   τὴν ὀργὴν αὐτῶν εἰς ἡμᾶς ἐν ἁρπάγματι.
25 μὴ χρονίσῃς ὁ θεὸς τοῦ ἀποδοῦναι αὐτοῖς εἰς κεφαλὰς τοῦ
   εἰπεῖν τὴν ὑπερηφανίαν τοῦ δράκοντος ἐν ἀτιμίᾳ.
26 καὶ οὐκ ἐχρόνισα ἕως ἔδειξέν μοι ὁ θεὸς τὴν ὕβριν αὐτοῦ
   ἐκκεκεντημένον ἐπὶ τῶν ὀρέων Αἰγύπτου ὑπὲρ ἐλάχιστον
   ἐξουδενωμένον ἐπὶ γῆς καὶ θαλάσσης
27 τὸ σῶμα αὐτοῦ διαφερόμενον ἐπὶ κυμάτων ἐν ὕβρει πολλῇ
   καὶ οὐκ ἦν ὁ θάπτων ὅτι ἐξουθένωσεν αὐτὸν ἐν ἀτιμίᾳ.
28 οὐκ ἐλογίσατο ὅτι ἄνθρωπός ἐστιν καὶ τὸ ὕστερον οὐκ
   ἐλογίσατο
29 εἶπεν ἐγὼ κύριος γῆς καὶ θαλάσσης ἔσομαι καὶ οὐκ ἐπέγνω
   ὅτι ὁ θεὸς μέγας κραταιὸς ἐν ἰσχύι αὐτοῦ τῇ μεγάλῃ.
30 αὐτὸς βασιλεὺς ἐπὶ τῶν οὐρανῶν καὶ κρίνων βασιλεῖς καὶ
   ἀρχάς
31 ὁ ἀνιστῶν ἐμὲ εἰς δόξαν καὶ κοιμίζων ὑπερηφάνους εἰς
   ἀπώλειαν αἰῶνος ἐν ἀτιμίᾳ ὅτι οὐκ ἔγνωσαν αὐτόν.
32 καὶ νῦν ἴδετε οἱ μεγιστᾶνες τῆς γῆς τὸ κρίμα τοῦ κυρίου
   ὅτι μέγας βασιλεὺς καὶ δίκαιος κρίνων τὴν ὑπ' οὐρανόν.
33 εὐλογεῖτε τὸν θεὸν οἱ φοβούμενοι τὸν κύριον ἐν ἐπιστήμῃ
   ὅτι τὸ ἔλεος κυρίου ἐπὶ τοὺς φοβουμένους αὐτὸν μετὰ
   κρίματος
34 τοῦ διαστεῖλαι ἀνὰ μέσον δικαίου καὶ ἁμαρτωλοῦ
   ἀποδοῦναι ἁμαρτωλοῖς εἰς τὸν αἰῶνα κατὰ τὰ ἔργα αὐτῶν
35 καὶ ἐλεῆσαι δίκαιον ἀπὸ ταπεινώσεως ἁμαρτωλοῦ καὶ
   ἀποδοῦναι ἁμαρτωλῷ ἀνθ' ὧν ἐποίησεν δικαίῳ.
36 ὅτι χρηστὸς ὁ κύριος τοῖς ἐπικαλουμένοις αὐτὸν ἐν
   ὑπομονῇ ποιῆσαι κατὰ τὸ ἔλεος αὐτοῦ τοῖς ὁσίοις αὐτοῦ
   παρεστάναι διὰ παντὸς ἐνώπιον αὐτοῦ ἐν ἰσχύι.
37 εὐλογητὸς κύριος εἰς τὸν αἰῶνα ἐνώπιον δούλων αὐτοῦ.
 - 3 -
ψαλμὸς τῷ Σαλωμὼν περὶ δικαίων.
1 ἵνα τί ὑπνοῖς ψυχὴ καὶ οὐκ εὐλογεῖς τὸν κύριον; ὕμνον
  καινὸν ψάλατε τῷ θεῷ τῷ αἰνετῷ.
2 ψάλλε καὶ γρηγόρησον ἐπὶ τὴν γρηγόρησιν αὐτοῦ ὅτι
  ἀγαθὸς ψαλμὸς τῷ θεῷ ἐξ ἀγαθῆς καρδίας.
3 δίκαιοι μνημονεύουσιν διὰ παντὸς τοῦ κυρίου ἐν
  ἐξομολογήσει καὶ δικαιώσει τὰ κρίματα κυρίου.
4 οὐκ ὀλιγωρήσει δίκαιος παιδευόμενος ὑπὸ κυρίου ἡ
  εὐδοκία αὐτοῦ διὰ παντὸς ἔναντι κυρίου.
5 προσέκοψεν ὁ δίκαιος καὶ ἐδικαίωσεν τὸν κύριον ἔπεσεν
  καὶ ἀποβλέπει τί ποιήσει αὐτῷ ὁ θεὸς ἀποσκοπεύει ὅθεν
  ἥξει σωτηρία αὐτοῦ.
6 ἀλήθεια τῶν δικαίων παρὰ θεοῦ σωτῆρος αὐτῶν οὐκ
  αὐλίζεται ἐν οἴκῳ δικαίου ἁμαρτία ἐφ' ἁμαρτίαν
7 ἐπισκέπτεται διὰ παντὸς τὸν οἶκον αὐτοῦ ὁ δίκαιος τοῦ
  ἐξᾶραι ἀδικίαν ἐν παραπτώματι αὐτοῦ.
8 ἐξιλάσατο περὶ ἀγνοίας ἐν νηστείᾳ καὶ ταπεινώσει ψυχῆς
  αὐτοῦ καὶ ὁ κύριος καθαρίζει πᾶν ἄνδρα ὅσιον καὶ τὸν
  οἶκον αὐτοῦ.
9 προσέκοψεν ἁμαρτωλὸς καὶ καταρᾶται ζωὴν αὐτοῦ τὴν
  ἡμέραν γενέσεως αὐτοῦ καὶ ὠδῖνας μητρός.
10 προσέθηκεν ἁμαρτίας ἐφ' ἁμαρτίας τῇ ζωῇ αὐτοῦ ἔπεσεν
   ὅτι πονηρὸν τὸ πτῶμα αὐτοῦ καὶ οὐκ ἀναστήσεται.
11 ἡ ἀπώλεια τοῦ ἁμαρτωλοῦ εἰς τὸν αἰῶνα καὶ οὐ
   μνησθήσεται ὅταν ἐπισκέπτηται δικαίους.
12 αὕτη ἡ μερὶς τῶν ἁμαρτωλῶν εἰς τὸν αἰῶνα οἱ δὲ
   φοβούμενοι τὸν κύριον ἀναστήσονται εἰς ζωὴν αἰώνιον καὶ
   ἡ ζωὴ αὐτῶν ἐν φωτὶ κυρίου καὶ οὐκ ἐκλείψει ἔτι.

- 4 -
διαλογὴ τοῦ Σαλωμων τοῖς ἀνθρωπαρέσκοις.

1 ἵνα τί σὺ βέβηλε κάθησαι ἐν συνεδρίῳ ὁσίων καὶ ἡ καρδία
σου μακρὰν ἀφέστηκεν ἀπὸ τοῦ κυρίου ἐν παρανομίαις
παροργίζων τὸν θεὸν Ισραηλ;

2 περισσὸς ἐν λόγοις περισσὸς ἐν σημειώσει ὑπὲρ πάντας ὁ
σκληρὸς ἐν λόγοις κατακρῖναι ἁμαρτωλοὺς ἐν κρίσει

3 καὶ ἡ χεὶρ αὐτοῦ ἐν πρώτοις ἐπ' αὐτὸν ὡς ἐν ζήλει καὶ
αὐτὸς ἔνοχος ἐν ποικιλίᾳ ἁμαρτιῶν καὶ ἐν ἀκρασίαις.

4 οἱ ὀφθαλμοὶ αὐτοῦ ἐπὶ πᾶσαν γυναῖκα ἄνευ διαστολῆς ἡ
γλῶσσα αὐτοῦ ψευδὴς ἐν συναλλάγματι μεθ' ὅρκου.

5 ἐν νυκτὶ καὶ ἐν ἀποκρύφοις ἁμαρτάνει ὡς οὐχ ὁρώμενος ἐν
ὀφθαλμοῖς αὐτοῦ λαλεῖ πάσῃ γυναικὶ ἐν συνταγῇ κακίας
ταχὺς εἰσόδῳ εἰς πᾶσαν οἰκίαν ἐν ἱλαρότητι ὡς ἄκακος.

6 ἐξάραι ὁ θεὸς τοὺς ἐν ὑποκρίσει ζῶντας μετὰ ὁσίων ἐν
φθορᾷ σαρκὸς αὐτοῦ καὶ πενίᾳ τὴν ζωὴν αὐτοῦ

7 ἀνακαλύψαι ὁ θεὸς τὰ ἔργα ἀνθρωπαρέσκων ἐν
καταγέλωτι καὶ μυκτηρισμῷ τὰ ἔργα αὐτοῦ.

8 καὶ δικαιώσαισαν ὅσιοι τὸ κρίμα τοῦ θεοῦ αὐτῶν ἐν τῷ
ἐξαίρεσθαι ἁμαρτωλοὺς ἀπὸ προσώπου δικαίου
ἀνθρωπάρεσκον λαλοῦντα νόμον μετὰ δόλου.

9 καὶ οἱ ὀφθαλμοὶ αὐτῶν ἐπ' οἶκον ἀνδρὸς ἐν εὐσταθείᾳ ὡς
ὄφις διαλῦσαι σοφίαν ἀλλήλων ἐν λόγοις παρανόμων.

10 οἱ λόγοι αὐτοῦ παραλογισμοὶ εἰς πρᾶξιν ἐπιθυμίας ἀδίκου
οὐκ ἀπέστη ἕως ἐνίκησεν σκορπίσαι ὡς ἐν ὀρφανίᾳ

11 καὶ ἠρήμωσεν οἶκον ἕνεκεν ἐπιθυμίας παρανόμου
παρελογίσατο ἐν λόγοις ὅτι οὐκ ἔστιν ὁρῶν καὶ κρίνων

12 ἐπλήσθη ἐν παρανομίᾳ ἐν ταύτῃ καὶ οἱ ὀφθαλμοὶ αὐτοῦ ἐπ'
οἶκον ἕτερον ὀλεθρεῦσαι ἐν λόγοις ἀναπτερώσεως.

13 οὐκ ἐμπίπλαται ἡ ψυχὴ αὐτοῦ ὡς ᾅδης ἐν πᾶσι τούτοις.

14 γένοιτο κύριε ἡ μερὶς αὐτοῦ ἐν ἀτιμίᾳ ἐνώπιόν σου ἡ
ἔξοδος αὐτοῦ ἐν στεναγμοῖς καὶ ἡ εἴσοδος αὐτοῦ ἐν ἀρᾷ

15 ἐν ὀδύναις καὶ πενίᾳ καὶ ἀπορίᾳ ἡ ζωὴ αὐτοῦ κύριε ὁ
ὕπνος αὐτοῦ ἐν λύπαις καὶ ἡ ἐξέγερσις αὐτοῦ ἐν
ἀπορίαις.

16 ἀφαιρεθείη ὕπνος ἀπὸ κροτάφων αὐτοῦ ἐν νυκτὶ ἀποπέσοι
ἀπὸ παντὸς ἔργου χειρῶν αὐτοῦ ἐν ἀτιμίᾳ.

17 κενὸς χερσὶν αὐτοῦ εἰσέλθοι εἰς τὸν οἶκον αὐτοῦ καὶ
ἐλλιπὴς ὁ οἶκος αὐτοῦ ἀπὸ παντὸς οὗ ἐμπλήσει ψυχὴν
αὐτοῦ

18 ἐν μονώσει ἀτεκνίας τὸ γῆρας αὐτοῦ εἰς ἀνάλημψιν.

19 σκορπισθείησαν σάρκες ἀνθρωπαρέσκων ὑπὸ θηρίων καὶ ὀστᾶ
παρανόμων κατέναντι τοῦ ἡλίου ἐν ἀτιμίᾳ.

20 ὀφθαλμοὺς ἐκκόψαισαν κόρακες ὑποκρινομένων ὅτι ἠρήμωσαν
οἴκους πολλοὺς ἀνθρώπων ἐν ἀτιμίᾳ καὶ ἐσκόρπισαν ἐν
ἐπιθυμίᾳ

21 καὶ οὐκ ἐμνήσθησαν θεοῦ καὶ οὐκ ἐφοβήθησαν τὸν θεὸν ἐν
ἅπασι τούτοις καὶ παρώργισαν τὸν θεὸν καὶ παρώξυναν.

22 ἐξάραι αὐτοὺς ἀπὸ τῆς γῆς ὅτι ψυχὰς ἀκάκων παραλογισμῷ
ὑπεκρίνοντο.

23 μακάριοι οἱ φοβούμενοι τὸν κύριον ἐν ἀκακίᾳ αὐτῶν ὁ
κύριος ῥύσεται αὐτοὺς ἀπὸ ἀνθρώπων δολίων καὶ ἁμαρτωλῶν
καὶ ῥύσεται ἡμᾶς ἀπὸ παντὸς σκανδάλου παρανόμου.

24 ἐξάραι ὁ θεὸς τοὺς ποιοῦντας ἐν ὑπερηφανίᾳ πᾶσαν
ἀδικίαν ὅτι κριτὴς μέγας καὶ κραταιὸς κύριος ὁ θεὸς
ἡμῶν ἐν δικαιοσύνῃ.

25 γένοιτο κύριε τὸ ἔλεός σου ἐπὶ πάντας τοὺς ἀγαπῶντάς
σε.

- 5 -
ψαλμὸς τῷ Σαλωμων.

1 κύριε ὁ θεὸς αἰνέσω τῷ ὀνόματί σου ἐν ἀγαλλιάσει ἐν
μέσῳ ἐπισταμένων τὰ κρίματά σου τὰ δίκαια

2 ὅτι σὺ χρηστὸς καὶ ἐλεήμων ἡ καταφυγὴ τοῦ πτωχοῦ ἐν τῷ
κεκραγέναι με πρός σέ μὴ παρασιωπήσῃς ἀπ' ἐμοῦ.

3 οὐ γὰρ λήψεται <τις> σκῦλα παρὰ ἀνδρὸς δυνατοῦ καὶ τίς
λήψεται ἀπὸ πάντων ὧν ἐποίησας ἐὰν μὴ σὺ δῷς;

4 ὅτι ἄνθρωπος καὶ ἡ μερὶς αὐτοῦ παρὰ σοῦ ἐν σταθμῷ οὐ
προσθήσει τοῦ πλεονάσαι παρὰ τὸ κρίμα σου ὁ θεός.

5 ἐν τῷ θλίβεσθαι ἡμᾶς ἐπικαλεσόμεθά σε εἰς βοήθειαν καὶ
σὺ οὐκ ἀποστρέψῃ τὴν δέησιν ἡμῶν ὅτι σὺ ὁ θεὸς ἡμῶν εἶ.

6 μὴ βαρύνῃς τὴν χεῖρά σου ἐφ' ἡμᾶς ἵνα μὴ δι' ἀνάγκην
ἁμάρτωμεν.

7 καὶ ἐὰν μὴ ἐπιστρέψῃς ἡμᾶς οὐκ ἀφεξόμεθα ἀλλ' ἐπὶ σέ
ἥξομεν.

8 ἐὰν γὰρ πεινάσω πρός σέ κεκράξομαι ὁ θεὸς καὶ σὺ δώσεις
μοι.

9 τὰ πετεινὰ καὶ τοὺς ἰχθύας σὺ τρέφεις ἐν τῷ διδόναι σε
ὑετὸν ἐρήμοις εἰς ἀνατολὴν χλόης

10 ἡτοίμασας χορτάσματα ἐν ἐρήμῳ παντὶ ζῶντι καὶ ἐὰν
πεινάσωσιν πρός σέ ἀροῦσιν πρόσωπον αὐτῶν.

11 τοὺς βασιλεῖς καὶ ἄρχοντας καὶ λαοὺς σὺ τρέφεις ὁ θεὸς
καὶ πτωχοῦ καὶ πένητος ἡ ἐλπὶς τίς ἐστιν εἰ μὴ σὺ
κύριε;

12 καὶ σὺ ἐπακούσῃ ὅτι τίς χρηστὸς καὶ ἐπιεικὴς ἀλλ' ἢ σὺ
εὐφρᾶναι ψυχὴν ταπεινὴν ἐν τῷ ἀνοῖξαι χεῖρά σου ἐν
ἐλέει;

13 ἡ χρηστότης ἀνθρώπου ἐν φειδοῖ καὶ ἡ αὔριον καὶ ἐὰν
δευτερώσῃ ἄνευ γογγυσμοῦ καὶ τοῦτο θαυμάσειας.

14 τὸ δὲ δόμα σου πολὺ μετὰ χρηστότητος καὶ πλούσιον καὶ
οὗ ἐστιν ἡ ἐλπὶς ἐπὶ σέ οὐ φείσεται ἐν δόματι.

15 ἐπὶ πᾶσαν τὴν γῆν τὸ ἔλεός σου κύριε ἐν χρηστότητι.

16 μακάριος οὗ μνημονεύει ὁ θεὸς ἐν συμμετρίᾳ αὐταρκείας
ἐὰν ὑπερπλεονάσῃ ὁ ἄνθρωπος ἐξαμαρτάνει.

17 ἱκανὸν τὸ μέτριον ἐν δικαιοσύνῃ καὶ ἐν τούτῳ ἡ εὐλογία
κυρίου εἰς πλησμονὴν ἐν δικαιοσύνῃ.

18 εὐφρανθείησαν οἱ φοβούμενοι κύριον ἐν ἀγαθοῖς καὶ ἡ
χρηστότης σου ἐπὶ Ισραηλ ἐν τῇ βασιλείᾳ σου.

19 εὐλογημένη ἡ δόξα κυρίου ὅτι αὐτὸς βασιλεὺς ἡμῶν.

- 6 -
ἐν ἐλπίδι τῷ Σαλωμων.

1 μακάριος ἀνὴρ οὗ ἡ καρδία αὐτοῦ ἑτοίμη ἐπικαλέσασθαι τὸ
ὄνομα κυρίου ἐν τῷ μνημονεύειν αὐτὸν τὸ ὄνομα κυρίου

σωθήσεται.

2 αἱ ὁδοὶ αὐτοῦ κατευθύνονται ὑπὸ κυρίου καὶ πεφυλαγμένα
ἔργα χειρῶν αὐτοῦ ὑπὸ κυρίου θεοῦ αὐτοῦ.

3 ἀπὸ ὁράσεως πονηρῶν ἐνυπνίων αὐτοῦ οὐ ταραχθήσεται ἡ
ψυχὴ αὐτοῦ ἐν διαβάσει ποταμῶν καὶ σάλῳ θαλασσῶν οὐ
πτοηθήσεται.

4 ἐξανέστη ἐξ ὕπνου αὐτοῦ καὶ ηὐλόγησεν τῷ ὀνόματι κυρίου
ἐπ' εὐσταθείᾳ καρδίας αὐτοῦ ἐξύμνησεν τῷ ὀνόματι τοῦ
θεοῦ αὐτοῦ

5 καὶ ἐδεήθη τοῦ προσώπου κυρίου περὶ παντὸς τοῦ οἴκου
αὐτοῦ καὶ κύριος εἰσήκουσεν προσευχὴν παντὸς ἐν φόβῳ
θεοῦ.

6 καὶ πᾶν αἴτημα ψυχῆς ἐλπιζούσης πρὸς αὐτὸν ἐπιτελεῖ ὁ
κύριος εὐλογητὸς κύριος ὁ ποιῶν ἔλεος τοῖς ἀγαπῶσιν
αὐτὸν ἐν ἀληθείᾳ.

- 7 -
τῷ Σαλωμων ἐπιστροφῆς.

1 μὴ ἀποσκηνώσῃς ἀφ' ἡμῶν ὁ θεὸς ἵνα μὴ ἐπιθῶνται ἡμῖν οἳ
ἐμίσησαν ἡμᾶς δωρεάν.

2 ὅτι ἀπώσω αὐτοὺς ὁ θεὸς μὴ πατησάτω ὁ ποὺς αὐτῶν
κληρονομίαν ἁγιάσματός σου.

3 σὺ ἐν θελήματί σου παίδευσον ἡμᾶς καὶ μὴ δῷς ἔθνεσιν.

4 ἐὰν γὰρ ἀποστείλῃς θάνατον σὺ ἐντελῇ αὐτῷ περὶ ἡμῶν

5 ὅτι σὺ ἐλεήμων καὶ οὐκ ὀργισθήσῃ τοῦ συντελέσαι ἡμᾶς.

6 ἐν τῷ κατασκηνοῦν τὸ ὄνομά σου ἐν μέσῳ ἡμῶν
ἐλεηθησόμεθα καὶ οὐκ ἰσχύσει πρὸς ἡμᾶς ἔθνος.

7 ὅτι σὺ ὑπερασπιστὴς ἡμῶν καὶ ἡμεῖς ἐπικαλεσόμεθά σε καὶ
σὺ ἐπακούσῃ ἡμῶν.

8 ὅτι σὺ οἰκτιρήσεις τὸ γένος Ισραηλ εἰς τὸν αἰῶνα καὶ
οὐκ ἀπώσῃ

9 καὶ ἡμεῖς ὑπὸ ζυγόν σου τὸν αἰῶνα καὶ μάστιγα παιδείας
σου.

10 κατευθυνεῖς ἡμᾶς ἐν καιρῷ ἀντιλήψεώς σου τοῦ ἐλεῆσαι
τὸν οἶκον Ιακωβ εἰς ἡμέραν ἐν ᾗ ἐπηγγείλω αὐτοῖς.

- 8 -
τῷ Σαλωμων εἰς νεῖκος.

1 θλῖψιν καὶ φωνὴν πολέμου ἤκουσεν τὸ οὖς μου φωνὴν
σάλπιγγος ἠχούσης σφαγὴν καὶ ὄλεθρον

2 φωνὴ λαοῦ πολλοῦ ὡς ἀνέμου πολλοῦ σφόδρα ὡς καταιγὶς
πυρὸς πολλοῦ φερομένου δι' ἐρήμου.

3 καὶ εἶπα <ἐν> τῇ καρδίᾳ μου ποῦ ἄρα κρινεῖ αὐτὸν ὁ
θεός;

4 φωνὴν ἤκουσα εἰς Ιερουσαλημ πόλιν ἁγιάσματος

5 συνετρίβη ἡ ὀσφύς μου ἀπὸ ἀκοῆς παρελύθη γόνατά μου
ἐφοβήθη ἡ καρδία μου ἐταράχθη τὰ ὀστᾶ μου ὡς λίνον.

6 εἶπα κατευθυνοῦσιν ὁδοὺς αὐτῶν ἐν δικαιοσύνῃ.

7 ἀνελογισάμην τὰ κρίματα τοῦ θεοῦ ἀπὸ κτίσεως οὐρανοῦ
καὶ γῆς ἐδικαίωσα τὸν θεὸν ἐν τοῖς κρίμασιν αὐτοῦ τοῖς
ἀπ' αἰῶνος.

8 ἀνεκάλυψεν ὁ θεὸς τὰς ἁμαρτίας αὐτῶν ἐναντίον τοῦ ἡλίου
ἔγνω πᾶσα ἡ γῆ τὰ κρίματα τοῦ θεοῦ τὰ δίκαια.

9 ἐν καταγαίοις κρυφίοις αἱ παρανομίαι αὐτῶν ἐν
παροργισμῷ υἱὸς μετὰ μητρὸς καὶ πατὴρ μετὰ θυγατρὸς
συνεφύροντο.

10 ἐμοιχῶντο ἕκαστος τὴν γυναῖκα τοῦ πλησίον αὐτοῦ
συνέθεντο αὐτοῖς συνθήκας μετὰ ὅρκου περὶ τούτων.

11 τὰ ἅγια τοῦ θεοῦ διηρπάζοσαν ὡς μὴ ὄντος κληρονόμου
λυτρουμένου.

12 ἐπατοῦσαν τὸ θυσιαστήριον κυρίου ἀπὸ πάσης ἀκαθαρσίας
καὶ ἐν ἀφέδρῳ αἵματος ἐμίαναν τὰς θυσίας ὡς κρέα
βέβηλα.

13 οὐ παρέλιπον ἁμαρτίαν ἣν οὐκ ἐποίησαν ὑπὲρ τὰ ἔθνη.

14 διὰ τοῦτο ἐκέρασεν αὐτοῖς ὁ θεὸς πνεῦμα πλανήσεως
ἐπότισεν αὐτοὺς ποτήριον οἴνου ἀκράτου εἰς μέθην.

15 ἤγαγεν τὸν ἀπ' ἐσχάτου τῆς γῆς τὸν παίοντα κραταιῶς
ἔκρινεν τὸν πόλεμον ἐπὶ Ιερουσαλημ καὶ τὴν γῆν αὐτῆς.

16 ἀπήντησεν αὐτῷ οἱ ἄρχοντες τῆς γῆς μετὰ χαρᾶς εἶπαν
αὐτῷ ἐπευκτὴ ἡ ὁδός σου δεῦτε εἰσέλθατε μετ' εἰρήνης.

17 ὡμάλισαν ὁδοὺς τραχείας ἀπὸ εἰσόδου αὐτοῦ ἤνοιξαν πύλας
ἐπὶ Ιερουσαλημ ἐστεφάνωσαν τείχη αὐτῆς.

18 εἰσῆλθεν ὡς πατὴρ εἰς οἶκον υἱῶν αὐτοῦ μετ' εἰρήνης
ἔστησεν τοὺς πόδας αὐτοῦ μετὰ ἀσφαλείας πολλῆς.

19 κατελάβετο τὰς πυργοβάρεις αὐτῆς καὶ τὸ τεῖχος
Ιερουσαλημ ὅτι ὁ θεὸς ἤγαγεν αὐτὸν μετὰ ἀσφαλείας ἐν τῇ
πλανήσει αὐτῶν.

20 ἀπώλεσεν ἄρχοντας αὐτῶν καὶ πᾶν σοφὸν ἐν βουλῇ ἐξέχεεν
τὸ αἷμα τῶν οἰκούντων Ιερουσαλημ ὡς ὕδωρ ἀκαθαρσίας.

21 ἀπήγαγεν τοὺς υἱοὺς καὶ τὰς θυγατέρας αὐτῶν ἃ ἐγέννησαν
ἐν βεβηλώσει.

22 ἐποίησαν κατὰ τὰς ἀκαθαρσίας αὐτῶν καθὼς οἱ πατέρες
αὐτῶν ἐμίαναν Ιερουσαλημ καὶ τὰ ἡγιασμένα τῷ ὀνόματι
τοῦ θεοῦ.

23 ἐδικαιώθη ὁ θεὸς ἐν τοῖς κρίμασιν αὐτοῦ ἐν τοῖς ἔθνεσιν
τῆς γῆς καὶ οἱ ὅσιοι τοῦ θεοῦ ὡς ἀρνία ἐν ἀκακίᾳ ἐν
μέσῳ αὐτῶν.

24 αἰνετὸς κύριος ὁ κρίνων πᾶσαν τὴν γῆν ἐν δικαιοσύνῃ
αὐτοῦ.

25 ἰδοὺ δὴ ὁ θεὸς ἔδειξας ἡμῖν τὸ κρίμα σου ἐν τῇ
δικαιοσύνῃ σου εἴδοσαν οἱ ὀφθαλμοὶ ἡμῶν τὰ κρίματά σου
ὁ θεός.

26 ἐδικαιώσαμεν τὸ ὄνομά σου τὸ ἔντιμον εἰς αἰῶνας ὅτι σὺ
ὁ θεὸς τῆς δικαιοσύνης κρίνων τὸν Ισραηλ ἐν παιδείᾳ.

27 ἐπίστρεψον ὁ θεὸς τὸ ἔλεός σου ἐφ' ἡμᾶς καὶ οἰκτίρησον
ἡμᾶς.

28 συνάγαγε τὴν διασπορὰν Ισραηλ μετὰ ἐλέους καὶ
χρηστότητος ὅτι ἡ πίστις σου μεθ' ἡμῶν.

29 καὶ ἡμεῖς ἐσκληρύναμεν τὸν τράχηλον ἡμῶν καὶ σὺ
παιδευτὴς ἡμῶν εἶ.

30 μὴ ὑπερίδῃς ἡμᾶς ὁ θεὸς ἡμῶν ἵνα μὴ καταπίωσιν ἡμᾶς
ἔθνη ὡς μὴ ὄντος λυτρουμένου.

31 καὶ σὺ ὁ θεὸς ἡμῶν ἀπ' ἀρχῆς καὶ ἐπὶ σέ ἡ ἐλπὶς ἡμῶν
κύριε

32 καὶ ἡμεῖς οὐκ ἀφεξόμεθά σου ὅτι χρηστὰ τὰ κρίματά σου
ἐφ' ἡμᾶς.

33 ἡμῖν καὶ τοῖς τέκνοις ἡμῶν ἡ εὐδοκία εἰς τὸν αἰῶνα
κύριε σωτὴρ ἡμῶν οὐ σαλευθησόμεθα ἔτι τὸν αἰῶνα χρόνον.

34 αἰνετὸς κύριος ἐν τοῖς κρίμασιν αὐτοῦ ἐν στόματι ὁσίων
καὶ εὐλογημένος Ισραηλ ὑπὸ κυρίου εἰς τὸν αἰῶνα.

- 9 -
τῷ Σαλωμων εἰς ἔλεγχον.

1 ἐν τῷ ἀπαχθῆναι Ισραηλ ἐν ἀποικεσίᾳ εἰς γῆν ἀλλοτρίαν
ἐν τῷ ἀποστῆναι αὐτοὺς ἀπὸ κυρίου τοῦ λυτρωσαμένου
αὐτοὺς ἀπερρίφησαν ἀπὸ κληρονομίας ἧς ἔδωκεν αὐτοῖς
κύριος.

2 ἐν παντὶ ἔθνει ἡ διασπορὰ τοῦ Ισραηλ κατὰ τὸ ῥῆμα τοῦ
θεοῦ ἵνα δικαιωθῇ ὁ θεὸς ἐν τῇ δικαιοσύνῃ σου ἐν ταῖς
ἀνομίαις ἡμῶν ὅτι σὺ κριτὴς δίκαιος ἐπὶ πάντας τοὺς
λαοὺς τῆς γῆς.

3 οὐ γὰρ κρυβήσεται ἀπὸ τῆς γνώσεώς σου πᾶς ποιῶν ἄδικα
καὶ αἱ δικαιοσύναι τῶν ὁσίων σου ἐνώπιόν σου κύριε καὶ
ποῦ κρυβήσεται ἄνθρωπος ἀπὸ τῆς γνώσεώς σου ὁ θεός;

4 τὰ ἔργα ἡμῶν ἐν ἐκλογῇ καὶ ἐξουσίᾳ τῆς ψυχῆς ἡμῶν τοῦ
ποιῆσαι δικαιοσύνην καὶ ἀδικίαν ἐν ἔργοις χειρῶν ἡμῶν
καὶ ἐν τῇ δικαιοσύνῃ σου ἐπισκέπτῃ υἱοὺς ἀνθρώπων.

5 ὁ ποιῶν δικαιοσύνην θησαυρίζει ζωὴν αὐτῷ παρὰ κυρίῳ καὶ
ὁ ποιῶν ἀδικίαν αὐτὸς αἴτιος τῆς ψυχῆς ἐν ἀπωλείᾳ τὰ
γὰρ κρίματα κυρίου ἐν δικαιοσύνῃ κατ' ἄνδρα καὶ οἶκον.

6 τίνι χρηστεύσῃ ὁ θεὸς εἰ μὴ τοῖς ἐπικαλουμένοις τὸν
κύριον; καθαριεῖς ἐν ἁμαρτίαις ψυχὴν ἐν ἐξομολογήσει ἐν
ἐξαγορίαις ὅτι αἰσχύνη ἡμῖν καὶ τοῖς προσώποις ἡμῶν
περὶ ἁπάντων.

7 καὶ τίνι ἀφήσεις ἁμαρτίας εἰ μὴ τοῖς ἡμαρτηκόσιν;
δικαίους εὐλογήσεις καὶ οὐκ εὐθυνεῖς περὶ ὧν ἡμάρτοσαν
καὶ ἡ χρηστότης σου ἐπὶ ἁμαρτάνοντας ἐν μεταμελείᾳ.

8 καὶ νῦν σὺ ὁ θεὸς καὶ ἡμεῖς λαὸς ὃν ἠγάπησας ἰδὲ καὶ
οἰκτίρησον ὁ θεὸς Ισραηλ ὅτι σοὶ ἐσμεν καὶ μὴ ἀποστήσῃς
ἔλεός σου ἀφ' ἡμῶν ἵνα μὴ ἐπιθῶνται ἡμῖν.

9 ὅτι σὺ ᾑρετίσω τὸ σπέρμα Αβρααμ παρὰ πάντα τὰ ἔθνη καὶ
ἔθου τὸ ὄνομά σου ἐφ' ἡμᾶς κύριε καὶ οὐκ ἀπώσῃ εἰς τὸν
αἰῶνα.

10 ἐν διαθήκῃ διέθου τοῖς πατράσιν ἡμῶν περὶ ἡμῶν καὶ
ἡμεῖς ἐλπιοῦμεν ἐπὶ σὲ ἐν ἐπιστροφῇ ψυχῆς ἡμῶν.

11 τοῦ κυρίου ἡ ἐλεημοσύνη ἐπὶ οἶκον Ισραηλ εἰς τὸν αἰῶνα
καὶ ἔτι.

- 10 -
ἐν ὕμνοις τῷ Σαλωμων.

1 μακάριος ἀνὴρ οὗ ὁ κύριος ἐμνήσθη ἐν ἐλεγμῷ καὶ
ἐκυκλώθη ἀπὸ ὁδοῦ πονηρᾶς ἐν μάστιγι καθαρισθῆναι ἀπὸ
ἁμαρτίας τοῦ μὴ πληθῦναι.

2 ὁ ἑτοιμάζων νῶτον εἰς μάστιγας καθαρισθήσεται χρηστὸς
γὰρ ὁ κύριος τοῖς ὑπομένουσιν παιδείαν.

3 ὀρθώσει γὰρ ὁδοὺς δικαίων καὶ οὐ διαστρέψει ἐν παιδείᾳ
καὶ τὸ ἔλεος κυρίου ἐπὶ τοὺς ἀγαπῶντας αὐτὸν ἐν
ἀληθείᾳ.

4 καὶ μνησθήσεται κύριος τῶν δούλων αὐτοῦ ἐν ἐλέει ἡ γὰρ
μαρτυρία ἐν νόμῳ διαθήκης αἰωνίου ἡ μαρτυρία κυρίου ἐπὶ
ὁδοὺς ἀνθρώπων ἐν ἐπισκοπῇ.

5 δίκαιος καὶ ὅσιος ὁ κύριος ἡμῶν ἐν κρίμασιν αὐτοῦ εἰς
τὸν αἰῶνα καὶ Ισραηλ αἰνέσει τῷ ὀνόματι κυρίου ἐν
εὐφροσύνῃ.

6 καὶ ὅσιοι ἐξομολογήσονται ἐν ἐκκλησίᾳ λαοῦ καὶ πτωχοὺς
ἐλεήσει ὁ θεὸς ἐν εὐφροσύνῃ Ισραηλ

7 ὅτι χρηστὸς καὶ ἐλεήμων ὁ θεὸς εἰς τὸν αἰῶνα καὶ
συναγωγαὶ Ισραηλ δοξάσουσιν τὸ ὄνομα κυρίου.

8 τοῦ κυρίου ἡ σωτηρία ἐπὶ οἶκον Ισραηλ εἰς εὐφροσύνην
αἰώνιον.

- 11 -
τῷ Σαλωμων εἰς προσδοκίαν.

1 σαλπίσατε ἐν Σιων ἐν σάλπιγγι σημασίας ἁγίων κηρύξατε
ἐν Ιερουσαλημ φωνὴν εὐαγγελιζομένου ὅτι ἠλέησεν ὁ θεὸς
Ισραηλ ἐν τῇ ἐπισκοπῇ αὐτῶν.

2 στῆθι Ιερουσαλημ ἐφ' ὑψηλοῦ καὶ ἰδὲ τὰ τέκνα σου ἀπὸ
ἀνατολῶν καὶ δυσμῶν συνηγμένα εἰς ἅπαξ ὑπὸ κυρίου.

3 ἀπὸ βορρᾶ ἔρχονται τῇ εὐφροσύνῃ τοῦ θεοῦ αὐτῶν ἐκ νήσων
μακρόθεν συνήγαγεν αὐτοὺς ὁ θεός.

4 ὄρη ὑψηλὰ ἐταπείνωσεν εἰς ὁμαλισμὸν αὐτοῖς οἱ βουνοὶ
ἐφύγοσαν ἀπὸ εἰσόδου αὐτῶν

5 οἱ δρυμοὶ ἐσκίασαν αὐτοῖς ἐν τῇ παρόδῳ αὐτῶν πᾶν ξύλον
εὐωδίας ἀνέτειλεν αὐτοῖς ὁ θεὸς

6 ἵνα παρέλθῃ Ισραηλ ἐν ἐπισκοπῇ δόξης θεοῦ αὐτῶν.

7 ἔνδυσαι Ιερουσαλημ τὰ ἱμάτια τῆς δόξης σου ἑτοίμασον
τὴν στολὴν τοῦ ἁγιάσματός σου ὅτι ὁ θεὸς ἐλάλησεν ἀγαθὰ
Ισραηλ εἰς τὸν αἰῶνα καὶ ἔτι.

8 ποιήσαι κύριος ἃ ἐλάλησεν ἐπὶ Ισραηλ καὶ Ιερουσαλημ
ἀναστήσαι κύριος τὸν Ισραηλ ἐν ὀνόματι δόξης αὐτοῦ

9 τοῦ κυρίου τὸ ἔλεος ἐπὶ τὸν Ισραηλ εἰς τὸν αἰῶνα καὶ
ἔτι.

- 12 -
τῷ Σαλωμων ἐν γλώσσῃ παρανόμων.

1 κύριε ῥῦσαι τὴν ψυχήν μου ἀπὸ ἀνδρὸς παρανόμου καὶ
πονηροῦ ἀπὸ γλώσσης παρανόμου καὶ ψιθύρου καὶ λαλούσης
ψευδῆ καὶ δόλια.

2 ἐν ποικιλίᾳ στροφῆς οἱ λόγοι τῆς γλώσσης ἀνδρὸς πονηροῦ
ὥσπερ ἐν λαῷ πῦρ ἀνάπτον καλλονὴν αὐτοῦ.

3 ἡ παροικία αὐτοῦ ἐμπρῆσαι οἴκους ἐν γλώσσῃ ψευδεῖ
ἐκκόψαι δένδρα εὐφροσύνης φλογιζούσης παρανόμους
συγχέαι οἴκους ἐν πολέμῳ χείλεσιν ψιθύροις.

4 μακρύναι ὁ θεὸς ἀπὸ ἀκάκων χείλη παρανόμων ἐν ἀπορίᾳ
καὶ σκορπισθείησαν ὀστᾶ ψιθύρων ἀπὸ φοβουμένων κύριον
ἐν πυρὶ φλογὸς γλῶσσα ψίθυρος ἀπόλοιτο ἀπὸ ὁσίων.

5 φυλάξαι κύριος ψυχὴν ἡσύχιον μισοῦσαν ἀδίκους καὶ
κατευθύναι κύριος ἄνδρα ποιοῦντα εἰρήνην ἐν οἴκῳ.

6 τοῦ κυρίου ἡ σωτηρία ἐπὶ Ισραηλ παῖδα αὐτοῦ εἰς τὸν
αἰῶνα καὶ ἀπόλοιντο οἱ ἁμαρτωλοὶ ἀπὸ προσώπου κυρίου

ἅπαξ καὶ ὅσιοι κυρίου κληρονομήσαισαν ἐπαγγελίας
κυρίου.

- 13 -
τῷ Σαλωμων ψαλμὸς παράκλησις τῶν δικαίων.

1 δεξιὰ κυρίου ἐσκέπασέν με δεξιὰ κυρίου ἐφείσατο ἡμῶν

2 ὁ βραχίων κυρίου ἔσωσεν ἡμᾶς ἀπὸ ῥομφαίας
διαπορευομένης ἀπὸ λιμοῦ καὶ θανάτου ἁμαρτωλῶν.

3 θηρία ἐπεδράμοσαν αὐτοῖς πονηρὰ ἐν τοῖς ὀδοῦσιν αὐτῶν
ἔτιλλοσαν σάρκας αὐτῶν καὶ ἐν ταῖς μύλαις ἔθλων ὀστᾶ
αὐτῶν

4 καὶ ἐκ τούτων ἁπάντων ἐρρύσατο ἡμᾶς κύριος.

5 ἐταράχθη ὁ εὐσεβὴς διὰ τὰ παραπτώματα αὐτοῦ μήποτε
συμπαραληφθῇ μετὰ τῶν ἁμαρτωλῶν

6 ὅτι δεινὴ ἡ καταστροφὴ τοῦ ἁμαρτωλοῦ καὶ οὐχ ἅψεται
δικαίου οὐδὲν ἐκ πάντων τούτων.

7 ὅτι οὐχ ὁμοία ἡ παιδεία τῶν δικαίων ἐν ἀγνοίᾳ καὶ ἡ
καταστροφὴ τῶν ἁμαρτωλῶν.

8 ἐν περιστολῇ παιδεύεται δίκαιος ἵνα μὴ ἐπιχαρῇ ὁ
ἁμαρτωλὸς τῷ δικαίῳ

9 ὅτι νουθετήσει δίκαιον ὡς υἱὸν ἀγαπήσεως καὶ ἡ παιδεία
αὐτοῦ ὡς πρωτοτόκου.

10 ὅτι φείσεται κύριος τῶν ὁσίων αὐτοῦ καὶ τὰ παραπτώματα
αὐτῶν ἐξαλείψει ἐν παιδείᾳ.

11 ἡ γὰρ ζωὴ τῶν δικαίων εἰς τὸν αἰῶνα ἁμαρτωλοὶ δὲ
ἀρθήσονται εἰς ἀπώλειαν καὶ οὐχ εὑρεθήσεται μνημόσυνον
αὐτῶν ἔτι

12 ἐπὶ δὲ τοὺς ὁσίους τὸ ἔλεος κυρίου καὶ ἐπὶ τοὺς
φοβουμένους αὐτὸν τὸ ἔλεος αὐτοῦ.

- 14 -
ὕμνος τῷ Σαλωμων.

1 πιστὸς κύριος τοῖς ἀγαπῶσιν αὐτὸν ἐν ἀληθείᾳ τοῖς
ὑπομένουσιν παιδείαν αὐτοῦ

2 τοῖς πορευομένοις ἐν δικαιοσύνῃ προσταγμάτων αὐτοῦ ἐν
νόμῳ ᾧ ἐνετείλατο ἡμῖν εἰς ζωὴν ἡμῶν.

3 ὅσιοι κυρίου ζήσονται ἐν αὐτῷ εἰς τὸν αἰῶνα ὁ
παράδεισος τοῦ κυρίου τὰ ξύλα τῆς ζωῆς ὅσιοι αὐτοῦ.

4 ἡ φυτεία αὐτῶν ἐρριζωμένη εἰς τὸν αἰῶνα οὐκ
ἐκτιλήσονται πάσας τὰς ἡμέρας τοῦ οὐρανοῦ

5 ὅτι ἡ μερὶς καὶ κληρονομία τοῦ θεοῦ ἐστιν Ισραηλ.

6 καὶ οὐχ οὕτως οἱ ἁμαρτωλοὶ καὶ παράνομοι οἳ ἠγάπησαν
ἡμέραν ἐν μετοχῇ ἁμαρτίας αὐτῶν

7 ἐν μικρότητι σαπρίας ἡ ἐπιθυμία αὐτῶν καὶ οὐκ
ἐμνήσθησαν τοῦ θεοῦ.

8 ὅτι ὁδοὶ ἀνθρώπων γνωσταὶ ἐνώπιον αὐτοῦ διὰ παντὸς καὶ
ταμιεῖα καρδίας ἐπίσταται πρὸ τοῦ γενέσθαι.

9 διὰ τοῦτο ἡ κληρονομία αὐτῶν ᾅδης καὶ σκότος καὶ
ἀπώλεια καὶ οὐχ εὑρεθήσονται ἐν ἡμέρᾳ ἐλέους δικαίων

10 οἱ δὲ ὅσιοι κυρίου κληρονομήσουσιν ζωὴν ἐν εὐφροσύνῃ.

- 15 -
ψαλμὸς τῷ Σαλωμων μετὰ ᾠδῆς.

1 ἐν τῷ θλίβεσθαί με ἐπεκαλεσάμην τὸ ὄνομα κυρίου εἰς
βοήθειαν ἤλπισα τοῦ θεοῦ Ιακωβ καὶ ἐσώθην ὅτι ἐλπὶς καὶ
καταφυγὴ τῶν πτωχῶν σὺ ὁ θεός.

2 τίς γὰρ ἰσχύει εἰ μὴ σοὶ ὁ θεὸς εἰ μὴ ἐξομολογήσασθαί σοι ἐν
ἀληθείᾳ; καὶ τί δυνατὸς ἄνθρωπος εἰ μὴ ἐξομολογήσασθαι
τῷ ὀνόματί σου;

3 ψαλμὸν καινὸν μετὰ ᾠδῆς ἐν εὐφροσύνῃ καρδίας καρπὸν
χειλέων ἐν ὀργάνῳ ἡρμοσμένῳ γλώσσης ἀπαρχὴν χειλέων ἀπὸ
καρδίας ὁσίας καὶ δικαίας

4 ὁ ποιῶν ταῦτα οὐ σαλευθήσεται εἰς τὸν αἰῶνα ἀπὸ κακοῦ
φλὸξ πυρὸς καὶ ὀργὴ ἀδίκων οὐχ ἅψεται αὐτοῦ

5 ὅταν ἐξέλθῃ ἐπὶ ἁμαρτωλοὺς ἀπὸ προσώπου κυρίου
ὀλεθρεῦσαι πᾶσαν ὑπόστασιν ἁμαρτωλῶν.

6 ὅτι τὸ σημεῖον τοῦ θεοῦ ἐπὶ δικαίους εἰς σωτηρίαν.

7 λιμὸς καὶ ῥομφαία καὶ θάνατος ἀπὸ δικαίων μακρὰν
φεύξονται γὰρ ὡς διωκόμενοι πολέμου ἀπὸ ὁσίων

8 καταδιώξονται δὲ ἁμαρτωλοὺς καὶ καταλήμψονται καὶ οὐκ
ἐκφεύξονται οἱ ποιοῦντες ἀνομίαν τὸ κρίμα κυρίου

9 ὡς ὑπὸ πολεμίων ἐμπείρων καταλημφθήσονται τὸ γὰρ
σημεῖον τῆς ἀπωλείας ἐπὶ τοῦ μετώπου αὐτῶν.

10 καὶ ἡ κληρονομία τῶν ἁμαρτωλῶν ἀπώλεια καὶ σκότος καὶ
αἱ ἀνομίαι αὐτῶν διώξονται αὐτοὺς ἕως ᾅδου κάτω.

11 ἡ κληρονομία αὐτῶν οὐχ εὑρεθήσεται τοῖς τέκνοις αὐτῶν
αἱ γὰρ ἁμαρτίαι ἐξερημώσουσιν οἴκους ἁμαρτωλῶν

12 καὶ ἀπολοῦνται ἁμαρτωλοὶ ἐν ἡμέρᾳ κρίσεως κυρίου εἰς
τὸν αἰῶνα ὅταν ἐπισκέπτηται ὁ θεὸς τὴν γῆν ἐν κρίματι
αὐτοῦ

13 οἱ δὲ φοβούμενοι τὸν κύριον ἐλεηθήσονται ἐν αὐτῇ καὶ
ζήσονται ἐν τῇ ἐλεημοσύνῃ τοῦ θεοῦ αὐτῶν καὶ ἁμαρτωλοὶ
ἀπολοῦνται εἰς τὸν αἰῶνα χρόνον.

- 16 -
ὕμνος τῷ Σαλωμων εἰς ἀντίληψιν ὁσίοις.

1 ἐν τῷ νυστάξαι ψυχήν μου ἀπὸ κυρίου παρὰ μικρὸν
ὠλίσθησα ἐν καταφορᾷ ὑπνούντων μακρὰν ἀπὸ θεοῦ

2 παρ' ὀλίγον ἐξεχύθη ἡ ψυχή μου εἰς θάνατον σύνεγγυς
πυλῶν ᾅδου μετὰ ἁμαρτωλοῦ

3 ἐν τῷ διενεχθῆναι ψυχήν μου ἀπὸ κυρίου θεοῦ Ισραηλ εἰ
μὴ ὁ κύριος ἀντελάβετό μου τῷ ἐλέει αὐτοῦ εἰς τὸν
αἰῶνα.

4 ἔνυξέν με ὡς κέντρον ἵππου ἐπὶ τὴν γρηγόρησιν αὐτοῦ ὁ
σωτὴρ καὶ ἀντιλήπτωρ μου ἐν παντὶ καιρῷ ἔσωσέν με.

5 ἐξομολογήσομαί σοι ὁ θεὸς ὅτι ἀντελάβου μου εἰς
σωτηρίαν καὶ οὐκ ἐλογίσω με μετὰ τῶν ἁμαρτωλῶν εἰς
ἀπώλειαν.

6 μὴ ἀποστήσῃς τὸ ἔλεός σου ἀπ' ἐμοῦ ὁ θεὸς μηδὲ τὴν
μνήμην σου ἀπὸ καρδίας μου ἕως θανάτου.

7 ἐπικράτησόν μου ὁ θεὸς ἀπὸ ἁμαρτίας πονηρᾶς καὶ ἀπὸ
πάσης γυναικὸς πονηρᾶς σκανδαλιζούσης ἄφρονα.

8 καὶ μὴ ἀπατησάτω με κάλλος γυναικὸς παρανομούσης καὶ
παντὸς ὑποκειμένου ἀπὸ ἁμαρτίας ἀνωφελοῦς.

9 τὰ ἔργα τῶν χειρῶν μου κατεύθυνον ἐν τόπῳ σου καὶ τὰ
διαβήματά μου ἐν τῇ μνήμῃ σου διαφύλαξον.

10 τὴν γλῶσσάν μου καὶ τὰ χείλη μου ἐν λόγοις ἀληθείας
   περίστειλον ὀργὴν καὶ θυμὸν ἄλογον μακρὰν ποίησον ἀπ'
   ἐμοῦ.
11 γογγυσμὸν καὶ ὀλιγοψυχίαν ἐν θλίψει μάκρυνον ἀπ' ἐμοῦ
   ἐὰν ἁμαρτήσω ἐν τῷ σε παιδεύειν εἰς ἐπιστροφήν.
12 εὐδοκίᾳ δὲ μετὰ ἱλαρότητος στήρισον τὴν ψυχήν μου ἐν τῷ
   ἐνισχῦσαί σε τὴν ψυχήν μου ἀρκέσει μοι τὸ δοθέν.
13 ὅτι ἐὰν μὴ σὺ ἐνισχύσῃς τίς ὑφέξεται παιδείαν ἐν πενίᾳ;
14 ἐν τῷ ἐλέγχεσθαι ψυχὴν ἐν χειρὶ σαπρίας αὐτοῦ ἡ
   δοκιμασία σου ἐν σαρκὶ αὐτοῦ καὶ ἐν θλίψει πενίας
15 ἐν τῷ ὑπομεῖναι δίκαιον ἐν τούτοις ἐλεηθήσεται ὑπὸ
   κυρίου.
   - 17 -
   ψαλμὸς τῷ Σαλωμων μετὰ ᾠδῆς τῷ βασιλεῖ.
1 κύριε σὺ αὐτὸς βασιλεὺς ἡμῶν εἰς τὸν αἰῶνα καὶ ἔτι ὅτι
   ἐν σοὶ ὁ θεὸς καυχήσεται ἡ ψυχὴ ἡμῶν.
2 καὶ τίς ὁ χρόνος ζωῆς ἀνθρώπου ἐπὶ τῆς γῆς; κατὰ τὸν
   χρόνον αὐτοῦ καὶ ἡ ἐλπὶς αὐτοῦ ἐπ' αὐτόν.
3 ἡμεῖς δὲ ἐλπιοῦμεν ἐπὶ τὸν θεὸν σωτῆρα ἡμῶν ὅτι τὸ
   κράτος τοῦ θεοῦ ἡμῶν εἰς τὸν αἰῶνα μετ' ἐλέους καὶ ἡ
   βασιλεία τοῦ θεοῦ ἡμῶν εἰς τὸν αἰῶνα ἐπὶ τὰ ἔθνη ἐν
   κρίσει.
4 σὺ κύριε ᾑρετίσω τὸν Δαυιδ βασιλέα ἐπὶ Ισραηλ καὶ σὺ
   ὤμοσας αὐτῷ περὶ τοῦ σπέρματος αὐτοῦ εἰς τὸν αἰῶνα τοῦ
   μὴ ἐκλείπειν ἀπέναντί σου βασίλειον αὐτοῦ.
5 καὶ ἐν ταῖς ἁμαρτίαις ἡμῶν ἐπανέστησαν ἡμῖν ἁμαρτωλοί
   ἐπέθεντο ἡμῖν καὶ ἔξωσαν ἡμᾶς οἷς οὐκ ἐπηγγείλω μετὰ
   βίας ἀφείλαντο καὶ οὐκ ἐδόξασαν τὸ ὄνομά σου τὸ
   ἔντιμον.
6 ἐν δόξῃ ἔθεντο βασίλειον ἀντὶ ὕψους αὐτῶν ἠρήμωσαν τὸν
   θρόνον Δαυιδ ἐν ὑπερηφανίᾳ ἀλλάγματος.
7 καὶ σὺ ὁ θεὸς καταβαλεῖς αὐτοὺς καὶ ἀρεῖς τὸ σπέρμα
   αὐτῶν ἀπὸ τῆς γῆς ἐν τῷ ἐπαναστῆναι αὐτοῖς ἄνθρωπον
   ἀλλότριον γένους ἡμῶν.
8 κατὰ τὰ ἁμαρτήματα αὐτῶν ἀποδώσεις αὐτοῖς ὁ θεὸς
   εὑρεθῆναι αὐτοῖς κατὰ τὰ ἔργα αὐτῶν.
9 οὐκ ἠλέησεν αὐτοὺς ὁ θεὸς ἐξηρεύνησεν τὸ σπέρμα αὐτῶν
   καὶ οὐκ ἀφῆκεν αὐτῶν ἕνα.
10 πιστὸς ὁ κύριος ἐν πᾶσι τοῖς κρίμασιν αὐτοῦ οἷς ποιεῖ
   ἐπὶ τῆς γῆς.
11 ἠρήμωσεν ὁ ἄνομος τὴν γῆν ἡμῶν ἀπὸ ἐνοικούντων αὐτὴν
   ἠφάνισαν νέον καὶ πρεσβύτην καὶ τέκνα αὐτῶν ἅμα
12 ἐν ὀργῇ κάλλους αὐτοῦ ἐξαπέστειλεν αὐτὰ ἕως ἐπὶ δυσμῶν
   καὶ τοὺς ἄρχοντας τῆς γῆς εἰς ἐμπαιγμὸν καὶ οὐκ
   ἐφείσατο.
13 ἐν ἀλλοτριότητι ὁ ἐχθρὸς ἐποίησεν ὑπερηφανίαν καὶ ἡ
   καρδία αὐτοῦ ἀλλοτρία ἀπὸ τοῦ θεοῦ ἡμῶν.
14 καὶ πάντα ὅσα ἐποίησεν ἐν Ιερουσαλημ καθὼς καὶ τὰ ἔθνη
   ἐν ταῖς πόλεσι τοῦ σθένους αὐτῶν.
15 καὶ ἐπεκρατοῦσαν αὐτῶν οἱ υἱοὶ τῆς διαθήκης ἐν μέσῳ
   ἐθνῶν συμμίκτων οὐκ ἦν ἐν αὐτοῖς ὁ ποιῶν ἐν Ιερουσαλημ
   ἔλεος καὶ ἀλήθειαν.
16 ἐφύγοσαν ἀπ' αὐτῶν οἱ ἀγαπῶντες συναγωγὰς ὁσίων ὡς
   στρουθία ἐξεπετάσθησαν ἀπὸ κοίτης αὐτῶν.
17 ἐπλανῶντο ἐν ἐρήμοις σωθῆναι ψυχὰς αὐτῶν ἀπὸ κακοῦ καὶ
   τίμιον ἐν ὀφθαλμοῖς παροικίας ψυχὴ σεσῳσμένη ἐξ αὐτῶν.
18 εἰς πᾶσαν τὴν γῆν ἐγενήθη ὁ σκορπισμὸς αὐτῶν ὑπὸ ἀνόμων
   ὅτι ἀνέσχεν ὁ οὐρανὸς τοῦ στάξαι ὑετὸν ἐπὶ τὴν γῆν.
19 πηγαὶ συνεσχέθησαν αἰώνιοι ἐξ ἀβύσσων ἀπὸ ὀρέων ὑψηλῶν
   ὅτι οὐκ ἦν ἐν αὐτοῖς ποιῶν δικαιοσύνην καὶ κρίμα.
20 ἀπὸ ἄρχοντος αὐτῶν καὶ λαοῦ ἐλαχίστου ἐν πάσῃ ἁμαρτίᾳ ὁ
   βασιλεὺς ἐν παρανομίᾳ καὶ ὁ κριτὴς ἐν ἀπειθείᾳ καὶ ὁ
   λαὸς ἐν ἁμαρτίᾳ.
21 ἰδὲ κύριε καὶ ἀνάστησον αὐτοῖς τὸν βασιλέα αὐτῶν υἱὸν
   Δαυιδ εἰς τὸν καιρὸν ὃν εἵλου σὺ ὁ θεὸς τοῦ βασιλεῦσαι
   ἐπὶ Ισραηλ παῖδά σου
22 καὶ ὑπόζωσον αὐτὸν ἰσχὺν τοῦ θραῦσαι ἄρχοντας ἀδίκους
   καθαρίσαι Ιερουσαλημ ἀπὸ ἐθνῶν καταπατούντων ἐν ἀπωλείᾳ
23 ἐν σοφίᾳ δικαιοσύνης ἐξῶσαι ἁμαρτωλοὺς ἀπὸ κληρονομίας
   ἐκτρῖψαι ὑπερηφανίαν ἁμαρτωλοῦ ὡς σκεύη κεραμέως
24 ἐν ῥάβδῳ σιδηρᾷ συντρῖψαι πᾶσαν ὑπόστασιν αὐτῶν
   ὀλεθρεῦσαι ἔθνη παράνομα ἐν λόγῳ στόματος αὐτῶν
25 ἐν ἀπειλῇ αὐτοῦ φυγεῖν ἔθνη ἀπὸ προσώπου αὐτοῦ καὶ
   ἐλέγξαι ἁμαρτωλοὺς ἐν λόγῳ καρδίας αὐτῶν.
26 καὶ συνάξει λαὸν ἅγιον οὗ ἀφηγήσεται ἐν δικαιοσύνῃ καὶ
   κρινεῖ φυλὰς λαοῦ ἡγιασμένου ὑπὸ κυρίου θεοῦ αὐτοῦ
27 καὶ οὐκ ἀφήσει ἀδικίαν ἐν μέσῳ αὐτῶν αὐλισθῆναι ἔτι καὶ
   οὐ κατοικήσει πᾶς ἄνθρωπος μετ' αὐτῶν εἰδὼς κακίαν
   γνώσεται γὰρ αὐτοὺς ὅτι πάντες υἱοὶ θεοῦ εἰσιν αὐτῶν.
28 καὶ καταμερίσει αὐτοὺς ἐν ταῖς φυλαῖς αὐτῶν ἐπὶ τῆς γῆς
   καὶ πάροικος καὶ ἀλλογενὴς οὐ παροικήσει αὐτοῖς ἔτι
29 κρινεῖ λαοὺς καὶ ἔθνη ἐν σοφίᾳ δικαιοσύνης αὐτοῦ.
   διάψαλμα.
30 καὶ ἕξει λαοὺς ἐθνῶν δουλεύειν αὐτῷ ὑπὸ τὸν ζυγὸν αὐτοῦ
   καὶ τὸν κύριον δοξάσει ἐν ἐπισήμῳ πάσης τῆς γῆς καὶ
   καθαριεῖ Ιερουσαλημ ἐν ἁγιασμῷ ὡς καὶ τὸ ἀπ' ἀρχῆς
31 ἔρχεσθαι ἔθνη ἀπ' ἄκρου τῆς γῆς ἰδεῖν τὴν δόξαν αὐτοῦ
   φέροντες δῶρα τοὺς ἐξησθενηκότας υἱοὺς αὐτῆς καὶ ἰδεῖν
   τὴν δόξαν κυρίου ἣν ἐδόξασεν αὐτὴν ὁ θεός.
32 καὶ αὐτὸς βασιλεὺς δίκαιος διδακτὸς ὑπὸ θεοῦ ἐπ' αὐτοὺς
   καὶ οὐκ ἔστιν ἀδικία ἐν ταῖς ἡμέραις αὐτοῦ ἐν μέσῳ
   αὐτῶν ὅτι πάντες ἅγιοι καὶ βασιλεὺς αὐτῶν χριστὸς
   κυρίου.
33 οὐ γὰρ ἐλπιεῖ ἐπὶ ἵππον καὶ ἀναβάτην καὶ τόξον οὐδὲ
   πληθυνεῖ αὐτῷ χρυσίον οὐδὲ ἀργύριον εἰς πόλεμον καὶ
   πολλοῖς ⟨λαοῖς⟩ οὐ συνάξει ἐλπίδας εἰς ἡμέραν πολέμου.
34 κύριος αὐτὸς βασιλεὺς αὐτοῦ ἐλπὶς τοῦ δυνατοῦ ἐλπίδι
   θεοῦ καὶ ἐλεήσει πάντα τὰ ἔθνη ἐνώπιον αὐτοῦ ἐν φόβῳ.
35 πατάξει γὰρ γῆν τῷ λόγῳ τοῦ στόματος αὐτοῦ εἰς αἰῶνα
   εὐλογήσει λαὸν κυρίου ἐν σοφίᾳ μετ' εὐφροσύνης
36 καὶ αὐτὸς καθαρὸς ἀπὸ ἁμαρτίας τοῦ ἄρχειν λαοῦ μεγάλου
   ἐλέγξαι ἄρχοντας καὶ ἐξᾶραι ἁμαρτωλοὺς ἐν ἰσχύι λόγου.

37 καὶ οὐκ ἀσθενήσει ἐν ταῖς ἡμέραις αὐτοῦ ἐπὶ θεῷ αὐτοῦ
   ὅτι ὁ θεὸς κατειργάσατο αὐτὸν δυνατὸν ἐν πνεύματι ἁγίῳ
   καὶ σοφὸν ἐν βουλῇ συνέσεως μετὰ ἰσχύος καὶ
   δικαιοσύνης.
38 καὶ εὐλογία κυρίου μετ' αὐτοῦ ἐν ἰσχύι καὶ οὐκ
   ἀσθενήσει.
39 ἡ ἐλπὶς αὐτοῦ ἐπὶ κύριον καὶ τίς δύναται πρὸς αὐτόν;
40 ἰσχυρὸς ἐν ἔργοις αὐτοῦ καὶ κραταιὸς ἐν φόβῳ θεοῦ
   ποιμαίνων τὸ ποίμνιον κυρίου ἐν πίστει καὶ δικαιοσύνῃ
   καὶ οὐκ ἀφήσει ἀσθενῆσαι ἐν αὐτοῖς ἐν τῇ νομῇ αὐτῶν.
41 ἐν ἰσότητι πάντας αὐτοὺς ἄξει καὶ οὐκ ἔσται ἐν αὐτοῖς
   ὑπερηφανία τοῦ καταδυναστευθῆναι ἐν αὐτοῖς.
42 αὕτη ἡ εὐπρέπεια τοῦ βασιλέως Ισραηλ ἣν ἔγνω ὁ θεὸς
   ἀναστῆσαι αὐτὸν ἐπ' οἶκον Ισραηλ παιδεῦσαι αὐτόν.
43 τὰ ῥήματα αὐτοῦ πεπυρωμένα ὑπὲρ χρυσίον τὸ πρῶτον
   τίμιον ἐν συναγωγαῖς διακρινεῖ λαοῦ φυλὰς ἡγιασμένου οἱ
   λόγοι αὐτοῦ ὡς λόγοι ἁγίων ἐν μέσῳ λαῶν ἡγιασμένων.
44 μακάριοι οἱ γενόμενοι ἐν ταῖς ἡμέραις ἐκείναις ἰδεῖν τὰ
   ἀγαθὰ Ισραηλ ἐν συναγωγῇ φυλῶν ἃ ποιήσει ὁ θεός.
45 ταχύναι ὁ θεὸς ἐπὶ Ισραηλ τὸ ἔλεος αὐτοῦ ῥύσαιτο ἡμᾶς
   ἀπὸ ἀκαθαρσίας ἐχθρῶν βεβήλων.
46 κύριος αὐτὸς βασιλεὺς ἡμῶν εἰς τὸν αἰῶνα καὶ ἔτι.
   - 18 -
   ψαλμὸς τῷ Σαλωμων ἔτι τοῦ χριστοῦ κυρίου.
1 κύριε τὸ ἔλεός σου ἐπὶ τὰ ἔργα τῶν χειρῶν σου εἰς τὸν
   αἰῶνα ἡ χρηστότης σου μετὰ δόματος πλουσίου ἐπὶ Ισραηλ
2 οἱ ὀφθαλμοί σου ἐπιβλέποντες ἐπ' αὐτὰ καὶ οὐχ ὑστερήσει
   ἐξ αὐτῶν τὰ ὦτά σου ἐπακούει εἰς δέησιν πτωχοῦ ἐν
   ἐλπίδι.
3 τὰ κρίματά σου ἐπὶ πᾶσαν τὴν γῆν μετὰ ἐλέους καὶ ἡ
   ἀγάπη σου ἐπὶ σπέρμα Αβρααμ υἱοὺς Ισραηλ.
4 ἡ παιδεία σου ἐφ' ἡμᾶς ὡς υἱὸν πρωτότοκον μονογενῆ
   ἀποστρέψαι ψυχὴν εὐήκοον ἀπὸ ἀμαθίας ἐν ἀγνοίᾳ.
5 καθαρίσαι ὁ θεὸς Ισραηλ εἰς ἡμέραν ἐλέους ἐν εὐλογίᾳ
   εἰς ἡμέραν ἐκλογῆς ἐν ἀνάξει χριστοῦ αὐτοῦ.
6 μακάριοι οἱ γενόμενοι ἐν ταῖς ἡμέραις ἐκείναις ἰδεῖν τὰ
   ἀγαθὰ κυρίου ἃ ποιήσει γενεᾷ τῇ ἐρχομένῃ
7 ὑπὸ ῥάβδον παιδείας χριστοῦ κυρίου ἐν φόβῳ θεοῦ αὐτοῦ
   ἐν σοφίᾳ πνεύματος καὶ δικαιοσύνης καὶ ἰσχύος
8 κατευθῦναι ἄνδρα ἐν ἔργοις δικαιοσύνης φόβῳ θεοῦ
   κατασττῆσαι πάντας αὐτοὺς ἐνώπιον κυρίου
9 γενεὰ ἀγαθὴ ἐν φόβῳ θεοῦ ἐν ἡμέραις ἐλέους. διάψαλμα.
10 μέγας ἡμῶν ὁ θεὸς καὶ ἔνδοξος ἐν ὑψίστοις κατοικῶν ὁ
   διατάξας ἐν πορείᾳ φωστῆρας εἰς καιροὺς ὡρῶν ἀφ' ἡμερῶν
   εἰς ἡμέρας καὶ οὐ παρέβησαν ἀπὸ ὁδοῦ ἧς ἐνετείλω αὐτοῖς
11 ἐν φόβῳ θεοῦ ἡ ὁδὸς αὐτῶν καθ' ἑκάστην ἡμέραν ἀφ' ἧς
   ἡμέρας ἔκτισεν αὐτοὺς ὁ θεὸς καὶ ἕως αἰῶνος
12 καὶ οὐκ ἐπλανήθησαν ἀφ' ἧς ἡμέρας ἔκτισεν αὐτοὺς ἀπὸ
   γενεῶν ἀρχαίων οὐκ ἀπέστησαν ὁδῶν αὐτῶν εἰ μὴ ὁ θεὸς
   ἐνετείλατο αὐτοῖς ἐν ἐπιταγῇ δούλων αὐτοῦ.

1 τὰ παραλειπομενα Ιερεμιου του προφητου.
    - 1 -
1 ἐγένετο ἡνίκα ἠχμαλωτεύθησαν οἱ υἱοὶ Ἰσραὴλ ἀπὸ τοῦ
  βασιλέως τῶν Χαλδαίων ἐλάλησεν ὁ θεὸς πρὸς Ἰερεμίαν
  λέγων Ἰερεμία ὁ ἐκλεκτός μου ἀνάστα καὶ ἔξελθε ἐκ τῆς
  πόλεως ταύτης σὺ καὶ Βαροὺχ ἐπειδὴ ἀπολῶ αὐτὴν διὰ τὸ
  πλῆθος τῶν ἁμαρτιῶν τῶν κατοικούντων ἐν αὐτῇ.
2 αἱ γὰρ προσευχαὶ ὑμῶν ὡς στῦλος ἑδραῖός ἐστιν ἐν μέσῳ
  αὐτῆς καὶ ὡς τεῖχος ἀδαμάντινον περικυκλοῦν αὐτήν.
3 νῦν οὖν ἀναστάντες ἐξέλθατε πρὸ τοῦ ἡ δύναμις τῶν
  Χαλδαίων κυκλώσει αὐτήν.
4 καὶ ἀπεκρίθη Ἰερεμίας λέγων παρακαλῶ σε κύριε
  ἐπίτρεψόν μοι τῷ δούλῳ σου λαλῆσαι ἐνώπιόν σου. εἶπεν
  δὲ αὐτῷ ὁ κύριος λάλει ὁ ἐκλεκτός μου Ἰερεμίας.
5 καὶ ἐλάλησεν Ἰερεμίας λέγων κύριε παντοκράτωρ
  παραδίδως τὴν πόλιν τὴν ἐκλεκτὴν εἰς χεῖρας τῶν
  Χαλδαίων ἵνα καυχήσηται ὁ βασιλεὺς μετὰ τοῦ πλήθους τοῦ
  λαοῦ αὐτοῦ καὶ εἴπῃ ὅτι ἴσχυσα ἐπὶ τὴν ἱερὰν πόλιν τοῦ
  θεοῦ.
6 μὴ κύριέ μου ἀλλ' εἰ θέλημά σού ἐστιν ἐκ τῶν χειρῶν σου
  ἀφανισθήτω.
7 καὶ εἶπε κύριος τῷ Ἰερεμίᾳ ἐπειδὴ σὺ ἐκλεκτός μου εἶ
  ἀνάστα καὶ ἔξελθε ἐκ τῆς πόλεως ταύτης σὺ καὶ Βαροὺχ
  ἐπειδὴ ἀπολῶ αὐτὴν διὰ τὸ πλῆθος τῶν ἁμαρτιῶν τῶν
  κατοικούντων ἐν αὐτῇ.
8 οὔτε γὰρ ὁ βασιλεὺς οὔτε ἡ δύναμις αὐτοῦ δυνήσεται
  εἰσελθεῖν εἰς αὐτὴν εἰ μὴ ἐγὼ πρῶτος ἀνοίξω τὰς πύλας
  αὐτῆς.
9 ἀνάστηθι οὖν καὶ ἄπελθε πρὸς Βαροὺχ καὶ ἀπάγγειλον αὐτῷ
  τὰ ῥήματα ταῦτα.
10 καὶ ἀναστάντες ἕκτην ὥραν τῆς νυκτὸς ἔλθετε ἐπὶ τὰ
  τείχη τῆς πόλεως καὶ δείξω ὑμῖν ὅτι ἐὰν μὴ ἐγὼ
  πρῶτος ἀφανίσω τὴν πόλιν οὐ δύνανται εἰσελθεῖν εἰς
  αὐτήν.
11 ταῦτα εἰπὼν ὁ κύριος ἀπῆλθεν ἀπὸ τοῦ Ἰερεμίου.
    - 2 -
1 δραμὼν δὲ Ἰερεμίας ἀνήγγειλε ταῦτα τῷ Βαροὺχ καὶ
  ἐλθόντες εἰς τὸν ναὸν τοῦ θεοῦ διέρρηξεν ὁ Ἰερεμίας τὰ
  ἱμάτια αὐτοῦ καὶ ἐπέθηκεν χοῦν ἐπὶ τὴν κεφαλὴν αὐτοῦ
  καὶ εἰσῆλθεν εἰς τὸ ἁγιαστήριον τοῦ θεοῦ.
2 ἰδὼν δὲ αὐτὸν ὁ Βαροὺχ χοῦν πεπασμένον ἐπὶ τὴν κεφαλὴν
  αὐτοῦ καὶ τὰ ἱμάτια αὐτοῦ διερρωγότα ἔκραξε φωνῇ μεγάλῃ
  λέγων πάτερ Ἰερεμία τί ἐστι σοι ἢ ποῖον ἁμάρτημα
  ἐποίησεν ὁ λαός;
3 ἐπειδὴ ὅταν ἡμάρτανεν ὁ λαὸς χοῦν ἔπασσεν ἐπὶ τὴν
  κεφαλὴν αὐτοῦ ὁ Ἰερεμίας καὶ ηὔχετο ὑπὲρ τοῦ λαοῦ ἕως
  ἂν ἀφεθῇ αὐτῷ ἡ ἁμαρτία.
4 ἠρώτησε δὲ αὐτὸν ὁ Βαροὺχ λέγων πάτερ τί ἐστι τοῦτο;
5 εἶπε δὲ αὐτῷ Ἰερεμίας φύλαξαι τοῦ σχίσαι τὰ ἱμάτιά σου
  ἀλλὰ μᾶλλον σχίσωμεν τὰς καρδίας ἡμῶν καὶ μὴ ἀντλήσωμεν
  ὕδωρ ἐπὶ τὰς ποτίστρας ἀλλὰ κλαύσωμεν καὶ γεμίσωμεν
  αὐτὰς δακρύων ὅτι οὐ μὴ ἐλεήσῃ κύριος τὸν λαὸν τοῦτον.
6 καὶ εἶπε Βαροὺχ πάτερ Ἰερεμία τί γέγονε;
7 καὶ εἶπεν Ἰερεμίας ὅτι ὁ θεὸς παραδίδωσι τὴν πόλιν εἰς
  χεῖρας τοῦ βασιλέως τῶν Χαλδαίων τοῦ αἰχμαλωτεῦσαι τὸν
  λαὸν εἰς Βαβυλῶνα.
8 ἀκούσας δὲ ταῦτα Βαροὺχ διέρρηξε καὶ αὐτὸς τὰ ἱμάτια
  αὐτοῦ καὶ εἶπε πάτερ Ἰερεμία τίς σοι ἐδήλωσε τοῦτο;
9 καὶ εἶπεν αὐτῷ Ἰερεμίας ἔκδεξαι μικρὸν μετ' ἐμοῦ ἕως
  ὥρας ἕκτης τῆς νυκτὸς ἵνα γνῷς ὅτι ἀληθές ἐστι τὸ ῥῆμα
  τοῦτο.
10 ἔμειναν οὖν ἀμφότεροι ἐν τῷ θυσιαστηρίῳ κλαίοντες καὶ
  ἦσαν διερρωγότα τὰ ἱμάτια αὐτῶν.
    - 3 -
1 ὡς δὲ ἐγένετο ἡ ὥρα τῆς νυκτὸς καθὼς εἶπεν ὁ κύριος τῷ
  Ἰερεμίᾳ ἦλθον ὁμοῦ ἐπὶ τὰ τείχη τῆς πόλεως Ἰερεμίας
  καὶ Βαροὺχ.
2 καὶ ἰδοὺ ἐγένετο φωνὴ σαλπίγγων καὶ ἐξῆλθον ἄγγελοι ἐκ
  τοῦ οὐρανοῦ κατέχοντες λαμπάδας ἐν ταῖς χερσὶν αὐτῶν
  καὶ ἔστησαν ἐπὶ τὰ τείχη τῆς πόλεως.
3 ἰδόντες δὲ αὐτοὺς Ἰερεμίας καὶ Βαροὺχ ἔκλαυσαν
  λέγοντες νῦν ἐγνώκαμεν ὅτι ἀληθές ἐστι τὸ ῥῆμα.
4 παρεκάλεσε δὲ Ἰερεμίας τοὺς ἀγγέλους λέγων παρακαλῶ
  ὑμᾶς μὴ ἀπολέσθαι τὴν πόλιν ἄρτι ἕως ἂν λαλήσω πρὸς
  κύριον ῥῆμα. ἐλάλησεν δὲ κύριος τοῖς ἀγγέλοις λέγων μὴ
  ἀπολέσητε τὴν πόλιν ἕως ἂν λαλήσω πρὸς τὸν ἐκλεκτόν μου
  Ἰερεμίαν. τότε Ἰερεμίας ἐλάλησεν λέγων δέομαι κύριε
  κέλευσόν με λαλῆσαι ἐνώπιόν σου.
5 καὶ εἶπε κύριος λάλει ὁ ἐκλεκτός μου Ἰερεμίας.
6 καὶ εἶπεν Ἰερεμίας ἰδοὺ νῦν κύριε ἐγνώκαμεν ὅτι
  παραδίδως τὴν πόλιν εἰς χεῖρας τῶν ἐχθρῶν αὐτῆς καὶ
  ἀπαροῦσι τὸν λαὸν εἰς Βαβυλῶνα.
7 τί θέλεις ποιήσω τὰ ἅγια σκεύη τῆς λειτουργίας;
8 καὶ εἶπε αὐτῷ ὁ κύριος ἆρον αὐτὰ καὶ παράδος αὐτὰ τῇ
  γῇ λέγων ἄκουε γῆ τῆς φωνῆς τοῦ κτίσαντός σε ὁ πλάσας
  σε ἐν τῇ περιουσίᾳ τῶν ὑδάτων ὁ σφραγίσας σε ἐν ἑπτὰ
  σφραγῖσιν ἐν ἑπτὰ καιροῖς καὶ μετὰ ταῦτα λήψῃ τὴν
  ὡραιότητά σου φύλαξον τὰ σκεύη τῆς λειτουργίας ἕως τῆς
  συνελεύσεως τοῦ ἠγαπημένου.
9 ἐλάλησε δὲ Ἰερεμίας λέγων παρακαλῶ σε κύριε δεῖξόν μοι
  τί ποιήσω Ἀβιμέλεχ τῷ Αἰθίοπι ὅτι πολλὰς εὐεργεσίας
  ἐποίησε τῷ δούλῳ σου Ἰερεμίᾳ. ὅτι αὐτὸς ἀνέσπασέ με ἐκ
  τοῦ λάκκου τοῦ βορβόρου καὶ οὐ θέλω αὐτὸν ἵνα ἴδῃ τὸν
  ἀφανισμὸν τῆς πόλεως ταύτης καὶ τὴν ἐρήμωσιν ἀλλ' ἵνα
  ἐλεήσῃς αὐτὸν καὶ μὴ λυπηθῇ.
10 καὶ εἶπε κύριος τῷ Ἰερεμίᾳ ἀπόστειλον αὐτὸν εἰς τὸν
  ἀμπελῶνα τοῦ Ἀγρίππα καὶ ἐν τῇ σκιᾷ τοῦ ὄρους ἐγὼ
  σκεπάσω αὐτὸν ἕως οὗ ἐπιστρέψω τὸν λαὸν εἰς τὴν πόλιν.
11 σὺ δὲ Ἰερεμίας ἄπελθε μετὰ τοῦ λαοῦ σου εἰς Βαβυλῶνα
  καὶ μεῖνον μετ' αὐτῶν εὐαγγελιζόμενος αὐτοῖς ἕως οὗ
  ἐπιστρέψω αὐτοὺς εἰς τὴν πόλιν.
12 κατάλειψον δὲ τὸν Βαροὺχ ὧδε ἕως οὗ λαλήσω αὐτῷ.

13 ταῦτα εἰπὼν ὁ κύριος ἀνέβη ἀπὸ Ἰερεμίου εἰς τὸν
  οὐρανόν.
14 Ἰερεμίας δὲ καὶ Βαροὺχ εἰσῆλθον εἰς τὸ ἁγιαστήριον καὶ
  ἐπάραντες τὰ σκεύη τῆς λειτουργίας παρέδωκαν αὐτὰ τῇ γῇ
  καθὼς ἐλάλησεν αὐτοῖς ὁ κύριος. καὶ εὐθέως κατέπιεν
  αὐτὰ ἡ γῆ. ἐκάθισαν δὲ οἱ δύο καὶ ἔκλαυσαν.
15 πρωΐας δὲ γενομένης ἀπέστειλεν Ἰερεμίας τὸν Ἀβιμέλεχ
  λέγων ἆρον τὸν κόφινον καὶ ἄπελθε εἰς τὸ χωρίον τοῦ
  Ἀγρίππα διὰ τῆς ὁδοῦ τοῦ ὄρους καὶ ἐνεγκὼν ὀλίγα σῦκα
  δίδου τοῖς νοσοῦσι τοῦ λαοῦ ὅτι ἐπὶ σὲ ἡ εὐφρασία τοῦ
  κυρίου καὶ ἐπὶ τὴν κεφαλήν σου ἡ δόξα.
16 καὶ ταῦτα εἰπὼν Ἰερεμίας ἀπέλυσεν αὐτόν Ἀβιμέλεχ δὲ
  ἐπορεύθη καθὰ εἶπεν αὐτῷ.
    - 4 -
1 πρωΐας δὲ γενομένης ἰδοὺ ἡ δύναμις τῶν Χαλδαίων
  ἐκύκλωσε τὴν πόλιν. ἐσάλπισεν δὲ ὁ μέγας ἄγγελος λέγων
  εἰσέλθατε εἰς τὴν πόλιν ἡ δύναμις τῶν Χαλδαίων ἰδοὺ γὰρ
  ἠνεῴχθη ὑμῖν ἡ πύλη.
2 εἰσελθέτω οὖν ὁ βασιλεὺς μετὰ τοῦ πλήθους αὐτοῦ καὶ
  αἰχμαλωτευσάτω πάντα τὸν λαόν.
3 Ἰερεμίας δὲ ἄρας τὰς κλεῖδας τοῦ ναοῦ ἐξῆλθεν ἔξω τῆς
  πόλεως καὶ ἔρριψεν αὐτὰς ἐνώπιον τοῦ ἡλίου λέγων σοι
  λέγω ἥλιε λάβε τὰς κλεῖδας τοῦ ναοῦ τοῦ θεοῦ
4 καὶ φύλαξον αὐτὰς ἕως ἡμέρας ἐν ᾗ ἐξετάσει σε κύριος
  περὶ αὐτῶν. διότι ἡμεῖς οὐχ εὑρέθημεν ἄξιοι τοῦ φυλάξαι
  αὐτὰς ὅτι ἐπίτροποι τοῦ ψεύδους ἐγενήθημεν.
5 ἔτι κλαίοντος Ἰερεμίου τὸν λαὸν ἐξήνεγκαν αὐτὸν μετὰ
  τοῦ λαοῦ ἕλκοντες εἰς Βαβυλῶνα.
6 ὁ δὲ Βαροὺχ ἐπέθηκε χοῦν ἐπὶ τὴν κεφαλὴν αὐτοῦ καὶ
  ἐκάθισε καὶ ἔκλαυσε τὸν θρῆνον τοῦτον λέγων διὰ τί
  ἠρημώθη Ἰερουσαλήμ; διὰ τὰς ἁμαρτίας τοῦ ἠγαπημένου
  λαοῦ παρεδόθη εἰς χεῖρας ἐχθρῶν διὰ τὰς ἁμαρτίας ἡμῶν
  καὶ τοῦ λαοῦ.
7 ἀλλὰ μὴ καυχάσθωσαν οἱ παράνομοι καὶ εἴπωσιν ὅτι
  ἰσχύσαμεν λαβεῖν τὴν πόλιν τοῦ θεοῦ ἐν τῇ δυνάμει ἡμῶν
  ἀλλὰ διὰ τὰς ἁμαρτίας ἡμῶν παρεδόθη ὑμῖν.
8 ὁ δὲ θεὸς ἡμῶν οἰκτειρήσει ἡμᾶς καὶ ἐπιστρέψει ἡμᾶς εἰς
  τὴν πόλιν ὑμεῖς δὲ ζωὴν οὐχ ἕξετε.
9 μακάριοί εἰσιν οἱ πατέρες ἡμῶν Ἀβραὰμ Ἰσαὰκ καὶ
  Ἰακὼβ ὅτι ἐξῆλθον ἐκ τοῦ κόσμου τούτου καὶ οὐκ εἶδον
  τὸν ἀφανισμὸν τῆς πόλεως ταύτης.
10 ταῦτα εἰπὼν Βαροὺχ ἐξῆλθεν ἔξω τῆς πόλεως κλαίων καὶ
  λέγων ὅτι λυπούμενος διὰ σέ Ἰερουσαλὴμ ἐξῆλθον ἀπὸ
  σοῦ.
11 καὶ ἔμεινεν ἐν μνημείῳ καθεζόμενος τῶν ἀγγέλων
  ἐρχομένων πρὸς αὐτὸν καὶ ἐκδιηγουμένων αὐτῷ περὶ πάντων
  ὧν ὁ κύριος ἐμήνυεν αὐτῷ δι' αὐτῶν.
    - 5 -
1 ὁ δὲ Ἀβιμέλεχ ἤνεγκε τὰ σῦκα τῷ καύματι καὶ καταλαβὼν
  δένδρον ἐκάθισεν ὑπὸ τὴν σκιὰν αὐτοῦ τοῦ ἀναπαῆναι
  ὀλίγον.
2 καὶ κλίνας τὴν κεφαλὴν αὐτοῦ ἐπὶ τὸν κόφινον τῶν σύκων
  ὕπνωσεν κοιμώμενος ἔτη ἑξηκονταὲξ καὶ οὐκ ἐξυπνίσθη ἐκ
  τοῦ ὕπνου αὐτοῦ. καὶ μετὰ ταῦτα ἐγερθεὶς ἀπὸ τοῦ ὕπνου
  αὐτοῦ εἶπεν ὅτι ἡδέως ἐκοιμήθην ὀλίγον ἀλλὰ βεβαρημένη
  ἐστίν ἡ κεφαλή μου ὅτι οὐκ ἐκορέσθην τοῦ ὕπνου μου.
3 εἶτα ἀνακαλύψας τὸν κόφινον τῶν σύκων εὗρεν αὐτὰ
  στάζοντα γάλα.
4 καὶ εἶπεν ἤθελον κοιμηθῆναι ἔτι ὀλίγον ὅτι βεβαρημένη
  ἐστίν ἡ κεφαλή μου
5 ἀλλὰ φοβοῦμαι μήπως κοιμηθῶ καὶ βραδυνῶ τοῦ
  ἐξυπνισθῆναι καὶ ὀλιγωρήσῃ Ἰερεμίας ὁ πατήρ μου εἰ μὴ
  γὰρ ἐσπούδαζεν οὐκ ἂν ἀπέστειλέ με ὄρθρου σήμερον.
6 ἀναστὰς οὖν πορεύσομαι τῷ καύματι οὐ γὰρ καῦμα οὐ κόπος
  ἐστὶ καθ' ἡμέραν;
7 ἐγερθεὶς οὖν ἦρε τὸν κόφινον τῶν σύκων καὶ ἐπέθηκεν ἐπὶ
  τῶν ὤμων αὐτοῦ καὶ εἰσῆλθεν εἰς Ἱερουσαλήμ καὶ οὐκ
  ἐπέγνω αὐτὴν οὔτε τὴν οἰκίαν οὔτε τὸν τόπον ἑαυτοῦ οὔτε
  τὸ γένος ἑαυτοῦ οὔτε τινὰ τῶν γνωρίμων εὗρεν.
8 καὶ εἶπεν εὐλογητὸς κύριος ὅτι μεγάλη ἔκστασις ἐπέπεσεν
  ἐπ' ἐμὲ σήμερον. οὐκ ἔστιν αὕτη ἡ πόλις Ἱερουσαλήμ
9 πεπλάνημαι τὴν ὁδὸν ὅτι διὰ τῆς ὁδοῦ τοῦ ὄρους ἦλθον
  ἐγερθεὶς ἀπὸ τοῦ ὕπνου μου
10 καὶ βαρείας οὔσης τῆς κεφαλῆς μου διὰ τὸ μὴ κορεσθῆναί
  με τοῦ ὕπνου πεπλάνημαι τὴν ὁδόν.
11 θαυμαστὸν εἰπεῖν τοῦτο ἐναντίον Ἰερεμίου ὅτι
  πεπλάνημαι τὴν ὁδόν.
12 ἐξῆλθε δὲ ἀπὸ τῆς πόλεως καὶ κατανοήσας εἶδε τὰ σημεῖα
  τῆς πόλεως καὶ εἶπεν αὕτη μέν ἐστιν ἡ πόλις πεπλάνημαι
  δὲ τὴν ὁδόν.
13 καὶ πάλιν ὑπέστρεψεν εἰς τὴν πόλιν καὶ ἐζήτησε καὶ
  οὐδένα εὗρε τῶν ἰδίων.
14 καὶ εἶπεν εὐλογητὸς κύριος ὅτι μεγάλη ἔκστασις ἐπέπεσεν
  ἐπ' ἐμέ.
15 καὶ πάλιν ἐξῆλθεν ἔξω τῆς πόλεως καὶ ἔμεινε λυπούμενος
  μὴ εἰδὼς ποῦ ἀπέλθῃ.
16 καὶ ἀπέθηκε τὸν κόφινον λέγων καθέζομαι ὧδε ἕως ὁ
  κύριος ἄρῃ τὴν ἔκστασιν ταύτην ἀπ' ἐμοῦ.
17 καθημένου δὲ αὐτοῦ εἶδέ τινα γηραιὸν ἐρχόμενον ἐξ ἀγροῦ
  καὶ λέγει αὐτῷ Ἀβιμέλεχ σοὶ λέγω πρεσβῦτα ποία ἐστὶν ἡ
  πόλις αὕτη;
18 καὶ εἶπεν αὐτῷ Ἱερουσαλήμ ἐστι. καὶ λέγει αὐτῷ
  Ἀβιμέλεχ ποῦ ἐστιν ὁ Ἰερεμίας ὁ ἱερεὺς καὶ Βαροὺχ ὁ
  ἀναγνώστης καὶ πᾶς ὁ λαὸς τῆς πόλεως ταύτης ὅτι οὐχ
  εὗρον αὐτούς;
19 καὶ εἶπεν αὐτῷ ὁ πρεσβύτης οὐκ εἶ σὺ ἐκ τῆς πόλεως
  ταύτης σήμερον μνησθεὶς τοῦ Ἰερεμίου
20 ὅτι ἐπερωτᾷς περὶ αὐτοῦ μετὰ τοσοῦτον χρόνον;
21 Ἰερεμίας γὰρ ἐν Βαβυλῶνί ἐστι μετὰ τοῦ λαοῦ
  ἠχμαλωτεύθησαν γὰρ ὑπὸ Ναβουχοδονόσορ τοῦ βασιλέως καὶ
  μετ' αὐτῶν ἐστιν Ἰερεμίας εὐαγγελίσασθαι αὐτοῖς καὶ
  κατηχῆσαι αὐτοὺς τὸν λόγον.

22 εὐθὺς δὲ ἀκούσας Ἀβιμέλεχ παρὰ τοῦ γηραιοῦ ἀνθρώπου εἶπεν

23 εἰ μὴ ἧς πρεσβύτης καὶ ὅτι οὐκ ἐξὸν ἀνθρώπῳ ὑβρίσαι τὸν μείζονα αὐτοῦ ἐπικατεγέλων ἄν σοι καὶ ἔλεγον ὅτι μαίνῃ ὅτι εἶπας ἠχμαλωτεύθη ὁ λαὸς εἰς Βαβυλῶνα.

24 εἰ ἦσαν οἱ καταρράκται τοῦ οὐρανοῦ κατελθόντες ἐπ' αὐτοὺς οὔπω ἐστὶ καιρὸς ἀπελθεῖν εἰς Βαβυλῶνα.

25 πόση γὰρ ὥρα ἐστὶν ἀφ' οὗ ἀπέστειλέ με ὁ πατήρ μου Ἰερεμίας εἰς τὸ χωρίον τοῦ Ἀγρίππα ἐνέγκαι ὀλίγα σῦκα ἵνα δίδωμεν τοῖς νοσοῦσι τοῦ λαοῦ; καὶ ἀπελθὼν ἤνεγκον αὐτά

26 καὶ ἐλθὼν ἐπί τι δένδρον τῷ καύματι ἐκάθισα τοῦ ἀναπαῆναι ὀλίγον καὶ ἔκλινα τὴν κεφαλήν μου ἐπὶ τὸν κόφινον καὶ ἐκοιμήθην. καὶ ἐξυπνισθεὶς ἀπεκάλυψα τὸν κόφινον τῶν σύκων νομίζων ὅτι ἐβράδυνα καὶ εὗρον τὰ σῦκα στάζοντα γάλα καθὼς συνέλεξα αὐτά. σὺ δὲ λέγεις ὅτι ἠχμαλωτεύθη ὁ λαὸς εἰς Βαβυλῶνα.

27 ἵνα δὲ γνῷς λάβε ἴδε τὰ σῦκα.

28 καὶ ἀνεκάλυψε τὸν κόφινον τῶν σύκων τῷ γέροντι

29 καὶ εἶδεν αὐτὰ στάζοντα γάλα.

30 ἰδὼν δὲ αὐτὰ ὁ γηραιὸς ἄνθρωπος εἶπεν ὦ υἱέ μου δίκαιος ἄνθρωπος εἶ σὺ καὶ οὐκ ἠθέλησεν ὁ θεὸς ἰδεῖν σε τὴν ἐρήμωσιν τῆς πόλεως ἤνεγκε γὰρ ταύτην τὴν ἔκστασιν ἐπὶ σέ. ἰδοὺ γὰρ ἑξήκοντα καὶ ἓξ ἔτη σήμερόν εἰσιν ἀφ' οὗ ἠχμαλωτεύθη ὁ λαὸς εἰς Βαβυλῶνα.

31 καὶ ἵνα μάθῃς τέκνον ὅτι ἀληθές ἐστιν ἅπερ λέγω σοι ἀνάβλεψον εἰς τὸν ἀγρὸν καὶ ἴδε ὅτι οὐκ ἐφάνη ἡ αὔξησις τῶν γενημάτων. ἴδε καὶ τὰ σῦκα ὅτι καιρὸς αὐτῶν οὐκ ἔστι καὶ γνῶθι.

32 τότε ἔκραξε μεγάλῃ φωνῇ Ἀβιμέλεχ λέγων εὐλογήσω σε ὁ θεὸς τοῦ οὐρανοῦ καὶ τῆς γῆς ἡ ἀνάπαυσις τῶν ψυχῶν τῶν δικαίων ἐν παντὶ τόπῳ.

33 εἶτα λέγει τῷ γηραιῷ ἀνθρώπῳ ποῖός ἐστιν ὁ μὴν οὗτος; ὁ δὲ εἶπε νισσὰν ὅ ἐστιν Ἀβίβ.

34 καὶ ἐπάρας ἐκ τῶν σύκων ἔδωκε τῷ γηραιῷ ἀνθρώπῳ καὶ λέγει αὐτῷ ὁ θεὸς φωταγωγήσει σε εἰς τὴν ἄνω πόλιν Ἰερουσαλήμ.

- 6 -

1 μετὰ ταῦτα ἐξῆλθεν Ἀβιμέλεχ ἔξω τῆς πόλεως καὶ προσηύξατο πρὸς κύριον. καὶ ἰδοὺ ἄγγελος κυρίου ἦλθε καὶ κρατήσας αὐτοῦ τῆς δεξιᾶς χειρὸς ἀπεκατέστησεν αὐτὸν εἰς τὸν τόπον ὅπου ἦν Βαροὺχ καθεζόμενος εὗρε δὲ αὐτὸν ἐν μνημείῳ

2 καὶ ἐν τῷ θεωρῆσαι ἀλλήλους ἔκλαυσαν ἀμφότεροι καὶ κατεφίλησαν ἀλλήλους. ἀναβλέψας δὲ Βαροὺχ τοῖς ὀφθαλμοῖς αὐτοῦ εἶδε τὰ σῦκα ἐσκεπασμένα ἐν τῷ κοφίνῳ τοῦ Ἀβιμέλεχ. καὶ ἄρας τοὺς ὀφθαλμοὺς αὐτοῦ εἰς τὸν οὐρανὸν προσηύξατο λέγων σὺ ὁ θεὸς ὁ παρέχων μισθαποδοσίαν τοῖς ἀγαπῶσί σε.

3 ἑτοίμασον σεαυτὴν ἡ καρδία μου καὶ εὐφραίνου καὶ ἀγάλλου ἐν τῷ σκηνώματί σου λέγων τῷ σαρκικῷ οἴκῳ σου τὸ πένθος σου μετεστράφη εἰς χαρὰν ἔρχεται γὰρ ὁ ἱκανὸς καὶ ἀρεῖ σε ἐν τῷ σκηνώματί σου οὐ γὰρ γέγονέ σοι ἁμαρτία.

4 ἀνάψυχον ἐν τῷ σκηνώματί σου ἐν τῇ παρθενικῇ σου πίστει καὶ πίστευσον ὅτι ζήσεις.

5 ἐπίβλεψον ἐπὶ τὸν κόφινον τοῦτον τῶν σύκων ἰδοὺ γὰρ ἑξήκοντα ἓξ ἔτη ἐποίησαν καὶ οὐκ ἐμαράνθησαν οὐδὲ ὤζεσαν ἀλλὰ στάζουσι τοῦ γάλακτος.

6 οὕτως γίνεταί σοι ἡ σάρξ μου ἐὰν ποιήσῃς τὰ προσταχθέντα σου ὑπὸ τοῦ ἀγγέλου τῆς δικαιοσύνης.

7 ὁ φυλάξας τὸν κόφινον τῶν σύκων αὐτὸς πάλιν φυλάξει σε ἐν τῇ δυνάμει αὐτοῦ.

8 ταῦτα εἰπὼν ὁ Βαροὺχ λέγει τῷ Ἀβιμέλεχ ἀνάστηθι καὶ εὐξώμεθα ἵνα γνωρίσῃ ἡμῖν ὁ κύριος πῶς δυνησώμεθα ἀποστεῖλαι τὴν φάσιν τῷ Ἰερεμίᾳ εἰς Βαβυλῶνα διὰ τὴν σκέπην τὴν γενομένην σοι ἐν τῇ ὁδῷ.

9 καὶ ηὔξατο Βαροὺχ λέγων ἡ δύναμις ἡμῶν ὁ θεὸς κύριε τὸ ἐκλεκτὸν φῶς τὸ ἐξελθὸν ἐκ στόματός σου. παρακαλοῦμεν καὶ δεόμεθά σου τῆς ἀγαθότητος τὸ μέγα ὄνομα ὃ οὐδεὶς δύναται γνῶναι

10 ἄκουσον τῆς φωνῆς τῶν δούλων σου καὶ γενοῦ γνῶσις ἐν τῇ καρδίᾳ ἡμῶν. τί ποιήσωμεν καὶ πῶς ἀποστείλωμεν πρὸς Ἰερεμίαν εἰς Βαβυλῶνα τὴν φάσιν ταύτην;

11 ἔτι δὲ προσευχομένου τοῦ Βαροὺχ ἰδοὺ ἄγγελος κυρίου ἦλθε καὶ λέγει τῷ Βαροὺχ ἅπαντας τοὺς λόγους τούτους

12 ὁ σύμβουλος τοῦ φωτὸς μὴ μεριμνήσῃς τὸ πῶς ἀποστείλῃς πρὸς Ἰερεμίαν ἔρχεται γὰρ πρός σε ὥρᾳ τοῦ φωτὸς αὔριον ἀετὸς καὶ σὺ ἐπισκέψῃ πρὸς Ἰερεμίαν.

13 γράφον οὖν ἐν τῇ ἐπιστολῇ ὅτι λάλησον τοῖς υἱοῖς Ἰσραὴλ ὁ γενόμενος ἐν ὑμῖν ξένος ἀφορισθήτω καὶ ποιήσωσι ιε' ἡμέρας καὶ μετὰ ταῦτα εἰσάξω ὑμᾶς εἰς τὴν πόλιν ὑμῶν λέγει κύριος.

14 ὁ μὴ ἀφοριζόμενος ἐκ τῆς Βαβυλῶνος οὐ μὴ εἰσέλθῃ εἰς τὴν πόλιν καὶ ἐπιτιμῶ αὐτοῖς τοῦ μὴ ἀποδεχθῆναι αὐτοὺς αὖθις ὑπὸ τῶν Βαβυλωνιτῶν λέγει κύριος.

15 καὶ ταῦτα εἰπὼν ὁ ἄγγελος ἀπῆλθεν ἀπὸ τοῦ Βαροὺχ.

16 ὁ δὲ Βαροὺχ ἀπέστειλεν εἰς τὴν ἀγορὰν τῶν ἐθνῶν καὶ ἤνεγκε χάρτην καὶ μέλανα καὶ ἔγραψεν ἐπιστολὴν περιέχουσαν οὕτως

17 Βαροὺχ ὁ δοῦλος τοῦ θεοῦ γράφει τῷ Ἰερεμίᾳ ἐν τῇ αἰχμαλωσίᾳ τῆς Βαβυλῶνος χαῖρε καὶ ἀγαλλιῶ ὅτι ὁ θεὸς οὐκ ἀφῆκεν ἡμᾶς ἐξελθεῖν ἐκ τοῦ σώματος τούτου λυπουμένους διὰ τὴν πόλιν τὴν ἐρημωθεῖσαν καὶ ὑβρισθεῖσαν.

18 διὰ τοῦτο ἐσπλαγχνίσθη ὁ κύριος ἐπὶ τῶν δακρύων ἡμῶν καὶ ἐμνήσθη τῆς διαθήκης ἧς ἔστησε μετὰ τῶν πατέρων ἡμῶν Ἀβραὰμ Ἰσαὰκ καὶ Ἰακώβ.

19 καὶ ἀπέστειλε πρός με τὸν ἄγγελον αὐτοῦ καὶ εἶπέ μοι τοὺς λόγους τούτους οὓς ἀπέστειλα πρός σε.

20 οὗτοι οὖν εἰσιν οἱ λόγοι οὓς εἶπε κύριος ὁ θεὸς Ἰσραὴλ ὁ ἐξαγαγὼν ἡμᾶς ἐκ γῆς Αἰγύπτου ἐκ τῆς μεγάλης καμίνου

21 ὅτι οὐκ ἐφυλάξατε τὰ δικαιώματά μου ἀλλὰ ὑψώθη ἡ καρδία ὑμῶν καὶ ἐτραχηλιάσατε ἐνώπιόν μου ἐν ὀργῇ καὶ θυμῷ παρέδωκα ὑμᾶς τῇ καμίνῳ εἰς Βαβυλῶνα.

22 ἐὰν οὖν ἀκούσητε τῆς φωνῆς μου λέγει κύριος ἐκ στόματος Ἰερεμίου τοῦ παιδός μου ὁ ἀκούων ἀναφέρω αὐτὸν ἐκ τῆς Βαβυλῶνος ὁ δὲ μὴ ἀκούων ξένος γενήσεται τῆς Ἰερουσαλὴμ καὶ τῆς Βαβυλῶνος.

23 δοκιμάσεις δὲ αὐτοὺς ἐκ τοῦ ὕδατος τοῦ Ἰορδάνου ὁ μὴ ἀκούων φανερὸς γενήσεται τοῦτο τὸ σημεῖόν ἐστι τῆς μεγάλης σφραγῖδος.

- 7 -

1 καὶ ἀνέστη Βαροὺχ καὶ ἐξῆλθεν ἐκ τοῦ μνημείου καὶ εὗρεν τὸν ἀετὸν καθεζόμενον ἐκτὸς τοῦ μνημείου.

2 καὶ ὡς ἀνθρωπίνῃ φωνῇ εἶπεν αὐτῷ ὁ ἀετὸς χαῖρε Βαροὺχ ὁ οἰκονόμος τῆς πίστεως.

3 καὶ εἶπεν αὐτῷ Βαροὺχ ὅτι ἐκλεκτὸς εἶ σὺ ὁ λαλῶν ἐκ πάντων τῶν πετεινῶν τοῦ οὐρανοῦ ἐκ τῆς γὰρ αὐγῆς τῶν ὀφθαλμῶν σου δῆλόν ἐστι

4 δεῖξόν μοι οὖν τί ποιεῖς ἐνταῦθα;

5 καὶ εἶπεν αὐτῷ ὁ ἀετὸς ἀπεστάλην ὧδε ὅπως πᾶσαν φάσιν ἣν θέλεις ἀποστείλῃς δι' ἐμοῦ.

6 καὶ εἶπεν αὐτῷ Βαροὺχ εἰ δύνασαι σὺ ἐπᾶραι τὴν φάσιν ταύτην τῷ Ἰερεμίᾳ εἰς Βαβυλῶνα;

7 καὶ εἶπεν αὐτῷ ὁ ἀετὸς εἰς τοῦτο γὰρ καὶ ἀπεστάλην.

8 καὶ ἄρας Βαροὺχ τὴν ἐπιστολὴν καὶ δεκαπέντε σῦκα ἐκ τοῦ κοφίνου τοῦ Ἀβιμέλεχ ἔδησεν αὐτὰ εἰς τὸν τράχηλον τοῦ ἀετοῦ καὶ εἶπεν αὐτῷ

9 σοὶ λέγω βασιλεῦ τῶν πετεινῶν ἄπελθε ἐν εἰρήνῃ μεθ' ὑγείας καὶ τὴν φάσιν ἔνεγκόν μοι.

10 μὴ ὁμοιωθῇς τῷ κόρακι ὃν ἐξαπέστειλε Νῶε καὶ οὐκ ἀπεστράφη ἔτι πρὸς αὐτὸν εἰς τὴν κιβωτὸν ἀλλὰ ὁμοιώθητι τῇ περιστερᾷ ἥτις ἐκ τρίτου φάσιν ἤνεγκε τῷ δικαίῳ.

11 οὕτως καὶ σὺ ἆρον τὴν καλὴν φάσιν ταύτην τῷ Ἰερεμίᾳ καὶ τοῖς σὺν αὐτῷ δεσμίοις ἵνα εὖ σοι γένηται ἆρον τὸν χάρτην τοῦτον τῷ λαῷ καὶ τῷ ἐκλεκτῷ τοῦ θεοῦ.

12 ἐὰν κυκλώσωσί σε πάντα τὰ πετεινὰ τοῦ οὐρανοῦ καὶ βούλωνται πολεμῆσαι μετὰ σοῦ ἀγώνισαι ὁ κύριος δῴη σοι δύναμιν. καὶ μὴ ἐκκλίνῃς εἰς τὰ δεξιὰ μήτε εἰς τὰ ἀριστερὰ ἀλλ' ὡς βέλος ὕπαγον ὀρθῶς ἄπελθε ἐν τῇ δυνάμει τοῦ θεοῦ καὶ ἔσται ἡ δόξα κυρίου μετὰ σοῦ ἐν πάσῃ τῇ ὁδῷ ᾗ πορεύσῃ.

13 τότε ὁ ἀετὸς ἐπετάθη ἔχων τὴν ἐπιστολὴν ἐν τῷ τραχήλῳ αὐτοῦ καὶ ἀπῆλθεν εἰς Βαβυλῶνα καὶ ἐλθὼν ἀνεπαύσατο ἐπὶ τι ξύλον ἔξω τῆς πόλεως εἰς τόπον ἔρημον. ἐσιώπησε δὲ ἕως οὗ διῆλθεν Ἰερεμίας

14 αὐτὸς γὰρ καὶ ἄλλοι τινὲς τοῦ λαοῦ ἐξήρχοντο θάψαι νεκρὸν ἔξω τῆς πόλεως. ᾐτήσατο γὰρ Ἰερεμίας παρὰ τοῦ βασιλέως Ναβουχοδονόσορ λέγων δός μοι τόπον ποῦ θάψω τοὺς νεκροὺς τοῦ λαοῦ μου

15 καὶ ἔδωκεν αὐτῷ ὁ βασιλεύς. ἀπερχομένων δὲ αὐτῶν καὶ κλαιόντων μετὰ τοῦ νεκροῦ ἦλθον κατέναντι τοῦ ἀετοῦ. καὶ ἔκραξεν ὁ ἀετὸς μεγάλῃ φωνῇ λέγων σοὶ λέγω Ἰερεμία ὁ ἐκλεκτὸς τοῦ θεοῦ ἄπελθε σύναγον τὸν λαὸν καὶ ἐλθὲ ἐνταῦθα ἵνα ἀκούσωσι ἐπιστολῆς ἧς ἤνεγκά σοι ἀπὸ τοῦ Βαροὺχ καὶ τοῦ Ἀβιμέλεχ.

16 ἀκούσας δὲ ὁ Ἰερεμίας ἐδόξασε τὸν θεὸν καὶ ἀπελθὼν συνῆξε τὸν λαὸν σὺν γυναιξὶ καὶ τέκνοις καὶ ἦλθεν ὅπου ἦν ὁ ἀετός.

17 καὶ κατῆλθεν ὁ ἀετὸς ἐπὶ τὸν τεθνηκότα καὶ ἀνέζησε. γέγονε δὲ τοῦτο ἵνα πιστεύσωσιν.

18 ἐθαύμασε δὲ πᾶς ὁ λαὸς ἐπὶ τῷ γεγονότι λέγοντες ὅτι μὴ οὗτος ὁ θεὸς ὁ ὀφθεὶς τοῖς πατράσιν ἡμῶν ἐν τῇ ἐρήμῳ διὰ Μωϋσέως καὶ νῦν ἐφάνη ἡμῖν διὰ τοῦ ἀετοῦ τούτου;

19 καὶ εἶπεν ὁ ἀετὸς σοὶ λέγω Ἰερεμία δεῦρο λῦσον τὴν ἐπιστολὴν ταύτην καὶ ἀνάγνωθι αὐτὴν τῷ λαῷ λύσας οὖν τὴν ἐπιστολὴν ἀνέγνω αὐτὴν τῷ λαῷ.

20 καὶ ἀκούσας ὁ λαὸς ἔκλαυσαν καὶ ἐπέθηκαν χοῦν ἐπὶ τὰς κεφαλὰς αὐτῶν

21 καὶ ἔλεγον τῷ Ἰερεμίᾳ σῶσον ἡμᾶς καὶ ἀπάγγειλον ἡμῖν τί ποιήσωμεν ἵνα εἰσέλθωμεν πάλιν εἰς τὴν πόλιν ἡμῶν.

22 ἀποκριθεὶς δὲ Ἰερεμίας εἶπεν αὐτοῖς πάντα ὅσα ἐκ τῆς ἐπιστολῆς ἠκούσατε φυλάξατε καὶ εἰσάξει ἡμᾶς κύριος εἰς τὴν πόλιν ἡμῶν.

23 ἔγραψε δὲ καὶ ἐπιστολὴν ὁ Ἰερεμίας τῷ Βαροὺχ λέγων οὕτως υἱέ μου ἀγαπητὲ μὴ ἀμελήσῃς ἐν ταῖς προσευχαῖς σου δεόμενος τοῦ θεοῦ ὑπὲρ ἡμῶν ὅπως κατευοδώσῃ τὴν ὁδὸν ἡμῶν ἄχρις ἂν ἐξέλθωμεν ἐκ τῶν προσταγμάτων τοῦ ἀνόμου βασιλέως τούτου. δίκαιος γὰρ εὑρέθης ἐναντίον τοῦ θεοῦ καὶ οὐκ ἔασέν σε εἰσελθεῖν ἐνταῦθα ὅπως μὴ ἴδῃς τὴν κάκωσιν τὴν γενομένην τῷ λαῷ ὑπὸ τῶν Βαβυλωνίων.

24 ὥσπερ γὰρ πατὴρ υἱὸν μονογενῆ ἔχων τούτου δὲ παραδοθέντος εἰς τιμωρίαν οἱ ἰδόντες τὸν πατέρα αὐτοῦ καὶ παραμυθούμενοι αὐτὸν σκέπουσιν τὸ πρόσωπον αὐτοῦ ἵνα μὴ ἴδῃ πῶς τιμωρεῖται αὐτὸς ὁ υἱὸς καὶ πλείονα φθαρῇ ἀπὸ τῆς λύπης. οὕτως γάρ σε ἐλέησεν ὁ θεὸς καὶ οὐκ ἔασέν σε εἰσελθεῖν ἐνταῦθα ἵνα μὴ ἴδῃς τὴν κάκωσιν τοῦ λαοῦ. ἀφ' ἧς γὰρ εἰσήλθομεν ἐνταῦθα οὐκ ἐπαύσατο ἡ λύπη ἀφ' ἡμῶν ἑξήκοντα καὶ ἓξ ἔτη σήμερον.

25 πολλάκις γὰρ ἐξερχόμενος ηὕρισκον ἐκ τοῦ λαοῦ κρεμαμένους ὑπὸ Ναβουχοδονόσορ βασιλέως κλαίοντας καὶ λέγοντας ἐλέησον ἡμᾶς ὁ θεὸς Ζάρ.

26 ἀκούσας ταῦτα ἐλυπούμην καὶ ἔκλαιον δισσὸν κλαυθμὸν οὐ μόνον ὅτι ἐκρέμαντο ἀλλ' ὅτι ἐπεκαλοῦντο θεὸν ἀλλότριον λέγοντες ἐλέησον ἡμᾶς. ἐμνημόνευον δὲ ἡμέρας ἑορτῆς ἃς ἐποιοῦμεν ἐν Ἰερουσαλὴμ πρὸ τοῦ ἡμᾶς αἰχμαλωτευθῆναι

27 καὶ μνησκόμενος ἐστέναζον καὶ ἐπέστρεφον εἰς τὸν οἶκόν μου ὀδυνώμενος καὶ κλαίων.

28 νῦν οὖν δεήθητι εἰς τὸν τόπον ὅπου εἶ σὺ καὶ Ἀβιμέλεχ ὑπὲρ τοῦ λαοῦ τούτου ὅπως εἰσακούσωσιν τῆς φωνῆς μου καὶ τῶν κριμάτων τοῦ στόματός μου καὶ ἐξέλθωμεν ἐντεῦθεν.

-----------------------

29 λέγω γάρ σοι ὅτι ὅλον τὸν χρόνον ὃν ἐποιήσαμεν ἐνταῦθα
   κατέχουσιν ἡμᾶς λέγοντες ὅτι εἴπατε ἡμῖν ᾠδὴν ἐκ τῶν
   ᾠδῶν Σιὼν τὴν ᾠδὴν τοῦ θεοῦ ὑμῶν. καὶ λέγομεν αὐτοῖς
   πῶς ᾄσωμεν ὑμῖν ἐπὶ γῆς ἀλλοτρίας ὄντες;
30 καὶ μετὰ ταῦτα ἔδησε τὴν ἐπιστολὴν εἰς τὸν τράχηλον τοῦ
   ἀετοῦ Ἰερεμίας λέγων ἄπελθε ἐν εἰρήνῃ καὶ ἐπισκέψηται
   ἡμᾶς ἀμφοτέρους ὁ κύριος.
31 καὶ ἐπετάσθη ὁ ἀετὸς καὶ ἦλθεν εἰς Ἰερουσαλὴμ καὶ
   ἔδωκε τὴν ἐπιστολὴν τῷ Βαροὺχ καὶ λύσας ἀνέγνω καὶ
   κατεφίλησεν αὐτὴν καὶ ἔκλαυσε ἀκούσας διὰ τὰς λύπας καὶ
   τὰς κακώσεις τοῦ λαοῦ.
32 Ἰερεμίας δὲ ἄρας τὰ σῦκα διέδωκε τοῖς νοσοῦσι τοῦ λαοῦ
   καὶ ἔμεινε διδάσκων αὐτοὺς τοῦ ἀπέχεσθαι ἐκ τῶν
   ἀλισγημάτων τῶν ἐθνῶν τῆς Βαβυλῶνος.
   - 8 -
1 ἐγένετο δὲ ἡ ἡμέρα ἐν ᾗ ἐξέφερε κύριος τὸν λαὸν ἐκ
   Βαβυλῶνος.
2 καὶ εἶπεν ὁ κύριος πρὸς Ἰερεμίαν ἀνάστηθι σὺ καὶ ὁ
   λαὸς καὶ δεῦτε ἐπὶ τὸν Ἰορδάνην καὶ ἐρεῖς τῷ λαῷ ὁ
   θέλων τὸν κύριον καταλειψάτω τὰ ἔργα τῆς Βαβυλῶνος. καὶ
   τοὺς ἄρρενας τοὺς λαβόντας ἐξ αὐτῶν γυναῖκας καὶ τὰς
   γυναῖκας τὰς λαβούσας ἐξ αὐτῶν ἄνδρας
3 διαπεράσωσιν οἱ ἀκούοντές σου καὶ ἆρον αὐτοὺς εἰς
   Ἰερουσαλήμ τοὺς δὲ μὴ ἀκούοντάς σου μὴ εἰσαγάγῃς
   αὐτοὺς ἐκεῖ.
4 Ἰερεμίας δὲ ἐλάλησεν πρὸς τὸν λαὸν τὰ ῥήματα ταῦτα καὶ
   ἀναστάντες ἦλθον ἐπὶ τὸν Ἰορδάνην τοῦ περάσαι. καὶ
   λέγων αὐτοῖς τὰ ῥήματα ἃ εἶπε κύριος πρὸς αὐτὸν τὸ
   ἥμισυ τῶν γαμησάντων ἐξ αὐτῶν οὐκ ἠθέλησαν ἀκοῦσαι τοῦ
   Ἰερεμίου ἀλλ᾽ εἶπον πρὸς αὐτὸν οὐ μὴ καταλείψωμεν τὰς
   γυναῖκας ἡμῶν εἰς τὸν αἰῶνα ἀλλ᾽ ὑποστρέψωμεν αὐτὰς
   μεθ᾽ ἡμῶν εἰς τὴν πόλιν ἡμῶν. ἐπέρασαν οὖν τὸν
   Ἰορδάνην καὶ ἦλθον εἰς Ἰερουσαλήμ.
5 καὶ ἔστη Ἰερεμίας καὶ Βαροὺχ καὶ Ἀβιμέλεχ λέγοντες
   ὅτι πᾶς ἄνθρωπος κοινωνῶν Βαβυλωνίταις οὐ μὴ εἰσέλθῃ
   εἰς τὴν πόλιν ταύτην.
6 καὶ εἶπον πρὸς ἑαυτούς ἀναστάντες ὑποστρέψωμεν εἰς
   Βαβυλῶνα εἰς τὸν τόπον ἡμῶν καὶ ἐπορεύθησαν.
7 ἐλθόντων δὲ αὐτῶν εἰς Βαβυλῶνα ἐξῆλθον οἱ Βαβυλωνῖται
   εἰς συνάντησιν αὐτῶν λέγοντες οὐ μὴ εἰσέλθητε εἰς τὴν
   πόλιν ἡμῶν ὅτι ἐμισήσατε ἡμᾶς καὶ κρυφῇ ἐξήλθετε ἀφ᾽
   ἡμῶν διὰ τοῦτο οὐκ εἰσελεύσεσθε πρὸς ἡμᾶς. ὅρκῳ γὰρ
   ὠρκίσαμεν ἀλλήλους κατὰ τοῦ ὀνόματος τοῦ θεοῦ ἡμῶν μήτε
   ὑμᾶς μήτε τέκνα ὑμῶν δέξασθαι ἐπειδὴ κρυφῇ ἐξήλθετε ἀφ᾽
   ἡμῶν.
8 καὶ ἐπιγνόντες ὑπέστρεψαν καὶ ἦλθον εἰς τόπον ἔρημον
   μακρόθεν τῆς Ἰερουσαλὴμ καὶ ᾠκοδόμησαν ἑαυτοῖς πόλιν
   καὶ ἐπωνόμασαν τὸ ὄνομα αὐτῆς Σαμάρειαν.
9 ἀπέστειλε δὲ πρὸς αὐτοὺς Ἰερεμίας λέγων μετανοήσατε
   ἔρχεται γὰρ ἄγγελος τῆς δικαιοσύνης καὶ εἰσάξει ὑμᾶς
   εἰς τὸν τόπον ὑμῶν τὸν ὑψηλόν.
   - 9 -
1 Ἔμειναν δὲ οἱ τοῦ Ἰερεμίου χαίροντες καὶ ἀναφέροντες
   θυσίας ὑπὲρ τοῦ λαοῦ ἐννέα ἡμέρας.
2 τῇ δὲ δεκάτῃ ἀνήνεγκεν Ἰερεμίας μόνος θυσίαν.
3 καὶ ηὔξατο εὐχὴν λέγων ἅγιος ἅγιος ἅγιος τὸ θυμίαμα τῶν
   δένδρων τῶν ζώντων τὸ φῶς τὸ ἀληθινὸν τὸ φωτίζον με ἕως
   οὗ ἀναληφθῶ πρός σε περὶ τοῦ ἐλέους σου παρακαλῶ περὶ
   τῆς φωνῆς τῆς γλυκείας τῶν δύο Σεραφὶμ
4 παρακαλῶ περὶ ἄλλης εὐωδίας θυμιάματος.
5 καὶ ἡ μελέτη μου Μιχαὴλ ὁ ἀρχάγγελος τῆς δικαιοσύνης ὁ
   ἀνοίγων τὰς πύλας τοῖς δικαίοις ἕως ἂν εἰσενέγκῃ τοὺς
   δικαίους.
6 παρακαλῶ σε κύριε παντοκράτωρ πάσης κτίσεως ὁ ἀγέννητος
   καὶ ἀπερινόητος ᾧ πᾶσα κρίσις κέκρυπται ἐν αὐτῷ πρὸ τοῦ
   ταῦτα γενέσθαι.
7 ταῦτα λέγοντος τοῦ Ἰερεμίου καὶ ἱσταμένου ἐν τῷ
   θυσιαστηρίῳ μετὰ Βαροὺχ καὶ Ἀβιμέλεχ ἐγένετο ὡς εἷς
   τῶν παραδιδόντων τὴν ψυχὴν αὐτοῦ.
8 καὶ ἔμειναν Βαροὺχ καὶ Ἀβιμέλεχ κλαίοντες καὶ
   κράζοντες μεγάλῃ τῇ φωνῇ οὐαὶ ἡμῖν ὅτι ὁ πατὴρ ἡμῶν
   Ἰερεμίας κατέλιπεν ἡμᾶς ὁ ἱερεὺς τοῦ θεοῦ καὶ ἀπῆλθεν.
9 ἤκουσε δὲ πᾶς ὁ λαὸς τοῦ κλαυθμοῦ αὐτῶν καὶ ἔδραμον ἐπ᾽
   αὐτοὺς πάντες καὶ εἶδον Ἰερεμίαν ἀνακείμενον χαμαὶ
   ὥσπερ τεθνηκότα. καὶ διέρρηξαν τὰ ἱμάτια αὐτῶν καὶ
   ἐπέθηκαν χοῦν ἐπὶ τὰς κεφαλὰς αὐτῶν καὶ ἔκλαυσαν
   κλαυθμὸν πικρόν.
10 καὶ μετὰ ταῦτα ἡτοίμασαν ἑαυτοὺς ἵνα κηδεύσωσιν αὐτόν.
11 καὶ ἰδοὺ φωνὴ ἦλθε λέγουσα μὴ κηδεύετε τὸν ἔτι ζῶντα
   ὅτι ἡ ψυχὴ αὐτοῦ εἰσέρχεται εἰς τὸ σῶμα αὐτοῦ πάλιν.
12 καὶ ἀκούσαντες τῆς φωνῆς οὐκ ἐκήδευσαν αὐτὸν ἀλλ᾽
   ἔμειναν περικύκλῳ τοῦ σκηνώματος αὐτοῦ ἡμέρας τρεῖς
   λέγοντες ποίᾳ ὥρᾳ μέλλει ἀναστῆναι;
13 μετὰ δὲ τρεῖς ἡμέρας εἰσῆλθεν ἡ ψυχὴ αὐτοῦ εἰς τὸ σῶμα
   αὐτοῦ καὶ ἐπῆρε τὴν φωνὴν αὐτοῦ ἐν μέσῳ πάντων καὶ εἶπε
   δοξάσατε τὸν θεὸν ἐν μιᾷ φωνῇ πάντες δοξάσατε τὸν θεὸν
   καὶ τὸν υἱὸν τοῦ θεοῦ τὸν ἐξυπνίζοντα ἡμᾶς Ἰησοῦν
   Χριστὸν τὸ φῶς τῶν αἰώνων πάντων ὁ ἄσβεστος λύχνος ἡ
   ζωὴ τῆς πίστεως.
14 γίνεται δὲ μετὰ τοὺς καιροὺς τούτους ἄλλα ἔτη
   τετρακόσια ἑβδομηκονταεπτὰ καὶ ἔρχεται εἰς τὴν γῆν. καὶ
   τὸ δένδρον τῆς ζωῆς τὸ ἐν μέσῳ τοῦ παραδείσου φυτευθὲν
   ποιήσει πάντα τὰ δένδρα τὰ ἄκαρπα ποιῆσαι καρπὸν καὶ
   αὐξηθήσονται καὶ βλαστήσουσι.
15 καὶ τὰ δένδρα τὰ βεβλαστηκότα καὶ μεγαλαυχοῦντα καὶ
   λέγοντα ἐδώκαμεν τὸ τέλος ἡμῶν τῷ ἀέρι ποιήσει αὐτὰ
   ξηρανθῆναι μετὰ τοῦ ὕψους τῶν κλάδων αὐτῶν καὶ ποιήσει
   αὐτὰ κριθῆναι τὸ δένδρον τὸ στηριχθέν. καὶ τὸ κόκκινον
   ὡς ἔριον λευκὸν γενήσεται
16 ἡ χιὼν μελανθήσεται τὰ γλυκέα ὕδατα ἁλμυρὰ γενήσονται
   καὶ τὰ ἁλμυρὰ γλυκέα ἐν τῷ μεγάλῳ φωτὶ τῆς εὐφροσύνης
   τοῦ θεοῦ.

17 καὶ εὐλογήσει τὰς νήσους τοῦ ποιῆσαι καρπὸν ἐν τῷ λόγῳ
   τοῦ στόματος τοῦ χριστοῦ αὐτοῦ.
18 αὐτὸς γὰρ ἐλεύσεται καὶ ἐξελεύσεται καὶ ἐπιλέξεται
   ἑαυτῷ δώδεκα ἀποστόλους ἵνα εὐαγγελίζωνται ἐν τοῖς
   ἔθνεσιν ὃν ἐγὼ ἑώρακα κεκοσμημένον ὑπὸ τοῦ πατρὸς αὐτοῦ
   καὶ ἐρχόμενον εἰς τὸν κόσμον ἐπὶ τὸ ὄρος τῶν ἐλαιῶν καὶ
   ἐμπλήσει τὰς πεινώσας ψυχάς.
19 ταῦτα λέγοντος τοῦ Ἰερεμίου περὶ τοῦ υἱοῦ τοῦ θεοῦ ὅτι
   ἔρχεται εἰς τὸν κόσμον ὠργίσθη ὁ λαὸς καὶ εἶπε
20 ταῦτα πάλιν ἐστὶ τὰ ῥήματα τὰ ὑπὸ Ἠσαΐου τοῦ υἱοῦ
   Ἀμὼς εἰρημένα λέγοντος ὅτι εἶδον τὸν θεὸν καὶ τὸν υἱὸν
   τοῦ θεοῦ.
21 δεῦτε οὖν καὶ μὴ ἀποκτείνωμεν αὐτὸν τῷ ἐκείνου θανάτῳ
   ἀλλὰ λίθοις λιθοβολήσωμεν αὐτόν.
22 ἐλυπήθησαν οὖν σφόδρα Βαροὺχ καὶ Ἀβιμέλεχ ὅτι ἤθελον
   ἀκοῦσαι πλήρης τὰ μυστήρια ἃ εἶδε.
23 λέγει δὲ αὐτοῖς Ἰερεμίας σιωπήσατε καὶ μὴ κλαίετε οὐ
   μὴ γάρ με ἀποκτείνωσιν ἕως οὗ πάντα ὅσα εἶδον
   διηγήσωμαι ὑμῖν.
24 εἶπε δὲ αὐτοῖς ἐνέγκατέ μοι λίθον ὧδε
25 καὶ ἔστησεν αὐτὸν καὶ εἶπεν τὸ φῶς τῶν αἰώνων ποίησον
   τὸν λίθον τοῦτον καθ᾽ ὁμοιότητά μου γενέσθαι ἕως οὗ
   πάντα ὅσα εἶδον διηγήσωμαι τῷ Βαροὺχ καὶ τῷ Ἀβιμέλεχ.
26 τότε ὁ λίθος διὰ προστάγματος θεοῦ ἀνέλαβεν ὁμοιότητα
   τοῦ Ἰερεμίου.
27 καὶ ἐλιθοβόλουν τὸν λίθον νομίζοντες ὅτι Ἰερεμίας
   ἐστίν.
28 ὁ δὲ Ἰερεμίας πάντα παρέδωκε τὰ μυστήρια ἃ εἶδε τῷ
   Βαροὺχ καὶ τῷ Ἀβιμέλεχ
29 καὶ εἶθ᾽ οὕτως ἔστη ἐν μέσῳ τοῦ λαοῦ ἐκτελέσαι
   βουλόμενος τὴν οἰκονομίαν αὐτοῦ.
30 τότε ἐβόησε ὁ λίθος λέγων ὦ μωροὶ υἱοὶ Ἰσραὴλ διὰ τί
   λιθοβολεῖτέ με νομίζοντες ὅτι ἐγὼ Ἰερεμίας; ἰδοὺ
   Ἰερεμίας ἐν μέσῳ ὑμῶν ἵσταται.
31 ὡς δὲ εἶδον αὐτὸν εὐθέως ἔδραμον πρὸς αὐτὸν μετὰ πολλῶν
   λίθων καὶ ἐπληρώθη αὐτοῦ οἰκονομία.
32 καὶ ἐλθόντες Βαροὺχ καὶ Ἀβιμέλεχ ἔθαψαν αὐτὸν καὶ
   λαβόντες τὸν λίθον ἔθηκαν ἐπὶ τὸ μνῆμα αὐτοῦ
   ἐπιγράψαντες ἐν αὐτῷ οὕτως οὗτός ἐστιν ὁ λίθος ὁ βοηθὸς
   τοῦ Ἰερεμίου.

ἀποκαλυψις βαρουχ.

1 διήγησις καὶ ἀποκάλυψις Βαροὺχ περὶ ὧν κελεύματι θεοῦ
ἀρρήτων εἶδεν. εὐλόγησον δέσποτα.

2 ἀποκάλυψις Βαροὺχ ὃς ἐστιν ἐπὶ ποταμοῦ Γέλ. κλαίων ὑπὲρ
τῆς αἰχμαλωσίας Ἱερουσαλὴμ ὅτε καὶ Ἀβιμελὲχ ἐπὶ
Ἀγρίππα τὸ χωρίον τῇ χειρὶ θεοῦ διεφυλάχθη καὶ οὗτος
ἐκάθητο ἐπὶ τὰς ὡραίας πύλας ὅπου ἔκειτο τὰ τῶν ἁγίων
ἅγια.

- 1 -

1 οἳ νῦν ἐγὼ Βαροὺχ κλαίων ἐν τῇ συνέσει μου καὶ ἔχων
περὶ τοῦ λαοῦ καὶ ὅπως συνεχωρήθη Ναβουχοδονόσωρ ὁ
βασιλεὺς ὑπὸ θεοῦ πορθῆσαι τὴν πόλιν αὐτοῦ λέγων

2 κύριε ἵνα τί ἐξέκαυσας τὸν ἀμπελῶνά σου καὶ ἠρήμωσας
αὐτόν; τί ἐποίησας τοῦτο; καὶ ἵνα τί κύριε οὐκ ἀπέδωκας
ἡμᾶς ἐν ἄλλῃ παιδείᾳ ἀλλὰ παρέδωκας ἡμᾶς εἰς ἔθνη
τοιαῦτα ὅπως ὀνειδίζοντες λέγουσιν ποῦ ἐστιν ὁ θεὸς
αὐτῶν;

3 καὶ ἰδοὺ ἐν τῷ κλαίειν με καὶ λέγειν τοιαῦτα ὁρῶ
ἄγγελον κυρίου ἐλθόντα καὶ λέγοντά μοι σύνες ὦ ἄνθρωπε
ἄνερ ἐπιθυμιῶν καὶ μὴ τοσοῦτόν σε μέλῃ περὶ τῆς
σωτηρίας Ἱερουσαλὴμ ὅτι τάδε λέγει κύριος ὁ θεὸς ὁ
παντοκράτωρ.

4 ἀπέστειλε γάρ με πρὸ προσώπου σου ὅπως ἀναγγείλω καὶ
ὑποδείξω σοι πάντα τοῦ θεοῦ.

5 ἡ γὰρ δέησίς σου ἠκούσθη ἐνώπιον αὐτοῦ καὶ εἰσῆλθεν εἰς
τὰ ὦτα κυρίου τοῦ θεοῦ.

6 καὶ ταῦτα εἰπών μοι ἡσύχασα. καὶ λέγει μοι ὁ ἄγγελος
παῦσον τὸν θεὸν παροξύνειν καὶ ὑποδείξω σοι ἄλλα
μυστήρια τούτων μείζονα.

7 καὶ εἶπον ἐγὼ Βαροὺχ ζῇ κύριος ὁ θεὸς ὅτι ἐὰν ὑποδείξῃς
μοι καὶ ἀκούσω παρά σου τοῦ μὴ προσθῆναι ἔτι
λαλῆσαι προσθήσει ὁ θεὸς ἐν τῇ ἡμέρᾳ τῆς κρίσεως κρίσιν
ἐμοὶ ἐὰν λαλήσω τοῦ λοιποῦ.

8 εἶπέν μοι ὁ ἄγγελος τῶν δυνάμεων δεῦρο καὶ ὑποδείξω
σοι τὰ μυστήρια τοῦ θεοῦ.

- 2 -

1 καὶ λαβών με ἤγαγέν με ὅπου ἐστήρικται ὁ οὐρανὸς καὶ
ὅπου ἦν ποταμὸς ὃν οὐδεὶς δύναται περᾶσαι αὐτὸν οὐδὲ
ξένη πνοὴ ἐκ πασῶν ὧν ἔθετο ὁ θεός.

2 καὶ λαβών με ἤγαγέν με ἐπὶ τὸν πρῶτον οὐρανὸν καὶ
ἔδειξέ μοι θύραν παμμεγέθη. καὶ εἶπέν μοι εἰσέλθωμεν
δι᾽ αὐτῆς. καὶ εἰσήλθομεν ὡς ἐν πτέρυξιν ὡσεὶ πορείας
ὁδοῦ ἡμέρας τριάκοντα.

3 καὶ ὑπέδειξέν μοι ἔνδον τοῦ οὐρανοῦ πεδίον. καὶ ἦσαν
ἄνθρωποι κατοικοῦντες ἐν αὐτῷ ὧν τὰ πρόσωπα βοῶν τὰ δὲ
κέρατα ἐλάφων οἱ δὲ πόδες αἰγῶν αἱ δὲ ὀσφύες ἀρνῶν.

4 καὶ ἠρώτησα ἐγὼ Βαροὺχ τὸν ἄγγελον ἀνάγγειλόν μοι
δέομαί σοι τί ἐστιν τὸ πάχος τοῦ οὐρανοῦ ἐν ᾧ ὡδεύσαμεν
ἢ τί τὸ διάστημα αὐτοῦ ἢ τί τὸ πεδίον; ἵνα κἀγὼ
ἀπαγγείλω τοῖς υἱοῖς τῶν ἀνθρώπων.

5 καὶ εἶπέν μοι ὁ ἄγγελος οὗ τὸ ὄνομα αὐτοῦ Φαμαὴλ ἡ θύρα
αὕτη ἣν ὁρᾷς ἐστιν τοῦ οὐρανοῦ καὶ ὅσον διαφέρει ἀπὸ
τῆς γῆς ἕως τοῦ οὐρανοῦ τοσοῦτόν ἐστιν καὶ τὸ πάχος
αὐτοῦ καὶ ὅσον πάλιν ἐστὶ καὶ τὸ τοῦ πεδίου μῆκος οὗ
εἶδας.

6 καὶ πάλιν λέγει μοι ὁ ἄγγελος τῶν δυνάμεων δεῦρο καὶ
ὑποδείξω σοι μείζονα μυστήρια.

7 εἶπον δὲ ἐγὼ δέομαί σου δεῖξόν μοι τί εἰσιν οἱ ἄνθρωποι
οὗτοι; καὶ εἶπέν μοι οὗτοί εἰσιν οἱ τὸν πύργον τῆς
θεομαχίας οἰκοδομήσαντες καὶ ἐξετόπησεν αὐτοὺς ὁ
κύριος.

- 3 -

1 καὶ λαβών με ὁ ἄγγελος κυρίου ἤγαγέν με εἰς δεύτερον
οὐρανόν. καὶ ὑπέδειξέν μοι (ἐν) κἀκεῖ θύραν ὁμοίαν τῆς
πρώτης. καὶ εἶπεν εἰσέλθωμεν δι᾽ αὐτῆς.

2 καὶ εἰσήλθομεν ἀναπτερωμένοι ὡσεὶ πορείας ὁδοῦ ἡμερῶν
ἑξήκοντα.

3 καὶ ἔδειξέν μοι κἀκεῖ πεδίον καὶ ἦν πλῆρες ἀνθρώπων ἡ
δὲ θεωρία αὐτῶν ὁμοία κυνῶν οἱ δὲ πόδες ἐλάφων.

4 καὶ ἠρώτησα τὸν ἄγγελον δέομαί σου κύριε εἰπέ μοι τίνες
εἰσὶν οὗτοι;

5 καὶ εἶπέν μοι οὗτοί εἰσιν οἱ τὴν συμβουλὴν δόντες τοῦ
ποιῆσαι τὸν πύργον. αὐτοὶ γὰρ οὓς ὁρᾷς ἐξέβαλον πλήθη
ἀνδρῶν τε καὶ γυναικῶν εἰς τὸ πλινθεύειν. ἐν οἷς μία
γυνὴ πλινθεύουσα ἐν τῇ ὥρᾳ τοῦ τεκεῖν αὐτὴν οὐ
συνεχωρήθη ἀπολυθῆναι ἀλλὰ πλινθεύουσα ἔτεκεν καὶ τὸ
τέκνον αὐτῆς ἐν τῷ λεντίῳ ἐβάστασεν καὶ ἐπλίνθευεν.

6 καὶ ὀφθεὶς αὐτοῖς ὁ κύριος ἐνήλλαξεν αὐτῶν τὰς γλώσσας
ἀφ᾽ οὗ τὸν πύργον (ὡς) ᾠκοδόμησαν ἐπὶ πήχεις
τετρακοσίας ἑξήκοντα τρεῖς.

7 καὶ λαβόντες τρύπανον ἔσπευδον τρυπῆσαι τὸν οὐρανὸν
λέγοντες ἴδωμεν ὀστράκινός ἐστιν ὁ οὐρανὸς ἢ χαλκοῦς ἢ
σιδηροῦς.

8 ταῦτα ἰδὼν ὁ θεὸς οὐ συνεχώρησεν αὐτοὺς ἀλλ᾽ ἐπάταξεν
αὐτοὺς ἐν ἀορασίᾳ καὶ ἐν γλωσσαλλαγῇ καὶ κατέστησεν
αὐτοὺς ὡς ὁρᾷς.

- 4 -

1 καὶ εἶπον ἐγὼ Βαροὺχ ἰδοὺ κύριε μεγάλα καὶ θαυμαστὰ
ἔδειξάς μοι καὶ νῦν δεῖξόν μοι πάντα διὰ τὸν κύριον.

2 καὶ εἶπέν μοι ἄγγελος δεῦρο διέλθωμεν. (καὶ διῆλθον
πορείας) μετὰ τοῦ ἀγγέλου ἀπὸ τοῦ τόπου ἐκείνου ὡσεὶ
πορείας ἡμερῶν ἑκατὸν ὀγδοήκοντα πέντε.

3 καὶ ἔδειξέν μοι πεδίον καὶ ὄφιν ὡς ὁράσεως πέτρας. καὶ
ἔδειξέν μοι τὸν Ἅιδην καὶ ἦν ἡ εἰδέα αὐτοῦ ζοφώδης καὶ
βέβηλος.

4 καὶ εἶπον τίς ἐστιν ὁ δράκων οὗτος; καὶ τίς ὁ περὶ
αὐτὸν ἀπηνής;

5 καὶ εἶπέν μοι ὁ ἄγγελος ὁ μὲν δράκων ἐστὶν ὁ τὰ σώματα τῶν
κακῶς τὸν βίον μετερχομένων ἐσθίων καὶ ὑπ᾽ αὐτῶν
τρέφεται

6 καὶ οὗτός ἐστιν ὁ Ἅιδης ὅστις καὶ αὐτὸς παρόμοιός
ἐστιν αὐτοῦ ἐν ᾧ καὶ πίνει ἀπὸ τῆς θαλάσσης ὡσεὶ πῆχυν

μίαν καὶ οὐκ ἐκλείπει ἀπ᾽ αὐτῆς τι.

7 ὁ Βαροὺχ εἶπεν καὶ πῶς; καὶ εἶπεν ὁ ἄγγελος ἄκουσον
κύριος ὁ θεὸς ἐποίησεν τριακοσίους ἑξήκοντα ποταμοὺς ὧν
οἱ πρῶτοι πάντων Ἀλφίας καὶ Ἄβυρος καὶ ὁ Γηρικὸς καὶ
ἀπὸ τούτων οὐκ ἐκλείπει ἡ θάλασσα.

8 καὶ εἶπον ἐγὼ δέομαί σου δεῖξόν μοι τί τὸ ξύλον τὸ
πλανῆσαν τὸν Ἀδάμ; καὶ εἶπεν ὁ ἄγγελος ἡ ἄμπελός ἐστιν
ἣν ἐφύτευσεν ὁ ἄγγελος Σαμαὴλ ὅτινα ὠργίσθη κύριος ὁ
θεὸς καὶ ἐκατηράσατο αὐτὸν καὶ τὴν φυτείαν αὐτοῦ. ἐν ᾧ
καὶ διὰ τοῦτο οὐ συνεχώρησεν τὸν Ἀδὰμ ἅψασθαι αὐτοῦ.
καὶ διὰ τοῦτο φθονήσας ὁ διάβολος ἠπάτησεν αὐτὸν διὰ
τῆς ἀμπέλου αὐτοῦ.

9 καὶ εἶπον ἐγὼ Βαροὺχ καὶ ἐπεὶ τοσούτου κακοῦ αἰτία
γέγονεν ἡ ἄμπελος καὶ κατάρας ὑπόδικος παρὰ θεοῦ καὶ
τοῦ πρωτοπλάστου ἀναίρεσις πῶς ἄρτι εἰς τοσαύτην χρείαν
ἐστίν;

10 καὶ εἶπεν ὁ ἄγγελος ὀρθῶς ἐρωτᾷς ὅτε ἐποίησεν ὁ θεὸς
τὸν κατακλυσμὸν ἐπὶ τῆς γῆς καὶ ἀπώλεσε πᾶσαν σάρκα καὶ
τὰς τετρακοσίας ἐννέα χιλιάδας τῶν γιγάντων καὶ ἀνῆλθεν
τὸ ὕδωρ ἐπάνω τῶν ὑψηλῶν ἐπὶ πήχεις δεκαπέντε εἰσῆλθε
τὸ ὕδωρ εἰς τὸν παράδεισον καὶ ἦρεν πᾶν ἄνθος τὸ δὲ
κλῆμα τῆς ἀμπέλου ἐξώρισεν εἰς τὸ παντελὲς καὶ ἐξέβαλεν
ἔξω.

11 καὶ ὅταν ἐφάνη ἡ γῆ ἀπὸ τοῦ ὕδατος καὶ ἐξῆλθε Νῶε τῆς
κιβωτοῦ ἤρξατο φυτεύειν ἐκ τῶν εὑρισκομένων φυτῶν.

12 εὗρε δὲ καὶ τὸ κλῆμα καὶ λαβὼν ἐλογίζετο ἐν ἑαυτῷ τί
ἄρα ἐστίν. καὶ ἐλθὼν ἐγὼ εἶπον αὐτῷ τὰ περὶ ἐκείνου.

13 καὶ εἶπεν ἄρα φυτεύσω αὐτὸ ἢ τί; ἐπεὶ Ἀδὰμ δι᾽ αὐτοῦ
ἀπώλετο μὴ καὶ αὐτὸς ὀργῆς θεοῦ ἐπιτύχω δι᾽ αὐτοῦ. καὶ
ταῦτα λέγων προσηύξατο ὅπως ἀποκαλύψῃ αὐτῷ ὁ θεὸς περὶ
αὐτοῦ τί ποιήσει.

14 καὶ τεσσαράκοντα ἡμέρας τὴν εὐχὴν ἐκτελέσαντος καὶ
πολλὰ δεηθεὶς καὶ κλαύσας εἶπεν κύριε παρακαλῶ ὅπως
ἀποκαλύψῃς μοι τί ποιήσω περὶ τοῦ φυτοῦ τούτου.

15 ἀπέστειλε δὲ ὁ θεὸς τὸν ἄγγελον αὐτοῦ τὸν Σαρασαὴλ καὶ
εἶπεν αὐτῷ ἀναστὰς Νῶε φύτευσον τὸ κλῆμα ὅτι εἶδε λέγει
κύριος τὸ πικρὸν τούτου μεταβληθήσεται εἰς γλυκὺ καὶ ἡ
κατάρα αὐτοῦ γενήσεται εἰς εὐλογίαν καὶ τὸ παρ᾽ αὐτοῦ
γεννώμενον γενήσεται αἷμα θεοῦ καὶ ὥσπερ ὑπ᾽ αὐτοῦ τὴν
καταδίκην ἔλαβεν τὸ γένος τῶν ἀνθρώπων πάλιν διὰ Ἰησοῦ
Χριστοῦ τοῦ Ἐμμανουὴλ ἐν αὐτῷ μέλλουσιν τὴν ἀνάκλησιν
προσλαβεῖν καὶ τὴν εἰς παράδεισον εἴσοδον.

16 γίνωσκε τοιγαροῦν ὦ Βαροὺχ ὅτι ὥσπερ ὁ Ἀδὰμ δι᾽ αὐτοῦ
τοῦ ξύλου τὴν καταδίκην ἔλαβεν καὶ τῆς δόξης θεοῦ
ἐγυμνώθη οὕτως καὶ οἱ νῦν ἄνθρωποι τὸν ἐξ αὐτοῦ
γεννώμενον οἶνον ἀπλήστως δρῶντες χεῖρον τοῦ Ἀδὰμ τὴν
παράβασιν ἀπεργάζονται καὶ τῆς τοῦ θεοῦ δόξης μακρὰν
γίνονται καὶ τῷ αἰωνίῳ πυρὶ ἑαυτοὺς προξενοῦσιν.

17 πᾶν γὰρ ἀγαθὸν δι᾽ αὐτοῦ γίνεται. ταῦτα γὰρ ποιοῦσιν οἱ
τοῦτον εἰς κόρον πίνοντες οὔτε ἀδελφὸς ἀδελφὸν ἐλεεῖ
οὔτε πατὴρ υἱὸν οὔτε τέκνα γονεῖς ἀλλὰ διὰ τῆς
πτώσεως τοῦ οἴνου πάντα γίνονται οἷον φόνοι μοιχεῖαι
πορνεῖαι ἐπιορκεῖαι κλοπαὶ καὶ τὰ τούτων ὅμοια. καὶ
οὐδὲν ἀγαθὸν δι᾽ αὐτοῦ κατορθοῦται.

- 5 -

1 καὶ εἶπον ἐγὼ Βαροὺχ πρὸς τὸν ἄγγελον ἐπερωτῶ σε ἕνα
λόγον κύριε

2 ἐπειδὴ εἶπές μοι ὅτι πίνει ὁ δράκων ἐκ τῆς θαλάσσης
πῆχυν μίαν εἰπέ μοι καὶ πόση ἐστὶν ἡ κοιλία αὐτοῦ;

3 καὶ εἶπεν ὁ ἄγγελος ἡ κοιλία τούτου ὁ Ἅιδης ἐστίν. καὶ
ὅσον ἀνδρῶν τριακοσίων μόλιβδος ἀκοντιζομένων τοσαύτη
ἐστὶν ἡ κοιλία αὐτοῦ. ἐλθὲ οὖν ὅπως δείξω σοι καὶ
μείζονα τούτων ἔργα.

- 6 -

1 καὶ λαβών με ἤγαγέν με ὅπου ὁ ἥλιος ἐκπορεύεται.

2 καὶ ἔδειξέ μοι ἅρμα τετραέλαστον ὃ ἦν ὑπόπυρον. καὶ ἐπὶ
τοῦ ἅρματος ἄνθρωπος καθήμενος φορῶν στέφανον πυρὸς
ἐλαυνόμενον τὸ ἅρμα ὑπ᾽ ἀγγέλων τεσσάρων. καὶ ἰδοὺ
ὄρνεον περιτρέχον ἔμπροσθεν τοῦ ἡλίου ὡς ὄρη ἐννέα.

3 καὶ εἶπον τὸν ἄγγελον τί ἐστι τὸ ὄρνεον τοῦτο; καὶ
λέγει μοι τοῦτό ἐστιν ὁ φύλαξ τῆς οἰκουμένης.

4 καὶ εἶπον κύριε πῶς ἐστιν φύλαξ τῆς οἰκουμένης; δίδαξόν
με.

5 καὶ εἶπέν μοι ὁ ἄγγελος τοῦτο τὸ ὄρνεον παρατρέχει τῷ
ἡλίῳ καὶ τὰς πτέρυγας ἐφαπλῶν δέχεται τὰς πυριμόρφους
ἀκτῖνας αὐτοῦ

6 εἰ μὴ γὰρ ταύτας ἐδέχετο οὐκ ἂν τῶν ἀνθρώπων γένος
ἐσῴζετο οὔτε ἕτερόν τι ζῷον ἀλλὰ προσέταξεν ὁ θεὸς
τοῦτο τὸ ὄρνεον.

7 καὶ ἥπλωσε τὰς πτέρυγας αὐτοῦ καὶ εἶδον εἰς τὸ δεξιὸν
πτερὸν αὐτοῦ γράμματα παμμεγέθη ὡς ἅλωνος τόπον ἔχων
μέτρον ὡσεὶ μοδίων τετρακισχιλίων καὶ ἦσαν γράμματα
χρυσᾶ.

8 καὶ εἶπέν μοι ὁ ἄγγελος ἀνάγνωθι ταῦτα. καὶ ἀνέγνων.
καὶ ἔλεγον οὕτως οὔτε γῆ με τίκτει οὔτε οὐρανὸς ἀλλὰ
τίκτουσί με πτέρυγες πυρός.

9 καὶ εἶπον κύριε τί ἐστι τὸ ὄρνεον τοῦτο καὶ τί τὸ ὄνομα
αὐτοῦ;

10 καὶ εἶπέν μοι ὁ ἄγγελος φοῖνιξ καλεῖται τὸ ὄνομα αὐτοῦ.

11 καὶ τί ἐσθίει; καὶ εἶπέν μοι τὸ μάννα τοῦ οὐρανοῦ καὶ
τὴν δρόσον τῆς γῆς.

12 καὶ εἶπον τί ἀφοδεύει τὸ ὄρνεον; καὶ εἶπέν μοι ἀφοδεύει
σκώληκα καὶ τὸ τοῦ σκώληκος ἀφόδευμα γίνεται κινάμωμον
ᾧπερ χρῶνται βασιλεῖς καὶ ἄρχοντες. μεῖνον δὲ καὶ ὄψει
δόξαν θεοῦ.

13 καὶ ἐν τῷ ὁμιλεῖν αὐτὸν ἐγένετο βροντὴ ὡς ἦχος βροντῆς
καὶ ἐσαλεύθη ὁ τόπος ἐν ᾧ ἱστάμεθα. καὶ ἠρώτησα τὸν
ἄγγελον κύριέ μου τί ἐστιν ἡ φωνὴ αὕτη; καὶ εἶπέ μοι ὁ
ἄγγελος ἄρτι ἀνοίγουσιν οἱ ἄγγελοι τὰς τριακοσίας
ἑξήκοντα πέντε πύλας τοῦ οὐρανοῦ καὶ διαχωρίζεται τὸ
φῶς ἀπὸ τοῦ σκότους.

14 καὶ ἦλθεν φωνὴ λέγουσα φωτόδοτα δὸς τῷ κόσμῳ τὸ φέγγος.

15 καὶ ἀκούσας τὸν κτύπον τοῦ ὀρνέου εἶπον κύριε τί ἐστιν
ὁ κτύπος οὗτος;

16 καὶ εἶπεν τοῦτό ἐστι τὸ ἐξυπνίζον τοὺς ἐπὶ γῆς
ἀλέκτορας ὡς γὰρ τὰ δίστομα οὕτως καὶ ὁ ἀλέκτωρ μηνύει
τοῖς ἐν τῷ κόσμῳ κατὰ τὴν ἰδίαν λαλιάν. ὁ ἥλιος γὰρ
ἑτοιμάζεται ὑπὸ τῶν ἀγγέλων καὶ φωνεῖ ὁ ἀλέκτωρ.

– 7 –

1 καὶ εἶπον ἐγὼ καὶ ποῦ ἀποσχολεῖται ὁ ἥλιος ἀφ᾿ οὗ ὁ
ἀλέκτωρ φωνεῖ;

2 καὶ εἶπέν μοι ὁ ἄγγελος ἄκουσον Βαροὺχ πάντα ὅσα ἔδειξά
σοι ἐν τῷ πρώτῳ καὶ δευτέρῳ οὐρανῷ εἰσίν καὶ ἐν τῷ
τρίτῳ οὐρανῷ διέρχεται ὁ ἥλιος καὶ διδοῖ τῷ κόσμῳ τὸ
φέγγος. ἀλλ᾿ ἔκδεξαι καὶ ὄψει δόξαν θεοῦ.

3 καὶ ἐν τῷ ὁμιλεῖν με αὐτῷ ὁρῶ τὸ ὄρνεον καὶ ἀνεφάνη
ἔμπροσθεν καὶ πρὸς μικρὸν μικρὸν ηὔξανε καὶ
ἀνεπληροῦτο.

4 καὶ ὄπισθεν τούτου τὸν ἥλιον ἐξαστράπτοντα καὶ τοὺς
ἀγγέλους μετ᾿ αὐτοῦ φέροντας καὶ στέφανον ἐπὶ τὴν
κεφαλὴν αὐτοῦ οὗ τὴν θέαν οὐκ ἠδυνήθημεν ἀντοφθαλμῆσαι
καὶ ἰδεῖν.

5 καὶ ἅμα τῷ λάμψαι τὸν ἥλιον ἐξέτεινε καὶ ὁ φοῖνιξ τὰς
αὐτοῦ πτέρυγας. ἐγὼ δὲ ἰδὼν τὴν τοιαύτην δόξαν
ἐταπεινώθην φόβῳ μεγάλῳ καὶ ἐξέφυγον καὶ ὑπεκρύβην ἐν
ταῖς πτέρυξι τοῦ ἀγγέλου.

6 καὶ εἶπέν μοι ὁ ἄγγελος μὴ φοβοῦ Βαροὺχ ἀλλ᾿ ἔκδεξαι
καὶ ὄψει καὶ τὴν δύσιν αὐτῶν.

– 8 –

1 καὶ λαβών με ἤγαγέν με ἐπὶ δυσμάς. καὶ ὅταν ἦλθεν ὁ
καιρὸς τοῦ δῦσαι ὁρῶ πάλιν ἔμπροσθεν τὸ ὄρνεον
ἐρχόμενον καὶ τὸν ἥλιον μετὰ τῶν ἀγγέλων ἐρχόμενον. καὶ
ἅμα τῷ ἐλθεῖν αὐτὸν ὁρῶ τοὺς ἀγγέλους καὶ ἦραν τὸν
στέφανον ἀπὸ τῆς κορυφῆς αὐτοῦ.

2 τὸ δὲ ὄρνεον ἔστη τεταπεινωμένον καὶ συστέλλον τὰς
πτέρυγας αὐτοῦ.

3 καὶ ταῦτα ἰδὼν ἐγὼ εἶπον κύριε διὰ τί ἦραν τὸν στέφανον
ἀπὸ τῆς κεφαλῆς τοῦ ἡλίου καὶ διὰ τί ἐστι τὸ ὄρνεον
τοσοῦτον τεταπεινωμένον;

4 καὶ εἶπέν μοι ὁ ἄγγελος ὁ στέφανος τοῦ ἡλίου ὅταν τὴν
ἡμέραν διαδράμῃ λαμβάνουσι τέσσαρες ἄγγελοι τοῦτον καὶ
ἀναφέρουσιν εἰς τὸν οὐρανὸν καὶ ἀνακαινίζουσιν αὐτὸν
διὰ τὸ μεμολύνθαι αὐτὸν καὶ τὰς ἀκτῖνας αὐτοῦ ἐπὶ τῆς
γῆς. καὶ λοιπὸν καθ᾿ ἑκάστην ἡμέραν οὕτως
ἀνακαινίζεται.

5 καὶ εἶπον ἐγὼ Βαροὺχ κύριε καὶ διὰ τί μολύνονται αἱ
ἀκτῖνες αὐτοῦ ἐπὶ τῆς γῆς; καὶ εἶπέν μοι ὁ ἄγγελος
θεωρῶν τὰς ἀνομίας καὶ τὰς ἀδικίας τῶν ἀνθρώπων ἤγουν
πορνείας μοιχείας κλοπὰς ἁρπαγὰς εἰδωλολατρείας μέθας
φόνους ἔρεις ζῆλα καταλαλιὰς γογγυσμοὺς ψιθυρισμοὺς
μαντείας καὶ τὰ τούτοις ὅμοια ἅτινα οὐκ εἰσὶ τῷ θεῷ
ἀρεστὰ διὰ ταῦτα μολύνεται καὶ διὰ τοῦτο ἀνακαινίζεται.

6 περὶ δὲ τοῦ ὀρνέου τὸ πῶς ἐταπεινώθη ἐπεὶ διὰ τὸ
κατέχειν τὰς τοῦ ἡλίου ἀκτῖνας διὰ τοῦ πυρὸς καὶ τῆς
ὁληημέρου καύσεως ὡς δι᾿ αὐτοῦ ταπεινοῦται.

7 εἰ μὴ γὰρ αἱ τούτου πτέρυγες ὡς προείπομεν περιέσκεπον
τὰς τοῦ ἡλίου ἀκτῖνας οὐκ ἂν ἐσώθη πᾶσα πνοή.

– 9 –

1 καὶ τούτων συσταλέντων καὶ ἡ νὺξ κατέλαβεν καὶ ἅμα
ταύτῃ μετὰ καὶ τῆς σελήνης καὶ μετὰ τῶν ἀστέρων.

2 καὶ εἶπον ἐγὼ Βαροὺχ κύριε δεῖξόν μοι καὶ ταύτην
παρακαλῶ πῶς ἐξέρχεται; καὶ ποῦ ἀπέρχεται; καὶ ἐν ποίῳ
σχήματι περιπατεῖ;

3 καὶ εἶπεν ὁ ἄγγελος ἀνάμεινον καὶ ὄψει καὶ ταύτην ὡς
μετ᾿ ὀλίγον. καὶ τῇ ἐπαύριον ὁρῶ καὶ ταύτην ἐν σχήματι
γυναικὸς καὶ καθημένην ἐπὶ ἅρματος τροχοῦ. καὶ ἦσαν
ἔμπροσθεν αὐτῆς βόες καὶ ἀμνοὶ ἐν τῷ ἅρματι καὶ πλῆθος
ἀγγέλων ὁμοίως.

4 καὶ εἶπον κύριε τί εἰσιν οἱ βόες καὶ οἱ ἀμνοί; καὶ
εἶπέν μοι ἄγγελοι εἰσι καὶ αὐτοί.

5 καὶ πάλιν ἠρώτησα καὶ τί ἐστιν ὅτι ποτὲ μὲν αὔξει ποτὲ
δὲ λήγει;

6 ἄκουσον ὦ Βαροὺχ ταύτην ἣν βλέπεις ὡραία ἦν γεγραμμένη
ὑπὸ θεοῦ ὡς οὐκ ἄλλη.

7 καὶ ἐν τῇ παραβάσει τοῦ πρώτου Ἀδὰμ παρῆψε τῷ Σαμαὴλ
ὅτε τὸν ὄφιν ἔλαβεν ἔνδυμα οὐκ ἀπεκρύβη ἀλλὰ παρηύξησε.
καὶ ὠργίσθη αὐτῇ ὁ θεὸς καὶ ἔθλιψεν αὐτὴν καὶ
ἐκολόβωσεν τὰς ἡμέρας αὐτῆς.

8 καὶ εἶπον καὶ πῶς οὐ λάμπει καὶ ἐν παντὶ ἀλλ᾿ ἐν τῇ
νυκτὶ μόνον; καὶ εἶπεν ὁ ἄγγελος ἄκουσον ὥσπερ ἐνώπιον
βασιλέως οὐ δύνανται οἰκέται παρρησιασθῆναι οὕτως οὐδὲ
ἐνώπιον τοῦ ἡλίου δύνανται ἡ σελήνη καὶ ἀστέρες
αὐγάσαι. ἀεὶ γὰρ οἱ ἀστέρες κρέμανται ἀλλ᾿ ὑπὸ τοῦ
ἡλίου σκεδάζονται. καὶ ἡ σελήνη σῴα οὖσα ὑπὸ τῆς τοῦ
ἡλίου θέρμης ἐκδαπανᾶται.

– 10 –

1 καὶ ταῦτα πάντα μαθὼν παρὰ τοῦ ἀρχαγγέλου λαβὼν ἤγαγέν
με εἰς τρίτον οὐρανόν.

2 καὶ εἶδον πεδίον ἁπλοῦν καὶ ἐν μέσῳ αὐτοῦ λίμνην
ὑδάτων.

3 καὶ ἦσαν ἐν αὐτῷ πλήθη ὀρνέων ἐκ πασῶν γενεῶν ἀλλ᾿ οὐχ
ὅμοια τῶν ἐνταῦθα. ἀλλ᾿ ἴδον τὴν ὑπεράνω ὡς βόας
μεγάλους. καὶ πάντα μεγάλα ὑπερέχοντα τῶν ἐν κόσμῳ.

4 καὶ ἠρώτησα τὸν ἄγγελον. τί ἐστι τὸ πεδίον καὶ τίς ἡ
λίμνη καὶ τί τὸ περὶ αὐτὴν πλῆθος τῶν ὀρνέων;

5 καὶ εἶπεν ὁ ἄγγελος ἄκουσον Βαροὺχ τὸ μὲν πεδίον ἐστὶ
τὸ περιέχον τὴν λίμνην καὶ ἄλλα θαυμαστὰ ἐν αὐτῷ οὗπερ
ἔρχονται αἱ ψυχαὶ τῶν δικαίων ὅταν ὁμιλῶσι συνδιάγοντες
χοροὶ χοροί.

6 τὸ δὲ ὕδωρ ἐστὶν ὅπερ τὰ νέφη λαμβάνοντα βρέχουσιν ἐπὶ
τῆς γῆς καὶ αὐξάνουσιν οἱ καρποί.

7 καὶ εἶπον πάλιν τὸν ἄγγελον κυρίου τὰ δὲ ὄρνεα; καὶ
εἶπέν μοι αὐτά εἰσιν ἃ διαπαντὸς ἀνυμνοῦσι τὸν κύριον.

8 καὶ εἶπον ἐγὼ Βαροὺχ κύριε καὶ πῶς λέγουσιν οἱ ἄνθρωποι

ὅτι ἀπὸ τῆς θαλάσσης ἐστὶ τὸ ὕδωρ ὅπερ βρέχει;

9 καὶ εἶπεν ὁ ἄγγελος τὸ μὲν βρέχον ἀπὸ τῆς θαλάσσης καὶ
τῶν ἐπὶ γῆς ὑδάτων καὶ τοῦτό ἐστιν τὸ δὲ τὸ τοὺς
καρποὺς ἐνεργοῦν ἐκ τούτου ἐστί.

10 ἴσθι οὖν τοῦ λοιποῦ ὅτι ἐκ τούτου ἐστίν ὃ λέγεται
δρόσος τοῦ οὐρανοῦ.

– 11 –

1 καὶ ἀπὸ τούτου λαβών με ὁ ἄγγελος ἤγαγέν με εἰς πέμπτον
οὐρανόν.

2 καὶ ἦν ἡ πύλη κεκλεισμένη. καὶ εἶπον κύριε οὐκ
ἀνοίγεται ὁ πυλὼν οὗτος ὅπως εἰσέλθωμεν; καὶ εἶπέν μοι
ὁ ἄγγελος οὐ δυνάμεθα εἰσελθεῖν ἕως ἔλθῃ Μιχαὴλ ὁ
κλειδοῦχος τῆς βασιλείας τῶν οὐρανῶν. ἀλλ᾿ ἀνάμεινον
καὶ ὄψει τὴν δόξαν τοῦ θεοῦ.

3 καὶ ἐγένετο φωνὴ μεγάλη ὡς βροντή. καὶ εἶπον κύριε τί
ἐστιν ἡ φωνὴ αὕτη;

4 καὶ εἶπέν μοι ἄρτι κατέρχεται ὁ ἀρχιστράτηγος Μιχαὴλ
ἵνα δέξηται τὰς δεήσεις τῶν ἀνθρώπων.

5 καὶ ἰδοὺ ἦλθεν φωνὴ ἀνοιγήτωσαν αἱ πύλαι. καὶ ἠνοίξαν
καὶ ἐγένετο τρισμὸς ὡς βροντῆς.

6 καὶ ἦλθεν Μιχαὴλ καὶ συνήντησεν αὐτῷ ὁ ἄγγελος ὁ ὢν
μετ᾿ ἐμοῦ καὶ προσεκύνησεν αὐτὸν καὶ εἶπεν χαίροις ὁ
ἐμὸς ἀρχιστράτηγος καὶ παντὸς τοῦ ἡμετέρου τάγματος.

7 καὶ εἶπεν ὁ ἀρχιστράτηγος Μιχαὴλ χαίροις καὶ σὺ ὁ
ἡμέτερος ἀδελφὸς καὶ ὁ τὰς ἀποκαλύψεις διερμηνεύων τοῖς
καλῶς τὸν βίον διερχομένοις.

8 καὶ οὕτως ἀλλήλους κατασπασάμενοι ἔστησαν. καὶ ἴδον τὸν
ἀρχιστράτηγον Μιχαὴλ κρατοῦντα φιάλην μεγάλην σφόδρα τὸ
βάθος αὐτῆς ὅσον ἀπὸ οὐρανοῦ ἕως τῆς γῆς καὶ τὸ πλάτος
ὅσον ἀπὸ βορρᾶ ἕως νότου. καὶ εἶπον κύριε τί ἐστιν ὃ
κρατεῖ Μιχαὴλ ὁ ἀρχάγγελος;

9 καὶ εἶπέν μοι τοῦτό ἐστιν ἔνθα προσέρχονται αἱ ἀρεταὶ
τῶν δικαίων καὶ ὅσα ἐργάζονται ἀγαθὰ ἅτινα δι᾿ αὐτοῦ
ἀποκομίζονται ἔμπροσθεν τοῦ ἐπουρανίου θεοῦ.

– 12 –

1 καὶ ἐν τῷ ὁμιλεῖν με αὐτοῖς ἰδοὺ ἦλθον ἄγγελοι φέροντες
κανίσκια γέμοντα ἀνθῶν καὶ ἔδωκαν αὐτὰ πρὸς τὸν Μιχαήλ.

2 καὶ ἠρώτησα τὸν ἄγγελον κύριε τίνες εἰσὶν οὗτοι καὶ τί
τὰ προσκομιζόμενα παρ᾿ αὐτῶν;

3 καὶ εἶπέν μοι οὗτοί εἰσιν ἄγγελοι ἐπὶ τῶν ἐξουσιῶν.

4 καὶ λαβὼν ὁ ἀρχάγγελος τοὺς κανίσκους ἔβαλεν αὐτοὺς εἰς
τὴν φιάλην.

5 καὶ λέγει μοι ὁ ἄγγελος ταῦτα τὰ ἄνωθέν εἰσιν αἱ ἀρεταὶ
τῶν δικαίων.

6 καὶ εἶδον ἑτέρους ἀγγέλους φέροντας κανίσκια κενὰ οὐ
γέμοντα. καὶ ἤρχοντο λυπούμενοι καὶ οὐκ ἐτόλμησαν
ἐγγίσαι διότι οὐκ εἶχον τέλεια τὰ βραβεῖα.

7 καὶ ἐβόησε Μιχαὴλ λέγων δεῦτε καὶ ὑμεῖς ἄγγελοι φέρετε
ὃ ἠνέγκατε.

8 καὶ ἐλυπήθη Μιχαὴλ σφόδρα καὶ ὁ μετ᾿ ἐμοῦ ἄγγελος διὸ
οὐκ ἐγέμισαν τὴν φιάλην.

– 13 –

1 καὶ εἶθ᾿ οὕτως ἦλθον ἕτεροι ἄγγελοι κλαίοντες καὶ
ὀδυρόμενοι καὶ μετὰ φόβου λέγοντες ἴδε ἡμᾶς
μεμελανωμένους κύριε ὅτι πονηροῖς ἀνθρώποις παρεδόθημεν
καὶ θέλομεν ὑποχωρῆσαι ὑπ᾿ αὐτῶν.

2 καὶ εἶπεν Μιχαὴλ οὐ δύνασθε ὑποχωρεῖν ὑπ᾿ αὐτῶν ἵνα μὴ
εἰς τέλος κυριεύσῃ ὁ Ἐχθρὸς ἀλλ᾿ εἴπατέ μοι τί
αἰτεῖσθε.

3 καὶ εἶπον δεόμεθά σου Μιχαὴλ ὁ ἀρχιστράτηγος ἡμῶν
μετάθες ἡμᾶς ἀπ᾿ αὐτῶν ὅτι οὐ δυνάμεθα ἀνθρώποις
πονηροῖς καὶ ἄφροσι προσμένειν ὅτι οὐκ ἔστιν ἐν αὐτοῖς
οὐδὲν ἀγαθὸν ἀλλὰ πᾶσα ἀδικία καὶ πλεονεξία.

4 οὐ γὰρ εἴδομεν αὐτοὺς εἰσελθεῖν ἐν ἐκκλησίᾳ ποτὲ οὐδὲ
εἰς πνευματικοὺς πατέρας οὐδὲ εἰς ἀγαθὸν ἕν. ἀλλ᾿ ὅπου
φόνος καὶ αὐτοὶ ἐν μέσῳ ἐκεῖ καὶ ὅπου πορνεῖαι μοιχεῖαι
κλεψίαι καταλαλιαὶ ἐπιορκίαι φθόνοι μέθαι ἔρεις ζῆλος
γογγυσμὸς ψιθυρισμὸς εἰδωλολατρισμὸς μαντεία καὶ τὰ
τούτοις ὅμοια ἐκεῖ εἰσιν ἐργάται τῶν τοιούτων καὶ
ἑτέρων χειρόνων. διὸ δεόμεθα ἐξελθεῖν ἡμᾶς ἀπ᾿ αὐτῶν.

5 καὶ εἶπεν Μιχαὴλ τοὺς ἀγγέλους ἐκδέξασθε ἕως οὗ μάθω
παρὰ κυρίου τό τί γένηται.

– 14 –

1 καὶ αὐτῇ τῇ ὥρᾳ ἀπῆλθεν ὁ Μιχαὴλ καὶ ἐκλείσθησαν αἱ
θύραι. καὶ ἐγένετο φωνὴ ὡς βροντή.

2 καὶ ἠρώτησα τὸν ἄγγελον τί ἐστιν ἡ φωνή; καὶ εἶπέν μοι
ἄρτι προσφέρει Μιχαὴλ τὰς τῶν ἀνθρώπων ἀρετὰς τῷ θεῷ.

– 15 –

1 καὶ αὐτῇ τῇ ὥρᾳ κατῆλθεν ὁ Μιχαὴλ καὶ ἠνοίγη ἡ πύλη καὶ
ἤνεγκεν ἔλαιον.

2 καὶ τοὺς ἀγγέλους τοὺς ἐνεγκόντας τὰ κανίσκια πλήρη
ἐπλήρωσεν αὐτὰ ἐλαίῳ λέγων ἀπενέγκατε δότε
ἑκατονταπλασίονα τὸν μισθὸν τοῖς φίλοις ἡμῶν καὶ τοῖς
ἐμπόνως ἐργασαμένοις τὰ καλὰ ἔργα. οἱ γὰρ καλῶς
σπείραντες καὶ καλῶς ἐπισυνάγουσιν.

3 καὶ λέγει καὶ τοὺς ἀποκένους φέροντας τοὺς κανίσκους
δεῦτε καὶ ὑμεῖς ἀπόλαβετε τὸν μισθὸν καθὼς ἠνέγκατε καὶ
ἀπόδοτε τοῖς υἱοῖς τῶν ἀνθρώπων.

4 εἶτα λέγει καὶ τοῖς τὰ γέμοντα ἐνεγκοῦσι καὶ τοῖς τὰ
ἀπόκενα πορευθέντες εὐλογήσατε τοὺς φίλους ἡμῶν καὶ
εἴπατε αὐτοῖς ὅτι τάδε λέγει κύριος ἐπὶ ὀλίγην ἐστὲ
πιστοὶ ἐπὶ πολλῶν ὑμᾶς καταστήσει εἰσέλθατε εἰς τὴν
χαρὰν τοῦ κυρίου ὑμῶν.

– 16 –

1 καὶ στραφεὶς λέγει καὶ τοῖς μηδὲν ἐνεγκοῦσιν τάδε λέγει
κύριος μὴ ἐστὲ σκυθρωποὶ καὶ μὴ κλαίετε μηδὲ ἐάσατε
τοὺς υἱοὺς τῶν ἀνθρώπων.

2 ἀλλ᾿ ἐπειδὴ παρώργισάν με ἐν τοῖς ἔργοις αὐτῶν
πορεύεσθε παραζηλώσατε αὐτοὺς καὶ παροργίσατε καὶ
παραπικράνατε ἐπ᾿ οὐκ ἔθνει ἐπὶ ἔθνει ἀσυνέτῳ.

3 ἔτι σὺν τούτοις ἐξαποστείλατε κάμπην καὶ βροῦχον
ἐρυσίβην καὶ ἀκρίδα χάλαζαν μετ᾿ ἀστραπῶν καὶ ὀργῆς.

καὶ διχοτομήσατε αὐτοὺς ἐν μαχαίρᾳ  καὶ ἐν θανάτῳ καὶ τὰ
τέκνα αὐτῶν ἐν δαιμονίοις.
4 ὅτι οὐκ εἰσήκουσαν τῆς φωνῆς μου  οὐδὲ ἐσυνετήρησαν τῶν
ἐντολῶν μου οὐδὲ ἐποίησαν ἀλλ' ἐγένοντο καταφρονηταὶ
τῶν ἐντολῶν μου  καὶ τῶν ἐκκλησιῶν μου καὶ ὑβρισταὶ τῶν
ἱερέων τῶν τοὺς λόγους μου κηρυττόντων αὐτοῖς.
- 17 -
1 καὶ ἅμα τῷ λόγῳ ἐκλείσθη  ἡ θύρα καὶ ἡμεῖς ἀνεχωρήσαμεν.
2 καὶ λαβών με ὁ ἄγγελος ἀπεκατέστησέν με εἰς τὸ ἀπ'
ἀρχῆς.
3 καὶ εἰς  ἑαυτὸν ἐλθὼν  δόξαν ἔφερον  τῷ θεῷ τῷ ἀξιώσαντι
με τοιούτου ἀξιώματος.
4 ὦ καὶ ὑμεῖς ἀδελφοὶ οἱ τυχόντες τῆς τοιαύτης
ἀποκαλύψεως δοξάσατε καὶ  αὐτοὶ τὸν θεὸν ὅπως καὶ αὐτὸς
δοξάσῃ ἡμᾶς νῦν καὶ ἀεὶ  καὶ εἰς τοὺς αἰῶνας τῶν αἰώνων.
ἀμήν.


# Vitae Prophetarum
-------------------

1 ονοματα  προφητων και  ποθεν εισι  και που  απεθανον και
πως και που κεινται.
- 1.Is. -
1 Ἠσαΐας ἀπὸ  Ἰερουσαλὴμ θνήσκει  ὑπὸ Μανασσῆ πρισθεὶς
εἰς δύο καὶ ἐτέθη ὑποκάτω δρυὸς  Ῥωγὴλ ἐχόμενα τῆς
διαβάσεως τῶν  ὑδάτων ὧν ἀπώλεσεν Ἐζεκίας χώσας αὐτά.
2 καὶ ὁ θεὸς τὸ σημεῖον τοῦ Σιλωὰμ διὰ τὸν προφήτην
ἐποίησεν ὅτι πρὸ τοῦ θανεῖν ὀλιγωρήσας ηὔξατο πιεῖν
ὕδωρ καὶ εὐθέως ἀπεστάλη αὐτῷ  ἐξ αὐτοῦ διὰ τοῦτο ἐκλήθη
Σιλωὰμ ὃ ἑρμηνεύεται ἀπεσταλμένος.
3 καὶ ἐπὶ  τοῦ  Ἐζεκία πρὸ τοῦ  ποιῆσαι τοὺς  λάκκους καὶ
τὰς κολυμβήθρας ἐπὶ εὐχῇ τοῦ  Ἠσαΐου μικρὸν ὕδωρ
ἐξελήλυθεν ὅτι ἦν ὁ λαὸς  ἐν συγκλεισμῷ  ἀλλοφύλων καὶ
ἵνα μὴ διαφθαρῇ ἡ πόλις ὡς ⟨μὴ⟩ ἔχουσα ὕδωρ.
4 ἠρώτων γὰρ οἱ  πολέμιοι πόθεν πίνουσι;  καὶ ἔχοντες τὴν
πόλιν παρεκαθέζοντο τῷ Σιλωάμ.  ἐὰν οὖν οἱ  Ἰουδαῖοι
ἤρχοντο ἐξήρχετο ὕδωρ ἐὰν δὲ ἀλλόφυλοι οὔ.  διὸ ἕως
σήμερον αἰφνιδίως  ἐξέρχεται  ἵνα δειχθῇ τὸ μυστήριον.
5 καὶ ἐπειδὴ διὰ τοῦ  Ἠσαΐου τοῦτο γέγονε  μνήμης χάριν
καὶ ὁ λαὸς πλησίον αὐτὸν  ἐπιμελῶς ἔθαψε καὶ ἐνδόξως ἵνα
δι' εὐχῶν αὐτοῦ  καὶ μετὰ θάνατον αὐτοῦ  ὡσαύτως ἔχωσι
τὴν ἀπόλαυσιν  τοῦ ὕδατος ὅτι καὶ  χρησμὸς ἐδόθη αὐτοῖς
περὶ αὐτοῦ.
6 ἔστι δὲ ὁ  τάφος ἐχόμενα τοῦ  τάφου τῶν βασιλέων ὄπισθεν
τοῦ τάφου τῶν ἱερέων ἐπὶ τὸ μέρος τὸ πρὸς νότον.
7 Σολομὼν γὰρ ἐποίησε τοὺς τάφους  τοῦ Δαυὶδ διαγράψαντος
κατ' ἀνατολὰς τῆς Σιὼν ἥτις ἔχει εἴσοδον ἀπὸ Γαβαὼν
μήκοθεν τῆς πόλεως σταδίους εἴκοσι.  καὶ ἐποίησε σκολιὰν
σύνθεσιν ἀνυπονόητον καὶ ἔστιν ἕως τῆς σήμερον τοῖς
πολλοῖς ἀγνοουμένην ὅλου δὲ τοῦ λαοῦ.
8 ἐκεῖ εἶχεν ὁ βασιλεὺς τὸ  χρυσίον τὸ ἐξ Αἰθιοπίας καὶ τὰ
ἀρώματα.
9 καὶ ἐπειδὴ  ὁ  Ἐζεκίας  ἔδειξε τοῖς  ἔθνεσι τὸ μυστήριον
Δαυὶδ καὶ Σολομῶντος καὶ ἐμίανεν ὀστᾶ τόπου πατέρων
αὐτοῦ διὰ  τοῦτο ὁ θεὸς ἐπηράσατο  εἰς δουλείαν ἔσεσθαι
τὸ σπέρμα αὐτοῦ τοῖς ἐχθροῖς  αὐτοῦ καὶ  ἄκαρπον αὐτῶν
ἐποίησεν ὁ θεὸς ἀπὸ τῆς ἡμέρας ἐκείνης.
- 2.Jer. -
1 Ἱερεμίας ἦν ἐξ  Ἀναθὼθ καὶ ἐν  Τάφναις Αἰγύπτου λίθοις
βληθεὶς ὑπὸ τοῦ λαοῦ ἀποθνήσκει.
2 κεῖται δὲ ἐν τῷ τόπῳ τῆς οἰκήσεως Φαραὼ ὅτι οἱ
Αἰγύπτιοι ἐδόξασαν αὐτὸν εὐεργετηθέντες δι' αὐτοῦ.
3 ηὔξατο γὰρ καὶ αἱ  ἀσπίδες αὐτοὺς  ἔασαν καὶ τῶν ὑδάτων
οἱ θῆρες οὓς καλοῦσιν οἱ Αἰγύπτιοι  μὲν νεφὼθ  Ἕλληνες
δὲ κροκοδείλους.
4 καὶ ὅσοι  εἰσὶ πιστοὶ  θεοῦ ἕως  σήμερον εὔχονται  ἐν τῷ
τόπῳ καὶ λαμβάνοντες τοῦ  χοὸς τοῦ τόπου δήγματα ἀσπίδων
θεραπεύουσι (καὶ πολλοὶ αὐτὰ τὰ  θηρία καὶ τὰ τοῦ ὕδατος
φυγαδεύουσιν.)
5 ἡμεῖς δὲ ἠκούσαμεν ἐκ τῶν παίδων  Ἀντιγόνου καὶ
Πτολεμαίου γερόντων ἀνδρῶν ὅτι  Ἀλέξανδρος ὁ Μακεδὼν
ἐπιστὰς τῷ τόπῳ τοῦ προφήτου καὶ ἐπιγνοὺς αὐτοῦ
μυστήρια εἰς  Ἀλεξάνδρειαν μετέστησεν αὐτοῦ τὰ λείψανα
περιθεὶς αὐτὰ ἐνδόξως κύκλῳ
6 καὶ ἐκωλύθη ἐκ τῆς  γῆς τὸ γένος τῶν  ἀσπίδων καὶ ἐκ τοῦ
ποταμοῦ ὡσαύτως τοὺς κροκοδείλους καὶ οὕτως ἐνέβαλε
τοὺς ὄφεις  τοὺς λεγομένους ἀργόλας ὃ  ἐστιν ὀφιομάχους
οὓς ἤνεγκεν ἐκ τοῦ  Ἄργους τῆς Πελοποννήσου ὅθεν καὶ
ἀργόλαι καλοῦνται  τοῦτ' ἐστιν Ἄργους δεξιοὶ λαιὰν γὰρ
λέγουσι πᾶν εὐώνυμον.
7 οὗτος ὁ  Ἱερεμίας σημεῖον  δέδωκε τοῖς  ἱερεῦσιν Αἰγύπτου
ὅτι δεῖ σεισθῆναι τὰ  εἴδωλα αὐτῶν καὶ  συμπεσεῖν (διὰ
σωτῆρος ἐκ παρθένου γεννωμένου ἐν φάτνῃ).
8 δι' ὃ  καὶ ἕως νῦν  τιμῶσι παρθένον λοχὸν  καὶ βρέφος ἐν
φάτνῃ τιθέντες προσκυνοῦσι καὶ  Πτολεμαίῳ τῷ βασιλεῖ τὴν
αἰτίαν πυνθανομένῳ ἔλεγον ὅτι πατροπαράδοτόν ἐστι
μυστήριον ὑπὸ ὁσίου προφήτου τοῖς πατράσιν ἡμῶν
παραδοθὲν καὶ  ἐκδεχόμεθα τὸ  πέρας φησὶ  τοῦ μυστηρίου
αὐτοῦ.
9 οὗτος ὁ  προφήτης πρὸ  τῆς ἁλώσεως  τοῦ ναοῦ  ἥρπαξε τὴν
κιβωτὸν τοῦ νόμου καὶ τὰ ἐν αὐτῷ καὶ ἐποίησεν αὐτὰ
καταποθῆναι ἐν πέτρᾳ καὶ εἶπε τοῖς παρεστῶσιν
10 ἀπεδήμησε κύριος ἐκ Σιὼν εἰς οὐρανὸν καὶ πάλιν
ἐλεύσεται ἐν δυνάμει. καὶ  σημεῖον ὑμῖν ἔσται τῆς
παρουσίας αὐτοῦ ὅτε ξύλον  πάντα τὰ  ἔθνη προσκυνοῦσιν.
11 εἶπε δὲ ὅτι  τὴν κιβωτὸν ταύτην  οὐδεὶς ἐκβάλλει  εἰ μὴ
Ἀαρὼν καὶ  τὰς ἐν αὐτῷ πλάκας  οὐδεὶς ἀναπτύξει οὐκέτι
ἱερέων ἢ προφητῶν εἰ μὴ Μωϋσῆς ὁ ἐκλεκτὸς τοῦ θεοῦ

12 καὶ ἐν τῇ ἀναστάσει πρώτῃ ἡ κιβωτὸς ἀναστήσεται καὶ
ἐξελεύσεται  ἐκ τῆς  πέτρας καὶ  τεθήσεται ἐν  ὄρει Σινᾶ
καὶ πάντες οἱ ἅγιοι πρὸς αὐτὸν συναχθήσονται ἐκεῖ
ἐκδεχόμενοι κύριον καὶ τὸν ἐχθρὸν φεύγοντες ἀνελεῖν
αὐτοὺς θέλοντα.
13 ἐν τῇ πέτρᾳ  ἐσφράγισε τῷ δακτύλῳ τὸ  ὄνομα τοῦ θεοῦ καὶ
γέγονεν ὁ τύπος ὡς γλυφὴ  σιδήρου καὶ νεφέλη ἐσκέπασε τὸ
ὄνομα καὶ οὐδεὶς  νοεῖ τὸν  τόπον οὔτε  ἀναγνῶναι αὐτὸν
⟨δύναται⟩ ἕως σήμερον καὶ ἕως συντελείας.
14 καὶ ἔστιν ἡ πέτρα ἐν τῇ ἐρήμῳ ὅπου πρώτως ἡ κιβωτὸς
γέγονε μεταξὺ τῶν δύο  ὀρέων ἐν  οἷς κεῖνται Μωϋσῆς καὶ
Ἀαρών. καὶ ἐν νυκτὶ νεφέλη ὡς πῦρ γίνεται κατὰ τὸν
τύπον τὸν ἀρχαῖον ὅτι οὐ μὴ  παύσηται ἡ δόξα τοῦ θεοῦ ἐκ
τοῦ νόμου αὐτοῦ.
15 καὶ ἔδωκεν ὁ θεὸς  τῷ Ἰερεμίᾳ  χάριν ἵνα  τὸ τέλος τοῦ
μυστηρίου αὐτοῦ αὐτὸς  ποιήσειεν ἵνα γένηται συγκοινωνὸς
Μωϋσέως καὶ ὁμοῦ εἰσιν ἕως σήμερον.
- 3.Ez. -
1 Ἰεζεκιήλ. οὗτός ἐστιν  ἐκ γῆς  Ἀρίρα ἐκ τῶν ἱερέων καὶ
ἀπέθανεν ἐν τῇ γῇ τῶν Χαλδαίων ἐπὶ τῆς αἰχμαλωσίας
πολλὰ προφητεύσας τοῖς ἐν τῇ  Ἰουδαίᾳ.
2 ἀπέκτεινεν δὲ  αὐτὸν ὁ  ἡγούμενος τοῦ  λαοῦ Ἰσραὴλ ἐκεῖ
ἐλεγχόμενος ὑπ' αὐτοῦ ἐπὶ εἰδώλων σεβάσμασι.
3 καὶ ἔθαψαν αὐτὸν ἐν ἀγρῷ  Μαοὺρ ἐν τάφῳ Σὴμ καὶ  Ἀρφαξὰδ
πατέρων Ἀβραὰμ
4 καὶ ἔστιν ὁ  τάφος  σπήλαιον διπλοῦν  ὅτι καὶ  Ἀβραὰμ ἐν
Χεβρὼν πρὸς τὴν  ὁμοιότητα αὐτοῦ ἐποίησε τὸν τάφον
Σάρρας.
5 διπλοῦν δὲ  λέγεται ὅτι  ἑλικτόν ἐστι  καὶ ἀπόκρυφον ἐξ
ἐπιπέδου ὑπερῷον καὶ  ἔστι ἐπὶ γῆς  ἐν πέτρᾳ κρεμάμενον.
6 οὗτος ὁ  προφήτης τέρας  ἔδωκε τῷ  λαῷ ὥστε προσέχειν τῷ
ποταμῷ Χοβὰρ
7 ὅτε ἐκλείποι  ἐπελπίζειν τὸ  δρέπανον τῆς  ἐρημώσεως εἰς
πέρας τῆς γῆς  καὶ ὅτε  πλημμυρήσῃ τὴν  εἰς Ἰερουσαλὴμ
ἐπάνοδον.
8 καὶ γὰρ ἐκεῖ κατῴκει ὁ ὅσιος καὶ πολλοὶ πρὸς αὐτὸν
συνεστρέφοντο.
9 καὶ ποτε  πλήθους συνόντος  αὐτῷ ἔδεισαν  οἱ Χαλδαῖοι μὴ
ἀντάρωνται καὶ ἐπῆλθον αὐτοῖς εἰς φυγήν.
10 καὶ ἐποίησε στῆναι τὸ  ὕδωρ ἵνα  ἐκφύγωσιν εἰς τὸ πέραν
γενόμενοι. καὶ οἱ τολμήσαντες τῶν ἐχθρῶν ἐπιδιῶξαι
κατεποντίσθησαν.
11 οὗτος διὰ προσευχῆς αὐτομάτως αὐτοῖς δαψιλῆ τροφὴν
ἰχθύων παρέσχετο  καὶ πολλοῖς ἐκλείπουσι  ζωὴν ἐλθεῖν ἐκ
θεοῦ παρεκάλεσεν.
12 οὗτος ἀπολλυμένου τοῦ λαοῦ  ὑπὸ τῶν ἐχθρῶν προσῆλθε τοῖς
ἡγουμένοις καὶ διὰ τεραστίων φοβηθέντας ἐπαύσαντο.
13 τοῦτο ἔλεγεν  αὐτοῖς ὅτι  διαπεφωνήκαμεν  ἀπώλετο ἡ ἐλπὶς
ἡμῶν καὶ ἐν τέρατι τῶν  ὀστέων τῶν νεκρῶν αὐτοὺς ἔπεισεν
ὅτι ἔσται ἐλπὶς τῷ  Ἰσραὴλ καὶ  ὧδε καὶ ἐπὶ τοῦ
μέλλοντος.
14 οὗτος ἐκεῖ  ὢν  ἐδείκνυ τῷ λαῷ  Ἰσραὴλ τὰ ἐν  Ἰερουσαλὴμ
καὶ ἐν τῷ ναῷ γινόμενα.
15 οὗτος ἡρπάγη ἐκεῖθεν καὶ  ἦλθεν εἰς  Ἰερουσαλὴμ εἰς
ἔλεγχον τῶν ἀπίστων.
16 οὗτος κατὰ  τὸν Μωϋσῆν εἶδε  τὸν τύπον οὗ  τὸ τεῖχος καὶ
περίτειχος πλατὺ καθὼς εἶπε καὶ ὁ Δανιὴλ ὅτι
κτισθήσεται.
17 οὗτος ἔκρινεν ἐν Βαβυλῶνι τὴν  φυλὴν Δὰν καὶ τοῦ Γὰδ ὅτι
ἠσέβουν εἰς τὸν κύριον διώκοντες τοὺς τὸν νόμον
φυλάσσοντας
18 καὶ ἐποίησεν αὐτοῖς τέρας  μέγα ὅτι  οἱ ὄφεις ἀνήλισκον
τὰ βρέφη αὐτῶν καὶ πάντα τὰ κτήνη αὐτῶν.
19 καὶ προείρηκεν ὅτι δι' αὐτοὺς οὐκ ἐπιστρέψει ὁ λαὸς εἰς
τὴν γῆν αὐτοῦ ἀλλὰ ἐν  Μηδίᾳ ἔσονται ἕως συντελείας
πλάνης αὐτῶν.
20 καὶ ἐξ αὐτῶν ἦν ὁ ἀνελὼν αὐτόν. ἀντέκειντο γὰρ αὐτῷ
πάσας τὰς ἡμέρας τῆς ζωῆς αὐτοῦ.
- 4.Dan. -
1 Δανιήλ. οὗτος μὲν ἦν ἐκ  φυλῆς Ἰούδα  γένους τῶν
ἐξεχόντων τῆς  βασιλικῆς ὑπηρεσίας ἀλλ'  ἔτι νήπιος ἤχθη
ἐκ τῆς Ἰουδαίας εἰς γῆν Χαλδαίων
2 ἐγεννήθη δὲ ἐν  Βεθώρῳ τῇ ἀνωτέρᾳ  καὶ ἦν ἀνὴρ σώφρων
ὥστε δοκεῖν  τοὺς Ἰουδαίους εἶναι αὐτὸν σπάδοντα.
3 πολλὰ ἐπένθησεν οὗτος ἐπὶ τὴν  πόλιν καὶ ἐν νηστείαις
ἤσκησεν ἀπὸ πάσης τροφῆς ἐπιθυμητῆς καὶ  ἦν ἀνὴρ ξηρὸς
τὴν ἰδέαν ἀλλὰ ὡραῖος ἐν χάριτι ὑψίστου.
4 οὗτος πολλὰ ηὔξατο ὑπὲρ τοῦ Ναβουχοδονόσορ

παρακαλοῦντος αὐτὸν Βαλτάσαρ τοῦ υἱοῦ αὐτοῦ ὅτε ἐγένετο
θηρίον καὶ κτῆνος ἵνα μὴ ἀπόληται.
5 ἦν τὰ ἐμπρόσθια ὡς βοῦς σὺν τῇ κεφαλῇ καὶ οἱ πόδες σὺν
τοῖς ὀπισθίοις λέων.
6 ἀπεκαλύφθη τῷ ὁσίῳ περὶ τοῦ μυστηρίου τούτου ὅτι κτῆνος
γέγονε διὰ τὴν φιληδονίαν καὶ τὸ σκληροτράχηλον καὶ ὅτι
ὡς βοῦς ὑπὸ ζυγὸν γίνονται τοῦ Βελίαρ.
7 ταῦτα ἔχουσιν οἱ δυνάσται ἐν νεότητι ἐπὶ τέλει δὲ θῆρες
γίνονται ἁρπάζοντες ὀλοθρεύοντες ἀναιροῦντες καὶ
πατάσσοντες.
8 ἔγνω διὰ θεοῦ ὁ ἅγιος ὅτι ὡς βοῦς ἤσθιε χόρτον καὶ
ἐγένετο ἀνθρωπίνης φύσεως τροφή.
9 διὰ τοῦτο καὶ ὁ Ναβουχοδονόσορ μετὰ τὴν πέψιν ἐν καρδίᾳ
ἀνθρωπίνῃ γενόμενος ἔκλαιε καὶ ἠξίου κύριον πᾶσαν
ἡμέραν καὶ νύκτα τεσσαρακοντάκις δεόμενος.
10 Βεημὼθ ἐπεγίνετο αὐτῷ καὶ ἐλάνθανεν ὅτι γέγονεν
ἄνθρωπος
11 ᾔρθη ἡ γλῶσσα αὐτοῦ τοῦ μὴ λαλεῖν καὶ νοῶν εὐθέως
ἐδάκρυσεν οἱ ὀφθαλμοὶ αὐτοῦ ἦσαν ὡς κρέας ἐκ τοῦ
κλαίειν.
12 πολλοὶ γὰρ ἐξιόντες ἐκ τῆς πόλεως ἑώρων αὐτόν. ὁ Δανιὴλ
μόνος οὐκ ἠθέλησεν αὐτὸν ἰδεῖν ὅτι πάντα τὸν χρόνον τῆς
ἀλλοιώσεως αὐτοῦ ἐν προσευχῇ ἦν περὶ αὐτοῦ
13 ἔλεγεν ὅτι πάλιν ἄνθρωπος γενήσεται καὶ ἠπίστουν αὐτῷ.
14 ὁ Δανιὴλ τὰ ἑπτὰ ἔτη ἃ εἶπεν ἑπτὰ καιροὺς ἐποίησε
γενέσθαι ἑπτὰ μῆνας
15 τὸ μυστήριον τῶν ἑπτὰ καιρῶν ἐτελέσθη ἐπ' αὐτὸν ὅτι
ἀποκατέστησεν ἑπτὰ μησὶ τὰ ἓξ ἔτη καὶ ἐξ μῆνας ὑπέπιπτε
κυρίῳ καὶ ὡμολόγει τὴν ἀσέβειαν αὐτοῦ καὶ μετὰ ἄφεσιν
τῆς ἀνομίας αὐτοῦ ἀπέδωκεν αὐτῷ τὴν βασιλείαν.
16 οὔτε ἄρτον ἢ κρέα ἔφαγεν οὔτε οἶνον ἔπιεν
ἐξομολογούμενος ὅτι ὁ Δανιὴλ αὐτῷ προσέταξεν ἐν
ὀσπρίοις βρεκτοῖς καὶ χλόαις ἐξιλεοῦσθαι κύριον.
17 διὰ τοῦτο ἐκάλεσεν αὐτὸν Βαλτάσαρ ὅτι ἠθέλησεν αὐτὸν
συγκληρονόμον καταστῆσαι τῶν τέκνων αὐτοῦ.
18 ἀλλ' ὁ ὅσιος εἶπεν ἵλεώς μοι ἀφεῖναι κληρονομίας
πατέρων μου καὶ κολληθῆναι κληρονομίαις ἀπεριτμήτων.
19 καὶ τοῖς ἄλλοις βασιλεῦσι Περσῶν πολλὰ ἐποίησεν
τεράστια ὅσα οὐκ ἔγραψαν.
20 ἐκεῖ ἀπέθανεν καὶ ἐτάφη ἐν τῷ σπηλαίῳ τῷ βασιλικῷ μόνος
ἐνδόξως.
21 καὶ αὐτὸς ἔδωκε τέρας ἐν ὄρεσι τοῖς ὑπεράνω Βαβυλῶνος
ὅτι ὅτε καπνισθήσεται τὸ ἐκ βορρᾶ ἥξει τὸ τέλος
Βαβυλῶνος ὅτε δὲ ὡς ἐν πυρὶ κεῖται τὸ τέλος πάσης τῆς
γῆς.
21B ὅτε δὲ κατ' ἀνατολὰς ὕδωρ καθαρὸν ἐξελεύσεται τότε ἐπὶ
γῆς ὁ θεὸς φανεὶς ὡς ἄνθρωπος καὶ εἰς ἑαυτὸν ἀναδέξεται
ἀνομίας τῆς γῆς ἐν τῷ ἀνασκολοπίζεσθαι αὐτὸν ὑπὸ τῶν
ἱερέων τοῦ νόμου ⟨καὶ πρεσβυτέρων τοῦ λαοῦ⟩ Ἰσραήλ.
τότε φόνος ἔσται τοῦ Βελίαρ⟩. εὐθέως δὲ χαρὰ
ἐκχυθήσεται εἰς πάντα τὰ ἔθνη ὅτε δὲ κατὰ νότον ἐν πυρὶ
καίεται τὸ τέλος ἔσται πάσης τῆς γῆς.
22 ἐὰν δὲ τὸ ἓν τῷ νότῳ ῥεύσῃ ὕδατα ἐπιστρέψει ὁ λαὸς εἰς
γῆν αὐτοῦ καὶ ἐὰν αἷμα ῥεύσῃ φόνος ἔσται τοῦ Βελίαρ ἐν
πάσῃ τῇ γῇ.
23 καὶ ἐκοιμήθη ἐν εἰρήνῃ ὁ ὅσιος.
- 5.Os. -
1 Ὠσῆέ. οὗτος ἦν ἐκ Βελεμὼθ τῆς φυλῆς Ἰσάχαρ καὶ ἐτάφη
ἐν τῇ γῇ αὐτοῦ ἐν εἰρήνῃ.
2 καὶ ἔδωκε τέρας κύριον ἐπὶ τῆς γῆς ἐὰν ἡ δρῦς ἡ
ἐν Σηλὼμ μερισθῇ ἀφ' ἑαυτῆς καὶ γένωνται δρύες δώδεκα.
- 6.Mich. -
1 Μιχαίας ὁ Μωραθὶ ἦν ἐκ φυλῆς Ἐφραΐμ. πολλὰ ποιήσας τῷ
Ἀχαὰβ ὑπὸ Ἰωρὰμ τοῦ υἱοῦ αὐτοῦ ἀνῃρέθη κρημνῷ ὅτι
ἤλεγχεν αὐτὸν ἐπὶ ταῖς ἀσεβείαις τῶν πατέρων αὐτοῦ.
2 καὶ ἐτάφη ἐν τῇ γῇ αὐτοῦ μόνος σύνεγγυς πολυανδρίου
Ἐνακείμ.
- 7.Am. -
1 Ἀμὼς ἦν ἐκ Θεκουέ. καὶ Ἀμασίας πυκνῶς αὐτὸν
τυμπανίσας τέλος καὶ ἀνεῖλεν αὐτὸν ὁ υἱὸς αὐτοῦ ἐν
ῥοπάλῳ πλήξας αὐτοῦ τὸν κρόταφον
2 καὶ ἔτι ἐμπνέων ἦλθεν εἰς τὴν γῆν αὐτοῦ καὶ μεθ' ἡμέρας
ἀπέθανε καὶ ἐτάφη ἐκεῖ.
- 8.Joel. -
1 Ἰωὴλ ἦν ἐκ τῆς γῆς τοῦ Ῥουβὴν ἐν ἀγρῷ Βεθωμόρων
⟨προφητεύσας περὶ λιμοῦ καὶ ἐκθλίψεως θυσιῶν καὶ πάθους
προφήτου δικαίου καὶ δι' αὐτοῦ ἀνακαινισθήσεσθαι τὴν
κτίσιν εἰς σωτηρίαν⟩.
2 ἐν εἰρήνῃ ἀπέθανε καὶ ἐτάφη ἐκεῖ.
- 9.Abd. -
1 Ἀβδιοῦ ἦν ἐκ γῆς Συχὲμ ἀγροῦ Βηθαχαράμ.
2 οὗτος ἦν μαθητὴς Ἠλία καὶ πολλὰ ὑπομείνας δι' αὐτὸν
περιεσώζετο.
3 οὗτος ἦν ὁ τρίτος πεντηκόνταρχος οὗ ἐφείσατο Ἠλίας καὶ
κατέβη πρὸς Ὀχοζίαν.
3B τοῦ Ἀχαὰβ δεηθεὶς τοῦ Ἠλία ἐγένετο αὐτοῦ μαθητὴς καὶ
πολλὰ παθὼν δι' αὐτὸν
4 μετὰ ταῦτα ἀπολιπὼν τὴν λειτουργίαν τοῦ βασιλέως
προεφήτευσε καὶ ἀπέθανε ταφεὶς μετὰ τῶν πατέρων αὐτοῦ.
4B καὶ καταλιπὼν τὴν λειτουργίαν τοῦ βασιλέως ἠκολούθει τῷ
Ἠλία καὶ προεφήτευσε καὶ ἐτάφη μετὰ τῶν πατέρων αὐτοῦ.
- 10.Jon. -
1 Ἰωνᾶς ἦν ἐκ γῆς Καριαθμοῦς πλησίον πόλεως Ἑλλήνων
Ἀζώτου κατὰ θάλασσαν.
2 καὶ ἐκβρασθεὶς ἐκ τοῦ κήτους καὶ ἀπελθὼν ἐν Νινευῇ
ἀνακάμψας οὐκ ἔμεινεν εἰς τὴν γῆν αὐτοῦ ἀλλὰ παραλαβὼν
τὴν μητέρα αὐτοῦ παρῴκησε τὴν Σοὺρ χώραν ἀλλοφύλων
ἐθνῶν
3 ἔλεγε γὰρ ὅτι οὕτως ἀφελῶ ὄνειδός μου ὅτι ἐψευσάμην
προφητεύσας κατὰ Νινευῇ τῆς μεγάλης πόλεως.
4 ἦν τότε Ἠλίας ἐλέγχων τὸν οἶκον Ἀχαὰβ καὶ καλέσας
λιμὸν ἐπὶ τὴν γῆν ἔφυγεν. καὶ ἐλθὼν εὗρε τὴν χήραν μετὰ

τοῦ υἱοῦ αὐτῆς οὐ γὰρ ἠδύνατο μένειν μετὰ ἀπεριτμήτων
καὶ εὐλόγησεν αὐτήν.
4B ἦν τότε Ἠλίας ὁ προφήτης ἐλέγχων τὸν Ἀχαὰβ βασιλέα
Σαμαρείας καὶ ἐκάλεσε λιμὸν μέγαν ἐπὶ τῆς γῆς ἔφυγεν ἐν
τῇ ἐρήμῳ καὶ ἐτρέφετο ἐκ τῶν κοράκων τῆς ἐρήμου καὶ
ἔπιεν ὕδωρ ἐκ τοῦ χειμάρρου καὶ ὡς ἐξηράνθη ὁ
χειμάρρους ἐπείνασεν ὁ προφήτης καὶ ἦλθεν εἰς Σαρεφθὰ
καὶ εὗρε τὴν χήραν μετὰ τοῦ υἱοῦ αὐτῆς Ἰωνᾶν καὶ
εὐλόγησεν αὐτὴν σίτῳ καὶ ἐλαίῳ καὶ ἔμεινεν μετ' αὐτοῦ.
οὐ γὰρ ἠδύνατο μένειν μετὰ ἀπεριτμήτων
5 καὶ θανόντα τὸν υἱὸν αὐτῆς πάλιν ἤγειρεν ἐκ νεκρῶν ὁ
θεὸς διὰ τοῦ Ἠλία ἠθέλησε γὰρ δεῖξαι αὐτῷ ὅτι οὐ
δύναται ἀποδρᾶσαι θεόν.
5B καὶ θανόντα τὸν υἱὸν αὐτῆς Ἰωνᾶν πάλιν ἤγειρεν αὐτὸν ὁ
θεὸς ἐκ νεκρῶν διὰ τοῦ Ἠλία. καὶ ἀπέδωκεν αὐτὸν τῇ
μητρὶ αὐτοῦ διὰ τὴν φιλοξενίαν αὐτῆς.
6 καὶ ἀναστὰς μετὰ τὸν λιμὸν ἦλθεν ἐν γῇ Ἰούδα. καὶ
ἀποθανοῦσαν τὴν μητέρα αὐτοῦ κατὰ τὴν ὁδὸν ἔθαψεν αὐτὴν
ἐχόμενα τῆς βαλάνου Δεββώρας.
6B καὶ γενόμενος υἱὸς Ἰωνᾶς μέγας ἐπέμφθη ὑπὸ κυρίου εἰς
Νινευῆ τὴν πόλιν Ἀσσυρίων. καὶ ἐζήτησεν Ἰωνᾶς
ἀποδρᾶσαι κυρίου καὶ κατεπόθη ὑπὸ τοῦ κήτους καὶ
ἐκβρασθεὶς ἐκήρυξε τὴν ἀπώλειαν Νινευῆ καὶ μετενόησαν
οἱ ἄνδρες οἱ Νινευῖται καὶ ἠλεήθησαν. καὶ ἐλυπήθη
Ἰωνᾶς καὶ ἀνακάμψας οὐκ ἔμεινεν εἰς τὴν γῆν αὐτῶν ἀλλὰ
παραλαβὼν τὴν μητέρα αὐτοῦ παρῴκησε τὴν Σοὺρ χώραν
ἀλλοφύλων. ἔλεγε γὰρ ὅτι οὕτως ἀφελῶ τὸ ὄνειδός μου ὅτι
ἐψευσάμην προφητεύσας κατὰ Νινευῆ τῆς μεγάλης πόλεως
Ἀσσυρίων ἠθέλησε γὰρ ὁ θεὸς δεῖξαι αὐτῷ ὅτι οὐ δύναται
ἀποδρᾶσαι θεόν.
7 καὶ κατοικήσας ἐν γῇ Σαραὰρ ἀπέθανε καὶ ἐτάφη ἐν
σπηλαίῳ Κενεζέου κριτοῦ γενομένου μιᾶς φυλῆς ἐν ἡμέραις
τῆς ἀναρχίας.
7B καὶ κατοικήσας ἐν γῇ Σαὰρ ἐκεῖ ἀπέθανε καὶ ἐτάφη ἐν τῷ
σπηλαίῳ τοῦ Κενεζίου τοῦ κριτοῦ.
8 καὶ ἔδωκε τέρας ἐπὶ Ἰερουσαλὴμ καὶ ὅλην τὴν γῆν ὅτε
ἴδωσι λίθον βοῶντα οἰκτρῶς ἐγγίζειν τὸ τέλος. καὶ ὅτε
ἴδωσιν ἐν Ἰερουσαλὴμ πάντα τὰ ἔθνη ὅτι ἡ πόλις ἕως
ἐδάφους ἠφάνισται ὅλη.
8B οὗτός ἐστιν Ἰωνᾶς ὁ γενόμενος εἰς τύπον τῆς τοῦ κυρίου
ἀναστάσεως καὶ ἔδωκε τέρας ἐπὶ Ἰσραὴλ λέγων ὅτι ὅτε
ἴδωσιν ἐπὶ Ἰερουσαλὴμ πολλὰ ἔθνη ὅτι ἡ πόλις ἕως
ἐδάφους ἀφανισθήσεται.
- 11.Nah. -
1 Ναοὺμ ἀπὸ Ἑλκεσὶ πέραν τοῦ Ἰσβηγαβαρὶν φυλῆς Συμεών.
2 οὗτος μετὰ τὸν Ἰωνᾶν τῇ Νινευῆ τέρας ἔδωκεν ὅτι ὑπὸ
ὑδάτων γλυκέων καὶ πυρὸς ὑπογείου ἀπολεῖται ὃ καὶ
γέγονεν.
3 ἡ γὰρ περιέχουσα αὐτὴν λίμνη κατέκλυσεν αὐτὴν ἐν σεισμῷ
καὶ πῦρ ἐκ τῆς ἐρήμου ἐπελθὸν τὸ ὑψηλότερον αὐτῆς μέρος
ἐνέπρησεν.
4 ἀπέθανε δὲ ἐν εἰρήνῃ καὶ ἐτάφη ἐν τῇ γῇ αὐτοῦ.
- 12.Hab. -
1 Ἀμβακοὺμ ἐκ φυλῆς ἦν Συμεὼν ἐξ ἀγροῦ Βηθζουχάρ.
2 οὗτος εἶδε πρὸ τῆς αἰχμαλωσίας περὶ τῆς ἁλώσεως
Ἰερουσαλὴμ καὶ ἐπένθησε σφόδρα.
3 καὶ ὅτε ἦλθε Ναβουχοδονόσορ ἐν Ἰερουσαλὴμ ἔφυγεν εἰς
Ὀστρακίνην καὶ παρῴκησεν ἐν γῇ Ἰσμαήλ.
4 ὡς δὲ ἐπέστρεψαν οἱ Χαλδαῖοι καὶ οἱ κατάλοιποι οἱ ὄντες
ἐν Ἰερουσαλὴμ εἰς Αἴγυπτον ἦν παροικῶν τὴν γῆν αὐτοῦ
5 καὶ ἐλειτούργει θερισταῖς τοῦ ἀγροῦ αὐτοῦ.
6 ὡς δὲ ἔλαβε τὸ ἔδεσμα προεφήτευσε τοῖς ἰδίοις εἰπὼν
πορεύομαι εἰς γῆν μακρὰν καὶ ταχέως ἐλεύσομαι. εἰ δὲ
βραδύνω ἀπενέγκατε τοῖς θερισταῖς.
7 καὶ γενόμενος ἐν Βαβυλῶνι καὶ δοὺς τὸ ἄριστον τῷ Δανιὴλ
ἐπέστη τοῖς θερισταῖς ἐσθίουσι καὶ οὐδενὶ εἶπε τὸ
γενόμενον
8 συνῆκε δὲ ὅτι τάχιον ἐπιστρέψει ὁ λαὸς ὑπὸ Βαβυλῶνος.
καὶ πρὸ δύο ἐτῶν ἀποθνήσκει τῆς ἐπιστροφῆς.
9 καὶ ἐτάφη ἐν ἀγρῷ ἰδίῳ μόνος.
10 ἔδωκε δὲ τέρας τοῖς ἐν τῇ Ἰουδαίᾳ ὅτι ὄψονται ἐν τῷ
ναῷ φῶς καὶ οὕτως ἴδωσι τὴν δόξαν τοῦ ναοῦ.
11 καὶ περὶ συντελείας τοῦ ναοῦ προεῖπεν ὅτι ὑπὸ ἔθνους
δυτικοῦ γενήσεται.
12 τότε ἄπλωμά φησι τοῦ Δαβὴρ εἰς μικρὰ ῥαγήσεται καὶ τὰ
ἐπίκρανα τῶν δύο στύλων ἀφαιρεθήσονται καὶ οὐδεὶς
γνώσεται ποῦ ἔσονται
13 αὐτὰ δὲ ἐν τῇ ἐρήμῳ ἀπενεχθήσονται ὑπὸ ἀγγέλων ὅπου ἐν
ἀρχῇ ἐπάγη ἡ σκηνὴ τοῦ μαρτυρίου.
14 καὶ ἐν αὐτοῖς γνωσθήσεται ἐπὶ τέλει κύριος ὅτι
φωτίσουσι τοὺς διωκομένους ὑπὸ τοῦ ὄφεως ἐν σκότει ὡς
ἐξ ἀρχῆς.
15 ⟨καὶ διασώσει αὐτοὺς κύριος ἐκ σκότους καὶ σκιᾶς
θανάτου καὶ ἔσονται ἐν σκηνῇ ἁγίᾳ.
16 οὗτος ὁ προφήτης περὶ τῆς ἐλεύσεως τοῦ Χριστοῦ πολλὰ
προεφήτευσε.
17 καὶ πρὸ δύο ἐτῶν τῆς ἐπιστροφῆς τοῦ λαοῦ τῆς ἀπὸ
Βαβυλῶνος ἐτελεύτησε καὶ ἐτάφη ἐν τῷ ἰδίῳ ἀγρῷ
μονώτατος ἐνδόξως.⟩
- 13.Soph. -
1 Σοφονίας ἐκ φυλῆς ἦν Συμεὼν ἀγροῦ Σαβαραθά
2 προεφήτευσε περὶ τῆς πόλεως καὶ περὶ τέλους ἐθνῶν καὶ
αἰσχύνης ἀσεβῶν
3 καὶ θανὼν ἐτάφη ἐν ἀγρῷ αὐτοῦ.
- 14.Agg. -
1 Ἀγγαῖος ὁ καὶ ἄγγελος τάχα νέος ἦλθεν ἐκ Βαβυλῶνος εἰς
Ἱερουσαλὴμ καὶ φανερῶς περὶ τῆς ἐπιστροφῆς τοῦ λαοῦ
προεφήτευσε καὶ εἶδεν ἐκ μέρους τὴν οἰκοδομὴν τοῦ ναοῦ.
2 καὶ θανὼν ἐτάφη πλησίον τοῦ τάφου τῶν ἱερέων ἐνδόξως ὡς
αὐτοί.
- 15.Zach. -
1 Ζαχαρίας ἦλθεν ἀπὸ Χαλδαίων ἤδη προβεβηκὼς κἀκεῖ πολλὰ

τῷ λαῷ προεφήτευσε καὶ τέρατα ἔδωκεν εἰς ἀπόδειξιν.
2 οὗτος εἶπε τῷ Ἰωσεδὲκ ὅτι γεννήσει υἱὸν καὶ ἐν
   Ἰερουσαλὴμ ἱερατεύσει.
3 οὗτος καὶ τὸν Σαλαθιὴλ ἐφ' υἱῷ ηὐλόγησε καὶ ὄνομα
   Ζοροβάβελ ἐπέθηκε
4 καὶ ἐπὶ Κύρου τέρας ἔδωκεν εἰς νῖκος καὶ περὶ τῆς
   λειτουργίας αὐτοῦ προηγόρευσεν ἣν ποιήσει ἐπὶ
   Ἰερουσαλὴμ καὶ εὐλόγησεν αὐτὸν σφόδρα.
5 τὰ δὲ τῆς προφητείας εἶδεν ἐν Ἰερουσαλὴμ καὶ περὶ
   τέλους ἐθνῶν καὶ Ἰσραὴλ καὶ τοῦ ναοῦ καὶ ἀργίας
   προφητῶν καὶ ἱερέων καὶ περὶ διπλῆς κρίσεως ἐξέθετο
6 καὶ ἀπέθανεν ἐν γήρει μακρῷ καὶ ἐκλειπῶν ἐτάφη σύνεγγυς
   Ἀγγαίου.
7 ⟨ἀλληλούϊα Ἀγγαίου καὶ Ζαχαρίου εἶπεν ὁ πνευματικὸς
   προφήτης Δαυὶδ ἐν τοῖς τελευταίοις ψαλμοῖς τουτέστιν
   αἰνεῖτε τὸν θεὸν ἐν ψαλμοῖς καὶ χοροῖς περὶ τῆς
   ἐπανόδου ἀπὸ Βαβυλῶνος.⟩
   - 16.Mal. -
1 Μαλαχίας.  οὗτος μετὰ τὴν ἐπιστροφὴν τίκτεται ἐν Σωφᾷ
   καὶ ἔτι πάνυ νέος καλὸν βίον ἔσχηκε.
2 καὶ ἐπειδὴ πᾶς ὁ λαὸς ἐτίμα αὐτὸν ὡς ὅσιον καὶ πρᾶον
   ἐκάλεσεν αὐτὸν Μαλαχὶ ὃ ἑρμηνεύεται ἄγγελος  ἦν γὰρ καὶ
   τῷ ἰδεῖν εὐπρεπής.
3 ἀλλὰ καὶ ὅσα εἶπεν αὐτὸς ἐν προφητείᾳ αὐτῇ τῇ ἡμέρᾳ
   ὀφθεὶς ἄγγελος θεοῦ ἐπεδευτέρωσεν  ὡς ἐγένετο ἐν ἡμέραις
   ἀναρχίας ὡς γέγραπται ἐν Σφαρφωτὶμ τουτέστιν ἐν βίβλῳ
   κριτῶν.
4 καὶ ἔτι νέος  προσετέθη πρὸς τοὺς  πατέρας αὐτοῦ ἐν ἀγρῷ
   αὐτοῦ.
   - 17.Nath. -
1 Ναθὰν προφήτης Δαυὶδ  ἦν ἐκ Γαβὰ καὶ  αὐτὸς ἦν ὁ διδάξας
   αὐτὸν νόμον κυρίου
1B ὁ προφήτης τοῦ Δαυὶδ ἐκ φυλῆς ἱερωσύνης ἦν.
   ἐγεννήθη δὲ ἐν  Γαβαῷ καὶ αὐτὸς  ἐδίδαξε τὸν Δαυὶδ νόμον
   κυρίου
2 καὶ εἶδεν ὅτι Δαυὶδ ἐν τῇ Βηρσαβεὲ παραβήσεται καὶ
   σπεύδοντα ἐλθεῖν ἀγγεῖλαι αὐτῷ ἐνεπόδισεν ὁ Βελίαρ ὅτι
   κατὰ τὴν ὁδὸν εὗρε  νεκρὸν κείμενον γυμνὸν ἐσφαγμένον
2B καὶ γνοὺς  ὅτι ἐν Βηρσαβεὲ παραβήσεται  ὁ Δαυὶδ ἔσπευσε
   τοῦ ἐλθεῖν καὶ  ἀναγγεῖλαι αὐτῷ ὥστε  φυλάξασθαι ἀπὸ τῆς
   ἀνομίας. καὶ  ἐνεπόδισεν αὐτὸν ὁ Βελίαρ.  ἐρχόμενος γὰρ
   εἰς Ἰερουσαλὴμ  εὗρε νεκρὸν  ἐσφαγμένον παρεσκευασμένον
   γυμνὸν καὶ ἀποδυσάμενος τὴν στολὴν
3 καὶ ἐπέμεινεν ἐκεῖ καὶ τῇ  νυκτὶ ἐκείνῃ ἔγνω ὅτι ἐποίησε
   τὴν ἁμαρτίαν. καὶ ὑπέστρεψε πενθῶν
3B καὶ περιβαλὼν αὐτῷ ἐπέμεινεν ἐκεῖ θέλων θάψαι τὸν
   νεκρὸν καὶ μὴ  φθάσας ἐλθεῖν πρὸς  Δαυὶδ τῇ νυκτὶ ἐκείνῃ
   ἐποίησε τὴν ἀνομίαν.
4 καὶ ὡς ἀνεῖλε τὸν ἄνδρα αὐτῆς ἔπεμψε κύριος ἐλέγξαι
   αὐτὸν
4B καὶ  γνοὺς τῷ πνεύματι ὁ ὅσιος ὑπέστρεψε  πενθῶν πάσας
   τὰς  ἡμέρας καὶ  ὅτε ἀνεῖλε  τὸν ἄνδρα αὐτῆς ἀπέστειλεν
   αὐτὸν ὁ θεὸς ἐλέγξαι τὸν Δαυὶδ ἐπειδὴ γὰρ ἔβλεπεν ὁ
   θεὸς πενθοῦντα τὸν Ναθὰν ἔλεγε  γὰρ ὅτι δι' ἐμοῦ γέγονεν
   ἡ ἀσέβεια αὕτη. καὶ προσέσχεν ὁ κύριος ἐπὶ τὸν
   στεναγμὸν αὐτοῦ καὶ εἶπε πρὸς αὐτὸν ἐπειδὴ διὰ σοῦ
   νομίζεις γεγενῆσθαι τὸ τραῦμα διὰ σοῦ καὶ  ἡ θεραπεία
   γενήσεται.  ἀπελθὼν οὖν  ἤλεγξεν αὐτὸν ἐπὶ κεκρυμμένοις
   καὶ ἐποίησεν αὐτὸς καθὼς ἐνετείλατο αὐτῷ ὁ κύριος.
5 καὶ αὐτὸς πάνυ γηράσας  ἀπέθανε καὶ  ἐτάφη εἰς τὴν γῆν
   αὐτοῦ.
5B οὗτος οὖν εἰς βαθὺ γῆρας ἐλάσας καὶ ἐν πολλῇ ἀγαθῇ
   ἐκοιμήθη ἐν εἰρήνῃ.
   - 18.Ach. -
1 Ἀχιὰ ἀπὸ Σηλὼμ ὅπου  ἦν ἡ  σκηνὴ τὸ  παλαιὸν ἐκ πόλεως
   Ἠλί.
1B Σηλὼμ ὁ καὶ  Ἠλεὶ ἔνθα ἦν  καὶ ἡ σκηνὴ  τὸ πάλαι. Σηλὼμ
   δὲ ἐκαλεῖτο ὁ Ἠλεὶ
2 οὗτος εἶπε περὶ Σολομὼν ὅτι προσκρούσει κυρίῳ
2B ἐν ἀρχῇ  τῆς ἱερωσύνης  προεφήτευσε περὶ  Σολομῶντος ὅτι
   προσκρούσει διὰ τὰς  γυναῖκας ὅτι γυναῖκες ἐκστήσουσι
   καὶ  διαστρέψουσιν αὐτὸν  ἀπὸ κυρίου καὶ  ἅπαν τὸ γένος
   αὐτοῦ
3 καὶ ἤλεγξε τὸν Ἰεροβοὰμ ὅτι δόλῳ πορεύσεται μετὰ
   κυρίου εἶδε  ζεῦγος βοῶν  πατοῦν τὸν  λαὸν καὶ  κατὰ τῶν
   ἱερέων ἐπιτρέχον
3B καὶ περὶ  τοῦ Ἰεροβοὰμ εἶπεν ὅτι  δόλῳ πορεύσεται μετὰ
   κυρίου καὶ μετὰ Ἰσραὴλ εἶδε ζεῦγος βοῶν θηλειῶν
   καταπατοῦν τὸν λαὸν καὶ κατὰ τῶν ἱερέων ἐπιτρέχον
4 προεῖπε καὶ τῷ Σολομῶντι ὅτι αἱ γυναῖκες αὐτὸν
   ἐκστήσουσι καὶ πᾶν τὸ γένος αὐτοῦ
4B καὶ ὅτι παραβήσεται Σολομὼν  τὸν νόμον τοῦ ὑψίστου ταῦτα
   προεῖπεν  Ἠλεὶ πρὸς τοὺς υἱοὺς αὐτοὺς ἱερατεῦσαι.
5 καὶ ἀπέθανε καὶ ἐτάφη σύνεγγυς τῆς δρυὸς Σηλώμ.
5B καὶ οὗτος  ὁ προφήτης  αὐτὸς ἀπέθανεν  ἐν γήρει βαθυτάτῳ
   οὐκ ἀγαθῶς.
   - 19.Joad. -
1 Ἰωὰδ ἐκ  τῆς Σαμαρείμ.  οὗτός ἐστιν  ὃν ἐπάταξεν ὁ λέων
   καὶ ἀπέθανεν ὅτε ἤλεγξε  τὸν Ἰεροβοὰμ ἐπὶ ταῖς δαμάλεσι
2 καὶ ἐτάφη ἐν Βεθὴλ σύνεγγυς τοῦ ψευδοπροφήτου τοῦ
   πλανήσαντος αὐτόν.
   - 20.Azar. -
1 Ἀζαρίας ἐκ γῆς Συβαθὰ ὃς ἐπέστρεψεν ἐξ Ἰσραὴλ τὴν
   αἰχμαλωσίαν Ἰούδα
2 καὶ θανὼν ἐτάφη ἐν ἀγρῷ αὐτοῦ.
   - 21.Eli. -
1 Ἠλίας Θεσβίτης ἐκ  γῆς Ἀράβων  φυλῆς Ἀαρὼν  οἰκῶν ἐν
   Γαλαὰδ ὅτι ἡ Θέσβις δόμα ἦν τοῖς ἱερεῦσιν.
2 ὅτε εἶχε τεχθῆναι  εἶδε Σοβαχὰ ὁ  πατὴρ αὐτοῦ ὅτι ἄνδρες
   λευκοφανεῖς αὐτὸν  προσηγόρευον καὶ ἐν τῷ πυρὶ αὐτὸν
   ἐσπαργάνουν καὶ φλόγα πυρὸς ἐδίδουν αὐτῷ φαγεῖν
3 καὶ ἐλθὼν ἀνήγγειλεν ἐν Ἰερουσαλὴμ καὶ εἶπεν  αὐτῷ ὁ

χρησμὸς μὴ δειλιάσῃς  ἔσται γὰρ ἡ  οἴκησις αὐτοῦ φῶς καὶ
   ὁ λόγος αὐτοῦ ἀπόφασις καὶ κρινεῖ τὸν Ἰσραήλ.
4 τὰ δὲ σημεῖα ἃ ἐποίησεν εἰσὶ ταῦτα ηὔξατο  Ἡλίας καὶ
   οὐκ ἔβρεξεν ἐπὶ ἔτη τρία  καὶ πάλιν ηὔξατο μετὰ τρία ἔτη
   καὶ γέγονε πολὺς ὑετός
5 ἐν Σαρεφθοῖς  τῆς Σιδωνίας  ἐποίησε διὰ ῥήματος κυρίου
   τὴν ὑδρίαν  τῆς χήρας  μὴ ἐκλεῖψαι  καὶ τὴν καψάκην τοῦ
   ἐλαίου μὴ ἐλαττωθῆναι τὸν  υἱὸν αὐτῆς ἀποθανόντα ἤγειρεν
   ὁ θεὸς ἐκ νεκρῶν εὐξαμένου αὐτοῦ.
6 προβλήματος γενομένου παρ' αὐτοῦ καὶ τῶν  προφητῶν τοῦ
   Βάαλ τίς ἂν εἴη ὁ ἀληθινὸς καὶ ὄντως θεὸς ᾕρησε
   γενέσθαι θυσίαν παρά τε  αὐτοῦ κἀκείνων καὶ μὴ ὑποθεῖναι
   πῦρ ἀλλ' ἕκαστον εὔξασθαι καὶ τὸν ἐπακούοντα αὐτὸν
   εἶναι θεόν.
7 οἱ μὲν οὖν τοῦ  Βάαλ ηὔχοντο  καὶ κατετέμνοντο ἕως ὥρας
   ἐνάτης καὶ οὐδεὶς αὐτοῖς ἐπήκουεν ὁ δὲ  Ἡλίας καὶ
   ὕδατος πολλοῦ πληρώσας τὸν τόπον  ἔνθα ἦν ἡ θυσία ηὔξατο
   καὶ εὐθὺς ἐπέπεσε πῦρ καὶ ἀνήλωσε τὴν θυσίαν καὶ τὸ
   ὕδωρ ἐξέλειπεν
8 καὶ πάντες τὸν μὲν θεὸν εὐλόγησαν τοὺς δὲ τοῦ Βάαλ
   ἀνεῖλον ὄντας τετρακοσίους πεντήκοντα.
9 τῷ βασιλεῖ  Ὀζίᾳ ἀποστείλαντι μαντεύσασθαι παρὰ εἰδώλων
   προεφήτευσε θάνατον καὶ ἀπέθανεν.
10 δύο πεντηκοντάρχους ἀποσταλέντων ἐπ' αὐτὸν παρὰ Ὀχοζίου
   τοῦ βασιλέως  Ἰσραὴλ ἐπεκαλέσατο  τὸν κύριον καὶ πῦρ ἀπ'
   οὐρανοῦ κατέβη κἀκείνους ἀνήλωσε  τὸ πῦρ ἐκ προστάγματος
   κυρίου.
11 κόρακες ἔφερον αὐτῷ ἄρτους τὸ πρωῒ δείλης δὲ κρέα
12 τῇ μηλωτῇ ἐπάταξε τὸν Ἰορδάνην καὶ διῃρέθη καὶ
   διέβησαν ξηρῷ  τῷ ποδὶ αὐτός τε καὶ  Ἐλισαῖος τὸ
   τελευταῖον ἀνελήφθη ἅρματι πυρός.
   - 22.Elis. -
1 Ἐλισαῖος ἦν ἐξ  Ἀβελμαοὺλ γῆς τοῦ  Ῥουβὴν
2 καὶ ἐπὶ τούτου γέγονε τέρας ὅτι ἡνίκα ἐτέχθη ἐν
   Γαλγάλοις ἡ δάμαλις ἡ χρυσῆ ὀξὺν ἐβόησεν ὥστε
   ἀκουσθῆναι εἰς Ἰερουσαλὴμ
3 καὶ εἶπεν ὁ ἱερεὺς  διὰ τῶν  δήλων ὅτι  προφήτης ἐτέχθη
   Ἰσραὴλ ὃς καθελεῖ τὰ γλυπτὰ αὐτῶν καὶ τὰ χωνευτὰ
4 καὶ θανὼν ἐτάφη ἐν Σαμαρείᾳ.
5 τὰ δὲ  σημεῖα ἃ  ἐποίησεν εἰσὶ  ταῦτα ἐπάταξε  καὶ αὐτὸς
   τὸν Ἰορδάνην τῇ μηλωτῇ τῇ  Ἡλίου καὶ διῃρέθη τὸ ὕδωρ
   καὶ διέβη καὶ αὐτὸς ξηρῷ τῷ ποδὶ
6 τὰ ὕδατα ἐν Ἱεριχὼ πονηρὰ ἦν καὶ ἄγονα καὶ ἀκούσας
   παρὰ τῶν τῆς πόλεως ἐπεκαλέσατο τὸν θεὸν καὶ εἶπεν
   ἴαμαι τὰ ὕδατα ταῦτα καὶ οὐκ ἔσται ἔτι ἐκεῖθεν θάνατος
   καὶ ἀτεκνουμένη καὶ ἰάθησαν τὰ ὕδατα ἕως τῆς ἡμέρας
   ταύτης.
7 παίδων ἀτακτούντων  κατ' αὐτοῦ κατηράσατο  ἐν αὐτοῖς καὶ
   ἐξελθοῦσαι δύο ἄρκοι ἐνέρρηξαν ἐξ αὐτῶν μ β'.
8 γυνὴ προφήτου  τελευτήσαντος ὀχλουμένη  ὑπὸ δανιστῶν καὶ
   μὴ ἔχουσα ἀποδοῦναι προσῆλθε τῷ Ἐλισαίῳ
9 καὶ ἐνετείλατο αὐτῇ συναγαγεῖν  ἀγγεῖα καινὰ ὅσα δύναται
   καὶ τὸ ἔχον ὀλίγιστον ἔλαιον ἐκκενοῦν εἰς αὐτὰ ἕως
   ἀποσχῇ τὰ ἀγγεῖα
10 καὶ τοῦτο ποιήσασα ἐπλήρωσε τὰ ἀγγεῖα καὶ ἀποδέδωκε
   τοῖς δανισταῖς καὶ  τὸ περισσεῦον ἔσχεν εἰς διατροφὴν
   τῶν παιδίων.
11 εἰς Σουμὰν ἀπελθὼν ἔμεινε παρά τινι γυναικὶ καὶ μὴ
   ποιούσαν αὐτὴ παιδίον ἐπιθυμοῦσαν δὲ  σχεῖν εὐξάμενος
   πεποίηκε συλλαβεῖν καὶ τεκεῖν
12 εἶτα ἀποθανόντα τὸν  παῖδα  εὐξάμενος πάλιν ἤγειρεν ἐκ
   νεκρῶν.
13 εἰς Γάλγαλα ἐλθὼν  κατήχθη παρὰ τοῖς  υἱοῖς τῶν προφητῶν
   καὶ ἑψεθέντος προσφαγίου καὶ θανατικῆς βοτάνης
   συνεψηθείσης τῷ προσφαγίῳ  καὶ παρ' ὀλίγον κινδυνευόντων
   πάντων πεποίηκεν ἀβλαβὲς καὶ ἡδὺ τὸ βρῶμα
14 τῶν υἱῶν τῶν προφητῶν  κοπτόντων ξύλα παρὰ τὸν Ἰορδάνην
   ἐξέπεσε τὸ δρέπανον καὶ κατεποντίσθη ὁ δὲ  Ἐλισαῖος
   εὐξάμενος πεποίηκεν ἐπιπλάσαι τὸ δρέπανον.
15 Ναιμὰν ὁ Σύρος δι' αὐτοῦ ἐκαθερίσθη ἀπὸ τῆς λέπρας.
16 τὸν παῖδα αὐτοῦ  Ἐλισαῖος λεγόμενον Γιεζεὶ ἀπελθόντα
   κρύφα παρὰ γνώμην αὐτοῦ πρὸς Ναιμὰν καὶ αἰτήσαντα
   ἀργύριον ὕστερον ἐλθόντα καὶ ἀρνούμενον ἤλεγξε καὶ
   κατηράσατο αὐτὸν καὶ γέγονε λεπρός.
17 βασιλέως Συρίας  πολεμοῦντος τὸν  Ἰσραὴλ ἠσφαλίζετο τὸν
   βασιλέα  Ἰσραὴλ ἀπαγγέλλων αὐτῷ τὰς  σκέψεις τοῦ ἐχθροῦ
18 τοῦτο μαθὼν  ὁ βασιλεὺς  Συρίας πέμπει δύναμιν ἀγαγεῖν
   τὸν προφήτην ὁ δὲ  εὐξάμενος πεποίηκεν αὐτοὺς καταχθῆναι
   ἀορασίᾳ  καὶ ἀπήγαγεν εἰς Σαμαρείαν παρὰ τοὺς ἐχθροὺς
   ἀβλαβεῖς τε αὐτοὺς διέσωσε καὶ ἔθρεψεν
19 τοῦτο  μαθὼν ὁ  βασιλεὺς Συρίας ἐπαύσατο τοῦ πολεμεῖν.
20 μετὰ θάνατον  Ἐλισαίου ἀποθανών τις καὶ θαπτόμενος
   ἐρρίφη ἐπὶ τὰ ὀστᾶ αὐτοῦ καὶ μόνον  ὡς ἥψατο τῶν ὀστέων
   τοῦ Ἐλισαίου ὁ νεκρὸς εὐθὺς ἀνέζησεν.
   - 23.Zah. -
1 Ζαχαρίας ἐξ  Ἰερουσαλὴμ υἱὸς Ἰωδαὲ τοῦ ἱερέως ὃν
   ἀπέκτεινεν  Ἰωὰς ὁ βασιλεὺς Ἰούδα ἐχόμενα τοῦ
   θυσιαστηρίου καὶ ἐξέχεεν τὸ αἷμα αὐτοῦ ὁ οἶκος Δαυὶδ
   ἀνὰ μέσον  ἐπὶ τοῦ Αἰλὰμ καὶ  λαβόντες αὐτὸν οἱ ἱερεῖς
   ἔθαψαν αὐτὸν μετὰ τοῦ πατρὸς αὐτοῦ
2 ἐκ τότε ἐγένοντο τέρατα ἐν τῷ ναῷ φαντασίας καὶ οὐκ
   ἴσχυον οἱ ἱερεῖς ἰδεῖν ὀπτασίαν ἀγγέλων θεοῦ οὔτε
   δοῦναι χρησμοὺς ἐκ τοῦ Δαβεὶρ οὔτε ἐρωτῆσαι ἐν τῷ
   Ἐφοὺδ οὔτε  διὰ δήλων  ἀποκριθῆναι τῷ  λαῷ ὡς  τὸ πρίν.
   - 24.Jad. -
1 ⟨Ἰαδώκ⟩. ἄνθρωπος τοῦ  θεοῦ ὁ ἐλθὼν  ἐκ γῆς  Ἰούδα εἰς
   Ἰερουσαλὴμ πρὸς Ἰεροβοὰμ  Ἰαδὼκ ἐκαλεῖτο.
2 οὗτος προεφήτευσε  περὶ Ἰωσία  τοῦ βασιλέως  Ἰούδα ὅτι
   τὰ ὀστᾶ τῶν ἱερέων τοῦ Βάαλ κατακαύσει ἐπὶ τοῦ
   θυσιαστηρίου ἔνθα Ἰεροβοὰμ ἔθυε τῷ Βάαλ.
3 καὶ προφητεύοντος  αὐτοῦ ἐξέτεινεν ὁ  βασιλεὺς τὴν χεῖρα
   αὐτοῦ συλλαβεῖν αὐτὸν  καὶ ἐξηράνθη ἡ  χεὶρ τοῦ βασιλέως

παραυτίκα.
- 25.Sim. -
1 Σίμων ὁ υἱὸς τοῦ Κλωπᾶ ὁ ἀνεψιὸς τοῦ κυρίου
συκοφαντηθεὶς ὑπὸ τῶν αἱρέσεων κατηγορήθη ἐπὶ Ἀττικοῦ
ὑπατικοῦ. καὶ ἐπὶ πολλὰς ἡμέρας αἰκιζόμενος ἐμαρτύρησεν
ὡς πάντας ὑπερθαυμάσαι καὶ τὸν ὑπατικὸν πῶς ρ κ´ ἐτῶν
τυγχάνων ὑπέμεινε τὰς αἰκίας καὶ ἐκέλευσεν αὐτὸν
σταυρωθῆναι.⟩
- 26.Αlii -
1 καὶ ἄλλοι προφῆται ἐγένοντο κρυπτοὶ ὧν τὰ ὀνόματα
ἐμφέρονται ἐν ταῖς γενεαλογίαις αὐτῶν ἐπὶ βίβλων
ὀνομάτων Ἰσραήλ
2 ἐγράφοντο γὰρ πᾶν τὸ γένος Ἰσραὴλ κατ᾽ ὄνομα ⟨τῶν
προφητῶν καὶ ὁσίων ἀνδρῶν καὶ ὁ θάνατος αὐτῶν καὶ τὰ
ἀξιώματα αὐτῶν καὶ πότε ἀπέθνησκον
3 καὶ ἦν εἰς μνημόσυνον τῶν ἱερέων καὶ βασιλέων καὶ
προφητῶν καὶ τῶν μεγιστάνων καὶ ὁσίων ἀνδρῶν⟩.
4 καὶ ταῦτα μὲν μέχρι τούτων.

## Apocalypsis Esdrae Graeca
-------------------------

ἀποκάλυψις Ἐσδράμ.
- 1 -
1 λόγος καὶ ἀποκάλυψις τοῦ ἁγίου προφήτου Ἐσδρὰμ καὶ
ἀγαπητοῦ τοῦ θεοῦ. εὐλόγησον πάτερ.
2 ἐγένετο ἐν τῷ τριακοστῷ ἔτει δευτέρᾳ καὶ εἰκάδι τοῦ
μηνὸς ἤμην ἐν τῷ οἴκῳ μου καὶ κράξας λέγων πρὸς τὸν
ὕψιστον κύριε δὸς τὴν δόξαν ἵνα ἴδω τὰ μυστήριά σου.
3 καὶ νυκτὸς γεναμένης ἦλθεν ἄγγελος Μιχαὴλ ὁ ἀρχάγγελος
καὶ λέγει μοι ἄρτι τὸν προφήτην Ἐσδρὰμ ἄφησον
⟨ἑβδομάδας⟩ ἑβδομήκοντα. καὶ ἐνήστευσα καθὼς εἶπέν μοι.
4 καὶ ἦλθεν Ῥαφαὴλ ὁ ἀρχιστράτηγος καὶ ἔδωκέν μοι ῥάβδον
στηράκην.
5 καὶ ἐνήστευσα δὶς ἐξήκοντα ἑβδομάδας. καὶ ἴδον τὰ
μυστήρια τοῦ θεοῦ καὶ τοὺς ἀγγέλους αὐτοῦ.
6 καὶ εἶπον πρὸς αὐτοὺς θέλω δικάσασθαι τὸν θεὸν περὶ τὸ
γένος τῶν Χριστιανῶν καλὸν μὴ γεννηθῆναι τὸν ἄνθρωπον ἢ
εἰσελθεῖν ἐν τῷ κόσμῳ.
7 ἀνελήφθην οὖν εἰς τὸν οὐρανὸν καὶ ἴδον ἐν τῷ πρώτῳ
οὐρανῷ στρατηγίαν ἀγγέλων μεγάλην καὶ ἀπήγαγόν με εἰς
τὰς κρίσεις.
8 καὶ ἤκουσα φωνῆς λεγούσης μοι ἐλέησον ἡμᾶς ἐκλεκτὲ τοῦ
θεοῦ Ἐσδράμ.
9 τότε ἠρξάμην λέγειν οὐαὶ τοὺς ἁμαρτωλοὺς ὅταν ἴδωσιν
τὸν δίκαιον ὑπὲρ ἀγγέλων καὶ αὐτοὶ εἰσιν εἰς τὴν
γέενναν τοῦ πυρός.
10 καὶ εἶπεν Ἐσδρὰμ ἐλέησον τὰ ἔργα τῶν χειρῶν σου
εὔσπλαγχνε καὶ πολυέλεος
11 καὶ κρῖνον ὑπὲρ τῶν ψυχῶν τῶν ἁμαρτωλῶν συμφέρει γὰρ
μίαν ψυχὴν κολάσασθαι καὶ μὴ ὅλον τὸν κόσμον εἰς
ἀπώλειαν ἀπάγει.
12 καὶ εἶπεν ὁ θεὸς ἐγὼ τοὺς δικαίους ἀναπαύσωμαι ἐν τῷ
παραδείσῳ καὶ ἐλεήμων καθέστηκα.
13 καὶ εἶπεν Ἐσδρὰμ κύριε τοὺς δικαίους τί χαρίζεις;
14 ὥσπερ γὰρ μίσθιος ἐξυπηρετησάμενος τὸν χρόνον αὐτοῦ καὶ
πορεύεται καὶ πάλιν δοῦλος δουλεύσει τοῖς κυρίοις αὐτοῦ
ἐπιτυχεῖν οὕτως καὶ ὁ δίκαιος ἀπέλαβεν τὸν μισθὸν αὐτοῦ
ἐν οὐρανοῖς.
15 ἀλλὰ τοὺς ἁμαρτωλοὺς ἐλέησον οἴδαμεν γὰρ ὅτι ἐλεήμων
εἶ.
16 καὶ εἶπεν ὁ θεὸς οὐκ ἔχω πῶς αὐτοὺς ἐλεήσω.
17 καὶ εἶπεν Ἐσδρὰμ ὅτι τὴν ὀργήν σου οὐχ ὑποφέρουσιν
18 καὶ εἶπεν ὁ θεὸς ὅτι τῶν τοιούτων ταῦτα.
19 καὶ εἶπεν ὁ θεὸς θέλω ἔχειν σε ὡς καὶ Παῦλον καὶ
Ἰωάννην
20 σὺ δίδως μοι ἀδιάφθορον τὸν ἀσύλητον θησαυρὸν τὸ
κειμήλιον τῆς παρθένου τὸ τεῖχος τῶν ἀνθρώπων.
21 καὶ εἶπεν Ἐσδρὰμ καλὸν τὸ μὴ γεννηθῆναι τὸν ἄνθρωπον
καλὸν τὸ μὴ εἶναι ἐν βίῳ
22 τὰ ἄλογα κάλλιόν εἰσιν παρὰ τὸν ἄνθρωπον ὅτι κόλασιν
οὐκ ἔχουσιν
23 ἡμᾶς δὲ ἔπλασας καὶ εἰς κρίσιν παρέδωκας.
24 οὐαὶ τοὺς ἁμαρτωλοὺς ἐν τῷ μέλλοντι αἰῶνι ὅτι
ἀτελεύτητος αὐτῶν ἡ κρίσις καὶ ἡ φλὸξ ἄσβεστος.
- 2 -
1 ταῦτα αὐτοῦ λαλοῦντός μου ἦλθεν Μιχαὴλ καὶ Γαβριὴλ καὶ
οἱ ἀπόστολοι πάντες καὶ εἶπον
2 χαῖρε πιστὲ τοῦ θεοῦ ἄνθρωπε.
3 ⟨καὶ εἶπεν Ἐσδρὰμ⟩ ἀνάστα καὶ δεῦρο μετ᾽ ἐμοῦ κύριε
εἰς κρίσιν.
4 καὶ εἶπεν ὁ θεὸς ἰδοὺ δίδωμί σοι τὴν διαθήκην μου ἐμοῦ
τε καὶ σοῦ ἵνα παραδέξῃτε.
5 καὶ εἶπεν Ἐσδρὰμ ἐπὶ τὸ οὖς σου δικασώμεθα.
6 καὶ εἶπεν ὁ θεὸς ἐρώτησον Ἀβραὰμ τὸν πατέραν ὑμῶν.
ποῖον υἱὸν δικάζεσθαι ἐν πατρὶ καὶ δεῦρο δικάζου μεθ᾽
ἡμῶν.
7 καὶ εἶπεν Ἐσδρὰμ ζῇ κύριος οὐ μὴ παύσομαι δικαζόμενός
σε ὑπὲρ τὸ γένος τῶν Χριστιανῶν
8 ποῦ εἰσιν τὰ ἐλέη σου τὰ ἀρχαῖα κύριε; ποῦ σου ἡ
μακροθυμία;
9 καὶ εἶπεν ὁ θεὸς ὡς ἐποίησα νύκτα καὶ ἡμέραν ἐποίησα
τὸν δίκαιον καὶ τὸν ἁμαρτωλὸν καὶ ἔπρεπεν ὡς ὁ δίκαιος
πολιτεύεσθαι.
10 καὶ εἶπεν ὁ προφήτης τὸν πρωτόπλαστον Ἀδὰμ τὸν πρῶτον
τίς ἐποίησεν;
11 καὶ εἶπεν ὁ θεὸς αἱ χεῖρές μου αἱ ἄχραντοι. καὶ ἐθέμην
αὐτὸν ἐν τῷ παραδείσῳ φυλάττειν τὴν νομὴν τοῦ ξύλου τῆς

ζωῆς
12 ἐπειδὴ οὖν παρακοὴν κτησάμενος τοῦτο ἐν παραβάσει
πεποίηκεν.
13 καὶ εἶπεν ὁ προφήτης οὐχὶ ὑπὸ ἀγγέλου ἐφρουρεῖτο;
14 καὶ ὑπὸ τῶν Χερουβὶμ ζωῇ ἐφυλάττετο εἰς τὸν ἀτελεύτητον
αἰῶνα
15 καὶ πῶς ὑπατίθη ὁ ὑπ᾽ ἀγγέλων φυλαττόμενος; ἐκέλευες
παραγενέσθαι παντὸς καὶ πρόσεχε τὰ ὑπ᾽ ἐμοῦ λεγόμενα.
16 ἀλλ᾽ ἐὰν μὴ σὺ ἐδωρήσω αὐτῷ τὴν Εὔαν οὐ μὴ ἠπάτησεν
αὐτὸν ὁ ὄφις
17 σὺ δὲ ὃν θέλεις σῴζεις καὶ ὃν θέλεις ἀπολεῖς.
18 καὶ εἶπεν ὁ προφήτης δευτέραν διέλθωμεν κύριέ μου εἰς
κρίσιν.
19 καὶ εἶπεν ὁ θεὸς πῦρ βάλλω ἐπὶ Σόδομα καὶ Γόμορρα.
20 καὶ εἶπεν ὁ προφήτης κύριε ἀξίως ἐπάγεις ἐφ᾽ ἡμᾶς.
21 καὶ εἶπεν ὁ θεὸς αἱ ἁμαρτίαι ὑμῶν ὑπεράγουσιν τὴν
χρηστότητάν μου.
22 καὶ εἶπεν ὁ προφήτης ὑπόμνησον τῶν γραφῶν ὁ πατήρ μου
ἐκμετρήσας τὴν Ἰερουσαλὴμ καὶ ἀνορθώσας αὐτὴν
23 ἐλέησον δέσποτα τοὺς ἁμαρτωλοὺς ἐλέησον τὴν σὴν πλάσιν
οἰκτείρησον τὰ ἔργα σου.
24 καὶ ἐμνήσθη ὁ θεὸς τῶν ποιημάτων αὐτοῦ καὶ λέγει
⟨πρὸς⟩ τὸν προφήτην πῶς ἔχω αὐτοὺς ἐλεήσω;
25 ὄξος καὶ χολήν με ἐπότισαν καὶ ὡς οὐδὲ τούτοι
ἐμετενόησαν.
26 καὶ εἶπεν ὁ προφήτης ἀποκάλυψόν σου τὰ Χερουβὶμ καὶ
ἔλθωμεν ὁμοῦ εἰς κρίσιν
27 καὶ δεῖξόν μοι τὴν ἡμέραν τῆς κρίσεως ποία ἐστίν.
28 καὶ εἶπεν ὁ θεὸς ἐπλανήθης Ἐσδράμ
29 τοιαύτη γάρ ἐστιν ἡ ἡμέρα τῆς κρίσεως ἐν ᾗ ὑετὸς ἐπὶ
τῆς γῆς οὐ γίνεται
30 ἐστιν γὰρ κατὰ τὴν ἑσπέραν ἐκείνην ἐλεεινὸν κριτήριον.
31 καὶ εἶπεν ὁ προφήτης οὐ μὴ παύσομαι δικαζόμενός σε ἐὰν
μὴ ἴδω τὴν ἡμέραν τῆς συντελείας.
32 ⟨καὶ εἶπεν ὁ θεὸς⟩ ἐξαρίθμησον τοὺς ἀστέρας καὶ τὴν
ἄμμον τῆς θαλάσσης καὶ εἰ δυνήσει ταύτην ἐξαριθμῆσαι
δύνασαι καὶ μετ᾽ ἐμοῦ δικάζεσθαι.
- 3 -
1 καὶ εἶπεν ὁ προφήτης κύριε οἶδας ὅτι σάρκα φορῶ
ἀνθρωπίνην
2 καὶ πῶς δύναμαι ἀριθμῆσαι τοὺς ἀστέρας τοῦ οὐρανοῦ καὶ
τὴν ἄμμον τῆς θαλάσσης;
3 καὶ εἶπεν ὁ θεὸς προφήτά μου ἐκλεκτὲ οὐδεὶς ἄνθρωπος
γνώσεται τὴν ἡμέραν ἐκείνην τὴν μεγάλην καὶ ἐπιφάνειαν
τὴν κατέχουσαν κρῖναι τὸν κόσμον
4 διὰ σέ προφήτά μου εἰπόν σοι τὴν ἡμέραν τὴν δὲ ὥραν οὐκ
εἰπόν σοι.
5 καὶ εἶπεν ὁ προφήτης κύριε εἰπέ μοι καὶ τὰ ἔτη.
6 καὶ ⟨εἶπεν ὁ θεὸς⟩ ἐὰν ἴδω τὴν δικαιοσύνην τοῦ κόσμου
ὅτι ἐπλεόνασεν μακροθυμήσω ἐπ᾽ αὐτοὺς εἰ δὲ μὴ ἐκτενῶ
τὴν χεῖρά μου καὶ ἀπὸ τῶν τεσσάρων περάτων δράξομαι τὴν
οἰκουμένην καὶ συνάξω πάντας εἰς τὴν κοιλάδα τοῦ
Ἰωσαφὰτ καὶ ἐξαλείψω τὸ γένος τῶν ἀνθρώπων καὶ οὐκέτι
ᾖ κόσμος.
7 καὶ εἶπεν ὁ προφήτης καὶ πῶς ἔχει δοξάζεσθαι ἡ δεξιά
σου;
8 καὶ εἶπεν ὁ θεὸς ἐγὼ δοξάζομαι ὑπὸ τῶν ἀγγέλων μου.
9 καὶ εἶπεν ὁ προφήτης κύριε εἰ ἐλογίζου ταῦτα διὰ τί
ἔπλασας τὸν ἄνθρωπον;
10 καὶ εἶπας πρὸς Ἀβραὰμ τὸν πατέραν ἡμῶν πληθύνων πληθυνῶ
τὸ σπέρμα σου ὡς τὰ ἄστρα τοῦ οὐρανοῦ καὶ ὡς τὴν ἄμμον
τὴν παρὰ τὸ χεῖλος τῆς θαλάσσης καὶ ποῦ ἐστιν ἡ
ἐπαγγελία σου;
11 καὶ εἶπεν ὁ θεὸς πρῶτον ποιήσω σεισμοὺς πτῶσιν
τετραπόδων καὶ ἀνθρώπων
12 καὶ ὅταν ἴδητε ὅτι ἀδελφὸς ἀδελφὸν παραδίδει εἰς
θάνατον καὶ τέκνα ἐπὶ γονεῖς ἀναστήσονται καὶ γυνὴ τὸν
ἄνδρα τὸν ἴδιον καταλιμπάνει
13 καὶ ἔσται ἔθνος πρὸς ἔθνος ἐπαναστῇ ἐν πολέμῳ τότε
γνώσεσθε ὅτι ἐγγύς ἐστιν τὸ τέλος
14 τότε οὖν οὔτε ἀδελφὸς ἀδελφὸν ἐλεεῖ οὔτε ἀνὴρ γυναῖκα
οὐ τέκνα γονεῖς οὐ φίλοι φίλους οὐ δοῦλος τὸν κύριον
15 αὐτὸς ἀναβήσεται γὰρ ὁ ἐπικείμενος τοῖς ἀνθρώποις ἀπὸ
τῶν ταρτάρων καὶ ἐνδείξεται πολλὰ τοῖς ἀνθρώποις.
16 τί σε ποιῶ Ἐσδρὰμ καὶ δικάζῃ μετ᾽ ἐμοῦ;
- 4 -

1 καὶ εἶπεν ὁ προφήτης κύριε οὐ μὴ παύσομαι τοῦ
  δικάζεσθαί σε.
2 καὶ εἶπεν ὁ θεὸς ἐξαρίθμησαι τὰ ἄνθη τῆς γῆς
3 εἰ ταῦτα δυνήσει ἐξαριθμῆσαι δύνασαι καὶ μετ' ἐμοῦ
  δικάζεσθαι.
4 καὶ εἶπεν ὁ προφήτης κύριε ἐγὼ οὐ δύναμαι ἐξαριθμῆσαι
  σάρκα ἀνθρωπίνην φορῶ ἀλλ' οὐδὲ παύσομαι δικαζόμενός
  σε.
5 θέλω δέσποτα ἰδεῖν καὶ τὰ κατώτερα μέρη τοῦ ταρτάρου.
6 καὶ εἶπεν ὁ θεὸς κάτελθε καὶ ἴδε.
7 καὶ ἔδωκέν μοι Μιχαὴλ καὶ Γαβριὴλ καὶ ἄλλους τριάκοντα
  τέσσαρας ἀγγέλους
8 καὶ κατέβην ὀγδοήκοντα καὶ πέντε βαθμοὺς καὶ κατήγαγόν
  με κάτω βαθμοὺς πεντακοσίους
9 καὶ ἴδον πύρινον θρόνον καὶ ἐπ' αὐτὸν καθεζόμενον
  γέροντα καὶ ἀνίλεως αὐτοῦ ἡ κρίσις.
10 καὶ εἶπον πρὸς τοὺς ἀγγέλους τίς ἐστιν οὗτος καὶ τί τὸ
   ἀμάρτημα αὐτοῦ;
11 καὶ εἶπόν μοι οὗτος ὁ Ἡρῴδης ἐστὶν ὁ πρὸς καιρὸν
   γενόμενος βασιλεὺς καὶ ἀπὸ διετοῦς καὶ κατώτερον
   ἐκέλευσεν ἀνελεῖν τὰ βρέφη.
12 καὶ εἶπον ἐγὼ οὐαὶ τὴν ψυχὴν αὐτοῦ.
13 καὶ πάλιν κατήγαγόν με βαθμοὺς τριάκοντα καὶ ἴδον ἐκεῖ
   βράσματα πυρὸς καὶ ἐν αὐτοῖς πλῆθος ἁμαρτωλῶν
14 καὶ τὴν φωνὴν αὐτῶν ἤκουον τὰς δὲ μορφὰς οὐκ ἔβλεπον.
15 καὶ κατήγαγόν με κατώτερον βαθμοὺς πολλοὺς οὓς οὐκ
   ἠδυνήθην μετρῆσαι.
16 καὶ ἴδον ἐκεῖ ἀνθρώπους γεραιοὺς καὶ στρόφιγγες
   πυρώμενοι εἰς τὰ ὦτα αὐτῶν στρεφόμενοι.
17 καὶ εἶπον τίνες οὗτοι καὶ τί τὸ ἀμάρτημα αὐτῶν;
18 καὶ εἶπόν μοι οὗτοί εἰσιν οἱ παρακροαταί.
19 καὶ κατήγαγόν με πάλιν ἄλλους πεντακοσίους βαθμοὺς
20 καὶ ἴδον ἐκεῖ τὸν σκώληκα τὸν ἀκοίμητον καὶ πῦρ
   κατακαῖον τοὺς ἁμαρτωλούς.
21 καὶ κατήγαγόν με εἰς τὸ ἔδαφος τῆς ἀπωλείας καὶ ἴδον
   ἐκεῖ τὸ δωδεκάπληγον τῆς ἀβύσσου.
22 καὶ ἀπήγαγόν με ἐπὶ τὴν μεσημβρίαν καὶ ἴδον ἐκεῖ
   ἄνθρωπον κρεμάμενον ἐκ τῶν βλεφάρων καὶ οἱ ἄγγελοι
   ἐμάστιζον αὐτόν.
23 καὶ ἐπηρώτησα τίς ἐστιν οὗτος καὶ τί τὸ ἁμάρτημα αὐτου;
24 καὶ εἶπέν μοι Μιχαὴλ ὁ ἀρχιστράτηγος οὗτος μητροκοίτης
   ἐστὶν μικρὸν θέλημα πράξας ἐκελεύθη οὗτος κρεμασθῆναι.
25 καὶ ἀπήγαγόν με ἐπὶ βορρᾶν καὶ ἴδον ἐκεῖ ἄνθρωπον
   σιδηροῖς μοχλοῖς κατεχόμενον.
26 καὶ ἐπηρώτησα τίς ἐστιν οὗτος; καὶ εἶπέν μοι
27 οὗτός ἐστιν ὁ λέγων ἐγώ εἰμι ὁ υἱὸς τοῦ θεοῦ καὶ τοὺς
   λίθους ἄρτους ποιήσας καὶ τὸ ὕδωρ οἶνον.
28 καὶ εἶπεν ὁ προφήτης κύριε γνῶρισόν μοι ποῖον σχῆμά
   ἐστιν κἀγὼ παραγγέλλω τὸ γένος τῶν ἀνθρώπων ἵνα μὴ
   πιστεύσωσιν αὐτῷ.
29 καὶ εἶπέν μοι τὸ εἶδος τοῦ προσώπου αὐτοῦ ὡσεὶ ἀγροῦ ὁ
   ὀφθαλμὸς αὐτοῦ ὁ δεξιὸς ὡς ἀστὴρ τῷ πρωὶ ἀνατέλλων καὶ
   ὁ ἕτερος ἀσάλευτος
30 τὸ στόμα αὐτοῦ πῆχυς μία οἱ ὀδόντες αὐτοῦ σπιθαμιαῖοι
31 οἱ δάκτυλοι αὐτοῦ ὡς δρέπανα τὸ ἴχνος τῶν ποδῶν αὐτοῦ
   σπιθαμῶν δύο καὶ εἰς τὸ μέτωπον αὐτοῦ γραφὴ
   ἀντίχριστος.
32 ἕως τοῦ οὐρανοῦ ὑψώθη ἕως τοῦ ᾅδου καταβήσει.
33 ποτὲ μὲν γενήσεται παιδίον ποτὲ δὲ γέρων.
34 καὶ εἶπεν ὁ προφήτης κύριε καὶ πῶς σὺ ἀφεὶς καὶ
   πλανᾶται τὸ γένος τῶν ἀνθρώπων;
35 καὶ εἶπεν ὁ θεὸς ἄκουσον προφῆτά μου καὶ παιδίον
   γίνεται καὶ γέρων καὶ μηδεὶς αὐτῷ πιστεύει ὅτι ἔστιν ὁ
   υἱός μου ὁ ἀγαπητός.
36 καὶ μετὰ ταῦτα σαλπίσει σάλπιγξ καὶ τὰ μνημεῖα
   ἀνοιχθήσονται καὶ οἱ νεκροὶ ἀναστήσονται ἄφθαρτοι.
37 τότε ὁ ἀντικείμενος ἀκούσας τῆς φοβερᾶς ἀπειλῆς
   κρυβήσεται εἰς τὸ σκότος τὸ ἐξώτερον.
38 τότε ὁ οὐρανὸς καὶ ἡ γῆ καὶ ἡ θάλασσα ἀπολοῦνται.
39 τότε τὸν οὐρανὸν καύσω πήχας ὀγδοήκοντα καὶ τὴν γῆν
   πήχας ὀκτακοσίας.
40 καὶ εἶπεν ὁ προφήτης καὶ ὁ οὐρανός τί ἥμαρτεν;
41 καὶ εἶπεν ὁ θεὸς ἐπειδή--- ἐστίν τὸ κακόν.
42 καὶ εἶπεν ὁ προφήτης κύριε καὶ ἡ γῆ τί ἥμαρτεν;
43 καὶ εἶπεν ὁ θεὸς ἐπειδὴ ἀκούσας μου ὁ ἀντικείμενος τῆς
   φοβερᾶς ἀπειλῆς κρυβήσεται καὶ διὰ τοῦτο χωνεύσω τὴν
   γῆν καὶ σὺν αὐτῇ τὸν ἀντάρτην τοῦ γένους τῶν ἀνθρώπων.
- 5 -
1 καὶ εἶπεν ὁ προφήτης ἐλέησον δέσποτα τὸ γένος τῶν
  Χριστιανῶν.
2 καὶ ἴδον γυναῖκα κρεμαμένην καὶ τέσσαρα θηρία θηλάζοντα
  τοὺς μαστοὺς αὐτῆς.
3 καὶ εἶπόν μοι οἱ ἄγγελοι αὕτη τὸ γάλα ἐφθόνησεν τοῦ
  δοῦναι ἀλλὰ καὶ τὰ νήπια ἐν τοῖς ποταμοῖς ἔρριψεν.
4 καὶ ἴδον σκότος δεινὸν καὶ νύκταν οὐκ ἔχουσαν ἄστρα
  οὐδὲ σελήνην
5 οὐδὲ ἔστιν ἐκεῖ νέος ἢ παλαιὸς οὐδὲ ἀδελφὸς μετὰ
  ἀδελφοῦ οὐ μήτηρ μετὰ τέκνου οὐ γυνὴ μετὰ ἀνδρός.
6 καὶ ἔκλαυσα καὶ εἶπον ὦ δέσποτα κύριε ἐλέησον τοὺς
  ἁμαρτωλούς.
7 καὶ ἐν τῷ λέγειν μου ταῦτα ἦλθεν νεφέλη καὶ ἥρπασέν με
  καὶ ἀπήνεγκέν με πάλιν εἰς τοὺς οὐρανούς.
8 καὶ ἴδον ἐκεῖ πολλὰς κρίσεις καὶ ἔκλαυσα πικρῶς καὶ
  εἶπον
9 καλὸν τοῦ μὴ ἐξελθεῖν τὸν ἄνθρωπον ἐκ κοιλίας μητρὸς
  αὐτοῦ.
10 οἱ δὲ ὄντες ἐν τῇ κολάσει ἔκραξαν λέγοντες ἀφ' οὗ ἦλθες
   ὧδε ἅγιε τοῦ θεοῦ εὕραμεν ὀλίγην ἄνεσιν.
11 καὶ εἶπεν ὁ προφήτης μακάριοι οἱ κλαίοντες τὰς ἑαυτῶν
   ἁμαρτίας.
12 καὶ εἶπεν ὁ θεὸς ἄκουσον Ἐσδρὰμ ἀγαπητὲ ὥσπερ γεωργὸς
   καταβάλλει τὸν σπόρον τοῦ σίτου τῇ γῇ οὕτως καὶ ὁ

ἄνθρωπος καταβάλλει τὸ σπέρμα αὐτοῦ ἐν τῇ χώρᾳ τῆς
γυναικός.
13 τὸ πρῶτον μὲν σύνολόν ἐστιν τὸ δεύτερον μὲν ὀγκοῦται τὸ
   τρίτον μὲν τριχοῦται τὸ τέταρτον μὲν ὀνυχοῦται τὸ
   πέμπτον μὲν ἀπογαλακτοῦται καὶ τὸ ἕκτον μὲν ἕτοιμον
   γίνεται καὶ λαμβάνει τὴν ψυχὴν τὸ ἕβδομον
   παρασκευάζεται τὸ ἔννατον μὲν ἀνοίγεται τὰ κλεῖθρα τοῦ
   πυλῶνος τῆς γυναικὸς καὶ γεννᾶται ὑγιὴς εἰς τὴν γῆν.
14 καὶ εἶπεν ὁ προφήτης κύριε εἰ καλὸν τοῦ μὴ γεννηθῆναι
   τὸν ἄνθρωπον
15 οὐαὶ τὸ ⟨γένος τὸ⟩ ἀνθρώπινον τότε ὅταν εἰς κρίσιν
   ἔλθῃς.
16 καὶ εἶπον πρὸς τὸν δεσπότην κύριε τί ἔπλασας τὸν
   ἄνθρωπον καὶ εἰς κρίσιν παρέδωκας;
17 καὶ εἶπεν ὁ θεὸς ὑψηλῷ τῷ κηρύγματι οὐ μὴ ἐλεήσω τοὺς
   παρερχομένους τὴν διαθήκην μου.
18 καὶ εἶπεν ὁ προφήτης κύριε ποῦ ἐστιν ἡ ἀγαθότης σου;
19 καὶ εἶπεν ὁ θεὸς ἐγὼ πάντα κατεσκεύασα διὰ τὸν ἄνθρωπον
   καὶ ὁ ἄνθρωπος τὰς ἐντολάς μου οὐ φυλάττει.
20 καὶ εἶπεν ὁ προφήτης κύριε ἀποκάλυψόν μοι τὰς κρίσεις
   καὶ τὸν παράδεισον.
21 καὶ ἀπήγαγέν με οἱ ἄγγελοι κατὰ ἀνατολὰς καὶ ἴδον τὸ
   φυτὸν τῆς ζωῆς.
22 καὶ ἴδον ἐκεῖ τὸν Ἐνὼχ καὶ Ἠλίαν καὶ Μωυσῆ καὶ Πέτρον
   καὶ Παῦλον καὶ Λουκᾶν καὶ Ματθεῖαν καὶ ὅλους τοὺς
   δικαίους καὶ τοὺς πατριάρχας.
23 καὶ ἴδον ἐκεῖ τοῦ ἀέρος τὴν κόλασιν καὶ τὴν πνοὴν τῶν
   ἀνέμων καὶ τὰς ἀποθήκας τῶν κρυστάλλων καὶ τὰς αἰωνίους
   κρίσεις.
24 καὶ εἶδον ἐκεῖ ἄνθρωπον κρεμάμενον ἐκ τοῦ κρανίου καὶ
   εἶπον τίς ἐστιν οὗτος;
25 καὶ εἶπόν μοι οὗτος ὅρους μετέθηκεν.
26 καὶ εἶδον ἐκεῖ μεγάλα κριτήρια καὶ εἶπον πρὸς τὸν
   δεσπότην ὦ δέσποτα κύριε καὶ τίς ἄρα ἄνθρωπος γεννηθεὶς
   οὐχ ἥμαρτε.
27 καὶ κατήγαγόν με κατώτερον ἐν ταρτάροις καὶ ἴδον πάντας
   θρηνοῦντας καὶ κλαίοντας καὶ κακὸν πένθος τοὺς
   ἁμαρτωλούς
28 ἔκλαυσα κἀγὼ ὁρῶν τὸ γένος τῶν ἀνθρώπων οὕτως
   κολαζομένους.
- 6 -
1 τότε λέγει μοι ὁ θεὸς γινώσκεις Ἐσδρὰμ τὰ ὀνόματα τῶν
  ἀγγέλων τῶν ἐπὶ τῆς συντελείας;
2 Μιχαὴλ Γαβριὴλ Οὐριὴλ Ῥαφαὴλ Γαβουθελὼν Ἀκὴρ
  Ἀρφουγιτόνος Βεβουρὸς Ζεβουλεῶν.
3 τότε ἦλθεν φωνὴ πρός με δεῦρο τελεύτα Ἐσδρὰμ ἀγαπητέ
  μου δοὺς τὴν παρακαταθήκην.
4 καὶ εἶπεν ὁ προφήτης καὶ πόθεν τὴν ψυχήν μου ἔχετε
  ἐξενεγκεῖν;
5 καὶ εἶπον οἱ ἄγγελοι διὰ τοῦ στόματος ἔχομεν ἐκβαλεῖν
  αὐτήν.
6 καὶ εἶπεν ὁ προφήτης στόμα πρὸς στόμα ἐλάλουν τοῦ θεοῦ
  καὶ οὐκ ἐξέρχεται ἔνθεν.
7 καὶ εἶπον οἱ ἄγγελοι διὰ τῶν ῥινῶν σου ἐξενέγκωμεν
  αὐτήν.
8 καὶ εἶπεν ὁ προφήτης αἱ ῥῖνές μου ὠσφράνθησαν τὴν δόξαν
  τοῦ θεοῦ.
9 καὶ εἶπον οἱ ἄγγελοι διὰ τῶν ὀφθαλμῶν σου ἔχομεν αὐτὴν
  ἐξενέγκαι.
10 καὶ εἶπεν ὁ προφήτης οἱ ὀφθαλμοί μου ἴδον τὰ ὀπίσθια
   τοῦ θεοῦ.
11 καὶ εἶπον οἱ ἄγγελοι διὰ τὴν κορυφήν σου ἔχομεν αὐτὴν
   ἐξενέγκαι.
12 καὶ εἶπεν ὁ προφήτης μετὰ Μωσῆ καὶ ἐν τῷ ὄρει
   ἐπεριπάτησα καὶ οὐκ ἐξέρχεται ἔνθεν.
13 καὶ εἶπον οἱ ἄγγελοι διὰ τῶν ἀκρονύχων σου ἔχομεν αὐτὴν
   ἐκβαλεῖν.
14 καὶ εἶπεν ὁ προφήτης καὶ οἱ πόδες μου ἐν τῷ θυσιαστηρίῳ
   περιεπάτησαν.
15 καὶ ἀπῆλθον οἱ ἄγγελοι ἄπρακτοι λέγοντες κύριε οὐ
   δυνάμεθα παραλαβεῖν τὴν ψυχὴν αὐτοῦ.
16 τότε λέγει πρὸς τὸν μονογενῆ αὐτοῦ υἱὸν κάτελθε υἱὲ
   μου ἀγαπητὲ μετὰ στρατιῶν ἀγγέλων πολλὴν λαβὼν τὴν
   ψυχὴν τοῦ ἀγαπητοῦ μου Ἐσδράμ.
17 λαβὼν γὰρ ὁ κύριος στρατιῶν ἀγγέλων πολλὴν λέγει τῷ
   προφήτῃ δός μοι τὴν παρακαταθήκην ἣν παρεθέμην σοι ὁ
   στέφανός σοι ἡτοίμασται.
18 καὶ εἶπεν ὁ προφήτης κύριε ἐὰν ἄρῃς τὴν ψυχήν μου ἀπ'
   ἐμοῦ τίς σοι λείψει δικάζεσθαι ὑπὲρ τοῦ γένους τῶν
   ἀνθρώπων.
19 καὶ εἶπεν ὁ θεὸς θνητὸς ὢν καὶ ἐκ γῆς μὴ δικάζου μοι.
20 καὶ εἶπεν ὁ προφήτης οὐ μὴ παύσμαι δικαζόμενός σε.
21 καὶ εἶπεν ὁ θεὸς δὸς τέως τὴν παρακαταθήκην ὁ στέφανός
   σοι ἡτοίμασται
22 δεῦρο τελεύτα ἵνα ἐπιτύχῃς αὐτοῦ.
23 τότε ἤρξατο λέγειν ὁ προφήτης μετὰ δακρύων ὦ δέσποτα τί
   ὠφέλησα δικαζόμενός σε καὶ μέλλω εἰς γῆν καταπίπτειν;
24 οἴμμοι οἴμμοι ὅτι ὑπὸ σκωλήκων μέλλω ἀναλίσκεσθαι.
25 κλαύσατέ με πάντες οἱ ἅγιοι καὶ δίκαιοι τὸν πολλὰ
   δικασάμενον
26 κλαύσατέ με πάντες οἱ ἅγιοι καὶ δίκαιοι ὅτι εἰς τὸ
   τρυβλίον τοῦ ᾅδου εἰσῆλθον.
- 7 -
1 καὶ εἶπεν αὐτῷ ὁ θεὸς ἄκουσον Ἐσδρὰμ ἀγαπητέ μου ἐγὼ
  ἀθάνατος ὢν σταυρὸν κατεδεξάμην ὄξος καὶ χολὴν
  ἐγευσάμην ἐν τάφῳ κατετέθην
2 καὶ τοὺς ἐκλεκτούς μου ἀνέστησα τὸν Ἀδὰμ ἐκ τοῦ ᾅδου
  ἀνεκαλεσάμην ἵνα τὸ τῶν ἀνθρώπων γένος μὴ οὖν φοβηθῇ
  τὸν θάνατον.
3 τὸ γὰρ ἐξ ἐμοῦ ἤγουν ἡ ψυχὴ ἀπέρχεται εἰς τὸν οὐρανὸν
  τὸ δὲ ἐκ τῆς γῆς ἤγουν τὸ σῶμα ἀπέρχεται εἰς τὴν γῆν ἐξ
  ἧς ἐλήφθη.

4 καὶ εἶπεν ὁ προφήτης οἴμμοι οἴμμοι τί ποιήσω; τί πράξω;
   οὐκ οἶδα.
5 καὶ τότε ἤρξατο λέγειν ὁ μακάριος Ἐσδρὰμ ὁ θεὸς ὁ
   αἰώνιος ὁ πάσης τῆς κτίσεως δημιουργὸς ὁ τὸν οὐρανὸν
   μετρήσας σπιθαμὴν καὶ τὴν γῆν κατέχων δρακὶ
6 ὁ· ἡνιοχῶν τὰ Χερουβὶμ ὁ· ἅρματι πυρίνῳ εἰς τοὺς οὐρανοὺς
   ἄρας τὸν προφήτην Ἠλίαν
7 ὁ διδοὺς τροφὴν πάσῃ σαρκὶ ὃν πάντα φρίσσει καὶ τρέμει
   ἀπὸ προσώπου δυνάμεώς σου
8 ἐπάκουσόν μου τὸν πολλά σοι δικασάμενον
9 καὶ δὸς πᾶσι τοῖς μεταγράφουσιν τὸ βιβλίον τοῦτο καὶ
   ἔχουσιν αὐτὸ καὶ μνημονεύουσιν τοῦ ὀνόματός μου καὶ
   ἐπιτελοῦσιν τὴν μνήμην μου δὸς αὐτοῖς εὐλογίαν
   οὐρανόθεν
10 καὶ εὐλόγησον αὐτοῦ πάντα ὥσπερ καὶ τὰ ἔσχατα τοῦ
   Ἰωσήφ
11 καὶ μὴ μνησθῇς ἀνομιῶν ἀρχαίων αὐτοῦ ἐν ἡμέρᾳ κρίσεως
   αὐτοῦ.
12 ὅσοι δὲ μὴ πιστεύσαντες τὸ βιβλίον τοῦτο
   κατακαυθήσονται ὡς τὰ Σόδομα καὶ Γόμορρα.
13 καὶ ἦλθεν αὐτῷ φωνὴ λέγουσα Ἐσδρὰμ ἀγαπητέ μου πάντα
   ὅσα ᾔτησω ἀποδώσω ἐνὶ ἑκάστῳ.
14 καὶ εὐθέως παρέδωκεν τὴν τιμίαν αὐτοῦ ψυχὴν μετὰ
   μεγάλης τιμῆς μηνὶ ὀκτωβρίῳ εἰς τὰς ιη΄.
15 καὶ κηδεύσαντες αὐτὸν μετὰ θυμιαμάτων καὶ ψαλμῶν τὸ
   τίμιον καὶ ἅγιον αὐτοῦ σῶμα νέμει ῥῶσιν ψυχῶν καὶ
   σωμάτων ἀεννάως τοῖς προστρέχουσιν αὐτῷ ἐκ πόθου.
16 ᾧ πρέπει δόξα κράτος τιμὴ καὶ προσκύνησις τῷ πατρὶ καὶ
   τῷ υἱῷ καὶ τῷ ἁγίῳ πνεύματι νῦν καὶ ἀεὶ καὶ εἰς τοὺς
   αἰῶνας τῶν αἰώνων. ἀμήν.


## Apocalypsis Sedrach
--------------------

ἀποκάλυψις Σεδράχ.

1 τοῦ ἁγίου καὶ μακαρίου Σεδρὰχ λόγος περὶ ἀγάπης καὶ
  περὶ μετανοίας καὶ ὀρθοδόξων Χριστιανῶν καὶ περὶ
  δευτέρας παρουσίας τοῦ κυρίου ἡμῶν Ἰησοῦ Χριστοῦ.
  δέσποτα εὐλόγησον.

- 2 -

1 καὶ φωνὴν ἀοράτως ἐδέξατο ἐν ταῖς ἀκοαῖς αὐτοῦ ὧδε
  Σεδρὰχ ὅτι βούλῃ καὶ ἐπιθυμεῖς ὁμιλῆσαι σὺν θεῷ καὶ
  αἰτῆσαι παρ' αὐτοῦ ἵνα ἀποκαλύψῃ αὐτῷ ἅπερ βούλῃ
  ἐρωτᾶν.
2 καὶ εἶπεν Σεδρὰχ τί κύριέ μου; καὶ εἶπεν αὐτῷ ἡ φωνή
  ἐγὼ ἀπεστάλην πρός σε ἵνα ἀναβάσω σε ὧδε εἰς τὸν
  οὐρανόν.
3 ὁ δὲ εἶπεν ἤθελον λαλῆσαι στόμα ὑπὸ στόματος θεοῦ οὐκ
  εἰμὶ ἱκανὸς κύριε τοῦ ἀνελθεῖν εἰς τοὺς οὐρανούς.
4 καὶ ἐκτείνας ταῖς πτέρυξιν αὐτοῦ ὁ ἄγγελος ἔλαβεν αὐτὸν
  καὶ ἀνῆλθεν εἰς τοὺς οὐρανοὺς καὶ ἔστησεν αὐτὸν ἕως
  τρίτου οὐρανοῦ καὶ ἔστη ἐν αὐτῷ ἡ φλὸξ τῆς θεότητος.

- 3 -

1 καὶ λέγει αὐτὸν ὁ κύριος καλῶς ἦλθες ἀγαπητέ μου Σεδρὰχ
  τί δίκην ἔχεις πρὸς τὸν θεὸν τὸν πλάσαντά σε ὅτι εἶπας
  ἤθελον λαλῆσαι στόμα πρὸ στόματος θεοῦ;
2 λέγει αὐτῷ Σεδρὰχ ναὶ ἔχει ὁ υἱὸς δίκην μὲ τὸν πατέρα
  κύριέ μου διὰ τί ἐποίησας τὴν γῆν;
3 λέγει αὐτῷ ὁ κύριος διὰ τὸν ἄνθρωπον.
4 λέγει Σεδρὰχ καὶ διὰ τί ἐποίησας τὴν θάλασσαν; διὰ τί
  ἔσπειρας πᾶν ἀγαθὸν ἐπὶ τῆς γῆς;
5 λέγει ὁ κύριος διὰ τὸν ἄνθρωπον.
6 λέγει αὐτῷ Σεδρὰχ εἰ ταῦτα ἐποίησας διὰ τί ἀπώλεσας
  αὐτόν;
7 εἶπεν δὲ ὁ κύριος ὁ ἄνθρωπος ἔργον μου ἐστὶν καὶ πλάσμα
  τῶν χειρῶν μου καὶ παιδεύω αὐτὸν καθὼς εὑρίσκω.

- 4 -

1 λέγει αὐτῷ Σεδρὰχ κόλασις καὶ πῦρ ἐστιν ἡ παιδευσίς σου
  πικροὶ εἰσιν κύριέ μου
2 καλὸν ἦν τοῦ ἀνθρώπου εἰ οὐκ ἐγεννήθη τί τάχα ἐποίησας
  κύριέ μου;
3 διὰ τί ἐκοπίασας τὰς ἀχράντους σοῦ χεῖρας καὶ ἔπλασας
  τὸν ἄνθρωπον ἐπεὶ οὐκ ἤθελες ἐλεῆσαι αὐτόν;
4 λέγει αὐτὸν ὁ θεὸς ἐγὼ ἐποίησα τὸν πρωτόπλαστον Ἀδὰμ
  καὶ ἔθηκα αὐτὸν ἐν τῷ παραδείσῳ ἐν μέσῳ τοῦ φυτοῦ τῆς
  ζωῆς καὶ εἶπα αὐτῷ
5 ἀπὸ πάντων τῶν καρπῶν φάγε μόνον τὸ ξύλον τῆς ζωῆς
  φύλαξον ἐὰν γὰρ φάγῃς ἀπ' αὐτοῦ θανάτῳ ἀποθανεῖ.
6 αὐτὸς δὲ παρήκουσέ μου τὴν ἐντολὴν καὶ ὑπὸ τοῦ διαβόλου
  ἀπατηθεὶς ἔφαγεν ἀπὸ τοῦ ξύλου.

- 5 -

1 λέγει αὐτῷ Σεδρὰχ σοῦ θελήματος ἠπατήθη δέσποτά μου ὁ
  Ἀδάμ.
2 σὺ ἐκέλευσας τοὺς ἀγγέλους σου τὸν Ἀδὰμ προσκυνεῖν
  αὐτὸς δὲ ὁ πρῶτος τῶν ἀγγέλων παρήκουσέν σου τὸ
  πρόσταγμα καὶ οὐ προσεκύνησεν αὐτὸν
3 καὶ σὺ ἐξώρισας αὐτὸν διὰ τί παρέβη τὸ πρόσταγμά σου
  καὶ οὐ προσῆλθεν τῶν χειρῶν σου τὸ πλαστούργημα;
4 ἐὰν τὸν ἄνθρωπον ἠγάπησας τὸν διάβολον διὰ τί οὐκ
  ἐφόνευσας τὸν τεχνίτην τῆς ἀδικίας;
5 τίς δύναται πολεμεῖν ἀθεώρητον πνεῦμα; αὐτὸς δὲ ὡς
  καπνὸς εἰσέρχεται εἰς τὰς καρδίας τῶν ἀνθρώπων ⟨καὶ⟩
  διδάσκει αὐτοὺς πᾶσαν ἁμαρτίαν
6 λέγει σε τὸν ἀθάνατον θεὸν πολεμεῖ ὁ δὲ ἐλεεινὸς
  ἄνθρωπος τί ἄρα ἔχει ποιῆσαι αὐτῷ;
7 ἀλλὰ ἐλέησον δέσποτα καὶ κατάλυσον τὰς κολάσεις εἰ δὲ
  μὴ δέξαι καὶ ἐμὲ μὲ τοὺς ἁμαρτωλοὺς
8 ἐὰν τοὺς ἁμαρτωλοὺς οὐκ ἐλεήσῃς ποῦ εἰσιν τὰ ἐλέη σου;

ποῦ ἡ εὐσπλαγχνία σου κύριε;

- 6 -

1 λέγει αὐτὸν ὁ θεὸς γνωστὸν ἔστω σοι ὅτι πάντα
  εὐδιάλλακτα ἐπέταξα αὐτὸν
2 ἐποίησα αὐτὸν φρόνιμον καὶ κληρονόμον οὐρανοῦ καὶ γῆς
  καὶ πάντα αὐτῷ ὑπέταξα
3 καὶ πᾶν ζῷον φεύγει ἀπ' αὐτοῦ καὶ ἀπὸ προσώπου αὐτοῦ
4 ἀλλ' αὐτὸς τὰ ἐμὰ λαβὼν ἀλλότριος ἐγένετο μοιχαλὶς καὶ
  ἁμαρτωλός.
5 ὁ πατὴρ προικίσας εἶπέ μοι τῷ υἱῷ αὐτοῦ καὶ λαβὼν
  τὴν οὐσίαν καταλιπὼν τὸν πατέρα ἀπῆλθεν καὶ ἐγένετο
  ἀλλότριος καὶ δουλεύει ἀλλοτρίῳ;
6 καὶ ἰδὼν ὁ πατὴρ ὅτι ἐγκατέλιπεν αὐτὸν ὁ υἱὸς
  καπνίζεται ἡ καρδία αὐτοῦ.
7 καὶ ἀπελθὼν ὁ πατὴρ λαμβάνει τὴν οὐσίαν αὐτοῦ καὶ
  ἐξορίζει αὐτὸν ἐκ τῆς δόξης αὐτοῦ διότι ἐγκατέλιπεν τὸν
  πατέρα αὐτοῦ
8 πῶς δὲ ἐγὼ ὁ θαυμαστὸς καὶ ζηλωτὴς θεὸς τὰ πάντα δέδωκα
  αὐτῷ καὶ αὐτὸς λαβὼν ταῦτα ἐγένετο μοιχαλὶς καὶ
  ἁμαρτωλός.

- 7 -

1 λέγει αὐτῷ Σεδρὰχ σὺ δέσποτα ἔπλασας τὸν ἄνθρωπον οἶδας
  ποταπῆς βουλῆς ἦν καὶ ποταπῆς γνώσεώς ἐσμεν καὶ
  προφασίζεις τὸν ἄνθρωπον εἰς τὴν κόλασιν
2 ἀλλ' ἔκβαλον αὐτὸν μὴ γὰρ ἐγὼ μόνος γεμίσω τὰ
  ἐπουράνια;
3 εἰ ⟨δὲ μὴ⟩ καὶ τὸν ἄνθρωπον σῶσον κύριε σοῦ θελήματος
  ἥμαρτεν κύριε ἐλεεινὸς ἄνθρωπος.
4 ⟨λέγει αὐτῷ ὁ θεός⟩ τί ἀπέβαλες λόγους πρός με Σεδράχ;
  ἐγὼ ἔπλασα τὸν Ἀδὰμ καὶ τὴν γυναῖκα αὐτοῦ καὶ τὸν
  ἥλιον καὶ εἶπα ἴδετε ἀλλήλους ποῖός ἐστιν φωτοειδὴς ὁ
  δὲ ἥλιος καὶ Ἀδὰμ μίαν χαρακτῆρα ἦσαν
5 ἡ δὲ γυνὴ τοῦ Ἀδὰμ φωτεινοτέρα ἐστὶν ἐν τῷ κάλλει τῆς
  σελήνης καὶ τὴν ζωὴν ἐχαρίσατο αὐτῆς.
6 λέγει Σεδρὰχ καὶ τί ὠφελοῦν τὰ κάλλη ἐὰν εἰς γῆν
  μαραίνωνται;
7 πῶς εἶπας κύριε κακὸν ἀντὶ κακοῦ μὴ ἀποδώσῃς;
8 πῶς ἐστιν δέσποτα; τῆς θεότητός σου ὁ λόγος οὐδέποτε
  ψεύδεται καὶ διὰ τί ἀποδίδως τὸν ἄνθρωπον; ἢ οὐ θέλεις
  κακὸν ἀντὶ κακοῦ;
9 ἐγὼ οἶδα ὅτι ἄλογόν ἐστιν κακότεχνον ἡμίονος εἰς τὰ
  τετράποδα ἄλλον οὐκ ἔστιν
10 ἀλλὰ τῆς μετὰ χαλιναρίου κόπτομεν αὐτὸ ὅπου ἡμεῖς
  θέλομεν
11 σὺ δὲ ἔχεις ἀγγέλους ἀπόστειλον τοῦ φυλάξαι αὐτοὺς καὶ
  ὅταν κινήσῃ ὁ ἄνθρωπος πρὸς τὴν ἁμαρτίαν τὸν πόδα αὐτοῦ
  τὸν ἕνα κρατῆσαι καὶ οὐ μὴ πορεύεται ὅπου δὲ θέλει.

- 8 -

1 λέγει αὐτῷ ὁ θεὸς ἐὰν κρατήσω αὐτοῦ τὸν πόδα λέγει ὅτι
  οὐκ ἐποίησάς μοι χάριν εἰς τὸν κόσμον ἀλλὰ ἀφῆκα αὐτὸν
  εἰς τὸ θέλημα αὐτοῦ ὅτι ἠγάπησα αὐτὸν
2 διότι τοὺς δικαίους μου ἀγγέλους ἀπέστειλα τοῦ
  φυλάσσειν αὐτὸν ἐν νυκτὶ καὶ ἡμέρᾳ.
3 λέγει Σεδρὰχ οἶδα δέσποτα ὅτι εἰς τὰ κτήματά σου πρῶτον
  ἠγάπησας τὸν ἄνθρωπον εἰς τὰ τετράποδα τὸ πρόβατον εἰς
  τὰ ξύλα τὴν ἐλαίαν εἰς τοὺς καρποὺς τὸ κλῆμα εἰς τὰ
  πετόμενα τὸ μελίσσιον εἰς τοὺς ποταμοὺς τὸν Ἰορδάνην
  εἰς τὰς πόλεις τὴν Ἰερουσαλὴμ
4 καὶ ταῦτα πάντα ἀγαπᾷ καὶ ὁ ἄνθρωπος δέσποτά μου.
5 λέγει ὁ θεὸς τὸν Σεδρὰχ ἐρωτῶ σε ἕνα λόγον Σεδρὰχ ἐὰν
  μοι εἴπῃς καλῶς με συμαχᾶ σε εἰ καί τινος ἐπείραζες τὸν
  πλάσαντά σε.
6 λέγει Σεδρὰχ εἰπὲ κύριε ὁ θεός.
7 ⟨λέγει αὐτῷ κύριος ὁ θεός⟩ ἀφ' ἧς ἐποίησα τὰ πάντα

πόσοι ἄνθρωποι ἐγεννήθησαν καὶ   πόσοι ἀπέθανον καὶ πόσοι
θέλουν ἀποθανεῖν καὶ πόσας τρίχας ἔχουσιν;

8 εἰπέ μοι Σεδρὰχ ἀφ'  οὗ ἐκτίσθη ὁ οὐρανὸς  καὶ ἡ γῆ πόσα
δένδρα ἐγένοντο εἰς τὸν κόσμον  καὶ πόσα ἔπεσον καὶ πόσα
θέλουν πεσεῖν καὶ  πόσα θέλουν γενηθῆναι  καὶ πόσα φύλλα
ἔχουσιν;

9 εἰπέ μοι Σεδρὰχ ἀφ' οὗ  ἐποίησα τὴν θάλασσαν πόσα κύματα
ἤγειραν καὶ  πόσα ὑποδιέβησαν  καὶ πόσα  μέλλουν ἐγεῖραι
καὶ πόσοι ἄνεμοι  πνέουσιν παρὰ τὸ  χεῖλος τῆς θαλάσσης;

10 εἰπέ μοι Σεδρὰχ ἀπὸ  κτίσεως κόσμου τῶν αἰώνων βρέχοντος
τοῦ ἀέρος πόσα σταλάγματα ἔπεσον εἰς τὸν κόσμον καὶ
πόσα μέλλουν πεσεῖν;

11 καὶ εἶπεν  Σεδρὰχ μόνος  σὺ γινώσκεις  ταῦτα πάντα κύριε
μόνος σὺ ἐπίστασαι ταῦτα πάντα

12 μόνον δέομαί σου ἐλευθέρωσον τὸν ἄνθρωπον ἐκ τὴν
κόλασιν εἰ  δὲ μήγε ἀπέρχομαι καὶ  ἐγὼ εἰς  τὴν κόλασιν
καὶ οὐ χωρίζομαι ἀπὸ τὸ γένος ἡμῶν.

        - 9 -

1 καὶ εἶπεν ὁ θεὸς τὸν  υἱὸν αὐτοῦ τὸν μονογενῆ ὕπαγε λαβὲ
τὴν ψυχὴν τοῦ ἠγαπημένου μου  Σεδρὰχ καὶ ἀπόθου αὐτὴν ἐν
τῷ παραδείσῳ.

2 λέγει ὁ μονογενὴς υἱὸς τὸν Σεδρὰχ ⟨δός μοι τὴν
παρακαταθήκην⟩ ἣν παρέθετο ὁ πατὴρ ἡμῶν ἐν  τῇ κοιλίᾳ
τῆς μητρός σου ἐν τῷ ἁγίῳ σου σκηνώματι ἐκ βρέφους.

3 λέγει Σεδρὰχ οὐ δίδωμί σοι τὴν ψυχήν μου.

4 λέγει αὐτὸν ὁ υἱὸς  καὶ διὰ τί ἀπεστάλην  ἐγὼ καὶ  ἦλθα
ὧδε σὺ δέ μοι προφασίζεις;

5 ἐγὼ παρηγγέλθην παρὰ τοῦ  πατρός μου μὴ ἀναισχύντως λάβω
τὴν ψυχήν σου εἰ ⟨δὲ⟩  μὴ δός μοι τὴν ποθεινοτάτην ψυχήν
σου.

        - 10 -

1 καὶ εἶπεν Σεδρὰχ  τὸν θεὸν καὶ  πόθεν μέλλεις λαβεῖν τὴν
ψυχήν μου καὶ ἐκ ποίου μέλους;

2 καὶ λέγει αὐτὸν ὁ θεὸς ἡ ψυχή σου οὐκ οἶδας ὅτι
χορηγεῖται  ἐν μέσῳ τῶν πνευμόνων σου καὶ  τῆς καρδίας
σου ⟨καὶ⟩ ἔστι διεσπορισμένη εἰς πάντα τὰ μέλη σου;

3 ἀναφέρυσται διὰ φάρυγγος καὶ λάρυγγος  καὶ τοῦ στόματος
καὶ οἵαν ὥραν μέλλει ἐξέρχεσθαι ἀρχὴν σπάρναται καὶ
συνάζεται ἀπὸ τῶν ἀκρονύχων καὶ ἀπὸ πάντων μελῶν

4 καὶ ἔστι  μεγάλη ἀνάγκη  τοῦ χωρισθῆναι  ἀπὸ τοῦ σώματος
καὶ ἀποσπασθῆναι τῇ καρδίᾳ.

5 ταῦτα πάντα ἀκούσας ὁ  Σεδρὰχ καὶ ἐνθυμηθεὶς τοῦ θανάτου
τὴν μνήμην

6 ἐξέστη λίαν καὶ εἶπεν Σεδρὰχ τὸν θεὸν δός μοι κύριε
ἴασιν  ὀλίγην ἵνα  κλαύσω ὅτι  ἤκουσα πολλὰ  δύνανται τὰ
δάκρυα καὶ  ἵαμα πολὺ  γίνεται τοῦ ταπεινοῦ σώματος τοῦ
πλάσματός σου.

        - 11 -

1 καὶ ἤρξατο κλαίων καὶ ὀδυρόμενος λέγειν ὦ κεφαλὴ
παράδοξε  οὐρανοκόσμητε  ὦ ἡλιοφώτιστε  οὐρανοῦ καὶ γῆς

2 γνωσταί αἱ  τρίχες σου  ἀπὸ θαιμάν οἱ ὀφθαλμοί  σου ἀπὸ
Βοσὸρ αἱ ἀκοαί σου ἐκ  βροντῆς ἡ γλῶσσά σου ἐκ σάλπιγγος

3 καὶ ὁ ἐγκέφαλός σου ἐστιν  μικρὸν κτίσμα κεφαλὴ ὅλου τοῦ
σώματος κίνησις

4 καλόπιστε καὶ καλλίστατε ἀπὸ  πάντων φιλούμενον καὶ ἄρτι
πεσὼν εἰς τὴν γῆν ἄγνωστος γίνεται.

5 ὦ χεῖρες εὔκρατοι καλοδίδακτοι καματηροὶ δι' ἃς τὸ
σκεῦος τρέφεται

6 ὦ χεῖρες εὔστοχοι  ἀπὸ πάντων οἱ  σωρεύοντες τοὺς οἴκους
ἐστολίσατε.

7 ὦ δάκτυλοι καλλωπισμένοι καὶ  ὑπὸ τῶν χρυσῶν καὶ ἀργυρῶν
ἐστολισμένοι καὶ μεγάλα κτίσματα ὑπὸ τῶν δακτύλων
ἄγονται.

8 τὰς παλάμας ἁπλονοῦσιν οἱ τρεῖς ἁρμοὶ καὶ τὰ κάλλη
σωρεύουν καὶ  ἄρτι πάροικοι  γίνεσθε τοῦ  κόσμου τούτου.

9 ὦ πόδες καλοπεριπατητοὶ αὐτόδρομοι ταχύτατοι λίαν
ἀνίκητοι.

10 ὦ γόνατα συνηρμοσμένα ὅτι πλήν σου τὸ σκεῦος οὐ
κινεῖται.

11 οἱ πόδες συντρέχουσιν τὸν ἥλιον καὶ τὴν σελήνην ἐν
νυκτὶ καὶ  ἐν ἡμέρᾳ τὰ πάντα  σωρεύοντες τὰς τρυφὰς καὶ
τὰς πόσεις καὶ τὸ σκεῦος διατρέφοντες.

12 ὦ πόδες  ἀνθύπατοι καὶ  καλόδρομοι ἐπὶ  προσώπου τῆς γῆς
ταρασσόμενοι  τοὺς οἴκους εὐτρεπίζοντες παντὸς ἀγαθοῦ.

13 ὦ πόδες ὅλον τὸ σῶμα βαστάζοντες εἰς τοὺς ναοὺς
ἀνατρέχοντες μετανοίας ποιοῦντες  καὶ παρακαλοῦντες τοὺς
ἁγίους καὶ ἄρτι ἀκίνητοι μένετε.

14 ὦ κεφαλὴ καὶ χεῖρες καὶ πόδες ἕως ἄρτι σῴζω σε.

15 ὦ ψυχή τί γάρ σε ἐνέβαλεν εἰς τὸ ταπεινὸν καὶ
ταλαίπωρον σῶμα;

16 καὶ ἄρτι χωριζομένη ἀπ' αὐτοῦ καὶ ἀνέρχεσαι ἔνθα καλεῖ
⟨σε⟩ ὁ  κύριος καὶ  τὸ σῶμα  τὸ ταλαίπωρον ἀπέρχεται εἰς
κρίσιν.

17 ὦ σῶμα καλλωπισμένον τρίχες ἀστερόχυται

18 κεφαλὴ οὐρανοκόσμητε ἐστολισμένον. ὦ πρόσωπον
καλομύριστον ὀφθαλμοὶ φωταγωγοί

19 φωνὴ σάλπιγγος  ἦχος γλῶσσα εὐδιάλλακτε γένειον
καλλωπισμένον  τρίχες ἀστερόμορφοι κεφαλὴ οὐρανομήκης
ἐστολισμένον σῶμα τὸ φωταγωγὸν γλεύφορον πάγγνωστον

20 καὶ ἄρτι πεσὸν εἰς τὴν γῆν ὕπαγε κάλλος σου ἀφανὲς
γίνεται.

        - 12 -

1 λέγει αὐτὸν ὁ  Χριστὸς παῦσον Σεδρὰχ  ἕως πότε δακρύζεις
καὶ στενάζεις; ὁ παράδεισός σοι ἠνοίγη καὶ ἀποθανὼν
ζήσεις.

2 λέγει αὐτῷ Σεδρὰχ ἔτι ἅπαξ  λαλήσω σοι κύριε ἕως πότε ζῶ
πρὶν ἀποθανεῖν με; καὶ μὴ παρακούσῃς  τῆς αἰτήσεώς μου.

3 λέγει αὐτῷ ὁ κύριος λέγε ὦ Σεδράχ.

4 ⟨λέγει ὁ Σεδρὰχ⟩ ἔτη  ὀγδοήκοντα ⟨ἢ⟩ ἐνενήκοντα ἐὰν ζήσῃ
ἄνθρωπος ἢ ἑκατὸν καὶ  ζήσῃ αὐτοὺς ἐν ἁμαρτίαις καὶ
πάλιν ἐπιστρέψῃ καὶ  ζήσῃ ἄνθρωπος ἐν μετανοίᾳ πόσας
ἡμέρας μετανοήσας ἀφίεις αὐτοῦ τὰς ἁμαρτίας;

5 λέγει αὐτὸν ὁ θεὸς ἐὰν ἐπιστρέψας ζῶν τὰ ἑκατὸν ⟨ἢ⟩
ὀγδοήκοντα μετανοήσας τρία ἔτη καὶ ποιήσῃ καρπὸν
δικαιοσύνης καὶ φθάσῃ  ὁ θάνατος οὐ  μὴ μνησθῶ πάσας τὰς
ἁμαρτίας αὐτοῦ.

        - 13 -

1 λέγει αὐτῷ Σεδρὰχ  πολλά εἰσιν τὰ τρία  ἔτη κύριέ μου μὴ
φθάσῃ ὁ θάνατος αὐτοῦ καὶ οὐ πληρώσῃ τὴν μετάνοιαν
αὐτοῦ

2 ἐλέησον κύριε τὴν εἰκόνα σου καὶ σπλαγχνίσθητι ὅτι
πολλά εἰσιν τὰ τρία ἔτη.

3 λέγει αὐτὸν ὁ θεὸς ἐὰν μετὰ ἑκατὸν ἔτη  ζήσῃ ἄνθρωπος
καὶ μνησθῇ  τὸν θάνατον αὐτοῦ καὶ ὁμολογήσῃ ἔμπροσθεν
τῶν ἀνθρώπων καὶ  εὕρω αὐτὸν μετὰ  χρόνον ἀφίω πάσας τὰς
ἁμαρτίας αὐτοῦ.

4 λέγει πάλιν ὁ Σεδρὰχ κύριε τὴν εὐσπλαγχνίαν σου καὶ
πάλιν παρακαλῶ τὸ πλάσμα σου

5 πολύς ἐστιν ὁ χρόνος μὴ ὁ θάνατος αὐτοῦ φθάσῃ καὶ
ἁρπάσῃ αὐτὸν συντόμως.

6 λέγει αὐτὸν  ὁ σωτὴρ ἐρωτῶ σε  ἕνα λόγον Σεδρὰχ ἀγαπητέ
μου  εἶτα ἀναιτήσεις  με ἐὰν  μετανοήσῃ ὁ  ἁμαρτωλὸς εἰς
ἡμέρας τεσσαράκοντα οὐ μὴ μνησθῶ πάσας τὰς ἁμαρτίας
αὐτοῦ ἃς ἐποίησεν.

        - 14 -

1 καὶ λέγει  Σεδρὰχ πρὸς  τὸν ἀρχάγγελον Μιχαὴλ ἐπάκουσόν
μου πρόστατα δυνατὲ καὶ  βοήθει μοι  καὶ πρεσβεύσαι ἵνα
ἐλεήσῃ ὁ θεὸς τὸν κόσμον.

2 καὶ πεσόντες ἐπὶ πρόσωπον  παρακαλοῦντες τὸν θεὸν καὶ
εἶπον κύριε  διδάξον ἡμᾶς  πῶς δεῖ καὶ ἐν ποίᾳ μετανοίᾳ
σωθήσεται ὁ ἄνθρωπος καὶ ἐν ποίῳ κόπῳ;

3 ⟨λέγει ὁ θεὸς⟩ ἐν μετανοίαις ἐν παρακλήσεσιν ἐν
λειτουργίαις ἐν  δάκρυσιν ὀχετοῖς  ἐν στεναγμοῖς θερμοῖς.

4 οὐκ οἶδας ὅτι ὁ προφήτης μου  Δαυὶδ ἐκ  δακρύων καὶ οἱ
λοιποὶ οἶδας ὅτι ἐσώθησαν ἐν μιᾷ ῥοπῇ;

5 οἶδας Σεδρὰχ ὅτι εἰσὶν ἔθνη  τὰ μὴ νόμον ἔχοντα ⟨καὶ τὰ⟩
τοῦ νόμου ποιοῦσιν

6 ὅτι ⟨εἰ⟩ εἰσιν ἀβάπτιστοι καὶ  ἐνέβη τὸ θεῖόν μου πνεῦμα
εἰς αὐτοὺς καὶ  ἐπιστρέφονται πρὸς τὸ  ἐμὸν βάπτισμα καὶ
δέχομαι αὐτοὺς μετὰ  τῶν δικαίων μου  ἐν κόλποις Ἀβραάμ

7 καὶ εἰσὶν τινες οἱ βαπτισθέντες  τὸ ἐμὸν βάπτισμα καὶ τὸ
θεῖόν μου μύρον μυρισθέντες  καὶ γίνονται ἀπόγνωστοι τὴν
τέλειαν ἀπόγνωσιν καὶ οὐ μέλλουσιν μεταγνῶναι

8 καὶ ἀναμένω αὐτοὺς μετὰ πολλῆς  εὐσπλαγχνίας καὶ πολλοῦ
ἐλέους καὶ  πλούτους ἵνα  μετανοήσωσιν ἀλλὰ ποιοῦσιν ἃ
μισεῖ μου  ἡ θεότης καὶ  οὐκ ἤκουσαν τὸν σοφὸν ἐρωτῶντα
λέγων δικαιοῦμεν οὐδαμῶς ἁμαρτάνειν.

9 παντελῶς οὐκ  οἶδας ὅτι γέγραπται καὶ  οἱ μετανοήσαντες
οὐ μὴ ἴδουν τὴν κόλασιν;

10 καὶ ⟨οὐκ ἤκουσαν⟩ ἀποστόλων οὔτε ἐμοῦ λόγου ἐν τοῖς
εὐαγγελίοις καὶ λυποῦσιν τοὺς ἀγγέλους  μου καὶ ἦ μὴν ἐν
ταῖς συνάξεσιν

11 καὶ ἐν ταῖς λειτουργίαις μου οὐ προσεύχουσιν τὸν
ἄγγελόν μου καὶ οὐχ ἵστανται ἐν ταῖς ἁγίαις μου
ἐκκλησίαις

12 ἵστανται καὶ  οὐ προσκυνοῦσιν ἐν  φόβῳ καὶ ἐν τρόμῳ
ἀλλὰ μεγαλορημονοῦσιν ἃ  οὐ δέχομαι ἐγὼ  οὔτε οἱ ἄγγελοί
μου.

        - 15 -

1 λέγει Σεδρὰχ πρὸς τὸν θεὸν κύριε σὺ μόνος εἶ
ἀναμάρτητος καὶ πολὺ εὔσπλαγχνος  ὁ ἁμαρτωλοὺς ἐλεῶν καὶ
οἰκτείρων

2 ἀλλ' ἡ σὴ  θεότης εἶπεν οὐκ  ἦλθον δικαίους καλέσαι ἀλλὰ
ἁμαρτωλοὺς εἰς μετάνοιαν.

3 καὶ εἶπεν ὁ κύριος τὸν Σεδρὰχ οὐκ οἶδας Σεδρὰχ τὸν
λῃστὴν μιᾷ ῥοπῇ ἐσώθη μεταγνῶναι;

4 οὐκ οἶδας ὅτι ἀπόστολοί μου καὶ  εὐαγγελιστῆς καὶ αὐτὸς
ἐν μιᾷ ῥοπῇ ἐσώθη;

5 ⟨οἱ δὲ ἁμαρτωλοὶ οὐ σωθήσονται⟩ ὅτι εἰσὶν αἱ καρδίαι
αὐτῶν ὡς λίθος σαθρὸς οὗτοί εἰσιν οἱ πορεύοντες
ἀσεβέσιν ὁδοῖς καὶ ἀπολύμενοι μετὰ τοῦ ἀντιχρίστου.

6 λέγει Σεδρὰχ κύριέ μου καὶ εἶπας ὅτι τὸ θεῖόν μου
πνεῦμα ἐνέβη  εἰς τὰ ἔθνη τὰ  μὴ νόμον ἔχοντα ⟨καὶ τὰ⟩
τοῦ νόμου ποιοῦσιν

7 ὁμῶς δὲ  καὶ ὁ  λῃστὴς καὶ  ὁ ἀπόστολος καὶ εὐαγγελιστὴς
καὶ οἱ λοιποὶ οἱ πταίσαντες  τὴν βασιλείαν σου κύριέ μου

8 οὕτως καὶ  τοὺς ἐπ' ἐσχάτων  ἁμαρτήσαντάς σοι συγχώρησον
κύριε ὅτι ὁ βίος πολύμοχθός ἐστιν καὶ ἀμετανόητος.

        - 16 -

1 λέγει κύριος  τὸν Σεδρὰχ  ἐποίησα τὸν  ἄνθρωπον ἐν τρισὶ
τάξεσιν

2 ὅτε ἐστὶν  νέος ὡς  νέου αὐτοῦ  ἐπαράβλεπον τὰ πταίσματα
αὐτοῦ ὅτε δὲ πάλιν ἀνὴρ  ἑτήρουν αὐτοῦ τὴν διάνοιαν ὅταν
δὲ πάλιν γηράσῃ καὶ τηρῶ αὐτὸν ὅπως μετανοήσῃ.

3 λέγει Σεδρὰχ κύριε σὺ  ταῦτα πάντα  οἶδας καὶ ἐπίστασαι
μόνον συμπάθησον τοὺς ἁμαρτωλούς.

4 λέγει αὐτὸν ὁ κύριος Σεδρὰχ ἀγαπητέ μου ὑπόσχομαι
συμπαθῆσαι καὶ κάτωθεν τῶν τεσσαράκοντα ἡμερῶν ἕως
εἴκοσι

5 καὶ ὅστις μνησθῇ τοῦ ὀνόματός  σου οὐ μὴ ἴδῃ κολαστήριον
ἀλλὰ ἔσται μετὰ τῶν δικαίων ἐν τόπῳ ἀναψύξεως καὶ
ἀναπαύσεως

6 καὶ εἴ τις  συγγράψει τὸν λόγον  τοῦτον τὸν θαυμαστὸν οὐ
μὴ λογισθῇ ἁμαρτία αὐτοῦ εἰς τὸν αἰῶνα τοῦ αἰῶνος.

7 καὶ λέγει Σεδρὰχ  κύριε καὶ  εἴ τις ποιήσει φωταγωγίαν
τοῦ δούλου σου ῥῦσαι αὐτὸν κύριε ἀπὸ παντὸς κακοῦ.

8 καὶ λέγει ὁ δοῦλος τοῦ θεοῦ Σεδρὰχ  ἄρτι λαβὲ τὴν ψυχήν
μου δέσποτα.

9 καὶ ἔλαβεν αὐτὸν ὁ θεὸς καὶ ἔθηκεν αὐτὸν ἐν τῷ
παραδείσῳ μετὰ τῶν ἁγίων ἁπάντων.

10 ᾧ ἡ δόξα καὶ τὸ κράτος εἰς τοὺς αἰῶνας τῶν αἰώνων.
ἀμήν.

1 διαθηκη ιωβ.
- 1 -
1 βίβλος λόγων Ἰωβ τοῦ καλουμένου Ἰωβαβ.
2 ἐν ᾗ γὰρ ἡμέρᾳ νοσήσας ἐξετέλει αὐτοῦ τὴν οἰκονομίαν,
ἐκάλεσεν τοὺς ἑπτὰ υἱοὺς αὐτοῦ καὶ τὰς τρεῖς θυγατέρας
αὐτοῦ
3 ὧν εἰσιν τὰ ὀνόματα Τεροι Χορος Υων Νικη Φορος Φιφη
Φρουων Ἡμέρα Κασία Ἀμαλθείας κέρας
4 καλέσας δὲ αὐτοῦ τὰ τέκνα εἶπεν περικυκλώσαντες, τέκνα
μου περικυκλώσατέ με ἵνα ὑποδείξω ὑμῖν ἃ ἐποίησεν
κύριος μετ' ἐμοῦ καὶ τὰ γενάμενά μοι πάντα
5 ἐγὼ γάρ εἰμι ὁ πατὴρ ὑμῶν Ἰωβ ἐν πάσῃ ὑπομονῇ
γενόμενος, ὑμεῖς δὲ γένος ἐκλεκτὸν ἔντιμον ἐκ σπέρματος
Ἰακὼβ τοῦ πατρὸς τῆς μητρὸς ὑμῶν
6 ἐγὼ γάρ εἰμι ἐκ τῶν υἱῶν Ἡσαυ ἀδελφοῦ Ἰακώβ, οὗ ἡ μήτηρ
ὑμῶν ἐστιν Δινα, ἐξ ἧς ἐγέννησα ὑμᾶς ἡ γὰρ προτέρα μου
γυνὴ ἐτελεύτησεν μετὰ ἄλλων δέκα τέκνων ἐν θανάτῳ
πικρῷ. ἀκούσατε οὖν μου τέκνα, καὶ δηλώσω ὑμῖν τὰ
συμβεβηκότα μοι.
- 2 -
1 ἐγὼ γάρ εἰμι Ἰωβαβ πρὶν ἢ ὀνομάσαι με ὁ κύριος Ἰωβ.
2 ὅτε Ἰωβαβ ἐκαλούμην, ᾤκουν τὸ πρὶν ἔγγιστα εἰδωλίου
θρησκευομένου
3 καὶ συνεχῶς βλέπων ὁλοκαυτώματα αὐτῷ ἀναφερόμενα
διελογιζόμην ἐν ἑαυτῷ λέγων
4 ἆρα οὗτός ἐστιν ὁ θεὸς ὁ ποιήσας τὸν οὐρανὸν καὶ τὴν
γῆν καὶ τὴν θάλασσαν καὶ ἡμᾶς αὐτούς; ἆρα πῶς γνώσομαι;
- 3 -
1 καὶ ἐν τῇ νυκτὶ κοιμωμένου μου ἦλθέν μοι μεγάλη φωνὴ ἐν
μείζονι φωτὶ λέγουσα Ἰωβαβ Ἰωβαβ.
2 ἐγὼ εἶπον ἰδοὺ ἐγώ. καὶ εἶπεν ἀνάστηθι καὶ ὑποδείξω σοι
τίς ἐστιν οὗτος ὃν γνῶναι θέλεις
3 οὗτος οὗ τὰ ὁλοκαυτώματα προσφέρουσιν καὶ σπένδουσιν
οὐκ ἔστιν θεός, ἀλλὰ αὕτη ἐστὶν ἡ δύναμις τοῦ διαβόλου,
ἐν ᾧ ἀπατηθήσεται ἡ ἀνθρωπίνη φύσις.
4 καὶ ἐγὼ ἀκούσας κατέπεσα ἐπὶ τὴν κλίνην μου προσκυνῶν
καὶ λέγων
5 κύριέ μου ὁ ἐπὶ τῇ σωτηρίᾳ τῆς ἐμῆς ψυχῆς ἐλθών,
6 δέομαί σου, εἴπερ οὗτός ἐστιν ὁ τόπος τοῦ Σατανᾶ ἐν ᾧ
ἀπατηθήσονται οἱ ἄνθρωποι, δός μοι ἐξουσίαν ἵνα ἀπελθὼν
καθαρίσω αὐτοῦ τὸν τόπον,
7 ἵνα ποιήσω μηκέτι σπένδεσθαι αὐτόν. καὶ τίς ἐστιν ὁ
κωλύων με βασιλεύοντα ταύτης τῆς χώρας;
- 4 -
1 καὶ ἀποκριθεὶς ἐμοὶ εἶπεν τὸ φῶς ὅτι μὲν καθαρίσαι
τοῦτον τὸν τόπον δυνήσῃ, ἀλλὰ ὑποδείκνυμί σοι πάντα
ἅπερ ἐνετείλατό μοι κύριος μεταδιδόναι σοι.
2 κἀγὼ εἶπον ὅτι πάντα ὅσα ἐνετείλατό μοι τῷ θεράποντι
αὐτοῦ ἀκούσομαι καὶ πράξω.
3 καὶ πάλιν εἶπεν τάδε λέγει κύριος
4 ἐὰν ἐπιχειρήσεις καθαρίσαι τὸν τόπον τοῦ Σατανᾶ,
ἐπαναστήσεταί σοι μετὰ ὀργῆς εἰς πόλεμον. μόνον ὅτι
θάνατόν σοι οὐ δυνήσεται ἐπενεγκεῖν ἐπιφέρει δέ σοι
πληγὰς πολλάς
5 ἀφαιρεῖταί σου τὰ ὑπάρχοντα, τὰ παιδία σου ἀναιρήσει
6 ἀλλ' ἐὰν ὑπομείνῃς, ποιήσω σου τὸ ὄνομα ὀνομαστὸν ἐν
πάσαις ταῖς γενεαῖς τῆς γῆς ἄχρι τῆς συντελείας τοῦ
αἰῶνος.
7 καὶ πάλιν ἀνακάμψω σε ἐπὶ τὰ ὑπάρχοντά σου, καὶ
ἀποδοθήσεταί σοι διπλάσιον,
8 ἵνα γνῷς ὅτι ἀπροσωπόληπτός ἐστιν, ἀποδιδοὺς ἑκάστῳ τῷ
ὑπακούοντι ἀγαθά
9 καὶ ἐγερθήσῃ ἐν τῇ ἀναστάσει
10 ἔσῃ γὰρ ὡς ἀθλητὴς πυκτεύων καὶ καρτερῶν πόνους καὶ
ἐκδεχόμενος τὸν στέφανον.
11 τότε γνώσει ὅτι δίκαιος καὶ ἀληθινὸς καὶ ἰσχυρὸς ὁ
κύριος, ἐνισχύων τοὺς ἐκλεκτοὺς αὐτοῦ.
- 5 -
1 καὶ ἐγὼ τεκνία μου ἀνταπεκρίθην αὐτῷ ὅτι ἄχρι θανάτου
ὑπομείνω καὶ οὐ μὴ ἀναποδίσω.
2 καὶ μετὰ τὸ σφραγισθῆναί με ὑπὸ τοῦ ἀγγέλου ἀνελθόντος
ἀπ' ἐμοῦ, τότε ἐγὼ τεκνία μου ἀναστὰς ἐν τῇ ἑξῆς νυκτί,
παραλαβὼν μεθ' ἑαυτοῦ πεντήκοντα παῖδας, καὶ εἰς τὸν
ναὸν τοῦ εἰδωλίου ἀπελθὼν κατήνεγκα αὐτὸ εἰς τὸ ἔδαφος,
3 καὶ οὕτως ἀνεχώρησα εἰς τὸν οἶκόν μου κελεύσας
ἀσφαλισθῆναι τὰς θύρας.
- 6 -
1 ἀκούσατέ μου τεκνία καὶ θαυμάσατε
2 ἅμα γὰρ εἰσῆλθον εἰς τὸν οἶκόν μου καὶ τὰς θύρας μου
ἀσφαλισάμενος ἐνετειλάμην τοῖς προθύροις μου ὅτι
3 εἴ τις σήμερον ζητήσῃ με, μὴ σημανθήτω, ἀλλ' εἴπατε ὅτι
οὐ σχολάζει περὶ γὰρ πράγματος ἀναγκαίου ἔνδον ἐστίν.
4 καὶ ἐμοῦ ἔνδον ὄντος, ὁ Σατανᾶς μετασχηματισθεὶς εἰς
ἐπαίτην ἔκρουσεν τὴν θύραν
5 καὶ λέγει τῇ θυρωρῷ σήμανον τῷ Ἰωβ λέγουσα ὅτι βούλομαι
συντυχεῖν σοι.
6 καὶ ἡ θυρωρὸς εἰσελθοῦσα λέγει μοι ταῦτα,
7 καὶ ἤκουσεν παρ' ἐμοῦ δηλῶσαι μὴ σχολάζειν με νῦν.
- 7 -
1 ὁ δὲ Σατανᾶς ἀκούσας ἀπῆλθεν καὶ ἐπέθετο τοῖς ὤμοις
ἀσσάλιον, καὶ ἐλθὼν λελάληκεν τῇ θυρωρῷ λέγων
2 εἰπὸν τῷ Ἰωβ δός μοι ἄρτον ἐκ τῶν χειρῶν σου ἵνα φάγω.
3 καὶ ἐγὼ ἄρτον ἐκκεκαυμένον δέδωκα τῇ παιδὶ διδόναι
αὐτῷ, καὶ εἶπον αὐτῇ ὅτι
4 μηκέτι προσδόκα φαγεῖν ἐκ τῶν ἐμῶν ἄρτων, ὅτι
ἀπηλλοτρίωσαί μου.
5 καὶ ἡ θυρωρὸς αἰδεσθεῖσα δοῦναι αὐτῷ τὸν κεκαυμένον καὶ
σποδοειδὴν ἄρτον,
6 ἐπεὶ μὴ ἔγνωκεν εἶναι αὐτὸν τὸν Σατανᾶν, ἦρεν ἐκ τῶν
ἑαυτῆς ἕνα ἄρτον καλὸν καὶ ἔδωκεν αὐτῷ.
7 ὁ δὲ λαβὼν καὶ γνοὺς τὸ γεγονός, εἶπεν τῇ παιδὶ
ἀπελθοῦσα, κακὴ δούλη, φέρε τὸν δοθέντα σοι δοθῆναί μοι

ἄρτον.
8 καὶ ἔκλαυσεν μετὰ λύπης μεγάλης ἡ παῖς λέγουσα ἀληθῶς
καλῶς σὺ λέγεις εἶναί με κακὴν δούλην
9 εἰ γὰρ μὴ ἤμην, ἐποίησα ἂν καθὼς προσετάχθη μοι ὑπὸ τοῦ
δεσπότου μου. καὶ ὑποστρέψασα προσήνεγκεν αὐτῷ τὸν
κεκαυμένον ἄρτον λέγουσα αὐτῷ τάδε λέγει ὁ κύριός μου
ὅτι
10 οὐκέτι οὐ μὴ φάγῃς ἐκ τῶν ἄρτων μου διότι ἀπηλλοτριώθην
σου
11 ἀκμὴν καὶ τοῦτό σοι ἔδωκα ἵνα μὴ ἐγκληθῶ ὅτι τῷ
αἰτήσαντι ἐχθρῷ οὐδὲν παρέσχον.
12 ταῦτα ἀκούσας ὁ Σατανᾶς ἀντέπεμψέν μοι τὴν παῖδα λέγων
ὅτι ὡς ὁλόκαυστός ἐστιν ὁ ἄρτος οὗτος, οὕτως ποιήσω καὶ
τὸ σῶμά σου τοιοῦτον ἐν γὰρ μιᾷ ὥρᾳ ἀπέρχομαι καὶ
ἐρημώσω σε.
13 καὶ ἀνταπεκρίθην αὐτῷ ὃ ποιεῖς ποίησον εἴ τι γὰρ βούλει
ἀγάγαι μοι, ἕτοιμός εἰμι ὑποστῆναι ἅπερ ἐπιφέρεις μοι.
- 8 -
1 ὅτε δὲ ἀπέστη ἀπ' ἐμοῦ, ἀπελθὼν ὑπὸ τὸ στερέωμα
2 ὥρκωσεν τὸν κύριον ἵνα λάβῃ ἐξουσίαν κατὰ τῶν
ὑπαρχόντων μου.
3 καὶ τότε λαβὼν τὴν ἐξουσίαν ἦλθεν καὶ ἦρέν μου σύμπαντα
τὸν πλοῦτον.
- 9 -
1 ἀκούσατε οὖν, ὑποδείξω γὰρ ὑμῖν πάντα τὰ συμβεβηκότα
μοι καὶ τὰ ἀρθέντα μοι.
2 εἶχον γὰρ ἑκατὸν τριάκοντα χιλιάδας προβάτων
3 καὶ ἀφώρισα ἀπ' αὐτῶν χιλιάδας ἑπτὰ καρῆναι εἰς ἔνδυσιν
ὀρφανῶν καὶ χηρῶν καὶ πενήτων καὶ ἀδυνάτων ἦν δέ μοι
ἀγέλη κυνῶν ὀκτακόσιοι φυλάσσοντές μου τὸν οἶκον
4 εἶχον δὲ καμήλους ἐννακισχιλίους, καὶ ἐξ αὐτῶν
ἐξελεξάμην τρισχιλίας ἐργάζεσθαι πᾶσαν πόλιν,
5 καὶ γομώσας ἀγαθῶν ἀπέστειλα εἰς τὰς πόλεις καὶ εἰς τὰς
κώμας, ἐντειλάμενος ἀπελθεῖν καὶ ἐπιδιδόναι τοῖς
ἀδυνάτοις καὶ τοῖς ὑστερουμένοις καὶ ταῖς χήραις πάσαις
6 εἶχον δὲ ἑκατὸν τεσσαράκοντα χιλιάδας ὄνων νομάδων, καὶ
ἀφώρισα ἐξ αὐτῶν πεντακοσίας, καὶ τὴν ἐξ αὐτῶν γονὴν
ἐκέλευον πιπράσκεσθαι καὶ διδόναι τοῖς πένησιν καὶ
ἐπιδεομένοις.
7 παρῆρχόντό μοι εἰς ἀπάντησιν ἀπὸ πασῶν τῶν χωρῶν
ἅπαντες. ἀνεῳγμέναι δὲ ἦσαν αἱ τέσσαρες θύραι τοῦ οἴκου
μου
8 ἐκέλευον δὲ τοῖς οἰκέταις μου ταύτας εἶναι ἀνεῳγμένας,
τοῦτον τὸν σκοπὸν ἔχων, μὴ ἄρα ἔλθωσίν τινες αἰτοῦντες
ἐλεημοσύνην καὶ ἴδωσίν με παρακαθεζόμενον τῇ θύρᾳ, καὶ
αἰδεσθέντες ἀποστραφῶσιν μηδὲν λαβόντες ἀλλ' ὅταν
ἴδωσίν με πρὸς μίαν θύραν καθήμενον, δυνηθῶσιν διὰ τῆς
ἄλλης ἐπανελθεῖν καὶ λάβωσιν ὅσον χρῄζουσιν.
- 10 -
1 ἦσαν δέ μοι καὶ τράπεζαι ἱδρυμέναι τριάκοντα ἐν τῷ οἴκῳ
μου ἀκίνητοι πάσας ὥρας τοῖς ξένοις μόνοις
2 εἶχον δὲ καὶ τῶν χηρῶν ἄλλας δώδεκα τραπέζας κειμένας
3 καὶ εἴ τις ξένος προήρχετο αἰτῆσαι ἐλεημοσύνην, ἀνάγκην
εἶχεν τρέφεσθαι ἐν τῇ τραπέζῃ πρὶν ἢ λαβεῖν τὴν χρείαν
4 καὶ οὐδὲ ἐπέτρεπον ἐξελθεῖν τὴν θύραν μου κόλπῳ κενῷ
5 εἶχον δὲ τρισχίλια καὶ πεντακόσια ζεύγη βοῶν, καὶ
ἐξελεξάμην ἐξ αὐτῶν ζεύγη πεντακόσια καὶ ἔστησα εἰς τὸν
ἀροτριασμὸν ὃν δύναται ποιεῖν ἐν παντὶ ἀγρῷ τῶν
προσλαμβανόντων αὐτά,
6 καὶ τὸν καρπὸν αὐτῶν ἀφορίζειν τοῖς πένησιν εἰς τὴν
τράπεζαν αὐτῶν
7 εἶχον δὲ ἀρτοκόπια πεντήκοντα ἀφ' ὧν ἔταξα εἰς τὴν
ὑπηρεσίαν τῆς τῶν πτωχῶν τραπέζης.
- 11 -
1 ἦσαν δὲ καὶ ξένοι τινὲς ἰδόντες τὴν ἐμὴν προθυμίαν, καὶ
ἐπεθύμησαν καὶ αὐτοὶ ὑπηρετεῖν τῇ διακονίᾳ
2 καὶ ἄλλοι τινὲς ἦσάν ποτε ἀποροῦντες καὶ μηδὲν
δυνάμενοι ἀναλῶσαι ἤρχοντο παρακαλοῦντες καὶ λέγοντες
δεόμεθά σου, καὶ ἡμεῖς δυνάμεθα ταύτην τὴν διακονίαν
ἐκτελέσαι; οὐδὲν δὲ κεκτήμεθα.
3 ποίησον σὺ μεθ' ἡμῶν ἔλεος καὶ πρόχρησον ἡμῖν χρυσίον
ἵνα ἀπελθόντες εἰς τὰς μακρὰς πόλεις ἐμπορευόμενοι καὶ
τοῖς πένησιν δυνηθῶμεν ποιήσασθαι διακονίαν,
4 καὶ μετὰ τοῦτο ἀποκαταστήσωμέν σοι τὸ ἴδιον.
5 καὶ ἐγὼ ταῦτα ἀκούσας ἠγαλλιώμην ὅτι ὅλως παρ' ἐμοῦ
λαμβάνουσιν εἰς οἰκονομίαν τῶν πτωχῶν
6 καὶ προθύμως δεξάμενος τὸ γραμματεῖον ἐδίδουν αὐτοῖς
ὅσον ἤθελον
7 μὴ λαμβάνων παρ' αὐτῶν ἐνέχυρα εἰ μὴ μόνον ἔγγραφον.
8 καὶ οὕτως ἐνεπορεύοντο ἐν τοῖς ἐμοῖς.
9 ἐνίοτε δὲ ἐμπορευόμενοι ἐπετύγχανον καὶ ἐδίδουν τοῖς
πτωχοῖς
10 ἐνίοτε δὲ πάλιν ἀπεσυλοῦντο καὶ ἤρχοντο καὶ παρεκάλουν
με λέγοντες δεόμεθά σου, μακροθύμησον ἐφ' ἡμᾶς ἴδωμεν
πῶς ἀποκαταστῆσαί σοι δυνάμεθα.
11 κἀγὼ ἀνυπερθέτως προέφερον αὐτοῖς τὸ χειρόγραφον καὶ
ἀνεγίνωσκον στέφανον ἐπιφερόμενος ἀφαιρήσεως λέγων ὅσον
προφάσει τῶν πενήτων ἐπίστευσα ὑμῖν, οὐδὲν λήψομαι παρ'
ὑμῶν.
12 οὐδὲ ἐδεχόμην τι παρὰ τοῦ ὀφειλέτου μου.
- 12 -
1 καὶ εἴ ποτέ μοι ἤρχετο ἀνὴρ ἱλαρὸς τὴν καρδίαν λέγων
οὔτε ἐγὼ εὔπορῶ ἐπικουρῆσαι τοῖς πένησιν βούλομαι
μέντοι κἂν διακονῆσαι τοῖς πτωχοῖς σήμερον ἐν τῇ σῇ
τραπέζῃ.
2 ὅτε συγχωρηθεὶς ὑπηρέτει καὶ ἔτρωγεν καὶ ἑσπέρας
γινομένης ἐξερχόμενος ἀπελθεῖν εἰς τὸν οἶκον αὐτοῦ
λαμβάνειν ἠναγκάζετο παρ' ἐμοῦ λέγοντος
3 ἐπίσταμαι ὅτι ἐργάτης εἶ ἄνθρωπος προσδοκῶν καὶ
ἀναμένων σου τὸν μισθὸν ἀνάγκην ἔχεις λαβεῖν.
4 καὶ οὐκ ἔων μισθὸν μισθωτοῦ ἀπομεῖναι παρ' ἐμοὶ ἐν τῇ
οἰκίᾳ μου.

- 13 -

1 διεφώνουν δέ οἱ ἀμέλγοντες τὰς βοῦς ῥέοντος τοῦ
γάλακτος ἐν τοῖς ὄρεσιν

2 καὶ τὸ βούτυρον διεχεῖτο ἐν  ταῖς ὁδοῖς μου καὶ τὰ κτήνη
μου ἀπὸ τοῦ πλήθους ἐν ταῖς πέτραις καὶ τοῖς ὄρεσιν
ἐκοιτάζοντο διὰ τὰ λοχευόμενα.

3 καὶ διὰ ταῦτα τὰ μὲν ὄρη ἐκλύζοντο γάλακτι καὶ ὡς
πεπηγμένον βούτυρον γίγνεσθαι,

4 ἀπέκαμνον δὲ καὶ οἱ δοῦλοί  μου οἱ τὰ τῶν χηρῶν ἐδέσματα
ἑψοῦντες, καὶ τῶν πενήτων

5 ὀλιγωρούντων κατηρῶντό μοι λέγοντες τίς ἂν  δῴη ἡμῖν ἐκ
τῶν σαρκῶν αὐτοῦ ἐμπλησθῆναι;

6 λίαν μου χρηστοῦ ὄντος.

- 14 -

1 εἶχον δὲ ἓξ ψαλμοὺς καὶ δεκάχορδον κιθάραν

2 καὶ διεγειρόμην τὸ καθ' ἡμέραν μετὰ τὸ  τρέφεσθαι τὰς
χήρας, καὶ ἐλάμβανον τὴν  κιθάραν καὶ ἔψαλλον αὐτοῖς,
καὶ αὗται ὕμνουν

3 καὶ ἐκ τοῦ ψαλτηρίου ἀνεμίμνησκον  αὐτὰς τοῦ  θεοῦ ἵνα
δοξάσωσιν τὸν κύριον.

4 καὶ εἴ ποτε διεγόγγυζον αἱ θεράπαιναί μου ἀνελάμβανον
τὸ ψαλτήριον  καὶ τὸν  μισθὸν τῆς  ἀνταποδόσεως ἔψαλλον,

5 καὶ κατέπαυον αὐτὰς τῆς ὀλιγωρίας τοῦ γογγυσμοῦ.

- 15 -

1 καὶ τὰ ἐμὰ  τέκνα μετὰ τὴν  ὑπηρεσίαν τῆς διακονίας ἦρον
καθ' ἡμέραν τὸ δεῖπνον αὐτῶν

2 καὶ εἰσήρχοντο  παρὰ τῷ  ἀδελφῷ τῷ  πρεσβυτέρῳ δειπνῆσαι
μετ' αὐτοῦ,

3 συμπαραλαμβάνοντες καὶ τὰς τρεῖς  ἀδελφὰς μεθ' ἑαυτῶν τὰ
δὲ ἐπικείμενα ταῖς θεραπαινίσιν,

4 ἐπειδὴ  γὰρ καὶ  οἱ υἱοί  μου ἀνέκειντο τοῖς ἀρρενικοῖς
δούλοις τοῖς διακονοῦσιν ἀνιστάμενος  οὖν ἐγὼ κατὰ τὸ
πρωὶ ἀνέφερον ὑπὲρ αὐτῶν θυσίας κατὰ ἀριθμὸν αὐτῶν,
περιστερὰς τριακοσίας, ἐρίφους αἰγῶν πεντήκοντα καὶ
πρόβατα δεκαδύο

5 ταῦτα πάντα  μετὰ τὴν  σύνταξιν ἐκέλευον κατασκευασθῆναι
τοῖς πτωχοῖς, καὶ ἔλεγον  αὐτοῖς ταῦτα λαμβάνετε περισσὰ
μετὰ τὴν σύνταξιν ἵνα δεηθῆτε ὑπὲρ τῶν τέκνων μου

6 μὴ ἄρα οἱ  υἱοί μου ἥμαρτον ἐνώπιον  κυρίου καυχώμενοι
λέγοντες μετὰ καταφρονήσεως ὅτι

7 ἡμεῖς τέκνα  ἐσμέν τοῦ  πλουσίου τούτου  ἀνδρός, ἡμῶν δέ
ἐστιν τὰ χρήματα ταῦτα

8 διὰ τί δὲ καὶ διακονοῦμεν; διότι βδέλυγμά ἐστιν
ἐναντίον τοῦ θεοῦ ἡ ὑπερηφανία.

9 καὶ πάλιν ἐξαίρετον μόσχον ἀνέφερον ἐπὶ τὸ θυσιαστήριον
τοῦ θεοῦ, μήπως οἱ υἱοί μου ἐνενόησαν κακὰ ἐν τῇ
καρδίᾳ αὐτῶν πρὸς τὸν θεόν.

- 16 -

1 ἐμοῦ δὲ τοῦτο ποιοῦντος ἐν  τοῖς ἑπτὰ ἔτεσιν μετὰ τὸ τὸν
ἄγγελον ὑποδεῖξαί μοι,

2 εἶτα τὸ εἰληφέναι  τὴν ἐξουσίαν  τὸν Σατανᾶν, τότε
λοιπὸν ἀνηλεῶς κατῆλθεν

3 καὶ ἐφόλγισεν τὰς ἑπτὰ  χιλιάδας τῶν προβάτων τὰ ταγέντα
εἰς ἔνδυσιν τῶν  χηρῶν, καὶ τὰς  τρισχιλίας καμήλους καὶ
τὰς πεντακοσίας ὄνους καὶ  τὰ πεντακόσια ζεύγη τῶν βοῶν.

4 ταῦτα πάντα ἀνήλισκεν δι' ἑαυτοῦ καθ' ἣν εἴληφεν
ἐξουσίαν κατ' ἐμοῦ.

5 καὶ τὰ λοιπὰ τῶν κτηνῶν μου ᾐχμαλώτισται ὑπὸ τῶν
συμπολιτῶν μου τῶν

6 παρ' ἐμοῦ εὐεργετηθέντων,  νυνὶ δὲ ἐπανισταμένων μοι
καὶ ἀφαιρουμένων τὰ ὑπόλοιπα τῶν θρεμμάτων μου.

7 καὶ τῶν ὑπαρχόντων μοι  ἀνήγγειλάν μοι τὴν ἀπώλειαν, καὶ
ἐδόξασα τὸν θεὸν καὶ οὐκ ἐβλασφήμησα.

- 17 -

1 τότε ὁ  διάβολος ἐγνωκώς μου  τὴν καρδίαν κατεμηχανήσατό
με

2 καὶ μετασχηματισθεὶς  εἰς βασιλέα  τῶν Περσῶν  ἐπέστη τῇ
ἐμῇ πόλει, συναγαγὼν πάντας  τοὺς ἐν αὐτῇ πανούργους,

3 καὶ εἶπεν αὐτοῖς μετὰ ἀπειλῆς λέγων οὗτος ὁ ἀνὴρ
Ιωβαβ ὁ ἀναλώσας πάντα τὰ ἀγαθὰ τῆς γῆς καὶ μηδὲν
καταλιπών, ὁ διαδεδωκὼς τοῖς ἐπιδεομένοις  καὶ τυφλοῖς
καὶ χωλοῖς,

4 καὶ τὸν μὲν  ναὸν τοῦ μεγάλου  θεοῦ καθελὼν καὶ ἀφανίσας
τὸν τόπον τῆς σπονδῆς διὸ κἀγὼ ἀνταποδώσω αὐτῷ καθὰ
ἔπραξεν κατὰ τοῦ οἴκου τοῦ θεοῦ. συνέλθατε οὖν καὶ
σκυλεύσατε ἑαυτοῖς πάντα τὰ  ζῷα καὶ  ὅσα ἔχει  ἐπὶ τῆς
γῆς.

5 καὶ αὐτοὶ  ἀποκριθέντες εἶπον  αὐτῷ ἔχει  ἑπτὰ υἱοὺς καὶ
θυγατέρας τρεῖς μὴ ἄρα  καταφύγωσιν εἰς ἑτέρας χώρας καὶ
ἐντύχωσιν καθ' ἡμῶν ὡς  τυραννούντων, καὶ λοιπὸν
ἐπαναστάντες ἀποκτείνωσιν ἡμᾶς.

6 καὶ εἶπεν αὐτοῖς μὴ φοβηθῆτε ὅλως τὰ πλείονα τῶν
κτημάτων αὐτοῦ ἤδη ἀπώλεσα  ἐν πυρὶ τὰ ἄλλα ᾐχμαλώτευσα,
καὶ ἰδοὺ καὶ τὰ τέκνα αὐτοῦ ἀπόλωσε.

- 18 -

1 ταῦτα δὲ λέγων  αὐτοῖς ἀπῆλθεν καὶ  κατέβαλεν τὴν οἰκίαν
ἐπὶ τὰ τέκνα μου καὶ ἀνεῖλεν αὐτά

2 καὶ οἱ συμπολῖται ἰδόντες ὅτι ἀληθῶς γέγονεν τὰ
εἰρημένα, ἐπελθόντες ἐδίωξάν με καὶ πάντα τὰ ἐν τῇ
οἰκίᾳ μου ἥρπαζον

3 οἱ ἐμοὶ ὀφθαλμοὶ ἔβλεπον ἐπάνω τῶν τραπεζῶν μου καὶ
κραββάτων ἄνδρας εὐτελεῖς καὶ ἀτίμους

4 καὶ οὐκ ἠδυνάμην φθέγξασθαι  ἠτονημένος γὰρ ἤμην ὡς γυνὴ
παρειμένη τὰς ὀσφύας ἀπὸ τοῦ πλήθους τῶν ὠδίνων,

5 μνησθεὶς μάλιστα τοῦ προσεμμανθέντος  μοι πολέμου ὑπὸ τοῦ
κυρίου διὰ τοῦ ἀγγέλου αὐτοῦ καὶ τῶν ἐγκμάτων τῶν
λαληθέντων μοι

6 καὶ ἐγενόμην ὡς  θέλων εἰσβαλεῖν  εἰς πόλιν τινὰ ἰδεῖν
τὸν αὐτῆς πλοῦτον καὶ κληρονομεῖν μέρος τῆς δόξης
αὐτῆς,

7 καὶ ὡς φορτίον ἐμβαλλόμενος ἐν θαλασσίῳ πλοίῳ καὶ
μεσοπελαγίσας ἰδὼν τὴν τρικυμίαν  καὶ τὴν ἐναντίωσιν τῶν

ἀνέμων ἔρριψεν εἰς θάλασσαν τὸ φορτίον λέγων θέλω
ἀπολέσθαι τὰ πάντα, μόνον εἰσελθεῖν εἰς τὴν πόλιν
ταύτην ἵνα  κληρονομήσω τὰ  κρείττονα τῶν  σκευῶν καὶ τὸ
πλοῖον.

8 οὕτω κἀγὼ ἡγησάμην τὰ ἐμὰ  ἀντ' οὐδενὸς πρὸς ἐκείνην τὴν
πόλιν περὶ ἧς λελάληκέν μοι ὁ ἄγγελος.

- 19 -

1 ἐλθόντος δὲ τοῦ  ἐσχάτου ἀγγέλου καὶ  δηλώσαντός μοι τὴν
τῶν ἐμῶν  τέκνων ἀπώλειαν,  ἐταράχθην ἐν μεγάλῃ ταραχῇ

2 καὶ διέρρηξά μου τὰ ἱμάτια λέγων τῷ  ἀπαγγέλλοντι πῶς
οὖν σὺ ἐσώθης;

3 καὶ τότε ἐγὼ συνιδὼν τὸ γενόμενον ἀνεβόησα λέγων

4 ὁ κύριος ἔδωκεν,  ὁ κύριος ἀφείλατο  ὡς τῷ κυρίῳ ἔδοξεν,
οὕτως καὶ ἐγένετο εἴη τὸ ὄνομα κυρίου εὐλογημένον.

- 20 -

1 τῶν οὖν ὑπαρχόντων μοι πάντων ἀπολομένων ἔμαθεν ὁ
Σατανᾶς ὅτι οὐδὲν δύναταί με εἰς ὀλιγωρίαν τρέψαι

2 καὶ ἀπελθὼν ᾐτήσατο τὸ σῶμά μου παρὰ τοῦ κυρίου ἵνα
ἐπενέγκῃ μοι πληγήν

3 καὶ τότε παρέδωκέν με ὁ κύριος εἰς χεῖρας αὐτοῦ
χρήσασθαι τῷ  σώματί ὡς  ἠβούλετο, τῆς δὲ ψυχῆς μου οὐκ
ἔδωκεν αὐτῷ τὴν ἐξουσίαν

4 καὶ προσῆλθέν μοι καθημένῳ  ἐπὶ τὸν θρόνον καὶ πενθοῦντι
τὴν τῶν τέκνων μου ἀπώλειαν

5 καὶ ὁμοιώθη μεγάλῃ καταιγίδι καὶ τὸν θρόνον μου
κατέστρεψεν, καὶ ἐποίησεν τρεῖς  ὥρας ἐπὶ τὸν θρόνον μου
μὴ δυνηθεὶς ἐξελθεῖν

6 καὶ ἐπάταξέν με πληγὴν σκληρὰν ἀπὸ ποδῶν ἕως κεφαλῆς

7 καὶ ἐν μεγάλῃ ταραχῇ καὶ ἀδημονίᾳ ἐξῆλθον τὴν πόλιν,
καὶ καθεσθεὶς ἐπὶ τῆς κοπρίας

8 σκωληκόβρωτον τὸ σῶμά  μου εἶχον καὶ  συνέβρεχον τὴν γῆν
ἐκ τῆς ὑγρασίας  καὶ ἰχῶρες τοῦ  σώματος σκώληκες πολλοὶ
ἦσαν ἐν τῷ σώματί μου

9 καὶ εἴποτε ἀφήλατο  σκώληξ, ἦρον καὶ  κατηγγιζον εἰς τὸν
αὐτὸν τόπον λέγων παράμεινον ἐν τῷ αὐτῷ τόπῳ ἐν ᾧ
ἐτέθης ἄχρις οὗ ἐνταλθῇ ὑπὸ τοῦ κελεύσαντός σε.

- 21 -

1 καὶ  ἐποίησα ἔτη  τεσσαράκοντα ὀκτὼ ἐν τῇ  κοπρίᾳ ἐκτὸς
τῆς πόλεως ἐν ταῖς πληγαῖς ὥστε ἰδεῖν,

2 τέκνα μου τοῖς ἐμοῖς  ὀφθαλμοῖς τὴν  πρώτην μου γυναῖκα
ὑδροφοροῦσαν εἰς  οἶκον τινὸς  εὐσχήμονος ὡς παιδίσκην
ἕως ἂν λάβῃ ἄρτον καὶ προσενέγκῃ μοι

3 καὶ ἐγὼ κατανενυγμένος ἔλεγον ὦ τῆς ἀλαζονείας τῶν
ἀρχόντων τῆς πόλεως ταύτης πῶς  χρῶνται τῇ γαμετῇ μου ὡς
δουλίδι.

4 καὶ μετὰ ταῦτα ἀνελάμβανον λογισμὸν μακρόθυμον.

- 22 -

1 καὶ μετὰ ἕνδεκα ἔτη  καὶ αὐτὸν  τὸν ἄρτον  ἀφείλαντο μὴ
προσενεχθῆναί  μοι, μόλις  ἐπιτρέψαντες ἔχειν  αὐτὴν τὴν
ἰδίαν τροφήν

2 καὶ αὐτὴ λαμβάνουσα διεμέριζεν αὐτῇ τε καὶ ἐμοί,
λέγουσα μετ' ὀδύνης οὐαί μοι, τάχα οὔτε ἄρτου
χορτάζεται.

3 καὶ οὐκ ἐφείδετο ἐξελθεῖν  ἐν τῇ ἀγορᾷ προσαιτῆσαι ἄρτον
παρὰ τῶν ἀρτοπρατῶν  ἕως ἂν προσενέγκῃ  μοι καὶ φάγομαι.

- 23 -

1 καὶ ὁ Σατανᾶς τοῦτο γνοὺς μετεσχηματίσθη εἰς πράτην

2 καὶ ἐγένετο κατὰ συντυχίαν ἀπελθεῖν πρὸς αὐτὸν τὴν
γυναῖκά μου καὶ αἰτῆσαι  ἄρτον, νομίζουσα εἶναι αὐτὸν
ἄνθρωπον.

3 καὶ ὁ Σατανᾶς ἔλεγεν αὐτῇ  παράσχου τὸ τίμημα καὶ λάβε ὃ
θέλεις.

4 ἀποκριθεῖσα δὲ  αὐτῷ λέγει  πόθεν μοι  ἀργύριον; ἀγνοεῖς
τὰ συμβεβηκότα ἡμῖν πονηρά;

5 εἰ μὲν ἐλεεῖς ἐλέησον, εἰ δὲ μὴ σὺ ὄψει.

6 καὶ ἀπεκρίθη αὐτῇ  λέγων εἰ μὴ ἄξιοι  ἦτε τῶν κακῶν, οὐκ
ἂν ἀπελάβετε αὐτά

7 νῦν οὖν εἰ  μὴ ἔχεις ἐν χερσίν  σου ἀργύριον, ὑποθοῦ μοι
τὴν τρίχα τῆς κεφαλῆς  σου καὶ  λάβε τρεῖς  ἄρτους ἴσως
δυνήσεσθε ζῆσαι ἐν τρισὶν ἡμέρας.

8 τότε λέγει ἐν ἑαυτῇ  τί γάρ μοι ἡ  θρὶξ τῆς κεφαλῆς πρὸς
τὸν πεινοῦντα ἄνδρα μου;

9 καὶ  οὕτω καταφρονήσασα  τῆς  τριχὸς εἶπεν αὐτῷ ἀνάστα,
ἆρον αὐτήν.

10 τότε λαβὼν  ψαλίδα ἔκειρεν τὴν τρίχα  τῆς κεφαλῆς αὐτῆς
καὶ ἔδωκεν αὐτῇ τρεῖς ἄρτους πάντων βλεπόντων

11 ἡ δὲ λαβοῦσα ἦλθεν καὶ προσφέρει μοι καὶ ὁ Σατανᾶς
ἠκολούθει αὐτῇ ἐν τῇ ὁδῷ περιπατῶν κεκρυμμένως, καὶ
ἐπλαγίαζεν αὐτῆς τὴν καρδίαν.

- 24 -

1 ἅμα τε ἤγγισεν ἡ γυνή μου ἀνακράξασα μετὰ κλαυθμοῦ
λέγει μοι Ιωβ Ιωβ, ἄχρι τίνος  καθέζῃ ἐπὶ  τῆς κοπρίας
ἔξωθεν τῆς πόλεως λογιζόμενος ἔτι μικρὸν καὶ
ἐκδεχόμενος τὴν ἐλπίδα τῆς σωτηρίας σου;

2 καὶ ἐγὼ πλανῆτις καὶ  λάτρις τόπον ἐκ  τόπου περιερχομένη
διὸ ἀπώλετο ἀπὸ  γῆς τὸ μνημόσυνόν σου,  οἱ υἱοί μου καὶ
αἱ θυγατέρες τῆς  ἐμῆς κοιλίας  οὓς εἰς  κενὸν ἐκοπίασα
μετὰ μόχθων

3 σὺ δὲ αὐτὸς κάθη ἐν σαπρίᾳ σκωλήκων διανυκτερεύων
αἴθριος,

4 κἀγὼ πάλιν ἡ παναθλία ἐργαζομένη ἡμέρας  ὀδυνωμένη καὶ
ἐν νυκτὶ ἕως ἂν εὐπορήσασα ἄρτον προσενέγκω σοι

5 οὐκέτι γὰρ δὴ μόλις τὴν ἐμὴν τροφὴν λαμβάνω καὶ
διαμερίζω σοί τε καὶ ἐμοί,

6 ἐννοουμένη ἐν τῇ καρδίᾳ μου  ὅτι οὐκ ἄρκετόν εἶναί σε ἐν
πόνοις, ἀλλὰ καὶ μὴ ἐμπλήσκεσθαί σε τοῦ ἄρτου

7 ὥστε τολμῆσαί  με ἀναισχύντως  ἐξελθεῖν εἰς  τὴν ἀγοράν,

8 καὶ κατανύγομαι ἐν τῇ καρδίᾳ μου ὅτι οὐκ ἄρκετον
πράττειν+ δὸς τὸ ἀργύριον καὶ λήψει.

9 καὶ ἐμὲ δὲ δεῖξαι τὴν ἀπορίαν ἡμῶν αὐτῷ καὶ ἀκοῦσαι
παρ' αὐτοῦ εἰ μὴ ἔχεις, ὦ γύναι, ἀργύριον, παράσχου τὴν
τρίχα τῆς κεφαλῆς σου καὶ λάμβανε τρεῖς ἄρτους ἴσως

ζήσεσθε ἐν τρισὶν ἡμέραις.
10 κἀγὼ ἐκκακήσασα εἶπον αὐτῷ ἀναστὰς κεῖρόν με. καὶ οὕτως
   ἀναστὰς μετὰ ψαλίδος ἀτίμως ἔκειρέν μου τὴν τρίχα ἐν τῇ
   ἀγορᾷ παρεστῶτος ὄχλου καὶ θαυμάζοντος.
   - 25 -
1 τίς οὐκ ἐξεπλάγη ὅτι αὕτη ἐστίν Σίτιδος ἡ γυνὴ τοῦ Ἰώβ,
2 ἥτις εἶχεν σκεπάζοντα αὐτῆς τὸ καθεστήριον βῆλα
   δεκατέσσαρα, καὶ θύραν ἔνδοθεν θυρῶν ἕως ἂν ὅλως
   καταξιωθῇ τις εἰσαχθῆναι πρὸς αὐτήν;
3 νυνὶ καταλλάσσει τὴν τρίχα αὐτῆς ἀντὶ ἄρτων.
4 ἧς αἱ κάμηλοι γεγομωμέναι ἀγαθῶν ἀπέφερον εἰς τὰς χώρας
   τοῖς πτωχοῖς, ὅτι νῦν ἀντιδίδωσιν τὴν τρίχα αὐτῆς ἀντὶ
   ἄρτων.
5 ἴδε ἡ ἔχουσα ἑπτὰ τραπέζας ἀκινήτους ἐπὶ τῆς οἰκίας,
   εἰς ἃς ἤσθιον οἱ πτωχοὶ καὶ πᾶς ξένος, ὅτι νῦν
   καταπιπράσκει τὴν τρίχα ἀντὶ ἄρτων.
6 βλέπε τίς εἶχεν τὸν νιπτῆρα τῶν ποδῶν χρυσοῦ καὶ
   ἀργύρου, νυνὶ δὲ ποσὶν βαδίζει ἐπὶ ἐδάφους, ἀλλὰ καὶ
   τὴν τρίχα ἀντικαταλλάσσει ἀντὶ ἄρτων.
7 ἴδε ὅτι αὕτη ἐστὶν ἥτις εἶχεν τὴν ἔνδυσιν ἐκ βύσσου
   ὑφασμένην σὺν χρυσῷ, νῦν δὲ φορεῖ ῥακκώδη καὶ
   ἀντικαταλλάσσει τὴν τρίχα ἀντὶ ἄρτων.
8 βλέπε τὴν τοὺς κραββάτους χρυσοῦς καὶ ἀργυρέους
   ἔχουσαν, νυνὶ δὲ πιπράσκουσαν τὴν τρίχα ἀντὶ ἄρτων.
9 ἀπαξαπλῶς, Ἰώβ, Ἰώβ, πολλῶν ὄντων τῶν εἰρημένων,
   συντόμως λέγω σοι
10 ἐπὶ ἀσθενείᾳ τῆς καρδίας μου συνετρίβη μου τὰ ὀστᾶ
   ἀνάστηθι σύ, λαβὼν τοὺς ἄρτους χορτάσθητι, καὶ εἰπόν τι
   ῥῆμα πρὸς κύριον καὶ τελεύτα καὶ ἐγὼ δὲ ἀπαλλαγήσομαι
   ἀκηδίας διὰ πόνου σου τοῦ σώματος.
   - 26 -
1 καὶ ἐγὼ ἀπεκρίθην αὐτῇ ἰδοὺ ἐγὼ δέκα ἑπτὰ ἔτη ἔχω ἐν
   ταῖς πληγαῖς, ὑφιστάμενος τοὺς σκώληκας τοὺς ἐν τῷ
   σώματί μου
2 καὶ οὐκ ἐβαρήθη ἡ ψυχή μου διὰ τοὺς πόνους ὅσον διὰ τὸ
   ῥῆμα ὃ εἶπας ὅτι εἰπόν τι ῥῆμα πρὸς κύριον καὶ τελεύτα.
3 ὅλως καὶ ταῦτα ὑποφέρω καὶ ὑποφέρεις καὶ τὴν τῶν τέκνων
   ἡμῶν ἀπώλειαν καὶ τῶν ὑπαρχόντων +βουλόμενος+ ἡμᾶς
   λαλῆσαί τι πρὸς κύριον, ἵνα ἀπαλλοτριωθῶμεν τοῦ μεγάλου
   πλούτου;
4 διὰ τί δὲ οὐκ ἀνεμνήσθης τῶν μεγάλων ἐκείνων ἀγαθῶν ἐν
   οἷς ὑπήρχομεν; εἰ οὖν τὰ ἀγαθὰ ἐδεξάμεθα ἐκ χειρὸς
   κυρίου τὰ κακὰ πάλιν οὐχ ὑπομένομεν;
5 ἀλλὰ μακροθυμήσωμεν ἕως ἂν ὁ κύριος σπλαγχνισθεὶς
   ἐλεήσῃ ἡμᾶς.
6 ἆρα σὺ οὐχ ὁρᾷς τὸν διάβολον ὄπισθέν σου στήκοντα καὶ
   ταράσσοντα τοὺς διαλογισμούς σου, ὅπως καὶ ἐμὲ ἀπατήσῃ;
   βούλεται γάρ σε δεῖξαι ὥσπερ μίαν τῶν ἀφρόνων γυναικῶν
   τῶν πλανησάντων τὴν ἑαυτῶν ἀνδρῶν τὴν ἁπλότητα.
   - 27 -
1 ἐγὼ δὲ πάλιν στραφεὶς πρὸς τὸν Σατανᾶν εἶπον, ὄπισθεν
   ὄντα τῆς γυναικός μου ἐλθὲ ἐπὶ τὰ ἔμπροσθεν, παῦσαι
   κρυπτόμενος μὴ ὁ λέων τὴν ἰσχὺν δείκνυσιν ἐν γαλεάγρᾳ;
   μὴ τὸ πετεινὸν ἀνίπταται τυγχάνων ἐν τῷ καρτάλῳ;
   ἐξελθὼν πολέμησόν με.
2 τότε ἐξόπισθεν τῆς γυναικός μου ἐξῆλθεν καὶ σταθεὶς
   ἔκλαυσεν λέγων ἴδε, Ἰώβ, διαφωνῶ καὶ ὑποχωρῶ σοι
   σαρκίνῳ ὄντι, ἐγὼ δέ εἰμι πνεῦμα σὺ μὲν ἐν πληγῇ
   ὑπάρχεις, ἐγὼ εἰμι ἐν ὀχλήσει μεγάλῃ
3 ἐγένου γὰρ ὃν τρόπον ἀθλητὴς μετὰ ἀθλητοῦ, καὶ εἰς τὸν
   ἕνα κατέρραξαν καὶ ὁ μὲν ἐπάνω τὸν ὑποκάτω ἐφίμωσεν
   πλήσας τὸ στόμα αὐτοῦ ἄμμου
4 καὶ πᾶν μέλος συγκλάσας ὑποκάτω αὐτοῦ ὄντος, καὶ
   ἐνέγκαντος αὐτοῦ τὴν καρτερίαν καὶ μὴ διαφωνήσαντος
   μέγα ἐφώνησεν ἀκμὴν ὁ ἐπάνω.
5 οὕτω καὶ σύ, Ἰώβ, ὑποκάτω ἧς καὶ ἐν πληγῇ, ἀλλʼ
   ἐνίκησας τὰ παλαιστρικά μου ἃ ἐπήγαγόν σοι.
6 τότε καταισχυνθεὶς ὁ Σατανᾶς ἀνεχώρησεν ἀπʼ ἐμοῦ ἐν
   τρισὶν ἔτεσιν.
7 νῦν οὖν τέκνα μου μακροθυμήσατε καὶ ὑμεῖς ἐν παντὶ
   συμβαίνοντι ὑμῖν ὅτι κρεῖττών ἐστιν παντὸς ἡ
   μακροθυμία.
   - 28 -
1 καὶ ὅτε ἐπλήρωσα εἴκοσι ἔτη τυγχάνων ἐν τῇ πληγῇ,
2 καὶ ἤκουσαν οἱ βασιλεῖς τὰ συμβεβηκότα μοι, ἀναστάντες
   ἦλθον πρός με ἕκαστος ἐκ τῆς ἰδίας χώρας ὅπως
   ἐπισκεψάμενοι παραμυθήσονται με
3 ἡνίκα δὲ ἤγγισαν μακρόθεν, οὐκ ἐπεγίνωσκόν με κράξαντες
   δὲ ἔκλαυσαν, ῥήξαντες τὴν ἑαυτῶν στολὴν καὶ
   καταπασάμενοι γῆν
4 παρεκάθισάν μοι ἑπτὰ ἡμέρας καὶ ἑπτὰ νύκτας καὶ οὐθεὶς
   αὐτῶν λελάληκέν μοι,
5 καὶ οὐχὶ μακροθυμοῦντες ἔμειναν μὴ λαλοῦντες ἀλλʼ
   ἐπειδὴ ᾔδεισάν με πρὸ τούτων τῶν κακῶν ἐν πολλῷ πλούτῳ
   ὄντα, καὶ γὰρ ὅτε ἠρξάμην αὐτοῖς ἀναφέρειν τοὺς
   πολυτελεῖς λίθους, ἀπεθαύμαζον καὶ τύπτοντες τὰς χεῖρας
   ἔλεγον ὅτι ἡμῶν τῶν τριῶν βασιλέων τὰ χρήματα, ἐὰν
   συναχθῇ εἰς ἓν ἐπὶ τὸ αὐτό, οὐ μὴ ἀναλογήσῃ τοὺς λίθους
   τοὺς ἐνδόξους τῆς βασιλείας σου.
6 εὐγενέστερος γὰρ ἤμην τῶν ἀφʼ ἡλίου ἀνατολῶν.
7 ὁπηνίκα δὲ ἦλθον εἰς τὴν Αὐσιτίδα ἐρωτήσαντες ἐν τῇ
   πόλει ποῦ Ἰώβαβ ὁ τῆς Αἰγύπτου ὅλης βασιλεύων; καὶ
   ἐμήνυσαν αὐτοῖς περὶ ἐμοῦ ὅτι
8 κάθηται ἐπὶ τῆς κοπρίας ἔξω τῆς πόλεως ἔχει γὰρ εἴκοσι
   ἔτη μὴ ἀνελθὼν ἐν τῇ πόλει.
9 πάλιν ἠρώτησαν περὶ τῶν ὑπαρχόντων μου καὶ ἐδηλώθη
   αὐτοῖς τὰ συμβεβηκότα μοι.
   - 29 -
1 καὶ ἀκούσαντες ἐξῆλθον τὴν πόλιν ἅμα τοῖς πολίταις καὶ
   οἱ μὲν πολῖταί μου ὑπέδειξάν με αὐτοῖς,
2 οἱ δὲ ἀντέτειναν λέγοντες μὴ εἶναί με τὸν Ἰώβαβ.
3 ἀπαξαπλῶς ἔτι ἀμφιβαλλόντων, στραφεὶς πρός με Ἐλιφᾶς ὁ

---

τῶν Θεμανῶν βασιλεὺς εἶπεν σὺ εἶ Ἰώβαβ ὁ συμβασιλεὺς
ἡμῶν;
4 ἐγὼ δὲ κλαύσας κατεπασάμην γῆν ἐπὶ τῆς κεφαλῆς μου καὶ
   κινήσας αὐτὴν ἐδήλωσα αὐτοῖς ὅτι ἐγώ εἰμι.
   - 30 -
1 ἰδόντες δέ με κινοῦντα τὴν κεφαλήν μου κατέπεσαν εἰς
   τὴν γῆν ἐκλυθέντες
2 καὶ ταραχθέντων τῶν στρατευμάτων αὐτῶν βλεπόντων τοὺς
   τρεῖς βασιλεῖς κατερρημμένους ἐν τῇ γῇ ἐπὶ ὥρας τρεῖς
   ὡσεὶ νεκρούς,
3 τότε ἀναστάντες συνελάλουν ἀλλήλοις ὅτι οὗτός ἐστιν.
4 καὶ λοιπὸν ἐκάθισαν ἐν ταῖς ἑπτὰ ἡμέραις διακρίνοντες
   τὰ κατʼ ἐμέ, διαλογιζόμενοι τὰ κτήνη καὶ τὰ ὑπάρχοντά
   μου λέγοντες
5 μὴ οὐκ οἴδαμεν τὰ πολλὰ ἀγαθὰ τὰ ἀποστελλόμενα ὑπʼ
   αὐτοῦ εἰς τὰς κώμας καὶ εἰς τὰς κύκλῳ πόλεις
   διαδίδοσθαι τοῖς πτωχοῖς, παρεκτὸς τῶν ἐν τῇ οἰκίᾳ
   αὐτοῦ ἐρρημένων; πῶς οὖν νῦν εἰς τὴν τοσαύτην νεκρότητα
   κατέπεσεν;
   - 31 -
1 ἐγένετο δὲ μετὰ τὰς ἑπτὰ ἡμέρας οὕτως διαλογιζομένους,
   ἀποκριθεὶς Ἐλιοὺς εἶπεν τοῖς συμβασιλεῦσιν
   προσεγγίσωμεν αὐτῷ καὶ ἐξετάσωμεν αὐτὸν ἀκριβῶς εἰ ὅλως
   αὐτός ἐστιν ἢ οὔ.
2 οἱ δὲ μακρὰ μου ὄντες ὡς ἥμισυ σταδίου διὰ τὴν δυσωδίαν
   τοῦ σώματός μου ἀναστάντες προσήγγισάν μοι ἔχοντες
   εὐωδίας ἐν ταῖς χερσὶν αὐτῶν,
3 συνόντων αὐτοῖς τῶν στρατιωτῶν αὐτῶν καὶ θυμίαμα
   βαλλόντων μοι κυκλόθεν, ἵνα δυνηθῶσιν προσεγγίσαι μοι
4 καὶ ἐποίησαν τρεῖς ἡμέρας χορηγοῦντες τὰ θυμιάματα
5 καὶ ὅτε πλησίον μου ἐγένοντο, ἀποκριθεὶς Ἐλιοὺς εἶπέν
   μοι σὺ εἶ Ἰώβαβ ὁ συμβασιλεὺς ἡμῶν; σὺ εἶ ὁ τότε ἔχων
   τὴν μεγάλην δόξαν; σὺ εἶ ὁ ὡς ὁ ἥλιος τῆς ἡμέρας ἐν
   πάσῃ τῇ γῇ; σὺ εἶ ὁ ὡς ἡ σελήνη καὶ οἱ ἀστέρες οἱ ἐν τῷ
   μεσονυκτίῳ φαίνοντες;
6 καὶ εἶπον αὐτῷ ἐγώ εἰμι.
7 καὶ οὕτως κλαύσας κλαυθμὸν μέγαν σὺν θρήνῳ βασιλικῷ
   ἀνεφώνησεν
8 ὑποφωνούντων καὶ τῶν ἄλλων βασιλέων καὶ τῶν
   στρατευμάτων αὐτῶν.
   - 32 -
1 ἀκούσατε οὖν τοῦ κλαυθμοῦ τοῦ Ἐλιοὺς ὑποδεικνύοντος τοῖς
   πᾶσιν τὸν πλοῦτον τοῦ Ἰώβ.
2 σὺ εἶ ὁ τὰ ἑπτακισχίλια πρόβατα ἐκτάξας εἰς τὴν τῶν
   πτωχῶν ἔνδυσιν ποῦ οὖν τυγχάνει ἡ δόξα τοῦ θρόνου σου;
   σὺ εἶ ὁ τὰς τρισχιλίας καμήλους ἐκτάξας εἰς μεταφορὰν
   τῶν ἀγαθῶν τοῖς πένησιν ποῦ οὖν τυγχάνει ἡ δόξα τοῦ
   θρόνου σου;
3 σὺ εἶ ὁ τὰς χιλίας βοῦς ἐκτάξας τοῖς πένησιν εἰς
   ἀροτρίαν ποῦ οὖν τυγχάνει ἡ δόξα τοῦ θρόνου σου;
4 σὺ εἶ ὁ τοὺς χρυσέους κραββάτους ἔχων, νυνὶ δὲ
   καθήμενος ἐπὶ κοπρίας ποῦ νῦν τυγχάνει ἡ δόξα τοῦ
   θρόνου σου;
5 σὺ εἶ ὁ τὸν θρόνον ἐκ λίθων πολυτελῶν ἔχων, νυνὶ δὲ ἐν
   σποδῷ καθήμενος ποῦ νῦν τυγχάνει ἡ δόξα τοῦ θρόνου σου;
6 τίς γὰρ κατὰ σὲ ἐν μέσῳ τῶν τέκνων σου; ὡς γὰρ φυτὸν ἧς
   εὐώδους μήλου συνανθῶν ποῦ νῦν τυγχάνει ἡ δόξα τοῦ
   θρόνου σου;
7 σὺ εἶ ὁ τὰς ἱδρυμένας ἑξήκοντα τραπέζας τοῖς πτωχοῖς
   στηρίξας ποῦ νῦν τυγχάνει ἡ δόξα τοῦ θρόνου σου;
8 σὺ εἶ ὁ τὰ θυμιατήρια τῆς εὐώδους ἐκκλησίας ἔχων, νυνὶ
   ἐν δυσωδίᾳ ὑπάρχεις
9 σὺ εἶ ὁ τοὺς χρυσέους λύχνους ἐπὶ τὰς ἀργυρᾶς λυχνίας
   ἔχων, νυνὶ δὲ προσδοκᾷς τὴν φαῦσιν τῆς σελήνης ποῦ οὖν
   τυγχάνει ἡ δόξα τοῦ θρόνου σου;
10 σὺ εἶ ὁ τὸ ἄλειμμα ἔχων ἐκ τοῦ λιβάνου, νυνὶ δὲ ἐν
    ἀπορίᾳ ὢν ποῦ οὖν τυγχάνει ἡ δόξα τοῦ θρόνου σου;
11 σὺ εἶ ὁ καταγελάσας τῶν ἀδικούντων καὶ ἁμαρτανόντων,
    νυνὶ δὲ ἐγένου εἰς χλεύην ποῦ νῦν τυγχάνει ἡ δόξα τοῦ
    θρόνου σου;
12 σὺ εἶ Ἰώβ ὁ τὴν μεγάλην δόξαν ἔχων ποῦ νῦν τυγχάνει ἡ
    δόξα τοῦ θρόνου σου;
    - 33 -
1 τοῦ δὲ Ἐλιοὺς μακρύναντος τὸν κλαυθμὸν ὑποφωνούντων αὐτῷ
   τῶν συμβασιλέων ὥστε γενέσθαι μεγάλην ταραχήν,
2 καὶ καταπαυσάσης τῆς κραυγῆς εἶπεν τοῖς πᾶσιν Ἰὼβ σιωπήσατε
   νῦν ὑποδείξω ὑμῖν τὸν θρόνον μου καὶ τὴν δόξαν καὶ τὴν
   εὐπρέπειαν τὴν οὖσαν ἐν τοῖς ἁγίοις.
3 ἐμοῦ ὁ θρόνος ἐν τῷ ὑπερκοσμίῳ ἐστίν, καὶ ἡ τούτου δόξα
   καὶ ἡ εὐπρέπεια ἐκ δεξιῶν τοῦ πατρός ἐστιν.
4 ὁ κόσμος ὅλος παρελεύσεται καὶ ἡ δόξα αὐτοῦ φθαρήσεται
   καὶ οἱ προσέχοντες αὐτῷ ἔσονται ἐν τῇ καταστροφῇ αὐτοῦ.
5 ἐμοὶ δὲ ὁ θρόνος ὑπάρχει ἐν τῇ ἁγίᾳ γῇ καὶ ἡ δόξα αὐτοῦ
   ἐν τῷ αἰῶνί ἐστιν τοῦ ἀπαραλλάκτου.
6 οἱ μὲν ποταμοὶ ξηρανθήσονται καὶ τὸ γαυρίαμα τῶν
   κυμάτων αὐτῶν καταβαίνει εἰς τὰ βάθη τῆς ἀβύσσου.
7 οἱ δὲ ποταμοὶ τῆς ἐμῆς γῆς ἐν οἷς ὁ θρόνος μου οὐ
   ξηραίνονται οὐδὲ ἀφανισθήσονται, ἀλλʼ ἔσονται εἰς τὸ
   διηνεκές.
8 οὗτοι οἱ βασιλεῖς παρελεύσονται καὶ οἱ ἡγεμόνες
   παρέρχονται, ἡ δὲ δόξα καὶ τὸ καύχημα αὐτῶν ἔσονται ὡς
   ἔσοπτρον.
9 ἐμοὶ δὲ ἡ βασιλεία εἰς αἰῶνας αἰώνων, καὶ ἡ δόξα καὶ ἡ
   εὐπρέπεια αὐτῆς ἐν τοῖς ἅρμασιν τοῦ πατρός ὑπάρχει.
   - 34 -
1 καὶ ἐμοῦ ταῦτα λέγοντος πρὸς αὐτοὺς ἵνα σιωπήσωσιν,
2 ὀργισθεὶς Ἐλιφᾶς εἶπεν τοῖς ἄλλοις φίλοις τί χρήσιμον
   ὅτι ἤλθομεν ἐνταῦθα σὺν τοῖς στρατεύμασιν ἵνα
   παραμυθησώμεθα αὐτόν;
3 καὶ ἰδοὺ αὐτὸς προσεγκαλεῖ ἡμῖν διὸ ἀναχωρήσωμεν εἰς
   τὰς ἰδίας χώρας
4 αὐτὸς ἐν ταλαιπωρίᾳ σκωλήκων κάθηται καὶ δυσωδίαις, καὶ

    ἀκμὴν ἐπαίρεται καθ᾽ ἡμῶν βασιλεῖαι παρέρχονται καὶ αἱ
ἡγεμονίαι αὐτῶν καὶ ἰδοὺ ἡμῖν, φησίν, ἔσται ἕως αἰῶνος.
5 ἀναστὰς δὲ ἐν μεγάλῃ ταραχῇ Ελιφας ἔκλινεν ἀπ᾽ αὐτῶν ἐν
μεγάλῃ λύπῃ λέγων ἐγὼ πορεύσομαι
6 ἐληλύθαμεν γὰρ ἵνα παραμυθησώμεθα αὐτὸν καὶ ἀκμὴν
κατέλυσεν ἡμᾶς ἀπέναντι τῶν στρατιωτῶν ἡμῶν.
- 35 -
1 τότε Βαλδαδ ἐκράτησεν αὐτὸν λέγων ὅτι οὐχ οὕτως δεῖ
λαλῆσαι ἀνθρώπῳ πενθοῦντι, οὐ μόνον ἀλλὰ καὶ ἐν πληγαῖς
πολλαῖς ὄντι
2 ἰδοὺ ἡμεῖς ὅλως ὑγιαίνοντες οὐκ ἰσχύσαμεν προσεγγίσαι
αὐτῷ διὰ τὴν δυσωδίαν εἰ μὴ διὰ πλείονος εὐωδίας
3 σὺ ὅλως, Ελιφα, ἀμνημονεῖς πῶς ἐγένου νοσήσας ἐν ταῖς
δυσὶν ἡμέραις;
4 νῦν οὖν μακροθυμήσωμεν ἵνα γνῶμεν ἐν τίνι ἐστὶν μήτι
ἄρα ἐξέστη αὐτοῦ ἡ καρδία, μήτι ἄρα μνήσκεται αὐτοῦ τῆς
εὐδαιμονίας τῆς προτέρας, καὶ ἐμάνη κατὰ ψυχήν;
5 τίς γὰρ οὐκ ἂν ἐκπλαγείη καὶ μανῇ ὑπάρχων ἐν πληγαῖς;
6 ἀλλ᾽ ἔασόν με προσεγγίσαι αὐτῷ, καὶ γνώσομαι ἐν τίνι
ἐστίν.
- 36 -
1 τότε ἐγερθεὶς ὁ Βαλδαδ προσήγγισέν μοι λέγων σὺ εἶ Ιωβ;
καὶ εἶπον αὐτῷ ναί.
2 καὶ εἶπεν ἆρα ἐν τῷ καθεστηκότι ἡ καρδία σου;
3 κἀγὼ εἶπον ὅτι ἐν μὲν τοῖς γηίνοις οὐ συνέστηκεν, ἐπεὶ
ἀκατάστατος ἡ γῆ καὶ οἱ ἐνοικοῦντες ἐν αὐτῇ ἐν δὲ τοῖς
ἐπουρανίοις συνέστηκεν ἡ καρδία μου διότι οὐχ ὑπάρχει
ἐν οὐρανῷ ταραχή.
4 ὑπολαβὼν δὲ Βαλδαδ λέγει ὅτι μὲν γινώσκομεν τὴν γῆν
ἀκατάστατον οὖσαν, ἐπεὶ γὰρ κατὰ καιρὸν ἀλλοιοῦται
ἐνίοτε εὐθύνεται, ἐνίοτε δὲ εἰρηνεύει, ἔσθ᾽ ὅτε καὶ
πολεμεῖται
5 περὶ δὲ τοῦ οὐρανοῦ ἀκούομεν ὅτι εὐσταθεῖ. ἀλλ᾽ εἰ
ἀληθῶς ἐν τούτῳ τυγχάνεις, ἐρωτήσω σε λόγον,
6 καὶ ἐὰν ἀποκριθῇς μοι πρὸς τὸ πρῶτον νουνεχῶς, ἐρωτήσω
σε ἐν τῷ δευτέρῳ καὶ ἐὰν ἀποκριθῇς μοι εὐσταθῶς, δῆλον
ὅτι γνωσόμεθα ὅτι ἡ καρδία σου οὐκ ἐξίσταται.
- 37 -
1 καὶ πάλιν εἶπεν ἐπὶ τίνος σὺ ἐλπίζεις;
2 καὶ ἐγὼ εἶπον ἐπὶ τῷ θεῷ τῷ ζῶντι.
3 καὶ πάλιν εἶπέν μοι τίς ἀφείλατο τὰ ὑπάρχοντά σου ἢ
ἐπήνεγκέν σοι τὰς πληγὰς ταύτας;
4 καὶ ἐγὼ εἶπον ὅτι ὁ θεός.
5 καὶ πάλιν ὑπολαβὼν εἶπεν πρός με ἐπὶ τῷ θεῷ ἐλπίζεις;
πῶς οὖν, ἀδικῆσαι κρίνων; ἐπενεγκὼν σοι τὰς πληγὰς
ταύτας ἢ ἀφελόμενός σου τὰ ὑπάρχοντα.
6 εἰ ἐδίδου καὶ ἀφείλατο, ἐχρῆν αὐτὸν ὅλως μὴ δεδωκέναι
τι οὐδέποτε βασιλεὺς ἀτιμάσει στρατιώτην ἴδιον καλῶς
αὐτῷ δορυφοροῦντα ἢ τίς ποτε καταλήψεται τὰ βάθη τοῦ
κυρίου καὶ τῆς σοφίας αὐτοῦ, ἢ κατατολμᾷ τις προσάπτειν
τῷ κυρίῳ ἀδίκημα;
7 ἀποκρίνού μοι, Ιωβ, πρὸς ταῦτα.
8 καὶ πάλιν λέγω σοι, εἰ ἐν τῷ καθεστηκότι ὑπάρχεις,
δεῖξον, εἰ ἔστιν σοι φρόνησις, διὰ τί ἥλιον μὲν ὁρῶμεν
ἀνατέλλοντα ἐν ἀνατολαῖς, δύνοντα δὲ ἐν τῇ δύσει, καὶ
πάλιν ἀνιστάμενοι κατὰ πρωὶ εὑρίσκομεν τὸν αὐτὸν ἐν
ἀνατολαῖς ἀνατέλλοντα; νουθέτησόν με πρὸς ταῦτα εἰ σὺ
εἶ ὁ θεράπων τοῦ θεοῦ.
- 38 -
1 καὶ ἐγὼ πρὸς ταῦτα εἶπον ἔστιν μὲν φρόνησις ἐν ἐμοί,
καὶ συνέστηκεν ἡ καρδία μου διὰ τί οὖν μὴ λαλήσω τὰ
μεγαλεῖα τοῦ κυρίου; ἢ ὅλως ἂν πταίσῃ μου τὸ στόμα εἰς
τὸν δεσπότην; μὴ γένοιτο
2 τίνες γὰρ ἐσμὲν πολυπραγμονοῦντες τὰ οὐράνια σάρκινοι
ὄντες, ἔχοντες τὴν μερίδα ἐν γῇ καὶ σποδῷ;
3 ἵνα οὖν γνῶτε ὅτι συνέστηκεν ἡ καρδία μου ἀκούσατε ὃ
ἐπερωτῶ ὑμᾶς. διὰ στόματος ἡ τροφὴ εἰσέρχεται, καὶ
πάλιν τὸ ὕδωρ διὰ τοῦ αὐτοῦ στόματος πίνεται καὶ
πέμπεται ἐν τῇ αὐτῇ φάρυγγι ὅταν δὲ καταβῇ τὰ δύο εἰς
τὸν ἀφεδρῶνα, τότε ἀφορίζεται ἀπ᾽ ἀλλήλων. τίς οὖν
ταῦτα διαχωρίζει;
4 εἶπεν δὲ ὁ Βαλδαδ ἀγνοῶ.
5 ἐγὼ πάλιν ὑπολαβὼν εἶπον αὐτῷ εἰ οὖν τὴν τοῦ σώματος
πορείαν οὐ καταλαμβάνεις, πῶς τὰ ἐπουράνια καταλήψει;
6 ὑπολαβὼν δὲ καὶ Σοφαρ εἶπεν οὐχὶ τὰ ὑπὲρ ἡμᾶς
ἐρευνῶμεν, ἀλλὰ βουλόμεθα γνῶναι εἰ ἐν τῷ καθεστῶτι
ὑπάρχεις, καὶ ἰδοὺ ἀληθῶς ἔγνωμεν ὅτι ἡ σύνεσίς σου οὐκ
ἠλλοίωται
7 τί οὖν βούλει ἡμᾶς ἐν σοὶ διαπράξασθαι; ἰδοὺ γὰρ
(ἐ)πάρωμεν μεθ᾽ ἑαυτῶν τοὺς ἰατροὺς τῶν τριῶν βασιλειῶν
ἡμῶν καὶ βούλει θεραπευθῆναι ὑπ᾽ αὐτῶν; ἴσως ἀναπαύσει.
8 ἀποκριθεὶς δὲ εἶπον ἡ ἐμὴ ἴασις καὶ ἡ ἐμὴ θεραπεία παρὰ
κυρίου ἐστίν, τοῦ καὶ τοὺς ἰατροὺς κτίσαντος.
- 39 -
1 ἐμοῦ ταῦτα πρὸς αὐτοὺς λέγοντος, ἦλθεν ἡ γυνή μου
Σιτιδος ἐν ἱματίοις ῥακκώδεις,
2 ἀποδράσασα ἐκ τῆς τοῦ οἰκοδεσπότου δουλείας ᾧ
ἐδούλευεν, ἐπεὶ ἐκωλύετο ἐξελθεῖν ἵνα μὴ ἰδόντες οἱ
συμβασιλεῖς ἁρπάσωσιν αὐτήν
3 ὅτε οὖν ἦλθεν, ἔρριψεν ἑαυτὴν παρὰ τοὺς πόδας αὐτῶν,
καὶ κλαίουσα ἔλεγεν
4 μνήσθητί μου ὁ Ελιφας καὶ οἱ δύο φίλοι σου, ὅτι ὁποία
τις ἤμην μεθ᾽ ὑμῶν, καὶ πῶς ἐστολιζόμην.
5 νυνὶ δὲ ὁρᾶτε τὴν προέλευσίν μου ἢ τί ἐνδύομαι.
6 τότε κλαύσαντες κλαυθμὸν μέγαν, γενόμενοι ἐν διπλῇ
ἀκηδίᾳ ἐσιώπησαν,
7 ὡς τὸν Ελιφαν ἄραντα τὴν πορφυρίδα αὐτοῦ περιρῆξαι καὶ
περιβαλεῖν τὴν γυναῖκά μου.
8 ἡ δὲ ἐδεῖτο αὐτῶν λέγουσα παρακαλῶ, κελεύσατε τοῖς
στρατιώταις ὑμῶν ἵνα σκάψωσιν τὴν πτῶσιν τῆς οἰκίας τῆς
ἐπιπεσούσης τοῖς τέκνοις μου ἵνα καὶ τὰ ὀστᾶ αὐτῶν
ἀσφαλίσασθαι ἐπὶ μνήμης,

9 ἐπεὶ ἡμεῖς οὐκ ἰσχύσαμεν διὰ τὰ ἀναλώματα ὅπως θεάσωμεν
κἂν τὰ ὀστᾶ αὐτῶν.
10 μὴ ἄρα θηρίου ἐγὼ ἢ κτηνώδη γαστέρα ἔχω, ὅτι τὰ τέκνα
μου δέκα τέθνηκεν, καὶ οὐδένα αὐτῶν κεκήδευκα;
11 καὶ οἱ μὲν ἀπῆλθον εἰς τὸ σκάπτειν, ἐγὼ δὲ ἐκώλυσα
λέγων μὴ κάμητε εἰκῇ,
12 οὐ γὰρ εὑρήσετε τὰ παιδία μου ἐπειδὴ ἀνελήφθησαν εἰς
οὐρανοὺς ὑπὸ τοῦ δημιουργοῦ αὐτῶν τοῦ βασιλέως.
13 τότε πάλιν ἀποκριθέντες εἶπάν μοι τίς πάλιν οὐκ ἐρεῖ
ὅτι ἐξέστηκεις καὶ μαίνει, εἶπας ὅτι ἀνελήφθη τὰ τέκνα
μου εἰς τὸν οὐρανόν; διὸ ἔκφανον ἡμῖν τὸ ἀληθές.
- 40 -
1 ἐγὼ δὲ ὑπολαβὼν εἶπον αὐτοῖς ἐγείρατέ με ἵνα σταθῶ. οἱ
δὲ ἤγειράν με ἑκατέρωθεν τοὺς βραχίονάς μου
ὑποστηρίζοντες
2 καὶ τότε σταθεὶς ἐξωμολογησάμην πρὸς τὸν πατέρα.
3 καὶ μετὰ τὴν εὐχὴν εἶπον αὐτοῖς ἀναβλέψατε τοῖς
ὀφθαλμοῖς πρὸς ἀνατολὴν καὶ ἴδετε τὰ τέκνα μου
ἐστεφανωμένα παρὰ τῇ δόξῃ τοῦ ἐπουρανίου.
4 ἰδοῦσα δὲ τότε Σιτιδος ἡ γυνή μου κατέπεσεν ἐπὶ τὴν γῆν
προσκυνοῦσα καὶ εἶπεν νῦν ἔγνων ὅτι ὑπάρχει μοι
μνημόσυνον παρὰ κυρίου ἀναστήσομαι δὴ καὶ εἰσελεύσομαι
εἰς τὴν πόλιν καὶ καμμύσω ὀλίγον καὶ ἀνακτήσομαι πρὸ
τῆς ὑπουργείας τῆς δουλείας μου.
5 καὶ ἀπελθοῦσα εἰς τὴν πόλιν εἰσῆλθεν εἰς τὴν ἔπαυλιν
τῶν βοῶν αὐτῆς τῶν ἀρπασθέντων ὑπὸ τῶν ἀρχόντων οἷς
ἐδούλευεν
6 καὶ περί τινα φάτνην ἐκοιμήθη καὶ τετελεύτηκεν
εὐθυμήσασα.
7 καὶ ὁ μὲν δεσποτικὸς αὐτῆς ἄρχων ἐπιζητήσας αὐτὴν καὶ
μὴ εὑρὼν
8 εἰσῆλθεν ἑσπέρας οὔσης εἰς τὴν ἔπαυλιν τῶν κτηνῶν, καὶ
εὗρεν αὐτὴν νεκρὰν ἡπλωμένην
9 καὶ ἅπαντες ἰδόντες ἀνέκραξαν μετὰ μυκήματος κλαυθμοῦ
ἐπ᾽ αὐτήν, καὶ ἡ φωνὴ ἔδωκεν διὰ πάσης τῆς πόλεως.
10 καὶ τότε εἰσεπήδησαν γνῶναι τὸ γεγονός,
11 καὶ εὗρον αὐτὴν νεκράν, τὰ δὲ περιεστῶτα ζῷα κλαίοντα
ἐπ᾽ αὐτήν.
12 καὶ οὕτως προκομίσαντες αὐτὴν ἐκήδευσαν θάψαντες περὶ
τὴν οἰκίαν τὴν συμπεπτωκυῖαν ἐπὶ τὰ τέκνα αὐτῆς
13 καὶ κοπετὸν μέγαν ἐποίησαν οἱ πτωχοὶ τῆς πόλεως
λέγοντες ἴδετε, ἡ Σιτιδός ἐστιν αὕτη, ἡ τοῦ καυχήματος
καὶ τῆς δόξης γυνή, ὅτι οὐ κατηξιώθη ταφῆς ἀναγκαίας.
14 τὸν δὲ θρῆνον τὸν ἐπ᾽ αὐτῇ γενόμενον εὑρήσετε ἐν
τοῖς παραλειπομένοις.
- 41 -
1 Ελιφας δὲ καὶ οἱ λοιποὶ μετὰ ταῦτα παρεκάθισάν μοι
ἀνταποκρινόμενοι καὶ μεγαλορημονοῦντες κατ᾽ ἐμοῦ,
2 ὡς μετὰ εἴκοσι ἑπτὰ ἡμέρας ἀναστῆναι αὐτοὺς καὶ
πορευθῆναι εἰς τὴν ἑαυτῶν χώραν,
3 καὶ ὁρκωθῆναι αὐτοὺς ὑπὸ Ελιου λέγοντος μείνατέ με, ἕως
καὶ τὸ περὶ τούτου δείξω αὐτῷ, ὅτι τοσαύτας ἡμέρας
ἐποιήσατε ἀνεχόμενοι τοῦ Ιωβ καυχωμένου εἶναι δίκαιον
4 ἐγὼ γὰρ οὐκ ἀνέξομαι ἀρχήθεν γὰρ καὶ κλαυθμὸν διετέλεσα
αὐτῷ, ἀναμνησκόμενος τῆς εὐδαιμονίας τῆς προτέρας, καὶ
ἐποίησεν ἑαυτὸν ἀθρόως εἰς τὸ αὐτοῦ ὕψωμα καὶ ἰδοὺ
μεγάλως καὶ ὑπερβαλλόντως λελάληκεν λέγων ἔχειν τὸν
ἑαυτοῦ θρόνον ἐν οὐρανοῖς.
5 τοίνυν ἐμοῦ ἀκούσατε καὶ γνωρίσω ὑμῖν τὴν μερίδα αὐτοῦ
οὐχ ὑπάρχουσαν. τότε Ελιους ἐμπνευσθεὶς ἐν τῷ Σατανᾷ
ἐξεῖπέν μοι λόγους θρασεῖς,
6 οἵτινες ἀναγεγραμμένοι εἰσὶν ἐν τοῖς παραλειπομένοις
τοῦ Ελιφα.
- 42 -
1 μετὰ δὲ τὸ παύσασθαι αὐτὸν τῆς μεγαλορημοσύνης αὐτοῦ,
ἀναφανείς μοι ὁ κύριος διὰ λαίλαπος καὶ νεφῶν εἶπεν,
2 τὸν μὲν Ελιους ἐμέμψατο, ὑποδείξας μοι τὸν ἐν αὐτῷ
λαλήσαντα μὴ εἶναι ἄνθρωπον ἀλλὰ θηρίον.
3 τοῦ δὲ κυρίου λαλήσαντός μοι διὰ τῆς νεφέλης, ἤκουον
τῆς φωνῆς τοῦ λαλήσαντος καὶ οἱ τέσσαρες βασιλεῖς
4 καὶ μετὰ τὸ παύσασθαι τὸν κύριον λαλοῦντά μοι εἶπεν
πρὸς Ελιφαν
5 τί ἦ, Ελιφα, ἥμαρτες σὺ καὶ οἱ δύο σου φίλοι; οὐ γὰρ
λελαλήκατε ἀληθῶς κατὰ τοῦ θεράποντός μου Ιωβ
6 διὸ ἀναστάντες ποιήσατε αὐτὸν ὑπὲρ ὑμῶν ἀναφέρειν
θυσίας, ὅπως ἀφαιρεθῇ ὑμῶν ἡ ἁμαρτία εἰ μὴ γὰρ δι᾽
αὐτόν, ἀπώλεσα ἂν ὑμᾶς.
7 καὶ αὐτοὶ δὲ προσανήνεγκάν μοι τὰ πρὸς θυσίαν
8 καὶ ἐγὼ λαβὼν ἀνήνεγκα ὑπὲρ αὐτῶν καὶ ὁ κύριος
προσδεξάμενος ἀφῆκεν αὐτοῖς τὴν ἁμαρτίαν.
- 43 -
1 τότε Ελιφας καὶ Βαλδαδ καὶ Σοφαρ γνόντες ὅτι ἐχαρίσατο
αὐτοῖς ὁ κύριος τὴν ἁμαρτίαν αὐτῶν, τὸν δὲ Ελιους οὐ
κατηξίωσεν,
2 ἀναλαβὼν Ελιφας πνεῦμα εἶπεν ὕμνον,
3 ἐπιφωνούντων αὐτῷ τῶν ἄλλων φίλων καὶ τῶν στρατευμάτων
πλησίον τοῦ θυσιαστηρίου
4 ἔλεγεν οὕτως Ελιφας περιῄρηνται ἡμῶν αἱ ἁμαρτίαι, καὶ
τέθαπται ἡμῶν ἡ ἀνομία
5 Ελιους, Ελιους ὁ μόνος πονηρὸς μνημόσυνον οὐχ ἕξει ἐν
τοῖς ζῶσιν. καὶ ὁ λύχνος αὐτοῦ σβεσθεὶς ἠφάνισεν τὸ
φέγγος αὐτοῦ.
6 ἡ δὲ τῆς λαμπάδος αὐτοῦ δόξα ἀποβήσεται αὐτῷ εἰς κρίμα
ὅτι οὗτός ἐστιν ὁ τοῦ σκότους υἱὸς καὶ οὐχὶ τοῦ φωτός οἱ δὲ
θυρωροὶ τῆς σκοτίας κληρονομήσουσιν αὐτοῦ τὴν δόξαν καὶ
τὴν εὐπρέπειαν
7 ἡ βασιλεία αὐτοῦ παρῆλθεν, σέσηπται αὐτοῦ ὁ θρόνος καὶ
ἡ τιμὴ τοῦ σκηνώματος αὐτοῦ ἐν τῷ ᾅδῃ τυγχάνει
8 ἠγάπησεν τὸ τοῦ ὄφεως κάλλος, καὶ τὰς λεπίδας τοῦ
δράκοντος ἡ δὲ χολὴ αὐτοῦ καὶ ὁ ἰὸς αὐτοῦ ἔσται εἰς
βοράν
9 οὐκ ἐκτήσατο ἑαυτῷ τὸν κύριον οὐδὲ ἐφοβήθη αὐτόν, ἀλλὰ

καὶ τοὺς ἐντίμους αὐτοῦ παρώργισεν
10 ἐπελάθετο αὐτοῦ ὁ κύριος, καὶ οἱ ἅγιοι ἐγκατέλειψαν
   αὐτόν
11 ἡ δὲ ὀργὴ καὶ ὁ θυμὸς ἔσται αὐτῷ εἰς σκήνωμα οὐκ ἔχει
   ἔλεος ἐν καρδίᾳ αὐτοῦ οὐδὲ εἰρήνην ἐν τῷ σώματι αὐτοῦ
12 ἰὸν ἀσπίδων ἔσχεν ἐν τῇ γλώσσῃ αὐτοῦ.
13 δίκαιός ἐστιν κύριος, ἀληθινὰ αὐτοῦ τὰ κρίματα παρ' ᾧ
   οὐκ ἔστιν προσωποληψία κρινεῖ ἡμᾶς ὁμοθυμαδόν.
14 ἰδοὺ ὁ κύριος παρεγένετο, ἰδού οἱ ἅγιοι ἡτοιμάσθησαν,
   προηγουμένων τῶν στεφάνων μετ' ἐγκωμίων.
15 χαιρέτωσαν οἱ ἅγιοι, ἀγαλλιάσθωσαν ἐν καρδίᾳ,
16 ὅτι ἀπείληφαν τὴν δόξαν ἣν προσεδόκησαν.
17 ἧρται ἡ ἁμαρτία ἡμῶν, κεκαθάρισται ἡμῶν ἡ ἀνομία ὁ δὲ
   πονηρὸς Ἐλίους μνημόσυνον ἐν τοῖς ζῶσιν οὐκ ἔσχεν.
   - 44 -
1 μετὰ δὲ τὸ παύσασθαι Ἐλιφαν τοῦ ὕμνου, ὑποφωνούντων
  αὐτῷ πάντων καὶ κυκλούντων τὸ θυσιαστήριον, ἀναστάντες
  εἰσήλθομεν εἰς τὴν πόλιν εἰς τὴν νῦν οἰκοῦμεν οἰκίαν,
2 καὶ πεποιήκαμεν μεγάλας εὐωχίας ἐν τῇ τερπνότητι τοῦ
  κυρίου. πάλιν ἐπεζήτησα εὐεργεσίας ποιεῖν τοῖς πτωχοῖς,
3 καὶ παρεγένοντο πρός με πάντες οἱ φίλοι μου καὶ ὅσοι
  ᾔδεισαν εὐποιεῖν,
4 καὶ ἠρώτησάν με λέγοντες τί παρ' ἡμῶν νῦν αἰτεῖς; ἐγὼ
  δὲ ἀναμνησθεὶς τῶν πτωχῶν τοῦ πάλιν εὐποιεῖν ᾐτησάμην
  λέγων δότε μοι ἕκαστος ἀμνάδα μίαν εἰς ἔνδυσιν τῶν
  πτωχῶν τῶν ἐν γυμνώσει.
5 καὶ τότε ἕκαστος προσήνεγκέν μοι ἀνὰ ἀμνάδα μίαν καὶ
  τετράδραχμον χρυσίου καὶ ηὐλόγησεν κύριος πάντα ὅσα μοι
  ὑπῆρχεν, καὶ πεποίηκέν με εἶναι ἐν τῷ διπλῷ.
  - 45 -
1 καὶ νῦν τέκνα μου ἴδε ἐγὼ τελευτῶ μόνον μὴ ἐπιλάθεσθε
  τοῦ κυρίου
2 εὐποιήσατε τοῖς πτωχοῖς, μὴ παρίδητε τοὺς ἀδυνάτους,
3 μὴ λάβετε ἑαυτοῖς γυναῖκας ἐκ τῶν ἀλλοτρίων
4 ἰδοὺ οὖν τεκνία μου διαμερίζω ὑμῖν πάντα ὅσα μοι
  ὑπάρχει, πρὸς τὸ δεσπόζειν ἕκαστον τοῦ μέρους ἑαυτοῦ
  ἀκωλύτως.
  - 46 -
1 οἱ δὲ παρήνεγκαν τὰ ὄντα εἰς μερισμὸν αὐτοῖς τοῖς ἑπτὰ
  ἄρρεσιν
2 ἀπὸ γὰρ τῶν χρημάτων οὐ παρέσχετο ταῖς θηλείαις αἱ δὲ
  λυπηθεῖσαι εἶπον τῷ πατρὶ κύριε πάτερ ἡμῶν, μὴ καὶ
  ἡμεῖς οὐκ ἐσμέν τέκνα σου; διατί οὐκ ἔδωκας ἡμῖν ἐκ τῶν
  ὄντων σοι;
3 εἶπεν δὲ Ἰὼβ ταῖς θηλείαις μὴ ταραχθῆτε, θυγατέρες μου
  οὐ γὰρ ὑμῶν ἐπελαθόμην
4 ἤδη ὑμῖν ἔπεμψα κληρονομίαν κρείττονα τῶν ἑπτὰ ἀδελφῶν
  ὑμῶν.
5 τότε καλέσας τὴν θυγατέρα αὐτοῦ τὴν λεγομένην Ἡμέραν
  λέγει αὐτῇ λαβοῦσα τὸ δακτύλιον ὕπαγε εἰς τὴν κρυπτὴν
  καὶ ἔνεγκε τὰ τρία σκευάρια τοῦ χρυσοῦ, ἵνα δῶ ὑμῖν τὴν
  κληρονομίαν.
6 ἡ δὲ ἀπελθοῦσα ἤνεγκεν αὐτά
7 καὶ ἤνοιξεν καὶ ἀνήνεγκεν τὰς τρεῖς χορδὰς τὰς ποικίλας
  ὡς μὴ δύνασθαί τινα ἄνθρωπον λαλῆσαι περὶ τῆς εἰδέας
  αὐτῶν,
8 ἐπεὶ μὴ εἶναι αὐτὰς ἐκ τῆς γῆς, ἀλλ' ἐκ τοῦ οὐρανοῦ
  εἰσιν, ἐξαστράπτουσαι σπινθῆρας πυρός, ὡς ἀκτῖνας τοῦ
  ἡλίου.
9 καὶ δέδωκεν χορδὴν μίαν εἰπὼν λάβετε αὐτὰς περὶ τὸ
  στῆθος ὑμῶν ἵνα εὖ ὑμῖν γένηται πάσας τὰς ἡμέρας τῆς
  ζωῆς ὑμῶν.
  - 47 -
1 εἶπεν δὲ αὐτῷ ἡ ἄλλη θυγάτηρ ἡ λεγομένη Κασία πάτερ,
  αὕτη ἐστὶν ἡ κληρονομία ἣν ἔλεγες εἶναι κρείττονα τῆς
  τῶν ἀδελφῶν ἡμῶν; τίς οὖν χρεία τῶν περιττῶν τούτων
  χορδῶν; μὴ ἐκ τούτων ἐξομεν τοῦ ζῆν;
2 καὶ εἶπεν αὐταῖς ὁ πατὴρ οὐ μόνον ἐκ τούτων ἔξετε τοῦ
  ζῆν,
3 ἀλλ' αὗται αἱ χορδαὶ εἰσάξουσιν ὑμᾶς εἰς τὸν μείζονα
  αἰῶνα, ζῆσαι ἐν τοῖς οὐρανοῖς
4 ἀγνοεῖτε οὖν ὑμεῖς, τέκνα, τὴν τιμὴν τῶν σπαρτῶν
  τούτων; τούτων με κατηξίωσεν ὁ κύριος ἐν ἡμέρᾳ ᾗ
  ἠβουλήθη με ἐλεῆσαι καὶ περιγραφῆναι ἐκ τοῦ σώματός τὰς
  πληγὰς καὶ τοὺς σκώληκας
5 καλέσας με παρέσχετό μοι ταύτας τὰς τρεῖς χορδὰς λέγων
  μοι ἀνάστα, ζῶσαι ὥσπερ ἀνὴρ τὴν ὀσφύν σου ἐρωτήσω δέ
  σε, σὺ δέ μοι ἀποκρίνου.
6 ἐγὼ δὲ λαβὼν περιεζωσάμην καὶ εὐθέως ἀφανεῖς ἐγένοντο
  ἀπὸ τότε οἱ σκώληκες ἀπὸ τοῦ σώματός μου ὁμοίως καὶ αἱ
  πληγαί
7 καὶ λοιπὸν τὸ σῶμά μου ἐνίσχυσεν διὰ κυρίου ὡς οὐδὲν
  ὅλως πεπονθώς
8 ἀλλὰ καὶ τῶν ἐν καρδίᾳ ὀδυνῶν λήθην ἔσχον
9 ὁ δὲ κύριος ἐλάλησέν μοι ἐν δυνάμει, ὑποδείξας μοι τὰ
  γενόμενα καὶ τὰ μέλλοντα.
10 νῦν οὖν, τεκνία μου ἔχουσαι ταύτας οὐχ ἔξετε ὅλως
   ἀντιτασσόμενον τὸν ἐχθρόν, ἀλλ' οὐδὲ τὰς ἐνθυμήσεις
   αὐτοῦ ἐν τῇ διανοίᾳ ὑμῶν
11 διότι φυλακτήριόν ἐστιν τοῦ πατρὸς ἐγερθεῖσαι οὖν
   περιζώσασθε αὐτὰς πρὶν τελευτήσω, ἵνα δυνηθῆτε
   θεάσασθαι τοὺς ἐρχομένους ἐπὶ τὴν ἐμὴν ψυχήν, ἵνα
   θαυμάσητε τὰ τοῦ θεοῦ κτίσματα.
   - 48 -
1 οὕτως ἀναστᾶσα ἡ μία ἡ καλουμένη Ἡμέρα περιείληξεν τὴν
  ἑαυτῆς σπάρτην καθὼς εἶπεν ὁ πατήρ
2 καὶ ἀνέλαβεν ἄλλην καρδίαν, μηκέτι τὰ τῆς γῆς φρονεῖν,
3 ἀπεφθέγξατο δὲ τῇ ἀγγελικῇ διαλέκτῳ, ὕμνον ἀναπέμψασα
  τῷ θεῷ κατὰ τὴν τῶν ἀγγέλων ὑμνολογίαν καὶ τοὺς ὕμνους
  οὓς ἀπεφθέγξατο εἴασεν τὸ πνεῦμα ἐν στολῇ τῇ ἑαυτῆς
  ἐγκεχαραγμένους.
  - 49 -

1 καὶ τότε ἡ Κασία περιεζώσατο καὶ ἔσχεν τὴν καρδίαν
  ἀλλοιωθεῖσαν ὡς μηκέτι ἐνθυμεῖσθαι τὰ κοσμικά
2 καὶ τὸ μὲν στόμα αὐτῆς ἀνέλαβεν τὴν διάλεκτον τῶν
  ἀρχῶν, ἐδοξολόγησεν δὲ τοῦ ὑψηλοῦ τόπου τὸ ποίημα.
3 διότι εἴ τις βούλεται γνῶναι τὸ ποίημα τῶν οὐρανῶν,
  δυνήσεται εὑρεῖν ἐν τοῖς ὕμνοις Κασίας.
  - 50 -
1 καὶ τότε περιεζώσατο καὶ ἡ ἄλλη ἡ καλουμένη Ἀμαλθείας
  κέρας καὶ ἔσχεν τὸ στόμα ἀποφθεγγόμενον ἐν τῇ διαλέκτῳ
  τῶν ἐν ὕψει,
2 ἐπεὶ καὶ αὐτῆς ἡ καρδία ἠλλοιοῦτο ἀφισταμένη ἀπὸ τῶν
  κοσμικῶν λελάληκεν γὰρ ἐν τῇ διαλέκτῳ τῶν Χερουβὶμ
  δοξολογοῦσα τὸν δεσπότην τῶν ἀρετῶν ἐνδειξαμένη τὴν
  δόξαν αὐτῶν
3 ὁ βουλόμενος λοιπὸν ἴχνος ἡμέρας καταλαβεῖν τῆς
  πατρικῆς δόξης εὑρήσει ἀναγεγραμμένα ἐν ταῖς εὐχαῖς τῆς
  Ἀμαλθείας κέρας.
  - 51 -
1 μετὰ δὲ τὸ παύσασθαι τὰς τρεῖς ὑμνολογούσας,
2 ἐπικειμένου τοῦ κυρίου καὶ ἐμοῦ Νηρείου ἀδελφοῦ ὄντος
  τοῦ Ἰώβ, ἐπικειμένου δὲ καὶ τοῦ ἁγίου πνεύματος,
3 ἐκαθεζόμην πλησίον τοῦ Ἰὼβ ἐπὶ τῆς κλίνης μου ἤκουσα
  ἐγὼ τὰ μεγαλεῖα μιᾶς ὑποσημειουμένης τῇ μιᾷ
4 καὶ ἀνεγραψάμην τὸ βιβλίον ὅλον πλείστων σημειώσεων τῶν
  ὕμνων παρὰ τῶν τριῶν θυγατέρων τοῦ ἀδελφοῦ μου σωτήριον
  ταῦτα εἶναι, ὅτι ταῦτά ἐστιν τὰ μεγαλεῖα τοῦ θεοῦ.
  - 52 -
1 καὶ μετὰ τρεῖς ἡμέρας ποιουμένου τοῦ Ἰὼβ νοσεῖν ἐπὶ τῆς
  κλίνης, ἄνευ πόνου μέντοι καὶ ὀδύνης, ἐπεὶ μηκέτι πόνος
  ἴσχυεν ἅπτεσθαι αὐτοῦ διὰ τὸ σημεῖον τῆς περιζώσεως ἧς
  περιεζώσατο
2 καὶ μετὰ τρεῖς ἡμέρας εἶδεν τοὺς ἐλθόντας ἐπὶ τὴν ψυχὴν
  αὐτοῦ
3 καὶ εὐθέως ἀναστὰς ἔλαβεν κιθάραν καὶ ἔδωκεν τῇ θυγατρὶ
  αὐτοῦ Ἡμέρᾳ
4 τῇ δὲ Κασίᾳ ἔδωκεν θυμιατήριον, τῇ δὲ Ἀμαλθείας κέρας
  ἔδωκεν τύμπανον,
5 ὅπως εὐλογήσωσιν τοὺς ἐλθόντας ἐπὶ τὴν ψυχὴν αὐτοῦ
6 αἱ δὲ λαβοῦσαι εἶδον τὰ φωτεινὰ ἅρματα τὰ ἐλθόντα ἐπὶ
  τὴν ψυχὴν αὐτοῦ,
7 καὶ ηὐλόγησαν καὶ ἐδόξασαν ἑκάστη ἐν τῇ ἐξαιρέτῳ
  διαλέκτῳ.
8 καὶ μετὰ ταῦτα ἐξῆλθεν ὁ ἐπικαθήμενος τῷ μεγάλῳ ἅρματι,
  καὶ ἠσπάσατο τὸν Ἰώβ,
9 βλεπουσῶν τῶν τριῶν θυγατέρων καὶ αὐτοῦ τοῦ πατρὸς
  βλέποντος, ἄλλων δέ τινων μὴ βλεπόντων
10 λαβὼν δὲ τὴν ψυχὴν ἐναγκαλισάμενος αὐτὴν καὶ
   ἀνεβίβασεν ἐπὶ τὸ ἅρμα καὶ ὥδευσεν ἐπὶ ἀνατολάς·
11 τὸ δὲ σῶμα αὐτοῦ περισταλὲν ἀπηνέχθη εἰς τὸν τάφον
12 προηγουμένων τῶν τριῶν θυγατέρων αὐτοῦ καὶ
   περιεζωσμένων, ὑμνολογουσῶν ἐν ὕμνοις τοῦ πατρός.
   - 53 -
1 καὶ ἐγὼ Νηρεὺς ὁ ἀδελφὸς αὐτοῦ μετὰ τῶν ἑπτὰ τέκνων τῶν
  ἀρρενικῶν, σὺν τοῖς πένησιν καὶ ὀρφανοῖς καὶ πᾶσιν τοῖς
  ἀδυνάτοις κλαίουσιν
2 καὶ λέγουσιν οὐαὶ ἡμῖν σήμερον, διπλῶς τὸ οὐαί, ὅτι
  σήμερον ἧρται ἡ δύναμις τῶν ἀδυνάτων,
3 ἧρται τὸ φῶς τῶν τυφλῶν, ἧρται ὁ πατὴρ τῶν ὀρφανῶν,
  ἧρται ὁ τῶν ξένων ξενοδόχος, ἧρται ἡ ἔνδυσις τῶν χηρῶν.
4 τίς λοιπὸν οὐ κλαύσει ἐπὶ τὸν ἄνθρωπον τοῦ θεοῦ;
5 ἅμα τε ἡνεγκαν τὸ σῶμα πρὸς τὸν τάφον, περιεκύκλωσαν
  πᾶσαι αἱ χῆραι καὶ ὀρφανοὶ
6 κωλύοντες μὴ εἰσαχθῆναι αὐτὸν ἐν τῷ τάφῳ
7 καὶ μετὰ τρεῖς ἡμέρας ἐνέθεντο αὐτὸν εἰς τὸν τάφον ἐν
  καλῷ ὕπνῳ,
8 λαβόντα ὄνομα ὀνομαστὸν ἐν πάσαις ταῖς γενεαῖς τοῦ
  αἰῶνος, ἀμήν.
9 καταλείψας υἱοὺς ζ' καὶ θυγατέρας τρεῖς καὶ οὐχ
  εὑρέθησαν κατὰ τὰς θυγατέρας Ἰὼβ βελτίους αὐτῶν ἐν τοῖς
  ὑπ' οὐρανόν. προυπῆρχε ὄνομα τῷ Ἰὼβ Ἰωβάβ, μετονομάσθη δὲ
  παρὰ κυ Ἰώβ. ἔζησε δὲ πρὶν τῆς πληγῆς ἔτη πε' μετὰ δὲ
  τὴν πληγὴν λαβὼν πάντα διπλᾶ ἔλαβε καὶ τὰ ἔτη διπλᾶ
  τουτέστιν ρ'. τὰ δὲ πάντα ἔτη τῆς ζωῆς αὐτοῦ σ μη'.
  καὶ ἴδεν υἱοὺς τῶν υἱῶν αὐτοῦ ἕως τετάρτης γενεᾶς.
10 γέγραπται δὲ ἀναστῆναι αὐτὸν μεθ' ὧν ὁ κς ἀνέστησε. τῷ
   δὲ θῷ εἴη δόξα.

αριστεας φιλοκρατει
- 1 -
1 ἀξιολόγου διηγήσεως ὦ Φιλόκρατες περὶ τῆς γενηθείσης
2 ἡμῖν ἐντυχίας πρὸς Ἐλεάζαρον τὸν τῶν Ἰουδαίων
   ἀρχιερέα
3 συνεσταμένης διὰ τὸ σέ περὶ πολλοῦ πεποιῆσθαι παρ'
4 ἕκαστα ὑπομιμνήσκοντος συνακοῦσαι περὶ ὧν ἀπεστάλημεν
5 καὶ διὰ τί πεπείραμαι σαφῶς ἐκθέσθαι σοι κατειληφὼς ἣν
6 ἔχεις φιλομαθῆ διάθεσιν
- 2 -
1 ὅπερ μέγιστόν ἐστιν ἀνθρώπῳ
2 προσμανθάνειν ἀεί τι καὶ προσλαμβάνειν
3 ἤτοι κατὰ τὰς ἱστορίας ἢ καὶ κατ' αὐτὸ τὸ πρᾶγμα
   πεπειραμένῳ.
4 οὕτω γὰρ κατασκευάζεται ψυχῆς καθαρὰ διάθεσις
5 ἀναλαβοῦσα τὰ κάλλιστα καὶ πρὸς τὸ πάντων κυριώτατον
6 νενευκυῖα τὴν εὐσέβειαν ἀπλανεῖ κεχρημένη κανόνι
   διοικεῖ.
- 3 -
1 τὴν προαίρεσιν ἔχοντες ἡμεῖς πρὸς τὸ περιέργως τὰ θεῖα
2 κατανοεῖν ἑαυτοὺς ἐπεδώκαμεν εἰς ⟨τὴν πρὸς⟩ τὸν
   προειρημένον
3 ἄνδρα πρεσβείαν καλοκἀγαθίᾳ καὶ δόξῃ προτετιμημένον
4 ὑπό τε τῶν πολιτῶν καὶ τῶν ἄλλων καὶ κατακεκτημένον
5 μεγίστην ὠφέλειαν τοῖς σὺν ἑαυτῷ καὶ τοῖς κατὰ τοὺς
   ἄλλους
6 τόπους πολίταις πρὸς τὴν ἑρμηνείαν τοῦ θείου νόμου διὰ
   τὸ
7 γεγράφθαι παρ' αὐτοῖς ἐν διφθέραις ἑβραϊκοῖς γράμμασιν.
- 4 -
1 ἣν δὴ καὶ ἐποιησάμεθα ἡμεῖς σπουδῇ λαβόντες καιρὸν
2 πρὸς τὸν βασιλέα περὶ τῶν μετοικισθέντων εἰς Αἴγυπτον
   ἐκ
3 τῆς Ἰουδαίας ὑπὸ τοῦ πατρὸς τοῦ βασιλέως πρώτως
   κεκτημένου
4 τήν τε πόλιν καὶ τὰ κατὰ τὴν Αἴγυπτον παρειληφότος.
5 ἄξιόν ἐστι καὶ ταῦτά σοι δηλῶσαι.
- 5 -
1 πέπεισμαι γάρ σε
2 μᾶλλον ἔχοντα πρόσκλισιν πρὸς τὴν σεμνότητα καὶ τὴν τῶν
3 ἀνθρώπων διάθεσιν τῶν κατὰ τὴν σεμνὴν νομοθεσίαν
   διεξαγόντων
4 περὶ ὧν προαιρούμεθα δηλοῦν ἀσμένως σε ἀκούσεσθαι
5 προσφάτως παραγεγενημένον ἐκ τῆς νήσου πρὸς ἡμᾶς
6 καὶ βουλόμενον συνακούειν ὅσα πρὸς ἐπισκευὴν ψυχῆς
   ὑπάρχει.
- 6 -
1 καὶ πρότερον δὲ διεπεμψάμην σοι περὶ ὧν ἐνόμιζον
2 ἀξιομνημονεύτων εἶναι τὴν ἀναγραφὴν ἣν μετελάβομεν παρὰ
3 τῶν κατὰ τὴν λογιωτάτην Αἴγυπτον λογιωτάτων ἀρχιερέων
4 περὶ τοῦ γένους τῶν Ἰουδαίων.
- 7 -
1 φιλομαθῶς γὰρ ἔχοντί σοι
2 περὶ τῶν δυναμένων ὠφελῆσαι διάνοιαν δέον ἐστὶ
   μεταδιδόναι
3 μάλιστα μὲν πᾶσι τοῖς ὁμοίοις πολλῷ δὲ μᾶλλον σοὶ
   γνησίαν
4 ἔχοντι τὴν αἵρεσιν οὐ μόνον κατὰ τὸ συγγενὲς ἀδελφῷ
   καθεστῶτι
5 τὸν τρόπον ἀλλὰ καὶ τῇ πρὸς τὸ καλὸν ὁρμῇ τὸν αὐτὸν
6 ὄντα ἡμῖν.
- 8 -
1 χρυσοῦ γὰρ χάρις ἢ κατασκευή τις ἄλλη τῶν
2 τετιμημένων παρὰ τοῖς κενοδόξοις ὠφέλειαν οὐκ ἔχει τὴν
3 αὐτὴν ὅσον ἡ παιδείας ἀγωγὴ καὶ ἡ περὶ τούτων φροντίς.
4 ἵνα δὲ μὴ περὶ τῶν προλεγομένων μηκύνοντες ἀδόλεσχόν τι
5 ποιῶμεν ἐπὶ τὸ συνεχὲς τῆς διηγήσεως ἐπανήξομεν.
- 9 -
1 κατασταθεὶς ἐπὶ τῆς τοῦ βασιλέως βιβλιοθήκης Δημήτριος
2 ὁ Φαληρεὺς ἐχρηματίσθη πολλὰ διάφορα πρὸς τὸ συναγαγεῖν
3 εἰ δυνατὸν ἅπαντα τὰ κατὰ τὴν οἰκουμένην βιβλία
4 καὶ ποιούμενος ἀγορασμοὺς καὶ μεταγραφὰς ἐπὶ τέλος
   ἤγαγεν
5 ὅσον ἐφ' ἑαυτῷ τὴν τοῦ βασιλέως πρόθεσιν.
- 10 -
1 παρόντων
2 οὖν ἡμῶν ἐρωτηθεὶς πόσαι τινὲς μυριάδες τυγχάνουσι
3 βιβλίων; εἶπεν ὑπὲρ τὰς εἴκοσι βασιλεῦ σπουδάσω δ' ἐν
4 ὀλίγῳ χρόνῳ πρὸς τὸ πληρωθῆναι πεντήκοντα μυριάδας τὰ
5 λοιπά. προσήγγελται δέ μοι καὶ τῶν Ἰουδαίων νόμιμα
   μεταγραφῆς
6 ἄξια καὶ τῆς παρά σοι βιβλιοθήκης εἶναι.
- 11 -
1 τί τὸ
2 κωλῦον οὖν εἶπεν ἐστί σε τοῦτο ποιῆσαι; πάντα γὰρ
   ὑποτέτακταί
3 σοι τὰ πρὸς τὴν χρείαν. ὁ δὲ Δημήτριος εἶπεν
4 ἑρμηνείας προσδεῖται χαρακτῆρσι γὰρ ἰδίοις κατὰ τὴν
   Ἰουδαίαν
5 χρῶνται καθάπερ Αἰγύπτιοι τῇ τῶν γραμμάτων θέσει
6 καθὸ καὶ φωνὴν ἰδίαν ἔχουσιν. ὑπολαμβάνονται Συριακῇ
7 χρῆσθαι τὸ δ' οὐκ ἔστιν ἀλλ' ἕτερος τρόπος. μεταλαβὼν
   δὲ
8 ἕκαστα ὁ βασιλεὺς εἶπε γραφῆναι πρὸς τὸν ἀρχιερέα τῶν
9 Ἰουδαίων ὅπως τὰ προειρημένα τελείωσιν λάβῃ.
- 12 -
1 νομίσας δὲ ἐγὼ καιρὸν εἶναι περὶ ὧν πολλάκις ἠξιώκειν
2 Σωσίβιόν τε τὸν Ταραντῖνον καὶ Ἀνδρέαν τοὺς
   ἀρχισωματοφύλακας
3 περὶ τῆς ἀπολυτρώσεως τῶν μετηγμένων ἐκ τῆς
4 Ἰουδαίας ὑπὸ τοῦ πατρὸς τοῦ βασιλέως ἐκεῖνος γὰρ
5 ἐπελθὼν τὰ κατὰ κοίλην Συρίαν καὶ Φοινίκην ἅπαντα

συγχρώμενος
6 εὐημερίᾳ μετὰ ἀνδρείας τοὺς μὲν μετῴκιζεν οὓς
7 δὲ ᾐχμαλώτιζε φόβῳ πάντα ὑποχείρια ποιούμενος ἐν ὅσῳ
   καὶ
8 πρὸς δέκα μυριάδας ἐκ τῆς τῶν Ἰουδαίων χώρας εἰς
   Αἴγυπτον
9 μετήγαγεν
- 13 -
1 ἀφ' ὧν ὡσεὶ τρεῖς μυριάδας καθοπλίσας
2 ἀνδρῶν ἐκλεκτῶν εἰς τὴν χώραν κατῴκισεν ἐν τοῖς
   φρουρίοις
3 ἤδη μὲν καὶ πρότερον ἱκανῶν εἰσεληλυθότων σὺν τῷ Πέρσῃ
4 καὶ πρὸ τούτων ἑτέρων συμμαχιῶν ἐξαπεσταλμένων πρὸς τὸν
5 τῶν Αἰθιόπων βασιλέα μάχεσθαι σὺν Ψαμμιτίχῳ ἀλλ' οὐ
6 τοσοῦτοι τῷ πλήθει παρεγενήθησαν ὅσους Πτολεμαῖος ὁ τοῦ
7 Λάγου μετήγαγε
- 14 -
1 καθὼς δὲ προείπομεν ἐπιλέξας
2 τοὺς ἀρίστους ταῖς ἡλικίαις καὶ ῥώμῃ διαφέροντας
   καθώπλισε
3 τὸ δὲ λοιπὸν χύμα πρεσβυτέρων καὶ νεωτέρων ἔτι δὲ
   γυναικῶν
4 εἴασεν εἰς τὴν οἰκετίαν οὐχ οὕτως τῇ προαιρέσει κατὰ
5 ψυχὴν ἔχων ὡς κατακρατούμενος ὑπὸ τῶν στρατιωτῶν δι' ἃς
6 ἐπεποίηντο χρείας ἐν τοῖς πολεμικοῖς ἀγῶσιν ἡμεῖς δὲ
7 ἐπεί τινα παρεύρεσιν εἰς τὴν ἀπόλυσιν αὐτῶν ἀπελάβομεν
8 καθὼς προδεδήλωται τοιούτοις ἐχρησάμεθα λόγοις πρὸς τὸν
9 βασιλέα
- 15 -
1 μήποτε ἄλογον ᾖ ἐλέγχεσθαι ὑπ' αὐτῶν τῶν
2 πραγμάτων ὦ βασιλεῦ. τῆς γὰρ νομοθεσίας κειμένης πᾶσι
3 τοῖς Ἰουδαίοις ἣν ἡμεῖς οὐ μόνον μεταγράψαι ἐπινοοῦμεν
4 ἀλλὰ καὶ διερμηνεῦσαι τίνα λόγον ἕξομεν πρὸς ἀποστολὴν
   ἐν
5 οἰκετίαις ὑπαρχόντων ἐν τῇ σῇ βασιλείᾳ πληθῶν ἱκανῶν;
6 ἀλλὰ τελείᾳ καὶ πλουσίᾳ ψυχῇ ἀπόλυσον τοὺς συνεχομένους
7 ἐν ταλαιπωρίαις κατευθύνοντός σοι τὴν βασιλείαν τοῦ
   τεθεικότος
8 αὐτοῖς θεοῦ τὸν νόμον καθὼς περιείργασμαι.
- 16 -
1 τὸν
2 γὰρ πάντων ἐπόπτην καὶ κτίστην θεὸν οὗτοι σέβονται ὃν
   καὶ
3 πάντες ἡμεῖς δὲ βασιλεῦ προσονομάζοντες ἑτέρως Ζῆνα καὶ
4 Δία τοῦτο δ' οὐκ ἀνοικείως οἱ πρῶτοι διεσήμαναν δι' ὃν
5 ζωοποιοῦνται τὰ πάντα καὶ γίνεται τούτων ἁπάντων
   ἡγεῖσθαι
6 τε καὶ κυριεύειν. ὑπερηρκὼς δὲ σύμπαντας ἀνθρώπους τῇ
7 λαμπρότητι τῆς ψυχῆς ἀπόλυσιν ποίησαι τῶν ἐνεχομένων
8 ταῖς οἰκετίαις.
- 17 -
1 οὐδὲ πολὺν χρόνον ἐπισχὼν καὶ ἡμῶν
2 κατὰ ψυχὴν πρὸς τὸν θεὸν εὐχομένων τὴν διάνοιαν αὐτοῦ
3 κατασκευάσαι πρὸς τὸ τοὺς ἅπαντας ἀπολυθῆναι κτίσμα
4 γὰρ ὂν θεοῦ τὸ γένος τῶν ἀνθρώπων καὶ μεταλλοιοῦται καὶ
5 τρέπεται πάλιν ὑπ' αὐτοῦ διὸ πολλαχῶς καὶ ποικίλως
   ἐπεκαλούμην
6 τὸν κυριεύοντα κατὰ καρδίαν ἵνα συναναγκασθῇ
7 καθὼς ἠξίουν ἐπιτελέσαι
- 18 -
1 μεγάλην γὰρ εἶχον ἐλπίδα
2 περὶ σωτηρίας ἀνθρώπων προτιθέμενος λόγον ὅτι τὴν
   ἐπιτελείαν
3 ὁ θεὸς ποιήσει τῶν ἀξιουμένων ὃ γὰρ πρὸς δικαιοσύνην
4 καὶ καλῶν ἔργων ἐπιμέλειαν ἐν ὁσιότητι νομίζουσιν
   ἄνθρωποι
5 ποιεῖν κατευθύνει τὰς πράξεις καὶ τὰς ἐπιβολὰς ὁ
   κυριεύων
6 ἁπάντων θεός
- 19 -
1 ὁ δὲ διανακύψας καὶ προσβλέψας
2 ἱλαρῷ τῷ προσώπῳ πόσας ὑπολαμβάνεις μυριάδας ἔσεσθαι;
3 ἔφη. παρεστὼς δὲ Ἀνδρέας ἀπεφήνατο βραχεῖ πλεῖον
   μυριάδων
4 δέκα. ὁ δὲ μικρόν γε εἶπεν Ἀριστέας ἡμᾶς ἀξιοῖ
5 πρᾶγμα. Σωσίβιος δὲ καὶ τῶν παρόντων τινὲς τοῦτ' εἶπον
6 καὶ γὰρ ἄξιόν ἐστι τῆς σῆς μεγαλοψυχίας ὅπως
   χαριστήριον
7 ἀναθῇ τῷ μεγίστῳ θεῷ τὴν τούτων ἀπόλυσιν. μεγίστως γὰρ
8 τετιμημένος ὑπὸ τοῦ κρατοῦντος τὰ πάντα καὶ
   δεδοξασμένος
9 ὑπὲρ τοὺς προγόνους εἰ καὶ μέγιστα ποιήσεις χαριστήρια
10 καθῆκόν ἐστί σοι.
- 20 -
1 διαχυθεὶς δὲ εὖ μάλα τοῖς ὀψωνίοις
2 εἶπε προσθεῖναι καὶ σώματος ἑκάστου κομίζεσθαι δραχμὰς
3 εἴκοσι καὶ περὶ τούτων ἐκθεῖναι πρόσταγμα τὰς δὲ
   ἀπογραφὰς
4 ποιεῖσθαι παρ' αὐτὰ μεγαλείως χρησάμενος τῇ προθυμίᾳ
5 τοῦ θεοῦ τὴν πᾶσαν ἐπιτελέσαντος ἡμῶν προαίρεσιν καὶ
6 συναναγκάσαντος αὐτὸν ἀπολυτρῶσαι μὴ μόνον τοὺς
   συνεληλυθότας
7 τῷ στρατοπέδῳ τοῦ πατρὸς ἀλλὰ καὶ εἴ τινες προῆσαν
8 ἢ μετὰ ταῦτα παρεισήχθησαν εἰς τὴν βασιλείαν. ὑπὲρ τὰ
9 τετρακόσια τάλαντα τὴν δόσιν ἀπέφαινον εἶναι.
- 21 -
1 καὶ
2 τοῦ προστάγματος δὲ τὸ ἀντίγραφον οὐκ ἄχρηστον οἴομαι
3 κατακεχωρίσθαι. πολλῷ γὰρ ἡ μεγαλομέρεια φανερωτέρα καὶ
4 εὔδηλος ἔσται τοῦ βασιλέως τοῦ θεοῦ κατισχύοντος αὐτὸν
   εἰς
5 τὸ σωτηρίαν γενέσθαι πλήθεσιν ἱκανοῖς.

- 22 -
1 ἦν δὲ τοιοῦτο
2 τοῦ βασιλέως προστάξαντος ὅσοι τῶν συνεστρατευμένων
3 τῷ πατρὶ ἡμῶν εἰς τοὺς κατὰ Συρίαν καὶ Φοινίκην τόπους
4 ἐπελθόντες τὴν τῶν Ἰουδαίων χώραν ἐγκρατεῖς ἐγένοντο
5 σωμάτων Ἰουδαϊκῶν καὶ ταῦτα διακεκομίκασιν εἴς τε τὴν
6 πόλιν καὶ τὴν χώραν ἢ καὶ πεπράκασιν ἑτέροις ὁμοίως δὲ
7 καὶ εἴ τινες προῆσαν ἢ καὶ μετὰ ταῦτά εἰσιν εἰσηγμένοι
  τῶν
8 τοιούτων ἀπολύειν παραχρῆμα τοὺς ἔχοντας κομιζομένους
9 αὐτίκα ἑκάστου σώματος δραχμὰς εἴκοσι τοὺς μὲν
  στρατιώτας
10 τῇ τῶν ὀψωνίων δόσει τοὺς δὲ λοιποὺς ἀπὸ τῆς βασιλικῆς
11 τραπέζης.
- 23 -
1 νομίζομεν γὰρ καὶ παρὰ τὴν τοῦ πατρὸς
2 ἡμῶν βούλησιν καὶ παρὰ τὸ καλῶς ἔχον ἠχμαλωτεῦσθαι
  τούτους
3 διὰ δὲ τὴν στρατιωτικὴν προπέτειαν τήν τε χώραν
4 αὐτῶν κατεφθάρθαι καὶ τὴν τῶν Ἰουδαίων μεταγωγὴν εἰς
  τὴν
5 Αἴγυπτον γεγονέναι ἱκανὴ γὰρ ἦν ἡ παρὰ τό γε δέον
  γεγονυῖα
6 ἐκ τῶν στρατιωτῶν ὠφέλεια διὸ παντελῶς ἀνεπιεικής ἐστι
7 καὶ ἡ τῶν ἀνθρώπων καταδυναστεία.
- 24 -
1 πᾶσιν οὖν ἀνθρώποις
2 τὸ δίκαιον ἀπονέμειν ὁμολογούμενοι πολλῷ δὲ μᾶλλον
3 τοῖς ἀλόγως καταδυναστευομένοις καὶ κατὰ πᾶν
  ἐκζητοῦντες
4 τὸ καλῶς ἔχον πρός τε τὸ δίκαιον καὶ τὴν κατὰ πάντων
  εὐσέβειαν
5 προστετάχαμεν ὅσα τῶν Ἰουδαϊκῶν ἐστι σωμάτων ἐν
6 οἰκετίαις πανταχῇ καθ' ὁντινοῦν τρόπον ἐν τῇ βασιλείᾳ
  κομιζομένους
7 τοὺς ἔχοντας τὸ προκείμενον κεφάλαιον ἀπολύειν
8 καὶ μηδένα κακοσχόλως περὶ τούτων μηδὲν οἰκονομεῖν τὰς
9 δ' ἀπογραφὰς ἐν ἡμέραις τρισὶν ἀφ' ἧς ἡμέρας ἔκκειται
  τὸ
10 πρόσταγμα ποιεῖσθαι πρὸς τοὺς καθεσταμένους περὶ τούτων
11 καταδεικνύντας εὐθὺ καὶ τὰ σώματα.
- 25 -
1 διειλήφαμεν γὰρ
2 καὶ ἡμῖν συμφέρειν καὶ τοῖς πράγμασι τοῦτ'
  ἐπιτελεσθῆναι.
3 τὸν δὲ βουλόμενον προσαγγέλλειν περὶ τῶν ἀπειθησάντων
4 ἐφ' ᾧ τοῦ φανέντος ἐνόχου τὴν κυρίαν ἕξειν τὰ δὲ
  ὑπάρχοντα
5 τῶν τοιούτων εἰς τὸ βασιλικὸν ἀναληφθήσεται.
- 26 -
1 εἰσδοθέντος τοῦ προστάγματος ὅπως ἐπαναγνωσθῇ
2 τῷ βασιλεῖ τὰ ἄλλα πάντ' ἔχοντος πλὴν τοῦ καὶ εἴ τινες
3 προῆσαν ἢ καὶ μετὰ ταῦτά εἰσιν εἰσηγμένοι τῶν τοιούτων
4 αὐτὸς τοῦτο ὁ βασιλεὺς προσέθηκε μεγαλομερείᾳ καὶ
  μεγαλοψυχίᾳ
5 χρησάμενος ἐκέλευσέ τε τὴν τῶν διαφόρων δόσιν
6 ἀθρόαν οὖσαν ἀπομερίσαι τοῖς ὑπηρέταις τῶν ταγμάτων καὶ
7 βασιλικοῖς τραπεζίταις.
- 27 -
1 οὕτω δοχθὲν ἐκεκύρωτο ἐν
2 ἡμέραις ἑπτὰ πλεῖον δὲ ταλάντων ἑξακοσίων ἑξήκοντα ἡ
3 δόσις ἐγεγόνει. πολλὰ γὰρ καὶ τῶν ἐπιμαστιδίων τέκνων
  σὺν
4 ταῖς μητράσιν ἐλευθεροῦντο. προσανενεχθέντος εἰ καὶ
  περὶ
5 τούτων εἰκοσαδραχμία δοθήσεται καὶ τοῦτ' ἐκέλευσεν ὁ
  βασιλεὺς
6 ποιεῖν ὁλοσχερῶς περὶ τοῦ δόξαντος ἅπαντ' ἐπιτελῶν.
- 28 -
1 ὡς δὲ κατεπράχθη ταῦτα τὸν Δημήτριον ἐκέλευσεν
2 εἰσδοῦναι περὶ τῆς τῶν Ἰουδαϊκῶν βιβλίων ἀντιγραφῆς.
  πάντα
3 γὰρ διὰ προσταγμάτων καὶ μεγάλης ἀσφαλείας τοῖς
  βασιλεῦσι
4 τούτοις διῳκεῖτο καὶ οὐδὲν ἀπερριμμένως οὐδ' εἰκῇ.
  διόπερ
5 καὶ τὸ τῆς εἰσδόσεως καὶ τὰ τῶν ἐπιστολῶν ἀντίγραφα
  κατακεχώρικα
6 καὶ τὸ τῶν ἀπεσταλμένων πλῆθος καὶ τὴν ἑκάστου
7 κατασκευὴν διὰ τὸ μεγαλομερείᾳ καὶ τέχνῃ διαφέρειν
  ἕκαστον
8 αὐτῶν. τῆς δὲ εἰσδόσεώς ἐστιν ἀντίγραφον τόδε
- 29 -
1 βασιλεῖ μεγάλῳ παρὰ Δημητρίου. προστάξαντός σου
2 βασιλεῦ περὶ τῶν ἀπολειπόντων εἰς τὴν συμπλήρωσιν τῆς
3 βιβλιοθήκης βιβλίων ὅπως ἐπισυναχθῇ καὶ τὰ διαπεπτωκότα
4 τύχῃ τῆς προσηκούσης ἐπισκευῆς πεποιημένος οὐ παρέργως
5 τὴν ἐν τούτοις ἐπιμέλειαν προσαναφέρω σοι τάδε.
- 30 -
1 τοῦ
2 νόμου τῶν Ἰουδαίων βιβλία σὺν ἑτέροις ὀλίγοις τισὶν
  ἀπολείπει
3 τυγχάνει γὰρ Ἑβραϊκοῖς γράμμασι καὶ φωνῇ λεγόμενα
4 ἀμελέστερον δὲ καὶ οὐχ ὡς ὑπάρχει σεσήμανται καθὼς ὑπὸ
5 τῶν εἰδότων προσαναφέρεται προνοίας γὰρ βασιλικῆς οὐ
6 τέτευχε.
- 31 -
1 δέον δέ ἐστι καὶ ταῦθ' ὑπάρχειν παρά σοι
2 διηκριβωμένα διὰ τὸ καὶ φιλοσοφωτέραν εἶναι καὶ
  ἀκέραιον
3 τὴν νομοθεσίαν ταύτην ὡς ἂν οὖσαν θείαν. διὸ πόρρω
  γεγόνασιν

4 οἵ τε συγγραφεῖς καὶ ποιηταὶ καὶ τὸ τῶν ἱστορικῶν
  πλῆθος
5 τῆς ἐπιμνήσεως τῶν προειρημένων βιβλίων καὶ τῶν κατ'
6 αὐτὰ πεπολιτευμένων (καὶ πολιτευομένων) ἀνδρῶν διὰ τὸ
7 ἁγνήν τινα καὶ σεμνὴν εἶναι τὴν ἐν αὐτοῖς θεωρίαν ὡς
  φησιν
8 Ἑκαταῖος ὁ Ἀβδηρίτης.
- 32 -
1 ἐὰν οὖν φαίνηται βασιλεῦ
2 γραφήσεται πρὸς τὸν ἀρχιερέα τὸν ἐν Ἱεροσολύμοις
  ἀποστεῖλαι
3 τοὺς μάλιστα καλῶς βεβιωκότας καὶ πρεσβυτέρους ὄντας
4 ἄνδρας ἐμπείρους τῶν κατὰ τὸν νόμον τὸν ἑαυτῶν ἀφ'
  ἑκάστης
5 φυλῆς ἓξ ὅπως τὸ σύμφωνον ἐκ τῶν πλειόνων ἐξετάσαντες
6 καὶ λαβόντες τὸ κατὰ τὴν ἑρμηνείαν ἀκριβὲς ἀξίως
7 καὶ τῶν πραγμάτων καὶ τῆς σῆς προαιρέσεως θῶμεν
  εὐσήμως.
8 εὐτύχει διὰ παντός.
- 33 -
1 τῆς δὲ εἰσδόσεως ταύτης γενομένης ἐκέλευσεν ὁ
2 βασιλεὺς γραφῆναι πρὸς τὸν Ἐλεάζαρον περὶ τούτων
  σημάναντας
3 καὶ τὴν γενομένην ἀπολύτρωσιν τῶν αἰχμαλώτων.
4 ἔδωκε δὲ καὶ εἰς κατασκευὴν κρατήρων τε καὶ φιαλῶν καὶ
5 τραπέζης καὶ σπονδείων χρυσίου μὲν ὁλκῆς τάλαντα
  πεντήκοντα
6 καὶ ἀργυρίου τάλαντα ἑβδομήκοντα καὶ λίθων ἱκανόν τι
7 πλῆθος ἐκέλευσε δὲ τοὺς ῥισκοφύλακας τοῖς τεχνίταις ὧν
8 ἂν προαιρῶνται τὴν ἐκλογὴν διδόναι καὶ νομίσματος εἰς
9 θυσίας καὶ ἄλλα πρὸς τάλαντα ἑκατόν.
- 34 -
1 δηλώσομεν δέ
2 σοι περὶ τῆς κατασκευῆς ὡς ἂν τὰ τῶν ἐπιστολῶν
  ἀντίγραφα
3 διέλθωμεν.
4 ἦν δὲ ἡ τοῦ βασιλέως ἐπιστολὴ τὸν τύπον ἔχουσα τοῦτον
- 35 -
1 βασιλεὺς Πτολεμαῖος Ἐλεαζάρῳ ἀρχιερεῖ χαίρειν καὶ
2 ἐρρῶσθαι. ἐπεὶ συμβαίνει πλείονας τῶν Ἰουδαίων εἰς τὴν
3 ἡμετέραν χώραν κατῳκίσθαι γενηθέντας ἀνασπάστους ἐκ τῶν
4 Ἱεροσολύμων ὑπὸ Περσῶν καθ' ὃν ἐπεκράτουν χρόνον ἔτι
  δὲ
5 καὶ συνεληλυθέναι τῷ πατρὶ ἡμῶν εἰς τὴν Αἴγυπτον
  αἰχμαλώτους
- 36 -
1 ἀφ' ὧν πλείονας εἰς τὸ στρατιωτικὸν σύνταγμα
2 κατεχώρισεν ἐπὶ μείζοσι μισθοφορίαις ὁμοίως δὲ καὶ τοὺς
3 προόντας κρίνας πιστοὺς φρούρια κτίσας ἀπέδωκεν αὐτοῖς
4 ὅπως τὸ τῶν Αἰγυπτίων ἔθνος φόβον (μὴ) ἔχῃ διὰ τούτων
  καὶ
5 ἡμεῖς δὲ παραλαβόντες τὴν βασιλείαν φιλανθρωπότερον
  ἀπαντῶμεν
6 τοῖς πᾶσι πολὺ δὲ μᾶλλον τοῖς σοῖς πολίταις
- 37 -
1 ὑπὲρ δέκα μυριάδας αἰχμαλώτων ἠλευθερώκαμεν ἀποδόντες
2 τοῖς κρατοῦσι τὴν κατ' ἀξίαν ἀργυρικὴν τιμὴν
  διορθούμενοι
3 καὶ εἴ τι κακῶς ἐπράχθη διὰ τὰς τῶν ὄχλων ὁρμὰς
  διειληφότες
4 εὐσεβῶς τοῦτο πρᾶξαι καὶ τῷ μεγίστῳ θεῷ χαριστικὸν
5 ἀνατιθέντες ὃς ἡμῖν τὴν βασιλείαν ἐν εἰρήνῃ καὶ δόξῃ
6 κρατίστῃ παρ' ὅλην τὴν οἰκουμένην διατετήρηκεν εἴς τε
  τὸ
7 στράτευμα τοὺς ἀκμαιοτάτους ταῖς ἡλικίαις τετάχαμεν
  τοὺς
8 δὲ δυναμένους καὶ περὶ ἡμᾶς εἶναι τῆς περὶ τὴν αὐλὴν
9 πίστεως ἀξίους ἐπὶ χρειῶν καθεστάκαμεν.
- 38 -
1 βουλομένων
2 δ' ἡμῶν καὶ τούτοις χαρίζεσθαι καὶ πᾶσι τοῖς κατὰ τὴν
  οἰκουμένην
3 Ἰουδαίοις καὶ τοῖς μετέπειτα προῃρήμεθα τὸν νόμον
4 ὑμῶν μεθερμηνευθῆναι γράμμασιν Ἑλληνικοῖς ἐκ τῶν παρ'
5 ὑμῶν λεγομένων Ἑβραϊκῶν γραμμάτων ἵν' ὑπάρχῃ καὶ ταῦτα
6 παρ' ἡμῖν ἐν βιβλιοθήκῃ σὺν τοῖς ἄλλοις βασιλικοῖς
  βιβλίοις.
- 39 -
1 καλῶς οὖν ποιήσεις καὶ τῆς ἡμετέρας σπουδῆς ἀξίως
2 ἐπιλεξάμενος ἄνδρας καλῶς βεβιωκότας πρεσβυτέρους
  ἐμπειρίαν
3 ἔχοντας τοῦ νόμου καὶ δυνατοὺς ἑρμηνεῦσαι ἀφ'
4 ἑκάστης φυλῆς ἓξ ὅπως ἐκ τῶν πλειόνων τὸ σύμφωνον
5 εὑρεθῇ διὰ τὸ περὶ μειζόνων εἶναι τὴν σκέψιν. οἰόμεθα
  γὰρ
6 ἐπιτελεσθέντος τούτου μεγάλην ἀποίσεσθαι δόξαν.
- 40 -
1 ἀπεστάλκαμεν
2 δὲ περὶ τούτων Ἀνδρέαν τῶν ἀρχισωματοφυλάκων
3 καὶ Ἀριστέαν τιμωμένους παρ' ἡμῖν διαλεξομένους σοι
  καὶ
4 κομίζοντας ἀπαρχὰς εἰς τὸ ἱερὸν ἀναθημάτων καὶ εἰς
  θυσίας
5 καὶ τὰ ἄλλα ἀργυρίου τάλαντα ἑκατόν. γράφων δὲ καὶ σὺ
  πρὸς
6 ἡμᾶς περὶ ὧν ἐὰν βούλῃ κεχαρισμένος ἔσῃ καὶ φιλίας
  ἄξιόν
7 τι πράξεις ὡς ἐπιτελεσθησομένων τὴν ταχίστην περὶ ὧν ἂν
8 αἱρῇ. Ἔρρωσο.
- 41 -
1 πρὸς ταύτην τὴν ἐπιστολὴν ἀντέγραψεν ἐνδεχομένως
2 ὁ Ἐλεάζαρος ταῦτα

3 Ἐλεάζαρος ἀρχιερεὺς βασιλεῖ Πτολεμαίῳ φίλῳ γνησίῳ
χαίρειν.
4 αὐτός τε ἔρρωσο καὶ ἡ βασίλισσα Ἀρσινόη ἡ ἀδελφὴ
5 καὶ τὰ τέκνα καλῶς ἂν ἔχοι καὶ ὡς βουλόμεθα καὶ αὐτοὶ
δὲ
6 ὑγιαίνομεν.
- 42 -
1 λαβόντες τὴν παρὰ σοῦ ἐπιστολὴν μεγάλως
2 ἐχάρημεν διὰ τὴν προαίρεσίν σου καὶ τὴν καλὴν βουλὴν
καὶ
3 συναγαγόντες τὸ πᾶν πλῆθος παρανέγνωμεν αὐτοῖς ἵνα
εἰδῶσιν
4 ἣν ἔχεις πρὸς τὸν θεὸν ἡμῶν εὐσέβειαν. ἐπεδείξαμεν δὲ
5 καὶ τὰς φιάλας ἃς ἀπέστειλας χρυσᾶς εἴκοσι καὶ ἀργυρᾶς
6 τριάκοντα κρατῆρας πέντε καὶ τράπεζαν εἰς ἀνάθεσιν καὶ
7 εἰς προσαγωγὴν θυσιῶν καὶ εἰς ἐπισκευὰς ὧν ἂν δέηται τὸ
8 ἱερὸν ἀργυρίου τάλαντα ἑκατὸν
- 43 -
1 ἅπερ ἐκόμισεν Ἀνδρέας
2 τῶν τετιμημένων παρὰ σοὶ καὶ Ἀριστέας ἄνδρες καλοὶ καὶ
3 ἀγαθοὶ καὶ παιδείᾳ διαφέροντες καὶ τῆς σῆς ἀγωγῆς καὶ
4 δικαιοσύνης ἄξιοι κατὰ πάντα οἳ καὶ μετέδωκαν ἡμῖν τὰ
παρὰ
5 σοῦ πρὸς ἃ καὶ παρ' ἡμῶν ἀκηκόασιν ἁρμόζοντα τοῖς σοῖς
6 γράμμασι.
- 44 -
1 πάντα γὰρ ὅσα σοι συμφέρει καὶ εἰ παρὰ
2 φύσιν ἐστὶν ὑπακουσόμεθα τοῦτο γὰρ φιλίας καὶ ἀγαπήσεως
3 σημεῖόν ἐστι. μεγάλα γὰρ καὶ σὺ καὶ ἀνεπίληστα τοὺς
πολίτας
4 ἡμῶν κατὰ πολλοὺς ⟨τρόπους⟩ εὐηργέτηκας.
- 45 -
1 εὐθέως
2 οὖν προσηγάγομεν ὑπὲρ σοῦ θυσίας καὶ τῆς ἀδελφῆς καὶ
τῶν
3 τέκνων καὶ τῶν φίλων καὶ ηὔξατο πᾶν τὸ πλῆθος ἵνα σοι
4 γένηται καθὼς προαιρῇ διὰ παντὸς καὶ διασώζῃ σοι τὴν
βασιλείαν
5 ἐν εἰρήνῃ μετὰ δόξης ὁ κυριεύων ἁπάντων θεὸς καὶ
6 ὅπως γένηταί σοι συμφερόντως καὶ μετὰ ἀσφαλείας ἡ τοῦ
7 ἁγίου νόμου μεταγραφή.
- 46 -
1 παρὼν τῶν δὲ πάντων ἐπελεξάμεθα
2 ἄνδρας καλοὺς καὶ ἀγαθοὺς πρεσβυτέρους ἀφ' ἑκάστης
3 φυλῆς ἓξ οὓς καὶ ἀπεστείλαμεν ἔχοντας τὸν νόμον. καλῶς
4 οὖν ποιήσεις βασιλεῦ δίκαιε προστάξας ὡς ἂν ἡ μεταγραφὴ
5 γένηται τῶν βιβλίων ἵνα πάλιν ἀποκατασταθῶσι πρὸς ἡμᾶς
6 ἀσφαλῶς οἱ ἄνδρες. ἔρρωσο.
- 47 -
1 εἰσὶ δὲ πρώτης φυλῆς Ἰώσηφος Ἐζεκίας Ζαχαρίας
2 Ἰωάννης Ἐζεκίας Ἐλισσαῖος. δευτέρας Ἰούδας Σίμων
3 Σομόηλος Ἀδαῖος Ματταθίας Ἐσχλεμίας. τρίτης Νεεμίας
4 Ἰώσηφος Θεοδόσιος Βασέας Ὀρνίας Δάκις.
- 48 -
1 τετάρτης
2 Ἰωνάθας Ἀβραῖος Ἐλισσαῖος Ἀνανίας Χαβρίας---.
πέμπτης
3 Ἴσακος Ἰάκωβος Ἰησοῦς Σαββαταῖος Σίμων Λευίς. ἕκτης
4 Ἰούδας Ἰώσηφος Σίμων Ζαχαρίας Σομόηλος Σελεμίας.
- 49 -
1 ἑβδόμης Σαββαταῖος Σεδεκίας Ἰάκωβος Ἴσαχος Ἰησίας
2 Ναθαῖος. ὀγδόης Θεοδόσιος Ἰάσων Ἰησοῦς Θεόδοτος
3 Ἰωάννης Ἰωνάθας. ἐνάτης Θεόφιλος Ἄβραμος Ἄρσαμος
4 Ἰάσων Ἐνδεμίας Δανίηλος.
- 50 -
1 δεκάτης Ἰερεμίας Ἐλεάζαρος
2 Ζαχαρίας Βανέας Ἐλισσαῖος Δαθαῖος. ἑνδεκάτης
3 Σαμούηλος Ἰώσηφος Ἰούδας Ἰωνάθης Χαλὲβ Δοσίθεος.
4 δωδεκάτης Ἰσάκιος Ἰωάννης Θεοδόσιος Ἄρσαμος Ἀβιήτης
5 Ἐζεκῆλος. οἱ πάντες ἑβδομήκοντα δύο.
- 51 -
1 καὶ τὰ μὲν πρὸς τὴν τοῦ βασιλέως ἐπιστολὴν
2 τοιαύτης ἐτύγχανεν ἀντιγραφῆς ὑπὸ τῶν περὶ τὸν
Ἐλεάζαρον.
3 ὡς δὲ ἐπηγγειλάμην καὶ τὰ τῶν κατασκευασμάτων
διασαφῆσαι
4 ποιήσω. πολυτεχνίᾳ γὰρ διαφέροντα συνετελέσθη τοῦ
5 βασιλέως πολλὴν ἐπίδοσιν ποιουμένου καὶ παρ' ἕκαστον
ἐπιθεωροῦντος
6 τοὺς τεχνίτας. διὸ παριδεῖν οὐδὲν ἠδύναντο οὐδὲ
7 εἰκῇ συνετελέσαι.
8 πρῶτον δέ σοι τὰ περὶ τῆς τραπέζης ἐξηγήσομαι.
- 52 -
1 προεθυμεῖτο μὲν οὖν ὁ βασιλεὺς ὑπερβολόν τι ποιῆσαι
τοῖς
2 μέτροις τὸ κατασκεύασμα. προσέταξε δὲ πυθέσθαι τῶν ἀνὰ
3 τὸν τόπον πηλίκη τίς ἐστιν ἡ προοῦσα καὶ κειμένη κατὰ
τὸ
4 ἱερὸν ἐν Ἱεροσολύμοις.
- 53 -
1 ὡς δὲ ἀπεφήναντο τὰ μέτρα
2 προσεπηρώτησεν εἰ κατασκευάσει μείζονα. τινὲς μὲν οὖν
καὶ
3 τῶν ἱερέων καὶ τῶν ἄλλων ἔλεγον μηδὲν ἐπικωλύειν. ὁ δὲ
4 εἶπε βούλεσθαι καὶ πενταπλῆν τοῖς μεγέθεσι ποιῆσαι
διστάζει
5 δὲ μήποτε ἄχρηστος γένηται πρὸς τὰς λειτουργίας.
- 54 -
1 οὐ γὰρ αἱρεῖσθαι τὸ κεῖσθαι μόνον ἐν τῷ τόπῳ ⟨τὰ⟩
2 παρ' αὐτοῦ πολὺ δὲ μᾶλλον χάριν ἕξειν ἐὰν τὰς
καθηκούσας
3 λειτουργίας ἐπὶ τῶν ὑπ' αὐτοῦ κατεσκευασμένων οἷς

καθῆκε
4 ποιῶνται δεόντως.
- 55 -
1 οὗ γὰρ ἕνεκεν σπάνεως χρυσοῦ τὰ
2 προσυντετελεσμένα βραχύμετρα καθέστηκεν ἀλλὰ φαίνεται
3 πρός τινα λόγον εἶπεν οὕτως συνεστηκέναι τοῖς μέτροις.
4 ἔτι γὰρ ἐπιταγῆς οὔσης οὔθὲν ἂν ἐσπάνιζε διόπερ οὐ
παραβατέον
5 οὐδὲ ὑπερθετέον τὰ καλῶς ἔχοντα.
- 56 -
1 τῇ μὲν οὖν
2 ποικιλίᾳ τῶν τεχνῶν ἐκέλευσεν ὅτι μάλιστα χρήσασθαι
σεμνῶς
3 ἅπαντα διανοούμενος καὶ φύσιν ἔχων ἀγαθὴν εἰς τὸ
συνιδεῖν
4 πραγμάτων ἔμφασιν. ὅσα δ' ἂν ᾖ ἄγραφα πρὸς καλλονὴν
5 ἐκέλευσε ποιεῖν ὅσα δὲ διὰ γραπτῶν μέτρα αὐτοῖς
κατακολουθῆσαι.
- 57 -
1 δύο γὰρ πήχεων τὸ μῆκος ⟨πήχεος δὲ τὸ
2 εὖρος⟩ τὸ δὲ ὕψος πήχεος καὶ ἡμίσους συνετέλουν χρυσίου
3 δοκίμου στερεὰν πάντοθεν τὴν ποίησιν ἐργασάμενοι λέγω
4 δὲ οὐ περί τι περιεπτυγμένου τοῦ χρυσοῦ τὸν δὲ ἔλασμον
5 αὐτὸν ἐπιδεδέσθαι.
- 58 -
1 στεφάνην δὲ ἐποίησαν παλαιστιαίαν
2 κυκλόθεν τὰ δὲ κυμάτια στρεπτὰ τὴν ἀναγλυφὴν ἔχοντα
3 σχοινίδων ἔκτυπον τῇ τορείᾳ θαυμαστῶς ἔχουσαν ἐκ τῶν
4 τριῶν μερῶν ἦν γὰρ τρίγωνα.
- 59 -
1 καὶ καθ' ἕκαστον μέρος
2 ἡ διατύπωσις τῆς ἐνεργείας τὴν αὐτὴν διάθεσιν εἶχεν
ὥστε
3 καθ' ὃ ἂν μέρος στρέφοιτο τὴν πρόσοψιν εἶναι τὴν αὐτὴν
4 κειμένου δὲ κατὰ τῆς στεφάνης τὸ μὲν εἰς αὐτὴν τὴν
τράπεζαν
5 ἀπόκλιμα τὴν διατύπωσιν ἔχειν τῆς ὡραιότητος τὸ δὲ
6 ἐκτὸς κλίμα πρὸς τὴν τοῦ προσάγοντος εἶναι θεωρίαν.
- 60 -
1 διὸ
2 τὴν ὑπεροχὴν ὀξεῖαν εἶναι τῶν δύο κλιμάτων συνέβαινε
3 μετέωρον ἐπικειμένην ὡς προειρήκαμεν τριγώνου
κατεσκευασμένου
4 καθ' ὃ ἂν μέρος στρέφοιτο. λίθων τε πολυτελῶν ἐν
5 αὐτῷ διαθέσεις ὑπῆρχον ἀνὰ μέσον τῶν σχοινίδων ἕτερος
6 παρ' ἕτερον πλοκὴν εἶχον ἀμίμητον τῇ ποιήσει.
- 61 -
1 πάντες
2 δ' ἦσαν διὰ τρημάτων κατειλημμένοι χρυσαῖς περόναις
πρὸς
3 τὴν ἀσφάλειαν. ἐπὶ δὲ τῶν γωνιῶν αἱ κατακλεῖδες
συνέσφιγγον
4 πρὸς τὴν συνοχήν.
- 62 -
1 ἐκ πλαγίων δὲ κατὰ τὴν στεφάνην
2 κυκλόθεν τὰ πρὸς τὴν ἄνω πρόσοψιν φοθεσία κατεσκεύαστο
3 διὰ λίθος ἐκτύπωσιν ἔχουσα προοχῆς συνεχέσιν
4 ἀναγλυφαῖς ῥαβδωταῖς πυκνὴν ἐχούσαις τὴν πρὸς ἄλληλα
5 θέσιν περὶ ὅλην τὴν τράπεζαν.
- 63 -
1 ὑπὸ δὲ τὴν ἐκτύπωσιν
2 τῶν λίθων τῆς φοθεσίας στέφανον ἐποίησαν οἱ τεχνῖται
3 πάγκαρπον ἐν ὑπεροχῇ προδήλως ἔχοντα βοτρύων καὶ
σταχύων
4 ἔτι δὲ φοινίκων καὶ μήλων ἐλαίας τε καὶ ῥοῶν καὶ τῶν
5 παραπλησίων. τοὺς δὲ λίθους ἐργασάμενοι πρὸς τὴν τῶν
6 προειρημένων καρπῶν διατύπωσιν ἔχοντας ἑκάστου γένους
τὴν
7 χρόαν ἀνέδησαν τῷ χρυσίῳ κύκλῳ περὶ ὅλην τὴν τῆς
τραπέζης
8 κατασκευὴν κατὰ κρόταφον.
- 64 -
1 μετὰ δὲ τὴν τοῦ στεφάνου
2 διάθεσιν ὁμοίως ⟨κάτω τὰ⟩ κατὰ τὴν τῆς φοθεσίας
διασκευὴ
3 ⟨ἡ⟩ κατεσκεύαστο καὶ τὰ λοιπὰ τῆς ῥαβδώσεως καὶ
διαγλυφῆς
4 ⟨διὰ τὸ⟩ ⟨καὶ⟩ κατ' ἀμφότερα τὰ μέρη τὴν τράπεζαν πρὸς
5 τὴν χρῆσιν πεποιῆσθαι καθ' ὃ ἂν μέρος αἱρῶνται ὥστε καὶ
6 τὴν τῶν κυμάτων θέσιν καὶ τὴν τῆς στεφάνης εἶναι κατὰ
τὸ
7 τῶν ποδῶν μέρος.
- 65 -
1 ἔλασμα γὰρ ἐποίησαν καθ' ὅλου τοῦ
2 πλάτους τῆς τραπέζης στερεὸν δακτύλων τεσσάρων ὥστε
τοὺς
3 πόδας ἐνίεσθαι εἰς τοῦτο περόνας ⟨σὺν⟩ κατακλεῖσιν
ἔχοντας
4 ἐσφίγχθαι κατὰ τὴν στεφάνην ἵνα καθ' ὃ ἂν αἱρῶνται
μέρος ᾖ
5 χρῆσις ᾖ τὸ αὐτὸ δὲ κατὰ ἐπιφάνειαν θεωρεῖται
ἀμφοτεροδεξίου
6 τῆς κατασκευῆς οὔσης.
- 66 -
1 ἐπ' αὐτῆς δὲ τῆς τραπέζης μαίανδρον
2 ἔκτυπον ἐποίησαν ἐν ὑπεροχῇ λίθους ἔχοντα κατὰ μέσον
3 πολυτελεῖς τῶν πολυτίμων ἀνθράκων τε καὶ σμαράγδων ἔτι
δὲ
4 ὄνυχος καὶ τῶν ἄλλων γενῶν τῶν διαφερόντων ἐν
ὡραιότητι.
- 67 -
1 μετὰ δὲ τὴν τοῦ μαιάνδρου διάθεσιν ἐπέκειτο σχιστὴ

2 πλοκή θαυμασίως ἔχουσα ῥομβωτήν ἀποτελοῦσα τήν ἀνά
3 μέσον θεωρίαν ἐφ' ᾗ κρυστάλλου λίθος καί τό λεγόμενον
  ἤλεκτρον
4 ἐντετύπωτο ἀμίμητον θεωρίαν ἀποτελοῦν τοῖς θεωροῦσι.
  - 68 -
1 τούς δέ πόδας ἐποίησαν τάς κεφαλίδας ἔχοντας κρινωτάς
2 ἀνάκλασιν κρίνων ὑπό τήν τράπεζαν λαμβανόντων τά
3 δέ τῆς ἐντός προσόψεως ὀρθήν ἔχοντα τήν πετάλωσιν.
  - 69 -
1 ἡ δέ ἐπ' ἐδάφους ἔρεισις τοῦ ποδός ἄνθρακος λίθου
2 πάντοθεν παλαιστιαία κρηπῖδος ἔχουσα τάξιν κατά τήν
  πρόσοψιν
3 ὀκτώ δέ δακτύλων τό πλάτος ἔχουσα ἐφ' ὅν ἐπίκειται
4 τό πᾶν ἔλασμα τοῦ ποδός.
  - 70 -
1 κατεσκεύασαν δέ ἐκφύοντα
2 κισσόν ἀκάνθῳ πλεκόμενον ἐκ τοῦ λίθου σύν ἀμπέλῳ
  περιειλούμενον
3 κυκλόθεν τῷ ποδί σύν τοῖς βότρυσιν οἳ λιθουργεῖς
4 ἦσαν μέχρι τῆς κεφαλῆς. ἡ δ' αὐτή διάθεσις ἦν τῶν
  τεσσάρων
5 ποδῶν πάντα ἐνεργῶς πεποιημένα καί προσηγμένα τῆς
6 ἐμπειρίας καί τέχνης τάς ὑπεροχάς ἀπαραλλάκτως ἔχοντα
7 πρός τήν ἀλήθειαν ὥστε καί ῥιπίζοντος τοῦ κατά τόν ἀέρα
8 πνεύματος κίνησιν ἐπιδέχεσθαι τήν τῶν φύλλων θέσιν
9 πρός τήν τῆς ἀληθείας διάθεσιν τετυπωμένων ἁπάντων.
  - 71 -
1 ἐποίησαν δέ τριμερές τό στόμα τῆς τραπέζης οἱονεί
2 τρίπτυχον πελεκίνοις συναρμοζόμενα γομφωτοῖς πρός ἑαυτά
3 κατά τό πάχος τῆς κατασκευῆς ἀθέατον καί ἀνεύρετον τήν
4 τῶν ἁρμῶν κατασκευάσαντες συμβολήν. ἡμιπηχίου δέ οὐκ
5 ἐλάσσονος ἦν τό πάχος τῆς ὅλης τραπέζης ὥστε πολλῶν
  εἶναι
6 ταλάντων τήν ὅλην διασκευήν.
  - 72 -
1 ἐπεί γάρ οὐ προῄρητο
2 τοῖς μεγέθεσιν οὐδέν προσθεῖναι ὁ βασιλεύς ὅσον ἔδει
  δαπανηθῆναι
3 κατασκευαζομένων μειζόνων ταῦτα ἀποδέδωκε
4 πλείονα καί κατά τήν προαίρεσιν αὐτοῦ πάντα ἐπετελέσθη
5 θαυμασίως καί ἀξιολόγως ἔχοντα καί ταῖς τέχναις ἀμίμητα
6 καί τῇ καλλονῇ διαπρεπῆ.
  - 73 -
1 τῶν δέ κρατήρων δύο μέν ἦσαν ⟨χρυσοῖ⟩ τῇ κατασκευῇ
2 φολιδωτήν ἔχοντες ἀπό τῆς βάσεως μέχρι τοῦ μέσου τήν
3 διασκευήν τῇ τορείᾳ καί τήν τῶν λίθων ἀνά μέσον τῶν
  φολίδων
4 σύνδεσιν πολυτέχνως ἔχοντες.
  - 74 -
1 εἶτα μαίανδρος ἐπέκειτο
2 πηχυαίος ὕψει τήν δ' ἐκτύπωσιν ἐνυπῆρχε διά λιθώσεως
3 ποικίλης ἐμφαίνων σύν ὡραιότητι τό τῆς τέχνης
4 φιλόπονον. ἐπί δέ τούτου ῥάβδωσις ἐφ' ᾗ διαπλοκή ῥόμβων
5 δικτυωτήν ἔχουσα τήν πρόσοψιν ἕως ἐπί τό στόμα.
  - 75 -
1 τό
2 δ' ἀνά μέσον ἀσπιδίσκοι λίθων ἑτέρων παρ' ἑτέροις τοῖς
3 γένεσι παραλλαγήν ἐχόντων τετραδακτύλων οὐκ ἔλαττον
4 ἀνεπλήρουν τό τῆς καλλονῆς ἐναργές. ἐπί δέ τῆς στεφάνης
5 τοῦ στόματος κρίνων τύπωσις σύν ἀνθεμίσι καί βοτρύων
  σχοινίαι
6 διάπλοκοι διετυποῦντο κυκλόθεν.
  - 76 -
1 οἱ μέν οὖν διά τοῦ
2 χρυσοῦ τοιαύτην εἶχον τήν κατασκευήν χωροῦντες ὑπέρ δύο
3 μετρητάς οἱ δ' ἀργυροῖ λείαν εἶχον τήν διασκευήν
  ἔνοπτρον
4 δή γεγονυῖαν πρός αὐτό τοῦτο θαυμασίως ἔχουσαν ὥστε πᾶν
5 τό προσαχθέν ἀπαυγάζεσθαι σαφέστερον μᾶλλον ἤ ἐν τοῖς
6 κατόπτροις.
  - 77 -
1 οὐκ ἐφικτόν δ' ἐστίν ἐξηγήσασθαι τά προσυντελεσθέντα
2 πρός τήν τῆς ἀληθείας ἔμφασιν. ὡς γάρ ἐπετελέσθη
3 τεθέντων τῶν κατασκευασμάτων ἑτέρου παρ' ἕτερον
4 λέγω δέ πρῶτον ἀργυροῦ κρατῆρος εἶτα χρυσοῦ πάλιν
5 ἀργυροῦ καί χρυσοῦ παντελῶς ἀνεξήγητος ἐγένετο τῆς
6 προσόψεως ἡ διάθεσις καί τῶν πρός τήν θεωρίαν
  προσιόντων
7 οὐ δυναμένων ἀφίστασθαι διά τήν περιαύγειαν καί τό τῆς
8 ὄψεως τερπνόν.
  - 78 -
1 ποικίλη γάρ ἦν ἡ τῆς ἐπιφανείας
2 ἐνέργεια. προσορώντων γάρ πρός αὐτήν τήν τοῦ χρυσίου
3 κατασκευήν ψυχαγωγία τις ἦν μετά θαυμασμοῦ συνεχῶς ἐφ'
4 ἕκαστον ἐπιβαλούσης τῆς διανοίας τεχνίτευμα. καί πάλιν
5 ὅτε πρός τήν τῶν ἀργυρῶν προσβλέψαι τις θέσιν ἤθελεν
  ἀπέλαμπε
6 τά πάντα κυκλόθεν ὡς ἄν τις ἑστήκῃ καί διάχυσιν
7 ἐποίει μείζονα τοῖς θεωμένοις ὥστε παντελῶς ἀνεξήγητον
8 εἶναι τῶν ἐνηργημένων τήν πολυτεχνίαν.
  - 79 -
1 τάς δέ χρυσᾶς φιάλας διετόρευσαν στεφάνοις ἀμπέλου
2 κατά μέσον περί δέ τά χείλη κισσοῦ τε καί μυρσίνης ἔτι
  δ'
3 ἐλαίας ἀνέπλεξαν στέφανον ἔκτυπον πολυτελεῖς ἐνέντες
4 λίθους καί τάς λοιπάς δέ τορείας διηλλαγμένως
  ἐπετέλεσαν
5 ἅπαντα φιλοτιμηθέντες εἰς ὑπεροχήν δόξης τοῦ βασιλέως
6 ποιῆσαι.
  - 80 -
1 καθόλου γάρ οὔτ' ἐν τοῖς βασιλικοῖς ὑπῆρχε
2 ῥισκοφυλακίοις τοιαύτη κατασκευή τῇ πολυτελείᾳ καί

τεχνουργίᾳ
3 οὔτ' ἐν τινι ἄλλῳ. πρόνοιαν γάρ οὐ μικράν ἐποιεῖτο ὁ
4 βασιλεύς φιλοδοξῶν εἰς τά καλῶς ἔχοντα.
  - 81 -
1 πολλάκις
2 γάρ τόν δημόσιον χρηματισμόν παρίει τοῖς δέ τεχνίταις
3 παρήδρευεν ἐπιμελῶς ἵνα καθηκόντως τῷ τόπῳ συντελέσωσιν
4 εἰς ὅν ἀπεστέλλετο τά τῶν ἔργων. διό πάντα σεμνῶς
5 ἐγεγόνει καί καταξίως τοῦ τε ἀποστέλλοντος βασιλέως καί
6 τοῦ προστατοῦντος ἀρχιερέως τοῦ τόπου.
  - 82 -
1 καί γάρ τό
2 τῶν λίθων πλῆθος ἄφθονον καί μεγάλοι τοῖς μεγέθεσιν οὐκ
3 ἔλαττον πεντακισχιλίων καί ταῖς τέχναις κρατιστεύοντα
4 πάντα ὥστε πενταπλασίως τοῦ χρυσοῦ τιμιωτέραν εἶναι τήν
5 τῶν λίθων δόσιν καί τήν τῶν τεχνῶν ἐνέργειαν.
  - 83 -
1 ὑπολαμβάνων οὖν καί τούτων τήν ἀναγραφήν ἀναγκαίαν
2 εἶναι δεδήλωκά σοι. τά δ' ἑξῆς περιέχει τήν πρός τόν
3 Ἐλεάζαρον ὁδόν ἡμῖν γενομένην τήν δέ θέσιν τῆς ὅλης
  χώρας
4 πρῶτον δηλώσω. ὡς γάρ παρεγενήθημεν ἐπί τούς τόπους
5 ἐθεωροῦμεν τήν πόλιν μέσην κειμένην τῆς ὅλης Ἰουδαίας
  ἐπ'
6 ὄρους ὑψηλήν ἔχοντος τήν ἀνάτασιν.
  - 84 -
1 ἐπί δέ τῆς κορυφῆς κατεσκεύαστο τό ἱερόν ἐκπρεπῶς
2 ἔχον καί οἱ περίβολοι τρεῖς ὑπέρ ἑβδομήκοντα δέ πήχεις
  τῷ
3 μεγέθει καί τό πλάτος ἀκόλουθον καί τό μῆκος τῆς κατά
  τόν
4 οἶκον διασκευῆς ὑπῆρχε μεγαλομερείᾳ καί χορηγίᾳ κατά
5 πάντα ὑπερβαλούσῃ διῳκοδομημένων ἁπάντων.
  - 85 -
1 καί τοῦ
2 θυρώματος δέ καί τῶν περί αὐτό συνδέσμων κατά τάς φλιάς
3 καί τῆς τῶν ὑπερθύρων ἀσφαλείας ἔκδηλος ἦν ἡ τῶν
  χρημάτων
4 γεγονυῖα ἀφειδής δαπάνη.
  - 86 -
1 τοῦ τε καταπετάσματος
2 ἡ διατύπωσις θυρώσει κατά πᾶν ὁμοιοτάτη ὑπῆρχε καί
3 μάλιστα διά τήν τοῦ πνεύματος ὑποδρομήν ἀδιάλειπτον
  κίνησιν
4 λαμβανούσης τῆς διυφῆς διά τό ἀπ' ἐδάφους γίνεσθαι τήν
5 ὑποδρομήν κατά τήν κόλπωσιν μέχρι τῆς ἄνω διατάσεως
6 ἡδεῖάν τινα καί δυσαπάλλακτον τήν θεωρίαν ἔχοντος τοῦ
7 πράγματος.
  - 87 -
1 ἥ τε τοῦ θυσιαστηρίου κατασκευή συμμέτρως
2 ἔχουσαν πρός τόν τόπον καί τά θύματα διά τοῦ πυρός
3 ἐξαναλούμενα τήν διοικοδομήν εἶχε τῆς δ' ἀναβάσεως τῆς
4 πρός αὐτό πρός τήν εὐκοσμίαν ἔχοντος τοῦ τόπου
  καθηκόντως
5 τό κλίμα τῶν λειτουργούντων ἱερέων κεκαλυμμένων μέχρι
6 τῶν σφυρῶν βυσσίνοις χιτῶσιν.
  - 88 -
1 ὁ δέ οἶκος βλέπει πρός ἔω τά δ' ὀπίσθια αὐτοῦ πρός
2 ἑσπέραν τό δέ πᾶν ἔδαφος λιθόστρωτον καθέστηκε καί
  κλίματα
3 πρός τούς καθήκοντας τόπους ἔχει τῆς τῶν ὑδάτων
4 ἐπιφορᾶς ἕνεκεν ἥ γίνεται διά τήν σμῆξιν τῶν ἀπό τῶν
  θυσιῶν
5 αἱμάτων. πολλαί γάρ μυριάδες κτηνῶν προσάγονται κατά
  τάς
6 τῶν ἑορτῶν ἡμέρας.
  - 89 -
1 ὕδατος δέ ἀνέκλειπτός ἐστι σύστασις
2 ὡς ἄν καί πηγῆς ἔσωθεν πολυρρύτου φυσικῶς ἐπιρρεούσης
3 ἔτι δέ θαυμασίων καί ἀδιηγήτων ὑποδοχείων ὑπαρχόντων
4 ὑπό γῆν καθώς ἀπέφαινον πέντε σταδίων κυκλόθεν τῆς κατά
5 τό ἱερόν καταβολῆς καί ἑκάστου τούτων σύριγγας
  ἀναρίθμους
6 καθ' ἕκαστον μέρος ἑαυτά συναπτόντων τῶν ῥευμάτων.
  - 90 -
1 καί πάντα ταῦτα μεμολιβῶσθαι κατ' ἐδάφους καί τῶν
2 τοίχων ἐπί δέ τούτων κεχύσθαι πολύ τι πλῆθος κονιάσεως
3 ἐνεργῶς γεγενημένων ἁπάντων εἶναι δέ πυκνά τά στόματα
4 πρός τήν βάσιν ἀοράτως ἔχοντα τοῖς πᾶσι πλήν αὐτοῖς οἷς
5 ἐστιν ἡ λειτουργία ὡς ῥοπῇ καί νεύματι πάντα
  καθαρίζεσθαι
6 τά συναγόμενα παμπληθῆ τῶν θυμάτων αἵματα.
  - 91 -
1 πεπυσμένος
2 δέ καί αὐτός τήν τῶν ὑποδοχείων κατασκευήν δηλώσω
3 καθώς ἐπιστώθην. προήγαγον γάρ πλέον σταδίων τεσσάρων
4 ἐκ τῆς πόλεως καί πρός τινα τόπον ἐκέλευσαν κατακύψαντα
5 συνακοῦσαι τοῦ γινομένου ψόφου τῆς ἀπαντήσεως τῶν
  ὑδάτων
6 ὥστε συμφανές μοι γεγονέναι τό μέγεθος τῶν ἀγγείων
7 καθώς δεδήλωται.
  - 92 -
1 τῶν δέ ἱερέων ἡ λειτουργία κατά πᾶν ἀνυπέρβλητός
2 ἐστι τῇ ῥώμῃ καί τῇ τῆς εὐκοσμίας καί σιγῆς διαθέσει.
  πάντες
3 γάρ αὐτοκελεύστως διαπονοῦσι πολλῆς γινομένης
  κακοπαθείας
4 ἑκάστῳ τό διατεταγμένον μέλει. καί ἀδιαλείπτως
5 ὑπηρετοῦσιν οἱ μέν τήν ξυλείαν οἱ δέ ἔλαιον οἱ δέ
  σεμίδαλιν
6 οἱ δέ τά τῶν ἀρωμάτων ἕτεροι τά τῆς σαρκός
  ὁλοκαυτοῦντες

7 ἰσχύι διαφερόντως συγχρώμενοι
- 93 -
1 διαλαβόντες γὰρ ἀμφοτέραις
2 τῶν μόσχων τὰ σκέλη πλεῖον ὄντα ταλάντων δύο σχεδὸν
3 ἑκάστου ἀναρρίπτουσιν ἑκατέραις θαυμασίως ὕψος ἱκανὸν
4 καὶ οὐχ ἁμαρτάνουσι τῆς ἐπιθέσεως. ὁμοίως δὲ καὶ τὰ τῶν
5 προβάτων ἔτι δ᾽ αἰγῶν τοῖς βάρεσι καὶ πιμελῇ θαυμασίως
6 ἔχει. κατὰ πᾶν γὰρ ἐκλεγόμενοι οἷς ἐπιμελές ἐστιν
ἀμώμητα
7 καὶ τῇ παχύτητι διαφέροντα τὸ προειρημένον ἐπιτελεῖται.
- 94 -
1 πρὸς δὲ τὴν ἀνάπαυσιν τόπος αὐτοῖς ἐστιν ἀποτεταγμένος
2 οὗ καθίζουσιν οἱ διαναπαυόμενοι. τούτου δὲ γινομένου
3 τῶν διαλελοιπότων ἐγείρονται πρόθυμοι οὐδενὸς
ἐπιτάσσοντος
4 τὰ τῆς λειτουργίας.
- 95 -
1 ἥ τε πᾶσα σιγὴ
2 καθέστηκεν ὥσθ᾽ ὑπολαμβάνειν μηθ᾽ ἕνα ἄνθρωπον ἐν τῷ
3 τόπῳ παρεῖναι πρὸς τοὺς ἑπτακοσίους παρόντων τῶν
λειτουργῶν
4 καὶ τῶν προσαγόντων δὲ τὰ θύματα πολύ τι πλῆθος
5 ἀλλὰ φόβῳ καὶ καταξίως μεγάλης θειότητος ἅπαντ᾽
ἐπιτελεῖται.
- 96 -
1 μεγάλην δὲ ἔκπληξιν ἡμῖν παρέσχεν ὡς ἐθεασάμεθα
2 τὸν Ἐλεάζαρον ἐν τῇ λειτουργίᾳ τά τε τοῦ στολισμοῦ καὶ
τῆς
3 δόξης ἣ συνίσταται διὰ τὴν ἔνδυσιν οὗ φορεῖ χιτῶνος καὶ
4 τῶν περὶ αὐτὸν λίθων χρυσοῖ γὰρ κώδωνες περὶ τὸν ποδήρη
5 εἰσὶν αὐτοῦ μέλους ἦχον ἀνιέντες ἰδιάζοντα παρ᾽
ἑκάτερον
6 δὲ τούτων ἄνθεσι πεποικιλμένοι ῥοΐσκοι τῇ χρόᾳ
θαυμασίως
7 ἔχοντες.
- 97 -
1 κατέζωστο δὲ διαφόρῳ ζώνῃ διαπρεπεῖ διυφασμένῃ
2 καλλίστοις χρώμασιν. ἐπὶ δὲ τοῦ στήθους φορεῖ τὸ
3 λεγόμενον λόγιον ἐν ᾧ συνεσφιγμένοι λίθοι δεκαδύο
διαλλάσσοντες
4 τοῖς γένεσι χρυσῷ κεκολλημένοι τὰ τῶν φυλάρχων
5 ὀνόματα κατὰ τὴν ἐξ ἀρχῆς διάταξιν γενηθεῖσαν
ἀπαυγάζοντες
6 ἕκαστος ἀνεξήγητον τῆς ἰδιότητος τὴν φυσικὴν χρόαν.
- 98 -
1 ἐπὶ δὲ τῆς κεφαλῆς ἔχει τὴν λεγομένην κίδαριν ἐπὶ
2 δὲ ταύτης τὴν ἀμίμητον μίτραν τὸ καθηγιασμένον
βασίλειον
3 ἐκτυποῦν ἐπὶ πετάλῳ χρυσῷ γράμμασιν ἁγίοις τὸ
4 ὄνομα τοῦ θεοῦ κατὰ μέσον τῶν ὀφρύων δόξῃ πεπληρωμένον
5 ὁ κριθεὶς ἄξιος τούτων ἐν ταῖς λειτουργίαις.
- 99 -
1 ἡ δὲ
2 συμφάνεια τούτων ἐμποιεῖ φόβον καὶ ταραχὴν ὥστε
νομίζειν
3 εἰς ἕτερον ἐληλυθέναι ἐκτὸς τοῦ κόσμου καὶ
διαβεβαιοῦμαι
4 πάντα ἄνθρωπον προσελθόντα τῇ θεωρίᾳ τῶν προειρημένων
5 εἰς ἔκπληξιν ἥξειν καὶ θαυμασμὸν ἀνεκδιήγητον
6 μετατραπέντα τῇ διανοίᾳ διὰ τὴν περὶ ἕκαστον ἁγίαν
κατασκευήν.
- 100 -
1 πρὸς γὰρ τὴν ἐπίγνωσιν ἁπάντων ἐπὶ τὴν παρακειμένην
2 ἄκραν τῆς πόλεως ἀναβάντες ἐθεωροῦμεν ἣ κεῖται μὲν
3 ἐν ὑψηλοτάτῳ τόπῳ πύργοις ἠσφαλισμένη πλείοσι μέχρι
4 κορυφῆς εὐμήκεσι λίθοις ἀνῳκοδομημένων αὐτῶν ὡς
μεταλαμβάνομεν
5 πρὸς φυλακὴν τῶν περὶ τὸ ἱερὸν τόπων
- 101 -
1 ἵνα
2 ἐὰν ἐπίθεσίς τις ἢ νεωτερισμὸς ἢ πολεμίων ἔφοδος
γένηται
3 μηθεὶς δύνηται ὁδὸν εἰς τοὺς περιβόλους ποιήσασθαι τοὺς
4 περὶ τὸν οἶκον ἐπικειμένων καὶ ὀξυβελῶν ἐπὶ τῶν πύργων
5 τῆς ἄκρας καὶ ὀργάνων ποικίλων καὶ τοῦ τόπου κατὰ
κορυφὴν
6 ὄντος τῶν προειρημένων περιβόλων
- 102 -
1 ὡσανεὶ φυλασσομένων
2 τῶν πύργων ὑπὸ τῶν πιστοτάτων ἀνδρῶν καὶ τῇ πατρίδι
3 μεγάλας ἀποδείξεις δεδωκότων οἵτινες οὐκ εἶχον ἐξουσίαν
4 ἐξιέναι τῆς ἄκρας εἰ μὴ ταῖς ἑορταῖς καὶ τοῦτο ἐκ
μέρους
5 οὐδὲ εἰσοδεύειν εἴων οὐδένα.
- 103 -
1 μετὰ ἀκριβείας δὲ πολλῆς
2 εἶχον εἰ καί τις ἐπιταγῇ γένοιτο διὰ τοῦ
προκαθηγουμένου
3 πρὸς θεωρίαν εἰσδέξασθαί τινας οἷον καὶ καθ᾽ ἡμᾶς
ἐγεγόνει.
4 μόλις γὰρ ἀνόπλους ὄντας ἡμᾶς δύο παρεδέξαντο πρὸς
5 τὸ κατανοῆσαι τὰ τῶν θυσιῶν.
- 104 -
1 ἔλεγον δὲ καὶ δι᾽
2 ὅρκων πεπιστῶσθαι τὸ τοιοῦτον τοὺς γὰρ πάντας
ὀμωμοκέναι
3 κατ᾽ ἀνάγκην ἐπιτελουμένους θείως τὸ κατὰ τὸν ὁρκισμὸν
4 πρᾶγμα ὄντας πεντακοσίους μὴ παραδέξασθαι πλεῖον
ἀνθρώπων
5 πέντε κατὰ τὸ αὐτό τοῦ γὰρ ἱεροῦ τὴν πᾶσαν εἶναι
6 φυλακὴν τὴν ἄκραν καὶ τὸν καταβαλλόμενον αὐτὴν τὴν
προφυλακὴν

7 τῶν εἰρημένων οὕτως ἠσφαλίσθαι.
- 105 -
1 τῆς δὲ πόλεώς ἐστι τὸ χύμα συμμέτρως ἔχον οἷον
2 τεσσαράκοντα σταδίων ὄντος τοῦ περιβόλου καθόσον
εἰκάσαι
3 δυνατόν. ἔχει δὲ τὴν τῶν πύργων θέσιν θεατροειδῆ καὶ
φαινομένων
4 διόδων τῶν ὑποκειμένων τῶν δ᾽ ἐπάνωθεν
5 εἰθισμένως καὶ τὰς διὰ τούτων διεξόδους. ἀνάκλασιν γὰρ
6 ἔχει τὰ τῶν τόπων ὡς ἂν ἐπ᾽ ὄρους τῆς πόλεως
ᾠκοδομημένης.
- 106 -
1 εἰσὶ δὲ καὶ διαβάθραι πρὸς τὰς διόδους. οἱ μὲν
2 γὰρ μετέωροι τὴν ὁδείαν οἱ δ᾽ ὑπ᾽ αὐτὰς ποιοῦνται καὶ
3 μάλιστα διεστηκότες τῆς ὁδείας διὰ τοὺς ἐν ταῖς
ἁγνείαις
4 ὄντας ὅπως μηδενὸς θιγγάνωσιν ὧν οὐ δέον ἐστίν.
- 107 -
1 οὐκ ἀλόγως δὲ τὴν πόλιν συμμετρίᾳ καθηκούσῃ
2 κατεσκεύασαν οἱ πρῶτοι σοφῶς δὲ ἐπινοήσαντες. τῆς γὰρ
3 χώρας πολλῆς οὔσης καὶ καλῆς καὶ τινων μὲν πεδινῶν τῶν
4 κατὰ τὴν Σαμαρεῖτιν λεγομένων καὶ τῶν συναπτόντων τῇ
τῶν
5 Ἰδουμαίων χώρᾳ τινῶν δὲ ὀρεινῶν τῶν ⟨πρὸς μέσην τὴν
6 χώραν χρὴ⟩ πρὸς τὴν γεωργίαν καὶ τὴν ἐπιμέλειαν τῆς γῆς
7 γίνεσθαι συνεχῶς ἵνα καὶ διὰ τοῦτο οὗτοι τὴν εὐκαρπίαν
8 ἔχωσιν. οὗ καὶ γινομένου γεωργεῖται πάντα μετὰ
δαψιλείας
9 πολλῆς ἐν πάσῃ τῇ προειρημένῃ χώρᾳ.
- 108 -
1 τῶν δὲ πόλεων
2 ὅσαι μέγεθος ἔχουσι καὶ τὴν ἀκόλουθον εὐδαιμονίαν
ταύταις
3 συμβέβηκεν εὐανδρεῖν ἀμελεῖσθαι δὲ τῆς χώρας πάντων ἐπὶ
4 τὸ κατὰ ψυχὴν ἱλαροῦσθαι νενευκότων καὶ τῇ κατασκευῇ
5 πάντας ἀνθρώπους ἐπὶ τὰς ἡδονὰς εὐκαταφόρους εἶναι.
- 109 -
1 τοῦτο δὲ ἐγίνετο περὶ τὴν Ἀλεξάνδρειαν ὑπερβάλλουσαν
2 πάσας τῷ μεγέθει καὶ εὐδαιμονίᾳ τὰς πόλεις. οἱ γὰρ ἀπὸ
3 τῆς χώρας εἰς αὐτὴν ἐπιξενούμενοι καταμένοντες ἐφ᾽
ἱκανὸν
4 εἰς ἐλάττωσιν ἦγον τὰ τῆς ἐργασίας.
- 110 -
1 ὅθεν ὁ βασιλεὺς
2 ἵνα μὴ καταμένωσι προσέταξε μὴ πλέον εἴκοσιν ἡμερῶν
3 παρεπιδημεῖν καὶ τοῖς ἐπὶ τῶν χρειῶν ὁμοίως δι᾽
ἐγγράπτων
4 διαστολὰς ἔδωκεν ἐὰν ἀναγκαῖον ᾖ κατακαλέσαι διακρίνειν
5 ἐν ἡμέραις πέντε.
- 111 -
1 πρὸ πολλοῦ δὲ ποιούμενος καὶ χρηματιστὰς
2 καὶ τοὺς τούτων ὑπηρέτας ἐπέταξε κατὰ νομοὺς
3 ὅπως μὴ πορισμὸν λαμβάνοντες οἱ γεωργοὶ καὶ προστάται
τῆς
4 πόλεως ἐλαττῶσι τὰ ταμιεῖα λέγω δὲ τὰ τῆς γεωργίας
5 πρόσφορα.
- 112 -
1 παρεξέβημεν δὲ ταῦτα διὰ τὸ καλῶς ἡμῖν τὸν Ἐλεάζαρον
2 ὑποδεδειχέναι τὰ προειρημένα. μεγάλη γάρ ἐστιν ἡ
3 τῶν γεωργουμένων φιλοπονία. καὶ γὰρ ἐλαϊκοῖς πλήθεσι
σύνδενδρός
4 ἐστι καὶ σιτικοῖς καρποῖς αὐτῶν ἡ χώρα καὶ ὀσπρίοις
5 ἔτι δὲ ἀμπέλῳ καὶ μέλιτι πολλῷ. τὰ μὲν τῶν ἄλλων
ἀκροδρύων
6 καὶ φοινίκων οὐδ᾽ ἀριθμεῖται παρ᾽ αὐτοῖς. κτήνη τε
πολλὰ
7 παμμιγῆ καὶ δαψιλὴς ἡ τούτων νομή.
- 113 -
1 διὸ καλῶς ἔβλεψαν
2 ὅτι πολυανθρωπίας οἱ τόποι προσδέονται καὶ τὴν
3 κατασκευὴν τῆς πόλεως καὶ τῶν κωμῶν ἔθεντο κατὰ λόγον.
- 114 -
1 πολὺ δὲ πλῆθος καὶ τῶν ἀρωμάτων καὶ λίθων πολυτελῶν
2 καὶ χρυσοῦ παρακομίζεται διὰ τῶν Ἀράβων εἰς τὸν
3 τόπον. ἐργάσιμος γὰρ καὶ πρὸς τὴν ἐμπορίαν ἐστὶ
κατεσκευασμένη
4 ἡ χώρα καὶ πολύτεχνος ἡ πόλις οὐ σπανίζει δὲ
5 οὐδὲν τῶν διακομιζομένων διὰ τῆς θαλάσσης.
- 115 -
1 ἔχει
2 γὰρ καὶ λιμένας εὐκαίρους χορηγοῦντας τόν τε κατὰ τὴν
3 Ἀσκάλωνα καὶ Ἰόππην καὶ Γάζαν ὁμοίως δὲ καὶ
Πτολεμαΐδα
4 τὴν ὑπὸ τοῦ βασιλέως ἐκτισμένην. μέση δὲ κεῖται πρὸς
5 τοὺς προειρημένους τόπους οὐκ ἀπέχουσα τούτων πολύ.
ἔχει
6 δὲ πάντα δαψιλῆ κάθυγρος οὖσα πάντοθεν ἡ χώρα καὶ
μεγάλην
7 ἀσφάλειαν ἔχουσα.
- 116 -
1 περιρρεῖ δ᾽ αὐτὴν ὁ λεγόμενος
2 Ἰορδάνης ποταμὸς ἀείρρους. ⟨τῆς δὲ χώρας⟩ οὐκ ἔλαττον
3 ἑξακισχιλίων μυριάδων ἀρουρῶν κατὰ τὸ ἀρχαῖον οὔσης
μετέπειτα
4 δὲ οἱ γειτνιῶντες ἐπέβησαν αὐτῆς ἑξήκοντα μυριάδες
5 ἀνδρῶν ἔγκληροι καθειστήκεισαν ἑκατοντάρουροι.
πληρούμενος
6 δὲ ὁ ποταμὸς καθὼς ὁ Νεῖλος ἐν ταῖς πρὸς τὸν θερισμὸν
7 ἡμέραις πολλὴν ἀρδεύει τῆς γῆς
- 117 -
1 ὃς εἰς ἕτερον ποταμὸν
2 ἐμβάλλει τὸ ῥεῦμα κατὰ τὴν Πτολεμαιέων χώραν οὗτος

3 δὲ ἔξεισιν εἰς θάλασσαν. ἄλλοι δὲ χείμαρροι λεγόμενοι
4 κατίασι περιλαμβάνοντες τὰ πρὸς τὴν Γάζαν μέρη καὶ τὴν
5 Ἀζωτίων χώραν.
　　－ 118 －
1 περιέχεται δὲ ἀσφαλείαις αὐτοφυέσι
2 δυσείσβολος οὖσα καὶ πλήθεσιν ἀπραγμάτευτος διὰ τὸ
　στενάς
3 εἶναι τὰς παρόδους κρημνῶν παρακειμένων καὶ φαράγγων
4 βαθέων ἔτι δὲ τραχείας οὔσης πάσης τῆς περιεχούσης
　πᾶσαν
5 τὴν χώραν ὀρεινῆς.
　　－ 119 －
1 ἐλέγετο δὲ καὶ ἐκ τῶν παρακειμένων ὀρέων τῆς
2 Ἀραβίας μέταλλα χαλκοῦ καὶ σιδήρου συνίστασθαι
　πρότερον.
3 ἐκλέλειπται δὲ ταῦτα καθ᾽ ὃν ἐπεκράτησαν Πέρσαι χρόνον
4 τῶν τότε προστατούντων ποιησαμένων διαβολὴν ὡς ἄχρηστος
5 ἡ κατεργασία γίνεται καὶ πολυδάπανος
　　－ 120 －
1 ὅπως μὴ διὰ
2 τὴν μεταλλείαν τῶν εἰρημένων συμβῇ καὶ τὴν χώραν
　καταφθείρεσθαι
3 καὶ σχεδὸν διὰ τὴν ἐκείνων δυναστείαν ἀλλοτριωθῆναι
4 παρεύρεσιν λαβόντων εἰς τοὺς τόπους εἰσόδου διὰ τοῦτο
5 τὴν διαβολὴν γεγονέναι ταύτην.
6 ὅσον οὖν καὶ περὶ τούτων ἔδει κεφαλαιωδῶς σεσήμαγκά
7 σοι ὦ Φιλόκρατες ἄδελφε τὰ δὲ τῆς ἑρμηνείας ἑπομένως
8 δηλώσομεν.
　　－ 121 －
1 ἐπιλέξας γὰρ τοὺς ἀρίστους ἄνδρας καὶ παιδείᾳ
2 διαφέροντας ἅτε δὴ γονέων τετευχότας ἐνδόξων οἵτινες οὐ
3 μόνον τὴν τῶν Ἰουδαϊκῶν γραμμάτων ἕξιν περιεποίησαν
4 αὐτοῖς ἀλλὰ καὶ τῆς τῶν Ἑλληνικῶν ἐφρόντισαν οὐ
　παρέργως
5 κατασκευῆς
　　－ 122 －
1 διὸ καὶ πρὸς τὰς πρεσβείας εὔθετοι
2 καθεστήκεισαν καὶ τοῦτ᾽ ἐπετέλουν ὅτε δέοι καὶ πρὸς τὰς
3 ὁμιλίας καὶ τὰς ἐπερωτήσεις τὰς διὰ τοῦ νόμου μεγάλην
　εὐφυΐαν
4 εἶχον τὸ μέσον ἐζηλωκότες κατάστημα τοῦτο γὰρ κάλλιστόν
5 ἐστιν ἀποτεθειμένοι τὸ τραχὺ καὶ βάρβαρον τῆς
6 διανοίας ὁμοίως δὲ καὶ τὸ κατοίεσθαι καὶ νομίζειν
　ὑπερφρονεῖν
7 ἑτέρους ὑπερβεβηκότες τὴν δ᾽ ὁμιλίαν καὶ τὸ συνακούειν
8 καὶ πρὸς ἕκαστον ἀποκρίνεσθαι δεόντως παραδεδεγμένοι
　καὶ
9 πάντες ταῦτα συντηροῦντες καὶ μᾶλλον ἐν τούτοις
　βουλόμενοι
10 ὑπερφέρειν ἕτερος ἑτέρου καὶ τοῦ καθηγουμένου πάντες
11 ἄξιοι καὶ τῆς περὶ αὐτὸν ἀρετῆς.
　　－ 123 －
1 νοῆσαι δ᾽ ἦν ὡς
2 ἠγάπησαν τὸν Ἐλεάζαρον δυσαποσπάστως ἔχοντες καὶ
　ἐκεῖνος
3 αὐτοὺς χωρὶς καὶ τοῦ πρὸς τὸν βασιλέα γεγραφέναι περὶ
4 τῆς ἀποκαταστάσεως αὐτῶν πολλὰ παρεκάλεσε τὸν Ἀνδρέαν
5 ποιῆσαι συναντιλαμβάνεσθαι παρακαλῶν καθ᾽ ὃ ἂν
　δυνώμεθα.
　　－ 124 －
1 καὶ ἡμῶν ἐπαγγελλομένων εὖ φροντίσειν περὶ τούτων
2 ἔφη καὶ λίαν διαγωνιᾶν εἰδέναι γὰρ ὅτι φιλάγαθος ὢν ὁ
　βασιλεὺς
3 πάντων μέγιστον ἡγεῖται τὸ μεταπέμπεσθαι καθ᾽ ὃν ἂν
4 τόπον ὀνομασθῇ τις ἄνθρωπος διαφέρων ἀγωγῇ καὶ φρονήσει
5 παρ᾽ ἑτέρους.
　　－ 125 －
1 μετείληφα γὰρ καλῶς αὐτὸν λέγειν ὅτι
2 περὶ ἑαυτὸν ἔχων ἄνδρας δικαίους καὶ σώφρονας τὴν
　μεγίστην
3 ἂν φυλακὴν τῆς βασιλείας ἕξειν συμβουλευόντων παρρησίᾳ
4 πρὸς τὸ συμφέρον τῶν φίλων ὃ δὴ σύνεστι τοῖς
　ἀποστελλομένοις
5 ὑπ᾽ αὐτοῦ.
　　－ 126 －
1 καὶ δι᾽ ὅρκων ἐπιστοῦτο μὴ προΐεσθαι
2 τοὺς ἀνθρώπους εἴ τις ἑτέρα χρεία πρὸς τὰ κατ᾽ ἰδίαν
　αὐτῷ
3 κατεπείγοι πρὸς δὲ τὴν κοινὴν πᾶσι τοῖς πολίταις
　ἐπανόρθωσιν
4 ἐξαποστέλλειν αὐτούς.
　　－ 127 －
1 τὸ γὰρ καλῶς ζῆν ἐν τῷ τὰ
2 νόμιμα συντηρεῖν εἶναι τοῦτο δὲ ἐπιτελεῖσθαι διὰ τῆς
　ἀκροάσεως
3 πολλῷ μᾶλλον ἢ διὰ τῆς ἀναγνώσεως. προτιθέμενος
4 οὖν ταῦτα καὶ τὰ τούτοις παραπλήσια φανερὸς ἦν τὴν
　διάθεσιν
5 οἷος ἦν πρὸς αὐτούς.
　　－ 128 －
1 ἄξιον δὲ ἐπιμνησθῆναι ⟨διὰ⟩ βραχέων τῶν ὑποδειχθέντων
2 ὑπ᾽ αὐτοῦ πρὸς τὰ δι᾽ ἡμῶν ἐπιζητηθέντα. νομίζω
3 γὰρ τοὺς πολλοὺς περιεργίαν ἔχειν τινὰ τῶν ἐν τῇ
　νομοθεσίᾳ
4 περί τε τῶν βρωτῶν καὶ ποτῶν καὶ τῶν νομιζομένων
　ἀκαθάρτων
5 εἶναι κνωδάλων.
　　－ 129 －
1 πυνθανομένων γὰρ ἡμῶν διὰ τί μιᾶς καταβολῆς
2 οὔσης τὰ μὲν ἀκάθαρτα νομίζεται πρὸς βρῶσιν τὰ δὲ καὶ
3 πρὸς τὴν ἁφὴν δεισιδαιμόνως γὰρ τὰ πλεῖστα τὴν
　νομοθεσίαν

4 ἔχειν ἐν δὲ τούτοις πάλιν δεισιδαιμόνως πρὸς ταῦτα
5 οὕτως ἐνήρξατο
　　－ 130 －
1 θεωρεῖς ἔφη τὰς ἀναστροφὰς καὶ
2 τὰς ὁμιλίας οἷον ἐνεργάζονται πρᾶγμα διότι κακοῖς
　ὁμιλήσαντες
3 διαστροφὰς ἐπιλαμβάνουσιν ἄνθρωποι καὶ ταλαίπωροι
4 δι᾽ ὅλου τοῦ ζῆν εἰσιν ἐὰν δὲ σοφοῖς καὶ φρονίμοις
　συζῶσιν
5 ἐξ ἀγνοίας ἐπανορθώσεως εἰς τὸν βίον ἔτυχον.
　　－ 131 －
1 διαστειλάμενος
2 οὖν τὰ τῆς εὐσεβείας καὶ δικαιοσύνης πρῶτον ὁ
3 νομοθέτης ἡμῶν καὶ διδάξας ἕκαστα περὶ τούτων οὐκ
　ἀπαγορευτικῶς
4 μόνον ἀλλ᾽ ἐνδεικτικῶς καὶ τὰς βλάβας προδηλώσας
5 καὶ τὰς ὑπὸ τοῦ θεοῦ γινομένας ἐπιπομπὰς τοῖς αἰτίοις
　　－ 132 －
1 προϋπέδειξε γὰρ πάντων πρῶτον ὅτι μόνος ὁ θεός
2 ἐστι καὶ διὰ πάντων ἡ δύναμις αὐτοῦ φανερὰ γίνεται
　πεπληρωμένου
3 παντὸς τόπου τῆς δυναστείας καὶ οὐθὲν αὐτὸν λανθάνει
4 τῶν ἐπὶ γῆς γινομένων ὑπ᾽ ἀνθρώπων κρυφίως ἀλλ᾽ ὅσα
5 ποιεῖ τις αὐτῷ φανερὰ καθέστηκε καὶ τὰ μέλλοντα
　γίνεσθαι
　　－ 133 －
1 ταῦτ᾽ οὖν ἐξεργαζόμενος ἀκριβῶς καὶ πρόδηλα θείς
2 ἔδειξεν ὅτι κἂν ἐννοηθῇ τις κακίαν ἐπιτελεῖν οὐκ ἂν
　λάθοι
3 μὴ ὅτι καὶ πράξας διὰ πάσης τῆς νομοθεσίας τὸ τοῦ θεοῦ
4 δυνατὸν ἐνδεικνύμενος.
　　－ 134 －
1 ποιησάμενος οὖν τὴν καταρχὴν ταύτην καὶ δείξας
2 ὅτι πάντες οἱ λοιποὶ παρ᾽ ἡμᾶς ἄνθρωποι πολλοὺς θεοὺς
　εἶναι
3 νομίζουσιν αὐτοὶ δυναμικώτεροι πολλῷ καθεστῶτες ὧν
　σέβονται
4 ματαίως
　　－ 135 －
1 ἀγάλματα γὰρ ποιήσαντες ἐκ λίθων καὶ
2 ξύλων εἰκόνας φασὶν εἶναι τῶν ἐξευρόντων τι πρὸς τὸ ζῆν
3 αὐτοῖς χρήσιμον οἷς προσκυνοῦσι παρὰ πόδας ἔχοντες τὴν
4 ἀναισθησίαν.
　　－ 136 －
1 εἴτε γὰρ κατ᾽ ἐκεῖνό τις θεοῖ κατὰ τὴν
2 ἐξεύρεσιν παντελῶς ἀνόητον τῶν γὰρ ἐν τῇ κτίσει
　λαβόντες
3 τινὰ συνέθηκαν καὶ προσυπέδειξαν εὔχρηστα τὴν
　κατασκευὴν
4 αὐτῶν οὐ ποιήσαντες αὐτοὶ
　　－ 137 －
1 διὸ κενὸν καὶ μάταιον
2 τοὺς ὁμοίους ἀποθεοῦν. καὶ γὰρ ἔτι καὶ νῦν
　εὑρεματικώτεροι
3 καὶ πολυμαθέστεροι τῶν ἀνθρώπων τῶν πρὶν εἰσι πολλοὶ
　καὶ
4 οὐκ ἂν φθάνοιεν αὐτοὺς προσκυνοῦντες. καὶ νομίζουσιν οἱ
5 ταῦτα διαπλάσαντες καὶ μυθοποιήσαντες τῶν Ἑλλήνων οἱ
6 σοφώτατοι καθεστάναι.
　　－ 138 －
1 τῶν γὰρ ἄλλων πολυματαίων τί
2 δεῖ καὶ λέγειν Αἰγυπτίων τε καὶ τῶν παραπλησίων οἵτινες
3 ἐπὶ θηρία καὶ τῶν ἑρπετῶν τὰ πλεῖστα καὶ κνωδάλων τὴν
　ἀπέρεισιν
4 πεποίηνται καὶ ταῦτα προσκυνοῦσι καὶ θύουσι τούτοις
5 καὶ ζῶσι καὶ τελευτήσασι;
　　－ 139 －
1 συνθεωρήσας οὖν ἕκαστα
2 σοφὸς ὢν ὁ νομοθέτης ὑπὸ θεοῦ κατεσκευασμένος εἰς
　ἐπίγνωσιν
3 τῶν ἁπάντων περιέφραξεν ἡμᾶς ἀδιακόποις χάραξι καὶ
4 σιδηροῖς τείχεσιν ὅπως μηθενὶ τῶν ἄλλων ἐθνῶν
　ἐπιμισγώμεθα
5 κατὰ μηδὲν ἁγνοὶ καθεστῶτες κατὰ σῶμα καὶ κατὰ
6 ψυχὴν ἀπολελυμένοι ματαίων δοξῶν τὸν μόνον θεὸν καὶ
　δυνατὸν
7 σεβόμενοι παρ᾽ ὅλην τὴν πᾶσαν κτίσιν.
　　－ 140 －
1 ὅθεν οἱ
2 Αἰγυπτίων καθηγεμόνες ἱερεῖς ἐγκεκυφότες εἰς πολλὰ καὶ
3 μετεσχηκότες πραγμάτων ἀνθρώπους θεοῦ προσονομάζουσιν
4 ἡμᾶς ὃ τοῖς λοιποῖς οὐ πρόσεστιν εἰ μή τις σέβεται τὸν
　κατὰ
5 ἀλήθειαν θεὸν ἀλλ᾽ εἰσὶν ἄνθρωποι βρωτῶν καὶ ποτῶν καὶ
6 σκέπης
　　－ 141 －
1 ἡ γὰρ πᾶσα διάθεσις αὐτῶν ἐπὶ ταῦτα καταφεύγει.
2 τοῖς δὲ παρ᾽ ἡμῶν ἐν οὐδενὶ ταῦτα λελόγισται περὶ
3 δὲ τῆς τοῦ θεοῦ δυναστείας δι᾽ ὅλου τοῦ ζῆν ἡ σκέψις
　αὐτοῖς
4 ἐστιν.
　　－ 142 －
1 ὅπως οὖν μηθενὶ συναλισγούμενοι μηδ᾽ ὁμιλοῦντες
2 φαύλοις διαστροφὰς λαμβάνωμεν πάντοθεν ἡμᾶς
3 περιέφραξεν ἁγνείαις καὶ διὰ βρωτῶν καὶ ποτῶν καὶ ἁφῶν
4 καὶ ἀκοῆς καὶ ὁράσεως νομικῶς.
　　－ 143 －
1 τὸ γὰρ καθόλου πάντα
2 πρὸς τὸν φυσικὸν λόγον ὅμοια καθέστηκεν ὑπὸ μιᾶς
　δυνάμεως
3 οἰκονομούμενα καὶ καθ᾽ ἓν ἕκαστον ἔχει λόγον βαθὺν ἀφ᾽
　ὧν

4 ἀπεχόμεθα κατὰ τὴν χρῆσιν καὶ οἷς συγχρώμεθα. χάριν δὲ
5 ὑποδείγματος ἓν ἢ δεύτερον ἐπιδραμών σοι σημανῶ.
- 144 -
1 μὴ
2 γὰρ εἰς τὸν καταπεπτωκότα λόγον ἔλθῃς ὅτι μυῶν καὶ
γαλῆς
3 ἢ τῶν τοιούτων χάριν περιεργίαν ποιούμενος ἐνομοθέτει
ταῦτα
4 Μωϋσῆς ἀλλὰ πρὸς ἁγνὴν ἐπίσκεψιν καὶ τρόπων ἐξαρτισμὸν
5 δικαιοσύνης ἕνεκεν σεμνῶς πάντα ἀνατέτακται.
- 145 -
1 τῶν
2 γὰρ πτηνῶν οἷς χρώμεθα πάντα ἥμερα καθέστηκε καὶ
διαφέρει
3 καθαριότητι πυροῖς καὶ ὀσπρίοις χρώμενα πρὸς τὴν τροφήν
4 οἷον περιστεραὶ τρυγόνες ἄττακοι πέρδικες ἔτι δὲ χῆνες
5 καὶ τὰ ἄλλα ὅσα τοιαῦτα.
- 146 -
1 περὶ ὧν δὲ ἀπηγόρευται
2 πτηνῶν εὑρήσεις ἄγριά τε καὶ σαρκοφάγα καὶ
καταδυναστεύοντα
3 τῇ περὶ ἑαυτὰ δυνάμει τὰ λοιπὰ καὶ τὴν τροφὴν
4 ἔχοντα δαπάνησιν τῶν προειρημένων ἡμέρων μετὰ ἀδικίας
5 οὐ μόνον δὲ ταῦτα ἀλλὰ καὶ τοὺς ἄρνας καὶ ἐρίφους
ἀναρπάζουσι
6 καὶ τοὺς ἀνθρώπους δὲ ἀδικοῦσι νεκρούς τε καὶ ζῶντας.
- 147 -
1 παράσημον οὖν ἔθετο διὰ τούτων ἀκάθαρτα προσονομάσας
2 ὅτι δέον ἐστὶ κατὰ ψυχὴν οἷς ἡ νομοθεσία διατέτακται
3 δικαιοσύνῃ συγχρῆσθαι καὶ μηδένα καταδυναστεύειν
4 πεποιθότας ἰσχύι τῇ καθ' ἑαυτοὺς μηδὲ ἀφαιρεῖσθαι μηδὲν
5 ἀλλ' ἐκ δικαίου τὰ τοῦ βίου κυβερνᾶν ὡς τὰ τῶν
προειρημένων
6 πτηνῶν ἥμερα ζῷα τὰ φυόμενα τῶν ὀσπρίων ἐπὶ γῆς
7 δαπανᾷ καὶ οὐ καταδυναστεύει πρὸς τὴν ἐπαναίρεσιν τῶν
8 συγγενικῶν.
- 148 -
1 διὰ τῶν τοιούτων οὖν παραδέδωκεν ὁ νομοθέτης
2 σημειοῦσθαι τοῖς συνετοῖς εἶναι δικαίους τε καὶ μηδὲν
ἐπιτελεῖν
3 βίᾳ μηδὲ τῇ περὶ ἑαυτοὺς ἰσχύι πεποιθότας ἑτέρους
4 καταδυναστεύειν.
- 149 -
1 ὅπου γὰρ οὐδ' ἄψασθαι καθῆκε τῶν
2 προειρημένων διὰ τὴν περὶ ἕκαστα διάθεσιν πῶς οὐ
φυλακτέον
3 παντάπασι τοὺς τρόπους εἰς τοῦτο κατακλασθῆναι;
- 150 -
1 πάντα οὖν τὰ τῆς συγχωρήσεως ἡμῖν ἐπὶ τούτων καὶ
2 τῶν κτηνῶν τροπολογῶν ἐκτέθειται. τὸ γὰρ διχηλεύειν καὶ
3 διαστέλλειν ὁπλῆς ὄνυχας σημεῖόν ἐστι τοῦ διαστέλλειν
ἕκαστα
4 τῶν πράξεων ἐπὶ τὸ καλῶς ἔχον
- 151 -
1 ἡ γὰρ ἰσχὺς τῶν
2 ὅλων σωμάτων μετ' ἐνεργείας ἀπέρεισιν ἐπὶ τοὺς ὤμους
ἔχει
3 καὶ τὰ σκέλη. μετὰ διαστολῆς οὖν ἅπαντα ἐπιτελεῖν πρὸς
4 δικαιοσύνην ἀναγκάζει τῷ σημειοῦσθαι διὰ τούτων ἔτι δὲ
καὶ
5 διότι παρὰ πάντας ἀνθρώπους διεστάλμεθα.
- 152 -
1 οἱ γὰρ
2 πλείονες τῶν λοιπῶν ἀνθρώπων ἑαυτοὺς μολύνουσιν
ἐπιμισγόμενοι
3 συντελοῦντες μεγάλην ἀδικίαν καὶ χῶραι καὶ πόλεις
4 ὅλαι σεμνύνονται ἐπὶ τούτοις. οὐ μόνον γὰρ πρὸς ἄρσενας
5 προσάγουσιν ἀλλὰ καὶ τεκούσας ἔτι δὲ καὶ θυγατέρας
μολύνουσιν.
6 ἡμεῖς δὲ ἀπὸ τούτων διεστάλμεθα.
- 153 -
1 περὶ ὃν δέ ἐστιν ὁ προειρημένος τῆς διαστολῆς τρόπος
2 περὶ τοῦτον εἶναι καὶ τὸν τῆς μνήμης κεχαρακτήρικεν.
3 πάντα γὰρ ὅσα διχηλεῖ καὶ μηρυκισμὸν ἀνάγει σαφῶς τοῖς
4 νοοῦσιν ἐκτίθεται τὸ τῆς μνήμης.
- 154 -
1 ἡ γὰρ ἀναμηρύκησις
2 οὐθὲν ἕτερον ἀλλὰ τῆς ζωῆς καὶ συστάσεως ἐπίμνησις.
3 τὸ γὰρ ζῆν διὰ τῆς τροφῆς συνεστάναι νομίζει.
- 155 -
1 διὸ
2 παρακελεύεται καὶ διὰ τῆς γραφῆς ὁ λέγων οὕτως μνεία
3 μνησθήσῃ κυρίου τοῦ ποιήσαντος ἐν σοὶ τὰ μεγάλα καὶ
θαυμαστά.
4 κατανοούμενα γὰρ καὶ μεγάλα καὶ ἔνδοξα φαίνεται
5 πρῶτον μὲν ἡ σύμπηξις τοῦ σώματος καὶ ἡ τῆς τροφῆς
διοίκησις
6 καὶ ἡ περὶ ἕκαστον μέλος διαστολὴ
- 156 -
1 πολλῷ δὲ
2 μᾶλλον ἡ τῶν αἰσθήσεων διακόσμησις διανοίας ἐνέργημα
καὶ
3 κίνησις ἀόρατος ἥ τε ὀξύτης τοῦ πρὸς ἕκαστόν τι
πράσσειν
4 καὶ τεχνῶν εὕρεσις ἀπέραντον περιέχει τρόπον.
- 157 -
1 διὸ
2 παρακελεύεται μνείαν ἔχειν ὡς συντηρεῖται τὰ
προειρημένα
3 θείᾳ δυνάμει σὺν κατασκευῇ. πάντα γὰρ χρόνον καὶ τόπον
4 ὥρικε πρὸς τὸ διὰ παντὸς μνημονεύειν τοῦ κρατοῦντος
θεοῦ

5 καὶ συντηροῦντος.
- 158 -
1 καὶ γὰρ ἐπὶ τῶν βρωτῶν καὶ ποτῶν
2 ἀπαρξαμένους εὐθέως τότε συγχρῆσθαι κελεύει. καὶ μὴν
καὶ
3 ἐκ τῶν περιβολαίων παράσημον ἡμῖν μνείας δέδωκεν
ὡσαύτως
4 δὲ καὶ ἐπὶ τῶν πυλῶν καὶ θυρῶν προστέταχε μὲν ἡμῖν
τιθέναι
5 τὰ λόγια πρὸς τὸ μνείαν εἶναι θεοῦ
- 159 -
1 καὶ ἐπὶ τῶν
2 χειρῶν δὲ διαρρήδην τὸ σημεῖον κελεύει περιῆφθαι σαφῶς
3 ἀποδεικνὺς ὅτι πᾶσαν ἐνέργειαν μετὰ δικαιοσύνης
ἐπιτελεῖν
4 δεῖ μνήμην ἔχοντας τῆς ἑαυτῶν κατασκευῆς ἐπὶ πᾶσι δὲ
τὸν
5 περὶ θεοῦ φόβον.
- 160 -
1 κελεύει δὲ καὶ κοιταζομένους καὶ
2 διανισταμένους μελετᾶν τὰς τοῦ θεοῦ κατασκευὰς οὐ μόνον
3 λόγῳ ἀλλὰ καὶ διαλήψει θεωροῦντας τὴν κίνησιν καὶ
ὑπόληψιν
4 ἑαυτῶν ὅταν εἰς ὕπνον ἔρχωνται καὶ τὴν ἔγερσιν ὡς θεία
5 τίς ἐστι καὶ ἀκατάληπτος τούτων ἡ μετάθεσις.
- 161 -
1 δέδεικται δέ σοι καὶ τὸ περισσὸν τῆς εὐλογίας τῆς
2 κατὰ τὴν διαστολὴν καὶ μνείαν ὡς ἐξεθέμεθα τὴν διχηλίαν
3 καὶ τὸν μηρυκισμόν. οὐ γὰρ εἰκῇ καὶ κατὰ τὸ ἐμπεσὸν εἰς
4 ψυχὴν νενομοθέτηται πρὸς δ' ἀλήθειαν καὶ σημείωσιν
ὀρθοῦ
5 λόγου.
- 162 -
1 διατάξας γὰρ ἐπὶ βρωτῶν καὶ ποτῶν καὶ τῶν
2 κατὰ τὰς ἁφὰς ἕκαστα κελεύει μηθὲν εἰκῇ μήτε πράσσειν
3 μήτε ἀκούειν μήτε τῇ τοῦ λόγου δυναστείᾳ συγχρωμένους
ἐπὶ
4 τὴν ἀδικίαν τρέπεσθαι.
- 163 -
1 καὶ ἐπὶ τῶν κνωδάλων δὲ ταὐτὸν
2 ἔστιν εὑρεῖν. κακοποιητικὸς γὰρ ὁ τρόπος ἐστὶ καὶ γαλῆς
3 καὶ μυῶν καὶ τῶν τούτοις ὁμοίων ὅσα διηγόρευται.
- 164 -
1 πάντα γὰρ λυμαίνονται καὶ κακοποιοῦσι μύες οὐ μόνον
πρὸς
2 τὴν ἑαυτῶν τροφὴν ἀλλὰ καὶ εἰς τὸ παντελῶς ἄχρηστον
3 γίνεσθαι ἀνθρώπῳ ὅ,τι ἂν δή ποτ' οὖν ἐπιβάληται
κακοποιεῖν.
- 165 -
1 τό τε τῆς γαλῆς γένος ἰδιάζον ἐστὶ χωρὶς γὰρ τοῦ
2 προειρημένου ἔχει λυμαντικὸν κατάστημα διὰ γὰρ τῶν ὤτων
3 συλλαμβάνει τεκνοποιεῖ δὲ τῷ στόματι.
- 166 -
1 καὶ διὰ τοῦτο
2 ὁ τοιοῦτος τρόπος τῶν ἀνθρώπων ἀκάθαρτός ἐστιν ὅσα γὰρ
3 δι' ἀκοῆς λαβόντες ταῦτα τῷ λόγῳ σωματοποιήσαντες
κακοῖς
4 ἑτέρους ἐνεκύλισαν ἀκαθαρσίαν οὐ τὴν τυχοῦσαν
ἐπετέλεσαν
5 μιανθέντες αὐτοὶ παντάπασι τῷ τῆς ἀσεβείας μολυσμῷ.
καλῶς
6 δὲ ποιῶν ὁ βασιλεὺς ὑμῶν τοὺς τοιούτους ἀναιρεῖ καθὼς
7 μεταλαμβάνομεν.
- 167 -
1 ἐγὼ δ' εἶπα τοὺς ἐμφανιστὰς οἴομαί σε λέγειν καὶ
2 γὰρ αἰκίαις καὶ θανάτοις ἐπαλγέσιν αὐτοὺς περιβάλλει
συνεχῶς.
3 ὁ δὲ τούτους γὰρ καὶ λέγω ἡ γὰρ ἐπαγρύπνησις
4 ἀνθρώπων ἀπωλεία ἀνόσιος.
- 168 -
1 ὁ δὲ νόμος ἡμῶν κελεύει
2 μήτε λόγῳ μήτε ἔργῳ μηδένα κακοποιεῖν. καὶ περὶ τούτων
3 οὖν ὅσον ἐπὶ βραχὺ διεξελθεῖν προσυπεδείξαμέν σοι διότι
4 πάντα κεκανόνισται πρὸς δικαιοσύνην καὶ οὐδὲν εἰκῇ
κατατέτακται
5 διὰ τῆς γραφῆς οὐδὲ μυθωδῶς ἀλλ' ἵνα δι' ὅλου τοῦ
6 ζῆν καὶ ἐν ταῖς πράξεσιν ἀσκῶμεν δικαιοσύνην πρὸς
πάντας
7 ἀνθρώπους μεμνημένοι τοῦ δυναστεύοντος θεοῦ.
- 169 -
1 περὶ
2 βρωτῶν οὖν καὶ τῶν ἀκαθάρτων ἑρπετῶν καὶ κνωδάλων καὶ
πᾶς
3 λόγος ἀνατείνει πρὸς δικαιοσύνην καὶ τὴν τῶν ἀνθρώπων
συναναστροφὴν
4 δικαίαν.
- 170 -
1 ἐμοὶ μὲν οὖν καλῶς ἐνόμιζε περὶ ἑκάστων ἀπολογεῖσθαι
2 καὶ γὰρ ἐπὶ τῶν προσφερομένων ἔλεγε μόσχων τε καὶ
3 κριῶν καὶ χιμάρων ὅτι δεῖ ταῦτα ἐκ βουκολίων καὶ
ποιμνίων
4 λαμβάνοντας ἥμερα θυσιάζειν καὶ μηθὲν ἄγριον ὅπως οἱ
5 προσφέροντες τὰς θυσίας μηθὲν ὑπερήφανον ἑαυτοῖς
συνιστορῶσι
6 σημειώσει κεχρημένοι τοῦ διατάξαντος. τῆς γὰρ ἑαυτοῦ
7 ψυχῆς τοῦ παντὸς τρόπου τὴν προσφορὰν ποιεῖται ὁ τὴν
8 θυσίαν προσάγων.
- 171 -
1 καὶ περὶ τούτων οὖν νομίζω τὰ τῆς
2 ὁμιλίας ἄξια λόγου καθεστάναι διὸ τὴν σεμνότητα καὶ
φυσικὴν
3 διάνοιαν τοῦ νόμου προῆγμαι διασαφῆσαί σοι Φιλόκρατες

4 δι' ἣν ἔχεις φιλομάθειαν.
- 172 -
1 ὁ δὲ Ἐλεάζαρος ποιησάμενος θυσίαν καὶ τοὺς ἄνδρας
2 ἐπιλέξας καὶ πολλὰ δῶρα τῷ βασιλεῖ κατασκευάσας
προέπεμψεν
3 ἡμᾶς μετὰ ἀσφαλείας πολλῆς.
- 173 -
1 ὡς δὲ παρεγενήθημεν
2 εἰς Ἀλεξάνδρειαν προσηγγέλη τῷ βασιλεῖ περὶ
3 τῆς ἀφίξεως ἡμῶν. παρειμένοι δ' εἰς τὴν αὐλὴν Ἀνδρέας
τε
4 καὶ ἐγὼ φιλοφρόνως ἠσπασάμεθα τὸν βασιλέα καὶ τὰς
ἐπιστολὰς
5 ἀποδεδώκαμεν τὰς παρὰ τοῦ Ἐλεαζάρου.
- 174 -
1 περὶ
2 πολλοῦ δὲ ποιούμενος τοῖς ἀπεσταλμένοις ἀνδράσιν
ἐντυχεῖν
3 ἐκέλευσε τοὺς λοιποὺς πάντας ἀπολῦσαι τοὺς ἐπὶ τῶν
4 χρειῶν καλεῖν δὲ τοὺς ἀνθρώπους.
- 175 -
1 οὗ πᾶσι παραδόξου
2 φανέντος διὰ τὸ κατὰ ἔθος εἶναι πεμπταίους εἰς
3 πρόσωπον ἔρχεσθαι βασιλεῖ τοὺς περὶ χρηματισμὸν
ἀφικνουμένους
4 τοὺς δὲ παρὰ βασιλέων ἢ πόλεων ἐν ὑπεροχαῖς μόλις
5 ἐν τριάκοντα εἰς τὴν αὐλὴν παρίεσθαι τοὺς δὲ ἥκοντας
6 τιμῆς καταξιῶν μείζονος καὶ τὴν ὑπεροχὴν κρίνων τοῦ
7 πέμψαντος ἀπολύσας οὓς ἐνόμιζε περισσοὺς ὑπέμενε
περιπατῶν
8 ἕως ἂν παραγινομένους ἀσπάσηται.
- 176 -
1 παρελθόντων
2 δὲ σὺν τοῖς ἀπεσταλμένοις δώροις καὶ ταῖς διαφόροις
3 διφθέραις ἐν αἷς ⟨ἦν⟩ ἡ νομοθεσία γεγραμμένη
χρυσογραφίᾳ
4 τοῖς Ἰουδαϊκοῖς γράμμασι θαυμασίως εἰργασμένου τοῦ
ὑμένος
5 καὶ τῆς πρὸς ἄλληλα συμβολῆς ἀνεπαισθήτου
κατεσκευασμένης
6 ὡς εἶδεν ὁ βασιλεὺς τοὺς ἄνδρας ἐπηρώτα
7 περὶ τῶν βιβλίων.
- 177 -
1 ὡς δὲ ἀπεκάλυψαν αὐτὰ τῶν ἀνειλημάτων
2 καὶ τοὺς ὑμένας ἀνείλιξαν πολὺν ἐπιστὰς χρόνον
3 καὶ προσκυνήσας σχεδὸν ἑπτάκις εἶπεν εὐχαριστῶ μὲν
4 ἄνδρες ὑμῖν τῷ δ' ἀποστείλαντι μᾶλλον μέγιστον δὲ τῷ
θεῷ
5 οὗτινός ἐστι τὰ λόγια ταῦτα.
- 178 -
1 ὁμοθυμαδὸν δὲ πάντων
2 εἰπόντων ὑπὸ μίαν φωνὴν τῶν τε παραγεγονότων καὶ τῶν
3 συμπαρόντων εὖ βασιλεῦ προήχθη δακρῦσαι τῇ χαρᾷ
πεπληρωμένος.
4 ἡ γὰρ τῆς ψυχῆς ἔντασις καὶ τὸ τῆς τιμῆς ὑπερτεῖνον
5 δακρύειν ἀναγκάζει κατὰ τὰς ἐπιτυχίας.
- 179 -
1 κελεύσας
2 δὲ εἰς τάξιν ἀποδοῦναι τὰ τεύχη τὸ τηνικαῦτα
3 ἀσπασάμενος τοὺς ἄνδρας εἶπε δίκαιον ἦν θεοσεβεῖς
ἄνδρες
4 ὧν χάριν ὑμᾶς μετεπεμψάμην ἐκείνοις πρῶτον σεβασμὸν
5 ἀποδοῦναι μετὰ ταῦτα τὴν δεξιὰν ὑμῖν προτεῖναι διὸ
πεποίηκα
6 τοῦτο πρῶτον.
- 180 -
1 μεγάλην δὲ τέθειμαι τὴν ἡμέραν
2 ταύτην ἐν ᾗ παραγεγόνατε καὶ κατ' ἐνιαυτὸν ἐπίσημος
ἔσται
3 πάντα τὸν τῆς ζωῆς ἡμῶν χρόνον συνέτυχε γὰρ καὶ τὰ
κατὰ
4 τὴν νίκην ἡμῖν προσπεπτωκέναι τῆς πρὸς Ἀντίγονον
ναυμαχίας.
5 διὸ καὶ δειπνῆσαι σήμερον μεθ' ὑμῶν βουλήσομαι.
- 181 -
1 πάντα δ' ὑμῖν εἶπε παρέσται καθηκόντως οἷς συγχρήσησθε
2 κἀμοὶ μεθ' ὑμῶν. τῶν δὲ ἀσμενισάντων ἐκέλευσε
3 καταλύματα δοθῆναι τὰ κάλλιστα πλησίον τῆς ἄκρας αὐτοῖς
4 καὶ τὰ κατὰ τὸ συμπόσιον ἑτοιμάζειν.
- 182 -
1 ὁ δὲ ἀρχεδέατρος Νικάνωρ Δωρόθεον προσκαλεσάμενος
2 ὃς ἦν ἐπὶ τούτων ἀποτεταγμένος ἐκέλευσε τὴν ἑτοιμασίαν
3 εἰς ἕκαστον ἐπιτελεῖν. ἦν γὰρ οὕτω διατεταγμένον
4 ὑπὸ τοῦ βασιλέως ὃ μὲνον ἔτι καὶ νῦν ὁρᾷς ὅσαι γὰρ
πόλεις
5 ἔθεσιν ἰδίοις συγχρῶνται πρὸς τὰ ποτὰ καὶ βρωτὰ καὶ
στρωμνὰς
6 τοσοῦτοι καὶ προεστῶτες ἦσαν καὶ κατὰ τοὺς ἐθισμοὺς
7 οὕτως ἐσκευάζετο ὅταν παραγένοιντο πρὸς τοὺς βασιλεῖς
8 ἵνα κατὰ μηθὲν δυσχεραίνοντες ἱλαρῶς διεξάγωσιν ὃ καὶ
περὶ
9 τούτους ἐγεγόνει.
- 183 -
1 προσεχέστατος γὰρ ὢν ἄνθρωπος ὁ
2 Δωρόθεος εἶχε τὴν τῶν τοιούτων προστασίαν. συνέστρωσε
δὲ
3 πάντα τὰ δι' αὐτοῦ χειριζόμενα πρὸς τὰς τοιαύτας
ὑποδοχὰς
4 διαμεμερισμένα. διμερῆ τε ἐποίησε τὰ τῶν κλισίων καθὼς
5 προσέταξεν ὁ βασιλεὺς τοὺς γὰρ ἡμίσεις ἐκέλευσεν ἀνὰ
6 χεῖρα κατακλῖναι τοὺς δὲ λοιποὺς μετὰ τὴν ἑαυτοῦ
κλισίαν

7 οὐδὲν ἐλλιπὼν εἰς τὸ τιμᾶν τοὺς ἄνδρας.
- 184 -
1 ὡς δὲ
2 κατεκλίθησαν ἐκέλευσε τῷ Δωροθέῳ τοῖς ἐθισμοῖς οἷς
χρῶνται
3 πάντες οἱ παραγινόμενοι πρὸς αὐτὸν ἀπὸ τῆς Ἰουδαίας
4 οὕτως ἐπιτελεῖν. διὸ τοὺς ἱεροκήρυκας καὶ θύτας καὶ
τοὺς
5 ἄλλους οἷς ἔθος ἦν τὰς κατευχὰς ποιεῖσθαι παρῃτήσατο
6 τῶν δὲ παραγεγονότων σὺν ἡμῖν Ἐλισσαῖον ὄντα τῶν
ἱερέων
7 πρεσβύτερον παρεκάλεσε ποιήσασθαι κατευχὴν ὃς ἀξιολόγως
8 στὰς εἶπε
- 185 -
1 πληρώσαι σε βασιλεῦ πάντων τῶν ἀγαθῶν
2 ὧν ἔκτισεν ὁ παντοκράτωρ θεὸς καὶ δῴη σοι ταῦτ' ἔχειν
καὶ
3 γυναικὶ καὶ τέκνοις καὶ τοῖς ὁμονοοῦσι πάντα ἀνέκλειπτα
τὸν
4 τῆς ζωῆς χρόνον.
- 186 -
1 εἰπόντος δὲ ταῦτα τούτου κατερράγη
2 κρότος μετὰ κραυγῆς καὶ χαρᾶς εὐφροσύνου πλείονα
3 χρόνον καὶ τὸ τηνικαῦτα πρὸς τὸ τέρπεσθαι διὰ τῶν
ἡτοιμασμένων
4 ἐτράπησαν τῶν λειτουργιῶν ἁπασῶν διὰ τῆς τοῦ
5 Δωροθέου συντάξεως ἐπιτελουμένων ἐν οἷς καὶ βασιλικοὶ
6 παῖδες ἦσαν καὶ τῶν τιμωμένων ὑπὸ τοῦ βασιλέως.
- 187 -
1 ὅτε δὲ καιρὸν ἔλαβεν ἐκ διαστήματος ἠρώτησε τὸν
2 ἔχοντα τὴν πρώτην ἀνάκλισιν ἦσαν γὰρ καθ' ἡλικίαν τὴν
3 ἀνάπτωσιν πεποιημένοι πῶς ἂν τὴν βασιλείαν μέχρι
4 τέλους ἄπταιστον ἔχων διατελοῖ;
- 188 -
1 βραχὺ δὲ ἐπισχὼν
2 εἶπεν οὕτως ἂν μάλιστα διευθύνοις μιμούμενος τὸ τοῦ
θεοῦ
3 διὰ παντὸς ἐπιεικές. μακροθυμίᾳ γὰρ χρώμενος καὶ
κολάζων
4 τοὺς αἰτίους ἐπιεικέστερον ⟨ἢ⟩ καθώς εἰσιν ἄξιοι
μετατιθεὶς
5 ἐκ τῆς κακίας καὶ εἰς μετάνοιαν ἄξεις.
- 189 -
1 ἐπαινέσας δὲ
2 ὁ βασιλεὺς τὸν ἐχόμενον ἠρώτα πῶς ἂν ἕκαστα πράττοι; ὁ
3 δὲ ἀπεκρίθη ⟨ὅτι⟩ τὸ δίκαιον εἰ πρὸς ἅπαντας διατηροῖ
4 ⟨ἑαυτῷ⟩ καλῶς τὰ ἕκαστα πράξει διαλαμβάνων ὅτι πᾶν
ἐννόημα
5 σαφές ἐστι θεῷ καταρχὴν δὲ θείου φόβου λαμβάνων ἐν
6 οὐδενὶ διαπίπτοις.
- 190 -
1 καὶ τοῦτον δὲ εὖ μάλα παραδεξάμενος
2 ἕτερον ἐπηρώτα πῶς ἂν εὔνους ἑαυτῷ ἔχοι τοὺς
3 φίλους; κἀκεῖνος εἶπεν εἰ θεωροίησαν πολλήν σε πρόνοιαν
4 ποιούμενον ὧν ἄρχεις ὄχλων σὺ δὲ τοῦτο πράξεις
ἐπιβλέπων
5 ὡς ὁ θεὸς εὐεργετεῖ τὸ τῶν ἀνθρώπων γένος ὁ ὑγείαν
αὐτοῖς
6 καὶ τροφὴν καὶ τὰ λοιπὰ κατὰ καιρὸν παρασκευάζων
ἅπαντα.
- 191 -
1 συνεπιμαρτυρήσας δὲ τούτῳ τὸν ἐχόμενον ἠρώτα πῶς
2 ἂν ἐν τοῖς χρηματισμοῖς καὶ διακρίσεσιν εὐφημίας
τυγχάνοι
3 καὶ ὑπὸ τῶν ἀποτυγχανόντων; ὁ δὲ εἶπεν εἰ πᾶσιν ἴσος
4 γένοιο τῷ λόγῳ καὶ μηδὲν ὑπερηφάνως μηδὲ τῇ περὶ
σεαυτὸν
5 ἰσχύι πράσσοις κατὰ τῶν ἁμαρτανόντων.
- 192 -
1 τοῦτο δὲ
2 ποιήσεις τὴν διάταξιν βλέπων τὴν ὑπὸ τοῦ θεοῦ τὰ γὰρ
ἱκετευόμενα
3 συντελεῖσθαι τοῖς ἀξίοις τοῖς δὲ ἀποτυγχάνουσιν
4 ἢ δι' ὀνείρων ἢ πράξεων σημαίνεσθαι τὸ βλαβερὸν αὐτοῖς
οὐ
5 κατὰ τὰς ἁμαρτίας οὐδὲ κατὰ τὴν μεγαλωσύνην τῆς ἰσχύος
6 τύπτοντος αὐτοὺς ἀλλ' ἐπιεικείᾳ χρωμένου τοῦ θεοῦ.
- 193 -
1 εὖ δὲ καὶ τοῦτον κατεπαινέσας ἠρώτα τὸν ἑξῆς πῶς ἂν ἐν
2 ταῖς πολεμικαῖς χρείαις ἀήττητος εἴη; ὁ δὲ εἶπεν εἰ μὴ
3 πεποιθὼς ὑπάρχοι τοῖς ὄχλοις μηδὲ ταῖς δυνάμεσιν ἀλλὰ
τὸν
4 θεὸν ἐπικαλοῖτο διὰ πάντων ἵνα τὰς ἐπιβολὰς αὐτῷ
κατευθύνῃ
5 δικαίως διεξάγοντι πάντα.
- 194 -
1 ἀποδεξάμενος δὲ καὶ
2 τοῦτον τὸν ἕτερον ἠρώτα πῶς ἂν φοβερὸς εἴη τοῖς
ἐχθροῖς;
3 ὁ δὲ εἶπεν εἰ τῇ τῶν ὅπλων καὶ δυνάμεων παρασκευῇ πολλῇ
4 χρώμενος εἰδείη ταῦτα ὄντα κενὰ ἐπὶ πλείονα χρόνον πρὸς
τὸ
5 συμπέρασμα δρᾶν τι καὶ γὰρ ὁ θεὸς διδοὺς ἀνοχὰς καὶ
ἐνδεικνύμενος
6 ὁ τῆς δυναστείας φόβον ἐγκατασκευάζει πάσῃ
7 διανοίᾳ.
- 195 -
1 καὶ τοῦτον δὲ ἐπαινέσας εἶπε πρὸς τὸν ἐχόμενον
2 τί κάλλιστον αὐτῷ πρὸς τὸ ζῆν ἂν εἴη; κἀκεῖνος ἔφη
3 τὸ γινώσκειν ὅτι θεὸς δυναστεύει τῶν ἁπάντων καὶ ἐπὶ
τῶν
4 καλλίστων πράξεων οὐκ αὐτοὶ κατευθύνομεν τὰ βουλευθέντα

5 θεὸς δὲ τελειοῖ τὰ πάντων καὶ καθηγεῖται δυναστεύων.
- 196 -
1 ἐπιφωνήσας δὲ καὶ τούτῳ καλῶς λέγειν τὸν ἕτερον
2 ἠρώτα πῶς ἂν ἀκέραια συντηρήσας ἅπαντα τοῖς ἐγγόνοις
3 τὴν αὐτὴν παραδιδοῖ διάθεσιν ἐπὶ τέλει; ὁ δὲ εἶπεν
εὐχόμενος
4 ἀεὶ πρὸς τὸν θεὸν ἀγαθὰς ἐπινοίας λαμβάνειν πρὸς τὰ
5 μέλλοντα πράσσεσθαι καὶ τοῖς ἐγγόνοις παρακελευόμενος
μὴ
6 ἐκπλήττεσθαι τῇ δόξῃ μηδὲ τῷ πλούτῳ θεὸν γὰρ εἶναι τὸν
7 χαριζόμενον ταῦτα καὶ οὐ δι᾿ ἑαυτοὺς ἔχειν τὴν ὑπεροχὴν
8 ἁπάντων.
- 197 -
1 ἐπιμαρτυρήσας δὲ τούτοις τοῦ μετὰ ταῦτα
2 ἐπυνθάνετο πῶς ἂν τὰ συμβαίνοντα μετρίως φέροι; ἐκεῖνος
3 δὲ ἔφησεν εἰ πρόληψιν λαμβάνοις ὅτι γέγοναν ὑπὸ τοῦ
θεοῦ
4 πάντες ἄνθρωποι μετασχεῖν τῶν μεγίστων κακῶν ὡσαύτως δὲ
5 καὶ ἀγαθῶν καὶ οὐκ ἔστιν ἄνθρωπον ὄντα τούτων ἀμιγῆ
6 γενέσθαι ὁ θεὸς δὲ τὴν εὐψυχίαν δίδωσιν ὃν ἱκετεύειν
ἀναγκαῖον.
- 198 -
1 φιλοφρονηθεὶς δὲ καὶ τοῦτον καλῶς εἶπεν ἅπαντας
2 ἀποφαίνεσθαι ἐπερωτήσας δὲ ἔτι ἕνα καταλήξω τὸ νῦν
3 ἔχον ἵνα καὶ πρὸς τὸ τέρπεσθαι τραπέντες ἡδέως
διεξάγωμεν
4 ἐν δὲ ταῖς μετὰ ταῦτα ἓξ (ἑξῆς) ἡμέραις καὶ παρὰ τῶν
λοιπῶν
5 ἑξῆς μαθήσομαί τι πλέον.
- 199 -
1 εἶτ᾿ ἐπηρώτα τὸν
2 ἄνδρα τί πέρας ἀνδρείας ἐστίν; ὁ δὲ εἶπεν εἰ τὸ
βουλευθὲν
3 ὀρθῶς ἐν ταῖς τῶν κινδύνων πράξεσιν ἐπιτελοῖτο κατὰ
4 πρόθεσιν. τελειοῦται δὲ ὑπὸ τοῦ θεοῦ πάντα σοι καλῶς
βουλευομένῳ
5 βασιλεῦ συμφερόντως.
- 200 -
1 ἐπιφωνησάντων δὲ
2 πάντων καὶ κρότῳ σημηναμένων πρὸς τοὺς φιλοσόφους εἶπεν
3 ὁ βασιλεὺς οὐκ ὀλίγοι γὰρ παρῆσαν τούτοις οἶμαι
4 διαφέρειν τοὺς ἄνδρας ἀρετῇ καὶ συνιέναι πλεῖον οἵτινες
ἐκ
5 τοῦ καιροῦ τοιαύτας ἐρωτήσεις λαμβάνοντες ὡς δέον ἐστὶν
6 ἀποκέκρινται πάντες ἀπὸ θεοῦ τοῦ λόγου τὴν καταρχὴν
7 ποιούμενοι.
- 201 -
1 Μενέδημος δὲ ὁ Ἐρετριεὺς φιλόσοφος
2 εἶπε ναί βασιλεῦ προνοίᾳ γὰρ τῶν ὅλων διοικουμένων καὶ
3 ὑπειληφότων ὀρθῶς τοῦτο ὅτι θεόκτιστόν ἐστιν ἄνθρωπος
4 ἀκολουθεῖ πᾶσαν δυναστείαν καὶ λόγου καλλονὴν ἀπὸ θεοῦ
5 κατάρχεσθαι.
- 202 -
1 τοῦ δὲ βασιλέως ἐπινεύσαντος τὰ περὶ
2 τούτων ἔληξεν ἐτράπησαν δὲ πρὸς εὐφροσύνην. ἐπιλαβούσης
3 δὲ τῆς ἑσπέρας τὸ συμπόσιον ἐλύθη.
- 203 -
1 τῇ δὲ μετὰ ταῦτα πάλιν κατὰ τὴν αὐτὴν διάταξιν
2 τὰ τῆς ἀναπτώσεως καὶ συμποσίας ἐπετελεῖτο. καθὸ δὲ
ἐνόμιζεν
3 ὁ βασιλεὺς εὔκαιρον εἶναι πρὸς τὸ πυνθάνεσθαί τι τῶν
4 ἀνδρῶν ἐπηρώτα τοὺς ἑξῆς τῶν ἀποκεκριμένων τῇ προτέρᾳ
5 ἡμέρᾳ.
- 204 -
1 πρὸς τὸν ἑνδέκατον δὲ ἦρξατο τὴν κοινολογίαν
2 ποιεῖσθαι. δέκα γὰρ ἦσαν οἱ ἡρωτημένοι τῇ προτέρᾳ.
σιγῆς
3 δὲ γενομένης ἐπυνθάνετο πῶς ἂν πλούσιος διαμένοι;
- 205 -
1 βραχὺ δὲ ἐπισχὼν ὁ τὴν ἐρώτησιν ἐκδεχόμενος εἶπεν
2 εἰ μηδὲν ἀνάξιον τῆς ἀρχῆς μηδὲ ἀσελγὲς πράσσοι μηδὲ
3 δαπάνην εἰς τὰ κενὰ καὶ μάταια συντελοῖ τοὺς ⟨δὲ⟩
ὑποτεταγμένους
4 εὐεργεσίᾳ πρὸς εὔνοιαν ἄγοι τὴν ἑαυτοῦ καὶ γὰρ ὁ
5 θεὸς πᾶσιν αἴτιος ἀγαθῶν ἐστιν ᾧ κατακολουθεῖν
ἀναγκαῖον.
- 206 -
1 ἐπαινέσας δὲ ὁ βασιλεὺς τοῦτον ἕτερον ἐπηρώτα πῶς
2 ἂν τὴν ἀλήθειαν διατηροῖ; ὁ δὲ πρὸς τοῦτο ἀπεκρίθη
γινώσκων
3 ὅτι μεγάλην αἰσχύνην ἐπιφέρει τὸ ψεῦδος πᾶσιν ἀνθρώποις
4 πολλῷ δὲ μᾶλλον τοῖς βασιλεῦσιν ἐξουσίαν γὰρ ἔχοντες
5 ὃ βούλονται πράσσειν τίνος ἕνεκεν ἂν ψεύσαιντο;
προσλαμβάνειν
6 δὲ δεῖ τοῦτό σε βασιλεῦ διότι φιλαλήθης ὁ θεός ἐστιν.
- 207 -
1 ἀποδεξάμενος δὲ εὖ μάλα καὶ τοῦτον ⟨ἐπὶ τὸν ἕτερον⟩
2 ἐπιβλέψας εἶπεν τί ἐστι σοφίας διδαχή; ὁ δὲ ⟨ἕτερος⟩
3 ἀπεφήνατο καθὼς οὐ βούλει σεαυτῷ τὰ κακὰ παρεῖναι
μέτοχος
4 δὲ τῶν ἀγαθῶν ὑπάρχειν ἁπάντων εἰ πράσσοις τοῦτο
5 πρὸς τοὺς ὑποτεταγμένους καὶ τοὺς ἁμαρτάνοντας εἰ τοὺς
6 καλοὺς καὶ ἀγαθοὺς τῶν ἀνθρώπων ἐπιεικέστερον νουθετοῖς
7 καὶ γὰρ ὁ θεὸς τοὺς ἀνθρώπους ἅπαντας ἐπιεικείᾳ ἄγει.
- 208 -
1 ἐπαινέσας αὐτὸν τῷ μετ᾿ αὐτὸν εἶπε πῶς ἂν φιλάνθρωπος
2 εἴη; κἀκεῖνος ἔφη θεωρῶν ὡς ἐν πολλῷ χρόνῳ καὶ
3 κακοπαθείαις μεγίσταις αὔξει τε καὶ γεννᾶται τὸ τῶν
ἀνθρώπων
4 γένος ὅθεν οὔτε εὐκόπως δεῖ κολάζειν οὔτε αἰκίαις
5 περιβάλλειν γινώσκων ὅτι τὸ τῶν ἀνθρώπων ζῆν ἐν ὀδύναις
6 τε καὶ τιμωρίαις καθέστηκεν. ἐπινοῶν οὖν ἕκαστα πρὸς

τὸν
7 ἔλεον τραπήσῃ καὶ γὰρ ὁ θεὸς ἐλεήμων ἐστίν.
- 209 -
1 ἀποδεξάμενος
2 δὲ τοῦτον ἐπυνθάνετο τοῦ κατὰ τὸ ἑξῆς τίς ἀναγκαιότατος
3 τρόπος βασιλείας; τὸ συντηρεῖν εἶπεν αὐτὸν
4 ἀδωροδόκητον καὶ νήφειν τὸ πλεῖον μέρος τοῦ βίου καὶ
5 δικαιοσύνην προτιμᾶν καὶ τοὺς τοιούτους φιλοποιεῖσθαι
καὶ
6 γὰρ ὁ θεὸς φιλοδίκαιός ἐστιν.
- 210 -
1 ἐπισημήνας καὶ τοῦτον
2 πρὸς τὸν ἕτερον εἶπε τί τὸ τῆς εὐσεβείας ἐστὶ
κατάστημα;
3 ἐκεῖνος δὲ ἔφη τὸ διαλαμβάνειν ὅτι πάντα διὰ παντὸς ὁ
4 θεὸς ἐνεργεῖ καὶ γινώσκει καὶ οὐθὲν ἂν λάθοι ἄδικον
ποιήσας
5 ἢ κακὸν ἐργασάμενος ἄνθρωπος ὡς γὰρ θεὸς εὐεργετεῖ τὸν
6 ὅλον κόσμον οὕτως καὶ σὺ μιμούμενος ἀπρόσκοπος ἂν εἴης.
- 211 -
1 ἐπιφωνήσας δὲ τούτῳ πρὸς τὸν ἕτερον εἶπε τίς ὅρος
2 τοῦ βασιλεύειν ἐστίν; ὁ δὲ ἔφη τὸ καλῶς ἄρχειν ἑαυτοῦ
3 καὶ μὴ τῷ πλούτῳ καὶ τῇ δόξῃ φερόμενον ὑπερήφανον καὶ
4 ἄσχημόν τι ἐπιθυμῆσαι εἰ καλῶς λογίζοιο πάντα γάρ σοι
5 πάρεστιν ὅσα δέον. ὁ θεὸς δὲ ἀπροσδεής ἐστι καὶ
ἐπιεικής.
6 καὶ σὺ καθόσον ἄνθρωπος ἐννόει καὶ μὴ πολλῶν ὀρέγου τῶν
7 δὲ ἱκανῶν πρὸς τὸ βασιλεύειν.
- 212 -
1 κατεπαινέσας δὲ αὐτὸν
2 ἐπηρώτα τὸν ἕτερον πῶς ἂν τὰ κάλλιστα διαλογίζοιτο;
3 ἀπεκρίθη δὲ ἐκεῖνος εἰ τὸ δίκαιον ἐπὶ παντὸς προβάλλοι
4 συνεχῶς καὶ νομίζοι τὴν ἀδικίαν τοῦ ζῆν στέρησιν εἶναι
καὶ
5 γὰρ ὁ θεὸς διὰ παντὸς τοῖς δικαίοις ἀγαθὰ προσημαίνει
μέγιστα.
- 213 -
1 τοῦτον δὲ ἐπαινέσας εἶπε πρὸς τὸν ἑξῆς πῶς
2 ἂν ἐν τοῖς ὕπνοις ἀτάραχος εἴη; ὁ δὲ ἔφη δυσαπολόγητον
3 ἠρώτηκας πρᾶγμα. συναναφέρειν γὰρ οὐ δυνάμεθα ἐν
τούτοις
4 τοῖς κατὰ τὸν ὕπνον ἑαυτοὺς ἀλλὰ περιεχόμεθα ἀλογίστῳ
5 κατὰ τάδε αἰσθήσει.
- 214 -
1 πάσχομεν γὰρ κατὰ τὴν ψυχὴν
2 ἐπὶ τοῖς ὑποπίπτουσιν ὡς θεωρουμένοις ἀλογιστοῦμεν δὲ
3 καθόσον ὑπολαμβάνομεν καὶ ἐπὶ πέλαγος καὶ ἐν πλοίοις ἢ
4 πολεῖν ἢ πέτασθαι φερομένους καὶ διαίρειν εἰς ἑτέρους
5 τόπους καὶ τοιαῦτα ἕτερα καίτοι ταῦθ᾿ ὑπολαμβάνομεν
6 καθεστάναι.
- 215 -
1 πλὴν ὅσον ἔμοιγε ἐφικτὸν οὕτω διείληφα
2 κατὰ πάντα τρόπον σέ βασιλεῦ καὶ τὰ λεγόμενα καὶ τὰ
πραττόμενα
3 πρὸς εὐσέβειαν ἐπανάγειν ὅπως ἑαυτῷ συνιστορῇς
4 ὅτι τὸ κατ᾿ ἀρετὴν συντηρῶν οὔτε χαρίζεσθαι προαιρῇ
παρὰ
5 λόγον οὐδὲ ἐξουσίᾳ χρώμενος τὸ δίκαιον αἴρεις.
- 216 -
1 ἐπὶ
2 πλεῖον γὰρ ἐν οἷς ἕκαστος πράγμασιν ἐγρηγορὼς τὴν
διαγωγὴν
3 ποιεῖται καὶ καθ᾿ ὕπνον ἐν τοῖς αὐτοῖς ἡ διάνοια τὴν
4 ἀναστροφὴν ἔχει θεὸς δὲ πάντα διαλογισμὸν καὶ πρᾶξιν
ἐπὶ
5 τὰ κάλλιστα τρεπομένην κατευθύνει καὶ ἐγρηγορότος καὶ
ἐν
6 ὕπνῳ. διὸ καὶ περὶ σέ διὰ παντός ἐστιν εὐστάθεια.
- 217 -
1 κατευφημήσας
2 δὲ καὶ τοῦτον εἶπε πρὸς ἕτερον ἐπεὶ σὺ δέκατος
3 τὴν ἀπόκρισιν ἔχεις ὡς ἂν ἀποφήνῃ πρὸς τὸ δεῖπνον
4 τραπησόμεθα. ἠρώτα δὲ πῶς ἂν μηδὲν ἀνάξιον ἑαυτῶν
5 πράσσωμεν;
- 218 -
1 ὁ δὲ εἶπεν ἐπίβλεπε διὰ παντὸς εἰς τὴν
2 σεαυτοῦ δόξαν καὶ τὴν ὑπεροχὴν ἵνα τούτοις ἀκόλουθα καὶ
3 λέγῃς καὶ διανοῇ γινώσκων ὅτι πάντες ὧν ἄρχεις περὶ σοῦ
καὶ
4 διανοοῦνται καὶ λαλοῦσιν.
- 219 -
1 οὐ γὰρ ἐλάχιστόν σε δεῖ τῶν
2 ὑποκριτῶν φαίνεσθαι τὸ γὰρ πρόσωπον ὃ δέον αὐτούς ἐστιν
3 ὑποκρίνεσθαι τοῦτο συνθεωροῦντες ἀκόλουθα πάντα
πράσσουσι
4 σὺ δὲ οὐχ ὑπόκρισιν ἔχεις ἀλλ᾿ ἀληθῶς βασιλεύεις θεοῦ
5 δόντος σοι καταξίως τῶν τρόπων τὴν ἡγεμονίαν.
- 220 -
1 τοῦ
2 δὲ βασιλέως εὖ μάλα συγκροτήσαντος μετὰ φιλοφροσύνης
ἐπὶ
3 πλείονα χρόνον τοὺς ἀνθρώπους καθυπνοῦν παρεκάλουν. καὶ
4 τὰ μὲν πρὸς τούτους ὡς ἔληξεν ἐπὶ τὴν ἑξῆς ἐτράπησαν
τῆς
5 συμποσίας διάταξιν.
- 221 -
1 τῇ δὲ ἐχομένῃ τῆς αὐτῆς διατάξεως γενηθείσης ὅτε
2 καιρὸν ὑπελάμβανεν ὁ βασιλεὺς εἶναι τοῦ πυνθάνεσθαί τι
τῶν
3 ἀνδρῶν ἠρώτα τὸν πρῶτον τῶν ἀπολιπόντων πρὸς τὴν ἑξῆς
4 ἐρώτησιν τίς ἐστιν ἀρχὴ κρατίστη;
- 222 -

1 ἐκεῖνος δὲ ἔφη
2 τὸ κρατεῖν ἑαυτοῦ καὶ μὴ συγκαταφέρεσθαι ταῖς ὁρμαῖς. πᾶσι
3 γὰρ ἀνθρώποις φυσικὸν εἶναι τὸ πρός τι τὴν διάνοιαν ῥέπειν
- 223 -
1 τοῖς μὲν οὖν πολλοῖς ἐπὶ τὰ βρωτὰ καὶ ποτὰ καὶ τὰς
2 ἡδονὰς εἰκός ἐστι κεκλίσθαι τοῖς δὲ βασιλεῦσιν ἐπὶ χώρας
3 κατάκτησιν κατὰ τὸ τῆς δόξης μέγεθος πλὴν ἐν πᾶσι μετριότης
4 καλόν. ἃ δὲ ὁ θεὸς δίδωσι ταῦτα λαμβάνων σύνεχε τῶν
5 δ' ἀνεφίκτων μὴ ἐπιθύμει.
- 224 -
1 τοῖς δὲ ῥηθεῖσιν ἀρεσθεὶς
2 πρὸς τὸν ἑχόμενον εἶπε πῶς ἂν ἐκτὸς εἴη φθόνου; διαλιπὼν
3 δὲ ἐκεῖνος ἔφη πρῶτον εἰ νοῆσαι ὅτι ὁ θεὸς πᾶσι μερίζει
4 δόξαν τε καὶ πλούτου μέγεθος τοῖς βασιλεῦσι καὶ οὐδεὶς παρ'
5 ἑαυτοῦ βασιλεύς ἐστι πάντες γὰρ θέλουσι μετασχεῖν ταύτης
6 τῆς δόξης ἀλλ' οὐ δύνανται θεοῦ γάρ ἐστι δόμα.
- 225 -
1 ἐπαινέσας
2 δὲ τὸν ἄνδρα διὰ πλειόνων ἐπηρώτα τὸν ἕτερον πῶς
3 ἂν καταφρονοίη τῶν ἐχθρῶν; ὁ δὲ εἶπεν ἠσκηκὼς πρὸς
4 πάντας ἀνθρώπους εὔνοιαν καὶ κατεργασάμενος φιλίας λόγου
5 οὐθενὸς ἂν ἔχοις τὸ δὲ κεχαριτῶσθαι πρὸς πάντας ἀνθρώπους
6 καὶ καλὸν δῶρον εἰληφέναι παρὰ θεοῦ τοῦτ' ἐστι κράτιστον.
- 226 -
1 συναινέσας δὲ τούτοις τὸν ἑξῆς ἐκέλευσεν ἀποκριθῆναι
2 πρὸς αὐτὸν εἰπὼν πῶς ἂν δοξαζόμενος διαμένοι; εἶπε
3 δὲ τῇ προθυμίᾳ καὶ ταῖς χάρισι πρὸς τοὺς ἄλλους μεταδοτικὸς
4 ὢν καὶ μεγαλομερὴς οὐδέποτ' ἂν ἀπολίποι δόξης ἵνα δὲ
5 τὰ προειρημένα σοι διαμένῃ τὸν θεὸν ἐπικαλοῦ διὰ παντός.
- 227 -
1 εὐφημήσας δὲ τοῦτον ἕτερον ἤρωτα πρὸς τίνα δεῖ φιλότιμον
2 εἶναι; ἐκεῖνος δὲ ἔφη πρὸς τοὺς φιλικῶς ἔχοντας
3 ἡμῖν οἴονται πάντες ὅτι πρὸς τούτους δέον ἐγὼ δ' ὑπολαμβάνω
4 πρὸς τοὺς ἀντιδοξοῦντας φιλοτιμίαν δεῖν χαριστικὴν
5 ἔχειν ἵνα τούτῳ τῷ τρόπῳ μετάγωμεν αὐτοὺς ἐπὶ τὸ καθῆκον
6 καὶ συμφέρον ἑαυτοῖς. δεῖ δὲ τὸν θεὸν λιτανεύειν ἵνα ταῦτ'
7 ἐπιτελῆται τὰς γὰρ ἁπάντων διανοίας κρατεῖ.
- 228 -
1 συνομολογήσας
2 δὲ τούτοις τὸν ἕκτον ἐκέλευσεν ἀποφήνασθαι πυνθανόμενος
3 τίσι δεῖ χαρίζεσθαι; ἐκεῖνος δ' ἀπεκρίθη γονεῦσι
4 διὰ παντὸς καὶ γὰρ ὁ θεὸς πεποίηται ἐντολὴν μεγίστην περὶ
5 τῆς τῶν γονέων τιμῆς. ἑπομένως δὲ τὴν τῶν φίλων ἐγκρίνει
6 διάθεσιν προσονομάσας ἴσον τῇ ψυχῇ τὸν φίλον. σὺ δὲ καλῶς
7 ποιεῖς ἅπαντας ἀνθρώπους εἰς φιλίαν πρὸς ἑαυτὸν καθιστᾶν.
- 229 -
1 παρακαλέσας δὲ καὶ τοῦτον ἐπυνθάνετο καὶ τοῦ μετέπειτα
2 τί καλλονῆς ἄξιόν ἐστιν; ὁ δὲ εἶπεν εὐσέβεια. καὶ
3 γὰρ αὕτη καλλονή τίς ἐστι πρωτεύουσα. τὸ δὲ δυνατὸν αὐτῆς
4 ἐστιν ἀγάπη αὕτη γὰρ θεοῦ δόσις ἐστίν ἣν καὶ σὺ κέκτησαι
5 πάντα περιέχων ἐν αὐτῇ τὰ ἀγαθά.
- 230 -
1 λίαν δὲ φιλοφρόνως
2 ἐπικροτήσας εἶπε πρὸς τὸν ἕτερον πῶς ἂν πταίσας πάλιν
3 τῆς αὐτῆς κρατήσαι δόξης; ὁ δὲ ἔφη σοὶ μὲν οὐ δυνατόν
4 ἐστι πταῖσαι πᾶσι γὰρ χάριτας ἔσπαρκας αἳ βλαστάνουσιν
5 εὔνοιαν ἣ τὰ μέγιστα τῶν ὅπλων κατισχύουσα περιλαμβάνει
6 τὴν μεγίστην ἀσφάλειαν
- 231 -
1 εἰ δέ τινες πταίουσιν ἐφ' οἷς
2 πταίουσιν οὐκέτι χρὴ ταῦτα πράσσειν ἀλλὰ φιλίαν κατακτησομένους
3 δικαιοπραγεῖν. θεοῦ δὲ δῶρον ἀγαθῶν ἐργάτην εἶναι
4 καὶ μὴ τῶν ἐναντίων.
- 232 -
1 συναρεσθεὶς δὲ τούτοις πρὸς τὸν
2 ἕτερον εἶπε πῶς ἂν ἐκτὸς γένοιτο λύπης; ὁ δὲ ἔφησεν
3 εἰ μηδένα βλάπτοι πάντας δὲ ὠφελοῖ τῇ δικαιοσύνῃ κατακολουθῶν
4 τοὺς γὰρ ἀπ' αὐτῆς καρποὺς ἀλυπίαν κατασκευάζειν.
- 233 -
1 ἱκετεύειν δὲ ⟨δεῖ⟩ τὸν θεὸν ἵνα μὴ τὰ παρὰ τὴν
2 προαίρεσιν ἡμῶν ἀνακύπτοντα βλάπτῃ λέγω δὴ οἷον θάνατοί
3 τε καὶ νόσοι καὶ λῦπαι καὶ τὰ τοιαῦτα. εὐσεβεῖ δέ σοι καθεστῶτι
4 τούτων οὐδὲν ἂν προσέλθοι.
- 234 -
1 καλῶς δὲ καὶ τοῦτον
2 ἐπαινέσας τὸν δέκατον ἤρωτα τί μέγιστόν ἐστι δόξης; ὁ δὲ

3 εἶπε τὸ τιμᾶν τὸν θεὸν τοῦτο δ' ἐστίν οὐ δώροις οὐδὲ θυσίαις
4 ἀλλὰ ψυχῆς καθαρότητι καὶ διαλήψεως ὁσίας καθὼς ὑπὸ τοῦ
5 θεοῦ πάντα κατασκευάζεται καὶ διοικεῖται κατὰ τὴν αὐτοῦ
6 βούλησιν ἣν καὶ σὺ διατελεῖς ἔχων γνώμην ᾗ πάρεστι σημειοῦσθαι
7 πᾶσιν ἐκ τῶν ὑπὸ σοῦ συντετελεσμένων καὶ συντελουμένων.
- 235 -
1 μετὰ μείζονος δὲ φωνῆς πάντας αὐτοὺς ὁ βασιλεὺς
2 ἠσπάζετο καὶ παρεκάλει συνεπιφωνούντων τῶν παρόντων
3 μάλιστα δὲ τῶν φιλοσόφων. καὶ γὰρ ταῖς ἀγωγαῖς καὶ τῷ
4 λόγῳ πολὺ προέχοντες αὐτῶν ἦσαν ὡς ἂν ἀπὸ θεοῦ τὴν
5 καταρχὴν ποιούμενοι. μετὰ δὲ ταῦτα ὁ βασιλεὺς εἰς τὸ φιλοφρονεῖσθαι
6 προῆλθε διὰ τῶν προπόσεων.
- 236 -
1 τῇ δὲ ἐπιούσῃ κατὰ τὰ αὐτὰ τῆς διατάξεως τοῦ συμποσίου
2 γενομένης καθὼς εὔκαιρον ἐγένετο τῷ βασιλεῖ τοὺς
3 ἑξῆς ἤρωτα τῶν προαποκεκριμένων εἶπε δὲ τῷ πρώτῳ τὸ
4 φρονεῖν εἰ διδακτόν ἐστιν; ὁ δ' εἶπε ψυχῆς ἐστι κατασκευὴ
5 διὰ θείας δυνάμεως ἐπιδέχεσθαι πᾶν τὸ καλὸν ἀποστρέφεσθαι
6 δὲ τἀναντία.
- 237 -
1 συνομολογήσας δὲ τὸν ἐχόμενον ἤρωτα
2 τί πρὸς ὑγείαν μάλιστα συντείνει; ἐκεῖνος δὲ ἔφη σωφροσύνη
3 ταύτης δὲ οὐκ ἔστι τυχεῖν ἐὰν μὴ θεὸς κατασκευάσῃ
4 τὴν διάνοιαν εἰς τοῦτο.
- 238 -
1 παρακαλέσας δὲ τοῦτον πρὸς
2 τὸν ἕτερον ἔφη πῶς ἂν γονεῦσι τὰς ἀξίας ἀποδῴη χάριτας;
3 ὃς δὲ εἶπε μηδὲν αὐτοὺς λυπήσας τοῦτο δ' οὐκ ἔστιν εἰ
4 μὴ θεὸς τῆς διανοίας ἡγεμὼν γένοιτο πρὸς τὰ κάλλιστα.
- 239 -
1 προσεπινεύσας δὲ τούτῳ τὸν ἑξῆς ἤρωτα πῶς ἂν
2 φιλήκοος εἴη; ἐκεῖνος δὲ εἶπε διαλαμβάνων ὅτι πάντα συμφέρει
3 γινώσκειν ὅπως ἂν πρὸς τὰ συμβαίνοντα ἐκλεγόμενός
4 τι τῶν ἠκροαμένων ἀνθυποτιθεὶς πρὸς τὰ τῶν καιρῶν ⟨ἂν⟩
5 ἀντιπράσηται σὺν χειραγωγίᾳ θεοῦ τοῦτο δ' ἐστίν αἱ τῶν
6 πράξεων τελειώσεις ὑπ' αὐτοῦ.
- 240 -
1 τοῦτον δὲ ἐπαινέσας
2 πρὸς τὸν ἕτερον εἶπε πῶς ἂν μηθὲν παράνομον πράσσοι;
3 πρὸς τοῦτο ἔφησε γινώσκων ὅτι τὰς ἐπινοίας ὁ θεὸς ἔδωκε
4 τοῖς νομοθετῆσαι πρὸς τὸ σῴζεσθαι τοὺς βίους τῶν ἀνθρώπων
5 ἀκόλουθος εἴης ἂν αὐτοῖς.
- 241 -
1 ἀποδεξάμενος δὲ
2 αὐτὸν πρὸς ἕτερον εἶπε τίς ὠφέλεια συγγενείας ἐστίν; ὁ
3 δὲ ἀπεφήνατο ἐὰν τοῖς συμβαίνουσι νομίζωμεν ἀτυχοῦσι μὲν
4 ἐλαττοῦσθαι καὶ κακοπαθῶμεν ὡς αὐτοὶ φαίνεται τὸ συγγενὲς
5 ὅσον ἰσχυόν ἐστι
- 242 -
1 τελουμένων δὲ τούτων καὶ δόξα καὶ
2 προκοπὴ παρὰ τοῖς τοιούτοις ὑπάρξει τὸ γὰρ συνεργὲς εὐνόως
3 γινόμενον ὡς ἐξ ἑαυτοῦ ἀδιάλυτον πρὸς ἅπαντα μετὰ δὲ
4 εὐημερίας μηδὲν προσδεῖσθαι τῶν ἐκείνων ἀλλὰ δέον ⟨θεὸν⟩
5 ἱκετεύειν πάντα ἀγαθοποιεῖν.
- 243 -
1 ὡσαύτως δὲ ἐκείνοις
2 ἀποδεξάμενος αὐτὸν ἄλλον ἤρωτα πῶς ἀφοβία γίνεται; εἶπε
3 δὲ συνιστορούσης τῆς διανοίας μηδὲν κακὸν πεπραχέναι
4 θεοῦ κατευθύνοντος εἰς τὸ καλῶς ἅπαντα βουλεύεσθαι.
- 244 -
1 τούτῳ δὲ ἐπιφωνήσας πρὸς ἄλλον εἶπε πῶς ἂν προχείρως
2 ἔχοι τὸν ὀρθὸν λόγον; ὁ δὲ εἶπεν εἰ τὰ τῶν ἀνθρώπων
3 ἀτυχήματα διὰ παντὸς ἐπιβλέποι γινώσκων ὅτι ὁ θεὸς
4 ἀφαιρεῖται τὰς εὐημερίας ἑτέρους δὲ δοξάζων εἰς τὸ τιμᾶσθαι
5 προάγει.
- 245 -
1 καλῶς δὲ καὶ τοῦτον ἀποδεξάμενος τὸν
2 ἑξῆς ἀποκριθῆναι παρεκάλει πῶς ἂν μὴ εἰς ῥᾳθυμίαν μηδὲ
3 ἐπὶ τὰς ἡδονὰς τρέποιτο; ὁ δὲ προχείρως ἔχων εἶπεν ὅτι
4 μεγάλης βασιλείας κατάρχει καὶ πολλῶν ὄχλων ἀφηγεῖται καὶ
5 οὐ δεῖ περὶ ἕτερόν τι τὴν διάνοιαν εἶναι τῆς δὲ τούτων ἐπιμελείας
6 φροντίζειν θεὸν δὲ ἀξιοῦν ὅπως μηθὲν ἐλλίπῃ τῶν
7 καθηκόντων.
- 246 -
1 ἐπαινέσας δὲ καὶ τοῦτον τὸν δέκατον
2 ἤρωτα πῶς ⟨ἂν⟩ ἐπιγινώσκοι τοὺς δόλῳ τινὶ πρὸς αὐτὸν
3 πράσσοντας; ὁ δὲ ἀπεφήνατο πρὸς τοῦτο εἰ παρατηροῖτο
4 τὴν ἀγωγὴν ἐλευθέριον οὖσαν καὶ τὴν εὐταξίαν διαμένουσαν
5 ἐν τοῖς ἀσπασμοῖς καὶ συμβουλίαις καὶ τῇ λοιπῇ συναναστροφῇ
6 τῶν σὺν αὐτῷ καὶ μηθὲν ὑπερτείνοντας τοῦ δέοντος ἐν ταῖς
7 φιλοφρονήσεσι καὶ τοῖς λοιποῖς τοῖς κατὰ τὴν ἀγωγήν.
- 247 -
1 θεὸς δὲ τὴν διάνοιαν ἄξει σοι βασιλεῦ πρὸς τὰ κάλλιστα.
2 ὁ δὲ βασιλεὺς συγκροτήσας πάντας τ' ἐπαινέσας κατ'

ὄνομα

3 καὶ τῶν παρόντων ταῦτα ποιούντων ἐπὶ τὸ μέλπειν
ἐτράπησαν.
- 248 -
1 τῇ δὲ ἐχομένῃ τὸν καιρὸν λαβὼν ἐπηρώτα τὸν ἑξῆς
2 τίς ἐστιν ἀμέλεια μεγίστη; πρὸς τοῦτ᾽ ἔφη εἰ τέκνων
3 ἄφροντίς τις εἴη καὶ μὴ κατὰ πάντα τρόπον ἀγαγεῖν
σπεύδοι
4 εὐχόμεθα γὰρ ἀεὶ πρὸς τὸν θεὸν οὐχ οὕτως περὶ ἑαυτῶν ὡς
5 περὶ τῶν ἐγγόνων ἵνα παρῇ πάντα αὐτοῖς τὰ ἀγαθά. τὸ δὲ
6 ἐπιδεῖσθαι παιδία σωφροσύνης μετασχεῖν θεοῦ δυνάμει
τοῦτο
7 γίνεται.
- 249 -
1 φήσας δὲ εὐλογεῖν ἄλλον ἠρώτα πῶς ἂν φιλόπατρις
2 εἴη; προτιθέμενος εἶπεν ὅτι καλὸν ἐν ἰδίᾳ καὶ ζῆν
3 καὶ τελευτᾶν. ἡ δὲ ξενία τοῖς μὲν πένησι καταφρόνησιν
ἐργάζεται
4 τοῖς δὲ πλουσίοις ὄνειδος ὡς διὰ κακίαν ἐκπεπτωκόσιν.
5 εὐεργετῶν οὖν ἅπαντας καθὼς συνεχῶς τοῦτ᾽ ἐπιτελεῖς
6 θεοῦ διδόντος σοι πρὸς πάντας χάριν φιλόπατρις φανήσῃ.
- 250 -
1 τούτου δὲ ἀκούσας τοῦ κατὰ τὸ ἑξῆς ἐπυνθάνετο πῶς
2 ⟨ἂν⟩ ἁρμόσαι γυναικί; ⟨γινώσκων⟩ ὅτι μὲν θρασύ ἐστιν
ἔφη
3 τὸ θῆλυ γένος καὶ δραστικὸν ἐφ᾽ ὃ βούλεται πρᾶγμα καὶ
4 μεταπῖπτον εὐκόπως διὰ παραλογισμοῦ καὶ τῇ φύσει
κατεσκεύασται
5 ἀσθενὲς δέον δ᾽ ἐστὶ κατὰ τὸ ὑγιὲς χρῆσθαι καὶ
6 μὴ πρὸς ἔριν ἀντιπράσσειν.
- 251 -
1 κατορθοῦται γὰρ βίος
2 ὅταν ὁ κυβερνῶν εἰδῇ πρὸς τίνα σκοπὸν δεῖ τὴν διέξοδον
3 ποιεῖσθαι. θεοῦ δ᾽ ἐπικλήσει καὶ βίος κυβερνᾶται κατὰ
πάντα.
- 252 -
1 συναναθομολογησάμενος δὲ τούτῳ τὸν ἑξῆς ἠρώτα πῶς
2 ⟨ἂν⟩ ἀναμάρτητος εἴη; ὁ δὲ ἔφη σεμνῶς ἅπαντα πράσσων
3 καὶ μετὰ διαλογισμοῦ καὶ μὴ πειθόμενος διαβολαῖς ἀλλ᾽
αὑτὸς
4 ὢν δοκιμαστὴς τῶν λεγομένων καὶ κρίσει κατευθύνων τὰ
τῶν
5 ἐντεύξεων καὶ διὰ κρίσεως ἐπιτελῶν ταῦτα ἀναμάρτητος
6 ἔφησεν ἂν εἴης ὦ βασιλεῦ. τὸ δ᾽ ἐπινοεῖν ταῦτα καὶ ἐν
τούτοις
7 ἀναστρέφεσθαι θείας δυνάμεώς ἐστιν ἔργον.
- 253 -
1 διαχυθεὶς
2 δὲ τοῖς εἰρημένοις τὸν ἕτερον ἠρώτα πῶς ἂν ἐκτὸς
3 θυμοῦ γένοιτο; πρὸς τοῦτ᾽ εἶπε γινώσκων ὅτι πάντων
ἐξουσίαν
4 ἔχει καὶ εἰ χρήσαιτο θυμῷ θάνατον ἐπιφέρει ὅπερ
5 ἀνωφελὲς καὶ ἀλγεινόν ἐστιν εἰ τὸ ζῆν ἀφελεῖται πολλῶν
διὰ
6 τὸ κύριον εἶναι.
- 254 -
1 πάντων δ᾽ ὑπηκόων ὄντων καὶ μηδενὸς
2 ἐναντιουμένου τίνος χάριν θυμωθήσεται; γινώσκειν δὲ δεῖ
3 διότι θεὸς τὸν πάντα κόσμον διοικεῖ μετ᾽ εὐμενείας καὶ
χωρὶς
4 ὀργῆς ἁπάσης τούτῳ δὲ κατακολουθεῖν ἀναγκαῖόν ἐστί σε
5 ἔφησεν ὦ βασιλεῦ.
- 255 -
1 καλῶς δὲ ἀποκεκρίσθαι φήσας τοῦτον
2 ἐπυνθάνετο τοῦ μετέπειτα τί ἐστιν εὐβουλία; τὸ καλῶς
3 ἅπαντα πράσσειν ἀπεφήνατο μετὰ διαλογισμοῦ κατὰ τὴν
4 βουλὴν παρατιθέντα καὶ ⟨τὰ⟩ βλαβερὰ τῶν κατὰ τὸ
ἐναντίον
5 τοῦ λόγου διάστημα ἵνα πρὸς ἕκαστον ἐπινοήσαντες ὦμεν
εὖ
6 βεβουλευμένοι καὶ τὸ προτεθὲν ἡμῖν ἐπιτελῆται. τὸ δ᾽ αὖ
7 κράτιστον θεοῦ δυναστείᾳ πᾶν βούλευμα τελείωσιν ἕξει
σοι
8 τὴν εὐσέβειαν ἀσκοῦντι.
- 256 -
1 κατορθωκέναι δὲ καὶ τοῦτον
2 εἰπὼν ἄλλον ἠρώτα τί ἐστι φιλοσοφία; τὸ καλῶς
διαλογίζεσθαι
3 πρὸς ἕκαστον τῶν συμβαινόντων ἀπεφήνατο καὶ μὴ
4 ἐκφέρεσθαι ταῖς ὁρμαῖς ἀλλὰ τὰς βλάβας καταμελετᾶν τὰς
5 ἐκ τῶν ἐπιθυμιῶν ἐκβαινούσας καὶ τὰ πρὸς τὸν καιρὸν
πράσσειν
6 δεόντως μετριοπαθῆ καθεστῶτα. ἵνα δ᾽ ἐπίστασιν τούτων
7 λαμβάνωμεν θεραπεύειν δεῖ τὸν θεόν.
- 257 -
1 ἐπισημήνας δὲ
2 καὶ τοῦτον ἕτερον ἠρώτα πῶς ἂν ἀποδοχῆς ἐν ξενιτείᾳ
3 τυγχάνοι; πᾶσιν ἴσος γινόμενος ἔφη καὶ μᾶλλον ἥττων ἢ
4 καθυπερέχων φαινόμενος πρὸς οὓς ξενιτεύει. κοινῶς γὰρ ὁ
5 θεὸς τὸ ταπεινούμενον προσδέχεται κατὰ φύσιν καὶ τὸ
6 τῶν ἀνθρώπων γένος τοὺς ὑποτασσομένους φιλανθρωπεῖ.
- 258 -
1 ἐπιμαρτυρήσας δὲ τούτοις ἄλλον ἠρώτα πῶς ⟨ἃ⟩ ἂν
2 κατασκευάσῃ καὶ μετὰ τοῦτο διαμένῃ; πρὸς τοῦτ᾽ εἶπεν εἰ
3 μεγάλα καὶ σεμνὰ ταῖς ποιήσεσιν ἐπιτελοῖ πρὸς τὸ
φείσασθαι
4 τοὺς θεωροῦντας διὰ τὴν καλλονὴν καὶ μηθένα τῶν
κατεργαζομένων
5 τὰ τοιαῦτα παραπέμποι μηδὲ τοὺς ἄλλους ἀμισθὶ
6 συντελεῖν ἀναγκάζοι τὰ πρὸς τὴν χρείαν.
- 259 -
1 διανοούμενος

---

2 γὰρ ὡς θεὸς πολυωρεῖ τὸ τῶν ἀνθρώπων γένος χορηγῶν
3 αὐτοῖς καὶ ὑγείαν καὶ εὐαισθησίαν καὶ τὰ λοιπὰ καὶ
αὐτὸς
4 ἀκόλουθόν τι πράξει τῶν κακοπαθειῶν ἀποδιδοὺς τὴν
ἀντάμειψιν.
5 τὰ γὰρ ἐκ δικαιοσύνης τελούμενα ταῦτα καὶ διαμένει.
- 260 -
1 εὖ δὲ καὶ τοῦτον εἰρηκέναι φήσας τὸν δέκατον ἠρώτα
2 τί ἐστι σοφίας καρπός; ὁ δὲ εἶπε τὸ μὴ συνιστορεῖν
ἑαυτῷ
3 κακὸν πεπραχότι τὸν δὲ βίον ἐν ἀληθείᾳ διεξάγειν.
- 261 -
1 ἐκ
2 τούτων γὰρ κρατίστη χαρὰ καὶ ψυχῆς εὐστάθειά σοι
γίνεται
3 μέγιστε βασιλεῦ καὶ ἐλπίδες ἐπὶ θεῷ καλαὶ κρατοῦντί σοι
τῆς
4 ἀρχῆς εὐσεβῶς. ὡς δὲ συνήκουσαν πάντες ἐπεφώνησαν σὺν
5 κρότῳ πλείονι. καὶ μετὰ ταῦτα πρὸς τὸ προπιεῖν ὁ
βασιλεὺς
6 ⟨λαμβάνειν⟩ ἐτράπη χαρᾷ πεπληρωμένος.
- 262 -
1 τῇ δ᾽ ἑξῆς καθὼς πρότερον ἡ διάταξις ἦν τῶν κατὰ
2 τὸν πότον ἐπιτελουμένων καιροῦ δὲ γενομένου τοὺς
ἀπολιπόντας
3 ὁ βασιλεὺς ἐπηρώτα. πρὸς τὸν πρῶτον δὲ ἔφη πῶς
4 ἂν μὴ τραπείη ⟨τις⟩ εἰς ὑπερηφανίαν;
- 263 -
1 ἀπεκρίθη δὲ
2 εἰ τὴν ἰσότητα τηροῖ καὶ παρ᾽ ἕκαστον ἑαυτὸν
ὑπομιμνήσκοι
3 καθὼς ἄνθρωπος ὢν ἀνθρώπων ἡγεῖται. καὶ ὁ θεὸς τοὺς
4 ὑπερηφάνους καθαιρεῖ τοὺς δὲ ἐπιεικεῖς καὶ ταπεινοὺς
ὑψοῖ.
- 264 -
1 παρακαλέσας δὲ αὐτὸν τὸν ἑξῆς ἐπηρώτα τίσι δεῖ
2 συμβούλοις χρῆσθαι; τοῖς διὰ πολλῶν ἔφη πεπειραμένοις
3 πραγμάτων καὶ τὴν εὔνοιαν συντηροῦσιν ἀκέραιον πρὸς
αὐτὸν
4 καὶ τῶν τρόπων ὅσοι μετέχουσιν αὐτῷ. θεοῦ δὲ ἐπιφάνεια
5 γίνεται πρὸς τὰ τοιαῦτα τοῖς ἀξίοις.
- 265 -
1 ἐπαινέσας δὲ
2 αὐτὸν ἄλλον ἠρώτα τίς ἐστι βασιλεῖ κτῆσις ἀναγκαιοτάτη;
3 τῶν ὑποτεταγμένων φιλανθρωπία καὶ ἀγάπησις ἀπεκρίνατο.
4 διὰ γὰρ τούτων ἄλυτος εὐνοίας δεσμὸς γίνεται. τὸ δὲ
γίνεσθαι
5 κατὰ προαίρεσιν ταῦτα ὁ θεὸς ἐπιτελεῖ.
- 266 -
1 κατεπαινέσας
2 δὲ αὐτὸν ἑτέρου διεπυνθάνετο τί πέρας ἐστὶ λόγου;
κἀκεῖνος
3 δὲ ἔφησε τὸ πεῖσαι τὸν ἀντιλέγοντα διὰ τῆς
ὑποτεταγμένης
4 τάξεως τὰς βλάβας ἐπιδεικνύντα. οὕτω γὰρ λήψῃ τὸν
5 ἀκροατὴν οὐκ ἀντικείμενος συγχρώμενος δὲ ἐπαίνῳ πρὸς τὸ
6 πεῖσαι. θεοῦ δὲ ἐνεργείᾳ κατευθύνεται πειθώ.
- 267 -
1 εὖ δὲ
2 λέγειν φήσας αὐτὸν ἕτερον ἠρώτα πῶς ἂν παμμιγῶν ὄχλων
3 ὄντων ἐν τῇ βασιλείᾳ τούτοις ἁρμόσαι; τὸ πρέπον ἑκάστῳ
4 συνυποκρινόμενος εἶπε καθηγεμόνα λαμβάνων δικαιοσύνην
5 ὡς καὶ ποιεῖς θεοῦ σοι διδόντος εὖ λογίζεσθαι.
- 268 -
1 φιλοφρονηθεὶς
2 δὲ τούτῳ πρὸς τὸν ἕτερον εἶπεν ἐπὶ τίσι δεῖ
3 λυπεῖσθαι; πρὸς ταῦτα ἀπεκρίθη τὰ συμβαίνοντα τοῖς
φίλοις
4 ὅταν θεωρῶμεν πολυχρόνια καὶ ἀνέκφευκτα γινόμενα.
τελευτήσασι
5 μὲν γὰρ καὶ κακῶν ἀπολελυμένοις οὐχ ὑπογράφει λύπην
6 ὁ λόγος ἀλλὰ ἐφ᾽ ἑαυτοὺς ἀναφέροντες καὶ τὸ πρὸς
ἑαυτοὺς
7 συμφέρον λυποῦνται πάντες ἄνθρωποι. τὸ δ᾽ ἐκφυγεῖν πᾶν
8 κακὸν θεοῦ δυνάμει γίνεται.
- 269 -
1 ὡς ἔδει δὲ φήσας αὐτὸν
2 ἀποκρίνεσθαι πρὸς ἕτερον εἶπε πῶς ἀδοξία γίνεται;
ἐκεῖνος
3 δὲ ἔφησεν ὅταν ὑπερηφανία καθηγῆται καὶ θράσος
4 ἄληκτον ἀτιμασμὸς ἐπιφύεται καὶ δόξης ἀναίρεσις. θεὸς
δὲ
5 δόξης πάσης κυριεύει ῥέπων οὗ βούλεται.
- 270 -
1 καὶ τούτῳ
2 δ᾽ ἐπικυρώσας τὰ τῆς ἀποκρίσεως τὸν ἑξῆς ἠρώτα τίσι δεῖ
3 πιστεύειν ἑαυτόν; τοῖς διὰ τὴν εὔνοιαν εἶπε συνοῦσί σοι
4 καὶ μὴ διὰ τὸν φόβον μηδὲ διὰ πολυωρίαν ἐπανάγουσι
πάντα
5 πρὸς τὸ κερδαίνειν. τὸ μὲν γὰρ ἀγαπήσεως σημεῖον τὸ δὲ
6 δυσνοίας καὶ καιροτηρησίας ὃς γὰρ ἐπὶ τὸ πλεονεκτεῖν
ὁρμᾶται
7 προδότης πέφυκε. σὺ δὲ πάντας εὐνόους ἔχεις θεοῦ σοι
8 καλὴν βουλὴν διδόντος.
- 271 -
1 σοφῶς δὲ αὐτὸν εἰπὼν ἀποκεκρίσθαι
2 ἑτέρῳ εἶπε τί βασιλείαν διατηρεῖ; πρὸς τοῦτ᾽
3 ἔφη μέριμνα καὶ φροντὶς ὡς οὐδὲν κακουργηθήσεται διὰ
τῶν
4 ἀποτεταγμένων εἰς τοὺς ὄχλους ταῖς χρείαις καθὼς σὺ
τοῦτο
5 πράσσεις θεοῦ σοι τὴν σεμνὴν ἐπίνοιαν διδόντος.

- 272 -
1 θαρσύνας
2 δὲ τοῦτον ἕτερον ἐπηρώτα τί διαφυλάσσει χάριτα καὶ
3 τιμήν; ὁ δὲ εἶπεν ἀρετή. καλῶν γὰρ ἔργων ἐστὶν
   ἐπιτέλεια
4 τὸ δὲ κακὸν ἀποτρίβεται καθὼς σὺ διατηρεῖς τὴν πρὸς
   ἅπαντας
5 καλοκἀγαθίαν παρὰ θεοῦ δῶρον τοῦτ' ἔχων.
- 273 -
1 κεχαρισμένος
2 δὲ καὶ τοῦτον ἀποδεξάμενος τὸν ἐνδέκατον ἐπηρώτα
3 διὰ τὸ δύο πλεονάζειν τῶν ἑβδομήκοντα πῶς ἂν κατὰ
4 ψυχὴν καὶ ἐν τοῖς πολέμοις εἰρηνικῶς ἔχοι; ὁ δὲ
   ἀπεφήνατο
5 διαλαμβάνων ὅτι κακὸν οὐδὲν εἴργασται τῶν ὑποτεταγμένων
6 οὐθενὶ πάντες δὲ ἀγωνιοῦνται περὶ τῶν εὐεργετημάτων
   εἰδότες
7 κἂν ἐκ τοῦ ζῆν ἀποτρέχωσιν ἐπιμελητήν σε τῶν βίων.
- 274 -
1 οὐ γὰρ διαλείπεις ἐπανορθῶν ἅπαντας τοῦ θεοῦ σοι
2 καλοφροσύνην δεδωκότος. ἐπισημήνας δὲ κρότῳ πάντας
3 αὐτοὺς ἀπεδέξατο φιλοφρονούμενος καὶ προπίνων ἑκάστῳ
4 πλεῖόν τι πρὸς τὸ τερφθῆναι ⟨ἐτράπη⟩ μετ' εὐφροσύνης
   τοῖς
5 ἀνδράσι συνών καὶ χαρᾶς πλείονος.
- 275 -
1 τῇ ἑβδόμῃ δὲ τῶν ἡμερῶν πλείονος παρασκευῆς γενομένης
2 προσπαραγινομένων πλειόνων ἑτέρων ἀπὸ τῶν πόλεων
3 ἦσαν γὰρ ἱκανοὶ πρέσβεις ἐπηρώτησεν ὁ βασιλεὺς καιροῦ
4 γενομένου τὸν πρωτεύοντα τῶν ἀπολιπόντων τῆς ἐρωτήσεως
5 πῶς ἂν ἀπαραλόγιστος εἴη;
- 276 -
1 ἐκεῖνος δὲ ἔφη
2 δοκιμάζων καὶ τὸν λέγοντα καὶ τὸ λεγόμενον καὶ περὶ
   τίνος
3 λέγει καὶ ἐν πλείονι χρόνῳ τὰ αὐτὰ δι' ἑτέρων τρόπων
   ἐπερωτῶν.
4 τὸ δὲ νοῦν ἔχειν ὀξὺν καὶ δύνασθαι κρίνειν ἕκαστα
5 θεοῦ δώρημα καλόν ἐστιν ὡς σὺ τοῦτο κέκτησαι βασιλεῦ.
- 277 -
1 κρότῳ δὲ ἐπισημηνάμενος ὁ βασιλεὺς ἕτερον ἐπηρώτα
2 διά τί τὴν ἀρετὴν οὐ παραδέχονται τῶν ἀνθρώπων οἱ
   πλείονες;
3 ὅτι φυσικῶς ἅπαντες εἶπεν ἀκρατεῖς καὶ ἐπὶ τὰς ἡδονὰς
4 τρεπόμενοι γεγόνασιν ὧν χάριν ἀδικία πέφυκε καὶ τὸ τῆς
5 πλεονεξίας χύμα.
- 278 -
1 τὸ δὲ τῆς ἀρετῆς κατάστημα κωλύει
2 τοὺς ἐπιφερομένους ἐπὶ τὴν ἡδονοκρασίαν ἐγκράτειαν δὲ
3 κελεύει καὶ δικαιοσύνην προτιμᾶν. ὁ δὲ θεὸς πάντων
   ἡγεῖται
4 τούτων.
- 279 -
1 εὖ δὲ ἀποκεκρίσθαι τοῦτον εἰπὼν ὁ βασιλεὺς
2 τὸν μετ' αὐτὸν ἤρωτα τίσι δεῖ κατακολουθεῖν τοὺς
   βασιλεῖς;
3 ὁ δὲ ἔφη τοῖς νόμοις ἵνα δικαιοπραγοῦντες ἀνακτῶνται
4 τοὺς βίους τῶν ἀνθρώπων καθὼς σὺ τοῦτο πράσσων ἀένναον
5 μνήμην καταβέβλησαι σεαυτοῦ θείῳ προστάγματι
   κατακολουθῶν.
- 280 -
1 εἰπὼν δὲ καὶ τοῦτον καλῶς λέγειν τὸν ἐχόμενον
2 ἤρωτα τίνας δεῖ καθιστάνειν στρατηγούς; ὃς δὲ εἶπεν
3 ὅσοι μισοπονηρίαν ἔχουσι καὶ τὴν ἀγωγὴν αὐτοῦ
   μιμούμενοι
4 πρὸς τὸ διὰ παντὸς εὐδοξίαν ἔχειν αὐτοὺς τὰ δίκαια
   πράσσουσι
5 καθὼς σὺ τοῦτο ἐπιτελεῖς εἶπε μέγιστε βασιλεῦ θεοῦ
6 σοι στέφανον δικαιοσύνης δεδωκότος.
- 281 -
1 ἀποδεξάμενος
2 δὲ αὐτὸν μετὰ φωνῆς ἐπὶ τὸν ἐχόμενον ἐπιβλέψας εἶπε
   τίνας
3 δεῖ καθιστάνειν ἐπὶ τῶν δυνάμεων ἄρχοντας; ὁ δὲ
   ἀπεφήνατο
4 τοὺς ἀνδρείᾳ διαφέροντας καὶ δικαιοσύνῃ καὶ περὶ
5 πολλοῦ ποιουμένους τὸ σώζειν τοὺς ἄνδρας ἢ τὸ νικᾶν τῷ
6 θράσει παραβάλλοντας τὸ ζῆν. ὡς γὰρ ὁ θεὸς εὖ ἐργάζεται
7 πᾶσι καὶ σὺ τοῦτον μιμούμενος εὐεργετεῖς τοὺς ὑπὸ
   σεαυτόν.
- 282 -
1 ὁ δὲ ἀποκεκρίσθαι φήσας αὐτὸν εὖ ἄλλον ἤρωτα τίνα
2 θαυμάζειν ἄξιόν ἐστιν ἄνθρωπον; ὁ δὲ ἔφη τὸν
   κεχορηγημένον
3 δόξῃ καὶ πλούτῳ καὶ δυνάμει καὶ ψυχὴν ἴσον πᾶσιν
4 ὄντα καθὼς σὺ τοῦτο ποιῶν ἀξιοθαύμαστος εἶ τοῦ θεοῦ σοι
5 διδόντος εἰς ταῦτα τὴν ἐπιμέλειαν.
- 283 -
1 ἐπιφωνήσας δὲ
2 καὶ τούτῳ πρὸς τὸν ἕτερον εἶπεν ἐν τίσι δεῖ πράγμασι
   τοὺς
3 βασιλεῖς τὸν πλείω χρόνον διάγειν; ὁ δὲ εἶπεν ἐν ταῖς
4 ἀναγνώσεσι καὶ ἐν ταῖς τῶν πορειῶν ἀπογραφαῖς
   διατρίβειν
5 ὅσαι πρὸς τοὺς βασιλεῖς ἀναγεγραμμέναι τυγχάνουσι πρὸς
6 ἐπανόρθωσιν καὶ διαμονὴν ἀνθρώπων. ὃ σὺ πράσσων
   ἀνέφικτον
7 ἄλλοις δόξαν κέκτησαι θεοῦ σοι τὰ βουλήματα
   συντελοῦντος.
- 284 -
1 ἐνεργῶς δὲ καὶ τοῦτον προσειπὼν ἕτερον
2 ἤρωτα τίνας δεῖ ποιεῖσθαι τὰς διαγωγὰς ἐν ταῖς ἀνέσεσι

καὶ
3 ῥᾳθυμίαις; ὁ δὲ ἔφη θεωρεῖν ὅσα παίζεται μετὰ
   περιστολῆς
4 καὶ πρὸ ὀφθαλμῶν τιθέναι τὰ τοῦ βίου μετ' εὐσχημοσύνης
5 καὶ καταστολῆς γινόμενα βίῳ συμφέρον καὶ καθῆκον ἔνεστι
6 γὰρ καὶ ἐν τούτοις ἐπισκευή τις.
- 285 -
1 πολλάκις γὰρ καὶ ἐκ
2 τῶν ἐλαχίστων αἱρετόν τι δείκνυται. σὺ δὲ πᾶσαν ἠσκηκὼς
3 καταστολὴν διὰ τῶν ἐνεργειῶν φιλοσοφεῖς διὰ
   καλοκἀγαθίαν
4 ὑπὸ θεοῦ τιμώμενος.
- 286 -
1 εὐαρεστήσας δὲ τοῖς προειρημένοις
2 πρὸς τὸν ἔνατον εἶπε πῶς δεῖ διὰ τῶν συμποσίων
   διεξάγειν;
3 ὁ δὲ ἔφησε παραλαμβάνοντα τοὺς φιλομαθεῖς καὶ
4 δυναμένους ὑπομιμνήσκειν τὰ χρήσιμα τῇ βασιλείᾳ καὶ
   τοῖς
5 τῶν ἀρχομένων βίοις ἐμμελέστερον ἢ μουσικώτερον οὐκ ἂν
6 εὕροις τι τούτων.
- 287 -
1 οὗτοι γὰρ θεοφιλεῖς εἰσι πρὸς τὰ
2 κάλλιστα πεπαιδευκότες τὰς διανοίας καθὼς καὶ σὺ τοῦτο
3 πράσσεις ὡς ἂν ὑπὸ θεοῦ σοι κατευθυνομένων ἁπάντων.
- 288 -
1 διαχυθεὶς δὲ ἐπὶ τοῖς εἰρημένοις ἐπυνθάνετο τοῦ
2 μετέπειτα τί κάλλιστόν ἐστι τοῖς ὄχλοις ἐξ ἰδιώτου
   βασιλέα
3 κατασταθῆναι ἐπ' αὐτῶν ἢ ἐκ βασιλέως βασιλέα; ἐκεῖνος
   δὲ
4 ἔφη τὸν ἄριστον τῇ φύσει.
- 289 -
1 καὶ γὰρ ἐκ βασιλέων βασιλεῖς
2 γινόμενοι πρὸς τοὺς ὑποτεταγμένους ἀνήμεροί τε καὶ
3 σκληροὶ καθίστανται πολλῷ δὲ μᾶλλον καί τινες τῶν
   ἰδιωτῶν
4 καὶ κακῶν πεπειραμένοι καὶ πενίας μετεσχηκότες ἄρξαντες
5 ὄχλων χαλεπώτεροι τῶν ἀνοσίων τυράννων ἐξέβησαν.
- 290 -
1 ἀλλὰ ὡς προεῖπον ἦθος χρηστὸν καὶ παιδείας κεκοινωνηκὸς
2 δυνατὸν ἄρχειν ἐστὶ καθὼς σὺ βασιλεὺς μέγας ὑπάρχεις οὐ
3 τοσοῦτον τῇ δόξῃ τῆς ἀρχῆς καὶ πλούτῳ προσχών ὅσον
   ἐπιεικείᾳ
4 καὶ φιλανθρωπίᾳ πάντας ἀνθρώπους ὑπερῆρκας τοῦ θεοῦ
5 σοι δεδωρημένου ταῦτα.
- 291 -
1 ἐπὶ πλείονα χρόνον καὶ τοῦτον
2 ἐπαινέσας τὸν ἐπὶ πᾶσιν ἤρωτα τί μέγιστόν ἐστι
   βασιλείας;
3 πρὸς τοῦτο εἶπε τὸ διὰ παντὸς ἐν εἰρήνῃ καθεστάναι τοὺς
4 ὑποτεταγμένους καὶ κομίζεσθαι τὸ δίκαιον ταχέως ἐν ταῖς
5 διακρίσεσι.
- 292 -
1 ταῦτα δὲ γίνεται διὰ τὸν ἡγούμενον ὅταν
2 μισοπόνηρος ᾖ καὶ φιλάγαθος καὶ περὶ πολλοῦ ποιούμενος
3 ψυχὴν ἀνθρώπου σώζειν καθὼς καὶ σὺ μέγιστον κακὸν
   ἥγησαι
4 τὴν ἀδικίαν δικαίως δὲ πάντα κυβερνῶν ἀένναον τὴν περὶ
5 σεαυτὸν δόξαν κατεσκεύασας τοῦ θεοῦ σοι διδόντος ἔχειν
6 ἁγνὴν καὶ ἀμιγῆ παντὸς κακοῦ τὴν διάνοιαν.
- 293 -
1 καταλήξαντος δὲ τούτου κατερράγη κρότος μετὰ
2 φωνῆς καὶ χαρᾶς ἐπὶ πλείονα χρόνον. ὡς δὲ ἐπαύσατο ὁ
3 βασιλεὺς λαβὼν ποτήριον ἐπεχέατο καὶ τῶν παρόντων
   ἁπάντων
4 καὶ τῶν εἰρημένων λόγων. ἐπὶ πᾶσι δὲ εἶπε τὰ μέγιστά
5 μοι γέγονεν ἀγαθὰ παραγενηθέντων ὑμῶν
- 294 -
1 πολλὰ γὰρ
2 ὠφέλημαι καταβεβλημένων ὑμῶν διδαχὴν ἐμοὶ πρὸς τὸ
   βασιλεύειν.
3 ἑκάστῳ δὲ τρία τάλαντα προσέταξεν ἀργυρίου δοθῆναι
4 καὶ τὸν ἀποκαταστήσοντα παῖδα. συνεπιφωνησάντων δὲ
   πάντων
5 χαρᾶς ἐπληρώθη τὸ συμπόσιον ἀδιαλείπτως τοῦ βασιλέως
6 εἰς εὐφροσύνην τραπέντος.
- 295 -
1 ἐγὼ δὲ εἰ πεπλεόνακα τούτοις ὦ Φιλόκρατες συγγνώμην
2 ἔχειν. τεθαυμακὼς γὰρ τοὺς ἄνδρας ὑπὲρ τὸ δέον
3 ὡς ἐκ τοῦ καιροῦ τὰς ἀποκρίσεις ἐποιοῦντο πολλοῦ χρόνου
4 δεομένας
- 296 -
1 καὶ τοῦ μὲν ἐρωτῶντος μεμεριμνηκότος
2 ἕκαστα τῶν δὲ ἀποκρινομένων καταλλήλως ἐχόντων τὰ πρὸς
3 τὰς ἐρωτήσεις ἄξιοι θαυμασμοῦ κατεφαίνοντό μοι καὶ τοῖς
4 παροῦσι μάλιστα δὲ τοῖς φιλοσόφοις. οἴομαι δὲ καὶ πᾶσι
   τοῖς
5 παραληψομένοις τὴν ἀναγραφὴν ἄπιστον φανεῖται.
- 297 -
1 ψεύσασθαι
2 μὲν οὖν οὐ καθῆκόν ἐστι περὶ τῶν ἀναγραφομένων εἰ
3 δὲ καὶ τι παραβαίην οὐχ ὅσιον ἐν τούτοις ἀλλ' ὡς
   γέγονεν
4 οὕτως διασαφοῦμεν ἀφοσιούμενοι πᾶν ἁμάρτημα. διόπερ
   ἐπειράθην
5 ἀποδεξάμενος αὐτῶν τὴν τοῦ λόγου δύναμιν παρὰ τῶν
6 ἀναγραφομένων ἕκαστα τῶν γινομένων ἔν τε τοῖς
   χρηματισμοῖς
7 τοῦ βασιλέως καὶ ταῖς συμποσίαις μεταλαβεῖν.
- 298 -
1 ἔθος

2 γάρ ἐστι καθὼς καὶ σὺ γινώσκεις ἀφ' ἧς ἂν (ἡμέρας) ὁ
βασιλεὺς
3 ἄρξηται χρηματίζειν μέχρις οὗ κατακοιμηθῇ πάντα
4 ἀναγράφεσθαι τὰ λεγόμενα καὶ πρασσόμενα καλῶς γινομένου
5 καὶ συμφερόντως.
- 299 -
1 τῇ γὰρ ἐπιούσῃ τὰ τῇ πρότερον
2 πεπραγμένα καὶ λελαλημένα πρὸ τοῦ χρηματισμοῦ
παραναγινώσκεται
3 καὶ εἴ τι μὴ δεόντως γέγονε διορθώσεως τυγχάνει
4 τὸ πεπραγμένον.
- 300 -
1 πάντ' οὖν ἀκριβῶς παρὰ τῶν ἀναγεγραμμένων
2 ὡς ἐλέχθη μεταλαβόντες κατακεχωρίκαμεν εἰδότες
3 ἣν ἔχεις φιλομάθειαν εἰς τὰ χρήσιμα.
- 301 -
1 μετὰ δὲ τρεῖς ἡμέρας ὁ Δημήτριος παραλαβὼν
2 αὐτοὺς καὶ διελθὼν τὸ τῶν ἑπτὰ σταδίων ἀνάχωμα τῆς
θαλάσσης
3 πρὸς τὴν νῆσον καὶ διαβὰς τὴν γέφυραν καὶ προσελθὼν
4 ὡς ἐπὶ τὰ βόρεια μέρη συνέδριον ποιησάμενος εἰς
κατεσκευασμένον
5 οἶκον παρὰ τὴν ἠϊόνα διαπρεπῶς ἔχοντα καὶ πολλῆς
6 ἡσυχίας ἔφεδρον παρεκάλει τοὺς ἄνδρας τὰ τῆς ἑρμηνείας
7 ἐπιτελεῖν παρόντων ὅσα πρὸς τὴν χρείαν ἔδει καλῶς.
- 302 -
1 οἳ
2 δὲ ἐπετέλουν ἕκαστα σύμφωνα ποιοῦντες πρὸς ἑαυτοὺς ταῖς
3 ἀντιβολαῖς τὸ δὲ ἐκ τῆς συμφωνίας γινόμενον πρεπόντως
4 ἀναγραφῆς οὕτως ἐτύγχανε παρὰ τοῦ Δημητρίου.
- 303 -
1 καὶ
2 μέχρι μὲν ὥρας ἐνάτης τὰ τῆς συνεδρείας ἐγίνετο μετὰ δὲ
3 ταῦτα περὶ τὴν τοῦ σώματος θεραπείαν ἀπελύοντο γίνεσθαι
4 χορηγουμένων αὐτοῖς δαψιλῶς ὧν προῃροῦντο πάντων.
- 304 -
1 ἐκτὸς δὲ καὶ καθ' ἡμέραν ὅσα βασιλεῖ παρεσκευάζετο
2 καὶ τούτοις ὁ Δωρόθεος ἐπετέλει προστεταγμένον γὰρ ἦν
3 αὐτῷ διὰ τοῦ βασιλέως. ἅμα δὲ τῇ πρωΐᾳ παρεγίνοντο εἰς
4 τὴν αὐλὴν καθ' ἡμέραν καὶ ποιησάμενοι τὸν ἀσπασμὸν τοῦ
5 βασιλέως ἀπελύοντο πρὸς τὸν ἑαυτῶν τόπον.
- 305 -
1 ὡς δὲ
2 ἔθος ἐστὶ πᾶσι τοῖς Ἰουδαίοις ἀπονιψάμενοι τῇ θαλάσσῃ
τὰς
3 χεῖρας ὡς ἂν εὔξωνται πρὸς τὸν θεὸν ἐτρέποντο πρὸς τὴν
4 ἀνάγνωσιν καὶ τὴν ἑκάστου διασάφησιν.
- 306 -
1 ἐπηρώτησα
2 δὲ καὶ τοῦτο τίνος χάριν ἀπονιζόμενοι τὰς χεῖρας τὸ
τηνικαῦτα
3 εὔχονται; διεσάφουν δὲ ὅτι μαρτύριόν ἐστι τοῦ μηδὲν
4 εἰργάσθαι κακὸν πᾶσα γὰρ ἐνέργεια διὰ τῶν χειρῶν
γίνεται
5 καλῶς καὶ ὁσίως μεταφέροντες ἐπὶ τὴν δικαιοσύνην καὶ
τὴν
6 ἀλήθειαν πάντα.
- 307 -
1 καθὼς δὲ προειρήκαμεν οὕτως καθ'
2 ἑκάστην εἰς τὸν τόπον ἔχοντα τερπνότητα διὰ τὴν ἡσυχίαν
3 καὶ καταύγειαν συναγόμενοι τὸ προκείμενον ἐπετέλουν.
συνέτυχε
4 δὲ οὕτως ὥστε ἐν ἡμέραις ἑβδομήκοντα δυσὶ τελειωθῆναι
5 τὰ τῆς μεταγραφῆς οἱονεὶ κατὰ πρόθεσίν τινα τοῦ
τοιούτου
6 γεγενημένου.
- 308 -
1 τελείωσιν δὲ ὅτε ἔλαβε συναγαγὼν ὁ
2 Δημήτριος τὸ πλῆθος τῶν Ἰουδαίων εἰς τὸν τόπον οὗ καὶ
τὰ
3 τῆς ἑρμηνείας ἐτελέσθη παρανέγνω πᾶσι παρόντων καὶ τῶν
4 διερμηνευσάντων οἵτινες μεγάλης ἀποδοχῆς καὶ παρὰ τοῦ
5 πλήθους ἔτυχον ὡς ἂν μεγάλων ἀγαθῶν παραίτιοι
γεγονότες.
- 309 -
1 ὡσαύτως δὲ καὶ τὸν Δημήτριον ἀποδεξάμενοι παρεκάλεσαν
2 μεταδοῦναι τοῖς ἡγουμένοις αὐτῶν μεταγράψαντα τὸν
3 πάντα νόμον.
- 310 -
1 καθὼς δὲ ἀνεγνώσθη τὰ τεύχη στάντες
2 οἱ ἱερεῖς καὶ τῶν ἑρμηνέων οἱ πρεσβύτεροι καὶ τῶν ἀπὸ
τοῦ
3 πολιτεύματος οἵ τε ἡγούμενοι τοῦ πλήθους εἶπον ἐπεὶ
καλῶς
4 καὶ ὁσίως διηρμήνευται καὶ κατὰ πᾶν ἠκριβωμένως καλῶς
5 ἔχον ἐστίν ἵνα διαμείνῃ ταῦθ' οὕτως ἔχοντα καὶ μὴ
γένηται
6 μηδεμία διασκευή.
- 311 -
1 πάντων δ' ἐπιφωνησάντων τοῖς
2 εἰρημένοις ἐκέλευσαν διαράσασθαι καθὼς ἔθος αὐτοῖς
ἐστιν
3 εἴ τις διασκευάσει προστιθεὶς ἢ μεταφέρων τι τὸ σύνολον
τῶν
4 γεγραμμένων ἢ ποιούμενος ἀφαίρεσιν καλῶς τοῦτο
πράσσοντες
5 ἵνα διὰ παντὸς ἀέννα καὶ μένοντα φυλάσσηται.
- 312 -
1 προσφωνηθέντων δὲ καὶ τούτων τῷ βασιλεῖ μεγάλως
2 ἐχάρη τὴν γὰρ πρόθεσιν ἣν εἶχεν ἀσφαλῶς ἔδοξε
τετελειῶσθαι.
3 παρανεγνώσθη δὲ αὐτῷ καὶ πάντα καὶ λίαν ἐξεθαύμασε

4 τὴν τοῦ νομοθέτου διάνοιαν. καὶ πρὸς τὸν Δημήτριον
5 εἶπε πῶς τηλικούτων συντετελεσμένων οὐδεὶς ἐπεβάλετο
τῶν
6 ἱστορικῶν ἢ ποιητῶν ἐπιμνησθῆναι;
- 313 -
1 ἐκεῖνος δὲ ἔφη
2 διὰ τὸ σεμνὴν εἶναι τὴν νομοθεσίαν καὶ διὰ θεοῦ
γεγονέναι
3 καὶ τῶν ἐπιβαλλομένων τινὲς ὑπὸ τοῦ θεοῦ πληγέντες τῆς
4 ἐπιβολῆς ἀπέστησαν.
- 314 -
1 καὶ γὰρ ἔφησεν ἀκηκοέναι Θεοπόμπου
2 διότι μέλλων τινὰ τῶν προηρμηνευμένων ἐπισφαλέστερον
3 ἐκ τοῦ νόμου προσιστορεῖν ταραχὴν λάβοι τῆς
4 διανοίας πλεῖον ἡμερῶν τριάκοντα κατὰ δὲ τὴν ἄνεσιν
ἐξιλάσκεσθαι
5 τὸν θεὸν σαφὲς αὐτῷ γενέσθαι τίνος χάριν τὸ
6 συμβαῖνόν ἐστι.
- 315 -
1 δι' ὀνείρου δὲ σημανθέντος ὅτι τὰ
2 θεῖα βούλεται περιεργασάμενος εἰς κοινοὺς ἀνθρώπους
ἐκφέρειν
3 ἀποσχόμενον δὲ οὕτως ἀποκαταστῆναι.
- 316 -
1 καὶ παρὰ
2 Θεοδέκτου δὲ τοῦ τῶν τραγῳδιῶν ποιητοῦ μετέλαβον ἐγὼ
3 διότι παραφέρειν μέλλοντός τι τῶν ἀναγεγραμμένων ἐν τῇ
4 βίβλῳ πρός τι δρᾶμα τὰς ὄψεις ἀπεγλαυκώθη καὶ λαβὼν
ὑπόνοιαν
5 ὅτι διὰ τοῦτ' αὐτῷ τὸ σύμπτωμα γέγονεν ἐξιλασάμενος
6 τὸν θεὸν ἐν πολλαῖς ἡμέραις ἀποκατέστη.
- 317 -
1 μεταλαβὼν δὲ ὁ βασιλεὺς καθὼς προεῖπον περὶ
2 τούτων τὰ παρὰ τοῦ Δημητρίου προσκυνήσας ἐκέλευσε
μεγάλην
3 ἐπιμέλειαν ποιεῖσθαι τῶν βιβλίων καὶ συντηρεῖν ἁγνῶς.
- 318 -
1 παρακαλέσας δὲ καὶ τοὺς ἑρμηνεῖς ἵνα παραγίνωνται
2 πυκνότερον πρὸς αὐτὸν ἐὰν ἀποκατασταθῶσιν εἰς τὴν
Ἰουδαίαν
3 δίκαιον γὰρ εἶπε τὴν ἐκπομπὴν αὐτῶν γενέσθαι
παραγενηθέντας
4 δὲ ὡς θέμις ἕξειν αὐτοὺς φίλους καὶ πολυδωρίας
5 τῆς μεγίστης τεύξεσθαι παρ' αὐτοῦ.
- 319 -
1 τὰ δὲ πρὸς τὴν
2 ἐκπομὴν αὐτῶν ἐκέλευσεν ἑτοιμάζειν μεγαλομερῶς τοῖς
3 ἀνδράσι χρησάμενος. ἑκάστῳ γὰρ στολὰς ἔδωκε τῶν
κρατίστων
4 τρεῖς καὶ χρυσίου τάλαντα δύο καὶ κυλίκιον ταλάντου
5 καὶ τρικλίνου πᾶσαν κατάστρωσιν.
- 320 -
1 ἔπεμψε δὲ καὶ τῷ
2 Ἐλεαζάρῳ μετὰ τῆς ἐκπομῆς αὐτῶν ἀργυρόποδας κλίνας
3 δέκα καὶ τὰ ἀκόλουθα πάντα καὶ κυλικεῖον ταλάντων
τριάκοντα
4 καὶ στολὰς δέκα καὶ πορφύραν καὶ στέφανον διαπρεπῆ
5 καὶ βυσσίνων ὀθονίων ἱστοὺς ἑκατὸν καὶ φιάλας καὶ
τρύβλια
6 καὶ κρατῆρας χρυσοῦς δύο πρὸς ἀνάθεσιν.
- 321 -
1 ἔγραψε δὲ
2 καὶ παρακαλῶν ἵνα ἐάν τινες τῶν ἀνδρῶν προαιρῶνται πρὸς
3 αὐτὸν ἀνακομισθῆναι μὴ κωλύσῃ περὶ πολλοῦ ποιούμενος
4 τοῖς πεπαιδευμένοις συνεῖναι καὶ εἰς τοιούτους τὸν
πλοῦτον
5 κατατίθεσθαι δαψιλῶς καὶ οὐκ εἰς μάταια.
- 322 -
1 σὺ δὲ καθὼς ἐπηγγειλάμην ἀπέχεις τὴν διήγησιν
2 ὦ Φιλόκρατες. τέρπειν γὰρ οἴομαί σε ταῦτα ἢ τὰ τῶν
μυθολόγων
3 βιβλία. νένευκας γὰρ πρὸς περιεργίαν τῶν δυναμένων
4 ὠφελεῖν διάνοιαν καὶ ἐν τούτοις τὸν πλείονα χρόνον
διατελεῖς.
5 πειράσομαι δὲ καὶ τὰ λοιπὰ τῶν ἀξιολόγων ἀναγράφειν
6 ἵνα διαπορευόμενος αὐτὰ κομίζῃ τοῦ βουλήματος τὸ
κάλλιστον
7 ἔπαθλον.

- 3 -

ἐκ τοῦ δευτέρου λόγου περὶ θεοῦ.

1 +ὑψιβρεμέτα μάκαρ οὐράνιε ὃς ἔχεις τὰ Χερουβὶμ+
2 ἱδρυμένος λίτομαι παναληθέα φημίξασαν
3 παῦσον·βαιόν με κέκμηκε γὰρ ἔνδοθεν ἦτορ.
4 ἀλλὰ τί μοι κραδίη πάλι πάλλεται ἠδέ γε θυμὸς
5 τυπτόμενος μάστιγι βιάζεται ἔνδοθεν αὐδὴν
6 ἀγγέλλειν πᾶσιν; αὐτὰρ πάλι πάντ' ἀγορεύσω
7 ὅσσα θεὸς κέλεταί μ' ἀγορευέμεν ἀνθρώποισιν.
8 ἄνθρωποι θεόπλαστον ἔχοντες ἐν εἰκόνι μορφὴν
9 τίπτε μάτην πλάζεσθε καὶ οὐκ εὐθεῖαν ἀταρπὸν
10 βαίνετε ἀθανάτου κτίστου μεμνημένοι αἰεί;
11 εἷς θεὸς ἐστι μόναρχος ἀθέσφατος αἰθέρι ναίων
12 αὐτοφυὴς ἀόρατος ὁρώμενος αὐτὸς ἅπαντα
13 ὃν χεὶρ οὐκ ἐποίησε λιθοξόος οὐδ' ἀπὸ χρυσοῦ
14 τέχνης ἀνθρώπου φαίνει τύπος οὐδ' ἐλέφαντος
15 ἀλλ' αὐτὸς ἀνέδειξεν αἰώνιος αὐτὸς ἑαυτὸν
16 ὄντα τε καὶ πρὶν ἐόντα ἀτὰρ πάλι καὶ μετέπειτα.
17 τίς γὰρ θνητὸς ἐὼν κατιδεῖν δύναται θεὸν ὅσσοις;
18 ἢ τίς χωρήσει κἂν τοὔνομα μοῦνον ἀκοῦσαι
19 οὐρανίου μεγάλοιο θεοῦ κόσμον κρατέοντος;
20 ὃς λόγῳ ἔκτισε πάντα καὶ οὐρανὸν ἠδὲ θάλασσαν
21 ἠέλιόν τ' ἀκάμαντα σελήνην τε πλήθουσαν
22 ἄστρα τε λαμπετόωντα κραταιὰν μητέρα Τηθὺν
23 πηγὰς καὶ ποταμοὺς πῦρ ἄφθιτον ἤματα νύκτας
24 αὐτὸς δὴ θεὸς ἐσθ' ὁ πλάσας τετραγράμματον Ἀδὰμ
25 τὸν πρῶτον πλασθέντα καὶ οὔνομα πληρώσαντα
26 ἀντολίην τε δύσιν τε μεσημβρίην τε καὶ ἄρκτον
27 αὐτὸς δ' ἐστήριξε τύπον μορφῆς μερόπων τε
28 καὶ θῆρας ποίησε καὶ ἑρπετὰ καὶ πετεηνά.
29 οὐ σέβετ' οὐδὲ φοβεῖσθε θεὸν ματαίως δὲ πλανᾶσθε
30 προσκυνέοντες ὄφεις τε καὶ αἰλούροισι θύοντες
31 εἰδώλοις τ' ἀλάλοις λιθίνοις θ' ἱδρύμασι φωτῶν
32 καὶ ναοῖς ἀθέοισι καθεζόμενοι πρὸ θυράων
33 +τηρεῖτε+ τὸν ἐόντα θεὸν ὃς πάντα φυλάσσει
34 τερπόμενοι κακότητι λίθων κρίσιν ἐκλαθέοντες
35 ἀθανάτου σωτῆρος ὃχ οὐρανὸν ἔκτισε καὶ γῆν.
36 αἳ γένος αἱμοχαρὲς δόλιον κακὸν ἀσεβῶν τε
37 ψευδῶν διγλώσσων ἀνθρώπων καὶ κακοηθῶν
38 λεκτροκλόπων εἰδωλολατρῶν δόλια φρονεόντων
39 οἷς κακὸν ἐν στέρνοισιν ἔνι μεμανημένος οἶστρος
40 αὐτοῖς ἁρπάζοντες ἀναιδέα θυμὸν ἔχοντες
41 οὐδεὶς γὰρ πλουτῶν καὶ ἔχων ἄλλῳ μεταδώσει
42 ἀλλ' ἔσεται κακίη δεινὴ πάντεσσι βροτοῖσιν
43 πίστιν δ' οὐ σχήσουσιν ὅλως χῆραί τε γυναῖκες
44 στέρξουσιν κρυφίως ἄλλους πολλαὶ διὰ κέρδος
45 οὐ σπάρτην κατέχουσι βίου ἀνδρῶν λελαχοῦσαι.
46 αὐτὰρ ἐπεὶ Ῥώμη καὶ Αἰγύπτου βασιλεύσει
47 εἰσέτι διηθύνουσα +τότε δὴ+ βασιλεία μεγίστη
48 ἀθανάτου βασιλῆος ἐπ' ἀνθρώποισι φανεῖται.
49 ἥξει δ' ἁγνὸς ἄναξ πάσης γῆς σκῆπτρα κρατήσων
50 εἰς αἰῶνας ἅπαντας ἐπειγομένοιο χρόνοιο.
51 καὶ τότε Λατίνων ἀπαραίτητος χόλος ἀνδρῶν
52 τρεῖς Ῥώμην οἰκτρῇ μοίρῃ καταδηλήσονται.
53 πάντες δ' ἄνθρωποι μελάθροις ἰδίοισιν ὁλοῦνται
54 ὁππόταν οὐρανόθεν πύρινος ῥεύσῃ καταράκτης.
55 οἴμοι δειλαίη πότ' ἐλεύσεται ἦμαρ ἐκεῖνο
56 καὶ κρίσις ἀθανάτοιο θεοῦ μεγάλοιο βασιλῆος;
57 ἄρτι δ' ἔτι κτίζεσθε πόλεις κοσμεῖσθέ τε πᾶσαι
58 ναοῖς καὶ σταδίοις ἀγοραῖς χρυσοῖς ξοάνοις τε
59 ἀργυρέοις λιθίνοις τε ἵν' ἔλθητ' εἰς πικρὸν ἦμαρ.
60 ἥξει γὰρ ὁπόταν θείου διαβήσεται ὀδμὴ
61 ἐν ἀνθρώποισιν. ἀτὰρ τὰ ἕκαστ' ἀγορεύσω
62 ὅσσαις ἐν πόλεσιν μέροπας κακότητα φέρουσιν
63 ἐκ δὲ Σεβαστηνῶν ἥξει Βελίαρ μετόπισθεν
64 καὶ στήσει ὀρέων ὕψος ἐπίσχει δὲ θάλασσαν
65 ἠέλιον πυρόεντα μέγαν λαμπράν τε σελήνην
66 καὶ νέκυας στήσει καὶ σήματα πολλὰ ποιήσει
67 ἀνθρώποις ἀλλ' οὐχὶ τελεσφόρα ἔσετ' ἐν αὐτῷ
68 ἀλλὰ πλανᾷ καὶ δὴ μέροπας πολλούς τε πλανήσει
69 πιστούς τ' ἐκλεκτούς θ' Ἑβραίους ἀνόμους τε καὶ ἄλλους
70 ἀνθρώπας οἵτινες +οὔπω θεοῦ λόγον+ εἰσήκουσαν.
71 ἀλλ' ὁπόταν μεγάλοιο θεοῦ πελάσωσιν ἀπειλαὶ
72 καὶ δύναμις φλογέουσα δι' οἴδματος εἰς γαῖαν ἥξῃ
73 καὶ Βελίαρ φλέξῃ καὶ ὑπερφιάλους ἀνθρώπους
74 πάντας ὅσοι τούτῳ πίστιν ἐνιποιήσαντο
75 καὶ τότε δὴ κόσμος ὑπὸ ταῖς παλάμῃσι γυναικὸς
76 ἔσσεται ἀρχόμενος καὶ πειθόμενος περὶ παντός.
77 ἔνθ' ὁπόταν κόσμου παντὸς χήρη βασιλεύσῃ
78 καὶ ῥίψῃ χρυσόν τε καὶ ἄργυρον εἰς ἅλα δῖαν
79 καὶ χαλκὸν τε+ σίδηρον ἐφημερίων ἀνθρώπων
80 εἰς πόντον ῥίψῃ τότε δὴ στοιχεῖα πρόπαντα
81 χηρεύσει κόσμου ὁπόταν θεὸς αἰθέρι ναίων
82 οὐρανὸν εἰλίξῃ καθ' ἅπερ βιβλίον εἰλεῖται
83 καὶ πέσεται πολύμορφος ὅλος πόλος ἐν χθονὶ δίῃ
84 καὶ πελάγει ῥεύσει δὲ πυρὸς μαλεροῦ καταράκτης
85 ἀκάματος φλέξει δὲ γαῖαν φλέξει δὲ θάλασσαν
86 καὶ πόλον οὐράνιον καὶ ἤματα καὶ κτίσιν αὐτὴν
87 εἰς ἓν χωνεύσει καὶ εἰς καθαρὸν διαλέξει.
88 κοὐκέτι φωστήρων σφαιρώματα καγχαλόωντα
89 οὐ νὺξ οὐκ ἠὼς οὐκ ἤματα πολλὰ μεριμνᾷς
90 οὐκ ἔαρ οὐχὶ θέρος οὐ χειμῶν' οὐ μετόπωρον.
91 καὶ τότε δὴ μεγάλοιο θεοῦ κρίσις εἰς μέσον ἥξει
92 αἰῶνος μεγάλοιο ὅταν τάδε πάντα γένηται.
93 ὦ ὦ δὴ πλωτῶν ὑδάτων καὶ χέρσου ἁπάσης
94 ἠελίου ἀνιόντος ὃς οὐ δὴ καὶ πάλι δύνει
95 πάνθ' ὑπακούσονται κόσμου πάλιν εἰσανιόντι
96 τοὔνεκ' ἄρ' αὐτὸς πρῶτος ἐπέγνω καὶ κράτος αὐτοῦ.
97 ἀλλ' ὁπόταν μεγάλοιο θεοῦ τελεώνται ἀπειλαὶ
98 ἃς ποτ' ἐπηπείλησε βροτοῖς ὅτε πύργον ἔτευξαν
99 χώρῃ ἐν Ἀσσυρίῃ ὁμόφωνοι δ' ἦσαν ἅπαντες
100 καὶ βούλοντ' ἀναβῆν' εἰς οὐρανὸν ἀστερόεντα

101 αὐτίκα δ' ἀθάνατος μεγάλην ἐπέθηκεν ἀνάγκην
102 πνεύμασιν αὐτὰρ ἔπειτ' ἄνεμοι μέγαν ὑψόθι πύργον
103 ῥῖψαν καὶ θνητοῖσιν ἐπ' ἀλλήλους ἔριν ὦρσαν
104 τοὔνεκά τοι Βαβυλῶνα βροτοὶ πόλει οὔνομ' ἔθεντο.
105 αὐτὰρ ἐπεὶ πύργος τ' ἔπεσεν γλῶσσαί τ' ἀνθρώπων
106 παντοδαπαῖς φωναῖσι διέστρεφον αὐτὰρ ἅπασα
107 γαῖα βροτῶν πληροῦτο μεριζομένων βασιλειῶν
108 καὶ τότε δὴ δεκάτη γενεὴ μερόπων ἀνθρώπων
109 ἐξ οὗ περ κατακλυσμὸς ἐπὶ προτέρους γένετ' ἄνδρας.
110 καὶ βασίλευσε Κρόνος καὶ Τιτὰν Ἰαπετός τε
111 Γαίης τέκνα φέριστα καὶ Οὐρανοῦ οὓς ἐκάλεσσαν
112 ἄνθρωποι γαῖάν τε καὶ οὐρανὸν οὔνομα θέντες
113 οὔνεκά τοι πρώτιστοι ἔσαν μερόπων ἀνθρώπων.
114 τρισσαὶ δὴ μερίδες γαίης κατὰ κλῆρον ἑκάστου
115 καὶ βασίλευσεν ἕκαστος ἔχων μέρος οὐδ' ἐμάχοντο
116 ὅρκοι γὰρ τ' ἐγένοντο πατρὸς μερίδες τε δίκαιαι.
117 τηνίκα δὴ πατρὸς τέλεος χρόνος ἵκετο γήρας
118 καὶ ῥ' ἔθανεν καὶ παῖδες ὑπερβασίην ὅρκοισιν
119 δεινὴν ποιήσαντες ἐπ' ἀλλήλους ἔριν ὦρσαν
120 ὃς πάντεσσι βροτοῖσιν ἔχων βασιληΐδα τιμὴν
121 ἄρξει καὶ μαχέσαντο Κρόνος Τιτάν τε πρὸς αὐτούς.
122 τοὺς δὲ Ῥέη καὶ Γαῖα φιλοστέφανός τ' Ἀφροδίτη
123 Δημήτηρ Ἑστίη τε εὐπλόκαμός τε Διώνη
124 ἤγαγον ἐς φιλίην συναγείρασαι βασιλῆας
125 πάντας ἀδελφεούς τε συναίμους ἠδὲ καὶ ἄλλους
126 ἀνθρώπους οἵ τ' ἦσαν ἀφ' αἵματος ἠδὲ τοκήων
127 καὶ κρῖναν βασιλῆα Κρόνον πάντων βασιλεύειν
128 οὕνεκά τοι πρέσβιστος ἔην καὶ εἶδος ἄριστος.
129 ὅρκους δ' αὖτε Κρόνῳ μεγάλους Τιτὰν ἐπέθηκεν
130 μὴ θρέψ' ἀρσενικῶν παίδων γένος ὡς βασιλεύσῃ
131 αὐτὸς ὅταν γήρας τε Κρόνῳ καὶ μοῖρα πέληται.
132 ὁπότε κεν δὲ Ῥέη τίκτῃ παρὰ τήνδ' ἐκάθηντο
133 Τιτῆνες καὶ τέκνα διέσπων ἄρσενα πάντα
134 θήλεα δὲ ζώοντ' εἴων παρὰ μητρὶ τρέφεσθαι.
135 ἀλλ' ὅτε τὴν τριτάτην γενεὴν τέκε πότνια Ῥείη
136 τίχθ' Ἥρην πρώτην καὶ ἐπεὶ ἴδον ὀφθαλμοῖσιν
137 θῆλυ γένος πρὸς αὐτοὺς ἄγριοι ἄνδρες
138 Τιτῆνες. καὶ ἔπειτα Ῥέη τέκεν ἄρσενα παῖδα
139 τὸν ταχέως διέπεμψε λάθρῃ ἰδίῃ τε τρέφεσθαι
140 ἐς Φρυγίην τρεῖς ἄνδρας ἐνόρκους Κρήτας ἑλοῦσα
141 τοὔνεκά τοι Δί' ἐπωνομάσανθ' ὅτι διεπέμφθη.
142 ὣς δ' αὔτως διέπεμψε Ποσειδάωνα λαθραίως.
143 τὸ τρίτον αὖ Πλούτωνα Ῥέη τέκε δῖα γυναικῶν
144 Δωδώνην παριοῦσα ὅθεν ῥέεν ὑγρὰ κέλευθα
145 Εὐρώπου ποταμοῖο καὶ εἰς ἅλα μύρατο ὕδωρ
146 ἄμμιγα Πηνειῷ καὶ μιν στύγιον καλέουσι.
147 ἡνίκα δ' ἤκουσαν Τιτῆνες παῖδας ἐόντας
148 λάθριον οὓς ἔσπειρε Κρόνος Ῥείη τε σύνευνος
149 ἐξήκοντα δέ τοι παῖδας συναγείραν Τιτὰν
150 καὶ ῥ' εἶχ' ἐν δεσμοῖσι Κρόνον Ῥείην τε σύνευνον
151 κρύψεν δ' ἐν γαίῃ καὶ ἐν +ζωσμοῖς+ ἐφύλασσεν.
152 καὶ τότε +δὴ μιν+ ἄκουσαν υἱοὶ κρατεροῖ Κρόνοιο
153 καὶ οἱ ἐπήγειραν πόλεμον μέγαν ἠδὲ κυδοιμόν.
154 αὕτη δ' ἔστ' ἀρχὴ πολέμου πάντεσσι βροτοῖσιν.
155 (πρώτη γάρ τε βροτοῖς αὕτη πολέμοιο καταρχή).
156 καὶ τότε Τιτάνεσσι θεὸς κακὸν ἐγγυάλιξεν.
157 καὶ πᾶσαι γενεαὶ Τιτάνων ἠδὲ Κρόνοιο
158 κάτθανον. αὐτὰρ ἔπειτα χρόνου περιτελλομένοιο
159 Αἰγύπτου βασίλειον ἐγείρατο εἶτα τὸ Περσῶν
160 Μήδων Αἰθιόπων τε καὶ Ἀσσυρίης Βαβυλῶνος
161 εἶτα Μακηδονίων πάλιν Αἰγύπτου τότε Ῥώμης.
162 καὶ τότε μοι μεγάλοιο θεοῦ φάτις ἐν στήθεσσιν
163 ἵστατο καί μ' ἐκέλευσε προφητεῦσαι κατὰ πᾶσαν
164 γαῖαν καὶ βασιλεῦσι τά τ' ἐσσόμεν' ἐν φρεσὶ θεῖναι.
165 καὶ μοι τοῦτο θεὸς πρῶτον νόῳ ἐγγυάλιξεν
166 ὅσσαι ἀνθρώπων βασιληΐδες ἠγερέθονται.
167 οἶκος μὲν γὰρ πρώτιστος Σολομώνιος ἄρξει
168 Φοίνικές τ' Ἀσίης ἐπιβήτορες ἠδὲ καὶ ἄλλων
169 νήσων Παμφύλων τε γένος Περσῶν τε Φρυγῶν τε
170 Καρῶν καὶ Μυσῶν Λυδῶν τε γένος πολυχρύσων.
171 αὐτὰρ ἔπειθ' Ἕλληνες ὑπερφίαλοι καὶ ἄναγνοι
172 +ἄλλο+ Μακηδονίης ἔθνος μέγα ποικίλου ἄρξει
173 οἳ φοβερὸν πολέμοιο νέφος ἥξουσι βροτοῖσιν.
174 ἀλλὰ μιν οὐράνιος θεὸς ἐκ βυθοῦ ἐξαλαπάξει.
175 αὐτὰρ ἔπειτ' ἄλλης βασιληΐδος ἔσσεται ἀρχὴ
176 λευκὴ καὶ πολύκρανος ἀφ' ἑσπερίοιο θαλάσσης
177 ἢ πολλῆς γαίης ἄρξει πολλοὺς δὲ σαλεύσει
178 καὶ πᾶσιν βασιλεῦσι φόβον μετόπισθε ποιήσει
179 πολλὸν δ' αὖ χρυσόν τε καὶ ἄργυρον ἐξαλαπάξει
180 ἐκ πόλεων πολλῶν πάλι δ' ἔσσεται ἐν χθονὶ δίῃ
181 χρυσίου αὐτὰρ ἔπειτα καὶ ἄργυρος ἠδέ τε κόσμος.
182 καὶ θλίψουσι βροτούς. μέγα δ' ἔσσεται ἀνδράσι κείνοις
183 πτῶμ' ὁπόταν ἄρξωνθ' ὑπερηφανίης ἀδίκοιο.
184 αὐτίκα τοῖς ἐν τούτοις ἀσεβείας ἔσετ' ἀνάγκη
185 ἄρσην δ' ἄρσενι πλησιάσει στήσουσί τε παῖδας
186 αἰσχροῖς ἐν τεγέεσσι καὶ ἔσσεται ἤμασι κείνοις
187 θλῖψις ἐν ἀνθρώποισι μεγάλη καὶ πάντα ταράξει
188 πάντα δὲ συγκόψει καὶ πάντα κακῶν ἀναπλήσει
189 αἰσχροβίῳ φιλοχρημοσύνῃ κακοκερδέι πλούτῳ
190 ἐν πολλαῖς χώρῃσι Μακηδονίῃ δὲ μάλιστα.
191 μῖσος δ' ἐξεγερεῖ καὶ πᾶς δόλος ἔσσεται αὐτοῖς
192 (ἄχρι πρὸς ἑβδόμην βασιληΐδα ἧς βασιλεύσει
193 Αἰγύπτου βασιλεὺς ὃς ἀφ' Ἑλλήνων γένος ἔσται.)
194 καὶ τότ' ἔθνος μεγάλοιο θεοῦ πάλι καρτερὸν ἔσται
195 οἳ πάντεσσι βροτοῖσι βίου καθοδηγοὶ ἔσονται.
196 ἀλλά τί μοι καὶ τοῦτο θεὸς νόῳ ἔνθετο λέξαι
197 τί πρῶτον τί δ' ἔπειτα τί δ' ὕστατον κακὸν ἔσται
198 πάντας ἐπ' ἀνθρώπους τίς δ' ἀρχὴ τούτων ἔσται;
199 πρῶτον Τιτάνεσσι θεὸς κακὸν ἐγγυάλιξει
200 υἱὸς γὰρ κρατεροῖο δίκας τίσουσι Κρόνοιο
201 οὕνεκά τοι δῆσάν τε Κρόνον καὶ μητέρα κεδνήν.
202 δεύτερον αὖθ' Ἕλλησι τυραννίδες ἠδ' ἀγέρωχοι

203 ἔσσονται βασιλῆες ὑπερφίαλοι καὶ ἄναγνοι
204 κλεψίγαμοι καὶ πάντα κακοὶ καὶ οὐκέτι θνητοῖς
205 ἄμπαυσις πολέμοιο. Φρύγες δ' ἔκπαγλοι ὀλοῦνται
206 πάντες καὶ Τροίη κακὸν ἔσσεται ἤματι κείνῳ.
207 αὐτίκα καὶ Πέρσῃσι καὶ Ἀσσυρίοις κακὸν ἥξει
208 πάσῃ τ' Αἰγύπτῳ Λιβύῃ τ' ἠδ' Αἰθιόπεσσιν
209 Καρσί τε Παμφύλοις τε κακὸν +μετακινηθῆναι+
210 καὶ πάντεσσι βροτοῖσι. τί δὴ καθ' ἓν ἐξαγορεύω;
211 ἀλλ' ὁπόταν τὰ πρῶτα τέλος λάβῃ αὐτίκα δ' ἔσται
212 δεύτερ' ἐπ' ἀνθρώπους. καί τοι πρώτιστα βοήσω
213 ἀνδράσιν εὐσεβέσιν ἥξει κακὸν οἳ περὶ ναὸν
214 οἰκείουσι μέγαν Σολομώνιον οἵ τε δίκαιοι
215 ἀνδρῶν ἔκγονοί εἰσιν ὁμῶς καὶ τῶνδε βοήσω
216 φῦλον καὶ γενεὴν πατέρων καὶ δῆμον ἁπάντων
217 πάντα περιφραδέως βροτὲ ποικιλόμητι δολόφρον.
218 ἔστι πόλις --- κατὰ χθονὸς Οὒρ Χαλδαίων
219 ἐξ ἧς δὴ γένος ἐστὶ δικαιοτάτων ἀνθρώπων
220 οἷσιν ἀεὶ βουλή τ' ἀγαθὴ καλά τ' ἔργα μέμηλεν.
221 οὔτε γὰρ ἠελίου κύκλιον δρόμον οὔτε σελήνης
222 οὔτε πελώρια ἔργα μεριμνῶσιν κατὰ γαίης
223 οὔτε βάθος χαροποῖο θαλάσσης Ὠκεανοῖο
224 οὐ πταρμῶν σημεῖ' οἰωνοπόλων τε πετεινὰ
225 οὐ μάντεις οὐ φαρμακοὺς οὐ μὴν ἐπαοιδοὺς
226 οὐ μύθων μωρῶν ἀπάτας ἐγγαστεριμύθων
227 οὐδέ τε Χαλδαίων τὰ προμάντια ἀστρολογοῦσιν
228 οὐδὲ μὲν ἀστρονομοῦσι τὰ γὰρ πλάνα πάντα πέφυκεν
229 ὅσσα κεν ἄφρονες ἄνδρες ἐρευνῶωσι κατ' ἦμαρ
230 ψυχὰς γυμνάζοντες ἐς οὐδὲν χρήσιμον ἔργον
231 καί ῥα πλάνας ἐδίδαξαν ἀεικελίους ἀνθρώπους
232 ἐξ ὧν δὴ κακὰ πολλὰ βροτοῖς πέλεται κατὰ γαῖαν
233 τοῦ πεπλανῆσθαι ὁδούς τ' ἀγαθὰς καὶ ἔργα δίκαια.
234 οἳ δὲ μεριμνῶσίν τε δικαιοσύνην τ' ἀρετήν τε
235 κοὔ φιλοχρημοσύνην ἥτις κακὰ μυρία τίκτει
236 θνητοῖς ἀνθρώποις πόλεμον καὶ λιμὸν ἄπειρον.
237 τοῖσι δὲ μέτρα δίκαια πέλει κατ' ἀγρούς τε πόλεις τε
238 οὐδὲ κατ' ἀλλήλων νυκτοκλοπίας τελέουσιν
239 οὐδ' ἀγέλας ἐλάουσι βοῶν ὄιων τε καὶ αἰγῶν
240 οὐδὲ ὅρους γαίης γείτων τοῦ γείτονος αἴρει
241 οὐδὲ πολὺ πλουτῶν τις ἀνὴρ τὸν ἐλάττονα λυπεῖ
242 +οὐδέ γε χήρας θλίβει μᾶλλον δ' αὖτε+ βοηθεῖ
243 αἰεὶ ἐπαρκείων σίτῳ οἴνῳ καὶ ἐλαίῳ
244 αἰεὶ δ' ὄλβιος ἐν δήμῳ τοῖς μηδὲν ἔχουσιν
245 ἀλλὰ πενιχρομένοις θέρους ἀπόμοιραν ἰάλλει
246 πληροῦντες μεγάλοιο θεοῦ φάτιν ἔννομον ὕμνον
247 πᾶσι γὰρ Οὐράνιος κοινὴν ἐτελέσσατο γαῖαν.
248 ἡνίκα δ' Αἴγυπτον λείψει καὶ ἄταρπον ὁδεύσει
249 λαὸς ὁ δωδεκάφυλος ἐν ἡγεμόσιν θεοπέμπτοις
250 ἐν στύλῳ πυρόεντι τὸ νυκτερινὸν διοδεύων
251 καὶ στύλῳ νεφέλης +πᾶν ἦμαρ ὁδεύσει+
252 τούτῳ δ' ἡγητῆρα καταστήσει μέγαν ἄνδρα
253 Μωσῆν ὃν παρ' ἕλους βασιλὶς εὑροῦσ' ἐκόμιζεν
254 θρεψαμένη δ' υἱὸν ἐπεκαλέσσατο. ἡνίκα δ' ἦλθεν
255 λαὸν ὅδ' ἡγεμονῶν ὃν ἀπ' Αἰγύπτου θεὸς ἦγεν
256 εἰς τὸ ὄρος Σινᾶ καὶ τὸν νόμον οὐρανόθι πρὸ
257 δῶκε θεὸς γράψας πλαξὶν δυσὶ πάντα δίκαια
258 καὶ προσέταξε ποιεῖν καὶ ἢν ἄρα τις παρακούσῃ
259 ἠὲ νόμῳ τίσειε δίκην ἢ χερσὶ βροτείαις
260 ἠὲ λαθὼν θνητοὺς πάσῃ δίκῃ ἐξαπολεῖται
261 πᾶσι γὰρ Οὐράνιος κοινὴν ἐτελέσσατο γαῖαν
262 καὶ πίστιν καὶ ἄριστον ἐνὶ στήθεσσι νόημα.
263 τοῖσι μόνοις καρπὸν τελέθει ζείδωρος ἄρουρα
264 ἐξ ἑνὸς εἰς ἑκατὸν τελέθοντό τε μέτρα θεοῖο.
265 ἀλλ' ἄρα καὶ τούτοις κακὸν ἔσσεται οὐδὲ φύγονται
266 λοιμόν. καὶ σὺ δὲ κάρτα λιπὼν περικαλλέα σηκὸν
267 φεύξῃ ἐπεί σοι μοῖρα λιπεῖν πέδον ἁγνὸν ὑπάρχει.
268 ἀχθήσῃ δὲ πρὸς Ἀσσυρίους καὶ νήπια τέκνα
269 ὄψει δουλεύοντα παρ' ἀνδράσι δυσμενέεσσι
270 ἠδ' ἀλόχους καὶ πᾶς βίοτος καὶ πλοῦτος ὀλεῖται
271 πᾶσα δὲ γαῖα σέθεν πλήρης καὶ πᾶσα θάλασσα
272 πᾶς δὲ προσοχθίζων ἔσται τοῖς σοῖς ἐθίμοισιν.
273 γαῖα δ' ἔρημος ἅπασα σέθεν καὶ βωμὸς ἔρυμνὸς
274 καὶ ναὸς μεγάλοιο θεοῦ καὶ τείχεα μακρὰ
275 πάντα χαμαὶ πεσέονται ὅτι φρεσὶν οὐκ ἐπίθησας
276 ἀθανάτοιο θεοῦ ἁγνῷ νόμῳ ἀλλὰ πλανηθεὶς
277 εἰδώλοις ἐλάτρευσας ἀκόσμητα οὐδὲ φοβηθεὶς
278 ἀθάνατον γενετῆρα θεῶν πάντων τ' ἀνθρώπων
279 οὐκ ἔθελες τιμᾶν θνητῶν εἴδωλα δ' ἐτίμας.
280 ἀνθ' ὧν ἑπτὰ χρόνων δεκάδας γῆ πλήσει χέρσος
281 ἔσσετ' ἔρημος ἅπασα σέθεν καὶ θαύματα σηκοῦ.
282 ἀλλὰ μένει σ' ἀγαθοῖο τέλος καὶ δόξα μεγίστη
283 ὡς ἐπέκρανε θεός σοι ἀμβρότος. ἀλλὰ σὺ μίμνε
284 πιστεύων μεγάλοιο θεοῦ ἁγνοῖσι νόμοισιν
285 ὁππότε σεῖο καμὸν ὀρθὸν γόνυ πρὸς φάος ἄρῃ.
286 καὶ τότε δὴ θεὸς οὐράνιος πέμψει βασιλῆα
287 κρινεῖ δ' ἄνδρα ἕκαστον ἐν αἵματι καὶ πυρὸς αὐγῇ.
288 ἔστι δέ τις φυλὴ βασιλήιος ἧς γένος ἔσται
289 ἄπταιστον καὶ τοῦτο χρόνοις περιτελλομένοισιν
290 ἄρξει καὶ καινὸν σηκὸν θεοῦ ἄρξετ' ἐγείρειν.
291 καὶ πάντες Περσῶν βασιλεῖς ἐπικουρήσουσιν
292 χρυσὸν καὶ χαλκὸν τε πολύκμητόν τε σίδηρον.
293 αὐτὸς γὰρ δώσει θεὸς ἔννυχον ἁγνὸν ὄνειρον.
294 καὶ τότε δὴ ναὸς πάλιν ἔσσεται ὡς πάρος ἦεν.
295 ἡνίκα δή μοι θυμὸς ἐπαύσατο ἔνθεον ὕμνον
296 καὶ λιτόμην γενετῆρα μέγαν παύσασθαι ἀνάγκης
297 καὶ πάλι μοι μεγάλοιο θεοῦ φάτις ἐν στήθεσσιν
298 ἵστατο καί μ' ἐκέλευσε προφητεῦσαι κατὰ πᾶσαν
299 γαῖαν καὶ βασιλεῦσι τά τ' ἐσσόμεν' ἐν φρεσὶ θεῖναι.
300 καὶ μοι τοῦτο θεὸς πρῶτον νόῳ ἔνθετο λέξαι
301 ὅσσα γέ τοι Βαβυλῶνι ἐμήσατο ἄλγεα λυγρὰ
302 ἀθάνατος ὅτι οἱ ναὸν μέγαν ἐξαλάπαξαν.
303 αἰαῖ σοι Βαβυλὼν ἠδ' Ἀσσυρίων γένος ἀνδρῶν
304 πᾶσαν ἁμαρτωλῶν γαῖαν ῥοῖζός ποθ' ἱκνεῖται

305 καὶ πᾶσαν χώραν μερόπων ἀλαλαγμὸς ὀλέσσει
306 καὶ πληγὴ μεγάλοιο θεοῦ ἡγήτορος ὕμνων.
307 ἀέριος γάρ σοι Βαβυλὼν ἥξει ποτ' ἄνωθεν
308 (αὐτὰρ ἀπ' οὐρανόθεν καταβήσεται ἐξ ἁγίων σοι)
309 καὶ θυμοῦ τέκνοις αἰώνιος ἐξολόθρευσις.
310 καὶ τότ' ἔσῃ ὡς ἦσθα πρὸ τοῦ ὡς μὴ γεγονυῖα
311 καὶ τότε πλησθήσῃ ἀπὸ αἵματος ὡς πάρος αὐτὴ
312 ἐξέχεας ἀνδρῶν τ' ἀγαθῶν ἀνδρῶν τε δικαίων
313 ὧν ἔτι καὶ νῦν αἷμα βοᾷ εἰς αἰθέρα μακρόν.
314 ἥξει σοι πληγὴ μεγάλη Αἴγυπτε πρὸς οἴκους
315 δεινὴ ἣν οὔπω ποτ' ἐπήλιμσας ἐρχομένην σοι.
316 ῥομφαία γὰρ +διελεύσεται διὰ μέσον σεῖο+
317 σκορπισμὸς δέ τε καὶ θάνατος καὶ λιμὸς ἐφέξει
318 ἑβδομάτῃ γενεῇ βασιλήων καὶ τότε παύσῃ.
319 αἰαῖ σοι χώρα Γὼγ ἠδὲ Μαγὼγ μέσον οὖσα
320 Αἰθιόπων ποταμῶν πόσον αἵματος ἔκχυμα δέξῃ
321 καὶ κρίσεως οἴκησις ἐν ἀνθρώποισι κεκλήσῃ
322 καὶ πίεταί σου γαῖα πολύδροσος αἷμα κελαινόν.
323 αἰαῖ σοι Λιβύη αἰαῖ δὲ θάλασσά τε καὶ γῆ
324 θυγατέρες δυσμῶν ὡς ἥξετε πικρὸν ἐς ἦμαρ.
325 ἥξετε καὶ χαλεποῖο διωκόμεναι ὑπ' ἀγῶνος
326 δεινοῦ καὶ χαλεποῦ δεινὴ κρίσις ἔσσεται αὖτις
327 καὶ κατ' ἀνάγκην πάντες ἐλεύσεσθ' εἰς ⟨τὸν⟩ ὄλεθρον
328 ἀνθ' ὧν ἀθανάτοιο μέγαν διεδηλήσασθε
329 οἶκον ὁδοῦσι σιδηρείοις τ' ἐμασήσατε δεινῶς.
330 τοὔνεκα δὴ νεκρῶν πλήρη σὴν γαῖαν ἐπόψει
331 τοὺς μὲν ὑπὸ πτολέμου καὶ πάσης δαίμονος ὁρμῆς
332 λιμοῦ καὶ λοιμοῦ ὑπό τ' ἐχθρῶν βαρβαροφώνων
333 γαῖα ⟨δ'⟩ ἔρημος ἅπασα σέθεν καὶ ἔρημα πόληες.
334 ἐν δὲ δύσει ἀστὴρ λάμψει ὃν ἐροῦσι κομήτην
335 ῥομφαίας λιμοῦ θανάτοιό τε σῆμα βροτοῖσιν
336 ἡγεμόνων τε +φθοράν+ ἀνδρῶν μεγάλων τ' ἐπισήμων
337 σήματα δ' ἔσσεται αὖτις ἐν ἀνθρώποισι μέγιστα
338 καὶ γὰρ Μαιῶτιν λίμνην Τάναϊς βαθυδίνης
339 λείψει κὰδ δὲ ῥόον βαθὺν αὔλακος ἔσσεται ὁλκὸς
340 καρποφόρου τὸ δὲ ῥεῦμα τὸ μύριον αὐχέν' ἐφέξει.
341 χάσματα ἠδὲ βάραθρ' ἀχανῆ πολλαὶ δὲ πόληες
342 αὐτάνδροι πεσέονται ἐν Ἀσιάδι μὲν Ἰασσὸς
343 Κεβρὴν +Πανδονίη+ Κολοφῶν Ἔφεσος Νίκαια
344 Ἀντιόχεια Τάναγρα Σινώπη Σμύρνη +Μάρος+
345 Γάζα πανολβίστη Ἱεράπολις Ἀστυπάλαια
346 Εὐρώπης δὲ +Κύαγρα κλυτός+ βασιλὶς Μερόπεια
347 Ἀντιγύνη Μαγνησίη +Μυκήνη πάνθεια+.
348 ἴσθι τότ' Αἰγύπτου ὄλοον γένος ἐγγὺς ὀλέθρου
349 καὶ τότ' Ἀλεξανδρεῦσιν ἔτος τὸ παρελθὸν ἄμεινον
350 ὁππόσα δασμοφόρου Ἀσίης ὑπεδέξατο Ῥώμη
351 χρήματά κεν τρὶς τόσσα δεδέξεται ἔμπαλιν Ἀσὶς
352 ἐκ Ῥώμης ὀλοὴν δ' ἀποτίσεται ὕβριν ἐς αὐτήν.
353 ὅσσοι δ' ἐξ Ἀσίης Ἰταλῶν δόμον ἀμφεπόλευσαν
354 εἰκοσάκις τοσσοῦτοι ἐν Ἀσίδι θητεύσουσιν
355 Ἰταλοὶ ἐν πενίῃ ἀνὰ μυρία δ' ὀφλήσουσιν.
356 ὦ χλιδανὴ ζάχρυσε Λατινίδος ἔκγονε Ῥώμη
357 παρθένε πολλάκι σοῖσι πολυμνήστοισι γάμοισιν
358 οἰνωθεῖσα λάτρις νυμφεύσεαι οὐκ ἐνὶ κόσμῳ
359 πολλάκις δ' ἁβρὴν σεῖο κόμην δέσποινά τε κείρει
360 ἠδὲ δίκην διέπουσα ἀπ' οὐρανόθεν ποτὶ γαῖαν
361 ῥίψει ἐκ δὲ γαίης πάλιν οὐρανὸν εἰς ἀνεγείρει
362 ὅττι βροτοὶ φαύλου ζωῆς ἀδίκου τ' ἐνέχοντο.
363 ἔσται καὶ Σάμος ἄμμος ἔσεται Δῆλος ἄδηλος
364 καὶ Ῥώμη ῥύμη τὰ δὲ θέσφατα πάντα τελεῖται.
365 Σμύρνης δ' ὀλλυμένης οὐδεὶς λόγος. ἔκδικος ἔσται
366 ἀλλὰ κακαῖς βουλῇσι καὶ ἡγεμόνων κακότητι ---
367 εἰρήνη δὲ γαληνὸς ἐς Ἀσίδα γαῖαν ὁδεύσει
368 Εὐρώπη δὲ μάκαιρα τότ' ἔσσεται εὔβοτος αἰθὴρ
369 πουλυετὴς εὔρωστος ἀχείματος ἠδ' ἀχάλαζος
370 πάντα φέρων καὶ πτηνὰ καὶ ἑρπετὰ θηρία γαίης.
371 ὦ μακαριστὸς ἐκεῖνος ὃς ἐς χρόνον ἔσσεται ἀνὴρ
372 ἠὲ γυνὴ μακάρων +κενεηφατος ὅσσον ἄγραυλος+
373 εὐνομίη ἀπὸ γῆς ἀπ' οὐρανοῦ ἀστερόεντος.
374 ἥξει ἐπ' ἀνθρώπους ἠδ' εὐδικίη μετὰ δ' αὐτῆς
375 ἡ πάντων προφέρουσα βροτοῖς ὁμόνοια σαόφρων
376 καὶ στοργὴ πίστις φιλίη ξείνων ἄπο κρατῶν
377 +ἠδέ τε δυσνομίη μῶμος φθόνος ὀργὴ ἄνοια
378 φεύξετ' ἀπ' ἀνθρώπων πενίη φεύξετ' ἀνάγκη+
379 καὶ φόνος οὐλόμεναί τ' Ἔριδες καὶ νείκεα λυγρὰ
380 καὶ νυκτοκλοπίαι καὶ πᾶν κακὸν ἤμασι κείνοις.
381 ἀλλὰ Μακηδονίη βαρὺ τέξεται Ἀσίδι πῆμα
382 Εὐρώπῃ δὲ μέγιστον ἀναστάχυώσεται ἄλγος
383 ἐκ γενεῆς Κρονίδαο νόθων δούλων τε γενέθλης.
384 κείνη καὶ Βαβυλῶνα πόλιν δεδμημένην ἐρυμνὴν
385 καὶ πάσης ὁπόσην ἐπιδέρκεται ἥλιος ἀρχὴν
386 δεσπότις αὐδηθεῖσα κακαῖς αἴτησιν ὀλεῖται.
387 οὔνομ' ἐν ὀψιγόνοισι πολυπλάγκτοισιν ἔχουσα.
388 ἥξει καὶ ποτ' ἄπιστος ἐς Ἀσίδος ὄλβιον οὖδας
389 ἀνὴρ πορφυρέην λώπην ἐπιειμένος ὤμοις
390 ἄγριος ἀλλοδικής φλογόεις ἤγειρε γὰρ αὐτοῦ
391 πρόσθε κεραυνὸς φῶτα κακὸν δ' Ἀσίη ζυγὸν ἕξει
392 πᾶσα πολὺν δὲ χθὼν πίεται φόνον ὀμβρηθεῖσα
393 ἀλλὰ καὶ ὡς πανάιστον ἅπαντ' Ἄϊδης θεραπεύσει
394 ὧν δή περ γενεὴν αὐτὸς θέλει ἐξαπολέσσαι
395 ἐκ τῶν δὴ γενεῆς κείνου γένος ἐξαπολεῖται
396 ῥίζαν ἵαν γε διδοὺς ἣν καὶ κόψει βροτολοιγὸς
397 ἐκ δέκα δὴ κεράτων παρὰ δὴ φυτὸν ἄλλο φυτεύσει+
398 κόψει πορφυρέης γενεῆς γενετῆρα μαχητὴν
399 καὐτὸς ὑφ' +υἱῶν ὧν ἐς ὁμόφρονα αἴσιον ἄρρης+
400 φθεῖται καὶ τότε δὴ παραφυόμενον κέρας ἄρξει.
401 ἔσται καὶ Φρυγίη δὲ φερεσβίῳ αὐτίκα τέκμαρ
402 ὁππότε κεν Ῥείης μιαρὸν γένος ἐν χθονὶ κῦμα
403 ἀέναον ζήσεισιν ἀδιηκτισιι τεθληι
404 αὐτόπρεμνον ἄιστον ᾗ ἐν νυκτὶ γένηται
405 ἐν πόλει αὐτάνδρῳ σεισίχθονος ἐννοσιγαίου
406 ἣν ποτε φημίξουσιν ἐπωνύμην Δορύλαιον

407 ἀρχαίης Φρυγίης πολυδακρύτοιο κελαινῆς.
408 ἔστ' ἄρα καιρὸς ἐκεῖνος ἐπωνυμίην ἐνοσίχθων
409 κευθμῶνας γαίης σκεδάσει καὶ τείχεα λύσει.
410 σήματα δ' οὐκ ἀγαθοῖο κακοῖο δὲ φύσεται ἀρχή.
411 παμφύλου πολέμοιο δαήμονας ἕξει ἄνακτας
412 Αἰνεάδας +διδοὺς+ αὐτόχθονος ἐγγενὲς αἷμα.
413 ἀλλὰ μεταῦτις ἕλωρ ἔσῃ ἀνθρώποισιν ἐρασταῖς.
414 Ἴλιον οἰκτείρω σε κατὰ Σπάρτην γὰρ Ἐρινὺς
415 βλαστήσει περικαλλὲς ἀείφατον ἔρνος ἄριστον
416 Ἀσίδος Εὐρώπης τε πολυσπερὲς οἶδμα λιποῦσα
417 σοὶ δὲ μάλιστα γόους μόχθους στοναχάς τε φέρουσα
418 θήσει ἀγήρατον δ' ἔσται κλέος ἐσσομένοισιν.
419 καί τις ψευδογράφος πρέσβυς βροτὸς ἔσσεται αὖτις
420 ψευδόπατρις δύσει δὲ φάος ἐν ὄπῃσιν ἑῇσιν
421 νοῦν δὲ πολὺν καὶ ἔπος διανοίαις ἔμμετρον ἕξει
422 οὐνόμασιν δυσὶ μισγόμενον Χῖον δὲ καλέσσει
423 αὐτὸν καὶ γράψει τὰ κατ' Ἴλιον οὐ μὲν ἀληθῶς
424 ἀλλὰ σοφῶς ἐπέων γὰρ ἐμῶν μέτρων τε κρατήσει
425 πρῶτος γὰρ χείρεσσιν ἐμὰς βίβλους ἀναπλώσει
426 αὐτὸς δ' αὖ μάλα κοσμήσει πολέμοιο κορυστὰς
427 Ἕκτορα Πριαμίδην καὶ Ἀχιλλέα Πηλείωνα
428 τούς τ' ἄλλους ὁπόσοις πολεμήια ἔργα μέμηλεν.
429 καί γε θεοὺς τούτοισι παρίστασθαί γε ποιήσει
430 ψευδογραφῶν κατὰ πάντα τρόπον μέροπας κενοκράνους.
431 καὶ θανέειν μᾶλλον τοῖσιν κλέος ἔσσεται εὐρὺ
432 Ἰλίῳ ἀλλὰ καὶ αὐτὸς ἀμοιβατὰ δέξεται ἔργα.
433 καὶ Λυκίη Λοκροῖο γένος κακὰ πολλὰ φυτεύσει.
434 Χαλκηδὼν στεινοῖο πόρον πόντοιο λαχοῦσα
435 καί σε μολὼν ποτε παῖς Αἰτώλιος ἐξεναρίξει.
436 Κύζικε καὶ σοὶ πόντος ἀπορρήξει βαρὺν ὄλβον.
437 καὶ σύ ποτ' +Ἄρη Βυζάντιον Ἀσίδι στέρξῃ+
438 καὶ δὴ καὶ στοναχὰς λήψῃ καὶ ἀνήριθμον αἷμα.
439 καὶ Κράγος ὑψηλὸν Λυκίης ὄρος ἐκ κορυφάων
440 χάσματ' ἀνοιγομένης πέτρης κελαρύξεται ὕδωρ
441 μέχρι κε καὶ Πατάρων μαντήια σήματα παύσῃ.
442 Κύζικος οἰκήτειρα Προποντίδος οἰνοπόλοιο
443 Ῥύνδακος ἀμφὶ σε κῦμα κορυσσόμενον σμαραγήσει.
444 καὶ σὺ Ῥόδος πουλὺν μὲν ἀδούλωτος χρόνον ἔσσῃ
445 ἡμερίη θυγάτηρ πουλὺς δέ τοι ὄλβος ὀπισθεν
446 ἔσσεται ἐν πόντῳ δ' ἕξεις κράτος ἔξοχον ἄλλων.
447 ἀλλὰ μεταῦτις ἕλωρ ἔσῃ ἀνθρώποισιν ἐρασταῖς
448 κάλλεσιν ἠδ' ὄλβῳ δεινὸν ζυγὸν αὐχένι θήσῃ.
449 Λύδιος αὖ σεισμὸς δὲ τὰ Περσίδος ἐξεναρίξει
450 Εὐρώπης Ἀσίης τελέων ῥιγιστά περ ἄλγη.
451 Σιδονίων δ' ὀλοὸς βασιλεὺς καὶ +φύλοπις ἄλλων
452 ποντοπόρον σαμίοις ὀλοὸν δ' ἤξουσιν ὄλεθρον+
453 +αἵματι μὲν δάπεδον+ κελαρύξεται εἰς ἅλα φωτῶν
454 ὀλυμένων ἄλοχοι δὲ σὺν ἀγλαοφαρέσι κούραις
455 ὕβριν ἀεικελίην ἰδίην ἀποθωΰξουσιν
456 ταὶ μὲν ὑπὲρ +νεκύων+ ταὶ δ' ὀλλυμένων ὑπὲρ υἱῶν.
457 σημεῖον Κύπρου σεισμὸς φθίσει δὲ φάραγγας
458 καὶ πολλὰς ψυχὰς Ἀίδης ὁμοθυμαδὸν ἕξει.
459 Τράλλις δ' ἣ γείτων Ἐφέσου σεισμῷ καταλύσει
460 τείχεά τ' εὐποίητ' ἀνδρῶν τε λεῶν βαρυθύμων
461 ὀμβρήσει δέ τε γαῖα ὕδωρ ζεστὸν ποτὶ δ' αὐτῆς
462 γαῖα βαρυνομένη πίεται ὀσμή δέ τε θείου.
463 καὶ Σάμος ἐν καιρῷ βασιλήια δώματα τεύξει.
464 Ἰταλίη σοι δ' οὔτις Ἄρης ἀλλότριος ἥξει
465 ἀλλ' ἐμφύλιον αἷμα πολύστονον οὐκ ἀλαπαδνὸν
466 πουλυθρύλλητόν τε ἀναιδέα σε κεραΐξει.
467 καὶ δ' αὐτὴ θερμῇσι παρὰ σποδιῇσι ταθεῖσα
468 ἀπροϊδῆ στήθεσσιν ἐοῖς ἐναρίξεαι αὐτήν.
469 ἔσῃ δ' οὐκ ἀγαθῶν μήτηρ θηρῶν δὲ τιθήνη.
470 ἀλλ' ὅτ' ἀπ' Ἰταλίης λυμήτης ἥξεται ἀνὴρ
471 τῆμος Λαοδίκεια καταπρηνὴς ἐριποῦσα
472 Καρῶν ἀγλαὸν ἄστυ Λύκου παρὰ θέσκελον ὕδωρ
473 σιγήσεις μεγάλαυχον ἀποιμώξασα τοκῆα.
474 Θρήικες δὲ Κρόβυζοι ἀναστήσονται ἀν' Αἷμον.
475 Καμπανοῖς ἄραβος πέλεται διὰ τὸν +πολύκαρπον+
476 λιμὸν πουλυετεῖς δὲ (ἀποιμώξασα τοκῆα).
477 Κύρνος καὶ Σαρδὼ μεγάλαις χειμῶνος ἀέλλαις
478 καὶ πληγαῖς ἁγίοιο θεοῦ κατὰ βένθεα πόντου
479 δύσονται κατὰ κῦμα θαλασσείοις τεκέεσσιν.
480 αἰαῖ παρθενικὰς ὁπόσας νυμφεύσεται Ἅιδης
481 κούρους δ' ἀκτεράας ⟨ὁπόσους⟩ βυθὸς ἀμφιπολεύσει.
482 αἰαῖ νήπια τέκν' ἀλιηχέα καὶ βαρὺν ὄλβον.
483 Μυσῶν γαῖα μάκαιρα γένος βασιλήιον ἄφνω
484 +τεύξεται. οὐ μὴν πουλὺν ἐπὶ χρόνον ἔσσετ' ἀληθῶς
485 Καρχηδών+. Γαλάταις δὲ πολύστονος ἔσσεται οἶκτος.
486 ἥξει καὶ Τενέδῳ κακὸν ἔσχατον ἀλλὰ μέγιστον.
487 καὶ Σικυῶν χάλκειος ὑλάγμασι καὶ σέ Κόρινθε
488 αὐχήσει ἐπὶ πᾶσιν ἶσον δὲ βοήσεαι αὐλός.
489 ἡνίκα δή μοι θυμὸς ἐπαύσατο ἔνθεον ὕμνον
490 καὶ πάλι μοι μεγάλοιο θεοῦ φάτις ἐν στήθεσσιν
491 ἵστατο καὶ μ' ἐκέλευσε προφητεύσαι κατὰ γαῖαν.
492 αἰαῖ Φοινίκων γένει ἀνδρῶν ἠδὲ γυναικῶν
493 καὶ πάσαις πόλεσιν παραλίαις οὐδεμι' ὑμῶν
494 πρὸς φάος ἠελίοιο παρέσσεται ἐν φαῖ κοινῷ
495 οὐδ' ἔτι τῆς ζωῆς ἀριθμὸς καὶ φῦλον ἔτ' ἔσται
496 ἀντ' ἀδίκου γλώττης ἀνόμου τε βίου καὶ ἀνάγνου
497 ὃν κατέτριψαν πάντες ἀνοίγοντες στόμ' ἄναγνον
498 καὶ δεινοὺς διέθεντο λόγους ψευδεῖς τ' ἀδίκους τε
499 κάστησαν κατέναντι θεοῦ ἀνοίξαντες βασιλῆος
500 κῃνοίξαν ψευδῶς μυσαρὸν στόμα. τοὔνεκ' ἄρ' αὐτοὺς
501 ἐκπάγλως πληγαῖσι δαμάσσειεν παρὰ πᾶσαν
502 γαῖαν καὶ πικρὴν μοίρην πέμψει θεὸς αὐτοῖς
503 ἐξ ἐδάφους φλέξας πόλιας καὶ πολλὰ θέμεθλα.
504 αἰαῖ σοι Κρήτη πολυώδυνε εἰς σέ περ ἥξει
505 πληγὴ καὶ φοβερὰ αἰῶνος +ἐξαλαπάξει+
506 καὶ σε καπνιζομένην πᾶσα χθὼν ὄψεται αὖτις
507 κοὔ σε δι' αἰῶνος λείψει πῦρ ἀλλὰ κάησῃ.
508 αἰαῖ σοι Θρήκη ζυγὸν ὡς εἰς δούλιον ἥξεις

509 ἡνίκα σύμμικτοι Γαλάται τοῖς Δαρδανίδαισιν
510 Ἑλλάδ' ἐπεσσυμένως πορθέοντες +τότε σοι κακὸν ἔσται+
511 γαίῃ δ' ἀλλοτρίῃ δώσεις --- οὐδέ τι λήψῃ.
512 αἰαῖ +σοι Γὼγ καὶ πᾶσιν ἐφεξῆς ἅμα Μαγὼγ
513 μαρσῶν ἠδ' ἀγγῶν ὅσα σοι κακὰ μοῖρα πελάζει+
514 (πολλὰ δὲ) καὶ Λυκίων υἱοῖς Μυσῶν τε Φρυγῶν τε.
515 πολλὰ δὲ Παμφύλων ἔθνη Λυδῶν τε πεσεῖται
516 Μαύρων τ' Αἰθιόπων τε καὶ ἐθνῶν βαρβαροφώνων
517 Καππαδοκῶν τ' Ἀράβων τε τί δὴ κατὰ μοῖραν ἕκαστον
518 ἐξαυδῶ; πᾶσιν γὰρ ὅσοι χθόνα ναιετάουσιν
519 Ὕψιστος δεινὴν ἐπιπέμψει ἔθνεσι πληγήν.
520 Ἕλλησιν δ' ὁπόταν πολὺ βάρβαρον ἔθνος ἐπέλθῃ
521 πολλὰ μὲν ἐκλεκτῶν ἀνδρῶν ὀλέσειε κάρηνα
522 πολλὰ δὲ πίονα μῆλα βροτῶν διαδηλήσονται
523 ἵππων θ' ἡμιόνων τε βοῶν τ' ἀγέλας ἐριμύκων
524 δώματά τ' εὐποίητα πυρὶ φλέξουσιν ἀθέσμως
525 πολλὰ δὲ σώματα δοῦλα πρὸς ἄλλην γαῖαν ἀνάγκῃ
526 ἄξουσιν καὶ τέκνα βαθυζώνους τε γυναῖκας
527 ἐκ θαλάμων ἁπαλὰς τρυφεροῖς ποσὶ πρόσθε πεσούσας
528 ὄψονται δεσμοῖσιν ὑπ' ἐχθρῶν βαρβαροφώνων
529 πᾶσαν ὕβριν δεινὴν πάσχοντας κοὐκ ἔσετ' αὐτοῖς
530 μικρὸν ἐπαρκέσσων ἀνδρῶν ζωῆς τ' ἐπαρωγός.
531 ὄψονται τ' ἰδίας κτήσεις καὶ πλοῦτον ἅπαντα
532 ἐχθρὸν καρπίζοντα τρόμος δ' ὑπὸ γούνασιν ἔσται.
533 φεύξονται δ' ἕκατον εἰς δ' αὐτοὺς πάντας ὀλέσσει
534 πέντε δὲ κινήσουσι βαρὺν χόλον οἵ δὲ πρὸς αὐτοὺς
535 αἰσχρῶς φυρόμενοι πολέμῳ δεινῷ τε κυδοιμῷ
536 οἴσουσιν ἐχθροῖσι χαρὰν Ἕλλησι δὲ πένθος.
537 δούλειος δ' ἄρα --- ζυγὸς ἔσσεται Ἑλλάδι πάσῃ
538 πᾶσι δ' ὁμοῦ πόλεμός τε βροτοῖς καὶ λοιμὸς ἐπέσται
539 χάλεεσι τε μέγαν τεύξει θεὸς οὐρανὸν ὑψοῦ
540 ἀβροχίην τ' ἐπὶ γαῖαν ὅλην αὐτὴν δὲ σιδηρᾶν.
541 αὐτὰρ ἔπειτα βροτοὶ δεινῶς κλαύσουσιν ἅπαντες
542 ἀσπορίην καὶ ἀνηροσίην καὶ πῦρ ἐπὶ γαίης
543 καθήσει +πολὺν ἱστόν+ ὃς οὐρανὸν ἔκτισε καὶ γῆν
544 πάντων δ' ἀνθρώπων τὸ τρίτον μέρος ἔσσεται αὖτις.
545 Ἑλλὰς δὴ τί πέποιθας ἐπ' ἀνδράσιν ἡγεμόνεσσιν
546 θνητοῖς οἷς οὐκ ἔστι φυγεῖν θανάτοιο τελευτήν;
547 πρός τί τε δῶρα μάταια καταφθιμένοισι πορίζεις
548 θύεις τ' εἰδώλοις; τίς τοι πλάνον ἐν φρεσὶ θῆκεν
549 ταῦτα τελεῖν προλιποῦσα θεοῦ μεγάλοιο πρόσωπον;
550 οὔνομα παγγενέταο σέβας δ' ἔχε μηδὲ λάθῃ σε.
551 χίλια δ' ἔστ' ἔτεα καὶ πένθ' ἑκατοντάδες ἄλλαι
552 ἐξ οὗ δὴ βασίλευσαν ὑπερφίαλοι βασιλῆες
553 Ἑλλήνων οἵ πρῶτα βροτοῖς κακὰ ἡγεμόνευσαν
554 πολλὰ θεῶν εἴδωλα καταφθιμένων +θανεόντων+
555 ὧν ἕνεκεν τὰ μάταια φρονεῖν ὑμῖν ὑπεδείχθη.
556 ἀλλ' ὁπόταν μεγάλοιο θεοῦ χόλος ἔσσεται ὑμῖν
557 δὴ τότ' ἐπιγνώσεσθε θεοῦ μεγάλοιο πρόσωπον.
558 πᾶσαι δ' ἀνθρώπων ψυχαὶ μεγάλα στενάχουσαι
559 ἄντα πρὸς οὐρανὸν εὐρὺν ἀνασχόμεναι χέρας αὐτῶν
560 ἄρξονται βασιλῆα μέγαν ἐπαμύντορα κλήξειν
561 καὶ ζητεῖν ῥυστῆρα χόλου μεγάλοιο τίς ἔσται.
562 ἀλλ' ἄγε καὶ μάθε τοῦτο καὶ ἐν φρεσὶ κάτθεο σῇσιν
563 ὅσσα περιπλομένων ἐνιαυτῶν κήδεα ἔσται. ---
564 +καὶ τοὺς ἑλλὰς ἔρεξε+ βοῶν ταύρων τ' ἐριμύκων
565 πρὸς ναὸν μεγάλοιο θεοῦ ὁλοκαρπώσσαα
566 ἐκφεύξῃ πολέμοιο δυσηχέος ἠδὲ φόβοιο
567 καὶ λοιμοῦ καὶ δοῦλον ὑπεκφεύξῃ ζυγὸν αὖτις.
568 ἀλλὰ μέχρις γε τοσοῦδ' ἀσεβῶν γένος ἔσσεται ἀνδρῶν
569 ὁππότε κεν τοῦτο προλάβῃ τέλος αἴσιμον ἦμαρ.
570 οὐ γὰρ μὴ θύσητε θεῷ μέχρι πάντα γένηται
571 ὅσσα θεός γε μόνος βουλεύσεται οὐκ ἀτέλεστα.
572 πάντα τελεσθῆναι κρατερὴ δ' ἐπίκεισαι ἀνάγκη.
573 εὐσεβέων ἀνδρῶν ἱερὸν γένος ἔσσεται αὖτις
574 βουλαῖς ἠδὲ νόῳ προσκείμενοι Ὑψίστοιο
575 οἵ ναὸν μεγάλοιο θεοῦ περικυδανέουσιν
576 λοιβῇ τε κνίσῃ τ' ἠδ' αὖθ' ἱεραῖς ἑκατόμβαις
577 ταύρων ζατρεφέων θυσίαις κριῶν τε τελείων
578 πρωτοτόκων ὄιων τε καὶ ἀρνῶν πίονα μῆλα
579 βωμῷ ἐπὶ μεγάλῳ ἁγίως ὁλοκαρπεύοντες.
580 ἐν δὲ δικαιοσύνῃ νόμῳ Ὑψίστοιο λαχόντες
581 ὄλβιοι οἰκήσουσι πόλεις καὶ πίονας ἀγροὺς
582 αὐτοὶ δ' ὑψωθέντες ὑπ' ἀθανάτοιο προφῆται
583 +καὶ+ ἀγλὰ χάρμα βροτοῖς πάντεσσι φέρωσι
584 μούνοις γάρ σφιν δῶκε θεὸς μέγας εὔφρονα βουλὴν
585 καὶ πίστιν καὶ ἄριστον ἐνὶ στήθεσσι νόημα
586 οἵτινες οὐκ ἀπάτῃσι κεναῖς οὐδ' ἔργ' ἀνθρώπων
587 χρύσεα καὶ χάλκεια καὶ ἀργύρου ἠδ' ἐλέφαντος
588 καὶ ξυλίνων λιθίνων τε θεῶν εἴδωλα καμόντων
589 πήλινα μιλτόχριστα ζωογραφίας τυποειδεῖς
590 τιμῶσιν ὅσα περ τε βροτοὶ κενεόφρονι βουλῇ
591 ἀλλὰ γὰρ ἀείρουσι πρὸς οὐρανὸν ὠλένας ἁγνὰς
592 ὄρθριοι ἐξ εὐνῆς αἰεὶ χρόα ἁγνίζοντες
593 ὕδατι καὶ τιμῶσι μόνον τὸν ἀεὶ μεδέοντα
594 ἀθάνατον καὶ ἔπειτα γονεῖς μέγα δ' ἔξοχα πάντων
595 ἀνθρώπων ὁσίης εὐνῆς μεμνημένοι εἰσίν
596 κοὐδὲ πρὸς ἀρσενικοὺς παῖδας μίγνυνται ἄναγνος
597 ὅσσα τε Φοίνικες Αἰγύπτιοι ἠδὲ Λατῖνοι
598 Ἑλλάς τ' εὐρύχορος καὶ ἄλλων ἔθνεα πολλὰ
599 Περσῶν καὶ Γαλατῶν πάσης τ' Ἀσίης παραβάντες
600 ἀθανάτοιο θεοῦ ἁγνὸν νόμον +ὃν παρέβησαν+.
601 ἀνθ' ὧν ἀθάνατος θήσει πάντεσσι βροτοῖσιν
602 ἄτην καὶ λιμὸν καὶ πήματά τε στοναχάς τε
603 καὶ πόλεμον καὶ λοιμὸν ἰδ' ἄλγεα δακρυόεντα
604 οὕνεκεν ἀθάνατον γενέτην πάντων ἀνθρώπων
605 οὐκ ἔθελον τιμᾶν ὁσίως εἴδωλα δ' ἐτίμων
606 χειροποίητα σέβοντες ἃ ῥίψουσιν βροτοὶ αὐτοὶ
607 ἐν ὀισμαῖς πετρῶν κατακρύψαντες ἀπ' ὄνειδος
608 ὁππόταν Αἰγύπτου βασιλεὺς νέος ἔβδομος ἄρχῃ
609 τῆς ἰδίης γαίης ἀριθμούμενος ἐξ Ἑλλήνων
610 ἀρχῆς ἧς ἄρξουσι Μακηδόνες ἄσπετοι ἄνδρες

611 ἔλθῃ δ' ἐξ Ἀσίης βασιλεὺς μέγας αἰετὸς αἴθων
612 ὃς πᾶσαν σκεπάσει γαῖαν πεζῶν τε καὶ ἱππέων
613 πάντα δὲ συγκόψει καὶ πάντα κακῶν ἀναπλήσει
614 ῥίψει δ' Αἰγύπτου βασιλήιον ἐκ δέ τε πάντα
615 κτήμαθ' ἑλὼν ἐποχεῖται ἐπ' εὐρέα νῶτα θαλάσσης.
616 καὶ τότε δὴ κάμψουσι θεῷ μεγάλῳ βασιλῆι
617 ἀθανάτῳ γόνυ λευκὸν ἐπὶ χθονὶ πουλυβοτείρῃ
618 ἔργα δὲ χειροποίητα πυρὸς φλογὶ πάντα πεσεῖται.
619 καὶ τότε δὴ χάρμην μεγάλην θεὸς ἀνδράσι δώσει
620 καὶ γὰρ γῆ καὶ δένδρα καὶ ἄσπετα ποίμνια μήλων
621 δώσουσιν καρπὸν τὸν ἀληθινὸν ἀνθρώποισιν
622 οἴνου καὶ μέλιτος γλυκεροῦ λευκοῦ τε γάλακτος
623 καὶ σίτου ὅπερ ἐστὶ βροτοῖς κάλλιστον ἁπάντων.
624 ἀλλὰ σὺ μὴ μέλλων βροτὲ ποικιλόμητι βράδυνε
625 ἀλλὰ παλίμπλαγκτος στρέψας θεὸν ἱλάσκοιο.
626 θῦε θεῷ ταύρων ἑκατοντάδας ἠδὲ καὶ ἀρνῶν
627 πρωτοτόκων αἰγῶν τε περιπλομέναισιν ἐν ὥραις.
628 ἀλλά μιν ἱλάσκου θεὸν ἄμβροτον αἴ κ' ἐλεήσῃ.
629 αὐτὸς γὰρ μόνος ἐστὶ θεὸς κοὐκ ἔστιν ἔτ' ἄλλος.
630 τὴν δὲ δικαιοσύνην τίμα καὶ μηδένα θλῖβε.
631 ταῦτα γὰρ ἀθάνατος κέλεται δειλοῖσι βροτοῖσιν.
632 ἀλλὰ σὺ τοῦ μεγάλοιο θεοῦ μήνια φύλαξαι
633 ὁπότε κεν πάντεσσι βροτοῖς λοιμοῖο τελευτὴ
634 ἔλθῃ καὶ φοβεροῖο δίκης ⟨τε⟩τύχωσι δαμέντες
635 καὶ βασιλεὺς βασιλῆα λάβῃ χώραν τ' ἀφέληται
636 ἔθνη δ' ἔθνεα πορθήσῃ καὶ φῦλα δυνάστει
637 ἡγεμόνες δὲ φύγωσιν ἐς ἄλλην γαῖαν ἅπαντες
638 +ἀλλαχθῇ δέ τε γαῖα βροτῶν καὶ βάρβαρος ἀρχὴ
639 Ἑλλάδα πορθήσῃ πᾶσαν καὶ πίονα γαῖαν
640 ἐξαρύσῃ πλούτοιο καὶ ἄντιον εἰς ἔριν αὐτῶν
641 ἔλθωσιν χρυσοῦ τε καὶ ἀργύρου εἵνεκεν ἔσται+
642 ἡ φιλοχρημοσύνη κακὰ ποιμαίνουσα πόλεσσιν+.
643 χώρῃ ἐν ἀλλοτρίῃ ἄταφοι δὲ ἅπαντες ἔσονται
644 καὶ τῶν μὲν γῦπές τε καὶ ἄγρια θηρία γαίης
645 σάρκας δηλήσονται ἐπὰν δὴ ταῦτα τελεσθῇ
646 λείψανα γαῖα πέλωρος ἀναλώσειε θανόντων.
647 αὕτη δ' ἄσπαρτος καὶ ἀνήροτος ἔσται ἅπασα
648 κηρύσσουσα τάλαινα μύσος μυρίων ἀνθρώπων ---
649 πολλὰ χρόνων μήκη περιτελλομένων ἐνιαυτῶν
650 πέλτας καὶ θυρεοὺς γαισούς παμποίκιλά θ' ὅπλα
651 οὐδὲ μὲν ἐκ δρυμοῦ ξύλα κόψεται εἰς πυρὸς αὐγήν.
652 καὶ τότ' ἀπ' ἠελίοιο θεὸς πέμψει βασιλῆα
653 ὃς πᾶσαν γαῖαν παύσει πολέμοιο κακοῖο
654 οὓς μὲν ἄρα κτείνας οἷς δ' ὅρκια πιστὰ τελέσσας.
655 οὐδέ γε ταῖς ἰδίαις βουλαῖς τάδε πάντα ποιήσει
656 ἀλλὰ θεοῦ μεγάλοιο πιθήσας δόγμασιν ἐσθλοῖς. ---
657 ναὸς δ' αὖ μεγάλοιο θεοῦ περικαλλέι πλούτῳ
658 βεβριθὼς χρυσῷ τε καὶ ἀργύρῳ ἠδέ τε κόσμῳ
659 πορφυρέῳ καὶ γαῖα τελεσφόρος ἠδὲ θάλασσα
660 τῶν ἀγαθῶν πλήθουσα. καὶ ἄρξονται βασιλῆες
661 ἀλλήλοις +κοτέειν ἐπαμύνοντες κακὰ θυμῷ+
662 ὁ φθόνος οὐκ ἀγαθὸν πέλεται δειλοῖσι βροτοῖσιν.
663 ἀλλὰ πάλιν βασιλῆες ἐθνῶν ἐπὶ τήνδε γε γαῖαν
664 ἄθροοι ὁρμήσονται ἑαυτοῖς κῆρα φέροντες
665 σηκὸν γὰρ μεγάλοιο θεοῦ καὶ φῶτας ἀρίστους
666 πορθεῖν βουλήσονται ὁπηνίκα γαῖαν ἵκωνται.
667 θύσουσιν κύκλῳ πόλεως μιαροὶ βασιλῆες
668 τὸν θρόνον αὐτοῦ ἕκαστος ἔχων καὶ λαὸν ἀπειθῆ.
669 καὶ ῥα θεὸς φωνῇ μεγάλῃ πρὸς πάντα λαλήσει
670 λαὸν ἀπαίδευτον κενόφρονα καὶ κρίσις αὐτοῖς
671 ἔσσεται ἐκ μεγάλοιο θεοῦ καὶ πάντες ὁλοῦνται
672 χειρὸς ἀπ' ἀθανάτοιο ἀπ' οὐρανόθεν δὲ πεσοῦνται
673 ῥομφαῖαι πύρινοι κατὰ γαῖαν λαμπάδες αὐγαὶ
674 ἥξονται μεγάλαι λάμπουσαι εἰς μέσον ἀνδρῶν.
675 γαῖα δὲ παγγενέτειρα σαλεύσεται ἤμασι κείνοις
676 χειρὸς ἀπ' ἀθανάτοιο καὶ ἰχθύες οἱ κατὰ πόντον
677 πάντα τε θηρία γῆς ἠδ' ἄσπετα φῦλα πετεινῶν
678 πᾶσαί τ' ἀνθρώπων ψυχαὶ καὶ πᾶσα θάλασσα
679 φρίξει ὑπ' ἀθανάτοιο προσώπου καὶ φόβος ἔσται.
680 ἠλιβάτους κορυφάς τ' ὀρέων βουνούς τε πελώρων
681 ῥήξει κυάνεόν τ' Ἔρεβος πάντεσσι φανεῖται.
682 ἠέριαι δὲ φάραγγες ἐν οὔρεσιν ὑψηλοῖσιν
683 ἔσσονται πλήρεις νεκύων ῥεύσουσι δὲ πέτραι
684 αἵματι καὶ πεδίον πληρώσει πᾶσα χαράδρα.
685 τείχεα δ' εὐποίητα χαμαὶ πεσέονται ἅπαντα
686 ἀνδρῶν δυσμενέων ὅτι τὸν νόμον οὐκ ἔγνωσαν
687 οὐδὲ κρίσιν μεγάλοιο θεοῦ ἀλλ' ἄφρονι θυμῷ
688 πάντες ἐφορμηθέντες ἐφ' Ἱερὸν ἤρατε λόγχας.
689 καὶ κρινεῖ πάντας πολέμῳ θεὸς ἠδὲ μαχαίρῃ
690 καὶ πυρὶ καὶ ὑετῷ τε κατακλύζοντι καὶ ἔσται
691 θεῖον ἀπ' οὐρανόθεν αὐτὰρ λίθος ἠδὲ χάλαζα
692 πολλὴ καὶ χαλεπή θάνατος δ' ἐπὶ τετράποδ' ἔσται.
693 καὶ τότε γνώσονται θεὸν ἄμβροτον ὃς τάδε κρίνει
694 οἰμωγή τε καὶ ἀλαλαγμὸς κατ' ἀπείρονα γαῖαν
695 ἵξεται ὀλλυμένων ἀνδρῶν καὶ πάντες ἄναγνοι
696 αἵματι λούσονται πίεται δέ τε γαῖα καὶ αὐτὴ
697 αἵματος ὀλλυμένων κορέσουσι θηρία σαρκῶν.
698 αὐτός μοι τάδε πάντα θεὸς μέγας ἀέναός τε
699 εἶπε προφητεῦσαι τάδε δ' ἔσσεται οὐκ ἀτέλεστα
700 οὐδ' ἀτελεύτητον ὅ,τι κεν μόνον ἐν φρεσὶ θείῃ
701 ἄψευστον γὰρ πνεῦμα θεοῦ πέλεται κατὰ κόσμον.
702 υἱοὶ δ' αὖ μεγάλοιο θεοῦ περὶ ναὸν ἅπαντες
703 ἡσυχίως ζήσοντ' εὐφραινόμενοι ἐπὶ τούτοις
704 οἷς δώσει κτίστης ὁ δικαιοκρίτης τε μόναρχος.
705 αὐτὸς γὰρ σκεπάσειε μόνος μεγαλωστὶ παραστὰς
706 κύκλοθεν ὡσεὶ τεῖχος ἔχων πυρὸς αἰθομένοιο.
707 ἀπτόλεμοι δ' ἔσσονται ἐν ἄστεσιν ἠδ' ἐνὶ χώραις.
708 οὐ χεὶρ γὰρ πολέμοιο κακοῦ μάλα δ' ἔσσεται αὐτοῖς
709 αὐτὸς ὑπέρμαχος ἀθάνατος καὶ χεὶρ Ἁγίοιο.
710 καὶ τότε δὴ νῆσοι πᾶσαι πόλιές τ' ἐρέουσιν
711 ὁππόσον ἀθάνατος φιλέει τοὺς ἄνδρας ἐκείνους.
712 πάντα γὰρ αὐτοῖσιν συναγωνιᾷ ἠδὲ βοηθεῖ

713 οὐρανὸς ἠέλιός τε θεήλατος ἠδὲ σελήνη.
714 γαῖα δὲ παγγενέτειρα σαλεύσεται ἤμασι κείνοις
715 ἡδὺν ἀπὸ στομάτων δὲ λόγον ἄξουσιν ἐν ὕμνοις
716 δεῦτε πεσόντες ἅπαντες ἐπὶ χθονὶ λισσώμεσθα
717 ἀθάνατον βασιλῆα θεὸν μέγαν ἀέναόν τε.
718 πέμπωμεν πρὸς ναὸν ἐπεὶ μόνος ἐστὶ δυνάστης
719 καὶ νόμον ὑψίστοιο θεοῦ φραζώμεθα πάντες
720 ὥστε δικαιότατος πέλεται πάντων κατὰ γαῖαν.
721 ἡμεῖς δ' ἀθανάτοιο τρίβου πεπλανημένοι ἦμεν
722 ἔργα δὲ χειροποίητα σεβάσμεθα ἄφρονι θυμῷ
723 εἴδωλα ξόανά τε καταφθιμένων ἀνθρώπων.
724 ταῦτα βοήσουσι ψυχαὶ πιστῶν ἀνθρώπων
725 (δεῦτε θεοῦ κατὰ δῆμον ἐπὶ στομάτεσσι πεσόντες
726 τέρψωμεν ὕμνοισι θεὸν γενετῆρα κατ' οἴκους
727 ἐχθρῶν ὅπλα ποριζόμενοι κατὰ γαῖαν ἅπασαν
728 ἑπτὰ χρόνων μήκη περιτελλομένων ἐνιαυτῶν
729 πέλτας καὶ θυρεοὺς κόρυθας παμποίκιλά θ' ὅπλα
730 πολλά τε καὶ τόξων πληθὺν βελέων ἀδίκων τε
731 οὐδὲ γὰρ ἐκ δρυμοῦ ξύλα κόψεται εἰς πυρὸς αὐγήν.)
732 ἀλλὰ τάλαιν' Ἑλλὰς ὑπερήφανα παῦε φρονοῦσα
733 λίσσεο δ' ἀθάνατον μεγαλήτορα καὶ προφύλαξαι
734 στεῖλον μὴ ἐπὶ τήνδε πόλιν ⟨σὸν⟩ λαὸν ἄβουλον
735 ὥστε μὴ ἐξ ὁσίης γαίης πέλεται Μεγάλοιο.
736 μὴ κίνει Καμάριναν ἀκίνητος γὰρ ἄμεινον
737 πάρδαλιν ἐκ κοίτης μή τοι κακὸν ἀντιολήσῃ
738 ἀλλ' ἀπέχου μηδ' ἴσχ' ὑπερήφανον ἐν στήθεσσιν
739 θυμὸν ὑπερφίαλον στείλας πρὸς ἀγῶνα κραταιόν.
740 καὶ δούλευε θεῷ μεγάλῳ ἵνα τῶνδε μετάσχῃς.
741 ὁππότε δὴ καὶ τοῦτο λάβῃ τέλος αἴσιμον ἦμαρ
742 (εἰς δὲ βροτοὺς ἥξει κρίσις ἀθανάτοιο θεοῖο)
743 ἥξει ἐπ' ἀνθρώπους μεγάλη κρίσις ἠδὲ καὶ ἀρχή.
744 γῆ γὰρ παγγενέτειρα βροτοῖς δώσει τὸν ἄριστον
745 καρπὸν ἀπειρέσιον σίτου οἴνου καὶ ἐλαίου
746 (αὐτὰρ ἀπ' οὐρανόθεν μέλιτος γλυκεροῦ ποτὸν ἡδὺ
747 δένδρεά τ' ἀκροδρύων καρπὸν καὶ πίονα μῆλα
748 καὶ βόας ἔκ τ' ὀΐων ἄρνας αἰγῶν τε χιμάρους)
749 πηγὰς τε ῥήξει γλυκερὰς λευκοῖο γάλακτος
750 πλήρεις δ' αὖτε πόλεις ἀγαθῶν καὶ πίονες ἀγροὶ
751 ἔσσοντ' οὐδὲ μάχαιρα κατὰ χθονὸς οὐδὲ κυδοιμὸς
752 οὐδὲ βαρὺ στενάχουσα σαλεύσεται οὐκέτι γαῖα
753 οὐ πόλεμος οὐδ' αὖτε κατὰ χθονὸς αὐχμὸς ἔτ' ἔσται
754 οὐ λιμὸς καρπῶν τε κακορρέκτειρα χάλαζα
755 ἀλλὰ μὲν εἰρήνη μεγάλη κατὰ γαῖαν ἅπασαν
756 καὶ βασιλεὺς βασιλῆι φίλος μέχρι τέρματος ἔσται
757 αἰῶνος κοινόν τε νόμον κατὰ γαῖαν ἅπασαν
758 ἀνθρώποις τελέσειεν ἐν οὐρανῷ ἀστερόεντι
759 ἀθάνατος ὅσσα πέπρακται δειλοῖσι βροτοῖσιν.
760 αὐτὸς γὰρ μόνος ἐστὶ θεὸς κοὐκ ἔστιν ἔτ' ἄλλος
761 αὐτὸς καὶ πυρὶ φλέξειεν χαλεπῶν γένος ἀνδρῶν.
762 ἀλλὰ κατασπεύσαντες ἑὰς φρένας ἐν στήθεσσιν
763 φεύγετε λατρείας ἀνόμους τῷ ζῶντι λάτρευε
764 μοιχείας πεφύλαξο καὶ ἄρσενος ἄκριτον εὐνήν
765 τὴν δ' ἰδίαν γένναν παίδων τρέφε μηδὲ φόνευε
766 ταῦτα γὰρ ἀθάνατος κεχολώσεται ὅς κεν ἁμάρτῃ.
767 καὶ τότε δὴ ἐξεγερεῖ βασιλήιον εἰς αἰῶνα
768 πάντας ἐπ' ἀνθρώπους ἅγιον νόμον ὅς ποτ' ἔδωκεν
769 εὐσεβέσιν τοῖς πᾶσιν ὑπέσχετο γαῖαν ἀνοίξειν
770 καὶ κόσμον μακάρων τε πύλας καὶ χάρματα πάντα
771 καὶ νοῦν ἀθάνατον αἰώνιον εὐφροσύνην τε.
772 πάσης δ' ἐκ γαίης λίβανον καὶ δῶρα πρὸς οἴκους
773 οἴσουσιν μεγάλοιο θεοῦ κοὐκ ἔσσεται ἄλλος
774 οἶκος ἐπ' ἀνθρώποισι καὶ ἐσσομένοισι πυθέσθαι
775 ἀλλ' ὃν ἔδωκε θεὸς πιστοῖς ἄνδρεσσι γεραίρειν.
776 (υἱὸν γὰρ καλέουσι βροτοὶ μεγάλοιο θεοῖο)
777 καὶ πᾶσαι πεδίοιο τρίβοι καὶ τρηχέες ὄχθαι
778 οὔρεά θ' ὑψήεντα καὶ ἄγρια κύματα πόντου
779 εὔβατα καὶ εὔπλωτα γενήσεται ἤμασι κείνοις
780 πᾶσα γὰρ εἰρήνη ἀγαθῶν ἐπὶ γαῖαν ἱκνεῖται.
781 ῥομφαίαν δ' ἀφελοῦσι θεοῦ μεγάλοιο προφῆται
782 αὐτοὶ γὰρ κριταί εἰσι βροτῶν βασιλεῖς τε δίκαιοι.
783 ἔσται δὴ καὶ πλοῦτος ἐν ἀνθρώποισι δίκαιος
784 αὕτη γὰρ μεγάλοιο θεοῦ κρίσις ἠδὲ καὶ ἀρχή.
785 εὐφράνθητι κόρη καὶ ἀγάλλεο σοὶ γὰρ ἔδωκεν
786 εὐφροσύνην αἰῶνος ὃς οὐρανὸν ἔκτισε καὶ γῆν.
787 ἐν σοὶ δ' οἰκήσει σοὶ δ' ἔσσεται ἀθάνατον φῶς
788 ἠδὲ λύκοι τε καὶ ἄρνες ἐν οὔρεσιν ἅμμιγ' ἔδονται
789 χόρτον παρδάλιές τ' ἐρίφοις ἅμα βοσκήσονται
790 ἄρκτοι σὺν μόσχοις νομάδες αὐλισθήσονται
791 σαρκοβόρος τε λέων φάγεται ἄχυρον παρὰ φάτνῃ
792 ὡς βοῦς καὶ παῖδες μάλα νήπιοι ἐν δεσμοῖσιν
793 ἄξουσιν πηρὸν γὰρ ἐπὶ χθονὶ θῆρα ποιήσει.
794 σὺν βρέφεσίν τε δράκοντες ἅμ' ἀσπίσι κοιμήσονται
795 κοὐκ ἀδικήσουσιν χεὶρ γὰρ θεοῦ ἔσσετ' ἐπ' αὐτούς.
796 σῆμα δέ τοι ἐρέω μάλ' ἀριφραδὲς ὥστε νοῆσαι
797 ἡνίκα δὴ πάντων τὸ τέλος γαίηφι γένηται.
798 ὁππότε κεν ῥομφαῖαι ἐν οὐρανῷ ἀστερόεντι
799 ἐννύχιαι ὀφθῶσι πρὸς ἕσπερον ἠδὲ πρὸς ἠῶ
800 αὐτίκα καὶ κονιορτὸς ἀπ' οὐρανόθεν προφέρηται
801 πρὸς γαῖαν +ἄπαν καὶ οἱ+ σέλας ἠελίοιο
802 ἐκλείψει κατὰ μέσσον ἀπ' οὐρανοῦ ἠδὲ σελήνης
803 ἀκτῖνες προφανοῦσι καὶ ἄψ ἐπὶ γαῖαν ἵκονται
804 αἵματι καὶ σταγόνεσσι πετρῶν δ' ἄπο σῆμα γένηται
805 ἐν νεφέλῃ δ' ὄψεσθε μάχην πεζῶν ⟨τε⟩ καὶ ἱππέων
806 οἷα κυνηγεσίην θηρῶν ὁμίχλησιν ὁμοίη.
807 τοῦτο τέλος πολέμοιο τελεῖ θεὸς οὐρανὸν οἰκῶν.
808 ἀλλὰ χρὴ πάντας θύειν μεγάλῳ βασιλῆι.
809 ταῦτά σοι Ἀσσυρίης Βαβυλώνια τείχεα μακρὰ
810 οἰστρομανὴς προλιποῦσα ἐς Ἑλλάδα πεμπόμενον πῦρ
811 πᾶσι προφητεύουσα θεοῦ μηνίματα θνητοῖς ---
812 ὥστε προφητεῦσαί με βροτοῖς αἰνίγματα θεῖα.
813 καὶ καλέουσι βροτοί με καθ' Ἑλλάδα πατρίδος ἄλλης
814 ἐξ Ἐρυθρῆς γεγαυῖαν ἀναιδέα οἵ δέ με Κίρκης

815 μητρὸς καὶ Γνωστοῖο πατρὸς φήσουσι Σίβυλλαν
816 μαινομένην ψεύστειραν ἐπὴν δὲ γένηται ἅπαντα
817 τηνίκα μου μνήμην ποιήσετε κοὐκέτι μ' οὐδεὶς
818 μαινομένην φήσειε θεοῦ μεγάλοιο προφῆτιν.
819 οὐ γὰρ ἐμοὶ δήλωσεν ἃ πρὶν γενετῆρσιν ἐμοῖσιν
820 ὅσσα δὲ πρῶτ' ἐγένοντο τά μοι +θεὸς+ κατέλεξε
821 τῶν μετέπειτα δὲ πάντα θεὸς νόῳ ἐγκατέθηκεν
822 ὥστε προφητεύειν με τά τ' ἐσσόμενα πρό τ' ἐόντα
823 καὶ λέξαι θνητοῖς. ὅτε γὰρ κατεκλύζετο κόσμος
824 ὕδασι καὶ τις ἀνὴρ μόνος εὐδοκίμητος ἐλείφθη
825 ὑλοτόμῳ ἐνὶ οἴκῳ ἐπιπλώσας ὑδάτεσσιν
826 σὺν θηρσὶν πτηνοῖσί θ' ἵν' ἐμπλησθῇ πάλι κόσμος
827 τοῦ μὲν ἐγὼ νύμφη καὶ ἀφ' αἵματος αὐτοῦ ἐτύχθην
828 τῷ τὰ πρῶτ' ἐγένοντο τὰ δ' ἔσχατα πάντ' ἀπεδείχθη
829 ὥστ' ἀπ' ἐμοῦ στόματος τάδ' ἀληθινὰ πάντα λελέχθω.
     - 4 -
     λόγος τέταρτος.
  1 κλῦτε λεὼς Ἀσίης μεγαλαυχέος Εὐρώπης τε
  2 ὅσσα μελιφθέγκτοιο διὰ στόματος μεγάροιο
  3 μέλλω ἀφ' ἡμετέρου παναληθέα μαντεύεσθαι
  4 οὐ ψευδοῦς Φοίβου χρησμηγόρος ὄντε μάταιοι
  5 ἄνθρωποι θεὸν εἶπον ἐπεψεύσαντο δὲ μάντιν
  6 ἀλλὰ θεοῦ μεγάλοιο τὸν οὐ χέρες ἔπλασαν ἀνδρῶν
  7 εἰδώλοις ἀλάλοισι λιθοξέστοισιν ὅμοιον.
  8 οὐδὲ γὰρ οἶκον ἔχει ναῷ λίθον ἑλκυσθέντα
  9 κωφότατον νωδόν τε βροτῶν πολυαλγέα λώβην
 10 ἀλλ' ὃν ἰδεῖν οὐκ ἔστιν ἀπὸ χθονὸς οὐδὲ μετρῆσαι
 11 ὄμμασιν ἐν θνητοῖς οὐ πλασθέντα χερὶ θνητῇ
 12 ὃς καθορῶν ἅμα πάντας ὑπ' οὐδενὸς αὐτὸς ὁρᾶται
 13 οὗ νύξ τε δνοφερή τε καὶ ἡμέρη ἥλιός τε
 14 ἄστρα σεληναίη τε καὶ ἰχθυόεσσα θάλασσα
 15 καὶ γῆ καὶ ποταμοί τε καὶ ἀενάων στόμα πηγῶν
 16 κτίσματα πρὸς ζωὴν ὄμβροι θ' ἅμα καρπὸν ἀρούρης
 17 τίκτοντες καὶ δένδρα καὶ ἄμπελον ἠδέ τ' ἐλαίην.
 18 οὗτός μοι μάστιγα διὰ φρενὸς ἤλασεν εἴσω
 19 ἀνθρώποις ὅσα νῦν τε καὶ ὁπόσσα ἔσσεται αὖτις
 20 ἐκ πρώτης γενεῆς ἄχρις ἐς δεκάτην ἀφικέσθαι
 21 ἀτρεκέως καταλέξαι ἅπαντα γὰρ αὐτὸς ἐλέγξει
 22 ἐξανύων. σὺ δὲ πάντα λεὼς ἐπάκουε Σιβύλλης
 23 ἐξ ὁσίου στόματος φωνὴν προχέοντος ἀληθῆ
 24 ὄλβιοι ἀνθρώπων κεῖνοι κατὰ γαῖαν ἔσονται
 25 ὅσσοι δὴ στέρξουσι μέγαν θεὸν εὐλογέοντες
 26 πρὶν πιέειν φαγέειν τε πεποιθότες εὐσεβίῃσιν
 27 οἳ νηοὺς μὲν ἅπαντας ἀπαρνήσονται ἰδόντες
 28 καὶ βωμοὺς εἰκαῖα λίθων ἀφιδρύματα κωφῶν
28A καὶ λίθινα ξόανα καὶ ἀγάλματα χειροποίητα.
 29 αἵμασιν ἐμψύχων μεμιασμένα καὶ θυσίησιν
 30 τετραπόδων λεύσουσι δ' ἑνὸς θεοῦ εἰς μέγα κῦδος
 31 οὔτε φόνον ῥέξαντες ἀτάσθαλον οὔτε κλοπαῖον
 32 κέρδος ἀπεμπολέοντες ἃ δὴ ῥίγιστα τέτυκται
 33 οὐδ' ἄρ' ἐπ' ἀλλοτρίῃ κοίτῃ πόθον αἰσχρὸν ἔχοντες
 34 (οὐδὲ ἐπ' ἄρσενος ὕβριν ἀπεχθέα τε στυγερήν τε).
 35 ὧν τρόπον εὐσεβίην τε καὶ ἤθεα ἀνέρες ἄλλοι
 36 οὔποτε μιμήσονται ἀναιδείην ποθέοντες
 37 ἀλλ' αὐτοὺς χλεύῃ τε γέλωτί τε μυχθίζοντες
 38 νήπιοι ἀφροσύνῃσιν ἐπιψεύσονται ἐκείνοις
 39 ὅσσ' αὐτοὶ ῥέξουσιν ἀτάσθαλα καὶ κακὰ ἔργα.
 40 δύσιστον γὰρ ἅπαν μερόπων γένος. ἀλλ' ὅταν ἤδη
 41 κόσμου καὶ θνητῶν ἔλθῃ κρίσις ἣν θεὸς αὐτὸς
 42 ποιήσει κρίνων ἀσεβεῖς θ' ἅμα εὐσεβέας τε
 43 καὶ τότε δυσσεβέας μὲν ὑπὸ ζόφον ἐν πυρὶ πέμψει
 44 (καὶ τότ' ἐπιγνώσονται ὅσην ἀσέβειαν ἔρεξαν)
 45 εὐσεβέες δὲ μενοῦσιν ἐπὶ ζείδωρον ἄρουραν
 46 πνεῦμα θεοῦ δόντος ζωήν θ' ἅμα καὶ χάριν αὐτοῖς.
 47 ἀλλὰ τὰ μὲν δεκάτῃ γενεῇ μάλα πάντα τελεῖται
 48 νῦν δ' ὅσ' ἀπὸ πρώτης γενεῆς ἔσται τάδε λέξω.
 49 πρῶτα μὲν Ἀσσύριοι θνητῶν ἄρξουσιν ἁπάντων
 50 ἓξ γενεὰς κόσμοιο διακρατέοντες ἐν ἀρχῇ
 51 ἐξ οὗ μηνίσαντος ἐπουρανίοιο θεοῖο
 52 αὐτῇσιν πολίεσσι καὶ ἀνθρώποισιν ἅπασιν
 53 γῆν ἐκάλυψε θάλασσα κατακλυσμοῖο ῥαγέντος.
 54 οὓς Μῆδοι καθελόντες ἐπαυχήσουσι θρόνοισιν
 55 οἷς γενεαὶ δύο μοῦναι ἐφ' ὧν τάδε ἔσσεται ἔργα
 56 νὺξ ἔσται σκοτόεσσα μέσῃ ἐνὶ ἤματος ὥρῃ
 57 ἄστρα δ' ἀπ' οὐρανόθεν λείψει καὶ κύκλα σελήνης
 58 γῇ δὲ κλόνῳ σεισμοῖο τινασσομένη μεγάλοιο
 59 πολλὰς πρηνίξει πόλιας καὶ ἔργ' ἀνθρώπων
 60 ἐκ δὲ βυθοῦ τότε νῆσοι ὑπερκύψουσι θαλάσσης.
 61 ἀλλ' ὅταν Εὐφρήτης μέγας αἵματι πλημμύρηται
 62 καὶ τότε δὴ Μήδοις Πέρσαισί τε φύλοπις αἰνὴ
 63 στήσεται ἐν πολέμῳ Περσῶν δ' ὑπὸ δούρασι Μῆδοι
 64 πίπτοντες φεύξονται ὑπὲρ μέγα Τίγριδος ὕδωρ.
 65 Περσῶν δὲ κράτος ἔσται ὅλου κόσμοιο μέγιστον
 66 οἷς γενεὴ μία κεῖται ἀνακτορίης πολυόλβου.
 67 ἔσται δ' ὅσσα κεν ἄνδρες ἀπεύξωνται κακὰ ἔργα
 68 φυλόπιδές τε φόνοι τε διχοστασίαι τε φυγαί τε
 69 πύργων τε πρηνισμοὶ ἀναστασίαι τε πολήων
 70 Ἑλλάς ὅταν μεγάλαυχος ἐπὶ πλατὺν Ἑλλήσποντον
 71 πλεύσει Φρυξὶ βαρεῖαν ἰδ' Ἀσίδι κῆρα φέρουσα.
 72 αὐτὰρ ἐς Αἴγυπτον πολυαύλακα πυροφόρον τε
 73 λιμὸς ἄκαρπίη τε περιπλομένων ἐνιαυτῶν
 74 εἴκοσι φοιτήσει σταχυητρόφος ἡνίκα Νεῖλος
 75 ἄλλοθί που ὑπὸ γαῖαν ἀποκρύψει μέλαν ὕδωρ.
 76 ἥξει δ' ἐξ Ἀσίης βασιλεὺς μέγα ἔγχος ἀείρας
 77 νηυσὶν ἀμετρήτοισιν τὰ μὲν βυθοῦ ὑγρὰ κέλευθα
 78 πεζεύσει πλεύσει δὲ ταμὼν ὄρος ὑψικάρηνον
 79 ὃν φυγάδ' ἐκ πολέμου δειλὴ ὑποδέξεται Ἀσίς.
 80 Σικελίης δὲ τάλαιναν ἐπιφλέξει μάλα πᾶσαν
 81 χεῦμα πυρὸς μεγάλοιο ἐρευγομένης φλογὸς Αἴτνης
 82 ἠδὲ Κρότων πέσεται μεγάλη πόλις εἰς βαθὺ χεῦμα.
 83 ἔσται δ' Ἑλλάδι νεῖκος ἐν ἀλλήλοις δὲ μανέντες
 84 πολλὰς πρηνίξουσι πόλεις πολλοὺς δ' ὀλέσουσιν

 85 μαρνάμενοι τὸ δὲ νεῖκος ἰσόρροπον ἀλλήλοισιν.
 86 ἀλλ' ὅταν ἐς δεκάτην γενεὴν μερόπων γένος ἔλθῃ
 87 καὶ τότε Πέρσησιν ζυγὰ δούλια καὶ φόβος ἔσται.
 88 αὐτὰρ ἐπεὶ σκήπτροισι Μακηδόνες αὐχήσουσιν
 89 ἔσται καὶ Θήβησι κακὴ μετόπισθεν ἅλωσις
 90 Κᾶρες δ' οἰκήσουσι Τύρον Τύριοι δ' ἀπολοῦνται.
 91 καὶ Σάμον ἄμμος ἅπασαν ὑπ' ἠιόνεσσι καλύψει
 92 Δῆλος δ' οὐκέτι δῆλος ἄδηλα δὲ πάντα τὰ Δήλου.
 93 καὶ Βαβυλὼν μεγάλη μὲν ἰδεῖν μικρὴ δὲ μάχεσθαι
 94 στήσεται ἀχρήστοισιν ἐπ' ἐλπίσι τειχισθεῖσα.
 95 Βάκτρα κατοικήσουσι Μακηδόνες οἱ δ' ὑπὸ Βάκτρων
 96 καὶ Σούσων φεύξονται ἐς Ἑλλάδα γαῖαν ἅπαντες.
 97 ἔσσεται ἐσσομένης ὅτε Πύραμος ἀργυροδίνης
 98 ἠιόνα προχέων ἱερὴν ἐς νῆσον ἵκηται.
 99 καὶ σὺ Βάρις πέσεαι καὶ Κύζικος ἡνίκα γαίης
100 βρασσομένης σεισμοῖσιν ὀλισθαίνουσι πόληες.
101 ἥξει καὶ Ῥοδίοις κακὸν ὕστατον ἀλλὰ μέγιστον.
102 οὐδὲ Μακηδονίης ἔσται κράτος ἀλλ' ἀπὸ δυσμῶν
103 Ἰταλὸς ἀνθήσει πόλεμος μέγας ᾧ ὕπο κόσμος
104 λατρεύσει δούλειον ἔχων ζυγὸν Ἰταλίδῃσιν.
105 καὶ σὺ τάλαινα Κόρινθε τεὴν ποτ' ἐπόψει ἅλωσιν.
106 Καρχηδὼν καὶ σεῖο χαμαὶ γόνυ πύργος ἐρείσει.
107 τλῆμον Λαοδίκεια σέ δὲ στρώσει ποτὲ σεισμὸς
108 πρηνίξας στήσῃ δὲ πάλιν πόλις ἱδρυνθεῖσα.
109 ὦ Λυκίης Μύρα καλὰ σέ δ' οὔποτε βρασσομένη χθὼν
110 στηρίξει πρηνὴς δὲ κάτω πίπτουσ' ἐπὶ γαίης
111 εἰς ἑτέρην εὔξῃ προφυγεῖν χθόνα ὡς μέτοικος
112 ἡνίκα δὴ Πατάρων +ὁμαδὸν ποτε δυσσεβίησιν
113 βρονταῖς καὶ σεισμοῖσιν ἁλὸς πετάσει μέλαν ὕδωρ+.
114 Ἀρμενίη καὶ σοὶ δὲ μένει δούλειος ἀνάγκη
115 ἥξει καὶ Σολύμοισι κακὴ πολέμοιο θύελλα
116 Ἰταλόθεν νηὸν δὲ θεοῦ μέγαν ἐξαλαπάξει
117 ἡνίκ' ἂν ἀφροσύνησι πεποιθότες εὐσεβίην μὲν
118 ῥίψωσιν στυγερούς δὲ φόνους τελέωσι πρὸ νηοῦ
119 καὶ τότ' ἀπ' Ἰταλίης βασιλεὺς μέγας οἷά τε δράστης
120 φεύξετ' ἄφαντος ἄπυστος ὑπὲρ πόρον Εὐφρήταο
121 ὁππότε δὴ μητρῷον ἄγος στυγεροῖο φόνοιο
122 τλήσεται ἄλλα τε πολλὰ κακῇ σὺν χειρὶ πιθήσας.
123 πολλοὶ δ' ἀμφὶ θρόνῳ Ῥώμης πέδον αἱμάξουσιν
124 κείνου ἀποδρήσαντος ὑπὲρ Παρθηίδα γαῖαν.
125 εἰς Συρίην δ' ἥξει Ῥώμης πρόμος ὃς πυρὶ νηὸν
126 συμφλέξας Σολύμων πολλοὺς δ' ἅμα ἀνδροφονήσας
127 Ἰουδαίων ὀλέσει μεγάλην χθόνα εὐρυάγυιαν.
128 καὶ τότε δὴ Σαλαμῖνα Πάφον δ' ἅμα σεισμὸς ὀλέσσει
129 Κύπρον ὅταν πολύκλυστον ὑπερκλονέῃ μέλαν ὕδωρ.
130 ἀλλ' ὁπόταν χθονίης ἀπὸ ῥωγάδος Ἰταλίδος γῆς
131 πυρσὸς ἀποστραφθεὶς εἰς οὐρανὸν εὐρὺν ἵκηται
132 πολλὰς δὲ φλέξῃ πόλιας καὶ ἄνδρας ὀλέσσῃ
133 πολλὴ δ' αἰθαλόεσσα τέφρη μέγαν αἰθέρα πλήσῃ
134 καὶ ψεκάδες πίπτωσιν ἀπ' οὐρανοῦ οἷά τε μίλτος
135 γινώσκειν τότε μῆνιν ἐπουρανίοιο θεοῖο
136 εὐσεβέων ὅτι φῦλον ἀναίτιον ἐξολέσουσιν.
137 ἐς δὲ δύσιν τότε νεῖκος ἐγειρομένου πολέμοιο
138 ἥξει καὶ Ῥώμης ὁ φυγὰς μέγα ἔγχος ἀείρας
139 Εὐφρήτην διαβὰς πολλαῖς ἅμα μυριάδεσσιν.
140 τλῆμων Ἀντιόχεια σέ δὲ πτόλιν οὔποτ' ἐροῦσιν
141 ἡνίκ' ἂν ἀφροσύνησι τεαῖς ὑπὸ δούρασι πίπτῃς.
142 καὶ Κύρρον τότε λοιμὸς ὀλεῖ καὶ φύλοπις αἰνή.
143 αἰαῖ Κύπρε τάλαινα σέ δὲ πλατὺ κῦμα θαλάσσης
144 κρύψει χειμερίησιν ἀναρριφθεῖσαν ἀέλλαις.
145 ἥξει δ' εἰς Ἀσίην πλοῦτος μέγας ὅν ποτε Ῥώμη
146 αὐτὴ συλήσασα πολυκτέανον κατὰ δῶμα
147 θήκατο καὶ δὶς ἔπειτα τοσαῦτα καὶ ἄλλ' ἀποδώσει
148 εἰς Ἀσίην τότε δ' ἔσται ὑπέρκτησις πολέμοιο.
149 Καρῶν δὲ πτολίεθρα παρ' ὕδασι Μαιάνδροιο
150 ὅσσα πεπύργωνται περικαλλέα πικρὸς ὀλέσσει
151 λιμὸς ὅταν Μαίανδρος ἀποκρύψῃ μέλαν ὕδωρ.
152 ἀλλ' ὅταν εὐσεβίης μὲν ἀπ' ἀνθρώπων ὀληται
153 πίστις καὶ τὸ δίκαιον ἀποκρυφθῇ ἐνὶ κόσμῳ
154 --- παλίμβολοι --- ἐπ' οὐχ ὁσίοισι δὲ τόλμαις
155 ζῶντες ὕβριν ῥέξουσιν ἀτάσθαλα καὶ κακὰ ἔργα
156 εὐσεβέων δ' οὐδεὶς ποιῇ λόγον ἀλλὰ καὶ αὐτοὺς
157 πάντας ὑπ' ἀφροσύνης μέγα νήπιοι ἐξολέσωσιν
158 ὕβρεις χαίροντες καὶ ἐφ' αἵμασι χεῖρας ἔχοντες
159 καὶ τότε γινώσκειν θεὸν οὐκέτι πρηΰν ἐόντα
160 ἀλλὰ χόλῳ βρύχοντα καὶ ἐξολέκοντα γενέθλην
161 ἀνθρώπων ἅμα πᾶσαν ὑπ' ἐμπρησμοῦ μεγάλοιο.
162 ἆ μέλεοι μετάθεσθε βροτοὶ τάδε μηδὲ πρὸς ὀργὴν
163 παντοίην ἀγάγητε θεὸν μέγαν ἀλλὰ μεθέντες
164 φάσγανα καὶ στοναχὰς ἀνδροκτασίας τε καὶ ὕβρεις
165 ἐν ποταμοῖς λούσασθε ὅλον δέμας ἀενάοισι
166 χεῖράς τ' ἐκτανύσαντες ἐς αἰθέρα τῶν πάρος ἔργων
167 συγγνώμην αἰτεῖσθε καὶ εὐλογίαις ἀσέβειαν
168 πικρὰν ἱλάσκεσθε θεὸς δώσει μετάνοιαν
169 οὐδ' ὀλέσει παύσει δὲ χόλον πάλιν ἤνπερ ἅπαντες
170 εὐσεβίην περίτιμον ἐνὶ φρεσὶν ἀσκήσητε.
171 εἰ δ' οὔ μοι πείθοισθε κακόφρονες ἀλλ' ἀσέβειαν
172 στέργοντες τάδε πάντα κακαῖς δέξαισθε ἀκουαῖς
173 πῦρ ἔσται κατὰ κόσμον ὅλον καὶ σῆμα μέγιστον
174 ῥομφαίᾳ σάλπιγγι ἅμ' ἡελίῳ ἀνιόντι
175 κόσμος ἅπας μύκημα καὶ ὄμβριμον ἦχον ἀκούσει.
176 φλέξει δὲ χθόνα πᾶσαν ὅλην δ' ἐξολέσει ἀνδρῶν
177 καὶ πάσας πόλιας ποταμούς θ' ἅμα ἠδὲ θάλασσαν
178 ἐκκαύσει δέ τε πάντα κόνις δ' ἔσετ' αἰθαλόεσσα.
179 ἀλλ' ὅταν ἤδη πάντα τέφρη σποδόεσσα γένηται
180 καὶ πῦρ κοιμήσῃ θεὸς ἄσπετον ὥσπερ ἀνῆψεν
181 ὀστέα καὶ σποδιὴν αὐτὸς θεὸς ἔμπαλιν ἀνδρῶν
182 μορφώσει στήσει δὲ βροτοὺς πάλιν ὡς πάρος ἦσαν.
183 καὶ τότε δὴ κρίσις ἔσετ' ἐφ' ᾗ δικάσει θεὸς αὐτὸς
184 κρίνων ἔμπαλι κόσμον ὅσοι δ' ὑπὸ δυσσεβίησιν
185 ἥμαρτον τοὺς δ' αὖτε χυτὴ κατὰ γαῖα καλύψει
186 Τάρταρά τ' εὐρώεντα μυχοὶ στύγιοί τε γεέννης.

187 ὅσσοι δ᾽ εὐσεβέουσι πάλιν ζήσοντ᾽ ἐπὶ γαῖαν
188 ἀθανάτου μεγάλοιο θεοῦ καὶ ἄφθιτον ὄλβον
189 πνεῦμα θεοῦ δόντος ζωήν θ᾽ ἅμα καὶ χάριν αὐτοῖς
190 εὐσεβέσιν πάντες δὲ τότ᾽ εἰσόψονται ἑαυτοὺς
191 νήδυμον ἠελίου τερπνὸν φάος εἰσορόωντες
192 ὦ μακαριστὸς ἐκεῖνον ὃς ἐς χρόνον ἔσσεται ἀνήρ.
    - 5 -
    λόγος πέμπτος.
1 ἀλλ᾽ ἄγε μοι στονόεντα χρόνον κλύε Λατινιδάων.
2 ἦ τοι μὲν πρώτιστα μετ᾽ ὀλλυμένους βασιλῆας
3 Αἰγύπτου τοὺς πάντας ἴση κατὰ γαῖα φέρεσκεν
4 καὶ μετὰ τὸν Πέλλης πολιήτορα ᾧ ὕπο πᾶσα
5 ἀντολίη βεβόλητο καὶ ἑσπερίη πολύολβος
6 ὃν Βαβυλὼν ἤλεγξε νέκυν δ᾽ ὤρεξε Φιλίππῳ
7 οὐ Διὸς οὐκ Ἄμμωνος ἀληθέα φημιχθέντα
8 καὶ μετὰ τὸν γενεῆς τε καὶ αἵματος Ἀσσαράκοιο
9 ὃς μόλεν ἐκ Τροίης ὅστις πυρὸς ἔσχισεν ὁρμὴν
10 πολλοὺς δ᾽ αὖ μετ᾽ ἄνακτας ἀρηιφίλους μετὰ φῶτας
11 καὶ μετὰ νηπιάχους θηρὸς τέκνα μηλοφάγοιο
12 ἔσσετ᾽ ἄναξ πρώτιστος ὅ τις δέκα δὶς κορυφώσει
13 γράμματος ἀρχομένου πολέμων δ᾽ ἐπὶ πουλὺ κρατήσει
14 ἕξει δ᾽ ἐκ δεκάδος πρῶτον τύπον ὥστε μετ᾽ αὐτὸν
15 ἄρχειν στοιχείων ὅστις λάχε γράμματος ἀρχὴν
16 ὃν Θρήκη πήξει καὶ Σικελίη μετὰ Μέμφις
17 Μέμφις πρηνιχθεῖσα δι᾽ ἡγεμόνων κακότητα
18 ἠδὲ γυναικὸς ἀδουλώτου ἐπὶ κῦμα πεσούσης
19 καὶ θεσμοὺς θήσει λαοῖς καὶ πάνθ᾽ ὑποτάξει
20 ἐν μακρῷ δὲ χρόνῳ ἑτέρῳ παραδώσεται ἀρχὴν
21 ὅς τε τριηκοσίων ἀριθμῶν κεραλὴν ἐπὶ πρώτην
22 ἕξει καὶ ποταμοῦ φίλον οὔνομα ὅς τ᾽ ἐπὶ Πέρσας
23 ἄρξει καὶ Βαβυλῶνα βαλεῖ δορὶ δὴ τότε Μήδου.
24 εἶτα τριῶν ἀριθμῶν κεραλὴν ὅστις λάχεν ἄρξει.
25 δὶς δέκα δ᾽ ὅς τις ἔπειτ᾽ ἄρξει κεραλὴν ἐπὶ πρώτην
26 ἕξει ἄναξ κεῖνος δὲ καθ᾽ ὕστατον Ὠκεανοῖο
27 ἵξεθ᾽ ὕδωρ ἄμπωτιν ὑπ᾽ αὐσονίοισιν ἀίξας.
28 πεντήκοντα δ᾽ ὅτις κεραλὴν λάχε κοίρανος ἔσται
29 δεινὸς ὄφις φυσῶν πόλεμον βαρὺν ὅς ποτε χεῖρας
30 ἧς γενεῆς τανύσας ὀλέσει καὶ πάντα ταράξει
31 ἀθλεύων ἐλάων κτείνων καὶ μυρία τολμῶν
32 καὶ τμήξει τὸ δίκυμον ὄρος λύθρῳ τε παλάξει
33 ἀλλ᾽ ἔσται καὶ ἄιστος ὀλοίιος εἶτ᾽ ἀνακάμψει
34 ἰσάξων θεῷ αὐτὸν ἐλέγξει δ᾽ οὐ μιν ἐόντα.
35 τρεῖς δὲ μετ᾽ αὐτὸν ἄνακτες ὑπ᾽ ἀλλήλων ἀπολοῦνται.
36 εἶτά τις εὐσεβέων ὀλετὴρ ἥξει μέγας ἀνδρῶν
37 ἑπτάκις ὃς δεκάτην δεικνύει πρόδηλον.
38 τοῦ δὲ τριηκοσίης κεραλῆς ὅ,τι πρῶτον ἐλέγχων
39 παῖς κράτος ἐξαφελεῖ μετὰ δ᾽ αὐτὸν κοίρανος ἔσται
40 τετράδος ἐκ κεραλῆς +τ᾽ ἔφθος μόρος+ αὐτὰρ ἔπειτα
41 πεντήκοντ᾽ ἀριθμῶν γεραρὸς βροτός. αὐτὰρ ἐπ᾽ αὐτῷ
42 ὅστε τριηκοσίης κεραλῆς λάχεν ἔντυπον ἀρχὴν
43 Κελτὸς ὀρειοβάτης σπεύδων δ᾽ ἐπὶ δῆριν ἐφαν
44 μοῖραν ἀεικελίην οὐ φεύξεται ἀλλὰ καμεῖται
45 ὃν κόνις ἀλλοτρίη κρύψει νέκυν ἀλλὰ Νεμείης
46 ἄνθεος οὔνομ᾽ ἔχουσα μετ᾽ αὐτὸν δ᾽ ἄλλος ἀνάξει
47 ἀργυρόκρανος ἀνὴρ τῷ δ᾽ ἔσσεται οὔνομα πόντου
48 ἔσται καὶ πανάριστος ἀνὴρ καὶ πάντα νοήσει.
49 καὶ ἐπὶ σοὶ πανάριστε πανέξοχε κυανοχαῖτα
50 καὶ ἐπὶ σοῖσι κλάδοισι τάδ᾽ ἔσσεται ἤματα πάντα.
51 τὸν μέτα τρεῖς ἄρξουσιν ὁ δὲ τρίτος ὀψὲ κρατήσει.
52 τείρομαι ἡ τριτάλαινα κακὴν φάτιν ἐν φρεσὶ θέσθαι
53 +Ἴσιδος ἡ γνωστὴ+ καὶ χρησμῶν ἔνθεον ὕμνον.
54 πρῶτον μὲν περὶ σεῖο βάσιν ναοῦ πολυκλαύστου
55 μαινάδες ἀίξουσι καὶ ἐν παλάμησι κακῆσιν
56 ἔσσεαι ἥματι τῷδε ὅταν ποτὲ Νεῖλος ὁδεύσῃ
57 γαῖαν ὅλην Αἴγυπτον ἕως πηχῶν δέκα καὶ ἓξ
58 ὥστε κλύσαι γῆν πᾶσαν ἐπαρδεῦσαί τε ῥόοισιν
59 σιγήσει δὲ χάρις γαίης καὶ δόξα προσώπου.
60 Μέμφι σὺ μὲν κλαύσῃ ὑπὲρ Αἰγύπτου τὰ μέγιστα
61 πρόσθε γὰρ ἡ μεγάλως γαίης κρατέουσα γενήσῃ
62 λυπρὴ ὥστε βοῆσαι καὶ αὐτὸν τερπικέραυνον
63 οὐρανόθεν φωνῇ μεγάλῃ μεγαλόσθενε Μέμφι
64 ἡ τὸ πάλαι δειλοῖσι βροτοῖς αὔχουσα μέγιστα
65 κλαύσεαι ἀργαλέη καὶ πάμμορος ὥστε νοῆσαι
66 αὐτὴν ἀίδιον θεὸν ἄμβροτον ἐν νεφέεσσιν.
67 ποῦ σοι λῆμα κραταιὸν ἐν ἀνθρώποισι τέτυκται;
68 ἀνθ᾽ ὧν ἐξεμάνης ἐς ἐμοὺς παῖδας θεοχρίστους
69 καὶ τε κάκην ὤτρυνας ἐπ᾽ ἀνδράσι τοῖς ἀγαθοῖσιν
70 ἕξεις ἀντὶ τόσων τοίαν τροφὴν εἵνεκα ποινῆς.
71 οὐκέτι σοι +φανερῶς+ θέμις ἔσται ἐν μακάρεσσιν
72 ἐξ ἄστρων πέπτωκας ἐς οὐρανὸν οὐκ ἀναβήσῃ.
73 ταῦτα μὲν Αἰγύπτῳ θεὸς ἔννεπεν ἐξαυδῆσαι
74 ὑστατίῳ καιρῷ ὅτε πάγκακοι ἄνδρες ἔσονται.
75 ἀλλὰ ταλαιπωροῦσι κακοὶ κακότητα μένοντες
76 ὀργὴν ἀθανάτοιο βαρυκτύπου οὐρανίωνος
77 ἀντὶ θεοῦ δὲ λίθους καὶ κνώδαλα θρησκεύοντες
78 πολλὰ μάλ᾽ ἄλλυδις ἄλλα φοβούμενοι οἷς λόγος οὐδεὶς
79 οὐ νοῦς οὐκ ἀκοὴ ἅτε μοι θέμις οὐδ᾽ ἀγορεύειν
80 εἰδώλων τὰ ἕκαστα βροτῶν παλάμαις γεγαῶτα
81 ἐξ ἰδίων δὲ κόπων καὶ ἀτασθαλίην γνώμησιν
82 ἄνθρωποι δέξαντο θεοὺς ξυλίνους λιθίνους τε
83 χαλκοῦς τε χρυσοῦς τε καὶ ἀργυρέους τε ματαίους
84 ἀψύχους κωφοὺς καὶ ἐν πυρὶ χωνευθέντας
85 ποιήσαντο μάτην γε πεποιθότες ἐν τοιούτοις.
86 Θμοῦις καὶ Ξοῦις +θλίβεται κόπτεται βουλή+
87 Ἡρακλέους τε Διὸς τε καὶ Ἑρμείαο ---
88 καὶ σέ δ᾽ Ἀλεξάνδρεια κλυτὴ θρέπτειρα ⟨πολήων⟩
89 οὐ λείψει πόλεμός τ᾽ οὐ ---
90 τῆς ὑπερηφανίης δώσεις ὅσα πρόσθεν ἔρεξας.
91 σιγήσεις αἰῶνα πολὺν καὶ νόστιμον ἦμαρ ---
92 κοὐκέτι σοι ῥεύσει τρυφερὸν πόμα--- ---
93 ἥξει γὰρ Πέρσης ἐπὶ σὸν +δάπος+ ὥστε χάλαζα
94 καὶ σὴν γαῖαν ὀλεῖ καὶ ἀνθρώπους κακοτέχνους

95 αἵματι καὶ νεκύεσσι +παρ᾽ ἐκπάγλοισί τε βωμοῖς+
96 βαρβαρόφρων σθεναρὸς πολυαίματος ἄφρονα λυσσῶν
97 παμπληθεῖ ψαμαθηδὸν +ἀπαίξων σὸν ὄλεθρον+.
98 καὶ τότ᾽ ἔσῃ πόλεων πολύολβος πολλὰ καμοῦσα
99 κλαύσεται Ἀσὶς ὅλη δώρων χάριν ὧν ἀπὸ σεῖο
100 στεψαμένη κεφαλὴν ἐχάρη πίπτουσ᾽ ἐπὶ γαίης.
101 αὐτὸς δ᾽ ὃς Περσῶν ἔλαχεν γαῖαν πτολεμίξει
102 κτείνας τ᾽ ἄνδρα ἕκαστον ὅλον βίον ἐξαλαπάξει
103 ὥστε μένειν μοῖραν τριτάτην δειλοῖσι βροτοῖσιν.
104 αὐτὸς δ᾽ ἐκ δυσμῶν εἰσπτήσεται ἅλματι κούφῳ
105 σύμπασαν γαῖαν πολιορκῶν πᾶσαν ἐρημῶν.
106 ἀλλ᾽ ὅταν ὕψος ἔχῃ κρατερὸν καὶ θάρσος +ἀηδὲς+
107 ἥξει καὶ μακάρων ἐθέλων πόλιν ἐξαλαπάξαι.
108 καὶ κέν τις θεόθεν βασιλεὺς πεμφθεὶς ἐπὶ τοῦτον
109 πάντας ὀλεῖ βασιλεῖς μεγάλους καὶ φῶτας ἀρίστους.
110 εἶθ᾽ οὕτως κρίσις ἔσται ὑπ᾽ ἀφθίτου ἀνθρώποισιν.
111 αἰαῖ σοι κραδίη δειλή τί με ταῦτ᾽ ἐρεθίζεις
112 δηλοῦν Αἰγύπτῳ πολυκοιρανίην ἀλεγεινήν;
113 βαῖνε πρὸς ἀντολίην Περσῶν γενεὰς ἀνοήτους
114 καὶ δήλου τοῖσιν τὸ παρόν τό τε μέλλον ἔσεσθαι.
115 Εὐφρήτου ποταμοῦ ῥεῖθρον κατακλυσμὸν ἐποίσει
116 καὶ Πέρσας ὀλέσει καὶ Ἴβηρας καὶ Βαβυλῶνας
117 Μασσαγέτας τε φιλοπτολέμους τόξοισί τε πιστούς.
118 Ἀσὶς ὅλη πυρίφλεκτος ἕως νήσων σελαγήσει.
119 Πέργαμος ἦ τὸ πάλαι σεμνὴ βοτρυδὸν ὀλεῖται
120 καὶ Πιτάνη πανέρημος ἐν ἀνθρώποισι φανεῖται.
121 Λέσβος ὅλη δύσει βαθὺν εἰς βυθὸν ὥστ᾽ ἀπολέσθαι.
122 Σμύρνα κατὰ κρημνῶν εἰλισσομένη ποτὲ κλαύσει
123 ἡ τὸ πάλαι σεμνὴ καὶ ἐπώνυμος ἐξαλοεῖται.
124 Βιθυνοὶ κλαύσουσιν ἑὴν χθόνα τεφρωθεῖσαν
125 καὶ Συρίην μεγάλην καὶ Φοινίκην πολύφυλον.
126 αἰαῖ σοι Λυκίη ὅσα σοι κακὰ μηχανάαται
127 πόντος ἀπ᾽ αὐτομάτου ἐπιβὰς χώρης ἀλεγεινῆς
128 ὥστε κλύσαι σεισμῷ τε κακῷ καὶ νάμασι πικροῖς
129 τὴν Λυκίης ἄμυρον καὶ τὴν μυρίπνουν ποτὲ χέρσον.
130 ἔσται καὶ Φρυγίη δεινὸς χόλος εἵνεκα λύπης
131 ἧς χάριν ἡ Διὸς ἦλθε Ῥέη κἀκεῖ προσέμεινεν.
132 πόντος ὀλεῖ Ταύρων γενεὴν καὶ βάρβαρον ἔθνος
133 +καὶ Λαπίθας δάπεδον κατὰ γῆν ἐναρίξει.
134 Θεσσαλίην χώρην ἀπολεῖ ποταμὸς βαθυδίνης
135 Πηνειὸς βαθύρους μορφὰς θηρῶν ἀπὸ γαίης
136 Ἠπιδανὸς φάσκων θηρῶν μορφὰς ποτὲ γεννᾶν+.
137 Ἑλλάδα τὴν τριτάλαιναν ἀναιάξουσι ποιηταὶ
138 ἡνίκ᾽ ἀπ᾽ Ἰταλίης ἰσθμοῦ πλήξειε τένοντα
139 τῆς μεγάλης Ῥώμης βασιλεὺς μέγας ἰσόθεος φὼς
140 ὃν φάσ᾽ αὐτὸς ὁ Ζεὺς ἔτεκεν καὶ πότνια Ἥρη
141 ὅστις παμμούσῳ φθόγγῳ μελιηδέας ὕμνους
142 θεατροκοπῶν ἀπολεῖ πολλοὺς σὺν μητρὶ ταλαίνῃ.
143 φεύξεται ἐκ Βαβυλῶνος ἄναξ φοβερὸς καὶ ἀναιδὴς
144 ὃν πάντες στυγέουσι βροτοὶ καὶ φῶτες ἄριστοι
145 ὤλεσε γὰρ πολλοὺς καὶ γαστέρι χεῖρας ἔθηκεν
146 εἰς ἀλόχους ἥμαρτε καὶ ἐκ μιαρῶν ἐτέυκτο.
147 ἥξει δ᾽ εἰς Μήδους καὶ Περσῶν πρὸς βασιλῆας
148 πρώτους οὓς ἐπόθησε καὶ οἷς κλέος ἐγκατέθηκεν
149 φωλεύων μετὰ τῶνδε κακῶν εἰς ἔθνος ἀληθὲς
150 ὃς ναὸν θεότευκτον ἕλεν καὶ ἔφλεξε πολίτας
151 λαοὺς εἰσανιόντας ὅσους ὕμνησα δικαίως
152 τούτου γὰρ +φανέντος+ ⟨ὅλη⟩ κτίσις ἐξετινάχθη
153 καὶ βασιλεῖς ὤλοντο καὶ ἐν τοῖσιν μένεν ἀρχὴ
154 ἐξόλεσαν μεγάλην τε πόλιν λαόν τε δίκαιον.
155 ἀλλ᾽ ὅταν ἐκ τετράτου ἔτεος λάμψῃ μέγας ἀστὴρ
156 ὃς πᾶσαν γαῖαν καθελεῖ μόνος εἵνεκα τιμῆς
157 +αὐτοὶ πρῶτον ἔθηκάν τ᾽ εἰναλίῳ Ποσειδῶνι+
158 ἥξει δ᾽ οὐρανόθεν ἀστὴρ μέγας εἰς ἅλα δῖαν
159 καὶ φλέξει πόντον βαθὺν αὐτήν τε Βαβυλῶνα
160 Ἰταλίης γαῖαν θ᾽ ἧς εἵνεκα πολλοὶ ὄλοντο
161 Ἑβραίων ἅγιοι πιστοὶ καὶ λαὸς ἀληθής.
162 ἔσσεαι ἐν θνητοῖσι κακοῖς κακὰ μοχθήσασα
163 ἀλλὰ μενεῖς πανέρημος ὅλους αἰῶνας ἐσαῦτις
164 (ἔσσεται ἀλλὰ μενεῖ εἰς αἰῶνας πανέρημος)
165 σὸν στυγέους᾽ ἔδαφος ὅτι φαρμακίην ἐπόθησας
166 μοιχεῖαι παρὰ σοὶ καὶ παίδων μῖξις ἄθεσμος
167 θηλυγενὴς ἄδικός τε κακὴ πόλι δύσμορε πασῶν.
168 αἰαῖ πάντ᾽ ἀδικόκακατε πόλι Λατινίδος αἴης
169 μαινὰς ἐχιδνοχαρὴς χήρη καθεδοῖτο παρ᾽ ὄχθας
170 καὶ ποταμὸς Τίβερίς σε κλαύσεται ἣν παράκοιτιν
171 ἧτε μιαιφόνον ἧτορ ἔχεις ἀσεβῆ δέ τε θυμόν.
172 οὐκ ἔγνως τί θεὸς δύναται τί δὲ μηχανάαται;
173 ἀλλ᾽ ἔλεγες μόνη εἰμὶ καὶ οὐδείς μ᾽ ἐξαλαπάξει.
174 νῦν δὲ σέ καὶ σοὺς πάντας ὀλεῖ θεὸς αἰὲν ὑπάρχων
175 κοὐκέτι σου σημεῖον ἔτ᾽ ἔσσεται ἐν χθονὶ κείνῃ
176 ὡς τὸ πάλαι ὅτε σὰς ὁ μέγας θεὸς εὕρατο τιμάς.
177 μεῖνον ἄθεσμε μόνη πυρὶ δὲ φλεγέθοντι μιγεῖσα
178 ταρτάρεον οἴκησον ἐς Ἄιδου χῶρον ἄθεσμον.
179 νῦν δὲ πάλιν Αἴγυπτε τεὴν ὀλοφύρομαι ἄτην
180 Μέμφι πόνων ἀρχηγὸς ἔσῃ πληχθεῖσα τένοντας
181 ἐν σοὶ πυραμίδες φωνὴν φθέγξονται ἀναιδῆ.
182 +Πυθών+ ἡ τὸ πάλαι δίπολις κληθεῖσα δικαίως
183 αἰῶνιν σίγησον ὅπως παύσῃ κακότητος.
184 ὕβρι κακῶν θησαυρὲ πόνων μαινὰς πολύθρηνε
185 αἰνοπαθὴς πολύδακρυ μενεῖς χήρη διὰ παντός.
186 πολυετὴς ἐγένου σὺ μόνη κόσμοιο κρατοῦσα
187 ἀλλ᾽ ὅταν ἡ Βάρκη τὸ κυπάσσιον ἀμφιβάληται
188 λευκὸν ἐπὶ ῥυπαρῷ μήτ᾽ εἴην μήτε γενοίμαν.
189 ὦ Θῆβαι ποῦ σοι τὸ μέγα σθένος; ἄγριος ἀνὴρ
190 ἐξολέσει λαὸν σὺ δὲ εἵματα φαιὰ λαβοῦσα
191 θρηνήσεις δύστηνε μόνη καὶ πάντ᾽ ἀποτίσεις
192 ὅσσα τὸ πρόσθεν ἔρεξας ἀναιδέα θυμὸν ἔχουσα.
193 +καὶ κοπετὸν ὄψονται ἀθέσμων εἵνεκα ἔργων.+
194 Συήνην δ᾽ ὀλέσειε μέγας φὼς Αἰθιόπηων
195 Τεύχιραν οἰκήσουσι βίῃ μελανόχροες Ἰνδοί.
196 Πεντάπολι κλαύσεις σέ δ᾽ ὀλεῖ μεγαλόσθενος ἀνήρ.

197 σὰς Λιβύη πάγκλαυστε τίς ἐξηγήσεται ἄτας;
198 τίς δέ σε Κυρήνη μερόπων ἐλεεινὰ δακρύσει;
199 οὐ παύση θρήνου στυγεροῦ πρὸς καιρὸν ὀλέθρου.
200 ἔσσεται ἐν Βρύγεσσι καὶ ἐν Γάλλοις πολυχρύσοις
201 ὠκεανὸς κελάδων πληρούμενος αἵματι πολλῷ
202 καὐτοὶ γὰρ κακότητα θεοῦ τέκνοις ἐποίησαν
203 ἡνίκα Σιδονίοις βασιλεὺς Φοῖνιξ Γαλικανὸν
204 ἤγαγεν ἐκ Συρίης πλῆθος πολὺ καὶ σε φονεύσει
205 αὐτὴν Ῥαβέννη τε καὶ εἰς φόνον ἡγεμονεύσει.
206 Ἰνδοὶ μὴ θαρσεῖτε καὶ Αἰθίοπες μεγάθυμοι
207 ἡνίκα γὰρ +τούτους+ τροχὸς Ἄξονος Αἰγοκεράστης
208 Ταῦρός τ' ἐν Διδύμοις μέσον οὐρανὸν ἀμφιελίξῃ
209 Παρθένος ἐξαναβᾶσα καὶ Ἥλιος ἀμφὶ μετώπῳ
210 πηξάμενος ζώνην +περιπάμπολον+ ἡγεμονεύσῃ
211 ἔσσεται ἐμπρησμὸς μέγας αἰθέριος κατὰ γαῖαν
212 +ἄστρων δ' ἐν μαχίμοις+ καινὴ φύσις ὥστ' ἀπολέσθαι
213 ἐν πυρὶ καὶ στοναχαῖσιν ὅλην γῆν Αἰθιοπήων.
214 μύρεο καὶ σὺ Κόρινθε τὸν ἐν σοὶ λυγρὸν ὄλεθρον
215 ἡνίκα γὰρ στρεπτοῖσι μίτοις Μοῖραι τριάδελφοι
216 κλωσάμεναι φεύγοντα δόλῳ Ἰσθμοῖο παρ' ὄχθην
217 ἄξουσιν μετέωρον ἕως ἐσίδωσιν ἓ πάντες
218 τὸν πάλαι ἐκκόψαντα πέτρην πολυήλατι χαλκῷ
219 καὶ σὴν γαῖαν ὀλεῖ καὶ κόψει ὡς προτέθειται.
220 τούτῳ γάρ τοι δῶκε θεὸς μένος ἐς τὸ ποιῆσαι
221 οἷά τις οὐ πρότερος τῶν συμπάντων βασιλήων.
222 πρῶτα μὲν ἐκ τρισσῶν κεφαλῶν σὺν πληγάδι ῥίζας
223 +στησάμενος+ μεγάλως ἑτέροις δώσειε πάσασθαι
224 ὥστε φαγεῖν σάρκας γονέων βασιλῆος ἀνάγκη.
225 πᾶσι γὰρ ἀνθρώποισι φόνος καὶ δείματα κεῖται
226 εἵνεκα τῆς μεγάλης πόλεως λαοῦ τε δικαίου
227 σωζομένου διὰ παντὸς ὃν ἔξοχον εἶχε Πρόνοια.
228 ἄστατε καὶ κακόβουλε κακὰς περικείμενε κῆρας
229 ἀρχὴ καὶ καμάτοιο καὶ ἀνθρώποις μέγα τέρμα
230 βλαπτομένης κτίσεως καὶ σωζομένης πάλι Μοίραις
231 ὕβρι κακῶν ἀρχηγὲ καὶ ἀνθρώποις μέγα πῆμα
232 τίς σε βροτῶν ἐπόθησε τίς ἔνδοθεν οὐ χαλέπηνεν
233 ἐν σοὶ τίς βασιλεὺς σεμνὸν βίον ὤλεσε ῥιφθείς.
234 πάντα κακῶς διέθηκας ὅλον τε κακὸν κατέκλυσσας
235 καὶ διὰ σοῦ κόσμοιο καλαὶ πτύχες ἠλλάχθησαν.
236 εἰς Ἔριν ἡμετέρην τυχὸν ὕστατα ταῦτα προβάλλου
237 πῶς τί λέγεις; πείσω σε καὶ εἴ τί σε μέμφομαι αὐδῶ
238 ἦν ποτ' ἐν ἀνθρώποις λαμπρὸν σέλας ἠελίοιο
239 πνειρομένης μάνθηις ἀκτῖνος ὁμοσπόνδοιο προφήτις
240 γλῶσσα μελισταγέουσα καλὸν πόμα πᾶσι βροτοῖσιν
241 φαῖνέ τε καὶ προὔβαλλε καὶ ἥμερα πᾶσιν ἔτελλεν.
242 τοῦδ' ἕνεκεν στενόβουλε κακῶν ἀρχηγὲ μεγίστων
243 καὶ ῥαφρὴ καὶ πένθος ἐλεύσεται ἤματι κείνῳ.
244 ἀρχὴ καὶ καμάτοιο καὶ ἀνθρώποις μέγα τέρμα
245 βλαπτομένης κτίσεως καὶ σωζομένης πάλι Μοίραις
246 κλῦθι πικρᾶς φήμης δυσηχέος ἀνδράσι πῆμα.
247 ἀλλ' ὁπόταν Περσὶς γαῖ' ἀπόσχηται πτολέμοιο
248 λοιμοῦ τε στοναχῆς τε τότ' ἔσσεται ἤματι κείνῳ
249 Ἰουδαίων μακάρων θεῖον γένος οὐράνιόν τε
250 οἳ περιναιετάουσι θεοῦ πόλιν ἐν μεσογαίοις
251 ἄχρι δὲ καὶ Ἰόπης τεῖχος μέγα κυκλώσαντες
252 ὑψόσ' ἀείρονται ἄχρι καὶ νεφέων ἐρεβεννῶν.
253 οὐκέτι συρίξει σάλπιγξ πολεμόκλονον ἦχον
254 οὐδ' ἔτι μαινομέναις παλάμαις ἐχθραῖς διολοῦνται
255 +ἀλλ' ἐπι+στήσει τε κακῶν αἰῶν τρόπαια.
256 εἷς δέ τις ἔσσεται αὖτις ἀπ' αἰθέρος ἔξοχος ἀνὴρ
257 ὃς παλάμας ἥπλωσεν ἐπὶ ξύλου πολυκάρπου
258 Ἑβραίων ὃ ἄριστος ὃς ἥλιόν ποτε στήσει
259 φωνήσας ῥήσει τε καλῇ καὶ χείλεσιν ἁγνοῖς.
260 μηκέτι τείρεο θυμὸν ἐνὶ στήθεσσι μάκαιρα
261 θειογενὲς πάμπλουτε μόνον πεποθημένον ἄνθος
262 ἀγλαὸν ὄφδειον σεμνόν τε τέλος +πεποθημένον ἄγνος+
263 Ἰουδαίη χαρίεσσα καλὴ πόλις ἔνθεος ὕμνων.
264 οὐκέτι βακχεύσει περὶ σὴν χθόνα ποὺς ἀκάθαρτος
265 Ἑλλήνων ὁμόθεσσαν ἐνὶ στήθεσσιν ἔχων νοῦν
266 ἀλλά σε κυδάλιμοι παῖδες περιτιμήσουσιν
267 καὶ μούσαις ἀγλαΐσι τράπεζαν ἐπιστήσονται
268 παντοίαις θυσίαισι καὶ εὐχαῖς ἐν θεοτίμοις.
269 ἐκ μικρᾶς στενότητος ὅσοι καμάτους ὑπέμειναν
270 πλείονα καὶ χαρίεντα +καλὸν ἄρξουσι+ δίκαιοι
271 οἳ δὲ κακοὶ στείλαντες ἐπ' αἰθέρα γλῶσσαν ἄθεσμον
272 παύσονται λαλέοντες ἐναντίον ἀλλήλοισιν
273 αὐτοὺς δὲ κρύψουσιν ἕως +κόσμος ἀλλαγῇ+.
274 ἔσται δ' ἐκ νεφέων ὄμβρος πυρὸς αἰθομένοιο
275 κοὐκέτι καρπεύσουσι βροτοὶ στάχυν ἀγλαὸν ἐκ γῆς
276 πάντ' ἄσπαρτα μενεῖ καὶ ἀνήροτα ἄχρι νοῆσαι
277 τὸν πρύτανιν πάντων θεὸν ἄμβροτον αἰὲν ἐόντα
278 ἀνθρώπους θνητοὺς καὶ μηκέτι θνητὰ γεραίρειν
279 μηδὲ κύνας καὶ γῦπας ἃ Αἴγυπτος κατέδειξεν
280 σεμνύνειν στομάτεσσι κενοῖς καὶ χείλεσι μωροῖς.
281 εὐσεβέων δὲ μόνων ἁγία χθὼν πάντα τάδ' οἴσει
282 νᾶμα μελισταγέος ἀπὸ πέτρης ἠδ' ἀπὸ πηγῆς
283 καὶ γλάγος ἀμβρόσιον ῥεύσει πάντεσσι δικαίοις
284 εἰς ἕνα γὰρ γενετῆρα θεὸν μόνον ἔξοχον ὄντα
285 ἤλπισαν εὐσεβίην μεγάλην καὶ πίστιν ἔχοντες.
286 ἀλλὰ τί δή μοι ταῦτα νόος σοφὸς ἐγγυαλίξει;
287 ἄρτι δέ σε τλήμων Ἀσίη κατοδύραμαι οἰκτρῶς
288 καὶ γένος Ἰώνων Καρῶν Λυδῶν πολυχρύσων.
289 αἰαῖ ⟨σοι⟩ Σάρδεις αἰαῖ ποθεινοτάτη Τράλλις
290 αἰαῖ Λαοδίκεια καλὴ πόλι ὡς ἀπολεῖσθε
291 σεισμοῖς ὀλλύμεναί τε καὶ εἰς κόνιν ἀλλαχθεῖσαι.
292 Ἀσίδι τῇ δνοφερῇ (Λυδῶν τε--- πολυχρύσων) ---
293 Ἀρτέμιδος σηκὸς Ἐφέσου πηγνύμενος
294 χάσμασι καὶ σεισμοῖσι ποθ' ἵξεται εἰς ἅλα δῖαν
295 πρηνὴς ἠύτε νηᾶς ἐπικλύζουσαι ἄελλαι.
296 +ὕπτια δ' οἰμώξει+ Ἔφεσος κλαίουσα παρ' ὄχθαις
297 καὶ νηὸν ζητοῦσα τὸν οὐκέτι ναιετάοντα.
298 καὶ τότε θυμωθεὶς θεὸς ἄφθιτος αἰθέρι ναίων

299 οὐρανόθεν πρηστῆρα βαλεῖ κατὰ κρατὸς ἀνάγνου.
300 ἀντὶ δὲ χειμῶνος θέρος ἔσσεται ἤματι τῷδε,
301 καὶ τότε δὴ +μετέπειτ'+ ἔσται +ἄνδρεσσι+ βροτοῖσιν
302 ἐξολέσει γὰρ πάντας ἀναιδέας ὑψικέραυνος
303 βρονταῖς τε στεροπαῖς τε κεραυνοῖς τε φλεγέθουσιν
304 ἀνδράσι δυσμενέεσσι καὶ ὡς ἀσεβεῖς ὀλοθρεύσει
305 ὥστε μένειν νέκυας κατὰ γῆς πλέονας ψαμάθοιο.
306 ἥξει γὰρ καὶ Σμύρνα ἐὸν κλαίουσα +λυκουργὸν+
307 εἰς + Ἐφέσοιο+ πύλας καὶ αὐτὴ μᾶλλον ὀλεῖται.
308 Κύμη δ' ἡ μωρὰ σὺν νάμασι τοῖς θεοπνεύστοις
309 ἐν παλάμαις ἀθέων ἀνδρῶν ἀδίκων καὶ ἀθέσμων
310 ῥιφθεῖσ' οὐκέτι τόσσον ἐς αἰθέρα +ἄρμα προδώσει+
311 ἀλλὰ μενεῖ νεκρὰ ἐν νάμασι +κυμήοισιν+
312 καὶ τότ' ἀναιάξουσιν ὁμοῦ κακότητα μένοντες.
313 εἰδήσει σημεῖον ἔχων ἀνθ' ὧν ἐμόγησεν
314 Κυμαίων δῆμος χαλεπὸς καὶ φῦλον ἀναιδές.
315 εἶθ' ὅτ' ἀναιάξουσιν κακὴν χθόνα τεφρωθεῖσαν
316 Λέσβος ὑπ' Ἡριδανοῦ αἰώνιον ἐξαπολεῖται.
317 αἰαῖ σοι +Κέρκυρα+ καλὴ πόλι παύεο κώμου.
318 καὶ Ἱεράπολι γαῖα μόνη Πλούτων(ι) μιγεῖσα
319 ἕξεις ὃν πεπόθηκας ἔχειν χῶρον πολύδακρυν
320 ἐς γῆν χωσαμένη παρὰ χεύμασι Θερμώδοντος.
321 πετροφυὴς Τρίπολις τε παρ' ὕδασι Μαιάνδροιο
322 κύμασι νυκτερινοῖσι ὑπ' ἠόνι κληρωθεῖσα
323 ἄρδην ἐξολέσει σε θεοῖό ποθ' ἥδε πρόνοια.
324 ἡμ μ' ἐθέλουσαν ἑλεῖν Φοίβου τὴν γειτονα χώραν
325 Μίλητον τρυφερὴν ἀπολεῖ πρηστῆρί ποτ' ἄνωθεν
326 ἀνθ' ὧν εἵλετο τὴν Φοίβου δολόεσσαν ἀοιδὴν
327 +τήν τε σοφὴν ἀνδρῶν μελέτην καὶ σώφρονα βουλήν+.
328 ἵλαθι παγγενέτωρ τρυφερῇ χθονὶ τῇ πολυκάρπῳ
329 Ἰουδαίᾳ μεγάλη ἵνα σὰς γνώμας ἐπίδωμεν.
330 ταύτην γὰρ πρώτην ἔγνως θεὸς ἐν χαρίτεσσιν
331 ἐς τὸ δοκεῖν προχάρισμα τεὸν πάντεσσι βροτοῖσιν
332 εἶναι καὶ προσέχειν οἷον θεὸς ἐγγυάλιξεν.
333 ἱμείρω τριτάλαινα τὰ Θρηκῶν ἔργα ἰδέσθαι
334 καὶ τεῖχος διθάλασσον ὑπ' Ἄρεος ἐν κονίῃσιν
335 συρόμενον ποταμηδὸν ἐπ' ἰχθυόεντι κολύμβῳ.
336 Ἑλλήσποντε τάλαν ζεύξει ποτέ σ' Ἀσσυρίων παῖς
337 +εἰς σέ μάχη+ Θρηκῶν κρατερὸν σθένος ἐξαπάξει.
338 τήν τε Μακηδονίην βασιλεὺς Αἰγύπτιος αἱρεῖ
339 καὶ κλίμα βαρβαρικὸν ῥίψει σθένος ἡγεμονῆς.
340 Λυδοὶ καὶ Γαλάται Πάφυλοι σὺν Πισίδαισι
341 πανδημεὶ κρατέουσι κακὴν Ἔριν ὁπλισθέντες.
342 Ἰταλίη τριτάλαινα μενεῖς πανέρημος ἄκλαυστος
343 ἐν γαίῃ θαλερῇ ὀλοὸν δάκος ἐξαπολέσθαι.
344 ἔσται δ' +αἰθέρος+ οὐρανὸς εὐρὺς ὕπερθεν
345 βροντηδὸν κελάδημα θεοῦ φωνῇ +ἐπακούσαι+
346 ἠελίου δ' αὐτοῦ φλόγες ἄφθιτοι οὐκέτ' ἔσονται
347 οὐδὲ σελήναιης λαμπρὸν φάος ἔσσεται αὖτις
348 ὑστατίῳ καιρῷ ὁπόταν θεὸς ἡγεμονεύσῃ.
349 πάντα μελανθεῖ σκοτίη δ' ἔσται κατὰ γαῖαν
350 καὶ τυφλοὶ μέροπες θῆρές τε κακοὶ καὶ δίζύς.
351 ἔσσεται ἦμαρ ἐκεῖνο χρόνον πολὺν ὥστε νοῆσαι
352 αὐτὸν ἄνακτα θεὸν πανεπίσκοπον οὐρανόθι πρό.
353 αὐτὸς δυσμενέας ἄνδρας τότε δ' οὐκ ἐλεήσει
354 ἀρνῶν ἠδ' οἰῶν ταύρων τ' ἀγέλας ἐριμύκων
355 ἐκθυσιάζοντας μόσχων μεγάλων κεροχρύσων
356 ἀψύχοις θ' Ἑρμαῖς καὶ τοῖς λιθίνοισι θεοῖσιν.
357 ἡγείσθω δὲ θέμις σοφὴ καὶ δόξα δικαίων
358 μή ποτε θυμωθεὶς θεὸς ἄφθιτος ἐξαπολέσσῃ
359 πᾶν γένος ἀνθρώπων +βίοτον+ καὶ φῦλον ἀναιδές
360 δεῖ στέργειν γενετῆρα θεὸν σοφὸν αἰὲν ἐόντα.
361 ἔσσεται ὑστατίῳ καιρῷ περὶ τέρμα σελήνης
362 κοσμομανὴς πόλεμος καὶ ἐπίκλοπος ἐν δολότητι.
363 ἥξει δ' ἐκ περάτων γαίης μητροκτόνος ἀνὴρ
364 φεύγων ἠδὲ νόῳ ὀξύστομα μερμηρίζων
365 ὃς πᾶσαν γαῖαν καθελεῖ καὶ πάντα κρατήσει
366 πάντων τ' ἀνθρώπων φρονιμώτερα πάντα νοήσει
367 ἧς χάριν ὤλετό τ' αὐτὸς ἐλεῖ ταύτην παραχρῆμα.
368 ἄνδρας τ' ἐξολέσει πολλοὺς μεγάλους τε τυράννους
369 πάντας τ' ἐμπρήσει ὡς οὐδέποτ' ἄλλος ἐποίει
370 τοὺς δ' αὖ πεπτηῶτας ἀνορθώσει διὰ ζῆλον.
371 ἔσται δ' ἐκ δυσμῶν πόλεμος πολὺς ἀνθρώποισιν
372 ῥεύσει δ' αἷμαθ' ἕως ὄχθου ποταμῶν βαθυδινῶν.
373 τῆς τε Μακηδόνης στάξει χόλος ἐν πεδίοισιν ---
374 συμμαχίην +δῶ δ'+ ἐκ δυσμῶν βασιλῆι δ' ὄλεθρον.
375 καὶ τότε χειμερίη πνοιὴ πνεύσει κατὰ γαῖαν
376 καὶ πεδίον πολέμοιο κακοῦ πλησθήσεται αὖτις.
377 πῦρ γὰρ ἀπ' οὐρανίων δαπέδων βρέξει μερόπεσσιν
378 πῦρ καὶ αἷμα ὕδωρ πρηστὴρ γνόφος οὐρανίη νὺξ
379 καὶ φθίσις ἐν πολέμῳ καὶ ἐπὶ σφαγῆσιν ὁμίχλη
380 πάντας ὁμοῦ τ' ὀλέσει βασιλεῖς καὶ φῶτας ἀρίστους.
381 εἶθ' οὕτως πολέμοιο πεπαύσεται οἰκτρὸς ὄλεθρος
382 κοὐκέτι τις ξίφεεσιν πολεμίξεται οὐδὲ σιδήρῳ
383 οὐδ' αὐτοῖς βελέεσσιν ἃ μὴ θέμις ἔσσεται αὖτις.
384 εἰρήνην δ' ἕξει λαὸς σοφὸς ὅσπερ ἐλείφθη
385 πειραθεὶς κακότητος ἵν' ὕστερον εὐφρανθείη.
386 μητρολέται παύσασθε θράσους τόλμης τε κακούργου
387 οἳ τὸ πάλαι παίδων κοίτην ἐπορίζετ' ἀνάγνως
388 καὶ τέγεσιν πόρνας ἐστήσατε τὰς πάλαι ἀγνὰς
389 ὕβρεσι καὶ κολάσει κάσχημοσύνη πολυμόχθῳ. ---
390 ἐν σοὶ γὰρ μήτηρ τέκνῳ ἐμίγη ἀθεμίστως
391 καὶ θυγάτηρ γενετῆρι ἐῷ συζεύξατο νύμφη
392 ἐν σοὶ καὶ βασιλεῖς στόμα δύσμορον ἐξεμίηναν
393 ἐν σοὶ καὶ κτηνῶν εὗρον κοίτην κακοὶ ἄνδρες.
394 σίγησον πανόδυρτε κακὴ πόλι κῶμον ἔχουσα
395 οὐκέτι γὰρ +παρὰ σοῖ τὴν τῆς+ φιλοδρέμμονος ὕλης
396 παρθενικαὶ κοῦραι πῦρ ἔνθεον ὠρήσουσιν.
397 ἐσβέσθη παρὰ σοὶ πάλαι πεποθημένον οἶκος
398 ἡνίκα δεύτερον εἶδον ἐγὼ ῥιπτούμενον οἶκον
399 πρηνηδὸν πυρὶ τεγγόμενον διὰ χειρὸς ἀνάγνου
400 οἶκον ἀεὶ θάλλοντα θεοῦ τηρήμονα ναὸν

401 ἐξ ἀγίων γεγαῶτα καὶ ἄφθιτον αἰὲν ἐόντα
402 ἐκ ψυχῆς ἐλπιζόμενον καὶ σώματος +αὐτοῦ+
403 οὐ γὰρ ἀκηδέστως +αἰνεῖ+ θεὸν ἐξ ἀφανοῦς γῆς
404 οὐδὲ πέτρης ποίησε σοφὸς τέκτων παρὰ τούτοις
405 οὐ χρυσοῦ κόσμον ἀπάτην ψυχῶν ἐσεβάσθη
406 ἀλλὰ μέγαν γενετῆρα θεὸν πάντων θεοπνεύστων
407 ἐν θυσίαις ἀγίαις ἐγέραιρον καὶ ἐκατόμβαις.
408 νῦν δέ τις ἐξαναβὰς ἀφανὴς βασιλεὺς καὶ ἄναγνος
409 ταύτην ἔρριψεν καὶ ἀνοικοδόμητον ἀφῆκεν
410 σὺν πλήθει μεγάλῳ καὶ ἀνδράσι κυδαλίμοισιν.
411 αὐτὸς δ' ὤλετο +χέρσον ἀπ' ἀθανάτην ἐπιβὰς γῆν+
412 κοὐκέτι σῆμα τοιοῦτον ἐπ' ἀνθρώποισι τέτυκτο
413 ὥστε δοκεῖν ἑτέρους μεγάλην πόλιν ἐξαλαπάξαι.
414 ἦλθε γὰρ οὐρανίων νώτων ἀνὴρ μακαρίτης
415 σκῆπτρον ἔχων ἐν χερσὶν ὅ οἱ θεὸς ἐγγυάλιξεν
416 καὶ πάντων ἐκράτησε καλῶς πᾶσίν τ' ἀπέδωκεν
417 τοῖς ἀγαθοῖς τὸν πλοῦτον ὃν οἱ πρότεροι λάβον ἄνδρες.
418 πᾶσαν δ' ἐκ βάθρων εἷλεν πόλιν ἐν πυρὶ πολλῷ
419 καὶ δήμους ἔφλεξε βροτῶν τῶν πρόσθε κακούργων
420 καὶ πόλιν ἣν ἐπόθησε θεὸς ταύτην ἐποίησεν
421 φαιδροτέραν ἄστρων τε καὶ ἡλίου ἠδὲ σελήνης
422 καὶ κόσμον κατέθηχ' ἄγιόν τ' --- ἐποίησεν
423 ἔνσαρκον καλὸν περικαλλέα ἠδὲ θάλασσαν
424 πολλοῖς ἐν σταδίοισι μέγαν καὶ ἀπείρονα πύργον
425 αὐτῶν ἀπτόμενον νεφέων καὶ πᾶσιν ὁρατόν
426 ὥστε βλέπειν πάντας πιστοὺς πάντας τε δικαίους
427 ἀιδίοιο θεοῦ δόξαν πεποθημένον εἶδος
428 ἀντολίαι δύσιές τε θεοῦ κλέος ἐξύμνησαν.
429 οὐκέτι γὰρ πέλεται +δειλοῖσι βροτοῖσιν δεινὰ+
430 οὐδὲ γαμοκλοπίαι καὶ παίδων Κύπρις ἄθεσμος
431 οὐ φόνος οὐδὲ κυδοιμὸς Ἔρις δ' ἐν πᾶσι δικαίη.
432 ὕστατος ἔσθ' ἀγίων καιρὸς ὅτε ταῦτα περαίνει
433 θεὸς ὑψιβρεμέτης κτίστης ναοῖο μεγίστου.
434 αἰαῖ σοι Βαβυλὼν χρυσόθρονε χρυσοπέδιλε
435 πουλυετὴς βασίλεια μόνη κόσμοιο κρατοῦσα
436 ἥ τὸ πάλαι μεγάλη καὶ πάμπολις οὐκέτι κείσῃ
437 οὔρεσιν ἐν χρυσέοις καὶ νάμασιν Εὐφρήταο
438 στρωθήσῃ σεισμοῖο κλόνῳ Πάρθοι δέ σε δεινοὶ
439 πάντα κρατεῖν ἐποίησαν. ἔχε στόμα φιμῷ ἄναγνε
440 Χαλδαίων γενεὴ μήτ' εἴρεο μηδὲ μερίμνα
441 πῶς Περσῶν ἄρξεις ἢ πῶς Μήδων +τε+ κρατήσεις
442 εἵνεκα γὰρ τῆς σῆς ἀρχῆς ἧς ἔσχες ὅμηρα
443 εἰς Ῥώμην πέμψασα καὶ Ἀσίδι θητεύοντας
444 +τοιγάρτοι καὐτὴ βασιλὶς φρονέους' εἰς κρίσιν
445 ἀντιδίκων ἥξεις ὦν εἵνεκα λύτρα πέπομφας+
446 δώσεις δ' ἀντὶ λόγων σκολιῶν πικρὸν λόγον ἐχθροῖς.
447 ἔσται δ' ὑστατίῳ καιρῷ ξηρός ποτε πόντος
448 κοὐκέτι πλωτεύσουσιν ἐς Ἰταλίην τότε νῆες
449 Ἀσὶς δ' ἡ μεγάλη τότε πάμφορον ἔσσεται ὕδωρ
450 καὶ Κρήτη πεδίον. Κύπρος δ' ἕξει μέγα πῆμα
451 καὶ Πάφος αἰάξει δεινὸν μόρον ὥστε νοῆσαι
452 καὶ Σαλαμῖνα πόλιν μεγάλην μέγα πῆμα παθοῦσαν
453 νῦν μὲν χέρσος ἄκαρπος ἐπ' ἠόνος ἔσσεται αὖθις.
454 ἀκρὶς δ' οὐκ ὀλίγη χθόνα Κύπριον ἐξολοθρεύσει.
455 εἰς Τύρον αἰνόμοροι μέροπες κλαύσεσθε βλέποντες.
456 Φοινίκη δεινός σε μένει χόλος ἄχρι πεσεῖν σε
457 πτῶμα κακὸν Σειρῆνες ὅπως κλαύσωνται ἀληθῶς.
458 ἔσται δ' ἐν πέμπτῃ γενεῇ ὅτε παύσετ' ὄλεθρος
459 Αἰγύπτου βασιλῆες ὅταν μιχθῶσιν ἀναιδεῖς
460 Παμφύλων γενεαὶ δ' εἰς Αἴγυπτον καθεδοῦνται
461 ἔν τε Μακηδονίῃ καὶ ἐν Ἀσίδι καὶ +Λυκίοισιν+
462 κοσμομανὴς πόλεμος πολυαίματος ἐν κονίησιν
463 ὃν παύσει Ῥώμης βασιλεὺς δυσμῶν τε δυνάσται.
464 χειμερίη ὁπόταν ῥιπὴ στάξῃ χιονώδης
465 πηγνυμένου μεγάλου ποταμοῦ λιμνῶν τε μεγίστων
466 εὐθὺς βάρβαρος ὄχλος ἐς Ἀσίδα γαῖαν ὁδεύσει
467 καὶ Θρᾳκῶν ὀλέσει δεινῶν γένος ὡς ἀλαπαδνόν.
468 καὶ τότε θυμοβόροι μέροπες κατέδουσι γονῆας
469 λιμῷ τειρόμενοι καὶ ἐδέσματα λαιφάσσονται.
470 πάντων δ' ἐκ μελάθρων θῆρες κατέδουσι τράπεζαν
471 αὐτοί τ' οἰωνοί τε βροτοὺς κατέδουσιν ἅπαντας
472 ὠκεανός τε κακοῦ πλησθήσεται ἐκ πολέμοιο
473 αἱματόεις σάρκας τε καὶ αἵματα τῶν ἀνόητων.
474 εἶθ' οὕτως ὀλιγηπελίη ἔσται κατὰ γαῖαν
475 ὥστε νοεῖν ἀνδρῶν τ' ἀριθμὸν μέτρον τε γυναικῶν.
476 μυρία δ' οἰμώξει δειλὴ γενεὴ κατὰ τέρμα
477 ἡελίου δύνοντος ἵν' ἔμπαλι μηκέτ' ἀνέλθῃ
478 ὠκεανοῦ μείνας ἵν' ἐφ' ὕδασι βαπτισθείη
479 πολλῶν γὰρ μερόπων εἶδεν κακότητας ἀνάγνους.
480 ἔσται δὲ σκοτόμαινα περὶ μέγαν οὐρανὸν αὐτὸν
481 ἀχλὺς δ' οὐκ ὀλίγη κόσμου πτύχας ἀμφικαλύψει
482 δεύτερον αὐτὰρ ἔπειτα θεοῦ φάος ἡγεμονεύσει
483 ἀνδράσι τοῖς ἀγαθοῖσιν ὅσοι θεὸν ἐξύμνησαν.
484 Ἶσι θεὰ τριτάλαινα μενεῖς ἐπὶ χεύμασι Νείλου
485 μούνη μαινὰς ἄναυδος ἐπὶ ψαμάθοις Ἀχέροντος
486 κοὐκέτι σου μνεία γε μενεῖ κατὰ γαῖαν ἅπασαν.
487 καὶ σὺ Σάραπι λίθους ἀργοὺς ἐπικείμενε πολλοὺς
488 κείσῃ πτῶμα μέγιστον ἐν Αἰγύπτῳ τριταλαίνῃ
489 ὅσσοι δ' Αἰγύπτου πόθον ἤγαγον εἴς σε ἅπαντες
490 κλαύσονται σε κακῶς θεὸν ἄφθιτον ἐν φρεσὶ θέντες
491 γνώσονται σε τὸ μηδὲν ὅσοι θεὸν ἐξύμνησαν.
492 καὶ ⟨ποτε⟩ τῶν ἱερέων τις ἐρεῖ λινόστολος ἀνήρ
493 δεῦτε θεοῦ τέμενος καλὸν στήσωμεν ἀληθῶς
494 δεῦτε τὸν ἐκ προγόνων δεινὸν νόμον ἀλλάξωμεν
495 τοῦ χάριν οἱ λιθίνοις καὶ ὀστρακίνοισι θεοῖσιν
496 πομπὰς καὶ τελετὰς ποιούμενοι οὐκ ἐνόησαν.
497 στρέψωμεν ψυχὰς θεὸν ἄφθιτον ἐξυμνοῦντες
498 αὐτὸν τὸν γενετῆρα τὸν ἀίδιον γεγαῶτα
499 τὸν πρύτανιν πάντων τὸν ἀληθέα τὸν βασιλῆα
500 ψυχοτρόφον γενετῆρα θεὸν μέγαν αἰὲν ἐόντα.
501 καὶ τότ' ἐν Αἰγύπτῳ ναὸς μέγας ἔσσεται ἁγνὸς
502 κεἰς αὐτὸν θυσίας οἴσει λαὸς θεότευκτος

503 κείνοισιν δώσει θεὸς ἄφθιτος ⟨ἐμ⟩βιοτεύειν.
504 ἀλλ' ὅταν ἐκπρολιπόντες ἀναιδέα φῦλα Τριβαλλῶν
505 Αἰθίοπες μέλλωσ' +Αἴγυπτον ἐὴν τε+ ἀροῦσθαι
506 ἄρξονται κακότητος ἵν' ὕστερα πάντα γένηται.
507 νηὸν γὰρ καθελοῦσι μέγαν Αἰγυπτιάδος γῆς
508 ἐν δὲ θεὸς βρέξει κατὰ γῆς δεινὸν χόλον αὐτοῖς
509 ὥστ' ὀλέσαι πάντας τε κακοὺς πάντας τ' +ἀνόμους τε+.
510 κοὐκέτι δὴ φειδώ τις ἔτ' ἔσσεται ἐν χθονὶ κείνῃ
511 ἀνθ' ὧν οὐκ ἐφύλαξαν ὅ μιν θεὸς ἐγγυάλιξεν.
512 Ἡελίου φαέθοντος ἐν ἄστρασιν εἶδον ἀπειλὴν
513 ἠδὲ Σεληναίης δεινὸν χόλον ἐν στεροπῇσιν
514 ἄστρα μάχην ὤδινε θεὸς δ' ἐπέτρεψε μάχεσθαι.
515 ἀντὶ γὰρ Ἡελίου μακραὶ φλόγες ἐστασίαζον
516 Φωσφόρος ἔσχε μάχην ἐπιβὰς ἐς νῶτα Λέοντος
517 ἠδὲ Σεληναίης δίκερως ἠλλάξατο ῥοῖζος
518 Αἰγόκερως δ' ἔπληξε νέου Ταύροιο τένοντα
519 Ταῦρος δ' Αἰγοκέρωτος ἀφήρπασε νόστιμον ἦμαρ.
520 καὶ Ζυγὸν Ὠρίων ἀπενόσφισε μηκέτι μεῖναι
521 Παρθένος ἐν Κριῷ Διδύμων ἠλλάξατο μοῖραν
522 Πλειὰς δ' οὐκέτ' ἔφαινε Δράκων δ' ἠρνήσατο ζώνην
523 Ἰχθύες εἰσεδύοντο κατὰ ζωστῆρα Λέοντος
524 Καρκίνος οὐκ ἐνέμεινεν ἔδεισε γὰρ Ὠρίωνα
525 Σκορπίος +οὐρὰν ἐπῆλθε+ διὰ δεινοῖο Λέοντος
526 ἠδὲ Κύων ὤλισθεν ἀπὸ φλογὸς Ἡελίοιο
527 Ὑδροχόον δ' ἐπύρωσε μένος κρατεροῖο Φαεινοῦ
528 ὦρτο μὲν Οὐρανὸς αὐτὸς ἕως ἐτίναξε μαχητάς
529 θυμωθεὶς δ' ἔρριψε κατηρυπέες ἐπὶ γαῖαν.
530 ῥίμφα μὲν οὖν πληγέντες ἐπ' Ὠκεανοῖο λοετρά
531 ἦψαν γαῖαν ἅπασαν ἔμεινε δ' ἀνάστερος αἰθήρ.

- A.189 -
ὁ γὰρ λαλῶν πρὸς ὑμᾶς ἐγὼ Ἰακὼβ καὶ Ἰσραὴλ ἄγγελος
θεοῦ εἰμι ἐγὼ καὶ πνεῦμα ἀρχικὸν καὶ Ἀβραὰμ καὶ Ἰσαὰκ
προεκτίσθησαν πρὸ παντὸς ἔργου ἐγὼ δὲ Ἰακὼβ ὁ κληθεὶς
ὑπὸ ἀνθρώπων Ἰακὼβ τὸ δὲ ὄνομά μου Ἰσραὴλ ὁ κληθεὶς
ὑπὸ θεοῦ Ἰσραὴλ ἀνὴρ ὁρῶν θεὸν ὅτι ἐγὼ πρωτόγονος
παντὸς ζῴου ζωουμένου ὑπὸ θεοῦ.
- A.190 -
ἐγὼ δὲ ὅτε ἠρχόμην ἀπὸ Μεσοποταμίας τῆς Συρίας ἐξῆλθεν
Οὐριὴλ ὁ ἄγγελος τοῦ θεοῦ καὶ εἶπεν ὅτι κατέβην ἐπὶ τὴν
γῆν καὶ κατεσκήνωσα ἐν ἀνθρώποις καὶ ὅτι ἐκλήθην
ὀνόματι Ἰακὼβ ἐζήλωσε καὶ ἐμαχέσατό μοι καὶ ἐπάλαιε
πρός με λέγων προτερήσειν ἐπάνω τοῦ ὀνόματός μου τὸ
ὄνομα αὐτοῦ καὶ τοῦ πρὸ παντὸς ἀγγέλου. καὶ εἶπα αὐτῷ
τὸ ὄνομα αὐτοῦ καὶ πόσος ἐστίν ἐν υἱοῖς θεοῦ οὐχὶ σὺ
Οὐριὴλ ὄγδοος ἐμοῦ κἀγὼ Ἰσραὴλ ἀρχάγγελος δυνάμεως
κυρίου καὶ ἀρχιχιλίαρχός εἰμι ἐν υἱοῖς θεοῦ; οὐχὶ ἐγὼ
Ἰσραὴλ ὁ ἐν προσώπῳ θεοῦ λειτουργὸς πρῶτος καὶ
ἐπεκαλεσάμην ἐν ὀνόματι ἀσβέστῳ τὸν θεόν μου;
- B.23 -
15 ἀνέγνων γὰρ ἐν ταῖς πλαξὶ τοῦ οὐρανοῦ ὅσα συμβήσεται
ὑμῖν καὶ τοῖς υἱοῖς ὑμῶν.

Assumptio Mosis (Fragmenta)
-------------------------------

- A.2.17 -
17 Μωσῆς προσκαλεσάμενος Ἰησοῦν υἱὸν Ναυῆ καὶ
διαλεγόμενος πρὸς αὐτὸν ἔφη καὶ προεθεάσατό με ὁ θεὸς
πρὸ καταβολῆς κόσμου εἶναι με τῆς διαθήκης αὐτοῦ
μεσίτην.
- B.2.21 -
7 ἀπὸ γὰρ πνεύματος ἁγίου αὐτοῦ πάντες ἐκτίσθημεν ἀπὸ
προσώπου τοῦ θεοῦ ἐξῆλθε τὸ πνεῦμα αὐτοῦ καὶ ὁ κόσμος
ἐγένετο.
- C.1.153 -
1 ἔσχεν δὲ καὶ τρίτον ὄνομα ἐν οὐρανῷ μετὰ τὴν ἀνάληψιν
Μελχί.
- D.1.154 -
1 λόγῳ μόνῳ ἀνελεῖν τὸν Αἰγύπτιον.
- E.2.17 -
18 καὶ διαδοχεύσει ⟨ἐπ'⟩ αὐτὸν ὁ θεὸς σοφίαν καὶ
δικαιοσύνην καὶ ἐπιστήμην πλήρη αὐτὸς οἰκοδομήσει τὸν
οἶκον τοῦ θεοῦ.
- F.6.132 -
2 εἰκότως ἄρα καὶ τὸν Μωυσέα ἀναλαμβανόμενον διττὸν εἶδεν
Ἰησοῦς ὁ τοῦ Ναυῆ καὶ τὸν μὲν μετ' ἀγγέλων τὸν δὲ ἐπὶ
τὰ ὄρη περὶ τὰς φάραγγας κηδείας ἀξιούμενον.
3 εἶδεν δὲ Ἰησοῦς τὴν θέαν ταύτην κάτω πνεύματι ἐπαρθεὶς
σὺν καὶ τῷ Χαλὲβ ἀλλ' οὐχ ὁμοίως ἄμφω θεῶνται ἀλλ' ὃ
μὲν καὶ θᾶττον κατῆλθεν πολὺ τὸ βρῖθον ἐπαγόμενος ὃ δὲ
ἐπικατελθὼν ὕστερον τὴν δόξαν διηγεῖτο ἣν ἐθεᾶτο
διαθρῆσαι δυνηθεὶς μᾶλλον θατέρου ἅτε καὶ καθαρώτερος
γενόμενος.
- G.9.4 -
13 ἐνεταφίασαν οἱ ἄγγελοι τὸ σῶμα Μωυσέως τοῦ ἁγίου καὶ
οὐκ ἐλούσαντο ἀλλ' οὔτε ἐκοινώθησαν οἱ ἄγγελοι ἀπὸ τοῦ
ἁγίου σώματος.
- H.9 -
1 ὁ δὲ Μιχαὴλ ὁ ἀρχάγγελος ὅτε τῷ διαβόλῳ διακρινόμενος
διελέγετο περὶ τοῦ Μωϋσέως σώματος οὐκ ἐτόλμησεν κρίσιν
ἐπενεγκεῖν βλασφημίας ἀλλὰ εἶπεν ἐπιτιμήσαι σοι κύριος.
- J.8.163 -
20 τελευτήσαντος ἐν τῷ ὄρει Μωϋσέως ὁ Μιχαὴλ ἀποστέλλεται
μεταθήσων τὸ σῶμα εἶτα τοῦ διαβόλου κατὰ τοῦ Μωϋσέως
βλασφημοῦντος καὶ φονέα ἀναγορεύοντος διὰ τὸ πατάξαι
τὸν Αἰγύπτιον οὐκ ἐνεγκὼν τὴν κατ' αὐτοῦ βλασφημίαν ὁ
Ἄγγελος ἐπιτιμήσαι σοι ὁ θεὸς πρὸς τὸν διάβολον ἔφη.
- K.2.629 -
5 τὸν Μιχαὴλ τὸν ἀρχάγγελον τῇ τοῦ Μωϋσέως ταφῇ
δεδιηκονηκέναι. τοῦ γὰρ διαβόλου τοῦτο μὴ καταδεχομένου
ἀλλ' ἐπιφέροντος ἔγκλημα διὰ τὸν τοῦ Αἰγυπτίου φόνον ὡς
αὐτοῦ ὄντος τοῦ Μωϋσέως καὶ διὰ τοῦτο μὴ συγχωρεῖσθαι
αὐτῷ τυχεῖν τῆς ἐντίμου ταφῆς.

Liber Eldad et Modad (Fragmentum)
-----------------------------------

- 7 -
3 ἐγγύς κύριος τοῖς ἐπιστρεφομένοις.

- Ph.9 -
2 Μωσῆς τοὺς περὶ Ἰαννὴν καὶ Ἰαμβρὴν ἐν ἕλκεσι
κολασάμενος καὶ τὴν θατέρου τούτων μητέρα τῷ θανάτῳ
παρεπέμψατο.


                    Liber Jubilaeorum  (Fragmenta)
                    ------------------------------

- Introduction -

48, 1 νόμους δὲ πρῶτον Μωϋσῆς γράφει τοῖς Ἰουδαίοις.
καταλιπὼν δὲ Μωϋσῆς τὰς κατ' Αἴγυπτον διατριβὰς εἰς τὴν
ἔρημον ἐφιλοσόφει
2, 1 διδασκόμενος παρὰ τοῦ ἀρχαγγέλου Γαβριὴλ τὰ περὶ τῆς
γενέσεως τοῦ κόσμου
2, 14 καὶ τοῦ πρώτου ἀνθρώπου καὶ τῶν μετ' ἐκεῖνον
5, 20 καὶ τοῦ κατακλυσμοῦ
10, 24 καὶ τῆς συγχύσεως καὶ ποικιλίας τῶν γλωσσῶν
1, 1 καὶ τῶν περὶ τὸν πρῶτον ἄνθρωπον καὶ τῶν μέχρις αὐτοῦ
χρόνων καὶ περὶ τῆς νομοθεσίας τῆς μελλούσης παρ' αὐτοῦ
δίδοσθαι τῷ Ἰουδαίων ἔθνει
2, 8 καὶ τὰς τῶν ἄστρων θέσεις καὶ τὰ στοιχεῖα
4, 17 καὶ ἀριθμητικὴν καὶ γεωμετρίαν καὶ πᾶσαν σοφίαν.
- 2 -
2 τῇ μὲν γὰρ πρώτῃ ἡμέρᾳ ἐποίησε τοὺς ἀνωτέρους οὐρανοὺς
τὴν γῆν τὰ ὕδατα ἐξ ὧν ἐστι χιὼν καὶ κρύσταλλος καὶ
χάλαζα καὶ παγετοὶ καὶ δρόσος τὰ πνεύματα τὰ
λειτουργοῦντα ἐνώπιον αὐτοῦ ἅτινά ἐστι τάδε ἄγγελοι πρὸ
προσώπου καὶ ἄγγελοι τῆς δόξης καὶ ἄγγελοι πνευμάτων
πνεόντων ἄγγελοι νεφελῶν καὶ γνόφων χιόνος καὶ χαλάζης
καὶ πάγου ἄγγελοι φωνῶν βροντῶν ἀστραπῶν ψύχους
καύματος χειμῶνος φθινοπώρου ἔαρος καὶ θέρους καὶ
πάντων τῶν πνευμάτων τῶν κτισμάτων αὐτοῦ τῶν ἐν
οὐρανοῖς καὶ ἐν τῇ γῇ τὰς ἀβύσσους τὴν τε ὑποκάτω τῆς
γῆς καὶ τοῦ χάους καὶ σκότος ἑσπέρα καὶ νὺξ τὸ φῶς
ἡμέρας τε καὶ ὄρθρου.
3 ταῦτα τὰ ἑπτὰ μέγιστα ἔργα ἐποίησεν ὁ θεὸς ἐν τῇ πρώτῃ
ἡμέρᾳ.
4 ἐν δὲ τῇ δευτέρᾳ τὸ στερέωμα τὸ ἐν μέσῳ τῶν ὑδάτων καὶ
τὴν διαμέρισιν τῶν ἐπάνω τοῦ στερεώματος ὑδάτων καὶ τῶν
ὑποκάτω τοῦ στερεώματος ἐπὶ πρόσωπον πάσης τῆς γῆς.
τοῦτο μόνον τὸ ἔργον ἐποίησεν ὁ θεὸς ἐν τῇ δευτέρᾳ
ἡμέρᾳ.
5 τρίτη δὲ ἡμέρα
7 τὰς θαλάσσας τοὺς ποταμοὺς τὰς πηγὰς καὶ λίμνας τὰ
σπέρματα τοῦ σπόρου τὰ βλαστήματα τὰ ξύλα τὰ κάρπιμά τε
καὶ ἄκαρπα τοὺς δρυμοὺς καὶ πάντα τὰ φυτὰ κατὰ γένος.
ταῦτα τὰ τέσσαρα ἔργα τὰ μέγιστα ἐποίησεν ὁ θεὸς ἐν τῇ
τρίτῃ ἡμέρᾳ.
8 τῇ δὲ τετάρτῃ τὸν ἥλιον τὴν σελήνην τοὺς ἀστέρας
10 ταῦτα τὰ τρία ἔργα τὰ μεγάλα ἐποίησεν ὁ θεὸς ἐν τῇ
τετάρτῃ ἡμέρᾳ.
11 τῇ δὲ πέμπτῃ τὰ κήτη τὰ μεγάλα τοὺς ἰχθύας καὶ τὰ ἄλλα
ἑρπετὰ τὰ ἐν τοῖς ὕδασι τὰ πετεινὰ τὰ πτερωτά.
12 ταῦτα τὰ τρία ἔργα τὰ μεγάλα ἐποίησεν ὁ θεὸς ἐν τῇ
πέμπτῃ ἡμέρᾳ.
13 τῇ δὲ ἕκτῃ ἡμέρᾳ τὰ θηρία τὰ κτήνη τὰ ἑρπετὰ τῆς γῆς
14 τὸν ἄνθρωπον. ταῦτα τὰ τέσσαρα μεγάλα ἔργα ἐποίησεν ὁ
θεὸς ἐν τῇ ἕκτῃ ἡμέρᾳ
15 καὶ ἐγένετο πάντα τὰ ἐν ταῖς ἓξ ἡμέραις παρὰ τοῦ θεοῦ
ποιηθέντα ἔργα κβ'
16 καὶ συνετέλεσεν ὁ θεὸς πάντα ἐν τῇ ἕκτῃ ἡμέρᾳ ὅσα ἐν
τοῖς οὐρανοῖς καὶ ἐν τῇ γῇ ἐν ταῖς θαλάσσαις καὶ ἐν
ταῖς ἀβύσσοις ἐν τῷ φωτὶ καὶ ἐν τῷ σκότει καὶ ἐν πᾶσι.
17 καὶ ἀνεπαύσατο ὁ θεὸς ἐκ πάντων τῶν ἔργων αὐτοῦ ἐν τῇ
ἑβδόμῃ ἡμέρᾳ
19 καὶ ηὐλόγησεν αὐτὴν καὶ ἡγίασεν αὐτὴν καὶ ἐδήλωσε δι'
ἀγγέλου τῷ Μωυσῇ ὅτι
23 καὶ εἰκοσιδύο κεφάλαια ἀπὸ Ἀδὰμ ἄχρι τοῦ Ἰακώβ.
20 καὶ ἐκλέξομαι ἐμαυτῷ ἐκ τοῦ σπέρματος αὐτοῦ λαὸν
περιούσιον ἀπὸ πάντων τῶν ἐθνῶν.
24 ηὐλογήθη καὶ αὕτη ὑπὸ τοῦ θεοῦ καὶ ἡγιάσθη καὶ σάββατον
ὡς καταπαύσιμος προσηγορεύθη καὶ ὡς τύπος τῆς ἑβδόμης
χιλιοετηρίδος καὶ τῆς τῶν ἁμαρτωλῶν συντελείας.
- 3 -
1 τῇ πρώτῃ ἡμέρᾳ ἑβδομάδος ἥτις ἦν τρίτη μὲν ἡμέρα τῆς
πλάσεως τοῦ Ἀδὰμ ὀγδόη δὲ τοῦ πρώτου μηνὸς Νισὰν πρώτη
δὲ τῷ Ἀπριλλίου μηνὶ καὶ ἕκτῃ τοῦ παρ' Αἰγυπτίοις
Φαρμουθὶ ὠνόμασεν Ἀδὰμ τὰ ἄγρια θηρία θείῳ τινὶ
χαρίσματι. τῇ δευτέρᾳ ἡμέρᾳ τῆς δευτέρας ἑβδομάδος
ὠνόμασε τὰ κτήνη. τῇ τρίτῃ ἡμέρᾳ τῆς δευτέρας ἑβδομάδος
ὠνόμασε τὰ πετεινά. τῇ τετάρτῃ ἡμέρᾳ τῆς δευτέρας
ἑβδομάδος ὠνόμασε τὰ ἑρπετά. τῇ πέμπτῃ ἡμέρᾳ τῆς
δευτέρας ἑβδομάδος ὠνόμασε τὰ νηκτά.
5 τῇ ἕκτῃ ἡμέρᾳ τῆς δευτέρας ἑβδομάδος ἥτις ἦν κατὰ μὲν
Ῥωμαίους Ἀπριλλίου ἕκτη κατὰ δὲ Αἰγυπτίους Φαρμουθὶ
ἑνδεκάτη λαβὼν ὁ θεὸς μέρος τι τῆς πλευρᾶς τοῦ Ἀδὰμ
ἔπλασε τὴν γυναῖκα.
9 τῇ τεσσαρακοστῇ ἕκτῃ ἡμέρᾳ τῆς κοσμοποιίας τετάρτῃ
ἡμέρᾳ τῆς ἑβδόμης ἑβδομάδος Παχὼν τεσσαρεσκαιδεκάτῃ
Μαΐου ἐνάτῃ ἡλίου ὄντος ταύρῳ καὶ σελήνης σκορπίῳ κατὰ
διάμετρον ἐν τῇ τῶν Πλειάδων ἐπιτολῇ εἰσήγαγεν ὁ θεὸς
τὸν Ἀδὰμ ἐν τῷ παραδείσῳ κατὰ τὴν τεσσαρακοστὴν ἡμέραν
τῆς πλάσεως αὐτοῦ. τῇ ὀγδόῃ ἡμέρᾳ τῆς κοσμοποιίας
τεσσαρακοστῇ τετάρτῃ δὲ τῆς πλάσεως τοῦ Ἀδὰμ ἡμέρᾳ
κυριακῇ Παχὼν ὀκτωκαιδεκάτῃ Μαΐου τρισκαιδεκάτῃ μετὰ
τρεῖς ἡμέρας τῆς ἐν τῷ παραδείσῳ αὐτοῦ εἰσόδου ἡλίου
ὄντος ταύρῳ καὶ σελήνης αἰγοκέρωτι ἐνετείλατο ὁ θεὸς τῷ
Ἀδὰμ ἀπέχεσθαι τῆς βρώσεως τοῦ ξύλου τῆς γνώσεως. τῇ

ἐνενηκοστῇ τρίτῃ ἡμέρᾳ τῆς κτίσεως τῇ δευτέρᾳ ἡμέρᾳ τῆς
τεσσαρεσκαιδεκάτης ἑβδομάδος κατὰ τὴν θερινὴν τροπὴν
ἡλίου ὄντος καὶ σελήνης καρκίνῳ τῇ εἰκοστῇ πέμπτῃ τοῦ
Ἰουνίου μηνὸς Ἐπιφὶ πρώτῃ εἰσήχθη ὑπὸ τοῦ θεοῦ ἐν τῷ
παραδείσῳ ἡ τοῦ Ἀδὰμ βοηθὸς Εὖα ἐν τῇ ὀγδοηκοστῇ ἡμέρᾳ
τῆς πλάσεως αὐτῆς.
33 ἣν ὁ Ἀδὰμ λαβὼν ὠνόμασεν Εὖαν ὃ ἑρμηνεύεται ζωή
10 διὰ τοῦτο προσέταξεν ὁ θεὸς διὰ Μωϋσέως ἐν τῷ Λευιτικῷ
ἤτοι διὰ τὰς μετὰ τὴν πλάσιν τοῦ χωρισμοῦ αὐτῶν ἡμέρας
ἐκ τοῦ παραδείσου ἐπὶ μὲν ἀρρενογονίας ἀκάθαρτον αὐτὴν
εἶναι ἐπὶ τεσσαράκοντα ἡμέρας
11 ἐπὶ δὲ θηλυτοκίας ἕως ἡμερῶν π'. ἐπειδὴ καὶ Ἀδὰμ τῇ μ'
ἡμέρᾳ τῆς πλάσεως αὐτοῦ εἰσήχθη ἐν τῷ παραδείσῳ οὗ
χάριν καὶ τὰ γεννώμενα τῇ τεσσαρακοστῇ ἡμέρᾳ
εἰσφέρουσιν ἐν τῷ ἱερῷ κατὰ τὸν νόμον. ἐπὶ δὲ θήλεος
ἀκάθαρτον εἶναι αὐτὴν ἐπὶ ἡμέρας ὀγδοήκοντα διὰ τε τὴν
ἐν τῷ παραδείσῳ αὐτῆς εἴσοδον τῇ ὀγδοηκοστῇ ἡμέρᾳ καὶ
διὰ τὸ ἀκάθαρτον τοῦ θήλεος πρὸς τὸ ἄρσεν.
13 ἄφεδρος γὰρ πάλιν οὖσα οὐκ εἰσέρχεται ἕως ἑπτὰ ἡμέρας
ἐν τῷ ἱερῷ κατὰ τὸν θεῖον νόμον.
16 ὁ Ἀδὰμ ἀπεσόβει τὰ πετεινὰ καὶ ἑρπετὰ συνῆγε τὸν
καρπὸν ἐν παραδείσῳ καὶ σὺν τῇ γυναικὶ αὐτοῦ ἤσθιεν
αὐτόν.
21 τὸν Ἀδὰμ ἀπροόπτως ἀπὸ τοῦ ξύλου λαβεῖν καὶ φαγεῖν καὶ
μὴ προσχεῖν ὅλως τῷ λόγῳ τῆς Εὖας ὅτι λειποθυμῶν ἦν ἀπὸ
τε μόχθου καὶ πείνης.
23 ὁ ὄφις ἀπὸ κτήνους ἑρπετὸν ἐγένετο χεῖράς τε καὶ πόδας
ἐκέκτητο. ἀφῃρέθη δὲ ταῦτα διὰ τὸ τολμῆσαι εἰς τὸν
παράδεισον εἰσελθεῖν καὶ διὰ τὸ πρώτως ἀπὸ τοῦ ξύλου
λαβεῖν καὶ φαγεῖν.
28 τὰ θηρία καὶ τὰ τετράποδα καὶ τὰ ἑρπετὰ ὁμόφωνα εἶναι
πρὸ τῆς παραβάσεως τοῖς πρωτοπλάστοις διότι ὁ ὄφις
ἀνθρωπίνῃ φωνῇ ἐλάλησε τῇ Εὖα.
32 τῷ ἑβδόμῳ ἔτει παρέβη καὶ τῷ ὀγδόῳ ἐξερρίφησαν τοῦ
παραδείσου μετὰ τεσσαράκοντα πέντε ἡμέρας τῆς
παραβάσεως ἐν τῇ ἐπιτολῇ τῶν Πλειάδων. ἐποίησε δὲ ὁ
Ἀδὰμ ἐν τῷ παραδείσῳ ἑβδομάδα ἡμερῶν τριακοσίων
ἑξήκοντα πέντε. καὶ ἐξεβλήθη σὺν τῇ γυναικὶ Εὖα διὰ τὴν
παράβασιν τῇ δεκάτῃ τοῦ Μαΐου μηνός.
34 τῷ ὀγδόῳ ἔτει ἔγνω ὁ Ἀδὰμ Εὖαν τὴν γυναῖκα αὐτοῦ.
- 4 -
1 τῷ ἑβδομηκοστῷ ἔτει ἐγεννήθη αὐτοῖς πρωτότοκος υἱὸς ὁ
Κάϊν. τῷ ἑβδομηκοστῷ ἑβδόμῳ ἔτει γεγενῆσθαι τὸν δίκαιον
Ἄβελ. τῷ ὀγδοηκοστῷ πέμπτῳ ἔτει ἐγεννήθη αὐτοῖς
θυγάτηρ καὶ ὠνόμασαν αὐτὴν Ἀσουάμ. τῷ ἐνενηκοστῷ
ἑβδόμῳ ἔτει προσήνεγκε Κάϊν. τῷ ἐνενηκοστῷ ἐνάτῳ ἔτει
Ἄβελ ἀνήνεγκε θυσίαν τῷ θεῷ εἰκοστὸν δεύτερον ἔτος
ἄγων κατὰ τὴν πανσέληνον τοῦ ἑβδόμου μηνὸς παρ'
Ἑβραίοις ἤγουν ἐν τῇ σκηνοπηγίᾳ. τὴν Κάϊν καρποφορίαν
θυσίαν τὰ δὲ τοῦ Ἄβελ δῶρα.
2 τῷ αὐτῷ ἐνενηκοστῷ ἐνάτῳ ἔτει ἀνεῖλεν ὁ Κάϊν τὸν Ἄβελ
καὶ ἐπένθησαν αὐτὸν οἱ πρωτόπλαστοι ἑβδομαδικοὺς
τέσσαρας ἤγουν ἔτη εἴκοσι ὀκτώ.
7 τῷ ἑκατοστῷ εἰκοστῷ ἑβδόμῳ ἔτει ὁ Ἀδὰμ καὶ ἡ Εὖα
ἀπέθεντο τὸ πένθος.
9 τῷ ἑκατοστῷ τριακοστῷ πέμπτῳ ἔτει ἔλαβεν ὁ Κάϊν τὴν
ἰδίαν ἀδελφὴν Ἀσαυνὰν οὖσαν ἐτῶν ν'. αὐτὸς δὲ ἦν ἐτῶν
ἑξήκοντα πέντε. ὁ μὲν Κάϊν τῇ ἀδελφῇ τῇ μείζονι Σαυῆ
οὕτω καλουμένῃ
11 ὁ δὲ Σὴθ τρίτος υἱὸς μετὰ τὸν Ἄβελ γεννηθεὶς τῇ
λεγομένῃ αὐτοῦ ἀδελφῇ Ἀζουρᾷ.
10 γεγόνασι δὲ τῷ Ἀδὰμ καὶ ἄλλοι υἱοὶ ἐννέα μετὰ τοὺς
τρεῖς υἱοὺς ὥς εἰσιν αὐτῷ δύο καὶ θυγατέρες ἄρρενας
δὲ δώδεκα ἕνα μὲν ἀποκτανθέντα ἕνδεκα δὲ περιλειφθέντας
τῷ βίῳ.
13 γυνὴ Ἐνὼς Νωα ἡ ἀδελφὴ αὐτοῦ.
14 γυνὴ Καϊνὰν Μααλὶθ ἀδελφὴ αὐτοῦ.
15 γυνὴ Μαλελεὴλ Δινὰ θυγάτηρ Βαραχιὴλ πατραδέλφου αὐτοῦ.
ἐντεῦθεν ἤρξατο ἡ κακομηχανία ἐν κόσμῳ γίνεσθαι καὶ ἀπ'
ἀρχῆς μὲν διὰ τῆς τοῦ Ἀδὰμ παρακοῆς ἔπειτα δὲ διὰ τῆς
τοῦ Κάϊν ἀδελφοκτονίας νῦν δὲ ἐν χρόνοις τοῦ Ἰάρεδ καὶ
ἐπέκεινα φαρμακεία καὶ μαγεία ἀσέλγεια μοιχεία τε καὶ
ἀδικία.
18 οὗτος ⟨Ἐνὼχ⟩ πρῶτος γράμματα μανθάνει καὶ διδάσκει καὶ
θείων μυστηρίων ἀποκαλύψεως ἀξιοῦται.
16 γυνὴ Ἰάρεδ Βαραχα θυγάτηρ Ἀσουὴλ πατραδέλφου αὐτοῦ.
20 γυνὴ Ἐνὼχ Ἐανι θυγάτηρ Δανιὴλ πατραδέλφου αὐτοῦ.
23 ⟨Ἐνὼχ⟩ εἰς τὸν παράδεισον ἡρπάσθη.
27 γυνὴ Μαθουσάλα Ἔδνὰ θυγάτηρ Ἐζριὴλ πατραδέλφου αὐτοῦ.
28 γυνὴ Λάμεχ Βεθενως θυγάτηρ Βαραχιὴλ πατραδέλφου αὐτοῦ.
31 τῷ αὐτῷ Σ λ' ἔτει καὶ Κάϊν ἀπέθανεν ἐμπεσόντος ἐπ'
αὐτοῦ τοῦ οἴκου. λίθοις γὰρ καὶ αὐτὸς τὸν Ἄβελ ἀνεῖλε.
πληρωθέντος οὖν ἐνιαυτοῦ μετὰ θάνατον τοῦ Ἀδὰμ
τέθνηκεν.
31Β ὑπὸ τοῦ Λάμεχ τὸν Κάϊν ἀνῃρῆσθαι ἀκουσίως τοῖχον γὰρ
οἰκοδομῶν προσανέτρεψεν αὐτὸν ὄπιθεν ὄντος τοῦ Κάϊν ὃς

και ανηρέθη ακουσίως.

33 γυνή Νῶε Ἐμξαρα θυγάτηρ Βαραχιηλ πατραδέλφου αὐτοῦ.
- 5 -

22 εἰσῆλθεν πρὸς ἡμᾶς ἡ κιβωτὸς τοῦ θεοῦ τῇ πέμπτῃ τοῦ
μηνὸς τοῦ πέμπτου.
- 7 -

1 τούτῳ τῷ 'β σ ν α' ἔτει Νῶε ἐφύτευσεν ἀμπελῶνα ἐν ὄρει
Λουβὰρ τῆς Ἀρμενίας.
- 8 -

2 τῷ 'β φ π ε' ἔτει Καϊνᾶν διοδεύων ἐν τῷ πεδίῳ
3 εὗρε τὴν γραφὴν τῶν γιγάντων καὶ ἔκρυψε παρ' ἑαυτῷ.
5 γυνή Καιναν Μελχα θυγάτηρ Μαδαι υἱοῦ Ιαφεθ.
6 γυνή Σαλα Μωαχα θυγάτηρ Χεεδαμ πατραδέλφου αὐτοῦ.
7 γυνή Εβερ Αζουρα θυγάτηρ Νεβρωδ.
- 10 -

1 μετὰ τὸν κατακλυσμὸν τῷ 'β φ π β' ἔτει τοῦ κόσμου φθόνῳ
κινούμενοι ⟨οἱ ἐγρήγοροι⟩ μετὰ θάνατον ἐπλάνησαν τοὺς
υἱοὺς Νῶε
2 καὶ εὐξαμένου τοῦ Νῶε ἵνα ἀποστῶσιν ἀπ' αὐτῶν
7 ὁ κύριος ἐκέλευσε τῷ ἀρχαγγέλῳ Μιχαὴλ βαλεῖν αὐτοὺς εἰς
τὴν ἄβυσσον ἄχρι ἡμέρας τῆς κρίσεως
8 ὁ δὲ διάβολος ᾐτήσατο λαβεῖν μοῖραν ἀπ' αὐτῶν πρὸς
πειρασμὸν τῶν ἀνθρώπων
9 καὶ ἐδόθη αὐτῷ τὸ δέκατον αὐτῶν κατὰ πρόσταξιν θείαν
ὥστε πειράζειν τοὺς ἀνθρώπους πρὸς δοκιμὴν τῆς ἑκάστου
πρὸς θεὸν προαιρέσεως τὰ δὲ λοιπὰ ἐννέα μέρη ἐβλήθη εἰς
τὴν ἄβυσσον.
18 γυνή Φαλεχ Δυμνα θυγάτηρ Σενναάρ.
21 ἐπὶ μ γ' ἔτη ἔμειναν οἰκοδομοῦντες. τὸ ὕψος 'ε υ λ γ'
πήχεις καὶ δύο παλαισταί. τὸ πλάτος ἐπὶ σ γ' πλίνθους.
τῆς πλίνθου τὸ ὕψος τρίτον μιᾶς πλίνθου. ⟨τὸ ἔκταμα τοῦ
ἑνὸς τοίχου⟩ στάδιοι ιγ' ⟨καὶ τοῦ ἄλλου⟩ λ'. ἐπὶ γὰρ
ἔτη τεσσαράκοντα οἰκοδομήσαντες ἐκείνου ⟨Νεβρὼδ⟩
μάλιστα παρορμῶντος αὐτοὺς εἰς ἀποστασίαν
24 συνεχύθησαν διαιρεθέντες εἰς πολυγλωσσίαν ὑπὸ τοῦ θεοῦ.
ἐκείνως δὲ ἔμειναν ἐκεῖ κατοικῶν καὶ μὴ ἀφιστάμενος τοῦ
πύργου βασιλεύων μερικοῦ τινος πλήθους
26 ἐφ' ὃν ὁ πύργος ἀνέμῳ βιαίῳ καταπεσὼν θείᾳ κρίσει
τοῦτον ἐπάταξε.
- 11 -

1 γυνή Ραγαυ Ωρα θυγάτηρ Οὐρ υἱοῦ Χεζα. Ραγὰβ γενόμενος
ἑκατὸν τριακοντάδυο ἐτῶν ἐγέννησε τὸν Σεροὺχ.
2 ἐπὶ τούτου οἱ ἄνθρωποι τὸν κατ' ἀλλήλων αὐξήσαντες
τῦφον στρατηγούς τε ἑαυτοῖς κατεστήσαντο καὶ βασιλεῖς.
καὶ τότε πρῶτος πολεμικὰ κατασκευάσαντες ὄργανα
πολεμεῖν ἀλλήλοις ἐνήρξαντο.
7 γυνή Σερουχ Μελχα θυγάτηρ Χαβερ πατραδέλφου αὐτοῦ.
9 γυνή Ναχωρ Ιεσθα θυγάτηρ Νεσθα τοῦ Χαλδαίου.
8 αὐξηθέντα δὲ τὸν Ναχὼρ ἐδίδαξεν ὁ πατὴρ πάντων ἐπίλυσιν
οἰωνῶν τῶν τε ἐν οὐρανῷ σημείων διακρίσεις καὶ τῶν ἐπὶ
γῆς ἁπάντων καὶ πᾶσαν Χαλδαϊκὴν μαντείαν.
14 Ναχὼρ δὲ γενόμενος ο θ' ἐτῶν ἐγέννησε τὸν Θάρρα. Νίνου
δὲ τοῦ πρώτου βασιλέως τῶν Ἀσσυρίων τεσσαρακοστὸν
τρίτον ἄγοντος ἔτος τῆς βασιλείας γεννᾶται Ἀβραάμ.
Θάρρα δὲ γενόμενος ἐτῶν ο' ἐγέννησεν ἐκ γυναικὸς Ἔδνας
θυγατρὸς Ἀβραὰμ πατραδέλφου αὐτοῦ τὸν Ἀβραὰμ ὄντινα ἡ
μήτηρ ἐκάλεσεν ἐπ' ὀνόματι τοῦ πατρὸς ἔφθη γὰρ
ἐκεῖνος πρὸ τῆς τούτου γεννήσεως τετελευτηκέναι.
16 θεοφιλὴς δὲ ὢν καὶ τοῖς κτίσμασι τὸν νοῦν ἑαυτοῦ μὴ
καταδεξάμενος ἐᾶσαι ἐνδιατρίβειν
17 ἀλλ' ἐπὶ τὸν γενεσιουργὸν ἐκ τῆς τῶν κτισμάτων ἀναχθεὶς
καλλονῆς θείας ἐλλάμψεως ἠξιώθη ἔτι διατρίβων ἐν τῇ
πατρίδι.
- 12 -

9 Σαρα θυγάτηρ ἦν τοῦ Αρραν ἀδελφὴ τῆς Μελχας καὶ τοῦ
Λωτ.
12 τῷ 'γ τ ο γ' ἔτει τοῦ κόσμου Ἀβραὰμ δὲ ξ α' ἐνεπύρισεν
Ἀβραὰμ τὰ εἴδωλα τοῦ πατρὸς αὐτοῦ
14 καὶ συγκατεκάθη αὐτοῖς Αρραν θέλων σβέσαι τὸ πῦρ ἐν
νυκτί. καὶ ἐξῆλθε Θαρά σὺν Ἀβραάμ τοῦ ἐλθεῖν εἰς γῆν
Χαναάν καὶ μεταγνοὺς ᾤκησεν ἐν Χαρράν εἰδωλομανῶν ἕως
θανάτου αὐτοῦ.
26 ὁ ἄγγελος ὁ λαλῶν τῷ Μωϋσῇ εἶπεν αὐτῷ ὅτι τὸν Ἀβραὰμ
ἐγὼ ἐδίδαξα τὴν Ἑβραΐδα γλῶσσαν κατὰ τὴν ἀπ' ἀρχῆς
κτίσεως λαλεῖν τὰ πάτρια πάντα.
- 16 -

9 ἐκ τοῦ Λὼτ Μωαβῆται καὶ Ἀμανῖται σπέρμα κατάρατον ἐκ
παρανόμου μίξεως.
- 15 -

17 οὗτος ὁ Ἀβραὰμ ἐτῶν ρ' ἐγέννησεν τὸν Ἰσαάκ.
- 16 -

10 μετὰ ταῦτα τῆς κατὰ Μαβρῆ δρυὸς ἀπαναστὰς ὁ Ἀβραὰμ ἐπὶ
τὸ φρέαρ κατασκηνοῖ τοῦ ὅρκου.
21 ἑαυτῷ δὲ ἰδίᾳ καὶ τοῖς οἰκέταις αὐτοῦ κατὰ συγγενείας
πηξάμενος σκηνὰς τότε πρῶτον Ἀβραὰμ τῆς σκηνοπηγίας
ἐπὶ ἑπτὰ ἡμέρας ἐπιτελεῖ τὴν ἑορτήν.
31 πρῶτος Ἀβραὰμ ἐκύκλου τὸ θυσιαστήριον κλάδοις φοινίκων
καὶ ἐλαίων.
- 17 -

15 τὸν Ἰσαὰκ ἐτῶν κ ε' εἶναι ὅτε πρὸς θυσίαν ἀνήχθη.
16 Μαστιφὰμ ὁ ἄρχων τῶν δαιμονίων προσελθὼν τῷ θεῷ εἶπεν
εἰ ἀγαπᾷ σε Ἀβραὰμ θυσάτω σοι τὸν υἱὸν αὐτοῦ.
- 18 -

13 εἰς ἐκεῖνον δὲ τὸν τόπον τὸν Ἀβραὰμ οἰκοδομῆσαι ἔνθα
Δαβὶδ ὕστερον ἱδρύσατο τὸ ἱερόν.
- 19 -

11 ἐγέννησεν πάλιν Ἀβραὰμ ἐκ τῆς ἐσχάτης αὐτοῦ γυναικὸς
Χετούρας υἱοὺς πέντε.
13 ἐτῶν δὲ ξ' ὢν ὁ Ἰσαὰκ ἐγέννησεν τὸν Ἰακώβ.
- 22 -

4 κολλυρίδας ποιήσασα Ρεβέκκα ἔδωκε τῷ Ἰακὼβ καὶ
εἰσήγαγε μεθ' ἑτέρων δώρων πρὸς Ἰσαάκ. καὶ εὐλόγησεν

αὐτὸν Ἰσαὰκ καὶ εὐλογῶν αὐτὸν πολυτρόπως καὶ κατέχων
αὐτὸν ἐν τοῖς κόλποις αὐτοῦ ἐτελεύτησεν ἀφυπνώσαντος
τοῦ Ἀβραάμ τῷ ιε' ἔτει τῆς ζωῆς Ἰακώβ.
- 26 -

34 τῷ Ἡσαῦ ἔφη ἐν ταῖς εὐλογίαις ὁ Ἰσαὰκ ἔσται δὲ ἡνίκα
ἂν καθέλῃς καὶ ἐκλύσῃς τὸν ζυγὸν αὐτοῦ ἀπὸ τοῦ τραχήλου
σου.
- 29 -

12 τῷ 'ρ ν γ' ἔτει τοῦ Ἰσαὰκ ἐπανῆλθεν Ἰακὼβ πρὸς αὐτὸν
ἀπὸ Μεσοποταμίας.
- 31 -

9 καὶ ἀναβλέψας Ἰσαὰκ καὶ ἰδὼν τοὺς υἱοὺς Ἰακὼβ
14 ηὐλόγησε τὸν Λευὶ ὡς ἀρχιερέα
18 καὶ τὸν Ἰούδαν ὡς βασιλέα καὶ ἄρχοντα.
- 35 -

9 ἡ Ρεβέκκα ᾔτησε τὸν Ἰσαὰκ ἐν τῷ γήρᾳ παραινέσαι τῷ
Ἡσαῦ καὶ τῷ Ἰακὼβ ἀγαπᾶν ἀλλήλους.
- 36 -

1 καὶ παραινέσας αὐτοῖς προεῖπεν ὅτι
9 ἐὰν ἐπαναστῇ τῷ Ἰακὼβ ὁ Ἡσαῦ εἰς χεῖρας αὐτοῦ
πεσεῖται.
- 37 -

1 μετὰ οὖν τὸ τελευτῆσαι τὸν Ἰσαὰκ κινηθεὶς ὑπὸ τῶν υἱῶν
ὁ Ἡσαῦ
9 καὶ ἀθροίσας ἔθνη ἦλθε κατὰ τοῦ Ἰακὼβ καὶ τῶν υἱῶν
αὐτοῦ εἰς πόλεμον.
17 Ἰακὼβ δὲ ἀποκλείσας τὰς πύλας τῆς βάρεως παρεκάλει τὸν
Ἡσαῦ μνησθῆναι τῶν γονικῶν ἐντολῶν.
18 τοῦ δὲ μὴ ἀνεχομένου ἀλλ' ὑβρίζοντος καὶ ὀνειδίζοντος
- 38 -

1 βιασθεὶς Ἰακὼβ ὑπὸ τοῦ Ἰούδα
2 ἐνέτεινε τόξον καὶ πλήξας κατὰ τοῦ δεξιοῦ μαζοῦ τὸν
Ἡσαῦ κατέβαλε.
3 τοῦ δὲ θανόντος ἀνοίξαντες τὰς πύλας οἱ υἱοὶ Ἰακὼβ
ἀνεῖλον τοὺς πλείστους.
- 46 -

3 Ἰωσὴφ ιζ' ἐτῶν ἐπράθη καὶ τριὰ ἔτη ἐποίησεν δοῦλος καὶ
γ' ἔτη ἐν τῇ φυλακῇ καὶ π' πάσης γῆς Ἐγύπτου ἄρχων.
14 τόν τε γὰρ ποταμὸν εἰς διώρυχας πλείστας κατατεμεῖν
αὐτοῖς ἐπέταξεν καὶ οἰκοδομῆσαι τείχη ταῖς πόλεσι καὶ
χώματα ἀναγεῖραι ἵνα δι' αὐτῶν ὁ ποταμὸς λιμνάζειν
ἀνείργοιτο καὶ ἀνιστᾶν πυραμίδας καὶ τούτοις τοὺς
Ἑβραίους ἐξέτρυχον.
- 47 -

3 μόνους δέκα μῆνας ῥιφῆναι τὰ βρέφη τῶν Ἰσραηλιτῶν ἐν
τῷ ποταμῷ ἕως οὗ ἀνελήφθη Μωϋσῆς ὑπὸ τῆς βασιλίσσης.
5 ὁ δ' αὐτὸς υἱὸς τῇ θυγατρὶ Φαραὼ Θερμούθιδι τῇ καὶ
Φαρίη βασιλίδι οὔσῃ εἰσποιηθεὶς καὶ πᾶσαν Αἰγυπτίων
ἀσκηθεὶς παίδευσιν ὡς βασιλίδος υἱὸς δικαίως ἂν κληθείη
κατὰ κόσμον βασιλεὺς ἐξ ὕδατος.
- 48 -

1 καταλιπὼν δὲ Μωϋσῆς τὰς κατ' Αἴγυπτον διατριβὰς εἰς τὴν
ἔρημον ἐφιλοσόφει διδασκόμενος παρὰ τοῦ ἀρχαγγέλου
Γαβριὴλ τὰ περὶ τῆς γενέσεως τοῦ κόσμου.
5 ἐν ρ μ δ' ἔτει τῆς ἐν Αἰγύπτῳ δουλείας ἤρξαντο
Αἰγύπτιοι δέχεσθαι τὴν δεκάπληγον. ἐν μηνὶ Ἰουνίῳ τὰ
ὕδατα εἰς αἷμα μετεβλήθη Ἰουλίῳ βάτραχοι Αὐγούστῳ
σκνῖπες Σεπτεμβρίῳ κυνόμυια Ὀκτωβρίῳ κτηνῶν πτῶσις
Νοεμβρίῳ φλυκτίδες καὶ ἕλκη Δεκεμβρίῳ χάλαζα Ἰανουαρίῳ
ἀκρὶς Φεβρουαρίῳ σκότος ἡμέρας τρεῖς Μαρτίῳ τὰ
πρωτότοκα. τῇ ιδ' τούτου τοῦ μηνὸς σκυλεύσαντες τοὺς
Αἰγυπτίους ἐξῆλθον προστάξει θεοῦ τοῦτο πεποιηκότες.
14 ἐν τῇ θαλάσσῃ κατεστράφησαν ὃν τρόπον τὰ βρέφη τῶν
Ἑβραίων ἐν τῷ ποταμῷ ἀπέπνιγον χιλίων ἀνδρῶν
ἀποπνιγέντων ἰσχυρῶν Αἰγυπτίων ἀνθ' ἑνὸς βρέφους
Ἰσραηλιτικοῦ.

        - 1.34 -
    8 ἃ ὀφθαλμὸς οὐκ εἶδεν καὶ οὖς οὐκ ἤκουσεν καὶ ἐπὶ
      καρδίαν ἀνθρώπου οὐκ ἀνέβη ὅσα ἡτοίμασεν ὁ θεὸς τοῖς
      ἀγαπῶσιν αὐτόν.
        - 10.94 -
    4 δόξαν ἣν ὀφθαλμὸς οὐκ εἶδεν οὐδὲ οὖς ἤκουσεν οὐδὲ ἐπὶ
      καρδίαν ἀνθρώπου ἀνέβη καὶ χαρήσονται ἐπὶ τῇ βασιλείᾳ
      τοῦ κυρίου αὐτῶν εἰς τοὺς αἰῶνας.
        - 4 -
  228 τοῦ Ἀντιχρίστου οἷος μέλλη τότε φαίνεσθαι ἡ κεφαλὴ
      αὐτοῦ φλὸξ πυρὸς ὁ ὀφθαλμὸς αὐτοῦ ὁ δεξιὸς κέκραται
      αἵματος. ὁ δὲ εὐώνυμος χαροπὸς ἔχων δύο κόρας τὰ δὲ
      βλέ<φαρα> αὐτοῦ λευκὰ τὸ δὲ χεῖλος αὐτοῦ τὸ κάτω μέγα ὁ
      δεξιὸς αὐτοῦ μηρὸς λεπτὸς καὶ οἱ πόδες αὐτοῦ πλατεῖς
      τέθλασται δὲ ὁ μέγας δάκτυλος τοῦ ποδὸς αὐτοῦ.

                          Martyrium Isaiae
                          ----------------

      - L.1 -
    1 ἐγένετο ἐν τῷ πέμπτῳ καὶ εἰκοστῷ ἔτει βασιλεύοντος
      Ἐξεκίου καλέσαι Μανασσήν τὸν υἱὸν αὐτοῦ ὄντα ἐτῶν
      ἕνδεκα ἔμπροσθεν Ἠσαΐου τοῦ προφήτου καὶ Ἰασοὺμ τοῦ
      υἱοῦ αὐτοῦ.
    2 παρέδωκεν αὐτῷ τοὺς λόγους οὓς αὐτὸς εἶδεν καὶ τὴν
      κατάβασιν καὶ ἐξέλευσιν τοῦ ἀγαπητοῦ ἐκ τοῦ ἑβδόμου
      οὐρανοῦ εἰς τὸν ᾅδην καὶ τὴν μεταμόρφωσιν ἣν
      μετεμορφώθη καὶ τοὺς λόγους οὓς αὐτὸς ὁ βασιλεὺς εἶδεν
      ἐν τῇ ἀρρωστίᾳ αὐτοῦ.
    3 <ἤκουσεν> Σωμνᾶς ὁ γραμματεὺς καὶ Ἀσοὺρ ὁ
      ὑπομνηματογράφος ἐρχόμενον Ἠσαΐαν ἀπὸ Γαλγάλων εἰς
      Ἰερουσαλὴμ καὶ τεσσεράκοντα υἱοὺς προφητῶν καὶ Ἰασοὺμ
      τὸν υἱὸν αὐτοῦ.
    5 <ἐκέλευσεν> τεθῆναι αὐτῷ δίφρον οὐκ ἐκάθισεν δὲ ἐπὶ τὸν
      δίφρον ἀλλ' ἐπὶ τὴν κλίνην τοῦ βασιλέως.
    6 ἐπιθεὶς τὰς χεῖρας αὐτοῦ <ἐπ' αὐτὸν τὸν μέλλοντά> με
      τιμωρεῖν βασάνοις.
    8 ζῇ κύριος καὶ ὁ ἀγαπητὸς καὶ τὸ πνεῦμα τὸ λαλοῦν ἐν
      ἐμοὶ ὅτι ἐν ταῖς χερσὶ Μανασσῆ τοῦ υἱοῦ σου βασάνοις
      ἀπαλλαγήσομαι.
    9 κατοικήσει ὁ Σατανᾶς ἐν <καρδίᾳ> Μανασσῆ πρισθήσομαι
      ὑπ' αὐτοῦ πρίωνι ξυλίνῳ εἰς δύο καὶ πολλοὺς ἐξ
      Ἰερουσαλὴμ καὶ ἐξ Ἰούδα ἀποστήσει.
   10 ἀκούσας δὲ ταῦτα Ἐζεκίας ἔσχισεν τὰ ἱμάτια αὐτοῦ καὶ
      ἔκλαυσεν πικρῶς καὶ ἔβαλεν χοῦν ἐπὶ τὴν κεφαλὴν αὐτοῦ
      καὶ ἔπεσεν ἐπὶ πρόσωπον αὐτοῦ.
   11 καὶ εἶπεν Ἠσαΐας οὐκ ὠφελήσεις σεαυτὸν οὐδὲν <δεῖ>
      πληρωθῆναι τὴν βουλὴν τοῦ σατανᾶ ἐν τῷ Μανασσῆ.
   12 ἐν ἐκείνῃ δὲ τῇ ὥρᾳ διελογίζετο Ἐζεκίας τοῦ ἀποκτεῖναι
      τὸν υἱὸν αὐτοῦ Μανασσήν.
   13 καὶ εἶπεν Ἠσαΐας πρὸς Ἐζεκίαν κατήργησεν ὁ ἀγαπητὸς
      τὴν βουλήν σου οὐ μὴ γὰρ ἔσται δεῖ <με> ἐν ταῖς χερσὶ
      Μανασσῆ ἐξελθεῖν.
      - L.3 -
    1 ἐτελεύτησεν δὲ Ἐζεκίας καὶ Μανασσῆς παρέλαβεν τὴν
      βασιλείαν αὐτοῦ.
    2 οὐκ ἐμνήσθη τῶν ἐντολῶν τοῦ πατρὸς αὐτοῦ ἀλλ' ἐπελάθετο
      καὶ ἀφῆκεν τὴν λατρείαν τοῦ θεοῦ καὶ ἐλάτρευσεν τῷ
      σατανᾷ καὶ τοῖς ἀγγέλοις αὐτοῦ καὶ ταῖς δυνάμεσιν
      αὐτοῦ.
    3 καὶ ἐξέκλινε τὸν οἶκον τοῦ πατρὸς αὐτοῦ ἀπὸ τῆς τοῦ
      θεοῦ λατρείας καὶ ἐλάτρευσαν τῷ διαβόλῳ.
      - Pp.2 -
    4 <Μ>ανασσῆ καὶ κατε<δυ>νάμου αὐτὸν ἐν <τῇ> ἀποστάσει καὶ
      τῇ <ἀν>ομίᾳ ἥτις ἐσπάρη ἐν <Ἰ>ερουσαλήμ.
    5 κα<ὶ> ἐπλήθυναν <ἡ> φαρμακεία καὶ ἡ μαγεία καὶ ἡ
      μαντεία καὶ οἱ κληδονισμοὶ καὶ ἡ πορνεία καὶ ὁ διωγμὸς
      τῶν δικαίων ἐν χερσὶ Μανασσῆ καὶ ἐν χερσὶν τοῦ Τουβὶ
      τοῦ Χανανίτου καὶ ἐν χερσὶν Ἰωνᾶν τοῦ Ναθὼθ καὶ ἐν
      χερσὶν Σαδὼκ τοῦ ἐπὶ τῶν πραγματειῶν.
    6 καὶ οἱ λοιποὶ λόγοι ἰδοὺ γεγραμμένοι εἰσ<ὶν ἐ>ν τοῖς
      βιβλίοις τῶν <β>ασι<λέων> Ἰούδα καὶ Ἰ<σ>ραήλ>.
    7 ---<κ>αὶ τὴν πομπὴ<ν αὐ>τοῦ ἀνεχώρησεν ἀπ<ὸ>
      Ἰ<ερουσαλ>ὴμ καὶ ἐκάθισεν ἐν Βηθλεὲμ τῆς Ἰουδαίας.
    8 <καὶ> ἐκεῖ δὲ ἦν ἀνομ<ία π>ολλὴ καὶ ἀναχωρήσα<ς> ἀπὸ
      Βηθλεὲμ ἐκά<θι>σεν ἐν τῷ ὄρει ἐν τόπῳ ἐρήμῳ.
    9 καὶ Μιχαίας ὁ προφήτης καὶ Ἀνανίας ὁ γέρων καὶ < Ἰ>ωὴλ
      καὶ Ἀμβακοὺμ καὶ Ἰσ>ιασοὺφ ὁ υἱὸς αὐτοῦ καὶ πολλοὶ
      τῶν πιστῶν τῶν πιστευόντων εἰς οὐρανοὺς ἀναβῆναι
      ἀνεχώρησαν καὶ ἐκάθισαν εἰς τὸ ὄρος
   10 πάντε<ς> σάκκον περιβεβλημένοι καὶ πάντες ἦσαν προφῆται
      οὐδὲν ἔχοντες μετ' αὐτῶν ἀλλὰ γυμνοὶ ἦσαν πενθοῦντες
      πένθος μέγα περὶ τῆς πλ<ά>νης τοῦ Ἰσραήλ.
   11 καὶ οὗτοι οὐκ ἤσθιον εἰ μὴ βοτάνας τίλλον<τε>ς ἐκ τῶν
      ὀρέων καὶ----- <---->αν μετὰ Ἠσαΐο>υ οἰκοῦντες. καὶ
      ἐπε<ὶ> ἦσαν ἐν τ<ο>ῖς ὄρεσιν καὶ ἐν τοῖς βουνοῖς <δ>ύο<ο
      ἔ>τη ἡμερῶν.
   12 <ἐπὶ> τοῦ ε<ἶ>ναι αὐτοὺς <ἐν> τοῖς ἐρήμ<ο>ις καὶ-----
      ἐν Σαμαρίᾳ ᾧ <ὄ>νομα ἦν Βελιχειὰρ ἐκ τῆς συγγενίας
      Σεδεκίου υἱοῦ Χανανὶ τοῦ ψευδοπροφήτου ὃς ἦν κατοικῶν
      ἐν Βηθανίᾳ. καὶ Σεδεκίας υἱὸς Χανανὶ ὃς ἦν ἀδελφὸς τοῦ
      πατρὸς αὐτοῦ ἐν δὲ ταῖς ἡμέραις Ἀχαὰβ βασιλέως τοῦ
      Ἰσραὴλ ἦν διδάσκαλος τῶν τετρακοσίων προφητῶν τοῦ Βαὰλ
      καὶ αὐτὸ<ς> ἐράπισεν καὶ ὕβρισεν τὸν Μιχαίαν υἱὸν
      Ἰεμμαδὰ τὸν προφήτην.
   13 καὶ αὐτὸς δὲ ὑβρ<ίσ>θη ὑπὸ Ἀχαὰβ καὶ ἐβλήθη Μιχαίας
      εἰς φυλακήν. <καὶ ἦν> μ<ε>τὰ Σεδεκίου τοῦ
      ψευδοπροφήτο<υ> ὄντος. ἦσαν μετὰ Ὀχοζείου υἱοῦ Ἀλά<μ>

      ἐν Σεμμωμα-----
   14 καὶ Ἠλείας <ὁ προφή>της ἐκ Θεσ<βῶν>---- καὶ τὴν
      Σαμαρίαν καὶ αὐτὸς ἐπροφήτευεν περὶ Ὀχοζείου ὅτι ἐν
      κλίνῃ ἀρρωστίας ἀποθανεῖται καὶ ἡ Σαμαρία εἰς χεῖρας
      Ἀλνασὰρ παραδοθήσεται ἀνθ' ὧν ἐφόνευεν τοὺς προφήτας
      τοῦ θ<εο>ῦ.
   15 <κα>ὶ ἀκούσαντες οἱ προφῆται <ο>ἱ μετὰ Ὀχοζείου υἱοῦ
      Ἀλὰμ καὶ <ὁ> διδάσκαλος αὐτῶν Ἰαλλαρίας ἐξ ὄρους
      + Ἰσλαλ +
   16 καὶ αὐτὸς ἦν <ὁ> Βεχειρ<ὰ> ἀδελφὸς τοῦ Σεδεκίου
      ἀκούσαν<τε>ς μετέπεισαν τὸν Ὀχοζείαν βασιλέα Γομόρρων
      καὶ ἐφό<ν>ευσαν τὸν Μιχαί<α>ν.
      - Pp.3 -
    1 καὶ Βεχειρὰ ἔγνω <κ>αὶ εἶδεν τὸν τό<π>ον τοῦ Ἠσαΐου
      <καὶ τῶ>ν προφη<τῶν τῶν> μετ' αὐτοῦ. οὗτο>ς γὰρ ἦν
      οἰκῶν ἐν τῇ χώρᾳ Βηθλεὲμ καὶ ἐκολλήθη τῷ Μανασσῇ. καὶ
      αὐτὸς ἦν ψευδοπροφητεύων ἐν Ἰερουσαλὴμ καὶ πολλοὶ ἐξ
      Ἰερουσαλὴμ ἐκολλήθησαν πρὸς αὐτόν. καὶ αὐτὸς δὲ ἦν ἀπὸ
      Σαμαρίας.
    2 καὶ ἐγένετο ἐν τῷ ἐλθεῖν Ἀλγασὰρ Ἀσσυρίων βασιλέα καὶ
      αἰχμαλωτίσαι τὴν Σαμαρίαν καὶ λαβεῖν τὰς ἐν<νέ>α ἥμισυ
      φυλὰς ἐν αἰχμαλωσίᾳ καὶ ἀπενέγκαι αὐτοὺς εἰς ὄρη Μήδων
      καὶ ποταμῶν <καὶ> Γωζάν.
    3 οὗτος ἦν νεώτερος καὶ ἔφυγεν καὶ ἦλθεν εἰς
      Ἱε<ρου>σαλὴμ ἡμ<έρ>αις < Ἐζε>κίου βασ<ιλέως Ἰ>ούδα.
      κα<ὶ οὐκ ἐ>πάτει +εἰς Σαμαρίαν ἐν ὁδῷ+ τοῦ πατρὸς αὐτοῦ
      ὅτι τὸν Ἐζεκίαν ἐφοβεῖτο.
    4 καὶ εὑρέθη ἐν τῷ χρόνῳ Ἐζεκίου λαλῶν λόγους ἀνομίας ἐν
      Ἰερουσαλὴμ
    5 καὶ κατηγορήθη ὑπὸ τῶν παίδων Ἐζεκίου καὶ ἔφυγεν εἰς
      τὴν χώραν Βηθλεέμ. καὶ ἔπεισεν
    6 καὶ κατηγόρησεν Μελχειρὰ τοῦ Ἠσαΐου καὶ τῶν προφητῶν
      λέγων ὅτι Ἠσαΐας καὶ οἱ προφῆται οἱ μετὰ Ἠσαΐου
      προφητεύουσιν ἐπὶ Ἰερουσαλὴμ καὶ ἐπὶ <τὰ>ς πόλεις
      Ἰούδα <κα>ὶ Βε<νι>αμειν ὅτι <πο>ρεύ<σο>νται ἐν
      χαλε<άγ>ρ<αις κα>ὶ ἐν πέδαις---- ἀπελεύσῃ
    7 καὶ αὐτοὶ ψευδοπροφητεύουσιν καὶ τὸν Ἰσραὴλ καὶ τὸν
      Ἰούδαν καὶ τὸν Βενιαμειν αὐτοὶ μισοῦσιν καὶ ὁ λόγος
      αὐτῶν κακὸς ἐπὶ τὸν Ἰούδαν καὶ τὸν Ἰσραήλ.
    8 καὶ αὐτὸς Ἠσαΐας εἶπεν (αὐτοῖς) βλέπω πλέον Μωυσῆ τοῦ
      προφήτου.
    9 εἶπεν γὰρ Μωυσῆς ὅτι οὐκ ὄψεται ἄνθρωπος τὸν θεὸν καὶ
      ζήσετα<ι> Ἠσαΐας δὲ εἶπεν εἶδον τὸν <θεὸν> κ<αὶ> ἰδοὺ
      ζῶ.
   10 βασι<λ>εῦ <γί>νω<σ>κε ὅτι ψευδὴ<ς> ἐστιν. καὶ τὴν
      Ἰ<ε>ρουσαλὴμ Σόδο<μ>α ἐκάλεσεν κ<αὶ τοὺς> ἄρχοντα<ς>
      Ἰούδα> καὶ Ἰσραὴλ <λαὸν Γο>μόρρας πρ<οσηγό>ρευσεν.
      <κ>α<ὶ πολλὰ> κατηγόρει ἐπὶ τοῦ Μανασσῆ καὶ τῶν
      προφητῶν.
   11 καὶ ἐκάθισεν Βελιὰρ ἐν τῇ καρ<δί>ᾳ τοῦ Μανασσῆ καὶ ἐν
      τῇ καρδίᾳ τῶν ἀρχόντων Ἰούδα καὶ Βενιαμειν καὶ τῶν
      εὐνούχων καὶ τῶν συμβούλων τοῦ βασιλέως
   12 καὶ ἤρεσαν αὐτῷ οἱ λόγοι τοῦ Βελχειρὰ καὶ ἀπέστειλεν
      καὶ ἐκράτησεν τὸν Ἠσαΐαν.
   14 <ἐκέλευσεν> πρισθῆναι ἐν πρίωνι
   16 ἐν πρίωνι ξυλίνῳ πρισθῆναι αὐτόν.
   17 καὶ πριζομένου αὐτοῦ ἔστη Μελχίας κατὰ πρόσωπον αὐτοῦ
      λέγων.
   18 καὶ εἶπεν Ἠσαΐας κατάθεμά σοι ζῇ ὁ θεὸς καὶ ζῇ τὸ
      πνεῦμα τὸ λαλοῦν ἐν ἐμοὶ < Ἰερουσαλὴμ> ἐρημωθήσεται.
   19 ἔπρισαν αὐτὸν διχῇ.

- 2.22 -

10 καὶ ἦν δεδεμένος καὶ κατασεσιδηρωμένος ὅλος ἐν οἴκῳ
   φυλακῆς καὶ ἐδίδοτο αὐτῷ ἐκ πιτύρων ἄρτος ἐν σταθμῷ
   βραχὺς καὶ ὕδωρ σὺν ὄξει ὀλίγον ἐν μέτρῳ ὥστε ζῆν αὐτὸν
   καὶ ἦν συνεχόμενος καὶ ὀδυνώμενος σφόδρα.

11 καὶ ὡς βιαίως ἐθλίβη ἐζήτησεν τὸ πρόσωπον κυρίου τοῦ
   θεοῦ αὐτοῦ καὶ ἐταπεινώθη σφόδρα ἀπὸ προσώπου κυρίου
   τοῦ θεοῦ τῶν πατέρων αὐτοῦ καὶ προσηύξατο πρὸς κύριον
   τὸν θεὸν λέγων.

12 κύριε παντοκράτωρ ὁ θεὸς τῶν πατέρων ἡμῶν τοῦ Ἀβραὰμ
   καὶ Ἰσαὰκ καὶ Ἰακὼβ καὶ τοῦ σπέρματος αὐτῶν τοῦ
   δικαίου ὁ ποιήσας τὸν οὐρανὸν καὶ τὴν γῆν σὺν παντὶ τῷ
   κόσμῳ αὐτῶν ὁ πεδήσας τὴν θάλασσαν τῷ λόγῳ τοῦ
   προστάγματός σου ὁ κλείσας τὴν ἄβυσσον καὶ
   σφραγισάμενος αὐτὴν τῷ φοβερῷ καὶ ἐνδόξῳ ὀνόματί σου ὃν
   πάντα φρίσσει καὶ τρέμει ἀπὸ προσώπου δυνάμεώς σου ὅτι
   ἄστεκτος ἡ μεγαλοπρέπεια τῆς δόξης σου καὶ ἀνυπόστατος
   ἡ ὀργὴ τῆς ἐπὶ ἁμαρτωλοὺς ἀπειλῆς σου ἀμέτρητόν τε καὶ
   ἀνεξιχνίαστον τὸ ἔλεος τῆς ἐπαγγελίας σου. ὅτι σὺ εἶ
   κύριος μακρόθυμος εὔσπλαγχνος πολυέλεος καὶ μετανοῶν
   ἐπὶ ταῖς κακίαις τῶν ἀνθρώπων ὅτι σὺ ὁ θεὸς κατὰ τὴν
   χρηστότητα τῆς ἀγαθωσύνης σου ἐπηγγείλω μετανοίας
   ἄφεσιν τοῖς ἡμαρτηκόσιν καὶ τῷ πλήθει τῶν οἰκτιρμῶν σου
   ὥρισας μετάνοιαν ἁμαρτωλοῖς εἰς σωτηρίαν.

13 σὺ οὖν κύριε ὁ θεὸς τῶν δικαίων οὐκ ἔθου μετάνοιαν
   δικαίοις τῷ Ἀβραὰμ καὶ Ἰσαὰκ καὶ Ἰακὼβ τοῖς οὐχ
   ἡμαρτηκόσιν σοι ἀλλ᾽ ἔθου μετάνοιαν ἐπ᾽ ἐμοὶ τῷ
   ἁμαρτωλῷ διότι ἥμαρτον ὑπὲρ ἀριθμὸν ψάμμου θαλάσσης.
   ἐπλήθυναν αἱ ἀνομίαι μου κύριε ἐπλήθυναν αἱ ἀνομίαι μου
   καὶ οὐκέτι εἰμὶ ἄξιος ἀτενίσαι καὶ ἰδεῖν τὸ ὕψος τοῦ
   οὐρανοῦ ἀπὸ πλήθους τῶν ἀδικιῶν μου κατακαμπτόμενος
   πολλῷ δεσμῷ σιδήρου διότι παρώργισα τὸν θυμόν σου καὶ
   τὸ πονηρὸν ἐνώπιόν σου ἐποίησα στήσας βδελύγματα καὶ
   πληθύνας προσοχθίσματα.

14 καὶ νῦν κλίνω γόνυ καρδίας μου δεόμενος τῆς παρὰ σοῦ
   χρηστότητος ἡμάρτηκα κύριε ἡμάρτηκα καὶ τὰς ἀνομίας μου
   ἐγὼ γινώσκω ἀλλ᾽ αἰτοῦμαι δεόμενός σου ἄνες μοι κύριε
   ἄνες μοι καὶ μὴ συναπολέσῃς με ταῖς ἀνομίαις μου μηδὲ
   εἰς τὸν αἰῶνα μηνίσας τηρήσῃς τὰ κακά μοι μηδὲ
   καταδικάσῃς με ἐν τοῖς κατωτάτοις τῆς γῆς ὅτι σὺ εἶ ὁ
   θεὸς τῶν μετανοούντων καὶ ἐν ἐμοὶ δείξεις τὴν
   ἀγαθωσύνην σου ὅτι ἀνάξιον ὄντα σώσεις με κατὰ τὸ πολὺ
   ἔλεός σου καὶ αἰνέσω σε διαπαντὸς ἐν πάσαις ταῖς
   ἡμέραις τῆς ζωῆς μου ὅτι σὲ ὑμνεῖ πᾶσα ἡ δύναμις τῶν
   οὐρανῶν καὶ σοῦ ἐστιν ἡ δόξα εἰς τοὺς αἰῶνας ἀμήν.

15 καὶ ἐπήκουσεν τῆς φωνῆς αὐτοῦ κύριος καὶ ᾠκτείρησεν
   αὐτὸν καὶ ἐγένετο περὶ αὐτὸν φλὸξ πυρός καὶ ἐτάκησαν
   πάντα τὰ περὶ αὐτὸν σίδηρα καὶ ἰάσατο κύριος τὸν
   Μανασσῆν ἐκ τῆς θλίψεως αὐτοῦ.

- 2.23 -

3 καὶ παρελογίσατο Ἀμὼς λογισμὸν παραβάσεως κακὸν καὶ
  εἶπεν ὁ πατήρ μου ἐκ νεότητος πολλὰ παρηνόμησεν καὶ ἐν
  γήρᾳ μετέγνω καὶ νῦν ἐγὼ πορεύσομαι καθὰ ἐπιθυμεῖ ἡ
  ψυχή μου καὶ ὕστερον ἐπιστρέψω πρὸς κύριον.


Apocalypsis Baruch Syriaca (Fragmenta)
-----------------------------------------

- 12 -

1 ⟨αλλα τ⟩ουτο οιο⟨ν οιομαι ερω και λαλη⟩σω προς σε την
  ⟨γην την ευοδουσαν

2 ο⟩υ παντοτε μεσεμ⟨βρια αποκαιει ουδ⟩ε το διηνεκες αι
  ακτι⟨νες του ηλιου λα⟩μπουσιν

3 και συ μη προσ⟨δοκα χαιρησειν⟩ μηδε επ⟨ι⟩ πολυ
  καταδικα⟨ζε

4 αληθως γαρ εν⟩ καιρω εξϋπνισθησεται ⟨προς σε η οργη η
  νυν υπο τ⟩ης μακροθυμ⟨ιας ως χαλινω κατεχεται

5 και⟩ ειπων ταυτα ενηστευσα ημε⟩ρας ζ᾽ -

- 13 -

1 και εγενετο με⟨τα ταυτα οτι εγω⟩ Βαρουχ ϊστηκειν επι το
  ⟨ορος Σιων και ιδου φων⟩η εξηλθεν εξ ϋ⟨ψους και ειπε
  μοι

2 ανα⟩στα επι τους πο⟨δας σου Βαρουχ και ακουε⟩ τον λογον
  ϊσχυ⟨ρου θεου⟩

11 ⟩οπη⟨-- ⟩τα εθνη κα⟨-- καταπα⟩τησαντες την ⟨γην και
   καταχρησαμενοι⟩ τοις εν αυτη κτισμ⟨ασι

12 υμεις γαρ ευερ⟩γετουμενοι αει ηχα⟨ριστειτε αει⟩

- 14 -

1 και απεκριθην και ειπο⟨ν ιδου απεδει⟩ξας μοι καιρων
  ταξεις κ⟨αι το μελλον εσ⟩εσθαι και ειπ⟨ε⟩ς μ⟨ο⟩ι ⟨οτι
  υπ εθνων⟩ υπενεχθησε⟨ται η υπο σου λεχθεισα⟩ πραξις

2 και νυν ⟨οιδα οτι πολλοι---⟩ εισιν οι αμαρτυρησαν⟨τες
  και---⟩ εξησαν και επορευθη⟨σαν εκ κοσμου⟩ ολιγα δε
  περι⟨εσται εθνη εν εκεινοις⟩ τοις καιροις οι⟨ς--- ους
  ειπες⟩ λογους

3 και τι π⟨λεον εν τουτω η τινα χει⟩ρονα τ⟨ο⟩υτ⟨ων---

- 64.70 -

6  βασιλεύς τις ἐν τῇ αὐτοῦ βασιλείᾳ πάντας εἶχεν
   ἐστρατευμένους παγανὸν δὲ οὐκ εἶχεν ἀλλ' ἢ μόνον δύο
   ἕνα χωλὸν καὶ ἕνα τυφλὸν καὶ ἕκαστος ⟨αὐτῶν⟩ κατ' ἰδίαν
   ἐκαθέζετο καὶ κατ' ἰδίαν ᾤκει.
7  γάμους δὲ ποιήσας ὁ βασιλεὺς  τῷ ἰδίῳ υἱῷ ἐκάλεσε πάντας
   τοὺς ἐν τῇ αὐτοῦ βασιλείᾳ περιεφρόνησε δὲ τῶν δύο
   παγανῶν τοῦ τε χωλοῦ καὶ τοῦ τυφλοῦ οἱ δὲ ἠγανάκτησαν
   ἐν ἑαυτοῖς καὶ ἐπιβουλὴν ἐργάσασθαι τῷ βασιλεῖ
   ἐπενόουν.
8  παράδεισον δὲ εἶχεν ὁ βασιλεὺς  καὶ ἀπὸ μήκοθεν ὁ τυφλὸς
   ἐλάλει τῷ χωλῷ λέγων πόσον ἦν ἡμῶν  τὸ κλάσμα τοῦ ἄρτου
   μετὰ τῶν ὄχλων τῶν κληθέντων εἰς τὴν εὐφρασίαν; δεῦρο
   τοίνυν καθὼς ἐποίησεν ἡμῖν ἀμυνώμεθα αὐτόν.
9  ὁ δὲ ἕτερος ἠρώτα ποίῳ τρόπῳ; ὁ δὲ εἶπεν ἀπέλθωμεν εἰς
   τὸν παράδεισον αὐτοῦ καὶ ἀφανίσωμεν ἐκεῖ τὰ τοῦ
   παραδείσου. ὁ δὲ εἶπεν καὶ πῶς δύναμαι  χωλὸς ὢν καὶ μὴ
   δυνάμενος ἐπισαίνειν; ὁ δὲ τυφλὸς ἔφη αὐτὸς ἐγὼ δύναμαί
   τι πράττειν μὴ ὁρῶν ποῦ ἀπέρχομαι; ἀλλὰ τεχνασώμεθα.
10 τίλας χόρτον τὸν πλησίον καὶ πλέξας σχοινίον ἠκόντισε
   τῷ τυφλῷ καὶ εἶπεν κράτει καὶ δεῦρο πρὸς τὸ σχοινίον
   πρός με. ὡς δὲ ἐποίησεν ὃ προετράπη ὅτε ἔφθασε λέγει
   δεῦρό μοι γενοῦ πόδες καὶ βάστασόν με καὶ γίνομαί σοι
   ὀφθαλμοὶ ἄνωθεν ὁδηγῶν σε δεξιὰ καὶ εὐώνυμα.
11 τοῦτο δὲ ποιήσαντες κατέβησαν εἰς τὸν παράδεισον. εἶτα
   λοιπὸν εἴτε ἠδίκησαν εἴτε καὶ οὐκ ἠδίκησαν ὅμως τὰ ἴχνη
   πέφηνεν ἐν τῷ παραδείσῳ.
12 καταλύσαντες δὲ ἐκ τῶν γάμων οἱ εὐφρανθέντες καταβάντες
   εἰς τὸν παράδεισον ἐξεπλάγησαν τὰ ἴχνη εὑρόντες ἐν τῷ
   παραδείσῳ καὶ ταῦτα ἀνήγγειλαν τῷ βασιλεῖ λέγοντες
   ἅπαντες στρατιῶται ἐν τῇ βασιλείᾳ σου καὶ οὐδείς ἐστι
   παγανός. πόθεν τοίνυν ἴχνη παγανῶν ἐν τῷ παραδείσῳ;
13 ὁ δὲ ἐθαύμασε. ὡς μετεστείλατο τὸν χωλὸν καὶ τὸν τυφλὸν
   καὶ ἠρώτησε τὸν τυφλὸν μὴ σὺ κατῆλθες εἰς τὸν
   παράδεισον; ὁ δὲ ἔφη οἴμοι κύριε ὁρᾷς ἡμῶν τὴν
   ἀδυναμίαν οἶδας ὅτι ⟨οὐχ⟩ ὁρῶ ποῦ βαδίζω.
14 εἶτα ἐλθὼν ἐπὶ τὸν χωλὸν καὶ αὐτὸν ἠρώτα σὺ κατῆλθες
   εἰς τὸν παράδεισόν μου; ὁ δὲ ἀποκριθεὶς εἶπεν ὦ κύριε
   πικρᾶναί μου τὴν ψυχὴν ἐν τῷ μέρει τῆς ἀδυναμίας
   βούλει. καὶ λοιπὸν ἡ κρίσις ἀργεῖ.
15 τί οὖν ποιεῖ ὁ κριτὴς ὁ δίκαιος; ἀναγνοὺς ποίῳ τρόπῳ
   ἀμφότεροι ἐζεύχθησαν ἐπιτίθησι τὸν χωλὸν τῷ πηρῷ καὶ
   τοὺς ἀμφοτέρους ἐτάζει μάστιξι καὶ οὐ δύνανται
   ἀρνήσασθαι.
16 ἑκάτεροι ἀλλήλους ἐλέγχουσιν ὁ μὲν χωλὸς λέγων τῷ τυφλῷ
   οὐ σύ με ἐβάστασας καὶ ἀπήνεγκας; καὶ ὁ τυφλὸς τῷ χωλῷ
   οὐκ αὐτὸς ὀφθαλμοί μου γέγονας;

- B.30.30 -

3  καὶ τέξεται ἡ δάμαλις καὶ ἐροῦσιν οὐ τέτοκεν.

- C.1.8 -

3  μετανοήσατε οἶκος  Ἰσραὴλ ἀπὸ τῆς ἀνομίας ὑμῶν. εἶπον
   τοῖς υἱοῖς τοῦ λαοῦ μου ἐὰν ὦσιν αἱ ἁμαρτίαι ὑμῶν ἀπὸ
   τῆς γῆς ἕως τοῦ οὐρανοῦ καὶ ἐὰν ὦσιν πυρρότεραι κόκκου
   καὶ μελανώτεραι σάκκου καὶ ἐπιστραφῆτε πρός με ἐξ ὅλης
   τῆς καρδίας καὶ εἴπητε πάτερ ἐπακούσομαι ὑμῶν ὡς λαοῦ
   ἁγίου.

- 40 -

2  ἐφ' οἷς γὰρ ἂν εὕρω ὑμᾶς ἐπὶ τούτοις καὶ κρινῶ.

- E.185 -

1  ⟩εγυπτ⟨ιω⟩ν αγαλ⟨λιασομαι δε εγω
2  εν⟩ αυτοις εαν ερους⟨ιν πατερ ακουσθη⟩σεται
3  και εσοντ⟨αι μετα εμου⟩
4  ⟨επι γ⟩ης ζωης ω ιημ ε⟨ιπον προς τον κν
5  κε μ⟩η με ελλεγξης τ⟨ω θυμω σου μη δε
6  π⟩εδευσης με εν τη ⟨οργη σου δοκιμαζο⟩μαι
7  εως των νεφ⟨ρων μου
8  διαλελ⟩υμαι εως της κοιλ⟨ιας μου δος
9  μοι το⟩ ελεος σου εις εφημ⟨ερον ως ηλεησας
10 α⟩βρααμ' τον πατερα ημ⟨ων και ισακ'
11 κα⟩ι ιακωβ' αλλα σε τον κν ⟨τον
12 θν η⟩μων εγνωκαμεν και⟨---
13 ⟩ενεσι και εγεννηθ⟨---
14 απο⟩καθημενης μεμ⟨----
15 ⟩ς εβδελοιχθημε⟨ν---
16 ⟩το ονομα απ⟨
17 ⟩μενω⟨
18 ⟩πλατεια⟨

- E.186 -

1  ⟨το πλανωμενο⟩ν ουκ επ⟨εσ⟩τρεψατε και
2  ⟨το ενοχλουμενο⟩ν ουκ εθ⟨ε⟩ραπευσατε
3  ⟨και ποιειτε τον⟩ λαον μου πλαν⟨ασθαι απο
4  νομης της⟩ καλης και πορευ⟨εσθαι εις
5  τριβολους κ⟩αι ακανθας αντι χ⟨ορτου
6  και ουκ ετηρη⟩σατε την εμην εν⟨τολην
7  αλλα πας πυμη⟩ν εξ υμων ανεω⟨ξε το στομα
8  και πολλ⟩οι εις καταβρωμα α⟨υτοις εγενοντο
9  αλ⟩λα ειδου εγω διακρινω⟨ κριον
10 προς κριον⟩ και μοσχον προς μοσχ⟨ον και
11 το χωλο⟩ν κατεδησω και το ενο⟨χλουμενον
12 ια⟩σομαι και το πλανομε⟨νον επιστρεψω
13 κ⟩αι βοσκησω αυτου⟨ς εγω και αναπαυσω
14 ε⟩πι το ορος το αγιον ⟨μου και εσομαι
15 αυ⟩τοις πυμην κ⟨αι εσομαι εγγυς
16 αυτων ως ο χ⟩ιτων του χρ⟨ωτος αυτων και
17 επικαλεσ⟩ονται με ⟨και ερω ιδου παρειμι
18 εαν διαβαι⟩νωσιν ο⟨υκ ολισθησουσιν
19 λεγει κς⟩ εκο⟨
20 ⟩ανις⟨
21 ⟩πυρος β⟨
22 ⟩ει εκ' μειαινοντ⟨ες
23 ⟩ετι προσεβαινον τη⟨
24 πρεσ⟩βυτας αδυναμουν⟨τας

25 ε⟩πι τα υψηλα και π⟨
26 ⟩δια το οδαγους μη ε⟨χειν
27 ⟩εος εισιν οι της φων⟨ης
28 ⟩ανεβλεψα δε κ⟨
29 ⟩ου κρεμαμενους⟨
30 ⟩ανου καθιπταμ⟨
31 ⟩υτον και ειπ⟨α

- E.187 -

1  ⟩ε⟨ ⟩ως ο κ⟨
2  ⟩ιν π⟨ ⟩ληθην⟨
3  ε⟩στιν τω δεδουλευ⟨μενω
4  ⟩καρδια καθαρα κα⟨ι
5  ⟩ται επι κν τον θν⟨
6  ⟩αι τα συντετριμ'με⟨να
7  ⟩οι ϋμας και στησε⟨ται
8  ⟩μετα παντος του⟨
9  ε⟩ρημωμενην ϋπο⟨
10 ⟩ησθησεται αυτ⟨
11 ⟩λις και⟨ ---⟨
12 ⟩ον⟨
13 ⟩ι νυν υμ⟨
14 ⟩ται απο του ν⟨
15 μο⟩χθηρων και⟨
16 ⟩χωρας⟨
17 ⟩ης καλυπ⟨
18 ⟩γεινεται ε⟨

- 5.77 -

2 καὶ ἀνέλαβέν με πνεῦμα καὶ ἀνήνεγκέν με εἰς οὐρανὸν
πέμπτον καὶ ἐθεώρουν ἀγγέλους καλουμένους κυρίους καὶ
τὸ διάδημα αὐτῶν ἐπικείμενον ἐν πνεύματι ἁγίῳ καὶ ἦν
ἑκάστου αὐτῶν ὁ θρόνος ἑπταπλασίων φωτὸς ἡλίου
ἀνατέλλοντος οἰκοῦντας ἐν ναοῖς σωτηρίας καὶ ὑμνοῦντας
θεὸν ἄρρητον ὕψιστον.


Apocalypsis Esdrae Quarta (Fragmenta)
-----------------------------------------

- 5 -

35 διὰ τί γὰρ οὐκ ἐγένετο ἡ μήτρα τῆς μητρός μου τάφος ἵνα
μὴ ἴδω τὸν μόχθον τοῦ Ἰακὼβ καὶ τὸν κόπον τοῦ γένους
Ἰσραήλ;

- 7 -

103 εἰ δὲ καὶ οὔτε γυναῖκες ὑπὲρ ἀνδρῶν οὔτε οἰκέται ὑπὲρ
δεσποτῶν οὔτε συγγενεῖς ὑπὲρ συγγενῶν οὔτε φίλοι ὑπὲρ
φίλων οὔτε δίκαιοι ὑπὲρ ἀδίκων ἀλλ' ἕκαστος ὑπὲρ τοῦ
οἰκείου ἔργου τὸν λόγον ἀπαιτηθήσεται.

- 8 -

23 οὗ τὸ βλέμμα ξηραίνει ἀβύσσους καὶ ἡ ἀπειλὴ τήκει ὄρη
καὶ ἡ ἀλήθεια μένει εἰς τὸν αἰῶνα.

- 14 -

21 διαφθαρεισῶν τῶν γραφῶν
22 ἐπίπνους πάσας τὰς παλαιὰς αὖθις ἀνανεούμενος
προεφήτευσε γραφάς.


Achiqar (Fragmenta)
--------------------

- 101 -
πολλοὺς δὲ χρόνους ἐν τῇ Σάμῳ διατρίψας ὁ Αἴσωπος καὶ
πολλῶν τιμῶν καταξιωθεὶς ἠβουλήθη περιελθεῖν τὴν
οἰκουμένην καὶ ἐν τοῖς ἀκροατηρίοις διελέγετο. τιμήματα
δὲ ἀργυρικὰ λαμβάνων πᾶσάν τε χώραν περιελθὼν ὁ Αἴσωπος
ἐγένετο (δὲ) ἐν Βαβυλῶνι ἐν ᾗ ἐβασίλευεν Λυκοῦργος.
ἐπιδειξάμενος δὲ αὐτοῦ τὴν φιλοσοφίαν μέγας παρὰ τοῖς
Βαβυλωνίοις ἀνεδείχθη ὥστε καὶ τὸν βασιλέα ἐραστὴν
αὐτοῦ γενέσθαι τῶν ἠθῶν διὰ τὸν νοῦν αὐτὸν ἔχειν καὶ
ἐποίησεν αὐτὸν ἐπὶ τῆς διοικήσεως.
- 102 -
ἐπ' ἐκείνοις δὲ τοῖς καιροῖς ἔθος εἶχον οἱ βασιλεῖς
παρ' ἀλλήλων φόρους λαμβάνειν διὰ τῆς ἐναρέτου μάχης
οὔτε γὰρ ἐν πολέμοις συνίσταντο οὔτε μάχαις ἔγραφον γὰρ
προβλήματα φιλοσοφίας δι' ἐπιστολῶν καὶ ὁ μὴ εὑρίσκων
διαλύσασθαι φόρους ἐτέλει τῷ πέμψαντι. ὁ δὲ Αἴσωπος τὰ
ἐκπεμπόμενα τῷ Λυκούργῳ λύων προβλήματα εὐδοκεῖν
ἠνάγκαζεν τὸν βασιλέα αὐτὸς δὲ διὰ τοῦ Λυκούργου
ἔπεμπεν τοῖς βασιλεῦσιν καὶ μὴ εὑρίσκοντες φόρους
ἐχορήγουν. καὶ οὕτως ἡ τῶν Βαβυλωνίων βασιλεία
προέβαινεν. ὥστε οὐ μόνον τὰ βάρβαρα τῶν ἐθνῶν
κατειληφέναι ἀλλὰ καὶ τὰ πλείονα μέρη ἕως Ἑλλάδος
ὑποτέτακται.
- 103 -
ὁ δὲ Αἴσωπος ἐπιγνούς τινα εὐγενῆ ἐν Βαβυλῶνι ἄτεκνος
ὑπάρχων τοῦτον υἱὸν ἐποιήσατο καὶ τῷ βασιλεῖ παρέστησεν
ὡς διάδοχον αὐτοῦ τῆς σοφίας. πᾶσαν δὲ αὐτοῦ ἐποιήσατο
ἐπιμέλειαν τῆς παιδείας. ὁ δὲ νεανίσκος μέγα ποιήσας
ἅμα τῇ τοῦ βασιλέως παλλακίδι περιπλακεὶς ἐπιφανὴς
ἐγένετο προσπαίζων. ὁ δὲ Αἴσωπος ἰδὼν καὶ ἀγανακτήσας
πυκνὸν αὐτῷ ἠπείλησεν εἰπὼν βασιλικῆς ὁ παρὰ νόμον
ἁπτόμενος θάνατον ἐνακμάται.
- 104 -
ὁ δὲ νεανίσκος βαρέως φέρων τοὺς λόγους τοῦ Αἰσώπου
καταπεισθεὶς ὑπὸ τῶν φίλων ψεῦδος διέβαλεν τὸν Αἴσωπον
πρὸς τὸν βασιλέα γράψαι πλαστὴν ἐπιστολὴν τῷ αὐτοῦ
ὀνόματι πρὸς τοὺς ἀντιδίκους Λυκούργου (πιστοὺς) ὡς
μέλλοντα αὐτοῖς τὸν Αἴσωπον βοηθεῖν καὶ σφραγίσας τῷ
τοῦ Αἰσώπου δακτυλίῳ ἐπέδωκεν τῷ Λυκούργῳ λέγων ὁ
πιστὸς φίλος σου ἴδε πῶς κατὰ τῆς βασιλείας σου
βουλεύεται. ὁ δὲ βασιλεὺς πεισθεὶς τῇ σφραγῖδι καὶ
ὀργισθεὶς προσέταξεν Ἑρμίππῳ τινὶ στρατοφύλακι ἀνελεῖν
τὸν Αἴσωπον ὡς προδότην. ὁ δὲ οὐκ ἀνεῖλεν αὐτὸν ἦν γὰρ
φίλος αὐτοῦ γνήσιος. μηδενὸς ἱστοροῦντος ἑτήρει αὐτὸν
ἐν τῇ φυλακῇ ἀνήγγειλεν δὲ τῷ βασιλεῖ ὅτι τεθανάτωκα
τὸν Αἴσωπον. ὁ δὲ Ἥλιος παρέλαβεν τὴν διοίκησιν τοῦ
Αἰσώπου.
- 105 -
μετὰ δὲ χρόνον ἀκούσας Νεκτανάβων ὁ τῶν Αἰγυπτίων
βασιλεὺς τὸν Αἴσωπον τεθνηκέναι πρεσβείαν ἀπέστειλεν
πρὸς τὸν Λυκοῦργον μετὰ ἐπιστολῶν καὶ προβλημάτων ἵνα
διαλύσῃ εἰδὼς ὅτι μετὰ Αἴσωπον οὐδεὶς εὑρεθήσεται παρὰ
Βαβυλωνίοις ὁ δυνάμενος διαλῦσαι. ἦν δὲ τὸ πρόβλημα
τοῦτο Νεκτανάβων βασιλεὺς Αἰγύπτου Λυκούργῳ Βαβυλωνίῳ
χαίρειν. θέλω οἰκοδομῆσαι πύργον μήτε γῆς μήτε οὐρανοῦ
ἁπτόμενον ὑψηλόν. ἀπόστειλόν μοι τοὺς οἰκοδομοῦντας
αὐτὸν καὶ (τὸν) ἀποκριθησόμενον ὅ,τι ἂν αὐτὸν ἐρωτήσω
καὶ λάβε φόρους ἐτῶν δέκα ὑπέρ--- ὅλης τῆς χώρας.
- 106 -
ἀναγνοὺς δὲ ὁ Λυκοῦργος τὴν ἐπιστολὴν περίλυπος ἐγένετο
ἐπὶ τῷ ἐξαπίνης πτώματι. ἐκάλεσεν τοὺς φίλους ἀνελθεῖν
ἐν οἷς καὶ Ἑρμιππον ἔφη τε αὐτοῖς δύνασθε λῦσαι τὸ τοῦ
πύργου ζήτημα ἢ πάντας τραχηλοκοπήσω; οἱ δὲ φίλοι εἶπον

οὐκ οἴδαμεν πῶς πύργος οἰκοδομεῖται μήτε οὐρανοῦ μήτε
γῆς ἁπτόμενος. ἕτερος δέ τις δειλὸς λέγει ἀποκρινόμενος
κύριε βασιλεῦ ἡμεῖς θέλομεν πάντα τὰ ὑπὸ σοῦ κελευόμενα
ποιεῖν. ἀδυνάτως καὶ ἀπείρως ἔχομεν πρὸς τὰ τοιαῦτα.
συγγνώμης τοίνυν τυχεῖν ἀξιοῦμεν. ὁ δὲ βασιλεὺς
ὀργισθεὶς ἐκέλευσεν τῷ φύλακι τοῦ ζῆν πάντας
μεταστῆναι. ἐπελάβετο δὲ τὴν ὄψιν ἑαυτοῦ τύπτων καὶ
⟨ἤρξατο⟩ κατατίλλεσθαι καὶ ὀδύρεσθαι τὸν Αἴσωπον. καὶ
ἔλεγεν στενάζων τὸν κίονά μου τῆς βασιλείας ἀπώλεσα διὰ
τὴν ἐμὴν ἀβουλίαν. καὶ οὔτε βρωτοῦ οὔτε ποτοῦ
μετέλαβεν.
- 107 -
ἐπιγνοὺς οὖν ὁ στρατοφύλαξ τὰς ἀναγκαίας χρείας τοῦ
βασιλέως ἠθέλησεν τὸ ἑαυτοῦ ἁμάρτημα εὔκαιρον ⟨δεῖξαι⟩
καὶ φησιν δέσποτα βασιλεῦ ἡ σήμερον ἐσχάτη εἶναί μοι
οἶδα. ὁ δὲ Λυκοῦργος πρὸς αὐτόν τί φής; ὁ δὲ ἐπιταγὴν
βασιλέως μὴ ποιήσας ἐπ' ἐμαυτὸν θησαυρίζω κακά. ὁ δὲ
βασιλεὺς εἶπεν τί σεαυτῷ σύνοιδας; ὁ δὲ εἶπεν Αἴσωπος
ζῇ. ἐξ ἀνελπίστου δὲ ἀκούσας ὁ Λυκοῦργος περιχαρὴς
ἐγένετο καὶ ἔφη πρὸς τὸν Ἑρμιππον ὄφελον ἠδυνάμην ἦν
λέγεις σεαυτοῦ ἐσχάτην ἡμέραν αἰῶνα ποιήσαι ἐὰν
ἀληθεύεις ὅτι Αἴσωπος ζῇ. ἐκεῖνον γὰρ τηρήσας ἐφύλαξας
εἰς ἐμὴν σωτηρίαν. πλὴν ἄμοιρόν σε οὐκ ἀφήσω σωτῆρα δὲ
ἡμῶν ἐπικαλέσομαι. καὶ ἐκέλευσεν αὐτὸν ἀχθῆναι.
παραγεναμένου δὲ αὐτοῦ ῥυποῦντος καὶ κομῶντος καὶ
ὠχρῶντος διὰ τὴν πολυχρόνιον συνοχὴν ἀποστραφεὶς ὁ
βασιλεὺς ἔκλαυσεν. καὶ ἐκέλευσεν αὐτὸν ὁ βασιλεὺς
ἐπιμελείας τυχεῖν καὶ ἀμφιασθέντα ἀσπάσασθαι.
- 108 -
ὁ δὲ Αἴσωπος εἰς ἑαυτὸν ἀποκατασταθεὶς ἐλθὼν ἠσπάσατο
τὸν βασιλέα καὶ ἀπελογεῖτο πῶς ψεῦδος αὐτοῦ κατηγόρησεν
ὁ υἱοποίητος καὶ τὴν ἀλήθειαν μεθ' ὅρκου παρεστήσατο.
τοῦ βασιλέως θέλοντος ἀνελεῖν τὸν Ἥλιον ὡς εἰς πατέρα
ἀθετήσαντα παρητήσατο ὁ Αἴσωπος εἰπὼν τεθνεῶτα μὲν
ἔχειν παρακάλυμμα τοῦ βίου τῆς αἰσχύνης (μετὰ) τὸν
θάνατον ζῶντα δὲ τρόπαιον εἶναι τῆς ἰδίας συνειδήσεως.
συγχωρήσας δὲ ὁ βασιλεὺς ἐκείνῳ τὸ ζῆν ἔφη τῷ Αἰσώπῳ
λαβὼν τὴν ἐπιστολὴν τοῦ τῶν Αἰγυπτίων βασιλέως
ἀνάγνωθι. ὁ δὲ γνοὺς τὸ ζήτημα καὶ μειδιάσας φησίν
ἀντίγραφον αὐτῷ οὕτως πέμψω σοι τοὺς οἰκοδομοῦντας τὸν
πύργον καὶ τὸν ἀποκριθησόμενον τὰ ἐρωτήματα ἐὰν ὁ
χειμὼν παρέλθη. γράψας οὕτως ἔπεμψεν διὰ τῶν πρεσβευτῶν
εἰς Αἴγυπτον. καὶ τῷ Αἰσώπῳ τὴν ἐξ ἀρχῆς διοίκησιν τῶν
πραγμάτων ἐχαρίσατο τὸν δὲ Ἥλιον αὐτῷ παρέσχεν. ὁ δὲ
λαβὼν τὸν νεανίσκον διέθηκεν διὰ λόγων (ἐνουθέτει)
ἀρξάμενος οὕτως.
- 109 -
ἐπάκουσον τῶν ἐμῶν λόγων τέκνον Λῖνε δι' ὧν καὶ
πρότερον παιδευθεὶς οὐ δικαίας μοι χάριτας ἀποδέδωκας.
καὶ νῦν οὖν φύλαξον τούτους ὡς παρακαταθήκην. καὶ
πρῶτον μὲν θεὸν σέβου ὡς δεῖ. βασιλέα τίμα τὸ γὰρ
κράτος ἰσότιμόν ἐστι. τὸν καθηγητήν σου τίμα ἴσα
γονεῦσι τούτους γὰρ εὖ ποιεῖν χρὴ διὰ τὴν φύσιν τῷ δὲ
ἐκ προαιρέσεως στέρξαντι διπλασίους δεῖ ἀποδιδόναι
χάριτας. τὴν καθημερινὴν τροφὴν χρησίμην λάμβανε
δύνῃ ἵνα καὶ εἰς αὔριον ἐργατικώτερος ᾖς καὶ
οὕτως ὑγιαίνῃς. ἐν βασιλικῇ αὐλῇ ἐάν τι ἀκούσῃς τοῦτο
ἐναποθανέτω σοι μὴ σὺ ἐν τάχει ἀποθάνῃς. τῇ γυναικί σου
χρηστὰ ὁμίλει ὅπως ἀνδρὸς ἄλλου πεῖραν μὴ θέλῃ λαβεῖν
κοῦφον γὰρ τὸ γένος τοῦτό ἐστιν καὶ κολακευόμενον
ἐλάττονα φρονεῖ ἁμαρτάνειν. ἐν οἴνῳ μὴ φιλολόγει
ἐπιδεικνύμενος παιδείαν ἀκαίρως γὰρ κατασοφιζόμενος
καταγελασθήσῃ. ὀξύτερα βάδιζε τῆς γλώττης. τοῖς εὖ

πράττουσι  μὴ  φθόνει  ἀλλὰ  σύγχαιρε  καὶ  μεθέξεις  αὐτῶν
τῆς  εὐπραξίας  ὁ  γὰρ  φθονῶν  ἀγνοῶν  ἑαυτὸν  βλάπτει.
δούλου  σου  ἐπιμελοῦ  μεταδιδοὺς  αὐτοῖς  ἀφ'  ὧν  ἔχεις  ἵνα
μὴ  ὡς  κύριον  μόνον  ἐντρέπωνταί  σε  ἀλλὰ  καὶ  ὡς  εὐεργέτην
τιμῶσιν.  θυμοῦ  κράτει.  ἐάν  τι  παρηκμακὼς  μανθάνῃς  μὴ
αἰσχυνθῇς  βέλτιον  γὰρ  ὀψιμαθῆ  μᾶλλον  ἢ  ἀμαθῆ  καλεῖσθαι.
τῇ  γυναικί  σου  κρύπτου  καὶ  ἀπορρήτων  μηδὲν  αὐτῇ  δῆλον
τίθει  τὸ  γὰρ  γένος  ἀντίπαλον  ὃν  πρὸς  τὴν  συμβίωσιν  ὅλην
τὴν  ἡμέραν  καθημένη  ὁπλίζεται  μηχανωμένη  πῶς  σου
κυριεύσει.

- 110 -
τὸν  καθημερινόν  σου  βίον  ζήτει  πρὸς  τὸ  λαμβανόμενον  καὶ
εἰς  αὔριον  ἀποθησαυρίζειν  βέλτιον  γὰρ  ἐχθροῖς
καταλιπεῖν  ἢ  ζῶντα  τῶν  φίλων  ἐπιδέεσθαι.  εὐπροσήγορος
καὶ  κοινὸς  γίνου  τοῖς  συναντῶσί  σοι  εἰδὼς  ὅτι  καὶ  τῷ
κυνὶ  ἡ  οὐρὰ  ἄρτον  πορίζει  τὸ  δὲ  στόμα  πληγάς.  ἐπὶ
σωφροσύνῃ  μεγαλοφρόνει  μὴ  ἐπὶ  χρήμασι  τὰ  μὲν  γὰρ  καιρὸς
ἀφείλετο  ἡ  δὲ  ἀπόρθητος  διαμένει.  ἐὰν  εὐτυχήσῃς  μὴ
μνησικακήσῃς  τοῖς  ἐχθροῖς  μᾶλλον  δὲ  αὐτοὺς  εὖ  ποίει  ἵνα
μεταμέλωνται  γνωρίζοντες  οἷον  ἄνδρα  ἠδίκουν.  δυνάμενος
ἐλεεῖν  μὴ  μέλλε  ἀλλὰ  κοπία  διδοὺς  ἐπιστάμενος  τὴν  τύχην
μὴ  οὖσαν  παράμονον.  ψίθυρον  καὶ  διάβολον  ἄνδρα  εἰ  καὶ
ἀδελφός  σού  ἐστι  γευσάμενον  πρὸς  καιρὸν  ἔκβαλλε  οὐ  γὰρ
ἕνεκα  τοῦ  εὐνοεῖν  τοῦτο  ποιεῖ  ἀλλ'  ὡς  τὰ  ὑπὸ  σοῦ
λεγόμενα  ἢ  πραττόμενα  ἑτέροις  ἀναθήσεται.  ἐπὶ  μεγάλῃ
κτήσει  μὴ  χαῖρε  μηδὲ  ἐπὶ  μικρᾷ  λυποῦ.  ταῦτα  δὴ  εἰπὼν  ὁ
Αἴσωπος  πρὸς  τὸν  νεανίσκον  ἀπεχωρίσθη.  ὁ  δὲ  Λῖνος
λυπούμενος  ἐπὶ  τῷ  ἠδικηκέναι  αὐτὸν  καὶ  διὰ  λόγων
μεμαστιγῶσθαι  ἀποκαρτερήσας  τοῦ  βίου  ἀπέληξεν.  ὁ  δὲ
Αἴσωπος  λαμπρῶς  αὐτὸν  ἔθαψε  πενθήσας.

- 111 -
μετὰ  δὲ  ταῦτα  προσκαλεσάμενός  τινας  ἰξευτὰς  ἐκέλευσεν
συλλαμβάνεσθαι  τέσσαρας  ἀετούς.  συλληφθέντων  δὲ  τῶν
ἀετῶν  ἔτιλεν  τὰ  ἔσχατα  πτερὰ  ἐν  οἷς  δοκοῦσιν  ἵπτασθαι.
οὕτως  τε  αὐτοὺς  ἐκέλευσεν  τρέφεσθαι  καὶ  βαστάζειν
παιδία  μανθάνειν.  γενάμενοι  δὲ  τέλειοι  ἔφερον  τοὺς
παῖδας.  οἱ  δὲ  βαστάζοντες  ἀνίπταντο  εἰς  τὸν  ἀέρα
δεδεμένοι  καλῳδίοις  δεδεμένοι  δὲ  ὑπήκοοι  ἦσαν  τοῖς
παισὶν  πρὸς  τὸ  ἐν  ᾧ  ἠβούλοντο  ⟨μέρος⟩  ⟨βούλημα⟩
φερόμενοι.  τῷ  δὲ  θέρει  ἀποταξάμενος  ὁ  Αἴσωπος  τῷ
βασιλεῖ  ἔπλευσεν  εἰς  Αἴγυπτον  σὺν  τοῖς  παιδίοις  καὶ
τοῖς  ἀετοῖς  μετὰ  πολλῶν  οἰκετῶν  καὶ  παρασκευῆς  πρὸς  τὴν
κατάπληξιν  τῶν  Αἰγυπτίων.

- 112 -
ἀφικομένου  δὲ  αὐτοῦ  εἰς  τὴν  Μέμφιν  ἐδηλώθη  τῷ  βασιλεῖ
Νεκταναβῷ  τὸν  Αἴσωπον  παραστῆναι.  ἀηδῶς  δὲ  ἀκούσας
μετεκαλέσατο  τοὺς  φίλους  καὶ  φησιν  ἄνδρες  ἐνεδρεύθην
ἀκούσας  Αἴσωπον  τεθνάναι  προσεκάλεσα  τὸν  Λυκοῦργον  δι'
ἐπιστολῶν.  ταῦτα  εἰπὼν  ἐκέλευσεν  τὸν  Αἴσωπον  ἀποβῆναι
τῆς  νηός.  καὶ  τῇ  ἐπαύριον  ἐλθὼν  ὁ  Αἴσωπος  ἡσπάσατο  τὸν
βασιλέα.  ὁ  δὲ  Νεκταναβὼ  ἐκέλευσεν  τοὺς  ὑφ'  ἑαυτοῦ
στρατηγοὺς  καὶ  νομάρχας  ἀναλαβεῖν  στολὰς  ⟨λευκὰς⟩
ὁμοίως  καὶ  αὐτὸς  περιβεβλημένος  σινδόνα  καθαρὰν  καὶ  ἐπὶ
τῆς  κεφαλῆς  κέρατα  ἔχων.  καθίσας  δὲ  ἐπὶ  θρόνου
ἐκέλευσεν  εἰσελθεῖν  τὸν  Αἴσωπον.

- 113 -
ὁ  δὲ  θεασάμενος  τὴν  παρασκευὴν  ἐθαύμασεν.  ὁ  δὲ
Νεκταναβῶν  πρὸς  τὸν  Αἴσωπον  λέγει  τίνι  ἴκελός  εἰμι.  πῶς
βλέπεις  τοὺς  περὶ  ἐμὲ  πάντας;  ὁ  δὲ  ἔφη  τῇ  σελήνῃ  ἔοικας
καὶ  οἱ  περὶ  σέ  τοῖς  ἄστροις  ὥσπερ  γὰρ  ἡ  σελήνη  διαφέρει
τῶν  λοιπῶν  ἄστρων  οὕτω  καὶ  σὺ  τῇ  κερατοειδεῖ  μορφῇ
σελήνης  τρόπον  ἔχεις  οἱ  δὲ  ἄρχοντές  σου  τοῖς  περὶ
ἐκείνην  ἄστροις.  ταῦτα  ἀκούσας  Νεκτεναβὼ  καὶ  θαυμάσας
ἔδωκεν  αὐτῷ  δῶρα.

- 114 -
τῇ  δὲ  ἐχομένῃ  ἡμέρᾳ  ἐνδυσάμενος  Νεκταναβὼ  πορφύραν
ἐμφανὴς  ἔστη  σὺν  τοῖς  περὶ  αὐτὸν  ἔχων  ἄνθεα  πολλὰ  καὶ
ἐκέλευσε  τὸν  Αἴσωπον  εἰσελθεῖν.  εἰσελθόντος  δὲ
ἐπηρώτησε  λέγων  τίνι  ἴκελός  με  βλέπεις  καὶ  τοὺς  περὶ
ἐμέ;  ὁ  δὲ  ἔφη  σέ  μὲν  ἡλίῳ  τῷ  τῆς  ἐαρινῆς  ὥρας  τοὺς  δὲ
περὶ  σέ  τοῖς  ἐκ  τῆς  γῆς  καρποῖς  ὡς  γὰρ  βασιλεὺς
πορφυρίζουσαν  ἔχεις  τὴν  ἀπὸ  τῆς  ὁράσεως  τέρψιν  καὶ  τοὺς
καρποὺς  εὐανθεῖς  ἀναλαμβάνεις.  ὁ  δὲ  βασιλεὺς  θαυμάσας
αὐτοῦ  τὸ  νοερὸν  δῶρα  ἐπέδωκε.

- 115 -
καὶ  τῇ  ἑξῆς  ἡμέρᾳ  ἐνδυσάμενος  στολὴν  λευκὴν  ὅ  τε
Νεκταναβὼν  καὶ  τοῖς  φίλοις  αὐτοῦ  κοκκίνας  περιβαλὼν
στολὰς  ἐκάθισεν.  τοῦ  δὲ  Αἰσώπου  ἐλθόντος  ἐπύθετο  τίνι
ἴκελός  εἰμι;  ὁ  δὲ  ἔφη  σὺ  τῷ  ἡλίῳ  καὶ  οἱ  περὶ  σέ  ταῖς
ἀκτῖσι  ὥσπερ  γὰρ  ὁ  ἥλιος  ⟨λαμπρὸς⟩  καὶ  ἀμίαντος  ὑπάρχει
οὕτως  καὶ  σὺ  καθαρὸν  σεαυτὸν  τοῖς  ἀνθρώποις  τοῖς
βουλομένοις  κατοπτεύειν  παρέστησας  φέρων  καὶ  λαμπρὸς
μὲν  εἶ  ὡς  ὁ  ἥλιος  οὗτοι  δὲ  διάπυροι  ⟨ὡς⟩  αἱ  ἀκτίνες.  ὁ
δὲ  βασιλεὺς  θαυμάσας  αὐτὸν  ἔφη  οὕτως  τῆς  βασιλείας
περιμενούσης  συμβαίνει  Λυκοῦργον  μηδὲν  εἶναι.  ὁ  Αἴσωπος
μειδιάσας  λέγει  ⟨μὴ⟩  εὐχερῶς  ⟨μὲν  ἀληθοῦς⟩  πρόσφερε
ἐκείνου  ὀνομάζων  τοσοῦτον  γὰρ  διαφέρει  Λυκοῦργος  ὡς
Ζεὺς  τῶν  ἐπὶ  τὸν  κόσμον  ποιεῖ  γὰρ  ⟨ἐκεῖνος⟩  τὸν  ἥλιον
καὶ  τὴν  σελήνην  φαίνειν  καὶ  τὰς  ὥρας  εὐσταθεῖν.  ἐὰν
θέλῃ  ὀργίζεσθαι  τὸ  ἴδιον  ἱερὸν  τρέμειν  ἡ  καὶ  φοβερὰ
βροντήσας  καὶ  δεινὸν  ἀστράψας  καὶ  σείσας  σεισμούς.
ὁμοίως  καὶ  Λυκοῦργος  τῇ  λαμπρότητι  τῆς  βασιλείας  ⟨αὐτοῦ
τὴν  ὑμῶν  λαμπρότητα⟩  ⟨φωτεινὴν⟩  σκοτεινὴν  ποιεῖ  καὶ
ἀφανῆ  ⟨πάντ⟩α  γὰρ  ἐν  ὑπεροχῇ  καταπαύει.

- 116 -
ὁ  δὲ  Νεκταναβῶν  ⟨τὴν⟩  εὐστοχίαν  αὐτοῦ  εἰδὼς  καὶ  τὸ
εὔθετον  τῆς  γλώττης  ⟨διάλεκτον⟩  ἔφη  πρὸς  αὐτὸν  ἠγαγές
μοι  τοὺς  μέλλοντας  οἰκοδομεῖν  τὸν  πύργον;  ὁ  δὲ  λέγει
ἕτοιμοί  εἰσιν  ἐπὰν  σὺ  τὸν  τόπον  δείξῃς.  ὁ  δὲ  βασιλεὺς
θαυμάσας  ἔξω  τῆς  πόλεως  ἀφίκετο  σὺν  τῷ  Αἰσώπῳ  καὶ  μέτρα
ἔδωκεν  εἰς  τὴν  οἰκοδομήν.  ὁ  δὲ  Αἴσωπος  στήσας  κατὰ
γωνίας  τοῦ  δοθέντος  μέτρου  τοὺς  ἀετοὺς  ἐκέλευσεν  ⟨τοὺς

παῖδας⟩  ἀναβῆναι  τοὺς  ἀετοὺς  καὶ  εἰς  ἀέρα  ἵπτασθαι.  καὶ
εἰς  ὕψος  γενάμενοι  ἐφώνουν  ἐπίδοτε  πηλὸν  καὶ  πλίνθους
καὶ  ξύλα  καὶ  ὅσα  πρὸς  τὴν  οἰκοδομὴν  χρεία  ἐστίν.  ὁ  δὲ
Νεκταναβὼν  ἔφη  πόθεν  ἐμοὶ  πτηναὶ  ἄνθρωποι;  ὁ  δὲ
Αἴσωπός  φησιν  ἀλλὰ  Λυκοῦργος  ἔχει  πτηνοὺς  ἀνθρώπους.  σὺ
δὲ  θέλεις  ἄνθρωπος  ὑπάρχων  ἰσοθέῳ  βασιλεῖ  ἐρίζειν;  ὁ  δὲ
Νεκταναβὼν  ἔφη  Αἴσωπε  ἥττημαι.  τὸ  δὲ  ἐπερωτώμενον
ἀποκρίνου  μοι.  λέγει  λέγε  εἴ  τι  βούλει.

- 117 -
Νεκταναβὼν  εἶπεν  μετεπεμψάμην  ⟨τοὺς⟩  ἀπὸ  τῆς  Ἑλλάδος
ἵππους  ἐπιτοκίους  ἐὰν  ἀκούσωσι  τῶν  ἐν  Βαβυλῶνι  ἵππων
χρεμετιζόντων  ἐκτιτρώσκουσιν.  ὁ  δὲ  Αἴσωπος  αὔριον  περὶ
τούτου  ἀποκρίνεσθαι.  ὁ  δὲ  Αἴσωπος  ἐλθὼν  εἰς  τὴν  οἰκίαν
ἐκέλευσεν  τοῖς  ἰδίοις  αἴλουρον  συλλαμβάνεσθαι  ζῶντα.
⟨ἔστιν  δὲ  θεὰ  Ἱερασίου  βασιλέως⟩---  οἱ  δὲ  Αἰγύπτιοι
ἰδόντες  συνέδραμον  εἰς  τὴν  οἰκίαν  τοῦ  Αἰσώπου  καὶ
κατέκραζον.  ὁ  δὲ  Αἴσωπος  ἐκέλευσεν  τὴν  αἴλουρον
ἀφεθῆναι.  ἦλθον  δέ  οἱ  Αἰγύπτιοι  πρὸς  τὸν  βασιλέα
κράζοντες  κατὰ  τοῦ  Αἰσώπου.  ὁ  δὲ  βασιλεὺς  ἐκάλεσεν  τὸν
Αἴσωπον  καὶ  ἐλθόντος  εἶπεν  αὐτῷ  κακῶς  ἔπραξας  θεᾶς
Ἱερασίου  Βουβάστεώς  ἐστιν  εἴδωλον  ὃ  σέβονται  οἱ
Αἰγύπτιοι;

- 118 -
ὁ  δὲ  Αἴσωπος  ἔφη  ἀλλὰ  Λυκοῦργος  ἠδικήθη  ὑπ'  αὐτῆς  ταύτῃ
τῇ  νυκτὶ  εἶχεν  γὰρ  ἀλεκτρυόνα  νέον  καὶ  μάχιμον  ἔτι  δὲ
καὶ  τὰς  ὥρας  αὐτῷ  ἐσήμαινεν  καὶ  ἀπέκτεινεν  αὐτὸν  ἡ
αἴλουρος  τῇδε  τῇ  νυκτί.  ὁ  Νεκτεναβῶν  ἔφη  τῷ  Αἰσώπῳ  οὐκ
αἰσχύνει  φανερῶς  ψευδόμενος;  πῶς  γὰρ  ἠδύνατο
παραγενέσθαι  ἐν  μιᾷ  νυκτὶ  αἴλουρος  ἀπὸ  Αἰγύπτου  εἰς
Βαβυλῶνα;  ὁ  δὲ  Αἴσωπος  ἔφη  ⟨πῶς⟩  τῶν  παρ'  ἐμὲ
χρεμετιζόντων  ἵππων  ἀκοῦσαι  ⟨αἱ⟩  ἐνθάδε  ⟨δύνανται⟩  τῶν
ἵππων  καὶ  ἐκτιτρώσκειν;  ὁ  δὲ  βασιλεὺς  ἰδὼν  αὐτοῦ  τὸν
νοῦν  ἐφοβήθη  μὴ  νικηθεὶς  μέλλῃ  φόρους  τελεῖν  τῷ  βασιλεῖ
Λυκούργῳ.

- 119 -
αὐτίκα  οὖν  τοὺς  ἀπὸ  Ἡλιουπόλεως  μετεπέμψατο  προφήτας
ἐπισταμένους  καὶ  φυσικὰ  ἐρωτήματα.  καὶ  συλλαλοῦντες
αὐτῷ  περὶ  τοῦ  Αἰσώπου  ἐκέλευσεν  αὐτοὺς  ἐπὶ  δεῖπνον
ἐλθεῖν  ἅμα  δὲ  καὶ  τὸν  Αἴσωπον.  τῇ  οὖν  τακτῇ  ὥρᾳ
ἐλθόντες  κατεκλίθησαν  ἐν  τῷ  δείπνῳ.  καὶ  τῶν
Ἡλιουπολιτῶν  ἔφη  τις  πρὸς  τὸν  Αἴσωπον  ἡμεῖς
ἀπεστάλημεν  ἀπὸ  τοῦ  θεοῦ  λόγους  τινὰς  πρὸς  σε
ἀναγγεῖλαι  ⟨ὅπως  αὐτοὺς  διαλύσῃς⟩.  ὁ  δὲ  Αἴσωπος  λέγει
κατηγορεῖτε  ἑαυτῶν  καὶ  τοῦ  θεοῦ  ὀφείλει  γὰρ  θεὸς
ὑπάρχειν  τὴν  ἑνὸς  ἑκάστου  διάνοιαν  εἰδέναι.  πλὴν  λέγετε
ὃ  θέλετε.

- 120 -
οἱ  δὲ  εἶπον  ἔστιν  ναός  τις  καὶ  στῦλος  εἷς  καὶ  ἐπάνω  τοῦ
στύλου  πόλεις  δεκαδύο  καὶ  τούτων  ἑκάστη  τριάκοντα
δοκοῖς  ἐστεγασμένη  καὶ  ⟨περὶ⟩  μίαν  ἑκάστην  αὐτῶν
τρέχουσι  γυναῖκες  δύο.  ὁ  δὲ  Αἴσωπος  ἔφη  τοῦτο  τὸ
πρόβλημα  παρ'  ἡμῖν  παῖδες  λύουσιν.  ⟨οἱ  γὰρ  παιδείας
μετέχοντες  καταγελῶσι  τῶν  τὰ  τοιαῦτα  προβαλλόντων⟩.
ἔστιν  οὖν  ὁ  ναὸς  ἡ  οἰκουμένη  διὰ  τὸ  περιέχειν  ἅπαντα  ὁ
δὲ  στῦλος  ὁ  ἐνιαυτὸς  διὰ  τὸ  ἀσφαλῶς  αὐτὸν  βεβηκέναι  αἱ
δὲ  ἐπὶ  τούτου  πόλεις  δεκαδύο  οἱ  μῆνες  διὰ  τὸ  διηνεκῶς
αὐτοὺς  πολιτεύεσθαι  οἱ  δὲ  τριάκοντα  δοκοὶ  ἡ
τριανταήμερος  στεγάζουσα  τὸν  χρόνον  ⟨αἱ  δὲ⟩
περιερχόμεναι  δύο  γυναῖκες  νὺξ  καὶ  ἡμέρα  ἄλλη  μὲν  παρ'
ἄλλην  πορεύεται.  μετὰ  τοῦτο  ἀνέστησαν  τοῦ  δείπνου.

- 121 -
τῇ  δὲ  ἑξῆς  ἡμέρᾳ  ὁ  βασιλεὺς  Νεκταναβῶν  συμβούλιον
ποιησάμενος  μετὰ  τῶν  ἰδίων  λέγει  ὡς  ὁρῶ  διὰ  τὸν
σαπρόμορφον  καὶ  κατάρατον  τοῦτον  μέλλω  φόρους
στέλλειν  τῷ  βασιλεῖ  Λυκούργῳ.  εἷς  δέ  τις  τῶν  φίλων
αὐτοῦ  εἶπεν  ἐρωτήσωμεν  αὐτὸν  πρόβλημα  εἰπόντες  τί  ἐστιν
ὃ  οὔτε  εἴδομεν  οὔτε  ἠκούσαμεν;  ⟨καὶ⟩  ὅ,τι  λοιπὸν  ἐὰν
σοφίσηται  ἐροῦμεν  αὐτῷ  ἀκηκοέναι  καὶ  εἰδέναι  καὶ  ἐπὶ
τούτοις  ἀπορηθεὶς  νικηθήσεται.  ὁ  δὲ  βασιλεὺς  ἀκούσας
περιχαρὴς  ἐγένετο  δόξας  εὑρηκέναι  νίκας.  καὶ
παραγεναμένου  τοῦ  Αἰσώπου  ἔφη  αὐτῷ  ὁ  βασιλεὺς
Νεκταναβῶν  ἔτι  ἓν  ἡμῖν  ἐπίλυσον  κἀγὼ  παράδω  φόρους
Λυκούργῳ  λέξον  ἡμῖν  ὃ  οὔτε  εἴδομεν  οὔτε  ἠκούσαμέν  ποτε.
ὁ  δὲ  Αἴσωπος  ἔφη  δός  μοι  τριῶν  ἡμερῶν  καὶ  ἀποκριθήσομαί
σοι.  καὶ  ἐξελθὼν  ἀπὸ  τοῦ  βασιλέως  διελογίζετο  ἐν  ἑαυτῷ
ὁ  Αἴσωπος  ὅ,τι  περ  ἐὰν  εἴπω  φήσουσιν  εἰδέναι  αὐτό.

- 122 -
πανούργως  δὲ  ὢν  ὁ  Αἴσωπος  καθέζεται  καὶ  τυποῖ  ἑαυτῷ
δανείου  γραφὴν  τοιαύτην  τῷ  Νεκταναβῷ  δεδανεισμένα  παρὰ
Λυκούργου  χίλια  τάλαντα  χρυσίου  χρόνον  ἑνὸς  τὸν
παρελθόντα  ⟨μετὰ  τὸ⟩  παρεσχηκέναι.  καὶ  μετὰ  τὰς  τρεῖς
ἡμέρας  ἦλθεν  ὁ  Αἴσωπος  πρὸς  τὸν  βασιλέα  Νεκταναβὼν  καὶ
εὗρεν  αὐτὸν  μετὰ  τῶν  φίλων  προσδεχόμενον  πρὸς  τὸ
ἀπορῆσαι.  ὁ  δὲ  Αἴσωπος  τὸ  χειρόγραφον  ⟨ψευδῆ⟩
ἔφη  ἀνάγνωτε  τὸν  κοινὸν  τοῦτον.  οἱ  δὲ  φίλοι  τοῦ
βασιλέως  Νεκταναβῶν  ἔφησαν  ψευδόμενοι  τοῦτον  καὶ
ἑωράκαμεν  καὶ  ἀκηκόαμεν  πολλάκις.  ὁ  δὲ  Αἴσωπος  ἔφη
χαίρω  μαρτυρούντων.  ἀποδόθητω  παραυτὰ  τὰ  χρήματα  ἡ  γὰρ
προθεσμία  παρῆλθεν  τῆς  ἀποδόσεως.  ὁ  δὲ  βασιλεὺς
Νεκταναβῶν  ἀκούσας  ἔφη  πόθεν  μαρτυρεῖτε  περὶ  τῶν  ἐγὼ
οὐκ  ὀφείλω;  οἱ  δὲ  εἶπον  οὔτε  εἴδομεν  οὔτε  ἠκούσαμέν
ποτε.  ὁ  δὲ  Αἴσωπος  ἔφη  εἰ  ταῦτα  ὑμῖν  οὕτως  δοκεῖ
λέλυται  τὸ  πρόβλημα.

- 123 -
ὁ  δὲ  Νεκταναβῶν  ἔφη  μακάριος  Λυκοῦργος  ἐν  τῇ  βασιλείᾳ
αὐτοῦ  τοιαύτην  σοφίαν  κεκτημένος.  δοὺς  δὲ  αὐτῷ  φόρους
ἐτῶν  τριῶν  ἔπεμψεν  αὐτὸν  μετὰ  ἐπιστολῶν  εἰρηνικῶν.  ὁ  δὲ
Αἴσωπος  παραγενάμενος  εἰς  Βαβυλῶνα  διηγήσατο  τῷ
Λυκούργῳ  πάντα  τὰ  πραχθέντα  ἐν  Αἰγύπτῳ  καὶ  ἀποδέδωκεν
αὐτῷ  τὰ  χρήματα.  ἐκέλευσεν  οὖν  ὁ  Λυκοῦργος  ἀνδριάντα
χρυσοῦν  ἀνατεθῆναι  τῷ  Αἰσώπῳ  μετὰ  καὶ  τῶν  Μουσῶν  καὶ
ἐποίησεν  ἑορτὴν  μεγάλην  ὁ  βασιλεὺς  ἐπὶ  τῇ  τοῦ  Αἰσώπου

σοφίᾳ.

Φωκυλίδου γνῶμαι.
1 ταῦτα δίκης᾽ ὁσίῃσι θεοῦ βουλεύματα φαίνει
2 Φωκυλίδης ἀνδρῶν ὁ σοφώτατος ὄλβια δῶρα.
3 μήτε γαμοκλοπέειν μήτ᾽ ἄρσενα Κύπριν ὀρίνειν
4 μήτε δόλους ῥάπτειν μήθ᾽ αἵματι χεῖρα μιαίνειν.
5 μὴ πλουτεῖν ἀδίκως ἀλλ᾽ ἐξ ὁσίων βιοτεύειν.
6 ἀρκεῖσθαι παρ᾽ ἐοῦσι καὶ ἀλλοτρίων ἀπέχεσθαι.
7 ψεύδεα μὴ βάζειν τὰ δ᾽ ἐτήτυμα πάντ᾽ ἀγορεύειν.
8 πρῶτα θεὸν τιμᾶν μετέπειτα δὲ σεῖο γονῆας.
9 πάντα δίκαια νέμειν μὴ δὲ κρίσιν ἐς χάριν ἕλκειν.
10 μὴ ῥίψῃς πενίην ἀδίκως μὴ κρῖνε πρόσωπον
11 ἢν σὺ κακῶς δικάσῃς σέ θεὸς μετέπειτα δικάσσει.
12 μαρτυρίην ψευδῆ φεύγειν τὰ δίκαια βραβεύειν.
13 παρθεσίην τηρεῖν πίστιν δ᾽ ἐν πᾶσι φυλάσσειν.
14 μέτρα νέμειν τὰ δίκαια καλὸν δ᾽ ἐπίμετρον ἁπάντων.
15 σταθμὸν μὴ κρούειν ἑτερόζυγον ἀλλ᾽ ἴσον ἕλκειν.
16 μὴ δ᾽ ἐπιορκήσῃς μήτ᾽ ἀγνὼς μήτε ἑκοντί
17 ψεύδορκον στυγέει θεὸς ἄμβροτος ὅστις ὀμόσσῃι.
18 σπέρματα μὴ κλέπτειν ἐπαράσιμος ὅστις ἕληται.
19 μισθὸν μοχθήσαντι δίδου μὴ θλῖβε πένητα.
20 γλώσσῃ νοῦν ἐχέμεν κρυπτὸν λόγον ἐν φρεσὶν ἴσχειν.
21 μήτ᾽ ἀδικεῖν ἐθέλῃς μήτ᾽ οὖν ἀδικοῦντα ἐάσῃς.
22 πτωχῷ δ᾽ εὐθὺ δίδου μὴ δ᾽ αὔριον ἐλθέμεν εἴπῃς
23 πληρῶσει σέο χεῖρ᾽. ἔλεον χρηίζοντι παράσχου.
24 ἄστεγον εἰς οἶκον δέξαι καὶ τυφλὸν ὀδήγει.
25 ναυηγοὺς οἴκτιρον ἐπεὶ πλόος ἐστὶ ἄδηλος.
26 χεῖρα πεσόντι δίδου σῶσον δ᾽ ἀπερίστατον ἄνδρα.
27 κοινὰ πάθη πάντων ὁ βίος τροχὸς ἄστατος ὄλβος.
28 πλοῦτον ἔχων σὴν χεῖρα πενητεύουσι ὄρεξον
29 ὧν σοι ἔδωκε θεὸς τούτων χρήιζουσι παράσχου.
30 ἔστω κοινὸς ἅπας ὁ βίος καὶ ὁμόφρονα πάντα.
31 ⟨αἷμα δὲ μὴ φαγέειν εἰδωλοθύτων ἀπέχεσθαι.⟩
32 τὸ ξίφος ἀμφιβαλοῦ μὴ πρὸς φόνον ἀλλ᾽ ἐς ἄμυναν.
33 εἴθε δὲ μὴ χρήιζοις μήτ᾽ ἔκνομα μήτε δικαίως
34 ἢν γὰρ ἀποκτείνῃς ἐχθρὸν σέο χεῖρα μιαίνεις.
35 ἀγροῦ γειτονέοντος ἀπόσχεο μὴ δ᾽ ἄρ᾽ ὑπερβῇς.
36 πάντων μέτρον ἄριστον ὑπερβασίαι δ᾽ ἀλεγειναί.
37 ⟨κτήσιος ὀνήσιμός ἐσθ᾽ ὁσίων ἀδίκων δὲ πονηρά.⟩
38 μηδὲ τιν᾽ αὐξόμενον καρπὸν λωβήσῃι ἀρούρης.
39 ἔστωσαν δ᾽ ὁμότιμοι ἐπήλυδες ἐν πολίταις
40 πάντες γὰρ πενίης πειρώμεθα τῆς πολυπλάγκτου
41 χώρης δ᾽ οὔ τι βέβαιον ἔχει πέδον ἀνθρώποισιν.
42 ἡ φιλοχρημοσύνη μήτηρ κακότητος ἁπάσης.
43 χρυσὸς ἀεὶ δόλος ἐστὶ καὶ ἄργυρος ἀνθρώποισιν.
44 χρυσὲ κακῶν ἀρχηγὲ βιοφθόρε πάντα χαλέπτων.
45 εἴθε σε μὴ θνητοῖσι γενέσθαι πῆμα ποθεινὸν
46 σεῦ γὰρ ἔκητι μάχαι τε λεηλασίαι τε φόνοι τε
47 ἐχθρὰ δὲ τέκνα γονεῦσιν ἀδελφειοί τε συναίμοις.
48 μὴ δ᾽ ἕτερον κεύθῃς κραδίῃ νόον ἀλλ᾽ ἀγορεύων
49 μηδ᾽ ὡς πετροφυῆς πολύπους κατὰ χῶρον ἀμείβου.
50 πᾶσιν δ᾽ ἁπλόος ἴσθι τὰ δ᾽ ἐκ ψυχῆς ἀγόρευε.
51 ὅστις ἑκὼν ἀδικεῖ κακὸς ἀνήρ ἢν δ᾽ ὑπ᾽ ἀνάγκης
52 οὐκ ἐρέω τὸ τέλος. βουλὴ δ᾽ εὐθύνεθ᾽ ἑκάστου.
53 μὴ γαυροῦ σοφίῃ μήτ᾽ ἀλκῇι μήτ᾽ ἐνὶ πλούτῳ.
54 εἷς θεός ἐστι σοφὸς δυνατός θ᾽ ἅμα καὶ πολύολβος.
55 μὴ δὲ παροιχομένοισι κακοῖς τρύχου τεὸν ἧπαρ
56 οὐκέτι γὰρ δύναται τὸ τετυγμένον εἶναι ἄτυκτον.
57 μὴ προπετὴς ἐς χεῖρα χαλίνου δ᾽ ἄγριον ὀργὴν
58 πολλάκι γὰρ πλήξας ἀέκων φόνον ἐξετέλεσσεν.
59 ἔστω κοινὰ πάθη μηδὲν μέγα μηδ᾽ ὑπέροπλον.
60 οὐκ ἀγαθὸν πλεονάζον ἔφυ θνητοῖσιν ὄνειαρ
61 ἡ πολλὴ δὲ τρυφὴ πρὸς ἀμέτρους ἕλκει ἔρωτας
62 ὑψαυχεῖ δ᾽ ὁ πολὺς πλοῦτος καὶ ἐς ὕβριν ἀέξει.
63 θυμὸς ὑπερχόμενος μανίην ὀλοόφρονα τεύχει.
64 ὀργὴ δ᾽ ἐστὶν ὄρεξις ὑπερβαίνουσα δὲ μῆνις.
65 ζῆλος τῶν ἀγαθῶν ἐσθλὸς φαύλων δ᾽ ὑπέρογκος.
66 τόλμα κακῶν ὀλοὴ μέγ᾽ ὀφέλλει δ᾽ ἐσθλὰ πονεῦντα.
67 σεμνὸς Ἔρως ἀρετῆς ὁ δὲ Κύπριδος αἶσχος ὀφέλλει.
68 ἡδὺς ἄγαν ἄφρων κικλήσκεται ἐν πολίτοις.
69 μέτρον ἔδειν μέτρον δὲ πιεῖν καὶ μυθολογεύειν.
69B πάντων μέτρον ἄριστον ὑπερβασίαι δ᾽ ἀλεγειναί.
70 μὴ φθονέοις ἀγαθῶν ἑτάροις μὴ μῶμον ἀνάψῃς.
71 ἄφθονοι Οὐρανίδαι καὶ ἐν ἀλλήλοις τελέθουσιν.
72 οὐ φθονέει μήνη πολὺ κρείσσοσιν ἡλίου αὐγαῖς
73 οὐ χθὼν οὐρανίοις᾽ ὑψώμασι νέρθεν ἐοῦσα
74 οὐ ποταμοὶ πελάγεσσιν. ἀεὶ δ᾽ ὁμόνοιαν ἔχουσιν
75 εἰ γὰρ Ἔρις μακάρεσσιν ἔην οὐκ ἂν πόλος ἔστη.
76 σωφροσύνην ἀσκεῖν αἰσχρῶν δ᾽ ἔργων ἀπέχεσθαι.
77 μὴ μιμοῦ κακότητα Δίκῃ δ᾽ ἀπόλειψον ἄμυναν.
78 Πειθὼ μὲν γὰρ ὄνειαρ Ἔρις δ᾽ Ἔριν ἀντιφυτεύει.
79 μὴ πίστευε τάχιστα πρὶν ἀτρεκέως πέρας ὄψει.
80 νικᾶν εὖ ἔρδοντας ἐπὶ πλεόνεσσι καθήκει.
81 καλὸν ξεινίζειν ταχέως λιτῇσι τραπέζαις
82 ἢ πλείσταις δολίαισι βραδυνούσαις παρὰ καιρόν.
83 μηδέποτε χρήστης πικρὸς γένῃι ἀνδρὶ πένητι.
84 μηδέ τις ὄρνιθας καλιῆς ἅμα πάντας ἑλέσθω
85 μητέρα δ᾽ ἐκπρολίποις ἵν᾽ ἔχῃς πάλι τῆσδε νεοσσούς.
86 μηδέποτε κρίνειν ἀδαήμονας ἀνδρας ἐάσῃς.
87 ⟨μηδὲ δίκην δικάσῃς πρὶν ⟨ἂν⟩ ἄμφω μῦθον ἀκούσῃς.⟩
88 τὴν σοφίην σοφὸς εὐθύνει τέχνας δ᾽ ἀτέχνος.
89 οὐ χωρεῖ μεγάλην διδαχὴν ἀδίδακτος ἀκουή
90 οὐ γὰρ δὴ νοέουσ᾽ οἱ μηδέποτ᾽ ἐσθλὰ μαθόντες.
91 μὴ δὲ τραπεζοκόρους κόλακας ποιεῖσθαι ἑταίρους

92 πολλοὶ γὰρ πόσιος καὶ βρώσιός εἰσιν ἑταῖροι
93 καιρὸν θωπεύοντες ἐπὴν κορέσασθαι ἔχωσιν
94 ἀχθόμενοι δ᾽ ὀλίγοις καὶ πολλοῖς πάντες ἄπληστοι.
95 λαῷ μὴ πίστευε πολύτροπός ἐστιν ὅμιλος.
96 λαὸς ⟨γὰρ⟩ καὶ ὕδωρ καὶ πῦρ ἀκατάσχετα πάντα.
97 μὴ δὲ μάτην ἐπὶ πῦρ καθίσας μινύθῃσι φίλον ἦτορ.
98 μέτρα δὲ τεύχ᾽ ἔθ᾽ ἐοῦσι τὸ γὰρ μέτρον ἐστὶν ἄριστον.
99 γαῖαν ἐπιμοιρᾶσθαι ἀταρχύτοις νεκύεσσιν.
100 μὴ τύμβον φθιμένων ἀνορύξῃς μηδ᾽ ἀθέατα
101 δείξῃις ἠελίῳ καὶ δαιμόνιον χόλον ὀρσῃις.
102 οὐ καλὸν ἁρμονίην ἀναλυέμεν ἀνθρώποιο
103 καὶ τάχα δ᾽ ἐκ γαίης ἐλπίζομεν ἐς φάος ἐλθεῖν
104 λείψαν᾽ ἀποιχομένων ὀπίσω δὲ θεοὶ τελέθονται.
105 ψυχαὶ γὰρ μίμνουσιν ἀκήριοι ἐν φθιμένοισιν.
106 πνεῦμα γὰρ ἐστι θεοῦ χρῆσις θνητοῖσι καὶ εἰκὼν
107 σῶμα γὰρ ἐκ γαίης ἔχομεν κἄπειτα πρὸς αὖ γῆν
108 λυόμενοι κόνις ἐσμέν ἀὴρ δ᾽ ἀνὰ πνεῦμα δέδεκται.
109 πλουτῶν μὴ φείδου μέμνησ᾽ ὅτι θνητὸς ὑπάρχεις
110 οὐκ ἔνι εἰς Ἀίδην ὄλβον καὶ χρήματ᾽ ἄγεσθαι.
111 πάντες ἴσον νέκυες ψυχῶν δὲ θεὸς βασιλεύει.
112 κοινὰ μέλαθρα δόμων αἰώνια καὶ πατρὶς Ἀίδης
113 ξυνὸς χῶρος ἅπασι πένησί τε καὶ βασιλεῦσιν.
114 οὐ πολὺν ἄνθρωποι ζῶμεν χρόνον ἀλλ᾽ ἐπίκαιρον
115 ψυχὴ δ᾽ ἀθάνατος καὶ ἀγήρως ζῇ διὰ παντός.
116 ⟨οὐδεὶς γιγνώσκει τί μετ᾽ αὔριον ἢ τί μεθ᾽ ὥραν.⟩
117 ἄσκοπός ἐστι βροτῶν θάνατος τὸ δὲ μέλλον ἄδηλον.⟩
118 μήτε κακοῖς᾽ ἄχθου μήτ᾽ οὖν ἐπαγάλλεο χάρμῃι
119 πολλάκις ἐν βιότωι καὶ θαρσαλέοισιν ἄπιστον
120 πῆμα καὶ ἀχθομένοις κακοῦ λύσις ἤλυθεν ἄφνω.
121 καιρῷ λατρεύειν μὴ δ᾽ ἀντιπνέειν ἀνέμοισιν.
122 μὴ μεγαληγορίῃ τρυφῶν φρένα λυσσωθείης.
123 εὐεπίην ἀσκεῖν ἥτις μάλα πάντας ὀνήσει.
124 ὅπλον τοι λόγος ἀνδρὶ τομώτερόν ἐστι σιδήρου
125 ὅπλον ἑκάστωι νεῖμε θεὸς φύσιν ἠερόφοιτον
126 ὄρνισιν πωλεῖς ταχυτῆτ᾽ ἀλκήν τε λέουσιν
127 ταύρους δ᾽ αὐτοχύτως κέρα ἔσσεν κέντρα μελίσσαις
128 ἔμφυτον ἄλκαρ ἔδωκε λόγον δ᾽ ἕρμ᾽ ἀνθρώποισιν.
129 ⟨τῆς δὲ θεοπνεύστου σοφίης λόγος ἐστὶν ἄριστος.⟩
130 βέλτερος ἀλκήεντος ἔφυ σεσοφισμένος ἀνήρ
131 ἀγροὺς καὶ πόλιας σοφίῃ καὶ νῆα κυβερνᾶι.
132 οὐχ ὅσιον κρύπτειν τὸν ἀτάσθαλον ἄνδρ᾽ ἀνέλεγκτον
133 ἀλλὰ χρὴ κακοεργὸν ἀποτρωπᾶσθαι ἀνάγκῃι.
134 πολλάκι συνθνήσκουσι κακοῖσ᾽ οἱ συμπαρέοντες.
135 φωρῶν μὴ δέξῃι κλοπίμην ἄδικον παραθήκην
136 ἀμφότεροι κλῶπες καὶ ὁ δεξάμενος καὶ ὁ κλέψας.
137 μοίρας πᾶσι νέμειν ἰσότης δ᾽ ἐν πᾶσιν ἄριστον.
138 ἀρχόμενος φείδου πάντων μὴ τέρμ᾽ ἐπιδεύῃς.
139 μὴ κτήνους θνητοῖο βορὴν κατὰ μέτρον ἕληαι.
140 κτῆνος δ᾽ ἢν ἐχθροῖο πέσῃι καθ᾽ ὁδὸν συνέγειρε.
141 πλαζόμενον δὲ βροτὸν καὶ ἀλίτρωπον οὔποτ᾽ ἐλέγξεις.
142 βέλτερον ἀντ᾽ ἐχθροῦ τεύχειν φίλον εὐμενέοντα.
143 ἀρχόμενον τὸ κακὸν κόπτειν ἕλκος τ᾽ ἀκέσασθαι.
144 ⟨ἐξ ὀλίγου σπινθῆρος ἀθέσφατος αἴθεται ὕλη.⟩
145 ἐγκρατὲς ἦτορ ἔχειν καὶ λωβητῶν δ᾽ ἀπέχεσθαι.
146 φεῦγε κακὴν φήμην φεῦγ᾽ ἀνθρώπους ἀθεμίστους.⟩
147 μὴ δέ τι θηρόβορον δαίσηι κρέας ἀργιπόδεσσι
148 λείψανα λεῖπε κυσὶν θηρῶν ἄπο θῆρες ἔδονται.
149 φάρμακα μὴ τεύχειν μαγικῶν βίβλων ἀπέχεσθαι.
150 νηπιάχοις ἀταλοῖς μὴ ἅψῃι χεῖρα βιαίως.
151 φεῦγε διχοστασίην καὶ ἔριν πολέμου προσιόντος.
152 μὴ κακὸν εὖ ἔρξῃις σπείρειν ἴσον ἔστ᾽ ἐνὶ πόντωι.
153 ἐργάζευ μοχθῶν ὡς ἐξ ἰδίων βιοτεύσῃις
154 πᾶς γὰρ ἀεργὸς ἀνὴρ ζώει κλοπίμων ἀπὸ χειρῶν.
155 ⟨τέχνη γὰρ τρέφει ἄνδρα ἀεργὸν δ᾽ ἤματο λιμός.⟩
156 μὴ δ᾽ ἄλλου παρὰ δαιτὸς ἔδοις σκυβάλεια τραπέζης
157 ἀλλ᾽ ἀπὸ τῶν ἰδίων μισθῶν φαγέοις ἀνυβρίστως.
158 εἰ δέ τις οὐ δεδάηκε τέχνης σκάπτοιτο δικέλληι.
159 ἔστι βίωι πᾶν ἔργον ἐπὴν μοχθεῖν ἐθέλῃσθα.
160 ναυτίλος εἰ πλώειν ἐθέλεις εὐρεῖα θάλασσα
161 εἰ δὲ γεηπονίην μεθέπειν μακραί τοι ἄρουραι.
162 οὐδὲν ἄνευ καμάτου πέλει ἀνδράσιν εὐπετὲς ἔργον
163 οὐδ᾽ αὐτοῖς μακάρεσσι πόνος δ᾽ ἀρετὴν μέγ᾽ ὀφέλλει.
164 μύρμηκες γαίης μυχάτους προλελοιπότες οἴκους
165 ἔρχονται βιότου κεχρημένοι ὁππότ᾽ ἄρουραι
166 λήια κειράμεναι καρπῶν πλήθωσιν ἀλωάς.
167 ἢ οἳ αὐτοὶ πυροῖο νεοτριβὲς ἄχθος ἔχουσιν
168 ἢ κριθῶν αἰεὶ δὲ φέρων φορέοντα διώκει
169 ἐκ θέρεος ποτὶ χεῖμα βορὴν σφετέρην ἐπάγοντες
170 ἄτρυτοι φῦλον δ᾽ ὀλίγον τελέθει πολύμοχθον.
171 κάμνει δ᾽ ἠεροφοῖτις ἀριστοπόνος τε μέλισσα
172 ἠὲ πέτρης κοίλης κατὰ χηραμὸν ἢ δονάκεσσιν
173 ἢ δρυὸς ὠγυγίης κατὰ κοιλάδος ἔνδοθι σίμβλων
174 σμήνεσι μυριότρητα κατ᾽ ἄγγεα κηροδομοῦσα.
175 μὴ μείνῃις ἄγαμος μή πως νώνυμος ὄληαι
176 δός τι φύσει καύτὸς τέκε δ᾽ ἔμπαλιν ὡς ἐλοχεύθης.
177 μὴ προαγωγεύσῃις ἄλοχον σέο τέκνα μιαίνων
178 οὐ γὰρ τίκτει παῖδας ὁμοίους μοιχικὰ λέκτρα.
179 μητρυιῆς μὴ ψαῦε τὰ δεύτερα λέκτρα γονῆος
180 μητέρα δ᾽ ὡς τίμα τὴν μητέρος ἴχνια βᾶσαν.

181 μηδέ τι παλλακίσιν πατρὸς λεχέεσσι μιγείης.
182 μηδὲ κασιγνήτης ἐς ἀπότροπον ἐλθέμεν εὐνήν.
183 μηδὲ κασιγνήτων ἀλόχων ἐπὶ δέμνια βαίνειν.
184 μηδὲ γυνὴ φθείρῃ βρέφος ἔμβρυον ἔνδοθι γαστρὸς
185 μηδὲ τεκοῦσα κυσὶν ῥίψῃ καὶ γυψὶν ἕλωρα.
186 μηδ' ἐπὶ σῆι ἀλόχωι ἐγκύμονι χεῖρα βάλῃαι.
187 μηδ' αὖ παιδογόνον τέμνειν φύσιν ἄρσενα κούρου.
188 μηδ' ἀλόγοις ζώιοισι βατήριον ἐς λέχος ἐλθεῖν.
189 μηδ' ὕβριζε γυναῖκα ἐπ' αἰσχυντοῖς λεχέεσσιν.
190 μὴ παραβῇς εὐνὰς φύσεως ἐς Κύπριν ἄθεσμον
191 οὐδ' αὐτοῖς θήρεσσι συνεύαδον ἄρσενες εὐναί.
192 μηδέ τι θηλύτεραι λέχος ἀνδρῶν μιμήσαιντο.
193 μηδ' ἐς ἔρωτα γυναικὸς ἅπας ῥεύσῃς ἀκάθεκτον
194 οὐ γὰρ Ἔρως θεός ἐστι πάθος δ' ἀίδηλον ἁπάντων.
195 στέργε τεὴν ἄλοχον τί γὰρ ἡδύτερον καὶ ἄρειον
196 ἢ ὅταν ἀνδρὶ γυνὴ φρονέῃ φίλα γήραος ἄχρις
197 καὶ πόσις ἦι ἀλόχωι μηδ' ἐμπέσῃ ἄνδιχα νεῖκος;
198 μὴ δέ τις ἀμνήστευτα βίῃι κούρῃσι μιγείη.
199 μὴ δὲ γυναῖκα κακὴν πολυχρήματον οἴκαδ' ἄγεσθαι
200 λατρεύσεις ἀλόχωι λυγρῆς χάριν εἵνεκα φερνῆς.
201 ἵππους εὐγενέας διζήμεθα γειαρότας τε
202 ταύρους ὑψιτένοντας ἀτὰρ σκυλάκων πανάριστον
203 γῆμαι δ' οὐκ ἀγαθὴν ἐριδαίνομεν ἀφρονέοντες.
204 οὐ δὲ γυνὴ κακὸν ἄνδρ' ἀπαναίνεται ἀφνεὸν ὄντα.
205 μηδὲ γάμωι γάμον ἄλλον ἄγοις ἐπὶ πήματι πῆμα.
206 μηδ' ἀμφὶ κτεάνων συνομαίμοσιν εἰς ἔριν ἔλθῃις.
207 παισὶν μὴ χαλέπαινε τεοῖσ' ἀλλ' ἤπιος εἴης.
208 ἢν δέ τι παῖς ἀλίτῃ σε κολουέτω υἱέα μήτηρ
209 ἢ καὶ πρεσβύτατοι γενεῆς ἢ δημογέροντες.
210 μὴ μὲν ἐπ' ἄρσενι παιδὶ τρέφειν πλοκάμους ἐπὶ χαίτης.
211 μὴ κορυφὴν πλέξῃις μήθ' ἄμματα λοξὰ κορύμβων.
212 ἄρσεσιν οὐκ ἐπέοικε κομᾶν χλιδαναῖς δὲ γυναιξίν.
213 παιδὸς δ' εὐμόρφου φρουρεῖν νεοτήσιον ὥρην
214 πολλοὶ γὰρ λυσσῶσι πρὸς ἄρσενα μεῖξιν ἔρωτος.
215 παρθενικὴν δὲ φύλασσε πολυκλείστοις θαλάμοισι
216 μὴ δέ μιν ἄχρι γάμων πρὸ δόμων ὀφθῆμεν ἐάσῃις.
217 κάλλος δυστήρητον ἔφυ παίδων τοκέεσσιν.
218 ⟨στέργε φίλους ἄχρις θανάτου πίστις γὰρ ἀμείνων.⟩
219 συγγενέσιν φιλότητα νέμοις ὁσίην θ' ὁμόνοιαν.
220 αἰδεῖσθαι πολιοκροτάφους εἴκειν δὲ γέρουσιν
221 ἕδρης καὶ γεράων πάντων γενεῆι δ' ἀτάλαντον
222 πρέσβυν ὁμήλικα πατρὸς ἴσαις τιμαῖσι γέραιρε.
223 γαστρὸς ὀφειλόμενον δασμὸν παρέχειν θεράποντι.
224 δούλωι τακτὰ νέμοις ἵνα τοι καταθύμιος εἴη.
225 στίγματα μὴ γράφῃις ἐπονειδίζων θεράποντα.
226 δοῦλον μὴ βλάψῃις τι κακηγορέων παρ' ἄνακτι.
227 λάμβανε καὶ βουλὴν παρὰ οἰκέτου εὖ φρονέοντος.
228 ἁγνείη ψυχῆς οὐ σώματός εἰσι καθαρμοί.
229 ταῦτα δικαιοσύνης μυστήρια τοῖα βιεῦντες
230 ζωὴν ἐκτελέοιτ' ἀγαθὴν μέχρι γήραος οὐδοῦ.


                          Imitatio Aeschyli   (Fragmentum)
                          ----------------------------------

- A.5.131 -
2 χώριζε θνητῶν τὸν θεὸν καὶ μὴ δόκει ὅμοιον σαυτῷ
  σάρκινον καθεστάναι. οὐκ οἶσθα δ' αὐτόν ποτὲ μὲν ὡς πῦρ
  φαίνεται ἄπλατος ὁρμή ποτὲ δὲ ὕδωρ ποτὲ ⟨δὲ⟩ γνόφος καὶ
  θηρσὶν αὐτὸς γίνεται παρεμφερὴς ἀνέμῳ νεφέλη τε καὶ
  ἀστραπῇ βροντῇ βροχῇ.
3 ὑπηρετεῖ δὲ αὐτῷ θάλασσα καὶ πέτραι καὶ πᾶσα πηγὴ καὶ
  ὕδατος συστήματα. τρέμει δ' ὄρη καὶ γαῖα καὶ πελώριος
  βυθὸς θαλάσσης καὶ ὀρέων ὕψος μέγα ἐπὰν ἐπιβλέψῃ γοργὸν
  ὄμμα δεσπότου. πάντα δυνατὴ γὰρ δόξα ὑψίστου ⟨θεοῦ⟩.


                          Imitatio Sophoclis   (Fragmenta)
                          ----------------------------------

- B.5.113 -
2 εἷς ταῖς ἀληθείαισιν εἷς ἐστι⟨ν⟩ θεὸς ὃς οὐρανόν τε
  ἔτευξε καὶ γαῖαν μακρὴν πόντου τε χαροπὸν οἶδμα καὶ
  ἀνέμων βίαν. θνητοὶ δὲ πολλοὶ καρδίαν πλανώμενοι
  ἱδρυσάμεσθα πημάτων παραψυχὴν θεῶν ἀγάλματα ἐκ λίθων ἢ
  χαλκέων ἢ χρυσοτεύκτων ἢ ἐλεφαντίνων τύπους θυσίας τε
  τούτοις καὶ κακὰς πανηγύρεις στέφοντες οὕτως εὐσεβεῖν
  νομίζομεν.
- F.5.121 -
4 ἔσται γὰρ ἔσται κεῖνος αἰῶνος χρόνος ὅταν πυρὸς γέμοντα
  θησαυρὸν σχάσῃ χρυσωπὸς αἰθὴρ ἡ δὲ βοσκηθεῖσα φλὸξ
  ἅπαντα τἀπίγεια καὶ μετάρσια φλέξει μανεῖσα.
- F.5.122 -
1 ἐπὰν δὲ ἐκλίπῃ τὸ πᾶν φροῦδος μὲν ἔσται κυμάτων ἅπας
  βυθὸς γῆ δὲ ἐδράνων ἔρημος οὐδ' ἀὴρ ἔτι πτερωτὰ φῦλα
  βαστάσει πυρουμένη καὶ γὰρ καθ' ᾅδην δύο τρίβους
  νομίζομεν μίαν δικαίων χἀτέραν τῶν ἀδίκων. κἄπειτα
  σώσει πάντα ἃ πρόσθ⟨εν⟩ ἀπώλεσεν.
- M.5.111 -
4 τὴν τοῦδε γάρ τοι Ζεὺς ἔγημε μητέρα οὐ χρυσόμορφος οὐδ'
  ἐπημφιεσμένος πτίλον κύκνειον ὡς κόρην Πλευρωνίαν
  ὑπημβρύωσεν ἀλλ' ὁλοσχερὴς ἀνήρ.
5 ταχὺς δὲ βαθμοῖς νυμφικοῖς ἐπεστάθη ὁ μοιχός.
6 ὃ δ' οὔτε δαιτὸς οὔτε χέρνιβος θιγὼν πρὸς λέκτρον ᾔει
  καρδίαν ὠδαγμένος ὅλην δ' ἐκείνην εὐφρόνην ἐθόρνυτο.

καὶ ὄνομα αὐτῷ θέσθαι Ἰσσάχαρ.

5 καὶ πάλιν Λείαν τῷ τρισκαιδεκάτῳ ἔτει μηνὶ δεκάτῳ υἱὸν
  ἄλλον τεκεῖν ᾧ ὄνομα Ζαβουλών καὶ τὴν αὐτὴν τῷ
  τεσσαρεσκαιδεκάτῳ ἔτει μηνὶ ὀγδόῳ τεκεῖν υἱὸν ὄνομα
  Δάν. ἐν ᾧ καὶ Ῥαχὴλ λαβεῖν ἐν γαστρὶ τῷ αὐτῷ χρόνῳ ᾧ
  καὶ Λείαν τεκεῖν θυγατέρα Δείναν καὶ τεκεῖν τῷ
  τεσσαρεσκαιδεκάτῳ ἔτει μηνὶ ὀγδόῳ υἱὸν ὃν ὀνομασθῆναι
  Ἰωσὴφ ὥστε γεγονέναι ἐν τοῖς ἑπτὰ ἔτεσι τοῖς παρὰ
  Λάβαν δώδεκα παιδία.

6 θέλοντα δὲ τὸν Ἰακὼβ πρὸς τὸν πατέρα εἰς Χαναὰν
  ἀπιέναι ἀξιωθέντα ὑπὸ Λάβαν ἄλλα ἔτη ἓξ μεῖναι ὥστε τὰ
  πάντα αὐτὸν μεῖναι ἐν Χαρρὰν παρὰ Λάβαν ἔτη εἴκοσι.

7 πορευομένῳ δ' αὐτῷ εἰς Χαναὰν ἄγγελον τοῦ θεοῦ παλαῖσαι
  καὶ ἅψασθαι τοῦ πλάτους τοῦ μηροῦ τοῦ Ἰακὼβ τὸν δὲ
  ναρκήσαντα ἐπισκάζειν ὅθεν οὐκ ἐσθίεσθαι τῶν κτηνῶν τὸ
  ἐν τοῖς μηροῖς νεῦρον. καὶ φάναι αὐτῷ τὸν ἄγγελον ἀπὸ
  τοῦδε μηκέτι Ἰακὼβ ἀλλ' Ἰσραὴλ ὀνομασθήσεσθαι.

8 καὶ ἐλθεῖν αὐτὸν τῆς Χαναὰν γῆς εἰς ἑτέραν πόλιν
  Σίκιμων ἔχοντα παιδία Ῥουβὶμ ἐτῶν δώδεκα μηνῶν δυοῖν
  Συμεῶνα ἐτῶν ἕνδεκα μηνῶν τεσσάρων Λευὶν ἐτῶν δέκα
  μηνῶν ἓξ Ἰούδαν ἐτῶν ἐννέα μηνῶν ὀκτὼ Νεφθαλειμ ἐτῶν
  ὀκτὼ μηνῶν δέκα Γὰδ ἐτῶν ὀκτὼ μηνῶν δέκα Ἀσὴρ ἐτῶν
  ὀκτὼ Ἰσσάχαρ ἐτῶν ὀκτὼ Ζαβουλῶν ἐτῶν ἑπτὰ μηνῶν δυοῖν
  Δείναν ἐτῶν ἓξ μηνῶν τεσσάρων Ἰωσὴφ ἐτῶν ἓξ μηνῶν
  τεσσάρων.

9 παροικῆσαι δὲ Ἰσραὴλ παρὰ Ἐμμὼρ ἔτη δέκα καὶ φθαρῆναι
  τὴν Ἰσραὴλ θυγατέρα Δείναν ὑπὸ Συχὲμ τοῦ Ἐμμὼρ υἱοῦ
  ἐτῶν οὖσαν δεκαὲξ μηνῶν τεσσάρων. ἐξαλλομένους δὲ τοὺς
  Ἰσραὴλ υἱοὺς Συμεῶνα μὲν ὄντα ἐτῶν εἰκοσιενὸς μηνῶν
  τεσσάρων Λευὶν δὲ ἐτῶν εἴκοσι μηνῶν ἓξ ἀποκτεῖναι τόν
  τε Ἐμμὼρ καὶ Συχὲμ τὸν υἱὸν αὐτοῦ καὶ πάντας τοὺς
  ἄρσενας διὰ τὴν Δείνας φθοράν Ἰακὼβ δὲ τότε εἶναι ἐτῶν
  ἑκατὸν ἑπτά.

10 ἐλθόντα τε οὖν αὐτὸν εἰς Λουζὰ τῆς Βαιθὴλ φάναι τὸν
   θεὸν μηκέτι Ἰακὼβ ἀλλ' Ἰσραὴλ ὀνομάζεσθαι. ἐκεῖθεν δὲ
   ἐλθεῖν εἰς Χαφραθὰ ἔνθεν παραγενέσθαι εἰς Ἐφραθὰ ἣν
   εἶναι Βηθλεὲμ καὶ γεννῆσαι αὐτὸν ἐκεῖ Βενιαμὶν καὶ
   τελευτῆσαι Ῥαχὴλ τεκοῦσαν τὸν Βενιαμὶν συμβιῶσαι δ'
   αὐτῇ τὸν Ἰακὼβ ἔτη εἴκοσι τρία.

11 αὐτόθεν δὲ ἐλθεῖν τὸν Ἰακὼβ εἰς Μαμβρὶ τῆς Χεβρῶν πρὸς
   Ἰσαὰκ τὸν πατέρα. εἶναι δὲ τότε Ἰωσὴφ ἐτῶν δεκαεπτὰ
   καὶ πραθῆναι αὐτὸν εἰς Αἴγυπτον καὶ ἐν τῷ δεσμωτηρίῳ
   μεῖναι ἔτη δεκατρία ὥστ' εἶναι αὐτὸν ἐτῶν τριάκοντα
   Ἰακὼβ δὲ ἐτῶν ἑκατὸν εἴκοσιν ἐν ᾧ καὶ τελευτῆσαι τὸν
   Ἰσαὰκ ἔτει ἑνὶ ἔμπροσθεν ἐτῶν ὄντα ἑκατὸν ὀγδοήκοντα.

12 κρίναντα δὲ τῷ βασιλεῖ τὸν Ἰωσὴφ τὰ ἐνύπνια ἄρξαι
   Αἰγύπτου ἔτη ἑπτὰ ἐν οἷς καὶ συνοικῆσαι Ἀσενέθ
   Πεντεφρῆ τοῦ Ἡλιουπόλεως ἱερέως θυγατρὶ καὶ γεννῆσαι
   Μανασσῆν καὶ Ἐφραὶμ καὶ τοῦ λιμοῦ ἐπιγενέσθαι ἔτη δύο.

13 τὸν δὲ Ἰωσὴφ ἔτη ἐννέα εὐτυχήσαντα πρὸς τὸν πατέρα μὴ
   πέμψαι διὰ τὸ ποιμένα αὐτόν τε καὶ τοὺς ἀδελφοὺς εἶναι
   ἐπονείδιστον δὲ Αἰγυπτίοις εἶναι τὸ ποιμαίνειν. ὅτι δὲ
   διὰ τοῦτο οὐκ ἔπεμψεν αὐτὸν δεδηλωκέναι ἐλθόντων γὰρ
   αὐτοῦ τῶν συγγενῶν φάναι αὐτοῖς ἐὰν κληθῶσιν ὑπὸ τοῦ
   βασιλέως καὶ ἐρωτῶνται τί διαπράσσονται λέγειν
   κτηνοτρόφους αὐτοὺς εἶναι.

14 διαπορεῖσθαι δὲ διὰ τί ποτε ὁ Ἰωσὴφ Βενιαμὶν ἐπὶ τοῦ
   ἀρίστου πενταπλασίονα μερίδα ἔδωκε μὴ δυναμένου αὐτοῦ
   τοσαῦτα καταναλῶσαι κρέα. τοῦτο οὖν αὐτὸν πεποιηκέναι
   διὰ τὸ ἐκ τῆς Λείας τῷ πατρὶ αὐτοῦ γεγονέναι υἱοὺς ἑπτὰ
   ἐκ δὲ Ῥαχὴλ τῆς μητρὸς αὐτοῦ δύο διὰ τοῦτο τῷ Βενιαμὶν
   πέντε μερίδας παραθεῖναι καὶ αὐτὸν λαβεῖν δύο γενέσθαι
   οὖν ἑπτὰ ὅσας καὶ τοὺς ἐκ τῆς Λείας υἱοὺς λαβεῖν.

15 ὡσαύτως δὲ καὶ ἐπὶ τοῦ τὰς στολὰς δοῦναι ἑκάστῳ διπλᾶς
   τῷ δὲ Βενιαμὶν πέντε καὶ τριακοσίους χρυσοῦς καὶ τῷ
   πατρὶ δὲ ἀποστεῖλαι κατὰ ταῦτὰ ὥστε τὸν οἶκον αὐτοῦ τῆς
   μητρὸς εἶναι ἴσον.

16 οἰκῆσαι δὲ αὐτοὺς ἐν γῇ Χαναὰν ἀφ' οὗ ἐκλεγῆναι Ἀβραὰμ
   ἐκ τῶν ἐθνῶν καὶ μετελθεῖν εἰς Χαναὰν Ἀβραὰμ ἐτῶν
   εἴκοσι πέντε Ἰσαὰκ ἐτῶν ἑξήκοντα Ἰακὼβ ἐτῶν ἑκατὸν
   τριάκοντα γίνεσθαι τὰ πάντα ἔτη ἐν γῇ Χαναὰν σ ι ε'.

17 καὶ τῷ τρίτῳ ἔτει λιμοῦ οὔσης ἐν Αἰγύπτῳ ἐλθεῖν εἰς
   Αἴγυπτον τὸν Ἰακὼβ ὄντα ἐτῶν ἑκατὸν τριάκοντα Ῥουβὶν
   ἐτῶν μ ε' Συμεῶνα ἐτῶν μ δ' Λευὶν ἐτῶν μ γ' Ἰούδαν
   ἐτῶν μ β' μηνῶν δύο Νεφθαλειμ ἐτῶν μ α' μηνῶν ζ' Γὰδ
   ἐτῶν μ α' μηνῶν γ' Ἀσὴρ ἐτῶν μ' μηνῶν ὀκτὼ Ζαβουλῶν
   ἐτῶν μ' Δείναν ἐτῶν λ θ' Βενιαμὶν ἐτῶν κ η'.

18 τὸν δὲ Ἰωσὴφ γενέσθαι ἐν Αἰγύπτῳ ἔτη λ θ'. εἶναι δὲ
   ἀπὸ τοῦ Ἀδὰμ ἕως τοῦ εἰσελθεῖν εἰς Αἴγυπτον τοὺς τοῦ
   Ἰωσὴφ συγγενεῖς ἔτη γ χ κ δ'. ἀπὸ δὲ τοῦ κατακλυσμοῦ
   ἕως τῆς Ἰακὼβ παρουσίας εἰς Αἴγυπτον ἔτη α τ ξ' ἀφ' οὗ
   δὲ ἐκλεγῆναι Ἀβραὰμ ἐκ τῶν ἐθνῶν καὶ ἐλθεῖν ἐκ Χαρρὰν
   εἰς Χαναὰν ἕως εἰς Αἴγυπτον τοὺς περὶ Ἰακὼβ ἐλθεῖν ἔτη
   σ ι ε'.

19 Ἰακὼβ δὲ εἰς Χαρρὰν πρὸς Λάβαν ἐλθεῖν ἐτῶν ὄντα π' καὶ
   γεννῆσαι Λευὶν Λευὶν δὲ ἐν Αἰγύπτῳ ἐπιγενέσθαι ἔτη ιζ'
   ἀφ' οὗ ἐκ Χαναὰν αὐτὸν ἐλθεῖν εἰς Αἴγυπτον ὥστε εἶναι
   αὐτὸν ἐτῶν ξ' καὶ γεννῆσαι Κλάθ τῷ αὐτῷ δὲ ἔτει ᾧ
   γενέσθαι Κλάθ τελευτῆσαι Ἰακὼβ ἐν Αἰγύπτῳ εὐλογήσαντα
   τοὺς Ἰωσὴφ υἱοὺς ὄντα ἐτῶν ρ μ ζ' καταλιπόντα Ἰωσὴφ
   ὄντα ἐτῶν ν ς'. Λευὶν δὲ γενόμενον ἐτῶν ρ λ ζ'.
   τελευτῆσαι Κλάθ δὲ ὄντα ἐτῶν μ' γεννῆσαι Ἀμβρὰμ ὃν
   ἐτῶν εἶναι ι δ' ἐν ᾧ τελευτῆσαι Ἰωσὴφ ἐν Αἰγύπτῳ ὄντα
   ρ ι' ἐτῶν Κλάθ δὲ γενόμενον ἐτῶν ἑκατὸν λ γ'
   τελευτῆσαι. Ἀμβρὰμ δὲ λαβεῖν γυναῖκα τὴν τοῦ θείου
   θυγατέρα Ἰωχαβὲτ καὶ ὄντα ἐνιαυτὸν ο ε' γεννῆσαι
   Ἀαρὼν ⟨καὶ Μωσῆν⟩ γεννῆσαι δὲ Μωσῆν ὄντα Ἀμβρὰμ ὄντα
   ἐτῶν ο η' καὶ γενόμενον Ἀμβρὰμ ἐτῶν ρ λ ς' τελευτῆσαι.
   - 9.29 -

1 φυγεῖν μέντοι γε τὸν Μωσῆν εἰς Μαδιὰμ καὶ συνοικῆσαι
  ἐκεῖ τῇ Ἰοθὼρ θυγατρὶ Σεπφώρα ἣν εἶναι ὅσα στοχάζεσθαι
  ἀπὸ τῶν ὀνομάτων τῶν γενομένων ἐκ Χεττούρας τοῦ Ἀβραὰμ

γένους ἐκ τοῦ Ἰεξὰν τοῦ γενομένου Ἀβραὰμ ἐκ Χεττούρας
ἐκ δὲ τοῦ Ἰεξὰν γενέσθαι Δαδὰν ἐκ δὲ Δαδὰν Ῥαγουὴλ ἐκ
δὲ Ῥαγουὴλ Ἰοθὼρ καὶ Ὀβὰβ ἐκ δὲ τοῦ Ἰοθὼρ Σεπφώραν
ἣν ὑῆμαι Μωσῆν. καὶ τὰς γενεὰς δὲ συμφωνεῖν

2 τὸν γὰρ Μωσῆν εἶναι ἀπὸ Ἀβραὰμ ἕβδομον τὴν δὲ Σεπφώραν
  ἕκτην. συνοικοῦντος γὰρ ἤδη τοῦ Ἰσαὰκ ἀφ' οὗ Μωσῆν
  εἶναι ὑῆμαι Ἀβραὰμ τὴν Χεττούραν ὄντα ἐτῶν ρ μ' καὶ
  γεννῆσαι Ἰσαὰρ ἐξ αὐτῆς δεύτερον τὸν δὲ Ἰσαὰκ ὄντα
  ἐτῶν ἑκατὸν γεννῆσαι. ὥστε μ β' ἐτῶν ὕστερον γεγονέναι
  τὸν Ἰσαὰρ ἀφ' οὗ τὴν Σεπφώραν γεγενεαλογῆσθαι.

3 οὐδὲν οὖν ἀντιπίπτει τὸν Μωσῆν καὶ τὴν Σεπφώραν κατὰ
  τοὺς αὐτοὺς γεγονέναι χρόνους. κατοικεῖν δὲ αὐτοὺς
  Μαδιὰμ πόλιν ἣν ἀπὸ ἑνὸς τῶν Ἀβραὰμ παίδων
  ὀνομασθῆναι. τὸν Ἀβραὰμ τοὺς παῖδας πρὸς ἀνατολὰς ἐπὶ
  κατοικίαν πέμψαι διὰ τοῦτο δὲ καὶ Ἀαρὼν καὶ Μαριὰμ ἐν
  Ἀσηρὼθ Μωσῆν Αἰθιοπίδα ὑῆμαι γυναῖκα.

15 ἐκεῖθεν ἦλθον ἡμέρας τρεῖς. μὴ ἔχοντα δὲ ὕδωρ ἐκεῖ
   γλυκὺ ἀλλὰ πικρὸν τοῦ θεοῦ εἰπόντος ξύλον τι ἐμβαλεῖν
   εἰς τὴν πηγὴν καὶ γενέσθαι γλυκὺ τὸ ὕδωρ. ἐκεῖθεν δὲ
   εἰς Ἐλεὶμ ἐλθεῖν καὶ εὑρεῖν ἐκεῖ δώδεκα μὲν πηγὰς
   ὑδάτων ἑβδομήκοντα δὲ στελέχη φοινίκων.

16 ἐπιζητεῖν δέ τινα πῶς οἱ Ἰσραηλῖται ὅπλα ἔσχον ἄνοπλοι
   ἐξελθόντες ἔφασαν γὰρ τριῶν ἡμερῶν ὁδὸν ἐξελθόντες καὶ
   θυσιάσαντες πάλιν ἀνακάμψειν. φαίνεται οὖν τοὺς μὴ
   κατακλυσθέντας τοῖς ἐκείνων ὅπλοις χρήσασθαι.
   - 1.141 -

1 τὴν Ἰούδα φυλὴν καὶ Βενιαμεὶν καὶ Λευὶ μὴ
  αἰχμαλωτισθῆναι ὑπὸ τοῦ Σεναχηρεὶμ ἀλλ' εἶναι ἀπὸ τῆς
  αἰχμαλωσίας ταύτης εἰς τὴν ἐσχάτην ἣν ἐποιήσατο
  Ναβουχοδονόσορ ἐξ Ἰεροσολύμων ἔτη ἑκατὸν εἴκοσι ὀκτὼ
  μῆνας ἓξ.

2 ἀφ' οὗ δὲ αἱ φυλαὶ αἱ δέκα ἐκ Σαμαρείας αἰχμάλωτοι
  γεγόνασιν ἕως Πτολεμαίου τετάρτου ἔτη πεντακόσια
  ἑβδομήκοντα τρία μῆνας ἐννέα ἀφ' οὗ δὲ ἐξ Ἰεροσολύμων
  ἔτη τριακόσια τριάκοντα ὀκτὼ μῆνας τρεῖς.

- 9.26 -

1 τὸν Μωσῆν πρῶτον σοφὸν γενέσθαι καὶ γράμματα παραδοῦναι
τοῖς Ἰουδαίοις πρῶτον παρὰ δὲ Ἰουδαίων Φοίνικας
παραλαβεῖν Ἕλληνας δὲ παρὰ Φοινίκων νόμους τε πρῶτον
γράψαι Μωσῆν τοῖς Ἰουδαίοις.

- 9.30 -

1 Μωσῆν προφητεῦσαι ἔτη μ' εἶτα Ἰησοῦν τὸν τοῦ Ναυῆ υἱὸν
ἔτη λ' βιῶσαι δ' αὐτὸν ἔτη ρ ι' πῆξαί τε τὴν ἱερὰν
σκηνὴν ἐν Σιλοῖ.

2 μετὰ δὲ ταῦτα προφήτην γενέσθαι Σαμουήλ. εἶτα τῇ τοῦ
θεοῦ βουλήσει ὑπὸ Σαμουὴλ Σαοῦλον βασιλέα αἱρεθῆναι
ἄρξαντα δὲ ἔτη κ α' τελευτῆσαι.

3 εἶτα Δαβὶδ τὸν τούτου υἱὸν δυναστεῦσαι ὃν
καταστρέψασθαι Σύρους τοὺς παρὰ τὸν Εὐφράτην οἰκοῦντας
ποταμὸν καὶ τὴν Κομμαγηνὴν καὶ τοὺς ἐν Γαλαδηνῇ
Ἀσσυρίους καὶ Φοίνικας. στρατεῦσαι δ' αὐτὸν καὶ ἐπὶ
Ἰδουμαίους καὶ Ἀμμανίτας καὶ Μωαβίτας καὶ Ἰτουραίους
καὶ Ναβαταίους καὶ Ναβδαίους

4 αὖθις δὲ ἐπιστρατεῦσαι ἐπὶ Σούρωνα βασιλέα Τύρου καὶ
Φοινίκης οὓς καὶ ἀναγκάσαι φόρους Ἰουδαίοις ὑποτελεῖν

5 πρός τε Οὐαφρῆν τὸν Αἰγύπτιον βασιλέα φιλίαν συνθέσθαι.
βουλόμενόν τε τὸν Δαβὶδ οἰκοδομῆσαι ἱερὸν τῷ θεῷ ἀξιοῦν
τὸν θεὸν τόπον αὐτῷ δεῖξαι τοῦ θυσιαστηρίου. ἔνθα δὴ
ἄγγελον αὐτῷ ὀφθῆναι ἑστῶτα ἐπάνω τοῦ τόπου οὗ τὸν
βωμὸν ἱδρῦσθαι ἐν Ἱεροσολύμοις καὶ κελεύειν αὐτὸν μὴ
ἱδρύεσθαι τὸ ἱερὸν διὰ τὸ αἵματι ἀνθρωπίνῳ πεφύρθαι
καὶ πολλὰ ἔτη πεπολεμηκέναι εἶναι δ' αὐτῷ ὄνομα
Διαναβὼν

6 προστάξαι τε αὐτῷ τοῦτον ὅπως τῷ υἱῷ ἐπιτρέψῃ τὴν
οἰκοδομίαν αὐτῶν δὲ εὐτρεπίζειν τὰ πρὸς τὴν κατασκευὴν
ἀνήκοντα χρυσίον ἀργύριον χαλκὸν λίθους ξύλα
κυπαρίσσινα καὶ κέδρινα.

7 ἀκούσαντα δὲ τὸν Δαβὶδ πλοῖα ναυπηγήσασθαι ἐν Ἐλάνοις
πόλει τῆς Ἀραβίας καὶ πέμψαι μεταλλευτὰς εἰς τὴν Οὐρφῆ
νῆσον κειμένην ἐν τῇ Ἐρυθρᾷ θαλάσσῃ μέταλλα χρυσικὰ
ἔχουσαν καὶ τὸ χρυσίον ἐκεῖθεν μετακομίσαι τοὺς
μεταλλευτὰς εἰς τὴν Ἰουδαίαν.

8 βασιλεύσαντα δὲ τὸν Δαβὶδ ἔτη μ' Σολομῶνι τῷ υἱῷ τὴν
ἀρχὴν παραδοῦναι ὄντι ἐτῶν ιβ' ἐνώπιον Ἤλει τοῦ
ἀρχιερέως καὶ τῶν δώδεκα φυλάρχων καὶ παραδοῦναι αὐτῷ
τόν τε χρυσὸν καὶ ἄργυρον καὶ χαλκὸν καὶ λίθον καὶ ξύλα
κυπαρίσσινα καὶ κέδρινα. καὶ αὐτὸν μὲν τελευτῆσαι
Σολομῶνα δὲ βασιλεύειν καὶ γράψαι πρὸς Οὐαφρῆν τὸν
Αἰγύπτου βασιλέα τὴν ὑπογεγραμμένην ἐπιστολήν.

- 9.31 -

1 ἐπιστολὴ Σολομῶνος βασιλεὺς Σολομῶν Οὐαφρῇ βασιλεῖ
Αἰγύπτου φίλῳ πατρικῷ χαίρειν. γίνωσκέ με παρειληφότα
τὴν βασιλείαν παρὰ Δαβὶδ τοῦ πατρὸς διὰ τοῦ θεοῦ τοῦ
μεγίστου ⟨καὶ⟩ ἐπιτεταχότος μοι οἰκοδομῆσαι ἱερὸν τῷ
θεῷ ὃς τὸν οὐρανὸν καὶ τὴν γῆν ἔκτισεν ἅμα δέ σοι
γράψαι ἀποστεῖλαί μοι τῶν παρὰ σοῦ λαῶν οἳ
παραστήσονταί μοι μέχρι τοῦ ἐπιτελέσαι πάντα κατὰ τὴν
χρείαν καθότι ἐπιτέτακται.

- 9.32 -

1 ἐπιστολὴ Οὐαφρη ἀντίγραφος. βασιλεὺς Οὐαφρῆς Σολομῶνι
βασιλεῖ μεγάλῳ χαίρειν. ἅμα τῷ ἀναγνῶναι τὴν παρὰ σοῦ
ἐπιστολὴν σφόδρα ἐχάρην καὶ λαμπρὰν ἡμέραν ἤγαγον ἐγώ
τε καὶ ἡ δύναμίς μου πᾶσα ἐπὶ τῷ παρειληφέναι σε τὴν
βασιλείαν παρὰ χρηστοῦ ἀνδρὸς καὶ δεδοκιμασμένου ὑπὸ
τηλικούτου θεοῦ. περὶ δὲ ὧν γράφεις μοι περὶ τῶν κατὰ
τοὺς λαοὺς τοὺς παρ' ἡμῖν ἀπέσταλκά σοι μυριάδας ὀκτὼ
ὧν καὶ τὰ πλήθη ἐξ ὧν εἰσι διασεσάφηκά σοι ἐκ μὲν τοῦ
Σεβρίθιτου νομοῦ μυρίους ἐκ δὲ τοῦ Μενδησίου καὶ
Σεβεννύτου δισμυρίους Βουσιρίτου Λεοντοπολίτου καὶ
Ἀθριβίτου ἀνὰ μυρίους. φρόντισον δὲ καὶ τὰ δέοντα
αὐτοῖς καὶ τὰ ἄλλα ὅπως εὐτακτῇ καὶ ἵνα ἀποκατασταθῶσιν
εἰς τὴν ἰδίαν ὡς ἂν ἀπὸ τῆς χρείας γενόμενοι.

- 9.33 -

1 ἐπιστολὴ Σολομῶνος. βασιλεὺς Σολομῶν Σούρωνι τῷ βασιλεῖ
Τύρου καὶ Σιδῶνος καὶ Φοινίκης φίλῳ πατρικῷ χαίρειν.
γίνωσκέ με παρειληφότα τὴν βασιλείαν παρὰ Δαβὶδ τοῦ
πατρὸς διὰ τοῦ θεοῦ τοῦ μεγίστου ἐπιτετάχότος μοι
οἰκοδομῆσαι ἱερὸν τῷ θεῷ ὃς τὸν οὐρανὸν καὶ τὴν γῆν
ἔκτισεν ἅμα δὲ καὶ σοὶ γράψαι ἀποστεῖλαί μοι τῶν παρὰ
σοῦ λαῶν οἳ συμπαραστήσονται ἡμῖν μέχρι τοῦ ἐπιτελέσαι
τὴν τοῦ θεοῦ χρείαν καθότι μοι ἐπιτέτακται. γέγραφα δὲ
καὶ εἰς τὴν Γαλιλαίαν καὶ Σαμαρεῖτιν καὶ Μωαβῖτιν καὶ
Ἀμμανῖτιν καὶ Γαλαδῖτιν χορηγεῖσθαι αὐτοῖς τὰ δέοντα
ἐκ τῆς χώρας κατὰ μῆνα κόρους σίτου μυρίους ὁ δὲ κόρος
ἐστὶν ἀρταβῶν ἓξ καὶ οἴνου κόρους μυρίους ὁ δὲ κόρος
τοῦ οἴνου ἐστὶ μέτρα δέκα. τὸ δὲ ἔλαιον καὶ τὰ ἄλλα
χορηγηθήσεται αὐτοῖς ἐκ τῆς Ἰουδαίας ἱερεῖα δὲ εἰς
κρεωφαγίαν ἐκ τῆς Ἀραβίας.

- 9.34 -

1 ἐπιστολὴ Σούρωνος. Σούρων Σολομῶνι βασιλεῖ μεγάλῳ
χαίρειν. εὐλογητὸς ὁ θεὸς ὃς τὸν οὐρανὸν καὶ τὴν γῆν
ἔκτισεν ὃς εἵλετο ἄνθρωπον χρηστὸν ἐκ χρηστοῦ ἀνδρὸς
ἅμα τῷ ἀναγνῶναι τὴν παρὰ σοῦ ἐπιστολὴν σφόδρα ἐχάρην
καὶ εὐλόγησα τὸν θεὸν ἐπὶ τῷ παρειληφέναι σέ τὴν
βασιλείαν.

2 περὶ δὲ ὧν γράφεις μοι περὶ τῶν κατὰ τοὺς λαοὺς τοὺς
παρ' ἡμῖν ἀπέσταλκά σοι Τυρίων καὶ Φοινίκων
ὀκτακισμυρίους καὶ ἀρχιτέκτονά σοι ἀπέσταλκα ἄνθρωπον
Τύριον ἐκ μητρὸς Ἰουδαίας ἐκ τῆς φυλῆς τῆς Δαβίδ. ὑπὲρ
ὧν ἂν αὐτὸν ἐρωτήσῃς τῶν ὑπὸ τὸν οὐρανὸν πάντων κατ'
ἀρχιτεκτονίαν ὑφηγήσεταί σοι καὶ ποιήσει.

3 περὶ δὲ τῶν δεόντων καὶ ἀποστελλομένων σοι παίδων καλῶς
ποιήσεις ἐπιστείλας τοῖς κατὰ τόπον ἐπάρχοις ὅπως
χορηγῆται τὰ δέοντα.

4 διελθὼν δὲ Σολομῶν ἔχων τοὺς πατρικοὺς φίλους ἐπὶ τὸ
ὄρος τὸ τοῦ Λιβάνου μετὰ τῶν Σιδωνίων καὶ Τυρίων
μετήνεγκε τὰ ξύλα τὰ προκεκομμένα ὑπὸ τοῦ πατρὸς αὐτοῦ

διὰ τῆς θαλάσσης εἰς Ἰόππην ἐκεῖθεν δὲ πεζῇ εἰς
Ἱεροσόλυμα. καὶ ἄρξασθαι οἰκοδομεῖν τὸ ἱερὸν τοῦ θεοῦ
ὄντα ἐτῶν τρισκαίδεκα ἐργάζεσθαι δὲ τὰ ἔθνη τὰ
προειρημένα καὶ φυλὰς δώδεκα τῶν Ἰουδαίων καὶ παρέχειν
ταῖς ἑκκαίδεκα μυριάσι τὰ δέοντα πάντα κατὰ μῆνα φυλὴν
μίαν. θεμελιῶσαί τε τὸν ναὸν τοῦ θεοῦ μῆκος πηχῶν ξ'
πλάτος πηχῶν ξ' τὸ δὲ πλάτος τῆς οἰκοδομῆς καὶ τῶν
θεμελίων πηχῶν ι' οὕτω γὰρ αὐτῷ προστάξαι Νάθαν τὸν
προφήτην τοῦ θεοῦ.

5 οἰκοδομεῖν δὲ ἐναλλὰξ δόμον λίθινον καὶ ἔνδεσμον
κυπαρίσσινον πελεκίνοις χαλκοῖς ταλαντιαίοις
καταλαμβάνοντα⟨ς⟩ τοὺς δύο δόμους. οὕτω δ' αὐτὸν
οἰκοδομήσαντα ξυλῶσαι ἔσωθεν κεδρίνοις ξύλοις καὶ
κυπαρισσίνοις ὥστε τὴν λιθίνην οἰκοδομὴν μὴ φαίνεσθαι
χρυσῶσαί τε τὸν ναὸν ἔσωθεν χωννύντα πλινθία χρυσᾶ
πενταπήχη καὶ προστιθέναι προσηλοῦντα ἥλοις ἀργυροῖς
ταλαντιαίοις τὴν ὁλκὴν μαστοειδεῖς τὸν ῥυθμὸν τέσσαρας
δὲ τὸν ἀριθμόν.

6 οὕτω δ' αὐτὸν χρυσῶσαι ἀπὸ ἐδάφους ἕως τῆς ὀροφῆς τό τε
ὀρόφωμα ποιῆσαι ἐκ φατνωμάτων χρυσῶν τὸ δὲ δῶμα ποιῆσαι
χαλκοῦν ἀπὸ κεραμίδων χαλκῶν χαλκὸν χωνεύσαντα καὶ
τούτων καταχέαντα. ποιῆσαι δὲ δύο στύλους χαλκοῦς καὶ
καταχρυσῶσαι αὐτοὺς χρυσίῳ ἀδόλῳ δακτύλου τὸ πάχος.

7 εἶναι δὲ τοὺς στύλους τῷ ναῷ ἰσομεγέθεις τὸ δὲ πλάτος
κύκλῳ ἕκαστον κίονα πηχῶν δέκα στῆσαι δὲ αὐτοὺς τοῦ
οἴκου ὃν μὲν ἐκ δεξιῶν ὃν δὲ ἐξ εὐωνύμων. ποιῆσαι δὲ
καὶ λυχνίας χρυσᾶς ⟨δέκα⟩ δέκα τάλαντα ἑκάστην ὁλκὴν
ἀγούσας ὑπόδειγμα λαβόντα τὴν ὑπὸ Μωυσέως ἐν τῇ σκηνῇ
τοῦ μαρτυρίου τεθεῖσαν

8 στῆσαι δ' ἐξ ἑκατέρου μέρους τοῦ σηκοῦ τὰς μὲν ἐκ
δεξιῶν τὰς δὲ ἐξ εὐωνύμων. ποιῆσαι δ' αὐτὸν καὶ λύχνους
χρυσοῦς ο' ὥστε καίεσθαι ἐφ' ἑκάστης λυχνίας ἑπτά.
οἰκοδομῆσαι δὲ καὶ τὰς πύλας τοῦ ἱεροῦ καὶ κατακοσμῆσαι
χρυσίῳ καὶ ἀργυρίῳ καὶ κατασεγάσαι φατνώμασι κεδρίνοις
καὶ κυπαρισσίνοις.

9 ποιῆσαι δὲ καὶ κατὰ τὸ πρὸς βορρᾶν μέρος τοῦ ἱεροῦ
στοὰν καὶ στύλους αὐτῇ ὑποστῆσαι χαλκοῦς μ η'
κατασκευάσαι δὲ καὶ λουτῆρα χαλκοῦν μῆκος πηχῶν κ' καὶ
πλάτος πηχῶν κ' τὸ δὲ ὕψος πηχῶν ε' ποιῆσαι δὲ ἐπ' αὐτῷ
στεφάνην πρὸς τὴν βάσιν ἔξω ὑπερέχουσαν πῆχυν ἕνα πρὸς
τὸ τοὺς ἱερεῖς τούς τε πόδας προσκλύζεσθαι καὶ τὰς
χεῖρας νίπτεσθαι ἐπιβαίνοντας ποιῆσαι δὲ καὶ τὰς βάσεις
τοῦ λουτῆρος τορευτὰς χωνευτὰς δώδεκα καὶ τῷ ὕψει
ἀνδρομήκεις καὶ στῆσαι ἐξ ὑστέρου μέρους ὑπὸ τὸν
λουτῆρα ἐκ δεξιῶν τοῦ θυσιαστηρίου.

10 ποιῆσαι δὲ καὶ βάσιν χαλκῆν τῷ ὕψει πηχῶν δυοῖν κατὰ
τὸν λουτῆρα ἵν' ἐφεστήκῃ ἐπ' αὐτῆς ὁ βασιλεὺς ὅταν
προσεύχηται ὅπως ὀπτάνηται τῷ λαῷ τῶν Ἰουδαίων.
οἰκοδομῆσαι δὲ καὶ τὸ θυσιαστήριον πηχῶν κ' ε' ἐπὶ
πήχεις κ' τὸ δὲ ὕψος πηχῶν δώδεκα.

11 ποιῆσαι δὲ καὶ δακτυλίους δύο χαλκοῦς ἁλυσιδωτοὺς καὶ
στῆσαι αὐτοὺς ἐπὶ μηχανημάτων ὑπερεχόντων τῷ ὕψει τὸν
ναὸν πήχεις κ' καὶ σκιάζειν ἐπάνω παντὸς τοῦ ἱεροῦ καὶ
προσκρεμάσαι ἑκάστῃ δικτυΐ κώδωνας χαλκοῦς ταλαντιαίους
τετρακοσίους καὶ ποιῆσαι ὅλας τὰς δίκτυας πρὸς τὸ
ψοφεῖν τοὺς κώδωνας καὶ ἀποσοβεῖν τὰ ὄρνεα ὅπως μὴ
καθίζῃ ἐπὶ τοῦ ἱεροῦ μηδὲ νοσσεύῃ ἐπὶ τοῖς φατνώμασι
τῶν πυλῶν καὶ στοῶν καὶ μολύνῃ τοῖς ἀποπατήμασι τὸ
ἱερόν.

12 περιβαλεῖν δὲ καὶ τὰ Ἱεροσόλυμα τὴν πόλιν τείχεσι καὶ
πύργοις καὶ τάφροις οἰκοδομῆσαι δὲ καὶ βασίλεια ἑαυτῷ.

13 προσαγορευθῆναι δὲ τὸ ἀνάκτορον πρῶτον μὲν ἱερὸν
Σολομῶνος ὕστερον δὲ παρεφθαρμένως τὴν πόλιν ἀπὸ τοῦ
ἱεροῦ Ἱερουσαλὴμ ὀνομασθῆναι ὑπὸ δὲ τῶν Ἑλλήνων
φερωνύμως Ἱεροσόλυμα λέγεσθαι.

14 συντελέσαντα δὲ τὸ ἱερὸν καὶ τὴν πόλιν τειχίσαντα
ἐλθεῖν εἰς Σηλὼμ καὶ θυσίαν τῷ θεῷ εἰς ὁλοκάρπωσιν
προσαγαγεῖν βοῦς χιλίους. λαβόντα δὲ τὴν σκηνὴν καὶ τὸ
θυσιαστήριον καὶ τὰ σκεύη ἃ ἐποίησε Μωσῆς εἰς
Ἱεροσόλυμα ἐνεγκεῖν καὶ ἐν τῷ οἴκῳ θεῖναι.

15 καὶ τὴν κιβωτὸν δὲ καὶ τὸν χρυσοῦν βωμὸν τὸν χρυσοῦν καὶ τὴν
λυχνίαν καὶ τὴν τράπεζαν καὶ τὰ ἄλλα σκεύη ἐκεῖ
καταθέσθαι καθὼς προστάξαι αὐτῷ τὸν προφήτην.

16 προσαγαγεῖν δὲ τῷ θεῷ θυσίαν μυρίαν πρόβατα δισχίλια
μόσχους τρισχιλίους πεντακοσίους. τὸ δὲ σύμπαν χρυσίον
τὸ εἰς τοὺς δύο στύλους καὶ τὸν ναὸν καταχρησθὲν εἶναι
τάλαντα μυριάδων υ ξ'. εἰς δὲ τοὺς ἥλους καὶ τὴν ἄλλην
κατασκευὴν ἀργυρίου τάλαντα χίλια διακόσια τριάκοντα
δύο χαλκοῦ δὲ εἰς τοὺς κίονας καὶ τὸν λουτῆρα καὶ τὴν
στοὰν τάλαντα μύρια ὀκτακισχίλια πεντήκοντα.

17 ἀποπέμψαι δὲ τὸν Σολομῶνα καὶ τοὺς Αἰγυπτίους καὶ τοὺς
Φοίνικας ἑκάστους εἰς τὴν ἑαυτῶν ἑκάστῳ χρυσοῦ σίκλους
δόντα δέκα τὸ δὲ τάλαντον εἶναι σίκλους. καὶ τῷ μὲν
Αἰγύπτου βασιλεῖ Οὐαφρῇ ἐλαίου μετρητὰς μυρίους
φοινικοβαλάνων ἀρτάβας χιλίας μέλιτος δὲ ἀγγεῖα ἑκατὸν
καὶ ἀρώματα πέμψαι

18 τῷ δὲ Σούρωνι εἰς Τύρον πέμψαι τὸν χρυσοῦν κίονα τὸν ἐν
Τύρῳ ἀνακείμενον ἐν τῷ ἱερῷ τοῦ Διός.

20 ποιῆσαι δὲ τὸν Σολομῶνα καὶ ἀσπίδας χρυσᾶς χιλίας ὧν
ἑκάστην πεντακοσίων εἶναι χρυσῶν. βιῶσαι δὲ αὐτὸν ἔτη
πεντήκοντα δύο ὧν ἐν εἰρήνῃ βασιλεῦσαι ἔτη μ'.

- 9.39 -

2 εἶτα Ἰωαχεὶμ ἐπὶ τούτου προφητεῦσαι Ἱερεμίαν τὸν
προφήτην. τοῦτον ὑπὸ τοῦ θεοῦ ἀποσταλέντα καταλαβεῖν
τοὺς Ἰουδαίους θυσιάζοντας εἰδώλῳ χρυσῷ ᾧ εἶναι ὄνομα
Βάαλ.

3 τοῦτον δὲ αὐτοῖς τὴν μέλλουσαν ἀτυχίαν δηλῶσαι. τὸν δὲ
Ἰωαχεὶμ ζῶντα αὐτὸν ἐπιβαλέσθαι κατακαῦσαι τὸν δὲ
φάναι τοῖς ξύλοις τούτοις Βαβυλωνίοις ὀψοποιήσειν καὶ
σκάπτειν τὰς τοῦ Τίγριδος καὶ Εὐφράτου διώρυχας
αἰχμαλωτισθέντας.

4 τὸν δὲ τῶν Βαβυλωνίων βασιλέα ἀκούσαντα Ναβουχοδονόσορ

τὰ ὑπὸ τοῦ Ἱερεμίου προμαντευθέντα παρακαλέσαι
Ἀστιβάρην τὸν Μήδων βασιλέα συστρατεύειν αὐτῷ.
5 παραλαβόντα δὲ Βαβυλωνίους καὶ Μήδους καὶ συναγαγόντα
πεζῶν μὲν ὀκτωκαίδεκα ἱππέων δὲ μυριάδας δώδεκα καὶ
πεζῶν ἅρματα μυρία πρῶτον μὲν τὴν Σαμαρεῖτιν
καταστρέψασθαι καὶ Γαλιλαίαν καὶ Σκυθόπολιν καὶ τοὺς ἐν
τῇ Γαλααδίτιδι οἰκοῦντας Ἰουδαίους αὖθις δὲ τὰ
Ἱεροσόλυμα παραλαβεῖν καὶ τὸν Ἰουδαίων βασιλέα
Ἰωαχεὶμ ζωγρῆσαι τὸν δὲ χρυσὸν τὸν ἐν τῷ ἱερῷ καὶ
ἄργυρον καὶ χαλκὸν ἐκλέξαντα εἰς Βαβυλῶνα ἀποστεῖλαι
χωρὶς τῆς κιβωτοῦ καὶ τῶν ἐν αὐτῇ πλακῶν ταύτην δὲ τὸν
Ἱερεμίαν κατασχεῖν.
- 1.141 -
4 τὰ πάντα ἔτη ἀπὸ Ἀδὰμ ἄχρι τοῦ πέμπτου ἔτους Δημητρίου
βασιλείας Πτολεμαίου τὸ δωδέκατον βασιλεύοντος Αἰγύπτου
συνάγεσθαι ἔτη ͵ερμθ΄.
5 ἀφ᾽ οὗ δὲ χρόνου ἐξήγαγε Μωυσῆς τοὺς Ἰουδαίους ἐξ
Αἰγύπτου ἐπὶ τὴν προειρημένην προθεσμίαν συνάγεσθαι ἔτη
⟨δισ⟩χίλια πεντακόσια ὀγδοήκοντα.


Historicus Artapanus  (Fragmenta)
-----------------------------------

- 9.18 -
1 τοὺς μὲν Ἰουδαίους ὀνομάζεσθαι Ἑρμιοὺθ ὃ εἶναι
μεθερμηνευθὲν κατὰ τὴν Ἑλληνίδα φωνὴν Ἰουδαῖοι
καλεῖσθαι δὲ αὐτοὺς Ἑβραίους ἀπὸ Ἀβραάμου. τοῦτον δὲ
πανοικίᾳ ἐλθεῖν εἰς Αἴγυπτον πρὸς τὸν τῶν Αἰγυπτίων
βασιλέα Φαρεθώθην καὶ τὴν ἀστρολογίαν αὐτὸν διδάξαι
μείναντα δὲ ἔτη ἐκεῖ εἴκοσι πάλιν εἰς τοὺς κατὰ Συρίαν
ἀπαλλαγῆναι τόπους τῶν δὲ τούτῳ συνελθόντων πολλοὺς ἐν
Αἰγύπτῳ καταμεῖναι διὰ τὴν εὐδαιμονίαν τῆς χώρας.
- 9.23 -
1 τῷ Ἀβραὰμ Ἰωσὴφ ἀπόγονον γενέσθαι υἱὸν δὲ Ἰακώβου
συνέσει δὲ καὶ φρονήσει παρὰ τοὺς ἄλλους διενεγκόντα
ὑπὸ τῶν ἀδελφῶν ἐπιβουλευθῆναι προϊδόμενον δὲ τὴν
ἐπισύστασιν δεηθῆναι τῶν ἀστυγειτόνων Ἀράβων εἰς τὴν
Αἴγυπτον διακομίσαι τοὺς δὲ τὸ ἐντυγχανόμενον
ποιῆσαι εἶναι γὰρ τοὺς τῶν Ἀράβων βασιλεῖς ἀπογόνους
Ἰσραὴλ υἱοὺς τοῦ Ἀβραὰμ Ἰσαὰκ δὲ ἀδελφούς.
2 ἐλθόντα δὲ αὐτὸν εἰς τὴν Αἴγυπτον καὶ συσταθέντα τῷ
βασιλεῖ διοικητὴν τῆς ὅλης γενέσθαι χώρας. καὶ πρότερον
ἀτάκτως τῶν Αἰγυπτίων γεωμορούντων διὰ τὸ τὴν χώραν
ἀδιαίρετον εἶναι καὶ τῶν ἐλασσόνων ὑπὸ τῶν κρεισσόνων
ἀδικουμένων τοῦτον πρῶτον τήν τε γῆν διελεῖν καὶ ὅροις
διασημήνασθαι καὶ πολλὴν χερσευομένην γεωργήσιμον
ἀποτελέσαι καὶ τινας τῶν ἀρουρῶν τοῖς ἱερεῦσιν
ἀποκληρῶσαι.
3 τοῦτον δὲ καὶ μέτρα εὑρεῖν καὶ μεγάλως αὐτὸν ὑπὸ τῶν
Αἰγυπτίων διὰ ταῦτα ἀγαπηθῆναι. γῆμαι δ᾽ αὐτὸν
Ἡλιουπολίτου ἱερέως Ἀσενὲθ θυγατέρα ἐξ ἧς γεννῆσαι
παῖδας. μετὰ δὲ ταῦτα παραγενέσθαι πρὸς αὐτὸν τόν τε
πατέρα καὶ τοὺς ἀδελφοὺς κομίζοντας πολλὴν ὕπαρξιν καὶ
κατοικισθῆναι ἐν τῇ Ἡλίου πόλει καὶ Σάει καὶ τοὺς
Σύρους πλεονάσαι ἐν τῇ Αἰγύπτῳ.
4 τούτους δὲ καὶ τὸ ἐν Ἀθὼς καὶ τὸ ἐν Ἡλιουπόλει ἱερὸν
κατασκευάσαι τοὺς Ἑρμιοὺθ ὀνομαζομένους. μετὰ δὲ ταῦτα
τελευτῆσαι τόν τε Ἰωσὴφ καὶ τὸν βασιλέα τῶν Αἰγυπτίων.
τὸν οὖν Ἰωσὴφ κρατοῦντα τῆς Αἰγύπτου τὸν τῶν ἑπτὰ ἐτῶν
σῖτον γενόμενον κατὰ τὴν φορὰν ἄπλετον παραθέσθαι καὶ
τῆς Αἰγύπτου δεσπότην γενέσθαι.
- 9.27 -
1 Ἀβραὰμ τελευτήσαντος καὶ τοῦ υἱοῦ αὐτοῦ Μεμψασθενὼθ
ὁμοίως δὲ καὶ τοῦ βασιλέως τῶν Αἰγυπτίων τὴν δυναστείαν
παραλαβεῖν τὸν υἱὸν αὐτοῦ Παλμανώθην.
2 τοῦτον δὲ τοῖς Ἰουδαίοις φαύλως προσφέρεσθαι καὶ
πρῶτον μὲν τήν τε Σάιν οἰκοδομῆσαι τό τε ἐπ᾽ αὐτῇ ἱερὸν
καθιδρύσασθαι εἶτα τὸν ἐν Ἡλιουπόλει ναὸν
κατασκευάσαι.
3 τοῦτον δὲ γεννῆσαι θυγατέρα Μέρριν ἣν Χενεφρῆ τινι
κατεγγυῆσαι τῶν ὑπὲρ Μέμφιν τόπων βασιλεύοντι πολλοὺς
γὰρ τότε τῆς Αἰγύπτου βασιλεύειν ταύτην δὲ στεῖραν
ὑπάρχουσαν ὑποβαλέσθαι τινὸς τῶν Ἰουδαίων παιδίον
τοῦτο δὲ Μώϋσον ὀνομάσαι ὑπὸ δὲ τῶν Ἑλλήνων αὐτὸν
ἀνδρωθέντα Μουσαῖον προσαγορευθῆναι.
4 γενέσθαι δὲ τὸν Μώϋσον τούτου Ὀρφέως διδάσκαλον.
ἀνδρωθέντα δ᾽ αὐτὸν πολλὰ τοῖς ἀνθρώποις εὔχρηστα
παραδοῦναι καὶ γὰρ πλοῖα καὶ μηχανὰς πρὸς τὰς
λιθοθεσίας καὶ τὰ Αἰγύπτια ὅπλα καὶ τὰ ὄργανα τὰ
ὑδρευτικὰ καὶ πολεμικὰ καὶ τὴν φιλοσοφίαν ἐξευρεῖν ἔτι
δὲ τὴν πόλιν εἰς λϛ΄ νομοὺς διελεῖν καὶ ἑκάστῳ τῶν
νομῶν ἀποτάξαι τὸν θεὸν σεφθήσεσθαι τά τε ἱερὰ γράμματα
τοῖς ἱερεῦσιν εἶναι δὲ καὶ αἰλούρους καὶ κύνας καὶ
ἴβεις ἀπονεῖμαι δὲ καὶ τοῖς ἱερεῦσιν ἐξαίρετον χώραν.
5 ταῦτα δὲ πάντα ποιῆσαι χάριν τοῦ τὴν μοναρχίαν βεβαίαν
τῷ Χενεφρῇ διαφυλάξαι. πρότερον γὰρ ἀδιατάκτους ὄντας
τοὺς ὄχλους ποτὲ μὲν ἐκβάλλειν ποτὲ δὲ καθιστάνειν
βασιλεῖς καὶ πολλάκις μὲν τοὺς αὐτοὺς ἐνίακις δὲ
ἄλλους.
6 διὰ ταῦτα οὖν τὸν Μώϋσον ὑπὸ τῶν ὄχλων ἀγαπηθῆναι καὶ
ὑπὸ τῶν ἱερέων ἰσοθέου τιμῆς καταξιωθέντα
προσαγορευθῆναι Ἑρμῆν διὰ τὴν τῶν ἱερῶν γραμμάτων
ἑρμηνείαν.
7 τὸν δὲ Χενεφρῆν ὁρῶντα τὴν ἀρετὴν τοῦ Μωΰσου φθονῆσαι
αὐτῷ καὶ ζητεῖν αὐτὸν ἐπ᾽ εὐλόγῳ αἰτίᾳ τινὶ ἀνελεῖν.
καὶ δή ποτε τῶν Αἰθιόπων ἐπιστρατευσαμένων τῇ Αἰγύπτῳ
τὸν Χενεφρῆν ὑπολαβόντα εὑρηκέναι καιρὸν εὔθετον πέμψαι
τὸν Μώϋσον ἐπ᾽ αὐτοὺς στρατηγὸν μετὰ δυνάμεως τὸ δὲ τῶν

γεωργῶν αὐτῷ συστῆσαι πλῆθος ὑπολαβόντα ῥᾳδίως αὐτὸν
διὰ τὴν τῶν στρατιωτῶν ἀσθένειαν ὑπὸ τῶν πολεμίων
ἀναιρεθήσεσθαι.
8 τὸν δὲ Μώϋσον ἐλθόντα ἐπὶ τὸν Ἑρμοπολίτην ὀνομαζόμενον
νομὸν ἔχοντα περὶ δέκα μυριάδας γεωργῶν αὐτοῦ
καταστρατοπεδεῦσαι πέμψαι δὲ στρατηγοὺς τοὺς
προκαθεδουμένους τῆς χώρας οὓς δὴ πλεονεκτεῖν ἐπιφανῶς
κατὰ τὰς μάχας λέγειν δὲ Ἡλιουπολίτας γενέσθαι τὸν
πόλεμον τοῦτον ἔτη δέκα.
9 τοὺς οὖν περὶ τὸν Μώϋσον διὰ τὸ μέγεθος τῆς στρατιᾶς
πόλιν ἐν τούτῳ κτίσαι τῷ τόπῳ καὶ τὴν Ἶβιν ἐν αὐτῇ
καθιερῶσαι διὰ τὸ ταύτην τὰ βλάπτοντα ζῷα τοὺς
ἀνθρώπους ἀναιρεῖν προσαγορεῦσαι δὲ αὐτὴν Ἑρμοῦ πόλιν.
10 οὕτω δὴ τοὺς Αἰθίοπας καίπερ ὄντας πολεμίους στέρξαι
τὸν Μώϋσον ὥστε καὶ τὴν περιτομὴν τῶν αἰδοίων παρ᾽
ἐκείνου μαθεῖν οὐ μόνον δὲ τούτους ἀλλὰ καὶ τοὺς ἱερεῖς
ἅπαντας.
11 τὸν δὲ Χενεφρῆν λυθέντος τοῦ πολέμου λόγῳ μὲν αὐτὸν
ἀποδέξασθαι ἔργῳ δὲ ἐπιβουλεύειν. παρελόμενον γοῦν
αὐτοῦ τοὺς ὄχλους τοὺς μὲν ἐπὶ τὰ ὅρια τῆς Αἰθιοπίας
πέμψαι προφυλακῆς χάριν τοῖς δὲ προστάξαι τὸν ἐν Διὸς
πόλει ναὸν ἐξ ὀπτῆς πλίνθου κατεσκευασμένον καθαιρεῖν
ἕτερον δὲ λίθινον κατασκευάσαι τὸ πλησίον ὄρος
λατομήσαντας τάξαι δὲ ἐπὶ τῆς οἰκοδομίας ἐπιστάτην
Ναχέρωτα.
12 τὸν δὲ ἐλθόντα μετὰ Μωϋσου εἰς Μέμφιν πυθέσθαι παρ᾽
αὐτοῦ εἴ τι ἄλλο ἐστὶν εὔχρηστον τοῖς ἀνθρώποις τὸν δὲ
φάναι γένος τῶν βοῶν διὰ τὸ τὴν γῆν ἀπὸ τούτων ἀροῦσθαι
τὸν δὲ Χενεφρῆν προσαγορεύσαντα ταῦρον Ἆπιν κελεῦσαι
ἱερὸν αὐτοῦ τοὺς ὄχλους καθιδρύσασθαι καὶ τὰ ζῷα τὰ
καθιερωθέντα ὑπὸ τοῦ Μωϋσου κελεύειν ἐκεῖ φέροντας
θάπτειν κατακρύπτειν θέλοντα τὰ τοῦ Μωϋσου ἐπινοήματα.
13 ἀποξενωσάντων δὲ αὐτὸν τῶν Αἰγυπτίων ὁρκωμοτῆσαι τοὺς
φίλους μὴ ἐξαγγεῖλαι τῷ Μωϋσῳ τὴν ἐπισυνισταμένην αὐτῷ
ἐπιβουλὴν καὶ προβαλέσθαι τοὺς ἀναιρήσοντας αὐτόν.
14 μηδενὸς δ᾽ ὑπακούσαντος ὀνειδίσαι τὸν Χενεφρῆν
Χανεθώθην τὸν μάλιστα προσαγορευόμενον ὑπ᾽ αὐτοῦ τὸν δὲ
ὀνειδισθέντα ὑποσχέσθαι τὴν ἐπίθεσιν λαβόντα καιρόν.
15 ὑπὸ δὲ τοῦτον τὸν καιρὸν τῆς Μέρριδος τελευτησάσης
ὑποσχέσθαι τὸν Χενεφρῆν τῷ τε Μωϋσῳ καὶ τῷ Χανεθώθῃ τὸ
σῶμα διακομίσασαι εἰς τοὺς ὑπὲρ Αἴγυπτον τόπους θάψαι
ὑπολαβόντα τὸν Μώϋσον ὑπὸ τοῦ Χανεθώθου ἀναιρεθήσεσθαι.
16 πορευομένων δὲ αὐτῶν τὴν ἐπιβουλὴν τῷ Μωϋσῳ τῶν
συνειδότων ἐξαγγεῖλαί τινα τὸν δὲ φυλασσόμενον αὐτὸν τὴν
μὲν Μέρριν θάψαι τὸν δὲ ποταμὸν καὶ τὴν ἐν ἐκείνῳ πόλιν
Μερόην προσαγορεῦσαι τιμᾶσθαι δὲ τὴν Μέρριν ταύτην ὑπὸ
τῶν ἐγχωρίων οὐκ ἐλαχίστως ἢ τὴν Ἶσιν.
17 Ἀάρωνα δὲ τὸν τοῦ Μωϋσου ἀδελφὸν τὰ περὶ τὴν ἐπιβουλὴν
ἐπιγνόντα συμβουλεῦσαι τῷ ἀδελφῷ φυγεῖν εἰς τὴν
Ἀραβίαν τὸν δὲ πεισθέντα ἀπὸ Μέμφεως τὸν Νεῖλον
διαπλεύσαντα ἀπαλλάσσεσθαι εἰς τὴν Ἀραβίαν.
18 τὸν δὲ Χανεθώθην πυθόμενον τοῦ Μωϋσου τὴν φυγὴν
ἐνεδρεύειν ὡς ἀναιρήσοντα ἰδόντα δὲ ἐρχόμενον σπάσασθαι
τὴν μάχαιραν ἐπ᾽ αὐτὸν τὸν δὲ Μώϋσον προκαταταχήσαντα
τήν τε χεῖρα κατασχεῖν αὐτοῦ καὶ σπασάμενον τὸ ξίφος
φονεῦσαι τὸν Χανεθώθην.
19 διεκδρᾶναι δὲ εἰς τὴν Ἀραβίαν καὶ Ῥαγουήλῳ τῷ τῶν
τόπων ἄρχοντι συμβιοῦν λαβόντα τὴν ἐκείνου θυγατέρα τὸν
δὲ Ῥαγουῆλον βούλεσθαι στρατεύσαι ἐπὶ τοὺς Αἰγυπτίους
κατάγειν βουλόμενον τὸν Μώϋσον καὶ τὴν δυναστείαν τῇ τε
θυγατρὶ καὶ τῷ γαμβρῷ κατασκευάσαι τὸν δὲ Μώϋσον
ἀποκωλῦσαι στοχαζόμενον τὸν ὁμοφύλων τὸν δὲ Ῥαγουῆλον
διακωλύοντα στρατεύειν τοῖς Ἄραψι προστάξαι λῃστεύειν
τὴν Αἴγυπτον.
20 ὑπὸ δὲ αὐτὸν χρόνον καὶ τὸν Χενεφρῆν πρῶτον ἁπάντων
ἀνθρώπων ἐλεφαντιάσαντα μεταλλάξαι τούτῳ δὲ τῷ πάθει
περιπεσεῖν διὰ τὸ τοὺς Ἰουδαίους προστάξαι σινδόνας
ἀμφιεννυσθαι ἐρεᾶν δὲ ἐσθῆτα μὴ ἀμπέχεσθαι ὅπως ὄντες
ἐπίσημοι κολάζωνται ὑπ᾽ αὐτοῦ.
21 τὸν δὲ Μώϋσον εὔχεσθαι τῷ θεῷ ἤδη ποτὲ τοὺς λαοὺς
παῦσαι τῶν κακοπαθειῶν. ἱλασκομένου δ᾽ αὐτοῦ αἰφνιδίως

ἐκ τῆς  γῆς  πῦρ  ἀναφθῆναι καὶ  τοῦτο κάεσθαι  μήτε ὕλης
μήτε ἄλλης τινὸς ξυλείας οὔσης ἐν τῷ τόπῳ. τὸν δὲ
Μῶϋσον δείσαντα τὸ  γεγονὸς φεύγειν φωνὴν δ' αὐτῷ θείαν
εἰπεῖν στρατεύειν ἐπ' Αἴγυπτον καὶ τοὺς Ἰουδαίους
διασώσαντα εἰς τὴν ἀρχαίαν ἀγαγεῖν πατρίδα.

22  τὸν  δὲ  θαρρήσαντα  δύναμιν  πολεμίαν ἐπάγειν διαγνῶναι
τοῖς Αἰγυπτίοις πρῶτον δὲ πρὸς  Ἀάρωνα τὸν ἀδελφὸν
ἐλθεῖν. τὸν δὲ  βασιλέα τῶν Αἰγυπτίων  πυθόμενον τὴν τοῦ
Μωΰσου παρουσίαν καλέσαι πρὸς  αὐτὸν καὶ πυνθάνεσθαι ἐφ'
ὅ,τι ἥκοι τὸν δὲ  φάναι διότι  προσσάσσειν αὐτῷ τὸν τῆς
οἰκουμένης δεσπότην ἀπολῦσαι τοὺς  Ἰουδαίους.

23  τὸν δὲ πυθόμενον  εἰς φυλακὴν αὐτὸν  καθεῖρξαι νυκτὸς δὲ
ἐπιγενομένης τάς τε  θύρας  πάσας αὐτομάτως ἀνοιχθῆναι
τοῦ δεσμωτηρίου καὶ ͜ῶν φυλάκων οὓς μὲν τελευτῆσαι
τινὰς δὲ ὑπὸ τοῦ ὕπνου  παρεθῆναι τά τε ὅπλα κατεαγῆναι.

24  ἐξελθόντα δὲ τὸν  Μῶϋσον ἐπὶ τὰ  βασίλεια ἐλθεῖν εὑρόντα
δὲ ἀνεῳγμένας τὰς θύρας εἰσελθεῖν καὶ ἐνθάδε τῶν
φυλάκων παρειμένων τον βασιλέα ἐξεγεῖραι. τὸν δὲ
ἐκπλαγέντα ἐπὶ τῷ γεγονότι κελεῦσαι τῷ Μωΰσῳ τὸ τοῦ
πέμψαντος  αὐτὸν θεοῦ  εἰπεῖν ὄνομα  διαχλευάσαντα αὐτὸν

25  τὸν δὲ προσκύψαντα  πρὸς τὸ οὖς  εἰπεῖν ἀκούσαντα δὲ τὸν
βασιλέα πεσεῖν  ἄφωνον διακρατηθέντα  δὲ ὑπὸ τοῦ Μωΰσου
πάλιν ἀναβιῶσαι

26  γράψαντα δὲ  τοὔνομα εἰς δέλτον  κατασφραγίσασθαι τῶν τε
ἱερέων τὸν φαυλίσαντα ἐν  τῇ πινακίδι τὰ γεγραμμένα μετὰ
σπασμοῦ τὸν βίον ἐκλ.μπάνειν

27  εἰπεῖν τε  τὸν βασιλέα σημεῖόν τι  αὐτῷ ποιῆσαι  τὸν δὲ
Μῶϋσον ἣν εἶχε ῥάβδον ἐκβαλόντα ὄφιν ποιῆσαι πτοηθέντων
δὲ πάντων ἐπιλαβόμενον τῆς  οὐρᾶς ἀνελέσθαι καὶ πάλιν
ῥάβδον ποιῆσαι

28  προελθόντα δὲ μικρὸν τὸν Νεῖλον  τῇ ῥάβδῳ πατάξαι τὸν δὲ
ποταμὸν πολύχουν γενόμενον κατακλύζειν ὅλην τὴν
Αἴγυπτον ἀπὸ  τότε δὲ  καὶ τὴν  κατάβασιν αὐτοῦ γίνεσθαι
συναγαγὸν δὲ τὸ ὕδωρ  ἐποζέσαι καὶ τὰ ποτάμια διαφθεῖραι
ζῷα τούς τε λαοὺς διὰ τὴν δίψαν φθείρεσθαι.

29  τὸν δὲ βασιλέα  τούτων γενομένων τῶν  τεράτων φάναι μετὰ
μῆνα τοὺς  λαοὺς ἀπολύσειν ἐὰν  ἀποκαταστήσῃ τὸν ποταμὸν
τὸν δὲ Μῶϋσον πάλιν τῇ ῥάβδῳ πατάξαντα τὸ ὕδωρ
συστεῖλαι τὸ ῥεῦμα.

30  τούτου δὲ  γενομένου τὸν  βασιλέα τοὺς  ἱερεῖς τοὺς ὑπὲρ
Μέμφιν καλέσαι καὶ  φάναι αὐτοὺς ἀναιρήσειν  καὶ τὰ ἱερὰ
κατασκάψειν ἐὰν μὴ καὶ  αὐτοὶ τερατουργήσωσί τι. τοὺς δὲ
τότε διὰ  τινων μαγγάνων καὶ ἐπαοιδῶν  δράκοντα ποιῆσαι
καὶ τὸν ποταμὸν μεταχρῶσαι.

31  τὸν δὲ βασιλέα φρονηματισθέντα ἐπὶ τῷ γεγονότι πάσῃ
τιμωρίᾳ καὶ κολάσει καταικίζειν  τοὺς Ἰουδαίους. τὸν δὲ
Μῶϋσον ταῦτα ὁρῶντα ἄλλα τε σημεῖα ποιῆσαι καὶ
πατάξαντα τὴν γῆν τῇ ῥάβδῳ ζῷόν τι πτηνὸν ἀνεῖναι
λυμαίνεσθαι τοὺς Αἰγυπτίους πάντας  τε ἐξελκωθῆναι τὰ
σώματα. τῶν δὲ ἰατρῶν μὴ δυναμένων ἰᾶσθαι τοὺς
κάμνοντας οὕτως πάλιν ἀνέσεως τυχεῖν τοὺς Ἰουδαίους.

32  πάλιν τε τὸν Μῶϋσον βάτραχον διὰ τῆς ῥάβδου ἀνεῖναι
πρὸς δὲ τούτοις ἀκρίδας καὶ σκνῖφας. διὰ τοῦτο δὲ καὶ
τοὺς Αἰγυπτίους τὴν ῥάβδον ἀνατιθέναι εἰς πᾶν ἱερὸν
ὁμοίως δὲ καὶ τῇ Ἴσιδι διὰ τὸ τὴν γῆν εἶναι Ἶσιν
παιομένην δὲ τῇ ῥάβδῳ τὰ τέρατα ἀνεῖναι.

33  τοῦ δὲ βασιλέως ἔτι ἀφρονουμένου τὸν Μῶϋσον χάλαζάν τε
καὶ σεισμοὺς διὰ νυκτὸς ἀποτελέσαι ὥστε τοὺς τὸν
σεισμὸν φεύγοντας ἀπὸ τῆς χαλάζης ἀναιρεῖσθαι  τούς τε
τὴν χάλαζαν  ἐκκλίνοντας ὑπὸ  τῶν σεισμῶν διαφθείρεσθαι.
συμπεσεῖν δὲ τότε τὰς μὲν  οἰκίας πάσας τῶν τε ναῶν τοὺς
πλείστους.

34  τελευταῖον τοιαύταις  συμφοραῖς περιπεσόντα  τὸν βασιλέα
τοὺς Ἰουδαίους ἀπολῦσαι τοὺς  δὲ χρησαμένους  παρὰ τῶν
Αἰγυπτίων πολλὰ μὲν ἐκπώματα οὐκ ὀλίγον δὲ ἱματισμὸν
ἄλλην τε παμπληθῆ γάζαν διαβάντας τοὺς κατὰ τὴν
Ἀραβίαν ποταμοὺς ͜αὶ  διαβάντας ἱκανὸν τόπον ἐπὶ τὴν
Ἐρυθρὰν τριταίους ἐλθεῖν θάλασσαν.

35  Μεμφίτας  μὲν οὖν  λέγειν ἔμπειρον ὄντα τὸν  Μῶϋσον τῆς
χώρας τὴν  ἄμπωτιν τηρήσαντα διὰ ξηρᾶς τῆς θαλάσσης τὸ
πλῆθος περαιῶσαι. Ἡλιουπολίτας δὲ λέγειν
ἐπικαταδραμεῖν τὸν Βασιλέα  μετὰ πολλῆς  δυνάμεως ⟨ἅμα⟩
καὶ τοῖς καθιερωμένοις ζῴοις διὰ τὸ τὴν ὕπαρξιν τοὺς
Ἰουδαίους τῶν Αἰγυπτίων χρησαμένους διακομίζειν.

36  τῷ δὲ Μωΰσῳ φωνὴν Θείαν γενέσθαι  πατάξαι τὴν θάλασσαν
τῇ ῥάβδῳ καὶ διαστῆσαι. τὸν δὲ Μῶϋσον ἀκούσαντα
ἐπιθιγεῖν τῇ ῥάβδῳ τοῦ ὕδατος καὶ οὕτως τὸ μὲν νᾶμα
διαστῆναι τὴν δὲ δύναμιν διὰ ξηρᾶς ὁδοῦ πορεύεσθαι.

37  συνεμβάντων δὲ  τῶν Αἰγυπτίων  καὶ διωκόντων  πῦρ αὐτοῖς
ἐκ τῶν ἔμπροσθεν ἐκλάμψαι τὴν δὲ θάλασσαν πάλιν τὴν
ὁδὸν ἐπικλύσαι τοὺς  δὲ Αἰγυπτίους ὑπό  τε τοῦ πυρὸς καὶ
τῆς  πλημμυρίδος πάντας  διαφθαρῆναι τοὺς δὲ Ἰουδαίους
διαφυγόντας τὸν  κίνδυνον τεσσαράκοντα ἔτη ἐν τῇ ἐρήμῳ
διατρῖψαι βρέχοντος αὐτοῖς τοῦ θεοῦ κρίμνον ὅμοιον
ἐλύμῳ χιόνι παραπλήσιον τὴν χρόαν. γεγονέναι δὲ τὸν
Μῶϋσον μακρὸν πυρρακῆ  πολιὸν κομήτην ἀξιωματικόν. ταῦτα
δὲ πρᾶξαι περὶ ἔτη ὄντα ὀγδοήκοντα ἐννέα.

- 9.25 -

1 τὸν Ἡσαῦ γήμαντα Βασσάραν υἱὸν ἐν Ἐδὼμ γεννῆσαι Ἰὼβ
κατοικεῖν δὲ τοῦτον ἐν τῇ Αὐσίτιδι χώρᾳ ἐπὶ τοῖς ὅροις
τῆς Ἰδουμαίας καὶ Ἀραβίας.

2 γενέσθαι δ᾽ αὐτὸν δίκαιον καὶ πολύκτηνον κτήσασθαι γὰρ
αὐτὸν πρόβατα μὲν ἑπτακισχίλια καμήλους δὲ τρισχιλίας
ζεύγη βοῶν πεντακόσια ὄνους θηλείας νομάδας πεντακοσίας
εἶχε δὲ καὶ γεωργίας ἱκανάς. τοῦτον δὲ τὸν Ἰὼβ
πρότερον Ἰωβὰβ ὀνομάζεσθαι.

3 πειράζοντα δ᾽ αὐτὸν τὸν θεὸν ἐμμεῖναι μεγάλαις δὲ
περιβαλεῖν αὐτὸν ἀτυχίαις. πρῶτον μὲν γὰρ αὐτοῦ τούς τε
ὄνους καὶ τοὺς βοῦς ὑπὸ λῃστῶν ἀπολέσθαι εἶτα τὰ
πρόβατα ὑπὸ πυρὸς ἐκ τοῦ οὐρανοῦ πεσόντος κατακαῆναι
σὺν τοῖς ποιμέσι μετ᾽ οὐ πολὺ δὲ καὶ τὰς καμήλους ὑπὸ
λῃστῶν ἀπελαθῆναι εἶτα τὰ τέκνα αὐτοῦ ἀποθανεῖν
πεσούσης τῆς οἰκίας αὐθημερὸν δὲ αὐτοῦ καὶ τὸ σῶμα
ἑλκῶσαι.

4 φαύλως δὲ αὐτοῦ διακειμένου ἐλθεῖν εἰς ἐπίσκεψιν
Ἐλίφαν τὸν Θαιμανιτῶν βασιλέα καὶ Βαλδὰδ τὸν Σαυχαίων
τύραννον καὶ Σωφὰρ τὸν Μινναίων βασιλέα ἐλθεῖν δὲ καὶ
Ἐλιοῦν τὸν Βαραχιὴλ τὸν Ζωβίτην παρακαλούμενον δὲ
φάναι καὶ χωρὶς παρακλήσεως ἐμμενεῖν αὐτὸν ἔν τε τῇ
εὐσεβείᾳ καὶ τοῖς δεινοῖς. τὸν δὲ θεὸν ἀγασθέντα τὴν
εὐψυχίαν αὐτοῦ τῆς τε νόσου αὐτὸν ἀπολῦσαι καὶ πολλῶν
κύριον ὑπάρξεων ποιῆσαι.


Historicus Cleodemus (Fragmentum)
-----------------------------------

- 1.15 -

240 ἐκ τῆς Χετούρας Ἀβράμῳ ἐγένοντο παῖδες ἱκανοί.
241 αὐτῶν καὶ τὰ ὀνόματα τρεῖς Ἀφέραν Σουρεὶμ Ἰάφραν. ἀπὸ
Σουρεὶμ μὲν τὴν Ἀσσυρίαν κεκλῆσθαι ἀπὸ δὲ τῶν δύο
Ἀφέρα τε καὶ Ἰάφρα πόλιν τε Ἄφραν καὶ τὴν χώραν
Ἀφρικὴν ὀνομασθῆναι τούτους γὰρ Ἡρακλεῖ συστρατεῦσαι
ἐπὶ Λιβύην καὶ Ἀνταῖον γήμαντά τε τὴν Ἄφρα θυγατέρα
Ἡρακλέα γεννῆσαι υἱὸν ἐξ αὐτῆς Δίδωρον τούτου δὲ
γενέσθαι Σόφωνα ἀφ᾽ οὗ τοὺς βαρβάρους Σόφακας λέγεσθαι.


Historicus Anonymus (Fragmenta)
-----------------------------------

- 9.17 -

2 Εὐπολέμου περὶ Ἀβραὰμ ἀπὸ τῆς Ἀλεξάνδρου τοῦ
πολυιστορος περὶ ιουδαιων γραφης. τῆς Ἀσσυρίας πόλιν
Βαβυλῶνα πρῶτον μὲν κτισθῆναι ὑπὸ τῶν διασωθέντων ἐκ
τοῦ κατακλυσμοῦ εἶναι δὲ αὐτοὺς γίγαντας οἰκοδομεῖν δὲ
τὸν ἱστορούμενον πύργον.

3 πεσόντος δὲ τούτου ὑπὸ τῆς τοῦ θεοῦ ἐνεργείας τοὺς
γίγαντας διασπαρῆναι καθ᾽ ὅλην τὴν γῆν. δεκάτῃ δὲ γενεᾷ
ἐν πόλει τῆς Βαβυλωνίας Καμαρίνῃ ἥν τινας λέγειν πόλιν
Οὐρίην εἶναι δὲ μεθερμηνευομένην Χαλδαίων πόλιν ⟨ἢ⟩ ἐν
τρισκαιδεκάτῃ γενέσθαι Ἀβραὰμ γενεᾷ εὐγενείᾳ καὶ σοφίᾳ
πάντας ὑπερβεβηκότα ὃν δὴ καὶ τὴν ἀστρολογίαν καὶ
Χαλδαϊκὴν εὑρεῖν ἐπί τε τὴν εὐσέβειαν ὁρμήσαντα
εὐαρεστῆσαι τῷ θεῷ.

4 τοῦτον δὲ διὰ τὰ προστάγματα τοῦ θεοῦ εἰς Φοινίκην
ἐλθόντα κατοικῆσαι καὶ τροπὰς ἡλίου καὶ σελήνης καὶ τὰ
ἄλλα πάντα διδάξαντα τοὺς Φοίνικας εὐαρεστῆσαι τῷ
βασιλεῖ αὐτῶν. ὕστερον δὲ Ἀρμενίους ἐπιστρατεῦσαι τοῖς
Φοίνιξι νικησάντων δὲ καὶ αἰχμαλωτισαμένων τὸν
ἀδελφιδοῦν αὐτοῦ τὸν Ἀβραὰμ μετὰ οἰκετῶν βοηθήσαντα
ἐγκρατῆ γενέσθαι τῶν αἰχμαλωτισαμένων καὶ τῶν πολεμίων
αἰχμαλωτίσαι τέκνα καὶ γυναῖκας.

5 πρέσβεων δὲ παραγενομένων πρὸς αὐτὸν ὅπως χρήματα λαβὼν
ἀπολυτρώσῃ ταῦτα μὴ προελέσθαι τοῖς δυστυχοῦσιν
ἐπεμβαίνειν ἀλλὰ τὰς τροφὰς λαβόντα τῶν νεανίσκων
ἀποδοῦναι τὰ αἰχμάλωτα ξενισθῆναί τε αὐτὸν ὑπὸ πόλεως
ἱερὸν Ἀργαριζὶν ὃ εἶναι μεθερμηνευόμενον ὄρος ὑψίστου

6 παρὰ δὲ τοῦ Μελχισεδὲκ ἱερέως ὄντος τοῦ θεοῦ καὶ
βασιλεύοντος λαβεῖν δῶρα. λιμοῦ δὲ γενομένου τὸν
Ἀβραὰμ ἀπαλλαγῆναι εἰς Αἴγυπτον πανοικίᾳ κἀκεῖ
κατοικεῖν τήν τε γυναῖκα αὐτοῦ τὸν βασιλέα τῶν
Αἰγυπτίων γῆμαι φάντος αὐτοῦ ἀδελφὴν εἶναι.

7 οὐκ ἠδύνατο αὐτῇ συγγενέσθαι καὶ συνέβη φθείρεσθαι
αὐτοῦ τὸν λαὸν καὶ τὸν οἶκον μάντεις δὲ αὐτοῦ
καλέσαντος τούτους φάναι μὴ εἶναι χήραν τὴν γυναῖκα τὸν
δὲ βασιλέα τῶν Αἰγυπτίων οὕτως ἐπιγνῶναι ὅτι γυνὴ ἦν
τοῦ Ἀβραὰμ καὶ ἀποδοῦναι αὐτὴν τῷ ἀνδρί.

8 συζήσαντα δὲ τὸν Ἀβραὰμ ἐν Ἡλιουπόλει τοῖς Αἰγυπτίων
ἱερεῦσι πολλὰ μεταδιδάξαι αὐτοὺς καὶ τὴν ἀστρολογίαν
καὶ τὰ λοιπὰ τούτων αὐτοῖς εἰσηγήσασθαι φάμενον
Βαβυλωνίους ταῦτα καὶ αὐτὸν εὑρηκέναι τὴν δὲ εὕρεσιν
αὐτῶν εἰς Ἐνὼχ ἀναπέμπειν καὶ τοῦτον εὑρηκέναι πρῶτον
τὴν ἀστρολογίαν οὐκ Αἰγυπτίους.

9 Βαβυλωνίους γὰρ λέγειν πρῶτον γενέσθαι Βῆλον ὃν εἶναι
Κρόνον ἐκ τούτου δὲ γενέσθαι Βῆλον καὶ Χανάαν τοῦτον δὲ
τὸν Χανάαν γεννῆσαι τὸν πατέρα τῶν Φοινίκων τούτου δὲ
Χοὺμ υἱὸν γενέσθαι ὃν ὑπὸ τῶν Ἑλλήνων λέγεσθαι
Ἄσβολον πατέρα δὲ Αἰθιόπων ἀδελφὸν δὲ τοῦ Μεστραεὶμ
πατρὸς Αἰγυπτίων Ἕλληνας δὲ λέγειν τὸν Ἄτλαντα
εὑρηκέναι ἀστρολογίαν εἶναι δὲ τὸν Ἄτλαντα τὸν αὐτὸν
καὶ Ἐνὼχ τοῦ δὲ Ἐνὼχ γενέσθαι υἱὸν Μαθουσάλαν ὃν
πάντα δι᾽ ἀγγέλων θεοῦ γνῶναι καὶ ἡμᾶς οὕτως ἐπιγνῶναι.

- 9.18 -

2 τὸν Ἀβραὰμ ἀναφέροντα εἰς τοὺς γίγαντας τούτους δὲ
οἰκοῦντας ἐν τῇ Βαβυλωνίᾳ διὰ τὴν ἀσέβειαν ὑπὸ τῶν θεῶν
ἀναιρεθῆναι ὧν ἕνα Βῆλον ἐκφεύγοντα τὸν θάνατον ἐν
Βαβυλῶνι κατοικῆσαι πύργον τε κατασκευάσαντα ἐν αὐτῷ
διαιτᾶσθαι ὃν δὴ ἀπὸ τοῦ κατασκευάσαντος Βήλου Βῆλον
ὀνομασθῆναι. τὸν δὲ Ἄβραμον τὴν ἀστρολογικὴν ἐπιστήμην
παιδευθέντα πρῶτον μὲν ἐλθεῖν εἰς Φοινίκην καὶ τοὺς
Φοίνικας ἀστρολογίαν διδάξαι ὕστερον δὲ εἰς Αἴγυπτον
παραγενέσθαι.

- 1.22 -
185 ἐπὶ ταύτης Πτολεμαῖος ὁ Λάγου ἐνίκα κατὰ Γάζαν μάχῃ
    Δημήτριον τὸν Ἀντιγόνου τὸν ἐπικληθέντα Πολιορκητήν.
186 μετὰ τὴν ἐν Γάζῃ μάχην ὁ Πτολεμαῖος ἐγένετο τῶν περὶ
    Συρίαν τόπων ἐγκρατὴς καὶ πολλοὶ τῶν ἀνθρώπων
    πυνθανόμενοι τὴν ἠπιότητα καὶ φιλανθρωπίαν τοῦ
    Πτολεμαίου συναπαίρειν εἰς Αἴγυπτον αὐτῷ καὶ κοινωνεῖν
    τῶν πραγμάτων ἠβουλήθησαν.
187 ὧν εἷς ἦν Ἐζεκίας ὁ ἀρχιερεὺς τῶν Ἰουδαίων ἄνθρωπος
    τὴν μὲν ἡλικίαν ὡς ἑξήκοντα ἓξ ἐτῶν τῷ δ' ἀξιώματι τῷ
    παρὰ τοῖς ὁμοέθνοις μέγας καὶ τὴν ψυχὴν οὐκ ἀνόητος ἔτι
    δὲ καὶ λέγειν δυνατὸς καὶ τῶν πραγμάτων εἴπερ τις ἄλλος
    ἔμπειρος
188 καίτοι οἱ πάντες ἱερεῖς τῶν Ἰουδαίων οἱ τὴν δεκάτην
    τῶν γινομένων λαμβάνοντες καὶ τὰ κοινὰ διοικοῦντες περὶ
    χιλίους μάλιστα καὶ πεντακοσίους εἰσίν.
189 οὗτος ὁ ἄνθρωπος τετευχὼς τῆς τιμῆς ταύτης καὶ συνήθης
    ἡμῖν γενόμενος παραλαβών τινας τῶν μεθ' ἑαυτοῦ τὴν
    διαφορὰν ἀνέγνω πᾶσαν αὐτοῖς εἶχε γὰρ τὴν κατοίκησιν
    αὐτῶν καὶ τὴν πολιτείαν γεγραμμένην.
191 τοιγαροῦν καὶ κακῶς ἀκούοντες ὑπὸ τῶν ἀστυγειτόνων καὶ
    τῶν εἰσαφικνουμένων πάντων καὶ προπηλακιζόμενοι
    πολλάκις ὑπὸ τῶν Περσικῶν βασιλέων καὶ σατραπῶν οὐ
    δύνανται μεταπεισθῆναι τῇ διανοίᾳ ἀλλὰ γεγυμνωμένος
    περὶ τούτων καὶ αἰκίαις καὶ θανάτοις δεινοτάτοις
    μάλιστα πάντων ἀπαντῶσι μὴ ἀρνούμενοι τὰ πάτρια.
192 Ἀλεξάνδρου ποτέ ἐν Βαβυλῶνι γενομένου καὶ προελομένου
    τὸ τοῦ Βήλου πεπτωκὸς ἱερὸν ἀνακαθῆραι καὶ πᾶσιν αὐτοῦ
    τοῖς στρατιώταις ὁμοίως φέρειν τὸν χοῦν προστάξαντος
    μόνους τοὺς Ἰουδαίους οὐ προσσχεῖν ἀλλὰ καὶ πολλὰς
    ὑπομεῖναι πληγὰς καὶ ζημίας ἀποτῖσαι μεγάλας ἕως αὐτοῖς
    συγγνόντα τὸν βασιλέα δοῦναι τὴν ἄδειαν.
193 τῶν γε μὴν εἰς τὴν χώραν πρὸς αὐτοὺς ἀφικνουμένων καὶ
    νεὼς καὶ βωμοὺς κατασκευασάντων ἅπαντα ταῦτα
    κατέσκαπτον καὶ τῶν μὲν ζημίαν τοῖς σατράπαις ἐξέτινον
    περὶ τινων δὲ καὶ συγγνώμης μετελάμβανον.
194 πολλὰς μὲν γὰρ ἡμῶν ἀνασπάστους εἰς Βαβυλῶνα Πέρσαι
    πρότερον αὐτῶν ἐποίησαν μυριάδας οὐκ ὀλίγαι δὲ καὶ μετὰ
    τὸν Ἀλεξάνδρου θάνατον εἰς Αἴγυπτον καὶ Φοινίκην
    μετέστησαν διὰ τὴν ἐν Συρίᾳ στάσιν.
195 τριακοσίας μυριάδας ἀρουρῶν σχεδὸν τῆς ἀρίστης καὶ
    παμφορωτάτης χώρας νέμονται ἡ γὰρ Ἰουδαία τοσαύτη
    πλάτος ἐστίν.
197 Ἔστι τῶν Ἰουδαίων τὰ μὲν πολλὰ ὀχυρώματα κατὰ τὴν
    χώραν καὶ κῶμαι μία δὲ πόλις ὀχυρὰ πεντήκοντα μάλιστα
    σταδίων τὴν περίμετρον ἣν οἰκοῦσι μὲν ἀνθρώπων περὶ
    δώδεκα μυριάδες καλοῦσι δ' αὐτὴν Ἱεροσόλυμα.
198 ἐνταῦθα δ' ἔστι κατὰ μέσον μάλιστα τῆς πόλεως περίβολος
    λίθινος μῆκος ὡς πεντάπλεθρος εὖρος δὲ πηχῶν ἑκατὸν
    ἔχων διπλᾶς πύλας. ἐν ᾧ βωμός ἐστι τετράγωνος οὐκ ἐκ
    τμητῶν ἀλλ' ἐκ συλλέκτων ἀργῶν λίθων οὕτω συγκείμενος
    πλευρὰν μὲν ἑκάστην εἴκοσι πήχεων ὕψος δὲ δεκάπηχυ. καὶ
    παρ' αὐτὸν οἴκημα μέγα οὗ βωμός ἐστι καὶ λυχνίον
    ἀμφότερα χρυσᾶ δύο τάλαντα τὴν ὁλκήν.
199 ἐπὶ δὲ τούτων φῶς ἐστιν ἀναπόσβεστον καὶ τὰς νύκτας καὶ
    τὰς ἡμέρας. ἄγαλμα δ' οὐκ ἔστιν οὐδ' ἀνάθημα τὸ παράπαν
    οὐδὲ φύτευμα παντελῶς οὐδὲν οἷον ἀλσῶδες ἤ τι τοιοῦτον.
    διατρίβουσι δ' ἐν αὐτῷ καὶ τὰς νύκτας καὶ τὰς ἡμέρας
    ἱερεῖς ἁγνείας τινὰς ἁγνεύοντες καὶ τὸ παράπαν οἶνον οὐ
    πίνοντες ἐν τῷ ἱερῷ.
201 ἐμοῦ ⟨Ἑκαταίου⟩ γοῦν ἐπὶ τὴν Ἐρυθρὰν θάλασσαν
    βαδίζοντος συνηκολούθει τις μετὰ τῶν ἄλλων τῶν
    παραπεμπόντων ἡμᾶς ἱππέων Ἰουδαίων ὄνομα Μοσόλλαμος
    ἄνθρωπος ἱκανὸς κατὰ ψυχὴν εὔρωστος καὶ τοξότης ὑπὸ δὴ
    πάντων ὁμολογούμενος καὶ τῶν Ἑλλήνων καὶ τῶν βαρβάρων
    ἄριστος.
202 οὗτος οὖν ὁ ἄνθρωπος διαβαδιζόντων πολλῶν κατὰ τὴν ὁδὸν
    καὶ μάντεώς τινος ὀρνιθευομένου καὶ πάντας ἐπισχεῖν
    ἀξιοῦντος ἠρώτησε διὰ τί προσμένουσι.
203 δείξαντος δὲ τοῦ μάντεως αὐτῷ τὸν ὄρνιθα καὶ φήσαντος
    ἐὰν μὲν αὐτοῦ μένῃ προσμένειν συμφέρειν πᾶσιν ἐὰν δ'
    ἀναστὰς εἰς τοὔμπροσθεν πέτηται προάγειν ἐὰν δὲ εἰς
    τοὔπισθεν ἀναχωρεῖν αὖθις σιωπήσας καὶ παρελκύσας τὸ
    τόξον ἔβαλε καὶ τὸν ὄρνιθα πατάξας ἀπέκτεινεν.
204 ἀγανακτούντων δὲ τοῦ μάντεως καὶ τινων ἄλλων καὶ
    καταρωμένων αὐτῷ τί μαίνεσθε ἔφη κακοδαίμονες; εἶτα τὸν
    ὄρνιθα λαβὼν εἰς τὰς χεῖρας πῶς γὰρ οὗτος ἔφη τὴν αὐτοῦ
    σωτηρίαν οὐ προϊδὼν περὶ τῆς ἡμετέρας πορείας ἡμῖν ἄν
    τι ὑγιὲς ἀπήγγελλεν; εἰ γὰρ ἠδύνατο προγιγνώσκειν τὸ
    μέλλον εἰς τὸν τόπον τοῦτον οὐκ ἂν ἦλθε φοβούμενος μὴ
    τοξεύσας αὐτὸν ἀποκτείνῃ Μοσόλλαμος ὁ Ἰουδαῖος.
    - 2.4 -
43 διὰ τὴν ἐπιείκειαν καὶ πίστιν ἣν αὐτῷ παρέσχον
    Ἰουδαῖοι τὴν Σαμαρεῖτιν χώραν προσέθηκεν ἔχειν αὐτοῖς
    ἀφορολόγητον.

- 9.34 -
19 θεοφίλου περὶ σολομῶνος. τὸν περισσεύσαντα χρυσὸν τὸν
   Σολομῶνα τῷ Τυρίων βασιλεῖ πέμψαι τὸν δὲ εἰκόνα τῆς
   θυγατρὸς ζῷον ὁλοσώματον κατασκευάσαι καὶ ἔλυτρον τῷ
   ἀνδριάντι τὸν χρυσοῦν κίονα περιθεῖναι.

- 24 -

1 καὶ καταλαμβάνει ⟨Ἀλέξανδρος⟩ τὴν Ἰουδαίαν γῆν
  οἵτινες ἀντιστῆναι
2 βουληθέντες ἐκπέμπουσιν κατασκόπους ὡς δῆθεν πρέσβεις
3 εἶναι τούτους. ταῦτα δὲ ὅμως οὐκ ἔλαθεν Ἀλεξάνδρῳ. καὶ
4 προστάσσει τινὰς τῆς Μακεδονικῆς φάλαγγος νεανίσκους
5 λίαν μαχιμωτάτους ἐν τῇ παρακειμένῃ φάραγγι ἑαυτοὺς
  ἀκοντίσαι.
6 οἱ δὲ τὸ προσταχθὲν αὐτοῦ σπουδαίως ἐπλήρωσαν.
7 ὀξὺ γὰρ τὸ Μακεδονικὸν στῖφος εἰς τὸ κελευόμενον ὑπὸ
8 Ἀλεξάνδρου. καὶ στραφεὶς πρὸς τοὺς κατασκοπεῦσαι
  βουλομένους
9 εἶπεν ὁρᾶτε οἱ τοῦ Ἰουδαϊκοῦ ἔθνους πρέσβεις
10 πῶς ἀντ' οὐδενὸς τῷ στρατῷ Μακεδόνων ὁ θάνατος. ἄπιτε
11 οὖν καὶ τὸ συμφέρον ὑμῖν πραγματεύεσθε. ἐγὼ δὲ τὴν
12 αὔριον ἐπελεύσομαι πρὸς ὑμᾶς καὶ ὡς τῇ προνοίᾳ δεκτὸν
13 πράξω.
14 οἱ δὲ ἀπελθόντες τοῖς ἄρχουσιν αὐτῶν εἶπον. ὑπείκειν
15 Ἀλέξανδρον καὶ σῴζεσθαι χρεών οὐ γάρ ἐστιν ἡμῖν ἐλπὶς
16 σωτηρίας. ἔξω γὰρ φύσεως ἀνθρώπων ὁ Μακεδόνων στρατὸς
17 ὡς γὰρ ἐν ἡμῖν φοβερὸς καθέστηκεν ὁ θάνατος τοῖς
18 Μακεδόσι οὐχ οὕτως ἀλλὰ καὶ λίαν εὐκαταφρόνητος. οἶμαι
19 δὲ τούτοις ἐριστικῶς ἔχειν τὸ θανεῖν ὡς ἄν τις εἴποι
20 πρὸς ἀναγκαῖόν τι χρῆμα τούτοις ἀπέρχεσθαι. ἐξέστησαν
21 γὰρ ἡμᾶς ἐν τῇ φάραγγι τῇ μεγάλῃ ὡς ὑποβρύχιον ἑαυτοὺς
22 ποιήσαντες οἱ τῶν Μακεδόνων παῖδες. ἅμα γὰρ Ἀλέξανδρος
23 ἐκέλευσεν τὸ ἔργον ἐτελέσθη. καὶ οὐ τοσοῦτον ἡμᾶς ἡ τοῦ
24 θανάτου ἐθρόησε τόλμη ὅσον τὸ μὴ κερδᾶναί τι
  προσδοκῶντες.
25 οὕτως εὐχερῶς πρὸς τὸ θανεῖν ηὐτομόλησαν. ἐὰν δὲ καὶ
  κέρδος
26 ἐλπίσουσι οὐκ ἄν τις ἀντιστῆναι δυνήσεται. λοιπὸν
27 γὰρ ἡμεῖς ἅπερ ἐθεασάμεθα εἴπομεν ὑμῖν. γενέσθω δὲ τὸ
28 δοκοῦν ἡμῖν πρὸ τοῦ Ἀλέξανδρον καταλαβεῖν καὶ πᾶσα
  ἀκυρωθήσεται
29 ἄστατος βουλή. ὡς οὖν ταῦτα ἤκουσαν Ἀλεξάνδρῳ
30 ὑπείκειν κελεύονται. ταῖς ἱερατικαῖς οὖν στολαῖς
  ἑαυτούς
31 οἱ τούτων ἱερεῖς ἐνδυσάμενοι καθυπαντῶσιν Ἀλεξάνδρῳ
  σὺν
32 παντὶ τῷ πλήθει αὐτῶν. τούτους δὲ Ἀλέξανδρος ἰδὼν
  ἐδεδίει
33 τοῦ σχήματος καὶ τούτους μηκέτι προσεγγίσαι αὐτῷ
  ἐκέλευσεν
34 ἀλλ' ἐν τῇ πόλει ἀναστρέφεσθαι. προσκαλεσάμενος δὲ
35 ἕνα τῶν ἱερέων λέγει αὐτῷ. ὡς θεοειδὲς ὑμῶν τὸ σχῆμα.
36 φράσον δή μοι καὶ τίνα ὑμεῖς σέβεσθε θεόν; οὐ γὰρ ἐν
37 τοῖς παρ' ἡμῖν θεοῖς τοιαύτην εὐταξίαν εἶδον ἱερέων.
38 ὁ δέ φησιν θεὸν ἡμεῖς ἕνα δουλεύομεν ὃς ἐποίησεν
  οὐρανὸν
39 καὶ γῆν καὶ πάντα τὰ ὁράμενά τε καὶ ἀόρατα. οὐδεὶς
40 δὲ αὐτὸν ἑρμηνεῦσαι ἀνθρώπων δεδύνηται. ἐπὶ τούτοις
41 Ἀλέξανδρος ἔφη ⟨ὡς ἀληθινοῦ θεοῦ ἄξιοι θεραπευταὶ
  ἄπιτε
42 ἐν εἰρήνῃ⟩ ἄπιτε. ὁ γὰρ θεὸς ὑμῶν ἔσται μοι θεὸς καὶ
43 ἡ εἰρήνη μου μεθ' ὑμῶν καὶ οὐ μὴ διεξέλθω ὑμᾶς καθὼς
  καὶ
44 ἐν τοῖς λοιποῖς ἔθνεσιν ὅτι θεῷ ζῶντι ὑμεῖς
  δεδουλεύκατε.
45 λαβόντες δὲ χρημάτων πλήθη ἔν τε χρυσῷ καὶ ἀργύρῳ
  ἤγαγον
46 πρὸς τὸν Ἀλέξανδρον. ὁ δὲ οὐκ ἠθέλησε λαβεῖν εἶπεν
  αὐτοῖς.
47 ἔστωσαν ταῦτα τὰ δῶρα καὶ ἐμοὶ ἀφωρισμένος φόρος
48 κυρίῳ τῷ θεῷ. ἐγὼ δὲ οὐ λήψομαι ἐξ ὑμῶν οὐδέν.

- 28 -

1 διατρίψας οὖν ἐκεῖσε χρόνον τινὰ τὴν πόλιν οἰκοδομεῖν
2 ἐγχειρίζεται κίοσί τε πλείστοις αὐτὴν κατακοσμήσας καὶ
3 τὰ τείχη πύργοις εὐμήκεσι καὶ μεταρσίοις κατοχυρώσας ἐν
4 δὲ τῇ κατὰ ἀνατολὴν πύλῃ μεταρσιώτατον πάντων ἕνα
  πύργον
5 οἰκοδομήσας ἐν αὐτῷ τὴν ἑαυτοῦ στήλην ποιήσας ἵδρυσε
6 περὶ αὐτὸν δὲ Σελεύκου καὶ Ἀντιόχου καὶ Φιλίππου
  ἰατροῦ
7 καὶ τὴν μὲν Σελεύκου κέρας ἔχουσαν γνωρίζεσθαι πεποίηκε
8 διά τε τὸ ἀνδρεῖον καὶ δυσμάχητον Φιλίππου δὲ σχῆμα
  ἔχειν
9 καὶ ἰατρικὸν καὶ στρατιωτικὸν Ἀντίοχον δὲ δορυφόρον
10 ἐμφέρεσθαι. τῶν πασῶν τοίνυν τελεσθεισῶν καὶ τῆς πόλεως
11 περικαλλεστάτης ἐν παντὶ ὀφθαλμῷ ἀνθρώπων γεγονυίας
  ἄνεισιν
12 Ἀλέξανδρος ἐν τῷ πύργῳ καὶ στὰς πάντας ἐξουθένησεν
13 τοὺς θεοὺς τῆς γῆς ⟨καὶ μόνον θεὸν ἀληθινὸν ἀνεκήρυξεν
  ἀκατανόητον
14 ἀθεώρητον ἀνεξιχνίαστον ἐπὶ τῶν⟩ Σεραφὶμ ἐποχούμενον
15 καὶ τρισαγίῳ φωνῇ δοξαζόμενον. ἐν τούτοις στὰς
16 Ἀλέξανδρος ηὔξατο καὶ ὦ θεὲ θεῶν εἶπε καὶ δημιουργὲ
  ὁρατῶν
17 καὶ ἀοράτων συνεργός μοι φάνηθι ὃν πράττειν μέλλω.
18 κατιὼν δὲ τοῦ πύργου εἰς τὰ βασίλεια ᾤχετο καὶ Σέλευκον
19 μὲν ἄρχοντα τῶν Περσῶν καθίστησι Φίλιππον δὲ Αἰγυπτίων
20 ἡγεῖσθαι προστέτακτο Ἀλέξανδρος δὲ Μακεδονίοις
  ἐπεστήρικτο
21 καὶ ψυχαὶ Μακεδόνων Ἀλεξάνδρῳ ἐκρέμαντο.

- 9.20 -

1 Φίλωνος περὶ τοῦ αὐτοῦ. ἔκλυον ἀρχεγόνοισι τὸ μήριον ὡς
ποτε θεσμοῖς Ἀβραὰμ κλυτοηχὲς ὑπερτέρῳ ἄμματι δεσμῶν
παμφαὲς πλήμμυρε μεναυχήτοισι λογισμοῖς θεϊοφιλῆ
θέλητρα. λιπόντι γὰρ ἀγλαὸν ἕρκος αἰνοφύτων ἔκκαυμα
βριήπυος αἰνετὸς ἴσχων ἀθάνατον ποίησεν ἐὴν φάτιν ἐξότε
κείνου ἔκγονος αἰνονόοιο πολύμνιον Ἕλλαχε κῦδος.
ἀρτίχερος θηκτοῖο ξιφηφόρον ἐντύνοντος λήματι καὶ
σφαράγοιο παρακλιδὸν ἀθροισθέντος ἀλλ' ὁ μὲν ἐν
χείρεσσι κερασφόρον ὤπασε κριόν.

- 9.24 -

1 τοῖσιν ἕδος μακαριστὸν ὅλης μέγας ἔκτισεν ἄκτωρ ὕψιστος
καὶ πρόσθεν ἀφ' Ἀβραάμοιο καὶ Ἰσὰκ Ἰακὼβ εὐτέκνοιό
θ' ὅθεν Ἰωσὴφ ὃς ὀνείρων θεσπιστὴς σκηπτοῦχος ἐν
Αἰγύπτοιο θρόνοισι δινεύσας λαθραῖα χρόνου πλημμυρίδι
μοίρης.

- 9.37 -

1 κρήνην εἶναι ταύτην δὲ ἐν μὲν τῷ χειμῶνι ξηραίνεσθαι ἐν
δὲ τῷ θέρει πληροῦσθαι. νηχόμενος δ' ἐφύπερθε τὸ
θαμβηέστατον ἄλλο δέρκηθρον συναοιδὰ μεγιστούχοιο
λοετροῖς ῥεύματος ἐμπίπλησι βαθὺν ῥόον ἐξανιείσης.

2 ῥεῦμα γὰρ ὑψιφάεννον ἐν ὑετίοις νιφετοῖσιν ἱέμενον
πολυγηθὲς ὑπαὶ πύργοις συνόροισιν στρωφᾶται καὶ ξηρὰ
πέδῳ κεκονιμένα κρήνης τηλεφαῆ δεικνύσιν ὑπέρτατα
θάμβεα λαῶν.

3 αἰπὺ δ' ἄρ' ἐκπτύουσι διὰ χθονὸς ὑδροχόοισι σωλῆνες.


Litterae Theodotis   (Fragmenta)
---------------------------------

- 9.22 -

1 τὰ δὲ Σίκιμα ἀπὸ Σικιμίου τοῦ Ἑρμοῦ λαβεῖν τὴν
ὀνομασίαν τοῦτον γὰρ καὶ κτίσαι τὴν πόλιν. ἡ δ' ἄρ' ἔην
ἀγαθή τε καὶ αἰγινόμος καὶ ὑδρηλὴ οὐδέ μὲν ἔσκεν ὁδὸς
δολιχὴ πόλιν εἰσαφικέσθαι ἀγρόθεν οὐδέ ποτε δρία
λαχνήεντα πονεῦσιν. ἐξ αὐτῆς δὲ μάλ' ἄγχι δύ' οὔρεα
φαίνετ' ἐρυμνὰ ποίης τε πλήθοντα καὶ ὕλης τῶν δὲ μεσηγὺ
ἀτραπιτὸς τέτμηται ἀραιὴ ⟨αὐλῶπις⟩ ἐν δ' ἐτέρφαὶ ἡ
διερὴ Σικίμων καταφαίνεται ἱερὸν ἄστυ νέρθεν ὑπὸ ῥίζῃ
δεδμημένον ἀμφὶ δὲ τεῖχος λισσὸν ὑπώρειαν ὑποδέδρομεν
αἰπύθεν ἕρκος.

2 ἐνθένδε ξένε ποιμενόφι πτόλιν ἤλυθ' Ἰακὼβ εὐρεῖαν
Σικίμων ἐπὶ δ' ἀνδράσι τοῖσιν ἔτησιν ἀρχὸς Ἐμὼρ σὺν
παιδὶ Συχὲμ μάλ' ἀτειρέε φῶτε.

3 Ἰακὼβ Συρίην κτηνοτρόφον ἵκτο καὶ εὐρὺ ῥέεθρον
Εὐφρήταο λίπεν ποταμοῦ κελάδοντος. ἤλυθε γὰρ κἀκεῖθι
λιπὼν δριμεῖαν ἐνιπὴν αὐτοκασιγνήτοιο πρόφρων ὑπέδεκτο
δόμονδε Λάβαν ὅς οἱ ἔην μὲν ἀνεψιὸς ἀλλὰ τότ' οἶος
ἤνασσεν Συρίης νειηγενὲς αἷμα λελογχώς. τῷ δὲ γάμον
κούρης μὲν ὑπέσχετο καὶ κατένευσεν ὁπλοτάτης οὐ μὴν
τελέθειν ἐπεμαίετο πάμπαν ἀλλὰ δόλον τολύπευσε καὶ εἰς
λέχος ἄνερι πέμπε Λείαν ἥ οἱ ἔην προγενεστέρη. οὐδέ μιν
ἔμπης ἔλλαθεν ἀλλ' ἐνόησε κακορραφίην καὶ ἕδεκτο παῖδ'
ἑτέρην ἀμφοῖν δ' ἐμίγη σὺν ὀμαίμοσιν ᾗσι. τῷ δ' υἱεῖς
ἐγένοντο νόῳ πεπνυμένοι αἰνῶς ἕνδεκα καὶ κούρη Δεῖνα
περικαλλὴς ἔχουσα εἶδος ἐπίστρεπτον δὲ δέμας καὶ
ἀμύμονα θυμόν.

4 ἀπὸ δὲ τοῦ Εὐφράτου τὸν Ἰακὼβ ἐλθεῖν εἰς τὰ Σίκιμα
πρὸς Ἐμμὼρ τὸν δὲ ὑποδέξασθαι αὐτὸν καὶ μέρος τι τῆς
χώρας δοῦναι. καὶ αὐτὸν μὲν τὸν Ἰακὼβ γεωμορεῖν τοὺς
δὲ υἱοὺς αὐτοῦ ἕνδεκα τὸν ἀριθμὸν ὄντας ποιμαίνειν τὴν
δὲ θυγατέρα Δεῖναν καὶ τὰς γυναῖκας ἐριουργεῖν. καὶ τὴν
Δεῖναν παρθένον οὖσαν εἰς τὰ Σίκιμα ἐλθεῖν πανηγύρεως
οὔσης βουλομένην θεάσασθαι τὴν πόλιν Συχὲμ δὲ τὸν τοῦ
Ἐμμὼρ υἱὸν ἰδόντα ἐρασθῆναι αὐτῆς καὶ ἁρπάσαντα ὡς
ἑαυτὸν διακομίσαι καὶ φθεῖραι αὐτήν.

5 αὖθις δὲ σὺν τῷ πατρὶ ἐλθόντα πρὸς τὸν Ἰακὼβ αἰτεῖν
αὐτὴν πρὸς γάμου κοινωνίαν τὸν δὲ οὐ φάναι δώσειν πρὶν
ἂν ἢ πάντας τοὺς οἰκοῦντας τὰ Σίκιμα περιτεμνομένους
Ἰουδαΐσαι τὸν δὲ Ἐμμὼρ φάναι πείσειν αὐτούς.

6 οὐ γὰρ δὴ θεμιτόν γε τόδ' Ἑβραίοισι τέτυκται γαμβροὺς
ἄλλοθεν εἴς γε νυούς τ' ἀγέμεν ποτὶ δῶμα ἀλλ' ὅστις
γενεῆς ἐξεύχεται εἶναι ὁμοίης.

7 ὅς ποτ' ἐπεὶ πάτρης ἐξήγαγε ὅτον Ἀβραὰμ αὐτὸς ἀπ'
οὐρανόθεν κέλεσ' ἀνέρα παντὶ σὺν οἴκῳ σάρκ' ἀποσυλῆσαι
πόσθης ἄπο καὶ ῥ' ἐτέλεσσεν ἀστεμφὲς δὲ τέτυκται ἐπεὶ
θεὸς αὐτὸς ἔειπε.

8 πορευθέντος οὖν εἰς τὴν πόλιν τοῦ Ἐμμὼρ καὶ τοὺς
ὑποτασσομένους παρακαλοῦντος περιτέμνεσθαι ἕνα τῶν
Ἰακὼβ υἱῶν τὸ ὄνομα Συμεῶνα διαγνῶναι τόν τε Ἐμμὼρ
καὶ τὸν Συχὲμ ἀνελεῖν τὴν ὕβριν τῆς ἀδελφῆς μὴ
βουληθέντα πολιτικῶς ἐνεγκεῖν ταῦτα δὲ διαγνόντα Λευῒν
τῷ ἀδελφῷ κοινώσασθαι λαβόντα δ' αὐτὸν συγκάταινον ἐπὶ
τὴν πρᾶξιν παρορμῆσαι λόγιον προφερόμενον τὸν θεὸν
ἀνελεῖν φάμενον τοῖς Ἀβραὰμ ἀπογόνοις δέκα ἔθνη
δώσειν.

9 εὖ γὰρ ἐγὼ μῦθόν ⟨γε⟩ πεπυσμένος εἰμὶ θεοῖο δώσειν γάρ
ποτ' ἔφησε δέκ' ἔθνεα παισὶν Ἀβραάμ. τὸν δὲ θεὸν
αὐτοῖς τοῦτον τὸν νοῦν ἐμβαλεῖν διὰ τὸ τοὺς ἐν Σικίμοις
ἀσεβεῖς εἶναι. βλάπτε θεὸς Σικίμων οἰκήτορας οὐ γὰρ
ἔτιον εἰς αὐτοὺς ὅστις κε μόλῃ κακὸς οὐδὲ μὲν ἐσθλὸς
οὐδὲ δίκας ἐδίκαζον ἀνὰ πτόλιν οὐδὲ θέμιστας λοίγια δ'
ὤρφει τοῖσιν μεμελημένα ἔργα.

10 τὸν οὖν Λευῒν καὶ τὸν Συμεῶνα εἰς τὴν πόλιν
καθωπλισμένους ἐλθεῖν καὶ πρῶτα μὲν τοὺς ἐντυγχάνοντας
ἀναιρεῖν ἔπειτα δὲ καὶ τὸν Ἐμμὼρ καὶ τὸν Συχὲμ
φονεῦσαι.

11 ὣς τότε δὴ Συμεὼν μὲν Ἐμὼρ ὤρουσεν ἐπ' αὐτὸν πλῆξέ τέ

οἱ κεφαλὴν δειρὴν δ' ἕλεν ἐν χερὶ λαιῇ λεῖψε δ' ἔτι
σπαίρουσαν ἐπεὶ πόνος ἄλλος ὀρώρει. τόφρα δὲ καὶ Λευῒν
μένος ἄσχετος ἔλλαβε χαίτης γούνων ἀπτόμενον Συχὲμ
ἄσπετα μαργήναντα. ἤλασε δὲ κληῖδα μέσην δῦ δὲ ξίφος
ὀξὺ σπλάγχνα διὰ στέρνων λίπε δὲ ψυχὴ δέμας εὐθύς.
πυθομένους δὲ καὶ τοὺς ἑτέρους ἀδελφοὺς τὴν πρᾶξιν
αὐτῶν ἐπιβοηθῆσαι καὶ τὴν πόλιν ἐκπορθῆσαι καὶ τὴν
ἀδελφὴν ἀναρρυσαμένους μετὰ τῶν αἰχμαλώτων εἰς τὴν
πατρῴαν ἔπαυλιν διακομίσαι.

- 9.28 -

2.  1 ἀφ᾽ οὗ δ᾽ Ἰακὼβ γῆν λιπὼν Χαναναίαν
    2 κατῆλθ᾽ ἔχων Αἴγυπτον ἑπτάκις δέκα
    3 ψυχὰς σὺν αὐτῷ καὶ ἐπεγέννησεν πολὺν
    4 λαὸν κακῶς πράσσοντα καὶ τεθλιμμένον
    5 ἐς ἄχρι τούτων τῶν χρόνων κακούμενον
    6 κακῶν ὑπ᾽ ἀνδρῶν καὶ δυναστείας χερός.
    7 ἰδὼν γὰρ ἡμῶν γένναν ἅλις ηὐξημένην
    8 δόλον καθ᾽ ἡμῶν πολὺν ἐμηχανήσατο
    9 βασιλεὺς Φαραὼ τοὺς μὲν ἐν πλινθεύμασιν
    10 οἰκοδομίαις τε βαρέσιν αἰκίζων βροτοὺς
    11 πόλεις τ᾽ ἐπύργου σφῶν ἕκατι δυσμόρων.
    12 ἔπειτα κηρύσσει μὲν Ἑβραίων γένει
    13 τἀρσενικὰ ῥίπτειν ποταμὸν ἐς βαθύρροον.
    14 ἐνταῦθα μήτηρ ἡ τεκοῦσ᾽ ἔκρυπτέ με
    15 τρεῖς μῆνας ὡς ἔφασκεν. οὐ λαθοῦσα δὲ
    16 ὑπεξέθηκε κόσμον ἀμφιθεῖσά μοι
    17 παρ᾽ ἄκρα ποταμοῦ λάσιον εἰς ἕλος δασὺ
    18 Μαριὰμ δ᾽ ἀδελφή μου κατώπτευεν πέλας.
    19 κἄπειτα θυγάτηρ βασιλέως ἅβραις ὁμοῦ
    20 κατῆλθε λουτροῖς χρῶτα φαιδρῦναι νέον.
    21 ἰδοῦσα δ᾽ εὐθὺς καὶ λαβοῦσ᾽ ἀνείλετο
    22 ἔγνω δ᾽ Ἑβραῖον ὄντα καὶ λέγει τάδε
    23 Μαριὰμ ἀδελφὴ προσδραμοῦσα βασιλίδι
    24 θέλεις τροφόν σοι παιδὶ τῷδ᾽ εὕρω ταχὺ
    25 ἐκ τῶν Ἑβραίων; ἡ δ᾽ ἐπέσπευσεν κόρην.
    26 μολοῦσα δ᾽ εἶπε μητρὶ καὶ παρῆν ταχὺ
    27 αὐτή τε μήτηρ καὶ ἔλαβέν μ᾽ ἐς ἀγκάλας.
    28 εἶπεν δὲ θυγάτηρ βασιλέως τοῦτον γύναι
    29 τρόφευε κἀγὼ μισθὸν ἀποδώσω σέθεν.
    30 ὄνομα δὲ Μωσῆν ὠνόμαζε τοῦ χάριν
    31 ὑγρᾶς ἀνεῖλε ποταμίας ἀπ᾽ ἠόνος.

3.  1 ἐπεὶ δὲ καιρὸς νηπίων παρῆλθέ μοι
    2 ἤγαγέ με μήτηρ βασιλίδος πρὸς δώματα
    3 ἅπαντα μυθεύσασα καὶ λέξασά μοι
    4 γένος πατρῷον καὶ θεοῦ δωρήματα.
    5 ἕως μὲν οὖν τὸν παιδὸς εἴχομεν χρόνον
    6 τροφαῖσι βασιλικαῖσι καὶ παιδεύμασιν
    7 ἅπανθ᾽ ὑπισχνεῖθ᾽ ὡς ἀπὸ σπλάγχνων ἐῶν
    8 ἐπεὶ δὲ πλήρης κόλπος ἡμερῶν παρῆν
    9 ἐξῆλθον οἴκων βασιλικῶν πρὸς ἔργα γὰρ
    10 θυμός μ᾽ ἄνωγε καὶ τέχνασμα βασιλέως.
    11 ὁρῶ δὲ πρῶτον ἄνδρας ἐν χειρῶν νόμῳ
    12 τὸν μέν γ᾽ Ἑβραῖον τὸν δὲ γένος Αἰγύπτιον.
    13 ἰδὼν δ᾽ ἐρήμους καὶ παρόντα μηδένα
    14 ἐρρυσάμην ἀδελφὸν ὃν δ᾽ ἔκτειν᾽ ἐγώ
    15 ἔκρυψα δ᾽ ἄμμῳ τοῦτον ὥστε μὴ εἰσιδεῖν
    16 ἕτερόν τιν᾽ ἡμᾶς κἀπογυμνῶσαι φόνον.
    17 τῇ ᾽παύριον δὲ πάλιν ἰδὼν ἄνδρας δύο
    18 μάλιστα δ᾽ αὐτοὺς συγγενεῖς πατουμένους
    19 λέγω τί τύπτεις ἀσθενέστερον σέθεν;
    20 ὁ δ᾽ εἶπεν ἡμῖν τίς σ᾽ ἀπέστειλε κριτὴν
    21 ἢ ᾽πιστάτην ἐνταῦθα; μὴ κτενεῖς σύ με
    22 ὥσπερ τὸν ἐχθὲς ἄνδρα; καὶ δείσας ἐγὼ
    23 ἔλεξα πῶς ἐγένετο συμφανὲς τόδε;
    24 καὶ πάντα βασιλεῖ ταῦτ᾽ ἀπήγγειλεν ταχὺ
    25 ζητεῖ δὲ Φαραὼ τὴν ἐμὴν ψυχὴν λαβεῖν
    26 ἐγὼ δ᾽ ἀκούσας ἐκποδὼν μεθίσταμαι
    27 καὶ νῦν πλανῶμαι γῆν ἐπ᾽ ἀλλοτέρμονα.

4.  1 ὁρῶ δὲ ταύτας ἑπτὰ παρθένους τινάς.
    2 Λιβύη μὲν ἡ γῆ πᾶσα κλῄζεται ξένε
    3 οἰκοῦσι δ᾽ αὐτὴν φῦλα παντοίων γενῶν
    4 Αἰθίοπες ἄνδρες μέλανες ἄρχων δ᾽ ἐστὶ γῆς
    5 εἷς καὶ τύραννος καὶ στρατηλάτης μόνος.
    6 ἄρχει δὲ πόλεως τῆσδε καὶ κρίνει βροτοὺς
    7 ἱερεὺς ὅς ἐστ᾽ ἐμοῦ τε καὶ τούτων πατήρ.
    8 (Χ.) ὅμως κατειπεῖν χρή σε Σεπφώρα τάδε.
    9 (Σ.) ξένῳ πατήρ με τῷδ᾽ ἔδωκεν εὐνέτιν.

- 9.29 -

5.  1 ἔδοξ᾽ ὄρους κατ᾽ ἄκρα Σιναίου θρόνον
    2 μέγαν τιν᾽ εἶναι μέχρις οὐρανοῦ πτυχὸς
    3 ἐν τῷ καθῆσθαι φῶτα γενναῖόν τινα
    4 διάδημ᾽ ἔχοντα καὶ μέγα σκῆπτρον χερὶ
    5 εὐωνύμῳ μάλιστα. δεξιᾷ δέ μοι
    6 ἔνευσε κἀγὼ πρόσθεν ἐστάθην θρόνου.
    7 σκῆπτρον δέ μοι παρέδωκε καὶ εἰς θρόνον μέγαν
    8 εἶπεν καθῆσθαι βασιλικὸν δ᾽ ἔδωκέ μοι
    9 διάδημα καὶ αὐτὸς ἐκ θρόνων χωρίζεται.
    10 ἐγὼ δ᾽ ἐσεῖδον γῆν ἅπασαν ἔγκυκλον
    11 καὶ ἔνερθε γαίας καὶ ἐξύπερθεν οὐρανοῦ
    12 καί μοί τι πλῆθος ἀστέρων πρὸς γούνατα
    13 ἔπιπτ᾽ ἐγὼ δὲ πάντας ἠριθμησάμην
    14 κἀμοῦ παρῆγεν ὡς παρεμβολὴ βροτῶν.
    15 εἶτ᾽ ἐμφοβηθεὶς ἐξανίσταμ᾽ ἐξ ὕπνου.

6.  1 ὦ ξένε καλόν σοι τοῦτ᾽ ἐσήμηνεν θεὸς
    2 ζῴην δ᾽ ὅταν σοι ταῦτα συμβαί⟨ν⟩η ποτέ.
    3 ἆρά γε μέγαν τιν᾽ ἐξαναστήσεις θρόνον
    4 καὶ αὐτὸς βραβεύσεις καὶ καθηγήση βροτῶν;
    5 τὸ δ᾽ εἰσθεᾶσθαι γῆν ὅλην τ᾽ οἰκουμένην
    6 καὶ τὰ ὑπένερθε καὶ ὑπὲρ οὐρανὸν θεοῦ
    7 ὄψει τά τ᾽ ὄντα τά τε πρὸ τοῦ τά θ᾽ ὕστερον.

7.  1 ἔα τί μοι σημεῖον ἐκ βάτου τόδε
    2 τεράστιόν τε καὶ βροτοῖς ἀπιστία;
    3 ἄφνω βάτος μὲν καίεται πολλῷ πυρὶ
    4 αὐτοῦ δὲ χλωρὸν πᾶν μένει τὸ βλαστάνον.
    5 τί δή; προελθὼν ὄψομαι τεράστιον
    6 μέγιστον· οὐ γὰρ πίστιν ἀνθρώποις φέρει.

8.  1 ἐπίσχες ὦ φέριστε μὴ προσεγγίσῃς
    2 Μωσῆ πρὶν ἢ τῶν σῶν ποδῶν λῦσαι δέσιν
    3 ἁγία γὰρ ἧς σὺ γῆς ἐφέστηκας πέλει
    4 ὁ δ᾽ ἐκ βάτου σοι θεῖος ἐκλάμπει λόγος.
    5 θάρσησον ὦ παῖ καὶ λόγων ἄκου᾽ ἐμῶν

6 ἰδεῖν γὰρ ὄψιν τὴν ἐμὴν ἀμήχανον
7 θνητὸν γεγῶτα τῶν λόγων δ᾽ ἔξεστί σοι
8 ἐμῶν ἀκούειν τῶν ἕκατ᾽ ἐλήλυθα.
9 ἐγὼ θεὸς σῶν ὧν λέγεις γεννητόρων
10 Ἀβραάμ τε καὶ Ἰσαὰκ καὶ Ἰακώβου τρίτου.
11 μνησθεὶς δ᾽ ἐκείνων καὶ ἔτ᾽ ἐμῶν δωρημάτων
12 πάρειμι σῶσαι λαὸν Ἑβραίων ἐμόν.
13 ἰδὼν κάκωσιν καὶ πόνον δούλων ἐμῶν.
14 ἀλλ᾽ ἕρπε καὶ σήμαινε τοῖς ἐμοῖς λόγοις
15 πρῶτον μὲν αὐτοῖς πᾶσιν Ἑβραίοις ὁμοῦ
16 ἔπειτα βασιλεῖ τὰ ὑπ᾽ ἐμοῦ τεταγμένα
17 ὅπως σὺ λαὸν τὸν ἐμὸν ἐξάγοις χθονός.

9.  1 οὐκ εὔλογος πέφυκα γλῶσσα δ᾽ ἐστί μοι
    2 δύσφραστος ἰσχνόφωνος ὥστε μὴ λόγους
    3 ἐμοὺς γενέσθαι βασιλέως ἐναντίον.

10. 1 Ἀαρῶνα πέμψω σὸν κασίγνητον ταχὺ
    2 ᾧ πάντα λέξεις τἀξ ἐμοῦ λελεγμένα
    3 καὶ αὐτὸς λαλήσει βασιλέως ἔναντίον
    4 σὺ μὲν πρὸς ἡμᾶς ὁ δὲ λαβὼν σέθεν πάρα.

11. 1 (Θ.) τί δ᾽ ἐν χεροῖν σοῖν τοῦτ᾽ ἔχεις; λέξον τάχος.
    2 (Μ.) ῥάβδον τετραπόδων τε βροτῶν κολάστριαν.
    3 (Θ.) ῥῖψον πρὸς οὖδας καὶ ἀποχώρησον ταχύ.
    4 δράκων γὰρ ἔσται φοβερὸς ὥστε θαυμάσαι.
    5 (Μ.) ἰδοὺ βέβληται δέσποθ᾽ ἵλεως γενοῦ
    6 ὡς φοβερὸς ὡς πέλωρος οἴκτειρόν σύ με
    7 πέφρικ᾽ ἰδὼν μέλη δὲ σώματος τρέμει.
    8 (Θ.) μηδὲν φοβηθῇς χεῖρα δ᾽ ἐκτείνας λαβὲ
    9 οὐρὰν πάλιν δὲ ῥάβδος ἔσσεθ᾽ ὥσπερ ἦν.
    10 ἔνθες δὲ χεῖρ᾽ εἰς κόλπον ἐξένεγκέ τε.
    11 (Μ.) ἰδοὺ τὸ ταχθὲν γέγονεν ὡσπερεὶ χιών.
    12 (Θ.) ἔνθες πάλιν δ᾽ εἰς κόλπον ἔσται δ᾽ ὥσπερ ἦν.

12. 1 ἐν τῇδε ῥάβδῳ πάντα ποιήσεις κακὰ
    2 πρῶτον μὲν αἷμα ποτάμιον ῥυήσεται
    3 πηγαί τε πᾶσαι καὶ ὑδάτων συστήματα
    4 βατράχων τε πλῆθος καὶ σκνῖπας ἐμβαλῶ χθονί.
    5 ἔπειτα τέφραν οἷς καμιναίαν πάσω
    6 ἀναβρύσει δ᾽ ἐν βροτοῖς ἕλκη πικρά.
    7 κυνόμυια δ᾽ ἥξει καὶ βροτοὺς Αἰγυπτίων
    8 πολλοὺς κακώσει. μετὰ δὲ ταῦτ᾽ ἔσται πάλιν
    9 λοιμὸς θανοῦνται δ᾽ οἷς ἔνεστι καρδία
    10 σκληρά. πικρανῶ δ᾽ οὐρανὸν χάλαζα νῦν
    11 σὺν πυρὶ πεσεῖται καὶ νεκροὺς θήσει βροτούς.
    12 καρποί τ᾽ ὀλοῦνται τετραπόδων τε σώματα
    13 σκότος τε θήσω τρεῖς ἐφ᾽ ἡμέρας ὅλας
    14 ἀκρίδας τε πέμψω καὶ περισσὰ βρώματα
    15 ἅπαντ᾽ ἀναλώσουσι καὶ καρποῦ χλόην.
    16 ἐπὶ πᾶσι τούτοις τέκν᾽ ἀποκτενῶ βροτῶν
    17 πρωτόγονα. παύσω δ᾽ ὕβριν ἀνθρώπων κακῶν.
    18 Φαραὼ δὲ βασιλεὺς πείσετ᾽ οὐδὲν ὧν λέγω
    19 πλὴν τέκνου αὐτοῦ πρωτογόνου ἕξει νεκρόν.
    20 καὶ τότε φοβηθεὶς λαὸν ἐκπέμψει ταχὺ
    21 πρὸς τοῖσδε λέξεις πᾶσιν Ἑβραίοις ὁμοῦ
    22 ὁ μεὶς ὅδ᾽ ὑμῖν πρῶτος ἐνιαυτῶν πέλει
    23 ἐν τῷδ᾽ ἀπάξω λαὸν εἰς ἄλλην χθόνα
    24 εἰς ἣν ὑπέστην πατράσιν Ἑβραίων γένους.
    25 λέξεις δὲ λαῷ παντὶ μηνὸς οὗ λέγω
    26 διχομηνίᾳ τὸ πάσχα θύσαντας θεῷ
    27 τῇ πρόσθε νυκτὶ αἵματι ψαῦσαι θύρας
    28 ὅπως παρέλθῃ σῆμα δεινὸς ἄγγελος.
    29 ὑμεῖς δὲ νυκτὸς ὀπτὰ δαίσεσθε κρέα.
    30 σπουδῇ δὲ βασιλεὺς ἐκβαλεῖ πρόπαντ᾽ ὄχλον.
    31 ὅταν δὲ μέλλητ᾽ ἀποτρέχειν δώσω χάριν
    32 λαῷ γυνή τε παρὰ γυναικὸς λήψεται
    33 σκεύη κόσμον τε πάνθ᾽ ὃν ἄνθρωπος φέρει
    34 χρυσόν τε καὶ ⟨τὸν⟩ ἄργυρον ἠδὲ καὶ στολὰς
    35 ἵν᾽ ὧν ἔπραξαν μισθὸν ἀποδῶσι βροτοῖς.
    36 ὅταν δ᾽ ἐς ἴδιον χῶρον εἰσέλθηθ᾽ ὅπως
    37 ἀφ᾽ ἧσπερ ἠοῦς ἐφύγετ᾽ Αἰγύπτου δ᾽ ἄπο
    38 ἑπτὰ διοδοιπορῦντες ἡμέρας ὁδὸν
    39 πάντες τοσαύτας ἡμέρας ἔτος κάτα
    40 ἄζυμα ἔδεσθε καὶ θεῷ λατρεύσετε
    41 τὰ πρωτότευκτα ζῷα θύοντες θεῷ
    42 ὅσ᾽ ἂν τέκωσι παρθένοι πρώτως τέκνα
    43 τἀρσενικὰ διανοίγοντα μήτρας μητέρων.

13. 1 ἀνδρῶν Ἑβραίων τοῦδε τοῦ μηνὸς λαβὼν
    2 κατὰ συγγενείας πρόβατα καὶ μόσχους βοῶν
    3 ἄμωμα δεκάτῃ καὶ φυλαχθήτω μέχρι
    4 τετράς ἐπιλάμψει δεκάδι καὶ πρὸς ἑσπέραν
    5 θύσαντες ὀπτὰ πάντα σὺν τοῖς ἔνδοθεν
    6 οὕτως φάγεσθε ταῦτα περιεζωσμένοι
    7 καὶ κοῖλα ποσσὶν ὑποδέδεσθε καὶ χερὶ
    8 βακτηρίαν ἔχοντες. ἐν σπουδῇ τε γὰρ
    9 βασιλεὺς κελεύσει πάντας ἐκβαλεῖν χθονός
    10 κεκλήσεται δὲ πᾶς. καὶ ὅταν θύσητε δὲ
    11 δέσμην λαβόντες χερσὶν ὑσσώπου κόμης
    12 εἰς αἷμα βάψαι καὶ θιγεῖν σταθμῶν δυοῖν
    13 ὅπως παρέλθῃ θάνατος Ἑβραίων ἄπο.
    14 ταύτην δ᾽ ἑορτὴν δεσπότῃ τηρήσετε
    15 ἕφθ᾽ ἡμέρας ἄζυμα καὶ οὐ βρωθήσεται
    16 ζύμη. κακῶν γὰρ τῶνδ᾽ ἀπαλλαγήσεται
    17 καὶ τοῦδε μηνὸς ἔξοδον διδοῖ θεὸς
    18 ἀρχὴ δὲ μηνῶν καὶ χρόνων οὗτος πέλει.

14. 1 ὡς γὰρ σὺν ὄχλῳ τῷδ᾽ ἀφώρμησεν δόμων
    2 βασιλεὺς Φαραὼ μυρίων ὅπλων μέτα
    3 ἵππου τε πάσης καὶ ἁρμάτων τετραόρων
    4 καὶ προστάταισι καὶ παραστάταις ὁμοῦ
    5 ἦν φρικτὸς ἀνδρῶν ἐκτεταγμένων ὄχλος
    6 πεζοὶ μὲν ἐν μέσοισι καὶ φαλαγγικοὶ
    7 διεκδρομὰς ἔχοντες ἅρμασιν τόπους
    8 ἱππεῖς δ᾽ ἔταξε τοὺς μὲν ἐξ εὐωνύμων
    9 ἐκ δεξιῶν δὲ πάντας Αἰγυπτίου στρατοῦ.
    10 τὸν πάντα δ᾽ αὐτῶν ἀριθμὸν ἠρόμην ἐγὼ ⟨στρατοῦ⟩

```
    11 μυριάδες <ἦσαν> ἑκατὸν εὐάνδρου λεώ<ς>.
    12 ἐπεὶ δ' Ἑβραίων οὑμὸς ἤντησε στρατός
    13 οἱ μὲν παρ' ἀκτὴν πλησίον βεβλημένοι
    14 Ἐρυθρᾶς θαλάσσης ἦσαν ἠθροϊσμένοι
    15 οἱ μὲν τέκνοισι νηπίοις δίδουν βορὰν
    16 ὁμοῦ τε καὶ δάμαρσιν ἔμπονοι κόπῳ
    17 κτήνη τε πολλὰ καὶ δόμων ἀποσκευή
    18 αὐτοὶ δ' ἄνοπλοι πάντες εἰς μάχην χέρας
    19 ἰδόντες ἡμᾶς ἠλάλαξαν ἔνδακρυν
    20 φωνὴν πρὸς αἰθέρα τ' ἐστάθησαν ἀθρόοι
    21 θεὸν πατρῷον. ἦν πολὺς δ' ἀνδρῶν ὄχλος.
    22 ἡμᾶς δὲ χάρμα πάντας εἶχεν ἐν μέρει.
    23 ἔπειθ' ὑπ' αὐτοὺς θήκαμεν παρεμβολὴν
    24 (Βεελζεφών τις κλῄζεται πόλις βροτοῖς).
    25 ἐπεὶ δὲ Τιτὰν ἥλιος δυσμαῖς προσῆν
    26 ἐπέσχομεν θέλοντες ὄρθριον μάχην
    27 πεποιθότες λαοῖσι καὶ φρικτοῖς ὅπλοις.
    28 ἔπειτα θείων ἄρχεται τεραστίων
    29 θαυμάστ' ἰδέσθαι. καί τις ἐξαίφνης μέγας
    30 στῦλος νεφώδης ἐστάθη πρὸ γῆς μέγας
    31 παρεμβολῆς ἡμῶν τε καὶ Ἑβραίων μέσος.
    32 κἄπειθ' ὁ κείνων ἡγεμὼν Μωσῆς λαβὼν
    33 ῥάβδον θεοῦ τῇ δὴ πρὶν Αἰγύπτῳ κακὰ
    34 σημεῖα καὶ τέραατ' ἐξεμήσατο
    35 ἔτυψ' Ἐρυθρᾶς νῶτα καὶ ἔσχισεν μέσον
    36 βάθος θαλάσσης οἱ δὲ σύμπαντες σθένει
    37 ὤρουσαν ὠκεῖς ἁλμυρᾶς δι' ἀτραποῦ.
    38 ἡμεῖς δ' ἐπ' αὐτῆς ᾠχόμεσθα συντόμως
    39 κατ' ἴχνος αὐτῶν νυκτὸς εἰσεκύρσαμεν
    40 βοηδρομοῦντες ἁρμάτων δ' ἄφνω τροχοὶ
    41 οὐκ ἐστρέφοντο δέσμιοι δ' ὣς ἥρμοσαν.
    42 ἀπ' οὐρανοῦ δὲ φέγγος ὡς πυρὸς μέγα
    43 ὤφθη τι ἡμῖν ὡς μὲν εἰκάζειν παρῆν
    44 αὐτοῖς ἀρωγὸς ὁ θεός. ὡς δ' ἤδη πέραν
    45 ἦσαν θαλάσσης κῦμα δ' ἐρροίβδει μέγα
    46 σύνεγγυς ἡμῶν. καί τις ἠλάλαξ' ἰδὼν
    47 φεύγωμεν οἴκοι πρόσθεν Ὑψίστου χέρας
    48 οἷς μὲν γὰρ ἔστ' ἀρωγὸς ἡμῖν δ' ἀθλίοις
    49 ὄλεθρον ἔρδει. καὶ συνεκλύσθη πόρος
    50 Ἐρυθρᾶς θαλάσσης καὶ στρατὸν διώλεσε.
16.  1 κράτιστε Μωσῆ πρόσχες οἷον εὕρομεν
     2 τόπον πρὸς αὐτῇ τῇδέ γ' εὐαεῖ νάπῃ.
     3 ἔστιν γὰρ ὥς που καὶ σὺ τυγχάνεις ὁρῶν
     4 ἐκεῖ τόθεν δὲ φέγγος ἐξέλαμψέ νυν
     5 κατ' εὐφρόνης σημεῖον ὡς στῦλος πυρός.
     6 ἐνταῦθα λειμῶν' εὕρομεν κατάσκιον
     7 ὑγράς τε λιβάδας δαψιλὴς χῶρος βαθὺς
     8 πηγὰς ἀφύσσων δώδεκ' ἐκ μιᾶς πέτρας
     9 στελέχη δ' ἐρυμνὰ πολλὰ φοινίκων πέλει
    10 ἔγκαρπα δεκάκις ἑπτὰ καὶ ἐπίρρυτος
    11 χλόη πέφυκε θρέμμασιν χορτάσματα.
    12 ἕτερον δὲ πρὸς τοῖσδ' εἴδομεν ζῷον ξένον
    13 θαυμαστὸν οἷον οὐδέπω ὥρακέ τις.
    14 διπλοῦν γὰρ ἦν τὸ μῆκος ἀετοῦ σχεδὸν
    15 πτεροῖσι ποικίλοισιν ἠδὲ χρώμασι.
    16 στῆθος μὲν αὐτοῦ πορφυροῦν ἐφαίνετο
    17 σκέλη δὲ μιλτόχρωτα καὶ κατ' αὐχένων
    18 κροκωτίνοις μαλλοῖσιν εὐτρεπίζετο.
    19 κάρα δὲ κοττοῖς ἡμέροις παρεμφερὲς
    20 καὶ μηλίνῃ μὲν τῇ κόρῃ προσέβλεπε
    21 κύκλῳ κόρη δὲ κόκκος ὣς ἐφαίνετο.
    22 φωνὴν δὲ πάντων εἶχεν ἐκπρεπεστάτην.
    23 βασιλεὺς δὲ πάντων ὀρνέων ἐφαίνετο
    24 ὡς ἦν νοῆσαι πάντα γὰρ τὰ πτήν' ὁμοῦ
    25 ὄπισθεν αὐτοῦ δειλιῶντ' ἐπέσσυτο
    26 αὐτὸς δὲ πρόσθεν ταῦρος ὣς γαυρούμενος
    27 ἔβαινε κραιπνὸν βῆμα βαστάζων ποδός.
     - 64.29 -
6.   1 ὦ πᾶσιν ἀρχὴ καὶ πέρας κακῶν ὄφις
     2 σύ τ' ὦ βαρὺν τίκτουσα θησαυρὸν κακῶν
     3 πλάνη τυφλοῦ ποδηγὲ ἀγνοίας βίου
     4 χαίρουσα θρήνοις καὶ στενάγμασι βροτῶν
     5 ὑμεῖς ἀθέσμους εἰς ὕβρεις ὁμοσπόρων
     6 τὰς μισαδέλφους ὁπλίσαντες ὠλένας
     7 Κάϊν μολῦναι φοινίῳ πρῶτον λύθρῳ
     8 ἐπείσατον γῆν καὶ τὸν ἐξ ἀκηράτων
     9 πεσεῖν αἰώνων πρωτόπλαστον εἰς χθόνα
    10 ὑμεῖς ἐτεκτήνασθε.
```

```
  - 8.10 -
 1 πλὴν ἱκανῶς εἰρημένων πρὸς τὰ προκείμενα ζητήματα
   ἐπεφώνησας καὶ σὺ βασιλεῦ διότι σημαίνεται διὰ τοῦ
   νόμου τοῦ παρ' ἡμῖν καὶ  χεῖρες καὶ βραχίων καὶ πρόσωπον
   καὶ πόδες καὶ περίπατος ἐπὶ τῆς θείας δυνάμεως ἃ
   τεύξεται λόγου καθήκοντος καὶ οὐκ ἀντιδοξήσει τοῖς
   προειρημένοις ὑφ' ἡμῶν οὐδέν.
 2 παρακαλέσαι  δέ  σε  βούλομαι  πρὸς  τὸ φυσικῶς λαμβάνειν
   τὰς ἐκδοχὰς καὶ τὴν ἁρμόζουσαν περὶ θεοῦ
   κρατεῖν καὶ μὴ  ἐκπίπτειν εἰς τὸ  μυθῶδες καὶ ἀνθρώπινον
   κατάστημα.
 3 πολλαχῶς γὰρ  ὃ βούλεται  λέγειν ὁ  νομοθέτης ἡμῶν Μωσῆς
   ἐφ' ἑτέρων πραγμάτων λόγους  ποιούμενος λέγω δὲ τῶν κατὰ
   τὴν ἐπιφάνειαν φυσικὰς  διαθέσεις ἀπαγγέλλει καὶ μεγάλων
   πραγμάτων κατασκευάς.
 4 οἷς μὲν οὖν  πάρεστι τὸ καλῶς  νοεῖν θαυμάζουσι τὴν περὶ
   αὐτὸν σοφίαν καὶ τὸ  θεῖον πνεῦμα καθ' ὃ  καὶ προφήτης
   ἀνακεκήρυκται ὧν εἰσιν οἱ  προειρημένοι φιλόσοφοι καὶ
   πλείονες ἕτεροι  καὶ ποιηταὶ παρ'  αὐτοῦ μεγάλας ἀφορμὰς
   εἰληφότες καθὸ καὶ θαυμάζονται.
 5 τοῖς δὲ μὴ μετέχουσι δυνάμεως καὶ συνέσεως ἀλλὰ τῷ
   γραπτῷ μόνον προσκειμένοις οὐ φαίνεται μεγαλεῖόν τι
   διασαφῶν.
 6 ἄρξομαι δὲ λαμβάνειν καθ' ἕκαστον σημαινόμενον καθ'
   ὅσον ἂν ᾦ δυνατός. εἰ  δὲ μὴ τεύξομαι τοῦ πράγματος μηδὲ
   πείσω μὴ τῷ νομοθέτῃ προσάψῃς τὴν ἀλογίαν ἀλλ' ἐμοὶ τῷ
   μὴ δυναμένῳ διαιρεῖσθαι τὰ ἐκείνῳ νενοημένα.
 7 χεῖρες μὲν οὖν νοοῦνται προδήλως καὶ ἐφ' ἡμῶν
```

κοινότερον. ὅταν γὰρ δυνάμεις ἐξαποστέλλῃς σὺ βασιλεὺς
ὧν βουλόμενός τι κατεργάσασθαι λέγομεν μεγάλην χεῖρα
ἔχει ὁ βασιλεὺς φερομένων τῶν ἀκουόντων ἐπὶ τὴν δύναμιν
ἣν ἔχεις.

8 ἐπισημαίνεται δὲ τοῦτο καὶ διὰ τῆς νομοθεσίας ἡμῶν
λέγων ὁ Μωσῆς οὕτως ἐν χειρὶ κραταιᾷ ἐξήγαγεν ὁ θεός σε
ἐξ Αἰγύπτου. καὶ πάλιν εἰρηκέναι αὐτῷ φησι τὸν θεὸν
ἀποστελῶ τὴν χεῖρά μου καὶ πατάξω τοὺς Αἰγυπτίους. καὶ
ἐπὶ τοῦ γεγονότος θανάτου τῶν κτηνῶν καὶ τῶν ἄλλων φησὶ
τῷ βασιλεῖ τῶν Αἰγυπτίων λέγων ἰδοὺ χεὶρ κυρίου ἐπέσται
ἐν τοῖς κτήνεσί σου καὶ ἐν πᾶσι τοῖς ἐν τοῖς πεδίοις
θάνατος μέγας ὥστε δηλοῦσθαι τὰς χεῖρας ἐπὶ δυνάμεως
εἶναι θεοῦ καὶ γὰρ ἔστι μεταφέροντας νοῆσαι τὴν πᾶσαν
ἰσχὺν τῶν ἀνθρώπων καὶ τὰς ἐνεργείας ἐν ταῖς χερσὶν
εἶναι.

9 διόπερ καλῶς ὁ νομοθέτης ἐπὶ τὸ μεγαλεῖον μετενήνοχε
λέγων τὰς συντελείας χεῖρας εἶναι θεοῦ. στάσις δὲ θεία
καλῶς ἂν λέγοιτο κατὰ τὸ μεγαλεῖον ἢ τοῦ κόσμου
κατασκευή.

10 καὶ γὰρ ἐπὶ πάντων ὁ θεὸς καὶ πάνθ' ὑποτέτακται καὶ
στάσιν εἴληφεν ὥστε τοὺς ἀνθρώπους καταλαμβάνειν
ἀκίνητα εἶναι ταῦτα. λέγω δὲ τὸ τοιοῦτον ὡς οὐδέποτε
γέγονεν οὐρανὸς γῆ γῆ δ' οὐρανὸς οὐδ' ἥλιος σελήνη
λάμπουσα οὐδὲ σελήνη πάλιν ἥλιος οὐδὲ ποταμοὶ θάλασσα
οὐδὲ θάλασσα ποταμοί.

11 καὶ πάλιν ἐπὶ τῶν ζῴων ὁ αὐτός ἐστι λόγος. οὐ γὰρ
ἄνθρωπος ἔσται θηρίον οὐδὲ θηρίον ἄνθρωπος. καὶ ἐπὶ τῶν
λοιπῶν δὲ ταὐτὸν ὑπάρχει φυτῶν τε καὶ ἐπὶ τῶν ἄλλων.
ἀμετάβλητα μέν ἐστι τὰς αὐτὰς δ' ἐν αὐτοῖς τροπὰς
λαμβάνει καὶ φθοράς.

12 ἡ στάσις οὖν ἡ θεία κατὰ ταῦτα ἂν λέγοιτο πάντων
ὑποκειμένων τῷ θεῷ. λέγεται δὲ καὶ κατάβασις ἐπὶ τὸ
ὄρος θεία γεγονέναι διὰ τῆς γραφῆς τοῦ νόμου καθ' ὃν
ἐνομοθέτει καιρὸν ἵνα πάντες θεωρήσωσι τὴν ἐνέργειαν
τοῦ θεοῦ. κατάβασις γὰρ αὕτη σαφής ἐστι καὶ περὶ τούτων
οὖν οὕτως ἄν τις ἐξηγήσαιτο βουλόμενος συντηρεῖν τὸν
περὶ θεοῦ λόγον.

13 δηλοῦται γὰρ ὡς τὸ ὄρος ἐκαίετο πυρὶ καθώς φησιν ἡ
νομοθεσία διὰ τὸ τὸν θεὸν καταβεβηκέναι σαλπίγγων τε
φωνὰς καὶ τὸ πῦρ φλεγόμενον ἀνυποστάτως εἶναι.

14 τοῦ γὰρ παντὸς πλήθους μυριάδων οὐκ ἔλαττον ἑκατὸν
χωρὶς τῶν ἀφηλίκων ἐκκλησιαζομένων κυκλόθεν τοῦ ὄρους
οὐκ ἔλασσον ἡμερῶν πέντε οὔσης τῆς περιόδου περὶ αὐτὸ
κατὰ πάντα τόπον τῆς ὁράσεως πᾶσιν αὐτοῖς κυκλόθεν ὡς
ἦσαν παρεμβεβληκότες τὸ πῦρ φλεγόμενον ἐθεωρεῖτο

15 ὥστε τὴν κατάβασιν μὴ τοπικὴν εἶναι πάντῃ γὰρ ὁ θεός
ἐστιν. ἀλλὰ τὴν τοῦ πυρὸς δύναμιν παρὰ πάντα θαυμάσιον
ὑπάρχουσαν διὰ τὸ πάντ' ἀναλίσκειν ἔδειξε φλεγομένην
ἀνυποστάτως μηδὲν ὃ' ἐξαναλίσκουσαν εἰ μὴ τὸ παρὰ τοῦ
θεοῦ δυναμικὸν αὐτῇ προσείη.

16 τῶν γὰρ φυομένων κατὰ τὸ ὄρος τόπων φλεγομένων σφοδρῶς
οὐδὲν ἐξανάλωσεν ἀλλ' ἔμεινε τῶν ἁπάντων ἡ χλόη πυρὸς
ἄθικτος σαλπίγγων τε φωναὶ σφοδρότερον συνηκούοντο σὺν
τῇ τοῦ πυρὸς ἀστραπηδὸν ἐκφάνσει ἢ προκειμένων ὀργάνων
τοιούτων μηδὲ τοῦ φωνήσοντος ἀλλὰ θεία κατασκευῇ
γινομένων ἁπάντων

17 ὥστε σαφὲς εἶναι διὰ ταῦτα τὴν κατάβασιν τὴν θείαν
γεγονέναι διὰ τὸ τοὺς συνορῶντας ἐκφαντικῶς ἕκαστα
καταλαμβάνειν μήτε τὸ πῦρ κεκαυκὸς ὡς προείρηται μηδὲν
μήτε τὰς τῶν σαλπίγγων φωνὰς δι' ἀνθρωπίνης ἐνεργείας ἢ
κατασκευῆς ὀργάνων γίνεσθαι τὸν δὲ θεὸν ἄνευ τινὸς
δεικνύναι τὴν ἑαυτοῦ διὰ πάντων μεγαλειότητα.
– 13.12 –

1 φανερὸν ὅτι κατηκολούθησεν ὁ Πλάτων τῇ καθ' ἡμᾶς
νομοθεσίᾳ καὶ φανερός ἐστι περιειργασμένος ἕκαστα τῶν
ἐν αὐτῇ. διηρμήνευται γὰρ πρὸ Δημητρίου τοῦ Φαληρέως
δι' ἑτέρων πρὸ τῆς Ἀλεξάνδρου καὶ Περσῶν ἐπικρατήσεως
τά τε κατὰ τὴν ἐξαγωγὴν τὴν ἐξ Αἰγύπτου τῶν Ἑβραίων
ἡμετέρων δὲ πολιτῶν καὶ ἡ τῶν γεγονότων ἁπάντων αὐτοῖς
ἐπιφάνεια καὶ κράτησις τῆς χώρας καὶ τῆς ὅλης
νομοθεσίας ἐπεξήγησις ὡς εὔδηλον εἶναι τὸν προειρημένον
φιλόσοφον εἰληφέναι πολλά γέγονε γὰρ πολυμαθὴς καθὼς
καὶ Πυθαγόρας πολλὰ τῶν παρ' ἡμῖν μετενέγκας εἰς τὴν
ἑαυτοῦ δογματοποιΐαν κατεχώρισεν.

2 ἡ δ' ὅλη ἑρμηνεία τῶν διὰ τοῦ νόμου πάντων ἐπὶ τοῦ
προσαγορευθέντος Φιλαδέλφου βασιλέως σοῦ δὲ προγόνου
προσενεγκαμένου μείζονα φιλοτιμίαν Δημητρίου τοῦ
Φαληρέως πραγματευσαμένου τὰ περὶ τούτων.

3 δεῖ γὰρ λαμβάνειν τὴν θείαν φωνὴν οὐ ῥητὸν λόγον ἀλλ'
ἔργων κατασκευάς καθὼς καὶ διὰ τῆς νομοθεσίας ἡμῖν ὅλην
τὴν γένεσιν τοῦ κόσμου θεοῦ λόγους εἴρηκεν ὁ Μωσῆς.
συνεχῶς γάρ φησιν ἐφ' ἑκάστου καὶ εἶπεν ὁ θεὸς καὶ
ἐγένετο.

4 δοκοῦσι δέ μοι περιειργασμένοι πάντα κατηκολουθηκέναι
τούτῳ Πυθαγόρας τε καὶ Σωκράτης καὶ Πλάτων λέγοντες
ἀκούειν φωνῆς θεοῦ τὴν κατασκευὴν τῶν ὅλων
συνθεωροῦντες ἀκριβῶς ὑπὸ θεοῦ γεγονυῖαν καὶ
συνεχομένην ἀδιαλείπτως. ἔτι δὲ καὶ Ὀρφεὺς ἐν ποιήμασι
τῶν κατὰ τὸν Ἱερὸν Λόγον αὐτῷ λεγομένων οὕτως
ἐκτίθεται περὶ τοῦ διακρατεῖσθαι θείᾳ δυνάμει τὰ πάντα
καὶ γενητὰ ὑπάρχειν καὶ ἐπὶ πάντων εἶναι τὸν θεόν.
λέγει δ' οὕτως.

6 καὶ Ἄρατος δὲ περὶ τῶν αὐτῶν φησιν οὕτως ἐκ θεοῦ
ἀρχώμεσθα τὸν οὐδέποτ' ἄνδρες ἐῶσιν ἄρρητον μεσταὶ δὲ
θεοῦ πᾶσαι μὲν ἀγυιαὶ πᾶσαι δ' ἀνθρώπων ἀγοραὶ μεστὴ δὲ
θάλασσα καὶ λιμένες πάντη δὲ θεοῦ κεχρήμεθα πάντες. τοῦ
γὰρ καὶ γένος ἐσμέν ὁ δ' ἤπιος ἀνθρώποισι δεξιὰ
σημαίνει λαοὺς δ' ἐπὶ ἔργον ἐγείρει μιμνήσκων βιότοιο
λέγει δ' ὅτε βῶλος ἀρίστη βουσί τε καὶ μακέλῃσι λέγει
δ' ὅτε δεξιαὶ ὧραι καὶ φυτὰ γυρῶσαι καὶ σπέρματα πάντα
βαλέσθαι.

7 σαφῶς οἴομαι δεδεῖχθαι διότι διὰ πάντων ἐστίν ἡ δύναμις

τοῦ θεοῦ. καθὼς δὲ δεῖ σεσημάγκαμεν περιαιροῦντες τὸν
διὰ τῶν ποιημάτων Δία καὶ Ζῆνα τὸ γὰρ τῆς διανοίας
αὐτῶν ἐπὶ θεὸν ἀναπέμπεται διόπερ οὕτως ἡμῖν εἴρηται.
οὐκ ἀπεοικότως οὖν τοῖς ἐπεζητημένοις προενηνέγμεθα
ταῦτα.

8 πᾶσι γὰρ τοῖς φιλοσόφοις ὁμολογεῖται διότι δεῖ περὶ
θεοῦ διαλήψεις ὁσίας ἔχειν ὃ μάλιστα παρακελεύεται
καλῶς ἡ καθ' ἡμᾶς αἵρεσις. ἡ δὲ τοῦ νόμου κατασκευὴ
πᾶσα τοῦ καθ' ἡμᾶς περὶ εὐσεβείας τέτακται καὶ
δικαιοσύνης καὶ ἐγκρατείας καὶ τῶν λοιπῶν ἀγαθῶν τῶν
κατὰ ἀλήθειαν.

9 ἐχομένως δ' ἐστὶν ὡς ὁ θεὸς ⟨ὃς⟩ τὸν ὅλον κόσμον
κατεσκεύακε καὶ δέδωκεν ἀνάπαυσιν ἡμῖν διὰ τὸ κακόπαθον
εἶναι πᾶσι τὴν βιοτὴν ἑβδόμην ἡμέραν ἣ δὴ καὶ πρώτη
φυσικῶς ἂν λέγοιτο φωτὸς γένεσις ἐν ᾧ τὰ πάντα
συνθεωρεῖται. μεταφέροιτο δ' ἂν τὸ αὐτὸ καὶ ἐπὶ τῆς
σοφίας.

10 τὸ γὰρ πᾶν φῶς ἐστιν ἐξ αὐτῆς. καὶ τινες εἰρήκασι τῶν
ἐκ τῆς αἱρέσεως ὄντες ⟨τῆς⟩ ἐκ τοῦ Περιπάτου λαμπτῆρος
αὐτὴν ἔχειν τάξιν ἀκολουθοῦντες γὰρ αὐτῇ συνεχῶς
ἀτάραχοι καταστήσονται δι' ὅλου τοῦ βίου.

11 σαφέστερον δὲ καὶ κάλλιον τῶν ἡμετέρων προγόνων τις
εἶπε Σολομῶν αὐτὴν πρὸ οὐρανοῦ καὶ γῆς ὑπάρχειν τὸ δὴ
σύμφωνόν ἐστι τῷ προειρημένῳ. τὸ δὲ διασαφούμενον διὰ
τῆς νομοθεσίας ἀποπεπαυκέναι τὸν θεὸν ἐν αὐτῇ τοῦτο οὐχ
ὡς τινες ὑπολαμβάνουσι μηκέτι ποιεῖν τι τὸν θεὸν
καθέστηκεν ἀλλ' τῷ καταπεπαυκέναι τὴν τάξιν αὐτῶν
οὕτως εἰς ἅπαντα τὸν χρόνον τεταχέναι.

12 σημαίνει γὰρ ὡς ἐν ἓξ ἡμέραις ἐποίησε τόν τε οὐρανὸν
καὶ τὴν γῆν καὶ πάντα τὰ ἐν αὐτοῖς ἵνα τοὺς χρόνους
δηλώσῃ καὶ τὴν τάξιν προείπῃ τί τίνος προτερεῖ. τάξας
γὰρ οὕτως αὐτὰ συνέχει καὶ μεταποιεῖ. διεσάφηκε δ'
ἡμῖν αὐτὴν ἕνεκεν σημείου τοῦ περὶ ἡμᾶς ἑβδόμου
λόγου καθεστῶτος ἐν ᾧ γνῶσιν ἔχομεν ἀνθρωπίνων καὶ
θείων πραγμάτων.

13 δι' ἑβδομάδων δὲ καὶ πᾶς ὁ κόσμος κυκλεῖται τῶν
ζῳογονουμένων καὶ τῶν φυομένων ἁπάντων. τῷ δὲ σάββατον
αὐτὴν προσαγορεύεσθαι διερμηνεύεται ἀνάπαυσις οὖσα.
διασαφεῖ δὲ καὶ Ὅμηρος καὶ Ἡσίοδος μετειληφότες ἐκ
τῶν ἡμετέρων βιβλίων ἱερὰν εἶναι. Ἡσίοδος μὲν οὕτως
πρῶτον ἔνη τετράς τε καὶ ἑβδόμη ἱερὸν ἦμαρ καὶ πάλιν
λέγει ἑβδομάτη δ' αὖτις λαμπρὸν φάος ἠελίοιο.

14 Ὅμηρος δὲ οὕτω λέγει ἑβδομάτη δήπειτα κατήλυθεν. ἱερὸν
ἦμαρ. καὶ πάλιν ἕβδομον ἦμαρ ἔην καὶ τῷ τετέλεστο
ἅπαντα καὶ ἑβδομάτη δ' ᾑοῖ λίπομεν ῥόον ἐξ Ἀχέροντος.

15 τοῦτο δὴ σημαίνων ὡς ἀπὸ τῆς κατὰ ψυχὴν λήθης καὶ
κακίας ἐν τῷ κατὰ ἀλήθειαν ἑβδόμῳ λόγῳ καταλιμπάνεται
τὰ προειρημένα καὶ γνῶσιν ἀληθείας λαμβάνομεν καθὼς
προείρηται.

16 Λίνος δέ φησιν οὕτως ἑβδομάτη δ' ᾑοῖ τετελεσμένα πάντα
τέτυκται καὶ πάλιν ἑβδόμη ἐν ἀγαθοῖς καὶ ἑβδόμη ἐστὶ
γενέθλη. καὶ ἑβδόμη ἐν πρώτοισι καὶ ἑβδόμη ἐστὶ τελείη
καὶ ἑπτὰ δὲ πάντα τέτυκται ἐν οὐρανῷ ἀστερόεντι ἐν
κύκλοισι φανέντ' ἐπιτελλομένοις ἐνιαυτοῖς.
– 7.32 –

17 δεῖν τὰ διαβατήρια θύειν ἐπ' ἴσης ἅπαντας μετὰ
ἰσημερίαν ἐαρινὴν μεσοῦντος τοῦ πρώτου μηνός τοῦτο δὲ
εὑρίσκεσθαι τὸ πρῶτον τμῆμα τοῦ ἡλιακοῦ ἢ ὥς τινες
αὐτῶν ὠνόμασαν ζῳοφόρου κύκλου διεξιόντος ἡλίου. ἐξ
ἀνάγκης τῇ τῶν διαβατηρίων ἑορτῇ μὴ μόνον τὸν ἥλιον
ἰσημερινὸν διαπορεύεσθαι τμῆμα καὶ τὴν σελήνην δέ.

18 τῶν γὰρ ἰσημερινῶν τμημάτων ὄντων δύο τοῦ μὲν ἐαρινοῦ
τοῦ δὲ μετοπωρινοῦ καὶ διαμετρούντων ἄλληλα δοθείσης τε
τῆς τῶν διαβατηρίων ἡμέρας τῇ τεσσαρεσκαιδεκάτῃ τοῦ
μηνὸς μεθ' ἑσπέραν ἐνστήξεται μὲν ἡ σελήνη τὴν ἐναντίαν
καὶ διάμετρον τῷ ἡλίῳ στάσιν ὥσπερ οὖν ἔξεστιν ἐν ταῖς
πανσελήνοις ὁρᾶν ἔσονται δὲ ὃ μὲν κατὰ τὸ ἐαρινὸν
ἰσημερινὸν ὁ ἥλιος τμῆμα ἡ δὲ ἐξ ἀνάγκης κατὰ τὸ
φθινοπωρινὸν ἰσημερινὸν ἡ σελήνη.

- A.2.11 -

2 ταλαίπωροί εἰσιν οἱ δίψυχοι οἱ διστάζοντες τῇ καρδίᾳ οἱ
λέγοντες ταῦτα πάλαι ἠκούσαμεν καὶ ἐπὶ τῶν πατέρων ἡμῶν
ἡμεῖς δὲ ἡμέραν ἐξ ἡμέρας προσδεχόμενοι οὐδὲν τούτων
ἑωράκαμεν.

3 ἀνόητοι συμβάλετε ἑαυτοὺς ξύλῳ λάβετε ἄμπελον πρῶτον
μὲν φυλλοροεῖ εἶτα βλαστὸς γίνεται μετὰ ταῦτα ὄμφαξ
εἶτα σταφυλὴ παρεστηκυῖα.

4 οὕτως καὶ ὁ λαός μου ἀκαταστασίας καὶ θλίψεις ἔσχεν
ἔπειτα ἀπολήψεται τὰ ἀγαθά.

- B.2 -

10 θυσία τῷ κυρίῳ καρδία συντετριμμένη ὀσμὴ εὐωδίας τῷ
κυρίῳ καρδία δοξάζουσα τὸν πεπλακότα αὐτήν.

- B.15 -

8 οὐ τὰ νῦν σάββατα ἐμοὶ δεκτὰ ἀλλὰ ὃ πεποίηκα ἐν ᾧ
καταπαύσας τὰ πάντα ἀρχὴν ἡμέρας ὀγδόης ποιήσω ὅ ἐστιν
ἄλλου κόσμου ἀρχήν.

- C.10.98 -

1 τότε γὰρ δυστυχήσειν τὰ τῇδε πράγματα ὅταν ἀνδριᾶσι
πιστεύσωσιν.

- D.15 -

συνάξει πᾶσαν δύναμιν αὐτοῦ ἀπὸ ἡλίου ἀνατολῶν μέχρις
ἡλίου δυσμῶν. οὓς κέκληκει καὶ οὓς οὐ κέκληκει
πορεύσονται μετ' αὐτοῦ. λευκανεῖ τὴν θάλασσαν ἀπὸ τῶν
ἱστίων τῶν πλοίων αὐτοῦ καὶ μελανεῖ τὸ πεδίον ἀπὸ τῶν
θυρεῶν καὶ τῶν ὅπλων καὶ πᾶς ὃς ἂν συναντήσει αὐτῷ ἐν
πολέμῳ ἐν μαχαίρᾳ πεσεῖται.

- E.4.1 -

2 ἃ οὐκ ἔφαγον ἅγιοι ταῦτα φάγονται Ἀσσύριοι. ἡνίκα
Ζαχαρίαν

- F.9.17 -

4 τὸν προφήτην ἀνεῖλεν ὁ Ἰωὰς ὁ τῆς Ἰουδαίας βασιλεὺς
οὐκ εἰς μακρὰν περὶ τὸν οἶκον ἐχρήσατο χαλεπῇ συμφορᾷ.

5 ἑβδόμῃ γὰρ ἡμέρᾳ τῆς ἀναιρέσεως τοῦ προφήτου ἐξαπίνης
αὐτῷ μάλα κεχαρισμένος ὁ παῖς ἀπώλει. συμβαλὼν δὲ
κατὰ θεομηνίαν τοιούτῳ παθήματι περιπεσεῖν ὑπὸ τοὺς
πόδας αὐτοῦ τὸ μειράκιον ἔθαψεν ἀπολογούμενος ταύτῃ
ὑπὲρ ὧν εἰς αὐτὸν ἥμαρτε.

- G.1.216 -

24 καὶ ἄνθρωπός τις ἐν τῷ Ἰσραὴλ πλούσιός τε καὶ
ἀνελεήμων

- G.1.217 -

1 ἐλθὼν πρός τινα τῶν διδασκάλων καὶ ἀναπτύξας
2 τὴν σοφίαν Σολομῶντας εὗρεν εὐθὺς ὁ ἐλεῶν πτωχὸν θεῷ
3 δανείζει. καὶ εἰς ἑαυτὸν γενόμενος καὶ κατανυγεὶς
ἀπελθὼν
4 πέπρακε πάντα καὶ διένειμε πτωχοῖς μηδὲν ἑαυτῷ
καταλείψας
5 πλὴν νομισμάτων δύο. καὶ πτωχεύσας πάνυ καὶ ὑπὸ μηδενὸς
6 ἐκ θείας δοκιμασίας ἐλεούμενος ὕστερον ἐν ἑαυτῷ λέγει
7 μικροψυχήσας ἀπελεύσομαι εἰς Ἰερουσαλὴμ καὶ
διακρινοῦμαι
8 τῷ θεῷ μου ὅτι ἐπλάνησέ με διασκορπίσαι τὰ ὑπάρχοντά
9 μου. πορευομένου δὲ αὐτοῦ εἶδεν ἄνδρας δύο μαχομένους
10 πρὸς ἀλλήλους εὑρόντας λίθον τίμιον καὶ φησὶ πρὸς
11 αὐτοὺς ἵνα τί ἀδελφοὶ μάχεσθε; δότε μοι αὐτὸν καὶ
λάβετε
12 νομίσματα δύς. τῶν δὲ μετὰ χαρᾶς τοῦτον παρασχόντων
13 οὐ γὰρ ᾔδεσαν τοῦ λίθου τὸ ὑπέρτιμον ἀπῆλθεν εἰς
Ἰερουσαλὴμ
14 τὸν λίθον ἐπιφερόμενος καὶ δείξας αὐτὸν χρυσοχόῳ
15 παραχρῆμα τὸν λίθον ἐκεῖνος ἰδὼν ἀναστὰς προσεκύνησε
16 καὶ ἔκθαμβος γενόμενος ἐπυνθάνετο. ποῦ τὸν πολύτιμον
17 καὶ θεῖον λίθον τοῦτον εὗρες; ἰδοὺ γὰρ ἔτη τρία
18 σήμερον Ἰερουσαλὴμ δονεῖται καὶ ἀκαταστατεῖ διὰ τὸν
περιβόητον
19 λίθον τοῦτον. ἀλλ' ἀπελθὼν δὸς αὐτὸν τῷ ἀρχιερεῖ
20 καὶ σφόδρα πλουτήσεις. τοῦ δὲ ἀπερχομένου ἄγγελος
κυρίου
21 εἶπε πρὸς τὸν ἀρχιερέα νῦν ἐλεύσεται ἄνθρωπος πρός
22 σε τὸν ἀπολεσθέντα πολυθρύλλητον λίθον ἐκ τῆς διπλοΐδος
23 Ἀαρὼν τοῦ ἀρχιερέως ἔχων. λαβὼν αὐτὸν δὸς τῷ ἐνέγκαντι
24 αὐτὸν χρυσίον πολὺ καὶ ἀργύριον ἅμα δὲ καὶ ῥαπίσας
αὐτὸν
25 μετρίως εἰπέ. μὴ δίσταζε ἐν τῇ καρδίᾳ σου μηδὲ ἀπίστει

- G.1.218 -

1 τῷ θεῷ διὰ τῆς γραφῆς λέγοντι ὁ ἐλεῶν πτωχὸν θεῷ
δανείζει.
2 ἰδοὺ γὰρ ἐν τῷ νῦν αἰῶνι ἐξεπλήρωσά σοι πολυπλασίονα
3 ὑπὲρ ὧν ἐδάνεισάς μοι. καὶ εἰ πιστεύεις λήψῃ
4 καὶ ἐν τῷ μέλλοντι πλοῦτον ἀνυπέρβλητον. καὶ ὁ μὲν
ἀρχιερεὺς
5 τὰ διατεταγμένα πάντα πεποίηκε πρὸς τὸν ἄνθρωπον
6 καὶ λελάληκεν ὁ δὲ ἀκούσας καὶ ἔντρομος γενόμενος πάντα
7 ἐάσας ἐν τῷ ναῷ ἐξῆλθεν εὐχαριστῶν καὶ πιστεύων κυρίῳ
8 καὶ ἐν τῇ θείᾳ γραφῇ πάντα διηγορευμένα.

- H(HENOCH,78-87).17.2069 -

2 ε>τερος τ<ο>υ ετερου< -
3 - >ων αναβλεψας τ< -
4 - >υπνω ειδον τον< -
5 - >και εθεωρουν< -
6 - >εκ του ουρανου< -
7 - >ων των μεγαλω<ν -
8 - >το μετα< -
10 - >ετερος< -
11 - >ηρξατο πας α< -
12 - >αναβλεψας< -
13 - ε<ι>ς τον ουρανον< -
14 - ο>ραματι και< -
15 - >εκ του ουρανου< -
19 - >την νομην< -
20 - >και ηρξαν<το -

23 - >της χειρος μ< -
24 - >ϋϊων της< -
26 - >ημερα το<υ -
27 - >και εν τ< -
28 - >ολου του< -
29 - >ημερα τ<- -
31 - ε>βδομον ου<ρανον -
32 - >ερυθραν θ<αλασσαν -
33 - >εις την μ< -
34 - >τα πολυ ο< -
36 - >θαλασση< -
37 - >τη ερυθρα θ<αλασση -
45 - >πυλης< -

- J.1.226 -

3 - αλ)ηθως μετ αυτα< -
4 - >φρονιμοτερο<ν -
5 - >τον ως εμε ημετε< -
6 - >ου και φθορας ραλε της< -
7 - μνησθ)εις του Ιακωβ< -
8 - >ες της γης και εκτος σου< -
9 - >λης ηθελησα ο Φαραω< -
10 - >ου καμε σωσον μη φ< -
11 - >λως-- ει μακαρισωσιν με< -
12 - >εν τω νοσω< -
13 - >ευμαρων μεν το πλ< -
14 - >υκας φυλακας< -
15 - >ευσεν Ιωσηφ μνησθεις τ<ου Ιακωβ) -
16 - >θεις βασιλευς του λαου κα< -
17 - >ευθυς σιτου οντος πο<λλου -
18 - ειπε)ν συναγαγετε μοι τιχι οθε<ν -
19 - >λιμος δε αυτην παροδευε<ι -
20 - >νη ποτε φθανει δε το α< -
21 - >ντας λαβων το προστασσ<ομενον -
22 - >παντος παντος του σιτου υπ< -
23 - >του εφανη τροφευς κ< -
24 - Ιωση)φ μνησθεις του Ιακ<ωβ -
25 - τη>ν γην εκαλυψε< -
26 - το>ν λιμον ευθυν< -
27 - Φα)ραω επι του Ιω<σηφ -
28 - μ)ακαρια< -
33 - Ιωση)φ μνησ<θεις του Ιακωβ) -
34 αν>τιστας δε τη πρεσβεια τ< -
35 - >την ευχην εξελ< -
36 εκαλ>υπτον οι δεκα α<δ>ελ<φοι -
37 - Ιωσ)ηφ τοτε προσκυνουν< -
38 - >καμπτουσιν αυτω τον< -
39 - >την του σιτου τιμην< -
40 >λωσαντες μετα την< -
41 - >αργυρωνητον η του ν< -
42 - >γνωσθεις παρ' αυτων κα< -
43 - >Ιωσηφ μνησθεις του Ια<κωβ -
44 - >δε κρατησας τοτε εαυτο<ν -
45 - >ν λειπων προς βραχυ απεβ<η -
46 - >ς τοις συγγονοις αυτου κα< -
47 - πρια)σασθαι σιτον εζητειτε< -
48 - >αι αλλ ηλθατε παντες ι< -
49 - >ουν εστε δηλωσατε και π< -
50 - >εχετε ετερον συγγονον< -
51 - >ημος των υιων Ιακωβ κ< -
52 - τ)ον θν νυνι σωσον ημας ο θ<ς Αβρααμ -
53 - >ενοι δε τον φοβον προς βραχ<υ -
54 - >βα)σιλει Ιωσηφ μη οργιζου β<ασιλευ -
55 - η>λθαμεν γαρ ουκ ιχν<ευσαι -
56 - >ηδες πρεσβυτο<υ -
57 - >κακεινος και ημ<εις -
58 - >τ<η> γη ημω<ν -
59 - >ταις σου< -

- J.1.227 -

1 - >εβησαν εις Χανααν< -
2 - ε>σκιρτα και το βλεμμ<α -
3 - τ>ον αριθμον των δεκα Χ<αναναιων
4 - τ)ου ενος δειχα επυνθ<αν -
5 - ι δε φησιν ακουσον< -
6 - >υν καθ ημων κα< -
7 - >και οργιζομεν< -
8 - απ)οκτιναι ημας ομ< -
9 αμαρ)τιαις ταις σαις ο θς Ια<κωβ -
10 - >και οπερ ου ζητω απεκρ< -
11 - Συ)μεων που μη καυτος< -
12 - Ιω>σηφ προστεθεικατε< -
13 - >του ακμην εχω το τ< -
14 - α)γαγετε μοι τουτου ο< -
15 - >κακινον νυν αντερει το< -
16 - >δυα δοτε κνημ< -
17 - Συμεω<ν -
18 - >ενωπιον σου εστιν< -
19 - >ρετον ημας και σ< -
20 - >ετε εστιν πιστα αλ< -
21 - >ν παρ εμοι κατα< -
22 - >κατε νυν απαγαγετε< -
23 - το>ν συγγονον πρ<ος -
24 - >μοι ελαβε< -
25 - >ας ενωπιον αυτω< -
26 - >αυτοις< -
27 - >ως δικαιως ταυτα< -
28 - >ο θς Ιωσηφ μνησ<θεις -
29 - >υμων βοησω ο Ρουβη<ν -
30 - δο>υλευων υμιν μη< -
31 - >μη οργιζεσθαι σαρξ< -
32 - >ως αφρονουντα κα< -
33 - >μους δε του< -
34 - >εστιν κα< -

- K.574 -

3007 πρὸς δαιμονιαζομένους Πιβήχεως δόκιμον
3008 λαβὼν ἔλαιον ὀμφακίζοντα μετὰ βοτάνης
3009 μαστιγίας καὶ λωτομήτρας ἔψει μετὰ σαμψούχου
3010 ἀχρωτίστου λέγων ἴωηλ ωσσαρθιωμι
3011 εμωρι θεωχιψοϊθ σιθεμεωχ σωθη
3012 ιωη μιμιψωθιωωφ φερσωθι αεηιουω
3013 ιωη εωχαριφθα ἔξελθε ἀπὸ τοῦ δεῖνα κοινά
3014 τὸ δὲ φυλακτήριον ἐπὶ λαμνίῳ κασσιτερίνῳ
3015 γράφε ἴαηω αβραωθιωχ φθα μεσενψινιαω
3016 φεωχ ιαηω χαρσοκ καὶ περίαπτε
3017 τὸν πάσχοντα παντὸς δαίμονος φρικτὸν ὃ φοβεῖται.
3018 στήσας ἄντικρυς ὅρκιζε. ἔστιν δὲ ὁ ὁρκισμός
3019 οὗτος ὁρκίζω σε κατὰ τοῦ θεοῦ τῶν Ἑβραίων
3020 Ἰησοῦ ιαβα ιαη ἀβραωθ Αια θωθ ελε
3021 ελω αηω εου ιιιβαεχ αβαρμας ἴαβαραου
3022 αβελβελ λωνα αβρα μαροια βρακιιων
3023 πυριφανῆ ὃ ἐν μέσῃ ἀρούρης καὶ χιόνος
3024 καὶ ὁμίχλης ταννητις καταβάτω σου ὁ ἄγγελος
3025 ὁ ἀπαραίτητος καὶ ἐκκρινέτω τὸν
3026 περιπτάμενον δαίμονα τοῦ πλάσματος τούτου
3027 ὃ ἔπλασεν ὁ θεὸς ἐν τῷ ἁγίῳ ἑαυτοῦ παραδείσῳ
3028 ὅτι ἐπεύχομαι ἅγιον θεὸν ἐπὶ αμμωνιψεντανχω.
3029 λόγος ὁρκίζω σε λαβρεία ιακουθ
3030 αβλαναθαναλβα ακραμμ. λόγος αωθ ιαθαβαθρα
3031 χαχθαβραθα χαμυνχελ αβρωωθ
3032 σὺ αβρασιλωθ αλληλου ἴελωσαϊ ιαηλ.
3033 ὁρκίζω σε τὸν ὀπτανθέντα τῷ
3034 Ἰσραὴλ ἐν στύλῳ φωτινῷ καὶ νεφέλῃ ἡμερινῇ
3035 καὶ ῥυσάμενον αὐτοῦ τὸν λαὸν ἔργου
3036 Φαραὼ καὶ ἐπενέγκαντα ἐπὶ Φαραὼ τὴν
3037 δεκάπληγον διὰ τὸ παρακούειν αὐτόν. ὁρκίζω
3038 σε πᾶν πνεῦμα δαιμόνιον λαλῆσαι ὁποῖον
3039 καὶ ἂν ᾖς ὅτι ὁρκίζω σε κατὰ τῆς σφραγῖδος
3040 ἧς ἔθετο Σολομὼν ἐπὶ τὴν γλῶσσαν
3041 τοῦ Ἰηρεμίου καὶ ἐλάλησεν. καὶ σὺ λάλησον
3042 ὁποῖον ἐὰν ᾖς ἐπουράνιον ἢ ἀέριον
3043 εἴτε ἐπίγειον εἴτε ὑπόγειον ἢ καταχθόνιον
3044 ἢ Ἑβουσαῖον ἢ Χερσαῖον ἢ Φαρισαῖον. λάλησον
3045 ὁποῖον ἐὰν ᾖς ὅτι ὁρκίζω σε θεὸν φωσφόρον
3046 ἀδάμαστον τὸν τὰ ἐν καρδίᾳ πάσης ζωῆς
3047 ἐπιστάμενον τὸν χουοπλάστην τοῦ γένους
3048 τῶν ἀνθρώπων τὸν ἐξαγαγόντα ἐξ ἀδήλων
3049 καὶ πυκνοῦντα τὰ νέφη καὶ ὑετίζοντα τὴν γῆν
3050 καὶ εὐλογοῦντα τοὺς καρποὺς αὐτῆς ὃν εὐλογεῖ
3051 πᾶσα ἐνουράνιος δύναμις ἢ ἀγγέλων
3052 ἀρχαγγέλων. ὁρκίζω σε μέγαν θεὸν Σαβαὼθ
3053 δι᾽ ὃν ὁ Ἰορδάνης ποταμὸς ἀνεχώρησεν
3054 εἰς τὰ ὀπίσω καὶ ἐρυθρὰ θάλασσα
3055 ἣν ὥδευσεν Εἰσραὴλ καὶ ἔστη ἀνόδευτος
3056 ὅτι ὁρκίζω σε τὸν καταδείξαντα τὰς ἑκατὸν
3057 τεσσαράκοντα γλώσσας καὶ διαμερίσαντα
3058 τῷ ἰδίῳ προστάγματι. ὁρκίζω σε τὸν τῶν αὐχενίων
3059 γιγάντων τοῖς πρηστῆρσι καταφλέξαντα
3060 ὃν ὑμνεῖ ὁ οὐρανὸς τῶν οὐρανῶν
3061 ὃν ὑμνοῦσι τὰ πτερυγώματα τοῦ χερουβίμ.
3062 ὁρκίζω σε τὸν περιθέντα ὄρη τῇ θαλάσσῃ
3063 τεῖχος ἐξ ἄμμου καὶ ἐπιτάξαντα αὐτῇ μὴ ὑπερβῆναι
3064 καὶ ἐπήκουσεν ἡ ἄβυσσος. καὶ σὺ ἐπάκουσον
3065 πᾶν πνεῦμα δαιμόνιον ὅτι ὁρκίζω σε
3066 τὸν συνσείοντα τοὺς τέσσαρας ἀνέμους ἀπὸ
3067 τῶν ἱερῶν Αἰώνων οὐρανοειδῆ θαλασσοειδῆ
3068 νεφελοειδῆ φωσφόρον ἀδάμαστον.
3069 ὁρκίζω σε τὸν ἐν τῇ καθαρᾷ Ἱεροσολύμῳ ᾧ τὸ
3070 ἄσβεστον πῦρ διὰ παντὸς αἰῶνος προσπαράκειται
3071 τῷ ὀνόματι αὐτοῦ τῷ ἁγίῳ ιαεωβαφρενεμουν.
3072 λόγος ὃν τρέμει γέννα πυρὸς
3073 καὶ φλόγες περιφλογίζουσι καὶ σίδηρος
3074 λακᾷ καὶ πᾶν ὄρος ἐκ θεμελίου φοβεῖται.
3075 ὁρκίζω σε πᾶν πνεῦμα δαιμόνιον τὸν ἐφορῶντα
3076 ἐπὶ γῆς καὶ ποιοῦντα ἔκτρομα τὰ
3077 θεμέλια αὐτῆς καὶ ποιήσαντα τὰ πάντα
3078 ἐκ τῶν οὐκ ὄντων εἰς τὸ εἶναι. ὁρκίζω δέ σε τὸν
3079 παραλαμβάνοντα τὸν ὁρκισμὸν τοῦτον χοίρειον
3080 μὴ φαγεῖν καὶ ὑποταγήσεταί σ<ο>ι πᾶν πνεῦμα
3081 καὶ δαιμόνιον ὁποῖον ἐὰν ᾖν. ὁρκίζων δὲ
3082 φύσα ἀπὸ τῶν ἄκρων καὶ τῶν ποδῶν ἀπαίρων
3083 τὸ φύσημα ἕως τοῦ προσώπου καὶ ἐκκριθήσεται.
3084 φύλασσε καθαρός. ὁ γὰρ λόγος
3085 ἐστίν ἑβραϊκὸς καὶ φυλασσόμενος παρὰ καθαροῖς
3086 ἀνδράσιν.